Herberger/Martinek/Rüßmann/Weth

juris Praxiskommentar BGB
Schuldrecht

Band 2.2

juris PraxisKommentar

BGB

Band 2.2

Schuldrecht
(Teil 2: §§ 433 bis 630)

herausgegeben von

Prof. Dr. Roland Michael Beckmann

Gesamtherausgeber:

Prof. Dr. Maximilian Herberger
Prof. Dr. Dr. Dr. h.c. mult. Michael Martinek M.C.J. (New York)
Prof. Dr. Dr. h.c. Helmut Rüßmann
Prof. Dr. Stephan Weth

6. Auflage

juris GmbH Saarbrücken 2013

Zitiervorschlag:
Martinek in: jurisPK-BGB, 6. Aufl. 2012, § 1 Rn. 10

Bibliografische Information der Deutschen Nationalbibliothek:
Die Deutsche Nationalbibliothek verzeichnet diese Publikation in der Deutschen Nationalbibliografie; detaillierte bibliografische Daten sind im Internet über http://dnb.ddb.de abrufbar.

ISBN: 978-3-86330-010-4

© 2013 juris GmbH, Gutenbergstraße 23, 66117 Saarbrücken, www.juris.de

Umschlaggestaltung: HDW Werbeagentur GmbH Saarbrücken
Druckvorstufe: BELTZ Bad Langensalza GmbH, Bad Langensalza
Druck: Kösel GmbH & Co. KG, Altusried-Krugzell

Vorwort der Gesamtherausgeber zur 6. Auflage

Wenn unser Online-Kommentarwerk mit seinen begleitenden Print- und E-Book-Versionen in diesem Herbst in die 6. Auflage geht, dann ist dies ein Grund zur Freude und zum Feiern: Das »halbe Dutzend« von Auflagen innerhalb nur eines Jahrzehnts beweist eine Marktposition, die keine Angst vor der Konkurrenz zu haben braucht, auch wenn diese bekanntlich »nicht schläft«. Das gedruckte Komplettwerk besteht nunmehr aus acht Büchern; das Schuldrecht ist seit der 1. Auflage in drei Bände aufgeteilt, und das – inzwischen schon weithin europäisierte – Internationale Privatrecht ist seit der 4. Auflage 2008/2009 in einem eigenen Band kommentiert. Die acht Bücher enthalten ca. 20.000 Druckseiten, die man freilich nur in der Print-Version als solche »sieht«, aber in der Online- und E-Book-Version nur ahnt und mit denen man – so oder so – tagesaktuell, mediengerecht und zukunftssicher die praktische Arbeit gestalten kann. Alleinstellungsmerkmal der Online-Version ist nach wie vor die zeitnahe Ein- und Verarbeitung der neuesten Rechtsprechung und Literatur, die unser Kommentarwerk – nach einem Wort unseres »Rechtsinformatikers« unter den Herausgebern, Maximilian Herberger – zu einem »atmenden Kommentar« macht.

Wir dürfen von einer zehnjährigen Erfolgsgeschichte sprechen: Der Kommentar erblickte das Licht der Welt als Online-Kommentar. Mit der zweiten Auflage gewann er als zusätzliche Gestalt die traditionelle Buchform. Seit der fünften Auflage ist er auch als E-Book erhältlich, um sich den Weg auf manches iPad (oder vergleichbares Lesegerät) zu bahnen und dem Nutzer auch außerhalb der eigenen Bibliothek stets griffbereit zur Verfügung zu stehen.

Für die Nutzer des Druckwerks finden sich die Entscheidungszitate, die in der elektronischen Welt mit den von juris vorgehaltenen Entscheidungstexten verlinkt sind, durch eine Fundstelle aus der ja noch keineswegs »versunkenen Welt« der Druckwerke ergänzt. Die unterjährigen Aktualisierungen unseres juris Praxiskommentars zum BGB sind natürlich nur den Nutzern der elektronischen Medien zugänglich, für die der Kommentar entwickelt worden ist. Die weiterhin zahlen- und frequenzmäßig anwachsenden Aktualisierungen sind über ein Feed abrufbar und können sogar vorgelesen werden (Podcast-Feed).

Der juris PraxisKommentar BGB hat sich als Gesamtkommentar zu allen fünf Büchern des BGB behauptet und sich als Online-Version in den Favoriten-Listen der Computer und als Print-Version in den Regalen der Arbeitszimmer unserer immer zahlreicheren Nutzer einen festen Platz erobert; die jüngere E-Book-Version wird nicht lange nachhinken. Er ist in der Fachwelt zu einem »Begriff« geworden – und damit erhöht sich die Verantwortung aller Herausgeber und Autoren vor allem für die Verlässlichkeit der Inhalte unserer Kommentierungen und für die Schnelligkeit der Einarbeitung von Rechtsprechung und Literatur.

Es versteht sich von selbst, dass der Leser unseres Kommentars in der sechsten Auflage die vielfältigen, zum Teil tiefgreifenden Veränderungen des BGB wieder konzentriert und kompakt, praxisnah und aktuell dokumentiert und kommentiert findet. Für die Nutzer der Online-Version waren die Änderungen schon als Aktualisierungen der fünften Auflage verfügbar. Es finden sich in diesen turbulenten Zeiten gesetzgeberischer Aktivitäten und Rechtsprechungsentwicklungen ja kaum noch innovationsresistente Teile unseres mehr als einhundert Jahre alten BGB. Die Rechtsanwendung beginnt heute vielfach mit der Frage, wie überhaupt die aktuelle Rechtslage ist.

Die acht Einzelbände unseres juris PraxisKommentars werden von Bandherausgebern aus Wissenschaft und Praxis betreut: Band 1, Allgemeiner Teil: Prof. Dr. Klaus Vieweg; Band 2.1, Schuldrecht Allgemeiner Teil: Rechtsanwalt Dr. Markus Junker; Band 2.2, Schuldrecht Besonderer Teil (§§ 433-630): Prof. Dr. Roland Michael Beckmann; Band 2.3, Schuldrecht Besonderer Teil (§§ 631-853): Prof. Dr. Dr. h.c. mult. Helmut Rüßmann; Band 3, Sachenrecht: Prof. Dr. Dr. Dr. h.c. mult. Michael Martinek; Band 4, Familienrecht: Richter am Amtsgericht Dr. Wolfram Viefhues; Band 5, Erbrecht: Prof. Dr. Wolfgang Hau; Band 6, Internationales Privatrecht: Dr. Dr. Ingo Ludwig.

Wir freuen uns in der Zehn-Jahres-Feier darauf, dass das Kommentarwerk mit steigender Resonanz weiterhin einen guten Weg geht, um unseren Nutzern als ein rundes und lebendiges Werk für die praktische Arbeit auch künftig eine immer wichtigere Hilfe zu bieten.

Saarbrücken, im September 2012

Maximilian Herberger

Helmut Rüßmann

Michael Martinek

Stephan Weth

Vorwort der Herausgeber zur 1. Auflage

Unser Online-Kommentar nimmt schon vom Namen her einen ausgeprägten Praxisbezug für sich in Anspruch. In der Tat wollen wir nicht nur eine mediale, sondern auch eine inhaltliche, substanzielle Innovation präsentieren, weil sich der jurisPK vom konventionellen Duktus zivilrechtlicher Kommentarliteratur abheben soll. Die Ausrichtung an den Erfordernissen der Rechtsanwendungs-, Rechtsberatungs- und Rechtsgestaltungspraxis tritt dadurch hervor, dass die Kommentatoren die juristische Alltagsrelevanz der kommentierten Vorschriften und Rechtsinstitute ständig im Auge behalten. So wird die prozessuale Bedeutung der Normen immer »mitbedacht«; Beweislastfragen oder prozessstrategische Hinweise fließen ständig in die Kommentierungen ein. Dagegen ist unser jurisPK weitgehend von einem Verzicht der Kommentatoren auf die Mitwirkung am rechtsdogmatischen Diskurs, auf die Rekapitulation von akademischen Streitständen und auf die Auseinandersetzung mit wissenschaftlichen Lehrmeinungen gekennzeichnet. Die Kommentatoren sind zur Konzentration auf die anerkannten und wichtigsten Gesichtspunkte des Mainstream aufgerufen. Die Benutzer des jurisPK sollen sich nicht über das »law in the books«, sondern über das »law in action« verlässlich informieren und aus den Informationen Handlungsanleitungen und Ratschläge gewinnen können. Die bewusst anwaltliche Perspektive ist darum bemüht, dem praktisch tätigen Rechtsanwalt oder Unternehmensjuristen Hilfestellungen für den alltäglichen Umgang mit den Normen in der streitentscheidenden Zivilrechtspraxis zu geben. Einschränkend muss freilich angemerkt werden, dass dieser Anspruch noch nicht von Anfang an schlagartig eingelöst werden, sondern nur allmählich umgesetzt werden kann. Der besondere Praxisbezug unseres jurisPK wird sich aber von Jahr zu Jahr deutlicher ausformen. Für Anregungen und Beiträge aus der Praxis, die uns helfen, unserem Anspruch besser gerecht zu werden, sind wir dankbar.

Die juristische Welt hat sich an Kommentare in Papierform gewöhnt. Aus dieser Gewöhnung resultiert fast so etwas wie eine Zuneigung zu dieser Form der medialen Präsentation. Und doch ist diese Art der Erläuterung und Erschließung von Gesetzen, Rechtsprechung und Literatur aus einem zentralen Grund unangemessen: Gesetze, Rechtsprechung und Literatur wandeln sich in schneller Folge (und mit zunehmendem Akzelerationsrhythmus). Das Papier kann dem nicht in adäquater Weise folgen. Loseblattsammlungen und ähnliche Versuche der »Dynamisierung von Papier« sind letzten Endes zum Scheitern verurteilt, weil sie nicht in der Lage sind, dem Rhythmus des Wissenswandels zeitnah und benutzerfreundlich zu folgen. Angesichts dieser Tatsache gilt es, die Chance des Medienwechsels hin zur elektronischen Begleitung des schnellen Wandels zu ergreifen. Der juris Praxiskommentar tut dies in konsequenter Weise. Er vollzieht diesen unter heutigen Bedingungen unabweislichen Paradigmenwechsel, indem er von vornherein bereits seiner Architektur nach der Tatsache Rechnung trägt, dass juristisches Wissen einem täglichen Wandel unterworfen ist. Das bedeutet, dass der Kommentar sich lebendig der jeweils neuen Informationslage anpasst. Es geschieht dies durch einen Aktualisierungsdienst, der Tag für Tag in den Kommentar eingearbeitet wird. Wenn sich zum Thema einer Randnummer etwas Neues ergibt, erscheint in einer optisch hervorgehobenen Zusatz-Randnummer, was man Neues wissen muss, um nicht dem Risiko ausgesetzt zu sein, in der Praxis folgenreiche Fehler zu begehen. Von dieser jeweils neuen Lage erfährt man aber nicht nur bei Konsultation des Kommentars. Wer den Kommentar abonniert hat, wird zeitnah per elektronischer Post auf den jeweils aktuellen Informationsstand gebracht – dies natürlich unter Einbeziehung des gesamten bei juris vorhandenen Hintergrundwissens, das vom juris Praxiskommentar her in konsequenter Verlinkung erschlossen wird. Mit alledem überschreitet der Kommentar die Grenze der statischen papierfixierten Information hin zum dynamischen Informationssystem. Es werden aber – auch dies gilt es zu betonen – die guten Werte des alten Mediums »Kommentar« aufrechterhalten: Die erste Auflage bleibt (stets zitierbar) die erste Auflage, die zweite die zweite usw. Die Schichten »Kommentierung« und »Aktualisierung« sind äußerlich klar erkennbar getrennt. Auf diese Weise wird der (trotz allen Wandels) gleichfalls bewahrenswerten Tatsache Rechnung getragen, dass es Ruhepunkte im Wandel gibt. So verbindet der juris Praxiskommentar das Beste der »alten« und der »neuen« Welt juristischen Wissens in einer Symbiose eigener Art. Dass man beliebige Teile dieses Kommentars neuen Typs nach je eigener Wahl in ansprechendem Layout ausdrucken kann, um damit »vor Ort« über das (haptisch) vertraute Papier zu verfügen, rundet das Spektrum der Funktionalität des juris Praxiskommentars ab: Er ist ein Kommentar, wie man ihn gewohnt ist, und zugleich ein Kommentar, wie man ihn noch nicht kennt. Wenn man es auf einen knappen Nenner bringen will: Der erste Kommentar, der vorher kein Buch war – es wohl aber auch ist.

Saarbrücken, im Mai 2003

Bearbeiterverzeichnis

Annegerd Alpmann-Pieper
Rechtsanwältin und Notarin, Münster
§§ 453 bis 480

Silvia Bauermeister
Rechtsanwältin, Berlin
§§ 585 bis 597

Jens Colling
Syndikusanwalt, Saarbrücken
§§ 598 bis 606

Dr. Stefan Fandel
Rechtsanwalt und Leiter Arbeitsrecht der Merck KGaA, Darmstadt
§§ 611 bis 613

Dr. Marcus Otto Grühn
Rechtsanwalt, Hamburg
§§ 581 bis 584b

Dr. Tobias Hausch, LL.M., LL.M., Executive MBA
Notar, Düsseldorf
§§ 611 bis 613

Beate Heilmann
Rechtsanwältin, Berlin
§§ 554, 554a, 557 bis 559b

Prof. Dr. Michael Kliemt
Rechtsanwalt, Düsseldorf
§ 613a

Helmut Legleitner
Vorsitzender Richter am Landgericht, Saarbrücken
§§ 614 bis 620, 629, 630

Prof. Dr. Stefan Leible
Universität Bayreuth, Lehrstuhl für Bürgerliches Recht, Internationales Privatrecht und Rechtsvergleichung§§ 446 bis 452

Gregor Mössner
Richter am Oberlandesgericht, Karlsruhe, vormals Dozent an der Fachhochschule Schwetzingen - Hochschule für Rechtspflege
§§ 562 bis 562d, 568 bis 577a

Dr. Joël B. Münch
Rechtsanwalt, Fachanwalt für Bau- und Architektenrecht, Berlin
§§ 535 bis 548, 578 bis 580a

Dr. Sebastian Pammler
Richter, Kiel
§§ 433 bis 445

Dr. Marina Schur
Richterin, Amtsgericht Dannenberg
§§ 550 bis 553, 555 bis 556b, 560, 563 bis 564

Prof. Dr. Hans-Peter Schwintowski
Humboldt-Universität zu Berlin, Lehrstuhl für Bürgerliches Recht, Handels-, Wirtschafts- und Europarecht
§§ 488 bis 512, 607 bis 609

Justizrat Dr. Benno Sefrin
Notar, Haßloch
§§ 516 bis 534

Dr. Jan L. Teusch
Rechtsanwalt, Düsseldorf
§ 613a

Prof. Dr. Klaus Tonner
Universität Rostock, Lehrstuhl für Bürgerliches Recht und Europäisches Recht
§§ 481 bis 487, 549, 561, 565 bis 567b

Prof. Dr. Stephan Weth
Universität des Saarlandes, Lehrstuhl für Deutsches und Europäisches Prozess- und Arbeitsrecht sowie Bürgerliches Recht, Institut für Arbeits- und Sozialrecht
§§ 621 bis 628

Dr. Michael Schlemmer
Dezernent für Einzelpersonalangelegenheiten in der Wehrbereichsverwaltung West, Düsseldorf
§§ 550 bis 553, 555 bis 556b, 560, 563 bis 564; 6. Auflage: s. Dr. Marina Schur

Inhaltsverzeichnis zu Band 2.2

Abkürzungsverzeichnis XIII

Literaturverzeichnis XXV

Bürgerliches Gesetzbuch

Buch 2 - Recht der Schuldverhältnisse (Teil 2)

Abschnitt 8 (§§ 433-630)

Titel 1 - Kauf, Tausch (§§ 433 - 480) 1

Untertitel 1 - Allgemeine Vorschriften (§§ 433 - 453) 1

Untertitel 2 - Besondere Arten des Kaufs (§§ 454 - 473) 259

Untertitel 3 - Verbrauchsgüterkauf (§§ 474 - 479) 320

Untertitel 4 - Tausch (§ 480) 377

Titel 2 - Teilzeit-Wohnrechteverträge, Verträge über langfristige Urlaubsprodukte, Vermittlungsverträge und Tauschsystemverträge (§§ 481 - 487) 380

Titel 3 - Darlehensvertrag; Finanzierungshilfen und Ratenlieferungsverträge zwischen einem Unternehmer und einem Verbraucher (§§ 488 - 512) 448

Untertitel 1 - Darlehensvertrag (§§ 488 - 505) 448

Untertitel 2 - Finanzierungshilfen zwischen einem Unternehmer und einem Verbraucher (§§ 506 - 509) 578

Untertitel 3 - Ratenlieferungsverträge zwischen einem Unternehmer und einem Verbraucher (§ 510) 593

Untertitel 4 - Unabdingbarkeit, Anwendung auf Existenzgründer (§§ 511 - 512) 596

Titel 4 - Schenkung (§§ 516 - 534) 601

Titel 5 - Mietvertrag, Pachtvertrag (§§ 535 - 597) 816

Untertitel 1 - Allgemeine Vorschriften für Mietverhältnisse (§§ 535 - 548) 816

Untertitel 2 - Mietverhältnisse über Wohnraum (§§ 549 - 577a) 1014

Untertitel 3 - Mietverhältnisse über andere Sachen (§§ 578 - 580a) 1623

Untertitel 4 - Pachtvertrag (§§ 581 - 584b) 1662

Untertitel 5 - Landpachtvertrag (§§ 585 - 597) 1715

Titel 6 - Leihe (§§ 598 - 606) 1827

Titel 7 - Sachdarlehensvertrag (§§ 607 - 609) 1883

Titel 8 - Dienstvertrag (§§ 611 - 630) 1888

Stichwortverzeichnis 2253

Abkürzungsverzeichnis

a.A.	anderer Ansicht
a.a.O.	am angegebenen Ort
a.E.	am Ende
a.F.	alte Fassung
a.M.	anderer Meinung
Abb.	Abbildung
ABl.	Amtsblatt
ABl.EG	Amtsblatt der Europäischen Gemeinschaften
ABl.EU	Amtsblatt der Europäischen Union
Abs.	Absatz
abw.	abweichend
AbzG	Gesetz betreffend die Abzahlungsgeschäfte
AdVermiG	Gesetz über die Vermittlung der Annahme als Kind und über das Verbot der Vermittlung von Ersatzmüttern
AEG	Allgemeines Eisenbahngesetz
AEntG	Gesetz über zwingende Arbeitsbedingungen bei grenzüberschreitenden Dienstleistungen
AEUV	Vertrag über die Arbeitsweise der Europäischen Union
AFG	Arbeitsförderungsgesetz
AfP	Archiv für Presserecht, Zeitschrift für Medien- und Kommunikationsrecht
AFWoG	Gesetz über den Abbau der Fehlsubventionierung im Wohnungswesen
AG	Aktiengesellschaft
AG	Amtsgericht
AGB	Allgemeine Geschäftsbedingungen
AGB DDR	Arbeitsgesetzbuch der Deutschen Demokratischen Republik
AGBG	Gesetz zur Regelung des Rechts der Allgemeinen Geschäftsbedingungen
AGG	Allgemeines Gleichbehandlungsgesetz
AIHonO	Verordnung über die Honorare für Leistungen der Architekten und der Ingenieure
AktG	Aktiengesetz
allg.	allgemein
Alt.	Alternative
AltTZG	Altersteilzeitgesetz
AMG	Gesetz über den Verkehr mit Arzneimitteln
AnfG	Gesetz über die Anfechtung von Rechtshandlungen eines Schuldners außerhalb des Insolvenzverfahrens
Anm.	Anmerkung
AO	Abgabenordnung
ApoG	Gesetz über das Apothekenwesen
ArbGBeschlG	Gesetz zur Vereinfachung und Beschleunigung des arbeitsgerichtlichen Verfahrens
ArbGG	Arbeitsgerichtsgesetz
ArbnErfG	Gesetz über Arbeitnehmererfindungen
ArbSchG	Gesetz über die Durchführung von Maßnahmen des Arbeitsschutzes zur Verbesserung der Sicherheit und des Gesundheitsschutzes der Beschäftigten bei der Arbeit
ArbStättV	Verordnung über Arbeitsstätten
ArbuR	Arbeit und Recht, Zeitschrift für Arbeitsrechtspraxis
ArbZG	Arbeitszeitgesetz (ArbZG)
arg.	argumentum
Art.	Artikel

Abkürzungverzeichnis

AStG	Gesetz über die Besteuerung bei Auslandsbeziehungen
AtG	Gesetz über die friedliche Verwendung der Kernenergie und den Schutz gegen ihre Gefahren
Aufl.	Auflage
AÜG	Gesetz zur Regelung der gewerbsmäßigen Arbeitnehmerüberlassung (Arbeitnehmerüberlassungsgesetz - AÜG)
AuslG	Gesetz über die Einreise und den Aufenthalt von Ausländern im Bundesgebiet
AuslInvestmG	Gesetz über den Vertrieb ausländischer Investmentanteile und über die Besteuerung der Erträge aus ausländischen Investmentanteilen (Erster Teil des Gesetzes über den Vertrieb ausländischer Investmentanteile, über die Besteuerung ihrer Erträge sowie zur Änderung und Ergänzung des Gesetzes über Kapitalanlagegesellschaften)
AuslPflVG	Gesetz über die Haftpflichtversicherung für ausländische Kraftfahrzeuge und Kraftfahrzeuganhänger
AuslWBG	Gesetz zur Bereinigung von deutschen Schuldverschreibungen, die auf ausländische Währung lauten
AVAG	Gesetz zur Ausführung zwischenstaatlicher Verträge und zur Durchführung von Verordnungen und Abkommen der Europäischen Gemeinschaft auf dem Gebiet der Anerkennung und Vollstreckung in Zivil- und Handelssachen
AVBEltV	Verordnung über Allgemeine Bedingungen für die Elektrizitätsversorgung von Tarifkunden
AVBFernwärmeV	Verordnung über Allgemeine Bedingungen für die Versorgung mit Fernwärme
AVBGasV	Verordnung über Allgemeine Bedingungen für die Gasversorgung von Tarifkunden
AVBWasserV	Verordnung über Allgemeine Bedingungen für die Versorgung mit Wasser
AVermV	Verordnung über Arbeitsvermittlung durch private Arbeitsvermittler
AVG	Angestelltenversicherungsgesetz
AWG	Außenwirtschaftsgesetz
AWV	Verordnung zur Durchführung des Außenwirtschaftsgesetzes
Az.	Aktenzeichen
BA	Bundesagentur für Arbeit
BAföG	Bundesgesetz über individuelle Förderung der Ausbildung (Bundesausbildungsförderungsgesetz - BAföG)
BauFordSiG	Gesetz über die Sicherung der Bauforderungen
BayObLGZ	Entscheidungen des Bayerischen Obersten Landesgerichts in Zivilsachen Neue Folge
BazBV	Basiszinssatz-Bezugsgrößen-Verordnung
BB	Betriebs-Berater, Zeitschrift für Recht und Wirtschaft
BBankG	Gesetz über die Deutsche Bundesbank
BBauG	Baugesetzbuch
BBergG	Bundesberggesetz
BBesG	Bundesbesoldungsgesetz
BBG	Bundesbeamtengesetz
BBiG	Berufsbildungsgesetz
BBodSchG	Gesetz zum Schutz vor schädlichen Bodenveränderungen und zur Sanierung von Altlasten
Bd.	Band
Bde.	Bände
BDSG	Bundesdatenschutzgesetz
BeamtVG	Gesetz über die Versorgung der Beamten und Richter des Bundes
bearb.	bearbeitet
Bearb.	Bearbeitung, Bearbeiter

Abkürzungsverzeichnis

BEG	Bundesgesetz zur Entschädigung für Opfer der nationalsozialistischen Verfolgung
Begr.	Begründung
Beih.	Beiheft
Beil.	Beilage
Bek.	Bekanntmachung
Bem.	Bemerkung
ber.	berichtigt
BErzGG	Gesetz zum Erziehungsgeld und zur Elternzeit
bes.	besonders
BesatzSchG	Gesetz über die Abgeltung von Besatzungsschäden
bespr.	besprochen
bestr.	bestritten
betr.	betreffend
BetrAVG	Gesetz zur Verbesserung der betrieblichen Altersversorgung
BetrKV	Verordnung über die Aufstellung von Betriebskosten
BetrVG	Betriebsverfassungsgesetz
BeurkG	Beurkundungsgesetz
BewG	Bewertungsgesetz
BFH	Bundesfinanzhof
BGB	Bürgerliches Gesetzbuch
BGBEG	Einführungsgesetz zum Bürgerlichen Gesetzbuche
BGB-InfoV	Verordnung über Informations- und Nachweispflichten nach bürgerlichem Recht
BGH	Bundesgerichtshof
BGSG	Gesetz über die Bundespolizei
BImSchG	Gesetz zum Schutz vor schädlichen Umwelteinwirkungen durch Luftverunreinigungen, Geräusche, Erschütterungen und ähnliche Vorgänge
BinSchVerkG	Gesetz über den gewerblichen Binnenschiffsverkehr
BJagdG	Bundesjagdgesetz
BKGG	Bundeskindergeldgesetz
BKleingG	Bundeskleingartengesetz
Bl.	Blatt
BMAS	Bundesministerium für Arbeit und Soziales
BMBF	Bundesministerium für Bildung und Forschung
BMF	Bundesministerium der Finanzen
BMG	Bundesministerium für Gesundheit
BMI	Bundesministerium des Inneren
BMJ	Bundesministerium der Justiz
BML	Bundesministerium für Ernährung, Landwirtschaft und Forsten
BMWi	Bundesministerium für Wirtschaft und Technologie
BNotO	Bundesnotarordnung
BörsG	Börsengesetz
BPersVG	Bundespersonalvertretungsgesetz
BR	Bundesrat
BRAGebO	Bundesgebührenordnung für Rechtsanwälte
BRAO	Bundesrechtsanwaltsordnung
BR-Drs.	Bundesratsdrucksache
BRRG	Rahmengesetz zur Vereinheitlichung des Beamtenrechts
BSchG	Gesetz zum Schutz der Beschäftigten vor sexueller Belästigung am Arbeitsplatz
BSchuWG	Gesetz zur Regelung des Schuldenwesens des Bundes
BSeeSchG	Gesetz über die Aufgaben des Bundes auf dem Gebiet der Seeschiffahrt
BSG	Bundessozialgericht
BSGE	Amtliche Sammlung der Entscheidungen des Bundessozialgerichts
BSHG	Bundessozialhilfegesetz

Abkürzungverzeichnis

bspw.	beispielsweise
BT	Bundestag
BT-Drs.	Bundestagsdrucksache
BTOEltV	Bundestariforndnung Elektrizität
Buchst.	Buchstabe
BUrlG	Mindesturlaubsgesetz für Arbeitnehmer
BVerfG	Bundesverfassungsgericht
BVerfGE	Amtliche Sammlung der Entscheidungen des Bundesverfassungsgerichts
BVerfGG	Gesetz über das Bundesverfassungsgericht
BVerwG	Bundesverwaltungsgericht
BVG	Gesetz über die Versorgung der Opfer des Krieges
BVO 2	Verordnung über wohnungswirtschaftliche Berechnungen nach dem Zweiten Wohnungsbaugesetz
bzw.	beziehungsweise
c.i.c.	culpa in contrahendo
ca.	circa
CISG	Convention on Contracts for the International Sale of Goods
d.h.	das heißt
ders.	derselbe
dgl.	dergleichen, desgleichen
dies.	dieselbe
Diss.	Dissertation
DMBilG	Gesetz über die Eröffnungsbilanz in Deutscher Mark und die Kapitalneufestsetzung
DRiG	Deutsches Richtergesetz
DÜG	Diskontsatz-Überleitungs-Gesetz
DWW	Deutsche Wohnungswirtschaft, Zentralorgan für das gesamte Haus- und Grundstückswesen
e.V.	eingetragener Verein
EAEG	Einlagensicherungs- und Anlegerentschädigungsgesetz
ebd.	ebenda
EBO	Eisenbahn-Bau- und Betriebsordnung
EEG	Gesetz für den Vorrang Erneuerbarer Energien
EG	Europäische Gemeinschaft
EGInsO	Einführungsgesetz zur Insolvenzordnung
EGV	Vertrag zur Gründung der Europäischen Gemeinschaft
EIBV 2005	Verordnung über den diskriminierungsfreien Zugang zur Eisenbahninfrastruktur und über die Grundsätze zur Erhebung von Entgelt für die Benutzung der Eisenbahninfrastruktur
Einf.	Einführung
EinigVtr	Vertrag zwischen der Bundesrepublik Deutschland und der Deutschen Demokratischen Republik über die Herstellung der Einheit Deutschlands
Einl.	Einleitung
einschl.	einschließlich
EKG	Einheitliches Gesetz über den internationalen Kauf beweglicher Sachen
EnEV	Verordnung über energiesparenden Wärmeschutz und energiesparende Anlagentechnik bei Gebäuden
EntgFG	Gesetz über die Zahlung des Arbeitsentgelts an Feiertagen und im Krankheitsfall
Entsch.	Entscheidung
entspr.	entsprechend
EnWG	Gesetz über die Elektrizitäts- und Gasversorgung
ErbbauV	Gesetz über das Erbbaurecht
ErbStG	Erbschaftsteuer- und Schenkungsteuergesetz
ErsDiG	Gesetz über den Zivildienst der Kriegsdienstverweigerer

EStG	Einkommensteuergesetz
etc.	et cetera
EU	Europäische Union
EuGH	Gerichtshof der Europäischen Gemeinschaften / Gerichtshof der Europäischen Union / Europäischer Gerichtshof
EuGHE	Sammlung der Rechtsprechung des Gerichtshofs der Europäischen Gemeinschaften / der Europäischen Union
EuroEG	Gesetz zur Einführung des Euro
EVO	Eisenbahn-Verkehrsordnung
evtl.	eventuell
EWIVAG	Gesetz zur Ausführung der EWG-Verordnung über die Europäische wirtschaftliche Interessenvereinigung
f.	folgende
FahrpersStG	Gesetz über das Fahrpersonal von Kraftfahrzeugen und Straßenbahnen
FamFG	Gesetz über das Verfahren in Familiensachen und in Sachen der freiwilligen Gerichtsbarkeit
FernAbsG	Fernabsatzgesetz
FernUSG	Gesetz zum Schutz der Teilnehmer am Fernunterricht
ff.	fortfolgend
FGG	Gesetz über die Angelegenheiten der freiwilligen Gerichtsbarkeit
FGG-RG	Gesetz zur Reform des Verfahrens in Familiensachen und in den Angelegenheiten der freiwilligen Gerichtsbarkeit
FGO	Finanzgerichtsordnung
FinDAG	Gesetz über die Bundesanstalt für Finanzdienstleistungsaufsicht
FinVermV	Verordnung über die Finanzanlagenvermittlung
Fn.	Fußnote
FPersV	Verordnung zur Durchführung des Fahrpersonalgesetzes
FS	Festschrift
FStrG	Bundesfernstraßengesetz
FuttMG	Futtermittelgesetz
FuttMV	Futtermittelverordnung
GasGVV	Verordnung über Allgemeine Bedingungen für die Grundversorgung von Haushaltskunden und die Ersatzversorgung mit Gas aus dem Niederdrucknetz
GBO	Grundbuchordnung
GebrMG	Gebrauchsmustergesetz
gem.	gemäß
GenG	Gesetz betreffend die Erwerbs- und Wirtschaftsgenossenschaften
GenTG	Gesetz zur Regelung der Gentechnik
GeschmMG	Gesetz über den rechtlichen Schutz von Mustern und Modellen
GesO	Gesamtvollstreckungsordnung
GewO	Gewerbeordnung
GewStG	Gewerbesteuergesetz
GG	Grundgesetz für die Bundesrepublik Deutschland
ggf.	gegebenenfalls
GKG	Gerichtskostengesetz
GmbHG	Gesetz betreffend die Gesellschaften mit beschränkter Haftung
GoA	Geschäftsführung ohne Auftrag
GOÄ	Gebührenordnung für Ärzte
GOZ	Gebührenordnung für Zahnärzte
grds.	grundsätzlich
GrdstVG	Gesetz über Maßnahmen zur Verbesserung der Agrarstruktur und zur Sicherung land- und forstwirtschaftlicher Betriebe
GrEStG	Grunderwerbsteuergesetz
GrStG	Grundsteuergesetz
GüKG	Güterkraftverkehrsgesetz
GVG	Gerichtsverfassungsgesetz

Abkürzungverzeichnis

GVGEG	Einführungsgesetz zum Gerichtsverfassungsgesetz
GWB	Gesetz gegen Wettbewerbsbeschränkungen
GwG	Gesetz über das Aufspüren von Gewinnen aus schweren Straftaten
h.L.	herrschende Lehre
h.M.	herrschende Meinung
HaftPflG	Haftpflichtgesetz
HAG	Heimarbeitsgesetz
HausratsV	Verordnung über die Behandlung der Ehewohnung und des Hausrats
HeilMWerbG	Gesetz über die Werbung auf dem Gebiete des Heilwesens
HeizkostenV	Verordnung über die verbrauchsabhängige Abrechnung der Heiz- und Warmwasserkosten
HGB	Handelsgesetzbuch
HintO	Hinterlegungsordnung
HOAI	Verordnung über die Honorare für Architekten- und Ingenieurleistungen
HöfeO	Höfeordnung
HRG	Hochschulrahmengesetz
Hrsg.	Herausgeber
hrsg.	herausgegeben
HS.	Halbsatz
HTürGG	Gesetz über den Widerruf von Haustürgeschäften und ähnlichen Geschäften
HypAblV	Verordnung über die Ablösung früherer Rechte und andere vermögensrechtliche Fragen
HypBkG	Hypothekenbankgesetz
i.A.	im Allgemeinen
i.d.F.	in der Fassung
i.d.R.	in der Regel
i.E.	im Einzelnen
i.e.S.	im engeren Sinne
i.S.d.	im Sinne des
i.S.v.	im Sinne von
i.V.m.	in Verbindung mit
IBR	Immobilien- und Baurecht
InsO	Insolvenzordnung
InvG	Investmentgesetz
JArbSchG	Gesetz zum Schutz der arbeitenden Jugend
JBeitrO	Justizbeitreibungsordnung
JGG	Jugendgerichtsgesetz
Jh.	Jahrhundert
JMStV	Jugendmedienschutz-Staatsvertrag
jurisPR	juris PraxisReport
JVEG	Gesetz über die Vergütung von Sachverständigen, Dolmetscherinnen, Dolmetschern, Übersetzerinnen und Übersetzern sowie die Entschädigung von ehrenamtlichen Richterinnen, ehrenamtlichen Richtern, Zeuginnen, Zeugen und Dritten
KAGG	Gesetz über Kapitalanlagegesellschaften
Kap.	Kapitel
KfzPflVV	Verordnung über den Versicherungsschutz in der Kraftfahrzeug-Haftpflichtversicherung
KO	Konkursordnung
KostO	Gesetz über die Kosten in Angelegenheiten der freiwilligen Gerichtsbarkeit
KredWG	Gesetz über das Kreditwesen
krit.	kritisch
KrW-/AbfG	Gesetz zur Förderung der Kreislaufwirtschaft und Sicherung der umweltverträglichen Beseitigung von Abfällen

KrWG	Gesetz zur Förderung der Kreislaufwirtschaft und Sicherung der umweltverträglichen Bewirtschaftung von Abfällen
KSchG	Kündigungsschutzgesetz
KStG	Körperschaftsteuergesetz
KunstUrhG	Gesetz betreffend das Urheberrecht an Werken der bildenden Künste und der Photographie
LAnpG	Gesetz über die strukturelle Anpassung der Landwirtschaft an die soziale und ökologische Marktwirtschaft in der Deutschen Demokratischen Republik
LFZG	Gesetz über die Fortzahlung des Arbeitsentgelts im Krankheitsfall
LG	Landgericht
Lit.	Literatur
lit.	litera (Buchstabe)
LPachtVG	Gesetz über die Anzeige und Beanstandung von Landpachtverträgen
LPartG	Gesetz über die Eingetragene Lebenspartnerschaft
LPGG	Gesetz über die landwirtschaftlichen Produktionsgenossenschaften
LuftBO	Betriebsordnung für Luftfahrtgerät
LuftFzgG	Gesetz über Rechte an Luftfahrzeugen
LuftVG	Luftverkehrsgesetz
LwVfG	Gesetz über das gerichtliche Verfahren in Landwirtschaftssachen
m.N.	mit Nachweisen
m.w.N.	mit weiteren Nachweisen
MargG	Margarinegesetz
MarkenG	Gesetz über den Schutz von Marken und sonstigen Kennzeichen
MDR	Monatsschrift für Deutsches Recht
MDStV	Mediendienste-Staatsvertrag
MiArbG	Gesetz über die Festsetzung von Mindestarbeitsbedingungen
MietHöReglG	Gesetz zur Regelung der Miethöhe (Artikel 3 des Zweiten Gesetzes über den Kündigungsschutz für Mietverhältnisse über Wohnraum)
MilchFettG	Gesetz über den Verkehr mit Milch, Milcherzeugnissen und Fetten
MM	Mietrechtliche Mitteilungen. Beilage zu Mieter Magazin, Fachorgan des Berliner Mietervereins
MMR	MultiMedia und Recht
MPG	Gesetz über Medizinprodukte
MünzG	Münzgesetz
MuSchG	Gesetz zum Schutz der erwerbstätigen Mutter
n.F.	neue Fassung
nachf.	nachfolgend
Nachw.	Nachweis
NachwG	Gesetz über den Nachweis der für ein Arbeitsverhältnis geltenden wesentlichen Bedingungen
Neubearb.	Neubearbeitung
NJW	Neue Juristische Wochenschrift
NJW-RR	NJW-Rechtsprechungsreport Zivilrecht
NMV	Verordnung über die Ermittlung der zulässigen Miete für preisgebundene Wohnungen
Nr.	Nummer
NZM	Neue Zeitschrift für Miet- und Wohnungsrecht, Miete, Wohnungseigentum, Pacht, Makler- und Bauträgerrecht, Steuern, Wohnungswirtschaft, Versicherung, Immobilienleasing, Time-Sharing
OEG	Gesetz über die Entschädigung für Opfer von Gewalttaten
OLG	Oberlandesgericht
OVG	Oberverwaltungsgericht
OWiG	Gesetz über Ordnungswidrigkeiten
PartGG	Gesetz über Partnerschaftsgesellschaften Angehöriger Freier Berufe
PatAnwO	Patentanwaltsordnung
PatG	Patentgesetz

Abkürzungverzeichnis

PBefG	Personenbeförderungsgesetz
PfandBG	Pfandbriefgesetz
pfl.	pflichtig
PflSchG	Gesetz zum Schutz der Kulturpflanzen
PflVG	Gesetz über die Pflichtversicherung für Kraftfahrzeughalter
PostG	Postgesetz
PrKG	Gesetz über das Verbot der Verwendung von Preisklauseln bei der Bestimmung von Geldschulden
PrKV	Preisklauselverordnung
ProdHaftG	Gesetz über die Haftung für fehlerhafte Produkte
ProdSG	Gesetz zur Regelung der Sicherheitsanforderungen an Produkte und zum Schutz der CE-Kennzeichnung
RBerG	Rechtsberatungsgesetz
RBerGAV	Verordnung zur Ausführung des Rechtsberatungsgesetzes
RDG	Gesetz über außergerichtliche Rechtsdienstleistungen
RechKredV	Verordnung über die Rechnungslegung der Kreditinstitute und Finanzdienstleistungsinstitute
RennwLottG	Rennwett- und Lotteriegesetz
RGZ	Entscheidungen des Reichsgerichts in Zivilsachen
RHBG	Gesetz über die Haftung des Reichs für seine Beamten
RKG	Reichsknappschaftsgesetz
RL	Richtlinie
Rn.	Randnummer
RPflG	Rechtspflegergesetz
Rs.	Rechtssache
RSiedlG	Reichssiedlungsgesetz
Rspr.	Rechtsprechung
RStV	Rundfunkstaatsvertrag
RVG	Gesetz über die Vergütung der Rechtsanwältinnen und Rechtsanwälte
RVO	Reichsversicherungsordnung
Rz.	Randzahl
S.	Satz
S.	Seite
s.	siehe
SachenRBerG	Gesetz zur Sachenrechtsbereinigung im Beitrittsgebiet
ScheckG	Scheckgesetz
SchfG	Gesetz über das Schornsteinfegerwesen
SchlHA	Schleswig-Holsteinische Anzeigen, Justizministerialblatt für Schleswig-Holstein
SchuldRAnpG	Gesetz zur Anpassung schuldrechtlicher Nutzungsverhältnisse an Grundstücken im Beitrittsgebiet
SchuldRModG	Gesetz zur Modernisierung des Schuldrechts
SchVG	Gesetz über Schuldverschreibungen aus Gesamtemissionen
SchwPestSchV	Verordnung zum Schutz vor der Verschleppung der Schweinepest
SchwPestV	Verordnung zum Schutz gegen die Schweinepest und die Afrikanische Schweinepest
SeemG	Seemannsgesetz
SG	Gesetz über die Rechtsstellung der Soldaten
SGB I	Sozialgesetzbuch Erstes Buch - Allgemeiner Teil
SGB II	Sozialgesetzbuch Zweites Buch - Grundsicherung für Arbeitsuchende
SGB III	Sozialgesetzbuch Drittes Buch - Arbeitsförderung
SGB IV	Sozialgesetzbuch Viertes Buch - Gemeinsame Vorschriften für die Sozialversicherung
SGB V	Sozialgesetzbuch Fünftes Buch - Gesetzliche Krankenversicherung
SGB VI	Sozialgesetzbuch Sechstes Buch - Gesetzliche Rentenversicherung
SGB VII	Sozialgesetzbuch Siebtes Buch - Gesetzliche Unfallversicherung
SGB VIII	Sozialgesetzbuch Achtes Buch - Kinder- und Jugendhilfe

SGB IX	Sozialgesetzbuch Neuntes Buch - Rehabilitation und Teilhabe behinderter Menschen
SGB X	Sozialgesetzbuch Zehntes Buch - Sozialverwaltungsverfahren und Sozialdatenschutz
SGB XI	Sozialgesetzbuch Elftes Buch - Soziale Pflegeversicherung
SGB XII	Sozialgesetzbuch Zwölftes Buch - Sozialhilfe
SGG	Sozialgerichtsgesetz
SigG	Gesetz über Rahmenbedingungen für elektronische Signaturen
sog.	so genannt
SpielV	Verordnung über Spielgeräte und andere Spiele mit Gewinnmöglichkeit
SprAuG	Gesetz über Sprecherausschüsse der leitenden Angestellten
SprengG	Gesetz über explosionsgefährliche Stoffe
SpTrUG	Gesetz über die Spaltung der von der Treuhandanstalt verwalteten Unternehmen
st. Rspr.	ständige Rechtsprechung
StBerG	Steuerberatungsgesetz
StBGebV	Gebührenverordnung für Steuerberater, Steuerbevollmächtigte und Steuerberatungsgesellschaften
StGB	Strafgesetzbuch
StHG	Staatshaftungsgesetz
StPO	Strafprozeßordnung
str.	streitig
StromGVV	Verordnung über Allgemeine Bedingungen für die Grundversorgung von Haushaltskunden und die Ersatzversorgung mit Elektrizität aus dem Niederspannungsnetz
StUG	Gesetz über die Unterlagen des Staatssicherheitsdienstes der ehemaligen Deutschen Demokratischen Republik
StVG	Straßenverkehrsgesetz
StVO	Straßenverkehrs-Ordnung
StVollzG	Gesetz über den Vollzug der Freiheitsstrafe und der freiheitsentziehenden Maßregeln der Besserung und Sicherung
StVZO	Straßenverkehrs-Zulassungs-Ordnung
SVG	Gesetz über die Versorgung für die ehemaligen Soldaten der Bundeswehr und ihre Hinterbliebenen
TDDSG	Gesetz über den Datenschutz bei Telediensten
TDG	Gesetz über die Nutzung von Telediensten
TechArbmG	Gesetz über technische Arbeitsmittel
TEHG	Gesetz über den Handel mit Berechtigungen zur Emission von Treibhausgasen
teilw.	teilweise
THW-HelfRG	Gesetz über das Technische Hilfswerk
TierSchG	Tierschutzgesetz
TierZG	Tierzuchtgesetz
TKG	Telekommunikationsgesetz
TKV	Telekommunikations-Kundenschutzverordnung
TMG	Telemediengesetz
TVG	Tarifvertragsgesetz
TzBfG	Gesetz über Teilzeitarbeit und befristete Arbeitsverträge
TzWrG	Gesetz über die Veräußerung von Teilzeitnutzungsrechten an Wohngebäuden
u.a.	unter anderem
u.Ä.	und Ähnliches
u.H.a.	unter Hinweis auf
u.U.	unter Umständen
UhVorschG	Gesetz zur Sicherung des Unterhalts von Kindern allein stehender Mütter und Väter durch Unterhaltsvorschüsse oder -ausfallleistungen

Abkürzungverzeichnis

UKlaG	Gesetz über Unterlassungsklagen bei Verbraucherrechts- und anderen Verstößen
UmstG	Drittes Gesetz zur Neuordnung des Geldwesens
UmweltHG	Umwelthaftungsgesetz
UmwG	Umwandlungsgesetz
unstr.	unstreitig
UrhG	Gesetz über Urheberrecht und verwandte Schutzrechte
UStG	Umsatzsteuergesetz 1999
usw.	und so weiter
UWG	Gesetz gegen den unlauteren Wettbewerb
VA	Verwaltungsakt
VAG	Gesetz über die Beaufsichtigung der Versicherungsunternehmen
VerbrKrG	Verbraucherkreditgesetz
VerkaufsprospektG	Wertpapier-Verkaufsprospektgesetz
VerlG	Gesetz über das Verlagsrecht
VermAnlG	Gesetz über Vermögensanlagen
VermG	Gesetz zur Regelung offener Vermögensfragen
VermVerkProspV	Verordnung über Vermögensanlagen-Verkaufsprospekte
VersAusglG	Gesetz über den Versorgungsausgleich
VG	Verwaltungsgericht
vgl.	vergleiche
VglO	Vergleichsordnung
VgV	Verordnung über die Vergabe öffentlicher Aufträge
Vorbem.	Vorbemerkung
VVG	Gesetz über den Versicherungsvertrag
VVG	Gesetz über den Versicherungsvertrag
VVGEG	Einführungsgesetz zum Versicherungsvertragsgesetz
VwGO	Verwaltungsgerichtsordnung
VwVfG	Verwaltungsverfahrensgesetz
WaffG	Waffengesetz
WährG	Gesetz Nr. 61 - Erstes Gesetz zur Neuordnung des Geldwesens
WehrPflG	Wehrpflichtgesetz
WG	Wechselgesetz
WHG	Gesetz zur Ordnung des Wasserhaushalts
WiPrO	Gesetz über eine Berufsordnung der Wirtschaftsprüfer
WiStrG	Gesetz zur weiteren Vereinfachung des Wirtschaftsstrafrechts
WM	Wertpapier-Mitteilungen. Teil IV, Zeitschrift für Wirtschafts- und Bankrecht
WoBauG 2	Zweites Wohnungsbaugesetz
WoBindG	Gesetz zur Sicherung der Zweckbestimmung von Sozialwohnungen
WoEigG	Gesetz über das Wohnungseigentum und das Dauerwohnrecht
WoFG	Gesetz über die soziale Wohnraumförderung
WoModG	Gesetz zur Förderung der Modernisierung von Wohnungen und von Maßnahmen zur Einsparung von Heizenergie
WoVermRG	Gesetz zur Regelung der Wohnungsvermittlung
WPapG	Gesetz über die Verwahrung und Anschaffung von Wertpapieren
WpDVerOV	Verordnung zur Konkretisierung der Verhaltensregeln und Organisationsanforderungen für Wertpapierdienstleistungsunternehmen
WpHG	Gesetz über den Wertpapierhandel
WpPG	Gesetz über die Erstellung, Billigung und Veröffentlichung des Prospekts, der beim öffentlichen Angebot von Wertpapieren oder bei der Zulassung von Wertpapieren zum Handel an einem organisierten Markt zu veröffentlichen ist
WpÜG	Wertpapiererwerbs- und Übernahmegesetz
WuM	Wohnungswirtschaft und Mietrecht

WZG	Warenzeichengesetz (Anlage 3 zu § 18 des Fünften Gesetzes zur Änderung und Überleitung von Vorschriften auf dem Gebiet des gewerblichen Rechtsschutzes vom 18. Juli 1953 BGBl II 1953, 615)
z.B.	zum Beispiel
ZAG	Gesetz über die informationelle Zusammenarbeit der Sicherheits- und Strafverfolgungsbehörden des Bundes und der Länder in Angelegenheiten des Staats- und Verfassungsschutzes und nachrichtendienstlicher Tätigkeit - Entwurf -
ZfIR	Zeitschrift für Immobilienrecht - ZfIR
ZfSch	Zeitschrift für Schadensrecht
Ziff.	Ziffer
ZIP	Zeitschrift für Wirtschaftsrecht und Insolvenzpraxis, ZIP
zit.	zitiert
ZMR	Zeitschrift für Miet- und Raumrecht, Mit Wohnungseigentumsrecht, Wohngeldrecht und Erschließungsrecht
ZPO	Zivilprozessordnung
ZPOEG	Gesetz, betreffend die Einführung der Zivilprozeßordnung
ZPO-RG	Gesetz zur Reform des Zivilprozesses
ZugabeV	Verordnung des Reichspräsidenten zum Schutz der Wirtschaft - Erster Teil - Zugabewesen
ZuSEG	Gesetz über die Entschädigung von Zeugen und Sachverständigen
zust.	zuständig, zustimmend
zutr.	zutreffend
ZVG	Gesetz über die Zwangsversteigerung und die Zwangsverwaltung

Literaturverzeichnis

Adomeit/Ascheid/Bauer u.a., Festschrift für Eberhard Schaub zum 65. Geburtstag, 1998
Adomeit/Birk/Buchner, Festschrift für Alfons Kraft zum 70. Geburtstag, 1998
Amann/Brambring/Hertel, Vertragspraxis nach neuem Schuldrecht, 2. Aufl. 2002
Anzinger/Becker/Bieneck u.a., Entwicklung im Arbeitsrecht und Arbeitsschutzrecht, 1996
Ascheid/Preis/Schmidt, Großkommentar zum Kündigungsrecht, 4. Aufl. 2012
Backmeister/Trittin/Mayer, Kündigungsschutzgesetz mit Nebengesetzen: KSchG, 4. Aufl. 2009
Bader/Bram/Dörner/Kriebel/Nungeßer, Kündigungs- und Bestandsschutz im Arbeitsverhältnis (vorher: Kündigungsschutzgesetz), 79. Erg.Lfg. Stand 2011
Bamberger/Roth, Bürgerliches Gesetzbuch, 3. Aufl. 2012 (zit.: Bearbeiter in: Bamberger/Roth)
Banke, Das Anwartschaftsrecht in der Einzelzwangsvollstreckung, 1991
Barthelmess, Wohnraumkündigungsschutzgesetz, Miethöhegesetz, 5. Aufl. 1995
Basedow, Aufbruch nach Europa 75 Jahre Max-Planck-Institut für Privatrecht, 2001
Baum, Der Eigentumsvorbehalt als Aus- oder Absonderungsrecht im Insolvenzverfahren, 2003
Baumbach/Hopt, Handelsgesetzbuch, 35. Aufl. 2012
Baumbach/Hueck/Hueck/Fastrich, GmbHG, 19. Aufl. 2010
Baumbach/Lauterbach/Albers/Hartmann, Zivilprozessordnung, 70. Aufl. 2012
Baumgärtel, Handbuch der Beweislast im Privatrecht, Band 1, 2. Aufl. 1991x
Baur/Stürner, Sachenrecht, 18. Aufl. 2009
Becker/Etzel/Bader, Gemeinschaftskommentar zum Kündigungsschutzgesetz, 9. Aufl. 2009
Berghaus, Kollision zwischen Factoring-Globalzession und verlängertem Eigentumsvorbehalt, 1989
Beuermann, Miete und Mieterhöhung bei preisfreiem Wohnraum, 3. Aufl. 1999
BGB-RGRK - Mitglieder des Bundesgerichtshofs (Hrsg.), Das bürgerliche Gesetzbuch - mit besonderer Berücksichtigung der Rechtsprechung des Reichsgerichts und des Bundesgerichtshofs (RGR-Kommentar), 12. Aufl. 1974 ff. (zit.: Bearbeiter in: BGB-RGRK)
Bittner/Hergenröder/Krauß u.a., Arbeitskampf- und Schlichtungsrecht, 1997
Blank/Börstinghaus, Neues Mietrecht, 2001
Blank/Börstinghaus, Miete, 3. Aufl. 2008
Blömeke/Blümmel/Kinne/Lorenz, Die Modernisierung und Instandsetzung von Wohnraum, 3. Aufl. 2000
Boecken, Unternehmensumwandlungen und Arbeitsrecht, 1996
Bohlen, Der Sicherheiten-Pool, 1984
Böhm/Spiertz/Sponer/Steinherr, BAT Kommentar, 3. Auflage 2001
Börstinghaus/Clar, Mietspiegel - Erstellung und Anwendung, 1997
Boujong/Ebenroth/Joost, Handelsgesetzbuch, 2. Aufl. 2008
Brambring, Beck'sches Notar-Handbuch, 5. Aufl. 2009
Braun, Kontokorrentvorbehalt und Globalvorbehalt, 1980
Bredow/Seiffert, Incoterms 2000, 2000
Brehm/Berger, Sachenrecht, 2. Aufl. 2006
Brox/Walker, Besonderes Schuldrecht, 36. Aufl. 2012
Brox/Walker, Zwangsvollstreckungsrecht, 9. Aufl. 2011
Bruchner/Ott/Wagner-Wieduwilt, Verbraucherkreditgesetz, 2. Aufl. 1994
Brudermüller, Mietrechtliche Aspekte eheähnlicher Gemeinschaften, 1982
Bub/Treier, Handbuch der Geschäfts- und Wohnraummiete, 3. Aufl. 1999
Bülow/Artz, Verbraucherkreditrecht, 7. Aufl. 2011
Bülow, Recht der Kreditsicherheiten, 7. Aufl. 2007
Bundesminister der Justiz, Gutachten und Vorschläge zur Überarbeitung des Schuldrechts, 1981
Bunte/Lwowski/Schimansky, Bankrechts-Handbuch, 2 Bde., 4. Aufl. 2011

Literaturverzeichnis

Burgermeister, Der Sicherheitenpool im Insolvenzrecht, 2. Aufl. 1996
Bütter, Immobilien-Time-Sharing und Verbraucherschutz, 2000
Canaris, Bankvertragsrecht, 4. Aufl. 1988
Canaris, Schuldrechtsreform 2002, 2002
Canaris/Heldrich/Hopt u.a., 50 Jahre Bundesgerichtshof, 2000
Dauner/Lieb/Heidel/Ring, AnwaltKommentar BGB, Neuedition 2011
Dauner-Lieb/Heidel/Lepa/Ring, Anwaltkommentar - Das neue Schuldrecht, 2002 (zit.: Bearbeiter in: AnwK-Das neue Schuldrecht)
Dobler, Die übertragene Anwartschaft in der Insolvenz: Zum Insolvenzschutz der veräußerten Anwartschaft des Eigentumsvorbehaltskäufers und Grundschulderwerbers, 2008
Dörner/Ebert/Eckert, BGB-Handkommentar, 7. Aufl. 2012 (zit.: Bearbeiter in: Hk-BGB)
Drescher, Verbraucherkreditgesetz und Bankenpraxis, 1994
Eicher/Schlegel, SGB III - Arbeitsförderungsrecht, 97. Erg.-Lfg. 2010
Eickmann/Flessner/Irschlinger u.a., Heidelberger Kommentar zur Insolvenzordnung, 5. Aufl. 2008
Emmerich, Das Recht der Leistungsstörungen, 6. Aufl. 2005
Emmerich/Sonnenschein, Miete, 10. Aufl. 2011x
Erman, Handkommentar zum Bürgerlichen Gesetzbuch, 13. Aufl. 2011 (zit.: Bearbeiter in: Erman)
Ernst/Zimmermann, Zivilrechtswissenschaft und Schuldrechtsreform, 2001
Esser/Weyers, Schuldrecht BT, Teilband 1, 8. Aufl. 1998
Faßbender/Hötzel/Lukanow, Landpachtrecht, 3. Aufl. 2005
Fikentscher/Heinemann, Schuldrecht, 10. Aufl. 2006
Filios, Die Gefahrtragung beim Kauf (§ 446 BGB) im Rahmen des Synallagma, 1964
Fischer-Dieskau/Pergande/Schwender, Wohnungsbaurecht, 194. Erg.-Lfg. Stand: 2012
Fitting/Engels/Schmidt u.a., Betriebsverfassungsgesetz - Handkommentar mit Wahlordnung, 26.Aufl. 2012
Flume, Allgemeiner Teil des Bürgerlichen Rechts, Bd. I/1: Die Personengesellschaft, 1977; Bd. I/2: Die juristische Person, 1983; Bd. II: Das Rechtsgeschäft, 4. Aufl. 1992
Foerste/Westphalen, Produkthaftungshandbuch Bd. 2, 2. Aufl. 1999
Fuchs/Schwintowski/Zimmer, Festschrift für Ulrich Immenga, 2004
Fürst, Gesamtkommentar öffentliches Dienstrecht (GKÖD), Bd. IV, Stand 2012
Gaul, Das Arbeitsrecht der Betriebs- und Unternehmensspaltung, 2002
Gaul/Schilken/Becker-Eberhard, Zwangsvollstreckungsrecht, 12. Aufl. 2010
Gebauer/Wiedmann, Zivilrecht unter gemeinschaftsrechtlichem Einfluss, 2. Aufl. 2010
Georgiades, Die Eigentumsanwartschaft beim Vorbehaltskauf, 1963
Gernhuber, Das Schuldverhältnis, 1989
Gitter, Gebrauchsüberlassungsverträge, 1988
Gotthardt, Arbeitsrecht nach der Schuldrechtsreform, 2. Aufl. 2003x
Grabitz/Hilf/Nettesheim, Das Recht der Europäischen Union, Loseblatt, 47. Aufl. 2012x
Gramlich, Mietrecht, 11. Aufl. 2011
Grundmann/Medicus/Rolland, Europäisches Kaufgewährleistungsrecht, 2000
Gussen, Die Weitergeltung von Betriebsvereinbarungen und Tarifverträgen bei Betriebsübergang und Umwandlung, 2. Aufl. 1997
Haarmeyer/Wutzke/Förster, Handbuch zur Insolvenzordnung, 4. Aufl. 2011
Haas, Das neue Mietrecht, 2001
Haas/Medicus/Rolland u.a., Das neue Schuldrecht, 2002
Hadding, Festschrift für Theodor Heinsius zum 65. Geburtstag, 1991
Hager, Die Gefahrtragung beim Kauf - Eine rechtsvergleichende Untersuchung, 1982
Hanau, Festschrift für Dieter Gaul, 1992
Hanau/Vossen, Festschrift für Marie Luise Hilger und Hermann Stumpf, 1983

Hannemann/Wiegener, Münchener Anwaltshandbuch Wohnraummietrecht, 3. Aufl. 2010
Heckel, Zivilkonkurs- und verfahrensrechtliche Probleme des Sicherheitenpoolvertrages, 1983
Heinrich, Festschrift für Hans-Joachim Musielak zum 70. Geburtstag, 2004
Henssler/Graf v. Westphalen, Praxis der Schuldrechtsreform, 2. Aufl. 2003
Henssler/Willemsen/Kalb, Arbeitsrecht Kommentar, 5. Aufl. 2012
Herrlein/Kandelhard, ZAP-Praxiskommentar Mietrecht, 4. Aufl. 2010
Heß, Miteigentum der Vorbehaltslieferanten und Poolbildung, 1985
v. Heymann, Die Kündigung von Darlehen nach § 247 BGB, 1984x
Hildenbrand/Kappus/Mäsch, Time-Sharing und Teilzeit-Wohnrechtegesetz (TzWrG), 2. Aufl. 2002
Höche, Festschrift für Gerd Nobbe, 2009
Hödl, Der Lieferantenpool: Zur organisierten Durchsetzung der Eigentumsvorbehalte mehrerer Lieferanten im Konkurs des gemeinsamen Schuldners, 2010
Hoeren/Martinek, Systematischer Kommentar zum Kaufrecht, 2002
Hofmann, Die Geldkarte, 2001
Holzapfel/Pöllath, Unternehmenskauf in Recht und Praxis, 14. Aufl. 2010
Hopt/Mülbert, Kreditrecht, 1989
Horn, Bankrecht, 1999
v. Hoyenberg, Vorweggenommene Erbfolge, 2010
Hoyningen-Huene/Linck, Kündigungsschutzgesetz, 14. Aufl. 2007
Huber/Faust, Schuldrechtsmodernisierung. Einführung in das neue Recht, 2002
Jacusiel, Eigentumsvorbehalt, 1932
Jaeger/Henckel, Konkursordnung, 10. Aufl. 2004
Jauernig, Bürgerliches Gesetzbuch, 14. Aufl. 2011 (zit.: Bearbeiter in: Jauernig)
Jauernig, Zwangsvollstreckung und Insolvenzrecht, 23. Aufl. 2010
Kerscher/Riedel/Lenz, Pflichtteilsrecht in der anwaltlichen Praxis, 3. Aufl. 2002
Kilger/Schmidt, Insolvenzgesetze, 17. Aufl. 1997
Kind, Die Grenzen des Verbraucherschutzes durch Information - aufgezeigt am Teilzeitwohnrechtegesetz, 1998
Kinne/Schach/Bieber, Miet- und Mietprozessrecht, 6. Aufl. 2011
Kittner/Däubler/Zwanziger, Kündigungsschutzrecht (KSchR), 8. Aufl. 2011
Kohte/Micklitz/Rott/Tonner/Willingmann, Das neue Schuldrecht - Kompaktkommentar, 2003
Konnertz, Die Konkurrenz der deliktischen Schadensersatzansprüche von Eigentümer und Besitzer gegen den Schädiger. Unter besonderer Berücksichtigung des Leasing und Vorbehaltskaufs, 2006
Kossmann, Handbuch der Wohnraummiete, 6. Aufl. 2003
Kümpel/Wittig, Bank- und Kapitalmarktrecht, 4. Aufl. 2011
Küttner, Personalbuch 2012, 19. Aufl. 2012
Lambsdorff, Grundsätzliche Fragen zum Eigentumsvorbehalt unter Berücksichtigung der höchstrichterlichen Rechtsprechung, 1981
Lambsdorff, Handbuch des Eigentumsvorbehalts im deutschen und ausländischen Recht, 1974
Lambsdorff/Hübner, Eigentumsvorbehalt und AGB-Gesetz, 1982
Lammel, Wohnraummietrecht, 3. Aufl. 2007
Lange/Wulff/Lüdtke-Handjery, Landpachtrecht, 4. Aufl. 1997
Langenfeld, Handbuch der Eheverträge und Scheidungsvereinbarungen, 6. Aufl. 2011
Larenz, Lehrbuch des Schuldrechts, Band I, Allgemeiner Teil, 14. Aufl. 1987
Larenz, Lehrbuch des Schuldrechts, Band II/1, Besonderer Teil, 1. Halbband, 13. Aufl. 1986
Larenz/Canaris, Lehrbuch des Schuldrechts, Band II/2, Besonderer Teil, 2. Halbband, 13. Aufl. 1994
Larenz/Wolf, Allgemeiner Teil des Bürgerlichen Rechts, 10. Aufl. 2012
Lehmann, Recht der Schuldverhältnisse, 15. Bearb. 1958
Leible/Sosnitza, Versteigerungen im Internet, 2004

Literaturverzeichnis

Letzgus, Die Anwartschaft des Käufers unter Eigentumsvorbehalt, 1938
Lieb, Arbeitsrecht, 9. Aufl. 2006
Lindenmaier/Möhring, Nachschlagewerk des Bundesgerichtshofs, 1961
Lindner-Figura/Opre/Stellmann, Geschäftsraummiete, 2. Aufl. 2008
Löwisch, Arbeitskampf- und Schlichtungsrecht, 1997
Lüke, Zivilprozessrecht, 10. Aufl. 2011
Lutter/Winter, Umwandlungsgesetz, 4. Aufl. 2009
Lützenkirchen/Löfflad, Neue Mietrechtspraxis, 2001
Lwowski/Fischer/Langenbucher, Das Recht der Kreditsicherung, 9. Aufl. 2011
Lwowski/Peters/Gößmann, Verbraucherkreditgesetz, 2000
Mainczyk, Bundeskleingartengesetz, Praktiker-Kommentar mit ergänzenden Vorschriften, 10. Aufl. 2010
Martinek, Moderne Vertragstypen, 1991
May, Der Bankenpool, 1989
Mayer, Der Übergabevertrag, 2. Aufl. 2001
Medicus/Petersen, Bürgerliches Recht, 23. Aufl. 2011
Medicus/Lorenz, Schuldrecht II - Besonderer Teil, 16. Aufl. 2012
Meincke, Erbschaftsteuer- und Schenkungsteuergesetz (ErbStG), 16. Aufl. 2012
Mengel, Umwandlungen im Arbeitsrecht, 1997
Micklitz/Tonner, Vertriebsrecht, 2002
Mugdan, Die gesammelten Materialien zum Bürgerlichen Gesetzbuch für das Deutsche Reich, 5 Bde., Sachreg. u. Erg.-Bd., 1899/1979 (zit.: Mugdan)
Müller, Sachenrecht, 4. Aufl. 1997
Müller, Schuldrecht - Besonderer Teil, 1990
Müller-Glöge/Preis/Schmidt, Erfurter Kommentar zum Arbeitsrecht, 12. Aufl. 2012
Müller/Walther, Miet- und Pachtrecht, 22. Erg.-Lfg. Stand: 2011
Münchener Kommentar zum Bürgerlichen Gesetzbuch, Band 1: Allgemeiner Teil, §§ 1-240, ProstG, AGG, 6. Aufl. 2012; Band 2: Schuldrecht - Allgemeiner Teil §§ 241-432, 6. Aufl. 2012; Band 3: Schuldrecht - Besonderer Teil I §§ 433-610, Finanzierungsleasing, HeizkostenV, BetriebskostenV, CISG, 6. Aufl. 2012; Band 4: Schuldrecht - Besonderer Teil II (§§ 611-704), EFZG, TzBfG, KSchG, 6. Aufl. 2012; Band 5: Schuldrecht, Besonderer Teil III (§§ 705-853), PartGG, ProdHaftG, 6. Aufl. 2012; Band 6: Sachenrecht (§§ 854-1296), 5. Aufl. 2009 (zit.: Bearbeiter in: MünchKomm-BGB)
Münchener Kommentar zur Insolvenzordnung, Band 1-3, 2. Aufl. 2008
Münstermann/Hannes, Verbraucherkreditgesetz, 1991
Musielak, Kommentar zur Zivilprozessordnung, 9. Aufl. 2012
Nicklaus, Die Kollision von verlängertem Eigentumsvorbehalt und Factoringzession im deutschen und englischen Recht, 1997
Oertmann, BGB-Kommentar, 5. Aufl. 1929
Oetker, Das Dauerschuldverhältnis und seine Beendigung, 1994
Oetker/Maultzsch, Vertragliche Schuldverhältnisse, 3. Aufl. 2007
Otto/Schwarze, Die Haftung des Arbeitnehmers, 3. Aufl. 1998
Palandt, Bürgerliches Gesetzbuch, 71. Aufl. 2012 (zit.: Bearbeiter in: Palandt)
Preis, Arbeitsrecht Praxis-Lehrbuch zum Individualarbeitsrecht, 3. Aufl. 2009
Prütting, Sachenrecht, 34. Aufl. 2010
Raiser, Dingliche Anwartschaften, 1961
Rebmann, Der langfristige Kredit, 1985
Reiff, Die Dogmatik der Schenkung unter Nießbrauchsvorbehalt und ihre Auswirkung auf die Ergänzung des Pflichtteils und die Schenkungssteuer, 1989

Reinicke/Tiedtke, Kaufrecht, 8. Aufl. 2009
Reinicke/Tiedtke, Kreditsicherung, 5. Aufl. 2006
Remien/Herrler/Limmer, Gemeinsames Europäisches Kaufrecht für die EU?, 2012
Richardi, Betriebsverfassungsgesetz, 13. Aufl. 2012
Rödder/Hötzel/Mueller-Thuns, Unternehmenskauf - Unternehmensverkauf, 2003
Röhricht/Westphalen, Handelsgesetzbuch, 3. Aufl. 2008
Rolland, Produkthaftungsrecht, 1990
Roquette, Das Mietrecht des Bürgerlichen Gesetzbuches, 1966
Rosenberg, Die Beweislast, 5. Aufl. 1965
Rosenberg/Gaul/Schilken, Zwangsvollstreckungsrecht, 11. Aufl. 1997
Rühl, Eigentumsvorbehalt und Abzahlungsgeschäft, 1930
Sandrock, Festschrift für Günther Beitzke zum 70. Geburtstag, 1979
Schalfejew, Eigentumsvorbehalt, 1931
Schimansky/Bunte/Lwowski, Bankrechts-Handbuch, 3. Aufl. 2007
Schimmel/Buhlmann, Frankfurter Handbuch zum neuen Schuldrecht, 2002
Schlechtriem, Internationales UN-Kaufrecht, 4. Aufl. 2007
Schlechtriem, Kommentar zum Einheitlichen UN-Kaufrecht - CISG, 5. Aufl. 2008
Schlechtriem, Vertragsordnung und außervertragliche Haftung, 1972
Schlegelberger, Handelsgesetzbuch, 5. Aufl. 1986
Schliemann, Das Arbeitsrecht im BGB, 2. Aufl. 2002
Schmid, Fachanwaltskommentar Mietrecht, 3. Aufl. 2012
Schmid, Mietkaution und Vermieterpfandrecht, 1. Aufl. 1997
Schmid, Miete und Mietprozess, 4. Aufl. 2004
Schmid/Wetekamp, Mietzins für Wohnraum, 1996
Schmidt-Futterer, Mietrecht, 10. Aufl. 2011
Schmidt-Futterer/Blank, Wohnraumschutzgesetz, 6. Aufl. 1988
Schmidt-Kessel, Ein einheitliches europäisches Kaufrecht, 2012
Schmidt-Salzer, Das Recht der Allgemeinen Geschäfts- und Versicherungsbedingungen, 1967
Schöner/Stöber, Grundbuchrecht, 15. Aufl. 2012
Schröter/Westphalen, Sicherheitenpoolverträge der Banken und Lieferanten, 1986
Schulze/Ebers/Grigoleit, Informationspflichten und Vertragsschluss im Acquis communautaire, 2003
Schuschke/Walker, Vollstreckung und vorläufiger Rechtsschutz, 5. Aufl. 2011
Schwintowski, Die Veräußerung (notleidender) Kredite - Grenzen der Abtretbarkeit - Schadensersatz wegen nicht schonender Sicherheitenverwertung, 2009
Schwintowski, Bankrecht, 3. Aufl. 2011
Seeker, Die Übersicherung des Geldkreditgebers bei Sicherungsübertragungen, 1995
Seibert, Handbuch zum Verbraucherkreditgesetz, 1991
Seiter, Betriebsinhaberwechsel, 1980
Serick, Eigentumsvorbehalt und Sicherungsübertragung, 1963
Sieg/Maschmann, Unternehmensumstrukturierung aus arbeitsrechtlicher Sicht, 2. Aufl. 2010
Soergel, Bürgerliches Gesetzbuch mit Einführungsgesetz und Nebengesetzen, Band 3: Schuldrecht II (§§ 433-515, AGBG, AbzG, EAG, EKG, UN-KaufAbk), 12. Aufl. 1991; Band 4/I: Schuldrecht III/I (§§ 516-651, Gesetz zur Regelung Miethöhe, VerbrKrG), 12. Aufl. 1997 (zit.: Bearbeiter in: Soergel)
Söllner, Einseitige Leistungsbestimmung im Arbeitsverhältnis, 1966
Sousa, Das Timesharing an Ferienimmobilien in der EU, 1998
Sponer, Das Anwartschaftsrecht und seine Pfändung, 1965
Stahlhacke/Preis/Vossen, Kündigung und Kündigungsschutz im Arbeitsverhältnis, 10. Aufl. 2010

Literaturverzeichnis

Staudinger, Kommentar zum Bürgerlichen Gesetzbuch mit Einführungsgesetzen und Nebengesetzen, §§ 397-432, Neubearb. 2005; §§ 433-487, Leasing, Neubearb. 2004; §§ 535-562d (Mietrecht 1), Neubearb. 2006; §§ 563-580a (Mietrecht 2), Neubearb. 2006; §§ 581-606, Neubearb. 2005; §§ 611-615, Neubearb. 2005; §§ 616-630, Neubearb. 2002; ErbbVO, §§ 1018-1112, Neubearb. 2002; §§ 1113-1203, Neubearb. 2009; §§ 1204-1296, SchiffsRG, Neubearb. 2009; Art. 219-245 EGBGB, Neubearb. 2003; VerbrKrG, HWiG, § 13a UWG, TzWrG, Neubearb. 2001; Wiener UN-KaufR (CISG), Neubearb. 2005 (zit.: Bearbeiter in: Staudinger)
Sternel, Mietrecht aktuell, 4. Aufl. 2009
Stöber, Forderungspfändung, 15. Aufl. 2010
Strasser, Festschrift für Fritz Gschnitzer, 1969
Tamm/Tonner, Verbraucherrecht - Beraterhandbuch, 2012
Thomas/Putzo, Zivilprozessordnung, 33. Aufl. 2012
Tonner, Das Recht des Timesharing an Ferienimmobilien, 2. Aufl. 2002
Tonner, Die Insolvenzabsicherung im Pauschalreiserecht und das zweite Reiserechtsänderungsgesetz, 2002
Tonner/Willingmann/Tamm, Vertragsrecht, 2010
Ulmer/Brandner/Hensen u.a., AGB-Recht, 11. Aufl. 2011
Ulmer, Festschrift Philipp Möhring zum 75. Geb., 1975
Vogel, Mandatspraxis Mietrecht, 2002
Vogt, Festschrift für Horst Hagen, 1999
Waas, Tarifvertrag und Betriebsübergang, 1999
Wank, Arbeitnehmer und Selbständige, 1988
Weber, Kreditsicherheiten, 8. Aufl. 2006
Westermann, BGB-Sachenrecht, 11. Aufl. 2005
Westermann/Gursky/Eickmann, Sachenrecht, 8. Aufl. 2011
Westermann, Das Schuldrecht 2002, 2002
Westphalen/Emmerich/v. Rottenburg, Kommentar zum Verbraucherkreditgesetz, 2. Aufl. 1996
Wetekamp, Kommentar zum BGB-Mietrecht, 2003
Wiedemann, Das Arbeitsverhältnis als Austausch- und Gemeinschaftsverhältnis, 1966
Wiedemann, Tarifvertragsgesetz, 7. Aufl. 2007
Wiegelmann, Verhaltenspflichten der Kreditinstitute im Kreditgeschäft mit Kunden in der Krise, 1993
Wieling, Sachenrecht, 5. Aufl. 2007
Wilhelm, Sachenrecht, 4. Aufl. 2010
Willemsen/Hohenstatt/Schweibert/Seibt, Umstrukturierung und Übertragung von Unternehmen, 4. Aufl. 2011
Wolf/Eckert/Ball, Handbuch des gewerblichen Miet-, Pacht- und Leasingrechts, 10. Aufl. 2009
Wolf/Lindacher/Pfeiffer, AGB-Gesetz, 5. Aufl. 2009
Wolf/ Wellenhofer, Sachenrecht, 26. Aufl. 2011
Wolter, Mietrechtlicher Bestandsschutz, 1984
Xander, Die Auswirkungen der Schuldrechtsreform auf die Gattungsschuld 2006
Zöller, Zivilprozessordnung, 29. Aufl. 2012
Zöllner/Loritz/Hergenröder, Arbeitsrecht, 6. Aufl. 2008

Bürgerliches Gesetzbuch (BGB)

vom 18. August 1896 (RGBl, 195) in der Fassung der Bekanntmachung vom 2. Januar 2002 (BGBl I, 42, 2909; 2003, 738), zuletzt geändert durch Art. 1 des Gesetzes zur Änderung des Bürgerlichen Gesetzbuchs zum besseren Schutz der Verbraucherinnen und Verbraucher vor Kostenfallen im elektronischen Geschäftsverkehr und zur Änderung des Wohnungseigentumsgesetzes vom 10. Mai 2012 (BGBl I, 1084)

Buch 2 - Recht der Schuldverhältnisse (Teil 2)

Abschnitt 8 - Einzelne Schuldverhältnisse

Titel 1 - Kauf, Tausch *⁾

Untertitel 1 - Allgemeine Vorschriften

§ 433 BGB Vertragstypische Pflichten beim Kaufvertrag

(Fassung vom 02.01.2002, gültig ab 01.01.2002)

(1) ¹Durch den Kaufvertrag wird der Verkäufer einer Sache verpflichtet, dem Käufer die Sache zu übergeben und das Eigentum an der Sache zu verschaffen. ²Der Verkäufer hat dem Käufer die Sache frei von Sach- und Rechtsmängeln zu verschaffen.

(2) Der Käufer ist verpflichtet, dem Verkäufer den vereinbarten Kaufpreis zu zahlen und die gekaufte Sache abzunehmen.

*) *Amtlicher Hinweis:*
Dieser Untertitel dient der Umsetzung
1. der Richtlinie 85/577/EWG des Rates vom 20. Dezember 1985 betreffend den Verbraucherschutz im Falle von außerhalb von Geschäftsräumen geschlossenen Verträgen (ABl. EG Nr. L 372 S. 31),
2. der Richtlinie 94/47/EG des Europäischen Parlaments und des Rates vom 26. Oktober 1994 zum Schutz der Erwerber im Hinblick auf bestimmte Aspekte von Verträgen über den Erwerb von Teilzeitnutzungsrechten an Immobilien (ABl. EG Nr. L 280 S. 82) und
3. Richtlinie 97/7/EG des Europäischen Parlaments und des Rates vom 20. Mai 1997 über den Verbraucherschutz bei Vertragsabschlüssen im Fernabsatz (ABl. EG Nr. L 144 S. 19).

Gliederung

A. Grundlagen 1	III. Sache 39
I. Kurzcharakteristik 1	1. Gesetzgebungsgeschichte 41
II. Gesetzgebungsmaterialien 2	2. Definition 42
III. Europäischer Hintergrund 3	IV. Übergabe 50
IV. Vorbild UN-Kaufrecht 7	1. Definition 51
V. Regelungsprinzipien 8	2. Übergabesurrogat 52
B. Anwendungsvoraussetzungen 14	3. Geschuldete Handlung 53
I. Normstruktur 14	4. Vorbehalten der Übergabe 55
II. Kaufvertrag 15	V. Eigentumsverschaffung 57
1. Allgemeines 15	1. Definition 58
2. Abgrenzung zu anderen Vertragstypen 22	2. Geschuldete Handlung 60
a. Werkvertrag 23	3. Eigentumsvorbehalt 63
b. Tausch 32	VI. Mangelfreiheit 64
c. Kommission 33	VII. Nebenpflichten des Verkäufers 67
d. Eigenhändlervertrag 34	1. Gesetzgebungsgeschichte 72
3. Besondere Arten des Kaufs 35	2. Einzelne Nebenpflichten 74
4. Der Kauf unter Vorbehalt 37	a. Aushändigung von Schriftstücken ... 74

b. Informationspflichten/Beratung.................. 80	IX. Abnahme der gekauften Sache................. 117
c. Rechnungserteilung............................. 95	1. Definition 120
d. Untersuchungspflichten......................... 97	2. Geschuldete Handlung 121
e. Verpackungspflichten........................... 100	3. Zurückweisung der Kaufsache 123
f. Schutzpflichten/Pflicht zur Rücksichtnahme..... 101	X. Nebenpflichten des Käufers 126
VIII. Kaufpreiszahlung............................. 104	1. Informationspflichten 127
1. Kaufpreis 106	2. Handlungspflichten 130
2. Geschuldete Handlung.......................... 108	3. Kostentragung...................................131
3. Zahlungsmodalitäten............................ 109	4. Schutzpflichten/Pflicht zur Rücksichtnahme 134
4. Kaufpreissurrogate............................... 113	**C. Rechtsfolgen 136**
5. Fälligkeit.. 116	**D. Prozessuale Hinweise/Verfahrenshinweise 139**

A. Grundlagen

I. Kurzcharakteristik

1   In § 433 BGB sind die **Hauptpflichten** von Käufer und Verkäufer normiert. Absatz 1 enthält die wesentlichen Pflichten des Verkäufers, Absatz 2 die des Käufers. Damit enthält diese Norm auch implizit die Voraussetzungen, die erfüllt sein müssen, um einen Vertrag als **Kaufvertrag** bezeichnen zu können. Neu ist die Regelung in Absatz 1 Satz 2, die eine mangelfreie Lieferung zur Leistungspflicht des Verkäufers erklärt.

II. Gesetzgebungsmaterialien

2   Angesichts der Schuldrechtsreform befindet sich die Rechtsprechung zum Kaufrecht zu vielen Fragen noch im Flusse, weshalb die Gesetzgebungsmaterialien von besonderer Bedeutung für die Auslegung der neuen beziehungsweise geänderten Vorschriften sind. Zu berücksichtigende Gesetzgebungsmaterialien sind der ursprüngliche Entwurf[1], die Stellungnahme des Bundesrates und die Gegenäußerung der Bundesregierung[2] sowie die Stellungnahme des Rechtsausschusses und die endgültige Beschlussfassung[3].

III. Europäischer Hintergrund

3   Die **Neuregelung** des deutschen Kaufrechts ist in erster Linie durch die RL 1999/44/EG des Europäischen Parlaments und Rates zu erklären. Diese Richtlinie aus dem Jahre 1999 regelt bestimmte Aspekte des **Verbrauchsgüterkaufs** sowie der Garantien für Verbrauchsgüter und musste bis zum 31.12.2001 vom nationalen Gesetzgeber umgesetzt werden.

4   Obwohl die Verbrauchsgüterrichtlinie 1999/44/EG nur Kaufverträge zwischen Unternehmern und Endverbrauchern betrifft, sah sich der deutsche Gesetzgeber durch sie veranlasst, das gesamte Kaufrecht einer grundlegenden Überarbeitung zu unterziehen.

5   Die Verbrauchsgüterrichtlinie 1999/44/EG als europäisches Recht hat auch Bedeutung für die Auslegung der nationalen Kaufrechtsnormen. Soweit die Normen der Umsetzung der Richtlinie dienen, ist das **Gebot richtlinienkonformer Auslegung** zu beachten (das Gebot richtlinienkonformer Auslegung hat der BGH in einer Entscheidung zu § 3 Abs. 2 Nr. 1 VerbrKrG (jetzt § 500 BGB) bestätigt[4]).

6   Probleme können sich im Zusammenhang mit richtlinienkonformer Auslegung dadurch ergeben, dass die Richtlinie selbst nur den Verbrauchsgüterkauf betrifft. Das neue Kaufrecht setzt hingegen in weiten Teilen die Vorgaben der Richtlinie für jeden Kaufvertrag um. Dann ist zwar aus Sicht des europäischen Rechts keine richtlinienkonforme Auslegung erforderlich, jedoch ist es bei überschießender Umsetzung europäischer Normen im Regelfall der Wille des nationalen Gesetzgebers, dass die Normen einheitlich – also richtlinienkonform – ausgelegt werden. Deswegen ist bei der Anwendung einer kauf-

---

[1] BT-Drs. 14/6040.
[2] BT-Drs. 14/6857.
[3] BT-Drs. 14/7052.
[4] BGH v. 12.09.2001 - VIII ZR 109/00 - juris Rn. 33 - NJW 2002, 133-137.

rechtlichen Norm auf Verträge, die nicht unter die Richtlinie fallen, eine **quasi-richtlinienkonforme Auslegung** vorzunehmen.[5]

IV. Vorbild UN-Kaufrecht

Ist das reformierte deutsche Kaufrecht in erster Linie eine Umsetzung einer europäischen Richtlinie, hat diese wiederum das UN-Kaufrecht zum Vorbild. Insbesondere die Zusammenfassung von Nicht- sowie Schlechterfüllung als Fall einer Leistungsstörung im weitesten Sinne ist bereits im UN-Kaufrecht verankert.[6] Setzt eine deutsche Norm die Verbrauchsgüterrichtlinie 1999/44/EG um, die sich ihrerseits auf Regeln des UN-Kaufrechts bezieht, können auch das UN-Kaufrecht und die dazugehörigen Materialien bei der Auslegung der deutschen Norm herangezogen werden. Bezüglich der Pflicht mangelfreier Lieferung (jetzt in § 433 Abs. 1 Satz 2 BGB geregelt) bezieht sich der Gesetzgeber[7] ausdrücklich auf das UN-Kaufrecht.

V. Regelungsprinzipien

Die Norm beschreibt den gebräuchlichsten Typus des **gegenseitigen Vertrag**es – den Kaufvertrag. Liegt ein Kaufvertrag vor, so sind neben den allgemeinen Regeln des Leistungsstörungsrechts (§§ 280, 320-326 BGB) auch die speziellen Regeln des Kaufrechts anwendbar.

Die Norm wird vielfach als Anspruchsgrundlage für die Rechte aus dem Kaufvertrag genannt. Die Ansprüche hinsichtlich der essentialia negotii ergeben sich aber nicht aus der gesetzlichen Regelung selbst, sondern aus dem Vertrag. Ihre Bedeutung erhält die Norm als **Typenbeschreibung des Kaufvertrages**: In ihr sind die vertragstypischen Pflichten des Kaufvertrages festgeschrieben. Sie eröffnet damit die Anwendbarkeit der kaufrechtlichen Paragraphen.

Im Gegensatz zum Gewährleistungsrecht vor der Reform, das einen weitgehend eigenständigen Regelungskanon enthielt, wird nunmehr das **allgemeine Leistungsstörungsrecht modifiziert** und ergänzt (insbesondere durch das Recht des Käufers zu mindern), bleibt aber anwendbar.[8]

Diese Veränderung wird in Absatz 1 Satz 2 dieser Norm deutlich, der die **Mangelfreiheit** der Kaufsache zum Bestandteil des **Erfüllungsanspruch**s erklärt. Also kann der Käufer nunmehr das Angebot des Verkäufers, eine mangelhafte Sache zu übergeben, nach den allgemeinen Regeln zurückweisen (§ 320 BGB). Er kommt dadurch nicht in Gläubigerverzug (§ 294 BGB). Damit ist der Streit, ob sich der Käufer bei mangelhaftem Kaufgegenstand vor Gefahrübergang auf § 320 BGB berufen kann[9], entschieden. Darüber hinaus kann der Käufer auch nachdem er die Kaufsache erhalten hat – also nach Gefahrübergang – die Zahlung des Kaufpreises gemäß § 320 BGB verweigern, sofern die Sache mangelhaft ist, weil der Verkäufer seine Pflicht zur mangelfreien Übertragung der Kaufsache (§ 433 Abs. 1 Satz 2 BGB) noch nicht erfüllt hat. Diesbezüglich hat er einen Nacherfüllungsanspruch (§ 439 BGB), bei dem es sich nur um die Modifikation des ursprünglichen Leistungsanspruches handelt.[10] Das Leistungsverweigerungsrecht kann – soweit § 309 Nr. 2a BGB greift – nicht durch Allgemeine Geschäftsbedingungen abbedungen werden.

Die Einführung des § 433 Abs. 1 Satz 2 BGB wirft aber auch ein neues Problem auf: Stellt sich bei einem Stückkauf einer einzigartigen Sache schon vor der Übergabe heraus, dass die Kaufsache einen unbehebbaren Mangel aufweist, so ist der Verkäufer nach § 275 Abs. 1 BGB von der Pflicht befreit, die Sache mangelfrei zu liefern (so genannte **qualitative Unmöglichkeit**); auch eine eventuelle Ersatzlieferung scheidet jedenfalls bei einer einzigartigen Sache aus (zur Ersatzlieferung beim Stückkauf vgl. die Kommentierung zu § 439 BGB Rn. 17). Problematisch ist nun, ob sich die leistungsbefreiende Unmöglichkeit auch auf den Übergabe- und Übereignungsanspruch erstreckt, die Folge wäre, dass der

---

[5] Vgl. *Pfeiffer*, ZGS 2002, 217-219, 26.
[6] Dazu *Pfeiffer*, ZGS 2002, 217-219, 24.
[7] BT-Drs. 14/6040, S. 209.
[8] BT-Drs. 14/6040, S. 219-220.
[9] Vgl. dazu *Medicus*, Bürgerliches Recht, 18. Aufl. 1999, Rn. 346.
[10] *Haas* in: Haas/Medicus/Rolland u.a., Das neue Schuldrecht, 2002, S. 226, Rn. 263.

Käufer beim unbehebbaren Mangel keine Primäransprüche mehr hätte. Ein solches Ergebnis wäre aber nicht interessengerecht, im Übrigen bestehen dogmatische Einwände.[11] Daher wird man einen solchen Fall qualitativer Unmöglichkeit als Teilunmöglichkeit einordnen müssen, der Anspruch auf Übergabe und Übereignung bleibt demnach bestehen.

13 Zudem wird der **Rechtsmangel** in Absatz 1 Satz 2 dem Sachmangel gleichgestellt.

B. Anwendungsvoraussetzungen

I. Normstruktur

14 Die Norm macht die unterschiedlichen Pflichten von Käufer und Verkäufer schon dadurch deutlich, dass sie sie in unterschiedlichen Absätzen festlegt. Absatz 1 bestimmt die Pflichten des Verkäufers, Absatz 2 die des Käufers.

II. Kaufvertrag

1. Allgemeines

15 Der Kaufvertrag ist ein **gegenseitiger Vertrag** des besonderen Schuldrechts. Der Kaufvertrag kommt zustande nach den allgemeinen Regeln über den Vertragsschluss (§§ 145-157 BGB).

16 Die in der Norm aufgezählten **Hauptpflichten** stehen im Gegenseitigkeitsverhältnis. Auf sie sind die §§ 320-326 BGB anzuwenden,[12] sodass die Hauptpflichten in Durchsetzung und Fortbestand voneinander abhängen (funktionelles Synallagma).[13]

17 Die **Hauptpflichten** des Verkäufers beim Sachkauf sind die **Übergabe** und die **Eigentumsverschaffung** einer **mangelfreien Sache**. Hauptpflicht des Käufers ist die **Kaufpreiszahlung** und in Ausnahmefällen auch die Abnahme der Kaufsache (ansonsten ist die Abnahme Nebenpflicht).

18 Der Kaufvertrag umfasst auch **Nebenpflichten** von Käufer und Verkäufer, die im Einzelfall zu bestimmen sind. Sie stehen nicht im Gegenseitigkeitsverhältnis.

19 Die Parteien müssen sich mindestens über Kaufgegenstand und Kaufpreis geeinigt haben (**essentialia negotii** des Kaufvertrages). Haben sich die Parteien weder auf den Kaufpreis noch auf eine Methode zu seiner Berechnung geeinigt, so besteht nicht nur eine Vertragslücke, die durch ergänzende Vertragsauslegung geschlossen werden könnte, sondern es fehlt an einer Einigung über einen wesentlichen Vertragsbestandteil, ohne den ein Kaufvertrag gemäß § 154 Abs. 1 Satz 1 BGB nicht wirksam zustande kommen kann, soweit kein einseitiges Leistungsbestimmungsrechts nach §§ 315 ff. BGB vereinbart wurde.[14]

20 Der Kaufvertrag ist grundsätzlich formfrei, etwas anderes kann sich aus dem Gesetz ergeben, zum Beispiel bei Verträgen über Grundstücke, das Vermögen oder den Nachlass (§ 311b BGB).

21 Als **schuldrechtlicher Vertrag** ist er vom Erfüllungsgeschäft (zum Beispiel Übereignung, Abtretung oder Zahlung) zu unterscheiden. Der Kaufvertrag begründet lediglich einen – schuldrechtlichen – Anspruch auf die Sache, das Recht oder die Zahlung, und zwar nur im Verhältnis zum Vertragspartner (sog. Verpflichtungsgeschäft). Fallen Verpflichtungs- und Erfüllungsgeschäft zeitlich zusammen, so sind sie dennoch rechtlich voneinander zu trennen (sog. **Trennungsprinzip**). Häufig fallen Abschluss des Kaufvertrages und dessen Erfüllung bei alltäglichen Geschäften (z.B. Einkauf in Bäckerei oder Supermarkt) zeitlich zusammen. Auch wenn eines der beiden Geschäfte fehlerhaft ist, so hat dies allein noch keine Auswirkung auf die Wirksamkeit des anderen Geschäfts (sog. **Abstraktionsprinzip**).

---

[11] Eine ausführlicher Begründung dieser Auffassung und weitere Nachweise finden sich bei *Hofmann/Pammler*, ZGS 2004, 91-95, 91-94.
[12] Allgemein zu Hauptpflichten und Gegenseitigkeitsverhältnis *Medicus*, Bürgerliches Recht, 18. Aufl. 1999, Rn. 206, 207.
[13] Grundlegend *Medicus*, Bürgerliches Recht, 18. Aufl. 1999, Rn. 219-222.
[14] Vgl. BGH v. 07.02.2006 - KZR 24/04 - juris Rn. 21 - BB 2006, 1356-1358.

2. Abgrenzung zu anderen Vertragstypen

Die Abgrenzung des Kaufvertrages zu anderen schuldrechtlichen Vertragstypen kann im Einzelfall schwierig sein. 22

a. Werkvertrag

Ist die Lieferung einer zukünftigen Sache vereinbart, zu deren Herstellung der Schuldner verpflichtet ist, liegt ein Werkvertrag vor (vgl. zur Herstellung der Sache Rn. 49). Grundsätzliches zum Werkvertrag unter der Kommentierung zu § 631 BGB. 23

Auf einen Vertrag über die Lieferung von **Standardsoftware** ist Kaufrecht anzuwenden, denn Standardsoftware existiert bereits und wird nicht erst nach den individuellen Wünschen des Vertragspartners angefertigt.[15] Dies gilt auch dann, wenn die Standardsoftware auf die Bedürfnisse des Käufers (etwa Kompatibilität mit eigener Software bzw. Software anderer Vertragspartner) zugeschnitten sein/werden soll.[16] Wird die Software nur für eine bestimmte Zeit zur Nutzung überlassen, liegt regelmäßig ein Mietvertrag vor.[17] 24

Ist die Lieferung einer schon existierenden Sache und deren **Montage** vereinbart, so liegt nur ein Kaufvertrag, kein typengemischter Vertrag vor,[18] weil § 434 Abs. 2 Satz 1 BGB eine fehlerhafte Montage als kaufvertraglichen Sachmangel deklariert. Auch wenn sich der Hersteller verpflichtet, eine vom Besteller montierte Anlage in Betrieb zu nehmen und das Personal einzuweisen, ist der Vertrag als Kaufvertrag einzuordnen.[19] 25

Bauwerke nach altem Recht: Beim Kauf von Grundstücken mit **neuen Bauwerken** hat der BGH für Fehler des Bauwerks die Mängelhaftung des Werkvertragsrechts angewendet.[20] Dafür ließ sich anführen, dass ansonsten die Anwendung stark differierender Gewährleistungsregeln – insbesondere im Hinblick auf Verjährung und Nachbesserung – lediglich vom Zeitpunkt des Vertragsschlusses abgehangen hätte. Vor Fertigstellung des Bauwerks hätten sonst die Gewährleistungsregeln des Werkvertragsrechts, nach Fertigstellung die des Kaufvertragsrechts angewendet werden müssen. Das galt es wegen der stark differierenden Rechtsfolgen zu verhindern. 26

Bauwerke nach neuem Recht: Nach der Reform des Schuldrechts ist die Mängelgewährleistung von Kauf- und Werkvertragsrecht weitgehend aneinander angeglichen. Das war vom Gesetzgeber auch so beabsichtigt.[21] Deswegen fällt das entscheidende Argument für die Anwendung des Werkvertragsrechts – die unterschiedlichen Rechtsfolgen – weitgehend weg. 27

Verbleibende Unterschiede sind das Recht des Bestellers auf Selbstvornahme (§ 637 BGB) sowie Beginn der Verjährung durch Abnahme des Werks (§ 634a Abs. 2 BGB) statt durch Übergabe (§ 438 Abs. 2 BGB). Inwieweit wegen dieser – nur noch **geringen** – **Unterschiede** Kaufmängelrecht auf fertig gestellte Bauwerke durch die Rechtsprechung angewendet wird, bleibt abzuwarten.[22] 28

Für eine **Anwendung** des **Kaufrechts** auf Verträge mit bereits **fertig gestellten Bauwerken** spricht, dass der Gläubiger in diesen Fällen das Gebäude in fertiggestelltem Zustand untersuchen kann. Dann bedarf es keiner gesonderten Untersuchung nach Vertragsschluss in Form einer Abnahme. Dieser Un- 29

---

[15] OLG Köln v. 01.09.2003 - 19 U 80/03 - juris Rn. 6 - ZGS 2003, 392-394; vgl. BGH v. 15.11.2006 - XII ZR 120/04 - juris Rn. 15; BGH v. 22.12.1999 - VIII ZR 299/98 - juris Rn. 7.

[16] LG Bonn v. 31.10.2006 - 11 O 170/05 - juris Rn. 13 - CR 2007, 767-768: Es handelt sich immer noch um Software, die als solche keine Individuallösung für den Vertragspartner darstellt, sodass Kaufrecht Anwendung findet.

[17] Vgl. BGH v. 15.11.2006 - XII ZR 120/04 - juris Rn. 11 ff. für einen sogenannten ASP (Application Service Providing/Bereitstellung von Softwareanwendungen und damit verbundener Dienstleistungen)-Vertrag.

[18] Kaufvertrag bei zusätzlich vereinbarter Montage nimmt der BGH in folgendem Fall auch nach altem Recht an: BGH v. 22.07.1998 - VIII ZR 220/97 - juris Rn. 15 - LM BGB § 326 (A) Nr. 36 (4/1999).

[19] OLG Oldenburg v. 01.10.2003 - 5 U 57/03 - OLGR Oldenburg 2004, 223-226.

[20] BGH v. 05.05.1977 - VII ZR 36/76 - BGHZ 68, 372-379.

[21] Vgl. BT-Drs. 14/6040, S. 260.

[22] Ausführlich zu dieser Problematik unter Bezugnahme auf die Lage vor der Schuldrechtsreform *Hofmann/Joneleit*, NZBau 2003, 641-645.

terschied rechtfertigt eine unterschiedliche Behandlung zu dem Fall, in dem das Bauwerk noch fertiggestellt wird und der Erwerber das Bauwerk noch nicht begutachten kann. Deswegen und aufgrund der mittlerweile geringen Unterschiede in den Rechtsfolgen zwischen Werk- und Kaufvertrag ist die Anwendung von Kauf- statt Werkvertragsrecht auf den Erwerb fertig gestellter Bauwerke vorzugswürdig.

30 Der Vertrag über die **Lieferung und Errichtung eines Ausbauhauses** ist indes ebenso wie der Vertrag über die **Errichtung eines Fertighauses** rechtlich als Werkvertrag im Sinne des § 631 BGB zu qualifizieren.[23] Dagegen ist ein Vertrag mit einer Verpflichtung, ein **serienmäßig hergestelltes Mobilheim** zu liefern und auf vom Erwerber hergestellte Fundamente aufzustellen, auch dann nach Kaufvertragsrecht zu beurteilen, wenn geringfügige Sonderwünsche zu erfüllen sind.[24] Entscheidend für die rechtliche Einordnung des Vertrages ist jeweils, ob nach dem Vertrag die Pflicht zur Eigentumsübertragung zu montierender Einzelteile oder eine Herstellungspflicht im Vordergrund steht.[25]

31 Beim Erwerb von **Altbauten in Verbindung mit Modernisierungsverpflichtungen** ist zu differenzieren: Hat sich der Veräußerer zu Arbeiten verpflichtet, die nach Umfang und Bedeutung Neubauarbeiten vergleichbar sind (etwa umfassende Modernisierungsarbeiten sowie Aufstockung des Gebäudes um zusätzliche Geschosse), so hat dies die Anwendbarkeit von Werkvertragsrecht auf Mängel der gesamten Bausubstanz zur Folge, ohne dass es auf die Bezeichnung des Vertrages als Kaufvertrag ankommt.[26] Hat der Veräußerer hingegen lediglich Herstellungsverpflichtungen übernommen, die insgesamt nach Umfang und Bedeutung Neubauarbeiten nicht vergleichbar sind, können wegen Mängeln des Objekts die Gewährleistungsregeln des Werkvertragsrechts nur insoweit angewendet werden, als die Herstellungsverpflichtungen selbst verletzt sind, ansonsten ist Kaufrecht anwendbar.[27]

b. Tausch

32 Ein Tauschvertrag liegt vor, wenn beide Vertragsparteien einen Gegenstand zu leisten haben. An die Stelle der Pflicht zur Zahlung des Kaufpreises durch den Käufer tritt also die Pflicht, einen individuellen Wert zu verschaffen.

c. Kommission

33 Beim Kommissionsgeschäft sind regelmäßig drei Personen beteiligt. Der **Kommissionär**, der **Kommittent** und ein Dritter. Der Kommissionär kauft oder verkauft einen Gegenstand im eigenen Namen (in diesem Verhältnis liegt ein Kauf vor), aber für Rechnung des Kommittenten. Im Verhältnis von Kommissionär und Kommittent liegt kein Kaufvertrag, sondern ein Kommissionsvertrag vor. Dieser ist ein gegenseitiger Vertrag über eine **entgeltliche Geschäftsbesorgung** (§ 675 BGB). Anzeichen für einen Kommissionsvertrag sind: die Weisungsbefugnis des Kommittenten in Bezug auf die Modalitäten des Vertrages zwischen Kommissionär und Drittem (beispielsweise Mindest- oder Höchstpreise, Auswahl des Vertragsgegenstandes) oder die Vereinbarung einer Provision für den Kommissionär. Ist umgekehrt statt einer Provision ein Festpreis vereinbart, so liegt nicht zwingend ein Kaufvertrag vor.[28] Die gewerbsmäßige Kommission ist in den §§ 383-406 HGB geregelt. Dabei ist zu beachten, dass der Kommissionär gegebenenfalls durch einen Selbsteintritt (§ 400 HGB) die Rolle eines Dritten bezüglich des Kaufvertrages übernehmen kann.

d. Eigenhändlervertrag

34 Der Eigenhändlervertrag, der den Eigenhändler verpflichtet, Waren des Herstellers in eigenem Namen zu vertreiben, ist kein Kaufvertrag, sondern ein **Rahmenvertrag**. Durch diesen Vertrag wird der Ei-

---

[23] BGH v. 22.12.2005 - VII ZR 183/04 - juris Rn. 11 - BGHZ 165, 325-332.
[24] BGH v. 15.04.2004 - VII ZR 291/03 - juris Rn. 11 f. - BauR 2004, 1152-1153.
[25] BGH v. 22.12.2005 - VII ZR 183/04 - juris Rn. 12 - BGHZ 165, 325-332.
[26] BGH v. 26.04.2007 - VII ZR 210/05 - juris Rn. 18 - WuM 2007, 401-402; BGH v. 06.10.2005 - VII ZR 117/04 - juris Rn. 11 - BGHZ 164, 225-235.
[27] BGH v. 06.10.2005 - VII ZR 117/04 - juris Rn. 16 - BGHZ 164, 225-235.
[28] BGH v. 27.02.1991 - VIII ZR 106/90 - juris Rn. 17 - NJW-RR 1991, 994-995.

genhändler als Vertragshändler in die Verkaufsorganisation des Herstellers beziehungsweise Lieferanten eingebunden. Innerhalb dieses Rahmenvertrages liegen bezüglich der gelieferten Waren regelmäßig Kaufverträge zwischen Hersteller und Eigenhändler vor. Die Verträge des Eigenhändlers/Vertragshändlers mit Dritten sind – so die sonstigen Voraussetzungen vorliegen – Kaufverträge.

3. Besondere Arten des Kaufs

Für besondere Arten von Kaufverträgen gelten alternativ oder additiv besondere Regeln: für den Handelskauf finden die §§ 343, 345, 373-382 HGB Anwendung, für den Kaufvertrag zwischen Unternehmer und Verbraucher (§§ 13-14 BGB) gelten die Vorschriften für den Verbrauchsgüterkauf (§§ 474-479 BGB), im Hinblick auf Allgemeine Geschäftsbedingungen greifen die §§ 305-310, 310 Abs. 3 BGB. 35

Daneben sind die Regeln für Fernabsatzgeschäfte (§ 312b BGB), Haustürgeschäfte (§ 312 BGB), Teilzahlungsgeschäfte (§ 501 BGB) und die Vorschriften über das aus diesen Normen folgende Widerrufs- und Rückgaberecht bei Verbraucherverträgen (§§ 355-359 BGB) zu beachten. 36

4. Der Kauf unter Vorbehalt

Der **Kaufvertrag** kann seitens des Verkäufers unter einem Liefervorbehalt stehen. Hier ist insbesondere der **Vorbehalt der Selbstbelieferung** zu nennen. Dabei stellt der Verkäufer den Kaufvertrag unter die (auflösende) Bedingung gemäß § 158 Abs. 2 BGB, dass er seinerseits selbst (nicht) beliefert wird, beziehungsweise behält sich für den Fall der Nichtbelieferung den Rücktritt vom Vertrag vor (§ 346 BGB). 37

Der Verkäufer muss, wenn er eine solche **Selbstbelieferungsklausel** vertraglich vereinbart, ein **kongruentes Deckungsgeschäft** abgeschlossen haben. Kongruent bedeutet, dass er durch das Deckungsgeschäft – bei objektiv zu erwartendem Geschehensablauf – seine Lieferpflichten aus dem Kaufvertrag hinsichtlich Qualität, Umfang und Zeit erfüllen kann.[29] Grundsätzlich muss der Verkäufer alles Zumutbare unternehmen, um eine Lieferung an sich zu erreichen. Eine völlige Freizeichnung des Verkäufers für den Fall der Nichtbelieferung ist Auslegungssache. Da dies jedoch nicht dem Interesse des Käufers entspricht, sind bei der Auslegung enge Maßstäbe anzulegen.[30] 38

III. Sache

Die Norm legt als **Kaufgegenstand** eine Sache fest. Nach § 453 Abs. 1 BGB sind die Vorschriften über den Kauf von Sachen aber auf Rechte und sonstige Gegenstände entsprechend anwendbar, insbesondere findet das Kaufrecht über § 453 Abs. 1 BGB auch auf den Kauf von Unternehmen Anwendung.[31] Sonstige Kaufgegenstände unter der Kommentierung zu § 453 BGB. 39

Die Bedeutung der **Abgrenzung** zwischen dem Kaufgegenstand Recht beziehungsweise Sache ist nach neuem Kaufrecht gering. Die oftmals schwierige Abgrenzung (Beispiel: Software)[32] hat – regelmäßig – keine Auswirkung mehr; die kaufrechtlichen Regeln sind jedenfalls entsprechend anwendbar. 40

1. Gesetzgebungsgeschichte

Vor der Reform des Kaufrechts bestimmte Absatz 1 Satz 2 der Vorschrift, wie der Verkäufer eines Rechtes dem Käufer den Kaufgegenstand zu verschaffen hat. Diese Sonderregel für den Rechtskauf ist nun entfallen, das Kaufrecht ist neben Rechten auf sonstige Gegenstände anwendbar (§ 453 Abs. 1 BGB). 41

---

[29] Dazu mit weiteren Nachweisen: BGH v. 22.03.1995 - VIII ZR 98/94 - juris Rn. 17 - LM HGB (Ee) § 346 Nr. 9 (8/1995).
[30] Beispielhaft eine Entscheidung des BGH, der eine Freizeichnungsklausel eng auslegt: BGH v. 19.03.1957 - VIII ZR 74/56 - BGHZ 24, 39-45.
[31] BT-Drs. 14/6040, S. 208.
[32] Auf einen Vertrag über die Lieferung von Standardsoftware ist jedenfalls Kaufrecht anzuwenden: OLG Köln v. 01.09.2003 - 19 U 80/03 - ZGS 2003, 392-394.

2. Definition

42 Sachen sind körperliche Gegenstände (§ 90 BGB).

43 Erfasst sind sowohl bewegliche als auch unbewegliche Sachen (z.B. Grundstücke), unabhängig vom Aggregatzustand (Flüssigkeiten, Gase).

44 Vor der Reform sind die Regeln des Sachkaufrechts auch auf **Elektrizität** und **Wärme** angewendet worden.[33] Damit wurden sie zumindest als einer Sache entsprechend klassifiziert. Ziel war, die Verträge, die als Leistungsgegenstand Wärme oder Strom enthielten, nach den kaufrechtlichen Normen zu beurteilen. Diese Motivation fällt jetzt weg, weil § 453 Abs. 1 BGB ohnehin die entsprechende Anwendbarkeit der Regeln für den Sachkauf bestimmt. Künftig sind daher Elektrizität und Wärme wegen der fehlenden Körperlichkeit nicht mehr als Sachen im Sinne dieser Vorschrift zu klassifizieren.[34]

45 Unter den Sachbegriff fällt auch die so genannte **Sachgesamtheit**. Eine solche ist gegeben, wenn mehrere Sachen im Kaufvertrag zu einem Leistungsgegenstand zusammengefasst werden.

46 Auch auf **Tiere** sind die Regeln des Sachkaufs anwendbar (§ 90a Satz 3 BGB).

47 Sachen im Sinne dieser Norm können auch **künftige Sachen** sein. Dies gilt selbst dann, wenn die als Kaufgegenstand bestimmte Sache noch wesentlicher Bestandteil einer anderen Sache ist; § 93 BGB steht dem nicht entgegen.[35] Beim Kauf einer künftigen Sache kann der Vertrag unter der aufschiebenden Bedingung stehen, dass die Sache entsteht (§ 158 Abs. 1 BGB), oder unter der auflösenden Bedingung, dass die Sache nicht entsteht (§ 158 Abs. 2 BGB). Auch kann vereinbart sein, dass entweder der Käufer[36] oder der Verkäufer (§ 276 Abs. 1 Satz 1 BGB) das **Risiko des Nichtentstehens** der Kaufsache tragen soll. Für die Frage, was im Einzelfall vorliegt, ist zu untersuchen, was sich aus dem Vertrag und den Umständen seines Zustandekommens ergibt.

48 Weil der Verkäufer nicht die Herstellung der Kaufsache schuldet, ist der **Warenhersteller** auch **nicht Erfüllungsgehilfe** des Verkäufers.[37] Deswegen kann dem Verkäufer ein Verschulden des Herstellers nicht gemäß § 278 BGB zugerechnet werden.[38]

49 Ist der Schuldner hingegen **zur Herstellung** der Sache **verpflichtet**, liegt ein Werkvertrag vor (§ 631 BGB). Über § 651 BGB ist für bewegliche Sachen, die zu erzeugen oder herzustellen sind, wieder Kaufrecht anwendbar. Weil die Verweisung in § 651 BGB nur für Sachen gilt, hat die Abgrenzung zwischen Recht und Sache hier noch Auswirkungen, nämlich im Hinblick auf die Frage, ob über § 651 BGB Kaufrecht anzuwenden ist oder Werkvertragsrecht anwendbar bleibt. Ein Beispiel wäre individuell herzustellende Software.[39]

IV. Übergabe

50 Der Verkäufer hat dem Käufer die im Kaufvertrag bestimmte Sache zu übergeben. Die Pflicht zur Übergabe ist von der Eigentumsverschaffung zu trennen, weil Eigentum auch ohne Übergabe verschafft werden kann. Die Übergabe ist Hauptpflicht, die im **Gegenseitigkeitsverhältnis** steht (§§ 320-326 BGB).

1. Definition

51 Übergabe ist die Übertragung des unmittelbaren Besitzes (vgl. § 854 BGB).

---

[33] Zur Rechtslage vor der Schuldrechtsreform vgl. *Putzo* in: Palandt, BGB, 61. Aufl. 2002, § 433 Rn. 4.
[34] Dies scheint auch der Gesetzgeber so zu sehen, der Elektrizität und Fernwärme in Abgrenzung zu Sachen und Rechten als „anderen Vermögensgegenstand" aufzählt (BT-Drs. 14/6040, S. 208).
[35] BGH v. 20.10.1999 - VIII ZR 335/98 - juris Rn. 17 - LM BGB § 93 Nr. 21.
[36] So genannter Hoffnungskauf, vgl. *Berger* in: Jauernig, § 433 Rn. 12.
[37] Vgl. BT-Drs. 14/6040, S. 210.
[38] BGH v. 15.07.2008 - VIII ZR 211/07 - juris Rn. 48.
[39] Zur Einordnung von Softwareverträgen nach neuem Recht: *Diedrich*, CR 2002, 473-480.

2. Übergabesurrogat

Soweit vertraglich vereinbart, ist auch ein Übergabeersatz möglich. Übergabesurrogate sind die Verschaffung mittelbaren Besitzes (§§ 868, 930 BGB), die Abtretung des Herausgabeanspruchs (§ 931 BGB), das Übergeben eines Ladescheins (§ 448 HGB), Orderlagerscheins (§ 475g HGB) oder eines anderen kaufmännischen Traditionspapiers. Möglich ist auch, die **Übergabe** an oder durch einen **Dritten** vertraglich festzulegen.

3. Geschuldete Handlung

Der Verkäufer muss nur das vornehmen, was seinerseits zur Übergabe der Sache erforderlich ist. Wirkt der Käufer an der Übergabe der Sache nicht im erforderlichen Umfang mit (z.B. keine Abnahme), so kann der Käufer bezüglich der Übergabe in Annahmeverzug kommen (§ 293 BGB).

Erfüllt ist die Übergabepflicht erst dann, wenn der Käufer oder sein Besitzdiener (§ 855 BGB) die unmittelbare Sachherrschaft erlangt hat. Dies ist insbesondere beim Versendungskauf von Bedeutung. Nach § 447 BGB geht die Gefahr des zufälligen Untergangs bereits durch Auslieferung auf die Transportperson über, für die Übergabe wird aber auf die Person des Käufers abgestellt.

4. Vorbehalten der Übergabe

Behält sich der Verkäufer die Lieferung bis zur (vollständigen) Zahlung des Kaufpreises vor, so ist der Verkäufer erst dann zur Übergabe verpflichtet. Dieser Vorbehalt umfasst auch die Eigentumsverschaffungspflicht, vgl. zum Eigentumsvorbehalt Rn. 63.

Zu unterscheiden ist dieser Vorbehalt vom Selbstbelieferungsvorbehalt, der den gesamten Kaufvertrag unter den Vorbehalt eigener Belieferung stellt, vgl. Rn. 37.

V. Eigentumsverschaffung

Der Verkäufer hat dem Käufer das Eigentum an der im Kaufvertrag bestimmten Sache zu verschaffen. Die Eigentumsverschaffungspflicht steht wie die Übergabepflicht im Gegenseitigkeitsverhältnis (§§ 320-326 BGB).

1. Definition

Eigentumsverschaffung ist die Übertragung des Eigentums auf den Käufer.
Der Übergang des Eigentums wird durch Übereignung bewirkt und richtet sich nach den Vorschriften des Sachenrechts.

2. Geschuldete Handlung

Der Verkäufer schuldet die Handlungen, die für den Übergang des Eigentums Voraussetzung sind. Das heißt, er muss – je nach Einzelfall – die erforderlichen rechtsgeschäftlichen Erklärungen abgeben sowie die entsprechenden Handlungen vornehmen. Gegebenenfalls hat er die **Zustimmung** (Einwilligung oder Genehmigung) des Berechtigten zu erwirken (§§ 182-185 BGB). Er kann auch einen **Dritten** veranlassen, dem Käufer das Eigentum zu übertragen.

Das Eigentum an **beweglichen Sachen** wird gemäß §§ 929-931 BGB durch Einigung und Übergabe oder Übergabesurrogat verschafft. Bei **Grundstücke**n hat der Verkäufer die Handlungen nach den §§ 873, 925 BGB vorzunehmen und die Eintragungsvoraussetzungen der GBO herbeizuführen sowie gegebenenfalls erforderliche behördliche Genehmigungen zu beschaffen, beispielsweise eine Teilungsgenehmigung nach § 19 BauGB[40]. Der Verkäufer hat alle Hindernisse zu beseitigen, die der Umschreibung des Eigentums entgegenstehen, soweit dies erforderlich und ihm zumutbar ist, wozu auch gehört, einen Dritten zur Aufgabe einer Buchposition zu bewegen.[41]

---

[40] Vgl. zur Teilungsgenehmigung: BGH v. 07.02.1969 - V ZR 112/65 - LM Nr. 6 zu § 323 BGB.
[41] BGH v. 19.10.2007 - V ZR 211/06 - juris Rn. 48.

62 Der Verkäufer muss dem Käufer **unbelastetes Eigentum** verschaffen (Absatz 1 Satz 2). Bucheigentum (§ 891 BGB) genügt also nicht.[42] Verschafft der Verkäufer dem Käufer wegen dessen Gutgläubigkeit Eigentum (§§ 892, 932-935 BGB; § 366 HGB), so hat er seine Eigentumsverschaffungspflicht erfüllt.

3. Eigentumsvorbehalt

63 Beim **Eigentumsvorbehalt** behält sich der Verkäufer das Eigentum bis zur (vollständigen) Zahlung des Kaufpreises vor (§ 449 BGB). Ist ein Eigentumsvorbehalt vereinbart, muss der Verkäufer dem Käufer **bis zur Zahlung** des Kaufpreises nur das **Anwartschaftsrecht** an dem Kaufgegenstand verschaffen, nach Zahlung ist er zur Verschaffung des Volleigentums verpflichtet. Hat der Verkäufer bereits unter der Bedingung der vollständigen Kaufpreiszahlung die Sache übereignet (§§ 929, 158 Abs. 1 BGB), erhält der Käufer mit der Zahlung ohne weitere Voraussetzungen das volle Eigentum aufgrund des Bedingungseintritts. Erfüllt hat der Verkäufer seine Eigentumsverschaffungspflicht in jedem Fall erst dann, wenn er dem Käufer das uneingeschränkte Eigentum verschafft hat. Einzelheiten zum Eigentumsvorbehalt vgl. die Kommentierung zu § 449 BGB.

VI. Mangelfreiheit

64 Der Verkäufer hat dem Käufer die Kaufsache frei von Sach- und Rechtsmängeln zu verschaffen: § 433 Abs. 1 Satz 2 BGB. Diese Pflicht steht im Gegenseitigkeitsverhältnis (§§ 320-326 BGB), mehr dazu vgl. in Rn. 11. Wenn der Kaufgegenstand aufgrund eines unbehebbaren Mangels nicht mangelfrei geliefert werden kann (sog. qualitative Unmöglichkeit) und noch keine Übergabe erfolgt ist, stellt sich die Frage, ob der Verkäufer gemäß § 275 Abs. 1 BGB insgesamt von seiner Leistungspflicht frei wird[43], vgl. zur qualitativen Unmöglichkeit Rn. 12.

65 Durch die Einfügung von Absatz 1 Satz 2 dieser Norm werden Rechts- und Sachmangel gleichgestellt.

66 Der Sachmangel ist in § 434 BGB, der Rechtmangel in § 435 BGB geregelt. Liegt ein Mangel vor, ergeben sich die Rechtsfolgen aus den §§ 437-441 BGB sowie aus dem allgemeinen Leistungsstörungsrecht.

VII. Nebenpflichten des Verkäufers

67 Die Nebenpflichten dienen einer interessengerechten Abwicklung des Vertrages. Möglich sind beispielsweise Pflichten zur Verpackung, Versendung oder Versicherung der Ware, Pflichten zur Aufklärung, Beratung, Warnung und Bedienungsanleitung, Mitwirkungspflichten und Pflichten zum Bereithalten von Ersatzteilen und zur Vorlage richtiger Bilanzen beim Unternehmenskauf. **Entscheidend** sind die **Begebenheiten des Einzelfalls**.[44]

68 Die Nebenpflichten für den Verkäufer ergeben sich entweder ausdrücklich oder konkludent aus dem Kaufvertrag oder sind Teil der so genannten Verhaltenspflichten bzw. Schutzpflichten nach § 241 Abs. 2 BGB. **Verhaltenspflichten/Schutzpflichten** sind – im Gegensatz zu den **Leistungspflichten** – dadurch gekennzeichnet, dass man sie in der Regel nicht einklagen kann, ihre Verletzung aber eine Pflichtverletzung darstellt, die gegebenenfalls einen Schadensersatzanspruch zur Folge hat.[45]

69 Verhaltenspflichten des Verkäufers können nicht nur bezüglich der Rechtsgüter des Käufers, sondern auch im Hinblick auf die Rechtsgüter Dritter – sofern sie in den Schutzbereich des Vertrages mit einbezogen sind – bestehen (so genannter **Vertrag mit Schutzwirkung zugunsten Dritter**).

70 Verletzt der Verkäufer eine Nebenpflicht, so kann der Käufer Schadensersatz nach § 280 BGB oder § 281 BGB verlangen, gegebenenfalls auch noch Erfüllung der Pflicht.

71 Nebenpflichten stehen **nicht** im **Gegenseitigkeitsverhältnis**, vgl. zu den Hauptpflichten Rn. 16.

---

[42] RG v. 30.03.1931 - VI 518/30 - RGZ 132, 145-149.
[43] Die Problematik wird von *Hofmann/Pammler* dargestellt: *Hofmann/Pammler*, ZGS 2004, 91-95, 91-94.
[44] Vgl. dazu die Regierungsbegründung zur Aufhebung des § 444 BGB a.F.: BT-Drs. 14/6040, S. 203.
[45] Dazu allgemein *Medicus*, Bürgerliches Recht, 18. Aufl. 1999, Rn. 208.

1. Gesetzgebungsgeschichte

Vor der Reform war in § 444 BGB a.F. ein Teil der Nebenpflichten des Verkäufers normiert: eine Auskunftspflicht im Hinblick auf die rechtlichen Gegebenheiten des Kaufgegenstandes sowie die Pflicht zur Auslieferung bestimmter Beweisurkunden. Damit regelte § 444 BGB a.F. nur einen kleinen Teil grundsätzlich möglicher Nebenpflichten des Verkäufers (vgl. dazu Rn. 67). 72

Weil es bei der Frage, ob eine bestimmte Nebenpflicht besteht, auf die Ausgestaltung des jeweiligen Vertrages und die Umstände des Einzelfalles ankommt, wurde der Inhalt des § 444 BGB a.F. nicht in das neue Kaufrecht übernommen. Inhaltlich ändert sich dadurch an den Nebenpflichten nichts[46]; damit ist die Rechtsprechung zu § 444 BGB a.F. nach wie vor zu beachten. 73

2. Einzelne Nebenpflichten

a. Aushändigung von Schriftstücken

Inwieweit der Verkäufer zusätzlich zur Herausgabe von Schriftstücken verpflichtet ist, muss differenziert beurteilt werden. 74

Herauszugeben sind grundsätzlich solche Schriftstücke, die dem **Beweis des Eigentums** an der Sache dienen (beim Rechtskauf zum Beweis des Rechts). 75

Auch die für den **Gebrauch** erforderlichen Unterlagen muss der Verkäufer herausgeben. Dazu gehören unter anderem **Handbücher** über die Benutzung des Kaufgegenstandes. Ist der Gebrauch des Gegenstandes ohne das Handbuch nur schwer möglich, kann dies auch einen Sachmangel begründen. Dabei ist nach neuem Recht nicht mehr entscheidend, ob in solchen Fällen ein Sachmangel oder (teilweise) Nichterfüllung vorliegt,[47] weil es sich bei der Pflicht zur mangelfreien Lieferung gemäß § 433 Abs. 1 Satz 2 BGB ohnehin um eine Hauptleistungspflicht handelt. Gleichwohl wird man derartige Fallgestaltungen nach der Schuldrechtsreform richtigerweise im Rahmen der Sachmängelhaftung prüfen müssen. Demnach liegt ein Sachmangel nach § 434 Abs. 1 BGB vor, wenn die sinnvolle Verwendung des Kaufgegenstandes eine verständliche **Bedienungsanleitung** voraussetzt und die Bedienungsanleitung in wesentlichen Punkten unvollständig oder fehlerhaft ist, sodass bei entsprechendem Gebrauch der – ansonsten einwandfreien – Kaufsache Fehlfunktionen auftreten.[48] 76

Ein Anspruch auf Aushändigung von **Urkunde**n ist nur gegeben, soweit sie sich zum Zeitpunkt des Vertragsschlusses im Besitz des Verkäufers befinden.[49] 77

Genehmigte Baupläne für das verkaufte Grundstück sind herauszugeben, weil sie eine wesentliche rechtliche Voraussetzung für den Gebrauch des Grundstücks als Bauland sind oder zum Beweis der Rechtmäßigkeit des Gebäudes gegenüber den Baubehörden dienen. Problematisch ist, ob der Verkäufer auch ohne ausdrückliche vertragliche Regelung verpflichtet ist, die Bauplanungsunterlagen herauszugeben.[50] Daher ist aus Käufersicht eine entsprechende Regelung im notariell beurkundeten Vertrag zu empfehlen. 78

---

[46] BT-Drs. 14/6040, S. 203.
[47] Vgl. dazu eine Entscheidung des BGH, der die Lieferung eines Computers mit Software ohne die dazugehörigen Handbücher als einen Fall der Nichterfüllung einordnet. Zur Begründung führt er unter anderem aus, dass der Käufer sonst keinen Anspruch auf Aushändigung der Handbücher hätte. Diese Argumentation verdeutlicht die Unerheblichkeit der Einordnung nach neuem Recht: BGH v. 04.11.1992 - VIII ZR 165/91 - juris Rn. 18 - LM BGB § 477 Nr. 57 (4/1993).
[48] OLG München v. 09.03.2006 - 6 U 4082/05 - juris Rn. 25 - OLGR München 2006, 461-462; vgl. auch die Kommentierung zu § 434 BGB Rn. 118.
[49] Noch zum alten § 444 BGB: OLG Hamm v. 30.09.1999 - 22 U 88/99 - juris Rn. 14 - NJW-RR 2000, 867-868. Zu den Pflichten, die in § 444 BGB vor der Reform geregelt waren, sowie zu den Gründen der Streichung vgl. Rn. 72.
[50] Diese Frage offen lassend, aber mit weiteren Nachweisen (noch zum alten § 444 BGB): OLG Hamm v. 30.09.1999 - 22 U 88/99 - juris Rn. 12 - NJW-RR 2000, 867-868; zu den Pflichten, die in § 444 BGB vor der Reform geregelt waren, sowie zu den Gründen der Streichung vgl. Rn. 72.

79 Die Aushändigung des **Kfz-Brief**s gehört beim Kauf eines Kfz zu den Pflichten des Verkäufers, sie ist sogar in der Regel Hauptpflicht.[51]

b. Informationspflichten/Beratung

80 Informationen sind hier weit zu verstehen. Hierunter fallen sowohl Aufklärungen und Auskünfte als auch Belehrungen, Ratschläge und Warnungen.

81 Dabei ist zwischen den Aufklärungs-/Beratungspflichten, die sich für den Verkäufer aus dem Kaufvertrag und den konkreten Umständen ergeben können, und den umfassenderen Beratungspflichten, die aus einem selbständigen Beratungsvertrag resultieren, zu unterscheiden.

aa. Kaufvertragliche Aufklärungs-/Beratungspflichten

82 Eine allgemeine Pflicht des Verkäufers zur Information über den Kaufgegenstand besteht nicht. **Fragen** des Käufers hingegen hat der Verkäufer **richtig und vollständig zu beantworten**.[52] Eine darüber hinausgehende Aufklärung-/Beratungspflicht kann sich aus den Umständen ergeben.

83 Auch bei Vertragsverhandlungen, in denen die Beteiligten entgegengesetzte Interessen verfolgen, besteht eine Pflicht, die andere Vertragspartei über solche Umstände aufzuklären, die den von ihr verfolgten **Vertragszweck vereiteln können** und für ihren Entschluss zum Vertragsschluss **von wesentlicher Bedeutung** sind, wenn sie eine solche Unterrichtung nach der Verkehrsauffassung erwarten durfte.[53] Dies ist indes nur bei Umständen gegeben, die die andere Vertragspartei nicht kennt und auch nicht kennen kann, oder bei solchen, die sie nicht durchschaut.[54]

84 Bei der Beurteilung von Aufklärungs-/Beratungspflichten im Einzelfall ist vor allem auf die **Sicht des Käufers** abzustellen; so kann dieser in einem Fachgeschäft eine größere Sachkunde des Verkaufspersonals erwarten als in einem Warenhaus und vom Hersteller eines Produkts wiederum eine größere Sachkunde als vom bloßen (Fach-)Händler.[55] Beratungspflichten können sich etwa dann ergeben, wenn der Verkäufer eigens fachkundige Berater einsetzt, die über die Eigenschaften der verkauften Produkte oder deren Verwendungsmöglichkeiten Auskunft geben sollen.[56] Auch in den Fällen, in denen der Käufer mangels Fachkompetenz nicht beurteilen kann, welches Produkt für ihn das geeignete ist, kann der Verkäufer verpflichtet sein, ihn bei der Auswahl zu beraten,[57] die Beratungspflicht richtet sich im Einzelfall nach der Beratungsbedürftigkeit des Käufers.[58]

85 Gerade der Käufer eines **Pkw**s wird grundsätzlich auf die besondere Fachkunde eines fachkundigen Verkäufers vertrauen dürfen, sodass dies beim Umfang der Aufklärungspflichten zu berücksichtigen ist. Der sachkundige Verkäufer ist jedoch im Normalfall nicht verpflichtet, ungefragt über den neuesten Stand der den Pkw betreffenden Servicebedingungen aufzuklären beziehungsweise die Servicevorschriften in der aktuellsten Fassung zu übergeben, wenn der Verkäufer nicht auch gleichzeitig mit der Durchführung der Inspektionen beauftragt wird, weil entsprechende Informationen nicht für den laufenden Betrieb des Pkws notwendig sind und Hersteller ihre Servicevorgaben ohnehin aktualisieren und gegebenenfalls auch ändern.[59]

86 Beim Kauf von mit **Gebäuden** bebauten Grundstücken besteht eine Pflicht des Verkäufers zur **Offenbarung von verborgenen Mängeln** bzw. Umständen, die auf bestimmte Mängel schließen lassen,

---

[51] BGH v. 25.06.1953 - IV ZR 20/53 - LM Nr. 5 zu § 433 BGB.
[52] BGH v. 16.03.2012 - V ZR 18/11 - juris Rn. 28; BGH v. 27.03.2009 - V ZR 30/08 - juris Rn. 25.
[53] BGH v. 10.10.2008 - V ZR 175/07 - juris Rn. 10; BGH v. 16.12.2009 - VIII ZR 38/09 - juris Rn. 15; KG Berlin v. 20.06.2005 - 8 U 220/04 - juris Rn. 7 - KGR Berlin 2005, 734-735.
[54] BGH v. 19.05.2006 - V ZR 264/05 - juris Rn. 18 - NJW 2006, 3139-3142.
[55] BGH v. 16.06.2004 - VIII ZR 303/03 - juris Rn. 14 - NJW 2004, 2301-2303.
[56] BGH v. 13.07.1983 - VIII ZR 112/82 - juris Rn. 9 - BGHZ 88, 130-143.
[57] Für den Softwarekauf: OLG Düsseldorf v. 23.02.1999 - 21 U 99/98 - BauR 1999, 506.
[58] Für den Kauf einer EDV-Anlage die Verletzung der Beratungspflicht im Ergebnis verneinend: OLG Hamm v. 23.11.1988 - 31 U 63/88 - juris Rn. 27 - BB Beilage 1989, Nr. 15, 3-5.
[59] AG Hoyerswerda v. 27.04.2004 - 1 C 66/04.

wenn diese **für den Kaufentschluss bedeutsam** sind, was insbesondere bei drohender erheblicher Beeinträchtigung für die beabsichtigte Nutzung der Fall ist.[60] Bei – etwa im Rahmen einer Besichtigung – ohne weiteres erkennbaren Mängeln besteht keine Offenbarungspflicht, weil der Käufer diese bei Beachtung der im eigenen Interesse gebotenen Sorgfalt selbst wahrnehmen kann.[61] Sind Umstände erkennbar, die einen Hinweis auf einen möglichen Mangel darstellen können (Spuren), jedoch keinen tragfähigen Rückschluss auf Art und Umfang des Mangels erlauben, muss der Verkäufer gemäß seinem Kenntnisstand aufklären und darf sein etwaiges konkretes Wissen nicht zurückhalten.[62] Der Verkäufer muss indes nicht von sich aus darüber aufklären, dass die Schadensursache unklar ist und nähere Untersuchungen unterblieben sind.[63]

Die Informationspflichten des Verkäufers, der – wie im Regelfall – nicht gleichzeitig auch Hersteller ist, gehen regelmäßig nicht so weit, dass der Käufer über jedes denkbare Risiko, das mit der beabsichtigten Verwendung der Ware verbunden ist, lückenlos aufgeklärt werden muss.[64] Der Verkäufer ist nur verpflichtet, den Käufer über alle **für den vorgesehenen und ihm mitgeteilten Verwendungszweck wesentlichen** – insbesondere auch ungünstige – **Eigenschaften** der in Betracht kommenden Ware zu informieren, die ihm bekannt sind.[65] Hat der Verkäufer Bedenken gegen die uneingeschränkte Eignung der Ware oder liegen konkrete Anhaltspunkte in dieser Richtung vor, so muss er dies dem Käufer offenbaren oder seine Zweifel durch Rückfrage beim Hersteller ausräumen.[66] 87

Weist der Verkäufer auf seine fehlende Fachkompetenz hin und gibt lediglich die **Auskunft** eines Dritten – beispielsweise des Herstellers – weiter, haftet er diesbezüglich nicht wegen falscher Beratung.[67] 88

Auf Grundlage der vorstehenden Ausführungen ist eine Aufklärungspflicht etwa in folgenden Konstellationen bejaht worden: 89

- Verkauft der gewerbliche Gebrauchtwarenverkäufer an eine Privatperson ein Kfz „aus erster Hand" muss er darüber aufklären, wenn das Fahrzeug beim Voreigentümer ausschließlich **als Mietfahrzeug genutzt** worden ist, weil es sich um eine atypische Vorbenutzung handelt, die mit einen merkantilen Minderwert des Fahrzeugs einhergeht und üblicherweise zu einem Abschlag auf den „Normalpreis" des Fahrzeugs führen würde.[68]
- Der Verkäufer eines Gebrauchtwagens muss den Käufer darüber aufklären, dass er das Fahrzeug kurze Zeit vor dem Weiterverkauf von einem nicht im Kraftfahrzeugbrief eingetragenen „**fliegenden Zwischenhändler**" erworben hat.[69]
- Beim Verkauf einer Immobilie zu Vermögensbildungszwecken enthebt auch die Übernahme einer auf die Dauer von drei Jahren befristeten Miet-Garantie den Verkäufer nicht von der Verpflichtung zur **Aufklärung über die tatsächlichen Umstände der Vermietung** (Leerstand).[70]
- Der Verkäufer hat den Käufer über die **fehlende Baugenehmigung** bezüglich einer Dachgeschosswohnung aufzuklären.[71]

---

[60] BGH v. 16.03.2012 - V ZR 18/11 - juris Rn. 21.
[61] BGH v. 16.03.2012 - V ZR 18/11 - juris Rn. 21.
[62] BGH v. 16.03.2012 - V ZR 18/11 - juris Rn. 22.
[63] BGH v. 16.03.2012 - V ZR 18/11 - juris Rn. 23.
[64] BGH v. 16.06.2004 - VIII ZR 303/03 - juris Rn. 15 - EBE/BGH 2004, 234-235.
[65] BGH v. 16.06.2004 - VIII ZR 303/03 - juris Rn. 16 - EBE/BGH 2004, 234-235.
[66] BGH v. 16.06.2004 - VIII ZR 303/03 - juris Rn. 16 - EBE/BGH 2004, 234-235.
[67] OLG Düsseldorf v. 23.02.1999 - 21 U 99/98 - BauR 1999, 506.
[68] OLG Stuttgart v. 31.07.2008 - 19 U 54/08 - juris Rn. 17; a.A. LG Kaiserslautern v. 25.03.2009 - 2 O 498/08 - juris Rn. 32 ff: keine atypische Nutzung und kein Sachmangel.
[69] BGH v. 16.12.2009 - VIII ZR 38/09 - juris Rn. 16.
[70] Vgl. BGH v. 10.10.2008 - V ZR 175/07 - juris Rn. 10-12.
[71] Vgl. OLG Hamm v. 21.02.2008 - 22 U 145/07, I-22 U 145/07 - juris Rn. 21.

- Die **durch eine Baulast gesicherte Baubeschränkung** stellt jedenfalls bei einem unrenovierten, nach Nutzungsänderung noch umzubauenden und zudem in Wohnungseigentum aufgeteilten Haus einen wesentlichen Mangel dar, über den aufzuklären ist.[72]
- Auch bei älteren Gebäuden, bei denen Kaufinteressenten regelmäßig mit einem gewissen Maß an Feuchtigkeit rechnen müssen, muss der Verkäufer grundsätzlich über eine **extreme Durchfeuchtung der Kellerwände** aufklären. Dies gilt insbesondere, wenn die Kellerwände (etwa auf Grund kurz zuvor erfolgter Renovierungsarbeiten) einen äußerlich trockenen Eindruck vermitteln.[73]
- Nicht aufklären muss ein Verkäufer eines **Gebäude**grundstücks darüber, dass er sich über die Ursache der sichtbaren Symptome eines Mangels (**Feuchtigkeitsflecken**) nicht sicher ist und hierzu auch keine näheren Untersuchungen angestellt hat.[74]
- Über den unzureichenden Schutz von Garage und Keller vor Überschwemmungen muss der Verkäufer auch dann aufklären, wenn er nach eigenen Angaben die Gefahr gelegentlicher Überschwemmungen für den „Normalfall" hält.[75]
- Besteht ein Gebäude aus **Baustoffen**, die bei der Errichtung eines Wohnhauses gebräuchlich waren, später aber als **gesundheitsschädlich** erkannt worden sind, können diese einen Mangel der Kaufsache begründen, der **ungefragt zu offenbaren ist**.[76]
- Der Verkäufer muss den Käufer eines Bausatzes für die Selbstmontage einer (Solarheizungs-)Anlage zwar nicht ausdrücklich darauf hinweisen, dass die Montage der Solaranlage ein gewisses **handwerkliches Geschick voraussetzt**, weil dies selbstverständlich ist. Sind jedoch laut Herstellerangaben (Montageanleitung) **Fachkenntnisse** entsprechend einer abgeschlossenen Berufsausbildung (Gas-/Wasserinstallationshandwerk) erforderlich, muss der Verkäufer den Käufer hierüber selbst dann unterrichten, wenn er meint, die Montageanweisung sei insoweit tatsächlich unzutreffend und rechtlich unverbindlich.[77]
- Beim Verkauf von (Elektro-Flachspeicher-)**Heizungen** für den **Betrieb mit Tagstrom** als Ersatz für die zuvor betriebenen Nachtspeicherheizungen muss der Verkäufer den Käufer deutlich darauf hinweisen, dass er mit der neuen Heizung den günstigen Nachttarif nicht mehr in Anspruch nehmen kann, wenn der Käufer deutlich macht, dass die Ersparnis von Heizkosten für ihn ausschlaggebend ist. Allein die Angabe im Verkaufsprospekt, dass es sich nicht um Nachtspeicheröfen handelt, genügt insoweit nicht.[78]

bb. Selbständiger Beratungsvertrag

90 Eine **umfassende Beratungspflicht** des Verkäufers kann sich aus einem zusätzlichen Beratungsvertrag ergeben. Ein solcher **selbständiger Beratungsvertrag** verpflichtet den Verkäufer zu richtiger und vollständiger Information über die tatsächlichen Umstände, die für den Kaufentschluss des Interessenten von wesentlicher Bedeutung sind oder sein können.[79]

91 Dabei ist die mitunter schwierige **Abgrenzung** zwischen einem neben dem Kaufvertrag stehenden selbständigen Beratungsvertrag und einer unselbständigen Beratungspflicht als Nebenpflicht aus dem Kaufvertrag auf Grund einer umfassenden Prüfung aller maßgebenden Umstände des Einzelfalles vorzunehmen: Im Regelfall ist eine beratende Tätigkeit des Verkäufers jedoch lediglich als Teil seiner Absatzbemühungen anzusehen, insbesondere wenn sie sich auf Eigenschaften des Kaufgegen-

---

[72] BGH v. 15.07.2011 - V ZR 171/10 - juris Rn. 8.
[73] OLG Saarbrücken v. 05.08.2008 - 4 U 90/08 - 33, 4 U 90/08 - juris Rn. 28.
[74] BGH v. 16.03.2012 - V ZR 18/11 - juris Rn. 19, 23.
[75] BGH v. 08.12.2006 - V ZR 249/05 - juris Rn. 7.
[76] BGH v. 27.03.2009 - V ZR 30/08 - juris Rn. 6.
[77] BGH v. 13.06.2007 - VIII ZR 236/06 - juris Rn. 35 ff.
[78] OLG Koblenz v. 12.10.2007 - 10 U 304/07 - juris Rn. 11 ff.
[79] BGH v. 14.01.2005 - V ZR 260/03 - juris Rn. 18 - WuM 2005, 205-207; BGH v. 15.10.2004 - V ZR 223/03 - juris Rn. 11 - WM 2005, 69-72.

standes beschränkt.[80] Nur wenn die Beratung des Verkäufers eindeutig über das hinausgeht, was im allgemeinen seitens des Verkäufers für die sachgemäße Anwendung oder den Einsatz des Kaufgegenstandes in beratender oder empfehlender Weise geleistet wird, kann dies einen selbständigen Beratervertrag begründen. Dabei wird ein selbständiger Beratungsvertrag umso eher anzunehmen sein, je größer der Wissensvorsprung des als Fachmann in Anspruch genommenen Verkäufers/Beraters gegenüber dem Rat suchenden Käufer ist, je intensiver die Beratung erfolgt und je bedeutsamer sie für die Kaufentscheidung des Beratenen und deren erkennbare wirtschaftliche Folgen ist.[81]

So erfordert das Zustandekommen eines selbständigen Beratungsvertrages beim **Erwerb einer Immobilie zu Anlagezwecken** weder die Dokumentation des Verhandlungsverlaufs noch kommt es darauf an, ob die durch das Erwerbsmodell zu erzielende steuerliche Ersparnis den Mittelpunkt der Beratung bildet: Für den Abschluss eines Beratungsvertrages genügt vielmehr, dass sich als Ergebnis eines die Vorteile des Erwerbs hervorhebenden Verkaufsgesprächs eine Empfehlung zum Vertragsabschluss feststellen lässt.[82] 92

Liegt ein gesonderter Beratungsvertrag vor, ist der Verkäufer verpflichtet, den Käufer **vollständig und richtig über die tatsächlichen Umstände**, die **für den Kaufentschluss** des Interessenten **von wesentlicher Bedeutung** sind oder sein können, zu informieren.[83] Bei dem Erwerb einer Immobilie zu Anlagezwecken sind das vor allem die Aufwendungen, die der Interessent erbringen muss, um das Objekt mit seinen Mitteln erwerben und halten zu können; Kernstück der Beratung ist die Berechnung/Ermittlung des (monatlichen) Eigenaufwandes, die auch unter Berücksichtigung der im Zeitpunkt der Beratung absehbaren künftigen Belastungen (etwa bereits abzusehende ungünstige Veränderungen der Mieteinnahmen oder Unterhaltungskosten) zutreffend sein muss.[84] Soweit er den Erwerb als wirtschaftlich rentabel darstellt, muss er zutreffend über die spezifischen, aus den individuellen Gegebenheiten der Immobilie folgenden Risiken, welche die in Aussicht gestellte Rentabilität des Erwerbs erheblich zu mindern oder gar auszuschließen vermögen, aufklären.[85] 93

Dabei trägt der Käufer die **Darlegungs- und Beweislast** dafür, dass der Verkäufer seine Pflichten aus einem Beratungsvertrag verletzt hat. Dies gilt auch dann, wenn der Verkäufer dem Käufer ein unvollständiges und insoweit fehlerhaftes Berechnungsbeispiel zur Ermittlung des monatlichen Eigenaufwands vorgelegt hat, weil die schriftliche Beratungsunterlage nicht die Vermutung trägt, dass dem Kaufinteressenten keine weiteren, über die schriftliche Berechnung hinausgehenden Informationen erteilt worden sind.[86] 94

c. Rechnungserteilung

Der Verkäufer ist gegebenenfalls nach § 14 Abs. 1 UStG verpflichtet, die Mehrwertsteuer auszuweisen. Unabhängig davon kann sich auch aus einer vertraglichen Nebenabrede eine Pflicht des Verkäufers zur Erstellung einer Rechnung mit gesondert ausgewiesener Mehrwertsteuer ergeben.[87] 95

Ist die Umsatzsteuerpflicht der Leistung ernsthaft zu bezweifeln, so muss die Steuer nur dann vom Verkäufer ausgewiesen werden, wenn die Finanzbehörde den Vorgang tatsächlich der Umsatzsteuer unterworfen hat.[88] Ist ein entsprechender Beschluss der Finanzbehörde bestandskräftig, muss der Verkäufer – als Ausfluss seiner kaufvertraglichen (Neben-)Pflichten – die Umsatzsteuer auf einer Rechnung ausweisen, unabhängig davon, ob der Vorgang objektiv steuerpflichtig ist oder nicht.[89] 96

---

80 BGH v. 16.06.2004 - VIII ZR 258/03 - juris Rn. 11 - BGHReport 2004, 1329-1331.
81 BGH v. 16.06.2004 - VIII ZR 258/03 - juris Rn. 12 - BGHReport 2004, 1329-1331.
82 BGH v. 14.01.2005 - V ZR 260/03 - juris Rn. 13 - WuM 2005, 205-207.
83 BGH v. 14.01.2005 - V ZR 260/03 - juris Rn. 18; BGH v. 15.10.2004 - V ZR 223/03 - juris Rn. 11.
84 BGH v. 13.06.2008 - V ZR 114/07 - juris Rn. 13; BGH v. 15.10.2004 - V ZR 223/03 - juris Rn. 11 - WM 2005, 69-72.
85 BGH v. 15.10.2004 - V ZR 223/03 - juris Rn. 12 - WM 2005, 69-72.
86 BGH v. 13.06.2008 - V ZR 114/07 - juris Rn. 16.
87 BGH v. 24.02.1988 - VIII ZR 64/87 - juris Rn. 11 - BGHZ 103, 284-298.
88 BGH v. 24.02.1988 - VIII ZR 64/87 - BGHZ 103, 284-298.
89 BGH v. 24.02.1988 - VIII ZR 64/87 - BGHZ 103, 284-298.

d. Untersuchungspflichten

97 Eine gesonderte Prüfung beziehungsweise Untersuchung des Kaufgegenstandes schuldet der Verkäufer in der Regel nicht. Durch die Einführung der Pflicht, die Sache mangelfrei zu liefern (§ 433 Abs. 1 Satz 2 BGB), sollte keine generelle Untersuchungspflicht eingeführt werden.[90]

98 Im Einzelfall jedoch kann eine solche Pflicht bestehen, etwa bei besonders hochwertigen oder fehleranfälligen Produkten, bei besonderer Sachkunde des Verkäufers oder wenn der gewerbliche Verkäufer gebrauchter Sachen eine eigene Werkstatt hat.[91] Im Gegensatz dazu ist eine Untersuchungspflicht für den privaten Verkäufer oder für den gewerblichen Verkäufer von Massenartikeln regelmäßig abzulehnen.

99 Auch der Zwischenhändler ist grundsätzlich nicht verpflichtet, die Ware zu untersuchen, falls er nicht besondere Umstände kennt, die eine Prüfung durch ihn als geboten erscheinen lassen.[92]

e. Verpackungspflichten

100 Nebenpflicht des Käufers ist es auch, die Kaufsache für den erforderlichen Transport so zu verpacken, dass eine Beschädigung der Kaufsache bei normalem Ablauf verhindert wird.[93]

f. Schutzpflichten/Pflicht zur Rücksichtnahme

101 Der Verkäufer ist nach § 241 Abs. 2 BGB verpflichtet, auf die Rechte, Rechtsgüter und Interessen des Käufers Rücksicht zu nehmen (**Pflicht zur Rücksichtnahme**). Dazu gehört unter anderem, den Käufer vor Gefahren aus der Sphäre des Verkäufers zu schützen, insbesondere die Verkaufsräume gefahrfrei einzurichten.[94]

102 Auch die **unberechtigte Geltendmachung von Ansprüchen und Rechten** stellt einen Verstoß der Rücksichtnahmepflicht aus § 241 Abs. 2 BGB dar und kann Schadensersatzansprüche auslösen: Eine Vertragspartei verletzt ihre Pflicht zur Rücksichtnahme nach § 241 Abs. 2 BGB und handelt pflichtwidrig im Sinne von § 280 Abs. 1 Satz 1 BGB, wenn sie von der anderen Vertragspartei etwas verlangt, das nach dem Vertrag nicht geschuldet ist, oder ein Gestaltungsrecht ausübt, das nicht besteht.[95] Zu vertreten hat die Vertragspartei diese Pflichtwidrigkeit aber nicht schon dann, wenn sie verkennt, dass ihre Rechtsposition in der Sache nicht berechtigt ist, sondern erst, wenn sie diese Rechtsposition auch nicht als plausibel ansehen durfte.[96]

103 Der Verkäufer hat die vertragliche Nebenpflicht, die ihm gezahlte Umsatzsteuer an das Finanzamt abzuführen, um den Käufer vor der Gefahr einer Inanspruchnahme des Finanzamtes nach § 75 AO zu bewahren.[97]

---

[90] Vgl. die Entwurfsbegründung der Bundesregierung zu § 433 Abs. 1 Satz 2 BGB, wo bezüglich der Frage, wann der Verkäufer wegen fahrlässiger Unkenntnis des Mangels schadensersatzpflichtig ist (§§ 280 Abs. 1, 433 Abs. 1 Satz 2, 276 BGB), ausgeführt wird: „Entscheidend ist aber, wie weit die in dieser Hinsicht erforderliche Sorgfalt reicht. Diese Frage kann nicht für alle Arten von Kaufverträgen in gleicher Weise beantwortet werden." (BT-Drs. 14/6040, S. 210).

[91] BT-Drs. 14/6040, S. 210. Der BGH hat eine solche Pflicht beispielsweise für die Ablieferungsinspektion eines neuen Kfz bejaht: BGH v. 18.06.1969 - VIII ZR 148/67 - NJW 1969, 1708. Allerdings ergab sich in diesem Fall die Pflicht aus einer gesondert vereinbarten Ablieferungsinspektion und nicht aus dem Kaufvertrag an sich.

[92] BGH v. 18.02.1981 - VIII ZR 14/80 - LM Nr. 7 zu § 276 (Ha) BGB.

[93] Dazu sowie zur Abgrenzung zum Sachmangel bei fehlerhafter Verpackung: BGH v. 07.03.1983 - VIII ZR 331/81 - juris Rn. 21 - BGHZ 87, 88-95.

[94] Zu fehlerhaftem Fußboden: BGH v. 11.03.1986 - VI ZR 22/85 - juris Rn. 13 - LM Nr. 152 zu § 823 (Dc) BGB.

[95] BGH v. 16.01.2009 - V ZR 133/08 - juris Rn. 16-17.

[96] BGH v. 16.01.2009 - V ZR 133/08 - juris Rn. 20.

[97] BGH v. 29.04.1994 - V ZR 280/92 - LM AbgO 1977 Nr. 19 (10/1994).

VIII. Kaufpreiszahlung

Die Pflicht zur Zahlung des Kaufpreises ist die in Absatz 2 geregelte Hauptpflicht des Käufers. Sie ist im Regelfall die einzige Käuferpflicht, die im Gegenseitigkeitsverhältnis (Synallagma) steht (§§ 320-326 BGB). 104

Der Käufer ist – soweit vertraglich nichts anderes vereinbart ist – verpflichtet, Zug um Zug (§§ 320, 322 BGB) gegen Übertragung des mangelfreien Kaufgegenstandes den Kaufpreis zu zahlen, er ist also grundsätzlich nicht vorleistungspflichtig. 105

1. Kaufpreis

Der Kaufpreis ist die geschuldete Menge an Geld. Es handelt sich um eine **Geldschuld** im Sinne der §§ 244-245 BGB. Der Kaufpreis kann auch in einer ausländischen Währung (§ 244 BGB) oder in einer bestimmten Geldsorte (§ 245 BGB) geschuldet sein. 106

Die Höhe des Kaufpreises muss durch die Vertragsparteien in Geld bestimmt oder entsprechend bestimmbar sein. Die Bestimmung des Kaufpreises kann auch Dritten überlassen sein (vgl. die §§ 317-319 BGB). Der vereinbarte Kaufpreis beinhaltet der Höhe nach auch die anfallende Umsatzsteuer[98], soweit nichts anderes vereinbart ist. Wegen der Aufhebung des alten § 452 BGB wird der Kaufpreis nicht mehr ab der Übergabe der Kaufsache ohne weiteres verzinst. Näheres zur Verzinsung des Kaufpreises vgl. Rn. 133. 107

2. Geschuldete Handlung

Der Käufer schuldet die Zahlung des Kaufpreises, die grundsätzlich bar zu erfolgen hat. Barzahlung heißt, dass der Käufer dem Verkäufer Geldscheine und/oder Geldstücke, die zusammen den vereinbarten Kaufpreis ergeben, nach den Vorschriften des Sachenrechts (§§ 929-936 BGB) übereignet. 108

3. Zahlungsmodalitäten

Die **Barzahlung** als Grundtypus ist häufig durch andere (alternative oder substituierende) Zahlungsmodalitäten modifiziert. Dies muss jedoch ausdrücklich oder stillschweigend so vereinbart sein, sonst bleibt es beim Barzahlungsanspruch des Verkäufers. Der Verkäufer kann dem Käufer anderweitige Zahlungsmöglichkeiten auch (einseitig) einräumen. 109

Mögliche Fallgestaltungen stillschweigender Abreden über die Zahlungsweise sind die Angabe der Bankverbindung auf Rechnungen, Verträgen oder sonstigen Schriftstücken, sowie das Annehmen von EC-, Geld-, Kredit-, Kunden- oder anderen Karten[99]. Der Käufer hat seine Zahlungspflicht in diesen Fällen erst dann erfüllt, wenn der geschuldete Betrag auf dem entsprechenden Konto des Verkäufers gutgeschrieben ist. Entscheidend für die Frage, in welcher Weise die Zahlung erfolgen kann, sind stets die Umstände des Einzelfalls. 110

Eine weitere mögliche Variante der Kaufpreiszahlung ist eine Rentenzahlung, denkbar insbesondere beim Verkauf von Gegenständen mit hohem Wert.[100] 111

Modalitäten der Zahlung ändern nichts daran, dass die Zahlung des Kaufpreises in Geld die geschuldete Leistung bleibt. Davon zu unterscheiden sind die Fälle, in denen etwas anderes geleistet wird. 112

4. Kaufpreissurrogate

Wird die Gegenleistung anders als in Geld geleistet, so liegt ein Kauf nur dann vor, wenn der Preis grundsätzlich in Geld geschuldet ist und durch eine Leistung an Erfüllungs statt (§ 364 Abs. 1 BGB) 113

---

[98] BGH v. 24.02.1988 - VIII ZR 64/87 - juris Rn. 11 - BGHZ 103, 284-298.
[99] Einzelheiten zur Abrede für das GeldKarte-System: *Hofmann*, Die Geldkarte, 2001, S. 79-82.
[100] Zur Verrentung des Kaufpreises beim Unternehmenskauf, insbesondere zu Risiken: *Kiethe*, MDR 1993, 1034-1037; Fortsetzung: *Kiethe*, MDR 1993, 1155-1158.

oder erfüllungshalber (§ 364 Abs. 2 BGB) ersetzt wird. Andernfalls liegt ein Tausch vor (§ 480 BGB).[101]

114 Bei einer Leistung an **Erfüllungs statt** wird die Schuld durch eine andere als die geschuldete Leistung zum Erlöschen gebracht. Ein Beispiel ist die Inzahlungnahme eines gebrauchten Kfz beim Neuwagenkauf.[102] Beim Grundstückskauf ist eine Übernahme von Verbindlichkeiten mit dinglichen Sicherheiten am Grundstück gegen Anrechnung auf den Kaufpreis denkbar.[103] Eine Leistung an Erfüllungs statt kann auch schon im Zeitpunkt des Vertragsschlusses vereinbart werden (sog. Ersetzungsbefugnis).[104] Wenn die Ersetzung der Kaufpreiszahlung nicht vereinbart ist, muss der Verkäufer die andere Leistung nicht annehmen.

115 Als Leistung erfüllungshalber (§ 364 Abs. 2 BGB) kommt insbesondere die Annahme eines Schecks oder Wechsels in Betracht. Daran geknüpft ist die Abrede, den Kaufpreis bis zur Einlösung oder bis zum erfolglosen Einlösungsversuch zu stunden. Erfüllt ist dann erst mit erfolgter Einlösung.

5. Fälligkeit

116 Die Kaufpreisforderung wird grundsätzlich mit dem Vertragsschluss fällig (§ 271 Abs. 1 BGB). Individuell kann jedoch eine andere Leistungszeit vereinbart werden, beispielsweise Zahlung bei Erhalt der Rechnung (insbesondere im Geschäftsverkehr üblich).

IX. Abnahme der gekauften Sache

117 Die Pflicht des Käufers, dem Verkäufer die gekaufte Sache abzunehmen, ist in Abs. 2 der Norm explizit geregelt. Sinn und Zweck dieser Pflicht ist, den Verkäufer von der Last des Besitzes zu befreien, was insbesondere im Hinblick auf Lagerkosten und Gefahrtragung von Bedeutung sein kann.

118 Anders als die Pflicht zur Zahlung des Kaufpreises steht die Abnahmepflicht regelmäßig **nicht im Gegenseitigkeitsverhältnis**. Grund hierfür ist, dass der Verkäufer dem Käufer zwar die Kaufsache übergibt und übereignet, um den Kaufpreis zu erhalten (do ut des), jedoch im Normalfall nicht, damit der Käufer ihm die Sache abnimmt.

119 Im Einzelfall können die Parteien allerdings vereinbaren, dass die Abnahme der Kaufsache **Hauptpflicht** des Käufers ist. Dies kann sich auch aus den Umständen ergeben, wenn der Verkäufer erkennbar ein großes Interesse gerade daran hat, die Kaufsache wegzugeben. Neben dem Kauf zum Abbruch, dem Räumungsverkauf und dem Verkauf leicht verderblicher Waren ist dies auch bei besonders gefährlichen Gegenständen (z.B. Giftstoffen) denkbar. Die Pflicht zur Abnahme ist selbständig einklagbar und als vertretbare Handlung zu vollstrecken (§ 887 ZPO).

1. Definition

120 Die Abnahme ist der Realakt (tatsächliche Handlung), durch den der Käufer oder eine dritte von ihm bestimmte Person die angebotene Kaufsache in Besitz nimmt (§ 854 BGB). Dabei fällt die Abnahme regelmäßig mit der Übergabe der Kaufsache zeitlich zusammen. Bei Grundstücken beinhaltet die Pflicht zur Abnahme auch die Pflicht zur Entgegennahme der Auflassung.

2. Geschuldete Handlung

121 Aufgrund der Verpflichtung des Käufers zur Abnahme schuldet er die Inbesitznahme der Kaufsache, die ihm vom Verkäufer oder einem Dritten angeboten wird. Der Käufer ist zur Abnahme nicht verpflichtet, wenn die Kaufsache nicht den vertraglichen Vereinbarungen entspricht, also insbesondere nicht mangelfrei ist. Die Abnahmehandlung deckt sich in der Regel mit der Mitwirkungshandlung bei

---

[101] Zur Abgrenzung am Beispiel der Inzahlungnahme eines gebrauchten Kfz beim Autokauf: BGH v. 18.01.1967 - VIII ZR 209/64 - BGHZ 46, 338-343.
[102] Dazu BGH v. 18.01.1967 - VIII ZR 209/64 - BGHZ 46, 338-343.
[103] Zu der Anrechnung der Übernahme von Fremdgrundschulden auf den Kaufpreis: OLG Schleswig v. 17.04.1997 - 13 U 14/96 - NJW-RR 1997, 1036-1037.
[104] Vgl. zur Ersetzungsbefugnis *Grüneberg* in: Palandt, § 364 Rn. 1 ff.

der Übergabe, so wie umgekehrt die Mitwirkungshandlung des Verkäufers bei der Abnahme sich mit seinen Pflichten bezüglich der Übergabe deckt. Vgl. zur die Übergabepflicht des Käufers Rn. 53.
Erfüllt der Käufer seine Abnahmepflicht nicht, kann der Verkäufer gegebenenfalls Schadensersatz verlangen (§ 281 BGB). Zudem kann der Käufer mit seiner Abnahmepflicht in Schuldnerverzug (§ 286 BGB) kommen. Davon zu unterscheiden ist der Annahmeverzug (§§ 293-304 BGB) des Käufers bezüglich der Übergabepflicht des Verkäufers, auch wenn beides regelmäßig gleichzeitig eintreten wird.

3. Zurückweisung der Kaufsache

Als **Zurückweisung der Kaufsache** ist die Verweigerung der Abnahme der angebotenen Kaufsache als die vertraglich geschuldete Leistung in Form einer **Erklärung** zu bezeichnen. Damit handelt es sich nicht um eine bloße Nichterfüllung der Abnahmepflicht durch den Käufer.
Grund für eine rechtmäßige Zurückweisung kann vertragswidriges Verhalten des Verkäufers sein, insbesondere dann, wenn er eine mangelhafte Sache übertragen will. Ist die Zurückweisung berechtigt, bleibt die Pflicht zur Übertragung der Kaufsache bestehen, ohne dass der Käufer in Annahmeverzug kommt (vgl. die §§ 293-304 BGB).[105] Im UN-Kaufrecht ist dieser Problemkreis unter dem Stichwort rejection of goods geregelt.
Inwieweit die Zurückweisung durch die Aufhebung des § 464 BGB a.F. an Bedeutung verlieren wird, bleibt abzuwarten. Nach der aufgehobenen Vorschrift waren Gewährleistungsrechte des Käufers bei rügeloser Annahme einer mangelhaften Kaufsache ausgeschlossen, wenn der Käufer zum Zeitpunkt der Annahme den Mangel kannte. Durch die Aufhebung dieser Norm kommt es bezüglich der Kenntnis des Käufers von einem Mangel nicht mehr auf den Zeitpunkt der Übergabe, sondern nur noch auf den Zeitpunkt des Vertragsschlusses an.[106] Jedoch kann in der **rügelosen Entgegennahme** eines als mangelhaft erkannten Kaufgegenstandes im Ausnahmefall eine Vereinbarung gesehen werden, die den ursprünglichen Vertrag dahin gehend ändert, dass die Kaufsache nunmehr vertragsgemäß ist.[107] Aber auch in diesen Fällen wird eine Rüge ausreichen, um eine stillschweigende Vertragsänderung zu verhindern, ohne dass eine Zurückweisung erforderlich ist.

X. Nebenpflichten des Käufers

Die Nebenpflichten ergeben sich aus dem Kaufvertrag oder sind Teil der Schutzpflichten (§ 241 Abs. 2 BGB). Sie stehen nicht im Gegenseitigkeitsverhältnis. Bei Verletzung kann Schadensersatz (§ 280 BGB oder § 281 BGB) verlangt werden. Es gilt entsprechend das zu den Nebenpflichten des Verkäufers Gesagte, vgl. Rn. 67.

1. Informationspflichten

Der Käufer ist zur **Aufklärung** über Umstände, die ihn oder die weitere Verwendung des Kaufgegenstandes betreffen, nur verpflichtet, wenn dies im Vertrag explizit geregelt ist.
Eine Pflicht zur Weitergabe von Informationen kann sich jedoch ausnahmsweise aus den Umständen ergeben, nämlich dann, wenn **Treu und Glauben** dies gebieten.[108] Insbesondere bei den Vertragsverhandlungen stellt sich die Frage, inwieweit der Käufer zur Offenbarung seiner Weiterverwendungsabsichten von sich aus verpflichtet ist. Der BGH hat eine **Offenbarungspflicht** für den Fall, dass es dem Verkäufer verboten war, an nicht autorisierte Händler zu verkaufen, verneint, auch wenn der Käufer von diesem Verbot wusste und die feste Absicht hatte, den Kaufgegenstand weiter zu veräußern.[109]

---

[105] Zu weiteren möglichen Rechtsfolgen berechtigter und unberechtigter Zurückweisung sowie zu der Frage, wann eine Zurückweisung möglich und berechtigt ist: *Ernst*, NJW 1997, 896-905.
[106] BT-Drs. 14/6040, S. 205.
[107] Vgl. BT-Drs. 14/6040, S. 205.
[108] Jeweils mit weiteren Nachweisen: BGH v. 26.02.1992 - VIII ZR 89/91 - juris Rn. 11 - BGHZ 117, 280-286; zu Offenbarungspflichten bei Kaufverhandlungen nach Treu und Glauben: BGH v. 16.01.1991 - VIII ZR 335/89 - juris Rn. 14 - LM Nr. 104 zu § 459 BGB.
[109] BGH v. 26.02.1992 - VIII ZR 89/91 - juris Rn. 13 - BGHZ 117, 280-286.

Dies gilt, solange der Käufer keine unredlichen Mittel – etwa Täuschung – einsetzt.[110] Zulässig sind Fragen über eine eventuell bestehende Wiederverkaufsabsicht des Käufers sowie die Vereinbarung von Abtretungs- und Weiterveräußerungsverboten, die den Käufer binden.[111]

129 Bei Vorleistung des Verkäufers hat der Käufer keine grundsätzliche Pflicht, über seine **Kreditwürdigkeit** beziehungsweise Leistungsfähigkeit Auskunft zu geben. Etwas anderes kann sich aber zum Beispiel aus einer langjährigen Geschäftsbeziehung ergeben.[112]

2. Handlungspflichten

130 Zur Rückgabe von Verpackungs- und Begleitmaterialien ist der Käufer grundsätzlich nur dann verpflichtet, wenn dies vereinbart ist. Eine Rückgabepflicht besteht oftmals bei den so genannten „Pfandflaschen".[113]

3. Kostentragung

131 Die Kosten der Übergabe hat der Verkäufer (§ 448 Abs. 1 BGB), die der Abnahme und Versendung der Käufer zu tragen (§ 448 Abs. 1 BGB). Die Beurkundungs-, Auflassungs- und Eintragungskosten beim Grundstückskaufvertrag muss der Käufer (§ 448 Abs. 2 BGB) übernehmen.

132 Die Lasten der verkauften Sache trägt der Käufer ab dem Zeitpunkt der Übergabe (§ 446 BGB).

133 **Zinsen vom Kaufpreis** konnten vor der Reform des Kaufrechts bei beweglichen Sachen ab dem Zeitpunkt der Übergabe (§§ 452 BGB, § 446 Abs. 1 Satz 2 BGB a.F.), bei Grundstücken ab dem Zeitpunkt der Eintragung (§§ 452 BGB, § 446 Abs. 2 BGB a.F.) verlangt werden. Wegen der Abschaffung des § 452 BGB a.F. kann der Verkäufer Zinsen nur noch bei ausdrücklicher Vereinbarung oder im Schuldnerverzug (§ 288 BGB) verlangen. Grund für die Aufhebung des § 452 BGB a.F. war, dass für das Kaufrecht keine Ausnahme gelten sollte. Außerdem empfand es der Gesetzgeber als unbillig, dass sich der Verkäufer nach altem Recht Zinsansprüche durch Hinauszögern des Kaufpreisverlangens nach Übergabe verschaffen konnte.[114] Für den Handelskauf bleibt es bei der Verzinsung des Kaufpreises ab dem Zeitpunkt der Fälligkeit (§ 353 HGB).

4. Schutzpflichten/Pflicht zur Rücksichtnahme

134 Der Käufer ist nach § 241 Abs. 2 BGB verpflichtet, auf die Rechte, Rechtsgüter und Interessen des Verkäufers Rücksicht zu nehmen (**Pflicht zur Rücksichtnahme**). Dazu gehört unter anderem, den Verkäufer vor Gefahren aus der Sphäre des Käufers zu schützen.

135 Die **unberechtigte Geltendmachung von Ansprüchen und Rechten** stellt einen Verstoß der Pflicht zur Rücksichtnahme (§ 241 Abs. 2 BGB) dar und kann Schadensersatzansprüche auslösen: Eine Verletzung der Rücksichtnahmepflicht nach § 241 Abs. 2 BGB und damit ein pflichtwidriges Handeln im Sinne von § 280 Abs. 1 Satz 1 BGB liegt vor, wenn von der anderen Vertragspartei etwas verlangt wird, das nach dem Vertrag nicht geschuldet ist, oder ein nicht bestehendes Gestaltungsrecht ausgeübt wird.[115] Zu vertreten ist diese Pflichtwidrigkeit aber erst dann, wenn die Rechtsposition nicht als plausibel angesehen werden durfte.[116] So stellt ein **unberechtigtes Mängelbeseitigungsverlangen des Käufers** eine zum Schadensersatz verpflichtende schuldhafte Vertragsverletzung dar, wenn der Käufer erkannt oder fahrlässig nicht erkannt hat, dass kein Mangel vorliegt, sondern die Ursache für die von ihm beanstandete Erscheinung in seinem eigenen Verantwortungsbereich liegt: Die gebotene Rücksichtnahme auf die Interessen der gegnerischen Vertragspartei erfordert, dass der Käufer vor Inan-

---

[110] Jeweils mit weiteren Nachweisen: BGH v. 26.02.1992 - VIII ZR 89/91 - juris Rn. 13 - BGHZ 117, 280-286; zum Pkw-Schleichbezug: BGH v. 11.12.1991 - XII ZR 63/90 - NJW-RR 1992, 267-269.
[111] BGH v. 26.02.1992 - VIII ZR 89/91 - juris Rn. 13 - BGHZ 117, 280-286.
[112] BGH v. 23.02.1983 - VIII ZR 325/81 - juris Rn. 24 - BGHZ 87, 27-38.
[113] Zum Flaschenpfand: *Martinek*, JuS 1987, 514-522.
[114] BT-Drs. 14/6040, S. 204.
[115] BGH v. 16.01.2009 - V ZR 133/08 - juris Rn. 16-17.
[116] BGH v. 16.01.2009 - V ZR 133/08 - juris Rn. 20.

spruchnahme des Verkäufers im Rahmen seiner Möglichkeiten sorgfältig prüft, ob die in Betracht kommenden Ursachen für das Symptom, hinter dem er einen Mangel vermutet, in seiner eigenen Sphäre liegen.[117] Der Käufer muss daher im Rahmen seiner Möglichkeiten sorgfältig überprüfen, ob die von ihm beanstandete Erscheinung auf eine Ursache zurückzuführen ist, die nicht dem Verantwortungsbereich des Verkäufers zuzuordnen ist.[118] Bleibt dabei indes ungewiss, ob tatsächlich ein Mangel vorliegt, darf der Käufer Mängelrechte geltend machen, ohne Schadensersatzpflichten wegen einer schuldhaften Vertragsverletzung befürchten zu müssen, auch wenn sich sein Verlangen im Ergebnis als unberechtigt herausstellt.[119]

C. Rechtsfolgen

Liegt ein Kaufvertrag vor, so sind die folgenden Paragraphen des Titels anwendbar. **136**

Verletzt ein Vertragsteil eine seiner Pflichten, ist zunächst danach zu differenzieren, ob es sich um eine Haupt- oder Nebenpflicht handelt. Bei Verletzung von Hauptpflichten sind die §§ 320-326 BGB zu beachten (vgl. zu den Hauptpflichten Rn. 16). Die Rechte des Gläubigers der verletzten Pflicht richten sich nach den §§ 280-292 BGB. Die Rechte des Käufers bei Mängeln der Kaufsache (Sachmangel: § 434 BGB; Rechtsmangel: § 435 BGB) sind in den §§ 437-441 BGB gesondert geregelt, die insofern das allgemeine Leistungsstörungsrecht ergänzen (vgl. hierzu die Kommentierung zu den Regelungsprinzipien in Rn. 8). **137**

Auswirkungen hat die Einordnung des Vertrages als Kaufvertrag auch auf die Anwendbarkeit allgemeiner Regeln. Zum Verhältnis der kaufrechtlichen Gewährleistungsregeln zu den allgemeinen Rechten vgl. die Kommentierung zu § 437 BGB Rn. 46. **138**

D. Prozessuale Hinweise/Verfahrenshinweise

Grundsätzlich hat die Vertragspartei, die aus dem Vertrag ein Recht herleiten will, zu beweisen, dass der Vertrag so geschlossen wurde wie behauptet, soweit der andere Teil dies bestreitet.[120] **139**

Der Verkäufer muss also beweisen, dass der **Kaufpreis** in der behaupteten Höhe vereinbart wurde, der Käufer, dass er den Kaufpreis bereits teilweise oder ganz gezahlt hat.[121] **140**

Anderes kann sich aus den Umständen oder aus einer Verkehrssitte ergeben, sodass derjenige, der ein Abweichen von der Verkehrssitte behauptet, dies gegebenenfalls beweisen muss. So gilt für den **Handkauf** die Vermutung sofortiger Barzahlung.[122] Daher muss der Verkäufer beim Handkauf beweisen, dass der Käufer nicht – wie behauptet – gezahlt hat. **141**

Auch wenn der Käufer die Ware per **Nachnahmesendung** erhalten hat, spricht der Beweis des ersten Anscheins dafür, dass der Käufer bezahlt hat.[123] Allein die Weitergabe versandfertig verpackter Ware an ein Beförderungsunternehmen mit dem Auftrag, die Sendung per Nachnahme zuzustellen, begründet hingegen keinen Anscheinsbeweis dafür, dass die dem Empfänger ausgehändigte Ware von diesem bezahlt worden ist. Vielmehr muss der Käufer darlegen und gegebenenfalls beweisen, dass er die Sache auch per Nachnahmesendung erhalten hat, dass also die Ware bei der Auslieferung (noch) als Nachnahmesendung gekennzeichnet war und vom Zusteller entsprechend behandelt worden ist.[124] **142**

---

[117] BGH v. 23.01.2008 - VIII ZR 246/06 - juris Rn. 12 - EBE/BGH 2008, 66-67.
[118] BGH v. 23.01.2008 - VIII ZR 246/06 - juris Rn. 13 - EBE/BGH 2008, 66-67.
[119] BGH v. 23.01.2008 - VIII ZR 246/06 - juris Rn. 13 - EBE/BGH 2008, 66-67.
[120] BGH v. 13.07.1983 - VIII ZR 107/82 - juris Rn. 9 - LM Nr. 23 zu § 282 ZPO.
[121] BGH v. 13.07.1983 - VIII ZR 107/82 - juris Rn. 9 - LM Nr. 23 zu § 282 ZPO.
[122] *Weidenkaff* in: Palandt, § 433 Rn. 56.
[123] AG Berlin-Tiergarten v. 02.07.1996 - 9a C 1125/95 - NJW 1998, 912; AG Bielefeld v. 19.08.2003 - 41 C 414/03: tatsächliche Vermutung. Insoweit offen gelassen durch BGH v. 14.09.2005 - VIII ZR 369/04 - juris Rn. 10 - NJW 2006, 300-301.
[124] BGH v. 14.09.2005 - VIII ZR 369/04 - juris Rn. 11 - NJW 2006, 300-301.

143 Problematisch ist die Beweislastverteilung bei der Frage, ob bestimmte **Zahlungsmodalitäten** vereinbart wurden. Der Verkäufer hat hier zu beweisen, dass bestimmte – vom Käufer behauptete – Skonti nicht vereinbart wurden, weil sich der Kaufpreis erst durch Berücksichtigung der Skonti bestimmt und der Verkäufer den Kaufpreis zu beweisen hat.[125] Die Stundung des Kaufpreises hat der Käufer zu beweisen,[126] weil die Stundung die Kaufpreisforderung – hinsichtlich ihrer Fälligkeit – zu seinen Gunsten beeinflusst.

---

[125] Umstritten; wie hier mit weiteren Nachweisen: BGH v. 13.07.1983 - VIII ZR 107/82 - juris Rn. 9 - LM Nr. 23 zu § 282 ZPO.
[126] KG Berlin v. 25.09.1995 - 2 U 1841/95 - KGR Berlin 1996, 265-266.

§ 434 BGB Sachmangel

(Fassung vom 02.01.2002, gültig ab 01.01.2002)

(1) ¹Die Sache ist frei von Sachmängeln, wenn sie bei Gefahrübergang die vereinbarte Beschaffenheit hat. ²Soweit die Beschaffenheit nicht vereinbart ist, ist die Sache frei von Sachmängeln,

1. wenn sie sich für die nach dem Vertrag vorausgesetzte Verwendung eignet, sonst
2. wenn sie sich für die gewöhnliche Verwendung eignet und eine Beschaffenheit aufweist, die bei Sachen der gleichen Art üblich ist und die der Käufer nach der Art der Sache erwarten kann.

³Zu der Beschaffenheit nach Satz 2 Nr. 2 gehören auch Eigenschaften, die der Käufer nach den öffentlichen Äußerungen des Verkäufers, des Herstellers (§ 4 Abs. 1 und 2 des Produkthaftungsgesetzes) oder seines Gehilfen insbesondere in der Werbung oder bei der Kennzeichnung über bestimmte Eigenschaften der Sache erwarten kann, es sei denn, dass der Verkäufer die Äußerung nicht kannte und auch nicht kennen musste, dass sie im Zeitpunkt des Vertragsschlusses in gleichwertiger Weise berichtigt war oder dass sie die Kaufentscheidung nicht beeinflussen konnte.

(2) ¹Ein Sachmangel ist auch dann gegeben, wenn die vereinbarte Montage durch den Verkäufer oder dessen Erfüllungsgehilfen unsachgemäß durchgeführt worden ist. ²Ein Sachmangel liegt bei einer zur Montage bestimmten Sache ferner vor, wenn die Montageanleitung mangelhaft ist, es sei denn, die Sache ist fehlerfrei montiert worden.

(3) Einem Sachmangel steht es gleich, wenn der Verkäufer eine andere Sache oder eine zu geringe Menge liefert.

Gliederung

A. Grundlagen ... 1	4. Eignung ... 54
I. Kurzcharakteristik ... 1	a. Bezug zur Beschaffenheit ... 55
II. Europäischer Hintergrund ... 3	b. Eingeschränkte/verminderte Brauchbarkeit ... 61
III. Regelungsprinzipien ... 5	IV. Eignung für die gewöhnliche Verwendung und übliche Beschaffenheit (Absatz 1 Satz 2 Nr. 2) ... 65
B. Anwendungsvoraussetzungen ... 10	1. Struktur ... 66
I. Normstruktur ... 10	2. Europäischer Hintergrund der Regelung ... 67
II. Vereinbarte Beschaffenheit (Absatz 1 Satz 1) ... 13	3. Eignung zur gewöhnlichen Verwendung ... 68
1. Europäischer Hintergrund der Regelung ... 14	4. Übliche Beschaffenheit ... 70
2. Beschaffenheit ... 15	a. Vergleichsmaßstab ... 74
a. Zusicherungsfähige Eigenschaften ... 17	b. Maßgeblicher Erwartungshorizont ... 76
b. Definition eines weiten Beschaffenheitsbegriffs ... 20	c. Abnutzungs-/Verschleißerscheinungen ... 81
c. Gründe für einen weiten Beschaffenheitsbegriff ... 22	5. Unterschiede zwischen den Tatbestandsalternativen ... 84
d. Rechtsprechung zum Recht vor der Schuldrechtsreform ... 24	V. Eigenschaftserwartung aufgrund öffentlicher Äußerungen (Absatz 1 Satz 3) ... 85
e. Abgrenzung zum Rechtsmangel ... 25	1. Öffentliche Äußerungen ... 87
f. Rechtsprechung zum neuen Beschaffenheitsbegriff ... 26	a. Werbung ... 89
3. Vereinbarung ... 37	b. Kennzeichnungen ... 90
a. Einseitige (Eigenschafts-)Beschreibungen/Proben/Muster ... 40	c. (Makler-)Exposé ... 91
b. Wissenserklärungen/Wissensmitteilungen ... 42	2. Urheber der Äußerung ... 92
4. Abgrenzung zur culpa in contrahendo ... 43	3. Hervorrufen einer Käufererwartung ... 96
III. Eignung zur vertraglich vorausgesetzten Verwendung (Absatz 1 Satz 2 Nr. 1) ... 44	4. Ausnahmen ... 99
1. Europäischer Hintergrund der Regelung ... 48	a. Unkenntnis des Verkäufers ... 100
2. Verwendung ... 49	b. Gleichwertige Berichtigung ... 101
3. Vertraglich vorausgesetzt ... 50	c. Kein Einfluss auf die Kaufentscheidung ... 103
	VI. Montagefehler (Absatz 2 Satz 1) ... 104

§ 434

1. Europäischer Hintergrund der Regelung 108	c. Sanierungsbedarf 147
2. Montage 109	d. Öffentlich-rechtliche Beschränkungen und Genehmigungen 148
3. Vereinbarte Montage 110	
4. Durchführung 111	e. Sonstige Entscheidungen zum Haus- und Wohnungskauf 151
5. Verkäufer oder Gehilfe 112	
6. Unsachgemäße Durchführung 113	2. Kfz-Kauf 154
VII. Fehlerhafte Montageanleitung (Absatz 2 Satz 2) 114	a. Abgasnormen und Kraftstoffverbrauch 155
	b. Abnutzungs-/Verschleißerscheinungen 158
1. Europäischer Hintergrund der Regelung 115	c. Alter/Herkunft (Erstzulassung/Modelljahr, Jahreswagen, Lagerfahrzeug, Neuwagen, Vorführwagen, Reimport) 165
2. Zur Montage bestimmt 116	
3. Mangelhafte Montageanleitung 117	
a. Montageanleitung 117	d. Betriebsfähigkeit 179
b. Bedienungs-/Gebrauchsanleitung 118	e. „Fahrbereit" 182
c. Mangelhaftigkeit der Montageanleitung 120	f. Farbe 185
d. Fehlende Montageanleitung 121	g. Kilometerstand/Laufleistung 187
4. Fehlerfreie Montage 122	h. Motor (Austauschmotor/Motorleistung/Originalmotor) 193
5. Typische Fallkonstellationen 126	
VIII. Falschlieferung (aliud) (Absatz 3 Alternative 1) 128	i. Unfalleigenschaft/„unfallfrei" 197
	j. Weitere Einzelfallentscheidungen für Pkw 210
1. Gesetzgebungsgeschichte 129	3. Sonstige Rechtsprechung 218
2. Definition 130	**C. Rechtsfolgen** 225
3. Identitäts-Aliud 132	**D. Prozessuale Hinweise/Verfahrenshinweise** 229
IX. Zuweniglieferung (Absatz 3 Alternative 2) 134	I. Beweislast bis zur Annahme 230
1. Definition 135	II. Beweislast nach Annahme 231
2. Teilleistung 137	III. Beweislast bei Nachbesserung 233
3. Zuviellieferung 138	IV. Beweislast beim Verbrauchsgüterkauf 235
X. Einzelfälle aus der Rechtsprechung (Kasuistik) . 139	V. Beweislast bei Garantien 236
1. Haus-/Wohnungskauf 140	VI. Beweislast bei mangelhafter (Montage-)Anleitung 237
a. Feuchtigkeit 140	
b. Gesundheitsgefahren 146	

A. Grundlagen

I. Kurzcharakteristik

1 § 434 BGB erklärt den Begriff des Sachmangels. Wegen der vielen verschiedenen Fallgestaltungen (insbesondere der Absätze 2 und 3), die einen Sachmangel begründen können, handelt es sich nicht um einen einheitlichen Mangelbegriff.

2 Die Bedeutung der Norm ergibt sich im Zusammenhang mit der Pflicht des Verkäufers, dem Käufer eine Sache zu übertragen, die frei von Sachmängeln ist (§ 433 Abs. 1 Satz 2 BGB). Auch wenn das kaufrechtliche Gewährleistungsrecht weitgehend in das allgemeine Leistungsstörungsrecht integriert wurde, bleibt die Einordnung einer Pflichtverletzung als Sachmangel relevant, weil die Rechtsfolgen im Verhältnis zum allgemeinen Leistungsstörungsrecht teilweise modifiziert sind; zum Beispiel hinsichtlich Minderung (§ 441 BGB) oder Verjährung (§ 438 BGB).

II. Europäischer Hintergrund

3 Die Formulierung des § 434 BGB beruht wie das gesamte modernisierte Kaufrecht auf der Verbrauchsgüterrichtlinie (RL 1999/44/EG des Europäischen Parlaments und Rates vom 25.05.1999), die eine Neubestimmung des Sachmängelbegriffs erforderlich machte. Auch wenn sich die Richtlinie nur auf den Verbrauchsgüterkauf bezieht, wollte der Gesetzgeber einen gespaltenen Fehlerbegriff vermeiden und regelte deshalb die Sachmängelproblematik für das Kaufrecht einheitlich.[1] Mehr zum Europäischen Hintergrund vgl. die Kommentierung zu § 433 BGB Rn. 3.

---

[1] BT-Drs. 14/6040, S. 211.

Der Gesetzgeber verweist für den subjektiven Fehlerbegriff auch auf das UN Kaufrecht.[2] Mehr zum Vorbild UN-Kaufrecht vgl. die Kommentierung zu § 433 BGB Rn. 7.

III. Regelungsprinzipien

Die Neufassung legt den **subjektiven Fehlerbegriff**[3] zugrunde und entscheidet sich damit ausdrücklich für die auch nach altem Recht überwiegend befürwortete Auslegung.[4] Von der bisher erfolgten Unterscheidung zwischen Fehler und zugesicherter Eigenschaft wird unter anderem deswegen Abstand genommen, weil sich die Abgrenzung im Einzelnen als schwierig und unsicher erwies.[5]

Die **zugesicherte Eigenschaft** als eigene Kategorie entfällt bei der Bestimmung des Sachmangels. Die Frage, ob eine Eigenschaft zugesichert wurde, bleibt aber relevant bei der Feststellung des Verschuldens nach § 276 BGB (dort: Übernahme einer Garantie). Auch beim Haftungsausschluss wegen Kenntnis des Käufers (§ 442 BGB) oder durch Vertrag (§ 444 BGB) bleibt sie von Bedeutung, weil die dort genannte Beschaffenheitsgarantie inhaltlich der zugesicherten Eigenschaft entspricht (vgl. dazu die Kommentierung zu § 442 BGB Rn. 37 und die Kommentierung zu § 444 BGB Rn. 39).

Der neue Sachmängelbegriff des § 434 BGB entspricht in Absatz 1 Satz 2 in etwa dem Fehlerbegriff alten Rechts, in Absatz 1 Satz 1 weitgehend der zugesicherten Eigenschaft vor der Reform, wobei keine Zusicherung mehr, sondern nur noch eine Vereinbarung über die Beschaffenheit erforderlich ist. Zu Einzelheiten, insbesondere zu der Frage, was der Begriff Beschaffenheit einer Sache meint vgl. Rn. 15. Zusätzlich werden mangelhafte Montage(-anleitungen) über Absatz 2 sowie Falschlieferung (aliud) und Zuweniglieferung über Absatz 3 als Sachmängel beziehungsweise als Sachmängeln gleichstehend klassifiziert.

Maßgeblicher Zeitpunkt ist der Zeitpunkt des Gefahrübergangs (§ 434 Abs. 1 Satz 1 BGB). Die Gefahr beim Sachkauf geht mit Übergabe der Sache (§ 446 Satz 1 BGB) oder mit Annahmeverzug (§ 446 Satz 2 BGB) auf den Käufer über. Für Mängel, die vor dem Gefahrübergang beseitigt wurden, haftet der Verkäufer nicht. Bei Mängeln, die nach dem Gefahrübergang eintreten, greift die Sachmängelhaftung nur dann, wenn die Mangelursache zum Zeitpunkt des Gefahrübergangs bereits existierte und sich dann später realisierte. Der Gesetzgeber misst der Nennung des maßgeblichen Zeitpunktes lediglich **Klarstellungsfunktion** zu, weil nach neuem Recht eine Pflicht zur mangelfreien Leistung bestehe und daher die Regelungen über den Gefahrübergang ausreichten.[6]

Direkt gilt § 434 BGB bei Sachen, entsprechend anzuwenden ist er bei sonstigen Gegenständen, wie zum Beispiel Rechten (§ 453 Abs. 1 BGB).

B. Anwendungsvoraussetzungen

I. Normstruktur

Anhand der Normstruktur sind die unterschiedlichen Fallgestaltungen, die § 434 BGB als Sachmangel klassifiziert, deutlich zu erkennen: zunächst kommt es auf die Abweichung von der vereinbarten Beschaffenheit an (Absatz 1 Satz 1). Nur wenn keine Beschaffenheit vereinbart wurde, ist – auf einer zweiten Stufe – die Eignung für den vertraglich vorausgesetzten Gebrauch maßgeblich (Absatz 1 Satz 2 Nr. 1). Erst wenn der Gebrauch der Kaufsache nicht vertraglich vorausgesetzt ist, kommt es auf objektive Kriterien wie die Eignung für die gewöhnliche Verwendung oder die Beschaffenheit, die bei Sachen gleicher Art üblich ist, an (Absatz 1 Satz 2 Nr. 2, Satz 3). **Primär** ist also das vertraglich **Vereinbarte maßgeblich**.[7] Jedoch ist denkbar, dass sich die Parteien nur über ein spezifisches Beschaffen-

---

[2] BT-Drs. 14/6040, S. 212.
[3] BT-Drs. 14/6040, S. 212.
[4] BT-Drs. 14/6040, S. 210-211 mit weiteren Nachweisen zum alten Recht.
[5] BT-Drs. 14/6040, S. 211-212.
[6] BT-Drs. 14/6040, S. 213.
[7] Vgl. BT-Drs. 14/6040, S. 212.

heitsmerkmal einigen und ansonsten auf die vertraglich vorausgesetzte oder gewöhnliche Verwendung abzustellen ist.[8]

11 Ergänzt wird die Norm durch Absatz 2, der **Montagefehler** und **mangelhafte Montageanleitung** jeweils als Mangel der Sache einordnet. Dies war nach altem Recht häufig die Verletzung einer Nebenpflicht[9] oder die Montage wurde – wenn sie den Schwerpunkt der geschuldeten Leistung darstellte – werkvertraglichen Regeln unterstellt.[10] Gemäß § 434 Abs. 2 BGB in Verbindung mit § 433 Abs. 1 Satz 2 BGB ist die ordnungsgemäße Montage beziehungsweise die entsprechende Anleitung nun Teil der Hauptleistungspflicht.

12 In Absatz 3 werden Falschlieferung (aliud) und Zuweniglieferung ausdrücklich einem Sachmangel gleichgestellt.

II. Vereinbarte Beschaffenheit (Absatz 1 Satz 1)

13 Erster Anknüpfungspunkt für die Frage, ob ein Mangel vorliegt, ist die Abweichung von der vereinbarten Beschaffenheit nach § 434 Abs. 1 Satz 1 BGB. Die individuell vereinbarte Beschaffenheit der Kaufsache bleibt auch dann allein maßgeblich, wenn sie deutlich von der sonst üblichen Beschaffenheit abweicht. Der durch den Gesetzgeber[11] zugrunde gelegte subjektive Fehlerbegriff ist Ausfluss der Privatautonomie.

1. Europäischer Hintergrund der Regelung

14 Bei Absatz 1 Satz 1 handelt es sich um die Umsetzung von Art. 2 Abs. 2 lit. a RL 1999/44/EG des Europäischen Parlaments und Rates.

2. Beschaffenheit

15 Die Beschaffenheit als zentrales Merkmal des Sachmängelrechts ist vom Gesetzgeber bewusst nicht definiert worden.[12] Insbesondere wird nicht festgelegt, ob nur Eigenschaften, die der Kaufsache unmittelbar selbst anhaften oder auch Umstände außerhalb der Sache zur Beschaffenheit zu zählen sind.[13]

16 Teil der **Beschaffenheit** sind jedenfalls die der Kaufsache unmittelbar **physisch anhaftenden Eigenschaften**.[14]

a. Zusicherungsfähige Eigenschaften

17 Dafür, dass auch künftig jede Eigenschaft einer Sache, die nach altem Recht eine **zusicherungsfähige Eigenschaft** darstellte, zur **Beschaffenheit** einer Sache gehört, spricht neben der Gesetzesbegründung zu § 434 BGB[15] die folgende systematische Überlegung: In den §§ 442, 444 BGB ist die Garantieübernahme für die Beschaffenheit einer Sache erwähnt. Die Übernahme einer Garantie für die Beschaffenheit soll – nach dem Willen des Gesetzgebers[16] – der Zusicherung einer Eigenschaft nach altem Recht entsprechen. Deckt sich aber der Begriff „Beschaffenheit" in diesen Normen mit der zusicherungsfähigen Eigenschaft nach altem Recht, so wird man „Beschaffenheit" in § 434 BGB im Sinne

---

[8] Vereinbaren etwa die Parteien beim Computerkauf, dass der Rechner einen bestimmten Prozessor haben soll, so richten sich die Anforderungen an Arbeitsspeicher oder Festplattenkapazität danach, was die Parteien als Verwendung vertraglich vorausgesetzt haben oder danach, was bei Rechnern der gekauften Art üblich ist.

[9] Montage als kaufvertragliche Hauptleistungspflicht: BGH v. 22.07.1998 - VIII ZR 220/97 - juris Rn. 22 - LM BGB § 326 (A) Nr. 36 (4/1999).

[10] Kaufvertrag auch bei Verpflichtung zur Montage, wenn die Montage nicht den Schwerpunkt des Vertrages bildet: BGH v. 22.07.1998 - VIII ZR 220/97 - juris Rn. 15 - LM BGB § 326 (A) Nr. 36 (4/1999).

[11] BT-Drs. 14/6040, S. 212.

[12] BT-Drs. 14/6040, S. 213.

[13] BT-Drs. 14/6040, S. 213.

[14] BT-Drs. 14/6040, S. 213.

[15] Vgl. BT-Drs. 14/6040, S. 212, 213.

[16] Vgl. BT-Drs. 14/6040, S. 236 für § 442 BGB und BT-Drs. 14/6040, S. 240 für § 444 BGB.

einer **einheitlichen kaufrechtlichen Terminologie** nicht enger auslegen können. Nach der hier vertretenen Ansicht gehören also zusicherungsfähige Eigenschaften einer Sache auch zu ihrer Beschaffenheit im Sinne des § 434 BGB.

Als **Minimaldefinition** ergibt sich damit: Die Beschaffenheit einer Sache beinhaltet (zumindest) alle zusicherungsfähigen Eigenschaften der Sache.

Damit ist weitestgehend auf die bisherige Rechtsprechung bezüglich der Frage, wann eine zusicherungsfähige Eigenschaft vorliegt, zurückzugreifen. Eigenschaft im Sinne des § 459 BGB a.F. ist jedes, der Kaufsache auf gewisse Dauer anhaftende Merkmal, das aus irgendeinem Grund für den Käufer von Interesse ist.[17] Neben den physischen Eigenschaften zählen auch tatsächliche, wirtschaftliche, soziale oder rechtliche Beziehungen der Sache zu ihrer Umwelt, soweit sie ihren Grund in der Sache selbst haben.[18] Daran fehlt es etwa, wenn sie an der Person des Erwerbers anknüpfen.[19]

b. Definition eines weiten Beschaffenheitsbegriffs

Was darüber hinaus zur Beschaffenheit einer Sache zu zählen ist, ist noch nicht abschließend geklärt. Denkbar ist es, auch Beziehungen der Sache zu ihrer Umwelt, die ihren Grund nicht in der Sache selbst haben oder ihr nicht für eine gewisse Dauer anhaften, als Teil der Beschaffenheit anzusehen.[20] Damit würde der Beschaffenheitsbegriff nach neuem Recht noch weiter reichen, als die Merkmale „Fehler" und „zusicherungsfähige Eigenschaft" nach § 459 BGB a.F.

Die Beschaffenheit einer Sache ist demnach – einer **weiten** Auslegung folgend – wie folgt zu definieren: Die Beschaffenheit einer Sache umfasst alle Beziehungen der Sache zur Umwelt.

c. Gründe für einen weiten Beschaffenheitsbegriff

Für diese Auslegung der „Beschaffenheit" spricht, dass es wegen des ausdrücklich zugrunde gelegten subjektiven Fehlerbegriffs in erster Linie auf den **Parteiwillen** ankommen soll.[21] Deswegen liegt es nahe, als entscheidendes Abgrenzungsmerkmal die „Vereinbarung" und nicht wie bisher die „Beschaffenheit" der Sache heranzuziehen.

Dafür lassen sich ferner die **Rechtsfolgen** anführen:[22] Bei mangelhafter Kaufsache steht dem Käufer das Recht zu, unabhängig vom Verschulden zu mindern (§ 441 BGB). Auch die Anwendbarkeit der auf das Kaufrecht zugeschnittenen §§ 439 Abs. 3, 438 BGB spricht für einen weiten Beschaffenheitsbegriff.[23] Ordnet man eine Vereinbarung der Parteien über einen Umstand dagegen nicht als Beschaffenheitsvereinbarung, sondern als bloße sonstige (Neben-) Pflicht ein, so muss der Verkäufer, damit der Käufer Schadensersatz (der ja auch im Minderwert bestehen kann) verlangen kann, die vertragliche Pflicht schuldhaft verletzt haben. Ob der Käufer indes die Kaufgewährleistungsrechte geltend machen kann, sollte in erster Linie vom Willen der Parteien, also von ihrer „Vereinbarung" abhängig sein, soweit ein Bezug zur Sache besteht.[24] Macht etwa der Verkäufer verbindliche Erklärungen über die kon-

---

[17] Vgl. BGH v. 25.05.1983 - VIII ZR 55/82 - juris Rn. 12 - BGHZ 87, 302-309.
[18] BGH v. 28.03.1990 - VIII ZR 169/89 - juris Rn. 9 - BGHZ 111, 75-83; das vorhergehende Urteil klarstellend BGH v. 03.07.1992 - V ZR 97/91 - juris Rn. 16 - LM BGB § 276 Nr. 127 (2/1993).
[19] BGH v. 26.04.1991 - V ZR 165/89 - juris Rn. 10 - BGHZ 114, 263-273.
[20] Dann könnte man den folgenden Fall auch dem Sachmangelrecht zuordnen: BGH v. 12.06.1985 - VIII ZR 176/84 - juris Rn. 22 - LM Nr. 78 zu § 459 BGB.
[21] Vgl. BT-Drs. 14/6040, S. 212, 213.
[22] Für einen weiten Beschaffenheitsbegriff mit Blick auf die Rechtsfolgen *Haas* in: Haas/Medicus/Rolland u.a., Das neue Schuldrecht, 2002, S. 187-188, Rn. 98.
[23] *Berger*, JZ 2004, 276-283, 280.
[24] Ähnlich *Weiler*, ZGS 2002, 249-256, 255. Für eine weite Auslegung des Beschaffenheitsbegriffs spricht sich auch *Graf von Westphalen* aus. Er argumentiert allerdings mehr vom Fehlerbegriff nach altem Recht als vom Eigenschaftsbegriff aus; *Graf von Westphalen* in: Hensler/Westphalen, Praxis der Schuldrechtsreform, 2002, § 434 Rn. 10-17.

krete Verwendbarkeit des Kaufgegenstandes, übernimmt er insoweit das grundsätzlich den Käufer treffende Verwendungsrisiko.[25] Insgesamt ist ein **weiter Beschaffenheitsbegriff vorzugswürdig**.[26]

d. Rechtsprechung zum Recht vor der Schuldrechtsreform

24   Durch die Reform sollte der Anwendungsbereich des Sachmängelrechts jedenfalls nicht eingeschränkt werden. Deswegen wird man zumindest solche Fallgestaltungen, die nach altem Recht als Sachmangel eingeordnet wurden, ganz überwiegend auch unter den Begriff der Beschaffenheit des § 434 BGB subsumieren. Vgl. daher die Aufzählung von Einzelfällen für § 459 BGB a.F. von *Putzo*[27]. Im Übrigen bleibt die Frage offen, welche Definition der Beschaffenheit die Praxis in Zukunft prägen wird.

e. Abgrenzung zum Rechtsmangel

25   Die **Abgrenzung zum Rechtsmangel**[28] (jetzt § 435 BGB), die früher wegen der unterschiedlichen Rechtsfolgen von erheblicher Brisanz war, ist nach neuem Recht wegen der gleichen Rechtsfolgen (§§ 433 Abs. 1 Satz 2, 437-445 BGB) regelmäßig nur noch von begrifflicher Bedeutung und kann daher in der Praxis meist dahinstehen. Zu den verbleibenden Unterschieden vgl. die Kommentierung zu § 435 BGB Rn. 4.

f. Rechtsprechung zum neuen Beschaffenheitsbegriff

26   Zum Beschaffenheitsbegriff nach § 434 Abs. 1 Satz 1 BGB hat sich noch keine gefestigte Rechtsprechung entwickelt, zwar lassen sich gewisse Tendenzen erkennen, die jedoch zum Teil gegensätzlich sind. Insgesamt legt die Rechtsprechung noch keinen einheitlich Beschaffenheitsbegriff zu Grunde. Die im Folgenden aufgeführten Entscheidungen sind danach sortiert, ob ein eher weiter oder ein eher enger Beschaffenheitsbegriff befürwortet wird.

aa. Weiter Beschaffenheitsbegriff

27   Das OLG München[29] geht in einer Entscheidung tendenziell von einem weiteren Beschaffenheitsbegriff aus: Nach Auffassung des OLG München können die Vertragsparteien beliebige Merkmale einer Kaufsache zur Soll-Beschaffenheit erklären und damit den Bestimmungen der §§ 433 Abs. 1 Satz 2, 437 ff. BGB unterwerfen. **Beschaffenheit** sei dabei mit dem tatsächlichen Zustand der Sache gleichzusetzen und **umfasse** jede Eigenschaft und **jeden der Sache anhaftenden tatsächlichen, wirtschaftlichen oder rechtlichen Umstand.**

28   Nach Auffassung des LG Bonn[30] kann die **Lauffähigkeit der gekauften Software** auf einer bestimmten Hardware zur vertraglich vereinbarten Beschaffenheit der Software gehören, mit der Folge, dass ein Mangel der Software auch dann vorliegt, wenn die Fehlfunktion allein auf der Beschaffenheit der vom Besteller gestellten Hardware beruht. Das LG scheint daher tendenziell von einem weiten Beschaffenheitsbegriff auszugehen.

29   Nach Ansicht des LG Berlin[31] stellen sowohl vergangene **Umsatzzahlen** als auch zukünftige **Umsatzprognosen** Umstände dar, die die vertragliche Beschaffenheit eines Unternehmens ausmachen. Folglich können Abweichungen von insoweit getroffenen Vereinbarungen beim **Unternehmenskauf** Sachmängel des Unternehmens im Sinne des § 434 Abs. 1 Satz 1 BGB darstellen. Die Grenze möglicher

---

[25] *Berger*, JZ 2004, 276-283, 281.
[26] Ebenfalls für einen weiten Beschaffenheitsbegriff *Berger*, JZ 2004, 276-283, 277-282; *Schulze/Ebers*, JuS 2004, 462-468, 463, jeweils mit zahlreichen weiteren Nachweisen zur Literatur. Dagegen befürworten etwa *Grigoleit/Herresthal*, JZ 2003, 118-127, 122-126, einen engen Beschaffenheitsbegriff.
[27] *Putzo* in: Palandt, BGB, 61. Aufl. 2002, § 459 Rn. 22-49; dabei ist jedoch zu beachten, dass die Urteile zum Teil mit Blick auf die Rechtsfolge getroffen zu sein scheinen, was die Aussagekraft der Einzelfallentscheidung im Hinblick auf das neue Recht wegen der geänderten Gewährleistungsrechte unter Umständen beeinträchtigt.
[28] Beispielhaft zur Frage, wann Umstände einen Sachmangel nach altem Recht darstellen (hier bei Grundstücken) mit weiteren Nachweisen BGH v. 13.10.2000 - V ZR 430/99 - juris Rn. 8 - LM BGB § 459 Nr. 142 (7/2001).
[29] OLG München v. 06.09.2006 - 20 U 1860/06 - juris Rn. 29.
[30] LG Bonn v. 27.02.2004 - 10 O 618/03 - ZGS 2004, 199-200.
[31] LG Berlin v. 01.02.2005 - 5 O 176/04.

Beschaffenheitsvereinbarungen in Bezug auf Unternehmen verläuft nach Ansicht des LG Berlin dort, wo es (nur noch) um Umstände geht, die den Markt/die allgemeinen Voraussetzungen betreffen, auf dem/unter denen das Unternehmen und die Konkurrenz gleichermaßen tätig werden.

Das LG Ellwangen[32] hat die Tatsache, dass der verkaufte Pkw vereinbarungswidrig **nicht in einem EU-Land**, sondern in Südafrika **hergestellt** wurde, als Mangel im Sinne des § 434 BGB eingeordnet. Auch das LG Düsseldorf[33] ordnet die Tatsache, dass es sich bei einem (Gebraucht-)Wagen – absprachewidrig – um ein **Importfahrzeug** handelt, als Mangel ein. Dies deckt sich mit der hier vertretenen Auffassung, wonach der Beschaffenheitsbegriff weit auszulegen ist.

Auch das OLG Koblenz legt (in einem Hinweisbeschluss gemäß § 522 Abs. 2 ZPO) einen weiten Beschaffenheitsbegriff zugrunde, weil es vorrangig auf die Parteivereinbarung ankommt: **Sämtliche Beziehungen der Sache zur Umwelt können zu der vertraglich geschuldeten Beschaffenheit gehören.**[34] Im konkreten Fall wies der Senat darauf hin, dass auch die **Herkunft einer Ware** (Pflanze) Gegenstand einer Beschaffenheitsvereinbarung sein kann.[35]

bb. Enger Beschaffenheitsbegriff

Das OLG Hamm[36] ist hingegen der Auffassung, dass es sich nicht um eine Beschaffenheit des Kaufgegenstands handelt, wenn ein verkaufter Pkw vorher **aus Italien importiert** wurde: Die Beschaffenheit gemäß § 434 Abs. 1 Satz 1 BGB – und damit ein Mangel – setze voraus, dass die Eigenschaft/der Umstand der Kaufsache unmittelbar (physisch) auf eine gewisse Dauer anhaftet. Allerdings räumte das OLG in der Entscheidung dem Käufer ein Recht auf Rückabwicklung wegen Verschulden beim Vertragsschluss ein.

In einer späteren Entscheidung hat der gleiche Senat des OLG Hamm festgehalten, er gehe weiterhin mit der „engen" Auffassung davon aus, dass die Kaufsache selbst Bezugsgegenstand der Beschaffenheitsvereinbarung sein muss und Umstände außerhalb der Kaufsache, die lediglich aufgrund allgemeiner Kriterien rechtliche Folgen für den Käufer auslösen, ausscheiden.[37]

Das OLG Naumburg[38] hat sich der Auffassung des OLG Hamm angeschlossen: Unter Beschaffenheit falle jede Eigenschaft und jeder der Sache anhaftende tatsächliche oder wirtschaftliche oder rechtliche Umstand. Die Eigenschaft bzw. der Umstand müsse in der Beschaffenheit der Kaufsache wurzeln und ihr unmittelbar physisch auf eine gewisse Dauer anhaften, weshalb die **Reimporteigenschaft** eines gebrauchten Kfz nicht als Sachmangel im Sinne des § 434 BGB zu bewerten sei. Das Gericht ist aber der Auffassung, dass der Verkäufer dem Käufer die Reimporteigenschaft trotzdem offenbaren muss, ansonsten komme eine Anfechtung wegen arglistiger Täuschung gem. § 123 Abs. 1 BGB in Betracht, auch ein Anspruch unter dem Gesichtspunkt des Verschuldens bei Vertragsschluss sei denkbar.

Das KG Berlin ist ebenfalls der Auffassung, dass ein Fahrzeug nicht deshalb mit einem Sachmangel behaftet ist, weil es reimportiert worden ist.[39]

Diese – allenfalls im Ergebnis sachgerechten – Entscheidungen vermögen nach hier vertretener Ansicht in rechtlicher Hinsicht nicht zu überzeugen. Vielmehr wäre es interessengerecht sowie dogmatisch überzeugender, in solchen Fällen das Vorliegen eines Mangels zu bejahen und das speziellere Kaufmängelgewährleistungsrecht anzuwenden. Ein enger Beschaffenheitsbegriff und die Anwendung der Regeln über die culpa in contrahendo bzw. der Anfechtung (letzteres hätte zudem eine Rückabwicklung nach dem Bereicherungsrecht zur Folge) führen letztlich zu einem gespaltenen Leistungsstörungsrecht für den Kaufvertrag, während eine Anwendung der kaufrechtlichen Sonderregelungen

---

[32] Vgl. LG Ellwangen v. 13.12.2002 - 3 O 219/02 - NJW 2003, 517-518.
[33] LG Düsseldorf v. 22.04.2003 - 24 S 548/02 - DAR 2003, 420-421.
[34] OLG Koblenz v. 05.03.2012 - 5 U 1499/11 - juris Rn. 17.
[35] OLG Koblenz v. 05.03.2012 - 5 U 1499/11 - juris Rn. 15, 18.
[36] OLG Hamm v. 13.05.2003 - 28 U 150/02 - NJW-RR 2003, 1360-1361.
[37] OLG Hamm v. 03.03.2005 - 28 U 125/04 - juris Rn. 25.
[38] OLG Naumburg v. 07.12.2005 - 6 U 24/05 - OLGR Naumburg 2006, 347-349.
[39] KG Berlin v. 29.08.2011 - 20 U 130/11.

über einen weiten Beschaffenheitsbegriff in derartigen Fällen häufig zu praktikableren Lösungen führen würde.

3. Vereinbarung

37 Nach § 434 Abs. 1 Satz 1 BGB kommt es auf die vereinbarte Beschaffenheit der Sache an. Vereinbarung über die Sachbeschaffenheit heißt, der Vertrag enthält die Verpflichtung, die Sache in dieser Beschaffenheit zu übertragen. Damit ist klar, dass die **Beschaffenheit** integraler **Vertragsbestandteil** sein muss, um vereinbart zu sein. Es gelten die **allgemeinen Regeln** über das **Zustandekommen von Verträgen**, das heißt die Beschaffenheit kann auch nachträglich oder konkludent und stillschweigend in den Vertrag aufgenommen werden. Erklärungen und Handlungen sind im Hinblick auf die Frage, ob eine Vereinbarung getroffen wurde, nach dem Empfängerhorizont zu beurteilen (§§ 133, 157, 242 BGB). Eine einseitig gebliebene Vorstellung des Käufers etwa genügt dafür jedoch selbst dann noch nicht, wenn sie dem Verkäufer bekannt ist; erforderlich ist vielmehr weiter, dass der Verkäufer darauf in irgendeiner Form zustimmend reagiert.[40]

38 Auch bei einer **Internetauktion** ist anhand einer umfassenden Würdigung der abgegebenen Willenserklärungen und unter Berücksichtigung aller Umstände des Einzelfalls zu ermitteln, ob und mit welchem Inhalt durch die Angebotsbeschreibung des Anbieters eine Beschaffenheitsvereinbarung mit dem Meistbietenden zustande kommt.[41]

39 Auch Formvorschriften oder Genehmigungserfordernisse erstrecken sich auf den Vertragsbestandteil „Beschaffenheitsvereinbarung".

a. Einseitige (Eigenschafts-)Beschreibungen/Proben/Muster

40 Art. 2 Abs. 2 lit. a RL 1999/44/EG des Europäischen Parlaments und Rates enthält die Vorgabe, dass die gekaufte Ware mit einer eventuellen **Eigenschaftsbeschreibung** des Verkäufers übereinstimmen, beziehungsweise der Beschaffenheit einer gegebenenfalls vorgelegten **Probe** (oder eines **Muster**s) entsprechen muss. Deswegen, so wird zum Teil argumentiert, sei § 434 Abs. 1 Satz 1 BGB richtlinienkonform dahingehend auszulegen, dass eine Vereinbarung durch die Beschreibung oder die Vorlage der Probe zustande kommt.[42]

41 Ein Rückgriff auf die Richtlinie ist jedoch entbehrlich, weil sich diese Auslegung schon nach nationalem Recht ergibt. Der Gesetzgeber ging nämlich davon aus, dass Beschaffenheitsbeschreibungen des Verkäufers oder die Vorlage von Proben (jedenfalls soweit diese nicht nur zu Werbezwecken dient) bei den Vertragsverhandlungen diese jeweils zum Inhalt einer Beschaffenheitsvereinbarung werden lassen.[43] Auf eine derartige einseitige Beschreibung des Verkäufers muss der Käufer jedoch zumindest schlüssig eingehen, damit eine Vereinbarung hierüber zustande kommt.[44]

b. Wissenserklärungen/Wissensmitteilungen

42 Keine Vereinbarung über eine bestimmte Beschaffenheit liegt vor, wenn sich der Verkäufer bezüglich einer Beschaffenheit des Kaufgegenstandes ausdrücklich auf eine bestimmte Quelle bezieht und damit hinreichend deutlich zum Ausdruck bringt, woher er die Angabe entnommen hat und dass es sich dabei nicht um eigenes Wissen handelt.[45] Die bloße Wiedergabe fremden Wissens stellt vielmehr eine sogenannte **Wissenserklärung** oder **Wissensmitteilung** dar. Typische Fälle derartiger Wissenserklärungen/-mitteilungen – wobei es stets auf den Einzelfall ankommt – können sein:

---

[40] BGH v. 20.05.2009 - VIII ZR 191/07 - juris Rn. 9.
[41] BGH v. 28.03.2012 - VIII ZR 244/10 - juris Rn. 25, 23: allein der geringe Startpreis spricht nicht gegen eine Vereinbarung dahingehend, dass es sich um ein Originalexemplar einer Luxusmarke handelt.
[42] Dazu *Pfeiffer*, ZGS 2002, 217-219, 25.
[43] BT-Drs. 14/6040, S. 212.
[44] OLG Saarbrücken v. 24.05.2007 - 8 U 328/06 - 85, 8 U 328/06- juris Rn. 30 - OLGR Saarbrücken 2007, 645-648; für den umgekehrten Fall (Vorstellungen des Käufers) ebenso: BGH v. 20.05.2009 - VIII ZR 191/07 - juris Rn. 9.
[45] BGH v. 12.03.2008 - VIII ZR 253/05 - juris Rn. 12; BGH v. 2.11.2010 - VIII ZR 287/09 - juris Rn. 4.

- „Unfallschäden lt. Vorbesitzer Nein",[46]
- „Der Verkäufer erklärt, dass nach seiner Kenntnis das Fahrzeug in dem Zeitraum, in dem es sein Eigentum war, sowie in davor liegenden Zeiten unfallfrei … ist." (keine Beschaffenheitsvereinbarung sondern lediglich Wissensmitteilung zumindest für die Zeit vor der Besitzzeit),[47]
- „Zahl der Halter lt. KFZ-Brief: 1",[48]
- „Der Verkäufer erklärt, dass das Kraftfahrzeug – soweit ihm bekannt – 1 (Anzahl) Vorbesitzer (Personen, auf die das Kraftfahrzeug zugelassen war) hatte.",[49]
- „Erstzulassung lt. Fzg.-Brief 27.04.2006",[50]
- „Kilometerstand laut Tacho"[51].

4. Abgrenzung zur culpa in contrahendo

Abzugrenzen ist die Beschaffenheitsvereinbarung von der Haftung wegen **Verschulden bei Vertragsschluss** (vgl. § 311 Abs. 2 BGB). Bei einer weiten Auslegung des Beschaffenheitsbegriffs (vgl. dazu Rn. 20) kann sich unter Umständen die Trennlinie zwischen der Sachmängelhaftung und der Haftung wegen culpa in contrahendo verschieben.[52] Berät der Verkäufer den Käufer im Hinblick auf dessen Verwendungsabsichten, ohne diese zum Vertragsinhalt zu machen, bleibt das Institut der Haftung wegen Verschulden bei Vertragsverhandlungen grundsätzlich anwendbar.[53] Zu prüfen ist in solchen Fällen auch ein selbständiger Beratungsvertrag.

43

III. Eignung zur vertraglich vorausgesetzten Verwendung (Absatz 1 Satz 2 Nr. 1)

Die Eignung zur vertraglich vorausgesetzten Verwendung ist als Kriterium in § 434 Abs. 1 Satz 2 Nr. 1 BGB genannt. Dieses Merkmal ist aber nur dann heranzuziehen, wenn im Hinblick auf die fragliche Beschaffenheit der Sache keine Vereinbarung getroffen wurde. Vgl. dazu die Kommentierung zur Normstruktur in Rn. 10.

44

Die **Abgrenzung** zwischen einer **stillschweigenden Beschaffenheitsvereinbarung** und der Eignung zur vorausgesetzten Verwendung ist im Einzelfall schwierig.[54] Das gilt insbesondere dann, wenn man die Festlegung eines besonderen Verwendungszwecks auf eine stillschweigend vereinbarte Beschaffenheit untersucht.[55] Lediglich eine Einigung über den Verwendungszweck liegt vor, wenn sich für die vertraglich vorausgesetzte Verwendung mehrere unterschiedlich beschaffene Sachen eignen.[56]

45

Eine genaue Abgrenzung kann in der Praxis dahinstehen, wenn zumindest eine Vereinbarung über den Verwendungszweck gegeben ist, weil dann in jedem Fall ein Sachmangel vorliegt. Insoweit kann man auch von einer **Auffangfunktion** des Satz 2 Nr. 1 im Verhältnis zu Satz 1 der Norm sprechen.

46

---

[46] BGH v. 12.03.2008 - VIII ZR 253/05 - juris Rn. 12.
[47] BGH v. 17.02.2010 - VIII ZR 67/09 - juris Rn. 25.
[48] LG Kiel v. 09.12.2008 - 1 S 155/08 - juris Rn. 21.
[49] BGH v. 02.11.2010 - VIII ZR 287/09 - juris Rn. 5.
[50] LG Düsseldorf v. 16.06.2008 - I-1 U 231/07, 1 U 231/07 - juris Rn. 19.
[51] Vgl. AG Marsberg v. 13.10.2004 - 1 C 22/04.
[52] So auch *Berger*, JZ 2004, 276-283, 282-283.
[53] Vgl. *Graf von Westphalen* in: Henssler/Westphalen, Praxis der Schuldrechtsreform, 2002, § 434 Rn. 10-17. Kritisch auf der Grundlage eines weiten Beschaffenheitsbegriffs *Berger*, JZ 2004, 276-283, 282-283. Zur Konkurrenz zwischen c.i.c. und Gewährleistungsrecht vgl. die Kommentierung zu § 437 BGB Rn. 70.
[54] Vgl.: *Graf von Westphalen* in: Henssler/Westphalen, Praxis der Schuldrechtsreform, 2002, § 434 Rn. 20.
[55] Vgl. BT-Drs. 14/6040, S. 213: „In diesen Fällen wird […] häufig eine vereinbarte Beschaffenheit der Kaufsache im Sinne des § 434 Abs. 1 Satz 1 RE anzunehmen sein".
[56] Will beispielsweise der Käufer einen Hammer haben, mit dem er die Eisenheringe zum Befestigen eines Campingzeltes in den Boden schlagen kann, so sind normale Hämmer ungeeignet. Jedoch ist damit noch nicht geklärt, ob der Hammer aus Hartgummi oder aus Holz beschaffen sein soll, denn beides wäre gleichermaßen geeignet. In einem solchen Fall müsste man eine Beschaffenheitsvereinbarung verneinen, während eine Einigung über einen sehr speziellen Verwendungszweck gegeben wäre.

47 Die Formulierung soll – nach dem Willen des Gesetzgebers[57] – inhaltlich § 459 Abs. 1 Satz 1 BGB a.F. entsprechen.

1. Europäischer Hintergrund der Regelung

48 Absatz 1 Satz 2 Nr. 1 dient der Umsetzung von Art. 2 Abs. 2 lit. b RL 1999/44/EG des Europäischen Parlaments und Rates.[58]

2. Verwendung

49 Verwendung ist die konkrete Art, in der der Käufer mit der Kaufsache verfahren will. Das kann beispielsweise der Einbau in bestimmte Maschinen, Kfz oder Häuser, die immer wiederkehrende Benutzung als Gebrauchsgegenstand (Werkzeug, Kleidung, Transportmittel, technische Anlage) oder der einmalige Gebrauch (als Nahrung, Reinigungsmittel etc.) sein. Dabei kann die Verwendung sowohl allgemein bestimmt als auch genau spezifiziert sein. So ist der Kauf eines Computers allgemein als Mittel zur Textverarbeitung möglich. Die Verwendung kann aber auch ganz konkret auf die Bearbeitung einer bestimmten Art von Datei mit einer bestimmten Software festgelegt sein.

3. Vertraglich vorausgesetzt

50 Vertraglich vorausgesetzt ist die Verwendung jedenfalls dann, wenn die Parteien eine vertragliche Vereinbarung über den Zweck der Vereinbarung getroffen haben. Dies kann auch mittels konkludenter Übereinstimmung geschehen.[59] Insoweit gilt das zur Vereinbarung der Beschaffenheit Gesagte, vgl. Rn. 37.

51 Ausdrücklich offen gelassen hat der Gesetzgeber, ob auch „**Vorstellungen der Parteien** im Vorfeld des Vertrages" eine vertragliche Voraussetzung im Sinne dieser Vorschrift darstellen.[60] Damit hat er die genaue Auslegung des Merkmals Rechtsprechung und Literatur überlassen.

52 Die **einseitige Erwartung des Käufers** reicht jedenfalls nicht aus: Dem Verkäufer nicht ersichtliche Motive sind auch hier unbeachtlich. **Erkennt** jedoch der **Verkäufer**, wozu der Käufer die Kaufsache verwenden möchte und lässt sich hierauf ohne weitere Erklärung ein, wird man in der Regel von einem vertraglich vorausgesetzten Verwendungszweck ausgehen müssen[61]: Jedenfalls eine ausdrückliche zustimmende Willenserklärung des Verkäufers als Voraussetzung für eine Vereinbarung wäre nur schwer zu beweisen. In der Praxis fragt der Käufer häufig nach einem bestimmten Gegenstand und erzählt, wofür er ihn zu verwenden beabsichtigt. Gibt der Verkäufer ihm daraufhin den gewünschten Gegenstand, muss man die vom Käufer benannte Verwendung als vertraglich vorausgesetzt ansehen, und zwar unabhängig davon, ob man das Verhalten des Verkäufers als rechtsgeschäftliche Erklärung wertet – was regelmäßig nahe liegt – oder nicht.

53 Vertraglich vorausgesetzt ist auch die nicht vereinbarte Verwendung, wenn die Verwendung der Kaufsache **von beiden Parteien übereinstimmend unterstellt** wurde, selbst wenn dies von der gewöhnlichen Verwendung abweicht.[62]

4. Eignung

54 Eignung meint, bei ordnungsgemäßer Benutzung ist die Brauchbarkeit der Sache für die vertraglich vorausgesetzte Verwendung weder beseitigt noch vermindert.

---

[57] BT-Drs. 14/6040, S. 213.
[58] Vgl. BT-Drs. 14/6040, S. 213.
[59] BT-Drs. 14/6040, S. 213.
[60] BT-Drs. 14/6040, S. 213.
[61] Restriktiv *Haas*, der eine vertragliche Vereinbarung fordert: *Haas* in: Haas/Medicus/Rolland u.a., Das neue Schuldrecht, 2002, S. 189, Rn. 102.
[62] BGH v. 16.03.2012 - V ZR 18/11 - juris Rn. 16: Nutzung von Kellerräumen in Altbau zu Aufenthalts-Wohnzwecken.

a. Bezug zur Beschaffenheit

Im Schrifttum wird zum Teil ergänzt, dass dies Folge der tatsächlichen Beschaffenheit der Sache sein muss.[63] Nach dieser Auffassung muss sich eine Sache wegen ihrer tatsächlichen Beschaffenheit für den vertraglich vorausgesetzten Gebrauch eignen. Umgekehrt bedeutet dies, dass ein Mangel nur dann vorläge, wenn sich die Sache gerade **aufgrund ihrer tatsächlichen Beschaffenheit** nicht für die vorgesehene Verwendung eignen würde.

Zur Verdeutlichung das folgende **Beispiel**: Die Kaufparteien einigen sich darüber, dass die verkaufte Maschine sich in einer bestimmten Räumlichkeit des Käufers mit einem dort befindlichen Abluftrohr verwenden lässt. Folgt man der im Schrifttum vertretenen Auffassung, läge für den Fall, dass sich die Maschine nicht an das Abluftrohr anschließen ließe, kein Mangel vor. Die mangelnde Eignung läge nämlich gerade nicht in der Beschaffenheit der Maschine.

Für eine solche Auslegung sprechen die **Gesetzgebungsmaterialien**: Satz 2 Nr. 1 soll – nach dem Willen des Gesetzgebers[64] – inhaltlich § 459 Abs. 1 Satz 1 BGB a.F. entsprechen. Nach altem Recht wäre der vorstehende Beispielsfall aber ebenfalls nicht unter den Fehlerbegriff subsumiert worden, weil die Ableitbarkeit der Maschinenabluft kein Merkmal ist, das der Maschine anhaftet.[65] Es spricht also einiges dafür, das Merkmal der Beschaffenheit in die Eignung hineinzulesen.

Gegen eine solche Auslegung spricht, dass sie vom **Wortlaut** nicht gedeckt ist. § 434 Abs. 1 Satz 2 Nr. 1 BGB erwähnt die Beschaffenheit nicht. Dabei fällt im Hinblick auf die Gesetzessystematik auf, dass sowohl § 434 Abs. 1 Satz 1 BGB als auch § 434 Abs. 1 Satz 2 Nr. 2 BGB als erforderliches Tatbestandsmerkmal die „Beschaffenheit" der Sache nennen.

Auch systematische Erwägungen sprechen gegen ein Anknüpfen an die Beschaffenheit der Sache. In § 434 Abs. 1 Satz 2 Nr. 2 BGB ist die Beschaffenheit als zusätzliches Merkmal zur Eignung aufgezählt. Dies wäre nahezu überflüssig, falls man die Beschaffenheit in das Merkmal „Eignung" hineinlesen würde: Eine Sache, die sich aufgrund ihrer Beschaffenheit nicht für den gewöhnlichen Verwendungszweck eignet und dennoch die Beschaffenheit aufweist, die bei Sachen dieser Art üblich ist, lässt sich nur schwer vorstellen. Systematisch spricht also einiges dafür, das Merkmal „Eignung" ohne die Beschaffenheit zu definieren (vgl. dazu Rn. 84).

Auch erscheint es mit Blick auf die **Rechtsfolge** sinnvoller, Fälle wie das oben genannte Beispiel dem Sachmängelrecht zu unterwerfen.[66]

b. Eingeschränkte/verminderte Brauchbarkeit

Nach der hier vertretenen Ansicht liegt deswegen ein Sachmangel gemäß § 434 Abs. 1 Satz 2 Nr. 1 BGB bereits vor, wenn die **Brauchbarkeit** der Sache zur vertraglich vorausgesetzten Verwendung – bei ordnungsgemäßer Benutzung – **eingeschränkt/vermindert** ist. Auf die Beschaffenheit der Sache kommt es deshalb nicht an.

Bereits der unausgeräumte **Verdacht eines schwerwiegenden Mangels** der Kaufsache kann die Eignung zu der nach dem Verkehr vorausgesetzten Verwendung gemäß § 434 Abs. 1 Satz 2 Nr. 1 BGB entfallen lassen, sodass ein Mangel vorliegt. Dies ist beispielsweise gegeben, wenn

- der Verdacht besteht, dass ein verkauftes Einfamilienhaus einen schweren Feuchtigkeitsschaden hat,[67]

---

[63] *Weidenkaff* in: Palandt, § 434 Rn. 23.
[64] BT-Drs. 14/6040, S. 213.
[65] Nach altem Recht wurde die Abgrenzung am Merkmal der Beschaffenheit vorgenommen: BGH v. 12.06.1985 - VIII ZR 176/84 - juris Rn. 22 - LM Nr. 78 zu § 459 BGB.
[66] Dies sieht im Ergebnis auch *Haas* so, der das Problem jedoch nicht an der Definition des Begriffs „Eignung" festmacht; *Haas* in: Haas/Medicus/Rolland u.a., Das neue Schuldrecht, 2002, S. 189-190, Rn. 103.
[67] LG Bonn v. 30.10.2003 - 10 O 27/03 - ZGS 2003, 477-480, unter Verweis auf die bisherige Rechtsprechung zu § 463 Satz 2 BGB a.F.

- durch konkrete Tatsachen der naheliegende Verdacht begründet wird, dass die zum Weiterverkauf gelieferte Ware (hier: Lebensmittel) gesundheitlich nicht unbedenklich und deshalb nicht verkehrsfähig ist.[68]

63 Die Eignung zu der nach dem Vertrag vorausgesetzten Verwendung des Kaufgegenstands (Absatz 1 Satz 2 Nr. 1) setzt (bei einem Fahrzeug) voraus, dass die **Betriebsfähigkeit** (des Fahrzeuges) **im Sinne der Zulassungsvorschriften** vorliegt[69] und kein öffentlich-rechtliches Verbot die Nutzung untersagt.[70]

64 Die Eignung eines mehrere Jahre alten Gebrauchtfahrzeugs zur Weiterveräußerung entfällt nicht allein wegen der fehlenden Originallackierung, wenn die Neulackierung einen technisch gleichwertigen Lackierungszustand herstellt.[71]

IV. Eignung für die gewöhnliche Verwendung und übliche Beschaffenheit (Absatz 1 Satz 2 Nr. 2)

65 Nach § 434 Abs. 1 Satz 2 Nr. 2 BGB sind die Eignung zur gewöhnlichen Verwendung sowie die Beschaffenheit, die bei Sachen gleicher Art üblich ist und vom Käufer erwartet werden kann, maßgeblich. Somit kommt es wegen der Merkmale „gewöhnlich", „üblich" und „erwarten kann" auf **objektive Merkmale** an. Sie greifen aber nur, wenn weder eine Beschaffenheitsvereinbarung noch eine vertraglich vorausgesetzte Verwendung vorliegen, vgl. Rn. 10. Ergänzt wird diese Variante durch Satz 3, der bestimmt, dass die Kaufsache grundsätzlich auch die Eigenschaften haben muss, die der Käufer nach den öffentlichen Äußerungen von Verkäufer oder Hersteller erwarten kann.

1. Struktur

66 Nach § 434 Abs. 1 Satz 2 Nr. 2 BGB ist die Sache frei von Sachmängeln, wenn sie sich zur gewöhnlichen Verwendung eignet „**und**" eine Beschaffenheit aufweist, die üblich sowie zu erwarten ist. Ein Sachmangel liegt also vor, wenn sich die Kaufsache entweder nicht zur gewöhnlichen Verwendung eignet **oder** nicht die übliche Beschaffenheit aufweist, die der Käufer nach Art der Sache erwarten kann. Folglich sind in Satz 2 Nr. 2 **zwei Fallvarianten** eines Sachmangels beschrieben (zu den Unterschieden vgl. Rn. 84), wobei die zweite Variante durch Satz 3 ergänzt wird.

2. Europäischer Hintergrund der Regelung

67 Durch § 434 Abs. 1 Satz 2 Nr. 2, Abs. 1 Satz 3 BGB werden Art. 2 Abs. 2 lit. c, d RL 1999/44/EG des Europäischen Parlaments und Rates sowie Art. 2 Abs. 3 RL 1999/44/EG des Europäischen Parlaments und Rates umgesetzt.

3. Eignung zur gewöhnlichen Verwendung

68 Die Kaufsache weist dann einen Sachmangel auf, wenn sie sich nicht für die gewöhnliche Verwendung eignet (§ 434 Abs. 1 Satz 2 Nr. 2 Alt. 1 BGB). Die Begriffe Eignung und Verwendung sind so zu verstehen wie in Nr. 1: vgl. Rn. 54 und Rn. 49.

69 **Gewöhnliche Verwendung** sind die Zwecke, zu denen Güter gleicher Art üblicherweise gebraucht werden.[72] Als **objektives Merkmal** ergibt sich die gewöhnliche Verwendung aus der Art der Kaufsache.[73] Dabei sind auch die Verkehrskreise zu berücksichtigen, aus denen die Vertragsparteien stammen. Die gewöhnliche Verwendung einer Sache aus dem Fachhandel, die der Käufer für berufliche

---

[68] OLG Karlsruhe v. 25.06.2008 - 7 U 37/07 - juris Rn. 7.
[69] OLG Bremen v. 10.09.2003 - 1 U 12/03 (b), 1 U 12/03 - OLGR Bremen 2004, 117-118; zur Lufttüchtigkeit eines Luftfahrzeuges als Sachmangel vgl.: LG Hildesheim v. 10.10.2003 - 4 O 227/03 - ZLW 2004, 121-126.
[70] OLG Stuttgart v. 01.12.2009 - 6 U 248/08 - juris Rn. 20 bei fehlerhaftem Anspringen der Warnanzeige für zu niedrigen Bremsflüssigkeitsstand: Ein öffentlich-rechtliches Verbot beseitigt die Eignung der Sache für den gewöhnlichen Gebrauch.
[71] BGH v. 20.05.2009 - VIII ZR 191/07 - juris Rn. 10.
[72] Vgl. BT-Drs. 14/6040, S. 213.
[73] Wichtig ist der Unterschied zwischen neuen und gebrauchten Sachen.

Zwecke gebraucht, ist eine andere, als die des Verbrauchers, der private Zwecke verfolgt. Jedoch verbieten sich schematische Festlegungen dergestalt, dass etwa ein Gewerbetreibender regelmäßig mehr an Qualität erwarten kann als ein Verbraucher. Die objektiv übliche Verwendung der gekauften Sache ist für jeden Einzelfall in der Gesamtschau der Umstände zu bestimmen.

4. Übliche Beschaffenheit

Ein Sachmangel liegt gemäß § 434 Abs. 1 Satz 2 Nr. 2 Alt. 2 BGB auch dann vor, wenn die Kaufsache nicht die bei Sachen gleicher Art übliche Beschaffenheit aufweist, die der Käufer nach Art der Sache erwarten kann. **70**

§ 434 Abs. 1 Satz 2 Nr. 2 Alt. 2 BGB wird durch § 434 Abs. 1 Satz 3 BGB erweitert. Vgl. zu den öffentlichen Äußerungen Rn. 85. **71**

Der Begriff der **Beschaffenheit** deckt sich mit dem aus Satz 1 der Norm (vgl. Rn. 15). Inwieweit sich etwas anderes dadurch ergeben kann, dass nach dem Willen des Gesetzgebers „Beschaffenheit" in diesem Sinne die Ausdrücke „Qualität" und „Leistungen" aus Art. 2 Abs. 2 lit. d RL 1999/44/EG des Europäischen Parlaments und Rates zusammenfasst[74], ist noch ungeklärt. **72**

Üblichkeit bei **Sachen gleicher Art** ist der Vergleichsmaßstab, der für die Beschaffenheit der Kaufsache gilt. Damit wird als objektives Merkmal auf vergleichbare Sachen abgestellt, was vor allem bei gebrauchten Sachen zu beachten ist[75]: Hier dürfen nicht etwa neue oder neuwertige Waren zum Maßstab genommen werden.[76] **73**

a. Vergleichsmaßstab

Vergleichsmaßstab sind nicht ausschließlich die gleichen Produkte desselben Herstellers, maßgebend ist vielmehr der **Entwicklungsstand aller vergleichbaren Gegenstände** auch anderer Hersteller: Eine Beschränkung der Gewährleistung auf den Standard des Herstellers für sein Produkt würde demgegenüber bedeuten, dass für Konstruktions- oder Fertigungsfehler einer ganzen Serie keine Gewährleistung geleistet werden müsste.[77] Auch fahrzeugtypische Konstruktionsmängel (sog. **Serienfehler**) sind Sachmängel, wenn der Kaufgegenstand durch diese konstruktive Schwäche dem Qualitätsstandard vergleichbarer Produkte und damit der Markterwartung nicht mehr entspricht.[78] **74**

Muss der Gegenstand demnach dem jeweiligen (gegebenenfalls dem damaligen) **„Stand der Technik"** entsprechen, bedeutet dies nicht zwangsläufig, dass alle technischen Probleme optimal gelöst werden müssen. Da es für zahlreiche Probleme regelmäßig eine Bandbreite von technisch gut vertretbaren Lösungen gibt und der Hersteller grundsätzlich frei über Konstruktion, Ausrüstung und Fabrikationsvorgang entscheiden kann, ist die Sache auch dann mangelfrei, wenn der beschrittene technische Lösungsweg konstruktionsbedingte Besonderheiten und Eigentümlichkeiten aufweist, soweit diese die Gebrauchstauglichkeit nicht beeinträchtigen.[79] **75**

---

[74] So ausdrücklich BT-Drs. 14/6040, S. 214.
[75] Vgl. einen Fall, den das OLG Köln entschieden hat. Dort ging es um einen 10,5 Jahre alten Porsche 944 mit einer Laufleistung von 122.000 km, der einen so genannten Dauerbruch einer Ventilfeder eines Motorzylinders aufwies. Unter Berücksichtigung von Alter und Laufleistung handelt es sich dabei – nach Ansicht des OLG Köln – nicht um einen verschleißbedingten Defekt, der bei einem Fahrzeug dieses Typs zu erwarten ist, weswegen ein Sachmangel vorliegt: OLG Köln v. 11.11.2003 - 22 U 88/03 - NJW-RR 2004, 268.
[76] BT-Drs. 14/6040, S. 214.
[77] Für den Kfz-Kauf: OLG Düsseldorf v. 08.06.2005 - I-3 U 12/04, 3 U 12/04 - juris Rn. 25 - NJW 2005, 2235-2236; OLG Düsseldorf v. 30.04.2007 - I-1 U 252/06 - juris Rn. 14.
[78] OLG Düsseldorf v. 30.04.2007 - I-1 U 252/06 - juris Rn. 14 f.; OLG Stuttgart v. 15.08.2006 - 10 U 84/06 - juris Rn. 28 - OLGR Stuttgart 2006, 809-811.
[79] Vgl. für den Kfz-Kauf: OLG Koblenz v. 26.06.2003 - 5 U 62/03 - juris Rn. 13 - NJW-RR 2003, 1380-1381; noch zu § 459 BGB a.F., aber durchaus übertragbar.

b. Maßgeblicher Erwartungshorizont

76 Die Beschaffenheit, die der Käufer nach Art der Sache erwarten kann, ist die, die ein durchschnittlicher, vernünftiger (Art. 2 Abs. 2 lit. d RL 1999/44/EG des Europäischen Parlaments und Rates spricht von „vernünftigerweise") Käufer erwartet. Abzustellen ist auf den **Erwartungshorizont eines Durchschnittskäufers**.[80] Dabei muss sich der Endverbraucher nicht mit einer unter Umständen vom Alltagssprachgebrauch abweichenden Fachterminologie des Handels vertraut machen.[81]

77 Hat der Käufer in der Kaufsituation **höhere Erwartungen**, muss er eine entsprechende Beschaffenheit (Absatz 1 Satz 1) oder die Eignung zu einer bestimmten Verwendung (Absatz 1 Satz 2 Nr. 2) individuell vereinbaren.[82] Gleiches gilt für den Verkäufer, der vom üblichen Qualitätsstandard nach unten abweichen will.

78 Bei der Ermittlung des maßgeblichen Erwartungshorizonts des Käufers kann nicht darauf abgestellt werden, welche Beschaffenheit der Käufer oder der Markt tatsächlich erwarten, im Rahmen des § 434 Abs. 1 Satz 2 Nr. 2 BGB ist vielmehr entscheidend, welche Beschaffenheit der Käufer nach der Art der Sache erwarten kann.[83] Eine derart **objektiv berechtigte Käufererwartung** hat sich in Ermangelung abweichender Anhaltspunkte jedenfalls im Regelfall an der **üblichen Beschaffenheit gleichartiger Sachen** zu orientieren.[84]

79 Preisabschläge beim Weiterverkauf hingegen, die darauf zurückzuführen sind, dass „der Markt" bei der Preisfindung von einer besseren als der tatsächlich üblichen Beschaffenheit von Sachen der gleichen Art ausgeht, vermögen keinen Mangel im Sinne des § 434 Abs. 1 Satz 2 Nr. 2 BGB zu begründen.[85] Eine Kaufsache, die dem Stand der Technik gleichartiger Sachen entspricht, ist nicht deswegen nach § 434 Abs. 1 Satz 2 Nr. 2 BGB mangelhaft, weil der Stand der Technik hinter der tatsächlichen oder durchschnittlichen Käufererwartung zurückbleibt. Es kommt weder auf die konkrete Vorstellung des jeweiligen Käufers noch auf einen durchschnittlichen technischen Informationsstand der Käuferseite, sondern allein darauf an, welche Beschaffenheit der Käufer „nach der Art der Sache" berechtigterweise erwarten kann. Eine **über den jeweiligen Stand der Technik hinausgehende Käufererwartung** ist demnach **unbeachtlich**.[86]

80 Der BGH hat in diesem Zusammenhang über die folgenden Sachverhalte entschieden:
- Der Käufer eines Tieres (hier: eines Reitpferdes) kann redlicherweise nicht erwarten, dass er auch ohne besondere Vereinbarung ein Tier mit „idealen" Anlagen erhält, vielmehr muss er im Regelfall damit rechnen, dass das von ihm erworbene Tier in der einen oder anderen Hinsicht physiologische Abweichungen vom Idealzustand aufweist, wie sie für Lebewesen nicht ungewöhnlich sind.[87]
- Ist nach dem Stand der Technik die Eignung von Dieselfahrzeugen mit Partikelfilter zum Kurzstreckenbetrieb im Vergleich zu Dieselfahrzeugen ohne Partikelfilter eingeschränkt, so kann der Käufer eines Dieselfahrzeugs mit Partikelfilter objektiv keine uneingeschränkte Eignung zum Kurzstreckenbetrieb erwarten. Ob dem durchschnittlichen Autokäufer dies bewusst ist oder nicht, ist für die objektiv berechtigte Käufererwartung irrelevant.[88]
- Bei Gebrauchtfahrzeugen gehört es nicht ohne Weiteres zur üblichen Beschaffenheit, dass sich alle **Fahrzeugteile** noch **im Originalzustand** befinden. Die übliche Beschaffenheit gleichartiger Sachen ist vielmehr auch dann noch gegeben, wenn einzelne (wesentliche) Fahrzeugteile in technisch ein-

---

[80] BT-Drs. 14/6040, S. 214.
[81] Vgl. OLG Düsseldorf v. 20.10.2004 - 3 U 5/04 - NJW-RR 2005, 130-131, noch zu § 459 BGB a.F.
[82] BGH v. 20.05.2009 - VIII ZR 191/07 - juris Rn. 14.
[83] BGH v. 07.02.2007 - VIII ZR 266/06 - juris Rn. 21 - RdL 2007, 120-122.
[84] BGH v. 04.03.2009 - VIII ZR 160/08 - juris Rn. 11; BGH v. 29.06.2011 - VIII ZR 202/10 - juris Rn. 12.
[85] BGH v. 07.02.2007 - VIII ZR 266/06 - juris Rn. 21 - RdL 2007, 120-122.
[86] BGH v. 04.03.2009 - VIII ZR 160/08 - juris Rn. 11.
[87] BGH v. 07.02.2007 - VIII ZR 266/06 - juris Rn. 19 ff. - RdL 2007, 120-122.
[88] BGH v. 04.03.2009 - VIII ZR 160/08 - juris Rn. 11.

wandfreier Weise erneuert wurden (hier: Ersetzung der Originallackierung durch eine neue Lackierung).[89]

c. Abnutzungs-/Verschleißerscheinungen

Bei gebrauchten Gegenständen stellen so genannte alterstypische **Abnutzungs-/Verschleißerscheinungen** keine Mängel dar, wenn sie nicht über das hinausgehen, was bei Sachen des betreffenden Typs angesichts von Alter und Benutzungsintensität zu erwarten ist[90] und soweit nicht etwas Abweichendes vereinbart wurde (§ 434 Abs. 1 Satz 1 BGB): Normaler/natürlicher Verschleiß und normale Gebrauchsspuren sind – vorbehaltlich besonderer Umstände – grundsätzlich keine Sachmängel.[91] Dagegen weichen außergewöhnliche Verschleißerscheinungen vom üblichen Zustand (Normalbeschaffenheit) ab und liegen außerhalb der berechtigten Erwartung eines Durchschnittskäufers, sodass in solchen Fällen ein Mangel im Sinne des § 434 Abs. 1 Satz 2 Nr. 2 BGB gegeben sein kann.[92]

81

Die Frage, ob eine Verschleißerscheinung noch als „normal" (kein Mangel) oder schon als außergewöhnlich (Mangel) anzusehen ist, wird man bei **Pkws** regelmäßig vor allem anhand von Alter und Laufleistung beantworten müssen, wobei auch erkennbarer Pflegezustand, Art der Vorbenutzung und Zahl der Vorbesitzer zu berücksichtigen sind.[93] Zur Abgrenzung zwischen üblichem und außergewöhnlichem Verschleiß bei Pkw vgl. auch Rn. 158.

82

Ist nicht ein außergewöhnlicher Verschleiß, sondern eine bloße **erhöhte Wartungsbedürftigkeit** feststellbar, handelt es sich nicht um einen Sachmangel.[94]

83

5. Unterschiede zwischen den Tatbestandsalternativen

Nach der hier vertretenen Auslegung des Eignungsbegriffs (vgl. hierzu Rn. 54) ergeben sich Unterschiede bei der Anwendung der beiden Tatbestandsalternativen:[95] Eignet sich eine Kaufsache nicht für den gewöhnlichen Gebrauch, ohne dass dies in ihrer Beschaffenheit begründet wäre, so unterfiele diese Fallgestaltung – nach der hier vertretenen Ansicht – der ersten Variante von § 434 Abs. 1 Satz 2 Nr. 2 BGB. Entspricht die Beschaffenheit der Kaufsache nicht der bei gleicher Art üblichen, ohne dass sich dies auf die gewöhnliche Verwendung auswirkt, so wäre dies lediglich unter die zweite Variante von § 434 Abs. 1 Satz 2 Nr. 2 BGB zu subsumieren. Die meisten Fallgestaltungen werden jedoch nach beiden Varianten gleich zu beurteilen sein, sodass die Frage in der Praxis eine untergeordnete Rolle spielen dürfte.

84

V. Eigenschaftserwartung aufgrund öffentlicher Äußerungen (Absatz 1 Satz 3)

§ 434 Abs. 1 Satz 3 BGB **erweitert** die üblicherweise bei Sachen gleicher Art zu erwartende Beschaffenheit der Kaufsache (**Satz 2 Nr. 2**) um solche Eigenschaften, die der Käufer wegen öffentlicher Äußerungen erwarten kann. Auch diese Vorschrift geht auf Art. 2 Abs. 2 lit. d RL 1999/44/EG des Europäischen Parlaments und Rates zurück. Der Anwendungsbereich ist auf Eigenschaften der Sache begrenzt.

85

---

[89] BGH v. 20.05.2009 - VIII ZR 191/07 - juris Rn. 13.
[90] Vgl. für den Kfz-Kauf AG Berlin-Neukölln v. 03.08.2004 - 18 C 114/04 - SVR 2004, 431-432.
[91] BGH v. 23.11.2005 - VIII ZR 43/05 - juris Rn. 19 - VkBl 2006, 507 (Gebrauchtfahrzeug); für Verschlusskapseln von Weinflaschen ebenso: OLG Koblenz v. 10.04.2006 - 12 U 190/05 - juris Rn. 11.
[92] OLG Düsseldorf v. 08.05.2006 - I-1 U 132/05, 1 U 132/05 - juris Rn. 40 - Schaden-Praxis 2007, 32.
[93] Vgl. OLG Düsseldorf v. 08.05.2006 - I-1 U 132/05, 1 U 132/05 - juris Rn. 41 - Schaden-Praxis 2007, 32.
[94] Brandenburgisches Oberlandesgericht v. 13.06.2007 - 13 U 162/06 - juris Rn. 28, wonach kein Sachmangel vorliegen soll, wenn gravierende, ggf. zur Gebrauchsuntauglichkeit führende Defekte am PKW durch erhöhten Wartungsaufwand verhindert werden können.
[95] Inwieweit diese Unterscheidung auch von anderen so gesehen wird, ist nicht klar. Beispielhaft seien *Graf von Westphalen* und *Weidenkaff* genannt, die jedenfalls nicht ausdrücklich auf Unterschiede hinweisen: *Graf von Westphalen* in: Henssler/Westphalen, Praxis der Schuldrechtsreform, 2002, § 434 Rn. 27-28; *Weidenkaff* in: Palandt, § 434 Rn. 25-30.

86 Bedeutung hat Satz 3 in den Fällen, in denen ein Dritter sich äußert – insbesondere der Hersteller oder auch der Makler. Bei Äußerungen des Verkäufers wird häufig eine Beschaffenheitsvereinbarung nach Satz 1 vorliegen.[96]

1. Öffentliche Äußerungen

87 **Äußerungen** sind Aussagen über die Sache jeglicher Art, gleich ob sie mündlich oder schriftlich, direkt oder über Medien getätigt werden. Die Äußerung ist aber nur insoweit rechtlich relevant, als sie etwas über konkrete Eigenschaften der Kaufsache sagt.[97]

88 **Öffentlich** sind Äußerungen, die an einen unbestimmten Personenkreis gerichtet und damit dem Markt zugänglich gemacht sind. Eine öffentliche (werbende) Äußerung i.S.d. § 434 Abs. 1 Satz 3 BGB liegt auch dann vor, wenn der Verkäufer in seinem Angebot im Rahmen einer eBay-Auktion Angaben zur Beschaffenheit des Verkaufsgegenstandes macht.[98]

a. Werbung

89 **Werbung** ist als Sonderfall der öffentlichen Äußerung ausdrücklich in der Norm genannt. Unter dem Begriff Werbung sind auf Verkaufsförderung ausgerichtete Maßnahmen in der Öffentlichkeit, wie Anzeigen, Plakate, Radio- und TV-Spots, Werbestände etc. zu verstehen.

b. Kennzeichnungen

90 Mit **Kennzeichnungen** über Eigenschaften der Sache – auch dies ein ausdrücklich genannter Fall einer öffentlichen Äußerung – sind **Aufdrucke oder Katalogbeschreibungen** gemeint. Gebrauchsanweisungen fallen nicht darunter, weil sie nicht der Eigenschaftsbeschreibung, sondern dem ordnungsgemäßen Gebrauch nach dem Kauf dienen.

c. (Makler-)Exposé

91 Auch das **veröffentlichte** (Makler-)**Exposé** stellt eine öffentliche Äußerung (eines Verkäufergehilfen) im Sinne des § 434 Abs. 1 Satz 3 BGB dar mit der Folge, dass die in ihm enthaltenen Angaben eine zu erwartende Sollbeschaffenheit gemäß § 434 Abs. 1 Satz 2 Nr. 2 BGB begründen.[99]

2. Urheber der Äußerung

92 Erfasst sind Äußerungen des Verkäufers, des Herstellers oder seines Gehilfen.

93 Der Begriff des **Herstellers** ist durch den Verweis auf § 4 Abs. 1, 2 ProdHaftG legaldefiniert. Bezieht der Verkäufer seine Waren nicht unmittelbar vom Hersteller, sondern über einen/mehrere Groß- beziehungsweise Zwischenhändler, so wird er durch die öffentlichen Aussagen einer Person gebunden, mit der er keine vertraglichen Beziehungen hat. Dies ist auch gerechtfertigt, weil der Verkäufer einerseits auch von den Werbemaßnahmen des Herstellers profitiert,[100] der Käufer andererseits auf öffentliche Aussagen über die Kaufsache vertrauen können muss, soweit sie auf konkrete Eigenschaften der Sache schließen lassen.

94 **Gehilfen des Herstellers** sind die Hilfspersonen, die durch den Hersteller bei öffentlichen Äußerungen über Tatsachen eingeschaltet werden.[101] Dabei handelt es sich weder um Vertreter noch um Erfüllungsgehilfen im Sinne des Bürgerlichen Gesetzbuches. Gehilfen können beispielsweise Event- oder Werbeagenturen sein.

---

[96] BT-Drs. 14/6040, S. 214.
[97] BT-Drs. 14/6040, S. 214.
[98] OLG Celle v. 25.10.2005 - 7 U 219/05 - DAR 2006, 269.
[99] BGH v. 16.03.2012 - V ZR 18/11 - juris Rn. 16; OLG Hamm v. 29.04.2010 - 22 U 127/09, I-22 U 127/09 - juris Rn. 20; OLG Hamm v. 15.12.2008 - 22 U 90/08 - juris Rn. 28; vgl. auch BGH v. 19.01.2012 - V ZR 141/11.
[100] BT-Drs. 14/6040, S. 215.
[101] BT-Drs. 14/6040, S. 215.

Mit der Formulierung „Herstellers [...] oder seines Gehilfen" sind zunächst nur die Gehilfen des Herstellers erfasst. Erst recht muss sich aber der Verkäufer an öffentlichen Äußerungen seiner Gehilfen festhalten lassen. „**Gehilfen des Verkäufers**" ist wie oben (vgl. Rn. 94) zu verstehen.

3. Hervorrufen einer Käufererwartung

Die Äußerung muss geeignet sein, eine bestimmte **Erwartung des Käufers** hervorzurufen.[102] Diese Erwartung muss sich auf **bestimmte Eigenschaften** der Sache beziehen. Abzustellen ist darauf, was ein durchschnittlicher Käufer erwarten kann.

Die Erwartung des Käufers muss im konkreten Fall nicht vorliegen, die Äußerung muss lediglich **geeignet** sein, eine Erwartung hervorzurufen. Liegt jedoch eine Käufererwartung nicht vor, so kann einer der Ausnahmetatbestände greifen, weil dann die Äußerung gegebenenfalls die Kaufentscheidung nicht beeinflussen konnte. Dies ist jedoch vom Verkäufer zu beweisen.

Der bei Werbung oder in Katalogen häufig enthaltene Hinweis „**Änderungen und Irrtümer vorbehalten**" bringt lediglich die auch ohne ausdrücklichen Vorbehalt bestehende Rechtslage zum Ausdruck, dass die enthaltenen Angaben zu den Produkten und deren Preisen und Eigenschaften nicht ohne weiteres Vertragsinhalt werden, sondern insoweit vorläufig und unverbindlich sind, als sie durch den Verkäufer im Vorfeld (etwa durch gleichwertige Berichtigung, vgl. dazu Rn. 101) oder bei Vertragsschluss (durch abweichende Beschaffenheitsvereinbarungen) noch korrigiert werden können.[103]

4. Ausnahmen

Mit den Worten „es sei denn" werden die Fälle eingeleitet, in denen Satz 3 ausnahmsweise nicht greift. Durch die Formulierung ist bereits klargestellt, dass der Verkäufer das Vorliegen der **Ausnahmetatbestände** zu beweisen hat.[104]

a. Unkenntnis des Verkäufers

Satz 3 greift dann nicht, wenn der Verkäufer die Äußerungen nicht kannte und auch nicht kennen musste. Dies ist bewusst nicht auf grobe Fahrlässigkeit beschränkt,[105] sodass jede Art von Fahrlässigkeit hinsichtlich der **Unkenntnis** dem Verkäufer schadet. Öffentliche Äußerungen des Herstellers in den gängigen Medien im Inland wird der Verkäufer verfolgen müssen. Wie dies bei Äußerungen in ausländischen Medien, europäischen Medien[106] oder internationalen Medien[107] zu beurteilen ist, bleibt zu klären.

b. Gleichwertige Berichtigung

Eine weitere Ausnahme liegt bei **gleichwertiger Berichtigung** der öffentlichen Äußerung vor, wenn sie bis zum Zeitpunkt des Vertragsschlusses erfolgt ist. Berichtigung ist die Klarstellung, dass die Äußerung nicht oder nicht so zutrifft. Deswegen muss es sich um eine eindeutige und unmissverständliche Aussage handeln, die auch nicht durch ihren Kontext – etwa andere Werbeaussagen – relativiert wird. Gleichwertig ist die Berichtigung jedenfalls, wenn sie über das gleiche Medium und in der gleichen Intensität erfolgt. Die einmalige Berichtigung von mehrfach getätigten öffentlichen Äußerungen ist daher nicht als gleichwertig anzusehen.

Eine **Berichtigung in anderer Weise** kann dann als gleichwertig angesehen werden, wenn ihr aus Sicht des Käufers mindestens das gleiche Maß an Bedeutung zukommen muss wie der öffentlichen Äußerung. So ist etwa die Berichtigung/Beschränkung der öffentlichen Äußerung durch handschriftli-

---

[102] Ebenso: OLG Saarbrücken v. 24.05.2007 - 8 U 328/06 - 85, 8 U 328/06- juris Rn. 44 - OLGR Saarbrücken 2007, 645-648.
[103] Vgl. BGH v. 04.02.2009 - VIII ZR 32/08 - juris Rn.13.
[104] Vgl. auch BGH v. 17.03.2010 - VIII ZR 253/08 - juris Rn. 17.
[105] Begründet wird dies mit den Vorteilen, die der Verkäufer aus der Werbung zieht, insoweit, als sie die Kaufentscheidung des Käufers beeinflusst; BT-Drs. 14/6040, S. 215.
[106] Beispielsweise Eurosport als supranationaler Sender.
[107] Beispielsweise CNN.

ches Ankreuzen auf einem Vertragsformular (das der Käufer zudem selbst mitgebracht hat) als gleichwertig gegenüber einer Internetanpreisung zu sehen.[108] Keine ausreichende Berichtigung ist es hingegen, wenn im Internet ein bestimmtes Sonderzubehör angegeben ist, das – vom Käufer unbemerkt – tatsächlich fehlt und im schriftlichen Kaufvertrag nicht als Sonderzubehör aufgeführt wird.[109]

c. Kein Einfluss auf die Kaufentscheidung

103 Die dritte Ausnahme greift für den Fall, dass die öffentliche Äußerung die **Kaufentscheidung nicht beeinflussen konnte**. Ein solcher Fall liegt vor, wenn die Äußerung für die Willensbildung des Käufers bei seiner Kaufentscheidung nicht maßgeblich sein konnte.[110] Ein Einfluss auf die Kaufentscheidung muss ausgeschlossen sein.[111] Ist die Äußerung lediglich nicht ausschlaggebend für die Kaufentscheidung, so reicht dieser Nachweis fehlender Kausalität nicht aus. Erforderlich wäre der Nachweis, dass der Käufer die Äußerungen des Verkäufers bei seiner Kaufentscheidung unbeachtet gelassen hat.

VI. Montagefehler (Absatz 2 Satz 1)

104 Führen der Verkäufer oder dessen Erfüllungsgehilfen die vereinbarte Montage unsachgemäß durch, so liegt ein Sachmangel gemäß § 434 Abs. 2 Satz 1 BGB vor.

105 Weil die unsachgemäße Montage nunmehr einen Sachmangel darstellt, ergibt sich in Zusammenhang mit § 433 Abs. 1 Satz 2 BGB, dass die Pflicht zur ordnungsgemäßen Montage **Hauptpflicht** des Verkäufers ist, während sie früher oftmals Nebenpflicht war. Vgl. dazu die Kommentierung zu § 433 BGB Rn. 25.

106 Anwendung findet diese Variante des Sachmangels nur, wenn die Sache **nach Gefahrübergang** unsachgemäß montiert wird, denn sind die Bestandteile bereits fehlerhaft oder wird die Sache vor Gefahrübergang unsachgemäß zusammengesetzt, liegt in der Regel ein Sachmangel im Sinne des § 434 Abs. 1 BGB vor.

107 Erfasst werden sollen sowohl Fallgestaltungen, in denen die Sache selbst durch eine unsachgemäße Montage mangelhaft wird,[112] als auch Fälle, in denen nur die Montage unsachgemäß ist, ohne die Beschaffenheit der Kaufsache zu beeinträchtigen.[113]

1. Europäischer Hintergrund der Regelung

108 Diese Klausel setzt Art. 2 Abs. 5 Satz 1 RL 1999/44/EG des Europäischen Parlaments und Rates um.

2. Montage

109 Montage meint alle Handlungen, die einmalig mit oder an der Kaufsache vorzunehmen sind, damit die Kaufsache am gewünschten Ort in der gewollten Art und Weise benutzt werden kann. Dazu kann das Anschließen, Anbringen, Aufstellen, Einbauen oder Zusammenbauen der Kaufsache gehören. Der genaue Umfang der Montage ergibt sich aus dem Vertrag oder den Umständen – zum Beispiel der Art der gekauften Sache.

3. Vereinbarte Montage

110 § 434 Abs. 2 Satz 1 BGB stellt klar, dass die Montage vereinbart sein muss. Erfasst werden keine Montagen aufgrund von Kulanz. Jedoch ist bei einer Montage der Kaufsache ohne ausdrückliche Ver-

---

[108] OLG Celle v. 25.10.2005 - 7 U 219/05 - DAR 2006, 269.
[109] OLG Düsseldorf 12. Zivilsenat v. 26.04.2007 - I-12 U 113/06, 12 U 113/06 - DAR 2007, 457-458.
[110] BT-Drs. 14/6040, S. 215.
[111] Ebenso: OLG Saarbrücken v. 24.05.2007 - 8 U 328/06 - 85, 8 U 328/06 - juris Rn. 45 - OLGR Saarbrücken 2007, 645-648.
[112] Der Gesetzgeber führt als Beispiel die falsch angeschlossene Waschmaschine, die selbst Schaden nimmt, an: BT-Drs. 14/6040, S. 215.
[113] Der Gesetzgeber führt als Beispiel die schief an der Wand angebrachten Schränke einer Einbauküche an: BT-Drs. 14/6040, S. 215.

pflichtung stets an eine – nachträgliche – stillschweigende Vereinbarung zu denken. Ist die Montage vereinbart, ist sie Teil der vertraglichen Verpflichtungen des Verkäufers.

4. Durchführung

Die Montage ist durchgeführt, wenn sie von Verkäuferseite nicht nur begonnen, sondern auch beendet wurde.

111

5. Verkäufer oder Gehilfe

Die Vorschrift greift bei Montage durch den Verkäufer und/oder dessen **Erfüllungsgehilfen**. Mit den Erfüllungsgehilfen des Verkäufers sind Personen gemeint, derer sich der Verkäufer zur Erfüllung der Montageverbindlichkeit bedient (§ 278 Satz 1 BGB). Der Erfüllungsgehilfe ist explizit in dieser Vorschrift aufgeführt, weil hier nicht fremdes Verschulden wie in § 278 Satz 1 BGB, sondern fremdes Verhalten zugerechnet wird.[114]

112

6. Unsachgemäße Durchführung

Unter unsachgemäß durchgeführter Montage versteht man eine Montage, durch die die Gebrauchsfähigkeit der Sache am vorgesehenen Ort zum vorgesehenen Verwendungszweck beeinträchtigt oder die Beschaffenheit der Sache beschädigt ist.

113

VII. Fehlerhafte Montageanleitung (Absatz 2 Satz 2)

Der Fall einer fehlerhaften Montageanleitung ist in § 434 Abs. 2 Satz 2 BGB normiert (so genannte **IKEA-Klausel**).[115]

114

1. Europäischer Hintergrund der Regelung

Die so genannte IKEA-Klausel setzt Art. 2 Abs. 5 Satz 2 RL 1999/44/EG des Europäischen Parlaments und Rates um.

115

2. Zur Montage bestimmt

Die Kaufsache ist zur Montage bestimmt, wenn sich aus dem Vertrag oder aus den Umständen ergibt, dass der Käufer oder der Endverbraucher vor Gebrauch der Kaufsache eine Montage vornehmen soll beziehungsweise muss. Diese Klausel gilt auch jeweils zwischen Hersteller, Lieferant oder Verkäufer. Zum Begriff der Montage vgl. Rn. 109.

116

3. Mangelhafte Montageanleitung

a. Montageanleitung

Montageanleitung ist die Beschreibung eines Verkäufers, Herstellers oder Zwischenhändlers, wie die Montage der Kaufsache durchzuführen ist. Montageanleitungen liegen regelmäßig in schriftlicher, meist gedruckter Form vor, können aber im Einzelfall auch mündlich erfolgen.

117

b. Bedienungs-/Gebrauchsanleitung

Weil es um die Montage geht (zum Begriff der Montage vgl. Rn. 109), also um eine einmalige Handlung[116], die erforderlich ist, damit die Kaufsache überhaupt – am vorgesehenen Ort und in der vorgesehenen Weise – in Gebrauch genommen werden kann, sind mangelhafte **Bedienungs- oder Gebrauchsanleitungen**, die die alltägliche Benutzung umschreiben, **nicht gemeint**.[117]

118

---

[114] BT-Drs. 14/6040, S. 215.
[115] Einige (denkbare) Sonderprobleme zur fehlerhaften Montageanleitung erörtert *Brand*, ZGS 2003, 96-101.
[116] Einmalig umfasst in diesem Zusammenhang auch eine neue Montage an einem anderen Ort.
[117] So auch *Brand*, ZGS 2003, 96-101, 97-98 mit weiteren Nachweisen; anderer Auffassung *Haas* in: Haas/Medicus/Rolland u.a., Das neue Schuldrecht, 2002, S. 194, Rn. 120.

119 Eine fehlende oder fehlerhafte Bedienungs- oder Gebrauchsanleitung kann jedoch einen Mangel nach § 434 Abs. 1 BGB begründen: Wenn die sinnvolle Verwendung eines Kaufgegenstandes eine verständliche Bedienungsanleitung voraussetzt und die Bedienungsanleitung in wesentlichen Punkten unvollständig oder fehlerhaft ist, sodass bei entsprechendem Gebrauch der – ansonsten einwandfreien – Kaufsache Fehlfunktionen auftreten, so stellt dies einen Mangel nach § 434 Abs. 1 BGB dar.[118]

c. Mangelhaftigkeit der Montageanleitung

120 Mangelhafte Montageanleitung meint eine Montageanleitung, die die durchzuführende Montage aus der Sicht des Käufers unzureichend, missverständlich oder falsch beschreibt. Dabei ist die Sicht des Käufers danach zu bestimmen, was der durchschnittliche Käufer erwarten kann (**objektiver Erwartungshorizont**). Eine Montageanleitung (und damit die Sache insgesamt) ist daher regelmäßig bereits dann mangelhaft, wenn sie in einer für den Käufer unverständlichen Sprache abgefasst ist, etwa wenn sie nicht in deutscher, sondern in niederländischer und französischer Sprache verfasst ist.[119]

d. Fehlende Montageanleitung

121 Inwieweit man den Fall einer **fehlenden Montageanleitung** unter Absatz 1 fasst oder Absatz 2 Satz 2 zuordnet, kann in der Praxis dahinstehen, da jedenfalls ein Sachmangel vorliegt. Zu beachten ist allerdings, dass man den Ausnahmefall der fehlerfreien Montage in jedem Fall zu berücksichtigen hat, auch dann, wenn man die fehlende Anleitung nicht unter Absatz 2 Satz 2 subsumiert. Daher erscheint es insgesamt sachnäher, bei fehlender Montageanleitung **Absatz 2 Satz 2 anzuwenden**.

4. Fehlerfreie Montage

122 Ist die Kaufsache trotz fehlerhafter Anleitung fehlerfrei montiert, liegt kein Sachmangel vor (Absatz 2 Satz 2 a.E.). Grund für diese Ausnahme ist die Tatsache, dass die Montageanleitung keine eigenständige Bedeutung neben der Kaufsache hat, sondern lediglich deren fehlerfreier Montage dient.

123 **Zu beweisen** hat diese ihm günstige Tatsache der **Verkäufer**, wie sich aus der Formulierung „es sei denn" ergibt.

124 Wer die Sache fehlerfrei montiert, ist unbeachtlich.[120] Das kann insbesondere dann von Bedeutung sein, wenn es um das Verhältnis zwischen Händler und Hersteller geht und erst der Endverbraucher – der in diesem Verhältnis ja nicht Käufer ist – die Sache einwandfrei montiert.

125 Montiert der Käufer zusätzlich zu den Fehlern in der Anleitung auch sonst die Sache fehlerhaft, ist zu differenzieren. Soweit die Fehler des Käufers Bereiche betreffen, in denen die Anleitung ohnehin fehlerhaft ist (so genannte **Doppelmängel**), entlastet dies den Verkäufer nicht; lediglich der fehlerfreie Zusammenbau erfüllt den Ausnahmetatbestand. Montiert der Käufer fehlerhaft, obwohl die Anleitung diesen Teil ausreichend und fehlerfrei beschreibt, fällt dies in den Verantwortungsbereich des Käufers.

5. Typische Fallkonstellationen

126 Häufig kommen Montageanleitungen bei Gegenständen der Wohnungseinrichtung vor – beispielsweise bei Schränken, Stühlen oder Tischen. Dann werden regelmäßig die Einzelteile mit einer Anleitung im Geschäft bereitgehalten oder dem Käufer zugeschickt.

127 Eine weitere Fallkonstellation bilden technische Geräte, die an Gas, Wasser, Elektrizität oder Telefonnetz anzuschließen sind, insbesondere elektronisch betriebene Anlagen, wie zum Beispiel Computer.

VIII. Falschlieferung (aliud) (Absatz 3 Alternative 1)

128 Die Falschlieferung ist in § 434 Abs. 3 Alt. 1 BGB einem Sachmangel gleichgestellt.

---

[118] OLG München v. 09.03.2006 - 6 U 4082/05 - juris Rn. 25 - OLGR München 2006, 461-462; vgl. auch Rn. 219 sowie die Kommentierung zu § 433 BGB Rn. 76.
[119] OLG Hamm v. 01.12.2005 - 24 U 57/05 - BauR 2006, 1149-1151.
[120] Der ursprüngliche Entwurf ist insoweit geändert worden: BT-Drs. 14/7052, S. 39, 196 (zu § 434 zu Absatz 2).

1. Gesetzgebungsgeschichte

Der Gesetzgeber wollte durch die Einbeziehung der Falschlieferung in das System der Kaufgewährleistung die Abgrenzungsprobleme zwischen mangelhafter und falscher Lieferung lösen. Nach einer Auffassung in der Literatur sollte die Abgrenzung für den Gattungskauf – wie im Handelsrecht – am Merkmal der Genehmigungsfähigkeit (§ 378 HGB a.F.) vorgenommen werden.[121] Diese Unterscheidung hat sich nach Ansicht des Gesetzgebers als nicht praktikabel erwiesen. Sie wurde daher nicht in das neue Kaufrecht übernommen und auch für den Handelskauf aufgegeben.[122] Den Fall der Aliud-Lieferung einem Sachmangel gleichzustellen ist deswegen sachgerecht, weil der Käufer nach neuem Kaufgewährleistungsrecht einen Nacherfüllungsanspruch gemäß § 439 BGB hat.

129

2. Definition

Falschlieferung ist die Leistung eines anderen als des vereinbarten Gegenstandes in der Absicht, damit die vertragliche Pflicht zu erfüllen.

130

Dass die Lieferung erkennbar im Zusammenhang mit der vertraglichen Verpflichtung stehen muss, damit eine Falschlieferung im Sinne dieser Vorschrift vorliegt, ergibt sich aus der Gesetzesbegründung[123]. Deswegen unterfallen beispielsweise Verwechslungen nicht § 434 Abs. 3 Alt. 1 BGB, weil der Verkäufer in einem solchen Fall nicht mit **Erfüllungswillen** gehandelt hat.

131

3. Identitäts-Aliud

Für den Fall des Identitäts-Aliuds beim Stückkauf wird zum Teil die Beibehaltung des ursprünglichen Erfüllungsanspruchs befürwortet.[124] Auswirkungen hätte dies vor allem auf die geltende Verjährungsfrist (§ 195 BGB statt § 438 BGB). Dies findet aber zum einen keine Grundlage im Gesetz, denn dort wird jede Falschlieferung als Mangel eingeordnet.[125] Zum zweiten ist die Interessenlage sowohl des Käufers als auch des Verkäufers bei Lieferung einer falschen Sache die gleiche, wie bei der Lieferung einer fehlerhaften.[126] Daher ist das Identitäts-Aliud gemäß § 434 Abs. 3 Alt. 1 BGB als einem Sachmangel gleichstehend zu behandeln. Der Käufer hat einen **Nacherfüllungsanspruch** aus § 439 BGB.

132

Ein Sonderproblem stellt die irrtümliche Lieferung eines wertvolleren Aliuds[127] dar. Will der Käufer seine Mängelrechte (hier etwa Nacherfüllung oder Rücktritt) wahrnehmen, kann er dies unproblematisch tun. Allerdings könnte man aus § 434 Abs. 3 Alt. 1 BGB schließen, dass der Käufer, wenn er auf seine Mängelrechte verzichtet, die wertvollere Sache behalten darf.[128] Unabhängig von der dogmatischen Einordnung erscheint es jedoch im Ergebnis kaum vertretbar, aus § 434 Abs. 3 Alt. 1 BGB ein Recht des Käufers abzuleiten, das **wertvollere aliud** behalten zu dürfen.

133

IX. Zuweniglieferung (Absatz 3 Alternative 2)

§ 434 Abs. 3 Alt. 2 BGB stellt die Zuweniglieferung einem Sachmangel gleich.

134

---

[121] Vgl. *Medicus* mit weiteren Nachweisen: *Medicus*, Bürgerliches Recht, 18. Aufl. 1999, Rn. 335-337.
[122] BT-Drs. 14/6040, S. 216.
[123] BT-Drs. 14/6040, S. 216.
[124] *Westermann*, NJW 2002, 241-253, 246.
[125] Auch aus den Gesetzesmaterialien lässt sich lediglich schließen, dass der Nacherfüllungsanspruch sich inhaltlich nicht von dem ursprünglichen Erfüllungsanspruch unterscheidet: BT-Drs. 14/6040, S. 216; *Westermann* sieht dies anders (*Westermann*, NJW 2002, 241-253, 246), er überinterpretiert dabei aber den missverständlichen Wortlaut der Gesetzesbegründung.
[126] *Haas* in: Haas/Medicus/Rolland u.a., Das neue Schuldrecht, 2002, S. 195, Rn. 124.
[127] Beispielsweise die (versehentliche) Lieferung eines goldenen Rings anstatt des vertraglich vereinbarten vergoldeten Rings.
[128] Vgl. zu dieser Problematik *Lorenz*, JuS 2003, 36-40; *Musielak*, NJW 2003, 89-92; *Schulze*, NJW 2003, 1022-1023; jeweils mit weiteren Nachweisen.

1. Definition

135 Zuweniglieferung ist die Leistung einer geringeren Menge des Kaufgegenstandes als vereinbart, in der Absicht, damit die vertragliche Pflicht zu erfüllen. Dabei muss die Lieferung erkennbar im Zusammenhang mit der vertraglichen Verpflichtung stehen, wie sich aus der Gesetzesbegründung[129] ergibt.

136 Eine Mengenabweichung setzt gleichartige Sachen voraus. Kein Fall der Zuweniglieferung liegt vor, wenn von verschiedenartigen Sachen einzelne überhaupt nicht geliefert werden oder ein Teil einer einheitlich verkauften Sache fehlt.[130]

2. Teilleistung

137 Teilleistungen sind auch Lieferungen, die eine geringere als die vereinbarte Menge beinhalten. Eine solche Teilleistung (§ 266 BGB) unterscheidet sich von der Zuweniglieferung nach § 434 Abs. 3 Alt. 2 BGB dadurch, dass der Verkäufer **nicht mit Erfüllungsabsicht** bezüglich der ganzen Pflicht leistet. Eine Teilleistung ist einem Sachmangel daher nicht gleichzustellen.

3. Zuviellieferung

138 Die Zuviellieferung stellt keinen Sachmangel dar, ein solcher Fall ist nach allgemeinen Regeln abzuwickeln: Hinsichtlich der geschuldeten Menge liegt Erfüllung vor, bezüglich der darüber hinausreichenden Menge fehlt der Rechtsgrund. Der Verkäufer kann jedenfalls keinen höheren Kaufpreis verlangen, wenn der Käufer die zu viel gelieferte Menge ohne entsprechende Mitteilung behält. Nur bei einer konkludenten Vertragsänderung über eine höhere Menge käme dies in Betracht. Dafür müssten aber Umstände vorliegen, die die Annahme von zwei übereinstimmenden Willenserklärungen begründen können.

X. Einzelfälle aus der Rechtsprechung (Kasuistik)

139 Im Folgenden werden Einzelfälle aus der Rechtsprechung (nach der Schuldrechtsreform) dargestellt, die nach Ansicht des Verfassers praxisrelevant sind. Dabei wurde die **Rechtsprechung zum Beschaffenheitsbegriff** nur noch eingeschränkt berücksichtigt, soweit sie wegen der grundlegenden Bedeutung unter Rn. 26 besprochen wurde, worauf insoweit verwiesen wird.

1. Haus-/Wohnungskauf

a. Feuchtigkeit

140 Wurde das verkaufte Gebäude zu einer Zeit errichtet, als eine Kellerabdichtung noch nicht üblich war, begründet nicht jede (etwa auf mangelhafter Abdichtung des Bauwerks beruhende) **Feuchtigkeit im Keller** einen Mangel, sondern es kommt auf die Umstände des Einzelfalls an, beispielsweise
- ob das Haus in saniertem Zustand verkauft wurde,
- ob der Keller zu Aufenthalts-/Wohnzwecken diente (tatsächlich bzw. nach den Angaben im Exposé),
- welcher Zustand bei der Besichtigung erkennbar war und
- wie stark die Feuchtigkeitserscheinungen sind.[131]

141 Gehen Verkäufer und Käufer eines Altbaus (1936) übereinstimmend davon aus, dass die **Kellerräume als Aufenthalts-/Wohnräume** dienen (können), handelt es sich um eine vertraglich vorausgesetzte Verwendung im Sinne von § 434 Abs. 1 Satz 2 Nr. 1 BGB, selbst wenn diese Verwendung von der üblichen Verwendung (Nutzung als Lagerraum) abweicht,[132] sodass Feuchtigkeit im Keller auf Grund mangelhafter Isolierung einen Sachmangel darstellt.[133]

142 Enthält das **Exposé** einen Altbau (1936) betreffend Angaben dahingehend, dass das Souterrain „nicht wirklich Keller" und ein Zimmer zur Nutzung als Gästezimmer, Büro, Club oder Bibliothek geeignet

---

[129] BT-Drs. 14/6040, S. 216.
[130] Vgl. hierzu OLG Schleswig v. 29.03.2011 - 3 U 49/10 - juris Rn. 30 f.
[131] BGH v. 07.11.2008 - V ZR 138/07 - juris Rn. 13; BGH v. 16.03.2012 - V ZR 18/11 - juris Rn. 14.
[132] BGH v. 16.03.2012 - V ZR 18/11 - juris Rn. 16.
[133] BGH v. 16.03.2012 - V ZR 18/11 - juris Rn. 15.

sein sollte, gehören diese Angaben zur Nutzbarkeit zu den Eigenschaften, die der Käufer gemäß § 434 Abs. 1 Satz 3 BGB erwarten kann,[134] sodass Feuchtigkeit im Keller auf Grund mangelhafter Isolierung einen Sachmangel darstellt.[135]

Auch bei älteren Gebäuden, bei denen Kaufinteressenten regelmäßig mit einem gewissen Maß an Feuchtigkeit rechnen müssen, hat der Verkäufer grundsätzlich über eine **extreme Durchfeuchtung der Kellerwände** aufzuklären. Dies gilt insbesondere, wenn die Kellerwände (etwa auf Grund kurz zuvor erfolgter Renovierungsarbeiten) einen äußerlich trockenen Eindruck vermitteln.[136] 143

Der Verdacht, dass das Fundament des gekauften **Einfamilienhaus**es nur unzureichend gegen **Feuchtigkeit** abgedichtet ist, stellt den Verdacht eines schwerwiegenden Mangels dar: Diesen Verdacht eines schwerwiegenden Mangels hat das LG Bonn[137] – unter Verweis auf die bisherige Rechtsprechung zu § 463 Satz 2 BGB a.F. – als Mangel der Kaufsache eingeordnet; danach haftet ein **unausgeräumter Verdacht schwerwiegender Mangelhaftigkeit** der Kaufsache an und beeinträchtigt die Eignung zu der nach dem Verkehr vorausgesetzten Verwendung gemäß § 434 Abs. 1 Satz 2 Nr. 1 BGB. 144

Eine **mangelhafte Außenabdichtung** stellt wegen der latenten Gefahr des Feuchtigkeitseintritts regelmäßig einen für den Kaufentschluss maßgeblichen Mangel dar, den der Verkäufer redlicherweise nicht verschweigen darf; schon bei einem bloßen Verdacht, wenn der Verkäufer also mit dem Auftreten von Feuchtigkeitsschäden rechnet, ist er auch verpflichtet, ungefragt einen solchen Mangel zu offenbaren.[138] 145

b. Gesundheitsgefahren

Besteht ein Gebäude aus **Baustoff**en, die bei der Errichtung eines Wohnhauses gebräuchlich waren, später aber als **gesundheitsschädlich** erkannt worden sind, können diese einen Mangel der Kaufsache begründen, der **ungefragt zu offenbaren** ist.[139] Ein aufklärungspflichtiger Sachmangel ist dabei nach Auffassung des BGH einerseits nicht bereits gegeben, wenn ein allein abstraktes Gefährdungspotential vorliegt; andererseits setzt ein aufklärungspflichtiger Sachmangel keinen akuten Sanierungsbedarf voraus.[140] Ist die **Nutzbarkeit des Gebäudes** nicht **ohne gravierende Gesundheitsgefahren** möglich, liegt ein aufklärungspflichtiger Sachmangel vor, wobei die Nutzbarkeit eines Wohnhauses über das bloße Bewohnen hinaus auch die Möglichkeit umfasst, jedenfalls im üblichen Umfang Umgestaltungen, bauliche Veränderungen oder Renovierungen vorzunehmen.[141] Im vom BGH entschiedenen Fall ging es um vom Käufer beabsichtigte Fassadenbohrungen zur Anbringung von Außenlampen und einer Überdachung, bei denen krebserregender **Asbeststaub** austreten würde. 146

c. Sanierungsbedarf

Wird eine **Eigentumswohnung** als „Superschnäppchen" verkauft, die nach Angabe des Käufers **komplett renoviert** ist und wird der Käufer bei Besichtigung der Wohnung auf erst kürzlich durchgeführte Renovierungsarbeiten am Gemeinschaftseigentum hingewiesen, so hat das Gemeinschaftseigentum eine Beschaffenheit (einen Zustand) aufzuweisen, in dem keine kostenintensiven Sanierungsleistungen akut erforderlich sind. Daher liegt ein Sachmangel nach § 434 Abs. 1 Satz 1 BGB vor, wenn in Wirklichkeit ein erheblicher und akuter **Sanierungsbedarf am Gemeinschaftseigentum** (hier: im Dachbereich sowie an den Balkonbefestigungen) mit einem Kostenaufwand von ca. 300.000 € besteht.[142] 147

---

[134] BGH v. 16.03.2012 - V ZR 18/11 - juris Rn. 16 ff.
[135] BGH v. 16.03.2012 - V ZR 18/11 - juris Rn. 15.
[136] OLG Saarbrücken v. 05.08.2008 - 4 U 90/08 - 33, 4 U 90/08 - juris Rn. 28.
[137] LG Bonn v. 30.10.2003 - 10 O 27/03 - ZGS 2003, 477-480.
[138] OLG Koblenz v. 13.11.2009 - 2 U 443/09 - juris Rn. 20.
[139] BGH v. 27.03.2009 - V ZR 30/08 - juris Rn. 6.
[140] BGH v. 27.03.2009 - V ZR 30/08 - juris Rn. 9.
[141] BGH v. 27.03.2009 - V ZR 30/08 - juris Rn. 10.
[142] OLG Köln v. 22.09.2004 - 19 W 40/04 - OLGR Köln 2005, 93-95.

d. Öffentlich-rechtliche Beschränkungen und Genehmigungen

148 Ein Mangel der erworbenen Immobilie liegt grundsätzlich auch dann vor, wenn sich auf einem verkauften Grundstück Bauwerke befinden, die **ohne die erforderliche Baugenehmigung** errichtet worden sind; existiert in solchen Fällen auch keine rechtsverbindliche behördliche Erklärung, die den Käufern Bestandsschutz gewährleistet, so besteht der Sachmangel regelmäßig bereits darin, dass es ihnen an der baurechtlich gesicherten Befugnis fehlt, das Objekt auf Dauer für den vertraglich vorausgesetzten Zweck benutzen zu können.[143]

149 Grundsätzlich hat der Verkäufer den Käufer auch über die **fehlende Baugenehmigung** bezüglich einer Dachgeschosswohnung aufzuklären.[144]

150 Auch die **Denkmaleigenschaft** eines Gebäudes kann grundsätzlich einen Sachmangel darstellen.[145] Das OLG Rostock hat einen Sachmangel gemäß § 434 Abs. 1 Satz 2 Nr. 2 BGB dergestalt bejaht, dass das Objekt sich auf Grund seiner Denkmaleigenschaft nicht für die gewöhnliche Verwendung eignet und eine Beschaffenheit aufweist, die bei Sachen der gleichen Art nicht üblich ist und die der Kläger nach der Art der Sache nicht hat erwarten müssen: Ein Käufer könne einerseits grundsätzlich davon ausgehen, dass ein Objekt nicht unter Denkmalschutz steht, weil Denkmalschutz die Ausnahme von der Regel sei; andererseits sei die Denkmaleigenschaft für jeden Käufer eine wichtige Eigenschaft, weil er nicht frei sei, mit dem Objekt so zu verfahren wie er wolle.[146]

e. Sonstige Entscheidungen zum Haus- und Wohnungskauf

151 Jedenfalls bei einer gehobenen Wohnlage liegt ein Mangel vor, wenn sich auf dem Grundstück **Bunkerreste** befinden, die eine künftige Änderung der baulichen Nutzung zumindest einschränken.[147]

152 Das **veröffentlichte (Makler-)Exposé** stellt eine öffentliche Äußerung (eines Verkäufergehilfen) gemäß § 434 Abs. 1 Satz 3 BGB dar mit der Folge, dass die in ihm enthaltenen Angaben eine zu erwartende Sollbeschaffenheit gemäß § 434 Abs. 1 Satz 2 Nr. 2 BGB begründen.[148] Auch Vertragsklauseln, wonach das Objekt verkauft worden ist „wie es liegt und steht" und keine „Garantien" abgegeben wurden, sind nicht geeignet, die durch die öffentliche Äußerung begründete Beschaffenheitserwartung zu beseitigen, weil sie keine „Berichtigung in gleichwertiger Weise" darstellen.[149]

153 Weicht die **Wohnfläche** des auf dem Grundstück befindlichen Hauses von der in dem Makler-Exposé angegebenen Wohnfläche ab, kann dies einen Sachmangel begründen, wobei die Erklärung über die Wohnfläche im Einzelfall auszulegen ist; fehlt etwa der konkrete Berechnungsmaßstab, ist der Begriff der Wohnfläche unter Berücksichtigung der Verkehrssitte zu bestimmen.[150]

2. Kfz-Kauf

154 Im Folgenden werden Urteile den Kfz-Kauf betreffend dargestellt. Die Urteile haben nicht nur für Pkws Bedeutung, sondern lassen sich auch auf andere Kfz etwa Motorräder[151] oder auch Luftfahrzeuge[152] sinngemäß übertragen.

---

[143] Vgl. OLG Karlsruhe v. 18.01.2008 - 10 U 387/07 - juris Rn. 40, das im entschiedenen Fall einen aufklärungspflichtigen Mangel im Ergebnis verneint hat.
[144] Vgl. OLG Hamm v. 21.02.2008 - 22 U 145/07, I-22 U 145/07 - juris Rn. 21.
[145] OLG Rostock v. 10.08.2006 - 7 U 32/05 - juris Rn. 51 - OLGR Rostock 2007, 257-261.
[146] OLG Rostock v. 10.08.2006 - 7 U 32/05 - juris Rn. 57 - OLGR Rostock 2007, 257-261.
[147] OLG Frankfurt v.23.06.2009 - 16 U 223/07 - juris Rn. 23.
[148] BGH v. 16.03.2012 - V ZR 18/11 - juris Rn. 16; OLG Hamm v. 29.04.2010 - 22 U 127/09, I-22 U 127/09 - juris Rn. 20; OLG Hamm v. 15.12.2008 - 22 U 90/08 - juris Rn. 28; vgl. auch BGH v. 19.01.2012 - V ZR 141/11.
[149] OLG Hamm v. 29.04.2010 - 22 U 127/09, I-22 U 127/09 - juris Rn. 21.
[150] BGH v. 19.01.2012 - V ZR 141/11 - juris Rn. 9; vgl. hierzu *Börstinghaus*, jurisPR-BGHZivilR 7/2012, Anm. 3.
[151] LG Berlin v. 12.08.2004 - 18 O 452/03 - NJW 2005, 2163-2164, betreffend die Bezeichnung als „fabrikneu" für den Motorradkauf.
[152] Vgl. LG Hildesheim v. 10.10.2003 - 4 O 227/03 - ZLW 2004, 121-126, zur Lufttüchtigkeit eines Luftfahrzeuges als Sachmangel.

a. Abgasnormen und Kraftstoffverbrauch

Auch die Einhaltung von bestimmten (europäischen) **Abgasnormen** gehört zur Beschaffenheit eines Fahrzeuges, über die die Parteien Vereinbarungen treffen können. Ist etwa als Beschaffenheit eines Fahrzeugs die Erfüllung der Abgasnorm „Euro 3" nicht nur im Sinne der Erfüllung der europäischen Abgasnorm, sondern auch im Sinne der steuerlichen Einstufung des Fahrzeugs vereinbart, liegt ein Sachmangel vor, wenn das gekaufte Fahrzeug tatsächlich steuerlich als „Euro 2" eingestuft wird.[153] 155

Das KG Berlin[154] hat in diesem Zusammenhang indes entschieden, dass die Mitteilung einer bestimmten **EU-Schadstoffnorm** im Kfz-Kaufvertrag keine Beschaffenheitsangabe oder Zweckabrede darstellt, auf Grund derer der Käufer auf eine Einordnung in eine bestimmte Kfz-Steuerklasse vertrauen darf: Eine solche Angabe beschränke sich nach ihrem Erklärungswert darauf, dass das Fahrzeug den damit verbundenen zulassungsrechtlichen Anforderungen gerecht werde. Dagegen sei damit aber keine weitere Aussage in Bezug auf die aufgrund nationaler Gesetzgebung erfolgte Einstufung in Bezug auf die Kraftfahrzeugsteuerregelung verbunden. Nach Ansicht des KG Berlin[155] ist daher in der Prospektangabe „EU3 (N1-G3)" nicht zugleich eine dahingehende Beschaffenheitsvereinbarung gemäß § 434 Abs. 1 Satz 1 BGB enthalten, dass das Fahrzeug auch entsprechend der Einstufung „EU3" besteuert wird. 156

Nach Ansicht des LG Ravensburg[156] stellt ein **Kraftstoffmehrverbrauch** von 3,03% gegenüber den Angaben im Verkaufsprospekt zwar einen Sachmangel dar, indes soll dies nach Ansicht des Gerichtes jedenfalls bei einem ohnehin nicht besonders sparsamen Pkw (angegebener Durchschnittsverbrauch 9,9 Liter Super Plus/100 km) – wegen der Besonderheiten des Messverfahrens nach Richtlinie 80/1268/EGW und weil die hierauf bezogenen Angaben im Prospekt nur der Vergleichbarkeit von Fahrzeugen mit unterschiedlichem Verbrauch dienen – keinen Minderwert des Pkws begründen, sodass eine Minderung ausscheidet. 157

Ist bei einem Pkw eine grüne **Umweltplakette** sichtbar angebracht, erklärt der Verkäufer – auch dann, wenn zwischen den Vertragsparteien nicht ausdrücklich über die am Fahrzeug angebrachte Plakette gesprochen wurde – konkludent, dass das Fahrzeug eine Beschaffenheit aufweist, die es berechtigt, diese Plakette zu führen (OLG Düsseldorf v. 22.12.2011 - I-22 U 103/11, 22 U 103/11 - juris Rn. 19). Eine solche Beschaffenheitsvereinbarung gemäß § 434 Abs. 1 Satz 1 BGB ist von einem im Vertrag vereinbarten pauschalen Haftungsausschluss nicht mit umfasst, sodass ein zur Rückabwicklung des Kaufvertrages berechtigender Sachmangel vorliegt, wenn das Fahrzeug die für die Vergabe der Palette erforderlichen Werte nicht einhält und deshalb eine Berechtigung zur Nutzung der Plakette tatsächlich nicht besteht (OLG Düsseldorf v. 22.12.2011 - I-22 U 103/11, 22 U 103/11 - juris Rn. 19, 24). 157.1

Die Erklärung des Verkäufers, er gehe davon aus, dass das Fahrzeug die (gelbe) **Feinstaubplakette** wiederbekommt, weil es bereits bei seinem Erwerb diese gelbe Plakette gehabt habe, stellt keine Vereinbarung einer Beschaffenheit des Fahrzeugs dahingehend dar, dass es nur solche Schadstoffemissionen verursacht, die berechtigen, die (gelbe) Plakette zu führen; vielmehr handelt es sich um nicht mehr als die (konkludente) Erklärung des Verkäufers, ihm seien keine Umstände bekannt, die darauf hindeuten, dass das Fahrzeug die Plakette zu Unrecht führe und die einer Wiedererteilung entgegenstehen könnten (OLG Düsseldorf v. 06.06.2012 - I-3 U 63/11, 3 U 63/11 - juris Rn. 45 ff.). Ist ein gebrauchtes Kraftfahrzeug (hier: Wohnmobil) mit einer nicht dem Umweltstatus des Fahrzeugs entsprechenden (hier: gelben) Feinstaubplakette versehen, die folglich nach der Ummeldung nicht (wieder bzw. neu) erteilt werden kann und ist es dem Käufer deshalb – entgegen der bei Kaufvertragsschluss vorausgesetzten Verwendung – verwehrt, mit dem erworbenen Fahrzeug bestimmte als Umweltzonen ausgewiesene Bereiche zu befahren, liegt insoweit ein Mangel vor (OLG Düsseldorf v. 06.06.2012 - I-3 U 63/11, 3 U 63/11 - juris Rn. 51). Die Haftung für einen solchen Mangel gemäß § 434 Abs. 1 Satz 2 157.2

---

[153] So LG Münster v. 06.12.2006 - 8 O 320/06 - juris Rn. 15.
[154] KG Berlin v. 06.03.2008 - 27 U 66/07 - juris Rn. 11.
[155] KG Berlin v. 06.03.2008 - 27 U 66/07 - juris Rn. 12.
[156] LG Ravensburg v. 06.03.2007 - 2 O 297/06 - juris Rn. 34 ff. - NJW 2007, 2127-2129.

Nr. 1 BGB ist indes auch durch einen pauschalen Haftungsausschluss (hier: „Keine Garantie") ausgeschlossen (OLG Düsseldorf v. 06.06.2012 - I-3 U 63/11, 3 U 63/11 - juris Rn. 53, 62).

b. Abnutzungs-/Verschleißerscheinungen

158 Keine Mängel sind so genannte alterstypische **Abnutzungs-/Verschleißerscheinungen**[157] bei Gebrauchtwagen, soweit sie nicht über das hinausgehen, was bei einem Fahrzeug des betreffenden Typs angesichts seiner Laufleistung zu erwarten ist[158] (§ 434 Abs. 1 Satz 2 Nr. 2 BGB), es sei denn, es ist ausdrücklich etwas anderes vereinbart (§ 434 Abs. 1 Satz 1 BGB).

159 Die Abgrenzung zwischen üblichem Verschleiß und Sachmängeln kann anhand folgender, vom OLG Düsseldorf[159] **zusammengefasster Kriterien** vorgenommen werden:
- Defekte an Verschleißteilen von gebraucht gekauften Kraftfahrzeugen können zwar unter die Sachmängelhaftung fallen, für normalen Verschleiß haftet der Verkäufer jedoch nicht, gleichviel, welche Auswirkungen der Defekt hat.[160]
- Ausgenommen von der Mängelhaftung ist nicht nur normaler Verschleiß, der im maßgeblichen Zeitpunkt der Fahrzeugübergabe bereits vorhanden war. Auch nach Übergabe fortschreitender Normalverschleiß begründet in der Regel keinen vertragswidrigen Zustand.[161]
- Der Verkäufer haftet auch nicht für einen Defekt, der nach Übergabe infolge normalen Verschleißes eintritt, sei es am Verschleißteil selbst, sei es an einem anderen Teil, das selbst kein Verschleißteil ist.[162]
- Anders kann der Fall zu beurteilen sein, wenn normaler Verschleiß nach Übergabe einen Defekt verursacht, den der Verkäufer/Vorbesitzer bei eigenüblicher Sorgfalt, insbesondere durch Wartung und Inspektion, hätte verhindern können. In einem solchen Fall kann das grundsätzlich vom Käufer zu tragende Verschleißrisiko ausnahmsweise beim Verkäufer liegen.[163]

160 **Kein Mangel**, sondern Verschleiß ist in folgenden Fällen angenommen worden:
- „leichtes, ungewöhnliches Geräusch" im Bereich der Hinterachse, das nur bei gezieltem Hinhören wahrzunehmen ist, bei einem 8 Jahre alten Pkw mit einer Laufleistung von 38.440 km zum Zeitpunkt des Kaufs;[164]
- **vorgeschädigtes Radlager, vorgeschädigter Radbremszylinder, eingerissene Achsmanschette, Spiel der Spurstangen, Ölverlust** und ein **in der Gummipufferung schadhaftes Motorlager** bei einem ca. 9 Jahre alten Fiat Punto mit etwa 120.000 km Laufleistung zum Kaufpreis von 2.950 €;[165]
- nach Übergabe funktionsunfähig werdender **Katalysator** bei einem 9-jährigen Pkw mit 150.000 km Laufleistung.[166]

161 Ist nicht ein außergewöhnlicher Verschleiß, sondern eine bloße **erhöhte Wartungsbedürftigkeit** feststellbar, handelt es sich nicht um einen Sachmangel.[167]

162 Auch Defekte, welche die **Funktionsfähigkeit beeinträchtigen**, können Verschleißerscheinungen sein und müssen nicht notwendigerweise einen Mangel der Kaufsache begründen; bei Gebrauchtfahrzeugen ist insoweit maßgeblich, ob die Beeinträchtigungen die bei einem Fahrzeug entsprechenden Alters

---

[157] Vgl. zu Abnutzung und Verschleiß allgemein Rn. 81.
[158] Vgl. AG Berlin-Neukölln v. 03.08.2004 - 18 C 114/04 - SVR 2004, 431-432.
[159] OLG Düsseldorf v. 08.01.2007 - I-1 U 180/06 - juris Rn. 10 ff. - DAR 2007, 211-212.
[160] OLG Düsseldorf v. 08.01.2007 - I-1 U 180/06 - juris Rn. 10 - DAR 2007, 211-212.
[161] OLG Düsseldorf v. 08.01.2007 - I-1 U 180/06 - juris Rn. 11 - DAR 2007, 211-212.
[162] OLG Düsseldorf v. 08.01.2007 - I-1 U 180/06 - juris Rn. 12 - DAR 2007, 211-212.
[163] OLG Düsseldorf v. 08.01.2007 - I-1 U 180/06 - juris Rn. 13 - DAR 2007, 211-212.
[164] LG Kleve v. 22.07.2005 - 5 S 34/05 - SVR 2006, 63.
[165] LG Kassel v. 30.06.2005 - 1 S 2/05 - SVR 2005, 421-422.
[166] Vgl. AG Offenbach v. 27.09.2004 - 38 C 276/04 - NJW-RR 2005, 423-425.
[167] Brandenburgisches Oberlandesgericht v. 13.06.2007 - 13 U 162/06 - juris Rn. 28, wonach kein Sachmangel vorliegen soll, wenn gravierende, ggf. zur Gebrauchsuntauglichkeit führende Defekte am Pkw durch erhöhten Wartungsaufwand verhindert werden können.

üblichen Abnutzungs- und Verschleißerscheinungen übersteigen.[168] Daher muss der Käufer eines 4 Jahre alten Gebrauchtfahrzeuges mit einer Laufleistung von 165.000 km bei vernünftiger Betrachtungsweise mit nicht unerheblichen Abnutzungs- und Verschleißerscheinungen rechnen.[169]

Wurde ein Gebrauchtwagen über eine längere Laufstrecke (60.000 km) mit einem zum Zwecke der Leistungssteigerung versehenen **Chip-Tuning** betrieben, kann dies den nicht ausräumbaren **Verdacht erhöhten Verschleißes** und damit einen Sachmangel nach § 434 Abs. 1 Satz 2 Nr. 2 BGB begründen, wenn die Nutzung in chipgetuntem Zustand nicht Gegenstand der Vereinbarung geworden ist oder dem Käufer bekannt war (vgl. § 442 BGB).[170]

163

Die **Leckage der Kraftstoffzuleitung im Motorraum**, die einen **Brandschaden** verursacht, aufgrund dessen das Fahrzeug unbrauchbar wird, stellt indes auch bei einem 10 Jahre alten Gebrauchtwagen **keinen gewöhnlichen Verschleiß**, sondern einen gewährleistungspflichtigen Mangel dar: Auch der Käufer eines 10 Jahre alten Fahrzeugs darf erwarten, dass das Fahrzeug fahrfähig ist und nicht beim Starten des Motors in Brand gerät und in Folge dessen unbenutzbar wird.[171]

164

c. Alter/Herkunft (Erstzulassung/Modelljahr, Jahreswagen, Lagerfahrzeug, Neuwagen, Vorführwagen, Reimport)

Das Alter und die Herkunft bzw. die vorherige Nutzung des Fahrzeugs spielen beim Kauf eines Pkws eine entscheidende Rolle, weshalb sich hierzu eine bestimmte Kasuistik entwickelt hat. Dabei wird den in diesem Zusammenhang verwendeten Begrifflichkeiten (Erstzulassung/Modelljahr, Jahreswagen, Lagerfahrzeug, Neuwagen/„fabrikneu", Vorführwagen, „aus erster Hand", Reimport) jeweils eine bestimmte Bedeutung zugemessen, die im Folgenden dargestellt wird.

165

aa. Erstzulassung/Modelljahr

Wird beim Gebrauchtwagenkauf das **Datum der Erstzulassung** in den Vertragstext aufgenommen, so gehört es zur vereinbarten Beschaffenheit, dass das Datum der Herstellung jedenfalls nicht mehrere Jahre von dem Datum der Erstzulassung abweicht.[172]

166

Die vertraglich festgehaltene Angabe eines bestimmten **Modelljahres** beim Gebrauchtwagenkauf beinhaltet eine dahingehende Vereinbarung der Beschaffenheit gemäß § 434 Abs. 1 Satz 1 BGB. Wegen der wertbildenden Bedeutung der Angabe zum Modelljahr ist eine diesbezügliche Pflichtverletzung auch nicht unerheblich (§ 323 Abs. 5 Satz 2 BGB).[173]

167

bb. Lagerfahrzeug

Bei einem als „**Lagerfahrzeug**" bezeichneten Fahrzeug handelt es sich nicht um ein Neufahrzeug, vielmehr deutet der Begriff Lagerfahrzeug im Gegensatz zum sonstigen Verkauf von Neuwagen ohne einen solchen Zusatz gerade an, dass dieses Fahrzeug ein älteres Produktions- und Herstellungsdatum aufweist.[174] Bei der Bezeichnung des Fahrzeuges als Lagerfahrzeug handelt es sich aber – anders als etwa bei Neuwagen – nicht um ein Standardgeschäft, das eine maximale Frist zwischen Herstellungsdatum und Verkaufszeitpunkt zum Inhalt hat.[175] Vielmehr ist die vertraglich vereinbarte Beschaffenheit nach den Umständen des Einzelfalles auszulegen: Der Begriff „Lagerfahrzeug" und die fehlende

168

---

[168] LG Kleve v. 22.07.2005 - 5 S 34/05 - SVR 2006, 63.
[169] LG Wuppertal v. 23.05.2005 - 17 O 394/04 - SVR 2005, 422-423.
[170] OLG Hamm v. 09.02.2012 - I-28 U 186/10, 28 U 186/10 - juris Rn. 12 ff.; OLG Düsseldorf v. 16.10.2009 - I-22 U 166/08, 22 U 166/08 - juris Rn. 34 ff.
[171] OLG Celle v. 16.04.2008 - 7 U 224/07 - juris Rn. 18.
[172] OLG Karlsruhe v. 26.05.2004 - 1 U 10/04 - NJW 2004, 2456-2457; OLG Celle v. 13.07.2006 - 11 U 254/05 - juris Rn. 16.
[173] OLG Nürnberg v. 21.03.2005 - 8 U 2366/04 - NJW 2005, 2019-2021.
[174] LG Braunschweig v. 17.09.2004 - 4 O 1240/04 (151), 4 O 1240/04.
[175] So OLG Braunschweig v. 07.07.2005 - 2 U 128/04 - juris Rn. 19 - ZGS 2005, 395-396; anders noch die Vorinstanz: LG Braunschweig v. 17.09.2004 - 4 O 1240/04 (151), 4 O 1240/04 unter Verweis auf die zum alten Recht ergangene, uneinheitliche Rechtsprechung.

Verwendung des Begriffes „neu" zusammen mit der Angabe „Modelljahr 2002" bezeichnen ein Fahrzeug, das irgendwann in der Zeit, in der das „Modell 2002" produziert wurde, hergestellt wurde und seitdem, unter Umständen sogar seit Modelleinführung im Jahr 2001, auf Lager gestanden hat.[176]

cc. Jahreswagen

169 Die Vereinbarung der Beschaffenheit eines Gebrauchtfahrzeugs als „**Jahreswagen**" gemäß § 434 Abs. 1 Satz 1 BGB hat regelmäßig zum Inhalt, dass das verkaufte Fahrzeug bis zum Zeitpunkt seiner Erstzulassung keine Standzeit von mehr als zwölf Monaten aufweist.[177] Zur Begründung verweist der BGH in seiner diesbezüglichen Entscheidung auf die wesentliche Bedeutung des Alters sowie der Lagerdauer für die Wertschätzung eines Kraftfahrzeugs; dies führe dazu, dass eine Lagerzeit von mehr als zwölf Monaten die Fabrikneuheit eines Neuwagens beseitigt.[178] Diese Betrachtungsweise sei auf „Jahreswagen" zu übertragen, denn die Bezeichnung als Jahreswagen diene dem Zweck, das Fahrzeug einerseits von („fabrikneuen") Neufahrzeugen und andererseits von älteren Gebrauchtwagen, denen nach der Verkehrsanschauung regelmäßig eine geringere Wertschätzung zukommt, abzugrenzen. Der Käufer eines Jahreswagens handele in der jedenfalls für den gewerblich tätigen Verkäufer erkennbaren Erwartung, einen „jungen" Gebrauchtwagen aus erster Hand zu erwerben, der sich hinsichtlich seines Alters von einem Neufahrzeug im Wesentlichen lediglich durch die einjährige Nutzung im Straßenverkehr seit der Erstzulassung unterscheidet. Ausdrücklich offen gelassen hat der BGH, ob Gleiches auch für den Fall eines Modellwechsels vor der Erstzulassung gilt.[179]

dd. Neuwagen/„fabrikneu"

170 Der Verkauf eines Kraftfahrzeugs als „**Neuwagen**" beinhaltet die konkludente Zusicherung des Kfz-Händlers, dass das Fahrzeug fabrikneu ist, was eine entsprechende Beschaffenheitsvereinbarung zur Folge hat (Absatz 1 Satz 1).[180]

171 Ein als „**fabrikneu**" verkaufter Neuwagen erfüllt diese Voraussetzung nur dann, wenn er zum Zeitpunkt des Vertragsschlusses noch unverändert hergestellt wird.[181] Ein solches als „fabrikneu" verkauftes Fahrzeug darf ein maximales **Alter von 12 Monaten** haben.[182] Insgesamt ist ein Kfz also fabrikneu, wenn und solange das Modell dieses Fahrzeugs unverändert weitergebaut wird, wenn es keine durch längere Standzeit bedingten Mängel aufweist und wenn zwischen Herstellung des Fahrzeugs und Abschluss des Kaufvertrages nicht mehr als zwölf Monate liegen.[183]

172 Wird die Modellreihe dieses Fahrzeugs im Zeitpunkt des Verkaufs nicht mehr unverändert gebaut, sondern weist sie etwa inzwischen einen **um 50% vergrößerten Tank** auf, ist das verkaufte Fahrzeug kein Neuwagen und entspricht damit nicht der vereinbarten Beschaffenheit.[184]

173 Ein als Neuwagen verkaufter Pkw ist auch dann nicht mehr „fabrikneu", wenn er vor der Übergabe an den Käufer eine **ungeklärte Fahrstrecke von über 200 km** zurückgelegt hat.[185] Dabei ist jedoch diejenige Fahrstrecke unberücksichtigt zu lassen, die auf Wunsch des Käufers zustande kommt (insbesondere bei Überführung per Achse): Liegt die **ungeklärte Fahrstrecke nach Abzug der Überführungskilometer unter 100 km**, verliert der Wagen allein hierdurch seine Neuwageneigenschaft nicht.[186]

---

[176] OLG Braunschweig v. 07.07.2005 - 2 U 128/04 - juris Rn. 21 - ZGS 2005, 395-396.
[177] BGH v. 07.06.2006 - VIII ZR 180/05 - NJW 2006, 2694-2696.
[178] BGH v. 07.06.2006 - VIII ZR 180/05 - NJW 2006, 2694-2696.
[179] BGH v. 07.06.2006 - VIII ZR 180/05 - NJW 2006, 2694-2696.
[180] BGH v. 12.01.2005 - VIII ZR 109/04 - juris Rn. 11 - BB 2005, 798-799.
[181] Noch zu § 459 BGB a.F., aber auf das neue Recht übertragbar und mit zahlreichen weiteren Nachweisen zur Rechtsprechung BGH v. 16.07.2003 - VIII ZR 243/02 - NJW 2003, 2824-2825.
[182] BGH v. 15.10.2003 - VIII ZR 227/02 - NJW 2004, 160-161.
[183] BGH v. 12.01.2005 - VIII ZR 109/04 - juris Rn. 12 - BB 2005, 798-799; ebenso LG Berlin v. 12.08.2004 - 18 O 452/03 - NJW 2005, 2163-2164 für Motorräder.
[184] OLG Köln v. 18.01.2005 - 22 U 180/04 - OLGR Köln 2005, 95.
[185] Vgl. BGH v. 18.06.1980 - VIII ZR 185/79 - EBE/BGH 1980, 283-286.
[186] OLG Dresden v. 04.10.2006 - 8 U 1462/06 - juris Rn. 6 - OLGR Dresden 2007, 48-49.

Die Eigenschaft als fabrikneues Neufahrzeug wird nach Ansicht des LG Bonn[187] nicht durch (kleinere) **Herstellungsmängel** in Frage gestellt, die vor Auslieferung nach den Produktionsrichtlinien des Herstellers ordnungsgemäß und ohne Verbleib einer Wertminderung behoben worden sind (bspw. Beseitigung von Lackschäden durch Nach-/Zweitlackierung): Ein ausgeliefertes Fahrzeug könne jedoch dann nicht mehr als Neufahrzeug bezeichnet werden, wenn vor der Auslieferung am Fahrzeug Schäden jenseits einer gewissen Bagatellgrenze aufgetreten sind, sodass das Fahrzeug nach der Verkehrsanschauung als Unfallfahrzeug bezeichnet werden muss.[188]

174

Auch ein tageszugelassenes Fahrzeug ist noch fabrikneu, weil das Fahrzeug in diesem Fall – anders als bei Vorführwagen – nicht genutzt wird, vielmehr dient die **Tageszulassung** lediglich den Absatzinteressen von Hersteller und Verkäufer, ohne dass die Beschaffenheit als fabrikneues Fahrzeug beeinträchtigt wird.[189]

175

ee. Vorführwagen

Unter einem **Vorführwagen** wird verstanden, dass es sich um ein gewerblich genutztes Fahrzeug handelt, das einem Neuwagenhändler im Wesentlichen zum Zwecke der Vorführung (Besichtigung und Probefahrt) gedient hat und noch nicht auf einen Endabnehmer zugelassen sein darf.[190] Beim Kauf eines Kraftfahrzeugs wird indes allein mit der Beschaffenheitsangabe „Vorführwagen" noch **kein bestimmtes Alter** des Fahrzeugs vereinbart, was nicht ausschließt, dass der Käufer eines Vorführwagens aufgrund besonderer Umstände im konkreten Fall erwarten darf, dass ein als Vorführwagen angebotenes Fahrzeug ein bestimmtes Alter nicht überschreitet.[191]

176

ff. „Aus erster Hand"

Verkauft der gewerbliche Gebrauchtwarenverkäufer an eine Privatperson ein Kfz „aus erster Hand", muss er darüber aufklären, wenn das Fahrzeug beim Voreigentümer ausschließlich **als Mietfahrzeug genutzt** worden ist, weil es sich um eine atypische Vorbenutzung handelt, die mit einen merkantilen Minderwert des Fahrzeugs einhergeht und üblicherweise zu einem Abschlag auf den „Normalpreis" des Fahrzeugs führen würde.[192]

177

gg. Reimport (Produktionsort)

Inwieweit der **Herkunfts-** beziehungsweise **Produktionsort** unter die „Beschaffenheit" im Sinne des § 434 Abs. 1 BGB fällt, ob also das Abweichen von einer diesbezüglichen Vereinbarung (etwa hinsichtlich der **Reimporteigenschaft**) einen Mangel gemäß § 434 Abs. 1 Satz 1 BGB darstellt, wird in der Rechtsprechung[193] uneinheitlich beantwortet, je nachdem ob ein weiter oder ein enger Beschaffenheitsbegriff zugrunde gelegt wird. Einzelheiten zu den zitierten Urteilen zu Herkunfts-/Produktionsort (Reimport) vgl. unter Rn. 30 ff.; Einzelheiten zur Rechtsprechung zum Beschaffenheitsbegriff insgesamt vgl. unter Rn. 26 ff.

178

d. Betriebsfähigkeit

Ein Fahrzeug muss – beim Fehlen abweichender Vereinbarungen – die **Betriebsfähigkeit im Sinne der Zulassungsvorschriften** aufweisen, weil es sich sonst nicht zu der nach dem Vertrag voraus-

179

---

[187] LG Bonn v. 26.09.2006 - 3 O 372/05 - juris Rn. 24 - NJW-RR 2007, 1424-1426.
[188] So LG Bonn v. 26.09.2006 - 3 O 372/05 - juris Rn. 25 - NJW-RR 2007, 1424-1426.
[189] BGH v. 12.01.2005 - VIII ZR 109/04 - juris Rn. 13 - BB 2005, 798-799.
[190] BGH v. 15.09.2010 - VIII ZR 61/09 - juris Rn. 12.
[191] BGH v. 15.09.2010 - VIII ZR 61/09 - juris Rn. 17, 22.
[192] OLG Stuttgart v. 31.07.2008 - 19 U 54/08 - juris Rn. 17; a.A. LG Kaiserslautern v. 25.03.2009 - 2 O 498/08 - juris Rn. 32 ff.: keine atypische Nutzung und kein Sachmangel.
[193] Bejahend: LG Düsseldorf v. 22.04.2003 - 24 S 548/02 - DAR 2003, 420-421; LG Ellwangen v. 13.12.2002 - 3 O 219/02 - NJW 2003, 517-518; verneinend: OLG Hamm v. 13.05.2003 - 28 U 150/02 - NJW-RR 2003, 1360-1361; OLG Naumburg v. 07.12.2005 - 6 U 24/05 - OLGR Naumburg 2006, 347-349.

gesetzten Verwendung des Kaufgegenstands eignet (§ 434 Abs. 1 Satz 2 Nr. 1 BGB).[194] Dies gilt ebenfalls für **Luftfahrzeuge**, deren Lufttüchtigkeit einen Mangel darstellt.[195]

180 Auch ein **öffentlich-rechtliches (Nutzungs-)Verbot** beseitigt die Eignung der Sache für den gewöhnlichen Gebrauch, etwa bei fehlerhaftem Anspringen der **Warnanzeige** für zu **niedrigen Bremsflüssigkeitsstand**, weil das Fahrzeug in einem solchen Fall im öffentlichen Verkehrsraum nicht weiter bewegt werden darf.[196]

181 Der Käufer eines Kraftfahrzeugs darf auch erwarten, dass es während der Fahrt nicht aufsetzt, sondern **hinreichende Bodenfreiheit** hat (§ 434 Abs. 1 Satz 2 Nr. 2 BGB), weil es ansonsten an der **Zulassungsfähigkeit** fehlt.[197]

e. „Fahrbereit"

182 Der **Begriff** „fahrbereit" bedeutet zunächst, dass das Fahrzeug nicht mit verkehrsgefährdenden Mängeln behaftet ist, aufgrund derer es bei einer Hauptuntersuchung als verkehrsunsicher eingestuft werden müsste, wobei die Anforderungen an ein „fahrbereites" Fahrzeug nicht auf den Aspekt der Verkehrssicherheit beschränkt sind.[198] Vielmehr muss ein „fahrbereites" Fahrzeug im Hinblick auf seine wesentlichen technischen Funktionen so beschaffen sein, dass ein Betrieb des Fahrzeugs überhaupt möglich ist. Daran kann es fehlen, wenn ein Fahrzeug schon im Zeitpunkt der Übergabe wegen gravierender technischer Mängel nicht imstande ist, eine auch nur minimale Fahrtstrecke zurückzulegen.[199] Einem Gebrauchtwagen hingegen, der bei Gefahrübergang auf den Käufer betriebsfähig und verkehrssicher ist, fehlt nicht bereits deswegen die vereinbarte Beschaffenheit „fahrbereit", weil der Motor wegen eines fortschreitenden Schadens nach einer Fahrtstrecke von höchstens 2.000 km ausgetauscht werden muss.[200]

183 Auch wenn der **Vertrag online** geschlossen wurde und/oder der **Verkäufer nicht gewerblich** handelt, ergeben sich hieraus **keine grundlegenden Besonderheiten**; in solchen Fällen ist die Erklärung, das verkaufte Fahrzeug sei „fahrbereit", nicht grundsätzlich anders zu verstehen.[201]

184 Die Beschaffenheit „fahrbereit" kann im Rahmen einer Beschaffenheits**garantie** zugesichert werden[202] oder Teil einer einfachen Beschaffenheits**vereinbarung** sein.[203]

f. Farbe

185 Wird ein Wagen mit der **(Farb-)Bezeichnung** „carbonschwarz" verkauft, so ist ein schwarzes Fahrzeug ohne eine deutlich sichtbare blaue Farbgebung geschuldet und zwar unabhängig davon, ob man – was nach Ansicht des Verfassers näher liegt – die Farbbezeichnung als Beschaffenheitsvereinbarung einordnet (§ 434 Abs. 1 Satz 1 BGB), weil der Käufer ohnehin nach Art der Sache bei der Farbbezeichnung „carbonschwarz" ein schwarzes Fahrzeug ohne deutlich sichtbaren Blauton erwarten kann (§ 434 Abs. 1 Satz 2 Nr. 2 BGB).[204]

186 Die Lieferung eines Kraftfahrzeugs in einer **anderen** als der bestellten **Farbe** stellt im Regelfall einen erheblichen Sachmangel und damit auch eine erhebliche Pflichtverletzung gemäß § 323 Abs. 5 Satz 2 BGB dar, selbst wenn der Käufer im Vorfeld auch eine andere Fahrzeugfarbe in Betracht gezogen hatte.[205]

---

[194] OLG Bremen v. 10.09.2003 - 1 U 12/03 (b), 1 U 12/03 - OLGR Bremen 2004, 117-118.
[195] LG Hildesheim v. 10.10.2003 - 4 O 227/03 - ZLW 2004, 121-126.
[196] OLG Stuttgart v. 01.12.2009 - 6 U 248/08 - juris Rn. 20.
[197] OLG Hamm v. 21.01.2010 - 28 U 178/09, I-28 U 178/09 - juris Rn. 48 ff.
[198] BGH v. 22.11.2006 - VIII ZR 72/06 - juris Rn. 21 - BGHZ 170, 67-77.
[199] BGH v. 22.11.2006 - VIII ZR 72/06 - juris Rn. 24 - BGHZ 170, 67-77.
[200] BGH v. 22.11.2006 - VIII ZR 72/06 - juris Rn. 25 - BGHZ 170, 67-77.
[201] OLG Hamm v. 12.05.2009 - 28 U 42/09 - juris Rn. 30.
[202] Vgl. BGH v. 22.11.2006 - VIII ZR 72/06 - juris Rn. 21 - BGHZ 170, 67-77.
[203] Vgl. OLG Hamm v. 12.05.2009 - 28 U 42/09 - juris Rn. 27 ff.
[204] OLG Köln v. 14.10.2005 - 20 U 88/05 - NJW 2006, 781-782.
[205] BGH v. 17.02.2010 - VIII ZR 70/07 - juris Rn. 24.

g. Kilometerstand/Laufleistung

Wird der **Kilometerstand** als „abgelesener Kilometerstand …" in den Vertragstext aufgenommen, so kann dies unter Umständen eine Beschaffenheitsvereinbarung hinsichtlich der Laufleistung beinhalten,[206] wobei der Begriff „abgelesen" nach Ansicht des Verfassers eher für eine Wissenserklärung des Verkäufers sprechen dürfte, was letztlich aber eine Frage der Auslegung anhand der konkreten Umstände ist. Auch die Formulierung Kilometerstand „laut Tacho" spricht eher gegen eine entsprechende Beschaffenheitsvereinbarung.[207]

187

Nach Auffassung des OLG Brandenburg[208] kann zwar in der Angabe einer **Gesamtfahrleistung** eine Zusage über die Beschaffenheit von Verschleißteilen, wie dem Motor oder dem Getriebe liegen; ist jedoch im Kaufvertrag lediglich ein **Kilometerstand** angegeben, liegt nach Ansicht des OLG Brandenburg keine Beschaffenheitsvereinbarung vor, weil die tatsächliche „Gesamtlaufleistung" dem Gebrauchtwagenhändler gerade nicht bekannt sein muss.

188

Der Käufer eines gebrauchten Kraftfahrzeugs darf aber möglicherweise bereits auf Grund der gesamten Umstände im Einzelfall erwarten, dass die **tatsächliche Laufleistung** des Fahrzeuges **nicht wesentlich höher ist als der Kilometerzähler anzeigt** (§ 434 Abs. 1 Satz 2 Nr. 2 BGB), sodass es dann auf eine etwaige Beschaffenheitsvereinbarung hinsichtlich der Laufleistung nicht mehr ankäme.[209] Dies ist jeweils anhand der konkreten Umstände im Einzelfall zu bestimmen.

189

Im Normalfall wird ein Gebrauchtwagenkäufer davon ausgehen können, dass der **Tachostand** (jedenfalls ungefähr) die tatsächliche Laufleistung wiedergibt, wenn sich nicht aus den konkreten Umständen etwas anderes ergibt; ist die tatsächliche Laufleistung erheblich höher, liegt ein Sachmangel gemäß § 434 Abs. 1 Satz 2 Nr. 2 BGB vor.[210] Der Verkäufer, der von einer erheblichen Abweichung weiß, muss hierüber ungefragt aufklären, weil die tatsächliche Laufleistung einen für den Kaufentschluss wesentlichen Umstand darstellt.[211] Unterlässt der Verkäufer die erforderliche Aufklärung, handelt er regelmäßig arglistig gemäß § 444 BGB (vgl. die Kommentierung zu § 444 BGB Rn. 34). Nach Ansicht des Verfassers gilt dies nicht nur für den gewerblichen sondern auch für den privaten Kfz-Verkäufer.

190

Erklärt der Verkäufer bei den vorvertraglichen Verhandlungen auf **ausdrückliche Nachfrage** des Käufers, dass die Gesamtfahrleistung eines gebrauchten Pkws mit dem Tachostand übereinstimme, liegt nicht nur eine Beschaffenheitsvereinbarung, sondern darüber hinaus eine **Beschaffenheitsgarantie** (im Sinne der §§ 442, 444) vor,[212] sodass der Käufer ggf. auch Schadensersatz gemäß der §§ 437 Nr. 3, 280, 276 Abs. 1 Satz 1 BGB verlangen kann.

191

Ein sachkundiger Kraftfahrzeughändler als Verkäufer gibt – nach Ansicht des OLG Düsseldorf[213] – mit der Erklärung „**Gesamtfahrleistung nach Angaben des Vorbesitzers 96.000**" zumindest eine dahingehende Beschaffenheitsangabe ab, dass der Motor nicht wesentlich stärker verschlissen ist, als die mitgeteilte Laufleistung von 96.000 km erwarten lasse (§§ 133, 157 BGB): Dies gelte insbesondere, wenn der Beklagte das Fahrzeug ausdrücklich als „fahrbereit" und mit „frischen" Plaketten für die Hauptuntersuchung (TÜV) und AU verkauft habe.

192

---

[206] Wohl für möglich gehalten, aber offen gelassen von BGH v. 16.03.2005 - VIII ZR 130/04 - juris Rn. 9 - DAR 2006, 143. Eine Eigenschaftszusicherung ist hierin jedoch nicht zu sehen: KG Berlin v. 26.08.2004 - 12 U 172/03 - juris Rn. 8 - NJW-RR 2005, 60-63, noch zu § 459 a.F (nach neuem Recht § 276 Abs. 1 Satz 1, vgl. Rn. 6).
[207] Vgl. AG Marsberg v. 13.10.2004 - 1 C 22/04 - SVR 2005, 145.
[208] Brandenburgisches Oberlandesgericht v. 13.06.2007 - 13 U 162/06 - juris Rn. 22.
[209] Für möglich gehalten, aber im Ergebnis offen gelassen und zurückverwiesen von BGH v. 16.03.2005 - VIII ZR 130/04 - juris Rn. 9 - DAR 2006, 143.
[210] OLG Köln v. 13.03.2007 - 22 U 170/06 - juris Rn. 6 - OLGR Köln 2007, 587-589.
[211] OLG Köln v. 13.03.2007 - 22 U 170/06 - juris Rn. 8 - OLGR Köln 2007, 587-589.
[212] OLG Koblenz v. 01.04.2004 - 5 U 1385/03 - juris Rn. 9 - NJW 2004, 1670-1671.
[213] OLG Düsseldorf v. 08.05.2006 - I-1 U 132/05, 1 U 132/05 - juris Rn. 27 - Schaden-Praxis 2007, 32.

h. Motor (Austauschmotor/Motorleistung/Originalmotor)

193 Eine durch den Verkäufer behauptete **Überholung des Motors** kann nicht ohne weiteres als **Generalüberholung** verstanden werden,[214] vielmehr wird man dies regelmäßig so verstehen müssen, dass sich die Überholung auf bestimmte Teile des Motors beschränkt hat und keine grundsätzliche Aussage über den Zustand des Motors insgesamt getroffen werden soll.

194 Wird vertraglich zugesichert/vereinbart, das Fahrzeug habe den „**Originalmotor**", hat dies – nach Ansicht des OLG Düsseldorf[215] – üblicherweise den Erklärungsinhalt, dass das Fahrzeug mit einem vom Werk für diesen Fahrzeugtyp vorgesehenen Originalmotortyp ausgerüstet ist, mit dem es auch für den Straßenverkehr zugelassen ist.

195 Weicht die tatsächliche **Motorleistung** über 8% von der vertraglich vereinbarten Motorleistung ab, liegt ein Mangel vor, der bereits eine erhebliche Pflichtverletzung im Sinne des § 323 Abs. 5 Satz 2 BGB begründen kann.[216]

196 Gibt der Verkäufer an, das Fahrzeug habe einen „**Austauschmotor**", stellt dies regelmäßig eine Beschaffenheitsvereinbarung dar, die beinhaltet, dass das Fahrzeug über einen anderen als den Originalmotor verfügt, der wiederum eine bestimmte Laufleistung aufweist.[217] Verwenden **Kfz-Fachleute** (etwa gewerbliche Kfz-Händler) den Begriff „Austauschmotor", wird man grundsätzlich davon ausgehen können, dass alle beweglichen Motorteile und sonstigen Aggregate durch Neuteile ersetzt, nach den Methoden der Serienfertigung hergestellt und nach den Kriterien für Neuwagen erfolgreich geprüft worden sind.[218] So darf der Käufer die Erklärung des Gebrauchtwagenhändlers, das verkaufte Fahrzeug habe einen Austauschmotor mit einer bestimmten km-Leistung dahingehend auffassen, dass der Motor nicht wesentlich stärker verschlissen ist, als es die angegebene Laufzeit erwarten lässt.[219] Die **Angabe eines privaten Verkäufers**, das Fahrzeug verfüge über einen „Austauschmotor", beinhaltet demgegenüber grundsätzlich nur die Klarstellung, dass nicht mehr der Originalmotor im Fahrzeug ist (ggf. mit einer Kilometerangabe bezüglich des neuen Motors), eine Angabe bezüglich weiterer Qualitätsmerkmale des Motors ist in einer derartigen Erklärung im Regelfall nicht zu sehen.[220]

i. Unfalleigenschaft/„unfallfrei"

197 „**Unfallfrei**" bedeutet, dass das Fahrzeug keinen Schaden erlitten hat, der als erheblich anzusehen ist, wobei geringfügige, ausgebesserte Blechschäden und Schönheitsfehler (Bagatellschäden) aus dem Begriff ausgeklammert werden.[221]

198 Wird durch einen Akt von **Vandalismus**, also durch von außen plötzlich einwirkende mechanische Gewalt, die Originallackierung zerstört, so ist dies einem Unfallgeschehen gleichzusetzen.[222]

aa. Bagatellschäden

199 Die Grenze für (nicht mitteilungspflichtige) Bagatellschäden ist bei Pkw sehr eng zu ziehen: Als „**Bagatellschäden**" sind nur ganz geringfügige, äußere (Lack-)Schäden anerkannt, **nicht hingegen andere (Blech-)Schäden**, auch wenn diese keine weitergehenden Folgen hatten und der Reparaturaufwand gering war; dies gilt auch bei erfolgter fachgerechter Reparatur.[223]

---

[214] Vgl. LG Hanau v. 27.03.2003 - 1 O 1510/02 - NJW-RR 2003, 1561-1562.
[215] OLG Düsseldorf v. 03.12.2004 - I-14 U 33/04, 14 U 33/04 - ZfSch 2005, 130-133.
[216] LG Wuppertal v. 16.11.2010 - 16 O 134/08 - juris Rn. 30, 34.
[217] OLG Saarbrücken v. 29.02.2012 - 1 U 122/11 - 35, 1 U 122/11 - juris Rn. 38.
[218] Vgl. OLG Frankfurt v. 18.12.1991 - 23 U 25/91 - juris Rn. 4.
[219] BGH v. 18.02.1981 - VIII ZR 72/80 - juris Rn. 12.
[220] OLG Saarbrücken v. 29.02.2012 - 1 U 122/11 - 35, 1 U 122/11 - juris Rn. 47 ff.
[221] LG Karlsruhe v. 01.02.2005 - 8 O 614/04 - juris Rn. 16 - NJW-RR 2005, 1368-1369; ähnlich OLG Düsseldorf v. 03.12.2004 - I-14 U 33/04, 14 U 33/04- ZfSch 2005, 130-133.
[222] OLG München v. 13.06.2007 - 20 U 5646/06- juris Rn. 43.
[223] BGH v. 10.10.2007 - VIII ZR 330/06 - juris Rn. 20 - EBE/BGH 2007, 406-408.

Dabei ist die konkrete „Bagatellgrenze" stets im Einzelfall unter besonderer Berücksichtigung von Alter und Laufleistung des Fahrzeugs zu ermitteln.[224]

In folgenden Konstellationen wurde durch die Rechtsprechung entschieden, dass **kein Bagatellschaden** vorliegt:

- Ein Schaden mit einem erforderlichen Beseitigungsaufwand in Höhe von 1.774,67 € bei einem fünfeinhalb Jahre alten Fahrzeug mit einer Laufleistung von rund 54.000 km kann nicht als Bagatellschaden angesehen werden.[225]
- War eine Reparatur für 400,00 € bis 450,00 € erforderlich, kann nicht mehr von einem unerheblichen Schaden ausgegangen werden.[226]
- Ein nach erheblicher Beschädigung repariertes (gebrauchtes) Fahrzeug (die Kosten der Neulackierung hätten bei 4.407,50 € netto gelegen) wäre nicht mehr die geschuldete Kaufsache, sodass die Nachbesserung (durch Lackierung) unmöglich ist.[227]

Nach Ansicht des OLG Karlsruhe[228] ist ein neun Jahre altes Fahrzeug auch dann unfallfrei, wenn es **zahlreiche ordnungsgemäß reparierte Bagatellschäden** aufweist: Jede einzelne dieser reparierten Beschädigungen stelle bei einem zum Kaufzeitpunkt neun Jahre alten Fahrzeug keinen Unfallschaden dar, sondern sei als Bagatelle einzuordnen; auch die Summe mehrerer ordnungsgemäß reparierter Bagatellschäden führe nicht dazu, dass nunmehr ein Unfallschaden vorliegt. In dem zugrunde liegenden Fall wies das Fahrzeug rundherum Parkschäden unterhalb der Fensterscheiben auf (Kratzer, Schrammen, Streifschäden und geringfügige Blechschäden), die darauf beruhten, dass der Vorbesitzer beim Ein- und Ausfahren aus seiner Garage mehrfach an dem Garagentor hängen geblieben war und dadurch die Schäden verursacht hatte. Außerdem waren geringe Spachtelarbeiten im Bereich des hinteren linken und rechten Kotflügels durchgeführt worden; zur Beseitigung dieser Vorschäden war eine Neulackierung unterhalb der Fensterscheiben für 1.600 € erfolgt.

bb. Fehlende Unfallfreiheit als Mangel

Der Käufer kann – wenn keine besonderen Umstände vorliegen – auch beim Kauf eines gebrauchten Kraftfahrzeugs gemäß § 434 Abs. 1 Satz 2 Nr. 2 BGB erwarten, dass das Fahrzeug unfallfrei ist, also keinen Unfall erlitten hat, bei dem es zu mehr als „Bagatellschäden" gekommen ist.[229] Ist ein gebrauchtes Fahrzeug also nicht mehr als unfallfrei anzusehen, weil frühere Beschädigungen sich nicht mehr im Rahmen der – anhand von Laufleistung und Alter zu ermittelnden – Bagatellgrenze bewegen, so weist es im Normalfall (keine besonderen Umstände) einen Sachmangel im Sinne des § 434 Abs. 1 Satz 2 Nr. 2 BGB auf.

Erklärt der Gebrauchtwagenverkäufer, das Fahrzeug sei „**unfallfrei**", so ist diese **Beschaffenheitsvereinbarung** nach Auffassung des AG Homburg[230] in der Regel dahingehend auszulegen, dass sie nicht die Besitzzeit eines Vorbesitzers mit einbezieht; insoweit stelle sich die Aussage nur als Weitergabe der durch den Vorbesitzer erlangten Informationen dar. Zu einem ähnlichen Ergebnis kommt das LG München[231]: Ein Verkäufer, der gleichzeitig einen Gewährleistungsausschluss vereinbart hat, wolle mit einer derartigen Aussage jedenfalls für die Zeit vor seinem Besitzerwerb keine Beschaffenheitsgarantie übernehmen.

---

[224] Vgl. BGH v. 10.10.2007 - VIII ZR 330/06 - juris Rn. 21, wo ausgeführt wird, dass ein Schaden mit einem erforderlichen Beseitigungsaufwand in Höhe von 1.774,67 € bei einem fünfeinhalb Jahre alten Fahrzeug mit einer Laufleistung von rund 54.000 km nicht als Bagatellschaden angesehen werden kann. Damit stellt auch der BGH bei Ermittlung der Bagatellgrenze auf Alter und Laufleistung des konkreten Fahrzeugs ab.

[225] BGH v. 10.10.2007 - VIII ZR 330/06 - juris Rn. 21 - EBE/BGH 2007, 406-408.

[226] LG Karlsruhe v. 01.02.2005 - 8 O 614/04 - juris Rn. 16 - NJW-RR 2005, 1368-1369.

[227] OLG München v. 13.06.2007 - 20 U 5646/06 - juris Rn. 43.

[228] OLG Karlsruhe v. 29.08.2007 - 7 U 111/07 - juris Rn. 9 - OLGR Karlsruhe 2007, 1011.

[229] BGH v. 12.03.2008 - VIII ZR 253/05 - juris Rn. 16 - EBE/BGH 2008, 130-132; BGH v. 10.10.2007 - VIII ZR 330/06 - juris Rn. 19 f. - EBE/BGH 2007, 406-408.

[230] AG Homburg v. 19.12.2003 - 4 C 250/02 - ZfSch 2004, 411-412.

[231] LG München I v. 02.10.2003 - 32 O 11282/03 - DAR 2004, 276-278.

§ 434

205 Erklärt der Gebrauchtwagenverkäufer im Kaufvertragsformular, dass das Fahrzeug **während seiner Besitzzeit unfallfrei** gewesen sei, kommt nach Auffassung des LG Saarbrücken[232] überhaupt keine Beschaffenheitsvereinbarung im Sinne von Absatz 1 Satz 1 zustande. Es handele sich lediglich um eine **Wissenserklärung**, denn die Aufteilung der Beschaffenheit (Unfallfreiheit) in zwei verschiedene Zeiträume sei begrifflich nicht möglich. Das Urteil des LG Saarbrücken steht damit in einem gewissen Spannungsverhältnis zum oben genannten Urteil des AG Homburg[233], in dem eine solche Differenzierung im Ergebnis augenscheinlich für möglich gehalten wird. Selbst wenn man hingegen mit dem LG Saarbücken eine Wissenserklärung annehmen wollte, würde – nach Ansicht des Verfassers – eine falsche Auskunft seitens des Verkäufers jedenfalls eine vertragliche Verletzung der (Neben-)Pflicht zur richtigen Auskunftserteilung darstellen, die gegebenenfalls zum Schadensersatz nach § 280 Abs. 1 BGB führen würde.

206 Enthält das Vertragsformular die Formulierung „**Unfallschäden lt. Vorbesitzer Nein**", liegt hierin **keine Beschaffenheitsvereinbarung** im Sinne des § 434 Abs. 1 Satz 1 BGB; es handelt sich lediglich um eine **Wissenserklärung** oder Wissensmitteilung des Verkäufers, mit der dieser die Angaben des Vorbesitzers wiedergibt.[234] Bezieht sich der Verkäufer explizit auf eine bestimmte Quelle, bringt er dadurch hinreichend deutlich zum Ausdruck, woher er die Angabe entnommen hat und dass es sich dabei nicht um eigenes Wissen handelt.[235] Eine derartige Wissensmitteilung ist indes nicht ohne rechtliche Bedeutung, vielmehr haftet der Verkäufer in solchen Fällen gemäß §§ 280 Abs. 1, 241 Abs. 2, 311 Abs. 2 BGB dafür, dass er die Angaben des Vorbesitzers richtig und vollständig wiedergegeben hat.[236]

207 Nach Auffassung des LG München[237] ist die **Unfallfreiheit** eines Kfz bereits dann als **konkludent zugesichert** anzusehen, wenn der gewerbliche Verkäufer den Käufer nicht darauf hinweist, dass er das Kfz nicht auf Unfallschäden untersucht hat: Der Käufer dürfe in einem solchen Fall davon ausgehen, dass das Fahrzeug von dem Verkäufer überprüft wurde.

208 Eine konkludente Vereinbarung der „Unfallfreiheit" eines Pkws kann nach Ansicht des OLG Düsseldorf[238] auch dadurch zustande kommen, dass der Verkäufer in der Bestellschein-Rubrik „Zahl, Art und Umfang von Unfallschäden lt. Vorbesitzer" festgehalten hat: „Einparkbeule hinten rechts behoben": Dadurch habe der Verkäufer zum einen zum Ausdruck gebracht, dass hinten rechts eine „Einparkbeule" vorhanden war, die jedoch inzwischen behoben worden sei, zum anderen konnte und durfte der Käufer die besagte Notiz in der verbindlichen Bestellung dahin verstehen, dass das Fahrzeug im Übrigen frei von Unfallschäden sei (§§ 133, 157 BGB).

209 Soweit der Text eines Kaufvertrages durch die Nennung erneuerter Teile auf einen Unfallschaden größeren Ausmaßes hindeutet, wird dadurch eine Beschaffenheit als **Unfallwagen** gemäß § 434 Abs. 1 Satz 1 BGB vereinbart.[239] Enthält der Vertragstext allerdings die Formulierung, die Ersatzteile seien „**fachgerecht erneuert**", ist der Vertrag dahin gehend auszulegen, dass sich die Vereinbarung einer fachgerechten Erneuerung nicht nur auf die genannten Teile bezieht. Vielmehr könnten derartige Angaben des Verkäufers im Vertragsformular nur so verstanden werden (§§ 133, 157 BGB), dass durch die erneuerten Teile der zugrunde liegende Unfallschaden fachgerecht, das heißt auch vollständig, behoben wurde: Das Interesse des Käufers besteht nicht vordringlich am Besitz neuer Teile, sondern daran, ein gebrauchstaugliches und – nach Unfall – ordnungsgemäß instand gesetztes Fahrzeug zu erwerben.[240]

---

[232] LG Saarbrücken v. 29.07.2004 - 2 S 21/04 - ZfSch 2004, 562-564.
[233] AG Homburg v. 19.12.2003 - 4 C 250/02 - ZfSch 2004, 411-412.
[234] BGH v. 12.03.2008 - VIII ZR 253/05 - juris Rn. 12 - EBE/BGH 2008, 130-132.
[235] BGH v. 12.03.2008 - VIII ZR 253/05 - juris Rn. 13 - EBE/BGH 2008, 130-132.
[236] BGH v. 12.03.2008 - VIII ZR 253/05 - juris Rn. 16 - EBE/BGH 2008, 130-132.
[237] LG München I v. 25.06.2004 - 6 O 12298/02 - DAR 2005, 38-39.
[238] OLG Düsseldorf v. 09.05.2005 - I-1 U 206/04, 1 U 206/04 - SVR 2006, 177.
[239] OLG Hamm v. 10.02.2005 - 28 U 147/04 - NJW-RR 2005, 1220-1221.
[240] OLG Hamm v. 10.02.2005 - 28 U 147/04 - NJW-RR 2005, 1220-1221.

j. Weitere Einzelfallentscheidungen für Pkw

Kein Mangel im Sinne des § 434 Abs. 1 BGB soll nach Ansicht des AG Aachen[241] vorliegen, wenn beim Kauf eines Neufahrzeugs auf dem dazugehörigen **CD-Autoradio** nicht alle kopiergeschützten CDs abgespielt werden können. 210

Das wiederholte Auftreten **quietschender Bremsgeräusche**, die im Innenraum bei geschlossenem Fenster wahrnehmbarer sind, stellt bei Fahrzeugen der gehobenen Kategorie (Preisklasse von 75.000 €) allein schon wegen der beträchtlichen Komforteinbuße einen erheblichen Mangel im Sinnes des § 323 Abs. 5 Satz 2 BGB dar.[242] 211

Allein die Tatsache, dass es beim „Abkärchern" eines Fahrzeuges (**Cabrio**) zu Wassereintritt kommt, wenn der Wasserstrahl waagerecht auf die Kante des Verdecks gehalten wird, stellt keinen Mangel dar, wenn das Fahrzeug für eine Reinigung in einer Waschanlage in der üblichen Art und Weise geeignet ist.[243] 212

Soweit nach dem Stand der Technik die **Eignung von Dieselfahrzeugen mit Partikelfilter zum Kurzstreckenbetrieb** im Vergleich zu Dieselfahrzeugen ohne Partikelfilter eingeschränkt ist, kann der Käufer eines Dieselfahrzeugs mit Partikelfilter objektiv keine uneingeschränkte Eignung zum Kurzstreckenbetrieb erwarten. Ob dem durchschnittlichen Autokäufer dies bewusst ist oder nicht, ist für die objektiv berechtigte Käufererwartung irrelevant. Der Umstand, dass ein Kraftfahrzeug mit Dieselpartikelfilter für eine Verwendung im reinen Kurzstreckenbetrieb nur eingeschränkt geeignet ist, weil die zur Reinigung des Partikelfilters erforderliche Abgastemperatur im reinen Kurzstreckenbetrieb regelmäßig nicht erreicht wird, sodass zur Filterreinigung von Zeit zu Zeit Überlandfahrten unternommen werden müssen, stellt daher keinen Sachmangel im Sinne des § 434 Abs. 1 Satz 2 Nr. 2 BGB dar, wenn dies nach dem Stand der Technik nicht zu vermeiden ist und aus demselben Grund auch die Kurzstreckeneignung der Fahrzeuge anderer Hersteller, die mit einem Dieselpartikelfilter ausgerüstet sind, in gleicher Weise beeinträchtigt ist.[244] 213

Das **Ruckeln** beim automatischen Gangwechsel des **Automatikgetriebes** kann jedenfalls im gehobenen Segment bei Neufahrzeugen einen Mangel darstellen, unabhängig davon, ob diese Fehlererscheinung bei allen Fahrzeugen desselben Typs auftritt.[245] 214

Das Fahrzeug muss dem jeweiligen „**Stand der Technik**" zum Zeitpunkt der Herstellung entsprechen (§ 434 Abs. 1 Satz 2 Nr. 2 BGB). Das bedeutet jedoch nicht, dass alle technischen Probleme optimal gelöst werden müssten, da es gerade bei technisch komplexen Gegenständen wie Pkw für mannigfaltige Problemstellungen regelmäßig eine Bandbreite von technisch gut vertretbaren Lösungen gibt. Weil der Hersteller angesichts dessen grundsätzlich frei über Konstruktion, Ausrüstung und Fabrikationsvorgang entscheiden kann, ist die Sache dann mangelfrei, wenn es dem technischen Standard der jeweils vergleichbaren Wagenklasse entspricht, wobei der beschrittene technische Lösungsweg konstruktionsbedingte Besonderheiten und Eigentümlichkeiten aufweisen kann, soweit sie die Gebrauchstauglichkeit nicht beeinträchtigen. Daher ist die **Klimaanlage** eines fabrikneuen Pkws nicht bereits dann mangelhaft, wenn die Temperaturen an verschiedenen Luftaustrittöffnungen bei bestimmten Einstellungen erheblich voneinander abweichen (hier: **überhitzter Fußraum**).[246] 215

Beim Gebrauchtwagenkauf älterer Fahrzeuge begründet eine dem Verkauf vorausgegangene **längere Standzeit** allein grundsätzlich keinen Sachmangel gemäß § 434 Abs. 1 Satz 2 Nr. 2 BGB.[247] Anders als bei der Standzeit eines Jahreswagens bis zum Zeitpunkt seiner Erstzulassung (vgl. Rn. 169) ist für 216

---

[241] AG Aachen v. 28.11.2003 - 84 C 210/03 - NJW-RR 2004, 311.
[242] Schleswig-Holsteinisches Oberlandesgericht v. 25.07.2008 - 14 U 125/07 - juris Rn. 33.
[243] OLG Brandenburg v. 21.02.2007 - 4 U 121/06 - juris Rn. 38.
[244] BGH v. 04.03.2009 - VIII ZR 160/08 - juris Rn. 9 ff.
[245] OLG Köln v. 24.07.2010 - I-15 U 185/09, 15 U 185/09 - juris Rn. 16.
[246] OLG Koblenz v. 26.06.2003 - 5 U 62/03 - juris Rn. 13 - NJW-RR 2003, 1380-1381; noch zu § 459 BGB a.F., aber durchaus übertragbar.
[247] BGH v. 10.03.2009 - VIII ZR 34/08 - juris Rn. 14-16.

die Beurteilung der Mangelfreiheit grundsätzlich nicht auf die Standzeit als solche abzustellen, sondern lediglich darauf, ob bei dem Fahrzeug möglicherweise Mängel vorliegen, die auf die Standzeit zurückzuführen sind und die gleichartige Fahrzeuge ohne entsprechende Standzeit üblicherweise nicht aufweisen.

217 Nach Ansicht des AG München[248] erfordert die Eignung zur vertraglich vorausgesetzten Verwendung eines Kraftfahrzeuges (§ 434 Abs. 1 Satz 2 Nr. 1 BGB), dass der Käufer bei Verlust eines Schlüssels in der Lage ist, sich einen **Zweitschlüssel** anfertigen zu lassen, ohne zusätzlichen Kosten ausgesetzt zu sein. Daher liege ein Sachmangel vor, wenn dem Käufer kein so genannter **Master Key** ausgehändigt werden könne, mit dessen Hilfe alleine ein Zweitschlüssel erstellt werden kann, der die Wegfahrsperre deaktiviert. Im Ergebnis könne der Käufer dann Nachbesserung in Form des Einbaus einer neuen Schließanlage mit passender Wegfahrsperre verlangen.

3. Sonstige Rechtsprechung

218 Schließen die Parteien einen Kaufvertrag über einen Kaminbausatz mit einer „Marmorfassade" und wird ein Kamin aus einem polierfähigem Kalkstein geliefert, so liegt auch dann aus der **maßgeblichen Sicht des Endverbrauchers** ein Sachmangel vor, wenn im Handelsverkehr der Begriff Marmor auch für Kalksteine verwendet wird.[249]

219 Eine fehlende oder fehlerhafte **Bedienungs- oder Gebrauchsanleitung** kann unter Umständen einen Mangel nach § 434 Abs. 1 BGB darstellen: Setzt die sinnvolle Verwendung eines Kaufgegenstandes eine verständliche Bedienungsanleitung voraus und ist die Bedienungsanleitung in wesentlichen Punkten unvollständig oder fehlerhaft, sodass bei entsprechendem Gebrauch der – ansonsten einwandfreien – Kaufsache Fehlfunktionen auftreten, so liegt ein Mangel nach § 434 Abs. 1 BGB vor.[250]

220 Wird Markenware verkauft, handelt es sich bei der **Markenbezeichnung** um eine Beschaffenheitsvereinbarung,[251] sodass gefälschte Markenware mangelhaft ist. Eine derartige Beschaffenheitsvereinbarung wird allenfalls dann entfallen, wenn die fehlende Echtheit offenkundig ist, wie dies im außereuropäischen Ausland oder bei Straßenverkäufern häufig auf Grund des niedrigen Preises der Fall sein wird.

221 Bei einer **Internetauktion** spricht allein der geringe Startpreis (1 €) nicht gegen eine Vereinbarung dahingehend, dass es sich um ein **Originalexemplar einer Luxusmarke** handelt (Mobiltelefon der Marke Vertu), vielmehr ist anhand einer umfassenden Würdigung der abgegebenen Willenserklärungen und unter Berücksichtigung aller Umstände des Einzelfalls zu ermitteln, ob und mit welchem Inhalt durch die Angebotsbeschreibung des Anbieters eine Beschaffenheitsvereinbarung mit dem Meistbietenden zustande kommt.[252]

222 Beim Kauf von „**Original**"-**Markenware** (hier eine Markenuhr), wird durch jede Veränderung der originale (ursprüngliche) Charakter beseitigt, sodass eine solche Beschaffenheitsabweichung einen Mangel darstellt. Dabei kommt es nicht darauf an, ob es sich bei der Veränderung um eine Verbesserung handelt, da preisbildend und für die Verkehrsanschauung maßgebend in erster Linie die Echtheit und der Originalzustand sind.[253]

223 Soll die gekaufte Software laut Kaufvertrag auf einer bestimmten Hardware des Käufers laufen können, liegt ein Mangel der Software auch dann vor, wenn der Grund für die Fehlfunktion in der Eigenheit der Hardware des Käufers begründet ist, weil in einem solchen Fall die **Lauffähigkeit der ge-**

---

[248] AG München v. 31.03.2004 - 112 C 12685/03 - Schaden-Praxis 2005, 70-71.
[249] OLG Düsseldorf v. 20.10.2004 - 3 U 5/04 - NJW-RR 2005, 130-131, noch zu § 459 BGB a.F.
[250] OLG München v. 09.03.2006 - 6 U 4082/05 - juris Rn. 25 - OLGR München 2006, 461-462; vgl. auch die Kommentierung zu § 433 BGB Rn. 76 sowie hier Rn. 118 f.
[251] Vgl. LG Berlin v. 09.06.2005 - 16 O 365/04 - ZUM-RD 2005, 400-402; AG Neu-Ulm v. 17.03.2004 - 1 C 943/03 - MMR 2004, 562.
[252] BGH v. 28.03.2012 - VIII ZR 244/10 - juris Rn. 23, 25.
[253] OLG Schleswig v. 11.09.2008 - 16 U 15/08 - juris Rn. 10.

kauften **Software** auf einer bestimmten Hardware zur vertraglich vereinbarten Beschaffenheit der Software gehört.[254]

Sowohl vergangene **Umsatzzahlen** als auch zukünftige **Umsatzprognosen** gehören zur vertraglichen Beschaffenheit eines Unternehmens, sodass Abweichungen von insoweit getroffenen Vereinbarungen beim **Unternehmenskauf** Sachmängel des Unternehmens im Sinne des § 434 Abs. 1 Satz 1 BGB darstellen: Die Grenze möglicher Beschaffenheitsvereinbarungen in Bezug auf Unternehmen verläuft dort, wo es (nur noch) um Umstände geht, die den Markt/die allgemeinen Voraussetzungen betreffen, auf dem/unter denen das Unternehmen und die Konkurrenz gleichermaßen tätig werden.[255]

C. Rechtsfolgen

Liegt eine der Fallgestaltungen des § 434 BGB vor, so weist die Sache einen Sachmangel auf. Ob ein Sachmangel vorliegt, hängt – anders als nach altem Recht – nicht davon ab, ob die Abweichung erheblich ist. Die **Erheblichkeitsschranke** für den Fehler nach § 459 Abs. 1 Satz 2 BGB a.F. wurde durch den Gesetzgeber bewusst **nicht übernommen**,[256] sodass ein Mangel auch bei minimalen Abweichungen vom vertraglich Geschuldeten zu bejahen ist.[257] Dies gilt aber nur für die Frage, ob ein Sachmangel zu bejahen ist, nicht für die daraus folgenden Rechtsbehelfe.

Der Rücktritt sowie der Schadensersatz statt der Leistung sind nur bei nicht unerheblichen Mängeln möglich (§§ 323 Abs. 5 Satz 2, 281 Abs. 1 Satz 3 BGB). Anderweitiger Schadensersatz und Minderung können auch bei kleinen Abweichungen von der vertraglich geschuldeten Leistung geltend gemacht werden. Diese **Differenzierung nach Rechtsbehelfen** ist auch sachgerecht, denn beim (kleinen) Schadensersatz und bei der Minderung ist die Erheblichkeit im Rahmen des Umfangs zu berücksichtigen.

Die Rechte des Käufers können grundsätzlich vertraglich ausgeschlossen werden (§ 444 BGB), soweit kein Verbrauchsgüterkauf vorliegt (§ 475 Abs. 1 BGB). Außerdem kann die Sachmangelhaftung bei Kenntnis oder grob fahrlässiger Unkenntnis des Käufers in Bezug auf den Sachmangel gemäß § 442 BGB ausgeschlossen sein.

Die Rechtsbehelfe des Käufers sind im Einzelnen in den §§ 437-441 BGB geregelt. Zusätzlich kann er die Rechte geltend machen, die sich daraus ergeben, dass die Pflicht zur mangelfreien Leistung gemäß § 433 Abs. 1 Satz 2 BGB Hauptleistungspflicht ist. Dazu vgl. die Kommentierung zu § 433 BGB Rn. 11.

D. Prozessuale Hinweise/Verfahrenshinweise

Die **Beweislast** wurde in § 434 BGB nicht explizit geregelt. Aus den Gesetzesmaterialien ergibt sich aber, dass die Beweislast – wie bisher – anhand von § 363 BGB zu beurteilen ist.[258]

I. Beweislast bis zur Annahme

Die **Beweislast für die Mangelfreiheit trägt der Verkäufer bis zur Annahme als Erfüllung** durch den Käufer. Die Mangelfreiheit der Sache muss der Verkäufer auch dann nachweisen, wenn der Käufer die Annahme verweigert.

II. Beweislast nach Annahme

Den Käufer trifft die allgemeine, aus § 363 BGB folgende Darlegungs- und Beweislast für die einen Sachmangel begründenden Tatsachen, wenn er die Kaufsache entgegengenommen hat: **Nach der An-**

---
[254] LG Bonn v. 27.02.2004 - 10 O 618/03 - ZGS 2004, 199-200.
[255] LG Berlin v. 01.02.2005 - 5 O 176/04.
[256] BT-Drs. 14/6040, S. 216-217.
[257] OLG Karlsruhe v. 14.03.2008 - 10 U 68/07 - juris Rn. 17 (mit bloßem Auge kaum erkennbare Farbabweichung), vgl. auch BGH v. 08.05.2007 - VIII ZR 19/05 - juris Rn. 3.
[258] BT-Drs. 14/6040, S. 217.

nahme als Erfüllung hat der Käufer die Mängel zu beweisen, aus denen er etwaige Rechte herleiten will.[259] Die Darlegungs- und Beweislast dafür, auf welche Ursache ein Sachmangel der verkauften Sache zurückzuführen ist, trägt der Käufer hingegen grundsätzlich nicht.[260]

232 Im Rahmen der ihn treffenden Beweislast können dem Käufer indes im Einzelfall Anscheinsbeweis oder tatsächliche Vermutung bei der Beweisführung helfen. So spricht etwa nach Ansicht des OLG Frankfurt[261] eine **tatsächliche Vermutung** dafür, dass der Motorschaden in einem technischen Mangel des Wagens angelegt war, wenn ein moderner Mittelklassewagen bei einem Kilometerstand von nur 88.000 einen schweren Motorschaden erleidet und der Motor ausreichend mit Schmier- und Kühlmittel befüllt war: Der Käufer eines (4 Jahre alten) modernen Mittelklassewagens mit Dieselmotor dürfe ohne weiteres erwarten, dass der Motor eine Kilometerleistung in deutlich sechsstelligem Umfang völlig problemlos erbringen wird. Wenn das Fahrzeug bei einem Kilometerstand von ca. 88.000 unvermittelt einen schweren Motorschaden erleide und nichts auf ein schadensursächliches Fehlverhalten des Benutzers hindeute, spreche schlicht die Lebenserfahrung dafür, dass dieser Motorschaden im technischen Zustand des Wagens selbst angelegt war.

III. Beweislast bei Nachbesserung

233 Nimmt der Käufer die Kaufsache nach einer erfolgten Nachbesserung wieder entgegen, verbleibt es bei der allgemeinen Beweislastverteilung, der **Käufer muss** das Fortbestehen des Mangels, mithin die **Erfolglosigkeit des Nachbesserungsversuchs beweisen**.[262] An dieser Beweislastverteilung ändert sich auch durch § 440 Satz 2 BGB nichts, weil der Käufer die tatsächlichen Voraussetzungen des § 440 Satz 2 BGB beweisen muss.[263] Nach Auffassung des Verfassers dürfte indes in vielen Fällen ein **Anscheinsbeweis** zu Gunsten des Käufers greifen, weil das erneute Auftreten desselben Mangels nach erfolgter Nachbesserung im Regelfall prima facie für ein Fehlschlagen der Nachbesserung spricht.[264]

234 Auch nach Ansicht des BGH genügt der Käufer einer Sache seiner Beweislast für das Fehlschlagen der Nachbesserung regelmäßig bereits durch den Nachweis, dass das von ihm gerügte Mangelsymptom weiterhin auftritt.[265] Anders ist dies nur, wenn das erneute Auftreten des Mangelsymptoms möglicherweise auf einer unsachgemäßen Behandlung der Kaufsache nach deren erneuter Übernahme durch den Käufer beruht.[266] Bleibt in einem solchen Fall nach zweimaliger Nachbesserung ungeklärt, ob das erneute Auftreten des Mangels auf der erfolglosen Nachbesserung des Verkäufers oder auf einer unsachgemäßen Behandlung der Kaufsache nach erneuter Übernahme durch den Käufer beruht, so geht das zu Lasten des Käufers.[267] Ansonsten kommt es aber nicht darauf an, ob ein Sachmangel möglicherweise auf eine neue Mangelursache zurückgeführt werden kann, wenn die Mangelursache allein im Kaufgegenstand zu suchen ist und nicht auf einer unsachgemäßen Behandlung seitens des Käufers oder eines Dritten beruhen kann.[268] Der Käufer muss grundsätzlich nicht darlegen und beweisen, auf welche Ursache ein Sachmangel der verkauften Sache zurückzuführen ist.[269]

---

[259] BGH v. 11.02.2009 - VIII ZR 274/07 - juris Rn. 15; BGH v. 23.11.2005 - VIII ZR 43/05 - juris Rn. 20.
[260] BGH v. 09.03.2011 - VIII ZR 266/09 - juris Rn. 10.
[261] OLG Frankfurt v. 04.03.2005 - 24 U 198/04 - NJW-RR 2005, 920-921.
[262] BGH v. 11.02.2009 - VIII ZR 274/07 - juris Rn. 15.
[263] BGH v. 11.02.2009 - VIII ZR 274/07 - juris Rn. 15.
[264] Im vom BGH entschiedenen Fall (BGH v. 11.02.2009 - VIII ZR 274/07 - juris Rn. 15 ff.) gab es Anhaltspunkte dafür, dass das erneute Auftreten des Mangels möglicherweise aus der Risikosphäre des Käufers herrührte, weshalb die Voraussetzungen für einen Anscheinsbeweis nicht vorlagen.
[265] BGH v. 09.03.2011 - VIII ZR 266/09 - juris Rn. 11 ff.
[266] So der Fall in der Entscheidung des BGH v. 11.02.2009 - VIII ZR 274/07 - juris Rn. 15 ff.
[267] BGH v. 11.02.2009 - VIII ZR 274/07 - juris Rn. 15 ff.
[268] BGH v. 09.03.2011 - VIII ZR 266/09 - juris Rn. 13.
[269] BGH v. 09.03.2011 - VIII ZR 266/09 - juris Rn. 10.

IV. Beweislast beim Verbrauchsgüterkauf

Für den **Verbrauchsgüterkauf** kommt dem Käufer die Regelung des § 476 BGB zugute. Jedoch trifft den Käufer, nachdem er die Kaufsache entgegengenommen hat, auch beim Verbrauchsgüterkauf die Darlegungs- und Beweislast für die einen Sachmangel begründenden Tatsachen. § 476 BGB enthält insoweit für den Verbrauchsgüterkauf keine Beweislastumkehr, sondern setzt einen binnen sechs Monaten seit Gefahrenübergang aufgetretenen Sachmangel voraus und begründet eine **lediglich in zeitlicher Hinsicht wirkende Vermutung**, dass dieser Mangel bereits im Zeitpunkt des Gefahrübergangs vorlag.[270]

235

V. Beweislast bei Garantien

Bei **Garantien** ist § 443 Abs. 2 BGB zu beachten, der dem Käufer über eine gesetzliche Vermutung den Beweis erleichtert (vgl. die Kommentierung zu § 443 BGB Rn. 47 und die Kommentierung zu § 443 BGB Rn. 57).

236

VI. Beweislast bei mangelhafter (Montage-)Anleitung

Auch wenn der Verkäufer die – ihn entlastende – fehlerfreie Montage im Rahmen des § 434 Abs. 2 Satz 2 BGB trotz mangelhafter Anleitung beweisen muss (vgl. Rn. 123), hat der Käufer diesbezüglich eine **Mitwirkungslast** in Form eines Vorzeigens der Sache.

237

---

[270] BGH v. 23.11.2005 - VIII ZR 43/05 - juris Rn. 20 - NSW BGB § 434; BGH v. 02.06.2004 - VIII ZR 329/03 - juris Rn. 11 - NJW 2004, 2299-2301.

§ 435 BGB Rechtsmangel

(Fassung vom 02.01.2002, gültig ab 01.01.2002)

¹Die Sache ist frei von Rechtsmängeln, wenn Dritte in Bezug auf die Sache keine oder nur die im Kaufvertrag übernommenen Rechte gegen den Käufer geltend machen können. ²Einem Rechtsmangel steht es gleich, wenn im Grundbuch ein Recht eingetragen ist, das nicht besteht.

Gliederung

A. Grundlagen ... 1	6. Sonstige Rechte ... 27
I. Kurzcharakteristik ... 1	V. Keine oder nur die vertraglich übernommenen Rechte ... 28
II. Gesetzgebungsmaterialien ... 2	1. Objektiver Rechtsmangelbegriff ... 29
III. Bezug zum UN-Kaufrecht ... 6	2. Vertragliche Übernahme ... 30
B. Anwendungsvoraussetzungen ... 7	3. Haftungserweiterung ... 32
I. Normstruktur ... 7	VI. Möglichkeit der Geltendmachung ... 33
II. Sache ... 9	VII. Eingetragene Rechte im Grundbuch, die nicht bestehen ... 35
III. Dritte ... 11	1. Gesetzgebungsgeschichte ... 36
IV. Recht in Bezug auf die Sache ... 12	2. Voraussetzungen ... 37
1. Definition ... 15	3. Besonderheiten der Wirkung von Satz 2 ... 40
2. Maßgeblicher Zeitpunkt ... 16	**C. Rechtsfolgen** ... 42
3. Dingliche Rechte ... 18	**D. Prozessuale Hinweise/Verfahrenshinweise** ... 45
4. Obligatorische Rechte ... 21	
5. Öffentlich-rechtliche Beschränkungen ... 22	

A. Grundlagen

I. Kurzcharakteristik

1   In § 435 BGB ist der Begriff des Rechtsmangels erklärt. Ihre Bedeutung erhält diese Norm zusammen mit § 433 Abs. 1 Satz 2 BGB, der die Pflicht des Verkäufers, die Sache frei von Rechtsmängeln zu verschaffen, als Hauptleistungspflicht deklariert (vgl. die Kommentierung zu § 433 BGB Rn. 11). Außerdem eröffnen die §§ 437-441 BGB dem Käufer bestimmte Rechtsbehelfe, wenn die Kaufsache Rechtsmängel hat.

II. Gesetzgebungsmaterialien

2   Der Gesetzgeber wollte in Satz 1 der Vorschrift den Inhalt des § 434 BGB a.F. übernehmen. Dabei sollte die Formulierung des Rechtsmangelbegriffs der des Sachmängelbegriffs in § 434 Abs. 1 Satz 1 BGB entsprechen.[1]

3   Ein wichtiges Ziel des Gesetzgebers war die Angleichung der Rechtsfolgen von Sach- und Rechtsmängeln.[2] Die vor der Reform schwierige Abgrenzung zwischen den beiden Mangelformen führte in der Praxis oft zu unvorhergesehenen Entscheidungen. Durch die Neufassung des § 433 Abs. 1 Satz 2 BGB, der Rechts- und Sachmangel gleichbedeutend nebeneinander aufführt und die Pflicht zur mangelfreien Verschaffung der Sache zur Hauptleistungspflicht erklärt, hat der Gesetzgeber sein Anliegen verwirklicht: Die Haftung für **Rechtsmängel** ist der für Sachmängel **angeglichen**. Der Käufer kann auch beim Rechtsmangel die allgemeinen Gewährleistungsrechte gemäß den §§ 437-441 BGB geltend machen.

4   **Geringfügige Unterschiede** zu den Rechtsfolgen eines Sachmangels bestehen allerdings hinsichtlich der Verjährung bei bestimmten Rechten gemäß § 438 Abs. 1 Nr. 1 BGB sowie mit Blick auf die nur

---

[1] BT-Drs. 14/6040, S. 217.
[2] Vgl. die Begründung des Regierungsentwurfes: BT-Drs. 14/6040, S. 217.

bei Sachmängeln möglichen Ausnahmen der §§ 442 Abs. 1 Satz 2, 444 BGB (diese Normen setzen eine nur bei Sachmängeln denkbare Beschaffenheitsgarantie voraus).

Dem Rechtsmangelbegriff liegt seitens des Gesetzgebers[3] ein **objektives Verständnis** zugrunde. Danach liegt ein Rechtsmangel unabhängig davon vor, ob das Recht eines Dritten den Käufer in der konkreten Verwendung beeinträchtigt oder ob der Dritte das Recht geltend macht. Das Ziel der Rechtsverschaffung an der Kaufsache ist nämlich umfassend, sodass der Käufer – wie § 903 BGB für den Eigentümer vorsieht – nach Belieben mit der Kaufsache verfahren kann.

III. Bezug zum UN-Kaufrecht

Anders als im UN-Kaufrecht (dort Artikel 41) sollen dem Begriff des Rechtsmangels nur **tatsächlich bestehende Rechte** Dritter unterfallen. Nach UN-Kaufrecht ist die ernsthafte Geltendmachung eines Rechts dem Rechtsmangel gleichgestellt. Dies wurde durch den deutschen Gesetzgeber bewusst anders geregelt.[4]

B. Anwendungsvoraussetzungen

I. Normstruktur

Die Norm enthält neben der Definition des Rechtsmangels in Satz 1 noch eine Ergänzung in Satz 2. Satz 2 modifiziert den in Satz 1 normierten objektiven Rechtsmangelbegriff dahingehend, dass nicht bestehende, aber eingetragene Buchrechte einem Rechtsmangel gleichstehen.

Zu beachten für die **Reichweite des Rechtsmangelbegriffs** ist noch § 436 Abs. 2 BGB, der klarstellt, dass öffentliche Abgaben und andere öffentliche Lasten, die nicht zur Eintragung in das Grundbuch geeignet sind, keine Rechtsmängel sind.

II. Sache

Sachen sind körperliche Gegenstände (§ 90 BGB).

Nach § 453 Abs. 1 BGB sind die Vorschriften über den Kauf von Sachen aber auf Rechte und sonstige Gegenstände entsprechend anwendbar (zu den sonstigen Kaufgegenständen vgl. die Kommentierung zu § 453 BGB). Mehr zum Begriff Sache vgl. die Kommentierung zu § 433 BGB Rn. 39.

III. Dritte

Dritte meint nach dem Wortlaut jede Person außer den Vertragsparteien. Unabhängig davon wird man unter „Dritten" – über den engen Wortlaut hinaus – auch Verkäufer und Käufer verstehen müssen. Relevant bei Rechten an der Sache, die der Käufer hat, wird dies jedoch nur, soweit der Käufer nur Mitinhaber des Rechtes ist oder sich auf Käuferseite mehrere Personen befinden, von denen nur einer Rechteinhaber ist. Auch der Verkäufer kann „Dritter" im Sinne der Vorschrift sein, etwa wenn er auf Grund des grundbuchrechtlichen Grundstückszuschnitts Eigentümer eines Grundstücksteils bleibt, den er nach dem Kaufvertrag eigentlich hätte mit übereignen müssen.[5]

IV. Recht in Bezug auf die Sache

Rechte im Sinne des § 435 BGB sind vor allem dingliche oder obligatorische, das heißt solche des Zivilrechts. In Betracht kommen ferner öffentlich-rechtliche Beschränkungen sowie so genannte sonstige Rechte. Von § 435 BGB können unter Umständen auch ausländische Rechte mit umfasst sein.[6]

Das **Recht** muss **tatsächlich bestehen**, es reicht nicht, dass ein Dritter das Recht nur geltend macht (vgl. die Kommentierung zum UN-Kaufrecht bei Rn. 6). Jedoch sind Vereinbarungen möglich, denen

---

[3] BT-Drs. 14/6040, S. 218.
[4] BT-Drs. 14/6040, S. 217-218.
[5] Vgl. OLG Frankfurt v. 02.07.2004 - 24 U 205/03 - OLGR Frankfurt 2004, 318-320.
[6] Für ein im amerikanischen Luftfahrtregister eingetragenes Pfandrecht an einem Flugzeug: BGH v. 07.10.1991 - II ZR 252/90 - LM BGB § 434 Nr. 11 (5/1992).

zufolge der Verkäufer dafür einsteht, dass Dritte keine Rechte geltend machen.[7] Dann hat der Verkäufer die erhobenen Ansprüche abzuwehren.

14 Die **Haftung** für Rechtsmängel kann grundsätzlich vertraglich **eingeschränkt** oder gänzlich ausgeschlossen werden (vgl. § 444 BGB). Etwas anderes gilt beim Verbrauchsgüterkauf (§ 475 Abs. 1 BGB).

1. Definition

15 Recht in Bezug auf die Sache bedeutet, jetzt oder in Zukunft die Möglichkeit des Eigentümers, mit der Sache nach Belieben zu verfahren, einschränken zu können.

2. Maßgeblicher Zeitpunkt

16 Ein Recht an der Kaufsache ist dann für § 435 BGB relevant, wenn es im **Zeitpunkt der Übertragung** der Kaufsache besteht. Bei beweglichen Sachen ist dies der (endgültige) Übergang des Eigentums, bei Grundstücken der vollendete Erwerbsvorgang in Form von Auflassung (§ 925 BGB) und Eintragung (§ 873 BGB).

17 Ändert sich die Rechtslage durch Gesetzesänderung nach dem maßgeblichen Zeitpunkt und ergibt sich daraus eine Beschränkung, so liegt kein Rechtsmangel vor.[8]

3. Dingliche Rechte

18 Dingliche Rechte sind ausschließliche (absolute) Rechte an einer Sache, die grundsätzlich gegenüber jedem Dritten gelten. Das kann ebenfalls bei ausländischen dinglichen Rechten gelten.[9]

19 Auch das **Eigentum** an der Sache ist ein dingliches Recht in diesem Sinne. Hat ein Dritter das Eigentum an der Sache, stellt dies jedoch deshalb **keinen Rechtsmangel** dar, weil dann der Verkäufer schon seine Eigentumsverschaffungspflicht nach § 433 Abs. 1 Satz 1 BGB nicht erfüllt hat (vgl. die Kommentierung zu § 433 BGB Rn. 57).[10]

20 Bei **Grundstücken** sind die im Grundbuch eingetragenen Rechte gemeint, soweit sie tatsächlich bestehen, ansonsten ist Satz 2 einschlägig. Umfasst sind auch die Eintragungsvormerkung[11], die Grunddienstbarkeit[12] oder die persönliche Dienstbarkeit[13]. Weiterhin können Nutzungsbeschränkungen (etwa Nutzungsbeschränkungen von Wohnungseigentum durch andere Mitglieder der Wohnungseigentumsgemeinschaft)[14] oder Vorkaufsrechte[15] unter § 435 BGB fallen. Nicht erfasst sind nachbarrechtliche Beschränkungen.[16]

4. Obligatorische Rechte

21 Obligatorische Rechte sind nur insoweit relevant, als sie auch gegenüber dem Käufer geltend gemacht werden können. Das sind insbesondere solche, die zum Besitz an der Sache berechtigen, beispielswei-

---

[7] BT-Drs. 14/6040, S. 217.
[8] Zur Gesetzesänderung mit Auswirkung auf die Mietpreisbindung nach Eigentumsumschreibung für § 434 BGB a.F.: OLG Köln v. 07.02.1992 - 26 W 19/91 - NJW-RR 1992, 1099-1100.
[9] Für ein im amerikanischen Luftfahrtregister eingetragenes Pfandrecht an einem Flugzeug zu § 434 BGB a.F.: BGH v. 07.10.1991 - II ZR 252/90 - juris Rn. 9 - LM BGB § 434 Nr. 11 (5/1992).
[10] BGH v. 19.10.2007 - V ZR 211/06 - juris Rn. 27 - NJW 2007, 3777-3781: Die fehlende Verschaffung des Eigentums stellt grundsätzlich keinen Rechtsmangel gemäß § 435 BGB dar; OLG Schleswig v. 29.03.2011 - 3 U 49/10 - juris Rn. 29.
[11] RG v. 08.11.1935 - V 97/35 - RGZ 149, 195-200.
[12] Zu § 434 BGB a.F.: BGH v. 11.12.1992 - V ZR 204/91 - juris Rn. 13 - LM BGB § 434 Nr. 12 (7/1993).
[13] Zu § 434 BGB a.F.: BGH v. 19.11.1999 - V ZR 321/98 - juris Rn. 5 - LM BGB § 434 Nr. 15 (6/2000).
[14] Jeweils zu § 434 BGB a.F.: OLG Düsseldorf v. 30.10.1996 - 9 U 29/96 - NJW-RR 1998, 733-734; BGH v. 26.09.2003 - V ZR 217/02 - juris Rn. 13 (Verkauf eines nach der Teilungserklärung als Speicher ausgewiesenen Raums als Wohnraum).
[15] RG v. 21.05.1931 - VI 584/30 - RGZ 133, 76-81.
[16] Zu den nachbarrechtlichen Beschränkungen im Fall eines zu duldenden Überbaus (mit weiteren Nachweisen) für § 434 BGB a.F.: BGH v. 13.02.1981 - V ZR 25/80 - juris Rn. 9 - LM Nr. 33 zu § 912 BGB.

se Miet- und Pachtverträge gemäß § 566 BGB.[17] Wird etwa ein vermietetes Wohnhaus an einen Käufer verkauft, der das Haus selber nutzen will, kann ein Rechtsmangel auch darin liegen, dass der Mietvertrag eine besondere Kündigungsschutzklausel enthält, die eine Eigenbedarfskündigung weitgehend ausschließt.[18] In Betracht kommt auch ein Besitzrecht, das nach § 986 Abs. 2 BGB gegen den Käufer geltend gemacht werden kann.

5. Öffentlich-rechtliche Beschränkungen

Bei öffentlich-rechtlichen Beschränkungen ist die Abgrenzung zwischen Sach- und Rechtsmangel äußerst schwierig. Sie war bisher wegen der unterschiedlichen Rechtsfolgen aber erheblich. Das hat sich nunmehr wegen der nahezu gleichen Rechtsfolgen (vgl. Rn. 3) geändert: Eine **Abgrenzung** kann im Einzelfall regelmäßig **dahinstehen**, zumindest dann, wenn es nur um die Frage geht, ob ein Sach- oder ein Rechtsmangel vorliegt, ein Mangel aber in jedem Fall gegeben ist. 22

Beispiele aus der Kasuistik: die Veräußerungspflicht von Straßenland als Rechtsmangel[19]; Sozialbindung der verkauften Wohnung als Rechtsmangel[20]; Baubeschränkungen des verkauften Grundstücks als Sachmangel[21]. 23

Unter § 435 Satz 1 BGB fallen auch öffentlich-rechtliche Befugnisse wie staatliche **Sicherstellung bzw. Beschlagnahme** des Kaufgegenstandes, sofern diese tatsächlich ausgeübt wird, zu Recht erfolgt und den Verfall oder die Einziehung der Sache zur Folge haben kann.[22] So begründet eine auf der Grundlage von § 111b StPO rechtmäßig durchgeführte Beschlagnahme der Kaufsache in einem strafrechtlichen Ermittlungsverfahren einen Rechtsmangel, sofern der Sachverhalt, aufgrund dessen die Beschlagnahme erfolgte, bereits bei Gefahrübergang bestand; dies gilt jedenfalls dann, wenn der Käufer durch die Beschlagnahme seine Rechte an der Sache nicht nur vorübergehend, sondern endgültig verliert.[23] Eine Beschlagnahme allein nach § 94 Abs. 2 StPO zu Beweissicherungszwecken begründet hingegen keinen Rechtsmangel.[24] 24

Öffentlich-rechtliche Nutzungsbeschränkungen sind nur dann Rechtsmängel, wenn es sich um Individualbelastungen der speziellen Kaufsache handelt.[25] Daher sind Beschränkungen, die ihre Grundlage in den allgemeinen gesetzlichen Eigentumsschranken haben, keine Rechtsmängel.[26] 25

Jedenfalls keine Rechtsmängel sind öffentliche Abgaben und andere **öffentliche Lasten**, die nicht zur Eintragung in das Grundbuch geeignet sind (§ 436 Abs. 2 BGB; dazu die Kommentierung zu § 436 BGB Rn. 18). Diese Einschränkung der Rechtsmangelhaftung ist sachgerecht, weil es sich nicht um 26

---

[17] OLG Karlsruhe v. 20.12.2007 - 4 U 15/07 - juris Rn. 14: Der Eintritt in ein Mietverhältnis nach § 566 BGB entgegen den kaufvertraglichen Vereinbarungen führt zu einem Rechtsmangel im Sinne des § 435 BGB. Auch eine Verlängerungsoption zugunsten des Mieters kann einen Sachmangel begründen, für § 434 BGB a.F.: BGH v. 24.10.1997 - V ZR 187/96 - LM BGB § 434 Nr. 14 (4/1998). Dieses Urteil hat jedoch insbesondere die Abgrenzung zwischen Rechts- und Sachmangel zum Gegenstand, was wegen der mittlerweile nahezu identischen Rechtsfolgen kaum noch praxisrelevant ist.
[18] OLG Zweibrücken v. 03.01.2008 - 4 W 113/07 - juris Rn. 5.
[19] BGH v. 04.06.1982 - V ZR 81/81 - juris Rn. 15 - LM Nr. 7 zu § 434 BGB.
[20] Mit weiteren Nachweisen für § 434 BGB a.F.: BGH v. 21.01.2000 - V ZR 387/98 - juris Rn. 6 - LM BGB § 325 Nr. 32 (6/2000).
[21] Zu § 434 BGB a.F. für ein Grundstück, das im militärischen Schutzbereich liegt und für das deswegen eine Baugenehmigung versagt wird: BGH v. 07.02.1992 - V ZR 246/90 - BGHZ 117, 159-168.
[22] OLG Hamm v. 20.01.2011 - 28 U 139/10, I-28 U 139/10 - juris Rn. 18 m.w.N.
[23] Noch zu § 434 BGB a.F., aber auf § 435 übertragbar: BGH v. 18.02.2004 - VIII ZR 78/03 - NJW 2004, 1802-1803. OLG Hamm v. 20.01.2011 - 28 U 139/10, I-28 U 139/10 - juris Rn. 18 ff. m.w.N.
[24] LG Bonn v. 30.10.2009 - 2 O 252/09 - juris Rn. 28 sowie nachfolgend OLG Köln v. 16.03.2010 - 22 U 176/09. Offen gelassen von BGH v. 18.02.2004 - VIII ZR 78/03 - NJW 2004, 1802-1803 (mit weiteren Nachweisen) noch zu § 434 BGB a.F. Ebenfalls offen gelassen von OLG Hamm v. 20.01.2011 - 28 U 139/10, I-28 U 139/10 - juris Rn. 18ff m.w.N.
[25] OLG Düsseldorf v. 29.03.1995 - 9 U 204/94 - juris Rn. 38 - NJW-RR 1996, 1353-1355.
[26] Für § 434 BGB a.F.: OLG Düsseldorf v. 29.03.1995 - 9 U 204/94 - juris Rn. 38 - NJW-RR 1996, 1353-1355.

individuelle Belastungen des Grundstücks handelt, sondern um die Folgen allgemeiner Regeln, mit denen der Käufer rechnen muss.[27]

6. Sonstige Rechte

27 Mit „sonstigen" sind alle anderen Rechte gemeint, die einer Verwendung der Kaufsache entgegenstehen, insbesondere dem Gebrauch oder einer Weiterveräußerung. Darunter fallen Patente, Urheberrechte[28], Markenrechte. Zu den sonstigen Rechten gehört auch ein etwaiger Unterlassungsanspruch aus dem allgemeinen Persönlichkeitsrecht oder aus § 12 BGB[29].

V. Keine oder nur die vertraglich übernommenen Rechte

28 § 435 BGB geht davon aus, dass **grundsätzlich keine Rechte Dritter an der Sache** bestehen dürfen. Eine Ausnahme gilt für solche Rechte, die vertraglich übernommen wurden. Neben dieser Einschränkung der Rechtsmängelhaftung durch vertragliche Vereinbarung ist auch eine Erweiterung der Haftung möglich.

1. Objektiver Rechtsmangelbegriff

29 Grundsätzlich dürfen keine Rechte Dritter an der Kaufsache bestehen. Dabei liegt § 435 BGB ein objektiver Rechtsmangelbegriff zugrunde (vgl. Rn. 5). Es kommt also nicht darauf an, ob das Recht den Käufer an der von ihm gewünschten Verwendung hindert. Vielmehr muss gewährleistet sein, dass der Käufer mit der Sache nach Belieben verfahren kann (§ 903 BGB) – unabhängig davon, ob er dies konkret auch will.

2. Vertragliche Übernahme

30 Vertraglich übernommenes Recht bedeutet, die Vertragsparteien sehen die Übertragung des Kaufgegenstands trotz der Beeinträchtigung durch das bestehende Recht als vertragsgemäße Erfüllung an. Darin liegt **keine Rechtsübernahme** durch den Käufer. Der Käufer akzeptiert im Verhältnis zum Verkäufer lediglich, dass dieser ihm kein „unbelastetes" Eigentum an der Kaufsache verschaffen wird.

31 Geht das Recht eines Dritten über das Maß hinaus, das im Vertrag vereinbart ist, liegt ein Rechtsmangel vor.[30]

3. Haftungserweiterung

32 Grundsätzlich ist neben der Einschränkung der Rechte des Käufers auch eine Ausweitung der Haftung möglich. Übernimmt der Verkäufer Freistellungspflichten in Bezug auf Schutzrechte Dritter, gehört hierzu regelmäßig auch die Pflicht zur Abwehr unbegründeter Ansprüche Dritter: Verpflichtet sich der Verkäufer, den wegen einer angeblichen Schutzrechtsverletzung abgemahnten Käufer von jeglichen Ansprüchen des abmahnenden Dritten freizustellen, schließt dies typischerweise auch die Pflicht zur Abwehr der von dem Dritten erhobenen Ansprüche ein.[31]

VI. Möglichkeit der Geltendmachung

33 Möglichkeit der Geltendmachung bedeutet, das Recht in Bezug auf die Kaufsache geltend machen zu können. Wegen des § 435 BGB zugrunde liegenden objektiven Rechtsmängelbegriffs (vgl. Rn. 29) ist es unerheblich, ob der Dritte tatsächlich gedenkt, das Recht auszuüben. Entscheidend ist nur, dass das Recht besteht.

---

[27] BT-Drs. 14/6040, S. 218.
[28] Zu einem nicht lizensierten Textverarbeitungsprogramm (Raubkopie) für § 434 BGB a.F.: OLG Hamm v. 12.09.1990 - 31 U 110/89 - NJW-RR 1991, 953-954.
[29] Zum allgemeinen Persönlichkeitsrecht als Recht eines Dritten im Sinne von § 434 BGB a.F.: BGH v. 31.01.1990 - VIII ZR 314/88 - juris Rn. 9 - BGHZ 110, 196-205.
[30] Für § 434 BGB a.F.: BGH v. 17.05.1991 - V ZR 92/90 - juris Rn. 10 - LM BGB § 434 Nr. 10 (5/1992).
[31] BGH v. 15.12.2010 - VIII ZR 86/09 - juris Rn. 12.

Der Verkäufer kann aber im Vertrag die Haftung auch für den Fall übernehmen, dass ein Dritter ein Recht nur geltend macht – unabhängig davon, ob dieses Recht tatsächlich besteht (vgl. Rn. 13).

VII. Eingetragene Rechte im Grundbuch, die nicht bestehen

§ 435 Satz 2 BGB stellt im Grundbuch eingetragene Rechte, die nicht bestehen, einem Rechtsmangel gleich.

1. Gesetzgebungsgeschichte

Der Regelungsinhalt von § 435 Satz 2 BGB war vor der Reform in § 435 Abs. 1 BGB a.F. enthalten. Der Käufer wird zwar durch ein nicht existierendes Recht nicht unmittelbar beeinträchtigt, aber es behindert den Käufer bei etwaigen Verfügungen über das Grundstück. Außerdem besteht die Gefahr eines gutgläubigen Erwerbs des eingetragenen Rechts gemäß §§ 892, 893 BGB durch Dritte.[32]

2. Voraussetzungen

Es muss ein Recht im Grundbuch eingetragen sein, das **nicht** oder **nicht so existiert**. Wenn es existiert, ist bereits Satz 1 einschlägig. Inhaltlich ist also eine objektive Unrichtigkeit des Grundbuchs nach § 894 BGB erforderlich. Umfasst ist auch ein zu Lasten des Käufers falsch eingetragenes Rangverhältnis (vgl. § 879 BGB), denn dieses Recht existiert „nicht so", wie es eingetragen ist. Weil die Eintragungsvormerkung einen Rechtsmangel nach Satz 1 darstellt (vgl. die Kommentierung zu den dinglichen Rechte bei Grundstücken unter Rn. 20), muss die fälschlicherweise eingetragene Vormerkung dementsprechend unter Satz 2 fallen.

Auch wenn es sich bei einem Widerspruch nicht um ein dingliches Recht handelt, sondern um ein Sicherungsmittel eigener Art, kann bei einem eingetragenen Widerspruch eine Scheinbelastung vorliegen, die § 435 Satz 2 BGB gleichzustellen ist, sodass der Verkäufer verpflichtet ist, deren Löschung zu veranlassen.[33]

Anwendbar ist Satz 2 nicht nur beim Kauf von Grundstücken, sondern auch beim **Kauf von Rechten**, die im Grundbuch eingetragen sind (§ 453 BGB) und daher auch durch andere eingetragene Rechte beeinträchtigt sein können.

3. Besonderheiten der Wirkung von Satz 2

Die Gleichstellung mit einem Rechtsmangel hat zur Folge, dass die gleichen Rechtsfolgen gelten wie beim Rechtsmangel (vgl. Rn. 42). Die Berichtigung des Grundbuchs, die als Nacherfüllungs- beziehungsweise Erfüllungsanspruch zuerst in Betracht kommt, kann der Verkäufer vor der Übereignung direkt nach § 894 BGB, nach der Übereignung mit einer Ermächtigung des Käufers durchsetzen. Der Käufer wird den Verkäufer auch insoweit ermächtigen müssen, als er von ihm eine Berichtigung als Nacherfüllung gemäß § 439 BGB verlangt.

Der Verkäufer kann den Käufer nicht auf eigene Berichtigungsansprüche gegen den Dritten – etwa aus § 888 BGB – verweisen, sondern hat selbst für eine Berichtigung des Grundbuchs zu sorgen.[34] Dies ist in der Pflicht des Verkäufers zur lastenfreien Eigentumsübertragung begründet.

C. Rechtsfolgen

Liegt ein Fall des § 435 BGB vor, so ist ein Rechtsmangel gegeben. Dem Käufer stehen die Gewährleistungsrechte der §§ 437-441 BGB zu, soweit die Haftung nicht wirksam ausgeschlossen ist (vgl. zur Haftungseinschränkung Rn. 14) oder Kenntnis beziehungsweise grob fahrlässige Unkenntnis bezüglich des Rechtsmangels vorliegt (§ 442 BGB).

---

[32] So auch die Begründung des Gesetzgebers: BT-Drs. 14/6040, S. 217.
[33] OLG Brandenburg v. 28.08.2008 - 5 U 152/07 - juris Rn. 20 ff.
[34] BGH v. 08.11.1985 - V ZR 153/84 - juris Rn. 17 - LM Nr. 1 zu § 435 BGB.

43 Außerdem hat der Käufer die Rechte, die sich daraus ergeben, dass die Pflicht zur mangelfreien Leistung gemäß § 433 Abs. 1 Satz 2 BGB Hauptleistungspflicht ist. Vgl. dazu die Kommentierung zu § 433 BGB Rn. 11.

44 Zu den Besonderheiten der Wirkung von Absatz 2 vgl. Rn. 40.

D. Prozessuale Hinweise/Verfahrenshinweise

45 Die **Beweislast** für Rechtsmängel hat sich durch die Reform des Kaufrechts geändert. § 442 BGB a.F. legte dem Käufer die Beweislast für Rechtsmängel auch für die Zeit vor der Annahme als Erfüllung auf. Dies wurde durch den Gesetzgeber als unangemessen beurteilt, sodass § 442 BGB a.F. aufgehoben wurde.[35] Deswegen ist die Beweislast für Rechtsmängel wie bisher schon bei den Sachmängeln nach § 363 BGB zu beurteilen.[36] Ab Annahme des Kaufgegenstandes als Erfüllung trägt der Käufer die Beweislast, davor der Verkäufer. Vgl. die Kommentierung zu § 434 BGB Rn. 229.

---

[35] BT-Drs. 14/6040, S. 202.
[36] So ausdrücklich auch der Gesetzgeber: BT-Drs. 14/6040, S. 217.

§ 436 BGB Öffentliche Lasten von Grundstücken

(Fassung vom 02.01.2002, gültig ab 01.01.2002)

(1) Soweit nicht anders vereinbart, ist der Verkäufer eines Grundstücks verpflichtet, Erschließungsbeiträge und sonstige Anliegerbeiträge für die Maßnahmen zu tragen, die bis zum Tage des Vertragsschlusses bautechnisch begonnen sind, unabhängig vom Zeitpunkt des Entstehens der Beitragsschuld.

(2) Der Verkäufer eines Grundstücks haftet nicht für die Freiheit des Grundstücks von anderen öffentlichen Abgaben und von anderen öffentlichen Lasten, die zur Eintragung in das Grundbuch nicht geeignet sind.

Gliederung

A. Grundlagen 1	3. Zeitpunkt des Vertragsschlusses 13
I. Kurzcharakteristik 1	4. Abdingbarkeit 14
II. Gesetzgebungsmaterialien 2	5. Typische Fallkonstellationen 15
III. Regelungsprinzipien 4	III. Andere öffentliche Abgaben und Lasten (Absatz 2) 18
B. Anwendungsvoraussetzungen 6	1. Gesetzgebungsgeschichte 19
I. Normstruktur 6	2. Definition 20
II. Erschließungs- und sonstige Anliegerbeiträge (Absatz 1) 8	3. Typische Fallkonstellationen 21
1. Definition der Anlieger- und Erschließungsbeiträge 9	4. Abdingbarkeit 23
	C. Rechtsfolgen 24
2. Definition des Bautechnischen Beginns der Maßnahme 11	I. Absatz 1 24
	II. Absatz 2 25

A. Grundlagen

I. Kurzcharakteristik

§ 436 BGB enthält zwei Regelungsinhalte, die die öffentlichen Lasten von Grundstücken betreffen. Absatz 2 stellt klar, dass öffentliche Abgaben und andere öffentliche Lasten, soweit sie nicht zur Eintragung in das Grundbuch geeignet sind, keine Rechtsmängel darstellen. Absatz 1 verpflichtet den Verkäufer, Erschließungsbeiträge und sonstige Anliegerbeiträge (beides öffentliche Lasten im Sinne von Absatz 2) – unter bestimmten Voraussetzungen – zu übernehmen.

II. Gesetzgebungsmaterialien

§ 436 Abs. 1 BGB will die faktischen Probleme sachgerecht lösen, die entstehen, wenn die Parteien keine **Lastenteilung** bezüglich **der Anliegerbeiträge** vereinbaren. Denn nach § 446 a.F. hatte der Käufer die Beiträge zu tragen, die nach der Übergabe fällig wurden. Damit hing die Frage, wer Beitragsschuldner war, beziehungsweise wer diese Beiträge im Innenverhältnis zu tragen hatte, davon ab, wann der Beitragsbescheid fällig wurde (regelmäßig einen Monat nach Zustellung). Das konnte dazu führen, dass der Käufer Beitragsschuldner für Erschließungsarbeiten wurde, die bereits lange vor Vertragsschluss beendet waren. Um solche „Ungerechtigkeiten" für die Fälle zu beseitigen, in denen keine vertragliche Lastenverteilung existiert, hat der Gesetzgeber im Zuge der Schuldrechtsreform § 436 Abs. 1 BGB eingeführt.[1] Als maßgeblicher Zeitpunkt wurde aus Gründen der Praktikabilität der bautechnische Beginn der Maßnahme gewählt. Der Alternativvorschlag, demzufolge die Lasten nach dem tatsächlichen Ausbauzustand verteilt worden wären, wurde mit folgendem Argument verworfen: Ob eine Maßnahme zum Zeitpunkt des Vertragsschlusses bereits bautechnisch begonnen habe, sei auch im Nachhinein feststellbar, während dies für den genauen Stand ihres Fortschritts sehr schwierig sei.[2]

---

[1] BT-Drs. 14/6040, S. 218.
[2] BT-Drs. 14/6040, S. 219.

§ 436

3 § 436 Abs. 2 BGB soll – inhaltlich unverändert – § 436 BGB a.F. ersetzen.[3]

III. Regelungsprinzipien

4 § 436 Abs. 2 BGB **grenzt** den Begriff des **Rechtsmangels ein**. Dies gilt auch für die in Absatz 1 genannten Erschließungs- und Anliegerbeiträge, die als öffentliche Lasten im Sinne des § 436 Abs. 2 BGB einzuordnen sind.[4] Dennoch ist der Verkäufer gemäß § 436 Abs. 1 BGB verpflichtet, diese Beiträge, für die der Käufer nach öffentlich-rechtlichen Vorschriften Beitragsschuldner ist, unter bestimmten Voraussetzungen zu tragen. Es liegt jedoch kein Rechtsmangel vor.[5] Nicht, dass der Käufer als neuer Eigentümer Beitragsschuldner wird, ist eine Pflichtverletzung, sondern erst die Nichtübernahme dieser Beiträge durch den Verkäufer in den von Absatz 1 erfassten Fällen.

5 § 436 Abs. 1 BGB ist somit keine Vorschrift über die Rechtsmängelhaftung. Systematisch hätte der Gesetzgeber die hier getroffene **Lastenverteilung** auch in die Umgebung des § 446 BGB einordnen können. Ob ein solcher Standort indes besser gewesen wäre, erscheint fraglich, weil Absatz 1 im Verhältnis zu Absatz 2 für Anliegerbeiträge klarstellt, dass sie vom Verkäufer übernommen werden müssen, auch wenn sie keinen Rechtsmangel darstellen. Insoweit ist die durch den Gesetzgeber getroffene systematische Einordnung durchaus nachvollziehbar.

B. Anwendungsvoraussetzungen

I. Normstruktur

6 § 436 BGB enthält zwei unterschiedliche Regelungen, die die öffentlichen Lasten von Grundstücken betreffen. In Absatz 2 wird ausdrücklich festgestellt, dass öffentliche Lasten und Abgaben keinen Rechtsmangel im Sinne des § 435 BGB darstellen.

7 Absatz 1 regelt die **Lastenverteilung** für bestimmte öffentliche Lasten, nämlich für Erschließungs- und Anliegerbeiträge. Also stellt Absatz 1 gegenüber der allgemeineren Regel in Absatz 2 klar, dass der Verkäufer – unter bestimmten Bedingungen – verpflichtet ist, diese Beiträge zu tragen, auch wenn sie keinen Rechtsmangel darstellen.

II. Erschließungs- und sonstige Anliegerbeiträge (Absatz 1)

8 § 436 Abs. 1 BGB regelt die Lastenverteilung für Erschließungs- und Anliegerbeiträge. Danach hat der Verkäufer die Beiträge für die Maßnahmen zu tragen, die zum Zeitpunkt des Vertragsschlusses bautechnisch begonnen haben.

1. Definition der Anlieger- und Erschließungsbeiträge

9 Anlieger- und Erschließungsbeiträge sind Kosten öffentlicher Einrichtungen, die durch Akte des öffentlichen Rechts auf die Eigentümer von Grundstücken im Einzugsbereich dieser Einrichtungen umgelegt wurden.

10 Davon sind Erschließungsbeiträge im Sinne der §§ 127-135 BauGB oder Beiträge nach den Kommunalabgabengesetzen umfasst. Dass es nur um Beitragspflichten nach öffentlichem Recht gehen kann, ergibt sich daraus, dass nur diese den neuen Eigentümer ohne ausdrückliche Vereinbarung treffen können.

2. Definition des Bautechnischen Beginns der Maßnahme

11 Es kommt nach dem Wortlaut der Norm gerade nicht auf das Entstehen der Beitragsschuld an[6], sondern auf den bautechnischen Beginn (zu den Gründen des Gesetzgebers vgl. Rn. 2).

---

[3] Vgl. BT-Drs. 14/6040, S. 219.
[4] BT-Drs. 14/6040, S. 218.
[5] BT-Drs. 14/6040, S. 219.
[6] Vgl. den Wortlaut: „unabhängig vom Zeitpunkt des Entstehens der Beitragsschuld".

Der bautechnische Beginn einer Maßnahme ist der Zeitpunkt, zu dem die Maßnahme – in tatsächlicher Hinsicht – sichtbar begonnen hat. Es ist also nicht auf etwaige Beschlussfassungen bezüglich der Maßnahme durch die zuständigen Gremien abzustellen[7], sondern auf die **tatsächliche Umsetzung** der Maßnahme.

3. Zeitpunkt des Vertragsschlusses

Die bautechnischen Maßnahmen müssen zum Zeitpunkt des Vertragsschlusses begonnen haben. Zeitpunkt des Vertragsschlusses ist der Abschluss des notariell beurkundeten Kaufvertrages (§ 311b BGB).

4. Abdingbarkeit

Aus dem ausdrücklichen Wortlaut („soweit nicht anders vereinbart") ergibt sich die Abdingbarkeit dieser Regelung. Den Vertragsparteien ist, insbesondere dann, wenn größere Erschließungsmaßnahmen zu erwarten sind oder schon begonnen haben, eine vertragliche Regelung mit einer interessengerechten Lastenverteilung oder eine entsprechende Berücksichtigung bei der Festlegung des Kaufpreises zu empfehlen.

5. Typische Fallkonstellationen

Besondere Bedeutung kommt den Erschließungsbeiträgen nach den §§ 127-135 BauGB zu. Dabei handelt es sich vor allem um Beiträge für öffentliche Plätze, Straßen und Wege, mit ihren jeweiligen Einrichtungen wie Beleuchtung, Fahrbahn, Gehweg und/oder Parkstreifen, außerdem Grün- und Parkanlagen, Kinderspielplätze oder Ver- oder Entsorgungsanlagen, die dem Anlieger des betroffenen Grundstücks zugute kommen sollen.[8] Ein weiterer wichtiger Fall, der § 436 Abs. 1 BGB unterfällt, sind die Kanalanschlussgebühren.[9] Sonstige (Anlieger-)Beiträge können beispielsweise Anschlussbeiträge oder Ausbaubeiträge sein.[10]

Die **Grundsteuer** wird man darunter nicht fassen können[11], weil sie nicht die Umlegung von Kosten bestimmter öffentlicher Einrichtungen darstellt und es im Übrigen auch keine Maßnahme gibt, auf deren bautechnischen Beginn man abstellen könnte.

Zu klären bleibt, ob auch Müllabfuhrgebühren oder Räum- und Streupflichten unter Absatz 1 fallen.[12]

III. Andere öffentliche Abgaben und Lasten (Absatz 2)

§ 436 Abs. 2 BGB stellt klar, dass es sich bei öffentlichen Abgaben und Lasten nicht um Rechtsmängel im Sinne des § 435 BGB handelt. Unter Absatz 2 fallen auch die Erschließungs- und Anliegerbeiträge des Absatzes 1.[13] Der Grundsatz, dass der Verkäufer für diese Beiträge nicht haften muss, wird durch die Pflicht zur Beitragsübernahme (§ 436 Abs. 1 BGB) modifiziert (Einzelheiten dazu vgl. Rn. 8).

1. Gesetzgebungsgeschichte

§ 436 Abs. 2 BGB entspricht § 436 BGB a.F.[14]

---

[7] Vgl. BT-Drs. 14/6040, S. 219.
[8] Vgl. *Wilhelms*, NJW 2003, 1420-1426, 1421.
[9] Vgl. *Graf von Westphalen* in: Henssler/Westphalen, Praxis der Schuldrechtsreform, 2002, § 436 Rn. 2.
[10] Vgl. im Einzelnen *Wilhelms*, NJW 2003, 1420-1426, 1421-1422.
[11] Anderer Auffassung *Graf von Westphalen* in: Henssler/Westphalen, Praxis der Schuldrechtsreform, 2002, § 436 Rn. 3.
[12] Dafür *von Westphalen* in: Henssler/Westphalen, Praxis der Schuldrechtsreform, 2002, § 436 Rn. 3; dagegen: *Weidenkaff*, der diese Fälle nur unter Absatz 2 subsumiert; *Weidenkaff* in: Palandt, § 436 Rn. 11.
[13] Anderer Auffassung ist *Weidenkaff*, was jedoch nicht zu unterschiedlichen Rechtsfolgen führt, weil auch er die Fälle des Absatzes 1 nicht als Rechtsmängel einordnet; *Weidenkaff* in: Palandt, § 436 Rn. 11.
[14] BT-Drs. 14/6040, S. 219.

2. Definition

20 Öffentliche Abgaben und Lasten in diesem Sinne sind öffentlich-rechtliche Leistungspflichten, die aus dem Grundstück vom jeweiligen Eigentümer zu erfüllen sind.

3. Typische Fallkonstellationen

21 Unter § 436 Abs. 2 BGB fallen die Grundsteuer, Müllabfuhrgebühren und die Räum- und Streupflichten der Anlieger.

22 **Nicht** unter § 436 Abs. 2 BGB fallen **öffentlich-rechtliche Baubeschränkungen** (soweit man sie überhaupt als Rechts- und nicht als Sachmangel einordnet) und öffentlich-rechtliche Vorkaufsrechte[15], weil es sich nicht um Leistungen handelt, die aus dem Grundstück zu erfüllen sind. Gleiches gilt für öffentlich-rechtliche Verpflichtungen zur Übertragung des Eigentums[16] sowie für die Grunderwerbssteuer[17].

4. Abdingbarkeit

23 Der Verkäufer kann vertraglich die Haftung dafür übernehmen, dass das Grundstück frei von bestimmten oder sämtlichen öffentlichen Lasten ist. Ob eine solch weitgehende Haftung übernommen werden sollte, ist im Einzelfall durch Auslegung zu ermitteln.

C. Rechtsfolgen

I. Absatz 1

24 § 436 Abs. 1 BGB hat zur Folge, dass der Verkäufer die Beiträge im Verhältnis zum Käufer zu tragen hat, soweit dieser nach den öffentlich-rechtlichen Vorschriften Beitragsschuldner ist. Es handelt sich damit um eine Ausnahmeregelung im Verhältnis zu § 446 Satz 2 BGB. Ein Rechtsmangel liegt in diesen Fällen aber nicht vor (vgl. zu den Regelungsprinzipien Rn. 4). Verletzt der Verkäufer seine Beitragstragungspflicht aus § 436 Abs. 1 BGB, so ergeben sich die Rechtsfolgen aus den allgemeinen Regeln für Pflichtverletzungen.[18]

II. Absatz 2

25 In den Fällen des § 436 Abs. 2 BGB liegt kein Rechts- oder Sachmangel im Sinne der §§ 434, 435 BGB vor. Deswegen hat der Käufer diese Lasten zu tragen, sobald die Gefahr übergegangen ist (§ 446 BGB). § 446 Satz 2 BGB als allgemeine Vorschrift über die Lastentragung ist aber nur anzuwenden, solange nicht § 436 Abs. 1 BGB als speziellere Norm greift. Aufgelaufene Rückstände stellen zwar keinen Rechtsmangel dar, jedoch hat der Verkäufer sie im Innenverhältnis zu übernehmen.[19]

---

[15] BT-Drs. 14/6040, S. 219.
[16] BGH v. 04.06.1982 - V ZR 81/81 - juris Rn. 15 - LM Nr. 7 zu § 434 BGB.
[17] *Weidenkaff* in: Palandt, § 436 Rn. 11.
[18] Vgl. zu den Rechtsfolgen BT-Drs. 14/6040, S. 219.
[19] *Weidenkaff* in: Palandt, § 436 Rn. 12.

§ 437 BGB Rechte des Käufers bei Mängeln

(Fassung vom 02.01.2002, gültig ab 01.01.2002)

Ist die Sache mangelhaft, kann der Käufer, wenn die Voraussetzungen der folgenden Vorschriften vorliegen und soweit nicht ein anderes bestimmt ist,
1. nach § 439 Nacherfüllung verlangen,
2. nach den §§ 440, 323 und 326 Abs. 5 von dem Vertrag zurücktreten oder nach § 441 den Kaufpreis mindern und
3. nach den §§ 440, 280, 281, 283 und 311a Schadensersatz oder nach § 284 Ersatz vergeblicher Aufwendungen verlangen.

Gliederung

A. Grundlagen... 1	2. Modifikation der allgemeinen Regeln durch § 440 BGB 32
I. Kurzcharakteristik................................. 1	3. Entbehrlichkeit der Fristsetzung beim Verbrauchsgüterkauf 34
II. Gesetzgebungsmaterialien..................... 2	4. Rücktritt als Gestaltungsrecht 35
III. Europäischer Hintergrund 3	5. Rückabwicklung nach Rücktritt (Rückgewährschuldverhältnis)................... 36
IV. Regelungsprinzipien............................. 4	V. Minderung 38
V. Bezug zum UN-Kaufrecht...................... 7	VI. Schadensersatz/Ersatz vergeblicher Aufwendungen 39
B. Anwendungsvoraussetzungen 8	VII. Verhältnis zu anderen Rechten 46
I. Normstruktur....................................... 8	1. Allgemeines Leistungsstörungsrecht 50
II. Mangelhafte Kaufsache 9	a. Unmöglichkeit.................................... 53
III. Soweit nicht ein anderes bestimmt ist 11	b. Einrede des nicht erfüllten Vertrages 54
IV. Gesetzliche Haftungsbegrenzung............... 14	c. Selbstvornahme der Mängelbeseitigung....... 55
C. Rechtsfolgen.. 16	2. Anfechtung.. 65
I. Vorrang der Nacherfüllung 17	3. C.i.c./Verschulden bei Vertragsverhandlungen ... 70
II. Anwendung ab Gefahrübergang................. 20	4. Geschäftsführung ohne Auftrag 75
III. Nacherfüllung 23	5. Störung der Geschäftsgrundlage 76
IV. Rücktritt... 24	6. Unerlaubte Handlung............................. 77
1. Ausschluss bei unerheblicher Pflichtverletzung (§ 323 Abs. 5 Satz 2 BGB) 25	D. Anwendungsfelder................................. 80
a. Unerhebliche Pflichtverletzung 26	
b. Maßgeblicher Zeitpunkt 30	

A. Grundlagen

I. Kurzcharakteristik

§ 437 BGB zählt die Gewährleistungsrechte des Käufers auf, die ihm bei Lieferung einer mangelhaften Kaufsache zustehen. In dieser Norm sind die Rechtsfolgen für den Fall genannt, dass der Verkäufer seine in § 433 Abs. 1 Satz 2 BGB festgeschriebene Pflicht, dem Käufer die Sache frei von Sach- und Rechtsmängeln zu verschaffen, verletzt. 1

II. Gesetzgebungsmaterialien

Der Neuregelung des Gewährleistungsrechts für Kaufverträge im Rahmen der Schuldrechtsreform liegt die Vorstellung zugrunde, dass es ein besonderes Gewährleistungsrecht für den Kauf nicht mehr geben soll.[1] Die Lieferung einer mangelhaften Sache wird durch die Neufassung von § 433 Abs. 1 Satz 2 BGB als Nichterfüllung der Verkäuferpflichten qualifiziert, weshalb sich die Rechtsfolgen primär aus dem allgemeinen Leistungsstörungsrecht ergeben. Die §§ 437-441 BGB sollen diese Rechte mit Blick auf Besonderheiten im Kaufrecht lediglich modifizieren.[2] 2

---

[1] BT-Drs. 14/6040, S. 219.
[2] BT-Drs. 14/6040, S. 220.

III. Europäischer Hintergrund

3   Die Neuregelung der Käuferrechte bei mangelhafter Kaufsache ist unter anderem durch die Verbrauchsgüterrichtlinie 1999/44/EG vom 25.05.1999 motiviert. Art. 3 Abs. 3 RL 1999/44/EG schreibt vor, dass der Käufer bei mangelhafter Kaufsache zunächst Nachbesserung oder Ersatzlieferung verlangen kann. Dies war nach den §§ 433, 459, 462, 467 BGB a.F. nicht möglich, der Käufer war auf **Sekundäransprüche** beschränkt. Nun hat der Käufer durch den Anspruch auf **Nacherfüllung** gemäß den §§ 437 Nr. 1, 439 BGB die in der Richtlinie geforderten Rechte.

IV. Regelungsprinzipien

4   Der Regelungsinhalt des § 437 BGB scheint sich zunächst in der bloßen **Aufzählung** der Käuferrechte zu erschöpfen. Die Rechte des Käufers bei mangelhafter Lieferung sind nämlich in den §§ 439-441 BGB gesondert normiert. Erst aus diesen Vorschriften ergeben sich die wesentlichen Einzelheiten und Modifikationen der Mängelansprüche. Auch das Verhältnis der verschiedenen Rechte zueinander wird durch die §§ 440-441 BGB bestimmt: Während § 437 BGB die Rechte des Käufers scheinbar gleichberechtigt nebeneinander aufzählt, ergibt sich aus den §§ 440-441 BGB der Vorrang der Nacherfüllung. Dies klingt auch in der auf Initiative des Bundesrates[3] in § 437 BGB eingefügten Passage, „wenn die Voraussetzungen der folgenden Vorschriften vorliegen", an.

5   So ergäben die §§ 439-441 BGB ohne § 437 BGB einen Sinn. Insoweit kann man von einer **Rechtsgrundverweisung** sprechen.

6   Die folgenreichere Bedeutung der Norm wird auf den zweiten Blick ersichtlich. Durch § 437 BGB werden die Rechte des Käufers zugleich **modifiziert**. So richtet sich zum einen die Verjährung der in § 437 BGB aufgezählten Ansprüche nach § 438 BGB, denn § 438 BGB bezieht sich auf § 437 BGB. Soweit § 437 BGB Rechte aus dem allgemeinen Leistungsstörungsrecht nennt, gelten die Verjährungsfristen des § 438 BGB auch für diese. Zum zweiten ist § 437 BGB die Norm, an die im Hinblick auf das Konkurrenzverhältnis zu anderen Rechten wie Anfechtung, Wegfall der Geschäftsgrundlage etc. anzuknüpfen ist. Denn soweit man § 437 BGB als abschließende Regelung für die Rechte des Käufers bei Mängeln interpretiert, sind andere Rechte ausgeschlossen (zum Verhältnis zu anderen Rechten vgl. Rn. 46).

V. Bezug zum UN-Kaufrecht

7   Bei der Neuregelung der Gewährleistungsrechte bezog sich der Gesetzgeber nicht nur auf europäisches Recht. In den Gesetzgebungsmaterialien[4] findet sich auch der ausdrückliche Hinweis auf Artikel 46 des UN-Kaufrechtes bezüglich des Nacherfüllungsanspruchs, sowie auf Artikel 47 im Hinblick auf den Primat der Nacherfüllung.

B. Anwendungsvoraussetzungen

I. Normstruktur

8   § 437 BGB stellt die Gewährleistungsrechte des Käufers bei mangelhafter Kaufsache gleichberechtigt nebeneinander. Der Vorrang des Nacherfüllungsanspruchs ergibt sich demgegenüber aus den §§ 440-441 BGB (vgl. zu den Regelungsprinzipien Rn. 4).

II. Mangelhafte Kaufsache

9   Zunächst ist zu prüfen, ob ein Kaufvertrag im Sinne des § 433 BGB vorliegt. Die Kaufgewährleistungsregeln sind wegen § 453 Abs. 1 BGB nicht nur auf den Sachkauf, sondern auch (entsprechend) auf den Kauf von Rechten und sonstigen Gegenständen anzuwenden.

---

[3] Vgl. dazu BT-Drs. 14/6857, S. 25, 59; BT-Drs. 14/7052, S. 40, 156.
[4] BT-Drs. 14/6040, S. 220.

Die Pflicht zur mangelfreien Lieferung ergibt sich aus § 433 Abs. 1 Satz 2 BGB. Mangelfrei ist die Sache demnach, wenn sie weder Sach- noch Rechtsmängel aufweist. Ob eine Sache frei von Sachmängeln ist, ergibt sich aus § 434 BGB, ob sie Rechtsmängel aufweist, aus § 435 BGB. Einzelheiten zum Sachmangel vgl. die Kommentierung zu § 434 BGB; zum Rechtsmangel vgl. die Kommentierung zu § 435 BGB.

III. Soweit nicht ein anderes bestimmt ist

„Soweit nicht ein anderes bestimmt ist" stellt klar, dass § 437 BGB dispositives Recht enthält.[5] Die Gewährleistungsrechte des Käufers können also grundsätzlich vertraglich abbedungen werden. Ein Ausschluss ist grundsätzlich auch für Mängel möglich, die nach Vertragsschluss (aber vor Gefahrübergang) entstehen, allerdings muss dies im Haftungsausschluss deutlich zum Ausdruck kommen.[6] Auch wenn ein **Gewährleistungsausschluss** für nachvertraglich entstehende Mängel demnach möglich ist, wird ein formularmäßiger Ausschluss dieses Inhalts gegen § 307 Abs. 1 BGB verstoßen.[7]

Grundsätzlich ist auch eine vertraglich Erweiterung der Rechte des Käufers möglich. Jedoch ist auch hier § 307 Abs. 1 BGB zu beachten. Vgl. hierzu ein Grundsatzurteil des BGH, das in Rn. 80 dargestellt wird.

Beim Verbrauchsgüterkauf ist eine Abbedingung der Mängelrechte nicht vor Mitteilung des Mangels möglich (§ 475 BGB).

IV. Gesetzliche Haftungsbegrenzung

Die Haftung des Verkäufers ist bei **öffentlichen Versteigerungen** durch § 445 BGB eingeschränkt (vgl. die Kommentierung zu § 445 BGB).

Bei **Zwangsversteigerungen** sind gemäß § 56 Satz 3 ZVG Ansprüche des Erstehers wegen Sachmängeln ausgeschlossen, die Regelungen über die kaufvertragliche Mängelhaftung sind demnach bei der Zwangsversteigerung von Grundstücken unanwendbar. Darüber hinaus ist auch das grundsätzlich bestehende Anfechtungsrecht des Erstehers (§ 119 Abs. 2 BGB) gemäß § 56 Satz 3 ZVG ausgeschlossen, soweit sonst der gesetzliche Gewährleistungsausschluss durch eine Irrtumsanfechtung unterlaufen würde.[8]

C. Rechtsfolgen

Als Folge einer mangelhaften Kaufsache eröffnet § 437 BGB die Rechte des Käufers.[9] Dabei kommt der Erfüllung der geschuldeten Leistung, nämlich der Lieferung eines mangelfreien Kaufgegenstandes, Priorität zu.

I. Vorrang der Nacherfüllung

Der **Primat der Nacherfüllung**[10] ergibt sich daraus, dass die §§ 281, 323, 440, 441 BGB grundsätzlich eine Fristsetzung zur Nacherfüllung voraussetzen, bevor der Gläubiger (hier der Käufer) die Rechte geltend machen kann, die das ursprüngliche vertragliche Verhältnis verändern.[11]

---

[5] *Graf von Westphalen* in: Henssler/Westphalen, Praxis der Schuldrechtsreform, 2002, § 437 Rn. 3.
[6] Vgl. BGH v. 24.01.2003 - V ZR 248/02 - NJW 2003, 1316-1317.
[7] *Bischoff/Zimmermann*, NJW 2003, 2506-2509, 2507-2508.
[8] BGH v. 18.10.2007 - V ZB 44/07 - juris Rn. 9.
[9] Zu den Möglichkeiten des Käufers gegebenenfalls zwischen den verschiedenen Mängelrechten zu wechseln vgl. *Derleder*, NJW 2003, 998-1003.
[10] Zum Teil wird auch von einem „Recht" der zweiten Andienung gesprochen. Dies ist terminologisch nicht ganz zutreffend, weil die erfolglose Nacherfüllung lediglich Voraussetzung dafür ist, dass der Käufer weitere Rechte geltend machen kann. Insofern ist es präziser, vom Primat oder Vorrang der Nacherfüllung zu sprechen. Die Gesetzesmaterialien sprechen auch treffender von der „Möglichkeit der zweiten Andienung": BT-Drs. 14/6040, S. 220.
[11] Vgl. auch BGH v. 23.02.2005 - VIII ZR 100/04 - juris Rn. 23 ff. - BGHZ 162, 219-230; OLG Saarbrücken v. 29.05.2008 - 8 U 494/07 - 140, 8 U 494/07 - juris Rn. 33.

18 Der Vorrang der Nacherfüllung soll es dem Verkäufer auch ermöglichen, die (mutmaßlich) mangelhafte Sache selber daraufhin zu untersuchen, ob der behauptete Mangel besteht, ob er bereits im Zeitpunkt des Gefahrübergangs vorgelegen hat, auf welcher Ursache er beruht, sowie ob und auf welche Weise er beseitigt werden kann und hierzu gegebenenfalls Beweise zu sichern.[12] Daher darf der Käufer, der die in § 437 Nr. 2 und 3 BGB aufgeführten sekundären Rechte geltend machen will, sich nicht darauf beschränken, den Verkäufer mündlich oder schriftlich zur Nacherfüllung aufzufordern, er muss vielmehr bereit sein, dem Verkäufer die Kaufsache zur Überprüfung der erhobenen Mängelrügen für eine entsprechende Untersuchung zur Verfügung zu stellen: Der Verkäufer ist nicht verpflichtet, sich auf ein Nacherfüllungsverlangen des Käufers einzulassen, bevor dieser ihm nicht Gelegenheit zu einer solchen Untersuchung der Kaufsache gegeben hat.[13]

19 Der Vorrang der Nacherfüllung gilt auch dann, wenn der Käufer den Mangel (zunächst) nicht als solchen erkennt (**nachträglich erkannter Mangel**). Stellt sich bei einer durch den Käufer durchgeführten bzw. veranlassten Reparatur der Kaufsache im Nachhinein heraus, dass der Defekt auf einem Mangel beruhte, kann der Käufer mangels Fristsetzung zur Nacherfüllung keine sekundären Gewährleistungsansprüche geltend machen, wenn nicht die Fristsetzung aus anderen Gründen entbehrlich war.[14] Der Käufer kann deshalb nicht ohne Gefährdung seiner Rechte gegenüber dem Verkäufer sogleich eine Reparatur vornehmen (lassen), wenn er nicht weiß, wodurch der Defekt verursacht worden ist. Vielmehr obliegt es ihm zur Erhaltung etwaiger Gewährleistungsansprüche auch in diesem Fall, zunächst dem Verkäufer Gelegenheit zur Nacherfüllung zu geben.[15] Die Kosten des Transports zum Verkäufer hat dieser zu tragen, wenn tatsächlich ein Mangel vorliegt (§ 439 Abs. 2 BGB). Vgl. hierzu auch die Kommentierung zu § 440 BGB Rn. 15 und die Kommentierung zu § 439 BGB Rn. 114.

II. Anwendung ab Gefahrübergang

20 Die in § 437 BGB genannten Gewährleistungsrechte bei mangelhafter Kaufsache sind **ab dem Gefahrübergang** (§ 446 BGB) anwendbar. Für den Sachmangel enthält § 434 Abs. 1 Satz 1 BGB eine entsprechende Regelung, für den Rechtsmangel folgt dies aus dem Gedanken, dass ab Gefahrübergang der Bezug des Käufers zur Kaufsache größer ist als der des Verkäufers.[16]

21 Grundsätzlich greift also die Mangelhaftung erst vom Gefahrübergang (§ 446 BGB) an. Davor sind die in § 437 BGB aufgezählten Rechte regelmäßig auch deshalb nicht anwendbar, weil häufig noch nicht feststeht, ob der Verkäufer den Mangel noch beseitigt. Aus dieser Begründung ergibt sich aber zugleich eine **Einschränkung**, die auch nach altem Recht weitgehend anerkannt war[17]: In den Fällen, in denen eine mangelfreie Lieferung schon vor dem Gefahrübergang ausgeschlossen ist, muss sich der Käufer nicht erst die Sache übergeben lassen, um Gewährleistungsrechte geltend machen zu können. Beim Stückkauf einer nicht vertretbaren Sache liegt ein solcher Fall manchmal schon dann vor, wenn eine Nachbesserung nicht möglich ist, weil eine Ersatzlieferung häufig nicht die geschuldete Leistung wäre. Demgegenüber bleibt die Ersatzlieferung jedenfalls dann möglich, wenn es sich bei dem Kaufgegenstand um eine vertretbare Sache (§ 91 BGB) handelt[18] (Einzelheiten zu dieser Frage vgl. die Kommentierung zu § 439 BGB Rn. 17). In einem solchen Fall kann der Käufer aber die Lieferung einer anderen Sache (= Ersatzlieferung) verlangen, ohne dass er sich die mangelhafte Kaufsache vorher übergeben lassen muss.[19]

---

[12] BGH v. 23.02.2005 - VIII ZR 100/04 - juris Rn. 25 - BGHZ 162, 219-230.
[13] BGH v. 10.03.2010 - VIII ZR 310/08 - juris Rn. 12.
[14] BGH v. 21.12.2005 - VIII ZR 49/05 - juris Rn. 21 - EBE/BGH 2006, 78-80; vgl. dazu *Stürner*, jurisPR-BGHZivilR 14/2006, Anm. 2.
[15] BGH v. 21.12.2005 - VIII ZR 49/05 - juris Rn. 21 - EBE/BGH 2006, 78-80.
[16] *Haas* in: Haas/Medicus/Rolland u.a., Das neue Schuldrecht, 2002, S. 225, Rn. 256.
[17] Zur Rechtslage vor der Reform: BGH v. 14.12.1960 - V ZR 40/60 - BGHZ 34, 32-42; BGH v. 10.03.1995 - V ZR 7/94 - juris Rn. 10 - BGHZ 129, 103-107.
[18] *Haas* in: Haas/Medicus/Rolland u.a., Das neue Schuldrecht, 2002, S. 199, Rn. 143; S.184, Rn. 84.
[19] *Haas* in: Haas/Medicus/Rolland u.a., Das neue Schuldrecht, 2002, S. 227, Rn. 268.

Grundsätzlich wird man festhalten können, dass der Käufer die Mängelrechte des § 437 BGB bereits **vor Gefahrübergang** geltend machen kann, **soweit** die Lieferung einer **mangelfreien Kaufsache ausgeschlossen** ist. Es wäre bloße Förmelei, den Käufer zu zwingen, sich erst die mangelhafte Kaufsache übergeben zu lassen. Dafür spricht auch der in § 323 Abs. 4 BGB zum Ausdruck kommende allgemeine Rechtsgedanke, demzufolge der Gläubiger seine Rechte auch dann ausüben kann, wenn bereits feststeht, dass die Voraussetzungen eintreten werden; ansonsten könnte der Verkäufer dem Käufer die Mängelrechte dadurch abschneiden, dass er es nicht mehr zum Gefahrübergang kommen lässt.[20]

III. Nacherfüllung

Zum Begriff und den Voraussetzungen der Nacherfüllung vgl. die Kommentierung zu § 439 BGB. Die in § 439 BGB im Einzelnen geregelte Nacherfüllung hat Vorrang (vgl. Rn. 16). Sie ist in der Form der Nachbesserung sowie der Ersatzlieferung möglich. Der Nacherfüllungsanspruch ist der ursprüngliche Erfüllungsanspruch auf einen mangelfreien Kaufgegenstand, allerdings in modifizierter Form; rechtlich wird man den Nacherfüllungsanspruch gemäß § 439 BGB als gesetzlich normiertes Mängelrecht einordnen müssen.

IV. Rücktritt

Durch den Verweis von § 437 Nr. 2 BGB auf die §§ 323, 326 Abs. 5 BGB wird klar, dass das allgemeine Leistungsstörungsrecht grundsätzlich auch im Kaufrecht Anwendung finden soll (vgl. daher die Kommentierung zu § 323 BGB und die Kommentierung zu § 326 BGB).

1. Ausschluss bei unerheblicher Pflichtverletzung (§ 323 Abs. 5 Satz 2 BGB)

Ein Rücktritt scheidet insbesondere dann aus, wenn die Pflichtverletzung unerheblich ist (§ 323 Abs. 5 Satz 2 BGB), wobei es sich um die Ausnahme von der Regel handelt: Bei Mangelhaftigkeit der Kaufsache hat das Rückabwicklungsinteresse des Käufers im Grundsatz Vorrang vor dem Interesse des Verkäufers am Bestand des Vertrages.[21]

a. Unerhebliche Pflichtverletzung

Ob eine Pflichtverletzung unerheblich ist, muss anhand der jeweiligen Umstände im Einzelfall beurteilt werden, wobei regelmäßig auch die Interessen der Vertragsparteien Berücksichtigung finden.[22] Eine unerhebliche Pflichtverletzung kann etwa bei einem geringen Ausmaß der Funktionsbeeinträchtigung vorliegen oder wenn die **Kosten der Mangelbeseitigung** im Verhältnis zum Kaufpreis geringfügig sind.[23]

Eine unerheblich Pflichtverletzung im Sinne von § 323 Abs. 5 Satz 2 BGB wird jedoch in der Regel dann zu verneinen sein, wenn dem Verkäufer **arglistiges Verhalten** zur Last fällt.[24]

Bei einem **behebbaren Mangel** ist der Rücktritt wegen Geringfügigkeit des Mangels ausgeschlossen, wenn die Kosten seiner Beseitigung im Verhältnis zum Kaufpreis geringfügig sind, was – auch im gehobenen Preissegment – jedenfalls dann der Fall ist, wenn die Mängelbeseitigungskosten ein Prozent des Kaufpreises nicht übersteigen.[25] Auf das **Ausmaß der Funktionsbeeinträchtigung** kommt es für die Frage der Erheblichkeit der Pflichtverletzung im Sinne von § 323 Abs. 5 Satz 2 BGB nur dann an, wenn der Mangel nicht oder nur mit hohen Kosten behebbar oder die Mangelursache im

---

[20] Vgl. dazu *Hofmann/Pammler*, ZGS 2004, 91-95, 95.
[21] OLG Celle v. 01.07.2009 - 7 U 256/08 - juris Rn. 24.
[22] OLG Celle v. 01.07.2009 - 7 U 256/08 - juris Rn. 24.
[23] Vgl. BGH v. 29.06.2011 - VIII ZR 202/10 - juris Rn. 19-20: auch im gehobenen Preissegment jedenfalls dann, wenn die Mängelbeseitigungskosten ein Prozent des Kaufpreises nicht übersteigen; OLG Düsseldorf v. 27.02.2004 - I-3 W 21/043 - OLGR Düsseldorf 2004, 186-187: wenn der Reparaturaufwand für die Mängelbeseitigung bei einem Gebrauchtwagen unter 3% des Kaufpreises liegt.
[24] Vgl. BGH v. 24.03.2006 - V ZR 173/05 - ZIP 2006, 904-906.
[25] BGH v. 29.06.2011 - VIII ZR 202/10 - juris Rn. 19 f.

Zeitpunkt der Rücktrittserklärung ungewiss ist, etwa weil auch der Verkäufer sie nicht feststellen konnte.[26]

29 Bleibt nach mehreren (vergeblichen) Reparaturversuchen die **Mangelursache unbekannt** und ist nicht absehbar, ob und mit welchem Aufwand der Mangel beseitigt werden kann, stellt bereits dieser Befund regelmäßig einen erheblichen Mangel dar.[27]

b. Maßgeblicher Zeitpunkt

30 Maßgeblicher Zeitpunkt für die Beurteilung, ob eine Pflichtverletzung als unerheblich (ein Mangel als geringfügig) anzusehen ist, ist die **Erklärung des Rücktritts**.[28] Wird der Mangel nach dem wirksam erklärten Rücktritt beseitigt, ist das Festhalten des Käufers an seinem Wunsch nach Rückabwicklung nur dann treuwidrig (§ 242 BGB), wenn die nachträgliche Mangelbeseitigung mit seiner Zustimmung erfolgt ist.[29]

31 Ist zum Zeitpunkt der Erklärung des Rücktritts die Mangelursache trotz mehrerer vorausgegangener Reparaturversuche nicht bekannt und deswegen nicht absehbar, ob und mit welchem Aufwand der Mangel beseitigt werden kann, liegt im Regelfall ein erheblicher Mangel vor.[30] Ein solcher zum Zeitpunkt des Rücktritts erheblicher Mangel wird auch nicht zu einem geringfügigen Mangel im Sinne des § 323 Abs. 5 Satz 2 BGB, wenn sich nachträglich herausstellt, dass der Mangel mit verhältnismäßig geringem Aufwand behoben werden kann.[31]

2. Modifikation der allgemeinen Regeln durch § 440 BGB

32 Modifiziert werden die Voraussetzungen des Rücktritts beim Kaufvertrag durch § 440 BGB. Auch die Überschrift des § 440 BGB („Besondere Bestimmungen für Rücktritt…") verdeutlicht, dass es sich lediglich um eine Modifikation des Rücktrittsrechtes aus dem allgemeinen Leistungsstörungsrecht handelt. Einzelheiten zu den Besonderheiten des Rücktritts wegen einer mangelhaften Kaufsache vgl. die Kommentierung zu § 440 BGB.

33 Daneben bleibt auch der Rücktritt ohne Fristsetzung für die Nacherfüllung gemäß den §§ 323, 326 Abs. 5 BGB grundsätzlich möglich, soweit die entsprechenden Voraussetzungen vorliegen.

3. Entbehrlichkeit der Fristsetzung beim Verbrauchsgüterkauf

34 Das grundsätzlich erforderliche Setzen einer Frist zur Nacherfüllung gemäß § 323 Abs. 1 BGB wird beim Verbrauchsgüterkauf regelmäßig entbehrlich sein.[32] § 323 Abs. 2 Nr. 3 BGB ist richtlinienkonform dahin auszulegen, dass bereits ein Nacherfüllungsbegehren bei anschließendem Verstreichen einer angemessenen Frist genügt, ohne dass der Verbraucher diese Frist auch gesetzt haben muss.[33] Ansonsten würde der Verbraucher schlechter gestellt, als es Art. 3 Abs. 5 RL 1999/44/EG des Europäischen Parlaments und Rates (zweiter Spiegelstrich) verlangt, wonach der Verbraucher bereits mindern oder zurücktreten kann, „wenn der Verkäufer nicht innerhalb einer angemessenen Frist Abhilfe geschaffen hat".

---

[26] BGH v. 29.06.2011 - VIII ZR 202/10 - juris Rn. 21.
[27] BGH v. 09.03.2011 - VIII ZR 266/09 - juris Rn. 18; BGH v. 15.06.2011 - VIII ZR 139/09 - juris Rn. 9.
[28] BGH v. 05.11.2008 - VIII ZR 166/07 - juris Rn. 19; vgl. auch BGH v. 29.06.2011 - VIII ZR 202/10 - juris Rn. 21.
[29] BGH v. 05.11.2008 - VIII ZR 166/07 - juris Rn. 23.
[30] BGH v. 09.03.2011 - VIII ZR 266/09 - juris Rn. 18; BGH v. 15.06.2011 - VIII ZR 139/09 - juris Rn. 9.
[31] BGH v. 15.06.2011 - VIII ZR 139/09 - juris Rn. 9; BGH v. 09.03.2011 - VIII ZR 266/09 - juris Rn. 18.
[32] LG Stuttgart v. 08.02.2012 - 13 S 160/11 - juris Rn. 19 m.w.N. (Revision zugelassen). A.A. *Grüneberg* in: Palandt BGB, § 323 Rn. 22.
[33] *Ernst* in: Münch-Komm BGB, § 323 Rn. 50a; im Ergebnis ebenso: LG Stuttgart v. 08.02.2012 - 13 S 160/11 - juris Rn. 19 (Revision zugelassen). A.A. *Grüneberg* in: Palandt BGB, § 323 Rn. 22. Anders wohl auch BGH v. 13.07.2011 - VIII ZR 215/10 - juris Rn. 32f, der das Vorliegen „besonderer Umstände" gemäß § 323 Abs. 2 Nr. 3 BGB beim Verbrauchsgüterkauf verlangt, allerdings ohne auf das eventuelle Erfordernis einer richtlinienkonformen Auslegung einzugehen.

4. Rücktritt als Gestaltungsrecht

Der in den §§ 437 Nr. 1, 323, 440 BGB geregelte Rücktritt ersetzt die bisherige Wandelung. Anders als die Wandelung ist der Rücktritt kein Anspruch auf vertragliche Anpassung (vgl. § 462 BGB a.F.), sondern ein **Gestaltungsrecht** des Käufers. 35

5. Rückabwicklung nach Rücktritt (Rückgewährschuldverhältnis)

Nach wirksamem Rücktritt ist das Schuldverhältnis gemäß den §§ 346 ff. BGB rückabzuwickeln (vgl. im Einzelnen die Kommentierung zu § 346 BGB). 36

Auch bei Rückabwicklung eines Verbrauchsgüterkaufs kann der Verkäufer grundsätzlich Nutzungswertersatz gemäß § 346 Abs. 1 BGB verlangen, europäisches Recht in Form der Verbrauchsgüterkaufrichtlinie steht dem nicht entgegen.[34] 37

V. Minderung

Die Minderung ist eine Besonderheit des Kauf- und Werkvertragsrechts. Sie ist in § 441 BGB gesondert normiert. Inhaltlich handelt es sich wie bei der Minderung nach altem Recht (§ 462 BGB a.F.) um eine verhältnismäßige Herabsetzung des Kaufpreises. Anders als bisher ist die Minderung nicht mehr ein Anspruch auf Vertragsanpassung, sondern ein Gestaltungsrecht des Käufers. Dies entspricht den Änderungen bei der früheren Wandelung (jetzt Rücktritt, vgl. Rn. 24). Zu Einzelheiten zur Minderung vgl. die Kommentierung zu § 441 BGB. 38

VI. Schadensersatz/Ersatz vergeblicher Aufwendungen

Weil § 437 Nr. 3 BGB auf die §§ 280, 281, 283, 311a BGB verweist, ist klargestellt, dass auch bezüglich des Schadensersatzes das allgemeine Leistungsstörungsrecht anzuwenden ist (vgl. daher die Kommentierung zu § 280 BGB, die Kommentierung zu § 281 BGB, die Kommentierung zu § 283 BGB und die Kommentierung zu § 311a BGB). Dass das allgemeine Leistungsstörungsrecht lediglich modifiziert wird, kommt auch in der Überschrift des § 440 BGB („Besondere Bestimmungen für [...] Schadensersatz") zum Ausdruck. Bezüglich der Modifikationen des Schadensersatzanspruches bei mangelhafter Kaufsache vgl. die Kommentierung zu § 440 BGB. 39

Der „eigentliche Mangelschaden" kann als Schadensersatz statt der Leistung verlangt werden (§§ 280 Abs. 1, 281, 283, 311a BGB). Schäden, die über das Erfüllungsinteresse hinausgehen (**Mangelfolgeschäden**), können gemäß § 280 Abs. 1 BGB geltend gemacht werden.[35] Das sind Schäden, die an anderen Rechtsgütern des Käufers als an der Kaufsache entstehen, wie Eigentums-, Körper- oder Vermögensschäden. 40

Den **mangelbedingten Nutzungsausfallschaden** kann der Käufer bereits nach den §§ 437 Nr. 3, 280 Abs. 1 BGB und damit unabhängig von einem Verzug des Verkäufers (§ 286 BGB) ersetzt verlangen.[36] Dies dürfte anders zu beurteilen sein, wenn der Folgeschaden auf einer Verzögerung der Nacherfüllung selbst beruht, kommt es erst im Rahmen der Nacherfüllung durch den Verkäufer zu schadensverursachenden Verzögerungen, ist § 286 BGB anzuwenden.[37] 41

---

[34] BGH v. 16.09.2009 - VIII ZR 243/08 - juris Rn. 14-15: Die Entscheidung des EuGH v. 17.04.2008 - C-404/06 bezieht sich auf das Recht des Verbrauchers auf Ersatzlieferung, an dessen Geltendmachung dieser nicht durch eine Verpflichtung zu Nutzungswertersatz gehindert werden soll, nicht aber auf eine Rückabwicklung des Vertrages, bei der der Käufer – anders als bei der Nacherfüllung – seinerseits den gezahlten Kaufpreis nebst Zinsen zurückerhält. Vgl. zur oben genannten Entscheidung des EuGH die Kommentierung zu § 439 BGB Rn. 125.

[35] Ebenso BT-Drs. 14/6040, S. 225; *Schur*, ZGS 2002, 243-248, 244; anders *Recker*, der Mangelfolgeschäden über den Schadensersatz statt der Leistung abwickeln will: *Recker*, NJW 2002, 1247-1248, 1248.

[36] BGH v. 19.06.2009 - V ZR 93/08 - juris Rn. 12 ff., mit weiteren Nachweisen zum Meinungsstand in den Rn. 10-11.

[37] Vgl. OLG Hamm 23.02.2006 - 28 U 164/05 - juris Rn. 22.

42 Wird die Kaufsache selbst im Zuge einer Nachbesserung anderweitig beschädigt, kommt kein Schadensersatz statt der Leistung nach den §§ 280 Abs. 1, 3, 281 BGB in Betracht, weil der Schaden nicht bereits in dem (nunmehr beseitigten) Mangel angelegt war.[38] Die Nachbesserung ist in einem solchen Fall auch nicht fehlgeschlagen, vgl. die Kommentierung zu § 440 BGB Rn. 32. Zwar ist in einem derartigen Fall – anders als bei sog. Mangelfolgeschäden – die Kaufsache selbst betroffen, indes wird nicht das ursprüngliche Äquivalenzinteresse des Käufers – abgestellt auf den Zeitpunkt des Gefahrübergangs – berührt, da der zum maßgeblichen Zeitpunkt des Gefahrübergangs vorliegende Mangel beseitigt ist. Der gleichsam „bei Gelegenheit" einer ansonsten erfolgreichen **Nachbesserung verursachte** neue **Schaden** löst – Verschulden vorausgesetzt – einen (kleinen) Schadensersatzanspruch gemäß den §§ 280 Abs. 1, 241 Abs. 2 BGB wegen Verletzung einer Schutzpflicht aus. Ein Schadensersatzanspruch statt der Leistung kommt dann nur noch in den Ausnahmefällen des § 282 BGB in Betracht, wenn dem Käufer die Leistung insgesamt nicht mehr zuzumuten ist.

43 Anders als nach altem Recht hängt ein Schadensersatzanspruch für einen Mangelschaden nicht mehr von einer Zusicherung oder Arglist des Verkäufers ab (§ 463 BGB a.F.), sondern vom **Verschulden des Verkäufers bezüglich des Mangels**.[39] Ein Verschulden des Herstellers kann dem Verkäufer dabei nicht gemäß § 278 BGB zugerechnet werden, weil der Verkäufer nicht die Herstellung der Kaufsache schuldet, sodass der Warenhersteller nicht Erfüllungsgehilfe des Verkäufers ist.[40] Die **Zusicherung einer Eigenschaft**, die die Kaufsache nicht aufweist, hat jedoch auch nach neuem Recht regelmäßig Schadensersatz zur Folge, weil sie nach neuem Recht inhaltlich einer **Garantieübernahme gemäß § 276 Abs. 1 Satz 1 BGB** entspricht.

44 § 325 BGB ermöglicht es dem Käufer neben dem Rücktritt – soweit die Voraussetzungen vorliegen – Schadensersatz neben der Leistung (§ 280 Abs. 1 Satz 1 BGB), Schadensersatz statt der Leistung (§§ 280 Abs. 1, 3, 281 BGB) oder den Ersatz vergeblicher Aufwendungen (§ 284 BGB) zu verlangen.[41] Ein auf einen Mangel eines Kraftfahrzeugs gestützter Rücktritt des Käufers vom Kaufvertrag schließt auch dessen Recht nicht aus, daneben unter den Voraussetzungen des Schadensersatzes statt der Leistung Ersatz des mangelbedingten Nutzungsausfallschadens zu verlangen.[42]

45 Einzelheiten zum **Ersatz vergeblicher Aufwendungen** vgl. die Kommentierung zu § 284 BGB. § 284 BGB ist anwendbar, begründet jedoch keinen Schadensersatzanspruch. Der Schuldner kann nach § 284 BGB Ersatz vergeblicher Aufwendungen anstelle eines Schadensersatzes statt der Leistung verlangen. Also müssen die Voraussetzungen eines entsprechenden Schadensersatzanspruches nach den §§ 280, 281 BGB vorliegen. Der BGH[43] hat eine vorgehende Entscheidung des OLG Stuttgart[44] insoweit bestätigt, als er festgestellt hat, dass der Anspruch des Käufers auf Aufwendungsersatz nach § 284 BGB nicht nur bei Verträgen mit ideellem Zweck gilt, sondern **auch Aufwendungen für kommerzielle Zwecke** erfasst. Zudem hat der BGH[45] klargestellt, dass der Käufer nach § 437 Nr. 3 BGB – soweit die Voraussetzungen im Einzelnen vorliegen – neben dem Aufwendungsersatz nach § 284 BGB auch Anspruch auf **Schadensersatz „neben der Leistung"** (§ 280 Abs. 1 Satz 1 BGB) geltend machen kann. Ausgeschlossen ist nur die Geltendmachung von Schadensersatz statt der Leistung (§ 280 Abs. 3 BGB) und Aufwendungsersatz.

---

[38] Vgl. OLG Saarbrücken v. 25.07.2007 - 1 U 476/06 - 145, 1 U 467/06 - juris Rn. 28 - NJW 2007, 3503-3505.
[39] Vgl. BT-Drs. 14/6040, S. 224 a.E.
[40] Vgl. BT-Drs. 14/6040, S. 210; BGH v. 15.07.2008 - VIII ZR 211/07 - juris Rn. 48.
[41] BGH v. 20.07.2005 - VIII ZR 275/04 - juris Rn. 13.
[42] BGH v. 14.04.2010 - VIII ZR 145/09 - juris Rn. 14 ff.
[43] BGH v. 20.07.2005 - VIII ZR 275/04 - BGHZ 163, 381-391.
[44] OLG Stuttgart v. 25.08.2004 - 3 U 78/04 - ZGS 2004, 434-437, das ausführte, aus der Gesetzesbegründung ergebe sich, dass unter § 284 BGB alle frustrierten Aufwendungen gefasst werden sollten, unabhängig von der Zielsetzung des jeweiligen Vertrages.
[45] BGH v. 20.07.2005 - VIII ZR 275/04 - BGHZ 163, 381-391.

VII. Verhältnis zu anderen Rechten

Die analoge Anwendung anderer **Regeln des besonderen Schuldrechts**[46] ist – mangels Regelungslücke – ausgeschlossen, weil § 437 BGB spezielle Rechte des Käufers bei mangelhafter Lieferung aufzählt. Hätte der Gesetzgeber dem Käufer zusätzliche Rechte zubilligen wollen, hätte er dies – wie beispielsweise im Werkvertragsrecht in den §§ 637, 634 Nr. 2 BGB – gesetzlich verankert.

46

Offen ist damit aber noch, wie § 437 BGB hinsichtlich des Verhältnisses der Mängelrechte zu anderen konkurrierenden Rechten, etwa aus dem allgemeinen Schuldrecht, zu verstehen ist. Man kann § 437 BGB einerseits wie folgt lesen: „Ist die Sache mangelhaft, kann der Käufer **nur** […] verlangen". Andererseits lässt sich die Norm auch folgendermaßen verstehen: „Ist die Sache mangelhaft, kann der Käufer **unter anderem** […] verlangen". Aus dem Wortlaut ist keine klare Schlussfolgerung zu ziehen. Deswegen ist die Frage der **Konkurrenzen** aus dem **Sinn und Zweck** der jeweiligen Normen zu klären. Wegen der unterschiedlichen Folgen, die andere Rechtsbehelfe haben können, verbietet sich eine pauschale Antwort. Die Konkurrenzfragen sind vielmehr differenziert nach den einzelnen Rechten zu treffen. Maßstab für die Frage, ob ein anderes Recht neben dem Kaufgewährleistungsrecht greift, ist, inwieweit die alleinige Anwendung der speziellen Kaufrechtsregeln die interessengerechtere Lösung darstellt. Festzuhalten ist aber, dass sich **allein** aus § 437 BGB **keine allgemeine Verdrängungswirkung** ableiten lässt.

47

Liegt kein Mangel vor, greift § 437 BGB nicht. Insbesondere Ansprüche wegen Pflichtverletzungen außerhalb der Mängelhaftung richten sich nach den allgemeinen Vorschriften und unterliegen deshalb auch nicht der Verjährung des § 438 BGB.[47]

48

Die Konkurrenzfragen beurteilen sich für Rechts- und Sachmängel gleich. Zur bewussten Gleichstellung von Rechts- und Sachmängeln durch das Schuldrechtsmodernisierungsgesetz vgl. die Kommentierung zu § 435 BGB Rn. 3.

49

1. Allgemeines Leistungsstörungsrecht

Vor dem **Gefahrübergang** ist das allgemeine Leistungsstörungsrecht anwendbar.[48] Der Käufer kann daher die Annahme einer mangelhaften Sache verweigern und sich dadurch die allgemeinen Rechte erhalten. Soweit dem Käufer bereits vor dem Gefahrübergang Gewährleistungsrechte zustehen (zu Gewährleistungsrecht und Gefahrübergang vgl. Rn. 20), hat er – wie bereits nach altem Recht – auch allgemeine Leistungsstörungsregeln zur Verfügung, weil er durch die Möglichkeit der Geltendmachung von Gewährleistungsrechtsbehelfen vor Gefahrübergang nicht schlechter gestellt werden soll.[49]

50

Nach dem **Gefahrübergang** sind die in § 437 BGB genannten Normen des allgemeinen Leistungsstörungsrechts, soweit ein Mangel vorliegt, grundsätzlich nur über diesen Verweis anwendbar, weil § 437 BGB diesbezüglich als lex specialis vorgeht.[50] Das bedeutet inhaltlich kaum nachteilige Veränderungen für den Käufer, allerdings greift bezüglich dieser Rechte die – kürzere – Verjährung nach § 438 BGB.

51

Nach Ansicht des OLG München[51] hat der Käufer analog § 326 Abs. 2 Satz 2 BGB einen Anspruch auf Zahlung der Kosten, die dem Verkäufer bei einer Nacherfüllung entstanden wären, wenn die Kaufsache einen Sachmangel aufweist, der nicht mehr im Wege der Nacherfüllung beseitigt werden kann, weil die **Kaufsache** durch ein Ereignis, wofür der Sachmangel nicht ursächlich war, stark beschädigt bzw. **zerstört** wurde. Diese Auffassung steht nach Einschätzung des Verfassers indes in einem Span-

52

---

[46] Denkbar wäre beispielsweise ein Recht des Käufers, den Mangel selbst auf Kosten des Verkäufers zu beheben (§ 637 BGB analog).
[47] BT-Drs. 14/6040, S. 229.
[48] Für das Kaufrecht vor dem Schuldrechtsmodernisierungsgesetz: BGH v. 10.03.1995 - V ZR 7/94 - juris Rn. 10 - BGHZ 129, 103-107.
[49] BGH v. 10.03.1995 - V ZR 7/94 - juris Rn. 10 - BGHZ 129, 103-107.
[50] Vgl. *Haas* in: Haas/Medicus/Rolland u.a., Das neue Schuldrecht, 2002, S. 226, Rn. 263.
[51] OLG München v. 21.07.2006 - 19 U 2503/05 - juris Rn. 14 - OLGR München 2006, 811-812.

nungsverhältnis zur Rechtsprechung des BGH betreffend die Selbstvornahme der Mängelbeseitigung: Für den zumindest ähnlich gelagerten Fall der selbstständigen Mängelbeseitigung durch den Käufer (hier wie dort ist eine Nacherfüllung nicht mehr möglich) hat der BGH einen Rückgriff auf § 326 Abs. 2 Satz 2 BGB ausgeschlossen (vgl. Rn. 59).

a. Unmöglichkeit

53 Das heißt beispielsweise für die **Unmöglichkeit**, dass nach Gefahrübergang nicht mehr die Unmöglichkeit des ursprünglichen Erfüllungsanspruchs, sondern die Unmöglichkeit der Nacherfüllung (§ 439 BGB) zu prüfen ist. Dadurch wird der Käufer in der Regel besser stehen, weil sowohl die Voraussetzungen als auch die Rechtsfolgen gleich sind. Der Käufer erhält bei Unmöglichkeit der Nacherfüllung zudem das Gestaltungsrecht der Minderung nach § 441 BGB.

b. Einrede des nicht erfüllten Vertrages

54 Die **Einrede des nicht erfüllten Vertrages** (§ 320 BGB) kann der Käufer gegenüber dem Zahlungsanspruch des Verkäufers auch nach dem Gefahrübergang einer mangelhaften Kaufsache geltend machen.[52] Der Grund dafür ist, dass der dem Käufer zustehende Nacherfüllungsanspruch lediglich eine Modifikation des ursprünglichen Erfüllungsanspruchs darstellt (vgl. die Kommentierung zu § 433 BGB Rn. 11). Soweit der Nacherfüllungsanspruch des Käufers wegen Unmöglichkeit oder Verweigerung nicht mehr besteht, entfällt die Einrede mangels im Gegenseitigkeitsverhältnis stehenden Anspruchs. Dies ist aber nur so lange relevant, wie der Käufer nicht seine weitergehenden Rechte gemäß den §§ 440-441 BGB geltend gemacht hat. Sobald er dies getan hat, verändern sich dadurch die Vertragspflichten und beurteilen sich neu (beispielsweise bei der Minderung ein geringerer Kaufpreisanspruch). Für die Zwischenzeit, in der sich der Käufer noch nicht für eines der ihm zustehenden Rechte entschieden hat, kann der Käufer die **allgemeine Mängeleinrede** erheben,[53] die sich dogmatisch aus § 242 BGB („dolo agit qui petit quod statim redditurus est") herleiten lässt.[54]

c. Selbstvornahme der Mängelbeseitigung

55 Als Sonderproblem stellt sich die Frage nach einem Recht des Käufers auf **Selbstvornahme der Mängelbeseitigung** (= Nachbesserung). Grundsätzlich ist es dem Käufer selbstredend unbenommen, mit der Kaufsache so zu verfahren, wie ihm beliebt. Unmittelbare Konsequenz einer solchen eigenständigen Mängelbeseitigung durch den Käufer ist jedoch, dass die Nachbesserung (§ 439 Alt. 1 BGB) durch den Verkäufer unmöglich oder jedenfalls gegenstandslos (Zweckerreichung) wird. Damit kann der Käufer nach der Mängelbeseitigung weder zurücktreten noch mindern, weil er die zum Rücktritt berechtigende Unmöglichkeit selber herbeigeführt hat (§ 323 Abs. 6 BGB)[55], beziehungsweise (soweit man keine Unmöglichkeit im eigentlichen Sinn annimmt)[56] weil eine Fristsetzung nicht erfolgt ist und auch künftig nicht mehr erfolgen kann und die sekundären Mängelrechte deshalb ausscheiden.

56 Problematisch ist nun, inwieweit er die **Kosten** der selbst durchgeführten Mängelbehebung vom Verkäufer **ersetzt verlangen** kann. Ein Anspruch auf Kostenerstattung analog § 637 BGB scheidet – wie oben (vgl. die Kommentierung betreffend die Konkurrenz zum besonderen Schuldrecht unter Rn. 46) ausgeführt – aus. Auch ein Schadensersatzanspruch auf Kostenerstattung scheitert regelmäßig daran, dass es vor der eigenständigen Mängelbeseitigung meistens an der Fristsetzung fehlt,[57] beziehungsweise der Käufer durch die Mängelbeseitigung die Unmöglichkeit der Nacherfüllung selber verschuldet hat.

---

[52] *Hofmann/Pammler*, ZGS 2004, 293-297.
[53] Ebenso *Haas* in: Haas/Medicus/Rolland u.a., Das neue Schuldrecht, 2002, S. 226, Rn. 263.
[54] *Hofmann/Pammler*, ZGS 2004, 293-297, mit weiteren Nachweisen.
[55] Vgl. *Lorenz*, NJW 2003, 1417-1419, 1418.
[56] Offen gelassen von BGH v. 23.02.2005 - VIII ZR 100/04 - juris Rn. 19 - BGHZ 162, 219-230, mit weiteren Nachweisen.
[57] Vgl. AG Daun v. 15.01.2003 - 3 C 664/02 - NJW-RR 2003, 1465.

aa. Literatur

Jedoch wird im Schrifttum eine Erstattung gemäß den §§ 326 Abs. 2 Satz 2, 326 Abs. 4 BGB (analog)[58] – zum Teil auch auf Grund ungerechtfertigter Bereicherung[59] – wegen der ersparten Aufwendungen des Verkäufers für möglich gehalten. Für einen Anspruch auf **Erstattung der** regelmäßig niedrigeren **ersparten Aufwendungen** lässt sich die Gerechtigkeitserwägung anführen, dass der Verkäufer sonst von der Selbstvornahme durch den Käufer profitieren würde.[60] Dieser Erstattungsanspruch wird in Teilen der Literatur weiterhin befürwortet.[61]

57

bb. Rechtsprechung

In der **Rechtsprechung** ist ein Erstattungsanspruch des Käufers, der den Mangel selbst beseitigt, von Beginn an (weitgehend einhellig) **abgelehnt** worden. So hat das AG Kempen[62] einen solchen Anspruch ausgeschlossen, weil die Aufzählung der Käuferrechte in § 437 BGB eindeutig sowie abschließend sei und nur § 637 BGB dem Besteller einen entsprechenden Anspruch einräume. Diese Auffassung ist in der Rechtsprechung durch weitere Urteile bestätigt worden,[63] nur wenn der Käufer die Mangelbeseitigung **nach Ablauf einer** für die Nacherfüllung gesetzten **Frist** vornimmt, hat der Verkäufer sämtliche aus Anlass der Mängelbeseitigung entstanden Schäden zu ersetzen.[64]

58

Der **BGH**[65] hat diese Rechtsprechung zur Selbstvornahme der Mängelbeseitigung durch den Käufer in einer grundlegenden Entscheidung bestätigt. **Danach scheidet ein Anspruch des Käufers auf Ersatz ersparter Aufwendungen/Nacherfüllungskosten** gemäß § 326 Abs. 2 Satz 2, Abs. 4 BGB (analog) **aus**. Zur Begründung verweist der BGH auf die abschließende Regelung durch die §§ 437-441 BGB,[66] auf den bewussten Verzicht des Gesetzgebers, eine mit den §§ 536a Abs. 2, 634 Nr. 2, 637 BGB (Miet- und Werkvertrag) vergleichbare Regelung zu schaffen,[67] auf den grundsätzlichen Vorrang der Nacherfüllung[68] und auf die sonst entfallenden Nachprüfungsmöglichkeiten für den Verkäufer.[69] Diese Rechtsprechung hat der zuständige Senat in zwei weiteren Entscheidungen bekräftigt.[70]

59

cc. Ersatz als Schadensersatz statt der Leistung

Ein Ersatzanspruch des Käufers kommt jedoch – auch ohne Fristsetzung – dann in Betracht, wenn eine solche **Fristsetzung nicht erforderlich** war. Dann kann der Käufer unter dem rechtlichen Gesichtspunkt des Schadensersatzes statt der Leistung die Erstattung seiner Aufwendungen nach den §§ 437 Nr. 3, 281 Abs. 2 Alt. 2 BGB verlangen.[71] Die nach § 281 Abs. 2 Alt. 2 BGB erforderliche **Abwägung der beiderseitigen Interessen** rechtfertigt – nach Auffassung des BGH – etwa dann die sofortige Geltendmachung des Schadensersatzanspruchs, wenn ein gekauftes Tier erkrankt, eine sofortige tierärztliche Behandlung – jedenfalls aus damaliger Sicht – erforderlich scheint (**Notfall**) und der Verkäufer

60

---

[58] Vgl. *Lorenz*, NJW 2003, 1417-1419, 1419; *Lorenz*, ZGS 2003, 398-399; *Katzenstein*, ZGS 2004, 300-308.
[59] Vgl. *Gsell*, ZIP 2005, 922-928.
[60] Kritisch *Dauner-Lieb/Dötsch*, ZGS 2003, 250-253, 252-253.
[61] Vgl. etwa *Herresthal/Riehm*, NJW 2005, 1457-1461; *Lorenz*, NJW 2005, 1321-1324; dagegen unter anderen *Dauner-Lieb*, ZGS 2005, 169-173.
[62] AG Kempen v. 18.08.2003 - 11 C 225/02 - MDR 2003, 1406-1407.
[63] LG Gießen v. 10.03.2004 - 1 S 453/03 - NJW 2004, 2906-2907; LG Aachen v. 23.10.2003 - 6 S 99/03 - DAR 2004, 452-453; OLG Celle v. 10.02.2005 - 8 U 146/04 - OLGR Celle 2005, 185-188.
[64] LG Hildesheim v. 10.10.2003 - 4 O 227/03 - ZLW 2004, 121-126.
[65] BGH v. 23.02.2005 - VIII ZR 100/04 - BGHZ 162, 219-230, vgl. hierzu *Bydlinski*, ZGS 2005, 129-132; *Ebert*, jurisPR-BGHZivilR 16/2005, Anm. 1.
[66] BGH v. 23.02.2005 - VIII ZR 100/04 - juris Rn. 20 - BGHZ 162, 219-230.
[67] BGH v. 23.02.2005 - VIII ZR 100/04 - juris Rn. 21 - BGHZ 162, 219-230.
[68] BGH v. 23.02.2005 - VIII ZR 100/04 - juris Rn. 24 - BGHZ 162, 219-230.
[69] BGH v. 23.02.2005 - VIII ZR 100/04 - juris Rn. 25 - BGHZ 162, 219-230.
[70] BGH v. 22.06.2005 - VIII ZR 1/05 - ZGS 2005, 433-434; BGH v. 07.12.2005 - VIII ZR 126/05 - ZIP 2006, 525-527.
[71] BGH v. 22.06.2005 - VIII ZR 1/05 - juris Rn. 12 - ZGS 2005, 433-434; vgl. hierzu *Nassall*, jurisPR-BGHZivilR 42/2005, Anm. 3.

nicht sofort erreichbar ist, um seinerseits die Behandlung in die Wege zu leiten: In einem solchen Fall ist es dem Käufer – auch unter dem Gesichtspunkt des Tierschutzes – nicht zuzumuten, zunächst den Verkäufer aufzusuchen, weil bei einem mit der Nachfristsetzung notwendigerweise verbundenen Zeitverlust ein wesentlich größerer Schaden droht als bei einer vom Gläubiger sofort vorgenommenen Mängelbeseitigung.[72]

61 Auch die Kosten für die weitere (Nach-)Behandlung hat der BGH – ohne eine Fristsetzung – für ersatzfähig gehalten, da ein eventueller Tierarztwechsel nach Abwägung der Interessen weder zumutbar noch zweckmäßig sei; ob dies auch bei der Reparatur von Sachen gilt, hat der BGH indes ausdrücklich offen gelassen.[73] Inwieweit jedoch neben der Geltendmachung von Schadensersatz ein Anspruch auf Nacherfüllung überhaupt noch geltend gemacht werden kann – wovon der BGH wegen der Erörterung einer eventuell erforderlichen Fristsetzung hinsichtlich der weiteren Behandlung anscheinend ausgeht –, ist nach Ansicht des Verfassers zumindest zweifelhaft: Schließt doch die Regelung des § 281 Abs. 4 BGB den Anspruch auf Leistung (hier: der Nacherfüllung) aus, sobald der Schadensersatz statt der Leistung geltend gemacht wird.

62 Die **Unzumutbarkeit der Fristsetzung zur Nacherfüllung** und die daraus folgende Entbehrlichkeit der Fristsetzung nach § 281 Abs. 2 Alt. 2 BGB können indes nicht darauf gestützt werden, dass der Käufer ein Tier aus persönlichen und nicht aus wirtschaftlichen Beweggründen erworben hat, vielmehr ist die Fristsetzung unabhängig von den Erwerbsmotiven des Käufers **nur bei unaufschiebbaren Notmaßnahmen** entbehrlich.[74]

63 Eine **ernsthafte und endgültige Verweigerung** der geschuldeten Beseitigung von Mängeln kann eine Fristsetzung als Voraussetzung des Schadensersatzanspruchs wegen Schlechterfüllung ebenfalls entbehrlich machen (§ 281 Abs. 2 Alt. 1 BGB). Dies gilt indes nur dann, wenn der Verkäufer die Mängelbeseitigung bereits verweigert hat, bevor der Käufer seinerseits den Mangel beseitigt.[75]

64 Soweit die Fristsetzung im Ausnahmefall entbehrlich ist, der **Verkäufer den Mangel** bzw. die zugrunde liegenden Umstände aber **nicht zu vertreten hat**, scheidet nicht nur ein Anspruch auf Schadensersatz, sondern auch ein Anspruch auf Aufwendungsersatz nach § 326 Abs. 2 Satz 2, Abs. 4 BGB (analog) aus, weil die Gewährleistungsvorschriften des Kaufrechts auch insoweit abschließend sind; dem Käufer bleiben die Minderung bzw. der Rücktritt.[76]

2. Anfechtung

65 Bei der Anfechtung ist zwischen der wegen Erklärungs- und Inhaltsirrtums (§ 119 Abs. 1 BGB), der wegen Irrtums über eine verkehrswesentliche Eigenschaft (§ 119 Abs. 2 BGB) und der wegen arglistiger Täuschung (§ 123 BGB) zu unterscheiden.

66 Die Anfechtung wegen Erklärungs- oder Inhaltsirrtum gemäß § 119 Abs. 1 BGB ist – wie nach altem Recht – neben den kaufrechtlichen Gewährleistungsrechten zulässig, weil ein solcher Irrtum mit einem eventuellen Mangel der Kaufsache nicht im Zusammenhang steht.

67 Wegen eines Irrtums über die **verkehrswesentliche Eigenschaft** einer Sache kann der Käufer nicht nach § 119 Abs. 2 BGB anfechten, soweit die Mängelhaftung greift. Grund ist, dass die §§ 437-441 BGB insoweit spezieller sind und der Käufer sonst mittels Anfechtung Rechtsfolgen herbeiführen könnte, die nach dem Gewährleistungsrecht ausgeschlossen wären. Umgangen würden insbesondere die Verjährungsvorschriften (§ 438 BGB) und der Primat der Nacherfüllung (vgl. dazu bei Rechtsfolgen, Rn. 16). Dies betrifft aber zunächst nur die Zeit nach dem Gefahrübergang, denn erst ab diesem Zeitpunkt ist das Gewährleistungsrecht anwendbar.[77] Indessen spricht das „Umgehungsargument" auch für einen Ausschluss **vor** dem Zeitpunkt des **Gefahrübergangs**, weil die Gewährleistung bei

---

[72] BGH v. 22.06.2005 - VIII ZR 1/05 - juris Rn. 13 - ZGS 2005, 433-434.
[73] BGH v. 22.06.2005 - VIII ZR 1/05 - juris Rn. 15 - ZGS 2005, 433-434.
[74] BGH v. 07.12.2005 - VIII ZR 126/05 - juris Rn. 12 - ZIP 2006, 525-527.
[75] BGH v. 20.01.2009 - X ZR 45/07 - juris Rn. 10.
[76] BGH v. 07.12.2005 - VIII ZR 126/05 - juris Rn. 16 - ZIP 2006, 525-527; vgl. die Rn. 59.
[77] Für die Zeit vor Gefahrübergang ausdrücklich BT-Drs. 14/6040, S. 220.

mangelhafter Kaufsache nach neuem Recht differenziert und interessengerecht geregelt ist.[78] Insbesondere, dass die Neuregelung die Durchführung des Vertrages in den Vordergrund stellt,[79] spricht gegen eine Anfechtungsmöglichkeit nach § 119 Abs. 2 BGB auch vor Gefahrübergang,[80] ansonsten könnte der Käufer dem Verkäufer regelmäßig die Möglichkeit der Nacherfüllung nehmen. Auch bei Unmöglichkeit der Nacherfüllung bleibt es bei einer unterschiedlichen Behandlung hinsichtlich grob fahrlässiger Unkenntnis des Käufers von Eigenschaft/Mangel: Bei der Anfechtung ist diese unbeachtlich, bei den Kaufmängelgewährleistungsrechten hingegen nicht (§ 442 Abs. 1 Satz 2 BGB). Um die abweichenden Regelungen des Kaufmängelgewährleistungsrechts zu erhalten, muss die **Anfechtung** gemäß § 119 Abs. 2 BGB insgesamt **ausgeschlossen** bleiben, **soweit** die **Mängelhaftung berührt** ist.

Gleiches gilt für den **Verkäufer**: Er kann nicht gemäß § 119 Abs. 2 BGB mit der Begründung anfechten, er habe sich über die vereinbarte Beschaffenheit geirrt. Andernfalls könnte er sich der Mängelhaftung entziehen. 68

Die Anfechtung wegen arglistiger Täuschung (§ 123 BGB) ist – wie nach altem Recht – möglich. Zum einen ist der Verkäufer nicht schutzwürdig,[81] zum zweiten ist der Grund für die Anfechtungsmöglichkeit nicht der Mangel, sondern die durch Täuschung beeinflusste Willenserklärung,[82] es besteht somit keine echte Konkurrenz zu den Gewährleistungsrechten. 69

3. C.i.c./Verschulden bei Vertragsverhandlungen

Dem Käufer können neben eventuellen kaufrechtlichen Ansprüchen tatbestandlich auch Rechte wegen Verschuldens bei Vertragsverhandlungen gemäß den §§ 280 Abs. 1, 241 Abs. 2, 311 Abs. 2 und 3 BGB zustehen. In diesen Fällen stellt sich die Frage, ob die kaufrechtlichen Regeln nicht die Ansprüche wegen c.i.c. ausschließen. Unterschiedliche Rechtsfolgen ergeben sich insbesondere im Hinblick auf die Verjährung und auf den Vorrang der Nacherfüllung (vgl. dazu Rechtsfolgen, Rn. 16). Der Käufer könnte also durch einen Anspruch wegen c.i.c. diese Besonderheiten des Kaufrechts umgehen. Das spricht dafür, dass die c.i.c. durch das Mängelrecht verdrängt wird. Gegen ein Nebeneinander von Kaufgewährleistung und **vorvertraglicher Haftung** lässt sich weiterhin einwenden, dass der Schutz des Vertrauens auf richtige Information auch durch das Kaufrecht gewährleistet wird[83] – insbesondere durch § 434 Abs. 1 Satz 3 BGB. Für einen darüber hinausgehenden Vertrauensschutz bleibt daher **kein Raum**. 70

Danach ist von einem **grundsätzlichen Vorrang der Mängelgewährleistungsregeln nach Gefahrübergang** auszugehen.[84] 71

Auch für die Zeit **vor** dem **Gefahrübergang** wird die c.i.c. durch das Gewährleistungsrecht verdrängt. Dafür lassen sich dieselben Erwägungen anführen wie bei der Anfechtung nach § 119 Abs. 2 BGB (vgl. dazu Rn. 67). 72

Im Übrigen führt ein weiter Beschaffenheitsbegriff (vgl. die Kommentierung zu § 434 BGB Rn. 20) dazu, dass über die **Beschaffenheitsvereinbarung** nach § 434 Abs. 1 Satz 1 BGB den Interessen des Käufers im Regelfall ausreichend Rechnung getragen wird. Soweit der Käufer seine Vorstellungen nicht in Form einer Beschaffenheitsvereinbarung zum Vertragsinhalt machen konnte, kommen selbständige vorvertragliche Beratungspflichten nur in Ausnahmefällen in Betracht.[85] 73

---

[78] Dahin tendierend BT-Drs. 14/6040, S. 220: „Angesichts der Veränderung der Rechtsbehelfe des Käufers wird es allerdings nahe liegen, die Anfechtung wegen Eigenschaftsirrtums als von vorneherein ausgeschlossen anzusehen."
[79] Stichwort Primat beziehungsweise Vorrang der Nacherfüllung; vgl. dazu Rn. 16.
[80] *Haas* in: Haas/Medicus/Rolland u.a., Das neue Schuldrecht, 2002, S. 228, Rn. 270.
[81] Vgl. BGH v. 27.03.2009 - V ZR 30/08 - juris Rn. 19, 24.
[82] Dagegen spricht auch nicht, dass das Gewährleistungsrecht den arglistig verschwiegenen Mangel kennt (§§ 442, 444 BGB).
[83] *Weiler*, ZGS 2002, 249-256, 254.
[84] BGH v. 27.03.2009 - V ZR 30/08 - juris Rn. 19 ff.
[85] *Berger*, JZ 2004, 276-283, 283.

§ 437

74 Die Haftung wegen Verschuldens bei Vertragsverhandlungen bleibt hingegen grundsätzlich anwendbar, wenn der Verkäufer **arglistig** bzw. mit **Vorsatz** handelt, insoweit ist er nicht schutzwürdig.[86]

4. Geschäftsführung ohne Auftrag

75 Die Vorschriften der Geschäftsführung ohne Auftrag (§§ 677-687 BGB) sind durch das Kaufgewährleistungsrecht ausgeschlossen, soweit dieses einschlägig ist. Insbesondere kann der Käufer vom Verkäufer nicht Aufwendungsersatz für einen von ihm behobenen Mangel nach den §§ 670, 683 BGB verlangen. Andernfalls würde dem Käufer auf diesem Wege ein Recht zur Selbstvornahme eingeräumt. Ein solches Recht soll der Käufer jedoch nicht haben, wie sich aus einem Umkehrschluss zu den §§ 637, 634 Nr. 2 BGB ergibt (vgl. Rn. 46).

5. Störung der Geschäftsgrundlage

76 Der Anspruch auf Anpassung des Vertrages (§ 313 Abs. 1 BGB) beziehungsweise ein Rücktrittsrecht (§ 313 Abs. 3 BGB) wegen Störung der Geschäftsgrundlage ist wie nach altem Recht[87] ausgeschlossen, soweit das Mängelrecht einschlägig ist.[88] Das gilt nach neuem Recht wegen der Gleichstellung mit dem Sachmangel auch für den Rechtsmangel und betrifft aus denselben Gründen wie bei § 119 Abs. 2 BGB bereits die Zeit vor Gefahrübergang (vgl. dazu Rn. 67).

6. Unerlaubte Handlung

77 Eine Konkurrenz zwischen dem Deliktsrecht (§ 823 BGB) und dem Kaufgewährleistungsrecht scheidet regelmäßig schon auf Tatbestandsebene aus, wenn der Verkäufer dem Käufer eine mangelhafte Kaufsache übereignet: Eine Eigentumsverletzung im Hinblick auf den Mangel ist nicht gegeben, weil der Käufer von vorneherein nur Eigentum an der mangelhaften Sache erlangt hat.

78 Anders ist der Fall zu beurteilen, wenn der Mangel einen begrenzten Teil der Kaufsache betrifft, nach der Übereignung aber andere Teile oder die Gesamtsache beschädigt (so genannte **weiterfressende Mängel**). Konfliktpotential besteht hier trotz verlängerter Verjährungsfristen (§ 438 BGB), insbesondere mit Blick auf den unterschiedlichen Beginn der Verjährung.[89] Wie bisher können deliktische Ansprüche tatbestandlich vorliegen, ohne dass sie verjährt sind, während der Verkäufer gegen die Mängelrechte der §§ 437-441 BGB die Einrede der Verjährung (§ 214 BGB) erheben kann. Konflikte mit dem Gewährleistungsrecht können sich auch dann ergeben, wenn sich der Käufer direkt auf das Deliktsrecht beruft: Dadurch könnte der Primat der Nacherfüllung (vgl. Rn. 16) unterlaufen werden.

79 Im Ergebnis wird sich der Käufer bei weiterfressenden Mängeln grundsätzlich wie bisher auf das Deliktsrecht berufen können.[90] Dies gilt aber nur insoweit, als der **Primat der Nacherfüllung** nicht umgangen wird.[91] Der Käufer kann seinen Schaden deshalb nur insoweit über das Deliktsrecht ersetzt verlangen, als die Nachfrist (§ 281 Abs. 2 BGB) ergebnislos verstrichen oder eine Fristsetzung gemäß § 440 Satz 1 BGB entbehrlich ist.

D. Anwendungsfelder

80 Wenngleich grundsätzlich eine Veränderung der Gewährleistungsrechte zulässig ist, vgl. Rn. 11, so sind insbesondere der Gestaltung durch AGB Grenzen durch die §§ 305-310 BGB gesetzt. Vgl. hierzu

---

[86] BGH v. 27.03.2009 - V ZR 30/08 - juris Rn. 19, 24.
[87] Für das Sachmängelrecht nach altem Recht: BGH v. 07.02.1992 - V ZR 246/90 - juris Rn. 16 - BGHZ 117, 159-168.
[88] *Haas* in: Haas/Medicus/Rolland u.a., Das neue Schuldrecht, 2002, S. 226-227, Rn. 264.
[89] Die Verjährung der Mängelansprüche beginnt gemäß § 438 Abs. 2 BGB grundsätzlich mit der Ablieferung der Sache (anders bei arglistig verschwiegenen Mängeln wegen § 438 Abs. 3 Satz 1 BGB), während die Verjährung deliktischer Ansprüche gemäß § 199 Abs. 1 BGB mit Kenntnis von den anspruchsbegründenden Umständen beginnt.
[90] Die Begründung des Gesetzesentwurfes lässt dies ausdrücklich offen: BT-Drs. 14/6040, S. 229.
[91] So auch *Staudinger*, ZGS 2002, 145-146, 146.

insbesondere die Kommentierung zu § 307 BGB, die Kommentierung zu § 308 BGB und die Kommentierung zu § 309 BGB.

Der BGH[92] hat die Allgemeinen **Einkaufsbedingungen eines Baumarktbetreibers**, die zum Abschluss von Kaufverträgen mit Lieferanten verwendet werden, einer Prüfung unterzogen. Dabei stellte er fest, dass folgende Klauseln **der Inhaltskontrolle nach § 307 BGB nicht standhalten**:

- Für im Wege der Nachlieferung durch den Lieferanten neu gelieferte oder nachgebesserte Teile beginnt die Verjährungsfrist neu zu laufen.
- Es wird vermutet, dass ein Mangel bereits zum Zeitpunkt des Gefahrübergangs vorhanden war, wenn seit Gefahrübergang nicht mehr als 12 Monate vergangen sind.
- In dringenden Fällen ... sind wir auch berechtigt, die Mängel auf Kosten des Lieferanten selbst zu beseitigen, beseitigen zu lassen oder Ersatz zu beschaffen.
- Der Lieferant hat auch für unverschuldete Rechtsmängel einzustehen. Auch in diesem Fall sind wir berechtigt, Schadensersatz gemäß § 437 BGB geltend zu machen.
- Die Verjährung unserer Mängelansprüche beträgt im Falle von Rechtsmängeln 10 Jahre nach Lieferung.
- (Für unsere Rückgriffsansprüche wegen mangelbehafteter Ware (§§ 478, 479 BGB) gilt die gesetzliche Regelung, jedoch mit folgenden Ergänzungen:) Der Rückgriffsanspruch steht uns auch dann gegen den Lieferanten zu, wenn es sich nicht um einen Verbrauchsgüterkauf handelt. Wir können den Lieferanten auch mit Schadensersatzansprüchen und Aufwendungsersatzansprüchen belasten (entsprechend § 478 Abs. 1 BGB), die unser Abnehmer gegen uns geltend macht.
- Der Lieferant übernimmt die Haftung dafür, dass der Liefergegenstand frei von Rechten Dritter in Deutschland, oder sofern er hierüber unterrichtet ist, im Bestimmungsland ist.
- Im Falle einer Verletzung von gewerblichen Schutzrechten ist uns der Lieferant zum Ersatz aller uns hieraus entstehenden Schäden verpflichtet.
- Wir sind in diesem Falle auch berechtigt, auf Kosten des Lieferanten von dem Inhaber solcher Schutzrechte die erforderliche Genehmigung zur Lieferung, Inbetriebnahme, Benutzung, Weiterveräußerung usw. des Liefergegenstandes zu erwirken.
- Der Lieferant ist verpflichtet, uns auf Anforderung seine Vorlieferanten mitzuteilen und diese durch uns genehmigen zu lassen sowie deren Qualifikation nachzuweisen.

Dagegen hält die Klausel

„Falls keine abweichende Vereinbarung geschlossen wurde, beträgt die Verjährung für Mängelansprüche 36 Monate ab Gefahrübergang"

der Inhaltskontrolle nach § 307 BGB stand, so der BGH[93].

Der BGH[94] hat die folgende, in den **Allgemeinen Geschäftsbedingungen eines Versandhandelsunternehmens gegenüber Verbrauchern** verwendete Klausel

„Sollte ein bestimmter Artikel nicht lieferbar sein, senden wir Ihnen in Einzelfällen einen qualitativ und preislich gleichwertigen Artikel (Ersatzartikel) zu."

unter Berücksichtigung der sich daran anschließenden Sätze

„Auch diesen können Sie bei Nichtgefallen innerhalb von 14 Tagen zurückgeben. Sollte ein bestellter Artikel oder Ersatzartikel nicht lieferbar sein, sind wir berechtigt, uns von der Vertragspflicht zur Lieferung zu lösen; ..."

gemäß den §§ 307 Abs. 1, 308 Nr. 4 BGB für unwirksam erachtet.

---

[92] BGH v. 05.10.2005 - VIII ZR 16/05 - BGHZ 164, 196-220.
[93] BGH v. 05.10.2005 - VIII ZR 16/05 - BGHZ 164, 196-220.
[94] BGH v. 21.09.2005 - VIII ZR 284/04 - EBE/BGH 2005, 358-360.

§ 438 BGB Verjährung der Mängelansprüche

(Fassung vom 02.01.2002, gültig ab 01.01.2002)

(1) Die in § 437 Nr. 1 und 3 bezeichneten Ansprüche verjähren
1. in 30 Jahren, wenn der Mangel
   a) in einem dinglichen Recht eines Dritten, auf Grund dessen Herausgabe der Kaufsache verlangt werden kann, oder
   b) in einem sonstigen Recht, das im Grundbuch eingetragen ist,
   besteht,
2. in fünf Jahren
   a) bei einem Bauwerk und
   b) bei einer Sache, die entsprechend ihrer üblichen Verwendungsweise für ein Bauwerk verwendet worden ist und dessen Mangelhaftigkeit verursacht hat, und
3. im Übrigen in zwei Jahren.

(2) Die Verjährung beginnt bei Grundstücken mit der Übergabe, im Übrigen mit der Ablieferung der Sache.

(3) ^{1}Abweichend von Absatz 1 Nr. 2 und 3 und Absatz 2 verjähren die Ansprüche in der regelmäßigen Verjährungsfrist, wenn der Verkäufer den Mangel arglistig verschwiegen hat. ^{2}Im Falle des Absatzes 1 Nr. 2 tritt die Verjährung jedoch nicht vor Ablauf der dort bestimmten Frist ein.

(4) ^{1}Für das in § 437 bezeichnete Rücktrittsrecht gilt § 218. ^{2}Der Käufer kann trotz einer Unwirksamkeit des Rücktritts nach § 218 Abs. 1 die Zahlung des Kaufpreises insoweit verweigern, als er auf Grund des Rücktritts dazu berechtigt sein würde. ^{3}Macht er von diesem Recht Gebrauch, kann der Verkäufer vom Vertrag zurücktreten.

(5) Auf das in § 437 bezeichnete Minderungsrecht finden § 218 und Absatz 4 Satz 2 entsprechende Anwendung.

Gliederung

A. Grundlagen... 1	2. Definition.. 32
I. Kurzcharakteristik.............................. 1	3. Typische Fälle.................................... 36
II. Gesetzgebungsmaterialien................... 2	V. Baumaterialien (Absatz 1 Nr. 2 lit. b)........... 37
III. Europäischer Hintergrund.................... 4	1. Gesetzgebungsgeschichte..................... 38
IV. Regelungsprinzipien........................... 5	2. Der üblichen Verwendung entsprechend......... 41
1. Dispositives Recht............................... 7	3. Verwendung für ein Bauwerk................... 43
2. Einschränkungen................................. 10	4. Verursachung der Mangelhaftigkeit des Bauwerks.. 46
B. Anwendungsvoraussetzungen................. 12	VI. Arglistiges Verschweigen eines Mangels (Absatz 3).. 47
I. Normstruktur..................................... 12	1. Gesetzgebungsgeschichte..................... 48
II. Dingliche Rechte (Absatz 1 Nr. 1 lit. a)...... 18	2. Definition.. 51
1. Gesetzgebungsgeschichte..................... 19	3. Ablaufhemmung................................. 53
2. Begriff.. 20	VII. Verjährungsbeginn/Ablieferung der Sache und Übergabe des Grundstücks (Absatz 2)...... 54
3. Typische Fälle................................... 21	1. Gesetzgebungsgeschichte..................... 57
III. Sonstige Rechte im Grundbuch (Absatz 1 Nr. 1 lit. b)........................... 24	2. Europäischer Hintergrund der Regelung...... 58
1. Gesetzgebungsgeschichte..................... 25	3. Übergabe des Grundstücks..................... 59
2. Begriff.. 26	4. Ablieferung der Sache........................... 61
3. Typische Fälle................................... 27	5. Verjährungsbeginn bei Nacherfüllung......... 65
IV. Bauwerk (Absatz 1 Nr. 2 lit. a)................ 28	
1. Gesetzgebungsgeschichte..................... 29	

a. Verjährungsbeginn bei Ersatzlieferung.......... 65
b. Verjährungsbeginn bei Nachbesserung 66
VIII. Rücktritt und Minderung (Absätze 4, 5) 68

1. Mängeleinrede (Absatz 4 Satz 2)................. 73
2. Rücktrittsrecht des Käufers (Absatz 4 Satz 3) 75

A. Grundlagen

I. Kurzcharakteristik

§ 438 BGB bestimmt eine **besondere Verjährung** für die Rechte des Käufers bei mangelhafter Kaufsache, die hinsichtlich der Fristen und des Beginns von den allgemeinen Vorschriften (§§ 195, 199 BGB) abweicht. Die regelmäßige Verjährungsfrist für Mängelrechte des Käufers beträgt zwei Jahre (§ 438 Abs. 1 Nr. 3 BGB), sie beginnt mit Ablieferung der Sache beziehungsweise mit der Übergabe des Grundstücks (§ 438 Abs. 2 BGB).

1

II. Gesetzgebungsmaterialien

§ 438 BGB ersetzt die §§ 477-479 BGB a.F.[1] Wichtigste Änderung gegenüber § 477 BGB a.F. ist die Verlängerung der **normalen Gewährleistungsfrist** auf **zwei Jahre** (§ 438 Abs. 1 Nr. 3 BGB). Die vor der Reform geltende Verjährung von Gewährleistungsansprüchen innerhalb von sechs Monaten hielt der Gesetzgeber für nicht sachgemäß.[2] Die kurze Frist habe es dem Käufer häufig unmöglich gemacht, etwaige Mängel vor Fristablauf zu erkennen, zukünftig müsse der Käufer eine faire Chance dazu erhalten.[3] Die Nachteile des § 438 BGB für den Verkäufer halten sich nach Auffassung des Gesetzgebers auch in Grenzen, weil gerade bei industriellen Massengütern die Mängel ganz überwiegend während der ersten sechs Monate auftreten.[4]

2

Zunächst war vorgesehen, die Verjährung von Mängelrechten systematisch in die **allgemeinen Verjährungsregeln** (§§ 194-202 BGB) einzuordnen.[5] Der Gesetzgeber nahm davon jedoch Abstand, denn der Verjährungsbeginn von Mängelrechten des Käufers sollte an objektiven Merkmalen und nicht an subjektiven Merkmalen – wie in § 199 BGB – anknüpfen.[6]

3

III. Europäischer Hintergrund

Die Zweijahresfrist (§ 438 Abs. 1 Nr. 3 BGB) geht auf Art. 5 Abs. 1 RL 1999/44/EG des Europäischen Parlaments und Rates zurück: Sie war für den **Verbrauchsgüterkauf** ohnehin umzusetzen. Der Gesetzgeber hat sich jedoch dazu entschlossen, die Zweijahresfrist auf alle Kaufverträge auszuweiten, weil die sechsmonatige Gewährleistungsfrist des § 477 BGB a.F. ohnehin in vielen Verträgen verlängert wurde.[7] Außerdem bestehe für Kaufverträge – wenn auch für den Verbrauchsgüterkauf nur eingeschränkt (§ 475 Abs. 2 BGB) – die Möglichkeit, die Fristen vertraglich zu verkürzen.[8]

4

IV. Regelungsprinzipien

§ 438 BGB bestimmt die Verjährung für alle in § 437 BGB genannten **Ansprüche** und **Gestaltungsrechte**[9], also auch für die so genannten **Mangelfolgeschäden**. Das heißt, dass sich die Verjährung insoweit nach § 438 BGB richtet, als die Rechtsbehelfe des Käufers auf einem mangelhaften Kaufgegenstand beruhen.

5

---

[1] BT-Drs. 14/6040, S. 205.
[2] BT-Drs. 14/6040, S. 228.
[3] BT-Drs. 14/6040, S. 228.
[4] BT-Drs. 14/6040, S. 228.
[5] Vgl. *Haas*, der auf den Kommissions- sowie den Diskussionsentwurf hinweist; *Haas* in: Haas/Medicus/Rolland u.a., Das neue Schuldrecht, 2002, S. 236, Rn. 305.
[6] *Haas* in: Haas/Medicus/Rolland u.a., Das neue Schuldrecht, 2002, S. 236, Rn. 305.
[7] BT-Drs. 14/6040, S. 229.
[8] BT-Drs. 14/6040, S. 229.
[9] BT-Drs. 14/6040, S. 229.

6 Für Rechtsbehelfe außerhalb des Kaufgewährleistungsrechts bleibt es bei der regelmäßigen Verjährung, die sich nach den §§ 195-202 BGB bestimmt.[10] Inwieweit diese Vorschriften neben dem Mängelrecht anwendbar sind, ist eine Frage der Konkurrenz. Vgl. dazu die Kommentierung zu § 437 BGB Rn. 46.

1. Dispositives Recht

7 Die Verjährungsvorschriften sind nach der Abschaffung des § 225 Satz 1 BGB a.F. grundsätzlich dispositives Recht.[11] Deswegen kann die Verjährung sowohl **erleichtert** als auch **erschwert** werden. Eine Änderung der gesetzlichen Fristen muss jedoch zwischen den Parteien vertraglich vereinbart werden; eine abweichende Garantiefrist hat auf die Verjährung der gesetzlichen Gewährleistungsrechte regelmäßig keinen direkten Einfluss.[12]

8 Eine Mindestfrist existiert nicht.[13] Als Höchstfrist hat der Gesetzgeber dreißig Jahre vorgegeben (§ 202 Abs. 2 BGB). Die Verjährung einer Haftung für Vorsatz kann nicht im Voraus erleichtert werden (§ 202 Abs. 1 BGB).

9 Ansonsten sind Vereinbarungen über die Verjährung lediglich am Maßstab der §§ 138, 242 BGB zu messen. Vereinbarungen über die Verjährung werden allerdings nur in Ausnahmefällen wegen eines Verstoßes gegen die §§ 138, 242 BGB unwirksam sein.[14]

2. Einschränkungen

10 Abweichende Vertragsregelungen zur Verjährung sind beim **Verbrauchsgüterkauf** durch § 475 Abs. 2 BGB beschränkt.

11 Auch das Recht der **Allgemeinen Geschäftsbedingungen** enthält insoweit Restriktionen. Zu beachten sind hier insbesondere § 309 Nr. 8 lit. b sublit. ff BGB sowie die Generalklausel des § 307 BGB,[15] aber auch § 309 Nr. 7 BGB.[16] Während etwa die allgemeine Fristverlängerung auf drei Jahre in Einkaufsbedingungen zulässig sein kann,[17] ist sowohl die Verlängerung auf 10 Jahre für Rechtsmängel[18] als auch die pauschale Bestimmung des Neubeginns der Verjährung für den Fall der Nacherfüllung unwirksam;[19] vgl. hierzu die Kommentierung zu § 437 BGB Rn. 80.

B. Anwendungsvoraussetzungen

I. Normstruktur

12 § 438 BGB ist eine kompliziert strukturierte Norm, weil sie vielfältige Fallgestaltungen teils verschieden, teils einheitlich regelt.

13 § 438 Abs. 1 BGB legt die **Verjährungsfristen** für die in § 437 BGB genannten Ansprüche (§ 437 Nr. 1, Nr. 3 BGB) fest. Demnach beträgt die Verjährungsfrist im Normalfall zwei Jahre (§ 438 Abs. 1 Nr. 3 BGB), auch wenn die Formulierung „im Übrigen" dies nicht auf den ersten Blick deutlich macht. Lediglich in den Sonderfällen von § 438 Abs. 1 Nr. 1, Nr. 2 BGB ist sie länger.

---

[10] BT-Drs. 14/6040, S. 229.
[11] Für das Kaufrecht vor der Reform ermöglichte § 477 Abs. 1 Satz 2 BGB a.F. eine Verlängerung der Verjährung.
[12] Vgl. OLG Hamm v. 15.06.2005 - 2 U 112/04 - BauR 2006, 1006-1008 für die Rechtslage vor der Schuldrechtsmodernisierung beim Werkvertrag.
[13] Vgl. die Stellungnahme der Regierung, in der auf eine Anfrage des Bundesrates die ablehnende Haltung gegenüber einer Mindestfrist damit begründet wird, dass eine für jeden Einzelfall passende Untergrenze schwerlich gefunden werden könne: BT-Drs. 14/6857, S. 43 zu Nr. 7.
[14] Vgl. *Haas*, der nicht davon ausgeht, dass die Unterschreitung einer gewissen Mindestfrist wegen Verstoßes gegen die §§ 138, 242 BGB unwirksam wäre; *Haas* in: Haas/Medicus/Rolland u.a., Das neue Schuldrecht, 2002, S. 249, Rn. 359.
[15] Dazu *Haas* in: Haas/Medicus/Rolland u.a., Das neue Schuldrecht, 2002, S. 239, Rn. 316.
[16] Vgl. BGH v. 26.02.2009 - Xa ZR 141/07 - juris Rn. 17; BGH v.15.11.2006 - VIII ZR 3/06 - juris Rn. 20.
[17] BGH v. 05.10.2005 - VIII ZR 16/05 - juris Rn. 7 - BGHZ 164, 196-220.
[18] BGH v. 05.10.2005 - VIII ZR 16/05 - juris Rn. 34 - BGHZ 164, 196-220.
[19] BGH v. 05.10.2005 - VIII ZR 16/05 - juris Rn. 13 - BGHZ 164, 196-220.

Die Verjährung der Mängelansprüche **beginnt** nach § 438 Abs. 2 BGB mit der Ablieferung der Sache, beziehungsweise mit der Übergabe des Grundstücks.

Eine Rückausnahme von der speziell kaufrechtlichen Verjährung enthält § 438 Abs. 3 BGB, der die Ansprüche des Käufers bei **arglistigem Verhalten** des Verkäufers der regelmäßigen Verjährung unterwirft.

Auf die **Gestaltungsrechte** des Käufers (§ 437 Nr. 2 BGB) erklärt § 438 Abs. 4, 5 BGB den § 218 BGB für anwendbar. Deswegen sind der Rücktritt oder das Minderungsrecht gemäß § 218 BGB unwirksam, soweit dessen Voraussetzungen erfüllt sind. Damit richtet sich auch die Unwirksamkeit der Gestaltungsrechte nach den in § 438 Abs. 1 BGB genannten Fristen, weil es im Ergebnis gemäß § 218 Abs. 1 Satz 1 BGB darauf ankommt, ob der Nacherfüllungsanspruch verjährt ist.

Die Verjährungsregelungen des § 438 BGB sind indes nicht auf die Ansprüche des Käufers aus einem Rückgewährschuldverhältnis nach wirksamem Rücktritt anwendbar, vielmehr gilt hier die dreijährige Regelverjährung nach den §§ 195, 199 BGB: Der Anspruch aus dem Rückabwicklungsschuldverhältnis nach den §§ 346-348 BGB wird von § 438 BGB nicht erfasst, auch eine analoge Anwendung kommt nicht in Betracht.[20] Daher muss der Käufer nur den Rücktritt erklären, bevor der – bestehende oder hypothetische – Nacherfüllungsanspruch verjährt ist, einer (gerichtlichen) Geltendmachung seiner Rechte aus dem Rückgewährverhältnis innerhalb dieser Frist bedarf es nicht. Gleiches gilt nach Ansicht des Verfassers für eventuelle (Rückzahlungs-)Ansprüche infolge einer Minderung (§ 441 Abs. 4 Satz 1 BGB).

II. Dingliche Rechte (Absatz 1 Nr. 1 lit. a)

§ 438 Abs. 1 Nr. 1 lit. a BGB behandelt den Fall, dass ein Dritter die Kaufsache aufgrund eines dinglichen Rechts heraus verlangen kann. Die Verjährungsfrist beträgt **30 Jahre**.

1. Gesetzgebungsgeschichte

Grund für die dreißigjährige Verjährungsfrist ist, dass auch dingliche Herausgabeansprüche gemäß § 197 Abs. 1 Nr. 1 BGB einer solchen Verjährungsfrist unterliegen. Ansonsten wäre der Käufer nach Ablauf der zweijährigen Verjährungsfrist bis zu 28 Jahre dem **Eviktionsrisiko** ausgesetzt.[21]

2. Begriff

Dingliche Rechte sind ausschließliche (absolute) Rechte an einer Sache, die grundsätzlich gegenüber jedem Dritten gelten. Sie begründen einen Rechtsmangel im Sinne des § 435 BGB (vgl. dazu die Kommentierung zu § 435 BGB Rn. 18). Jedoch erfasst § 438 Abs. 1 Nr. 1 lit. a BGB nur die Rechte, aufgrund derer die Herausgabe der Sache verlangt werden kann (Eviktionsfälle).

3. Typische Fälle

Dingliche Rechte in diesem Sinne können Besitz, Nießbrauch oder Pfandrechte sein, soweit sie zum Besitz gegenüber dem Käufer berechtigen.

Das **Eigentum** fällt nicht unmittelbar unter § 438 Abs. 1 Nr. 1 lit. a BGB, weil die Vorschrift nur Rechtsmängel regelt[22]. Das Eigentum eines Dritten an der Kaufsache ist aber kein (Rechts-)Mangel an der Sache (vgl. dazu die Kommentierung zu § 435 BGB Rn. 18). Verschafft der Verkäufer dem Käufer kein Eigentum, richten sich diese Fälle grundsätzlich nach den allgemeinen Verjährungsregeln (§§ 195, 199 BGB). Auf den ersten Blick liegt hierin auch kein Nachteil für den Käufer, weil die Frist erst mit seiner (fahrlässigen Un-)Kenntnis von der Eigentumslage beginnt (§ 199 Abs. 1 BGB). Problematisch ist allerdings die Verjährungshöchstdauer von zehn Jahren seit Entstehung des Anspruchs (§ 199 Abs. 3 Satz 1 Nr. 1, Abs. 4 BGB). Es wäre ein **Wertungswiderspruch**, wenn bei einer mit einem Pfandrecht belasteten Sache die dreißigjährige Frist gemäß § 438 Abs. 1 Nr. 1 lit. a BGB liefe, während bei feh-

---

[20] BGH v. 15.11.2006 - VIII ZR 3/06 - juris Rn. 37 - BGHZ 170, 31-47.
[21] BT-Drs. 14/6040, S. 227.
[22] Vgl. BT-Drs. 14/6040, S. 227; BGH v. 19.10.2007 - V ZR 211/06 - juris Rn. 27 - BGHZ 174, 61-77.

lender Eigentumsverschaffung die Höchstfrist von zehn Jahren griffe. Deswegen ist auf den Fall fehlender Eigentumsverschaffung § 438 Abs. 1 Nr. 1 lit. a BGB **analog** anzuwenden.[23]

23 Der BGH hat die Möglichkeit einer entsprechenden Anwendung der Vorschriften über die Rechtsmängelhaftung auf die Fälle der fehlenden Eigentumsverschaffung ebenfalls gesehen, eine Entscheidung hierüber jedoch offen gelassen.[24] Eine direkte Anwendung scheidet auch nach Ansicht des BGH aus, weil es sich bei der fehlenden Eigentumsverschaffung nicht um einen Rechtsmangel handelt.[25]

III. Sonstige Rechte im Grundbuch (Absatz 1 Nr. 1 lit. b)

24 Nach § 438 Abs. 1 Nr. 1 lit. b BGB unterfallen auch sonstige im Grundbuch eingetragene Rechte der **dreißigjährigen Frist.**

1. Gesetzgebungsgeschichte

25 § 438 Abs. 1 Nr. 1 lit. b BGB ist erst später in den ursprünglichen Gesetzesentwurf eingefügt worden.[26] Begründet wird die Einfügung dieser Variante im Bericht des Rechtsauschusses des Bundestages[27] damit, dass der Käufer häufig nicht direkt von Rechten erfährt, die zwischen Vertragsschluss und Grundbucheintragung des Käufers eingetragen wurden. Oft erlangt er erst im Zusammenhang mit der Eintragung der Auflassung Kenntnis davon, was längere Zeit nach der Übergabe des Grundstücks und daher nach dem Ablauf von zwei Jahren sein kann. Weil der Verkäufer sich nach Auffassung des Gesetzgebers gegen ein eingetragenes Recht eines Dritten auch mit einer Auflassungsvormerkung nicht ausreichend schützen kann, ist die lange Verjährungsfrist angemessen.[28]

2. Begriff

26 Sonstige Rechte in diesem Sinne sind Rechte, die nicht zur Herausgabe berechtigen, ansonsten fallen sie bereits unter § 438 Abs. 1 Nr. 1 lit. a BGB. Das Recht muss im Grundbuch eingetragen sein und einen (Rechts-)Mangel begründen (vgl. dazu die Kommentierung zu § 435 BGB Rn. 20). Es hat also nicht zwingend zu existieren (vgl. dazu die Kommentierung zu § 435 BGB Rn. 35).

3. Typische Fälle

27 Typische Fälle sind Grunddienstbarkeiten, Grundpfandrechte oder dingliche Vorkaufsrechte.

IV. Bauwerk (Absatz 1 Nr. 2 lit. a)

28 Ansprüche wegen Mängeln bei einem Bauwerk verjähren gemäß § 438 Abs. 1 Nr. 2 lit. a BGB nach **fünf Jahren.**

1. Gesetzgebungsgeschichte

29 Die besondere Frist für Bauwerke ist erst im Verlaufe des Gesetzgebungsverfahrens im Zuge der Schuldrechtsreform eingeführt worden. Im ursprünglichen Regierungsentwurf[29] war sie nicht vorgesehen, obwohl ein diesbezüglicher Vorschlag der Kommission vorlag. Die Bedenken der Entwurfsverfasser gründeten sich darauf, dass der Verjährungsbeginn laut Kommissionsvorschlag an den Zeitpunkt der Fertigstellung des Bauwerkes anknüpfen sollte. Weil dieser Zeitpunkt nach Ansicht der Entwurfs-

---

[23] Der Gesetzgeber ging davon aus, dass die fehlende Eigentumsverschaffung unter § 438 Abs. 1 Nr. 1 lit. a BGB fällt. Denn in der Beschlussfassung des Rechtsausschusses wird die Einführung des § 438 Abs. 1 Nr. 1 lit. b BGB folgendermaßen begründet: „Der Mangel, der darin besteht, dass im Grundbuch ein Recht eingetragen ist, ist auch qualitativ annähernd vergleichbar mit der fehlenden Eigentumsverschaffung" (BT-Drs. 14/7052, S. 196).
[24] BGH v. 19.10.2007 - V ZR 211/06 - juris Rn. 28 - BGHZ 174, 61-77.
[25] BGH v. 19.10.2007 - V ZR 211/06 - juris Rn. 27 - BGHZ 174, 61-77.
[26] Vgl. BT-Drs. 14/7052, S. 40.
[27] Vgl. die Beschlussfassung des Rechtsausschusses: BT-Drs. 14/7052, S. 196.
[28] Beschlussfassung des Rechtsausschusses: BT-Drs. 14/7052, S. 196.
[29] Vgl. die Begründung des Regierungsentwurfes: BT-Drs. 14/6040, S. 229-230.

verfasser im Nachhinein schwierig zu beweisen ist, sollte eine sachgerechte Lösung der Rechtsprechung überlassen bleiben.[30]

In der Stellungnahme des Bundesrates[31] wurde dies kritisiert, weil der Gesetzgeber nicht der Rechtsprechung eine Problemlösung **contra legem** überlassen könne. Vielmehr sei der Gesetzgeber selbst aufgefordert zu handeln.

Dies berücksichtigte die Bundesregierung[32] und fügte die jetzige Fassung ein[33]. Durch das Weglassen der Fertigstellung als Anknüpfungspunkt[34] wurde andererseits den Bedenken des ursprünglichen Regierungsentwurfes[35] Rechnung getragen. Im Ergebnis soll der **verjährungsrechtliche Gleichklang** zwischen Kauf- und Werkvertragsrecht der Rechtsprechung eine Beurteilung der Verträge über den Hauskauf unabhängig von der Verjährungsfrage und letztendlich sachgerechtere Ergebnisse ermöglichen.[36]

2. Definition

Ein Bauwerk ist eine unbewegliche Sache, die durch Verwendung von Arbeit und Material in eine feste Verbindung mit dem Erdboden gebracht wurde.[37]

Der Begriff Bauwerk ist so zu verstehen, wie der in § 638 Abs. 1 BGB a.F.[38] Er ist wie dieser weiter als der Gebäudebegriff in den §§ 94, 95, 98 BGB. Auch Hoch- und Tiefbauwerke oder größere ortsfeste technische Anlagen sind vom Bauwerksbegriff umfasst.[39]

Es kommt nicht darauf an, ob das Bauwerk neu hergestellt wurde.[40] Die Fünfjahresfrist läuft **unabhängig vom Alter des Bauwerkes** von der Übergabe des Grundstückes (§ 438 Abs. 2 BGB) an, dessen wesentlicher Bestandteil (§ 94 Abs. 1 BGB) das Bauwerk ist.

Die fünfjährige Verjährungsfrist gilt jedoch **nur** für einen **Mangel des Bauwerks**.[41] Betreffen Mängel des Grundstücks – beispielsweise die Bodenbeschaffenheit – das Bauwerk mittelbar, ohne einen Mangel desselben zu begründen, läuft die zweijährige Frist (§ 438 Abs. 1 Nr. 3 BGB).

3. Typische Fälle

Bauwerke sind Gebäude, Straßen, wie Straßen nutzbare Hofpflasterungen, Brücken, Gleisanlagen, Tunnel. Bauwerke können unter Umständen auch abbaubare Anlagen sein, wie beispielsweise Stahltürme, Förderanlagen des Bergbaus, Brunnenanlagen, Flutlichtmasten, Elektrohängebahnen.[42]

V. Baumaterialien (Absatz 1 Nr. 2 lit. b)

Die **fünfjährige Verjährungsfrist** gilt auch für so genannte Baumaterialien. Dazu müssen jedoch drei Voraussetzungen erfüllt sein: Die Sachen müssen für ein Bauwerk verwendet worden sein, dies muss

---

[30] BT-Drs. 14/6040, S. 230.
[31] BT-Drs. 14/6857, S. 26.
[32] BT-Drs. 14/6857, S. 59-60.
[33] BT-Drs. 14/7052, S. 40.
[34] Dies sieht noch die Stellungnahme des Bundesrates vor: BT-Drs. 14/6857, S. 26.
[35] BT-Drs. 14/6040, S. 229-230.
[36] BT-Drs. 14/6857, S. 59.
[37] Zu § 638 Abs. 1 BGB a.F.: BGH v. 04.11.1982 - VII ZR 65/82 - juris Rn. 14 - LM Nr. 47 zu § 638 BGB.
[38] *Haas* in: Haas/Medicus/Rolland u.a., Das neue Schuldrecht, 2002, S. 239, Rn. 316; zum Begriff „für ein Bauwerk" BT-Drs. 14/6040, S. 227.
[39] Zu § 638 Abs. 1 BGB a.F.: BGH v. 03.12.1998 - VII ZR 109/97 - juris Rn. 13 - LM BGB § 638 Nr. 87 (10/1999).
[40] Vgl. die Erwiderung der Bundesregierung auf die Stellungnahme des Bundesrates: BT-Drs. 14/6857, S. 59-60, wo dieses Ergebnis unter anderem mit einem ansonsten bestehenden Wertungswiderspruch zur fünfjährigen Verjährungsfrist bei Baumaterialien begründet wird.
[41] *Haas* in: Haas/Medicus/Rolland u.a., Das neue Schuldrecht, 2002, S. 239-240, Rn. 319.
[42] Für § 638 Abs. 1 BGB a.F., mit weiteren Nachweisen zu Einzelbeispielen: BGH v. 03.12.1998 - VII ZR 109/97 - juris Rn. 13 - LM BGB § 638 Nr. 87 (10/1999).

ihrer üblichen Verwendungsweise entsprechen, und sie müssen die Mangelhaftigkeit des Bauwerks verursacht haben.

1. Gesetzgebungsgeschichte

38 Die fünfjährige Verjährungsfrist bei Baumaterialien dient in erster Linie dem **Schutz von Bauhandwerkern**.[43] Während diese gegenüber ihren Bestellern gemäß § 634a Abs. 1 Nr. 2 BGB fünf Jahre für Mängel haften, würden sie nach der normalen Verjährungsfrist (§ 438 Abs. 2 BGB) nur zwei Jahre bei ihren Lieferanten Regress für Baumaterialien nehmen können. Um derartige Nachteile für Bauhandwerker zu vermeiden, wurde die Verjährungsfrist für Baumaterialien auf fünf Jahre ausgedehnt.

39 Ein umfassender **Fristengleichlauf** wird dennoch nicht erreicht, weil der Verjährungsbeginn unterschiedlich ist: Abnahme der gekauften Sache einerseits (§ 438 Abs. 2 BGB), Abnahme des Werkes andererseits (§ 634a Abs. 2 BGB). Dieses **verbleibende Regressrisiko** einer nicht sofort nach Lieferung erfolgten Verwendung der Baumaterialien muss der Bauhandwerker weiter tragen.[44]

40 Die neue Regelung ist über den Bauhandwerker hinaus auch auf den **Zwischenhändler** und den **Selbsteinbauer** anzuwenden, die in gleichem Maße schutzwürdig sind[45], weil auch hier Mängel des Bauwerks, die durch mangelhaftes Material verursacht wurden, oftmals spät erkannt werden können[46].

2. Der üblichen Verwendung entsprechend

41 Die Sache muss üblicherweise für ein Bauwerk verwendet werden, das heißt, es muss sich um **Baumaterialien** handeln. Der Begriff der Üblichkeit verlangt eine **objektive Betrachtungsweise**: Ob die Parteien im konkreten Fall um die übliche Verwendung zu Bauzwecken wussten, ist unerheblich. Zum Begriff Bauwerk vgl. Rn. 32.

42 Das Merkmal soll die Fälle ausschließen, in denen Sachen für ein Bauwerk zwar verwendet werden, dies jedoch nicht üblich ist. Nicht erfasst ist daher die Verwendung extravaganter Sachen, um dem Bauwerk eine künstlerische Note zu geben[47], etwa durch den Einbau von Papier, Flaschen oder Verpackungsmaterialien. Der Verkäufer soll dann das höhere Risiko einer fünfjährigen Verjährungszeit nicht tragen. Entscheidet sich der Käufer etwa als Bauhandwerker, Sachen unüblicherweise als Baumaterialien zu verwenden, so unterliegen Mängelansprüche des Bestellers zwar einer fünfjährigen Verjährungsfrist (§ 634a Abs. 1 Nr. 2 BGB). Das soll aber wegen der unüblichen Verwendung nicht im Wege einer verlängerten Verjährung für den Regress zu Lasten des Verkäufers gehen.

3. Verwendung für ein Bauwerk

43 Eine Sache ist für ein Bauwerk verwendet worden, wenn die Sache der Neuerrichtung, der Erneuerung, der Sanierung oder dem Umbau eines Bauwerkes dient, soweit die Maßnahme für Konstruktion, Bestand, Erhaltung oder Benutzbarkeit des Gebäudes von wesentlicher Bedeutung ist.[48] Dabei muss die Sache fest mit dem Bauwerk verbunden sein. Das entspricht den Kriterien zu § 638 Abs. 1 Satz 1 BGB a.F. Der bloße Einbau von Einrichtungsgegenständen ist – hinsichtlich dieser Sachen – keine Verwendung für das Bauwerk.[49] Zum Begriff Bauwerk vgl. Rn. 32.

44 Dieses Merkmal unterscheidet sich insoweit von der üblichen Verwendung der Sache, als es auf die **tatsächliche Verwendung** der Sache im konkreten Fall ankommt. Das höhere Risiko einer späten Entdeckung des Mangels beim Bauwerk realisiert sich nur, wenn die Sache tatsächlich verwendet wurde.

---

[43] BT-Drs. 14/6040, S. 227.
[44] BT-Drs. 14/6040, S. 227.
[45] BT-Drs. 14/6040, S. 227.
[46] *Haas* in: Haas/Medicus/Rolland u.a., Das neue Schuldrecht, 2002, S. 241, Rn. 328.
[47] BT-Drs. 14/6040, S. 227.
[48] BT-Drs. 14/6040, S. 227.
[49] In der Begründung des Gesetzesentwurfes werden beispielhaft Badezimmerarmaturen genannt: BT-Drs. 14/6040, S. 227-228.

Stellt sich die Mangelhaftigkeit der Sache nach drei Jahren heraus, ohne dass sie für ein Bauwerk verwendet wurde, sind Gewährleistungsrechte des Käufers nach § 438 Abs. 1 Nr. 3 BGB verjährt.

Die längere Verjährung gilt auch dann, wenn eine mangelhafte Sache nach dem Ablauf von zwei Jahren unwissentlich in ein Bauwerk eingebaut wird.[50] Dadurch wird zwar eine eingetretene Verjährung durch den Einbau der Sache im Ergebnis wieder aufgehoben, dennoch ist dem Gesetzestext nichts Gegenteiliges zu entnehmen. Für eine einschränkende Auslegung besteht kein Anlass, zumal es dem Verkäufer nicht zugute kommen kann, wenn der Käufer die Sache später einbaut. Etwas anderes muss gelten, wenn der Käufer die Sache für ein Bauwerk verwendet, obwohl er um den Mangel weiß. Ansonsten könnte er missbräuchlich die zweijährige Frist umgehen.

4. Verursachung der Mangelhaftigkeit des Bauwerks

Das Baumaterial muss die Mangelhaftigkeit des Bauwerks verursacht haben, das heißt, der Mangel der Kaufsache muss **kausal** für eine Mangelhaftigkeit des Bauwerkes sein. Durch diese Einschränkung werden vor allem die Fälle ausgeschlossen, in denen der Mangel des Bauwerkes Folge der Einbauleistung ist.[51] Ferner ist vorstellbar, dass mangelhafte Baumaterialien, die für ein Bauwerk verwendet wurden, keinen Mangel des Bauwerkes verursachen.[52] Auch dann greift § 438 Abs. 1 Nr. 2 lit. b BGB nicht.

VI. Arglistiges Verschweigen eines Mangels (Absatz 3)

Für die zwei- und die fünfjährige Verjährung normiert § 438 Abs. 3 BGB eine Ausnahme, wenn der Verkäufer den Mangel arglistig verschwiegen hat: Es gilt die **regelmäßige Verjährungsfrist** (§§ 195, 199 BGB).

1. Gesetzgebungsgeschichte

Gemäß § 438 Abs. 3 BGB verjähren die Mängelansprüche in Arglistfällen wie bisher (§ 477 Abs. 1 Satz 1 BGB a.F.) in der regelmäßigen Verjährungsfrist (§§ 195, 199 BGB).

Gegenüber dem Entwurf wurde in Satz 1 die Formulierung „und Absatz 2" auf Anregung des Bundesrates[53] aufgenommen[54]. Die Bundesregierung schloss sich der Begründung des Bundesrates an[55], dass ansonsten das Hauptziel, nämlich die Verjährung bei Arglist nach den allgemeinen Regeln beginnen zu lassen (§ 199 Abs. 1 BGB)[56], verfehlt würde: Eine Ausnahme, die sich nur auf Absatz 1 Nr. 2, 3 bezogen hätte (wie ursprünglich vorgesehen), hätte nur die Verjährungsfrist und nicht auch den **Beginn** betroffen.[57]

Absatz 3 Satz 2 wurde in den ursprünglichen Entwurfstext neu eingefügt.[58] Diese Anregung des Bundesrates wurde von der Bundesregierung übernommen[59], weil ansonsten der Verkäufer in den Fällen von Absatz 1 Nr. 2 unter Umständen besser stünde, wenn er den Mangel arglistig verschwiegen hätte[60].

---

[50] *Haas* in: Haas/Medicus/Rolland u.a., Das neue Schuldrecht, 2002, S. 241, Rn. 325.
[51] BT-Drs. 14/6040, S. 228.
[52] Beispielsweise wenn Beton, der extrem kältebeständig sein soll, diese Voraussetzungen nicht erfüllt und in ein normales Einfamilienhaus in mediterranen Breitengraden eingebaut wird. Dann haben die fehlenden besonderen Eigenschaften des Betons keinen Mangel des Hauses verursacht.
[53] BT-Drs. 14/6857, S. 25-26.
[54] BT-Drs. 14/7052, S. 40.
[55] BT-Drs. 14/6857, S. 59.
[56] Dies sollte der Entwurf ausweislich seiner Begründung durch Absatz 3 erreichen: BT-Drs. 14/6040, S. 230.
[57] BT-Drs. 14/6857, S. 25-26.
[58] BT-Drs. 14/7052, S. 40.
[59] BT-Drs. 14/6857, S. 59.
[60] BT-Drs. 14/6857, S. 26.

2. Definition

51 Arglistiges Verschweigen eines Mangels heißt: Der Verkäufer verschweigt einen Mangel, den er zumindest für möglich hält und nimmt dabei billigend in Kauf, dass der Käufer den Mangel nicht kennt und bei Kenntnis den Vertrag jedenfalls nicht so abgeschlossen hätte.[61]

52 Dem arglistigen Verschweigen ist ein **arglistiges Täuschen** über die Mangelfreiheit – zum Beispiel das Vorspiegeln einer nicht vorhandenen Eigenschaft – wie bei § 463 Satz 2 BGB a.F. gleichgestellt.[62]

3. Ablaufhemmung

53 Eine Ausnahme gilt gemäß § 438 Abs. 3 Satz 2 BGB für die Fälle von § 438 Abs. 1 Nr. 2 BGB. Hier wurde eine **Ablaufhemmung** eingefügt, wonach die Rechtsbehelfe des Käufers nicht vor der fünfjährigen Frist des § 438 Abs. 1 Nr. 2 BGB verjähren. Andernfalls hätten die Rechte des Käufers durch ein arglistiges Handeln des Verkäufers unter Umständen beschränkt werden können. Zur Gesetzgebungsgeschichte dieser Ablaufhemmung vgl. Rn. 50.

VII. Verjährungsbeginn/Ablieferung der Sache und Übergabe des Grundstücks (Absatz 2)

54 Die **Verjährung beginnt** gemäß § 438 Abs. 2 BGB bei Grundstücken mit der Übergabe, im Übrigen mit der Ablieferung der Sache.

55 Normalerweise beginnt die Verjährung nicht vor Entstehung des Anspruchs.[63] Etwas anderes gilt nach dem Willen des Gesetzgebers[64] für Schadensersatz- und Aufwendungsersatzansprüche, die regelmäßig erst nach erfolgloser Fristsetzung und deswegen nach der Ablieferung entstehen: Die Verjährung dieser Ansprüche soll grundsätzlich im Zeitpunkt der Ablieferung beginnen.[65]

56 Die Verjährung etwaiger Mängelansprüche setzt voraus, dass der **Vertrag wirksam** ist. Auch bei rückwirkender Wirksamkeit beginnt die Verjährung nicht, bevor das Ereignis eingetreten ist, das die Wirksamkeit begründet.[66] Relevant ist dies in Fällen, in denen die Wirksamkeit des Vertrages von einer aufschiebenden Bedingung, der Erteilung einer rechtsgeschäftlichen Genehmigung oder der Heilung durch Erfüllung (§ 311b Abs. 1 Satz 2 BGB) abhängt.

1. Gesetzgebungsgeschichte

57 § 438 Abs. 2 BGB ersetzt die Teile des § 477 Abs. 1 Satz 1 BGB a.F., die den Beginn der Verjährung betreffen. Insoweit soll § 438 Abs. 2 BGB auch inhaltlich § 477 Abs. 1 Satz 1 BGB a.F. entsprechen.[67]

2. Europäischer Hintergrund der Regelung

58 Die Ablieferung als Merkmal knüpft an das Merkmal „Lieferung" aus Art. 5 Abs. 1 Satz 1 RL 1999/44/EG des Europäischen Parlaments und Rates an.[68]

---

[61] Vgl. zum arglistigen Verschweigen nach § 463 Satz 2 BGB a.F.: BGH v. 14.10.1993 - III ZR 156/92 - juris Rn. 9 - BGHZ 123, 363-368.

[62] *Haas* in: Haas/Medicus/Rolland u.a., Das neue Schuldrecht, 2002, S. 245, Rn. 345.

[63] Zu § 477 Abs. 1 BGB a.F. mit weiteren Nachweisen und umfangreicher Begründung: BGH v. 09.06.1999 - VIII ZR 149/98 - juris Rn. 25 - BGHZ 142, 36-46.

[64] Auf eine Anfrage des Bundesrates zu § 218 BGB-E (BT-Drs. 14/6857, S. 10-11) hat die Bundesregierung unter anderem klargestellt, dass die Schadensersatz- und Aufwandsersatzansprüche des Käufers wegen Mängeln ab dem Zeitpunkt der Ablieferung der Sache verjähren – unabhängig davon, wann der Anspruch entsteht: BT-Drs. 14/6857, S. 47 (dort letzter Absatz zu § 218 BGB-E).

[65] Vgl. die Klarstellung der Bundesregierung zu § 218 BGB-E: BT-Drs. 14/6857, S. 47 (dort der letzte Absatz).

[66] Vgl. *Weidenkaff* in: Palandt, § 438 Rn. 13.

[67] BT-Drs. 14/6040, S. 229.

[68] Darauf bezieht sich die Begründung des Entwurfes ausdrücklich: BT-Drs. 14/6040, S. 229.

3. Übergabe des Grundstücks

Bei Grundstücken beginnt die Verjährung mit der Übergabe. Dieser Beginn gilt auch für die wesentlichen Bestandteile des Grundstücks (§ 438 Abs. 2 BGB) wie etwa Bauwerke (vgl. Rn. 32).

Übergabe ist die – einverständliche – Übertragung des unmittelbaren Besitzes (§ 854 BGB) vom Verkäufer auf den Käufer.[69] Dazu vgl. die Kommentierung zu § 433 BGB Rn. 50.

4. Ablieferung der Sache

Der Begriff „Ablieferung" deckt sich nicht zwingend mit dem der „Übergabe" des § 433 Abs. 1 Satz 1 BGB. Grund für den Verjährungsbeginn ab Ablieferung der Sache ist, dass der Käufer (erst) ab diesem Zeitpunkt die Möglichkeit hat, die Kaufsache eingehend auf Mängel zu untersuchen. Dementsprechend ist „Ablieferung" zu verstehen als der Zeitpunkt, ab dem der Käufer die Untersuchungsmöglichkeit hat.

Ablieferung bedeutet: Der Verkäufer entlässt die Sache aus seiner Verfügungsgewalt und verbringt die Ware in Erfüllung des Kaufvertrags so in den Machtbereich des Käufers, dass diesem nunmehr anstelle des Verkäufers die Verfügungsmöglichkeit zusteht und ihm ermöglicht wird, die Sache zu untersuchen.[70]

Beim **Versendungskauf** ist die Ablieferung erfolgt, sobald dem Käufer die Sache am Bestimmungsort zur sofortigen Abholung zur Verfügung gestellt wird, ohne dass es auf die tatsächliche Abholung ankäme.[71] Bei der **Holschuld** fällt die Ablieferung regelmäßig mit der Übergabe zusammen, weil der Verkäufer die Kaufsache vorher nicht aus seiner Verfügungsgewalt entlassen hat – in Einzelfällen kann sich jedoch aus den Umständen etwas anderes ergeben.[72]

Der **Annahmeverzug** ersetzt die Ablieferung nicht, weil der Käufer die Kaufsache nicht untersuchen konnte. Die für den Käufer nachteiligen Rechtsfolgen des Annahmeverzuges sind im Gesetz detailliert geregelt, ohne dass der Beginn der Verjährung genannt wäre.[73]

5. Verjährungsbeginn bei Nacherfüllung

a. Verjährungsbeginn bei Ersatzlieferung

Bei der **Ersatzlieferung** (§ 439 Abs. 1 Alt. 2 BGB) beginnt die Verjährung mit der Ablieferung der Ersatzsache, weil der Käufer erst zu diesem Zeitpunkt die (neu gelieferte) Sache auf Mängel untersuchen kann.[74] Das steht auch im Einklang mit der Vorstellung des Gesetzgebers von einer Verjährung in überschaubarer Frist: Sinn und Zweck der kurzen kaufrechtlichen Verjährung (insbesondere des Beginns nach objektiven Kriterien) ist, dass der Verkäufer genau kalkulieren kann, bis wann er mit Mängelansprüchen des Käufers rechnen muss. Diese Kalkulierbarkeit ist auch dann gegeben, wenn an die Ablieferung der Ersatzsache angeknüpft wird, weil der Verkäufer weiß, dass er frühestens mit Ablieferung der Ersatzsache seine vertragliche Pflicht erfüllt hat.

---

[69] Zu § 477 Abs. 1 BGB a.F. mit ausführlicher Begründung und weiteren Nachweisen: BGH v. 24.11.1995 - V ZR 234/94 - juris Rn. 13 - LM BGB § 477 Nr. 63 (4/1996).

[70] Zu § 477 Abs. 1 BGB a.F.: BGH v. 11.10.1995 - VIII ZR 151/94 - juris Rn. 14 - LM BGB § 477 Nr. 62 (2/1996).

[71] Zu § 477 Abs. 1 BGB a.F.: BGH v. 11.10.1995 - VIII ZR 151/94 - juris Rn. 15 - LM BGB § 477 Nr. 62 (2/1996).

[72] Zu § 477 Abs. 1 BGB a.F. mit Einzelheiten: BGH v. 11.10.1995 - VIII ZR 151/94 - juris Rn. 16 - LM BGB § 477 Nr. 62 (2/1996).

[73] Für § 477 Abs. 1 BGB a.F.: BGH v. 11.10.1995 - VIII ZR 151/94 - juris Rn. 19 - LM BGB § 477 Nr. 62 (2/1996).

[74] *Haas* in: Haas/Medicus/Rolland u.a., Das neue Schuldrecht, 2002, S. 242, Rn. 332; ausführlich zu diesem Problem und im Ergebnis eine Hemmung gemäß § 203 BGB für die Zeit der Nacherfüllung annehmend: *Auktor*, NJW 2003, 120-122; dahin tendierend, aber diese Frage offen lassend: BGH v. 05.10.2005 - VIII ZR 16/05 - juris Rn. 18 - BGHZ 164, 196-220.

§ 438

b. Verjährungsbeginn bei Nachbesserung

66 Ähnliches gilt für die **Nachbesserung**. Die Verjährung für die nachgebesserten Teile der Kaufsache beginnt – aus den gleichen Gründen wie bei der Ersatzlieferung (vgl. dazu: Fristbeginn Ersatzlieferung, Rn. 65) – in dem Zeitpunkt, in dem der Käufer die nachgebesserte Kaufsache in seinem Besitz hat beziehungsweise sie untersuchen kann.[75] Das muss auch für die Teile des Kaufgegenstandes gelten, die zwar nicht mangelhaft waren, aber im Zuge der Nachbesserung dennoch verändert wurden. Für die nicht nachgebesserten Teile, also für ursprüngliche Mängel, bleibt der Zeitpunkt der (ersten) Ablieferung der Kaufsache maßgeblich.[76]

67 Das OLG Celle[77] ist hingegen der Auffassung, dass durch einen fehlgeschlagenen Nachbesserungsversuch keine neue Verjährungsfrist zu laufen beginnt. Allenfalls könne unter Berücksichtigung aller Umstände in der Vornahme einer Reparatur ein Anerkenntnis nach § 212 Abs. 1 Nr. 1 BGB gesehen werden, was das Gericht im zu entscheidenden Fall allerdings abgelehnt hat, weil der Verkäufer ausdrücklich eine Reparatur aus Kulanz vorgenommen hatte. Diese Ansicht führt, wie das Gericht selbst ausführt, in vielen Fällen faktisch dazu, dass der Käufer sein Recht auf eine ordnungsgemäße Nachbesserung verliert. Schon allein deshalb ist diese Auffassung aus Sicht des Verfassers abzulehnen. Im Übrigen zieht auch der BGH[78] im Fall einer Nachbesserung einen Neubeginn der Verjährung nach § 438 Abs. 2 BGB in Betracht, sodass zu hoffen bleibt, dass sich die Sichtweise des OLG Celle in der Rechtsprechung nicht durchsetzen wird.

VIII. Rücktritt und Minderung (Absätze 4, 5)

68 Für die **Gestaltungsrechte** gelten die Verjährungsfristen des § 438 Abs. 1 BGB zunächst nicht[79], weil nur Ansprüche der Verjährung unterliegen (§ 194 Abs. 1 BGB). Auf die Gestaltungsrechte des Käufers (§ 437 Nr. 2 BGB) ist aber gemäß § 438 Abs. 4, 5 BGB der § 218 BGB anzuwenden. Der Rücktritt oder das Minderungsrecht sind daher unwirksam, soweit die Voraussetzungen des § 218 BGB erfüllt sind. Das heißt im Normalfall, dass der Nacherfüllungsanspruch verjährt sein und der Verkäufer die Verjährungseinrede erhoben haben muss (§ 218 Abs. 1 Satz 1 BGB).

69 Im Ergebnis bestimmt sich die Unwirksamkeit der Gestaltungsrechte ebenfalls nach den in § 438 Abs. 1 BGB genannten Fristen: Gemäß § 218 Abs. 1 S: 1 BGB kommt es letztendlich darauf an, ob der Nacherfüllungsanspruch verjährt ist – und dessen Verjährung ist in § 438 Abs. 1-3 BGB bestimmt.

70 Für die **Rechtzeitigkeit der Ausübung des Gestaltungsrechts** kommt es nach § 218 Abs. 1 Satz 1 BGB darauf an, dass das Gestaltungsrecht erklärt wird, bevor der Anspruch auf die Leistung oder der etwaige Nacherfüllungsanspruch verjährt ist; maßgebend ist also der **Zeitpunkt der Ausübung des Gestaltungsrechts**, nicht etwa der Zeitpunkt der gerichtlichen Geltendmachung von Ansprüchen aus dem durch den Rücktritt entstehenden Rückgewährschuldverhältnis.[80]

71 Nicht anwendbar (auch nicht analog) ist § 438 BGB auf die Ansprüche, die sich aus einem wirksamen Rücktritt/einer wirksamen Minderung ergeben, für derartige Ansprüche gilt die Regelverjährung nach den §§ 195, 199 BGB;[81] vgl. auch Rn. 17.

72 **Zentrale Norm** für die „Verjährung" von Rücktritt und Minderung ist also § 218 BGB. Vgl. Einzelheiten zu dieser Norm in der Kommentierung zu § 218 BGB.

---

[75] Dahin wohl tendierend, aber diese Frage offen lassend: BGH v. 05.10.2005 - VIII ZR 16/05 - juris Rn. 18. Ausführlich zu diesem Problem und im Ergebnis eine Hemmung gemäß § 203 BGB für die Zeit der Nacherfüllung annehmend: *Auktor*, NJW 2003, 120-122.

[76] *Haas* in: Haas/Medicus/Rolland u.a., Das neue Schuldrecht, 2002, S. 243, Rn. 333; BGH v. 05.10.2005 - VIII ZR 16/05 - juris Rn. 18 - BGHZ 164, 196-220.

[77] OLG Celle v. 20.06.2006 - 16 U 287/05 - juris Rn. 10 - VuR 2006, 320-322.

[78] BGH v. 05.10.2005 - VIII ZR 16/05 - juris Rn. 18 - BGHZ 164, 196-220.

[79] Vgl. BT-Drs. 14/7052, S. 196.

[80] BGH v. 07.06.2006 - VIII ZR 209/05 - juris Rn. 26.

[81] BGH v. 15.11.2006 - VIII ZR 3/06 - juris Rn. 37 - BGHZ 170, 31-47.

1. Mängeleinrede (Absatz 4 Satz 2)

Die **Zahlung** des (teilweise) noch nicht geleisteten Kaufpreises kann der Käufer auch dann **verweigern**, wenn der Rücktritt oder die Minderung gemäß § 218 Abs. 1 BGB unwirksam ist. Voraussetzung ist, dass er wegen seines Rücktritts beziehungsweise seiner Minderung (§ 438 Abs. 5 BGB) zur Zahlungsverweigerung berechtigt wäre. Im Rahmen des Rücktritts kann der Käufer die gesamte noch nicht erfolgte Zahlung verweigern. Für die Minderung gilt dies nur bis zu der Höhe des Betrages, um den der Kaufpreis herabzusetzen wäre (§ 441 Abs. 3 BGB).

§ 438 Abs. 2 Satz 2 BGB entspricht § 478 BGB a.F. in veränderter Form. Die Mängeleinrede gegenüber dem Kaufpreisanspruch ist interessengerecht[82], weil dieser der Regelverjährung (§§ 195, 199 BGB) unterliegt und damit im Normalfall länger geltend gemacht werden kann, als die Mängelrechtsbehelfe des Käufers. Das **Anzeigeerfordernis** nach § 478 Abs. 1 Satz 1 BGB a.F. ist entfallen, weil der Verkäufer, der mehr als zwei Jahre auf die Beitreibung des Kaufpreises verzichtet, sich nicht darauf verlassen kann, dass der Käufer nicht ähnlich spät eventuelle Mängel reklamiert.[83]

2. Rücktrittsrecht des Käufers (Absatz 4 Satz 3)

Macht der Käufer die Mängeleinrede gemäß Absatz 4 Satz 2 aufgrund eines unwirksamen **Rücktritts** geltend, so kann der Verkäufer seinerseits nach § 438 Abs. 4 Satz 3 BGB **zurücktreten**. Diese Norm löst das nach altem Recht bestehende Problem, dass der Käufer unter Umständen die – mangelhafte – Sache behalten kann, ohne dass er den entsprechenden Wert bezahlen muss.[84] Durch das Rücktrittsrecht nach Satz 3 ist Klarheit geschaffen: Der Verkäufer kann wählen, ob er es bei der Zahlungsverweigerung des Käufers belässt oder die Rückabwicklung nach den §§ 346-354 BGB durch seinen Rücktritt bevorzugt. Seine Entscheidung wird der Verkäufer davon abhängig machen, ob ihm das Behalten einer eventuell geleisteten Anzahlung oder die Rückgabe der mangelhaften Kaufsache lieber ist.

Kein Rücktrittsrecht hat der Verkäufer, wenn der Käufer gemäß § 438 Abs. 4 Satz 2 und Abs. 5 BGB die Kaufpreiszahlung wegen einer nach § 218 BGB unwirksamen **Minderung** verweigert, weil § 438 Abs. 5 BGB nicht auf Absatz 4 Satz 3, sondern nur auf Absatz 4 Satz 2 verweist.[85] Dies ist auch interessengerecht, weil der Käufer die Zahlung dann nur in der Höhe verweigern kann, der dem Betrag entspricht, um den er den Preis herabsetzen könnte (vgl. Rn. 73). Das heißt, er kann die Sache nicht, wie das beim Rücktrittsrecht denkbar wäre, behalten, ohne den – geminderten – Preis gezahlt zu haben.

---

[82] BT-Drs. 14/6040, S. 230.
[83] Anders war dies für die sechsmonatige Frist zu beurteilen: BT-Drs. 14/6040, S. 230 (zu Absatz 4).
[84] *Haas* in: Haas/Medicus/Rolland u.a., Das neue Schuldrecht, 2002, S. 244, Rn. 340.
[85] Vgl. dazu auch die Gegenäußerung der Bundesregierung, in der die Anpassung des § 441 Abs. 5 BGB-RE (jetzt § 438 Abs. 5 BGB; dazu: BT-Drs. 14/7052, S. 197 [zu Absatz 5]) dahin gehend gewünscht wird, dass nur noch auf § 438 Abs. 4 Satz 1 BGB verwiesen wird: BT-Drs. 14/6857, S. 60 (zu Nr. 92).

§ 439 BGB Nacherfüllung

(Fassung vom 02.01.2002, gültig ab 01.01.2002)

(1) Der Käufer kann als Nacherfüllung nach seiner Wahl die Beseitigung des Mangels oder die Lieferung einer mangelfreien Sache verlangen.

(2) Der Verkäufer hat die zum Zwecke der Nacherfüllung erforderlichen Aufwendungen, insbesondere Transport-, Wege-, Arbeits- und Materialkosten zu tragen.

(3) [1]Der Verkäufer kann die vom Käufer gewählte Art der Nacherfüllung unbeschadet des § 275 Abs. 2 und 3 verweigern, wenn sie nur mit unverhältnismäßigen Kosten möglich ist. [2]Dabei sind insbesondere der Wert der Sache in mangelfreiem Zustand, die Bedeutung des Mangels und die Frage zu berücksichtigen, ob auf die andere Art der Nacherfüllung ohne erhebliche Nachteile für den Käufer zurückgegriffen werden könnte. [3]Der Anspruch des Käufers beschränkt sich in diesem Fall auf die andere Art der Nacherfüllung; das Recht des Verkäufers, auch diese unter den Voraussetzungen des Satzes 1 zu verweigern, bleibt unberührt.

(4) Liefert der Verkäufer zum Zwecke der Nacherfüllung eine mangelfreie Sache, so kann er vom Käufer Rückgewähr der mangelhaften Sache nach Maßgabe der §§ 346 bis 348 verlangen.

Gliederung

A. Grundlagen	1
I. Kurzcharakteristik	1
II. Gesetzgebungsmaterialien	3
III. Europäischer Hintergrund	4
IV. Regelungsprinzipien	5
B. Anwendungsvoraussetzungen	7
I. Normstruktur	7
II. Arten der Nacherfüllung (Absatz 1)	8
1. Europäischer Hintergrund der Regelung	10
2. Gesetzgebungsgeschichte	11
3. Nachbesserung (Alternative 1)	13
4. Ersatzlieferung (Alternative 2)	17
a. Möglichkeit der Ersatzlieferung beim Stückkauf	20
b. Eigene Auffassung/Beschränkung auf vertretbare Sachen	23
c. Rechtsprechung	26
III. Ausübung des Nacherfüllungsanspruchs	30
1. Wahlrecht	30
2. Ermöglichung einer Überprüfung der Mängelrüge durch den Verkäufer	36
3. Ort der Nacherfüllung	37
4. Abdingbarkeit	43
5. Fristsetzung	44
IV. Erforderliche Aufwendungen (Absatz 2)	45
1. Gesetzgebungsgeschichte	45
2. Europäischer Hintergrund der Regelung	46
3. Definition	47
4. Typische Fälle	52
5. Kosten des Ein-/Ausbaus der Kaufsache	53
a. Kosten für den Ausbau der (mangelhaften) Kaufsache	55
b. Kosten für den Einbau der Ersatzsache	61
c. De lege ferenda	71
6. Abdingbarkeit	72
V. Einschränkungen des Nacherfüllungsanspruchs (Absatz 3)	73
1. Gesetzgebungsgeschichte	74
2. Europäischer Hintergrund der Regelung	77
3. Unmöglichkeit	78
4. § 275 Abs. 2, 3 BGB	81
5. Unverhältnismäßige Kosten (Sätze 1, 2)	84
a. Wert der Sache in mangelfreiem Zustand	86
b. Bedeutung des Mangels	87
c. Verschulden	88
d. Andere Art der Nacherfüllung/relative Unverhältnismäßigkeit	89
e. Absolute Unverhältnismäßigkeit	92
f. Typische Fälle	98
g. Faustformeln	101
h. Rechtsprechung	103
VI. Rückgewähr bei Ersatzlieferung (Absatz 4)	105
1. Gesetzgebungsgeschichte	106
2. Voraussetzungen	107
C. Rechtsfolgen	109
I. Absatz 1	109
II. Absatz 2	111
III. Absatz 3	113
IV. Absatz 4	119
1. Ansprüche des Verkäufers	119
2. Nutzungsherausgabe	121
a. Keine Möglichkeit einer teleologische Reduktion	122
b. Verbrauchsgüterkauf	125
D. Anwendungsfelder	127

A. Grundlagen

I. Kurzcharakteristik

§ 439 BGB regelt die Einzelheiten des Nacherfüllungsanspruchs, der eine Modifikation des ursprünglichen Erfüllungsanspruchs auf Lieferung der mangelfreien Kaufsache darstellt. Dabei werden dem Käufer die Nachbesserung (§ 439 Abs. 1 Alt. 1 BGB) und die Ersatzlieferung (§ 439 Abs. 1 Alt. 2 BGB) grundsätzlich zur Auswahl gestellt. 1

Der Nacherfüllungsanspruch ist der vorrangige Anspruch des Käufers, wenn die Kaufsache mangelhaft ist (zum **Primat der Nacherfüllung** vgl. die Kommentierung zu § 437 BGB Rn. 16 ff.). 2

II. Gesetzgebungsmaterialien

§ 439 BGB, der im Zuge der Schuldrechtsreform eingefügt wurde, normiert im deutschen Kaufgewährleistungsrecht erstmalig einen Anspruch auf Nacherfüllung normiert, ist detailliert begründet.[1] Auf diese Begründung wird bei der Kommentierung der einzelnen Absätze gesondert eingegangen. 3

III. Europäischer Hintergrund

§ 439 BGB geht im Wesentlichen auf Art. 3 RL 1999/44/EG des Europäischen Parlaments und Rates zurück. Dort werden die Rechte des Verbrauchers bei einer mangelhaften (vertragswidrigen) Kaufsache und insbesondere der Anspruch auf Ersatzlieferung beziehungsweise Nachbesserung im Einzelnen geregelt. Die verschiedenen Vorschriften des § 439 BGB beruhen zumeist ausdrücklich auf Art. 3 RL 1999/44/EG des Europäischen Parlaments und Rates, wie aus der Begründung des Gesetzesentwurfes[2] hervorgeht. 4

IV. Regelungsprinzipien

§ 439 BGB regelt die Einzelheiten des Nacherfüllungsanspruchs. Dieser Anspruch des Käufers ist eine Modifikation des ursprünglichen Erfüllungsanspruchs.[3] Die Modifikation besteht zum einen darin, dass in § 439 Abs. 1 BGB der Anspruch auf Nachbesserung (Beseitigung des Mangels gemäß § 439 Abs. 1 Alt. 1 BGB) oder auf Ersatzlieferung (Lieferung einer mangelfreien Sache gemäß § 439 Abs. 1 Alt. 2 BGB) konkretisiert wird. Zum zweiten wird der Nacherfüllungsanspruch der Verjährung gemäß § 438 BGB unterworfen (vgl. dazu die Kommentierung zu § 437 BGB Rn. 6 und die Kommentierung zu § 438 BGB Rn. 5). 5

Dem Nacherfüllungsanspruch wird als Kernbestandteil der Käuferrechte Leitbildcharakter im Sinne des § 307 Abs. 2 Nr. 1 BGB zugemessen.[4] Ob dies auch für die Wahlmöglichkeit des Käufers gilt[5] oder nicht[6], ist noch zu klären. 6

B. Anwendungsvoraussetzungen

I. Normstruktur

§ 439 BGB enthält in den vier Absätzen unterschiedliche Regelungen hinsichtlich des Nacherfüllungsanspruchs des Käufers. In Absatz 1 wird die Nacherfüllung konkretisiert als Nachbesserung oder Ersatzlieferung. Absatz 2 der Norm stellt klar, dass der Verkäufer die Aufwendungen für die Nacherfüllung tragen muss. Der Anspruch auf Nacherfüllung wird durch Absatz 3 eingeschränkt. Absatz 4 regelt die Rückgewähr der mangelhaften Kaufsache in den Fällen der Ersatzlieferung. 7

---

[1] Vgl. die Begründung des Regierungsentwurfes: BT-Drs. 14/6040, S. 230-233.
[2] BT-Drs. 14/6040, S. 230-233.
[3] *Haas* in: Haas/Medicus/Rolland u.a., Das neue Schuldrecht, 2002, S. 199, Rn. 143.
[4] *Haas* in: Haas/Medicus/Rolland u.a., Das neue Schuldrecht, 2002, S. 199, Rn. 143.
[5] So *Graf von Westphalen* in: Henssler/Westphalen, Praxis der Schuldrechtsreform, 2002, § 439 Rn. 8-9.
[6] So *Haas* in: Haas/Medicus/Rolland u.a., Das neue Schuldrecht, 2002, S. 201, Rn. 153.

II. Arten der Nacherfüllung (Absatz 1)

8 § 439 Abs. 1 BGB beschreibt die Wahlmöglichkeiten des Käufers, Nacherfüllung zu verlangen: Nachbesserung („Beseitigung des Mangels" gemäß § 439 Abs. 1 Alt. 1 BGB) oder Ersatzlieferung („Lieferung einer mangelfreien Sache" gemäß § 439 Abs. 1 Alt. 2 BGB).

9 Dabei kann der Käufer Nacherfüllung nur insoweit verlangen, als sie nicht unmöglich ist (§ 275 Abs. 1 BGB) und der Verkäufer sie nicht verweigern kann (§§ 275 Abs. 2 und 3, 439 Abs. 3 BGB). Einzelheiten dazu vgl. Rn. 73.

1. Europäischer Hintergrund der Regelung

10 Die beiden Arten der Nacherfüllung ergeben sich für den Verbrauchsgüterkauf aus Art. 3 Abs. 2 RL 1999/44/EG des Europäischen Parlaments und Rates. Die Entscheidungsmöglichkeit zugunsten des Käufers ist durch die Richtlinie vorgegeben, zudem ergibt sie sich aus dem zehnten Erwägungsgrund[7] zur RL 1999/44/EG des Europäischen Parlaments und Rates. Dort wird ausdrücklich von der Wahlmöglichkeit des Käufers gesprochen: „… wobei er zwischen einer Nachbesserung und einer Ersatzlieferung wählen kann".

2. Gesetzgebungsgeschichte

11 Der Gesetzestext weicht bewusst von dem Kommissionsentwurf ab, der noch ein Wahlrecht des Verkäufers beinhaltete.[8] Nach Ansicht des Gesetzgebers ist das sachgerecht, weil der Verkäufer schließlich seine Vertragspflichten verletzt hat. Der Käufer hätte nach dem Vertrag bereits eine mangelfreie Sache bekommen müssen.[9]

12 Dagegen wird vorgebracht, der Verkäufer würde so zusätzlich belastet, ohne dass dies im Interesse des Käufers sei, der nur eine mangelfreie Kaufsache wünsche.[10] Dem ist nicht zuzustimmen: Es ist durchaus im Interesse des Käufers, eine neue Sache zu erhalten, wenn die ursprüngliche sich bereits als unzuverlässig erwiesen hat. Auch umgekehrt ist es denkbar, dass eine Nachbesserung dem Interesse des Käufers eher entspricht, etwa wenn er die Kaufsache bereits in Gebrauch genommen hat[11]. Gegen unter Umständen zu befürchtende Missbräuche ist der Verkäufer durch die Verweigerungsrechte nach § 439 Abs. 3 BGB ausreichend geschützt.[12] Zudem wird so ein einheitliches Kaufrecht erhalten, denn für den Verbrauchsgüterkauf ist das Wahlrecht durch europäische Regelungen vorgeschrieben. Vgl. dazu Rn. 10.

3. Nachbesserung (Alternative 1)

13 Nachbesserung heißt, dass der Verkäufer den Mangel der gelieferten Kaufsache beseitigt (§ 439 Abs. 1 Alt. 1 BGB). Durch die Nachbesserung soll die Kaufsache **in vertragsgemäßen Zustand** gesetzt werden, das heißt, sie muss vollständig mangelfrei sein.

14 Erforderlich ist eine **nachhaltige Beseitigung des Mangels**, das heißt es dürfen keine alten Mängel fortbestehen oder neue Mängel verursacht werden. Diese Voraussetzung ist etwa dann nicht erfüllt, wenn die Operation eines Tieres einen körperlichen Defekt nicht folgenlos beseitigen kann, sondern andere, regelmäßig zu kontrollierende gesundheitliche Risiken für das Tier selbst erst hervorruft. Daher ist ein solcher Fall nicht als Beseitigung des Mangels im Sinne des § 439 Abs. 1 BGB zu beurteilen.[13]

15 Nachbesserung kann beispielsweise durch Anbringen, Austausch oder Befestigen von Teilen der Kaufsache oder im Wege einer Reparatur erfolgen. Im Falle eines Rechtsmangels ist an Nachbesserung etwa durch Löschung des eingetragenen Rechts zu denken.

---

[7] Amtsblatt der Europäischen Gemeinschaften L 171/13.
[8] Vgl. BT-Drs. 14/6040, S. 231.
[9] BT-Drs. 14/6040, S. 231.
[10] *Haas* in: Haas/Medicus/Rolland u.a., Das neue Schuldrecht, 2002, S. 200-201, Rn. 153.
[11] Beispielsweise der Computer, auf dessen Festplatte sich bereits Datenbestände und Programme befinden.
[12] BT-Drs. 14/6040, S. 231.
[13] So BGH v. 22.06.2005 - VIII ZR 281/04 - juris Rn. 19 - BGHZ 163, 234-248.

Im Fall gebrauchter Sachen kann die Reparatur grundsätzlich auch mit gebrauchten Ersatzteilen erfolgen, weil der vertragsmäßige Zustand eine insgesamt gebrauchte Sache ist.[14] Das setzt indes voraus, dass die Kaufsache insgesamt nach dem Einbau des gebrauchten Ersatzteils immer noch die vertraglich geschuldete Beschaffenheit aufweist, insbesondere darf das Ersatzteil (von sich aus oder nach dem Einbau) nicht einen schlechteren Zustand aufweisen als die Sache.

4. Ersatzlieferung (Alternative 2)

Ersatzlieferung meint die Lieferung einer (anderen) mangelfreien Sache (§ 439 Abs. 1 Alt. 2 BGB). Weil es sich beim Ersatzlieferungsanspruch um den originären Erfüllungsanspruch handelt, hat der Verkäufer dem Käufer den Kaufgegenstand in der nach dem Kaufvertrag geschuldeten Qualität zu liefern.

Das gilt auch im Fall des **Handelskauf**s, in dem der Käufer nicht alle Mängel nach § 377 HGB rügt. In einem solchen Fall bleibt der Verkäufer zur insgesamt mangelfreien Ersatzlieferung verpflichtet, weil der Anspruch auf Ersatzlieferung – anders als der Nachbesserungsanspruch – nicht nach Maßgabe der Erhebung oder Nichterhebung von Mängelrügen modifiziert werden kann.[15]

Für den **Gattungskauf** ist die erneute Lieferung einer mangelfreien Kaufsache grundsätzlich unproblematisch: Bei der Gattungsschuld ist die Ersatzlieferung erst dann unmöglich, wenn die Gattung untergegangen ist.

a. Möglichkeit der Ersatzlieferung beim Stückkauf

In der Literatur wurde zum Teil vehement bestritten, dass eine Ersatzlieferung beim Stückkauf überhaupt in Frage kommt.[16] **Gegen** die Möglichkeit einer Ersatzlieferung beim Stückkauf wurde eingewandt, dass der Verkäufer auf diese Weise – entgegen der vertraglichen Vereinbarung – mit einem gattungsschuldähnlichen Beschaffungsrisiko belastet würde.[17]

Dies ist jedoch so nicht richtig, weil der Verkäufer die Ersatzlieferung in den Fällen der §§ 275 Abs. 2 und 3, 439 Abs. 3 BGB verweigern kann. Das Risiko des Verkäufers beschränkt sich also darauf, eine Ersatzsache liefern zu müssen, soweit Ersatzlieferung keine unverhältnismäßigen Kosten gemäß § 439 Abs. 3 BGB verursacht. Eine solche Belastung des Verkäufers ist interessengerecht.

Auch war es die Intention des Gesetzgebers, die Unterscheidung zwischen Stück- und Gattungskauf verzichtbar zu machen.[18] Der explizite Wille des Gesetzgebers würde also unterlaufen, wenn man die Ersatzlieferung beim Stückkauf generell für unmöglich hielte.[19] Außerdem scheidet der Regierungsbegründung[20] zufolge die Ersatzlieferung bei nicht vertretbaren Sachen aus. Das legt den (Umkehr-)Schluss nahe, dass die Ersatzlieferung zumindest bei vertretbaren Kaufsachen möglich ist. Im Ergebnis ist die **Ersatzlieferung** grundsätzlich auch **beim Stückkauf möglich**.[21]

---

[14] Vgl. AG Kenzingen v. 27.04.2004 - 2 C 56/03 - SVR 2004, 276.

[15] OLG Düsseldorf v. 26.11.2004 - I-16 U 45/04, 16 U 45/04 - ZGS 2005, 117-119 (für den Handelskauf und die Mängelrüge nach § 377 HGB).

[16] Dagegen etwa *Ackermann*, JZ 2003, 1154-1156; *Ackermann*, JZ 2002, 378-385, 379; *Huber*, NJW 2002, 1004-1008; *Lorenz*, JZ 2001, 742-745, 743 (Fn. 12), der die Regierungsbegründung für inkonsequent hält (*Lorenz*, JZ 2001, 742-745, 743 (Fn. 16)).

[17] So *Huber*, NJW 2002, 1004-1008, 1006.

[18] BT-Drs. 14/6040, S. 230.

[19] OLG Braunschweig v. 04.02.2003 - 8 W 83/02 - NJW 2003, 1053-1054; *Pammler*, NJW 2003, 1992-1994, 1992-1993.; ebenso BGH v. 07.06.2006 - VIII ZR 209/05 - juris Rn. 19 - BGHZ 168, 64-79; vgl. Rn. 27.

[20] BT-Drs. 14/6040, S. 209.

[21] BGH v. 07.06.2006 - VIII ZR 209/05 - BGHZ 168, 64-79; OLG Braunschweig v. 04.02.2003 - 8 W 83/02 - NJW 2003, 1053-1054; LG Ellwangen v. 13.12.2002 - 3 O 219/02 - NJW 2003, 517-518; *Bitter/Meidt*, die dadurch allerdings Probleme für den Sonderpostenverkauf sehen: *Bitter/Meidt*, ZIP 2001, 2114-2124, 2119 (unter 2.1.1); *Canaris*, JZ 2003, 831-838; *Haas* in: Haas/Medicus/Rolland u.a., Das neue Schuldrecht, 2002, S. 200, Rn. 150; S.184, Rn. 84; *Pammler*, NJW 2003, 1992-1994, 1992-1993.

b. Eigene Auffassung/Beschränkung auf vertretbare Sachen

23 Damit stellt sich aber zugleich die Frage, ob die Ersatzlieferung auch bei nicht vertretbaren Sachen möglich ist. Überwiegend wird vertreten, dass die Ersatzlieferung beim Stückkauf darüber hinaus auch dann möglich ist, wenn die Sache (nach dem Willen der Parteien) ersetzbar ist.[22] Allerdings ist die Kategorie einer „ersetzbaren Sache" unklar und unbestimmt, was eine große Rechtsunsicherheit zur Folge hätte. Demgegenüber steht mit dem Merkmal „vertretbare Sache" wegen der zu § 91 BGB existierenden Kasuistik ein klares Unterscheidungsmerkmal zur Verfügung. Auch der Gesetzgeber ging offensichtlich davon aus, dass beim Stückkauf nicht vertretbarer Sachen eine Ersatzlieferung ausscheidet: „Bei nicht vertretbaren Kaufsachen scheidet auch die Ersatzlieferung aus"[23].[24]

24 Nach der **hier vertretenen Auffassung** kommt die Ersatzlieferung beim Stückkauf daher grundsätzlich nur insoweit in Betracht, als es sich bei der Kaufsache um eine **vertretbare Sache** (§ 91 BGB) handelt.[25]

25 Ausnahmsweise ist Nacherfüllung auch **bei nicht vertretbaren Sachen** möglich, nämlich dann, wenn es sich um eine herzustellende Sache handelt und nach § 651 BGB Kaufrecht anzuwenden ist.[26] In einem solchen Fall kann der Gläubiger Ersatzlieferung in der Form verlangen, dass die gleiche Sache neu herzustellen und dann zu liefern ist.

c. Rechtsprechung

26 Bis zu einer grundlegenden Entscheidung des BGH (vgl. Rn. 27) war die Beantwortung der Frage, ob beziehungsweise wann eine Ersatzlieferung beim Stückkauf möglich ist, in der Rechtsprechung noch im Entstehen. Das LG Ellwangen[27] hielt die Ersatzlieferung beim Stückkauf auch bei Sachen für möglich, die vertretbaren Sachen wirtschaftlich entsprechen und das Leistungsinteresse des Käufers zufrieden stellen. Das OLG Braunschweig[28] hielt die Ersatzlieferung beim Stückkauf ebenfalls grundsätzlich für möglich, eine andere Auffassung liefe der Intention des Gesetzgebers zuwider.

27 Der **BGH**[29] hat entschieden, dass eine **Ersatzlieferung beim Stückkauf grundsätzlich möglich** ist. Im Einzelnen hat der BGH in der grundlegenden Entscheidung ausgeführt:

- Ein genereller Ausschluss der Ersatzlieferung für den Stückkauf finde im Wortlaut des § 439 Abs. 1 BGB keine Stütze und sei mit dem aus den Gesetzesmaterialien hervorgehenden Willen des Gesetzgebers nicht vereinbar. Ein derartiger Ausschluss würde dazu führen, dass der Vorrang des Anspruchs auf Nacherfüllung, der den §§ 437 ff. BGB zugrunde liege, beim Stückkauf von vornherein entfiele, was dem Willen des Gesetzgebers widerspräche.[30]
- Ob eine Ersatzlieferung im Einzelfall in Betracht komme, sei nach dem durch Auslegung zu ermittelnden **Willen der Vertragsparteien bei Vertragsschluss** zu beurteilen (§§ 133, 157 BGB). Möglich sei die Ersatzlieferung nach der Vorstellung der Parteien dann, wenn die Kaufsache im Falle ihrer Mangelhaftigkeit durch eine gleichartige und gleichwertige ersetzt werden kann.[31]
- Beim Kauf **gebrauchter Sachen** scheide eine Ersatzlieferung normalerweise aus. Die Lieferung einer anderen Sache entspreche in der Regel nicht dem Parteiwillen, weil häufig das Erscheinungsbild des konkreten Kaufgegenstandes ausschlaggebend für den Entschluss des Käufers sei. Zudem sei

---

[22] *Canaris*, JZ 2003, 831-838, 835; ähnlich LG Ellwangen v. 13.12.2002 - 3 O 219/02 - NJW 2003, 517-518; tendenziell wohl ebenso: BGH v. 07.06.2006 - VIII ZR 209/05 - juris Rn. 23 - BGHZ 168, 64-79; vgl. Rn. 27.
[23] BT-Drs. 14/6040, S. 209.
[24] Vgl. *Pammler*, NJW 2003, 1992-1994, 1993; dagegen *Canaris*, JZ 2003, 831-838, 835.
[25] Ebenso *Haas* in: Haas/Medicus/Rolland u.a., Das neue Schuldrecht, 2002, S. 200, Rn. 150; S.184, Rn. 84; *Spickhoff*, BB 2003, 589-594, 590; ähnlich *Bitter/Meidt*, ZIP 2001, 2114-2124, 2119.
[26] *Haas* in: Haas/Medicus/Rolland u.a., Das neue Schuldrecht, 2002, S. 200, Rn. 150.
[27] LG Ellwangen v. 13.12.2002 - 3 O 219/02 - NJW 2003, 517-518.
[28] OLG Braunschweig v. 04.02.2003 - 8 W 83/02 - NJW 2003, 1053-1054.
[29] BGH v. 07.06.2006 - VIII ZR 209/05 - BGHZ 168, 64-79.
[30] BGH v. 07.06.2006 - VIII ZR 209/05 - juris Rn. 19 - BGHZ 168, 64-79.
[31] BGH v. 07.06.2006 - VIII ZR 209/05 - juris Rn. 23 - BGHZ 168, 64-79.

angesichts des naturgemäß unterschiedlichen Erhaltungszustands gebrauchter Sachen und der damit verbundenen Schwierigkeit, eine in jeder Hinsicht gleichwertige Ersatzsache zu beschaffen, häufiger Streit über die Gleichwertigkeit der angebotenen oder zu beschaffenden Ersatzsache absehbar, wenn auch bei gebrauchten Sachen regelmäßig Anspruch auf eine Ersatzlieferung bestünde. Dies liefe den Interessen beider Kaufvertragsparteien zuwider.[32]

Eine **Ersatzlieferung beim Gebrauchtwagenkauf** scheidet nach Ansicht des BGH regelmäßig aus.[33] Nach Ansicht des OLG Hamm[34] ist eine Ersatzlieferung jedenfalls dann unmöglich, wenn es sich bei dem Kaufgegenstand um ein nahezu zwei Jahre altes Fahrzeug mit einer Laufleistung von 15.000 km handelt, weil durch den konkreten Gebrauch bereits eine erhebliche Individualisierung (Autobahnkilometer, Stadtfahrten, gewerbliche Nutzung etc.) eingetreten ist. 28

Auch bei **Tieren** soll eine Ersatzlieferung grundsätzlich möglich sein,[35] hat der Käufer jedoch seine Kaufentscheidung nicht auf Grund objektiver Anforderungen, sondern auf Grund des persönlichen Eindrucks und einer emotionalen Zugewandtheit zu dem Tier getroffen, ist eine Ersatzlieferung unmöglich.[36] 29

III. Ausübung des Nacherfüllungsanspruchs

1. Wahlrecht

Der Gesetzestext legt fest, dass der Käufer grundsätzlich ein **Wahlrecht** zwischen den beiden Arten der Nacherfüllung hat: „Der Käufer kann als Nacherfüllung nach seiner Wahl [...] verlangen" (§ 439 Abs. 1 BGB), es handelt sich nicht um eine Wahlschuld, sondern um einen Fall „elektiver Konkurrenz"[37]. Der Käufer kann **nach seinem Belieben** wählen (ius variandi) und muss grundsätzlich keine Rücksicht auf die Interessen des Verkäufers nehmen. Jedoch kann der Verkäufer unter den Voraussetzungen des Abs. 3 die vom Käufer gewählte Art der Nacherfüllung verweigern. 30

Das Wahlrecht des Käufers erstreckt sich nicht auf die Art, in der die Nachbesserung vorzunehmen ist, denn der Verkäufer ist insoweit die sachnähere Vertragspartei.[38] Dies ist auch angemessen, weil der Käufer seinerseits bei fehlgeschlagener Nacherfüllung gemäß § 440 Satz 1 BGB zurücktreten oder mindern (§ 441 Abs. 1 Satz 1 BGB) kann. 31

Die Wahl des Käufers ist in eindeutiger Art und Weise mittels einseitiger **empfangsbedürftiger Willenserklärung** dem Verkäufer gegenüber zu treffen, wobei die Erklärung auch den beanstandeten Mangel der Sache bezeichnen muss.[39] 32

Das Wahlrecht erlischt – mit dem Anspruch – spätestens dann, wenn die Nacherfüllung erfolgreich durchgeführt ist.[40] Auch wenn der Verkäufer zu einer bestimmten Form der Nacherfüllung verurteilt wird, kann sich der Käufer nicht mehr anders entscheiden. Darüber hinaus kann der Käufer grundsätzlich sein Wahlrecht weiterhin ausüben, seine **ursprüngliche Entscheidung ändern**.[41] 33

Dabei darf der Käufer sein ius variandi nicht rechtsmissbräuchlich ausüben (venire contra factum proprium). Eine willkürliche Änderung, die den Verkäufer benachteiligt (etwa weil dieser bereits Aufwen- 34

---

[32] BGH v. 07.06.2006 - VIII ZR 209/05 - juris Rn. 24 - BGHZ 168, 64-79.
[33] Vgl. BGH v. 12.03.2008 - VIII ZR 253/05 - juris Rn. 21; BGH v. 28.11.2007 - VIII ZR 16/07 - juris Rn. 12; BGH v. 10.10.2007 - VIII ZR 330/06 - juris Rn. 23.
[34] OLG Hamm v. 10.02.2005 - 28 U 147/04 - juris Rn. 14 - NJW-RR 2005, 1220-1221.
[35] Vgl. BGH v. 24.11.2009 - VIII ZR 124/09 - juris Rn. 6.
[36] OLG Frankfurt v. 01.02.2011 - 16 U 119/10 - juris Rn. 25ff.
[37] So *Spickhoff*, BB 2003, 589-594, 591-593 m.w.N.
[38] *Huber*, NJW 2002, 1004-1008, 1006.
[39] OLG Saarbrücken v. 29.05.2008 - 8 U 494/07 - 140, 8 U 494/07 - juris Rn. 36.
[40] OLG Celle v. 28.06.2006 - 7 U 235/05 - juris Rn. 22 - ZGS 2006, 429-431: Das dem Käufer zukommende Wahlrecht nach § 439 Abs. 1 BGB besteht solange, wie mit einer Maßnahme noch nicht begonnen wurde.
[41] LG Hagen v. 29.07.2011 - 2 O 50/10 - juris Rn. 22; *Spickhoff*, BB 2003, 589-594, 591-593; etwas anderes würde sich ergeben, wenn man das Wahlrecht des Käufers als Wahlschuld einordnen würde. Offen gelassen von OLG Saarbrücken v. 29.05.2008 - 8 U 494/07 - 140, 8 U 494/07- juris Rn. 39.

dungen für die ursprünglich gewünschte Art der Nacherfüllung gemacht hat oder mit der Nacherfüllung begonnen hat), scheidet gemäß § 242 BGB aus.[42] Teilweise wird vertreten, dass es dem Käufer nach Treu und Glauben auch verwehrt ist, den Verkäufer ohne Fristsetzung oder sachlich gerechtfertigten Grund mit einer veränderten Wahl zu konfrontieren,[43] inwieweit sich diese Ansicht durchsetzt, bleibt abzuwarten. Jedenfalls wenn Käufer und Verkäufer eine Form der Nacherfüllung vereinbaren, ist der Käufer hieran zunächst gebunden.[44] Lässt der Verkäufer indes vereinbarte Termine beziehungsweise angemessene Fristen zur Nacherfüllung verstreichen oder wird die gewählte Form der Nacherfüllung nachträglich unmöglich, kann der Käufer jedenfalls die andere Form der Nacherfüllung verlangen, sein Wahlrecht also erneut ausüben.[45]

35 Der Käufer kann auch dem Verkäufer die Wahl der Nacherfüllung überlassen. Eine entsprechende (konkludente) Erklärung des Käufers liegt vor, wenn er – ohne zu spezifizieren – Nacherfüllung verlangt. Sinnvoll ist dies, wenn es ihm nicht darauf ankommt, in welcher Form der Verkäufer einen vertragsgemäßen Zustand herstellt, weil er sich so die Ungewissheit einer neuen Fristsetzung wegen Verweigerung der gewählten Form ersparen kann.[46]

2. Ermöglichung einer Überprüfung der Mängelrüge durch den Verkäufer

36 Der Käufer darf sich nicht darauf beschränken, den Verkäufer mündlich oder schriftlich zur Nacherfüllung aufzufordern, sondern muss bereit sein, dem Verkäufer die Kaufsache zur Überprüfung der erhobenen Mängelrügen für eine entsprechende Untersuchung zur Verfügung zu stellen: Der Käufer kann eine Untersuchung durch den Verkäufer nicht von der Bedingung abhängig machen, dass sich dieser zuvor mit der käuferseits gewählten Art der Nacherfüllung einverstanden erklärt.[47] Der Vorrang der Nacherfüllung soll es unter anderem dem Verkäufer ermöglichen, die (mutmaßlich) mangelhafte Sache selber darauf zu untersuchen, ob der behauptete Mangel besteht, ob er bereits im Zeitpunkt des Gefahrübergangs vorgelegen hat, auf welcher Ursache er beruht, sowie ob und auf welche Weise er beseitigt werden kann und hierzu gegebenenfalls Beweise zu sichern.[48]

3. Ort der Nacherfüllung

37 Der Ort, an dem die Nacherfüllung zu erfolgen hat, ist im Gesetz nicht ausdrücklich festgelegt. In Frage kommen der Erfüllungsort und der Ort, an dem sich die Sache derzeit befindet.

38 Nach Art. 3 Abs. 3 RL 1999/44/EG des Europäischen Parlaments und Rates müssen sowohl Nachbesserung als auch Ersatzlieferung „ohne erhebliche Unannehmlichkeiten für den Verbraucher erfolgen". Um dem Käufer erhebliche Unannehmlichkeiten zu ersparen, dürfte § 439 BGB so auszulegen sein, dass die Nacherfüllung grundsätzlich dort zu erfolgen hat, wo sich die Sache bestimmungsgemäß befindet.[49] Dafür spricht auch, dass § 476a Satz 2 BGB a.F. bewusst abgeschafft wurde,[50] denn diese Norm wies dem Käufer die durch Verbringung an einen anderen Ort erhöhten Kosten zu.

---

[42] *Spickhoff*, BB 2003, 589-594, 591-593; LG Hagen v. 29.07.2011 - 2 O 50/10 - juris Rn. 22: Änderung nur so lange möglich, wie der Verkäufer mit der Durchführung der gewählten Art der Nacherfüllung noch nicht begonnen hat.
[43] So OLG Saarbrücken v. 29.05.2008 - 8 U 494/07 - 140, 8 U 494/07- juris Rn. 40.
[44] LG Hagen v. 29.07.2011 - 2 O 50/10 - juris Rn. 22.
[45] LG Hagen v. 29.07.2011 - 2 O 50/10 - juris Rn. 22: bei Misslingen der gewählten oder vereinbarten Art der Nacherfüllung.
[46] Vgl. *Haas* in: Haas/Medicus/Rolland u.a., Das neue Schuldrecht, 2002, S. 205, Rn. 167.
[47] BGH v. 10.03.2010 - VIII ZR 310/08 - juris Rn. 12.
[48] BGH v. 23.02.2005 - VIII ZR 100/04 - juris Rn. 25 - BGHZ 162, 219-230; BGH v. 10.03.2010 - VIII ZR 310/08 - juris Rn. 12.
[49] Vgl. *Haas* in: Haas/Medicus/Rolland u.a., Das neue Schuldrecht, 2002, S. 201, Rn. 154.
[50] Vgl. die Entwurfsbegründung der Bundesregierung, die davon ausgeht, dass die Streichung der Norm erforderlich sei, um der Richtlinie zu genügen. Dies wird auch wegen des Verweigerungsrechtes nach § 439 Abs. 3 BGB für angemessen erachtet: BT-Drs. 14/6040, S. 231.

Die anhand europäischen Rechts vorgenommene Auslegung gilt **für jeden Kaufvertrag**, weil es sich nicht um eine Besonderheit des Verbrauchsgüterkaufs handelt.[51] Insoweit kann man in diesem Fall von quasi-richtlinienkonformer Auslegung sprechen (vgl. dazu die Kommentierung zu § 433 BGB Rn. 6). 39

Die Nacherfüllung durch den Verkäufer hat demnach grundsätzlich an dem **Ort** zu erfolgen, **an dem sich die Kaufsache bestimmungsgemäß befindet (Belegenheitsort)**:[52] Fehlen anderweitige Absprachen der Parteien, ist im Zweifel die Nachbesserung dort zu erbringen, wo das nachzubessernde Werk sich vertragsgemäß befindet.[53] 40

Nach Ansicht des **BGH** ist der Erfüllungsort der Nacherfüllung nach der allgemeinen Vorschrift des § 269 Abs. 1 BGB zu ermitteln, weshalb in erster Linie **die von den Parteien getroffenen Vereinbarungen entscheidend** sind.[54] Ansonsten sei auf die jeweiligen Umstände, insbesondere die Natur des Schuldverhältnisses, abzustellen; erst wenn sich auch hieraus keine abschließenden Erkenntnisse gewinnen lassen, sei der Erfüllungsort letztlich an dem Ort anzusiedeln, an welchem der Verkäufer zum Zeitpunkt der Entstehung des Schuldverhältnisses seinen Wohnsitz oder seine gewerbliche Niederlassung hat, § 269 Abs. 2 BGB.[55] Habe der Käufer den Kaufgegenstand zum Zwecke der Nacherfüllung zum Verkäufer zu bringen oder zu versenden, könne der Käufer gestützt auf § 439 Abs. 2 BGB vom Verkäufer die Erstattung der angefallenen Transport- oder Versandkosten verlangen.[56] Bei Geschäften des täglichen Lebens, etwa beim Kauf im Ladengeschäft, entspreche es der Verkehrsauffassung, dass die Kunden ihre Reklamationen regelmäßig unter Vorlage der mangelhaften Ware am Sitz des Verkäufers vorbringen; beim Fahrzeugkauf vom Händler erforderten Nachbesserungsarbeiten in der Regel technisch aufwändige Diagnose- oder Reparaturarbeiten des Verkäufers, die wegen der dort vorhandenen materiellen und personellen Möglichkeiten sinnvoll nur am Betriebsort des Händlers vorgenommen werden könnten.[57] Bei Gegenständen, die der Käufer an ihrem Bestimmungsort auf- oder eingebaut hat, oder in denen ein Rücktransport aus anderen Gründen nicht oder nur unter erschwerten Bedingungen zu bewerkstelligen wäre, dürfte der Belegenheitsort der Erfüllungsort der Nacherfüllung sein.[58] 41

Nach Ansicht des Verfassers ist es zweifelhaft, ob die Auffassung des BGH bezüglich des Verbrauchsgüterkaufs richtlinienkonform ist.[59] Dies gilt insbesondere vor dem Hintergrund der wenig später ergangenen Entscheidung des EuGH[60] zu den Ein- und Ausbaukosten der Nacherfüllung (vgl. hierzu Rn. 57 und Rn. 67). So hat EuGH in den Gründen der genannten Entscheidung ausgeführt, es stehe fest, „dass die Nachbesserung eines vertragswidrigen Verbrauchsguts im Allgemeinen an diesem Verbrauchsgut in der Situation erfolgt, in der es sich zum Zeitpunkt des Auftretens des Mangels befand"[61]. 42

---

[51] *Haas* in: Haas/Medicus/Rolland u.a., Das neue Schuldrecht, 2002, S. 201, Rn. 154.
[52] Vgl. OLG Celle v. 10.12.2009 - 11 U 32/09 - juris Rn. 25 ff.; OLG München v. 12.10.2005 - 15 U 2190/05 - juris Rn. 31 - NJW 2006, 449-450; AG Menden v. 03.03.2004 - 4 C 26/03 - NJW 2004, 2171-2172: dies soll auch dann gelten, wenn die Sache in einem so genannten Abholmarkt erworben wurde. Anderer Auffassung: OLG Saarbrücken v. 16.03.2011 - 1 U 547/09 - 145, 1 U 547/09 - juris Rn. 47 ff.: „Der Erfüllungsort der Nacherfüllung im Kaufrecht ist grundsätzlich der Wohn- bzw. Firmensitz des Verkäufers. Etwas anderes kann sich aus den Umständen des Einzelfalls, insbesondere der Verkehrssitte, ergeben"; OLG München v. 20.06.2007 - 20 U 2204/07 - juris Rn. 8 - OLGR München 2007, 796-797: Der Leistungsort der Nacherfüllung richtet sich nach dem ursprünglichen Leistungsort des Primärleistungsanspruchs.
[53] Vgl. BGH v. 08.01.2008 - X ZR 97/05 - juris Rn. 13 zwar für einen werkvertraglichen Anspruch aber unter expliziter Bezugnahme auf das Kaufrecht und die Entscheidung des OLG München v. 12.10.2005 - 15 U 2190/05 - juris Rn. 31 - NJW 2006, 449-450 zu § 439 BGB.
[54] BGH v. 13.04.2011 - VIII ZR 220/10 - juris Rn. 20 ff.
[55] BGH v. 13.04.2011 - VIII ZR 220/10 - juris Rn. 29.
[56] BGH v. 13.04.2011 - VIII ZR 220/10 - juris Rn. 37.
[57] BGH v. 13.04.2011 - VIII ZR 220/10 - juris Rn. 33.
[58] BGH v. 13.04.2011 - VIII ZR 220/10 - juris Rn. 34.
[59] Vgl. *Augenhofer/Appenzeller/Holm*, JuS 2011, 680, 685; Faust, JuS 2011, 748, 750; die jeweils eine Verletzung der Vorlagepflicht annehmen.
[60] EuGH v. 16.06.2011 - C-65/09 und C-87/09.
[61] EuGH v. 16.06.2011 - C-65/09 und C-87/09 - Ziffer 51 der Gründe.

Danach spricht viel dafür, dass die Nacherfüllung an dem Ort stattzufinden hat, an dem sich die Kaufsache bestimmungsgemäß befindet (Belegenheitsort).

4. Abdingbarkeit

43 Das Recht auf Nacherfüllung ist grundsätzlich abdingbar. Vor Mitteilung des Mangels gelten jedoch zahlreiche Einschränkungen: Beim Verbrauchsgüterkauf ist eine von § 439 BGB abweichende Vereinbarung gemäß § 475 Abs. 1 BGB nicht möglich. Auch können Vereinbarungen, die in den Allgemeinen Geschäftsbedingungen des Verkäufers enthalten sind, gegen § 309 Nr. 8 lit. b BGB verstoßen. Gleiches gilt, soweit man den Regeln über die Nacherfüllung Leitbildcharakter zumisst, bezüglich § 307 Abs. 2 BGB (vgl. dazu Rn. 6).

5. Fristsetzung

44 Sinnvollerweise sollte der Käufer dem Verkäufer eine angemessene Frist für die gewählte Art der Nacherfüllung setzen. Dies ist zwar für die Gültigkeit seiner Wahl sowie für den Nacherfüllungsanspruch unerheblich, jedoch ist das Setzen einer Nachfrist regelmäßig Voraussetzung für Rücktritt, Schadensersatz und Minderung (vgl. § 281 Abs. 1 Satz 1 BGB, § 323 Abs. 1 BGB). Zur Fristsetzung vgl. Rn. 127.

IV. Erforderliche Aufwendungen (Absatz 2)

1. Gesetzgebungsgeschichte

45 Die Vorschrift entspricht inhaltlich § 476a Satz 1 BGB a.F. § 476a Satz 2 BGB a.F. wurde nicht übernommen, weil er nicht mit Art. 3 Abs. 4 RL 1999/44/EG des Europäischen Parlaments und Rates vereinbar gewesen wäre.[62] Der Verkäufer ist zudem durch das Verweigerungsrecht gemäß § 439 Abs. 3 BGB vor unverhältnismäßigen Kosten hinreichend geschützt.

2. Europäischer Hintergrund der Regelung

46 § 439 Abs. 2 BGB dient der Umsetzung von Art. 3 Abs. 2, 4 RL 1999/44/EG des Europäischen Parlaments und Rates.

3. Definition

47 Zum Zwecke der Nacherfüllung erforderliche Aufwendungen sind solche, die zielgerichtet der Nachbesserung oder der Ersatzlieferung dienen.

48 Eine Aufwendung ist die freiwillige Aufopferung von Vermögenswerten.

49 Umfasst sind auch Aufwendungen des Käufers: Wenn der Käufer die bei ihm entstandenen Aufwendungen selbst tragen müsste, könnte dies zu einer Benachteiligung des Käufers führen, sodass die Nachbesserung ihre Funktion als Gewährleistungsrecht des Käufers verlieren würde.[63]

50 Unerheblich ist, ob die Aufwendungen zu einer erfolgreichen Nacherfüllung geführt haben.[64] Ein Fehlschlagen der Nacherfüllung löst weitere Rechte des Käufers aus (§ 440 Satz 1 BGB) und lässt nicht etwa die Erforderlichkeit der Aufwendungen entfallen.

51 Die Aufzählung der genannten Aufwendungen (Transport-,[65] Wege-, Arbeits- und Materialkosten) ist nur beispielhaft, wie die Formulierung „insbesondere" klarstellt. Aufwendungen sind auch dann erforderlich, wenn sie zum Auffinden des Mangels dienen.[66]

---

[62] BT-Drs. 14/6040, S. 231.
[63] Zu § 476a BGB a.F. BGH v. 25.10.1995 - VIII ZR 258/94 - juris Rn. 18 - LM AGBG § 9 (Ba) Nr. 28 (3/1996).
[64] *Graf von Westphalen* in: Henssler/Westphalen, Praxis der Schuldrechtsreform, 2002, § 439 Rn. 10.
[65] Vgl. BGH v. 13.04.2011 - VIII ZR 220/10 - juris Rn. 37: Transport- und Versandkosten.
[66] Mit weiteren Nachweisen zu § 476a BGB a.F.: BGH v. 23.01.1991 - VIII ZR 122/90 - juris Rn. 55 - BGHZ 113, 251-262.

4. Typische Fälle

Zu den Aufwendungen gehören typischerweise Kosten für Rechtsanwälte sowie Gutachten von Sachverständigen, soweit diese zur Auffindung des zu beseitigenden Mangels erforderlich sind.[67]

52

5. Kosten des Ein-/Ausbaus der Kaufsache

Zu den vom Verkäufer zu tragenden Aufwendungen im Sinne von § 439 Abs. 2 BGB können auch die Kosten des Ausbaus der mangelhaften Kaufsache und die Kosten des Einbaus der Ersatzsache gehören, wenn der (gutgläubige) Käufer den Gegenstand **gemäß seiner Art und seinem Verwendungszweck** (bestimmungsgemäß) eingebaut hat,[68] nach der hier vertretenen Auffassung hat der Verkäufer diese Kosten zu tragen (vgl. Rn. 64).

53

Dabei wird zwischen Kosten für den Ausbau der (mangelhaften) Kaufsache und den Kosten für den Einbau der Ersatzsache unterschieden. Die Frage nach den vom Verkäufer zu tragenden Kosten war jedenfalls **in der Rechtsprechung im Einzelnen umstritten**. Durch eine Entscheidung des EuGH und ein darauf ergangenes Urteil des BGH dürften zwar einige Fragen geklärt sein, insgesamt ist die Rechtsprechung hierzu aber noch im Fluss und für den Rechtsanwender mit einigen Unwägbarkeiten behaftet. Im Folgenden werden die Entwicklung und der Stand aufgezeigt, getrennt nach Kosten für den Ausbau der mangelhaften Sache und Einbau der Ersatzsache.

54

a. Kosten für den Ausbau der (mangelhaften) Kaufsache

Die Kosten für den Ausbau der (mangelhaften) Kaufsache hat der Verkäufer nach überwiegender und auch hier vertretener (vgl. Rn. 64) Auffassung zu tragen, wenn der (gutgläubige) Käufer den Gegenstand bestimmungsgemäß eingebaut hat.[69] Das OLG Frankfurt etwa begründet ausführlich vom Wortlaut ausgehend[70] mittels systematischer[71] und historischer Auslegung[72] unter besonderer Berücksichtigung der richtlinienkonformen Auslegung[73], dass der Verkäufer auch Ausbau und Abtransport/Entsorgung der mangelhaften Kaufsache schuldet.

55

aa. Ursprüngliche Auffassung des BGH vor Entscheidung des EuGH

Der **BGH** hat zunächst – anders als die ganz überwiegende Auffassung in Literatur und Rechtsprechung[74] – die Auffassung geäußert, der Käufer könne im Rahmen der Ersatzlieferung weder nach § 439 Abs. 1 noch nach Abs. 2 BGB den Ausbau der (bereits) bestimmungsgemäß eingebauten mangelhaften Kaufsache verlangen, weil der Verkäufer im Rahmen der Nacherfüllung gemäß § 439 Abs. 1 BGB allein die Übergabe der mangelfreien Sache und die Verschaffung des Eigentums hieran schulde, § 439 Abs. 2 BGB beziehe sich nur auf die Aufwendungen, die für die Lieferung einer mangelfreien Sache erforderlich sind.[75] Da sich nach Ansicht des BGH etwas anderes allenfalls aus der Richtlinie

56

---

[67] Zu § 476a BGB a.F.: BGH v. 17.02.1999 - X ZR 40/96 - juris Rn. 10 - NJW-RR 1999, 813-814.
[68] So etwa OLG Karlsruhe v. 02.09.2004 - 12 U 144/04 - MDR 2005, 135-136 - juris Rn. 22 - OLGR Karlsruhe 2004, 465-466; im Einzelnen jedoch streitig, vgl. Rn. 54 ff.
[69] OLG Karlsruhe v. 02.09.2004 - 12 U 144/04 - juris Rn. 22 - OLGR Karlsruhe 2004, 465-466; OLG Köln v. 21.12.2005 - 11 U 46/05 - JMBl NW 2006, 125-126; LG Deggendorf v. 03.04.2007 - 3 O 370/06 - juris Rn. 17 - IBR 2007, 426; OLG Frankfurt v. 14.02.2008 - 15 U 5/07 - OLGR Frankfurt 2008, 325-327.
[70] OLG Frankfurt v. 14.02.2008 - 15 U 5/07 - juris Rn. 34 - OLGR Frankfurt 2008, 325-327.
[71] OLG Frankfurt v. 14.02.2008 - 15 U 5/07 - juris Rn. 35 - OLGR Frankfurt 2008, 325-327.
[72] OLG Frankfurt v. 14.02.2008 - 15 U 5/07 - juris Rn. 36 - OLGR Frankfurt 2008, 325-327.
[73] OLG Frankfurt v. 14.02.2008 - 15 U 5/07 - juris Rn. 37 - OLGR Frankfurt 2008, 325-327.
[74] Vgl. die Nachweise bei BGH v. 14.01.2009 - VIII ZR 70/08 - juris Rn. 12.
[75] BGH v. 14.01.2009 - VIII ZR 70/08 - juris Rn. 20.

§ 439

über den Verbrauchsgüterkauf ergeben konnte, wurde die Frage dem EuGH (hilfsweise)[76] zur Vorabentscheidung vorgelegt.[77]

bb. Entscheidung des EuGH

57 Während der Generalanwalt vor dem EuGH dahingehend Stellung genommen hat, dass der Verkäufer die Ausbaukosten nicht zu tragen habe,[78] verpflichtet der EuGH den Verkäufer beim Verbrauchsgüterkauf im Rahmen der Ersatzlieferung grundsätzlich sowohl Aus- als auch Einbau(-kosten) zu übernehmen, wenn der Verbraucher den Kaufgegenstand gutgläubig gemäß seiner Art und seinem Verwendungszweck eingebaut hat.[79] Die vom BGH (EuGH-Az.: C-65/09) und vom AG Schorndorf[80] (EuGH-Az.: C-87/09) vorgelegten Fragen wurden verbunden und wie folgt beschieden: „Art. 3 Abs. 2 und 3 der Richtlinie 1999/44/EG des Europäischen Parlaments und des Rates vom 25. Mai 1999 zu bestimmten Aspekten des Verbrauchsgüterkaufs und der Garantien für Verbrauchsgüter ist dahin auszulegen, dass, wenn der vertragsgemäße Zustand eines vertragswidrigen Verbrauchsguts, das vor Auftreten des Mangels vom Verbraucher gutgläubig gemäß seiner Art und seinem Verwendungszweck eingebaut wurde, durch Ersatzlieferung hergestellt wird, der Verkäufer verpflichtet ist, entweder selbst den Ausbau dieses Verbrauchsguts aus der Sache, in die es eingebaut wurde, vorzunehmen und das als Ersatz gelieferte Verbrauchsgut in diese Sache einzubauen, oder die Kosten zu tragen, die für diesen Ausbau und den Einbau des als Ersatz gelieferten Verbrauchsguts notwendig sind. Diese Verpflichtung des Verkäufers besteht unabhängig davon, ob er sich im Kaufvertrag verpflichtet hatte, das ursprünglich gekaufte Verbrauchsgut einzubauen."

cc. Richtlinienkonforme Auslegung durch den BGH

58 In Umsetzung der Entscheidung des EuGH legt der BGH nunmehr § 439 Abs. 1 Alt. 2 BGB richtlinienkonform dahin aus, dass die „Lieferung einer mangelfreien Sache" auch den Ausbau und den Abtransport der mangelhaften Sache umfasst,[81] diese Auslegung sei noch vom Wortlaut der Vorschrift gedeckt.[82] Der Käufer könne im Rahmen der Nacherfüllung jedoch nicht wählen, ob er den Ausbau dem Verkäufer überlässt oder ihn selbst durchführt und den Verkäufer auf Erstattung der Kosten in Anspruch nimmt.[83]

59 Insbesondere die Frage, ob ein Gegenstand „**gemäß seiner Art und seinem Verwendungszweck**" (bestimmungsgemäß) eingebaut wurde, wird die Praxis zukünftig beschäftigen.

dd. Übertragung auf Kaufverträge außerhalb der Verbrauchsgüterrichtlinie

60 Die geschilderten Grundsätze dürften im Rahmen der quasi-richtlinienkonformen Auslegung (vgl. die Kommentierung zu § 433 BGB Rn. 6) auch auf Kaufverträge anzuwenden sein, die keine Verbrauchsgüterkaufverträge sind.[84]

---

[76] Eine andere Frage hielt der BGH im zu entscheidenden Fall für vorrangig; zu der vorrangigen Frage vgl. Rn. 92.
[77] BGH v. 14.01.2009 - VIII ZR 70/08 - zweite Vorlagefrage: „Sind die Bestimmungen des Art. 3 Abs. 2 und Abs. 3 Unterabs. 3 der vorbezeichneten Richtlinie dahin auszulegen, dass der Verkäufer im Falle der Herstellung des vertragsgemäßen Zustands des Verbrauchsgutes durch Ersatzlieferung die Kosten des Ausbaus des vertragswidrigen Verbrauchsgutes aus einer Sache, in die der Verbraucher das Verbrauchsgut gemäß dessen Art und Verwendungszweck eingebaut hat, tragen muss?"
[78] Schlussanträge des Generalanwalts vom 18.05.2010 - C-65/09.
[79] EuGH v. 16.06.2011 - C-65/09 und C-87/09.
[80] AG Schorndorf v. 25.02.2009 - 2 C 818/08 - juris Rn. 14; das Amtsgericht Schorndorf hatte (neben der Frage zum Einbau der Sache, vgl. dazu Rn. 66 und Rn. 67) die bereits vom BGH vorgelegte Frage zum Ausbau erneut vorgelegt, da diese Frage durch den BGH nur hilfsweise vorgelegt worden war.
[81] BGH v. 21.12.2011 - VIII ZR 70/08 - juris Rn. 25.
[82] BGH v. 21.12.2011 - VIII ZR 70/08 - juris Rn. 26.
[83] BGH v. 21.12.2011 - VIII ZR 70/08 - juris Rn. 27.
[84] Vgl. *Augenhofer/Appenzeller/Holm*, JuS 2011, 680, 684; *Faust*, JuS 2011, 744, 748.

b. Kosten für den Einbau der Ersatzsache
aa. Rechtsprechung vor der EuGH-Entscheidung

Während das LG Deggendorf[85] im Anschluss an das OLG Karlsruhe[86] auch die Einbaukosten als Aufwendungen im Sinne des § 439 Abs. 2 BGB einordnet, hat sich das OLG Frankfurt[87] der einschränkenden (Gegen-)Ansicht des OLG Köln[88] angeschlossen: Danach kann ein Käufer, der eine mangelhafte Kaufsache bereits ihrem bestimmungsgemäßen Zweck entsprechend eingebaut hat, vom Verkäufer im Rahmen der Nacherfüllung gemäß § 439 Abs. 2 BGB zwar die Kosten für die Lieferung der mangelfreien Sache an seinen Wohnort, für den Ausbau der bereits eingebauten mangelhaften Sache und für deren Entsorgung verlangen, nicht aber die Kosten für den Einbau einer neuen mangelfreien Sache.[89] Diese Kosten können nach Ansicht des OLG Frankfurt allenfalls als Schadensersatz verlangt werden, wenn die Voraussetzungen der §§ 434 Abs. 1, 437 Nr. 3, 280 Abs. 1 BGB erfüllt sind.

61

Das OLG Frankfurt begründet ausführlich (Auslegung nach Wortlaut, Systematik und Historie)[90] unter besonderer Berücksichtigung der richtlinienkonformen Auslegung[91], dass der Verkäufer auch Ausbau und Abtransport/Entsorgung der mangelhaften Kaufsache schulde. Die Ablehnung der Kostentragung für den Einbau fällt demgegenüber eher kurz aus: Eine weitergehende Auslegung wäre contra legem, weil es sich beim Nacherfüllungsanspruch um einen modifizierten Erfüllungsanspruch handle; der Verkäufer könne nicht zu einem Einbau verpflichtet werden, der kaufvertraglich zu keinem Zeitpunkt geschuldet gewesen sei.[92]

62

bb. Ansicht des BGH vor der EuGH-Entscheidung

Der **BGH** hat entschieden, dass der Verkäufer einer mangelhaften Sache im Zuge der Nacherfüllung durch Ersatzlieferung (§ 439 Abs. 1 BGB) nur zur Lieferung der mangelfreien Sache verpflichtet ist; **den Einbau schulde der Verkäufer auch dann nicht, wenn der Käufer die mangelhafte Sache – in Unkenntnis des Mangels – ihrer Bestimmung gemäß bereits eingebaut hatte**.[93] Eine Haftung des Verkäufers für die Kosten des Neueinbaus komme nur unter dem Gesichtspunkt des Schadensersatzes statt der Leistung (§§ 437 Nr. 3, 280 Abs. 1, 3, 281 ff. BGB) in Betracht, der bei fehlendem Vertretenmüssen ausscheide (§ 280 Abs. 1 Satz 2 BGB).[94]

63

Nach Auffassung des Verfassers hätte der BGH die zitierte Entscheidung[95] hinsichtlich der **Kosten des Einbaus** (vgl. Rn. 63) nicht treffen dürfen, ohne dem EuGH die Frage vorzulegen, ob das vom BGH gefundene Auslegungsergebnis mit Art. 3 der Verbrauchsgüterrichtlinie (1999/44/EG) in Einklang zu bringen ist, was nach Ansicht des Verfassers nicht der Fall ist.[96] Der BGH hat dem EuGH in einer späteren Entscheidung lediglich die Frage vorgelegt, ob sich aus Art. 3 der Verbrauchsgüterkaufrichtlinie (1999/44/EG) ergibt, dass der Verkäufer im Falle der Ersatzlieferung auch die Kosten für den

64

---

[85] LG Deggendorf v. 03.04.2007 - 3 O 370/06 - juris Rn. 17 - IBR 2007, 426.
[86] OLG Karlsruhe v. 02.09.2004 - 12 U 144/04 - juris Rn. 22 - OLGR Karlsruhe 2004, 465-466.
[87] OLG Frankfurt v. 14.02.2008 - 15 U 5/07 - OLGR Frankfurt 2008, 325-327.
[88] OLG Köln v. 21.12.2005 - 11 U 46/05 - JMBl NW 2006, 125-126: Die Pflicht des Verkäufers zur Nachlieferung nach § 439 BGB umfasst nur die Lieferung einer mangelfreien und die Rücknahme (einschließlich Entfernung) der mangelhaften Sache. Der erneute Einbau einer mangelfreien Sache sei nicht Gegenstand der Nacherfüllung. Die vergeblichen Aufwendungen des Käufers für den Einbau der mangelhaften Sache könne der Käufer nur unter dem Gesichtspunkt des Schadensersatzes (§§ 437 Nr. 3, 280 BGB) oder des Aufwendungsersatzes (§§ 437 Nr. 3, 284 BGB) verlangen, was jedoch voraussetze, dass der Verkäufer den Mangel zu vertreten hat.
[89] OLG Frankfurt v. 14.02.2008 - 15 U 5/07 - juris Rn. 33 ff. - OLGR Frankfurt 2008, 325-327; OLG Köln v. 21.12.2005 - 11 U 46/05 - JMBl NW 2006, 125-126.
[90] OLG Frankfurt v. 14.02.2008 - 15 U 5/07 - juris Rn. 34-36 - OLGR Frankfurt 2008, 325-327.
[91] OLG Frankfurt v. 14.02.2008 - 15 U 5/07 - juris Rn. 37 - OLGR Frankfurt 2008, 325-327.
[92] OLG Frankfurt v. 14.02.2008 - 15 U 5/07 - juris Rn. 38 - OLGR Frankfurt 2008, 325-327.
[93] So BGH v. 15.07.2008 - VIII ZR 211/07 - juris Rn. 17.
[94] BGH v. 15.07.2008 - VIII ZR 211/07 - juris Rn. 28.
[95] BGH v. 15.07.2008 - VIII ZR 211/07.
[96] Ebenso: *Witt*, BB 2009, 685-689.

Ausbau einer durch den Verbraucher bestimmungsgemäß eingebauten Kaufsache tragen muss[97] (vgl. im Einzelnen Rn. 56).

cc. Eigene Auffassung

65 Nach **Ansicht des Verfassers** spricht demgegenüber vieles dafür, dass der Verkäufer neben dem Ausbau der mangelhaften Sache auch den Einbau der Ersatzsache schuldet, wenn der Kaufgegenstand zum Einbau bestimmt. Gerade weil es sich um eine „modifizierte" Form des ursprünglichen Erfüllungsanspruchs handelt (auch der Transport der Kaufsache zum Wohnort ist ja regelmäßig kaufvertraglich ursprünglich nicht geschuldet), kann der Verkäufer im Rahmen der gesetzlich vorgeschriebenen Gewährleistungshaftung grundsätzlich auch dazu verpflichtet werden, die Ersatzsache wieder einzubauen. Für dieses Ergebnis spricht insbesondere, dass nach der zugrunde liegenden Verbraucherrichtlinie (Artikel 3 Absatz 4) der Verkäufer (die Kosten für) „die Herstellung eines vertragsgemäßen Zustands des Verbrauchsguts" schuldet, der – wie das die einschränkende Auffassung vertretende OLG Frankfurt selbst ausführt[98] – dadurch gekennzeichnet ist, dass die Kaufsache inzwischen bestimmungsgemäß verarbeitet worden ist. Zwar verschwimmen dadurch die Grenzen zwischen verschuldensunabhängiger Gewährleistung und verschuldensabhängigem Schadensersatz, indes schuldet der Verkäufer – auch nach hier vertretener Auffassung – den Einbau nur dann, wenn die Kaufsache zum Einbau bestimmt ist. In derartigen Fällen aber ist für den Verkäufer absehbar, dass die Sache weiterverarbeitet wird; liefert der Verkäufer trotzdem eine mangelhafte Sache, ist es interessengerecht, die Kosten für den Neueinbau auf den Verkäufer zu verlagern. Zudem kann der Verkäufer die Nacherfüllung verweigern, wenn sie nur mit unverhältnismäßigen Kosten möglich ist (§ 439 Abs. 3 Satz 1 BGB),[99] beziehungsweise beim Verbrauchsgüterkauf zumindest auf eine Kostenerstattung in Höhe des angemessenen Betrages verweisen (vgl. Rn. 95).

dd. Vorlage vor den EuGH

66 Nach Auffassung des AG Schorndorf spricht Einiges für die hier vertretene Ansicht, dass die Richtlinie vom Verkäufer den **Ausbau und den Einbau der mangelfreien Sache** verlangt.[100] Auf dieser Grundlage hat das Amtsgericht Schorndorf als letzte Instanz (der Rechtsstreit hatte einen Streitwert unter 600 €) in Abgrenzung zur oben zitierten Entscheidung des BGH[101] **dem EuGH** die folgende Frage zur Vorabentscheidung **vorgelegt**: „Sind die Bestimmungen des Art. 3 Abs. 2 und Abs. 3 Unterabs. 3 der Richtlinie 1999/44/EG des Europäischen Parlaments und des Rates vom 25.05.1999 zu bestimmten Aspekten des Verbrauchsgüterkaufs dahin auszulegen, dass sie einer nationalen gesetzlichen Regelung entgegenstehen, die besagt, dass der Verkäufer im Falle der Herstellung des vertragsgemäßen Zustands des Verbrauchsgutes durch Ersatzlieferung die Kosten des Einbaus des nachgelieferten Verbrauchsgutes in eine Sache, in die der Verbraucher das vertragswidrige Verbrauchsgut gemäß dessen Art und Verwendungszweck eingebaut hat, nicht tragen muss, wenn der Einbau ursprünglich vertraglich nicht geschuldet wurde?" Zusätzlich hat das Amtsgericht auch die bereits vom BGH vorgelegte Frage (vgl. Rn. 56) erneut vorgelegt, da diese Frage durch den BGH nur hilfsweise vorgelegt worden war.[102]

ee. Entscheidung des EuGH

67 Der Generalanwalt hat vor dem EuGH dahingehend Stellung genommen, dass der Verkäufer die Einbaukosten nicht zu tragen hat, sofern der Verkäufer nach dem Kaufvertrag nicht zum Einbau der Kauf-

---

[97] BGH v. 14.01.2009 - VIII ZR 70/08 - juris Rn. 22.
[98] OLG Frankfurt v. 14.02.2008 - 15 U 5/07 - juris Rn. 37 - OLGR Frankfurt 2008, 325-327.
[99] Vgl. OLG Karlsruhe 14.03.2008 - 10 U 68/07 - juris Rn. 19.
[100] AG Schorndorf v. 25.02.2009 - 2 C 818/08 - juris Rn. 10 ff.
[101] BGH v. 15.07.2008 - VIII ZR 211/07.
[102] AG Schorndorf v. 25.02.2009 - 2 C 818/08 - juris Rn. 14.

sache verpflichtet war.[103] Im Gegensatz dazu verpflichtet der EuGH den Verkäufer beim Verbrauchsgüterkauf im Rahmen der Ersatzlieferung grundsätzlich sowohl Aus- als auch Einbau(-kosten) zu übernehmen, wenn der Verbraucher den Kaufgegenstand gutgläubig gemäß seiner Art und seinem Verwendungszweck eingebaut hat.[104] Die vorgelegten Fragen wurden wie folgt beschieden: „Art. 3 Abs. 2 und 3 der Richtlinie 1999/44/EG des Europäischen Parlaments und des Rates vom 25. Mai 1999 zu bestimmten Aspekten des Verbrauchsgüterkaufs und der Garantien für Verbrauchsgüter ist dahin auszulegen, dass, wenn der vertragsgemäße Zustand eines vertragswidrigen Verbrauchsguts, das vor Auftreten des Mangels vom Verbraucher gutgläubig gemäß seiner Art und seinem Verwendungszweck eingebaut wurde, durch Ersatzlieferung hergestellt wird, der Verkäufer verpflichtet ist, entweder selbst den Ausbau dieses Verbrauchsguts aus der Sache, in die es eingebaut wurde, vorzunehmen und das als Ersatz gelieferte Verbrauchsgut in diese Sache einzubauen, oder die Kosten zu tragen, die für diesen Ausbau und den Einbau des als Ersatz gelieferten Verbrauchsguts notwendig sind. Diese Verpflichtung des Verkäufers besteht unabhängig davon, ob er sich im Kaufvertrag verpflichtet hatte, das ursprünglich gekaufte Verbrauchsgut einzubauen."

ff. Umsetzung der EuGH-Entscheidung in nationale Rechtsprechung

Eine Umsetzung des EuGH-Urteils in nationale Entscheidungen ist hinsichtlich der Einbaukosten – soweit ersichtlich – noch nicht erfolgt. Der BGH wird an seiner vor dieser Entscheidung geäußerten Ansicht, wonach der Verkäufer die Einbaukosten nicht zu tragen hat[105] (vgl. hierzu Rn. 63 ff.), nicht festhalten. 68

Auch die Frage, ob ein Gegenstand „gemäß seiner Art und seinem Verwendungszweck" (bestimmungsgemäß) eingebaut wurde, wird die Praxis zukünftig beschäftigen. 69

gg. Übertragung auf Kaufverträge außerhalb der Verbrauchsgüterrichtlinie

Die geschilderten Grundsätze dürften im Rahmen der quasi-richtlinienkonformen Auslegung (vgl. die Kommentierung zu § 433 BGB Rn. 6) auch auf Kaufverträge anzuwenden sein, die keine Verbrauchsgüterkaufverträge sind.[106] 70

c. De lege ferenda

Nachdem die dem EuGH vorgelegten Fragen durch diesen dahingehend beantwortet sind, dass der Verkäufer die Kosten für den Ein- und/oder Ausbau zu tragen hat,[107] wäre es wünschenswert, wenn der Gesetzgeber – wie schon nach der „Quelle"-Entscheidung über den Wertersatz für die Nutzung (vgl. Rn. 125) – im Rahmen einer Gesetzesänderung die Ein-/Ausbaukosten beim Verbrauchsgüterkauf (= Wiederherstellung des vertragsgemäßen Zustands) unmissverständlich dem Verkäufer auferlegt. Nach Auffassung des Verfassers sollte dies nicht auf den Verbrauchsgüterkauf beschränkt bleiben, sondern für alle Kaufverträge erfolgen, weil es in den Fällen bestimmungsgemäßen Einbaus des Kaufgegenstandes auch beim Nicht-Verbrauchsgüterkauf für den Verkäufer absehbar ist, dass die Sache weiterverarbeitet wird; liefert der Verkäufer in einem solchen Fall eine mangelhafte Sache, ist es interessengerecht, die Kosten für Aus- und Neueinbau auf den Verkäufer zu verlagern. 71

6. Abdingbarkeit

§ 439 Abs. 2 BGB ist grundsätzlich abdingbar. Das gilt nicht für den Verbrauchsgüterkauf (§ 475 Abs. 1 BGB). Einschränkende Klauseln in Allgemeinen Geschäftsbedingungen können gegen § 309 72

---

[103] Schlussanträge des Generalanwalts vom 18.05.2010 - C-87/09.
[104] EuGH v. 16.06.2011 - C-65/09 und C-87/09.
[105] BGH v. 15.07.2008 - VIII ZR 211/07.
[106] Vgl. *Augenhofer/Appenzeller/Holm*, JuS 2011, 680, 684; *Faust*, JuS 2011, 744, 748.
[107] EuGH v. 16.06.2011 - C-65/09 und C-87/09.

Nr. 8 lit. b sublit. cc BGB verstoßen. Misst man § 439 Abs. 2 BGB Leitbildcharakter zu[108], so ist bei Allgemeinen Geschäftsbedingungen außerdem § 307 Abs. 2 BGB zu beachten. Vgl. dazu Rn. 43.

V. Einschränkungen des Nacherfüllungsanspruchs (Absatz 3)

73 Der Nacherfüllungsanspruch ist insoweit eingeschränkt, als er unmöglich ist (§ 275 Abs. 1 BGB) oder der Verkäufer die Nacherfüllung verweigern kann (§§ 275 Abs. 2 und 3, 439 Abs. 3 BGB).

1. Gesetzgebungsgeschichte

74 In § 439 Abs. 3 Satz 1 BGB wurde auf Anregung des Bundesrates[109] die Formulierung „unbeschadet des § 275 Abs. 2 und 3" eingefügt[110]. Damit sollte klargestellt werden, dass das Verweigerungsrecht nach dieser Norm unabhängig von dem des § 439 Abs. 3 BGB bestehen bleibt.

75 Die Formulierung in der Entwurfsbegründung zur unangemessenen Belastung durch die Nacherfüllung im Einzelfall: „Das gilt insbesondere für den [...] **Verkäufer ohne Reparaturwerkstatt**"[111], wurde seitens des Bundesrates[112] kritisch hinterfragt. Die Entgegnung der Bundesregierung[113] stellte daraufhin klar, dass es sich dabei lediglich um eine Möglichkeit handele und die unverhältnismäßigen Kosten gemäß Absatz 3 Satz 1 stets im Einzelfall zu prüfen seien.

76 Nach der Begründung des Regierungsentwurfes lehnt sich § 439 Abs. 3 BGB an die Regelung des § 633 Abs. 2 Satz 3 BGB a.F. an, wobei es ohne Bedeutung ist, dass das Wort „Aufwand" durch den Begriff „Kosten" ersetzt wurde.[114] Anders als nach Werkvertragsrecht stehen dem Käufer jedoch regelmäßig zwei Formen der Nacherfüllung zur Verfügung. Das Verweigerungsrecht des § 439 Abs. 3 BGB besteht grundsätzlich nur bezüglich der gewählten Art der Nacherfüllung, sodass die Nacherfüllung als solche grundsätzlich weiterhin möglich bleibt. Es geht also zunächst nicht darum, **ob** der Erfüllungsanspruch des Käufers erfüllt wird, sondern lediglich darum **wie**.[115] Ist zu entscheiden, ob das ursprüngliche Erfüllungsinteresse des Gläubigers überhaupt erfüllt wird, ist dem Schuldner ein höherer Aufwand – sprich höhere Kosten – zuzumuten.

2. Europäischer Hintergrund der Regelung

77 Bei § 439 Abs. 3 BGB handelt es sich im Wesentlichen um die Umsetzung von Art. 3 Abs. 3 RL 1999/44/EG des Europäischen Parlaments und Rates.

3. Unmöglichkeit

78 Der Anspruch auf Nacherfüllung ist gemäß § 275 Abs. 1 BGB ausgeschlossen, wenn diese unmöglich ist. Erfasst sind anfängliche und nachträgliche, subjektive und objektive Unmöglichkeit. Einzelheiten zur Unmöglichkeit vgl. die Kommentierung zu § 275 BGB. Zu der Frage, ob Ersatzlieferung auch beim Stückkauf möglich ist, vgl. Rn. 17.

79 Ist nur eine der Varianten (Nachbesserung oder Ersatzlieferung) unmöglich, so ist nur der Anspruch auf diese Variante nach § 275 Abs. 1 BGB ausgeschlossen. Das ergibt sich bereits aus dem Wortlaut der Norm („soweit"). Der Verkäufer schuldet in solchen Fällen nur die verbleibende Form der Nacherfüllung.

80 Ist die Nacherfüllung insgesamt unmöglich, weil beide Arten des § 439 Abs. 1 BGB gemäß § 275 Abs. 1 BGB ausscheiden, kann der Käufer nach § 326 Abs. 5 BGB beziehungsweise § 283 Satz 1

---

[108] Dazu *Graf von Westphalen* mit weiteren Nachweisen zur gleichen Problematik bei § 476a BGB a.F.; *Graf von Westphalen* in: Henssler/Westphalen, Praxis der Schuldrechtsreform, 2002, § 439 Rn. 14-15.
[109] BT-Drs. 14/6857, S. 27 (Nr. 94).
[110] BT-Drs. 14/6857, S. 61 (zu Nr. 94); BT-Drs. 14/7052, S. 41.
[111] BT-Drs. 14/6040, S. 232 (erster Absatz zu Satz 1).
[112] BT-Drs. 14/6857, S. 27 (Nr. 95).
[113] BT-Drs. 14/6857, S. 61 (zu Nr. 95).
[114] Diese Abweichung wird mit der Formulierung der Richtlinie begründet: BT-Drs. 14/6040, S. 232 (vierter Absatz zu Satz 1).
[115] Vgl. *Haas* in: Haas/Medicus/Rolland u.a., Das neue Schuldrecht, 2002, S. 202, Rn. 157.

BGB ohne Nachfristsetzung die weiteren Rechte wie Rücktritt, Minderung und Schadensersatz statt der Leistung geltend machen. Allerdings müssen dann die sonstigen Voraussetzungen der Rechte vorliegen.

4. § 275 Abs. 2, 3 BGB

Nach § 439 Abs. 3 Satz 1 BGB bleibt es dem Verkäufer unbenommen, eine Form der Nacherfüllung oder die Nacherfüllung insgesamt gemäß § 275 Abs. 2, 3 BGB zu verweigern („unbeschadet des § 275 Abs. 2 und 3"). Zur Gesetzgebungsgeschichte dieser Formulierung vgl. Rn. 74. Vgl. Einzelheiten zu § 275 Abs. 2, 3 BGB unter der Kommentierung zu § 275 BGB.

In der Praxis wird § 275 Abs. 2, 3 BGB bezüglich des Nacherfüllungsanspruchs allerdings eine eher unbedeutende Rolle spielen, weil an das ähnliche Verweigerungsrecht des § 439 Abs. 3 BGB nach dem ausdrücklichen Willen des Gesetzgebers[116] niedrigere Anforderungen zu stellen sind.

Auf § 275 Abs. 2 BGB kann es aber dann ankommen, wenn die Unzumutbarkeit nicht (nur) auf unverhältnismäßige Kosten zurückzuführen ist. Ein solcher Fall kann etwa dann vorliegen, wenn eine Nachbesserung zwar grundsätzlich möglich ist, aber bereits feststeht, dass zahlreiche weitere Kontrollen und eventuelle weitere Nachbesserungen erforderlich sein werden, sodass der über eine erste Reparatur hinausgehende Aufwand letztlich nicht mehr absehbar bzw. überschaubar ist.[117]

5. Unverhältnismäßige Kosten (Sätze 1, 2)

§ 439 Abs. 3 Satz 1 BGB gibt dem Verkäufer ein Leistungsverweigerungsrecht. Die beispielhaften Kriterien in Satz 2 der Norm ergänzen das in Satz 1 statuierte Recht.

Grundsätzlich ist bei der Beantwortung der Frage, ob die Kosten unverhältnismäßig sind, die Abwägung im Einzelfall maßgebend. Als Kriterien für eine Unverhältnismäßigkeit der Kosten werden zunächst der Wert der Sache in mangelfreiem Zustand und die Bedeutung des Mangels genannt. Fernerhin sind die Nachteile zu berücksichtigen, die dem Käufer durch die verbleibende Art der Nacherfüllung entstehen könnten.

a. Wert der Sache in mangelfreiem Zustand

Der Wert der Sache in mangelfreiem Zustand bietet insofern einen Anhaltspunkt, als bei geringwertigen Sachen ein hoher Aufwand eher unverhältnismäßig sein wird als bei hochwertigen. Maßgeblich ist der Wert der Sache und nicht der Kaufpreis. Die Bezugnahme auf den Wert der Sache rührt daher, dass das für den Verkäufer schlechte Geschäft („Schnäppchen") der vereinbarten Äquivalenz entspringt, der dadurch entstehende Verlust ist nicht im Rahmen der Zumutbarkeit zu berücksichtigen.[118] Gleiches muss nach Ansicht des Autors auch beim für den Verkäufer günstigen Vertrag („überteuerter" Preis) gelten, weshalb es grundsätzlich auf den Wert der Sache ankommt.

b. Bedeutung des Mangels

Unter der Bedeutung des Mangels wird man das Gewicht beziehungsweise die Bedeutung der Pflichtverletzung verstehen müssen, die den Mangel begründet.[119] Dabei ist auch die Beeinträchtigung des Käuferinteresses durch den Mangel mit einzubeziehen. Je geringer die Tauglichkeit der Sache ist, umso höher sind die Kosten, die dem Verkäufer zumutbar sind.

---

[116] Vgl. BT-Drs. 14/6040, S. 232 (dritter Absatz zu Satz 1).

[117] So der BGH v. 22.06.2005 - VIII ZR 281/04 - juris Rn. 27 - BGHZ 163, 234-248, in einem Fall des Hundekaufs, in dem neben einer Operation des Tieres regelmäßige tierärztliche Kontrolluntersuchungen absehbar waren.

[118] OLG Braunschweig v. 04.02.2003 - 8 W 83/02 - NJW 2003, 1053-1054; vgl. auch OLG Karlsruhe 14.03.2008 - 10 U 68/07 - juris Rn. 19.

[119] Die Richtlinie spricht von der „Bedeutung der Vertragswidrigkeit": Art. 3 Abs. 3 Satz 2 Verbrauchsgüterrichtlinie 1999/44/EG (dort der zweite Spiegelstrich).

c. Verschulden

88 Das Maß des Verschuldens – soweit ein Verschulden im Einzelfall gegeben ist – wird man ebenfalls zu berücksichtigen haben,[120] weil dem schuldhaft handelnden Verkäufer ein höheres Maß an Kosten zuzumuten ist. Dies gilt insbesondere für den vorsätzlich Handelnden.

d. Andere Art der Nacherfüllung/relative Unverhältnismäßigkeit

89 Häufiger Grund für die Unverhältnismäßigkeit nach Satz 1 wird in der Praxis die nach Satz 2 zulässige Erwägung sein, dass die andere Art der Nacherfüllung ohne erhebliche Nachteile für den Käufer möglich ist. Damit sind Unannehmlichkeiten[121] wie das kurzzeitige Entbehren der Kaufsache bei der Nachbesserung gemeint.

90 Unerhebliche Nachteile des Käufers dürfen jedoch nicht aus Mängeln des Kaufgegenstandes resultieren, seien diese auch unerheblich: Der Käufer hat einen Anspruch auf eine vollständig mangelfreie Kaufsache. Verbleiben durch eine Form der Nacherfüllung – in der Regel wird es sich um die Nachbesserung handeln – auch nur geringe Mängel, so ist diese gemäß § 275 Abs. 1 BGB unmöglich (vgl. dazu Rn. 13). Der Verkäufer kann sich in einem solchen Fall also auch nicht auf die niedrigeren Kosten dieser Art der Nacherfüllung berufen.

91 Auch nach Ansicht des LG Aachen[122] muss sich der Käufer nicht auf eine Nachbesserung verweisen lassen, wenn durch die Nachbesserung keine vollständige Mangelbeseitigung erzielt würde (hier: mutmaßlich verbleibende Falten bei einer hochwertigen Couchgarnitur). Dieses Ergebnis begründet das LG zusätzlich mit der Unzumutbarkeit einer derartigen Nachbesserung für den Käufer. Nach Ansicht des Verfassers hätte in diesem Fall ein Verweis auf die Unmöglichkeit der Nachbesserung (wegen nicht erreichbarer Mangelfreiheit) ausgereicht, die das Gericht ebenfalls erkannt hat, indem es feststellte „dass eine Nachbesserung nicht zu dem vertraglich geschuldeten Erfolg führen könnte".

e. Absolute Unverhältnismäßigkeit

92 Der Verkäufer ist – wie sich aus § 439 Abs. 3 Satz 3 HS. 2 BGB eindeutig ergibt – grundsätzlich auch dann berechtigt, die Nacherfüllung zu verweigern, wenn keine alternative Form der Nacherfüllung mehr möglich ist/verbleibt, sodass der Verkäufer letztlich die Nacherfüllung insgesamt verweigert.[123] Damit existiert nach nationalem Recht neben der **relativen Unverhältnismäßigkeit** (Unverhältnismäßigkeit in Relation zu der anderen Art der Nacherfüllung) auch **eine absolute Unverhältnismäßigkeit**.[124]

93 Verbleibt nur eine Form der Nacherfüllung,[125] ist dem Verkäufer ein höheres Maß an Kosten zuzumuten. Es geht dann nämlich nicht mehr allein um die Verweigerung einer bestimmten Art der Nacherfüllung, sondern darum, ob das vertragliche Leistungsinteresse des Käufers überhaupt noch erfüllt wird. Das sollte allerdings nicht so weit gehen, wie der Bundesgerichtshof in seiner Rechtsprechung[126] zu § 633 Abs. 2 Satz 3 BGB a.F. (zum Verhältnis von Absatz 3 zu § 633 Abs. 2 Satz 3 BGB a.F. vgl. Rn. 76).[127] Vielmehr ist im Einzelfall abzuwägen, welche Kosten dem Verkäufer zuzumuten sind.

---

[120] Für § 633 Abs. 2 Satz 3 BGB a.F.: BGH v. 23.02.1995 - VII ZR 235/93 - juris Rn. 9 - LM BGB § 633 Nr. 89 (11/1995).
[121] In der Richtlinie ist ausdrücklich von „Unannehmlichkeiten" die Rede: Art. 3 Abs. 3 Satz 2 Verbrauchsgüterrichtlinie 1999/44/EG (dort der dritte Spiegelstrich).
[122] LG Aachen v. 29.06.2006 - 6 S 19/06 - juris Rn. 9 - NJW-RR 2007, 633-634.
[123] BGH v. 14.01.2009 - VIII ZR 70/08 - juris Rn. 13.
[124] BGH v. 14.01.2009 - VIII ZR 70/08 - juris Rn. 14.
[125] Grund hierfür kann die Unmöglichkeit oder eine rechtmäßige Verweigerung der anderen Form sein.
[126] Der BGH verneint ein Leistungsverweigerungsrecht des Schuldners nach § 633 Abs. 2 Satz 3 BGB a.F. regelmäßig bereits dann, wenn der Gläubiger objektiv ein berechtigtes Interesse an der Erfüllung des Vertrages hat: BGH v. 04.07.1996 - VII ZR 24/95 - juris Rn. 9 - LM BGB § 633 Nr. 96 (1/1997).
[127] Ebenso *Haas* in: Haas/Medicus/Rolland u.a., Das neue Schuldrecht, 2002, S. 204, Rn. 164.

aa. Entscheidung des EuGH

Weil diese nationale Regelung im Widerspruch zur Richtlinie über den Verbrauchsgüterkauf (1999/44/EG) steht, hat der BGH die Frage der Vereinbarkeit dem **EuGH** vorgelegt.[128] Während der Generalanwalt in seiner Stellungnahme vor dem EuGH die Auffassung vertrat, dass keine Unvereinbarkeit vorlag,[129] hat der EuGH die **Möglichkeit des Verkäufers** gemäß § 439 Abs. 3 Satz 2 HS. 2 BGB beim Verbrauchsgüterkauf auch **die einzige verbliebene Alternative der Nacherfüllung zu verweigern** (sog. absolute Unverhältnismäßigkeit) für **nicht richtlinienkonform** erklärt:[130] „Art. 3 Abs. 3 der Richtlinie 1999/44 ist dahin auszulegen, dass er ausschließt, dass eine nationale gesetzliche Regelung dem Verkäufer das Recht gewährt, die Ersatzlieferung für ein vertragswidriges Verbrauchsgut als einzig mögliche Art der Abhilfe zu verweigern, weil sie ihm wegen der Verpflichtung, den Ausbau dieses Verbrauchsguts aus der Sache, in die es eingebaut wurde, und den Einbau des als Ersatz gelieferten Verbrauchsguts in diese Sache vorzunehmen, Kosten verursachen würde, die verglichen mit dem Wert, den das Verbrauchsgut hätte, wenn es vertragsgemäß wäre, und der Bedeutung der Vertragswidrigkeit unverhältnismäßig wären. Art. 3 Abs. 3 schließt jedoch nicht aus, dass der Anspruch des Verbrauchers auf Erstattung der Kosten für den Ausbau des mangelhaften Verbrauchsguts und den Einbau des als Ersatz gelieferten Verbrauchsguts in einem solchen Fall auf die Übernahme eines angemessenen Betrags durch den Verkäufer beschränkt wird."

94

bb. Umsetzung der EuGH-Entscheidung

Nach dem Urteil des EuGH sieht der BGH im Bereich des § 439 Abs. 3 BGB für den Verbrauchsgüterkauf eine verdeckte Regelungslücke, die bis zu einer gesetzlichen Neuregelung im Rahmen **richtlinienkonformer Rechtsfortbildung** durch **teleologische Reduktion** des § 439 Abs. 3 BGB auf einen mit Art. 3 der Richtlinie zu vereinbarenden Inhalt zu schließen ist:[131]

95

- § 439 Abs. 3 BGB ist für den Verbrauchsgüterkauf einschränkend dahingehend anzuwenden, dass **ein Verweigerungsrecht des Verkäufers nicht besteht,** wenn nur eine Art der Nacherfüllung möglich ist oder der Verkäufer die andere Art der Nacherfüllung bereits zu Recht verweigert (absolute Unverhältnismäßigkeit).
- In einem solchen Fall kann der Verkäufer den Käufer aber bezüglich des Ausbaus der mangelhaften Kaufsache und des Einbaus der als Ersatz gelieferten Kaufsache **auf eine Kostenerstattung in Höhe des angemessenen Betrages verweisen**. Bei der Bemessung dieses Betrages sind der Wert der Sache in mangelfreiem Zustand und die Bedeutung des Mangels zu berücksichtigen und zu gewährleisten, dass durch die Beschränkung auf eine Kostenbeteiligung des Verkäufers das Recht des Käufers auf Erstattung der Aus- und Einbaukosten nicht ausgehöhlt wird.[132]

cc. Übertragbarkeit auf Kaufverträge außerhalb der Verbrauchsgüterrichtlinie

Zweifelhaft ist, ob diese Grundsätze im Rahmen der quasi-richtlinienkonformen Auslegung (vgl. die Kommentierung zu § 433 BGB Rn. 6) auch auf Kaufverträge anzuwenden sind, die keine Verbrauchsgüterkaufverträge sind.[133] Nach Ansicht des Verfassers ist die teleologische Reduktion auf den Ver-

96

---

[128] BGH v. 14.01.2009 - VIII ZR 70/08 - juris Rn. 17. Die Vorlagefrage lautete: „Sind die Bestimmungen des Art. 3 Abs. 3 Unterabs. 1 und 2 der Richtlinie 1999/44/EG des Europäischen Parlaments und des Rates vom 25.05.1999 zu bestimmten Aspekten des Verbrauchsgüterkaufs und der Garantien für Verbrauchsgüter dahin auszulegen, dass sie einer nationalen gesetzlichen Regelung entgegenstehen, wonach der Verkäufer im Falle der Vertragswidrigkeit des gelieferten Verbrauchsgutes die vom Verbraucher verlangte Art der Abhilfe auch dann verweigern kann, wenn sie ihm Kosten verursachen würde, die verglichen mit dem Wert, den das Verbrauchsgut ohne die Vertragswidrigkeit hätte, und der Bedeutung der Vertragswidrigkeit unzumutbar (absolut unverhältnismäßig) wären?"

[129] Schlussanträge des Generalanwalts vom 18.05.2010 - C-65/09.

[130] EuGH v. 16.06.2011 - C-65/09 und C-87/09.

[131] BGH v. 21.12.2011 - VIII ZR 70/08 - juris Rn. 30 ff.

[132] BGH v. 21.12.2011 - VIII ZR 70/08 - juris Rn. 35.

[133] Vgl. *Augenhofer/Appenzeller/Holm*, JuS 2011, 680, 684; *Faust*, JuS 2011, 744, 748.

brauchsgüterkauf beschränkt, weil sie dem Wortlaut der Vorschrift zuwiderläuft und es sich um eine richtlinienkonforme Rechtsfortbildung handelt.[134]

dd. De lege ferenda

97 Nachdem der EuGH die Möglichkeit des Verkäufers, beim Verbrauchsgüterkauf auch die einzige verbliebene Alternative der Nacherfüllung zu verweigern (sog. absolute Unverhältnismäßigkeit), für nicht richtlinienkonform erklärt hat,[135] wäre es wünschenswert, wenn der Gesetzgeber – wie schon nach der „Quelle"-Entscheidung über den Wertersatz für die Nutzung (vgl. Rn. 125) – im Rahmen einer Gesetzesänderung die Verweigerungsrechte des Verkäufers beim Verbrauchsgüterkauf ausdrücklich beschränkte.[136] Nach Auffassung des Verfassers sollte dies auf den Verbrauchsgüterkauf beschränkt bleiben, da den Verweigerungsrechten für den Nicht-Verbrauchsgüterkauf ein angemessener Interessenausgleich zu Grunde liegt.

f. Typische Fälle

98 Bei geringwertigen Sachen des alltäglichen Gebrauchs ist die Nachbesserung häufig mit unverhältnismäßig hohen Kosten verbunden, während die Ersatzlieferung mit geringem Aufwand möglich ist (Beispiel: Schraube mit Gewindefehler)[137]. Bei hochwertigen Gütern hingegen entstehen durch die Ersatzlieferung häufig unverhältnismäßig hohe Kosten, während der Mangel durch eine Nachbesserung relativ problemlos behoben werden kann (Beispiel: Der Mangel einer Waschmaschine kann durch den Austausch einer defekten Schraube beseitigt werden)[138].

99 Gerade bei hochwertigen neuen Gegenständen ist aber zu berücksichtigen, dass ein Mangel über die konkrete Gebrauchsminderung hinaus eine Wertminderung darstellen kann, sodass der Verkäufer in einem solchen Fall eine Ersatzlieferung nicht unter Verweis auf eine preiswertere Nachbesserung als unzumutbar verweigern kann. Nach Ansicht des OLG Celle[139] ist beim Kauf eines Neufahrzeuges mit einem schweren Motormangel (hier: Lunker im Motorblock) die Ersatzlieferung eines Neufahrzeuges nicht unverhältnismäßig. Bei derartigen Fallgestaltungen erscheint es – nach Ansicht des Verfassers – naheliegender, hinsichtlich der Nachbesserung ohnehin von Unmöglichkeit auszugehen, weil dem Gegenstand nach erfolgreicher Nachbesserung weiterhin ein „Makel" anhaften würde (im vom OLG Celle entschiedenen Fall: kein Originalmotor), der sich in einer Wertminderung niederschlägt. Erforderlich ist hingegen eine nachhaltige und vollständige Beseitigung des Mangels (vgl. Rn. 14).

100 Zum Verkäufer ohne Reparaturwerkstatt vgl. Rn. 74.

g. Faustformeln

101 Mit Vorsicht sind Faustformeln zur Unverhältnismäßigkeit der Kosten zu genießen[140], weil es entscheidend auf den Einzelfall ankommt. Dennoch können sie angesichts der noch im Flusse befindlichen Rechtsprechung und noch unzureichender Praxiserfahrung zum reformierten Kaufrecht hilfreiche Anhaltspunkte bieten. Deswegen werden hier – verkürzt – die von *Bitter/Meidt*[141] vorgeschlagenen Regeln dargestellt:

---

[134] Auch die Entscheidung des BGH v. 21.12.2011 - VIII ZR 70/08 - juris Rn. 35, wird man so verstehen können: „Die [...] bestehende verdeckte Regelungslücke ist durch eine teleologische Reduktion des § 439 Abs. 3 BGB für die Fälle des Verbrauchsgüterkaufs (§ 474 Abs. 1 Satz 1 BGB) zu schließen".

[135] EuGH v. 16.06.2011 - C-65/09 und C-87/09.

[136] Auch der BGH (BGH v. 21.12.2011 - VIII ZR 70/08 – juris Rn. 35) geht von einer Gesetzesänderung aus, wenn er ausführt, die Umsetzung der Entscheidung des EuGH erfolge im Rahmen richtlinienkonformer Rechtsfortbildung durch teleologische Reduktion „bis zu einer gesetzlichen Neuregelung".

[137] BT-Drs. 14/6040, S. 232 (zu Satz 2).

[138] BT-Drs. 14/6040, S. 232 (zu Satz 2).

[139] OLG Celle v. 28.06.2006 - 7 U 235/05 - juris Rn. 27 - ZGS 2006, 429-431.

[140] Kritisch auch *Haas* in: Haas/Medicus/Rolland u.a., Das neue Schuldrecht, 2002, S. 202, Rn. 158.

[141] Einzelheiten: *Bitter/Meidt*, ZIP 2001, 2114-2124, 2120-2123.

- Eine Form der Nacherfüllung soll jedenfalls dann unverhältnismäßig sein, wenn die insgesamt erforderlichen Kosten 150% des Werts der mangelfreien Sache oder 200% des mangelbedingten Minderwerts übersteigen (absolute Unverhältnismäßigkeit).[142]
- Im Vergleich zur anderen Form der Nacherfüllung sei die vom Käufer gewählte dann unverhältnismäßig, wenn sie 10% teurer sei als die andere (relative Unverhältnismäßigkeit).[143]

Auch der BGH hat festgehalten, dass die in der Literatur gebräuchlichen Rechenformeln eine Bewertung aller Umstände des Einzelfalls nicht ersetzen können, indes würden derartige Faustregeln gleichwohl einen ersten Anhaltspunkt geben und damit mangels einer eindeutigen Regelung und einer gefestigten Rechtsprechung der Rechtsunsicherheit entgegenwirken.[144]

h. Rechtsprechung

Für die Unverhältnismäßigkeit im Vergleich zur anderen Form der Nacherfüllung (so genannter interner Kostenvergleich) hat das LG Ellwangen[145] eine Grenze von 20% für richtig erachtet. Dabei wählt das Gericht als Ausgangspunkt seiner Überlegungen § 251 Abs. 2 BGB, zu der eine Faustformel von 30% entwickelt ist. Nach Ansicht des Verfassers ist dieser Herangehensweise des LG – unabhängig vom gefundenen Ergebnis – aus zwei Gründen nicht zu folgen: Erstens betrifft § 251 Abs. 2 BGB den Vergleich zwischen Herstellungskosten und Geldersatz und nicht wie beim internen Kostenvergleich zwei unterschiedliche Arten des ursprünglich Geschuldeten (bei § 439 BGB mangelfreie Kaufsache). Zweitens handelt es sich bei § 251 BGB um eine Bestimmung zum Schadensersatz, die nicht ohne weiteres auf vertragliche Primäransprüche übertragbar ist.

Absolute Unverhältnismäßigkeit (das heißt der Verkäufer darf die Nacherfüllung auch dann verweigern, wenn keine Nacherfüllungs-Alternative verbleibt) ist nach Ansicht des BGH in Anlehnung an die oben dargestellte Faustformel von *Bitter/Meidt* jedenfalls dann anzunehmen, wenn die Kosten der Nacherfüllung 150% des Werts der Sache im mangelfreien Zustand oder 200% des mangelbedingten Minderwerts übersteigen.[146]

VI. Rückgewähr bei Ersatzlieferung (Absatz 4)

§ 439 Abs. 4 BGB gibt dem Verkäufer einen Anspruch gegen den Käufer auf Rückgewähr der mangelhaften Sache, wenn er diesem eine Ersatzsache liefert. Der Inhalt des Anspruches richtet sich ausdrücklich nach Rücktrittsrecht (§§ 346-348 BGB).

1. Gesetzgebungsgeschichte

§ 439 Abs. 4 BGB soll die Rückgewähr wie vor der Schuldrechtsreform beim Gattungskauf nach Rücktrittsrecht regeln (§ 480 Abs. 1 Satz 2 BGB, § 467 Satz 1 BGB a.F.).[147]

2. Voraussetzungen

Der Verkäufer muss dem Käufer zum Zwecke der Nacherfüllung eine mangelfreie Sache liefern. Das heißt die Lieferung muss eine gemäß den §§ 434-435 BGB mangelfreie Kaufsache beinhalten. Lieferung meint Übergabe und Eigentumsverschaffung.

Der Verweis auf § 348 BGB legt nahe, dass Lieferung der mangelfreien Sache und Rückgewähr der mangelhaften Sache **Zug um Zug** zu erfolgen haben. Problematisch erscheint diesbezüglich jedoch, dass der Anspruch auf Rückgewähr erst dann entsteht, wenn der Verkäufer die Ersatzsache liefert (§ 439 Abs. 4 BGB). Hier besteht noch Klärungsbedarf.

---

[142] Einzelheiten bei *Bitter/Meidt*, ZIP 2001, 2114-2124, 2121-2122.
[143] Einzelheiten bei *Bitter/Meidt*, ZIP 2001, 2114-2124, 2121-2122.
[144] BGH v. 14.01.2009 - VIII ZR 70/08 - juris Rn. 15.
[145] LG Ellwangen v. 13.12.2002 - 3 O 219/02 - NJW 2003, 517-518.
[146] BGH v. 14.01.2009 - VIII ZR 70/08 - juris Rn. 15 f.
[147] BT-Drs. 14/6040, S. 232 (zu Absatz 4).

C. Rechtsfolgen

I. Absatz 1

109 Nach § 439 Abs. 1 BGB kann der Käufer zwischen Nachbesserung und Ersatzlieferung wählen. Einzelheiten vgl. die Kommentierung zu Absatz 1 unter Rn. 8. Die Folgen der Unmöglichkeit einer oder beider Formen der Nacherfüllung sind beschrieben im Rahmen der Rn. 78.

110 Ist der neu gelieferte Gegenstand bzw. der ursprüngliche Gegenstand nach einem Nachbesserungsversuch mangelhaft, bleibt der Anspruch auf Nacherfüllung (= Herstellung eines vertragsgemäßen Zustands) bestehen. In Betracht kommen auch Sekundäransprüche, wenn ein Fehlschlagen im Sinne des § 440 Satz 1 BGB vorliegt, vgl. die Kommentierung zu § 440 BGB Rn. 1.

II. Absatz 2

111 Der Verkäufer muss gemäß § 439 Abs. 2 BGB alle Aufwendungen tragen, die zum Zwecke der Nacherfüllung erforderlich sind. Deswegen darf der Verkäufer dem Käufer seine Aufwendungen nicht in Rechnung stellen. Bei eigenen Aufwendungen hat der Käufer einen Ersatzanspruch gegen den Verkäufer. Hier ist § 256 BGB zu berücksichtigen.

112 Einschränkungen können sich gegebenenfalls nach den Grundsätzen der Vorteilsausgleichung oder bei Mitverantwortung des Käufers ergeben.

III. Absatz 3

113 Zu den Folgen der Unmöglichkeit einer oder beider Formen der Nacherfüllung vgl. Rn. 78.

114 Liegen die Voraussetzungen von § 439 Abs. 3 Satz 1 BGB vor, so kann der Verkäufer die verlangte Art der Nacherfüllung verweigern. Bei diesem Leistungsverweigerungsrecht handelt es sich um eine **Einrede**, die er geltend machen muss, nicht um eine von Amts wegen zu beachtende Einwendung – wie beispielsweise die Unmöglichkeit gemäß § 275 Abs. 1 BGB.

115 Der Verkäufer muss die Einrede erheben, bevor der Käufer seine sekundären Rechte ausgeübt hat. Der Verkäufer kann die Einrede nach § 439 Abs. 3 BGB hingegen nicht mehr erheben, sobald der Käufer (wirksam) den Rücktritt vom Vertrag erklärt hat, da der Vertrag dann in ein Abwicklungsverhältnis umgewandelt wird und der Käufer hernach keinen Anspruch mehr auf Nacherfüllung hat, dessen Erfüllung der Verkäufer verweigern könnte.[148] Vergleichbares gilt für Minderung und Schadensersatz statt der Leistung.

116 Die Einrede kann **nur durch den Verkäufer** ausgeübt werden, dem Verkäufer steht es also frei, auch überobligatorische Anstrengungen zu unternehmen. Daher kann der Käufer in den Fällen, in denen die Voraussetzungen des § 439 Abs. 2 BGB vorliegen, nicht direkt die sekundären Gewährleistungsrechte (Minderung, Rücktritt, Schadensersatz) geltend machen, sondern er muss zunächst Nacherfüllung verlangen und abwarten, ob der Verkäufer dem Verlangen nachkommt oder die Einrede nach § 439 Abs. 2 BGB erhebt.[149] Dies ist letztlich auch Bestandteil des sog. Vorrangs bzw. Primats der Nacherfüllung; vgl. dazu auch die Kommentierung zu § 440 BGB Rn. 15 sowie die Kommentierung zu § 437 BGB Rn. 16.

117 Folge der rechtmäßig erhobenen Einrede ist zunächst, dass sich der Nacherfüllungsanspruch auf die andere Form beschränkt (§ 439 Abs. 3 Satz 3 HS. 1 BGB).[150] Der Käufer hat jedoch nur insoweit einen Anspruch auf Nacherfüllung in der anderen Form, als dieser nicht unmöglich ist. Die Einrede gemäß § 439 Abs. 3 Satz 1 BGB kann der Verkäufer auch gegen die verbleibende Art der Nacherfüllung geltend machen (§ 439 Abs. 3 Satz 3 HS. 2 BGB), sofern die Voraussetzungen des § 439 Abs. 1 BGB vorliegen.

---

[148] OLG Celle v. 28.06.2006 - 7 U 235/05 - juris Rn. 29 - ZGS 2006, 429-431.
[149] BGH v. 21.12.2005 - VIII ZR 49/05 - juris Rn. 26 - EBE/BGH 2006, 78-80; dazu: *Stürner*, jurisPR-BGHZivilR 14/2006, Anm. 2.
[150] Vgl. BT-Drs. 14/6040, S. 232 (zu Satz 3).

Verweigert der Verkäufer beide Formen der Nacherfüllung oder die einzig mögliche Form der Nacherfüllung, ist die Fristsetzung für Rücktritt, Minderung und Schadensersatz statt der Leistung wegen § 440 Satz 1 BGB entbehrlich. Einzelheiten dazu vgl. die Kommentierung zu § 440 BGB.

IV. Absatz 4

1. Ansprüche des Verkäufers

Liegen die Voraussetzungen von § 439 Abs. 4 BGB vor, hat der Verkäufer gegen den Käufer einen Anspruch auf Rückgewähr der mangelhaften Sache, der sich inhaltlich nach den §§ 346-348 BGB richtet. In erster Linie erstreckt sich dieser Anspruch auf Rückgabe und Rückübereignung. Zu Einzelheiten vgl. die Kommentierung zu § 346 BGB, die Kommentierung zu § 347 BGB und die Kommentierung zu § 348 BGB.

Zu der Frage, ob Lieferung der Ersatzsache und Rückgewähr der mangelhaften Sache Zug um Zug zu erfolgen haben (§ 348 BGB) vgl. Rn. 108.

2. Nutzungsherausgabe

Problematisch ist der in der Entwurfsbegründung[151] ausführlich begründete **Anspruch auf Nutzungsherausgabe** gemäß den §§ 439 Abs. 4, 346 Abs. 1 BGB. Dafür wird unter anderem angeführt, dass der Käufer eine neue Sache erhält und deshalb die Vorteile aus der Benutzung der (mangelhaften) Kaufsache nicht auch noch behalten soll.[152]

a. Keine Möglichkeit einer teleologische Reduktion

Für eine **teleologische Reduktion** von § 439 Abs. 4 BGB hinsichtlich der Nutzungsherausgabe lässt sich anführen, dass der Käufer bei ordnungsgemäßer Vertragserfüllung eine mangelfreie Kaufsache hätte nutzen können. Müsste der Käufer nun die Nutzungen herausgeben, so würde der vertragswidrige Zustand bis zur Lieferung der Ersatzsache verstärkt. Eventuelle Vorteile des Käufers durch eine neuwertige Sache, nachdem er die mangelhafte längere Zeit nahezu vollständig nutzen konnte, könnten im Wege der Vorteilsausgleichung berücksichtigt werden. Dabei bliebe jedoch zu berücksichtigen, dass der Verkäufer diesen Vorteil durch sein vertragswidriges Verhalten mit verursacht hat.[153] Zudem stelle sich die Lage für den Verkäufer im Vergleich zu seiner Lage beim Rücktritt besser dar, weil ihm der Kaufpreis und der darin regelmäßig enthaltene Gewinn verblieben, während er beim Rücktritt diesen Vorteil herausgeben müsse.[154] Eine teleologische Reduktion gegen den klaren gesetzgeberischen Willen[155] ist – trotz guter Argumente[156] – nach der gesetzgeberischen Neuregelung für den Verbrauchsgüterkauf nicht mehr möglich (vgl. Rn. 124).

Der **BGH** hatte zuvor bereits eine **einschränkende Auslegung abgelehnt**.[157] Zwar sei die gesetzliche Regelung unangemessen,[158] jedoch widerspräche eine teleologische Reduktion sowohl dem Wortlaut

---

[151] BT-Drs. 14/6040, S. 232-233 (zu Absatz 4).
[152] BT-Drs. 14/6040, S. 233 (zu Absatz 4).
[153] OLG Nürnberg v. 23.08.2005 - 3 U 991/05 - juris Rn. 43 - NJW 2005, 3000-3002.
[154] Ausführlich zur gesamten Problematik unter Berücksichtigung des Urteils des OLG Nürnberg: *Gsell*, JuS 2006, 203-206
[155] Vgl. die ausführliche Begründung des Regierungsentwurfes: BT-Drs. 14/6040, S. 232-233 (zu Absatz 4).
[156] Vgl. dazu auch den Aufsatz von *Gsell*, NJW 2003, 1969-1975, die eine einschränkende Auslegung befürwortet.
[157] BGH v. 16.08.2006 - VIII ZR 200/05. Der BGH hatte das vorgehende Urteil des OLG Nürnberg einen Verbrauchsgüterkauf betreffend jedoch nicht aufgehoben, sondern das Verfahren ausgesetzt und dem EuGH die Frage vorgelegt, ob die Vorschrift des § 439 Abs. 4 BGB in ihrer den Senat bindenden Auslegung gegen Art. 3 Abs. 2-4 der Richtlinie 1999/44/EG verstößt. Nachdem der EuGH die Richtlinienwidrigkeit festgestellt hatte, hielt der BGH v. 26.11.2008 - VIII ZR 200/05 - juris Rn. 28 nunmehr fest, dass § 439 Abs. 4 BGB unter Beachtung des Urteils des Gerichtshofs der Europäischen Gemeinschaften vom 17.04.2008 im Wege der richtlinienkonformen Rechtsfortbildung in Fällen des Verbrauchsgüterkaufs (§ 474 Abs. 1 Satz 1 BGB) einschränkend anzuwenden ist. Liege indes kein Verbrauchsgüterkauf vor, bleibe es bei der Anwendung von § 439 Abs. 4 BGB.
[158] BGH v. 16.08.2006 - VIII ZR 200/05 - juris Rn. 12.

als auch dem eindeutig erklärten Willen des Gesetzgebers, sodass eine derartige Auslegung unter Berücksichtigung der Bindung der Rechtsprechung an Recht und Gesetz (Art. 20 Abs. 3 GG) nicht zulässig sei: Die Möglichkeit der Auslegung ende dort, wo sie mit dem Wortlaut und dem klar erkennbaren Willen des Gesetzgebers in Widerspruch trete.[159]

124 Angesichts der Beschränkung der gesetzgeberischen Neuregelung (vgl. Rn. 125) auf den Verbrauchsgüterkauf muss es auch nach Auffassung des Verfassers für die übrigen Kaufverträge bei der Anwendung von § 439 Abs. 4 BGB bleiben, **eine teleologische Reduktion für den Nicht-Verbrauchsgüterkauf scheidet angesichts des nunmehr wiederholt geäußerten klaren gesetzgeberischen Willens aus**. Gleichwohl handelt es sich bei § 439 Abs. 4 BGB nach Ansicht des Verfassers um eine rechtspolitisch verfehlte Regelung, die zu einer einseitigen Belastung des Käufers führt.[160]

b. Verbrauchsgüterkauf

125 Der **Bundesgesetzgeber** hat die Rechtslage für den Verbrauchsgüterkauf geändert, indem er mit Wirkung vom 16.12.2008 in § 474 Abs. 2 BGB den folgenden neuen Satz 1 eingefügt hat: „Auf die in diesem Untertitel geregelten Kaufverträge ist § 439 Abs. 4 mit der Maßgabe anzuwenden, dass Nutzungen nicht herauszugeben oder durch ihren Wert zu ersetzen sind." Ausweislich der Gesetzgebungsmaterialien soll durch diese Gesetzesänderung der Entscheidung des EuGH vom 17.04.2008 (C-404/06) Rechnung getragen werden und eine klare, richtlinienkonforme Umsetzung der Verbrauchsgüterkauf-Richtlinie erreicht werden.[161] Durch die explizit ausgesprochene Beschränkung der Regelung auf den Verbrauchsgüterkauf muss es für die sonstigen Kaufverträge bei der Anwendung von § 439 Abs. 4 BGB bleiben.

126 Der Gesetzesänderung vorangegangen war die folgende Entscheidung des **EuGH**[162]: „Art 3 der Richtlinie 1999/44/EG ist dahin auszulegen, dass er einer nationalen Regelung entgegensteht, die dem Verkäufer, wenn er ein vertragswidriges Gut geliefert hat, gestattet, vom Verbraucher Wertersatz für die Nutzung des vertragswidrigen Verbrauchsguts bis zu dessen Austausch durch ein neues Verbrauchsgut zu verlangen." Anlass dieser Entscheidung war die seitens des BGH vorgelegte Frage, ob die Vorschrift des § 439 Abs. 4 BGB in ihrer den Senat bindenden Auslegung gegen Art. 3 Abs. 2-4 der Richtlinie 1999/44/EG verstößt.[163]

D. Anwendungsfelder

127 Dem Käufer ist unbedingt zu empfehlen, mit der Geltendmachung der Nacherfüllung gleichzeitig dem Verkäufer eine **angemessene Frist** zu setzen, um sich die Möglichkeit der schnellen Ausübung von Sekundärrechten (Minderung, Rücktritt und Schadensersatz) zu eröffnen (vgl. § 281 Abs. 1 Satz 1 BGB, § 323 Abs. 1 BGB).

128 Für eine Fristsetzung gemäß § 281 Abs. 1 BGB genügt es, wenn der Gläubiger durch das Verlangen nach sofortiger, unverzüglicher oder umgehender Leistung oder vergleichbare Formulierungen deutlich macht, dass dem Schuldner für die Erfüllung nur ein begrenzter (bestimmbarer) Zeitraum zur Verfügung steht; der Angabe eines bestimmten Zeitraums oder eines bestimmten (End-)Termins bedarf es nicht.[164]

129 Sein Recht auf Nacherfüllung beschneidet er sich durch die Fristsetzung nicht, vielmehr kann er auch nach Ablauf der Frist weiterhin Nacherfüllung begehren. Erst wenn er Minderung oder Rücktritt erklärt, beziehungsweise Schadensersatz statt der Leistung verlangt hat, erlischt sein Anspruch auf Leistung/Nacherfüllung (§ 281 Abs. 4 BGB). Duldet der Käufer nach Fristablauf weitere Nachbesserungs-

---

[159] BGH v. 16.08.2006 - VIII ZR 200/05 - juris Rn. 15.
[160] Vgl. Rn. 122; ebenso: BGH v. 16.08.2006 - VIII ZR 200/05 - juris Rn. 12.
[161] BT-Drs. 16/10607, S. 6.
[162] EuGH v. 17.04.2008 - C-404/06 - NJW 2008, 1433 ff.
[163] BGH v. 16.08.2006 - VIII ZR 200/05.
[164] BGH v. 12.08.2009 - VIII ZR 254/08 - juris Rn. 10-11.

arbeiten, so kann er – wenn die Nachbesserungsarbeiten scheitern – regelmäßig ohne erneute Fristsetzung zurücktreten.[165] Verlangt der Käufer nach Fristablauf zunächst noch einmal Nacherfüllung, ist er hieran nicht gebunden und es bedarf auch keiner weiteren Fristsetzung, sondern der Käufer kann seine sekundären Gewährleistungsrechte geltend machen, wenn der Verkäufer auf das nochmalige Nacherfüllungsverlangen nicht leistet.[166] Der Geltendmachung des sekundären Rechtes kann nur ausnahmsweise der Einwand der unzulässigen Rechtsausübung (§ 242 BGB) entgegengehalten werden, wenn das sekundäre Recht zur Unzeit oder unmittelbar nach dem erneuten Nacherfüllungsverlangen ausgeübt wird.[167]

Wird der Mangel der Kaufsache indes innerhalb einer gesetzten Frist behoben, kann der Käufer keine sekundären Gewährleistungsrechte mehr geltend machen, etwa vom Vertrag zurücktreten. Dies gilt auch dann, wenn der Käufer – beispielsweise wegen des arglistigen Verschweigens des Mangels durch den Verkäufer – gar keine Frist zur Nacherfüllung hätte setzen müssen.[168]

130

Ein **unberechtigtes Mängelbeseitigungsverlangen des Käufers** stellt eine zum Schadensersatz verpflichtende schuldhafte Vertragsverletzung dar, wenn der Käufer erkannt oder fahrlässig nicht erkannt hat, dass ein Mangel nicht vorliegt, sondern die Ursache für die von ihm beanstandete Erscheinung in seinem eigenen Verantwortungsbereich liegt: Die innerhalb eines bestehenden Schuldverhältnisses gebotene Rücksichtnahme auf die Interessen der gegnerischen Vertragspartei erfordert, dass der Käufer vor Inanspruchnahme des Verkäufers im Rahmen seiner Möglichkeiten sorgfältig prüft, ob die in Betracht kommenden Ursachen für das Symptom, hinter dem er einen Mangel vermutet, in seiner eigenen Sphäre liegen.[169] Der Käufer muss daher im Rahmen seiner Möglichkeiten sorgfältig überprüfen, ob die von ihm beanstandete Erscheinung auf eine Ursache zurückzuführen ist, die nicht dem Verantwortungsbereich des Verkäufers zuzuordnen ist.[170] Bleibt dabei indes ungewiss, ob tatsächlich ein Mangel vorliegt, darf der Käufer Mängelrechte geltend machen, ohne Schadensersatzpflichten wegen einer schuldhaften Vertragsverletzung befürchten zu müssen, auch wenn sich sein Verlangen im Ergebnis als unberechtigt herausstellt.[171]

131

---

[165] Vgl. OLG Bremen v. 21.06.2007 - 2 U 5/07 - juris Rn. 14, wo indes Unzumutbarkeit nach § 440 S. 1 BGB angenommen wurde (OLG Bremen, juris Rn. 13).
[166] BGH v. 20.01.2006 - V ZR 124/05 - juris Rn. 17 - ZGS 2006, 149-151.
[167] BGH v. 20.01.2006 - V ZR 124/05 - juris Rn. 23 - ZGS 2006, 149-151.
[168] BGH v. 12.03.2010 - V ZR 147/09 - juris Rn. 10.
[169] BGH v. 23.01.2008 - VIII ZR 246/06 - juris Rn. 12 - EBE/BGH 2008, 66-67.
[170] BGH v. 23.01.2008 - VIII ZR 246/06 - juris Rn. 13 - EBE/BGH 2008, 66-67.
[171] BGH v. 23.01.2008 - VIII ZR 246/06 - juris Rn. 13 - EBE/BGH 2008, 66-67.

§ 440 BGB Besondere Bestimmungen für Rücktritt und Schadensersatz

(Fassung vom 02.01.2002, gültig ab 01.01.2002)

¹Außer in den Fällen des § 281 Abs. 2 und des § 323 Abs. 2 bedarf es der Fristsetzung auch dann nicht, wenn der Verkäufer beide Arten der Nacherfüllung gemäß § 439 Abs. 3 verweigert oder wenn die dem Käufer zustehende Art der Nacherfüllung fehlgeschlagen oder ihm unzumutbar ist. ²Eine Nachbesserung gilt nach dem erfolglosen zweiten Versuch als fehlgeschlagen, wenn sich nicht insbesondere aus der Art der Sache oder des Mangels oder den sonstigen Umständen etwas anderes ergibt.

Gliederung

A. Grundlagen 1	5. Beweislast 28
I. Kurzcharakteristik 1	6. Rechtsprechung 31
II. Gesetzgebungsmaterialien 2	IV. Unzumutbarkeit der Nacherfüllung (Satz 1 Alternative 3) 35
III. Europäischer Hintergrund 3	1. Gesetzgebungsgeschichte 35
IV. Regelungsprinzipien 4	2. Europäischer Hintergrund der Regelung 36
1. Rücktritt 6	3. Begriff 37
2. Schadensersatz statt der Leistung 7	4. Typische Fälle 42
3. Abdingbarkeit 8	5. Rechtsprechung 47
B. Anwendungsvoraussetzungen 9	V. Entbehrlichkeit der Fristsetzung beim Verbrauchsgüterkauf 55
I. Normstruktur 9	VI. Vermutung nach Satz 2 56
II. Verweigerung der Nacherfüllung (Satz 1 Alternative 1) 10	1. Gesetzgebungsgeschichte 57
1. Europäischer Hintergrund der Regelung 14	2. Zweiter erfolgloser Nachbesserungsversuch 59
2. Voraussetzungen 15	3. Beweislast 61
III. Fehlschlagen der Nacherfüllung (Satz 1 Alternative 2) 20	4. Soweit sich aus den Umständen nicht anderes ergibt 63
1. Gesetzgebungsgeschichte 20	C. Rechtsfolgen 65
2. Europäischer Hintergrund der Regelung 22	I. Satz 1 65
3. Die dem Käufer zustehende Art der Nacherfüllung 23	II. Satz 2 70
4. Fehlschlagen 25	

A. Grundlagen

I. Kurzcharakteristik

1 § 440 BGB nennt für das Kaufrecht Fallgestaltungen, in denen eine Fristsetzung für die Nacherfüllung entbehrlich ist. Dabei handelt es sich lediglich um eine ergänzende Erweiterung der Fälle, die bereits durch die Vorschriften des allgemeinen Leistungsstörungsrechtes erfasst sind.

II. Gesetzgebungsmaterialien

2 § 440 BGB soll nach dem Willen des Gesetzgebers die allgemeinen Regeln hinsichtlich der Entbehrlichkeit der Fristsetzung ergänzen.[1] Das ist nach Ansicht des Gesetzgebers[2] insbesondere für den Fall eines Fehlschlagens der Nacherfüllung erforderlich, weil diese Fallgestaltung in den allgemeinen Regeln nicht ausreichend erfasst ist. Einzelheiten der Gesetzgebungsmaterialien in den Ausführungen zu den verschiedenen Tatbestandsmerkmalen.

---

[1] BT-Drs. 14/6040, S. 233.
[2] BT-Drs. 14/6040, S. 233.

III. Europäischer Hintergrund

§ 440 BGB dient der Umsetzung von Art. 3 Abs. 5 RL 1999/44/EG des Europäischen Parlaments und Rates.

IV. Regelungsprinzipien

Schon der Verweis von § 437 BGB auf die §§ 323, 280, 281, 283 BGB verdeutlicht, dass Rücktritt und Schadensersatz statt der Leistung wegen eines Mangels grundsätzlich im allgemeinen Leistungsstörungsrecht geregelt sind. Die Voraussetzungen von Rücktritt sowie Schadensersatz statt der Leistung beim Kaufvertrag werden jedoch durch § 440 BGB modifiziert. Auch die amtliche Überschrift des § 440 BGB („Besondere Bestimmungen für Rücktritt und Schadensersatz") macht klar, dass es sich lediglich um eine Ergänzung des allgemeinen Leistungsstörungsrechts handelt.

Anknüpfungspunkt des § 440 BGB sind die in Satz 1 genannten §§ 281 Abs. 2, 323 Abs. 2 BGB. Ihre Anwendbarkeit wird für das Kaufrecht um die Fälle des § 440 BGB erweitert. Der Käufer kann daher, nachdem eine angemessene, von ihm gesetzte Frist abgelaufen ist, in jedem Fall sekundäre Rechtsbehelfe geltend machen; ein Fall des § 440 BGB muss nicht vorliegen. Umgekehrt erlaubt § 440 BGB dem Käufer, sekundäre Rechte unabhängig von einer Fristsetzung zu beanspruchen, soweit seine Voraussetzungen erfüllt sind.

1. Rücktritt

Grundsätzliches zum Rücktritt vgl. in der Kommentierung zu § 323 BGB und der Kommentierung zu § 326 BGB. Der durch die §§ 437 Nr. 1, 323, 440 BGB geregelte Rücktritt ersetzt die bisherige Wandelung. Im Gegensatz zur Wandelung ist der Rücktritt kein Anspruch auf vertragliche Anpassung (vgl. § 462 BGB a.F.), sondern ein Gestaltungsrecht des Käufers. Zur nach neuem Recht gemäß § 325 BGB möglichen Geltendmachung von Schadensersatzansprüchen trotz Rücktritts vgl. die Kommentierung zu § 325 BGB.

2. Schadensersatz statt der Leistung

Grundsätzliches zum Schadensersatz vgl. in der Kommentierung zu § 280 BGB, der Kommentierung zu § 281 BGB, der Kommentierung zu § 283 BGB und der Kommentierung zu § 311a BGB. Anders als nach altem Recht setzt ein Schadensersatzanspruch statt der Leistung für einen Mangelschaden nicht mehr eine Zusicherung oder ein arglistiges Verhalten des Verkäufers voraus (vgl. § 463 BGB a.F.), sondern hängt nur noch davon ab, ob der Verkäufer einen Mangel verschuldet hat.[3] Die Zusicherung einer Eigenschaft, die die Kaufsache nicht aufweist, hat auch nach neuem Recht regelmäßig Schadensersatz zur Folge, weil in einem solchen Fall eine Garantieübernahme nach § 276 Abs. 1 Satz 1 BGB vorliegen wird.

3. Abdingbarkeit

Beim Verbrauchsgüterkauf ist eine von § 440 Satz 1 BGB abweichende, für den Käufer nachteilige Vereinbarung ausgeschlossen (§ 475 Abs. 1 Satz 1 BGB). Bei Allgemeinen Geschäftsbedingungen ist § 309 Nr. 8 lit. b sublit. bb BGB sowie das Transparenzgebot aus § 307 Abs. 1 Satz 2 BGB zu beachten.[4]

---

[3] Vgl. BT-Drs. 14/6040, S. 224 a.E.

[4] *Graf von Westphalen* zu den Auswirkungen von § 440 Satz 1 BGB auf künftige Klauseln, insbesondere wegen des Transparenzgebotes: *Graf von Westphalen* in: Henssler/Westphalen, Praxis der Schuldrechtsreform, 2002, § 440 Rn. 11-22.

B. Anwendungsvoraussetzungen

I. Normstruktur

9 § 440 Satz 1 BGB enthält den zentralen Regelungsgehalt der Norm. Satz 1 wird durch § 440 Satz 2 BGB teilweise konkretisiert.

II. Verweigerung der Nacherfüllung (Satz 1 Alternative 1)

10 § 440 Satz 1 Alt. 1 BGB erfasst die Fälle, in denen der Verkäufer die Nacherfüllung gemäß § 439 Abs. 3 BGB so verweigert, dass der Käufer keinen Anspruch auf Nacherfüllung hat. In diesem Fall wäre eine Fristsetzung – mangels durchsetzbaren Nacherfüllungsanspruchs – sinnlos.

11 Auch die Fälle ernsthafter und endgültiger Verweigerung gemäß den §§ 281 Abs. 2, 323 Abs. 2 BGB bleiben weiterhin anwendbar, soweit die Normen greifen, ist eine Fristsetzung ebenfalls entbehrlich.

12 Eine solche ernsthafte und endgültige Verweigerung gemäß § 440 Satz 1 BGB i.V.m. § 281 Abs. 2 Alt. 1 BGB hat das LG Bonn[5] in einem Fall angenommen, in dem der Verkäufer das Bestehen eines Sachmangels noch im Prozess geleugnet hat. Das OLG Naumburg[6] hält eine Nachfristsetzung für sinnlos und damit entbehrlich, wenn der Verkäufer versucht, ein offensichtlich mit mehreren Mängeln behaftetes Grundstück zu übergeben und auf die Rüge des Käufers lediglich die Beteiligung an den Beseitigungskosten in Aussicht stellt.

13 Die Verweigerung nach § 275 Abs. 2, 3 BGB ist schon von § 326 Abs. 5 BGB erfasst; deswegen ist auch insoweit eine Fristsetzung entbehrlich.

1. Europäischer Hintergrund der Regelung

14 § 440 Satz 1 Alt. 1 BGB dient der Umsetzung von Art. 3 Abs. 5 RL 1999/44/EG des Europäischen Parlaments und Rates (erster Spiegelstrich).

2. Voraussetzungen

15 Der Verkäufer muss grundsätzlich beide Arten der Nacherfüllung verweigern. Es reicht nicht aus, dass die Voraussetzungen der Einrede gemäß § 439 Abs. 3 BGB vorliegen, vielmehr muss der Verkäufer sich darauf berufen.[7] Das ist auch sinnvoll, weil die Einredemöglichkeit **zugunsten** des Verkäufers geschaffen wurde und er durchaus ein Interesse an einer Nacherfüllung trotz Einredemöglichkeit haben kann; zum Beispiel, um den Rücktritt des Käufers zu verhindern.

16 Dem Verkäufer steht es daher – auch hier kommt der „Primat bzw. Vorrang der Nacherfüllung" zum Ausdruck (vgl. die Kommentierung zu § 437 BGB Rn. 16) – frei, im Rahmen der Nacherfüllung auch **überobligatorische Anstrengungen** zu unternehmen. Deshalb kann der Käufer in den Fällen des § 439 Abs. 2 BGB nicht direkt die sekundären Gewährleistungsrechte (Minderung, Rücktritt, Schadensersatz) geltend machen, sondern muss zunächst Nacherfüllung verlangen und abwarten, ob der Verkäufer dem Verlangen nachkommt oder die Einrede nach § 439 Abs. 2 BGB erhebt.[8] Zu den überobligatorischen Leistungen vgl. auch Rn. 41.

17 Aus der Norm ergibt sich nicht eindeutig, ob § 440 Satz 1 BGB auch dann greift, wenn der Verkäufer die Nacherfüllung unter Berufung auf § 439 Abs. 3 BGB verweigert, ohne dass die Voraussetzungen der Norm vorliegen. Den Wortlaut „gemäß § 439 Abs. 3 BGB verweigert" kann man als Verweis auf die objektiven Voraussetzungen deuten. Allerdings lässt sich die Formulierung auch im Sinne eines „unter Berufung auf § 439 Abs. 3 BGB verweigert" verstehen. Sinn und Zweck des Vorrangs der Nacherfüllung (zum Primat der Nacherfüllung vgl. die Kommentierung zu § 437 BGB Rn. 16) ist es aber, den Verkäufer zu schützen. Verweigert der Verkäufer die Nacherfüllung zu Unrecht, so hat er sich

---

[5] LG Bonn v. 30.10.2003 - 10 O 27/03 - ZGS 2003, 477-480.
[6] OLG Naumburg v. 24.02.2004 - 11 U 94/03 - NJW 2004, 2022-2024.
[7] Ausdrücklich BT-Drs. 14/6040, S. 234 (dritter Absatz).
[8] BGH v. 21.12.2005 - VIII ZR 49/05 - juris Rn. 26 - EBE/BGH 2006, 78-80; vgl. dazu *Stürner*, jurisPR-BGHZivilR 14/2006, Anm. 2.

dieses Schutzes begeben. Deswegen gebietet es die **teleologische Auslegung** der Norm, die Fristsetzung auch in solchen Fällen für entbehrlich zu halten.[9] Bei unbegründeter Verweigerung werden zwar regelmäßig auch die §§ 281 Abs. 2 Alt. 1, 323 Abs. 2 Nr. 1 BGB eingreifen, jedoch erscheint es sachnäher, diese Fälle bereits unter § 440 Satz 1 BGB zu subsumieren.

Unter § 440 Satz 1 Alt. 1 BGB sind auch die Situationen zu fassen, in denen eine Form der Nacherfüllung unmöglich ist und der Verkäufer die mögliche Art der Nacherfüllung verweigert. Zwar hat der Verkäufer dann nicht „beide" Arten der Nacherfüllung gemäß § 439 Abs. 3 BGB verweigert. Aber Sinn und Zweck der Vorschrift, nämlich die Notwendigkeit einer Fristsetzung bei fehlendem durchsetzbarem Nacherfüllungsanspruch auch unter Berücksichtigung des § 439 Abs. 3 BGB entfallen zu lassen, gelten auch für diesen Fall. **18**

Die Probleme **zusammenfassend** wird man die erste Alternative von Satz 1 wie folgt zu lesen haben: Einer Fristsetzung bedarf es auch dann nicht, wenn der Verkäufer beide Arten oder die einzig mögliche Art der Nacherfüllung unter Berufung auf § 439 Abs. 3 BGB verweigert. **19**

III. Fehlschlagen der Nacherfüllung (Satz 1 Alternative 2)

1. Gesetzgebungsgeschichte

Der Begriff des „Fehlschlagens" ist bewusst aus § 11 Nr. 10 lit. b AGBG a.F. übernommen worden.[10] Damit stellt sich die Frage, inwieweit man auf Rechtsprechung und Literatur zu dieser Norm für die Auslegung von § 440 Satz 1 Alt. 2 BGB zurückgreifen kann. Unter Fehlschlagen im Sinne des § 11 Nr. 10 lit. b AGBG a.F. wurden bisher auch Fallgestaltungen verstanden, bei denen die Entbehrlichkeit der Fristsetzung nach neuem Recht bereits in anderen Normen geregelt ist; beispielsweise Unmöglichkeit gemäß den §§ 283, 326 Abs. 5 BGB, Verweigerung gemäß der §§ 281 Abs. 2, 323 Abs. 2 Nr. 1 BGB. Diese Fälle sollen nicht vom „Fehlschlagen" im Sinne des § 440 Satz 1 Alt. 2 BGB erfasst werden.[11] Ansonsten wird man grundsätzlich auf Rechtsprechung und Literatur zu § 11 Nr. 10 lit. b AGBG a.F. zurückgreifen können, weil auch in der Regierungsbegründung darauf hingewiesen wird[12]; jedoch können diese Urteile lediglich Anhaltspunkte geben. **20**

Eine Sonderregelung für **Alltagsgeschäfte** ist bewusst nicht übernommen worden.[13] Erwogen worden war, bei solchen Geschäften das Erfordernis der Nachfristsetzung komplett entfallen zu lassen. Dagegen sprachen die Unbestimmtheit des Begriffs „Alltagsgeschäfte" sowie das Ziel eines einheitlichen Kaufrechts. Bei Einführung einer entsprechenden Sonderregel wäre zudem eine Rückausnahme für Rechtsmängel erforderlich gewesen.[14] Das Vorliegen eines Alltagsgeschäftes kann auch bei der Angemessenheit der Frist ausreichend in der Weise berücksichtigt werden, dass bereits eine sehr kurze Frist (beispielsweise Umtausch gegen eine mangelfreie Kaufsache innerhalb von Minuten) als angemessen beurteilt[15] wird. **21**

2. Europäischer Hintergrund der Regelung

Die zweite Alternative der Norm dient insoweit der Umsetzung von Art. 3 Abs. 5 RL 1999/44/EG des Europäischen Parlaments und Rates (zweiter Spiegelstrich), als bei einer fehlgeschlagenen Nacherfüllung der Verkäufer keine Abhilfe für den Käufer geschaffen hat. **22**

---

[9] *Büdenbender* in: AnwK-Das neue Schuldrecht, § 440 Rn. 5.
[10] BT-Drs. 14/6040, S. 233 (zu § 440 dritter und vierter Absatz).
[11] Vgl. die Entwurfsbegründung, in der bezüglich der Unmöglichkeit auf die allgemeinen Regeln verwiesen wird: BT-Drs. 14/6040, S. 234 (zweiter Absatz).
[12] Die Regierungsbegründung zitiert Gerichtsurteile und Literatur zu § 11 Nr. 10 lit. b AGBG a.F.: BT-Drs. 14/6040, S. 233 (zu § 440 dritter Absatz).
[13] BT-Drs. 14/6040, S. 234.
[14] BT-Drs. 14/6040, S. 234 (vierter Absatz).
[15] Vgl. BT-Drs. 14/6040, S. 234 (vierter Absatz).

3. Die dem Käufer zustehende Art der Nacherfüllung

23 Die dem Käufer zustehende Art der Nacherfüllung ist grundsätzlich die vom Käufer gemäß § 439 Abs. 1 BGB gewählte Form. Soweit der Verkäufer die gewählte Variante rechtmäßig verweigert hat (§§ 275 Abs. 1, 2, 439 Abs. 3 BGB), ist die verbleibende Art die dem Käufer zustehende. Damit ist klargestellt, dass der Käufer nach dem Fehlschlagen einer Art der Nacherfüllung keine weiteren Nacherfüllungsversuche in der anderen Form abzuwarten braucht, bevor er Sekundäransprüche geltend machen kann.[16]

24 Hat der Käufer dem Verkäufer das Wahlrecht überlassen (vgl. dazu die Kommentierung zu § 439 BGB Rn. 35), so muss sinngemäß das gleiche gelten. Dem Käufer steht also die Art der Nacherfüllung zu, für die sich der Verkäufer – gegebenenfalls konkludent – entschieden hat. Nacherfüllungsversuche in der anderen Form muss der Käufer auch hier nicht dulden.

4. Fehlschlagen

25 Fehlschlagen der dem Käufer zustehenden Art der Nacherfüllung meint die ungebührliche Verzögerung oder das Misslingen des Versuchs der Nachbesserung beziehungsweise der Ersatzlieferung.

26 Diese Definition ist der Rechtsprechung zum „Fehlschlagen" im Sinne des § 11 Nr. 10 lit. b AGBG a.F. entnommen.[17] Die Rechtsprechung zu dieser Norm kann grundsätzlich herangezogen werden. Das wird von der aktuellen Rechtsprechung zu § 440 Satz 1 BGB ebenso gesehen.[18] Ausgenommen sind die Fallgestaltungen, die bereits von den allgemeinen Vorschriften des Leistungsstörungsrechts erfasst werden (vgl. dazu Rn. 20).

27 Das Fehlschlagen ist im Einzelfall unter Berücksichtigung aller Umstände zu bestimmen. Die Annahme etwa, dass die Lieferung einer mangelhaften Ersatzsache stets das Fehlschlagen der **Ersatzlieferung** zur Folge hat, wird nicht jedem Einzelfall gerecht. Zwar ist das Vertrauen in den Verkäufer, der erneut eine mangelhafte Sache liefert, sicherlich geringer als bei einem erfolglosen Nachbesserungsversuch. Aber die Ersatzlieferung ist regelmäßig mit weniger Unannehmlichkeiten verbunden als die Nachbesserung[19], sodass sich eine derartige (Faust-)Regel verbietet.

5. Beweislast

28 Wenn der Käufer die Kaufsache nach einem durchgeführten Nachbesserungsversuch wieder entgegengenommen hat, obliegt es ihm, das Fortbestehen des Mangels, mithin die Erfolglosigkeit des Nachbesserungsversuchs, zu beweisen. Dieser aus § 363 BGB folgenden **Beweislast für das Fehlschlagen der Nachbesserung** genügt der **Käufer** regelmäßig bereits durch den Nachweis, dass das von ihm gerügte Mangelsymptom weiterhin auftritt.[20] Etwas anderes kann gelten, wenn das erneute Auftreten des Mangelsymptoms möglicherweise auf einer unsachgemäßen Behandlung der Kaufsache nach deren erneuter Übernahme durch den Käufer beruht.[21] Es kommt indes nicht darauf an, ob ein Sachmangel möglicherweise auf eine neue Mangelursache zurückgeführt werden kann, wenn die Mangelursache allein im Kaufgegenstand zu suchen ist und nicht auf einer unsachgemäßen Behandlung seitens des Käufers oder eines Dritten beruhen kann.[22] Auf welche Ursache ein Sachmangel der verkauften Sache zurückzuführen ist, muss der Käufer grundsätzlich nicht darlegen und beweisen.[23]

---

[16] Vgl. dazu BT-Drs. 14/6040, S. 233 (zu § 440 zweiter Absatz).
[17] Zu § 11 Nr. 10 lit. b AGBG a.F.: BGH v. 02.02.1994 - VIII ZR 262/92 - juris Rn. 15 - NJW 1994, 1004-1006; ähnlich: BGH v. 26.11.1984 - VIII ZR 214/83 - juris Rn. 81 - BGHZ 93, 29-63.
[18] Vgl. OLG Köln v. 01.09.2003 - 19 U 80/03 - ZGS 2003, 392-394; LG Bonn v. 30.10.2003 - 10 O 27/03 - NJW 2004, 74-76.
[19] Haas in: Haas/Medicus/Rolland u.a., Das neue Schuldrecht, 2002, S. 210, Rn. 184.
[20] BGH v. 09.03.2011 - VIII ZR 266/09 - juris Rn. 11 ff.
[21] So der Fall in der Entscheidung des BGH v. 11.02.2009 - VIII ZR 274/07 - juris Rn. 15 ff.
[22] BGH v. 09.03.2011 - VIII ZR 266/09 - juris Rn. 13.
[23] BGH v. 09.03.2011 - VIII ZR 266/09 - juris Rn. 10.

Zur Erleichterung für den Käufer wird in Satz 2 das Fehlschlagen der Nachbesserung nach dem zweiten, erfolglosen Versuch vermutet; vgl. dazu Rn. 56. 29

Diese Vermutung gilt grundsätzlich auch dann, wenn sich die Nachbesserung als schwierig erweist. So folgt jedenfalls allein aus der Tatsache, dass der Fehler nur mit Mühe zu finden ist, nicht, dass dem Verkäufer mehr als zwei Nachbesserungsversuche zustehen.[24] 30

6. Rechtsprechung

Nach einem Beschluss des OLG Köln[25] kann ein Fehlschlagen nicht schon angenommen werden, wenn der Käufer die Service-Hotline des Lieferanten häufig in Anspruch nimmt, um Wartungsleistungen anzufordern. 31

Die Nachbesserung ist auch dann nicht fehlgeschlagen, wenn der den Nachbesserungsversuch auslösende Mangel behoben worden ist und die **Kaufsache im Zuge dieser Nachbesserung anderweitig beschädigt** wurde.[26] In Betracht kommt in einem solchen Fall ein Schadensersatzanspruch gemäß den §§ 280 Abs. 1, 241 Abs. 2 BGB wegen Verletzung einer Schutzpflicht.[27] Ein Schadensersatz statt der Leistung nach den §§ 280 Abs. 1, 3, 281 BGB scheidet in derartigen Fällen aus, soweit der Schaden nicht bereits in dem (nunmehr beseitigten) Mangel angelegt war; allenfalls in den Ausnahmefällen des § 282 BGB, wenn dem Käufer die Leistung insgesamt nicht mehr zuzumuten ist, kann er Schadensersatz statt der Leistung verlangen (vgl. die Kommentierung zu § 437 BGB Rn. 46). 32

Soweit die Gewährleistungsbedingungen vorsehen, dass Nachbesserungsansprüche wegen Mängeln auch bei einem anderen Vertragshändler des Herstellers (Vertragswerkstatt) als dem Verkäufer geltend gemacht werden können, muss sich der Verkäufer diese **Nachbesserungsversuche Dritter** zurechnen lassen.[28] Wenn sich aus den AGB nichts anderes ergibt, muss der Käufer in derartigen Fällen den Verkäufer auch nicht vorab über die Einschaltung einer anderen Vertragswerkstatt informieren.[29] 33

Sehen indes die kaufvertraglichen Vereinbarungen (insbesondere etwaige Gewährleistungsbedingungen) die Möglichkeit der Nachbesserung durch andere (Vertrags-)Werkstätten nicht vor, muss sich der Verkäufer derartige Nachbesserungsversuche regelmäßig auch nicht zurechnen lassen: Lässt der Käufer die Nachbesserungen durch andere Vertragswerkstätten unter Inanspruchnahme der Herstellergarantie durchführen, muss sich der Verkäufer diese Versuche nicht zurechnen lassen.[30] 34

IV. Unzumutbarkeit der Nacherfüllung (Satz 1 Alternative 3)

1. Gesetzgebungsgeschichte

Die Unzumutbarkeit wurde in § 440 Satz 1 BGB aufgenommen, weil sie nach herkömmlicher Interpretation nicht eindeutig eine Fallgruppe des „Fehlschlagens" gemäß § 11 Nr. 10 lit. b AGBG a.F. darstellt, jedoch unter § 440 Satz 1 BGB fallen sollte.[31] Deswegen kann auch insoweit auf die Rechtsprechung zu dieser Norm zurückgegriffen werden, wobei die Urteile jedoch lediglich Anhaltspunkte geben können.[32] Vgl. dazu Rn. 20. 35

---

[24] OLG Karlsruhe v. 30.06.2004 - 12 U 112/04 - OLGR Karlsruhe 2004, 443-444 für den Wassereintritt in einen Pkw bei starker Beregnung.
[25] OLG Köln v. 01.09.2003 - 19 U 80/03 - ZGS 2003, 392-394.
[26] OLG Saarbrücken v. 25.07.2007 - 1 U 467/06 - 145, 1 U 467/06- juris Rn. 25 - NJW 2007, 3503-3505.
[27] Vgl. OLG Saarbrücken v. 25.07.2007 - 1 U 467/06 - 145, 1 U 467/06- juris Rn. 30 a.E. - NJW 2007, 3503-3505.
[28] BGH v. 15.11.2006 - VIII ZR 166/06 - juris Rn. 12 - BB 2007, 234-236.
[29] BGH v. 15.11.2006 - VIII ZR 166/06 - juris Rn. 13 - BB 2007, 234-236; anderer Auffassung LG Schwerin v. 21.08.2003 - 7 O 220/03 - DAR 2004, 590-592, wonach sich der Käufer bei fehlender Benachrichtigung dem Verkäufer gegenüber nicht auf fehlgeschlagene Nachbesserungen durch die andere Vertragswerkstatt berufen können soll.
[30] OLG Karlsruhe v. 16.03.2006 - 19 U 156/05 - juris Rn. 18 - DAR 2007, 31-32.
[31] BT-Drs. 14/6040, S. 233 (zu § 440 fünfter Absatz).
[32] Ebenso LG Bonn v. 30.10.2003 - 10 O 27/03 - NJW 2004, 74-76.

2. Europäischer Hintergrund der Regelung

36 § 440 Satz 1 Alt. 3 BGB soll Art. 3 Abs. 5 RL 1999/44/EG des Europäischen Parlaments und Rates (dritter Spiegelstrich) umsetzen.

3. Begriff

37 Unzumutbarkeit der Nacherfüllung für den Käufer ist gegeben, wenn die Abhilfe mit erheblichen Unannehmlichkeiten für den Käufer verbunden ist.[33] Ob erhebliche Unannehmlichkeiten vorliegen, beurteilt sich unter Berücksichtigung der Art sowie des konkreten Gebrauchszwecks der Kaufsache.[34]

38 Weil die Fälle der Unzumutbarkeit bisher unter den Begriff des „Fehlschlagens" im Sinne des § 11 Nr. 10 lit. b AGBG a.F. subsumiert wurden, kann auf die Rechtsprechung zu dieser Norm zurückgegriffen werden, vgl. dazu Rn. 35 und Rn. 20.

39 Die Zumutbarkeitsschwelle ist umso höher anzusetzen, je komplizierter und aufwändiger die Kaufsache ist; umgekehrt kann dem Käufer ein Abwarten der Nacherfüllung kaum zugemutet werden, wenn er in besonderem Maße Mangelfreiheit erwarten durfte (zum Beispiel Markenprodukte mit besonders hohem Qualitätsanspruch).[35] Auch wenn der Käufer dringend auf eine mangelfreie Ware angewiesen ist (zum Beispiel wegen eigener Liefer- oder Weiterverarbeitungspflichten), liegt es nahe, die Nacherfüllung als unzumutbar anzusehen.

40 Die Unzumutbarkeit ist anders als bei den §§ 281 Abs. 2, 323 Abs. 2 Nr. 3 BGB aus der Sicht des Käufers zu beurteilen. Im Übrigen reicht § 440 Satz 1 Alt. 3 BGB weiter als diese Normen des allgemeinen Rechts und greift als **Auffangtatbestand** immer dann, wenn das Vertrauen des Käufers in eine angemessene Vertragserfüllung durch den Verkäufer nicht mehr besteht.[36] Das ist etwa dann der Fall, wenn zu erwarten ist, dass der Verkäufer Integritäts- oder Vermögensinteressen des Käufers beeinträchtigen wird.

41 Der Verkäufer kann auch durch **überobligatorische Leistungen** die Nacherfüllung zumutbar gestalten. Beispielsweise kann es sein, dass die Nachbesserung – als die dem Käufer zustehende Art der Nacherfüllung – sehr lange dauern würde und dem Käufer dies nicht zuzumuten wäre, weil er die Kaufsache dringend braucht (Beispiel Kfz). In einem solchen Fall könnte der Verkäufer dem Käufer für die Zeit der Nachbesserung auf seine Kosten Ersatz zur Verfügung stellen (Beispiel Ersatz-Kfz), ohne dazu verpflichtet zu sein. Dadurch wäre dem Käufer die eigentlich unzumutbare Nachbesserung wieder zuzumuten.[37] Zu den überobligatorischen Anstrengungen vgl. auch Rn. 16.

4. Typische Fälle

42 Die Nacherfüllung ist unter anderem dann unzumutbar, wenn das Vertrauen des Käufers in die Lieferbereitschaft oder die Lieferfähigkeit des Verkäufers entfallen ist.[38] Ein solcher **Vertrauenswegfall** ist

---

[33] Vgl. die Regierungsbegründung in BT-Drs. 14/6040, S. 233 (zu § 440 fünfter Absatz) sowie Art. 3 Abs. 5 RL 1999/44/EG des Europäischen Parlaments und Rates (dritter Spiegelstrich).

[34] Vgl. die Regierungsbegründung in BT-Drs. 14/6040, S. 233-234 (zu § 440 fünfter Absatz) sowie Art. 3 Abs. 3 Satz 3 RL 1999/44/EG des Europäischen Parlaments und Rates.

[35] Zu § 11 Nr. 10 lit. b AGBG a.F.: OLG Düsseldorf v. 18.10.1990 - 6 U 71/87 - BB Beilage 1991, Nr. 18, 17-19.

[36] *Büdenbender* in: AnwK-Das neue Schuldrecht, § 440 Rn. 8.

[37] Auch das OLG Bamberg (OLG Bamberg v. 10.04.2006 - 4 U 295/05 - juris Rn. 33 - ZfSch 2006, 387-391) hat die kostenlose Zurverfügungstellung eines Ersatzfahrzeuges während der Werkstattaufenthalte im Rahmen der Unzumutbarkeitsfeststellung nach § 440 Satz 1 BGB berücksichtigt: Durch diese überobligatorische Leistung werde die von Käuferseite in den Vordergrund gerückte Anzahl der zurückliegenden Werkstattaufenthalte in ihrem Gewicht erheblich relativiert. Zur Zumutbarkeit der Nacherfüllung bei Ersatz des Verzögerungsschadens *Bitter/Meidt*, ZIP 2001, 2114-2124, 2118 (unter 3.2).

[38] Zu § 11 Nr. 10 lit. b AGBG a.F.: OLG Köln v. 16.01.1992 - 12 U 151/91 - juris Rn. 5 - NJW-RR 1992, 1147; vgl. auch *Bitter/Meidt*, ZIP 2001, 2114-2124, 2117; mit Verweis (Fußnote 38) auf folgende Urteilsbegründung (zu § 11 Nr. 10 lit. b AGBG a.F.): BGH v. 26.11.1984 - VIII ZR 214/83 - juris Rn. 82 - BGHZ 93, 29-63.

zu bejahen, wenn die ursprünglich gelieferte Kaufsache eine Vielzahl von – nicht nur geringfügigen – Mängeln aufweist.[39]

Auch wenn der Verkäufer die Existenz des **Mangels zunächst vehement bestreitet**[40] oder der Verkäufer von vorneherein keine nachhaltige, sondern **nur eine provisorische Mängelbeseitigung beabsichtigt**[41], kann es für den Käufer unzumutbar sein, einen (weiteren) Nacherfüllungsversuch des Verkäufers abzuwarten.

Beleidigungen oder Herabsetzungen seiner beziehungsweise anderer Personen aus seinem Umfeld sind dem Käufer nicht zuzumuten. Im Regelfall muss der Käufer auch dann keinen Nacherfüllungsversuch abwarten, wenn der Verkäufer ihn zuvor **arglistig getäuscht** hat.[42] Allerdings kann sich im Einzelfall etwas anderes ergeben, beispielsweise wenn der Schuldner nicht selbst arglistig gehandelt hat, sondern nur eine seiner Hilfspersonen und/oder wenn es sich um einen Nachlieferungsanspruch einer neuen Sache handelt, die nicht vom Verkäufer hergestellt wird und deren eventuelle Mangelhaftigkeit leicht zu überprüfen ist, sodass es auf ein besonderes Vertrauen nicht ankommt.[43]

Ausnahmsweise kann ein Festhalten am Vertrag unzumutbar sein, obwohl die Nachbesserung eigentlich Erfolg verspricht: Wenn die Art der Mängel darauf schließen lässt, dass der **Gegenstand von Grund auf fehlerhaft** ist und auch in Zukunft mit dem Auftreten von Mängeln zu rechnen ist, kann dem Käufer die Nacherfüllung (Nachbesserung) nicht zugemutet werden.[44] Dies ist jeweils im konkreten Einzelfall unter Berücksichtigung aller Umstände zu prüfen. Gegen die Annahme grundlegender Fehlerhaftigkeit spricht etwa, wenn sich Mängel nur auf einen einzelnen Bereich der Sache erstrecken und sie erst über einen längeren (Nutz-)Zeitraum auftreten.[45]

Ein Abwarten der Nacherfüllung kann auch dann unzumutbar sein, wenn eine sofortige Mangelbeseitigung zur Abwendung größerer Schäden für die Kaufsache selbst oder für andere Sachen erforderlich ist (**Notfall**). Derartige Fälle lassen sich regelmäßig auch unter die Vorschrift des § 281 Abs. 2 Alt. 2 BGB subsumieren. Vgl. hierzu die Kommentierung zu § 437 BGB Rn. 60. Inwieweit bei § 440 Satz 1 BGB im Rahmen der Unzumutbarkeit für solche Fälle ein anderer Maßstab angelegt werden muss/kann als bei § 281 Abs. 2 Alt. 2 BGB ist noch ungeklärt.

5. Rechtsprechung

Nach Auffassung des OLG Köln[46] fallen im Wesentlichen diejenigen Fallgestaltungen unter die Unzumutbarkeit, in denen die Abhilfe für den Käufer mit **erheblichen Unannehmlichkeiten** verbunden ist. Daher könne Unzumutbarkeit nicht schon angenommen werden, wenn der Käufer die Service-Hotline des Lieferanten häufig in Anspruch genommen habe, um Wartungsleistungen anzufordern.

---

[39] Für den Fall eines so genannten Zitronenautos beziehungsweise Montagsautos zu § 11 Nr. 10 lit. b AGBG a.F.: OLG Köln v. 16.01.1992 - 12 U 151/91 - juris Rn. 5 - NJW-RR 1992, 1147.

[40] *Bitter/Meidt*, ZIP 2001, 2114-2124, 2117 (unter 3.1). Für den Fall, dass der Verkäufer das Bestehen eines Sachmangels noch im Prozess geleugnet hat, hat das LG Bonn einen Fall ernsthafter und endgültiger Verweigerung gemäß § 440 Satz 1 BGB i.V.m. § 281 Abs. 2 Alt. 1 BGB angenommen: LG Bonn v. 30.10.2003 - 10 O 27/03 - ZGS 2003, 477-480.

[41] OLG Hamm v. 10.03.2011 - 28 U 131/10, I-28 U 131/10 - juris Rn. 34 f. (unzureichend abgedichteter Feuchtigkeitsschaden eines Wohnmobils).

[42] BGH v. 09.01.2008 - VIII ZR 210/06 - juris Rn. 19 - ZIP 2008, 460-462; BGH v. 08.12.2006 - V ZR 249/05 – juris Rn. 12-14; vgl. hierzu Rn. 51.

[43] Ähnlich *Lorenz*, NJW 2004, 26-28, 27.

[44] Vgl. zu § 11 Nr. 10 lit. b AGBG a.F.: OLG Brandenburg v. 06.06.1995 - 6 U 47/95 - OLGR Brandenburg 1995, 153-154; tendenziell anderer Auffassung, weil auch bei erheblichen Fehlern wie Anbohren der Wasser- und Elektroleitung eine Nachbesserung nicht für unzumutbar gehalten wird (Einbauküche): OLG Köln v. 18.03.1992 - 2 U 160/91 - JMBl NW 1992, 151-152.

[45] OLG Düsseldorf v. 23.03.2011 - I-3 U 47/10, 3 U 47/10 - juris Rn. 28.

[46] OLG Köln v. 01.09.2003 - 19 U 80/03 - ZGS 2003, 392-394.

48 Hat der Verkäufer bereits wegen **verschiedener anderer Mängel Nachbesserungsarbeiten vorgenommen**, führt dies allein – nach Auffassung des BGH[47] – nicht dazu, dass dem Käufer wegen der weiteren Mängel eine Nachbesserung nicht mehr zumutbar wäre, weil der Käufer dem Verkäufer grundsätzlich wegen jedes einzelnen Mangels Gelegenheit zur Nachbesserung geben muss.

49 Nach Ansicht des OLG Bamberg[48] ist zwar auch die **Anzahl der Werkstattbesuche** im Rahmen der Zumutbarkeitsprüfung zu berücksichtigen, indes sind die zum Sonderfall eines sog. **Montagsautos** entwickelten Bewertungskriterien beim **Gebrauchtwagenkauf** auch im Rahmen der Zumutbarkeitsprüfung nach § 440 Satz 1 BGB grundsätzlich nicht zu berücksichtigen. Zu der ebenfalls angesprochenen Frage der Berücksichtigung von überobligatorischen Leistungen seitens des Verkäufers (hier: kostenlose Überlassung eines Ersatzfahrzeugs für den Zeitraum der Werkstatttermine) vgl. Rn. 41.

50 Handelt es sich bei einem **Neuwagen** um ein sogenanntes **Montagsauto**, sind dem Käufer weitere Nachbesserungsversuche (auch wegen anderer Mängel) regelmäßig nicht mehr zumutbar.[49]

51 Der **BGH**[50] hat entschieden, dass die Nacherfüllung für den Käufer in der Regel unzumutbar ist, wenn der Verkäufer den Käufer beim Abschluss des Kaufvertrages **arglistig getäuscht** hat: Ein Verkäufer verdient seine Chance zur nachträglichen Fehlerbeseitigung nur dann, wenn ihm der Mangel bei Vertragsschluss nicht bekannt war, der arglistige Verkäufer bedarf keines Schutzes vor den wirtschaftlichen Nachteilen der sekundären Gewährleistungsrechte. Demgegenüber sei auf Seiten des Käufers durch die Täuschung regelmäßig die erforderliche Vertrauensgrundlage zerstört. Dies gelte insbesondere dann, wenn die Nacherfüllung durch den Verkäufer selbst oder unter seiner Anleitung erfolgen soll. Nur wenn besondere Umstände vorliegen, kann die Vertrauensgrundlage trotz arglistiger Täuschung noch ausreichen. Nicht ausreichend ist indes allein die Tatsache, dass die Mängelbeseitigung durch einen vom Verkäufer beauftragten Dritten vorgenommen werden soll.

52 Dem OLG Bremen[51] zufolge kann der Käufer wegen Unzumutbarkeit weiterer Nachbesserungsversuche gemäß § 440 Satz 1 BGB auch dann zurücktreten, wenn der Käufer – nachdem bereits mehrfach erfolglos eine Frist gesetzt wurde – noch nach Ablauf des letzten Termins (ebenfalls erfolglose) Nachbesserungsarbeiten duldet. Nach Ansicht des Verfassers ließe sich dieser Fall auch unter § 323 Abs. 1 BGB subsumieren; vgl. die Kommentierung zu § 439 BGB Rn. 127.

53 Das LG Essen[52] ist von der Unzumutbarkeit der Nachbesserung in einem Fall ausgegangen, in dem es um den Kauf eines Hundes ging, der erkrankt war: Der in Art. 20a GG zum Ausdruck kommende **Tierschutz**gedanke gebiete es, dass der Käufer sich sofort um tiermedizinische Hilfe für das ihm anvertraute Tier bemühen dürfe.

54 Unzumutbarkeit gemäß § 440 Satz 1 BGB kann nach Ansicht des OLG Hamm[53] auch dann zu bejahen sein,
- wenn dem Verkäufer beim ersten Nachbesserungsversuch **gravierende Ausführungsfehler** unterlaufen;
- wenn der erste **Nachbesserung**sversuch von vornherein nicht auf eine nachhaltige, sondern **nur eine provisorische Mängelbeseitigung** angelegt war.

---

[47] BGH v. 29.06.2011 - VIII ZR 202/10 - juris Rn. 17.
[48] OLG Bamberg v. 10.04.2006 - 4 U 295/05 - juris Rn. 32 - ZfSch 2006, 387-391.
[49] Vgl. KG Berlin 27.07.2009 - 12 U 35/08 - juris Rn. 22 ff.; OLG Düsseldorf v. 23.03.2011 - I-3 U 47/10, 3 U 47/10 - juris Rn. 25 ff.
[50] BGH v. 09.01.2008 - VIII ZR 210/06 - juris Rn. 19 - ZIP 2008, 460-462; ebenso bereits: BGH v. 08.12.2006 - V ZR 249/05 - juris Rn. 12-14; LG Bonn v. 30.10.2003 - 10 O 27/03 - ZGS 2003, 477-480: Durch die Begleitumstände der arglistigen Täuschung sei die Vertrauensgrundlage zerstört worden, sodass der Käufer nicht mehr auf eine ordnungsgemäße Nachbesserung durch den Verkäufer vertrauen konnte.
[51] OLG Bremen v. 21.06.2007 - 2 U 5/07 - juris Rn. 13-14 - OLGR Bremen 2007, 625-626.
[52] LG Essen v. 04.11.2003 - 13 S 84/03 - NJW 2004, 527-528.
[53] OLG Hamm v. 10.03.2011 - 28 U 131/10, I-28 U 131/10 - juris Rn. 34 f. (unzureichend abgedichteter Feuchtigkeitsschaden eines Wohnmobils).

V. Entbehrlichkeit der Fristsetzung beim Verbrauchsgüterkauf

Das grundsätzlich erforderliche Setzen einer Frist zur Nacherfüllung gemäß § 323 Abs. 1 BGB wird beim Verbrauchsgüterkauf regelmäßig entbehrlich sein.[54] § 323 Abs. 2 Nr. 3 BGB ist richtlinienkonform dahin auszulegen, dass bereits ein Nacherfüllungsbegehren bei anschließendem Verstreichen einer angemessenen Frist genügt, ohne dass der Verbraucher diese Frist auch gesetzt haben muss.[55] Ansonsten würde der Verbraucher schlechter gestellt, als es Art. 3 Abs. 5 RL 1999/44/EG des Europäischen Parlaments und Rates (zweiter Spiegelstrich) verlangt, wonach der Verbraucher bereits mindern oder zurücktreten kann, „wenn der Verkäufer nicht innerhalb einer angemessenen Frist Abhilfe geschaffen hat".

VI. Vermutung nach Satz 2

Nach § 440 Satz 2 BGB wird für die Nachbesserung nach dem zweiten fehlgeschlagenen Versuch deren Scheitern **vermutet**, soweit sich nicht ein anderes ergibt. Der Charakter einer Vermutung ergibt sich aus der Formulierung „gilt […] als fehlgeschlagen".

1. Gesetzgebungsgeschichte

§ 440 Satz 2 BGB erleichtert dem Käufer den Nachweis für das Fehlschlagen der Nachbesserung durch die Angabe einer **Richtgröße** von zwei Versuchen.[56]
Der zweite Satzteil soll klarstellen, dass ein **Abweichen** nach oben wie nach unten möglich ist.[57] Um zu verdeutlichen, dass sich ein Abweichen von der Richtgröße aus den Umständen ergeben kann, wurde auf Anregung des Bundesrates[58] die Formulierung „oder den sonstigen Umständen" in den zweiten Halbsatz des Regierungsentwurfes eingefügt[59].

2. Zweiter erfolgloser Nachbesserungsversuch

Der Verkäufer hat im Rahmen der Nachbesserung die vom Käufer gerügten Mängel vollständig zu beseitigen. Demnach ist bei den zwei Nachbesserungsversuchen auf die Nachbesserung der Kaufsache insgesamt abzustellen und nicht auf die Nachbesserung hinsichtlich jedes einzelnen Mangels.[60] Der Verkäufer muss also grundsätzlich nach zwei Versuchen alle vom Käufer gerügten Mängel vollständig beseitigt haben.[61] Hierfür spricht, dass es für den Käufer keinen Unterschied macht, ob der Kaufgegenstand wegen verschiedener oder wegen des gleichen Mangels mehrfach in die Werkstatt muss, der Käufer kauft keine Einzelteile, sondern eine Sachgesamtheit.[62] Auch § 440 Satz 2 BGB stellt seinem Wortlaut nach auf erfolglose „Nachbesserung" ab, womit aber die Sache insgesamt gemeint ist, die Sache muss daher einwandfrei im Sinne der vereinbarten oder zu erwartenden Beschaffenheit funktionieren, was sie indes nicht tut, wenn eine zuvor noch nicht aufgetretene Fehlfunktion auftritt.[63] Demnach ist eine Nachbesserung auch dann fehlgeschlagen, wenn bei zwei Versuchen unterschiedliche

---

[54] LG Stuttgart v. 08.02.2012 - 13 S 160/11 - juris Rn. 19 m.w.N. (Revision zugelassen). A.A. *Grüneberg* in: Palandt, BGB, § 323 Rn. 22.
[55] *Ernst* in: Münch-Komm BGB, § 323 Rn. 50a; im Ergebnis ebenso: LG Stuttgart v. 08.02.2012 - 13 S 160/11 - juris Rn. 19 (Revision zugelassen). A.A.: *Grüneberg* in: Palandt BGB, § 323 Rn. 22. Anders wohl auch BGH v. 13.07.2011 - VIII ZR 215/10 - juris Rn. 32 f., der das Vorliegen „besonderer Umstände" gemäß § 323 Abs. 2 Nr. 3 BGB beim Verbrauchsgüterkauf verlangt, allerdings ohne auf das eventuelle Erfordernis einer richtlinienkonformen Auslegung einzugehen.
[56] BT-Drs. 14/6040, S. 234 (zu Satz 2).
[57] BT-Drs. 14/6040, S. 234 (zu Satz 2).
[58] BT-Drs. 14/6857, S. 27 (Nr. 96).
[59] Vgl. BT-Drs. 14/7052, S. 41.
[60] LG Berlin v. 01.06.2006 - 18 O 487/05 - juris Rn. 24.
[61] So LG Berlin v. 01.06.2006 - 18 O 487/05 - juris Rn. 24.
[62] LG Berlin v. 01.06.2006 - 18 O 487/05 - juris Rn. 25.
[63] So LG Berlin v. 01.06.2006 - 18 O 487/05 - juris Rn. 26.

Bauteile des Kaufgegenstands ausgetauscht wurden, soweit beide Versuche zur Behebung desselben Symptoms unternommen wurden.[64]

60 Treten indes nach Beseitigung des gerügten Mangels neue Mängel beziehungsweise Mangelsymptome auf, war der Nachbesserungsversuch nicht erfolglos, denn der Käufer hat dem Verkäufer grundsätzlich wegen jedes einzelnen Mangels Gelegenheit zur Nachbesserung zu geben.[65]

3. Beweislast

61 Die Beweislast für die Voraussetzungen der in § 440 Satz 2 BGB vorgesehenen Tatsachen trifft den Käufer, der **Käufer** muss demnach das **Fortbestehen des Mangels**, mithin die Erfolglosigkeit des Nachbesserungsversuchs, **beweisen**.[66] In der Praxis ist indes regelmäßig zu prüfen, ob nicht das erneute Auftreten desselben Mangels nach erfolgter Nachbesserung **prima facie** für ein Fehlschlagen der Nachbesserung spricht, was nach Ansicht des Verfassers in vielen Fällen zu bejahen sein dürfte.[67]

62 Der Käufer genügt seiner Beweislast für die Erfolglosigkeit der Nachbesserung regelmäßig bereits durch den Nachweis, dass das von ihm gerügte Mangelsymptom weiterhin auftritt.[68] Dies kann anders zu beurteilen sein, wenn das erneute Auftreten des Mangelsymptoms möglicherweise auf einer unsachgemäßen Behandlung der Kaufsache nach deren erneuter Übernahme durch den Käufer beruht.[69] Demgegenüber kommt es nicht darauf an, ob ein Sachmangel möglicherweise auf eine neue Mangelursache zurückgeführt werden kann, wenn die Mangelursache allein im Kaufgegenstand zu suchen ist und nicht auf einer unsachgemäßen Behandlung seitens des Käufers oder eines Dritten beruhen kann,[70] weil der Käufer grundsätzlich weder darlegen noch beweisen muss, auf welche Ursache ein Sachmangel der verkauften Sache zurückzuführen ist[71].

4. Soweit sich aus den Umständen nicht anderes ergibt

63 § 440 Satz 2 HS. 2 BGB verdeutlicht, dass es sich um eine **Vermutung** handelt, die **widerlegbar** ist (vgl. Rn. 57).

64 Bei den Umständen ist laut Gesetzestext insbesondere auf die **Art der Sache und des Mangels** zu achten. Das kann im Einzelfall heißen, dass bei einer komplexen technischen Anlage der erfolglose zweite Versuch dann kein Fehlschlag sein muss, wenn der Mangel nicht gravierend ist. Ähnliches ist denkbar, wenn die Kaufsache nach dem zweiten Nachbesserungsversuch nahezu mangelfrei ist, weil lediglich ein relativ unbedeutender Mangel verblieben ist. Umgekehrt steht dem Verkäufer bei einem einfach zu behebenden Mangel regelmäßig nur ein Nachbesserungsversuch zu, wenn der Käufer auf eine zügige Mangelbeseitigung angewiesen ist.[72] Allein die Tatsache, dass der Fehler nur mit Mühe zu finden ist, hat jedoch nicht zur Folge, dass dem Verkäufer mehr als zwei Nachbesserungsversuche zustehen.[73]

---

[64] OLG Stuttgart v. 01.12.2009 - 6 U 248/08 - juris Rn. 46.
[65] Vgl. BGH v. 29.06.2011 - VIII ZR 202/10 - juris Rn. 17.
[66] BGH v. 11.02.2009 - VIII ZR 274/07 - juris Rn. 15.
[67] Im vom BGH entschiedenen o.g. Fall (BGH v. 11.02.2009 - VIII ZR 274/07) gab es Anhaltspunkte dafür, dass das erneute Auftreten des Mangels möglicherweise aus der Risikosphäre des Käufers herrührte, die Voraussetzungen eines Anscheinsbeweises also nicht vorlagen.
[68] BGH v. 09.03.2011 - VIII ZR 266/09 - juris Rn. 11 ff.
[69] So der Fall in der Entscheidung des BGH v. 11.02.2009 - VIII ZR 274/07 - juris Rn. 15 ff.
[70] BGH v. 09.03.2011 - VIII ZR 266/09 - juris Rn. 13.
[71] BGH v. 09.03.2011 - VIII ZR 266/09 - juris Rn. 10.
[72] *Büdenbender* in: AnwK-Das neue Schuldrecht, § 440 Rn. 6.
[73] OLG Karlsruhe v. 30.06.2004 - 12 U 112/04 - OLGR Karlsruhe 2004, 443-444 für den Wassereintritt in einen Pkw bei starker Beregnung.

C. Rechtsfolgen

I. Satz 1

Ist eine der drei Varianten von § 440 Satz 1 BGB gegeben, so ist die **Fristsetzung** für die Nacherfüllung **entbehrlich**. Anknüpfungspunkt sind die in Satz 1 genannten §§ 281 Abs. 2, 323 Abs. 2 BGB. Das heißt, § 440 Satz 1 BGB ergänzt die in diesen Normen genannten Fallgestaltungen um drei weitere für das Kaufrecht. 65

Unberührt bleibt das Recht des Käufers, weiterhin Nacherfüllung in der ihm zustehenden Weise zu verlangen. Dieses Recht erlischt erst dann, wenn er eines der Gestaltungsrechte (Rücktritt, Minderung, Schadensersatz statt der Leistung) geltend macht. 66

Begehrt der Käufer Nacherfüllung, obwohl ihm auch sekundäre Rechte zustehen würden, kann der Geltendmachung des sekundären Rechtes ausnahmsweise der Einwand der unzulässigen Rechtsausübung (§ 242 BGB) entgegengehalten werden, wenn das sekundäre Recht zur Unzeit oder unmittelbar nach dem Nacherfüllungsverlangen ausgeübt wird.[74] 67

Unbeeinträchtigt bleibt auch das Recht des Käufers, die sekundären Rechtsbehelfe nach dem Ablauf einer angemessenen Nachfrist geltend zu machen: § 440 Satz 1 BGB zählt nur zusätzliche Fälle auf, in denen eine Fristsetzung entbehrlich ist. 68

Setzt der Käufer indes eine Frist zur Nacherfüllung, obwohl dies nicht erforderlich gewesen wäre – etwa wegen des arglistigen Verschweigens des Mangels durch den Verkäufer – und wird der Mangel der Kaufsache innerhalb der gesetzten Frist behoben, kann der Käufer nicht mehr vom Vertrag zurücktreten.[75] 69

II. Satz 2

Liegen die Voraussetzungen von Satz 2 erster Halbsatz vor, so wird vermutet, dass die Nachbesserung fehlgeschlagen ist. Der Käufer muss also zunächst nur beweisen, dass der Verkäufer bei zwei Nachbesserungsversuchen erfolglos war. Den Beweis, dass abweichend von der Vermutung kein Fehlschlagen der Nachbesserung vorliegt, weil die Ausnahme des zweiten Halbsatzes greift, hat der Verkäufer anzutreten. 70

---

[74] Vgl. für ein erneutes Nacherfüllungsverlangen nach Fristablauf: BGH v. 20.01.2006 - V ZR 124/05 - juris Rn. 23 - ZGS 2006, 149-151.
[75] BGH v. 12.03.2010 - V ZR 147/09 - juris Rn. 10.

§ 441 BGB Minderung

(Fassung vom 02.01.2002, gültig ab 01.01.2002)

(1) ¹Statt zurückzutreten, kann der Käufer den Kaufpreis durch Erklärung gegenüber dem Verkäufer mindern. ²Der Ausschlussgrund des § 323 Abs. 5 Satz 2 findet keine Anwendung.

(2) Sind auf der Seite des Käufers oder auf der Seite des Verkäufers mehrere beteiligt, so kann die Minderung nur von allen oder gegen alle erklärt werden.

(3) ¹Bei der Minderung ist der Kaufpreis in dem Verhältnis herabzusetzen, in welchem zur Zeit des Vertragsschlusses der Wert der Sache in mangelfreiem Zustand zu dem wirklichen Wert gestanden haben würde. ²Die Minderung ist, soweit erforderlich, durch Schätzung zu ermitteln.

(4) ¹Hat der Käufer mehr als den geminderten Kaufpreis gezahlt, so ist der Mehrbetrag vom Verkäufer zu erstatten. ²§ 346 Abs. 1 und § 347 Abs. 1 finden entsprechende Anwendung.

Gliederung

A. Grundlagen	1
I. Kurzcharakteristik	1
II. Gesetzgebungsmaterialien	2
III. Europäischer Hintergrund	4
IV. Regelungsprinzipien	5
1. Abdingbarkeit	6
2. Verjährung	7
B. Anwendungsvoraussetzungen	8
I. Normstruktur	8
II. Möglichkeit zu mindern (Absatz 1)	9
1. Gesetzgebungsgeschichte	10
2. Rücktrittsrecht	13
3. Unerhebliche Mängel (Satz 2)	16
4. Durch Erklärung gegenüber dem Verkäufer	18
III. Mehrzahl von Beteiligten am Vertrag (Absatz 2)	23
1. Gesetzgebungsgeschichte	24
2. Einzelheiten	26
3. Praktischer Hinweis	29
IV. Berechnung der Minderung (Absatz 3)	30
1. Gesetzgebungsgeschichte	31
2. Europäischer Hintergrund der Regelung	33
3. Berechnung	34
a. Formel	35
b. Zur Zeit des Vertragsschlusses	36
c. Wert der Sache in mangelfreiem Zustand	37
d. Wirklicher Wert der Sache	40
e. Sachverständigenkosten	42
4. Mitverantwortung	43
5. Schätzung (Satz 2)	45
V. Rückerstattung (Absatz 4)	47
C. Rechtsfolgen	48
I. Minderung (Absätze 1-3)	48
II. Rückerstattung (Absatz 4)	49
III. Andere Ansprüche	50

A. Grundlagen

I. Kurzcharakteristik

1 § 441 BGB ermöglicht dem Käufer, den Kaufpreis zu mindern.

II. Gesetzgebungsmaterialien

2 Bei der Minderung ist der Gesetzgeber bewusst von der zuvor geltenden Regelung (§ 462 BGB, § 465 BGB a.F.) in verschiedenen Punkten abgewichen:[1] Die Minderung ist nunmehr auch bei einem Rechtsmangel möglich. Anders als nach altem Recht ist sie als Gestaltungsrecht konzipiert. Primärer Rechtsbehelf ist der Anspruch auf Nacherfüllung (vgl. dazu die Kommentierung zu § 437 BGB Rn. 16), sodass die Minderung grundsätzlich erst nach erfolgloser Fristsetzung möglich ist (zu den Ausnahmen der §§ 323 Abs. 2, 326 Abs. 5, 440 BGB vgl. die Kommentierung zu § 323 BGB, die Kommentierung

---

[1] BT-Drs. 14/6040, S. 234 (zweiter Absatz zu Satz 1).

zu § 326 BGB und die Kommentierung zu § 440 BGB). Zudem kann der Käufer nunmehr auch bei unerheblichen Mängeln den Kaufpreis mindern (§ 441 Abs. 1 Satz 2, 323 Abs. 5 Satz 2 BGB).[2]

Der fünfte Absatz des § 441 BGB-RE wurde gestrichen, der Inhalt wurde in § 438 Abs. 5 BGB aufgenommen. Diese Regelung erklärt die §§ 218, 438 Abs. 4 Satz 2 BGB auf das Minderungsrecht für entsprechend anwendbar. Vgl. dazu die Kommentierung zu § 438 BGB Rn. 68.

III. Europäischer Hintergrund

§ 441 BGB entspricht den Vorgaben des Art. 3 Abs. 5 RL 1999/44/EG des Europäischen Parlaments und Rates.

IV. Regelungsprinzipien

Das kaufrechtlich ausgestaltete Rechtsinstitut der Minderung knüpft seit der Reform an das **Rücktrittsrecht** an („Statt zurückzutreten"): Sobald und solange der Käufer zurücktreten kann, steht ihm auch die Minderung zu. Allerdings kann der Käufer auch bei nur unerheblichen Mängeln mindern (§§ 441 Abs. 1 Satz 2, 323 Abs. 5 Satz 2 BGB), das heißt in Fällen, in denen ein Rücktritt normalerweise ausgeschlossen ist.

1. Abdingbarkeit

Grundsätzlich steht § 441 BGB zur Disposition der Vertragsparteien. Für den Verbrauchsgüterkauf ist eine von § 441 BGB abweichende, den Käufer benachteiligende Vereinbarung ausgeschlossen (§ 475 Abs. 1 Satz 1 BGB). Werden Allgemeine Geschäftsbedingungen gegenüber Verbrauchern (§ 13 BGB) verwendet, so ist bei neu hergestellten Sachen § 309 Nr. 8 lit. b sublit. bb BGB zu beachten. Im Übrigen ist eine Beschränkung bis zum Ausschluss der Minderung möglich, soweit nicht § 444 BGB greift.

2. Verjährung

Als Gestaltungsrecht unterliegt das Minderungsrecht nicht unmittelbar der Verjährung. Eine erklärte Minderung ist jedoch unwirksam, wenn der Nacherfüllungsanspruch verjährt ist und der Verkäufer die Einrede der Verjährung erhebt (§§ 218, 438 Abs. 5 BGB). Einzelheiten vgl. die Kommentierung zu § 438 BGB Rn. 68.

B. Anwendungsvoraussetzungen

I. Normstruktur

Absatz 1 gibt dem Käufer die Möglichkeit der Kaufpreisminderung statt eines Rücktritts vom Kauf. Absatz 2 regelt Besonderheiten bei einer Mehrheit von Vertragsbeteiligten. Absatz 3 beschreibt, wie der Kaufpreis zu mindern ist. Schließlich gibt Absatz 4 dem Käufer einen Rückerstattungsanspruch, soweit er bereits mehr als den geminderten Kaufpreis gezahlt hat.

II. Möglichkeit zu mindern (Absatz 1)

§ 441 Abs. 1 BGB eröffnet dem Käufer die Möglichkeit, den Kaufpreis zu mindern. Voraussetzung für die Kaufpreisminderung ist, dass der Käufer das Recht hat, zurückzutreten („statt zurückzutreten").

1. Gesetzgebungsgeschichte

Durch § 441 Abs. 1 BGB wurde in mehrfacher Hinsicht von den vorherigen Regeln der Minderung abgewichen; vgl. zu den Gesetzgebungsmaterialien Rn. 2.

Die Möglichkeit der Minderung bei Rechtsmängeln wird beispielhaft mit einem durch eine Dienstbarkeit belasteten Grundstück begründet, weil in einem solchen Fall der Käufer oftmals nicht an einem Rücktritt, sondern an einer Berücksichtigung der Wertminderung interessiert sei.[3]

---

[2] Vgl. die Entwurfsbegründung der Regierung BT-Drs. 14/6040, S. 235 (zu Satz 2).
[3] BT-Drs. 14/6040, S. 234-235 (zu Satz 1).

12 Die Voraussetzung, dass der Käufer ein Rücktrittsrecht haben muss („statt des Rücktritts"), ist gewählt worden, weil die **Interessenlage** die **gleiche** ist. Grundsätzlich soll der Verkäufer zunächst die Möglichkeit gehabt haben, den Vertrag noch (nach) zu erfüllen. Außerdem entspricht dies Art. 3 Abs. 2-5 RL 1999/44/EG des Europäischen Parlaments und Rates.[4] Hinsichtlich der Unterscheidung zwischen Minderung und Rücktritt bei unerheblichen Mängeln wird auf Art. 3 Abs. 6 RL 1999/44/EG des Europäischen Parlaments und Rates verwiesen.[5]

2. Rücktrittsrecht

13 Der Käufer kann gemäß §§ 437 Nr. 2, 323 BGB wegen eines Mangels (§§ 434, 435 BGB) vom Vertrag zurücktreten, wenn eine angemessene, durch den Käufer gesetzte Frist zur Nacherfüllung abgelaufen ist (§ 323 Abs. 1 BGB) oder wenn die Frist entbehrlich ist (§§ 323 Abs. 2, 326 Abs. 5, 440 BGB). Zu den Einzelheiten vgl. die Kommentierung zu § 323 BGB, die Kommentierung zu § 326 BGB und die Kommentierung zu § 440 BGB.

14 Der Käufer hat ein Wahlrecht zwischen Rücktritt, Minderung und (bei Verschulden des Verkäufers) Schadensersatz statt der Leistung, bis er entweder durch Ausübung eines der Gestaltungsrechte oder Geltendmachung des Schadensersatzanspruches das Schuldverhältnis ändert.

15 Das Recht zurückzutreten muss bestehen, es darf nicht erloschen sein. Dabei kann das Rücktrittsrecht entweder durch Verzicht oder durch Wahl eines der sekundären Rechtsbehelfe (Rücktritt, Minderung, Schadensersatz statt der Leistung) erlöschen. Macht der Käufer beispielsweise Schadensersatz statt der Leistung geltend, so erlischt gemäß § 281 Abs. 4 BGB der Anspruch auf Erfüllung. Damit endet die Wahlmöglichkeit des Käufers zwischen den Rechtsbehelfen (ius variandi), und der Käufer kann nicht mehr Nacherfüllung verlangen, vom Vertrag zurücktreten oder den Kaufpreis mindern.[6]

3. Unerhebliche Mängel (Satz 2)

16 Die Minderung ist – anders als der Rücktritt – wegen § 441 Abs. 1 Satz 2 BGB auch bei geringfügigen Mängeln zulässig, wenn die sonstigen Voraussetzungen des Rücktritts gegeben sind.

17 § 441 Abs. 1 Satz 2 BGB bestimmt, dass der Rücktrittsausschluss gemäß § 323 Abs. 5 Satz 2 BGB für die Minderung nicht zu beachten ist. Nach § 323 Abs. 5 Satz 2 BGB ist der Rücktritt nicht möglich, wenn die Pflichtverletzung unerheblich ist. Weil dieser Ausschluss für unerhebliche Mängel bei den Voraussetzungen der Minderung gemäß Satz 2 nicht anzuwenden ist, wird der Anwendungsbereich der Minderung gegenüber Satz 1 erweitert: Der Käufer kann auch dann mindern, wenn die Voraussetzungen des Rücktritts grundsätzlich vorlägen und dieser lediglich wegen § 323 Abs. 5 Satz 2 BGB ausgeschlossen ist. Im Ergebnis ist also ein hypothetisches Rücktrittsrecht unter Nichtbeachtung des § 323 Abs. 5 Satz 2 BGB Minderungsvoraussetzung.

4. Durch Erklärung gegenüber dem Verkäufer

18 Die **Ausübung des Minderungsrechts** geschieht „durch Erklärung gegenüber dem Verkäufer" (§ 441 Abs. 1 Satz 1 BGB). Wegen dieser Gesetzesformulierung handelt es sich bei dem Institut der Kaufpreisminderung um ein Gestaltungsrecht.

19 Der Käufer übt sein Minderungsrecht durch eine empfangsbedürftige Willenserklärung gegenüber dem Verkäufer aus. Es gelten die allgemeinen Regeln. Die Erklärung ist formfrei möglich; bei der grundsätzlich möglichen Formbestimmung durch Parteivereinbarung (§ 127 BGB) ist § 475 Abs. 1 BGB zu beachten.

---

[4] BT-Drs. 14/6040, S. 235 (zu Satz 1).
[5] BT-Drs. 14/6040, S. 235 (zu Satz 2).
[6] Haas in: Haas/Medicus/Rolland u.a., Das neue Schuldrecht, 2002, S. 213, Rn. 198.

Die Erklärung ist als Gestaltungsrecht **bedingungsfeindlich** (Ausnahme: Potestativ- und Rechtsbedingung[7]); bei der grundsätzlich möglichen **Vertretung** sind die §§ 174, 180 BGB zu beachten, weil es sich um ein einseitiges Rechtsgeschäft handelt (vgl. den praktischen Hinweis zur Vertretung bei Rn. 29). 20

Der Käufer muss seinen Minderungswunsch durch die Erklärung hinreichend klar ausdrücken, die beabsichtige Rechtsänderung einer Gestaltungserklärung hat sich klar und unzweideutig aus dem **Inhalt der Erklärung** zu ergeben.[8] Deswegen muss die Willenserklärung verdeutlichen, dass der Käufer wegen eines Mangels der Kaufsache den Kaufpreis nicht in der vereinbarten Höhe zu zahlen gedenkt, sondern nur einen reduzierten beziehungsweise ermäßigten Betrag. 21

Der Käufer sollte den von ihm verlangten **Umfang** benennen oder diesbezüglich auf einen späteren Zeitpunkt verweisen.[9] Versäumt er dies, so wird man die Erklärung dennoch nicht für unwirksam halten müssen, weil man in diesem Unterlassen einen konkludenten Verweis auf einen später zu ermittelnden Betrag sehen kann. Die Höhe der Minderung ergibt sich ohnehin unabhängig von dem Verlangen des Käufers aus § 441 Abs. 3 BGB. 22

III. Mehrzahl von Beteiligten am Vertrag (Absatz 2)

Die Minderung ist von allen und/oder gegen alle Vertragsbeteiligten, also einheitlich zu erklären (§ 441 Abs. 2 BGB). 23

1. Gesetzgebungsgeschichte

Anders als bei der Wandelung (§ 474 Abs. 2 BGB a.F.) ermöglichte es die Regelung zur Minderung vor der Reform (§ 474 Abs. 1 BGB a.F.), dass jeder Vertragsbeteiligte von jedem Minderung verlangen konnte. Ursache dafür war die Ausgestaltung der Minderung als Anspruch. Aufgrund der neuen Konstruktion als Gestaltungsrecht (§ 441 Abs. 1 Satz 1 BGB) konnte diese Regelung inhaltlich nicht beibehalten werden.[10] 24

Die Notwendigkeit, die Minderung nunmehr einheitlich zu erklären, entspricht der Vorschrift zur Unteilbarkeit des Rücktrittrechts: § 351 BGB. 25

2. Einzelheiten

Die Minderung ist nur dann wirksam, wenn sie von allen und gegen alle Vertragsbeteiligten, jedoch nicht notwendigerweise gleichzeitig erklärt wird. Sind sich die Käufer nicht einig, so ist eine etwaige Pflicht zur Mitwirkung im Innenverhältnis durchzusetzen. 26

Unerheblich für die Minderungserklärung sind: die **Art des Innenverhältnisses** (beispielsweise Gesellschaft oder Gemeinschaft), das Zustandekommen der Mehrheit von Vertragsbeteiligten (etwa durch den ursprünglichen Vertrag, durch Rechtsnachfolge oder durch Vertragsänderung) sowie die rechtliche Einordnung der Personenmehrheit gemäß den §§ 420-432 BGB. 27

Es ist möglich, für die Minderungserklärung aktive beziehungsweise passive **Stellvertretung** zu vereinbaren; gerade bei einer größeren Zahl von Vertragsbeteiligten ist dies auch sinnvoll. Vollmachten in Allgemeinen Geschäftsbedingungen, die eine bestimmte oder jede Person einer Vertragspartei zur Entgegennahme von Erklärungen aller Art (also auch einer Minderungserklärung) berechtigen, können allerdings gegen § 307 Abs. 2 Nr. 1 BGB verstoßen. Gleiches gilt für Klauseln in AGB, die Personen zur Abgabe von Willenserklärungen im Namen aller bevollmächtigen.[11] 28

---

[7] Diese beiden Bedingungen versetzen den Erklärungsempfänger nicht in eine ungewisse Lage, weil der Bedingungseintritt vom Willen des Empfängers abhängt (Potestativbedingung) beziehungsweise nur gesetzliche Voraussetzungen wiederholt (Rechtsbedingung); dazu *Ellenberger* in: Palandt, vor § 158 Rn. 13.

[8] Zur Gestaltungserklärung: *Ellenberger* in: Palandt, vor § 104 Rn. 17.

[9] *Weidenkaff* in: Palandt, § 441 Rn. 10.

[10] BT-Drs. 14/6040, S. 235 (zu Absatz 2).

[11] Ausführlicher zu diesem Problemkreis *Graf von Westphalen* in: Henssler/Westphalen, Praxis der Schuldrechtsreform, 2002, § 441 Rn. 8.

3. Praktischer Hinweis

29 Bei einer Mehrheit von Personen auf der Käuferseite ist Stellvertretung häufig und sinnvoll. In diesen Fällen ist darauf zu achten, dass eine **Vollmacht** besteht (§ 180 BGB) und gegebenenfalls durch Vollmachtsurkunde bestätigt werden kann (§ 174 BGB). Andernfalls kann der Verkäufer, wenn er die Minderung verhindern oder zumindest verzögern will, die Minderungserklärung unverzüglich zurückweisen (§ 174 BGB).

IV. Berechnung der Minderung (Absatz 3)

30 § 441 Abs. 3 BGB legt die Berechnung der Kaufpreisminderung fest. Die Berechnungsmethode entspricht der bisherigen Regelung in § 472 Abs. 1 BGB a.F.

1. Gesetzgebungsgeschichte

31 Nach dem **Regierungsentwurf**[12] sollte die Berechnung der Minderung dahin gehend geändert werden, dass der Kaufpreis künftig um den mangelbedingten Minderwert herabzusetzen sein sollte. Ziel der geplanten Änderung war die Vereinfachung der Berechnung in der Praxis. Die Berechnung nach der herkömmlichen Methode erschien den Verfassern des Entwurfes wegen des schwer zu ermittelnden objektiven Sachwertes unpraktikabel.[13]

32 Die Änderung wurde letztlich jedoch nicht umgesetzt,[14] weil durch sie nach Ansicht des Rechtsausschusses[15] eine Vereinfachung nicht erzielt worden wäre. Diese Entscheidung ist zu begrüßen, weil nur nach der herkömmlichen Methode ein ausgehandeltes Preis-Wert-Gefälle weiter existiert. Bei der – im Ergebnis Gesetz gewordenen – **proportionalen Preisreduzierung** bleibt der Charakter des Vertrages als ein mehr oder weniger günstiges Geschäft erhalten, damit wird am ehesten dem Vertragsinhalt gewordenen Parteiwillen entsprochen.[16]

2. Europäischer Hintergrund der Regelung

33 § 441 Abs. 3 BGB dient auch der Umsetzung von Art. 3 Abs. 5 RL 1999/44/EG des Europäischen Parlaments und Rates. Dort ist aber lediglich eine „angemessene" Minderung vorgesehen, sodass für die nationale Umsetzung der Berechnung ein weiter Spielraum bestand.

3. Berechnung

34 In § 441 Abs. 3 Satz 1 BGB ist beschrieben, wie man den geminderten Kaufpreis zu errechnen hat, nämlich durch Herabsetzung des ursprünglich vereinbarten Kaufpreises in dem Verhältnis, in dem der Wert der mangelfreien Sache zum wirklichen Wert stehen würde. Durch diese relative Methode bleibt das Verhältnis zwischen dem zu zahlenden Preis und dem Wert der Sache auch nach der Minderung erhalten. Zu den ursprünglichen Plänen, dieses Verfahren zu ändern vgl. Rn. 31.

a. Formel

35 Der geminderte Kaufpreis ergibt sich, wenn man das Produkt aus dem Wert der mangelhaften Sache und dem vereinbarten Kaufpreis durch den Wert der mangelfreien Sache dividiert: (wirklicher Sachwert) x (vereinbarter Kaufpreis)/(mangelfreier Sachwert) = (geminderter Kaufpreis). Vgl. hierzu auch das in der Online-Ausgabe enthaltene Berechnungsprogramm: Berechnung der Minderung gemäß § 441 Abs. 3 BGB.

---

[12] § 441 Abs. 3 BGB-RE, BT-Drs. 14/6040, S. 20.
[13] So die Entwurfsbegründung: BT-Drs. 14/6040, S. 235 (zu Absatz 3).
[14] Vgl. BT-Drs. 14/7052, S. 41 (§ 441 Abs. 3 BGB).
[15] BT-Drs. 14/7052, S. 197 (zu § 441 Abs. 3 BGB).
[16] So auch *Boerner*, ZIP 2001, 2264-2273, 2271.

b. Zur Zeit des Vertragsschlusses

Maßgebender Zeitpunkt für die Bestimmung des tatsächlichen und des hypothetischen Sachwertes ist der Vertragsschluss.[17] Er ist der gesamten Berechnung zugrunde zu legen; etwaige Wertveränderungen haben außer Betracht zu bleiben. Das ist auch interessengerecht, da sonst eine der Vertragsparteien durch den Mangel der Sache einen zusätzlichen Vor- beziehungsweise Nachteil erhalten könnte, der durch den Vertrag nicht vorgesehen war.

c. Wert der Sache in mangelfreiem Zustand

Der Sachwert im mangelfreiem Zustand ist ein hypothetischer Wert, die Sache ist ja tatsächlich mangelhaft. Darauf gründen auch die Schwierigkeiten in der Praxis, diesen Wert zu ermitteln.

Festzustellen ist der **objektive** Wert der Sache für den Fall, dass sie vertragsgemäß wäre. Ein etwaiges Affektionsinteresse des Käufers ist dabei nicht zu berücksichtigen.

Man wird diesen Wert mit dem Kaufpreis gleichsetzen können, solange keine Anhaltspunkte etwas anderes ergeben.[18] Insoweit entspricht dies dem Verfahren, das nach dem ursprünglichen Gesetzesentwurf generell zur Berechnung der Minderung benutzt werden sollte (vgl. § 441 Abs. 3 BGB-RE).[19]

d. Wirklicher Wert der Sache

Für die Ermittlung des wirklichen Sachwerts ist auf den **Gebrauchs-** beziehungsweise den **Verkehrswert** der Sache abzustellen. Der wirkliche Wert der Sache entspricht häufig nicht dem Wert in mangelfreiem Zustand abzüglich der Nachbesserungskosten,[20] weil die Nachbesserungskosten den Minderwert oft übersteigen (beispielsweise bei technischen Geräten, denen eine eher unwichtige Zusatzfunktion fehlt).

Auch der wirkliche Sachwert ist objektiv zu bestimmen. Will etwa der Ehemann der Käuferin mit dem gekauften Kfz überhaupt nicht fahren, weil der Airbag nicht funktioniert, so hat diese Erwägung außer Acht zu bleiben.

e. Sachverständigenkosten

Sachverständigenkosten zur Untersuchung des Mangels oder zur Ermittlung des Minderwertes fallen nicht unter § 441 Abs. 3 BGB und sind daher bei der Minderung nicht zu berücksichtigen.[21] Diese Kosten können gegebenenfalls als Schaden gemäß § 280 Abs. 1 BGB unabhängig von der Kaufpreisminderung geltend gemacht werden.

4. Mitverantwortung

Ist der Käufer für die Entstehung und/oder den Umfang des Mangels mitverantwortlich, wirkt sich dies auf die Minderung aus. Eine ausdrückliche Regelung ist vom Gesetzgeber deswegen unterlassen worden, weil von der entsprechenden Anwendbarkeit des § 254 BGB ausgegangen wurde.[22]

Nach dem Rechtsgedanken des § 254 BGB ist das Maß der Herabsetzung um den Mitverantwortungsanteil des Käufers zu verringern; das kann in Ausnahmefällen zum Wegfall der Minderung führen. Entscheidend sind die Umstände des Einzelfalles.

---

[17] BGH v. 05.11.2010 - V ZR 228/09 - juris Rn. 27.
[18] *Haas* in: Haas/Medicus/Rolland u.a., Das neue Schuldrecht, 2002, S. 215, Rn. 214.
[19] Nachzulesen in der Gegenüberstellung von Entwurf und den diesbezüglich abweichenden Beschlüssen des Rechtsausschusses: Vgl. BT-Drs. 14/7052, S. 41 (§ 441 Abs. 3 BGB).
[20] Anders *Haas*, der für die Berechnung des Wertes der mangelhaften Sache auf die Nachbesserungskosten abstellen will: *Haas* in: Haas/Medicus/Rolland u.a., Das neue Schuldrecht, 2002, S. 215, Rn. 214.
[21] *Graf von Westphalen* in: Henssler/Westphalen, Praxis der Schuldrechtsreform, 2002, § 441 Rn. 10.
[22] Die Entwurfsbegründung spricht davon, dass der Rechtsgedanke des § 254 BGB bei der Berechnung des Minderungsbetrages anwendbar ist: BT-Drs. 14/6040, S. 235 (fünfter Absatz zu Absatz 3 Satz 1). Anderer Auffassung zu § 472 a.F.: BGH v. 28.06.1978 - VIII ZR 112/77 - juris Rn. 16 - LM Nr. 3 zu § 460 BGB.

5. Schätzung (Satz 2)

45 § 441 Abs. 3 Satz 2 BGB eröffnet ausdrücklich die Möglichkeit der Schätzung, um der bisherigen Praxis eine gesetzliche Grundlage zu geben.[23] Deswegen ist nach neuem Recht im Rahmen richterlicher Schadensschätzung § 287 ZPO anwendbar.[24]

46 Nachdem etwa das LG Ravensburg[25] einen Mangel bejaht hatte, kam das Gericht im Wege der Schätzung zu dem Ergebnis, dass ein Kraftstoffmehrverbrauch von 3,03% gegenüber den Angaben im Verkaufsprospekt jedenfalls bei einem ohnehin nicht besonders sparsamen Pkw (angegebener Durchschnittsverbrauch 9,9 Liter Super Plus/100 km) – wegen der Besonderheiten des Messverfahrens nach RL 80/1268/EGW und weil die hierauf bezogenen Angaben im Prospekt nur der Vergleichbarkeit von Fahrzeugen mit unterschiedlichem Verbrauch dienen – keinen Minderwert des Pkws begründet.

V. Rückerstattung (Absatz 4)

47 Voraussetzung des Erstattungsanspruches ist, dass der Käufer mehr gezahlt hat, als er aufgrund des geminderten Kaufpreises hätte zahlen müssen. Dazu muss die Minderung wirksam sein. Unerheblich ist, ob die Zahlung vor oder nach der Erklärung der Minderung erfolgt ist. Auch Zahlungen unter Vorbehalt oder Teilzahlungen fallen unter § 441 Abs. 4 BGB, soweit der Gesamtbetrag über dem geminderten Kaufpreis liegt.[26]

C. Rechtsfolgen

I. Minderung (Absätze 1-3)

48 Hat der Käufer den Kaufpreis wirksam gemindert, so besteht der Vertrag grundsätzlich mit allen Rechten und Pflichten weiter. Geändert hat sich der Kaufpreisanspruch des Käufers (§ 443 Abs. 2 BGB), der ab Zugang der Minderungserklärung gemäß Abs. 3 herabgesetzt ist. Von diesem Zeitpunkt an ist auch das Wahlrecht des Käufers (ius variandi) zwischen den in § 437 BGB genannten Rechten bezüglich des geltend gemachten Mangels erloschen.

II. Rückerstattung (Absatz 4)

49 Der Käufer hat einen Anspruch auf Erstattung des Mehrbetrages. § 441 Abs. 4 Satz 1 BGB regelt den Rückzahlungsanspruch des Käufers durch eine selbständige Anspruchsgrundlage.[27] Soweit erforderlich sind Inhalt und Umfang dieses vertraglichen Anspruchs ergänzend gemäß den §§ 346 Abs. 1, 347 Abs. 1 BGB zu bemessen; die entsprechende Anwendbarkeit dieser Normen bestimmt § 441 Abs. 4 Satz 2 BGB. Der Käufer kann zum Beispiel Wertersatz nach den §§ 347 Abs. 1, 441 Abs. 4 Satz 2 BGB verlangen, wenn der Verkäufer es entgegen den Regeln ordnungsgemäßer Wirtschaft unterlässt, sich den Geldbetrag verzinsen zu lassen. Die Ansprüche des Käufers auf Rückerstattung nach wirksam erklärtem Rücktritt unterliegen der dreijährigen Regelverjährung nach den §§ 195, 199 BGB.[28]

III. Andere Ansprüche

50 Wie beim Rücktritt kann der Käufer auch bei der Minderung **Ersatz** für über den Mangel hinausgehende **Schäden** verlangen, sofern der Verkäufer den Mangel zu vertreten hat.[29] Dies ergibt sich auch für die Minderung aus § 325 BGB, der wegen der Formulierung „statt zurückzutreten" in § 441 Abs. 1 Satz 1 BGB anzuwenden ist. Außerdem spricht die rechtliche Logik gegen eine unterschiedliche Be-

---

[23] BT-Drs. 14/7052, S. 197 (zu § 441 Abs. 3).
[24] *Graf von Westphalen* in: Henssler/Westphalen, Praxis der Schuldrechtsreform, 2002, § 441 Rn. 11.
[25] LG Ravensburg v. 06.03.2007 - 2 O 297/06 - juris Rn. 34 ff. - NJW 2007, 2127-2129.
[26] Für den Fall der Zahlung unter Vorbehalt: OLG Zweibrücken v. 19.02.2009 - 4 U 69/08 - juris Rn. 13.
[27] BT-Drs. 14/6040, S. 235-236 (zu Absatz 4).
[28] Für Ansprüche nach Rücktritt: BGH v. 15.11.2006 - VIII ZR 3/06 - juris Rn. 37.
[29] Zum Verhältnis zwischen Minderung und Schadensersatz (statt der Leistung): *Derleder*, NJW 2003, 998-1003, 1001-1003.

handlung von Minderung und Rücktritt in dieser Frage. Für diese Auffassung lässt sich schließlich anführen, dass Schadensersatz und Minderung in § 437 BGB nebeneinander aufgeführt und mit „und" verbunden sind,[30] was auf eine kumulative Anwendbarkeit hindeutet.

Hinsichtlich derselben Vermögenseinbuße schließen sich Minderung und **Schadensersatz statt der Leistung** aus.[31] Scheitert hingegen der (grundsätzlich bestehende) Anspruch des Käufers auf Herabsetzung des Kaufpreises daran, dass der Minderungsbetrag nach der in § 441 Abs. 3 Satz 1 BGB bestimmten Berechnungsmethode nicht ermittelt werden kann, kann der Käufer – auch wenn er gegenüber dem Verkäufer die Minderung bereits erklärt hat – den ihm durch den Mangel entstandenen Vermögensschaden als Schadensersatz statt der Leistung geltend machen.[32]

51

---

[30] *Haas* in: Haas/Medicus/Rolland u.a., Das neue Schuldrecht, 2002, S. 216, Rn. 219.
[31] BGH v. 27.05.2011 - V ZR 122/10 - juris Rn. 16.
[32] BGH v. 05.11.2010 - V ZR 228/09 - juris Rn. 35.

§ 442 BGB Kenntnis des Käufers

(Fassung vom 02.01.2002, gültig ab 01.01.2002)

(1) ¹Die Rechte des Käufers wegen eines Mangels sind ausgeschlossen, wenn er bei Vertragsschluss den Mangel kennt. ²Ist dem Käufer ein Mangel infolge grober Fahrlässigkeit unbekannt geblieben, kann der Käufer Rechte wegen dieses Mangels nur geltend machen, wenn der Verkäufer den Mangel arglistig verschwiegen oder eine Garantie für die Beschaffenheit der Sache übernommen hat.

(2) Ein im Grundbuch eingetragenes Recht hat der Verkäufer zu beseitigen, auch wenn es der Käufer kennt.

Gliederung

A. Grundlagen	1
I. Kurzcharakteristik	1
II. Gesetzgebungsmaterialien	2
III. Europäischer Hintergrund	5
IV. Regelungsprinzipien	6
1. Sinn und Zweck	10
2. Abdingbarkeit/Verhältnis zu anderen Vorschriften	11
B. Anwendungsvoraussetzungen	13
I. Kenntnis vom Mangel (Absatz 1 Satz 1)	13
1. Kenntnis vom Mangel	13
2. Bei Vertragsschluss	17
3. Wissenszurechnung	21
II. Grob fahrlässige Unkenntnis (Absatz 1 Satz 2)	22
1. Gesetzgebungsgeschichte	23
2. Sinn und Zweck	24
3. Grob fahrlässige Unkenntnis	25
a. Untersuchungsobliegenheit	26
b. Rechtsprechung zur grob fahrlässigen Unkenntnis	30
4. Arglistiges Verschweigen eines Mangels	34
5. Garantie für die Beschaffenheit der Sache	37
III. Im Grundbuch eingetragene Rechte (Absatz 2)	41
1. Gesetzgebungsgeschichte	42
2. Im Grundbuch eingetragenes Recht	43
3. Typische Fälle	44
4. Abweichende Vereinbarungen	45
C. Rechtsfolgen	46
I. Absatz 1 Satz 1	46
II. Absatz 1 Satz 2	47
III. Absatz 2	48
D. Prozessuale Hinweise/Verfahrenshinweise	50
E. Anwendungsfelder	52

A. Grundlagen

I. Kurzcharakteristik

1 § 442 BGB bestimmt den Ausschluss der Mängelrechte (§ 437 BGB) für den Fall, dass der Käufer den Mangel kannte. Außerdem werden die Fälle grob fahrlässiger Unkenntnis geregelt.

II. Gesetzgebungsmaterialien

2 Vor der Schuldrechtsreform waren die Vorschriften für den Ausschluss der Sachmängelhaftung in § 460 BGB a.F. geregelt. Für die Rechtsmängelhaftung war ein Ausschluss nur bei positiver Kenntnis des Käufers vorgesehen (§ 439 Abs. 1 BGB a.F.). § 442 BGB fasst die §§ 439, 460 BGB a.F. – inhaltlich von § 439 BGB a.F. teilweise abweichend – durch eine **einheitliche Norm** für Rechts- und Sachmängel zusammen.[1]

3 § 464 BGB a.F., wonach der Käufer sich seine Rechte vorbehalten musste, wenn er zum **Zeitpunkt der Annahme** von einem Sachmangel **Kenntnis** hatte, wurde nicht in das neue Kaufrecht übernommen, weil damit nach Ansicht des Gesetzgebers eine Schlechterstellung des Verbrauchers verbunden gewesen wäre.[2] Auch eine nach Art. 5 Abs. 2 RL 1999/44/EG des Europäischen Parlaments und Rates mögliche Rügepflicht wurde bewusst nicht eingeführt.[3] Der Rechtsausschuss[4] verwies zur Begrün-

---

[1] BT-Drs. 14/6040.
[2] BT-Drs. 14/6040, S. 205 (zweiter Absatz zur Aufhebung des § 464).
[3] BT-Drs. 14/6040, S. 205 (zweiter Absatz zur Aufhebung des § 464).
[4] BT-Drs. 14/7052, S. 197 (zweiter Absatz zu § 442).

dung auf eine unnötige Mehrbelastung der Gerichte, die darin hätte liegen sollen, dass der Verkäufer die Rüge häufig erhoben hätte, ohne den Zeitpunkt der Kenntniserlangung vor Gericht beweisen zu können. Eine dem § 464 BGB a.F. vergleichbare Norm außerhalb des Verbrauchsgüterkaufs wurde ebenfalls nicht eingeführt. Der Gesetzgeber begründete dies mit der geringen praktischen Relevanz der Vorschrift.[5]

Im Einzelfall kann jedoch in der **rügelosen Entgegennahme** einer als mangelhaft erkannten Sache eine **Vertragsänderung** bezüglich der Sachbeschaffenheit liegen.[6] Denkbar ist in solchen Fällen auch, eine spätere Geltendmachung der Mängelrechte als **venire contra factum proprium** abzulehnen.[7]

III. Europäischer Hintergrund

§ 442 BGB dient der Umsetzung von Art. 2 Abs. 3 RL 1999/44/EG des Europäischen Parlaments und Rates.

IV. Regelungsprinzipien

§ 442 Abs. 1 Satz 1 BGB regelt den Haftungsausschluss bei Kenntnis des Käufers. Satz 2 bestimmt, dass der Verkäufer auch bei grob fahrlässiger Unkenntnis des Käufers nicht haften muss, es sei denn es liegen arglistiges Verschweigen eines Mangels oder eine Beschaffenheitsgarantie seitens des Verkäufers vor. Die Formulierung von Satz 2 indes verdeckt auf den ersten Blick, dass der Käufer bei grob fahrlässiger Unkenntnis des Mangels seiner Mängelrechte **im Regelfall** verlustig geht. Nur in besonderen Fällen, nämlich bei arglistigem Verkäuferverhalten oder bei einer Beschaffenheitsgarantie gilt etwas anderes.

Zur Verdeutlichung wäre es sinnvoller gewesen, die Fälle grober Fahrlässigkeit in § 442 Abs. 1 Satz 1 BGB aufzunehmen. Dann hätte sich nur die Ausnahme aus § 442 Abs. 1 Satz 2 BGB ergeben.

§ 442 BGB ist auch beim **Gattungskauf** grundsätzlich anzuwenden. Das macht aber nur dann Sinn, wenn bei Vertragsschluss die ganze Gattung mangelhaft ist (Beispiel Konstruktionsfehler eines Massenproduktes)[8], weil ansonsten bei Vertragsschluss noch nicht klar ist, ob die konkret geschuldete Kaufsache (§ 243 BGB) einen Mangel aufweist.

§ 442 BGB kann auch bei der **Haftung wegen Verschuldens bei Vertragsschluss entsprechende Anwendung** finden: Bei grob fahrlässiger Unkenntnis des Käufers liegt jedenfalls bei arglistiger Täuschung bezüglich der Beschaffenheit der Sache eine planwidrige Gesetzeslücke vor, die durch eine entsprechende Anwendung der Vorschrift zu schließen ist.[9]

1. Sinn und Zweck

Die Norm ist eine gesetzlich geregelte Ausformung des **Verbotes, sich widersprüchlich zu verhalten**, weil der Käufer den Vertrag geschlossen hat, obwohl er den Mangel kannte. Beruft er sich in einem solchen Fall dennoch auf den Mangel, um Gewährleistungsrechte geltend zu machen, so verhält er sich insoweit widersprüchlich und ist deswegen nicht schutzwürdig.[10]

2. Abdingbarkeit/Verhältnis zu anderen Vorschriften

§ 442 BGB ist grundsätzlich abdingbar. Etwas anderes gilt gemäß § 475 Abs. 1 BGB nur für den Verbrauchsgüterkauf, soweit zum Nachteil des Verbrauchers von § 442 BGB abgewichen werden soll.

---

[5] So die Begründung des Entwurfes: BT-Drs. 14/6040, S. 205 (dritter Absatz zur Aufhebung des § 464).
[6] Darauf weist die Begründung des Regierungsentwurfs hin: BT-Drs. 14/6040, S. 205 (dritter Absatz zur Aufhebung des § 464).
[7] Haas in: Haas/Medicus/Rolland u.a., Das neue Schuldrecht, 2002, S. 232, Rn. 286.
[8] Ebenso Haas in: Haas/Medicus/Rolland u.a., Das neue Schuldrecht, 2002, S. 229, Rn. 276.
[9] BGH v. 27.03.2009 - V ZR 30/08 - juris Rn. 25.
[10] Für § 460 BGB a.F. mit weiteren Nachweisen: BGH v. 03.03.1989 - V ZR 212/87 - juris Rn. 8 - NJW 1989, 2050-2051.

§ 442

12 § 442 BGB ist eine **Sonderregelung**[11], die gegenüber den allgemeinen Vorschriften des Schuldrechts vorgeht. Sie gründet auf einer typisierten Bewertung der Konstellationen, auf die die Norm anzuwenden ist: Kenntnis oder grob fahrlässige Unkenntnis des Mangels. Für eine anteilige Verteilung nach dem Rechtsgedanken des § 254 BGB ist deswegen – sowohl zugunsten als auch zulasten des Käufers – im Anwendungsbereich des § 442 BGB kein Raum; das gilt auch bei leicht fahrlässiger Unkenntnis des Käufers.[12]

B. Anwendungsvoraussetzungen

I. Kenntnis vom Mangel (Absatz 1 Satz 1)

1. Kenntnis vom Mangel

13 Der Käufer „kennt" den Mangel, wenn er positive Kenntnis von ihm hat. Dabei ist klärungsbedürftig, worauf sich die positive Kenntnis genau beziehen muss. Jedenfalls muss sich der Käufer über die **tatsächlichen Verhältnisse** im Klaren sein, die den Mangel begründen.

14 Für den Haftungsausschluss nach § 460 BGB a.F. musste sich die Kenntnis des Käufers nicht nur auf die Tatsachen, sondern auch darauf erstrecken, dass Wert und/oder Tauglichkeit der Sache durch die Umstände beeinträchtigt sind.[13] Auch die Kenntnis eines Rechtsmangels nach § 439 BGB a.F. setzte voraus, dass der Käufer um die Beeinträchtigung von Tauglichkeit und/oder Wert der Kaufsache weiß.[14] Daher ist für § 442 Abs. 1 BGB vorauszusetzen, dass der Käufer neben den Tatsachen auch die **rechtliche Bedeutung des Mangels** bei Vertragsschluss kennen muss.[15]

15 Die Kenntnis muss sich des Weiteren auf den **Umfang des Mangels** (beispielsweise die Dauer eines Miet- oder Pachtverhältnisses) erstrecken.[16]

16 Aus der Zusammenschau ergibt sich damit nach der hier vertretenen Auffassung folgende Definition: Kenntnis vom Mangel meint das Wissen um die mangelbegründenden Tatsachen, die rechtliche Einordnung dieser Tatsachen als vertragswidrig sowie die Kenntnis des Mangelumfangs.

2. Bei Vertragsschluss

17 **Maßgebender Zeitpunkt** für die Kenntnis beziehungsweise die grob fahrlässige Unkenntnis ist der **Vertragsschluss**.

18 Vertragsschluss liegt grundsätzlich vor, wenn der Vertrag wirksam geschlossen ist. Das erfordert den Austausch der Willenserklärungen,[17] also die wirksame Annahme des Angebotes (§§ 145-157 BGB), wobei insbesondere die erforderliche Form gewahrt sein muss (§§ 125-129 BGB). Bei Grundstückskaufverträgen ist der Zeitpunkt der notariellen Beurkundung (§ 311b Abs. 1 BGB) entscheidend.

19 Bei der **nachträglichen Heilung** durch Eintragung (§ 311b Abs. 1 Satz 2 BGB) kommt es auf die Kenntnis beim – zunächst unwirksamen – Vertragsschluss und nicht auf den Zeitpunkt der Eintragung an. Das gilt nicht nur dann, wenn der Käufer von der Wirksamkeit des Vertrages ausgeht,[18] sondern unabhängig hiervon: Eine zwischen Vertragsschluss und Eintragung in das Grundbuch erlangte Kennt-

---

[11] Zu § 460 BGB a.F.: BGH v. 28.06.1978 - VIII ZR 112/77 - juris Rn. 17 - LM Nr. 3 zu § 460 BGB.
[12] Grundsätzlich zu § 460 BGB a.F. mit ausführlicher Begründung: BGH v. 28.06.1978 - VIII ZR 112/77 - juris Rn. 15 - LM Nr. 3 zu § 460 BGB; es wird in der Begründung jedoch unter anderem darauf abgestellt, dass § 254 BGB bei der Minderung generell nicht anwendbar ist. Dies trifft für die Berechnung der Minderung nach der hier vertretenen Ansicht nicht zu; vgl. dazu die Kommentierung zu § 441 BGB Rn. 43.
[13] Für § 460 BGB a.F.: BGH v. 13.05.1981 - VIII ZR 113/80 - juris Rn. 13 - LM Nr. 1 zu Gerätesicherheitsgesetz.
[14] Für § 439 BGB a.F.: OLG Koblenz v. 25.05.1990 - 5 U 1348/89 - WuM 1991, 255-258.
[15] Ähnlich *Graf von Westphalen*, in: Henssler/Westphalen, Praxis der Schuldrechtsreform, 2002, § 442 Rn. 2.
[16] Für § 439 BGB a.F.: BGH v. 17.05.1991 - V ZR 92/90 - juris Rn. 11 - LM BGB § 434 Nr. 10 (5/1992).
[17] Für § 460 BGB a.F.: BGH v. 03.03.1989 - V ZR 212/87 - juris Rn. 8 - NJW 1989, 2050-2051.
[18] Für § 460 BGB a.F. zu dieser Fallgestaltung mit weiteren Nachweisen: BGH v. 03.03.1989 - V ZR 212/87 - juris Rn. 9 - NJW 1989, 2050-2051, wobei das Gericht ausdrücklich nicht darauf eingeht, wie der Fall zu beurteilen gewesen wäre, wenn der Käufer von der Nichtigkeit des Vertrages gewusst hätte.

nis von Mängeln schadet grundsätzlich nicht;[19] § 442 BGB greift also auch dann nicht, wenn dem Käufer bei Abschluss eines (zunächst) formnichtigen Kaufvertrages ein Sachmangel in dem Zeitraum zwischen Vertragsschluss und Eintragung in das Grundbuch – also vor dem Wirksamwerden des Kaufvertrages – bekannt geworden ist.

Dass in den Fällen **nachträglicher Wirksamkeit** grundsätzlich auf den Zeitpunkt abgestellt werden sollte, in dem die Willenserklärungen ausgetauscht sind, hat seinen Grund in der einschneidenden Rechtsfolge des § 442 BGB: dem vollständigen Verlust der Gewährleistungsrechte. Erkennt der Käufer den Mangel, nachdem er seine Willenserklärung abgegeben hat, verhält er sich nicht mehr widersprüchlich, wenn er untätig bleibt und darauf wartet, dass der Vertrag wirksam wird – etwa durch Heilung oder Eintritt der Bedingung (§ 158 Abs. 1 BGB). Als widersprüchliches Verhalten kann nämlich lediglich aktives Handeln – wie die Abgabe einer Willenserklärung –, nicht aber passives Unterlassen gewertet werden. Das muss auch dann gelten, wenn der Käufer weiß, dass der Vertrag noch unwirksam ist.[20]

3. Wissenszurechnung

Das Wissen seines Vertreters ist dem Käufer gemäß § 166 Abs. 1 BGB auch im Rahmen des § 442 BGB zuzurechnen. Es ist also auf die Kenntnis des Vertreters abzustellen, der für den Käufer handelt. Zu Einzelheiten zur Wissenszurechnung vgl. die Kommentierung zu § 166 BGB.

II. Grob fahrlässige Unkenntnis (Absatz 1 Satz 2)

§ 442 Abs. 1 Satz 2 BGB erweitert den Haftungsausschluss auf die Fälle grob fahrlässiger Unkenntnis außer bei Arglist oder Beschaffenheitsgarantie seitens des Verkäufers. Hinsichtlich des Zeitpunktes gilt das Gleiche wie bei der Kenntnis (§ 442 Abs. 1 Satz 1 BGB), vgl. Rn. 17.

1. Gesetzgebungsgeschichte

§ 442 Abs. 1 Satz 2 BGB entspricht inhaltlich der Regelung für Sachmängel in § 460 Satz 2 BGB a.F. und dehnt sie auf Rechtsmängel aus. Die diesbezüglich neue Gleichbehandlung von Rechts- und Sachmangel wird vom Gesetzgeber mit der generell angestrebten Gleichbehandlung beider Mängel und der ansonsten auftretenden Abgrenzungsprobleme begründet.[21] Die Formulierung „Vorhandensein einer Eigenschaft" aus dem Regierungsentwurf[22] wurde durch „Beschaffenheit der Sache" ersetzt.[23]

2. Sinn und Zweck

Die Erstreckung der Haftung auf grobe Unkenntnis ist vor allem mit den Beweisschwierigkeiten bei der Kenntnis zu erklären:[24] Ein widersprüchliches Verhalten liegt bei grob fahrlässiger Unkenntnis grundsätzlich nicht vor. Deswegen wird man den **Sinn und Zweck** von § 442 Abs. 1 Satz 2 BGB in erster Linie in der **Beweiserleichterung** sehen müssen. Zum widersprüchlichen Verhalten als Normzweck vgl. Rn. 10.

3. Grob fahrlässige Unkenntnis

Unkenntnis meint, dass dem Käufer teilweise oder ganz die Kenntnis des Mangels im Sinne des § 442 Abs. 1 Satz 1 BGB fehlt. Zur Kenntnis vgl. Rn. 13. Ein Mangel ist dem Käufer infolge grober Fahrlässigkeit unbekannt geblieben, wenn eine besonders schwere Verletzung der im Verkehr erforderli-

---

[19] BGH v. 27.05.2011 - V ZR 122/10 - juris Rn. 11 ff.; anderer Auffassung für den Fall, dass der Käufer von der Formnichtigkeit des Vertrages wusste und noch vor Eintragung die Mangelhaftigkeit erkannte: OLG Hamm v. 21.01.1985 - 22 U 283/84 - NJW 1986, 136.

[20] Ebenso mit ähnlicher Argumentation: *Haas* in: Haas/Medicus/Rolland u.a., Das neue Schuldrecht, 2002, S. 231, Rn. 281.

[21] BT-Drs. 14/6040, S. 236 (erster Absatz zu Satz 2).

[22] Vgl. BT-Drs. 14/7052, S. 42.

[23] Vgl. die Beschlussfassung des Rechtsausschusses: BT-Drs. 14/7052, S. 197 (erster Absatz zu § 442).

[24] *Haas* in: Haas/Medicus/Rolland u.a., Das neue Schuldrecht, 2002, S. 229, Rn. 274.

chen Sorgfalt dafür ursächlich ist. Eine solch schwere Verletzung ist das Nichtbeachten des nahe liegenden, das jedem in der konkreten Situation hätte einleuchten müssen.[25] Grobe Fahrlässigkeit ist eine subjektiv schlicht unentschuldbare Pflichtverletzung.[26]

a. Untersuchungsobliegenheit

26 Normalerweise hat der Käufer **keine Untersuchungsobliegenheit** hinsichtlich möglicher Mängel der Sache.

aa. Untersuchungsobliegenheit bei § 460 BGB a.F.

27 Im Rahmen des § 460 BGB a.F. hat die Rechtsprechung jedoch in manchen Fällen eine Untersuchungsobliegenheit des Käufers angenommen, etwa bei **besonderer Sachkenntnis** des Käufers[27], für einen **Gemäldekauf** durch ein renommiertes Auktionshaus,[28] beim Kauf **alter Fahrzeuge**,[29] wenn der Käufer das Angebot des Verkäufers, die Sache durch einen Fachmann untersuchen zu lassen, ablehnt,[30] sowie bei **konkretem Mängelverdacht**.[31]

bb. Untersuchungsobliegenheit nach neuem Recht

28 Für § 442 BGB ist **grundsätzlich** davon auszugehen, dass der Käufer den Kaufgegenstand **nicht untersuchen muss**. Der Käufer muss auf die Mangelfreiheit der Kaufsache vertrauen können, ohne sie kontrollieren zu müssen. Dafür spricht die einschneidende Rechtsfolge des § 442 BGB, nämlich dass der Käufer seinen Anspruch auf Mangelfreiheit der Kaufsache verliert. Die korrespondierende Pflicht des Verkäufers ist zudem gemäß § 433 Abs. 1 Satz 2 BGB Hauptleistungspflicht (vgl. dazu die Kommentierung zu § 433 BGB Rn. 11). Sie kann deswegen nicht ohne weiteres auf den Käufer abgewälzt werden. Diese Auslegung des § 442 Abs. 1 Satz 2 BGB harmoniert auch mit der zugrunde liegenden europäischen Norm. Art. 2 Abs. 3 RL 1999/44/EG des Europäischen Parlaments und Rates beschreibt den Haftungsausschluss für Fälle, in denen der Verbraucher „von der Vertragswidrigkeit [...] vernünftigerweise nicht in Unkenntnis sein konnte". Diese Formulierung legt nahe, dass das Ziel dieser Vorschrift die Beweiserleichterung sein soll[32] (vgl. zur Beweiserleichterung als Normzweck Rn. 24) und nicht beabsichtigt war, dem Käufer eine Untersuchung aufzuzwingen.

29 Liegen indes besondere Umstände vor, kann im Einzelfall eine Untersuchungsobliegenheit des Verkäufers bejaht werden:[33]
- Für bestimmte Arten des Kaufs bzw. für bestimmte Kaufgegenstände gelten **besondere Gepflogenheiten**, nach denen eine Untersuchung durch den Verkäufer erwartet werden kann; etwa im Rahmen des **Unternehmenskaufs** eine due diligence, vgl. hierzu Rn. 30.
- Auch für den **gewerblichen Kfz-Kauf** lässt sich die Gepflogenheit annehmen, das Fahrzeug vor dem Kauf einer allgemeinen Sicht- und Funktionsprüfung zu unterziehen.[34]

---

[25] Zum Begriff der groben Fahrlässigkeit für § 300 Abs. 1 BGB mit weiteren Nachweisen: BGH v. 28.06.1994 - X ZR 95/92 - juris Rn. 18 - NJW-RR 1994, 1469-1471.

[26] Zur groben Fahrlässigkeit in Art. 21 ScheckG: BGH v. 29.09.1992 - XI ZR 265/91 - juris Rn. 12 - LM ScheckG Art 21 Nr. 19 (4/1993).

[27] Für den fachkundigen Autokäufer, der Anhaltspunkte entdeckt: AG Nienburg v. 30.06.1993 - 6 C 199/93 - ZfSch 1993, 304-305.

[28] LG Bielefeld v. 20.09.1988 - 23 O 101/88 - NJW 1990, 1999.

[29] Für ein 14 Jahre altes Fahrzeug, das sich in erkennbar schlechtem Zustand befindet: LG Karlsruhe v. 09.01.1981 - 9 S 257/80 - DAR 1981, 152-153.

[30] Für ein zwanzig Jahre altes Fahrzeug: OLG Hamm v. 06.02.1995 - 32 U 122/94 - OLGR Hamm 1995, 100.

[31] OLG Brandenburg v. 17.01.1995 - 2 U 91/94 - ZfSch 1995, 297-298.

[32] *Haas* in: Haas/Medicus/Rolland u.a., Das neue Schuldrecht, 2002, S. 230-231, Rn. 279.

[33] Vgl. *Weidenkaff*, der bei besonderer Sachkunde des Käufers, bei entsprechender Verkehrssitte (die soll bei Gebäuden, Kunstwerken und Antiquitäten bestehen) sowie Warnung des Käufers eine Untersuchungsobliegenheit bejaht; *Weidenkaff* in: Palandt, § 442 Rn. 13-16.

[34] OLG Schleswig v. 04.11.2005 - 4 U 46/05 - juris Rn. 6 - SchlHA 2006, 356-357.

- Hat der **gewerbliche Autohändler** das Fahrzeug einschließlich Kfz-Schein und -Brief zur Bewertung und Schätzung des Ankaufspreises erhalten, obliegt es ihm jedenfalls, die wesentlichen Umstände zu überprüfen und auf Übereinstimmung mit den tatsächlichen Gegebenheiten abzugleichen.[35]
- Hat der Verkäufer eine **besondere Sachkunde**, muss er beim Vorliegen von bestimmten Hinweisen die Kaufsache ggf. eingehend untersuchen, etwa wenn ein Gebrauchtwagenhändler beim Ankauf eines Kfz von einem (angeblich) reparierten (erheblichen) Unfallschaden erfährt.[36]

b. Rechtsprechung zur grob fahrlässigen Unkenntnis

Untersucht der Käufer den Kaufgegenstand, so kann die grob fahrlässige Unkenntnis eines Mangels auch darin begründet liegen, dass der Käufer bestimmte Bereiche nicht ausführlich genug untersucht hat. Dies setzt allerdings im Einzelfall voraus, dass eine solche umfassende Untersuchung aus seiner Sicht geboten gewesen wäre. Eine solche Fallkonstellation hat das LG Berlin[37] im Bereich des **Unternehmenskaufs** entschieden. Dabei ging das LG Berlin von einer grob fahrlässigen Unkenntnis des Käufers aus, weil dieser eine **due diligence** des Kaufgegenstandes nicht vollständig durchgeführt habe, obwohl die Umstände den Käufer zu einer besonders sorgfältigen und eingehenden Prüfung hätten veranlassen müssen. Dabei meinte das LG Berlin, insbesondere die Tatsache, dass es sich bei dem Verkäufer um eine Finanzierungsgesellschaft ohne ausreichenden technischen Sachverstand gehandelt habe, hätte den Käufer zu einer umfassenden Prüfung veranlassen müssen. 30

Das OLG Karlsruhe[38] hat eine grob fahrlässige Unkenntnis hinsichtlich der gefälschten Stempelung von Briefmarken im Fall einer **Ersteigerung über eBay** bejaht und dabei zum einen auf den **sehr niedrigen Preis** (Startpreis 1/1.000 und Endpreis etwas über 1/100 des angeblichen Wertes) abgestellt und zum anderen auf die für einen Hobbysammler leicht überprüfbaren Angaben im Michelkatalog, in dem zu den streitigen Marken das Zeichen mit der Bedeutung: „Falschstempel vorkommend, Stempelprüfung erforderlich" angebracht war sowie der Satz: „Gestempelte Marken und Briefe müssen BPP-geprüft sein!". Weil eine solche BPP-Prüfung seitens des Verkäufers nicht angegeben war, hätte der Argwohn des Käufers geweckt werden müssen, so das OLG Karlsruhe, das zu dem Schluss kommt: Der Käufer habe die Briefmarkensätze unter Zurückstellung sich ganz eindeutig aufdrängender Zweifel zu einem sehr günstigen Preis in dem Bewusstsein erwerben wollen, ein Geschäft zu machen. Das spekulative Moment des Geschäfts sei dabei offenbar und die Voraussetzungen grober Fahrlässigkeit zu bejahen. 31

Auch das AG Landstuhl[39] hat grob fahrlässige Unkenntnis in einem Fall angenommen, in dem der Käufer systematisch bei **eBay** nach Angeboten aus „echt Silber" suchte und bereits vorher diverse vermeintlich silberne Artikeln angekauft hatte, die sich später als versilbert oder Ähnliches herausstellten: Hierdurch habe der Käufer bewusst das Risiko in Kauf genommen, dass der erneut gekaufte Gegenstand nicht silbern war. 32

Der BGH hat indes klargestellt, dass bei einer **Internetversteigerung** grob fahrlässige Unkenntnis des Käufers von der Unechtheit eines unter Angabe des Markennamens versteigerten Luxusobjekts nicht (allein) mit der Begründung angenommen werden kann, es sei erfahrungswidrig, dass ein solcher Gegenstand mit einem Startpreis von nur einem Euro angeboten werde.[40] 33

---

[35] OLG Frankfurt v. 18.08.2009 - 16 U 59/09 - juris Rn. 17.
[36] OLG Schleswig v. 04.11.2005 - 4 U 46/05 - juris Rn. 6 - SchlHA 2006, 356-357.
[37] LG Berlin v. 01.02.2005 - 5 O 176/04.
[38] OLG Karlsruhe v. 25.01.2007 - 8 U 123/06 - juris Rn. 34 ff. - OLGR Karlsruhe 2007, 293-295.
[39] AG Landstuhl v. 07.12.2006 - 3 C 444/06 - juris Rn. 20 - NJW-RR 2007, 1213-1214.
[40] BGH v. 28.03.2012 - VIII ZR 244/10 - juris Rn. 26.

§ 442

4. Arglistiges Verschweigen eines Mangels

34 Arglistiges Verschweigen eines Mangels liegt vor, wenn der Verkäufer einen Mangel, den er zumindest für möglich hält,[41] trotz Offenbarungspflicht verschweigt und dabei billigend in Kauf nimmt, dass der Käufer den Mangel nicht kennt und bei Kenntnis den Vertrag jedenfalls nicht so abgeschlossen hätte.[42]

35 Auch ein arglistiges Täuschen über die Mangelfreiheit – zum Beispiel das Vorspiegeln einer nicht vorhandenen Eigenschaft – ist wie bei § 463 Satz 2 BGB a.F. ein arglistiges Verschweigen im Sinne des § 442 Abs. 1 Satz 2 BGB.[43] Bei einer Mehrheit von Verkäufern reicht es aus, wenn einer der Verkäufer den Mangel arglistig verschwiegen hat.[44]

36 Weitere Einzelheiten zum arglistigen Verschweigen, insbesondere zur Aufklärungspflicht sowie zur Wissenszurechnung, finden sich in der Kommentierung zu § 444 BGB Rn. 20. Vgl. auch die Rechtsprechung zu § 444 BGB in der Kommentierung zu § 444 BGB Rn. 28, die übertragbar ist.

5. Garantie für die Beschaffenheit der Sache

37 Garantie für die Beschaffenheit der Sache meint das, was bisher unter der Zusicherung einer Eigenschaft verstanden wurde:[45] die Erklärung des Verkäufers, dass die Kaufsache zum Zeitpunkt des Gefahrübergangs eine bestimmte Beschaffenheit aufweist, sowie die Zusage, – unabhängig von einem eigenen Verschulden – für die Folgen eines eventuellen Fehlens dieser Beschaffenheit einzustehen. Zum Begriff Beschaffenheit vgl. die Kommentierung zu § 434 BGB Rn. 15.

38 Entscheidend ist dabei, dass der grob fahrlässig unerkannte Mangel von der Beschaffenheitsgarantie umfasst wird, denn nur insoweit greift die Ausnahme vom Haftungsausschluss. Deshalb ist im Einzelfall sowohl zu ermitteln, in welchem Umfang die Unkenntnis der Mängel auf grober Fahrlässigkeit des Käufers beruht, als auch inwieweit sich diese grob fahrlässige Unkenntnis mit einer Garantie des Verkäufers deckt.

39 Das wirksame Zustandekommen der Garantie ist nach den allgemeinen Vertragsregeln zu prüfen. Für die Frage, ob die Erklärung des Verkäufers den erforderlichen Inhalt hat, kommt es entscheidend auf die Sicht des Käufers (Empfängerhorizont) an.[46]

40 Vgl. auch die Rechtsprechung zu § 444 BGB in der Kommentierung zu § 444 BGB Rn. 41, die übertragbar ist.

III. Im Grundbuch eingetragene Rechte (Absatz 2)

41 Nach § 442 Abs. 2 BGB muss der Verkäufer auch diejenigen im Grundbuch eingetragenen Rechte beseitigen, die der Käufer kennt. Diese Norm beruht darauf, dass dem Käufer bei der notariellen Beurkundung des Kaufvertrages (§ 311b Abs. 1 BGB) der Inhalt des Grundbuchs vermittelt wird. Ein auf dieser Kenntnis begründetes Entfallen jeglicher Haftung für Rechtsmängel beim Grundstückskauf gemäß § 442 Abs. 1 Satz 1 BGB soll § 442 Abs. 2 BGB vermeiden.

1. Gesetzgebungsgeschichte

42 § 442 Abs. 2 BGB übernimmt im Grundsatz die Regelung des § 439 Abs. 2 BGB a.F. Über die in § 439 Abs. 2 BGB a.F. genannten Grundpfandrechte hinaus soll sich die neu gefasste Regelung auf

---

[41] Vgl. OLG Düsseldorf v. 02.04.2004 - I-14 U 213/03, 14 U 213/03 - ZGS 2004, 271-275.
[42] BGH v. 08.12.2006 - V ZR 249/05 - juris Rn. 9; KG Berlin v. 20.06.2005 - 8 U 220/04 - juris Rn. 6 - KGR Berlin 2005, 734-735; vgl. zum arglistigen Verschweigen nach § 463 Satz 2 BGB a.F.: BGH v. 14.10.1993 - III ZR 156/92 - juris Rn. 9 - BGHZ 123, 363-368; zu § 444 Alt. 1 BGB vgl. die ähnliche Definition bei LG Coburg v. 19.08.2003 - 22 O 298/03 - NJW-RR 2003, 1675-1676.
[43] Ebenso für das arglistige Verschweigen eines Mangels nach § 438 Abs. 3 Satz 1 BGB *Haas* in: Haas/Medicus/Rolland u.a., Das neue Schuldrecht, 2002, S. 245, Rn. 345.
[44] Zur Unwirksamkeit eines Haftungsausschlusses nach § 476 BGB a.F.: BGH v. 10.07.1987 - V ZR 152/86 - juris Rn. 9 - NJW-RR 1987, 1415-1416.
[45] Vgl. die Begründung des Regierungsentwurfs: BT-Drs. 14/6040, S. 236 (zweiter Absatz zu Satz 2).
[46] Für die Eigenschaftszusicherung nach § 459 Abs. 2 BGB, § 463 Satz 1 BGB a.F.: BGH v. 28.11.1994 - VIII ZR 53/94 - juris Rn. 9 - BGHZ 128, 111-117.

alle im Grundbuch eingetragenen Rechte erstrecken. Eine solch umfassende Regelung erschien dem Gesetzgeber[47] sachgerecht, wenngleich die Frage, wie mit den bestehenden Rechten umzugehen ist, meist durch den Kaufvertrag beantwortet wird.

2. Im Grundbuch eingetragenes Recht

§ 442 Abs. 2 BGB umfasst alle Rechte, die im Grundbuch eingetragen sind. Unabhängig davon, wie man die Vormerkung dogmatisch einordnet, fällt sie nach dem ausdrücklichen Willen des Gesetzgebers[48] ebenfalls unter Absatz 2. § 442 Abs. 2 BGB kann auch ausländische Rechte erfassen.[49] 43

3. Typische Fälle

Im Grundbuch typischerweise eingetragene Rechte sind Hypothek, Grundschuld, Rentenschuld, Dienstbarkeiten, Vorkaufsrechte, Reallasten. 44

4. Abweichende Vereinbarungen

§ 442 Abs. 2 BGB ist grundsätzlich abdingbar. Bei Kaufverträgen über Grundstücke kommt eine individuelle Regelung, die eine Übernahme von Rechten durch den Käufer beinhaltet, häufig vor. Eine solche Vereinbarung stellt im Normalfall aber eine vertragliche Übernahme des Rechts im Sinne des § 435 Satz 1 BGB dar (vgl. dazu die Kommentierung zu § 435 BGB Rn. 28), sodass § 442 Abs. 2 BGB von vornherein nicht anwendbar ist, weil das Recht keinen Mangel begründet. 45

C. Rechtsfolgen

I. Absatz 1 Satz 1

Rechtsfolge von § 442 Abs. 1 Satz 1 BGB ist der Ausschluss der Mängelrechte des Käufers (§ 437 BGB). Aus einem Umkehrschluss zu § 442 Abs. 1 Satz 2 BGB ergibt sich, dass dies auch bei arglistigem Verschweigen des Mangels oder einer Beschaffenheitsgarantie seitens des Verkäufers gilt.[50] Etwas anderes muss aber dann gelten, wenn der Verkäufer sich verpflichtet, einen erkannten Mangel bis zu einem späteren Zeitpunkt, etwa bis zur Übergabe, zu beseitigen.[51] 46

II. Absatz 1 Satz 2

Liegen die Voraussetzungen des § 442 Abs. 1 Satz 2 BGB vor, so entsprechen die Rechtsfolgen denen in Satz 1. Zu berücksichtigen sind lediglich die Unterschiede, die sich daraus ergeben, dass Satz 2 bei arglistigem Verschweigen oder einer Beschaffenheitsgarantie nicht greift. 47

III. Absatz 2

Rechtsfolge von § 442 Abs. 2 BGB ist, dass der Verkäufer das eingetragene Recht zu beseitigen hat. Beseitigen meint das Bewirken einer Löschungsbewilligung (§ 19 GBO) oder eine Berichtigung des Grundbuchs (§ 894 BGB); Widerspruchseintragung (§ 899 BGB) genügt nicht.[52] 48

Dies gilt aber nur, soweit der Verkäufer dazu nach dem Vertrag (§ 433 Abs. 1 Satz 2 BGB) ohnehin verpflichtet wäre (vgl. dazu Rn. 45). 49

---

[47] Begründung des Regierungsentwurfs: BT-Drs. 14/6040, S. 236-237 (zu Absatz 2).
[48] Begründung des Regierungsentwurfs: BT-Drs. 14/6040, S. 237 (zweiter Absatz zu Absatz 2).
[49] Zu einem ausländischen Registerpfandrecht an Luftfahrzeugen für § 439 Abs. 2 BGB a.F.: BGH v. 07.10.1991 - II ZR 252/90 - juris Rn. 9 - LM BGB § 434 Nr. 11 (5/1992).
[50] Ebenso im Rahmen allgemeiner Erwägungen zur abschließenden Natur des § 460 BGB a.F. für arglistiges Verschweigen: BGH v. 28.06.1978 - VIII ZR 112/77 - juris Rn. 17 - LM Nr. 3 zu § 460 BGB.
[51] *Weidenkaff* in: Palandt, § 442 Rn. 9.
[52] *Weidenkaff* in: Palandt, § 442 Rn. 23.

D. Prozessuale Hinweise/Verfahrenshinweise

50 Der Verkäufer muss beweisen, dass der Käufer den Mangel bei Vertragsschluss kannte.[53] Gleiches gilt für auf grober Fahrlässigkeit beruhende Unkenntnis. Der Käufer trägt die Beweislast für arglistiges Verschweigen sowie für Beschaffenheitsgarantie.[54]

51 Kann der Verkäufer grobe Fahrlässigkeit beweisen, der Käufer jedoch weder arglistiges Verschweigen noch eine Beschaffenheitsgarantie, so kann wegen der gleichen Wirkung dahinstehen, ob der Käufer darüber hinaus auch noch Kenntnis vom Mangel hatte. Insoweit erfüllt Absatz 2 das Ziel der Beweiserleichterung (vgl. dazu Rn. 24).

E. Anwendungsfelder

52 Wenn dem Verkäufer arglistiges Verhalten zur Last fällt, hat dies in der Regel auch zur Folge, dass – unabhängig von der Schwere des Mangels – keine unerhebliche Pflichtverletzung im Sinne von § 323 Abs. 5 Satz 2 BGB vorliegt.[55] Daher kann der Käufer bei Arglist des Verkäufers regelmäßig auch zurücktreten.

---

[53] BGH v. 12.11.2010 - V ZR 181/09 - juris Rn. 17.
[54] Zu § 444 für die Arglist: BGH v. 12.11.2010 - V ZR 181/09 - juris Rn. 12.
[55] Vgl. BGH v. 24.03.2006 - V ZR 173/05 - ZIP 2006, 904-906.

§ 443 BGB Beschaffenheits- und Haltbarkeitsgarantie

(Fassung vom 02.01.2002, gültig ab 01.01.2002)

(1) Übernimmt der Verkäufer oder ein Dritter eine Garantie für die Beschaffenheit der Sache oder dafür, dass die Sache für eine bestimmte Dauer eine bestimmte Beschaffenheit behält (Haltbarkeitsgarantie), so stehen dem Käufer im Garantiefall unbeschadet der gesetzlichen Ansprüche die Rechte aus der Garantie zu den in der Garantieerklärung und der einschlägigen Werbung angegebenen Bedingungen gegenüber demjenigen zu, der die Garantie eingeräumt hat.

(2) Soweit eine Haltbarkeitsgarantie übernommen worden ist, wird vermutet, dass ein während ihrer Geltungsdauer auftretender Sachmangel die Rechte aus der Garantie begründet.

Gliederung

A. Grundlagen... 1	b. Garantiefrist/Garantiezeitpunkt.................. 33
I. Kurzcharakteristik................................ 1	c. Rechte aus der Garantie 35
II. Gesetzgebungsmaterialien....................... 2	7. In der Garantieerklärung angegebene Bedingungen 38
III. Europäischer Hintergrund 4	
IV. Regelungsprinzipien 5	8. In der einschlägigen Werbung angegebene Bedingungen 42
B. Anwendungsvoraussetzungen 8	
I. Garantieübernahme (Absatz 1).................. 8	II. Vermutungsregel (Absatz 2) 47
1. Übernahme einer Garantie 8	1. Gesetzgebungsgeschichte....................... 47
2. Garantiegeber 13	2. Übernahme einer Haltbarkeitsgarantie 48
a. Verkäufer.. 13	3. Während der Geltungsdauer auftretender Sachmangel 49
b. Dritter.. 14	
3. Garantie für die Beschaffenheit der Sache 20	C. Rechtsfolgen 50
4. Haltbarkeitsgarantie.............................. 23	I. Absatz 1 50
5. Garantiefall 28	II. Absatz 2.. 55
6. Garantieinhalt...................................... 29	III. Konkurrenzen....................................... 56
a. Garantiegegenstand............................. 32	D. Prozessuale Hinweise/Verfahrenshinweise 57

A. Grundlagen

I. Kurzcharakteristik

§ 443 BGB beschreibt die Möglichkeit der Vertragsparteien, neben den gesetzlichen Gewährleistungsrechten (§ 437 BGB) auch Garantien zu vereinbaren. § 443 Abs. 1 BGB enthält eine gesetzliche Grundlage für Garantien Dritter. § 443 Abs. 2 BGB stellt eine widerlegliche Vermutung zugunsten des Käufers auf. 1

II. Gesetzgebungsmaterialien

Vor der Reform gab es keine Regelung zur Garantie im Kaufrecht. Das sollte durch Einführung des § 443 BGB geändert werden. Nach Ansicht des Gesetzgebers haben insbesondere die Fragen der Beweislast und der Verjährung von Garantieansprüchen wegen der fehlenden gesetzlichen Regelung zahlreiche Probleme aufgeworfen.[1] In diesem Zusammenhang wurde eine Vermutungsregel zugunsten des Käufers eingeführt (Absatz 2). 2

Anders als nach dem ursprünglichen Entwurf vorgesehen, wurde die **Haltbarkeitsgarantie** auf Anregung des Bundesrates in den Gesetzestext aufgenommen und dort auch definiert.[2] Dem Änderungs- 3

---

[1] Sehr ausführlich mit zahlreichen Verweisen auf Rechtsprechung und Literatur BT-Drs. 14/6040, S. 237-238.
[2] Vgl. die Gegenüberstellung des ursprünglichen Entwurfs und der Beschlüsse des Rechtsausschusses: BT-Drs. 14/7052, S. 42.

wunsch des Bundesrates³ lag die Forderung nach einer klaren, auch begrifflichen Unterscheidung zwischen Beschaffenheitsgarantie auf der einen und Haltbarkeitsgarantie auf der anderen Seite zugrunde. Die Vermutungsregel in Absatz 2 sollte nach seiner Auffassung nur für die Haltbarkeitsgarantie gelten. Der Auffassung des Bundesrates haben Bundesregierung⁴ und Rechtsausschuss⁵ weitgehend zugestimmt.

III. Europäischer Hintergrund

4 § 443 BGB dient der Umsetzung von Art. 6 Abs. 1 RL 1999/44/EG des Europäischen Parlaments und Rates. Der Inhalt von Art. 6 Abs. 2-3 RL 1999/44/EG des Europäischen Parlaments und Rates ist bewusst nicht in das allgemeine Kaufrecht übernommen worden, weil er einen stark verbraucherschützenden Charakter hat⁶. Die Umsetzung findet sich in einer Vorschrift für den Verbrauchsgüterkauf: § 477 BGB.

IV. Regelungsprinzipien

5 Garantien im Sinne des § 443 BGB gehören nicht zum notwendigen Inhalt des Kaufvertrages. Vielmehr gewährt der Garantiegeber dem Käufer Rechte, die über die Gewährleistungsrechte (§ 437 BGB) hinausgehen. Es handelt sich deswegen auch nicht um eine „bloße" Garantie des Verkäufers im Sinne einer verschuldensunabhängigen Haftungsübernahme (§ 276 Abs. 1 Satz 1 BGB), vielmehr wird dem Käufer durch die in § 443 BGB gemeinte Garantie außerhalb des Leistungsstörungsrechts eine zusätzliche Leistung für den Garantiefall versprochen.⁷

6 Der **Inhalt der Garantie** ist den Vertragsparteien, also Garantiegeber und Käufer überlassen. § 443 BGB bestimmt diesbezüglich nur, dass auch Werbeaussagen zu berücksichtigen sind. Für den **Verbrauchsgüterkauf** sind die formalen Vorgaben des § 477 BGB zu beachten.

7 Die Ansprüche aus der Garantie unterliegen der **regelmäßigen Verjährung** (§§ 195, 199 BGB). Die Verjährung beginnt regelmäßig mit dem Schluss des Jahres, in dem der Mangel entdeckt wurde⁸ (§ 199 Abs. 1 BGB). Durch die Mangelanzeige wird die Verjährung der Ansprüche bis zur Beseitigung des Mangels oder der Erklärung des Garantiegebers, der Mangel sei beseitigt beziehungsweise es liege kein Mangel (mehr) vor, **gehemmt**.⁹

B. Anwendungsvoraussetzungen

I. Garantieübernahme (Absatz 1)

1. Übernahme einer Garantie

8 Die Übernahme einer Garantie erfolgt durch den Abschluss eines Garantievertrages. Daneben kann nach der hier vertretenen Ansicht eine Garantie gemäß § 443 Abs. 1 BGB auch allein durch die Garantieerklärung eines Dritten (auch im Rahmen von Werbeaussagen) zustande kommen, wenn ein Kaufvertrag vorliegt. Einzelheiten dazu vgl. Rn. 14 ff.

---

3 Vgl. die ausführliche Stellungnahme des Bundesrates zu § 443 BGB: BT-Drs. 14/6857, S. 28.
4 Vgl. die ausführliche Erwiderung der Bundesregierung zu § 443 BGB: BT-Drs. 14/6857, S. 61.
5 Vgl. die Begründung des Rechtsausschusses zu § 443 BGB: BT-Drs. 14/7052, S. 40.
6 Entwurfsbegründung: BT-Drs. 14/6040, S. 238 (sechster Absatz der angegebenen Seite).
7 *Haas* in: Haas/Medicus/Rolland u.a., Das neue Schuldrecht, 2002, S. 252, Rn. 380. Eine Beschaffenheitsgarantie des Verkäufers liegt etwa vor, wenn er zusätzliche Leistungen, wie den sofortigen Austausch durch ein neueres Modell, verspricht; vgl. BT-Drs. 14/6857, S. 61; vgl. auch OLG Stuttgart v. 23.11.2010 - 12 U 109/10 - juris Rn. 48.
8 Vgl. zu der Lage nach altem Recht, wenn die Garantiefrist länger als sechs Monate betrug (§ 477 BGB a.F.): BGH v. 20.12.1978 - VIII ZR 246/77 - juris Rn. 19 - LM Nr. 29 zu § 477 BGB.
9 OLG Saarbrücken v. 26.03.1996 - 4 U 804/94 - 180, 4 U 804/95- NJW-RR 1997, 1423.

Voraussetzung eines Garantievertrages beziehungsweise einer Garantieerklärung ist, dass sich aus dem Vertrag/der Erklärung der Wille ergibt, für die Beschaffenheit der Kaufsache (bis) zu einem bestimmten Zeitpunkt mit Leistungen zugunsten des Käufers einzustehen.

Eine Garantieerklärung setzt eine zum Abschluss eines Kaufvertrages oder eines eigenständigen Garantievertrages führende Willenserklärung voraus, die bloße **Werbung mit einer Garantie** im Zusammenhang mit noch nicht rechtsverbindlichen Verkaufsangeboten, durch die der Käufer lediglich zur Bestellung aufgefordert wird (invitatio ad offerendum), genügt hingegen nicht.[10] Liegt eine Garantieerklärung vor, kann die Werbung gleichwohl zur Bestimmung der Bedingungen herangezogen werden, vgl. hierzu Rn. 42. Nach hier vertretener Ansicht kann aber auch in der Werbung eines Dritten (etwa des Herstellers) eine Garantieerklärung enthalten sein, die – zusammen mit dem Kaufvertrag – einen Anspruch gegen den Verkäufer begründen kann (vgl. Rn. 18).

Einzelheiten zur Garantieerklärung vgl. Rn. 38. Der Garantievertrag kommt in der Regel durch Annahme der Garantieerklärung zustande.

Beim Grundstückskauf ist die erforderliche **Form** (§ 311b Abs. 1 BGB) einzuhalten.[11] Grundsätzlich ist die Garantieübernahme jedoch formfrei möglich.

2. Garantiegeber

a. Verkäufer

Ist der Verkäufer Garantiegeber, so wird die Garantie Bestandteil des Kaufvertrages (unselbständige Garantie). Die Rechte, die über die des § 437 BGB hinausgehen, lassen sich folglich aus dem Kaufvertrag ableiten. Sie kommen als Teil des Kaufvertrages durch Angebot und Annahme zustande.

b. Dritter

Auch Dritte können eine Garantie übernehmen. Dabei kommen insbesondere Hersteller, Großhändler oder Importeure in Betracht.

aa. Direktes Verhältnis zwischen Garantiegeber und Käufer

Bisher war die Konstruktion eines (eigenständigen) Garantievertrages in solchen Fällen problematisch, weil ein direkter Kontakt zwischen Käufer und Drittem regelmäßig fehlte. Der BGH[12] hat teilweise einen Vertrag zwischen Drittem und Verkäufer zugunsten des Käufers (§ 328 BGB) angenommen. In anderen Fällen hat er auch einen direkten Garantievertrag zwischen Käufer und Drittem bejaht,[13] wobei der Garantiegeber auf den Zugang der Annahmeerklärung gemäß § 151 BGB verzichtete.

Nach neuem Recht wird man von einem **direkten Verhältnis** zwischen Drittem und Käufer ausgehen müssen,[14] die Konstruktion eines Vertrages zugunsten Dritter wäre damit hinfällig.[15] Dafür lässt sich § 443 BGB anführen, der den Inhalt der Garantie an Garantieerklärung und den in der Werbung angegebenen Bedingungen festmacht. Die so gewonnene Transparenz zugunsten des Käufers würde unterlaufen, wenn der Garantiegeber (Dritte) Einwände aus dem Vertrag mit dem Verkäufer geltend machen könnte, weil der Käufer solche Einwände regelmäßig nicht erkennen kann.[16]

bb. Zustandekommen/Voraussetzungen

Ungeklärt ist aber, wie sich dieses Schuldverhältnis zwischen Käufer und Drittem ergeben soll. Zum einen ist an die bisherige Konstruktion zu denken, bei der der Dritte (in der Regel der Hersteller) sein

---

[10] BGH v. 14.04.2011 - I ZR 133/09 - juris Rn. 26.
[11] *Weidenkaff* in: Palandt, § 443 Rn. 12.
[12] BGH v. 28.06.1979 - VII ZR 248/78 - juris Rn. 8 - BGHZ 75, 75-81.
[13] BGH v. 24.06.1981 - VIII ZR 96/80 - juris Rn. 18 - LM Nr. 33 zu § 477 BGB; BGH v. 12.11.1980 - VIII ZR 293/79 - BGHZ 78, 369-375.
[14] Insoweit übereinstimmend *Haas* in: Haas/Medicus/Rolland u.a., Das neue Schuldrecht, 2002, S. 254, Rn. 385.
[15] Anderer Auffassung *Graf von Westphalen*, der eine Herstellergarantie zugunsten des Käufers (§ 328 BGB) stets prüfen will; *Graf von Westphalen* in: Henssler/Westphalen, Praxis der Schuldrechtsreform, 2002, § 443 Rn. 19-22.
[16] Ähnlich *Haas* in: Haas/Medicus/Rolland u.a., Das neue Schuldrecht, 2002, S. 254, Rn. 385.

Angebot eines Garantievertrages dem Käufer über eine dem Produkt beigelegte Erklärung (beispielsweise einen Garantieschein) oder durch den Verkäufer übermittelt. Die Annahme dieses Angebotes durch den Käufer würde dann stillschweigend (durch Ausfüllen der Garantiekarte oder Durchlesen und Aufbewahren der Garantieerklärung) erfolgen (§ 151 BGB).[17]

18 Einen anderen – neuen – Weg eröffnet § 443 BGB. Diese Norm kann man auch als **Anspruchsgrundlage** des Käufers gegen den Dritten interpretieren.[18] Voraussetzung dieses gesetzlichen Anspruchs wäre zunächst ein wirksam geschlossener Kaufvertrag, weil § 443 Abs. 1 BGB vom Käufer spricht.[19] Zweitens müsste der Dritte eine Garantieerklärung gegenüber dem Käufer abgegeben haben. Für diese Konstruktion spricht, dass sich auch der Käufer, der keine Kenntnis von der Erklärung hatte und diese deswegen auch nicht annehmen konnte, auf die Garantie berufen kann. Das steht im Einklang mit dem zugrunde liegenden Art. 6 Abs. 1 RL 1999/44/EG des Europäischen Parlaments und Rates, wonach die Garantie den Anbieter zu den Bedingungen von Erklärung und einschlägiger Werbung binden muss. Setzt man – wie bei der herkömmlichen Vertragskonstruktion – eine (stillschweigende) Annahme des Käufers und damit Kenntnis von den angegebenen Bedingungen voraus, so bedeutet dies eine Einschränkung der Bindungswirkung. Weiterhin „stehen dem Käufer die Rechte aus der Garantie zu den in der Garantieerklärung und der einschlägigen Werbung genannten Bedingungen zu" (§ 443 Abs. 1 BGB). Diese Formulierung legt nahe, dass sich die **Garantie auch aus der Erklärung oder der einschlägigen Werbung ergeben kann**, ohne dass es sich um einen Garantievertrag handeln muss. Laut Begründung des Regierungsentwurfes stellt § 443 Abs. 1 BGB klar, „dass die Garantie denjenigen, der sie erklärt, bindet".[20] Das spricht für eine **verpflichtende Wirkung der Garantieerklärung**.[21]

19 Deshalb wird nach der hier vertretenen Auffassung von einem direkten **Anspruch** des Käufers gegen den Dritten aus § 443 BGB ausgegangen. Ob sich diese Sichtweise durchsetzt, bleibt allerdings abzuwarten.[22]

3. Garantie für die Beschaffenheit der Sache

20 Eine Garantie für die Beschaffenheit der Sache im Sinne des § 443 BGB ist nur dann gegeben, wenn der Garantiegeber dem Käufer für den Fall der Mangelhaftigkeit Leistungen verspricht, die über die Rechte des § 437 BGB hinausgehen. Beschaffenheit ist wie in § 434 BGB zu verstehen, vgl. die Kommentierung zu § 434 BGB Rn. 15.

21 Ist ein **Dritter** Garantiegeber, so entsteht eine Garantie nach § 443 BGB durch jede versprochene Leistung, weil ein Dritter grundsätzlich keine Verpflichtung gegenüber dem Käufer hat. Verspricht etwa der Hersteller, dass er sein Produkt umgehend durch ein neuwertiges ersetzen oder es reparieren werde, wenn es zum Zeitpunkt des Kaufs mangelhaft sein sollte, liegt eine Beschaffenheitsgarantie im Sinne des § 443 BGB vor, weil der Hersteller dazu ansonsten nicht verpflichtet wäre.

22 Beim **Verkäufer** sind die Fälle einer Beschaffenheitsgarantie nach § 443 BGB eher selten, weil er schon über die Gewährleistung (§ 437 BGB) umfassend haftet. Mit der Beschaffenheitsgarantie im Sinne des § 443 Abs. 1 BGB ist auch nicht die Zusage des Verkäufers, verschuldensunabhängig für Mängel zu haften (§ 276 Abs. 1 Satz 1 BGB), gemeint (vgl. zu den Regelungsprinzipien unter Rn. 5). Unter § 443 BGB fallen würde beispielsweise das Versprechen des Verkäufers, eine Maschine kosten-

---

[17] In diese Richtung geht *Haas* in: Haas/Medicus/Rolland u.a., Das neue Schuldrecht, 2002, S. 254, Rn. 385.
[18] Vgl. OLG Oldenburg v. 10.03.2010 - 5 U 141/09 - juris Rn. 32 m.w.N. (im Ergebnis offen lassend).
[19] Vgl. OLG Oldenburg v. 10.03.2010 - 5 U 141/09 - juris Rn. 32: keine Anwendung für einen Dienstvertrag.
[20] BT-Drs. 14/6040, S. 238.
[21] Ebenso: OLG Frankfurt v. 08.07.2009 - 4 U 85/08 - juris Rn. 58 ff (im Rahmen einer Kostenentscheidung nach § 91a ZPO); offenlassend: OLG Oldenburg v. 10.03.2010 - 5 U 141/09 - juris Rn. 32 m.w.N.
[22] Bejahend OLG Frankfurt v. 08.07.2009 - 4 U 85/08 - juris Rn. 58 ff (im Rahmen einer Kostenentscheidung nach § 91a ZPO); offen lassend: OLG Oldenburg v. 10.03.2010 - 5 U 141/09 - juris Rn. 32 m.w.N.

los durch ein leistungsstärkeres Modell zu ersetzen, falls sie eine bestimmte Aufgabe nicht zu bewältigen vermag.[23]

4. Haltbarkeitsgarantie

Die Haltbarkeitsgarantie ist in § 443 Abs. 1 BGB legaldefiniert als Garantieübernahme „dafür, dass die Sache für eine bestimmte Dauer eine bestimmte Beschaffenheit behält". Diese Definition geht über die Sachmängelfreiheit im Sinne des § 434 BGB insoweit hinaus, als nach § 434 BGB die Beschaffenheit der Sache nur bei Gefahrübergang dem Vertrag entsprechen muss.

Unterschied und Abgrenzung zwischen Sachmangel und Beschaffenheitsgarantie zeigen sich an einer Entscheidung des BGH: Durch die Zusicherung, ein zum sofortigen Gebrauch auf öffentlichen Straßen verkauftes Fahrzeug sei „**fahrbereit**", übernimmt der Verkäufer zwar die Gewähr dafür, dass das Fahrzeug nicht mit verkehrsgefährdenden Mängeln behaftet ist, aufgrund derer es bei einer Hauptuntersuchung als verkehrsunsicher eingestuft werden müsste.[24] Indes übernimmt der Verkäufer durch die Zusicherung, das Fahrzeug sei „fahrbereit", nicht ohne weiteres eine Gewähr im Sinne einer Haltbarkeitsgarantie gemäß § 443 BGB dergestalt, dass das Fahrzeug auch noch nach Gefahrübergang über einen längeren Zeitraum oder über eine längere Strecke fahrbereit bleibt.[25]

Von **Nutzen** ist die Haltbarkeitsgarantie für den Käufer insbesondere bei Abnutzung, Leistungsabfall[26] oder Verschleiß, soweit dadurch die Beschaffenheit verändert wird und die Garantie auch diese Fälle abdeckt: Der Käufer kann sich auf die Haltbarkeit und Nutzbarkeit der Kaufsache in der Garantiefrist verlassen.

Ein weiterer Vorteil der Haltbarkeitsgarantie ergibt sich im Hinblick auf mögliche **Beweisschwierigkeiten**. Grundsätzlich muss der Käufer nachweisen, dass die Kaufsache bereits bei Gefahrübergang mangelhaft war. Bei einer Haltbarkeitsgarantie ist demgegenüber nur der Beweis erforderlich, dass der Garantiefall im Garantiezeitraum auftritt. Dieser Nachweis wird ihm durch die Vermutung in Absatz 2 zusätzlich erleichtert (Einzelheiten dazu: vgl. Rn. 47).

Die Haltbarkeitsgarantie ist inhaltlich von der Garantie im Sinne des § 276 Abs. 1 Satz 1 BGB zu unterscheiden (vgl. dazu Regelungsprinzipien, Rn. 5).[27] Auch nicht zu verwechseln ist die Haltbarkeitsgarantie mit einer Verjährungsverlängerung „normaler" Mängelrechte (§ 437 BGB): Während eine Verjährungsverlängerung es dem Käufer nur ermöglicht, seine ohnehin bestehenden Gewährleistungsrechte länger (einredefrei) auszuüben, werden dem Käufer durch eine Haltbarkeitsgarantie – über die Gewährleistungsrechte hinaus – zusätzliche Rechte eingeräumt.

5. Garantiefall

Garantiefall meint die Situation, die laut Inhalt der Garantie eigentlich nicht eintreten sollte. Voraussetzung ist, dass die Zusage des Garantiegebers, die Kaufsache habe zu oder bis zu einem bestimmten Zeitpunkt eine bestimmte Beschaffenheit, nicht eingehalten wurde. Im Einzelnen beantwortet sich die Frage, wann ein Garantiefall vorliegt, nach dem Inhalt der Garantie. Liegt der Garantiefall vor, kann der Käufer die „Rechte aus der Garantie" (§ 443 Abs. 1 BGB) geltend machen.

6. Garantieinhalt

Der Inhalt einer Garantie ist maßgeblich durch drei Faktoren bestimmt: durch die garantierte Beschaffenheit (**Garantiegegenstand**), durch den Zeitraum, (bis) zu dem die Beschaffenheit garantiert wird (**Garantiefrist/Garantiezeitpunkt**) und durch die Leistungen, die der Garantiegeber für den Garantiefall verspricht (**Rechte aus der Garantie**). Dabei kann der Garantiegeber die Garantie im Ganzen

---

[23] Vgl. die Erwiderung der Bundesregierung auf Einwände des Bundesrates: BT-Drs. 14/6857, S. 61.
[24] BGH v. 22.11.2006 - VIII ZR 72/06 - juris Rn. 21 - BGHZ 170, 67-77.
[25] BGH v. 22.11.2006 - VIII ZR 72/06 - juris Rn. 24 - BGHZ 170, 67-77.
[26] OLG Koblenz v. 12.09.2005 - 12 U 1047/04 - juris Rn. 21 - ZGS 2006, 36-38.
[27] Ausführlich und mit einem anschaulichen Beispiel *Haas* in: Haas/Medicus/Rolland u.a., Das neue Schuldrecht, 2002, S. 255-256, Rn. 389.

oder einzelne Leistungen an **Bedingungen** – etwa regelmäßige Wartung bei einem Fachhändler – knüpfen.

30 § 443 Abs. 1 BGB enthält keine inhaltlichen Vorgaben für die Garantie. Jedoch wird bestimmt, dass sich der Inhalt aus den „in der Garantieerklärung und der einschlägigen Werbung angegebenen Bedingungen" ergeben soll.

31 Garantien sind – wie sonstige vertragliche Regelungen auch – gemäß den §§ 133, 157 BGB danach auszulegen, wie sie üblicherweise unter Berücksichtigung der Verkehrssitte und der Besonderheiten des Einzelfalles von einem verständigen Dritten zu verstehen sind.[28]

a. Garantiegegenstand

32 Der **Garantiegegenstand** betrifft nach § 443 Abs. 1 BGB die Beschaffenheit der Sache. Die Frage, in welchem Umfang eine bestimmte Beschaffenheit versprochen ist, bleibt dadurch aber noch offen. Die Garantie kann die gesamte vertraglich vereinbarte Beschaffenheit (§ 434 BGB) umfassen oder nur einzelne Eigenschaften. Der Garantiegegenstand wird durch die Garantieerklärung des Garantiegebers bestimmt.

b. Garantiefrist/Garantiezeitpunkt

33 Die **Garantiefrist** besteht nur bei der Haltbarkeitsgarantie. § 443 BGB spricht insoweit von einer „bestimmten Dauer", während der die Sache eine bestimmte Beschaffenheit behalten soll. Die Dauer kann kalendermäßig (etwa durch Haltbarkeitsdatum) oder durch eine gewisse Leistungslaufzeit (Kilometerleistung, Betriebsstunden) bestimmt sein. Ist eine Garantiefrist nicht ausdrücklich vereinbart und lässt sich auch nicht anderweitig aus den Umständen ermitteln, ist im Zweifel davon auszugehen, dass die Parteien eine Garantiefrist vereinbart haben, die der Regelung des § 438 BGB entspricht.[29]

34 Ist ein fester Zeitraum vorgegeben (beispielsweise drei Jahre), so ist wichtig, dass der Beginn dieser Laufzeit bestimmbar ist (etwa Datum des Kassenbelegs). Enthält die Garantieerklärung diesbezüglich keine Anhaltspunkte, ist im Zweifel vom Gefahrübergang (§§ 446, 447 BGB) auszugehen. **Garantiezeitpunkt** ist der Moment, in dem die garantierte Beschaffenheit vorliegen soll. Das ist in der Regel der Zeitpunkt des Gefahrübergangs.

c. Rechte aus der Garantie

35 Die **Rechte aus der Garantie** sind die für den Garantiefall versprochenen Leistungen. Das können grundsätzlich die in § 437 BGB genannten Rechte wie Nachbesserung, Ersatzlieferung, Rücktritt, Schadensersatz oder Minderung sein. Bei der Ausgestaltung ist der Garantiegeber frei, weil es sich um zusätzliche Leistungen seinerseits „unbeschadet der gesetzlichen Ansprüche" (§ 443 Abs. 1 BGB) handelt. Er kann seine Leistungen daher auch an zusätzliche Voraussetzungen knüpfen. So kann zum Beispiel vereinbart werden, dass der Käufer im Garantiefall zwar ein neues Produkt oder ein höherwertiges Modell bekommt, dafür aber einen Aufpreis zahlen muss.

36 Übernimmt der **Verkäufer** eine Haltbarkeitsgarantie, ohne die Rechte des Käufers für den Garantiefall zu nennen, wird man im Zweifelsfall davon ausgehen können, dass er dem Käufer für den Garantiefall alle gesetzliche Mängelrechte (§ 437 BGB) einräumen wollte.[30]

37 Bei der Garantie eines **Dritten** scheiden solche Rechte aus, die den Kaufvertrag verändern können (Rücktritt und Minderung), weil der Kaufvertrag nur von den Parteien geändert werden kann.

---

[28] OLG Koblenz v. 12.09.2005 - 12 U 1047/04 - juris Rn. 23 - ZGS 2006, 36-38.
[29] OLG Stuttgart v.23.11.2010 - 12 U 109/10 - juris Rn. 53.
[30] Die Begründung des Regierungsentwurfs (BT-Drs. 14/6040, S. 239 (fünfter Absatz)) führt dazu aus: „Enthalten die Garantiebedingungen nichts über die Rechte des Käufers im Garantiefall, wird das ohne weiteres so zu verstehen sein, dass der Käufer alle im Gesetz bei Sachmängeln vorgesehenen Rechte hat. Das gilt jedenfalls bei einer Garantie des Verkäufers"; ebenso OLG Koblenz v. 12.09.2005 - 12 U 1047/04 - juris Rn. 29 - ZGS 2006, 36-38, unter Bezugnahme auf die Gesetzesbegründung.

7. In der Garantieerklärung angegebene Bedingungen

Bedingungen sind in diesem Zusammenhang als inhaltliche Bestimmung der Garantie zu verstehen; nicht gemeint sind Bedingungen im Sinne des § 158 BGB.[31] Bei der inhaltlichen Gestaltung der Garantieerklärung sind beim Verbrauchsgüterkauf (§§ 474 ff. BGB) die Anforderungen des § 477 BGB zu beachten.

38

Die Garantieerklärung ist eine **Willenserklärung**, insoweit gelten die einschlägigen allgemeinen Vorschriften. Der Inhalt ist gemäß den §§ 133-157 BGB durch Auslegung zu ermitteln. Das Wort Garantie muss nicht in der Erklärung enthalten sein, jedoch muss sich aus ihr ergeben, dass der Garantiegeber für bestimmte Beschaffenheitsmerkmale der Kaufsache einstehen und gegebenenfalls dem Käufer bestimmte Rechte einräumen will. Die bloße Werbung mit einer Garantie im Zusammenhang mit noch nicht rechtsverbindlichen Verkaufsangeboten, durch die der Käufer lediglich zur Bestellung aufgefordert wird (invitatio ad offerendum), stellt keine Garantieerklärung dar.[32] Die Werbung kann gleichwohl nach einer späteren Garantieerklärung zur Bestimmung der Garantiebedingungen herangezogen werden, vgl. hierzu Rn. 42 f., Rn. 44. Nach hier vertretener Ansicht kann in der **Werbung eines Dritten** (etwa des Herstellers) auch eine Garantieerklärung enthalten sein, die – zusammen mit dem Kaufvertrag – einen Anspruch gegen den Verkäufer begründen kann (vgl. Rn. 18).

39

Die Garantieerklärung ist bei der (unselbständigen) **Verkäufergarantie** Bestandteil des Kaufvertrages (vgl. dazu Rn. 13). Sie erstreckt sich auf die Teile des Vertrages, die dem Käufer Rechte über § 437 BGB hinaus gewähren.

40

Die **Garantieerklärung eines Dritten** begründet nach der hier vertretenen Auffassung zusammen mit dem Kaufvertrag gemäß § 443 Abs. 1 BGB die Rechte des Käufers (vgl. dazu Rn. 14).[33] Sie ist in der Regel als gesonderte Erklärung in Schriftform dem Produkt beigelegt – vor allem bei der Herstellergarantie als Garantieschein oder Garantiekarte. Die Garantieerklärung eines Dritten kann auch in der Kaufvertragsurkunde enthalten sein. Rechtlich gesehen handelt es sich aber nicht um einen Bestandteil des Kaufvertrages. Zu Formfragen vgl. Rn. 12.

41

8. In der einschlägigen Werbung angegebene Bedingungen

Bedingungen sind in diesem Zusammenhang als inhaltliche Bestimmung der Garantie zu verstehen; nicht gemeint sind Bedingungen im Sinne des § 158 BGB.[34] Für die Auslegung von Werbeaussagen kommt es auf den Empfängerhorizont, also auf die Perspektive des Käufers an.

42

Inhalt der Garantie werden „einschlägige" Werbeaussagen des Dritten, also solche, die den Garantiefall oder die daraus resultierenden Rechte des Käufers für die Kaufsache betreffen. Die Werbung muss konkrete Aussagen hierüber enthalten; allgemeine Anpreisungen oder Qualitätseinstufungen („einfach zu handhaben", „neuester Standard", „Spitzenqualität") reichen nicht aus.[35] Aus der Werbung muss der Wille des Garantiegebers ersichtlich sein, für die Beschaffenheit der Sache (bis) zu einem bestimmten Zeitpunkt mit Leistungen zugunsten des Käufers einzustehen. Das kann sich auch aus Werbeaussagen in der Zusammenschau mit einer Garantieerklärung ergeben, etwa wenn der Garantiegeber sich in der Werbung auf seine Produktgarantie bezieht.

43

Werbung mit einer Garantie im Zusammenhang mit noch nicht rechtsverbindlichen Verkaufsangeboten, durch die der Käufer lediglich zur Bestellung aufgefordert wird (invitatio ad offerendum), stellt

44

---

[31] *Haas* in: Haas/Medicus/Rolland u.a., Das neue Schuldrecht, 2002, S. 259, Rn. 407.
[32] BGH v. 14.04.2011 - I ZR 133/09 - juris Rn. 26.
[33] Anderer Auffassung *Haas*, der in der Garantieerklärung ein vom Käufer anzunehmendes Angebot auf Abschluss eines Garantievertrages sieht; *Haas* in: Haas/Medicus/Rolland u.a., Das neue Schuldrecht, 2002, S. 258-259, Rn. 405.
[34] *Haas* in: Haas/Medicus/Rolland u.a., Das neue Schuldrecht, 2002, S. 259, Rn. 407.
[35] Vgl BGH v. 17.03.2010 - VIII ZR 253/08 - juris Rn. 11, zu anpreisenden Beschreibungen der Kaufsache, denen ein Haftungswille nicht entnommen werden kann (hier: Kunststoffkorken, die als „Alternative zum Naturkork" beworben wurden, durch deren Verwendung eine „enorme Qualitätssicherung für Ihre Kunden" erreicht werden könne).

zwar noch keine Garantieerklärung dar, weil hierzu eine zum Abschluss eines Kaufvertrages oder eines eigenständigen Garantievertrages führende Willenserklärung erforderlich ist.[36] Liegt indes (etwa mit Abschluss des Kaufvertrages, Übergabe einer Garantiekarte etc.) eine Garantieerklärung vor, ist die Werbung gleichwohl zur Bestimmung der Garantiebedingungen heranzuziehen.[37] Überdies kann – nach hier vertretener Ansicht – auch in der Werbung eines Dritten (etwa des Herstellers) eine Garantieerklärung enthalten sein, die – zusammen mit dem Kaufvertrag – einen Anspruch gegen den Verkäufer begründen kann (vgl. Rn. 18).

45 Es muss sich um Werbung des Garantiegebers handeln.[38] Eine **Zurechnung fremder Werbung**, wie bei § 434 Abs. 1 Satz 3 BGB (vgl. dazu die Kommentierung zu § 434 BGB Rn. 85), ist hier nicht möglich.

46 Werbeaussagen werden nur insoweit zum Garantieinhalt, als sie dem Käufer **günstig** sind, durch sie können keine aus einer Garantieerklärung resultierenden Rechte eingeschränkt werden.

II. Vermutungsregel (Absatz 2)

1. Gesetzgebungsgeschichte

47 § 443 Abs. 2 BGB dient weitgehend der gesetzlichen Normierung der bisherigen Rechtsprechung zur Beweislastverteilung.[39] Zur Einführung der Haltbarkeitsgarantie im Gesetzgebungsverfahren, insbesondere zu Absatz 2 vgl. Rn. 3.

2. Übernahme einer Haltbarkeitsgarantie

48 Die Haltbarkeitsgarantie (vgl. Rn. 23) ist in § 443 Abs. 1 BGB legaldefiniert. Einzelheiten zur Garantieübernahme vgl. Rn. 8.

3. Während der Geltungsdauer auftretender Sachmangel

49 Voraussetzung ist ein Mangel, der vom Garantiegegenstand (vgl. Rn. 32) erfasst ist und während der Geltungsdauer, also innerhalb der Garantiefrist (vgl. Rn. 33), auftritt[40].

C. Rechtsfolgen

I. Absatz 1

50 § 443 Abs. 1 BGB hat zur Folge, dass die Bedingungen, die in der Garantieerklärung (vgl. Rn. 38) und einschlägiger Werbung (vgl. Rn. 42) angegeben werden, Inhalt der Garantie werden.

51 Dem Käufer stehen „im Garantiefall unbeschadet der gesetzlichen Ansprüche die Rechte aus der Garantie zu" (§ 443 Abs. 1 BGB). Die Rechte des Käufers ergeben sich aus dem Inhalt der Garantie. Einzelheiten zu den Rechten aus der Garantie vgl. Rn. 35.

52 Die Rechte aus der Garantie stehen dem Käufer „unbeschadet der gesetzlichen Ansprüche" zu (§ 443 Abs. 1 BGB). Auch wenn von „Ansprüchen" die Rede ist, sind von dieser Formulierung auch die Rechte des Käufers (Minderung und Rücktritt) mit umfasst:[41] Die **Mängelrechte des Käufers** bleiben von einer Garantie unberührt.

53 Haften der Hersteller aus der Garantie und der Verkäufer aus der Mängelgewährleistung, so sind sie **Gesamtschuldner** (§ 421 BGB), soweit der Anspruch den gleichen Inhalt hat.

54 Das Prinzip der Einzelwirkung, das bei Gesamtschuldnern bezüglich rechtlich bedeutsamer Tatsachen grundsätzlich gilt (§ 425 BGB), ist auf diese Fälle jedoch nicht anzuwenden. Den Interessen der Vertragsparteien entspricht es hier eher, eine **Gesamtwirkung** rechtlich bedeutsamer Tatsachen gegenüber

---

[36] BGH v. 14.04.2011 - I ZR 133/09 - juris Rn. 26.
[37] Vgl. auch BGH v. 14.04.2011 - I ZR 133/09 - juris Rn. 29.
[38] *Haas* in: Haas/Medicus/Rolland u.a., Das neue Schuldrecht, 2002, S. 259, Rn. 407.
[39] BT-Drs. 14/6040, S. 238-239.
[40] Vgl. dazu BT-Drs. 14/6040, S. 239 (Absätze acht und neun).
[41] Vgl. *Hammen*, NJW 2003, 2588-2590, 2590.

Verkäufer und Drittem anzunehmen.[42] Folglich liegt hier ein Fall vor, in dem sich im Sinne des § 425 Abs. 1 BGB „aus dem Schuldverhältnis ein anderes ergibt". Rechtlich bedeutsame Tatsachen können beispielsweise Nachfristsetzung, fehlgeschlagene Nacherfüllung oder Hemmungswirkung bei Verhandlung sein.

II. Absatz 2

Steht fest, dass ein vom Garantiegegenstand der Haltbarkeitsgarantie erfasster Sachmangel während der Garantiefrist aufgetreten ist, dann gilt gemäß § 443 Abs. 2 BGB die Vermutung, dass ein Garantiefall vorliegt.[43] Im Einzelnen zur Beweislast vgl. Rn. 57).

55

III. Konkurrenzen

Die Garantieansprüche stehen zu Ansprüchen des Gewährleistungsrechts (§ 437 BGB), des Produkthaftungsrechts oder des Rechts der unerlaubten Handlung (§§ 823, 826 BGB) in Anspruchskonkurrenz.

56

D. Prozessuale Hinweise/Verfahrenshinweise

Der Käufer trägt die **Beweislast** dafür, dass der Anspruchsgegner eine Garantie übernommen hat (vgl. Rn. 8) sowie grundsätzlich dafür, dass ein Garantiefall (vgl. Rn. 28) vorliegt.

57

Kann der Käufer beweisen, dass ein vom Garantiegegenstand der Haltbarkeitsgarantie erfasster Sachmangel während der Garantiefrist aufgetreten ist, wird gemäß § 443 Abs. 2 BGB **vermutet**, dass ein Garantiefall vorliegt. Sachgemäße Behandlung beziehungsweise sachgemäßer Gebrauch der Kaufsache, fehlende Beschädigung durch Dritte oder zusätzliche in der Garantie enthaltene Bedingungen (etwa regelmäßige Wartung beim Fachhändler) werden gesetzlich vermutet.[44]

58

Der **Garantiegeber** muss die Vermutung widerlegen, dass der von der Garantie erfasste Sachmangel einen Garantiefall begründet. Um diese Vermutung zu widerlegen, reicht der Nachweis einer technisch einwandfrei hergestellten Sache nicht aus.[45] Der Käufer muss vielmehr beweisen, dass der Sachmangel durch eine unsachgemäße oder der Garantie widersprechende Behandlung verursacht wurde (etwa Unterlassen der Wartung beim Fachhändler, falls dies in den Garantiebedingungen vorausgesetzt wurde).[46] Auch der Nachweis, dass äußeres Einwirken den Sachmangel verursacht hat (Naturgewalt, Beschädigung durch den Käufer oder Dritte), widerlegt die Vermutung.

59

---

[42] Ausführlich *Haas* in: Haas/Medicus/Rolland u.a., Das neue Schuldrecht, 2002, S. 259-260, Rn. 410.
[43] BT-Drs. 14/6040, S. 239 (Absatz zehn).
[44] Vgl. BT-Drs. 14/6040, S. 239 (Absatz zehn).
[45] BT-Drs. 14/6040, S. 239 (Absatz elf).
[46] Ebenso für die Rechtslage vor der Reform aufgrund allgemeiner Beweislastregeln: BGH v. 23.11.1994 - VIII ZR 19/94 - juris Rn. 9 - LM BGB § 459 Nr. 123 (5/1995).

§ 444 BGB Haftungsausschluss

(Fassung vom 02.12.2004, gültig ab 08.12.2004)

Auf eine Vereinbarung, durch welche die Rechte des Käufers wegen eines Mangels ausgeschlossen oder beschränkt werden, kann sich der Verkäufer nicht berufen, soweit er den Mangel arglistig verschwiegen oder eine Garantie für die Beschaffenheit der Sache übernommen hat.

Gliederung

A. Grundlagen	1
I. Kurzcharakteristik	1
II. Gesetzgebungsmaterialien	2
III. Regelungsprinzipien	4
B. Anwendungsvoraussetzungen	6
I. Ausschluss/Beschränkung der Mängelrechte	6
1. Zulässigkeit	7
2. Vertragliche Einigung	9
3. Auslegung des Gewährleistungsausschlusses	10
a. Grundsatz	10
b. Identitätsaliud und Gewährleistungsausschluss	11
c. Beschaffenheitsvereinbarung und Gewährleistungsausschluss	12
4. Umfang des Ausschlusses/der Beschränkung	15
II. Arglistiges Verschweigen eines Mangels (Alternative 1)	18
1. Gesetzgebungsgeschichte	18
2. Definition	19
3. Rechtsprechung	28
III. Übernahme einer Beschaffenheitsgarantie (Alternative 2)	36
1. Gesetzgebungsgeschichte	38
2. Definition	39
3. Rechtsprechung	41
a. Angaben in Kleinanzeigen	45
b. Konkludente Beschaffenheitsgarantie	47
C. Rechtsfolgen	50
I. Unwirksamkeit	50
II. Reichweite der Unwirksamkeit	51
1. Arglistig verschwiegener Mangel (Alternative 1)	53
2. Beschaffenheitsgarantie (Alternative 2)	54
D. Prozessuale Hinweise/Verfahrenshinweise	57
E. Anwendungsfelder	59
I. Praktische Hinweise	59
II. Gebräuchliche Ausschlussklauseln	61

A. Grundlagen

I. Kurzcharakteristik

1 § 444 BGB behandelt die Unwirksamkeit von Haftungsausschlüssen bei arglistigem Verschweigen eines Mangels beziehungsweise bei einer Garantieübernahme für die Beschaffenheit der Sache.

II. Gesetzgebungsmaterialien

2 § 444 BGB fasst die §§ 443, 476 BGB a.F. zusammen und übernimmt den Regelungsgehalt des § 11 Nr. 11 AGBG.[1] Im Laufe des Gesetzgebungsverfahrens wurde die Formulierung „eine Garantie für das Vorhandensein einer Eigenschaft" durch „eine Garantie für die Beschaffenheit der Sache" ersetzt.[2] Der Rechtsausschuss[3] begründete diese Änderung mit einer terminologischen Anpassung an die Formulierung des § 443 Abs. 1 BGB.

3 Im Rahmen des Gesetzes zur Änderung der Vorschriften über Fernabsatzverträge bei Finanzdienstleistungen[4] hat der Gesetzgeber das Wort „wenn" durch den Begriff „soweit" ersetzt und so explizit festgeschrieben, dass der Haftungsausschluss nur „soweit" unwirksam ist, wie die Beschaffenheitsgarantie beziehungsweise das arglistige Verschweigen reicht.

---

[1] BT-Drs. 14/6040, S. 240.
[2] Vgl. die Gegenüberstellung des ursprünglichen Entwurfs und der Beschlüsse des Rechtsausschusses: BT-Drs. 14/7052, S. 42.
[3] BT-Drs. 14/7052, S. 197 (zu § 444).
[4] BGBl I 2004, 3102.

III. Regelungsprinzipien

Aus § 444 BGB folgt im Umkehrschluss, dass die Rechte des Käufers wegen eines Mangels grundsätzlich begrenzt oder ausgeschlossen werden können. Dies gilt aber nur in den Grenzen des § 444 BGB. Beim Verbrauchsgüterkauf ist § 475 BGB, bei Allgemeinen Geschäftsbedingungen § 309 Nr. 8 lit. b BGB zu beachten.

Weitreichender ist ein Haftungsausschluss über § 442 Abs. 1 Satz 1 BGB, der auch bei Arglist und Garantie der Beschaffenheit gilt (Einzelheiten dazu vgl. die Kommentierung zu § 442 BGB Rn. 46). Klärt der Verkäufer den Käufer beim Vertragsschluss über alle mangelbegründenden Tatsachen, die rechtliche Einordnung dieser Tatsachen als vertragswidrig sowie den Umfang des Mangels auf (Einzelheiten dazu vgl. die Kommentierung zu § 442 BGB Rn. 13), ist die Haftung gemäß § 442 BGB ausgeschlossen.

B. Anwendungsvoraussetzungen

I. Ausschluss/Beschränkung der Mängelrechte

§ 444 BGB legt fest, dass sich der Verkäufer in bestimmten Fällen nicht auf einen vereinbarten Haftungsausschluss berufen kann. Voraussetzung für die Anwendung des § 444 BGB ist also ein dem Grunde nach wirksam vereinbarter Haftungsausschluss.

1. Zulässigkeit

§ 444 BGB regelt die Unwirksamkeit eines Haftungsausschlusses für bestimmte Fälle. Daraus lässt sich umgekehrt schließen, dass die Rechte des Käufers wegen eines Mangels grundsätzlich begrenzt oder ausgeschlossen werden können.

Etwas anderes gilt für den **Verbrauchsgüterkauf**, bei dem eine Haftungsbegrenzung regelmäßig wegen Verstoßes gegen § 475 BGB unwirksam ist. Haftungsausschlussklauseln in **Allgemeinen Geschäftsbedingungen** können an § 309 Nr. 8 lit. b BGB scheitern, soweit dieser anwendbar ist (§ 310 BGB).

2. Vertragliche Einigung

Der Haftungsausschluss/die Haftungsbeschränkung muss durch übereinstimmende Willenserklärungen der Vertragsparteien **Bestandteil des Kaufvertrages** geworden sein. Eine solche Vereinbarung kann auch noch nach dem Schluss des Kaufvertrages getroffen werden (§ 311 Abs. 1 BGB), dann liegt eine Vertragsänderung vor. Haftungsausschlüsse und -beschränkungen unterliegen den gleichen Formerfordernissen wie der betroffene Kaufvertrag. Ob und mit welchem Inhalt eine die Haftung des Verkäufers beschränkende Vereinbarung geschlossen wurde, ist im Einzelfall mittels Auslegung zu ermitteln (§§ 133, 157 BGB). Gebräuchliche Klauseln finden sich in Rn. 61.

3. Auslegung des Gewährleistungsausschlusses

a. Grundsatz

Bei der Auslegung eines Gewährleistungsausschlusses sind – neben den §§ 133, 157 BGB – auch die Grundsätze von Treu und Glauben (§ 242 BGB) zu berücksichtigen.

b. Identitätsaliud und Gewährleistungsausschluss

Unter Berücksichtigung dieser Grundsätze erstreckt sich etwa der Gewährleistungsausschluss beim Internetkauf (eBay) in der Regel nur auf die Beschaffenheit des konkreten Kaufgegenstandes und nicht etwa auf etwaige (Ersatzlieferungs-)Ansprüche bei Lieferung eines Aliuds.[5] Soweit sich aus den Umständen nichts anderes ergibt, dürfte sich diese Auslegungsregel – nach Ansicht des Verfassers – auch auf pauschale Gewährleistungsausschlüsse bei anderen Kaufverträgen übertragen lassen, ansonsten

---

[5] Vgl. AG Aachen v. 17.05.2005 - 10 C 69/05 - NJW-RR 2005, 1143.

hätte es der Verkäufer in der Hand, sich durch Zusendung eines minderwertigen Aliuds seiner vertraglichen Leistungspflicht (teilweise) zu entziehen.[6]

c. Beschaffenheitsvereinbarung und Gewährleistungsausschluss

12 Ein pauschaler Gewährleistungsausschluss in einem Kaufvertrag, in dem zugleich eine bestimmte Beschaffenheit der Kaufsache vereinbart ist, ist regelmäßig **einschränkend** dahin **auszulegen**, dass der Haftungsausschluss nicht für das Fehlen der vereinbarten Beschaffenheit (§ 434 Abs. 1 Satz 1 BGB), sondern nur für solche Mängel gelten soll, die darin bestehen, dass die Sache sich nicht für die nach dem Vertrag vorausgesetzte Verwendung eignet (§ 434 Abs. 1 Satz 2 Nr. 1 BGB) bzw. sich nicht für die gewöhnliche Verwendung eignet oder keine Beschaffenheit aufweist, die bei Sachen der gleichen Art üblich ist und die der Käufer nach der Art der Sache erwarten kann (§ 434 Abs. 1 Satz 2 Nr. 2 BGB).[7]

13 Im Rahmen der Auslegung von Gewährleistungsausschluss und Beschaffenheitsvereinbarung ist nicht nur der Wortlaut der Ausschlussbestimmung, sondern der gesamte Vertragstext zu berücksichtigen, um zu einem interessengerechten Auslegungsergebnis zu gelangen.[8]

14 Das OLG Frankfurt[9] hat nunmehr – unter Berücksichtigung des oben zitierten BGH-Urteils[10] – in einem Fall, in dem ein **Dritter** eine **Beschaffenheitsgarantie übernommen** hatte, anders entschieden, weil die Unverbindlichkeit der Beschaffenheitsvereinbarung im Verhältnis zum Verkäufer für den Käufer wegen der Beschaffenheitsgarantie des Dritten nicht ohne Sinn und Wert gewesen sei: Eine für die Klägerin und die Beklagte interessengerechte Auslegung der Kombination von Beschaffenheitsvereinbarung und Gewährleistungsausschluss führe daher nicht zu einer einschränkenden Auslegung des Gewährleistungsausschlusses.

4. Umfang des Ausschlusses/der Beschränkung

15 Grundsätzlich ist jede Art der Beschränkung möglich. Die Vereinbarung kann die Haftung für bestimmte Mängel beziehungsweise für die vereinbarte Beschaffenheit (§ 434 Abs. 1 Satz 1 BGB) ausschließen. Die Vertragsparteien können auch einzelne Rechtsbehelfe des Käufers (§ 437 BGB) abbedingen (bspw. Schadensersatz oder Rücktritt). Ein etwaiger Schadensersatzanspruch kann der Höhe nach begrenzt werden.

16 Der Inhalt unterliegt der Disposition der Parteien. Der genaue Inhalt muss sich jedoch anhand der Vereinbarung bestimmen lassen. Insbesondere bei komplexer Vertragsgestaltung sind deshalb exakte Formulierungen erforderlich.

17 Im Regelfall erfasst ein Ausschluss der Gewährleistungspflichten jedoch nicht solche Mängel, die **nach Vertragsschluss** und vor Gefahrübergang entstehen: Nach Auffassung des BGH[11] will der Käufer ein solches Risiko normalerweise nicht eingehen; soweit die Parteien auch solche Mängel ausschließen wollten, müssten sie dies deutlich zum Ausdruck bringen. Auch wenn ein Gewährleistungsausschluss für nachvertraglich entstehende Mängel demnach möglich ist, wird ein formularmäßiger Ausschluss dieses Inhalts gegen § 307 Abs. 1 BGB verstoßen.[12]

---

[6] Eine tendenziell andere Auffassung kommt in einer Entscheidung des OLG Frankfurt zum Ausdruck: vgl. OLG Frankfurt v. 28.03.2007 - 19 U 235/06 - ZGS 2007, 317-318.

[7] BGH v. 29.11.2006 - VIII ZR 92/06 - juris Rn. 31 - BGHZ 170, 86-99; OLG Hamm v. 12.05.2009 - 28 U 42/09 - juris Rn. 32 ff. Vgl. auch OLG Brandenburg v. 28.01.2010 - 5 U 48/09 - juris Rn. 62; OLG Koblenz v. 29.10.2010 - 8 U 169/10 - juris Rn. 40; OLG Saarbrücken v. 29.02.2012 - 1 U 122/11 - 35, 1 U 122/11 - juris Rn. 39 f.

[8] OLG Koblenz v. 29.10.2010 - 8 U 169/10 - juris Rn. 41.

[9] OLG Frankfurt v. 28.03.2007 - 19 U 235/06 - juris Rn. 9 - ZGS 2007, 317-318.

[10] BGH v. 29.11.2006 - VIII ZR 92/06 - juris Rn. 31 - BGHZ 170, 86-99.

[11] BGH v. 24.01.2003 - V ZR 248/02 - NJW 2003, 1316-1317.

[12] *Bischoff/Zimmermann*, NJW 2003, 2506-2509, 2507-2508.

II. Arglistiges Verschweigen eines Mangels (Alternative 1)

1. Gesetzgebungsgeschichte

Dieser Teil der Vorschrift entspricht § 476 BGB a.F. 18

2. Definition

Arglistiges Verschweigen eines Mangels liegt vor, wenn der Verkäufer einen Mangel, den er zumindest für möglich hält,[13] trotz Offenbarungspflicht verschweigt und dabei billigend in Kauf nimmt, dass der Käufer den Mangel nicht kennt und bei Kenntnis den Vertrag jedenfalls nicht so abgeschlossen hätte.[14] Anders als bei § 123 Abs. 1 BGB muss die Arglist dabei nicht ursächlich für den Kaufentschluss gewesen sein.[15] 19

Grundsätzlich muss der Verkäufer alle **Fragen des Käufers richtig und vollständig beantworten**.[16] Beantwortet der Verkäufer Fragen des Käufers objektiv falsch, handelt er gleichwohl nicht arglistig, wenn der Verkäufer hierbei gutgläubig ist, selbst wenn sein guter Glaube auf Fahrlässigkeit oder Leichtfertigkeit beruht.[17] Etwas anderes gilt indes dann, wenn der Verkäufer Fragen des Käufers unzutreffend beantwortet, ohne hierfür eine tatsächliche Grundlage zu haben („ins Blaue hinein"), und mit deren Unrichtigkeit rechnet, weil sich solches Verhalten als bedingt vorsätzlich darstellt.[18] 20

Darüber hinaus besteht eine **Aufklärungspflicht des Verkäufers**, den Käufer über solche Umstände aufzuklären, die den von ihr verfolgten **Vertragszweck vereiteln können** und für ihren Entschluss zum Vertragsschluss **von wesentlicher Bedeutung** sind (besonders wichtige Umstände), wenn sie eine solche Unterrichtung nach der Verkehrsauffassung erwarten durfte.[19] 21

Eine allgemeine Aufklärungspflicht des Verkäufers besteht hingegen nicht, weil es grundsätzlich die Sache einer jeden Partei ist, die eigenen Interessen wahrzunehmen (zu den Aufklärungspflichten des Verkäufers vgl. Kommentierung zu § 433 BGB Rn. 82). 22

Daher kann der Käufer nicht erwarten, über solche **Mängel** aufgeklärt zu werden, die einer Besichtigung zugänglich oder **ohne weiteres erkennbar** sind, denn solche Mängel kann der Käufer bei der im eigenen Interesse gebotenen Sorgfalt selbst wahrnehmen.[20] Gibt es sichtbare Anhaltspunkte (Spuren), die auf einen möglichen Mangel hindeuten, jedoch keinen tragfähigen Rückschluss auf Art und Umfang des Mangels erlauben, hat der Verkäufer gemäß seinem Kenntnisstand aufzuklären und darf sein etwaiges konkretes Wissen nicht zurückhalten.[21] Der Verkäufer muss indes nicht von sich aus offenlegen, dass die Schadensursache unklar und nähere Untersuchungen unterblieben sind.[22] 23

Wenn der Verkäufer darauf vertrauen durfte, dass dem Käufer der Mangel wegen seines offenkundigen Erscheinungsbildes vernünftigerweise nicht verborgen bleiben konnte, kann der Arglistvorwurf entfallen.[23] Ein leichtgläubiges Vertrauen in die Kenntnis des Käufers vom Mangel reicht hierzu indes nicht 24

---

[13] Vgl. OLG Düsseldorf v. 02.04.2004 - I-14 U 213/03, 14 U 213/03 - ZGS 2004, 271-275.
[14] BGH v. 08.12.2006 - V ZR 249/05 - juris Rn. 9; KG Berlin v. 20.06.2005 - 8 U 220/04 - juris Rn. 6 - KGR Berlin 2005, 734-735. Vgl. zum arglistigen Verschweigen nach § 463 Satz 2 BGB a.F.: BGH v. 14.10.1993 - III ZR 156/92 - juris Rn. 9 - BGHZ 123, 363-368. Vgl. die ähnliche Definition bei LG Coburg v. 19.08.2003 - 22 O 298/03 - NJW-RR 2003, 1675-1676.
[15] BGH v. 15.07.2011 - V ZR 171/10 - juris Rn. 13.
[16] BGH v. 16.03.2012 - V ZR 18/11 - juris Rn. 28; BGH v. 27.03.2009 - V ZR 30/08 - juris Rn. 25.
[17] BGH v. 16.03.2012 - V ZR 18/11 - juris Rn. 28.
[18] BGH v. 16.03.2012 - V ZR 18/11 - juris Rn. 28.
[19] BGH v. 10.10.2008 - V ZR 175/07 - juris Rn. 10; BGH v. 16.12.2009 - VIII ZR 38/09 - juris Rn. 15; KG Berlin v. 20.06.2005 - 8 U 220/04 - juris Rn. 7 - KGR Berlin 2005, 734-735.
[20] BGH v. 16.03.2012 - V ZR 18/11 - juris Rn. 21; OLG Hamm v. 13.09.2004 - 22 U 75/04 - juris Rn. 12 - OLGR Hamm 2005, 27-28.
[21] BGH v. 16.03.2012 - V ZR 18/11 - juris Rn. 22.
[22] BGH v. 16.03.2012 - V ZR 18/11 - juris Rn. 23.
[23] OLG Saarbrücken v. 09.10.2007 - 4 U 198/07 - 64, 4 U 198/07- juris Rn. 21 m.w.N. - OLGR Saarbrücken 2008, 251-252.

aus, vielmehr müssen aus Sicht des aufklärungspflichtigen Verkäufers konkrete Anhaltspunkte bestehen, die dafür sprechen, dass der Käufer den Mangel auch ohne Zutun des Verkäufers in seine Entscheidungsfindung mit einbezieht.[24]

25 Aus den Umständen kann sich im Einzelfall ergeben, dass der Verkäufer auch nicht über erhebliche Mängel aufklären muss, weil der Käufer hiermit rechnen muss. So ist der Anbieter im Rahmen einer Internet-Auktion nicht gehalten, bereits im Rahmen seines Angebots die negativen Seiten der Kaufsache besonders herauszustellen, weil dies dem Zweck einer Auktion, einen möglichst hohen Preis für den Artikel zu erzielen, zuwider laufen würde; erst auf gezielte Nachfrage besteht eine Verpflichtung zu umfassender und zutreffender Beantwortung.[25]

26 Dem arglistigen Verschweigen ist ein arglistiges Täuschen über die Mangelfreiheit, zum Beispiel das Vorspiegeln einer nicht vorhandenen Eigenschaft, wie bei § 463 Satz 2 BGB a.F., gleichgestellt.[26] Bei einer **Mehrheit von Verkäufern** reicht es aus, wenn ein Verkäufer den Mangel arglistig verschwiegen hat.[27]

27 In den Fällen, in denen auf Seiten des Verkäufers mehrere Personen handeln, greifen die allgemeinen Grundsätze der **Wissenszurechnung**: Beauftragt etwa der Verkäufer einen Makler mit den Vertragsverhandlungen, ist es ihm als eigenes Verschulden gegenüber dem Käufer anzurechnen, wenn er den Makler nicht über die Umstände informiert, die dem Käufer zu offenbaren sind.[28] Dagegen ist dem Verkäufer das Wissen seines Vertreters im Verhältnis zu dem Käufer dann nicht zuzurechnen, wenn der Vertreter in seinem Namen nur den Makler mit den Kaufverhandlungen beauftragt hat; ist der Vertreter hingegen berufen, die Angelegenheiten des Verkäufers, sei es allgemein, sei es für den Verkaufsfall, in eigener Verantwortlichkeit zu erledigen und die dabei erlangten Informationen zur Kenntnis zu nehmen und weiterzugeben, ist dem Verkäufer das Wissen seines Vertreters zuzurechnen.[29]

3. Rechtsprechung

28 Der Verkäufer (eines Gebäudes) muss in der Regel (nur) **über verborgene**, nicht unerhebliche (**für die Kaufentscheidung bedeutsame**) Mängel oder über solche nicht erkennbaren Umstände aufklären, die nach der Erfahrung auf nicht unerhebliche Mängel schließen lassen, was insbesondere bei drohender erheblicher Beeinträchtigung für die beabsichtigte Nutzung gilt.[30]

29 Dagegen kann der Käufer (eines Hauses) Aufklärung über solche Mängel, die einer Besichtigung zugänglich oder ohne weiteres erkennbar sind (etwa Risse bzw. Bodenabsenkungen oder sichtbare Feuchtigkeitsflecken), nicht erwarten, weil er solche Mängel bei der im eigenen Interesse gebotenen Sorgfalt selbst wahrnehmen kann.[31] Sind Symptome (etwa Feuchtigkeitsflecken) erkennbar, die einen Hinweis auf einen möglichen Mangel (mangelhafte Abdichtung des Bauwerks) darstellen, jedoch keinen tragfähigen Rückschluss auf Art und Umfang des Mangels erlauben, muss der Verkäufer gemäß seinem Kenntnisstand aufklären und darf sein etwaiges konkretes Wissen nicht zurückhalten.[32] Der Verkäufer muss indes nicht von sich aus darüber aufklären, dass die Schadensursache unklar und nähe-

---

[24] OLG Saarbrücken v. 09.10.2007 - 4 U 198/07 - 64, 4 U 198/07- juris Rn. 21 - OLGR Saarbrücken 2008, 251-252.
[25] Vgl. LG Berlin v. 16.03.2004 - 18 O 533/03 - NJW-RR 2004, 1061-163.
[26] Ebenso für das arglistige Verschweigen eines Mangels nach § 438 Abs. 3 Satz 1 BGB: *Haas* in: Haas/Medicus/Rolland u.a., Das neue Schuldrecht, 2002, S. 245, Rn. 345.
[27] Zur Unwirksamkeit nach § 476 BGB a.F.: BGH v. 10.07.1987 - V ZR 152/86 - juris Rn. 9 - NJW-RR 1987, 1415-1416.
[28] BGH v. 14.05.2004 - V ZR 120/03 - NZM 2004, 589-591, noch zu § 463 Satz 2 BGB a.F.
[29] BGH v. 14.05.2004 - V ZR 120/03 - NZM 2004, 589-591, noch zu § 463 Satz 2 BGB a.F.
[30] BGH v. 16.03.2012 - V ZR 18/11 - juris Rn. 21; OLG Hamm v. 13.09.2004 - 22 U 75/04 - juris Rn. 12 - OLGR Hamm 2005, 27-28.
[31] OLG Hamm v. 13.09.2004 - 22 U 75/04 - juris Rn. 12 - OLGR Hamm 2005, 27-28; BGH v. 16.03.2012 - V ZR 18/11 - juris Rn. 21.
[32] BGH v. 16.03.2012 - V ZR 18/11 - juris Rn. 22.

re Untersuchungen unterblieben sind, sodass er nicht arglistig handelt, wenn er einen derartigen Hinweis unterlässt.[33]

Beim **Hauskauf** muss über **Feuchtigkeit** in Kellerwänden aufgeklärt werden, ebenso über erhebliche Feuchtigkeitsschäden auch nach einem Sanierungsversuch, wenn dessen Erfolg zweifelhaft ist, denn bei Feuchtigkeit im Keller handelt es sich um einen Umstand, der für jeden Käufer eines Hauses beim Kaufentschluss von erheblicher Bedeutung ist.[34]

Ist auf Grund des Zustands eines Gebäudes im Zeitpunkt des Vertragsschlusses bereits nach der Verkehrsanschauung das Vorhandensein von Feuchtigkeitsschäden indiziert, muss der Verkäufer nicht ungefragt auf Schimmel hinweisen.[35]

Über den **unzureichenden Schutz** von Garage und Keller **vor Überschwemmungen** muss der Verkäufer auch dann aufklären, wenn er nach eigenen Angaben die Gefahr gelegentlicher Überschwemmungen für den Normalfall hält.[36]

Besteht ein Gebäude aus **Baustoffen**, die bei der Errichtung eines Wohnhauses gebräuchlich waren, später aber als **gesundheitsschädlich** erkannt worden sind, können diese einen Mangel der Kaufsache begründen, der **ungefragt zu offenbaren** ist.[37]

Beim Kfz-Kauf muss der **Gebrauchtwagenhändler** den Käufer ungefragt darüber aufklären, wenn das Fahrzeug eine wesentlich höhere **Laufleistung** hat, als der Kilometerzähler des Fahrzeugs aufweist.[38] Ein Gebrauchtwagenkäufer kann regelmäßig davon ausgehen, dass der **Tachostand** die Laufleistung wiedergibt, sodass bei erheblicher Abweichung ein Sachmangel gemäß § 434 Abs. 1 Satz 2 Nr. 2 BGB vorliegt (vgl. die Kommentierung zu § 434 BGB Rn. 190). Demnach muss der Verkäufer, der von einer erheblichen Abweichung weiß, hierüber ungefragt aufklären, weil die tatsächliche Laufleistung einen für den Kaufentschluss wesentlichen Umstand darstellt, ansonsten handelt er arglistig. Nach Ansicht des Verfassers gilt dies auch für den privaten Kfz-Verkäufer.

Der Verkäufer eines Gebrauchtwagens muss den Käufer auch darüber aufklären, dass er das Fahrzeug kurze Zeit vor dem Weiterverkauf von einem nicht im Kraftfahrzeugbrief eingetragenen „**fliegenden Zwischenhändler**" erworben hat.[39]

III. Übernahme einer Beschaffenheitsgarantie (Alternative 2)

Grund für die Aufnahme des § 444 Alt. 2 BGB ist, dass sich ein Verkäufer widersprüchlich verhält, wenn er eine bestimmte Beschaffenheit garantiert und gleichzeitig diese Haftung beschränkt oder ausschließt (venire contra factum proprium).[40]

Dieses Normziel wird auch in der Rechtsprechung akzeptiert und zugrunde gelegt: So hat das LG Berlin[41] in einer Entscheidung festgehalten, die Norm solle lediglich verhindern, dass sich widersprüchliches Verhalten auszahle, weshalb die Norm einen Fall des venire contra factum proprium regele.

1. Gesetzgebungsgeschichte

§ 444 Alt. 2 BGB übernimmt die Regelung des § 11 Nr. 11 AGBG für Individualverträge.[42] Mit der Garantie meint der Gesetzgeber inhaltlich – wie bei § 442 BGB – die Zusicherung einer Eigenschaft nach altem Recht.[43]

---

[33] BGH v. 16.03.2012 - V ZR 18/11 - juris Rn. 19, 23.
[34] KG Berlin v. 20.06.2005 - 8 U 220/04 - juris Rn. 7 - KGR Berlin 2005, 734-735.
[35] OLG Brandenburg v. 28.01.2010 - 5 U 48/09 - juris Rn. 80.
[36] BGH v. 08.12.2006 - V ZR 249/05 - juris Rn. 7.
[37] BGH v. 27.03.2009 - V ZR 30/08 - juris Rn. 6, 24.
[38] OLG Köln v. 13.03.2007 - 22 U 170/06 - juris Rn. 8 - OLGR Köln 2007, 587-589.
[39] Vgl. für die Haftung wegen Verschuldens bei Vertragsverhandlungen: BGH v. 16.12.2009 - VIII ZR 38/09 - juris Rn. 16.
[40] *Haas* in: Haas/Medicus/Rolland u.a., Das neue Schuldrecht, 2002, S. 232-233, Rn. 289.
[41] LG Berlin v. 01.02.2005 - 5 O 176/04.
[42] Vgl. BT-Drs. 14/6040, S. 240.
[43] Vgl. BT-Drs. 14/6040, S. 240 (umstritten vgl. Rn. 39 f.).

2. Definition

39 Garantie für die Beschaffenheit der Sache umfasst das, was bisher unter der Zusicherung einer Eigenschaft verstanden wurde:[44] die Erklärung des Verkäufers, dass die Kaufsache zum Zeitpunkt des Gefahrübergangs eine bestimmte Beschaffenheit aufweist sowie die Zusage – unabhängig von einem eigenen Verschulden – für die Folgen eines eventuellen Fehlens dieser Beschaffenheit einzustehen. Die Übernahme einer Garantie setzt daher voraus, dass der Verkäufer in vertragsmäßig bindender Weise die Gewähr für das Vorhandensein der vereinbarten Beschaffenheit der Kaufsache übernimmt und damit seine Bereitschaft zu erkennen gibt, für alle Folgen des Fehlens dieser Beschaffenheit einzustehen.[45] Es handelt sich um eine Garantie für die Beschaffenheit des Kaufgegenstandes gemäß § 276 Abs. 1 Satz 1 BGB.[46] Zum Begriff Beschaffenheit vgl. die Kommentierung zu § 434 BGB Rn. 15.

40 Teilweise wird vertreten, dass darüber hinaus jede Art von Garantie, auch eine selbständige, unter § 444 Alt. 2 BGB fallen soll.[47] Zur Begründung wird angeführt, eine selbständige Garantie widerspreche einer Haftungsbeschränkung gleichermaßen wie eine unselbständige Garantie.[48] Das erscheint zweifelhaft: Der Verkäufer verhält sich nämlich nur dann widersprüchlich, wenn er einerseits erklärt, verschuldensunabhängig für die Beschaffenheit der Sache einstehen zu wollen (mit der Folge des § 276 Abs. 1 Satz 1 BGB), aber andererseits die Rechte des Käufers für die Folgen eines Fehlens der garantierten Beschaffenheit (§ 437 BGB) beschränkt oder ausschließt. Das ist bei einer selbständigen Garantie anders. In einem solchen Fall kann es sogar konsequent sein, wenn der Verkäufer dem Käufer neben der gesetzlichen Gewährleistung Rechte einräumt, die Rechte aus § 437 BGB aber im Gegenzug beschränkt. Wegen der klaren Gesetzesbegründung[49] ist eine Beschränkung auf Beschaffenheitsgarantien im Sinne des § 276 Abs. 1 Satz 1 BGB vorzugswürdig. Dieser Streit hat durch die Änderung des Wortlautes („soweit" statt „wenn", vgl. Rn. 52) an Bedeutung verloren, weil nunmehr die **Unwirksamkeit des Haftungsausschlusses explizit auf einen Widerspruch mit der Garantie beschränkt** ist.

3. Rechtsprechung

41 Eine Beschaffenheitsgarantie liegt nach Auffassung des OLG Koblenz[50] bereits dann vor, wenn der Verkäufer bei den vorvertraglichen Verhandlungen auf **ausdrückliche Nachfrage** des Käufers erklärt, dass die Gesamtfahrleistung eines gebrauchten Pkws mit dem Tachostand übereinstimme.

42 Wird in einem Kaufvertrag ein Hausgrundstück mit der vertraglich bindenden Erklärung „**Massivhaus**" oder – was rechtlich gleichbedeutend ist – „**massiv gebaut**" veräußert, so liegt hierin nach Ansicht des OLG Celle[51] eine Beschaffenheitsgarantie.

43 Auch beim Verkauf eines als **Unfallfahrzeug** angebotenen Kraftfahrzeugs von einem **Privatmann** liegt eine Beschaffenheitsgarantie hinsichtlich einer ordnungsgemäß durchgeführten Reparatur vor,

---

[44] Vgl. die Begründung des Regierungsentwurfs zu § 442 BGB: BT-Drs. 14/6040, S. 236 (zweiter Absatz zu Satz 2), auf die in der Begründung zu § 444 BGB verwiesen wird: BT-Drs. 14/6040, S. 240; ebenso BGH v. 29.11.2006 - VIII ZR 92/06 - juris Rn. 20 - BGHZ 170, 86-99; OLG Düsseldorf v. 02.04.2004 - I-14 U 213/03, 14 U 213/03- ZGS 2004, 271-275; OLG Celle v. 13.05.2004 - 4 U 220/03 - juris Rn. 18 ff. - OLGR Celle 2004, 498-502.

[45] BGH v. 29.11.2006 - VIII ZR 92/06 - juris Rn. 20 - BGHZ 170, 86-99.

[46] BGH v. 29.11.2006 - VIII ZR 92/06 - juris Rn. 20 - BGHZ 170, 86-99; OLG Celle v. 13.05.2004 - 4 U 220/03 - juris Rn. 18 ff. - OLGR Celle 2004, 498-502.

[47] Ausführlich und mit zahlreichen Nachweisen *Faust*, der die Vorschrift im Ergebnis für „missglückt" hält: *Faust*, ZGS 2002, 271-274, 272, 274; vgl. dazu auch eine Stellungnahme aus dem Bundesministerium der Justiz zu § 444 BGB: ZGS 2003, 307-310, mit zahlreichen weiteren Nachweisen zur Literatur.

[48] *Faust*, ZGS 2002, 271-274, 272; ähnlich die Stellungnahme aus dem Bundesministerium der Justiz zu § 444 BGB: ZGS 2003, 307-310, 309.

[49] In der Begründung des Regierungsentwurfes heißt es: „Auch hier ist inhaltlich die im bisherigen Recht erwähnte Zusicherung einer Eigenschaft gemeint" (BT-Drs. 14/6040, S. 240).

[50] OLG Koblenz v. 01.04.2004 - 5 U 1385/03 - juris Rn. 12 - NJW 2004, 1670-1671.

[51] OLG Celle v. 13.05.2004 - 4 U 220/03 - juris Rn. 18 - OLGR Celle 2004, 498-502.

wenn laut Vertragstext bestimmte Teile **fachgerecht erneuert** worden sind und in diesem Zusammenhang das Wort „Garantie" auftaucht, so das OLG Hamm:[52] Auch von einem Privatmann seien einschränkende Zusätze wie etwa „laut Vorbesitzer" zu erwarten, wenn der Verkäufer sich nicht sicher sei und keine Garantie übernehmen wolle.

Nach Auffassung des OLG Hamm[53] liegt eine Eigenschaftszusicherung mit der Folge einer Garantieübernahme nach § 444 BGB nicht bereits dann vor, wenn der Verkäufer (hier: im Rahmen eines notariellen Grundstückskaufvertrages) versichert, dass ihm wesentliche verborgene Sachmängel (hier: Feuchtigkeitsschäden) nicht bekannt seien; aus der Sicht eines objektiven Empfängers handele es sich lediglich um eine einfache **Wissenserklärung**. 44

a. Angaben in Kleinanzeigen

Die bloße Angabe des Tachometerstandes eines gebrauchten Pkws in einer **privaten Kleinanzeige** ist hingegen keine rechtlich verbindliche Zusicherung der tatsächlichen Laufleistung, so das KG Berlin[54]; entsprechendes gelte, wenn in das Kaufvertragsformular unter „Beschreibung: Kilometerstand" die vom Tacho abgelesene Zahl eingetragen werde. Auch die bloße Angabe „Leder" in einer privaten Kleinanzeige ist nach Ansicht des KG Berlin[55] keine Zusicherung, dass die Sitze mit echtem Leder bezogen sind; entscheidend sei insoweit der Inhalt des Kaufvertrages, in welchem derartiges nach Besichtigung und Probefahrt durch den Käufer nicht wiederholt wurde. 45

Hat der Verkäufer in einer privaten Kleinanzeige das Fahrzeug als „unfallfrei" charakterisiert, kann darin zwar im Einzelfall die Zusicherung einer Eigenschaft gesehen werden, sobald jedoch der Verkäufer – so das KG Berlin[56] – den Kaufvertrag mit dem Zusatz versieht: „Während meiner Zeit sind keine wesentlichen Unfälle passiert, Heckschäden links hinten" kommt auf Grund dieser Klarstellung eine Zusicherung ohnehin nicht mehr in Betracht. 46

b. Konkludente Beschaffenheitsgarantie

Eine Eigenschaftszusicherung im Sinne des § 444 BGB kann sich auch aus den Umständen ergeben, eine solche **konkludente Beschaffenheitsgarantie** muss nach Ansicht des LG Kleve[57] auch nicht in die Vertragsurkunde aufgenommen worden sein, soweit kein Formzwang besteht: Für konkrete, Wert bildende Angaben zur Beschaffenheit des Kaufgegenstands in der Verkaufsanzeige übernehme auch der nicht gewerbliche Verkäufer bereits dann eine Garantie, wenn während der Vertragsverhandlungen keine abweichenden Beschaffenheitsvereinbarungen getroffen werden. 47

Auch das OLG Hamburg[58] hält eine derartige **konkludente Beschaffenheitsgarantie** für möglich: Werde ein Mehrfamilienhaus „bestehend aus drei abgeschlossenen Wohnungen" verkauft, der Kaufpreis auf Wunsch des Käufers in Beträge für die verschiedenen Wohnungen aufgeteilt und die bestehenden Mietverhältnisse vom Käufer im Verhältnis zum Verkäufer mit allen Rechten und Pflichten übernommen, so liege darin die konkludente Garantie hinsichtlich der selbständigen Vermietbarkeit der Wohnungen. 48

Der BGH[59] schränkt demgegenüber die Möglichkeit konkludenter Beschaffenheitsgarantien beim **privaten Gebrauchtwagenkauf** ein: Von einer stillschweigenden Garantieübernahme könne beim Privatverkauf eines Gebrauchtfahrzeugs ausnahmsweise und nur dann ausgegangen werden, wenn über die Angabe der Beschaffenheit (hier: der Laufleistung) hinaus besondere Umstände vorliegen, die bei dem Käufer die berechtigte Erwartung wecken, der Verkäufer wolle für die Beschaffenheit (hier: die Lauf- 49

---

[52] OLG Hamm v. 10.02.2005 - 28 U 147/04 - juris Rn. 11 - NJW-RR 2005, 1220-1221.
[53] OLG Hamm v. 02.11.2004 - 34 U 152/03 - MDR 2005, 500.
[54] KG Berlin v. 26.08.2004 - 12 U 172/03 - juris Rn. 8 - NJW-RR 2005, 60-63.
[55] KG Berlin v. 26.08.2004 - 12 U 172/03 - juris Rn. 15 - NJW-RR 2005, 60-63.
[56] KG Berlin v. 26.08.2004 - 12 U 172/03 - juris Rn. 21 - NJW-RR 2005, 60-63.
[57] LG Kleve v. 27.08.2004 - 5 S 57/04 - NJW-RR 2005, 422.
[58] OLG Hamburg v. 05.11.2004 - 1 U 47/04 - OLGR Hamburg 2005, 226-227.
[59] BGH v. 29.11.2006 - VIII ZR 92/06 - juris Rn. 26 - BGHZ 170, 86-99.

leistung) des Fahrzeugs einstehen. Alleine die Besonderheiten des Kaufs über das Internet mittels eines von eBay zur Verfügung gestellten Bietverfahrens rechtfertigen diese Annahme nicht. Daher sei die Angabe der Laufleistung beim Privatkauf eines Gebrauchtfahrzeugs in der Regel lediglich als Beschaffenheitsangabe und nicht als Beschaffenheitsgarantie zu verstehen. Im gleichen Urteil hat der BGH[60] jedoch entschieden, dass ein Kaufvertrag, bei dem zugleich eine bestimmte Beschaffenheit der Kaufsache und ein pauschaler Ausschluss der Sachmängelhaftung vereinbart sind, regelmäßig dahin auszulegen ist, dass der Haftungsausschluss nicht für das Fehlen der vereinbarten Beschaffenheit (§ 434 Abs. 1 Satz 1 BGB), sondern nur für solche Mängel gelten soll, die darin bestehen, dass die Sache sich nicht für die nach dem Vertrag vorausgesetzte Verwendung eignet (§ 434 Abs. 1 Satz 2 Nr. 1 BGB) bzw. sich nicht für die gewöhnliche Verwendung eignet und keine Beschaffenheit aufweist, die bei Sachen der gleichen Art üblich ist und die der Käufer nach der Art der Sache erwarten kann (§ 434 Abs. 1 Satz 2 Nr. 2 BGB).

C. Rechtsfolgen

I. Unwirksamkeit

50 § 444 BGB ordnet an, dass sich der Verkäufer auf eine grundsätzlich wirksame Haftungsbeschränkung **nicht berufen kann**, wenn arglistiges Verhalten oder eine Beschaffenheitsgarantie vorliegen. Als Rechtsfolge wurde seitens des Gesetzgebers bewusst auf die Nichtigkeit verzichtet, um klarzustellen, dass nicht der ganze Vertrag unwirksam wird, sondern nur die Haftungsbegrenzung betroffen ist.[61] **Rechtsfolge** ist also die **Unwirksamkeit** der Haftungsbegrenzung/des Haftungsausschlusses.

II. Reichweite der Unwirksamkeit

51 Mit der Anordnung der Unwirksamkeit als Rechtsfolge war ursprünglich nicht geklärt, wie weit die Unwirksamkeit der haftungsbegrenzenden Vereinbarung reicht. Dabei wäre zum einen die Unwirksamkeit der gesamten Vereinbarung, zum anderen eine beschränkte Unwirksamkeit nur bezüglich des Mangels denkbar, der arglistig verschwiegen beziehungsweise dessen Abwesenheit durch die Beschaffenheitsgarantie zugesichert wurde.

52 Durch das Gesetz zur Änderung der Vorschriften über Fernabsatzverträge bei Finanzdienstleistungen[62] hat der Gesetzgeber – mittels Ersetzung des Wortes „wenn" durch den Begriff „soweit" – klargestellt dass der Haftungsausschluss nur „soweit" unwirksam ist, wie die Beschaffenheitsgarantie beziehungsweise das arglistige Verschweigen reicht. Damit hat sich der Gesetzgeber ausdrücklich für eine beschränkte Unwirksamkeit entschieden.

1. Arglistig verschwiegener Mangel (Alternative 1)

53 Weist die Sache mehrere Mängel auf und wurde nur einer dieser Mängel arglistig verschwiegen, bleibt der Haftungsausschluss daher für alle anderen Mängel wirksam. Der Käufer kann aber den Vertrag insgesamt bei arglistig verschwiegenem Mangel regelmäßig gemäß § 123 BGB anfechten. Zudem wird auch der verschwiegene Mangel im Normalfall den Rücktritt rechtfertigen, weil das arglistiges Verhalten des Verkäufers in der Regel auch zur Folge hat, dass – unabhängig von der Schwere des Mangels – keine unerhebliche Pflichtverletzung im Sinne von § 323 Abs. 5 Satz 2 BGB vorliegt.[63]

---

[60] BGH v. 29.11.2006 - VIII ZR 92/06 - juris Rn. 31 - BGHZ 170, 86-99; ebenso: OLG Hamm v. 12.05.2009 - 28 U 42/09 - juris Rn. 32 ff.

[61] In der Begründung des Regierungsentwurfes heißt es: „Es ist vorzugswürdig, nicht die Nichtigkeit der Vereinbarung anzuordnen, sondern die Rechtsfolge dahingehend festzuschreiben, dass sich der Verkäufer nicht auf die Vereinbarung berufen kann. Dadurch wird zweifelsfrei, dass die Unwirksamkeit der Vereinbarung über den Gewährleistungsausschluss keinesfalls zur Unwirksamkeit des gesamten Kaufvertrags führt." (BT-Drs. 14/6040, S. 240)

[62] BGBl I 2004, 3102.

[63] Vgl. BGH v. 24.03.2006 - V ZR 173/05 - ZIP 2006, 904-906.

2. Beschaffenheitsgarantie (Alternative 2)

Die teilweise Unwirksamkeit („soweit") löst im Ergebnis ein Auslegungsproblem. Garantiert der Verkäufer nämlich eine bestimmte Beschaffenheit, um an anderer Stelle diese Haftung wieder auszuschließen, handelt es sich um widersprüchliche Erklärungen, die – soweit nicht durch Auslegung in Einklang zu bringen – wegen Perplexität zur Nichtigkeit beider führen würden.[64] Diese Folge vermeidet § 444 Alt. 2 BGB, indem einer Beschaffenheitsgarantie im Spannungsverhältnis mit einer Haftungsbeschränkung bei Auslegungszweifeln der Vorrang gebührt. Widersprechen sich Haftungsbeschränkung und Garantie unzweifelhaft, bleibt die Garantie erhalten und die Beschränkung ist unwirksam, soweit sie der Garantie inhaltlich widerspricht.[65] Im Ergebnis handelt es sich bei § 444 Alt. 2 BGB damit um eine **Auslegungsregel** für Zweifelsfälle und eine **Vorrangregel** bei Widersprüchlichkeit – in beiden Fällen zugunsten der Beschaffenheitsgarantie.

54

Die Nähe des § 444 Alt. 2 BGB zur Vertragsauslegung zeigt sich auch in einer Entscheidung des BGH.[66] In dem Urteil zum privaten Gebrauchtwagenkauf hat der BGH einer Beschaffenheitsvereinbarung hinsichtlich der Laufleistung zwar die Garantieeigenschaft abgesprochen, jedoch im Wege der Auslegung entschieden, dass der Haftungsausschluss nicht die vereinbarte Beschaffenheit umfasst (vgl. hierzu Rn. 49).

55

Eine Beschaffenheitsgarantie bei gleichzeitiger Haftungsbeschränkung (etwa Haftungshöchstsumme) lässt sich unter Umständen auch dahin gehend auslegen, dass die Garantie lediglich bis zu dieser Obergrenze gewährt werden sollte.[67] In einem solchen Fall käme § 444 Alt. 2 BGB mangels Auslegungszweifeln beziehungsweise Widersprüchlichkeit gar nicht zur Anwendung. Für eine solche Möglichkeit sprechen auch die Gesetzgebungsmaterialien zur Beschaffenheitsgarantie (§ 276 Abs. 1 Satz 1 BGB), wonach eine solche Garantie beschränkbar sein soll.[68]

56

D. Prozessuale Hinweise/Verfahrenshinweise

Beruft sich der Verkäufer auf einen Ausschluss beziehungsweise auf eine Beschränkung der Mängelrechte des Käufers, so hat er zu beweisen, dass eine solche Vereinbarung geschlossen wurde.

57

Ist ein Haftungsausschluss vereinbart, trägt der Käufer die Beweislast für das Vorliegen einer Beschaffenheitsgarantie oder das arglistige Verschweigen eines Mangels.[69] Im Rahmen der Arglist trifft ihn hierbei grundsätzlich die Darlegungs- und Beweislast für das Vorliegen sämtlicher Umstände, die den Arglisttatbestand ausfüllen, wozu bei einer Täuschung durch Verschweigen auch die fehlende Offenlegung gehört.[70] Da es sich bei der fehlenden Offenbarung um eine negative Tatsache handelt, kommen dem Käufer indes Erleichterungen nach den Grundsätzen der sekundären Darlegungslast zugute, sodass er lediglich die von dem Verkäufer in räumlicher, zeitlicher und inhaltlicher Weise zu spezifizierende Aufklärung ausräumen muss.[71]

58

---

[64] Vgl. *Faust*, ZGS 2002, 271-274, 272-274.
[65] *Faust*, ZGS 2002, 271-274, 274.
[66] BGH v. 29.11.2006 - VIII ZR 92/06 - juris Rn. 26, 31 - BGHZ 170, 86-99.
[67] *Haas* in: Haas/Medicus/Rolland u.a., Das neue Schuldrecht, 2002, S. 233, Rn. 289.
[68] Vgl. die Beschlussempfehlung des Rechtsausschusses (BT-Drs. 14/7052, S. 184): „Übernimmt der Schuldner eine Garantie, so besagt das nicht zwingend, dass er auch uneingeschränkt verschärft haftet. Er hat vielmehr auch die Möglichkeit, diese verschärfte Haftung einzuschränken. Denn ein Zwang zur Übernahme einer solchen Haftung besteht nicht. Die Reichweite der verschärften Haftung ergibt sich daher aus der vertraglichen Vereinbarung, was die Vorschrift auch mit der Bezugnahme auf den Inhalt des Schuldverhältnisses unterstreicht".
[69] Für die Arglist: BGH v. 12.11.2010 - V ZR 181/09 - juris Rn. 12.
[70] BGH v. 12.11.2010 - V ZR 181/09 - juris Rn. 12.
[71] BGH v. 12.11.2010 - V ZR 181/09 – juris Rn. 12.

E. Anwendungsfelder

I. Praktische Hinweise

59 Wenn dem Verkäufer arglistiges Verhalten zur Last fällt, hat dies in der Regel auch zur Folge, dass – unabhängig von der Schwere des Mangels – keine unerhebliche Pflichtverletzung im Sinne von § 323 Abs. 5 Satz 2 BGB vorliegt.[72] Daher kann der Käufer bei Arglist des Verkäufers regelmäßig auch zurücktreten.

60 Der Verkäufer, der einen möglichst umfassenden Haftungsausschluss sicher erreichen will, sollte den Käufer über etwaige Mängel möglichst umfassend bei Vertragsschluss aufklären, weil durch die Kenntnis des Käufers der Ausschluss des § 442 Abs. 1 Satz 1 BGB unabhängig von etwaigen Garantien in jedem Fall greift; vgl. Rn. 5. Der Verkäufer trägt für die Kenntnis allerdings die Beweislast (vgl. die Kommentierung zu § 442 BGB Rn. 50).

II. Gebräuchliche Ausschlussklauseln

61 Ein Kauf „**wie besichtigt**" schließt Gewährleistung für solche Mängel aus, die bei einer gründlichen Besichtigung des Kaufgegenstandes durch den Käufer – nicht durch einen Sachverständigen – erkennbar waren.[73] Dabei richtet sich die Gründlichkeit der Untersuchung nach dem Kaufgegenstand im Einzelnen. Zum Beispiel ist bei einem 10 Jahre alten Kfz auch die Unterseite des Fahrzeugs auf Schad- und Roststellen zu untersuchen.[74]

62 Die Vereinbarung „**wie besichtigt und Probe gefahren**" schließt (nur) solche technischen Mängel von der Gewährleistung aus, die auch ohne Hilfe eines Sachverständigen bei der Besichtigung und Probefahrt gewöhnlich festgestellt werden können.[75]

63 Die Klausel „wie besichtigt" mit dem Zusatz „**unter Ausschluss jeglicher Gewährleistung**" erstreckt sich auch auf verborgene Mängel und bedeutet den Ausschluss jeder Gewährleistung. Das gilt auch für solche Mängel, die die Betriebs- und Verkehrssicherheit des Pkw betreffen.[76]

64 Enthält ein zwischen Privatpersonen geschlossener Kaufvertrag über ein gebrauchtes Kraftfahrzeug einen **formularmäßigen Ausschluss jeder Gewährleistung**, wird dieser durch den handschriftlichen Zusatz „**gekauft wie gesehen**" nicht eingeschränkt, auch wenn die letztgenannte Formulierung für sich genommen keinen umfassenden Ausschluss darstellen würde.[77]

64.1 Die im Kaufvertrag enthaltene Formulierung: „**Für das Fahrzeug besteht keine Garantie**" bedeutet bei verständiger Würdigung aus der Sicht eines unbeteiligten Dritten im Allgemeinen, dass der Verkäufer eines gebrauchten Fahrzeugs für Mängel des Fahrzeugs nicht einstehen, also die Gewährleistung ausschließen will (OLG Düsseldorf v. 06.06.2012 - I-3 U 63/11, 3 U 63/11 - juris Rn. 53).

65 Generell ist bei Freizeichnungsklauseln jedoch zu beachten, dass sie der **Auslegung** unterliegen. Auch bei einem dem Wortlaut nach uneingeschränkten Haftungsausschluss sind der übrige Vertragstext sowie die **weiteren Umstände** dahin gehend zu prüfen, ob sich Anhaltspunkte für eine Beschränkung der Freizeichnung finden.[78]

---

[72] Vgl. BGH v. 24.03.2006 - V ZR 173/05 - ZIP 2006, 904-906.
[73] OLG Köln v. 16.09.1991 - 2 U 51/91 - NJW-RR 1992, 49-50; zur Klausel „verkauft wie besehen" vgl. LG Meiningen v. 12.06.2003 - 1 O 1038/02.
[74] OLG Köln v. 16.09.1991 - 2 U 51/91 - NJW-RR 1992, 49-50.
[75] OLG Schleswig v. 08.09.1982 - 9 U 163/81 - MDR 1983, 54.
[76] Mit weiteren Nachweisen: KG Berlin v. 11.01.1996 - 12 U 1741/95 - juris Rn. 12.
[77] BGH v. 06.07.2005 - VIII ZR 136/04 - juris Rn. 31 - NJW 2005, 3205-3208.
[78] Mit weiteren Nachweisen: OLG Naumburg v. 04.04.2000 - 11 U 241/99 - juris Rn. 72 - OLG-NL 2002, 156-161.

§ 445 BGB Haftungsbegrenzung bei öffentlichen Versteigerungen

(Fassung vom 02.01.2002, gültig ab 01.01.2002)

Wird eine Sache auf Grund eines Pfandrechts in einer öffentlichen Versteigerung unter der Bezeichnung als Pfand verkauft, so stehen dem Käufer Rechte wegen eines Mangels nur zu, wenn der Verkäufer den Mangel arglistig verschwiegen oder eine Garantie für die Beschaffenheit der Sache übernommen hat.

Gliederung

A. Grundlagen 1	2. Kaufvertrag 11
I. Kurzcharakteristik 1	3. Treu und Glauben 12
II. Gesetzgebungsmaterialien 2	II. Ausnahmen 13
III. Regelungsprinzipien 4	1. Arglistige Täuschung 13
B. Anwendungsvoraussetzungen 7	2. Beschaffenheitsgarantie 15
I. Voraussetzungen 7	C. Rechtsfolgen 16
1. In einer öffentlichen Versteigerung unter der Bezeichnung als Pfand 7	D. Prozessuale Hinweise/Verfahrenshinweise 18

A. Grundlagen

I. Kurzcharakteristik

§ 445 BGB schließt als Sonderregelung zu § 433 Abs. 1 Satz 2 BGB die Mängelgewährleistung für Pfandverkauf und öffentliche Versteigerung weitgehend aus. **1**

II. Gesetzgebungsmaterialien

§ 445 BGB übernimmt mit einigen Änderungen den Inhalt des § 461 BGB a.F. Nach dem ursprünglichen Gesetzesentwurf sollte § 461 BGB a.F. ersatzlos wegfallen.[1] Auf Anregung des Bundesrates,[2] die von der Bundesregierung aufgenommen wurde,[3] ist § 445 BGB in das Kaufrecht eingefügt worden.[4] **2**

Anders als bei § 461 BGB a.F. sind in § 445 BGB zwei Ausnahmen im Gesetzestext enthalten: Der arglistig verschwiegene Mangel und die garantierte Beschaffenheit. Diese Ausnahmen entsprechen der vorherrschenden Auslegung des § 461 BGB a.F.[5] **3**

III. Regelungsprinzipien

Sinn und Zweck der Vorschrift ist es, den Pfandverkäufer zu entlasten, weil dieser – im Vergleich zum „normalen" Verkäufer – nur eine eingeschränkte Kenntnis von der fremden Sache hat. Deswegen ist eine Haftung des Pfandverkäufers nur sachgerecht, wenn er den Mangel arglistig verschweigt oder eine Beschaffenheit freiwillig garantiert. **4**

Für den Verbrauchsgüterkauf gilt § 445 BGB gemäß § 474 Abs. 2 BGB nicht. Jedoch ist zu beachten, dass die Vorschriften des Verbrauchsgüterkaufs bei der öffentlichen Versteigerung **gebrauchter Sachen** nicht anwendbar sind (§ 475 Abs. 1 Satz 2 BGB) und deswegen § 445 BGB in solchen Fällen greift. **5**

---

[1] Vgl. die Begründung zur Aufhebung des § 461 a.F.: BT-Drs. 14/6040, S. 204.
[2] Vgl. die Stellungnahme des Bundesrates, der insbesondere Gewährleistungsansprüche gegen die Verkehrsbetriebe wegen der Versteigerung von Fundsachen befürchtete: BT-Drs. 14/6857, S. 30-31.
[3] Vgl. die Erwiderung der Bundesregierung zu: BT-Drs. 14/6857, S. 62.
[4] Vgl. die Beschlussfassung des Rechtsausschusses: BT-Drs. 14/7052, S. 197 (zu § 445).
[5] Vgl. zu § 461 BGB a.F. *Putzo* in: Palandt, BGB, 61. Aufl. 2002, § 461 Rn. 3.

§ 445

6 § 445 BGB kann zugunsten des Käufers **abbedungen** werden. Eine Ausnahme zulasten des Käufers derart, dass er auch bei Arglist oder Beschaffenheitsgarantie keine Rechte hat, ist wegen Verstoßes gegen § 444 BGB nicht möglich.

B. Anwendungsvoraussetzungen

I. Voraussetzungen

1. In einer öffentlichen Versteigerung unter der Bezeichnung als Pfand

7 Die öffentliche Versteigerung ist in § 383 Abs. 3 BGB legal definiert. Diese Definition ist maßgeblich,[6] auch wenn § 383 Abs. 3 BGB den Selbsthilfeverkauf regelt und § 445 BGB auf diesen nicht anwendbar ist.

8 Der Verkäufer muss die Sache als Pfand bezeichnen. Das heißt, es handelt sich um einen **Pfandverkauf** im Sinne des § 1235 Abs. 1 BGB. Die Vorschriften der VerstV sind bei der öffentlichen Versteigerung zu beachten. Danach ist unter anderem eine angemessene Besichtigungsmöglichkeit für den Käufer Voraussetzung.[7]

9 Der Pfandverkäufer muss den Kauf als Pfandverkauf bezeichnen und sich damit auf ein Pfandrecht zu seinen Gunsten berufen. Inwieweit ein solches **Pfandrecht** tatsächlich **bestehen** muss, damit § 445 BGB anwendbar ist, ist umstritten.[8]

10 Für den freihändigen Pfandverkauf gemäß §§ 1221, 1235 Abs. 2, 1240 Abs. 2 BGB gilt § 445 BGB nicht. Die Vorschrift findet auch keine Anwendung auf die Versteigerung hinterlegungsfähiger Sachen (so genannter Selbsthilfeverkauf gemäß § 383 Abs. 3 BGB).

2. Kaufvertrag

11 Der Kaufvertrag kommt durch Gebot des Bieters (Antrag) und Zuschlag des Versteigerers (Annahme) zustande (§ 156 BGB). Der Versteigerer handelt als Vertreter (§ 164 BGB) des Pfandgläubigers, sodass der Kaufvertrag zwischen Pfandgläubiger und Käufer zustande kommt (zu Einzelheiten zum Vertragsschluss bei Versteigerungen vgl. die Kommentierung zu § 156 BGB).

3. Treu und Glauben

12 Teilweise wird gefordert, dass der Pfandverkäufer, der sich auf § 445 BGB beruft, dabei nicht gegen Treu und Glauben (§ 242 BGB) verstoßen darf.[9] Für § 461 BGB a.F. hat der BGH es offen gelassen, ob die Berufung auf den gesetzlichen Haftungsausschluss in Ausnahmefällen rechtsmissbräuchlich sein kann.[10] Nach neuem Recht wird man jedoch davon ausgehen müssen, dass es neben den gesetzlich geregelten Ausnahmen (Arglist und Beschaffenheitsgarantie) keine Fallgestaltungen gibt, in denen der Verkäufer gegen Treu und Glauben verstößt, wenn er sich auf § 445 BGB beruft.

---

[6] Vgl. BGH v. 09.11.2005 - VIII ZR 116/05 zu § 474 Abs. 1 Satz 2 BGB, jedoch nach Auffassung des Verfassers angesichts der gleichen Begrifflichkeit auf § 445 BGB übertragbar.

[7] Vgl. *Weidenkaff* in: Palandt, § 445 Rn. 6.

[8] Dafür, dass ein Pfandrecht bestehen muss: *Saenger* in: Dörner/Ebert/Eckert u.a., BGB-Handkommentar, 2. Aufl. 2002, § 445 Rn. 3; anderer Auffassung: *Weidenkaff* in: Palandt, § 445 Rn. 5.

[9] *Saenger* in: Dörner/Ebert/Eckert u.a., BGB-Handkommentar, 2. Aufl. 2002, § 445 Rn. 3.

[10] In diesem Urteil hat der BGH die Anwendbarkeit für den konkreten Fall (anders als das Berufungsgericht) verneint und die Anwendbarkeit im Allgemeinen offen gelassen: BGH v. 06.11.1985 - VIII ZR 14/85 - juris Rn. 9 - BGHZ 96, 214-221.

II. Ausnahmen

1. Arglistige Täuschung

Arglistiges Verschweigen eines Mangels heißt, der Verkäufer verschweigt einen Mangel, den er zumindest für möglich hält und nimmt dabei billigend in Kauf, dass der Käufer den Mangel nicht kennt und bei Kenntnis den Vertrag jedenfalls nicht so abgeschlossen hätte.[11]

Dem arglistigen Verschweigen ist ein arglistiges Täuschen über die Mangelfreiheit – zum Beispiel das Vorspiegeln einer nicht vorhandenen Eigenschaft – wie bei § 463 Satz 2 BGB a.F. gleichgestellt.[12] Bei einer Mehrheit von Verkäufern reicht es aus, wenn ein Verkäufer den Mangel arglistig verschwiegen hat.[13]

2. Beschaffenheitsgarantie

Garantie für die Beschaffenheit der Sache meint das, was bisher unter der Zusicherung einer Eigenschaft verstanden wurde[14]: die Erklärung des Verkäufers, dass die Kaufsache zum Zeitpunkt des Gefahrübergangs eine bestimmte Beschaffenheit aufweist sowie die Zusage – unabhängig von einem eigenen Verschulden –, für die Folgen eines eventuellen Fehlens dieser Beschaffenheit einzustehen. Es handelt sich um eine Garantie für die Beschaffenheit des Kaufgegenstandes gemäß § 276 Abs. 1 Satz 1 BGB.[15] Zum Begriff Beschaffenheit vgl. die Kommentierung zu § 434 BGB Rn. 15. Der Begriff der Beschaffenheitsgarantie stimmt mit dem in § 444 BGB überein (vgl. daher die Kommentierung zu § 444 BGB Rn. 39).

C. Rechtsfolgen

Dem Käufer stehen die Mängelrechte (§ 437 BGB) nicht zu, wenn die Voraussetzungen des § 445 BGB vorliegen. Der Ausschluss gilt **nicht für andere Rechte** des Käufers etwa aus besonderen vertraglichen Vereinbarungen (beispielsweise selbständige Garantie) oder aus unerlaubter Handlung.

Die Ausschlusswirkung des § 445 BGB für die Mängelrechte nach § 437 BGB entfällt, **soweit** der Verkäufer einen Mangel arglistig verschweigen oder die Beschaffenheit der Sache garantiert hat. Vgl. die insoweit ähnlichen Rechtsfolgen des § 444 BGB (vgl. die Kommentierung zu § 444 BGB Rn. 52).

D. Prozessuale Hinweise/Verfahrenshinweise

Der Verkäufer muss beweisen, dass er die Sache gemäß den Voraussetzungen des § 445 BGB in öffentlicher Versteigerung als Pfand verkauft hat, wenn er sich auf den Haftungsausschluss berufen will. Der Käufer trägt die Beweislast für die Tatsachen, die eine der in der Norm genannten Ausnahmen begründen.

---

[11] Vgl. zum arglistigen Verschweigen nach § 463 Satz 2 BGB a.F.: BGH v. 14.10.1993 - III ZR 156/92 - juris Rn. 9 - BGHZ 123, 363-368.

[12] Ebenso für das arglistige Verschweigen eines Mangels nach § 438 Abs. 3 Satz 1 BGB: *Haas* in: Haas/Medicus/Rolland u.a., Das neue Schuldrecht, 2002, S. 245, Rn. 345.

[13] Zur Unwirksamkeit eines Haftungsausschlusses bei arglistig verschwiegenem Mangel gemäß § 476 BGB a.F.: BGH v. 10.07.1987 - V ZR 152/86 - juris Rn. 9 - NJW-RR 1987, 1415-1416.

[14] Vgl. die Begründung des Regierungsentwurfs zu § 442 BGB: BT-Drs. 14/6040, S. 236 (zweiter Absatz zu Satz 2), auf die in der Begründung zu § 444 BGB verwiesen wird: BT-Drs. 14/6040, S. 240.

[15] *Saenger* in: Dörner/Ebert/Eckert u.a., BGB-Handkommentar, 2. Aufl. 2002, § 445 Rn. 4.

§ 446 BGB Gefahr- und Lastenübergang

(Fassung vom 02.01.2002, gültig ab 01.01.2002)

¹Mit der Übergabe der verkauften Sache geht die Gefahr des zufälligen Untergangs und der zufälligen Verschlechterung auf den Käufer über. ²Von der Übergabe an gebühren dem Käufer die Nutzungen und trägt er die Lasten der Sache. ³Der Übergabe steht es gleich, wenn der Käufer im Verzug der Annahme ist.

Gliederung

A. Grundlagen... 1	IV. Annahmeverzug des Käufers................... 19
I. Kurzcharakteristik................................. 1	**C. Rechtsfolgen**.. 20
II. Gesetzgebungsmaterialien...................... 5	I. Untergang und Verschlechterung 21
III. Europäisches Unionsrecht 7	II. Zufall 23
IV. Bezug zum UN-Kaufrecht..................... 9	III. Rechtsbeziehungen zu Dritten 24
B. Anwendungsvoraussetzungen 10	IV. Nutzungen und Lasten 25
I. Kaufvertrag... 10	V. Abdingbarkeit..................................... 29
II. Sache 16	**D. Prozessuale Hinweise**........................... 31
III. Übergabe 17	

A. Grundlagen

I. Kurzcharakteristik

1 Ist dem Verkäufer die Übergabe und Übereignung der verkauften Sache unmöglich, wird er von seiner Leistungspflicht frei (§ 275 BGB). Er verliert aber zugleich den Anspruch auf die Gegenleistung, d.h. die Zahlung des vereinbarten Kaufpreises (§ 326 Abs. 1 BGB). § 446 BGB statuiert – neben § 447 BGB und § 326 Abs. 2 BGB – eine wichtige Ausnahme von dem in § 326 Abs. 1 BGB niedergelegten Grundsatz „Keine Leistung ohne Gegenleistung" und hält die Pflicht des Käufers zur Zahlung des Kaufpreises trotz der Leistungsbefreiung des Verkäufers aufrecht (für das Werkvertragsrecht vgl. die Kommentierung zu § 644 BGB und die Kommentierung zu § 645 BGB). Die **Vergütungsgefahr**[1] (auch Preis- oder Gegenleistungsgefahr) trifft den Käufer, sofern ihm die Kaufsache bereits übergeben worden ist und diese sodann durch Zufall untergeht oder verschlechtert wird.[2] § 446 Satz 3 BGB stellt den Zeitpunkt des Eintritts eines Annahmeverzugs des Käufers dem der Übergabe gleich. Die Übergabe hat außerdem zur Folge, dass Nutzungen und Lasten der Sache nicht mehr dem Verkäufer zustehen bzw. von diesem zu tragen sind, sondern fortan dem Käufer gebühren bzw. diesen treffen.

2 Die ratio legis des § 446 BGB ist darin zu sehen, dass der Verkäufer mit der Übergabe die faktische Einflussmöglichkeit auf die Sache verliert. Sie befindet sich nunmehr in der Einflusssphäre des Käufers, der allein noch Einwirkungs- und Überwachungsmöglichkeiten hat und dann auch, selbst wenn er noch nicht ihr Eigentümer ist[3], mit ihr pfleglich umgehen bzw. auf ihre Integrität Obacht geben soll. Hinzu kommt, dass der Käufer die Sache bereits vom Moment der Übergabe an wirtschaftlich nutzen kann und, wie § 446 Satz 2 BGB hervorhebt, gezogene Nutzungen behalten bzw. verlangen darf. Die wirtschaftliche Wirkung des Kaufvertrages tritt also bereits vor der Übereignung ein. Auch das lässt einen damit einhergehenden vorzeitigen Übergang der Vergütungsgefahr gerechtfertigt erscheinen. Eine unter Berufung auf § 242 BGB für bestimmte Situationen – wie etwa die Nichtlieferung von Aktien wegen Wertloserklärungen – diskutierte Vorverlagerung des Gefahrübergangs auf den Zeitpunkt

---

[1] Vgl. z.B. *Coester-Waltjen*, Jura 2007, 110-114, 110 ff.
[2] Vgl. zur Anwendbarkeit bei Hol-, Brig- und Schickschuld *Bernhard*, JuS 2011, 9-15, 13 ff.
[3] § 446 BGB ist unanwendbar, wenn die Kaufsache nach ihrer Übereignung an den Käufer untergeht, da in diesem Fall der Verkäufer bereits erfüllt hat und Ereignisse nach der Erfüllung seinen Gegenleistungsanspruch nicht mehr berühren.

des Vertragsschlusses lässt sich mit diesen gesetzlichen Wertungen nicht in Einklang bringen und ist abzulehnen.[4]

Beim Erbschaftskauf gehen sowohl die Preisgefahr als auch Nutzungen und Lasten bereits mit Abschluss des schuldrechtlichen Vertrags auf den Käufer über (§ 2380 BGB). Bei der Zwangsversteigerung eines Grundstücks ist für den Übergang der Preisgefahr für das Grundstück selbst der Zuschlag, für die übrigen mitveräußerten Gegenstände der Schluss der Versteigerung maßgeblich. Nutzungen und Lasten gehen einheitlich im Zeitpunkt des Zuschlags auf den Ersteher über (§ 56 ZVG). Bei einer Hinterlegung aus anderen Gründen als dem Annahmeverzug (dann gilt § 446 Satz 3 BGB) sind die spezielleren Vorschriften der §§ 378, 379 Abs. 2 BGB anzuwenden.[5]

§ 446 BGB modifiziert nicht nur die Grundregeln des § 326 BGB, sondern definiert neben § 447 BGB darüber hinaus auch den „Gefahrübergang", auf den § 434 BGB für den Zeitpunkt der Mangelfreiheit abstellt. Vom Gefahrübergang nach beiden Vorschriften hängt die Anwendbarkeit der §§ 437 ff. BGB, also der Übergang vom allgemeinen zum besonderen Leistungsstörungsrecht, ab. Für einen Mangel nach § 434 BGB kommt es nach h.M. aber nicht auf den echten, sondern auf den fiktiven – oder hypothetischen – Gefahrübergang an; also den, der bei einer mangelfreien Kaufsache erfolgt wäre.[6] Gewährleistungsansprüche des Käufers für Sachmängel, die bei Gefahrübergang noch nicht vorhanden waren, sind ausgeschlossen. Der Verkäufer haftet allein für Mängel, die bereits vor Gefahrübergang existent waren. Später auftretende Mängel fallen in den Risikobereich des Käufers.

II. Gesetzgebungsmaterialien

§ 446 Satz 1 BGB und § 446 Satz 2 BGB sind unverändert aus § 446 Abs. 1 BGB a.F. hervorgegangen. Die in § 446 Abs. 2 BGB a.F. enthaltene Sonderregelung für Immobilien wurde hingegen ersatzlos gestrichen, da ihr in der Praxis keine große Bedeutung zukam und die Vorverlagerung des Gefahrübergangs auf den Zeitpunkt der Eintragung des Käufers in das Grundbuch nicht in allen Fällen interessengemäß erschien.[7]

Neu hinzugekommen ist § 446 Satz 3 BGB, ohne dass dies jedoch zu einer Änderung der Rechtslage geführt hätte; denn bereits vorher war unstreitig, dass der Untergang oder die Verschlechterung der Sache den Gegenleistungsanspruch des Verkäufers dann nicht berührt, wenn sich der Käufer im Annahmeverzug befand (§§ 324 Abs. 2, 300 Abs. 2 BGB a.F.).

III. Europäisches Unionsrecht

Gemäß Art. 3 Abs. 1 RL 1999/44/EG des Europäischen Parlaments und Rates haftet der Verkäufer dem Verbraucher für jede Vertragswidrigkeit, die zum „Zeitpunkt der Lieferung" des Verbrauchsguts besteht. Ob damit auch der Zeitpunkt des Gefahrübergangs bestimmt werden sollte, war im Rechtsetzungsverfahren lange Zeit zwischen Rat und Europäischem Parlament umstritten. Angesichts des Umstands, dass z.B. das UN-Kaufrecht allein fünf Artikel zur Festlegung des Gefahrübergangs benötigt (vgl. Art. 66-70 CISG), wurde auf dessen Harmonisierung verzichtet.[8] Erwägungsgrund 14 der RL 1999/44/EG des Europäischen Parlaments und Rates unterstreicht nachdrücklich, dass die Bezugnahme auf den Zeitpunkt der Lieferung nicht bedeutet, „dass die Mitgliedstaaten ihre Vorschriften über den Gefahrübergang ändern müssen". Die Konkretisierung des Moments des Gefahrübergangs liegt daher weiterhin in der Kompetenz der Mitgliedstaaten. Eine richtlinienkonforme Auslegung von § 446 BGB bei Verbrauchsgüterkaufverträgen ist nicht veranlasst.[9]

---

[4] LG Frankfurt v. 30.11.2010 - 3-09 O 43/10 - NZG 2011, 436; *Fleckner*, WM 2009, 2064-2073.
[5] *Westermann* in: MünchKomm-BGB, § 446 Rn. 4.
[6] Vgl. zum Problem des fiktiven Gefahrübergangs kritisch und m.w.N. *Bachmann*, AcP 211, 395-434, 399 ff.
[7] BT-Drs. 14/6040, S. 203.
[8] Vgl. dazu auch *Staudenmeyer* in: Grundmann/Medicus/Rolland, Europäisches Kaufgewährleistungsrecht, 2000, S. 27, 37.
[9] *Leible* in: Gebauer/Wiedmann, Zivilrecht unter gemeinschaftsrechtlichem Einfluss, 2. Aufl. 2010, Kap. 10 Rn. 72 f.

8 Deutlich anders ist die Regelungsstruktur des Vorschlags für eine Verordnung des Europäischen Parlaments und des Rates über ein Gemeinsames Europäisches Kaufrecht[10] (GEK), der sich u.a. an Art. 66 ff. CISG orientiert.[11] Danach befreien der Untergang oder eine Beschädigung der Waren oder digitalen Inhalte nach Übergang der Gefahr auf den Käufer diesen nicht von der Verpflichtung, den Preis zu zahlen, es sei denn, der Untergang oder die Beschädigung beruht auf einer Handlung oder Unterlassung des Verkäufers (Art. 140 GEK). Die Vorschrift ist allerdings etwas zu eng gefasst, da sie das Risiko eines sonstigen Verlusts der Ware (Diebstahl, Auslieferung an falschen Empfänger etc.) außer Acht lässt. Zu einem Gefahrübergang kann es frühestens dann kommen, wenn die Waren oder digitalen Inhalte entweder durch die ursprüngliche Vereinbarung, durch Mitteilung an den Käufer oder auf andere Weise eindeutig als diejenigen identifiziert sind, die nach dem Vertrag geliefert werden müssen (Art. 141 GEK). Für den Zeitpunkt des Gefahrübergangs differenziert der Vorschlag zwischen Verträgen zwischen Unternehmern und Verbraucherkaufverträgen. Bei Verträgen zwischen Unternehmern stellt Art. 143 GEK auf den Zeitpunkt ab, zu dem der Käufer die Waren oder digitalen Inhalte oder die diese vertretenden Dokumente angenommen hat. Sonderregelungen finden sich für dem Käufer zur Verfügung bereitgestellte Waren (Art. 144 GEK), die Beförderung der Waren (Art. 145 GEK) und während der Beförderung verkaufte Waren (Art. 146 GEK). Bei einem Verbraucherkaufvertrag kommt es auf den Zeitpunkt an, zu dem dieser oder ein von ihm bezeichneter Dritter mit Ausnahme des Beförderers den Besitz an den Waren oder dem materiellen Datenträger, auf dem die digitalen Inhalte bereitgestellt werden, erlangt hat (Art. 142 Abs. 1 GEK). Diese Grundregel wird in Art. 142 Abs. 2 und 3 GEK für die Bereitstellung digitaler Inhalte ohne materiellen Datenträger sowie den Fall einer unentschuldigten Nichtannahme der Ware oder digitalen Inhalts durch den Verbraucher modifiziert.

IV. Bezug zum UN-Kaufrecht

9 Geht die Ware nach Übergang der Gefahr auf den Käufer unter oder wird sie beschädigt, so befreit dies ihn nicht von seiner Pflicht zur Kaufpreiszahlung, es sei denn, Untergang oder Beschädigung sind auf eine Handlung oder Unterlassung des Verkäufers zurückzuführen (Art. 66 CISG). Abgesehen von den Fällen des Versendungskaufs (Art. 67 CISG) und des Verkaufs sich auf dem Transport befindlicher Ware (Art. 68 CISG) kommt es gemäß Art. 69 Abs. 1 CISG dann zum Gefahrübergang, wenn der Käufer die Ware an einer Niederlassung des Verkäufers übernimmt (Platzkauf). Dem gleich steht der Zeitpunkt, zu dem der Verkäufer die Ware an seiner Niederlassung dem Käufer zur Verfügung stellt (Art. 31 lit. c CISG) und dieser durch die Nichtabnahme eine Vertragsverletzung begeht. Ist ein anderer Ort als ein Sitz des Verkäufers Lieferort, richtet sich der Gefahrübergang nach Art. 69 Abs. 2 CISG. Die Gefahr geht über, sobald die Lieferung fällig ist und der Käufer Kenntnis davon hat, dass ihm die Ware an diesem Ort zur Verfügung steht. Handelt es sich um noch nicht individualisierte Ware, kann allerdings erst dann von einer Zur-Verfügung-Stellung ausgegangen werden, wenn die Ware „eindeutig dem Vertrag zugeordnet", also individualisiert worden ist (Art. 69 Abs. 3 CISG).

B. Anwendungsvoraussetzungen

I. Kaufvertrag

10 § 446 BGB findet nur Anwendung, wenn ein **wirksamer Kaufvertrag** vorliegt.[12] Ist der Kaufvertrag nichtig, weil er z.B. wirksam angefochten wurde,[13] so richtet sich die Rückabwicklung, wenn die

---

[10] KOM (2011) 635 endg.

[11] Dazu *Wiese* in: Schmidt-Kessel, Ein einheitliches europäisches Kaufrecht, 2012, S. 469-501; *Faust* in: Remien/Herrler/Limmer, Gemeinsames Europäisches Kaufrecht für die EU?, 2012, S. 161-187, Rn. 31 ff.

[12] RG v. 07.01.1911 - V 104/10 - RGZ 75, 114-116, 115; BGH v. 25.03.1998 - VIII ZR 185/96 - juris Rn. 16 - BGHZ 138, 195-210; *Huber* in: Soergel, § 446 Rn. 63; *Grunewald* in: Erman, § 446 Rn. 4; *Mezger* in: BGB-RGRK, § 446 Rn. 4; *Westermann* in: MünchKomm-BGB, § 446 Rn. 5.

[13] Auch die Anfechtung wegen arglistiger Täuschung verhindert den Gefahrübergang nach § 446 BGB, vgl. BGH v. 14.10.1971 - VII ZR 313/69 - BGHZ 57, 137-153.

Kaufsache bereits übergeben war und sodann untergegangen ist oder sich verschlechtert hat, nach Bereicherungsrecht. Anwendung findet die Saldotheorie (vgl. die Kommentierung zu § 818 BGB).[14]

Am Erfordernis eines wirksamen Kaufvertrages fehlt es weiterhin, wenn der Käufer vom Vertrag zurückgetreten ist (§ 437 Nr. 2 BGB) oder ihn berechtigterweise widerrufen hat (§ 355 BGB). Bei bedingten Kaufverträgen ist zu differenzieren. **11**

Haben die Parteien einen aufschiebend bedingten (§ 158 Abs. 1 BGB) Kaufvertrag geschlossen,[15] hat der Nichteintritt der Bedingung die Unwirksamkeit des Kaufvertrags zur Folge. § 446 BGB ist nicht anwendbar.[16] Fällt die Bedingung endgültig aus, fehlt es an einer wirksamen Verpflichtung des Käufers zur Zahlung des Kaufpreises.[17] Ist der Kaufpreis bereits entrichtet worden, kann der Käufer ihn nach § 812 BGB zurückfordern.[18] Die Parteien haben allerdings die Möglichkeit, im Rahmen ihrer Vertragsfreiheit (§ 311 Abs. 1 BGB) für einen solchen Fall zu vereinbaren, dass der Käufer trotz Ausfalls der Bedingung zur Bezahlung der ihm übergebenen Kaufsache verpflichtet bleibt, selbst wenn sie bei ihm ohne sein Verschulden untergeht oder verschlechtert wird.[19] **12**

§ 446 BGB ist hingegen anwendbar, wenn der Kaufvertrag **aufschiebend bedingt** vereinbart und die Kaufsache nach Vertragsschluss übergeben worden ist und es anschließend zum Bedingungseintritt kommt. In diesem Fall ist von einer mit schuldrechtlicher Wirkung vereinbarten Rückbeziehung nach § 159 BGB auszugehen, sodass unter der Voraussetzung des Bedingungseintritts im Zeitpunkt der Übergabe aufgrund des – noch – unwirksamen Vertrages auch ein Gefahrübergang rückwirkend als erfolgt angenommen werden kann mit der Konsequenz, dass der Käufer zur Kaufpreiszahlung verpflichtet bleibt.[20] Die gleiche Rechtslage wie bei einer aufschiebenden Bedingung gilt bei rechtsgeschäftlichen Genehmigungen (§ 182 BGB).[21] **13**

Haben die Parteien keine aufschiebende, sondern eine **auflösende Bedingung** (§ 158 Abs. 2 BGB) vereinbart, führt der Eintritt der Bedingung dazu, dass es an einem wirksamen Kaufvertrag fehlt. § 446 BGB ist nicht anwendbar. Wurde die Kaufsache bereits vor Bedingungseintritt dem Käufer übergeben und ist sie dort untergegangen, muss der Käufer den Kaufpreis nicht mehr zahlen.[22] Umstritten ist hingegen, wie zu verfahren ist, wenn der Kaufpreis bereits entrichtet worden ist. Nach verbreiteter Ansicht soll der Verkäufer trotz Untergangs der Kaufsache zur Rückzahlung des Kaufpreises verpflichtet sein und dabei sogar noch gemäß den §§ 820 Abs. 1 Satz 2, 818 Abs. 4 BGB verschärft haften.[23] Das überzeugt indes nicht. Zu bedenken ist, dass beim auflösend bedingten – anders als bei einem aufschiebend bedingten – Kaufvertrag dessen Wirkungen zunächst einmal eintreten und es somit wenigstens zwischenzeitlich zu einem Gefahrübergang nach § 446 BGB gekommen war. Ein rückwirkender Fortfall von § 446 BGB verträgt sich aber nur schwer mit § 158 Abs. 2 BGB, der einen Wiedereintritt des früheren Rechtszustands erst ab dem Zeitpunkt des Eintritts der Bedingung vorsieht. Nach zutreffender Auffassung ist daher davon auszugehen, dass eine Rückerstattungspflicht des Verkäufers nicht besteht, **14**

---

[14] Vgl. dazu auch m.w.N. *Huber* in: Soergel, § 446 Rn. 62, 63.

[15] Dazu zählt nicht der Verkauf unter Eigentumsvorbehalt, da bei diesem der Kaufvertrag unbedingt geschlossen wird und lediglich die Übereignung unter der Bedingung vollständiger Kaufpreiszahlung erfolgt (vgl. die Kommentierung zu § 449 BGB).

[16] BGH v. 19.02.1975 - VIII ZR 175/73 - LM Nr. 13 zu § 158 BGB.

[17] Vgl. BGH v. 19.02.1975 - VIII ZR 175/73 - LM Nr. 13 zu § 158 BGB.

[18] Vgl. dazu *Beckmann* in: Staudinger, § 446 Rn. 13.

[19] Vgl. BGH v. 19.02.1975 - VIII ZR 175/73 - LM Nr. 13 zu § 158 BGB.

[20] Vgl. BGH v. 19.02.1975 - VIII ZR 175/73 - LM Nr. 13 zu § 158 BGB; BGH v. 25.03.1998 - VIII ZR 185/96 - juris Rn. 38 - BGHZ 138, 195-210; *Grunewald* in: Erman, § 446 Rn. 4; *Beckmann* in: Staudinger, § 446 Rn. 13; *Larenz*, Schuldrecht, Band II/1: Besonderer Teil, 13. Aufl. 1986, § 42 II a, S. 99; *Weidenkaff* in: Palandt, § 446 Rn. 11.

[21] Näher dazu *Huber* in: Soergel, § 446 Rn. 5.

[22] Vgl. z.B. *Beckmann* in: Staudinger, § 446 Rn. 14; *Larenz*, Schuldrecht, Band II/1: Besonderer Teil, 13. Aufl. 1986, § 42 II a, S. 100; *Huber* in: Soergel, § 446 Rn. 47.

[23] So z.B. *Brox*, JuS 1975, 1-8, 4; *Filios*, Die Gefahrtragung beim Kauf (§ 446 BGB) im Rahmen des Synallagmas, 1964, S. 86 m.w.N.; vgl. auch *Hager*, Die Gefahrtragung beim Kauf, 1982, S. 202.

§ 446

wenn der Käufer aufgrund eines zufälligen Untergangs der Kaufsache zu ihrer Rückgabe nicht mehr in der Lage ist.[24] Keine Probleme ergeben sich, wenn die Bedingung ausfällt, da in diesem Fall der Vertrag ohnehin als von Anfang an unbedingt geschlossen gilt.

15 § 446 BGB gilt – anders als § 447 BGB (vgl. dazu die Kommentierung zu § 447 BGB Rn. 3) – uneingeschränkt auch bei Verbrauchsgüterkaufverträgen i.S.v. § 474 Abs. 1 BGB.

II. Sache

16 § 446 BGB erfasst nur den Kauf von Sachen (§§ 90, 90a BGB),[25] und zwar auch von Bruchteilen oder Sachgesamtheiten. Ob ein Stück- oder Gattungskauf vorliegt, spielt keine Rolle. § 446 BGB gilt außerdem bei der Lieferung eines Aliud (§ 434 Abs. 3 BGB). Da § 446 Abs. 2 BGB a.F. entfallen ist, soll nach neuer Gesetzeslage auch der Grundstückskäufer mangels abweichender Vereinbarung die Vergütungsgefahr durchgehend erst ab dem Zeitpunkt der Übergabe tragen, selbst wenn er bereits zuvor in das Grundbuch eingetragen worden sein sollte. Das überzeugt freilich nicht, da die Grundbucheintragung zum Eigentumsübergang führt. Mit ihr ist zugleich erfüllt. Danach eintretende Verschlechterungen etc. des Grundstücks berühren den Zahlungsanspruch des Verkäufers ohnehin nicht.[26] Beim Rechtskauf findet § 446 BGB Anwendung, sofern das erworbene Recht zum Besitz einer Sache berechtigt (§ 453 Abs. 2 BGB).

III. Übergabe

17 Übergabe i.S.v. § 446 BGB meint zunächst einmal die Verschaffung unmittelbaren Besitzes (§ 854 BGB). Erforderlich ist, dass der Verkäufer dem Käufer aufgrund des Kaufvertrages zu dessen Erfüllung,[27] nicht hingegen zur Eigentumsübertragung,[28] die tatsächliche Gewalt über die Sache einräumt, wie das etwa regelmäßig bei Verkäufen unter Eigentumsvorbehalt der Fall ist. Es genügt, wenn der Verkäufer die Kaufsache einem Dritten übergibt, sofern dieser Besitzmittler oder Besitzdiener des Käufers ist[29] oder die Übergabe auf Anweisung des Käufers erfolgt, wie etwa beim Streckengeschäft.[30] Umgekehrt kann der Verkäufer die Übergabe auch jederzeit durch einen Dritten vornehmen lassen. Der Übergabe an den Käufer steht es gleich, wenn sich der Käufer „aufgrund" des Kaufvertrages eigenmächtig den Besitz an der Kaufsache verschafft.[31]

18 Für die Übergabe kann die Einräumung mittelbaren Besitzes zumindest dann genügen, wenn sich die nach dem Vertrag vom Verkäufer geschuldete Handlung in einer Übereignung nach den §§ 930, 931 BGB erschöpft und nach der Parteivereinbarung der Übergang der Vergütungsgefahr nicht von der „physischen" Übergabe der Sache abhängen soll. In diesem Fall spricht nichts dagegen, die Parteien beim Wort zu nehmen und den Käufer vom Moment der Verschaffung mittelbaren Besitzes an nach § 446 BGB die Vergütungsgefahr tragen zu lassen.[32] Umstritten ist hingegen, ob die Einräumung mittelbaren Besitzes ausreichend ist, wenn der Verkäufer nach dem Vertrag die tatsächliche Übergabe der Sache schuldet. Die ratio legis spricht dafür, die Übertragung nur mittelbaren Besitzes allenfalls dann

---

[24] Ebenso – mit durchaus unterschiedlichen Begründungen – *Grunewald* in: Erman, § 446 Rn. 4; *Beckmann* in: Staudinger, § 446 Rn. 14; *Huber* in: Soergel, § 446 Rn. 48; *Larenz*, Schuldrecht, Band II/1: Besonderer Teil, 13. Aufl. 1986, § 42 II a, S. 100.

[25] Zur Anwendung des Kaufrechts auf den Kauf von Tieren vgl. z.B. *Eichelberger/Zentner*, JuS 2009, 201-206, zur Anwendung des Kaufrechts auf den Softwarevertrag vgl. z.B. *Koch*, ITRB 2008, 233-237.

[26] Zur Gefahrtragung zwischen Vertragsschluss und Gefahrübergang vgl. BGH v. 24.01.2003 - V ZR 248/02 - juris Rn. 6 - NJW 2003, 1316-1317, sowie *Amann*, DNotZ 2003, 643-661, 643; *Bischoff/Zimmermann*, NJW 2003, 2506-2509, 2506.

[27] RG v. 13.10.1914 - II 253/14 - RGZ 85, 320-322.

[28] Kommt es zu einer Eigentumsübertragung, ist § 446 BGB ohnehin nicht anwendbar.

[29] AG Miesbach v. 23.12.2004 - 1 C 855/04 - NJW-RR 2005, 422.

[30] BGH v. 28.02.1996 - VIII ZR 241/94 - juris Rn. 32 - LM BGB § 459 Nr. 130 (7/1996).

[31] *Beckmann* in: Staudinger, § 446 Rn. 16.

[32] So z.B. auch *Huber* in: Soergel, § 446 Rn. 17; *Mezger* in: BGB-RGRK, § 446 Rn. 5; *Beckmann* in: Staudinger, § 446 Rn. 20.

für einen Gefahrübergang nach § 446 BGB ausreichen zu lassen, wenn das Besitzmittlungsverhältnis aus der Sicht des Käufers eigennützig angelegt ist, weil z.B. laut vertraglicher Abrede dem Käufer bereits die Nutzungen der Kaufsache gebühren.[33]

IV. Annahmeverzug des Käufers

§ 446 Satz 3 BGB stellt der Übergabe den Annahmeverzug des Käufers gleich. Dass der Käufer die Vergütungsgefahr zu tragen hat, wenn der Umstand, der zur Leistungsbefreiung des Schuldners führt, zu einer Zeit eintritt, in der sich der Käufer im Annahmeverzug befindet, ergibt sich allerdings schon aus § 326 Abs. 2 Satz 1 Alt. 2 BGB. Die eigentliche Bedeutung der Vorschrift liegt daher nicht in der Regelung der Vergütungsgefahr, sondern zum einen in dem mit dem Annahmeverzug verknüpften Lastenübergang (§ 446 Satz 2 BGB). Dem Käufer gebühren von diesem Zeitpunkt die Nutzungen der Kaufsache. Ebenso hat er deren Lasten tragen. Muss der Verkäufer nach Eintritt des Annahmeverzugs für die Übereignung noch Grundsteuer entrichten, kann er diese daher vom Käufer ersetzt verlangen.[34] Zum anderen führt der Annahmeverzug des Käufers zu einer Entlastung des Verkäufers, sofern Sachmängel nach diesem Zeitpunkt eintreten.[35] In Fällen, in denen die Leistungsverschlechterung oder der -untergang zwischen Annahmeverzug und dem tatsächlichen Empfang der Leistung eintritt, ergeben sich auch Konsequenzen für Rücktritt und Wertersatzpflicht nach § 346 BGB.[36]

19

C. Rechtsfolgen

Mit der Übergabe der verkauften Sache geht gemäß § 446 Satz 1 BGB die Gefahr „des zufälligen Untergangs und der zufälligen Verschlechterung" auf den Käufer über.

20

I. Untergang und Verschlechterung

Unter Untergang ist jede physische Vernichtung oder Zerstörung der Kaufsache zu verstehen, darüber hinaus die Fälle ihrer widerrechtlichen dauerhaften Entziehung durch Dritte, etwa durch Raub, Unterschlagung oder Diebstahl, sowie überhaupt alle Formen von Leistungsbefreiungen nach § 275 BGB.[37] Fälle der endgültigen Beschlagnahme der Verkaufssache werden von § 446 BGB dann erfasst, wenn die Beschlagnahme aufgrund von Vorschriften erfolgt ist, die erst nach Übergabe der Kaufsache entstanden sind.[38]

21

Als Verschlechterung ist jede der Sache nachteilige körperliche Veränderung anzusehen, d.h. ihre Qualitätsminderung.

22

II. Zufall

Untergang und Verschlechterung sind „zufällig", wenn sie auf einem Umstand beruhen, der von keiner der beiden Vertragsparteien zu vertreten ist (§§ 276, 278 BGB). Treffen den Verkäufer – etwa wegen einer Verletzung seiner Schutz- und Obhutspflichten bei der Übergabe[39] – und/oder den Käufer Verschuldensvorwürfe, so gelten die allgemeinen Vorschriften.[40]

23

---

[33] So z.B. *Brox*, JuS 1975, 1-8, 4; *Larenz*, Schuldrecht, Band II/1: Besonderer Teil, 13. Aufl. 1986, § 42 II a, S. 98; *Oetker/Maultzsch*, Vertragliche Schuldverhältnisse, 3. Aufl. 2007, Rn. 383; a.A. *Grunewald* in: Erman, § 446 Rn. 5; *Weidenkaff* in: Palandt, § 446 Rn. 13.

[34] *Oetker/Maultzsch*, Vertragliche Schuldverhältnisse, 3. Aufl. 2007, Rn. 387.

[35] Zu den Einzelheiten vgl. *Oetker/Maultzsch*, Vertragliche Schuldverhältnisse, 3. Aufl. 2007, Rn. 388.

[36] Vgl. *Wiese/Hauser*, JuS 2011, 301-305, 304 f.

[37] *Huber* in: Soergel, § 446 Rn. 31; *Beckmann* in: Staudinger, § 446 Rn. 24; *Larenz*, Schuldrecht, Band II/1: Besonderer Teil, 13. Aufl. 1986, § 42 II a, S. 98; *Oetker/Maultzsch*, Vertragliche Schuldverhältnisse, 3. Aufl. 2007, Rn. 380; *Westermann* in: MünchKomm-BGB, § 446 Rn. 11.

[38] RG v. 16.10.1926 - I 448/25 - RGZ 114, 405-409; *Huber* in: Soergel, § 446 Rn. 31; *Beckmann* in: Staudinger, § 446 Rn. 24; *Westermann* in: MünchKomm-BGB, § 446 Rn. 11; enger *Grunewald* in: Erman, § 446 Rn. 8.

[39] Vgl. dazu *Huber* in: Soergel, § 446 Rn. 36.

[40] Vgl. *Bernhard*, JuS 2011, 9-15, 14, auch m.w.N zur beiderseitig zu vertretenden Unmöglichkeit.

III. Rechtsbeziehungen zu Dritten

24 Wird die Kaufsache nach der Übergabe an den Käufer von einem Dritten beschädigt, kommt u.U. eine Schadensliquidation im Drittinteresse in Betracht (vgl. dazu die Kommentierung zu § 447 BGB Rn. 38). Im häufigsten Anwendungsfall des § 446 BGB, dem Verkauf unter Eigentumsvorbehalt, scheidet eine Drittschadensliquidation jedoch regelmäßig aus, da der Käufer durch die bedingte Übereignung ein Anwartschaftsrecht erhält (vgl. die Kommentierung zu § 449 BGB Rn. 21) und zudem bereits Besitzer der Sache ist. Sowohl sein Besitz als auch sein Anwartschaftsrecht sind aber sonstige Rechte i.S.v. § 823 Abs. 1 BGB, sodass dem Käufer eigene Schadensersatzansprüche zustehen und es zu keiner Schadensverlagerung kommt.

IV. Nutzungen und Lasten

25 § 446 Satz 2 BGB führt zeitgleich mit dem Gefahrübergang zu einer Änderung der Rechtsverhältnisse hinsichtlich der Nutzungen und Lasten der Sache. Dem Käufer gebühren vom Moment der Übergabe an die Nutzungen der Kaufsache. Zugleich hat er die mit ihr verbundene Last zu tragen, auch wenn er noch nicht ihr Eigentümer geworden ist. § 446 Satz 2 BGB gibt dem Käufer allerdings nur einen entsprechenden schuldrechtlichen Anspruch gegen den Verkäufer hinsichtlich der Nutzungen bzw. dem Verkäufer einen Anspruch gegen den Käufer auf Erstattung der von ihm getragenen Lasten. Die Vorschrift entfaltet dagegen keine Wirkung gegenüber Dritten. Ob z.B. Aneignungs- oder Eigentumsrechte an den Nutzungen bestehen, richtet sich nach den einschlägigen sachenrechtlichen Vorschriften. Ist der Verkäufer bis zur Erfüllung noch Schuldner z.B. von öffentlichen Lasten, kann er lediglich intern vom Käufer Ersatz verlangen.

26 Nutzungen i.S.v. § 446 Satz 2 BGB sind die Früchte einer Sache sowie die Vorteile, die ihr Gebrauch gewährt (§§ 101-102 BGB).

27 Unter Lasten (vgl. auch § 103 BGB) sind sowohl privatrechtliche als auch öffentliche Lasten (vgl. z.B. für Grundstücke die Kommentierung zu § 436 BGB) zu verstehen.

28 § 446 Satz 2 BGB findet auch bei einem Versendungskauf Anwendung. Die Vorverlagerung des Gefahrübergangs nach § 447 Abs. 1 BGB ändert daher nichts daran, dass der Käufer erst ab dem Zeitpunkt der Besitzerlangung zur Lastentragung verpflichtet ist und ihm erst von diesem Moment an die Nutzungen gebühren.

V. Abdingbarkeit

29 § 446 BGB ist dispositiv.[41] Die Parteien können den Gefahrübergang sowohl vorverlegen als auch hinausschieben.[42] Werden derartige Vereinbarungen, was häufig vorkommt, im Rahmen von Grundstückskaufverträgen geschlossen, sind sie nach § 311b BGB beurkundungspflichtig.[43] Zu den im Handelsverkehr üblichen Klauseln, insbesondere den **Incoterms 2010**, vgl. die Kommentierung zu § 447 BGB Rn. 24.

30 Den Parteien steht es außerdem frei, eine vom Modell des § 446 Satz 2 BGB abweichende Vereinbarung hinsichtlich der internen Nutzen- und Lastenverteilung zu treffen.[44] So soll etwa eine Klausel, der zufolge die Kosten für die Erschließung und Entwässerung eines Grundstücks im Kaufpreis enthalten und bereits an die Gemeinde gezahlt sind, dazu führen, dass der Verkäufer auch für später anfallende Erschließungskosten aufkommen muss.[45] Ein Vertrag über den Verkauf einer Eigentumswohnung

---

[41] BGH v. 12.11.1969 - V ZR 104/66 - WM 1970, 126.
[42] OLG Celle v. 22.11.2010 - 20 U 8/10 - juris Rn. 15 - NJW-RR 2011, 132-133, 133.
[43] OLG Düsseldorf v. 31.03.1971 - 9 U 149/70 - WM 1971, 636.
[44] Vgl. dazu auch BGH v. 29.01.1982 - V ZR 73/81 - juris Rn. 8 - LM Nr. 2 zu § 103 BGB; OLG Hamm v. 05.05.1988 - 22 U 297/87 - NJW-RR 1989, 335-336.
[45] BGH v. 02.07.1993 - V ZR 157/92 - LM BGB § 436 Nr. 2 (3/1994); OLG Hamm v. 05.05.1988 - 22 U 297/87 - NJW-RR 1989, 335-336; OLG München v. 20.05.2009 - 20 U 5476/08 - juris Rn. 41; zustimmend *Huber* in: Soergel, § 446 Rn. 74; zur Auslegung einer solchen Vereinbarung vgl. Brandenburgisches OLG v. 28.02.2008 - 5 U 59/07 - juris Rn. 54.

durch den Hersteller soll im Zweifel dahin auszulegen sein, dass der Verkäufer die Kosten der Ersterschließung zu tragen hat, und zwar auch für die Ersterschließungsleistungen, die erst nach Übergang der Lasten auf den Erwerber erbracht worden sind.[46]

D. Prozessuale Hinweise

Beweislast: Der Beweis darüber, dass die Übergabe erfolgt ist und die Ware zu diesem Zeitpunkt vollständig und unbeschädigt war, obliegt dem Verkäufer.[47] Zu einer Umkehr der Beweislast kommt es, wenn der Käufer die Kaufsache als Erfüllung angenommen hat (§ 363 BGB)[48], sowie dann, wenn der Verkäufer durch die verzögerte Abnahme den Beweis vereitelt oder erschwert hat.[49] Der Käufer hat danach auch die Beweislast für das Vorliegen eines Mangels, wenn er die Kaufsache nach einer erfolglosen Nachbesserung wieder entgegengenommen hat. In diesem Fall muss der Käufer das Fortbestehen des Mangels, mithin die Erfolglosigkeit des Nachbesserungsversuchs, beweisen.[50] Der Käufer hat im Bestreitensfalle außerdem den Beweis dafür zu erbringen, dass der Untergang oder die Verschlechterung der verkauften Sache nicht auf Zufall, sondern einem Verschulden des Verkäufers beruht. Die Beweislastumkehr[51] aus § 476 BGB gilt nur, wenn der Käufer Verbraucher nach § 14 BGB ist.

31

---

[46] OLG Hamm v. 09.03.1992 - 22 U 130/90 - juris Rn. 33 - OLGR Hamm 1992, 225-227.
[47] AG Fürstenwalde v. 09.06.2005 - 15 C 147/04 - NJW 2005, 2717; *Schmidt* in: Prütting/Wegen/Weinreich, BGB, 7. Aufl. 2012, § 446 Rn. 15.
[48] AG Fürstenwalde v. 09.06.2005 - 15 C 147/04 - NJW 2005, 2717; OLG Saarbrücken v. 25.10.2011 - 4 U 540/10 - 168 - juris Rn. 53 - NJW-RR 2012, 285-287, 285.
[49] *Huber* in: Soergel, § 446 Rn. 26.
[50] BGH v. 09.03.2011 - VIII ZR 266/09 - juris Rn. 11 - NJW 2011, 1664-1665, 1664, OLG Saarbrücken v. 25.10.2011 - 4 U 540/10 - 168 - juris Rn. 53 - NJW-RR 2012, 285-287, 287.
[51] Vgl. dazu OLG München v. 20.05.2009 - 20 U 5476/08 - juris Rn. 41 ff. und OLG Karlsruhe v. 25.11.2008 - 8 U 34/08 - NJW 2009, 1150-1152, 1151.

§ 447 BGB Gefahrübergang beim Versendungskauf

(Fassung vom 02.01.2002, gültig ab 01.01.2002)

(1) Versendet der Verkäufer auf Verlangen des Käufers die verkaufte Sache nach einem anderen Ort als dem Erfüllungsort, so geht die Gefahr auf den Käufer über, sobald der Verkäufer die Sache dem Spediteur, dem Frachtführer oder der sonst zur Ausführung der Versendung bestimmten Person oder Anstalt ausgeliefert hat.

(2) Hat der Käufer eine besondere Anweisung über die Art der Versendung erteilt und weicht der Verkäufer ohne dringenden Grund von der Anweisung ab, so ist der Verkäufer dem Käufer für den daraus entstehenden Schaden verantwortlich.

Gliederung

A. Kommentierung zu Absatz 1 1	b. Rollende Ware.. 28
I. Grundlagen... 1	c. Zur Ausführung der Versendung bestimmte Person (Transportperson) 29
1. Kurzcharakteristik................................. 1	III. Rechtsfolgen 32
2. Gesetzgebungsmaterialien 6	1. Gefahrübergang 32
3. Europäischer Hintergrund 8	2. Vom Verkäufer zu vertretende Umstände......... 34
4. Bezug zum UN-Kaufrecht 10	3. Rechtsbeziehungen zu Dritten 38
II. Anwendungsvoraussetzungen 11	IV. Prozessuale Hinweise 41
1. Kaufvertrag... 11	B. Kommentierung zu Absatz 2................... 43
2. Versendung nach einem anderen Ort als dem Erfüllungsort 13	I. Grundlagen 43
a. Erfüllungsort....................................... 13	1. Kurzcharakteristik................................. 43
b. Platzgeschäft....................................... 17	2. Gesetzgebungsmaterialien..................... 44
c. Versendung von einem anderen Ort als dem Erfüllungsort 18	3. Europäischer Hintergrund 45
d. Streckengeschäft................................. 20	II. Anwendungsvoraussetzungen 46
3. Versendung auf Verlangen des Käufers 21	1. Besondere Anweisung des Käufers über die Art der Versendung................................... 46
a. Verlangen des Käufers 21	2. Abweichung ohne dringenden Grund 48
b. Handelsklauseln 23	III. Rechtsfolgen 50
4. Auslieferung an Transportperson 25	IV. Prozessuale Hinweise 52
a. Auslieferung 25	

A. Kommentierung zu Absatz 1

I. Grundlagen

1. Kurzcharakteristik

1 § 447 Abs. 1 BGB regelt ebenso wie § 446 Satz 1 BGB die Zuweisung der Vergütungsgefahr[1] (auch Preis- oder Gegenleistungsgefahr)[2] beim Kaufvertrag, verlegt sie aber im Vergleich zu § 446 Satz 1 BGB noch weiter vor. Entscheidend ist nicht erst die Übergabe der verkauften Sache an den Käufer, sondern bereits ihre Auslieferung an die Transportperson.

2 Der Verkäufer wird von seiner Pflicht zur Lieferung der Kaufsache (§ 433 Abs. 1 BGB) frei, wenn ihm dies unmöglich ist (§ 275 Abs. 1 BGB). Nach den allgemeinen Regeln verliert er damit zugleich den Anspruch auf die Gegenleistung, d.h. die Zahlung des vereinbarten Kaufpreises (§ 326 Abs. 1 BGB), sofern der Untergang der Kaufsache nicht ausnahmsweise vom Käufer zu vertreten ist (§ 326 Abs. 2 BGB). § 447 Abs. 1 BGB statuiert eine weitere Ausnahme vom allgemeinen Grundsatz „keine Leistung ohne Gegenleistung". Der Käufer hat die Kaufsache auch dann zu bezahlen, wenn sie während des Transports durch Zufall untergeht. Die Berechtigung dieser über § 446 Satz 1 BGB hinausreichenden Vorverlagerung des Gefahrübergangs ist darin zu sehen, dass der Transport der verkauften

---

[1] Vgl. z.B. *Coester-Waltjen*, Jura 2007, 110-114, 112 f.
[2] *Stieper*, AcP 208, 818-846, 819.

Sache anders als bei der Bringschuld nicht in den Pflichtenkreis des Verkäufers fällt, sondern auf Verlangen des Käufers durchgeführt wird. Es wäre aber unbillig, den Verkäufer nur deshalb die Vergütungsgefahr länger als bei der unmittelbaren Übergabe der Sache an den Käufer tragen zu lassen, weil er auf Verlangen des Käufers und in dessen Interesse die Versendung der verkauften Ware nach einem anderen Ort als den Erfüllungsort übernommen und damit eine ihm als Verkäufer an sich nicht obliegende Leistung besorgt hat.[3] Angesichts des deshalb vom Käufer nach § 447 Abs. 1 BGB zu tragenden Transportrisikos kann dieser dem Verkäufer besondere Anweisungen – insbesondere hinsichtlich einer Transportversicherung für wertvolle Ware – erteilen.[4]

Zu beachten ist, dass § 447 Abs. 1 BGB gem. § 474 Abs. 2 BGB bei einem **Verbrauchsgüterkauf** (§ 474 Abs. 1 BGB) keine Anwendung findet. Die Vergütungsgefahr geht daher nach der Grundregel des § 446 BGB bei Verbrauchsgüterkaufverträgen erst dann auf den Käufer über, wenn dieser den Besitz an der Sache erlangt hat oder in Annahmeverzug geraten ist.[5]

Bis zu diesem Zeitpunkt trägt der Verkäufer die Gefahr des zufälligen Untergangs der Sache. Dieser Zeitpunkt ist über § 434 BGB außerdem für die Frage der Freiheit von Sachmängeln maßgeblich. Wird die verkaufte Sache auf dem Transport zum Käufer beschädigt und ist sie deshalb mangelhaft i.S.v. § 434 BGB, so hat der Verkäufer hierfür nach § 437 BGB einzustehen. Ihm bleibt dann nur die Möglichkeit, sich an die von ihm beauftragte Transportperson zu halten und gegen diese z.B. Ansprüche aus einer Verletzung des Transportvertrages geltend zu machen.

Wird die Sache auf dem Transport zerstört, muss der Verkäufer nicht erneut leisten. Dies gilt sowohl bei Stück- als auch bei Gattungsschulden. Denn die Nichtanwendbarkeit der Regelung zur Preisgefahr (§§ 447, 474 Abs. 2 BGB) ändert nichts daran, dass auch im Rahmen von Verbrauchsgüterkäufen bei Gattungs(schick)schulden die ordnungsgemäße Übergabe an die Transportperson zur Konkretisierung i.S.v. § 243 Abs. 2 BGB führt und der Verkäufer bei einem anschließenden Verlust auf dem Transportweg von seiner Leistungspflicht nach § 275 Abs. 1 BGB frei wird.[6]

2. Gesetzgebungsmaterialien

§ 447 Abs. 1 BGB ist ohne inhaltliche Änderung aus § 447 Abs. 1 BGB a.F. hervorgegangen. Lediglich Verbrauchsgüterkäufe wurden aus dem Anbindungsbereich der Norm ausgenommen (§ 474 Abs. 2 BGB). Zur Begründung führt der Gesetzgeber an, dass das Risiko des zufälligen Untergangs oder der zufälligen Verschlechterung der Ware von der Vertragspartei getragen werden soll, die eher als die andere instande ist, dieses Risiko abzuwenden oder zu verringern oder Vorsorge gegen die Schadensfolgen eines Untergangs oder einer Verschlechterung der Ware zu treffen. Das sei regelmäßig der Verkäufer, weil er über die Art und den Weg der Beförderung entscheiden, den Beförderer auswählen und die Ware aufgrund seiner Vertragsbeziehungen zu ihm noch während ihrer Beförderung umdisponieren kann.[7] Vor allem sei der Verkäufer besser als der Käufer in der Lage, das Beförderungsrisiko in dem

---

[3] Vgl. RG v. 14.01.1916 - II 372/15 - RGZ 88, 37-39, 37; RG v. 19.09.1919 - VII 181/19 - RGZ 96, 258-260, 258; RG v. 04.05.1920 - II 541/19 - RGZ 99, 56-60, 56; *Beckmann* in: Staudinger, § 447 Rn. 2; *Oetker/Maultzsch*, Vertragliche Schuldverhältnisse, 3. Aufl. 2007, Rn. 389-391; *Larenz*, Schuldrecht, Band II/1: Besonderer Teil, 13. Aufl. 1986, § 42 II c, S. 101; *Huber* in: Soergel, § 447 Rn. 4; *Schmidt* in: Prütting/Wegen/Weinreich, BGB, 7. Aufl. 2012, § 447 Rn. 1; *Stieper*, AcP 208, 818-846, 819. Der rechtspolitische Sinn der Norm wird neuerdings angezweifelt. So wird etwa eingewendet, der Verkäufer, der den Beförderer auswähle und den Beförderungsvertrag abschließe, stehe dem Transportrisiko in gewisser Weise näher als der Käufer; zudem vergrößere der Verkäufer durch die Bereitschaft zur Versendung seine Absatzmöglichkeiten und stehe auch von daher dem Transportrisiko grundsätzlich näher als der Käufer; vgl. z.B. *Hager*, Die Gefahrtragung beim Kauf, 1982, S. 105; *Huber* in: Soergel, § 447 Rn. 4, vor § 446 Rn. 20.

[4] LG Coburg v. 12.12.2008 - 32 S 69/08 - juris Rn. 22. - K&R 2009, 135-136, 135. Vgl. zum dann entstandenen Schadensersatzanspruch aus § 447 Abs. 2 BGB auch Rn. 43 ff.

[5] AG Fürstenwalde v. 09.06.2005 - 15 C 147/04 - NJW 2005, 2717; *Canaris*, JuS 2007, 793-799, 796.

[6] BGH v. 16.07.2003 - VIII ZR 302/02 - juris Rn. 6 - NJW 2003, 3341-3342; OLG Hamm v. 24.05.2011 - 2 U 177/10 - juris Rn. 19; *Xander*, Die Auswirkungen der Schuldrechtsreform auf die Gattungsschuld 2006, 296 f.; *Canaris*, JuS 2007, 793-799, 796.

[7] Vgl. auch AG Miesbach v. 23.12.2004 - 1 C 855/04 - NJW-RR 2005, 422, 433.

nach Sachlage gebotenen Umfang zu versichern. Obwohl diese aufgeführten Bedenken gegen § 447 BGB grundsätzlicher Art sind, hat der Gesetzgeber jedoch von einer vollständigen Streichung der Vorschrift abgesehen[8], da er für den Verkehr unter Unternehmern eine Beibehaltung dieser Vorschrift als zweckmäßig ansah und dies außerdem internationalen Standards, insbesondere Art. 67 CISG, entspreche.[9]

7   Überzeugend ist jedenfalls der Hinweis des Gesetzgebers, es entspreche bei Kaufverträgen zwischen Unternehmern und Verbrauchern heute der Verkehrsauffassung, dass der Transport der Ware auf Gefahr des Verkäufers erfolgt; denn wer als Verbraucher zur Lieferung in seine Wohnung bei einem Versandhändler oder in einem Kaufhaus Möbel kauft, geht davon aus, dass er den Kaufpreis nur dann zu bezahlen braucht, wenn die Ware tatsächlich bei ihm eintrifft. Diese Auffassung wurde in der Praxis auch von den Verkäufern geteilt. Es kam kaum vor, dass ein Verkäufer, insbesondere ein Versandhandelsunternehmen, auf Bezahlung der unterwegs verloren gegangenen oder beschädigten Ware beharrte und dem Käufer lediglich die Ansprüche abtrat, die ihm gegen seinen Versicherer oder aufgrund der so genannten Drittschadensliquidation gegen den Beförderer zustanden.

3. Europäischer Hintergrund

8   Da Verbrauchsgüterkaufverträge gemäß § 474 Abs. 2 BGB ohnehin aus dem Anwendungsbereich von § 447 Abs. 1 BGB ausgenommen sind, bedarf es auch keiner Auslegung der Vorschrift im Lichte der RL 1999/44/EG des Europäischen Parlaments und Rates vom 25.05.1999. Im Übrigen ist die einschränkende Regelung des § 474 Abs. 2 BGB nicht durch europäische Vorgaben determiniert. Denn die RL 1999/44/EG verpflichtet den Verkäufer lediglich dazu, dem Verbraucher dem Kaufvertrag gemäße Güter zu liefern und statuiert seine Haftung allein für diejenige Vertragswidrigkeit, die zum Zeitpunkt der Lieferung des Verbrauchsgutes bestand. Was unter „Zeitpunkt der Lieferung" i.S.v. Art. 3 Abs. 1 RL 1999/44/EG zu verstehen ist, wird von der Richtlinie hingegen nicht festgelegt und unterliegt damit der Kompetenz der Mitgliedstaaten. Erwägungsgrund 14 hebt nachdrücklich hervor: „Die Bezugnahme auf den Zeitpunkt der Lieferung bedeutet nicht, dass die Mitgliedstaaten ihre Vorschriften über den Gefahrübergang ändern müssen".[10] Es hätte daher zumindest aus europarechtlicher Sicht nichts dagegen gesprochen, wie nach der bisherigen Rechtslage auch zukünftig bei Verbrauchsgüterkäufen als den maßgeblichen Zeitpunkt für die Feststellung der Vertragswidrigkeit den der Übergabe der verkauften Sache an die Transportperson anzusehen.[11]

9   Den Parteien eines Verbrauchsgüterkaufvertrags steht es nach zwar umstrittener, jedoch überzeugender Ansicht allerdings frei, durch Individualabrede eine § 447 Abs. 1 BGB vergleichbare Rechtsfolge herbeizuführen. Zwar wird bei einer strikten Wortlautauslegung auch § 474 Abs. 2 BGB von § 475 Abs. 1 BGB erfasst[12], doch wollte der Gesetzgeber den Anwendungsbereich der Vorschrift auf Normen begrenzen, „deren Inhalt durch die Umsetzung der Verbrauchsgüterkauf-Richtlinie bestimmt ist".[13] Dazu zählt der in § 474 Abs. 2 BGB genannte § 447 BGB aber gerade nicht. Es käme zudem zu nicht erklär-

---

[8] Anders noch der als Vorläufer des Regierungsentwurfs vorgelegte „Diskussionsentwurf" (abgedruckt in *Ernst/Zimmermann*, Zivilrechtswissenschaft und Schuldrechtsreform, 2001, S. 613 ff.), der eine vollständige Streichung von § 447 BGB vorsah; vgl. dazu *Zimmer* in: Ernst/Zimmermann, Zivilrechtswissenschaft und Schuldrechtsreform, 2001, S. 191, 203.

[9] BT-Drs. 14/6040, S. 244.

[10] Vgl. dazu auch *Staudenmeyer* in: Grundmann/Medicus/Rolland, Europäisches Kaufgewährleistungsrecht, 2000, S. 27, 37.

[11] *Leible* in: Gebauer/Wiedmann, Zivilrecht unter gemeinschaftsrechtlichem Einfluss, 2. Aufl. 2010, Kap. 10 Rn. 141.

[12] So etwa *Berger* in: Jauernig, § 475 Rn. 2; *Matusche-Beckmann* in: Staudinger, § 474 Rn 65; *Haas* in: Haas/Medicus/Rolland u.a., Das neue Schuldrecht, 2002, Kap. 5 Rn. 451; *Oetker/Maultzsch*, Vertragliche Schuldverhältnisse, 3. Aufl. 2007, Rn. 545; *Tonner* in: Kohte/Micklitz/Rott/Tonner/Willingmann, Das neue Schuldrecht, 2003, § 475 Rn. 2; wohl auch BGH v. 16.07.2003 - VIII ZR 302/02 - juris Rn. 6 - NJW 2003, 3341-3342.

[13] BT-Drs. 14/6040, S. 244.

baren Wertungswidersprüchen, da eine von § 446 BGB abweichende Gefahrtragungsabrede auch bei Verbrauchsgüterkäufen stets zulässig ist. Eine einschränkende Auslegung von § 475 Abs. 1 BGB, die parteiautonome Festlegungen der Gefahrtragung gestattet, ist daher angezeigt.[14] Abweichend disponieren können die Parteien freilich nur mittels Individualabrede; denn Vereinbarungen durch Allgemeine Geschäftsbedingungen steht § 307 Abs. 2 Nr. 1 BGB entgegen, da den §§ 474 Abs. 2, 447 BGB insoweit Leitbildfunktion zukommt.[15]

4. Bezug zum UN-Kaufrecht

Gemäß Art. 31 CISG hat der Verkäufer, sofern er die Ware nicht an einen anderen bestimmten Ort zu liefern hat und der Kaufvertrag eine Beförderung der Ware erfordert, diese dem ersten Beförderer zur Übermittlung an den Käufer zu übergeben. Im Zweifel ist also von einer Schickschuld, d.h. einem Versendungsverkauf auszugehen.[16] In diesem Fall geht die Gefahr – gemeint ist auch hier die Vergütungsgefahr – ebenso wie in § 447 Abs. 1 BGB gemäß Art. 67 Abs. 1 Satz 1 CISG auf den Käufer über, sobald der Verkäufer die Ware gemäß dem Kaufvertrag dem ersten Beförderer zum Transport an den Käufer überantwortet hat. Art. 67 Abs. 2 CISG verlangt für den Gefahrübergang weiterhin, dass die Ware eindeutig dem Vertrag zugeordnet ist, sei es durch an der Ware angebrachte Kennzeichen, durch Beförderungsdokumente, durch eine Anzeige an den Käufer oder auf andere Weise.

II. Anwendungsvoraussetzungen

1. Kaufvertrag

§ 447 Abs. 1 BGB findet nur Anwendung, wenn die versendete Sache verkauft, d.h. Gegenstand eines Kaufvertrages ist. Entsprechend anwendbar ist § 447 Abs. 1 BGB beim Tauschvertrag (§ 480 BGB) sowie bei einem Vertrag über die Lieferung herzustellender oder zu erzeugender beweglicher vertretbarer Sachen (§ 651 Satz 1 BGB). Ist Vertragsinhalt die Lieferung herzustellender oder zu erzeugender beweglicher nicht vertretbarer Sachen, finden neben den kaufvertraglichen bestimmte werkvertragliche Bestimmungen (§§ 642, 643, 645, 649, 650 BGB) mit der Maßgabe Anwendung, dass an die Stelle der Abnahme der nach den §§ 446, 447 BGB maßgebliche Zeitpunkt tritt.

Gemäß § 474 Abs. 1 BGB findet § 447 BGB auf Verbrauchsgüterkaufverträge (§ 474 Abs. 1 BGB) keine Anwendung. Bei einem Verbrauchsgüterkauf geht die Vergütungsgefahr daher auch dann, wenn der Verkäufer auf Verlangen des Käufers die verkaufte Sache nach einem anderen Ort als dem Erfüllungsort versendet, erst auf den Käufer über, wenn dieser den Besitz an der Sache erlangt hat (§ 446 Satz 1 BGB) oder in Annahmeverzug geraten ist (§ 446 Satz 3 BGB).

2. Versendung nach einem anderen Ort als dem Erfüllungsort

a. Erfüllungsort

Voraussetzung für die Anwendung von § 447 Abs. 1 BGB ist zunächst, dass die Versendung der vom Verkäufer geschuldeten Sache an einen anderen Ort als den Erfüllungsort erfolgt. Mit Erfüllungsort ist dabei derjenige Ort gemeint, an dem der Verkäufer seine Leistungshandlungen zu vollziehen hat und nicht derjenige Ort, an dem der Erfolg (Eigentums-, Besitzerlangung des Käufers usw.) eintritt (so genannter Erfolgsort). Wo dieser Erfüllungsort liegt, richtet sich nach § 269 BGB. Danach ist, sofern nichts anderes vereinbart ist oder sich aus den Umständen nichts anderes ergibt, der dort als „Ort für die Leistung" bezeichnete Erfüllungsort stets der Ort, an dem der Verkäufer zum Zeitpunkt des Kauf-

---

[14] Wie hier *Canaris*, Schuldrechtsreform 2002, 2002, S. XXXIV; *Faust* in: Bamberger/Roth, § 475 Rn. 5; *Leible* in: Leible/Sosnitza, Versteigerungen im Internet, 2004, Rn. 290; *Leible* in: Gebauer/Wiedmann, Zivilrecht unter gemeinschaftsrechtlichem Einfluss, 2. Aufl. 2010, Kap. 10 Rn. 141; *Lorenz*, ZGS 2003, 421-423, 423; *Lorenz*, JuS 2004, 105-107, 106.

[15] *Faust* in: Bamberger/Roth, § 475 Rn. 5; im Ergebnis ebenso, aber mit unzutreffender Begründung LG Bad Kreuznach v. 13.11.2002 - 3 O 202/02 - juris Rn. 13 - VuR 2003, 80-81.

[16] *Schlechtriem*, Internationales UN-Kaufrecht, 4. Aufl. 2007, Rn. 124.

vertragsschlusses seinen Wohnsitz hatte. Daraus ergibt sich zunächst, dass § 447 Abs. 1 BGB bei einer **Bringschuld** nicht anwendbar ist, da sich diese gerade dadurch auszeichnet, dass der Verkäufer seine Leistungshandlungen am Wohnsitz oder der Niederlassung des Käufers zu vollziehen hat.[17]

14 Welcher Ort der Erfüllungsort ist, bestimmt sich in erster Linie nach der Parteivereinbarung, in zweiter Linie nach den Umständen, insbesondere der Natur des Schuldverhältnisses. Umstritten ist in diesem Zusammenhang vor allem, ob im Versandhandel regelmäßig nicht von einem Versendungskauf, sondern einer Bringschuld auszugehen ist.[18] Dieser Streit hat indes seine Bedeutung verloren, da Verbrauchsgüterkäufe nunmehr ohnehin vom Anwendungsbereich des § 447 Abs. 1 BGB ausgenommen sind und bei Warenschulden im Handelsverkehr nach zutreffender Ansicht im Zweifel eine Schickschuld vorliegt.[19]

15 § 269 Abs. 3 BGB ergänzt die Grundregel des § 269 Abs. 1 BGB dahingehend, dass allein die Übernahme der Versendungskosten durch den Verkäufer nicht zu der Annahme berechtigt, es sei konkludent eine Bringschuld vereinbart worden. Ebenso wenig wie allein die Übernahme der Versendungskosten durch den Käufer Rückschlüsse auf den Erfüllungsort erlaubt, kann aber auch die Überbürdung der Transportkosten auf den Käufer nicht mangels entsprechender Vereinbarung dazu führen, dass es sich nunmehr um eine Bringschuld handelt, der Käufer die Transportgefahr also nicht zu tragen hat.[20] Dies gilt nicht nur für Offline-, sondern auch für Online-Geschäfte. So handelt es sich etwa bei der Übereignungs- und Übergabepflicht des Verkäufers aus Kaufverträgen, die im Rahmen einer Internetauktion geschlossen wurden, mangels gegenteiliger Vereinbarung grundsätzlich um eine Hol- oder Schickschuld und damit bei der Versendung an den Käufer um eine Versendung „an einen anderen Ort" i.S.v. § 447 Abs. 1 BGB[21].

16 Haben die Parteien eine **Holschuld** vereinbart, so geht die Gefahr nicht gemäß § 447 Abs. 1 BGB, sondern gemäß § 446 Satz 1 BGB bei Übergabe der Sache an den Käufer über. Den Parteien steht es jedoch frei, die ursprünglich vereinbarte Holschuld nachträglich in eine Schickschuld umzuwandeln. Davon ist auszugehen, wenn der Käufer zwar ursprünglich zur Abholung verpflichtet war, den Verkäufer aber nunmehr um eine Zusendung der Kaufsache bittet. Geht der Verkäufer auf dieses Verlangen ein, wird er daran i.d.R. die Übernahme einer rechtlichen Verpflichtung zur Versendung (nicht aber zum Transport) der Ware an den Käufer knüpfen. Es handelt sich dann wieder um eine Schickschuld, da Erfüllungs- und Erfolgsort auseinander fallen.

b. Platzgeschäft

17 Gemäß § 447 Abs. 1 BGB muss die Versendung nach einem „anderen Ort" als dem Erfüllungsort erfolgen. Der Begriff des „anderen Ortes" ist räumlich und nicht politisch zu verstehen. Gemeint ist die konkrete Stelle, an der die Ware dem Käufer übergeben werden soll, also z.B. dessen Wohnung oder gewerbliche Niederlassung, ein Bahnhof, Hafen usw. § 447 Abs. 1 BGB findet daher auch dann Anwendung, wenn der Kaufgegenstand innerhalb ein und derselben Gemeinde vom Erfüllungs- an den

---

[17] BGH v. 16.07.2003 - VIII ZR 302/02 - juris Rn. 12 - NJW 2003, 3341-3342; *Grunewald* in: Erman, § 447 Rn. 4.
[18] So z.B. *Medicus*, Schuldrecht II (BT), 14. Aufl. 2007, § 73 Rn. 36; vgl. m.w.N. außerdem *Fitzer/Jost/Mohn*, BB 1997, 1165-1169, 1165; *Schildt*, JR 1995, 89-95, 89; für einen Versendungskauf und damit eine Anwendung von § 447 Abs. 1 BGB hingegen LG Schwerin v. 26.11.1999 - 6 S 382/98 - NJW-RR 2000, 868-869; *Weidenkaff* in: Palandt, § 447 Rn. 4 f.
[19] BGH v. 05.12.1990 - VIII ZR 75/90 - BGHZ 113, 106-115; BGH v. 16.07.2003 - VIII ZR 302/02 - juris Rn. 12 - NJW 2003, 3341-3342; LG Köln v. 07.06.1989 - 9 S 434/88 - NJW-RR 1989, 1457-1458; offen gelassen in BGH v. 07.06.1978 - VIII ZR 146/77 - juris Rn. 15 - LM Nr. 90 zu Allg. Geschäftsbedingungen; *Beckmann* in: Staudinger, § 447 Rn. 7; *Grunewald* in: Erman, § 447 Rn. 4.
[20] BGH v. 05.12.1990 - VIII ZR 75/90 - juris Rn. 11 - BGHZ 113, 106-115.
[21] Vgl. LG Berlin v. 01.10.2003 - 18 O 117/03 - NJW 2003, 3493-3494; LG Essen v. 16.12.2004 - 10 S 354/04 - CR 2005, 601-602; *Cichon/Pighin*, CR 2003, 435-440, 437; *Leible* in: Leible/Sosnitza, Versteigerungen im Internet, 2004, Rn. 287; *Blunk/Schwede*, MMR 2006, 63-67, 65; *Sosnitza*, VuR 2007, 172-176, 174.

Erfolgsort transportiert wird (so genanntes Platzgeschäft).[22] § 447 Abs. 1 BGB will den Verkäufer davor schützen, dass er die mit dem Transport verbundene Erhöhung des Risikos richtiger Lieferung der Kaufsache tragen muss, obwohl diese Lieferung nicht in seinem, sondern im Interesse des Käufers erfolgt. Diese Gefahr ist aber bei Transporten innerhalb eines Ortes (z.B. Berlin) nicht geringer als zwischen zwei politisch zwar selbstständigen, aber aneinander grenzenden Gemeinden. Allerdings ist bei Platzgeschäften stets sorgfältig zu prüfen, ob es sich nicht doch um eine Bringschuld handelt.[23]

c. Versendung von einem anderen Ort als dem Erfüllungsort

Fraglich ist, ob § 447 Abs. 1 BGB auch dann Anwendung finden kann, wenn die Versendung von einem anderen Ort als dem Erfüllungsort erfolgt. In der Praxis kommen derartige Fälle recht häufig vor, da der Verkäufer nicht selten den Hersteller anweist, die Ware direkt an den Käufer zu liefern. Stellt man allein auf den Wortlaut der Vorschrift ab, ist ein Transport auf der Route Erfüllungsort – Erfolgsort keine Anwendungsvoraussetzung für § 447 Abs. 1 BGB. Andererseits ist zu bedenken, dass der Verkäufer am Erfüllungsort zu leisten hat und es sich insoweit zunächst einmal nur um eine reine Maßnahme der Warenbeschaffung handelt. Von dem hierdurch begründeten Risiko soll § 447 Abs. 1 BGB den Verkäufer aber nicht entlasten. Damit es zu einem Gefahrübergang nach der Vorschrift kommen kann, bedarf es vielmehr stets des Einverständnisses des Käufers mit dem abweichenden Transportweg.[24] Auf dieses Einverständnis des Käufers kann auch dann nicht verzichtet werden, wenn sich die Transportgefahr durch die veränderte Route nicht wesentlich erhöht[25], da diese Anforderung für die notwendige Verteilung der Gefahrtragung nicht trennscharf genug ist und zu Abgrenzungsschwierigkeiten führt[26]. Zu einem Gefahrübergang nach § 447 Abs. 1 BGB kann es folglich nur dann kommen, wenn sich der Käufer mit der geänderten Streckenführung einverstanden erklärt hat, wobei das Einverständnis auch konkludent erklärt werden kann und eine Kenntnis des Käufers über die näheren Umstände der geplanten Versendung nicht voraussetzt.[27] Von einem Einverständnis des Käufers ist regelmäßig auszugehen, wenn der Kaufvertrag Klauseln wie „ab Werk" oder „ab Lager" enthält.[28]

18

Auf ein Einverständnis des Käufers kommt es nicht an, wenn die Ware zwar von einem anderen Ort als dem Erfüllungsort abgesendet, jedoch durch den Erfüllungsort durchtransportiert wird. In diesem Fall geht die Gefahr ab dem Zeitpunkt der Ankunft am Erfüllungsort auf den Käufer über.[29]

19

d. Streckengeschäft

§ 447 Abs. 1 BGB ist auch dann anwendbar, wenn die Ware auf Anweisung des Käufers an einen anderen Ort als seinen Wohnsitz oder seine Niederlassung geliefert wird, etwa bei einer direkten Versendung vom Verkäufer an einen Abnehmer des Käufers (so genanntes Streckengeschäft).[30] In diesem

20

---

[22] Wie hier LG Hamburg v. 04.07.1955 - 21 S 8/55 - MDR 1955, 545; *Hager*, Die Gefahrtragung beim Kauf, 1982, S. 86; *Grunewald* in: Erman, § 447 Rn. 5; *Beckmann* in: Staudinger, § 447 Rn. 6; *Weidenkaff* in: Palandt, § 447 Rn. 12; *Wertenbruch*, JuS 2003, 625-633, 628; für eine zumindest analoge Anwendung von § 447 Abs. 1 BGB *Mezger* in: BGB-RGRK, § 447 Rn. 5; *Larenz*, Schuldrecht, Band II/1: Besonderer Teil, 13. Aufl. 1986, § 42 II, S. 103; a.A. *Huber* in: Soergel, § 447 Rn. 24.
[23] Vgl. dazu *Ernst*, ZIP 1993, 481-490, 488.
[24] Vgl. z.B. RG v. 19.05.1925 - II 283/24 - RGZ 111, 23-26, 111; BGH v. 24.03.1965 - VIII ZR 71/63 - LM Nr. 4 zu § 447 BGB; BGH v. 05.12.1990 - VIII ZR 75/90 - juris Rn. 13 - BGHZ 113, 106-115; *Beckmann* in: Staudinger, § 447 Rn. 8; *Westermann* in: MünchKomm-BGB, § 447 Rn. 5; *Mezger* in: BGB-RGRK, § 447 Rn. 4; *Schmidt* in: Prütting/Wegen/Weinreich, BGB, 7. Aufl. 2012, § 447 Rn. 8.
[25] So aber LG Köln v. 07.06.1989 - 9 S 434/88 - NJW-RR 1989, 1457-1458; *Grunewald* in: Erman, § 447 Rn. 4; *Hager*, Die Gefahrtragung beim Kauf, 1982, S. 94; *Huber* in: Soergel, § 447 Rn. 20; *Wertenbruch*, JuS 2003, 625-633, 627.
[26] So zutreffend *Beckmann* in: Staudinger, § 447 Rn. 8; *Oetker/Maultzsch*, Vertragliche Schuldverhältnisse, 3. Aufl. 2007, Rn. 395.
[27] Vgl. BGH v. 05.12.1990 - VIII ZR 75/90 - juris Rn. 10 - BGHZ 113, 106-115.
[28] Vgl. dazu auch OLG Hamburg v. 08.11.1946 - 2 U 24/46 - MDR 1947, 62; OLG Hamburg v. 18.08.1947 - 3 U 180/47 - MDR 1948, 15; LG Bremen v. 13.06.1946 - O 17/46 - MDR 1947, 61.
[29] OLG Koblenz v. 12.11.1947 - 1 U 257/47 - NJW 1947/48, 447.
[30] Motive, Bd. II, S. 67; *Grunewald* in: Erman, § 447 Rn. 5; *Beckmann* in: Staudinger, § 447 Rn. 10.

Fall ist der Lieferort, etwa der Sitz des Letztkäufers, der von dem Erfüllungsort abweichende „andere Ort" i.S.v. § 447 Abs. 1 BGB, d.h. der Erfolgsort.[31]

3. Versendung auf Verlangen des Käufers

a. Verlangen des Käufers

21 Zu einem Gefahrübergang gemäß § 447 Abs. 1 BGB kann es nur kommen, wenn die Versendung auf Verlangen des Käufers erfolgt. Diesem Erfordernis kann nicht entnommen werden, dass die Versendung der gekauften Ware zum Bestimmungsort an sich nicht zu den Obliegenheiten des Verkäufers gehört.[32] Es macht jedoch deutlich, dass der Verkäufer bei der Versendung im Interesse des Käufers tätig wird.[33] Auf jeden Fall soll das Erfordernis des Käuferverlangens ausschließen, dass der Verkäufer die Gefahrtragung dem Käufer eigenmächtig übertragen kann. Die Versendung muss vielmehr stets dem Willen des Käufers entsprechen, mag dieser auch nur konkludent erklärt worden sein.

22 Zu einem Gefahrübergang kommt es außerdem nicht nur dann, wenn der Käufer „einseitig" den Wunsch nach Versendung geäußert hat, sondern natürlich auch in dem viel häufigeren Fall, dass die Versendung der Ware aufgrund einer ausdrücklichen Vereinbarung oder eines Handelsbrauchs zu den Pflichten des Verkäufers zählt, ohne dass dies zu einer Umwandlung der Schick- in eine Bringschuld führt.[34] Auch beim Versandhandelskauf oder der physischen Abwicklung von im Rahmen einer Onlineauktion geschlossenen Kaufverträgen erfolgt daher der Warenversand grundsätzlich nach § 447 BGB auf Gefahr des Käufers.[35] Hiergegen wird zwar eingewandt, dass es z.B. im Versandhandel regelmäßig auch im Interesse des Verkäufers liege, den Postweg zu wählen, und die alleinige Gefahrtragung nach § 447 BGB daher unbillig erscheine,[36] doch lässt sich eine vom Modell des § 447 BGB abweichende Gefahrtragungsregel nur de lege ferenda, nicht aber de lege lata erreichen. Bei Geschäften über eine größere Distanz ist von einem Handelsbrauch auszugehen, dass der Verkäufer die Ware dem Käufer bereits vor Zahlung zu übersenden hat und ihm wegen § 377 HGB ihre Untersuchung ermöglichen muss.[37] Ist das Versendungsverlangen des Käufers bzw. die damit korrespondierende Obliegenheit des Verkäufers nicht bereits im Kaufvertrag hinreichend deutlich geworden, genügt jede nach Vertragsschluss abgegebene formlose Willenserklärung des Käufers, die dem Verkäufer zugehen muss (§ 130 BGB) und das Verlangen einer Versendung der veräußerten Ware an einen anderen Ort als den Erfüllungsort erkennen lässt.

b. Handelsklauseln

23 § 447 BGB ist **dispositiv**. In der Praxis wird der Gefahrübergang häufig durch besondere Klauseln geregelt, die vom Modell des § 447 Abs. 1 BGB abweichen. Wird z.B. zwischen den Vertragsparteien eine Lieferung „frei Haus" vereinbart, trägt der Verkäufer die Vergütungsgefahr bis zur Ablieferung der Ware beim Käufer. Ob auch die Klausel „frei ... Bestimmungsort" dahin ausgelegt werden kann, dass der Verkäufer die Transportgefahr bis zur Ablieferung am Bestimmungsort zu tragen hat[38], lässt

---

[31] *Oetker/Maultzsch*, Vertragliche Schuldverhältnisse, 3. Aufl. 2007, Rn. 396.

[32] Zutreffend *Beckmann* in: Staudinger, § 447 Rn. 10; a.A. *Mezger* in: BGB-RGRK, § 447 Rn. 6.

[33] RG v. 14.01.1916 - II 372/15 - RGZ 88, 37-39, 37; RG v. 01.11.1921 - II 246/21 - RGZ 103, 129-131, 129. Nach Ansicht von *Mezger* in: BGB-RGRK, § 447 Rn. 6, soll der Verkäufer sogar ein Geschäft des Käufers führen.

[34] Unerheblich ist dabei, ob die Versendung als Haupt- oder Nebenpflicht zum Kaufvertrag oder etwa als selbstständiger Auftrag vereinbart wurde, vgl. *Grunewald* in: Erman, § 447 Rn. 7.

[35] BGH v. 16.07.2003 - VIII ZR 302/02 - NJW 2003, 3341-3342, 3342; *Leible* in: Leible/Sosnitza, Versteigerungen im Internet, 2004, Rn. 288; *Schmidt* in: Prütting/Wegen/Weinreich, BGB, 7. Aufl. 2012, § 447 Rn. 11; a.A. LG Schwerin v. 26.11.1999 - 6 S 382/98 - NJW-RR 2000, 868-869; *Borges*, DB 2004, 1815-1818, 1816; *Cichon/Pighin*, CR 2003, 435-440, 438; *Coester-Waltjen*, Jura 2007, 113.

[36] Vgl. *D. Schmidt*, Teilung der Preisgefahr beim Versendungskauf, 2011, 96-102.

[37] Vgl. auch RG v. 01.11.1921 - II 246/21 - RGZ 103, 129-131, 129; LG Köln v. 07.06.1989 - 9 S 434/88 - NJW-RR 1989, 1457-1458.

[38] So etwa RG v. 19.01.1923 - II 129/22 - RGZ 106, 212-214, 212; zweifelnd hingegen BGH v. 19.09.1983 - VIII ZR 195/81 - LM Nr. 53 zu § 133 (C) BGB m.w.N.

sich nicht abstrakt-generell bestimmen, sondern bedarf sorgfältiger Prüfung im Einzelfall. Umstritten ist die Bedeutung der Klausel „franko" oder „frachtfrei". Nach Auffassung des Reichsgerichts wird sie überwiegend als Spesenklausel angesehen[39], während sie nach a.A. in ihrer Bedeutung der „Frei-Klausel" vergleichbar sein soll.

Große Bedeutung kommt im internationalen Handelsverkehr den so genannten **Incoterms** zu. Die derzeit aktuelle Fassung der Incoterms sind die Incoterms 2010.[40] Die Grundstruktur wurde auch in der neuen Fassung beibehalten. Die Incoterms sehen vor, dass die Gefahr jeweils am Lieferort vom Verkäufer auf den Käufer übergeht. Ist Lieferort ein im Hafen gelegenes Schiff, ist der Zeitpunkt des Gefahrübergangs nicht mehr wie früher das Überschreiten der Schiffsreling, sondern das (unverstaute) Platzieren an Bord des Schiffes. Die so genannten „Kranschwenk-Fälle" sind mit dieser Klausel nunmehr gelöst.[41] Der Lieferort selbst wird von den Incoterms 2010 wie folgt festgelegt: „EXW" – Werk des Verkäufers; „FCA" – Ort der Übergabe an den Frachtführer; „FAS" – Längsseite des Schiffes im Verschiffungshafen; „FOB", „CFR", „CIF" – an Bord des Schiffes im Verschiffungshafen (= Gefahrübergang im Moment, in dem die Ware die Schiffsreling überschreitet); „CPT", „CIP" – Ort der Übergabe an den ersten Frachtführer, „DDP" – Bestimmungsort. Die Kategorien „DAF", „DES", „DEQ" und „DDU" sind entfallen. Ersetzt wurden sie durch „DAT" – Terminal im Bestimmungshafen/Bestimmungsort und „DAP" – Bestimmungsort. Noch unter den Incoterms 2000 geschlossene Verträge behalten ihre Gültigkeit auch dann, wenn sie erst 2011 zu erfüllen sind.[42]

4. Auslieferung an Transportperson

a. Auslieferung

Der entscheidende Moment für den Gefahrübergang ist nach § 447 Abs. 1 BGB der der Auslieferung der Kaufsache an die Transportperson. Damit kommt es – in der Regel – auch zu einer Konkretisierung einer etwaigen Gattungsschuld zur Stückschuld, mindestens aber zu einer spezifizierten Gattungsschuld (zu den Einzelheiten vgl. die Kommentierung zu § 269 BGB).[43]

Die Auslieferung ist ein rein tatsächlicher Vorgang. Sie umfasst alle Vorkehrungen, derer es bedarf, damit die Kaufsache zum Käufer transportiert und dort abgeliefert wird.[44] Das setzt nicht nur den Abschluss eines Beförderungs- oder Speditionsvertrages voraus, sondern insbesondere auch die physische Übergabe der Kaufsache an die Transportperson sowie die Ergreifung aller weiteren Maßnahmen, derer es bedarf, damit sie beim gewöhnlichen Verlauf der Dinge beim Käufer ankommen kann.[45] Zu beachten ist, dass die Beförderung bis zum Ort der Übergabe an die Transportperson grundsätzlich zu den Pflichten des Verkäufers gehört und in seinen Gefahrenbereich fällt.[46] Erst wenn dieses Erfordernis erfüllt ist, d.h. die Transportperson den Besitz an der Kaufsache zum Zwecke ihrer Beförderung erhalten hat, kommt es zum Gefahrübergang. Ob der Transport als solcher bereits begonnen hat, ist hingegen unerheblich.[47] Der Käufer hat die Vergütungsgefahr daher z.B. auch dann zu tragen, wenn

---

[39] RG v. 19.05.1925 - II 283/24 - RGZ 111, 23-26, 23.
[40] Abgedruckt in *Baumbach/Hopt*, Handelsgesetzbuch, 35. Aufl. 2012; zur aktuellen Fassung vgl. *von Bernstorff*, RIW 2010, 672-679; *Zwilling-Pinna*, BB 2010, 2980-2983; *Piltz*, IHR 2011, 1-7. Zur Fassung von 2000 vgl. *Bredow/Seiffert*, Incoterms 2000, 2000; *Bredow*, TranspR 1999, Beilage IHR 4, 45-47, 45; *Lehr*, VersR 2000, 548-557, 548; *Piltz*, RIW 2000, 485-489, 485; *Wertenbruch*, ZGS 2005, 136-142,136.
[41] *Zwilling-Pinna*, BB 2010, 2980-2983, 2982.
[42] *Zwilling-Pinna*, BB 2010, 2980-2983, 2982.
[43] Vgl. auch BGH v. 16.07.2003 - VIII ZR 302/02 - juris Rn. 9 - NJW 2003, 3341-3342.
[44] BGH v. 18.06.1968 - VI ZR 120/67 - LM Nr. 7 zu § 447 BGB.
[45] Das erfordert z.B. die korrekte Adressierung der Ware.
[46] Ergibt sich allerdings aus der zwischen den Parteien getroffenen vertraglichen Vereinbarung, dass der Transport der Ware zum Übergabeort – etwa einem Bahnhof oder Hafen – nicht zu den Pflichten des Verkäufers gehört, kann dieser Vorgang auch dann unter § 447 Abs. 1 BGB fallen, wenn dieser den Transport durch eigene Leute durchführen lässt.
[47] Vgl. z.B. BGH v. 05.12.1990 - VIII ZR 75/90 - juris Rn. 15 - BGHZ 113, 106-115; außerdem RG v. 19.05.1925 - II 283/24 - RGZ 111, 23-26, 23; BGH v. 24.03.1965 - VIII ZR 71/63 - LM Nr. 4 zu § 447 BGB.

der Verkäufer die Kaufsache dem Speditionsunternehmen unter Benennung des Käufers als Empfänger übergeben hat, sie aber noch nicht verladen ist und dann auf dem Gelände des Spediteurs zerstört wird. Die Übergabe von Traditionspapieren, etwa eines Lagerscheins, genügt für den Gefahrübergang allerdings noch nicht, da nicht das Traditionspapier, sondern die Ware der Kaufgegenstand ist.[48]

27 Die Übergabe der Sache an die Transportperson führt mangels ihrer tatsächlichen Entgegennahme durch den Käufer weder dazu, dass dieser Besitz an ihr erlangt, noch zu einem Eigentumsübergang. Gegenteiliges kommt nur dann in Betracht, sofern die Transportperson ausnahmsweise Vertreter des Käufers ist oder die Parteien eine entsprechende Sonderabrede getroffen haben.[49]

b. Rollende Ware

28 Wird die Kaufsache zum Zeitpunkt des Auslieferungsverlangens des Käufers bereits transportiert (rollende oder schwimmende Ware), kommt eine Auslieferung an die Transportperson und damit eine direkte Anwendung von § 447 Abs. 1 BGB nicht in Betracht, da sie sich bereits im Besitz der Transportperson befindet. Der BGH wendet in einem solchen Fall § 477 Abs. 1 BGB jedoch analog an, wenn aufgrund des Auslieferungsverlangens des Käufers der Streckenverlauf geändert wird, etwa durch Umleitung eines sich bereits unterwegs befindlichen Eisenbahnwaggons.[50] Das begegnet indes Bedenken, da im Falle einer zwischenzeitlichen Beschädigung der Kaufsache Streitigkeiten über den Zeitpunkt und den Ort der Beschädigung vorprogrammiert sind.[51] Sowohl in diesem Fall als auch dann, wenn die bereits rollende Ware nach Vertragsschluss nicht umdirigiert wird, sondern weiterreist, scheidet eine Anwendung von § 447 Abs. 1 BGB aus. Der für den Gefahrübergang maßgebliche Zeitpunkt ist vielmehr § 446 BGB zu entnehmen.[52] Anderes mag gelten, wenn die Parteien bei Vertragsabschluss eine abweichende Gefahrtragungsklausel vereinbart haben. Dies kann u.U. auch zu einem rückwirkenden Gefahrübergang führen, etwa wenn die Ware bereits unterwegs ist und dann unter der Vereinbarung „FOB" veräußert wird. War die Ware zu diesem Zeitpunkt bereits untergegangen (und der Verkäufer redlich), trägt der Käufer gleichwohl die Preisgefahr.

c. Zur Ausführung der Versendung bestimmte Person (Transportperson)

29 Die Kaufsache muss einer Transportperson, d.h. einer zur Ausführung der Versendung bestimmten Person oder Anstalt, ausgeliefert worden sein. Das Gesetz selbst nennt zum einen Spediteure (vgl. § 453 HGB) und Frachtführer (vgl. § 407 HGB). Daneben kommen zum anderen als Transportpersonen insbesondere Bahn und Post in Betracht.

30 Umstritten ist, ob und inwieweit es zu einem Gefahrübergang nach § 447 Abs. 1 BGB kommen kann, wenn der Verkäufer den Transport selbst oder durch eigene Mitarbeiter durchführt. In einem solchen Fall ist zunächst einmal sorgfältig zu prüfen, ob nicht statt einer Schick- eine Bringschuld vereinbart ist mit der Folge, dass § 447 Abs. 1 BGB ohnehin nicht anzuwenden ist (vgl. Bringschuld, Rn. 13). Ist das allerdings nicht der Fall, liegt also tatsächlich eine Schickschuld vor, so ist mit der herrschenden Meinung davon auszugehen, dass auch der Selbsttransport bzw. der Transport durch eigene Leute zu einem Gefahrübergang nach § 447 Abs. 1 BGB führt.[53] Denn es wäre unbillig, den Verkäufer, der die

---

[48] *Huber* in: Soergel, § 447 Rn. 26; *Beckmann* in: Staudinger, § 447 Rn. 11; *Weidenkaff* in: Palandt, § 447 Rn. 14.
[49] Vgl. dazu BGH v. 14.07.1960 - VIII ZR 74/59 - BB 1960, 965.
[50] Vgl. BGH v. 27.03.1968 - VIII ZR 10/66 - BGHZ 50, 32-39.
[51] Vgl. auch *Beckmann* in: Staudinger, § 447 Rn. 13.
[52] Ebenso *Huber* in: Soergel, § 447 Rn. 23; *Hager*, Die Gefahrtragung beim Kauf, 1982, S. 145; *Beckmann* in: Staudinger, § 447 Rn. 13; *Westermann* in: MünchKomm-BGB, § 447 Rn. 5, 13; a.A. *Grunewald* in: Erman, § 447 Rn. 10: § 447 Abs. 1 BGB gilt ab dem Moment des Vertragsabschlusses, da von da ab die Ware auf Verlangen des Käufers so wie vorbestimmt weiterreist.
[53] RG v. 19.09.1919 - VII 181/19 - RGZ 96, 258-260, 258; *Esser/Weyers*, Schuldrecht BT, Teilband 1, 8. Aufl. 1998, Bd. II/1, § 8 III 3 b, S. 98; *Faust* in: Bamberger/Roth, § 447 Rn. 9; *Grunewald* in: Erman, § 447 Rn. 10; *Beckmann* in: Staudinger, § 447 Rn. 14; *Larenz*, Schuldrecht, Band II/1: Besonderer Teil, 13. Aufl. 1986, § 42 II c, S. 103; *Oetker/Maultzsch*, Vertragliche Schuldverhältnisse, 3. Aufl. 2007, Rn. 403; *Westermann* in: MünchKomm-BGB, § 447 Rn. 16 f.; *Mezger* in: BGB-RGRK, § 447 Rn. 9; *Coester-Waltjen*, Jura 2007, 110-114, 113; anders *Weidenkaff* in: Palandt, § 447 Rn. 12.

verkaufte Ware an einen anderen Ort als den Erfüllungsort versendet und damit im überwiegenden Interesse des Käufers handelt, länger die Gefahr des zufälligen Untergangs tragen zu lassen als bei einer unmittelbaren Übergabe der Ware an den Käufer.[54] Zwar mag es zutreffen, dass neben historischen Argumenten[55] auch der Wortlaut des § 447 Abs. 1 BGB für eine Ausnahme vom Selbsttransport bzw. Transport durch eigene Leute spricht, da die Vorschrift auf eine „Auslieferung" an eine andere Person abstellt und als Beispiele Spediteure und Frachtführer, d.h. selbstständige Transporteure, benennt. Auch ist es sicherlich richtig, dass der Kaufgegenstand bei einem Transport durch den Verkäufer oder dessen Angestellte nicht aus dem Einflussbereich des Verkäufers entlassen wird.[56] Die ratio legis des § 447 Abs. 1 BGB ist jedoch nicht darin zu sehen, dass der Verkäufer die Sache aus dem eigenen Herrschaftsbereich entlässt und deshalb auch nicht mehr die Vergütungsgefahr tragen soll. Entscheidend ist vielmehr, dass der Transport vom Erfüllungs- zum Bestimmungs- bzw. Erfolgsort aufgrund der vertraglichen Vereinbarung vom Verkäufer gerade nicht mehr geschuldet wird.[57] § 447 Abs. 1 BGB ist daher auch auf den Transport durch Angestellte des Verkäufers anwendbar. Die Vorschrift findet zudem analoge Anwendung, wenn der Transport durch den Verkäufer persönlich durchgeführt wird[58], da der Verkäufer nach der ratio legis auch beim Selbsttransport von den Risiken zufälliger Transportunfälle entlastet werden muss.

Bei einer Anwendung von § 447 Abs. 1 BGB auf den Selbsttransport bzw. den Transport durch eigene Leute ist freilich zu beachten, dass der Verkäufer nur bei zufälligen Transportunfällen entlastet werden kann, da er für ein eigenes Transportverschulden stets nach § 276 BGB und für ein Transportverschulden seiner Angestellten nach § 278 BGB zu haften hat. Dagegen lässt sich auch nicht einwenden, dass die Leute des Verkäufers nicht seine Erfüllungsgehilfen sein könnten, da der Verkäufer – was zutreffend ist – den Transport bei einer Schickschuld nicht schuldet.[59] Denn die Verbindlichkeit i.S.v. § 278 BGB ist nicht die – nicht existente – Transportverpflichtung, sondern die Pflicht, „im Umgang mit der verkauften Sache die im Verkehr erforderliche Sorgfalt anzuwenden, so lange er sie in seiner Obhut hat"[60].

III. Rechtsfolgen

1. Gefahrübergang

Liegen die Anwendungsvoraussetzungen des § 447 Abs. 1 BGB vor, so geht die Gefahr auf den Käufer über. Gemeint ist damit die Vergütungsgefahr (oder Preis- bzw. Gegenleistungsgefahr), d.h. die Gefahr, trotz des zufälligen Untergangs oder einer zufälligen Verschlechterung der Kaufsache gleichwohl zur Kaufpreiszahlung verpflichtet zu sein. Da § 447 Abs. 1 BGB eine Ausnahmeregelung zu § 326 Abs. 1 Satz 1 BGB ist, findet die Vorschrift keine Anwendung, wenn die Leistungsbefreiung vom Verkäufer zu vertreten ist.

---

[54] RG v. 19.09.1919 - VII 181/19 - RGZ 96, 258-260.
[55] Vgl. Motive, Bd. II, S. 326; vgl. umfassend zum Ganzen auch *Faust*, DB 1991, 1556-1561, 1556.
[56] Zu den Argumenten der Gegenansicht vgl. u.a. Huber in: Soergel, § 447 Rn. 35 f.; *Hager*, Die Gefahrtragung beim Kauf, 1982, S. 81; *Medicus*, Schuldrecht II (BT), 14. Aufl. 2007, § 73 Rn. 38; *Medicus*, Bürgerliches Recht, 21. Aufl. 2007, Rn. 275; *Berger* in: Jauernig, § 447 Rn. 12; *Wertenbruch*, JuS 2003, 625-633, 628 f.
[57] Der Verkäufer ist zur Versendung verpflichtet, nicht aber zum Transport! Dann aber kann es keinen Unterschied machen, ob er einen selbstständigen Transporteur zwischenschaltet oder den Transport durch eigene Leute vornehmen lässt.
[58] Eine direkte Anwendung von § 447 Abs. 1 BGB kommt nicht in Betracht, da es am Tatbestandsmerkmal der „Auslieferung" fehlt.
[59] Vgl. z.B. *Grunewald* in: Erman, § 447 Rn. 16; *Faust*, DB 1991, 1556-1561, 1558.
[60] So zutreffend *Huber* in: Soergel, § 447 Rn. 37.

33 Umstritten ist, ob es zu einem Gefahrübergang nur dann kommt, wenn sich ein **typisches Transportrisiko** realisiert hat[61] oder ob die Vergütungsgefahr in jedem Fall auf den Käufer übergeht[62]. Geht man – wie hier – davon aus, dass der Grund des von § 447 Abs. 1 BGB vorgesehenen Gefahrübergangs nicht im Ausscheiden der Kaufsache aus dem Herrschaftsbereich des Verkäufers, sondern darin zu sehen ist, dass der Verkäufer mit der Ablieferung der Kaufsache an den Transporteur die ihm nach dem Vertrag obliegende Leistungshandlung erbracht hat, sprechen die besseren Gründe dafür, als von § 447 Abs. 1 BGB nicht nur die Risiken erfasst anzusehen, die durch den Transport eintreten, sondern auch diejenigen, die sich während des Transports realisieren. Im Übrigen sind die Unterschiede zwischen beiden Meinungen in der Praxis äußerst gering, da von denjenigen, die den Gefahrübergang auf typische Transportrisiken reduzieren, der Begriff des Transportrisikos äußerst weit verstanden wird. Als **Realisierung der typischen Transportgefahr** angesehen wurden bislang u.a. die Aushändigung der Kaufsache an einen nicht berechtigten Dritten,[63] ihr Diebstahl während des Transports,[64] der nicht aufklärbare Verbleib der dem Spediteur übergebenen Ware,[65] Risiken im Zusammenhang mit einer Zwischenlagerung der Ware,[66] Schäden an der Ware durch Temperatureinwirkungen[67] oder Nässe,[68] die unberechtigte Geltendmachung eines Zurückbehaltungs- oder Pfandrechts durch den Spediteur,[69] der Verlust der Ware aufgrund Schiffsuntergangs durch Beschuss durch Marinestreitkräfte,[70] die Kaperung der verkauften Ware durch Marinestreitkräfte[71] oder ihre Zerstörung auf dem Transport durch einen Luftangriff,[72] weiterhin Schäden an der Ware, die durch einen Unfall während des Transports oder während des Beladens des Transportfahrzeugs entstehen, aber auch durch Diebstahl, Raub oder Unterschlagung der Ladung usw. Wenn sich angesichts dieser weiten Auslegung des Begriffs des Transportrisikos überhaupt Unterschiede zwischen den beiden vorgenannten Meinungen ergeben, reduzieren sie sich auf die heute nur noch seltenen praktischen Fälle der Beschlagnahme der Kaufsache während ihres Transports. In diesen Fällen liegt es nahe, nach dem Grund der Beschlagnahme zu fragen.[73]

2. Vom Verkäufer zu vertretende Umstände

34 Mit Gefahr i.S.v. § 447 Abs. 1 BGB ist ebenso wie bei § 446 BGB nur die Gefahr des zufälligen Untergangs und der zufälligen Verschlechterung der Kaufsache gemeint. § 447 Abs. 1 BGB greift nicht ein, wenn ihr Verlust oder ihre Verschlechterung vom Verkäufer zu vertreten ist. Zu einem Gefahrenübergang kann es dann nicht kommen.[74]

35 Die Versendung der Ware gehört bei einem Versendungskauf zu den vom Verkäufer vertraglich übernommenen Pflichten, bei deren Erfüllung er die im Verkehr erforderliche Sorgfalt (§ 276 Abs. 2 BGB) zu beachten hat. Führt ihre vorwerfbare Nichtbeachtung zum Untergang oder der Verschlechterung der

---

[61] So z.B. RG v. 01.10.1918 - II 178/18 - RGZ 93, 330-332, 330; RG v. 16.10.1926 - I 448/25 - RGZ 114, 405-409, 405; BGH v. 24.03.1965 - VIII ZR 71/63 - LM Nr. 4 zu § 447 BGB; *Weidenkaff* in: Palandt, § 447 Rn. 15; *Grunewald* in: Erman, § 447 Rn. 12.

[62] So z.B. *Larenz*, Schuldrecht, Band II/1: Besonderer Teil, 13. Aufl. 1986, § 42 II c, S. 102; *Beckmann* in: Staudinger, § 447 Rn. 17; *Grunewald* in: Erman, § 447 Rn. 4, 18; *Oetker/Maultzsch*, Vertragliche Schuldverhältnisse, 3. Aufl. 2007, Rn. 408.

[63] RG v. 02.07.1915 - II 162/15 - RGZ 87, 134-137, 134; RG v. 01.10.1918 - II 178/18 - RGZ 93, 330-332, 330.

[64] RG v. 19.09.1919 - VII 181/19 - RGZ 96, 258-260, 258.

[65] BGH v. 24.03.1965 - VIII ZR 71/63 - LM Nr. 4 zu § 447 BGB.

[66] Vgl. BGH v. 05.12.1990 - VIII ZR 75/90 - juris Rn. 15 - BGHZ 113, 106-115.

[67] BGH v. 11.04.1962 - VIII ZR 38/61 - LM Nr. 2 zu § 447 BGB.

[68] RG v. 21.10.1926 - III 471/25 - RGZ 115, 162-165, 162.

[69] RG v. 04.05.1920 - II 541/19 - RGZ 99, 56-60.

[70] RG v. 04.05.1920 - II 541/19 - RGZ 99, 56-60.

[71] RG v. 21.11.1916 - II 302/16 - JW 1917, 214.

[72] OLG Koblenz v. 12.11.1947 - 1 U 257/47 - NJW 1947/48, 447.

[73] Zu den Einzelheiten ausführlich *Huber* in: Soergel, § 447 Rn. 67 f.

[74] Vgl. z.B. BGH v. 14.10.1964 - VIII ZR 40/63 - LM Nr. 3 zu § 477 BGB; BGH v. 18.06.1968 - VI ZR 120/67 - LM Nr. 7 zu § 447 BGB; *Stieper*, AcP 208, 818-846, 819.

Kaufsache, ist eine Anwendung von § 447 Abs. 1 BGB ausgeschlossen.[75] Zu einem Übergang der Vergütungsgefahr kommt es außerdem dann nicht, wenn die Kaufsache zwar durch Zufall unterging oder verschlechtert wurde, dies aber zu einem Zeitpunkt geschah, zu dem sich der Verkäufer mit der Vornahme der Versendung im Verzug befand (§ 287 Satz 2 BGB).[76]

Zu den Pflichten des Verkäufers im Rahmen eines Versendungskaufs zählte zunächst einmal die Pflicht zur ordnungsgemäßen Versendung der Kaufsache. Der Verkäufer muss die Transportperson sorgfältig auswählen[77] und mit ihr einen Beförderungsvertrag schließen. Er hat, soweit dies nicht bereits vertraglich festgelegt ist, die Transportart, die Transportzeit und die Transportroute festzulegen und dabei bereits absehbare Risiken (angekündigte Straßenblockaden, lange Stauzeiten an bestimmten Grenzübergängen, ungünstige Witterungseinflüsse etc.) zu berücksichtigen und – wenn möglich – zu vermeiden. Ist die Ware bereits unterwegs, muss er, wenn sie an den Käufer umgeleitet werden soll, dem Transporteur die hierfür erforderlichen Anweisungen erteilen.[78] Der Verkäufer hat weiter dafür Sorge zu tragen, dass die Ware entsprechend den Erfordernissen der jeweiligen Transportart verpackt wird,[79] die für den Transport notwendige Haltbarkeit besitzt[80] und ordnungsgemäß verladen wird.[81] Eine Pflicht, die Ware für den Transport zu versichern, besteht für den Verkäufer grundsätzlich nicht, sofern dies nicht ausdrücklich vereinbart oder vom Käufer gewünscht wurde oder verkehrsüblich ist.[82] Ist jedoch absehbar, dass z.B. etwaige Transportrisiken durch die Haftpflichtversicherung des Beförderers nicht gedeckt sind und bei Eintritt des Schadensfalls der Käufer mit einem hohen Betrag auszufallen droht, ist der Verkäufer immerhin verpflichtet, beim Käufer nachzufragen, ob er den Abschluss einer entsprechenden Transportversicherung wünscht.[83]

36

Beim Versendungskauf hat der Verkäufer die ihm obliegende Leistungshandlung nicht erst dann erbracht, wenn die verkaufte Sache am Bestimmungsort angekommen und durch Ablieferung an den Käufer diesem übereignet ist, sondern bereits dann, wenn er sie an die Transportperson ausgeliefert hat.[84] Da der Transport folglich keine von ihm geschuldete Leistungshandlung ist, kann ihm auch ein Verschulden der Transportperson nicht nach § 278 BGB zugerechnet werden.[85] Eine Haftung des Verkäufers für ein schuldhaftes Verhalten der Transportperson nach § 278 BGB kommt nur ausnahmsweise in Betracht, wenn der von der Transportperson verursachte Untergang der Kaufsache oder deren Verschlechterung eine unmittelbare Folge der Ausführung einer Weisung des Verkäufers ist.[86]

37

---

[75] Anders hingegen, wenn die Pflichtverletzung den Untergang nicht verursacht hat, vgl. *Grunewald* in: Erman, § 447 Rn. 18; *Hager*, Die Gefahrtragung beim Kauf, 1982, S. 92 ff.; *Zimmer*, BB 1988, 2192-2195, 2193.

[76] *Beckmann* in: Staudinger, § 447 Rn. 69; *Oetker/Maultzsch*, Vertragliche Schuldverhältnisse, 3. Aufl. 2007, Rn. 404; a.A. *Huber* in: Soergel, § 447 Rn. 25.

[77] RG v. 04.05.1920 - II 541/19 - RGZ 99, 56-60; RG v. 21.12.1920 - VII 315/20 - RGZ 101, 152-155, 152.

[78] BGH v. 27.03.1968 - VIII ZR 10/66 - BGHZ 50, 32-39.

[79] BGH v. 14.10.1964 - VIII ZR 40/63 - LM Nr. 3 zu § 477 BGB; BGH v. 18.06.1968 - VI ZR 120/67 - LM Nr. 7 zu § 447 BGB; BGH v. 28.04.1976 - VIII ZR 244/74 - BGHZ 66, 208-215; BGH v. 07.03.1983 - VIII ZR 331/81 - BGHZ 87, 88-95; *Zimmer*, BB 1988, 2192-2195, 2193. Umfassend zur Gefahrtragung und Haftung des Verkäufers bei Versendung fehlerhaft verpackter Sachen *Stieper*, AcP 208, 818-846.

[80] BGH v. 14.10.1964 - VIII ZR 40/63 - LM Nr. 3 zu § 477 BGB.

[81] BGH v. 18.06.1968 - VI ZR 120/67 - LM Nr. 7 zu § 447 BGB.

[82] AG Coburg v. 12.06.2008 - 11 C 1710/07 - juris Rn. 31; bestätigt durch LG Coburg v. 12.12.2008 - 32 S 69/08 - juris Rn. 22, 28; *Grunewald* in: Erman, § 447 Rn. 17; *Westermann* in: MünchKomm-BGB, § 447 Rn. 21; differenzierend hingegen *Beckmann* in: Staudinger, § 447 Rn. 22; *Huber* in: Soergel, § 447 Rn. 48.

[83] Zutreffend *Grunewald* in: Erman, § 447 Rn. 17; ähnlich *Ernst*, ZIP 1993, 481-490, 485; *Beckmann* in: Staudinger, § 447 Rn. 22.

[84] BGH v. 06.02.1954 - II ZR 176/53 - BGHZ 12, 267-270.

[85] Vgl. z.B. RG v. 29.01.1906 - I 363/05 - RGZ 62, 331-335, 331; RG v. 01.10.1918 - II 178/18 - RGZ 93, 330-332, 330; RG v. 04.05.1920 - II 541/19 - RGZ 99, 56-60, 56; RG v. 21.12.1920 - VII 315/20 - RGZ 101, 152-155, 152; BGH v. 27.03.1968 - VIII ZR 10/66 - BGHZ 50, 32-39; BGH v. 05.12.1990 - VIII ZR 75/90 - juris Rn. 15 - BGHZ 113, 106-115; vgl. dazu auch m.w.N. *Faust*, DB 1991, 1556-1561, 1556.

[86] Vgl. RG v. 21.10.1926 - III 471/25 - RGZ 115, 162-165, 162; BGH v. 27.03.1968 - VIII ZR 10/66 - BGHZ 50, 32-39.

3. Rechtsbeziehungen zu Dritten

38 Wird die Ware auf dem Transport zum Käufer durch das schuldhafte Verhalten eines Dritten zerstört oder beschädigt und der Verkäufer deshalb nach § 447 Abs. 1 BGB von seiner Leistungspflicht frei, stellt sich regelmäßig die Frage nach der Ersatzpflicht des Dritten.[87] Dem Verkäufer steht zwar ein Anspruch aus unerlaubter Handlung (§ 823 BGB) oder Gefährdungshaftung (z.B. § 7 StVG) zu, da er zum Zeitpunkt der Rechtsgutsverletzung noch Eigentümer der Sache war. In Betracht kommt außerdem ein Ersatzanspruch aus dem Transportvertrag, sofern kein „externer" Dritter, sondern der Transporteur für die Zerstörung der Ware verantwortlich ist.[88] Jedoch entsteht dem Verkäufer kein Schaden, da sein Anspruch auf Kaufpreiszahlung gemäß § 447 Abs. 1 BGB bestehen bleibt.[89] Umgekehrt ist zwar beim Käufer ein Schaden eingetreten, da er trotz Nichtlieferung weiterhin zur Kaufpreiszahlung verpflichtet ist; doch hat er mangels Eigentümerstellung weder einen deliktischen Anspruch noch kann er, wenn der Transporteur schuldhaft gehandelt hat, von diesem vertraglichen Schadensersatz verlangen, da er nicht in den Schutzbereich des Vertrages zwischen dem Transporteur und dem Verkäufer einbezogen ist.[90]

39 Bei einem derartigen Auseinanderfallen von Anspruch und Schaden ist regelmäßig der Anwendungsbereich der Drittschadensliquidation eröffnet.[91] Der Verkäufer kann den Schaden des Käufers mit seinem Anspruch geltend machen und muss diesen Anspruch bzw. den eingezogenen Ersatz nach § 285 Abs. 1 BGB an den Käufer weiterleiten. Ob die Höhe des Ersatzanspruchs des Verkäufers durch die Höhe des Kaufpreises begrenzt ist, ist umstritten[92] und wurde vom BGH bislang offen gelassen.[93]

40 Der Käufer kann vom Verkäufer gemäß § 285 Abs. 1 BGB Herausgabe der Surrogate verlangen, die dieser aufgrund des schädigenden Ereignisses erlangt hat. Ihm steht insbesondere ein Anspruch auf Abtretung einer Forderung gegen eine Versicherung, die für den Schaden an der Kaufsache aufzukommen hat, bzw. auf Auskehr bereits erbrachter Versicherungsleistungen zu.

IV. Prozessuale Hinweise

41 **Beweislast**: Der Verkäufer trägt die Beweislast dafür, dass die Ware aufgrund eines Versendungsverlangens des Käufers bzw. einer entsprechenden Vereinbarung versandt wurde sowie dafür, dass sie zum Zeitpunkt der Versendung, d.h. ihrer Ablieferung an die Transportperson, in einem vertragsgemäßen Zustand war. Verbleiben im Streit um die Vereinbarung einer Schickschuld oder einer Bringschuld Zweifel – während Holschuld ausgeschlossen ist –, geht dies daher zu Lasten des auf Kaufpreiszahlung klagenden und eine Schickschuld vortragenden Verkäufers.[94]

42 Den Nachweis ordnungsgemäßer Versendung kann der Verkäufer vor allem durch die zahlreichen Dokumente des Transportwesens führen, etwa mittels Konnossementen, Ladescheinen, Frachtbrief-

---

[87] Ausführlich dazu *Oetker*, JuS 2001, 833-841, 833.
[88] Vgl. dazu auch *Rossmann*, Die Berechtigung zum Schadensersatz für Schäden am Frachtgut nach §§ 425 I, 425 HGB. Zugleich ein Beitrag zum Versendungskauf, 2004.
[89] Vgl. *Oetker* in: MünchKomm-BGB, § 249 Rn. 289 ff. m.w.N. auch zu der Gegenauffassung, die einen Eigenschaden des Verkäufers bejaht (sog. Objektschaden).
[90] Anders ist die Rechtslage nur dann, wenn der Verkäufer mit dem Transporteur einen Frachtvertrag i.S.v. § 407 HGB geschlossen hatte, da die §§ 425 Abs. 1, 421 Abs. 1 Satz 2 HGB dem Käufer in diesen Fall einen eigenständigen Ersatzanspruch gegen den Frachtführer zusprechen; vgl. dazu *Homann*, JA 1999, 978-984, 978.
[91] Vgl. RG v. 29.01.1906 - I 363/05 - RGZ 62, 331-335, 331; BGH v. 10.07.1963 - VIII ZR 204/61 - juris Rn. 23 - BGHZ 40, 91-108; OLG Düsseldorf v. 22.01.1998 - 18 U 102/97 - juris Rn. 2 - TransportR 1998, 265; außerdem z.B. *Grunewald* in: Erman, § 447 Rn. 14; *Mezger* in: BGB-RGRK, § 447 Rn. 15; *Oetker* in: MünchKomm-BGB, § 249 Rn. 289; *Westermann* in: MünchKomm-BGB, § 447 Rn. 27; *Armbrüster*, JuS 2007, 605-611, 610; a.A. z.B. *Larenz*, Schuldrecht, Band I: Allgemeiner Teil, 14. Aufl. 1987, § 27 IV b, S. 463f.; *Büdenbender*, NJW 2000, 986-992, 989 f.: Eigenschaden des Verkäufers.
[92] So z.B. *Peters*, AcP 180, 329-372, 329 (336 ff.); *Beckmann* in: Staudinger, § 447 Rn. 38; *Larenz*, Schuldrecht, Band I: Allgemeiner Teil, 14. Aufl. 1987, § 27 IV b, S. 464; mit guten Gründen a.A. dagegen *Oetker* in: MünchKomm-BGB, § 249 Rn. 303.
[93] Vgl. BGH v. 29.01.1968 - II ZR 18/65 - BGHZ 49, 356-363.
[94] OLG Schleswig-Holstein v. 06.07.2010 - 3 U 105/09 - 1. Leitsatz.

doppeln, Paketkartenabschnitten usw. Der Verkäufer hat außerdem zu beweisen, dass sich die Ware zum Zeitpunkt ihrer Versendung in einem vertragsgemäßen Zustand befand.[95] Nimmt der Käufer allerdings die Ware als Erfüllung an, kehrt sich die Beweislast um (§ 363 BGB). Ob von einem allgemeinen Erfahrungssatz ausgegangen werden kann, dass immer dann, wenn die übersandte Ware bei ihrer Ankunft mangelhaft ist, davon auszugehen ist, dass sie dies bereits bei der Auslieferung an den Transporteur war, erscheint zweifelhaft.[96] Geht die Ware auf dem Transport unter oder erreicht sie den Käufer in beschädigtem Zustand, und ist streitig, ob hierfür ein Verhalten des Verkäufers bei der Auslieferung ursächlich ist (unzureichende Transportverpackung, fehlerhafte Transportanweisung usw.), trifft den Verkäufer die Beweislast für sein fehlendes Verschulden (vgl. auch § 280 Abs. 1 Satz 1 BGB).[97]

B. Kommentierung zu Absatz 2

I. Grundlagen

1. Kurzcharakteristik

§ 447 Abs. 2 BGB gewährt dem Käufer einen gegen den Verkäufer gerichteten Anspruch auf Ersatz des Schadens, der daraus entstanden ist, dass der Verkäufer ohne dringenden Grund von einer Anweisung des Käufers über die Art der Versendung abgewichen ist. Ein solcher Fall ist z.B. gegeben, wenn der Käufer um einen Versand per Bahn bittet, der Verkäufer jedoch ohne besonderen Anlass einen Straßentransport veranlasst, auf dem die Sache untergeht.   43

2. Gesetzgebungsmaterialien

§ 447 Abs. 2 BGB ist wortidentisch aus § 447 Abs. 2 BGB a.F. übernommen worden.   44

3. Europäischer Hintergrund

Vgl. Rn. 8.   45

II. Anwendungsvoraussetzungen

1. Besondere Anweisung des Käufers über die Art der Versendung

Ein Ersatzanspruch nach § 447 Abs. 2 BGB kann nur bestehen, wenn der Käufer dem Verkäufer eine besondere Anweisung über die Art der Versendung erteilt hat. Dass der Käufer ein derartiges Weisungsrecht hat, ergibt sich aus dem dem Versendungskauf inhärenten Geschäftsbesorgungselement. Die Versendung als solche ist zwar Pflicht des Verkäufers (vgl. Rn. 2), doch führt der mit ihr verbundene Übergang der Transportgefahr dazu, dass der Verkäufer auf die Interessen des Käufers Rücksicht nehmen und besonderen Wünschen des Käufers über die Durchführung des Transports nachkommen muss. Derartige Transportanweisungen können sich z.B. auf die Zeit des Transports, die Transportmittel (Versand per Bahn, Schiff, Luftfracht etc.), die Transportroute, die Verpackung der Ware, eine Versandversicherung[98] o.Ä. beziehen.   46

Sämtliche Kosten des Transports, die dem Verkäufer durch die Befolgung von Weisungen des Käufers entstehen, hat nach der Grundregel des § 448 Abs. 1 BGB der Käufer zu tragen.   47

---

[95] Vgl. dazu auch BGH v. 05.12.1990 - VIII ZR 75/90 - juris Rn. 15 - BGHZ 113, 106-115.
[96] So aber *Mezger* in: BGB-RGRK, § 447 Rn. 17, unter Hinweis auf den BGH (VIII ZR 315/56 - unveröffentlicht).
[97] Wie hier *Beckmann* in: Staudinger, § 447 Rn. 48; *Weidenkaff* in: Palandt, § 447 Rn. 22; *Westermann* in: MünchKomm-BGB, § 447 Rn. 4, 27; a.A. *Huber* in: Soergel, § 447 Rn. 94.
[98] Zur Versandversicherung im geschäftlichen Verkehr vgl. OLG Schleswig-Holstein v. 06.07.2010 - 3 U 105/09 – juris Rn. 26 ff.

2. Abweichung ohne dringenden Grund

48 Ein Ersatzanspruch nach § 447 Abs. 2 BGB besteht nur, wenn der Verkäufer ohne dringenden Grund von Weisungen des Käufers abweicht und diese Abweichung für den eingetretenen Schaden kausal ist.[99]

49 Ein **dringender Grund**, der die Haftungsfolge des § 447 Abs. 2 BGB ausschließt, liegt vor, wenn die Befolgung der Anweisung des Käufers wegen außergewöhnlicher Umstände unzumutbar oder sinnwidrig ist, weil z.B. der vom Käufer gewählten Versendungsart ein von diesem nicht erkanntes Gefahrenpotential innewohnt.[100] Gemäß § 665 Satz 2 BGB analog hat der Verkäufer in einem solchen Fall dem Käufer allerdings zunächst eine Anzeige zu machen und dessen Entschließung abzuwarten. Kommt eine Rückfrage beim Käufer hingegen nicht in Betracht, kann der Verkäufer von Anweisungen des Käufers abweichen und sich für die Transportart, -route etc. entscheiden, von der anzunehmen ist, dass sie vom Käufer bei Kenntnis der Sachlage gebilligt worden wäre. Entgegen des offenen Wortlauts der Vorschrift haftet der Verkäufer gemäß § 447 Abs. 2 BGB nur, wenn er die Abweichung von der Anweisung zu vertreten hat.[101] Eine Haftung nach § 447 Abs. 2 BGB kommt daher z.B. nicht in Betracht, wenn der Verkäufer ohne eigenes Verschulden angenommen hat, dass ein dringender Grund vorliegt. Zu beachten ist allerdings § 280 Abs. 1 Satz 2 BGB.

III. Rechtsfolgen

50 § 447 Abs. 2 BGB verpflichtet den Verkäufer zum Ersatz des durch Abweichung von der Weisung des Käufers entstandenen Schadens. Der Gefahrübergang nach § 447 Abs. 1 BGB bleibt hiervon unberührt. Der Käufer ist dann auf seinen Schadensersatzanspruch beschränkt, hat aber die Möglichkeit, mit diesem gegen seine fortbestehende Pflicht zur Zahlung des Kaufpreises aufzurechnen.

51 Ein Verstoß gegen die Weisung des Käufers kann aber auch dazu führen, dass der Verkäufer die Zerstörung oder Beschädigung der Kaufsache auf dem Transport zu vertreten hat. In einem solchen Fall mangelt es an dem für die Anwendung von § 447 Abs. 1 BGB erforderlichen Zufall. Es bleibt dann bei der Grundregel des § 326 Abs. 1 Satz 1 BGB mit der Folge eines Erlöschens des Zahlungsanspruchs des Verkäufers.

IV. Prozessuale Hinweise

52 **Beweislast**: Vgl. zunächst Rn. 41. Der Käufer muss beweisen, dass er dem Verkäufer eine Weisung erteilt hat, diese zweckmäßig war, der Verkäufer von ihr abgewichen ist und diese Abweichung kausal für den eingetretenen Schaden ist. Dem Verkäufer obliegt der Beweis dafür, dass ein dringender Grund vorlag, er dem Käufer einen entsprechenden Hinweis erteilt hat und ihn kein Verschulden trifft.

---

[99] KG v. 08.04.1921 - 7 ZS - OLGE 43, 44.
[100] Vgl. BGH v. 11.04.1962 - VIII ZR 38/61 - LM Nr. 2 zu § 447 BGB.
[101] *Faust* in: Bamberger/Roth, § 447 Rn. 23; *Grunewald* in: Erman, § 447 Rn. 18; *Weidenkaff* in: Palandt, § 447 Rn. 20.

§ 448 BGB Kosten der Übergabe und vergleichbare Kosten

(Fassung vom 02.01.2002, gültig ab 01.01.2002)

(1) Der Verkäufer trägt die Kosten der Übergabe der Sache, der Käufer die Kosten der Abnahme und der Versendung der Sache nach einem anderen Ort als dem Erfüllungsort.

(2) Der Käufer eines Grundstücks trägt die Kosten der Beurkundung des Kaufvertrags und der Auflassung, der Eintragung ins Grundbuch und der zu der Eintragung erforderlichen Erklärungen.

Gliederung

A. Kommentierung zu Absatz 1	1	IV. Anwendungsfelder	18
I. Grundlagen	1	1. Incoterms	18
1. Kurzcharakteristik	1	2. Grundstückskauf	20
2. Gesetzgebungsmaterialien	2	**B. Kommentierung zu Absatz 2**	21
3. Europäischer Hintergrund	4	I. Grundlagen	21
4. Bezug zum UN-Kaufrecht	5	1. Kurzcharakteristik	21
II. Anwendungsvoraussetzungen	7	2. Gesetzgebungsmaterialien	22
III. Rechtsfolgen	9	II. Anwendungsvoraussetzungen	23
1. Vom Verkäufer zu tragende Kosten	11	III. Rechtsfolgen	25
2. Vom Käufer zu tragende Kosten	15		

A. Kommentierung zu Absatz 1

I. Grundlagen

1. Kurzcharakteristik

§ 448 Abs. 1 BGB trifft hinsichtlich der bei der Durchführung eines Sachkaufs entstehenden Kosten („Kosten der Übergabe und vergleichbare Kosten") eine schuldrechtliche Verteilungsregelung. Sie gilt nur im Verhältnis der Kaufvertragsparteien zueinander, nicht aber im Verhältnis zu Dritten (etwa Notaren oder Behörden).[1] Die Vorschrift geht vom Grundsatz aus, dass jede der Vertragsparteien die Kosten zu tragen hat, die bei der Vornahme von Handlungen zur Durchführung des Kaufvertrages in ihrem Pflichten- oder Gefahrenbereich entstanden sind. 1

2. Gesetzgebungsmaterialien

§ 448 Abs. 1 BGB ist aus § 448 Abs. 1 BGB a.F. hervorgegangen. Zu inhaltlichen Änderungen kam es dabei nicht. Lediglich das in § 448 Abs. 1 BGB a.F. enthaltene Regelbeispiel für Kosten der Übergabe der verkauften Sache, nämlich „die Kosten des Messens und Wägens", wurde mangels praktischer Relevanz gestrichen. 2

Auf eine Aufnahme von § 448 Abs. 2 BGB a.F. in § 448 BGB wurde verzichtet. Die dort vorgesehene Zuweisung der bei der Begründung oder Übertragung eines Rechts entstehenden Kosten an den Verkäufer findet sich nunmehr systematisch richtig in § 453 Abs. 2 BGB. 3

3. Europäischer Hintergrund

Die RL 1999/44/EG des Europäischen Parlaments und Rates vom 25.05.1999 enthält keine Regelungen über die Verteilung der bei der Durchführung des Kaufvertrags entstehenden Kosten. Anders als beim CISG führt auch ein Rückgriff auf den von der RL 1999/44/EG statuierten Pflichtenkatalog nicht weiter, da die RL 1999/44/EG nur die Angleichung mitgliedstaatlicher Vorschriften „zu bestimmten Aspekten des Verbrauchsgüterkaufs" (Artikel 1 Absatz 1) zum Ziel hat, insbesondere die Bestimmung 4

---

[1] RG v. 21.05.1919 - V 323/15 - RGZ 96, 48-53, 48.

§ 448

der Vertragsmäßigkeit der Kaufsache (Artikel 2), nicht aber die Modalitäten ihrer Übergabe. Daher ist auch bei einem Kaufvertrag zwischen einem Unternehmer (§ 14 BGB) und einem Verbraucher (§ 13 BGB) der Käufer zur Übernahme der Kosten der Abnahme und der Versendung der Sache nach einem anderen Ort als dem Erfüllungsort verpflichtet. § 474 Abs. 2 BGB greift nicht, da die Vorschrift lediglich die Gefahrtragungsregel des § 447 BGB, nicht aber die Kostentragungsregel des § 448 Abs. 1 BGB für unanwendbar erklärt.[2]

4. Bezug zum UN-Kaufrecht

5   Anders als das Haager Einheitskaufrecht (EKG Art. 90) und als das deutsche Recht (§ 448 BGB) enthält das CISG keine eigenen Regeln über die Verteilung der bei der Durchführung des Kaufvertrags entstehenden Kosten. Häufig wird jedoch der Kaufvertrag unter Einbeziehung von Lieferklauseln, die den Incoterms entnommen sind, vereinbart. Aus diesen ergibt sich dann ohne weiteres auch eine Regelung der Kostenfrage (zu den Incoterms 2010 vgl. Rn. 18).

6   Fehlt es an einer derartigen Einbeziehung und wurde auch keine individualvertragliche Abrede getroffen, ist von der Grundregel auszugehen, dass jede der Vertragsparteien die im Zusammenhang mit ihrer eigenen Leistung entstandenen Kosten zu tragen hat. Unter Rückgriff auf den vom CISG statuierten Pflichtenkatalog ergibt sich daraus, dass der Verkäufer die Kosten der Lieferung bis zum Lieferort und der Käufer die vom Moment der Übergabe an entstehenden Kosten einschließlich der Übernahmekosten zu tragen hat.[3] Von dieser Grundregel ist im Zweifel auch bei der Verteilung durch den Kauf entstehender Lasten, etwa von Zöllen, Steuern, Aus- oder Einfuhrabgaben oder -genehmigungen auszugehen, wobei die Einzelheiten freilich umstritten sind.[4]

II. Anwendungsvoraussetzungen

7   Voraussetzung für das Eingreifen der Verteilungsregel des § 448 Abs. 1 BGB ist das Vorliegen eines Sachkaufs, d.h. eines Kaufvertrags (§ 433 BGB) über eine Sache (§§ 90, 90a BGB), also auch von Grundstücken. Steht der Verkauf von Rechten in Rede, ist hingegen § 453 Abs. 2 BGB einschlägig.

8   Kaufverträge über Grundstücke unterfallen nicht nur § 448 Abs. 1 BGB, sondern haben in § 448 Abs. 2 BGB eine weitere Regelung hinsichtlich der bei Durchführung des Grundstückskaufs entstehenden Kosten gefunden. Der Verkauf von Rechten an Grundstücken ist indes ein Rechtskauf i.S.v. § 453 BGB mit der Folge, dass die dort aufgestellte Verteilungsregel Anwendung findet.

III. Rechtsfolgen

9   Liegt ein Sachkauf vor, richtet sich die Verteilung der bei der Durchführung des Kaufvertrags entstehenden Kosten mangels anderweitiger Vereinbarung nach der in § 448 Abs. 1 BGB enthaltenen Grundregel.

10 § 448 Abs. 1 BGB erfasst nur die Kosten, die bei pflichtgemäßer Durchführung des Kaufvertrages entstehen. Die Norm gilt hingegen nicht für Kosten, die aufgrund von Pflichtverletzungen bei der Durchführung des Kaufvertrages, insbesondere durch die Lieferung einer mit Sachmängeln behafteten Sache, entstanden sind. Derartige Kosten sind stets vom Verkäufer zu tragen, wie insbesondere § 439 Abs. 2 BGB hervorhebt.

1. Vom Verkäufer zu tragende Kosten

11 Der Verkäufer hat die Kosten der Übergabe der Sache zu tragen. Was darunter zu verstehen ist, hängt davon ab, in welcher Form die Übergabe geschuldet wird.

---

[2] *Leible* in: Gebauer/Wiedmann, Zivilrecht unter gemeinschaftsrechtlichem Einfluss, 2. Aufl. 2010, Kap. 10 Rn. 142.

[3] *Widmer* in: Schlechtriem/Schwenzer, Kommentar zum Einheitlichen UN-Kaufrecht, 5. Aufl. 2008, Art. 31 Rn. 83; *Magnus* in: Staudinger, CISG Art. 31 Rn. 30.

[4] Vgl. m.w.N. *Widmer* in: Schlechtriem/Schwenzer, Kommentar zum Einheitlichen UN-Kaufrecht, 5. Aufl. 2008, Art. 31 Rn. 84.

Liegt eine **Holschuld** vor (vgl. die Kommentierung zu § 269 BGB), sind vom Verkäufer alle Kosten zu übernehmen, die aus der von ihm geschuldeten Handlung des Bereitstellens der Ware in einem abholfähigen Zustand resultieren. Dies umfasst die Kosten des Transports zum Übergabeort, der Lagerung bis zur Übergabe sowie die Verpackungskosten, sofern die Ware nur verpackt transportiert werden kann. Die Kosten der Beladung von Transportmitteln des Käufers gehen mangels abweichender Vereinbarung dagegen zu Lasten des Käufers. Den Verkäufer treffen die durch das Messen und Wiegen der Ware verursachten Kosten, sofern dieser Vorgang der Individualisierung der verkauften Ware oder der Preisberechnung dient. Wird hingegen aus Anlass der Abnahme und Untersuchung der Ware gemessen oder gewogen, obliegt die Kostenübernahme dem Käufer.

Handelt es sich um eine **Bringschuld**, hat der Verkäufer alle Kosten zu tragen, die bis zur Übergabe der Sache am Bestimmungsort entstehen. Das umfasst neben den Kosten für Verpackung und Transport auch die Kosten des Messens und Wiegens, wenn dies der Individualisierung der Ware dient oder zur Preisberechnung notwendig ist. Bei Stromlieferungen hat daher der Lieferant die Messkosten zu tragen, die anfallen, um festzustellen, wie viel Strom geliefert wurde.[5] Der Betreiber einer Anlage zur Erzeugung (erneuerbarer) Energie hat die Kosten zur Schaffung der für die Einspeisung des Stroms erforderlichen technischen Voraussetzungen, insbesondere der Verlegung von Kabeln bis zum Einspeisungsort zu tragen. Dies ergab sich unter der zeitlichen Geltung des StrEsG mangels spezialgesetzlicher Regelung aus § 448 Abs. 1 BGB,[6] mittlerweile ist dies in § 13 Abs. 1 EEG geregelt. Ob auch die Entladekosten mangels vertraglicher Vereinbarung vom Verkäufer zu tragende Kosten der Übergabe sind, beurteilt sich nach der Verkehrssitte. So ist es z.B. als verkehrsüblich und damit vom Verkäufer geschuldet anzusehen, das gelieferte Heizöl oder Benzin in einen Tank des Käufers einzufüllen oder die veräußerten Kohlen in den Keller oder eine andere Lagerstätte des Käufers am Bestimmungsort zu verbringen.[7] Wird die Ware vom Käufer auf Mängel untersucht, handelt es sich dabei nicht um Übergabe-, sondern um Abnahmekosten, die dem Käufer zur Last fallen. Ist die Bereitstellung der Ware mit der Verpflichtung zur Zahlung von Zöllen und Steuern verbunden, handelt es sich um Übergabekosten, die ebenfalls vom Verkäufer zu übernehmen sind.[8]

Wird die Sache vereinbarungsgemäß „nach einem anderen Ort als dem Erfüllungsort" versendet, handelt es sich also um einen **Versendungskauf** (vgl. die Kommentierung zu § 447 BGB), so schuldet der Verkäufer nur die Übergabe an die Transportperson und hat dementsprechend auch nur die bis zu diesem Zeitpunkt entstehenden Kosten der Versendung zu tragen. Entscheidend ist der Zeitpunkt der Übergabe der verkauften Sache an den ersten (Fremd-)Beförderer. Der Verkäufer muss daher z.B. die Kosten der Verpackung und der Beauftragung des Transportunternehmens übernehmen. Beim Transport zur Transportperson ist zu differenzieren. Erfolgt der Transport durch eigene Leute, sind die hierdurch verursachten Kosten vom Veräußerer zu tragen. Sie müssen hingegen vom Käufer übernommen werden, wenn der Verkäufer die Kaufsache durch eine von ihm verschiedene Transportperson zum „Haupttransporteur" befördern lässt.[9] Anders als bei der Bringschuld sollen nach verbreiteter Ansicht beim Versendungskauf die Kosten der Verpackung nicht vom Verkäufer, sondern vom Käufer zu tragen sein, da es sich hierbei um „Kosten der Versendung der Sache nach einem anderen Ort als dem Erfüllungsort" handele.[10] Das überzeugt indes nicht, denn der Verkäufer schuldet zwar nicht den Transport, aber immerhin die Übergabe der Ware an die Transportperson, und zwar in einem transport-

---

[5] OLG Hamm v. 12.09.2003 - 29 U 14/03 - ZNER 2003, 335-337; LG Dortmund v. 13.12.2002 - 6 O 237/02 - ZNER 2003, Nr. 1, 70-71.
[6] BGH v. 07.02.2007 - VIII ZR 225/05 - juris Rn. 15; zur Kostentragung von Netzanschluss- und Netzausbaukosten vgl. *Klemm*, ET 2007, 62-66.
[7] *Huber* in: Soergel, § 448 Rn. 8; *Westermann* in: MünchKomm-BGB, § 448 Rn. 5.
[8] Str., vgl. *Beckmann* in: Staudinger, § 448 Rn. 5.
[9] So auch *Huber* in: Soergel, § 448 Rn. 10; a.A. *Grunewald* in: Erman, § 448 Rn. 3.
[10] So z.B. *Beckmann* in: Staudinger, § 448 Rn. 11; *Westermann* in: MünchKomm-BGB, § 448 Rn. 6.

fähigen Zustand (vgl. auch die Kommentierung zu § 447 BGB). Daher sind die Verpackungskosten von ihm und nicht vom Käufer zu tragen.[11]

2. Vom Käufer zu tragende Kosten

15 Der Käufer hat zunächst einmal alle Kosten zu tragen, die durch die Abnahme (§ 433 Abs. 2 BGB), d.h. die Übernahme der verkauften Sache in seine Verfügungsgewalt (vgl. auch die Kommentierung zu § 433 BGB), entstehen. Dazu gehören die Kosten der Untersuchung der Ware auf Mängelfreiheit, aber genauso die des Transports vom Bestimmungsort zum Lager des Käufers und insbesondere auch das Einlagern in dessen Warenlager, sofern sich nicht aus der Verkehrssitte Gegenteiliges ergibt.

16 Ist die Kaufsache an einen anderen Ort als den Erfüllungsort zu senden, hat der Verkäufer die ihm aus dem Kaufvertrag obliegende Pflicht mit Übergabe der Sache an die Transportperson erfüllt. Die durch den Transport entstandenen Kosten fallen daher dem Käufer zur Last. Da der Käufer die Transportgefahr trägt (§ 447 BGB), ist er auch zur Übernahme der Kosten einer Transportversicherung verpflichtet[12] (zur davon zu unterscheidenden Frage, wann dem Verkäufer der Abschluss einer Transportversicherung obliegt, vgl. die Kommentierung zu § 447 BGB Rn. 36). Die Verpackungskosten sind vom Verkäufer, nicht aber vom Käufer zu tragen (vgl. Verpackungskosten, Rn. 12). Der Käufer hat jedoch das Verpackungsmaterial, sofern es nicht mitverkauft und von erheblichem Wert ist, auf seine Kosten dem Verkäufer zurückzuliefern. Dabei handelt es sich um eine Bring- oder Schick-, nicht aber um eine Holschuld.[13] Die Kosten des Rücktransports trägt in diesem Fall der Käufer. Gleiches gilt für Transportmittel, wie z.B. Container oder Paletten.

17 Umstritten ist, ob bei einem Versendungskauf auch Zölle und Abgaben zu den vom Käufer zu übernehmenden Transportkosten zählen. Nach überwiegender Ansicht soll dies zu bejahen sein.[14] Indes sind Zölle und ähnliche Abgaben nicht mit Transportkosten vergleichbar. Bei Inlandsgeschäften sind sie grundsätzlich vom Verkäufer zu tragen.[15] Handelt es sich um ein grenzüberschreitendes Geschäft, ist durch Auslegung zu ermitteln, ob Zölle und andere durch die grenzüberschreitende Verbringung verursachte Abgaben bereits im Kaufpreis eingeschlossen sind oder nicht. Im Grundsatz ist dabei davon auszugehen, dass der Teil der Kosten, dessen Entstehung auf der Ausfuhr beruht, vom Verkäufer zu tragen ist, und derjenige, der seine Ursache in der Einfuhr findet, vom Käufer.[16]

IV. Anwendungsfelder

1. Incoterms

18 § 448 Abs. 1 BGB ist dispositives Recht. Die Parteien machen von der ihnen eingeräumten Befugnis, ihre vertraglichen Pflichten in Abweichung vom gesetzlichen Grundmodell auszugestalten, recht häufig Gebrauch. Dies geschieht meist durch die Übernahme von Formulierungen aus Klauselwerken wie

---

[11] Wie hier *Grunewald* in: Erman, § 448 Rn. 3; *Huber* in: Soergel, § 448 Rn. 15.

[12] Wie hier *Grunewald* in: Erman, § 448 Rn. 3; *Huber* in: Soergel, § 448 Rn. 12; *Beckmann* in: Staudinger, § 448 Rn. 14; *Westermann* in: MünchKomm-BGB, § 448 Rn. 6, a.A. *Mezger* in: BGB-RGRK, § 448 Rn. 3.

[13] *Grunewald* in: Erman, § 448 Rn. 3; *Beckmann* in: Staudinger, § 448 Rn. 15; a.A. *Huber* in: Soergel, § 448 Rn. 18.

[14] *Westermann* in: MünchKomm-BGB, § 448 Rn. 6; *Grunewald* in: Erman, § 448 Rn. 3; vgl. auch RG v. 28.02.1908 - II 486/07 - RGZ 68, 43-44, 43 (Frachturkundenstempel); RG v. 19.01.1923 - II 129/22 - RGZ 106, 212-214, 212 (Transportversicherung).

[15] RG v. 10.10.1921 - VI 392/21 - JW 1921, 1599.

[16] Vgl. dazu ausführlich und überzeugend *Huber* in: Soergel, § 448 Rn. 20; zur Kostenlast hinsichtlich Steuern und Zölle bei der Vereinbarung einer Lieferung „frei Haus" vgl. außerdem BGH v. 25.04.1991 - III ZR 74/90 - BGHZ 114, 248-257.

den **Trade Terms**[17] oder den **Incoterms**. Derzeit aktuell sind die Incoterms 2010.[18] Sie gelten seit dem 01.01.2010 und umfassen nun insgesamt 11 Klauseln, die in vier Gruppen gegliedert sind (C-, D-, E- und F-Klauseln). Bei allen Klauseln hat der Verkäufer – sofern es nicht handelsüblich ist, die Kaufsache unverpackt zu liefern – für deren transportgerechte Verpackung auf seine Kosten zu sorgen.

Ist die Ware „ab Werk" (EXW) verkauft, erfüllt der Verkäufer seine Lieferpflicht bereits dadurch, dass er die Ware zur vereinbarten Zeit in seinem Werk oder Lager dem Käufer zur Verfügung stellt. Dem Verkäufer fallen so lange alle die Ware betreffenden Kosten zur Last, bis sie dem Käufer am vereinbarten Ort geliefert worden ist. Wird die Ware „frei Frachtführer" (FCA) verkauft, besteht die Kostentragungspflicht des Verkäufers bis zu dem Zeitpunkt, zu dem die Ware dem Frachtführer übergeben wird. Der Verkäufer muss außerdem die Kosten der Zollformalitäten sowie alle Zölle, Steuern u.a. Abgaben, die bei der Ausfuhr der Ware anfallen, übernehmen. Zölle, Steuern u.a. Abgaben sowie die Kosten der Zollformalitäten, die bei der Einfuhr der Ware und bei der Durchfuhr durch jedes Land anfallen, sind hingegen vom Käufer zu entrichten. Gleiches gilt, wenn die Ware „frei Längsseite Schiff" (FAS) verkauft worden ist. Maßgeblicher Zeitpunkt ist hier die Lieferung der Ware Längsseite Schiff in dem benannten Verschiffungshafen. Dieser Zeitpunkt wird bei gleicher Kostenverteilung wiederum hinausgeschoben durch die Klausel „frei an Bord" (FOB). Maßgeblich ist nunmehr der Zeitpunkt, in dem die Ware die Schiffsreling in dem benannten Verschiffungshafen überschritten hat. Das Gleiche gilt bei einer Veräußerung der Ware mit der Klausel „Kosten und Fracht" (CFR). Im Unterschied zu den F-Klauseln muss der Verkäufer jedoch noch einen Transportvertrag zu den üblichen Bedingungen des Seefrachtvertrages abschließen und die Kosten der Fracht übernehmen, um die von ihm für den Export freizumachende Ware zum benannten Bestimmungshafen zu befördern. Die gleichen Verpflichtungen treffen ihn, wenn „Kosten, Versicherung, Fracht" (CIF) vereinbart worden ist, doch muss er nunmehr zusätzlich noch eine Seetransportversicherung gegen die vom Käufer getragene Gefahr des Verlusts oder der Beschädigung der Ware während des Transports abschließen. Wird Lieferung „frachtfrei" (CPT) vereinbart, bedeutet dies, dass der Verkäufer die Ware dem von ihm benannten Frachtführer liefern muss, er aber zusätzlich auf eigene Rechnung einen Vertrag über die Beförderung der Ware zum Bestimmungsort abzuschließen hat. Wird „frachtfrei versichert" (CIP) vereinbart, tritt die Verpflichtung des Käufers hinzu, auf seine Kosten zusätzlich zum Beförderungsvertrag bis zum Bestimmungsort eine Transportversicherung abzuschließen. Bei den D-Klauseln schließlich handelt es sich um so genannte Ankunftsklauseln. Zu ihnen zählen „geliefert Terminal" (DAT), „geliefert benannter Ort" (DAP) oder „geliefert verzollt" (DDP). Verlangt wird eine Lieferung jeweils an dem benannten Terminal im Bestimmungshafen bzw. Bestimmungsort. Außer im Falle von „geliefert verzollt" (DDP) ist der Verkäufer nicht verpflichtet, die Ware im Bestimmungsland zur Einfuhr freizumachen. Gefahr und Kosten gehen über mit Übergabe, also Terminal im Bestimmungshafen bzw. am Bestimmungsort.

2. Grundstückskauf

Mit den Kosten der Übergabe eines Grundstücks belastet § 448 Abs. 1 BGB mangels anders lautender Vereinbarung den Verkäufer. Zu den Übergabekosten zählen insbesondere Kosten, die durch eine für die Übergabe notwendige Vermessung entstehen,[19] ferner z.B. Kosten der Lastenfreistellung.[20] Kosten der Eigentumsübertragung unterfallen hingegen der Regel des § 448 Abs. 2 BGB.

---

[17] Vgl. dazu *Baumbach/Hopt*, Handelsgesetzbuch, 35. Aufl. 2012, Einl. Incoterms (6), Rn. 1 ff.; abgedruckt u.a. bei *Hefermehl* in: Schlegelberger, Handelsgesetzbuch, 5. Aufl. 1986, § 346 Rn. 55.

[18] Abgedruckt in *Baumbach/Hopt*, Handelsgesetzbuch, 35. Aufl. 2012; zur aktualisierten Fassung vgl. *von Bernstorff*, RIW 2010, 672-679; *Zwilling-Pinna*, BB 2010, 2980-2983; *Piltz*, IHR 2011, 1-7. Zur Fassung von 2000 vgl. *Bredow/Seiffert*, Incoterms 2000, 2000; *Bredow*, TranspR 1999, Beilage IHR 4, 45-47, 45; *Lehr*, VersR 2000, 548-557, 548; *Piltz*, RIW 2000, 485-489, 485; *Wertenbruch*, ZGS 2005, 136-142,136.

[19] *Grunewald* in: Erman, § 448 Rn. 6; *Huber* in: Soergel, § 448 Rn. 26; *Weidenkaff* in: Palandt, § 448 Rn. 7; AG Brandenburg v. 19.05.2009 - 34 C 77/08 - BeckRS 2009, 14511.

[20] *Tiedtke*, MittBayNot 2008, 23-26, 25.

B. Kommentierung zu Absatz 2

I. Grundlagen

1. Kurzcharakteristik

21 § 448 Abs. 2 BGB legt dem Käufer in Abweichung von der Grundregel des § 448 Abs. 1 BGB mangels abweichender Vereinbarung die Verpflichtung auf, alle unmittelbar durch die Veräußerung sowie die Eigentumsübertragung des Grundstücks entstehenden Kosten zu übernehmen. Damit soll sichergestellt werden, dass dem Verkäufer der Kaufpreis ungeschmälert von Kosten verbleibt.[21] Die Regelung entspricht der Verkehrsanschauung.[22]

2. Gesetzgebungsmaterialien

22 § 448 Abs. 2 BGB ist ohne inhaltliche Änderung aus § 449 Abs. 1 BGB a.F. hervorgegangen. Lediglich die in § 449 Abs. 1 BGB a.F. enthaltene Regelung über den Kauf von Rechten an einem Grundstück ist entfallen. An ihre Stelle ist § 453 Abs. 2 BGB getreten mit der Folge, dass die aus der Begründung oder Übertragung von Rechten an Grundstücken resultierenden Kosten dem Verkäufer und nicht wie im Falle des § 448 Abs. 2 BGB dem Käufer zur Last fallen.

II. Anwendungsvoraussetzungen

23 Voraussetzung für das Eingreifen der **Kostenverteilungsregel** des § 448 Abs. 2 BGB ist das Vorliegen eines gültigen Kaufvertrags über ein Grundstück. Hieran fehlt es, wenn der Kaufvertrag nicht wirksam wird, weil z.B. eine erforderliche Genehmigung nicht erteilt wird,[23] oder es lediglich bei einem Angebot bleibt.[24] Die Pflicht zur Kostentragung besteht hingegen auch dann, wenn der Kaufvertrag, nach dem die Kosten entstanden sind, durch Vereinbarung der Parteien aufgehoben wird.[25] Zu den Grundstückskaufverträgen zählen auch Verträge über den Kauf von Wohnungseigentum, da zu diesem auch der Miteigentumsanteil am Grundstück zählt (§ 1 Abs. 2 und 5 WEG), sowie über Erbbaurechte (§ 11 ErbbauRG).

24 Bedarf es bei einer Veräußerung von Wohnungseigentum nach § 12 Abs. 1 WEG der Zustimmung der anderen Wohnungseigentümer oder eines Dritten (etwa des Verwalters), so gilt für die Kosten der Unterschriftsbeglaubigung die gesetzliche Verteilung nach § 448 Abs. 2 BGB.[26] Ist dem zustimmungsberechtigten Verwalter ein Sonderhonorar für die Bearbeitung und Erteilung der Zustimmung zugestanden worden, so kann dieses Honorar auf Verkäufer oder Erwerber durch die Gemeinschaftsordnung der Eigentümergemeinschaft und durch einen Beschluss nach § 21 Abs. 7 WEG, nicht aber durch den Verwaltervertrag selbst abgewälzt werden.[27]

III. Rechtsfolgen

25 Der Käufer eines Grundstücks hat die Kosten der Beurkundung des Kaufvertrages, der Auflassung und der Eintragung zu tragen. Die Kosten einer Auflassungsvormerkung fallen ihm ebenfalls zur Last, da sie regelmäßig in seinem Interesse erfolgt.[28] Mangels anders lautender Vereinbarung trägt der Käu-

---

[21] BayObLG München v. 07.04.1961 - BReg 2 Z 38/61.
[22] Motive, Bd. II, S. 328.
[23] *Grunewald* in: Erman, § 448 Rn. 6; *Huber* in: Soergel, § 449 Rn. 2; *Weidenkaff* in: Palandt, § 448 Rn. 6.
[24] OLG Karlsruhe v. 29.03.2006 - 14 Wx 12/05 - juris Rn. 32; *Weidenkaff* in: Palandt, § 448 Rn. 6.
[25] OLG Karlsruhe v. 26.07.1962 - 3 W 35/62 - DNotZ 1963, 242.
[26] *Füllbeck*, ZMR 2012, 1-7, 2. Ebenso *Faust* in: Bamberger/Roth, § 448 Rn. 8, *Westermann* in: MünchKomm-BGB, § 448 Rn. 10. A.A. *Kreuzer* in: Staudinger, § 12 WEG Rn. 30, *Grziwotz* in: Jannißen, § 12 WEG Rn. 40.
[27] Zum Ganzen m.w.N. *Füllbeck*, ZMR 2012, 1-7, 2 ff., 7. Vgl. dort auch zur Gegenansicht, die hier ebenfalls § 448 Abs. 2 BGB anwenden will.
[28] KG v. 11.08.1956 - 1 aW 1600/56 - DNotZ 1957, 18; OLG Hamm v. 10.11.1964 - 14 W 93/64 - NJW 1965, 1443; OLG Karlsruhe v. 20.04.1988 - 13 U 242/86 - NJW-RR 1988, 1237-1238; *Grunewald* in: Erman, § 448 Rn. 6; *Huber* in: Soergel, § 449 Rn. 4; *Westermann* in: MünchKomm-BGB, § 449 Rn. 10; a.A. OLG Celle v. 01.03.1963 - 8 Wx 20/62 - NJW 1963, 909.

fer schließlich auch die Grunderwerbssteuer, da sie an den Erwerb und nicht an die Veräußerung anknüpft.[29] Zwar haften Verkäufer und Käufer gesamtschuldnerisch als Steuerschuldner (§ 13 GrEstG 1983, § 421 BGB),[30] doch kann der Verkäufer im Innenverhältnis analog § 448 Abs. 2 BGB Ausgleich verlangen. Bei einer bereicherungsrechtlichen Rückabwicklung von Erwerbsnebenkosten beeinflusst § 448 Abs. 2 BGB die Verteilung des aus der Saldotheorie abgeleiteten Entreicherungsrisikos. Kosten nach dieser Vorschrift können also vom Käufer nicht kondiziert oder in die bereicherungsrechtliche Rückabwicklung einbezogen werden, wenn das Geschäft fehlgeschlagen ist.[31]

Keine Kosten i.S.v. § 448 Abs. 2 BGB sind Aufwendungen der Vertragsparteien, die erforderlich sind, um überhaupt die Voraussetzungen einer Übereignung zu schaffen, so etwa die Kosten zur Löschung einer Hypothek zwecks lastenfreien Übergangs oder die Kosten einer Grundbuchberichtigung.[32] Nicht von § 448 Abs. 2 BGB erfasst werden außerdem notwendige Vermessungskosten. Sie unterfallen bereits § 448 Abs. 1 BGB (vgl. Rn. 1 ff.). 26

Die Kostenverteilungsregel des § 448 Abs. 2 BGB ist ebenso wie die des § 448 Abs. 1 BGB (vgl. Rn. 1 ff.) durch vertragliche Vereinbarung zwischen den Parteien abdingbar. Haften mehrere für Kosten i.S.v. § 448 Abs. 2 BGB als Gesamtschuldner, gilt für die interne Ausgleichspflicht allein § 448 Abs. 2 BGB, der die Vorschrift des § 426 Abs. 1 Satz 1 BGB verdrängt.[33] 27

---

[29] *Grunewald* in: Erman, § 448 Rn. 6; *Heine*, ZInsO 2004, 230-231, 230; *Huber* in: Soergel, § 449 Rn. 6; *Westermann* in: MünchKomm-BGB, § 448 Rn. 11; *Weidenkaff* in: Palandt, § 448 Rn. 7.
[30] Vgl. dazu auch *von Streit*, DStR 2003, 1776-1779, 1776; *Bruschke*, UVR 2003, 168-172, 168.
[31] BGH v. 11.06.2011 - V ZR 85/09 - juris Rn. 21 - NJW 2010, 2873-2876, 2875.
[32] *Weidenkaff* in: Palandt, § 448 Rn. 7.
[33] BayObLG München v. 20.04.1978 - BReg 3 Z 158/75 - BayObLGZ 1978, 94-97, 95; BayObLG München v. 26.09.2002 - 3Z BR 155/02 - juris Rn. 12 - NJW-RR 2003, 358-360; vgl. auch *Maletz*, ZNotP 2010, 216-29, 218.

§ 449 BGB Eigentumsvorbehalt

(Fassung vom 02.01.2002, gültig ab 01.01.2002)

(1) Hat sich der Verkäufer einer beweglichen Sache das Eigentum bis zur Zahlung des Kaufpreises vorbehalten, so ist im Zweifel anzunehmen, dass das Eigentum unter der aufschiebenden Bedingung vollständiger Zahlung des Kaufpreises übertragen wird (Eigentumsvorbehalt).
(2) Auf Grund des Eigentumsvorbehalts kann der Verkäufer die Sache nur herausverlangen, wenn er vom Vertrag zurückgetreten ist.
(3) Die Vereinbarung eines Eigentumsvorbehalts ist nichtig, soweit der Eigentumsübergang davon abhängig gemacht wird, dass der Käufer Forderungen eines Dritten, insbesondere eines mit dem Verkäufer verbundenen Unternehmens, erfüllt.

Gliederung

A. Kommentierung zu Absatz 1 1	3. Nachgeschalteter Eigentumsvorbehalt 46
I. Grundlagen....................................... 1	4. Verlängerter Eigentumsvorbehalt................ 48
1. Kurzcharakteristik 1	a. Vorausabtretungsklauseln 49
2. Gesetzgebungsmaterialien 2	b. Verarbeitungsklauseln 60
3. Europäischer Hintergrund 3	5. Erweiterter Eigentumsvorbehalt................. 64
4. Bezug zum UN-Kaufrecht 5	6. Kombinationsmodelle 69
II. Anwendungsvoraussetzungen 7	**B. Kommentierung zu Absatz 2**................... 70
1. Verkäufer 7	I. Grundlagen 70
2. Bewegliche Sache 8	1. Kurzcharakteristik............................. 70
3. Vereinbarung................................... 9	2. Gesetzgebungsmaterialien...................... 71
a. Form 10	II. Anwendungsvoraussetzungen 72
b. Vereinbarung in AGB........................... 11	1. Wirksamer Eigentumsvorbehalt 72
c. Kollidierende AGB („Abwehrklauseln") 12	2. Rücktritt vom Vertrag 73
d. Vertragswidriger Eigentumsvorbehalt 14	a. Rücktrittserklärung 73
4. Einfacher Eigentumsvorbehalt 17	b. Rücktrittsgrund............................... 74
5. Vollständige Zahlung des Kaufpreises 18	c. Abdingbarkeit 78
III. Rechtsfolgen.................................. 19	d. Verjährung................................... 82
1. Bedingte Übereignung 19	III. Rechtsfolgen 83
2. Im Zweifel 20	**C. Kommentierung zu Absatz 3**................... 84
3. Anwartschaftsrecht 21	I. Grundlagen 84
IV. Prozessuale Hinweise........................... 33	1. Kurzcharakteristik............................. 84
1. Zwangsvollstreckung 33	2. Gesetzgebungsmaterialien...................... 85
2. Insolvenz 35	II. Anwendungsvoraussetzungen 87
V. Anwendungsfelder 39	III. Rechtsfolgen 91
1. Nachträglicher Eigentumsvorbehalt 39	IV. Anwendungsfelder 93
2. Weitergeleiteter Eigentumsvorbehalt 44	

A. Kommentierung zu Absatz 1

I. Grundlagen

1. Kurzcharakteristik

1 Der Eigentumsvorbehalt ist eine primär sachenrechtliche Konstruktion, die freilich auch schuldrechtliche Auswirkungen hat.[1] § 449 Abs. 1 BGB stellt für die sachenrechtliche Ebene die Vermutung auf, dass bei einem Vorbehalt des Eigentums die Eigentumsübertragung unter der aufschiebenden Bedingung (§ 158 Abs. 1 BGB) vollständiger Zahlung des Kaufpreises erfolgt.

---

[1] *Lorenz*, JuS 2011, 199-202, 199.

2. Gesetzgebungsmaterialien

Die von § 449 Abs. 1 BGB formulierte sachenrechtliche Vermutungsregel ist ohne wesentliche inhaltliche Änderung aus § 455 Abs. 1 BGB a.F. hervorgegangen. Ersatzlos gestrichen wurde hingegen die ebenfalls in § 455 Abs. 1 BGB a.F. enthaltene schuldrechtliche Auslegungsregel, dass aufgrund der Vereinbarung eines Eigentumsvorbehalts „der Verkäufer zum Rücktritte von dem Vertrag berechtigt ist, wenn der Käufer mit der Zahlung in Verzug kommt". Der Gesetzgeber sah keinen Anlass für eine solche Abweichung von der allgemeinen Regel des § 323 BGB, zumal die Fristsetzung den Verkäufer nicht übermäßig belastet und sie zudem bei Vorliegen der Voraussetzungen des § 323 Abs. 2 BGB unnötig ist.[2] Vgl. dazu auch Rn. 70.

3. Europäischer Hintergrund

Die Verbrauchsgüterkaufrichtlinie[3] enthält keine Vorgaben für die Ausgestaltung des Eigentumsvorbehalts. Zu beachten ist jedoch die Zahlungsverzugsrichtlinie.[4] Deren Art. 4 Abs. 1 verpflichtet die Mitgliedstaaten „in Einklang mit den anwendbaren nationalen Vorschriften, wie sie durch das internationale Privatrecht bestimmt werden, vorzusehen, dass der Verkäufer bis zur vollständigen Bezahlung das Eigentum an Gütern behält, wenn zwischen Käufer und Verkäufer vor der Lieferung der Güter ausdrücklich eine Eigentumsvorbehaltsklausel vereinbart wurde". Der Aussagegehalt dieser Regelung, die auf einen politischen Kompromiss zurückzuführen ist,[5] ist nebulös. Selbst wenn man ihr eine Verpflichtung der Mitgliedstaaten zur Einführung eines Eigentumsvorbehalts entnehmen wollte,[6] kam dem bereits § 445 BGB a.F. nach. Ein Umsetzungsbedarf bestand daher nicht.[7] § 449 BGB ist richtlinienkonform.[8]

Diese Regelung wird ergänzt durch Art. 7 Abs. 1 der Insolvenzverordnung.[9] Danach lässt die Eröffnung eines Insolvenzverfahrens gegen den Käufer einer Sache die Rechte des Verkäufers aus einem Eigentumsvorbehalt unberührt, wenn sich diese Sache zum Zeitpunkt der Eröffnung des Verfahrens im Gebiet eines anderen Mitgliedstaats als dem der Verfahrenseröffnung befindet. Wird das Insolvenzverfahren über das Vermögen des Verkäufers eröffnet, so berechtigt dies nicht zur Auflösung oder Beendigung des Kaufvertrages und steht auch einem Eigentumserwerb des Käufers nicht entgegen, wenn sich die unter Eigentumsvorbehalt veräußerte Sache zum Zeitpunkt der Verfahrenseröffnung im Gebiet eines anderen Mitgliedstaates als dem der Verfahrenseröffnung befindet.

4. Bezug zum UN-Kaufrecht

Das UN-Kaufrecht enthält keinerlei Regelungen über die Übereignung der verkauften Ware und die hierbei zu erfüllenden Voraussetzungen (Art. 4 Satz 1 lit. b CISG). Dementsprechend fehlen auch Regelungen über die sachenrechtlichen Folgen der Vereinbarung eines Eigentumsvorbehalts.

Anders liegt dies auf der schuldrechtlichen Seite. Die Vereinbarung eines Eigentumsvorbehalts führt schuldrechtlich zu einer Modifizierung der Verkäuferpflichten. Der Verkäufer ist nicht zur Verschaffung vollen Eigentums verpflichtet, sondern muss lediglich unter der Bedingung vollständiger Kaufpreiszahlung (oder auch der Begleichung weiterer Forderungen des Verkäufers gegen den Käufer)

---

[2] Vgl. auch BT-Drs. 14/6040, S. 241.
[3] RL 1999/44/EG des Europäischen Parlaments und Rates vom 25.05.1999 zu bestimmten Aspekten des Verbrauchsgüterkaufs und der Garantien für Verbrauchsgüter.
[4] RL 2000/35/EG des Europäischen Parlaments und Rates vom 29.06.2000 zur Bekämpfung von Zahlungsverzug im Geschäftsverkehr.
[5] *Schulte-Nölke* in: AnwK, Das neue Schuldrecht, Art. 4 Verzugs-RL Rn. 2.
[6] So *Schmidt-Kessel*, NJW 2001, 97-103, 102; dagegen *Kieninger* in: Basedow, Aufbruch nach Europa, 2001, S. 151, 161 ff.
[7] BT-Drs. 14/6040, S. 83.
[8] *Leible* in: Gebauer/Wiedmann, Zivilrecht unter gemeinschaftsrechtlichem Einfluss, 2. Aufl. 2010, Kap. 10 Rn. 115; *Schmidt-Kessel*, NJW 2001, 97-103, 102.
[9] VO 1346/2000/EG des Europäischen Parlaments und Rates vom 29.05.2000 über Insolvenzverfahren.

übereignen. Die Vereinbarung eines Eigentumsvorbehalts modifiziert also das Pflichtenprogramm des Verkäufers aus Art. 30 CISG, was nach Art. 6 CISG grundsätzlich möglich ist.

II. Anwendungsvoraussetzungen

1. Verkäufer

7   Die Vereinbarung eines Eigentumsvorbehalts ist beim Kaufvertrag (§ 433 BGB), beim Tauschvertrag (§ 480 BGB) sowie bei einem Vertrag über die Lieferung herzustellender oder zu erzeugender beweglicher Sachen (§ 651 BGB) möglich.

2. Bewegliche Sache

8   Das deutsche Recht lässt – im Gegensatz zu zahlreichen anderen Rechtsordnungen – die Vereinbarung eines Eigentumsvorbehalts nur bei beweglichen Sachen i.S.d. §§ 90, 90a BGB zu. Denn die zur Übertragung des Eigentums an einem Grundstück erforderliche Auflassung ist vom Gesetz im Interesse der Klarheit des Grundbuches ausdrücklich für bedingungsfeindlich erklärt worden (§§ 873 Abs. 1, 925 Abs. 2 BGB). Eine gleichwohl unter einer Bedingung erfolgte Einigung ist unwirksam und ein Eigentumsvorbehalt an Grundstücken daher nicht möglich. **Ausgeschlossen** ist der Vorbehalt des Eigentums außerdem z.B. an Sachen, die wesentlicher Bestandteil einer anderen Sache (§ 93 BGB) oder eines Grundstücks (§ 94 BGB) sind, nicht hingegen bei unwesentlichen sowie Scheinbestandteilen (§ 95 BGB) und bei Zubehör (§§ 97, 98 BGB). Aufgrund des sachenrechtlichen Spezialitätsgrundsatzes ist schließlich auch kein Eigentumsvorbehalt an Sachgesamtheiten möglich. Es besteht lediglich die Möglichkeit, die einzelnen Teile der Sachgesamtheit im Wege von Einzelverfügungen zu übertragen und sich jeweils das Eigentum hieran vorzubehalten. Daher ist z.B. ein Vorbehalt des Eigentums an einem gesamten Handelsgeschäft ausgeschlossen.[10]

3. Vereinbarung

9   Der Eigentumsvorbehalt muss von den Parteien ausdrücklich vereinbart worden sein, und zwar bereits im Kaufvertrag. Jedoch ist auch eine konkludente Vereinbarung möglich. Von ihr ist etwa auszugehen, wenn der Autoverkäufer gegenüber dem Käufer, der den Kaufpreis noch nicht gezahlt hat, den Fahrzeugbrief einbehält.[11] Fehlt eine entsprechende Vereinbarung, so ist der Verkäufer zur unbedingten Eigentumsübertragung verpflichtet. Ein allgemeiner Handelsbrauch oder eine Verkehrssitte, derzufolge bei einer Stundung des Kaufpreises das Eigentum stets vorbehalten ist, wird trotz der enormen Verbreitung des Eigentumsvorbehalts von der wohl herrschenden Meinung nicht anerkannt.[12]

a. Form

10 Eine besondere Form ist für die Vereinbarung des Eigentumsvorbehalts grundsätzlich **nicht erforderlich**. Da für das Vorliegen einer solchen Vereinbarung derjenige die Beweislast trägt, der sich hierauf beruft,[13] empfiehlt es sich jedoch aus Beweisgründen, den Eigentumsvorbehalt schriftlich zu vereinbaren, wie dies in der Praxis auch regelmäßig geschieht. Ist der Eigentumsvorbehalt Bestandteil eines von einem Unternehmer mit einem Verbraucher (§§ 13, 14 BGB) geschlossenen Teilzahlungsgeschäfts, ist die Schriftform ohnehin vorgeschrieben (Art. 247 § 7 Nr. 2 EGBGB).

---

[10] BGH v. 11.10.1967 - Ib ZR 144/65 - LM Nr. 2 zu § 413 BGB.

[11] BGH v. 13.09.2006 – VIII ZR 184/05 - NJW 2006, 3488-3490; zustimmend *Osterloh*, jurisPR-BGHZivilR 45/2006, Anm. 1; *Faust*, LMK 2006, II, 86-87; *Fritsche/Würdinger*, NJW 2007, 1037-1039.

[12] Vgl. zum Streitstand mit weiteren Nachweisen z.B. *Bunte*, JA 1982, 321-326, 321, 324 f.; *Faust* in: Bamberger/Roth, § 449 Rn. 38; *Grunewald* in: Erman, § 449 Rn. 5; *Westermann* in: MünchKomm-BGB, § 449 Rn. 15 f.; *Mühl* in: Soergel, § 455 Rn. 10. Umfassend zum Ganzen zuletzt *Beckmann* in: FS für Gerhard Käfer, 2009, 19-29.

[13] BGH v. 15.06.1964 - VIII ZR 305/62 - BGHZ 42, 53-59; BGH v. 09.07.1975 - VIII ZR 89/74 - BGHZ 64, 395-398; BGH v. 23.04.1975 - VIII ZR 58/74 - LM Nr. 14 zu § 1006 BGB; *Westermann* in: MünchKomm-BGB, § 449 Rn. 97; *Mühl* in: Soergel, § 455 Rn. 78.

b. Vereinbarung in AGB

AGB enthalten, zumindest wenn es um Warenlieferungen geht, gewöhnlich eine Eigentumsvorbehaltsklausel. Die Vereinbarung eines Eigentumsvorbehalts mittels AGB begegnet keinen Bedenken.[14] Sofern AGB Bestandteil des Vertrags geworden sind (§§ 305 Abs. 2, 305a BGB), hat die Rechtsprechung die Wirksamkeit in ihnen enthaltener Eigentumsvorbehaltsklauseln bisher noch nie in Zweifel gezogen. Eigentumsvorbehaltsklauseln sind **keine überraschenden Klauseln** (§ 305c BGB), da sie heute weit verbreitet und in einigen Branchen sogar üblich sind.[15] Außerdem benachteiligen sie den Vertragspartner nicht entgegen den Geboten von Treu und Glauben unangemessen (§ 307 Abs. 1 BGB), weil der Warenlieferant ein legitimes Interesse an einer adäquaten Sicherung seiner Kaufpreisforderung hat.[16] Man hat sogar im Gegenteil gefragt, ob der formularmäßige Ausschluss des Eigentumsvorbehalts in Einkaufsbedingungen eine gegen § 307 Abs. 1 BGB verstoßende unangemessene Benachteiligung des Lieferanten darstellt. Das ist allerdings zu Recht verneint worden.[17]

c. Kollidierende AGB („Abwehrklauseln")

Eine andere Frage ist es, was geschieht, wenn die AGB des Verkäufers eine Eigentumsvorbehaltsklausel enthalten, diejenigen des Käufers jedoch einen Eigentumsvorbehalt gerade ausschließen sollen (kollidierende AGB).

Die frühere Rechtsprechung löste solche Kollisionsfälle anhand der sog. „Theorie des letzten Wortes".[18] Die Annahme des Angebots zu abweichenden Verkaufsbedingungen wurde danach als modifizierte Annahme (§ 150 Abs. 1 Satz 2 BGB) behandelt, die vorbehaltlose Entgegennahme der gelieferten Sache durch den Käufer als eine stillschweigende Annahme (§ 151 BGB) des neuen Angebots. Ging das Angebot vom Verkäufer aus, war es umgekehrt; es kamen die Einkaufsbedingungen des Käufers zum Zuge. Die Annahme des neuen Angebots des Käufers lag dann konkludent in der Lieferung der Ware (§ 151 BGB). Benachteiligt war immer diejenige Partei, von der das Vertragsangebot ausgegangen war. Die „Theorie des letzten Wortes" stieß in der Literatur auf begründete Kritik und ist mittlerweile vom BGH aufgegeben worden. Die neuere Rechtsprechung und der ganz überwiegende Teil der Lehre gehen heute davon aus, dass an sich ein **Dissens** vorliegt (§ 154 BGB). Dieser Dissens führt aber im Hinblick auf § 306 BGB bei einverständlicher Durchführung des Vertrages nicht zur Unwirksamkeit des Geschäftes.[19] Anstelle der AGB gilt gem. § 306 Abs. 1 Satz 2 BGB das dispositive Recht. Dieses sieht jedoch vor, dass der Eigentumsvorbehalt nicht die gesetzliche Regel ist, sondern von den Parteien ausdrücklich vereinbart werden muss (§ 449 Abs. 1 BGB). Schuldrechtlich mangelt es bei sich widersprechenden AGB folglich an einer wirksamen Eigentumsvorbehaltsvereinbarung,[20] sodass der Käufer einen Anspruch auf unbedingte Übereignung hat.[21] Sachenrechtlich ist indes zu beachten, dass der Verkäufer sich das Eigentum auch durch eine einseitige Erklärung vorbehalten kann, selbst wenn seine AGB aufgrund einer Abwehrklausel des Käufers nicht Vertragsinhalt geworden sind.

---

[14] Ausführlich dazu *Landwehr/Thonfeld*, NZI 2004, 7-13, 7.

[15] *Ulmer* in: Ulmer/Brandner/Hensen u.a., AGB-Recht, 10. Aufl. 2006, § 305c Rn. 33 m.w.N.

[16] BGH v. 08.10.1986 - VIII ZR 342/85 - juris Rn. 31 - BGHZ 98, 303-318; *Mühl* in: Soergel, § 455 Rn. 12.

[17] Zur Begründung vgl. BGH v. 29.10.1980 - VIII ZR 262/79 - BGHZ 78, 305-311; mit anderer Begründung, aber gleichem Ergebnis *Honsell*, JuS 1981, 705-712, 705, 706.

[18] Vgl. z.B. BGH v. 29.09.1955 - II ZR 210/54 - BGHZ 18, 212-218; BGH v. 14.03.1963 - VII ZR 257/61 - LM Nr. 6 zu § 150 BGB.

[19] BGH v. 26.09.1973 - VIII ZR 106/72 - BGHZ 61, 282-289; BGH v. 20.03.1985 - VIII ZR 327/83 - juris Rn. 21 - LM Nr. 32 zu § 157 (Ga) BGB; *Beckmann* in: Staudinger, § 449 Rn. 17 m.w.N.

[20] Ein Eigentumsvorbehalt kann trotz kollidierender Geschäftsbedingungen nur dann als schuldrechtlich vereinbart angesehen werden, wenn die Lieferung unter Eigentumsvorbehalt branchenüblich ist und der Käufer einen Eigentumsvorbehalt des Verkäufers nicht ausdrücklich, also vor allem mittels einer Abwehrklausel, ausgeschlossen hat, vgl. *Ulmer* in: Ulmer/Brandner/Hensen u.a., AGB-Recht, 10. Aufl. 2006, Anh. § 310 BGB Rn. 733; OLG Düsseldorf v. 24.04.1996 - 11 U 54/95 - NJW-RR 1997, 946-948 und dazu *Köster*, JuS 2000, 22-27, 22.

[21] BGH v. 30.03.1988 - VIII ZR 340/86 - juris Rn. 26 - BGHZ 104, 129-138; *Honsell*, JuS 1981, 705-712, 705, 706.

Zwar liegt in der Übergabe der Ware an den Käufer regelmäßig ein stillschweigendes Angebot des Verkäufers zur unbedingten Übereignung. Dies ist aber dann nicht der Fall, wenn dem Käufer bekannt ist, dass die Lieferbedingungen des Verkäufers einen Eigentumsvorbehalt enthalten. Die schuldrechtliche Unwirksamkeit einer Klausel ist kein Hindernis, ihren Inhalt bei der Auslegung sachenrechtlicher Willenserklärungen des Verwenders zu berücksichtigen.[22] Kennt der Käufer den in den Lieferbedingungen enthaltenen Eigentumsvorbehalt oder ist ihm die Kenntnis zumutbar, kann er in der Übergabe der Ware kein Angebot zur bedingungslosen Übereignung sehen. Nimmt er die Ware gleichwohl widerspruchslos entgegen, macht er sein Einverständnis mit der Vorbehaltsvereinbarung deutlich und erwirbt folglich nur bedingtes Eigentum.[23]

d. Vertragswidriger Eigentumsvorbehalt

14 Haben die Parteien im Kaufvertrag keinen Eigentumsvorbehalt vereinbart, ist der Verkäufer zur unbedingten Übertragung des Eigentums verpflichtet. Behält sich der Verkäufer abredewidrig bei der Übergabe der Ware, etwa auf einem Lieferschein oder einer mit der Ware übersandten Rechnung, einseitig das Eigentum an ihr vor, verletzt er seine Vertragspflichten, da er sich schuldrechtlich zur unbedingten Übereignung der Ware verpflichtet hat (nachträglicher vertragswidriger Eigentumsvorbehalt).

15 Der nachträgliche vertragswidrige Vorbehalt des Eigentums wird von der herrschenden Meinung als Folge des sachenrechtlichen Abstraktionsprinzips **grundsätzlich** für **möglich** erachtet.[24] § 929 Satz 1 BGB setzt für eine sachenrechtlich wirksame Übereignung voraus, dass die zu übereignende Sache übergeben wird und beide Parteien sich über den Eigentumsübergang einig sind. War zwischen den Parteien ein Eigentumsvorbehalt nicht vereinbart, ist in der Übergabe der Ware grundsätzlich ein Angebot zur bedingungslosen Übereignung zu sehen. Das gilt jedoch nicht, wenn dem Käufer eine nachträgliche – wenn auch abredewidrige – Vorbehaltserklärung zuging und er in zumutbarer Weise Kenntnis hiervon nehmen konnte. In diesem Fall kann der Käufer allenfalls bedingtes Eigentum erwerben (§ 158 BGB).[25] Da es sich bei der nachträglichen einseitigen Eigentumsvorbehaltserklärung um ein eindeutig vertragswidriges Verhalten des Verkäufers handelt, mit dem der Käufer üblicherweise nicht rechnen muss, sind zur Vermeidung unbilliger Ergebnisse bei der Beurteilung der Vorbehaltserklärung **strenge Maßstäbe** anzulegen. Der Eigentumsvorbehalt muss in einer Art und Weise erklärt werden, die erwarten lässt, dass der Käufer hiervon Kenntnis nimmt. Es bedarf daher eines besonders hervorgehobenen ausdrücklichen Hinweises. Hieran mangelt es, wenn sich die Erklärung lediglich in unauffälliger Weise – etwa an versteckter Stelle oder in kleiner Schrift – auf einem Lieferschein oder einer mitübersandten Rechnung befindet.[26] Gleiches gilt, wenn der Käufer aufgrund der vorangegangenen Geschäftsbeziehungen nicht mit einem Eigentumsvorbehalt rechnen musste. In allen diesen Fällen liegt mangels wirksamen Zugangs der Vorbehaltserklärung ein unbedingtes Übereignungsangebot vor, durch dessen Annahme der Käufer bedingungsloses Eigentum erwirbt.[27]

---

[22] BGH v. 30.03.1988 - VIII ZR 340/86 - juris Rn. 27 - BGHZ 104, 129-138.

[23] BGH v. 03.02.1982 - VIII ZR 316/80 - juris Rn. 24 - NJW 1982, 1749-1750; BGH v. 05.05.1982 - VIII ZR 162/81 - NJW 1982, 1751; BGH v. 18.06.1986 - VIII ZR 165/85 - juris Rn. 20 - LM Nr. 44 zu § 455 BGB; *Gerhardt*, JZ 1986, 672-680, 672, 673; zustimmend *Lousanoff*, NJW 1982, 1727-1731, 1728; *Schmidt/Ulmer*, JuS 1984, 18-25, 23 ff.; ablehnend *Bunte*, ZIP 1982, 449-451, 451; *Bunte*, JA 1982, 321-326, 326; *Kemper*, BB 1983, 94-95, 95.

[24] Eine ältere Mindermeinung hält den nachträglichen Eigentumsvorbehalt allein schon aufgrund seiner Vertragswidrigkeit für unwirksam, vgl. etwa LG Karlsruhe v. 03.12.1929 - 1 HH 8/29 - JW 1930, 2238; OLG Stuttgart v. 09.10.1930 - 2. ZivSen U 693/30 - JW 1931, 550; *Jacusiel*, Eigentumsvorbehalt, 1932, S. 12; *Schalfejew*, Eigentumsvorbehalt, 1931, S. 96 ff.; neuerdings auch *Schmidt-Salzer*, Das Recht der Allgemeinen Geschäfts- und Versicherungsbedingungen, 1967, D 83 ff.

[25] Lehnt der Käufer das Angebot über den nur bedingten Eigentumsübergang ab, geht das Eigentum mangels übereinstimmender Erklärungen überhaupt nicht, also nicht einmal bedingt auf ihn über.

[26] So z.B. BGH v. 02.10.1952 - IV ZR 2/52 - LM Nr. 2 zu § 930 BGB; vgl. auch BGH v. 09.07.1975 - VIII ZR 89/74 - BGHZ 64, 395-398; anders ist die Situation bei der Verwendung von AGB.

[27] So ausdrücklich BGH v. 25.10.1978 - VIII ZR 206/77 - LM Nr. 34 zu § 455 BGB.

Da die Parteien vertraglich die bedingungslose Übertragung des Eigentums vereinbart haben, kann der Käufer bei einem wirksamen nachträglichen vertragswidrigen Eigentumsvorbehalt auf vollständige Erfüllung, also auf bedingungslose Übereignung der Kaufsache, klagen. Hat er allerdings die Sache in Kenntnis des vertragswidrigen Eigentumsvorbehalts widerspruchslos entgegengenommen, kann darin ausnahmsweise eine stillschweigende Änderung des Kaufvertrags liegen.[28] Von einer stillschweigenden Vertragsänderung ist vor allem dann auszugehen, wenn der Eigentumsvorbehalt auf dem Lieferschein oder der Rechnung derartig aufwändig gestaltet gewesen ist, dass der Käufer ihn erkennen und ihm redlicherweise widersprechen musste.[29]

4. Einfacher Eigentumsvorbehalt

§ 449 Abs. 1 BGB geht vom Regelfall des sog. einfachen Eigentumsvorbehalts, d.h. dem schlichten Vorbehalt des Eigentums an der verkauften Sache bis zur vollständigen Kaufpreiszahlung, aus.[30] Daneben haben sich verschiedene Erweiterungsformen des Eigentumsvorbehalts entwickelt, etwa der nachträgliche, der weitergeleitete, der nachgeschaltete, der verlängerte und der erweiterte Eigentumsvorbehalt. Sie werden unter Anwendungsfelder (vgl. Rn. 39) erläutert.

5. Vollständige Zahlung des Kaufpreises

Das Gesetz geht davon aus, dass der Übergang des Eigentums an die Bedingung vollständiger Kaufpreiszahlung geknüpft wird. Den Parteien steht es jedoch frei, in den Grenzen der §§ 134, 138 BGB andere und weitere Voraussetzungen für den Bedingungseintritt festzulegen.

III. Rechtsfolgen

1. Bedingte Übereignung

Soweit die Parteien nicht ausdrücklich eine anders lautende Abrede getroffen haben, geht das Gesetz bei der Vereinbarung eines Eigentumsvorbehalts davon aus, dass die für die Übertragung des Eigentums notwendige dingliche Einigung der Parteien (§ 929 Satz 1 BGB) unter die aufschiebende Bedingung (§ 158 Abs. 1 Satz 1 BGB) der vollständigen Kaufpreiszahlung gestellt worden ist. Das Eigentum geht auf den Käufer erst über, wenn diese Bedingung erfüllt ist. Bis zu diesem Zeitpunkt bleibt der Verkäufer Eigentümer der Kaufsache. Ist die letzte Rate geleistet worden, kommt es zu einem automatischen Eigentumsübergang, ohne dass es hierfür einer zusätzlichen Handlung der Vertragsparteien bedarf.[31] Erforderlich ist die vollständige Bezahlung des Kaufpreises einschließlich Zinsen, Mehrwertsteuer und Nebenkosten.[32] Der Zahlung stehen eine Annahme an Erfüllungs statt (§ 364 BGB), die Hinterlegung unter Ausschluss der Rücknahme (§ 378 BGB) und die Aufrechnung (§ 389 BGB) gleich.[33]

2. Im Zweifel

Da es sich bei § 449 Abs. 1 BGB lediglich um eine Auslegungsregel handelt, steht es den Parteien frei, andere Vertragsgestaltungen zu wählen. Sie haben insbesondere die Möglichkeit, statt einer Suspensiv- eine **Resolutivbedingung** zu vereinbaren. Der Verkäufer kann daher das Eigentum an der Kaufsache auch unter der auflösenden Bedingung (§ 158 Abs. 1 Satz 2 BGB) nicht vollständiger Kaufpreiszah-

---

[28] *Mühl* in: Soergel, § 455 Rn. 17; *Beckmann* in: Staudinger, § 449 Rn. 23; anderer Ansicht *Braun*, BB 1978, 22-26, 26.
[29] RG v. 09.04.1929 - 14 U 3251/29 - JW 1930, 1421.
[30] Vgl. dazu eingehend *Leible/Sosnitza*, JuS 2001, 244-248, 244.
[31] Die frühere Rechtsprechung war noch der Auffassung, dass es zum Übergang des Eigentums eines fortdauernden Übereignungswillens des Verkäufers bedürfe, vgl. zuletzt RG v. 04.03.1919 - VII 396/18 - RGZ 95, 105-108, 105. Diese Ansicht wurde später jedoch aufgegeben, vgl. RG v. 22.03.1933 - II 406/32 - RGZ 140, 156-163 m.w.N.; vgl. auch *Lux*, MDR 2008, 895-899, 895 f.
[32] Vgl. *Beckmann* in: Staudinger, § 449 Rn. 31.
[33] Zu Problemen der Scheck- und Wechselhingabe vgl. *Westermann* in: MünchKomm-BGB, § 449 Rn. 24; *Beckmann* in: Staudinger, § 449 Rn. 32.

lung übertragen. Der Käufer erhält dann zwar volles Eigentum an der Kaufsache, ist in seiner Verfügungsbefugnis jedoch beschränkt (§ 161 Abs. 2 S BGB). Dem Verkäufer verbleibt ein pfandrechtsähnliches Recht auf Rückfall des Eigentums. In der Praxis sind Resolutivbedingungen indes nur selten anzutreffen.

3. Anwartschaftsrecht

21 Mit der Übergabe der Kaufsache vom Veräußerer an den Erwerber sind die für den gesetzlichen Erwerbstatbestand (§ 929 Satz 1 BGB) notwendigen Handlungen vollzogen. Nur das Wirksamwerden der Übereignung hängt noch vom Eintritt der Bedingung der vollständigen Kaufpreiszahlung ab (§ 158 Abs. 1 BGB). Es liegt allein am Käufer, ob er Eigentümer wird oder nicht. Hält er sich an die vertragliche Abmachung der vollständigen und rechtzeitigen Kaufpreiszahlung, kann der Verkäufer nicht zurücktreten und den Eigentumsübergang auch nicht verhindern. Genauso wenig ist es ihm möglich, mit Wirkung gegenüber dem Käufer anderweitig über die Sache zu verfügen (§ 161 Abs. 1 Satz 1 BGB). Selbst ein gutgläubiger Erwerb durch einen Dritten wird nach den §§ 161 Abs. 3, 936 Abs. 3 BGB regelmäßig daran scheitern, dass der Vorbehaltskäufer im unmittelbaren Besitz der Sache ist. Das Gleiche gilt, wenn keine aufschiebende, sondern eine auflösende Bedingung vereinbart worden ist (§ 161 Abs. 2 Satz 2 BGB). Und schließlich kann der Verkäufer vom Käufer auch nicht die Herausgabe des Gegenstandes verlangen (§ 985 BGB), weil der Käufer zu ihrem Besitz berechtigt ist (§ 986 BGB).[34] Der Käufer hat eine Rechtsstellung inne, die von der Rechtsprechung als eine „Vorstufe zum Eigentum"[35], als ein gegenüber dem Vollrecht „wesensgleiches Minus"[36] umschrieben wird.

22 Wie dieses Anwartschaftsrecht[37] des Vorbehaltskäufers rechtlich einzuordnen ist, d.h. ob es sich um ein dingliches[38], ein obligatorisches[39] oder ein schuldrechtlich-dingliches Recht[40] handelt, ist seit langem umstritten.[41] Die herrschende Meinung qualifiziert es zutreffend als **dingliches Recht**.[42] Dem steht der Numerus clausus der dinglichen Rechte nicht entgegen, da dieser nur eine Schaffung dinglicher Rechte durch Parteivereinbarung, nicht aber kraft Gewohnheitsrechts verbietet. Zwar gewährt die Anwartschaft dem Käufer noch kein eigentumsähnliches Herrschaftsrecht, weil der Käufer aufgrund des Kaufvertrages und des dem Verkäufer vorbehaltenen Eigentums verpflichtet ist, die Eigentumsinteressen des Verkäufers zu beachten, sodass er z.B. die Kaufsache nicht verschleißen, weiterveräußern, verarbeiten usw. darf.[43] Doch müssen dingliche Beherrschungsrechte nicht immer

---

[34] Näher zum Schutz des Anwartschaftsrechts und der Besitzstellung des Vorbehaltskäufers *Zeranski*, AcP 203, 693-726, 693; *Kindl*, ZJS 2008, 477-487, 482-487.

[35] BGH v. 21.09.1959 - III ZR 103/58 - juris Rn. 10 - BGHZ 30, 374-381. Dagegen z.B. jüngst *Harke*, JuS 2006, 385-389, der das Anwartschaftsrecht als Pfandrecht charakterisiert.

[36] BGH v. 24.06.1958 - VIII ZR 205/57 - BGHZ 28, 16-30.

[37] Ablehnend gegenüber der Annahme eines Anwartschaftsrechts *Mülbert*, AcP 202, 912-950, 934 ff.; *Armgardt*, AcP 206, 654-682, 667-676; kritisch *Lux*, Jura 2004, 145-153, 145.

[38] BGH v. 10.04.1961 - VIII ZR 68/60 - BGHZ 35, 85-95; BGH v. 24.10.1979 - VIII ZR 289/78 - juris Rn. 18 - BGHZ 75, 221-229; *Wieling*, Sachenrecht, 5. Aufl. 2007, § 17 II; *Prütting*, Sachenrecht, 33. Aufl. 2008, Rn. 392; *Müller-Laube*, JuS 1993, 529-536, 530; *Raiser*, Dingliche Anwartschaften, 1961, S. 63; *Bauknecht*, NJW 1955, 1251-1255, 1251; *Bülow*, Jura 1986, 234-241, 234; *Konnertz*, Die Konkurrenz der deliktischen Schadensersatzansprüche von Eigentümer und Besitzer gegen den Schädiger. Unter besonderer Berücksichtigung des Leasings und Vorbehaltskaufs, 2006, 105-109.

[39] *Gudian*, NJW 1967, 1786-1789, 1786; *Flume*, AcP 161, 385-408, 407 f.

[40] So z.B. *Serick*, Eigentumsvorbehalt und Sicherungsübertragung, 1963, Bd. I S. 247; *Georgiades*, Die Eigentumsanwartschaft beim Vorbehaltskauf, 1963, S. 111 ff.

[41] Ausführlich *Westermann* in: MünchKomm-BGB, § 449 Rn. 40 ff.; *Mühl* in: Soergel, § 455 Rn. 34; vgl. auch *Harke*, JuS 2006, 385-389; *Kindl*, ZJS 2008, 477-487, 482 m.w.N.

[42] BGH v. 24.06.1958 - VIII ZR 205/57 - BGHZ 28, 16-30; BGH v. 10.04.1961 - VIII ZR 68/60 - BGHZ 35, 85-95.

[43] Der Vorbehaltskäufer ist deshalb bis zum Bedingungseintritt auch nicht Eigenbesitzer im Sinne des § 872, sondern Fremdbesitzer, vgl. *Joost* in: MünchKomm-BGB, § 872 Rn. 9 m.w.N. Zu Ansprüchen des Verkäufers bei Beschädigung des Sicherungsguts durch den Käufer vgl. *Deckenbrock/Dötsch*, WM 2007, 669-676; *Sittard/Blattner*, ZGS 2006, 339-341.

eigentumsähnlich ausgestaltet, sondern können beschränkt sein.[44] Im Übrigen sind die Meinungsverschiedenheiten zwischen den verschiedenen Theorien in den Einzelfragen meist nur gering. Denn selbst wenn man das Anwartschaftsrecht nicht als dingliches Recht betrachtet, zwingt seine Nähe zum Eigentum doch dazu, es in vielerlei Hinsicht wie ein dingliches Recht zu behandeln.[45] Umgekehrt darf man sich nicht allein aufgrund der Qualifikation des Anwartschaftsrechts als dingliches Recht dazu verleiten lassen, hieraus in begriffsjuristischer Weise Rechtsfolgerungen für konkrete Detailfragen herzuleiten.[46]

Da es sich beim Anwartschaftsrecht um ein **subjektives Recht** handelt, kann es Gegenstand rechtsgeschäftlicher Verfügungen sein, insbesondere vom Käufer an einen Dritten veräußert und auf diesen übertragen werden. Diese Übertragung erfolgt nach den Regeln für die Übertragung des Vollrechts, also nach den für den Eigentumsübergang maßgeblichen Vorschriften der §§ 929-936 BGB.[47] Für die Übertragung des Anwartschaftsrechts bedarf es daher der Einigung und der Übergabe der Sache. Die Übergabe kann durch die Vereinbarung eines Besitzkonstituts ersetzt werden (§ 930 BGB), etwa wenn das Anwartschaftsrecht einem Dritten zur Sicherheit übertragen wird.[48] Wird in diesem Fall der Kaufpreis vollständig bezahlt, verwandelt sich das auf den Dritten übertragene Anwartschaftsrecht ipso iure in Sicherungseigentum. Hat der Käufer sein Anwartschaftsrecht auf einen Dritten übertragen, erlangt dieser bei Bedingungseintritt unmittelbar das Eigentum an der Vorbehaltsware. Ein Durchgangserwerb beim Käufer findet nicht statt, und zwar selbst dann nicht, wenn der Inhaber des Vollrechts, also der Erstveräußerer, der Übertragung nicht zugestimmt hat.[49] Pfändet ein Gläubiger des Vorbehaltskäufers bei diesem die Vorbehaltsware, obwohl das Anwartschaftsrecht zuvor im Wege des Besitzkonstituts auf einen Dritten übertragen wurde, läuft die Pfändung ins Leere. Der Erwerber der Anwartschaft erwirbt mit Bedingungseintritt unbelastetes Eigentum. Anders hingegen, wenn belastende Rechte zu einem Zeitpunkt entstehen, in dem der Vorbehaltskäufer noch Inhaber des Anwartschaftsrechts ist: In diesem Fall erfasst das belastende Recht zunächst das Anwartschaftsrecht und setzt sich dann nach Bedingungseintritt am Eigentum fort.[50]

Auch ein **gutgläubiger Erwerb** des Anwartschaftsrechts des Vorbehaltskäufers durch Dritte ist möglich. Dabei ist jedoch zu differenzieren. Ein gutgläubiger Erwerb eines Anwartschaftsrechts ist auf jeden Fall beim Erwerb vom vermeintlichen Eigentümer möglich.[51] Veräußert jemand eine ihm nicht gehörende Sache unter Eigentumsvorbehalt an einen Dritten, kann der Dritte ein Anwartschaftsrecht an ihr erwerben, sofern er zum Zeitpunkt von Einigung und Übergabe gutgläubig (§§ 932-934 BGB) und die Sache ihrem tatsächlichen Eigentümer nicht abhandengekommen war (§ 935 BGB). Die Interessenlage ist die gleiche wie beim gutgläubigen Eigentumserwerb; geschützt wird das Vertrauen des Erwerbers, der vom Besitz des Veräußerers auf sein Eigentum schließt und schließen darf

---

[44] So ist z.B. auch das Pfandrecht ein dingliches Recht, obwohl der Pfandgläubiger Fremdbesitzer ist.
[45] *Grunewald* in: Erman, § 449 Rn. 28.
[46] So zutreffend *Brox*, JuS 1984, 657-668, 658; *Flume*, Allgemeiner Teil des Bürgerlichen Rechts, Bd. II, S. 734; *Medicus*, Bürgerliches Recht, 22. Aufl. 2009, Rn. 456; *Beckmann* in: Staudinger, § 449 Rn. 63.
[47] RG v. 04.04.1933 - VII 21/33 - RGZ 140, 223-231; BGH v. 21.05.1953 - IV ZR 192/52 - BGHZ 10, 69-75; BGH v. 24.06.1958 - VIII ZR 205/57 - BGHZ 28, 16-30; BGH v. 10.04.1961 - VIII ZR 68/60 - BGHZ 35, 85-95; BGH v. 05.05.1971 - VIII ZR 217/69 - BGHZ 56, 123-131; *Flume*, Allgemeiner Teil des Bürgerlichen Rechts, Bd. II, S. 736; *Michalski* in: Erman, § 929 Rn. 19ff.; *Bassenge* in: Palandt, § 929 Rn. 45; *Beckmann* in: Staudinger, § 449 Rn. 69; vgl. auch *Lux*, MDR 2008, 895-899, 896.
[48] Vgl. dazu z.B. BGH v. 25.11.1958 - VIII ZR 57/58 - LM Nr. 11a zu § 929 BGB; BGH v. 22.02.1956 - IV ZR 164/55 - BGHZ 20, 88-102; BGH v. 24.06.1958 - VIII ZR 205/57 - BGHZ 28, 16-30; BGH v. 05.05.1971 - VIII ZR 217/69 - BGHZ 56, 123-131.
[49] BGH v. 24.06.1958 - VIII ZR 205/57 - BGHZ 28, 16-30; BGH v. 21.09.1959 - III ZR 103/58 - juris Rn. 15 - BGHZ 30, 374-381; BGH v. 10.04.1961 - VIII ZR 68/60 - BGHZ 35, 85-95.
[50] BGH v. 10.04.1961 - VIII ZR 68/60 - BGHZ 35, 85-95; BGH v. 31.05.1965 - VIII ZR 302/63 - LM Nr. 3 zu § 559 BGB; vgl. ausführlich *Westermann* in: Westermann/Gursky, Sachenrecht, 7. Aufl. 1999, § 39 IV 3 b.
[51] *Leible/Sosnitza*, JuS 2001, 341-347, 343.

(§ 1006 BGB).[52] Mit Zahlung der letzten Kaufpreisrate an den Veräußerer erwirbt er bedingungsloses Eigentum. Eine zwischenzeitlich, d.h. zwischen Übergabe und Bedingungseintritt, eingetretene Bösgläubigkeit ist unschädlich.[53] Nach derzeit noch herrschender Meinung soll in analoger Anwendung der §§ 932-936 BGB ein gutgläubiger Erwerb auch möglich sein, wenn sich der Veräußerer zwar nicht als Eigentümer, aber immerhin als Anwartschaftsberechtigter ausgibt, das Anwartschaftsrecht jedoch einem anderen zusteht.[54] Überzeugen kann das indes nicht, da in diesem Fall kein schützenswerter Rechtsschein besteht. Auch wenn der Veräußerer im Besitz der Sache ist, hat er doch zu erkennen gegeben, dass er nicht ihr Eigentümer, sondern allenfalls Anwartschaftsberechtigter ist. Der vom Besitz ausgehende, auf Eigentum des Veräußerers hindeutende Rechtsschein ist dadurch zerstört. Gründe, warum der Erwerber aufgrund des Besitzes des Veräußerers immerhin auf die Existenz eines Anwartschaftsrechts vertrauen dürfen soll, sind nicht ersichtlich. Der Besitz vermittelt keinen Rechtsschein einer allumfassenden Rechtszuständigkeit des Besitzers.[55] Ein gutgläubiger Erwerb eines Anwartschaftsrechts ist schließlich auf jeden Fall ausgeschlossen, wenn ein Anwartschaftsrecht gar nicht existiert, weil z.B. der angeblich zugrunde liegende Kaufvertrag nicht wirksam zustande gekommen oder später wieder weggefallen ist.[56] Der gute Glaube an den Bestand der Kaufpreisforderung wird nicht geschützt. Gleiches gilt, wenn ein Kaufvertrag zwar existiert, ein Anwartschaftsrecht aber aufgrund eines Mangels der dinglichen Einigung nicht entstanden ist.[57]

25 Die **Verpfändung** eines Anwartschaftsrechts ist möglich und erfolgt in derselben Form wie die Begründung eines Pfandrechts an einer Sache (§§ 1204, 1205 BGB).[58] Bei Bedingungseintritt setzt sich das Pfandrecht an der Sache fort (§ 1287 BGB analog).[59] Die Gläubiger des Vorbehaltskäufers können dessen Anwartschaftsrecht auch pfänden. Wie dies technisch vonstattengeht, ist freilich umstritten.

26 Die h.M. geht von der so genannten **Theorie der Doppelpfändung** aus.[60] Danach unterliegt das Anwartschaftsrecht als solches der Rechtspfändung gemäß den §§ 857, 829 ZPO. Da diese reine Rechtspfändung jedoch wirkungslos wird, wenn das Anwartschaftsrecht zum Volleigentum erstarkt, bedarf es zur zusätzlichen Sicherung der Rechtsposition des Gläubigers der Pfändung der Sache selbst im Wege

---

[52] Das soll sogar dann gelten, wenn die dem äußeren Anschein nach im Gewahrsam des Dritten befindliche Sache nach Abtretung des Herausgabeanspruchs an den Erwerber und Erlangung eines entsprechenden Titels durch diesen polizeilich beschlagnahmt und sodann von der Polizei an den Erwerber ausgehändigt wird, vgl. OLG Oldenburg v. 20.06.2012 - 3 U 97/11.

[53] Vgl. z.B. BGH v. 21.05.1953 - IV ZR 192/52 - BGHZ 10, 69-75; BGH v. 21.09.1959 - III ZR 103/58 - juris Rn. 18 - BGHZ 30, 374-381; *Brox*, JuS 1984, 657-668, 661; *Flume*, AcP 161, 385-408, 392; *Flume*, Allgemeiner Teil des Bürgerlichen Rechts, Bd. II, S. 735; *Wiegand*, JuS 1974, 201-212, 211.

[54] So BGH v. 24.10.1979 - VIII ZR 289/78 - juris Rn. 18 - BGHZ 75, 221-229; *Baur/Stürner*, Sachenrecht, 18. Aufl. 2009, § 59 Rn. 39; *Wieling*, Sachenrecht, 5. Aufl. 2007, § 17 I 1b. aa.; *Bassenge* in: Palandt, § 929 Rn. 46; *Eichenhofer*, AcP 185, 162-201, 177; *Grunewald* in: Erman, § 449 Rn. 31; *Raiser*, Dingliche Anwartschaften, 1961, S. 38; *Reinicke*, MDR 1959, 613-617, 616; *Prütting*, Sachenrecht, 33. Aufl. 2008, Rn. 393; *Serick*, Eigentumsvorbehalt und Sicherungsübertragung, 1963, Bd. I S. 270.

[55] So im Ergebnis auch *Brox*, JuS 1984, 657-668, 662; *Flume*, Allgemeiner Teil des Bürgerlichen Rechts, Bd. II, S. 737 ff.; *Kupisch*, JZ 1976, 417-429, 427; *Medicus*, Bürgerliches Recht, 22. Aufl. 2009, Rn. 475; *Westermann* in: MünchKomm-BGB, § 449 Rn. 64; *Wiegand*, JuS 1974, 201-212, 211 f.; *Bülow*, Jura 1986, 169-174, 235; *Grunsky* in: Westermann/Gursky, Sachenrecht, 7. Aufl. 1999, § 45 III 1 d.

[56] *Brox*, JuS 1984, 657-668, 661; *Raiser*, Dingliche Anwartschaften, 1961, S. 38; *Prütting*, Sachenrecht, 33. Aufl. 2008, Rn. 393; *Serick*, Eigentumsvorbehalt und Sicherungsübertragung, 1963, Bd. I, S. 271; *Westermann* in: MünchKomm-BGB, § 449 Rn. 64.

[57] *Brox*, JuS 1984, 657-668, 661; *Flume*, Allgemeiner Teil des Bürgerlichen Rechts, Bd. II, S. 737 ff.; *Westermann* in: MünchKomm-BGB, § 449 Rn. 64; a.A. *Bassenge* in: Palandt, § 929 Rn. 46; *Mühl*, AcP 160 (1961), 264-271, 268; *Raiser*, Dingliche Anwartschaften, 1961, S. 38; *Serick*, Eigentumsvorbehalt und Sicherungsübertragung, 1963, Bd. I S. 271.

[58] Vgl. BGH v. 10.04.1961 - VIII ZR 68/60 - BGHZ 35, 85-95.

[59] *Prütting*, Sachenrecht, 33. Aufl. 2008, Rn. 396.

[60] BGH v. 24.05.1954 - IV ZR 184/53 - NJW 1954, 1325-1328; *Arens/Lüke*, Zivilprozessrecht, 7. Aufl. 1999, Rn. 661; *Baumbach/Lauterbach*, ZPO, 66. Aufl. 2008, Grundz. § 704 Rn. 60f.; *Serick*, Eigentumsvorbehalt und Sicherungsübertragung, 1963, Bd. I S. 303 ff.

der Sachpfändung (§§ 808-827 ZPO). Zwar kann der Vorbehaltsverkäufer aufgrund seiner Eigentümerstellung gegen die Sachpfändung jederzeit die Drittwiderspruchsklage erheben (§ 771 ZPO), doch hat der Gläubiger aufgrund der Rechtspfändung die Möglichkeit, den noch offen stehenden Kaufpreis des Schuldners zu bezahlen und so den Bedingungseintritt herbeizuführen (§ 267 BGB).[61] Der Gläubiger kann so durch eigenes Handeln einer möglichen Drittwiderspruchsklage den Boden entziehen. Zahlt er den Restkaufpreis, wird der Schuldner Eigentümer der Sache. Dann setzt sich sein durch die Sachpfändung bewirktes Pfändungspfandrecht an der jetzt im Eigentum des Schuldners stehenden Sache fort. Er kann sie verwerten lassen.

Nach anderer Ansicht handelt es sich beim Anwartschaftsrecht um ein „anderes Vermögensrecht" im Sinne von § 857 ZPO, weshalb eine Rechtspfändung ausreichend sei (**Theorie der reinen Rechtspfändung**).[62] Die Pfändung des Anwartschaftsrechts würde dann allein durch die Zustellung des Pfändungsbeschlusses an den Veräußerer bewirkt werden (§ 829 ZPO). Das durch die Pfändung entstandene Pfändungspfandrecht soll sich nach Bedingungseintritt an der Pfandsache fortsetzen (§ 1287 BGB, § 847 ZPO analog). Eine anschließende, d.h. nach Bedingungseintritt erfolgende Pfändung der Vorbehaltsware, ist nach dieser Ansicht folglich überflüssig. Tritt die Bedingung ein, kann die Vorbehaltsware verwertet werden.[63]

Des Weiteren wird die Auffassung vertreten, dass das Anwartschaftsrecht so zu pfänden ist, wie es übertragen wird, also durch reine Sachpfändung (§ 808 ZPO – Theorie der reinen Sachpfändung).[64] Durch die Inbesitznahme und Kenntlichmachung der Sache seitens des Gerichtsvollziehers werden die Sache selbst und das Anwartschaftsrecht verstrickt. Der Vorbehaltsverkäufer habe danach lediglich die Stellung des Inhabers eines besitzlosen Pfandrechts, sodass er keine Drittwiderspruchsklage (§ 771 ZPO) erheben, sondern nur vorzugsweise Befriedigung aus dem Versteigerungserlös verlangen könne (§ 805 ZPO).

Nach einer vierten Auffassung soll schließlich zur Pfändung des Anwartschaftsrechts die Pfändung der Vorbehaltssache durch den Gerichtsvollzieher unter Kenntlichmachung dieser Form der Pfändung des Anwartschaftsrechts ausreichend sein (§ 808 ZPO – Theorie der Rechtspfändung in Form der Sachpfändung).[65] Nach diesem Ansatz ist sauber zwischen der Pfändung des Anwartschaftsrechts des Vorbehaltskäufers und der Pfändung der dem Vorbehaltsverkäufer gehörenden Sache zu unterscheiden. Die Pfändung des Anwartschaftsrechts erfolgt durch die Ingewahrsamnahme der Sache durch den Gerichtsvollzieher unter Kenntlichmachung im Pfändungsprotokoll. Mit Eintritt der Bedingung wandelt sich das Pfandrecht am Anwartschaftsrecht in ein Pfändungspfandrecht an der Sache selbst um.

Gegen die herrschende Theorie der Doppelpfändung spricht, dass sie kompliziert und kostspielig ist. Ihre zentrale Begründung, dass sich das Pfandrecht am Anwartschaftsrecht nicht an der Sache fortsetze, steht zudem in gewissem Wertungswiderspruch zu der Annahme, dass die Veräußerung eines in einen Haftungsverband gefallenen Anwartschaftsrechts zu belastetem Eigentum des Erwerbers führe.[66] Gegen die Theorie der reinen Rechtspfändung spricht, dass sich eine Umwandlung des Pfandrechts am Anwartschaftsrecht in ein Pfandrecht an der Sache analog den §§ 1287, 847 ZPO nur schwer begründen lässt. Denn diese Vorschriften setzen als Ausdruck des Publizitätsprinzips voraus, dass der Gläubi-

---

[61] *Grunewald* in: Erman, § 449 Rn. 34; *Lux*, MDR 2008, 895-899, 898.
[62] So z.B. *Banke*, Das Anwartschaftsrecht in der Einzelzwangsvollstreckung, 1991, S. 29 ff.; *Sponer*, Das Anwartschaftsrecht und seine Pfändung, 1965, S. 188; *Baur/Stürner*, Sachenrecht, 18. Aufl. 2009, § 59 Rn. 41; *Flume*, AcP 161, 385-408, 402 ff.; *Medicus*, Bürgerliches Recht, 22. Aufl. 2009, Rn. 486; *Müller*, Sachenrecht, 4. Aufl. 1997, Rn. 2442; *Reich*, JZ 1973, 678-679; *Weber*, NJW 1976, 1601-1607, 1606.
[63] Es bedarf hierzu lediglich ihrer Wegnahme durch den Gerichtsvollzieher analog § 847 ZPO.
[64] *Bauknecht*, NJW 1954, 1749-1751, 1749; *Hübner*, NJW 1980, 729-735, 733; *Kupisch*, JZ 1976, 417-429, 426; *Braun*, NJW 1962, 382-384, 383; *Georgiades*, Die Eigentumsanwartschaft beim Vorbehaltskauf, 1963, S. 140 ff.; *Raiser*, Dingliche Anwartschaften, 1961, S. 90 ff; *Bülow*, Recht der Kreditsicherheiten, 7. Aufl. 2007, Rn. 820.
[65] *Brox*, JuS 1984, 657-668, 665; *Wieling*, Sachenrecht, 5. Aufl. 2007, § 17 IV 3; *Brox/Walker*, Zwangsvollstreckungsrecht, 7. Aufl. 2003, Rn. 812; *Schuschke/Walker*, Vollstreckung und vorläufiger Rechtsschutz, 4. Aufl. 2008, § 857 Rn. 17.
[66] Vgl. dazu *Westermann* in: Westermann/Gursky, Sachenrecht, 7. Aufl. 1999, § 39 IV 3 b.

ger bzw. der Gerichtsvollzieher Besitz an der Sache hat.[67] Daran fehlt es jedoch, wenn das Anwartschaftsrecht nur durch Beschluss des Vollstreckungsgerichts gepfändet worden ist. Der Theorie der reinen Sachpfändung ist entgegenzuhalten, dass sie dazu zwingt, in eine schuldnerfremde Sache zu vollstrecken. Darüber hinaus erscheint es nicht sachgerecht, dem Vorbehaltsverkäufer die Drittwiderspruchsklage abzusprechen und ihn auf den Versteigerungserlös zu verweisen, da dieser geringer sein kann als der noch offene Restkaufpreis. Gegen die Theorie der Rechtspfändung in Form der Sachpfändung wird geltend gemacht, dass es der Vorbehaltsverkäufer in der Hand habe, durch eine Drittwiderspruchsklage die Zwangsvollstreckung für unzulässig erklären zu lassen. Dieser Einwand greift jedoch nicht durch, da nur das Anwartschaftsrecht, wenn auch in Form der Sachpfändung, nicht aber die Sache selbst gepfändet und daher das Eigentum des Vorbehaltsverkäufers gar nicht beeinträchtigt wird. Weiterhin wird gerade umgekehrt zu bedenken gegeben, dass durch diesen Weg dem Vorbehaltsverkäufer die Drittwiderspruchsklage nicht nur gegen die Pfändung, sondern auch gegen die Verwertung der Sache genommen werde.[68] Auch dieser Einwand überzeugt nicht. Zahlt der Vorbehaltskäufer seine Rate an den Vorbehaltsverkäufer oder übernimmt der Gläubiger die Restzahlung, hat der Verkäufer weder Grund noch Anlass, sich gegen die Verwertung zu wehren. Erhält der Vorbehaltsverkäufer dagegen keine weitere Zahlung, steht es ihm frei, vom Kaufvertrag zurückzutreten und dadurch das Anwartschaftsrecht zu beseitigen, sodass die Pfändung gegenstandslos wird. Wird in dieser Situation gleichwohl die Verwertung der Sache im Wege der Zwangsvollstreckung weiterbetrieben, steht dem Vorbehaltsverkäufer natürlich die Drittwiderspruchsklage offen. Insgesamt erscheint daher die Rechtspfändung in Form der Sachpfändung vorzugswürdig, zumal sie auch mit der Art der Übertragung und Verpfändung der Anwartschaft korrespondiert.

31 Das Anwartschaftsrecht ist ein **sonstiges Recht** im Sinne von § 823 Abs. 1 Satz 1 BGB.[69] Wird die Sache beschädigt oder zerstört, konkurrieren Ansprüche des Vorbehaltsverkäufers als Eigentümer und Ansprüche des Vorbehaltskäufers als Anwartschaftsberechtigtem. Wer von ihnen hinsichtlich des Schadensersatzanspruches aktivlegitimiert ist oder ob nur beide gemeinsam aktivlegitimiert sind, ist umstritten.[70] Die Rechtsprechung ging in früheren Entscheidungen davon aus, dass der Käufer das Sachwertinteresse fordern darf, hiervon aber den Betrag abziehen muss, den der Eigentümer noch als Kaufpreis beanspruchen kann.[71] In neueren Entscheidungen spricht sie dem Vorbehaltskäufer allerdings einen vollen Ausgleichsanspruch zu.[72] Andere nehmen eine Gesamtgläubigerschaft (§ 428 BGB) zwischen Vorbehaltsverkäufer und Vorbehaltskäufer an.[73] Nach wiederum anderer Ansicht ist allein der Vorbehaltseigentümer Forderungsinhaber.[74] Weiterhin wird vertreten, dass der Ausgleichsanspruch allein und in voller Höhe dem Vorbehaltskäufer zustehe. Dem Vorbehaltsverkäufer sei jedoch an diesem Ausgleichsanspruch ein Pfandrecht zur Sicherung seiner noch ausstehenden Kaufpreisforderung einzuräumen.[75] Teilweise wird auch eine analoge Anwendung von § 432 BGB vertreten. Der

---

[67] Vgl. im Einzelnen *Brox*, JuS 1984, 657-668, 665.
[68] *Medicus*, Bürgerliches Recht, 22. Aufl. 2009, Rn. 486.
[69] RG v. 01.07.1942 - III 2/42 - RGZ 170, 1-18, 1; BGH v. 11.11.1970 - VIII ZR 242/68 - BGHZ 55, 20-34; BGH v. 04.02.1970 - VIII ZR 174/68 - LM Nr. 7 zu § 182 BGB; Baur/Stürner, Sachenrecht, 18. Aufl. 2009, § 59 Rn. 45; *Brox*, JuS 1984, 657-668, 660; *Westermann* in: MünchKomm-BGB, § 449 Rn. 51; *Grunewald* in: Erman, § 449 Rn. 36; *Leible/Sosnitza*, JuS 2001, 341-347, 344; *Bernhard*, Jura 2010, 62-66, 62 f.; *Beckmann* in: Staudinger, § 449 Rn. 67; *Konnertz*, Die Konkurrenz der deliktischen Schadensersatzansprüche von Eigentümer und Besitzer gegen den Schädiger. Unter besonderer Berücksichtigung des Leasing und Vorbehaltskaufs, 2006, 105-109.
[70] Zusammenfassend *Bredemeyer*, ZGS 2011, 259-265, 260 ff.
[71] BGH v. 11.11.1970 - VIII ZR 242/68 - BGHZ 55, 20-34; zustimmend z.B. *Konnertz*, Die Konkurrenz der deliktischen Schadensersatzansprüche von Eigentümer und Besitzer gegen den Schädiger. Unter besonderer Berücksichtigung des Leasing und Vorbehaltskaufs, 2006, 142-146.
[72] Z.B. BGH v. 05.04.1991 - V ZR 39/90 - NJW 1991, 2019, 2020; vgl. dazu auch *Bernhard*, Jura 2010, 62-66, 65.
[73] So z.B. *Prütting*, Sachenrecht, 33. Aufl. 2008, Rn. 398.
[74] So z.B. *Flume*, BGB AT II, § 39 3 d, § 42 4 e; *Habermeier*, AcP 193 (1993), 364-389; *Biletzki*, JA 1996, 288-291.
[75] So *Schwerdtner*, Jura 1980, 661-668, 667.

Schädiger dürfe den an der Vorbehaltsware entstandenen Schaden nur an Vorbehaltskäufer und -verkäufer gemeinschaftlich leisten und diese nur Leistung an alle fordern.[76] Und schließlich hält man auch eine Lösung über die Teilgläubigerschaft nach § 420 BGB für möglich. Die praktische Abwicklung erfolge dann entweder über eine Verrechnung der auf Käufer und Verkäufer entfallenen Schadensanteile oder über den Weg der Drittschadensliquidation.[77] Gegen die Lösung der Rechtsprechung spricht, dass u.U. zwei Klagen angestrengt werden müssen. Dies ist auch der Teilgläubigerlösung entgegenzuhalten.[78] Das Modell der Gesamtgläubigerschaft hat den Nachteil, dass entweder der Vorbehaltskäufer oder -verkäufer im Innenverhältnis das Insolvenzrisiko tragen muss. Die Idee der Aktivlegitimation des Vorbehaltskäufers in Kombination mit einem Pfandrecht zugunsten des Verkäufers erscheint zwar interessengerecht, doch nach geltender Gesetzeslage kaum begründbar. Am überzeugendsten ist daher die Lösung über eine analoge Anwendung von § 432 BGB, da sie die Mitwirkung von Vorbehaltsverkäufer und -käufer gewährleistet.

Das Anwartschaftsrecht **erlischt**, wenn es zum Vollrecht erstarkt. Dies kann entweder durch Eintritt der Bedingung, also durch vollständige Kaufpreiszahlung, oder dadurch geschehen, dass der Vorbehaltsverkäufer auf seinen Eigentumsvorbehalt verzichtet. Das Anwartschaftsrecht kann weiterhin erlöschen, ohne beim Vorbehaltskäufer zum Vollrecht zu erstarken, etwa durch gutgläubigen lastenfreien Erwerb eines Dritten (§§ 929-935, 936 Abs. 3, 161 Abs. 3 BGB), durch Verzicht des Inhabers (§§ 1064, 1255 BGB analog) oder durch entsprechende Vereinbarung zwischen Vorbehaltsverkäufer und -käufer, soweit letzterer noch Inhaber des Anwartschaftsrechts ist. Umstritten ist, ob bei einem verpfändeten oder nach § 1120 BGB in den Haftungsverband einer Hypothek gelangten Anwartschaftsrecht zu seiner Aufhebung die Zustimmung des Pfandgläubigers bzw. Hypothekars analog den §§ 1071, 1276 BGB erforderlich ist.[79] Richtigerweise ist zu differenzieren:[80] Bei einem vertraglich eingeräumten Pfandrecht am Anwartschaftsrecht ist § 1276 BGB grundsätzlich entsprechend anwendbar, nicht dagegen, soweit das Anwartschaftsrecht in die Zubehörhaftung für Grundpfandrechte nach § 1120 BGB fällt. Denn die Haftung nach den §§ 1120-1130 BGB besteht kraft Gesetzes und kann durch Vereinbarung weder eingeschränkt noch erweitert werden.[81] Daher kann nicht einmal mit Zustimmung des Hypothekars das Anwartschaftsrecht durch Parteivereinbarung aufgehoben werden.[82] Durch die Bedingung der vollständigen Kaufpreiszahlung (§§ 929 Satz 1, 158 Abs. 1 BGB) ist das dingliche Rechtsgeschäft vom schuldrechtlichen Vertrag abhängig. Daher erlischt das Anwartschaftsrecht schließlich auch dadurch, dass die Kaufpreisforderung aus irgendeinem Grunde wegfällt, etwa weil der Kaufvertrag unwirksam wird oder der Vorbehaltsverkäufer infolge Zahlungsverzugs zurücktritt.[83]

32

---

[76] *Baur/Stürner*, Sachenrecht, 18. Aufl. 2009, § 59 Rn. 45; *Serick*, Eigentumsvorbehalt und Sicherungsübertragung, 1963, Bd. I S. 278.

[77] *Bredemeyer*, ZGS 2011, 259-265, 262 ff.

[78] Vgl. aber die Gegenargumente bei *Bredemeyer*, ZGS 2011, 259-265, 264 f.

[79] Gegen ein Zustimmungsbedürfnis BGH v. 10.10.1984 - VIII ZR 244/83 - juris Rn. 43 - BGHZ 92, 280-294; *Wilhelm*, NJW 1987, 1785-1789, 1785; *Ludwig*, NJW 1989, 1458-1463, 1458; *Wiegand* in: Staudinger, § 1276 Rn. 12; *Mühl* in: Soergel, § 1276 Rn. 11; für eine entsprechende Anwendung des § 1276 BGB *Kollhosser*, JA 1984, 196-202, 196; *Tiedtke*, NJW 1985, 1305-1310, 1305; *Reinicke*, JuS 1986, 957-964, 957; *Marotzke*, AcP 186, 490-517, 494 ff.; *Wieling*, Sachenrecht, 5. Aufl. 2007, § 17 IV a.

[80] *Sosnitza* in: Bamberger/Roth, § 1276 Rn. 1 ff.

[81] *Wolfensteiner* in: Staudinger, § 1120 Rn. 2 m.w.N.

[82] Insoweit ebenso *Scholz*, MDR 1990, 679-680, 680.

[83] *Westermann* in: MünchKomm-BGB, § 449 Rn. 45; *Medicus*, Bürgerliches Recht, 22. Aufl. 2009, Rn. 479; *Loewenheim*, JuS 1981, 721-725, 721; *Prütting*, Sachenrecht, 33. Aufl. 2008, Rn. 395; *Weber*, Kreditsicherheiten, 7. Aufl. 2002, S. 181; a.A. *Wieling*, Sachenrecht, 5. Aufl. 2007, § 17 IV b.

IV. Prozessuale Hinweise

1. Zwangsvollstreckung

33 Wird die unter Eigentumsvorbehalt veräußerte Sache von Gläubigern des Käufers[84] bei diesem gepfändet, so gewährt die herrschende Meinung dem Vorbehaltsverkäufer die **Drittwiderspruchsklage** (§ 771 ZPO).[85] Nach anderer Ansicht soll dem Vorbehaltsverkäufer hingegen nur ein Recht auf vorzugsweise Befriedigung (§ 805 ZPO) zustehen.[86] Letztere Lösung kann nicht überzeugen. Sie setzt den Vorbehaltsverkäufer dem Risiko der Zwangsversteigerung aus, die oft nur Bruchteile des Wertes der Vorbehaltsware erbringt. Ihm droht dann häufig die Gefahr, mit seiner noch offen stehenden Restkaufforderung auszufallen. Dieser Weg ignoriert außerdem, dass der Vorbehaltsverkäufer bis zur vollständigen Kaufpreiszahlung immer noch (Voll-)Eigentümer der Vorbehaltsware ist. Die Praxis geht daher zu Recht von der Zulässigkeit der Drittwiderspruchsklage aus.[87]

34 Eine Vollstreckung von Gläubigern des Vorbehaltsverkäufers scheitert in der Regel bereits daran, dass der Vorbehaltskäufer im Besitz der Kaufsache ist und ihre Herausgabe verweigert.[88] Ist hingegen ausnahmsweise der Vorbehaltsverkäufer oder ein Dritter im Besitz der Sache, wird dem Vorbehaltskäufer ebenfalls die Möglichkeit der Drittwiderspruchsklage (§ 771 ZPO) zugestanden.[89]

2. Insolvenz

35 Nach § 107 Abs. 1 Satz 1 InsO kann der Käufer die Erfüllung des Kaufvertrages verlangen, wenn der Schuldner vor der Eröffnung des Insolvenzverfahrens eine bewegliche Sache unter Eigentumsvorbehalt verkauft und dem Käufer den Besitz an der Sache übertragen hat.[90] Dem Insolvenzverwalter steht in der Insolvenz des Vorbehaltsverkäufers daher kein Ablehnungsrecht zu. Er ist auf Verlangen des Vorbehaltskäufers zur Erfüllung des Kaufvertrages verpflichtet.[91]

36 In der Insolvenz des Vorbehaltskäufers[92] hat der Insolvenzverwalter gemäß § 103 InsO ein Wahlrecht, ob der Vertrag erfüllt werden soll oder nicht. Der Vorbehaltsverkäufer kann den Insolvenzverwalter zur Ausübung seines Wahlrechts auffordern. In diesem Fall muss sich der Insolvenzverwalter nach § 103 Abs. 2 Satz 2 InsO unverzüglich, d.h. ohne schuldhaftes Zögern (§ 121 BGB), erklären. Andernfalls kann er nicht mehr auf Erfüllung bestehen (§ 103 Abs. 2 Satz 3 InsO). Diese Erklärungsfrist verlängert § 107 Abs. 2 Satz 1 InsO grundsätzlich bis nach dem Berichtstermin (§ 156 InsO), d.h. bis zu drei Monaten nach Verfahrenseröffnung (§ 29 Abs. 1 Nr. 1 InsO), um dem Verwalter bis zur Entschei-

---

[84] Zur Zwangsvollstreckung des Vorbehaltsverkäufers in die Kaufsache vgl. *Baur/Stürner*, Sachenrecht, 18. Aufl. 2009, § 59 Rn. 42 f.; *Münzberg*, DGVZ 1998, 81-86, 81.

[85] BGH v. 01.07.1970 - VIII ZR 24/69 - BGHZ 54, 214-222; *Frank*, NJW 1974, 2211-2216, 2213; *Georgiades*, Die Eigentumsanwartschaft beim Vorbehaltskauf, 1963, S. 74; *Serick*, Eigentumsvorbehalt und Sicherungsübertragung, 1963, Bd. I S. 296; *Lux*, MDR 2008, 895-899, 897 f.; *Kindl*, ZJS 2008, 477-487, 481.

[86] So z.B. *Raiser*, Dingliche Anwartschaften, 1961, S. 91 ff.; ebenso *Braun*, NJW 1962, 382-384, 382 f.; *Liermann*, JZ 1962, 658-660, 660; *Schwerdtner*, Jura 1980, 661-668, 668.

[87] *Leible/Sosnitza*, JuS 2001, 341-347, 345.

[88] § 808 ZPO setzt für eine wirksame Pfändung voraus, dass sich die Sache im Gewahrsam des Schuldners befindet. Befindet sie sich im Gewahrsam eines Dritten (z.B. des Vorbehaltskäufers), kann sie nur gepfändet werden, wenn er zur Herausgabe bereit ist (§ 809 ZPO).

[89] BGH v. 11.11.1970 - VIII ZR 242/68 - BGHZ 55, 20-34; LG Köln v. 28.06.2007 - 37 O 388/07 - juris Rn. 20; *Frank*, NJW 1974, 2211-2216, 2213; *Nirk*, NJW 1971, 1913-1920, 1918; *Serick*, Eigentumsvorbehalt und Sicherungsübertragung, 1963, Bd. I S. 292; *Mühl* in: Soergel, § 455 Rn. 79f.; *Grunewald* in: Erman, § 449 Rn. 19; lediglich eine ältere Mindermeinung lehnt die Möglichkeit einer Drittwiderspruchsklage ab, vgl. dazu *Letzgus*, Die Anwartschaft des Käufers unter Eigentumsvorbehalt, 1938, S. 55.

[90] Zur Kritik an der missglückten Formulierung des § 107 Abs. 1 InsO vgl. *Marotzke*, JZ 1995, 803-814, 806 f.; *Westermann* in: Westermann/Gursky, Sachenrecht, 7. Aufl. 1999, § 39 III 3 c.

[91] Vgl. hierzu z.B. *Lux*, MDR 2008, 895-899, 898; *Kindl*, ZJS 2008, 477-487, 484; zu den Folgen eines Zahlungsrückstands des Vorbehaltskäufers in der Insolvenz des Verkäufers vgl. *Rugullis*, KTS 2005, 459-469.

[92] Näher dazu *Huber* in: Heinrich, FS für Musielak zum 70. Geburtstag, 2004, S. 267 ff.; *Dobler*, Die übertragene Anwartschaft in der Insolvenz: Zum Insolvenzschutz der veräußerten Anwartschaft des Eigentumsvorbehaltskäufers und Grundschulderwerbers, 2008; *Klose*, ZInsO 2009, 1792-1800.

dung der Gläubigerversammlung über die Betriebsfortführung die Aufrechterhaltung des Unternehmens zu ermöglichen.[93] Lehnt der Insolvenzverwalter die Erfüllung ab, kann der Vorbehaltsverkäufer vom Vertrag zurücktreten[94] und sein Eigentum aussondern (§§ 47, 48 InsO).[95]

Hat jedoch der Vorbehaltsverkäufer das Eigentum an der Kaufsache auf eine Bank übertragen, die für den Käufer den Erwerb finanziert, kann die Bank das vorbehaltene Eigentum in der Insolvenz des Käufers nicht aussondern; sie ist vielmehr wie ein Sicherungseigentümer lediglich zur abgesonderten Befriedigung berechtigt.[96]

37

Die Anfechtung eines verlängerten und eines erweiterten Eigentumsvorbehalts muss sich auf eine objektive Gläubigerbenachteiligung gem. § 129 Abs. 1 InsO stützen.[97] Bei beiden Formen handelt es sich jedoch um so genannte kongruente Sicherheiten, die, soweit sie zukünftige Forderungen sichern, nicht zu einer Anfechtung nach § 131 Abs. 1 InsO Anlass geben.[98]

38

V. Anwendungsfelder

1. Nachträglicher Eigentumsvorbehalt

Beim nachträglichen Eigentumsvorbehalt[99] sind der nachträgliche vertragswidrige[100] Eigentumsvorbehalt (vgl. dazu Rn. 14) und der nachträglich vereinbarte Eigentumsvorbehalt zu unterscheiden. Von einem nachträglich vereinbarten Eigentumsvorbehalt spricht man bei einer Abrede der Parteien, die nach vorbehaltloser Übereignung mit dem Ziel erfolgt, die gleiche Rechtslage herzustellen, die bestehen würde, wenn ein Eigentumsvorbehalt von vornherein vereinbart worden wäre. Der nachträgliche – auch „nachvertragliche"[101] – Eigentumsvorbehalt kann noch bis zur Besitzübergabe erklärt werden.[102] Ob und wie sich diese Absicht rechtstechnisch verwirklichen lässt, ist umstritten.

39

Nach Ansicht der Rechtsprechung bedarf es zwei verschiedener Rechtsakte. Der Käufer muss zunächst das von ihm erworbene Eigentum auf den Verkäufer zurückübertragen. Da er regelmäßig im Besitz der Sache bleiben möchte, geschieht dies durch die Vereinbarung eines Besitzmittlungsverhältnisses (§ 930 BGB). In einem nächsten Schritt überträgt dann der Verkäufer das Eigentum der nunmehr wieder ihm gehörenden Kaufsache unter der aufschiebenden Bedingung vollständiger Kaufpreiszahlung auf den Käufer (§§ 929, 158 Abs. 1 Satz 1 BGB). Da der Käufer noch im Besitz der Sache ist, genügt hierfür die Einigung über den Übergang des Eigentums (§ 929 Satz 2 BGB). Diese Lösung ist indes nicht überzeugend. Zum einen lässt die Rechtsprechung den Kaufvertrag als Besitzmittlungsverhältnis nicht

40

---

[93] *Marotzke*, JZ 1995, 803-814, 812; näher dazu *Runkel* in: Gerhardt, Insolvenzrecht im Wandel der Zeit, 2003, S. 455 ff.
[94] Näher dazu *Stehle*, Jura 2005, 78-82, 82; *Kindl*, ZJS 2008, 477-487, 481.
[95] *Siebert*, NZI 2008, 529-532, 529; *Lux*, MDR 2008, 895-899, 899. Ausführlich *Baum*, Der Eigentumsvorbehalt als Aus- oder Absonderungsrecht im Insolvenzverfahren, 2003; *Dobler*, Die übertragene Anwartschaft in der Insolvenz: Zum Insolvenzschutz der veräußerten Anwartschaft des Eigentumsvorbehaltskäufers und Grundschulderwerbers, 2008; *Klose*, ZInsO 2009, 1792-1800.
[96] BGH v. 27.03.2008 - IX ZR 220/05 - juris Rn. 24 - BGHZ 176, 86-99; vgl. dazu auch *Kummer*, jurisPR-BGHZivilR 12/2008, Anm. 1; *Hörmann*, BB 2008, 1084-1085; *Cranshaw*, jurisPR-InsR 14/2008, Anm. 1; *Mitlehner*, EWiR 2008, 439-440; *Lux*, MDR 2008, 895-899, 899; *Roth*, KTS 2008, 526-534; *Smid*, WM 2008, 2089-2094; *Jacoby*, JZ 2008, 1053-1056; zur insolvenzrechtlichen Behandlung des Sicherungseigentums vgl. z.B. *Smid*, ZInsO 2009, 1721-1730.
[97] BGH v. 17.03.2011 - IX ZR 63/10 - juris Rn. 25 - NJW 2011, 1506-1509, 1507.
[98] BGH v. 17.03.2011 - IX ZR 63/10 - juris Rn. 38 - NJW 2011, 1506-1509, 1508; vgl. auch OLG Köln v. 17.03.2010 - 2 U 65/09 - juris Rn. 61 f. - NZG 2010, 670- 673, 672 f.; für den verlängerten Eigentumsvorbehalt schon *Kirchhof* in: MünchKomm-InsO, § 131 Rn. 22.
[99] Dazu ausführlich *Leible/Sosnitza*, JuS 2001, 244-248, 247.
[100] Der nachträgliche Eigentumsvorbehalt ist nicht per se vertragswidrig, da wegen § 320 Abs. 1 BGB ohne abweichende Vereinbarung keine Partei vorleistungspflichtig ist und daher Eigentum ohnehin nur gegen Zahlung des Kaufpreises verschafft werden muss.
[101] *Lorenz*, JuS 2011, 199-202, 199.
[102] BGH v. 13.09.2006 - VIII ZR 184/05 - juris Rn. 11 - NJW 2006, 3488-3490.

gelten, sondern verlangt eine neue, eigenständige Vereinbarung, etwa einen Leihvertrag.[103] Die Vorstellung, dass der Verkäufer dem Käufer die Ware, wenn auch nur für eine logische Sekunde, leihweise überlässt, wird regelmäßig nicht dem tatsächlichen Willen der Parteien entsprechen. Zum anderen ist das Erfordernis zweier Übergabesurrogate unnötig kompliziert.

41 Nach anderer Ansicht soll der nachträglich vereinbarte Eigentumsvorbehalt gem. § 140 BGB in eine (durch die Zahlung des Kaufpreises auflösend bedingte) Sicherungsübereignung umzudeuten sein.[104] In diesem Fall sind die Anforderungen an die Bestimmtheit des Besitzmittlungsverhältnisses geringer. Bereits das RG hat für die Begründung des nach § 930 BGB erforderlichen Besitzkonstituts die Sicherungsabrede genügen lassen, also kein Leih-, Verwahrungs- oder Kommissionsverhältnis gefordert.[105] Eine Umdeutung einer nachträglichen Eigentumsvorbehaltsvereinbarung in eine Sicherungsübereignung ist aber wegen der unterschiedlichen Wirkungen, die ihnen im Konkurs zukommen, nicht unbedenklich – der Sicherungsnehmer kann bei Insolvenz des Sicherungsgebers lediglich abgesonderte Befriedigung verlangen (§§ 50, 51 Nr. 1 InsO), während der Vorbehaltsverkäufer aufgrund seines Eigentums die Möglichkeit zur Aussonderung besitzt (§ 47 InsO).

42 Überzeugender ist es daher, die nachträgliche Vereinbarung eines Eigentumsvorbehalts einfach als eine Rückübertragung des „um die Anwartschaft des Käufers verkürzten Eigentums" zu betrachten.[106] Dies geschieht, indem der Käufer das Eigentum gem. § 930 BGB auf den Verkäufer zurücküberträgt, aber nur auflösend bedingt (§ 158 Abs. 2 BGB) durch die vollständige Bezahlung des Kaufpreises. Das für eine Übereignung nach § 930 BGB stets notwendige Besitzmittlungsverhältnis ist im Kaufvertrag selbst zu sehen, den die Parteien durch die einverständliche Vereinbarung eines nachträglichen Eigentumsvorbehalts konkludent abgeändert haben.[107]

43 Bietet der Veräußerer das Eigentum nur unter dem nachträglichen Vorbehalt der Kaufpreiszahlung an, kann der Erwerber annehmen oder ablehnen, erwirbt aber wegen § 150 Abs. 2 BGB kein unbedingtes Eigentum und kann den unbedingten Eigentumserwerb auch nicht alleine herbeiführen.[108]

2. Weitergeleiteter Eigentumsvorbehalt

44 Beim weitergeleiteten Eigentumsvorbehalt verpflichtet sich der Vorbehaltskäufer, die Ware nur dergestalt weiterzuveräußern, dass der Vorbehaltsverkäufer weiterhin ihr Eigentümer bleibt. Der Vorbehaltskäufer muss den Eigentumsvorbehalt offen an seinen Abnehmer weitergeben und mit ihm vereinbaren, dass dieser das Eigentum an der Ware erst erhält, wenn der Kaufpreisanspruch des Vorbehaltsverkäufers befriedigt worden ist. Eine solche Vereinbarung ist grundsätzlich möglich. Die Übereignung an den Abnehmer des Vorbehaltskäufers erfolgt dann unter der aufschiebenden Bedingung (§ 158 Abs. 1 BGB) vollständiger Erfüllung der Kaufpreisforderung des Vorbehaltsverkäufers.

45 Der weitergeleitete Eigentumsvorbehalt ist für den Dritterwerber mit zahlreichen Unsicherheiten behaftet. Er kann insbesondere nicht kontrollieren, ob und wann der Vorbehaltskäufer seine Kaufpreisschuld begleicht und bleibt daher über seinen Eigentumserwerb im Ungewissen, obwohl er bereits gezahlt hat. Er kann zwar mit dem Vorbehaltskäufer vereinbaren, dessen Verbindlichkeit beim Vorbehaltsverkäufer direkt zu bezahlen, doch setzt dies voraus, dass der Vorbehaltskäufer dem Dritten gegenüber seine Vertragskonditionen aus dem Geschäft mit dem Vorbehaltsverkäufer offenbart. Die herrschende Literatur geht davon aus, dass schon dies den Vorbehaltskäufer in seiner wirtschaftlichen Bewegungsfreiheit unangemessen beeinträchtige (§ 307 Abs. 2 Nr. 2 BGB), da er dem Endabnehmer die

---

[103] So z.B. BGH v. 02.10.1952 - IV ZR 2/52 - LM Nr. 2 zu § 930 BGB; zustimmend *Pikart*, WM 1959, 1234-1241, 1234; offen gelassen in BGH v. 15.06.1964 - VIII ZR 305/62 - BGHZ 42, 53-59.
[104] *Rühl*, Eigentumsvorbehalt und Abzahlungsgeschäft, 1930; S. 72 ff.; *Lambsdorff*, Handbuch des Eigentumsvorbehalts im deutschen und ausländischen Recht, 1974, Rn. 76 ff. m.w.N.
[105] Vgl. RG v. 04.06.1929 - VII 6/29 - JW 1929, 2149; vgl. auch *Rötelmann*, NJW 1958, 1124, 1124 m.w.N.
[106] Grundlegend *Raiser*, NJW 1953, 217, 217.
[107] Ausführlich *Bülow*, Jura 1986, 234-241, 171; *Larenz*, Schuldrecht, Band I: Allgemeiner Teil, 14. Aufl. 1987, S. 110.
[108] *Lorenz*, JuS 2011, 199-202, 200.

Höhe des von ihm in Anspruch genommenen Kredits und damit regelmäßig auch seine Einkaufspreise offen legen müsse.[109] Der BGH hat die Frage, ob der weitergeleitete Eigentumsvorbehalt in AGB für sich genommen schon unwirksam ist, bisher offen gelassen und nur die Kombination eines weitergeleiteten mit einem erweitertem Eigentumsvorbehalt als Verstoß gegen § 307 BGB angesehen.[110]

3. Nachgeschalteter Eigentumsvorbehalt

Beim nachgeschalteten Eigentumsvorbehalt verpflichtet sich der Vorbehaltskäufer, die Ware nur unter Eigentumsvorbehalt weiterzuveräußern (pflichtgemäß nachgeschalteter Eigentumsvorbehalt). Im Unterschied zum weitergeleiteten Eigentumsvorbehalt muss er die tatsächlichen Eigentumsverhältnisse gegenüber seinem Abnehmer nicht offen legen. Es genügt, dass er sich schlicht das Eigentum an der Ware vorbehält. Es liegen dann zwei hintereinander geschaltete aufschiebend bedingte Übereignungen vor. Zahlt zuerst der Vorbehaltskäufer, wird zunächst er Eigentümer der Ware. Zahlt zuerst der Dritterwerber den Kaufpreis an den Vorbehaltskäufer, geht das Eigentum direkt auf ihn über (§§ 185 Abs. 1, 158 Abs. 1, 929 BGB), da der Vorbehaltsverkäufer schließlich in die bedingte Übereignung durch den Vorbehaltskäufer eingewilligt hat. Der Vorbehaltsverkäufer ist daher nur gesichert, solange weder Vorbehaltskäufer noch Dritterwerber ihre Kaufpreisschuld beglichen haben.[111] Rechtliche Bedenken gegen die Vereinbarung eines pflichtgemäß nachgeschalteten Eigentumsvorbehalts bestehen nicht.

46

Der pflichtgemäß nachgeschaltete Eigentumsvorbehalt ist aufgrund seiner sehr beschränkten Sicherungswirkung in der Praxis selten anzutreffen. Wesentlich häufiger findet sich der freiwillig nachgeschaltete Eigentumsvorbehalt[112] – der Vorbehaltskäufer vereinbart mit dem Dritterwerber einen Eigentumsvorbehalt, ohne hierzu aufgrund des Vertrages mit dem Vorbehaltsverkäufer verpflichtet zu sein. Die Rechtslage ist dieselbe wie beim pflichtgemäß nachgeschalteten Eigentumsvorbehalt.

47

4. Verlängerter Eigentumsvorbehalt

Der verlängerte Eigentumsvorbehalt hat den Zweck, dem Verkäufer die Surrogate zu sichern, die bei einem Weiterverkauf oder der Verarbeitung an die Stelle der unter Vorbehalt des Eigentums gelieferten Ware treten. Er ist im Wirtschaftsleben entstanden und gesetzlich nicht geregelt, wird aber von der Rechtsprechung und der Rechtslehre anerkannt und begegnet in der Form von Vorausabtretungs- oder Verarbeitungsklauseln.[113]

48

a. Vorausabtretungsklauseln

Mittels Vorausabtretungsklauseln gestattet der Verkäufer dem Käufer und Wiederverkäufer, die unter Vorbehalt des Eigentums gelieferte Sache im ordnungsgemäßen Geschäftsverkehr weiterzuveräußern. Da der Verkäufer bei einer Weiterveräußerung der Ware das Eigentum an der ihm zur Sicherung dienenden Kaufsache verliert (§§ 185 Abs. 1, 929-936 BGB), wird zusätzlich vereinbart, dass ihm der Wiederverkäufer bei einer Weiterveräußerung seine Kaufpreisforderung gegen den Dritterwerber abtritt (§ 398 BGB).

49

Der verkehrsübliche verlängerte Eigentumsvorbehalt bezieht sich allein auf Forderungen aus der unmittelbaren Weiterveräußerung der verkauften Sache, nicht aber auf darüber hinausgehende oder an

50

---

[109] *Lambsdorff/Hübner*, Eigentumsvorbehalt und AGB-Gesetz, 1982, Rn. 196; *Bülow*, Recht der Kreditsicherheiten, 7. Aufl. 2007, Rn. 1539; *Lambsdorff*, Grundsätzliche Fragen zum Eigentumsvorbehalt, 1981, S. 78; *Ulmer* in: Ulmer/Brandner/Hensen u.a., AGB-Recht, 10. Aufl. 2006, Anh. § 310 BGB Rn. 742; zurückhaltender *Wolf/Lindacher/Pfeiffer*, AGB-Gesetz, 5. Aufl. 2009, E 70-90.

[110] BGH v. 18.04.1991 - IX ZR 149/90 - juris Rn. 46 - LM KO § 31 Nr. 12 (3/1992); nach weit verbreiteter Ansicht soll jeder durch AGB vereinbarte weitergeleitete Kontokorrentvorbehalt unwirksam sein, vgl. *Reinicke/Tiedtke*, Kaufrecht, 8. Aufl. 2009, Rn. 1355; *Westermann* in: MünchKomm-BGB, § 449 Rn. 95.

[111] Vgl. dazu auch BGH v. 24.03.1971 - VIII ZR 145/69 - BGHZ 56, 34-40.

[112] Vgl. dazu BGH v. 25.10.1952 - I ZR 48/52 - BGHZ 7, 365-371; BGH v. 30.05.1960 - VII ZR 257/59 - BGHZ 32, 357-361.

[113] Vgl. *Leible/Sosnitza*, JuS 2001, 449-456, 449.

deren Stelle tretende Ansprüche aus Dienst-, Werk- oder Geschäftsbesorgungsverträgen.[114] Deren Einbeziehung ist aber bei hinreichend klarer Formulierung sowohl individualvertraglich und als auch durch AGB möglich.

51 Bei der Abtretung der neu entstandenen Kaufpreisforderung handelt es sich um eine Sicherungsabtretung. Kausalgeschäft ist nicht der Kaufvertrag selbst, sondern die mit ihm verbundene Sicherungsabrede (§§ 311 Abs. 1, 241 BGB).[115] Aus dem Sicherungszweck der Abtretung folgt, dass der Erstverkäufer die Abtretung nicht gegenüber dem Dritterwerber offenbaren darf, solange sich der Vorbehaltskäufer vertragsgemäß verhält (stille Zession).[116] Außerdem darf der Erstverkäufer die Forderung nicht beim Abnehmer des Vorbehaltskäufers einziehen. Ermächtigt zur Einziehung der abgetretenen Forderung im Rahmen ordnungsmäßigen Geschäftsverkehrs ist vielmehr der Vorbehaltskäufer (§§ 362 Abs. 2, 185 BGB). Erst wenn der Käufer den vereinbarten Kaufpreis nicht zahlt, kann der Verkäufer vom Kaufvertrag zurücktreten und nach Offenlegung der Abtretung direkt vom Dritterwerber Zahlung verlangen. Um dem bei einer Abtretung zukünftiger Forderungen geltenden Bestimmtheitsgrundsatz[117] zu genügen, müssen Vorausabtretungsklauseln genau den Gegenstand der zur Sicherung abgetretenen Forderung (z.B. jede Forderung aus der Weiterveräußerung der Ware) und den Umfang der Abtretung (z.B. in voller Höhe des vom Dritterwerber erlangten Preises, also einschließlich des vom Weiterveräußerer erzielten Gewinns, oder nur in Höhe des Werts der Ware) benennen.

52 Die Vorausabtretung zukünftiger Forderungen kann gegen die guten Sitten verstoßen und daher nichtig sein (§ 138 BGB), wenn sie zu einer übermäßigen Beschränkung der wirtschaftlichen Bewegungsfreiheit des Vorbehaltskäufers führt (Knebelung). Eine solche Konstellation ist beim verlängerten Eigentumsvorbehalt – anders als z.B. bei einer Globalzession – aber kaum denkbar. Wurde der verlängerte Eigentumsvorbehalt nicht individualvertraglich, sondern – wie heutzutage üblich – in AGB vereinbart, kann aber eine Unwirksamkeit der Klausel nach § 307 BGB wegen einer unangemessenen Benachteiligung des Sicherungsgebers aufgrund einer „Übersicherung" des Sicherungsnehmers in Betracht kommen.[118] Zu beachten sind hier die vom Großen Senat in seiner Grundsatzentscheidung für die Fälle der nachträglichen Übersicherung bei revolvierenden Globalsicherheiten entwickelten Leitlinien[119], die in gewissem Umfang auch auf Fälle der Übersicherung bei einem klauselmäßig vereinbarten verlängerten Eigentumsvorbehalt übertragen werden können.[120]

53 Wird die Forderung entgegen einem vertraglich vereinbarten absoluten **Abtretungsverbot** abgetreten, ist die Abtretung unwirksam (§ 399 BGB).[121] Die Vereinbarung eines Abtretungsverbots mag „wirt-

---

[114] BGH v. 24.04.1968 - VIII ZR 94/66 - juris Rn. 25f. - LM Nr. 14 zu § 138 BGB; OLG Hamm v. 17.01.2008 - 27 U 115/07 - juris Rn. 17, 21.

[115] *Bülow*, Jura 1986, 234-241, 169, 237.

[116] Es steht den Parteien aber natürlich frei, vertraglich etwas anderes zu vereinbaren. Zur stillen Zession vgl. auch *Lorenz*, JuS 2009, 891-894.

[117] Eine ältere Mindermeinung im Schrifttum hält die nachfolgend dargestellten Anforderungen an die Bestimmbarkeit einer Forderung für zu gering und verlangt, dass das abzutretende Recht bereits bei der Abtretung bestimmt sein muss. Nach dieser Ansicht müssen zum Zeitpunkt der Abtretung bereits der Rechtsgrund der abzutretenden Forderung und der Schuldner feststehen, vgl. z.B. *Fischer*, NJW 1959, 366-369, 369; *Mückenberger*, NJW 1958, 1754-1756, 1755; *Schwerdtner*, NJW 1974, 1785-1789, 1788; *Weber*, NJW 1976, 1601-1607, 1607.

[118] Zu den – hier nicht näher zu erläuternden – Unterschieden der Kontrolle anhand von § 9 AGBG einerseits und § 138 Abs. 1 BGB andererseits vgl. BGH v. 20.03.1985 - VIII ZR 342/83 - juris Rn. 22 - BGHZ 94, 105-116; *Canaris*, ZIP 1996, 1109-1123, 1109 ff.

[119] BGH v. 27.11.1997 - GSZ 1/97 GSZ 2/97 - BGHZ 137, 212-236.

[120] Zu den Einzelheiten vgl. m.w.N. *Leible/Sosnitza*, JuS 2001, 449-456, 450 f.; *Faust* in: Bamberger/Roth, § 449 Rn. 31; grundsätzlich ablehnend *Berger*, ZIP 2004, 1073-1081, 1073; dagegen wiederum *Bülow*, ZIP 2004, 2420-2422, 2420; zum Problem verlängerter Eigentumsvorbehalt und Ansprüche auf Auskehrung des Erlangten gegen eine Abrechnungsstelle vgl. OLG Hamm v. 17.01.2008 - 27 U 115/07.

[121] Heute h.M., vgl. z.B. BGH v. 18.11.1963 - VIII ZR 33/62 - LM Nr. 8 zu § 687 BGB; BGH v. 29.06.1989 - VII ZR 211/88 - juris Rn. 20 - BGHZ 108, 172-179; *Larenz*, Schuldrecht, Band I: Allgemeiner Teil, 14. Aufl. 1987, S. 581; *Bülow*, NJW 1993, 901-902, 901 m.w.N.; *Roth* in: MünchKomm-BGB, § 399 Rn. 34; anderer Ansicht *Denck*, JuS 1981, 9-14, 12; *Wagner*, NJW 1987, 928-934, 932; *Wagner*, JZ 1988, 698-706, 705.

schaftlich unerwünscht" sein, verstößt jedoch weder gegen § 138 BGB[122] noch gegen § 307 BGB[123]. Eine derartige Klausel ist nur dann nach § 307 Abs. 1 Satz 1 BGB unwirksam, wenn ein schützenswertes Interesse des Verwenders an dem Abtretungsverbot nicht besteht oder berechtigte Belange des Vertragspartners an der freien Abtretbarkeit vertraglicher Ansprüche das entgegenstehende Interesse des Verwenders überwiegen.[124] Diese Voraussetzungen sind nicht allein deshalb erfüllt, weil das Abtretungsverbot die Sicherung eines Lieferanten im Rahmen eines verlängerten Eigentumsvorbehalts beeinträchtigt.[125]

Vereinbart der Vorbehaltskäufer mit seinem Abnehmer ein vertragliches Abtretungsverbot, überschreitet er mit der Weiterveräußerung der Vorbehaltsware die ihm vom Vorbehaltsverkäufer eingeräumte Veräußerungsbefugnis (Weiterveräußerung nur bei gleichzeitiger Forderungsabtretung!) und handelt daher als Nichtberechtigter. Der Dritterwerber kann dann allenfalls gem. den §§ 932-936 BGB, § 366 HGB gutgläubig Eigentum erwerben. Gutgläubigkeit wird aber regelmäßig ausscheiden, da er beim Kauf vom Hersteller oder von Zwischenhändlern mit dem Bestehen eines verlängerten Eigentumsvorbehalts rechnen muss[126] und mit seiner Abwehrklausel zum Ausdruck bringt, dass er damit auch tatsächlich rechnet. Zu beachten ist § 354a HGB. Ein entgegen § 354a HGB vertraglich vereinbartes Abtretungsverbot ist allerdings nicht unwirksam. § 354a Satz 1 HGB erhält der Forderung lediglich ihre Abtretbarkeit. Im Hinblick auf den Schutzzweck der Vorschrift wird man dem Schuldner gleichwohl, abweichend von § 137 Satz 2 BGB, keinen Schadensersatz wegen Verstoßes gegen das Abtretungsverbot zugestehen können.[127] Der Schuldner kann allerdings mit befreiender Wirkung an den Gläubiger der Forderung leisten (§ 354a Satz 2 HGB), und zwar über § 407 BGB hinaus auch bei Kenntnis des Schuldners von der Abtretung.[128] Abweichende Vereinbarungen sind unwirksam.

54

Umstritten ist, welche Folgen das Zusammentreffen von verlängertem Eigentumsvorbehalt und Globalzession zeitigt.[129] Die Rechtsprechung und die wohl herrschende Meinung im Schrifttum gehen vom Grundsatz der Priorität aus.[130] Wird eine Forderung mehrfach abgetreten, so ist nur die erste Abtretung wirksam. Dies führt freilich zu einer Bevorzugung der Geldkreditgeber. Denn die Globalzession erfasst alle künftigen Forderungen, die entstehen, solange das Kreditverhältnis zwischen Zessionar und Zedenten besteht.[131] Beim verlängerten Eigentumsvorbehalt hingegen wird die Vorausabtretung regelmäßig mit jeder Lieferung neu vereinbart. Sie erfolgt somit fast immer zeitlich nach der Global-

55

---

[122] BGH v. 28.11.1968 - VII ZR 157/66 - BGHZ 51, 113-119; BGH v. 18.06.1980 - VIII ZR 119/79 - BGHZ 77, 274-279; vgl. auch *Hadding/van Look*, WM 1988, Sonderbeilage Nr. 7, 1-20, 7 ff.; *Lüke*, JuS 1992, 114-116, 114.

[123] BGH v. 25.06.1989 - VII ZR 205/88 - BGHZ 108, 52-64, 54-55; BGH v. 13.07.2006 - VII ZR 51/05 - NJW 2006, 3486-3488, 3487.

[124] BGH v. 25.06.1989 - VII ZR 205/88 - BGHZ 108, 52-64, 54-55; BGH v. 11.03.1997 - X ZR 146/94 - juris Rn. 15-16 - NJW 1997, 3434-3437, 3436.

[125] BGH v. 29.06.1989 - VII ZR 211/88 - BGHZ 108, 172-179, 174-175 - NJW 1990, 109-111, 109; BGH v. 13.07.2006 - VII ZR 51/05 - juris Rn. 14 - 15 - NJW 2006, 3486-3488, 3487; ablehnend *Moufang*, EWiR 2006, 709-710.

[126] BGH v. 22.09.2003 - II ZR 172/01 - juris Rn. 16 - WM 2003, 2420-2421.

[127] Ebenso *Wagner* in: Röhricht/Westphalen, Handelsgesetzbuch, 3. Aufl. 2008, § 354a, Rn. 6; mit gleichem Ergebnis über § 354a Satz 3 HGB *Schmidt*, FS f. Schimansky (1999), 503, 509.

[128] BGH v. 26.01.2005 - VIII ZR 275/03 - juris Rn. 25 - NJW-RR 2005, 624-626, 626. Ausführlich dazu *Wagner*, WM 1996, Sonderbeilage Nr. 1, 1-27, 1 ff.; *Baumbach/Hopt*, Handelsgesetzbuch, 35. Aufl. 2012, § 354a Rn. 1 ff.; *Grüneberg* in: Palandt, § 399 Rn. 9; für eine teleologische Reduktion des § 354a Satz 2 HGB *Schmidt*, NJW 1999, 400-401, 401; enger *Derleder*, BB 1999, 1561-1566, 1565.

[129] Überblick bei *Braun*, Kontokorrentvorbehalt und Globalvorbehalt, 1980; *Leible/Sosnitza*, JuS 2001, 449-456, 451 f.

[130] Vgl. z.B. BGH v. 30.04.1959 - VII ZR 19/58 - BGHZ 30, 149-154; weitere Nachweise bei *Grüneberg* in: Palandt, § 398 Rn. 24; kritisch *Beuthien*, BB 1971, 375-381, 377 f.; *Hennrichs*, JZ 1993, 225-231, 225.

[131] Vgl. z.B. das Klauselbeispiel bei *Serick*, Eigentumsvorbehalt und Sicherungsübertragung, 1963, Bd. IV S. 26: „Zur Sicherung aller ... Ansprüche, die der Bank ... zustehen oder erwachsen werden, tritt die Firma ... hiermit an die Bank ihre gesamten Forderungen aus Kauf- oder Werkverträgen gegen sämtliche Kunden ab, deren Wohnsitz sich in der Bundesrepublik Deutschland befindet und deren Namen mit den Buchstaben A-Z beginnen".

zession. Die Warenkreditgeber werden daher bei einer strikten Anwendung des Prioritätsprinzips benachteiligt. Der BGH hat aus diesem Grund den Prioritätsgrundsatz durch die so genannte **"Vertragsbruchtheorie"** eingeschränkt. Hat der Vorbehaltskäufer seine Forderungen im Wege der Globalzession an eine Bank oder einen anderen Geldkreditgeber abgetreten und kauft er gleichwohl Waren unter (verlängertem) Eigentumsvorbehalt, muss er, damit der Vorbehaltsverkäufer ihn überhaupt beliefert, gegenüber diesem die Globalzession verschweigen. Da er aufgrund des vereinbarten verlängerten Eigentumsvorbehalts die Ware nur veräußern darf, wenn er dem Vorbehaltsverkäufer seinen Kaufpreisanspruch abtritt, dies aber aufgrund der Globalzession gar nicht kann, begeht er mit jeder Veräußerungshandlung einen Vertragsbruch, vielleicht sogar eine strafbare Handlung (§§ 246, 263, 266 StGB). Weiß der Geldkreditgeber, dass sein Schuldner Waren nur unter (verlängertem) Eigentumsvorbehalt kaufen kann und besteht er trotzdem auf einer uneingeschränkten Globalzession, mutet er ihm zu oder nimmt zumindest billigend in Kauf, dass sein Schuldner fortgesetzt grobe Vertragsverstöße begeht. Eine solche Vereinbarung wird wegen eines Verstoßes gegen Gesetz und die guten Sitten als nichtig (§§ 134, 138 BGB), eine entsprechende AGB wegen der mit ihr verbundenen unangemessenen Benachteiligung des Vertragspartners als unwirksam angesehen (§ 307 BGB).[132] Allerdings ist in der neueren Rechtsprechung des BGH das deutliche Bestreben erkennbar, die strengen Folgen, die sich aus der Anwendung der Vertragsbruchtheorie ergeben, wieder einzuschränken. So bestehen nach Ansicht des BGH gegen eine Globalzession dann keine Bedenken, wenn durch sie die wirtschaftliche Bewegungsfreiheit des Zedenten nicht übermäßig beeinträchtigt wird und eine Gefährdung der Interessen künftiger Gläubiger des Zedenten nicht zu befürchten ist.[133] Eine Gefährdung zukünftiger Gläubiger soll z.B. ausgeschlossen sein, wenn in der Sicherungsabrede ausdrücklich später zustande kommenden verlängerten Eigentumsvorbehalten von Warenkreditgläubigern der Vorrang eingeräumt wird. Dafür genügt es allerdings nicht, wenn die Vereinbarung allein schuldrechtlich als bloße Verpflichtung des Geldkreditgebers gegenüber dem Kreditnehmer zum Rücktritt hinter die Warenlieferanten ausgestaltet ist (sog. obligatorische (Teil-)Verzichtsklausel).[134] Erforderlich ist vielmehr, dass die Globalzession von vornherein die von einem verlängerten Eigentumsvorbehalt erfassten Forderungen ausspart oder nur aufschiebend bedingt durch das Erlöschen des Eigentumsvorbehalts einbezieht (sog. **dingliche (Teil-)Verzichtsklausel**).[135]

56 Umstritten ist weiterhin, ob die von der Rechtsprechung entwickelten Grundsätze zur Sittenwidrigkeit der Globalzession auch bei der Kollision zwischen Eigentumsvorbehalt und Globalzession im Rahmen

---

[132] BGH v. 30.04.1959 - VII ZR 19/58 - BGHZ 30, 149-154; BGH v. 28.11.1968 - VII ZR 157/66 - BGHZ 51, 113-119; *Flume*, NJW 1959, 913-922, 847; kritisch zur Begründung des BGH u.a. *Picker*, JuS 1988, 375-385, 378; plastisch *Medicus*, Bürgerliches Recht, 22. Aufl. 2009, Rn. 527: „Wieso ist es Aufgabe der Banken, ihre Kunden davon abzuhalten, mit Dritten geschlossene Verträge zu verletzen oder strafbare Handlungen zu begehen? Warum müssen sich nicht etwa auch die Lieferanten darum kümmern, welche Globalzessionen ihre Kunden schon vorgenommen haben?"; allerdings kommt auch *Medicus*, Bürgerliches Recht, 22. Aufl. 2009, Rn. 527 unter dem Gesichtspunkt der „Schuldnerknebelung" zu gleichen Ergebnissen wie der BGH. Vertreten werden aber auch alternative Lösungsansätze. Sie reichen von der Aufteilung der sicherungshalber abgetretenen Forderung zwischen Waren- und Geldkreditgeber (vgl. z.B. *Erman*, BB 1959, 1109-1113, 1109; *Finger*, JZ 1970, 642-645, 642; *Beuthien*, BB 1971, 375-381, 377 f.) bis hin zum strikten Festhalten am Prioritätsprinzip (so etwa *Baur/Stürner*, Sachenrecht, 18. Aufl. 2009, § 59 Rn. 55; *Haas/Wolf*, ZHR 154, 64-93, 64).

[133] Übersicht bei *Seeker*, Die Übersicherung des Geldkreditgebers bei Sicherungsübertragungen, 1995, S. 65 ff.

[134] BGH v. 09.11.1978 - VII ZR 54/77 - BGHZ 72, 308-316; vgl. aber auch BGH v. 08.10.1986 - VIII ZR 342/85 - juris Rn. 27 - BGHZ 98, 303-318.

[135] Vgl. BGH v. 08.12.1998 - XI ZR 302/97 - LM BGB § 138 (Bb) Nr. 92 (5/1999); *Serick*, BB 1974, 845-853, 846; *Serick*, Eigentumsvorbehalt und Sicherungsübertragung, 1963, Bd. IV S. 396 ff.; *Kieninger*, JZ 1999, 405-410, 408 f. will die neue Rechtsprechung des BGH zur Übersicherung (BGH v. 27.11.1997 - GSZ 1/97, GSZ 2/97- BGHZ 137, 212-236) auf die vorliegende Kollisionsproblematik übertragen. Es erscheint allerdings nur schwer möglich, dem Sicherungsvertrag zwischen Sicherungsnehmer (Bank) und -geber eine dingliche (Teil-) Verzichtsklausel zugunsten Dritter (Warenlieferanten) zu entnehmen.

eines so genannten **Factoring** (Factoring-Globalzession) anzuwenden sind.[136] Der BGH differenziert zwischen echtem und dem unechten Factoring.[137] Beim echten Factoring übernimmt der Factor das Delkrede-Risiko. Der Kunde des Factors kann den Kaufpreis also endgültig behalten. Dieser Forderungsverkauf ist von der dem Vorbehaltskäufer vom Vorbehaltsverkäufer erteilten Ermächtigung zur Einziehung der Forderung aus dem Warenverkauf gedeckt. Durch die Vereinbarung einer (echten) Factoring-Globalzession werden daher nicht zwangsläufig spätere Vereinbarungen mit dem Warenlieferanten verletzt. Ein Vertragsbruch droht nicht, die Abtretung an einen echten Factor ist folglich nicht sittenwidrig. Es bleibt bei der Anwendung des Prioritätsprinzips mit der Folge, dass der Factoringzession der Vorrang zukommt.[138] Anders soll nach Ansicht vor allem der Rechtsprechung hingegen die Rechtslage beim unechten Factoring zu beurteilen sein. Das unechte Factoring dient im Wesentlichen der Kreditierung des Kunden. Das Insolvenzrisiko bezüglich des Dritterwerbers verbleibt beim Vorbehaltskäufer. Die Abtretung erfolgt also nicht endgültig, sondern zunächst nur zur Sicherung der vom Factor gezahlten Summe. Ist die Forderung uneinbringlich, steht dem Vorbehaltskäufer der Kaufpreis aus dem Forderungsverkauf nicht zu. Die Rechtsprechung löst daher den Interessenkonflikt zwischen dem verlängerten Eigentumsvorbehalt und dem unechten Factoring ebenso wie beim Zusammentreffen von verlängertem Eigentumsvorbehalt und Sicherungsglobalzession. Sie geht also vom Prioritätsprinzip aus und fragt dann mit der Vertragsbruchtheorie, ob die zeitlich vorherige Zession nichtig ist.[139] Überzeugen kann diese Lösung freilich nicht; denn anders als bei der Globalzession erhält der Vorbehaltskäufer auch beim unechten Factoring zunächst einmal den Gegenwert der Kaufpreisforderung ausgezahlt, gelangt also genauso in den Besitz des Geldes, als wenn ihn der Dritterwerber bezahlt hätte. Auch bei einer Bezahlung durch den Abnehmer des Vorbehaltskäufers ist aber nicht gewährleistet, dass der Vorbehaltsverkäufer tatsächlich den Erlös erhält. Es ist daher nicht einzusehen, weshalb er beim unechten Factoring besser gestellt sein soll. Hinzu kommt, dass die Abtretung an den Factor nicht nur zu Sicherungszwecken, sondern auch erfüllungshalber (§ 364 Abs. 2 BGB) erfolgt und der Factor daher auch bei wertender Betrachtung der Forderung näher steht als der sonstige Kreditgeber. Echtes und unechtes Factoring sind folglich gleich zu behandeln. Ihre Wirksamkeit wird durch eine mögliche Kollision mit einem verlängerten Eigentumsvorbehalt nicht berührt.[140]

Der Vorbehaltskäufer wird beim verlängerten Eigentumsvorbehalt in der Regel ausdrücklich ermächtigt, die Ware im ordnungsgemäßen Geschäftsverkehr zu veräußern (§ 185 BGB).[141] Liegt eine ausdrückliche Vereinbarung zwar nicht vor, hat sich aber der Verkäufer die künftigen Kundenforderungen durch eine Vorausabtretung übertragen lassen, ist darin eine stillschweigend erteilte Weiterveräuße-

---

[136] Ausführlich dazu *Berghaus*, Kollision zwischen Factoring-Globalzession und verlängertem Eigentumsvorbehalt, 1989; *Martinek*, Moderne Vertragstypen, 1991, Bd. I, S. 264 ff.; *Nicklaus*, Die Kollision von verlängertem Eigentumsvorbehalt und Factoringzession im deutschen und englischen Recht, 1997; *Beck*, KTS 2008, 121-144.

[137] Zu Einzelheiten der Unterscheidung vgl. *Martinek*, Moderne Vertragstypen, 1991, Bd. I, S. 232 ff.; *Mühl* in: Soergel, § 455 Rn. 298 f.

[138] So z.B. BGH v. 19.09.1977 - VIII ZR 169/76 - BGHZ 69, 254-260; BGH v. 14.10.1981 - VIII ZR 149/80 - juris Rn. 38 - BGHZ 82, 50-66; *Serick*, BB 1979, 845-853, 845; *Larenz/Canaris*, Schuldrecht, Band II/2: Besonderer Teil, 13. Aufl. 1994, § 65 III 1, S. 91; *Mühl* in: Soergel, § 455 Rn. 298 f.; *Beck*, KTS 2008, 121-144, 123 f.; im Übrigen ist beim echten Factoring trotz des Prioritätsprinzips auch die nachträgliche Factoringzession wirksam, vgl. *Prütting*, Sachenrecht, 33. Aufl. 2008, Rn. 864.

[139] BGH v. 03.05.1972 - VIII ZR 170/71 - BGHZ 58, 364-369; BGH v. 15.04.1987 - VIII ZR 97/86 - juris Rn. 24 - BGHZ 100, 353-362; ebenso z.B. *Grüneberg* in: Palandt, § 398 Rn. 40; *Serick*, Eigentumsvorbehalt und Sicherungsübertragung, 1963, Bd. IV S. 578 ff.; *Serick*, Eigentumsvorbehalt und Sicherungsübertragung, 1963, Bd. V S. 812ff.; *Serick*, NJW 1981, 794-799, 794; *Martinek*, Moderne Vertragstypen, 1991, Bd. I, S. 286 ff.; *Huber* in: Soergel, vor § 433 Rn. 298 f.; *Beck*, KTS 2008, 121-144, 124 f.

[140] Ebenso *Bette/Marwede*, BB 1979, 121-129, 128; *Blaurock*, ZHR 142, 325-341, 325; *Canaris*, NJW 1981, 1347-1350, 1347; *Fikentscher/Heinemann*, Schuldrecht, 10. Aufl. 2006, Rn. 750; *Larenz/Canaris*, Schuldrecht, Band II/2: Besonderer Teil, 13. Aufl. 1994, § 65 III 2 b, S. 92 ff.; *Goerke/Hübner*, JA 1984, 265-274, 273 f.; *Beckmann* in: Staudinger, § 449 Rn. 154; *Baur/Stürner*, Sachenrecht, 18. Aufl. 2009, § 59 Rn. 59 ff.

[141] Vgl. z.B. BGH v. 07.06.1972 - VIII ZR 1/71 - BB 1972, 1204-1205.

rungsbefugnis zu sehen.[142] Zur Feststellung, wann sich eine Veräußerung noch im Rahmen eines ordnungsgemäßen Geschäftsverkehrs bewegt, bedarf es im Interesse der Rechtssicherheit objektiver, auch dem Abnehmer erkennbarer Kriterien. Das Sicherungsinteresse des Vorbehaltsverkäufers gebietet es, dass der Vorbehaltskäufer die Ware zu einem möglichst hohen Preis weiterverkauft, damit er aus dem erzielten Erlös seine Kaufpreisschuld begleichen kann.[143] Er darf die Ware nicht verschleudern und sie insbesondere nicht unter Einstandspreis weiterverkaufen.[144] Ob sich der Verkauf im Rahmen eines Saisonschlussverkaufes noch als ordnungsmäßiger Geschäftsbetrieb darstellt, hängt von den Umständen des Falles ab. So bedarf ein Räumungsverkauf im Rahmen einer Geschäftsaufgabe der Zustimmung des Verkäufers. Die Sicherungsinteressen des Vorbehaltsverkäufers werden auch berührt, wenn sich der Vorbehaltskäufer den aus dem Weiterverkauf erzielten Erlös nicht auszahlen lässt, sondern der Abnehmer mit einer bestehenden Gegenforderung aufrechnet.[145] Die Einwilligung zur Weiterveräußerung der Vorbehaltsware ist widerruflich (§ 183 BGB). Der Verkäufer kann die Ermächtigung zur Weiterveräußerung so lange widerrufen, wie die Ware noch nicht an einen Dritten übereignet ist.[146] Aus dem Sicherungszweck folgt jedoch, dass der Widerruf ausgeschlossen ist, solange sich der Vorbehaltskäufer vertragstreu verhält. Ein Widerruf ist folglich nur zulässig, wenn der Vorbehaltskäufer sich nicht vertragsgemäß verhält und das Sicherungsinteresse des Verkäufers missachtet. Veräußert der Vorbehaltskäufer die unter Vorbehalt des Eigentums gelieferte Ware außerhalb des ordnungsgemäßen Geschäftsverkehrs, oder ist seine Ermächtigung zur Weiterveräußerung wirksam widerrufen worden, handelt er ohne Einwilligung. In diesem Fall können seine Abnehmer nur nach den Vorschriften über den gutgläubigen Erwerb (§§ 932-936 BGB, § 366 HGB) Eigentum an der Vorbehaltsware erlangen. Die fehlende Weiterveräußerungsbefugnis hat außerdem zur Folge, dass der Vorbehaltskäufer nicht (mehr) zur Einziehung der aus dem Weiterverkauf resultierenden Kaufpreisforderung ermächtigt ist, sodass Zahlungen an ihn nur noch unter den Voraussetzungen des § 407 BGB gegenüber dem Vorbehaltsverkäufer wirken.

58 Mit der Ermächtigung zur Weiterveräußerung wird regelmäßig die Ermächtigung zur Forderungseinziehung verbunden. Sie berechtigt den Vorbehaltskäufer, die Forderung des Vorbehaltsverkäufers gegen den Dritterwerber im eigenen Namen, also nicht nur als Bevollmächtigter, einzuziehen oder – falls notwendig – einzuklagen. Fehlt eine ausdrückliche Vereinbarung, ist dem Vorbehaltskäufer aber die Ermächtigung zur Weiterveräußerung der Ware erteilt worden, so ist davon auszugehen, dass er gleichzeitig zur Einziehung der Forderung (stillschweigend) ermächtigt worden ist.[147] Für den Widerruf der Einziehungsermächtigung gilt das Gleiche wie für den Widerruf der Weiterveräußerungsbefugnis. Sie ist zwar grundsätzlich frei widerruflich (§ 183 BGB), doch ist aufgrund des Sicherungscharakters der Abtretung ein Widerruf ausgeschlossen, solange sich der Vorbehaltskäufer vertragstreu verhält und die Sicherungsinteressen des Vorbehaltsverkäufers nicht gefährdet. Liegt ein wirksamer Widerruf vor und zieht der Vorbehaltskäufer die Kaufpreisforderung gleichwohl von seinem Abnehmer ein, handelt er als Nichtberechtigter und muss den empfangenen Kaufpreis an den Vorbehaltsverkäufer herausgeben (§ 816 Abs. 2 BGB).[148]

59 Wird der Wiederverkäufer insolvent, hat er die Vorbehaltsware aber noch nicht weiterveräußert, kann sie der Vorbehaltsverkäufer aussondern (§ 47 InsO, § 985 BGB), sofern nicht der Insolvenzverwalter den Restkaufpreis zahlt (§§ 103, 107 Abs. 2 InsO). Ist sie bereits an einen Dritten verkauft worden, steht dem Vorbehaltsverkäufer aufgrund des Sicherungscharakters der Vorausabtretung nur ein Recht

---

[142] Vgl. BGH v. 18.11.1963 - VIII ZR 33/62 - LM Nr. 8 zu § 687 BGB.
[143] BGH v. 23.05.1958 - VIII ZR 434/56 - BGHZ 27, 306-310.
[144] BGH v. 05.11.1969 - VIII ZR 247/67 - LM Nr. 23 zu § 455 BGB; Einstandspreis ist dabei der Preis, zu dem er die Ware vom Vorbehaltsverkäufer übernommen hat.
[145] BGH v. 12.05.1971 - VIII ZR 196/69 - BGHZ 56, 173-180; BGH v. 05.11.1969 - VIII ZR 247/67 - LM Nr. 23 zu § 455 BGB; zur Einstellung der Forderung in ein Kontokorrent vgl. aber BGH v. 30.05.1960 - VII ZR 257/59 - BGHZ 32, 357-361; BGH v. 24.09.1963 - VI ZR 84/63 - BB 1963, 1278.
[146] BGH v. 28.06.1954 - IV ZR 40/54 - BGHZ 14, 114-122.
[147] BGH v. 19.09.1977 - VIII ZR 169/76 - juris Rn. 58 - BGHZ 69, 254-260.
[148] Vgl. *Bülow*, Jura 1986, 169-174, 239.

auf abgesonderte Befriedigung[149] zu (§ 51 Nr. 1 InsO), d.h. der Insolvenzverwalter zieht die Forderung gegen den Dritterwerber ein (oder verwertet sie anderweitig, § 166 Abs. 2 InsO) und befriedigt den Vorbehaltsverkäufer aus dem Erlös nach Abzug der Kosten (§ 170 Abs. 1 InsO).[150] Ist die Forderung bereits vor Insolvenzeröffnung beglichen, der Betrag aber nicht an den Vorbehaltsverkäufer weitergeleitet worden, kann er seine noch offen stehende Restkaufpreisforderung lediglich als Insolvenzforderung anmelden.

b. Verarbeitungsklauseln

Verarbeitet der Käufer eine unter Eigentumsvorbehalt gelieferte Sache zu einer neuen Sache, so wird er ihr alleiniger Eigentümer, sofern der Wert der Verarbeitung nicht erheblich unter dem Wert der gelieferten Sache liegt (§ 950 Abs. 1 BGB). Das Eigentum des Vorbehaltsverkäufers erlischt hingegen (§ 950 Abs. 2 BGB). Das zu verhindern ist Ziel der so genannten Verarbeitungsklauseln, mittels derer vereinbart wird, dass nicht der Hersteller, sondern der Vorbehaltsverkäufer Eigentümer der neuen Sache werden soll, die unter Verwendung der unter Eigentumsvorbehalt gelieferten Sache hergestellt worden ist. Welche rechtliche Bedeutung einer derartigen Vereinbarung zukommt, ist umstritten. Entscheidend ist, ob man § 950 BGB als eine in der Parteidisposition stehende Vorschrift betrachtet oder nicht. Das ist bis heute umstritten.[151] Die Rechtsprechung und ein beachtlicher Teil des Schrifttums halten § 950 BGB zwar für zwingend, lassen aber – zumindest im Ergebnis – immerhin eine Vereinbarung darüber zu, wer Hersteller im Sinne dieser Vorschrift ist.[152] Gefragt wird, in wessen Namen und Interesse die Verarbeitung nach der Verkehrsauffassung vom Standpunkt eines mit den Verhältnissen vertrauten objektiven Beobachters erfolgt.[153] Dieser zunächst objektive Ansatz wird aber dadurch relativiert, dass der objektive Betrachter bei seiner Beurteilung auch die Willensrichtung des die Sache tatsächlich Verarbeitenden zu beachten hat. Das Vorhandensein einer Verarbeitungsklausel stellt folglich ein wichtiges Indiz für die Feststellung dar, dass die Verarbeitung für den Lieferanten erfolgen und dieser ihr Hersteller sein soll.[154] Die Verarbeitungsklausel hat dann zur Folge, dass der Lieferant aufgrund der für ihn erfolgenden Herstellung auflösend und der Verarbeiter aufschiebend bedingtes Eigentum an der unter Verwendung seiner Vorbehaltsware hergestellten Sache erwirbt.[155] Die wohl herrschende Meinung im Schrifttum geht hingegen davon aus, dass es sich bei § 950 BGB um eine dispositive Vorschrift handelt.[156] Danach können die Parteien selbst bestimmen, wer Verarbeiter ist. Der Lieferant hat somit die Möglichkeit, kraft Vereinbarung mit dem Vorbehaltskäufer Hersteller der neuen Sache zu werden und an ihr auflösend bedingtes Eigentum zu erwerben. Eine im Schrifttum vertretene Mindermeinung hält schließlich streng an der Unabdingbarkeit von § 950 BGB fest und lehnt folgerichtig eine Wirksamkeit von Verarbeitungsklauseln ab.[157] Sie gesteht den Vertragsparteien allerdings

60

---

[149] So schon BGH v. 09.12.1970 - VIII ZR 52/69 - LM Nr. 18 zu § 157 (Ga) BGB; BGH v. 23.11.1977 - VIII ZR 7/76 - LM Nr. 27 zu § 929 BGB; vgl. auch *Siebert*, NZI 2008, 529-532, 529 f.
[150] Vgl. auch *Munz*, BauR 2003, 621-626, 621.
[151] Überblick zuletzt bei *Peters* in: Fuchs/Schwintowski/Zimmer, FS für Immenga, 2004, 657-666; vgl. auch *Siebert*, NZI 2008, 529-532, 529 m.w.N.
[152] Vgl. z.B. BGH v. 28.06.1954 - IV ZR 40/54 - BGHZ 14, 114-122; *Serick*, BB 1975, 381-390, 384; *Serick*, Eigentumsvorbehalt und Sicherungsübertragung, 1963, Bd. IV S. 138, 148 ff.; weitere Nachweise bei *Beckmann* in: Staudinger, § 449 Rn. 124.
[153] BGH v. 27.09.1990 - I ZR 244/88 - juris Rn. 20 - BGHZ 112, 243-258.
[154] So z.B. BGH v. 28.06.1954 - IV ZR 40/54 - BGHZ 14, 114-122; ebenso *Serick*, Eigentumsvorbehalt und Sicherungsübertragung, 1963, Bd. IV S. 155.
[155] *Nierwetberg*, NJW 1983, 2235-2236, 2235 f.
[156] *Baur/Stürner*, Sachenrecht, 18. Aufl. 2009, § 53 Rn. 15; *Bülow*, Jura 1986, 169-174, 239; *Dolezalek*, AcP 195, 392-444; *Leible/Sosnitza*, JuS 2001, 449-456, 455; *Reinicke/Tiedtke*, Kaufrecht, 8. Aufl. 2009, Rn. 1357 ff.; weitere Nachweise bei *Beckmann* in: Staudinger, § 449 Rn. 124.
[157] So z.B. *Hefermehl* in: Erman, § 950 Rn. 8; *Larenz/Canaris*, Schuldrecht, Band II/2: Besonderer Teil, 13. Aufl. 1994, § 43 II d 2, S. 122; *Medicus*, Bürgerliches Recht, 18. Aufl. 1999, Rn. 519; *Gursky* in: Westermann, BGB-Sachenrecht, 9. Aufl. 1994, § 53 III 2 d, e; *Wilhelm*, Sachenrecht, 3. Aufl. 2007, Rn. 1066ff.; *Wieling*, Sachenrecht, 5. Aufl. 2007, § 11 II 4 g.

die Möglichkeit der Vereinbarung einer Sicherungsübereignung der neu hergestellten Sache durch antizipiertes Besitzkonstitut (§§ 929 Satz 1, 930 BGB) zu. Im Unterschied zu den beiden vorgenannten Ansichten führt dies jedoch zu einem Durchgangserwerb des Vorbehaltskäufers. Seine Gläubiger könnten also Zugriff auf die neue Sache nehmen. Der Rechtsprechung ist zu Recht immer wieder Inkonsequenz vorgeworfen worden, wenn einerseits § 950 BGB als zwingend betrachtet wird, andererseits aber durch Berücksichtigung der Verarbeitungsklausel bei der weiten Auslegung des Herstellerbegriffs letztlich doch die Anwendung der Vorschrift dem Willen der Parteien unterstellt wird. Dass man bei der Frage nach der Abdingbarkeit des § 950 BGB keinen zu doktrinären Standpunkt einnehmen sollte, hat schon *Flume* treffend hervorgehoben.[158] Immerhin zeigen die Gesetzesmaterialien, dass bei der Beratung des BGB erwogen wurde, einen Hinweis aufzunehmen, dass auch der Eigentümer werde, der „herstellen lässt", doch wurde eine solche Ergänzung als selbstverständlich abgelehnt.[159] Die Gesetzesverfasser gingen also offenbar selbst von einer gewissen Disponibilität der Herstellereigenschaft aus. Wichtiger erscheint eine angemessene Lösung der Problemlage beim Zusammentreffen mehrerer Eigentumsvorbehaltslieferanten.[160] Die Befürworter der Unabdingbarkeit des § 950 BGB wollen eine Verarbeitungsklausel regelmäßig in eine auflösend bedingte Sicherungsübereignung umdeuten und beim Vorliegen mehrerer Verarbeitungsklauseln dann die Regeln über das Zusammentreffen mehrerer Sicherungsübereignungen anwenden.[161] Dies hätte jedoch zur Folge, dass nur der Lieferant das Sicherungseigentum vom Verarbeiter als Berechtigtem erwirbt, der (zufällig) als erster liefert, während für alle anderen Lieferanten ein gutgläubiger Erwerb des Sicherungseigentums jedenfalls mangels Besitz ausscheidet (§ 933 BGB). Dies müsste sogar gelten, wenn ein Lieferant von vergleichsweise unbedeutenden Nebenstoffen schneller ist als der Lieferant des Hauptstoffes. Dieses wenig befriedigende Ergebnis lässt sich vermeiden, wenn man mit der herrschenden Literatur von der Abdingbarkeit des § 950 BGB ausgeht. Denn in diesem Fall ist § 947 BGB anwendbar, sodass alle Lieferanten nach dem Wert ihrer Lieferungen Miteigentümer werden, es sei denn, einer der Rohstoffe ist als Hauptsache anzusehen (§ 947 Abs. 2 BGB).

61 Wird der Vorbehaltsverkäufer aufgrund der Verarbeitungsklausel Alleineigentümer der neu hergestellten Sache, kann es zu einer Übersicherung kommen, wenn der Wert der Verarbeitung erheblich über dem Wert der von ihm gelieferten Ware liegt. Die Verarbeitungsklausel kann dann zu einer übermäßigen Einschränkung der wirtschaftlichen Bewegungsfreiheit des Vorbehaltskäufers und zur Benachteiligung seiner Gläubiger führen und daher sittenwidrig (§ 138 BGB) oder gemäß § 307 BGB unwirksam sein. Außerdem können sich bei Verarbeitungsklauseln die gleichen Probleme wie bei der Kollision eines verlängerten Eigentumsvorbehalts mit einer Globalzession ergeben (vgl. Rn. 55), wenn der Vorbehaltskäufer die neue Sache aus von verschiedenen Verkäufern gelieferten Teilen hergestellt und mit jedem Lieferanten vereinbart hat, dass das Eigentum an ihr jeweils voll auf ihn übergehen soll. Nach dem Prioritätsprinzip wäre an sich nur die zuerst getroffene Vereinbarung wirksam. Die anderen Lieferanten blieben ungesichert. Es ist jedoch sittenwidrig (§ 138 BGB), wenn ein Lieferant wirtschaftliche Werte in Anspruch nehmen will, die von anderen Lieferanten stammen, weil dadurch die anderen Lieferanten in gleicher Weise wie bei der Vorausabtretung über die Wirksamkeit der von ihnen getroffenen Sicherungsvereinbarung getäuscht werden. Beiden Problemen lässt sich wirksam begegnen, indem vereinbart wird, dass der Vorbehaltsverkäufer nach der Verarbeitung lediglich Miteigentümer der neuen Sache wird und sich der Bruchteil seines Miteigentums z.B. nach dem Verhältnis des Werts der von ihm gelieferten Rohstoffe zum Wert der Fertigware richtet.[162] Wird die Verarbeitungsklausel mit einer Vorausabtretung verbunden, sollte außerdem der Umfang der Vorausabtretung auf den Wert der Warenlieferung des Vorbehaltsverkäufers beschränkt werden (Teilabtretung). Geht man

---

[158] *Flume*, NJW 1959, 913-922, 841.
[159] Protokolle III, S. 239 ff.
[160] Vgl. eingehend hierzu *Wagner*, AcP 184, 14-39, 29; *Serick*, Eigentumsvorbehalt und Sicherungsübertragung, 1963, Bd. IV § 45 II 6.
[161] *Gursky* in: Westermann/Gursky, Sachenrecht, 7. Aufl. 1999, § 53 III 2 e.
[162] BGH v. 19.10.1966 - VIII ZR 152/64 - BGHZ 46, 117-123.

über den Nennwert hinaus, wird man die Grundsätze zur Deckungsgrenze bei der Vorausabtretung anwenden müssen.

Mehrere Gläubiger können zum gemeinsamen Erwerb (Erwerbs-Pool) oder zur gemeinsamen Verwertung (Verwertungs-Pool) ihrer Sicherheiten eine so genannte **Pool-Vereinbarung** treffen.[163] Solche Vereinbarungen sind vor allem dann sinnvoll, wenn mehrere Lieferanten aufgrund ihrer Verarbeitungsklauseln Miteigentum an der vom Vorbehaltskäufer neu hergestellten Sache erworben haben.[164] Eine Aussonderung und Verwertung der einzelnen Miteigentumsanteile ist wenig zweckmäßig, da sie sich am Markt kaum absetzen lassen. Schließen sich die Miteigentümer jedoch zu einem Verwertungs-Pool zusammen, können sie die Sache als Ganzes verkaufen und in der Regel einen wesentlich höheren Erlös erzielen. Rechtlich handelt es sich bei Pool-Vereinbarungen größtenteils um Gesellschaften bürgerlichen Rechts mit einem gemeinschaftlichen Vermögen (§§ 718, 719 BGB), doch kann mitunter auch eine Miteigentümergemeinschaft oder eine treuhänderische Übertragung vorliegen.[165]

62

Die Tatsache, dass der Vorbehaltsverkäufer durch die Verarbeitung Eigentümer der neu hergestellten Sache wird, legt es eigentlich nahe, dass er sie im Fall einer Käuferinsolvenz genauso wie beim einfachen Eigentumsvorbehalt auch aussondern kann. Gleichwohl gestand ihm die herrschende Meinung unter der Geltung der KO lediglich ein Absonderungsrecht (§ 47 KO) zu.[166] Das ist aufgrund der Nähe der von den Parteien getroffenen Vereinbarung zur Sicherungsübereignung überzeugend. Das In-Kraft-Treten der Insolvenzordnung hat hieran nichts geändert. Der Vorbehaltsverkäufer kann nur abgesonderte Befriedigung verlangen (§§ 50, 51 Nr. 1 InsO).[167] Ihm steht weder ein Recht auf Aussonderung zu (§ 47 InsO), noch begründet die Verarbeitung ein Ersatzaussonderungsrecht (§ 48 InsO).[168]

63

5. Erweiterter Eigentumsvorbehalt

Beim erweiterten Eigentumsvorbehalt behält sich der Vorbehaltsverkäufer das Eigentum nicht nur bis zur Tilgung seiner Kaufpreisforderung vor, sondern macht den Eigentumsübergang davon abhängig, dass auch andere Forderungen beglichen worden sind. Der erweiterte Eigentumsvorbehalt wird von der Rechtsprechung[169] und überwiegenden Literatur[170] grundsätzlich anerkannt und begegnet in der

64

---

[163] Beispielhaft BGH v. 10.03.1982 - VIII ZR 311/80 - juris Rn. 13 - LM Nr. 2 zu § 4 KO.

[164] Pool-Vereinbarungen sind freilich nicht nur auf den Fall von Miteigentum aufgrund von Verarbeitungsklauseln beschränkt, sondern können zwischen allen Gläubigern, denen Sicherungsrechte am Vermögen eines Schuldners zustehen, geschlossen werden. In Betracht kommen Rechte aufgrund eines einfachen oder verlängerten Eigentumsvorbehalts, aber auch Rechtspositionen, die sich aus einer Sicherungsübereignung der Vorbehaltsware oder einer Globalzession der mit ihr zusammenhängenden Forderungen ergeben.

[165] Ausführlich dazu mit weiteren Nachweisen *Bohlen*, Der Sicherheiten-Pool, 1984; *Bülow*, Recht der Kreditsicherheiten, 7. Aufl. 2007, Rn. 1264 ff.; *Burgermeister*, Der Sicherheitenpool im Insolvenzrecht, 1990; *Heckel*, Zivilkonkurs- und verfahrensrechtliche Probleme des Sicherheitenpoolvertrages, 1983; *Heß*, Miteigentum der Vorbehaltslieferanten und Poolbildung, 1985; *May*, Der Bankenpool, 1989; *Schröter/Graf von Westphalen*, Sicherheitenpoolverträge der Banken und Lieferanten, 1986; *Hödl*, Der Lieferantenpool: Zur organisierten Durchsetzung der Eigentumsvorbehalte mehrerer Lieferanten im Konkurs des gemeinsamen Schuldners, 2010; *Reinicke/Tiedtke*, Kaufrecht, 8. Aufl. 2009, Rn. 1409 ff.; *Mühl* in: Soergel, § 455 Rn. 55 f.; *Westermann* in: MünchKomm-BGB, § 449 Rn. 93.

[166] *Jaeger/Henckel*, Konkursordnung, 9. Aufl. 1997, § 29, Rn. 169; *Kilger/Schmidt*, Insolvenzgesetze, 17. Aufl. 1997, KO § 43, Anm. 3. b. aa.; *Denck*, JuS 1981, 861-866, 864; *Serick*, Eigentumsvorbehalt und Sicherungsübertragung, 1963, Bd. V S. 410 ff.; *Honsell* in: Staudinger, 13. Bearb. 1995, § 455 Rn. 70; *Westermann* in: MünchKomm-BGB, § 449 Rn. 94; kritisch zur „dogmatischen Inkonsistenz" dieser Auffassung, aufgrund der Einstufung von Verarbeitungsklauseln als Sicherungsübereignungsvereinbarung, aber mit gleichem Ergebnis *Jauernig*, Zwangsvollstreckungs- und Insolvenzrecht, 21. Aufl. 1999, § 45 I 1 a, S. 203 f. mit weiteren Nachweisen.

[167] *Haarmeyer/Wutzke/Förster*, Handbuch zur Insolvenzordnung, 3. Aufl. 2001, Kap. 5, Rn. 258, 272; *Jauernig*, Zwangsvollstreckungs- und Insolvenzrecht, 22. Auflage 2008, § 45 Rn. 7; *Siebert*, NZI 2008, 529-532, 530.

[168] OLG Düsseldorf v. 24.01.2003 - 16 U 112/02 - juris Rn. 67 - ZIP 2003, 1306-1310.

[169] Vgl. z.B. BGH v. 20.03.1985 - VIII ZR 342/83 - juris Rn. 21 - BGHZ 94, 105-116; BGH v. 08.10.1986 - VIII ZR 342/85 - BGHZ 98, 303-318; BGH v. 15.06.1964 - VIII ZR 305/62 - BGHZ 42, 53-59.

[170] Vgl. z.B. *Flume*, NJW 1959, 913-922, 850; *Stumpf/Thamm*, BB 1966, 749-753, 751; *Leible/Sosnitza*, JuS 2001, 449-456, 556 f.; *Westermann* in: Westermann/Gursky, Sachenrecht, 7. Aufl. 1999, § 39 V 1; kritisch hingegen *Mückenberger*, NJW 1958, 1754-1756, 1756.

Praxis in der Form des sog. **Kontokorrentvorbehalts**, manchmal aber auch als Konzernvorbehalt (dazu Rn. 85).

65 Beim Kontokorrentvorbehalt vereinbaren die Parteien, dass der Eigentumsvorbehalt nicht bereits mit der Zahlung der Kaufpreisforderung erlischt, sondern erst bei Tilgung sämtlicher gegenwärtiger oder zukünftiger Forderungen des Verkäufers aus der mit dem Käufer bestehenden Geschäftsverbindung.[171] Ein Eigentumserwerb des Käufers findet so lange nicht statt, wie sein im Verhältnis zum Verkäufer bestehender Saldo nicht ausgeglichen oder die Geschäftsverbindung nicht beendet und abgewickelt ist. Der Kontokorrentvorbehalt selbst erlischt, sofern die zwischen den Parteien bestehenden Forderungen, auf die er sich erstreckt, ausgeglichen worden sind. Er lebt auch nicht wieder auf, wenn der Verkäufer nach diesem Zeitpunkt neue Forderungen gegen den Käufer erwirbt.[172]

66 Der Sache nach handelt es sich beim Kontokorrentvorbehalt nicht mehr um einen Eigentumsvorbehalt im eigentlichen Sinne, sondern um Sicherungseigentum.[173] Das Eigentum des Vorbehaltslieferanten bleibt bestehen, obwohl die Kaufsache bereits bezahlt ist, und dient nunmehr der Sicherung fremder Forderungen. Wurden im Verlauf der Geschäftsverbindung mehrere Kaufverträge mit Kontokorrentklausel geschlossen, entsteht letztlich sogar eine Globalsicherheit.[174]

67 Gegen die Zulässigkeit des Kontokorrentvorbehalts sind von jeher rechtspolitische und dogmatische (Institutionenmissbrauch etc.) Bedenken erhoben worden.[175] Diese haben jedoch weder das RG noch den BGH an der – wenigstens grundsätzlichen – Zulässigkeit des Kontokorrentvorbehalts zweifeln lassen.[176] Der BGH erachtet nicht nur den individualvertraglich vereinbarten, sondern selbst den in AGB enthaltenen Kontokorrentvorbehalt – jedenfalls im kaufmännischen Verkehr[177] – für im Grundsatz unbedenklich, weil er den dort geltenden Gewohnheiten und Gebräuchen entspricht, auf die angemessen Rücksicht zu nehmen ist (§ 310 Abs. 1 BGB).[178] Bei Übersicherung ist zu beachten, dass sich die Freigabeverpflichtung bereits aus der fiduziarischen Natur des Sicherungsvertrages ergibt.[179] Fehlt eine Freigabeklausel völlig oder ist sie fehlerhaft ausgestaltet worden, wird davon die Wirksamkeit der Kontokorrentklausel als solcher nicht berührt.

68 Aufgrund der Ähnlichkeit des erweiterten Eigentumsvorbehalts mit einer Sicherungsübereignung wird dem Verkäufer in der Insolvenz des Vorbehaltskäufers kein Aussonderungsrecht, sondern nur ein

---

[171] Differenzieren lässt sich noch weiter nach dem Verhältnis der Parteien zueinander. Besteht zwischen ihnen ein besonderes Kontokorrentverhältnis (§§ 355-357 HGB), spricht man von einem eigentlichen Kontokorrentvorbehalt. Fehlt eine Kontokorrentabrede, entstehen aber gleichwohl laufend beiderseitige Ansprüche aus der Geschäftsverbindung, ist von einem uneigentlichen Kontokorrentvorbehalt die Rede, vgl. *Bülow*, Recht der Kreditsicherheiten, 7. Aufl. 2007, Rn. 1504 ff.

[172] BGH v. 15.06.1964 - VIII ZR 305/62 - BGHZ 42, 53-59; BGH v. 23.11.1977 - VIII ZR 7/76 - LM Nr. 27 zu § 929 BGB.

[173] Vgl. zur Abgrenzung näher *Gravenhorst*, JZ 1971, 494-497, 496; *Bülow*, WM 2007, 429-432, 429.

[174] *Bülow*, Recht der Kreditsicherheiten, 7. Aufl. 2007, Rn. 1502.

[175] Vgl. z.B. *Mückenberger*, NJW 1958, 1754-1756, 1756; *Reinicke/Tiedtke*, Kaufrecht, 8. Aufl. 2009, Rn. 1344 ff.; *Tiedtke*, ZIP 1988, 784-787, 784 mit weiteren Nachweisen; *Weber*, BB 1989, 1768-1775, 1768; *Weber*, Kreditsicherheiten, 6. Aufl. 1998, S. 187.

[176] RG v. 15.03.1935 - II 283/34 - RGZ 147, 321-332; BGH v. 15.06.1964 - VIII ZR 305/62 - BGHZ 42, 53-59; BGH v. 20.05.1958 - VIII ZR 329/56 - LM Nr. 1 zu § 127 BGB; BGH v. 23.11.1977 - VIII ZR 7/76 - LM Nr. 27 zu § 929 BGB.

[177] Die Vereinbarung einer Kontokorrentklausel im nichtkaufmännischen Geschäftsverkehr wird hingegen als Verstoß gegen § 307 Abs. 2 BGB und daher unwirksam betrachtet, da sie zu einer Übersicherung des Lieferanten führt und es mit dem Zweck der jeweils abgeschlossenen neuen Kaufverträge nicht vereinbar ist, die Eigentumsübertragung wegen früher begründeter Forderungen aus der Geschäftsverbindung auszuschließen, obwohl die neu gekaufte Sache bereits bezahlt ist, vgl. OLG Frankfurt v. 11.09.1980 - 6 U 184/79 - NJW 1981, 130; LG Braunschweig v. 27.01.1981 - 9 O 124/80 - ZIP 1981, 876-878.

[178] BGH v. 20.03.1985 - VIII ZR 342/83 - juris Rn. 21 - BGHZ 94, 105-116; BGH v. 08.10.1986 - VIII ZR 342/85 - juris Rn. 26 - BGHZ 98, 303-318; BGH v. 18.04.1991 - IX ZR 149/90 - juris Rn. 46 - LM KO § 31 Nr. 12 (3/1992).

[179] So auch *Bülow*, WM 2007, 429-432, 431.

Recht auf abgesonderte Befriedigung gewährt.[180] Wenn die Kaufsache, deren Eigentum er sich vorbehalten hat, bereits voll bezahlt war und der Verkäufer aufgrund des erweiterten Eigentumsvorbehalts andere ihm zustehende gesicherte Forderungen geltend macht, kann er daher die „Vorbehaltsware" lediglich verwerten. Er hat insoweit die Stellung eines Sicherungseigentümers.[181]

6. Kombinationsmodelle

Die verschiedenen Verlängerungs- und Erweiterungsformen des Eigentumsvorbehalts lassen sich natürlich noch verknüpfen. Dem Erfindungsreichtum der Kautelarjuristen scheinen hier keine Grenzen gesetzt zu sein. So lassen sich z.B. Vorausabtretungs- oder Verarbeitungsklauseln miteinander kombinieren und zusätzlich noch mit einem Kontokorrent- oder Konzernvorbehalt verbinden. Bei diesen Kombinationsmodellen stellt sich das Problem der Übersicherung natürlich in noch wesentlich schärferer Form als beim „einfachen" erweiterten oder verlängerten Eigentumsvorbehalt.

B. Kommentierung zu Absatz 2

I. Grundlagen

1. Kurzcharakteristik

§ 449 Abs. 2 BGB gewährt dem Verkäufer keinen Anspruch auf Herausgabe der Kaufsache, sondern hat lediglich klarstellende Funktion: Der Verkäufer kann aufgrund seines Eigentums nur dann nach § 985 BGB Herausgabe der unter Eigentumsvorbehalt verkauften Sache verlangen, wenn er zuvor das Besitzrecht des Käufers (§ 986 BGB) durch Rücktritt vom Vertrag beseitigt hat. Ausgeschlossen werden soll damit ein sog. Rückholrecht des Verkäufers, wie es diesem bislang von Teilen der Literatur zugestanden wurde. Die isolierte Ausübung des Eigentumsvorbehalts bleibt gleichwohl zulässig, führt allerdings nur zum Erlöschen des Anwartschaftsrechts des Vorbehaltskäufers und lässt dessen Besitzrecht unberührt.[182]

2. Gesetzgebungsmaterialien

§ 449 Abs. 2 BGB ist nicht aus § 455 BGB a.F. hervorgegangen, sondern gänzlich neu. Ziel der Vorschrift ist ein **Ausschluss des sog. Rückholrechts**, das dem Verkäufer von Teilen der Literatur zugebilligt wurde. Danach sollte der Verkäufer die Kaufsache auch ohne Ausübung seines Rücktrittsrechts allein aufgrund des ihm vorbehaltenen Eigentums vorläufig zurücknehmen können.[183] Er hätte dann ein zusätzliches Druckmittel gegen den Käufer in der Hand, sich gegen jedwede (Neben-)Pflichtverletzungen des Vorbehaltsverkäufers, z.B. auch bei vertragswidrigem Gebrauch oder Weitergabe an Dritte, zu wehren, ohne den Vertrag auflösen zu müssen. Die wohl herrschende Meinung und insbesondere der BGH verneinen indes eine solche Möglichkeit, da eine vorläufige Rücknahme nicht von der Sicherungsabrede gedeckt ist; denn die Zubilligung eines Rechts zur vorläufigen Rücknahme würde in den meisten Fällen dem „wirtschaftlichen Sinn" des Kaufvertrages widersprechen, der beim Kauf von Investitionsgütern gerade darin besteht, dass der Käufer sie in seiner Produktion einsetzen kann, um

---

[180] *Brehm/Berger*, Sachenrecht, 2. Aufl. 2006, § 32 Rn. 30; *Westermann* in: MünchKomm-BGB, § 449 Rn. 84; *Beckmann* in: Staudinger, § 449 Rn. 139; *Mühl* in: Soergel, § 455 Rn. 48; *Gravenhorst*, JZ 1971, 494-497, 495.
[181] BGH v. 10.02.1971 - VIII ZR 188/69 - LM Nr. 27 zu § 455 BGB; BGH v. 09.07.1986 - VIII ZR 232/85 - juris Rn. 25 - BGHZ 98, 160-173.
[182] *Bülow*, DB 2002, 2090-2091, 2090.
[183] Grundlegend *Serick*, Eigentumsvorbehalt und Sicherungsübertragung, 1963, Bd. I S. 133, 136, 137; dem folgend z.B. *Honsell* in: Staudinger, 13. Bearb. 1995, § 455 Rn. 31; *Müller*, DB 1969, 1493-1499, 1494; bis zur 62. Aufl. 2002, *Putzo* in: Palandt, § 455 Rn. 27; *Wieling*, Sachenrecht, 5. Aufl. 2007, Bd. I § 17 II 1.

aus deren Erträgnissen den Kaufpreis zu finanzieren.[184] Diesen Bedenken hat der Gesetzgeber durch § 449 Abs. 2 BGB Rechnung getragen, da er zu Recht kein Bedürfnis dafür sah, dem Verkäufer die Rücknahme der Ware zu gestatten und gleichzeitig den Vertrag – unter Wegfall der Vorleistungspflicht – aufrechtzuerhalten. „Eine solche Privilegierung der vorleistenden Vertragspartei ist dem Schuldrecht auch sonst fremd und fehlt insbesondere auch beim Grundstückskaufvertrag".[185]

II. Anwendungsvoraussetzungen

1. Wirksamer Eigentumsvorbehalt

72 Zum Begriff und zum Zustandekommen des Eigentumsvorbehalts vgl. Rn. 1 ff.

2. Rücktritt vom Vertrag

a. Rücktrittserklärung

73 Die Erklärung des Rücktritts muss gegenüber dem Käufer erfolgen (§ 349 BGB). Wurde der Eigentumsvorbehalt im Rahmen eines Teilzahlungsgeschäfts (§ 499 Abs. 2 BGB) zwischen einem Verbraucher (§ 13 BGB) und einem Unternehmer (§ 14 BGB) vereinbart, ist § 508 Abs. 2 Satz 5 BGB zu beachten. Danach gilt die **Rücknahme der Kaufsache** als Ausübung des Rücktrittsrechts, sofern die Parteien nicht vereinbart haben, dass dem Verbraucher der gewöhnliche Verkaufswert im Zeitpunkt ihrer Wegnahme vergütet wird.[186]

b. Rücktrittsgrund

74 Anders als nach § 455 Abs. 1 BGB a.F. genügt der bloße Zahlungsverzug des Käufers nicht mehr für einen Rücktritt des Verkäufers. Der Gesetzgeber hat den schuldrechtlichen Teil der Regelung des § 455 Abs. 1 BGB a.F. ersatzlos gestrichen, da er keinen Anlass für eine solche Abweichung von der allgemeinen Regel des § 323 BGB sah, zumal die Fristsetzung den Verkäufer nicht übermäßig belastet und sie zudem bei Vorliegen der Voraussetzungen des § 323 Abs. 2 BGB unnötig ist.[187]

75 Möchte sich der Verkäufer aufgrund eines Zahlungsrückstands des Käufers vom Vertrag lösen, muss er dem Käufer daher zunächst eine angemessene Frist setzen (§ 323 Abs. 1 BGB).[188] Die Fristsetzung ist lediglich dann entbehrlich, wenn einer der Ausnahmetatbestände des § 323 Abs. 2 BGB vorliegt. Der Fall einer ernsthaften und endgültigen Zahlungsverweigerung des Vorbehaltskäufers (§ 323 Abs. 2 Nr. 1 BGB) dürfte aber in der Praxis kaum vorkommen. Und auch die Tatbestände des § 323 Abs. 2 Nr. 2 BGB (relatives Fixgeschäft) und § 323 Abs. 2 Nr. 3 BGB (Generalklausel) werden regelmäßig nicht erfüllt sein.[189]

76 Daneben kann ein Rücktrittsrecht nach § 324 BGB bestehen, sofern der Käufer eine ihm nach § 241 Abs. 2 BGB obliegende Pflicht verletzt hat und dem Verkäufer infolgedessen ein Festhalten am Vertrag nicht mehr zuzumuten ist. Als Pflicht i.S.v. § 241 Abs. 2 BGB kommt hier insbesondere die Pflicht des Käufers zur Wahrung der Eigentumsinteressen des Verkäufers in Betracht, so etwa die Pflicht, die unter Eigentumsvorbehalt erworbene Kaufsache nicht zu verschleißen, weiterzuveräußern,

---

[184] BGH v. 01.07.1970 - VIII ZR 24/69 - BGHZ 54, 214-222; BGH v. 26.11.1997 - VIII ZR 322/96 - juris Rn. 29 - LM BGB § 138 (Bb) Nr. 83 (5/1998); zustimmend z.B. *Bauknecht*, NJW 1955, 1251-1255, 1254; *Blomeyer*, JZ 1971, 186-187, 186; *Grunewald* in: Erman, § 449 Rn. 14; *Lange*, JuS 1971, 511-516, 511; *Larenz*, Schuldrecht, Band I: Allgemeiner Teil, 14. Aufl. 1987, Bd. II/1 S. 112; *Leible/Sosnitza*, JuS 2001, 244-248, 245; *Reinicke/Tiedtke*, Kaufrecht, 5. Aufl. 1992, Rn. 682; *Vollkommer* in: Jauernig, § 449 Rn. 12; *Zörb*, NJW 1971, 87-88, 87.

[185] BT-Drs. 14/6040, S. 241.

[186] Näher dazu *Habersack/Schürnbrand*, JuS 2002, 833-839, 835.

[187] BT-Drs. 14/6040, S. 241.

[188] Näher dazu *Huber* in: Heinrich, FS für Musielak zum 70. Geburtstag, 2004, S. 267, 274 ff.

[189] Vgl. dazu *Habersack/Schürnbrand*, JuS 2002, 833-839, 835; *Kienle/Schulze*, NJW 2002, 2842-2844, 2843; a.A. anscheinend BGH v. 19.12.2007 - XII ZR 61/05 - juris Rn. 46: „... zumal die erforderliche Fristsetzung den Käufer nicht wesentlich belastet und sie häufig gemäß § 323 Abs. 2 entbehrlich sein wird." Eine Begründung für diese Behauptung findet sich in der Entscheidung freilich nicht.

zu verarbeiten usw. (vgl. Rn. 1 ff.). Zu beachten ist jedoch, dass nur schwerwiegende Verstöße im Rahmen von § 324 BGB Berücksichtigung finden können.[190]

Besonderheiten sind zu beachten, sofern der Eigentumsvorbehalt von einem Unternehmer (§ 14 BGB) mit einem Verbraucher (§ 13 BGB) vereinbart wird. Die Anforderungen sind dann für den Unternehmer strenger. Dem Kauf unter Eigentumsvorbehalt wird meist eine Finanzierungshilfe in Form eines Teilzahlungsgeschäfts zugrunde liegen (§ 506 Abs. 3 BGB). Von diesem Teilzahlungsgeschäft kann der Unternehmer wegen Zahlungsverzugs des Verbrauchers gemäß § 508 Abs. 2 Satz 1 BGB aber nur unter den Bedingungen des § 498 Satz 1 BGB zurücktreten. Neben dem gänzlichen oder teilweisen Ausbleiben von zwei aufeinanderfolgenden Raten bedarf es dann einer Rückstandsquote von 10%, bei einer Laufzeit des Teilzahlungsvertrages über drei Jahre einer Quote von mindestens 5% des Teilzahlungspreises sowie einer wenigstens zweiwöchigen Nachfristsetzung.

77

c. Abdingbarkeit

Verkäufer und Käufer steht es frei, eine von § 449 Abs. 2 BGB abweichende Vereinbarung zu treffen. Sie haben insbesondere die Möglichkeit, durch individualvertragliche Abrede vom Erfordernis der Fristsetzung abzusehen, also zum gleichen Ergebnis wie nach der Rechtslage vor In-Kraft-Treten des Schuldrechtsmodernisierungsgesetzes zu gelangen, indem der bloße Zahlungsverzug des Käufers als Rücktrittsgrund festgeschrieben wird.[191] Dies gilt im Grundsatz auch für Verträge über einen **Verbrauchsgüterkauf**, da § 449 Abs. 2 BGB in § 475 Abs. 1 BGB nicht aufgeführt wird. Meist liegt der Eigentumsvorbehaltsvereinbarung allerdings ein Teilzahlungsgeschäft (§ 506 Abs. 3 BGB) zugrunde. In diesem Fall darf gemäß § 511 Satz 1 BGB von der zwingenden Regelung der §§ 508 Abs. 2 Satz 1, 498 BGB nicht zum Nachteil des Vorbehaltskäufers abgewichen werden. Entgegenstehende Abreden sind unwirksam (§ 134 BGB).

78

Wird der Fristverzicht mittels AGB (bzw. bei Verbraucherverträgen auch mittels Klauseln i.S.v. § 310 Abs. 3 Nr. 2 BGB) vereinbart, ist zu differenzieren. Handelt es sich um einen Verbrauchervertrag, ist die entsprechende Klausel bereits wegen Verstoßes gegen § 309 Nr. 4 BGB unwirksam.[192] In allen übrigen Fällen ist von einem Verstoß gegen § 307 Abs. 1 BGB auszugehen[193], da dem Erfordernis der Fristsetzung eine für den Käufer eminent wichtige Warnfunktion zukommt, hinter der das Sicherungsinteresse des Verkäufers zurückstehen muss.[194]

79

Eine hiervon zu unterscheidende Frage ist es, ob die Parteien ein Recht des Verkäufers zur Rücknahme der Kaufsache unter unveränderter Aufrechterhaltung des Kaufvertrags vereinbaren können. Einer derartigen individualvertraglichen Abrede steht nichts entgegen. Sie kann lediglich im Rahmen eines Teilzahlungsgeschäfts (§ 506 Abs. 3 BGB) nicht wirksam getroffen werden, da von der Regelung des § 508 Abs. 2 Satz 5 BGB nicht zum Nachteil des Verbrauchers abgewichen werden darf (§ 511 Satz 1 BGB).

80

---

[190] *Grüneberg* in: Palandt, § 324 Rn. 4.

[191] So auch *Buck* in: Westermann/Karls, Das Schuldrecht 2002, 2002, S. 180; *Büdenbender* in: AnwK, Das neue Schuldrecht, § 449 Rn. 5; *Habersack/Schürnbrand*, JuS 2002, 833-839, 834; *Kienle/Schulze*, NJW 2002, 2842-2844, 2843.

[192] Ebenso *Habersack/Schürnbrand*, JuS 2002, 833-839, 834; eine teleologische Reduktion von § 309 Nr. 4 BGB, wonach die Vorschrift für den Kauf unter Eigentumsvorbehalt wegen des Sicherungsinteresses des Verkäufers nicht gelten soll, erwägen *Kienle/Schulze*, NJW 2002, 2842-2844, 2844 in Fn. 23.

[193] Wie hier *Habersack/Schürnbrand*, JuS 2002, 833-839, 835; a.A. hingegen *Kienle/Schulze*, NJW 2002, 2842-2844, 2844.

[194] Vgl. auch BGH v. 18.12.1985 - VIII ZR 47/85 - juris Rn. 21 - LM Nr. 22 zu § 9 (Cl) AGBG; BGH v. 17.01.1990 - VIII ZR 292/88 - juris Rn. 24 - BGHZ 110, 88-98.

81 Ob eine entsprechende vorformulierte Klausel wirksam ist, war bislang umstritten[195] und wurde vom BGH offen gelassen[196]. Nach neuer Rechtslage ist eine derartige Klausel jedenfalls im Rechtsverkehr mit Verbrauchern nach § 307 Abs. 2 Nr. 1, Abs. 1 Satz 1 BGB unwirksam, da § 449 Abs. 2 BGB Leitbildfunktion zukommt.[197] Da ein vorläufiges Rücknahmerecht dem Zweck der Regelung, dem Vorbehaltskäufer die Möglichkeit offen zu halten, mit der Kaufsache die Raten für den Kaufpreis erwirtschaften zu können, evident zuwider läuft, muss dies auch bei Verwendung gegenüber einem Unternehmer gelten.[198]

d. Verjährung

82 Der Anspruch auf Zahlung des Kaufpreises verjährt gemäß den §§ 195, 199 BGB nach drei Jahren, der Herausgabeanspruch aus Eigentum hingegen erst nach dreißig Jahren (§ 197 Abs. 1 Nr. 1 BGB). Die Geltendmachung des auf Eigentum gestützten Herausgabeanspruchs setzt, wie § 508 Abs. 2 BGB hervorhebt, einen vorherigen Rücktritt des Vorbehaltsverkäufers voraus. Ein Rücktritt ist jedoch ausgeschlossen, wenn der Kaufpreisanspruch verjährt ist und der Käufer sich hierauf beruft (§ 218 Abs. 1 Satz 1 BGB). § 218 Abs. 1 Satz 3 BGB macht hiervon eine für den Eigentumsvorbehalt wichtige Ausnahme: Der Verkäufer kann, sofern er sich das Eigentum an der Kaufsache vorbehalten hat, vom Vertrag auch dann noch zurücktreten, wenn der gesicherte Anspruch verjährt ist (§ 216 Abs. 2 Satz 2 BGB). Der Gesetzgeber hat mit dieser Neuregelung den Streit, ob der Vorbehaltsverkäufer trotz Verjährung der Kaufpreisforderung wenigstens die Vorbehaltsware zurückfordern kann, zu Gunsten der bisher h.M., die einen Herausgabeanspruch unter Hinweis auf § 223 BGB a.F. bejahte,[199] entschieden. Der Rücktritt hat nunmehr[200] zur Folge, dass der Vorbehaltskäufer nach § 346 Abs. 1 BGB den Kaufpreis zurückzuerstatten hat, zugleich aber vom Käufer nach Maßgabe der §§ 346 Abs. 1, 347 Abs. 1 BGB Nutzungsentschädigung verlangen kann.[201]

III. Rechtsfolgen

83 § 449 Abs. 2 BGB gewährt dem Verkäufer kein Recht auf Herausgabe der Kaufsache, sondern statuiert lediglich eine zusätzliche Voraussetzung für dessen Entstehen. Ein solches Recht kann sich insbesondere aus Vertrag oder Eigentum ergeben (§§ 346 Abs. 1, 985 BGB).

---

[195] Für Zulässigkeit OLG Schleswig v. 10.03.1988 - 14 W 7/88 - MDR 1988, 582-583; *Thamm*, BB 1980, 1191-1192, 1192; vgl. zur alten Rechtslage: *Wolf* in: Horn/Lindacher/Wolf, AGB-Gesetz, 4. Aufl. 1999, § 9 E 27; gegen Zulässigkeit hingegen *Brandner* in: Brandner/Hensen/Schmidt u.a., AGB-Gesetz, 9. Aufl. 2001, Anh. §§ 9-11 Rn. 655; *Grunewald* in: Erman, § 449 Rn. 14; *Reinicke/Tiedtke*, Kreditsicherung, 4. Aufl. 2000, Rn. 683; *Westermann* in: MünchKomm-BGB, § 449 Rn. 38.

[196] Vgl. BGH v. 30.10.1985 - VIII ZR 251/84 - juris Rn. 25 - BGHZ 96, 182-198.

[197] BGH v. 19.12.2007 - XII ZR 61/05 - juris Rn. 38-49 - NZM 2008, 243-247, 246-247. *Habersack/Schürnbrand*, JuS 2002, 833-839, 836-837; *Grunewald* in Erman, § 449 Rn. 14; *Kieninger*, LMK 2008, 256862.

[198] *Koch*, WM 2002, 2217- 2218, 2227-2228, *Habersack/Schürnbrand*, JuS 2002, 833-839, 836-7; *von Westphalen* in: Henssler/Westphalen, Praxis der Schuldrechtsreform, 2. Auflage 2003, § 449 Rn. 3; *Grunewald* in: Erman, § 449 Rn. 14; *Schmidt* in: Prütting/Wegen/Weinreich, BGB, 3. Aufl. 2008, § 449 Rn. 14; a.A. *Westermann* in: MünchKomm-BGB, § 449 Rn. 38; *Kieninger*, LMK 2008, 256862.

[199] Vgl. zur alten Rechtslage: BGH v. 24.01.1961 - VIII ZR 98/59 - BGHZ 34, 191-200; BGH v. 07.12.1977 - VIII ZR 168/76 - juris Rn. 14 - BGHZ 70, 96-102; *Tiedtke*, DB 1980, 1477-1482, 1477; *Medicus*, Bürgerliches Recht, 18. Aufl. 1999, Rn. 294; *Dilcher*, JuS 1979, 331-336, 331; *Baur/Stürner*, Sachenrecht, 18. Aufl. 2009, § 59 Rn. 14; *Diederichsen*, JuS 1985, 825-835, 835; *Honsell* in: Staudinger, 13. Bearb. 1995, § 455 Rn. 21; *van Look/Stoltenberg*, WM 1990, 661-668, 666; *Westermann* in: MünchKomm-BGB, § 449 Rn. 35; a.A. *Blomeyer*, JZ 1968, 691-696, 695; *Blomeyer*, JZ 1971, 186-187, 187; *Emmerich*, Das Recht der Leistungsstörungen, 4. Aufl. 1997, § 16 VI 2 d, S. 186; *Grunewald* in: Erman, § 449 Rn. 17; *Gursky*, JZ 1984, 604-613, 607; *Huber*, ZIP 1987, 750-750, 754; *Lange*, JuS 1963, 59-63, 59; *Lange*, JuS 1971, 511-516, 515; *Leible/Sosnitza*, JuS 2001, 449-456, 347; *Peters*, JZ 1980, 178-181, 178.

[200] Nachweise zur Rechtslage hinsichtlich gezahlter Kaufpreisraten und gezogener Nutzungen bei *Habersack/Schürnbrand*, JuS 2002, 833-839, 837.

[201] Näher dazu *Stehle*, Jura 2005, 78-82.

C. Kommentierung zu Absatz 3

I. Grundlagen

1. Kurzcharakteristik

§ 449 Abs. 3 BGB erklärt den so genannten **Drittvorbehalt** in der Form der Erstreckung des Eigentumsvorbehalts auf Forderungen Dritter für nichtig. Ob die Vorschrift auch auf den **umgekehrten Drittvorbehalt** anzuwenden ist, ist umstritten.

84

2. Gesetzgebungsmaterialien

Die Zulässigkeit des Drittvorbehalts und insb. des **Konzernvorbehalts** war lange Zeit umstritten. Der BGH hatte zu dieser Frage keine Stellung genommen.[202] Die wohl herrschende Meinung im Schrifttum hielt den Konzernvorbehalt, jedenfalls in AGB wegen Verstoßes gegen § 9 Abs. 2 Nr. 2 AGBG mit guten Gründen für unwirksam, weil der Konzernvorbehalt zu einer übermäßigen Einengung der wirtschaftlichen Bewegungsfreiheit des Käufers führt[203], werden doch das Eigentum an der Kaufsache bzw. seine Surrogate praktisch auf Dauer einer Gruppe von Gläubigern reserviert. Der Käufer kann in vielen Fällen so gut wie nie Eigentum an den gekauften Sachen erwerben, da fast immer noch offene Forderungen zwischen ihm bzw. den mit ihm verbundenen Unternehmen und dem Verkäufer bzw. den mit diesem verbundenen Unternehmen bestehen werden. Selbst wenn tatsächlich doch einmal alle offenen Forderungen beglichen worden sein sollten, dürfte es für den Käufer nahezu unmöglich sein, hiervon und von dem dadurch bewirkten endgültigen Eigentumsübergang Kenntnis zu erlangen. Zuletzt zeichnete sich allerdings in der Literatur eine Tendenz ab, den Konzernvorbehalt grundsätzlich unter den gleichen Voraussetzungen für wirksam zu halten wie den Kontokorrentvorbehalt.[204]

85

Der Gesetzgeber teilte indes die hier geäußerten Bedenken und fügte im Zuge der Insolvenzrechtsreform durch Art. 33 Nr. 17 EGInsO[205] dem § 455 BGB a.F. einen Absatz 2 hinzu, der die Vereinbarung eines Eigentumsvorbehalts für nichtig erklärt, sofern der Eigentumsübergang davon abhängig gemacht wird, dass der Käufer Forderungen eines Dritten, insb. eines mit dem Verkäufer verbundenen Unternehmens, erfüllt. § 455 Abs. 2 BGB a.F. ist dann inhaltlich unverändert in § 449 Abs. 3 BGB übernommen worden.[206]

86

II. Anwendungsvoraussetzungen

Beim **Drittvorbehalt** wird der Eigentumsvorbehalt (jeder Art) nicht nur auf Forderungen des veräußernden Unternehmens, sondern auch auf Forderungen Dritter erstreckt. Der Eigentumsvorbehalt erlischt in diesem Fall nicht bereits mit der Zahlung des Kaufpreises, sondern erst bei Erfüllung auch der übrigen gesicherten Forderungen. Forderungen eines Dritten i.S.v. § 449 Abs. 3 BGB können allerdings nur solche sein, die selbständig neben dem Kaufpreisanspruch des Verkäufers bestehen. Von § 449 Abs. 3 BGB nicht erfasst wird daher der Fall des Erwerbs der Kaufpreisforderung durch Dritte mittels Abtretung, etwa im Rahmen einer Factoring-Vereinbarung.[207]

87

---

[202] Offen gelassen in BGH v. 24.03.1988 - III ZR 30/87 - juris Rn. 11 - BGHZ 104, 102-109; BGH v. 09.02.1994 - VIII ZR 176/92 - juris Rn. 10 - BGHZ 125, 83-91.

[203] *Kuhn*, WM 1972, 206-209, 209 f.; *Leible/Sosnitza*, JuS 2001, 556-559, 558; *Reich*, JZ 1976, 463-469, 466; *Honsell*, JuS 1981, 705-712, 707; *Schlosser*, ZIP 1985, 449-462, 454; *Tiedtke*, JZ 1990, 124-130, 127; *Weber*, JZ 1988, 928-930, 928; *Weber*, BB 1989, 1768-1775, 1772; *Westermann* in: MünchKomm-BGB, § 449 Rn. 85; a.A. *Serick*, BB 1971, 2-10, 10; *Mittmann*, NJW 1973, 1108-1110, 1109; *Schnorbus*, BB 1995, 2225-2233, 2227.

[204] So z.B. *Mittmann*, NJW 1973, 1108-1110, 1108; *Serick*, BB 1971, 2-10, 8 ff.; *von Westphalen*, DB 1985, 475-478, 478.

[205] BGBl I 1994, 2911.

[206] Vgl. auch BT-Drs. 14/6040, S. 241.

[207] BT-Drs. 12/3803, S. 78.

88 § 449 Abs. 3 BGB erklärt seinem Wortlaut nach nur den sog. Drittvorbehalt auf **Verkäuferseite** für nichtig. Ein solcher liegt vor, wenn der Eigentumsübergang unter die Bedingung gestellt wird, dass der Käufer auch Forderungen eines Dritten, insb. eines mit dem Verkäufer verbundenen Unternehmens (i.S.v. § 15 AktG: Konzernvorbehalt auf Verkäuferseite), erfüllt. Die Erweiterung des Eigentumsvorbehalts zu Gunsten eines verbundenen Unternehmens stellt nur einen Regelfall dar. Erfasst werden daher auch Abreden, die sonstige Dritte begünstigen,[208] etwa die Erstreckung auf Forderungen Dritter, die mit dem Verkäufer ein Konsortium bilden[209].

89 Umstritten ist dagegen, ob § 449 Abs. 3 BGB, zumindest analog, auch auf den umgekehrten Drittvorbehalt (oder Drittvorbehalt auf Käuferseite) anwendbar ist. Ein umgekehrter Drittvorbehalt ist gegeben, wenn der Übergang vorbehaltlosen Eigentums davon abhängig gemacht wird, dass auch Forderungen, die der Verkäufer gegen Dritte, insb. mit dem Käufer verbundene Unternehmen (i.S.v. § 15 AktG: umgekehrter Konzernvorbehalt oder Konzernvorbehalt auf Verkäuferseite) hat, erfüllt werden.

90 Der Wortlaut der Vorschrift knüpft nur an eine Forderung gegen den Käufer selbst an. Darin kann indes keine bewusste Entscheidung gegen die Erstreckung auf den umgekehrten Konzernvorbehalt gesehen werden, da die Gesetzesmaterialien auf diese Form des Konzernvorbehalts an keiner Stelle eingehen. Berücksichtigt man, dass die wirtschaftliche Bewegungsfreiheit des Käufers beim umgekehrten Konzernvorbehalt letztlich in gleicher Weise beeinträchtigt wird wie beim Konzernvorbehalt auf der Verkäuferseite, ist es sachgerecht, auch den umgekehrten Konzernvorbehalt unter § 449 Abs. 3 BGB zu fassen.[210] Jedenfalls aber ist dessen Vereinbarung mittels AGB gem. § 307 Abs. 2 Nr. 2 BGB unwirksam, da sie dem Zweck des Kaufvertrags evident zuwiderläuft.[211]

III. Rechtsfolgen

91 Die Vereinbarung eines Drittvorbehalts ist nichtig. Die Nichtigkeit erfasst sowohl die schuldrechtliche Vereinbarung als auch die Bedingung der Übereignung.[212] Nichtig ist die Vereinbarung nach dem eindeutigen Wortlaut der Norm freilich nur „soweit", wie sie sich auf Forderungen Dritter erstreckt. § 139 BGB, nach dem im Zweifel von einer Gesamtnichtigkeit auszugehen ist, wird durch § 449 Abs. 3 BGB verdrängt. Die Bedingung der Zahlung des Kaufpreises an den Vorbehaltsverkäufer bleibt daher von der Nichtigkeit unberührt und der Eigentumsvorbehalt folglich als einfacher fortbestehen.[213] Dies gilt auch dann, wenn er nicht durch Individualabrede, sondern mittels AGB vereinbart wurde.[214]

92 Der Kaufvertrag selbst wird von der Nichtigkeit des Drittvorbehalts nicht berührt. Er ist ebenso wirksam wie die dingliche Einigung, sodass das Eigentum vorbehaltlos auf den Käufer übergeht, sobald dieser dem Verkäufer den Kaufpreis vollständig entrichtet hat.

---

[208] *Tiedtke* in: Canaris/Heldrich/Hopt u.a., 50 Jahre Bundesgerichtshof, 2000, Bd. 1, S. 829, 845; *Leible/Sosnitza*, JuS 2001, 556-559, 558.

[209] *Habersack/Schürnbrand*, JuS 2002, 833-839, 837.

[210] *Faust* in: Bamberger/Roth, § 449 Rn. 37; *Habersack/Schürnbrand*, JuS 2002, 833-839, 839; *Leible/Sosnitza*, JuS 2001, 556-559, 558; a.A. *Obermüller* in: Horn, Bankrecht, 1999, S. 457, 471; *Weidenkaff* in: Palandt, § 449 Rn. 22; *Schirmer*, ZInsO 1999, 379-383, 382.

[211] *Habersack/Schürnbrand*, JuS 2002, 833-839, 839; *Lwowski*, Das Recht der Kreditsicherung, 8. Aufl. 2000, Rn. 967.

[212] *Bülow*, DB 2002, 2090-2091, 2197; *Habersack/Schürnbrand*, JuS 2002, 833-839, 839; *Wolf*, Sachenrecht, 23. Aufl. 2008, Rn. 743; *Berger* in: Jauernig, § 449 Rn. 8; *Ganter* in: MünchKomm-InsO, § 47 Rn. 95.

[213] OLG Saarbrücken v. 23.01.2007 - 4 U 311/06 - 95 - juris Rn. 30; *Habersack/Schürnbrand*, JuS 2002, 833-839, 839; *Leible/Sosnitza*, JuS 2001, 556-559, 558; *Tiedtke* in: Canaris/Heldrich/Hopt u.a., 50 Jahre Bundesgerichtshof, 2000, Bd. 1, S. 826, 846; für einen Vorrang von § 139 BGB hingegen *Bülow*, DB 1999, 2196-2199, 2197.

[214] Zur Möglichkeit seiner Fortgeltung als Kontokorrentvorbehalt des Verkäufers vgl. *Habersack/Schürnbrand*, JuS 2002, 833-839, 839.

IV. Anwendungsfelder

Drittvorbehalte, die vor dem 01.01.1999 vereinbart wurden, bleiben von der von § 449 Abs. 3 BGB angeordneten Rechtsfolge der Nichtigkeit grundsätzlich unberührt (Rechtsgedanke des Art. 170 EGBGB).[215] In diesen Fällen behält die vor In-Kraft-Treten von § 449 Abs. 3 BGB bestehende Kontroverse über die Zulässigkeit des Drittvorbehalts (vgl. dazu Rn. 84) ihre Bedeutung.

93

---

[215] *Baur/Stürner*, Sachenrecht, 18. Aufl. 2009, § 59 Rn. 6; *Bülow*, DB 1999, 2196-2199, 2197; *Habersack/Schürnbrand*, JuS 2002, 833-839, 837 in Fn. 44; *Leible/Sosnitza*, JuS 2001, 556-559, 558 in Fn. 21; a.A. *Lwowski*, Das Recht der Kreditsicherung, 8. Aufl. 2000, Rn. 967; *Putzo* in: Palandt, 58. Aufl., § 455 Rn. 19.

§ 450 BGB Ausgeschlossene Käufer bei bestimmten Verkäufen

(Fassung vom 02.01.2002, gültig ab 01.01.2002)

(1) Bei einem Verkauf im Wege der Zwangsvollstreckung dürfen der mit der Vornahme oder Leitung des Verkaufs Beauftragte und die von ihm zugezogenen Gehilfen einschließlich des Protokollführers den zu verkaufenden Gegenstand weder für sich persönlich oder durch einen anderen noch als Vertreter eines anderen kaufen.

(2) Absatz 1 gilt auch bei einem Verkauf außerhalb der Zwangsvollstreckung, wenn der Auftrag zu dem Verkauf auf Grund einer gesetzlichen Vorschrift erteilt worden ist, die den Auftraggeber ermächtigt, den Gegenstand für Rechnung eines anderen verkaufen zu lassen, insbesondere in den Fällen des Pfandverkaufs und des in den §§ 383 und 385 zugelassenen Verkaufs, sowie bei einem Verkauf aus einer Insolvenzmasse.

Gliederung

A. Kommentierung zu Absatz 1 1	I. Grundlagen 11
I. Grundlagen 1	1. Kurzcharakteristik 11
1. Kurzcharakteristik 1	2. Gesetzgebungsmaterialien 13
2. Gesetzgebungsmaterialien 3	3. Europäischer Hintergrund 14
3. Europäischer Hintergrund 4	4. UN-Kaufrecht 15
4. Bezug zum UN-Kaufrecht 5	II. Anwendungsvoraussetzungen 16
II. Anwendungsvoraussetzungen 6	1. Verkaufsauftrag auf Grund einer gesetzlichen Vorschrift 16
1. Verkauf im Wege der Zwangsvollstreckung 6	
2. Beauftragter 7	2. Beauftragter 19
3. Erwerbsverbot 9	3. Erwerbsverbot 20
III. Rechtsfolgen 10	III. Rechtsfolgen 21
B. Kommentierung zu Absatz 2 11	

A. Kommentierung zu Absatz 1

I. Grundlagen

1. Kurzcharakteristik

1 § 450 Abs. 1 BGB soll die Unparteilichkeit des Veräußerungsvorgangs im Verfahren der Zwangsvollstreckung sicherstellen und dadurch alle am Verkauf Beteiligten vor der bei einer Verwertung in besonderem Maße drohenden Gefahr eines Verkaufs unter Marktpreis schützen.[1] Zu diesem Zweck wird jede direkte oder indirekte Beteiligung des mit dem Verkauf Beauftragten und seiner Gehilfen untersagt. Unter Verstoß gegen § 450 Abs. 1 BGB zustande gekommene Verträge sind jedoch nicht nach § 134 BGB nichtig, sondern lediglich nach § 451 Abs. 1 Satz 1 BGB schwebend unwirksam und genehmigungsfähig.

2 § 450 Abs. 1 BGB statuiert ein besonderes Verbot des Selbstkontrahierens. Der Vorschrift kommt jedoch kein Vorrang gegenüber § 181 BGB zu. Beide Vorschriften gelten vielmehr nebeneinander.[2] Neben den §§ 450, 451 BGB sind öffentlich-rechtliche Verbotsbestimmungen, insbesondere die gem. § 154 GVG durch die Landesjustizverwaltungen erlassenen landesrechtlichen Regelungen über die Pflichten der Gerichtsvollzieher, zu beachten.

---

[1] OLG Köln v. 24.03.2004 - 2 U 34/04 - juris Rn. 8 - ZInsO 2004, 1143-1145; *Faust* in: Bamberger/Roth, § 450 Rn. 1; *Grunewald* in: Erman, § 450 Rn. 1; *Westermann* in: MünchKomm-BGB, § 450 Rn. 1; *Huber* in: Soergel, § 456 Rn. 1.

[2] *Westermann* in: MünchKomm-BGB, § 450 Rn. 1; *Mezger* in: BGB-RGRK, § 456 Rn. 1; a.A. *Huber* in: Soergel, § 456 Rn. 1; RG v. 04.11.1903 - I 228/03 - RGZ 56, 104-109, 104 spricht nur von der „Verwandtschaft" beider Normen, ohne sich zu einem etwaigen Vorrang der einen Norm vor der anderen zu äußern.

2. Gesetzgebungsmaterialien

§ 450 Abs. 1 BGB ist inhaltlich unverändert aus § 456 BGB a.F. hervorgegangen.[3]

3. Europäischer Hintergrund

Gemäß Art. 1 Abs. 2 lit. b RL 1999/44/EG des Europäischen Parlaments und Rates sind „Güter, die aufgrund von Zwangsvollstreckungsmaßnahmen oder anderen gerichtlichen Maßnahmen verkauft werden", von ihrem Anwendungsbereich ausgenommen.

4. Bezug zum UN-Kaufrecht

Das UN-Kaufrecht ist gem. Art. 2 lit. c CISG auf einen Erwerb im Wege der Zwangsvollstreckung nicht anwendbar.

II. Anwendungsvoraussetzungen

1. Verkauf im Wege der Zwangsvollstreckung

Um einen Verkauf im Wege der Zwangsvollstreckung handelt es sich bei sämtlichen Verkäufen nach den §§ 814-817, 821, 825, 844, 857, 866 ZPO. Dass der Erwerb im Wege der Zwangsvollstreckung öffentlich-rechtlich und nicht privatrechtlich zu qualifizieren ist,[4] ist für die Anwendung von § 450 Abs. 1 BGB ohne Bedeutung.

2. Beauftragter

Beauftragter i.S.v. § 450 Abs. 1 BGB ist jeder, der aufgrund seiner verfahrensrechtlichen Stellung auf die Entscheidung über die Person des Erwerbers Einfluss nehmen kann. Das von § 450 Abs. 1 BGB ausgesprochene Erwerbsverbot gilt daher insbesondere für Gerichtsvollzieher (§ 814 ZPO), Versteigerer oder Verkaufsbeauftragte (§ 825 ZPO), sowie die ein Zwangsvollstreckungsverfahren leitenden Richter bzw. Rechtspfleger (§§ 844, 857 ZPO, § 1 ZVG). Der Ausschluss erstreckt sich jedoch nicht nur auf die den Verkauf im Wege der Zwangsvollstreckung Leitenden, sondern erfasst ausdrücklich auch die zugezogenen Gehilfen einschließlich des Protokollführers. Darauf, ob diese Hilfspersonen materiell auf die im Vollstreckungsverfahren ergangenen Entscheidungen Einfluss hatten, kommt es nicht an.[5]

Das Verbot des § 450 Abs. 1 BGB wendet sich ausschließlich an die an dem eigentlichen „Verkauf" der Sache im Wege der Zwangsversteigerung unmittelbar beteiligten Personen. Der Ausschluss ihrer Erwerbsmöglichkeit reicht aus, um die Unparteilichkeit der Zwangsvollstreckung bzw. des Verkaufs zu sichern. Der außerhalb des Versteigerungstermins bzw. des freihändigen Verkaufs mitwirkende Personenkreis wird von § 450 BGB hingegen nicht erfasst. Dies betrifft etwa einen Rechtspfleger, der im ersten, ohne Bieter durchgeführten Termin den Vorsitz hatte und als Bieter im zweiten Termin auftritt, in dem ein anderer Rechtspfleger aufgrund einer zwischenzeitlichen Änderung des Geschäftsverteilungsplans tätig wird. Besteht insoweit der Anschein einer parteischen Handhabung, müssen die Beteiligten diesen Verdacht während des laufenden Zwangsversteigerungsverfahrens geltend machen.[6]

3. Erwerbsverbot

Die vom Verkauf im Wege der Zwangsvollstreckung Ausgeschlossenen dürfen den zu versteigernden Gegenstand weder für sich persönlich noch durch einen anderen und schließlich auch nicht als Vertreter eines anderen kaufen. Untersagt ist ihnen daher sowohl der Erwerb der Kaufsache aufgrund eigenen Handelns als auch durch einen unmittelbaren oder mittelbaren Stellvertreter. Genauso wenig ist es ihnen erlaubt, den zu versteigernden Gegenstand als Vertreter oder Treuhänder eines anderen zu erwer-

---

[3] Vgl. auch BT-Drs. 14/6040, S. 241.
[4] Vgl. z.B. *Rosenberg/Gaul/Schilken*, Zwangsvollstreckungsrecht, 11. Aufl. 1997, § 53 III 1a, § 66 II 1; *Brox/Walker*, Zwangsvollstreckungsrecht, 7. Aufl. 2003, Rn. 927.
[5] Zutreffend *Westermann* in: MünchKomm-BGB, § 450 Rn. 4; a.A. *Grunewald* in: Erman, § 450 Rn. 3.
[6] OLG Köln v. 24.03.2004 - 2 U 34/04 - ZInsO 2004, 1143-1145.

ben. Durch dieses weite Verbot soll jede direkte oder indirekte Beteiligung der mit dem Verkauf Beauftragten verhindert werden. § 450 Abs. 1 BGB erfasst hingegen nicht den Zweiterwerb vom Ersteher. Handelte der Ersteher jedoch als mittelbarer Stellvertreter des Beauftragten bzw. seines Gehilfen, so verstößt bereits das Erstgeschäft gegen das Erwerbsverbot des § 450 Abs. 1 BGB („durch einen anderen").[7]

III. Rechtsfolgen

10 Die Rechtsfolge eines Verstoßes gegen § 450 Abs. 1 BGB ergibt sich aus § 451 BGB. Kauf und Übereignung des gekauften Gegenstandes sind schwebend unwirksam, aber genehmigungsfähig.

B. Kommentierung zu Absatz 2

I. Grundlagen

1. Kurzcharakteristik

11 § 450 Abs. 2 BGB erstreckt das Verbot des § 450 Abs. 1 BGB auf Verkäufe außerhalb der Zwangsvollstreckung, sofern der Auftrag zum Verkauf aufgrund einer gesetzlichen Vorschrift erteilt worden ist, die den Auftraggeber ermächtigt, den Gegenstand für Rechnung eines anderen verkaufen zu lassen. Der Zweck der Vorschrift besteht darin, den zum Erwerb unter dem Marktpreis anreizenden Vorgang der Verwertung kraft gesetzlicher Befugnis vom Verdacht parteiischer Handhabung zu entlasten.[8] Sie knüpft an eine diesen Verdacht in typischer Weise besonders herausfordernde Art des Rechtsgeschäfts an, nämlich das Verkaufsangebot an eine möglichst breite Öffentlichkeit.[9] Unter Verstoß gegen § 450 Abs. 2 BGB zustande gekommene Verträge sind jedoch nicht nach § 134 BGB nichtig, sondern lediglich nach § 451 Abs. 1 Satz 1 BGB schwebend unwirksam und genehmigungsfähig.

12 § 450 Abs. 2 BGB statuiert ein besonderes Verbot des Selbstkontrahierens. Der Vorschrift kommt jedoch kein Vorrang gegenüber § 181 BGB zu. Beide Vorschriften gelten vielmehr nebeneinander.[10]

2. Gesetzgebungsmaterialien

13 § 450 Abs. 2 BGB ist inhaltlich unverändert aus § 457 BGB a.F. hervorgegangen.[11]

3. Europäischer Hintergrund

14 Gem. Art. 1 Abs. 3 RL 1999/44/EG des Europäischen Parlaments und Rates können die Mitgliedstaaten festlegen, dass unter „Verbrauchsgütern" im Sinne der Richtlinie keine gebrauchten Güter zu verstehen sind, die in einer öffentlichen Versteigerung verkauft werden, bei der die Verbraucher die Möglichkeit haben, dem Verkauf persönlich beizuwohnen. Dieser hinter § 450 Abs. 2 BGB zurückbleibende Ausschluss steht der Anwendung der Vorschrift nicht entgegen. Denn die Richtlinie regelt nur „bestimmte Aspekte des Verbrauchsgüterkaufs" und lässt zur Vertragsunwirksamkeit führende Gründe, die außerhalb des speziell kaufvertraglichen Pflichtenkanons liegen, unberührt.

4. UN-Kaufrecht

15 Das UN-Kaufrecht ist gem. Art. 2 lit. b CISG auf den Kauf bei Versteigerungen nicht anwendbar.

---

[7] *Grunewald* in: Erman, § 450 Rn. 3; mit ähnlichem Ergebnis *Westermann* in: MünchKomm-BGB, § 450 Rn. 4 (von § 450 Abs. 1 BGB erfasstes Umgehungsgeschäft); *Beckmann* in: Staudinger, § 450 Rn. 4 (analoge Anwendung von § 450 Abs. 1 BGB).

[8] Motive, Bd. II, S. 331.

[9] BGH v. 24.01.1991 - IX ZR 250/89 - juris Rn. 29 - BGHZ 113, 262-282.

[10] *Westermann* in: MünchKomm-BGB, § 450 Rn. 1; *Mezger* in: BGB-RGRK, § 456 Rn. 1; a.A. *Huber* in: Soergel, § 456 Rn. 1; RG v. 04.11.1903 - I 228/03 - RGZ 56, 104-109, 104 spricht nur von der „Verwandtschaft" beider Normen, ohne sich zu einem etwaigen Vorrang der einen Norm vor der anderen zu äußern.

[11] Vgl. auch BT-Drs. 14/6040, S. 241.

II. Anwendungsvoraussetzungen

1. Verkaufsauftrag auf Grund einer gesetzlichen Vorschrift

§ 450 Abs. 2 BGB erfasst alle Veräußerungen außerhalb der Zwangsvollstreckung, in denen die Verkaufsbefugnis auf einer gesetzlichen Vorschrift beruht. Beispielhaft genannt werden der Pfandverkauf (§§ 1228-1258 BGB, §§ 368, 371 Abs. 2, 397, 398, 441 HGB), die Versteigerung einer zur Hinterlegung nicht geeigneten beweglichen Sache (§ 383 BGB), der freihändige Verkauf solcher Sachen mit Börsen- oder Marktpreis (§ 385 BGB) und schließlich der Verkauf aus einer Insolvenzmasse (§ 159 InsO).[12]

16

Neben den in § 450 Abs. 2 BGB explizit aufgeführten zählen zu den von der Vorschrift erfassten rechtsähnlichen Fällen die Auseinandersetzung (§§ 731, 753, 1477, 1498, 2042 BGB), die Fundsachenversteigerung (§§ 966 Abs. 2, 979, 983 BGB), der Verkauf zur Befriedigung von Verwendungsersatzansprüchen (§§ 1003, 2022 BGB), der Selbsthilfeverkauf (§§ 373, 376, 388, 391 HGB), der Verkauf der Aktie nach Kraftloserklärung (§ 226 Abs. 3 AktG; vgl. auch § 72 Abs. 2 UmwG) und der Verkauf von GmbH-Anteilen nach Kaduzierung und Abandon (§§ 23, 27 GmbHG).

17

Für eine freiwillige, d.h. auf einem rechtsgeschäftlich erteilten Verkaufsauftrag beruhende Versteigerung gilt § 450 Abs. 2 BGB nicht, selbst wenn sie einzig aus dem Grund erfolgen sollte, eine gesetzliche Verkaufsbefugnis zu verhindern. Denn die Vorschrift erfasst nur Fälle, in denen der Betroffene den Verkaufsauftrag kraft Gesetzes gegen sich gelten lassen muss. Bei einer freiwilligen Versteigerung ist vom Versteigerer allerdings, sofern sie gewerbsmäßig erfolgt, das Verbot des § 34b Abs. 6 GewO zu beachten. Ein Verstoß gegen § 34b Abs. 6 GewO führt jedoch weder zu einer schwebenden Unwirksamkeit des Geschäfts noch gar zu dessen Nichtigkeit nach § 134 BGB.[13] Werden freiwillige Versteigerungen durch Notare durchgeführt, finden die §§ 16, 20 Abs. 3 BNotO, § 3 BeurkG Anwendung.

18

2. Beauftragter

Das Verbot des § 450 Abs. 2 BGB richtet sich an die mit der Veräußerung Beauftragten, also den Versteigerer und dessen Gehilfen, nicht aber an den Auftraggeber. Deshalb kann z.B. der Pfandgläubiger bei einem ordnungsgemäß eingeleiteten Verkauf mitbieten und auch den Zuschlag erhalten. Ebenso wenig wie der Pfandgläubiger ist nach herrschender und zutreffender Meinung auch der Insolvenzverwalter als Käufer ausgeschlossen, da er nicht mit der Vornahme oder der Leitung des Verkaufs beauftragt ist.[14] § 450 Abs. 2 BGB ist bei einer Verwertung der Insolvenzmasse überhaupt nur dann anwendbar, wenn der Verwalter sich zur Vornahme einer freiwilligen Veräußerung von Massegegenständen eines Dritten bedient. Und selbst in diesem Fall ist lediglich der Dritte (bzw. dessen Gehilfe), nicht aber der Insolvenzverwalter als Käufer ausgeschlossen.[15]

19

3. Erwerbsverbot

Die vom Verkauf außerhalb der Zwangsvollstreckung Ausgeschlossenen dürfen den zu veräußernden Gegenstand weder für sich persönlich noch durch einen anderen und schließlich auch nicht als Vertreter eines anderen kaufen (zu den Einzelheiten vgl. Rn. 9).

20

III. Rechtsfolgen

Die Rechtsfolgen eines Verstoßes richten sich ebenso wie bei § 450 Abs. 1 BGB nach § 451 BGB. Kauf und Übereignung des gekauften Gegenstandes sind schwebend unwirksam, aber genehmigungsfähig.

21

---

[12] Das Verbot des § 450 Abs. 2 BGB lässt sich jedoch nicht auf andere Rechtshandlungen des Insolvenzverwalters als Veräußerungsgeschäfte übertragen (BGH v. 24.01.1991 - IX ZR 250/89 - juris Rn. 29 - BGHZ 113, 262-282); vgl. dazu auch *Keller*, DZWIR 2000, 265-272, 267 f.

[13] BGH v. 26.11.1980 - VIII ZR 50/80 - LM Nr. 95 zu § 134 BGB; ebenso *Huber* in: Soergel, § 457 Rn. 2; a.A. *Beckmann* in: Staudinger, § 450 Rn. 2.

[14] Offen gelassen von BGH v. 24.01.1991 - IX ZR 250/89 - juris Rn. 29 - BGHZ 113, 262-282.

[15] So *Mezger* in: BGB-RGRK, § 457 Rn. 1; vgl. auch *Flessner* in: Eickmann/Flessner/Irschlinger u.a., Heidelberger Kommentar zur Insolvenzordnung, 4. Aufl. 2006, § 159 Rn. 1 ff.; im Ergebnis auch *Westermann* in: Münch-Komm-BGB, § 450 Rn. 3; a.A. *Grunewald* in: Erman, § 450 Rn. 5.

§ 451 BGB Kauf durch ausgeschlossenen Käufer

(Fassung vom 02.01.2002, gültig ab 01.01.2002)

(1) ¹Die Wirksamkeit eines dem § 450 zuwider erfolgten Kaufs und der Übertragung des gekauften Gegenstandes hängt von der Zustimmung der bei dem Verkauf als Schuldner, Eigentümer oder Gläubiger Beteiligten ab. ²Fordert der Käufer einen Beteiligten zur Erklärung über die Genehmigung auf, so findet § 177 Abs. 2 entsprechende Anwendung.

(2) Wird infolge der Verweigerung der Genehmigung ein neuer Verkauf vorgenommen, so hat der frühere Käufer für die Kosten des neuen Verkaufs sowie für einen Mindererlös aufzukommen.

Gliederung

A. Kommentierung zu Absatz 1 1	B. Kommentierung zu Absatz 2 9
I. Grundlagen... 1	I. Grundlagen... 9
1. Kurzcharakteristik................................. 1	1. Kurzcharakteristik................................. 9
2. Gesetzgebungsmaterialien 2	2. Gesetzgebungsmaterialien 10
II. Anwendungsvoraussetzungen 3	II. Anwendungsvoraussetzungen 11
III. Rechtsfolgen....................................... 4	III. Rechtsfolgen....................................... 14
IV. Zustimmung der Beteiligten 5	IV. Weitergehende Schadensersatzansprüche 16
V. Anwendungsfelder 8	

A. Kommentierung zu Absatz 1

I. Grundlagen

1. Kurzcharakteristik

1 Der unter Missachtung von § 450 BGB zustande gekommene Vertrag ist ebenso wenig wie die verbotswidrige Übereignung des veräußerten Gegenstandes nach § 134 BGB nichtig. Die Wirksamkeit der entgegen § 450 BGB erfolgten Veräußerung und Übertragung der Kaufsache wird vielmehr von der Zustimmung der Beteiligten abhängig gemacht. Beide Rechtsgeschäfte sind bei fehlender Einwilligung (§ 183 BGB) schwebend unwirksam, können jedoch nachträglich genehmigt werden (§ 184 BGB).

2. Gesetzgebungsmaterialien

2 § 451 Abs. 1 BGB ist inhaltlich unverändert aus § 458 Abs. 1 BGB a.F. hervorgegangen.[1]

II. Anwendungsvoraussetzungen

3 Ein Zustimmungserfordernis besteht nur in den von § 450 BGB erfassten Konstellationen. Eine entsprechende Anwendung der Vorschrift auf andere Fälle möglicher Interessenkollisionen außerhalb der Verbotstatbestände von § 450 BGB kommt nicht in Betracht.

III. Rechtsfolgen

4 Entgegen § 450 BGB vorgenommene Verkäufe bedürfen zu ihrer Wirksamkeit der Zustimmung der bei dem Rechtsgeschäft als Schuldner, Eigentümer oder Gläubiger Beteiligten. Weitergehende Folgen, z.B. disziplinarischer Art, werden von § 451 BGB nicht erfasst und daher auch nicht ausgeschlossen.[2]

---

[1] Vgl. auch BT-Drs. 14/6040, S. 241.
[2] *Westermann* in: MünchKomm-BGB, § 451 Rn. 1.

IV. Zustimmung der Beteiligten

Die erforderliche Zustimmung kann bereits in Form der Einwilligung im Voraus (§§ 182, 183, 185 Abs. 1 BGB) erteilt werden. In diesem Fall sind das Schuldverhältnis sowie das dingliche Rechtsgeschäft von Anfang an wirksam. Wird die die Veräußerung durchführende Person von der Beschränkung des § 181 BGB befreit, kann darin zugleich eine Einwilligung zum Mitbieten für einen Dritten zu sehen sein.

Fehlt es an einer Einwilligung, sind Verpflichtungs- und Verfügungsgeschäft zunächst schwebend unwirksam. Sie können jedoch genehmigt und damit rückwirkend rechtsgültig werden (§ 184 Abs. 1 BGB). Anders als etwa in den Fällen der §§ 108, 109 BGB und der §§ 177, 178 BGB ist der Käufer jedoch bis zur Entscheidung der übrigen Beteiligten unbedingt gebunden. Er kann die eingetretene Rechtslage nicht einseitig durch Widerruf beseitigen.[3]

Das Gesetz fordert die Zustimmung der beim Kauf als Schuldner, Eigentümer und Gläubiger Beteiligten. Gläubiger in diesem Sinne kann nicht nur der die Veräußerung betreibende Gläubiger, sondern darüber hinaus z.B. auch ein nachrangiger Pfandgläubiger (§ 1244 Abs. 2 BGB) sein. Wird zur Auseinandersetzung einer Gemeinschaft verbotswidrig veräußert, müssen alle Teilhaber zustimmen. Nach vereinzelter Auffassung soll in der Insolvenz des Schuldners bereits die Zustimmung des Gläubigerausschusses (§ 67 InsO) genügen, da durch dessen Einverständniserklärung die Unparteilichkeit der Entscheidung sichergestellt sei.[4] Jedoch wird man auch hier die Beteiligung aller Gläubiger fordern müssen,[5] die nur bei einer Genehmigung durch die Gläubigerversammlung (§ 74 InsO) gewährleistet ist.

V. Anwendungsfelder

Der bei fehlender Einwilligung bestehende Schwebezustand kann gem. § 451 Abs. 1 Satz 2 BGB nur durch den Käufer wie beim Handeln eines Vertreters ohne Vertretungsmacht (§ 177 Abs. 2 BGB) beendet werden. Alle übrigen Beteiligten haben keine Möglichkeit, eine Entscheidung zu erzwingen. Verweigert auch nur einer der zustimmungspflichtigen Beteiligten die Genehmigung, werden Kauf und Erfüllungsgeschäft nichtig, und zwar auch dann, wenn das Eigentum kraft Hoheitsaktes übergegangen ist. Wird die Genehmigung von allen erteilt, ist das Rechtsgeschäft als von Anfang an wirksam anzusehen (§ 184 Abs. 1 BGB).

B. Kommentierung zu Absatz 2

I. Grundlagen

1. Kurzcharakteristik

§ 451 Abs. 2 BGB gewährt allen am Verfahren Beteiligten, denen aufgrund der durch die Genehmigungsverweigerung notwendig gewordenen erneuten Veräußerung Kosten entstehen oder die weniger als im Ursprungsverfahren erhalten, einen Erstattungsanspruch.

2. Gesetzgebungsmaterialien

§ 451 Abs. 2 BGB ist inhaltlich unverändert aus § 458 Abs. 2 BGB a.F. hervorgegangen.[6]

---

[3] *Faust* in: Bamberger/Roth, § 451 Rn. 3; *Beckmann* in: Staudinger, § 451 Rn. 1; *Westermann* in: MünchKomm-BGB, § 451 Rn. 4; *Mezger* in: BGB-RGRK, § 458 Rn. 1; a.A. *Grunewald* in: Erman, § 451 Rn. 3, die dem Käufer bei Unkenntnis des Verstoßes gegen § 450 BGB entspr. § 178 BGB ein Widerrufsrecht einräumen möchte.

[4] *Grunewald* in: Erman, § 451 Rn. 2.

[5] Ebenso *Huber* in: Soergel, § 458 Rn. 1.

[6] Vgl. auch BT-Drs. 14/6040, S. 241.

II. Anwendungsvoraussetzungen

11 **Nichtigkeit der Veräußerung**: Der Ersatzanspruch setzt voraus, dass aufgrund eines Verstoßes gegen § 450 BGB und einer Verweigerung der nach § 451 Abs. 1 BGB erforderlichen Genehmigung ein neues Veräußerungsverfahren durchgeführt worden ist.

12 § 451 Abs. 2 BGB verlangt seinem Wortlaut nach kein Verschulden. Nach vereinzelter Ansicht soll die Norm jedoch dahin gehend einschränkend auszulegen sein, dass ein Käufer, der mit dem Verstoß nichts zu tun habe, auch nicht zur Kostentragung verpflichtet sei.[7] Darauf kommt es letztlich jedoch nicht an. Ersatzpflichtiger kann überhaupt nur sein, wer Verbotsadressat von § 450 BGB ist, d.h. der Versteigerer bzw. seine Gehilfen, nicht aber z.B. der Strohmann, der für ihn erwirbt (vgl. dazu die Kommentierung zu § 450 BGB Rn. 18). Bei einer Zuwiderhandlung der versteigernden Personen gegen das Verbot des § 450 BGB wird aber stets von einem schuldhaften Handeln auszugehen sein.[8]

13 Anspruchsberechtigt ist jeder Verfahrensbeteiligte, dem durch die erneute Veräußerung Kosten entstanden sind. Zum Ersatz verpflichtet ist entgegen dem Wortlaut der Norm nicht jeder „frühere Käufer", sondern nur derjenige, der zugleich Verbotsadressat des § 450 BGB ist. Denn „Grund der Ersatzpflicht ist der Verbotsverstoß".[9] Daher sind z.B. zwischengeschaltete Personen, die für den Versteigerer als (mittelbarer oder unmittelbarer) Stellvertreter tätig werden, nicht ersatzpflichtig. Erwirbt umgekehrt der Versteigerer entgegen § 450 Abs. 1 BGB in unmittelbarer Stellvertretung für einen Dritten, muss nur er, nicht aber der Dritte Ersatz leisten.

III. Rechtsfolgen

14 Zu ersetzen sind die Kosten des neuen Verkaufsverfahrens, das aufgrund fehlender Zustimmung notwendig geworden ist, sowie ein etwaiger Mindererlös, d.h. die Differenz zwischen dem in Erst- und Zweitverfahren erzielten Verkaufspreis.

15 Eines Kausalitätsnachweises bedarf es nicht. Der Versteigerer kann daher z.B. gegenüber einem Anspruch auf Ersatz des Mindererlöses nicht einwenden, dass ohne sein Mitbieten beim ersten Verkauf ohnehin kein höherer Preis als beim zweiten hätte erzielt werden können.

IV. Weitergehende Schadensersatzansprüche

16 § 451 BGB schließt weitergehende Ersatzansprüche nicht aus. Sie können sich zum einen aus § 823 Abs. 2 BGB ergeben, da § 450 BGB ein Schutzgesetz zu Gunsten der in § 451 Abs. 1 BGB genannten Beteiligten ist. Zum anderen kommt bei hoheitlichem Handeln, etwa im Rahmen des Zwangsvollstreckungsverfahrens, ein Anspruch aus § 839 BGB, Art. 34 GG in Betracht.

---

[7] So z.B. *Grunewald* in: Erman, § 451 Rn. 4; a.A. *Beckmann* in: Staudinger, § 451 Rn. 2.
[8] So auch *Westermann* in: MünchKomm-BGB, § 451 Rn. 5; ähnlich *Huber* in: Soergel, § 458 Rn. 4.
[9] *Huber* in: Soergel, § 458 Rn. 4.

§ 452 BGB Schiffskauf

(Fassung vom 02.01.2002, gültig ab 01.01.2002)

Die Vorschriften dieses Untertitels über den Kauf von Grundstücken finden auf den Kauf von eingetragenen Schiffen und Schiffsbauwerken entsprechende Anwendung.

Gliederung

A. Grundlagen	1	I. Schiff oder Schiffsbauwerk	5
I. Kurzcharakteristik	1	II. Eintragung	6
II. Gesetzgebungsmaterialien	3	III. Verkauf	8
III. Bezug zum UN-Kaufrecht	4	C. Rechtsfolgen	9
B. Anwendungsvoraussetzungen	5		

A. Grundlagen

I. Kurzcharakteristik

Die §§ 433-451, 453 BGB regeln ausschließlich den Sach- und Rechtskauf und enthalten einige Sondernormen für den Kauf von Grundstücken. Der Anwendungsbereich letztgenannter Vorschriften wird gemäß § 452 BGB auf den Kauf von eingetragenen Schiffen und Schiffsbauwerken erstreckt mit der Folge ihrer entsprechenden Anwendbarkeit, da das Schiffsregister in seiner Bedeutung dem Grundbuch entspricht. Zwar sind Schiffe und Schiffsbauwerke bewegliche Sachen, doch werden sie durch das SchiffsRG, sofern sie in einem Schiffsregister eingetragen sind, sachenrechtlich dem Liegenschaftsrecht ähnlichen Regeln unterworfen. Eine entsprechende Anwendbarkeit der für den Kauf von Grundstücken geltenden Vorschriften ist daher konsequent. Dies betrifft die für den Grundstückskauf getroffenen Bestimmungen über die Haftung des Verkäufers für Rechtsmängel (§§ 435 Satz 2, 436, 439 Abs. 2 BGB) sowie über die Beurkundungs- und Grundbuchkosten (§ 448 Abs. 2 BGB). Vorschriften außerhalb dieses Untertitels, wie z.B. die Formvorschrift des § 311b Abs. 1 BGB, sind beim Schiffskauf hingegen nicht entsprechend anwendbar.

Schiffe und Schiffsbauwerke sind grundsätzlich bewegliche Sachen und werden auch durch § 452 BGB nicht zu Immobilien, da die Norm nur die entsprechende Anwendbarkeit einiger Sondervorschriften für den Kauf von Grundstücken anordnet. Auf Kaufverträge über Schiffe und Schiffsbauwerke sind daher bei Vorliegen der persönlichen Voraussetzungen die Regelungen über den Verbrauchsgüterkauf anwendbar,[1] zumal die RL 1999/44/EG keinen Ausnahmetatbestand für eingetragene Schiffe und Schiffsbauwerke enthält. In der Praxis wirft das freilich keine größeren Probleme auf; denn § 452 BGB gilt für die typischerweise von Verbrauchern erworbenen Kleinboote nicht, da diese meist nicht im Seeschiffsregister, dem Binnenschiffsregister oder dem Register für Schiffsbauwerke eingetragen sind.[2]

II. Gesetzgebungsmaterialien

§ 452 BGB ersetzt „im Interesse der Klarheit und Übersichtlichkeit" die §§ 435 Abs. 2, 449 Abs. 2 BGB a.F.[3]

III. Bezug zum UN-Kaufrecht

Das UN-Kaufrecht findet gem. Art. 2 lit. e CISG keine Anwendung auf den Kauf von See- und Binnenschiffen. Ein Eintragungserfordernis statuiert die Vorschrift – anders als § 452 BGB – nicht. Vo-

---

[1] *Beckmann* in: Staudinger, § 452 Rn. 1; *Büdenbender* in: NomosKommBGB, § 452 Rn. 5; *Faust* in: Bamberger/Roth, § 452 Rn. 1; a.A. *Westermann* in: MünchKomm-BGB, § 452 Rn. 1.
[2] *Beckmann* in: Staudinger, § 452 Rn. 2.
[3] Vgl. auch BT-Drs. 14/6040, S. 241.

rausgesetzt wird beim Schiffsbegriff des UN-Kaufrechts allerdings, dass es sich um zur dauernden Fortbewegung bestimmte Wasserfahrzeuge handelt. Schwimmdocks sind daher keine Schiffe i.S.d. Übereinkommens.[4] Ob der Ausnahmetatbestand des Art. 2 lit. e CISG auf Wasserfahrzeuge ab einer bestimmten Größe beschränkt ist, ist umstritten.[5]

B. Anwendungsvoraussetzungen

I. Schiff oder Schiffsbauwerk

5   Bei einem Schiff handelt es sich um einen schwimmfähigen Hohlkörper, der zur Fortbewegung auf oder unter dem Wasser und zur Beförderung von Personen oder Sachen fähig und bestimmt ist.[6] Dazu zählen auch ein Schwimmkran[7] oder ein Schwimmbagger.[8] Schiffsbauwerke sind auf einer Schiffswerft im Bau befindliche Schiffe (§ 76 Abs. 1 SchiffsRG) sowie Schwimmdocks (§ 81a SchiffsRG).[9]

II. Eintragung

6   § 452 BGB ist nur anwendbar auf den Verkauf von Schiffen und Schiffsbauwerken, die in einem dem Grundbuch vergleichbaren Register, nämlich dem Seeschiffsregister, dem Binnenschiffsregister oder dem Register für Schiffsbauwerke,[10] eingetragen sind. Entscheidend ist allein die Tatsache der Eintragung, nicht die Eintragungsfähigkeit. § 452 BGB findet keine Anwendung auf Schiffe, die in einem ausländischen Schiffsregister eingetragen sind.

7   Zur Übertragung des Eigentums an einem im Binnenschiffsregister eingetragenen Schiff bedarf es neben der Einigung der Parteien stets der Registereintragung des Eigentumsübergangs (§ 3 Abs. 1 SchiffsRG). Zur Übertragung des Eigentums an einem im Seeschiffsregister eingetragenen Schiff genügt hingegen schon die Einigung der Parteien (§ 2 Abs. 1 SchiffsRG). Schiffsbauwerke können nur dann in das entsprechende Register eingetragen werden, wenn sie eine bestimmte Größe haben und zugleich eine Bauwerkshypothek eingetragen oder die Zwangsversteigerung beantragt wird (§ 76 Abs. 2 Satz 2 SchiffsRG, § 66 SchiffsRO). Nicht eingetragene Schiffe und Schiffsbauwerke sind rechtlich bewegliche Sachen. Ihr Verkauf wird von § 452 BGB nicht erfasst; für deren Übereignung sind § 929a BGB (Seeschiffe) oder §§ 929 ff. (Binnenschiffe) maßgeblich.[11]

III. Verkauf

8   § 452 BGB setzt das Vorliegen eines wirksamen Kaufvertrags voraus.

C. Rechtsfolgen

9   Der Kauf eingetragener Schiffe oder Schiffsbauwerke ist stets Sach-, der von Schiffshypotheken u.Ä. hingegen Rechtskauf. Die §§ 433-451, 453 BGB finden, soweit sie Grundstücke betreffen, entsprechende Anwendung. Es steht daher einem Rechtsmangel gleich, wenn im Schiffsregister ein Recht, etwa eine Schiffshypothek (§ 24 SchiffRG), eingetragen ist, das nicht besteht (§§ 435 Satz 2, 452 BGB). § 436 BGB passt auf die Veräußerung von eingetragenen Schiffen oder Schiffbauwerken hingegen nur bedingt. Wenn nichts anderes vereinbart ist, muss der Verkäufer gemäß §§ 442 Abs. 2, 452

---

[4] *Ferrari* in: Schlechtriem/Schwenzer, Kommentar zum Einheitlichen UN-Kaufrecht, 5. Aufl. 2008, Art. 2 Rn. 39.
[5] Vgl. m.w.N. *Ferrari* in: Schlechtriem/Schwenzer, Kommentar zum Einheitlichen UN-Kaufrecht, 5. Aufl. 2008, Art. 2 Rn. 40, 41.
[6] *Hornung*, Rpfleger 2003, 232-238, 232; *Bassenge* in: Palandt, § 929a Rn. 1.
[7] BGH v. 14.12.1951 - I ZR 84/51 - LM Nr. 3 zu § 4 BinnSchG.
[8] BGH v. 13.03.1980 - II ZR 163/78 - juris Rn. 15 - BGHZ 76, 201-206.
[9] Ausführlich dazu *Hornung*, Rpfleger 2003, 232-238, 232.
[10] Vgl. dazu die SchiffsRegO i.d.F. vom 26.05.1994, BGBl I 1994, 1133 mit DVO vom 30.11.1994, BGBl I 1994, 3621.
[11] *Weidenkaff* in: Palandt, § 452 BGB Rn. 3.

BGB im Schiffsregister eingetragene Rechte beseitigen, auch wenn sie der Käufer kennt. Entsprechende Anwendung findet außerdem § 448 Abs. 2 BGB. Danach hat der Käufer eines Grundstücks die Kosten der Durchführung des Grundstückskaufvertrags, d.h. die Kosten der Beurkundung des Kaufvertrages (vgl. den ähnlichen § 311b Abs. 1 Satz 1 BGB) sowie der zum Eigentumsübergang erforderlichen Handlungen, zu tragen. Entsprechendes gilt gemäß § 452 BGB für den Käufer eines eingetragenen Schiffes oder Schiffsbauwerkes: Er trägt die Kosten der Eintragung des Eigentumsübergangs in das Schiffs- oder Schiffsbauregister unter Einschluss der Kosten der zur Eintragung erforderlichen Erklärungen.

§ 453 BGB Rechtskauf

(Fassung vom 02.01.2002, gültig ab 01.01.2002)

(1) Die Vorschriften über den Kauf von Sachen finden auf den Kauf von Rechten und sonstigen Gegenständen entsprechende Anwendung.
(2) Der Verkäufer trägt die Kosten der Begründung und Übertragung des Rechts.
(3) Ist ein Recht verkauft, das zum Besitz einer Sache berechtigt, so ist der Verkäufer verpflichtet, dem Käufer die Sache frei von Sach- und Rechtsmängeln zu übergeben.

Gliederung

A. Grundlagen 1	II. Kauf sonstiger Gegenstände 17
I. Kurzcharakteristik 1	III. Unternehmenskauf 18
II. Gesetzgebungsmaterialien 5	1. Kaufgegenstand 19
B. Anwendungsvoraussetzungen 6	2. Pflichten der Parteien 22
I. Rechtskauf 6	3. Gewährleistung 26
1. Vertragsgegenstand 6	a. Mangelbegriff 28
2. Vertragspflichten 9	b. Gefahrübergang 41
3. Ansprüche bei Pflichtverletzungen ... 12	c. Gewährleistungsausschluss 42

A. Grundlagen

I. Kurzcharakteristik

1 Im Interesse der Klarheit und Übersichtlichkeit regeln die §§ 433-452 BGB zunächst ausschließlich den Sachkauf. Anders als vor der Schuldrechtsreform bestehen für den Rechtskauf keine Sondervorschriften mehr; vielmehr sind gemäß § 453 Abs. 1 BGB die Vorschriften über den Sachkauf auf den Rechtskauf und den Kauf sonstiger Gegenstände entsprechend anzuwenden – unter Berücksichtigung der in § 453 Abs. 2, 3 BGB bestimmten Besonderheiten und den Eigenarten, die sich aus dem andersartigen Kaufgegenstand ergeben. Nach § 453 Abs. 2 BGB hat der Verkäufer die Kosten der Begründung und Übertragung des verkauften Rechts zu tragen, und § 453 Abs. 3 BGB verpflichtet den Verkäufer bei Kaufverträgen über Rechte, die zum Besitz einer Sache berechtigen, die Sache frei von Rechts- und Sachmängeln zu übergeben.

2 Die frühere Garantiehaftung für den rechtlichen Bestand einer Forderung oder eines sonstigen Rechts ist ersetzt worden durch eine Haftung für vermutetes Verschulden gemäß § 311a Abs. 2 BGB. Für die Bonität des Rechts haftet der Verkäufer nur, wenn er eine entsprechende Garantie im Sinne des § 276 Abs. 1 Satz 1 BGB übernimmt. Darüber hinaus kann sich eine Haftung aus den §§ 280 Abs. 1, 241 Abs. 2, 311 Abs. 2 BGB ergeben, wenn der Verkäufer Fragen nach dem Bestand und der Durchsetzbarkeit der Forderung oder des Rechts falsch beantwortet.[1] Dies gilt auch bei Eingreifen des kaufrechtlichen Gewährleistungsrechts jedenfalls bei arglistigem Verschweigen durch den Verkäufer.

3 § 453 BGB gilt insbesondere für beide Formen des Unternehmenskaufs (Erwerb der Gesamtheit aller Wirtschaftsgüter des Unternehmens = asset deal; Erwerb der Anteile der das Unternehmen tragenden Gesellschaft = share deal), während nach früherer Rechtslage für die share deal die Sondervorschriften des Rechtskaufs und für den asset deal die Vorschriften über den Sachkauf galten.[2]

4 Die **VerbrGüterKRL** und auch die Vorschriften über den Verbrauchsgüterkauf in den §§ 474 ff. BGB gelten nur für den Kauf von Sachen.

---

[1] BT-Drs. 14/7052, S. 198.
[2] *Beckmann* in: Staudinger, § 453 Rn. 25.

II. Gesetzgebungsmaterialien

Regierungsentwurf BT-Drs. 14/6040, S. 203, 242; Stellungnahme des Bundesrats BT-Drs. 14/6857, S. 29; Gegenäußerung der Bundesregierung BT-Drs. 14/6857, S. 62; Beschlussempfehlung und Bericht des Rechtsausschusses BT-Drs. 14/7052, S. 173, 198.

B. Anwendungsvoraussetzungen

I. Rechtskauf

1. Vertragsgegenstand

Als Vertragsgegenstand kommen alle **subjektiven Rechte** in Betracht, soweit die Übertragung des Rechts gegen ein Entgelt nicht speziell geregelt ist. Vorrangige Regelungen bestehen insbesondere bei der entgeltlichen Übertragung von Gebrauchs- und Nutzungsrechten (Miete, Pacht und Teilzeit-Wohnrecht). Gegenstand eines Rechtskaufs können dagegen beispielsweise sein: Forderungen, beschränkt dingliche Rechte, Mitgliedschaftsrechte (Geschäftsanteile an einer GmbH, Aktien oder Gesellschaftsanteile an einer Personengesellschaft) oder gewerbliche Schutzrechte (Patente, Gebrauchsmuster, Geschmacksmuster, Marken oder das urheberrechtliche Nutzungsrecht, § 31 UrhG). Wegen der Gemeinsamkeiten der Patentveräußerung und der Patentlizenz wird auch eine Anwendung der Mängelgewährleistung des Kaufrechts auf den ausschließlichen Patentlizenzvertrag befürwortet.[3] Auch künftige oder nur bedingt bestehende Rechte können Vertragsgegenstand sein, wie beispielsweise die Übertragung von Rechten aus einer Patent- und Gebrauchsmusteranmeldung.[4] Eine bloße Erwerbschance als solche ist dagegen kein Recht, sondern ein sonstiger Gegenstand. Das Vertragsverhältnis zwischen Kreditkartenunternehmen und Vertragsunternehmen ist kein Forderungskauf, sondern ein abstraktes Schuldversprechen.[5]

Keine Rechte i.S.d. § 453 BGB sind der **Besitz** und das **Eigentum**, bei dem ein Sachkauf vorliegt. Auch der Kauf von Wohnungseigentum (Miteigentumsanteil an dem Grundstück und Sondereigentum an der Wohnung) ist Sachkauf.[6] Banknoten verkörpern keinen Anspruch gegen die emittierende Notenbank mehr; der Kauf ausländischer Währung ist daher Sachkauf.[7]

Ist das Recht nicht oder nicht in der vorgesehenen Form **übertragbar**, liegt grundsätzlich Unmöglichkeit vor, soweit der Leistungspflicht nicht im Wege der ergänzenden Auslegung ein für den Schuldner erfüllbarer Inhalt gegeben werden kann.[8] Auch ein Kaufvertrag über nicht übertragbare Rechte, also höchstpersönliche Rechte, Urheberrechte (§ 29 UrhG), den Nießbrauch (§ 1059 Satz 1 BGB) oder eine beschränkt persönliche Dienstbarkeit (§ 1092 Abs. 1 Satz 2 BGB) ist daher wirksam und kann mangels Erfüllbarkeit der Verkäuferpflichten zu einem Schadensersatzanspruch des Käufers aus § 311a Abs. 2 BGB führen.

2. Vertragspflichten

Der **Verkäufer** ist verpflichtet, dem Käufer das verkaufte Recht zu verschaffen. Regelmäßig besteht eine Verpflichtung zur Abtretung gemäß § 398 BGB, gegebenenfalls in der vorgeschriebenen Form (z.B. gemäß § 15 Abs. 3 GmbHG, § 68 AktG bei Geschäftsanteilen). Eine Verpflichtung zur sachmängelfreien Leistung entsprechend § 433 Abs. 1 Satz 2 BGB kann es bei einem Rechtskauf nicht geben, soweit nicht das Recht zum Besitz einer Sache berechtigt (und soweit man von den Besonder-

---

[3] *Haedicke*, GRUR 2004, 123-127, 123 ff.; a.A. *Bartenbach/Bartenbach*, MDR 2003, 1270-1278, 1273.
[4] BGH v. 23.03.1982 - X ZR 76/80 - juris Rn. 27 - BGHZ 83, 283-293.
[5] BGH v. 25.09.2001 - XI ZR 375/00 - juris Rn. 13 - LM BGB § 437 Nr. 9 a (4/2002).
[6] *Huber* in: Soergel, § 433 Rn. 54.
[7] *Faust* in: Bamberger/Roth, § 453 Rn. 2.
[8] BGH v. 14.03.1990 - VIII ZR 18/89 - juris Rn. 39 - LM Nr. 55 zu BGB § 157 (D); OLG Schleswig v. 15.12.1994 - 5 U 45/93 - NJW-RR 1995, 554-555.

heiten beim Unternehmenskauf absieht). Geschuldet ist aber beim „reinen" Rechtskauf die rechtsmangelfreie Beschaffung. Wird beispielsweise eine Forderung verkauft, für die nach dem Vertragsinhalt Fälligkeitszinsen geschuldet sind, liegt ein Rechtsmangel der Forderung vor, wenn der Zinsanspruch nicht oder nicht in der vereinbarten Höhe besteht.[9] Kein Rechtsmangel, sondern Nichterfüllung liegt vor, wenn das verkaufte Recht zwar grundsätzlich besteht, allerdings nicht dem Verkäufer, sondern einem Dritten zusteht. Die Bonität des verkauften Rechts, also die Einbringlichkeit einer Forderung, fällt in den Risikobereich des Käufers, sofern der Verkäufer keine Garantie übernommen hat.[10] Neben der Rechtsverschaffung schuldet der Verkäufer die Ermöglichung der Rechtsausübung.[11] So hat der Verkäufer einer Namensaktie bei der Eintragung ins Aktienregister gemäß § 67 Abs. 1 AktG oder der Verkäufer eines GmbH-Geschäftsanteils bei der Anmeldung des Erwerbers gemäß § 16 Abs. 1 GmbHG mitzuwirken. Allerdings kann die Vorschrift über Sachmängel entsprechend herangezogen werden, soweit es um die Beschaffenheit des Rechts geht.[12] Die Abgrenzung zum Rechtsmangel ist indes fließend.[13] Beim Kauf einer Information ist z.B. deren Richtigkeit in der Regel vertraglich vorausgesetzt, § 434 Abs. 1 Satz 2 Nr. 1 BGB. Maßgebend für die Mangelfreiheit ist der Zeitpunkt der Übertragung, bei künftigen Rechten der Zeitpunkt der Entstehung.[14]

10 Bei Rechten, die **zum Besitz der Sache berechtigen**, ist der Verkäufer gemäß § 453 Abs. 3 BGB verpflichtet, dem Käufer die Sache frei von Sach- und Rechtsmängeln zu übergeben. Rechte, die zum Sachbesitz berechtigen, sind beispielsweise das Erbbaurecht[15], das Anwartschaftsrecht des Vorbehaltskäufers[16], der Nießbrauch (§ 1036 Abs. 1 BGB) und das Wohnungsrecht (§ 1093 BGB). Auch das Recht des Mieters oder Pächters gehört dazu[17], wenn man es – mit Zustimmung des Vermieters bzw. Verpächters – überhaupt für übertragbar hält[18]. Eine Verpflichtung zur Übergabe besteht nicht, soweit nicht das verkaufte Recht, sondern ein akzessorisches Pfandrecht zum Besitz der Sache berechtigt. Ebenso kein Fall des § 453 Abs. 3 BGB ist der Verkauf einer Forderung, die auf eine Sachleistung gerichtet ist, wie der Verkauf eines Auflassungsanspruchs oder eines anderen Anspruchs auf Übereignung.[19]

11 Der **Käufer** ist zur Kaufpreiszahlung verpflichtet. Entsprechend § 433 Abs. 2 BGB besteht eine Verpflichtung zur Entgegennahme des verkauften Rechts zumindest dann, wenn der Verkäufer ein berechtigtes Interesse an einem Rechtsübergang hat.[20] Gemäß § 453 Abs. 2 BGB trägt der Verkäufer die Kosten der Begründung und Übertragung des Rechts. Eine speziellere Vorschrift findet sich in § 403 Satz 2 BGB hinsichtlich der Kosten einer öffentlich beglaubigten Urkunde über die Abtretung. § 453 Abs. 2 BGB weicht von der für den Sachkauf geltenden Kostenverteilung gemäß § 448 BGB ab. Insbesondere beim Kauf eines Grundstücks hat der Käufer gemäß § 448 Abs. 2 BGB die Kosten (Beurkundung des Kaufvertrages und ggf. der Auflassung sowie Eintragung in das Grundbuch) zu tragen. § 453 Abs. 2 BGB bezieht sich nur auf die Kosten der Begründung und Übertragung des Rechts, sodass die Kosten des Verpflichtungsgeschäftes (anders als nach § 448 Abs. 2 BGB) nicht erfasst werden. Der Verkäufer eines GmbH-Geschäftsanteils trägt daher zwar die Kosten der notariell beurkundeten Abtretung, nicht hingegen die Kosten der notariellen Beurkundung des Grundgeschäftes.[21]

---

[9] *Eidenmüller*, ZGS 2002, 290-296, 291.
[10] *Faust* in: Bamberger/Roth, § 453 Rn. 12.
[11] *Beckmann* in: Staudinger, § 453 Rn. 12.
[12] *Weidenkaff* in: Palandt, § 453 Rn. 21 b.
[13] *Brink*, WM 2003, 1355.
[14] *Weidenkaff* in: Palandt, § 453 Rn. 29.
[15] BGH v. 20.12.1985 - V ZR 263/83 - juris Rn. 8 - BGHZ 96, 385-391.
[16] *Huber* in: Soergel, § 433 Rn. 39.
[17] *Eidenmüller*, ZGS 2002, 290-296, 291.
[18] Dies verneint *Grüneberg* in: Palandt, § 399 Rn. 4.
[19] *Eidenmüller*, ZGS 2002, 290-296, 291; *Huber*, AcP 202, 179-242, 229 ff.
[20] *Eidenmüller*, ZGS 2002, 290-296, 292.
[21] *Beckmann* in: Staudinger, § 453 Rn. 15.

3. Ansprüche bei Pflichtverletzungen

Bei **Nichtbestehen des verkauften Rechts** haftet der Verkäufer nach den allgemeinen Regeln.[22] Da der Vertragsgegenstand überhaupt nicht erbracht wird, handelt es sich nicht um einen Fall der Schlechtleistung. Es liegt kein Rechtsmangel in dem Sinne vor, dass das verkaufte Recht mangelhaft ist. Ansprüche des Käufers aufgrund des Nichtbestehens des verkauften Rechts verjähren nicht gemäß § 438 BGB, sondern nach der Regelverjährung gemäß den §§ 195, 199 BGB.[23] Es kommt eine Haftung des Verkäufers auf Schadensersatz statt der Leistung aus § 311a Abs. 2 BGB bzw. aus den §§ 280 Abs. 1 und 3, 283 BGB oder dann, wenn das Recht noch entstehen kann, aus den §§ 280 Abs. 1 und 3, 281 BGB in Betracht. Anders als nach § 437 BGB a.F. haftet der Verkäufer nicht verschuldensunabhängig. Er kann sich gemäß § 311a Abs. 2 Satz 2 BGB bzw. § 280 Abs. 1 Satz 2 BGB entlasten. Diese Entlastungsmöglichkeit ist nicht dadurch ausgeschlossen, dass gemäß § 276 Abs. 1 Satz 1 BGB eine strengere Haftung aus dem Inhalt des Schuldverhältnisses, d.h. aus der Natur des Rechtskaufs, abgeleitet werden kann. Der Gesetzgeber hat sich mit der Aufhebung des § 437 BGB a.F. und der Einordnung des Rechtskaufs in das allgemeine Kaufrecht eindeutig für eine verschuldensabhängige Haftung entschieden. Verschuldensunabhängig soll der Verkäufer eines Rechts nur bei der ausdrücklichen oder konkludenten Übernahme einer Garantie (bzw., soweit dies in Betracht kommt, eines Beschaffungsrisikos) haften.[24] Diese gesetzgeberische Entscheidung würde auch unterlaufen, wenn man in jedem Rechtskauf konkludent die Übernahme des Risikos für den Bestand des Rechts sehen würde. Der Rechtskauf ist insoweit nicht mit dem Gattungskauf vergleichbar, bei dem der Verkäufer stillschweigend das Beschaffungsrisiko übernimmt.

Steht das Recht einem Dritten zu, ist die Rechtslage vergleichbar mit dem Verkauf einer Sache, die sich im Eigentum oder Besitz eines Dritten befindet (vgl. die Kommentierung zu § 275 BGB). Ist der Dritte nicht zur Übertragung des Rechts bereit, liegt Unmöglichkeit im Sinne des § 275 Abs. 1 BGB vor. Wie im Fall des Nichtbestehens des Rechts liegt keine mangelhafte Leistung des Verkäufers vor, sondern eine Nichtleistung. Es gilt das allgemeine Leistungsstörungsrecht[25], sodass sich auch die Verjährung der Ansprüche des Käufers nicht nach § 438 BGB richtet.[26] Teilweise wird eine Anwendung des Gewährleistungsrechts befürwortet.[27] Das Gesetz behandle beim Sachkauf in § 435 BGB die Drittberechtigung als Rechtsmangel, dies müsse auch beim Rechtskauf gelten. Überdies handele es sich nicht in jedem Fall um eine vollständige Nichtleistung, da der Käufer beispielsweise beim gescheiterten Erwerb einer Buchgrundschuld eine Buchposition erlange.[28] Das mangelnde Eigentum fällt aber nicht unter § 435 BGB und stellt auch beim Sachkauf keinen Rechtsmangel dar.[29] Auch wenn beim Sachkauf der Käufer den Besitz der Sache erhält, begründet das fehlende Eigentum keinen Mangel der Sache, sondern die Nichterfüllung. Da die Drittinhaberschaft bezüglich des Vertragsgegenstands auch beim Sachkauf keinen Mangel begründet, ist auch beim Rechtskauf keine Anwendung der Gewährleistungsregeln (insbesondere § 437 BGB und § 438 BGB) geboten.[30]

Ist das **verkaufte Recht belastet**, liegt ein Rechtsmangel (§ 435 BGB) vor. Ansprüche des Käufers richten sich nach § 437 BGB und verjähren gemäß § 438 BGB.[31] Die Verjährung beginnt entsprechend § 438 Abs. 2 BGB mit dem Übergang des Rechts, bei einer Forderung also mit der Abtretung.[32]

---

[22] *Grunewald* in: Erman, § 453 Rn. 7.
[23] *Eidenmüller*, NJW 2002, 1625-1627, 1626.
[24] BT-Drs. 14/6040, S. 242; BT-Drs. 14/7052, S. 198.
[25] *Weidenkaff* in: Palandt, § 453 Rn. 20 a.
[26] *Weidenkaff* in: Palandt, § 453 Rn. 31.
[27] *Eidenmüller*, ZGS 2002, 290-296, 293.
[28] *Eidenmüller*, ZGS 2002, 290-296, 293.
[29] BGH v. 19.10.2007 - V ZR 211/06 - BGHZ 174, 61-77.
[30] Ähnlich: *Grunewald* in: Erman, § 453 Rn. 7.
[31] *Eidenmüller*, NJW 2002, 1625-1627, 1626 f.; *Weidenkaff* in: Palandt, § 453 Rn. 31 a.
[32] *Grunewald* in: Erman, § 453 Rn. 11.

15 Für die **Zahlungsfähigkeit des Schuldners** des verkauften Rechts haftet der Verkäufer grundsätzlich nur aufgrund einer besonderen Vereinbarung. Die Zahlungsunfähigkeit ist kein Mangel des verkauften Rechts, denn die Zahlungsfähigkeit des Schuldners gehört nicht zur Beschaffenheit des verkauften Rechts.[33] Eine Haftung für die Zahlungsfähigkeit des Schuldners kann sich jedoch aus § 280 Abs. 1 BGB ergeben, insbesondere dann, wenn der Verkäufer dahin gehende Fragen des Käufers falsch oder unvollständig beantwortet.[34]

16 Werden **Gesellschaftsanteile** verkauft, haftet der Verkäufer gemäß den §§ 453 Abs. 1, 435, 437 BGB dafür, dass die Gesellschaft selbst und der Anteil an ihr in der entsprechenden Größe bestehen, der Anteil dem Verkäufer zusteht und nicht mit einem Pfandrecht oder einem Nießbrauch belastet ist, die Gesellschaft nicht in der Liquidation ist und der Anteil die vertraglich vorausgesetzten Gesellschafterrechte (Gewinnbeteiligung, Stimmrecht usw.) beinhaltet. Auch eine im Vertrag nicht vorgesehene Haftung des Käufers begründet einen Rechtsmangel, beispielsweise die Haftung für ausstehende Einlageschulden nach § 173 HGB, § 19 Abs. 2 GmbHG oder § 54 AktG, Nachschusspflichten gemäß § 26 GmbHG. Dies gilt auch für die Haftung aus § 128 HGB (bzw. analog § 128 HGB bei einer GbR), soweit der Gesellschafter nicht von der Gesellschaft freigestellt wird oder ihm Leistungen an den Gläubiger unverzüglich erstattet werden. Weist das von der Gesellschaft betriebene Unternehmen Mängel auf, haftet der Anteilsverkäufer dafür grundsätzlich nicht, da ein Mangel des zum Gesellschaftsvermögen gehörenden Unternehmens keinen Mangel des Gesellschaftsanteils selbst darstellt.[35] Eine Haftung des Verkäufers von Gesellschaftsanteilen kann sich aus § 280 Abs. 1 BGB wegen der Verletzung vorvertraglicher Aufklärungspflichten ergeben. Den Verkäufer trifft im Hinblick auf die wirtschaftliche Tragweite des Geschäfts und die regelmäßig erschwerte Bewertung des Kaufobjekts durch den Kaufinteressenten diesem gegenüber eine gesteigerte Aufklärungs- und Sorgfaltspflicht.[36]

II. Kauf sonstiger Gegenstände

17 Sonstige Gegenstände sind die Kaufgegenstände, die weder eine Sache noch ein Recht darstellen. Neben dem Unternehmen als Sachgesamtheit sind dies Wasser, Gas, Strom und Fernwärme (soweit nicht abgefüllt oder leitungsgebunden, vgl. die Kommentierung zu § 474 BGB), ferner immaterielle Güter wie das Know-how, Geschäfts- und Werbeideen, nicht patentierte und nicht als Gebrauchsmuster geschützte Erfindungen, eine Domainadresse, Erwerbs- und Gewinnchancen.[37] Einer **Software** fehlt jedenfalls dann die Eigenschaft als Sache, wenn sie, wie immer häufiger, nicht mehr auf einem Datenträger übergeben oder versandt, sondern über das Internet übertragen wird.[38] Bei der dauerhaften Überlassung von auf einem Datenträger verkörperter Standardsoftware liegt ein Kaufvertrag vor[39], bei individuell hergestellter Software ein Werkvertrag[40]. Ein Werklieferungsvertrag gemäß § 651 BGB, der den Anwendungsbereich des Kaufrechts eröffnen würde, liegt nicht vor, da es sich bei der Herstellung oder Anpassung von Individualsoftware nicht um Sachen i.S.d. § 651 BGB handelt.

III. Unternehmenskauf

18 Für einen Unternehmenskauf bestehen zwei grundsätzlich verschiedene vertragliche Gestaltungsmöglichkeiten. Das Unternehmen kann als Sach- und Rechtsgesamtheit veräußert werden (**asset deal**) und ist als solches ein sonstiger Gegenstand im Sinne des § 453 Abs. 1 BGB. Ist der Unternehmensträger eine Gesellschaft, kann das Unternehmen auch durch einen Verkauf der Gesellschaftsanteile veräußert

---

[33] *Eidenmüller*, ZGS 2002, 290-296, 293.
[34] BT-Drs. 14/7052, S. 198.
[35] BGH v. 12.11.1975 - VIII ZR 142/74 - juris Rn. 9 - BGHZ 65, 246-253.
[36] BGH v. 04.04.2001 - VIII ZR 32/00 - juris Rn. 19 - LM BGB § 276 (Fb) Nr. 84 (9/2001).
[37] *Pahlow*, JA 2006, 385-389.
[38] *Büdenbender* in: AnwK-BGB, § 453 Rn. 2.
[39] BGH v. 04.11.1987 - VIII ZR 314/86 - juris Rn. 15 - BGHZ 102, 135-152.
[40] BGH v. 10.03.1998 - X ZR 70/96 - juris Rn. 9 - LM BGB § 284 Nr. 45 (1/1999).

werden (**share deal**). Ob es sich dabei um einen Rechtskauf[41] oder – da das Unternehmen als solches und nicht nur einzelne Gesellschaftsanteile erworben werden sollen – um den Kauf eines sonstigen Gegenstandes[42] handelt, kann letztlich dahinstehen, da in beiden Fällen die §§ 434 ff. BGB gelten. Ob bei einem Rechtskauf (share deal) Mängel des Unternehmens auch zu einem Mangel des verkauften Rechts führen, ist im Rahmen des Mangelbegriffs zu klären.

1. Kaufgegenstand

Der Verkauf eines Unternehmens als **Sach- und Rechtsgesamtheit** ist dann anzunehmen, wenn nicht nur einzelne Wirtschaftsgüter, sondern ein Inbegriff von Sachen, Rechten und sonstigen Vermögenswerten übertragen werden soll und der Erwerber dadurch in die Lage versetzt wird, das Unternehmen als solches weiterzuführen.[43] Dabei müssen einerseits nicht alle Vermögenswerte übertragen, andererseits aber auch nicht alle Verbindlichkeiten des Verkäufers übernommen werden. Werden nur einzelne Verbindlichkeiten vom Käufer übernommen, kann eine für eine ergänzende Auslegung erforderliche Lücke nicht ohne Weiteres angenommen werden.[44] Das Recht zur Firmenfortführung wird dem Käufer nicht in jedem Fall konkludent eingeräumt, sondern bedarf auch im Hinblick auf § 22 HGB einer besonderen vertraglichen Vereinbarung.[45] Ein Unternehmenskaufvertrag ist nach § 154 BGB nicht zustande gekommen, solange eine beabsichtigte Einigung über die Firmenfortführung nicht erzielt wurde.[46] Für die Abgrenzung zwischen einem Unternehmenskauf und dem Kauf einzelner Teile eines Unternehmens ist eine wirtschaftliche Gesamtbetrachtungsweise maßgebend.[47] Gehört zu dem Unternehmen ein Grundstück, ist der gesamte Unternehmenskaufvertrag gemäß § 311 b Abs. 1 Satz 1 BGB formbedürftig.

19

Der **Kauf von Gesellschaftsanteilen** ist grundsätzlich ein Rechtskauf. Die Behandlung eines Anteilskaufs als Unternehmenskauf hat insbesondere zwei Folgen: Der Verkäufer ist zur Übertragung des Unternehmens als solchem verpflichtet und haftet darüber hinaus für Sachmängel des Unternehmens. Diese Rechtsfolgen sind nach ständiger Rechtsprechung nur gerechtfertigt, wenn auch das gesamte Unternehmen und nicht nur ein Anteil erworben wird. Der Anteilskauf stellt danach nur einen Unternehmenskauf dar, wenn der Vertrag auf den **Erwerb sämtlicher oder nahezu sämtlicher Anteile** gerichtet ist.[48] Soweit Geschäftsanteile einer GmbH verkauft werden, ist für einen Unternehmenskauf zumindest der Erwerb einer satzungsändernden Mehrheit von 75% des Gesellschaftskapitals erforderlich.[49] Bei dem Erwerb geringerer Beteiligungen kann nicht vom Kauf eines Unternehmens gesprochen werden. Der in § 453 Abs. 1 BGB getroffenen Anordnung, dass für den Rechtskauf die Vorschriften über den Kauf von Sachen entsprechende Anwendung finden sollen, lässt sich nicht entnehmen, dass der Verkäufer geringerer Beteiligungen für Sachmängel der im Gesellschaftsvermögen befindlichen Gegenstände haftet.[50] Der Mangel eines zum Gesellschaftsvermögen gehörenden Gegenstands stellt keinen Mangel des Gesellschaftsanteils selbst dar.[51]

20

Bei der Übertragung von Geschäftsanteilen einer GmbH bedarf sowohl der Kaufvertrag als auch die Abtretung selbst der notariellen Beurkundung (§ 15 Abs. 4 Satz 1, Abs. 3 GmbHG). Bezüglich des

21

---

[41] *Saenger* in: Hk-BGB, § 453 Rn. 2; *Berger* in: Jauernig, § 453 Rn. 2.
[42] *Faust* in: Bamberger/Roth, § 453 Rn. 25 ff.
[43] BGH v. 28.11.2001 - VIII ZR 37/01 - juris Rn. 11 - LM BGB § 276 (Fb) Nr. 86 (5/2002).
[44] BGH v. 17.04.2002 - VIII ZR 297/01 - juris Rn. 21 - NJW 2002, 2310-2312.
[45] BGH v. 27.04.1994 - VIII ZR 34/93 - juris Rn. 27 - LM HGB § 22 Nr. 13 (9/1994).
[46] OLG Oldenburg v. 08.03.1996 - 11 U 82/95 - WM 1997, 1252-1254.
[47] BGH v. 28.11.2001 - VIII ZR 37/01 - juris Rn. 11 - LM BGB § 276 (Fb) Nr. 86 (5/2002).
[48] BGH v. 04.04.2001 - VIII ZR 32/00 - juris Rn. 14 - LM BGB § 276 (Fb) Nr. 84 (9/2001); BGH v. 12.11.1975 - VIII ZR 142/74 - juris Rn. 7 - BGHZ 65, 246-253; *Faust* in: Bamberger/Roth, § 453 Rn. 32.
[49] *Weitnauer*, NJW 2002, 2511-2517, 2513; *Eidenmüller*, ZGS 2002, 290-296, 294; OLG München v. 25.03.1998 - 7 U 4926/97 - DB 1998, 1321.
[50] A.A. *Gronstedt/Jörgens*, ZIP 2002, 52-65, 55; *Kaiser/Wolf*, DB 2002, 411-420, 416.
[51] BGH v. 12.11.1975 - VIII ZR 142/74 - juris Rn. 9 - BGHZ 65, 246-253.

Kaufvertrags erstreckt sich das Formerfordernis auf alle Nebenabreden, die nach dem Willen der Parteien Bestandteil über die Verpflichtung zur Abtretung sein sollen.[52]

2. Pflichten der Parteien

22 Beim asset deal ist der Verkäufer gemäß § 453 BGB i.V.m. § 433 Abs. 1 Satz 1 BGB zur Übertragung der einzelnen Vermögensgegenstände nach den jeweils für diese geltenden Regeln verpflichtet. Aus einem share deal ist der Verkäufer zur Abtretung der Gesellschaftsanteile verpflichtet.

23 **In beiden Fällen** hat sich der Verkäufer nicht nur zur Übertragung einzelner Gegenstände oder Gesellschaftsanteile verpflichtet, sondern zur **Übertragung des Unternehmens insgesamt**. Die umfassende Übertragungspflicht erweitert die Pflichten des Verkäufers erheblich. Auch beim share deal besteht eine Übergabeverpflichtung.[53] Zur Einräumung der Inhaberschaft des Unternehmens gehört es auch, dass der Veräußerer sich zurückzieht und dem Erwerber die Möglichkeit einräumt, sich über sämtliche Geschäftsvorgänge zu unterrichten und die Geschicke des Unternehmens in die Hand zu nehmen.[54]

24 Auch ohne ausdrückliche Vereinbarung ergibt sich ein **Wettbewerbsverbot** des Verkäufers aus § 241 Abs. 2 BGB, soweit die Unterlassung von Wettbewerb zur Überleitung des Unternehmens auf den Käufer erforderlich ist.[55] Wettbewerbsbeschränkende Abreden in Unternehmenskaufverträgen verstoßen nicht gegen § 1 GWB, wenn sie zur Erreichung eines kartellrechtsneutralen Hauptzwecks des Vertrags sachlich geboten sind.[56]

25 Bei beiden Formen eines Unternehmenskaufs bestehen auch gesteigerte **Aufklärungspflichten** des Verkäufers, da der Käufer die rechtlichen Verhältnisse und die wirtschaftliche Situation des Unternehmens als Außenstehender nur schwer beurteilen kann.[57] Ist die Überlebensfähigkeit der Gesellschaft gefährdet, hat der Verkäufer auch ungefragt dem Käufer sämtliche Verbindlichkeiten zu offenbaren.[58] Der Verkäufer eines Computerunternehmens hat den Käufer aufzuklären, wenn kurz vor Vertragsschluss über 40% des vorher üblichen Wartungsumsatzes durch Kündigungen entfallen sind.[59]

3. Gewährleistung

26 Die Gewährleistung des Verkäufers bei einem Unternehmenskauf ist regelmäßig weitgehend **vertraglich geregelt**.[60] Dabei handelt es sich in aller Regel um Individualverträge, nur in seltenen Fällen werden Formularverträge verwendet, so etwa bei einem Unternehmensverkauf durch die Treuhandanstalt.[61] Der Verkäufer übernimmt die Haftung für bestimmte Umstände, wobei in vielen Fällen auch eine Eingrenzung erfolgt, die etwa den Schadensersatzanspruch des Käufers der Höhe nach beschränkt oder die Verjährungsfrist verkürzt. Bei der vertraglichen Übernahme der Haftung in einem Unternehmenskaufvertrag handelt es sich um selbstständige Garantien. Für diese greift § 444 BGB nicht ein, auch nicht, wenn sich die Garantie auf ein Beschaffenheitsmerkmal des Unternehmens bezieht. Die üblichen Haftungsbeschränkungen sind daher nicht gemäß § 444 BGB unwirksam.[62]

---

[52] BGH v. 27.06.2001 - VIII ZR 329/99 - juris Rn. 13 - LM GmbHG § 15 Nr. 33 (6/2002); *Wiesbrock*, DB 2002, 2311-2315, 2314.

[53] BGH v. 25.03.1998 - VIII ZR 185/96 - juris Rn. 36 - BGHZ 138, 195-210.

[54] BGH v. 25.03.1998 - VIII ZR 185/96 - juris Rn. 37 - BGHZ 138, 195-210.

[55] *Renner*, DB 2002, 1143-1147, 1143.

[56] BGH v. 12.05.1998 - KZR 18/97 - juris Rn. 19 - LM GWB § 1 Nr. 51 (3/1999); OLG Naumburg v. 15.12.2000 - 1 Verg 11/00 - NZBau 2001, 642-643.

[57] BGH v. 04.04.2001 - VIII ZR 32/00 - juris Rn. 19 - LM BGB § 276 (Fb) Nr. 84 (9/2001); BGH v. 04.04.2001 - VIII ZR 33/00 - juris Rn. 19 - NJW 2001, 483; BGH v. 28.11.2001 - VIII ZR 37/01 - juris Rn. 15 - LM BGB § 276 (Fb) Nr. 86 (5/2002).

[58] BGH v. 06.02.2002 - VIII ZR 185/00 - juris Rn. 23 - WM 2002, 1839-1842.

[59] BGH v. 06.12.1995 - VIII ZR 192/94 - juris Rn. 14 - NJW-RR 1996, 429.

[60] *Huber*, AcP 202, 179-242, 211 ff., 227 ff.

[61] BGH v. 01.03.2000 - VIII ZR 77/99 - juris Rn. 25 - LM AGBG § 9 (Ba) Nr. 38 (8/2000).

[62] *Müller*, NJW 2002, 1026-1027, 1026; *Faust*, ZGS 2002, 271-274, 271; *Hilgard/Kraayvanger*, MDR 2002, 678-683, 678; *Eidenmüller*, ZGS 2002, 290-296, 296; *Dauner-Lieb/Thiessen*, ZIP 2002, 108-114, 108.

Besonders umstritten sind die Einzelheiten der **gesetzlichen Gewährleistung**, falls kein individuelles Haftungsregime vereinbart wird oder die Parteien die Anwendbarkeit der BGB-Gewährleistung sogar ausdrücklich vereinbaren.[63] Mit dieser Problematik hat sich – obergerichtlich – bisher einzig das OLG Köln[64] auseinandergesetzt.

a. Mangelbegriff

In der Literatur wird unterschiedlich beurteilt, unter welchen Voraussetzungen beim Erwerb einer Sachgesamtheit, wie ein Unternehmen sie darstellt, ein Sachmangel anzunehmen ist. Neben den Fällen, in denen das Unternehmen als solches nicht den vertraglichen Vereinbarungen entspricht, etwa hinsichtlich seiner Ertragskraft, ist dabei vor allem streitig, wann bei Mangelhaftigkeit eines einzelnen zum Unternehmen gehörenden Gegenstandes auch das Unternehmen insgesamt als mangelhaft anzusehen ist, und ob in einem solchen Fall die Gewährleistung auch hinsichtlich einzelner mangelhafter Gegenstände gesondert oder nur hinsichtlich des Unternehmens als Ganzes geltend gemacht werden kann.

aa. Ertragskraft des Unternehmens

Nach der bisherigen Rechtsprechung begründen unzutreffende Angaben über **Umsatz und Ertrag** des Unternehmens grundsätzlich keinen Mangel. Der Verkäufer haftet für fehlerhafte Angaben wegen der Verletzung vorvertraglicher Aufklärungspflichten.

Umsatz- und Ertragsangaben wurden nur dann als zusicherungsfähige Eigenschaft i.S.d. § 459 Abs. 2 BGB a.F. angesehen, wenn sie sich über einen längeren, mehrjährigen Zeitraum erstrecken und deshalb einen verlässlichen Anhalt für die Bewertung der Ertragsfähigkeit und damit des Werts des Unternehmens geben.[65] Im Regierungsentwurf wird davon ausgegangen, dass die Gründe für die Einschränkung der Gewährleistungshaftung und die Annahme einer Haftung wegen einer Verletzung vorvertraglicher Aufklärungspflichten entfallen sind, da die Neuregelung dem Käufer ein Nachbesserungsrecht gewährt, ihm ein Schadensersatzanspruch auch bei Fahrlässigkeit zustehen kann und auch eine angemessene Regelung der Verjährungsfrage bereitgestellt wird.[66]

In der neueren Literatur wird daher überwiegend angenommen, dass falsche Angaben über Umsatz und Ertrag Gewährleistungsrechte des Käufers begründen können.[67] Dabei wird insbesondere hervorgehoben, dass die vom BGH vorgenommene Differenzierung zwischen Umsatz- und Ertragsangaben und Angaben über die Ertragsfähigkeit unpraktikabel und dogmatisch nicht überzeugend sei.[68]

Die Gegenansicht macht auch nach der Reform des Schuldrechts geltend, Umsatz und Ertrag seien keine Beschaffenheitsmerkmale des Unternehmens, da sie durch äußere, dem Unternehmen selbst nicht innewohnende Faktoren wie den Einsatz und das Geschick des Unternehmers, die konjunkturelle Entwicklung und Wechselkurse beeinflusst sein können.[69] Unzutreffende Angaben über Umsatz und Ertrag sollen daher keinen Mangel i.S.d. § 434 BGB begründen, solange sie sich nicht über einen längeren Zeitraum erstrecken und Aufschluss über die Ertragsfähigkeit geben.[70]

---

[63] So geschehen in OLG Köln v. 29.01.2009 - 12 U 20/08 - juris Rn. 3 - DB 2009, 2259-2262.
[64] OLG Köln v. 29.01.2009 - 12 U 20/08 - DB 2009, 2259-2262; dazu *Brauer/Schröer*, jurisPR-HaGesR 3/2010, Anm. 3; *Picot*, DB 2009, 2587-2594; *Weller*, EWiR 2010, 15-16.
[65] BGH v. 03.02.1999 - VIII ZR 14/98 - juris Rn. 13 - LM ZPO § 138 Nr. 44 (7/1999); BGH v. 06.12.1995 - VIII ZR 192/94 - juris Rn. 13 - NJW-RR 1996, 429; BGH v. 08.02.1995 - VIII ZR 8/94 - juris Rn. 9 - LM BGB § 459 Nr. 125 (8/1995); BGH v. 30.03.1990 - V ZR 13/89 - juris Rn. 14 - LM Nr. 98 zu § 459 BGB.
[66] BT-Drs. 14/6040, S. 242.
[67] *Reinicke/Tiedtke*, Kaufrecht, Rn. 1254 f.; *Westermann* in: MünchKomm-BGB, § 453 Rn. 31 ff.
[68] *Gruber*, MDR 2002, 433-437, 436; *Gronstedt/Jörgens*, ZIP 2002, 52-65, 55; *Kaiser/Wolf*, DB 2002, 411-420, 414; *Hölzle/Triebel*, BB 2002, 521-537, 525; *Wunderlich*, WM 2002, 981-990, 984.
[69] So schon BGH v. 08.02.1995 - VIII ZR 8/94 - juris Rn. 9 - LM BGB § 459 Nr. 125 (8/1995); BGH v. 28.03.1990 - VIII ZR 169/89 - juris Rn. 9 - BGHZ 111, 75-83.
[70] *Huber*, AcP 202, 179-242, 211 ff.; 227 ff.; *Weitnauer*, NJW 2002, 2511-2517, 2513; *Jaques*, BB 2002, 417-423, 418.

§ 453

33 Bei der Diskussion sollten vor allem die unterschiedlichen Rechtsfolgen beachtet werden: Versteht man falsche Umsatz- und Ertragsangaben mit dem **„weiten Mangelbegriff"** als mangelbegründend, stehen dem Käufer die Gewährleistungsrechte gemäß §§ 437 ff. BGB zu. Eine Nachbesserung wird regelmäßig nicht in Betracht kommen, so dass die Minderung oder – bei erheblichen Abweichungen – Rücktritt und Schadensersatz statt der Leistung bzw. anstelle dessen Aufwendungsersatz gemäß § 284 BGB in Betracht kommen. Die Gewährleistungsansprüche verjähren in der kurzen Verjährungsfrist des § 438 Abs. 1 Nr. 3 BGB in zwei Jahren ab Gefahrübergang. Neben den Gewährleistungsrechten ist jedenfalls nach der neueren Rechtsprechung des BGH für eine zusätzliche Haftung aus culpa in contrahendo (§§ 280 Abs. 1, 241 Abs. 2, 311 Abs. 2 BGB) nur dann Raum, wenn der Verkäufer den Käufer arglistig getäuscht hat.[71]

34 Sieht man dagegen mit dem **„engen Mangelbegriff"** falsche Umsatz- und Ertragsangaben nicht als mangelbegründend an, bestehen zwar keine Gewährleistungsrechte, dem Käufer kann aber – da dann kein Konkurrenzverhältnis zum Gewährleistungsrecht besteht – ein Schadensersatzanspruch gemäß §§ 280 Abs. 1, 241 Abs. 2, 311 Abs. 2 BGB (culpa in contrahendo) zustehen. Dieser Anspruch hat den Vorteil, dass der Käufer den vollen Vertrauensschaden ersetzt verlangen kann und die dreijährige Regelverjährung gemäß §§ 195, 199 BGB eingreift. Nachteilig ist aus Käufersicht, dass der Anspruch verschuldensabhängig ist, während z.B. Minderung und Rücktritt kein Verschulden voraussetzen.

35 Im Vergleich dieser Haftungssysteme verdient ersteres den Vorzug: Zwei Jahre sollten als Verjährungsfrist für das Erkennen eines Mangels auch beim Unternehmenskauf ausreichen. Der Käufer ist durch die Möglichkeit, Schadens- oder Aufwendungsersatz zu verlangen, auch ausreichend geschützt, zumal im Falle einer arglistigen Täuschung die cic neben dem Gewährleistungsrecht anwendbar ist und einen (vollen) Vertrauensschadensersatzanspruch begründet. Vor allem stehen dem Käufer so aber die verschuldensunabhängigen Regressmöglichkeiten des § 437 Nr. 2 BGB (Rücktritt und Minderung) zu.

bb. Mangel eines Einzelgegenstandes

36 Teilweise wird ein Mangel des verkauften Unternehmens schon bei **Mangelhaftigkeit eines einzelnen Gegenstandes** angenommen.[72] Begründet wird diese Auffassung damit, dass nach der Schuldrechtsreform der Grund für die bisherige Zurückhaltung bei der Annahme eines Mangels des Unternehmens entfallen sei. Während nach früherem Recht sogleich eine (praktisch kaum durchführbare) Wandlung des gesamten Vertrages möglich gewesen sei, sei nunmehr der Nacherfüllungsanspruch vorgeschaltet, der vom Verkäufer auch bei einem nur einem einzelnen Gegenstand anhaftenden Mangel unproblematisch erfüllt werden könne. Zudem stelle das BGB für Mängel außer im Fall der §§ 281 Abs. 1 Satz 3, 323 Abs. 5 Satz 2 BGB (wenn Schadensersatz statt der ganzen Leistung bzw. Rücktritt begehrt wird) keine besondere Erheblichkeitsschwelle auf.

37 Dagegen vertritt die h.M. die Auffassung, dass eine Gewährleistung nur dann eingreift, wenn **ein Mangel eines Einzelgegenstandes auf das Unternehmen durchschlägt**, indem er z.B. dessen wirtschaftliche Grundlage erschüttert, seine Marktstellung gefährdet oder sonst seine Tauglichkeit als Unternehmen beeinträchtigt.[73] Nur diese Betrachtungsweise werde dem Charakter des Unternehmenskaufs gerecht, bei dem Kaufgegenstand nun einmal nicht die Summe der zum Unternehmensvermögen gehörenden einzelnen Sachen und Rechte, sondern eine Sach- und Rechtsgesamtheit sei. Erforderlich sei eine **Gesamterheblichkeit des Mangels für das verkaufte Unternehmen**. Untergeordnete Sach- und Rechtsmängel, die für die Bewertung des Unternehmens im Ganzen bedeutungslos sind, begründen demnach keine Gewährleistungsrechte.

---

[71] BGH v. 27.03.2009 - V ZR 30/08 - NJW 2009, 2120, 2122.
[72] *Matusche-Beckmann* in: Staudinger, § 434 Rn. 145; *Knott*, NZG 2002, 249, 251; *Grunewald* in: Erman, § 434 Rn. 43; *Holzapfel/Pöllath*, Unternehmenskauf in Recht und Praxis, Rn. 764.
[73] *Rödder/Hötzel/Mueller-Thuns*, Unternehmenskauf – Unternehmensverkauf, § 9 Rn. 33, 70; *Faust* in: Bamberger/Roth, § 453 Rn. 27; *Baumbach/Hueck/Hueck/Fastrich*, GmbHG, 19. Aufl. 2010, § 15 Rn. 7; *Weidenkaff* in: Palandt, § 453 Rn. 23; *Grunewald*, NZG 2003, 372 f.; *Weitnauer*, NJW 2002, 2511, 2515. Zum alten Recht: BGHZ 65, 246, 249.

Das OLG Köln[74] hat sich der **Gesamterheblichkeitslehre** angeschlossen. Für die Frage der Sachmängelhaftung sei darauf abzustellen, ob dem Unternehmen als Ganzes ein Mangel anhafte. Nicht ohne weiteres ausreichend sei dafür die Darlegung der Mangelhaftigkeit einzelner zum Unternehmen gehörender Gegenstände. Der Gegenansicht sei zwar zuzugeben, dass ein Nacherfüllungsanspruch auch bei Mangelhaftigkeit einzelner Gegenstände praktisch leichter umsetzbar sei als nach früherem Gewährleistungsrecht. Dabei werde jedoch übersehen, dass die Gewährleistung der §§ 434 ff. BGB an die Mangelhaftigkeit der gekauften Sache anknüpfe und die Mangelhaftigkeit einzelner Bestandteile dieser Sache, die sich auf den bestimmungsgemäßen Gebrauch des Vertragsgegenstandes im Ganzen nicht auswirken, nicht mangelbegründend seien. 38

Dem dürfte zuzustimmen sein:[75] Bei Abstellen auf den Einzelgegenstand würde in einem Unternehmen jede Beule in einem Geschäftsfahrzeug und jeder mangelhafte Bürostuhl Ansprüche auf Nacherfüllung und „kleinen" Schadensersatz und ein Minderungsrecht begründen, da für diese Gewährleistungsrechte keine Erheblichkeitsschwelle vorgesehen ist. Dies wäre weder praktikabel noch würde es dem Wesen des Unternehmenskaufs gerecht.[76] Auch eine Haftung aus den §§ 280 Abs. 1, 241 Abs. 2, 311 Abs. 2 BGB kommt in diesem Fall nicht in Betracht, da das kaufrechtliche Gewährleistungsrecht die c.i.c. verdrängt. Zwar stehen dem Käufer nach der vom OLG Köln vertretenen Auffassung keine Gewährleistungsansprüche zu, dies allerdings nur, weil ein „Durchschlagen" des Mangels eines Einzelgegenstandes auf das Gesamtunternehmen verneint wurde. In einer solchen Situation muss die c.i.c. sogar erst recht unanwendbar sein. Andernfalls würde der Grund für die Einschränkung des Gewährleistungsrechts, nämlich die Tatsache, dass das Unternehmen als Ganzes verkauft worden ist, sogar zu einer Ausweitung der Verkäuferhaftung führen. 39

cc. Beschaffenheitsvereinbarungen

Bereits oben (vgl. Rn. 33 und Rn. 35) wurde dargelegt, dass mit dem „weiten Mangelbegriff" falsche Umsatz- und Ertragsangaben mangelbegründend seien können. Es stellt sich deshalb die Frage, ob Mängel an Einzelgegenständen des Unternehmens – ohne Durchschlagen des Mangels auf das Unternehmen als solches – nicht doch zu einer Sachmängelhaftung führen können, wenn die Parteien dies im Rahmen einer Beschaffenheitsvereinbarung i.S.d. § 434 Abs. 1 Satz 1 BGB festgelegt haben. Durch die Möglichkeit einer Beschaffenheitsvereinbarung gemäß § 434 Abs. 1 Satz 1 BGB hat der Gesetzgeber den Vertragspartnern eines Kaufvertrages die Möglichkeit eröffnet, privatautonom festzulegen, wie weit ihr konkretes Erfüllungsinteresse reicht. Die Parteien können damit letztlich selbst festlegen, was sie unter einem Mangel i.S.d. § 434 BGB verstehen wollen. Lässt der Gesetzgeber den Parteien aber diesen weiten Spielraum im Hinblick auf die Anwendbarkeit des Gewährleistungsrechts, muss es ihnen auch möglich sein, Vereinbarungen darüber zu treffen, wann im Hinblick auf einen verkauften Einzelgegenstand bei einem Unternehmenskauf Gewährleistungsrechte eingreifen sollen.[77] Dementsprechend muss es den Parteien überlassen sein, durch das Treffen einer Beschaffenheitsvereinbarung deutlich zu machen, dass sie auch die Beschaffenheit objektiv nicht gesamterheblicher Teile des Unternehmens subjektiv als erfüllungserheblich ansehen.[78] So kann im Übrigen auch gewährleistet werden, dass ein Käufer, der auf die Mangelfreiheit eines bestimmten mitverkauften Gegenstandes großen Wert gelegt hat, bei einer entsprechenden Beschaffenheitsvereinbarung nicht rechtlos gestellt wird. 40

---

[74] OLG Köln v. 29.01.2009 - 12 U 20/08 - DB 2009, 2259-2262, n.rkr., Az. beim BGH: VIII ZR 52/09.
[75] Zustimmend auch *Brauer/Schröer*, jurisPR-HaGesR 3/2010, Anm. 3; *Picot*, DB 2009, 2587, 2591.
[76] *Faust* in: Bamberger/Roth, § 453 Rn. 27.
[77] So insbes. auch *Picot*, DB 2009, 2587, 2591.
[78] *Lieb* in: MünchKomm-HGB, Anh. zu § 25 Rn. 84; *Canaris* in: FS Georgiades, 2006, S. 71, 90; *Gaul*, ZHR 166 (2002), 35, 47; *Kleinhenz/Junk*, JuS 2009, 787, 789; *Picot*, DB 2009, 2587, 2591 f.; *Triebel/Hölzle*, BB 2002, 521, 525.

§ 453

b. Gefahrübergang

41 Bei einem Unternehmenskauf geht die Gefahr entsprechend § 446 BGB auf den Käufer über, wenn dieser erstmals die Möglichkeit zur Ausübung unternehmerischer Leitungsmacht hat.[79] Auch bei einem Unternehmenskauf durch Erwerb sämtlicher Gesellschaftsanteile tritt der Gefahrübergang erst mit Übergabe des Unternehmens ein.[80]

c. Gewährleistungsausschluss

42 Wird eine **Due-Diligence**-Überprüfung durchgeführt, entfallen die Gewährleistungsrechte gemäß § 442 Abs. 1 Satz 1 BGB, wenn der Käufer den Mangel kennt. Eine unterlassene oder grob fahrlässig durchgeführte Unternehmensprüfung führt nicht zu einem Verlust der Gewährleistungsrechte gemäß § 442 Abs. 1 Satz 2 BGB, da der Käufer gegenüber dem Verkäufer nicht verpflichtet ist, eine Due Diligence durchzuführen.[81]

---

[79] BGH v. 25.03.1998 - VIII ZR 185/96 - juris Rn. 36 - BGHZ 138, 195-210.
[80] BGH v. 25.03.1998 - VIII ZR 185/96 - juris Rn. 36 - BGHZ 138, 195-210.
[81] *Huber*, AcP 202, 179-242, 200 ff.; *Fleischer/Körber*, BB 2001, 841-849, 842.

Untertitel 2 – Besondere Arten des Kaufs

Kapitel 1 – Kauf auf Probe

§ 454 BGB Zustandekommen des Kaufvertrags

(Fassung vom 02.01.2002, gültig ab 01.01.2002)

(1) ¹Bei einem Kauf auf Probe oder auf Besichtigung steht die Billigung des gekauften Gegenstandes im Belieben des Käufers. ²Der Kauf ist im Zweifel unter der aufschiebenden Bedingung der Billigung geschlossen.

(2) Der Verkäufer ist verpflichtet, dem Käufer die Untersuchung des Gegenstandes zu gestatten.

Gliederung

A. Grundlagen 1	1. Erklärung 18
I. Kurzcharakteristik 1	2. Entscheidungsfreiheit des Käufers 19
II. Gesetzgebungsmaterialien 3	3. Einschränkung des Beliebens 21
III. Abgrenzungen 4	**D. Rechtsfolgen** 22
B. Praktische Bedeutung 10	I. Schwebezustand bis zur Billigung 22
C. Anwendungsvoraussetzungen 11	II. Gefahrtragung 27
I. Kaufvertrag 11	III. Gewährleistung 28
II. Bedingung 13	IV. Kosten 29
III. Billigung 18	**E. Prozessuale Hinweise** 31

A. Grundlagen

I. Kurzcharakteristik

Die Vorschrift entspricht dem § 495 BGB a.F. § 454 BGB behandelt den **Kauf auf Probe** und wertet diesen in § 454 Abs. 1 Satz 2 BGB im Zweifel als aufschiebend bedingten Kauf. Es handelt sich um eine **gesetzliche Auslegungsregel**, die nur für Zweifelsfälle gilt; ein abweichender Parteiwille geht stets vor. **1**

Kauf auf Probe oder auf Besichtigung ist ein Kaufvertrag (§ 433 BGB) unter einer aufschiebenden oder auflösenden Bedingung (§ 158 Abs. 2 BGB). Bedingung ist die regelmäßig im Belieben des Käufers stehende Billigung der Kaufsache, die dazu führt, dass dieser den Schwebezustand von sich aus beendigen oder andauern lassen kann. Die (wirtschaftliche) Funktion des Kaufs auf Probe besteht somit insbesondere darin, dass während des Schwebezustandes der Verkäufer einseitig gebunden, der Käufer jedoch frei ist, ob er durch Billigung des gekauften Gegenstandes seine eigene Verpflichtung will. **2**

II. Gesetzgebungsmaterialien

Durch die Schuldrechtsmodernisierung sind die kaufrechtlichen Vorschriften der früheren §§ 495–514 BGB a.F. im Wesentlichen unverändert, lediglich mit anderer Paragraphenzählung und Anpassungen an den heutigen Sprachgebrauch, übernommen worden.[1] **3**

III. Abgrenzungen

Mit dem **bindenden Angebot** hat der Kauf auf Probe oder auf Besichtigung lediglich den wirtschaftlichen Zweck gemeinsam; anders als beim festen Angebot ist der Käufer beim Kauf auf Probe jedoch schon Beteiligter eines Rechtsgeschäfts, während dieses beim bindenden Vertragsangebot noch von der Annahme abhängt (§ 151 BGB). Die Grenzziehung erfolgt nach den Umständen des Einzelfalls. **4**

---

[1] BT-Drs. 14/6040, S. 242; Beschlussempfehlung und Berichte des Rechtsausschusses BT-Drs. 14/7052, S. 44–45.

Wird einem Kunden durch den Verkäufer ein Produkt übersandt, handelt es sich regelmäßig nur um ein Angebot auf Abschluss eines Kaufvertrags, da Voraussetzung für die Anwendung des § 454 BGB ist, dass die Sache dem Käufer „zum Zwecke der Probe oder der Besichtigung" übergeben (also ein Kauf auf Probe im Sinne des § 454 Abs. 1 BGB überhaupt vereinbart) worden ist.[2] Ein Schweigen des Kunden führt daher in einem solchen Fall nicht gemäß § 455 Satz 2 BGB zum Zustandekommen des Kaufvertrags. Ist der Kunde Verbraucher, muss zudem § 241a BGB beachtet werden.

5 Von einem **aufschiebend bedingten Kaufvertrag**, bei dem der Eintritt der Bedingung nicht im Belieben des Käufers steht, z.B. einer sog. Ankaufsuntersuchung,[3] unterscheidet sich der Kauf auf Probe dadurch, dass bei § 454 BGB die Billigung im Belieben des Käufers steht.

6 Das **Konditionsgeschäft**, das dem Käufer die Rückgabe nicht weiterveräußerter Ware ermöglicht (d.h., der Kauf soll erst endgültig gelten, wenn der Käufer seinerseits die Sache bindend weiterverkauft hat), ähnelt dem Kauf auf Probe, doch bei diesem hängt die Loslösung des Käufers nicht nur von dessen Entschluss, sondern auch von einem objektiven Tatbestand, nämlich der unterbliebenen Weiterveräußerung ab.[4]

7 Vom **Kauf mit Umtauschvorbehalt** unterscheidet sich der Kauf auf Probe dadurch, dass es sich um einen für die Vertragsparteien sofort bindenden Kaufabschluss handelt. Der Käufer ist lediglich befugt, innerhalb angemessener Frist gegen Rückgabe des unversehrten Kaufgegenstandes einen anderen zu verlangen und somit den Kaufgegenstand zu verändern. Er kann durch Ablehnung der Billigung jedoch nicht mehr dazu gelangen, dass er vom Verkäufer nichts zu beziehen braucht.

8 Vom **Erprobungskauf** oder dem **Kauf zur Probe** unterscheidet sich der Kauf auf Probe durch das freie Belieben des Käufers. Beim Erprobungskauf steht der Kaufvertrag unter der auflösenden Bedingung, dass die Kaufsache sich zum vorgesehenen Zweck nicht eignet.[5] Der Verkäufer muss die Erprobung ermöglichen, sodass der Käufer die Erklärung hinsichtlich der Eignung rechtzeitig abgeben kann. Beim Erprobungskauf muss der Käufer jedoch im Unterschied zum Kauf auf Probe begründen, aus welchem Grund er die Billigung versagt.[6]

9 Vom **Spezifikationskauf** (§ 375 HGB) unterscheidet sich der Kauf auf Probe bereits durch das Fehlen der in § 375 HGB vorgesehenen Verpflichtung des Käufers zur Bestimmung des Kaufgegenstandes.

B. Praktische Bedeutung

10 Praktische Bedeutung erfährt der Kauf auf Probe insbesondere im Versandhandel mit Rückgaberecht[7] und beim sogenannten Testkauf[8].

C. Anwendungsvoraussetzungen

I. Kaufvertrag

11 Zwischen den Parteien muss ein **Kaufvertrag** i.S.d. § 433 BGB abgeschlossen worden sein (vgl. die Kommentierung zu § 433 BGB).

12 Anwendbar ist § 454 BGB grundsätzlich bei aller Art von Kaufverträgen, auch beim Verbrauchsgüterkauf (§ 474 BGB). Zum Verhältnis der Billigungsfrist zu Widerrufsfristen vgl. ausführlich die Kommentierung zu § 455 BGB Rn. 9.

---

[2] KG Berlin v. 16.02.2010 - 5 U 139/07 - K&R 2010, 276-279.
[3] OLG Köln v. 24.06.1994 - 20 U 11/94 - NJW-RR 1995, 113-114.
[4] *Mader* in: Staudinger, § 454 Rn. 8.
[5] OLG Schleswig v. 14.09.2004 - 3 U 44/03 - NJW-RR 2000, 1656 („Feldprobe" bei Landmaschinen).
[6] BGH v. 25.05.1970 - VIII ZR 253/68 - BB 1970, 777; OLG Schleswig v. 20.07.1999 - 8 U 10/99 - juris Rn. 18 - NJW-RR 2000, 1656.
[7] OLG Bamberg v. 14.01.1987 - 3 U 93/86 - NJW 1987, 1644-1645; *Schildt*, JR 1995, 89-95, 93 ff.
[8] OLG Köln v. 12.06.1995 - 19 U 295/94 - NJW-RR 1996, 499-500.

II. Bedingung

Der Kaufvertrag muss unter einer aufschiebenden (Billigung, § 158 Abs. 1 BGB) oder einer auflösenden (Missbilligung, § 158 Abs. 2 BGB) Bedingung geschlossen werden.

Ob ein Kauf auf Probe oder auf Besichtigung vorliegt, ist durch Auslegung (§ 157 BGB) zu ermitteln. § 454 Abs. 1 Satz 2 BGB bestimmt jedoch als Auslegungsregel, dass im Zweifel eine **aufschiebende Bedingung** vorliegt. Neben der gesetzlichen Regel kommen jedoch auch andere Gestaltungen in Frage, die dem Kauf auf Probe nahekommen (vgl. Rn. 4).

Die Auslegung, ob ein Kauf auf Probe oder auf Besichtigung vorliegt, hängt davon ab, inwieweit der erkennbare Parteiwille darauf gerichtet ist, den mit § 454 BGB verfolgten wirtschaftlichen Zweck zu erreichen. Das Probieren oder Besichtigen darf nicht nur den Zweck haben, den Käufer vor Vertragsschluss über das Angebot zu informieren, sondern es soll ihm vielmehr Gelegenheit dazu geben, ein im Übrigen abgeschlossenes Geschäft durch seine Billigung auch für sich selbst verbindlich zu machen. Die Auslegung ist jedoch nicht an die gebräuchlichen Ausdrücke „zur Probe" oder „auf Probe" gebunden, sondern auch, wenn die Parteien andere Worte gebraucht haben, wie z.B. „Zahlung nach Billigung", „Kauf bei Gefallen", „Zahlung nach Gutbefund" oder „keinerlei Kaufverpflichtung",[9] kann es sich um einen Kauf unter der aufschiebenden Bedingung der Billigung handeln, wenn nach der Einigung über die Einzelheiten des Geschäfts nach Treu und Glauben der Entschluss des Käufers nicht ohne Besichtigung der Kaufsache oder eine andere Möglichkeit ihrer Prüfung erwartet werden kann.

Ein Kauf auf Probe kann auch dadurch vereinbart werden, dass dem Käufer ein Rückgaberecht eingeräumt wird, insbesondere im Versandhandel.[10] Da maßgeblich auf das Element der völlig ungebundenen Entscheidung des Käufers über die Billigung der Kaufsache abgestellt wird, scheidet § 454 BGB aus, wenn der Käufer eine Sache nicht nach freiem Belieben zurückweisen darf.

Für eine **auflösende Bedingung** spricht, wenn der Käufer den Kaufpreis bereits bezahlt hat.[11]

III. Billigung

1. Erklärung

Die Billigung ist eine **empfangsbedürftige** Willenserklärung.[12] Der Wille des Käufers, den Vertrag unbedingt wirksam werden zu lassen, muss dem Verkäufer gegenüber (außer im Falle des § 455 Satz 2 BGB) zweifelsfrei zum Ausdruck kommen; dies ist jedoch auch durch eine **schlüssige** Handlung möglich. Sie ist **nicht formbedürftig** (wobei eine Ausnahme erwogen wird, wenn die Formpflicht gerade den Käufer schützen soll).[13] Die Billigung muss innerhalb der vertraglich vereinbarten, sonst vom Verkäufer gesetzten Frist, § 455 Satz 1 BGB, zugehen.

2. Entscheidungsfreiheit des Käufers

Ist der Kauf unter der aufschiebenden Bedingung der Billigung der Kaufsache durch den Käufer geschlossen, so steht die Billigung grundsätzlich im **Belieben** des Käufers. Die Erklärung der Billigung setzt somit weder eine tatsächliche Besichtigung oder Erprobung noch das Vorhandensein oder Fehlen irgendwelcher Eigenschaften und Mängel voraus. Der Käufer kann somit auch eine Sache missbilligen, die er gar nicht geprüft hat oder die ordnungsgemäß beschaffen ist. Andererseits wird der Kauf auch dann wirksam, wenn der Kaufgegenstand gebilligt wurde, ohne dass der Käufer sie besichtigt hat.

Da die Missbilligung **nicht begründungsbedürftig** ist, kommt es auf die Richtigkeit etwa angegebener Gründe nicht an.

---

[9] OLG Bamberg v. 14.01.1987 - 3 U 93/86 - NJW 1987, 1644-1645.
[10] OLG Bamberg v. 14.01.1987 - 3 U 93/86 - NJW 1987, 1644-1645.
[11] *Weidenkaff* in: Palandt, § 454 Rn. 8.
[12] *Weidenkaff* in: Palandt, § 454 Rn. 9.
[13] *Mader* in: Staudinger, § 454 Rn. 23.

3. Einschränkung des Beliebens

21 Durch vertragliche Vereinbarungen kann das Belieben des Käufers eingeschränkt, nicht jedoch völlig abbedungen werden. Insbesondere kann bei einem Kauf auf Probe nicht vereinbart werden, dass die Verweigerung der Billigung sachlich zu begründen sei oder der richterlichen Nachprüfung unterliege, denn in diesem Fall läge kein Kauf auf Probe, sondern ein Prüfungs- oder Erprobungskauf vor.[14]

D. Rechtsfolgen

I. Schwebezustand bis zur Billigung

22 Durch die Billigung wird der aufschiebend bedingte Kaufvertrag wirksam. Bis zur Billigung besteht eine Bindung während des Schwebezustandes insofern, als eine **einseitige Änderung der Vertragsbedingungen ausgeschlossen** ist. Eine Verpflichtung des Käufers zur Zahlung des Kaufpreises und eine Verpflichtung des Verkäufers zur Übergabe und Übereignung bestehen bis zur Billigung nicht.

23 Nach § 454 Abs. 2 BGB hat der Käufer demgegenüber ein ausdrücklich normiertes und auch klagbares **Untersuchungsrecht**. Die Untersuchung hat entweder beim Verkäufer zu erfolgen (Vollstreckung nach § 890 ZPO) oder ist dem Käufer durch Herausgabe der Sache zu ermöglichen (dann Vollstreckung nach § 883 ZPO); ist zur Erprobung eine Mitwirkungshandlung des Verkäufers erforderlich (z.B. Montage oder Anschluss) erfolgt die Vollstreckung nach § 888 ZPO.[15] Stellt der Verkäufer die Kaufsache nicht zur Untersuchung zur Verfügung, kann der Käufer unter den Voraussetzungen von §§ 280 Abs. 1, 2, 286 BGB Schadensersatz wegen Verzögerung verlangen.[16]

24 Der Verkäufer ist nicht verpflichtet, die Kaufsache dem Käufer zur Untersuchung zu liefern.[17] Ob die Untersuchung beim Verkäufer oder durch Herausgabe an den Käufer zu erfolgen hat, richtet sich bei Fehlen einer ausdrücklichen Vereinbarung nämlich nach § 269 BGB, sodass der Erfüllungsort beim Verkäufer liegt. Etwas anderes kann entweder aus einer ausdrücklichen Vereinbarung oder der Natur des Kaufobjekts folgen.[18]

25 Bei Vorlage einer mangelhaften Kaufsache stehen dem Käufer weder ein Anspruch auf Vorlage mangelfreier Stücke zur Billigung noch Gewährleistungsrechte zu. Bis zur Billigung besteht nämlich weder eine Pflicht des Verkäufers zur Übergabe und Übereignung (§ 433 Abs. 1 Satz 1 BGB) noch zur sach- und rechtsmangelfreien Verschaffung der Kaufsache (§ 433 Abs. 1 Satz 2 BGB).[19] Allerdings ist dem Käufer eine Berufung auf § 162 Abs. 1 BGB möglich.[20]

26 Die **Pflichten des Käufers** bestehen zu diesem Zeitpunkt in der sorgfältigen Behandlung des Untersuchungsgegenstandes und Tragung der Kosten der Untersuchung. Beschädigt der Käufer die Sache, so hat der Verkäufer einen Schadensersatzanspruch aus § 280 Abs. 1 BGB, der entsprechend der §§ 548, 606, 581 Abs. 2, 1057 BGB in sechs Monaten nach Rückgabe der Sache verjährt.[21] Ein Anspruch auf Entschädigung für die Nutzung der Sache steht dem Verkäufer nicht zu.[22]

---

[14] *Westermann* in: MünchKomm-BGB, § 454 Rn. 5.
[15] *Mader* in: Staudinger, § 454 Rn. 6.
[16] *Mader* in: Staudinger, § 454 Rn. 18; *Westermann* in: MünchKomm-BGB, § 454 Rn. 6.
[17] *Grunewald* in: Erman, § 454 Rn. 6 und *Faust* in: Bamberger/Roth, § 454 Rn. 7; a.A. *Westermann* in: MünchKomm-BGB, § 454 Rn. 6.
[18] *Grunewald* in: Erman, § 454 Rn. 6.
[19] Ebenso *Grunewald* in: Erman, § 454 Rn. 6; a.A. OLG Hamm v. 26.11.1993 - 11 U 72/93 - BB 1995, 1925; *Weidenkaff* in: Palandt, § 454 Rn. 11.
[20] *Grunewald* in: Erman, § 454 Rn. 6.
[21] BGH v. 24.06.1992 - VIII ZR 203/91 - BGHZ 119, 35-41.
[22] OLG Schleswig v. 20.07.1999 - 8 U 10/99 - juris Rn. 18 - NJW-RR 2000, 1656; *Grunewald* in: Erman, § 454 Rn. 7.

II. Gefahrtragung

Bei einem aufschiebend bedingten Kaufvertrag geht erst mit der Billigung die Gefahr der zuvor übergebenen Sache auf den Käufer über.[23] Der Gefahrübergang tritt somit, anders als nach § 446 BGB und § 447 BGB, erst mit der Billigung und nicht schon mit der Übergabe ein, sodass bis dahin die Gefahr beim Verkäufer verbleibt.

27

III. Gewährleistung

Die Billigung enthält keinen generellen Gewährleistungsverzicht, sondern es kann ein Fall des § 442 BGB vorliegen. Dabei ist zu berücksichtigen, dass den Käufer keine Prüfungsobliegenheit im Hinblick auf die Mangelfreiheit der Kaufsache trifft. Er kann die Prüfung nach seinem Belieben auf bestimmte Umstände oder Beschaffenheitsmerkmale beschränken. Eine Erleichterung der Haftung des Verkäufers ergibt sich jedoch daraus, dass es für die Frage der Kenntnis bzw. des Kennenmüssens i.S.d. § 442 BGB auf den Zeitpunkt der Billigung und nicht auf den Abschluss des aufschiebend bedingten Geschäfts ankommt. Mit diesem Zeitpunkt beginnt auch die **Verjährungsfrist** zu laufen.[24]

28

IV. Kosten

Die Kosten der Besichtigung und Aufbewahrung trägt der Käufer. Über die Kosten der Rücksendung der zur Erprobung übergebenen Sachen entscheidet die Vertragsauslegung.[25] Im Zweifel hat der Käufer die Kosten der Rücksendung zu tragen.[26]

29

Ein Anspruch auf Nutzungsvergütung für den Fall, dass der Käufer nicht billigt, besteht nicht.[27] Ein solcher Anspruch kann erst entstehen, wenn der Käufer die Sache trotz Nichtbilligung weiter benutzt.[28] Ab diesem Zeitpunkt haftet der Käufer für eine Verschlechterung oder den Untergang der Sache gemäß §§ 280 Abs. 1, 3, 283 BGB.[29]

30

E. Prozessuale Hinweise

Der Anspruch auf Gestattung der Untersuchung in § 454 Abs. 2 BGB ist selbstständig **einklagbar** und nach § 883 ZPO (Herausgabe der Sache zur Untersuchung beim Käufer), § 890 ZPO (Untersuchung beim Verkäufer) oder § 888 ZPO (Mitwirkung des Verkäufers erforderlich) **vollstreckbar** (vgl. Rn. 23).

31

Der Verkäufer hat insbesondere für die Verfolgung seiner Ansprüche aus dem Kaufvertrag das Zustandekommen eines unbedingten Vertrages zu beweisen.[30]

32

---

[23] *Weidenkaff* in: Palandt, § 454 Rn. 11.
[24] *Westermann* in: MünchKomm-BGB, § 454 Rn. 9.
[25] *Weidenkaff* in: Palandt, § 454 Rn. 12.
[26] *Westermann* in: MünchKomm-BGB, § 454 Rn. 10; *Mader* in: Staudinger, § 454 Rn. 32.
[27] OLG Schleswig v. 20.07.1999 - 8 U 10/99 - juris Rn. 18 - NJW-RR 2000, 1656.
[28] *Mader* in: Staudinger, § 454 Rn. 32.
[29] *Mader* in: Staudinger, § 454 Rn. 32.
[30] OLG Bamberg v. 14.01.1987 - 3 U 93/86 - NJW 1987, 1644-1645.

§ 455 BGB Billigungsfrist

(Fassung vom 02.01.2002, gültig ab 01.01.2002)

¹Die Billigung eines auf Probe oder auf Besichtigung gekauften Gegenstandes kann nur innerhalb der vereinbarten Frist und in Ermangelung einer solchen nur bis zum Ablauf einer dem Käufer von dem Verkäufer bestimmten angemessenen Frist erklärt werden. ²War die Sache dem Käufer zum Zwecke der Probe oder der Besichtigung übergeben, so gilt sein Schweigen als Billigung.

Gliederung

A. Grundlagen 1	I. Billigungsfrist 3
I. Kurzcharakteristik 1	II. Billigungsfiktion 7
II. Gesetzgebungsmaterialien 2	III. Verhältnis zur Widerrufsfrist 9
B. Anwendungsvoraussetzungen 3	C. Prozessuales 10

A. Grundlagen

I. Kurzcharakteristik

1 § 455 BGB hat den Zweck, einen längeren Schwebezustand zu vermeiden. Ein solcher Schwebezustand kann aufgrund der Unsicherheit für den Verkäufer, insbesondere in Fällen, in denen er die Sache schon übergeben hat, sehr nachteilig sein. Da die Dauer der Gebundenheit des Verkäufers an den bedingten Vertrag nicht der Willkür des Käufers überlassen werden soll, gibt § 455 BGB dem Verkäufer, wenn nicht schon im Vertrag eine Frist für die Billigung vorgesehen ist, das Recht, dem Käufer durch einseitige Erklärung eine angemessene Frist zu setzen.

II. Gesetzgebungsmaterialien

2 Durch die Schuldrechtsmodernisierung sind die kaufrechtlichen Vorschriften der früheren §§ 495-514 BGB a.F. im Wesentlichen unverändert, lediglich mit anderer Paragraphenzählung und Anpassungen an den heutigen Sprachgebrauch, übernommen worden.[1]

B. Anwendungsvoraussetzungen

I. Billigungsfrist

3 Die vereinbarte Frist gilt für die Billigung und für die Missbilligung. Die Frist kann ausdrücklich oder stillschweigend vereinbart werden und muss sich gerade auf die Billigung bzw. Missbilligung beziehen.[2] Setzt der Verkäufer eine Frist, ohne sich genau auf die Billigung zu beziehen, so kann auch eine Frist zur Untersuchung oder Erprobung gemeint sein.

4 Bei der Feststellung, welche Frist angemessen ist, sind die Umstände des Einzelfalles zu berücksichtigen. Mit einzubeziehen ist insbesondere die Zeit, die seit Erhalt der Kaufsache schon verstrichen ist. Eine nicht angemessene Frist setzt eine angemessene Frist in Gang.

5 Die Willenserklärung muss innerhalb der Frist **zugehen** (§ 130 BGB). Ist die Billigung verspätet, so gilt § 150 Abs. 1 BGB, eine Bitte um Fristverlängerung ist nach § 150 Abs. 2 BGB als Nichtbilligung verbunden mit einem neuen Antrag zu behandeln.[3]

---

[1] BT-Drs. 14/6040, S. 242; Beschlussempfehlung und Berichte des Rechtsausschusses BT-Drs. 14/7052, S. 44-45.
[2] *Weidenkaff* in: Palandt, § 455 Rn. 1.
[3] *Weidenkaff* in: Palandt, § 455 Rn. 1; a.A. *Mader* in: Staudinger, § 455 Rn. 6: Innerhalb offener Frist kann der Käufer trotz Bitte um Fristverlängerung noch billigen.

Erklärt sich der Käufer innerhalb der genannten Frist nicht, so gilt sein Schweigen grundsätzlich **nicht** als Billigung. Die aufschiebende Bedingung ist nicht eingetreten und der Kaufvertrag kommt nicht zustande. Ist indes eine auflösende Bedingung entgegen der „Vermutung" des § 454 Abs. 1 Satz 2 BGB vereinbart, kommt der Vertrag zustande.

II. Billigungsfiktion

§ 455 Satz 2 BGB regelt eine Billigungsfiktion für den Fall, dass die Sache dem Käufer zum Zwecke der Probe oder der Besichtigung übergeben wurde. Dann gilt sein Schweigen als Billigung. Die Übergabe muss zum Zweck der Erprobung erfolgen und nicht etwa zur Miete, zur Lagerung oder als Pfand.[4] Der Gegenansicht ist zuzugeben, dass dem Käufer auch in diesem Fall eine Überprüfung möglich ist. Zweck der Billigungsfiktion ist es jedoch, den für den Verkäufer angesichts der Übergabe der Kaufsache besonders belastenden Schwebezustand zu beenden. Gibt es aber ohnehin andere Gründe für eine Übergabe, greift der Schutzzweck des § 455 Satz 2 BGB nicht ein. Außerdem wird der Käufer regelmäßig in einer derartigen Situation nicht damit rechnen, dass sein Schweigen als Billigung des Kaufvertrages gelten könnte. Eine Anfechtung unter Berufung darauf, dass das Schweigen nicht als Billigung gelten sollte, ist zudem nicht möglich.[5]

Erforderlich ist die Übergabe der Kaufsache. Die Übergabe eines Musters oder einer Probe reicht nach h.M. nicht aus.[6] Zwar hat auch in diesem Fall der Käufer die Möglichkeit der Überprüfung, nach dem Zweck des § 455 Satz 2 BGB ist der Verkäufer dann aber nicht durch die Billigungsfiktion zu schützen. Erforderlich ist eine körperliche Übergabe und nicht bloß die Vereinbarung eines Übergabesurrogates.[7] § 455 Satz 2 BGB ist dispositiv: Die Parteien können vereinbaren, dass Schweigen nicht als Billigung gelten soll.[8]

III. Verhältnis zur Widerrufsfrist

Problematisch ist, in welchem Verhältnis die Billigungsfrist des § 455 Satz 1 BGB zu den Widerrufsfristen nach § 355 BGB steht, wenn ein Vertrag gleichzeitig Kauf auf Probe und beispielsweise Fernabsatzvertrag oder Haustürgeschäft ist. Das Bestehen eines Widerrufsrechts nach § 355 BGB setzt zunächst voraus, dass es zu einem wirksamen Vertragsschluss gekommen ist. Bei einem Kauf auf Probe ist bis zur Billigung nur der Verkäufer gebunden, da die Billigung im freien Belieben des Käufers steht. Weil erst die Billigung des Käufers den auf Probe geschlossenen Kaufvertrag voll wirksam macht und den Käufer vertraglich bindet, beginnt die Widerrufsfrist nach § 355 Abs. 2 Satz 1 BGB daher erst mit der Billigung zu laufen.[9] Nach anderer Ansicht setzt das Widerrufsrecht für den Beginn der Widerrufsfrist nicht zwingend einen Vertragsschluss voraus, sondern der Fristbeginn könne an die im Fernabsatzgeschäft abgegebene Willenserklärung des Verbrauchers geknüpft werden. Sowohl die Billigungsfrist im Rahmen des Kaufs auf Probe als auch die Widerrufsfrist im Rahmen von Fernabsatzgeschäften solle dem Verbraucher Gelegenheit zur Prüfung geben, sodass eine Verdoppelung der

---

[4] *Westermann* in: MünchKomm-BGB, § 455 Rn. 3; *Weidenkaff* in: Palandt, § 455 Rn. 2; *Mader* in: Staudinger, § 455 Rn. 7; a.A. *Grunewald* in: Erman, § 455 Rn. 3, da der Käufer auch in diesem Fall die Möglichkeit der Überprüfung habe.

[5] *Grunewald* in: Erman § 455 Rn. 3.

[6] RG v. 04.10.1932 - II 79/32 - RGZ 137, 297, 299 f.; *Westermann* in: MünchKomm-BGB, § 455 Rn. 3; *Mader* in: Staudinger, § 455 Rn. 7; a.A. *Weidenkaff* in: Palandt, § 455 Rn. 2, der sich zu Unrecht auf die zitierte Entscheidung des RG stützt.

[7] *Mader* in: Staudinger, § 455 Rn. 7.

[8] *Mader* in: Staudinger, § 455 Rn. 3.

[9] BGH v. 17.03.2004 - VIII ZR 265/03 - juris Rn. 17 - NJW-RR 2004, 1058-1059.

Prüfungsfristen die Interessen des Verkäufers unangemessen benachteilige, da die Gefahr der Beeinträchtigung der Ware mit Verbleib beim Verbraucher wachse.[10]

C. Prozessuales

10 Die Partei, die sich auf die Wirksamkeit des Vertrags beruft, muss die fristgerechte Billigung beweisen. Beruft sich eine Partei auf die Billigungsfiktion, muss sie den Fristlauf und die Übergabe der Kaufsache beweisen.[11]

---

[10] *Westermann*, EWiR 2004, 899-900; *Schulte-Nölke*, LMK 2004, 138-139, der es bedenklich findet, dass in einem derart richtliniengeprägten Feld mit Kategorien des Vertragsschlusses argumentiert wird. Sinn und Zweck der Fernabsatz- und Haustürwiderrufsrichtlinie ließen einen Fristbeginn auch vor Wirksamwerden eines geschlossenen Vertrages zu.

[11] OLG Bamberg v. 14.01.1987 - 3 U 93/86 - NJW 1987, 1644; *Huber* in: Soergel, § 496 Rn. 3.

Kapitel 2 - Wiederkauf

§ 456 BGB Zustandekommen des Wiederkaufs

(Fassung vom 02.01.2002, gültig ab 01.01.2002)

(1) ¹Hat sich der Verkäufer in dem Kaufvertrag das Recht des Wiederkaufs vorbehalten, so kommt der Wiederkauf mit der Erklärung des Verkäufers gegenüber dem Käufer, dass er das Wiederkaufsrecht ausübe, zustande. ²Die Erklärung bedarf nicht der für den Kaufvertrag bestimmten Form.

(2) Der Preis, zu welchem verkauft worden ist, gilt im Zweifel auch für den Wiederkauf.

Gliederung

A. Grundlagen 1	2. Beweislast 16
I. Kurzcharakteristik 1	III. Ausübung 17
II. Gesetzgebungsmaterialien 3	**C. Rechtsfolgen** 21
III. Rechtsnatur 5	I. Wirkung vor Ausübung des Wiederkaufsrechts .. 21
IV. Abgrenzungen zu verwandten Vertragstypen ... 6	II. Wirkung nach Ausübung des Wiederkaufsrechts 26
V. Gesetzliche Wiederkaufsrechte 11	III. Wiederkaufspreis 28
B. Anwendungsvoraussetzungen 12	**D. Anwendungsfelder** 29
I. Kaufvertrag 12	I. Gewerbsmäßige Wiederkaufsrechte 29
II. Wiederkaufabrede 13	II. Wiederverkaufsrecht 30
1. Entstehung des rechtsgeschäftlichen Wiederkaufsrechts 13	

A. Grundlagen

I. Kurzcharakteristik

Der Wortlaut des § 456 BGB entspricht dem des § 497 BGB a.F. Das Wiederkaufsrecht gibt dem Käufer die Möglichkeit, die verkaufte Sache zurückzuerwerben. **1**

Es kann zu ganz verschiedenen **Zwecken** verwendet werden; es kann beispielsweise dem Interesse des Verkäufers dienen, den Käufer in der Verwendung des Kaufgegenstandes zu binden[1] oder anstelle eines vertraglichen Rücktrittsrechts vereinbart werden. Des Weiteren kann durch ein Wiederkaufsrecht wirtschaftlich dasselbe erreicht werden wie bei einer Sicherungsübereignung oder einem Besitzpfandrecht, sodass es auch dem Zweck der **Kreditsicherung** oder der Sicherung von Geldwertveränderungen dienen kann.[2] Andererseits kann es auch zur Einräumung einer zeitlich beschränkten Nutzungsmöglichkeit vereinbart werden.[3] Bei einem Verkauf von Unternehmensbeteiligungen hat ein Wiederkaufsrecht i.d.R. den Zweck, nach Beendigung eines Liquiditätsengpasses mit dem Wiedererwerb der Beteiligung Einfluss auf die Geschäftsführung zu bekommen. **2**

II. Gesetzgebungsmaterialien

E I §§ 476, 477; Motive, Bd. II, S. 339; Protokolle, Bd. II, S. 81. **3**

Durch die Schuldrechtsmodernisierung sind die kaufrechtlichen Vorschriften der früheren §§ 495-514 BGB a.F. im Wesentlichen unverändert, lediglich mit anderer Paragraphenzählung und Anpassungen an den heutigen Sprachgebrauch, übernommen worden.[4] **4**

---

[1] BGH v. 22.09.1994 - IX ZR 251/93 - juris Rn. 17 - LM ZVG § 92 Nr. 4 (3/1995); BGH v. 21.07.2006 - V ZR 252/05 - NJW-RR 2006, 1452; OLG Hamm v. 13.01.1997 - 22 U 93/95 - juris Rn. 26 - NJW-RR 1997, 847-848.
[2] *Mader* in: Staudinger, Vorbem. §§ 456 ff. Rn. 2.
[3] LG Nürnberg-Fürth v. 18.10.1990 - 7 O 10147/89 - NJW-RR 1992, 17-18.
[4] BT-Drs. 14/6040, S. 242; Beschlussempfehlung und Berichte des Rechtsausschusses BT-Drs. 14/7052, S. 44-45.

III. Rechtsnatur

5 Die Frage nach der rechtlichen Natur des Wiederkaufsrechts hat das BGB nicht entschieden. Nach **h.M.** handelt es sich um einen Kaufvertrag, der bis zur Abgabe der Wiederkaufserklärung des Verkäufers **aufschiebend bedingt** ist.[5] Danach entsteht das bedingte Recht bereits mit Abschluss der Wiederkaufsvereinbarung.[6] Nach **a.A.** kommt der Vertrag erst durch Ausübung eines Gestaltungsrechts zustande.[7] Neuerdings werden beide Ansichten verbunden zu einer Bedingung, die in der Ausübung des einseitigen Gestaltungsrechts liegt.[8] Zwischen den Ansichten besteht daher kein wirklicher Widerspruch,[9] und über die Entscheidung der Sachfragen besteht weitgehend Einigkeit.

IV. Abgrenzungen zu verwandten Vertragstypen

6 **Wiederverkaufsrecht**:[10] Der Vorbehalt des Wiederverkaufsrechts gibt dem Käufer das Recht, die gekaufte Sache durch einseitige empfangsbedürftige Willenserklärung dem Verkäufer zu einem Wiederverkaufspreis zurückzuverkaufen. Praktisch bedeutsam ist das Wiederverkaufsrecht insbesondere bei einer Rücknahmegarantie des Lieferanten eines Leasinggegenstandes[11] sowie bei Baubetreuungsverträgen[12]. Der Unterschied besteht darin, dass es beim Wiederkauf eine Gestaltungserklärung des Verkäufers, beim Wiederverkauf eine solche des Käufers ist, die den zweiten Kaufvertrag von einem bedingten zu einem unbedingten macht. Die entsprechende Anwendung der §§ 456-462 BGB ist für den Wiederverkauf grundsätzlich zu bejahen.[13] Problematisch erscheint hier jedoch die Anwendung der den Wiederverkäufer (= Käufer des ersten Kaufvertrages) schützenden Norm des § 457 Abs. 2 BGB. Die Interessenlage ist beim Wiederkauf und Wiederverkauf nicht vergleichbar, da es beim Wiederverkauf der Wiederverkäufer und nicht der Wiederkäufer in der Hand hat, den Kauf zustande kommen zu lassen.[14]

7 Das **Vorkaufsrecht** unterscheidet sich vom Wiederkaufsrecht dadurch, dass das Recht des Vorkaufsberechtigten von der Bedingung eines Verkaufs an einen Dritten abhängt, während der Wiederkauf unabhängig von einer derartigen Voraussetzung ist. Wird die Sache durch den Käufer an einen Dritten veräußert, handelt es sich um ein Vorkaufsrecht, wenn der Vertrag zu den mit dem Dritten ausgehandelten Bedingungen zustande kommen soll, und um ein Wiederkaufsrecht, wenn die Bedingungen bereits im ursprünglichen Vertrag festgelegt wurden.[15]

8 Von einem **Optionsvertrag (Ankaufsrecht)** unterscheidet sich das Wiederkaufsrecht dadurch, dass bei einem Optionsvertrag noch kein bedingter Vertrag vorliegt. Der Kauf kommt gerade erst durch die Ausübung der Option zustande. Zudem kann ein Ankaufsrecht durch einseitige Erklärung eingeräumt werden (die Formpflicht gemäß § 311b Abs. 1 BGB gilt allerdings auch hierbei).[16]

---

[5] BGH v. 14.01.2000 - V ZR 386/98 - juris Rn. 6 - NJW 2000, 1332-1333; *Weidenkaff* in: Palandt, § 456 Rn. 4.
[6] BGH v. 19.12.1962 - V ZR 190/60 - BGHZ 38, 369-376.
[7] *Larenz*, Schuldrecht, Band I: Allgemeiner Teil, 14. Aufl. 1987, § 44 II.
[8] *Mader* in: Staudinger, Vorbem. §§ 456 ff. Rn. 7; in diese Richtung auch BGH v. 14.01.2000 - V ZR 386/98 - NJW 2000, 1332-1333.
[9] *Westermann* in: MünchKomm-BGB, § 456 Rn. 4; *Faust* in: Bamberger/Roth, § 456 Rn. 4; *Grunewald* in: Erman, § 456 Rn. 3.
[10] Einzelheiten vgl. Rn. 30 ff.; eingehend *Stoppel*, JZ 2007, 218-230.
[11] BGH v. 31.01.1990 - VIII ZR 280/88 - juris Rn. 8 - BGHZ 110, 183-196; OLG Frankfurt v. 06.10.1987 - 5 U 258/86 - NJW 1988, 1329-1332.
[12] BGH v. 16.03.1994 - VIII ZR 261/92 - NJW 1994, 1653-1654.
[13] BGH v. 31.01.1990 - VIII ZR 280/88 - juris Rn. 8 - BGHZ 110, 183-196.
[14] Verneinend zu § 498 Abs. 2 Satz 1 BGB a.F.: BGH v. 11.12.1998 - V ZR 377/97 - juris Rn. 8 - BGHZ 140, 218-223; zu § 498 Abs. 2 Satz 2 BGB a.F.: BGH v. 11.12.1998 - V ZR 377/97 - juris Rn. 8 - BGHZ 140, 218-223; BGH v. 31.01.1990 - VIII ZR 280/88 - juris Rn. 24 - BGHZ 110, 183-196; a.A. *Heinemann/Vollkommer*, JZ 2000, 50-53, 51 f.
[15] *Westermann* in: MünchKomm-BGB, § 456 Rn. 5.
[16] *Mader* in: Staudinger, Vorbem. §§ 456 ff. Rn. 12.

Beim **Rückkauf** besteht der Unterschied zum Wiederkaufsrecht darin, dass ein Vertrag geschlossen wird, durch den sich der Verkäufer verpflichtet, eine verkaufte Sache unter bestimmten Voraussetzungen wiederzuerwerben.[17]

Vom **Rücktrittsrecht** unterscheidet sich das Wiederkaufsrecht dadurch, dass es nicht auf die Wiederherstellung des vorherigen Zustandes (status quo ante) gerichtet ist. Mit Ausübung des Wiederkaufsrechts wird vielmehr der zweite Kaufvertrag geschlossen. Das Rücktrittsrecht unterscheidet sich insbesondere durch die Verpflichtungen in § 347 BGB.[18] Auch steuerrechtlich bestehen erhebliche Unterschiede: Erwirbt z.B. ein wesentlich Beteiligter Gesellschafter einer GmbH zuvor veräußerte Anteile an der GmbH im Rahmen eines Wiederkaufs i.S.d. § 456 BGB zurück, so hat er in Höhe des Kaufpreises Anschaffungskosten für diesen Anteil an der GmbH.[19] Ein vertragliches Rückgaberecht des Käufers einer Sache kann als Wiederverkaufsrecht qualifiziert werden.[20]

V. Gesetzliche Wiederkaufsrechte

Ein gesetzliches Wiederkaufsrecht, das als Belastung des dem Wiederkauf unterliegenden Grundstücks im Grundbuch einzutragen ist, besteht nach § 20 RSiedlG. Weiterhin gibt es das gesetzliche Wiederkaufsrecht des früheren Eigentümers nach § 21 RSiedlG und den Rückübertragungsanspruch gemäß § 164 BauGB.

B. Anwendungsvoraussetzungen

I. Kaufvertrag

Zwischen den Parteien muss ein Kaufvertrag über einen bestimmten Gegenstand i.S.d. § 433 BGB abgeschlossen worden sein.

II. Wiederkaufabrede

1. Entstehung des rechtsgeschäftlichen Wiederkaufsrechts

Die rechtsgeschäftliche Begründung eines Wiederkaufsrechts muss nicht schon in dem Kaufvertrag erfolgen, sondern kann auch Gegenstand einer **späteren Vereinbarung** sein. Das Wiederkaufsrecht muss durch Vertrag begründet werden; eine einseitige Einräumung durch den Käufer reicht nicht aus. Das Wort Wiederkaufsrecht muss nicht ausdrücklich verwendet werden. Ein Wiederkaufsrecht kann auch in dem Vorbehalt des Rückkaufs gesehen werden.[21] **Gegenstand** eines Wiederkaufsrechts kann alles sein, was Gegenstand eines Kaufvertrages sein kann: Sachen, Rechte und sonstige Vermögenswerte.

Da die Vereinbarung des Wiederkaufsrechts zum Kaufvertrag gehört, bedarf die Vereinbarung in jedem Fall der für den Kaufvertrag vorgeschriebenen **Form**, insbesondere § 311b BGB.[22] Werden Kaufvertrag und Wiederkaufsrecht in verschiedenen Urkunden begründet, soll aber beides eine rechtliche Einheit bilden, so muss diese Abhängigkeit urkundlich verlautbart werden.[23] Nicht unter das Formerfordernis fallen nachträgliche Absprachen zur Veränderung des formgültig vereinbarten Wiederkaufsrechts sowie der Verzicht auf das Wiederkaufsrecht.[24] Die formnichtige Wiederkaufsvereinbarung kann nach § 311b Abs. 1 Satz 2 BGB **geheilt** werden.[25]

---

[17] BGH v. 30.11.1990 - V ZR 272/89 - juris Rn. 24 - LM Nr. 8 zu § 497 BGB; BGH v. 11.12.1998 - V ZR 377/97 - juris Rn. 6 - BGHZ 140, 218-223.
[18] *Huber* in: Soergel, 12. Aufl. 1991, Vorbem. § 497 Rn. 14 a.
[19] FG München v. 03.03.2009 - 8 K 2888/06 - EFG 2009, 1030-1032.
[20] BGH v. 07.11.2001 - VIII ZR 213/00 - juris Rn. 14 - LM BGB § 133 (C) Nr. 110 (4/2002).
[21] BGH v. 30.11.1990 - V ZR 272/89 - juris Rn. 24 - LM Nr. 8 zu § 497 BGB.
[22] Zu § 313 BGB a.F.: BGH v. 27.10.1972 - V ZR 37/71 - LM Nr. 57 zu § 313 BGB.
[23] BGH v. 16.03.1988 - VIII ZR 12/87 - juris Rn. 13 - BGHZ 104, 18-26.
[24] BGH v. 29.01.1988 - V ZR 146/86 - BGHZ 103, 175-183.
[25] *Westermann* in: MünchKomm-BGB, § 456 Rn. 7.

15 Das Wiederkaufsrecht kann von einer Bedingung abhängig gemacht werden, etwa dass der Käufer das Grundstück an einen Dritten veräußert.[26] Es kann auch **zugunsten eines Dritten** bestellt werden.[27]

2. Beweislast

16 Die Beweislast für die Vereinbarung eines Wiederkaufsrechts trägt der Verkäufer.

III. Ausübung

17 Der Wiederkauf kommt gemäß § 456 Abs. 1 Satz 1 BGB durch die „Erklärung gegenüber dem Käufer", also durch einseitige empfangsbedürftige Willenserklärung zustande. Die Erklärung ist **unwiderruflich**[28] und **bedingungsfeindlich**[29].

18 Die Wirksamkeit der Ausübung des Wiederkaufsrechts hängt nicht davon ab, dass der Verkäufer zugleich den Kaufpreis anbietet.[30] Die Beschränkung der Wiederkaufserklärung auf einen Teil des Kaufgegenstandes ist nur mit der Zustimmung des Käufers möglich.

19 Die Erklärung der Ausübung bedarf keiner **Begründung** (es sei denn, sie erfolgt aufgrund öffentlichen Rechts) und steht im freien **Belieben** des Berechtigten. Sie kann auch schon abgegeben werden, bevor der Anspruch auf Eigentumsverschaffung aus dem ursprünglichen Kaufvertrag erfüllt ist.

20 Die Wiederkaufserklärung bedarf keiner **Form**, § 456 Abs. 1 Satz 2 BGB[31]; auch nicht der Form einer Verpflichtungserklärung von Gemeinden[32].

C. Rechtsfolgen

I. Wirkung vor Ausübung des Wiederkaufsrechts

21 Vor Ausübung des Wiederkaufsrechts besteht ein **schuldrechtlich** bedingter Anspruch auf Übereignung und Übergabe der Kaufsache bzw. auf Übertragung des verkauften Rechts. Das Wiederkaufsrecht hat keinen dinglichen Charakter.[33]

22 Obwohl der Anspruch erst mit der Ausübung durch den Verkäufer wirksam wird, ist der **Käufer** schon vorher **gebunden**: Der Käufer ist von Anfang an verpflichtet, den Kaufgegenstand zurückzugeben, falls der Verkäufer die Ausübung erklärt. Daraus leitet sich insbesondere die Haftung des Käufers für eine schuldhafte Zerstörung oder Beschädigung der Kaufsache (§ 457 Abs. 2 BGB) und die Verpflichtung zur Beseitigung aller Rechte Dritter (§ 458 BGB) ab.

23 Der bedingte Anspruch ist **übertragbar**[34] und **vererblich**. Daher ist der Anspruch auch **pfändbar** und **verpfändbar** (§ 851 ZPO). Zwar wird dem Verkäufer damit ein Wiederkäufer aufgezwungen, den er bislang gar nicht kannte, jedoch ist davon auszugehen, dass der Käufer dieses Risiko bewusst in Kauf genommen hat, zumal es ihm auch möglich ist, sich durch eine anderweitige Vereinbarung zu sichern (§ 399 BGB). Außerdem ist er durch § 320 BGB gegenüber dem Erfüllungsverlangen nicht zahlungsfähiger Wiederkäufer geschützt.

24 Übertragbar sind nach den allgemeinen Regeln auch die Ansprüche des Wiederkäufers aus dem ausgeübten Wiederkaufsrecht.

25 Eine Grundbucheintragung eines rechtsgeschäftlich begründeten Wiederkaufsrechts als ein dinglich wirkendes Recht ist unzulässig und unwirksam. Zulässig ist jedoch, eine **Vormerkung** für den Rückauflassungsanspruch, der sich aus dem ausgeübten Wiederkaufsrecht ergibt, eintragen zu lassen.[35] Will

---

[26] BGH v. 22.09.1994 - IX ZR 251/93 - juris Rn. 17 - LM ZVG § 92 Nr. 4 (3/1995).
[27] *Westermann* in: MünchKomm-BGB, § 456 Rn. 2.
[28] BGH v. 17.12.1958 - V ZR 51/57 - juris Rn. 27 - BGHZ 29, 107-113.
[29] *Weidenkaff* in: Palandt, § 456 Rn. 10.
[30] BGH v. 02.02.1951 - V ZR 15/50 - LM Nr. 1 zu § 497 BGB.
[31] BGH v. 11.12.1998 - V ZR 377/97 - juris Rn. 6 - BGHZ 140, 218-223; a.A. *Wufka*, DNotZ 1990, 339-355, 353.
[32] BGH v. 17.12.1958 - V ZR 51/57 - BGHZ 29, 107-113.
[33] BGH v. 14.01.1972 - V ZR 173/69 - BGHZ 58, 78-84.
[34] BGH v. 30.11.1990 - V ZR 272/89 - LM Nr. 8 zu § 497 BGB.
[35] BGH v. 05.10.1979 - V ZR 71/78 - juris Rn. 8 - BGHZ 75, 288-295.

beispielsweise eine Gemeinde eine Bauverpflichtung eines Grundstückserwerbers durch ein Wiederkaufsrecht sanktionieren, sollte sie eine Rückauflassungsvormerkung vereinbaren, da andernfalls das Wiederkaufsrecht durch Grundstücksübertragungen (z.B. in der Familie) vereitelt werden kann.[36]

II. Wirkung nach Ausübung des Wiederkaufsrechts

Die Pflichten des Käufers und Wiederverkäufers sowie des Verkäufers und Wiederkäufers werden schuldrechtlich wirksam.[37]

Wird ein Wiederkaufsverhältnis beendet, z.B. durch Rücktritt, lebt der Kaufvertrag wieder auf.[38]

III. Wiederkaufspreis

Haben die Beteiligten keinen anderen Wiederkaufspreis vereinbart, so bildet nach § 456 Abs. 2 BGB der ursprüngliche Kaufpreis auch den Wiederkaufspreis. Damit geht das Inflationsrisiko zulasten des Käufers. Eventuelle Wertsteigerungen kommen ihm nicht zugute. Schwerwiegende Äquivalenzstörungen können allerdings **eine Störung der Geschäftsgrundlage** (§ 313 BGB) darstellen.[39] Hat der Käufer nicht den vollen Kaufpreis bezahlt, so kann darin eine einverständliche Herabsetzung des Kaufpreises liegen, die sich dann auch zugunsten des Wiederkäufers auswirkt. Auch bei gleicher Höhe von ursprünglichem Kaufpreis und Wiederkaufspreis hat der Wiederkäufer den seinerseits erhaltenen Kaufpreis nicht zu verzinsen.[40] Steht einer Gemeinde ein Wiederkaufsrecht zum Verkehrswert zu, der durch den Gutachterausschuss zu ermitteln ist, hat sie den Käufer aufzuklären, wenn dieser irrtümlich den Wiederkauf zu einem auffällig unter dem Wert liegenden Preis anbietet.[41]

D. Anwendungsfelder

I. Gewerbsmäßige Wiederkaufsrechte

Anwendbar sind die §§ 456-462 BGB nur auf das nichtgewerbsmäßig eingeräumte Wiederkaufsrecht. Nach § 34 Abs. 4 GewO ist der gewerbsmäßige Ankauf von Sachen mit Gewährung eines Rückkaufrechtes untersagt, weil derartige Geschäfte der Sache nach einem Pfandleihgeschäft gleichen[42].

II. Wiederverkaufsrecht

Das Wiederverkaufsrecht ist ursprünglich wegen seiner geringen praktischen Bedeutung nicht im BGB geregelt worden.[43] Es unterscheidet sich vom Wiederkaufsrecht durch die Person desjenigen, der den Wiederverkaufsvertrag zustande bringt. Beim Wiederkaufsrecht ist dies der ursprüngliche Verkäufer, beim Wiederverkaufsrecht der ursprüngliche Käufer. Im Ergebnis wirkt sich ein Wiederkaufsrecht daher ähnlich einem Widerrufsrecht aus.

Die praktische Bedeutung des Wiederverkaufsrechts ist in den letzten Jahren erheblich gestiegen. Es tritt insbesondere im Zusammenhang mit **finanzierten Geschäften** häufig in Erscheinung. Im Rahmen von Finanzierungsleasingverträgen verpflichtet sich häufig der Warenlieferant, die Leasingsache nach Beendigung des Leasingvertrags zurückzunehmen, um dem Leasinggeber das Risiko der Verwertung abzunehmen.[44] Eine ähnliche Konstellation kann auftreten, wenn ein Darlehensgeber bei einem durch ihn finanzierten Kauf darauf besteht, dass der Verkäufer die Sache zurückkauft, falls Probleme bei der

---

[36] Vgl. zu einem ähnlichen Fall bei Vereinbarung eines Rücktrittsrechts: LG Mühlhausen v. 22.07.2008 - 3 O 966/07.
[37] BGH v. 14.01.2000 - V ZR 386/98 - juris Rn. 6 - LM BGB § 497 Nr. 10 (8/2000).
[38] BGH v. 14.01.2000 - V ZR 386/98 - juris Rn. 8 - LM BGB § 497 Nr. 10 (8/2000).
[39] LG Nürnberg-Fürth v. 18.10.1990 - 7 O 10147/89 - NJW-RR 1992, 17-18.
[40] Zu anderweitigen Preisbestimmungen, insbesondere zum Schätzpreis: *Huber* in: Soergel, 12. Aufl. 1991, § 497 Rn. 19.
[41] BGH v. 15.09.2000 - V ZR 420/98 - juris Rn. 7 - LM BGB § 242 (Be) Nr. 94 (7/2001).
[42] BGH v. 31.01.1990 - VIII ZR 280/88 - juris Rn. 30 - BGHZ 110, 183-196.
[43] Motive II, S. 342.
[44] BGH v. 31.01.1990 - VIII ZR 280/88 - NJW 1990, 2546; vgl. dazu *v. Westphalen*, BB 2009, 2378-2385.

Darlehensabwicklung auftreten.[45] Im Unterschied zu einem Rücktrittsrecht bleibt der erste Kaufvertrag bestehen, ohne rückabgewickelt werden zu müssen. Im Rahmen von Vertragshändlerverträgen wird von der Rechtsprechung sogar ein Wiederverkaufsrecht im Hinblick auf durch den Vertragshändler nicht verkaufte Ersatzteile für den Fall der Vertragsbeendigung gefordert.[46]

32 Der entscheidende Unterschied zwischen dem gesetzlich geregelten Wiederkauf und dem ungeregelten Wiederverkauf besteht in der Person des Berechtigten. Dadurch ergibt sich, dass die Interessenlagen, die Wiederkauf und Wiederverkauf jeweils zugrunde liegen, wesentlich voneinander abweichen. Beim Wiederkauf will der ursprüngliche Verkäufer den Gegenstand zurückerlangen, beim Wiederverkauf will sich der Käufer des Kaufgegenstandes entledigen.[47] Beim Wiederverkauf kann also der ursprüngliche Käufer die Sache dem ursprünglichen Verkäufer wieder aufdrängen, während beim Wiederkauf der Verkäufer dem Käufer die gelieferte Sache wieder entziehen kann. Deshalb können die Bestimmungen über das Wiederkaufsrecht nicht ohne weiteres analog auf den Wiederverkauf angewandt werden. Nicht anwendbar ist z.B. § 457 Abs. 2 BGB, da der Wiederverkaufsberechtigte selbst über die Ausübung des Wiederverkaufsrechts entscheiden kann und deshalb für Verschlechterungen nicht nur bei Verschulden haften darf.[48] Gegen die Anwendung von § 456 BGB auf das Wiederverkaufsrecht bestehen hingegen keine Bedenken.[49]

33 Nach Ausübung des Wiederverkaufsrechts ergeben sich für die Parteien die Primärleistungspflichten des § 433 BGB. Auch für den Bereich des Wiederverkaufs wiederholt § 457 Abs. 1 BGB lediglich die sich bereits aus § 433 Abs. 1 Satz 1 BGB ergebenden Pflichten des Wiederverkäufers. Eine Herausgabepflicht für Zubehör ergibt sich nämlich im Zweifel ebenfalls bereits aus § 433 Abs. 1 Satz 1 BGB i.V.m. § 311c BGB.[50]

34 Gemäß § 433 Abs. 2 BGB trifft den Wiederkäufer die Verpflichtung, den Wiederverkaufspreis zu zahlen und den Kaufgegenstand abzugeben. Der Wiederverkaufspreis unterliegt der Parteidisposition. Ist ein Wiederverkaufspreis nicht vereinbart, so ist im Zweifel gemäß § 456 Abs. 2 BGB der Kaufpreis heranzuziehen. Grds. finden bei einem Mangel des Wiederverkaufsgegenstands die §§ 434 ff. BGB Anwendung. In erster Linie steht dem Wiederkäufer daher nach §§ 437 Nr. 1, 439 BGB ein Nacherfüllungsanspruch zu, allerdings nur in Form eines Anspruchs auf Nachbesserung (§ 439 Abs. 1, 1. Var. BGB). Den Wiederverkäufer trifft keine Pflicht zur Lieferung einer mangelfreien Ersatzsache, die er sich seinerseits zunächst bei einem Dritten beschaffen müsste. Der Nacherfüllungsanspruch des Wiederkäufers ist verschuldensunabhängig, und erst nach einer vom Wiederkäufer zu setzenden angemessenen Nachfrist wäre dieser zum Rücktritt vom Wiederverkaufsvertrag berechtigt (§§ 437 Nr. 2, 323 BGB). Unter den Voraussetzungen der §§ 437 Nr. 3, 280 ff. BGB kann er zudem Schadensersatz verlangen. Teilweise wird demgegenüber angenommen, eine Anwendung der §§ 434 ff. BGB liefe den Interessen der Vertragsparteien zuwider. Der Verkäufer und Wiederkäufer solle lediglich das Verwertungsrisiko für den verkauften Gegenstand übernehmen, nicht jedoch den verkauften Gegenstand in einem bestimmten Zustand zurückerhalten. Seinen Interessen sei Genüge getan, wenn er einen Anspruch auf eine Ausgleichszahlung bei einer Wertdifferenz habe.[51] Als Alternative zu den Gewährleistungsvorschriften der §§ 434 ff. BGB wird eine an den Rücktritt angelehnte Rückabwicklung nach dem § 346 Abs. 2 u. 3 BGB befürwortet.[52]

---

[45] BGH v. 21.03.1994 - VIII ZR 286/82 - ZIP 1984, 807; *Grunewald* in: Erman, § 456 Rn. 5.
[46] BGH v. 23.11.1994 - VIII ZR 254/93 - ZIP 1995, 222.
[47] *Stoppel*, JZ 2007, 218, 219.
[48] A.A.: *Faust* in: Bamberger/Roth, § 456 Rn. 15; *Westermann* in: MünchKomm-BGB, § 456 Rn. 6; *Mader* in: Staudinger, vor § 456 Rn. 14.
[49] RG v. 21.11.1929 - VI 126/29 - RGZ 126, 308, 312 f.
[50] *Stoppel*, JZ 2007, 218, 223.
[51] *Stoppel*, JZ 2007, 218, 226 f.
[52] *Stoppel*, JZ 2007, 218, 228 ff.

§ 457 BGB Haftung des Wiederverkäufers

(Fassung vom 02.01.2002, gültig ab 01.01.2002)

(1) Der Wiederverkäufer ist verpflichtet, dem Wiederkäufer den gekauften Gegenstand nebst Zubehör herauszugeben.

(2) ¹Hat der Wiederverkäufer vor der Ausübung des Wiederkaufsrechts eine Verschlechterung, den Untergang oder eine aus einem anderen Grund eingetretene Unmöglichkeit der Herausgabe des gekauften Gegenstandes verschuldet oder den Gegenstand wesentlich verändert, so ist er für den daraus entstehenden Schaden verantwortlich. ²Ist der Gegenstand ohne Verschulden des Wiederverkäufers verschlechtert oder ist er nur unwesentlich verändert, so kann der Wiederkäufer Minderung des Kaufpreises nicht verlangen.

Gliederung

A. Grundlagen 1	1. Verschuldete Verschlechterung, verschuldeter Untergang und wesentliche Veränderung 10
I. Kurzcharakteristik 1	
II. Gesetzgebungsmaterialien 2	2. Unverschuldete Verschlechterung und unwesentliche Veränderung 15
B. Anwendungsvoraussetzungen 4	
I. Umfang der Rückübertragungspflicht (Absatz 1) 4	C. Anwendungsfelder 16
II. Schadensersatzanspruch und Gewährleistung (Absatz 2) 8	

A. Grundlagen

I. Kurzcharakteristik

§ 457 BGB ist **abschließende Sonderregelung** für die Gewährleistung des Wiederverkäufers für Verschlechterungen, die im Zeitraum zwischen der Wiederkaufabrede (die nicht notwendig im Zeitpunkt des Kaufvertrages getroffen werden muss), vgl. die Kommentierung zu § 456 BGB, und der Ausübung des Wiederkaufsrechts entstanden sind.[1] Die Norm enthält Regelungen über den Umfang der **Rückübertragungspflicht** (§ 457 Abs. 1 BGB) und Besonderheiten hinsichtlich der **Schadensersatzpflicht** des Käufers und Wiederverkäufers im Falle der Verschlechterung oder des Untergangs des gekauften Gegenstandes, der Unmöglichkeit der Herausgabe aus einem anderen Grund und der wesentlichen Veränderung des Gegenstandes durch den Wiederverkäufer (§ 457 Abs. 2 BGB). § 457 BGB gilt nicht im Fall des Wiederverkaufs zum Schätzwert gemäß § 460 BGB.

1

II. Gesetzgebungsmaterialien

E I § 478; Motive, Bd. II, S. 342 f.; Protokolle, Bd. II, S. 82.

2

Durch die Schuldrechtsmodernisierung sind die kaufrechtlichen Vorschriften der früheren §§ 495-514 BGB a.F. im Wesentlichen unverändert, lediglich mit anderer Paragraphenzählung und Anpassungen an den heutigen Sprachgebrauch, übernommen worden.[2]

3

B. Anwendungsvoraussetzungen

I. Umfang der Rückübertragungspflicht (Absatz 1)

Mit der Ausübung des Wiederkaufsrechts kommt ein Kaufvertrag zustande. Dieser Kaufvertrag unterliegt grundsätzlich den allgemeinen Vorschriften der §§ 433-453 BGB, soweit die §§ 457-460 BGB nichts anderes bestimmen. Daraus ergibt sich auch, dass sich die Pflichten des Wiederverkäufers

4

---

[1] *Weidenkaff* in: Palandt, § 457 Rn. 1.
[2] BT-Drs. 14/6040, S. 242; Beschlussempfehlung und Berichte des Rechtsausschusses BT-Drs. 14/7052, S. 44-45.

grundsätzlich nach § 433 Abs. 1 BGB bemessen. Die Pflicht zur Herausgabe und damit die Pflicht zur Rückübereignung ergibt sich demzufolge schon aus dem durch die Erklärung des Wiederkäufers zustande gekommenen Kaufvertrag, § 433 Abs. 1 BGB.[3] § 457 Abs. 1 BGB hebt nur die Pflicht des Wiederverkäufers zur **Herausgabe des Zubehörs** besonders hervor[4], hat aber nicht zur Folge, dass der Wiederkäufer weitergehende als die aus § 433 Abs. 1 BGB folgenden Rechte hat. § 320 BGB bleibt weiterhin anwendbar.

5   Wenn der Wiederkäufer auch einen Anspruch auf das Zubehör hat, so muss diese Anordnung dahin gehend verstanden werden, dass das im **Zeitpunkt der Wiederkaufserklärung** vorhandene Zubehör zurückzugeben ist.[5] Der Wiederverkäufer ist somit verpflichtet, das Zubehör mitzuübergeben, das zwischen Kauf und Wiederkauf neu hinzugekommen ist. Gerade dies wird durch § 457 Abs. 1 BGB klargestellt. Ist allerdings zwischenzeitlich eine Zubehöreigenschaft aufgehoben worden, so hat dies keinen Einfluss auf die Herausgabepflicht, da insoweit der „gekaufte Gegenstand" herauszugeben ist.[6] Im Falle des Verlustes des ursprünglichen Zubehörs richtet sich die Haftung nach § 457 Abs. 2 BGB.

6   Kaufgegenstand und Zubehör sind Zug um Zug gegen Zahlung des Wiederkaufpreises herauszugeben.

7   Gezogene Nutzungen sind nicht herauszugeben.[7] Aus diesem Grund ist auch der Kaufpreis nicht zu verzinsen.

II. Schadensersatzanspruch und Gewährleistung (Absatz 2)

8   Der Schadensersatz des Wiederverkäufers ist für den Zeitraum zwischen Wiederkaufsabrede und Ausübung **abschließend geregelt**[8], sodass der Wiederverkäufer für zwischenzeitlich eingetretene Verschlechterungen nicht der Gewährleistungspflicht wegen Sachmängeln gemäß den §§ 434-453 BGB unterliegt.[9]

9   Nach der Ausübung des Wiederkaufsrechts haftet der Wiederverkäufer für danach eintretende Beschädigungen, Untergang und Unmöglichkeit der Herausgabe wie bei jedem Kauf, ohne die Beschränkungen des § 457 Abs. 2 BGB.

1. Verschuldete Verschlechterung, verschuldeter Untergang und wesentliche Veränderung

10   Voraussetzung für einen Schadensersatzanspruch aus § 457 Abs. 2 Satz 1 BGB ist, dass eine Verschlechterung oder der Untergang des gekauften Gegenstandes, Unmöglichkeit (§ 275 BGB) oder eine wesentliche Veränderung eingetreten ist.

11   Des Weiteren ist bei der Verschlechterung, dem Untergang und der Unmöglichkeit **Verschulden** i.S.d. §§ 276, 278 BGB (vgl. die Kommentierung zu § 276 BGB und die Kommentierung zu § 278 BGB) erforderlich.

12   Diese Regelung des § 457 Abs. 2 Satz 1 BGB beruht darauf, dass der Wiederverkäufer vom Abschluss des Kaufvertrages an mit der Ausübung des Wiederkaufsrechts rechnen und somit mit der Kaufsache auch sorgfältig verfahren muss. Andererseits soll er nicht haften, wenn die Sache ohne sein Verschulden untergeht. In diesem Fall ist der Wiederkäufer dadurch geschützt, dass er das Wiederkaufsrecht nicht auszuüben braucht.[10]

---

[3] *Weidenkaff* in: Palandt, § 457 Rn. 2; *Grunewald* in: Erman, § 457 Rn. 1.
[4] *Mader* in: Staudinger, § 457 Rn. 5.
[5] *Mader* in: Staudinger, § 457 Rn. 5; einschränkend *Westermann* in: MünchKomm-BGB, § 457 Rn. 2, dass dem nur zugestimmt werden könne, wenn der Begriff der Verwendung in § 459 BGB auf Zubehör ausgedehnt werde.
[6] Grunewald in: Erman, § 457 Rn. 2.
[7] *Weidenkaff* in: Palandt, § 457 Rn. 2.
[8] OLG Frankfurt v. 06.10.1987 - 5 U 258/86 - NJW 1988, 1329-1332.
[9] *Grunewald* in: Erman, § 457 Rn. 3; *Stoppel*, JZ 2007, 218, 225.
[10] *Grunewald* in: Erman, § 457 Rn. 4.

Liegen die Voraussetzungen vor, so bestimmt sich die Höhe des Schadensersatzanspruchs nach allgemeinen Vorschriften (§§ 249-254 BGB). Eine Verschlechterung ist dabei an einem ordnungsgemäßen Gebrauch zu messen.[11]

Für den **Rechtskauf** gilt nichts anderes. Eine schuldhafte Verschlechterung etc. des Rechts führt zur Haftung.[12]

2. Unverschuldete Verschlechterung und unwesentliche Veränderung

§ 457 Abs. 2 Satz 2 BGB normiert, dass der Wiederkäufer im Falle der unverschuldeten Verschlechterung oder der unwesentlichen Veränderung des Kaufgegenstandes, auch wenn diese verschuldet ist, keine Minderung verlangen kann. In diesen Fällen ist jede Haftung ausgeschlossen.

C. Anwendungsfelder

Anwendbar ist § 457 Abs. 2 BGB nur auf das Wiederkaufsrecht, nicht jedoch auf das Wiederverkaufsrecht.[13] Dies kann zur Folge haben, dass der Wiederverkäufer durch Vornahme von Verwendungen die Ausübung des Wiederkaufsrechts beliebig verteuern kann. Der Anspruch ist jedoch begrenzt, denn aus § 457 Abs. 2 Satz 1 BGB ergibt sich, dass der Wiederverkäufer zu einer „wesentlichen Veränderung" des Gegenstandes nicht berechtigt ist. Des Weiteren ist eine Haftung des Wiederverkäufers für verschuldete Verschlechterungen und verschuldeten Verlust gemäß § 457 Abs. 2 BGB bei einem Wiederkauf nach Schätzwert gemäß § 460 BGB ausgeschlossen.

---

[11] *Weidenkaff* in: Palandt, § 457 Rn. 5.
[12] Zu gesellschaftsrechtlichen Anteilsrechten: BGH v. 23.09.1958 - VIII ZR 125/57 - WM 1958, 1366.
[13] Vgl. *Huber* in: Soergel, 12. Aufl. 1991, § 498 Rn. 11 ff.; BGH v. 31.01.1990 - VIII ZR 280/88 - juris Rn. 24 - BGHZ 110, 183-196.

§ 458 BGB Beseitigung von Rechten Dritter

(Fassung vom 02.01.2002, gültig ab 01.01.2002)

¹Hat der Wiederverkäufer vor der Ausübung des Wiederkaufsrechts über den gekauften Gegenstand verfügt, so ist er verpflichtet, die dadurch begründeten Rechte Dritter zu beseitigen. ²Einer Verfügung des Wiederverkäufers steht eine Verfügung gleich, die im Wege der Zwangsvollstreckung oder der Arrestvollziehung oder durch den Insolvenzverwalter erfolgt.

Gliederung

A. Grundlagen	1	B. Anwendungsvoraussetzungen	4
I. Kurzcharakteristik	1	C. Rechtsfolgen	6
II. Gesetzgebungsmaterialien	2		

A. Grundlagen

I. Kurzcharakteristik

1   Da der Wiederverkäufer aufgrund der lediglich schuldrechtlichen Wirkung des Wiederkaufsrechts nicht gehindert ist, über den Kaufgegenstand zu verfügen, regelt § 458 BGB die Haftung des Wiederverkäufers für **Rechtsmängel**. Die Norm hat im Wesentlichen klarstellende Bedeutung, da sich die Pflicht des Wiederverkäufers, zwischenzeitlich begründete Rechte Dritter zu beseitigen, unmittelbar aus den §§ 433 Abs. 1 Satz 2, 435 BGB ergibt.

II. Gesetzgebungsmaterialien

2   E I § 478; Motive, Bd. II, S. 343; Protokolle, Bd. II, S. 85; Satz 2 geändert durch Art. 33 EGInsO vom 04.10.1994.[1]

3   Durch die Schuldrechtsmodernisierung sind die kaufrechtlichen Vorschriften der früheren §§ 495-514 BGB a.F. im Wesentlichen unverändert, lediglich mit anderer Paragraphenzählung und Anpassungen an den heutigen Sprachgebrauch, übernommen worden.[2]

B. Anwendungsvoraussetzungen

4   § 458 Satz 1 BGB beschränkt die Beseitigungspflicht auf solche Rechte Dritter, die der Wiederverkäufer durch seine Verfügungen **begründet** hat (Ausnahme: die Veräußerung, da diese schon unter § 457 Abs. 2 BGB fällt).[3] Hierin liegt eine erhebliche Abweichung von den Regeln der Rechtsmängelhaftung, nach denen auch für öffentliche Rechte gehaftet wird. Für diese haftet der Wiederverkäufer nur nach § 458 Satz 1 BGB, wenn er sie herbeigeführt hat, nicht jedoch, wenn sie ohne sein Zutun eingetreten sind. Der Wortlaut der Norm betrifft nur Verfügungen und nicht durch schuldrechtlichen Vertrag entstehende Rechte (z.B. Mietvertrag). Nach dem Normzweck ist jedoch davon auszugehen, dass der Wiederverkäufer für alle Rechte haftet, die er durch sein Handeln begründet hat.[4]

5   In § 458 Satz 2 BGB erfolgt eine Gleichstellung rechtsgeschäftlicher und exekutiver Verfügungen, z.B. Pfändung, Zwangsversteigerung, Arrest, öffentliche Versteigerung.

---

[1] BGBl I 1994, 2911.
[2] BT-Drs. 14/6040, S. 242; Beschlussempfehlung und Berichte des Rechtsausschusses BT-Drs. 14/7052, S. 44-45.
[3] *Grunewald* in: Erman, § 458 Rn. 1; *Westermann* in: MünchKomm-BGB, § 458 Rn. 1; *Weidenkaff* in: Palandt, § 458 Rn 2; a.A. *Faust* in: Bamberger/Roth, § 458 Rn. 2; *Mader* in: Staudinger, § 457 Rn. 7.
[4] *Grunewald* in: Erman, § 458 Rn. 1.

C. Rechtsfolgen

Der Wiederkäufer hat gegen den Wiederverkäufer ab Ausübung des Wiederkaufsrechts einen **Anspruch auf Beseitigung** von Rechten Dritter.[5] Für den Fall, dass dem Wiederverkäufer dieses unmöglich wird (§ 275 BGB), bestehen bei Verschulden die Ansprüche aus den §§ 280 Abs. 1 und Abs. 3, 283 BGB. Nach Ausübung des Wiederkaufsrechts gelten die allgemeinen Regeln (§§ 320-326, 433-452 BGB). Der Beseitigungsanspruch besteht nicht gegen Dritte. Ein Anspruch gegen Dritte kann nur bestehen, wenn der bedingte Anspruch durch eine Vormerkung gesichert ist. In diesem Fall sind die §§ 883 Abs. 2, 888 BGB anwendbar.[6]

6

---

[5] BGH v. 12.05.1972 - V ZR 102/70 - BGHZ 58, 395-398.
[6] *Mader* in: Staudinger, § 458 Rn. 2; *Grunewald* in: Erman, § 458 Rn. 2; *Weidenkaff* in: Palandt, § 458 Rn. 4: §§ 883 Abs. 3, 888 BGB.

§ 459 BGB Ersatz von Verwendungen

(Fassung vom 02.01.2002, gültig ab 01.01.2002)

¹Der Wiederverkäufer kann für Verwendungen, die er auf den gekauften Gegenstand vor dem Wiederkauf gemacht hat, insoweit Ersatz verlangen, als der Wert des Gegenstandes durch die Verwendungen erhöht ist. ²Eine Einrichtung, mit der er die herauszugebende Sache versehen hat, kann er wegnehmen.

Gliederung

A. Grundlagen	1	B. Anwendungsvoraussetzungen	4
I. Kurzcharakteristik	1	C. Rechtsfolgen	7
II. Gesetzgebungsmaterialien	2	D. Anwendungsfelder	10

A. Grundlagen

I. Kurzcharakteristik

1 Der Käufer hat im Regelfall den Kaufgegenstand zu einem bereits vorher festgelegten Wiederkaufspreis (im Zweifel dem Kaufpreis, § 456 Abs. 2 BGB) dem Verkäufer zurückzugewähren. § 457 Abs. 2 BGB regelt Veränderungen zum Nachteil des Verkäufers, § 459 BGB den Ausgleich von Werterhöhungen. § 459 BGB beinhaltet dabei eine **abschließende Regelung** hinsichtlich **Verwendungen**, die der Wiederverkäufer zwischen dem Abschluss des Kaufvertrages und der Ausübung des Wiederkaufsrechts getätigt hat. § 459 BGB gilt nicht bei Wiederverkauf zum Schätzwert nach § 460 BGB.

II. Gesetzgebungsmaterialien

2 E I § 479; Motive, Bd. II, S. 344; Protokolle, Bd. II, S. 87.

3 Durch die Schuldrechtsmodernisierung sind die kaufrechtlichen Vorschriften der früheren §§ 495-514 BGB a.F. im Wesentlichen unverändert, lediglich mit anderer Paragraphenzählung und Anpassungen an den heutigen Sprachgebrauch, übernommen worden.[1]

B. Anwendungsvoraussetzungen

4 Der Begriff der Verwendungen ist derselbe wie in den §§ 994, 996 BGB (vgl. die Kommentierung zu § 994 BGB und die Kommentierung zu § 996 BGB), jedoch unterscheidet § 459 BGB nicht zwischen „notwendigen" und „nützlichen", sondern lediglich zwischen werterhaltenden und werterhöhenden Verwendungen. **Werterhaltende** Verwendungen, die beispielsweise der notwendigen Erhaltung des Gegenstandes dienen und somit vom Wiederverkäufer geleistet werden müssen, sind nicht zu ersetzen.[2] Ihren Ausgleich findet diese Bestimmung darin, dass der Wiederverkäufer die zwischen Kauf und Wiederkauf gezogenen Nutzungen behalten darf.

5 **Werterhöhende** Verwendungen sind zu ersetzen, da diese vom Wiederkaufspreis nicht erfasst sind. Eine **Wertberechnung** erfolgt durch den Vergleich des objektiven Wertes bei Wiederkaufsabrede mit dem objektiven Wert[3] bei Herausgabe an den Wiederkäufer[4]. Der Wiederverkäufer kann somit durch die Vornahme von Verwendungen die Ausübung des Wiederkaufsrechts erheblich erschweren. Sofern Verwendungen jedoch zu einer wesentlichen Veränderung des Kaufgegenstands führen, sind sie nicht

---

[1] BT-Drs. 14/6040, S. 242; Beschlussempfehlung und Berichte des Rechtsausschusses BT-Drs. 14/7052, S. 44-45.
[2] *Weidenkaff* in: Palandt, § 459 Rn. 1; a.A. für notwendige, aber werterhöhende Verwendungen *Mader* in: Staudinger, § 459 Rn. 4.
[3] *Grunewald* in: Erman, § 459 Rn. 2; *Westermann* in: MünchKomm-BGB, § 459 Rn. 2; a.A. *Faust* in: Bamberger/Roth, § 459 Rn. 3, der die Grundsätze über eine aufgedrängte Bereicherung entsprechend anwenden will.
[4] *Weidenkaff* in: Palandt, § 459 Rn. 1; a.A. *Huber* in: Soergel § 500 Rn. 2: Zeitpunkt der Ausübung des Wiederkaufsrechts.

zu ersetzen. Aus § 457 Abs. 2 Satz 1 BGB ergibt sich, dass der Wiederverkäufer zu solchen Veränderungen nicht berechtigt ist. Er kann deshalb keinen Ersatz verlangen, selbst wenn sie werterhöhend sind; denn sonst könnte er die Ausübung des Wiederkaufsrechts zulasten des Wiederkäufers beliebig verteuern.[5] Dem wird entgegengehalten, es könne nicht davon ausgegangen werden, im Anwendungsbereich von § 459 BGB stelle die Errichtung von Bauwerken auf bisher unbebauten Grundstücken wegen wesentlicher Veränderung keine Verwendung dar.[6] Andernfalls blieben erhebliche Wertsteigerungen ohne Ersatz, zumal wenn ein Grundstück zur Bebauung verkauft werde.[7]

Auch für unnötiges, aber werterhöhendes Zubehör kann Verwendungsersatz verlangt werden,[8] jedoch mit der Maßgabe, dass der Wiederkäufer die Erstattungspflicht durch Verzicht auf die Zubehörstücke abwenden kann.[9]

C. Rechtsfolgen

Verwendungsersatz, § 459 Satz 1 BGB: Für werterhöhende Verwendungen erhält der Wiederverkäufer gegen den Wiederkäufer einen Verwendungsersatzanspruch. Ein Ersatzanspruch besteht nur für Verwendungen, die vor Ausübung des Wiederkaufsrechtes getätigt wurden. Nach diesem Zeitpunkt gelten die allgemeinen Vorschriften (GoA, §§ 812 ff. BGB etc.).

Wegnahmerecht, § 459 Satz 2 BGB: Dadurch wird dem Wiederverkäufer mit Rücksicht auf ein mögliches Affektionsinteresse an Einrichtungsgegenständen (vgl. die Kommentierung zu § 258 BGB) ein Wahlrecht zwischen Wertersatz oder Wegnahme des Gegenstandes gewährt.[10] Es besteht auch, wenn die Einrichtung nicht werterhöhend ist oder zu einer wesentlichen Veränderung geführt hat. Der Wiederverkäufer ist auch zur Wegnahme befugt, wenn die Einrichtung eine beim Kauf vorhandene und später unbrauchbar gewordene Einrichtung ersetzt hat. Insoweit besteht hinsichtlich der ursprünglichen Einrichtung dann allerdings eine Wertersatzpflicht nach § 457 Abs. 2 Satz 1 BGB. Auch eine Einrichtung, die nach Wiederkaufsausübung angebracht wurde, kann weggenommen werden.

Das Wegnahmerecht geht der Pflicht zur Herausgabe des vom Wiederverkäufer angeschafften Zubehörs nach § 457 Abs. 1 BGB vor.[11]

D. Anwendungsfelder

§ 459 BGB ist abschließend. Darüber hinausgehende Ansprüche (etwa § 812 BGB) hat der Wiederverkäufer nicht.

Zum Verhältnis zwischen den §§ 994, 996 BGB analog und § 459 BGB für den Fall, dass ein Wiederkaufsrecht an einem Grundstück durch Vormerkung gesichert ist vgl. *Huber*.[12]

---

[5] *Faust* in: Bamberger/Roth, § 459 Rn. 4; *Westermann* in: MünchKomm-BGB, § 459 Rn. 2; *Huber* in: Soergel, § 500 Rn. 2; *Mader* in: Staudinger, § 459 Rn. 3.
[6] *Grunewald* in: Erman, § 459 Rn. 2.
[7] Offen lassend OLG Hamm v. 11.01.1996 - 22 U 67/95 - NJW 1996, 2105.
[8] *Huber* in: Soergel, § 500 Rn. 2; *Westermann* in: MünchKomm-BGB, § 500 Rn. 3; *Grunewald* in: Erman, § 500 Rn. 2.
[9] *Westermann* in: MünchKomm-BGB, § 459 Rn. 3; a.A. *Grunewald* in: Erman, § 459 Rn. 2.
[10] *Grunewald* in: Erman, § 459 Rn. 3; a.A. *Westermann* in: MünchKomm-BGB, § 459 Rn. 4, der ein Recht des Wiederkäufers annimmt, den Wiederverkäufer auf die Wegnahme zu verweisen.
[11] *Grunewald* in: Erman, § 459 Rn. 3; *Huber* in: Soergel, § 500 Rn. 3; a.A. *Mader* in: Staudinger, § 459 Rn. 5.
[12] Vgl. *Huber* in: Soergel, 12. Aufl. 1991, § 500 Rn. 4.

§ 460 BGB Wiederkauf zum Schätzungswert

(Fassung vom 02.01.2002, gültig ab 01.01.2002)

Ist als Wiederkaufpreis der Schätzungswert vereinbart, den der gekaufte Gegenstand zur Zeit des Wiederkaufs hat, so ist der Wiederverkäufer für eine Verschlechterung, den Untergang oder die aus einem anderen Grund eingetretene Unmöglichkeit der Herausgabe des Gegenstandes nicht verantwortlich, der Wiederkäufer zum Ersatz von Verwendungen nicht verpflichtet.

Gliederung

A. Grundlagen......................................	1	B. Anwendungsvoraussetzungen..................	4
I. Kurzcharakteristik.............................	1	C. Rechtsfolgen	5
II. Gesetzgebungsmaterialien.....................	2	D. Anwendungsfelder...........................	6

A. Grundlagen

I. Kurzcharakteristik

1 § 460 BGB normiert Einschränkungen hinsichtlich der gegenseitigen Rechte aus den §§ 457, 459 BGB für den Wiederkauf nach Schätzwert. Mit einer solchen Vereinbarung wechselt die Gefahr von Verschlechterungen auf den Käufer, der deshalb nicht zu einem sorgsamen Umgang mit der Sache verpflichtet ist. Etwaige Verschlechterungen müssen nicht ausgeglichen, sondern können bei der Ermittlung des Wiederkaufspreises berücksichtigt werden. Gleiches gilt für Verwendungen i.S.d. § 459 BGB.

II. Gesetzgebungsmaterialien

2 E I § 480; Motive, Bd. II, S. 344; Protokolle, Bd. II, S. 92.

3 Durch die Schuldrechtsmodernisierung sind die kaufrechtlichen Vorschriften der früheren §§ 495-514 BGB a.F. im Wesentlichen unverändert, lediglich mit anderer Paragraphenzählung und Anpassungen an den heutigen Sprachgebrauch, übernommen worden.[1]

B. Anwendungsvoraussetzungen

4 Zwischen den Parteien muss ein **Wiederkauf nach Schätzwert** vereinbart worden sein. Dieser beinhaltet die Vereinbarung, dass nicht zu einem im Voraus bestimmten Wiederkaufspreis oder zum alten Kaufpreis, sondern zum Schätzwert zum Zeitpunkt der Ausübung des Wiederkaufsrechts zurückgekauft werden soll.

C. Rechtsfolgen

5 Für den Fall des Wiederkaufsrechts zum Schätzwert normiert § 460 BGB eine Ausnahme von § 457 Abs. 2 BGB und eine Einschränkung des § 459 BGB. Der Grund dieser Vorschrift liegt darin, dass schuldhafte Verschlechterungen des Kaufgegenstandes und Verwendungen bereits im Schätzpreis ihre Berücksichtigung finden. Es bleibt somit nur die Haftung für wesentliche Veränderungen aus § 457 BGB, das Wegnahmerecht in § 459 Satz 2 BGB und die sich aus § 458 BGB ergebende Rechtsmängelhaftung bestehen.[2]

---

[1] BT-Drs. 14/6040, S. 242; Beschlussempfehlung und Berichte des Rechtsausschusses BT-Drs. 14/7052, S. 44-45.
[2] *Mader* in: Staudinger, § 460 Rn. 1; a.A. *Westermann* in: MünchKomm-BGB, § 460 Rn. 1 f., der entgegen dem Wortlaut der Vorschrift für einen Ersatzanspruch bei verschuldetem Untergang plädiert oder die Haftung aus § 458 BGB aufrechterhalten will.

D. Anwendungsfelder

Unanwendbar ist § 460 BGB nach h.M. bei **Arglist** des Wiederverkäufers, d.h. wenn dieser in der Absicht handelt, die Ausübung des Wiederkaufsrechts für den Berechtigten sinnlos werden zu lassen.[3]   6

Auf das **Wiederverkaufsrecht** ist § 460 BGB anwendbar.[4]   7

---

[3] *Weidenkaff* in: Palandt, § 460 Rn. 1.
[4] *Huber* in: Soergel, 12. Aufl. 1991, § 501 Rn. 3.

§ 461 BGB Mehrere Wiederkaufsberechtigte

(Fassung vom 02.01.2002, gültig ab 01.01.2002)

¹Steht das Wiederkaufsrecht mehreren gemeinschaftlich zu, so kann es nur im Ganzen ausgeübt werden. ²Ist es für einen der Berechtigten erloschen oder übt einer von ihnen sein Recht nicht aus, so sind die übrigen berechtigt, das Wiederkaufsrecht im Ganzen auszuüben.

Gliederung

A. Grundlagen.. 1	I. Gemeinschaft (Satz 1) 4
I. Kurzcharakteristik............................. 1	II. Übergang (Satz 2)............................. 9
II. Gesetzgebungsmaterialien................ 2	C. Anwendungsfelder........................... 10
B. Anwendungsvoraussetzungen 4	

A. Grundlagen

I. Kurzcharakteristik

1 § 461 BGB regelt die Problematik, welche sich durch die Beteiligung **mehrerer Personen** als Inhaber des Wiederkaufsrechts ergibt, und beruht auf dem Gedanken, dass eine Teilung des Wiederkaufsrechts ausgeschlossen ist. Diese **Unteilbarkeit** führt zu dem gewünschten Ergebnis, dass der Käufer davor geschützt wird, im Zuge des Wiederverkaufs eines Anteils in die unter den Wiederkaufsberechtigten bestehende Gemeinschaft eintreten zu müssen.[1]

II. Gesetzgebungsmaterialien

2 Motive, Bd. II, S. 341; Protokolle, Bd. II, S. 91.

3 Durch die Schuldrechtsmodernisierung sind die kaufrechtlichen Vorschriften der früheren §§ 495-514 BGB a.F. im Wesentlichen unverändert, lediglich mit anderer Paragraphenzählung und Anpassungen an den heutigen Sprachgebrauch, übernommen worden.[2]

B. Anwendungsvoraussetzungen

I. Gemeinschaft (Satz 1)

4 Eine **Gemeinschaft** am Wiederkaufsrecht liegt stets vor, wenn mehrere Berechtigte vorhanden sind.[3]

5 Grundsätzlich gilt § 461 BGB für alle Arten gemeinsamer Berechtigung, z.B. § 741 BGB. Die Mehrheit von Berechtigten muss nicht schon bei der Wiederkaufsabrede vorhanden gewesen sein.

6 Kein Fall des § 461 BGB liegt vor, wenn das Wiederkaufsrecht einer Gesamthandsgemeinschaft (z.B. GbR) zusteht. Nach den allgemeinen Regeln über die gesamthänderische Mitberechtigung können die Berechtigten das Recht ohnehin nur gemeinschaftlich ausüben.[4]

7 Hier kommt eine teilweise Ausübung von vornherein nicht in Betracht.[5]

8 Durch die gemeinschaftliche Erklärung des Wiederkaufs werden die Berechtigten Mitgläubiger, § 432 BGB, sodass der Gegenstand an alle gemeinsam zu leisten ist.[6] Hinsichtlich des Kaufpreises sind sie Gesamtschuldner.[7]

---

[1] *Weidenkaff* in: Palandt, § 461 Rn. 1; *Westermann* in: MünchKomm-BGB, § 461 Rn. 1.
[2] BT-Drs. 14/6040, S. 242; Beschlussempfehlung und Berichte des Rechtsausschusses BT-Drs. 14/7052, S. 44-45.
[3] *Weidenkaff* in: Palandt, § 461 Rn. 2.
[4] Inzwischen h.M., vgl. *Weidenkaff* in: Palandt, § 461 Rn. 2; *Mader* in: Staudinger, § 461 Rn. 2.
[5] *Grunewald* in: Erman, § 461 Rn. 3; *Huber* in: Soergel, § 502 Rn. 5; *Mader* in: Staudinger, § 461 Rn. 2.
[6] *Mader* in: Staudinger, § 461 Rn. 3.
[7] *Westermann* in: MünchKomm-BGB, § 461 Rn. 1.

II. Übergang (Satz 2)

Wollen einige Wiederkäufer ihr Recht nicht ausüben oder verliert einer von ihnen sein Recht, so können die an einer Ausübung nicht interessierten Verkäufer insofern unberücksichtigt bleiben. In diesem Fall findet ein Übergang statt, sodass die übrigen Berechtigten (gemeinsam) die Erklärung nach § 456 BGB abgeben können. Sie müssen jedoch das Recht im Ganzen ausüben und somit auch den gesamten Gegenstand übernehmen.

C. Anwendungsfelder

Bedeutung hat die Vorschrift zum einen, wenn Ehegatten ihr im Bruchteilseigentum stehendes Grundstück verkaufen und sich dabei ein Wiederkaufsrecht vorbehalten. Zum anderen aber auch dann, wenn das Wiederkaufsrecht auf eine Miterbengemeinschaft übergeht. Eine analoge Anwendung des § 461 BGB auf das Wiederverkaufsrecht kommt nicht in Betracht. Gläubiger- und Schuldnerrolle sind bzgl. einer Übereignung nicht vergleichbar. Ein Wiederverkaufsrecht erlischt vielmehr für alle Berechtigten, wenn es für einen erlischt.[8] Im Übrigen muss es gemeinsam ausgeübt werden.

§ 461 BGB regelt nicht den Fall, dass aufseiten des Wiederkaufsverpflichteten mehrere Personen beteiligt sind. Es kommt jedoch eine analoge Anwendung in Betracht, da auch in diesem Fall die Ausübung des Wiederkaufsrechts gegenüber einem einzelnen Wiederkaufsverpflichteten den anderen in eine Gemeinschaft mit dem Wiederkaufsberechtigten zwingt. Es besteht somit eine vergleichbare Interessenlage.[9]

---

[8] *Westermann* in: MünchKomm-BGB, § 461 Rn. 3.
[9] *Mader* in: Staudinger, § 461 Rn. 4; a.A. *Westermann* in: MünchKomm-BGB, § 461 Rn. 3.

§ 462 BGB Ausschlussfrist

(Fassung vom 02.01.2002, gültig ab 01.01.2002)

¹Das Wiederkaufsrecht kann bei Grundstücken nur bis zum Ablauf von 30, bei anderen Gegenständen nur bis zum Ablauf von drei Jahren nach der Vereinbarung des Vorbehalts ausgeübt werden. ²Ist für die Ausübung eine Frist bestimmt, so tritt diese an die Stelle der gesetzlichen Frist.

Gliederung

A. Grundlagen 1	I. Gesetzliche Frist (Satz 1) 4
I. Kurzcharakteristik 1	II. Abweichende Vereinbarungen (Satz 2) 6
II. Gesetzgebungsmaterialien 2	C. Anwendungsfelder 9
B. Anwendungsvoraussetzungen 4	

A. Grundlagen

I. Kurzcharakteristik

1 § 462 BGB normiert eine **Ausschlussfrist**[1] für die Ausübung des Wiederkaufsrechts.

II. Gesetzgebungsmaterialien

2 Protokolle, Bd. II, S. 88.

3 Durch die Schuldrechtsmodernisierung sind die kaufrechtlichen Vorschriften der früheren §§ 495-514 BGB a.F. im Wesentlichen unverändert, lediglich mit anderer Paragraphenzählung und Anpassungen an den heutigen Sprachgebrauch, übernommen worden.[2]

B. Anwendungsvoraussetzungen

I. Gesetzliche Frist (Satz 1)

4 Da es sich bei der Frist des § 462 BGB um eine Ausschlussfrist handelt, sind Verjährungsvorschriften über die Hemmung nicht entsprechend anwendbar. Die Frist gilt nur für die Ausübung des Wiederkaufsrechts, nicht für den Erfüllungsanspruch aus § 457 BGB.

5 Die Berechnung der Frist erfolgt nach den §§ 187-193 BGB. Grundsätzlich beginnt die Frist mit der Vereinbarung des Wiederkaufsrechts. Dabei kommt es nicht darauf an, ob dies bei Abschluss des Kaufvertrags oder erst nachträglich geschieht.[3]

II. Abweichende Vereinbarungen (Satz 2)

6 Die gesetzliche Frist ist nicht zwingend, § 462 Satz 2 BGB. Die vertraglich vereinbarte Frist kann kürzer oder länger als die gesetzliche Frist sein. Eine vertraglich vereinbarte Frist liegt auch dann vor, wenn für die erstmalige Ausübung des Wiederkaufsrechts lediglich ein Anfangsdatum, nicht aber ein Enddatum bestimmt wird. Soweit die Vertragsparteien keine weiteren Regelungen zum Endtermin vereinbaren, greift die gesetzliche Frist ab dem Zeitpunkt des vereinbarungsgemäß erstmals ausgeübten Wiederkaufsrechts.[4] Nicht möglich ist jedoch die Vereinbarung eines zeitlich **unbefristeten** Wiederkaufsrechts (anders bei gesetzlichen Wiederkaufsrechten).[5] Soll durch die Wiederkaufsvereinbarung eine Zweckbindung der Sache durch die öffentliche Hand erreicht werden (z.B. Verhinderung von Bo-

---

[1] BGH v. 21.04.1967 - V ZR 75/64 - BGHZ 47, 387-393.
[2] BT-Drs. 14/6040, S. 242; Beschlussempfehlung und Berichte des Rechtsausschusses BT-Drs. 14/7052, S. 44-45.
[3] BGH v. 21.04.1967 - V ZR 75/64 - BGHZ 47, 387-393.
[4] BGH v. 20.05.2011 - V ZR 76/10 - juris Rn. 10 - NJW-RR 2011, 1582-1584.
[5] Str., *Weidenkaff* in: Palandt, § 462 Rn. 3; a.A. *Faust* in: Bamberger/Roth, § 463 Rn. 3, der anführt, eine Befristung auf 1.000 Jahre stehe im Ergebnis einem unbefristetem Wiederkaufsrecht gleich.

denspekulationen bei günstig an Familien überlassenen Grundstücken), so kann die Vereinbarung einer mehr als dreißigjährigen Ausübungsfrist sittenwidrig sein.[6] Außerdem sind derartige Fristen unter Umständen am Maßstab der §§ 305 ff. BGB auf ihre Angemessenheit hin zu untersuchen.[7]

Zulässig ist, eine Vereinbarung zu treffen, nach welcher der Fristablauf von dem Eintritt eines bestimmten Ereignisses oder der Beginn der Frist von einem bestimmten künftigen Ereignis abhängig gemacht wird, z.B. auch dem Tod einer natürlichen oder Bestand einer juristischen Person[8]. Es muss jedoch bei einer aufschiebenden Bedingung stets ein fester Endtermin vereinbart sein. Anderenfalls gilt die gesetzliche Frist des § 462 Satz 1 BGB.

Nachträgliche Fristvereinbarungen bedürfen bei formbedürftigen Verträgen grundsätzlich derselben **Form** wie die Vereinbarung des Wiederkaufsvorbehalts.[9]

C. Anwendungsfelder

§ 462 BGB ist nicht anwendbar auf das **Ankaufsrecht**[10], das **Optionsrecht**[11] und die **Ankaufspflicht**[12]. Ob die Norm auch auf das **Wiederverkaufsrecht** analog anwendbar ist, ist umstritten.[13]

---

[6] BGH v. 21.07.2006 - V ZR 252/05 - NJW-RR 2006, 1452.
[7] Für eine zwanzigjährige Selbstnutzungsverpflichtung zuletzt: BGH v. 16.04.2010 - V ZR 175/09 - BeckRS 2010, 12892.
[8] OLG Schleswig v. 05.01.1998 - 2 W 108/97 - NJW-RR 1999, 283-284.
[9] BGH v. 27.10.1972 - V ZR 37/71 - LM Nr. 57 zu § 313 BGB: Unter dem Gesichtspunkt der Beseitigung von Abwicklungsschwierigkeiten wurde in jenem Fall eine Ausnahme gemacht.
[10] *Weidenkaff* in: Palandt, § 462 Rn. 2.
[11] *Mader* in: Staudinger, § 462 Rn. 6.
[12] OLG Düsseldorf v. 28.02.1996 - 9 U 220/94 - NJW-RR 1997, 1174-1175.
[13] Bejahend *Mader* in: Staudinger, Vorbem. §§ 456 ff. Rn. 14; verneinend *Huber* in: Soergel, 12. Aufl. 1991, § 503 Rn. 4.

§ 463

Kapitel 3 - Vorkauf

§ 463 BGB Voraussetzungen der Ausübung

(Fassung vom 02.01.2002, gültig ab 01.01.2002)

Wer in Ansehung eines Gegenstandes zum Vorkauf berechtigt ist, kann das Vorkaufsrecht ausüben, sobald der Verpflichtete mit einem Dritten einen Kaufvertrag über den Gegenstand geschlossen hat.

Gliederung

A. Grundlagen... 1	1. Kaufvertrag... 27
I. Kurzcharakteristik................................. 1	2. Wirksamkeit des Kaufvertrages 29
II. Gesetzgebungsmaterialien..................... 3	III. Dritter.. 32
III. Zweck 5	IV. Abdingbarkeit...................................... 33
IV. Schuldrechtliches und dingliches Vorkaufsrecht 8	**D. Rechtsfolgen** 34
V. Gesetzliche Vorkaufsrechte..................... 13	I. Rechtslage vor Eintritt des Vorkaufsfalls 35
VI. Rechtsnatur des schuldrechtlichen Vorkaufsrechts.. 16	II. Rechtslage zwischen Eintritt des Vorkaufsfalls und Ausübung des Vorkaufsrechts............... 36
VII. Abgrenzungen..................................... 17	III. Rechtsfolgen der Nichtausübung des Vorkaufsrechts... 38
B. Praktische Bedeutung............................ 22	
C. Anwendungsvoraussetzungen.................. 23	IV. Abdingbarkeit...................................... 39
I. Vorkaufsrecht... 23	V. Ausschluss der Ausübungsbefugnis............. 40
II. Vorkaufsfall 26	

A. Grundlagen

I. Kurzcharakteristik

1 § 463 BGB regelt die Voraussetzungen der Ausübung des Vorkaufsrechts. Das Bestehen eines Vorkaufsrechts setzt die Vorschrift voraus. Das schuldrechtliche Vorkaufsrecht, welches in den §§ 463-473 BGB geregelt ist, stellt die Befugnis dar, einen Gegenstand durch einen Kauf zu erwerben, wenn der Vorkaufsverpflichtete diesen Gegenstand an einen Dritten verkauft. Mit der Ausübung des Vorkaufsrechts kommt dann der Kaufvertrag zwischen Vorkaufsberechtigtem und Vorkaufsverpflichtetem mit dem gleichen Inhalt zustande wie der zwischen dem Vorkaufsverpflichteten und dem Dritten geschlossene Kaufvertrag.

2 Das Vorkaufsrecht kann **aufgrund Gesetzes** oder **aufgrund eines Vertrages** zwischen Vorkaufsverpflichteten und Vorkaufsberechtigten entstehen.

II. Gesetzgebungsmaterialien

3 E I § 481; II § 439; III § 499; Motive, Bd. II, S. 345; Protokolle, Bd. II, S. 93.

4 Durch die Schuldrechtsmodernisierung sind die Vorschriften über das Vorkaufsrecht (§§ 495-514 BGB a.F.) im Wesentlichen unverändert übernommen worden. Es handelt sich lediglich um eine andere Paragraphenzählung und es wurden geringe Anpassungen an den heutigen Sprachgebrauch vorgenommen.[1]

III. Zweck

5 Das Vorkaufsrecht gibt dem Berechtigten die Möglichkeit, einen Gegenstand zu erwerben, wenn ein anderer diesen verkauft. Der Vorkaufsberechtigte kann mit diesem Recht entweder Erwerbsinteressen oder Abwehrinteressen verfolgen.

---

[1] BT-Drs. 14/6040, S. 242; Beschlussempfehlung und Berichte des Rechtsausschusses: BT-Drs. 14/7052, S. 44-45.

Ein dem **Erwerbsinteresse** dienendes Vorkaufsrecht soll gegenüber einem gegenwärtig noch nicht verkaufswilligen Sachbesitzer sicherstellen, dass der Vorkaufsberechtigte zu dem Zeitpunkt, in dem sich der Besitzer zu einer Veräußerung entschließt, eine Erwerbschance erhält.

Das **Abwehrinteresse** steht im Vordergrund, wenn es dem Berechtigten vor allem darum geht, den Erwerb durch einen Dritten zu verhindern oder dessen Einbruch in eine Gemeinschaft abzuwehren.

IV. Schuldrechtliches und dingliches Vorkaufsrecht

Die §§ 463-473 BGB gelten für das dingliche Vorkaufsrecht ergänzend (§ 1098 BGB), während die §§ 1094-1104 BGB nicht für das schuldrechtliche Vorkaufsrecht gelten.

Das **dingliche Vorkaufsrecht** bildet ein eigenständiges Sachenrecht. Sein Inhalt ist durch Gesetz festgelegt und zählt zu den enumerativ normierten Sachenrechten des BGB. Zwar besteht die Möglichkeit, dass dem eingeräumten dinglichen Vorkaufsrecht ein obligatorisches zugrunde liegt, notwendig ist dies jedoch nicht. Stehen ein dingliches und ein obligatorisches Vorkaufsrecht nebeneinander, so ist die causa des dinglichen nicht das schuldrechtliche Vorkaufsrecht, sondern vielmehr die zur Bestellung des dinglichen Rechts führende Abrede.

Das dingliche Vorkaufsrecht begründet eine Verpflichtung für den jeweiligen Eigentümer des Grundstücks. Es kann nicht für einen bestimmten Kaufpreis bestellt werden, und es gilt auch noch im Falle der Zwangsversteigerung und des Verkaufs durch den Insolvenzverwalter, § 1098 Abs. 1 Satz 2 BGB. Die vertragliche Erstreckungsmöglichkeit auf mehrere oder alle Vorkaufsfälle ist beim dinglichen Vorkaufsrecht in § 1097 BGB vorgesehen, während das schuldrechtliche grundsätzlich nur für einen Vorkaufsfall gilt,[2] wegen der Abdingbarkeit des § 463 BGB ist aber auch eine andere Vereinbarung möglich.[3] Bedeutung erlangt diese Frage vor allem, wenn es zu einer Rückabwicklung des ersten Kaufvertrages, z.B. nach einem Rücktritt, kommt. Ist der Kaufvertrag mit dem Dritten nichtig, liegt kein Vorkaufsfall vor, sodass das Vorkaufrecht auch noch nicht verbraucht ist.[4]

Das **schuldrechtliche** Vorkaufsrecht kann grundsätzlich an allen Vermögenswerten bestellt werden. Während das dingliche Vorkaufsrecht jedoch eine unmittelbare Belastung des Grundstücks mit Wirkung gegen jeden Dritten darstellt, kann der Anspruch aus dem schuldrechtlichen Vorkaufsrecht nur durch eine **Vormerkung** (§ 883 BGB) dinglich gesichert werden.[5]

Das schuldrechtliche Vorkaufsrecht ist beim Verkauf in der Zwangsvollstreckung und durch den Insolvenzverwalter ausgeschlossen, § 471 BGB.

V. Gesetzliche Vorkaufsrechte

Die §§ 463-473 BGB regeln das Vorkaufsrecht, welches Vorkaufsberechtigter und Vorkaufsverpflichteter durch Vertrag begründen. Es gibt jedoch auch zahlreiche gesetzliche Vorkaufsrechte, z.B. für Miterben in § 2034 BGB, für Mieter von neu geschaffenem Wohnungseigentum in § 577 BGB[6], für Gemeinden in den §§ 24-28 BauGB und für Nutzer im Beitrittsgebiet in § 57 Abs. 1 SchuldRAnpG. Weitere gesetzliche Vorkaufsrechte bestehen nach § 4 RSiedlG, §§ 20, 20 a VermG, § 9 a FStrG (Bundesfernstraßengesetz). Zudem gibt es die naturschutzrechtlichen Vorkaufsrechte in den Landesgesetzen.[7]

Gegenüber rechtsgeschäftlich begründeten Vorkaufsrechten genießen die durch Gesetz geschaffenen Vorkaufsrechte im öffentlichen Interesse Vorrang.

Die §§ 463-473 BGB gelten überwiegend auch für die gesetzlichen Vorkaufsrechte (vgl. im Einzelnen § 28 Abs. 2 Satz 2 BauGB).

---

[2] *Grunewald* in: Erman, § 463 Rn. 10.
[3] *Berringer*, MittBayNot 2003, 34-35, 34 f.
[4] *Grunewald* in: Erman, § 463 Rn. 10.
[5] BayObLG München v. 16.11.1977 - BReg 2 Z 62/77 - NJW 1978, 700-701.
[6] Zur analogen Anwendung des § 577 BGB auf den Mieter eines Reihenhausgrundstücks bei Realteilung des mit mehreren Reihenhäusern bebauten Grundstücks vgl. BGH v. 28.05.2008 - VIII ZR 126/07 - NJW 2008, 2257.
[7] Dazu *Postel*, NuR 2006, 555-563.

§ 463

VI. Rechtsnatur des schuldrechtlichen Vorkaufsrechts

16 Die Rechtsnatur des Vorkaufsrechts ist seit langem lebhaft umstritten. Die **Lehre vom doppelt bedingten Kaufvertrag** nimmt an, dass beim Vorkaufsrecht ein Kaufvertrag vorliegt, der zum einen durch den Verkauf des Grundstückes durch den Verpflichteten und zum anderen durch die entsprechende Erklärung des Berechtigten bedingt ist.[8] Nach **a.A.** handelt es sich bei dem Vorkaufsrecht um ein Gestaltungsrecht, mit dessen Ausübung der Kaufvertrag zustande kommt.[9] Da jedoch zwischen den genannten Ansichten im Ergebnis kein Widerspruch herrscht, besteht hinsichtlich der Entscheidung der Sachfragen weitgehend Einigkeit. Für die Auslegung kommt es eher auf das wirtschaftlich Gewollte als auf die lückenlose Erfassung des Parteiwillens mit einem der bekannten Vertragstypen an.[10]

VII. Abgrenzungen

17 **Wiederkaufsrecht**, §§ 456-503 BGB: Durch beide Vertragstypen wird dem Partner das Recht eingeräumt, eine Sache zu kaufen. Anders als beim Wiederkaufsrecht setzt das Vorkaufsrecht jedoch einen Vertragsschluss des Verpflichteten mit einem Dritten voraus.

18 **Vorhand**: Von einer Vorhand spricht man, wenn jemand die Verpflichtung eingeht, über einen bestimmten Gegenstand vor der Veräußerung an einen Dritten mit dem Berechtigten zu verhandeln oder ihn dem Berechtigten anzubieten.[11] Unter dem Begriff „Vorhand" werden sehr unterschiedliche Vereinbarungen verstanden, welche das Vorrecht des Begünstigten verschieden stark ausgestalten können. Sie kann sich auch auf künftige Sachen oder Rechte beziehen. Im Unterschied zum Vorkaufsrecht hat der Berechtigte bei der Vorhand nicht die Möglichkeit, im Falle der Veräußerung einen Vertrag des Verpflichteten durch einseitige Erklärung abzuschließen.

19 **Ankaufsrecht**: Das Ankaufsrecht kann als bindendes Verkaufsangebot, durch einen Kauf-Vorvertrag oder mittels eines aufschiebend bedingten Kaufvertrages eingeräumt werden.[12] Bei einem bindenden Verkaufsangebot, das innerhalb einer bestimmten Frist angenommen werden kann, entsteht das Ankaufsrecht ohne Vertrag allein durch das bindende Angebot, das aber so bestimmt sein muss, dass eine einfache Annahme genügt. Grundvoraussetzung des Ankaufsrechts ist, dass der Kaufpreis, zu dem das Ankaufsrecht ausgeübt werden kann, sowie der Kaufgegenstand zumindest bestimmbar sind.[13] Der Anspruch aus dem Ankaufsrecht ist übertragbar und unterliegt grundsätzlich der dreijährigen Verjährung des § 195 BGB.[14]

20 **Optionsvertrag**: Dadurch wird dem Berechtigten das Recht eingeräumt, durch eine Willenserklärung einen Kaufvertrag mit festgelegtem Inhalt zustande zu bringen. Der Optionsvertrag unterscheidet sich vom Kaufvertrag oder dem Vorvertrag dadurch, dass bei diesem der Kaufvertrag erst durch die Ausübung der Option zustande kommt. Der Unterschied zum Vorkaufsrecht besteht darin, dass der Berechtigte in den Grenzen der vertraglichen Vereinbarung die Option jederzeit ausüben kann, während dies beim Vorkaufsrecht nur im Vorkaufsfall, also bei Veräußerung des Gegenstandes an einen Dritten der Fall ist.

21 **Vorpacht- und Vormietrechte**: In gleicher Weise, wie dem Berechtigten die Befugnis, einen Kaufvertrag mit dem Verpflichteten durch Erklärung gegenüber dem Verpflichteten zustande zu bringen, eingeräumt werden kann, kann diese Befugnis auch auf andere Vertragstypen bezogen werden. Das

---

[8] *Huber* in: Soergel, 12. Aufl. 1991, vor § 504 Rn. 7; *Grunewald* in: Erman, § 463 Rn. 3.
[9] BGH v. 25.11.1987 - VIII ZR 283/86 - juris Rn. 20 - BGHZ 102, 237-246; *Weidenkaff* in: Palandt, vor § 463 Rn. 1.
[10] *Westermann* in: MünchKomm-BGB, § 463 Rn. 7.
[11] *Weidenkaff* in: Palandt, vor § 463 Rn. 12; *Larenz*, Schuldrecht, Band I: Allgemeiner Teil, 14. Aufl. 1987, § 44 IV 2.
[12] BGH v. 21.04.1967 - V ZR 75/64 - BGHZ 47, 387-393.
[13] OLG Düsseldorf v. 21.12.1994 - 9 U 208/94 - NJW-RR 1995, 718-719.
[14] *Weidenkaff* in: Palandt, vor § 463 Rn. 14.

kommt insbesondere in Bezug auf Pacht- und Mietverträge häufig vor.[15] Die Vorschriften über den Vorkauf gelten, sofern nicht Besonderheiten bestehen, entsprechend.[16]

B. Praktische Bedeutung

Bei Grundstücken und an Gesellschaftsbeteiligungen sind Vorkaufsrechte häufig anzutreffen.[17]

22

C. Anwendungsvoraussetzungen

I. Vorkaufsrecht

Das Vorkaufsrecht kann aufgrund Gesetzes oder aufgrund einer vertraglichen Vorkaufsvereinbarung entstehen. Des Weiteren kann sich die Berechtigung zum Vorkauf auch aus einer **letztwilligen Verfügung**[18] oder durch ein **Vermächtnis**[19] ergeben. Möglich ist auch die Begründung durch **Vertrag zugunsten eines Dritten** (§ 328 BGB).

23

Während das dingliche Vorkaufsrecht nur an Grundstücken und grundstücksgleichen Rechten bestellt werden kann, ist alles, was Gegenstand eines Kaufvertrages sein kann, auch als Gegenstand des Vorkaufs nach § 463 BGB möglich. Das Vorkaufsrecht kann auch an ideellen Teilen einer Sache bestehen, wobei ein Mitberechtigter dann nicht als „Dritter" i.S.d. § 463 BGB gilt.[20] Reale Teile einer Sache können ebenfalls mit einem schuldrechtlichen Vorkaufsrecht belastet werden, wenn der belastete Teil im Vertrag hinreichend bestimmbar bezeichnet wird und die Sache teilbar ist.[21]

24

Die vertragliche Begründung ist grundsätzlich **formfrei**. Der Vertrag bedarf jedoch, sofern die betroffenen Gegenstände nur formgebunden verkauft werden können, der jeweiligen Form des Kaufvertrages; notarielle Beurkundung bei Grundstücken (§ 311 b BGB), bei GmbH-Anteilen (§ 15 Abs. 4 GmbHG). Formbedürftig ist auch der Vorvertrag zum Vorkaufsvertrag über ein Grundstück.[22] Ein Formmangel kann geheilt werden.

25

II. Vorkaufsfall

Der Vorkaufsfall tritt ein, wenn der betreffende Gegenstand von dem Verpflichteten an einen Dritten wirksam verkauft wird.

26

1. Kaufvertrag

Es muss ein Kaufvertrag zwischen dem Vorkaufsverpflichteten und dem Drittkäufer entstanden sein (vgl. die Kommentierung zu § 433 BGB). Der Abschluss eines anderen Rechtsgeschäfts in Bezug auf den Gegenstand reicht grundsätzlich nicht aus. Das Vorkaufsrecht kann jedoch ausnahmsweise durch verkaufsähnliche Vertragsgestaltung bei Einbringung einer mit einem Vorkaufsrecht belasteten Sache in eine Gesellschaft und anschließender entgeltlicher Übertragung der Gesellschaftsanteile an einen Dritten ausgelöst werden.[23]

27

Insbesondere keine Vorkaufsfälle sind:

28

- **Tauschverträge**: Auch der „Ringtausch", bei dem der Vertrag über die Veräußerung des mit dem Vorkaufsrecht belasteten Grundstücks in seiner Wirksamkeit mit einem zwischen dem Verpflichteten und einem anderen abgeschlossenen Vertrag gekoppelt wird, der den Erwerb eines Grundstücks sei-

---

[15] BGH v. 25.11.1987 - VIII ZR 283/86 - juris Rn. 20 - BGHZ 102, 237-246.
[16] BGH v. 25.11.1987 - VIII ZR 283/86 - juris Rn. 20 - BGHZ 102, 237-246.
[17] BGH v. 25.09.1986 - II ZR 272/85 - juris Rn. 11 - NJW 1987, 890-898; OLG Karlsruhe v. 11.04.1990 - 14 U 267/88 - NJW-RR 1990, 932-936.
[18] *Mader* in: Staudinger, § 463 Rn. 1.
[19] *Mader* in: Staudinger, § 463 Rn. 1.
[20] *Mader* in: Staudinger, § 463 Rn. 5.
[21] *Huber* in: Soergel, 12. Aufl. 1991, § 504 Rn. 2 a.
[22] *Putzo* in: Palandt, § 463 Rn. 3; *Mader* in: Staudinger, § 504 Rn. 7.
[23] BGH v. 27.01.2012 - V ZR 272/10 - NJW 2012, 1354-1356.

tens des Verpflichteten vorsieht, stellt keinen Vorkaufsfall dar.[24] Ob ein Kauf oder ein Tausch vorliegt, richtet sich nach dem Inhalt der Vereinbarung und nicht nach der Bezeichnung der Parteien. Die Verpflichtung einer Partei, bare Zuzahlung zu leisten, um den Wert auszugleichen, nimmt dem Vertrag nicht den Charakter als Tausch. In einem solchen Fall kommt es darauf an, welche Leistung nach den Interessen der Parteien als Hauptleistung anzusehen ist.[25]

- **Schenkung**: Eine Schenkung löst das Vorkaufsrecht nicht aus. Dasselbe gilt für die gemischte Schenkung, also die Veräußerung zu einem deutlich niedrigeren Kaufpreis, wobei die Parteien sich einig sind, dass die Zuwendung teilweise unentgeltlich erfolgen soll.[26] Dagegen löst die Veräußerung zu einem Freundschaftspreis, also zu einem günstigen Preis ohne Einverständnis über die teilweise Unentgeltlichkeit, das Vorkaufsrecht aus.[27]
- **Veräußerungen gegen sonstige Gegenleistungen**: Vergütungen für Dienste, z.B. durch die Überlassung eines Grundstücks an einen Gutsangestellten, stellen keinen Vorkaufsfall dar. Bei einem Leibrentenvertrag ist dagegen ein Vorkaufsfall gegeben, wenn die Leibrente in Geld besteht.[28]
- Das Vorkaufsrecht wirkt auch bei **Umgehungsgeschäften**, die einem Kauf gleichkommen[29] und bei kaufähnlichen Rechtsgeschäften[30]. Eine Umgehung ist dann anzunehmen, wenn einem Geschäft, das normalerweise einen Vorkaufsfall darstellen würde, eine Gestalt gegeben wird, die eine Ausübung des Vorkaufsrechts verhindert.[31] Dies ist der Fall, wenn der Vorkaufsverpflichtete ein Entgelt erhält, der begünstigte Dritte wirtschaftlich die Stellung eines Eigentümers erlangt und der Vorkaufsberechtigte in den Vertrag eintreten kann, was aber nur der Fall ist, wenn dem Drittkäufer sowohl ein Nutzungs- als auch ein Erwerbsrecht eingeräumt wird.[32] Ein Umgehungsgeschäft liegt dabei nur vor, wenn keine vernünftigen Gründe ersichtlich sind, warum die Beteiligten keinen Verkauf, sondern eine andere Vertragsgestaltung gewählt haben. Keinen kaufähnlichen Vertrag stellt beispielsweise die Bestellung einer beschränkt persönlichen Dienstbarkeit zur Ausbeutung eines Grundstücks als Steinbruch auf 99 Jahre gegen in 10 Jahresraten zahlbares Entgelt dar.[33]

2. Wirksamkeit des Kaufvertrages

29 Grundsätzlich kommt nur ein wirksamer Vertrag als Vorkaufsfall in Betracht. Absichtserklärungen, Vertragsverhandlungen, ein bindendes Angebot oder die Einräumung eines Ankaufsrechts ermöglichen noch nicht die Ausübung des Vorkaufsrechts. Jedoch ist im Rahmen des gemeindlichen Vorkaufsrechts eine Ausübung bereits dann möglich, wenn noch nicht alle behördlichen Genehmigungen vorliegen.[34]

30 **Einzelfälle**:
- **Nichtigkeit**: Gesetzeswidrige, sittenwidrige und formungültige Verträge sind keine Vorkaufsfälle. Eine Heilung gemäß § 311b Abs. 1 Satz 2 BGB macht den formgültigen Grundstücksverkauf zum Vorkaufsfall. Ein als Scheingeschäft nichtiger Vertrag stellt grundsätzlich keinen Vorkaufsfall dar.[35]

---

[24] BGH v. 27.10.1967 - V ZR 157/64 - BGHZ 49, 7-11.
[25] Insbesondere bei der Inzahlungnahme, vgl. hierzu im Einzelnen die Kommentierung zu § 480 BGB; BGH v. 18.01.1967 - VIII ZR 209/64 - BGHZ 46, 338-343.
[26] *Huber* in: Soergel, § 504 Rn. 13.
[27] *Huber* in: Soergel, § 504 Rn. 13.
[28] *Huber* in: Soergel, § 504 Rn. 12.
[29] BGH v. 11.10.1991 - V ZR 127/90 - BGHZ 115, 335-346.
[30] BGH v. 20.03.1998 - V ZR 25/97 - LM BGB § 504 Nr. 16 (1/1999); BGH v. 26.09.2003 - V ZR 70/03 - NJW 2003, 3769-3770.
[31] Näheres bei *Mader* in: Staudinger, § 463 Rn. 18 ff.
[32] *Hertel*, DNotZ 2004, 451-457; vgl. auch Anmerkungen zu BGH v. 26.09.2003 - V ZR 70/03 - NJW 2003, 3769-3770 bei *Hegmanns*, EWiR 2004, 637-638.
[33] BGH v. 26.09.2003 - V ZR 70/03 - NJW 2003, 3769-3770.
[34] BGH v. 15.05.1998 - V ZR 89/97 - BGHZ 139, 29-35; OVG Magdeburg v. 23.07.2001 - A 2 S 671/99 - JMBl ST 2002, 200-201; *Leinenbach*, LKV 2002, 168-169, 168.
[35] Vgl. *Mader* in: Staudinger, § 463 Rn. 25.

Dies gilt auch bei gesetzlichen Vorkaufsrechten.[36] Bei einem naturschutzrechtlichen Vorkaufsrecht, welches wie § 36 NatSchG SL nur an die Vorlage der notariellen Vertragsurkunde anknüpft, ist es für die Frage der Rechtmäßigkeit des Ausübungsbescheides ohne Bedeutung, ob es sich bei dem den Vorkaufsfall auslösenden Kaufvertrag um einen Schwarzkauf handelt.[37]

- **Anfechtung**: Die Anfechtbarkeit des Kaufvertrages wegen Irrtums, Täuschung oder Drohung hindert die Ausübung des Vorkaufsrechts nicht. Wird ein angefochtenes Rechtsgeschäft vor Abgabe der Vorkaufserklärung angefochten, stellt dies keinen Vorkaufsfall mehr dar. Wird die Anfechtung nachträglich erklärt, so muss dies trotz § 142 BGB dem Vorkaufsrecht nicht entgegenstehen.[38]
- **Rücktritt**: Auch ein unter Rücktrittsvorbehalt zugunsten des Dritten abgeschlossener Kaufvertrag bildet einen Vorkaufsfall. In diesem Fall hindert auch die spätere Erklärung des Rücktritts die Ausübung des Vorkaufsrechts nicht mehr.[39] Das mit dem Eintritt des Vorkaufsfalls entstandene Gestaltungsrecht des Vorkaufsberechtigten ist in seinem weiteren Fortbestand vom rechtlichen Schicksal des Kausalverhältnisses zwischen dem Verpflichteten und dem Dritten grundsätzlich unabhängig. Das Gleiche gilt bei einem gesetzlichen Rücktrittsrecht. Ein vertragliches Rücktrittsrecht geht allerdings nach § 464 Abs. 2 BGB in das Verhältnis der Vorkaufsparteien über und steht dem Berechtigten zu.[40]
- **Genehmigungsbedürftiger Kaufvertrag**: Ein verbindlicher Kaufvertrag, welcher das Vorkaufsrecht auslöst, liegt noch nicht vor, wenn zu dessen Wirksamkeit eine behördliche Genehmigung erforderlich ist und diese noch nicht erteilt wurde.[41] Bis zur Erteilung der Genehmigung kann der Kaufvertrag von seinen Parteien noch abgeändert oder aufgehoben werden, sodass der Vorkaufsfall mit der Genehmigung anders oder gar nicht eintritt. Der Vorkaufsberechtigte muss sich noch nicht erklären, da die Frist des § 469 BGB noch nicht beginnt. Das Vorkaufsrecht kann mit Wirkung auf den Genehmigungszeitpunkt ausgeübt werden.[42]
- **Bedingter Kauf**: Unter einer Bedingung abgeschlossene Verträge gelten als Vorkaufsfälle.[43] In diesem Fall kann der Berechtigte sein Vorkaufsrecht mit Eintritt der Bedingung ausüben. Tritt eine aufschiebende Bedingung nicht ein, so ist das Vorkaufsrecht nicht verbraucht und der Vorkaufsfall nicht eingetreten. Bis zum Bedingungseintritt können der Verpflichtete und der Dritte den Vertrag abändern oder auflösen.[44]

Eine Vertragsaufhebung nach Zustandekommen eines rechtswirksamen Kaufvertrags beeinträchtigt das Vorkaufsrecht nicht mehr. Bis zur Erteilung aller für die Wirksamkeit des Vertrags erforderlichen Genehmigungen können Verkäufer und Käufer den Kaufvertrag willkürlich aufheben und damit das Vorkaufsrecht gegenstandslos machen. Der Vorkaufsberechtigte hat kein Recht auf den Eintritt des Vorkaufsfalls.[45] Liegen die Voraussetzungen für die Ausübung des Vorkaufsrechts aber erst einmal vor, ist das daraus erwachsene Gestaltungsrecht des Vorkaufsberechtigen in seinem rechtlichen Fortbestand grundsätzlich unabhängig von dem rechtlichen Schicksal des Kaufverhältnisses zwischen dem Vorkaufsverpflichteten und dem Dritten.[46]

---

[36] VG Ansbach v. 25.09.2000 - AN 18 K 98.01234 - MittBayNot 2001, 588-590.
[37] OVG Saarlouis v. 08.07.2003 - 1 R 9/03; zum naturschutzrechtlichen Vorkaufsrecht von Sachsen Anhalt vgl. OVG Magdeburg v. 13.12.2001 - 2 L 342/00 - LKV 2003, 189-191.
[38] BGH v. 25.09.1986 - II ZR 272/85 - juris Rn. 25 - NJW 1987, 890-898; *Weidenkaff* in: Palandt, § 463 Rn. 6; BGH v. 11.02.1977 - V ZR 40/75 - BGHZ 67, 395-399.
[39] BGH v. 11.02.1977 - V ZR 40/75 - BGHZ 67, 395-399.
[40] *Mader* in: Staudinger, § 463 Rn. 27.
[41] BGH v. 04.06.1954 - V ZR 18/53 - BGHZ 14, 1-6; BGH v. 15.06.1960 - V ZR 105/59 - BGHZ 32, 383-390.
[42] BGH v. 15.05.1998 - V ZR 89/97 - BGHZ 139, 29-35.
[43] Differenzierend *Mader* in: Staudinger, § 463 Rn. 29.
[44] *Grunewald* in: Erman, § 463 Rn. 13.
[45] BGH v. 04.06.1954 - V ZR 18/53 - BGHZ 14, 1, 3; BGH v. 11.02.1977 - V ZR 40/75 - NJW 1977, 762, 763; BGH v. 15.05.1998 - V ZR 89/97 - NJW 1998, 2352, 2353.
[46] BGH v. 01.10.2010 - V ZR 173/09 - NJW 2010, 3774-3775.

III. Dritter

32 Der Käufer des Kaufvertrages muss Dritter sein. Daher liegt kein Vorkaufsfall vor bei einem **Erbteilskauf**, einer **Miterbenauseinandersetzung**[47] oder bei der Veräußerung an einen **Miteigentümer bei Teilungsversteigerung**[48]. Kein Dritter ist wegen enger Verbundenheit auch ein **Miteigentümer der Wohnungseigentümergemeinschaft**, sodass der Verkauf einer Eigentumswohnung an einen anderen Miteigentümer ebenfalls keinen Vorkaufsfall auslöst.[49] Jedenfalls muss sich die Bestellung eines Vorkaufsrechts für die Miteigentümer einer Wohnungseigentümergemeinschaft auch für den Fall des Verkaufs an einen anderen Miteigentümer hinreichend deutlich aus der Einigung über die Bestellung des Vorkaufsrechtes ergeben. Ist eine solche Einigung nicht ausdrücklich erzielt worden, darf der sein Vorkaufsrecht ausübende Wohnungseigentümer nicht besser stehen, als der ebenfalls vorkaufsberechtigte Wohnungseigentümer, der als Käufer auftritt.[50] Verkauft der Verpflichtete an einen von mehreren Vorkaufsberechtigten, so ist dies ein Vorkaufsfall. Es liegt ein Verkauf an einen Dritten vor, da der Käufer sein Vorkaufsrecht nicht allein ausüben kann.[51] Ist der Verpflichtete eine Kommanditgesellschaft, so ist der im Verkaufszeitpunkt ausgeschiedene Gesellschafter Dritter.[52]

IV. Abdingbarkeit

33 Die §§ 463-473 BGB sind dispositiver Natur und können durch Parteivereinbarungen abgewandelt werden. Es kann vereinbart werden, dass auch andere Rechtsgeschäfte den Vorkaufsfall auslösen sollen[53] oder dass das schuldrechtliche Vorkaufsrecht nicht nur auf einen Vorkaufsfall beschränkt sein soll[54] oder dass nur der Verkauf an bestimmte Personen einen Vorkaufsfall auslösen soll[55].

D. Rechtsfolgen

34 Gemäß § 464 Abs. 2 BGB kommt mit der Ausübung des Vorkaufsrechts der Kaufvertrag zwischen dem Berechtigten und dem Verpflichteten unter den Bestimmungen zustande, welche der Verpflichtete mit dem Dritten vereinbart hat.

I. Rechtslage vor Eintritt des Vorkaufsfalls

35 Solange der Vorkaufsfall nicht eingetreten ist, besteht ein durch den Verkauf seitens des Verpflichteten an einen Dritten und die Ausübung des **Vorkaufsrechts doppelt bedingter Anspruch des Berechtigten** gegen den Verpflichteten. Dieser Anspruch kann durch eine Vormerkung gesichert werden. Das Vorkaufsrecht begründet jedoch keine weitergehenden **Pflichten für den Verpflichteten**. Es treffen ihn insbesondere keine Obhuts- oder Sorgfaltspflichten hinsichtlich des Gegenstandes. Er ist auch nicht gehindert, den Gegenstand in der Zwischenzeit mit Rechten Dritter zu belasten, die dem Vorkaufsberechtigten gegenüber wirksam sind.[56] Wenn er damit bezweckt, den Berechtigten an seiner Ausübung zu hindern, kann eine solche Belastung zum Zwecke der Vereitelung des Vorkaufsrechts gemäß §§ 134, 138 BGB nichtig sein.[57] Der Verpflichtete besitzt des Weiteren grundsätzlich inhaltliche Gestaltungsfreiheit hinsichtlich des Kaufvertrages mit dem Dritten. Eine Vereinbarung, die auf die Vereitelung oder Verleidung des Vorkaufsrechts abzielt, ist jedoch dem Vorkaufsberechtigten ge-

---

[47] BGH v. 14.11.1969 - V ZR 115/66 - BB 1970, 1073.
[48] BGH v. 23.04.1954 - V ZR 145/52 - BGHZ 13, 133-142.
[49] LG Hannover v. 17.06.2004 - 3 O 100/04 - ZMR 2004, 865-866; offenlassend OLG Celle v. 11.10.2004 - 4 U 194/04 - ZMR 2005, 141-142.
[50] OLG Celle v. 11.10.2004 - 4 U 194/04 - ZMR 2005, 141-142.
[51] OLG Hamm v. 28.04.1988 - 22 U 268/87 - ZMR 1989, 374-376.
[52] OLG Karlsruhe v. 11.04.1990 - 14 U 267/88 - NJW-RR 1990, 932-936.
[53] BGH v. 30.11.1990 - V ZR 272/89 - juris Rn. 24 - LM Nr. 8 zu § 497 BGB.
[54] *Berringer*, MittBayNot 2003, 34-35, 34 f.
[55] *Grunewald* in: Erman, § 463 Rn. 8.
[56] *Mader* in: Staudinger, § 463 Rn. 18.
[57] BGH v. 25.01.1961 - V ZR 80/59 - BGHZ 34, 200-206.

genüber unwirksam.[58] Nichtig kann eine Preisgestaltung sein, deren Zweck darin besteht, die Ausübung eines Vorkaufsrechtes zu vereiteln. Dies ist beispielsweise der Fall, wenn bei der Veräußerung mehrerer Eigentumswohnungen zu einem Gesamtpreis ein überhöhter Einzelpreis für eine Wohnung angegeben wird, um die Ausübung des Vorkaufsrechtes wirtschaftlich sinnlos erscheinen zu lassen. Enthält der Vertrag eine salvatorische Klausel, tritt an die Stelle der nichtigen Preisgestaltung ein nach § 467 BGB zu ermittelnder Einzelpreis.[59]

II. Rechtslage zwischen Eintritt des Vorkaufsfalls und Ausübung des Vorkaufsrechts

Ist der Vorkaufsfall eingetreten, so steht dem Berechtigten eine Befugnis zur Ausübung seines Rechts zu, die ihm durch die Parteien des Kaufvertrages nicht mehr entzogen werden kann. Eine einvernehmliche Aufhebung des Kaufvertrages oder ein Rücktritt führen nicht dazu, dass das Recht zur Ausübung des Vorkaufsrechts entfällt.[60] 36

Solange der Berechtigte sein Vorkaufsrecht noch nicht ausgeübt hat, kann der Verpflichtete nach h.M. noch Änderungen des Kaufvertrages auch zum Nachteil des Berechtigten vereinbaren.[61] Mit Eintritt des Vorkaufsfalls entsteht für den Verkäufer die Benachrichtigungspflicht des § 469 Abs. 1 BGB. Dies wird in der Literatur als wenig konsequent kritisiert, weil es dazu führen würde, dem Berechtigten faktisch die Überlegungsfrist des § 469 Abs. 2 BGB zu entziehen, da er sein Vorkaufsrecht möglichst schnell ausüben müsse, um einer eventuellen Änderung zuvorzukommen.[62] Für den Fall nachträglicher Änderungen wird daher vielfach ein Wahlrecht des Berechtigten angenommen.[63] 37

III. Rechtsfolgen der Nichtausübung des Vorkaufsrechts

Ist der Vorkaufsfall eingetreten und übt der Berechtigte sein Vorkaufsrecht nicht aus, so erlischt das schuldrechtliche, nur für einen Vorkaufsfall eingeräumte Vorkaufsrecht. Das schuldrechtliche Vorkaufsrecht kann somit nur beim ersten auf seine Begründung folgenden Verkaufsfall ausgeübt werden, wenn nicht etwas anderes vereinbart worden ist. 38

IV. Abdingbarkeit

Hinsichtlich der Rechtsfolgen besteht beim schuldrechtlichen Vorkaufsrecht Vertragsfreiheit. Damit kann auch vereinbart werden, dass der Berechtigte das Vorkaufsrecht, ohne Rücksicht auf den tatsächlich zwischen dem Verpflichteten und dem Dritten vereinbarten Kaufpreis, zu einem Festpreis oder Schätzpreis ausüben kann. 39

V. Ausschluss der Ausübungsbefugnis

Ein Ausschluss der Ausübungsbefugnis kann aus verschiedenen Gründen eintreten. Vor Eintritt des Vorkaufsfalls kann ein **Erlassvertrag** zwischen dem Verpflichteten und dem Berechtigten geschlossen werden. Ein solcher Vertrag ist auch noch nach dem Eintritt des Vorkaufsfalls möglich. Die Ausübungsbefugnis entfällt auch im Falle der **Nichtausübung** innerhalb der Frist des § 469 Abs. 2 BGB und bei einem **gesetzlichen Ausschluss** gemäß §§ 466 Satz 2, 471, 472 BGB. Ein weiterer Ausschlussgrund kann sich aus **Treu und Glauben**, wenn der Berechtigte dem Drittkäufer zusagt, von seinem Recht keinen Gebrauch zu machen[64], oder im Falle der Konfusion ergeben. Dies ist insbesondere der Fall, wenn der Vorkaufsberechtigte den Vorkaufsverpflichteten beerbt.[65] 40

---

[58] Näheres bei *Mader* in: Staudinger, § 463 Rn. 20.
[59] BGH v. 15.06.2005 - VIII ZR 271/04 - NJW-RR 2005, 1534.
[60] BGH v. 11.02.1977 - V ZR 40/75 - BGHZ 67, 395-399.
[61] BGH v. 11.07.1969 - V ZR 25/67 - LM Nr. 8 zu § 505 BGB; *Westermann* in: MünchKomm-BGB, § 463 Rn. 29; *Huber* in: Soergel, § 504 Rn. 41.
[62] *Faust* in: Bamberger/Roth, § 463 Rn. 23.
[63] *Grunewald* in: Erman, § 463 Rn. 15; *Mader* in: Staudinger, § 464 Rn. 18; *Vogt*, FS Hagen, 1999, S. 219 ff.
[64] BGH v. 23.05.1962 - V ZR 123/60 - BGHZ 37, 147-154.
[65] BGH v. 03.12.1999 - V ZR 329/98 - LM BGB § 504 Nr. 18 (8/2000); kritisch *Gebauer/Haubold*, JZ 2000, 680-683, 682.

§ 464 BB Ausübung des Vorkaufsrechts

(Fassung vom 02.01.2002, gültig ab 01.01.2002)

(1) ¹Die Ausübung des Vorkaufsrechts erfolgt durch Erklärung gegenüber dem Verpflichteten. ²Die Erklärung bedarf nicht der für den Kaufvertrag bestimmten Form.
(2) Mit der Ausübung des Vorkaufsrechts kommt der Kauf zwischen dem Berechtigten und dem Verpflichteten unter den Bestimmungen zustande, welche der Verpflichtete mit dem Dritten vereinbart hat.

Gliederung

A. Grundlagen... 1	II. Grundsatz der Identität der Vertragsbestimmungen 13
I. Kurzcharakteristik 1	III. Ausnahmen 16
II. Gesetzgebungsmaterialien 2	IV. Verhältnis zwischen Vorkaufsverpflichtetem und Vorkäufer 22
B. Anwendungsvoraussetzungen 4	
I. Ausübungserklärung 4	V. Verhältnis zwischen Vorkaufsverpflichtetem und Dritten 23
II. Wirksamkeit 6	
III. Form 11	VI. Verhältnis zwischen Vorkaufsberechtigtem und Dritten 24
C. Rechtsfolgen... 12	
I. Die Wirkung der Vorkaufserklärung (Absatz 2).. 12	

A. Grundlagen

I. Kurzcharakteristik

1 § 464 BGB regelt in Absatz 1 die Ausübung des Vorkaufsrechts und in Absatz 2 die Wirkungen der Ausübungserklärung. § 464 Abs. 1 BGB stellt klar, dass zur Ausübung des Vorkaufsrechts eine einseitige, empfangsbedürftige Willenserklärung genügt. Nach § 464 Abs. 1 Satz 2 BGB bedarf die Erklärung nicht der für den Kaufvertrag bestimmten Form. § 464 Abs. 2 BGB beruht auf dem Gedanken, dass der Vorkaufsberechtigte sich keine anderen, insbesondere keine ungünstigeren Bedingungen gefallen lassen muss als diejenigen, die mit dem Dritten vereinbart sind. Andererseits enthält diese Norm auch das Prinzip, dass der Vorkaufsverpflichtete, sofern nichts anderes vereinbart ist, grundsätzlich nicht schlechter gestellt werden soll, als wenn der Vertrag mit dem Dritten durchgeführt worden wäre.

II. Gesetzgebungsmaterialien

2 E I § 482; II § 439; III § 500; Motive, Bd. II, S. 346; Protokolle, Bd. II, S. 97.

3 Durch die Schuldrechtsmodernisierung sind die Vorschriften über das Vorkaufsrecht (§§ 495-514 BGB a.F.) im Wesentlichen unverändert übernommen worden. Es handelt sich lediglich um eine andere Paragraphenzählung und es wurden geringe Anpassungen an den heutigen Sprachgebrauch vorgenommen.[1] Für die jetzt in § 464 BGB geregelte Ausübungserklärung hatte der Bundesrat vorgeschlagen, die Formfreiheit abzuschaffen und insbesondere für Verträge über Grundstücke die notarielle Beurkundung vorzusehen.[2] Dem ist der Gesetzgeber ausdrücklich nicht gefolgt.[3]

B. Anwendungsvoraussetzungen

I. Ausübungserklärung

4 Die Ausübung erfolgt durch **empfangsbedürftige Willenserklärung** gegenüber dem Verpflichteten. Die Erklärung ist ihrem Inhalt nach nicht nur Ausübung eines vertraglichen oder gesetzlichen Rechts,

---

[1] BT-Drs. 14/6040, S. 242; Beschlussempfehlung und Berichte des Rechtsausschusses: BT-Drs. 14/7052, S. 44-45.
[2] BT-Drs. 14/6875, S. 30.
[3] BT-Drs. 14/6875, S. 62.

sondern begründet auch Pflichten des Erklärenden. Sie bedarf daher, soweit die Verpflichtungserklärung **genehmigungsbedürftig** ist, der Genehmigung.[4] Die Erklärung ist grundsätzlich **begründungsfrei** (es kann jedoch etwas anderes vereinbart sein).

Die Erklärung ist **unwiderruflich** und **bedingungsfeindlich**, da ein Schwebezustand dem Verpflichteten und dem Dritten nicht zuzumuten ist.[5] Bedingungen, deren Verwirklichung allein in der Hand dieser Personen liegen, sind jedoch zulässig.[6] Die Ausübungserklärung kann schon vor Eintritt des Vorkaufsfalls erklärt werden.[7] Die Ausübungsfrist ist in § 469 Abs. 2 BGB geregelt. Die Ausübungserklärung ist gegenüber dem Verpflichteten auch dann abzugeben, wenn der Käufer nach § 469 Abs. 1 BGB den Vorkaufsfall mitteilt.

II. Wirksamkeit

Als rechtsgeschäftliche Willenserklärung unterliegt die Vorkaufserklärung allen Wirksamkeitsanforderungen an eine solche. Darüber hinaus sind jedoch besondere Anforderungen anhand des Grundsatzes von **Treu und Glauben** entwickelt worden, die mit der Eigenart des Vorkaufs zusammenhängen:

Eine Erklärung ist unwirksam, wenn es der Berechtigte mit ihr zugleich ablehnt, die sich aus der Ausübung des Vorkaufsrechts ergebenden Verpflichtungen zu erfüllen.[8] Ist der Berechtigte sich nicht darüber im Klaren, ob ihn alle Klauseln des Vertrages mit dem Dritten binden, so muss er trotzdem die Ausübung ohne Vorbehalt erklären. Er darf nicht den Eindruck erwecken, als wolle er den Kaufvertrag nur, wenn diese Bedingungen nicht gelten. Der Verpflichtete kann eine solche Erklärung zurückweisen.

Die Erklärung ist weiterhin unwirksam, wenn er die Zahlung des Kaufpreises von vorheriger gerichtlicher Prüfung abhängig macht, ob eine Kaufpreisvereinbarung die Ausübung des Vorkaufsrechts erschweren oder vereiteln soll.[9]

Die Ausübungserklärung ist wegen Rechtsmissbrauchs unbeachtlich, wenn der Berechtigte offensichtlich nicht in der Lage ist, den Vertrag zu erfüllen.[10] Hat der Berechtigte sich gegenüber dem Dritten verpflichtet, das Vorkaufsrecht nicht auszuüben, so ist dennoch die erfolgte Ausübung nicht unwirksam. Verletzungen von Pflichten gegenüber dem Dritten führen nicht zur Nichtigkeit der Ausübungserklärung. Hat sich der Berechtigte gegenüber dem Verpflichteten zur Nichtausübung schuldrechtlich verpflichtet, so ist die Ausübung unwirksam.[11]

Die Ausübungserklärung ist nicht rechtsmissbräuchlich, wenn der Berechtigte bei direkten Kaufverhandlungen mit dem Verpflichteten ein oberes Preislimit angegeben hat und der Vertrag mit dem Dritten dieses Preislimit überschreitet.[12]

III. Form

Gemäß § 464 Abs. 1 Satz 2 BGB bedarf die Vorkaufserklärung nicht der für den Kaufvertrag bestimmten Form.[13] Dies ist interessengerecht, da schon für die Begründung des rechtsgeschäftlichen Vorkaufsrechts die Form gewahrt sein muss. § 464 Abs. 1 Satz 2 BGB wird auch auf gesetzliche Vorkaufsrechte angewendet.[14]

---

[4] BGH v. 15.06.1960 - V ZR 191/58 - BGHZ 32, 375-383.
[5] *Weidenkaff* in: Palandt, § 464 Rn. 1.
[6] *Grunewald* in: Erman, § 464 Rn. 2.
[7] BGH v. 15.05.1998 - V ZR 89/97 - BGHZ 139, 29-35.
[8] BGH v. 20.06.1962 - V ZR 157/60 - LM Nr. 3 zu § 505 BGB; BGH v. 25.11.1987 - VIII ZR 283/86 - juris Rn. 22 - BGHZ 102, 237-246.
[9] *Weidenkaff* in: Palandt, § 464 Rn. 3.
[10] *Grunewald* in: Erman, § 464 Rn. 3.
[11] BGH v. 23.05.1962 - V ZR 123/60 - BGHZ 37, 147-154; BGH v. 23.06.2006 - V ZR 17/06, Rn. 17 - BGHZ 168, 152-160.
[12] BGH v. 03.02.1966 - II ZR 230/63 - BB 1966, 636.
[13] A.A. *Wufka*, DNotZ 1990, 339-355, 353 unter Hinweis darauf, dass § 311 b BGB auch den Erwerber schützt.
[14] BGH v. 07.06.2000 - VIII ZR 268/99 - juris Rn. 14 - BGHZ 144, 357-364.

C. Rechtsfolgen

I. Die Wirkung der Vorkaufserklärung (Absatz 2)

12　Mit der Ausübung des Vorkaufsrechts kommt zwischen dem Verpflichteten und dem Berechtigten ein Kaufvertrag zustande. Diese Ausübung führt somit nicht zu einem Vertragseintritt des Vorkaufsberechtigten, sondern es kommt vielmehr **ein neuer, selbstständiger Vertrag** zwischen dem Verpflichteten und dem Berechtigten zustande.

II. Grundsatz der Identität der Vertragsbestimmungen

13　Die Bestimmungen des durch die Ausübungserklärung zwischen Verpflichtetem und Berechtigtem zustande kommenden Kaufvertrages werden nicht zwischen diesen beiden ausgehandelt, sondern dem Vertrag des Vorkaufsverpflichteten mit dem Dritten entnommen.

14　Der Berechtigte hat somit alle Leistungen zu erbringen, die der Drittkäufer nach dem Kaufvertrag als Käuferpflichten, die im Gegenseitigkeitsverhältnis stehen[15], zu erfüllen hätte, soweit sich nicht aus dem Gesetz (§§ 466-468 BGB) oder aus dem Kaufvertrag etwas anderes ergibt.

15　§ 464 Abs. 2 BGB ist dispositiv. Falls bei Vereinbarungen des Vorkaufsrechts besondere Bedingungen vereinbart wurden, z.B. ein fester Vorkaufspreis, so gelten zunächst diese und nur im Übrigen der Vertragsinhalt des Drittkaufs.

III. Ausnahmen

16　Nicht zu erfüllen sind von dem Berechtigten Vereinbarungen, die mit dem Wesen des Kaufs nichts zu tun haben und insbesondere den Vorkauf vereiteln sollen.[16] Bestimmungen in dem Vertrag, die völlig außerhalb der für gegenseitige Verträge typischen Abhängigkeit von Leistung und Gegenleistung stehen, muss der Berechtigte nicht gegen sich gelten lassen („**Fremdkörpergedanke**"[17]). Dies gilt insbesondere für Klauseln, die dem Vorkaufsverpflichteten oder dem Dritten keine Vorteile bringen, wie es bei Ansprüchen von am Vertrag nicht beteiligten Personen der Fall sein kann, die gegen einen der Vertragspartner ohnehin bestehen und im Zuge eines Vertrages zugunsten Dritter in dem Kaufvertrag nur bekräftigt werden.[18]

17　Nach bisheriger Rechtsprechung des BGH[19] wurden Bestimmungen im Kaufvertrag über die Verteilung der Maklerkosten in einer sog. **Maklerklausel** in der Regel nicht als Fremdkörper im Kaufvertrag angesehen, wenn diese Kosten sich im üblichen Rahmen hielten. Dabei sollte es keinen Unterschied machen, ob die Vorstellungen über die Verteilung der Maklerkosten schon in dem Maklervertrag des Eigentümers mit dem Makler und dementsprechend auch in dem nachfolgenden Maklervertrag des Maklers mit dem Kaufinteressenten ihren Niederschlag gefunden haben (und so in den Kaufvertrag übernommen wurden) oder ob das endgültige „Vertragspaket" erstmalig in dem notariellen Kaufvertrag niedergelegt wurde. Nach neuerer Rechtsprechung des BGH[20] handelt es sich jedoch um eine den Vorkaufsberechtigten nicht verpflichtende Vereinbarung i.S.d. Fremdkörpergedankens, wenn eine rechtsverbindliche Provisionsverpflichtung gegenüber dem Makler **erstmals** durch eine Maklerklausel im Grundstückskaufvertrag selbst geschaffen wird. Erbringt nämlich ein Makler ohne Abschluss eines Maklervertrages oder wenigstens eine Einigung über die Entgeltlichkeit seines Tätigwerdens Maklerleistungen, so gibt es weder für den Verkäufer noch für den Käufer hinreichenden Anlass, bei Abschluss des Kaufvertrages gegenüber dem Makler ein Provisionsversprechen abzugeben. Hat der Makler hingegen bereits einen Anspruch gegen den Verpflichteten oder den Drittkäufer und geht es in dem

---

[15]　BGH v. 14.07.1995 - V ZR 31/94 - juris Rn. 9 - LM BGB § 505 Nr. 18 (1/1996).
[16]　*Weidenkaff* in: Palandt, § 464 Rn. 6.
[17]　BGH v. 13.06.1980 - V ZR 11/79 - BGHZ 77, 359-365.
[18]　BGH v. 13.06.1980 - V ZR 11/79 - juris Rn. 16 - BGHZ 77, 359-365.
[19]　BGH v. 14.12.1995 - III ZR 34/95 - juris Rn. 19 - BGHZ 131, 318-325.
[20]　BGH v. 11.01.2007 - III ZR 7/06 - juris Rn. 11 - WM 2007, 696-698; zustimmend *Althammer*, NZM 2008, 25-29; vgl. auch *Lindemann/Mormann*, MDR 2007, 1113-1116.

Kaufvertrag nur um die „Verteilung" der Maklerkosten, so stellt eine Maklerklausel auch weiterhin keinen Fremdkörper dar. Die Übernahme von (bereits entstandenen) Maklerkosten stellt für den (Dritt-)Käufer wirtschaftlich einen Teil des im Rahmen des Erwerbs zu tragenden Gesamtaufwandes dar.[21]

Eine Maklerklausel stellt allerdings einen Fremdkörper dar, wenn das Grundstück im Wege einer öffentlichen Ausschreibung an den Meistbietenden angeboten worden ist.[22] Mit Vertragskosten durch Einschaltung eines Maklers ist bei einem derartigen Verfahren nicht zu rechnen, sodass sie sich als Fremdkörper darstellen. 18

Werden im Zusammenhang mit dem Kauf weitere Verträge geschlossen, so tritt der Berechtigte in diese Verträge nicht ein. Dies muss auch dann gelten, wenn die Verträge mit dem Kauf eine Einheit bilden. Eine Vereinbarung zwischen Verpflichtetem und Drittkäufer, dass dieser einen Teil der Kaufpreisforderung durch Aufrechnung tilgt, berührt das Ausübungsrecht nicht, da die Ausübung keine vertraglichen Beziehungen zwischen dem Berechtigten und dem Drittkäufer schafft. Die Aufrechnungsmöglichkeit verändert nicht den Leistungsinhalt, sondern die Erfüllungsweise. Der Berechtigte hat dann den entsprechenden Betrag in bar zu zahlen. Vertragsbestimmungen, die dazu führen, dass die Leistung des Berechtigten schon vor Ausübung des Vorkaufsrechts fällig wird, sind anzupassen.[23] 19

Die Vereinbarung mit dem Dritten, dass dieser die Belastung der Sache unter Anrechnung auf den Kaufpreis zu übernehmen habe, geht ebenfalls auf den Berechtigten über wie auch besondere Gewährleistungsvereinbarungen.[24] Hat der Verpflichtete dem Dritten einen Freundschaftspreis gemacht und keine vertragliche Vorsorge getroffen, braucht der Berechtigte nicht mehr zu zahlen. Liegt jedoch eine gemischte Schenkung vor (teilweise unentgeltlich nach Parteiabsicht) und ist sie durch Parteivereinbarung als Vorkaufsfall erfasst, so ist der Vertrag nach den §§ 315-320 BGB um eine Kaufpreisregelung zu ergänzen.[25] 20

Die Bedingungen des Kaufvertrages müssen unter Umständen den neuen Gegebenheiten nach Ausübung des Vorkaufsrechtes angepasst werden. War beispielsweise die Kaufpreiszahlung bereits vor Ausübung des Vorkaufsrechtes fällig, so ist der neue Vertrag zwischen dem Dritten und dem Berechtigten sinnentsprechend anzupassen.[26] 21

IV. Verhältnis zwischen Vorkaufsverpflichtetem und Vorkäufer

Der Verpflichtete ist dem Vorkäufer nach Ausübung gemäß §§ 433 Abs. 1 Satz 2, 434, 435 BGB verpflichtet.[27] Der Vorkaufsverpflichtete ist nicht gehalten, dem Berechtigten die Ausübung des Vorkaufsrechts zu ermöglichen, insbesondere hat der Berechtigte keinen Anspruch auf einen anderen Vertragsinhalt oder eine längere Frist wegen Schwierigkeiten bei der Beschaffung des Kaufpreises. Die Vereinbarung zwischen dem Verpflichteten und dem Drittkäufer, die Kosten des Vertrages trage der Drittkäufer, geht zulasten des Berechtigten.[28] 22

V. Verhältnis zwischen Vorkaufsverpflichtetem und Drittem

Die Ausübung des Vorkaufsrechts macht den Vertrag mit dem Dritten nicht unwirksam. Der Verpflichtete bleibt also, sofern er nicht in dem Vertrag Vorsorge getroffen hat, dem Dritten verpflichtet. Er haftet dem Dritten auf Schadensersatz gemäß §§ 280 Abs. 1 und 3, 283 BGB. Der Vorkaufsverpflichtete sollte daher als Verkäufer den Kaufvertrag mit dem Drittkäufer so gestalten, dass ihm daraus keine Nachteile erwachsen. Meist wird deshalb ein Rücktrittsrecht, eine auflösende Bedingung oder der Aus- 23

---

[21] Kritisch *Reinicke/Tiedtke*, Kaufrecht, 7. Aufl. 2004, Rn. 1120.
[22] BGH v. 11.01.2007 - III ZR 7/06 - Rn. 11 - WM 2007, 696-698 für eine Maklerprovision für die Vermittlung des Meistgebotes an einen Dritten.
[23] BGH v. 08.10.1982 - V ZR 147/81 - LM Nr. 8 zu § 1098 BGB.
[24] *Mader* in: Staudinger, § 464 Rn. 15.
[25] BGH v. 25.09.1986 - II ZR 272/85 - juris Rn. 18 - NJW 1987, 890-898.
[26] BGH v. 08.10.1982 - V ZR 147/81 - NJW 1983, 682
[27] OLG Köln v. 20.01.1995 - 19 U 16/94 - NJW-RR 1995, 1167 zu §§ 459-493 BGB a.F.
[28] *Weidenkaff* in: Palandt, § 464 Rn. 7.

schluss von Erfüllungs- und Schadensersatzansprüchen vereinbart. Wird der Erstkäufer in dem Kaufvertrag auf das Bestehen des Vorkaufsrechts hingewiesen, ist das in der Regel dahin zu verstehen, dass die Ansprüche des Erstkäufers unter der auflösenden Bedingung (§ 158 Abs. 2 BGB) der Ausübung des Vorkaufsrechts stehen sollen.[29]

VI. Verhältnis zwischen Vorkaufsberechtigtem und Drittem

24 Vertragliche Ansprüche bestehen nicht. Der Käufer eines Grundstücks, bezüglich dessen ein durch eine Vormerkung gesichertes schuldrechtliches Vorkaufsrecht besteht, kann aber unter Umständen Ansprüche nach den Regeln des Eigentümer-Besitzer-Verhältnisses (analog) geltend machen.[30]

---

[29] BGH v. 13.03.2009 - V ZR 157/08 - NJW-RR 2009, 1172.
[30] *Grunewald* in: Erman, § 464 Rn. 10.

§ 465 BGB Unwirksame Vereinbarungen

(Fassung vom 02.01.2002, gültig ab 01.01.2002)

Eine Vereinbarung des Verpflichteten mit dem Dritten, durch welche der Kauf von der Nichtausübung des Vorkaufsrechts abhängig gemacht oder dem Verpflichteten für den Fall der Ausübung des Vorkaufsrechts der Rücktritt vorbehalten wird, ist dem Vorkaufsberechtigten gegenüber unwirksam.

Gliederung

A. Grundlagen	1	B. Anwendungsvoraussetzungen	4
I. Kurzcharakteristik	1	C. Rechtsfolgen	12
II. Gesetzgebungsmaterialien	2	D. Anwendungsfelder	14

A. Grundlagen

I. Kurzcharakteristik

Die Vorschrift soll verhindern, dass der Vorkaufsberechtigte durch eine Abrede zwischen Vorkaufsverpflichtetem und Drittem um sein Vorkaufsrecht gebracht wird. Hielte man am Grundsatz des § 464 Abs. 2 BGB, wonach der Vorkaufsberechtigte an den Inhalt des Vertrages zwischen dem Vorkaufsverpflichteten und dem Dritten gebunden ist, uneingeschränkt fest, so entstünde hieraus die Möglichkeit, durch Vereinbarung im Kaufvertrag den Vorkaufsfall zu beseitigen, wenn der Berechtigte von seinem Recht Gebrauch macht. Des Weiteren ergibt sich aus der Vorschrift, dass der Rücktritt oder eine auflösende Bedingung für den Fall der Ausübung des Vorkaufsrechts dem Drittkäufer gegenüber wirksam ist. Eine solche Vereinbarung ist jedoch für den Vorkaufsverpflichteten zweckmäßig, um sich vor Schadensersatzansprüchen des Drittkäufers zu schützen.[1]

II. Gesetzgebungsmaterialien

E I § 481; II § 440; III § 501; Motive, Bd. II, S. 346; Protokolle, Bd. II, S. 97.

Durch die Schuldrechtsmodernisierung sind die Vorschriften über das Vorkaufsrecht (§§ 495-514 BGB a.F.) im Wesentlichen unverändert übernommen worden. Es handelt sich lediglich um eine andere Paragraphenzählung und es wurden geringe Anpassungen an den heutigen Sprachgebrauch vorgenommen.[2]

B. Anwendungsvoraussetzungen

Nach dem Wortlaut der Vorschrift sind die Vereinbarung eines **Rücktrittsrechts** und die Vereinbarung einer **auflösenden Bedingung** für den Fall der Ausübung des Vorkaufsrechts gegenüber dem Vorkaufsberechtigten unwirksam. Im Verhältnis zwischen Vorkaufsverpflichtetem und Drittkäufer sind sie wirksam.

Den gesetzlich aufgeführten Verhinderungsgeschäften können andere Klauseln gleichstehen, die ebenfalls dazu führen sollen, dass der Verpflichtete sich vom Vertrag lösen kann, falls der Vorkaufsberechtigte sein Vorkaufsrecht ausübt. § 465 BGB ist somit auf folgende **Fallgruppen entsprechend** anzuwenden:

Der Vorkaufsverpflichtete kann sich nicht gegenüber dem Vorkaufsberechtigten auf eine nachträgliche einverständliche Aufhebung des Kaufvertrages berufen, **aufgehobener Drittkauf**[3]. Eine Vertragsauf-

---

[1] *Weidenkaff* in: Palandt, § 465 Rn. 1.
[2] BT-Drs. 14/6040, S. 242; Beschlussempfehlung und Berichte des Rechtsausschusses: BT-Drs. 14/7052, S. 44-45.
[3] *Weidenkaff* in: Palandt, § 465 Rn. 3.

hebung nach Zustandekommen eines rechtswirksamen Kaufvertrags beeinträchtigt das Vorkaufsrecht nicht mehr. Bis zur Erteilung aller für die Wirksamkeit des Vertrags erforderlichen Genehmigungen können Verkäufer und Käufer den Kaufvertrag willkürlich aufheben und damit das Vorkaufsrecht gegenstandslos machen. Der Vorkaufsberechtigte hat kein Recht auf den Eintritt des Vorkaufsfalls.[4] Liegen die Voraussetzungen für die Ausübung des Vorkaufsrechts aber erst einmal vor, ist das daraus erwachsene Gestaltungsrecht des Vorkaufsberechtigten in seinem rechtlichen Fortbestand grundsätzlich unabhängig von dem rechtlichen Schicksal des Kaufverhältnisses zwischen dem Vorkaufsverpflichteten und dem Dritten.[5]

7 Des Weiteren ist § 465 BGB auch bei der Vereinbarung anwendbar, der Vertrag solle nur gelten, wenn das Vorkaufsrecht **nicht besteht**.[6] Zwar stellt diese Klausel nicht auf die Ausübung, sondern auf das Bestehen des Vorkaufsrechts ab, sie hat aber ganz ähnliche Auswirkungen, da jede wirksame Ausübung des Vorkaufsrechts zum Wegfall des Vertrages führt.

8 Unwirksam ist auch eine Klausel, nach der der Verkäufer als vollmachtloser Vertreter des Vorkaufsberechtigten auf das Vorkaufsrecht durch Erlassvertrag verzichtet und der Vertrag über § 139 BGB unwirksam werden soll, wenn der Vorkaufsberechtigte die Vertretung nicht genehmigt.[7] Eine Umgehung von § 465 BGB liegt indes nicht vor, wenn der Verpflichtete damit rechnete, der Berechtigte werde die Genehmigung erteilen, und er dies berechtigter Weise erwarten durfte.[8]

9 Ebenfalls keine Wirkung gegenüber dem Berechtigten entfalten Umgehungs- und Vereitelungsgeschäfte. Umgehungsgeschäfte können den Vorkaufsfall auslösen (vgl. dazu die Kommentierung zu § 463 BGB Rn. 27), während Vereitelungsgeschäfte sittenwidrig sind. Ein **Vereitelungsgeschäft** liegt vor, wenn durch bestimmte Vereinbarungen die Ausübung des Vorkaufsrechts unattraktiv gemacht werden soll. Dies ist z.B. bei Bestellung eines lebenslänglichen unentgeltlichen Nießbrauchsrechts zugunsten der Ehefrau des Drittkäufers angenommen worden.[9] Unwirksam sind nach § 117 BGB auch Scheinabreden, die den Vorkaufsberechtigten von der Ausübung des Vorkaufsrechts abhalten sollen.

10 Wählen die Parteien statt eines Kaufvertrages eine andere Vertragskonstruktion (z.B. einen Tauschvertrag, der den Vorkaufsfall nicht auslöst, vgl. dazu die Kommentierung zu § 463 BGB Rn. 27), so ist dieser als Umgehungsgeschäft nicht schon dann unwirksam, wenn nur das Bewusstsein oder die Absicht der Umgehung bestand.[10] Es müssen vielmehr verwerfliche Motive oder die Anwendung unlauterer Mittel oder Zwecke hinzukommen, da es den Teilnehmern am Rechtsverkehr grundsätzlich nicht verwehrt ist, von den Möglichkeiten, die ihnen die Rechtsordnung bietet, Gebrauch zu machen. Unwirksam nach § 138 BGB ist ein Rechtsgeschäft, das ausschließlich zu dem Zweck abgeschlossen wird, dem Vorkaufsberechtigten Schaden zuzufügen.

11 In Fällen, in denen die Parteien fest davon ausgehen, dass der Verkauf einem Vorkaufsrecht nicht unterliegt, kann das Nichtbestehen des Vorkaufsrechts bzw. das Nichtvorliegen des Vorkaufsfalls Geschäftsgrundlage (§ 313 BGB) des Kaufvertrages sein, sodass der Verkäufer das **Fehlen der Geschäftsgrundlage** beim Kaufvertrag auch dem Vorkäufer entgegenhalten kann.[11] Das soll allerdings nicht gelten, wenn die Parteien beim Verkauf die Ungewissheit, ob das Vorkaufsrecht besteht oder nicht, bewusst in Kauf genommen haben.[12]

---

[4] BGH v. 04.06.1954 - V ZR 18/53 - BGHZ 14, 1, 3; BGH v. 11.02.1977 - V ZR 40/75 - NJW 1977, 762, 763; BGH v. 15.05.1998 - V ZR 89/97 - NJW 1998, 2352, 2353.
[5] BGH v. 01.10.2010 - V ZR 173/09 - NJW 2010, 3774-3775.
[6] BGH v. 25.09.1986 - II ZR 272/85 - juris Rn. 24 - NJW 1987, 890-898.
[7] BGH v. 09.02.1990 - V ZR 274/88 - BGHZ 110, 230-235.
[8] *Reinicke/Tiedtke*, Kaufrecht, 7. Aufl. 2004, Rn. 1112.
[9] BGH v. 25.01.1961 - V ZR 80/59 - BGHZ 34, 200-206.
[10] BGH v. 11.12.1963 - V ZR 41/62 - LM Nr. 6/7 zu § 1094 BGB; *Weidenkaff* in: Palandt, § 465 Rn. 5.
[11] BGH v. 25.09.1986 - II ZR 272/85 - juris Rn. 25 - NJW 1987, 890-898; *Burkert*, NJW 1987, 3157-3160, 3157; a.A. *Grunewald* in: Erman, § 465 Rn. 3; *Mader* in: Staudinger, § 465 Rn. 4.
[12] BGH v. 25.09.1986 - II ZR 272/85 - juris Rn. 26 - NJW 1987, 890-898.

C. Rechtsfolgen

Die Vertragstreue verlangt, dass der Vorkaufsverpflichtete keine Vereinbarungen wählt, um das Vorkaufsrecht zu vereiteln. Eine derartige Vereinbarung ist im Verhältnis zum Vorkaufsberechtigten (relativ) unwirksam. Zu beachten ist allerdings, dass dem Vorkaufsverpflichteten außerhalb einer Vereitelung des Vorkaufsrechts die Abrede der Bedingungen des Vertrags mit dem Dritten freisteht, er also diesen Vertrag nach Maßgabe seiner eigenen Interessen gestalten und keine Rücksicht auf den Vorkaufsberechtigten nehmen muss. Insbesondere hat er keine Gestaltung zu wählen, die dem Vorkaufsberechtigten die Ausübung seines Rechts möglich macht.[13]

Im Verhältnis zwischen dem Vorkaufsverpflichteten und dem Dritten bleibt die Wirksamkeit der von § 465 BGB angesprochenen Vereinbarungen unberührt. Für dieses Verhältnis sind solche Abreden auch durchaus sinnvoll, da sie dem Vorkaufsverpflichteten eine Haftung gegenüber dem Dritten ersparen können.

D. Anwendungsfelder

Der Rechtsgedanke des § 465 BGB gilt auch für Vorpachtrechte[14], nicht jedoch für Wiederkaufsrechte[15].

---

[13] BGH v. 11.12.1963 - V ZR 41/62 - LM Nr. 6/7 zu § 1094 BGB; *Weidenkaff* in: Palandt, § 465 Rn. 5.
[14] *Mader* in: Staudinger, § 465 Rn. 6.
[15] *Mader* in: Staudinger, § 465 Rn. 6.

§ 466 BGB Nebenleistungen

(Fassung vom 02.01.2002, gültig ab 01.01.2002)

¹Hat sich der Dritte in dem Vertrag zu einer Nebenleistung verpflichtet, die der Vorkaufsberechtigte zu bewirken außerstande ist, so hat der Vorkaufsberechtigte statt der Nebenleistung ihren Wert zu entrichten. ²Lässt sich die Nebenleistung nicht in Geld schätzen, so ist die Ausübung des Vorkaufsrechts ausgeschlossen; die Vereinbarung der Nebenleistung kommt jedoch nicht in Betracht, wenn der Vertrag mit dem Dritten auch ohne sie geschlossen sein würde.

Gliederung

A. Grundlagen... 1	II. Nichterfüllbarkeit durch Vorkaufsberechtigten... 6
I. Kurzcharakteristik................................ 1	C. Rechtsfolgen 7
II. Gesetzgebungsmaterialien..................... 2	I. Wertersatz (Satz 1)............................... 8
B. Anwendungsvoraussetzungen 4	II. Ausschluss der Ausübung (Satz 2).............. 10
I. Nebenleistung..................................... 4	D. Anwendungsfelder............................. 12

A. Grundlagen

I. Kurzcharakteristik

1 § 466 BGB modifiziert den Grundsatz des § 464 Abs. 2 BGB, nach dem der Vorkauf zu den Bedingungen des Drittkaufs zustande kommt, für im Drittkauf vorgesehene Nebenleistungen des Käufers. Es geht somit um die Behandlung von Vorkaufsfällen mit zusammengesetzter Gegenleistung auf der Käuferseite.

II. Gesetzgebungsmaterialien

2 E I § 484; II § 441; III § 502; Motive, Bd. II, S. 348; Protokolle, Bd. II, S. 100.

3 Durch die Schuldrechtsmodernisierung sind die Vorschriften über das Vorkaufsrecht (§§ 495-514 BGB a.F.) im Wesentlichen unverändert übernommen worden. Es handelt sich lediglich um eine andere Paragraphenzählung und es wurden geringe Anpassungen an den heutigen Sprachgebrauch vorgenommen.[1]

B. Anwendungsvoraussetzungen

I. Nebenleistung

4 Nach § 466 BGB muss sich der Dritte in dem Vertrag zu einer **Nebenleistung** verpflichtet haben. Auf Hauptleistungen ist die Vorschrift nicht anwendbar.[2]

5 Die Begriffe Hauptleistung und Nebenleistung sind dabei im wirtschaftlichen Sinne zu verstehen. Die Geldleistung ist die Hauptleistung und die zusätzliche Leistung ist Nebenleistung, wenn der Vertrag seinem wirtschaftlichen Gewicht nach auf den Umsatz der Sache gegen Geld gerichtet ist.[3] Sind Geldleistung und andere Leistung in etwa gleichwertig, handelt es sich bei der anderen Leistung nicht um eine Nebenleistung im Sinne der Vorschrift. Eine Nebenleistung liegt auch nicht vor, wenn die Vereinbarung eine bestimmte Zahlungsmodalität betrifft, da dann nur Modalitäten der Hauptleistung des Käufers betroffen sind. Eine Nebenleistung liegt auch dann nicht vor, wenn der Dritte eine Leistung verspricht, welche die Zahlung einer weiteren Person an den Verkäufer zur Folge hat[4] oder wenn der

---

[1] BT-Drs. 14/6040, S. 242; Beschlussempfehlung und Berichte des Rechtsausschusses: BT-Drs. 14/7052, S. 44-45.
[2] BGH v. 25.09.1986 - II ZR 272/85 - juris Rn. 22 - NJW 1987, 890-898.
[3] *Grunewald* in: Erman, § 466 Rn. 1.
[4] BGH v. 25.11.1987 - VIII ZR 283/86 - juris Rn. 27 - BGHZ 102, 237-246; a.A. *Grunewald* in: Erman, § 466 Rn. 1.

Erwerber sich im Kaufvertrag hinsichtlich des Kaufgegenstandes Beschränkungen unterwirft, die keine Gegenleistung darstellen.[5]

II. Nichterfüllbarkeit durch Vorkaufsberechtigten

§ 466 BGB betrifft nur solche Nebenleistungen, die der Berechtigte zu bewirken außerstande ist. Für Nebenleistungen, die er bewirken kann, bleibt es bei dem Grundsatz des § 464 Abs. 2 BGB. Ob der Berechtigte zu einer Nebenleistung in der Lage ist, beurteilt sich nach § 275 BGB.[6] Ein Fall des § 275 Abs. 1 BGB dürfte dabei selten sein, da jedenfalls der Dritte zur Nebenleistung imstande sein wird und der Berechtigte die Nebenleistung unter Einschaltung des Dritten erbringen könnte. Fordert der Dritte für die Erbringung der Nebenleistung indes einen unangemessen hohen Preis, so besteht die Grenze erst bei wirtschaftlicher Unmöglichkeit nach § 275 Abs. 2 BGB. Die hohe Grenze des § 275 Abs. 2 BGB ist gerechtfertigt, da es dem Grundgedanken des Vorkaufsrechts entspricht, dass der Verpflichtete durch den Vertrag mit dem Berechtigten nicht schlechter gestellt werden soll als durch den Vertrag mit dem Dritten.

6

C. Rechtsfolgen

§ 466 BGB unterscheidet zwischen Nebenleistungen, die sich in Geld umrechnen lassen (§ 466 Satz 1 BGB) und solchen, bei denen dies nicht möglich ist (§ 466 Satz 2 BGB).

7

I. Wertersatz (Satz 1)

§ 466 Satz 1 BGB betrifft Nebenleistungen, welche der Berechtigte nicht bewirken kann und die sich in Geld umrechnen lassen. Die Schätzbarkeit einer Nebenleistung besteht, wenn für einen Geldbetrag der wirtschaftliche Effekt der Leistung voll erreicht werden kann. Eine Umrechnung ist dagegen ausgeschlossen, wenn die Geldsumme dem Verpflichteten nicht die Möglichkeit verschafft, eine vergleichbare Nebenleistung zu erwerben. Nicht schätzbar sind somit insbesondere höchstpersönliche Dienste[7] und Pflegedienste, die einen stark individuellen Einschlag haben.

8

Hinsichtlich des Wertes der Nebenleistung ist der Zeitpunkt der Abgabe der Ausübungserklärung maßgebend.[8]

9

II. Ausschluss der Ausübung (Satz 2)

Wenn sich die Nebenleistung nicht in Geld umrechnen lässt, kann das Vorkaufsrecht im Regelfall nicht ausgeübt werden. Eine Ausnahme gilt nach Satz 2 HS. 2 für solche Nebenleistungen, die weder vom Vorkaufsberechtigten in Natur erbracht werden können noch einen schätzbaren Geldwert haben und die von so untergeordneter Bedeutung sind, dass der Kaufvertrag vermutlich auch ohne diese Nebenleistung abgeschlossen worden wäre. Eine solche Nebenleistung entfällt mit Ausübung des Vorkaufsrechts ersatzlos.

10

Scheinabreden, die den Vorkaufsberechtigten abhalten sollen, den Vorkauf auszuüben, sind wegen § 117 BGB nichtig.[9]

11

D. Anwendungsfelder

Die hinsichtlich des Vorkaufsrechts aufgestellten Grundsätze über die Behandlung von Nebenleistungen können auf ein Vorpachtrecht nicht übertragen werden.[10]

12

---

[5] *Huber* in: Soergel, 12. Aufl. 1991, § 507 Rn. 2.
[6] *Faust* in: Bamberger/Roth, § 466 Rn. 3.
[7] *Mader* in: Staudinger, § 466 Rn. 3.
[8] *Weidenkaff* in: Palandt, § 466 Rn. 2.
[9] OLG Hamburg v. 24.04.1992 - 11 U 14/92 - NJW-RR 1992, 1496.
[10] *Mader* in: Staudinger, § 466 Rn. 7.

§ 467 BGB Gesamtpreis

(Fassung vom 02.01.2002, gültig ab 01.01.2002)

¹Hat der Dritte den Gegenstand, auf den sich das Vorkaufsrecht bezieht, mit anderen Gegenständen zu einem Gesamtpreis gekauft, so hat der Vorkaufsberechtigte einen verhältnismäßigen Teil des Gesamtpreises zu entrichten. ²Der Verpflichtete kann verlangen, dass der Vorkauf auf alle Sachen erstreckt wird, die nicht ohne Nachteil für ihn getrennt werden können.

Gliederung

A. Grundlagen... 1	I. Zahlung eines verhältnismäßigen Teils des Gesamtpreises (Satz 1)............................ 9
I. Kurzcharakteristik.................................. 1	
II. Gesetzgebungsmaterialien...................... 2	II. Ausdehnung des Vorkaufs auf alle Sachen (Satz 2).. 10
B. Anwendungsvoraussetzungen 4	
C. Rechtsfolgen.. 9	D. Anwendungsfelder................................ 13

A. Grundlagen

I. Kurzcharakteristik

1 § 467 BGB betrifft den Fall, dass der Gegenstand, an dem ein Vorkaufsfall besteht, nicht allein, sondern zusammen mit anderen Gegenständen verkauft wird. Der Vorkaufsberechtigte soll auch in diesem Fall die Möglichkeit haben, sein Vorkaufsrecht auszuüben. Es muss dann allerdings ermittelt werden, welchen Kaufpreis er zahlen muss. Umgekehrt kann der Verpflichtete ein Interesse daran haben, dass der Berechtigte dann auch die nicht vom Vorkaufsrecht umfassten Gegenstände erwirbt, da er sie einzeln nicht oder nur schlechter verwerten kann.

II. Gesetzgebungsmaterialien

2 E I § 484; II § 442; III § 503; Motive, Bd. II, S. 349; Protokolle, Bd. II, S. 105.

3 Durch die Schuldrechtsmodernisierung sind die Vorschriften über das Vorkaufsrecht (§§ 495-514 BGB a.F.) im Wesentlichen unverändert übernommen worden. Es handelt sich lediglich um eine andere Paragraphenzählung und es wurden geringe Anpassungen an den heutigen Sprachgebrauch vorgenommen.[1]

B. Anwendungsvoraussetzungen

4 Die Vorschrift des § 467 BGB ist anwendbar, wenn der mit dem Vorkaufsrecht belastete Gegenstand gemeinsam mit anderen Sachen zu einem Gesamtpreis verkauft wird. Eine wirtschaftliche Einheit mit den anderen Gegenständen ist nicht erforderlich.[2]

5 Die unter Umständen komplizierte und streitträchtige Ermittlung des auf den mit dem Vorkaufsrecht belasteten Gegenstand entfallenden Teilkaufpreises nach § 467 BGB ist entbehrlich, wenn der Verpflichtete und der Dritte in dem Kaufvertrag für die einzelnen Gegenstände selbst Teilkaufpreise festgelegt haben. Die Grenze besteht dabei allerdings in einer sittenwidrigen Benachteiligung des Berechtigten. § 467 BGB findet entsprechende Anwendung, wenn ein Kaufvertrag eine sittenwidrige Preisgestaltung enthält, deren Zweck ausschließlich darin besteht, die Ausübung eines Vorkaufsrechts zu verhindern. Dies ist beispielsweise dann der Fall, wenn bei der Veräußerung mehrerer Eigentumswohnungen zu einem Gesamtpreis ein überhöhter Einzelpreis für eine Wohnung angegeben wird, um die

---

[1] BT-Drs. 14/6040, S. 242; Beschlussempfehlung und Berichte des Rechtsausschusses: BT-Drs. 14/7052, S. 44-45.
[2] *Mader* in: Staudinger, § 467 Rn. 2.

Ausübung des Vorkaufsrechtes wirtschaftlich sinnlos erscheinen zu lassen. Enthält der Kaufvertrag eine salvatorische Klausel, die eine Gesamtnichtigkeit des Kaufvertrages ausschließt, tritt an die Stelle der nichtigen Preisklausel ein nach § 467 BGB zu ermittelnder Einzelpreis.[3]

Die Norm gilt auch, wenn bei einem Grundstück ein Vorkaufsrecht bezüglich einer Teilfläche besteht und das ganze Grundstück verkauft wird[4] oder wenn ein Paket von Gesellschaftsanteilen veräußert wird und das Vorkaufsrecht nur für einen Teil des Pakets besteht[5]. Die Vorschrift gilt jedoch nicht, wenn bei einem bestehenden Vorkaufsrecht an einer Wohnung das Grundstück als Gesamtheit verkauft wird, ohne dass es in Eigentumswohnungen aufgeteilt wurde.[6]

Besteht ein Vorkaufsrecht an mehreren Grundstücken, so ist der Berechtigte nicht verpflichtet, das Recht einheitlich für alle verkauften Grundstücke auszuüben.[7] Zwar wird die Möglichkeit einer Teilausübung teilweise verneint, weil der Vorkaufsverpflichtete sich keine ungünstigeren Bestimmungen gefallen lassen müsse, als mit dem Drittkäufer vereinbart.[8] Dagegen spricht jedoch, dass § 467 Satz 1 BGB den Grundsatz der Vertragsidentität des § 464 Abs. 2 BGB einschränkt und auf den Fall einer Teilausübung des Vorkaufsrechtes an verschiedenen Gegenständen entsprechend anwendbar ist.[9] Der Verkäufer wird durch § 467 Satz 2 BGB geschützt, wonach er im Einzelfall einredeweise geltend machen kann, durch die Ausübung nur eines, auf ein Grundstück bezogenen Vorkaufsrechtes benachteiligt zu werden.[10]

§ 467 BGB ist auch dann anwendbar, wenn dem Berechtigten auch an den anderen, zum Gesamtpreis mitverkauften Gegenständen ein Vorkaufsrecht zusteht, es sei denn, aus dem zugrunde liegenden Vertrag ergibt sich, dass das Vorkaufsrecht nur für alle Gegenstände einheitlich ausgeübt werden darf. Werden mehrere Gegenstände von verschiedenen vorkaufsverpflichteten Verkäufern an einen Dritten verkauft[11], stellt sich die Frage einer entsprechenden Anwendung von § 467 BGB. Hier wird überwiegend angenommen, der Berechtigte könne das Vorkaufsrecht gegenüber jedem Verpflichteten ausüben, ohne dass darin für den Dritten ein Nachteil i.S.d. Satzes 2 liege.[12]

C. Rechtsfolgen

I. Zahlung eines verhältnismäßigen Teils des Gesamtpreises (Satz 1)

Der Vorkaufsberechtigte hat im Falle der Ausübung seines Vorkaufsrechts nach § 467 Satz 1 BGB einen verhältnismäßigen Teil des Gesamtpreises zu entrichten. Maßgebender Zeitpunkt für den Wert ist der Zeitpunkt der Ausübung des Vorkaufsrechts. Die Preisberechnung erfolgt dadurch, dass der wirkliche Wert der mit dem Vorkaufsrecht belasteten Sache zu dem wirklichen Wert der anderen Sachen in dem Verhältnis stehen muss, in dem der zu zahlende Preis zu dem vereinbarten Gesamtpreis steht.

---

[3] BGH v. 15.06.2005 - VIII ZR 271/04 - NJW-RR 2005, 1534.
[4] OLG Karlsruhe v. 17.05.1995 - 13 U 125/93 - juris Rn. 30 - NJW-RR 1996, 916-918; BayObLG München v. 16.04.1992 - RE-Miet 4/91 - juris Rn. 30 - NJW-RR 1992, 1039-1042.
[5] *Lange/Nörr/Westermann*, FS für Gernhuber zum 70. Geburtstag, 1993, S. 144.
[6] So zum früheren Vorkaufsrecht des Mieters einer öffentlich geförderten Wohnung nach § 2b Abs. 1 WoBindG BayObLG München v. 16.04.1992 - RE-Miet 4/91 - juris Rn. 30 - NJW-RR 1992, 1039-1042.
[7] BGH v. 23.06.2006 - V ZR 17/06 - BGHZ 168, 152.
[8] *Bassenge* in: Palandt, § 1094 Rn. 2.
[9] BGH v. 23.06.2006 - V ZR 17/06 - juris Rn. 22 - BGHZ 168, 152; OLG Düsseldorf v. 11.10.2002 - 14 U 89/02 - NJW-RR 2003, 801-802; für unmittelbare Anwendung von § 467 BGB, da es sich bei einem Vorkaufsrecht an mehreren Grundstücken um Einzelvorkaufsrechte handele: *Hahn*, RNotZ 2006, 541-544 und *Böttcher*, ZfIR 2007, 64-65; kritisch *Wolf*, EWiR 2007, 11-12.
[10] BGH v. 23.06.2006 - V ZR 17/06 - juris Rn. 26 - BGHZ 168, 152.
[11] Was insbesondere bei Gesellschaftsanteilen praktische Bedeutung hat.
[12] *Huber* in: Soergel, 12. Aufl. 1991, § 467 Rn. 1 a; a.A. *Westermann* in: MünchKomm-BGB, § 467 Rn. 1.

II. Ausdehnung des Vorkaufs auf alle Sachen (Satz 2)

10 Die Beeinträchtigung des Verkaufs zum Gesamtpreis durch die Zulassung der Ausübung des Vorkaufsrechts kann für den Verpflichteten nachteilig sein, da die übrigen Sachen teilweise schlechter oder gar nicht verkauft werden können. Aus diesem Grund besteht für den Vorkaufsverpflichteten die Möglichkeit, den Vorkauf auf alle Sachen auszudehnen, wenn er beweisen kann, dass er benachteiligt ist. Tut er dies, so hat er gemäß § 467 Satz 2 BGB eine Einrede, die er dem Vorkaufsberechtigten entgegenhalten kann. Ein Nachteil liegt allerdings nicht schon im Wegfall der Vorteile vor, die sich aus der Veräußerung der Sache im „Paket" ergeben.[13]

11 Da durch einen „Mengenkauf" mit einem anschließenden Erstreckungsbegehren die Möglichkeit und das Risiko bestehen, dass das Vorkaufsrecht umgangen wird, ist unter Anwendung eines strengen Maßstabes zu prüfen, ob sich der Vorkaufsverpflichtete nicht treuwidrig verhält. Dies ist insbesondere dann nicht der Fall, wenn die wirtschaftliche Einheit der Gegenstände schon bei Begründung des Vorkaufsrechts bestand.[14]

12 Das vom Vorkaufsverpflichteten geltend gemachte Erstreckungsbegehren eröffnet dem Vorkaufsberechtigten die **Wahlmöglichkeit**, auf das Begehren einzugehen oder von seiner Vorkaufserklärung Abstand zu nehmen.

D. Anwendungsfelder

13 Analog anwendbar ist § 467 BGB bei der Einräumung eines Vormiet- oder Vorpachtrechts und für gesetzliche Vorkaufsrechte.[15] Des Weiteren gelten die oben genannten Grundsätze auch für das dingliche Vorkaufsrecht.[16]

---

[13] BGH v. 27.01.2012 - V ZR 272/10 - juris Rn. 18.
[14] *Weidenkaff* in: Palandt, § 467 Rn. 4; a.A. OLG Celle v. 04.01.2012 - 4 W 178/11.
[15] *Mader* in: Staudinger, § 467 Rn. 9.
[16] *Mader* in: Staudinger, § 467 Rn. 9.

§ 468 BGB Stundung des Kaufpreises

(Fassung vom 02.01.2002, gültig ab 01.01.2002)

(1) Ist dem Dritten in dem Vertrag der Kaufpreis gestundet worden, so kann der Vorkaufsberechtigte die Stundung nur in Anspruch nehmen, wenn er für den gestundeten Betrag Sicherheit leistet.

(2) ¹Ist ein Grundstück Gegenstand des Vorkaufs, so bedarf es der Sicherheitsleistung insoweit nicht, als für den gestundeten Kaufpreis die Bestellung einer Hypothek an dem Grundstück vereinbart oder in Anrechnung auf den Kaufpreis eine Schuld, für die eine Hypothek an dem Grundstück besteht, übernommen worden ist. ²Entsprechendes gilt, wenn ein eingetragenes Schiff oder Schiffsbauwerk Gegenstand des Vorkaufs ist.

Gliederung

A. Grundlagen.................................... 1	B. Anwendungsvoraussetzungen................. 4
I. Kurzcharakteristik............................ 1	I. Stundung des Kaufpreises (Absatz 1)............ 4
II. Gesetzgebungsmaterialien..................... 2	II. Sonderregel für den Grundstückskauf (Absatz 2) 7

A. Grundlagen

I. Kurzcharakteristik

§ 468 BGB will der Vorstellung Rechnung tragen, dass der Verpflichtete dem Dritten im Vertrauen auf dessen Zahlungsfähigkeit Stundung gewährt, dies aber hinsichtlich des Berechtigten nicht unbedingt auch tun will. 1

II. Gesetzgebungsmaterialien

E II § 443, III § 501; Protokolle, Bd. II, S. 105. 2

Durch die Schuldrechtsmodernisierung sind die Vorschriften über das Vorkaufsrecht (§§ 495-514 BGB a.F.) im Wesentlichen unverändert übernommen worden. Es handelt sich lediglich um eine andere Paragraphenzählung und es wurden geringe Anpassungen an den heutigen Sprachgebrauch vorgenommen.[1] 3

B. Anwendungsvoraussetzungen

I. Stundung des Kaufpreises (Absatz 1)

§ 468 Abs. 1 BGB bewirkt eine Ausnahme vom Grundsatz der Gleichheit des Vorkaufs mit dem Drittkauf (§ 464 Abs. 2 BGB) für den Fall, dass der Verpflichtete dem Dritten im Vertrauen auf dessen Zahlungsfähigkeit Stundung gewährt. Maßgebend für § 468 Abs. 1 BGB ist der Gedanke, dass Stundung eine Sache des persönlichen Vertrauens oder des persönlichen Entgegenkommens ist.[2] Dieses persönliche Vertrauen hinsichtlich seiner Bonität will der Verpflichtete durch die Einräumung eines Vorkaufsrechts nicht unbedingt auch dem Berechtigten entgegenbringen. 4

Daher verleiht § 468 Abs. 1 BGB dem Vorkaufsberechtigten ein Wahlrecht. Er kann den gestundeten Kaufpreis Zug um Zug gegen Übergabe und Eigentumsübertragung bzw. gegen Übertragung des dem Vorkauf unterliegenden Rechts bar zahlen oder er kann die dem Dritten gewährte Stundung für sich in 5

---

[1] BT-Drs. 14/6040, S. 242; Beschlussempfehlung und Berichte des Rechtsausschusses: BT-Drs. 14/7052, S. 44-45.
[2] *Larenz*, Schuldrecht, Band I: Allgemeiner Teil, 14. Aufl. 1987, § 44 III.

§ 468

Anspruch nehmen und muss dann Zug um Zug gegen Erfüllung des Vorkaufsvertrages Sicherheit leisten.

6 Die Art der Sicherheitsleistung richtet sich nach den §§ 232-240 BGB.

II. Sonderregel für den Grundstückskauf (Absatz 2)

7 § 468 Abs. 2 BGB enthält eine Sonderregel für den Grundstückskauf für den Fall, dass der Anspruch auf Kaufpreiszahlung durch eine Hypothek am Gegenstand des Vorkaufs (oder Grundschuld, § 1192 Abs. 1 BGB) gesichert wird. In diesem Fall ist eine Sicherheitsleistung entbehrlich, da der Verpflichtete ausreichend abgesichert ist. Ob das Grundpfandrecht tatsächlich eine hinreichende Sicherheit darstellt, ist unerheblich, da sich der Verpflichtete selbst mit dieser Sicherung zufrieden gegeben hat.[3]

8 Die zweite Alternative des Absatzes 2 Satz 1 läuft eigentlich leer. Übernimmt der Käufer in Anrechnung auf den Kaufpreis eine Schuld des Verkäufers, liegt keine Stundung vor, so dass § 468 BGB nicht einschlägig ist. Für den Fall, dass die Schuldübernahme an der Zustimmung des Gläubigers scheitert, haftet der Verkäufer weiter. In diesem Fall liegt eine der Stundung vergleichbare Situation vor. Die Vorschrift stellt hier klar, dass der Verpflichtete keine Sicherheitsleistung verlangen kann, wenn diese Weiterhaftung für ihn wegen der Sicherung durch das Grundpfandrecht kein Risiko bedeutet.[4]

9 Dieselbe Regelung gilt gemäß § 468 Abs. 2 Satz 2 BGB für eingetragene Schiffe oder Schiffsbauwerke (vgl. die Kommentierung zu § 452 BGB).

---

[3] *Grunewald* in: Erman, § 468 Rn. 2; *Westermann* in: MünchKomm-BGB, § 468 Rn. 3.
[4] *Faust* in: Bamberger/Roth, § 468 Rn. 4.

§ 469 BGB Mitteilungspflicht, Ausübungsfrist

(Fassung vom 02.01.2002, gültig ab 01.01.2002)

(1) ¹Der Verpflichtete hat dem Vorkaufsberechtigten den Inhalt des mit dem Dritten geschlossenen Vertrags unverzüglich mitzuteilen. ²Die Mitteilung des Verpflichteten wird durch die Mitteilung des Dritten ersetzt.

(2) ¹Das Vorkaufsrecht kann bei Grundstücken nur bis zum Ablauf von zwei Monaten, bei anderen Gegenständen nur bis zum Ablauf einer Woche nach dem Empfang der Mitteilung ausgeübt werden. ²Ist für die Ausübung eine Frist bestimmt, so tritt diese an die Stelle der gesetzlichen Frist.

Gliederung

A. Grundlagen...................................	1	I. Absender der Mitteilung.....................	4
I. Kurzcharakteristik...............................	1	II. Zeitpunkt, Inhalt und Form der Mitteilung........	7
II. Gesetzgebungsmaterialien................	2	**C. Ausübungsfrist (Absatz 2)**................	14
B. Mitteilungspflicht (Absatz 1)..........	4	**D. Anwendungsfelder**.............................	17

A. Grundlagen

I. Kurzcharakteristik

§ 469 Abs. 1 BGB regelt die Anzeigepflicht des Vorkaufsverpflichteten gegenüber dem Berechtigten. Diese Anzeige soll dem Berechtigten die Möglichkeit geben, den Vorkauf ausüben zu können; sie ist jedoch keine Voraussetzung für die Ausübung. Durch die Anzeige kann der Verpflichtete die in § 469 Abs. 2 BGB geregelte Frist in Gang setzen, innerhalb derer das Vorkaufsrecht auszuüben ist.   1

II. Gesetzgebungsmaterialien

E I § 483, § 487; II § 444; III § 505; Motive, Bd. II, S. 348; Protokolle, Bd. II, S. 100, 111.   2

Durch die Schuldrechtsmodernisierung sind die Vorschriften über das Vorkaufsrecht (§§ 495-514 BGB a.F.) im Wesentlichen unverändert übernommen worden. Es handelt sich lediglich um eine andere Paragraphenzählung und es wurden geringe Anpassungen an den heutigen Sprachgebrauch vorgenommen.[1]   3

B. Mitteilungspflicht (Absatz 1)

I. Absender der Mitteilung

Die Mitteilung vom Vorkaufsfall ist vom Vorkaufsverpflichteten vorzunehmen. Nur diesen trifft eine gesetzliche Pflicht zur Mitteilung. Daraus folgt, dass er sich im Falle des Unterlassens der Mitteilung **schadensersatzpflichtig** macht und den Fristbeginn nach § 469 Abs. 2 BGB verhindert. Der daraus entstehende und zu ersetzende Schaden kann auch auf Ausgleich des Erfüllungsinteresses gerichtet sein, sofern er durch Unterlassung der Mitteilung adäquat verursacht wurde.[2] Des Weiteren kann das Unterlassen als Vertragsverletzung einen **Kündigungsgrund** (z.B. für ein Mietverhältnis) darstellen.[3]   4

Teilt der Verpflichtete den Vorkaufsfall entgegen § 469 Abs. 1 Satz 1 BGB nicht **unverzüglich** mit, so steht dem Berechtigten gleichwohl kein Anspruch auf Ersatz eines Verzögerungsschadens zu.[4] Zweck   5

---

[1] BT-Drs. 14/6040, S. 242; Beschlussempfehlung und Berichte des Rechtsausschusses: BT-Drs. 14/7052, S. 44-45.
[2] BGH v. 14.12.2001 - V ZR 212/00 - juris Rn. 16 - BGHReport 2002, 751.
[3] *Mader* in: Staudinger, § 469 Rn. 2.
[4] OLG Celle v. 01.11.2007 - 2 U 139/07 - ZMR 2008, 119-120; vgl. dazu die Anmerkungen von *Häublein*, jurisPR-MietR 8/2008, Anm. 5 sowie *Tank*, MietRB 2008, 36-37.

der Vorschrift ist es, im Sinne der Rechtsklarheit und Sicherheit des Rechtsverkehrs die durch den Vorkaufsfall ausgelöste Unsicherheit, ob der Berechtigte von seinem Vorkaufsrecht Gebrauch machen wird, nicht zu lange bestehen zu lassen.[5] Zweck ist es hingegen nicht, dem Berechtigten eine möglichst unverzügliche Ausübung seines Vorkaufsrechts zu ermöglichen. Eine verspätete Mitteilung wird gemäß § 469 Abs. 2 Satz 1 BGB dadurch sanktioniert, dass die Ausübungsfrist erst nach Zugang der Mitteilung zu laufen beginnt. Im Übrigen scheidet der Ersatz von Verzögerungsschäden aus, solange der Verpflichtete nicht im Verzug ist. Dies könnte – da der Berechtigte von dem Vorkaufsfall nichts weiß und den Verpflichteten daher auch nicht mahnen kann – allenfalls in Betracht kommen, wenn man eine Mahnung nach § 286 Abs. 2 Nr. 4 BGB für entbehrlich halten würde.[6] Dies dürfte jedoch abzulehnen sein: Der Verpflichtete hat es ohnehin in der Hand, wann er den Kaufvertrag mit dem Dritten abschließt. Eine besondere Schutzwürdigkeit des Berechtigten besteht daher nicht.

6 Gemäß § 469 Abs. 1 Satz 2 BGB kann die Mitteilung des Drittkaufs jedoch auch durch den **Drittkäufer** erfolgen. Der Dritte steht nicht unter einer gesetzlichen Mitteilungspflicht. Mitteilungen von Personen, die weder Vorkaufsverpflichtete noch Drittkäufer sind, können nach dem Gesetz den Fristlauf nicht auslösen.

II. Zeitpunkt, Inhalt und Form der Mitteilung

7 Die Mitteilung hat zu erfolgen, wenn der Kaufvertrag mit dem Dritten wirksam, der Vorkaufsfall also eingetreten ist.

8 Die Mitteilung muss nicht nur die Tatsache, dass ein Kaufvertrag geschlossen worden ist, enthalten. Der Vorkäufer muss darüber hinaus vollständig über den Inhalt des Kaufvertrages informiert werden, sodass die Entscheidung über die Ausübung seines Vorkaufsrechts innerhalb der gesetzlichen Frist möglich ist. Die Anzeigepflicht erstreckt sich somit nur auf diejenigen Vereinbarungen, die gemäß § 464 Abs. 2 BGB den Inhalt des mit dem Vorkaufsberechtigten zustande kommenden Vertrages bestimmen, nicht jedoch auf Nebenbestimmungen außerhalb des Kaufvertrages, welche den Dritten zum Vertragsschluss bewegen sollen.

9 Mitzuteilen ist insbesondere auch, ob der Vertrag genehmigt ist, falls eine solche Genehmigung erforderlich ist.[7] Nicht mitzuteilen sind Genehmigungen hinsichtlich des dinglichen Geschäfts.[8]

10 Die Übersendung der Ausfertigung des Kaufvertrages genügt in der Regel.[9] Der Berechtigte kann jedoch bei Unklarheiten weitere Mitteilungen verlangen.[10] Diese können sich insbesondere auf den Zustand der Sache beziehen, sodass gegebenenfalls auch die Besichtigung der Sache zu gestatten ist.[11] Wird in der Mitteilung nur angezeigt, wie der Vertragsinhalt ermittelt werden kann, so reicht dies nur für eine ordnungsgemäße Mitteilung, wenn der Berechtigte mit dieser Form der Mitteilung einverstanden ist.[12]

11 Kennt der Berechtigte den Vertragsinhalt, so entfällt die Mitteilungspflicht dennoch nicht, da sie auch den Zweck hat, den Beginn der Überlegungsfrist festzusetzen.[13] Etwas anderes gilt nur dann, wenn der Berechtigte auf die Mitteilung ausdrücklich oder konkludent verzichtet hat.[14]

12 Wird der Vertrag geändert, so muss der geänderte Vertrag mitgeteilt werden.[15] Nimmt man an, dass die Änderung des Kaufvertrags den Berechtigten nicht bindet, sondern ihm ein Wahlrecht eröffnet (vgl.

---

[5] BGH v. 15.06.1960 - V ZR 191/58 - BGHZ 32, 375-383.
[6] *Häublein*, jurisPR-MietR 8/2008, Anm. 5.
[7] BGH v. 29.10.1993 - V ZR 136/92 - juris Rn. 13 - LM BGB § 510 Nr. 11 (3/1994).
[8] BGH v. 29.10.1993 - V ZR 136/92 - juris Rn. 13 - LM BGB § 510 Nr. 11 (3/1994).
[9] BGH v. 29.10.1993 - V ZR 136/92 - juris Rn. 12 - LM BGB § 510 Nr. 11 (3/1994).
[10] *Mader* in: Staudinger, § 469 Rn. 10.
[11] *Grunewald* in: Erman, § 469 Rn. 5.
[12] *Huber* in: Soergel, 12. Aufl. 1991, § 510 Rn. 3.
[13] BGH v. 20.02.1957 - V ZR 125/55 - BGHZ 23, 342-349.
[14] *Grunewald* in: Erman, § 469 Rn. 2.
[15] BGH v. 23.05.1973 - VIII ZR 57/72 - LM Nr. 9 zu § 510 BGB; BGH v. 29.10.1993 - V ZR 136/92 - juris Rn. 12 - LM BGB § 510 Nr. 11 (3/1994).

die Kommentierung zu § 463 BGB Rn. 38), ist zu differenzieren: In Bezug auf den neuen Vertragsinhalt wird die Frist für die Ausübung des Vorkaufsrechts durch Zugang der geänderten Mitteilung ausgelöst. In Bezug auf den ursprünglichen Vertragsinhalt bleibt dagegen die ursprüngliche Mitteilung maßgeblich. Es ist nicht veranlasst, dem Berechtigten insofern eine Fristverlängerung zugutekommen zu lassen; besonders deutlich wird dies, wenn die Frist des Absatzes 2 nach Zugang der ursprünglichen Mitteilung schon verstrichen ist.[16] Geht man mit der h.M. davon aus, dass vor Ausübung Vertragsänderungen auch zulasten des Berechtigten jederzeit möglich sind, wird durch die Änderungsmitteilung eine neue Frist in Gang gesetzt.

Eine besondere **Form** für die Mitteilung an den Vorkaufsberechtigten ist nicht vorgeschrieben. 13

C. Ausübungsfrist (Absatz 2)

Eine ordnungsgemäße Mitteilung setzt die Frist des § 469 Abs. 2 BGB in Lauf. Bei mehreren Vorkaufsberechtigten, die das Vorkaufsrecht gemäß § 472 Satz 1 BGB nur im Ganzen ausüben können, läuft die Frist des § 469 Abs. 2 BGB nicht für jeden Berechtigten individuell, sondern beginnt für alle gemeinsam, wenn dem letzten die Mitteilung zugeht.[17] 14

Werden zwei mit einem Vorkaufsrecht belastete Grundstücke unter der irrtümlichen Bezeichnung nur des einen Grundstücks verkauft, so läuft die Frist hinsichtlich des in dem Vertrag nicht genannten Grundstücks erst nach Empfang einer Berichtigungsmitteilung.[18] Diese Frist ist eine **Ausschlussfrist**, so dass keine Hemmung erfolgen kann. Des Weiteren kann eine verspätete Ausübung durch die Genehmigung des Verpflichteten nicht mehr geheilt werden.[19] Die Fristberechnung erfolgt nach den §§ 186-193 BGB. 15

Falls die Ausübungserklärung genehmigungsbedürftig ist, muss sie innerhalb der Frist des § 469 Abs. 2 BGB genehmigt werden. Bei abgeänderten Vertragsbedingungen beginnt die Frist neu (vgl. Rn. 12). 16

D. Anwendungsfelder

Die Norm kann auf Vormiet- und Vorpachtrechte analog angewandt werden. Des Weiteren ist § 469 BGB entsprechend auf andere Fälle anzuwenden, in denen einem anderen ein Eintritts- oder Einlösungsrecht zusteht. 17

---

[16] *Faust* in: Bamberger/Roth, § 469 Rn. 6; *Grunewald* in: Erman, § 469 Rn. 4.
[17] *Westermann* in: MünchKomm-BGB, § 472 Rn. 2; *Faust* in: Bamberger/Roth, § 472 Rn. 3; offen lassend OLG Stuttgart v. 11.12.2008 - 7 U 155/08 - NJW-RR 2009, 952-952.
[18] BGH v. 23.06.2006 - V ZR 17/06 - BGHZ 168, 152-160.
[19] BGH v. 15.06.1960 - V ZR 191/58 - BGHZ 32, 375-383.

§ 470 BGB Verkauf an gesetzlichen Erben

(Fassung vom 02.01.2002, gültig ab 01.01.2002)

Das Vorkaufsrecht erstreckt sich im Zweifel nicht auf einen Verkauf, der mit Rücksicht auf ein künftiges Erbrecht an einen gesetzlichen Erben erfolgt.

Gliederung

A. Grundlagen 1	B. Anwendungsvoraussetzungen 4
I. Kurzcharakteristik 1	C. Rechtsfolgen 5
II. Gesetzgebungsmaterialien 2	D. Anwendungsfelder 6

A. Grundlagen

I. Kurzcharakteristik

1 § 470 BGB enthält eine Auslegungsregel und zielt darauf ab, Verkäufe zu begünstigen, die zur Erhaltung des Familienbesitzes mit Rücksicht auf ein künftiges Erbrecht an einen gesetzlichen Erben erfolgen. Bei Verkäufen, welche den Erbgang vorwegnehmen, wird häufig ein sehr niedriger Preis vereinbart, auf den sich der Vorkaufsberechtigte nicht berufen können soll.

II. Gesetzgebungsmaterialien

2 E III § 506; Protokolle, Bd. II, S. 104.

3 Durch die Schuldrechtsmodernisierung sind die Vorschriften über das Vorkaufsrecht (§§ 495-514 BGB a.F.) im Wesentlichen unverändert übernommen worden. Es handelt sich lediglich um eine andere Paragraphenzählung und es wurden geringe Anpassungen an den heutigen Sprachgebrauch vorgenommen.[1]

B. Anwendungsvoraussetzungen

4 **Gesetzlicher Erbe**: Gesetzlicher Erbe im Sinne dieser Vorschrift ist, wer gesetzlicher Erbe wäre, wenn der Erbfall zur Zeit des Verkaufs eintreten würde.[2] Gesetzlicher Erbe ist nicht der **Testaments- und Vertragserbe**. Wird an mehrere gemeinschaftlich verkauft und ist nur einer gesetzlicher Erbe, so greift das Vorkaufsrecht ebenfalls nicht, da dem Dritten ein gemeinschaftlicher Erwerb mit dem Berechtigten nicht zugemutet werden kann.[3] Verkauft der Verpflichtete mit Rücksicht auf ein künftiges Erbrecht nicht nur an einen gesetzlichen Erben, sondern zugleich an dessen Ehegatten als Mitkäufer, so ist § 470 BGB sinngemäß anzuwenden. Auf den Güterstand der Eheleute kommt es nicht an. Als gesetzlicher Erbe gilt auch der nachberufene gesetzliche Erbe, insbesondere der Enkel, wenn dessen Eltern noch leben. Es reicht für § 470 BGB aus, dass die Erbenstellung ein Motiv des Verkäufers neben anderen Beweggründen ist.[4]

C. Rechtsfolgen

5 Das Vorkaufsrecht erlischt durch die Veräußerung an den gesetzlichen Erben. Es besteht keine Pflicht des Verpflichteten, im Falle des Verkaufs gemäß § 470 BGB dem Drittkäufer eine entsprechende Verpflichtung zugunsten des Berechtigten aufzuerlegen. Eine derartige Pflicht kann sich jedoch aufgrund

---

[1] BT-Drs. 14/6040, S. 242; Beschlussempfehlung und Berichte des Rechtsausschusses: BT-Drs. 14/7052, S. 44-45.
[2] *Westermann* in: MünchKomm-BGB, § 471 Rn. 3.
[3] *Grunewald* in: Erman, § 470 Rn. 2.
[4] BGH v. 25.09.1986 - II ZR 272/85 - juris Rn. 12 - NJW 1987, 890-898.

ergänzender Vertragsauslegung des der Bestellung des Vorkaufsrechts zugrunde liegenden Vertrages ergeben.[5] Ein Verkauf unter Missachtung einer solchen Verpflichtung löst grundsätzlich das Vorkaufsrecht aus.

D. Anwendungsfelder

Die Vorschrift gilt auch für das gesetzliche Vorkaufsrecht der Miterben nach § 2034 BGB und gemäß § 1098 BGB auch für das dingliche Vorkaufsrecht.[6] Sonderregeln gelten für gesetzliche Vorkaufsrechte der öffentlichen Hand.[7]

6

---

[5] BGH v. 25.09.1986 - II ZR 272/85 - juris Rn. 14 - NJW 1987, 890-898.
[6] *Westermann* in: MünchKomm-BGB, § 471 Rn. 4.
[7] *Westermann* in: MünchKomm-BGB, § 471 Rn. 4.

§ 471 BGB Verkauf bei Zwangsvollstreckung oder Insolvenz

(Fassung vom 02.01.2002, gültig ab 01.01.2002)

Das Vorkaufsrecht ist ausgeschlossen, wenn der Verkauf im Wege der Zwangsvollstreckung oder aus einer Insolvenzmasse erfolgt.

Gliederung

A. Grundlagen................................. 1	B. Anwendungsvoraussetzungen................ 5
I. Kurzcharakteristik............................ 1	C. Rechtsfolgen 6
II. Gesetzgebungsmaterialien.................... 2	D. Anwendungsfelder............................ 7

A. Grundlagen

I. Kurzcharakteristik

1 § 471 BGB beruht auf der Überlegung, dass schuldrechtliche Verschaffungsansprüche bei einem Verkauf im Wege der Zwangsvollstreckung oder durch den Insolvenzverwalter nicht zur Geltung kommen. Das Vorkaufsrecht darf somit als obligatorisches Recht die Zwangsvollstreckung nicht beeinträchtigen. Des Weiteren soll die Vorschrift verhindern, dass der Berechtigte als Bieter ausfällt, was zu einer Senkung des Kaufpreises führen könnte, da der Berechtigte meist großes Interesse an dem Gegenstand hat.

II. Gesetzgebungsmaterialien

2 E I § 485; II § 445; II § 507; Motive, Bd. II, S. 350; Protokolle, Bd. II, S. 107.

3 Die Vorschrift ist terminologisch geändert worden durch Art. 33 Nr. 20 EGInsO vom 05.10.1994 (Ersetzung Konkurs durch Insolvenz).

4 Durch die Schuldrechtsmodernisierung sind die Vorschriften über das Vorkaufsrecht (§§ 495-514 BGB a.F.) im Wesentlichen unverändert übernommen worden. Es handelt sich lediglich um eine andere Paragraphenzählung und es wurden geringe Anpassungen an den heutigen Sprachgebrauch vorgenommen.[1]

B. Anwendungsvoraussetzungen

5 **Verkauf im Wege der Zwangsvollstreckung oder Insolvenz**: Betroffen ist insbesondere der Verkauf durch den Insolvenzverwalter aus der Insolvenzmasse, der Verkauf in der Zwangsvollstreckung gemäß §§ 814, 821, 825 ZPO und §§ 15-27 ZVG. Der Verkauf gemäß §§ 180-185 ZVG oder die Aufhebung einer Gemeinschaft, § 753 BGB, die durch Zwangsvollstreckung gemäß §§ 180-185 ZVG erfolgen kann, stehen diesen nicht gleich.[2] In diesen Fällen ist das Vorkaufsrecht jedoch wegen § 463 BGB ausgeschlossen, wenn ein Miteigentümer den Gegenstand oder das Grundstück ersteigert, da er nicht Dritter i.S.d. § 463 BGB ist. Dies gilt insbesondere dann, wenn das Vorkaufsrecht nur einen Miteigentumsanteil belastet und den Zuschlag ein Miteigentümer erhält, dessen eigener bisheriger Anteil nicht Gegenstand des Vorkaufsrechts ist.[3] Eine Zwangsversteigerung gemäß §§ 175, 179 ZVG steht der nach den §§ 180-185 ZVG gleich.[4]

---

[1] BT-Drs. 14/6040, S. 242; Beschlussempfehlung und Berichte des Rechtsausschusses: BT-Drs. 14/7052, S. 44-45.
[2] *Grunewald* in: Erman, § 471 Rn. 2.
[3] BGH v. 28.04.1967 - V ZR 163/65 - BGHZ 48, 1-7.
[4] *Stöber*, NJW 1988, 3121-3125, 3121.

C. Rechtsfolgen

Das Vorkaufsrecht kann nicht wirksam ausgeübt werden. § 471 BGB ist zwingendes Recht, da die Norm gläubigerschützende Funktion hat.

D. Anwendungsfelder

§ 471 BGB ist auf jedes Vorkaufsrecht anwendbar, insbesondere für die gesetzlichen Vorkaufsrechte.[5] Beim dinglichen Vorkaufsrecht ist die Vorschrift jedoch durch § 1098 Abs. 1 Satz 2 BGB eingeschränkt. Entsprechend gilt § 471 BGB für das vertragliche Ankaufsrecht[6] und bei dem Verkauf durch den Pfandgläubiger gemäß § 1228 BGB.

---

[5] Vgl. BGH v. 14.04.1999 - VIII ZR 384/97 - BGHZ 141, 194-202.
[6] *Weidenkaff* in: Palandt, § 471 Rn. 2.

§ 472 BGB Mehrere Vorkaufsberechtigte

(Fassung vom 02.01.2002, gültig ab 01.01.2002)

¹Steht das Vorkaufsrecht mehreren gemeinschaftlich zu, so kann es nur im Ganzen ausgeübt werden. ²Ist es für einen der Berechtigten erloschen oder übt einer von ihnen sein Recht nicht aus, so sind die übrigen berechtigt, das Vorkaufsrecht im Ganzen auszuüben.

Gliederung

A. Grundlagen 1	I. Gemeinschaft (Satz 1) 4
I. Kurzcharakteristik 1	II. Übergang (Satz 2) 8
II. Gesetzgebungsmaterialien 2	C. Anwendungsfelder 11
B. Anwendungsvoraussetzungen 4	

A. Grundlagen

I. Kurzcharakteristik

1 § 472 BGB bestimmt, dass ein Vorkaufsrecht, das mehreren gemeinschaftlich zusteht, nur im Ganzen, also gerade nicht prozentual ausgeübt werden kann. Die Vorschrift regelt das Problem, das sich durch die Beteiligung **mehrerer Personen** als Inhaber des Vorkaufsrechts ergibt, und beruht auf dem Gedanken, dass eine Teilung des Vorkaufsrechts wie eine Teilung des Wiederkaufsrechts (§ 461 BGB) ausgeschlossen ist.

II. Gesetzgebungsmaterialien

2 E II § 446; III § 508; Protokolle, Bd. II, S. 111.

3 Durch die Schuldrechtsmodernisierung sind die Vorschriften über das Vorkaufsrecht (§§ 495-514 BGB a.F.) im Wesentlichen unverändert übernommen worden. Es handelt sich lediglich um eine andere Paragraphenzählung und es wurden geringe Anpassungen an den heutigen Sprachgebrauch vorgenommen.[1]

B. Anwendungsvoraussetzungen

I. Gemeinschaft (Satz 1)

4 Grundsätzlich gilt § 472 BGB für alle Arten gemeinsamer Berechtigung. Die Mehrheit von Berechtigten muss nicht schon bei der Vorkaufsabrede vorhanden gewesen sein. Fraglich ist, ob § 472 BGB bei Gesamthandsgemeinschaften nicht durch die Regeln über die gesamthänderische Mitberechtigung verdrängt wird.[2] Dies wird für die Gütergemeinschaft wegen § 1416 Abs. 1 BGB angenommen, nicht hingegen für das Vorkaufsrecht der Miterben nach § 2034 BGB.[3]

5 Nach OLG Frankfurt ist es ausgeschlossen[4], ein dingliches Vorkaufsrecht für mehrere Berechtigte zu begründen, das auf Erwerb in Bruchteilsgemeinschaft gerichtet ist.[5]

6 Das Vorkaufsrecht kann nur von allen Berechtigten durch eine gemeinsame oder durch übereinstimmende Erklärungen ausgeübt und nur auf den Erwerb des ganzen Gegenstandes gerichtet werden. Die

---

[1] BT-Drs. 14/6040, S. 242; Beschlussempfehlung und Berichte des Rechtsausschusses: BT-Drs. 14/7052, S. 44-45.
[2] BayObLG München v. 14.01.1993 - 2Z BR 102/92 - juris Rn. 19 - NJW-RR 1993, 472-473; differenzierend *Mader* in: Staudinger, § 472 Rn. 4.
[3] BGH v. 28.10.1981 - IVa ZR 163/80 - juris Rn. 6 - LM Nr. 1 zu § 2043 BGB.
[4] OLG Frankfurt v. 29.06.1998 - 20 W 144/98 - NJW-RR 1999, 17-19; *Weidenkaff* in: Palandt, § 472 Rn. 1.
[5] A.A. *Mader* in: Staudinger, § 1094 Rn. 14; *Westermann* in: MünchKomm-BGB, § 1094 Rn. 8.

Frist des § 469 Abs. 2 BGB läuft nicht für jeden Berechtigten individuell, sondern beginnt für alle gemeinsam, wenn dem letzten die Mitteilung des § 469 Abs. 1 BGB zugeht.[6]

Durch die gemeinschaftliche Erklärung des Vorkaufs werden die Berechtigten Mitgläubiger, § 432 BGB, bzw. Gesamtschuldner, §§ 421, 427 BGB.[7]

II. Übergang (Satz 2)

Ist das Vorkaufsrecht für einen Berechtigten **erloschen** oder **übt ein Mitberechtigter das Recht nicht aus**, so geht das Vorkaufsrecht auf die übrigen Berechtigten über. Fraglich ist, ob ein Nichtausüben des Vorkaufsrechts allein deshalb vorliegt, weil ein Berechtigter untätig bleibt. Die Notwendigkeit einer Erklärung über die Nichtausübung des Vorkaufrechts sieht § 472 SATZ 2 BGB nicht vor.[8] Dem wird entgegengehalten, dann könne ein Mitberechtigter durch Ausüben des Vorkaufrechts im Ganzen die anderen Berechtigten verdrängen. Deshalb sei es im Innenverhältnis erforderlich, den Mitberechtigten eine kurze Frist zur Erklärung über die Ausübung des Vorkaufrechts im Innenverhältnis zu setzen.[9] Dagegen spricht allerdings, dass allen Mitberechtigten die Mitteilung gemäß § 469 BGB zugehen muss, so dass jeder Mitberechtigte in der Lage ist, die Ausübung zu erklären. Deshalb kann ein Mitberechtigter das Vorkaufsrecht für sich alleine ausüben, unabhängig davon, wie sich die Mitberechtigten verhalten. Die Ausübungserklärung ist in diesem Fall aufschiebend bedingt durch die Nichtausübung der Vorkaufsrechte durch die anderen Berechtigten.[10] Aus der Ausübungserklärung muss sich allerdings ergeben, ob der Berechtigte das Vorkaufsrecht für sich alleine oder mit den anderen Berechtigten ausüben möchte.

Dem Erlöschen bzw. Nichtausüben eines Vorkaufrechts durch einen Mitberechtigten steht es gleich, wenn das Vorkaufsrecht durch einen von mehreren Berechtigten unwirksam ausgeübt wird.[11] Dies gilt wegen der gemeinsamen Verfügungsbefugnis von Miterben gemäß § 2040 Abs. 1 BGB, aus der sich die Notwendigkeit einer Einigung auch über die Ausübung eines Vorkaufsrechts ergibt,[12] allerdings nicht für das Vorkaufsrecht der Miterben nach § 2034 BGB.[13]

Von einem Ausüben des Vorkaufrechts im Ganzen für einen Mitberechtigten ist der Fall zu unterscheiden, dass ein Mitberechtigter das Vorkaufsrecht für alle Mitberechtigten ausübt. Dies ist möglich, wenn die Parteien vereinbart haben, dass das Vorkaufsrecht den Berechtigten gemäß § 428 BGB als Gesamtgläubigern zusteht, so dass jeder Berechtigte eine eigenständige Befugnis hat, das Vorkaufsrecht im Ganzen für alle Berechtigten auszuüben.[14]

C. Anwendungsfelder

Sind mehrere aus dem Vorkaufsrecht verpflichtet, so kann § 472 Satz 1 BGB analog angewendet werden, sodass das Vorkaufsrecht nur im Ganzen ausgeübt werden kann.[15]

---

[6] *Westermann* in: MünchKomm-BGB, § 472 Rn. 2; *Faust* in: Bamberger/Roth, § 472 Rn. 3; offen lassend OLG Stuttgart v. 11.12.2008 - 7 U 155/08 - NJW-RR 2009, 952-952.
[7] *Grunewald* in: Erman, § 472 Rn. 1.
[8] OLG Stuttgart v. 11.12.2008 - 7 U 155/08 - NJW-RR 2009, 952-953.
[9] *Faust* in: Bamberger/Roth, § 472 Rn. 4.
[10] BGH v. 28.10.1981 - IVa ZR 163/80 - NJW 1982, 330-331.
[11] Für das Vorkaufsrecht gemäß § 57 SchuldRAnpG: BGH v. 13.03.2009 - V ZR 157/08 - NJW-RR 2009, 1172-1175; Brandenburgisches OLG v. 03.07.2008 - 5 U 125/07 - ZOV 2008, 254-256.
[12] BGH v. 28.10.1981 - IVa ZR 163/80 - NJW 1982, 330.
[13] BGH v. 13.03.2009 - V ZR 157/08 - NJW-RR 2009, 1172-1175.
[14] OLG Stuttgart v. 11.12.2008 - 7 U 155/08 - NJW-RR 2009, 952-953; die Revision wurde vom BGH verworfen (BGH v. 25.06.2009 - V ZR 11/09).
[15] *Grunewald* in: Erman, § 472 Rn. 6.

§ 473 BGB Unübertragbarkeit

(Fassung vom 02.01.2002, gültig ab 01.01.2002)

¹Das Vorkaufsrecht ist nicht übertragbar und geht nicht auf die Erben des Berechtigten über, sofern nicht ein anderes bestimmt ist. ²Ist das Recht auf eine bestimmte Zeit beschränkt, so ist es im Zweifel vererblich.

Gliederung

A. Grundlagen... 1	I. Ausschluss der Übertragbarkeit (Satz 1) 5
I. Kurzcharakteristik............................. 1	II. Vorkaufsrecht auf bestimmte Zeit (Satz 2) 10
II. Gesetzgebungsmaterialien...................... 3	C. Anwendungsfelder............................... 11
B. Anwendungsvoraussetzungen 5	

A. Grundlagen

I. Kurzcharakteristik

1 § 473 BGB regelt die Unübertragbarkeit des Vorkaufsrechts. Die Norm trägt somit dem Gedanken Rechnung, dass der Vorkaufsverpflichtete ein Interesse daran haben kann, dass die Person des Berechtigten nicht wechselt, da es sich bei diesem um seinen potentiellen Vertragspartner handelt.

2 § 473 BGB ist als Auslegungsregel zu verstehen und ist abdingbar.[1]

II. Gesetzgebungsmaterialien

3 E I §§ 486 f.; II § 477; III § 509; Motive, Bd. II, S. 351; Protokolle, Bd. II, S. 108.

4 Durch die Schuldrechtsmodernisierung sind die Vorschriften über das Vorkaufsrecht (§§ 495-514 BGB a.F.) im Wesentlichen unverändert übernommen worden. Es handelt sich lediglich um eine andere Paragraphenzählung und es wurden geringe Anpassungen an den heutigen Sprachgebrauch vorgenommen.[2]

B. Anwendungsvoraussetzungen

I. Ausschluss der Übertragbarkeit (Satz 1)

5 Eine **Übertragung** liegt vor, wenn an die Stelle des Vorkaufsberechtigten eine andere Person tritt, gleich ob durch Einzel- oder Gesamtrechtsnachfolge. Eine Übertragung i.S.d. § 473 BGB liegt nicht vor, wenn ein **Unternehmen** umgewandelt wird, denn dann wechselt lediglich begrifflich die Rechtspersönlichkeit, wirtschaftlich liegt jedoch Identität vor.

6 Wie aus Satz 1 folgt, kann die Übertragbarkeit vereinbart werden. Sofern die Begründung des Vorkaufsrechts formgebunden war, ist auch diese Änderung hinsichtlich der Übertragbarkeit **formbedürftig**.[3] Die durch das Vorkaufsrecht erwachsenden Rechte sind frei übertragbar.

7 Daher verstößt es auch nicht gegen § 473 BGB, wenn sich der Berechtigte einem Dritten gegenüber zur Ausübung des Vorkaufsrechts und zur Übertragung der hieraus entstehenden Rechte verpflichtet.[4]

8 Wird das Vorkaufsrecht als solches übertragen, bleibt eine vorherige Mitteilung des Kaufvertrages an den bisherigen Vorkaufsberechtigten auch dem neuen Berechtigten gegenüber wirksam. Auch eine neue Ausübungsfrist (§ 469 Abs. 2 BGB) setzt der Wechsel des Berechtigten nicht in Gang. Ausgeübt

---

[1] *Grunewald* in: Erman, § 473 Rn. 1.
[2] BT-Drs. 14/6040, S. 242; Beschlussempfehlung und Berichte des Rechtsausschusses: BT-Drs. 14/7052, S. 44-45.
[3] *Weidenkaff* in: Palandt, § 473 Rn. 2.
[4] *Weidenkaff* in: Palandt, § 473 Rn. 4.

werden kann das Vorkaufsrecht nach Übertragung nur durch den neuen Berechtigten, da eine Ausübungserklärung erst mit Zugang wirksam wird, § 130 Abs. 1 Satz 1 BGB.[5]
Das Übertragungsverbot ist ein **relatives Veräußerungsverbot** i.S.d. § 135 BGB.[6]

II. Vorkaufsrecht auf bestimmte Zeit (Satz 2)

Die Auslegungsregel des § 473 Satz 1 BGB gilt nicht, wenn das Recht auf bestimmte Zeit, also befristet, begründet worden ist. Außerdem besagt § 473 Satz 2 BGB, dass bei befristeten Rechten Vererblichkeit die Regel ist. Das Gleiche gilt für eine Bedingung.[7]

C. Anwendungsfelder

Von den dinglichen Vorkaufsrechten ist das subjektiv-dingliche (§ 1094 Abs. 2 BGB) mit dem Eigentum am Grundstück übertragbar, § 1103 Abs. 1 BGB. Das subjektiv-persönliche Recht kann durch Vereinbarung (§ 1094 Abs. 1 BGB i.V.m. § 473 BGB) und Eintragung im Grundbuch übertragbar gemacht werden.[8]

Das gesetzliche Vorkaufsrecht eines Miterben ist gleichfalls rechtsgeschäftlich unübertragbar,[9] aber gemäß § 2034 Abs. 2 Satz 2 BGB vererblich. Zwingend ist die in § 28 Abs. 2 Satz 4 BauGB normierte Unübertragbarkeit des Vorkaufsrechts nach dem BauGB.

---

[5] Gutachten o. Verf., DNotI-Report 2007, 50-51.
[6] *Weidenkaff* in: Palandt, § 473 Rn. 2.
[7] *Grunewald* in: Erman, § 473 Rn. 4.
[8] BGH v. 23.05.1962 - V ZR 123/60 - juris Rn. 14 - BGHZ 37, 147-154.
[9] BGH v. 22.04.1971 - III ZR 46/68 - BGHZ 56, 115-123; OLG München v. 10.03.2009 - 13 U 4486/08 - DNotI-Report 2009, 140.

Untertitel 3 - Verbrauchsgüterkauf

§ 474 BGB Begriff des Verbrauchsgüterkaufs

(Fassung vom 10.12.2008, gültig ab 16.12.2008)

(1) ¹Kauft ein Verbraucher von einem Unternehmer eine bewegliche Sache (Verbrauchsgüterkauf), gelten ergänzend die folgenden Vorschriften. ²Dies gilt nicht für gebrauchte Sachen, die in einer öffentlichen Versteigerung verkauft werden, an der der Verbraucher persönlich teilnehmen kann.

(2) ¹Auf die in diesem Untertitel geregelten Kaufverträge ist § 439 Abs. 4 mit der Maßgabe anzuwenden, dass Nutzungen nicht herauszugeben oder durch ihren Wert zu ersetzen sind. ²Die §§ 445 und 447 sind nicht anzuwenden.

Gliederung

A. Grundlagen 1	III. Kaufgegenstand 38
I. Kurzcharakteristik 1	1. Leitungsgebundenes Wasser (Gas) 39
II. Gesetzgebungsmaterialien 3	2. Immobilien 40
III. Europäischer Hintergrund 4	3. Software 41
1. Richtlinienkonforme Auslegung 6	IV. Ausnahmen 42
2. Richtlinienkonforme Rechtsfortbildung 7	1. Internetversteigerungen 44
B. Praktische Bedeutung 8	2. Tierversteigerungen 45
C. Anwendungsvoraussetzungen 15	3. Gebrauchtheit der Sache 46
I. Verbraucher 15	4. Zwangsvollstreckung und Insolvenzverwalter ... 48
1. Natürliche Person 17	V. Absatz 2 50
2. Zweck des Geschäfts 21	1. Nutzungsersatz bei Ersatzlieferung (Satz 1) ... 51
II. Unternehmer 35	2. Nicht anwendbare Vorschriften (Satz 2) 59

A. Grundlagen

I. Kurzcharakteristik

1 Der Begriff des Verbrauchsgüterkaufs wird in § 474 BGB legal definiert. Danach liegt ein Verbrauchsgüterkauf vor, wenn ein Verbraucher (vgl. die Kommentierung zu § 13 BGB) von einem Unternehmer (vgl. die Kommentierung zu § 14 BGB) eine bewegliche Sache kauft. Die §§ 474-479 BGB stellen **ergänzende Vorschriften** zu den sonstigen Regelungen des Kaufrechts dar. Der Gesetzgeber konnte sich auf wenige Sondervorschriften beschränken, da er die Vorgaben der Verbrauchsgüterkaufrichtlinie umfassend zur Vermeidung eines gespaltenen Kaufrechts bereits in den §§ 433-453 BGB umgesetzt und in die Leistungsstörungsvorschriften des allgemeinen Schuldrechts eingearbeitet hat. Die Sonderregelungen betreffen neben der Definition des sachlichen Anwendungsbereichs insbesondere die Gefahrtragung beim Versendungskauf, § 474 Abs. 2 BGB, die stark eingegrenzte Möglichkeit vertraglicher Haftungsbeschränkungen, § 475 BGB, die Beweislastumkehr in Bezug auf den Zeitpunkt des Mangels, § 476 BGB, sowie Sonderbestimmungen für Garantien, § 477 BGB, die Regressmöglichkeit des Unternehmers, § 478 BGB, und die Verjährung von Rückgriffsansprüchen, § 479 BGB.

2 In § 474 BGB nicht geregelt sind das Widerrufsrecht (vgl. § 355 BGB) und das Rückgaberecht (vgl. § 356 BGB) des Verbrauchers. Diese Rechte bestehen beim Verbrauchsgüterkauf nur, wenn ein Haustürgeschäft, § 312 BGB, ein Fernabsatzgeschäft, § 312 d BGB, ein Ratenlieferungsvertrag, § 510 BGB, oder ein Kaufvertrag mit entgeltlichem Zahlungsaufschub oder einer sonstigen entgeltlichen Finanzierungshilfe, §§ 506 ff. BGB, vorliegt. Ist der Verbrauchsgüterkaufvertrag mit einem Verbraucherdarlehensvertrag verbunden, führt der Widerruf des Verbraucherdarlehensvertrags (§ 495 BGB) auch zur Rückabwicklung des Verbrauchsgüterkaufvertrags, § 358 Abs. 2 BGB (sog. Widerrufsdurchgriff). Nach § 359a BGB finden die Vorschriften über verbundene Verträge einschließlich Widerrufsdurch-

griff auch Anwendung, wenn die finanzierte Kaufsache im Verbraucherdarlehensvertrag bestimmt angegeben ist.

II. Gesetzgebungsmaterialien

BT-Drs. 14/6040, S. 242-244; BT-Drs. 14/6857, S. 30-31, S. 62; BT-Drs. 14/7052, S. 198-199.

III. Europäischer Hintergrund

Anlass für die Sonderregel des Verbrauchsgüterkaufs war die Umsetzung der RL 1999/44/EG vom 25.05.1999 (Verbrauchsgüterkaufrichtlinie), die der Deutsche Gesetzgeber spätestens bis zum 01.01.2002 umzusetzen hatte. Ziel der EG-Richtlinie war u.a. die Schaffung eines gemeinsamen Mindeststandards von Verbraucherrechten, die unabhängig vom Ort des Kaufs und der Ware in der Gemeinschaft gelten, um somit im Rahmen des Europäischen Binnenmarktes ein einheitliches Verbraucherschutzniveau durch eine Mindestharmonisierung zu erreichen.

Die dem Verbraucher durch die Verbrauchsgüterkaufrichtlinie gewährten Rechte müssen von den Mitgliedsstaaten **zwingend** ausgestaltet werden (Art. 7 Abs. 1 Verbrauchsgüterkaufrichtlinie). Der nationale Gesetzgeber darf den von der Richtlinie vorgeschriebenen Standard nicht unterschreiten. Möglich ist jedoch, dass ein Mitgliedsstaat weitergehende Bestimmungen erlässt, um ein höheres Schutzniveau für den Verbraucher sicherzustellen (Art. 8 Abs. 2 Verbrauchsgüterkaufrichtlinie).

1. Richtlinienkonforme Auslegung

Die richtlinienkonforme Auslegung verpflichtet die nationalen Gerichte dazu, Gesetze, die zur Ausführung einer Richtlinie erlassen wurden, im Rahmen ihrer Zuständigkeit unter Ausschöpfung des Beurteilungsspielraums, den ihnen das nationale Recht einräumt, im Lichte des Wortlauts und des Zwecks der Richtlinie auszulegen.[1] Ob eine nationale Vorschrift mit Gemeinschaftsrecht vereinbar ist, kann im Wege der Vorabentscheidung nach Art. 267 AEUV (ex-Artikel 234 EGV) durch den EuGH entschieden werden. Die Entscheidung des EuGH bindet die nationalen Gerichte bei der Auslegung des Gemeinschaftsrechts. Zu beachten ist allerdings, dass auch die richtlinienkonforme Auslegung nur innerhalb der Methoden des nationalen Rechts möglich ist, insbesondere daher keine Auslegung **contra legem** zulässt.[2] Die richtlinienkonforme Auslegung beschränkt sich auf den jeweiligen Anwendungsbereich der Richtlinie. Die Vorschriften der §§ 474 ff. BGB, die – wie dargelegt – allein der Umsetzung der noch nicht durch das allgemeine Leistungsstörungsrecht und das Kaufrecht umgesetzten Bestandteile der Verbrauchsgüterkaufrichtlinie dienten, unterliegen daher ohne weiteres der richtlinienkonformen Auslegung. Soweit die Verbrauchsgüterkaufrichtlinie durch andere Vorschriften des BGB umgesetzt wurde, findet eine richtlinienkonforme Auslegung streng genommen nur statt, wenn zugleich die Voraussetzungen des § 474 Abs. 1 BGB vorliegen.[3] Mittelbar wirkt sich die Verbrauchsgüterkaufrichtlinie allerdings auch auf andere Fallgestaltungen aus, da der Gesetzgeber im Zweifel keine gespaltene Auslegung des nationalen Rechts je nach Fallgestaltung beabsichtigt hat.[4]

2. Richtlinienkonforme Rechtsfortbildung

Der von der Rechtsprechung des EuGH geprägte Grundsatz der richtlinienkonformen Auslegung verlangt von den nationalen Gerichten allerdings mehr als bloße Auslegung im engeren Sinne, nämlich auch das nationale Recht, wo dies nötig und möglich ist, **richtlinienkonform fortzubilden**. Nach Ansicht des BGH folgt daraus u.a. ein Gebot der richtlinienkonformen Rechtsfortbildung durch **tele-**

---

[1] EuGH v. 10.04.1984 - 14/83 - NJW 1984, 2021, 2022; BGH v. 16.08.2006 - VIII ZR 200/05 - NJW 2006, 3200, 3201; *Lorenz* in: MünchKomm-BGB, vor § 474 Rn. 3.
[2] EuGH v. 04.07.2006 - C-212/04 - NJW 2006, 2465, 2467.
[3] *Lorenz* in: MünchKomm-BGB, vor § 474 Rn. 4.
[4] *Lorenz* in: MünchKomm-BGB, vor § 474 Rn. 4, der insoweit zutreffend die richtlinienkonforme Auslegung von einer „quasi-richtlinienkonformen Auslegung" unterscheidet bzw. von einer „Ausstrahlungswirkung der RL auf das richtlinienfreie Recht" spricht.

ologische Reduktion einer nationalen Vorschrift auf einen mit der Richtlinie zu vereinbarenden Inhalt.[5]

B. Praktische Bedeutung

8   Die Vorschriften über den Verbrauchsgüterkauf sind für die Praxis von sehr großer Bedeutung, denn der Verbrauchsgüterkauf ist der **Kaufvertrag des täglichen Lebens**.

9   Aber auch beim **Kaufvertrag zwischen Unternehmern** müssen die Vorschriften der §§ 474-479 BGB beachtet werden, wenn die verkaufte bewegliche Sache für den Endverbraucher bestimmt ist. In diesen Fällen besteht ein Regressrecht des Letztverkäufers unter den erleichterten Voraussetzungen des § 478 BGB.[6]

10 Die §§ 474 ff. finden keine Anwendung bei Kaufverträgen **zwischen Verbrauchern** untereinander und **zwischen Verbrauchern auf Verkäuferseite und Unternehmern auf Käuferseite**.

11 Beim Kauf von **Immobilien** können die Regelungen des Verbrauchsgüterkaufs Bedeutung haben, wenn bewegliche Sachen mitverkauft werden.

12 Auf **Werklieferungsverträge** finden sowohl bei vertretbaren als auch bei nicht vertretbaren Sachen grds. die Vorschriften über den Kauf, also auch über den Verbrauchsgüterkauf, Anwendung, § 651 BGB.

13 Über § 480 BGB finden die §§ 474 ff. BGB schließlich auch auf den **Tausch** Anwendung, allerdings nur hinsichtlich der durch den Unternehmer zu erbringenden Leistung. Dadurch wird, etwa bei der Inzahlunggabe gebrauchter Sachen, die Abgrenzung zwischen Kauf- und Tauschverträgen jedenfalls im Hinblick auf die Anwendbarkeit der §§ 474 ff. BGB bedeutungslos.[7] Soweit der Gebrauchtwagenhandel wegen der weitgehenden Unabdingbarkeit des gesetzlichen Gewährleistungsrechts gemäß § 475 Abs. 1 BGB in Zahlung genommene Gebrauchtwagen im Wege eines Agenturvertrages weiterveräußert (dabei veräußert der Neuwagenhändler den Gebrauchtwagen im Namen und für Rechnung des Neuwagenkäufers weiter, wobei der Händler einen Mindestpreis garantiert, den er zunächst stundet und nach einem Weiterverkauf auf den Neuwagenpreis verrechnet), liegt meist eine Umgehungsgestaltung i.S.d. § 475 Abs. 1 Satz 2 BGB vor, die zur Anwendbarkeit der §§ 474 ff. BGB führt (Einzelheiten in der Kommentierung zu § 475 BGB).

14 Nach **§ 365 BGB** können die Vorschriften zudem eingreifen, wenn eine Sache an Erfüllungs statt hingegeben wird.

C. Anwendungsvoraussetzungen

I. Verbraucher

15 Nach § 13 BGB ist ein **Verbraucher** jede natürliche Person, die ein Rechtsgeschäft zu einem Zweck abschließt, der weder ihrer gewerblichen noch ihrer **selbstständigen** beruflichen Tätigkeit zugerechnet werden kann. Verbraucher ist also auch derjenige, der für unselbstständige berufliche Zwecke als Arbeitnehmer z.B. Berufskleidung oder einen Computer kauft.[8]

16 Nach der Verbrauchsgüterkaufrichtlinie (Art. 1 Abs. 2 lit. a Verbrauchsgüterkaufrichtlinie) ist Verbraucher nur, wer nicht zu beruflichen oder gewerblichen Zwecken handelt. Demnach sieht die Richtlinie auch denjenigen nicht als Verbraucher an, der eine bewegliche Sache für eine abhängig beschäftigte berufliche Tätigkeit kauft. Da nach Art. 8 Abs. 2 Verbrauchsgüterkaufrichtlinie die Mitgliedstaaten

---

[5] BGH v. 26.11.2008 - VIII ZR 200/05 - NJW 2009, 427 im sog. Quelle-Fall zur Frage des Nutzungsersatzes bei Ersatzlieferung.
[6] *Henssler/Westphalen*, Praxis der Schuldrechtsreform, 2. Aufl. 2003, § 474 Rn. 2.
[7] *Faust* in: Bamberger/Roth, § 474 Rn. 6.
[8] Umstritten ist indes, ob ein Arbeitnehmer auch außerhalb des Kaufs von Gütern Verbraucher ist, so z.B. beim Abschluss eines Arbeitsvertrages: bejahend BAG v. 25.05.2005 - 5 AZR 572/04 - NJW 2005, 3305.

ein höheres Schutzniveau für den Verbraucher einführen dürfen, ist die Ausdehnung des Verbraucherbegriffs auf den abhängig beruflich Beschäftigten richtlinienkonform.[9]

1. Natürliche Person

Weil ein Verbraucher nur eine **natürliche Person** sein kann, sind juristische Personen wie die GmbH, die AG, aber auch rechtsfähige Vereine und Stiftungen vom Begriff eines Verbrauchers ausgeklammert. 17

Problematisch ist die Einordnung von rechtsfähigen **Personengesellschaften**, die weder juristische noch natürliche Personen sind. Auch aus ihrer ausdrücklichen Erwähnung in der Definition des Unternehmers gemäß § 14 Abs. 1 BGB folgt nicht etwa, dass sie keine Verbraucher sein könnten. Auch natürliche Personen können gemäß §§ 13, 14 BGB sowohl Verbraucher als auch Unternehmer sein. Entscheidend ist ausschließlich die Zweckrichtung des Handelns. Rechtsgeschäfte von Personenhandelsgesellschaften (oHG, KG) werden allerdings meist in Ausübung einer gewerblichen Tätigkeit (Ausnahme private Vermögensverwaltung, vgl. § 105 Abs. 2 Satz 1 HGB) und Rechtsgeschäfte von Partnerschaftsgesellschaften in Ausübung einer selbstständigen beruflichen Tätigkeit erfolgen, so dass diese schon deswegen keine Verbraucher sein können. 18

Gesellschaften bürgerlichen Rechts können jedoch durchaus auch andere als gewerbliche oder berufliche Zwecke verfolgen. Zwar ist die Teilrechtsfähigkeit der Außen-GbR analog § 124 HGB mittlerweile anerkannt, doch ist sie damit keine juristische Person im technischen Sinne und somit vom Anwendungsbereich des § 13 BGB nicht explizit ausgeklammert. Nach überwiegender Ansicht kann „natürliche Person" i.S.v. § 13 BGB auch eine Mehrzahl von Personen sein, die sich beispielsweise in einer GbR zusammengeschlossen hat.[10] Verfolgt die GbR daher keine der in § 13 BGB aufgeführten Zwecke und sind ihre Gesellschafter natürliche Personen, ist sie vom Schutzbereich des § 13 BGB umfasst.[11] Gleiches gilt für die Erben- bzw. Gütergemeinschaft und für die (inzwischen teilrechtsfähige) Wohnungseigentümergemeinschaft, wegen seiner körperschaftlichen Verfassung analog §§ 21 ff. BGB aber nicht für den nicht rechtsfähigen Verein. 19

Als Verbraucher kommen darüber hinaus auch die **Erbengemeinschaft**, die **Gütergemeinschaft** und die (inzwischen teilrechtsfähige) **Wohnungseigentümergemeinschaft** in Betracht.[12] 20

2. Zweck des Geschäfts

Darüber hinaus liegt die Verbrauchereigenschaft i.S.v. § 13 BGB nur vor, wenn ein Rechtsgeschäft nicht zu einem Zweck abgeschlossen wird, der einer gewerblichen oder selbstständigen beruflichen Tätigkeit zuzurechnen ist, es sich also nicht um ein Privatgeschäft handelt. Nicht nur Gewerbetreibende, sondern auch Freiberufler, Handwerker und Landwirte sind damit keine Verbraucher, wenn sie Rechtsgeschäfte in Ausübung ihres Berufes abschließen. 21

In zeitlicher Hinsicht kommt es ausschließlich auf die **Zweckrichtung bei Abschluss des Vertrags** an. Wird der Kaufgegenstand später abweichend von dem ursprünglichen Vertragszweck benutzt, ändert dies nichts mehr an der Zuordnung zu unternehmerischen oder privaten Geschäften. 22

Grundsätzlich erfolgt die **Zuordnung** eines Rechtsgeschäftes zum unternehmerischen oder privaten Bereich anhand rein **objektiver Kriterien**, da das Verbraucherschutzrecht den Dispositionen der Parteien weitgehend entzogen ist (vgl. § 475 Abs. 1 Satz 2 BGB). Schließt eine natürliche Person ein Rechtsgeschäft objektiv zu einem Zweck ab, der weder ihrer gewerblichen noch ihrer selbständigen beruflichen Tätigkeit eindeutig zugerechnet werden kann (Rechtsanwältin bestellt eine später privat genutzte Lampe unter der Kanzleianschrift), wird sie nur dann nicht als Verbraucherin behandelt, wenn die dem Vertragspartner erkennbaren Umstände eindeutig und zweifelsfrei darauf hinweisen, 23

---

[9] BT-Drs. 14/6040, S. 243; *Henssler/Westphalen*, Praxis der Schuldrechtsreform, 2. Aufl. 2003, § 474 Rn. 3.
[10] *Saenger* in: Erman, § 13 Rn. 6; zu § 1 VerbrKrG: BGH v. 23.10.2001 - XI ZR 63/01 - RÜ 2002, 74; a.A. *Schmidt*, JuS 2006, 1, 5.
[11] BGH v. 23.10.2001 - XI ZR 63/01 - RÜ 2002, 74.
[12] *Ellenberger* in: Palandt, § 13 Rn. 2.

§ 474

dass die natürliche Person in Verfolgung ihrer gewerblichen oder selbständigen beruflichen Tätigkeit handelt.[13]

24 Etwas anderes soll allerdings dann gelten, wenn ein **Verbraucher einen gewerblichen Geschäftszweck bewusst vortäuscht**.[14] Wer eine Sache von einem Unternehmer kaufen will, der zu einem Geschäftsabschluss mit einem Verbraucher nicht bereit ist, darf sich den Schutz der Vorschriften über den Verbrauchsgüterkauf nicht dadurch erschleichen, dass er sich gegenüber dem Unternehmer wahrheitswidrig als Händler ausgibt. In diesem Fall gebührt dem Grundsatz von Treu und Glauben (venire contra factum proprium) gegenüber den Verbraucherschutzinteressen des unredlichen Vertragspartners der Vorrang. Kein Vortäuschen, sondern eine gemäß § 309 Nr. 12 lit. b BGB unwirksame Klausel liegt dagegen vor, wenn der Verkäufer den Verbraucher seine vermeintliche Unternehmereigenschaft durch AGB bestätigen lässt.

25 An das Vorliegen einer Vortäuschung werden allerdings strenge Maßstäbe anzulegen sein. In aller Regel wird sich nämlich der Unternehmer im Vertrag bestätigen lassen, dass der Käufer zu gewerblichen Zwecken handelt. Geschieht dies allerdings formularmäßig durch AGB, ist § 309 Nr. 12 b) zu beachten.[15] Danach sind Klauseln unwirksam, durch die die Beweislast durch eine Bestätigung umgekehrt werden soll. Der Verkäufer wird danach im Einzelnen darzulegen und zu beweisen haben, dass er tatsächlich getäuscht wurde und diese Klausel nicht zur Umgehung der Vorschriften über den Verbrauchsgüterkauf in den Vertrag aufgenommen hat.[16]

26 Außerhalb einer rechtsmissbräuchlichen Vorspiegelung eines gewerblichen oder privaten Zweckes wird insbesondere in Fällen einer **gemischten Nutzung** der Kaufsache ergänzend auf das Auftreten der Vertragsparteien abzustellen sein. Wird beispielsweise ein Pkw zu beruflichen und privaten Zwecken gekauft und halten sich die Nutzungsanteile in etwa die Waage, kommt es für die Zuordnung des Käufers als Verbraucher auch darauf an, wie er gegenüber dem Verkäufer aufgetreten ist.[17]

27 Praktisch sehr häufig sind Fälle, in denen die Anschaffung, aber auch Veräußerung bestimmter Gegenstände nicht ausschließlich zu privaten oder gewerblichen bzw. freiberuflichen Zwecken erfolgt (sog. **gemischte Nutzung** oder „**dual use**").

28 Nach einer Ansicht liegt beim **Kauf** gemischt genutzter Gegenstände stets ein Privatgeschäft vor, solange der Gegenstand nicht ausschließlich im Rahmen der gewerblichen oder selbstständigen beruflichen Tätigkeit genutzt wird.[18] Nach der Gegenansicht muss die private Nutzung erheblich überwiegen, um die Verbrauchereigenschaft des Käufers annehmen zu können.[19] Die ganz h.M. stellt auf den **Schwerpunkt der Nutzung** ab.[20] Die Beweislast trifft stets denjenigen, der sich auf die Verbraucherschutzvorschriften beruft. Will sich der Käufer also auf die Verbraucherschutzvorschriften berufen, muss er beweisen, dass die private Nutzung überwiegt, er also Verbraucher i.S.v. § 13 BGB ist.

29 Fraglich ist, ob diese Grundsätze auch auf den **Verkauf gemischt genutzter Gegenstände** anwendbar sind. Überwiegt die selbstständige berufliche Nutzung beim Kauf einer Sache, schließt dies zwar die Verbrauchereigenschaft aus; bestritten wird jedoch teilweise, dass der gemischt nutzende Verkäufer zugleich auch als Unternehmer i.S.v. § 14 BGB anzusehen ist.

30 Nach einer Ansicht seien die verschärften Regelungen der §§ 474 ff. BGB nur dann angemessen, wenn den Verkäufer wegen der besonderen Sachkunde der gewerblichen Ausübung besondere Pflichten trä-

---

[13] BGH v. 30.09.2009 - VIII ZR 7/09 - NJW 2009, 3780-3781.
[14] BGH v. 22.12.2004 - VIII ZR 91/04 - NJW 2005, 1045-1047; zustimmend *Moseschus*, EWiR 2005, 463-464 und *Schmidt*, JuS 2006, 1-8, 7.
[15] Das AG Zeven v. 19.12.2002 - 3 C 242/02 - ZGS 2003, 158, 159 f., geht demgegenüber von einer überraschenden Klausel (§ 305c Abs. 1) bzw. einer Umgehung i.S.v. § 475 Abs. 1 Satz 2 BGB aus.
[16] Vgl. auch *Mankowski*, BGHReport 2005, 553.
[17] OLG Celle v. 04.04.2007 - 7 U 193/06 - ZGS 2007, 354 mit zust. Anm. *Gregor*, VuR 2007, 475-476.
[18] *Graf v. Westphalen*, BB 1996, 2101.
[19] *Pfeiffer*, NJW 1999, 169, 173 f.
[20] OLG Celle v. 11.08.2004 - 7 U 17/04 - NJW-RR 2004, 1645, 1646 f.; *Schmidt-Räntsch* in: Bamberger/Roth, § 13 Rn. 12 m.w.N.

fen. Handelten beide Parteien quasi als „Laien", handele es sich nicht um einen Verbrauchsgüterkauf.[21] Im Übrigen sei gem. § 14 BGB erforderlich, dass das Rechtsgeschäft gerade „in Ausübung" der beruflichen Tätigkeit erfolge, während nach § 13 BGB nur eine „Zurechnung" erforderlich sei.

Nach der Gegenansicht kommt es auch beim Verkauf nur auf den Schwerpunkt der früheren Nutzung des verkauften Gegenstandes an.[22] Nach dem Grundgedanken des § 344 Abs. 1 HGB gehören grundsätzlich alle Geschäfte eines Unternehmers auch zum Betrieb des Unternehmens, selbst wenn sie nicht den Schwerpunkt der eigentlichen Betätigung bilden. 31

Im Rahmen der Beurteilung der Verbraucher- bzw. Unternehmereigenschaft wird generell nicht auf die individuelle Schutzbedürftigkeit der Vertragsparteien abgestellt. Ein Käufer kann beruflich bedingt erhebliche Sachkunde besitzen und wird trotzdem als Verbraucher behandelt. Umgekehrt kann es ebenso wenig auf die Sachkunde des Verkäufers ankommen. Entscheidend ist ausschließlich in formaler Hinsicht, ob es sich um ein unternehmensbezogenen Geschäft handelt oder nicht. Deswegen ist im Interesse der Rechtssicherheit auch beim Verkauf gemischt genutzter Gegenstände der Schwerpunkt ihrer früheren Nutzung für die Beurteilung der Unternehmereigenschaft des Verkäufers maßgeblich. Allerdings kommt es dabei auf die tatsächliche Benutzung des Gegenstandes und nicht allein auf seine steuerliche Zuordnung an.[23] 32

Schwierigkeiten bereitet die Einordnung von Fällen mit **Drittbeteiligung**: Wird ein Unternehmer als **Stellvertreter** eines Verbrauchers tätig, könnte auf den Rechtsgedanken des § 166 BGB zurückzugreifen und die Verbrauchereigenschaft des Vertragspartners zu verneinen sein. Allerdings ändert die Einschaltung eines Unternehmers letztlich nichts an der Schutzbedürftigkeit des Verbrauchers, so dass nach ganz überwiegender Meinung allein auf die Verbrauchereigenschaft des Vertretenen abzustellen ist.[24] Im umgekehrten Fall kann ein Unternehmer den Schutz der §§ 474 ff. BGB zu seinen Gunsten nicht dadurch herbeiführen, dass er einen Verbraucher als Vertreter einschaltet. Bei einem **Vertrag zugunsten Dritter** kommt es allein auf die Verbrauchereigenschaft des Versprechensempfängers und nicht des Dritten an.[25] Problematisch ist auch die Einordnung, wenn auf einer Seite eines Kaufvertrages eine **Personenmehrheit** auftritt. So soll nach verbreiteter Auffassung die Verbrauchereigenschaft bei jedem Mitverpflichteten getrennt zu beurteilen sein.[26] Diesem im Verbraucherschutzrecht verbreiteten Ansatz kann – jedenfalls für den Anwendungsbereich des Verbrauchsgüterkaufrechts – nicht ohne weiteres gefolgt werden. Eine getrennte Beurteilung erscheint angemessen, wenn auf Verkäuferseite ein Unternehmer und ein Verbraucher tätig werden. In diesem Fall gelten die Sondervorschriften des Verbrauchsgüterkaufs nur zulasten des Unternehmer-Verkäufers. Andernfalls könnte ein Unternehmer durch Einschaltung eines Verbrauchers als „Mitverkäufer" auch die §§ 474 ff. BGB umgehen. Umgekehrt erscheint die Differenzierung jedoch unbillig: Ein Unternehmer als Käufer müsste nur einen Verbraucher als „Mitkäufer" einschalten, der im Falle eines Mangels dann alleine Gewährleistungsansprüche geltend macht, um faktisch den Schutz der §§ 474 ff. BGB zu erhalten. 33

Die **Beweislast** für die Verbraucher- und die Unternehmereigenschaft und damit für das Eingreifen der §§ 474 ff. BGB trägt nach dem allgemeinen Grundsatz, dass derjenige die Darlegungs- und Beweislast hat, der sich auf den Tatbestand einer ihm günstigen Rechtsnorm beruft, der Verbraucher.[27] Fraglich ist, ob er sich dabei zumindest hinsichtlich der Zugehörigkeit des Geschäftes zum Unternehmen des Vertragspartners auf eine Vermutung analog § 344 Abs. 1 HGB berufen kann.[28] Dagegen spricht, dass 34

---

[21] LG Frankfurt a.M. v. 07.04.2004 - 16 S 236/03 - NJW-RR 2004, 1208; AG Bad Homburg v. 14.11.2003 - 2 C 182/03 - NJW-RR 2004, 345.
[22] OLG Celle v. 11.08.2004 - 7 U 17/04 - NJW-RR 2004, 1645, 1646 f.; *Schmidt-Räntsch* in: Bamberger/Roth, § 14 Rn. 10.
[23] LG Frankfurt a.M. v. 07.04.2004 - 16 S 236/03 - NJW-RR 2004, 1208.
[24] *Saenger* in: Erman, § 13 Rn. 11 m.w.N.; *Schmidt-Räntsch* in: Bamberger/Roth, § 13 Rn. 7.
[25] *Saenger* in: Erman, § 13 Rn. 11.
[26] *Saenger* in: Erman, § 13 Rn. 18; *Schmidt-Räntsch* in: Bamberger/Roth, § 13 Rn. 8 jeweils m.w.N.
[27] BGH v. 11.07.2007 - VIII ZR 110/06 - juris Rn. 13 - NJW 2007, 266-267.
[28] *Ellenberger* in: Palandt, § 14 Rn. 2.

die §§ 13, 14 BGB – anders als § 344 HGB – den Ausgleich eines vermuteten wirtschaftlichen Ungleichgewichts und nicht Publizität und Vertrauensschutz gewährleisten sollen.[29] Im Übrigen würde die Beweislastverteilung erheblich zuungunsten des privat handelnden Unternehmers verschlechtert.[30]

II. Unternehmer

35 Nach § 14 BGB ist Unternehmer jede natürliche oder juristische Person, die bei einem Rechtsgeschäft in Ausübung ihrer gewerblichen oder selbstständigen beruflichen Tätigkeit handelt. Unter den Unternehmerbegriff des § 14 BGB fallen damit auch Freiberufler, Handwerker und Landwirte sowie nebenberuflich selbstständig Tätige (der Unternehmerbegriff des § 14 BGB ist nicht zu verwechseln mit dem Begriff des Unternehmers im Werkvertragsrecht).[31] Eine rechtsgeschäftliche Tätigkeit in Ausübung des Berufes liegt auch dann vor, wenn es sich bei dem Verkauf einer beweglichen Sache durch eine GmbH um ein branchenfremdes Geschäft handelt. Solange nämlich die Vermutung des § 344 Abs. 1 HGB nicht widerlegt ist, gehört selbst das branchenfremde Geschäft im Zweifel zu dem Betrieb des Handelsgewerbes der GmbH.[32]

36 Für den Unternehmerbegriff der §§ 474 ff. BGB ist in richtlinienkonformer Auslegung – anders als für den Begriff des Kaufmanns (§ 1 HGB) – eine **Gewinnerzielungsabsicht** für das Vorliegen eines Gewerbes nicht erforderlich. Es besteht kein Grund, den Verbraucherschutz bei einer nach außen professionell betriebenen Geschäftstätigkeit von einer subjektiven Gewinnerzielungsabsicht abhängig zu machen, deren Vorliegen dem Verbraucher zudem meist unbekannt sein wird.[33] Dagegen ist eine gewisse **Planmäßigkeit** und **Dauerhaftigkeit** des Auftretens am Markt erforderlich. Nicht ausreichend zur Begründung der Unternehmereigenschaft ist z.B. der Verkauf von 4 gezüchteten Fohlen innerhalb von 3 Jahren.[34]

37 Die Grenze zum unternehmerischen Handeln ist daher fließend. Die Rechtsprechung hat sich immer wieder mit der Unternehmereigenschaft von Versteigerern im Rahmen von **Internetauktionen** zu befassen.[35] Zur Beurteilung der Unternehmereigenschaft sind die Umstände des Einzelfalls in einer Gesamtschau zu würdigen. So sprechen für die Annahme der Unternehmereigenschaft das wiederholte Anbieten gleichartiger Gegenstände sowie häufige Käuferbewertungen.[36] Jedenfalls Personen, die bei „eBay" als „Power-Seller" auftreten, sollen ohne weiteres unternehmerisch tätig sein. Im Übrigen zieht die Rechtsprechung meist die Anzahl der getätigten Verkäufe innerhalb eines bestimmten Zeitraumes zur Abgrenzung sowie das Auftreten des Verkäufers (Verwendung von AGB, Verkauf auch neuer Sachen, Haushaltsüblichkeit der verkauften Sachen) heran.[37]

III. Kaufgegenstand

38 Die ergänzend anzuwendenden Bestimmungen der §§ 474-479 BGB gelten nur dann, wenn sich der Kauf auf eine **bewegliche Sache** bezieht. Dabei ergibt sich aus den §§ 474 Abs. 1 Satz 2, 475 Abs. 2 BGB, dass auch gebrauchte Sachen grds. erfasst werden. Gemäß § 90 BGB (vgl. die Kommentierung zu § 90 BGB) sind Sachen i.S.d. Gesetzes nur körperliche Gegenstände. Elektrizität, Gas, Wasser, Fernwärme sind keine Sachen. Werden Gas und Wasser jedoch abgefüllt (Flaschen, Fässer, Container, Tankwagen), so werden sie zu beweglichen Sachen.[38]

---

[29] *Saenger* in Erman, § 14 Rn. 17.
[30] *Habermann* in: Staudinger, § 14 Rn. 70.
[31] Näheres vgl. die Kommentierung zu § 14 BGB; *Bohne* in: Hoeren/Martinek, Systematischer Kommentar zum Kaufrecht, 2002, Teil 2 § 474 Rn. 14.
[32] BGH v. 13.07.2011 - VIII ZR 215/10 - ZIP 2011, 1571-1575.
[33] BGH v. 29.03.2006 - VIII ZR 173/05 - BGHZ 167, 40-57; zustimmend *Lorenz*, EWiR 2006, 453-454.
[34] OLG Hamm v. 05.03.2009 - 2 U 203/08 - RdL 2009, 181-182.
[35] Dazu *Sosnitza*, VuR 2007, 143 ff.
[36] OLG Hamm v. 15.03.2011 - 4 U 204/10, I-4 U 204/10 - juris Rn. 52 m.w.N.
[37] Einzelne Rechtsprechungsnachweise bei *Sosnitza*, VuR 2007, 143,146.
[38] BT-Drs. 14/7040, S. 243.

1. Leitungsgebundenes Wasser (Gas)

Zweifelhaft ist, ob Verträge über leitungsgebundene Versorgung mit Gas und Wasser den §§ 474-479 BGB unterfallen.[39] Die Bundesregierung geht davon aus, dass auch Verträge über leitungsgebundene Versorgung mit Wasser und Gas den §§ 474-479 BGB unterfallen, nicht aber Stromlieferungsverträge[40]. Sie ist der Prüfbitte des Bundesrates, Gas- und Wasserlieferungsverträge aus dem Anwendungsbereich der §§ 474-479 BGB herauszunehmen, nicht nachgekommen.[41] Die Regeln über den Verbrauchsgüterkauf gelten daher auch für Gas, Wasser, Fernwärme und sollten auf Strom (der keine Sache ist) entsprechend angewendet werden.[42]

2. Immobilien

Die §§ 474-479 BGB gelten nur beim Kauf von beweglichen Sachen und nicht beim Kauf von Immobilien. Kein Verbrauchsgüterkauf liegt bei der Veräußerung von wesentlichen Bestandteilen eines Grundstücks vor (§§ 93 f. BGB), da diese das rechtliche Schicksal des Grundstücks teilen.[43] Werden bewegliche Sachen hingegen als Zubehör (§ 97 BGB) eines Grundstücks verkauft (§ 311c BGB), sind die §§ 474 ff. BGB anwendbar, da die Verbindung mit dem Grundstückskauf allein vom Parteiwillen abhängig ist.[44]

3. Software

Im Rahmen der Schuldrechtsreform ist die schon früher umstrittene Frage, ob es sich bei Software um eine Sache handelt, nicht geklärt worden. Gemäß § 453 Abs. 1 BGB finden die Vorschriften über den Sachkauf zwar auch auf den Kauf sonstiger Gegenstände Anwendung, sodass die Diskussion insoweit an Bedeutung verloren hat. § 453 Abs. 1 BGB verweist jedoch nur auf die §§ 433-452 BGB, sodass die bisherige Abgrenzung nunmehr für die Anwendbarkeit der Vorschriften des Verbrauchsgüterkaufs Bedeutung erlangt hat.[45] Dies entspricht der Verbrauchsgüterkaufrichtlinie, die gemäß Art. 1 Abs. 2 lit. b ebenfalls nur auf den Kauf von Sachen Anwendung findet. Standardsoftware ist jedenfalls dann eine Sache, wenn sie auf einem Datenträger verkauft wird. Die Literatur[46] plädiert für eine entsprechende Anwendung der Vorschriften über den Verbrauchsgüterkauf, wenn dem Verbraucher die Standardsoftware nicht auf einem Datenträger überlassen, sondern über ein Datennetz (z.B. Internet) zur Verfügung gestellt wurde. Dafür sprechen zahlreiche Gründe: Bereits vor der Schuldrechtsreform hielt die Rechtsprechung eine analoge Anwendung verbraucherschützender Vorschriften auf derartige Verträge für möglich.[47] Ferner nimmt die Verbrauchsgüterkaufrichtlinie Software nicht ausdrücklich aus dem Anwendungsbereich aus, wie dies für andere Sachen, deren Körperlichkeit zweifelhaft ist, durchaus geschieht. Vor allem aber der verbraucherschützende Zweck der §§ 474-479 BGB gebietet die Gleichbehandlung unverkörperter und verkörperter Software, da es für das Schutzbedürfnis des Käufers keinen Unterschied macht, ob er ein digitales Produkt per „Download" oder auf einem Datenträger erwirbt.[48] Speziell für den Käufer angefertigte Individualsoftware fällt jedoch – unabhängig von dem Vertriebsweg – nicht unter die §§ 474-479 BGB, da Werkvertragsrecht gilt (vgl. die Kommentierung zu § 453 BGB).

---

[39] Bejahend *Faust* in: Bamberger/Roth, § 474 Rn. 11; *Lorenz* in: MünchKomm-BGB, § 474 Rn. 10; verneinend wohl *Saenger* in: Hk-BGB, § 474 Rn. 3 und *Weidenkaff* in: Palandt, vor § 474 Rn. 3.
[40] BT-Drs. 14/6040, S. 243.
[41] BT-Drs. 14/6857, S. 30.
[42] *Grunewald* in: Erman, § 474 Rn. 5.
[43] *Grunewald* in: Erman, § 474 Rn. 4.
[44] *Faust* in: Bamberger/Roth, § 474 Rn. 8; *Lorenz* in: MünchKomm-BGB, § 474 Rn. 10.
[45] *Matusche-Beckmann* in: Staudinger, § 474 Rn. 34.
[46] *Faust* in: Bamberger/Roth, § 474 Rn. 9; *Matusche-Beckmann* in: Staudinger, § 474 Rn. 34; *Grunewald* in: Erman, § 474 Rn. 3.
[47] Zur analogen Anwendung des AbzG bereits BGH v. 18.10.1989 - VIII ZR 325/88 - juris Rn. 22 - NJW 1990, 320 f.
[48] *Matusche-Beckmann* in: Staudinger, § 474 Rn. 35; *Faust* in: Bamberger/Roth, § 474 Rn. 9.

IV. Ausnahmen

42 Eine Ausnahme vom Geltungsbereich des Verbrauchsgüterkaufs enthält § 474 Abs. 1 Satz 2 BGB. Die Herausnahme der **Versteigerung gebrauchter Sachen** in **öffentlichen Versteigerungen** aus dem Anwendungsbereich ist durch Art. 1 Abs. 3 Verbrauchsgüterkaufrichtlinie legitimiert und beruht darauf, dass die Prüfung der versteigerten Sachen dem Versteigerer häufig kaum zugemutet werden kann. Bedeutung hat dies insbesondere bei Versteigerung von Fundsachen gemäß § 979 BGB.[49] Maßgeblich ist der Begriff der öffentlichen Versteigerung, wie er in § 383 Abs. 3 BGB legal definiert wird.[50] Die Legaldefinition eines Begriffes beansprucht grundsätzlich für den gesamten Anwendungsbereich des Gesetzes Geltung, wenn der Gesetzgeber für einen Einzelfall nicht erkennbar davon abgewichen ist. Um eine öffentliche Versteigerung handelt es sich daher nur bei solchen Versteigerungen, die durch Gerichtsvollzieher, zur Versteigerung befugte andere Beamte oder angestellte Versteigerer durchgeführt werden. Dies setzt allerdings nicht voraus, dass der öffentlich bestellte Versteigerer, der eine Auktion durchführt, auch Veranstalter der Auktion ist.[51]

43 Ferner muss der Verbraucher an der Versteigerung persönlich teilnehmen können; nicht erforderlich ist, dass er tatsächlich persönlich teilgenommen hat. Versteht man unter einer öffentlichen Versteigerung nur eine Versteigerung im Sinne des § 383 BGB, ist der Zusatz ohnehin überflüssig, da öffentliche Versteigerungen stets allgemein zugänglich sind.

1. Internetversteigerungen

44 Eine „**Internetversteigerung**" fällt nicht unter diese Ausnahme, da der Verbraucher an ihr nicht persönlich teilnehmen kann.[52] Zudem sind „Internetauktionen" keine Versteigerungen, bei denen der Vertragsschluss durch Zuschlag i.S.d. § 156 BGB zustande kommt, sondern gewöhnliche (Kauf-)Verträge, die durch Angebot und Annahme zustande kommen.[53]

2. Tierversteigerungen

45 Von erheblicher praktischer Bedeutung ist § 474 Abs. 1 Satz 2 BGB für die häufig vorkommende Versteigerung von Tieren, insbesondere von Pferden. Entgegen einer im Schrifttum weit verbreiteten Auffassung[54] sind Tiere **nicht stets als „gebrauchte Sachen" anzusehen**.[55] Ausgehend vom Wortsinn ist eine Sache erst gebraucht, wenn sie bereits benutzt wurde. Ein für Reitzwecke vorgesehenes Pferd ist daher erst als gebraucht anzusehen, wenn es auch für Reitzwecke eingesetzt wurde. Abhängig vom Tier werden die unterschiedlichsten Zeitpunkte diskutiert: Das Absetzen vom Muttertier, der erstmalige Deckakt bei einem Zuchttier oder der erste Verkauf.[56] Auch dass damit der Begriff des „Gebrauchtseins" nicht für alle zum Kauf angebotenen Tiere nach einheitlichen Regeln bestimmt werden kann, rechtfertigt keine abweichende Beurteilung. Ob und wann ein Tier auch unabhängig von der Frage, zu welchem Zweck es dienen soll und ob es dafür schon verwendet worden ist, allein durch Ablauf einer gewissen Zeitspanne nach der Geburt zur „gebrauchten" Sache wird, hat der BGH offengelassen. Diese Frage dürfte aber zu bejahen sein, da auch Tiere, die keinen bestimmten Verwendungszweck haben (Zierfische, als Haustier gehaltene Katzen und Hunde oder Nagetiere), ab einem bestimmten Alter ein erhöhtes rein altersbedingtes Sachmängelrisiko aufweisen.[57] Für den maßgeblichen Zeitpunkt wird auf

---

[49] BT-Drs. 14/6857, S. 31; BT-Drs. 14/7052, S. 198.
[50] BGH v. 09.11.2005 - VIII ZR 116/05 - NJW 2006, 613-615; zustimmend *Lorenz*, EWiR 2006, 67-68.
[51] BGH v. 24.02.2010 - VIII ZR 71/09 - WM 2010, 938-940.
[52] *Bohne* in: Hoeren/Martinek, Systematischer Kommentar zum Kaufrecht, 2002, Teil 2, § 474 Rn. 21.
[53] BGH v. 03.11.2004 - VIII ZR 375/03 - juris Rn. 10 - NJW 2005, 53-65.
[54] *Adolphsen*, Agrarrecht 2001, 203, 207; *Faust* in: Bamberger/Roth, § 474 Rn. 19 m.w.N.; *Grunewald* in: Erman, § 474 Rn. 7.
[55] BGH v. 15.11.2006 - VIII ZR 3/06 - juris Rn. 25 ff. - NJW 2007, 674-678; zustimmend *Lorenz*, EWiR 2007, 263-264.
[56] Vgl. *Eichelberger* ZGS 2007, 98, 99.
[57] Ebenso *Lorenz* in: MünchKomm-BGB, § 474 Rn. 14.

die Verkehrsanschauung abzustellen sein. Maßgeblich dabei könnte wohl sein, ob ein Tier von der Verkehrsanschauung noch als „Jungtier" bezeichnet wird oder nicht.[58]

3. Gebrauchtheit der Sache

Ob eine Sache „gebraucht" oder „neu" ist, bestimmt sich ausschließlich nach **objektiven Gesichtspunkten**. Jedenfalls bei einem Verbrauchsgüterkauf können die Parteien eine objektiv neue Sache nicht als „gebraucht im Rechtssinne" verkaufen, um damit eine Verkürzung der Verjährung oder gar einen Ausschluss des Anwendungsbereichs der §§ 474 ff. BGB nach § 474 Abs. 1 Satz 2 BGB zu erreichen.[59] Auch ein Fahrzeug mit „Tageszulassung" wird durch die bloße Zulassung – ohne Benutzung – noch nicht zu einer gebrauchten Sache.[60] Ein auf den Kfz-Händler zugelassenes Motorrad, das für Vorführzwecke genutzt wurde und tatsächlich eine Laufleistung von 35 km aufweist, ist jedoch ein „Gebrauchtfahrzeug".[61]

46

Nach einer in der Literatur vertretenen Auffassung[62] gilt bei der Versteigerung von **Antiquitäten** in einer öffentlichen Präsenzversteigerung die Ausnahme des § 474 Abs. 1 Satz 2 BGB nicht. Zwar handele es sich dabei um gebrauchte Sachen, doch sei für diese Gegenstände nicht das Merkmal „gebraucht" kennzeichnend, sondern sie würden dadurch definiert, dass sie alt und wertvoll seien. Dies wird zu Recht abgelehnt, da die Situation bei der Versteigerung nicht anders sei als bei anderen Auktionen, nur weil die Sache einen höheren Wert habe.[63]

47

4. Zwangsvollstreckung und Insolvenzverwalter

Nicht ausdrücklich in § 474 Abs. 1 BGB vom Anwendungsbereich ausgenommen ist der Verkauf von beweglichen Sachen im Rahmen von Zwangsvollstreckungsmaßnahmen. Dies ist nach der Verbrauchsgüterkaufrichtlinie möglich (Art. 1 Abs. 2 lit. b Verbrauchsgüterkaufrichtlinie). Eine ausdrückliche Regelung war jedoch nicht erforderlich, da sich aus § 806 ZPO ergibt, dass die Gewährleistungsansprüche des Erwerbers wegen eines Mangels ausgeschlossen sind.

48

Der Gesetzgeber ist der Anregung des Bundesrates[64], auch den Verkauf durch den Insolvenzverwalter von den §§ 474-479 BGB auszunehmen, nicht nachgekommen. Auch in diesen Fällen besteht ein erhebliches praktisches Bedürfnis für eine Einschränkung der Gewährleistung. Der Insolvenzverwalter wird regelmäßig jedenfalls zu einer Nachbesserung nicht in der Lage sein. Vor allem aber kann ein Insolvenzverfahren frühestens nach Ablauf aller Fristen für mögliche Mängelrechte abgeschlossen werden, da vorher nicht sicher ist, ob noch Ansprüche gegen die Masse bestehen.[65] In der Literatur werden unterschiedliche Vorschläge gemacht, wie eine Haftungsbeschränkung erreicht werden kann,[66] letztlich aber geraten, nach Möglichkeit nur an Unternehmer zu verkaufen, wobei auch insoweit die Gefahr einer Inanspruchnahme nach den Regressregelungen der §§ 478 ff. BGB besteht.[67]

49

V. Absatz 2

Für den Fall eines Verbrauchsgüterkaufs hat der Käufer gemäß § 474 Abs. 2 Satz 1 BGB bei einer Nacherfüllung durch Ersatzlieferung abweichend zu den §§ 439 Abs. 4, 346 ff. BGB gezogene Nutzungen nicht herauszugeben bzw. deren Wert zu ersetzen. Gemäß § 474 Abs. 2 Satz 2 BGB sind die §§ 445 BGB (Haftungsbegrenzung bei öffentlichen Versteigerungen) und 447 BGB (Gefahrübergang beim Versendungskauf) nicht anwendbar.

50

---

[58] Ähnlich *Henssler/Westphalen*, Praxis der Schuldrechtsreform, 2. Aufl. 2003, § 475 Rn. 12.
[59] BGH v. 15.11.2006 - VIII ZR 3/06 - juris Rn. 33 - NJW 2007, 674-678.
[60] *Lorenz* in: MünchKomm-BGB, § 475 Rn. 34.
[61] LG Bremen v. 19.06.2008 - 6 O 1308/07 - DAR 2008, 530.
[62] *Haas/Medicus/Rolland* u.a., Das neue Schuldrecht, 2002, Kap. 5 Rn. 434.
[63] *Grunewald* in: Erman, § 474 Rn. 7.
[64] BT-Drs. 14/6857, S. 31.
[65] *Ringstmeier/Homann*, ZIP 2002, 505, 508; auch noch zu weiteren praktischen Problemen.
[66] Zusammenfassend: *Marotzke*, ZInsO 2002, 501-510, 501 ff.
[67] *Matusche-Beckmann* in: Staudinger, § 474 Rn. 30.

1. Nutzungsersatz bei Ersatzlieferung (Satz 1)

51 Liefert der Verkäufer im Rahmen der Nacherfüllung eine neue Sache, muss der Käufer gemäß § 439 Abs. 4 i.V.m. den §§ 346 ff. BGB die mangelhafte Sache dem Verkäufer zurückgewähren. Umstritten ist dabei, ob der Käufer insoweit auch Wertersatz für die zwischenzeitliche Nutzung der Sache zu leisten hat.

52 Nach § 439 Abs. 4 BGB kann der Verkäufer im Falle der Neulieferung zum Zwecke der Nacherfüllung vom Käufer Rückgewähr der mangelhaften Sache „nach Maßgabe der §§ 346 bis 348" BGB verlangen. Dies hätte bei strenger Gesetzesanwendung zur Folge, dass ein Käufer nicht nur die mangelhafte Kaufsache herausgeben, sondern auch Wertersatz für die „gezogenen Nutzungen" in Form der Gebrauchsvorteile (§ 100) gem. § 346 Abs. 1 und 2 Satz 1 Nr. 1 BGB leisten müsste. Ob dieses durch stringente Gesetzesanwendung erzielte Ergebnis interessengerecht ist, wird unterschiedlich beurteilt. Dogmatischer Anknüpfungspunkt ist dabei die Frage, ob § 439 Abs. 4 BGB einen vollständigen oder nur partiellen Rechtsgrundverweis auf die §§ 346-348 BGB enthält.

53 Das wohl überwiegende Schrifttum versteht den Verweis in § 439 Abs. 4 BGB wortlautgetreu dahin, dass der Käufer auch Wertersatz für die gezogenen Nutzungen nach § 346 Abs. 2 Nr. 1 BGB zu leisten hat.[68]

54 Die Gegenauffassung im Schrifttum[69], die den Käufer im Falle der Ersatzlieferung nicht für zum Wertersatz für die Nutzung der mangelhaften Kaufsache verpflichtet hält, stellt insbesondere auf die Lasten- und Nutzenverteilung zwischen den Kaufvertragsparteien ab: Dem Käufer gebühren gem. § 446 Satz 2 BGB von der (ersten) Übergabe an die Nutzungen der Kaufsache; hierfür zahle er den Kaufpreis. Dem Verkäufer stehe umgekehrt ab demselben Zeitpunkt der Kaufpreis einschließlich der daraus gezogenen Nutzungen zu. Dieses Gleichgewicht würde gestört und der schlecht leistende Verkäufer ungerechtfertigt privilegiert, wollte man einseitig nur den Käufer zur Herausgabe der Nutzungen verpflichten. Deshalb sei die Verweisung in § 439 Abs. 4 BGB auf die §§ 346-348 BGB entsprechend teleologisch zu reduzieren.

55 *Gsell* hat vorgeschlagen, die schadensrechtlichen Grundsätze des Abzugs „Neu für Alt" auf die Ersatzlieferung zu übertragen. Diese seien passender als die §§ 346 ff. BGB, da nicht die Gebrauchsvorteile während der Nutzung des mangelhaften Gegenstandes ausgeglichen werden müssten, sondern der Vorteil, den der Käufer durch Lieferung einer neuen Sache erhalte.

56 Der BGH[70] teilt zwar die Bedenken der letztgenannten Auffassungen, sah sich jedoch angesichts des eindeutigen Gesetzeswortlauts und des in den Gesetzesmaterialien zum Ausdruck gebrachten eindeutigen Willens des Gesetzgebers[71] daran gehindert, eine entsprechende Auslegung des § 439 Abs. 4 BGB vorzunehmen. Allerdings hat der BGH – nachdem er die Frage dem EuGH zur Vorabentscheidung[72] vorgelegt hatte – § 439 Abs. 4 BGB richtlinienkonform dahingehend teleologisch reduziert, dass im Falle eines Verbrauchsgüterkaufs kein Nutzungsersatz geschuldet wird.[73]

57 Endgültige Klarheit ist allerdings inzwischen durch den Gesetzgeber geschaffen worden: Nach **§ 474 Abs. 2 Satz 1 BGB n.F.**[74] ist im Falle eines Verbrauchsgüterkaufvertrages § 439 Abs. 4 BGB mit der Maßgabe anzuwenden, Nutzungen nicht herauszugeben oder durch ihren Wert zu ersetzen. Der Gesetzgeber hätte § 439 Abs. 4 BGB auch dahingehend ändern können, dass generell kein Nutzungsersatzanspruch bei Ersatzlieferung besteht, sondern allenfalls eine Besserstellung des Käufers angesichts des Erhalts einer neuen Sache herauszugeben ist. Da der Gesetzgeber sich ausdrücklich für eine

---

[68] Statt vieler: *Brüggemeier*, WM 2002, 1376, 1379; *Reischl*, JuS 2003, 667 f.; *Westermann*, JZ 2001, 530, 537; *ders.*, NJW 2002, 241, 249.

[69] Statt vieler: *Brömmelmeyer*, JZ 2006, 493, 498 f.; *Schulze/Ebers*, JuS 2004, 366, 369 f.; *Schwab*, JuS 2002, 630, 636.

[70] BGH v. 16.08.2006 - VIII ZR 200/05 - RÜ 2006, 578.

[71] Vgl. BT-Drs. 14/6040, S. 232 f.

[72] EuGH v. 17.04.2008 - C-404/06 - RÜ 2008, 371.

[73] BGH v. 26.11.2008 - VIII ZR 200/05 - RÜ 2009, 79.

[74] Neu gefasst m.W.v. 16.12.2008 durch Gesetz v. 10.12.2008 (BGBl I 2008, 2399).

Regelung nur im Anwendungsbereich des Verbrauchsgüterkaufs entschieden hat, stellt er damit gleichzeitig klar, dass bei anderen Kaufverträgen Wertersatz für gezogene Nutzungen zu leisten ist.[75]

Zu beachten ist, dass § 474 Abs. 2 Satz 1 BGB nur bei **Rückgabe einer Kaufsache im Rahmen der Ersatzlieferung** eingreift, nicht jedoch bei **Rückabwicklung eines Verbrauchsgüterkaufs nach einem Rücktritt**.[76] Hier steht einem Anspruch des Verkäufers auf Nutzungsersatz gemäß § 346 Abs. 1 BGB europäisches Recht nicht entgegen. Der entscheidende Unterschied liegt darin, dass bei einem Rücktritt der komplette Kaufvertrag rückabgewickelt wird, also auch der Verbraucher Nutzungsersatz (Zinsen auf den Kaufpreis) verlangen kann, während der Kaufvertrag bei einer Ersatzlieferung im Übrigen unverändert fortbesteht. 58

2. Nicht anwendbare Vorschriften (Satz 2)

In § 474 Abs. 2 Satz 2 BGB wird die Anwendung der §§ 445, 447 BGB für den Verbrauchsgüterkauf ausgeschlossen. Bei § 445 BGB stehen dem Käufer bei einer **Pfandversteigerung** die Rechte wegen eines Mangels nur bei arglistigem Verschweigen durch den Verkäufer oder bei Übernahme einer Beschaffenheitsgarantie zu. Wird also eine **neue** Sache in einer Pfandversteigerung versteigert, haftet der Verkäufer für Mängel, da die Haftungsbegrenzung des § 445 BGB nicht eingreift. Bei Versteigerung **gebrauchter** Sachen finden die §§ 474 ff. BGB keine Anwendung, sodass der Haftungsausschluss des § 445 BGB eingreift und der Verkäufer nur bei Arglist oder Übernahme einer Beschaffenheitsgarantie haftet.[77] 59

Ebenfalls nicht anwendbar bei einem Verbrauchsgüterkauf ist § 447 BGB. Nach dieser Vorschrift geht beim **Versendungskauf** die Gefahr für den zufälligen Untergang und die zufällige Verschlechterung auf den Käufer über, wenn der Verkäufer die Sache der Transportperson übergibt. Beim Verbrauchsgüterkauf geht die Gefahr auf den Käufer gemäß § 446 BGB erst dann über, wenn die Sache an ihn übergeben wird oder er sich in Annahmeverzug (§ 300 Abs. 2 BGB) befindet. Dies hat zwei Konsequenzen: Der Unternehmer trägt das Risiko des zufälligen Untergangs der Sache auf dem Transportweg und etwaige Transportschäden treten noch vor Gefahrübergang ein, sodass sie die Gewährleistungsrechte des § 437 BGB auslösen.[78] Die Darlegungs- und Beweislast dafür, dass die Kaufsache nicht während des Transportes beschädigt wurde, trägt daher der Verkäufer bzw. Versender.[79] Zu beachten ist, dass § 474 Abs. 2 Satz 2 BGB ausschließlich die Preis- und nicht etwa die Sachgefahr regelt. So kann der Verbraucher z.B. bei Verlust der Ware auf dem Transportwege wegen Diebstahls nicht auf Grundlage des § 474 Abs. 2 Satz 2 BGB die Erfüllung der Leistungspflicht gegenüber dem Unternehmer verlangen.[80] Teilweise wird angenommen, die Nichtanwendbarkeit von § 447 BGB führe stets dazu, dass es sich bei einem Verbrauchsgüterkauf um eine Bringschuld handele.[81] Dies ist abzulehnen:[82] Durch § 474 Abs. 2 BGB sollte lediglich das Transportrisiko geregelt werden und nicht die Frage des Erfüllungsortes. Andernfalls würde der Verkäufer auch für ein Verschulden selbstständiger Transportpersonen gemäß § 278 BGB haften und Konkretisierung gemäß § 243 Abs. 2 BGB träte erst mit Übergabe an den Käufer ein. Mit Ausnahme der Gefahrtragung bleibt es daher bei den allgemein Regelungen, sodass es sich bei einer Versendung in der Regel um eine Schickschuld handelt. 60

Umstritten ist, ob der Ausschluss von § 447 BGB durch § 474 Abs. 2 BGB für den Verbrauchsgüterkauf abbedungen werden kann oder ob auch diese Vorschrift unter das Verbot abweichender Verein- 61

---

[75] A.A. *Gsell*, JZ 2009, 522, die trotz der Neuregelung in § 474 Abs. 2 BGB auch jenseits des Verbrauchsgüterkaufs weiterhin für eine teleologische Reduktion des § 439 Abs. 4 BGB plädiert.
[76] BGH v. 16.09.2009 - VIII ZR 243/08 - NJW 2010, 148-149.
[77] *Lorenz* in: MünchKomm-BGB, § 474 Rn. 31.
[78] *Lorenz*, JuS 2004, 105-107 und *Lorenz*, ZGS 2003, 421-423.
[79] AG Fürstenwalde v. 09.06.2005 - 15 C 147/04 - NJW 2005, 2717-2718.
[80] OLG Hamm v. 24.05.2011 - 2 U 177/10.
[81] *Brüggemeier*, WM 2002, 1376-1387, 1386; *Henssler/v. Westphalen*, Praxis der Schuldrechtsreform, § 474 Rn. 11.
[82] H.M.: *Faust* in: Bamberger/Roth, § 474 Rn. 21; *Matusche-Beckmann* in: Staudinger, § 474 Rn. 62 m.w.N.

barungen gemäß § 475 Satz 1 BGB fällt. Nach dem Wortlaut von § 475 Satz 1 BGB darf von Vorschriften des Untertitels „Verbrauchsgüterkauf" nicht abgewichen werden, wozu auch § 474 Abs. 2 BGB gehören würde.[83] Der Gesetzgeber wollte den Anwendungsbereich der Vorschrift jedoch auf Normen begrenzen, „deren Inhalt durch die Umsetzung der Verbrauchsgüterkauf-Richtlinie bestimmt ist".[84] Dazu zählt der in § 474 Abs. 2 BGB genannte § 447 BGB aber gerade nicht. Es käme zudem zu einem Wertungswiderspruch, da eine von § 446 BGB abweichende Gefahrtragungsabrede auch bei Verbrauchsgüterkäufen stets zulässig ist. Eine einschränkende Auslegung von § 475 Abs. 1 BGB, die parteiautonome Festlegungen der Gefahrtragung gestattet, ist daher angezeigt.[85] Erforderlich ist allerdings eine Individualvereinbarung, denn Vereinbarungen durch Allgemeine Geschäftsbedingungen steht § 307 Abs. 2 Nr. 1 BGB entgegen, da den §§ 474 Abs. 2, 447 BGB insoweit Leitbildfunktion zukommt.[86]

---

[83] *Matusche-Beckmann* in: Staudinger, § 474 Rn. 65; *Haas* in: Haas/Medicus/Rolland u.a., Das neue Schuldrecht, 2002, Kap. 5 Rn. 451; *Oetker/Maultzsch*, Vertragliche Schuldverhältnisse, 2. Aufl. 2004, S. 207 f.; *Tonner* in: Kohte/Micklitz/Rott/Tonner/Willingmann, Das neue Schuldrecht, 2003, § 475 Rn. 2.
[84] BT-Drs. 14/6040, S. 244.
[85] *Canaris*, Schuldrechtsreform 2002, 2002, XXXIV; *Faust* in: Bamberger/Roth, § 475 Rn. 5; *Leible* in: Leible/Sosnitza, Versteigerungen im Internet, 2004, Rn. 290; *Leible* in: Gebauer/Wiedmann, Zivilrecht unter gemeinschaftsrechtlichem Einfluss, 2004, Kap. 8 Rn. 124; *Lorenz*, ZGS 2003, 421-423; *Lorenz*, JuS 2004, 105-107.
[86] Insoweit zutreffend LG Bad Kreuznach v. 13.11.2002 - 3 O 202/02 - juris Rn. 13 - VuR 2003, 80-81.

§ 475 BGB Abweichende Vereinbarungen

(Fassung vom 02.01.2002, gültig ab 01.01.2002)

(1) ¹Auf eine vor Mitteilung eines Mangels an den Unternehmer getroffene Vereinbarung, die zum Nachteil des Verbrauchers von den §§ 433 bis 435, 437, 439 bis 443 sowie von den Vorschriften dieses Untertitels abweicht, kann der Unternehmer sich nicht berufen. ²Die in Satz 1 bezeichneten Vorschriften finden auch Anwendung, wenn sie durch anderweitige Gestaltungen umgangen werden.

(2) Die Verjährung der in § 437 bezeichneten Ansprüche kann vor Mitteilung eines Mangels an den Unternehmer nicht durch Rechtsgeschäft erleichtert werden, wenn die Vereinbarung zu einer Verjährungsfrist ab dem gesetzlichen Verjährungsbeginn von weniger als zwei Jahren, bei gebrauchten Sachen von weniger als einem Jahr führt.

(3) Die Absätze 1 und 2 gelten unbeschadet der §§ 307 bis 309 nicht für den Ausschluss oder die Beschränkung des Anspruchs auf Schadensersatz.

Gliederung

A. Grundlagen 1	b. Vortäuschen der Verbrauchereigenschaft 18
I. Kurzcharakteristik 1	c. Agenturverträge 19
II. Gesetzgebungsmaterialien 2	2. Finanzierungsleasing 20
III. Europäischer Hintergrund 3	3. Neuheit der Sache 21
B. Praktische Bedeutung 4	4. Kaufbegleitende Begutachtungen 22
C. Anwendungsvoraussetzungen 6	5. Vermittlung von (Dritt-)Garantien 23
I. Normstruktur 6	IV. Erleichterung der Verjährung (Absatz 2) 24
II. Verbot abweichender Vereinbarungen (Absatz 1 Satz 1) 7	V. Ausschluss bei Schadensersatzforderungen (Absatz 3) 31
1. Verbrauchsgüterkauf 7	**D. Rechtsfolgen** 33
2. Vor Mitteilung des Mangels 8	I. Unternehmer kann sich nicht auf die Klausel berufen (Absatz 1 Satz 1) 33
3. Abweichen zum Nachteil des Verbrauchers 9	II. Rechtsfolgen der Umgehung (Absatz 1 Satz 2) .. 39
III. Umgehung (Absatz 1 Satz 2) 15	**E. Anwendungsfelder** 45
1. Zwischenschaltung eines Verbrauchers 17	
a. Strohmanngeschäfte 17	

A. Grundlagen

I. Kurzcharakteristik

§ 475 BGB schützt den Verbraucher vor zu seinem Nachteil abweichenden Vereinbarungen. Die Vorschrift führt beim Verbrauchsgüterkauf zu einer erheblichen Einschränkung der Privatautonomie. Der Verkäufer, der von den Regelungen der §§ 433-435, 437, 439-443 BGB sowie der §§ 474-477 BGB zum Nachteil des Verbrauchers vor Anzeige des Mangels abweicht, kann sich auf diese abweichenden Vereinbarungen nicht berufen. Die ausgeklammerte Norm des § 436 BGB betrifft nur Grundstücke, und § 438 BGB ist nicht aufgeführt worden, da § 475 Abs. 2 BGB eine spezielle Regelung enthält. Ein Gestaltungsspielraum verbleibt lediglich bezüglich der Verjährung, § 475 Abs. 2 BGB, bei Schadensersatzansprüchen, § 475 Abs. 3 BGB, und bei der Gefahrtragung, § 474 Abs. 2 Satz 2 BGB.[1] Allerdings beschränkt § 475 BGB nur Vereinbarungen, die vor Mitteilung eines Mangels getroffen werden. Nach Mitteilung des Mangels sind gewährleistungsbeschränkende Vereinbarungen – in den Grenzen der §§ 134, 138 sowie 305 ff. BGB – zulässig. § 475 BGB schützt den Verbraucher zudem vor Umgehungsgestaltungen.

1

---

[1] Kritisch zu dieser erheblichen Einschränkung der Privatautonomie *Adomeit*, NJW 2004, 579-582, 581.

§ 475

II. Gesetzgebungsmaterialien

2   BT-Drs. 14/6040, S. 274-275; BT-Drs. 14/7052, S. 199.

III. Europäischer Hintergrund

3   Die Regelung war europarechtlich zur Umsetzung des Art. 7 Abs. 1 Verbrauchsgüterkaufrichtlinie geboten. Da die Richtlinie Schadensersatzansprüche nicht umfasst, ist eine Einschränkung innerhalb der Grenzen der §§ 307-309 BGB weiterhin möglich. § 475 Abs. 2 BGB entspricht der Vorgabe des Art. 5 Abs. 1 Verbrauchsgüterkaufrichtlinie, der eine Mindestfrist von zwei Jahren ab dem Zeitpunkt der Lieferung vorsieht.

B. Praktische Bedeutung

4   Die praktische Bedeutung ist erheblich, denn die Regelung gilt nicht nur für Individualverträge, sondern auch für Allgemeine Geschäftsbedingungen. Allgemeine Geschäftsbedingungen, die von den §§ 434 ff. BGB abweichende Regelungen enthalten, sind bei Vorliegen eines Verbrauchsgüterkaufvertrags vorrangig an den §§ 474 ff. BGB zu messen. Für die AGB-Inhaltskontrolle gewährleistungsbeschränkender Vorschriften verbleibt danach bei Kaufverträgen zwischen einem Unternehmer und einem Verbraucher nur noch ein recht geringer Anwendungsbereich: Vor allem der Verkauf einer Immobilie – der nach § 474 Abs. 1 Satz 1 BGB als Kaufvertrag über eine unbewegliche Sachen nicht in den Anwendungsbereich des Verbrauchsgüterkaufvertrages fällt – muss nach den §§ 305 ff. BGB beurteilt werden. Abgesehen von nach § 475 Abs. 3 BGB ausdrücklich ausgenommenen Schadensersatzansprüchen sind gewährleistungsbeschränkende Vereinbarungen darüber hinaus einer AGB-Kontrolle weitgehend entzogen.

5   Erhebliche praktische Bedeutung hat die Vorschrift auch beim Verkauf **gebrauchter Sachen**, insbesondere beim Gebrauchtwagenkauf[2]. Denn das BGB lässt es nunmehr nur noch an zwei Stellen zu, dass der Verbraucher schlechter gestellt wird als beim Kauf neuer Sachen. Zum einen gelten die §§ 474-479 BGB nicht im Rahmen von öffentlichen Versteigerungen gebrauchter Sachen (§ 474 Abs. 1 Satz 2 BGB). Zum anderen darf bei gebrauchten Sachen die Verjährung bis auf ein Jahr verkürzt werden (§ 475 Abs. 2 BGB).

C. Anwendungsvoraussetzungen

I. Normstruktur

6   Die Eröffnung des Anwendungsbereichs erfordert das Vorliegen eines **Verbrauchsgüterkaufs** i.S.d. § 474 BGB. Zur Erfüllung der Voraussetzungen von Absatz 1 muss eine Vereinbarung zwischen den Parteien bestimmte **Rechte** des Verbrauchers **zu seinem Nachteil abgeändert** haben, wobei das Umgehungsverbot des Absatzes 1 Satz 2 auch mittelbare Anspruchsverkürzungen erfassen soll. Nach Absatz 2 ist eine Verkürzung der Verjährungsfrist nur in engen Grenzen möglich. Sowohl für Absatz 1 wie auch für Absatz 2 gilt, dass eine von den gesetzlichen Vorschriften abweichende Vereinbarung **vor einer Mängelanzeige** erfolgen musste.

II. Verbot abweichender Vereinbarungen (Absatz 1 Satz 1)

1. Verbrauchsgüterkauf

7   Unter welchen Voraussetzungen ein Verbrauchsgüterkauf vorliegt, ergibt sich aus der Legaldefinition des § 474 Abs. 1 BGB, vgl. die Kommentierung zu § 474 BGB.

---

[2] *Müller*, NJW 2003, 1975-1980, 1975 ff.

2. Vor Mitteilung des Mangels

Sowohl Vereinbarungen nach Absatz 1 als auch nach Absatz 2 sind nur dann unzulässig, wenn sie vor der Mitteilung eines Sach- oder Rechtsmangels an den Unternehmer erfolgten. Diese Einschränkung verfolgt den Zweck, bei Unstimmigkeiten über das Vorliegen eines Mangels einen Vergleich zu ermöglichen.[3] Die Formulierung der Ausnahme ist allerdings nicht sonderlich geglückt: Entscheidend ist nicht, dass dem Unternehmer der Mangel mitgeteilt wird, sondern dass der Verbraucher Kenntnis des Mangels erlangt hat. Nur dann ist nämlich sichergestellt, dass er den gewährleistungsbeschränkenden Charakter der Vereinbarung auch erkannt hat. Ausgehen muss die Mitteilung daher von dem Verbraucher; die Mitteilung durch einen Dritten reicht nicht aus.[4] Die Mitteilung ist eine geschäftsähnliche Handlung, wie bisher die Mängelanzeige[5], welche eines Zugangs bedarf (§ 130 BGB)[6]. Die Mitteilung muss die Tatsachen bezeichnen, die den angezeigten Sach- oder Rechtsmangel ausmachen, und erkennen lassen, dass der Verbraucher die Vertragswidrigkeit der Kaufsache (§ 433 Abs. 1 Satz 2 BGB) geltend macht.[7] Die Vereinbarung muss sich auf den mitgeteilten Mangel beziehen. Nur bezüglich des mitgeteilten Mangels, nicht aber wegen anderer (noch verdeckter) Mängel, ist die abweichende Vereinbarung wirksam.[8] Die Gegenansicht beruft sich darauf, dass nach Mitteilung (irgend) eines Mangels ein umfassender Vergleich möglich sein soll.[9]

8

3. Abweichen zum Nachteil des Verbrauchers

Eine Abweichung von den Vorschriften der §§ 433-435, 437, 439-443 BGB sowie von den Vorschriften der §§ 474-479 BGB liegt dann vor, wenn die dort geregelten Ansprüche oder Verpflichtungen zulasten des Verbrauchers abgeändert wurden. Die Vorschrift schützt sowohl vor unmittelbaren wie auch mittelbaren Nachteilen. Diese können in einem gänzlichen Ausschluss von Ansprüchen bestehen, aber auch bereits mittels Einschränkungen oder Erschwernissen für die Rechtsverfolgung vorliegen. Hierzu gehören Beschränkungen von für den Verbraucher vorteilhaften Rechtsfolgen in sachlicher, aber auch zeitlicher Hinsicht. Dies kann auch dadurch erfolgen, dass ungünstige Beweislastregelungen oder bestimmte Kostenübernahmen vereinbart werden.

9

Nachteilig ist es beispielsweise, wenn das dem Käufer zustehende **Wahlrecht nach § 439 Abs. 1 BGB** dem Unternehmer übertragen wird. Auch eine Klausel, die regelt, dass im Falle der **Nichtlieferbarkeit** ein qualitativ und preislich gleichwertiger Artikel geliefert wird, modifiziert den Erfüllungsanspruch des Verkäufers zulasten des Verbrauchers und verstößt gegen § 475 Abs. 1 BGB.[10]

10

Zu beachten ist, dass eine nachteilige Regelung nicht nur durch Reduzierung von Ansprüchen, sondern auch durch die Vereinbarung von **belastenden Fiktionen** erfolgen kann. So liegt eine nach § 475 Abs. 1 BGB unzulässige Regelung vor, wenn die Parteien vereinbaren, dass der verkaufte Gegenstand unter gewissen Umständen als mangelfrei gilt. Ähnlich verhält es sich mit einer Klausel, nach der die Übergabe an die Transportperson als Übergabe an den Käufer gilt.[11]

11

Unzulässig ist auch eine Regelung, nach der der Verbraucher Material- oder Herstellungsfehler sofort **rügen** muss, um seine Gewährleistungsansprüche nicht zu verlieren.[12] Wie ein Vergleich mit § 478 Abs. 4 BGB zeigt, wurde die Möglichkeit von Rügeobliegenheitsverletzungen in § 475 BGB bewusst nicht als Ausnahmetatbestand normiert. Die §§ 433 ff. BGB sehen – anders als § 377 HGB für den

12

---

[3] BT-Drs. 14/6040, S. 244.
[4] *Faust* in: Bamberger/Roth, § 475 Rn. 15 m.w.N.
[5] *Weidenkaff* in: Palandt, § 475 Rn. 3.
[6] *Weidenkaff* in: Palandt, § 475 Rn. 3.
[7] *Weidenkaff* in: Palandt, § 475 Rn. 3.
[8] *Faust* in: Bamberger/Roth, § 475 Rn. 15; *Matusche-Beckmann* in: Staudinger, § 475 Rn. 35; *Lorenz* in: Münch-Komm-BGB, § 475 Rn. 11; *Weidenkaff* in: Palandt, § 475 Rn. 3 a.
[9] *Grunewald* in: Erman, § 475 Rn. 2.
[10] LG Hamburg v. 05.09.2003 - 324 O 224/03 - VuR 2004, 27-32.
[11] *Koch*, WM 2002, 2217, 2219.
[12] LG Hamburg v. 05.09.2003 - 324 O 224/03 - VuR 2004, 27-32.

Handelskauf – gerade keine gesetzliche Rügepflicht vor, sodass es sich um eine für den Verbraucher negative Abweichung handeln würde.[13] Auch solche Klauseln, die dem Käufer eine **Rügepflicht für offenkundige Mängel** oder **Transportschäden** auferlegen, sind unzulässig.[14] Dies gilt auch dann, wenn die betreffende Klausel eine Rügeobliegenheit in Form der Bitte formuliert („Sollten gelieferte Artikel offensichtliche Material-, Herstellungsfehler oder Transportschäden aufweisen, so reklamieren Sie bitte.") und anschließend darauf verwiesen wird, dass für alle „sonstigen Mängel" die gesetzlichen Gewährleistungsfristen gelten.[15] Denn eine solche Klausel hinterlässt den Eindruck, der Verbraucher verliere bei anderweitigem Verhalten – dem Unterlassen der Rüge – seine Gewährleistungsrechte. Besteht für eine solche Klausel dennoch Bedarf, etwa im Verbraucherversandgeschäft, bei dem der Verkäufer die Leistungsgefahr bis zur Ablieferung der Sache beim Verbraucher (§ 474 Abs. 2 BGB) trägt und bei dem er hinsichtlich etwaiger Transportschäden auf die Informationen des Verbrauchers angewiesen ist, so dürfte eine solche Klausel zulässig sein, wenn mit ihr der explizite Hinweis verbunden wird, dass die Versäumung der Rügeobliegenheit rechtlich folgenlos bleibt.[16]

13 Erhebliche praktische Relevanz der Vorschrift ergibt sich daraus, dass die Unabdingbarkeit nunmehr auch auf den Kauf **gebrauchter Sachen**[17] Anwendung findet, sofern diese nicht mit persönlicher Teilnahmemöglichkeit für den Verbraucher öffentlich versteigert werden. Da es bei gebrauchten Sachen aber ein erhebliches Praxisbedürfnis für eine Einschränkung der Gewährleistung gibt, sind insoweit andere Lösungsansätze erforderlich. Zulässig ist, dass der Unternehmer beim Verkauf gebrauchter Sachen eine detaillierte **Beschaffenheitsvereinbarung** schließt, in welcher er jede „Fehlerhaftigkeit" als Beschaffenheitsmerkmal vereinbart.[18] Denn in diesem Falle liegt nur eine Ausprägung, nicht aber eine Abweichung von § 434 Abs. 1 Satz 1 BGB vor. Gegen eine solche Regelung bestehen grundsätzlich keine Einwände, weil der Verbraucher gerade darauf hingewiesen wird, was er für eine Sache kauft.[19] Fraglich ist jedoch, inwieweit sich der Verkäufer durch pauschale Beschaffenheitsvereinbarungen wie „Bastlerfahrzeug", „rollender Schrott" oder „die Sache gilt als in ihrem bestehenden Zustande vereinbart" nach § 434 BGB von der Haftung frei zeichnen kann oder ob in derartigen Bezeichnungen eine unzulässige Umgehung gemäß § 475 BGB zu sehen ist. Eine Umgehung i.S.v. § 475 BGB wird jedenfalls dann anzunehmen sein, wenn eine „Beschaffenheitsvereinbarung" zu dem bestehenden Vertragszweck ungewöhnlich wäre, der Käufer also von einem „normalen" Gebrauchtwagenkauf ausgehen durfte.[20] Indizien dafür sind beispielsweise der vereinbarte Kaufpreis oder eine Widersprüchlichkeit zu anderen Beschreibungen des Fahrzeugs in dem Kaufvertrag oder in Anpreisungen sowie die Tatsache, dass ein Fahrzeug mit neuer Haupt- und Abgasuntersuchung verkauft wird.[21] Ebenfalls unwirksam ist eine Beschaffenheitsvereinbarung, die sich lediglich aus den AGB des Verwenders ergibt, weil er hier pauschal sämtliche Kaufgegenstände als reparaturbedürftig bezeichnet.[22] Streng genommen liegt in

---

[13] Ausführlich *Woitkewitsch*, MDR 2005, 841-843.
[14] LG Frankfurt v. 09.03.2005 - 2-02 O 341/04 - WRP 2005, 922-924; LG Karlsruhe v. 19.10.2009 - 10 O 356/09 - WRP 2010, 568-570.
[15] LG Hamburg v. 05.09.2003 - 324 O 224/03 - VuR 2004, 27-32; *Arnold*, ZGS 2004, 64-67, 65 f.; *Föhlisch*, CR 2004, 141-143, 142.
[16] I.E. *Arnold*, ZGS 2004, 64-67, 65; *Föhlisch*, CR 2004, 141-143, 142.
[17] Vgl. insbesondere zur Sachmängelhaftung beim Gebrauchtwagenverkauf: *Schattenkirchner*, DAR 2003, 120, 120.
[18] Zur Zulässigkeit und Reichweite von negativen Beschaffenheitsvereinbarungen: *Stölting*, ZGS 2004, 96-98, 97 f.; *Schinkels*, ZGS 2003, 310-316, 310 ff, offen gelassen von BGH v. 12.03.2008 - VIII ZR 253/05 - NJW 2008, 1517.
[19] Bejahend insbes. für den Gebrauchtwagenhandel auch *Weidenkaff* in: Palandt, § 475 Rn. 3a; *Müller*, NJW 2003, 1975.
[20] *Schindler*, JA 2004, 835-839.
[21] OLG Oldenburg v. 22.09.2003 - 9 W 30/03 - juris Rn. 5 - DAR 2004, 92-93; *May*, DAR 2004, 557-563; *Reinking*, AnwBl 2004, 607-611.
[22] *Ebers/Schulze*, JuS 2004, 462-468, 466.

diesen Fällen keine Umgehung i.S.d. § 475 Abs. 1 Satz 2 BGB vor, sondern eine unbeachtliche „falsa demonstratio", die nicht zum Ausschluss der Mängelhaftung führen kann.[23]

Obwohl § 475 BGB in vollem Umfang auf § 437 BGB verweist, können Schadensersatzansprüche nach § 437 Abs. 1 Nr. 3 BGB i.V.m. den allgemeinen Regeln ausgeschlossen werden. § 475 Abs. 3 BGB ist insoweit spezieller. 14

III. Umgehung (Absatz 1 Satz 2)

Das **Umgehungsverbot** erfasst diejenigen Vereinbarungen, die den Schutz des Verbrauchers durch Absatz 1 Satz 1 **mittelbar** beseitigen. Unter einem **Umgehen** ist eine rechtsgeschäftliche Vereinbarung zu verstehen, welche die Wirkungen der Vorschrift auf einem anderen Wege beseitigt. Nicht erforderlich ist eine **Umgehungsabsicht** der Parteien. 15

Der Begriff der „anderweitigen Gestaltung" ist umfassend zu verstehen, sodass auch geschäftsähnliche Handlungen oder tatsächliche Vorgänge in Betracht kommen.[24] Maßgebender Gesichtspunkt ist der einer wirtschaftlichen Gleichwertigkeit des angestrebten mit dem gesetzlich untersagten Ergebnis. Daher kann die Etikettierung der Vereinbarung durch die Parteien kein maßgebendes Kriterium darstellen (z.B. Vereinbarung von Vertragsstrafen bei Ausübung der Verbraucherschutzrechte; Ausschluss oder Erschwernis von Rechten durch Abreden über einzelne Tatbestandsmerkmale). 16

1. Zwischenschaltung eines Verbrauchers

a. Strohmanngeschäfte

Ein Umgehungsgeschäft liegt vor, wenn ein Unternehmer zum Verkauf einer Sache einen Verbraucher als „Strohmann", z.B. als mittelbaren Stellvertreter, einschaltet.[25] Ein Umgehungsgeschäft im Gebrauchtwagenhandel liegt beispielsweise vor, wenn in den Geschäftsräumen eines Händlers ein von ihm beworbenes Fahrzeug verkauft wird, dessen angeblicher (privater) Verkäufer weder im Kfz-Brief eingetragen noch Versicherungsnehmer der Kfz-Versicherung ist.[26] 17

b. Vortäuschen der Verbrauchereigenschaft

Eine Umgehung liegt auch vor, wenn ein Unternehmer nur vortäuscht, Verbraucher zu sein.[27] Allein der Umstand, dass ein gewerblicher Kraftfahrzeughändler beim Fahrzeugverkauf als Privatperson auftretend mit dem privaten Fahrzeugkäufer – unter Umgehung der Bestimmungen über den Verbrauchsgüterkauf – einen Gewährleistungsausschluss vereinbart, führt allerdings noch nicht zu einem Vermögensschaden im Sinne des Betrugstatbestandes.[28] 18

c. Agenturverträge

Streitig ist, ob eine Umgehung vorliegt, wenn ein Händler ein gebrauchtes Auto, welches er durch Vereinbarung eines Agenturvertrages in Zahlung genommen hat, weiterverkauft. Dabei veräußert der Neuwagenhändler den Gebrauchtwagen im Namen und für Rechnung des Neuwagenkäufers weiter, wobei der Händler in der Regel einen Mindestpreis garantiert, den er zunächst stundet und nach einem Weiterverkauf auf den Neuwagenpreis verrechnet. Erzielt der Neuwagenhändler für den Gebrauchtwagen einen Mehrerlös, darf er diesen als Provision behalten. Wenn – wie meistens – in diesem Fall der Unternehmer als Vertreter eines Verbrauchers tätig wird, wird teilweise die Auffassung vertreten, dass die 19

---

[23] So i.E. *Lorenz*, NJW 2005, 1889-1896, 1894, der ausführt, das „Problem" lasse sich mit einem bloßen Hinweis auf den (übereinstimmenden) wahren Parteiwillen erledigen, ohne dass es eines Rückgriffs auf das Umgehungsverbot des § 475 BGB bedürfe.
[24] *Weidenkaff* in: Palandt, § 475 Rn. 7.
[25] BGH v. 22.11.2006 - VIII ZR 72/06 - juris Rn. 15-17 - ZIP 2007, 235-238.
[26] OLG Celle v. 15.11.2006 - 7 U 176/05 - ZGS 2007, 79.
[27] Zum „Rollenwechsel" beim Verbrauchsgüterkauf eingehend: *Najdecki*, ZGS 2009, 155-158.
[28] OLG Köln v. 02.12.2008 - 83 Ss 90/08 - NStZ-RR 2009, 176.

Weiterveräußerung nicht unter die §§ 474, 475 BGB falle.[29] Ein Vermittler habe andere Pflichten als ein Verkäufer. Es sei Sache des Käufers, darüber zu entscheiden, wen er als seinen Vertragspartner akzeptieren wolle. Der Vermittler hafte ggfs. nach § 311 Abs. 3 BGB.[30] Nach mittlerweile herrschender Auffassung ist durch eine wirtschaftliche Betrachtungsweise festzustellen, wer das Risiko des Verkaufs tragen soll. Ein Gebrauchtwagenkauf im Wege des Agenturgeschäfts unterfällt danach den Regeln des Verbrauchsgüterkaufs i.S.d. §§ 474 ff. BGB, wenn er sich bei wirtschaftlicher Betrachtungsweise als Kaufvertrag zwischen Händler und Verbraucherkäufer darstellt, weil der Händler im Verhältnis zum ursprünglichen Privatverkäufer das wirtschaftliche Risiko des Gebrauchtwagenverkaufs tragen soll.[31] Dies ist gerade dann anzunehmen, wenn der Händler für ein Gebrauchtfahrzeug, das er im Kundenauftrag weiterveräußert, einen Mindestverkaufspreis garantiert und einen entsprechenden Teil des Kaufpreises für ein Neufahrzeug gestundet hat.[32] Die Lösung mag für Händler bzw. Verkäufer interessengerecht sein, doch wird sich ein Käufer in erster Linie daran orientieren, wo er ein Fahrzeug kauft und nicht wer formal als sein Vertragspartner in Erscheinung tritt. Insbesondere wird ein Käufer regelmäßig die Risikoverteilung im Innenverhältnis zwischen Händler und Verkäufer nicht kennen, sodass eine erhebliche Unsicherheit über das Vorliegen eines Verbrauchsgüterkaufs besteht.[33]

2. Finanzierungsleasing

20 Des Weiteren stellt sich die Frage, ob eine Umgehung vorliegt, wenn der Verbraucher ein Fahrzeug nicht unmittelbar vom Händler erwirbt, sondern der Kaufvertrag unter Ausschluss der Gewährleistung zwischen dem Händler und einer Leasinggesellschaft abgeschlossen wird und diese das Fahrzeug leasingtypisch unter Ausschluss der (mietrechtlichen) Gewährleistung und unter Abtretung der Gewährleistungsrechte gegen den Händler an den Verbraucher verleast (Finanzierungsleasing). In diesem Fall liegt keine Umgehung vor, da ein Leasingvertrag eine eigenständige wirtschaftliche Bedeutung hat und durch die Konstruktion daher wirtschaftlich bereits nicht die Umgehung eines Kaufvertrages erreicht wird.[34] Allerdings ist der Ausschluss der mietrechtlichen Gewährleistung unwirksam, wenn die Abtretung der kaufrechtlichen Gewährleistungsansprüche gegen den Händler wegen des im unternehmerischen Verkehr möglichen Gewährleistungsausschlusses zwischen Leasinggeber und Verkäufer ins Leere geht. Dem Leasingnehmer stehen in diesem Fall die mietrechtlichen Gewährleistungsansprüche zu – auch wenn sie über die kaufrechtlichen weit hinausgehen (nicht nur Mangelfreiheit im Zeitpunkt des Gefahrübergangs, sondern Erhaltung der Sache in mangelfreiem Zustand, § 535 Abs. 1 Satz 2 Alt. 2 BGB).

3. Neuheit der Sache

21 Auch der Begriff der neuen Sache steht nicht zur Disposition der Parteien. Die fehlende Neuheit der Sache ist daher durch eine Beschaffenheitsvereinbarung (z.B. „die Sache wird als gebraucht im Rechtssinne verkauft") nicht vertraglich festzulegen. Auch ein Fahrzeug mit „Tageszulassung" wird durch die bloße Zulassung – ohne Benutzung – noch nicht zu einer gebrauchten Sache.[35] Ein auf den Kfz-Händler zugelassenes Motorrad, das für Vorführzwecke genutzt wurde und tatsächlich eine Laufleistung von 35 km aufweist, ist jedoch ein „Gebrauchtfahrzeug".[36]

---

[29] *Grunewald* in: Erman, § 475 Rn. 8; *Müller*, NJW 2003, 1975-1980, 1978; *Rieder/Ziegler*, ZIP 2001, 1789-1799, 1797.

[30] *Grunewald* in: Erman, § 475 Rn. 8.

[31] BGH v. 26.01.2005 - VIII ZR 175/04 - NJW 2005, 1039-1041; BGH v. 21.12.2005 - VIII ZR 85/05 - juris Rn. 13 - NJW 2006, 1066; OLG Stuttgart v. 19.05.2004 - 3 U 12/04 - NJW 2004, 2169-2171; *Faust* in: Bamberger/Roth, § 474 Rn. 7; *Lorenz* in: MünchKomm-BGB, vor § 475 Rn. 30; *Weidenkaff* in: Palandt, § 475 Rn. 6; *Berger* in: Jauernig, § 475 Rn. 6; kritisch *Hofmann*, JuS 2005, 8-12.

[32] BGH v. 26.01.2005 - VIII ZR 175/04 - NJW 2005, 1039-1041.

[33] *Schmidt*, JuS 2006, 1-8, 7.

[34] BGH v. 21.12.2005 - VIII ZR 85/05 - NJW 2006, 1066; zustimmend *Moseschus*, EWiR 2006, 299-300.

[35] *Lorenz* in: MünchKomm-BGB, § 475 Rn. 34.

[36] LG Bremen v. 19.06.2008 - 6 O 1308/07 - DAR 2008, 530.

4. Kaufbegleitende Begutachtungen

Der Verkäufer haftet nur für Mängel, die im Zeitpunkt des Gefahrübergangs bereits vorhanden waren. Dies wird beim Verbrauchsgüterkauf zwar vermutet (§ 476 BGB), doch kann die Vermutung widerlegt werden. Verkäufer neigen daher dazu, **kaufbegleitende Begutachtungen** durch einen sachverständigen Dritten durchzuführen. Zu Recht wird angemerkt, dass wohl weder Verkäufer noch Gutachter als Auftragnehmer des Verkäufers dabei ein besonderes Interesse an der Entdeckung von Sachmängeln haben.[37] Insofern ist zu befürchten, dass die Sachmängelhaftung des Verkäufers zwar nicht rechtlich, wohl aber tatsächlich umgangen werden kann, da ein Käufer selten wird beweisen können, dass im Gutachten nicht aufgeführte Mängel bei Übergabe bereits vorlagen.

22

5. Vermittlung von (Dritt-)Garantien

Eine andere Form, Gewährleistungsansprüchen nicht rechtlich, sondern tatsächlich zu entgehen, stellt die **Vermittlung von Garantien** dar.[38] Der Verbraucher wird durch die Garantie von der Mängelhaftung des Verkäufers vielfach „abgelenkt". Zwar müssen Garantien gemäß § 477 Abs. 1 Satz 1 Nr. 1 BGB einen Hinweis auf die gesetzlichen Rechte des Verbrauchers enthalten sowie darauf, dass diese durch die Garantie nicht eingeschränkt werden, doch hat ein Verstoß weder Auswirkungen auf die Garantie noch auf die Sachmängelhaftung (§ 477 Abs. 2 BGB). Kann der Käufer eines Gebrauchtfahrzeugs nach den Garantiebedingungen beispielsweise bei Auftreten eines Mangels den Wagen ohne Benachrichtigung des Verkäufers in einer beliebigen Werkstatt reparieren lassen, deckt die Garantie den konkreten Mangel aber nicht ab, stehen ihm nach Reparatur mangels Selbstvornahmerecht auch keine Gewährleistungsansprüche gegen den Verkäufer mehr zu.[39]

23

IV. Erleichterung der Verjährung (Absatz 2)

Nach § 475 Abs. 2 BGB ist eine rechtsgeschäftliche Verjährungsverkürzung der in § 437 BGB genannten Gewährleistungsansprüche nur begrenzt möglich.

24

Verjährungsverkürzungen werden nicht generell für unzulässig erklärt, sondern an zeitliche Voraussetzungen geknüpft. Bei neuen Sachen ist eine Verkürzung auf unter zwei Jahre unzulässig. Bei gebrauchten Sachen gibt die Sonderregelung die Möglichkeit einer Verkürzung auf ein Jahr. Einer Verjährungsverkürzung steht § 475 Abs. 2 BGB dann entgegen, wenn neue Sachen, die unter den Anwendungsbereich von § 438 Abs. 1 Nr. 3 BGB fallen, verkauft werden. Im Übrigen ist aber eine Verkürzung bis zu den in Absatz 2 genannten Grenzen denkbar.

25

Zulässig ist daher eine Verkürzung der 5- bzw. 30-jährigen Verjährungsfrist (§ 438 Abs. 1 Nr. 1 und Nr. 2 BGB). Im Bereich der Sachmängelhaftung verbleibt damit bei ungebrauchten Sachen Spielraum für (anfängliche) vertragliche Erleichterungen der Verjährung lediglich in Bezug auf die Verjährung von Gewährleistungsansprüchen beim Kauf von **Baumaterialien** unter den besonderen Voraussetzungen des § 438 Nr. 2 lit. b BGB. Weiterhin ist eine Verkürzung der Verjährung auf zwei Jahre für die Haftung für solche **Rechtsmängel**, die gemäß § 438 Abs. 1 Nr. 1 lit. a und lit. b BGB einer dreißigjährigen Verjährung unterliegen möglich. Mit der Verbrauchsgüter-Richtlinie ist dies vereinbar, weil diese Rechtsmängel nicht erfasst.

26

Im Falle **mangelbezogener Schadensersatzansprüche** lässt das Gesetz zwar eine Abbedingung der Verjährungsfrist beim Verbrauchsgüterkauf auf unter zwei Jahre zu. Im Falle der Verwendung allgemeiner Geschäftsbedingungen kann die Verjährung aber nicht auf weniger als ein Jahr abgekürzt werden (§ 309 Nr. 8 lit. b sublit. ff BGB). Teilweise wird auf § 307 BGB abgestellt.[40]

27

Ob bei einer Verjährung innerhalb der zulässigen Grenzen die Länge der Frist gekürzt oder aber der Verjährungsbeginn abweichend geregelt wird (z.B. mit Vertragsschluss und nicht erst mit Ablieferung),

28

---

[37] *Girkens/Baluch/Mischke*, ZGS 2007, 130-133.
[38] *Girkens/Baluch/Mischke*, ZGS 2007, 130-133.
[39] LG Köln v. 05.12.2006 - 11 S 526/05; zit. bei *Girkens/Baluch/Mischke*, ZGS 2007, 130-133.
[40] *Brüggemeier*, WM 2002, 1376-1387, 1386.

ist unerheblich. Möglich sind beide Wege.[41] Eine gesonderte Regelung für den Fall arglistigen Verschweigens von Mängeln ist nicht notwendig, da die regelmäßige Verjährung des § 438 Abs. 3 BGB bereits durch § 444 BGB abgesichert wird. Zulässig ist es hingegen, die Wirkungen einer Hemmung auszuschließen, da diese in die Verjährungsfrist gemäß § 209 BGB nicht eingerechnet wird und diese nicht verlängert.[42] Geschieht dies durch AGB, ist allerdings § 307 BGB zu beachten.

29 Die Regelung gilt auch für Tiere. Entgegen einer im Schrifttum weit verbreiteten Auffassung[43] sind Tiere **nicht stets als „gebrauchte Sachen" anzusehen**.[44] Ausgehend vom Wortsinn ist eine Sache erst gebraucht, wenn sie bereits benutzt wurde. Ein für Reitzwecke vorgesehenes Pferd ist daher erst als gebraucht anzusehen, wenn es auch für Reitzwecke eingesetzt wurde. Auch dass damit der Begriff des „Gebrauchtseins" nicht für alle zum Kauf angebotenen Tiere nach einheitlichen Regeln bestimmt werden kann, rechtfertigt keine abweichende Beurteilung. Ob und wann ein Tier auch unabhängig von der Frage, zu welchem Zweck es dienen soll und ob es dafür schon verwendet worden ist, allein durch Ablauf einer gewissen Zeitspanne nach der Geburt zur „gebrauchten" Sache wird, hat der BGH offengelassen. Diese Frage dürfte aber zu bejahen sein, da auch Tiere, die keinen bestimmten Verwendungszweck haben (Zierfische, als Haustier gehaltene Katzen und Hunde oder Nagetiere), ab einem bestimmten Alter ein erhöhtes rein altersbedingtes Sachmängelrisiko aufweisen.[45] Für den maßgeblichen Zeitpunkt wird auf die Verkehrsanschauung abzustellen sein. Maßgeblich dabei könnte wohl sein, ob ein Tier von der Verkehrsanschauung noch als „Jungtier" bezeichnet wird oder nicht.[46]

30 § 475 Abs. 2 BGB ist auch dann einschlägig, wenn der Verbraucher das Vertragsformular stellt und dabei, ohne dass sich der Verbraucher hierzu Gedanken macht, eine zugunsten des Unternehmers verjährungsverkürzende Klausel enthalten ist. Diese Klausel bleibt gem. § 475 Abs. 2 BGB unwirksam.[47]

V. Ausschluss bei Schadensersatzforderungen (Absatz 3)

31 Nach § 475 Abs. 3 BGB ist beim Verbrauchsgüterkauf lediglich ein Ausschluss oder die Beschränkung des Anspruchs auf Schadensersatz aus § 437 Nr. 3 BGB möglich. Obwohl vom Wortlaut nur Schadensersatzansprüche erfasst werden, gilt Absatz 3 auch für Aufwendungsersatzansprüche gemäß § 284 BGB, da die Voraussetzungen für Schadensersatz statt der Leistung und Aufwendungsersatz identisch sind und nach dem Gesetz nur Schadensersatz statt der Leistung oder Aufwendungsersatz verlangt werden kann.

32 Bei der Beschränkung bzw. dem Ausschluss von Schadensersatzansprüchen durch AGB sind die Vorgaben der §§ 307-309 BGB zu beachten. Die Ausnahme vom Abweichungsverbot für Schadensersatzansprüche ist sinnvoll, da Schadensersatzansprüche den Verkäufer stärker belasten können als sonstige Gewährleistungsrechte des Käufers.[48] Soweit eine Beschränkung oder der Ausschluss von Schadensersatzansprüchen durch AGB erfolgt, sind die strikten Klauselverbote des § 309 Nr. 7 BGB für Schäden aus der Verletzung des Lebens, des Körpers oder der Gesundheit oder für sonstige Schäden, die auf einer grob fahrlässigen Pflichtverletzung beruhen, zu beachten. Bei der Freizeichnung kommt auch ein Verstoß gegen § 307 Abs. 2 Nr. 2 BGB in Betracht, wenn die Erreichung des Vertragszwecks gefährdet ist.[49] Eine Sonderregelung für Verbraucherverträge enthält § 310 Abs. 3 BGB. Nach Nr. 2 finden die Vorschriften der §§ 307-309 BGB auch dann Anwendung, wenn vorformulierte Vertragsbedin-

---

[41] *Weidenkaff* in: Palandt, § 475 Rn. 12.
[42] *Haas/Medicus/Rolland* u.a., Das neue Schuldrecht, 2002, Kap. 5 Rn. 458.
[43] *Adolphsen*, Agrarrecht 2001, 203, 207; *Faust* in: Bamberger/Roth, § 474 Rn. 19 m.w.N.; *Grunewald* in: Erman, § 474 Rn. 7.
[44] BGH v. 15.11.2006 - VIII ZR 3/06 - juris Rn. 25 ff. - NJW 2007, 674-678; zustimmend *Lorenz*, EWiR 2007, 263-264.
[45] Ebenso *Lorenz* in: MünchKomm-BGB, § 474 Rn. 14.
[46] Ähnlich *Henssler/Westphalen*, Praxis der Schuldrechtsreform, 2. Aufl. 2003, § 475 Rn. 12.
[47] OLG Hamm v. 24.05.2011 - 19 U 162/10, I-19 U 162/10 - MDR 2011, 1344.
[48] *Bohne* in: Hoeren/Martinek, Systematischer Kommentar zum Kaufrecht, 2002, Teil 2, § 475 Rn. 20.
[49] *von Westphalen*, NJW 2002, 12-25, 22.

gungen zur erstmaligen Verwendung bestimmt sind und der Verbraucher aufgrund der Vorformulierung auf ihren Inhalt keinen Einfluss nehmen konnte.

D. Rechtsfolgen

I. Unternehmer kann sich nicht auf die Klausel berufen (Absatz 1 Satz 1)

Auf eine Vereinbarung i.S.d. Absatzes 1 Satz 1 „kann der Unternehmer sich nicht berufen". Der Gesetzgeber hat bewusst von der Formulierung „ist unwirksam" abgesehen, da er klarstellen wollte, dass entgegen § 139 BGB lediglich die Beschränkung der Verbraucherrechte unwirksam ist, der Vertrag ansonsten aber wirksam bleibt. Diese Unwirksamkeit ist von Amts wegen zu beachten, ohne dass es einer Geltendmachung durch den Verbraucher bedürfte. 33

Umstritten ist, ob im Anwendungsbereich von § 475 BGB ein **Verbot geltungserhaltender Reduktion** gilt. Es ist durchaus denkbar, eine nach § 475 Abs. 1 Satz 1 BGB unzulässige Klausel auf einen zulässigen Kern zu reduzieren, nämlich beispielsweise einen unwirksamen Ausschluss sämtlicher Gewährleistungsrechte auf einen zulässigen Ausschluss von Schadensersatzansprüchen zu reduzieren. Gleiches gilt im Anwendungsbereich von § 475 Abs. 2 BGB: Ein zeitlich auf sechs Monate begrenztes Gewährleistungsrecht des Käufers einer gebrauchten Sache könnte auf ein Jahr zu erweitern sein, statt die gesetzliche Gewährleistung eingreifen zu lassen. 34

Einigkeit besteht darüber, dass bei einem Gewährleistungsausschluss durch AGB das Verbot geltungserhaltender Reduktion eingreift. Die Tatsache, dass das Gesetz durch § 475 Abs. 1 Satz 1 BGB abweichende Vereinbarungen zum (gegenüber den §§ 305 ff. BGB verstärkten) Schutz des Verbrauchers nicht erst auf der Ebene der AGB, sondern generell abblocke, könne nicht zu einer Schlechterstellung des Verbrauchers führen. Da ein Gewährleistungsausschluss gerade zwischen einem Verbraucher und einem Unternehmer in der Regel eine Allgemeine Geschäftsbedingung darstellen wird, gilt überwiegend auch bei einem Verstoß gegen § 475 BGB ein Verbot geltungserhaltender Reduktion.[50] 35

Für den verbleibenden Bereich individualvertraglicher Vereinbarungen wird in der Literatur überwiegend ebenfalls eine Aufrechterhaltung von übersteigenden Haftungsausschlüssen oder -begrenzungen für unzulässig gehalten.[51] 36

Lorenz weist darauf hin, dass ein generelles Verbot geltungserhaltender Reduktion, das keineswegs als solches als allgemeiner zivilrechtlicher Grundsatz anerkannt ist, sich aus § 475 Abs. 1, 2 BGB selbst entnehmen lassen müsste. Dies sei indes weder aus dem Wortlaut der Norm noch aus deren Zielsetzung herzuleiten.[52] 37

Ein Verstoß gegen die Regelung des § 475 Abs. 1 Satz 1 BGB hat selbst im Falle eines unwirksamen formularmäßigen Gewährleistungsausschlusses nicht zur Folge, dass bei einem behebbaren Sachmangel eine Fristsetzung zur Nacherfüllung als Voraussetzung für den Rücktritt vom Vertrag gemäß § 323 Abs. 2 Nr. 3 BGB entbehrlich ist. Denn § 475 Abs. 1 BGB bezweckt gerade, dem Verbraucher die gesetzlichen Mängelrechte und -ansprüche zu verschaffen, und entbindet den Verbraucher daher nicht davon, die gesetzlichen Voraussetzungen der Mängelrechte zu erfüllen.[53] 38

II. Rechtsfolgen der Umgehung (Absatz 1 Satz 2)

Im Falle der Umgehung kann sich der Unternehmer nicht auf die anderweitige Gestaltung berufen. Die unabdingbaren Vorschriften gelten mit dem gesetzlichen Inhalt, sodass die Umgehung wirkungslos bleibt.[54] 39

---

[50] *Augenhofer*, JZ 2007, 792-796 m.w.N.
[51] *Augenhofer*, JZ 2007, 792-796 m.w.N.; a.A. *Lettl*, JA 2009, 241-246.
[52] *Lorenz* in: MünchKomm-BGB, § 475 Rn. 24.
[53] BGH v. 13.07.2011- VIII ZR 215/10 - ZIP 2011, 1571-1575.
[54] *Weidenkaff* in: Palandt, § 475 Rn. 8.

40 Bei unzulässiger Zwischenschaltung eines Verbrauchers bei Strohmann- oder Agenturgeschäften besteht formell allerdings kein Kaufvertrag zwischen Händler-Verkäufer und Verbraucher-Käufer. Umstritten ist, welche Rechtsfolgen ein Verstoß gegen das Umgehungsverbot nach sich zieht.

41 Nach einer Auffassung[55] führt ein Verstoß gegen das Umgehungsverbot lediglich zur Unwirksamkeit der gegen die §§ 474 ff. BGB verstoßenden Haftungsfreizeichnungen. Der vom Unternehmer als „Strohmann" zwischengeschaltete Verbraucher-Verkäufer bleibe Vertragspartei; er hafte gegenüber dem Verbraucher-Käufer dann allerdings wie ein Unternehmer. Das Umgehungsverbot solle den Verbraucher nicht vor bestimmten Vertragspartnern, sondern vor bestimmten Vertragsinhalten schützen. Die Relativität der schuldrechtlichen Beziehungen verbiete, dem Verbraucher-Käufer zusätzliche Ansprüche gegen den Unternehmer einzuräumen. Auch sei der Strohmann nicht schutzbedürftig, da er sich an den Unternehmer halten könne.[56]

42 Nach ganz h.M. richten sich die Gewährleistungsansprüche jedoch gegen den Unternehmer als „Quasi-Verkäufer", da ein Eigengeschäft nur verschleiert werde.[57] Die gegenteilige Auffassung, nach der bei Agenturgeschäften und in „Strohmannfällen" ein Verstoß gegen das Umgehungsverbot dazu führen soll, dass dem vom Unternehmer zwischengeschalteten Verbraucher die Unternehmereigenschaft des „wirtschaftlichen" Vertragspartners zugerechnet werde, lehnt der BGH ausdrücklich ab. Die Vorschrift des § 475 Abs. 1 Satz 2 BGB solle verhindern, dass sich ein Unternehmer den Bestimmungen über den Verbrauchsgüterkauf entziehe, und führe deshalb zur Anwendung der §§ 474 ff. BGB auf den Unternehmer, der diese Bestimmungen durch eine entsprechende Vertragsgestaltung zu umgehen versucht. Die Vorschrift sei aber nicht darauf gerichtet, den Vertragspartner eines Verbrauchers, der selbst Verbraucher ist, als Unternehmer zu behandeln und den Vorschriften über den Verbrauchsgüterkauf zu unterwerfen.[58]

43 Offengelassen hat der BGH, ob die (ausschließliche) Haftung des Händlers dogmatisch so zu begründen ist, dass der „vorgeschobene" Kaufvertrag (zwischen den Verbrauchern) als Scheingeschäft unwirksam ist und nach § 475 Abs. 1 Satz 2 BGB ausschließlich ein Verbrauchsgüterkauf zwischen dem Käufer (Verbraucher) und dem Händler (Unternehmer) besteht,[59] oder ob der durch den Händler als Vertreter vermittelte Kaufvertrag (mit dem vereinbarten Gewährleistungsausschluss) unangetastet bleibt und die Anwendung des § 475 Abs. 1 Satz 2 BGB daneben zu einer Eigenhaftung des Händlers für Sachmängel führt.[60] Die Auffassung, wonach ein Kaufvertrag unmittelbar zwischen Händler als Verkäufer und dem Verbraucher als Käufer zustande gekommen sein soll, ist indes abzulehnen. Eine derartige Fiktion wäre nur dann gerechtfertigt, wenn es dafür eine Rechtsgrundlage gäbe. Eine solche ergibt sich aus den §§ 474 ff. BGB aber nicht.[61] Der Vertrag zwischen Strohmann und Verbraucher ist auch kein Scheingeschäft (§ 117 BGB), da es an einer beiderseitigen Scheinabrede fehlt.[62] Teilweise wird deshalb angenommen, um Gewährleistungsansprüche gegen den Unternehmer zu begründen, bedürfe es einer Umdeutung gemäß § 140 BGB, die aber – beispielsweise wenn der Unternehmer insolvent ist – nicht gegen den Willen des Käufers vorgenommen werden dürfe.[63]

44 Jedenfalls darf die Umgehung nicht dazu führen, nur rechtliche Beziehungen zwischen dem Unternehmer-Verkäufer und dem Verbraucher-Käufer anzunehmen; vielmehr treten zusätzliche Gewährleis-

---

[55] *Lorenz* in: MünchKomm-BGB, § 475 Rn. 36.
[56] *Lorenz*, LMK 2007, 211667.
[57] BGH v. 26.01.2005 - VIII ZR 175/04 - NJW 2005, 1039-1041; BGH v. 22.11.2006 - VIII ZR 72/06 - juris Rn. 17 - ZIP 2007, 235-238.
[58] BGH v. 22.11.2006 - VIII ZR 72/06 - juris Rn. 17 - ZIP 2007, 235-238.
[59] *Czaplinski*, ZGS 2007, 92-97.
[60] *Müller*, NJW 2003, 1975, 1980; *Reinking/Eggert*, Kaufrecht, 7. Aufl. 2004, Rn. 49.
[61] BGH v. 22.11.2006 - VIII ZR 72/06 - juris Rn. 17 - ZIP 2007, 235-238.
[62] *Lorenz*, LMK 2007, 211667.
[63] *Bruns*, NJW 2007, 761-762.

tungsansprüche gegen den Unternehmer nur neben den Kauvertrag zwischen den beiden Verbrauchern.[64] *Looschelders*[65] nimmt sogar an, dass dem Verbraucher-Verkäufer sowohl die Unternehmereigenschaft des Hintermannes zugerechnet wird als auch eine zusätzliche Eigenhaftung des Unternehmers besteht. Darin liegt nach seiner Auffassung auch keine ungerechtfertigte Privilegierung des Käufers,[66] da er ohnehin die Schwierigkeit habe, das Vorliegen eines Umgehungsgeschäftes – und damit Interna zwischen dem Unternehmer und Verbraucher-Verkäufer – darzulegen und zu beweisen. Die Verdoppelung der Anspruchsgegner stelle sich vor diesem Hintergrund als sachgemäßer Ausgleich für die besonderen Beweisprobleme dar, die in Zweipersonenverhältnissen gerade nicht auftreten können.[67]

E. Anwendungsfelder

Problematisch ist, wieweit durch § 475 Abs. 1 und Abs. 2 BGB ein allgemeiner Maßstab für AGB-Klauseln eingeführt wird.[68] Im Hinblick auf den Ausnahmecharakter der §§ 474, 475 BGB wird man wohl davon ausgehen können, dass die Vorschrift nur für den Verbrauchsgüterkauf gilt und keinen allgemeinen Grundsatz für andere Kaufverträge enthält.

45

---

[64] So insbesondere auch *Faust* in: Bamberger/Roth, § 474 Rn. 7.
[65] *Looschelders*, JR 2008, 45, 47.
[66] So *Bruns*, NJW 2007, 761, 762.
[67] *Looschelders*, JR 2008, 45, 47.
[68] *Westermann*, JZ 2001, 530-542, 531; *Dauner-Lieb*, JZ 2001, 8-18, 13.

§ 476 BGB Beweislastumkehr

(Fassung vom 02.01.2002, gültig ab 01.01.2002)

Zeigt sich innerhalb von sechs Monaten seit Gefahrübergang ein Sachmangel, so wird vermutet, dass die Sache bereits bei Gefahrübergang mangelhaft war, es sei denn, diese Vermutung ist mit der Art der Sache oder des Mangels unvereinbar.

Gliederung

A. Grundlagen ... 1	II. Sachmangel ... 8
I. Kurzcharakteristik ... 1	III. 6-Monats-Frist ... 20
II. Gesetzgebungsmaterialien ... 2	IV. Sich zeigen ... 24
III. Europäischer Hintergrund ... 3	V. Kein Ausschluss ... 27
IV. Abgrenzung zur Garantie (§ 443 BGB) ... 4	1. Art der Sache ... 30
B. Praktische Bedeutung ... 5	2. Art des Mangels ... 31
C. Anwendungsvoraussetzungen ... 6	D. Rechtsfolgen ... 37
I. Normstruktur ... 6	

A. Grundlagen

I. Kurzcharakteristik

1 Zeigt sich bei einem Verbrauchsgüterkauf innerhalb von **sechs Monaten** nach Gefahrübergang ein Sachmangel der Kaufsache, so wird gemäß § 476 BGB **widerleglich vermutet**, dass die Sache bereits bei Gefahrübergang mangelhaft war. In diesem Fall muss der Unternehmer-Verkäufer darlegen und beweisen, dass der Mangel erst nach Gefahrübergang eingetreten ist. Ohne diese Vorschrift müsste der Verbraucher nach allgemeinen Beweislastgrundsätzen (Rechtsgedanke des § 363 BGB) die Voraussetzungen seines Gewährleistungsanspruchs behaupten und beweisen. Dieses Prinzip führt zu Beweisschwierigkeiten für den Käufer, da der Verkäufer nur die unsachgemäße Behandlung des Kaufgegenstandes durch den Käufer vortragen müsste. Daher entlastet § 476 BGB den Verbraucher zumindest hinsichtlich des Nachweises, dass der von ihm nach wie vor zu beweisende Sachmangel auch zum Zeitpunkt des Gefahrübergangs vorgelegen hat. Grund für die in § 476 BGB enthaltene Beweislastumkehr zugunsten des Verbrauchers ist, dass der Unternehmer aufgrund der Kenntnis des Produkts die bessere Möglichkeit hat, die Vertragsmäßigkeit nachzuweisen.[1] Die Vorschrift gilt nur für den Sach-, nicht aber für den Rechtsmangel nach § 435 BGB, dessen Voraussetzungen somit der Käufer darzulegen und zu beweisen hat. § 476 BGB gilt auch beim Regress (§ 478 Abs. 3 BGB) und ist bis zur Mitteilung des Sachmangels unabdingbar (§ 475 Abs. 1 Satz 1 BGB).

II. Gesetzgebungsmaterialien

2 BT-Drs. 14/6040, S. 245; BT-Drs. 14/7052, S. 48.

III. Europäischer Hintergrund

3 Die Vorschrift übernimmt die Regelung aus Art. 5 Abs. 3 Verbrauchsgüterkaufrichtlinie, wonach vermutet wird, dass eine Vertragswidrigkeit schon zum Zeitpunkt der Lieferung bestand, wenn sie innerhalb von sechs Monaten danach auftritt. Sie unterscheidet sich von der Richtlinie aber darin, dass sie nicht auf den Zeitpunkt der Lieferung, sondern auf den Zeitpunkt des Gefahrübergangs abstellt. Mit den Vorgaben der Verbrauchsgüterkaufrichtlinie steht die Regelung in Einklang.

---

[1] BT-Drs. 14/6040, S. 245; *Bohne* in: Hoeren/Martinek, Systematischer Kommentar zum Kaufrecht, 2002, Teil 2, § 476 Rn. 2.

IV. Abgrenzung zur Garantie (§ 443 BGB)

§ 476 BGB gilt nur für den Verbrauchsgüterkauf, während § 443 Abs. 2 BGB für alle Kaufverträge gilt. Aus der Garantie, § 443 BGB, ergibt sich ein eigener Anspruch, während § 476 BGB im Rahmen eines Mängelgewährleistungsanspruchs eine Beweislastumkehr enthält. Die Wirkung der Beweislastumkehr dürfte derjenigen einer Haltbarkeitsgarantie indes nahekommen.[2] § 476 BGB soll die Funktion einer unselbstständigen Garantie im Kaufrecht übernehmen, ohne dass es dazu einer ausdrücklichen Vereinbarung bedarf.

B. Praktische Bedeutung

Die praktische Bedeutung der Norm ist erheblich, da eine Vielzahl von Kaufverträgen Verbrauchsgüterkaufverträge darstellen. Vor diesem Hintergrund ist auch erklärlich, warum sich zahlreiche Entscheidungen des BGH mit der Beweislastumkehr des § 476 BGB befassen.

C. Anwendungsvoraussetzungen

I. Normstruktur

Der Anwendungsbereich beschränkt sich auf Verbrauchsgüterkaufverträge i.S.d. § 474 BGB und umfasst zudem nur Sach-, nicht aber Rechtsmängel, sodass in diesem Zusammenhang immer noch eine Abgrenzung erforderlich ist.

Als sachliche Voraussetzungen sind erforderlich, dass sich ein **Sachmangel** innerhalb von **sechs Monaten nach Gefahrübergang zeigt** und **kein Vermutungsausschluss** nach § 476 HS. 2 BGB vorliegt bzw. die Vermutung widerlegt wird.

II. Sachmangel

Nach dem Wortlaut von § 476 BGB ist Voraussetzung zunächst das Vorliegen eines **Sachmangels**. Die Formulierung ist deswegen ungenau, weil Sachmängel gemäß § 434 BGB stets nur solche negativen Beschaffenheitsabweichungen sind, die im Zeitpunkt des Gefahrübergangs bereits vorlagen. Würde man dies als Voraussetzung für § 476 BGB wörtlich nehmen, müsste der Verbraucher wiederum beweisen, dass die negative Beschaffenheitsabweichung bereits bei Gefahrübergang vorlag. Der Begriff des Sachmangels in § 476 BGB muss daher insoweit modifiziert werden, als dass es sich um eine Beschaffenheitsabweichung handeln muss, die, hätte sie bereits im Zeitpunkt des Gefahrübergangs vorgelegen, einen Sachmangel i.S.d. § 434 BGB begründet hätte.[3]

Um die Vermutungswirkung des § 476 BGB auszulösen muss es sich allerdings um einen bestimmt bezeichneten Mangel handeln, auf den sich der Verbraucher beruft. Jedenfalls die für die **gegenwärtige Mangelhaftigkeit** erforderlichen Tatsachen muss der **Verbraucher darlegen** und **beweisen**.

Als problematisch haben sich insbesondere Fälle erwiesen, die unter dem Stichwort „**Grundmangel**"[4] diskutiert werden. Dabei kann der Verbraucher zwar die gegenwärtige Mangelhaftigkeit der Kaufsache darlegen und beweisen, es steht jedoch fest, dass der Mangel in seiner konkreten Ausprägung bei Gefahrübergang noch nicht vorlag. Im ersten vom BGH dazu entschiedenen Fall[5] war innerhalb der Frist des § 476 BGB an einem Fahrzeug ein Motorschaden aufgetreten. Dieser lag unstreitig als solcher bei Gefahrübergang noch nicht vor. Ob der Motorschaden auf einen bereits bei Gefahrübergang defekten **Zahnriemen** oder auf eine Lockerung des Zahnriemens in Folge **unsachgemäßer Fahrweise** des Käufers zurückzuführen war, ließ sich nicht mit Sicherheit ermitteln. Der BGH hat sich deshalb auf den Standpunkt gestellt, dass der Motorschaden jedenfalls bei Gefahrübergang noch nicht vorlag und

---

[2] *Faust* in: Bamberger/Roth, § 443 Rn. 10; *Lorenz*, NJW 2004, 3020-3022; *Saenger/Veltmann*, ZGS 2005, 450-452.
[3] BGH v. 18.07.2007 - VIII ZR 259/06 - NJW 2007, 2621-2623 (Zylinderkopfdichtung).
[4] Diesen Begriff hat *Lorenz*, NJW 2004, 3020, geprägt.
[5] BGH v. 02.06.2004 - VIII ZR 329/03 - NJW 2004, 2299-2301 (Zahnriemen bzw. Opel Vectra).

§ 476

somit als Sachmangel ausscheidet. In Betracht kam allenfalls eine Mangelhaftigkeit des Kfz bedingt durch den gelockerten Zahnriemen. Für die Lockerung des Zahnriemens als Ursache des Motorschadens hätte nach Ansicht des BGH jedoch der Käufer den Beweis erbringen müssen.

11 Diese Entscheidung hat in der Literatur erhebliche Kritik erfahren.[6] Ein derart enges Verständnis von § 476 BGB entkleide ihn eines Großteils der nach dem Normzweck vorgesehenen Anwendungsfälle; der zu entscheidende Fall sei ein Schulfall für die Beweisschwierigkeiten des Käufers, aus denen § 476 BGB heraushelfen wolle.[7] Es genüge der vom Käufer zu führende Nachweis der gegenwärtigen Mangelhaftigkeit der Kaufsache (hier der Motorschaden), nicht jedoch der Beweis, dass andere als mangelbedingte Ursachen (hier Fahrfehler) für den Zustand der Kaufsache ausgeschlossen seien.[8] Die Kausalität anderer Ursachen für die Mangelhaftigkeit der Sache habe der Verkäufer zu beweisen. Die Vermutungswirkung des § 476 BGB sei über den reinen Zeitpunkt eines (durch den Käufer bewiesenen Mangels) hinaus auf eine Vermutung auszudehnen, nach der ein erst nach Gefahrübergang eingetretener Sachmangel auf einen Grundmangel (Defekt des Zahnriemens) zurückzuführen sei.[9] Bei derartigen „sich entwickelnden" Sachmängeln solle die Vermutung des § 476 BGB gerade die Klärung der genauen Ursache der Vertragswidrigkeit für den Käufer entbehrlich machen.[10] Es solle gerade nicht Aufgabe des Käufers sein, alle denkbaren Schadensursachen auszuschließen und zu beweisen, dass ein eingetretener Schaden nur auf einen einzigen Schadensgrund zurückzuführen ist.[11]

12 Diese Kritik lässt sich auch durch einen Vergleich mit der Regelung des Art. 5 Abs. 3 Verbrauchsgüter-Richtlinie untermauern, die der deutsche Gesetzgeber mit § 476 BGB umgesetzt hat. Dort ist davon die Rede, dass die Vertragswidrigkeit binnen sechs Monaten nach der Lieferung des Gutes „offenbar werden" muss. Diese Formulierung lehnt sich an Art. 36 Abs. 1 CISG an, bei dem allgemein anerkannt ist, dass der Verkäufer auch dann haftet, wenn die Vertragswidrigkeit bei Gefahrübergang lediglich „im Keim" vorgelegen hat.[12]

13 § 476 BGB ist zwar von der Haltbarkeitsgarantie nach § 443 BGB streng zu unterscheiden, doch der Wortlaut von 476 BGB deckt sich annähernd mit dem des § 443 Abs. 2 BGB. Danach wird vermutet, dass ein sich während der Geltungsdauer der Garantie zeigender Sachmangel die Rechte aus der Garantie begründet. Der Gesetzgeber führt dazu in der Gesetzesbegründung[13] aus: „Wenn der Verkäufer [...] sich gegen die Inanspruchnahme mit der Begründung wehren will, die Sache sei vom Käufer unsachgemäß behandelt oder von einem Dritten beschädigt worden, soll ihn die Beweispflicht treffen. Jede andere Regelung müsste die Garantie weitgehend entwerten." Der Käufer soll bei der Garantie gerade nicht beweisen müssen, „dass der später aufgetretene Mangel eine Auswirkung des anfänglichen Zustandes der Sache ist". Die gleiche Erwägung trifft für die in ihrer Wirkung ähnliche Beweislastumkehr des § 476 BGB zu.[14]

14 In der **Karosserie- bzw. Ford Fiesta-Entscheidung** differenziert der BGH[15] zwischen feststehenden Schadensursachen und nicht feststehenden Schadensursachen und relativiert dadurch seine verbrauche-

---

[6] *Reinking*, AnwBl 2004, 607-611 („Umkehr der Beweislastumkehr durch den BGH"); *Lorenz*, NJW 2004, 3020-3022; *Gsell*, EWiR 2004, 903-904; *Roth*, ZIP 2004, 2025-2027; *Schmidt-Kessel*, GPR 2004, 271-273; a.A. jedoch („überzeugende Entscheidung") *Keil*, DZWIR 2004, 385-386 und zustimmend auch *Graf von Westphalen*, BB 2005, 1-5.

[7] *Roth*, ZIP 2004, 2025-2027 mit zahlreichen Nachweisen.

[8] *Gsell*, EWiR 2004, 903-904.

[9] *Lorenz*, NJW 2004, 3020-3022; a.A. *Gsell*, JuS 2005, 967-972: „bloße Beweiserleichterung statt Beweislastumkehr".

[10] *Schmidt-Kessel*, GPR 2004, 271-273.

[11] Im Ergebnis ebenso: OLG Stuttgart v. 17.11.2004 - 19 U 130/04 - juris Rn. 57 - OLGR Stuttgart 2005, 30-33; *Graf von Westphalen*, ZGS 2004, 341-344.

[12] *Benzenberg/Looschelders*, VersR 2005, 233-234.

[13] BT-Drs. 14/6040, S. 239.

[14] *Saenger/Veltmann*, ZGS 2005, 450-452.

[15] BGH v. 14.09.2005 - VIII ZR 363/04 - NJW 2005, 3490 ff. (Karosserie – bzw. Ford Fiesta).

runfreundliche Rechtsprechung erheblich:[16] Sind Bedienungsfehler oder andere Schadensursachen bzw. potentielle Grundmängel durch den Verkäufer nicht einmal dargetan worden, spricht eine **tatsächliche Vermutung dafür, dass ein nach Gefahrübergang eintretender Motorschaden im technischen Zustand des Wagens bereits angelegt** war. Bestehen keine Anhaltspunkte für bestimmte andere Schadensursachen, greift in diesen Fällen die Vermutung des § 476 BGB ein, ohne dass der Käufer Beweis für den genauen Schadensgrund zu erbringen hätte.[17] Steht die Schadensursache sogar fest (Beule in der Karosserie eines Fahrzeugs ist durch seitliche Krafteinwirkung hervorgerufen worden), greift die Beweislastumkehr des § 476 BGB ein, ohne dass der Käufer beweisen müsste, dass die Beule nicht durch ihn selbst oder einen Dritten nach Gefahrübergang verursacht worden ist.[18]

In der **Zylinderkopfdichtungs-Entscheidung**[19] hat der BGH – unter formaler Bestätigung seiner bisherigen Rechtsprechung – seine verbraucherunfreundliche Haltung weiter aufgegeben: Im zu entscheidenden Fall war in tatsächlicher Hinsicht unklar, ob ein Motorschaden (defekte Zylinderkopfdichtung und defekte Ventilstege) bereits bei Gefahrübergang vorlagen oder erst nach Gefahrübergang durch eine falsche Fahrweise des Klägers (Überlastung des Fahrzeugs, Nichtbeachten der Kühlwassertemperaturanzeige) hervorgerufen wurden. Anders als im Zahnriemenfall[20] oder im Turboladerfall[21] stehe fest, dass das Fahrzeug einen Sachmangel habe. Streitig sei allein, ob dieser Sachmangel vor oder nach Gefahrübergang eingetreten ist. Für diese Fallgestaltung begründe § 476 BGB gerade die in zeitlicher Hinsicht wirkende Vermutung, dass der zutage getretene Mangel bereits im Zeitpunkt des Gefahrübergangs vorlag.[22] Der BGH betont in dieser Entscheidung zwar den Unterschied zum Zahmriemenfall, indem er hervorhebt, dass dort der Motorschaden unstreitig erst nach Gefahrübergang eintrat, allerdings unklar war, ob dieser auf einen bereits vor Gefahrübergang defekten Zahnriemen des Fahrzeugs oder falsche Fahrweise zurückzuführen war. Trotzdem weisen die Fälle insoweit eine Parallele auf, als dass jeweils streitig war, ob ein Bedienungsfehler des Käufers oder eine Vorschädigung zu dem Sachmangel geführt hatte. Der BGH stellt mit dieser Entscheidung klar, dass die Vermutung des § 476 BGB nicht schon dadurch entkräftet wird, dass auch ein Bedienungsfehler zur Mangelhaftigkeit der Kaufsache geführt haben könnte. Insoweit trägt der BGH – ohne dies allerdings ausdrücklich auszusprechen – der von der Literatur an seiner bisherigen Rechtsprechung geäußerten Kritik zu einem großen Teil Rechnung.

Die Zylinderkopf-Entscheidung deckt zudem einen grundsätzlichen Fehler der ursprünglichen Zahnriemen-Entscheidung auf: Die Sachmangelbegriffe in § 434 BGB und § 476 BGB unterscheiden sich – wie der BGH selbst hervorhebt[23] – dadurch, dass für einen Sachmangel i.S.d. § 476 BGB gerade kein Vorliegen im Zeitpunkt des Gefahrübergangs erforderlich ist. Kommt es für die Anwendung des § 476 BGB auf den Zeitpunkt der Entstehung einer negativen Beschaffenheitsabweichung aber nicht an, so wäre auch die Zahnriemenlockerung als solche unter den Sachmangelbegriff des § 476 BGB zu subsumieren gewesen. Da diese ihrerseits entweder auf einem Fahrfehler oder einem anfänglichen Mangel beruhen konnte, wäre die Vermutung auch nicht widerlegt gewesen.[24] Unter Anwendung der Grundsätze der Zylinderkopf-Entscheidung hätte der BGH auch im Zahnriemen-Fall einen Sachmangel bejahen müssen, ohne dass es auf die Frage der Vermutung auch eines Grundmangels angekommen wäre.[25]

---

[16] *Medicus*, WuB IV A § 476 BGB 1.06.
[17] OLG Frankfurt v. 04.03.2005 - 24 U 198/04 - NJW-RR 2005, 920-921.
[18] BGH v. 14.09.2005 - VIII ZR 363/04 - NJW 2005, 3490 ff. (Karosserie – bzw. Ford Fiesta); Einschränkungen bestehen allerdings bei auffälligen äußeren Beschädigungen.
[19] BGH v. 18.07.2007 - VIII ZR 259/06 - NJW 2007, 2621-2623.
[20] BGH v. 02.06.2004 - VIII ZR 329/03 - NJW 2004, 2299-2301.
[21] BGH v. 23.11.2005 - VIII ZR 43/05 - NJW 2006, 434.
[22] BGH v. 18.07.2007 - VIII ZR 259/06 - NJW 2007, 2621-2623.
[23] BGH v. 18.07.2007 - VIII ZR 259/06 - NJW 2007, 2621-2623.
[24] *Gsell*, JZ 2008, 29, 31.
[25] So überzeugend *Gsell*, JZ 2008, 29, 31.

17 In der jüngsten Entscheidung zu § 476 BGB nähert sich der BGH[26] der h.L. noch weiter an. An einem Getriebe war es – nach Gefahrübergang – zu einem verschleißbedingten Schaden gekommen. § 476 BGB begründe eine Vermutung dafür, dass „**die für den vorzeitig eingetretenen Verschleißschaden maßgeblichen Anlagen**" bereits im Zeitpunkt des Gefahrübergangs vorlagen. Dies wird man allerdings noch nicht als generelle Vermutung eines Grundmangels werten können, da der beklagte Verkäufer überhaupt keine Anhaltspunkte für eine andere Schadensursache vorgetragen hatte.

18 In den meisten Fällen greift daher – auch nach der fortentwickelten Rechtsprechung des BGH – die Vermutung des § 476 BGB ein. Nur in einem der bisher vom BGH entschiedenen Fälle wäre es demnach auf die Frage der Vermutung auch eines potentiellen Grundmangels angekommen. Im Turbolader-Fall[27] konnte der unstreitig nach Gefahrübergang eingetretene Schaden des Turboladers entweder auf den Defekt eines verschlissenen Dichtungsrings innerhalb des Turboladers zurückzuführen sein oder darauf, dass sich Teile einer unfachmännisch eingebauten Papierdichtung am Ansaugkrümmer gelöst hätten und über den Ölkreislauf in den Turbolader gelangt sind. Mit der wohl überwiegenden Literatur (vgl. Rn. 11) ist in diesem Fall – entgegen dem BGH – zu vermuten, dass der eingetretene Schaden auch auf einem Grundmangel beruht. Allerdings trifft den Käufer insoweit die Pflicht, eine ausreichende Vermutungsbasis zu schaffen. Fährt ein Käufer mit einem Kfz gegen einen Baum und behauptet nachher, es müssten wohl die Bremsen versagt haben, fehlt dafür aber in tatsächlicher Hinsicht jeglicher Anhaltspunkt, so darf die Vermutung des § 476 BGB nicht eingreifen.[28] Dies lässt sich allerdings erreichen, indem in einem solchen Fall die Vermutung nach § 476 HS. 2 BGB mit der Art des Mangels unvereinbar ist.

19 Es lassen sich als **Fazit** daher folgende Fälle unterscheiden:
- Es wird ein Mangel entdeckt, von dem **unklar** ist, ob er bei Gefahrübergang schon vorlag und der sowohl auf einer Fehlbedienung des Käufers als auch auf einer Mangelhaftigkeit schon im Zeitpunkt des Gefahrübergangs beruhen kann: Die Vermutung des § 476 greift unstreitig ein.
- Es tritt ein Mangel auf, der **sicher** bei Gefahrübergang noch **nicht vorlag**. Dieser Mangel **beruht aber sicher auf einem Grundmangel**, der seinerseits sowohl auf einer Fehlbedienung des Käufers als auch auf einer Mangelhaftigkeit schon im Zeitpunkt des Gefahrübergangs beruhen kann: Die Vermutung des § 476 greift ebenfalls ein. Vermutet wird das Vorliegen jedenfalls des „Grundmangels" im Zeitpunkt des Gefahrübergangs.
- Es tritt ein Mangel auf, der **sicher** bei Gefahrübergang noch **nicht vorlag**. Dieser Mangel **könnte auf einem Grundmangel beruhen,** was allerdings nicht sicher ist: Es wird nach h. Lit. vermutet, dass der Mangel auf einem – schon im Zeitpunkt des Gefahrübergangs bestehenden – Grundmangel beruht. Nach der Rspr. muss der Käufer das Vorliegen des Grundmangels grds. beweisen, es sei denn, eine Fehlbedienung ist durch den Verkäufer nicht einmal vorgetragen.

III. 6-Monats-Frist

20 Der Sachmangel muss sich **innerhalb von 6 Monaten seit Gefahrübergang zeigen**. Für den Gefahrübergang kommt aufgrund des den § 447 BGB ausschließenden § 474 Abs. 2 S. 2 BGB nur § 446 BGB in Betracht.

21 Regelmäßiger Anlass für den Gefahrübergang nach § 446 Satz 1 BGB ist die Übergabe der Sache von dem Verkäufer oder dessen Hilfspersonen an den Käufer sowie dessen Hilfspersonen. Mit der Übergabe der Sache erlangt der Käufer die tatsächliche Sachherrschaft und hat damit die Möglichkeit, die Mangelfreiheit der Sache zu überprüfen.

22 Nach § 446 Satz 3 BGB steht es der Übergabe gleich, wenn der Käufer in Verzug mit der Annahme ist. Art. 3 Abs. 1 Verbrauchsgüterkaufrichtlinie regelt, dass der Verkäufer für jede Vertragswidrigkeit haftet, die im Zeitpunkt der Lieferung des Verbrauchsgutes besteht. Das deutsche Recht musste wegen

---

[26] BGH v. 11.11.2008 - VIII ZR 265/07 - juris Rn. 14.
[27] BGH v. 23.11.2005 - VIII ZR 43/05 - NJW 2006, 434-437.
[28] Beispiel nach *Gsell*, JZ 2008, 29, 32.

der Bezugnahme auf den Zeitpunkt der Lieferung in der Richtlinie die Vorschriften über den Gefahrübergang nicht ändern, wie Erwägungsgrund (14) der Verbrauchsgüterkaufrichtlinie darstellt. Somit beginnt der Lauf der Frist des § 476 BGB, wenn der Käufer in Annahmeverzug gerät. Anderenfalls könnte der Verbraucher durch einen gezielt herbeigeführten Annahmeverzug den Fristablauf zum Nachteil des Verkäufers beliebig hinauszögern.

Der Klärung durch die Rechtsprechung bedarf noch die Frage der Auswirkung der **Nacherfüllung** auf die Beweislastumkehr.[29] In der Literatur wird überwiegend angenommen, dass im Falle der **Ersatzlieferung** die Frist neu mit Übergang der Gefahr hinsichtlich der ersatzweise gelieferten Sache beginnt.[30] Im Rahmen der **Nachbesserung** ist zu differenzieren: Für den Mangel, der im Rahmen der Nachbesserung beseitigt werden sollte (z.B. durch Austausch von neuen Teilen in die Kaufsache), beginnt eine neue Vermutungsfrist von 6 Monaten.[31] Hinsichtlich anderer Mängel bleibt es jedoch bei der ursprünglichen Frist.[32]

IV. Sich zeigen

§ 476 BGB verlangt weiter, dass sich der Mangel innerhalb der 6-Monats-Frist zeigt. Dies ist gleichbedeutend mit Erkennbarkeit des Mangels. Art. 5 Abs. 3 Verbrauchsgüterkaufrichtlinie spricht insoweit von „offenbar werden". Dies kann sowohl optisch, haptisch, auditiv oder durch den Gebrauch der Sache erfolgen. Mängel, die erst nach der Frist des § 476 BGB erkennbar werden, sind nicht von der Beweislastumkehr betroffen, auch wenn sie bereits verborgen in der Sache angelegt waren. Nach Fristablauf trifft den Verbraucher die Beweislast nach allgemeinen Grundsätzen. Ein Sachmangel der Kaufsache kann sich dem Käufer auch dann „zeigen", wenn er im Falle einer eingehenden Untersuchung schon bei der Übergabe hätte entdeckt werden können.[33] Allerdings kann für Mängel, die dem Käufer bereits bei der Übergabe hätten auffallen müssen, die Beweislastumkehr nach § 476 BGB deswegen ausgeschlossen sein, weil die Vermutung, dass ein solcher Mangel bereits bei Gefahrübergang vorhanden war, mit der Art eines derartigen Mangels unvereinbar ist.

Für die Vermutung des § 476 BGB ist es unerheblich, ob ein Mangel, sofern dieser schon bei Gefahrübergang vorhanden war, durch den Verkäufer hätte erkannt werden können. Die Vermutung beruht zwar auf dem Gedanken, dass ein Verkäufer, der als Unternehmer eine bewegliche Sache an einen Verbraucher verkauft, typischerweise über bessere Erkenntnismöglichkeiten verfügt als ein Verbraucher, der die Sache kauft.[34] Die Vermutung setzt aber nicht voraus, dass der Verkäufer in Bezug auf den betreffenden Mangel tatsächlich bessere Erkenntnismöglichkeiten hatte als der Käufer.[35]

Nicht erforderlich ist es, dass der Verbraucher innerhalb der Frist auch die Gewährleistungsrechte gegenüber dem Unternehmer geltend macht.

V. Kein Ausschluss

Die Vermutung des § 476 HS. 1 BGB **ist ausgeschlossen**, wenn die **Art der Sache** oder die **Art des Mangels** mit der Vermutung **unvereinbar** ist.

§ 476 HS. 2 BGB ist eine gesetzliche Ausnahme von der Beweislastregel des ersten Halbsatzes. Liegt sie vor, greift die Beweislastumkehr nicht ein und es verbleibt damit bei der Beweislast des Käufers für das Vorliegen eines Mangels bei Gefahrübergang.[36] Der Unternehmer trägt die Darlegungs- und

---

[29] Eingehend zu diesem Problem: *Reinking*, ZGS 2004, 130-134, 130.
[30] *Lorenz* in: MünchKomm-BGB, § 476 Rn. 12; *Faust* in Bamberger/Roth, § 476 Rn. 21; *Matusche-Beckmann* in: Staudinger, § 476 Rn. 24.
[31] OLG Saarbrücken v. 25.10.2011 - 4 U 540/10 - 168, NJW-RR 2012, 285-288.
[32] *Lorenz* in: MünchKomm-BGB, § 476 Rn. 12; *Faust* in: Bamberger/Roth, § 476 Rn. 21.
[33] BGH v. 14.09.2005 - VIII ZR 363/04 - NJW 2005, 3490-3493.
[34] BT-Drs. 14/6040, S. 245.
[35] BGH v. 11.07.2007 - VIII ZR 110/06 - juris Rn. 11 - NJW 2007, 2619-2621, a.A. OLG Stuttgart v. 17.11.2004 - 19 U 130/04 - juris Rn. 58 - ZGS 2005, 36, 38; *v. Westphalen*, ZGS 2005, 210, 212; *Witt*, NJW 2005, 3468, 3470.
[36] *Büdenbender* in: AnwK-BGB, § 476 Rn. 13.

Beweislast für die tatsächlichen Voraussetzungen der Ausnahmeregelung. Als Ausnahmetatbestand muss § 476 HS. 2 BGB eng interpretiert werden, sodass er nicht den Grundsatz der Beweislastumkehr aushöhlt.[37] Die Anwendung der Beweislastumkehr wird beispielsweise nicht dadurch ausgeschlossen, dass der Verbraucher die gekaufte Sache durch einen Dritten hat einbauen lassen.[38] Allein die konkrete Möglichkeit, dass der Mangel von einem Dritten verursacht worden ist, reicht zum Eingreifen der Ausnahme nicht aus, denn den Beweis nachträglicher Mangelentstehung bräuchte der Unternehmer-Verkäufer niemals zu führen, wenn er die Vermutungswirkung stets bereits durch deren bloße Erschütterung beseitigen könnte. Nicht erforderlich ist hingegen der volle Gegenbeweis, dass der Mangel zum Zeitpunkt des Gefahrübergangs noch nicht vorgelegen haben kann. Diesen Beweis muss der Verkäufer erst bei Eingreifen der Vermutung zu deren Widerlegung führen, andernfalls wäre die tatbestandliche Einschränkung von § 476 BGB funktionslos.[39]

29 § 476 HS. 2 BGB ist daher auf Konstellationen zu beschränken, in denen der Mangel nach der allgemeinen Lebenserfahrung typischerweise erst nachträglich entstanden ist und deshalb allem Anschein nach bei Gefahrübergang noch fehlte.[40]

1. Art der Sache

30 Nach dem Regierungsentwurf[41] betrifft dies vor allem **gebrauchte Sachen**. Zwar fehlt es bei gebrauchten Sachen schon wegen des unterschiedlichen Grades der Abnutzung an einem die Vermutung rechtfertigenden allgemeinen Erfahrungssatz.[42] Da jedoch auch der Verkauf von gebrauchten Sachen unter die §§ 474-477 BGB fällt, kann bei richtlinienkonformer Auslegung der Vorschrift nicht davon ausgegangen werden, dass diese nicht für gebrauchte Sachen gilt.[43] Die Vorschrift gilt insbesondere auch für Gebrauchtwagen.[44] Teilweise wird angenommen, die Vermutung sei generell beim **Tierkauf** ausgeschlossen.[45] Obwohl es sich bei Tieren um Lebewesen handelt, die naturgemäß einem stetigen Wandel ihres körperlichen Zustandes unterliegen, ist die Beweislastumkehr jedoch wegen der Art der gekauften Sache nicht ausgeschlossen.[46] Der Sinn der Beweislastumkehr – angesichts der schlechten Beweismöglichkeiten des Verbrauchers und den ungleich besseren Erkenntnismöglichkeiten des Unternehmers einen Ausgleich zu schaffen – trifft auch auf den Tierkauf zu. Ein gewerblicher Verkäufer vermag den Zustand des Tieres im Zeitpunkt des Gefahrübergangs regelmäßig besser zu beurteilen, als ein Verbraucher-Käufer.[47] Für eine Anwendbarkeit des § 476 BGB auf den Tierkauf spricht ferner, dass das besondere Viehgewährleistungsrecht aufgehoben wurde, da allgemeines Kaufrecht angewendet werden sollte[48] und dass sogar das bisherige Viehgewährleistungsrecht in § 484 BGB a.F. eine – wenn auch kürzere – Vermutung enthielt.[49]

---

[37] *Haas/Medicus/Rolland* u.a., Das neue Schuldrecht, 2002, Kap. 5 Rn. 440.
[38] BGH v. 22.11.2004 - VIII ZR 21/04 - NJW 2005, 283-284.
[39] *Lorenz* in: MünchKomm-BGB, § 476 Rn. 15.
[40] *Gsell*, EWiR 2005, 591-592.
[41] BT-Drs. 14/6040, S. 245.
[42] BT-Drs. 14/6040, S. 245.
[43] *Bohne* in: Hoeren/Martinek, Systematischer Kommentar zum Kaufrecht, 2002, Teil 2, § 476 Rn. 11; differenzierend auch *Haas/Medicus/Rolland* u.a., Das neue Schuldrecht, 2002, Kap. 5 Rn. 438; als weiterer Anwendungsfall wird der Kauf verderblicher Waren angenommen *Haas*, BB 2001, 1313-1321, 1319; *Huber/Faust*, Schuldrechtsmodernisierung, 2002, Kap. 15 Rn. 21.
[44] BGH v. 02.06.2004 - VIII ZR 329/03 - NJW 2004, 2299-2301; BGH v. 14.09.2005 - VIII ZR 363/04 - NJW 2005, 3490-3493; *Lorenz* in: MünchKomm-BGB, § 476 Rn. 16 m.w.N. auch zur Gegenmeinung.
[45] LG Verden v. 16.02.2005 - 2 S 394/03 - RdL 2005, 176-177; AG Worbis v. 28.01.2005 - 1 C 437/03 - RdL 2005, 146-147; AG Helmstedt v. 01.04.2003 - 3 C 486/02 - RdL 2005, 65.
[46] BGH v. 29.03.2006 - VIII ZR 173/05 - BGHZ 166, 2250-2254.
[47] BGH v. 29.03.2006 - VIII ZR 173/05 - juris Rn. 24 - BGHZ 166, 2250-2254.
[48] BT-Drs. 14/6040, S. 207.
[49] BGH v. 29.03.2006 - VIII ZR 173/05 - juris Rn. 23 - BGHZ 166, 2250-2254.

2. Art des Mangels

Im Schrifttum wird verbreitet die Ansicht vertreten, die Vermutung des § 476 BGB greife nicht ein, wenn es sich um einen **Mangel** handele, **der typischerweise jederzeit eintreten könne** und daher keinen hinreichend wahrscheinlichen Rückschluss auf sein Vorliegen bereits zum Zeitpunkt des Gefahrübergangs zulasse.[50] Der BGH[51] ist demgegenüber mit Recht der Auffassung, dass es mit dem Regel-Ausnahme-Verhältnis des § 476 BGB nicht zu vereinbaren wäre, die Vermutung nur deshalb entfallen zu lassen. Die Vermutungsregelung liefe dann regelmäßig gerade in den Fällen leer, in denen der Entstehungszeitpunkt des Mangels nicht zuverlässig festgestellt werden kann. Durch eine derartige Einengung der Beweislastumkehr würde der mit der Regelung intendierte Verbraucherschutz weitgehend ausgehöhlt.

Damit ist auch bei **äußeren Beschädigungen** der Sache wie etwa bei Unfallschäden eines Kfz, die typischerweise jederzeit eintreten können, die Vermutungswirkung nicht von vorneherein wegen der Art des Mangels ausgeschlossen.[52] Es gibt keinen Erfahrungssatz darüber, ob äußere Beschädigungen vor oder nach Gefahrübergang eintreten, so dass es bei der grundsätzlichen Vermutung gemäß § 476 BGB bleiben muss. In Fällen, in denen der Mangel jedoch in einer **auffälligen äußeren Beschädigung** liegt, die auf den ersten Blick sofort erkennbar ist, greift § 476 HS. 2 BGB ein.[53] In einem derartigen Fall wäre zu erwarten, dass der Käufer den Mangel bei Übergabe beanstandet. Hat er die Sache ohne Beanstandung entgegengenommen, spricht dies gegen die Vermutung, der Mangel sei schon bei Gefahrübergang vorhanden gewesen.[54]

Teilweise wird gefordert, **Verschleißmängel**, z.B. an Bremsbelägen oder Reifen, unter den Vermutungsausschluss fallen zu lassen.[55] Auch hier wird zu differenzieren sein: Handelt es sich um eine Verschleißerscheinung, die angesichts des Alters und der Abnutzung des Kaufgegenstandes typischerweise jederzeit eintreten konnte, so handelt es sich schon gar nicht um einen Sachmangel i.S.d. § 476 BGB. Denn es entspricht der üblichen Beschaffenheit einer gebrauchten Sache, gewisse Verschleißerscheinungen aufzuweisen. Nur dann, wenn die Verschleißerscheinung „untypisch" ist, also zu früh oder ungewöhnlich stark auftritt, begründet Verschleiß einen Sachmangel. Dann aber muss es bei dem Grundsatz bleiben, dass auch Mängel, die typischerweise jederzeit auftreten können, in den Anwendungsbereich der Vermutung fallen.[56]

Als Beispiel für eine Unvereinbarkeit mit der Art des Mangels nennt die Begründung des Regierungsentwurfs insbesondere **Tierkrankheiten**, weil dort wegen unterschiedlicher Inkubationszeiten in der Regel ungewiss sei, ob die Ansteckung vor oder nach Gefahrübergang erfolgt ist.[57] Überwiegend wird jedoch keine generelle Unvereinbarkeit von Tiermängeln mit der Vermutung des § 476 BGB angenommen.[58] Auch vom Tierverkäufer könne verlangt werden, dass er die Mängelfreiheit des Tieres im Zeitpunkt des Gefahrübergangs z.B. durch eine Verkaufsuntersuchung nachweist, zumindest dann, wenn es sich nicht um Infektionskrankheiten mit ungewisser Inkubationszeit handelt (z.B. genetisch beding-

---

[50] *Lorenz* in: MünchKomm-BGB, § 476 Rn. 17; *Lorenz*, NJW 2004, 3020-3022; *Faust* in: Bamberger/Roth, § 476 Rn. 4; *Reinking/Eggert*, Der Autokauf, 9. Aufl., Rn. 1312; im Ergebnis auch *Matusche-Beckmann* in: Staudinger, § 476 Rn. 35 und auch OLG Stuttgart v. 31.01.2005 - 5 U 153/04 - ZGS 2005, 156-159.

[51] BGH v. 14.09.2005 - VIII ZR 363/04 - juris Rn. 35 - NJW 2005, 3490-3493; BGH v. 18.07.2007 - VIII ZR 259/06 - NJW 2007, 2621-2623 und BGH v. 11.07.2007 - VIII ZR 110/06 - NJW 2007, 2619-2621.

[52] BGH v. 14.09.2005 - VIII ZR 363/04 - NJW 2005, 3490: leichte Verformung des Kotflügels; BGH v. 21.12.2005 - VIII ZR 49/05 - NJW 2006, 1195: Schaden am Katalysator infolge Aufsetzens des Fahrzeugs.

[53] *Büdenbender* in: AnwK-BGB, § 476 Rn. 16; *Haas*, BB 2001, 1313-1321, 1319.

[54] BGH v. 14.09.2005 - VIII ZR 363/04 - NJW 2005, 3490-3493.

[55] *Matusche-Beckmann* in: Staudinger, § 476 Rn. 31 f.; *Henssler/Westphalen*, Praxis der Schuldrechtsreform, 2. Aufl. 2003, § 476 Rn. 7.

[56] Zutreffend daher LG Dortmund v. 21.12.2007 - 22 O 212/06.

[57] BT-Drs. 14/6040, S. 245.

[58] BGH v. 29.03.2006 - VIII ZR 173/05 - BGHZ 166, 2250-2254; *Weidenkaff* in: Palandt, § 476 Rn. 11; *Graf von Westphalen*, ZGS 2004, 341-344.

te Veränderungen oder chronische Erkrankungen).⁵⁹ Die Vermutung greift nur dann nicht, wenn die Krankheit im Einzelfall tatsächlich derart beschaffen ist, dass sie mit der Vermutung nicht mehr vereinbar ist.⁶⁰ Ist die Mangelhaftigkeit eines Tiers auf einen schleichenden und sich fortentwickelnden Prozess bzw. auf eine Krankheit mit Inkubationszeit zurückzuführen, die bereits vor Gefahrübergang begonnen haben kann, so greift die Beweislastumkehr ein. Anders kann es sich verhalten, wenn die Mangelhaftigkeit auf eine Krankheit mit kürzerer Inkubationszeit zurückzuführen ist.

35   Die Vermutung des § 476 BGB ist auch mit einer Tierkrankheit, die typischerweise jederzeit auftreten kann, nicht unvereinbar.⁶¹ Insoweit gelte – wie auch bei anderen Mängeln – dass es mit dem Regel-Ausnahme-Verhältnis von § 476 BGB und dem verbraucherschützenden Charakter der Norm auch beim Tierkauf nicht vereinbar wäre, die Vermutung schon dann entfallen zu lassen, wenn der Entstehungszeitpunkt eines Mangels typischerweise nicht zuverlässig festgestellt werden kann.

36   Auch bei **Minderlieferungen** (§ 434 Abs. 3 Var. 2 BGB) greift die Beweislastumkehr ein.⁶² Je länger jedoch der Gefahrübergang zurückliegt und je leichter der Käufer den Umfang bei Lieferung überblicken konnte, umso mehr spricht dafür, dass die Fehlmenge auf Umständen nach Gefahrübergang beruht. § 476 BGB ist auch einschlägig, wenn eine originalverschlossene Packung zu wenig enthält.

D. Rechtsfolgen

37   § 476 BGB enthält die **widerlegbare gesetzliche Vermutung** dafür, dass ein Sachmangel, der sich innerhalb von 6 Monaten seit Gefahrübergang zeigt, auch schon zum Zeitpunkt des Gefahrübergangs vorlag.

38   Die Vermutung greift ein, wenn der Käufer Gewährleistungsrechte i.S.d. § 437 BGB geltend macht. Keine Beweislastumkehr erfolgt dagegen hinsichtlich der weiteren Voraussetzungen der Gewährleistungsansprüche, wie z.B. einer Fristsetzung oder der Erheblichkeit des Mangels. § 476 BGB erfordert nicht, dass der Mangel innerhalb der 6-monatigen Frist beim Unternehmer geltend gemacht wird.⁶³ Die Frist stellt vielmehr nur darauf ab, dass sich der Mangel **gezeigt** hat. Jedoch trifft den Verbraucher die Beweislast dafür, dass dies innerhalb der Frist erfolgte.

39   Die Beweislastumkehr des § 476 BGB findet im Übrigen auch bei allen anderen Ansprüchen zwischen einem Verbraucher und einem Unternehmer Anwendung, bei denen es darauf ankommt, ob die verkaufte Sache bei Gefahrübergang mangelhaft war. Das gilt auch dann, wenn das Bestehen eines Mangels bei Gefahrübergang nur Vorfrage für andere Ansprüche ist, wie z.B. bei der Rückforderung des auf eine vermeintlich berechtigte Reparaturrechnung gezahlten Betrages, obwohl die Reparatur eigentlich im Rahmen der Nachbesserung hätte erfolgen müssen.⁶⁴

---

⁵⁹ *Matusche-Beckmann* in: Staudinger, § 476 Rn. 33; *Lorenz* in: MünchKomm-BGB, § 476 Rn. 17; *Weidenkaff* in: Palandt, § 476 Rn. 11; *Faust* in: Bamberger/Roth, § 476 Rn. 4; *Westermann*, ZGS 2005, 342-348, 347; *Adolphsen*, AgrarR 2001, 169-174, 172; *Augenhofer*, ZGS 2004, 385-391, 387; *Saenger* in: Hk-BGB, § 476 Rn. 3; *Graf von Westphalen*, ZGS 2004, 341-344; *Graf von Westphalen*, ZGS 2005, 210-216, 214.

⁶⁰ Die Differenzierung im Einzelfall hat bereits zu einer umfangreichen Judikatur der Instanzgerichte zum Anwendungsbereich der Vermutung bei bestimmten Mängeln von Tieren, insbesondere von Pferden, geführt (vgl. OLG Oldenburg v. 17.06.2004 - 14 U 41/04 - RdL 2005, 65-66 zum „Weben" eines Pferdes; OLG Oldenburg v. 11.05.2004 - 8 W 76/04 - RdL 2005, 65 zur mangelnden „Rittigkeit"; OLG Hamm v. 15.10.2004 - 19 U 75/04 - RdL 2005, 66; LG Lüneburg v. 16.03.2004 - 4 O 322/03 - RdL 2005, 66 und AG Bad Gandersheim v. 23.04.2004 - 4 C 32/03 - RdL 2005, 66, jeweils zum „Spat"; OLG Düsseldorf v. 02.04.2004 - 14 U 213/03 - ZGS 2004, 271-275 zu einer Knochen- und Knorpelentzündung und LG Verden v. 16.02.2005 - 2 S 394/03 - RdL 2005, 176 zur Borreliose; AG Herne v. 06.10.2003 - 5 C 85/02 - ZGS 2005, 199 zu „Kreuzgalopp" und Rückenproblemen eines Pferdes; LG Essen v. 04.11.2003 - 13 S 84/03 - ZGS 2004, 399-400 zur Parvovirose eines Welpen).

⁶¹ BGH v. 11.07.2007 - VIII ZR 110/06 - NJW 2007, 266-267 - Mikrosporie einer Katze.

⁶² *Matusche-Beckmann* in: Staudinger, § 476 Rn. 37; restriktiver *Büdenbender* in: AnwK-BGB, § 476 Rn. 16.

⁶³ *Büdenbender* in: AnwK-BGB, § 476 Rn. 19.

⁶⁴ BGH v. 11.11.2008 - VIII ZR 265/07 - NJW 2009, 580-582.

Will sich der Unternehmer entlasten, geht dies nur durch Erbringung des Gegenbeweises nach § 292 ZPO.⁶⁵ Er muss beweisen, dass sich die Sache aufgrund des Verhaltens des Verbrauchers oder durch Zufall verschlechtert hat. Da dies im Einzelfall nicht immer möglich ist, muss dem Unternehmer auch der Weg offen stehen, dass er die Mangelfreiheit der Sache zum Zeitpunkt des Gefahrübergangs beweist.⁶⁶

Verhindert der Käufer den Gegenbeweis fahrlässig, kommen dem Verkäufer nach den für die **Beweisvereitelung** geltenden Grundsätzen Beweiserleichterungen zugute. Der nach dem Ergebnis der Beweisaufnahme **wahrscheinlichste Geschehensablauf** muss als vom Verkäufer bewiesen angesehen werden.⁶⁷ Im Falle vorsätzlicher Beweisvereitelung findet eine (Wieder-)Umkehr der Beweislast zugunsten des Verkäufers statt, d.h. § 476 BGB ist nicht anzuwenden.⁶⁸

Ein tatsächliches Anerkenntnis des Verbrauchers kann die Vermutungswirkung des § 476 BGB entkräften. Allein in der vorbehaltlosen Zahlung einer Reparaturrechnung ist jedoch kein tatsächliches Anerkenntnis dahingehend zu sehen, dass ein Sachmangel nicht vorgelegen habe. Die Wertung als Anerkenntnis setzt vielmehr eine Interessenlage voraus, die zur Abgabe eines Anerkenntnisses Anlass gibt. Eine solche Interessenlage kann z.B. bestehen, wenn zwischen den Parteien vor Bezahlen der Rechnung bereits streitig war, ob die Reparatur im Rahmen der (kostenlose) Nachbesserung oder eines (vergütungspflichtigen) Werkvertrags erfolgte. Auch wenn der Verbraucher daher in Unkenntnis eines Gewährleistungsanspruchs zunächst eine Reparaturrechnung des Verkäufers begleicht, kann er den nicht geschuldeten Betrag nach § 812 BGB zurückfordern.⁶⁹

---

[65] OLG Celle v. 04.08.2004 - 7 U 30/04 - NJW 2004, 3566-3567.
[66] *Weidenkaff* in: Palandt, § 476 Rn. 7; a.A. *Lorenz*, NJW 2004, 3020-3022.
[67] BGH v. 23.11.2005 - VIII ZR 43/05 - NJW 2006, 434.
[68] Offen gelassen von BGH v. 23.11.2005 - VIII ZR 43/05 - NJW 2006, 434, bejahend *Lorenz* in: MünchKomm-BGB, § 476 Rn. 25.
[69] BGH v. 11.11.2008 - VIII ZR 265/07 - NJW 2009, 580-582.

§ 477 BGB Sonderbestimmungen für Garantien

(Fassung vom 02.01.2002, gültig ab 01.01.2002)

(1) ¹Eine Garantieerklärung (§ 443) muss einfach und verständlich abgefasst sein. ²Sie muss enthalten

1. den Hinweis auf die gesetzlichen Rechte des Verbrauchers sowie darauf, dass sie durch die Garantie nicht eingeschränkt werden und
2. den Inhalt der Garantie und alle wesentlichen Angaben, die für die Geltendmachung der Garantie erforderlich sind, insbesondere die Dauer und den räumlichen Geltungsbereich des Garantieschutzes sowie Namen und Anschrift des Garantiegebers.

(2) Der Verbraucher kann verlangen, dass ihm die Garantieerklärung in Textform mitgeteilt wird.

(3) Die Wirksamkeit der Garantieverpflichtung wird nicht dadurch berührt, dass eine der vorstehenden Anforderungen nicht erfüllt wird.

Gliederung

A. Grundlagen 1	2. Stil 10
I. Kurzcharakteristik 1	III. Informationspflichten 11
II. Gesetzgebungsmaterialien 2	1. Hinweis auf die Gewährleistungsrechte 11
III. Europäischer Hintergrund 3	2. Inhalt der Garantie 12
B. Anwendungsvoraussetzungen 4	IV. Dokumentationserfordernisse 13
I. Garantieerklärung 4	V. Beweislast 15
II. Einfachheit und Verständlichkeit 7	**C. Rechtsfolgen** 16
1. Sprache 8	**D. Anwendungsfelder** 23

A. Grundlagen

I. Kurzcharakteristik

1 Die Vorschrift enthält über § 443 BGB hinausgehende Regelungen für eine dem Verbraucher von einem Verkäufer, Hersteller oder anderem Dritten gegebene **Garantie**. Zum Schutz des Verbrauchers soll Absatz 1 Satz 2 eine Irreführung durch unklare, unvollständige oder missverständliche Garantieerklärungen verhindern, während der Anspruch auf eine Garantieurkunde in Textform (§ 126b BGB) gemäß Absatz 2 die Beweisführung erleichtern soll. Durch Absatz 3 wird klargestellt, dass die Garantiepflichten unabhängig davon bestehen, ob der Unternehmer den in den Absätze 1 und 2 aufgestellten Anforderungen genügt. Andernfalls würde der Garantiegeber von eigenen Fehlern profitieren und der Schutz des Verbrauchers wäre geringer als bei anderen Garantienehmern.[1] Nach Absatz 3 sind die Anforderungen der Absätze 1 und 2 daher keine Wirksamkeitserfordernisse für eine Garantie. Über § 443 BGB hinausgehende materielle Vorgaben enthält § 477 BGB dagegen nicht, sodass Verbraucher im Vergleich zu anderen Käufern lediglich in formeller Hinsicht besser gestellt werden.

II. Gesetzgebungsmaterialien

2 BT-Drs. 14/6040, S. 245-247; BT-Drs. 14/7052, S. 199.

III. Europäischer Hintergrund

3 Die Vorschrift dient der Umsetzung von Art. 6 Abs. 2, Abs. 3 und Abs. 5 Verbrauchsgüterkaufrichtlinie. Soweit Art. 6 Abs. 4 Verbrauchsgüterkaufrichtlinie vorschreibt, dass die Garantie in einer oder mehreren Amtssprachen der Gemeinschaft abgefasst werden muss, hat der Gesetzgeber hiervon keinen

---

[1] *Matusche-Beckmann* in: Staudinger, § 477 Rn. 34.

Gebrauch gemacht. Vielmehr hat er insoweit auf Art. 6 Abs. 1 Verbrauchsgüterkaufrichtlinie hingewiesen und klargestellt, dass die Garantie in einer Sprache abgefasst sein muss, die für den Verbraucher verständlich ist.[2]

B. Anwendungsvoraussetzungen

I. Garantieerklärung

Die Vorschrift gilt für alle Garantien i.S.v. § 443 BGB, also sowohl Haltbarkeits- als auch Beschaffenheitsgarantien. Auch die Person des Garantiegebers – Verkäufer oder ein Dritter – ist unerheblich. Ist ein Dritter Garantiegeber einer deshalb notwendig selbstständigen Garantie, findet § 477 BGB Anwendung, wenn dieser Dritte Unternehmer ist, unabhängig davon, ob auch der Verkäufer Unternehmer ist. Die Vorschrift ist dann – da ein Kaufvertrag zwischen einem Verbraucher und einem Unternehmer Voraussetzung für einen Verbrauchsgüterkauf ist – entsprechend anzuwenden.[3]

Unter den Begriff der Garantieerklärung fällt bei selbstständigen Garantien (Garantieverträgen) die Willenserklärung des Garantiegebers, durch die er dem Verbraucher das Angebot auf Abschluss des Garantievertrages unterbreitet. Im Rahmen von unselbstständigen Garantien ist es die einseitige Erklärung des Verkäufers, durch die die gesetzlichen Gewährleistungsrechte zugunsten des Verbrauchers modifiziert werden.[4]

Nicht unter den Garantiebegriff des § 477 Abs. 1 Satz 1 BGB fällt hingegen die Werbung, mit der eine Garantie im Zusammenhang mit Verkaufsangeboten noch nicht rechtsverbindlich versprochen wird, sondern die den Verbraucher nur zur Bestellung auffordert. Demzufolge müssen die gemäß § 477 Abs. 1 Satz 2 BGB geforderten Angaben nicht notwendig schon in der Werbung mit der Garantie aufgeführt werden. Ein hinreichender Verbraucherschutz vor irreführender Werbung mit Garantieankündigungen wird durch das Lauterkeitsrecht gewährleistet.[5]

II. Einfachheit und Verständlichkeit

Die Sprache von Garantieerklärungen muss einfach und verständlich sein. Maßgebend ist immer die Verständlichkeit. Die Verständlichkeit ist sowohl bei der Sprache wie auch beim Sprachstil der Garantieerklärungen zu berücksichtigen. Mit diesen Anforderungen findet das Transparenzgebot nunmehr auch in das allgemeine Vertragsrecht Eingang.[6]

1. Sprache

Dazu, dass die Garantie ihren Inhalt verständlich darstellen muss, gehört, dass sie in einer Sprache abgefasst ist, die für den Verbraucher verständlich ist. Das ist in Deutschland i.d.R. die deutsche Sprache.[7] Zudem lässt es die amtliche Begründung für bestimmte Güter je nach Adressatenkreis auch zu, dass Garantien in anderen Sprachen abgefasst sind (z.B. im Rahmen von Computerkaufverträgen die Nutzung des Englischen). Diese Möglichkeit ist allerdings nur unter engen Voraussetzungen zuzulassen. Denn eine Verwendung der englischen Sprache setzt voraus, dass der Adressatenkreis die Sprache hinreichend beherrscht. Die Schlussfolgerung, dass die Nutzer bestimmter elektronischer Geräte überdurchschnittliche Englischkenntnisse besitzen, sodass sie auch eine Garantieerklärung verstehen, ist keineswegs zwingend. Denn üblicherweise beschränkt sich der Wortschatz nur auf wenige technische Begriffe. Weitere Kenntnisse oder juristische Begriffe sind diesen Personen aber überwiegend fremd.[8] Zudem ist eine hinreichende Umgrenzbarkeit eines Personenkreises kaum denkbar, da der Kauf eines

---

[2] BT-Drs. 14/6040, S. 245.
[3] *Lorenz* in: MünchKomm-BGB, § 477 Rn. 3.
[4] *Lorenz* in: MünchKomm-BGB, § 477 Rn. 3.
[5] BGH v. 14.04.2011 - I ZR 133/09 - NJW 2011, 2653-2656.
[6] *Matusche-Beckmann* in: Staudinger, § 477 Rn. 10.
[7] BT-Drs. 14/6040, S. 246.
[8] *Matusche-Beckmann* in: Staudinger, § 477 Rn. 14.

Gegenstandes nicht nur durch „typische" Käufer erfolgt. Daher wird man nur einfache Erklärungen zulassen können, welche auch Personen mit geringen Englischkenntnissen verstehen können.[9]

9 Auch die Verwendung von Fachausdrücken sollte so restriktiv wie möglich und nur dann erfolgen, wenn zu erwarten ist, dass der Adressatenkreis diese verstehen wird. Das hängt im Einzelfall vom Verbrauchsgut und den Kenntnissen ab, über die der Verbraucher verfügen muss, um das Verbrauchsgut bestimmungsgemäß zu verwenden.[10]

2. Stil

10 Maßgeblich ist, dass ein durchschnittlicher Verbraucher Voraussetzungen, Inhalt sowie Reichweite der Garantieerklärung erkennen kann. Daher muss ein verwirrender Satzbau vermieden und der richtige Zusammenhang gewahrt werden. Bei längeren Texten können zum Zwecke der Übersichtlichkeit auch Absätze oder Nummerierungen geboten sein.[11]

III. Informationspflichten

1. Hinweis auf die Gewährleistungsrechte

11 Dass dem Verbraucher die Rechte aus der Garantie **neben** den gesetzlichen Rechten wegen Mängeln zustehen, ist bereits in § 443 BGB zum Ausdruck gebracht. § 477 Abs. 1 Satz 2 Nr. 1 BGB dient der Verdeutlichung dieses Zweckes und fordert einen Hinweis darauf, dass die gesetzlichen Rechte des Verbrauchers durch die Garantie nicht berührt werden.[12] Der Verbraucher soll dadurch klar erkennen können, dass die Garantie ein **zusätzliches Leistungsversprechen** enthält, welches über die gesetzlichen Rechte hinausgeht, nicht aber an deren Stelle tritt. Dadurch soll dem Missstand begegnet werden, dass die gesetzlichen Gewährleistungsrechte als Garantie bezeichnet werden und der Verbraucher so irrig annimmt, er erhalte besonders günstige Konditionen.[13] Außerdem werden Garantien vielfach dazu benutzt, von den gesetzlichen Gewährleistungsrechten „abzulenken" und so de facto einen rechtlich (wegen § 475 Abs. 1 Satz 1 BGB) nicht möglichen Gewährleistungsausschluss oder eine Modifikation der Gewährleistungsrechte zu erreichen.[14] Wegen § 475 Abs. 1 BGB kann der Verbraucher vor einer Inanspruchnahme des Verkäufers auch nicht – wie unter Geltung des früheren Rechts durchaus üblich – auf die vorrangige Inanspruchnahme einer Herstellergarantie verwiesen werden. Hinzuweisen ist allerdings nur darauf, dass dem Verbraucher seine gesetzlichen Rechte zustehen; welche dies im Einzelnen sind, braucht in der Garantieerklärung indes nicht angegeben zu werden.[15] Es wäre nicht einsichtig, dass ein Verbraucher, dem eine Garantie gewährt wird, über seine gesetzlichen Gewährleistungsrechte aufgeklärt werden muss, andere Verbraucher indes nicht.[16]

2. Inhalt der Garantie

12 Gemäß § 477 Abs. 1 Satz 2 Nr. 2 BGB muss die Garantieerklärung den Inhalt der Garantie und alle wesentlichen Angaben, welche für die Geltendmachung der Garantie erforderlich sind, enthalten. Dazu gehört zunächst eine genaue Beschreibung des **Garantiefalles** einschließlich einer Klarstellung, ob es sich um eine Beschaffenheits- oder Haltbarkeitsgarantie handelt. Ferner sind die Dauer, Fristbeginn, der räumliche Geltungsbereich des Garantieschutzes sowie Namen und zustellungsfähige Anschrift

---

[9] BT-Drs. 14/6040, S. 246; *Henssler/Westphalen*, Praxis der Schuldrechtsreform, 2. Aufl. 2003, § 477 Rn. 6; einschränkend *Haas/Medicus/Rolland* u.a., Das neue Schuldrecht, 2002, Kap. 5 Rn. 445.
[10] *Weidenkaff* in: Palandt, § 477 Rn. 7.
[11] *Weidenkaff* in: Palandt, § 477 Rn. 7.
[12] *Weidenkaff* in: Palandt, § 477 Rn. 9; *Henssler/Westphalen*, Praxis der Schuldrechtsreform, 2. Aufl. 2003, § 477 Rn. 3.
[13] BT-Drs. 14/6040, S. 81.
[14] *Lorenz* in: MünchKomm-BGB, § 477 Rn. 6.
[15] *Matusche-Beckmann* in: Staudinger, § 477 Rn. 22; teilweise. a.A. *Grunewald* in: Erman, § 477 Rn. 3.
[16] *Faust* in: Bamberger/Roth, § 477 Rn. 7.

des Garantiegebers anzugeben. Auch sind Angaben dazu erforderlich, was Voraussetzung der Garantieleistung ist, insbesondere **Bedingungen**, von denen die Inanspruchnahme abhängig ist (regelmäßige Werkstattwartung, Benutzung der Kaufsache nur unter bestimmten Bedingungen), oder eine besondere **Form** der Geltendmachung (Schriftform, mündlich, etc.), welche Informationen zum Garantiefall erforderlich sind, wie Zeitpunkt der Mangelfeststellung, Datum des Kaufs sowie Verkaufsort. Zur inhaltlichen Beschreibung gehören auch Angaben darüber, welche Sachverhalte **ausgenommen** sind und vor allem, welche **Rechtsfolgen** eine Garantie begründen (Umtausch, Rückgabe gegen Kaufpreiserstattung, Nachbesserung).[17] Ist eine **Kostenbeteiligung** des Käufers mit Inhalt der Garantie, so wird dies als irreführend anzusehen sein, da der Käufer erwartet, dass bei einer freiwillig gewährten zusätzlichen Garantie ebenso Kostenfreiheit besteht wie bei gesetzlichen Ansprüchen.[18] Gemäß § 443 Abs. 1 BGB kann sich der Inhalt der Garantie auch aus der einschlägigen Werbung ergeben. Unklar ist, was gelten soll, wenn sich Werbung und Garantieerklärung widersprechen. Unter Hinweis auf die Entstehungsgeschichte der europarechtlichen Vorgaben wird ein Vorrang der Werbeaussagen angenommen.[19] Dem ist unter Berücksichtigung der Unklarheitenregel jedoch nur insoweit zu folgen, als die Werbeaussagen für den Verbraucher vorteilhafter sind. Andernfalls kann er sich auf den Inhalt der ausdrücklichen Garantieerklärung berufen.

IV. Dokumentationserfordernisse

Nach § 477 Abs. 2 BGB kann der Verbraucher verlangen, dass ihm die Garantieerklärung in Textform mitgeteilt wird. Die Definition der Textform enthält § 126b BGB. Der Garantievertrag als solcher ist indes formfrei wirksam. Zweck der Regelung ist eine Beweiserleichterung für den Verbraucher im Hinblick auf Abgabe und Inhalt der Garantieerklärung. Schuldner ist der Garantiegeber, der nicht zugleich auch der Verkäufer sein muss. Überwiegend wird angenommen, der Anspruch folge dennoch aus dem Kaufvertrag.[20] Die Garantie eines Dritten, der nicht Verkäufer ist, kann jedoch nur eine sog. selbstständige Garantie sein. Der Garantievertrag kommt dadurch zustande, dass der Verkäufer die Garantieerklärung des Dritten als Bote oder Vertreter überbringt und der Käufer diese annimmt. Der Anspruch entsprechend § 477 Abs. 2 BGB folgt dann aber unmittelbar aus dem selbstständigen Garantievertrag.

13

Nach Art. 6 Abs. 3 Verbrauchsgüter-Richtlinie muss die Garantie dem Verbraucher „schriftlich zur Verfügung gestellt werden oder auf einem anderen dauerhaften Datenträger enthalten sein, der dem Verbraucher zur Verfügung steht und ihm zugänglich ist". Letzteres ist aber nur dann gewährleistet, wenn der Verbraucher in zumutbarer Weise von einem elektronisch gespeicherten Dokument Kenntnis erlangen kann. Kauft der Verbraucher einen PC und befindet sich die Garantieerklärung auf einem mitgelieferten Speichermedium, ist die Textform nur gewahrt, wenn der PC tatsächlich auch die Lesbarkeit gewährleistet. Nach überwiegender Ansicht ist der Verbraucher daher berechtigt, die Garantieerklärung auf jeden Fall in schriftlicher Form zu verlangen.[21]

14

V. Beweislast

Der Verbraucher hat die Abgabe der Garantieerklärung und die Voraussetzungen des Garantiefalles einschließlich der Einhaltung der in der Garantie angegebenen Bedingungen zu beweisen. Gemäß § 443 Abs. 2 BGB gilt zugunsten des Garantienehmers die Vermutung, dass bei einer Haltbarkeitsgarantie ein während ihrer Geltungsdauer auftretender Sachmangel die Rechte aus der Garantie be-

15

---

[17] *Büdenbender* in: AnwK-BGB, § 477 Rn. 6.
[18] *Bohne* in: Hoeren/Martinek, Systematischer Kommentar zum Kaufrecht, 2002, Teil 2, § 474 Rn. 8; diff. *Henssler/Westphalen*, Praxis der Schuldrechtsreform, 2. Aufl. 2003, § 477 Rn. 10.
[19] *Matusche-Beckmann* in: Staudinger, § 477 Rn. 2; *Micklitz*, EuZW 1997, 229-237, 234.
[20] *Weidenkaff* in: Palandt, § 477 Rn. 13; *Matusche-Beckmann* in: Staudinger, § 477 Rn. 31.
[21] *Büdenbender* in: AnwK-BGB, § 477 Rn. 7; *Lorenz* in: MünchKomm-BGB, § 477 Rn. 8; *Weidenkaff* in: Palandt, § 477 Rn. 13; *Matusche-Beckmann* in: Staudinger, § 477 Rn. 30.

gründet. Handelt es sich um eine selbstständige Beschaffenheitsgarantie, findet die Beweislastumkehr des § 476 BGB entsprechende Anwendung.[22]

C. Rechtsfolgen

16 Die Vorschrift regelt, dass trotz eines Verstoßes gegen Absatz 1 und Absatz 2 die Garantieerklärung nicht unwirksam ist. Andernfalls wäre der Verbraucher in unangemessener Weise allein dadurch schlechter gestellt, dass der Unternehmer seinen Verpflichtungen bei Erteilung der Garantie nicht oder nur unzureichend nachkommt. Im Falle der Verletzung des Absatzes 1 Satz 1 gehen Unklarheiten, welche sich aus nicht verständlichen Ausführungen ergeben, zulasten des Garantiegebers. Wird die Garantieerklärung in Form von AGB abgegeben, findet § 307 Abs. 1 Satz 2 BGB bei Unklarheiten allerdings nur Anwendung, wenn es sich um eine für den Verbraucher nachteilige Regelung handelt, die sich von der Garantie abtrennen lässt. Andernfalls ist § 477 Abs. 3 BGB vorrangig, sodass auch eine unklare Garantieerklärung in einer für den Verbraucher freundlichen Auslegung (§ 305c Abs. 2 BGB) wirksam ist.[23] Dabei ist die für den Verbraucher günstigste Auslegung maßgeblich, die sich innerhalb der vorliegenden Erklärung des Unternehmers rechtfertigen lässt.[24]

17 Wird eine Garantie nicht durch AGB übernommen, ergibt sich auch aus den §§ 133, 157 BGB bzw. richtlinienkonformer Auslegung der Grundsatz der verbraucherfreundlichsten Auslegung. Art. 6 Abs. 2 Verbrauchsgüter-Richtlinie enthält ein Art. 5 AGB-RL entsprechendes Transparenzgebot, sodass auch insoweit Unklarheiten zulasten des Verwenders gehen müssen.[25]

18 Der Verbraucher hat einen **Erfüllungsanspruch** hinsichtlich der nach Absatz 1 Satz 2 erforderlichen Pflichtangaben. Beispielsweise kann er Mitteilung der Anschrift des Garantiegebers verlangen.[26] Auch im Hinblick auf die Mitteilung der Garantieerklärung in Textform nach Absatz 2 steht dem Verbraucher ein Erfüllungsanspruch zu.

19 Zudem kommen aber auch Schadensersatzverpflichtungen in Betracht.[27] Hinsichtlich einer Verletzung der Anforderungen von Absatz 1 sind Schadensersatzansprüche aus den §§ 311 Abs. 2, 241 Abs. 2, 280 BGB möglich. Denn wenn der Garantiegeber gegen das Gebot der Verständlichkeit und Einfachheit verstößt oder aber die Ausführungen zu Absatz 1 Satz 2 unterlässt, dann gewährt dies dem Kunden einen Schadensersatzanspruch wegen Verschuldens bei Vertragsschluss.[28] Daher kann der Verbraucher Rechtsanwaltskosten, welche er aufgrund einer Verletzung der Anforderungen von Absatz 1 aufgewendet hat, ersetzt verlangen. Ein Schadensersatzanspruch statt der Leistung ist denkbar im Hinblick auf die Erfüllung der Garantieleistungen. Demgegenüber kann eine Verletzung der Absätze 1 oder 2 nur unter den Voraussetzungen des § 282 BGB einen Schadensersatzanspruch statt der Leistung begründen, da die Garantie trotz Verstoßes wirksam und bei Unklarheiten verbraucherfreundlich auszulegen ist.[29]

20 Bei Pflichtverletzungen eines vom Verkäufer unabhängigen Garantiegebers kann ein Verstoß gegen § 477 BGB nicht zu Schadensersatzansprüchen gegen den Verkäufer führen. Als ersatzfähiger Schaden kommt neben etwaigen Rechtsverfolgungskosten der Schaden in Betracht, der dadurch entsteht, dass den Verbraucher eine den Anforderungen von Absatz 1 nicht genügende Garantieerklärung oder das Unterlassen der Mitteilung nach Absatz 2 daran hindert, die Garantie oder aber Ansprüche gegen den Verkäufer (rechtzeitig) geltend zu machen. Dies ist insbesondere denkbar, wenn der Garantiegeber die Pflicht verletzt, auf die gesetzlichen Gewährleistungsansprüche des Verbrauchers hinzuweisen.

---

[22] *Weidenkaff* in: Palandt, § 477 Rn. 4.
[23] *Berger* in: Jauernig, § 477 Rn. 5; *Lorenz/Riehm*, Lehrbuch zum neuen Schuldrecht, Rn. 304.
[24] *Bohne* in: Hoeren/Martinek, Systematischer Kommentar zum Kaufrecht, 2002, Teil 2, § 477 Rn. 12.
[25] *Lorenz* in: MünchKomm-BGB, § 477 Rn. 11 m.w.N.
[26] *Berger* in: Jauernig, § 477 Rn. 5.
[27] BT-Drs. 14/6040, S. 247.
[28] *Weidenkaff* in: Palandt, § 477 Rn. 14; BT-Drs. 14/6040, S. 247.
[29] *Lorenz* in: MünchKomm-BGB, § 477 Rn. 13.

Außerdem kommt ein Verstoß gegen das Gesetz gegen den unlauteren Wettbewerb (UWG) unter zwei Gesichtspunkten in Betracht: Zum einen können unklare und missverständliche Garantiebedingungen zum Zweck irreführender Werbung i.S.d. § 5 Abs. 2 UWG eingesetzt werden. Zum anderen kann ein Verstoß gegen § 4 Nr. 11 UWG unter dem Gesichtspunkt des „Vorsprungs durch Rechtsbruch" vorliegen.[30] Dem Verbraucher müssen bereits bei Vertragsschluss wesentliche Informationen über Art und Umfang einer Garantie vorliegen, damit er weiß, auf welchen Vertragsinhalt er sich einlässt. Die lediglich pauschale Werbung mit einer solchen Garantie stellt einen Verstoß gegen § 477 BGB und damit gegen eine Marktverhaltensregelung im Sinne des § 4 Nr. 11 UWG dar.[31]

21

Ein Unterlassungsanspruch nach § 2 Abs. 1, 2 Nr. 1 UKlaG besteht, wenn eine Garantie nicht durch AGB eingeräumt wird. Dies dürfte praktisch jedoch kaum vorkommen. Sofern es sich um eine durch AGB eingeräumte Garantie handelt, scheidet ein Unterlassungsanspruch nach § 1 UKlaG aus, da die Garantie nicht nach den §§ 307-309 BGB unwirksam, sondern nach § 477 Abs. 3 BGB gerade wirksam ist. In diesem Fall soll § 1 UKlaG analog anzuwenden sein.[32]

22

D. Anwendungsfelder

§ 477 BGB betrifft nur den Verbrauchsgüterkauf und damit unter Umständen mittelbar auch Verträge unter Unternehmern (vgl. §§ 478, 479 BGB). Für andere Kaufverträge gilt bei Übernahme einer Garantie nur § 443 BGB. Entsprechend ist § 477 BGB auf Garantien von Dritten anzuwenden, wenn der Dritte, nicht aber der Verkäufer Unternehmer ist.

23

Teilweise wird angenommen, dass § 477 BGB deshalb auch auf eine Herstellergarantie Anwendung findet, wenn die Sache innerhalb der Garantiezeit von einem Verbraucher an einen anderen Verbraucher weiterveräußert wird.[33] Wird eine Sache von Verbraucher zu Verbraucher weiterveräußert, so übernimmt der Hersteller gegenüber dem Käufer-Verbraucher bereits keine Garantie, da der Weiterverkäufer weder Erklärungsbote noch Vertreter des Herstellers ist. Der Garantievertrag kommt vielmehr ausschließlich zwischen Hersteller und Erstkäufer zustande. Der Erstkäufer kann dem Zweitkäufer seine Rechte aus der Garantie jedoch abtreten. In diesem Fall findet § 477 BGB auch im Verhältnis zwischen Hersteller und Zweitkäufer Anwendung.

24

---

[30] OLG Hamm v. 17.11.2009 - 4 U 148/09 - GRURPrax 2010, 42; Hanseatisches Oberlandesgericht Hamburg v. 26.11.2009 - 3 U 23/09 - Magazindienst 2010, 299-302; BT-Drs. 14/6040, S. 247.
[31] OLG Hamm v. 16.12.2008 - 4 U 173/08 - GRUR-RR 2009, 342-343; OLG Hamm v. 17.11.2009 - 4 U 148/09 - GRURPrax 2010, 42; Hanseatisches Oberlandesgericht Hamburg v. 26.11.2009 - 3 U 23/09 - Magazindienst 2010, 299-302.
[32] *Haar*, VuR 2004, 161, 170; *Faust* in: Bamberger/Roth, § 477 Rn. 13.
[33] *Matusche-Beckmann* in: Staudinger, § 477 Rn. 8.

§ 478 BGB Rückgriff des Unternehmers

(Fassung vom 02.01.2002, gültig ab 01.01.2002)

(1) Wenn der Unternehmer die verkaufte neu hergestellte Sache als Folge ihrer Mangelhaftigkeit zurücknehmen musste oder der Verbraucher den Kaufpreis gemindert hat, bedarf es für die in § 437 bezeichneten Rechte des Unternehmers gegen den Unternehmer, der ihm die Sache verkauft hatte (Lieferant), wegen des vom Verbraucher geltend gemachten Mangels einer sonst erforderlichen Fristsetzung nicht.

(2) Der Unternehmer kann beim Verkauf einer neu hergestellten Sache von seinem Lieferanten Ersatz der Aufwendungen verlangen, die der Unternehmer im Verhältnis zum Verbraucher nach § 439 Abs. 2 zu tragen hatte, wenn der vom Verbraucher geltend gemachte Mangel bereits beim Übergang der Gefahr auf den Unternehmer vorhanden war.

(3) In den Fällen der Absätze 1 und 2 findet § 476 mit der Maßgabe Anwendung, dass die Frist mit dem Übergang der Gefahr auf den Verbraucher beginnt.

(4) ¹Auf eine vor Mitteilung eines Mangels an den Lieferanten getroffene Vereinbarung, die zum Nachteil des Unternehmers von den §§ 433 bis 435, 437, 439 bis 443 sowie von den Absätzen 1 bis 3 und von § 479 abweicht, kann sich der Lieferant nicht berufen, wenn dem Rückgriffsgläubiger kein gleichwertiger Ausgleich eingeräumt wird. ²Satz 1 gilt unbeschadet des § 307 nicht für den Ausschluss oder die Beschränkung des Anspruchs auf Schadensersatz. ³Die in Satz 1 bezeichneten Vorschriften finden auch Anwendung, wenn sie durch anderweitige Gestaltungen umgangen werden.

(5) Die Absätze 1 bis 4 finden auf die Ansprüche des Lieferanten und der Übrigen Käufer in der Lieferkette gegen die jeweiligen Verkäufer entsprechende Anwendung, wenn die Schuldner Unternehmer sind.

(6) § 377 des Handelsgesetzbuchs bleibt unberührt.

Gliederung

A. Grundlagen	1
I. Kurzcharakteristik	1
II. Gesetzgebungsmaterialien	2
III. Europäischer Hintergrund	3
B. Anwendungsvoraussetzungen	4
I. Voraussetzungen (Absatz 1)	4
1. Normstruktur	4
2. Neue Sachen	5
3. Verbrauchsgüterkauf	6
4. Unternehmereigenschaft des Lieferanten	8
5. Sachmangel	9
6. Rücknahme- oder Minderungspflicht des Verkäufers	13
a. Rücknahme	15
b. Minderung	20
7. Rechtsfolge	22
II. Aufwendungsersatzanspruch (Absatz 2)	25
1. Normstruktur	25
2. Voraussetzungen	26
3. Rechtsfolge	27
III. Beweislasterleichterung (Absatz 3)	35
IV. Abdingbarkeit (Absatz 4)	36
1. Grundsatz	36
2. Gleichwertiger Ausgleich (Absatz 4 Satz 1)	38
3. Schadensersatzanspruch (Absatz 4 Satz 2)	41
4. Umgehungsverbot (Absatz 4 Satz 3)	42
5. Einzelfälle	43
V. Lieferketten (Absatz 5)	45
VI. § 377 HGB (Absatz 6)	46

A. Grundlagen

I. Kurzcharakteristik

1 Die Vorschrift regelt den **Rückgriff des Unternehmers**, der eine **neue Sache** an einen Verbraucher verkauft hat und von diesem auf Gewährleistung in Anspruch genommen worden ist, **gegen**

seinen Lieferanten.[1] Durch die Regressregelung wird verhindert, dass der Einzelhändler die Nachteile des verbesserten Verbraucherschutzes zu tragen hat, wenn der Grund für die Haftung nicht in seinem Bereich entstanden ist, sondern auf einen Fehler im Herstellungsprozess zurückzuführen ist. Zudem dient sie mittelbar auch dem Endverbraucher, da die Bereitschaft seines Verkäufers zur Erfüllung der Käuferrechte aus § 437 BGB steigt, wenn der Letztverkäufer seinerseits bei einem Vorlieferanten Regress nehmen kann.[2]

II. Gesetzgebungsmaterialien

BT-Drs. 14/6040, S. 247-249; BT-Drs. 14/6857, S. 31; BT-Drs. 14/7052, S. 49-50, S. 199-200.

III. Europäischer Hintergrund

§ 478 BGB dient der Umsetzung von Art. 4 Verbrauchsgüterkaufrichtlinie. Danach muss der wegen Mangelhaftigkeit der verkauften Sache von einem Verbraucher in Anspruch genommene Letztverkäufer einen Rückgriffsanspruch gegen einen oder mehrere Glieder der Vertriebskette, also insbesondere Hersteller oder Großhändler, haben. Inhalt und Umfang gibt die Richtlinie nicht vor, sondern überlässt die Regelung insoweit den Mitgliedsstaaten. Aus Art. 4 Satz 1 Verbrauchsgüterkaufrichtlinie ist aber eindeutig abzuleiten, dass das nationale Recht überhaupt eine Möglichkeit für den Letztverkäufer vorsehen muss, Rückgriff zu nehmen.[3] Der Gesetzgeber hat dem Letztverkäufer keinen direkten Rückgriff gegen den Hersteller eingeräumt, sondern die Abwicklung soll in dem jeweiligen Vertragsverhältnis stattfinden und keinen gesetzlichen Anspruch zwischen Parteien begründen, die keinen Vertrag geschlossen haben.[4] Hierdurch soll die Privatautonomie gewahrt bleiben, damit in den jeweiligen Vertragsverhältnissen – innerhalb der Grenzen des § 478 Abs. 4 BGB – von § 478 abweichende Vereinbarungen getroffen werden können.[5] Da die Richtlinie von einer Regelung etwaiger Schadensersatzansprüche abgesehen hat, können auch im Regresswege, wie beim Verbrauchsgüterkauf, Schadensersatzansprüche ausgeschlossen werden, § 478 Abs. 4 BGB.

B. Anwendungsvoraussetzungen

I. Voraussetzungen (Absatz 1)

1. Normstruktur

§ 478 Abs. 1 BGB begründet keine neue Anspruchsgrundlage, sondern erleichtert die Durchsetzung der Gewährleistungsansprüche des Unternehmers gegen seinen Lieferanten (sog. **unselbstständiger Regress**).[6] Die Voraussetzungen eines Anspruchs aus § 437 BGB i.V.m. den allgemeinen Regeln müssen vorliegen. Gemäß § 478 Abs. 1 BGB ist lediglich die sonst erforderliche Fristsetzung entbehrlich, wenn der Unternehmer eine von ihm verkaufte neu hergestellte Sache aufgrund ihrer Mangelhaftigkeit zurücknehmen musste oder der Verbraucher den Kaufpreis gemindert hat.

2. Neue Sachen

Betroffen sind nur Verbrauchsgüterkäufe über **neu** hergestellte Sachen.[7] Der maßgebliche Grund für die Beschränkung auf neue Sachen liegt darin, dass geschlossene Vertriebsketten für gebrauchte Sachen mit der Möglichkeit eines durchgehenden Rückgriffs nicht bestehen und damit ein Bedarf für die

---

[1] Umfassend dazu *Jacobs*, JZ 2004, 225-232, 225 ff.
[2] *Büdenbender* in: AnwK-BGB, § 478 Rn. 10.
[3] BT-Drs. 14/6040, S. 247.
[4] BT-Drs. 14/6040, S. 247.
[5] *Bohne* in: Hoeren/Martinek, Systematischer Kommentar zum Kaufrecht, 2002, Teil 2, § 478 Rn. 3.
[6] *Henssler/Westphalen*, Praxis der Schuldrechtsreform, 2. Aufl. 2003, § 478 Rn. 12; *Bohne* in: Hoeren/Martinek, Systematischer Kommentar zum Kaufrecht, 2002, Teil 2, § 478 Rn. 4.
[7] Zur Abgrenzung von neuen und gebrauchten Sachen vgl. die Kommentierung zu § 474 BGB.

Sonderregelungen entfällt.[8] Die Sache muss in der gesamten Lieferkette als neu verkauft worden sein, da die Regressregelungen gerade darauf beruhen, dass die Sache nur bis zum Verbraucher durchgereicht wurde.[9] Die §§ 478 f. BGB sind zudem nicht anwendbar, wenn ein Unternehmer die Sache mehr als unerheblich verändert hat.[10]

3. Verbrauchsgüterkauf

6   Zudem muss, wie sich aus dem Wortlaut der Norm ergibt, ein Verbrauchsgüterkauf zwischen dem Letztkäufer und dem Letztverkäufer vorliegen.[11] Fraglich ist, ob die §§ 478, 479 BGB analog anwendbar sind, wenn die Lieferkette vorzeitig abbricht, weil ein Zwischenhändler den Mangel entdeckt, bevor es zu einem Verbrauchsgüterkauf kommen konnte. Dafür spricht, dass die Geltung der §§ 478, 479 BGB innerhalb der Lieferkette nicht vom Zufall des Zustandekommens eines Verbrauchsgüterkaufs abhängen und die Rechtsstellung eines Zwischenhändlers nicht durch „vorzeitige" Mangelentdeckung verschlechtert werden soll.[12] Gegen eine analoge Anwendung spricht hingegen, dass die Vorschriften schon aufgrund ihrer systematischen Stellung dem Verbraucherschutz dienen und nur in diesem Zusammenhang dem Letztverkäufer den Regress erleichtern sollen, da dieser gegenüber dem Verbraucher geneigter sein wird, dessen Ansprüche zu erfüllen. Im Übrigen sollen die §§ 478, 479 BGB die Nachteile durch den verstärkten Verbraucherschutz ausgleichen, die in diesem Fall nicht bestehen.[13] Hätte der Gesetzgeber hingegen allgemeine Regresserleichterungen schaffen wollen, hätten diese auch gelten müssen, wenn Letztkäufer ein Unternehmer ist. Der BGH hält sogar eine AGB-Klausel in Einkaufsbedingungen für unwirksam, nach der für Rückgriffsansprüche die §§ 478, 479 BGB gelten sollen, selbst wenn kein Verbrauchsgüterkauf vorliegt.[14] Ein legitimes Interesse für die Einbeziehung sämtlicher Verkaufsgeschäfte in den Anwendungsbereich der §§ 478, 479 BGB bestehe nicht, da diese nur die Nachteile des verbesserten Verbraucherschutzes ausgleichen sollten.

7   Die **Gestaltung von Kaufverträgen** zwischen Händlern wird durch § 478 BGB erschwert, weil im Zeitpunkt des Vertragsschlusses noch nicht klar ist, welche gesetzlichen Regeln zwischen ihnen gelten und inwieweit sie abdingbar sind; das stellt sich erst im Zeitpunkt des letzten Verkaufs in der Lieferkette heraus.[15] Will der Händler von den gesetzlichen Vorschriften abweichen, wird er alternative Regelungen für den Fall eines Verbrauchsgüterkaufs und anderer Kaufverträge treffen müssen.

4. Unternehmereigenschaft des Lieferanten

8   Die Erleichterungen bei den Regressansprüchen bestehen unmittelbar nur gegenüber einem Unternehmer, der die Sache an den Letztverkäufer verkauft hat (Lieferant). Gemäß Absatz 5 wird der Anwendungsbereich der Vorschrift allerdings auf die Lieferkette erweitert. Wird ein Zwischenhändler, ohne Unternehmer zu sein, innerhalb der Lieferkette tätig, so bricht die Kette an dieser Stelle ab. Hat der Betreffende als Verbraucher gekauft und weiterverkauft, finden die §§ 478 f. BGB gegen ihn keine Anwendung, während der Vertrag zwischen ihm und seinem Lieferanten einen Verbrauchsgüterkauf darstellt, sodass „aufwärts" eine neue Regresskette in Gang gesetzt wird.[16] Hat er als Unternehmer

---

[8] BT-Drs. 14/6040, S. 247; *Ernst/Gsell*, ZIP 2001, 1389-1403, 1402; kritisch hierzu *Jacobs*, JZ 2004, 225-232, 227.
[9] *Matusche-Beckmann* in: Staudinger, § 478 Rn. 8.
[10] *Faust* in: Bamberger/Roth, § 478 Rn. 8.
[11] BGH v. 05.10.2005 - VIII ZR 16/05 - NJW 2006, 47-51; BT-Drs. 14/6040, S. 247; *Weidenkaff* in: Palandt, § 478 Rn. 3; *Haas/Medicus/Rolland* u.a., Das neue Schuldrecht, 2002, Kap. 5 Rn. 484; *Matthes*, NJW 2002, 2505-2511, 2506.
[12] *Büdenbender* in: AnwK-BGB, § 478 Rn. 12; für eine analoge Anwendbarkeit auch *Tröger*, AcP 204, 115-135, 122 (2004).
[13] *Tiedtke/Schmitt*, ZIP 2005, 681-688, 684; gegen eine analoge Anwendbarkeit auch die h.M.: *Matusche-Beckmann*, BB 2002, 2561-2566, 2563; *Grunewald* in: Erman, § 478 Rn. 9; *Weidenkaff* in: Palandt, § 478 Rn. 3.
[14] BGH v. 05.10.2005 - VIII ZR 16/05 - juris Rn. 38 ff. - NJW 2006, 47-51.
[15] *Faust* in: Bamberger/Roth, § 478 Rn. 5.
[16] *Faust* in: Bamberger/Roth, § 478 Rn. 5.

gekauft, aber als Verbraucher weiterverkauft, haftet er selbst nicht nach Maßgabe der §§ 478 f. BGB, aber es wird auch „aufwärts" keine neue Kette in Gang gesetzt, weil an ihrem Ende kein Verbrauchsgüterkauf steht.[17] Hat er als Verbraucher gekauft, aber als Unternehmer weiterverkauft, haftet der Betreffende seinem Abkäufer nach Maßgabe der §§ 478 f. BGB und kann gleichzeitig seinen Vormann nach den Regeln des Verbrauchsgüterkaufs in Anspruch nehmen, sodass „aufwärts" eine neue Kette in Gang gesetzt wird, innerhalb derer die §§ 478 f. BGB gelten.[18]

5. Sachmangel

Hinsichtlich des Merkmals des Sachmangels gilt die Regelung des § 434 BGB (vgl. die Kommentierung zu § 434 BGB). Jedoch ist ein Regress nur möglich für solche Merkmale der Sache, die im Verhältnis zwischen dem Regressnehmer und dem Regressverpflichteten einen Mangel i.S.d. §§ 434, 435 BGB darstellen. Daher bedarf es hinsichtlich der Feststellung des Mangels einer Differenzierung zwischen den unterschiedlichen Vertragsverhältnissen. Hatte der Vorlieferant die Fehlerhaftigkeit offengelegt (§ 442 BGB) oder die „Fehlerhaftigkeit" als Beschaffenheitsmerkmal vereinbart und verkauft der Unternehmer die Sache an den Verbraucher, ohne auf die Mangelhaftigkeit hinzuweisen, so hat er keinen Regressanspruch. Gleiches gilt, wenn er mit dem Verbraucher eine bessere Beschaffenheit vereinbart als mit seinem Lieferanten. Aus dem Wortlaut der Vorschrift ergibt sich dies zwar nicht, jedoch ist der Schluss aus der Funktion der Regressnorm zwingend.[19]

9

Der Mangel muss – anders als bei dem unmittelbaren Verbrauchsgüterkauf – bereits im Zeitpunkt des Gefahrübergangs vom Lieferanten auf den Unternehmer vorgelegen haben. Ein Rückgriff ist damit nicht möglich, wenn der Mangel erst beim Unternehmer entstanden ist.

10

Problematisch ist der Fall, dass die Beschaffenheit von **öffentlichen Aussagen des Herstellers** beeinflusst wird (§ 434 Abs. 1 Satz 3 BGB). Trifft der Hersteller derartige Aussagen erst, nachdem er die Sache bereits an den Letztverkäufer weitergegeben hat oder kennt der Letztverkäufer die Aussagen nicht, wohl aber der Verbraucher, kann es zu unterschiedlichen Anforderungen an die vertragsgemäße Beschaffenheit kommen. Stehen dem Letztverkäufer bei einer Inanspruchnahme durch den Verbraucher daher keine Gewährleistungsrechte zu, so kann er den Hersteller gemäß § 280 Abs. 1 BGB auf Schadensersatz in Anspruch nehmen, weil dieser zulasten des Letztverkäufers durch öffentliche Aussagen keinen Sachmangel herbeiführen darf.[20]

11

Unter Umständen kann aber der **Nachweis der Mangelhaftigkeit** schwierig sein. Da sich die Beweislastumkehr des § 476 BGB nur auf den Zeitpunkt des Vorliegens des Mangels bezieht, muss der Unternehmer gegenüber seinem Lieferanten den Mangel hinreichend darlegen und im Prozess beweisen. Teilweise wird dafür gefordert, dass dafür ein entsprechendes rechtskräftiges Urteil zwischen dem Letztverkäufer und dem Verbraucher vorliegen muss.[21] Demgegenüber lassen andere es ausreichen, dass das Verlangen des Verbrauchers aus der Sicht des Letztverkäufers begründet und die ausfüllenden Tatsachen beweisbar erscheinen.[22] Dem dürfte zu folgen sein, da nur so eine Prozessflut verhindert werden kann. Im Fall einer streitigen Auseinandersetzung zwischen Unternehmer und Verbraucher sollte dem Lieferanten der Streit verkündet werden, der seinerseits dem Hersteller den Streit verkünden sollte.[23]

12

---

[17] *Faust* in: Bamberger/Roth, § 478 Rn. 5.
[18] *Faust* in: Bamberger/Roth, § 478 Rn. 5.
[19] *Büdenbender* in: AnwK-BGB, § 478 Rn. 15; *Matthes*, NJW 2002, 2505-2511, 2506; *Bereska*, ZGS 2002, 59-62, 60.
[20] *Tiedtke/Schmitt*, ZIP 2005, 681-688, 686 f; ausführlich auch zu einer möglichen teleologischen Reduktion des § 434 Abs. 1 Satz 3 BGB: *Faust* in: Bamberger/Roth, § 478 Rn. 10 ff.
[21] *Henssler/Westphalen*, Praxis der Schuldrechtsreform, 2. Aufl. 2003, § 478 Rn. 7.
[22] *Weidenkaff* in: Palandt, § 478 Rn. 10.
[23] *Bereska*, ZGS 2002, 59-62, 60.

6. Rücknahme- oder Minderungspflicht des Verkäufers

13 Der Letztverkäufer musste die mangelhafte Sache vom Verbraucher, dem er sie verkauft hatte, wegen des Mangels zurückgenommen oder eine Minderung akzeptiert haben (§ 437 Nr. 2 BGB i.V.m. § 441 BGB).

14 Aus der Formulierung „**musste**" ergibt sich, dass der Unternehmer nur dann einen Anspruch gegen seinen Lieferanten hat, wenn er **zur Rücknahme oder Minderung verpflichtet** war. Die Rücknahme muss daher zwingende Folge der Mangelhaftigkeit sein.[24] Rücknahmen aus Kulanz, aufgrund eines vereinbarten Rücktrittsrechts oder eines Widerrufsrechts des Verbrauchers nach § 355 BGB genügen ebenso wenig[25] wie der Fall der Erfüllung trotz der Einrede aus den §§ 438, 214, 218 BGB[26]. Bewirkt der Letztverkäufer den Rücktrittsgrund oder die Schadensersatzpflicht dadurch, dass er sein Nachbesserungsrecht verfristen lässt, so schließt dies den Regress nicht aus. Denn aus § 478 Abs. 2 BGB ergibt sich, dass der Lieferant dann in Regress genommen werden kann, wenn für den Unternehmer überhaupt eine Rechtspflicht aus dem Kaufvertragsverhältnis bestand. Nicht auferlegt werden soll dem Letztverkäufer aber die Pflicht darzulegen, dass eine Nachbesserung oder eine Nachlieferung für ihn nur mit unverhältnismäßigen Kosten möglich gewesen wäre, § 439 Abs. 3 BGB.[27] Zudem hätte der Käufer auch unmittelbar eine Nachlieferung wählen können, sodass auch in diesem Fall eine Rückgabe der Sache vorgelegen hätte. Entscheidend ist nur, dass der Mangel aus der Sphäre des Herstellers bzw. Lieferanten stammt.[28]

a. Rücknahme

15 Denkbar sind drei Konstellationen, in denen der Verkäufer die Sache zurücknehmen musste[29]:
- Der Verbraucher hat nach § 439 Abs. 1 BGB sein Wahlrecht dahin ausgeübt, dass er die Lieferung einer mangelfreien Sache verlangt und nach § 439 Abs. 4 BGB die mangelhafte Sache an den Unternehmer zurückgegeben hat;
- der Verbraucher ist wirksam vom Vertrag zurückgetreten;
- der Verbraucher hat gemäß den §§ 434 Nr. 3, 280 Abs. 1 und 3, 281 Abs. 1 BGB Schadensersatz statt der ganzen Leistung verlangt und die mangelhaften Sachen nach § 281 Abs. 4 BGB zurückgegeben.

16 Anwendbar ist Absatz 1 im Falle des Rücktritts (§ 437 Nr. 2 BGB) des Verbrauchers sowie des sog. „großen Schadensersatzanspruchs" (§ 437 Nr. 3 BGB), bei dem der Käufer eine Schadensberechnung unter Rückgabe der mangelhaften Sache vornimmt.[30] Teilweise wird in der Literatur[31] zwar davon ausgegangen, dass der Schadensersatzanspruch nicht Gegenstand des Regresses gemäß Absatz 1 sei. In diesen Fällen bliebe es also bei der nach § 437 Nr. 3 BGB i.V.m. § 281 BGB erforderlichen Fristsetzung, um Regress nehmen zu können. Mit Rücksicht darauf, dass in der Begründung des Regierungsentwurfes[32] die Rücknahme aufgrund des großen Schadensersatzanspruchs ausdrücklich genannt wird und Rücktritt und Schadensersatz sich nicht ausschließen, sondern auch parallel geltend gemacht

---

[24] BT-Drs. 14/6040, S. 248; *Henssler/Westphalen*, Praxis der Schuldrechtsreform, 2. Aufl. 2003, § 478 Rn. 7
[25] BT-Drs. 14/6040, S. 247; *Huber/Faust*, Schuldrechtsmodernisierung, 2002, Kap. 15 Rn. 27; *Gessaphe*, RIW 2001, 721-735, 733; *Bereska*, ZGS 2002, 59-62, 59.
[26] *Büdenbender* in: AnwK-BGB, § 478 Rn. 13.
[27] *Haas/Medicus/Rolland* u.a., Das neue Schuldrecht, 2002, Kap. 5 Rn. 484; *Schubel*, ZIP 2002, 2061-2071, 2065 f.; a.A. *Büdenbender* in: AnwK-Das neue Schuldrecht, § 478 Rn. 33, wobei die Pflicht derart eingeschränkt wird, dass eine Verletzung in „zu vertretender Weise" erfolgt sein muss; hinsichtlich der zu kurz bemessener Fristen ebenfalls einschränkend; *Henssler/Westphalen*, Praxis der Schuldrechtsreform, 2. Aufl. 2003, § 478 Rn. 8.
[28] *Tiedtke/Schmitt*, ZIP 2005, 681-688, 684.
[29] Vgl. zur Unterscheidung *Jacobs*, JZ 2004, 225-232, 229 ff.
[30] *Haas/Medicus/Rolland* u.a., Das neue Schuldrecht, 2002, Kap. 5 Rn. 482; *Büdenbender* in: AnwK-BGB, § 478 Rn. 29; *Bereska*, ZGS 2002, 59-62, 59.
[31] *Henssler/Westphalen*, Praxis der Schuldrechtsreform, 2. Aufl. 2003, § 478 Rn. 4.
[32] BT-Drs. 14/6040, S. 247.

werden können (§ 325 BGB), wird man jedoch davon ausgehen können, dass auch in diesem Fall die Regresserleichterung des § 478 Abs. 1 BGB gilt.[33]

Von § 478 Abs. 1 BGB erfasst wird auch der Fall, dass der Verbraucher sein Wahlrecht zugunsten der Nachlieferung ausübt und der Unternehmer die Sache nach § 439 Abs. 4 BGB zurücknimmt.[34] Demgegenüber wird in der Literatur teilweise entgegen der Gesetzesbegründung davon ausgegangen, dass die Nachlieferung nicht in den Anwendungsbereich des Absatzes 1, sondern in den des Absatzes 2 fällt.[35] Zur Begründung wird angeführt, der Verkäufer habe gemäß § 439 Abs. 4 BGB zwar ein Rückforderungsrecht, sei aber nicht zur Rücknahme verpflichtet,[36] sodass ein Fall des § 478 Abs. 1 BGB nicht vorliege. Zudem sei die Nachlieferung vom Sinn und Zweck des § 478 Abs. 1 BGB nicht erfasst: Der Gesetzgeber habe ein problemloses „Durchreichen" der mangelhaften Sache an den Hersteller erreichen wollen, ohne dass der Letztverkäufer sich für die ihm seinerseits nachgelieferte Sache einen neuen Käufer suchen müsse. Verlange der Verbraucher allerdings Nachlieferung, stelle sich dieses Problem gar nicht erst.[37]

Einer „Rücknahme" i.S.d. Absatzes 1 steht es gleich, wenn die an einen Verbraucher verkaufte Sache unter Hinweis auf einen Mangel unmittelbar beim Verkäufer verbleibt.[38] Dies kann im Wege der Einrede des nichterfüllten Vertrags bzw. im Wege der Rücktrittseinrede geschehen. Gleich ist auch der Fall zu behandeln, dass der Käufer nach Verjährung seiner Rechtsbehelfe die Rücktrittseinrede des § 438 Abs. 4 Satz 2 BGB erhebt und der Verkäufer darauf nach § 438 Abs. 4 Satz 3 BGB vom Vertrag zurücktritt. Anwendung findet § 478 Abs. 1 BGB schließlich, wenn der Verkäufer die Sache im Zusammenhang mit der Geltendmachung von Gewährleistungsrechten durch den Verbraucher nicht mehr zurücknehmen kann, weil sie bei ihm untergegangen ist und sich sein Anspruch auf Wert- bzw. Schadensersatz (§§ 346 Abs. 2, 4, 280 Abs. 1 BGB) beschränkt oder – wegen einer Privilegierung des Verbrauchers nach § 346 Abs. 3 BGB – gar nicht besteht.

Ist die Fristsetzung bereits nach anderen Vorschriften ausgeschlossen (§§ 281 Abs. 2, 323 Abs. 2 BGB), sind diese Ausschlussgründe vorrangig zu berücksichtigen, sodass es einer Anwendung des Absatz 1 nicht bedarf.[39]

b. Minderung

Die Fälle der **Minderung** werden direkt vom Wortlaut des § 478 BGB erfasst. Darüber hinaus gilt die Vorschrift aber auch für den **sog. kleinen Schadensersatzanspruch** (nach den §§ 437 Nr. 3, 280 Abs. 1 und Abs. 3, 281 BGB). Wirtschaftlich steht dieser Anspruch dem Fall der Minderung nahe, da in beiden Fällen der wirtschaftliche Nachteil der Mangelhaftigkeit der Sache ausgeglichen wird. Während im Rahmen der Minderung eine Beschränkung auf die Wertdifferenz erfolgt, werden beim Schadensersatz alle adäquat kausal verursachten, in den Schutzbereich der Norm fallenden Schäden hinzugenommen. Aufgrund dieser ökonomischen Vergleichbarkeit rechtfertigt sich eine Gleichbehandlung.[40]

Nach dem Wortlaut des § 478 Abs. 1 BGB ist der Letztverkäufer nicht an das vom Verbraucher gewählte Gewährleistungsrecht gebunden. Der Unternehmer könnte gegenüber seinem Lieferanten bei-

---

[33] So auch *Haas/Medicus/Rolland* u.a., Das neue Schuldrecht, 2002, Kap. 5 Rn. 482.
[34] BT-Drs. 14/6040, S. 247; *Lorenz* in: MünchKomm-BGB, § 478 Rn. 18; *Bohne* in: Hoeren/Martinek, Systematischer Kommentar zum Kaufrecht, 2002, Teil 2, § 478 Rn. 12; *Brambring* in: Amann/Brambring/Hertel, Die Schuldrechtsreform in der Vertragspraxis, 2002, S. 157.
[35] *Büdenbender* in: AnwK-BGB, § 478 Rn. 30-33; *Tiedtke/Schmitt*, ZIP 2005, 681-688, 682; *Salewski*, ZGS 2008, 212-217.
[36] Ob § 439 Abs. 4 BGB eine Rücknahmeverpflichtung enthält, ist umstritten: *Faust* in: Bamberger/Roth, § 478 Rn. 16; *Lorenz*, ZGS 2004, 408-411, 410.
[37] So insbesondere *Tiedtke/Schmitt*, ZIP 2005, 681-688, 682.
[38] *Lorenz* in: MünchKomm-BGB, § 478 Rn. 18.
[39] *Büdenbender* in: AnwK-BGB, § 478 Rn. 26.
[40] *Büdenbender* in: AnwK-BGB, § 478 Rn. 35.

spielsweise nach § 437 Nr. 2 Alt. 1 BGB. i.V.m. § 323 Abs. 1 BGB von dem Vertrag ohne Fristsetzung zurücktreten, obwohl der Verbraucher ihm gegenüber „nur" den Kaufpreis gemindert hat.[41] Die Ausübung sämtlicher, eigener Gewährleistungsrechte nach § 437 BGB gegen den Vorlieferanten unter den Vereinfachungen des § 478 Abs. 1 BGB, des § 478 Abs. 3 BGB und des § 479 Abs. 2 Satz 1 BGB übersteigt den Sinn und Zweck der Regresserleichterungen, sodass eine entsprechend teleologische Reduktion auf das Regressinteresse vorgeschlagen wird.[42] Die den Regress übersteigenden Gewährleistungsansprüche würden sich dann nach allgemeinem Gewährleistungsrecht ohne die Erleichterungen der §§ 478 und 479 BGB richten.[43] Nach der Gegenansicht wird das Regressinteresse des Letztverkäufers auch dann nicht überschritten, wenn der Verbraucher mindert und der Letztverkäufer den Rücktritt erklärt.[44] Wirtschaftlich kommt der Rücktritt einer Minderung gleich, da der Letztverkäufer für die nicht in seinem Besitz befindliche Sache Wertersatz in Anlehnung an den Kaufpreis (vereinbarte Gegenleistung) zu leisten habe.[45] Der Sonderfall, bei dem der Wert der Sache in mangelfreiem Zustand höher oder niedriger als der Kaufpreis ist, könne eine teleologische Reduktion des § 478 BGB nicht rechtfertigen.

7. Rechtsfolge

22 Der Letztverkäufer kann bei seinem Lieferanten nach den allgemeinen Vorschriften der §§ 437 ff. BGB **Regress** nehmen. Lediglich eine etwa erforderliche Fristsetzung zur Nacherfüllung ist entbehrlich.

23 Der **Inhalt** der Ansprüche des Letztverkäufers gegen den Lieferanten wird durch Absatz 1 nicht modifiziert. Tritt der Letztverkäufer zurück, kann er nach § 346 Abs. 1 BGB lediglich den seinerseits entrichteten Kaufpreis zurückverlangen; auch bei einer Minderung erfolgt die Herabsetzung des Kaufpreises auf Basis des Einkaufspreises. Der Letztverkäufer verliert dadurch (teilweise) seinen Händlergewinn. Als entgangenen Gewinn kann der Letztverkäufer diesen nur unter den zusätzlichen Voraussetzungen eines Schadensersatzanspruchs statt der Leistung verlangen. Eine Fristsetzung ist für die Geltendmachung eines solchen Anspruchs ebenfalls entbehrlich.

24 Ist die Sache beim Verbraucher infolge des Mangels **untergegangen** und ist dieser deshalb gegenüber dem Unternehmer nach § 346 Abs. 3 Satz 1 Nr. 3 BGB **privilegiert,** so muss sich diese Privilegierung im Verhältnis Letztverkäufer/Lieferant fortsetzen: Andernfalls bestünde eine Regresslücke, die mit dem Zweck der Privilegierung nicht vereinbar wäre.

II. Aufwendungsersatzanspruch (Absatz 2)

1. Normstruktur

25 § 478 Abs. 2 BGB ist im Unterschied zu Absatz 1 eine eigene Anspruchsgrundlage (sog. **selbstständiger Regress**). Im Gegensatz zum Aufwendungsersatzanspruch aus § 437 Nr. 3 BGB i.V.m. § 284 BGB ist ein Verschulden nicht erforderlich.[46] Die Vorschrift ist erforderlich, weil der Unternehmer sonst Rückgriff wegen der Nacherfüllungskosten nur im Rahmen eines (verschuldensabhängigen) Schadensersatzanspruchs verlangen könnte, der aber anspruchskonkurrierend bestehen kann.[47]

2. Voraussetzungen

26 Voraussetzungen des Aufwendungsersatzanspruchs nach Absatz 2 sind:
- Verkauf einer neu hergestellten Sache durch einen Unternehmer an einen Verbraucher.

---

[41] *Oetker/Maultzsch,* Vertragliche Schuldverhältnisse, 2002, S. 191
[42] *Böhle,* WM 2004, 1616-1624; *Oetker/Maultzsch,* Vertragliche Schuldverhältnisse, 2002, S. 191.
[43] Ausführlich *Böhle,* WM 2004, 1616-1624.
[44] *Reinicke/Tiedtke,* Kaufrecht, 7. Aufl. 2004, Rn. 777.
[45] *Tiedtke/Schmitt,* ZIP 2005, 681-688, 684.
[46] BT-Drs. 14/6040, S. 248-249.
[47] BT-Drs. 14/6040, S. 248.

- Der Unternehmer hatte im Verhältnis zum Verbraucher nach § 439 Abs. 2 BGB Aufwendungen zu tragen. Wie sich aus der Formulierung „zu tragen hatte" ergibt, ist ein Regress nur möglich, wenn eine Mängelgewährleistungspflicht bestand.[48]
- Der vom Verbraucher geltend gemachte Mangel bestand bereits bei Gefahrübergang auf den Unternehmer, was nach § 478 Abs. 3 BGB vermutet wird.
- Kein Gewährleistungsausschluss besteht nach § 442 BGB bzw. § 377 HGB (vgl. § 478 Abs. 6 BGB). Ein vertraglicher Gewährleistungsausschluss ist nach § 478 Abs. 4 BGB weitgehend nicht möglich.

3. Rechtsfolge

Der Unternehmer kann von seinem Lieferanten Ersatz seiner **Aufwendungen** verlangen, die er im Rahmen der Nacherfüllung nach § 439 Abs. 2 BGB im Verhältnis zum Verbraucher zu tragen hatte. Trotz der Formulierung „zu tragen hatte" handelt es sich um Aufwendungen, also freiwillige Vermögensopfer, weil der Unternehmer im Verhältnis zum Lieferanten nicht dazu verpflichtet ist, die Nacherfüllung vorzunehmen.[49] 27

Erforderlich ist, dass der Unternehmer **sie zu tragen hat**. Übernimmt der Verkäufer etwa zur Kundenpflege aus Kulanz darüber hinausgehende Kosten, so kann er diese nicht vom Lieferanten ersetzt verlangen. Bei der Nachbesserung sind das die in § 439 Abs. 2 BGB genannten Arbeits-, Wege- und Materialkosten. Im Fall der Ersatzlieferung gehören zu den Aufwendungen auch die Kosten, die durch Lieferung der Ersatzsache selbst entstehen.[50] Ebenfalls ersatzfähig sind Kosten der Untersuchung der Kaufsache. Nicht ersatzfähig sind Kosten einer Nacherfüllung, die die Unverhältnismäßigkeitsschwelle des § 439 Abs. 3 BGB übersteigen. Hier hätte der Letztverkäufer die durch den Verbraucher gewählte Art der Nacherfüllung verweigern können. Tut er dies nicht, darf dadurch aber nicht der Vorlieferant belastet werden. Ersatzfähig sind nur diejenigen Kosten, die auch bei der anderen Art der Nacherfüllung angefallen wären. Umgekehrt darf sich der Verbraucher auch nicht darauf berufen, die Kosten der Nacherfüllung seien für den Letztverkäufer schon deshalb nicht unverhältnismäßig, da dieser Ersatz von seinem Vorlieferanten verlangen könnte. Dies würde dem Sinn von § 439 Abs. 3 BGB zuwiderlaufen. 28

Es kommt nicht darauf an, ob die Nacherfüllungsaufwendungen tatsächlich den gewünschten Erfolg herbeigeführt haben. Den Letztverkäufer trifft ein Prognoserisiko, ob die unternommenen Nacherfüllungsbemühungen erfolgreich sein werden. Dieses Risiko wird im Rahmen des § 478 BGB auf den Lieferanten weitergereicht.[51] 29

Noch nicht abschließend geklärt ist die Ersatzfähigkeit unternehmerischer **Gemeinkosten** (anteilige Personalkosten für Mitarbeiter, die Reklamationen am Telefon entgegennehmen, Rechnungs- und Kontrollbelege anfordern und kontrollieren, Maschinen, die nur zum Zweck der Nacherfüllung angeschafft wurden). Überwiegend wird angenommen, diese seien ersatzfähig, wenn sie dem konkreten Nacherfüllungsvorgang zugeordnet werden könnten, ohne diesen also nicht angefallen wären.[52] Werden Maschinen oder Personal zur Nacherfüllung eingesetzt, so sind die (anteiligen) Kosten als Nacherfüllungsaufwendungen ersatzfähig, wenn die Maschine ausschließlich zu diesem Zweck angeschafft wurde bzw. das Personal ausschließlich zu diesem Zweck eingestellt wurde oder aber Maschinen bzw. Personal wegen des konkreten Nacherfüllungsvorgangs nicht anderweitig eingesetzt werden konnten.[53] 30

---

[48] BT-Drs. 14/6040, S. 249; *Henssler/Westphalen*, Praxis der Schuldrechtsreform, 2. Aufl. 2003, § 474 Rn. 7.
[49] *Faust* in: Bamberger/Roth, § 478 Rn. 24.
[50] *Haas/Medicus/Rolland* u.a., Das neue Schuldrecht, 2002, Kap. 5 Rn. 486.
[51] H.M. *Lorenz* in: MünchKomm-BGB, § 478 Rn. 31.
[52] *Jacobs*, JZ 2004, 225-232, 230; *Tröger*, ZGS 2003, 296-300, 296 ff.; *Böhle*, NJW 2003, 3680-3683, 3681; *Marx*, BB 2002, 2566-2570, 2569.
[53] *Lorenz* in: MünchKomm-BGB § 478 Rn. 29 a; *Faust* in: Bamberger/Roth, § 478 Rn. 24; a.A. (Arbeitskosten immer ersatzfähig): *Tröger*, ZGS 2003, 296-300, 296 ff.; *Böhle*, NJW 2003, 3680-3683, 3681; *Marx*, BB 2002, 2566-2570, 2569.

31 Nicht von § 478 Abs. 2 BGB umfasst ist ein etwaiger **unternehmerischer Gewinn des Letztverkäufers**. Nimmt ein Gewerbetreibender eine typischerweise entgeltlich erfolgende Tätigkeit auftragslos für einen anderen Gewerbetreibenden vor, kann er zwar grundsätzlich gemäß §§ 670, 683 Satz 1 BGB auch eine angemessene Vergütung verlangen. Die Nacherfüllung des Letztverkäufers stellt aber keine Geschäftsbesorgung für den Lieferanten dar, sondern ein **Eigengeschäft des Letztverkäufers**. § 478 Abs. 2 BGB ist damit keine spezielle Ausprägung eines geschäftsbesorgungsrechtlichen Aufwendungsersatzanspruchs, sondern soll eine Lücke des Gewährleistungsrechts für den Unternehmerregress schließen. Ebenfalls nicht ersatzfähig sind **Prozesskosten** des Letztverkäufers aus einem Gewährleistungsrechtsstreit mit dem Verbraucher, da diese Kosten durch den Letztverkäufer nicht nach § 439 Abs. 2 BGB zu tragen sind.[54]

32 Grundsätzlich bleibt es dem Letztverkäufer überlassen, ob er die Nachbesserung selbst durchführt oder einen **Dritten** damit beauftragt. Auch im Fall der Nachlieferung kann er mit einer Sache des Lieferanten nacherfüllen, kann aber auch auf Sachen von Dritten zurückgreifen. Insoweit sind die Folgen der Entbehrlichkeit einer Fristsetzung beim Aufwendungsersatzanspruch in Verbindung mit der Verschuldensunabhängigkeit der Zahlungspflicht problematisch; sie führen zu einem faktischen Selbstvornahmerecht des Letztverkäufers. Überwiegend wird deshalb angenommen, der Letztverkäufer müsse – obwohl nach § 478 Abs. 2 BGB eigentlich kein Recht zur zweiten Andienung des Vorlieferanten besteht – jedenfalls Rücksicht auf die Interessen des Vorlieferanten nehmen und ihn in die Nacherfüllung miteinbeziehen.[55] Aus § 478 Abs. 2 BGB ergibt sich daher eine Obliegenheit/Nebenpflicht des Letztverkäufers, den Nacherfüllungsaufwand so gering wie möglich zu halten.[56] Ein vollständiges Recht zur zweiten Andienung folgt daraus allerdings nicht. Gewinnmargen Dritter sind jedenfalls dann vermeidbar, wenn eine kurze Nachfrage beim Vorlieferanten ergeben hätte, dass dieser an der Nacherfüllung mitgewirkt hätte. In diesem Fall sind Aufwendungen, die durch eine Inanspruchnahme des Lieferanten vermeidbar gewesen wären, nicht ersatzfähig.[57] Verweigert der Lieferant die Mitwirkung oder ist er selbst zur Nachbesserung nicht in der Lage, ist allerdings der gesamte Aufwand einschließlich der Gewinnmarge des Dritten ersatzfähig. Umstritten ist allerdings, ob die Pflicht, den Lieferanten in die Nacherfüllung einzubinden, bereits auf Tatbestandsebene durch die Inbezugnahme von § 439 Abs. 2 BGB dadurch erfolgt, dass nur „erforderliche" Kosten ersatzfähig sind[58] oder ob auf den Aufwendungsersatzanspruch § 254 BGB entsprechende Anwendung findet und sich der Anspruch gegen den Lieferanten nach den §§ 280 Abs. 1, 241 Abs. 2 BGB mindert.[59] Die abweichenden Auffassungen führen materiell zu keinen unterschiedlichen Ergebnissen. Ein Unterschied besteht lediglich im Hinblick auf die Beweislast.[60]

33 Nach § 478 Abs. 2 BGB ist nur derjenige Aufwand ersatzfähig, den der Letztverkäufer **nach** § 439 Abs. 2 BGB zu tragen hatte, der also im Rahmen der Nacherfüllung angefallen ist. Auch im Rahmen anderer Gewährleistungsrechte, z.B. des Rücktritts, kann es aber zu Aufwendungen des Letztverkäufers kommen. Diese wären nur unter den Voraussetzungen eines verschuldensabhängigen Schadensersatzanspruchs ersatzfähig, sodass teilweise eine Analogie zu § 478 Abs. 2 BGB befürwortet wird.[61]

34 Umstritten ist das **Verhältnis zwischen selbstständigem Regress** nach § 478 Abs. 2 BGB **und den allgemeinen Rechten** des Unternehmers gemäß § 437 BGB (unabhängig davon, ob diese nach § 478 Abs. 1 BGB privilegiert sind). Fraglich ist, ob der Unternehmer nach Geltendmachung des Regressanspruchs aus § 478 Abs. 2 BGB noch mindern, zurücktreten oder Schadensersatz verlangen kann.

---

[54] OLG Hamm v. 15.11.2011 - 28 W 36/11.
[55] *Faust* in: Bamberger/Roth, § 478 Rn. 20.
[56] *Lorenz* in: MünchKomm-BGB, § 478 Rn. 30.
[57] *Schubel*, ZIP 2002, 2061-2071; *Matusche-Beckmann* in: Staudinger, § 478 Rn. 81.
[58] So *Faust* in: Bamberger/Roth, § 478 Rn. 25; *Büdenbender* in: AnwK-BGB, § 478 Rn. 50 ff.
[59] *Lorenz* in: MünchKomm-BGB, § 478 Rn. 30; *Grunewald* in: Erman, § 478 Rn. 15.
[60] *Lorenz* in: MünchKomm-BGB, § 478 Rn. 30.
[61] *Ernst/Gsell*, ZIP 2001, 1389-1403, 1396; dagegen *Tröger*, ZGS 2003, 296-300, 298.

Betrachtet man § 478 Abs. 2 BGB funktional als Selbstvornahmerecht des Unternehmers (er darf den Mangel selbst beheben und erhält seine Aufwendungen erstattet), kann es – da der Mangel beseitigt ist – nicht mehr zu einem Rücktritt, einer Minderung oder einem Schadensersatzanspruch kommen.[62] Der Unternehmer hat damit ein Wahlrecht nach Beseitigung des Mangels: Macht er den Anspruch nach § 478 Abs. 2 BGB geltend, kann er nicht zusätzlich die Rechte aus § 437 BGB geltend machen. Macht er den Aufwendungsersatzanspruch allerdings nicht geltend (wozu er nicht verpflichtet ist), stehen ihm – ggf. nach § 478 Abs. 1 BGB privilegiert – die allgemeinen Gewährleistungsrechte zu. Im Falle erfolgloser Nacherfüllungsaufwendungen können Ersatzanspruch nach Absatz 2 und unselbstständiger Regress durchaus aber auch zu kombinieren sein.

III. Beweislasterleichterung (Absatz 3)

Die für den Verbraucher geltende Beweiserleichterung des § 476 BGB soll sich ebenfalls nicht allein zulasten des Letztverkäufers auswirken, sondern auch innerhalb der Lieferkette gelten. Zudem dürfen den Unternehmer keine Nachteile daraus treffen, dass die Vermutungsfrist im Zeitpunkt der Inanspruchnahme des Letztverkäufers im Verhältnis zu seinem Vorlieferanten bereits abgelaufen ist („**Ladenhüterproblem**"). Für die **Regresstatbestände** der Absätze 1 und 2 findet die Beweislastumkehr des § 476 BGB deshalb in modifizierter Form Anwendung. Es kommt für den Fristbeginn nicht auf den Zeitpunkt des Gefahrübergangs zwischen Lieferant und Unternehmer an, sondern es wird auf den Zeitpunkt des Gefahrübergangs zwischen Unternehmer und Verbraucher abgestellt. Somit beginnt die 6-Monats-Frist des § 476 BGB erst mit dem Übergang der Gefahr auf den Verbraucher. Dies beruht darauf, dass sich ein Herstellungsmangel häufig erst bei der Benutzung der Sache durch den Verbraucher zeigt.

35

IV. Abdingbarkeit (Absatz 4)

1. Grundsatz

Grundsätzlich besteht im Verhältnis zwischen dem Vorlieferanten und dem Letztverkäufer Vertragsfreiheit. § 478 Abs. 4 BGB schränkt die Vertragsautonomie zwischen den Parteien aber erheblich ein. Dabei lehnt sich die Vorschrift eng an § 475 Abs. 1 BGB an. Zielsetzung dieser Regelung ist es, dem Unternehmer bei seinem Rückgriff gegen den Lieferanten dieselben Rechte zu gewähren, die er dem Verbraucher gewähren muss.[63]

36

Der Lieferant kann sich auf Vereinbarungen **vor Anzeige des Mangels**, die zum Nachteil des Unternehmers von den §§ 433-435, 437, 439-443, 478 Abs. 1-3, 479 BGB abweichen, nur berufen, wenn er dem Unternehmer einen **gleichwertigen Ausgleich** einräumt. Damit sind die Vorschriften eingeschränkt dispositiv ausgestaltet.[64]

37

2. Gleichwertiger Ausgleich (Absatz 4 Satz 1)

Absatz 4 Satz 1 schließt nicht – wie § 475 Abs. 1 Satz 1 BGB – jede Abweichung zum Nachteil des Letztverkäufers vor Anzeige des Mangels aus, da im unternehmerischen Verkehr eine geringere Schutzbedürftigkeit als bei Verbraucherkaufverträgen besteht, sondern nur, wenn nicht ein **gleichwertiger Ausgleich** geschaffen wird. Dieser Begriff ist inhaltlich kaum konkretisiert. Die Begründung wollte, um der Vielgestaltigkeit der Vertragssysteme Rechnung zu tragen, keine ins Einzelne gehenden Vorgaben machen. Denkbar seien aber pauschale Abrechnungssysteme.[65] Hierzu zählen beispielsweise Rabattsysteme für den Kaufpreis zum globalen Ausgleich ausgeschlossener Mängelgewährleistungsrechte, die unentgeltliche Mitlieferung von zusätzlichen Kaufgegenständen über die vertraglich verein-

38

---

[62] *Lorenz* in: MünchKomm-BGB, § 478 Rn. 33.
[63] BT-Drs. 14/7052, S. 199; *Huber/Faust*, Schuldrechtsmodernisierung, 2002, Kap. 15 Rn. 38.
[64] BT-Drs. 14/6040, S. 249; *Bereska*, ZGS 2002, 59-62, 62.
[65] BT-Drs. 14/6040, S. 249.

barte Menge hinaus, aber auch die Einräumung großzügiger Zahlungsziele oder ein Pauschalausgleich für alle mangelhaften Lieferungen jeweils am Ende einer Lieferperiode.[66] Die einzelne Ausgestaltung kann den Parteien überlassen bleiben, sofern diese die gesetzgeberische Intention hinreichend berücksichtigen. Dies ist dann nicht der Fall, wenn für Ausschussware im Umfang von 10% des Liefervolumens ein Preisnachlass von 2% gewährt wird.[67]

39 Um einen gleichwertigen Ausgleich handelt es sich auch dann nicht, wenn der Preisnachlass gar nichts mit der mangelhaften Lieferung zu tun hat, sondern vom Lieferanten nur gewährt wird, um wettbewerbsfähig zu bleiben.[68] In der Praxis steht jedoch zu erwarten, dass die Frage des gleichwertigen Ausgleichs mangels festlegungsfähiger Pauschalen im Einzelfall zu ermitteln sein wird.[69]

40 Zulässig ist eine Vereinbarung, in welcher sich der Lieferant gegenüber dem Letztverkäufer verpflichtet, den Nacherfüllungsanspruch des Verbrauchers gegenüber dem Letztverkäufer durch einen eigenen Kundendienst oder durch Neulieferung zu erfüllen und zugleich der Letztverkäufer verpflichtet wird, dem Lieferanten zunächst Gelegenheit zu geben, eine vom Verbraucher geltend gemachte Nacherfüllung in dieser Weise vorzunehmen. Dies kann – insbesondere wenn es sich um den Hersteller handelt – im Wege einer Herstellergarantie geschehen.

3. Schadensersatzanspruch (Absatz 4 Satz 2)

41 Wie auch bei § 475 Abs. 1 Satz 2 BGB wird hier der Ausschluss oder die Beschränkung des Anspruches auf Schadensersatz nicht erfasst (§ 478 Abs. 4 Satz 2 BGB). Dies beruht darauf, dass die Verbrauchsgüterkaufrichtlinie Schadensersatzansprüche nicht regelt.

4. Umgehungsverbot (Absatz 4 Satz 3)

42 Das Umgehungsverbot entspricht der Regelung des § 475 Abs. 1 Satz 2 BGB. Jedoch sind bei § 478 BGB aufgrund der unternehmerischen Freiheit weitere Umgehungsversuche denkbar. Denn im Falle der Anwendung ausländischen Rechts durch den Verkauf über eine ausländische Niederlassung könnten die Regressregelungen des § 478 BGB nicht nur im Falle von Nicht-EU-Ländern (mit der Anwendung der CISG-Regelungen), sondern auch bei EU-Staaten, die verkäuferfreundlichere Regressregelungen haben, umgangen werden.[70] Insoweit ist aber eine Differenzierung geboten. Soweit tatsächlich über ausländische Niederlassungen verkauft wird, findet keine Umgehung des § 478 BGB statt, es findet bereits ein anderes Recht Anwendung. Wird allerdings nur die Anwendung ausländischen Rechts vereinbart, so dürfte eine Umgehung vorliegen. Nicht anders ist der Fall zu beurteilen, dass die Sachen nur über eine Scheinadresse (Briefkastenfirma) im Ausland veräußert werden. Bei internationalen Warenkaufverträgen besitzen die nationalen Vorschriften zum Unternehmensregress aufgrund des Anwendungsvorrangs des UN-Kaufrechts keine Geltung.[71]

5. Einzelfälle

43 **Unwirksam** sind Vereinbarungen, die den Käufer verpflichten, ein gegen ihn gerichtetes Ersatzlieferungsverlangen weiterzuleiten, um so ein Rücktritts- und Minderungsrecht abzubedingen.[72] Umstritten ist, ob eine Verpflichtung vereinbart werden kann, die Sache innerhalb einer bestimmten Frist weiter-

---

[66] *Henssler/Westphalen*, Praxis der Schuldrechtsreform, 2. Aufl. 2003, § 478 Rn. 24-28; *Matthes*, NJW 2002, 2505-2511, 2507.
[67] *Büdenbender* in: AnwK-Das neue Schuldrecht, § 478 Rn. 43 a.E.
[68] *Büdenbender* in: AnwK-Das neue Schuldrecht, § 478 Rn. 43; *Haas/Medicus/Rolland* u.a., Das neue Schuldrecht, 2002, Kap. 5 Rn. 486.
[69] Daher mit erheblichen Bedenken *Matthes*, NJW 2002, 2505-2511, 2507.
[70] *Gruber*, NJW 2002, 1180-1182, 1181 f.; *Staudinger*, ZGS 2002, 63-64, 63; *Matthes*, NJW 2002, 2505-2511, 2508.
[71] *Janssen*, EuLF 2003, 181-184, 81 ff.
[72] *Ernst/Gsell*, ZIP 2001, 1389-1403, 1401.

zuverkaufen, um so die bis zu fünf Jahre andauernde Verjährungsfrist des § 479 Abs. 2 BGB zu entschärfen.[73]

Zulässig ist eine Vereinbarung, nach der der Käufer sich verpflichtet, nicht an einen Verbraucher zu veräußern bzw. nicht an Unternehmer weiterzuverkaufen, die ihrerseits an Verbraucher veräußern.[74] Dies soll aber nicht bei in üblicher Weise an Verbraucher verkauften Gütern gelten.[75] Auch denkbar ist eine Vereinbarung, nach der ein Hersteller seine Abkäufer zur Inanspruchnahme eines eigenen Service-Netzes verpflichtet.[76]

V. Lieferketten (Absatz 5)

Der Anwendungsbereich des § 478 Abs. 1-4 BGB wird durch § 478 Abs. 5 BGB auf die übrigen Verträge innerhalb der Lieferkette ausgedehnt, wenn an deren Ende ein Verbraucher steht und im Übrigen an der Lieferkette nur Unternehmer, § 14 BGB, beteiligt sind. Dadurch soll gewährleistet werden, dass die Folgen eines Sachmangels bis zu dem Unternehmer zurückgelangen, der für diesen die Verantwortung trägt. Tätigt ein Zwischenhändler in der Lieferkette einen Kauf mit anschließendem Weiterverkauf, ohne dass er die Unternehmereigenschaft für dieses Rechtsgeschäft aufweist, so scheiden Ansprüche gegen ihn aus.[77] Streitig ist, ob der Regress beim Hersteller der Sache endet oder ob nicht auch der **Zulieferer** in Anspruch genommen werden kann. Für eine Inanspruchnahme des Zulieferers spricht, dass § 478 BGB dazu dient, dass die Sache an den Verantwortlichen „durchgereicht" werden kann.[78] Demgegenüber gehen andere davon aus, dass ein Regress auf den Zulieferer nach § 478 BGB nicht möglich ist, da die Vorschrift auf „die Sache" abstellt, nicht aber auf deren Elemente oder Bestandteile.[79]

VI. § 377 HGB (Absatz 6)

Absatz 6 bestimmt, dass § 377 HGB unberührt bleibt. Die Untersuchungs- und Rügepflichten beim beiderseitigen Handelskauf gelten also ebenso weiter, wie die sich aus § 377 HGB ergebende Genehmigungsfiktion.

Nach der Begründung des Regierungsentwurfs gilt die Rügefrist nur für den „Hinweg" der Ware vom Hersteller bis zum Händler.[80] Für die Rückgriffsansprüche soll die Vorschrift nicht gelten. Problematisch ist, ob der Unternehmer seinem Lieferanten den durch den Verbraucher angezeigten Mangel unverzüglich anzeigen muss.[81] Nach § 377 Abs. 3 HGB erstreckt sich die Anzeigepflicht des § 377 Abs. 1 HGB auch auf solche Fälle, in denen sich der Mangel erst später zeigt. Macht aber der Verbraucher gegenüber dem Unternehmer Mängelrechte geltend, zeigt sich hierin ein Mangel der Kaufsache. Bis zur endgültigen Klärung der Frage, ob es für den Regress erforderlich ist, dass der Unternehmer seinem Lieferanten die Inanspruchnahme durch den Käufer unverzüglich anzeigt (was dann jedenfalls wenig Sinn macht, wenn schon eine geraume Zeit seit der Auslieferung von dem Lieferanten an den Unternehmer verstrichen ist), sollte der Unternehmer, um seine Regressansprüche zu sichern, den Mangel anzeigen.[82] Probleme ergeben sich, wenn Handelskauf- und Verbrauchsgüterkauf zusammen-

---

[73] Dafür *Ayad*, DB 2001, 2697-2705, 2704, der selbst Bedenken hinsichtlich einer Umgehung äußert; dagegen: *Westermann*, NJW 2002, 241-253, 252; *Ernst/Gsell*, ZIP 2001, 1389-1403, 1397.
[74] *Matthes*, NJW 2002, 2505-2511, 2508.
[75] *Grunewald* in: Erman, § 478 Rn. 23.
[76] *Schubel*, JZ 2001, 1113-1120, 1118.
[77] *Bereska*, ZGS 2002, 59-62, 61.
[78] *Heß*, NJW 2002, 253-260, 258; *Ball*, ZGS 2002, 49-54, 52.
[79] *Matthes*, NJW 2002, 2505-2511, 2506; *Mankowski*, DB 2002, 2419-2421; *Matusche-Beckmann*, BB 2002, 2561-2566, 2564 ff.; *Ernst*, MDR 2003, 4-10, 5.
[80] BT-Drs. 14/6040, S. 249; *Brambring* in: Amann/Brambring/Hertel, Die Schuldrechtsreform in der Vertragspraxis, 2002, S. 160; *Weidenkaff* in: Palandt, § 478 Rn. 19.
[81] So *Matthes*, NJW 2002, 2505-2511, 2508; a.A. *Brüggemeier*, WM 2002, 1376-1387, 1386, der die Anwendung des § 377 HGB für europarechtswidrig hält.
[82] Vgl. auch *Schubel*, ZIP 2002, 2061-2071, 2070.

treffen, beispielsweise weil ein Kaufmann den Kaufgegenstand zur überwiegenden, aber nicht ausschließlichen Privatnutzung erwirbt.[83] In diesem Fall soll § 377 HGB ausnahmsweise teleologisch reduziert werden. Spannungen können darüber hinaus in Fällen mit internationalem Bezug auftreten, da die Regressregeln nicht umfassend mit dem UN-Kaufrecht harmonisieren.[84] Deliktsrechtliche Ansprüche werden hingegen ebenso wenig berührt[85] wie Ansprüche wegen Verletzung einer Schutzpflicht aus § 241 Abs. 2 BGB oder wegen Verschuldens bei Vertragsschluss nach § 311 Abs. 2 BGB[86].

---

[83] Dazu *Hoffmann*, BB 2005, 2090-2093.
[84] Dazu *Bitterich*, JR 2004, 485-490, 489 f.
[85] BGH v. 16.09.1987 - VIII ZR 334/86 - BGHZ 101, 337-350.
[86] *Henssler/Westphalen*, Praxis der Schuldrechtsreform, 2. Aufl. 2003, § 478 Rn. 32.

§ 479 BGB Verjährung von Rückgriffsansprüchen

(Fassung vom 02.01.2002, gültig ab 01.01.2002)

(1) Die in § 478 Abs. 2 bestimmten Aufwendungsersatzansprüche verjähren in zwei Jahren ab Ablieferung der Sache.

(2) ¹Die Verjährung der in den §§ 437 und 478 Abs. 2 bestimmten Ansprüche des Unternehmers gegen seinen Lieferanten wegen des Mangels einer an einen Verbraucher verkauften neu hergestellten Sache tritt frühestens zwei Monate nach dem Zeitpunkt ein, in dem der Unternehmer die Ansprüche des Verbrauchers erfüllt hat. ²Diese Ablaufhemmung endet spätestens fünf Jahre nach dem Zeitpunkt, in dem der Lieferant die Sache dem Unternehmer abgeliefert hat.

(3) Die vorstehenden Absätze finden auf die Ansprüche des Lieferanten und der übrigen Käufer in der Lieferkette gegen die jeweiligen Verkäufer entsprechende Anwendung, wenn die Schuldner Unternehmer sind.

Gliederung

A. Grundlagen	1	I. Verjährung der Aufwendungsersatzansprüche	4
I. Kurzcharakteristik	1	II. Ablaufhemmung (Absatz 2 Satz 1)	8
II. Gesetzgebungsmaterialien	2	III. Höchstfrist (Absatz 2 Satz 2)	12
B. Praktische Bedeutung	3	IV. Lieferketten (Absatz 3)	13
C. Anwendungsvoraussetzungen	4		

A. Grundlagen

I. Kurzcharakteristik

§ 479 BGB enthält besondere Verjährungsregelungen für die in § 478 BGB aufgeführten Rückgriffsansprüche des Unternehmers gegen seinen Lieferanten. Der selbstständige Regressanspruch des § 478 Abs. 2 BGB unterfällt nicht der kaufrechtlichen Verjährung des § 438 BGB, sodass eine eigene Verjährungsregelung erforderlich ist. Die durch § 478 Abs. 1 BGB nur modifizierten Mängelansprüche verjähren grundsätzlich gemäß § 438 Abs. 1 Nr. 3 BGB in zwei Jahren, wobei die Verjährung im Zeitpunkt der Ablieferung der Sache beginnt, § 438 Abs. 2 BGB. Da die Ablieferung an den Letztverkäufer der Ablieferung an den Verbraucher stets zuvorkommt, besteht eine „Regressfalle" im Zwischenzeitraum. Diese schließt § 479 BGB durch eine Ablaufhemmung. Diese gilt auch im Rahmen der Lieferkette und ist unabdingbar.

1

II. Gesetzgebungsmaterialien

BT-Drs. 14/6040, S. 249-250; BT-Drs. 14/6857, S. 31, S. 63; BT-Drs. 14/7052, S. 200.

2

B. Praktische Bedeutung

Die Norm dient der Absicherung der Rechte des Unternehmers gegen seinen Lieferanten, da der Unternehmer sonst seine Ansprüche nur innerhalb von zwei Jahren seit Ablieferung geltend machen könnte. Insbesondere aufgrund von Lagerzeiten dürfte diese Frist vielfach abgelaufen sein, wenn der Unternehmer in Anspruch genommen wird. Die Neuregelung hat zudem gravierende wirtschaftliche Folgen für Hersteller, da sie bis zu 5 Jahre damit rechnen müssen, dass sie die Sache zurücknehmen müssen.

3

C. Anwendungsvoraussetzungen

I. Verjährung der Aufwendungsersatzansprüche

4 § 479 Abs. 1 BGB regelt den Beginn und die Dauer der Verjährung der in § 478 Abs. 2 BGB bestimmten Aufwendungsersatzansprüche. Da § 478 Abs. 2 BGB eine eigene Anspruchsgrundlage ist, war eine Sonderregelung für Aufwendungsersatzansprüche erforderlich, damit sie in der gleichen Frist wie andere Gewährleistungsansprüche (§ 438 Abs. 1 Nr. 3 BGB) verjähren. Die Verjährung beginnt mit **Ablieferung der Sache**.[1] Dieses Merkmal ist dem in § 438 BGB angepasst, da sonst der regelmäßige Verjährungsbeginn nach § 199 BGB berechnet werden müsste, welcher im Sachmängelgewährleistungsrecht nicht sachgerecht wäre.[2] Dabei bezieht sich der Begriff der „Ablieferung" auf die jeweilige Übergabe der Sache in dem Lieferverhältnis, um dessen Anspruchsbegründung es geht. Auf die Ablieferung des Letztverkäufers an den Verbraucher kommt es hingegen nicht an.[3]

5 Fraglich ist, ob die zweijährige Frist immer anwendbar ist oder aber durch **eine längere Frist ersetzt werden muss**, wenn Baumaterialien (§ 438 Abs. 1 Nr. 2 lit. b BGB: 5 Jahre) verkauft wurden oder aber arglistig gehandelt wurde (§ 438 Abs. 3 BGB i.V.m. § 195 BGB: 3 Jahre). Es wird vorgeschlagen, auch in diesen Fällen eine identische Verjährungsfrist von Regressansprüchen anzunehmen. Danach wären § 438 Abs. 1 Nr. 2 BGB und § 438 Abs. 3 BGB auf den Anspruch aus § 478 Abs. 2 BGB entsprechend anwendbar.[4] Die Gegenansicht weist mit Recht darauf hin, dass auch Ansprüche aus § 478 Abs. 2 BGB der Ablaufhemmung nach § 479 Abs. 2 BGB unterliegen, sodass für eine analoge Anwendbarkeit kein Bedürfnis bestehe.[5] Handelt der Lieferant arglistig, besteht gegen diesen zudem ein Schadensersatzanspruch, für den die Verjährungsfrist des § 438 Abs. 3 BGB gilt.

6 Die **Abdingbarkeit** des § 479 Abs. 1 BGB wird durch § 478 Abs. 4 BGB eingeschränkt, sodass die Vereinbarung einer **kürzeren Verjährungsfrist** nur möglich ist, wenn ein gleichwertiger Ausgleich eingeräumt wird. Umstritten ist, ob eine Verpflichtung vereinbart werden kann, die Sache innerhalb einer bestimmten Frist weiterzuverkaufen, um so die bis zu fünf Jahre andauernde Verjährungsfrist des § 479 Abs. 2 BGB zu entschärfen.[6]

7 Die Vereinbarung einer **längeren Verjährungsfrist** ist dann problematisch, wenn dies durch die Einkaufsbedingungen des Käufers geschieht. Teilweise wird dabei eine Höchstfrist von drei Jahren, teilweise in Anlehnung an § 478 BGB eine Höchstfrist von fünf Jahren angenommen.[7]

II. Ablaufhemmung (Absatz 2 Satz 1)

8 § 479 Abs. 2 Satz 1 BGB enthält eine **Ablaufhemmung** für die Verjährung der Ansprüche des Unternehmers gegen den Lieferanten, und zwar sowohl für den Aufwendungsersatzanspruch nach § 478 Abs. 2 BGB als auch für die Rechte des Unternehmers aus § 478 Abs. 1 BGB i.V.m. § 437 BGB. Die Verjährung der Regressansprüche des Unternehmers tritt „frühestens zwei Monate nach dem Zeitpunkt ein, in dem der Unternehmer die Ansprüche des Verbrauchers erfüllt hat". Läuft also noch eine längere Restfrist für die Verjährung, so gilt diese („frühestens"). In der Literatur wird eine teleologische Reduktion des § 479 Abs. 2 BGB befürwortet, wenn der Verbraucher nur wegen des eigenen Verhaltens des Verkäufers noch Sachmängelansprüche geltend machen kann. Insoweit soll etwa bei der Erfüllung verjährter Sachmängelansprüche durch den Verkäufer oder im Falle der Verlängerung der Verjährung wegen dessen unredlichen Verhaltens (§ 438 Abs. 3 BGB) oder bei der Erteilung einer verjährungsver-

---

[1] Vgl. zum Begriff der Ablieferung bei § 438 BGB.
[2] *Weidenkaff* in: Palandt, § 479 Rn. 4.
[3] BT-Drs. 14/6040, S. 250; *Henssler/Westphalen*, Praxis der Schuldrechtsreform, 2. Aufl. 2003, § 479 Rn. 2.
[4] *Haas/Medicus/Rolland u.a.*, Das neue Schuldrecht, 2002, Kap. 5 Rn. 496; a.A. *Tiedtke/Schmitt*, ZIP 2005, 681-688, 685.
[5] *Tiedtke/Schmitt*, ZIP 2005, 681-688, 685.
[6] Dafür *Ayad*, DB 2001, 2697-2705, 2704, der selbst Bedenken hinsichtlich einer Umgehung äußert; dagegen: *Westermann*, NJW 2002, 241-253, 252; *Ernst/Gsell*, ZIP 2001, 1389-1403, 1397.
[7] Ausführlich *Kessel/Passauer*, BB 2004, 1974-1984.

längernden Abrede (§ 202 BGB) die Ablaufhemmung mit Ablauf der regulären Verjährungsfrist des § 438 Abs. 1 BGB enden.[8] Andere lehnen dies ab und korrigieren die genannten Fälle über einen Gegenanspruch gemäß § 280 BGB.[9]

Nach seinem Wortlaut setzt § 479 Abs. 2 BGB nicht voraus, dass der Verbraucher gegenüber dem Letztverkäufer Gewährleistungsrechte geltend gemacht hat oder dies zumindest beabsichtigt. Die Hemmung tritt schon dann ein, wenn der Letztverkäufer die Sache an einen Verbraucher weiterverkauft hat. Teilweise wird dies als unbillig empfunden und eine Hemmung nur für die Fälle angenommen, in denen es tatsächlich zu einer Inanspruchnahme des Letztverkäufers durch den Verbraucher gekommen ist.[10] Ein praktisches Bedürfnis besteht dafür indes nicht, da die Erleichterungen des § 478 BGB in diesem Fall nicht gelten und eine Geltendmachung des Nacherfüllungsanspruchs daran scheitern wird, dass sich die Kaufsache beim Verbraucher befindet.[11] Allerdings dann, wenn die Gewährleistungsrechte des Verbrauchers bereits vor Inanspruchnahme des Letztverkäufers verjährt sind, muss auch die in § 479 Abs. 2 BGB vorgesehene Ablaufhemmung erlöschen.[12]

Sind die Gewährleistungsansprüche des Letztverkäufers gegen den Lieferanten bereits verjährt (z.B. weil er die Sache erst zwei Jahre später an einen Verbraucher weiterverkauft hat), kann es begrifflich eine „Ablaufhemmung" nicht mehr geben. Aus diesem Grund verlangt eine beachtliche Literaturmeinung, dass die Weiterveräußerung an den Verbraucher als die Hemmung auslösenden Tatbestand innerhalb von zwei Jahren nach Ablieferung der Sache seitens des Lieferanten beim Unternehmer erfolgt sein muss (sog. „Ladenhüterproblematik").[13]

Inzwischen fordert die überwiegende Literatur nach dem Zweck von § 479 Abs. 2 BGB auch in diesem Fall ein „Hinausschieben" der Verjährung auf maximal 5 Jahre.[14] Letzteres mag zutreffend sein, ist aber jedenfalls in Kombination mit der Vermutung des § 478 Abs. 3 BGB unangemessen. Gerade bei einem „Ladenhüter" besteht die Gefahr, dass es durch die lange Lagerungszeit zu einem Mangel gekommen ist. Dieser im Verhältnis zum Verbraucher bestehende Mangel darf dann aber beim Unternehmerregress nicht die Mangelvermutung des § 478 Abs. 3 BGB i.V.m. § 476 BGB auslösen, da der späte Weiterverkauf nicht durch den Hersteller zu verantworten ist. Handelt es sich daher beim Letztverkauf um einen Mangel, der durch lange Lagerungszeit entstanden sein kann, sollte die Vermutung wegen „der Art des Mangels" (§ 476 Alt. 2 BGB) ausgeschlossen sein.

III. Höchstfrist (Absatz 2 Satz 2)

§ 479 Abs. 2 Satz 2 BGB sieht eine Obergrenze für die Ablaufhemmung vor. Sie endet spätestens fünf Jahre nach dem Zeitpunkt, in dem der Lieferant die Sache dem Unternehmer abgeliefert hat. Eine Änderung der Ablaufhemmung ist nur möglich, wenn dem Unternehmer ein gleichwertiger Ersatz eingeräumt wird, § 478 Abs. 4 BGB.

IV. Lieferketten (Absatz 3)

Werden mehr als zwei Unternehmer als Verkäufer innerhalb einer Lieferkette tätig, so gilt die Verjährungsregelung des § 479 Abs. 1 und 2 BGB entsprechend. Die Frist beginnt mit der Ablieferung der Sache innerhalb des jeweiligen Vertragsverhältnisses.[15] Hinsichtlich der Verjährungsfristen zwischen den einzelnen Lieferanten wirkt die Ablaufhemmung des Absatzes 2 Satz 1, wobei die 2-Monats-Frist

---

[8] *Faust* in: Bamberger/Roth, § 479 Rn. 12.
[9] *Harke*, ZGS 2004, 14-16, 15 f.
[10] *Ernst/Gsell*, ZIP 2001, 1389-1403, 1400.
[11] *Tiedtke/Schmitt*, ZIP 2005, 681-688, 686.
[12] *Tiedtke/Schmitt*, ZIP 2005, 681-688, 686.
[13] *Tiedtke/Schmitt*, ZIP 2005, 681-688, 686; *Raue*, Jura 2007, 427-432; *Sendmeyer*, NJW 2008, 1914 ff; ebenso Vorauflage.
[14] *Weidenkaff* in: Palandt, § 479 Rn. 5; *Lorenz* in: MünchKomm-BGB, § 479 Rn. 11; *Grunewald* in: Erman, § 479 Rn. 4; *Faust* in: Bamberger/Roth, § 479 Rn. 6.
[15] *Weidenkaff* in: Palandt, § 479 Rn. 8.

§ 479

14 Problematisch ist, ob die fünfjährige Obergrenze des § 479 Abs. 2 Satz 2 BGB auch für das jeweilige Vertragsverhältnis gilt. Dies hätte bei langen Lagerzeiten die Folge, dass der Hersteller nicht mehr kalkulieren kann, wie lange er Gewährleistungsansprüchen ausgesetzt ist.[16] Mit Rücksicht auf die Begründung im Regierungsentwurf[17] wird teilweise davon ausgegangen, dass die fünfjährige Begrenzung des Mängelhaftungsrisikos für alle Beteiligten einschließlich des Herstellers gedacht ist.[18] Dies kann jedoch die Folge haben, dass ein Lieferant, in dessen Verantwortungsbereich der Mangel nicht fällt, keinen Regressanspruch hat. Durch die Ablaufhemmung wird damit der Eintritt der Verjährung der Mängelansprüche des jeweiligen Käufers bis zu fünf Jahre hinausgeschoben.[19]

---

[16] *Haas/Medicus/Rolland u.a.*, Das neue Schuldrecht, 2002, Kap. 5 Rn. 498.
[17] BT-Drs. 14/6040, S. 250.
[18] *Haas/Medicus/Rolland u.a.*, Das neue Schuldrecht, 2002, Kap. 5 Rn. 498.
[19] *Ball*, ZGS 2002, 49-54, 53.

Untertitel 4 - Tausch

§ 480 BGB Tausch

(Fassung vom 02.01.2002, gültig ab 01.01.2002)

Auf den Tausch finden die Vorschriften über den Kauf entsprechende Anwendung.

Gliederung

A. Grundlagen	1	1. Kauf	7
B. Praktische Bedeutung	4	2. Wohnungstausch	8
C. Anwendungsvoraussetzungen	5	III. Inzahlungnahme beim Kauf	9
I. Tausch	5	D. Rechtsfolgen	11
II. Abgrenzungen	7		

A. Grundlagen

Die Vorschrift verweist auf die Vorschriften über den Kauf. Aufgrund der umfassenden Änderungen des Kaufrechts durch die Schuldrechtsreform bezüglich der Mängelhaftung, § 437 BGB, haben sich auch die Rechtsfolgen beim Tauschvertrag geändert (vgl. die Kommentierung zu § 437 BGB). 1

Der Tausch ist ein gegenseitiger Vertrag, in dem sich die Parteien zum Austausch von Sachen, Vermögenswerten oder Rechten verpflichten. Der Unterschied zum Kaufvertrag besteht also allein darin, dass nicht Geld, sondern andere Sachen oder Rechte geschuldet sind. 2

Auf den Tausch ist das Kaufrecht entsprechend anzuwenden. Dabei ist jeder Vertragspartner hinsichtlich seiner Leistung als Verkäufer und hinsichtlich der ihm gebührenden Leistung als Käufer anzusehen. 3

B. Praktische Bedeutung

Der Tausch spielt in der Praxis eine sehr geringe Rolle. 4

C. Anwendungsvoraussetzungen

I. Tausch

Der Tausch besteht in dem Austausch von Gegenständen, die auch Gegenstand eines Kaufvertrages sein können, also Sachen und Rechte.[1] Ist von den Parteien neben einem Gegenstand auch eine Geldleistung zu erbringen, so liegt ein Tausch dann vor, wenn der Schwerpunkt der geschuldeten Leistung bei der Hingabe des nicht in Geld bestehenden Gegenstandes liegt,[2] wobei nicht unbedingt der wirtschaftliche Wert, sondern die Bedeutung des Austauschs für die Parteien maßgebend ist.[3] 5

Auch wenn in jedem einzelnen Vertragsverhältnis Geld als Gegenleistung erbracht wurde, die Übertragungen aber gleichwohl nur erfolgten, um mittelbar eine Sachleistung zu erhalten, sind die Regeln des Tauschs anwendbar.[4] Ein sog. **Ringtausch** liegt vor, wenn bei einem Tausch mindestens drei Personen beteiligt sind, z.B. wenn A eine Sache von B entgeltlich erwirbt und zugleich seine Sache an C entgeltlich veräußert, wobei B seine Sache dem C für den Tausch zur Verfügung stellt.[5] Hiervon zu unterscheiden ist der sog. **Tauschring** (Bartersystem), bei welchem mehrere Beteiligte über eine zen- 6

---

[1] Studienplätze: OLG München v. 27.05.1977 - 19 U 3135/76 - NJW 1978, 701-703; Praxistausch zwischen Ärzten: BGH v. 18.12.1954 - II ZR 76/54 - BGHZ 16, 71-82.
[2] BGH v. 11.12.1963 - V ZR 41/62 - LM Nr. 6/7 zu § 1094 BGB.
[3] *Grunewald* in: Erman, § 480 Rn. 3.
[4] BGH v. 27.10.1967 - V ZR 157/64 - BGHZ 49, 7-11.
[5] *Weidenkaff* in: Palandt, § 480 Rn. 2.

trale Vermittlung (Bartering-Organisator) einander vergütungspflichtige Leistungen (Waren, Dienst- sowie Werkleistungen) erbringen, und die nach einem vereinbarten System verrechnet werden.[6]

II. Abgrenzungen

1. Kauf

7   Werden ohne die Erbringung von Geldleistungen Gegenstände wechselseitig hingegeben, so liegt im Regelfall Tausch vor.[7] Jedoch ist Tausch ausgeschlossen, wenn zwar äußerlich nur Sachen ausgetauscht wurden, tatsächlich aber zwei Kaufverträge vorliegen, die Kaufpreise aber gegeneinander aufgerechnet werden. Die Abgrenzung zwischen Tausch und Doppelkauf hat praktische Bedeutung, weil beim Tausch die Sachleistungen im Gegenseitigkeitsverhältnis nach § 320 BGB stehen, während die Verknüpfung der beiden Kaufverträge nur über § 273 BGB hergestellt werden kann.[8] Das Vorliegen etwaiger „Preise" hat nicht unbedingt die Annahme eines Kaufvertrages zur Folge. Denn denkbar ist auch, dass die Bezifferung des Wertes der Sachen lediglich der Kalkulation diente. Dann liegt aber ein Tausch vor.[9]

2. Wohnungstausch

8   Ist an Wohnungen nur der Besitz gewechselt worden, so liegt kein Tausch zwischen den Mietern vor, wenn neue Mietverträge mit den Vermietern abgeschlossen werden.[10] Dies ist ein Vertrag sui generis, auf den die Regeln des § 480 BGB keine Anwendung finden. Anders ist dies aber, wenn auch Ansprüche aus den Mietverträgen ausgetauscht werden.[11]

III. Inzahlungnahme beim Kauf

9   Wird eine gebrauchte Sache in Zahlung gegeben, so liegt regelmäßig kein Tausch, sondern ein Kaufvertrag mit Ersetzungsbefugnis vor, § 364 Abs. 1 BGB.[12] Andere Deutungsmöglichkeiten eines solchen Vertrages sind: Doppelkauf mit Aufrechnungsabrede, gemischter Tausch-Kaufvertrag oder Vertrag sui generis. Bedeutung hat die unterschiedliche rechtliche Einordnung vor allem, wenn eine der Sachen untergegangen oder mangelhaft ist. Nimmt man bei Inzahlunggabe eines Gebrauchtwagens eine Ersetzungsbefugnis an, führt dies bei Untergang des in Zahlung gegebenen Wagens dazu, dass der Käufer den nominellen Kaufpreis bezahlen muss. Da in der Praxis meist nicht über die absoluten Zahlen, sondern über die „Zuzahlung" verhandelt wird, kann dies insbesondere den Interessen des Käufers zuwiderlaufen.

10 Häufig wurden im Gebrauchtwagenhandel zur Vermeidung der sonst zweifach anfallenden Umsatzsteuer auch zwei Verträge geschlossen: Zum einen ein Kaufvertrag über den neuen Gegenstand, zum anderen ein Vertrag über die gebrauchte Sache als Agenturvertrag[13] oder Kommissionsvertrag[14], nach dessen Inhalt dem Neuwagenkäufer ein Mindestpreis zugesichert, der Neuwagenpreis bis zum Verkauf des Gebrauchtfahrzeugs gestundet und der Erlös aus dem Verkauf des Gebrauchtfahrzeugs auf den Preis des Neuwagens verrechnet wird. Tritt der Händler beim Weiterverkauf der gebrauchten Sache nur als Vermittler oder Vertreter des privaten Vorbesitzers an einen privaten Käufer auf, kann eine Um-

---

[6] *Heermann*, JZ 1999, 183-187, 185; *Brandenstein/Corino/Petri*, NJW 1997, 825-831, 830; zusammenfassend: *Martinek*, WuB IV B § 9 AGBG 2.94.
[7] *Grunewald* in: Erman, § 480 Rn. 2.
[8] *Westermann* in: MünchKomm-BGB, § 480 Rn. 2.
[9] BGH v. 27.10.1967 - V ZR 157/64 - BGHZ 49, 7-11.
[10] *Weidenkaff* in: Palandt, § 480 Rn. 5.
[11] *Grunewald* in: Erman, § 480 Rn. 1.
[12] Vgl. die Kommentierung zu § 364 BGB; BGH v. 18.01.1967 - VIII ZR 209/64 - BGHZ 46, 338-343; BGH v. 30.11.1983 - VIII ZR 190/82 - juris Rn. 7 - BGHZ 89, 126-136; *Grunewald* in: Erman, § 480 Rn. 5; *Bülow*, JuS 1991, 529-536, 534; a.A.: gemischter Kauf-/Tauschvertrag *Honsell*, Jura 1983, 523-530, 524; *Larenz*, Schuldrecht, Band I: Allgemeiner Teil, 14. Aufl. 1987, § 42 I a.
[13] BGH v. 05.04.1978 - VIII ZR 83/77 - LM Nr. 52 zu § 433 BGB.
[14] BGH v. 28.05.1980 - VIII ZR 147/79 - LM Nr. 6 zu § 467 BGB.

gehung der Vorschriften über den Verbrauchsgüterkauf gemäß § 475 BGB vorliegen (zu Einzelheiten vgl. die Kommentierung zu § 475 BGB).

D. Rechtsfolgen

§ 480 BGB verweist pauschal auf das Kaufrecht.[15] Jede Vertragspartei ist hinsichtlich des hingegebenen Gegenstandes Verkäufer und bezüglich des empfangenen Gegenstandes Käufer. Anwendbar sind alle Vorschriften über Sach- und Rechtsmängel beim Kauf, wobei ein Haftungsausschluss oder eine -beschränkung (§ 444 BGB) grds. möglich und häufig, beim Gebrauchtwagentausch aber nicht stillschweigend anzunehmen ist.[16] Der Rücktritt (§ 437 Nr. 2 BGB) führt zur Rückabwicklung des Tausches, also zum Rücktausch. Bei einer Minderung (§ 441 BGB) erfolgt ein Geldausgleich.[17] Rücktritt, Minderung und Schadensersatz können wie beim Kauf allerdings erst verlangt werden, wenn der Erwerber dem Veräußerer erfolglos eine Frist zur Nacherfüllung gesetzt hat.[18] Die Regeln über den Verbrauchsgüterkauf (§§ 474-479 BGB) finden Anwendung, wenn der Verkäufer Unternehmer und der Käufer Verbraucher ist.

11

---

[15] Kritisch *Westermann* in: MünchKomm-BGB, § 480 Rn. 6.
[16] OLG Hamm v. 01.02.1994 - 19 U 105/93 - NJW-RR 1994, 882-883; *Weidenkaff* in: Palandt, § 480 Rn. 8.
[17] Zur Berechnung *Weidenkaff* in: Palandt, § 480 Rn. 8.
[18] BGH v. 07.12.2005 - VIII ZR 126/05 - NJW 2006, 988-990.

§ 481 BGB Teilzeit-Wohnrechtevertrag

Titel 2 - Teilzeit-Wohnrechteverträge, Verträge über langfristige Urlaubsprodukte, Vermittlungsverträge und Tauschsystemverträge

§ 481 BGB Teilzeit-Wohnrechtevertrag

(Fassung vom 17.01.2011, gültig ab 23.02.2011)

(1) ¹Ein Teilzeit-Wohnrechtevertrag ist ein Vertrag, durch den ein Unternehmer einem Verbraucher gegen Zahlung eines Gesamtpreises das Recht verschafft oder zu verschaffen verspricht, für die Dauer von mehr als einem Jahr ein Wohngebäude mehrfach für einen bestimmten oder zu bestimmenden Zeitraum zu Übernachtungszwecken zu nutzen. ²Bei der Berechnung der Vertragsdauer sind sämtliche im Vertrag vorgesehenen Verlängerungsmöglichkeiten zu berücksichtigen.

(2) ¹Das Recht kann ein dingliches oder anderes Recht sein und insbesondere auch durch eine Mitgliedschaft in einem Verein oder einen Anteil an einer Gesellschaft eingeräumt werden. ²Das Recht kann auch darin bestehen, aus einem Bestand von Wohngebäuden ein Wohngebäude zur Nutzung zu wählen.

(3) Einem Wohngebäude steht ein Teil eines Wohngebäudes gleich, ebenso eine bewegliche, als Übernachtungsunterkunft gedachte Sache oder ein Teil derselben.

Gliederung

A. Grundlagen	1	1. Schuldrechtliche Teilzeit-Wohnrechte	45
I. Kurzcharakteristik	1	2. Dingliche Teilzeit-Wohnrechte	51
II. Gesetzgebungsmaterialien	3	3. Gesellschaftsrechtliche Teilzeit-Wohnrechte	60
III. Europäischer Hintergrund	13	IV. Unwirksamkeit	64
B. Praktische Bedeutung	23	1. Definition	64
C. Anwendungsvoraussetzungen	31	2. Rechtsprechung	67
I. Normstruktur	31	3. Literatur	75
II. Anwendungsbereich	34	4. Ansicht des Autors	76
1. Persönlicher Anwendungsbereich	34	V. Übergangsrecht	78
2. Sachlicher Anwendungsbereich	36	VI. Anwendbares Recht	80
III. Die einzelnen Vertragstypen	44	**D. Rechtsfolgen**	88

A. Grundlagen

I. Kurzcharakteristik

1 Die §§ 481-487 BGB dienen dem **Verbraucherschutz**. Sie sollen den Verbraucher vor unseriösen Praktiken bei der Vermarktung von Teilzeitwohnrechten an Ferienimmobilien schützen. § 481 BGB legt fest, was ein Teilzeit-Wohnrechtevertrag ist. Seit der Reform von 2011 durch das TzWruaModG[1] (vgl. Rn. 11) fallen auch Verträge über langfristige Urlaubsprodukte, Vermittlungsverträge und Tauschsystemverträge unter den Anwendungsbereich (§§ 481a, 481b BGB). Die wesentlichen Schutzinstrumente zu Gunsten des Verbrauchers bestehen in umfangreichen **Informationspflichten**, § 482 BGB für das vorvertragliche Stadium auf einem unionsrechtlich vorgeschriebenen Formblatt (Art. 242 § 1 EGBGB) und § 484 BGB für den Vertrag selbst, und vor allem in einem **Widerrufsrecht**, §§ 485, 485a BGB in Verbindung mit einem weiteren Formblatt. Die zu verwendende **Sprache** ist gesetzlich festgelegt, vgl. die Kommentierung zu § 483 BGB. **Zahlungen** während der Widerrufsfrist sind verboten, vgl. die Kommentierung zu § 486 BGB. Die Vorschriften sind schließlich **zwingend**, vgl. die Kommentierung zu § 487 BGB.

---

[1] Gesetz zur Regelung der Modernisierungen über Teilzeit-Wohnrechteverträge, Verträge über langfristige Urlaubsprodukte sowie Vermittlungsverträge und Tauschsystemverträge, BGBl I 2011, 34.

Die §§ 481-481b BGB definieren den persönlichen und sachlichen Anwendungsbereich der §§ 481-487 BGB, wobei sich § 481 BGB auf das Teilzeit-Wohnrecht beschränkt. Die Vorschriften sind nur auf Verträge zwischen Unternehmern, § 14 BGB, und Verbrauchern, § 13 BGB, anwendbar. Das Teilzeit-Wohnrecht hat die **periodisch wiederkehrende Nutzung** eines Wohngebäudes oder eines Teils eines Wohngebäudes für einen bestimmten Zeitraum innerhalb eines Zeitraums von **mindestens einem Jahr** (bis zur Reform von 2011: drei Jahre) zum Gegenstand. Die Vorschrift definiert die Rechtsnatur des Teilzeit-Wohnrechts nicht, deutet aber an, dass es sich um ein dingliches oder ein anderes Recht handeln kann und dass auch die Mitgliedschaft in einem Verein oder ein Gesellschaftsanteil einschlägig sein kann. Damit werden die herkömmlichen Schlagworte „dingliches Timesharing", „schuldrechtliches Timesharing" und „gesellschaftsrechtliches Timesharing" erfasst.

II. Gesetzgebungsmaterialien

In Deutschland hatte zunächst die Rechtsprechung versucht, den **unseriösen Vertriebsmethoden** durch eine extensive Anwendung des Widerrufsrechts nach dem HTürGG zu begegnen, indem Verkaufsveranstaltungen, in die Verbraucher mit Hilfe von Gewinnversprechen gelockt wurden, als „Freizeitveranstaltungen" gem. § 1 Abs. 1 Nr. 2 HTürGG qualifiziert wurden. Außerdem spielte die AGB-Kontrolle nach dem damaligen § 9 AGBG eine erhebliche Rolle, und gelegentlich wurden Verträge auch als sittenwidrig gem. § 138 Abs. 1 BGB eingestuft. Eine Intervention des Gesetzgebers wurde daher als nicht vordringlich angesehen[2] und das TzWrG nur deswegen erlassen, weil der Gesetzgeber gemeinschaftsrechtlich dazu gezwungen war.

Der damalige Gemeinschaftsgesetzgeber griff die Probleme des Timesharings mit der **Richtlinie 94/47/EG über den Erwerb von Teilzeit-Nutzungsrechten an Ferienimmobilien** auf.[3] Er wollte damit missbräuchliche Vertriebsmethoden bei der Veräußerung von Wohnrechten an Ferienimmobilien, vorzugsweise für eine bestimmte Anzahl von Wochen im Jahr, bekämpfen.

Der deutsche Gesetzgeber setzte die Richtlinie 94/47/EG mit dem Gesetz über Teilzeit-Wohnrechte (TzWrG) von 1996 um. Die damalige Bundesregierung verfolgte einen **minimalistischen Ansatz** und setzte nur das unbedingt erforderliche Minimum um[4], was zu einer komplizierten Regelung im TzWrG führte.

Das TzWrG führte zu einer Verkürzung der Widerrufsfrist bei fehlender Widerrufsbelehrung gegenüber der Praxis der Anwendung des HTürGG, weil der Gesetzgeber den Vorrang des TzWrG, das eine Maximalfrist enthielt, einführte. Nachdem der EuGH jedoch erklärte, dass die seinerzeitige Haustürwiderrufs-Richtlinie parallel zur Timesharing-Richtlinie[5] (und zur Verbraucherkredit-Richtlinie)[6] anzuwenden sei, führte er ein unbefristetes Widerrufsrecht bei fehlender Widerrufsbelehrung ein.

Das TzWrG wurde im Zuge der Schuldrechtsreform durch die §§ 481-487 BGB abgelöst, die mit dem Schuldrechtsmodernisierungsgesetz am 01.01.2002 in Kraft traten. Eines der Ziele des Gesetzgebers der Schuldrechtsreform bestand darin, die bisherigen **verbraucherrechtlichen Nebengesetze ins BGB zu integrieren**.[7] Das galt auch für das TzWrG. Inhaltliche Änderungen waren damit nicht verbunden, jedoch entspricht die Systematik der §§ 481-487 BGB nicht vollständig dem bisherigen TzWrG. Die Informationspflichten wurden ausgegliedert und in die neue BGB-InfoV als § 2 BGB-InfoV eingestellt.

---

[2] Eine ausführliche Analyse des „Status quo" vor In-Kraft-Treten des TzWrG findet sich bei *Kind*, Die Grenzen des Verbraucherschutzes durch Information, 1998, S. 238 ff.
[3] RL 1994/47/EG des Europäischen Parlaments und Rates. Zum Inhalt *Mäsch*, EuZW 1995, 8-14; vgl. auch *Franzen* in: MünchKomm-BGB, vor § 481 Rn. 12 ff.
[4] Ausdrücklich BT-Drs. 13/4185, S. 9.
[5] EuGH v. 22.04.1999 - C-423/97 - Travel Vac.
[6] EuGH v. 13.12.2001 - C-481/99 - Heininger.
[7] BT-Drs. 14/6040, S. 97.

8 Auch zwei weitere Vorschriften aus dem TzWrG wurden an eine andere Stelle verlagert: Das Widerrufsrecht, ehemals § 5 TzWrG, wurde durch Verweis auf § 355 BGB geregelt[8], und die internationalprivatrechtliche Regelung des § 8 TzWrG ist, wie bereits erwähnt, schon im Jahre 2000 in Art. 29a EGBGB a.F., jetzt Art. 46b EGBGB, aufgegangen.

9 Eine besondere Rolle spielte jedoch die **internationalprivatrechtliche Vorschrift** des Art. 9 der Richtlinie 94/47EG, der durch § 8 TzWrG umgesetzt wurde. Während Art. 9 der Richtlinie (lediglich) den gemeinschaftsrechtlichen Standard gewahrt wissen will, auch wenn es sich um Ferienobjekte in Drittstaaten handelt, wollte das TzWrG in diesen Fällen deutsches Recht anwenden. Dies wurde verbreitet als gemeinschaftsrechtlich unzulässig angesehen[9] und die Vorschrift deshalb bereits im Jahre 2000 anlässlich der Umsetzung der Fernabsatz-Richtlinie aufgehoben. Stattdessen wurde sie zusammen mit ähnlichen Regelungen in Art. 29a EGBGB (a.F.) neu gefasst, wobei den gemeinschaftsrechtlichen Bedenken Rechnung getragen wurde. Heute ist die Rom I-Verordnung anzuwenden,[10] die in ihrem Art. 23 den mitgliedstaatlichen Gesetzgeber verpflichtet, die speziellen IPR-Vorschriften in verbraucherrechtlichen Richtlinien weiterhin umzusetzen. Der deutsche Gesetzgeber ist dem mit Art. 46b EGBGB nachgekommen.[11]

10 Im Zuge der Überarbeitung des gesamten verbraucherrechtlichen acquis der seinerzeitigen Gemeinschaft (heute: Union) wurde die Richtlinie 94/47/EG durch die **Richtlinie 2008/122/EG** abgelöst.[12] Sie erweiterte den sachlichen Anwendungsbereich mit besonderen Regelungen über sog. **langfristige Urlaubsprodukte**, **Vermittlungsverträge** und **Tauschsystemverträge**. Wohnrechte fallen bereits bei einer Vertragslaufzeit von mehr als einem Jahr (zuvor: drei Jahre) in den Anwendungsbereich. Für die Informationspflichten wurden spezielle Formblätter vorgeschrieben. Insbesondere aber ging die neue Richtlinie vom Mindeststandardprinzip zur **Vollharmonisierung** über.[13]

11 Der deutsche Gesetzgeber kam seiner Umsetzungspflicht mit dem „**Gesetz zur Modernisierung der Regelungen über Teilzeit-Wohnverträge, Verträge über langfristige Urlaubsprojekte sowie Vermittlungsverträge und Tauschsystemverträge**" (TzWruaModG) nach.[14] Es trat am 23.02.2011 mit Ablauf der Umsetzungsfrist der Richtlinie in Kraft und gestaltet die bisherigen §§ 481-487 BGB erheblich um. Anlässlich der Reform wurden die §§ 481-487 BGB um vier Vorschriften erweitert (§§ 481, 481b, 482a, 486a BGB). Die Informationspflichten wurden aus der BGB-InfoV ins EGBGB verlagert und finden sich dort nunmehr in Art. 242 §§ 1 und 2 EGBGB.

12 Vor In-Kraft-Treten des TzWrG hatten sich die Gerichte in großem Umfang mit Timesharing-Fällen zu befassen. Zum TzWrG gibt es dagegen nur sehr **wenige Gerichtsentscheidungen**; die jetzigen §§ 481-487 BGB müssen sogar als „**totes Recht**" bezeichnet werden, und zwar auch nach der Reform von 2011. Offensichtlich waren die unseriösen Vertriebsmethoden ein zwar heftiges, aber nur vorübergehendes Problem, das sich gleichzeitig mit der Reaktion des Gesetzgebers von allein auflöste.[15]

---

[8] Bereits durch das Umsetzungsgesetz zur Fernabsatz-Richtlinie wurde das Widerrufsrecht durch einen Verweis auf den vom August 2000 bis Dezember 2001 geltenden § 361a BGB ersetzt.

[9] Kritisch dazu *Mäsch* in: Hildenbrand/Kappus/Mäsch, Time-Sharing und Teilzeit-Wohnrechtegesetz (TzWrG), 1997, § 8 TzWrG Rn. 30.

[10] VO (EG) Nr. 593/2008, ABl EU Nr. L 177/6 vom 04.07.2008.

[11] Ausführlich zum Kollisionsrecht bei Timesharing-Verträgen *Staudinger* in: Gebauer/Wiedmann, Zivilrecht unter europäischem Einfluss, 2. Aufl. 2010, Kap. 11 Rn. 48 ff.; *Staudinger*, NZM 2011, 601.

[12] Richtlinie 2008/122/EG des Europäischen Parlamentes und des Rates vom 14.01.2009 über den Schutz der Verbraucher im Hinblick auf bestimmte Aspekte von Teilzeitnutzungsverträgen, Verträgen über langfristige Urlaubsprodukte sowie Wiederverkaufs- und Tauschverträgen, ABl. EU Nr. L 33/10 v. 03.02.2009. Zum Vorschlag der Richtlinie, KOM(2007) 303, *Gaedtke*, VuR 2008, 130.

[13] Kritisch zu diesem Paradigmenwechsel u.a. *Micklitz/Reich*, EuZW, 2009, 279; *Rott/Terryn*, ZEuP 2009, 456; *Tonner/Tamm*, JZ 2009, 277.

[14] BGBl I 2011, 34. Gesetzgebungsmaterialien: Regierungsentwurf BT-Drs. 17/2764, Bericht des Rechtsausschusses BT-Drs. 17/3111. Zum Inhalt des Gesetzes *Franzen*, NZM 2011, 217; vgl. auch *Gaedtke/Waggon* in: Tamm/Tonner, Verbraucherrecht – Beraterhandbuch, 2012, § 24 Rn. 468.

[15] Dazu auch *Drasdo*, NJW-Spezial 2005, 289-290.

III. Europäischer Hintergrund

Spezielle Reglungen über Timesharing hatten schon immer einen europäischen Hintergrund. Bereits 1994 entschloss sich der damalige Gemeinschaftsgesetzgeber, vor allem auf Druck aus dem Vereinigten Königreich[16], zu einer speziellen Regelung durch eine **Verbraucherschutz-Richtlinie** und erließ am 26.10.1994 die Richtlinie 94/47/EG „zum Schutz der Erwerber im Hinblick auf bestimmte Aspekte von Verträgen über den Erwerb von Teilzeit-Nutzungsrechten an Immobilien", wie der offizielle Titel lautet.[17] Sie wurde am 23.02.2009 durch die **Richtlinie 2008/122/EG** abgelöst, womit der europäische Gesetzgeber vor allem den Anwendungsbereich erweitern wollte (Erwägungsgrund 1).

13

Die Richtlinie kommt nur bei **Geschäften zwischen Gewerbetreibenden und Verbrauchern** zur Anwendung (Art. 1 (2)). Den sachlichen Anwendungsbereich umreißt Art. 1 (1). Danach geht es wie in der Vorgänger-Richtlinie um **Teilzeitnutzungsrechte**, darüber hinaus nunmehr aber auch um **langfristige Urlaubsprodukte** sowie **Wiederverkaufsverträge** und **Tauschverträge**. Die Definition des Teilzeitnutzungsvertrags in Art. 2 (1) a) enthält einige Veränderungen gegenüber der bisherigen Richtlinie: Es reicht bereits eine **Vertragslaufzeit von einem Jahr** (bisher: drei Jahre), und es werden „Übernachtungsunterkünfte" erfasst. Damit ist der Anwendungsbereich nicht mehr auf touristisch genutzte Unterkünfte und auch nicht auf Immobilien beschränkt. So ist Timesharing an einem Wohnmobil oder an einem Boot möglich. Es muss sich auch nicht zwangsläufig um ein dingliches Recht oder ein sonstiges Nutzungsrecht handeln; der entsprechende Teil aus der Begriffsbestimmung der Vorgänger-Richtlinie ist entfallen.

14

Unter einem „Vertrag über ein **langfristiges Urlaubsprodukt**" versteht die Richtlinie (Art. 2 (1) b)) einen Vertrag, mit dem der Verbraucher gegen Entgelt das Recht auf Preisnachlässe oder sonstige Vergünstigungen in Bezug auf eine Unterkunft erhält. Damit sollen Umgehungen traditioneller Timesharing-Geschäfte erfasst werden.[18] Ein „**Wiederkaufsvertrag**" – die Wortwahl ist unglücklich – ist ein Vertrag, mit dem ein Verbraucher gegen Entgelt dabei unterstützt wird, ein Teilzeitnutzungsrecht oder ein langfristiges Urlaubsprodukt zu veräußern oder zu erwerben (Art. 2 (1) c)), und unter einem **Tauschvertrag** schließlich versteht die Richtlinie einen Vertrag, mit dem ein Verbraucher einem Tauschsystem beitritt, bei dem der Verbraucher Zugang zu einer Übernachtungsunterkunft enthält und das für andere Personen Zugang zu den Vergünstigungen aus seinen Rechten gewährt (Art. 2 (1) d)).

15

Die Richtlinie enthält zahlreiche **Informationspflichten**, die sich, wie in anderen Richtlinien auch, aufspalten in vorvertragliche und in vertragliche Informationspflichten. Die **vorvertraglichen Informationen** sind nunmehr in **Formblättern** enthalten, die sich in vier Anhängen der Richtlinie befinden, getrennt nach Teilzeitnutzungsverträgen, Verträgen über langfristige Urlaubsprodukte, Wiederkaufsverträge und Tauschverträge (Art. 4 der Richtlinie). Die Informationen müssen in Papierform oder auf einem anderen **dauerhaften Datenträger** erfolgen (Art. 4 (2)); die ausdrückliche Pflicht zur Herausgabe eines Prospekts (Art. 3 der Richtlinie 94/47/EG) ist entfallen. Spezielle vertragliche Informationspflichten werden nicht aufgezählt, jedoch werden vorvertraglich zur Verfügung zu stellende Informationen gemäß Art. 5 (2) „**fester Vertragsbestandteil**." Bereits der Vorgänger-Richtlinie ist zu Recht der Vorwurf des „information overload" gemacht worden.[19] Die Richtlinie 2008/122/EG hat an diesem Befund nichts geändert. Es ist die **Sprache des Verbrauchers** zu verwenden, sofern es sich um eine Amtssprache der Gemeinschaft handelt (Art. 5 (1)). Die Vorschrift ist gegenüber der viel kritisierten[20] Vorgänger-Regelung vereinfacht.

16

Das wichtigste Recht des Verbrauchers bei Timesharing-Verträgen ist das Widerrufsrecht. Während die Richtlinie 94/47/EG dafür mit einer Vorschrift auskam (Art. 5), erstreckt sich die Regelung des

17

---

[16] Dort gab es bereits vorher ein Timesharing-Gesetz; zum Timeshare Act 1992 *Sousa*, Das Timesharing an Ferienimmobilien in der EU, 1998, S. 179 ff.
[17] ABl EG 1994 Nr. L 280/93.
[18] Vgl. Erwägungsgrund 1.
[19] *Wendlandt*, VuR 2004, 117-124.
[20] *Martinek*, NJW 1997, 1393-1399.

Widerrufsrechts in der Richtlinie 2008/122/EG über drei Artikel (Art. 6-8). Diese Vorschriften enthalten ein **geschlossenes System**. Widerrufsregelungen aus anderen Richtlinien, insbesondere aus der Verbraucherrechte-Richtlinie (Richtlinie 2011/83/EU), kommen nicht zur Anwendung, denn die Verbraucherrechte-Richtlinie schließt ihre Anwendbarkeit für den Anwendungsbereich der Richtlinie 2008/122/EG ausdrücklich aus (Art. 3 (3) g)). Wird ein Timesharing-Vertrag als Fernabsatzvertrag oder als Vertrag außerhalb von Geschäftsräumen geschlossen, kommt also ausschließlich das Widerrufsrecht der Richtlinie 2008/47/EG zur Anwendung, nicht die Widerrufsvorschriften der Verbraucherrechte-Richtlinie, in der Fernabsatzverträge und außerhalb von Geschäftsräumen geschlossene Verträge geregelt sind.

18 Der EuGH hatte bislang die ehemalige Haustürwiderrufs-Richtlinie auch auf Teilzeitnutzungsverträge angewendet, wenn der Teilzeitnutzungsvertrag als Haustürgeschäft abgeschlossen wurde.[21] Fehlte die Widerrufsbelehrung, konnte der Verbraucher infolgedessen unbefristet nach der Haustürwiderrufs-Richtlinie widerrufen. Diese Rechtsprechung ist infolge der Verbraucherrechte-Richtlinie gegenstandslos. Da die Verbraucherrechte-Richtlinie dem Vollharmonisierungsprinzip folgt, kann der Umsetzungsgesetzgeber den **unbefristeten Widerruf** nach § 355 Abs. 4 Satz 3 BGB nicht beibehalten und muss ihn anlässlich der Umsetzung der Verbraucherrechte-Richtlinie abschaffen. Für neu abgeschlossene Timesharing-Verträge ist er schon heute **nicht mehr anzuwenden** (vgl. die Kommentierung zu § 485a BGB Rn. 2 und die Kommentierung zu § 485a BGB Rn. 15).

19 Der Unionsgesetzgeber hat inzwischen die Widerrufsfrist in allen Richtlinien auf **14 Tage** vereinheitlicht. Das gilt auch für die Richtlinie 2008/122/EG (Art. 6 (1)). Die Vorgänger-Richtlinie hatte sich noch auf 10 Tage beschränkt. Die Widerrufsfrist beginnt mit dem Abschluss des Vertrags (Art. 6 (2)). **Längere Fristen** gelten, wenn das Formblatt mit den vorgeschriebenen Informationen nicht oder erst nach Vertragsschluss ausgehändigt wird. Sie betragen 1 Jahr und 14 Tage, wenn es gar nicht ausgehändigt wird, und drei Monate und 14 Tage, wenn es nicht in Papierform oder auf einem anderen dauerhaften Datenträger zur Verfügung gestellt wird (Art. 6 (3)). Bei verspäteter Information beginnt die Widerrufsfrist mit dem Zeitpunkt der Informationserteilung (Art. 6 (4)). Der Widerruf muss vor Ablauf der Frist erklärt werden, wobei die Absendung zur Fristwahrung ausreicht (Art. 7). Der Verbraucher hat keine Kosten zu tragen und muss nicht für den Wert der Leistung aufkommen, die vor dem Widerruf möglicherweise erbracht worden ist (Art. 8 (2)).

20 Art. 9 der Richtlinie verbietet **Anzahlungen** während der Widerrufsfrist. Der Begriff der Anzahlungen ist gegenüber der Vorgänger-Richtlinie erweitert worden. Art. 10 schreibt einen Ratenzahlungsplan bei Verträgen über langfristige Urlaubsprodukte vor, wobei jede Rate den gleichen Wert haben muss. Bei einem Widerruf des Teilzeitnutzungsvertrags werden akzessorische Verträge, d.h. insbesondere Tauschverträge, automatisch mit beendet (Art. 11 (1)). Art. 11 (2) erstreckt das Widerrufsrecht bei einem finanzierten Erwerb auf den Kreditvertrag. Nach Art. 12 (1) kann der Verbraucher auf die ihm durch die Richtlinie eingeräumten Rechte nicht verzichten.

21 Eine besondere Vorschrift über das **anzuwendende Recht** ist in Art. 12 (2) enthalten. Danach muss der Verbraucher stets den Schutz gemäß dem Standard der Richtlinie haben, sofern die Immobilie, auf die sich das Nutzungsrecht bezieht, im Hoheitsgebiet eines Mitgliedstaats belegen ist. Für nicht auf Immobilien bezogene Tätigkeiten gilt dies auch dann, wenn der Gewerbetreibende eine Tätigkeit in einem Mitgliedstaat ausübt oder diese Tätigkeit auf einen Mitgliedstaat ausrichtet. Es ist also nicht möglich, diesen Schutz durch die Vereinbarung des Rechts eines Drittstaats zu umgehen, auch wenn eine derartige Rechtswahl nicht gegen andere Vorschriften, etwa Art. 6 Rom I-Verordnung, verstößt (vgl. Rn. 80 ff.). Art. 12 (2) der Richtlinie geht über Art. 6 Rom I-Verordnung hinaus, was zulässig ist, und erfasst vor allem Fälle, in denen der Vertrag nicht im Wohnsitzstaat des Verbrauchers abgeschlossen wurde. Er ist in Art. 46b EGBGB (Erläuterungen zu Art. 46b EGBGB) (ehemals Art. 29a EGBGB

---

[21] EuGH v. 22.04.1999 - C-423/97 - Travel Vac.

a.F.) umgesetzt.[22] Art. 46b EGBGB musste vom Umsetzungsgesetzgeber angepasst werden, weil sich die neue Richtlinie nicht mehr auf Teilzeitnutzungsrechte an Immobilien beschränkt.

Mit der Richtlinie 2008/122/EG ist der Unionsgesetzgeber vom Mindeststandardprinzip, das noch der Richtlinie 94/47/EG unterlag, auf die **Vollharmonisierung** übergegangen. Erwägungsgrund 3 zufolge sollten die Mitgliedstaaten keine von dieser Richtlinie abweichenden nationalen Bestimmungen beibehalten oder erlassen dürfen. Davon kennt die Richtlinie nur wenige Ausnahmen. Nach Art. 1 (2) sind ergänzend das nationale Vertragsrecht, Vorschriften über die Eintragung von Immobilien und die nationalen Zulassungsvorschriften heranzuziehen. Ansonsten haben die Mitgliedstaaten lediglich geringe Befugnisse bei der Ergänzung der Sprachregelungen. Die Vollharmonisierung entfaltet ihre Bedeutung vor allem beim Widerrufsrecht, bei dem auch nicht zugunsten des Verbrauchers von der Richtlinie abgewichen werden darf, selbst wenn es dem Umsetzungsgesetzgeber lediglich um eine bessere Einpassung in die Systematik des nationalen Rechts geht.

B. Praktische Bedeutung

Der wirtschaftliche Sinn eines Teilzeit-Nutzungsrechts an einer Ferienimmobilie besteht darin, dass der Erwerber das Recht erwirbt, die **Immobilie wiederkehrend** in dem von ihm benötigten Zeitraum, etwa eine oder zwei Wochen, **zu nutzen**. Dafür leistet er eine **Einmalzahlung**. Wirtschaftlich ist das Timesharing aus der Sicht des Erwerbers abzugrenzen vom (Allein-)Erwerb einer Ferienimmobilie und von einer Pauschalreise. Gegenüber der allein benutzten Ferienwohnung besteht der Vorteil, dass das Nutzungsrecht erheblich kostengünstiger ist und der Erwerber die Wohnung nur für den Zeitraum erwirbt, für den er sie wirklich benötigt. Er muss also nicht für den Leerstand während des restlichen Jahres zahlen bzw. sich um eine anderweitige Vermietung bemühen, die selten rund ums Jahr gelingen wird. Dem steht als Nachteil gegenüber, dass der Erwerber sich die Immobilie mit vielen anderen, anonymen Nutzern teilen muss. Er kann sie also beispielsweise nicht nach seinen Vorstellungen einrichten.

Gegenüber einer **Pauschalreise** muss abgewogen werden, ob der Verbraucher die Bindung an den Ort der Immobilie als Vor- oder als Nachteil empfindet. Den Verlust an Flexibilität versuchen viele Timesharing-Anbieter durch Tauschpools abzumildern. Die Teilnahme daran ist jedoch mit zusätzlichen Kosten verbunden.[23] Entscheidend ist jedoch die Kapitalbindung: Der Erwerber zahlt für seinen Urlaub praktisch viele Jahre im Voraus. Es muss abgewogen werden, ob sich die Kosten dafür verglichen mit den jährlich anfallenden Kosten für eine Pauschalreise rechnen. Einige Autoren haben **Vergleichsrechnungen** durchgeführt; die Meinungen, ob sich Timesharing rechnet, sind geteilt.[24]

Timesharing gelangte zuerst in den **USA** zu größerer wirtschaftlicher Bedeutung.[25] Vorher war es bereits in Frankreich entstanden (multipropieté) und kehrte in den 1980er Jahren von den USA nach Westeuropa zurück. In den letzten Jahren konnte es auch in einigen neuen Mitgliedstaaten der EU Fuß fassen. Die meisten im Wege des Timesharings vertriebenen Immobilien liegen in Spanien, die meisten Erwerber stammen aus dem Vereinigten Königreich.[26]

---

[22] Diese Vorschrift ist wegen der komplexen unionsrechtlichen Vorgaben nicht einfach anzuwenden, vgl. dazu *Staudinger* in: Gebauer/Wiedmann, Zivilrecht unter europäischem Einfluss, 2. Aufl. 2010, Kap. 11 Rn. 46 ff.; *Staudinger*, NZM 2011, 601.

[23] Zum Tauschpool-Vertrag vor der jetzigen gesetzlichen Regelung *Mäsch* in: Hildenbrand/Kappus/Mäsch, Time-Sharing und Teilzeit-Wohnrechtegesetz (TzWrG), 1997, 1. Kap. Rn. 119 ff.; *Tonner*, Das Recht des Timesharing an Ferienimmobilien, 1997, Rn. 412 ff.

[24] *Bütter*, Immobilien-Time-Sharing und Verbraucherschutz, 2000, S. 40-50; *Kind*, Die Grenzen des Verbraucherschutzes durch Information, 1998, S. 245-248 und S. 255-265; *Tonner*, Das Recht des Timesharing an Ferienimmobilien, 1997, Rn. 41 ff.

[25] Zur Geschichte etwa *Bütter*, Immobilien-Time-Sharing und Verbraucherschutz, 2000, S. 27 ff.; *Sousa*, Das Timesharing an Ferienimmobilien in der EU, 1998, S. 28 ff.

[26] Vgl. die in der Begründung des Vorschlags der ursprünglichen Richtlinie genannten Zahlen, KOM (92) 220, 18.

26   Im Vergleich zu herkömmlichen Pauschalreisen konnte sich Timesharing bislang zahlenmäßig nicht durchsetzen.[27] Damit ist auch in näherer Zukunft nicht zu rechnen. Die große **rechtliche Komplexität** des Timesharings steht daher in einem umgekehrten Verhältnis zur tatsächlichen Bedeutung. Der Erwerber muss nämlich nicht nur den eigentlichen Erwerbsvertrag abschließen, sondern darüber hinaus noch einen Service-Vertrag, damit die Anlage in Stand gehalten wird. Will der Erwerber auf Urlaub an verschiedenen Orten nicht verzichten, muss er weiterhin einen Tauschsystem-Vertrag abschließen. Für den Tauschsystemvertrag sind neuerdings gesetzliche Regeln zu beachten (vgl. die Kommentierung zu § 481b BGB). Da zahlreiche Timesharing-Anlagen im Wege des Treuhandmodells vertrieben werden, bedarf es schließlich noch eines Treuhandvertrags.

27   In den Anfangsjahren des Timesharings wurde vielfach mit **unlauteren Vertriebsmethoden** gearbeitet, die zu einem bis heute andauernden Negativimage des Timesharings führten. Potentielle Erwerber wurden sowohl an ihren Wohnorten wie in Feriengebieten mit Hilfe von **Gewinnversprechen** zu Verkaufsveranstaltungen gelockt. Dadurch entstand das Bedürfnis bei den Instanzgerichten, mit Hilfe eines Widerrufsrechts den Kunden eine Lösung vom Vertrag zu ermöglichen. Auch der Begriff der **Freizeitveranstaltung** in § 1 Abs. 1 Nr. 2 HTürGG, jetzt § 312 Abs. 1 Nr. 2 BGB, wurde großzügig ausgelegt (vgl. die Kommentierung zu § 312 BGB). In Anwendung des HTürGG kam man zu **langen Widerrufsfristen**, da regelmäßig keine Belehrung vorlag und infolgedessen das Widerrufsrecht erst nach vollständiger beiderseitiger Vertragserfüllung erlosch. Zu den Leistungen des Veräußerers rechnete man auch erst während der Nutzung zu erbringende Leistungen, so dass das Widerrufsrecht erst mit der letzten Nutzungsperiode ablief, § 2 Abs. 1 Satz 4 HTürGG.[28] Seit dem Heininger-Urteil bestand sogar ein vollständig unbefristetes Widerrufsrecht bei fehlender Belehrung, § 355 Abs. 3 Satz 3 BGB (vgl. die Kommentierung zu § 485 BGB). Dies musst mit dem TZWruaModG wegen des Vollharmonisierungsprinzips der neuen Richtlinie abgeschafft werden.

28   Wie aufgezeigt, wurden Verbraucher häufig **während ihres Urlaubs zu Verkaufsveranstaltungen** gelockt. Das hatte zur Folge, dass die herkömmlichen Verbraucherschutzvorschriften im IPR nicht ausreichten. Bereits der Gesetzgeber der ursprünglichen Richtlinie 94/47/EG entschloss sich daher zu einem spezifischen **Richtlinienkollisionsrecht**, dessen Umsetzung sich heute in Art. 46b EGBGB befindet und dazu führt, das der Schutzstandard der Richtlinie dem Verbraucher immer dann erhalten bleibt, wenn die Immobilie innerhalb der EU belegen ist. (vgl. Rn. 80 ff.). Seit der Umsetzung der Richtlinie 2008/122/EG gilt dies auch – mit Einschränkungen – für andere Rechte als Rechte an Immobilien.

29   Andere Probleme wie etwa die **Gewährleistung** oder die **vertragstypologische Zuordnung** haben bislang in der Praxis keine Rolle gespielt und sind nur in der Lehre erörtert worden. Die Praxis hat sich ausschließlich auf die **Lösung vom Vertrag** konzentriert.

30   Nach Inkrafttreten des TzWrG und insbesondere der §§ 481-487 BGB gingen die Beschwerden über Timesharing drastisch zurück. Eine gewisse Rolle spielte noch die Umgehung durch Laufzeiten von unter drei Jahren, denn die frühere Richtlinie sah eine Mindestlaufzeit von drei Jahren vor. Dieses Problem ist durch die neue Richtlinie und die entsprechende Anpassung von § 481 BGB gelöst. Die übrigen von der EU-Kommission in im Vorschlag zur jetzigen Richtlinie[29] identifizierten Probleme sind bislang in Deutschland kaum aufgetaucht. Das heißt aber nicht, dass sich nicht etwa künftig „**travel discount clubs**" auch in Deutschland zu einem Ärgernis entwickeln könnten, so dass die neue Richtlinie der Kommission zu begrüßen ist.[30]

---

[27] Zahlen bei *Bütter*, Immobilien-Time-Sharing und Verbraucherschutz, 2000, S. 3. Danach betrug der weltweite Jahresumsatz 1994 4,74 Milliarden USD. Für 2000 wird ein weltweiter Umsatz von nur noch 2,4 Milliarden € angegeben, *Franzen* in: MünchKomm-BGB, vor § 481 Rn. 11. Dagegen erreichten allein die Top Ten der europäischen Reiseveranstalter 2004 einen Umsatz von 42,1 Milliarden €, FVW 2005, Beilage zu Heft 13.

[28] LG Mainz v. 11.05.1995 - 1 O 522/94 - VuR 1995, 269-271; LG Hamburg v. 01.02.1995 - 319 O 362/94 - VuR 1995, 126-128; LG Hanau v. 22.10.1993 - 1 O 1123/93 - NJW 1995, 1100-1101.

[29] KOM(2007) 303.

[30] Vgl. die Würdigung der Vorschläge bei *Gaedtke*, VuR 2008, 130, 134-136.

C. Anwendungsvoraussetzungen

I. Normstruktur

Der Vertrag über den Erwerb eines Teilzeit-Wohnrechts ist regelmäßig entweder ein **Rechtskauf**, §§ 453, 433 BGB, oder ein ggf. modifizierter **Mietvertrag** gem. § 535 BGB. Dagegen gibt es **keinen eigenständigen Vertragstyp** „Teilzeit-Wohnrechtserwerb", obwohl die §§ 481-487 BGB im Abschnitt des Besonderen Schuldrechts über vertragliche Schuldverhältnisse stehen. Die Einordnung der Vorschriften in diesen Abschnitt ist insoweit von der Systematik des BGB her nicht vollkommen exakt. Die §§ 481-487 BGB unterscheiden sich von der Regelung anderer Vertragstypen im BGB auch dadurch, dass an der Spitze keine Norm steht, welche die Hauptleistungspflichten der Parteien regelt und eine entsprechende Anspruchsgrundlage enthält. Die Anspruchsgrundlagen im Teilzeit-Wohnrechterecht müssen vielmehr trotz der Regelung der §§ 481-487 BGB dem Kaufrecht bzw. dem Mietrecht entnommen werden.

31

Für den Erwerb eines Teilzeit-Wohnrechterechts in der Form des Rechtskaufs hat sich der Ausdruck **dingliches Timesharing** eingebürgert. Der Erwerber erhält ein dingliches Recht an einer Ferienimmobilie, meistens ein beschränktes dingliches Recht. Theoretisch ist auch der Erwerb eines unbeschränkten dinglichen Rechts möglich, z.B. Miteigentum, aber nicht gebräuchlich. Für Timesharing in der Form des Mietvertrags ist der Ausdruck **schuldrechtliches Timesharing** üblich geworden. Da in aller Regel auch gewisse Serviceleistungen zum Vertragsgegenstand gehören, handelt es sich nicht um einen reinen Mietvertrag (vgl. die einzelnen Vertragstypen, Rn. 44). Als Drittes spricht man vom **gesellschaftsrechtlichen Timesharing**, wenn die Ferienanlage(n) in der Form einer Gesellschaft betrieben wird, an welcher der Timesharer Anteile erwirbt.

32

Es müssen also jeweils die Vorschriften über den Rechtskauf bzw. das Mietrecht mit den §§ 481-487 BGB zusammen gesehen werden. Letztere haben von der Systematik her lediglich ergänzende Bedeutung, stehen praktisch jedoch im Vordergrund, da die wichtigsten Fragen, allen voran das Widerrufsrecht, in den §§ 481-487 BGB geregelt sind. Allerdings sind auch die kauf- bzw. mietrechtlichen Vorschriften nicht bedeutungslos. Auf sie muss etwa bei einem Mangel (vgl. die Kommentierung zu § 437 BGB) zurückgegriffen werden.[31]

33

II. Anwendungsbereich

1. Persönlicher Anwendungsbereich

Die §§ 481-487 BGB sind Verbraucherschutzrecht.[32] Die Vorschriften sind daher nicht allgemein anwendbar, sondern nur auf Verträge zwischen **Verbrauchern** und **Unternehmern**. Dies ergibt sich aus der Richtlinie 2008/122/EG, die die Ausdrücke Verbraucher und Gewerbetreibender verwendet. Der „Gewerbetreibende" wird allerdings wie ein Unternehmer in § 14 BGB definiert (Art. 2 (1) c) der Richtlinie), so dass keine Bedenken gegen die Bezugnahme auf § 14 BGB bestehen. Anders als § 14 BGB beschränkt sich das Unionsrecht allerdings generell und so auch in der Richtlinie 2008/122/EG nicht auf den „selbständigen" Unternehmer.[33]

34

Ein Grenzfall liegt vor, wenn der **Verbraucher** die Ferienimmobilie gelegentlich oder auch häufiger **vermietet**. Es handelt sich dabei um die im Rahmen von § 13 BGB häufiger auftauchende Dual-Use-Problematik, die dahingehend entschieden wird, dass es auf den überwiegenden Gebrauch ankommt (vgl. die Kommentierung zu § 13 BGB). Konsequenterweise wird auch beim Timesharing überwie-

35

---

[31] Dazu *Bütter*, VuR 1997, 411-419; *Kind*, Die Grenzen des Verbraucherschutzes durch Information, 1998, S. 366-418.

[32] Zur Einordnung ins System des Verbraucherschutzrechts *Tamm*, Verbraucherschutzrecht – Europäisierung und Materialisierung des deutschen Zivilrechts und die Herausbildung eines Verbraucherschutzprinzips, 2011, 629-649.

[33] Zum Problem *Micklitz* in: MünchKomm-BGB, § 14 Rn. 32.

gend angenommen, dass eine gelegentliche Weitervermietung nicht zur Unanwendbarkeit der §§ 481-487 BGB führt.[34] Der Verbraucher wird auch dann nicht Unternehmer, wenn er sein Wohnrecht mit Hilfe eines gewerblichen Vermittlers zu veräußern versucht.[35] Erwirbt jedoch jemand ein Teilzeit-Nutzungsrecht von vornherein in der Absicht, es gewerblich weiter zu vermieten oder zu veräußern, ist er kein Verbraucher im Sinne des § 481 BGB. Allerdings darf nicht von vornherein der Zweck des Erwerbs darin bestehen, dass der Erwerber die Weitervermietung oder -veräußerung zum Gegenstand seiner Berufsausübung macht. Das würde weder mit der Definition in Art. 2 (1) f) der Richtlinie noch der in § 13 BGB übereinstimmen.

2. Sachlicher Anwendungsbereich

36 § 481 BGB ist nicht die einzige Norm, die den sachlichen Anwendungsbereich regelt. Vielmehr hat der Gesetzgeber mit dem TzWruaG von 2011 diese Regelung auf die §§ 481-481b BGB verteilt. § 481 BGB befasst sich ausschließlich mit Wohnrechten.

37 § 481 BGB beschränkt die Anwendbarkeit der §§ 481-487 BGB auf **Wohngebäude**. Damit gelten sie weder für Timesharing an beweglichen Gegenständen noch an anderen als zu Wohnzwecken genutzten Gebäuden. Derartiges Timesharing hat durchaus eine gewisse praktische Bedeutung, vor allem in der Form des Carsharings.[36] Letzteres dürfte in aller Regel dem Mietrecht unterfallen.

38 Das Nutzungsrecht muss zu einem **Gesamtpreis** veräußert werden. Damit soll der Verbraucher vor unliebsamen Nebenkosten geschützt werden. Freilich gilt dies nur für den Erwerbsvertrag selbst, nicht für weitere im Zusammenhang mit dem Erwerbsvertrag abgeschlossene Verträge, insbesondere den Service-Vertrag. Das Entgelt für den Service-Vertrag in den Erwerbsvertrag einzubeziehen, wäre auch gar nicht möglich.

39 § 481 Abs. 1 BGB beschränkt den Anwendungsbereich ferner auf Verträge mit einer Laufzeit von **mindestens einem Jahr**. Die frühere Vorschrift, wonach drei Jahre vorausgesetzt wurden, war missbrauchsanfällig, denn nach In-Kraft-Treten des TzWrG, das eine gleichlautende Vorschrift enthielt, wurde versucht, mit Hilfe von auf eine Laufzeit von 30 Monaten beschränkten Verträgen die neuen Vorschriften zu umgehen.[37] Dem konnte jedoch durch eine Anwendung des Umgehungstatbestandes, § 487 Satz 2 BGB, begegnet werden.[38] Für Altverträge ist dies weiterhin relevant.

40 Das Wohnrecht muss – entgegen der bisherigen Rechtslage – nicht mehr unbedingt Erholungszwecken dienen, vielmehr reicht der **Übernachtungszweck**.[39] Damit wird lediglich der persönliche Anwendungsbereich unterstrichen, denn das Nutzungsrecht muss von einem Verbraucher erworben sein. Wenn ein Verbraucher das Nutzungsrecht gewerblich nutzt, ist er aber kein Verbraucher mehr. Es kommt aber nicht darauf an, ob der Verbraucher das Nutzungsrecht selbst nutzt.[40]

41 Nach § 481 Abs. 2 BGB gelten die Vorschriften auch für ein Wohngebäude, das aus einem **Bestand von Wohngebäuden** gewählt wird. Das Gesetz nimmt damit darauf Rücksicht, dass manche Anbieter keine Rechte an einer bestimmten Anlage veräußern, sondern dem Erwerber erlauben, aus ihrem Bestand jährlich wechselnd ein anderes Ferienobjekt zu dem vereinbarten Zeitraum zu nutzen. Der Ver-

---

[34] *Franzen* in: MünchKomm-BGB, § 481 Rn. 22; *Martinek* in: Staudinger, § 481 Rn. 24; *Tonner*, Das Recht des Timesharing an Ferienimmobilien, 1997, Rn. 62; anders *Hildenbrand* in: Hildenbrand/Kappus/Mäsch, Time-Sharing und Teilzeit-Wohnrechtegesetz (TzWrG), 1997, § 1 TzWrG Rn. 10.
[35] A.A. *Saenger* in: Erman, § 481 Rn. 3.
[36] Zum Carsharing vgl. *Schöner*, BB 1996, 438-442; *Köckerbauer*, NJW 1995, 621-624, 623.
[37] OLG Karlsruhe v. 03.05.2001 - 4 U 161/00 - VuR 2001, 382-384 (erste Instanz LG Waldshut-Tiengen Kammer für Handelssachen v. 23.11.2000 - 3 HO 30/00 - VuR 2001, 62-63).
[38] So schon für das TzWrG *Tonner*, Das Recht des Timesharing an Ferienimmobilien, 1997, Rn. 60; *Mäsch* in: Hildenbrand/Kappus/Mäsch, Time-Sharing und Teilzeit-Wohnrechtegesetz (TzWrG), 1997, § 9 TzWrG Rn. 16; anders zu Unrecht AG Butzbach v. 21.12.1999 - 5 C 322/99 - NZM 2001, 646-647; wie hier auch *Saenger* in: Erman, § 481 Rn. 12; zustimmend *Franzen* in: MünchKomm-BGB, § 481 Rn. 34.
[39] BT-Drs. 17/2764, S. 15.
[40] *Martinek* in: Staudinger, § 481 Rn. 24.

braucher muss zu diesem Zweck Punkte erwerben. Dieses System wird als Floating Timesharing bezeichnet.[41] Gegenüber herkömmlichen Modellen hat es den Vorteil größerer Flexibilität für den Verbraucher, der nicht auf einen Tauschpool angewiesen ist, aber auch hier für die gesamte Laufzeit auf das Angebot seines Veräußerers beschränkt bleibt.

Nach § 481 Abs. 3 BGB kann auch ein **Teil eines Wohngebäudes** Gegenstand eines Wohnrechts sein. Diese als Ausnahme konzipierte Vorschrift betrifft den Regelfall, denn der Verbraucher wird kaum ein Nutzungsrecht an einem kompletten Gebäude erwerben, vielmehr regelmäßig an einem einzelnen Appartement. 42

Teilzeit-Wohnrechte müssen sich nicht (mehr) notwendigerweise auf Immobilien beziehen. § 481 Abs. 3 Alt. 2 BGB spricht von beweglichen, als Übernachtungsunterkunft geeigneten Sachen. Dies ist die Umsetzung einer entsprechenden Erweiterung des Anwendungsbereiches der Richtlinie (vgl. Rn. 14). Beispiele sind etwa Wohnmobile oder Boote.[42] 43

III. Die einzelnen Vertragstypen

Nach § 481 Abs. 1 Satz 2 BGB kann das veräußerte oder zu veräußernde Recht entweder ein dingliches oder ein „sonstiges" Recht sein. Mit letzterem ist vor allem das sog. schuldrechtliche Timesharing gemeint. Schließlich spricht die Vorschrift mit der Formulierung „eine Mitgliedschaft in einem Verein oder einen Anteil an einer Gesellschaft" auch das sog. gesellschaftsrechtliche Timesharing an.[43] Der Anwendungsbereich ist aber nicht auf diese drei derzeit praktizierten Formen des Timesharing beschränkt, vielmehr wählte der Gesetzgeber mit „anderes Recht" und „insbesondere" eine bewusst **offene Formulierung**, damit der Anwendungsbereich auch für künftige Entwicklungen gilt. 44

1. Schuldrechtliche Teilzeit-Wohnrechte

Das sog. schuldrechtliche Timesharing ist auf ein obligatorisches Nutzungsrecht bezogen. Im Vordergrund steht dabei ein **Mietrecht**. Wie sehr das schuldrechtliche Timesharing ein reiner Mietvertrag ist oder auch durch andere Vertragstypen charakterisiert ist, hängt von der Ausgestaltung im Einzelfall ab. Da die Gebrauchsüberlassung beim Timesharing jedoch im Mittelpunkt steht, ist eine mietrechtliche Komponente jedem schuldrechtlichen Timesharing-Vertrag immanent, so dass auf jeden Fall die §§ 535-580a BGB anzuwenden sind. 45

In aller Regel wird aber kein bloßer Gebrauchsüberlassungsvertrag abgeschlossen, sondern es kommen Serviceelemente hinzu, so dass das schuldrechtliche Timesharing einem **Beherbergungsvertrag** ähnelt. Dieser ist seinerseits als Vertragstyp im BGB nicht geregelt, vielmehr ein typengemischter Vertrag mit miet- und werkvertragsrechtlichen Elementen, wobei das mietrechtliche Element jedoch stärker im Vordergrund steht. Einige Autoren sprechen von einem **Typenkombinationsvertrag**[44], was aber zu weit geht, da das mietrechtliche Element dominiert[45]. Vielmehr handelt es sich um einen langfristigen Mietvertrag mit Vorauszahlung der gesamten „Kalt"-Miete. Das Entgelt für die werkvertraglichen Elemente ist dagegen im Rahmen des Service-Vertrags für die vereinbarten Perioden zu entrichten. 46

Die Anwendung von Mietrecht hat einige Konsequenzen. Bei **Mängeln** kommt das mietrechtliche Gewährleistungsrecht zur Anwendung, d.h. das **Minderungsrecht** nach § 536 BGB und der **Schadens-** 47

---

[41] Zum Floating Timesharing *Martinek* in: Staudinger, Vorbem. zu §§ 481-487, Rn. 7, 40 f.; *Tonner*, Das Recht des Timesharing an Ferienimmobilien, 1997, Rn. 29; *Sousa*, Das Timesharing an Ferienimmobilien in der EU, 1998, S. 36 f.
[42] BT-Drs. 17/2764, S. 16.
[43] Kurzer Überblick auch bei *Drasdo*, NW-Spezial 2010, 481.
[44] *Kind*, Die Grenzen des Verbraucherschutzes durch Information, 1998, S. 128 ff.; *Bütter*, Immobilien-Time-Sharing und Verbraucherschutz, 2000, S. 126 ff.; *Eckert* in: Bamberger/Roth, § 481 Rn. 20; *Tamm*, Verbraucherschutzrecht – Europäisierung und Materialisierung des deutschen Verbraucherschutzrechts und die Herausbildung eines Verbraucherschutzprinzips, 2011, S. 638.
[45] *Martinek* in: Staudinger, Vorbem. zu §§ 481-487 Rn. 12: Typenkombinationsvertrag mit dominierenden mietvertraglichen Elementen; ähnlich auch *Saenger* in: Erman, vor § 481 Rn. 12.

ersatzanspruch nach § 536a BGB. Da die Miete bereits im Voraus gezahlt wurde, läuft das Minderungsrecht auf einen teilweisen Rückforderungsanspruch hinaus.

48 Der Anbieter eines Timesharing-Rechts hat ein starkes Interesse daran, dass der Vertrag während seiner Laufzeit nicht gekündigt werden kann. Die mietrechtlichen **Kündigungsrechte** sind jedoch nicht vollständig ausschließbar. Zwar kann auf die Möglichkeit einer ordentlichen Kündigung vertraglich verzichtet werden. Davon wird auch regelmäßig Gebrauch gemacht. Das außerordentliche fristlose Kündigungsrecht aus wichtigem Grund gem. § 543 BGB kann jedoch nicht vertraglich abbedungen werden. Außerdem ist § 544 BGB zu beachten, wonach ein Mietvertrag auf jeden Fall nach Ablauf von 30 Jahren gekündigt werden kann. Wenn Verträge über 99 Jahre abgeschlossen werden, was nicht selten vorkommt, sind sie also vor ihrem Ablauf auch ohne Grund kündbar.

49 Zu Gunsten des Verbrauchers greift auch der Grundsatz „**Kauf bricht nicht Miete**", § 566 BGB, ein.[46] Sollte der Unternehmer das Eigentum an der Anlage während der Laufzeit des Vertrags veräußern, wird der Käufer neuer Vertragspartner des Verbrauchers. Die Abbedingung dieser Vorschrift in AGB ist gem. § 307 BGB nicht möglich, obwohl § 566 BGB eigentlich dispositiv ist (vgl. die Kommentierung zu § 566 BGB). Findet der Verkauf allerdings während einer Insolvenzabwicklung des Unternehmers statt, kann der Erwerber gem. §§ 57-57d ZVG, § 111 InsO den Vertrag mit dem Verbraucher kündigen.

50 Soweit die Erfüllung des **Service-Vertrags** Mängel aufweist, ist das **werkvertragliche Gewährleistungsrecht** zur Anwendung berufen.[47] Auch die Kündbarkeit dieses Vertrags ist grundsätzlich nicht auszuschließen. Allerdings kann der Unternehmer u.U. einen nach § 649 BGB zu berechnenden Aufwendungsersatzanspruch haben.

2. Dingliche Teilzeit-Wohnrechte

51 § 481 Abs. 1 Satz 2 BGB nennt als erste Variante den Erwerb eines dinglichen Rechts. Dabei kann es sich sowohl um den Erwerb eines unbeschränkten wie eines beschränkten dinglichen Rechts handeln, wobei letzteres in der Praxis überwiegt. Ein unbeschränktes dingliches Recht liegt vor, wenn der Verbraucher Eigentum oder zumindest Miteigentum erwirbt, der Unternehmer also sein Eigentum an den Verbraucher überträgt. Es handelt sich dann um Sachkauf. Erwirbt der Verbraucher dagegen nur ein beschränktes dingliches Recht, bleibt der Unternehmer Eigentümer. Dann liegt Rechtskauf vor. Das BGB stellt dafür eine Reihe von Möglichkeiten zur Verfügung. In der Praxis dominiert jedoch das Dauerwohnrecht gem. § 31 WEG.

52 **Sachkauf.** Die in Betracht kommenden unbeschränkten dinglichen Rechte sind das Eigentum und das Wohnungseigentum, jeweils auch in der Form des **Miteigentums**.[48] Der Miteigentumserwerb kann nur **nach Bruchteilen** erfolgen, so dass der Verbraucher zu jeder Zeit des Jahres teilweise Eigentümer der Immobilie ist ohne Rücksicht darauf, ob gerade die vereinbarte Nutzungsperiode läuft oder nicht. Ein dingliches Teilzeiteigentum ist dem BGB fremd und kann jedenfalls mit dinglicher Wirkung nicht vereinbart werden. Die gewünschten Wirkungen über die Nutzungsperioden können nur durch schuldrechtliche Zusatzvereinbarungen erreicht werden.

53 Die Miteigentümer bilden kraft Gesetzes eine **Gemeinschaft**, auf die die §§ 741-758 BGB anzuwenden sind. Der Unternehmer wird regelmäßig Mitglied in dieser Gemeinschaft sein, da es regelmäßig nicht gelingen wird, die Nutzungsrechte für alle 52 Wochen des Jahres zu veräußern, schon deswegen,

---

[46] A.A. *Kind*, Die Grenzen des Verbraucherschutzes durch Information, 1998, S. 128 ff., 368 ff., die insoweit Dienstvertragsrecht anwenden will; ihr folgend *Franzen* in: MünchKomm-BGB § 481 Rn. 8 und *Saenger* in: Erman, vor § 481 Rn. 11, der die Nichtanwendbarkeit des § 566 zu Unrecht als h.M. bezeichnet.

[47] A.A. *Martinek* in: Staudinger, Vorbem. zu §§ 481-487 Rn. 14; wie hier *Hildenbrand* in: Hildenbrand/Kappus/ Mäsch, Time-Sharing und Teilzeit-Wohnrechtegesetz (TzWrG), 1997, 1. Kap. Rn. 39; für analoge Anwendung der reiserechtlichen §§ 651c ff. BGB *Bütter*, VuR 1997, 411-419, 414; *Eckert* in: Bamberger/Roth, § 481 Rn. 350.

[48] Dazu *Martinek* in: Staudinger, Vorbem. zu §§ 481-487 Rn. 16 f.; *Tonner*, Das Recht des Timesharing an Ferienimmobilien, 1997, Rn. 131 ff.

weil nicht alle Wochen des Jahres für Urlaubszwecke geeignet sind. Eine Gemeinschaft ist mit dem Aufhebungsanspruch ihrer einzelnen Mitglieder gem. § 749 BGB belastet. Dieser kann zwar ausgeschlossen werden, doch gilt dies nicht in der Zwangsvollstreckung. Eine Insolvenz des Unternehmers kann also zu einer nicht zu verhindernden Auflösung der Bruchteilsgemeinschaft führen.

Bruchteils-Eigentum ist auch in der Form des **Bruchteils-Wohnungseigentums** denkbar. Dieses hat als sog. „**Oberstdorfer Modell**" eine gewisse praktische Bedeutung erlangt.[49]   **54**

Rechtskauf. Das BGB hält eine Vielzahl von beschränkten dinglichen Rechten bereit, die zum Rechtskauf führen. Im Einzelnen handelt es sich um die **Grunddienstbarkeit,** §§ 1018-1029 BGB, den **Nießbrauch,** § 1030 BGB, die **Reallast,** §§ 1105, 1111 BGB, und die beschränkte persönliche Dienstbarkeit in Form des Wohnungsrechts, §§ 1090, 1093 BGB.[50] Die BGB-Formen der beschränkten dinglichen Rechte haben jedoch für das Timesharing keine Bedeutung entfaltet, so dass auf sie hier nicht weiter einzugehen ist. Allerdings sei darauf hingewiesen, dass sich aus der **Reallast** durchaus eine **sachgerechte,** die Interessen auch des Verbrauchers berücksichtigende Form des Timesharings ableiten ließe.[51]   **55**

In der Praxis steht das Dauerwohnrecht gem. § 31 WEG ganz im Vordergrund.[52] Der Unternehmer erwirbt ein einziges Dauerwohnrecht an seiner Ferienimmobilie, das ins Grundbuch eingetragen wird, und veräußert sodann Bruchteile dieses Dauerwohnrechts an die Verbraucher. Die Vereinbarung über den Erwerb eines Bruchteils-Dauerwohnrechts ist zwar schuldrechtlich möglich, entfaltet jedoch ohne Grundbucheintragung keine dingliche Wirkung. Für die Eintragung ist jedoch eine notarielle Beurkundung des Antrags erforderlich, § 29 GBO.   **56**

Um die Eintragung von Bruchteils-Dauerwohnrechten zu vermeiden, hat die Praxis ein **Treuhandmodell** entwickelt, bei dem ein Treuhänder das (einzige) Dauerwohnrecht erwirbt.[53] Der Verbraucher schließt neben dem Erwerbsvertrag einen Treuhandvertrag, in welchem er die Rolle des Treugebers einnimmt, während der Treuhänder für den Verbraucher den Bruchteil am Dauerwohnrecht halten soll. Dem Verbraucher kann auf diesem Wege eine dingliche Sicherung nicht verschafft werden; er erwirbt lediglich einen Anspruch gegen den Treuhänder, so dass das Treuhandmodell in das schuldrechtliche Timesharing einzuordnen ist. Da der Unternehmer dem Verbraucher im Treuhandmodell kein dingliches Recht verschafft, entsteht ein bloß **obligatorischer Nutzungsvertrag** zwischen Unternehmer und Verbraucher, auf den Mietrecht anzuwenden ist.[54]   **57**

Darüber hinaus sind einige der Grundannahmen des üblicherweise praktizierten Modells zweifelhaft. In Anlehnung an ein Urteil des OLG Stuttgart geht man davon aus[55], dass für eine Immobilie nur ein Dauerwohnrecht eingetragen werden kann. Dies ist jedoch nicht überzeugend; wie an anderer Stelle ausgeführt[56], ist es durchaus möglich, je Wohnung eine **Mehrzahl von Dauerwohnrechten** zu bestellen, so dass jeder einzelne Verbraucher sein „eigenes" Dauerwohnrecht erwerben könnte und damit   **58**

---

[49] *Bütter*, Immobilien-Time-Sharing und Verbraucherschutz, 2000, S. 83 ff; *Franzen* in: MünchKomm-BGB, § 481 Rn. 12.
[50] Ausführlich dazu *Tonner/Tonner*, WM 1998, 313-322.
[51] *Tonner/Tonner*, WM 1998, 313-322; in diese Richtung auch *Sokolowski*, ZfIR 2011, 50.
[52] Dazu *Franzen* in: MünchKomm-BGB Rn. 13-15; *Martinek* in: Staudinger, Vorbem. zu §§ 481-487, Rn. 20 ff.; *Tonner*, Das Recht des Timesharing an Ferienimmobilien, 1997, Rn. 94 ff.; *Kind*, Die Grenzen des Verbraucherschutzes durch Information, 1998, S. 174 ff.; *Bütter*, Immobilien-Time-Sharing und Verbraucherschutz, 2000, S. 95 ff.
[53] Zum Treuhandmodell *Martinek* in: Staudinger, Vorbem. zu §§ 481-487 Rn. 24; *Hildenbrand* in: Hildenbrand/Kappus/Mäsch, Time-Sharing und Teilzeit-Wohnrechtegesetz (TzWrG), 1997, 1. Kap., Rn. 79; ausführlich *Kind*, Die Grenzen des Verbraucherschutzes durch Information, 1998, S. 211 ff.; *Bütter*, Immobilien-Time-Sharing und Verbraucherschutz, 2000, S. 129 ff.; *Tonner*, Das Recht des Timesharing an Ferienimmobilien, 1997, Rn. 365 ff.
[54] A.A. *Eckert* in: Bamberger/Roth, § 481 Rn. 26: Kaufvertrag.
[55] OLG Stuttgart v. 28.11.1986 - 8 W 421/85 - NJW 1987, 2023-2024.
[56] *Tonner*, Das Recht des Timesharing an Ferienimmobilien, 1997, Rn. 117 ff.; ebenso *Martinek* in: Staudinger, Vorbem. zu §§ 481-487 Rn. 22; *Kind*, Die Grenzen des Verbraucherschutzes durch Information, 1998, S. 174 ff.; a.A. *Bütter*, Immobilien-Time-Sharing und Verbraucherschutz, 2000, S. 97 ff.

dinglich abgesichert wäre. Selbst wenn das Bruchteils-Dauerwohnrecht eingetragen würde, erwürbe der Verbraucher keine gesicherte Stellung, denn, wie bereits beim Miteigentum ausgeführt, es entsteht wiederum eine Gemeinschaft nach den §§ 741-758 BGB, deren Kündigung im Insolvenzfall eines der Mitglieder der Gemeinschaft nicht verhindert werden kann. Allerdings ist ein Bruchteils-Dauerwohnrecht ein dingliches Recht im Sinne des § 481 Abs. 1 S. 2 BGB, im Gegensatz zum Treuhandmodell.

59 **Mängelrechte.** Es greifen ohne weiteres die kaufrechtlichen Rechtsbehelfe.[57] Dies ist beim **Sachkauf** (Eigentum, Wohnungseigentum) unproblematisch und führt zur Anwendung der in § 437 BGB aufgezählten Rechtsbehelfe, sofern ein Mangel gem. § 434 BGB vorliegt (vgl. die Kommentierung zu § 437 BGB und die Kommentierung zu § 434 BGB). Beim **Rechtskauf**, also beispielsweise dem Erwerb eines Dauerwohnrechts, liegen die Dinge etwas komplizierter. Der Veräußerer haftet nämlich grundsätzlich nur für die Verität, nicht aber für die Bonität des veräußerten Rechts, jedoch gilt hier nach § 453 Abs. 3 BGB eine Ausnahme, wenn das Recht zum Besitz der Sache berechtigt. Dann gilt auch die Sachmängelgewährleistung (vgl. die Kommentierung zu § 453 BGB): Da die hier in Rede stehenden Nutzungsrechte zum Besitz der Ferienimmobilie berechtigen, greift § 453 Abs. 3 BGB ein.

3. Gesellschaftsrechtliche Teilzeit-Wohnrechte

60 **Vereinsmitgliedschaft.** Das Gesetz unterscheidet in § 481 Abs. 1 S. 2 BGB zwischen der Vereinsmitgliedschaft und dem Anteil an einer Gesellschaft. Bei der Vereinsmitgliedschaft ist der Verein Träger der Ferienanlage. Er muss nicht notwendigerweise Eigentümer sein, sondern kann z.B. auch bloßer Inhaber eines Dauerwohnrechts sein. Für den Verbraucher bedarf es eines Aufnahmevertrags und eines weiteren Vertrags, in dem seine Nutzungsrechte geregelt sind, also insbesondere die Woche(n) festgelegt sind, in denen ihm das Nutzungsrecht zustehen soll. Es ist eine Frage der Ausgestaltung im Einzelnen, ob die Einzelheiten der Nutzungsrechte bereits in der Satzung des Vereins geregelt werden, oder ob dies in den einzelnen Verträgen des Vereins mit seinen Mitgliedern erfolgt. Da der Verein sich das Nutzungsrecht beschaffen muss, ist auch bei seriösen Konstruktionen eine Aufnahmegebühr erforderlich.[58]

61 In der Vergangenheit entstand der Eindruck, dass Vereinskonstruktionen dazu benutzt wurden, ein normales **schuldrechtliches Timesharing zu umgehen**. Die Rechtsprechung nimmt eine Umgehung an, wenn die Aufnahmegebühr dem Preis für den Erwerb eines Nutzungsrechts entspricht, die Mitwirkungsrechte des Mitglieds im Verein auf das gesetzlich unumgängliche beschränkt werden und der Verein weitere Leistungen außer der Bereitstellung des Nutzungsrechts nicht erbringt.[59] Diese Urteile sind dadurch motiviert, dass nach der Rechtslage vor In-Kraft-Treten des TzWrG dem Verbraucher in einer Haustürsituation durch das Vereinsmodell das Widerrufsrecht nach § 1 HTürGG abgeschnitten wurde, was seitens der Anbieter auch ein Grund für die Wahl des Vereinsmodells gewesen sein mag. Dieser Gedanke trifft heute aber nicht mehr zu, da das Widerrufsrecht gem. § 485 BGB auch beim Vereinsmodell greift. Vereinsrechtliches Timesharing ist auch nicht allein deshalb missbräuchlich, weil die Aufnahmegebühr dem Preis für das Nutzungsrecht entspricht, denn sonst könnte der Verein die Ferienanlage nicht erwerben.

62 **Gesellschaftsrechtliches Timesharing.** Eine Ferienanlage kann auch als **GmbH** oder als **Genossenschaft** betrieben werden.[60] Die Timesharer erwerben dann Gesellschaftsanteile. Auch hier ist zu unterscheiden zwischen dem Vertrag, mit dem der Verbraucher den Gesellschaftsanteil erwirbt und der Satzung, in der seine Mitgliedsrechte geregelt sind. Der Preis für den Gesellschaftsanteil wird sich notwendigerweise am Preis eines Nutzungsrechts orientieren.

---

[57] Überblick auch bei *Eckert* in: Bamberger/Roth, § 481 Rn. 28-32.
[58] Zu den Voraussetzungen *Franzen* in: MünchKomm-BGB, § 481 Rn. 18; *Tonner*, Das Recht des Timesharing an Ferienimmobilien, 1997, Rn. 179 ff.; skeptisch *Martinek* in: Staudinger, Vorbem. zu §§ 481-487, Rn. 28.
[59] BGH v. 20.01.1997 - II ZR 105/96 - juris Rn. 7 - LM HWiG Nr. 29 (6/1997); OLG Celle v. 11.09.1996 - 20 U 86/95 - NJW-RR 1997, 504-505; LG Darmstadt v. 01.06.1994 - 9 O 739/93 - VuR 1994, 266-269.
[60] Vgl. *Bütter*, Immobilien-Time-Sharing und Verbraucherschutz, 2000, S. 118 ff.

Das gesellschaftsrechtliche Timesharing hat praktische Bedeutung allein für das auf Schweizer **Aktienrecht** beruhende sog. **Hapimag-Modell** gewonnen.[61] Danach gewährt der Verbraucher gleichzeitig mit dem Erwerb einer Aktie der AG ein „unkündbares, unverzinsliches Darlehen" und erhält durch jährliche Zuweisung von Wohnberechtigungspunkten eine Wohnberechtigung an den Anlagen der AG. Da sich die Wohnberechtigung auf alle Anlagen der AG erstreckt, erlaubt das Hapimag-Modell eine flexiblere Urlaubsgestaltung als normales Timesharing, ohne dass ein Tauschpool bemüht werden müsste. Die Wohnberechtigung ersetzt sowohl die Zinsen für das Darlehen wie die ebenfalls ausgeschlossene Dividende für die Aktie. Außerdem sind verbrauchsabhängige Nebenkosten gesondert zu zahlen.

63

IV. Unwirksamkeit

1. Definition

Wie jeder Vertrag, so kann auch der Vertrag über ein Teilzeit-Nutzungsrecht aufgrund der allgemeinen Vorschriften unwirksam sein. Dies spielte vor allem vor In-Kraft-Treten des TzWrG eine erhebliche Rolle. Die seinerzeit ergangene Rechtsprechung ist aber auch unter der Geltung der §§ 481-487 BGB relevant, auch nach der Reform von 2011 durch das TzWruaModG.

64

Die Unwirksamkeit kann sich aus der **Sittenwidrigkeit** des Vertrags ergeben, § 138 BGB. Die Rechtsprechung erklärt aus einer Zusammenschau des Wuchertatbestandes gem. § 138 Abs. 2 BGB und der Sittenwidrigkeit gem. § 138 Abs. 1 BGB auch wucherähnliche Rechtsgeschäfte für sittenwidrig. Diese im Verbraucherkreditrecht[62] und im Grundstückskaufrecht[63] entwickelte Formel wird auf den Vertrag über Teilzeit-Wohnrechte übertragen. Eine geringere Rolle spielt die Anfechtbarkeit wegen **arglistiger Täuschung** gem. § 123 BGB.

65

Eine Unwirksamkeit kann sich ausnahmsweise auch bei der **AGB-Kontrolle** ergeben. Zwar ist im Regelfall der Vertrag wirksam, wenn einzelne Klauseln sich als unwirksam erweisen, § 306 Abs. 1 BGB. Lücken werden durch das dispositive Recht gefüllt. Jedoch ist der Vertrag ausnahmsweise unwirksam, wenn das Festhalten eine unzumutbare Härte für eine Vertragspartei bedeuten würde, § 306 Abs. 3 BGB. Dabei ist in erster Linie an den Verwender zu denken, während eine unzumutbare Härte für den Kunden nur ganz ausnahmsweise vorliegen wird, weil der Kunde regelmäßig ein Interesse am Bestand des Vertrags hat.[64]

66

2. Rechtsprechung

Für die Frage der **Sittenwidrigkeit** eines Teilzeit-Wohnrechtevertrags gibt es eine **Leitentscheidung des BGH**.[65] Der BGH bezieht sich auf seine im Verbraucherkreditrecht und im Grundstückskaufrecht entwickelte Formel, wonach ein grobes Missverhältnis zwischen Leistung und Gegenleistung, das den Schluss auf eine verwerfliche Gesinnung des Begünstigten zulässt, dann angenommen werden könne, wenn der **Wert der Leistung knapp doppelt so hoch ist wie der Wert der Gegenleistung**.[66] Als Vergleichsmaßstab zieht der BGH den Preis von Eigentumswohnungen heran, der hier um das Siebenbis Zehnfache überschritten war. Der BGH räumt ein, dass es nicht auf den Markt für Eigentumswohnungen, sondern auf den für verkaufte Anteile ankomme, sieht aber letztlich keinen Unterschied, weil

67

---

[61] Zum Hapimag-Modell *Franzen* in: MünchKomm-BGB, § 481 Rn. 19; *Martinek* in: Staudinger, Vorbem. zu §§ 481-487 Rn. 29; *Tonner*, Das Recht des Timesharing an Ferienimmobilien, 1997, Rn. 184 f.; *Bütter*, Immobilien-Time-Sharing und Verbraucherschutz, 2000, S. 112 ff.
[62] *Krüger/Bütter* in: Tonner/Willingmann/Tamm, Vertragsrecht, 2010, § 488 Rn. 23.
[63] *Tonner* in: Tonner/Willingmann/Tamm, Vertragsrecht, 2010, § 433 Rn. 44.
[64] *Basedow* in: MünchKomm-BGB, § 306 Rn. 31 ff.
[65] BGH v. 25.02.1994 - V ZR 63/93 - juris Rn. 26 - BGHZ 125, 218-229.
[66] BGH v. 12.03.1981 - III ZR 92/79 - juris Rn. 14 - BGHZ 80, 153-172; BGH v. 15.01.1987 - III ZR 217/85 - juris Rn. 14 - BGHZ 99, 333-340; BGH v. 24.03.1988 - III ZR 30/87 - juris Rn. 14 - BGHZ 104, 102-109; BGH v. 02.10.1986 - III ZR 163/85 - juris Rn. 22 - NJW 1987, 181-183; BGH v. 11.12.1990 - XI ZR 69/90 - LM Nr. 67 zu BGB § 138 (Bc).

§ 481   jurisPK-BGB / Tonner

nicht ersichtlich sei, welche zusätzlichen Leistungen der Erwerber im Vergleich zum Kauf einer normalen Eigentumswohnung erhalten solle.

68 Nichtigkeit gem. § 138 Abs. 1 BGB kann auch wegen der **Gesamtumstände des Falles** vorliegen. Besonders instruktiv ist ein Urteil des LG Lübeck, das eine seinerzeit häufig auftretende Situation betraf.[67] Verkauft worden war ein Bruchteil an einem Dauerwohnrecht an der Anlage Todtmooser Hof im Schwarzwald, den der Erwerber nur deswegen gekauft hatte, um gemäß den Versprechungen der Werbung Mitglied der Tauschorganisation RCI werden zu können und durch Einsatz seines Rechtes in den im RCI-Prospekt aufgeführten Ferienobjekten Urlaub machen zu können. Das LG Lübeck hielt den Anteil an der Anlage Todtmooser Hof für wirtschaftlich wertlos. Die vom RCI angebotenen Tauschmöglichkeiten seien nur eingeschränkt möglich und zudem mit weiteren Kosten verbunden. Der Kunde werde mit den auf ihn entfallenden Kosten der Anlage im Schwarzwald belastet, in der er eigentlich keinen Urlaub verbringen möchte. Ergänzend komme die Intransparenz der Vertragskonstruktion hinzu.

69 Zur Sittenwidrigkeit in Würdigung der Gesamtumstände kommen auch das OLG Köln[68], das LG Tübingen[69] und das AG Hamburg[70]. Das LG Dortmund hält einen Vertrag für sittenwidrig, weil der Erwerb eines Dauerwohnrechts vorgetäuscht wurde, während in Wahrheit nur ein schuldrechtlicher Anspruch erworben wurde.[71] Es handelte sich hier um das übliche Treuhandmodell.

70 Eine Anfechtbarkeit wegen **arglistiger Täuschung** wurde dagegen nur einmal angenommen. Es handelte sich dabei um die Zusicherung eines Qualitätsstandards (Fünf-Sterne-Hotel), der nicht vorhanden war.[72]

71 Zahlreiche Gerichte haben Timesharing-Verträge wegen ihrer Komplexität und Unübersichtlichkeit als **Verstoß gegen das Transparenzgebot** gemäß § 9 AGBG (jetzt in § 307 Abs. 1 Satz 1 BGB ausdrücklich kodifiziert) und damit als unwirksam angesehen.[73] Der BGH hat dagegen in seiner Entscheidung vom 30.06.1995 nicht auf das Transparenzgebot, sondern auf § 3 AGBG (jetzt § 305c Abs. 1 BGB: **überraschende Klausel**) abgestellt.[74]

72 In der BGH-Entscheidung vom 30.06.1995 ging es um die Treuhandkonstruktion der Firma Century, die auch Gegenstand anderer Gerichtsentscheidungen war.[75] Der Vertrag basierte auf einem Dauerwohnrecht nach § 31 WEG. Die Erwerber erhielten jedoch keine Bruchteile an diesem Dauerwohnrecht. Vielmehr wurden diese auf einen Treuhänder übertragen, der sie für die Erwerber hielt. Die Erwerber wurden lediglich in ein beim Treuhänder geführtes privates „Register" eingetragen. Diese Einschränkung der Rechtsstellung der Erwerber hielt der BGH für überraschend im Sinne des § 3 AGBG (jetzt: § 305c Abs. 1 BGB), da der Vertrag ansonsten den Eindruck vermittelte, die Erwerber erhielten

---

[67] LG Lübeck v. 20.12.1995 - 17 O 245/95 - VuR 1996, 127-129.
[68] OLG Köln v. 16.02.1995 - 7 U 100/94 - NJW-RR 1995, 1333-1335 und OLG Köln v. 29.03.1996 - 20 U 185/95 - NJW-RR 1997, 308-310.
[69] LG Tübingen v. 08.02.1995 - 7 O 219/94 - NJW-RR 1995, 1142-1144.
[70] AG Hamburg v. 14.03.1996 - 7 C 201/95 - VuR 1996, 347-349.
[71] LG Dortmund v. 31.01.1996 - 5 O 15/95 - VuR 1996, 208-210.
[72] OLG Düsseldorf v. 21.10.1994 - 14 U 158/93 - NJW-RR 1995, 686-687; zu weiteren vorstellbaren Gründen wegen Arglist vgl. *Hildenbrand*, NJW 1996, 3249-3256, 3255.
[73] OLG Köln v. 16.02.1995 - 7 U 100/94 - NJW-RR 1995, 1333-1335; OLG Köln v. 22.10.1993 - 19 U 34/93 - NJW 1994, 59-60; LG Bonn v. 20.11.1995 - 10 O 390/95 - VuR 1996, 317-320; LG Hamburg v. 02.11.1994 - 304 S 39/94 - VuR 1995, 124-126; LG Lübeck v. 04.01.1993 - 10 O 713/91 - VuR 1994, 35; LG Köln v. 30.04.1991 - 21 O 569/90 - NJW-RR 1992, 1333-1334; LG Tübingen v. 08.02.1995 - 7 O 219/94 - NJW-RR 1995, 1142-1144; AG Ludwigshafen v. 07.07.1995 - 2 b C 191/95 - VuR 1996, 169-170; AG Hamburg v. 26.09.1994 - 6 C 821/94 - VuR 1994, 346-355; LG Bonn v. 20.11.1995 - 10 O 390/95 - VuR 1996, 317-320; LG Hamburg v. 31.01.1995 - 301 O 20/94; AG Hamburg v. 16.06.1993 - 11 C 28/93; AG Reinbek v. 08.05.1992 - 5 C 136/91 - VuR 1994, 55.
[74] BGH v. 17.01.1996 - IV ZR 184/94 - LM BGB § 528 Nr. 12 (6/1996); bestätigt von BGH v. 10.05.1996 - V ZR 154/95 - NJW-RR 1996, 1034-1035.
[75] KG Berlin v. 08.11.1994 - 14 U 1383/94; LG Hamburg v. 31.01.1995 - 301 O 20/94; LG Lübeck v. 04.01.1993 - 10 O 713/91 - VuR 1994, 35.

eine dinglich gesicherte Position. Der BGH brauchte sich daher nicht mehr mit der Frage auseinander zu setzen, ob die Treuhandkonstruktion an sich, wäre sie nicht überraschend gewesen, zulässig gewesen wäre.

Die Rechtsfolgen ergeben sich aus § 306 BGB, zum Zeitpunkt des Urteils § 6 AGBG. Danach **bleibt der Vertrag ohne die unwirksame Klausel bestehen**, § 306 Abs. 1 BGB. Der BGH beließ es bei dieser Grundregel, so dass der klagende Erwerber sein Ziel, aus dem Vertrag herauszukommen, nicht erreichte. Vielmehr blieb der Vertrag ohne die Treuhandkonstruktion wirksam, so dass er einen Anspruch auf Übertragung des Bruchteils am Dauerwohnrecht erhielt.

73

Die **Instanzgerichte** sind dagegen bei im Wesentlichen gleicher Fallgestaltung zur **Gesamtunwirksamkeit** des Vertrags gelangt, d.h. sie haben § 6 Abs. 3 AGBG (jetzt § 306 Abs. 3 BGB) angewendet, wonach das Festhalten an ihm eine unzumutbare Härte für eine Vertragspartei darstellen würde.[76] Ein Widerspruch zu der BGH-Entscheidung liegt gleichwohl nicht vor, denn die Instanzgerichte haben noch weitere Faktoren in ihr Unwirksamkeitsverdikt einbezogen. Sie bezogen sich vor allem auf die Undurchschaubarkeit der Kostenfolgen des Vertragsbündels. Während der Erwerbspreis in der Regel eindeutig fixiert ist, gilt dies für die aus den Begleitverträgen zu erbringenden Leistungen nicht unbedingt. Die Rechtsprechung hat vor allem unklare Regelungen in den Verträgen über die Mitgliedschaft in einem Tauschsystem und in den Verwaltungsverträgen beanstandet.[77] Beides wurde später im TzWrG und ist jetzt in Art. 242 §§ 1, 2 EGBGB geregelt. Neuere Entscheidungen gibt es nicht. Die Probleme ebbten bereits mit dem Inkrafttreten des TzWrG ab.

74

3. Literatur

Die Anwendung von § 138 BGB und § 307 BGB (seinerzeit § 9 AGBG) fand in der Literatur grundsätzlich Zustimmung.[78] **Kritisiert** wurde jedoch der **Vergleichsmaßstab** bei der Annahme eines wucherähnlichen Geschäfts. *Kind* führt aus, dass bei einer Timesharing-Anlage im Gegensatz zu einer Eigentumswohnung regelmäßig eine Reihe von Dienstleistungen erbracht werden, die mit dem Erwerbspreis abgegolten sind, und hält den Aufwand für das jährliche Anmieten eines Hotelappartements für den richtigen Vergleichsmaßstab.[79] Dafür legt sie eine Modellrechnung vor.[80] Das Abstellen auf Eigentumswohnungen wird jedoch auch verteidigt.[81]

75

4. Ansicht des Autors

Der Verfasser hat kritisiert, dass jedenfalls bei der Vergleichsrechnung mit einer Eigentumswohnung nicht 54 Wochen im Jahr zugrunde gelegt werden können, da es regelmäßig nicht gelingt, Teilzeit-Wohnrechte für sämtliche Wochen im Jahr zu veräußern.[82] Im Übrigen sollte eine Vergleichsrechnung

76

---

[76] Vgl. OLG Köln v. 16.02.1995 - 7 U 100/94 - NJW-RR 1995, 1333-1335; OLG Köln v. 22.10.1993 - 19 U 34/93 - NJW 1994, 59-60; LG Bonn v. 20.11.1995 - 10 O 390/95 - VuR 1996, 317-320; LG Hamburg v. 02.11.1994 - 304 S 39/94 - VuR 1995, 124-126; LG Lübeck v. 04.01.1993 - 10 O 713/91 - VuR 1994, 35; LG Köln v. 30.04.1991 - 21 O 569/90 - NJW-RR 1992, 1333-1334; LG Tübingen v. 08.02.1995 - 7 O 219/94 - NJW-RR 1995, 1142-1144; AG Ludwigshafen v. 07.07.1995 - 2 b C 191/95 - VuR 1996, 169-170; AG Hamburg v. 26.09.1994 - 6 C 821/94 - VuR 1994, 346-355; LG Bonn v. 20.11.1995 - 10 O 390/95 - VuR 1996, 317-320; LG Hamburg v. 31.01.1995 - 301 O 20/94; AG Hamburg v. 16.06.1993 - 11 C 28/93; AG Reinbek v. 08.05.1992 - 5 C 136/91 - VuR 1994, 55.

[77] OLG Köln v. 22.10.1993 - 19 U 34/93 - NJW 1994, 59-60; KG Berlin v. 08.11.1994 - 14 U 1383/94; LG Lübeck v. 04.01.1993 - 10 O 713/91 - VuR 1994, 35; LG Köln v. 30.04.1991 - 21 O 569/90 - NJW-RR 1992, 1333-1334; AG Hamburg v. 26.09.1994 - 6 C 821/94 - VuR 1994, 346-355; LG Hamburg v. 02.11.1994 - 304 S 39/94 - VuR 1995, 124-126; LG Lübeck v. 20.12.1995 - 17 O 245/95 - VuR 1996, 127-129.

[78] *Martinek* in: Staudinger, Vorbem. zu §§ 481-487 Rn. 43; *Kappus* in: Hildenbrand/Kappus/Mäsch, Time-Sharing und Teilzeit-Wohnrechtegesetz (TzWrG), 1997, Rn. 97 ff., Rn. 105 ff.

[79] *Kind*, Die Grenzen des Verbraucherschutzes durch Information, 1998, S. 250 ff., S. 254 f.

[80] *Kind*, Die Grenzen des Verbraucherschutzes durch Information, 1998, S. 255 ff. mit zahlreichen Tabellen.

[81] *Kappus* in: Hildenbrand/Kappus/Mäsch, Time-Sharing und Teilzeit-Wohnrechtegesetz (TzWrG), 1997, Überblick Rn. 98.

[82] *Tonner*, Das Recht des Timesharing an Ferienimmobilien, 1997, Rn. 249 f.

in der Tat mit Hotelpreisen erfolgen, zumal sich Timesharing als Alternative zur herkömmlichen Pauschalreise versteht und gerade nicht zum Erwerb einer Ferienwohnung.[83]

77 Das **Treuhandmodell** ist per se weder sittenwidrig noch ein Verstoß gegen das Transparenzgebot des § 307 Abs. 1 Satz 2 BGB. Vielmehr kommt es darauf an, ob es dem Verbraucher im Vertrag hinreichend deutlich erklärt wurde, d.h. insbesondere, dass er in der Regel nur eine schuldrechtliche Stellung erwirbt[84] und welche Verträge er im Einzelnen abschließt[85] und ob weitere Umstände hinzukommen, die Sittenwidrigkeit, § 138 BGB, oder Unwirksamkeit wegen Intransparenz, § 307 Abs. 3 BGB i.V.m. § 307 Abs. 1 Satz 2 BGB, begründen können.

V. Übergangsrecht

78 Das TzWruaModG hat in Art. 229 § 25 EGBGB eine **neue Übergangsvorschrift** geschaffen. Nach seinem Absatz 1 gelten für vor dem 23.02.2011 geschlossene Verträge die §§ 481-487 BGB in der bisherigen Fassung. Dies dürfte zahlreiche Verträge betreffen, so dass das bisherige Recht noch für eine Weile eine nicht unerhebliche Bedeutung behalten wird. Teilzeitwohnungsrechte-Verträge mit einer Laufzeit von unter drei Jahren, die dem alten Recht nicht unterfielen, werden ihm nicht nachträglich unterstellt.[86] Die §§ 481-487 BGB a.F. ihrerseits traten am 01.01.2002 in Kraft. Davor galt das TzWrG. Für den Übergang vom TzWrG zu den §§ 481-487 BGB a.F. gilt die allgemeine **Überleitungsvorschrift für das Schuldrechtsmodernisierungsgesetz**, Art. 229 § 5 EGBGB. Auch diese Vorschrift stellt auf den Vertragsschluss ab, so dass nicht wenige Verträge auch heute noch nach dem TzWrG zu beurteilen sein dürften.

79 Für Verträge über **langfristige Urlaubsprodukte** (§ 481a BGB) und **Vermittlungsverträge** und **Tauschsystemverträge** (§ 481b BB) gibt es keine Vorgängervorschriften für die seit dem 23.02.2011 geltenden Regeln. Art. 229 § 25 EGBGB stellt deshalb klar, dass die §§ 481-487 BGB auf diese Verträge nicht anzuwenden sind.

VI. Anwendbares Recht

80 Das anwendbare Recht ist bei den Verträgen grundsätzlich nach der Rom I-VO zu bestimmen. Für den Timesharing-Bereich gibt es spezielles **Richtlinienkollisionsrecht**, das auf Art. 12 (2) der Richtlinie 2008/122/EG zurückgeht und in Art. 46b Abs. 4 EGBGB umgesetzt ist (vgl. Rn. 85 ff.). Nach Art. 23 Rom I-VO hat Richtlinienkollisionsrecht Vorrang. Die einschlägigen Vorschriften der Rom I-VO und Art. 46b Abs. 4 EGBGB überschneiden sich jedoch kaum,[87] so dass sie praktisch nebeneinander zur Anwendung gelangen.

81 Da die §§ 481-487 BGB nur auf Verbraucherverträge anzuwenden sind, kommt **Art. 6 der Rom I-VO**, die Vorschrift über Verbraucherverträge, zur Anwendung. Danach ist eine Rechtswahl zwar zulässig, sie darf jedoch nicht dazu führen, dass dem Verbraucher die Anwendung der ihn schützenden Vorschriften seines Wohnsitzstaates entzogen wird. Es ist ein **Günstigkeitsvergleich** durchzuführen.[88] In der Praxis wird darauf häufig verzichtet, und es wird ohne weiteres das Wohnsitzrecht des Verbrauchers zugrunde gelegt. Dies ist aber nicht richtig, weil eine Rechtswahl nicht schlechthin verboten ist.

---

[83] Auch die Erwägungen des Verfassers zur Wirtschaftlichkeit von Timesharing beruhen auf dem Vergleich mit einer Pauschalreise, *Tonner*, Das Recht des Timesharing an Ferienimmobilien, 1997, Rn. 41 ff.
[84] Darauf stellen auch *Kind*, Die Grenzen des Verbraucherschutzes durch Information, 1998, S. 229 und *Bütter*, Immobilien-Time-Sharing und Verbraucherschutz, 2000, S. 171 f. ab.
[85] Vorschläge dafür bei *Tonner*, Das Recht des Timesharing an Ferienimmobilien, 1997, Rn. 263; zustimmend *Bütter*, Immobilien-Time-Sharing und Verbraucherschutz, 2000, S. 170 f.
[86] BT-Drs. 17/2764, S. 22.
[87] Zum verbleibenden Überschneidungsbereich Art. 46 b Rn. 35 (*Limbach*).
[88] *Martiny* in: MünchKomm-BGB, Art. 6 Rom-I-VO Rn. 46-48.

82 Art. 6 Rom I-VO setzt voraus, dass der Unternehmer entweder seinen Sitz im Wohnsitzstaat des Verbrauchers hat oder seine Tätigkeit auf diesen Staat „**ausrichtet**". Der Begriff des „Ausrichtens" wurde eingeführt, um auch Vertragsanbahnungen über das Internet einzufangen.[89]

83 Solange die Rom I-VO zur Anwendung des Rechts des Wohnsitzstaats des Verbrauchers führt, spielt die Vorrangregel zugunsten von Art. 46b Abs. 4 EGBGB praktisch keine Rolle. Dies ist jedoch dann der Fall, wenn die Rom I-VO ausnahmsweise auf das Recht eines Drittstaats verweist, was etwa der Fall sein kann, wenn der **Vertrag am Urlaubsort des Verbrauchers abgeschlossen** wurde. Die Vorschrift will eine lückenlose Anwendung der Richtlinie 2008/122/EG bzw. ihrer nationalen Umsetzung erreichen, wenn die Immobilie, auf die sich das Nutzungsrecht bezieht, innerhalb der EU belegen ist. Mit der Rom I-VO ist dieses Ziel nicht zu erreichen, wenn der Unternehmer seine Vertragsanbahnung nicht auf den Wohnsitzstaat des Verbrauchers ausgerichtet hat, weil wie erwähnt die Vertragsanbahnung am Urlaubsort des Verbrauchers stattgefunden hat, so dass es einer ergänzenden Regelung bedarf.

84 Die Richtlinie 2008/122/EG verlangt daher in ihrem Art. 12 (2), dass dem Verbraucher der Schutz der Richtlinie nicht vorenthalten werden darf, wenn das **Recht eines Drittlandes** anzuwenden ist und eine der betroffenen **Immobilien im Hoheitsgebiet eines Mitgliedstaats belegen** ist (erster Spiegelstrich). Die Richtlinie ist in der Form anzuwenden, die sie in dem Mitgliedstaat hat, in dem der Verbraucher ein Gericht angerufen hat. Welches Gericht der Verbraucher anrufen kann, ergibt sich aus der Brüssel I-VO.[90] Gemäß deren Art. 16 wird dies häufig das für den Wohnsitz des Verbrauchers zuständige Gericht sein. Die Vorschrift führt also nicht etwa dazu, dass das Recht am Belegenheitsort der Immobilie zur Anwendung gelangt.

85 Im Falle eines Drittstaatsrecht unterliegenden Vertrags, der sich **nicht auf eine Immobilie bezieht**, sieht Art. 12 (2) zweiter Spiegelstrich und entsprechend Art. 46b Abs. 4 Nr. 2 EGBGB vor, dass die Richtlinie in der Form der jeweiligen nationalen Umsetzung dann anzuwenden ist, wenn der Unternehmer eine Tätigkeit in einem Mitgliedstaat der EU ausübt oder seine Tätigkeit auf einen Mitgliedstaat **ausrichtet**.

86 Eine entsprechende Vorschrift befand sich bereits in der Vorgänger-Richtlinie 94/47/EG, die damals in Art. 29a EGBGB umgesetzt wurde. Mit Inkrafttreten der Rom I-VO wurde sie nach Art. 46b EGBGB verschoben und nunmehr an die Richtlinie 2008/122/EG, vor allem an deren weiteren Anwendungsbereich, angepasst. Außerdem wurden überschießende Regelungen in Art. 46b EGBGB a.F. mit Rücksicht auf das Vollharmonisierungsprinzip gestrichen.[91]

87 Art. 46b Abs. 4 EGBGB entfaltet nur dann Bedeutung, wenn das Recht eines Drittstaats, also eines Staates, der weder der EU noch dem EWR angehört, berufen ist. Dies kann der Fall sein, wenn der Verbraucher am **Urlaubsort** einen Vertrag abschließt, denn beim Abschluss an seinem Wohnsitz ist er hinreichend durch Art. 6 Rom I-VO geschützt. Dabei ist zu unterscheiden: Wird der Vertrag außerhalb der EU abgeschlossen, kommt das Recht eines Drittstaats meist bereits objektiv zur Anwendung, doch wird in diesen Fällen wohl meist ein Teilzeitwohnrecht in diesem Drittstaat erworben, so dass Art. 46b Abs. 4 EGBGB nicht eingreift.[92] Wird der Vertrag aber innerhalb der EU, aber außerhalb des Wohnsitzstaats des Verbrauchers abgeschlossen, so kann **Drittstaatsrecht kraft Rechtswahl** zur Anwendung kommen. Eine derartige Rechtswahl ist nach Art. 4 Rom I-VO zulässig und wird nicht durch Art. 6 Rom I-VO überlagert, weil es an einer Vertragsanbahnung, die auf den Wohnsitzstaat des Verbrauchers ausgerichtet ist, fehlt. Diese Schutzlücke schließt Art. 46b Abs. 4 EGBGB, sofern die betreffende Immobilie innerhalb der EU belegen ist.

---

[89] Eine erste Klärung zur Vertragsanbahnung über das Internet hat das Urteil des EuGH v. 07.12. 2010 - C-585/08 - Pammer und C-144/09 - Alpenhof, gebracht.
[90] VO (EG) Nr. 44/2001.
[91] BT-Drs. 17/2764, S. 21.
[92] *Martiny* in: MünchKomm-BGB, Art. 46b EGBGB Rn. 91.

D. Rechtsfolgen

88 Liegt ein Teilzeit-Wohnrechtevertrag gem. § 481 BGB vor, so muss der Veräußerer die folgenden Vorschriften zwingend (vgl. die Kommentierung zu § 487 BGB) beachten. Insbesondere ist er zu genau geregelten Informationen verpflichtet, vgl. die Kommentierung zu § 482 BGB, der Vertrag selbst muss gewissen Erfordernissen genügen, vgl. die Kommentierung zu § 484 BGB, und dem Verbraucher muss ein Widerrufsrecht eingeräumt werden, vgl. die Kommentierung zu § 485 BGB.

§ 481a BGB Vertrag über ein langfristiges Urlaubsprodukt

(Fassung vom 17.01.2011, gültig ab 23.02.2011)

(1) ¹Ein Vertrag über ein langfristiges Urlaubsprodukt ist ein Vertrag für die Dauer von mehr als einem Jahr, durch den ein Unternehmer einem Verbraucher gegen Zahlung eines Gesamtpreises das Recht verschafft oder zu verschaffen verspricht, Preisnachlässe oder sonstige Vergünstigungen in Bezug auf eine Unterkunft zu erwerben. ²§ 481 Absatz 1 Satz 2 gilt entsprechend.

Gliederung

A. Grundlagen	1	B. Praktische Bedeutung	6
I. Kurzcharakteristik	1	C. Anwendungsvoraussetzungen	7
II. Gesetzgebungsmaterialien	2	D. Rechtsfolgen	12
III. Europäischer Hintergrund	4		

A. Grundlagen

I. Kurzcharakteristik

Die Vorschrift wurde durch das Umsetzungsgesetz zur Richtlinie 2008/122/EG (TzWruaModG) mit Wirkung zum 23.02.2011 ins BGB eingefügt. Sie erweitert den Anwendungsbereich der §§ 481-487 BGB auf sog. **langfristige Urlaubsprodukte**. Damit sollen vor allem sog. **travel discount clubs** erfasst werden, bei denen der Verbraucher eine langfristige Bindung eingeht und gegen Zahlung regelmäßiger Beiträge Preisermäßigungen bei der Inanspruchnahme von Unterkünften erhält. Der europäische Gesetzgeber sieht hierin eine ähnliche Gefahr wie bei herkömmlichen Teilzeit-Wohnrechten. Letztlich schützt die Vorschrift vor einer Umgehung des § 481 BGB.   1

II. Gesetzgebungsmaterialien

Der europäische Gesetzgeber hielt einen besonderen Verbraucherschutz bei langfristigen Urlaubsprodukten für erforderlich, weil zahlreiche **Verbraucherbeschwerden** über travel discount clubs vorlägen.[1] Im Übrigen befassen sich die Erwägungsgründe 7 und 15 (vgl. Rn. 5) speziell mit langfristigen Urlaubsprodukten.   2

Der deutsche Gesetzgeber war aufgrund des **Vollharmonisierungsprinzips** der Richtlinie gehalten, die Vorschrift nicht nur ohne Abstriche, sondern auch ohne „Aufrundungen" zugunsten des Verbrauchers umzusetzen. Anders als der europäische Gesetzgeber, der die „langfristigen Urlaubsprodukte" lediglich in der den sachlichen Anwendungsbereich definierenden Vorschrift mit aufführt, hat er eine eigene Vorschrift dafür eingeführt. Die Begründung für den Wortlaut des § 481a BGB findet sich im Gesetzentwurf der Bundesregierung vom 18.08.2010.[2]   3

III. Europäischer Hintergrund

Die Vorschrift setzt Art. 1 (1) der Richtlinie 2008/122/EG um, der den sachlichen Anwendungsbereich der Richtlinie umschreibt und dabei auch den Vertrag über „langfristige Urlaubsprodukte" erwähnt. Er wird in Art. 2 (1) li. b) **definiert** als ein „Vertrag mit einer Laufzeit von mehr als einem Jahr, mit dem der Verbraucher gegen Entgelt in erster Linie das Recht auf Preisnachlässe oder sonstige Vergünstigungen in Bezug auf eine Unterkunft erwirbt, und zwar unabhängig davon, ob damit Reise- oder sonstige Leistungen verbunden sind."   4

Nach den Vorstellungen des europäischen Gesetzgebers muss das Entgelt zu Beginn der Vertragslaufzeit nicht vollständig erbracht werden. Vielmehr genügt für die Anwendbarkeit der Vorschrift, wenn   5

---

[1] So in der Begründung zum Vorschlag der Richtlinie, KOM (2007)303.
[2] BT-Drs. 17/2764, S. 16.

ein **Ratenzahlungsplan** vereinbart wird. Die Raten sollen, so Erwägungsgrund 15 und das Formblatt, nach dem ersten Jahr angepasst werden können.

B. Praktische Bedeutung

6   Die praktische Bedeutung der Vorschrift ist gering, da Probleme mit travel discount clubs in Deutschland bislang noch nicht bekannt geworden sind. In anderen Mitgliedstaaten der EU ist dies aber offensichtlich der Fall, so dass nicht ausgeschlossen werden kann, dass Probleme künftig auch in Deutschland auftreten und die Vorschrift dann ihre Bedeutung entfalten kann.

C. Anwendungsvoraussetzungen

7   Wie ein Teilzeit-Wohnrecht fällt auch ein langfristiges Urlaubsprodukt nur dann in den Anwendungsbereich der §§ 481-487 BGB, wenn der diesbezügliche Vertrag **länger als ein Jahr** läuft. Verlängerungsmöglichkeiten sind in die Berechnung der Laufzeit einzubeziehen, wie sich aus dem Verweis in § 481a Satz 2 BGB auf § 481 Abs. 1 Satz 2 BGB ergibt.

8   Der **persönliche Anwendungsbereich** beschränkt sich, wie bei den §§ 481-487 BGB insgesamt, auf Verträge zwischen Verbrauchern und Unternehmern. Zur Konkretisierung dieser Begriffe sind die §§ 13, 14 BGB heranzuziehen.

9   Das „langfristige Urlaubsprodukt" besteht in einem Recht, **Preisnachlässe** oder sonstige Vergünstigungen in Bezug auf eine Unterkunft zu erwerben. Das Entgelt für die Unterkunft selbst ist darin nicht enthalten; vielmehr muss der Verbraucher unabhängig vom Entgelt für das „langfristige Urlaubsprodukt" für die Unterkunft ein, wenn auch ermäßigtes, Entgelt entrichten.[3] Das bedeutet, dass Rabattprogramme von Hotels für ihre eigenen Leistungen nicht unter den Anwendungsbereich der Vorschrift fallen. Darauf weist Erwägungsgrund 7 der Richtlinie ausdrücklich hin.[4]

10   Die Vorschrift bezieht sich nur auf **Unterkünfte**, nicht auf sonstige touristische Dienstleistungen, etwa Beförderungsleistungen oder einen Mietwagen. Dies ist wohl darauf zurückzuführen, dass die Vorschrift in erster Linie als Umgehungstatbestand für § 481 BGB zu verstehen ist. Andererseits erstreckt sie sich nicht nur auf touristische Unterkünfte, sondern auf Unterkünfte aller Art, also auch auf aus nicht touristischen Gründen reisende Verbraucher, nicht aber auf Geschäftsreisende, weil diese keine Verbraucher sind.

11   Die Leistung des Verbrauchers besteht in der Entrichtung eines Gesamtpreises. Diese Formulierung ist missverständlich,[5] denn aus der Richtlinie ergibt sich, dass weder der Gesamtpreis für die gesamte Laufzeit zu Beginn zu entrichten ist, noch dass der Gesamtpreis überhaupt berechenbar sein muss. Der europäische Gesetzgeber will nämlich Preiserhöhungen am Ende des ersten Jahres erlauben. Dies ergibt sich zwar nicht aus dem Wortlaut der Richtlinie selbst, aber aus den verbindlichen Erwägungsgründen (Erwägungsgrund 15, vgl. Rn. 5).

D. Rechtsfolgen

12   Bei langfristigen Urlaubsprodukten gelten **spezielle Informationspflichten**, wobei das **Formblatt** nach Anhang II der Richtlinie anzuwenden ist (Art. 242 § 1 Abs. 1 Nr. 2 EGBGB, vgl. die Kommentierung zu § 482 BGB Rn. 55 ff.). Im Übrigen kann bezüglich der Rechtsfolgen auf § 481 BGB verwiesen werden (vgl. die Kommentierung zu § 481 BGB Rn. 88).

---

[3] *Franzen* in: MünchKomm-BGB § 481a Rn.7; zum Begriff auch *Gaedtke/Waggon* in: Tamm/Tonner, Verbraucherrecht – Beraterhandbuch, 2012, § 24 Rn. 475.
[4] Übernommen von BT-Drs. 17/2764, S. 16; vgl. auch *Franzen* in: MünchKomm-BGB § 481a Rn. 4.
[5] So auch *Franzen* in: MünchKomm-BGB § 481a Rn. 7.

§ 481b BGB Vermittlungsvertrag, Tauschsystemvertrag

(Fassung vom 17.01.2011, gültig ab 23.02.2011)

(1) Ein Vermittlungsvertrag ist ein Vertrag, durch den sich ein Unternehmer von einem Verbraucher ein Entgelt versprechen lässt für den Nachweis der Gelegenheit zum Abschluss eines Vertrags oder für die Vermittlung eines Vertrags, durch den die Rechte des Verbrauchers aus einem Teilzeit-Wohnrechtevertrag oder einem Vertrag über ein langfristiges Urlaubsprodukt erworben oder veräußert werden sollen.

(2) Ein Tauschsystemvertrag ist ein Vertrag, durch den sich ein Unternehmer von einem Verbraucher ein Entgelt versprechen lässt für den Nachweis der Gelegenheit zum Abschluss eines Vertrags oder für die Vermittlung eines Vertrags, durch den einzelne Rechte des Verbrauchers aus einem Teilzeit-Wohnrechtevertrag oder einem Vertrag über ein langfristiges Urlaubsprodukt getauscht oder auf andere Weise erworben oder veräußert werden sollen.

Gliederung

A. Grundlagen...............................	1	B. Praktische Bedeutung...................	7
I. Kurzcharakteristik.......................	1	C. Anwendungsvoraussetzungen........	9
II. Gesetzgebungsmaterialien..............	3	D. Rechtsfolgen..............................	13
III. Europäischer Hintergrund.............	6		

A. Grundlagen

I. Kurzcharakteristik

Die Vorschrift wurde durch das Umsetzungsgesetz zur Richtlinie 2008/122/EG (TzWruaModG) mit Wirkung zum 23.02.2011 ins BGB eingefügt. Anders als § 481a BGB, der den Anwendungsbereich der §§ 481-487 BGB erweitert, regelt sie zwei **Annexverträge** zum Timesharing, die in Verbindung mit Teilzeit-Wohnrechteverträgen häufig, aber nicht notwendigerweise vorkommen. Diese Verträge, der **Vermittlungsvertrag** und der **Tauschsystemvertrag**, waren bislang nicht geregelt. Der europäische Gesetzgeber sah hier ein Regelungsbedürfnis zugunsten der Verbraucher. Er hielt es für angemessen, für diese Vertragstypen spezifische Informationspflichten zu schaffen. § 481b BGB beschränkt sich darauf, in Übernahme der entsprechenden Richtlinienvorschriften die beiden Vertragstypen zu definieren, während die Informationspflichten in § 482 BGB in Verbindung mit Art. 242 EGBGB geregelt sind.

1

Der in § 481b BGB geregelte **Vermittlungsvertrag** ist ein **Maklervertrag**, den der Inhaber eines Nutzungsrechts mit einem Dritten abschließt, um sich von seinem Nutzungsrecht zu trennen. Wegen der besonderen Schwierigkeiten eines Zweitmarkts im Bereich des Timesharing sah der europäische Gesetzgeber ein Regelungsbedürfnis. Ein **Tauschsystemvertrag** (§ 481b Abs. 2 BGB) wird dagegen regelmäßig zusammen mit dem Teilzeit-Wohnrechte-Vertrag abgeschlossen, um dem Verbraucher auch künftig eine **flexible Feriengestaltung** zu ermöglichen, ohne ausschließlich auf das erworbene Wohnrecht angewiesen zu sein. Sinn der Vorschrift ist es vor allem, den Verbraucher darauf hinzuweisen, dass für die „flexible Urlaubsgestaltung" zusätzliche Kosten auf ihn zukommen.

2

II. Gesetzgebungsmaterialien

Dem europäischen Gesetzgeber zufolge enthielt die bisherige Richtlinie Regelungslücken bezüglich der beiden Annexverträge, die „beträchtliche Wettbewerbsverzerrungen und ernsthafte Probleme für die Verbraucher" verursacht hätten.[1]

3

---

[1] Erwägungsgrund 2.

§ 481b

4 Der deutsche Gesetzgeber verwendet statt des in der Richtlinie verwendeten Begriffs des „**Wiederverkaufsvertrags**" den Begriff „Vermittlungsvertrag". Zu Recht führt er an, dass der Begriff „Wiederverkauf" nicht eindeutig ist, weil er zu dem Missverständnis Anlass geben kann, dass im Wiederverkauf der Verkauf des Teilzeit-Wohnrechts geregelt ist.[2] Dem ist zuzustimmen.

5 Auch mit dem Begriff „Tauschsystemvertrag" weicht der deutsche Gesetzgeber von der Begrifflichkeit der Richtlinie ab. In der Richtlinie ist von einem **Tauschvertrag** die Rede. Der deutsche Gesetzgeber meint, dies könnte Anlass zu Verwechslungen mit einem Tauschvertrag im Sinne des § 480 BGB geben.[3] In der Praxis hat man bislang meist von einem Tauschpool gesprochen.[4]

III. Europäischer Hintergrund

6 Die Vorschrift setzt Art. 1 (1) der Richtlinie 2008/122/EG um, der Wiederkaufverträge und Tauschverträge in ihren sachlichen Anwendungsbereich einbezieht. Ein „**Wiederkaufvertrag**" wird in Art. 2(1) lit. c) definiert als Vertrag, mit dem ein Gewerbetreibender gegen Entgelt einen Verbraucher dabei unterstützt, ein Teilzeitnutzungsrecht oder ein langfristiges Urlaubsprodukt zu veräußern oder zu erwerben. Ein „**Tauschvertrag**" ist nach Art. 2(1) lit. d) ein Vertrag, mit dem ein Verbraucher gegen Entgelt einem Tauschsystem beitritt, das diesem Verbraucher Zugang zu einer Übernachtungsunterkunft oder anderen Leistungen im Tausch gegen die Gewährung vorübergehenden Zugangs für andere Personen zu den Vergünstigungen aus den Rechten, die sich aus dem Teilzeitnutzungsvertrag des Verbrauchers ergeben, ermöglicht.

B. Praktische Bedeutung

7 Eine gewisse praktische Bedeutung dürfte vor allem die Vorschrift des § 481b Abs. 2 BGB über Tauschsystemverträge erlangen. Die Mitgliedschaft in einem **Tauschpool** ist ein wichtiges **Verkaufsargument** für Teilzeit-Wohnrechte, da nur so dem Verbraucher die Gelegenheit eröffnet wird, weiterhin an verschiedenen Orten Urlaub verbringen zu können und dabei gleichzeitig sein Wohnrecht durch das Einbringen in das Tauschsystem wirtschaftlich verwerten zu können. Die mit der Vorschrift verbundenen Informationspflichten tragen dazu bei, dass der Verbraucher nicht übersieht, dass mit der Mitgliedschaft in einem Tauschsystem weitere **Kosten** auf ihn zukommen.

8 Die Regelung über **Vermittlungsverträge**, § 481b Abs. 1 BGB, dürfte dagegen **weniger praktische Bedeutung** erlangen. Sie kommt erst und nur dann zur Anwendung, wenn sich der Verbraucher von seinem Teilzeit-Wohnrecht trennen will, ändert aber nichts daran, dass es einen Zweitmarkt für Teilzeit-Wohnrechte nur sehr eingeschränkt gibt. Diese Tatsache wird auch durch Informationspflichten nicht beseitigt.

C. Anwendungsvoraussetzungen

9 Da § 481b BGB **Annexverträge zum Timesharing** regelt, setzt er notwendigerweise das Bestehen eines Teilzeit-Wohnrechte-Vertrags nach § 481 BGB oder eines Vertrags über ein langfristiges Urlaubsprodukt nach § 481a BGB voraus. Dies gilt für beide Absätze des § 481b BGB. Während der Tauschsystemvertrag gleichzeitig mit dem Vertrag über ein Teilzeit-Wohnrecht oder ein langfristiges Urlaubsprodukt abgeschlossen werden kann, aber auch nachträglich, solange der Hauptvertrag noch besteht, setzt der Vermittlungsvertrag zwar ebenfalls voraus, dass der Hauptvertrag noch besteht, der Verbraucher aber den Vertrag über sein Recht beenden möchte.

---

[2] BT-Drs. 17/2764, S. 16.
[3] BT-Drs. 17/2764, S. 16.
[4] *Tonner*, Das Recht des Timesharing an Ferienimmobilien, Rn. 412-425.

Der **Vermittlungsvertrag** wird als **Maklervertrag** angesehen.[5] Zu Recht wird aber darauf hingewiesen, dass die Vorschrift nicht vollständig dem Leitbild des § 652 BGB folgt.[6] Es handelt sich um einen gegenseitigen Vertrag, d.h. der Vermittler ist – anders als beim einfachen Maklervertrag – zur Tätigkeit verpflichtet. Das Entgelt ist bereits dann verdient, wenn der Nachweis zur Gelegenheit eines Vertragsabschlusses besteht. Der Vermittler ist bloßer **Nachweismakler**; auf den Abschluss des Hauptvertrags kommt es nicht an. Andererseits führt ein bloßes Tätigwerden des Maklers ohne das Ergebnis eines Nachweises nicht zu einer Verpflichtung zur Entgeltzahlung. Eine **erfolgsunabhängige Aufwandsentschädigung** darf wegen der zwingenden und insoweit abschließenden Natur des § 481b BGB **nicht vereinbart** werden.

10

Die Anwendbarkeit der Vorschrift setzt voraus, dass der Vermittler Unternehmer im Sinne des § 14 BGB ist. Dagegen kommt es nicht darauf an, ob die andere Partei des vermittelten Vertrags Verbraucher oder Unternehmer ist.[7]

11

Der Tauschsystemvertrag ist schon früher als **entgeltlicher Geschäftsbesorgungsvertrag** gemäß § 675 BGB angesehen worden.[8] Da die Definition des Tauschsystemvertrags denkbar weit ist (vgl. Rn. 6), fallen darunter sowohl mitgliedschaftlich organisierte Tauschpools[9] als auch vertragliche Beziehungen allein zwischen dem Rechtsinhaber und der Tauschorganisation. In diesem Fall, der wohl praktisch überwiegen dürfte, ist der Tauschsystemvertrag lediglich ein **Rahmenvertrag**, in dessen Rahmen der Rechteinhaber die Tauschorganisation anweist, sein Wohnrecht für einen bestimmten Zeitraum gegen das Wohnrecht eines anderen, der ebenfalls mit der Tauschorganisation vertraglich verbunden ist, zu „tauschen." Es handelt sich dabei nicht um einen Tausch im Rechtssinne, vielmehr ermächtigt der Rechtsinhaber die Tauschorganisation, sein Nutzungsrecht einem Dritten für einen begrenzten Zeitraum zur Verfügung zu stellen, sofern gleichzeitig der Dritte oder ein anderer[10] sein Nutzungsrecht vorübergehend zur Verfügung stellt. Man kann dies ein „**Nutzungsrecht am Nutzungsrecht**" nennen. Von einer vorübergehenden Übertragung des eigentlichen Nutzungsrechts zu sprechen, geht zu weit, denn der Rechtsinhaber bleibt im Übrigen in die Rechte und Pflichten aus dem Wohnrechte-Vertrag auch während der Zeit des „Tausches" eingebunden.

12

D. Rechtsfolgen

Sowohl für den Vermittlungsvertrag wie den Tauschsystemvertrag gelten die §§ 482-486 BGB, d.h. insbesondere die in Art. 242 § 1 EGBGB geregelten **vorvertraglichen Informationspflichten**, auf die § 482 BGB verweist, einschließlich der Formblätter des Anhangs III (Vermittlungsvertrag) und Anhangs IV (Tauschsystemvertrag) der Richtlinie, sowie das **Widerrufsrecht** (§ 485 BGB).

13

---

[5] BT-Drs. 17/2764, S. 16.
[6] *Franzen* in: MünchKomm-BGB § 481b Rn. 5; *Gaedtke/Waggon* in: Tamm/Tonner, Verbraucherrecht – Beraterhandbuch, 2012, § 24 Rn. 476.
[7] BT-Drs. 17/2764, S. 16.
[8] *Tonner*, Das Recht des Timesharing an Ferienimmobilien, Rn. 420; so jetzt auch *Franzen* in: MünchKomm-BGB § 481b Rn. 9. Ausführlich zur heutigen Rechtslage *Boos*, Timesharingtausch – Die Rechtsbeziehungen der Tauschpoolgesellschaften im System des Immobilientimesharing, 2012; *Horst*, MDR 2012, 264.
[9] Anders *Franzen* in: MünchKomm-BGB § 481b Rn. 9: Tauschsysteme seien nicht mitgliedschaftlich organisiert.
[10] Die Gesetzesbegründung weist darauf hin, dass der Dritte nicht notwendigerweise mit demjenigen identisch sein muss, der das Recht des Verbrauchers nutzt, BT-Drs. 17/2464, S. 16.

§ 482 BGB Vorvertragliche Informationen, Werbung und Verbot des Verkaufs als Geldanlage

(Fassung vom 17.01.2011, gültig ab 23.02.2011)

(1) ¹Der Unternehmer hat dem Verbraucher rechtzeitig vor Abgabe von dessen Vertragserklärung zum Abschluss eines Teilzeit-Wohnrechtevertrags, eines Vertrags über ein langfristiges Urlaubsprodukt, eines Vermittlungsvertrags oder eines Tauschsystemvertrags vorvertragliche Informationen nach Artikel 242 § 1 des Einführungsgesetzes zum Bürgerlichen Gesetzbuche in Textform zur Verfügung zu stellen. ²Diese müssen klar und verständlich sein.

(2) ¹In jeder Werbung für solche Verträge ist anzugeben, dass vorvertragliche Informationen erhältlich sind und wo diese angefordert werden können. ²Der Unternehmer hat bei der Einladung zu Werbe- oder Verkaufsveranstaltungen deutlich auf den gewerblichen Charakter der Veranstaltung hinzuweisen. ³Dem Verbraucher sind auf solchen Veranstaltungen die vorvertraglichen Informationen jederzeit zugänglich zu machen.

(3) Ein Teilzeit-Wohnrecht oder ein Recht aus einem Vertrag über ein langfristiges Urlaubsprodukt darf nicht als Geldanlage beworben oder verkauft werden.

Gliederung

A. Grundlagen.. 1	1. Definition.. 29
I. Kurzcharakteristik................................. 1	a. Die Verweistechnik............................. 29
II. Gesetzgebungsmaterialien..................... 5	b. Informationspflichten für Teilzeit-Wohnrechteverträge............................... 33
III. Europäischer Hintergrund..................... 7	c. Informationspflichten für langfristige Urlaubsprodukte...................... 53
IV. Regelungsprinzipien.............................. 13	
B. Praktische Bedeutung............................. 15	
C. Anwendungsvoraussetzungen................. 18	d. Informationspflichten für Wiederverkaufsverträge............................. 55
I. Vorvertragliche Informationspflichten (Absatz 1) 18	
1. Definition.. 18	e. Informationspflichten für Tauschverträge........ 57
2. Rechtsprechung.................................. 22	2. Rechtsprechung.................................. 59
II. Besondere Pflichten bei der Werbung (Absatz 2) 23	3. Literatur.. 60
1. Definition.. 23	4. Abdingbarkeit..................................... 63
2. Rechtsprechung.................................. 28	D. Rechtsfolgen... 64
III. Die vorvertraglichen Pflichtangaben im Einzelnen (Art. 242 § 1 EGBGB).............. 29	

A. Grundlagen

I. Kurzcharakteristik

1 § 482 Abs. 1 BGB unterwirft den Anbieter eines Teilzeit-Wohnrechts (§ 481 BGB), eines langfristiges Urlaubsprodukts (§ 481a BGB), eines Vermittlungsvertrags (§ 481b Abs. 1 BGB) und eines Tauschsystemvertrags (§ 481b Abs. 2 BGB) umfassenden **vorvertraglichen Informationspflichten** und schreibt die Verwendung von **Formblättern** vor. Dem Verbraucher sollen in der Phase seiner Willensbildung Informationen zur Verfügung stehen, damit er eine rationale Entscheidung fällen kann, ob er einen der in den §§ 481-481b BGB geregelten Verträge abschließen will. Die Vorschrift folgt damit dem Modell des mündigen, aufgeklärten Verbrauchers.

2 § 482 Abs. 1 BGB beschäftigt sich nur mit den vorvertraglichen Informationspflichten, während die vertraglichen Informationspflichten in § 484 BGB (vgl. die Kommentierung zu § 484 BGB) geregelt sind. Es besteht daher im Recht der Teilzeit-Wohnrechteverträge und der anderen in den §§ 481a, 481b BGB geregelten Verträge eine doppelte Informationspflicht.

§ 482 Abs. 1 BGB enthält die vorvertraglichen Informationspflichten nicht selbst, sondern verweist auf Art. 242 § 1 EGBGB. Auch in dieser Vorschrift sind die Informationspflichten nicht selbst geregelt, sondern sie **verweist auf die vier Anhänge der Richtlinie 2008/122/EG**. Dort sind, getrennt nach Teilzeitnutzungsrechte-Verträgen, Verträgen über langfristige Urlaubsprodukte, Vermittlungsverträgen und Tauschsystemverträgen, die Informationspflichten in Form eines Formblatts aufgeführt. Der Gesetzgeber verzichtet also auf eine ausdrückliche Transformation der einzelnen Informationspflichten in förmliche Vorschriften des deutschen Rechts, sondern entledigt sich seiner Umsetzungspflicht durch einen Verweis auf die im Amtsblatt der EU abgedruckten Anhänge der Richtlinie. Diese Anhänge gelten kraft des Gesetzgebungsakts in Art. 242 § 1 EGBGB in Deutschland unmittelbar.

§ 482 Abs. 2 und 3 BGB enthalten **spezifische Werberegeln** für den Unternehmer. Er muss angeben, wo die Informationen erhältlich sind, und muss bei Verkaufsveranstaltungen auf deren gewerblichen Charakter hinweisen (§ 482 Abs. 2 BGB). Nach § 482 Abs. 3 BGB darf er Teilzeit-Wohnrechte und Rechte aus einem Vertrag über langfristige Urlaubsprodukte nicht als Geldanlage bewerben.

II. Gesetzgebungsmaterialien

Das Umsetzungsgesetz zur Richtlinie 2008/122/EG (TzWruaModG) hat den § 482 BGB vollständig verändert. Mit der bisherigen Vorschrift ist nur noch der Regelungsgegenstand, nämlich die vorvertraglichen Informationspflichten, identisch. Auch die **Verweistechnik** stammt bereits aus § 482 BGB in der Fassung der Schuldrechtsreform von 2001. Dort wurde, ebenfalls über Art. 242 EGBGB, auf § 2 BGB-InfoV verwiesen. § 2 BGB-InfoV wurde jedoch mit dem Umsetzungsgesetz von 2011 aufgehoben und durch die Verweise auf die Anhänge der neuen Richtlinie ersetzt. § 482 BGB a.F. und § 2 BGB-InfoV a.F. ersetzten seinerzeit § 3 TzWrG (zum TzWrG vgl. die Kommentierung zu § 481 BGB Rn. 5).

Inhaltlich besteht die wesentliche Änderung in der **Aufhebung einer ausdrücklichen Prospektpflicht**. Der deutsche Gesetzgeber folgt damit der Richtlinie und hätte wegen deren Vollharmonisierung eine Prospektpflicht auch nicht länger vorschreiben dürfen. Entscheidend ist jetzt die Verwendung der **Formblätter** aus der Richtlinie.[1] Die Gesetzesbegründung weist ausdrücklich auf die Formulierung von § 482 Abs. 1 Satz 1 BGB hin, wonach der Verbraucher rechtzeitig vor Abgabe seiner Vertragsschlusserklärung die Informationen zu erhalten hat. Der Verbraucher müsse vor Vertragsschluss ausreichend Zeit haben, die Informationsmaterialien zu studieren.[2]

III. Europäischer Hintergrund

§ 482 Abs. 1 BGB setzt Art. 4 (1) und (2) der Richtlinie 2008/122/EG um. Diese Vorschrift enthält in Art. 4 (1) die Vorgabe, wonach die **Informationen rechtzeitig vor Vertragsschluss** zu erteilen sind, sowie den Verweis auf die vier Anhänge der Richtlinie mit den einzelnen Informationspflichten. Aus diesem Verweis ergibt sich die Differenzierung der Informationspflichten nach Teilzeitnutzungsverträgen, Verträgen über langfristige Urlaubsprodukte und Vermittlungs- und Tauschverträgen. Nach Art. 4 (1) haben die Informationen ferner deutlich und verständlich zu erfolgen.

Aus Art. 4 (2) der Richtlinie ergibt sich, dass ein Prospekt nicht (mehr) verlangt werden darf. Nach dieser Vorschrift müssen die Informationen „**kostenfrei in Papierform oder auf einem anderen dauerhaften Datenträger**" zur Verfügung gestellt werden. Die Richtlinie definiert den dauerhaften Datenträger in Art. 2 (1) lit. h). Danach ist es jedes Medium, das es gestattet, an den Verbraucher oder Unternehmer gerichtete Informationen derart zu speichern, dass er sie für eine angemessene Dauer abrufen kann, und das die unveränderte Wiedergabe der gespeicherten Informationen ermöglicht. Der dauerhafte Datenträger muss für den Verbraucher **leicht zugänglich** sein (Art. 4 (2)).

§ 482 Abs. 2 BGB setzt Art. 3 (1) bis (3) der Richtlinie um. Danach muss angegeben werden, **wo die Informationen erhältlich** sind (Art. 3 (1)), dass bei einer Verkaufsveranstaltung auf den gewerblichen

---

[1] BT-Drs. 17/2764, S. 17.
[2] BT-Drs. 17/2464, S. 17.

Charakter hingewiesen werden muss (Art. 3 (2)) und dass die Informationen dem Verbraucher jederzeit zur Verfügung stehen müssen (Art. 3 (3)).

10 § 482 Abs. 3 BGB setzt Art. 3 (4) der Richtlinie um. Danach darf ein Teilzeitnutzungsrecht oder ein langfristiges Urlaubsprojekt **nicht als Investition** vermarktet werden. Zu Recht hat der deutsche Gesetzgeber den Begriff „Investition" durch „Geldanlage" ersetzt.

11 Art. 4 der Richtlinie 2008/122/EG ersetzt die Vorgängervorschrift der Richtlinie 94/47/EG, die der deutsche Gesetzgeber in § 3 TzWrG bzw. § 482 BGB a.F. umgesetzt hatte. Schon die damalige Fassung enthielt eine Fülle von zwingenden Informationspflichten. Der deutsche Gesetzgeber hatte daher keine Chance, der vielfältigen **Kritik an der Detailfreude der Richtlinie** Rechnung zu tragen. Der europäische Gesetzgeber hat auf diese Kritik nicht reagiert, sondern die Informationspflichten durch die **Einführung von Formblättern** nur anders strukturiert. Im Rahmen des Möglichen ist gleichwohl der Text sowohl der seinerzeitigen Richtlinie 94/47/EG wie der heutigen Richtlinie 2008/122/EG redaktionell gestrafft und dem deutschen Sprachgebrauch angepasst worden.

12 Die vorvertraglichen und vertraglichen Informationspflichten machen einen wesentlichen Teil sowohl der alten wie der neuen Richtlinie aus. Diese ist dem **Modell des Verbraucherschutzes durch Information** verpflichtet. Zwar enthalten auch andere verbraucherrechtliche Richtlinien Informationspflichten, jedoch nicht in dem Umfang wie die alte und neue Timesharing-Richtlinie. Die häufig geäußerte Kritik an der „Hypertrophie" der Informationspflichten ist daher ausschließlich an den Unionsgesetzgeber zu richten.[3]

IV. Regelungsprinzipien

13 Die Vorschrift verwirklicht das mit der Schuldrechtsreform eingeführte Modell, die zahlreichen sich aus den EG-Verbraucherschutz-Richtlinien ergebenden **Informationspflichten aus dem BGB auszugliedern**. Zunächst hatte der Gesetzgeber dafür die BGB-InfoV geschaffen. Wegen zunehmender Zweifel, ob verbindliche Richtlinienvorschriften in einer Verordnung umgesetzt werden dürfen, hat man davon jedoch wieder Abstand genommen und regelt die Informationspflichten jetzt im EGBGB selbst. Art. 242 EGBGB ist nunmehr nicht mehr die Ermächtigungsgrundlage für § 2 BGB-InfoV, sondern enthält in zwei Paragraphen die Informationspflichten. Diese müssen in Zusammenhang mit § 482 Abs. 1 BGB gelesen werden.

14 Allerdings hat der Gesetzgeber davon abgesehen, die Informationspflichten im Einzelnen ins EGBGB zu übernehmen, sondern begnügt sich mit einem **Verweis auf die Anhänge der Richtlinie**. Zur Begründung führt er an, dass die Übernahme der Anhänge als Anhänge zum EGBGB sehr aufwändig und unübersichtlich gewesen wäre.[4] Dies mag richtig sein, jedoch dient es genauso wenig der Klarheit der gesetzlichen Regelung, wenn der Gesetzesanwender an der Stelle, auf die § 482 Abs. 2 BGB verweist, lediglich einen weiteren Verweis vorfindet. Ob es den **Anforderungen an eine Umsetzung** genügt, wenn der deutsche Gesetzgeber lediglich auf das Amtsblatt der EU verweist, statt die Vorschrift ins deutsche Recht zu inkorporieren, ist außerdem **zweifelhaft**. Allerdings provoziert der europäische Gesetzgeber derartige „Ausflüchte" des Umsetzungsgesetzgebers durch seine komplizierten Regelungen selbst.

B. Praktische Bedeutung

15 § 482 BGB und Art. 242 EGBGB müssen bereits in der vorvertraglichen Phase beachtet werden. Jeder **Anbieter** von Teilzeit-Wohnrechten und den in den §§ 481a, 481b BGB genannten Rechten muss wissen, dass er das Formblatt mit den dort vorgesehenen Informationen zu benutzen hat. Die Vorschrift erfordert daher eine rechtliche Beratung des Anbieters bereits in der Phase der **Vorbereitung von Marketing-Maßnahmen**.

---

[3] Vgl. *Martinek* in: Staudinger, Vorbem. zu §§ 481-487; *Martinek*, NJW 1997, 1393-1399, 1399; verteidigend *Eckert* in: Bamberger/Roth, § 482 Anh. Rn. 1 f.
[4] BT-Drs. 17/2764, S. 22.

Aus der Sicht des **Verbrauchers** führt die Vorschrift zu einer **besseren Vergleichbarkeit** der Angebote, weil dieselben Informationen bei allen Anbietern vorhanden sein müssen. Allerdings darf dieser Vorteil nicht überschätzt werden, weil wegen der Fülle der Angaben die Gefahr besteht, dass der Verbraucher sie nicht im Einzelnen wahrnimmt.[5]

16

Nach § 3 UKlaG **klagebefugte Verbände** haben schließlich die Aufgabe, zu überprüfen, ob die Informationspflichten eingehalten sind, und gegebenenfalls Rechtsverstöße im Wege der Verbandsklage nach § 2 UKlaG abzustellen. Die Vorschriften über Teilzeit-Wohnrechte und die übrigen in diesem Titel geregelten Rechte gehören zu den Vorschriften, bei denen die Klagebefugnis eingreift, falls ein Anbieter gegen sie verstößt. § 2 UKlaG wurde an die Erweiterungen der §§ 481-487 BGB durch die Umsetzung der neuen Timesharing-Richtlinie angepasst.

17

C. Anwendungsvoraussetzungen

I. Vorvertragliche Informationspflichten (Absatz 1)

1. Definition

Die Informationspflichten sind nicht nur bei Teilzeit-Wohnrechteverträgen, sondern auch bei Verträgen über langfristige Urlaubsprodukte, Vermittlungsverträge und Tauschsystemverträge zu erfüllen (sachlicher Anwendungsbereich). Der persönliche Anwendungsbereich beschränkt sich auf **Verträge zwischen einem Unternehmer** (§ 14 BGB) **und einem Verbraucher** (§ 13 BGB). Der private Inhaber eines derartigen Rechts, der es weiter veräußern will, muss also ebenso wenig die Informationspflichten beachten wie ein Anbieter, der das Recht an einen gewerblichen Erwerber veräußern will.

18

Die Informationen müssen **rechtzeitig vor Abgabe der Vertragserklärung des Verbrauchers** zur Verfügung gestellt werden. Damit wird die bisherige Formulierung des Gesetzes ersetzt, wonach ein Prospekt jedem Verbraucher, der Interesse bekundet, auszuhändigen war (§ 482 Abs. 1 BGB a.F.). Dies erleichtert dem Unternehmer die Modalitäten der Erteilung der Informationspflichten etwas. Er muss nicht mehr zu Beginn eines Verkaufsgesprächs ungefragt die Informationen zur Verfügung stellen, allerdings auch nicht erst unmittelbar vor Vertragsschluss. Sinn der Vorschrift ist, dass der Verbraucher in Ruhe die Informationen studieren kann.[6] Damit ist es nicht vereinbar, dass die Informationen erst im Laufe eines Verkaufsgesprächs ausgehändigt werden, an dessen Ende der Vertragsschluss steht. Vielmehr muss der Verbraucher unbeeinflusst vom Unternehmer die Materialien lesen können. Dies ist nicht möglich, solange sich der Verbraucher in einer Verkaufsveranstaltung des Unternehmers befindet. Der Unternehmer muss daher dem Verbraucher die Informationen entweder vor der Verkaufsveranstaltung zuleiten oder auf den Vertragsschluss in der Verkaufsveranstaltung verzichten. Etwas anderes gilt bei einem Online-Vertrieb, wenn es der Verbraucher in der Hand hat, wie viel Zeit er sich zum Studium der Informationen nimmt und wann er den Vertrag abschließt. Hier reicht es, wenn die Informationen auf der Web Site verfügbar sind. Ein Online-Vertragsabschluss ist ohnehin nicht möglich (§ 484 BGB).

19

Die Informationen müssen in **Textform** zur Verfügung gestellt werden (§ 482 Abs. 1 Satz 1 BGB). Bei Textform muss nach § 126b BGB die Erklärung in einer Urkunde oder auf andere zur dauerhaften Wiedergabe in Schriftzeichen geeigneter Weise abgegeben werden. Damit genügt das Gesetz den Anforderungen der Richtlinie, wonach die Informationen in Papierform oder auf einem dauerhaften Datenträger erteilt werden müssen. Der Sinn der Vorschrift besteht darin, dass der Verbraucher in der Lage sein soll nachzuweisen, welchen Inhalt die Informationen zu dem Zeitpunkt hatten, als er sie zur Kenntnis nahm. Dazu muss er sie herunterladen können, sei es auf seine eigene Festplatte, sei es auf ein anderes Medium. Der Unternehmer muss seine Web Site also so gestalten, dass diese Möglichkeit vorhanden ist, wobei weitere Vorgaben, etwa die Möglichkeit, die Informationen als pdf-Datei abzu-

20

---

[5] Vgl. auch *Wendlandt*, VuR 2004, 117-124.
[6] BT-Drs. 17/2764, S. 17.

speichern, nicht bestehen. Dies ist aber zweckmäßig, denn der Verbraucher muss in der Lage sein, die Informationen mit handelsüblicher Software abzuspeichern.[7] Unter diesen Voraussetzungen ist der **Online-Vertrieb** ohne weiteres möglich. Das Zurverfügungstellen der Informationen mittels einer CD-ROM dürfte heute wohl nur noch geringe Bedeutung haben.

21 Nach § 482 Abs. 1 Satz 2 BGB müssen die Informationen **klar und verständlich** sein. Dies geht auf Art. 4 (1) der Richtlinie zurück und entspricht den Anforderungen des Transparenzgebots bei der AGB-Kontrolle nach § 307 Abs. 1 BGB.[8]

2. Rechtsprechung

22 Rechtsprechung gibt es bislang weder zu § 482 BGB noch zu § 482 BGB a.F. oder zur Vorgängervorschrift des § 2 TzWrG.

II. Besondere Pflichten bei der Werbung (Absatz 2)

1. Definition

23 Der Unternehmer muss in seiner Werbung angeben, **wo Informationen erhältlich sind** und wo sie angefordert werden können (§ 482 Abs. 2 Satz 2 BGB). Damit wird Art. 3 (1) der Richtlinie übernommen. Die Vorschrift entspricht § 482 Abs. 4 BGB a.F. Sie gilt für schriftliche Werbung gleichermaßen wie für Fernseh- und Hörfunkwerbung und Online-Werbung. Die Angabe einer Telefonnummer reicht aus. Sie muss aber so deutlich und langsam erfolgen, dass der Verbraucher sie mitschreiben kann, d.h. bei Fernsehwerbung eingeblendet und bei Hörfunkwerbung wiederholt werden.

24 Dagegen ist nicht zu verlangen, dass eine dem jeweiligen Werbemedium entsprechende Informationsquelle genannt wird, d.h. bei schriftlicher Werbung eine Postadresse, bei Fernseh- und Hörfunkwerbung eine Telefonnummer und nur bei Online-Werbung eine www-Adresse. Allerdings dürfte eine bloße www-Adresse bei Print- oder Funkwerbung (noch) nicht ausreichen. Sinn der Vorschrift ist, dass dem Verbraucher bewusst wird, dass er über die Werbung hinausgehende Informationen abfordern kann.[9]

25 Nach § 482 Abs. 2 Satz 2 BGB muss der Unternehmer **bei Verkaufsveranstaltungen auf deren gewerblichen Charakter hinweisen**. Die Vorschrift geht auf Art. 3 (2) der Richtlinie 2008/122/EG zurück und ist neu. Ihre Bedeutung besteht darin, dass Verkaufsveranstaltungen für Timesharing häufig in freizeitähnliche Veranstaltungen eingebunden werden, z.B. in Ferienhotels, so dass dem Verbraucher nicht bewusst wird, dass er sich auf einer Verkaufsveranstaltung befindet. Der Hinweis muss bereits bei der Einladung erfolgen, wobei kein Unterschied besteht, ob die Einladung mündlich oder schriftlich erfolgt. Sie muss auch deutlich erfolgen; ein versteckter Hinweis auf einer schriftlichen Einladung genügt nicht.

26 Nach § 482 Abs. 2 Satz 3 BGB müssen dem Verbraucher auf Verkaufsveranstaltungen die **vorvertraglichen Informationen jederzeit zugänglich** sein. Damit wird Art. 3 (4) der Richtlinie umgesetzt. Der Unternehmer muss also die ausgefüllten Formblätter nach den Anhängen der Richtlinie bereithalten. Er ist allerdings nicht gezwungen, dafür Papierform zu wählen. Dem Gesetzeswortlaut nach genügt die Online-Verfügbarkeit, jedoch muss der Unternehmer dann dem Verbraucher Computer im Verkaufsraum zur Verfügung stellen, die es dem Verbraucher erlauben, die Informationen nicht nur in Ruhe zu lesen, sondern auch, sie auf einem anderen Medium (Papier, USB-Stick) zu speichern.

27 Schließlich darf nach § 482 Abs. 3 BGB ein Teilzeit-Wohnrecht oder ein Recht aus einem Vertrag über ein langfristiges Urlaubsprodukt **nicht als Geldanlage** beworben werden. Die Vorschrift geht auf Art. 3 (4) der Richtlinie zurück. Es soll verhindert werden, dass der Verbraucher die Beträge für solche Produkte in der Erwartung aufwendet, Gewinne zu erzielen.[10]

---

[7] So, allerdings im Hinblick auf Dateien, die sich auf einer CD-ROM befinden, BT-Drs. 17/2476, S. 17.
[8] BT-Drs. 17/2764, S. 17.
[9] BT-Drs. 17/2764, S. 17.
[10] BT-Drs. 17/2764, S. 17.

2. Rechtsprechung

Veröffentlichte Entscheidungen zu § 482 Abs. 2 BGB alter oder neuer Fassung gibt es bislang nicht. Auch zur Vorgängervorschrift des § 2 Abs. 2 TzWrG hat sich die Rechtsprechung nicht geäußert.

III. Die vorvertraglichen Pflichtangaben im Einzelnen (Art. 242 § 1 EGBGB)

1. Definition

a. Die Verweistechnik

§ 482 Abs. 1 BGB zählt die einzelnen vorvertraglichen Pflichtangaben nicht selbst auf, sondern steht an der Spitze einer komplizierten **Verweiskette**. Begründet wird dies damit, wie bei der Ausgliederung von Informationspflichten aus dem Text des BGB sonst auch, dass das BGB nicht mit einer umfangreichen Detailregelung belastet werden soll.[11]

Doch auch in der Vorschrift, auf die verwiesen wird, nämlich in Art. 242 EGBGB, sind die Informationspflichten nicht enthalten. Vielmehr findet sich dort nur ein **weiterer Verweis**, nämlich auf die vier **Anhänge der Richtlinie** selbst. Der Gesetzgeber verzichtet also auf eine eigenständige Umsetzung der Anhänge der Richtlinie und ersetzt die Umsetzung durch einen (weiteren) Verweis. Ob diese soweit ersichtlich hier erstmals verwendete Umsetzungstechnik **unionsrechtlich zulässig** ist, muss **bezweifelt** werden. Das „schlechte Gewissen" des Gesetzgebers wird daran deutlich, dass er im Text des Art. 242 EGBGB die genaue Fundstelle der Richtlinie 2008/122/47 im Amtsblatt der EU angibt und in der Begründung darauf verweist, dass das Amtsblatt für den Bürger leicht auffindbar sei.[12] Dies gilt aber nur für den Bürger mit Online-Anschluss, den der Gesetzgeber (noch) nicht voraussetzen kann.

Die Verweistechnik überzeugt auch inhaltlich nicht. Das Motiv des Gesetzgebers war offensichtlich, den Text des EGBGB nicht mit einer Vielzahl von Formblättern zu belasten und damit die Transparenz des EGBGB zu erhalten. Dem Rechtsanwender ist damit aber nicht gedient, denn für ihn ist nicht die Transparenz des EGBGB, sondern die **Transparenz** der von ihm zu beachtenden Regeln entscheidend, und dazu gehören die Anhänge der Richtlinie, obwohl eine Richtlinie eigentlich keine unmittelbare Wirkung entfaltet und nur das Umsetzungsrecht, nicht aber die Richtlinie selbst, zu beachten ist. Von Transparenz kann aber durch den doppelten Verweis und die Notwendigkeit, das Amtsblatt heranzuziehen, keine Rede sein.

Die drei **Formblätter** im Anhang der Richtlinie bestehen **jeweils aus drei Teilen**. Der Teil 1 umfasst **grundlegende Angaben** über den (zu schließenden) Vertrag wie Identität des Gewerbetreibenden, Beschreibung des Produkts und Preis. Teil 2 ist mit „**Allgemeines**" überschrieben, worunter vor allem die Information über das Widerrufsrecht fällt, und Teil 3 mit „**Zusätzliche Informationen**". Der Umsetzungsgesetzgeber verlangt in Art. 242 § 1 Abs. 2 EGBGB, dass die Informationen in den Teilen 1 und 2 unter Verwendung der Formblätter zu erteilen sind, während die Informationen nach Teil 3 auch „auf andere Weise" zur Verfügung gestellt werden können, wobei auf dem Formblatt darauf hinzuweisen ist, wo sie zu finden sind. Als Beispiel nennt die Begründung die Einbindung in den beschreibenden Teil eines Prospekts.[13] Auch diese Informationen müssen jedoch wegen Art. 4 (2) der Richtlinie in Papierform oder auf einem anderen dauerhaften Datenträger erteilt werden.

b. Informationspflichten für Teilzeit-Wohnrechteverträge

Art. 242 § 1 Abs. 1 Nr. 1 EGBGB verweist für Informationspflichten, die vor dem Abschluss eines Teilzeit-Wohnrechtevertrages einzuhalten sind, auf Anhang I der Richtlinie 2008/122/EG.

aa. Anhang I Teil 1 der Richtlinie

Teil 1 des Anhangs I der Richtlinie verlangt zunächst die Angabe der **Identität**, des **Wohnsitzes** und der **Rechtsstellung des Gewerbetreibenden**. Die Vorgängervorschrift, § 2 Abs. 1 Nr. 1 BGB-InfoV

---

[11] BT-Drs. 17/2476, S. 17.
[12] BT-Drs. 17/2764, S. 17.
[13] BT-Drs. 17/2764, S. 22.

a.F., war weitergehender und präziser. Eine Präzisierung erfolgt auch nicht in Teil 3. Man kann ihren weitergehenden Inhalt aber nicht in den Richtlinienanhang hineininterpretieren.[14] Allenfalls lässt sich vertreten, dass unter „Wohnsitz" eine ladungsfähige Adresse zu verstehen ist, wie dies § 2 Abs. 1 Nr. 1 BGB-InfoV a.F. bisher vorsah. Unklar ist schließlich, was die Richtlinie mit „Rechtsstellung" des Gewerbetreibenden meint. Auch hier war die Vorgängervorschrift präziser. Zur bisherigen Richtlinie wurde vertreten, dass **Vertretungsverhältnisse offengelegt** werden müssen, also auch der Name eines Vertreters genannt werden muss.[15] Da sich der Wortlaut der Richtline insoweit nicht geändert hat, gilt dies weiterhin. Dagegen kann nicht mehr verlangt werden, dass auch Name und Anschrift des Eigentümers genannt werden, soweit der Eigentümer nicht mit dem Veräußerer identisch ist. Der entsprechende Halbsatz aus der Richtlinie 94/47/EG ist weggefallen.

35 Weiterhin verlangt Teil 1 des Anhangs I der Richtlinie eine **kurze Beschreibung des Produkts** sowie genaue Angaben des **Art und des Inhalts des Rechts**. Es muss angegeben werden, ob es sich z.B. um ein Appartement in einem Hotel oder um eine Ferienwohnung handelt. Vor allem aber muss die **Belegenheit der Immobilie** angeführt werden. Zur genauen Angabe des Rechts gehört, dass das Nutzungsrecht juristisch korrekt bezeichnet werden muss, z.B. als Dauerwohnrecht. Erwirbt der Verbraucher wie meistens nicht ein eigenes Dauerwohnrecht, sondern den Bruchteil eines Dauerwohnrechts, muss auch dies angegeben werden, z.B. „1/52 Bruchteil eines Dauerwohnrechts." Dagegen muss nicht erläutert werden, was ein Dauerwohnrecht ist.

36 Ein Hinweis, dass der **Verbraucher kein Eigentum und kein dingliches Wohn-/Nutzungsrecht erwirbt, sofern dies tatsächlich nicht der Fall ist,** kann **nicht mehr verlangt** werden. In § 2 Abs. 1 Nr. 3 BGB-InfoV a.F. war eine derartige Pflicht enthalten, die der seinerzeitige Umsetzungsgesetzgeber der Richtlinie 94/47/EG autonom hinzugefügt hatte. Wegen des Vollharmonisierungsprinzips der jetzigen Richtlinie konnte die – nützliche – Vorschrift nicht beibehalten werden.

37 Sodann muss der genaue **Zeitraum** angegeben werden, in dem das vorgesehene Recht ausgeübt werden kann. Üblicherweise wird ein Nutzungsrecht für eine oder mehrere Kalenderwochen im Jahr eingeräumt. Diese Woche(n) muss bzw. müssen angegeben werden. Ferner muss genannt werden, zu welchem Zeitpunkt das Recht erstmals ausgeübt werden kann, und wann es endet, so dass der Verbraucher die Gesamtdauer erfährt.

38 Der Gewerbetreibende muss einen **Fertigstellungstermin** angeben, falls sich die Immobilie noch im Bau befindet. Dies bezieht sich nicht nur auf die Immobilie selbst, sondern auch auf die Versorgungseinrichtungen. Der Unternehmer muss sich also über den Stand der Bauarbeiten sowie der Arbeiten an den gemeinsamen Versorgungseinrichtungen informieren und ggf. eine angemessene Schätzung des Termins für die Fertigstellung vornehmen. Genauere Angaben werden in den „zusätzlichen Informationen" nach Teil 3 (vgl. Rn. 44) verlangt.

39 Zu den vorvertraglichen Informationspflichten gehört auch die Angabe des Preises. I.d.R. wird beim Timesharing ein beim Erwerb des Wohnrechts fälliger Einmalpreis gezahlt. Daneben fallen aber auch regelmäßig wiederkehrende Entgelte an. Die Richtlinie verlangt deshalb eine kurze Beschreibung der **zusätzlichen obligatorischen Kosten**. Als Beispiele nennt sie jährliche Gebühren und andere regelmäßig anfallende Gebühren.

40 Davon getrennt werden **Versorgungsleistungen** genannt. Die wichtigsten Versorgungsleistungen müssen „zusammengefasst" werden, und es müssen die dafür zu entrichtenden Beträge genannt werden. Die im Gesetz genannten Leistungen (Strom, Wasser, Instandhaltung, Müllabfuhr) sind nur Beispiele. Genauere Angaben sind im Teil 3 zu machen. Aufgeführt werden müssen auch die dem Verbraucher zur Verfügung stehenden **Einrichtungen** wie Schwimmbad oder Sauna. Der Verbraucher soll wissen, ob ihre Benutzung kostenfrei ist und was er ggf. dafür zu zahlen hat.

---

[14] So aber *Franzen* in: MünchKommBGB § 482 Anh. Rn. 5 ohne Begründung.
[15] *Martinek* in: Grabitz/Hilf, Das Recht der Europäischen Union, Bd. IV, A 13, Rn. 139; Voraufl. Rn. 35.

Schließlich muss der Gewerbetreibende angeben, ob die Möglichkeit besteht, einem **Tauschsystem** beizutreten, und welche Kosten dabei entstehen, und ob der Gewerbetreibende einem Verhaltenskodex beigetreten ist. 41

bb. Anhang I Teil 2 der Richtlinie

Teil 2 des Anhangs I befasst sich mit dem **Widerrufsrecht** des Verbrauchers. Er ist über sein Widerrufsrecht zu belehren. Die Berechnung des Beginns der Widerrufsfrist gemäß Art. 6 (2) der Richtlinie ist ebenfalls mitzuteilen. Auch über das **Anzahlungsverbot** nach Art. 9 der Richtlinie muss umfassend informiert werden. Weiterhin ist dem Verbraucher mitzuteilen, dass er keine anderen als die im Vertrag angegebenen **Kosten** trägt, was Art. 8 (2) der Richtlinie entspricht. 42

Schließlich ist der Verbraucher darüber aufzuklären, dass der **Vertrag einem anderen Recht unterliegen kann** als seinem Wohnsitzrecht und dass Gerichte außerhalb seines Wohnsitzstaates zuständig sein können. Welchem Gerichtsstand und welchem Recht der Vertrag im konkreten Falle unterliegt, braucht freilich nicht mitgeteilt zu werden. 43

cc. Anhang I Teil 3 der Richtlinie

Anhang I Teil 1 der Richtlinie enthält die wichtigsten Informationen, die auf alle Fälle mittels des Formblattes mitgeteilt werden müssen. Teil 3 enthält eine Fülle weiterer Informationen, die zwar auch mitgeteilt werden müssen, aber **nicht notwendigerweise unter Verwendung des Formblattes**. Dem Verbraucher soll so ermöglicht werden, die Kerninformationen in jedem Fall wahrzunehmen, während er auf die weiteren Informationen nur im Bedarfsfall zurückgreifen muss. 44

Teil 3 Nr. 1 befasst sich mit Informationen über die **erworbenen Rechte**. Es müssen die Bedingungen für die Ausübung des im Vertrag vorgesehenen Rechts angegeben werden. Die zweite Satzhälfte verlangt die Angabe der noch zu erfüllenden Voraussetzungen, die für die Ausübung des Rechts gegeben sein müssen. Damit sind vor allem **Registereintragungen** nach dem Recht des Belegenheitsstaats gemeint. Ist die Ferienimmobilie in Deutschland belegen und soll der Bruchteil eines Dauerwohnrechts verschafft werden, muss ggf. angegeben werden, dass das Dauerwohnrecht noch nicht eingetragen ist. 45

Teil 3 Nr. 1 zweiter Spiegelstrich nimmt darauf Rücksicht, dass in manchen Fällen, so etwa beim sog. Hapimag-Modell, kein Wohnrecht an einer bestimmten Immobilie veräußert wird, sondern sich der Verbraucher **wechselnde Objekte** aus einem Prospekt des Unternehmers aussuchen kann. Es muss dann darüber informiert werden, inwiefern die Möglichkeit, eine beliebige Unterkunft zu einem beliebigen Zeitpunkt zu nutzen, eingeschränkt ist. 46

Nach Teil 3 Nr. 2 müssen **genaue Beschreibungen der Immobilien und ihrer Belegenheit** vorgenommen werden. Dies gilt sowohl dann, wenn sich das Wohnrecht auf eine einzelne Immobilie bezieht, als auch dann, wenn Vertragsgegenstand mehrere Immobilien oder eine andere Unterkunft sind. Neben den bereits nach Teil 1 bekannt zu machenden Informationen über Versorgungsleistungen müssen auch deren **Nutzungsbedingungen** angegeben werden. Das gleiche gilt für die Zugangsbedingungen für gemeinsame Einrichtungen. 47

Teil 3 Nr. 3 behandelt zusätzliche **Informationen für im Bau befindliche Unterkünfte**. Der Gewerbetreibende muss über den Stand der Bauarbeiten sowie der Arbeiten an den gemeinsamen Versorgungseinrichtungen informieren. Ferner muss er die Fertigstellungsfrist nennen und eine realistische Einschätzung der Fertigstellung der Einrichtungen, zu denen der Verbraucher Zugang haben soll, vornehmen. Angaben wie „fortgeschritten" oder „weitgehend fertiggestellt" reichen nicht aus. Weiterhin muss er das Aktenzeichen der Baugenehmigung und die Anschrift der Baugenehmigungsbehörde mitteilen. Schließlich muss die Fertigstellung garantiert werden oder für den Fall, dass die Unterkunft nicht fertiggestellt wird, die Rückzahlung aller getätigten Zahlungen garantiert werden. Eine bankmäßige Absicherung der Rückzahlungsgarantie wird nicht verlangt. 48

Teil 3 Nr. 4 bezieht sich auf die **Verteilungsmaßstäbe für die laufenden Kosten**. Die anfallenden Kostenarten müssen genannt werden, und es muss dargelegt werden, wie die Kosten auf den Verbraucher umgelegt werden. Eine bestimmte Umlegungsmethode ist nicht vorgeschrieben. Weiterhin müs- 49 sen Maßstäbe für die Umlegung bei Kostenerhöhungen genannt werden. Es muss dargelegt werden, wie die einzelnen Betriebskosten (die Richtlinie spricht von Kosten für die Benutzung der Immobilie) berechnet werden, wobei die Richtlinie zwischen gesetzlichen Kosten wie Steuern und Abgaben und zusätzlichen Gemeinkosten wie Verwaltung und Instandhaltung unterscheidet. Es muss auch angegeben werden, ob Belastungen wie Hypotheken, Grundpfandrechte oder andere dingliche Rechte im Grundbuch eingetragen sind.

50 Nach Teil 3 Nr. 5 muss der Gewerbetreibende über die **Modalitäten der Vertragsbeendigung** sowie der Beendigung akzessorischer Verträge informieren. Auch über Kosten, die durch die Vertragsbeendigung auf den Verbraucher zukommen, muss aufgeklärt werden.

51 Teil 3 Nr. 6 erster Spiegelstrich verlangt, dass der Gewerbetreibende die Grundsätze, nach denen **Instandhaltung, Instandsetzung, Verwaltung und Betriebsführung** des Wohngebäudes oder der Wohngebäude erfolgt, bekannt gibt. Er muss darüber informieren, welche Mitsprachemöglichkeiten der Verbraucher hat.

52 Nach Teil 3 Nr. 6 zweiter Spiegelstrich muss der Gewerbetreibende schließlich darüber informieren, ob die Beteiligung an einem **Wiederverkaufssystem** möglich ist. Etwaige Kosten müssen genannt werden. Dem dritten Spiegelstrich zufolge muss der Verbraucher erfahren, in welcher **Sprache** die Vertragsdurchführung betreffende Erklärungen abgefasst werden. Schließlich müssen etwaige **Schlichtungsmöglichkeiten** genannt werden.

c. Informationspflichten für langfristige Urlaubsprodukte

53 Informationspflichten für sog. langfristige Urlaubsprodukte werden durch Art. 242 § 1 Abs. 1 Nr. 2 EGBGB in Verbindung mit dem Anhang II der Richtlinie 2008/122/EG geregelt. Anhang II ist ebenso aufgebaut wie der Anhang I und mit diesem zu einem großen Teil identisch. Der Teil 1 unterscheidet sich vom Teil 1 des Anhangs I nur dadurch, dass ein **Ratenzahlungsplan** angegeben sein muss, wobei angegeben werden muss, dass ggf. die Ratenbeträge nach einem Jahr angepasst werden können. Ferner sind zusätzliche obligatorische Kosten, etwa **Mitgliedsbeiträge**, zu nennen.

54 Teil 2 des Anhangs II ist mit Teil 2 des Anhangs I identisch. Die zusätzlichen Informationen des Teils 3 des Anhangs II beschränken sich auf drei, nämlich Informationen über die erworbenen Rechte, über die Beendigung des Vertrags und über die Sprachen. Bei den Informationen über die erworbene Rechte (Teil 3 Nr. 1) müssen die **Preisnachlässe** genannt und durch Beispiele aus der letzten Zeit veranschaulicht werden. Ferner müssen Einschränkungen über die Nutzbarkeit der Rechte erwähnt werden.

d. Informationspflichten für Wiederverkaufsverträge

55 Informationspflichten über Wiederverkaufsverträge werden durch Art. 242 § 3 Abs. 1 Nr. 3 EGBG in Verbindung mit dem Anhang III der Richtlinie 2008/122/EG geregelt. Teil 1 ist wesentlich kürzer als der entsprechende Teil 1 des Anhangs I und beschränkt sich auf die Identität des Gewerbetreibenden, eine kurze Beschreibung der Dienstleistung, die Vertragslaufzeit, den Preis sowie die obligatorischen zusätzlichen Kosten und die etwaige Geltung eines Verhaltenskodex.

56 Teil 2 ist mit dem Teil 2 des Anhangs I identisch (vgl. Rn. 42). Teil 3 beschränkt sich auf Informationen über die Vertragsbeendigung, die Angabe der verwendeten Sprache und ggf. einer Schlichtung.

e. Informationspflichten für Tauschverträge

57 Schließlich ergeben sich Informationen für Tauschverträge aus Art. 242 § 1 Abs. 1 Nr. 4 EGBGB in Verbindung mit dem Anhang IV der Richtlinie 2008/122/EG. Diese sind etwas länger als in den Anhängen II und III. Im Teil 1 findet sich außer den Angaben über die Identität des Gewerbetreibenden, eine kurze Produktbeschreibung, den Zeitraum und den **Preis einschließlich obligatorischer Zusatzkosten** die Pflicht, die wichtigsten zur Verfügung gestellten Dienstleistungen zusammenzufassen, wobei anzugeben ist, welche Dienstleistungen eingeschlossen sind und für welche gesondert zu zahlen ist.

Teil 2 ist identisch mit den Teilen 2 der übrigen Anhänge. Teil 3 besteht aus fünf Ziffern. Das Tauschsystem muss nach Teil 3 Nr. 1 **detailliert erläutert** werden. Es müssen die Zahl der zur Verfügung stehenden Ferienanlagen sowie die Mitgliederzahl des Tauschsystems angegeben werden. Erwähnt werden müssen auch Beschränkungen der Verfügbarkeit und etwaige lange Vorausbuchungsfristen. Die übrigen „zusätzlichen Informationen" unterscheiden sich nicht von denen in den anderen Anhängen. Es handelt sich um Informationen über die Immobilien, über die Kosten, über die Beendigung des Vertrags und über die verwendeten Sprachen sowie ggf. über eine Schlichtungsmöglichkeit. 58

2. Rechtsprechung

Rechtsprechung zu einzelnen Informationspflichten liegt nicht vor, auch nicht zu § 482 BGB a.F. in Verbindung mit § 2 BGB-InfoV a.F. oder zu § 4 TzWrG. 59

3. Literatur

Die Vielzahl der Informationspflichten in § 2 BGB-InfoV a.F. bzw. der dahinter stehenden Richtlinie 94/47/EG ist **heftiger Kritik** ausgesetzt.[16] Zwei ausführliche Untersuchungen, die Erkenntnisse der Informationsökonomik anwenden, werfen dem Informationsmodell, jedenfalls so wie es durch die Richtlinie über Teilzeit-Nutzungsrechte umgesetzt wird, ein **information overload** des Verbrauchers vor.[17] Der Verbraucher könne die Vielzahl der Informationen nicht verarbeiten; infolgedessen stünden sie ihm bei der Entscheidungsfindung nicht zur Verfügung. Die gesetzliche Regelung führe dazu, dass sich der Verbraucher sicher wähne, obwohl er tatsächlich unter Unsicherheit entscheide. 60

Kind hat mit ihrer umfassend angelegten Untersuchung sehr deutlich die **Grenzen der Leistungsfähigkeit des Informationsmodells** am Beispiel der Regelungen über Timesharing aufgezeigt. Die daraus zu ziehenden Konsequenzen bestehen aber nicht darin, das Informationsmodell insgesamt zu verwerfen, sondern es richtig einzusetzen. *Kind* hat dazu Vorschläge unterbreitet, die von der Feststellung „Weniger ist oft mehr" ausgehen.[18] Dem ist nichts hinzuzufügen. 61

Der Unionsgesetzgeber hat auf diese Kritik mit der neuen Richtlinie 2008/122/EG immerhin etwas reagiert. Er hat die wichtigsten Informationen sozusagen in Kurzfassung jeweils in den Teilen 1 der Anhänge zusammengezogen und für Langfassungen die Teile 3 geschaffen. Die Teile 1 haben jedenfalls nach der Systematik der Anhänge einen überschaubaren Umfang. Ob dadurch wirklich Transparenz hergestellt wird, muss allerdings bezweifelt werden. 62

4. Abdingbarkeit

Die Informationspflichten sind **zwingend** einzuhalten. 63

D. Rechtsfolgen

Wichtigste Rechtsfolge einer unterlassenen Information ist die Hinauszögerung des Beginns der Widerrufsfrist bis zum Zeitpunkt der nachträglichen Erteilung der Informationen, spätestens um ein Jahr. Dies ist im Einzelnen in § 485a BGB geregelt (vgl. die Kommentierung zu § 485a BGB). Der Gesetzgeber weist darauf hin, dass die Verletzung einer Informationspflicht eine **Irreführung durch Unterlassen gem. § 5a UWG** sein kann.[19] Darüber hinaus wird vertreten, dass der Vertrag bei Fehlen einiger Basisinformationen (Zeitraum, in dem das Teilzeit-Wohnrecht ausgeübt werden kann, Preis) mangels Bestimmtheit nicht zustande gekommen ist.[20] 64

---

[16] *Martinek* in: Staudinger, Vorbem. zu §§ 481-487 Rn. 55; vgl. auch *Mäsch*, DNotZ 1997, 180-213, 183; *Eckert*, ZIR 1997, 1, 6.

[17] *Bütter*, Immobilien-Time-Sharing und Verbraucherschutz, 2000, S. 151 ff.; sehr ausführlich *Kind*, Die Grenzen des Verbraucherschutzes durch Information, 1998, S. 513 ff.

[18] *Kind*, Die Grenzen des Verbraucherschutzes durch Information, 1998, S. 530; für eine Hervorhebung der wichtigen Angaben *Wendlandt*, VuR 2004, 117-124.

[19] BT-Drs. 17/2764, S. 17.

[20] *Franzen* in: MünchKomm-BGB, § 482 Anh. Rn. 25.

65 Schadensersatzansprüche dürften aus praktischen Gründen demgegenüber eine geringere Bedeutung haben. **Vorvertragliche Schadensersatzansprüche** sind auf die §§ 241 Abs. 2, 311 Abs. 2 BGB zu stützen. Sie setzen einen Schaden des Verbrauchers voraus, d.h. der Verbraucher muss dartun, dass er Aufwendungen hatte, die er nicht gehabt hätte, wenn ihm im vorvertraglichen Stadium die vorgeschriebenen Informationen zur Verfügung gestanden hätten. Dies kann im Einzelfall zur Freistellung von den Verpflichtungen aus einem nachfolgenden Vertragsschluss führen. Außerhalb des Vertragsrechts ist die **Verbandsklage gem.** § 3 UKlaG von erheblicher Bedeutung, der die Einhaltung der Informationspflichten unterfällt, § 2 Nr. 1 lit. d UKlaG.

§ 482a BGB Widerrufsbelehrung

(Fassung vom 17.01.2011, gültig ab 23.02.2011)

(1) [1]**Der Unternehmer muss den Verbraucher vor Vertragsschluss in Textform auf das Widerrufsrecht einschließlich der Widerrufsfrist sowie auf das Anzahlungsverbot nach § 486 hinweisen.** [2]**Der Erhalt der entsprechenden Vertragsbestimmungen ist vom Verbraucher schriftlich zu bestätigen.** [3]**Die Einzelheiten sind in Artikel 242 § 2 des Einführungsgesetzes zum Bürgerlichen Gesetzbuche geregelt.**

Gliederung

A. Grundlagen 1	II. Voraussetzungen nach § 482a BGB 7
I. Kurzcharakteristik 1	III. Weitere Voraussetzungen nach Art. 242 § 2
II. Gesetzgebungsmaterialien 2	EGBGB 9
III. Europäischer Hintergrund 3	IV. Das Formblatt nach Anhang V der Richtlinie
B. Praktische Bedeutung 4	2008/122/EG 10
C. Anwendungsvoraussetzungen 5	**D. Rechtsfolgen** 12
I. Abschließende Regelung 5	

A. Grundlagen

I. Kurzcharakteristik

Die Vorschrift wurde durch das Umsetzungsgesetz zur Richtlinie 2008/122/EG (TzWruaModG) mit Wirkung zum 23.02.2011 ins BGB eingefügt. Sie ergänzt die vorvertraglichen Informationspflichten nach § 482 BGB um die Pflicht zur – ebenfalls bereits vorvertraglichen – Pflicht zur **Widerrufsbelehrung**. Auch der Hinweis auf das **Zahlungsverbot** gemäß § 486 BGB ist von der Vorschrift umfasst. Wie bereits bei § 482 BGB bedient sich der Gesetzgeber einer **Verweistechnik**. Die Vorschrift verweist bezüglich der Einzelheiten auf Art. 242 § 2 EGBGB. Dort findet sich jedoch lediglich ein weiterer Verweis, nämlich auf das **Formblatt** in Anhang V der Richtlinie 2008/122/EG, dessen Verwendung für die Widerrufsbelehrung vorgeschrieben ist.   1

II. Gesetzgebungsmaterialien

Die Umsetzung einer Richtlinienbestimmung durch einen Verweis auf die Richtlinie ist **nicht unproblematisch**. Zur Begründung bezieht sich der Gesetzgeber auf dieselbe Verweistechnik bei § 482 BGB, wonach dies der Übersichtlichkeit des BGB dient.[1] Dies vermag jedoch allenfalls den Verweis vom BGB auf das EGBGB zu rechtfertigen, jedoch nicht den weiteren Verweis auf die Richtlinie selbst. Wie schon zu § 482 BGB angeführt (vgl. die Kommentierung zu § 482 BGB Rn. 14), verschleiert dies nicht nur die Transparenz für den Rechtsanwender, sondern ist auch unionsrechtlich im Hinblick auf die Umsetzungspflicht bedenklich.   2

III. Europäischer Hintergrund

Die Vorschrift setzt Art. 5 (4) der Richtlinie 2008/122/EG um, wonach der Verbraucher vor Vertragsschluss ausdrücklich auf das **Widerrufsrecht**, auf die Widerrufsfrist sowie auf das während der Widerrufsfrist geltende Anzahlungsverbot **hinzuweisen** ist. Die weiteren Unterabsätze des Art. 5 (4) sehen vor, dass die entsprechenden Vertragsbestimmungen gesondert zu unterzeichnen sind und dass für die **Widerrufsbelehrung** das in Anhang V der Richtlinie enthaltene **Formblatt** zu verwenden ist. Art. 242 § 2 EGBGB enthält zwar die zwingende Anordnung, das Formblatt zu verwenden, setzt den Inhalt des Formblatts jedoch wie ausgeführt nicht selbst in nationales Recht um.   3

---

[1] BT-Drs. 17/2764, S. 17.

B. Praktische Bedeutung

4   Wie bei allen Verträgen, für die ein Widerrufsrecht vorgesehen ist, kommt auch bei Verträgen über Teilzeit-Wohnrechte der Widerrufsbelehrung erhebliche praktische Bedeutung zu, und zwar vor allem deshalb, weil sich bei **fehlender oder unzureichender Belehrung** die **Widerrufsfrist** auf bis zu einem Jahr und 14 Tage **verlängert**. Der Unternehmer muss deshalb darauf achten, dass er das vorgeschriebene Formblatt verwendet, während der Verbraucher, der noch nach 14 Tagen widerrufen möchte, prüfen wird, ob dem Unternehmer bei der Widerrufsbelehrung Fehler unterlaufen sind.

C. Anwendungsvoraussetzungen

I. Abschließende Regelung

5   § 482a BGB in Verbindung mit Art. 242 § 2 EGBGB ist eine abschließende Regelung. Ein Rückgriff auf die allgemeinen Vorschriften zum Widerrufsrecht im Allgemeinen Teil des Schuldrechts kommt bezüglich der Widerrufsbelehrung nicht in Betracht.[2] **§ 360 BGB ist nicht anzuwenden.** Dies ergibt sich nicht nur daraus, dass die Vorschrift keinen Verweis auf die allgemeinen Vorschriften enthält, sondern auch aus dem unionsrechtlichen Hintergrund der Vorschrift. Anders als im BGB gliedert sich das Widerrufsrecht im Verbraucherschutzrecht der EU nicht in einen Allgemeinen Teil und vertragsspezifische Abweichungen, sondern ist abschließend in den einzelnen Richtlinien geregelt. Mit aller Deutlichkeit bringt dies die Verbraucherrechte-Richtlinie (RL 2011/83/EU) zum Ausdruck,[3] die zwar umfangreiche Vorschiften zum Widerrufsrecht bei Fernabsatzverträgen und außerhalb von Geschäftsräumen geschlossenen Verträgen enthält, die Timesharing-Richtlinie, die Verbraucherkredit-Richtlinie und die Pauschalreise-Richtlinie aber ausdrücklich von ihrem Anwendungsbereich ausnimmt.

6   Allerdings ist der Umsetzungsgesetzgeber diesem System des Unionsrechts nur halbherzig gefolgt. Beim Widerrufsrecht selbst (§ 485 BGB) konnte er sich nicht dazu durchringen, auf einen Verweis auf den § 355 BGB zu verzichten, der dann freilich vielfach eingeschränkt werden musste (vgl. die Kommentierung zu § 485 BGB Rn. 9), während er bei der Widerrufsbelehrung konsequent auf Bezugnahmen auf Widerrufsfristen im Schuldrecht AT verzichtet.

II. Voraussetzungen nach § 482a BGB

7   § 482a Satz 1 BGB legt die Form für die Widerrufsbelehrung fest, nämlich **Textform** gemäß § 126b BGB. Dies ist zwar unionsrechtlich nicht ausdrücklich so vorgesehen; da die Formblätter der Anhänge I bis IV in Papierform oder auf einem dauerhaften Datenträger zu erteilen sind (Art. 4 (2)), kann für Anhang V nichts anderes gelten.

8   § 482a Satz 2 BGB sieht vor, dass der Verbraucher den Erhalt der entsprechenden Vertragsbestimmungen **schriftlich zu bestätigen** hat. Unionsrechtlich leitet sich dieses Erfordernis aus Art. 5 (4) Unterabs. 2 ab.

III. Weitere Voraussetzungen nach Art. 242 § 2 EGBGB

9   Art. 242 § 2 EGBGB verweist nicht nur auf das Formblatt nach Anhang V der Richtlinie, sondern regelt darüber hinaus die anzuwendende Sprache durch einen Verweis auf § 483 BGB. Die Widerrufsbelehrung hat in der **Sprache des Vertrags** zu erfolgen (Erläuterungen zu § 483). Schließlich muss die Widerrufsbelehrung „**deutlich und verständlich**" eingefügt sein. Die Richtlinie verwendet dafür in Art. 5 (4) Unterabs. 1 den Begriff „ausdrücklich."

IV. Das Formblatt nach Anhang V der Richtlinie 2008/122/EG

10 Das Formblatt nach Anhang V der Richtlinie 2008/122/EG enthält zwei Teile, und zwar die eigentliche **Widerrufsbelehrung** sowie einen **Text**, den der Verbraucher **zur Ausübung seines Widerrufs** ver-

---

[2] So auch *Franzen* in: MünchKomm-BGB § 482a Anh. Rn. 2.
[3] Dazu *Unger*, ZEuP 2012, 270.

wenden kann. Die Widerrufsbelehrung gibt dem Verbraucher den Inhalt der Vorschriften über den Widerruf nach der Richtlinie bekannt. Der Gewerbetreibende muss das Datum des Beginns der Widerrufsfrist eintragen. Das Formblatt informiert über den späteren Beginn der Widerrufsfrist bei späterer oder unterlassener Aushändigung des Formblatts und bei verspäteten oder unterlassenen Pflichtangaben.

Sodann informiert das Formblatt den Verbraucher, wie er von seinem Widerrufsrecht Gebrauch zu machen hat. Er wird ausdrücklich darauf hingewiesen, dass er von der im unteren Teil des Formblatts wiedergegebenen **Mustermitteilung Gebrauch machen kann, aber nicht muss**. Ferner weist das Formblatt den Verbraucher darauf hin, dass ihm durch den Widerruf **keine Kosten** entstehen und dass eine Vertragsbeendigung auch durch zusätzliche nationale Vorschriften möglich sein kann. In der Literatur wird kritisiert, dass ein Hinweis fehlt, wonach für die Fristwahrung die rechtzeitige Absendung ausreicht und es nicht auf den Zugang ankommt.[4] Schließlich enthält das Formblatt einen Hinweis auf das **Anzahlungsverbot** während der Widerrufsfrist nach Art. 9 der Richtlinie.

D. Rechtsfolgen

Rechtsfolge einer verspäteten, unterlassenen oder fehlerhaften Widerrufsbelehrung ist die **Hinauszögerung des Beginns der Widerrufsfrist** auf maximal ein Jahr gemäß § 485a BGB (Erläuterungen zu § 485a BGB). Eine fehlerhafte Widerrufsbelehrung kann nur dadurch erfolgen, dass der Unternehmer entweder das Formblatt nicht verwendet oder es abändert oder nur Teile daraus verwendet. Im Übrigen kann ein Fehler nur durch eine fehlerhafte Berechnung des Datums des Fristbeginns entstehen.[5]

---

[4] *Franzen* in: MünchKomm-BGB § 482a Anh. Rn. 6.
[5] *Franzen* in: MünchKomm-BGB § 482a Anh. Rn. 7.

§ 483 BGB Sprache des Vertrags und der vorvertraglichen Informationen

(Fassung vom 17.01.2011, gültig ab 23.02.2011)

(1) ¹Der Teilzeit-Wohnrechtevertrag, der Vertrag über ein langfristiges Urlaubsprodukt, der Vermittlungsvertrag oder der Tauschsystemvertrag ist in der Amtssprache oder, wenn es dort mehrere Amtssprachen gibt, in der vom Verbraucher gewählten Amtssprache des Mitgliedstaats der Europäischen Union oder des Vertragsstaats des Abkommens über den Europäischen Wirtschaftsraum abzufassen, in dem der Verbraucher seinen Wohnsitz hat. ²Ist der Verbraucher Angehöriger eines anderen Mitgliedstaats, so kann er statt der Sprache seines Wohnsitzstaats auch die oder eine der Amtssprachen des Staats, dem er angehört, wählen. ³Die Sätze 1 und 2 gelten auch für die vorvertraglichen Informationen und für die Widerrufsbelehrung.

(2) Ist der Vertrag von einem deutschen Notar zu beurkunden, so gelten die §§ 5 und 16 des Beurkundungsgesetzes mit der Maßgabe, dass dem Verbraucher eine beglaubigte Übersetzung des Vertrags in der von ihm nach Absatz 1 gewählten Sprache auszuhändigen ist.

(3) Verträge, die Absatz 1 Satz 1 und 2 oder Absatz 2 nicht entsprechen, sind nichtig.

Gliederung

A. Grundlagen..	1
I. Kurzcharakteristik.............................	1
II. Europäischer Hintergrund...................	2
B. Praktische Bedeutung......................	5
C. Anwendungsvoraussetzungen........	6
I. Sprache des Wohnsitzstaats des Verbrauchers (Absatz 1 Satz 1)...............	6
1. Definition.......................................	6
2. Abdingbarkeit................................	9
II. Sprache nach dem Staatsangehörigkeitsprinzip (Absatz 1 Satz 2)...............	10
1. Definition.......................................	10
2. Rechtsprechung............................	11
3. Literatur..	12
4. Die Auffassung des Autors...........	13
5. Abdingbarkeit................................	17
III. Notariell beurkundete Verträge (Absatz 2).....	18
1. Europäischer Hintergrund der Regelung....	18
2. Definition.......................................	19
3. Praktische Bedeutung..................	20
D. Rechtsfolgen...................................	21

A. Grundlagen

I. Kurzcharakteristik

1 § 483 BGB enthält eine ungewöhnlich weitgehende Vorschrift über die Sprachen, in denen die vorvertraglichen Informationspflichten und der Vertrag beim Erwerb von Teilzeit-Wohnrechten und die anderen in § 481 BGB genannten Verträge abzufassen sind. Der Verbraucher kann verlangen, dass die vorgeschriebenen **Informationen und der Vertrag** in der **Sprache seines Wohnsitzstaates** abgefasst sind, sofern dies zu einer Amtssprache eines Mitgliedstaates der Europäischen Union führt, § 483 Abs. 1 BGB. Für notariell zu beurkundende Verträge gibt es eine Sonderregelung, wonach ein in deutscher Sprache beurkundeter Vertrag in die nach § 483 Abs. 1 BGB gewählte Sprache zu übersetzen ist, § 483 Abs. 2 BGB. Ist der Vertrag nicht in der vorgeschriebenen Sprache abgefasst, so ist er nichtig, § 483 Abs. 3 BGB. Eine weitere Regelung über die Vertragssprache findet sich in der Kommentierung zu § 484 BGB.

II. Europäischer Hintergrund

2 § 483 BGB geht auf Art. 4 der ursprünglichen Richtlinie (RL 94/47/EG) zurück. In der jetzigen Richtlinie sind die Sprachanforderungen nicht mehr auf einen Prospekt bezogen (die Prospektpflicht ist weggefallen), sondern auf die **Formblätter** mit den Pflichtangaben und den **Vertrag**. Für die vorver-

traglichen Informationspflichten findet sich die Sprachregelung in Art. 4 (3) der Richtlinie 2008/122/EG, für den Vertrag in Art. 5 (1). Danach müssen die Formblätter und der Vertrag nach Wahl des Verbrauchers in einer Sprache des Mitgliedstaats, in dem er seinen **Wohnsitz** hat oder dessen Staatsangehöriger er ist, abgefasst sein.

Wie bereits die bisherige Richtlinie stellt auch die neue Richtlinie – abweichend vom Vollharmonisierungsprinzip – die weiteren Sprachregelungen zur Disposition der Mitgliedstaaten (Art. 5 (1) Unterabs. 2 und 3). Der Mitgliedstaat, in dem der Verbraucher seinen Wohnsitz hat, kann vorsehen, dass der Vertrag auch in der Amtssprache dieses Mitgliedstaates abzufassen ist (Beispiel: Ein in Deutschland abgeschlossener Vertrag müsste auch dann zusätzlich in Deutsch abgefasst sein, wenn der Erwerber britischer Staatsangehöriger ist und er einen Vertrag in Englisch gewählt hat). Darüber hinaus kann vorgesehen werden, dass dem Erwerber eine **Übersetzung** in eine Amtssprache auszuhändigen ist, die in dem Mitgliedstaat gilt, in dem die Immobilie belegen ist (Beispiel: Ein in Deutschland zwischen Deutschen abgeschlossener Vertrag über eine Immobilie in Spanien müsste zusätzlich in Spanisch ausgefertigt werden). Die Richtlinie will damit erreichen, dass der Verbraucher keine Schwierigkeiten mit Formerfordernissen am Belegenheitsort hat.[1] Dies ist in § 484 Abs. 3 BGB umgesetzt (vgl. die Kommentierung zu § 484 BGB Rn. 20).

Der deutsche **Umsetzungsgesetzgeber** hat die Möglichkeit, für in Deutschland abgeschlossene Verträge auch die Verwendung der deutschen Sprache vorzuschreiben, nicht aufgegriffen, jedoch in § 483 Abs. 2 BGB eine beglaubigte Übersetzung eines in deutscher Sprache abgefassten notariellen Vertrags in die Sprache am Belegenheitsort vorgeschrieben.

B. Praktische Bedeutung

§ 483 BGB ist bereits vor Beginn der Vermarktung von Timesharing-Angeboten zu beachten, da die Vorschrift den Anbieter zwingt, die vorgeschriebenen Informationen ggf. in mehreren Sprachen bereitzuhalten. Obwohl der „polyglotte Prospektvorrat" anlässlich der Verabschiedung des TzWrG heftig als unzumutbare Belastung des Anbieters beklagt wurde[2], sind **Probleme** mit der praktischen Anwendung der Vorschrift **nicht bekannt geworden**. Dies mag damit zusammenhängen, dass sich der Anbieter in einem ernsthaften Verkaufsgespräch jenseits aller rechtlichen Regelungen ohnehin auf die Sprache des Verbrauchers einlassen muss.

C. Anwendungsvoraussetzungen

I. Sprache des Wohnsitzstaats des Verbrauchers (Absatz 1 Satz 1)

1. Definition

Die Vorschrift bezieht sich nicht nur auf die **Vertragssprache**, sondern auch auf die vorvertraglichen Informationspflichten und die Widerrufsbelehrung, § 483 Abs. 1 Satz 3 BGB. Grundsätzlich ist der Vertrag in der Amtssprache des Mitgliedstaats, in dem der Verbraucher seinen **Wohnsitz** hat, abzufassen, und zwar ohne Rücksicht darauf, in welchem Mitgliedstaat der Vertrag abgeschlossen wird. Dies ist nicht nur ein Recht des Verbrauchers, sondern gilt unabhängig davon, ob und wie sich der Verbraucher geäußert hat. Die **Nichtigkeitsfolge** des § 483 Abs. 3 BGB greift auch dann bei einer gem. § 483 Abs. 1 BGB nicht zulässigen Sprache, wenn der Verbraucher mit der Sprache einverstanden war und sie beherrscht (Beispiel: Ein mit einem in Deutschland wohnenden Deutschen abgeschlossener Vertrag in englischer Sprache ist nichtig). Von dieser Regel gibt es auch für **Online-Angebote** keine Ausnahme. Die in einer unzulässigen Sprache erfolgten Pflichtangaben können nicht wirksam gem. § 484 Abs. 2 BGB Vertragsbestandteil werden.

---

[1] Erwägungsgrund 10 der Richtlinie.
[2] *Martinek*, NJW 1997, 1393-1399.

§ 483

7 Das **Wohnsitzprinzip** gilt für alle Verbraucher, die in einem Mitgliedstaat der Europäischen Union oder des EWR ihren Wohnsitz haben, und zwar ohne Rücksicht auf ihre Staatsangehörigkeit. Ein in Großbritannien lebender US-Bürger muss also in Deutschland mit vorvertraglichen Informationen, Widerrufsbelehrung und Vertrag in englischer Sprache bedient werden.

8 Da auch bei Anwendung deutschen Rechts die Sprache eines anderen Mitgliedstaats zur Anwendung kommen kann, musste der deutsche Gesetzgeber auch die Vorschrift der Richtlinie über **Mitgliedstaaten mit mehreren Amtssprachen** ins BGB übernehmen. Der Verbraucher hat ein Wahlrecht, welche der Amtssprachen des Mitgliedsstaats, in dem er seinen Wohnsitz hat, zur Anwendung kommen soll (Beispiel: Ein Belgier mit Wohnsitz in Brüssel interessiert sich bei einem Urlaub in Deutschland für ein Timesharing-Objekt. Er kann wählen, ob die vorvertraglichen Pflichtangaben und der Vertrag in Französisch oder Flämisch sein sollen.). Bereits dieses Beispiel zeigt, dass **theoretisch** bei jedem Timesharing-Angebot **Prospekte in allen Amtssprachen der Europäischen Union vorrätig** sein müssten. Der Verbraucher hat jedoch keinen Anspruch auf Aushändigung der vorvertraglichen Pflichtangaben in zwei verschiedenen Sprachen.[3]

2. Abdingbarkeit

9 Wie ausgeführt, ist die Sprachregelung **nicht abdingbar**.[4] Auch ein Vertrag in einer Sprache, die der Verbraucher beherrscht, ist gem. § 483 Abs. 3 BGB nichtig, wenn es nicht eine nach § 483 Abs. 1 BGB zulässige Sprache ist.

II. Sprache nach dem Staatsangehörigkeitsprinzip (Absatz 1 Satz 2)

1. Definition

10 Der Verbraucher hat ein **Wahlrecht, falls sein Wohnsitz und seine Staatsangehörigkeit nicht zusammenfallen**. Er kann wählen, ob die vorvertraglichen Pflichtangaben, die Widerrufsbelehrung und der Vertrag in der an seinem Wohnsitz geltenden Amtssprache oder in der Amtssprache des Mitgliedstaats, dem er angehört, abgefasst sein soll. Dieses Wahlrecht kommt jedoch nur Bürgern der Europäischen Union (und der Mitgliedstaaten des EWR) zugute. Der Umsetzungsgesetzgeber der ursprünglichen Richtlinie 94/47/EG ging davon aus, dass der Veräußerer den Verbraucher ggf. über sein Wahlrecht informieren muss.[5] So kann ein in Deutschland lebender Grieche einen Prospekt und einen Vertrag in griechischer Sprache verlangen. Das Erfordernis des „polyglotten Formblattvorrats"[6] kann also auch von in Deutschland lebenden Bürgern anderer Mitgliedstaaten ausgehen.

2. Rechtsprechung

11 Die Rechtsprechung hat sich zur Frage der Sprache der Pflichtangaben und des Vertrags bislang nicht geäußert, auch nicht zu den Vorgängervorschriften.

3. Literatur

12 In der Literatur wird die Sprachregelung zwar einerseits heftig kritisiert[7], andererseits wird darüber hinaus sogar über ein Regelungsbedürfnis für die Kommunikationssprache und die Abwicklungssprache nachgedacht.[8]

---

[3] *Eckert* in: Bamberger/Roth, § 483 Rn. 2.
[4] *Saenger* in: Erman, § 483 Rn. 4 hält die Sprachenregel für abdingbar, weil die Vereinbarung einer anderen Sprache nicht notwendigerweise ein Nachteil für den Verbraucher sein müsse.
[5] BT-Drs. 13/4185, S. 10.
[6] So wäre die griffige Formel des „polyglotten Prospektvorrats" von *Martinek*, NJW 1997, 1393-1399 nach der Streichung der Prospektpflicht abzuwandeln.
[7] *Martinek*, NJW 1997, 1393-1399.
[8] *Kappus* in: Hildenbrand/Kappus/Mäsch, Time-Sharing und Teilzeit-Wohnrechtegesetz (TzWrG), 1997, § 3 TzWrG Rn. 3 f.; *Saenger* in: Erman, § 483 Rn. 5 hebt hervor, dass die Kommunikationssprache nicht geregelt ist.

4. Die Auffassung des Autors

Die Sprachregelung des § 483 Abs. 1 BGB bedarf einer **vernünftigen Eingrenzung**. Die Probleme beim Timesharing, die den seinerzeitigen Gemeinschaftsgesetzgeber zum Eingreifen mit der ursprünglichen Richtlinie 94/47/EG veranlasst haben, sind auf Verkaufsaktionen gegenüber Touristen zurückzuführen. Der Gemeinschaftsgesetzgeber hatte an Verbraucher als Touristen gedacht, die in einem anderen Mitgliedstaat zum Erwerb eines Teilzeit-Wohnrechts veranlasst werden. Soweit ist die Vorschrift auch berechtigt, denn wer gezielt Urlauber anspricht, welche die Sprache des Urlaubslandes nicht oder nur unzureichend beherrschen, sollte ihnen Informationen in ihrer Sprache aushändigen. Der Gemeinschaftsgesetzgeber hat jedoch offensichtlich nicht bedacht, dass seine Regelung auch reine Inlandssachverhalte erfasst, bei denen der Anbieter lediglich Bürger des eigenen Mitgliedstaats ansprechen will, jedoch nicht ausschließen kann, dass sich – mehr oder weniger zufällig – unter den Interessenten auch Bürger anderer Mitgliedstaaten befinden können, denen gegenüber deren Sprache verwendet werden muss. 13

Dem Unternehmer bleibt nichts anderes übrig, als **weitere Vertragsverhandlungen** und den Vertragsschluss mit Interessenten, denen gegenüber eine Sprache verwendet werden muss, mit welcher der Anbieter nicht gerechnet hat und in der er folglich auch nicht die vorvertraglichen Informationen erteilen kann, **zu verweigern**. Ein **vorvertragliches Schuldverhältnis** im Sinne der §§ 241 Abs. 2, 311 Abs. 2 BGB, aus dem ein Anspruch auf Aushändigung der Informationen abzuleiten wäre, besteht nicht. Der Unternehmer kann die Vertragsanbahnung abbrechen, wenn er sieht, dass er seine vorvertraglichen Pflichten nicht erfüllen kann. Der Begriff des „Interessenten", der in der früheren Richtlinie enthalten war, findet sich jetzt nicht mehr. Die Pflicht zur vorvertraglichen Informationserteilung ist (nur) so zu verstehen, dass ihre Erfüllung die Voraussetzung für weitere Vertragsverhandlungen und einen Vertragsabschluss ist. 14

Mit dieser Auffassung werden auch nicht die Spracherfordernisse unterlaufen. Der Unternehmer hat schließlich ein Interesse daran, seine Wohnrechte zu veräußern, und dies kann er wirksam nur, wenn er die zulässige Informations- und Vertragssprache einhält. Ihm wird lediglich sein aus der Vertragsfreiheit fließendes Recht erhalten, selbst bestimmen zu können, wer seine Vertragspartner werden sollen, und zwar auch noch nach einer allgemeinen Werbeaktion. 15

Ein Problem taucht freilich auf, wenn vorvertragliche Pflichtangaben und Vertrag in einer Sprache abgefasst sind, die der Verbraucher beherrscht, jedoch gleichwohl keine gem. § 483 Abs. 1 BGB zulässige Sprache vorliegt. Hier greift dem Wortlaut nach die Nichtigkeitsfolge des § 483 Abs. 3 BGB ein. Dem kann nur durch eine teleologische Reduktion des § 483 Abs. 3 BGB abgeholfen werden. 16

5. Abdingbarkeit

Die Sprachvorschriften sind **nicht abdingbar**. 17

III. Notariell beurkundete Verträge (Absatz 2)

1. Europäischer Hintergrund der Regelung

Nach Art. 5 (1) Unterabs. 3 der Richtlinie 2008/122/EG dürfen die Mitgliedstaaten die Verwendung ihrer Amtssprache(n) als weitere Vertragssprache vorschreiben. Die Vorschrift war auch schon in der Vorgänger-Richtlinie enthalten. Der Umsetzungsgesetzgeber hat davon für den Teilbereich der notariell beurkundeten Verträge in § 483 Abs. 2 BGB Gebrauch gemacht. 18

2. Definition

§ 483 Abs. 2 BGB belässt es für notariell zu beurkundende Verträge bei der Geltung der §§ 5 und 16 BeurkundungsG. Nach § 5 Abs. 2 BeurkundungsG ist ein Vertrag in **deutscher Sprache** zu beurkunden. Davon darf der Notar auf Verlangen der Parteien lediglich dann **abweichen**, wenn er **der anderen Sprache hinreichend kundig** ist. Allerdings wird dadurch nicht das Erfordernis einer nach § 483 Abs. 1 BGB zulässigen Sprache völlig verdrängt. Zwar ist der Vertrag selbst in deutscher Sprache zu 19 beurkunden; der Unternehmer muss allerdings auf seine Kosten eine **beglaubigte Übersetzung** in die vom Verbraucher im Rahmen des § 483 Abs. 1 BGB gewählte Sprache anfertigen lassen.

3. Praktische Bedeutung

20 Große praktische Bedeutung wird § 483 Abs. 2 BGB nicht erlangen. Die Parteien können die Kosten der beglaubigten Übersetzung vermeiden, wenn sie einen der anderen Sprache hinreichend kundigen Notar wählen. Außerdem bedürfen Verträge über Teilzeit-Wohnrechte nur sehr selten einer notariellen Beurkundung. Für die weiteren in § 481 BGB aufgeführten Vertragstypen kommt eine notarielle Beurkundung ohnehin nicht in Betracht.

D. Rechtsfolgen

21 Die Richtlinie sieht selbst keine ausdrücklichen Sanktionen bei Verletzung der Sprachvorschriften vor. In Art. 15 ist jedoch bestimmt, dass die Mitgliedstaaten Sanktionen vorzusehen haben, die wirksam, verhältnismäßig und abschreckend zu sein haben.

22 Der deutsche Umsetzungsgesetzgeber hat hinsichtlich einer unzulässigen Vertragssprache eine scharfe Sanktion eingeführt: Der **Vertrag** ist gem. § 483 Abs. 3 BGB **nichtig**.[9] Auf ein etwaiges Wahlrecht zwischen verschiedenen in Betracht kommenden Sprachen muss der Verbraucher hingewiesen werden.[10]

23 Bei der Verwendung einer unzulässigen Sprache bei den vorvertraglichen Pflichtangaben und gibt es jedoch keine speziellen Sanktionen. Pflichtangaben in einer unzulässigen Sprache sind wie nicht erteilte Pflichtangaben zu behandeln. Es kommen daher die in der Kommentierung zu § 482 BGB erörterten Sanktionen in Betracht, nämlich Schadensersatzansprüche aus einem vorvertraglichen Schuldverhältnis, §§ 241 Abs. 2, 311 Abs. 2 BGB, sowie Klagebefugnisse der nach § 3 UKlaG klagebefugten Verbände.

---

[9] *Martinek* in: Staudinger, § 483 Rn. 10, hält dies für nicht sachgerecht.
[10] *Franzen* in: MünchKomm-BGB § 483 Rn. 9.

§ 484 BGB Form und Inhalt des Vertrags

(Fassung vom 17.01.2011, gültig ab 23.02.2011)

(1) Der Teilzeit-Wohnrechtevertrag, der Vertrag über ein langfristiges Urlaubsprodukt, der Vermittlungsvertrag oder der Tauschsystemvertrag bedarf der schriftlichen Form, soweit nicht in anderen Vorschriften eine strengere Form vorgeschrieben ist.

(2) ¹Die dem Verbraucher nach § 482 Absatz 1 zur Verfügung gestellten vorvertraglichen Informationen werden Inhalt des Vertrags, soweit sie nicht einvernehmlich oder einseitig durch den Unternehmer geändert wurden. ²Der Unternehmer darf die vorvertraglichen Informationen nur einseitig ändern, um sie an Veränderungen anzupassen, die durch höhere Gewalt verursacht wurden. ³Die Änderungen nach Satz 1 müssen dem Verbraucher vor Abschluss des Vertrags in Textform mitgeteilt werden. ⁴Sie werden nur wirksam, wenn sie in die Vertragsdokumente mit dem Hinweis aufgenommen werden, dass sie von den nach § 482 Absatz 1 zur Verfügung gestellten vorvertraglichen Informationen abweichen. ⁵In die Vertragsdokumente sind aufzunehmen:
1. die vorvertraglichen Informationen nach § 482 Absatz 1 unbeschadet ihrer Geltung nach Satz 1,
2. die Namen und ladungsfähigen Anschriften beider Parteien sowie
3. Datum und Ort der Abgabe der darin enthaltenen Vertragserklärungen.

(3) ¹Der Unternehmer hat dem Verbraucher die Vertragsurkunde oder eine Abschrift des Vertrags zu überlassen. ²Bei einem Teilzeit-Wohnrechtevertrag hat er, wenn die Vertragssprache und die Amtssprache des Mitgliedstaats der Europäischen Union oder des Vertragsstaats des Abkommens über den Europäischen Wirtschaftsraum, in dem sich das Wohngebäude befindet, verschieden sind, eine beglaubigte Übersetzung des Vertrags in einer Amtssprache des Staats beizufügen, in dem sich das Wohngebäude befindet. ³Die Pflicht zur Beifügung einer beglaubigten Übersetzung entfällt, wenn sich der Teilzeit-Wohnrechtevertrag auf einen Bestand von Wohngebäuden bezieht, die sich in verschiedenen Staaten befinden.

Gliederung

A. Grundlagen ... 1	4. Abdingbarkeit ... 11
I. Kurzcharakteristik ... 1	II. Vertragspflichtangaben (Absatz 2) ... 12
II. Gesetzgebungsmaterialien ... 3	1. Definition ... 12
III. Europäischer Hintergrund ... 4	2. Rechtsprechung ... 17
B. Praktische Bedeutung ... 5	3. Literatur ... 18
C. Anwendungsvoraussetzungen ... 6	4. Die Auffassung des Autors ... 19
I. Schriftform (Absatz 1) ... 6	III. Beglaubigte Übersetzung (Absatz 3) ... 20
1. Definition ... 6	1. Definition ... 20
2. Rechtsprechung ... 9	2. Abdingbarkeit ... 24
3. Literatur ... 10	**D. Rechtsfolgen** ... 25

A. Grundlagen

I. Kurzcharakteristik

Die Vorschrift ordnet in § 484 Abs. 1 BGB die **Schriftform** für Teilzeit-Wohnrechteverträge und die anderen in § 481 BGB aufgeführten Verträge an. Dies umfasst – anders als bisher – auch die elektronische Form nach § 126a BGB, jedoch keine Textform gemäß § 126b BGB. Nach § 484 Abs. 2 BGB werden die vorvertraglich zur Verfügung zu stellenden Informationen Vertragsinhalt. Änderungen des Vertragsinhalts gegenüber den vorvertraglichen Informationen sind nur in engen Grenzen möglich

1

§ 484

(§ 484 Abs. 2 Sätze 2-4 BGB). Die formalen Voraussetzungen dafür sind gegenüber § 484 Abs. 1 BGB a.F. durch die Umsetzung der Richtlinie 2008/122/EG verschärft worden.

2 § 484 Abs. 3 BGB verpflichtet den Unternehmer zur Aushändigung einer Vertragsurkunde. Die Vorschrift verlangt ferner eine **Übersetzung des Vertrags in die Sprache des Belegenheitsortes** der Immobilie, wenn diese von der Vertragssprache abweicht.

II. Gesetzgebungsmaterialien

3 § 484 BGB ist durch die Reform von 2011 (TzWruaModG) an die Richtlinie 2008/122/EG angepasst worden. Dadurch sind vor allem **Änderungen des Vertragsinhalts** gegenüber den zuvor gegebenen Informationen an höhere Hürden geknüpft worden. Außerdem ist die Nummerierung der Absätze geändert worden. § 448 Abs. 1 Sätze 2-5 BGB a.F. findet sich jetzt in § 484 Abs. 2 BGB.

III. Europäischer Hintergrund

4 § 484 Abs. 1 BGB ist die Umsetzung von Art. 5 (1) Unterabs. 1 der Richtlinie 2008/122/EG. Diese Vorschrift begnügt sich zwar mit Textform, jedoch geht das Erfordernis der Schriftform daraus hervor, dass der Vertrag nach Art. 5 (3) lit. a unterschrieben werden muss.[1] § 484 Abs. 2 Sätze 1-4 BGB setzt Art. 5 (2) der Richtlinie um (vorvertragliche Pflichtangaben als Vertragsinhalt), und § 484 Abs. 2 Satz 5 BGB den Art. 5 (3) (Pflichtangaben in der Vertragsurkunde). § 484 Abs. 3 Satz 1 BGB geht auf Art. 5 (5) zurück (Aushändigung einer Vertragsurkunde), während die weiteren Absätze der Vorschrift durch den nicht zwingend zu übernehmenden Art. 5 (1) Unterabs. 2 lit. b (Vertragsurkunde in der Sprache des Belegenheitsstaats) gedeckt sind.

B. Praktische Bedeutung

5 Auch § 484 BGB muss bereits bei der Vermarktung beachtet werden, da der Unternehmer wissen muss, dass er Verkaufsgespräche nur dann zu einem wirksamen Abschluss bringen kann, wenn der Vertrag schriftlich abgeschlossen wird. Ein **Online-Vertrag** über Teilzeit-Wohnrechte und die anderen in § 481 BGB genannten Verträge ist ausdrücklich **ausgeschlossen**. Außerdem muss der Unternehmer bereits bei den vorvertraglichen Pflichtangaben bedenken, dass diese später Vertragsinhalt werden.

C. Anwendungsvoraussetzungen

I. Schriftform (Absatz 1)

1. Definition

6 Die in § 484 Abs. 1 Satz 1 BGB angeordnete **Schriftform** bedeutet gem. § 126 BGB die eigenhändige Unterzeichnung einer Urkunde durch Namensunterschrift, bei Verträgen auf derselben Urkunde durch beide Parteien. Die Schriftform kann gemäß § 126 Abs. 3 BGB durch die **elektronische Form** nach § 126a BGB ersetzt werden. Darunter ist gem. § 126a BGB ein elektronisches Dokument zu verstehen, das mit einer qualifizierten elektronischen Signatur nach dem Signaturgesetz versehen ist. § 484 Abs. 1 Satz 2 BGB a.F., der dies ausschloss, ist gestrichen worden. Das Schriftformerfordernis des Art. 4 der Richtlinie 94/47/EG, das die elektronische Form nicht einschloss, ist in der neuen Richtlinie nicht mehr enthalten. Die Richtlinie 2008/122/EG verlangt zwar eine Unterschrift, was jedoch eine elektronische Unterschrift nicht nur zulässt, sondern ihren Ausschluss verbietet.[2] Wegen der geringen Bedeutung der elektronischen Form, die eine qualifizierte elektronische Signatur voraussetzt, dürfte dies aber nur geringe praktische Bedeutung entfalten.

7 Soweit eine strengere Form vorgeschrieben ist, bleibt es dabei. Dies gilt für Verträge über Grundstücke gem. § 311b Abs. 1 BGB bezüglich des Verpflichtungsgeschäfts und gem. § 925 BGB bezüglich der

---

[1] So zu Recht der Gesetzgeber, BT-Drs. 17/2764, S. 18; zustimmend *Franzen* in: MünchKomm-BGB § 484 Rn. 4.
[2] *Franzen* in: MünchKomm-BGB, § 484 Rn. 2.

Auflassung. Beides bedarf der **notariellen Beurkundung**. Teilzeit-Nutzungsrechte können Verträge über Grundstücke sein, wenn das Nutzungsrecht ein dingliches Recht ist, etwa Miteigentum am Grundstück oder am Wohnungseigentum. Die beim Timesharing praktisch wichtige Übertragung eines **Dauerwohnrechts** gem. § 31 WEG bedarf zwar an sich nicht der notariellen Beurkundung, jedoch ist für die Eintragung gem. § 29 GBO eine notarielle Beurkundung erforderlich. Die Praxis fand durch die Entwicklung von Treuhandmodellen Wege, eine notarielle Beurkundung zu vermeiden. Das Dauerwohnrecht wird auf einen Treuhänder übertragen, und dieser schließt schuldrechtliche Verträge mit den einzelnen Nutzern ab, die der notariellen Beurkundung nicht bedürfen, allerdings auch nicht die entsprechende Sicherheit für den Verbraucher bieten (im Einzelnen zum Treuhandmodell vgl. die Kommentierung zu § 481 BGB).

§ 481 Abs. 1 BGB ist eine Spezialvorschrift zu § 550 BGB, so dass ein Teilzeit-Wohnrechtevertrag trotz seiner mietrechtlichen Elemente gem. § 125 BGB nichtig ist, wenn die Schriftform nicht eingehalten ist.[3]

8

2. Rechtsprechung

Rechtsprechung zum Schriftformerfordernis bei Teilzeit-Wohnrechteverträgen ist weder zu § 484 BGB neuer oder alter Fassung noch zur Vorgängervorschrift des § 3 TzWrG bekannt geworden.

9

3. Literatur

In der Literatur wird die Ansicht vertreten, dass sich das Schriftformerfordernis lediglich auf das Verpflichtungsgeschäft, jedoch nicht auf das Verfügungsgeschäft bezieht.[4] Ist der Vertrag in ein ganzes Vertragsbündel aufgespalten (Erwerbsvertrag, Service-Vertrag, Treuhandvertrag), so bezieht sich das Schriftformerfordernis auf sämtliche Verträge, da diese eine Einheit darstellen.[5]

10

4. Abdingbarkeit

Das Schriftformerfordernis ist **zwingend**, § 487 Abs. 1 BGB.

11

II. Vertragspflichtangaben (Absatz 2)

1. Definition

§ 484 Abs. 2 BGB besteht aus drei Elementen: Es wird zunächst die Aussage getroffen, dass die **vorvertraglichen Pflichtangaben** Vertragsbestandteil werden (Satz 1). Sodann regelt das Gesetz, unter welchen Voraussetzungen Änderungen des Vertragsinhalts gegenüber den vorvertraglichen Angaben zulässig sind (Sätze 2-4), und schließlich werden die Vertragspflichtangaben geregelt (Satz 5).

12

Die vorvertraglichen Angaben können nur unter engen Voraussetzungen **in geänderter Form** Vertragsbestandteil werden. Dies kann durch Einvernehmen zwischen den Vertragsparteien erfolgen, aber auch **einseitig durch den Unternehmer**, wenn die Veränderungen durch „höhere Gewalt" verursacht sind. Diese einseitige Änderungsmöglichkeit war in § 484 BGB a.F. so nicht vorgesehen, obwohl sie bereits in Art. 3 (2) Unterabs. 2 der Richtlinie 97/47/EG enthalten war. Allerdings waren auch bisher schon einseitige Änderungen der Prospektpflichtangaben aufgrund von Umständen erlaubt, auf die der Unternehmer keinen Einfluss nehmen konnte. Wegen des für die alte Richtlinie geltenden Minimalstandardprinzips konnte sich der Umsetzungsgesetzgeber damals darüber hinwegsetzen, während dies wegen des jetzt geltenden Vollharmonisierungsprinzips nicht mehr möglich war. Die Richtlinie 2008/122/EG spricht in Art. 5 (2) nicht von höherer Gewalt, sondern von „ungewöhnlichen und unvorhersehbaren Umständen, auf die der Gewerbetreibende keinen Einfluss hat und deren Folgen selbst bei aller gebotenen Sorgfalt nicht hätten vermieden werden können." Diese Umschreibung ist weniger verbraucherfreundlich als der deutsche Begriff der höheren Gewalt, der innerbetriebliche Ereignisse nicht

13

---

[3] *Eckert* in: Bamberger/Roth, § 484 Rn. 3.
[4] *Martinek* in: Staudinger, § 484 Rn. 3; *Saenger* in: Erman, § 483 Rn. 3.
[5] *Martinek* in: Staudinger, § 483 Rn. 4; *Saenger* in: Erman, § 483 Rn. 3.

erfasst. Wegen des Vollharmonisierungsprinzips ist aber zwingend auf die Definition in der Richtlinie zurückzugreifen.[6] Beispiele sind Nichterteilung behördlicher Genehmigungen, Änderungen von Tarifen bei Versorgungsleistungen oder unabwendbare Hindernisse bei Baumaßnahmen.[7]

14 In beiden Fällen, d.h. sowohl bei Einvernehmen zwischen den Vertragsparteien als auch bei einer einseitigen Änderung, müssen jedoch eine Reihe von formalen Schritten beachtet werden, damit die **Änderung** Vertragsbestandteil wird. Sie muss dem Verbraucher vor Abschluss des Vertrags **in Textform mitgeteilt** werden (§ 484 Ab. 2 Satz 3 BGB), und sie muss in das Vertragsdokument mit dem Hinweis aufgenommen werden, dass sie von den vorvertraglichen Angaben abweicht (§ 484 Abs. 2 Satz 4).

15 § 484 Abs. 2 Satz 5 BGB regelt die Vertragspflichtangaben. Nach Nr. 1 müssen die vorvertraglichen **Pflichtangaben im Vertrag wiederholt** werden. Der Unternehmer kann sich also nicht mit einer bloßen Bezugnahme im Hinblick auf die bereits ausgehändigten Formblätter begnügen. Führt der Unternehmer die Pflichtangaben nicht oder nicht vollständig im Vertrag auf, werden sie trotzdem Vertragsbestandteil, wie aus der gesetzlichen Formulierung „unbeschadet ihrer Geltung nach Satz 1" hervorgeht.

16 Nach § 484 Abs. 2 Satz 5 Nr. 2 und 3 BGB muss der Vertrag weitere, über die vorvertraglichen Pflichtangaben hinausgehende Angaben enthalten. Sie standen vor der Reform von 2011 in § 2 Abs. 3 BGB-InfoV a.F. Dabei geht es um die Identität der Vertragsparteien. Für beide Vertragsparteien muss eine **ladungsfähige Anschrift** angegeben werden. Der Gesetzgeber will damit bloße Postfachadressen verhindern. Dies stimmt mit den Anforderungen der Richtlinie überein, die an der entsprechenden Stelle von „Wohnsitz" spricht (Art. 5 (3) lit. a) und damit ebenfalls bloße Postfachadressen ausschließt. Bei juristischen Personen bedeutet „ladungsfähige Anschrift", dass die **Vertretungsverhältnisse** bis zu den dahinter stehenden natürlichen Personen **offen gelegt** werden müssen.[8] Schließlich müssen Datum und Ort der Abgabe der Vertragserklärungen in den Vertrag aufgenommen werden (§ 484 Abs. 2 Satz 5 Nr. 3 BGB). Dies geht auf Art. 5 (3) lit. b der Richtlinie zurück.

2. Rechtsprechung

17 Veröffentlichte Rechtsprechung zu den Vertragspflichtangaben ist weder mit Bezug auf § 482 Abs. 2 BGB noch auf § 484 Abs. 1 BGB a.F. noch auf den früheren § 3 TzWrG vorhanden.

3. Literatur

18 Angaben in nicht überreichten vorvertraglichen Informationen sollen nicht Vertragsbestandteil werden.[9] Widersprüche zwischen vorvertraglichen Informationen und Vertrag sollen nach dem **Prinzip der Verbrauchergünstigkeit** aufgelöst werden.[10] Nach einer weiteren Auffassung soll dem Verbraucher in diesem Fall ein Wahlrecht zustehen.[11]

4. Die Auffassung des Autors

19 Wird eine vorvertragliche Pflichtangabe nicht in den Vertrag übernommen, wird sie gleichwohl Vertragsinhalt.[12] Dies ergibt sich aus § 484 Abs. 1 Satz 1 BGB. Enthält der Vertrag zu den vorvertraglichen Pflichtangaben widersprüchliche Angaben, muss er nach den §§ 133, 157 BGB ausgelegt werden. Dabei wird die Unwirksamkeit der Änderungen anzunehmen sein, falls sie der Unternehmer in den Vertrag „hineingeschmuggelt" hat. Wenn sich beide Vertragsparteien über den Inhalt der Änderun-

---

[6] So auch *Franzen* in: MünchKomm-BGB § 484 Rn. 12.
[7] Nach der Begründung zum TzWrG, BT-Drs. 13/4185, S. 10.
[8] *Martinek* in Staudinger, Anhang zu § 482 Rn. 2; *Franzen* in: MünchKomm-BGB § 484 Rn. 16.
[9] *Kappus* in: Hildenbrand/Kappus/Mäsch, Time-Sharing und Teilzeit-Wohnrechtegesetz (TzWrG),1997, § 3 TzWrG Rn. 10.
[10] *Mäsch*, DNotZ 1997, 180-213; ihm folgend *Kappus* in: Hildenbrand/Kappus/Mäsch, Time-Sharing und Teilzeit-Wohnrechtegesetz (TzWrG), 1997, § 3 TzWrG Rn. 9.
[11] *Franzen* in: MünchKomm-BGB § 484 Rn. 13.
[12] So auch *Saenger* in: Erman, § 484 Rn. 4.

gen im Klaren sind und sich der Widerspruch nicht durch Auslegung auflösen lässt, wird man einen **Dissens** gem. § 155 BGB annehmen müssen.

III. Beglaubigte Übersetzung (Absatz 3)

1. Definition

Nach § 484 Abs. 3 Satz 1 BGB (bis zur Reform von 2011: § 484 Abs. 2 Satz 1 BGB) ist der Unternehmer verpflichtet, dem Verbraucher eine **Vertragsurkunde** oder eine Abschrift derselben **auszuhändigen**.

Führt das Wahlrecht des Verbrauchers über die Vertragssprache zu einer anderen Sprache als der Amtssprache in dem Mitgliedstaat, in dem die Immobilie belegen ist, oder führen die Regelungen über die Vertragssprache zwangsläufig zu einer vom Belegenheitsort abweichenden Sprache, so muss nach § 484 Abs. 3 Satz 2 BGB eine **beglaubigte Übersetzung** des Vertrags angefertigt werden. Gedacht ist dabei z.B. an einen in Deutschland zwischen deutschsprachigen Vertragsparteien in deutscher Sprache abgeschlossenen Vertrag über eine in Spanien belegene Immobilie. Dieser Vertrag darf nicht in spanischer Sprache abgeschlossen werden, selbst wenn die Vertragsparteien dies wollten. Sinn des Übersetzungsgebots ist, dem Verbraucher eine Hilfe bei der Ausübung von Formalien aus seinem Recht an die Hand zu geben, etwa bei Eintragungen.[13] Wie alle Sprachregelungen gilt auch diese Vorschrift nur für Immobilien, die sich innerhalb der Europäischen Union befinden.

Die **Kosten** der Übersetzung und ihrer Beglaubigung sind **vom Unternehmer zu tragen**. Dies geht daraus hervor, dass der Unternehmer die beglaubigte Übersetzung auszuhändigen hat.

§ 484 Abs. 3 Satz 3 BGB schließlich enthält eine Einschränkung. Die Pflicht zur Übersetzung **entfällt**, wenn sich das Nutzungsrecht auf einen **Bestand an Wohngebäuden** bezieht, die in verschiedenen Staaten belegen sind. Dies ist auf das Hapimag-Modell und andere Formen des Timesharings gemünzt, bei denen nicht ein Wohnrecht in einer genau definierten Immobilie veräußert wird, sondern der Verbraucher bei jeder Nutzung aus verschiedenen Hotelanlagen auswählen kann. Die Einschränkung ist sachgemäß[14], da sich der Verbraucher beim „flexiblen" Timesharing kaum mit Behörden aus den jeweiligen Staaten auseinander setzen muss und auch die Übersetzung des Vertrags in eine Vielzahl von Sprachen schwerlich zu vertreten wäre. Sie ist von der Richtlinie 2008/47/EG auch gedeckt, da die Regelung der Richtlinie über die Sprache am Belegenheitsort (Art. 5 (1) Unterabs. 2 lit. b) ohnehin nicht zwingend ist. In der Literatur wird vertreten, dass Art. 5 (1) Unterabs. 2 lit. b der Richtlinie flexibles Timesharing sowieso nicht erfasst, weil die Vorschrift von einer „bestimmte[n] Immobilie" spricht, so dass die Ausnahme nach § 484 Abs. 3 Satz 3 BGB wegen des Vollharmonisierungsprinzips unionsrechtlich zwingend sei.[15]

2. Abdingbarkeit

Die Vorschrift ist **nicht abdingbar**, auch wenn der Verbraucher eine Übersetzung in die Amtssprache am Ort der Belegenheit der Immobilie objektiv nicht benötigt.

D. Rechtsfolgen

§ 484 BGB enthält keine Regelungen über die Rechtsfolgen fehlender oder unvollständiger Vertragspflichtangaben. Es greifen daher die allgemeinen Vorschriften ein, insbesondere ein **Schadensersatzanspruch** aus § 280 BGB. Häufig dürfte jedoch zweifelhaft sein, ob dem Verbraucher durch eine fehlende Vertragspflichtangabe ein Schaden entstanden ist, jedenfalls dann, wenn den vorvertraglichen Pflichtangaben Genüge getan wurde. Fehlen dagegen vorvertragliche wie Vertragspflichtangaben,

---

[13] Erwägungsgrund 10 der Richtlinie.
[14] So auch *Kappus* in: Hildenbrand/Kappus/Mäsch, Time-Sharing und Teilzeit-Wohnrechtegesetz (TzWrG), 1997, § 3 TzWrG Rn. 13; *Martinek* in: Staudinger, § 484 Rn. 16.
[15] *Franzen* in: MünchKomm-BGB § 484 Rn. 19.

§ 484

kommt ein Schadensersatzanspruch statt der Leistung gem. § 281 BGB in Betracht, jedenfalls bei wesentlichen Pflichtverletzungen. Im Ergebnis ist der Verbraucher dabei vom Vertrag freizustellen.

26 Die **Widerrufsfrist** beginnt nach § 485a Abs. 1 Satz 2 BGB erst mit der Übergabe der Vertragsurkunde, beträgt jedoch auch in diesem Fall nur 14 Tage – anders als bei Fehlen oder verspäteter Aushändigung der vorvertraglichen Pflichtangaben (vgl. die Kommentierung zu § 485a BGB Rn. 10). § 355 Abs. 3 und 4 BGB ist seit der Reform von 2011 nicht mehr anzuwenden.

27 Fehlen **essentialia** wie der Preis, die Angabe der Belegenheit des Objekts oder die Nutzungsdauer, ist der Vertrag nicht zustande gekommen.

§ 485 BGB Widerrufsrecht

(Fassung vom 17.01.2011, gültig ab 23.02.2011)

(1) Dem Verbraucher steht bei einem Teilzeit-Wohnrechtevertrag, einem Vertrag über ein langfristiges Urlaubsprodukt, einem Vermittlungsvertrag oder einem Tauschsystemvertrag ein Widerrufsrecht nach § 355 zu.

(2) ¹Der Verbraucher hat im Falle des Widerrufs keine Kosten zu tragen. ²Die Kosten des Vertrags, seiner Durchführung und seiner Rückabwicklung hat der Unternehmer dem Verbraucher zu erstatten. ³Eine Vergütung für geleistete Dienste sowie für die Überlassung von Wohngebäuden zur Nutzung ist abweichend von § 357 Absatz 1 und 3 ausgeschlossen.

(3) ¹Hat der Verbraucher einen Teilzeit-Wohnrechtevertrag oder einen Vertrag über ein langfristiges Urlaubsprodukt wirksam widerrufen, ist er an seine Willenserklärung zum Abschluss eines Tauschsystemvertrags, der sich auf diesen Vertrag bezieht, nicht mehr gebunden. ²Satz 1 gilt entsprechend für Willenserklärungen des Verbrauchers zum Abschluss von Verträgen, welche Leistungen an den Verbraucher im Zusammenhang mit einem Teilzeit-Wohnrechtevertrag oder einem Vertrag über ein langfristiges Urlaubsprodukt zum Gegenstand haben, die von dem Unternehmer oder auf Grund eines Vertrags des Unternehmers mit einem Dritten erbracht werden. ³§ 357 gilt entsprechend. ⁴Der Verbraucher hat jedoch keine Kosten auf Grund der fehlenden Bindung an seine Willenserklärung zu tragen.

Gliederung

A. Grundlagen 1	1. Definition 11
I. Kurzcharakteristik 1	2. Rechtsprechung 13
II. Gesetzgebungsmaterialien 2	3. Abdingbarkeit 14
III. Europäischer Hintergrund 4	II. Keine Kostentragung des Verbrauchers (Absatz 2) 15
IV. Regelungsprinzipien 9	
V. Praktische Bedeutung 10	III. Erstreckung des Widerrufs auf akzessorische Verträge (Absatz 3) 18
B. Anwendungsvoraussetzungen 11	
I. Widerrufsfrist von 14 Tagen (Absatz 1) 11	C. Rechtsfolgen 23

A. Grundlagen

I. Kurzcharakteristik

§ 485 BGB sieht ein **Widerrufsrecht** für Teilzeit-Wohnrechteverträge und die anderen in § 481 BGB geregelten Verträge vor. Die **Einzelheiten** ergeben sich aus **§ 355 BGB**, z.B. die Widerrufsfrist von 14 Tagen (§ 355 Abs. 2 BGB). § 485 BGB enthält jedoch zahlreiche Modifikationen der Durchführung des Widerrufs gem. § 355 BGB, so dass beide Vorschriften stets zusammen zu lesen sind. Insbesondere hat der Verbraucher keine Kosten zu tragen; § 357 BGB ist nicht anzuwenden (§ 485 Abs. 2 BGB). § 485 Abs. 3 BGB befasst sich mit den Auswirkungen des Widerrufs auf **Annexverträge**, namentlich den Tauschsystemvertrag und den Vermittlungsvertrag. Der Widerruf erstreckt sich auch auf diese Verträge. Fragen der Widerrufsfrist werden in § 485a BGB geregelt.

II. Gesetzgebungsmaterialien

Das Widerrufsrecht bei Timesharing-Verträgen hat eine wechselvolle Geschichte hinter sich. Vor der Umsetzung der Richtlinie 94/47/EG waren Timesharing-Verträge nur dann widerrufbar, wenn sie gleichzeitig Haustürgeschäfte waren. Dies spielte eine nicht unerhebliche Rolle. Mit der Umsetzung der Richtlinie 94/47/EG wurde ein allgemeines Widerrufsrecht für Timesharing-Verträge eingeführt, zunächst in § 5 TzWrG und seit der Schuldrechtsreform in § 485 BGB. Die Vorschrift regelt das Widerrufsrecht aber **nicht abschließend**, sondern ergänzt und modifiziert lediglich die allgemeine Regelung des Widerrufsrechts in § 355 BGB.

3 Dieses Verhältnis zwischen den §§ 485 und 355 BGB wurde auch anlässlich der Umsetzung der Richtlinie 2008/122/EG beibehalten,[1] auch wenn die Bedeutung des § 355 BGB wegen der umfassenden Sonderregelungen des Widerrufsrechts bei Timesharing-Verträgen geringer wurde. § 485 Abs.1 BGB erweitert den Anwendungsbereich jetzt auch auf die weiteren in § 481 BGB geregelten Vertragstypen, § 482 Abs. 2 BGB erweitert das Prinzip, wonach der Verbraucher im Falle des Widerrufs **keine Kosten** zu tragen hat, jetzt auch auf die Kosten einer etwaigen notariellen Beurkundung des Vertrags, und § 485 Abs. 3 BGB erstreckt die Wirkung des Widerrufs auf die **Annexverträge**. Die Vorschriften über die Widerrufsfrist in § 485 Abs. 3 und 4 BGB wurden in den neuen § 485a BGB überführt.

III. Europäischer Hintergrund

4 Die **Richtlinie 2008/122/EG** schreibt das Widerrufsrecht ebenso wie die Vorgänger-Richtlinie zwingend vor. Die Frist wurde von zehn auf **14 Tage** verlängert (Art. 6 (1)). Der Unionsgesetzgeber hat inzwischen durch entsprechende Vorschriften in der Verbraucherkredit-Richtlinie und der Verbraucherrechte-Richtlinie die Widerrufsfristen allgemein auf 14 Tage verlängert. Wegen § 355 BGB gilt diese Frist in Deutschland schon seit längerem, so das sich keine Änderung durch die neue Richtlinie ergab.

5 Die Frist ist als **zu kurz** bezeichnet worden, weil sie bereits abgelaufen sein kann, wenn ein Verbraucher, der im Urlaub einen Teilzeit-Wohnrechtsvertrag unterschreibt, sich erst nach der Rückkehr aus dem Urlaub darüber klar wird, was er unterschrieben hat.[2] Wegen des Vollharmonisierungsprinzips kann der Umsetzungsgesetzgeber sie aber – anders als die 10-Tages-Frist der Vorgänger-Richtlinie – nicht verlängern.

6 Nach Art. 8 (2) der Richtlinie hat der Verbraucher **keine Kosten** zu tragen und muss auch **nicht für den Wert der Leistungen aufkommen**. Die Regelung des Art. 5 (3) Richtlinie 94/47/EG, wonach dem Verbraucher Vertragskosten auferlegt werden durften, ist in der neuen Richtlinie nicht mehr vorhanden, so dass § 485 Abs. 2 BGB entsprechend angepasst werden musste.

7 Die Regelungen über das Widerrufsrecht in der Richtlinie 2008/122/EG sind im Verhältnis zu anderen unionsrechtlichen Verbraucherschutz-Richtlinien **abschließend**. Dies geht aus Art. 3 (3) lit. h der Verbraucherrechte-Richtlinie (Richtlinie 2011/83/EU) hervor, der diese Richtlinie und damit deren Vorschriften über Widerrufsrechte bei Geschäften außerhalb von Geschäftsräumen und bei Fernabsatzgeschäften u.a. im Geltungsbereich der Richtlinie 2008/47/EG für nicht anwendbar erklärt.

8 Damit ist ein Urteil des **EuGH** aus dem Jahre 1999[3] **gegenstandslos**, in dem er erklärte. dass die **damalige Haustürwiderrufs-Richtlinie vollen Umfangs auf einen Timesharing-Vertrag anzuwenden** war, wenn dieser in einer Haustürsituation abgeschlossen wurde. Dies war vor allem deswegen von Bedeutung, weil die ehemalige Haustürwiderrufs-Richtlinie anders als die Richtlinie 94/47/EG keine Befristung des Widerrufsrechts bei fehlender Widerrufsbelehrung zuließ. § 355 Abs. 4 Satz 3 BGB, der dies umsetzt, ist jedoch seit der Umsetzung der Richtlinie 2008/122/EG auf die in § 481 BGB geregelten Vertragstypen nicht mehr anzuwenden. Da er mit den Fristenregelungen der Verbraucherrechte-Richtlinie nicht in Übereinstimmung steht, muss er anlässlich der bevorstehenden Umsetzung dieser Richtlinie ohnehin aufgehoben werden.

IV. Regelungsprinzipien

9 Der Gesetzgeber hat versucht, die bisherige Konzeption des Widerrufsrechts beizubehalten, wonach das Widerrufsrecht allgemein sich im Allgemeinen Teil des Schuldrechts in § 355 BGB befindet und bei den einzelnen Vertragstypen, so bei den §§ 485, 485a BGB, lediglich Abweichungen geregelt sind.

---

[1] BT-Drs. 17/2764, S. 19.
[2] *Gaedtke*, VuR 2008, 130, 135.
[3] EuGH v. 22.04.1999 - C-423/97 - Travel Vac.

Im Unionsrecht dagegen sind die Normierungen über das Widerrufsrecht in den einzelnen Richtlinie jeweils abschließend, so auch in der Richtlinie 2008/47/EG. Es kann also nicht auf Vorschriften über Widerrufsrechte in anderen Richtlinien zurückgegriffen werden. Ob diese gegensätzlichen Regelungsprinzipien angesichts des Vollharmonisierungsprinzips auf Dauer beibehalten werden können, erscheint fraglich. Jedenfalls müssen bei Timesharing-Verträgen die §§ 355-357 BGB so ausgelegt werden, dass sie den Art. 5-8 der Richtlinie 2008/122/EG nicht widersprechen. Die notwendigen Abweichungen in § 485 BGB von § 355 BGB sind so umfangreich, dass darunter die Transparenz der Regelung erheblich leidet.

V. Praktische Bedeutung

§ 485 BGB dürfte die **wichtigste Vorschrift aus dem gesamten Abschnitt** über Teilzeit-Wohnrechteverträge und die anderen in § 481 BGB geregelten Vertragstypen sein, weil bei zahlreichen Timesharing-Verträgen das Rechtsproblem im Vordergrund steht, ob und wie sich der Verbraucher aus dem Vertrag lösen kann. § 485 BGB ist bereits bei der Konzeptionierung des Vertragstexts zu beachten, da der Vertrag ein Widerrufsrecht sowie eine Widerrufsbelehrung enthalten muss. Dabei ist außer § 485 BGB nicht nur § 355 BGB zu beachten, sondern auch die direkt anzuwendende Anlage V zur Richtlinie 2008/47/EG, die ein **Muster für eine Widerrufsbelehrung** enthält (vgl. die Kommentierung zu § 482a BGB Rn. 10).

B. Anwendungsvoraussetzungen

I. Widerrufsfrist von 14 Tagen (Absatz 1)

1. Definition

Die Vorschrift ist anzuwenden auf Teilzeit-Wohnrechtverträge, Verträge über ein langfristiges Urlaubsprodukt, Vermittlungsverträge und Tauschsystemverträge. Die regelmäßige Widerrufsfrist von **14 Tagen** gem. §§ 485 Abs. 1, 355 Abs. 2 BGB setzt zunächst eine ordnungsgemäße **Widerrufsbelehrung** voraus. Der Verweis in § 355 Abs. 2 BGB auf § 360 BGB kommt jedoch nicht zum Tragen; vielmehr muss die Widerrufsbelehrung den Voraussetzungen des § 482a BGB genügen (vgl. die Kommentierung zu § 482a BGB).

Die **Widerrufserklärung** selbst muss den Voraussetzungen des § 355 Abs. 1 BGB entsprechen. Sie muss **keine Begründung** enthalten. Dies entspricht Art. 6 (1) a. E. der Richtlinie 2008/122/EG. Des Weiteren muss der Widerruf in **Textform** (vgl. die Kommentierung zu § 126b BGB) erfolgen. Dies verlangt Art. 7 der Richtlinie, der von Papierform oder einem anderen dauerhaften Datenträger spricht. Zur Fristwahrung kommt es nicht, wie sonst bei Willenserklärungen, auf den Zugang gemäß § 130 BGB an; vielmehr genügt die **rechtzeitige Absendung** (§ 355 Abs. 1 Satz 2 a. E. BGB), wofür der Verbraucher freilich die Beweislast trägt.

2. Rechtsprechung

Vor In-Kraft-Treten des TzWrG ergingen zahlreiche Gerichtsentscheidungen über die Widerrufbarkeit von Timesharing-Verträgen unter dem Aspekt der **Widerrufbarkeit gem.** § 1 HTürGG. Da Teilzeit-Wohnrechte selten an der Haustür veräußert werden, sondern eher auf Verkaufsveranstaltungen der Anbieter, zu denen die Verbraucher häufig mit Gewinnversprechen gelockt wurden, musste sich die Rechtsprechung mit der Frage auseinandersetzen, ob hierin eine **Freizeitveranstaltung** gem. § 1 HTürGG, jetzt § 312 BGB (vgl. die Kommentierung zu § 312 BGB), liegt. Diese Fragen sind weniger relevant, seitdem es ein eigenes Widerrufsrecht für Timesharing-Verträge unabhängig von einer Haustürsituation gibt. Sie sind bei § 312 BGB behandelt. Zum Widerrufsrecht als solchem nach § 485 BGB gibt es keine Rechtsprechung, wohl aber zur Widerrufsfrist (vgl. die Kommentierung zu § 485a BGB Rn. 16).

3. Abdingbarkeit

14 Das Widerrufsrecht ist nicht abdingbar, § 487 Satz 1 BGB.

II. Keine Kostentragung des Verbrauchers (Absatz 2)

15 Der Verbraucher hat im Falle der Ausübung des Widerrufsrechts keine Kosten zu tragen (§ 485 Abs. 2 BGB). Dies ergibt sich zwingend aus Art. 8 (2) der Richtlinie 2008/122/EG. Damit es ist nicht vereinbar, wenn dem Verbraucher – wie nach der bisherigen Regelung in § 485 Abs. 5 Satz 2 BGB a.F. – die Kosten einer notariellen Beurkundung auferlegt werden können. Der Umsetzungsgesetzgeber hat daher diese Vorschrift gestrichen und stattdessen umgekehrt geregelt, dass dem Verbraucher entstandene **Vertragskosten zu erstatten** sind. Darunter fallen neben Beurkundungskosten auch etwa Maklerkosten.[4]

16 Art. 8 (2) der Richtlinie 2008/122/EG sieht weiterhin vor, dass der Verbraucher auch **nicht für den Wert der Leistung aufkommen** muss, die vor dem Widerruf möglicherweise erbracht worden ist. Dies hat der Gesetzgeber in § 485 Abs. 2 Satz 3 BGB umgesetzt. Zu diesem Zweck hat er die Anwendbarkeit von § 357 Abs. 1 und 2 BGB ausgeschlossen.

17 Es bleibt aber dabei, dass der Vertrag durch den Widerruf in ein **Rückgewährschuldverhältnis** umgewandelt wird, der nach § 346 BGB abzuwickeln ist. Insoweit ist der Verweis des § 357 Abs. 1 BGB auf die §§ 346 ff. BGB anwendbar. Der Verbraucher muss das zurückgewähren, was er tatsächlich zurückgewähren kann, etwa ein dingliches Nutzungsrecht rückübertragen.[5] Auch Schadensersatzansprüche gegen den Verbraucher etwa wegen Beschädigung der Sache sind nicht ausgeschlossen.[6]

III. Erstreckung des Widerrufs auf akzessorische Verträge (Absatz 3)

18 Art. 11 (1) der Richtlinie verlangt, dass beim Widerruf eines Teilzeitnutzungsvertrags oder eines Vertrags über ein langfristiges Urlaubsprodukt „alle diesen Verträgen untergeordneten Tauschverträge oder sonstigen akzessorischen Verträge [...] automatisch beendet werden." Dies ist in § 485 Abs. 3 BGB umgesetzt. Satz 1 sieht dies für **Tauschsystemverträge** vor. Der Tauschsystemvertrag ist durch den Widerruf des Teilzeitwohnrechtevertrags genauso beendet wie dieser, ohne dass es einer gesonderten Willenserklärung des Verbrauchers bedarf. Auch hier dürfen ihm keine Kosten entstehen (§ 485 Abs. 3 Satz 3 BGB).

19 § 485 Abs. 3 Satz 2 BGB regelt das Gleiche für **sonstige akzessorische Verträge**. Darunter ist nach der Begriffsbestimmung in Art. 2 (1) lit. g der Richtlinie 2008/122/EG ein Vertrag zu verstehen, „mit dem der Verbraucher Leistungen im Zusammenhang mit einem Teilzeitnutzungsvertrag oder einem Vertrag über ein langfristiges Urlaubsprodukt erwirbt, die von dem Gewerbetreibenden oder einem Dritten auf der Grundlage einer Vereinbarung zwischen diesem Dritten und dem Gewerbetreibenden erbracht werden." § 485 Abs. 3 Satz 2 BGB übernimmt diese Definition. Der Umsetzungsgesetzgeber nennt als Beispiel die Mitgliedschaft in einem **Fitnessclub** in der Ferienanlage.[7] Die akzessorischen Verträge werden über den Verweis in § 357 BGB (§ 485 Abs. 3 Satz 3 BGB) gemäß § 346 BGB rückabgewickelt.

20 Anders als in § 485 Abs. 2 BGB, wo der Gesetzgeber sowohl eine Belastung des Verbrauchers mit Kosten wie mit Vergütungen für bereits erbrachte Dienste ausschließt, regelt § 485 Abs. 3 Satz 4 BGB lediglich, dass dem Verbraucher keine Kosten entstehen dürfen. **Vergütungen für im Rahmen akzessorischer Verträge** erbrachte Dienste dürfen ihm also auferlegt werden, wie auch der uneingeschränkte Verweis auf § 357 BGB unterstreicht. Diese Differenzierung ist unionsrechtlich zulässig, denn auch in der Richtlinie findet sich der Ausschluss der Vergütungen für erbrachte Dienste lediglich beim Widerruf des Teilzeitnutzungsrechtsvertrags selbst (Art. 8 (2)), nicht jedoch bei der Erstreckung des Wi-

---

[4] *Franzen* in: MünchKomm-BGB, § 485 Rn. 23.
[5] BT-Drs. 17/2764, S. 19.
[6] BT-Drs. 17/2764, S. 19.
[7] BT-Drs. 17/2764, S. 19-20.

derrufs auf akzessorische Verträge (Art. 11 (1)). Man kann die Belastung mit den Vergütungen für erbrachte Dienste auch nicht in den Begriff der Kosten hineininterpretieren, da die Richtlinie in Art. 8 (1) ausdrücklich zwischen den Kosten und den Vergütungen für erbrachte Leistungen unterscheidet. Die Rechtsprechung des EuGH zur bisherigen Fernabsatz-Richtlinie,[8] die diese Unterscheidung gerade nicht vornimmt, kann daher nicht herangezogen werden.[9]

Art. 11 (2) der Richtlinie 2008/122/EG enthält eine eigenständige Regelung für einen mit einem Timesharing-Vertrag **verbundenen Kreditvertrag**. Danach wird auch ein verbundener Kreditvertrag beendet, wenn der Verbraucher einen Teilzeitnutzungsvertrag, einen Vertrag über ein langfristiges Urlaubsprodukt, einen Wiederverkaufs- oder einen Tauschvertrag widerruft. Voraussetzung ist die teilweise oder vollständige Finanzierung des Preises durch einen Kredit. Der Kredit muss dem Verbraucher vom Gewerbetreibenden oder einem Dritten gewährt werden, wobei zwischen dem Gewerbetreibenden und dem Dritten eine Vereinbarung bestehen muss. Kosten dürfen dem Verbraucher nicht entstehen.

Der deutsche Gesetzgeber hat diese Vorschrift nicht durch eine spezielle Regelung umgesetzt. Er war der Meinung, dass Art. 11 (2) der Richtlinie vollständig von **§ 358 Abs. 1 BGB** abgedeckt wird und ein spezieller Umsetzungsbedarf daher nicht besteht.[10] Dagegen ist unionsrechtlich nichts zu erinnern. Allerdings muss § 358 Abs. 1 BGB bei Timesharing-Verträgen richtlinienkonform im Lichte des Art. 11 (2) der Richtlinie 2008/122/EG ausgelegt werden.

C. Rechtsfolgen

Durch den Widerruf wandelt sich der Vertrag in ein **Rückgewährschuldverhältnis** gem. § 346 BGB um. Bei der Rückabwicklung müssen freilich die in § 485 BGB geregelten Besonderheiten beachtet werden.

---

[8] EuGH v. 15.04.2010 - C-511/08.
[9] Anders *Franzen* in: MünchKomm-BGB, § 485 Rn. 26, der zu Unrecht unionsrechtliche Zweifel anmeldet.
[10] BT-Drs. 17/2764, S. 20.

§ 485a BGB Widerrufsrecht

(Fassung vom 17.01.2011, gültig ab 23.02.2011)

(1) ¹Abweichend von § 355 Absatz 3 beginnt die Widerrufsfrist mit dem Zeitpunkt des Vertragsschlusses oder des Abschlusses eines Vorvertrags. ²Erhält der Verbraucher die Vertragsurkunde oder die Abschrift des Vertrags erst nach Vertragsschluss, beginnt die Widerrufsfrist mit dem Zeitpunkt des Erhalts.

(2) ¹Sind dem Verbraucher die in § 482 Absatz 1 bezeichneten vorvertraglichen Informationen oder das in Artikel 242 § 1 Absatz 2 des Einführungsgesetzes zum Bürgerlichen Gesetzbuche bezeichnete Formblatt vor Vertragsschluss nicht, nicht vollständig oder nicht in der in § 483 Absatz 1 vorgeschriebenen Sprache überlassen worden, so beginnt die Widerrufsfrist abweichend von Absatz 1 erst mit dem vollständigen Erhalt der vorvertraglichen Informationen und des Formblatts in der vorgeschriebenen Sprache. ²Das Widerrufsrecht erlischt abweichend von § 355 Absatz 4 spätestens drei Monate und zwei Wochen nach dem in Absatz 1 genannten Zeitpunkt.

(3) ¹Ist dem Verbraucher die in § 482a bezeichnete Widerrufsbelehrung vor Vertragsschluss nicht, nicht vollständig oder nicht in der in § 483 Absatz 1 vorgeschriebenen Sprache überlassen worden, so beginnt die Widerrufsfrist abweichend von Absatz 1 erst mit dem vollständigen Erhalt der Widerrufsbelehrung in der vorgeschriebenen Sprache. ²Das Widerrufsrecht erlischt abweichend von § 355 Absatz 4 sowie gegebenenfalls abweichend von Absatz 2 Satz 2 spätestens ein Jahr und zwei Wochen nach dem in Absatz 1 genannten Zeitpunkt.

(4) ¹Hat der Verbraucher einen Teilzeit-Wohnrechtevertrag und einen Tauschsystemvertrag abgeschlossen und sind ihm diese zum gleichen Zeitpunkt angeboten worden, so beginnt die Widerrufsfrist für beide Verträge mit dem nach Absatz 1 für den Teilzeit-Wohnrechtevertrag geltenden Zeitpunkt. ²Die Absätze 2 und 3 gelten entsprechend.

Gliederung

A. Grundlagen	1
I. Kurzcharakteristik	1
II. Gesetzgebungsmaterialien	4
III. Europäischer Hintergrund	5
B. Praktische Bedeutung	7
C. Anwendungsvoraussetzungen	8
I. Widerrufsfrist bei fehlender Aushändigung der Vertragsurkunde	8
II. Widerrufsfrist von drei Monaten und zwei Wochen bei fehlenden vorvertraglichen Pflichtangaben (Absatz 2)	10
1. Definition	10
2. Rechtsprechung	11
III. Widerrufsfrist von einem Jahr und zwei Wochen bei fehlender Widerrufsbelehrung (Absatz 3)	12
1. Europäischer Hintergrund der Regelung	12
2. Definition	14
3. Rechtsprechung	16
IV. Widerrufsfrist eines gleichzeitig abgeschlossenen Tauschsystemvertrags (Absatz 4)	17
D. Rechtsfolgen	19

A. Grundlagen

I. Kurzcharakteristik

1   Die Vorschrift wurde durch das Umsetzungsgesetz zur Richtlinie 2008/122/EG (TzWruaModG) mit Wirkung zum 23.02.2011 ins BGB eingefügt. Sie befasst sich mit der Widerrufsfrist. Gem. § 485a Abs. 1 BGB ist der **Beginn der Widerrufsfrist** der Zeitpunkt des Vertragsschlusses. Die Vorschrift regelt, wann sich dieser Beginn hinausschiebt, nämlich bei späterer Aushändigung der Vertragsurkunde auf diesen Zeitpunkt (§ 485a Abs. 1 BGB), bei unterlassener oder unvollständiger Übermittlung der vorvertraglichen Informationen auf den Zeitpunkt der nachträglichen Überlassung (§ 485a Abs. 2

BGB), und ebenso bei unterlassener oder unvollständiger Widerrufsbelehrung auf den Zeitpunkt der korrekten Belehrung (§ 485a Abs. 3 BGB).

Auch bei Mängeln in der vorvertraglichen Informationsübermittlung oder der Widerrufsbelehrung besteht das Widerrufsrecht jedoch nicht unbegrenzt. Bei **unterlassenen oder unvollständigen Informationen** erlischt es **spätestens nach drei Monaten und zwei Wochen**, auch wenn die Informationen nicht nachgeholt werden (§ 485a Abs. 2 Satz 2 BGB), bei der **unterlassenen oder fehlerhaften Widerrufsbelehrung** nach **einem Jahr und zwei Wochen** (§ 485a Abs. 3 Satz 2 BGB). Für die Widerrufsbelehrung ist dies neu; § 355 Abs. 4 Satz 3 BGB, der eine unbefristete Widerrufsmöglichkeit vorsieht, ist nicht mehr anzuwenden.

Schließlich synchronisiert § 485a Abs. 3 BGB die Widerrufsfrist eines gleichzeitig angebotenen **Tauschsystemvertrags** mit der Widerrufsfrist für den Teilzeitwohnrecht-Vertrag. Auch für den Tauschsystemvertrag beginnt die Widerrufsfrist mit der Widerrufsfrist für den Teilzeitwohnrechte-Vertrag.

II. Gesetzgebungsmaterialien

Der Gesetzgeber des Reformgesetzes von 2011 hat sich entschlossen, die Regelungen zum Widerrufsrecht, die bislang in § 485 BGB a.F. geregelt waren, auf zwei Vorschriften zu verteilen, nämlich die §§ 485 und 485a BGB. Grund dafür ist die umfängliche Regelung des umzusetzenden Richtlinientextes.[1]

III. Europäischer Hintergrund

Die Vorschrift setzt Art. 6 (2) bis (5) der Richtlinie 2008/122/EG um. Art. 6 (2) befasst sich mit dem regelmäßigen **Fristbeginn**, was in § 485a Abs. 1 BGB umgesetzt ist. In Art. 6 (3) sind die **Maximalfristen** genannt, bis zu denen das Widerrufsrecht besteht, auch wenn die vorvertraglichen Informationen bzw. die Widerrufsbelehrung nicht nachgeholt werden, nämlich ein Jahr und 14 Kalendertage bei unterlassener oder fehlerhafter Widerrufsbelehrung (Art. 6 (3) lit. a) und drei Monate und 14 Kalendertage bei unterlassener oder unvollständiger Informationserteilung. Art. 6 (3) ist in § 485a Abs. 2 Satz 2 bzw. Abs. 3 Satz 2 BGB umgesetzt.

Art. 6 (4) sieht vor, dass die regelmäßige 14-tägige Widerrufsfrist **bei nachträglicher Informationserteilung bzw. Widerrufsbelehrung beginnt**. Dies ist in § 485a Abs. 2 Satz 1 bzw. Abs. 3 Satz 1 BGB umgesetzt. Art. 6 (5) schließlich synchronisiert die **Widerrufsfrist** eines gleichzeitig mit dem Teilzeitnutzungsvertrag angebotenen **Tauschvertrags** mit der Widerrufsfrist des Teilzeitnutzugsvertrags, was sich in § 485a Abs. 3 BGB wiederfindet.

B. Praktische Bedeutung

Da bei Teilzeitwohnrechte-Verträgen meistens um eine vorzeitige Lösung vom Vertrag gestritten wird, kommt der korrekten Berechnung der Widerrufsfrist hohe Bedeutung zu. Insbesondere sind **die über die Regelfrist von 14 Tagen hinausgehenden Fristen** bei unvollkommener Informationserteilung oder Widerrufsbelehrung von praktischer Bedeutung, falls die Regelfrist bereits verstrichen ist.

C. Anwendungsvoraussetzungen

I. Widerrufsfrist bei fehlender Aushändigung der Vertragsurkunde

Die Widerrufsfrist beginnt **erst zu laufen**, wenn auch die **Vertragsurkunde ausgehändigt** ist (§ 485a Abs. 1 BGB). Das Gesetz äußert sich aber nicht dazu,[2] ob – wie bei unterlassenen oder fehlerhaften vorvertraglichen Informationen oder bei der Widerrufsbelehrung — eine Maximalfrist gilt, bei deren Ablauf das Widerrufsrecht auch ohne Aushändigung einer Vertragsurkunde enden würde. Auch die

---

[1] BT-Drs. 17/2764, S. 20.
[2] Auch die Gesetzesbegründung schweigt insoweit, BT-Drs. 17/2764, S. 20.

§ 485a

Richtlinie enthält dazu keine explizite Regelung. Daraus ist zu schließen, dass es eine derartige **Maximalfrist** auch **nicht gibt**. Dies entspricht der Rechtsprechung des EuGH zur bisherigen Haustürwiderrufs-Richtlinie, wonach aus der Regelung, wonach die Widerrufsfrist erst mit der Belehrung beginnt, zu schließen ist, dass mangels Aushändigung einer Vertragsurkunde ein **unbefristetes Widerrufsrecht** besteht, da sich aus der Richtlinie nichts Gegenteiliges ergibt.[3]

9   Aus einer systematischen Auslegung der BGB-Vorschriften heraus läge es dagegen nahe, wegen des Verweises auf § 355 BGB in § 485a Abs. 1 Satz 2 BGB die Maximalfrist von sechs Monaten nach § 355 Abs. 4 Satz 1 BGB anzuwenden.[4] Dem steht jedoch der Vorrang des Unionsrechts entgegen, das eine Maximalfrist bei fehlender Aushändigung der Vertragsurkunde gerade nicht kennt. Bei richtlinienkonformer Auslegung kann auf § 355 Abs. 4 Satz 1 BGB daher nicht zurückgegriffen werden.

II. Widerrufsfrist von drei Monaten und zwei Wochen bei fehlenden vorvertraglichen Pflichtangaben (Absatz 2)

1. Definition

10 § 485a Abs. 2 BGB verlängert die 14-Tage-Frist gem. § 355 Abs. 2 Satz 1 BGB auf drei Monate und zwei Wochen, wenn das Formblatt mit den vorvertraglichen Pflichtangaben gem. § 482 BGB (vgl. die Kommentierung zu § 482 BGB) **nicht oder nicht vollständig oder nicht in der vorgeschriebenen Sprache** ausgehändigt wird. Die Frist ist länger als nach bisherigem Recht. Nach § 485 Abs. 3 BGB a.F. betrug sie in Übereinstimmung mit der Richtlinie 94/47/EG lediglich einen Monat. § 485a Abs. 2 BGB sanktioniert somit nicht nur die Einhaltung der Pflichtangaben nach § 482 BGB, sondern auch die Einhaltung der Sprachvorschriften, die sich aus § 483 BGB (vgl. die Kommentierung zu § 483 BGB) ergeben.

2. Rechtsprechung

11 Rechtsprechung zu der verlängerten Widerrufsfrist gibt es nicht.

III. Widerrufsfrist von einem Jahr und zwei Wochen bei fehlender Widerrufsbelehrung (Absatz 3)

1. Europäischer Hintergrund der Regelung

12 Die Vorschrift bedeutet eine wesentliche **Änderung gegenüber der bisherigen Rechtslage**, und zwar **zulasten des Verbrauchers**. Hintergrund ist eine Änderung der Systematik der Widerrufsrechte auf der unionsrechtlichen Ebene. Unter der Geltung der bisherigen Haustürwiderrufs-Richtlinie und der alten Timesharing-Richtlinie hatte der EuGH angenommen, dass beide Richtlinien gleichzeitig anzuwenden seien.[5] Da die Haustürwiderrufs-Richtlinie keine Befristung des Widerrufsrechts bei fehlender Widerrufsbelehrung kannte, **war** infolgedessen ein Timesharing-Vertrag, der als Haustürgeschäft abgeschlossen wurde, **unbefristet widerrufbar**, wenn die Widerrufsbelehrung fehlte. In Umsetzung dieser Rechtsprechung hatte der deutsche Gesetzgeber sogar für alle Timesharing-Verträge, also auch solche, die kein Haustürgeschäft waren, die unbefristete Widerrufsfrist bei fehlender Widerrufsbelehrung vorgesehen (§ 485 BGB a.F. in Verbindung mit § 355 Abs. 4 Satz 3 BGB).

13 Die Haustürwiderrufs-Richtlinie ist inzwischen aber durch die Verbraucherrechte-Richtlinie (Richtlinie 2011/83/EU) abgelöst worden. Diese schließt ihre Anwendbarkeit auf Verträge, die der Richtlinie 2008/122/EG unterfallen, ausdrücklich aus. Die Vorschriften in der **Richtlinie 2008/122/EG** sind daher **unionsrechtlich abschließend**, und zwar auch dann, wenn ein Timesharing-Vertrag in der Form eines Haustürgeschäfts (nach heutiger Terminologie: eines Geschäfts außerhalb von Geschäftsräumen) abgeschlossen wird. Der Umsetzungsgesetzgeber musste dieses Ergebnis wegen des Vollharmonisie-

---

[3] EuGH v. 22.04.1999 - C-423/97 - Travel Vac; EuGH v. 13.12.2001 - C-481/99 - Heininger.
[4] So in der Tat *Franzen* in: MünchKomm-BGB, § 485a Rn. 4.
[5] EuGH v. 22.04.1999 - C-423/97 - Travel Vac; EuGH v. 13.12.2001 - C-481/99 - Heininger.

rungsprinzips der Richtlinie hinnehmen. Davon abgesehen, erlaubt auch die Verbraucherrechte-Richtlinie kein unbefristetes Widerrufsrecht bei fehlender Widerrufsbelehrung mehr. Sie sieht – wegen des Vollharmonisierungsprinzips zulasten des Verbrauchers verbindlich – ebenso wie die Richtlinie 2008/122/EG eine Maximalfrist von einem Jahr und zwei Wochen vor (Art. 10).

2. Definition

§ 485a Abs. 3 BGB stellt auf unterlassene, eine nicht vollständige oder eine nicht in der gemäß § 483 BGB vorgeschriebenen Sprache (Erläuterungen zu § 483 BGB) abgefasste Widerrufsbelehrung ab. Folge ist das **Hinausschieben des Beginns der Widerrufsfrist** auf den Zeitpunkt, an dem der Verbraucher die vollständige Widerrufsbelehrung erhalten hat. Von diesem Zeitpunkt an läuft die 14-tägige Frist. Der Unternehmer hat es also in der Hand, auch bei unterlassener rechtzeitiger Belehrung die Frist innerhalb von 14 Tagen zum Ablaufen zu bringen, ohne weitere Sanktionen befürchten zu müssen.

Auch wenn eine nachträglich korrekte Belehrung unterbleibt, läuft die Frist jedoch **spätestens ein Jahr und zwei Wochen nach Vertragsschluss** ab. Die Frist ist also deutlich länger als die Frist bei unterlassenen vorvertraglichen Pflichtangaben. Damit soll der größeren Bedeutung des Widerrufsrechts im Vergleich zu den vorvertraglichen Pflichtangaben Rechnung getragen werden.[6] Hat der Unternehmer sowohl die Pflichtangaben wie die Widerrufsbelehrung unterlassen, kann sich der Verbraucher auf die längere Frist berufen. Die Vorschrift stellt ausdrücklich klar, dass die Fristenregelung des § 355 Abs. 4 BGB und damit insbesondere die unbefristete Widerrufsfrist bei unterlassener Widerrufsbelehrung nicht gilt. Ausgehend von der Systematik des Widerrufsrechts im BGB, wonach die allgemeine Vorschrift des § 355 BGB grds. stets zur Anwendung kommt, ist diese Regelung auch erforderlich.

3. Rechtsprechung

Seit In-Kraft-Treten des TzWrG gibt es nur wenige veröffentlichte Entscheidungen zum Widerrufsrecht. Das LG Mainz hat entschieden, dass die Widerrufsbelehrung auch die Belehrung enthalten muss, dass der Lauf der Widerrufsfrist erst mit der Aushändigung der Widerrufsbelehrung beginnt und dass eine **pauschale Bearbeitungsgebühr**, die auch bei Ausübung des Widerrufsrechts zu zahlen ist, gegen § 5 Abs. 6 TzWrG (jetzt § 357 Abs. 1 BGB i.V.m. § 346 Abs. 1 BGB) verstößt.[7] Das LG Hanau hält es für sittenwidrig, wenn das Widerrufsrecht mit Einverständnis des Verbrauchers durch **Rückdatierung** ausgeschlossen wird, wobei dem Verbraucher mündlich ein kostenfreier Rücktritt innerhalb eines Jahres nach der Erstnutzung der Immobilie zugesagt wird.[8]

IV. Widerrufsfrist eines gleichzeitig abgeschlossenen Tauschsystemvertrags (Absatz 4)

Die Vorschrift setzt Art. 6 (5) der Richtlinie 2008/122/EG um. Es soll dadurch sichergestellt werden, dass ein **Tauschsystemvertrag zum gleichen Zeitpunkt beendet** werden kann **wie der widerrufene Teilzeitwohnrechte-Vertrag**. Dies wäre ohne die Regelung nur dann der Fall, wenn die beiden Verträge gleichzeitig abgeschlossen wären. Die Vorschrift stellt daher auf das Anbieten zum gleichen Zeitpunkt ab. Bei Anwendbarkeit der Regelfrist von 14 Tagen kann sich daher die Widerrufsfrist des Tauschsystemvertrags geringfügig verlängern, wenn der Tauschsystemvertrag vor dem Teilzeitwohnrechte-Vertrag abgeschlossen wird. Das dürfte aber kaum praktisch werden.

Größere Bedeutung hat die Vorschrift aber, wenn die **längeren Widerrufsfristen** nach § 485a Abs. 2 oder 3 BGB auf den Teilzeitwohnrechte-Vertrag anwendbar sind. Dann **gelten** diese Fristen **auch für den Tauschsystemvertrag**, auch wenn bezüglich des Tauschsystemvertrags die vorvertraglichen Pflichtangaben und die Widerrufsbelehrung eingehalten wurden. Dies ist der Sinn des § 485a Abs. 4

---

[6] BT-Drs. 17/2764, S. 20.
[7] LG Mainz v. 11.12.1998 - 7 O 210/98 - NJW-RR 2000, 508.
[8] LG Hanau v. 01.10.1999 - 7 O 1407/98 - NJW-RR 2001, 1500-1501.

Satz 2 BGB, der auf die entsprechende Geltung der Absätze 2 und 3 hinweist.[9] Ein anderes Ergebnis stünde mit Art. 11 (1) der Richtlinie 2008/122/EG nicht in Einklang, wonach alle akzessorischen Verträge, auch der Tauschvertrag, gleichzeitig mit dem widerrufenen Teilzeitnutzungs-Vertrag automatisch beendet werden.

D. Rechtsfolgen

19 § 485a BGB befasst sich überwiegend mit Rechtsfolgen. Es geht dabei um die Sanktionierung der Verpflichtung zu vorvertraglichen Informationen, § 482 BGB i.V.m. Art. 242 § 1 EGBGB und den Anhängen I-IV der Richtlinie und der Widerrufsbelehrung, § 482a BGB i.V.m. Art. 242 § 2 EGBGB und dem Anhang V der Richtlinie. Die Sanktionierung besteht in einer Verlängerung der Widerrufsfristen, im Falle der fehlenden Aushändigung der Vertragsurkunde sogar in deren vollständiger Entfristung. Diese Sanktionen sind die bei Weitem wichtigsten bei den genannten Vorschriften. Zu weiteren Sanktionen vgl. die Abschnitte „Rechtsfolgen" bei den einzelnen Vorschriften.

---

[9] Die Begründung, BT-Drs. 17/2764, S. 20, geht darauf allerdings nicht ein.

§ 486 BGB Anzahlungsverbot

(Fassung vom 17.01.2011, gültig ab 23.02.2011)

(1) Der Unternehmer darf Zahlungen des Verbrauchers vor Ablauf der Widerrufsfrist nicht fordern oder annehmen.

(2) Es dürfen keine Zahlungen des Verbrauchers im Zusammenhang mit einem Vermittlungsvertrag gefordert oder angenommen werden, bis der Unternehmer seine Pflichten aus dem Vermittlungsvertrag erfüllt hat oder diese Vertragsbeziehung beendet ist.

Gliederung

A. Grundlagen	1	1. Definition	7
I. Kurzcharakteristik	1	2. Rechtsprechung	10
II. Europäischer Hintergrund	3	3. Abdingbarkeit	11
B. Praktische Bedeutung	6	II. Zahlungsverbot bei Vermittlungsvertrag	
C. Anwendungsvoraussetzungen	7	(Absatz 2)	12
I. Zahlungsverbot während Widerrufsfrist		D. Rechtsfolgen	15
(Absatz 1)	7		

A. Grundlagen

I. Kurzcharakteristik

§ 486 Abs. 1 BGB enthält ein **Zahlungsverbot** während der Widerrufsfrist. Da ein Vertrag während der Widerrufsfrist als schwebend wirksam angesehen wird (vgl. die Kommentierung zu § 355 BGB Rn. 51)[1], könnten ohne diese Vorschrift Zahlungsverpflichtungen bereits bei Vertragsschluss vereinbart werden. Der Verbraucher soll das Widerrufsrecht ausüben können, ohne sich Gedanken machen zu müssen, wie er eine etwa geleistete Teilzahlung zurückerlangen kann.   1

Der neu eingefügte § 486 Abs. 2 BGB statuiert eine **Vorleistungsverpflichtung** des Unternehmers bei einem **Vermittlungsvertrag**: Es dürfen keine Zahlungen geleistet werden, bis der Unternehmer seine Verpflichtungen erfüllt hat oder der Vertrag beendet wurde.   2

II. Europäischer Hintergrund

Das **Anzahlungsverbot** war bereits in der ursprünglichen Richtlinie 94/47/EG enthalten und steht jetzt in Art. 9 (1) der Richtlinie 2008/122/EG. Die Vorschrift ist in zweierlei Hinsicht präziser als § 486 Abs. 1 BGB: Sie spricht nicht nur von Anzahlungen, sondern auch von Sicherheitsleistungen, Sperrbeträgen auf Konten, ausdrücklichen Schuldanerkenntnissen und sonstigen Gegenleistungen des Verbrauchers. Der Umsetzungsgesetzgeber hat diese Aufzählung mit dem Begriff „Zahlungen" zusammengefasst. Wegen des Gebots der richtlinienkonformen Auslegung müssen die in Art. 9 (1) der Richtlinie aufgeführten Beispiele zwingend berücksichtigt werden.   3

Weiterhin spricht Art. 9 (1) von Anzahlungen „an den Gewerbetreibenden oder einen Dritten." Den in der bisherigen Richtlinie nicht enthaltenen Zusatz „oder einen Dritten" hat der Gesetzgeber nicht umgesetzt, weil er dies von der von ihm gewählten Formulierung abgedeckt sah.[2]   4

Die spezielle Regelung über **Vermittlungsverträge** in § 486 Abs. 2 BGB geht auf Art. 9 (2) der Richtlinie zurück. Auch hier hat der Umsetzungsgesetzgeber die Formulierung der Richtlinie nicht wörtlich übernommen. Nach der Richtlinie sind Zahlungen untersagt, „solange der Verkauf nicht tatsächlich stattgefunden hat."   5

---

[1] Vgl. ausführlich dazu *Tonner* in: Micklitz/Tonner, Vertriebsrecht, 2002, § 355 Rn. 18 ff.
[2] BT-Drs. 17/2764, S. 20.

B. Praktische Bedeutung

6 § 486 Abs. 1 BGB muss bei der Vereinbarung der Fälligkeit der Zahlungen im Vertrag beachtet werden. Die erste Zahlung darf nicht früher als 14 Tage nach Vertragsschluss fällig werden.

C. Anwendungsvoraussetzungen

I. Zahlungsverbot während Widerrufsfrist (Absatz 1)

1. Definition

7 Schon zum bisherigen Recht wurde vertreten, dass das Zahlungsverbot **Zahlungen** des Verbrauchers **jedweder Art**[3] **erfasst**, auch Zahlungen an einen Treuhänder[4], und zwar auch dann, wenn dieser vom Timesharing-Unternehmer unabhängig ist[5]. Dies ist nunmehr unionsrechtlich abgesichert, weil Art. 9 (1) der Richtlinie 2008/122/EG ausdrücklich Zahlungen an Dritte erfasst (vgl. Rn. 4). Bei der Art der in Betracht kommenden Zahlungen ist die Aufzählung in Art. 9 (1) der Richtlinie zu beachten.

8 Das Zahlungsverbot bezieht sich auf die im Einzelfall zur Anwendung kommende Widerrufsfrist, also nicht nur die 14-tägige Regelfrist, sondern auch die oben erörterten **längeren Fristen bei fehlenden vorvertraglichen Pflichtangaben** oder bei einer unterlassenen oder **fehlerhaften Widerrufsbelehrung** (vgl. die Kommentierung zu § 485 BGB). Hat der Unternehmer dem Verbraucher keine Vertragsurkunde übergeben, beginnt die Widerrufsfrist nicht zu laufen, ohne dass nach hier vertretener Ansicht (vgl. die Kommentierung zu § 485a BGB Rn. 8) eine Maximalfrist eingreift. Der Unternehmer kann also **ohne Übergabe der Vertragsurkunde keine Zahlungen** verlangen.

9 In § 486 Satz 2 BGB a.F. war bis zur Reform von 2011 geregelt, dass für den Verbraucher günstigere Vorschriften unberührt blieben. Der Gesetzgeber hob diese Regelung mit der Begründung auf, sie sei mit dem Vollharmonisierungsprinzip nicht vereinbar.[6] Nach der Begründung des Umsetzungsgesetzes der ursprünglichen Timesharing-Richtlinie war damit beispielsweise § 34c Abs. 1 Nr. 2a GewO i.V.m. § 3 MaBV gemeint, wonach ein **Bauherr Sicherheiten** zu leisten hat, wenn er Vermögenswerte des Auftraggebers erhält. Dies gilt auch weiterhin, soweit der Anbieter „Bauherr" ist, denn die Richtlinie sperrt keine Regelungen, die an Bauherren gerichtet sind. Allerdings fällt eine Nachweis- oder Vermittlungstätigkeit von Teilzeit-Wohnrechten nicht unter die Vorschrift (§ 34c Abs. 5 Nr. 6 GewO).[7]

2. Rechtsprechung

10 Das OLG Frankfurt a.M. hat entschieden, dass bereits die Übergabe eines **ausgefüllten Überweisungsträgers** eine verbotene Anzahlung ist, auch wenn der Überweisungsträger erst nach Ablauf der Widerrufsfrist zur Gutschrift eingereicht werden soll.[8] Das Gericht vertritt ferner die Auffassung, dass § 7 TzWrG (heute § 486 BGB) Schutzgesetz im Sinne des § 823 Abs. 2 BGB sei.

3. Abdingbarkeit

11 Die Vorschrift ist **nicht abdingbar**.

---

[3] Beispiele für unzulässige Zahlungen, die in einem unmittelbaren oder mittelbaren Zusammenhang mit dem Vertragsschluss stehen, bei *Hildenbrand* in: Hildenbrand/Kappus/Mäsch, Time-Sharing und Teilzeit-Wohnrechtegesetz (TzWrG), 1997, § 7 TzWrG Rn. 7 (etwa zukünftige Instandhaltungskosten).

[4] *Hildenbrand* in: Hildenbrand/Kappus/Mäsch, Time-Sharing und Teilzeit-Wohnrechtegesetz (TzWrG), 1997, § 7 TzWrG Rn. 10; *Eckert* in: Bamberger/Roth, § 486 Rn. 5.

[5] So mit ausführlicher Begründung *Franzen* in: MünchKomm-BGB, § 486 Rn. 5-6; differenzierend für ein Anderkonto *Weidenkaff* in: Palandt, § 486 Rn. 3: dann unschädlich, wenn Verbraucher die alleinige Verfügungsbefugnis behält.

[6] BT-Drs. 17/2764, S. 21.

[7] Vgl. auch *Franzen* in: MünchKomm-BGB § 486 Rn. 16.

[8] OLG Frankfurt v. 29.10.1998 - 16 U 255/97 - NJW 1999, 296-297; ebenso bereits zuvor die erste Instanz, LG Hanau v. 05.11.1997 - 4 O 666/97 - NJW 1998, 2983-2985; zustimmend *Martinek* in: Staudinger, § 486 Rn. 1.

II. Zahlungsverbot bei Vermittlungsvertrag (Absatz 2)

Durch das TzWruaModG wurde dem § 486 BGB ein Absatz 2 hinzugefügt, der sich mit Zahlungen des Verbrauchers bei einem Vermittlungsvertrag befasst. Zahlungen dürfen erst dann geleistet werden, wenn der Unternehmer seine **Pflichten aus dem Vermittlungsvertrag erfüllt** hat oder der Vertrag beendet wurde. Damit wird erreicht, dass der Verbraucher erst dann zu zahlen braucht, wenn der Vermittler erfolgreich war. Angesichts eines kaum existierenden Zweitmarktes für Teilzeitwohnrechte (vgl. die Kommentierung zu § 481b BGB Rn. 8) wird der Verbraucher davor geschützt, auch für erfolglose Bemühungen zahlen zu müssen.

Allerdings hat die Vorschrift – ebenso wie die zugrunde liegende Richtlinienvorschrift des Art. 9 (2) – eine offene Flanke: Wird der Vermittlungsvertrag anders als durch eine erfolgreiche Vermittlung beendet, sind etwa vereinbarte Zahlungen fällig. Dies kann der Fall sein, wenn der Vermittlungsvertrag den Parteien ein Kündigungsrecht einräumt oder von vornherein nur für eine bestimmte Zeit abgeschlossen wurde. Ein etwa vereinbarter **Aufwendungsersatzanspruch des Vermittlers** darf zwar nicht während der Laufzeit des Vertrages, aber an dessen Ende verlangt werden. In welchem Umfang erfolgsunabhängige Aufwendungsersatzansprüche zulässig sind, wird in § 486 Abs. 2 BGB nicht geregelt. Die Frage ist nach allgemeinem Maklerrecht zu entscheiden (vgl. die Kommentierung zu § 652 BGB Rn. 82).

Nach § 481b BGB kann der Vermittler sich auf eine reine **Nachweistätigkeit** beschränken, so dass er seine Vertragspflichten erfüllt hat, ohne dass der nachgewiesene Vertrag bereits abgeschlossen wurde. Dieses Ergebnis ist mit Art. 9 (2) der Richtlinie 2008/122/EG nicht vereinbar, denn danach besteht das Zahlungsverbot, „solange der Verkauf nicht tatsächlich stattgefunden hat" (vgl. Rn. 5). Eine richtlinienkonforme Auslegung verlangt daher, dass auch ein Nachweismakler seine Vergütung erst bei Abschluss des Hauptvertrags verlangen kann. Dieses Ergebnis folgt ohnehin aus allgemeinem Maklerrecht,[9] kommt aber in § 486 Abs. 2 BGB nicht hinlänglich zum Ausdruck.

D. Rechtsfolgen

In der Literatur ist von Anfang an die fehlende Sanktion bei Nichtbeachtung des Zahlungsverbots beklagt worden.[10] Widerruft der Verbraucher den Vertrag, so muss ihm die Zahlung über die Rückabwicklungsvorschrift des § 346 BGB erstattet werden. Dies würde aber auch ohne Zahlungsverbot gelten. Ist der Vertrag nichtig, etwa wegen Sittenwidrigkeit oder weil er angefochten wurde, ist er bereicherungsrechtlich rückabzuwickeln. Auch dies würde auch ohne Zahlungsverbot gelten; der Verstoß gegen das Zahlungsverbot kann lediglich ein Element unter anderen für die Beurteilung der Sittenwidrigkeit sein.

Der Vertrag ist aber nicht allein wegen des Verstoßes gegen das Zahlungsverbot insgesamt unwirksam. **Unwirksam** ist **nur** die **Abrede über die Zahlung**. Diese kann theoretisch bereicherungsrechtlich zurückgefordert werden. Dem steht aber jedenfalls bei Eingreifen der Regelfrist von 14 Tagen die dolopetit-Einrede nach § 242 BGB entgegen, weil der Verbraucher nach Verstreichen der Widerrufsfrist den Betrag doch zahlen muss. Etwas anderes gilt nur dann, wenn die längeren Widerrufsfristen wegen unterlassener Pflichtangaben oder unterlassener Widerrufsbelehrung nach § 485a Abs. 2 oder 3 BGB eingreifen. Doch auch in diesem Fall muss der Verbraucher den Zahlungsbetrag letztlich leisten.

Man kann auch nicht vertreten, dass der Unternehmer die Anzahlung trotz Wirksamkeit des Vertrags im Übrigen dauerhaft nicht verlangen kann und so lediglich den um die Anzahlung gekürzten Erwerbspreis erlangt.[11] Dem steht entgegen, dass nicht die Zahlungsvereinbarung als solche unzulässig ist, sondern lediglich der Zeitpunkt ihrer Fälligkeit.

---

[9] *Roth* in: MünchKomm-BGB, § 652 Rn. 95-101.

[10] So aber *Hildenbrand* in: Hildenbrand/Kappus/Mäsch, Time-Sharing und Teilzeit-Wohnrechtegesetz (TzWrG), 1997, § 7 TzWrG Rn. 28; *Martinek* in: Staudinger, § 486 Rn. 4.

[11] *Hildenbrand* in: Hildenbrand/Kappus/Mäsch, Time-Sharing und Teilzeit-Wohnrechtegesetz (TzWrG), 1997, § 7 TzWrG Rn. 32.

§ 486

18 Schließlich ist § 486 BGB als **Schutzgesetz i.S.d. § 823 Abs. 2 BGB** zu qualifizieren.[12] Allerdings dürfte ein Schaden durch den Verstoß gegen das Zahlungsverbot eher selten entstehen.[13]

19 Rechtspolitisch bleibt die Frage, ob nicht grundsätzlich jede ungesicherte Zahlung eines Verbrauchers vom Anbieter durch eine **Insolvenzschutzversicherung** abgesichert werden müsste, d.h. ob man das im Pauschalreiserecht durch § 651k BGB eingeführte Modell, das auf Art. 7 der Pauschalreise-Richtlinie zurückgeht[14], verallgemeinern sollte.[15]

---

[12] OLG Frankfurt v. 29.10.1998 - 16 U 255/97 - NJW 1999, 296-297 zur Vorgängervorschrift des § 7 TzWrG.

[13] In der Entscheidung des OLG Frankfurt war der Schaden dadurch entstanden, dass die Beklagte nicht hinreichend deutlich gemacht hatte, wem gegenüber der Widerruf hätte geltend gemacht werden müssen.

[14] Zur Insolvenzabsicherung umfassend *Tonner*, Die Insolvenzabsicherung im Pauschalreiserecht und das zweite Reiserechtsänderungsgesetz, 2002.

[15] Dafür auch *Gaedtke*, VuR 2008, 130, 136.

§ 486a BGB Besondere Vorschriften für Verträge über langfristige Urlaubsprodukte

(Fassung vom 17.01.2011, gültig ab 23.02.2011)

(1) [1]Bei einem Vertrag über ein langfristiges Urlaubsprodukt enthält das in Artikel 242 § 1 Absatz 2 des Einführungsgesetzes zum Bürgerlichen Gesetzbuche bezeichnete Formblatt einen Ratenzahlungsplan. [2]Der Unternehmer darf von den dort genannten Zahlungsmodalitäten nicht abweichen. [3]Er darf den laut Formblatt fälligen jährlichen Teilbetrag vom Verbraucher nur fordern oder annehmen, wenn er den Verbraucher zuvor in Textform zur Zahlung dieses Teilbetrags aufgefordert hat. [4]Die Zahlungsaufforderung muss dem Verbraucher mindestens zwei Wochen vor Fälligkeit des jährlichen Teilbetrags zugehen.

(2) Ab dem Zeitpunkt, der nach Absatz 1 für die Zahlung des zweiten Teilbetrags vorgesehen ist, kann der Verbraucher den Vertrag innerhalb von zwei Wochen ab Zugang der Zahlungsaufforderung zum Fälligkeitstermin gemäß Absatz 1 kündigen.

Gliederung

A. Grundlagen.. 1	C. Anwendungsvoraussetzungen 5
I. Kurzcharakteristik................................ 1	I. Ratenzahlungsplan (Absatz 1)................ 5
II. Gesetzgebungsmaterialien..................... 2	II. Kündigungsrecht (Absatz 2)................... 8
III. Europäischer Hintergrund..................... 3	D. Rechtsfolgen...................................... 10
B. Praktische Bedeutung........................... 4	

A. Grundlagen

I. Kurzcharakteristik

Die Vorschrift wurde durch das Umsetzungsgesetz zur Richtlinie 2008/122/EG (TzWruaModG) mit Wirkung zum 23.02.2011 ins BGB eingefügt. Sie enthält besondere Regelungen für Verträge über **langfristige Urlaubsprodukte** (zum Begriff vgl. die Kommentierung zu § 481a BGB Rn. 9). Nach Absatz 1 muss der Unternehmer einen **Ratenzahlungsplan** mit festen jährlichen Zahlungen vorlegen. Vor jeder Fälligkeit muss er den Verbraucher zur **Zahlung des jeweiligen Teilbetrags** auffordern. Absatz 2 räumt dem Verbraucher ein **Kündigungsrecht** ab dem zweiten Jahr ein. — 1

II. Gesetzgebungsmaterialien

Der Gesetzgeber weist darauf hin, dass die Regelung angebracht sei, weil bei langfristigen Urlaubsprodukten der Zahlung des Verbrauchers nicht immer eine wirtschaftlich abgesicherte Gegenleistung gegenüberstehe. Das Kündigungsrecht schränke das Kündigungsrecht nach § 314 BGB nicht ein.[1] — 2

III. Europäischer Hintergrund

Die Vorschrift setzt Art. 10 der Richtlinie 2008/122/EG um. Nach Art. 10 (1) ist ein **Ratenzahlungsplan** aufzustellen; Zahlungen außerhalb des Ratenzahlungsplans sind untersagt. Die Zahlungen müssen in einem jährlichen Rhythmus erfolgen und müssen den gleichen Wert haben. 14 Tage vor jedem Fälligkeitstermin muss eine **schriftliche Zahlungsaufforderung** in Papierform oder auf einem anderen dauerhaften Datenträger erfolgen. Nach Art. 10 (2) kann der Verbraucher den **Vertrag** binnen 14 Tagen ab Erhalt der Aufforderung zur nächsten Ratenzahlung **beenden**. Andere nationale Rechte zur Vertragsbeendigung bleiben unberührt (Art. 10 (2) Satz 2 der Richtlinie). — 3

---

[1] BT-Drs. 17/2764, S. 21.

B. Praktische Bedeutung

4 Entsprechend der geringen praktischen Bedeutung von langfristigen Urlaubsprodukten (vgl. die Kommentierung zu § 481a BGB Rn. 6) dürfte auch die ergänzende Regelung des § 486a BGB keine große Bedeutung entfalten.

C. Anwendungsvoraussetzungen

I. Ratenzahlungsplan (Absatz 1)

5 § 486a Abs. 1 Satz 1 BGB verweist auf das für Verträge über langfristige Urlaubsprodukte anzuwendende **Formblatt** im Anhang II der Richtlinie. Auf Grund der Verweisungstechnik des Art. 242 EGBGB (vgl. die Kommentierung zu § 482 BGB Rn. 30 ff.) ist das Formblatt direkt anzuwenden. In dieses Formblatt ist der Ratenzahlungsplan aufzunehmen (vgl. die Erläuterungen zum Anhang II, Kommentierung zu § 482 BGB Rn. 55 ff.).

6 Das Formblatt erlaubt dem Unternehmer nur nach dem ersten Jahr eine **Preisanpassung** (vgl. die Kommentierung zu § 482 BGB Rn. 56). Darüber hinaus sind Preisanpassungsklauseln unzulässig. Sind dem Unternehmer die Risiken eines langfristigen Vertrags zu hoch, muss er den Vertrag entweder mit einer kürzeren Laufzeit abschließen oder für sich selbst eine Kündigungsmöglichkeit in den Vertrag aufnehmen. Wird der Vertrag nach seiner Beendigung freilich mit einem höheren Preis, aber ansonsten unverändert fortgesetzt, besteht die Gefahr, dass dies als unzulässige Umgehung des Preisanpassungsverbots anzusehen ist. Auch ansonsten müssen die Zahlungsmodalitäten unverändert beibehalten werden (§ 486a Abs. 1 Satz 2 BGB). Dies betrifft vor allem den Fälligkeitszeitpunkt, wie aus dem Anhang II hervorgeht.

7 § 486a Abs. 1 Sätze 3 und 4 BGB regelt die Einforderung der Raten. Der Verbraucher soll nicht automatisch in Verzug geraten. Er ist deswegen vor der Fälligkeit jedes jährlichen Teilbetrags in Textform (§ 126b BGB) **zur Zahlung aufzufordern**. Die Zahlungsaufforderung muss ihm mindestens zwei Wochen vor Fälligkeit zugehen.

II. Kündigungsrecht (Absatz 2)

8 Der etwas verklausulierte § 486a Abs. 2 BGB – die komplizierte Fassung ist der umzusetzenden Richtlinienvorschrift geschuldet – führt dazu, dass sich der **Verbraucher mit Wirkung zum Beginn des dritten Jahres** ohne Angabe von Gründen **von dem Vertrag lösen** kann. Das ist aber erst dann möglich, wenn nicht nur der Zeitpunkt für die Zahlung des zweiten Teilbetrags erreicht ist, sondern zusätzlich dem Verbraucher die Zahlungsaufforderung für den nächsten Teilbetrag zugegangen ist. Er kann den Vertrag dann mit einer Frist von zwei Wochen kündigen. Je nachdem wann der Unternehmer die Zahlungsaufforderung verschickt, liegt die Kündigungsfrist mehr oder weniger nahe beim Zeitpunkt der Fälligkeit des nächsten Teilbetrags. Bei einer sehr frühzeitigen Zahlungsaufforderung kann also die Zwei-Wochen-Frist bei Fälligkeit des nächsten Teilbetrags schon lange verstrichen sein.

9 Die Vorschrift regelt nicht eindeutig die Kündigungsmöglichkeiten für den Verbraucher, wenn er **keine Zahlungsaufforderung** erhält. Da es nicht Sinn der Vorschrift sein kann, dass der Unternehmer dadurch dem Verbraucher die Kündigungsmöglichkeit nimmt, ist davon auszugehen, dass der Verbraucher auch ohne Zugang einer Zahlungsaufforderung wirksam kündigen kann, wenn er die Zwei-Wochen-Frist bis zum nächsten Fälligkeitstermin einhält.[2] Erhält der Verbraucher nach einer derartigen Kündigung eine noch rechtzeitige Zahlungsaufforderung, wird man ihn für verpflichtet halten müssen, die Kündigungserklärung zu wiederholen.

---

[2] Ebenso *Franzen* in: MünchKomm-BGB, § 496a Rn. 4.

D. Rechtsfolgen

Unterlässt der Unternehmer die vorgeschriebene Zahlungsaufforderung, wird der nächste Teilbetrag nicht fällig. **Der Verbraucher gerät nicht in Verzug.** Er kann weiterhin die vertraglichen Gegenleistungen fordern, da der Vertrag nicht etwa ausläuft.

10

§ 487 BGB Abweichende Vereinbarungen

(Fassung vom 23.07.2002, gültig ab 01.08.2002)

¹Von den Vorschriften dieses Titels darf nicht zum Nachteil des Verbrauchers abgewichen werden. ²Die Vorschriften dieses Titels finden, soweit nicht ein anderes bestimmt ist, auch Anwendung, wenn sie durch anderweitige Gestaltungen umgangen werden.

Gliederung

A. Grundlagen... 1	I. Verbot abweichender Vereinbarungen (Satz 1) ... 4
I. Kurzcharakteristik................................. 1	II. Umgehungsverbot (Satz 2)....................... 8
II. Europäischer Hintergrund 2	1. Definition 8
B. Praktische Bedeutung........................... 3	2. Rechtsprechung 10
C. Anwendungsvoraussetzungen 4	**D. Rechtsfolgen** 11

A. Grundlagen

I. Kurzcharakteristik

1 § 487 BGB ordnet die **zwingende Geltung** des Abschnitts an, § 487 Satz 1 BGB, und enthält ein **Umgehungsverbot**, § 487 Satz 2 BGB.

II. Europäischer Hintergrund

2 Die Vorschrift setzt Art. 12 (1) der Richtlinie 2008/122/EG um, der, wie in Verbraucherschutz-Richtlinien üblich, anordnet, dass die in der Richtlinie dem Verbraucher eingeräumten Rechte **nicht verzichtbar** sind. Die Vorschrift war bereits in der ursprünglichen Richtlinie 94/47/EG enthalten, so dass § 487 BGB als einzige Vorschrift der §§ 481-487 BGB durch das TzWruaModG nicht geändert werden musste. Das Umgehungsverbot nach § 487 Satz 2 BGB wird dagegen von der Richtlinie nicht ausdrücklich gefordert, ist aber eine Konsequenz des effet-utile-Gebots.

B. Praktische Bedeutung

3 Die praktische Bedeutung der Vorschrift ist **erheblich**, weil der verbraucherschützende Charakter der §§ 481-487 BGB nur dadurch erreicht werden kann, dass die Vorschriften nicht abdingbar sind. Bei der Vertragsgestaltung müssen sie also in allen Einzelheiten beachtet werden. Dies gilt **auch für die Formblätter** in den Anhängen der Richtlinie.

C. Anwendungsvoraussetzungen

I. Verbot abweichender Vereinbarungen (Satz 1)

4 **Definition**: Gemäß § 487 Satz 1 BGB sind die Vorschriften der §§ 481-486 BGB **halbzwingend zu Gunsten der Verbraucher**. Abweichungen zu Gunsten der Verbraucher, etwa längere Widerrufsfristen, sind also erlaubt. Der halbzwingende Charakter gilt auch für Regelungen, auf die in den §§ 481-486 BGB Bezug genommen wird. Das sind insbesondere die Informationspflichten nach Art. 242 EGBGB und die Einzelheiten des Widerrufsrechts nach § 355 BGB, soweit diese Vorschrift zur Anwendung kommt. Diese Vorschriften gehören zur Umsetzung der Richtlinie 2008/122/EG und müssen daher von dem zwingenden Charakter umfasst sein.

5 Zu den Parallelvorschriften bei anderen halbzwingend geregelten Verbraucherverträgen (Verbraucherdarlehen, Reisevertrag) hat sich die Ansicht entwickelt, dass die Vorschrift auch **Verzichtklauseln**

entgegensteht[1], und zwar auch dann, wenn der Verzicht Bestandteil einer einvernehmlichen Lösung ist. Der Unternehmer kann dem Verbraucher nicht die diesem zustehenden Rechte abkaufen. Schließlich können Abweichungen auch nicht damit gerechtfertigt werden, dass dem Verbraucher an anderer Stelle des Vertrags eine zu seinen Gunsten vom Gesetz abweichende Rechtsposition eingeräumt wurde. So kann etwa ein Verzicht auf das Anzahlungsverbot nicht durch eine längere Widerrufsfrist ausgeglichen werden.

Das Vollharmonisierungsprinzip, dem die Richtlinie 2008/122/EG folgt, beseitigt nicht die Möglichkeit, zugunsten des Verbrauchers abweichende Regelungen im Vertrag vorzusehen. Es richtet sich nur an den Umsetzungsgesetzgeber, der nicht zugunsten des Verbrauchers von der Richtlinie abweichen kann, nicht aber an die Vertragsgestaltungspraxis.

II. Umgehungsverbot (Satz 2)

1. Definition

Auch wenn das Umgehungsverbot nach § 487 Satz 2 BGB von der Richtlinie 2008/122/EG nicht direkt erfordert wird, so ist es doch in der Umsetzungsgesetzgebung üblich, den zwingenden Charakter von Vorschriften durch ein Umgehungsverbot abzusichern, vgl. § 312 i Satz 2 BGB (Haustürgeschäfte und Fernabsatzverträge), § 475 Abs. 1 Satz 2 BGB (Verbraucherkaufverträge), § 511 Satz 2 BGB (Verbraucherdarlehen und Ratenlieferungsverträge). Allein in § 651m BGB (Reiseverträge) fehlt eine entsprechende Vorschrift. Wegen der Möglichkeit der teleologischen Auslegung kommt diesen Vorschriften nach verbreiteter Meinung jedoch nur eine **geringe Bedeutung** zu.

Nach In-Kraft-Treten des TzWrG konnte beobachtet werden, dass Verträge über Teilzeit-Wohnrechte mit einer Laufzeit von unter drei Jahren abgeschlossen wurden, offensichtlich um die neuen Vorschriften zu umgehen, denn das TzWrG und § 481 BGB a.F. setzten eine Laufzeit von mindestens drei Jahren voraus. Dies war ein typischer Anwendungsfall von § 487 Satz 2 BGB.[2] Ein anderer Fall wäre eine Rückdatierung des Vertrags.[3]

2. Rechtsprechung

Die Rechtsprechung wendete das Umgehungsverbot in einem Fall an, in dem der Verbraucher eine **Vereinsmitgliedschaft** erwirbt, die zunächst auf ein Jahr beschränkt ist, sich aber automatisch verlängert.[4] Eine Umgehungsabsicht verlangt die Rechtsprechung nicht.[5]

D. Rechtsfolgen

Vertragsbestimmungen, die von den gesetzlichen Regelungen abweichen, sind unwirksam und werden durch die gesetzlichen Vorschriften ersetzt. Bei fehlenden Pflichtangaben und bei einer fehlenden Widerrufsbelehrung verlängern sich die Widerrufsfristen, vgl. die Kommentierung zu § 482 BGB, die Kommentierung zu § 483 BGB, die Kommentierung zu § 484 BGB und die Kommentierung zu § 485 BGB jeweils im Abschnitt Rechtsfolgen.

Der **Vertrag** wird jedoch **grundsätzlich nicht unwirksam**, es sei denn, die Verstöße sind so massiv, dass er sittenwidrig gem. § 138 BGB ist. Das kann jedoch nur ausnahmsweise der Fall sein, vgl. die Kommentierung zu § 481 BGB. Bei besonders schwerwiegenden Verstößen durch unzulässige AGB kommt ausnahmsweise eine Unwirksamkeit gem. § 306 Abs. 3 BGB in Betracht.

---

[1] Zum Reiserecht etwa OLG Düsseldorf v. 13.11.1991 - 18 U 123/91 - NJW-RR 1992, 245-246; LG Kleve v. 15.07.1992 - 6 S 444/91 - NJW-RR 1992, 1525-1526; a.M. LG Frankfurt v. 03.02.1986 - 2/24 S 116/84 - NJW-RR 1986, 539-540.

[2] Vgl. auch OLG Karlsruhe v. 03.05.2001 - 4 U 161/00 - VuR 2001, 382-384.

[3] *Hildenbrand*, NJW 1998, 2940-2943, S. 2942-2943; *Eckert* in: Bamberger/Roth, § 487 Rn. 3; *Saenger* in: Erman, § 487 Rn. 6.

[4] Vgl. LG Darmstadt v. 01.06.1994 - 9 O 739/93 - VuR 1994, 266-269. Das Gericht wendete das Umgehungsverbot des § 5 Abs. 1 HWiG an.

[5] OLG Karlsruhe v. 03.05.2001 - 4 U 161/00 - VuR 2001, 382-384; *Eckert* in: Bamberger/Roth, § 487 Rn. 3; *Saenger* in: Erman, § 487 Rn. 6.

§ 488

Titel 3 - Darlehensvertrag; Finanzierungshilfen und Ratenlieferungsverträge zwischen einem Unternehmer und einem Verbraucher *)

Untertitel 1 - Darlehensvertrag

Kapitel 1 - Allgemeine Vorschriften

§ 488 BGB Vertragstypische Pflichten beim Darlehensvertrag

(Fassung vom 29.07.2009, gültig ab 11.06.2010)

(1) ¹Durch den Darlehensvertrag wird der Darlehensgeber verpflichtet, dem Darlehensnehmer einen Geldbetrag in der vereinbarten Höhe zur Verfügung zu stellen. ²Der Darlehensnehmer ist verpflichtet, einen geschuldeten Zins zu zahlen und bei Fälligkeit das zur Verfügung gestellte Darlehen zurückzuzahlen.

(2) Die vereinbarten Zinsen sind, soweit nicht ein anderes bestimmt ist, nach dem Ablauf je eines Jahres und, wenn das Darlehen vor dem Ablauf eines Jahres zurückzuzahlen ist, bei der Rückzahlung zu entrichten.

(3) ¹Ist für die Rückzahlung des Darlehens eine Zeit nicht bestimmt, so hängt die Fälligkeit davon ab, dass der Darlehensgeber oder der Darlehensnehmer kündigt. ²Die Kündigungsfrist beträgt drei Monate. ³Sind Zinsen nicht geschuldet, so ist der Darlehensnehmer auch ohne Kündigung zur Rückzahlung berechtigt.

*) *Amtlicher Hinweis:*
Dieser Titel dient der Umsetzung der Richtlinie 87/102/EWG des Rates zur Angleichung der Rechts- und Verwaltungsvorschriften der Mitgliedstaaten über den Verbraucherkredit (ABl. EG Nr. L 42 S. 48), zuletzt geändert durch die Richtlinie 98/7/EG des Europäischen Parlaments und des Rates vom 16. Februar 1998 zur Änderung der Richtlinie 87/102/EWG zur Angleichung der Rechts- und Verwaltungsvorschriften der Mitgliedstaaten über den Verbraucherkredit (ABl. EG Nr. L 101 S. 17).

Gliederung

A. Grundlagen.................................... 1	VII. Fälligkeit des Rückzahlungsanspruchs (Absatz 3).................................... 27
B. Anwendungsvoraussetzungen 5	VIII. Festzinsen.................................... 31
I. Normstruktur.................................... 5	C. Anwendungsfelder.......................... 32
II. Pflichten des Darlehensgebers................. 6	I. Abtretbarkeit.................................... 32
1. Wertverschaffung............................. 6	II. Pfändung.................................... 33
2. Zur Verfügung stellen......................... 8	III. Verhältnis zum AGB-Recht................. 34
III. Fälligkeit.................................... 12	IV. Verhältnis zu den BankAGB................. 36
IV. Schutzpflichten............................. 13	V. Kündigung zur Unzeit 38
V. Pflichten des Darlehensnehmers............. 17	VI. Missbräuchliche Kündigung................. 39
1. Zinsen.................................... 18	VII. Sittenwidrige Kündigung..................... 40
2. Rückerstattungspflicht........................ 23	
VI. Zeitpunkt der Zinszahlung (Absatz 2)......... 25	

A. Grundlagen

1   Das BGB differenziert seit dem 01.01.2002 zwischen dem **Gelddarlehen** (§ 488 BGB) und dem Sachdarlehen (§ 607 BGB).[1] Mit Wirkung vom 11.06.2010 sind große Teile des Verbraucherkreditrechts durch Umsetzung der Richtlinie 2008/48/EG (v. 23.04.2008)[2] geändert worden. Die §§ 488-490 BGB

---

[1] Zu den Darlehensarten: *Weidenkaff* in: Palandt, Vorbem. § 488 Rn. 11-30.
[2] ABl EG L13366 v. 22.5.2008.

enthalten die allgemeinen Vorschriften, während die §§ 491-505 BGB die besonderen Vorschriften für Verbraucherdarlehensverträge abbilden. Ergänzt werden diese Vorschriften durch Regeln zu Finanzierungshilfen, Ratenlieferungsverträgen und der Abgrenzung zu Existenzgründern (§§ 506-512 BGB). Die beiden ersten Kapitel werden durch den Begriff „Darlehensvertrag" zusammengehalten. Differenziert wird zwischen dem „Darlehen", also dem ausgereichtem Geldbetrag und dem dieser Gewährung zugrunde liegenden „Darlehensvertrag".[3]

Nach dem Wortlaut der §§ 488, 607 BGB wird der Darlehensgeber **durch den Darlehensvertrag** verpflichtet, entweder einen Geldbetrag oder eine vertretbare Sache zur Verfügung zu stellen. Dieser Wortlaut stellt klar, dass der Darlehensvertrag schon durch den Austausch zweier aufeinander bezogener Willenserklärungen begründet wird. Der Vertragsschluss ist also nicht an die reale Überlassung des Geldes oder der Sachen geknüpft. Damit hat sich die **Konsensualvertragstheorie** gegenüber der alten römisch-rechtlichen Realvertragstheorie im BGB durchgesetzt.[4] Das entspricht der auch vor 2002 seit langem in Theorie und Praxis durchgesetzten Auffassung.[5] Eine **Rechtspflicht** zur Darlehensgewährung wird zwar unter dem Eindruck der Finanzkrise diskutiert, ergibt sich aber aus § 488 BGB nicht.[6] Für die Vermittlung von Verbraucherdarlehensverträgen gibt es Sondervorschriften in den §§ 655a-655e BGB.

2

Ansprüche aus einem Darlehensvertrag scheiden aus, wenn dem Rechtsgeschäft in Wirklichkeit ein Kaufvertrag oder eine Schenkung zugrunde liegt.[7] Kreditkartenverträge sind ihrem wesentlichen Inhalt nach Darlehensverträge im Sinne des § 488 BGB – es finden die allgemeinen Regeln über Willenserklärungen (Rechtsfolgewillen/Erklärungsbewusstsein/Erklärungsempfänger) und Irrtumsanfechtung Anwendung.[8] Vorschüsse auf den Arbeitnehmerlohn sind von Darlehen nicht nach der gewählten Bezeichnung, sondern nach objektiven Merkmalen zu unterscheiden.[9] So ist eine Darlehenshingabe in der Regel erst dann anzunehmen, wenn der gewährte Betrag die Gehaltshöhe wesentlich übersteigt und zu einem Zweck gegeben wird, der mit den normalen Bezügen nicht oder nicht sofort erreicht werden kann und zu dessen Befriedigung auch sonst üblicherweise Kredite in Anspruch genommen werden.[10]

3

Für das Arbeitgeberdarlehen ist charakteristisch, dass es losgelöst von dem zu erwartenden Arbeitsentgelt gezahlt wird und von einer Vereinbarung zur Rückzahlung in monatlichen Raten getragen wird.[11] Die Eröffnung eines Festgeldkontos mit dem Zweck, Zinsen in der vereinbarten Höhen an die Darlehensgeber zu zahlen, verstößt auch dann nicht gegen § 138 Abs. 1 BGB, wenn der Darlehensgeber damit die Verheimlichung erzielter Kapitalerträge vor dem Finanzamt (Steuerhinterziehung) bezwecken sollte. Entscheidend ist, dass beide Parteien mit dem Darlehensvertrag einen über die Steuerhinterziehung hinausgehenden wirtschaftlichen Zweck verfolgen.[12] Wird in einem solchen Fall die **formale Kontenwahrheit** durch Angabe eines falschen Namens (Verstoß gegen § 154 Abs. 1 AO) verletzt, so bewirkt dies die Teilnichtigkeit nach § 134 BGB der Vereinbarung, das Geld unter dem fal-

4

---

[3] BT-Drs. 14/6040, S. 253.
[4] Zur Diskussion im Einzelnen vgl. *Schwintowski/Schäfer*, Bankrecht, § 7 Rn. 15-20.
[5] BGH v. 10.12.1974 - VI ZR 156/73 - LM Nr. 21 zu § 823 (Eb) BGB; BGH v. 27.01.1975 - III ZR 117/72 - LM Nr. 37 zu § 164 BGB; BGH v. 21.10.1987 - IVa ZR 103/86 - NJW 1988, 967-969; *Thessinga* in: Boujong/Ebenroth/Joost, Handelsgesetzbuch, Rn. 37 ff.
[6] *Berger*, BKR, 2009, 45.
[7] OLG München v. 16.11.2011 - 20 U 2582/11 - BeckRS 2011, 26706.
[8] OLG Brandenburg v. 13.07.2011 - 4 U 158/10 - BeckRS 2011, 19771.
[9] LArbG Rheinland-Pfalz v. 23.08.2011 - 3 Sa 125/11 - BeckRS 2011, 78239.
[10] LArbG Rheinland-Pfalz v. 23.08.2011 - 3 Sa 125/11 - Leitsatz 2 - BeckRS 2011, 78239.
[11] LArbG Rheinland-Pfalz v. 23.08.2011 - 3 Sa 125/11 - Leitsatz 2 - BeckRS 2011, 78239.
[12] OLG Karlsruhe v. 07.09.2010 - 17 U 46/09; Hinweis auf BGH v. 24.04.2008 - VII ZR 42/07 - NJW-RR 2008, 1050; BGH v. 05.07.2002 - V ZR 229/09 - NJW-RR 2002, 1527; BGH v. 17.12.1965 - V ZR 115/63 - NJW 1966, 588, 589.

schen Namen anzulegen. Die Teilnichtigkeit begründet allerdings **keine Gesamtnichtigkeit** auch des hinsichtlich des Festgeldes geschlossenen Darlehensvertrages.[13]

B. Anwendungsvoraussetzungen

I. Normstruktur

5   Nach § 488 Abs. 1 BGB wird der Darlehensgeber durch den Darlehensvertrag verpflichtet, dem Darlehensnehmer einen Geldbetrag in der vereinbarten Höhe zur Verfügung zu stellen. Fehlt es an diesen zwingenden Merkmalen, liegt kein Darlehensvertrag vor.[14] Damit ist auch das Vereinbarungsdarlehen in Verbindung mit § 607 Abs. 2 BGB a.F. gemeint.[15] Eine Verpflichtung zur Darlehensgewährung (Kontrahierungszwang) besteht nicht.[16] Gelegentlich wird von den Gerichten ein Anspruch auf Eröffnung eines **Girokontos** bejaht – allerdings immer nur auf **Guthabenbasis**.[17] Darlehensverträge kommen grundsätzlich formfrei, also auch mündlich und konkludent, zustande,[18] es sei denn, es handelt sich um einen Verbraucherdarlehensvertrag (§ 492 BGB).

II. Pflichten des Darlehensgebers

1. Wertverschaffung

6   Der Darlehensgeber hat die Pflicht zur Verschaffung und Belassung eines Geldbetrages in der vereinbarten Höhe. Aus dem unbestimmten Artikel „einen" sowie aus der Formulierung „Geldbetrag" geht hervor, dass der Darlehensgeber nicht zur Überlassung bestimmter Geldscheine oder -münzen, sondern lediglich zur **wertmäßigen** Verschaffung des Geldbetrages verpflichtet ist.[19] Mit der Formulierung „zur Verfügung stellen" sollen die in der Rechtswirklichkeit vorkommenden unterschiedlichen Formen der Überlassung von Geld als Darlehen erfasst werden. Darunter lassen sich sowohl die Übergabe von Bargeld als auch die Formen des bargeldlosen Verkehrs wie die Überweisung, die Gutschrift, die Gewährung eines Kontokorrentkredits und in dessen Rahmen die Einräumung eines Überziehungskredits verstehen.[20]

7   Der Darlehensgeber muss also nicht bestimmte Geldstücke oder -scheine überlassen, vielmehr trifft ihn eine **Wertverschaffungspflicht**.[21] Diese auf Wertverschaffung gerichtete Konzeption wird durch § 607 Abs. 2 BGB unterstrichen, wonach die Regeln für das Sachdarlehen auf die Überlassung von **Geld keine** Anwendung finden. Eine Parteivereinbarung über die darlehensweise Überlassung von Geldscheinen oder -münzen ist somit in die vorübergehende Überlassung eines dem vereinbarten Geldbetrag entsprechenden Wertes umzudeuten (§ 140 BGB).[22] Sollen wirklich bestimmte Geldscheine oder Münzen zurückgewährt werden, so ist rechtlich kein Darlehen, sondern Verwahrung (§ 688 BGB) vereinbart.

---

[13] OLG Karlsruhe v. 07.09.2010 - 17 U 46/09 - *Kessen*, jurisPR-BKR 8/2011, Anm. 4.
[14] *Weidenkaff* in: Palandt, § 488 Rn. 1.
[15] OLG Düsseldorf v. 14.10.2003 - 23 U 8/03 - GI 2004, 45-48.
[16] OLG Köln v. 17.11.2000 - 13 W 89/00 - ZIP 2000, 2159 f.; OLG Köln v. 07.08.2002 - 13 U 149/01 - WM 2003, 2138.
[17] LG Berlin v. 24.04.2003 - 21 S 1/03 - WM 2003, 1895 = WuG IB6 Sonstiges I.04, *Brömmelmeyer*; vertiefend *Schwintowski*, Bankrecht, § 5 Rn. 43 f.
[18] Ausnahmen bei Verbindung mit einem formbedürftigen Rechtsgeschäft: BGH v. 17.01.1985 - III ZR 135/83 - NJW 1985, 1020 f.; BGH v. 10.04.1986 - III ZR 121/84 - WM 1986, 995 f.
[19] BT-Drs. 14/6040, S. 253.
[20] BT-Drs. 14/6040, S. 253.
[21] *Reiff* in: Dauner-Lieb/Heidel/Lepa/Ring, Das neue Schuldrecht in der anwaltlichen Praxis, 2001, § 488 Rn. 4; *Mülbert*, WM 2002, 465-476, 465, 468.
[22] *Mülbert*, WM 2002, 465-476, 465, 468 f.

2. Zur Verfügung stellen

Die Formulierung „zur Verfügung stellen" beinhaltet nach Buchstabe und Geist die Pflicht, den vereinbarten Geldbetrag dem Vermögen des Darlehensnehmers endgültig zuzuführen.[23] Bargeld ist dem Darlehensnehmer somit zu **übereignen**; Buchgeld vorbehaltlos gutzuschreiben.

Auch die Zahlung an Dritte (§ 362 Abs. 2 BGB) bedeutet Erfüllung, wenn dies vereinbart ist.[24] Dies ist insbesondere dann der Fall, wenn der Darlehensnehmer an den Dritten zur Zahlung verpflichtet ist.[25] Dabei sind der Darlehensvertrag und das finanzierte Geschäft mit dem Dritten im Normalfall voneinander unabhängig, können aber, z.B. durch Vereinbarung der Vertragsparteien, miteinander verbunden sein.[26] Eine Verbindung besteht bei Verbraucherdarlehen kraft Gesetzes (§ 358 Abs. 3 BGB), wenn das Darlehen ganz oder teilweise der Finanzierung des anderen Vertrags dient und beide Verträge eine wirtschaftliche Einheit bilden. Eine **wirtschaftliche Einheit** ist insbesondere anzunehmen, wenn der Unternehmer selbst die Gegenleistung des Verbrauchers finanziert, oder im Falle der Finanzierung durch einen Dritten, wenn sich der Darlehensgeber bei der Vorbereitung oder dem Abschluss des Verbraucherdarlehensvertrags der Mitwirkung des Unternehmers bedient (§ 358 Abs. 3 BGB). In diesen Fällen kann der Verbraucher die Rückzahlung des Darlehens verweigern, soweit Einwendungen aus dem verbundenen Vertrag ihn gegenüber dem Unternehmer, mit dem er den verbundenen Vertrag geschlossen hat, zur Verweigerung seiner Leistung berechtigen würden (§ 359 BGB).

Der Erfüllungsersatz richtet sich nach § 364 BGB. Es kommen Wechsel oder Schecks in Betracht, auch die Übertragung von geldwerten Renten, insbesondere von Forderungen durch Abtretung, Wertpapieren und Sachen zur Verwertung gegen Geld.[27] Dies muss zwischen den Vertragsparteien von vornherein oder nachträglich vereinbart sein (§ 311 Abs. 1 BGB)[28]. Die Aufrechnung (§ 387 BGB) durch den Darlehensgeber ist wegen des Darlehenszwecks regelmäßig ausgeschlossen (§ 157 BGB).[29] Dagegen ist die Aufrechnung durch den Darlehensnehmer zulässig und bringt, wenn sie wirksam ist, den Erfüllungsanspruch zum Erlöschen (§ 389 BGB)[30].

Der Darlehensnehmer hat die Darlehensvaluta noch nicht „empfangen", wenn die von der Bank auf ein Notaranderkonto überwiesene Darlehensvaluta noch der Verfügung der Bank unterworfen bleibt.[31] Verweigert die Bank unberechtigt die Valutierung, kann der Darlehensnehmer daraus keine Rechte herleiten, wenn er selbst die Erfüllung einer ihm obliegenden Pflicht (Beibringung einer Bürgschaft) verweigert.[32]

III. Fälligkeit

Die Fälligkeit richtet sich nach § 271 BGB. Ist – wie üblich – eine Zeit im Darlehensvertrag bestimmt, so ist im Zweifel anzunehmen, dass der Gläubiger die Leistung nicht vor dieser Zeit verlangen, der Schuldner sie aber vorher bewirken kann (§ 271 Abs. 2 BGB). Ist – ausnahmsweise – eine Zeit für die Leistung weder bestimmt noch aus den Umständen zu entnehmen, so kann der Gläubiger die Leistung sofort verlangen, der Schuldner sie sofort bewirken (§ 271 Abs. 1 BGB).

---

[23] *Reiff* in: Dauner-Lieb/Heidel/Lepa/Ring, Das neue Schuldrecht in der anwaltlichen Praxis, 2001, § 488 Rn. 4.
[24] BGH v. 12.06.1997 - IX ZR 110/96 - NJW-RR 1997, 1460-1461.
[25] OLG Oldenburg v. 07.10.1987 - 3 U 63/87 - WM 1988, 1813-1814.
[26] BGH v. 19.05.2000 - V ZR 322/98 - juris Rn. 7 - LM BGB § 273 Nr. 58 (2/2001), *Weidenkaff* in: Palandt, § 488 Rn. 5.
[27] *Weidenkaff* in: Palandt, § 488 Rn. 5.
[28] *Weidenkaff* in: Palandt, § 488 Rn. 5.
[29] *Weidenkaff* in: Palandt, § 488 Rn. 5.
[30] *Weidenkaff* in: Palandt, § 488 Rn. 5.
[31] OLG Köln v. 02.07.2003 - 13 U 122/02 - OLGR Köln 2004, 250-251.
[32] BGH v. 06.07.2004 - XI ZR 250/02 - BGHReport 2005, 78-79.

IV. Schutzpflichten

13 Das Darlehensverhältnis kann nach seinem Inhalt jeden Teil zur Rücksicht auf die Rechte, Rechtsgüter und Interessen des anderen Teils verpflichten (§ 241 Abs. 2 BGB). Nach ständiger Rechtsprechung des BGH ist die kreditgebende Bank grundsätzlich nicht verpflichtet den Darlehensnehmer, Mithaftenden oder Bürgen zu beraten oder über die Risiken der von ihm beabsichtigten Darlehensverwendung aufzuklären, da der Darlehensvertrag kein Geschäftsbesorgungsverhältnis (§§ 666, 675 Abs. 1 BGB) begründet.[33] Die Vertragsparteien sind aber, „auch soweit sie entgegengesetzte Interessen verfolgen, verpflichtet, über solche Umstände aufzuklären, die den Vertragszweck (des anderen) vereiteln können und daher für ihn von wesentlicher Bedeutung sind, sofern er die Mitteilung nach der Verkehrsauffassung erwarten durfte".[34]

14 Schutzpflichten resultieren insbesondere aus einem konkreten Wissensvorsprung der Bank.[35] Eine Aufklärungspflicht der darlehensgewährenden Bank besteht ferner dann, wenn ein besonderer **Gefährdungstatbestand** für den Kunden besteht.[36] Bei erkennbarer Unerfahrenheit des Kunden kann – ausnahmsweise – eine Warnpflicht der Bank bestehen, jedenfalls wenn diese weiß, dass sie durch die Kreditgewährung falsche Vorstellungen und das Vertrauen des Darlehensnehmers in das zu finanzierende Geschäft verstärkt.[37] Ferner hat der BGH Aufklärungspflichten bei schwerwiegenden Interessenskonflikten (Vertragszweckvereitelung) bejaht.[38] Daneben stehen Fälle, bei denen die Bank ihre **Rolle als Darlehensgeberin** überschreitet, also nicht nur das Darlehen gewährt, sondern auch auf Planung oder Vertrieb direkten Einfluss nimmt (ähnlich § 358 Abs. 3 BGB).[39]

15 Seit 11.06.2010 ist die darlehensgewährende Bank verpflichtet die Bonität des Kreditnehmers nach § 18 Abs. 2 KWG zu prüfen. Diese Verpflichtung ist auf **Verbraucherkredite** beschränkt. Die Pflicht dient nach der Begründung des Gesetzgebers primär dem öffentlichen Interesse.[40] Ob darüber hinaus ein Individualschutz zugunsten der Verbraucher geschaffen wurde, ist noch ungeklärt.[41]

16 Besondere Rücksichtnahmepflichten können sich aus dem Darlehensverhältnis und aus einem Sicherungsvertrag sowie der zugrunde liegenden Zweckerklärung ergeben.[42] Der im Rahmen von Bauherren-, Bauträger- oder Erwerbermodellen auftretende Vermittler kann als Erfüllungsgehilfe (§ 278 BGB) im Pflichtenkreis der in den Vertrieb nicht eingeschalteten Bank tätig sein, soweit sein Verhalten den Bereich der Anbahnung des Darlehensvertrages betrifft (§ 311 Abs. 2 BGB).[43]

V. Pflichten des Darlehensnehmers

17 In § 488 Abs. 1 Satz 2 BGB werden die Pflichten des Darlehensnehmers konkretisiert. Er ist zunächst zur Abnahme des Darlehens[44] sowie bei Fälligkeit zur Rückerstattung verpflichtet und schuldet – bei entsprechender Vereinbarung – die Zahlung von **Zinsen**.[45]

---

[33] BGH v. 07.06.2011 - XI ZR 388/10 - juris Rn. 27 - NJW 2011, 2640; BGH v. 26.05.1988 - III ZR 263/87 - WM 1988, 1225; BGH v. 27.06.2000 - XI ZR 174/99 - WM 2000, 1685-1687; BGH v. 09.05.2006 - XI ZR 114/05 - BKR 2006, 405-409; vertiefend *Köndgen*, NJW 2000, 468, 469; *Schwintowski*, Bankrecht, § 12 ab Rn. 129.

[34] BGH v. 14.03.2007 - VIII ZR 68/06 - WM 2007, 990-992.

[35] BGH v. 27.11.1990 - XI ZR 308/89 - NJW 1991, 693; vertiefend *Schwintowski*, Bankrecht, § 12 ab Rn. 150.

[36] BGH v. 18.04.1988 - II ZR 251/87 - WM 1988, 895-899; vertiefend *Schwintowski*, Bankrecht, § 12 ab Rn. 161.

[37] BGH v. 20.02.1967 - III ZR 134/65 - WM 1967, 448-450; BGH v. 08.06.1978 - III ZR 136/76 - WM 1978, 1038-1042.

[38] BGH v. 06.02.1976 - V ZR 44/74 - WM 1976, 401-402; BGH v. 25.06.1982 - V ZR 143/81 - WM 1982, 960-962; BGH v. 11.02.1987 - VIII ZR 27/86.

[39] Vertiefend *Schwintowski*, Bankrecht, § 12 ab Rn. 176 m.w.N.

[40] BT-Drs. 16/11643, S. 96, 144.

[41] *Hofmann*, NJW 2010, 1782; *Schwintowski*, Bankrecht, § 12 ab Rn. 129 m.w.N.

[42] OLG Schleswig-Holstein v. 23.02.2011 - 5 W 8/11 - WM 2011, 1128.

[43] BGH v. 23.03.2004 - IX ZR 194/02 - WM 2003, 1278-1279; LG Berlin v. 16.06.2010 - 4 O 226/09.

[44] Zur Nichtabnahmeentschädigung BGH v. 07.11.2000 - XI ZR 27/00 - NJW 2001, 509-512.

[45] Zu den Zinsbegriffen vgl. die §§ 246-248 BGB.

1. Zinsen

Der Wortlaut des § 488 BGB geht von der Entgeltlichkeit des Darlehensvertrages als **Regelfall** aus. Das entspricht den heutigen Realitäten.[46] Die Formulierung „einen geschuldeten Zins" zu zahlen, verdeutlicht, dass es auch unentgeltliche Formen des Darlehensvertrages geben kann. Falls vereinbart (§ 311 Abs. 1 BGB), schuldet der Darlehensnehmer auch die Bestellung einer Sicherheit. Die Pflichten stehen im Gegenseitigkeitsverhältnis (§§ 320-326 BGB).

18

Der gesetzliche Zinssatz ergibt sich aus § 246 BGB und beträgt 4%, sofern nichts anderes bestimmt ist (für Kaufleute 5%: § 352 HGB). Ist ein Zins vereinbart, so kann sich dieser auch auf den Basiszinssatz (§ 247 BGB) beziehen. Für die **Höchstgrenze** des Zinssatzes ist die ausdifferenzierte Rechtsprechung zu § 138 BGB zu beachten. Der Zins kann auch in einer festen Summe bestimmt sein. Beim **partiarischen** Darlehen wird ein Anteil am Gewinn eines Unternehmens oder ein Anteil am Gewinn aus einem Geschäft, zu dessen Finanzierung das Darlehen gewährt wird, vereinbart. Daneben kann eine Zinszahlungspflicht vereinbart werden. Es besteht die Pflicht zur Rechnungslegung nach § 256 BGB.[47]

19

Ein **Disagio** (Damnum) ist der Betrag, um den das zur Verfügung gestellte Darlehen geringer ist als der nominell vereinbarte Betrag. Wie das Disagio zu behandeln ist, richtet sich nach der Auslegung des Vertrages.[48] Im Regelfall ist das Disagio ein laufzeitabhängiger Ausgleich für einen niedrigeren Nominalzins sowie Aufwand für die Kapitalbeschaffung und wird deshalb gewöhnlich als Teilvorauszahlung der Zinsen angesehen.[49] Mit dem Disagio wird also nicht die Bearbeitung oder das Risiko der Bank vergütet. Der Darlehensnehmer kann das Disagio anteilig nach § 812 BGB zurückfordern, wenn er wirksam kündigt.[50] Das gilt nicht, wenn der Darlehensgeber wegen schuldhafter Vertragsverletzung kündigt oder der ungekündigte Darlehensvertrag auf Wunsch des Darlehensnehmers aufgehoben wird.[51] Zugrunde zu legen ist im Regelfall nicht die Gesamtlaufzeit des Darlehens, sondern die Zinsfestschreibung.[52] Ist dagegen etwas anderes vereinbart, so bleibt das Disagio beim Darlehensgeber.[53] Davon ist bei öffentlich geförderten Darlehen auszugehen.[54] Aus alldem folgt, dass ein Disagio ein verdeckter Zins sein kann, nämlich die Spanne zwischen Nominal- und Effektivzins.[55] Ein ZinsCap, also ein variabler Zins mit gleichzeitiger Höhenbegrenzung, kann zulässig vereinbart werden.[56]

20

Die Führung eines Darlehenskontos stellt keine selbstständige (Dienst-)Leistung der Bank für den Kunden dar, sondern erfolgt ausschließlich im eigenen Interesse der Bank.[57] Die im eigenen organisatorischen und Buchhaltungsinteresse der Bank liegende Führung des Darlehenskontos ist keine entgeltpflichtige Sonderleistung der Bank für den Kunden.[58] Eine Bestimmung in den AGB einer Bank, in der für die Führung des Darlehenskontos ein Entgelt (Kontoführungsgebühr) gefordert wird, ist deshalb mit dem gesetzlichen Leitbild für eine solche Tätigkeit nicht vereinbar[59] und deshalb nach § 307 Abs. 1 und Abs. 2 Nr. 1 BGB unwirksam.[60]

21

---

[46] BT-Drs. 14/6040, S. 253.
[47] BGH v. 28.10.1953 - II ZR 149/52 - BGHZ 10, 385-389.
[48] BGH v. 02.07.1981 - III ZR 8/80 - BGHZ 81, 124-130.
[49] BGH v. 08.10.1996 - XI ZR 283/95 - BGHZ 133, 355-362.
[50] BGH v. 12.10.1993 - XI ZR 11/93 - LM BGB § 195 Nr. 34 (2/1994).
[51] BGH v. 12.10.1993 - XI ZR 11/93 - LM BGB § 195 Nr. 34 (2/1994).
[52] BGH v. 30.05.1995 - XI ZR 165/94 - juris Rn. 17 - LM BGB § 133 (B) Nr. 42 (10/1995).
[53] OLG Köln v. 14.02.1992 - 19 U 209/91 - NJW-RR 1992, 681-682.
[54] BGH v. 04.03.1991 - II ZR 36/90 - LM AGBG § 9 (Cg) Nr. 12 (2/1992); *Koller*, DB 1992, 1125-1129, 1125 m.w.N.
[55] *Weidenkaff* in: Palandt, § 488 Rn. 14, 25.
[56] *Rösler*, WM 2000, 1930-1933, 1930.
[57] BGH v. 07.06.2011 - XI ZR 388/10 - juris Rn. 28 - NJW 2011, 2640 m.w.N.; OLG Karlsruhe v. 08.02.2011 - 17 U 138/10 - WM 2011, 782-784.
[58] BGH v. 07.06.2011 - XI ZR 388/10 - juris Rn. 30 NJW 2011, 2640 m.w.N.
[59] So schon BGH v. 21.04.2009 - XI ZR 78/08 - NJW 2009, 2051-2054.
[60] BGH v. 07.06.2011 - XI ZR 388/10 - NJW 2011, 2640.

22 Die Pflicht zur Zahlung von Zinsen entsteht im Normalfall mit der Auszahlung des Darlehens. Andere Vereinbarungen sind zulässig und durchaus gebräuchlich.[61] Die Zinszahlungspflicht endet gewöhnlich mit der Beendigung des Darlehensvertrages. Streitig ist, ob bei Unterbleiben der Rückzahlung des Darlehens Schadensersatz, Verzugszinsen oder Vertragszinsen zu zahlen sind (vgl. die Kommentierung zu § 246 BGB).

2. Rückerstattungspflicht

23 Die Rückerstattungspflicht des Darlehensnehmers bezieht sich auf das zur Verfügung gestellte „Darlehen". Damit wird verdeutlicht, dass der Darlehensnehmer nicht dieselben Geldscheine oder -münzen, sondern lediglich das Darlehen, nämlich einen Geldbetrag in derselben Höhe, zurückzuerstatten hat.[62] Damit hat der Gesetzgeber die Frage, unter welchen Voraussetzungen die Leistung von Buchgeld eine echte Erfüllung (§ 362 Abs. 1 BGB) und nicht lediglich eine Leistung an Erfüllungs statt (§ 364 Abs. 1 BGB) darstellt, dahin entschieden, dass die echte Erfüllung auch unabhängig vom Einverständnis des Vertragspartners eintritt.[63] So gesehen sind in Zukunft bei Hingabe und Rückerstattung des Darlehens alle Formen zulässig, mit denen in der Bankpraxis der Wertverschaffungspflicht genügt werden kann. In Betracht kommen deshalb auch alle modernen Formen der Wertverschaffung, etwa durch Übergabe einer aufgeladenen Geldkarte oder durch Verschaffung des Zugriffs auf eine **virtuelle Geldbörse** im Internet.[64]

24 Soll bei Darlehen mit Tilgungsaussetzung die Tilgung aus einer Kapitallebensversicherung erfolgen, so geschieht dies regelmäßig entsprechend § 364 Abs. 2 BGB erfüllungshalber und nicht an Erfüllungs statt.[65] Die Tilgung erfolgt deshalb nur in Höhe der tatsächlich ausgezahlten Lebensversicherungsleistungen. Das Risiko, dass die Lebensversicherungsleistungen zur vollständigen Tilgung des Darlehens nicht ausreichen, trägt grundsätzlich der Darlehensnehmer.[66] War im Darlehensvertrag vereinbart, dass die „Tilgung des Refinanzierungskredits **aus** der abzuschließenden Lebensversicherung ... bei Fälligkeit der Versicherungssumme erfolgt", so legt diese Formulierung es nahe, dass die Lebensversicherung lediglich ein Mittel zur Rückführung des Darlehens ist, nicht aber ohne weiteres und unabhängig von der Höhe der Versicherungsleistung dessen vollständige Tilgung bewirkt.[67] Wird demgegenüber im Darlehensvertrag vereinbart, dass die Tilgung „**durch** eine Lebensversicherung" erfolgen soll, so liegt darin die Vereinbarung, dass die Tilgung an Erfüllungs statt, nämlich durch die Lebensversicherung, erfolgt, und zwar auch dann, wenn die Leistung aus der Lebensversicherung niedriger ist als das ehemals gewährte Darlehen.[68]

VI. Zeitpunkt der Zinszahlung (Absatz 2)

25 Nach § 488 Abs. 2 BGB sind die vereinbarten Zinsen, soweit nicht ein anderes bestimmt ist, nach dem Ablauf je eines Jahres und, wenn das Darlehen vor dem Ablauf eines Jahres zurückzuerstatten ist, bei der Rückerstattung zu entrichten.

26 Die Vorschrift geht davon aus, dass im Regelfall Zinsen vereinbart sind. Weitere Unterschiede gegenüber der Rechtslage vor 2002 ergeben sich nicht.[69] Die Regelung greift ein, wenn die Bestimmungen im Darlehensvertrag über den Zeitpunkt der Zinszahlungen fehlen oder nicht eindeutig sind. Denkbar ist dies z.B. bei einem Darlehen unter Verwandten, wo häufig Fälligkeitsregeln für Zinsen fehlen.

---

[61] BGH v. 08.11.1984 - III ZR 132/83 - LM Nr. 104 zu § 313 BGB.
[62] BT-Drs. 14/6040, S. 253.
[63] *Mülbert*, WM 2002, 465-476, 465, 468.
[64] Wie hier *Mülbert*, WM 2002, 465-476, 465, 469.
[65] BGH v. 22.04.2008 - XI ZR 272/06 - WM 2008, 121; OLG Hamm v. 03.07.2006 - 31 U 6/06 - BKR 2007, 423.
[66] BGH v. 22.04.2008 - XI ZR 272/06 - WM 2008, 121; OLG Hamm v. 03.07.2006 - 31 U 6/06 - BKR 2007, 423.
[67] BGH v. 22.04.2008 - XI ZR 272/06 - WM 2008, 121; OLG Hamm v. 03.07.2006 - 31 U 6/06 - juris Rn. 13 - BKR 2007, 423.
[68] OLG Karlsruhe v. 04.04.2003 - 15 U 8/02 - NJW 2003, 2322; bestätigt (indirekt) durch BGH v. 22.04.2008 - XI ZR 272/06 - WM 2008, 121.
[69] BT-Drs. 14/6040, S. 253.

VII. Fälligkeit des Rückzahlungsanspruchs (Absatz 3)

Ist für die Rückerstattung des Darlehens eine Zeit nicht bestimmt, so hängt die Fälligkeit davon ab, dass der Darlehensgeber oder der Darlehensnehmer kündigt (§ 488 Abs. 3 BGB). Die Kündigungsfrist beträgt drei Monate. Sind Zinsen nicht geschuldet, so ist der Darlehensnehmer auch ohne Kündigung zur Rückerstattung berechtigt. Die generell geltende ordentliche Kündigungsfrist (drei Monate), ist allerdings dispositiv.[70]

Eine bestimmte Laufzeit kann ausdrücklich, nach Tagen, Monaten oder Jahren oder angeknüpft an ein bestimmtes Ereignis (z.B. Beendigung eines Arbeitsverhältnisses oder Eintragung im Grundbuch) vereinbart sein. In einer **Tilgungsabrede** kann zugleich eine Laufzeitvereinbarung liegen.[71] Konkludent kann sich die Laufzeit aus dem Zweck des Darlehens ergeben, etwa aus dem Aufbau eines Unternehmens bis zur Gewinnerzielung oder aus der Überbrückung vorübergehender Zahlungsschwierigkeiten.[72] Darf die Laufzeit einseitig bestimmt werden, so kann der Zeitpunkt der Fälligkeit nach § 315 BGB bestimmt werden.[73] Wird bei einem Bauspardarlehen als Rückzahlungszeitpunkt „bei Zuteilung" vereinbart, so handelt es sich um einen unbestimmten Zeitpunkt. Dies hat zur Folge, dass der Darlehensvertrag nach § 488 Abs. 3 BGB jederzeit mit einer Kündigungsfrist von drei Monaten gekündigt werden kann.[74]

Aus § 488 Abs. 3 Satz 3 BGB folgt, dass der Darlehensnehmer ein verzinsliches Darlehen nicht vorzeitig zurückzahlen darf (beachte die Ausnahme für Festkredite in § 490 Abs. 2 BGB). Das entspricht der bisherigen Rechtslage – Zweifel, die eine vorzeitige Rückzahlung nach § 271 Abs. 2 BGB rechtfertigen könnten, werden durch die Klarstellung und § 488 Abs. 3 Satz 3 BGB ausgeräumt.[75] Auf diese Weise wird der Anspruch des Darlehensgebers auf die vertraglich vereinbarten Zinsen gesichert. Eine vergleichbare Notwendigkeit besteht für ein **zinsloses** Darlehen nicht. Dieses kann folglich jederzeit und ohne Kündigung zurückgezahlt werden. Das gilt auch, wenn es befristet war.[76] Zulässigerweise können die Parteien einen **Aufhebungsvertrag** nach § 311 Abs. 1 BGB schließen. Darauf kann der Darlehensnehmer im Einzelfall Anspruch haben.[77] Die Aufhebung wird in der Regel mit einer Vorfälligkeitsentschädigung verbunden und davon abhängig gemacht (§ 490 Abs. 2 Satz 3 BGB).

Steht dem Kreditnehmer – wie etwa bei einer Umschuldung – gegen den Kreditgeber ein Anspruch auf eine vorzeitige Ablösung eines Darlehens mit fester Laufzeit **nicht** zu, so unterliegt eine Vereinbarung der Vertragspartner über die Höhe des Vorfälligkeitsentgelts keiner Angemessenheitskontrolle, sondern ist – solange die Grenzen des § 138 BGB gewahrt sind – grundsätzlich rechtswirksam.[78] Gründe, die außerhalb der wirtschaftlichen Nutzung des belasteten Objekts liegen, reichen nicht aus, der Bank eine vorzeitige Beendigung des Darlehensvertrags aufzuzwingen. Die kreditgebende Bank ist daher bei einer solchen vorzeitigen Darlehensablösung nicht auf den Nachteilsausgleich beschränkt, die der BGH zur Vorfälligkeitsentschädigung entwickelt hat.[79]

---

[70] BT-Drs. 14/6040, S. 253.
[71] BGH v. 15.01.1970 - III ZR 212/66 - LM Nr. 2 zu § 609 BGB.
[72] BGH v. 30.05.1995 - XI ZR 165/94 - LM BGB § 133 (B) Nr. 42 (10/1995); OLG Düsseldorf v. 07.07.1988 - 12 U 18/88 - NJW 1989, 908-909.
[73] *Weidenkaff* in: Palandt, § 488 Rn. 10.
[74] LG Dortmund v. 18.02.2011 - 3 O 397/10 - BeckRS 2011, 06130.
[75] So schon bisher BGH v. 22.10.1964 - VII ZR 206/62 - BGHZ 42, 302-307; BGH v. 24.04.1975 - III ZR 147/72 - BGHZ 64, 278-288; *Reiff* in: Dauner-Lieb/Heidel/Lepa/Ring, Das neue Schuldrecht in der anwaltlichen Praxis, 2001, § 488 Rn. 10.
[76] *Reiff* in: Dauner-Lieb/Heidel/Lepa/Ring, Das neue Schuldrecht in der anwaltlichen Praxis, 2001, § 488 Rn. 11.
[77] BGH v. 01.07.1997 - XI ZR 267/96 - juris Rn. 20 - BGHZ 136, 161-172.
[78] BGH v. 06.05.2003 - XI ZR 226/02 - WM 2003, 1261 = ZIP 2003, 1189.
[79] OLG Köln v. 04.12.2002 - 13 U 82/02 - BKR 2003, 500 in Abgrenzung zu BGH v. 01.07.1997 - XI ZR 267/96 - BGHZ 136, 161.

VIII. Festzinsen

31 Soweit bestimmte Laufzeiten oder Kündigungsregelungen vereinbart sind, müssen sich die Parteien im Grundsatz daran halten. Das kann problematisch werden, wenn Festzinsen vereinbart sind. Insbesondere bei längerfristigen Darlehen können die vereinbarten Festzinsen von den jeweiligen Marktzinsen erheblich nach oben oder unten abweichen. Es könnte sich dann um einen Fall der Störung der Geschäftsgrundlage (§ 313 BGB) handeln. § 247 BGB a.F. gab dem Schuldner (Bankkunden) bis zum 31.12.1986 ein zwingendes sechsmonatiges Kündigungsrecht, wenn der Darlehenszins über 6% lag. Diese für die Kreditwirtschaft sehr problematische Regelung wurde mit Wirkung zum 01.01.1987 durch § 609a BGB (seit 01.01.2002: § 489 BGB) ersetzt. Danach kann der Schuldner sich aus Festzinskrediten ebenfalls lösen, allerdings gilt nicht mehr eine starre Prozentgrenze. Darüber hinaus kann der Schuldner (Bankkunde) auch Darlehen mit **variablem Zinssatz, jederzeit** unter Einhaltung einer Kündigungsfrist von drei Monaten **kündigen** (§ 489 Abs. 2 BGB). Schließlich gewährt § 490 Abs. 2 BGB ein außerordentliches Kündigungsrecht für grundpfand- oder schiffspfandrechtlich gesicherte Festzinskredite, wenn die berechtigten Interessen des Darlehensnehmers dies gebieten. Damit knüpft der Gesetzgeber an die Rechtsprechung des BGH aus dem Jahre 1997 an.[80]

C. Anwendungsfelder

I. Abtretbarkeit

32 Abtretungen von Darlehensforderungen sind generell zulässig.[81] Es soll keine Rolle spielen, ob die Forderung an eine Bank oder an eine Nicht-Bank angetreten wird, insbesondere soll darin auch kein Verstoß gegen § 32 KWG (mit der Rechtsfolge des § 134 BGB) liegen.[82] Die Abtretung soll auch das Bankgeheimnis und das Bundesdatenschutzrecht nicht tangieren.[83] Problematisch ist, dass die Abtretung einer Darlehensforderung an eine Nicht-Bank (z.B. einen ausländischen Investor) regelmäßig zu einer **Inhaltsänderung**, Änderung der Forderung und damit zu einem Ausschluss der Abtretung nach § 399 Alt. 1 BGB führt. Diese Frage ist bisher vom BGH nicht geklärt. Für das **Verbraucherdarlehen** muss die vorvertragliche Information einen deutlichen Hinweis darauf enthalten, ob Forderungen aus dem Darlehensvertrag abgetreten werden können oder das Vertragsverhältnis ohne Zustimmung des Darlehensnehmers übertragen werden darf.[84]

II. Pfändung

33 Der tägliche Auszahlungsanspruch aus dem Girokonto kann gepfändet werden.[85] Ein vereinbarter Dispositionskredit (offene Kreditlinie) ist grundsätzlich nur pfändbar, wenn und soweit der Kunde den Kredit in Anspruch nimmt.[86] Voraussetzung ist, dass die Bank zur Kreditgewährung verpflichtet ist und dem Kontoinhaber das Kapital zur freien Verfügung überlässt.[87] Die bloße Duldung einer Kontoüberziehung seitens der Bank gewährt dem Kunden dagegen keinen pfändbaren Anspruch.[88] Auch der

---

[80] BGH v. 01.07.1997 - XI ZR 267/96 - BGHZ 136, 161-172.
[81] BGH v. 27.02.2007 - XI ZR 195/05 - WM 2007, 643.
[82] BGH v. 19.04.2011 - XI ZR 256/10 - NJW 2011, 3024.
[83] BGH v. 27.02.2007 - XI ZR 195/05 - WM 2007, 643; BGH v. 27.10.2009 - XI ZR 225/08 - NJW 2010, 361; *Nobbe*, ZIP 2008, 97; a.A. *Schwintowski/Schantz*, NJW 2008, 472; *Schwintowski*, Bankrecht, § 13 ab Rn. 120.
[84] Art. 247, § 9 Abs. 1 Satz 2 EGBGB; BT-Drs. 16/11643, S. 130.
[85] BGH v. 30.06.1982 - VIII ZR 129/81 - BGHZ 84, 325-333; BGH v. 08.07.1982 - I ZR 148/80 - BGHZ 84, 371-379; vertiefend *Schwintowski*, Bankrecht, § 7 ab Rn. 92.
[86] BGH v. 29.03.2001 - IX ZR 34/00 - BGHZ 147, 193-202; vertiefend *Schwintowski*, Bankrecht, § 7 ab Rn. 96.
[87] OLG Saarbrücken v. 20.07.2006 - 8 U 330/05 - WM 2006, 2212-2214.
[88] OLG Saarbrücken v. 20.07.2006 - 8 U 330/05 - WM 2006, 2212-2214; Hinweis auf BGH v. 24.01.1985 - IX ZR 65/84 - NJW 1985, 1218-1220; BGH v. 29.03.2001 - IX ZR 34/00 - NJW 2001, 1937.

zweckgebundene Dispositionskredit ist nicht pfändbar, weil durch die Pfändung des Dritten der Zweck geändert würde.[89]

III. Verhältnis zum AGB-Recht

Bestimmungen in allgemeinen Geschäftsbedingungen eines Kreditinstituts, in denen für die Führung des Darlehenskontos durch das Kreditinstitut ein Entgelt (Kontoführungsgebühr) gefordert wird, unterliegen nach § 307 Abs. 3 Satz 1 BGB der richterlichen Inhaltskontrolle und sind im Bankverkehr mit Verbrauchern nach § 307 Abs. 1 Satz 1, Abs. 2 Nr. 1 BGB unwirksam.[90] 34

Auch Klauseln in den Preis- und Leistungsverzeichnissen (Allgemeinen Geschäftsbedingungen) der Kreditinstitute über die Berechnung von Kreditbearbeitungsgebühren bei Privatkrediten und privaten Ratenkrediten unterliegen der Inhaltskontrolle nach § 307 Abs. 1 Satz 1; Abs. 2 Nr. 1 BGB.[91] Während die Pflicht zur Zinszahlung nach § 488 BGB (einschließlich des laufzeitabhängigen Disagios) Hauptleistungspflicht ist, handelt es sich, wenn es um die Erhebung eines Entgelts für die Kreditbearbeitung geht, nicht um eine Preisklausel, sondern um eine kontrollfähige Preisnebenklausel.[92] 35

IV. Verhältnis zu den BankAGB

Der Kunde kann die gesamte Geschäftsverbindung oder einzelne Geschäftsbeziehungen **jederzeit ohne Einhaltung einer Kündigungsfrist** kündigen (Nr. 18 Abs. 1 BankAGB), während die Bank im Regelfall eine **dreimonatige Kündigungsfrist** einhalten muss (§ 488 Abs. 3 BGB). Voraussetzung für das Kündigungsrecht ist, dass **keine Laufzeit** für die Rückerstattung des Darlehens vereinbart ist. Damit wird klar, dass individuelle Laufzeit- und Kündigungsvereinbarungen Vorrang haben.[93] Wird beispielsweise eine Finanzierung mit einer Laufzeit von 47 Monatsraten nebst der Schlusszahlung vereinbart, so ist dies eine Laufzeitvereinbarung und schließt das Recht zur ordentlichen Kündigung vor Ablauf der vereinbarten Zeit aus.[94] 36

Nach § 488 Abs. 3 BGB beträgt die Kündigungsfrist im Regelfall **drei Monate**. Hiervon weichen die BankAGB ab. Der Kunde kann **fristlos** ordentlich kündigen, während die Bank eine **angemessene Kündigungsfrist**, die bei laufenden Konten und Depots mindestens **einen Monat** beträgt, einhalten muss (Nr. 19 Abs. 1 BankAGB). Der Angemessenheitsvorbehalt entspricht der Rechtsprechung zur früheren (strengeren) Ziff. 17 BankAGB und ist deshalb mit § 307 BGB vereinbar.[95] Eine generelle Antwort darauf, wann eine Kündigungsfrist angemessen ist, kann es, wegen der unterschiedlichen Gestaltung der Einzelfälle, nicht geben. **Bei der Bemessung der Kündigungsfrist wird die Bank aber auf die berechtigten Belange des Kunden Rücksicht nehmen** (Nr. 19 Abs. 1 BankAGB). 37

V. Kündigung zur Unzeit

Mit dieser Formulierung in Nr. 19 Abs. 1 BankAGB wird klargestellt, dass das Kündigungsrecht nicht zur Unzeit ausgeübt werden kann, sondern dass durch eine angemessene Kündigungsfrist auf die berechtigten Belange des Kunden Rücksicht zu nehmen ist.[96] Das gesetzliche Vorbild für diese Regelung findet sich in den §§ 627 Abs. 2, 671 Abs. 2, 723 Abs. 2 BGB.[97] Es handelt sich um ordentliche Kündigungen, die, ohne dass es auf ein Verschulden des Kündigenden ankäme, einfach ein „Sichvergreifen im Zeitpunkt darstellen und aus diesem Grunde für den Kündigungsgegner objektiv zu diesem Zeit- 38

---

[89] OLG Saarbrücken v. 20.07.2006 - 8 U 330/05 - WM 2006, 2212-2214; BGH v. 29.03.2001 - IX ZR 34/00 - NJW 2001, 1937.
[90] BGH v. 07.06.2011 - XI ZR 388/10 - NJW 2011, 2640.
[91] OLG Hamm v. 11.04.2011 - 31 U 192/10 - BeckRS 2011, 08607.
[92] OLG Hamm v. 11.04.2011 - 31 U 192/10 - BeckRS 2011, 08607.
[93] Die ordentliche Kündigungsfrist in § 488 Abs. 3 BGB ist dispositiv, BT-Drs. 14/6040, S. 253.
[94] BGH v. 18.12.1980 - III ZR 157/78 - LM Nr. 13 zu Allg. Geschäftsbedingungen der Banken Ziff. 19.
[95] BGH v. 30.05.1985 - III ZR 112/84 - WM 1985, 1136-1137.
[96] *Bruchner/Krepold* in: Bunte/Lwowski/Schimansky, Bankrechts-Handbuch, § 79 Rn. 121 f.
[97] BGH v. 30.05.1985 - III ZR 112/84 - WM 1985, 1136-1137; OLG Hamm v. 21.06.1985 - 11 U 111/84 - NJW-RR 1986, 208-210.

punkt nachteilig sind, ohne dass sie so schwerwiegende Schädigungen auslösen würden, dass ihre Unzulässigkeit in Frage käme".[98] Die Kündigung zur Unzeit ist, wie beispielsweise der Wortlaut von § 723 Abs. 2 BGB zeigt, **rechtswirksam**. Sie verpflichtet den zur Unzeit Kündigenden aber zum Schadensersatz.[99] In der Literatur wird darauf aufmerksam gemacht, dass es sich hierbei nur um Geldersatz handeln könne. Naturalrestitution dürfe man nicht zulassen, da dadurch die Kündigung wegfiele, im Ergebnis also unzulässig würde.[100] Probleme dieser Art wirft das Kündigungsrecht der Bank nach Nr. 19 Abs. 1 BankAGB nicht auf. Die Bank muss eine angemessene Kündigungsfrist einhalten, d.h. auf die berechtigten Belange des Kunden Rücksicht nehmen. Tut sie das nicht, so liegt keine wirksame Kündigung i.S.v. Nr. 19 Abs. 1 BankAGB vor. Der Kreditvertrag besteht ungekündigt fort. In dieser darlehenserhaltenden Rechtsfolge unterscheidet sich die Regelung in Nr. 19 Abs. 1 BankAGB von ihren gesetzlichen Vorbildern und den Grundsätzen, die vor dem 01.01.1993 auch für Darlehen galten.[101] Materiell liegt eine Kündigung zur Unzeit dann vor, wenn sie für den Kunden so überraschend kommt, dass es ihm nicht mehr gelingt, sich die Darlehensvaluta rechtzeitig, also vor Ablauf der Kündigungsfrist, von dritter Seite zu besorgen.[102] Diesen Grundsätzen entspricht heute Nr. 19 Abs. 1 BankAGB. Eine Vorankündigung der beabsichtigten Kündigung ist nicht erforderlich.[103] Vielmehr hat die Bank bei der Bemessung der Kündigungsfrist auf die berechtigten Belange des Kunden Rücksicht zu nehmen, also genau das zu tun, was der BGH im obigen Fall verlangt hat. Bei alledem ist zu beachten, dass eine Bank von ihrem Kündigungsrecht nach Nr. 19 Abs. 1 BankAGB im Grundsatz immer Gebrauch machen darf. Eine Pflicht, einen Kredit ohne Kündigung zu belassen, gibt es nicht.[104] Das gilt auch dann, wenn das kreditnehmende Unternehmen durchaus noch sanierungsfähig ist oder weitere Sicherheiten stellen könnte.[105] Wichtig ist, dass die Bank dem Unternehmen eine angemessene Frist zur Umschuldung bei einer anderen Bank einräumt. Diese Umschuldung wird möglich sein, eben weil das Unternehmen sanierungsfähig ist und Sicherheiten hat. Würde man in dieser Situation die Banken zur Kreditgewährung verpflichten, so würde man ihnen, so das OLG Zweibrücken, eine **unternehmerische Mitverantwortung** für den Kreditnehmer **aufzwingen**.[106] Das kann ausnahmsweise anders sein, wenn die Verweigerung des Kredits zugleich eine **sittenwidrige Schädigung** (§§ 138, 226, 826 BGB) beinhaltet. **Kurzfristige Überziehungen** müssen schon deshalb zugelassen werden, weil die Bank nach Nr. 19 Abs. 1 BankAGB auf die berechtigten Finanzierungsbelange des Kunden Rücksicht zu nehmen hat.

VI. Missbräuchliche Kündigung

39 Das Recht zur Kündigung unbefristeter Dauerschuldverhältnisse ist ein „eigennütziges", den Vertragspartnern also im eigenen Interesse verliehenes Recht. Einen Freibrief zur willkürlichen Verfolgung eigener Interessen gewähren aber auch eigennützige Rechte nicht. Vielmehr bedarf es prinzipiell der Abwägung der eigenen Interessen gegenüber denjenigen der anderen Vertragspartei. Diese Abwägung kann dazu führen, dass eine ordentliche Kündigung missbräuchlich und damit unwirksam ist. Das Verbot der missbräuchlichen Kündigung beinhaltet die Pflicht der Bank zur Rücksichtnahme auf die berechtigten Belange des Kreditnehmers (§ 242 BGB). So ist eine Kündigung dann unzulässig, wenn ein daraus resultierender Schaden für den Darlehensnehmer unverhältnismäßig groß wäre und umgekehrt die Belassung den Darlehensgeber nur geringfügig belastet, weil er z.B. vollwertige Sicherheiten hat.

---

[98] So *Strasser*, FS Gschnitzer, 1969, 415-431, 428 f.
[99] OLG Düsseldorf v. 30.06.1983 - 6 U 120/81 - NJW 1983, 2887-2889; OLG Celle v. 30.06.1982 - 3 U 258/81 - ZIP 1982, 942-954; *Bruchner/Krepold* in: Bunte/Lwowski/Schimansky, Bankrechts-Handbuch, § 79 Rn. 123.
[100] *van Venrooy*, JZ 1981, 53-58.
[101] *Hopt/Mülbert*, Kreditrecht, 1989, § 609 Rn. 32 m.w.N.
[102] *Hopt*, ZHR 143, 139-173, 139, 163.
[103] BGH v. 10.11.1978 - III ZR 39/76 - LM Nr. 2 zu Allg. Geschäftsbedingungen der Banken Ziff. 17.
[104] *Berger* in: MünchKomm-BGB, § 490 Rn. 4 m.w.N.
[105] OLG Zweibrücken v. 21.09.1984 - 1 U 244/82 - WM 1984, 1635-1639; *Canaris*, ZHR 143, 113-138, 113 ff.; *Wiegelmann*, Verhaltenspflichten der Kreditinstitute im Kreditgeschäft mit Kunden in der Krise, 1993.
[106] OLG Zweibrücken v. 21.09.1984 - 1 U 244/82 - WM 1984, 1635-1639.

Ausnahmsweise kann eine Kündigung auch am Verbot des venire contra factum proprium scheitern, wenn die Bank beim Kunden das berechtigte Vertrauen auf Weiterbestehen des Darlehensvertrages erweckt hat und noch weitere Umstände hinzukommen.[107] Bei einem langfristigen Hypothekendarlehen ist jeder Darlehensgläubiger gemäß § 242 BGB verpflichtet, bei der Ausübung eines ihm eingeräumten ordentlichen Kündigungsrechts auf die ihm erkennbaren Interessen der anderen Seite Rücksicht zu nehmen und von seinem Recht nicht ohne ersichtlichen Anlass Gebrauch zu machen.[108] So widerspricht es etwa Treu und Glauben, wenn bei einem Hypothekendarlehen, das mit dem Abschluss eines langfristigen Lebensversicherungsvertrages verknüpft ist, der Darlehensgeber/Versicherer dem Kunden ohne hinreichenden Grund den Vorteil eines zinsgünstigen Darlehens entzieht, selbst aber die Vorteile des langfristigen Lebensversicherungsvertrages behalten kann, weil der Versicherungsnehmer seinerseits den Versicherungsvertrag mit Rücksicht auf die Nachteile bei der Berechnung des Rückkaufswertes nicht kündigen wird.[109] Dagegen darf ein Unternehmen nicht darauf vertrauen, dass die Bank bei wirtschaftlichen Schwierigkeiten die Kredite belassen oder neue zur Verfügung stellen werde.[110] Im Hinblick auf die berechtigten Sicherungsinteressen der Bank könne ein Vertrauenstatbestand nur unter besonderen Voraussetzungen, z.B. bei einer Zusage oder stillschweigenden Duldung ständiger Kontoüberziehungen, angenommen werden. Instruktiv ist ein Fall, den das OLG Hamm am 21.06.1985 zu entscheiden hatte. Der Fall betrifft das Verbot des venire contra factum proprium. Es ging um die in der Praxis wichtigste Fallgruppe, die durch eine starke Abhängigkeit des Kreditnehmers vom Kreditgeber gekennzeichnet ist.[111] Danach ist die Bank zur Rücksichtnahme verpflichtet, wenn der Darlehensnehmer von ihr wirtschaftlich völlig abhängig und die Bank ausreichend gesichert ist.[112] Die Entscheidung konkretisiert das Verbot **übermäßiger Schädigung** (inciviliter agere). Für diese Fälle fehlt es im BGB[113] an einer ausdrücklichen Regelung[114]. Es besteht aber im deutschen Recht Einigkeit darüber, dass § 242 BGB das Recht zur ordentlichen Kündigung jedenfalls begrenzt, wenn diese „für den von der Kündigung Betroffenen einen Nachteil bedeuten würde, der in keinem Verhältnis zu dem Interesse der Rechtsordnung steht, in jedem Falle die Kündigungsfreiheit zu wahren".[115]

VII. Sittenwidrige Kündigung

Kündigungen können unter ganz außergewöhnlichen Umständen gegen das Schikaneverbot (§ 226 BGB) oder die guten Sitten (§ 138 BGB) verstoßen und deshalb nichtig sein. So hat die Rechtsprechung eine Kündigung für unwirksam gehalten, die unter Ausnutzung einer arglistig herbeigeführten Kündigungslage erfolgt war.[116] Grundsätzlich ist aber die Frage, ob eine vertragsgemäß ausgesprochene Kündigung gegen die guten Sitten verstößt und deshalb nichtig ist, nur unter strengen Voraussetzungen zu bejahen.[117]

40

---

[107] BGH v. 21.05.1987 - III ZR 38/86 - juris Rn. 20 - LM Nr. 36 zu § 242 (Bc) BGB; *Canaris*, Bankvertragsrecht, Rn. 1265 ff.; *Bruchner* in: Bunte/Lwowski/Schimansky, Bankrechts-Handbuch, § 79 Rn. 121.
[108] BGH v. 21.05.1987 - III ZR 38/86 - LM Nr. 36 zu § 242 (Bc) BGB.
[109] BGH v. 21.05.1987 - III ZR 38/86 - LM Nr. 36 zu § 242 (Bc) BGB.
[110] BGH v. 14.07.1983 - III ZR 176/82 - WM 1983, 1038-1039.
[111] Zur Fallgruppenbildung *Canaris*, ZHR 143, 113-138, 113, 125 ff.
[112] OLG Hamm v. 21.06.1985 - 11 U 111/84 - NJW-RR 1986, 208-210.
[113] Vgl. die österreichische Regelung in den §§ 830, 835 ABGB AUT.
[114] Für die Ansätze im römischen Recht und die bereits völlig klaren Regeln des gemeinen Rechts vgl. *Strasser*, FS Gschnitzer, 1969, 415-431, 428 f.
[115] *Strasser*, FS Gschnitzer, 1969, 415-431, 428 f.; ähnlich *Ulmer*, FS Philipp Möhring zum 75. Geb., 1975, 295, 309 f.; *Canaris*, ZHR 143, 113-138, 113, 131 ff.
[116] BGH v. 22.06.1959 - III ZR 44/58 - VerwRspr 12, 834-838.
[117] BGH v. 26.02.1970 - KZR 17/68 - AP Nr. 28 zu § 138 BGB (Tankstellenverwalter).

§ 489 BGB Ordentliches Kündigungsrecht des Darlehensnehmers

(Fassung vom 29.07.2009, gültig ab 11.06.2010)

(1) Der Darlehensnehmer kann einen Darlehensvertrag mit gebundenem Sollzinssatz ganz oder teilweise kündigen,
1. wenn die Sollzinsbindung vor der für die Rückzahlung bestimmten Zeit endet und keine neue Vereinbarung über den Sollzinssatz getroffen ist, unter Einhaltung einer Kündigungsfrist von einem Monat frühestens für den Ablauf des Tages, an dem die Sollzinsbindung endet; ist eine Anpassung des Sollzinssatzes in bestimmten Zeiträumen bis zu einem Jahr vereinbart, so kann der Darlehensnehmer jeweils nur für den Ablauf des Tages, an dem die Sollzinsbindung endet, kündigen;
2. in jedem Fall nach Ablauf von zehn Jahren nach dem vollständigen Empfang unter Einhaltung einer Kündigungsfrist von sechs Monaten; wird nach dem Empfang des Darlehens eine neue Vereinbarung über die Zeit der Rückzahlung oder den Sollzinssatz getroffen, so tritt der Zeitpunkt dieser Vereinbarung an die Stelle des Zeitpunkts des Empfangs.

(2) Der Darlehensnehmer kann einen Darlehensvertrag mit veränderlichem Zinssatz jederzeit unter Einhaltung einer Kündigungsfrist von drei Monaten kündigen.

(3) Eine Kündigung des Darlehensnehmers gilt als nicht erfolgt, wenn er den geschuldeten Betrag nicht binnen zwei Wochen nach Wirksamwerden der Kündigung zurückzahlt.

(4) ¹Das Kündigungsrecht des Darlehensnehmers nach den Absätzen 1 und 2 kann nicht durch Vertrag ausgeschlossen oder erschwert werden. ²Dies gilt nicht bei Darlehen an den Bund, ein Sondervermögen des Bundes, ein Land, eine Gemeinde, einen Gemeindeverband, die Europäischen Gemeinschaften oder ausländische Gebietskörperschaften.

(5) ¹Sollzinssatz ist der gebundene oder veränderliche periodische Prozentsatz, der pro Jahr auf das in Anspruch genommene Darlehen angewendet wird. ²Der Sollzinssatz ist gebunden, wenn für die gesamte Vertragslaufzeit ein Sollzinssatz oder mehrere Sollzinssätze vereinbart sind, die als feststehende Prozentzahl ausgedrückt werden. ³Ist für die gesamte Vertragslaufzeit keine Sollzinsbindung vereinbart, gilt der Sollzinssatz nur für diejenigen Zeiträume als gebunden, für die er durch eine feste Prozentzahl bestimmt ist.

Gliederung

A. Grundlagen... 1	2. Langfristige Festzinsdarlehen 7
B. Anwendungsvoraussetzungen 3	III. Darlehen mit veränderlichem Zinssatz 9
I. Sollzinssatz... 3	IV. Fiktion der nicht erfolgten Kündigung 12
II. Darlehensverträge mit gebundenem Sollzinssatz 5	V. Keine Erschwerung des Kündigungsrechts 13
1. Darlehen mit auslaufender Zinsbindung......... 5	

A. Grundlagen

1 § 489 BGB (bis 01.01.2002: § 609a BGB) enthält Sonderformen der ordentlichen Kündigung für Darlehensverträge mit gebundenem (Absatz 1) und mit veränderlichem (Absatz 2) Zinssatz. Die Norm wurde mit Wirkung 11.06.2010 aufgrund der Umsetzung der Verbraucherkreditrichtlinie insgesamt neu gefasst.[1] Mit Absatz 5 wurde der Begriff **Sollzinssatz** eingeführt und definiert, in Absatz 1 wurde

---
[1] BT-Drs. 16/11643, S. 74.

die frühere Nr. 2 aufgehoben, weil sie eine Sonderregelung für die Kündigung von Verbraucherdarlehen enthielt, die sich nunmehr in § 500 BGB findet.[2] Die frühere Nr. 3 wurde zur Nr. 2.

Die Norm ist im Kern am 01.01.1987 in Kraft getreten und hat zeitgleich den bis dahin geltenden § 247 BGB abgelöst. § 247 BGB enthielt ein unabdingbares Kündigungsrecht bei Darlehen mit einem höheren Zinssatz als 6%. Der rechtspolitische Wert dieses Kündigungsrechts war schon bei der Schaffung des BGB umstritten.[3] Die Norm wurde zum Problem, als Mitte der 70er Jahre starke und kurzfristige **Zinsschwankungen**, die immer über 6% lagen, zu permanenten Kündigungen nach § 247 BGB und damit verbundenen Umschuldungen führten. Die vom Gesetzgeber für Darlehen an der Wuchergrenze gedachte Ausnahme wurde als Folge der geänderten Zinsverhältnisse zur „Regelvorschrift". Vor allem die institutionellen Darlehensgeber (Banken, Versicherungen) standen angesichts feststehender **Refinanzierungskosten** vor einem nur noch schwer kalkulierbaren Zinsänderungsrisiko.[4] In der rechtspolitischen Diskussion bestand Einigkeit darüber, dass § 247 BGB durch eine zeitgemäßere, den Verbraucher aber hinreichend schützende Kündigungsnorm zu ersetzen sei.[5] Mit § 489 BGB hat der Gesetzgeber das Konzept von § 247 BGB (Kündigungsrecht bei Zinsen über 6%) völlig aufgegeben.[6] Stattdessen können Darlehensverträge mit gebundenem Sollzinssatz in jedem Fall nach Ablauf von 10 Jahren gekündigt werden (§ 489 Abs. 1 Nr. 2 BGB). Außerdem sind Darlehensverträge mit veränderlichem Zinssatz jederzeit unter Einhaltung einer Kündigungsfrist von drei Monaten kündbar (§ 489 Abs. 2 BGB). Diese Kündigungsrechte des Schuldners können nicht durch Vertrag ausgeschlossen oder erschwert werden (§ 489 Abs. 4 BGB). Für den Verbraucherdarlehensvertrag gelten die Sonderregeln in § 500 BGB, wonach der Darlehensnehmer seine Verbindlichkeiten jederzeit ganz oder teilweise vorzeitig erfüllen kann (§ 500 Abs. 2 BGB).

B. Anwendungsvoraussetzungen

I. Sollzinssatz

Der Begriff Sollzinssatz ist mit Wirkung 11.06.2010 in Anlehnung an die Verbraucherkreditrichtlinie (Art. 3) in das deutsche Recht eingeführt worden, weil er leichter von anderen Zinsen (Verzugszinssatz, **effektiver Jahreszins**) abgegrenzt werden kann.[7] Der Begriff „Darlehen mit gebundenem Sollzinssatz" ersetzt den früheren Wortlaut „Darlehen, bei dem für einen bestimmten Zeitraum ein fester Zinssatz vereinbart ist". Inhaltliche Änderungen sind damit nicht verbunden.[8] § 489 Abs. 5 BGB definiert den Sollzinssatz als den gebundenen oder veränderlichen periodischen Prozentsatz, der pro Jahr auf das in Anspruch genommene Darlehen angewendet wird. Der Sollzinssatz ist gebunden, wenn für die gesamte Vertragslaufzeit ein Sollzinssatz oder mehrere Sollzinssätze vereinbart sind, die als feststehende Prozentzahl ausgedrückt werden. Ist für die gesamte Vertragslaufzeit keine Sollzinsbindung vereinbart, gilt der Sollzinssatz nur für diejenigen Zeiträume als gebunden, für die er durch eine feste Prozentzahl bestimmt ist (§ 489 Abs. 5 Sätze 2 und 3 BGB). Die Definition ist angelehnt an Art. 3k Verbraucherkreditrichtlinie. Sie wird in Art. 247 § 3 EGBGB erneut aufgegriffen.

Der Sollzinssatz muss nicht bereits bei Vertragsschluss **fest vereinbart** werden. Darin unterscheidet sich das deutsche Recht vom europäischen Richtlinienrecht.[9] Nach europäischem Richtlinienrecht liefe § 489 Abs. 1 BGB weitgehend leer, weil eine nachträgliche Zinsvereinbarung den Vertrag stets zu ei-

---

[2] BT-Drs. 16/11643, S. 74.
[3] *Häuser/Welter*, NJW 1987, 17-21, 17 m.w.N.
[4] *v. Heymann*, Die Kündigung von Darlehen nach § 247 BGB, 1984, S. 48 ff.
[5] *Rebmann*, Der langfristige Kredit, 1985, S. 106; *Canaris*, WM 1978, 686-701, 686; Jahresgutachten 1981/82 des Sachverständigenrates, BT-Drs. 9/1061, S. 170, Tz. 397; *v. Heymann*, Die Kündigung von Darlehen nach § 247 BGB, 1984, S. 65, mit Hinweisen auf Stellungnahmen der kreditwirtschaftlichen Verbände.
[6] Vgl. die „Bilanz der ersten drei Jahre" von *Hopt/Mülbert*, WM 1990, Sonderbeilage Nr. 3, 3-20.
[7] BT-Drs. 16/11643, S. 74.
[8] BT-Drs. 16/11643, S. 74.
[9] BT-Drs. 16/11643, S. 75.

nem veränderlichen verzinslichen und damit auch kündbaren Vertrag nach § 489 Abs. 2 BGB werden ließe.[10] Daher soll am bisherigen deutschen Verständnis der Zinsbindung, die auch nach Vertragsabschluss fest vereinbart werden kann, festgehalten werden.[11] Soweit die Umsetzung der Richtlinie verlangt, den europarechtlichen Begriff der Zinsbindung zugrunde zu legen, wird in den einzelnen Vorschriften die Vereinbarung eines gebundenen Sollzinssatzes bei Vertragsabschluss als zusätzliches Tatbestandsmerkmal erwähnt (so etwa in § 502 BGB).[12]

II. Darlehensverträge mit gebundenem Sollzinssatz

1. Darlehen mit auslaufender Zinsbindung

5   Das Kündigungsrecht nach § 489 Abs. 1 Nr. 1 BGB betrifft den Fall, dass während der Laufzeit des Darlehens die Zinsbindung endet. Von nun an tritt an die Stelle des Festzinses eine **variable Verzinsung**. Die Höhe der variablen Zinsen wird vom Darlehensgeber einseitig bestimmt. Um Vertragsgleichgewicht herzustellen, darf der Kunde nun unter Einhaltung einer Kündigungsfrist von einem Monat kündigen.

6   Günstigere Regelungen können vertraglich vereinbart werden (§ 489 Abs. 4 BGB). So hat der Kunde ein fristloses Kündigungsrecht nach Nr. 18 Abs. 1 BankAGB, wenn weder eine Laufzeit noch eine abweichende Kündigungsregelung vereinbart ist. Einen Sonderfall erfasst § 489 Abs. 1 Nr. 1 HS. 2 BGB. Gemeint sind Kredite, bei denen der Zins in bestimmten Zeiträumen bis zu einem Jahr fest vereinbart ist und dann neu festgelegt wird. Typischerweise wird hier ein **Referenzzinssatz** (z.B. Libor, EURIBOR oder EONIA) vereinbart (**Roll-over-Kredite**). Um missbräuchliche Zinsanpassungen zu verhindern, hat der Schuldner am Ende der jeweiligen Zinsperiode das Recht, mit Ablauf des Tages, an dem die Zinsbindung endet, mit einmonatiger Frist zu kündigen.

2. Langfristige Festzinsdarlehen

7   Zehn Jahre nach dem vollständigen Empfang des Kapitals kann jedes **Festzinsdarlehen** vom Schuldner mit einer Frist von sechs Monaten gekündigt werden (§ 489 Abs. 1 Nr. 2 BGB). Die Zehn-Jahres-Frist entspricht der vormals nur für Realkredite geltenden Regelung in § 18 Abs. 2 HypBkG,[13] die mit In-Kraft-Treten von § 609a BGB a.F. zum 01.01.1987 aufgehoben wurde[14]. Dadurch erhält der Darlehensgeber, der sich bei Festzinskrediten regelmäßig laufzeitkongruent refinanziert, eine erhebliche Rechtssicherheit. Das gleiche gilt für den Darlehensnehmer, der allerdings auch dann noch an den Sollzinssatz gebunden ist, wenn dieser sich nicht mehr marktkonform erweist. Das kann Vor- und Nachteile haben. Ob die aus solchen Bindungen resultierenden Beschränkungen in jedem Fall interessengerecht sind, kann man bezweifeln – jedenfalls hat der BGH 10-Jahresverträge im Privatversicherungsrecht für unzulässig erklärt.[15] Umgekehrt verhindert § 489 Abs. 1 Nr. 2 BGB eine Zinsbindung über 10 Jahre hinaus. Der damit verfolgte Schutz des Darlehensnehmers stellt, so *Hey*, eine nicht gerechtfertigte, verfassungsrechtlich fragwürdige, aufgedrängte „Vergünstigung" dar, auf die viele Schuldner angesichts geringerer langfristiger Darlehenszinsen durchaus verzichten würden.[16]

8   Die 10-Jahresfrist läuft nach dem „vollständigen Empfang" des Darlehens – das Darlehen ist auch dann vollständig empfangen, wenn ein Disagio vereinbart wurde.[17] Vollständiger Empfang liegt bei vereinbarten Teilzahlungen vor, wenn die letzte Teilzahlung bewirkt ist.[18] Für **Forward-Darlehen** gel-

---

[10] BT-Drs. 16/11643, S. 75.
[11] BT-Drs. 16/11643, S. 75.
[12] BT-Drs. 16/11643, S. 75.
[13] Das Gesetz wurde ab dem 19.07.2005 durch das Pfandbriefgesetz (PfandBG) abgelöst.
[14] BGBl I 1986, 1169.
[15] BGH v. 13.07.1994 - IV ZR 107/93 - BGHZ 127, 35-47.
[16] *Hey*, Die Verfassungswidrigkeit des zwingenden Kündigungsrechts des Darlehensnehmers nach § 489 Abs. 1 Nr. 3 (heute Nr. 2) BGB, in FS für Canaris zum 70. Geburtstag, 2007, S. 441, 460.
[17] *Weidenkaff* in: Palandt, § 489 Rn. 5.
[18] *Weidenkaff* in: Palandt, § 489 Rn. 5.

ten die gleichen Grundsätze.[19] Wird nach dem Empfang des Darlehens eine neue Vereinbarung über die Zeit der Rückzahlung oder den Sollzinssatz getroffen, so tritt der Zeitpunkt dieser Vereinbarung an die Stelle des Zeitpunkts des Empfangs – die 10-Jahresfrist beginnt also neu zu laufen.[20] Die Fristberechnung richtet sich in allen Fällen nach den §§ 187 Abs. 1, 188 Abs. 2 BGB.

III. Darlehen mit veränderlichem Zinssatz

Nach § 489 Abs. 2 BGB kann der Schuldner ein Darlehen mit **veränderlichem Zinssatz** jederzeit unter Einhaltung einer Kündigungsfrist von drei Monaten kündigen.[21] Dieses Kündigungsrecht kann nicht durch Vertrag ausgeschlossen oder erschwert werden (§ 489 Abs. 4 BGB), es sei denn, es handelt sich um Darlehen an den Bund, ein Sondervermögen des Bundes, ein Land, eine Gemeinde oder einen Gemeindeverband. Letztere können sich in jedem Falle selbst helfen. Vertragliche Regelungen, die für den Schuldner günstiger sind, schließt § 489 Abs. 4 BGB nicht aus. Deshalb ist das in Nr. 18 Abs. 1 BankAGB verankerte Recht des Kunden, jederzeit ohne Einhaltung einer Kündigungsfrist zu kündigen, wirksam. Bei Laufzeitvereinbarungen oder abweichenden Kündigungsregelungen entfällt dieses Recht aus den BankAGB. Die abweichenden Regeln sind aber nur dann wirksam, wenn sie ihrerseits günstiger sind als § 489 Abs. 2 BGB.

9

Erfasst sind alle Darlehensverträge mit veränderlichem Zinssatz, ganz gleichgültig, aus welchem Grund die Änderung eintreten kann, etwa bei einseitiger Leistungsbestimmung nach § 315 BGB in Zusammenhang mit **kapitalmarktbedingten Veränderungen**.[22] Der veränderliche Zinssatz kann sich auch aus einer Zinsänderungsklausel ergeben.[23] Ein veränderlicher Zinssatz liegt auch dann vor, wenn die Verzinsung an einen bestimmten Referenzzins gekoppelt ist, der sich jederzeit ändern kann.[24] Wird ein fester Zins mit einer gewinnabhängigen Vergütungskomponente verbunden, so ist der Zinssatz im ökonomischen Ergebnis veränderlich.[25] Das gilt auch für bonitätsgestufte Darlehen.[26]

10

Der Darlehensnehmer kann den Darlehensvertrag jederzeit unter Einhaltung einer Kündigungsfrist von drei Monaten kündigen. Jederzeit bedeutet vom Abschluss des Darlehensvertrages an.[27] Die Mindestlaufzeit des Darlehens beträgt in diesen Fällen also drei Monate.

11

IV. Fiktion der nicht erfolgten Kündigung

Eine Kündigung des Darlehensnehmers gilt nach § 489 Abs. 3 BGB als nicht erfolgt, wenn er den geschuldeten Betrag nicht binnen zwei Wochen nach Wirksamwerden der **Kündigung zurückzahlt**. Die Regelung ist auf alle Arten von Darlehen anwendbar, auch auf das Verbraucherdarlehen nach § 500 BGB.[28] In der Verbraucherkreditrichtlinie wird nämlich nicht geregelt, welche Rechtsfolgen eintreten, wenn der Darlehensnehmer zwar kündigt, aber die Rückzahlungsforderung nicht begleicht.[29]

12

V. Keine Erschwerung des Kündigungsrechts

Das Kündigungsrecht des Darlehensnehmers nach den Absätzen 1 und 2 kann **nicht** durch Vertrag ausgeschlossen oder **erschwert werden** (§ 489 Abs. 4 BGB). Die Regelung erfasst Fälle, in denen an die Kündigung selbst Sanktionen geknüpft werden, wie dies etwa bei Vorfälligkeitsentschädigungen

13

---

[19] *Peters/Wehrt*, WM 2003, 1509; zum Fristbeginn *Rösler*, WM 2000, 1930.
[20] So auch *Weidenkaff* in: Palandt, § 489 Rn. 5.
[21] Zur Frage der Anwendung von § 489 Abs. 2 BGB auf bonitätsabhängige Zinsänderungsklauseln vgl. *Berger* in: MünchKomm-BGB, § 489 Rn. 7; *Ohletz*, BKR 2007, 129-140; *Achtert*, BKR 2007, 318-322, m.w.N.
[22] BGH v. 06.03.1986 - III ZR 195/84 - NJW 1986, 1803, BGH v. 14.04.1992 - XI ZR 196/91 – NJW 1992, 1751.
[23] BGH v. 21.04.2009 - XI ZR 78/08 - NJW 2009, 2051; BGH v. 21.12.2010 - XI ZR 52/08 – NJW-RR 2011, 625.
[24] *Stupp/Mucke*, BKR 2005, 20, 22.
[25] A.A. *Stupp/Mucke*, BKR 2005, 20, 22 f.
[26] A.A. *Mülbert*, WM 2004, 1205; *Ohletz*, BKR 2007, 129.
[27] So auch *Mülbert*, WM 2002, 465.
[28] BT-Drs. 16/11643, S. 75.
[29] BT-Drs. 16/11643, S. 75.

oder Vertragsstrafen der Fall sein kann.[30] Demgegenüber sind Vereinbarungen mit günstigeren, kürzeren Kündigungsfristen zulässig und wirksam. Das Kündigungsrecht darf auch nicht durch Vereinbarung ausländischen Rechts erschwert werden.[31] Kündigungsbeschränkungen sind allerdings zulässig bei Darlehen an den Bund, ein Sondervermögen des Bundes, ein Land, eine Gemeinde, einen Gemeindeverband, die Europäischen Gemeinschaften oder ausländische Gebietskörperschaften (§ 489 Abs. 4 Satz 2 BGB). Nicht ausgenommen sind Anstalten und Stiftungen des öffentlichen Rechts, ebenso kommunale GmbHs.[32] Stornierungsklauseln, die regelmäßig eine zusätzliche „cancellation fee" von 0,5% festlegen, erschweren in der Regel das Kündigungsrecht des Darlehensnehmers und sind deshalb nach § 489 Abs. 4 Satz 1 BGB ausgeschlossen.[33]

---

[30] OLG Köln v. 27.05.2009 - 13 U 202/08 - BKR 2011, 244.
[31] Zweifelnd *Stupp/Mucke,* BKR 2005, 20, 24.
[32] OLG Karlsruhe v. 03.06.2008 - 17 U 223/07 - BKR 2009, 80.
[33] A.A. *Güven,* BKR 2011, 320.

§ 490 BGB Außerordentliches Kündigungsrecht

(Fassung vom 29.07.2009, gültig ab 11.06.2010)

(1) Wenn in den Vermögensverhältnissen des Darlehensnehmers oder in der Werthaltigkeit einer für das Darlehen gestellten Sicherheit eine wesentliche Verschlechterung eintritt oder einzutreten droht, durch die die Rückzahlung des Darlehens, auch unter Verwertung der Sicherheit, gefährdet wird, kann der Darlehensgeber den Darlehensvertrag vor Auszahlung des Darlehens im Zweifel stets, nach Auszahlung nur in der Regel fristlos kündigen.

(2) [1]Der Darlehensnehmer kann einen Darlehensvertrag, bei dem der Sollzinssatz gebunden und das Darlehen durch ein Grund- oder Schiffspfandrecht gesichert ist, unter Einhaltung der Fristen des § 488 Abs. 3 Satz 2 vorzeitig kündigen, wenn seine berechtigten Interessen dies gebieten und seit dem vollständigen Empfang des Darlehens sechs Monate abgelaufen sind. [2]Ein solches Interesse liegt insbesondere vor, wenn der Darlehensnehmer ein Bedürfnis nach einer anderweitigen Verwertung der zur Sicherung des Darlehens beliehenen Sache hat. [3]Der Darlehensnehmer hat dem Darlehensgeber denjenigen Schaden zu ersetzen, der diesem aus der vorzeitigen Kündigung entsteht (Vorfälligkeitsentschädigung).

(3) Die Vorschriften der §§ 313 und 314 bleiben unberührt.

Gliederung

A. Grundlagen.. 1	3. Bestellung oder Verstärkung von Sicherheiten ... 12
B. Anwendungsvoraussetzungen 4	III. Schranken der außerordentlichen Kündigung ... 14
I. Beziehung zu Nr. 19 Abs. 3 BankAGB 4	IV. Kündigungsrecht des Darlehensnehmers
II. Das Vorliegen eines wichtigen Grundes 7	(Absatz 2) 19
1. Unrichtige Angaben über die Vermögenslage (Absatz 1)..................................... 7	1. Vorfälligkeitsentschädigung 24
2. Wesentliche Verschlechterung der Vermögenslage 8	2. Berechnungsgrundsätze 26
	V. Absatz 3 35

A. Grundlagen

Die mit Wirkung vom 11.06.2010 sprachlich leicht novellierte[1] Vorschrift regelt in § 490 Abs. 1 BGB ein außerordentliches Kündigungsrecht des Darlehensgebers für den Fall der Vermögensverschlechterung und in § 490 Abs. 2 BGB ein außerordentliches Kündigungsrecht des Darlehensnehmers für den Fall der anderweitigen Verwertung des Sicherungsobjekts. § 490 Abs. 3 BGB stellt klar, dass § 490 BGB nicht abschließend ist, dass insbesondere die Regeln über den Wegfall der Geschäftsgrundlage (§ 313 BGB) und die Regeln über die Kündigung von Dauerschuldverhältnissen aus wichtigem Grund (§ 314 BGB) daneben anwendbar sind.[2]

Beziehung zu § 314 BGB: Nach § 314 Abs. 1 BGB kann ein Dauerschuldverhältnis von jedem Vertragsteil aus wichtigem Grund ohne Einhaltung einer Kündigungsfrist gekündigt werden. Ein wichtiger Grund liegt vor, wenn dem kündigenden Teil unter Berücksichtigung aller Umstände des Einzelfalls und unter Abwägung der beiderseitigen Interessen die Fortsetzung des Vertragsverhältnisses bis zur vereinbarten Beendigung oder bis zum Ablauf der Kündigungsfrist nicht zugemutet werden kann. Nach § 314 Abs. 3 BGB kann der Berechtigte nur innerhalb einer angemessenen Frist kündigen, nachdem er vom Kündigungsgrund Kenntnis erlangt hat.

1

2

---

[1] BT-Drs. 16/11643, S. 75.
[2] So auch Schweizerisches Bundesgericht Lausanne v. 03.04.2002 - 4C.175/2001 - SJZ 2003, 19-21; dazu *Gruber*, ZEuO 2004, 176-183.

3 Aus § 314 Abs. 1 BGB folgt, dass die Möglichkeit der außerordentlichen Kündigung von Dauerschuldverhältnissen in ihrem Kern zwar zwingendes Recht ist,[3] so dass eine Einschränkung durch AGB nicht zulässig ist.[4] Im kaufmännischen Verkehr, zu dem auch das Darlehensrecht gehört, besteht aber ein berechtigtes Interesse daran, einige wichtige Gründe in Allgemeinen Geschäftsbedingungen zu präzisieren.[5] Solange dadurch das Recht zur Kündigung aus wichtigem Grund nicht nennenswert eingeschränkt wird, bestehen dagegen keine Bedenken. In diesem Sinne handelt es sich bei den Regelungen für außerordentliche Kündigungen in Nr. 19 Abs. 3 BankAGB um zulässige Präzisierungen, die in Nr. 19 Abs. 3 Satz 2 Alt. 1 BankAGB und Nr. 19 Abs. 3 Satz 2 Alt. 3 BankAGB den Rechtsgedanken des § 314 Abs. 1 BGB aufgreifen und ausformen und in Nr. 19 Abs. 3 Satz 2 Alt. 2 BankAGB das heute in § 490 Abs. 1 BGB angesiedelte Kündigungsrecht wegen Vermögensverschlechterung umschreiben. Damit bildet Nr. 19 Abs. 2 BankAGB im Zusammenhang mit den §§ 490 Abs. 1, 314 Abs. 1 BGB eine normative Einheit, die einen Großteil der im Darlehensrecht praxisrelevanten Fälle aufgreift und einer Regelung zuführt.

B. Anwendungsvoraussetzungen

I. Beziehung zu Nr. 19 Abs. 3 BankAGB

4 Eine fristlose Kündigung der gesamten Geschäftsverbindung oder einzelner Geschäftsbeziehungen ist nach Nr. 19 Abs. 3 BankAGB zulässig, wenn ein wichtiger Grund vorliegt, der der Bank, auch unter angemessener Berücksichtigung der berechtigten Belange des Kunden, deren Fortsetzung unzumutbar werden lässt. „Ein wichtiger Grund liegt insbesondere vor,

- wenn der Kunde unrichtige Angaben über seine Vermögenslage gemacht hat, die für die Entscheidung der Bank über eine Kreditgewährung oder über andere mit Risiken für die Bank verbundene Geschäfte (z.B. Aushändigung einer Zahlungskarte) von erheblicher Bedeutung waren, oder
- wenn eine wesentliche Verschlechterung der Vermögensverhältnisse des Kunden oder der Werthaltigkeit einer Sicherheit eintritt oder einzutreten droht und dadurch die Rückzahlung des Darlehens oder die Erfüllung einer sonstigen Verbindlichkeit gegenüber der Bank – auf unter Verwertung einer hierfür bestehenden Sicherheit – gefährdet ist, oder
- wenn der Kunde seiner Verpflichtung zur Bestellung oder Verstärkung von Sicherheiten nach Nr. 13 Abs. 2 BankAGB oder aufgrund einer sonstigen Vereinbarung nicht innerhalb der von der Bank gesetzten angemessenen Frist nachkommt."

5 Nr. 19 Abs. 3 BankAGB wurde im Jahre 2002 an die Neuregelung in § 490 Abs. 1 BGB angepasst.[6] Eine Anpassung an die geringfügigen Änderungen, die am 11.06.2010 eingeführt wurden[7], waren nicht erforderlich, weil sich der Wortlaut des § 490 Abs. 1 BGB nicht geändert hat. Nr. 19 Abs. 3 BankAGB geht über § 490 Abs. 1 BGB deutlich hinaus – es werden, neben der Verschlechterung der Vermögensverhältnisse der Kunden und der Werthaltigkeit einer Sicherheit, auch noch andere Gründe, die eine Kündigung aus wichtigem Grund rechtfertigen können, genannt. Soweit sich Nr. 19 Abs. 3 BankAGB mit § 490 Abs. 1 BGB überschneidet, gelten die gleichen Grundsätze.

6 Auch wichtige Gründe, die erst **nach der Kündigung entstanden** sind, können ebenfalls zu ihrer Rechtfertigung herangezogen werden. Das gilt jedenfalls dann, wenn der Kündigende zu erkennen gibt, dass er an der Kündigung festhalten und sie nunmehr auch auf diese Gründe stützen will, sofern

---

[3] *Schwerdtner*, Jura 1985, 207-212, 208; Abschlussbericht der Kommission zur Überarbeitung des Schuldrechts, 1992, S. 152; *Oetker*, Das Dauerschuldverhältnis und seine Beendigung, 1994, S. 566; *Krebs* in: Dauner-Lieb/Heidel/Lepa/Ring, Das neue Schuldrecht in der anwaltlichen Praxis, 2001, § 314 Rn. 28.
[4] BGH v. 25.05.1986 - VIII ZR 218/85 - ZIP 1986, 919-923; Abschlussbericht der Kommission zur Überarbeitung des Schuldrechts, 1992, S. 152.
[5] *Krebs* in: Dauner-Lieb/Heidel/Lepa/Ring, Das neue Schuldrecht in der anwaltlichen Praxis, 2001, § 314 Rn. 28.
[6] Vertiefend *Becher/Gößmann*, BKR 2002, 523f.
[7] BT-Drs. 16/11643, S. 10, 75.

schutzwürdige Interessen des Vertragspartners dem nicht entgegenstehen.[8] Besteht der Kündigungsgrund in der Verletzung einer vertraglichen Pflicht, ist dem Kunden eine angemessene Frist zur Abhilfe zu setzen, es sei denn, diese ist nach § 323 Abs. 2 und 3 BGB entbehrlich (Nr. 19 Abs. 3 Satz 3 Bank-AGB).

II. Das Vorliegen eines wichtigen Grundes

1. Unrichtige Angaben über die Vermögenslage (Absatz 1)

Unrichtige Angaben über die Vermögenslage begründen Zweifel an der Zuverlässigkeit des Kunden. Handelt es sich um Angaben, die für die Entscheidung der Bank über die Kreditgewährung von erheblicher Bedeutung waren, so liegt darin eine fundamentale Vertragsstörung, die das Recht zur fristlosen Kündigung begründet. Eine unrichtige Angabe über die Vermögensverhältnisse kann auch darin liegen, dass es der Kunde **pflichtwidrig unterlässt**, über die tatsächlichen Vermögensverhältnisse vollständig aufzuklären.[9] Tatsachen, die vor Vertragsschluss lagen, können nur herangezogen werden, wenn sie dem Kündigenden unbekannt waren.[10]

2. Wesentliche Verschlechterung der Vermögenslage

Wenn in den Vermögensverhältnissen des Darlehensnehmers oder in der Werthaltigkeit einer für das Darlehen gestellten Sicherheit eine wesentliche Verschlechterung[11] eintritt oder einzutreten droht, durch die die Rückerstattung des Darlehens, auch unter Verwertung der Sicherheit, gefährdet wird, kann der Darlehensgeber den Darlehensvertrag vor Auszahlung des Darlehens im Zweifel stets, nach Auszahlung nur in der Regel fristlos kündigen. Tatsachen, die dem Darlehensgeber im Zeitpunkt der Darlehensgewährung bekannt waren, berechtigen nicht zur außerordentlichen Kündigung.[12] Dieses Kündigungsrecht nach § 490 Abs. 1 BGB ersetzt das Widerrufsrecht des bis zum 31.12.2001 geltenden § 610 BGB a.F. Es wird nunmehr klargestellt, dass auch eine Verschlechterung in den Vermögensverhältnissen eines Dritten, der für das Darlehen eine Sicherheit gestellt hat, zu einer außerordentlichen Kündigung führen kann, wenn dadurch die Rückzahlung des Darlehens gefährdet wird.[13] Ein Kündigungsrecht scheidet daher trotz Vermögensverschlechterung aus, wenn die Sicherheiten aufgrund einer tragfähigen Prognose ausreichen.[14] Bei Sicherheiten durch einen Dritten kommt es auf dessen Vermögensverhältnisse an; bei Grundpfandrechten ist der Wertverlust des Grundstücks maßgebend.[15] Die Vermögenslage muss schlechter geworden sein – dies wird durch einen Vergleich zwischen dem Zeitpunkt des Vertragsschlusses und dem Kündigungszeitpunkt festgestellt.[16] Die Verschlechterung der Vermögenslage muss für die Gefährdung der Rückzahlung des Darlehens kausal sein („durch").[17] § 490 Abs. 1 BGB kann auch dann vorliegen, wenn die Vermögenslage schon bei Gewährung des Darlehens schlecht war – die Lage sich aber noch weiter verschlechtert hat. So etwas ist bei Sanierungsdarlehen denkbar.[18]

Im Übrigen wird durch die Formulierung „eintritt oder einzutreten droht" deutlich gemacht, dass der Darlehensgeber den tatsächlichen Eintritt der wesentlichen Vermögensverschlechterung nicht noch abwarten muss, sondern bereits dann ein Kündigungsrecht hat, wenn sich die Vermögensverschlechterung sichtbar abzeichnet. Ferner gewährt § 490 Abs. 1 BGB dem Darlehensgeber nicht lediglich, wie

---

[8] BGH v. 01.10.1987 - III ZR 175/86 - NJW-RR 1988, 763-765; dazu *Bülow*, EWiR 1988, 121-122, 121.
[9] BGH v. 26.09.1985 - III ZR 229/84 - WM 1985, 1437.
[10] BGH v. 07.05.2002 - XI ZR 236/01 - NJW 2002, 3167-3170; *Pfeiffer*, WuB I E 1 Kreditvertrag 1.03.
[11] Sie muss objektiv eintreten: *Freitag*, WM 2001, 2370.
[12] BGH v. 07.05.2002 - XI ZR 236/01 - NJW 2002, 3167.
[13] BT-Drs. 14/6040, S 254.
[14] OLG Brandenburg v. 18.11.2009 - 3U 104/08 - WM 2010, 605.
[15] OLG Brandenburg v. 18.11.2009 - 3U 104/08 - juris Rn. 26 - WM 2010, 605.
[16] *Weidenkaff* in: Palandt, § 490 Rn. 3.
[17] *Weidenkaff* in: Palandt, § 490 Rn. 3.
[18] *Weidenkaff* in: Palandt, § 490 Rn. 3.

§ 610 BGB a.F., ein Kündigungsrecht vor Darlehensvalutierung, sondern sieht in seiner zweiten Alternative auch ein Kündigungsrecht nach Auszahlung des Darlehens „**in der Regel**" vor. Dadurch wird dem Umstand Rechnung getragen, dass dem Darlehensgeber nach Valutierung die Belassung des Darlehens im Einzelfall durchaus zumutbar sein kann. Dies ist etwa dann der Fall, wenn sich die Vermögenssituation des Schuldners erst durch die Rückforderung des Darlehens in einer Summe so sehr verschlechtert, dass er insolvent wird, während ihm eine **ratenweise Rückführung** möglich wäre.[19] Auch im Fall einer lediglich vorübergehenden Vermögensverschlechterung kann es im Einzelfall dem Darlehensgeber zumutbar sein, dem Darlehensnehmer das Darlehen zu belassen. Die h.M. nimmt einen wichtigen Kündigungsgrund nach der Valutierung eines Darlehens nur dann an, wenn durch weiteres Belassen der Mittel beim Darlehensnehmer die Rückgewähr so stark gefährdet wird, dass unter Preisgabe des Interesses des Schuldners am Behalten bis zum vereinbarten Fälligkeitstermin so schnell wie möglich gerettet werden muss, was zu retten ist.[20] Dies setzt stets eine Gesamtwürdigung unter Berücksichtigung auch der Belange des Schuldners voraus.[21]

10 Die Voraussetzungen einer die Kündigung aus wichtigem Grund rechtfertigenden Vermögensverschlechterung hat der BGH bei Aufhebung des Kaufvertrags über das zu finanzierende und als Sicherheit vorgesehene Objekt bejaht.[22] In gleicher Weise hat das Gericht bei Gefährdung einer Realisierung der Kreditsicherheiten[23] und bei unmittelbar drohender Gefahr eines Konkurses wegen Zahlungsunfähigkeit entschieden[24]. Dies bedeutet, dass das Kündigungsrecht der Bank für einen Darlehensvertrag auch durch die vorläufige Insolvenzeröffnung und die Auferlegung eines allgemeinen Verfügungsverbotes (§ 22 Abs. 1 InsO) nicht ausgeschlossen ist.[25] Eine wesentliche Verschlechterung der Vermögenslage hat der BGH auch schon bei Vorladung des Darlehensnehmers zur Leistung des Offenbarungseides angenommen.[26] Schließlich liegt ein wichtiger Grund dann vor, wenn der Schuldner mit zwei aufeinanderfolgenden Raten in Höhe von mindestens 10% der Darlehensschuld in Verzug gerät.[27]

11 Tritt in den Vermögensverhältnissen des Darlehensnehmers oder der Werthaltigkeit einer für ein Darlehen bestellten Sicherheit eine wesentliche Verschlechterung ein, so kann die Bank auch zu einer Teilkündigung des Darlehens berechtigt sein.[28] Ein solcher Fall liegt vor, wenn ein Teil des Darlehensrückzahlungsanspruchs nicht mehr gesichert ist, d.h. die Bank eine Verstärkung von Sicherheiten beanspruchen kann. In diesem Umfang ist sie auch berechtigt, das Darlehen teilweise zu kündigen. Der Vorteil für den Kunden liegt darin, dass ihm der restliche Kredit zu den vereinbarten Konditionen erhalten bleibt.[29] Löst der Darlehensnehmer nach der Teilkündigung des Darlehens auch den ungekündigten Teil des Kredits ab, ist die Bank insoweit zur Geltendmachung einer Vorfälligkeitsentschädigung berechtigt.[30]

---

[19] BT-Drs. 14/6040, S. 254.
[20] BT-Drs. 14/6040, S. 254.
[21] *Berger* in: MünchKomm-BGB, § 490 Rn. 62; *Weidenkaff* in: Palandt, § 490 Rn. 6; *Freitag*, WM 2001, 2370-2377.
[22] BGH v. 01.06.1989 - III ZR 219/87 - LM Nr. 2 zu § 246 BGB; dazu *Vortmann*, EWiR 1989, 753-754, 753.
[23] BGH v. 06.03.1986 - III ZR 245/84 - LM Nr. 6 zu § 609 BGB; dazu *v. Stebut*, EWiR 1986, 641-642, 641.
[24] BGH v. 21.09.1989 - III ZR 287/88 - NJW-RR 1990, 110-111; zur Kündigung gegenüber einem von mehreren Gesamtschuldnern BGH v. 08.02.2000 - XI ZR 313/98 - LM BGB § 252 Nr. 77 (8/2000) = *Pfeiffer*, WuB I E 1 Kreditvertrag 2.00; BGH v. 20.05.2003 - XI ZR 50/02 - NJW 2003, 2674-2676 = *Härtlein/Schmidt*, WuB I F 1 c Sonstige Mithaftung 2.03.
[25] OLG Schleswig v. 04.10.2010 - 5 U 34/10 - WM 2010, 2260, Rn. 20.
[26] BGH v. 26.05.1988 - III ZR 115/87 - NJW-RR 1988, 1449-1450; dazu *Alisch*, EWiR 1988, 1069-1070, 1069.
[27] BGH v. 01.10.1987 - III ZR 175/86 - NJW-RR 1988, 763-765 (in Anlehnung an § 554 Abs. 1 Nr. 1 BGB); dazu *Bülow*, EWiR 1988, 121-122, 121; vgl. auch OLG Frankfurt v. 13.04.1999 - 4 W 8/99 - WM 1999, 1709-1710 = *v. Kuhlberg*, WuB I E 1 Kreditvertrag 7.99; *Freitag*, WuB I E 1 Kreditvertrag 3.03.
[28] OLG Celle v. 01.07.2009 - 3 U 37/09 - juris Rn. 31 - WM 2010, 402-405; Hinweis auf BGH v. 04.05.1999 - XI ZR 137/98 - WM 1999, 1206.
[29] OLG Celle v. 01.07.2009 - 3 U 37/09 - juris Rn. 31 - WM 2010, 402-405.
[30] OLG Celle v. 01.07.2009 - 3 U 37/09 - juris Rn. 36 - WM 2010, 402-405.

3. Bestellung oder Verstärkung von Sicherheiten

Die Bank darf auch dann fristlos kündigen, wenn der Kunde seiner Verpflichtung zur Bestellung oder Verstärkung von Sicherheiten nach Nr. 13 Abs. 2 BankAGB oder aufgrund einer sonstigen Vereinbarung nicht innerhalb der von der Bank gesetzten angemessenen Frist nachkommt. Nach Nr. 13 Abs. 2 BankAGB kann die Bank dann eine Bestellung oder Verstärkung von Sicherheiten verlangen, wenn „Umstände eintreten oder bekannt werden, die eine erhöhte Risikobewertung der Ansprüche gegen den Kunden rechtfertigen. Dies kann insbesondere der Fall sein, wenn

- sich die wirtschaftlichen Verhältnisse des Kunden nachteilig verändert haben oder sich zu verändern drohen, oder
- sich die vorhandenen Sicherheiten wertmäßig verschlechtert haben oder sich zu verschlechtern drohen".

Der unmittelbare Zusammenhang zur wesentlichen Vermögensverschlechterung, und damit zu § 490 Abs. 1 BGB, liegt auf der Hand. Wenn und solange ein Kunde der Bank hinreichende Sicherungen zur Verfügung stellen kann, scheidet automatisch auch eine Kündigung wegen wesentlicher Vermögensverschlechterung aus, da die Erfüllung von Verbindlichkeiten gegenüber der Bank nicht gefährdet ist.[31]

III. Schranken der außerordentlichen Kündigung

Auch die Kündigung aus wichtigem Grund kann, ebenso wie die ordentliche Kündigung, ausnahmsweise unzulässig sein, wenn nämlich auf etwaige schutzwürdige Belange des Kreditnehmers Rücksicht zu nehmen ist.[32] Es geht um Einschränkungen nach Treu und Glauben (§ 242 BGB). Nach Nr. 19 Abs. 3 BankAGB sind die berechtigten Belange des Kunden bereits bei der Frage der Zumutbarkeit der Fortsetzung des Darlehensvertrags zu berücksichtigen. Eine fristlose Kündigung ist danach erst dann zulässig, wenn sowohl ein wichtiger Grund vorliegt als auch die berechtigten Belange des Kunden nicht entgegenstehen. Fehlt eine der beiden Voraussetzungen, so ist die fristlose Kündigung unzulässig, d.h. die Kündigungsschranken sind heute immanenter Bestandteil des Kündigungsbegriffs. Das gilt auch nach § 490 Abs. 1 BGB, wonach der Darlehensgeber vor Auszahlung des Darlehens im Zweifel stets, nach Auszahlung jedoch nur „in der Regel" fristlos kündigen kann.[33]

Während dem Darlehensgeber eine Auszahlung des Darlehens „**sehenden Auges**", dass er dieses vom Darlehensnehmer nicht mehr zurückerhalten werde, schlechterdings nicht zugemutet werden kann, kann dem Darlehensgeber nach Valutierung die Belassung des Darlehens im Einzelfall durchaus zumutbar sein.[34] Dies ist etwa dann der Fall, wenn sich die Vermögenssituation des Schuldners erst durch die Rückforderung des Darlehens in einer Summe so sehr verschlechtert, dass er insolvent wird, während ihm die ratenweise Rückführung möglich wäre. Auch im Fall einer lediglich vorübergehenden Vermögensverschlechterung kann es im Einzelfall zumutbar sein, das Darlehen zu belassen.[35]

Diese Grundsätze entsprechen den auch bisher in Rechtsprechung und Praxis geltenden Prinzipien. So liegt ein wichtiger Grund nicht vor, wenn zu erwarten ist, dass der Kreditnehmer seine Vertragsverstöße nach einer angemessenen Abmahnung aufgeben wird.[36] Eine Abmahnung ist vor allem dann **erforderlich**, wenn aufgrund unklarer Vertragsabreden oder aufgrund des Verhaltens der Bank der Kreditnehmer den Eindruck haben muss, dass die Bank **sein Vorgehen billige** und damit stillschweigend die bisherigen Vertragsabreden ändert. In einem anderen Fall[37] bekräftigte der BGH, dass die Bank bei Ausübung des Rechts auf Verstärkung der Sicherheiten an die allgemeinen Grundsätze von Treu und Glauben gebunden sei. Sie habe im Rahmen der Billigkeit auf die schutzwürdigen Belange des Kun-

---

[31] BGH v. 05.10.1989 - III ZR 34/88 - LM Nr. 125 zu § 134 BGB; ähnlich *Canaris*, ZHR 143, 113-138, 120.
[32] BGH v. 18.12.1980 - III ZR 157/78 - LM Nr. 13 zu Allg. Geschäftsbedingungen der Banken Ziff. 19.
[33] Krit. hierzu *Freitag*, WM 2001, 2370.
[34] BT-Drs. 14/6040, S. 254.
[35] BT-Drs. 14/6040, S. 254.
[36] BGH v. 10.11.1978 - III ZR 39/76 - LM Nr. 2 zu Allg. Geschäftsbedingungen der Banken Ziff. 17.
[37] BGH v. 18.12.1980 - III ZR 157/78 - LM Nr. 13 zu Allg. Geschäftsbedingungen der Banken Ziff. 19.

den Rücksicht zu nehmen, der insbesondere darauf vertrauen dürfe, dass die Bank den Kredit jedenfalls nicht ohne besonderen Anlass entziehe und dadurch die Finanzierung eines Objektes gefährde oder gar zu Fall bringen werde.[38] Treuwidrig wäre es, wenn das Verlangen der Bank nach weiteren Sicherheiten zu ihrer **Übersicherung führen würde.**

17 Verallgemeinernd gilt das Verbot widersprüchlichen Verhaltens (venire contra factum proprium), insbesondere bei sehr starker Abhängigkeit des Kreditnehmers von der Bank, bei Finanzierung eines bestimmten Projekts und bei Duldung eines bestimmten Verhaltens des Kreditnehmers durch die Bank.[39] Daneben steht das Verbot übermäßiger Schädigung (inciviliter agere), etwa durch Kündigung eines hinreichend gesicherten Kredits gegenüber einem sanierungsbedürftigen Unternehmen.[40] Die Kündigung ist aber zulässig, wenn der Kreditschuldner, obwohl Sicherheiten zur Verfügung stehen, **nicht mehr sanierungsfähig ist.**[41]

18 Eine **Kündigung zur Unzeit** scheidet nach dem Wortlaut von Nr. 19 Abs. 3 BankAGB tatbestandlich aus.[42] Denn die fristlose Kündigung ist überhaupt nur zulässig, wenn ein wichtiger Grund vorliegt und für die Bank, trotz der berechtigten Belange des Kunden, die Fortsetzung des Darlehensvertrages unzumutbar ist. Wenn das aber der Fall ist, dann kann die Kündigung nicht mehr zur Unzeit ausgesprochen werden.[43]

IV. Kündigungsrecht des Darlehensnehmers (Absatz 2)

19 Der Darlehensnehmer kann nach § 490 Abs. 2 BGB einen Darlehensvertrag, gleich welcher Art, bei dem für einen Zeitraum ein gebundener Sollzinssatz vereinbart und das Darlehen durch ein Grund- oder Schiffspfandrecht gesichert ist, unter Einhaltung der Fristen des § 488 Abs. 3 Satz 2 BGB vorzeitig kündigen, wenn seine berechtigten Interessen dies gebieten. Ein solches Interesse liegt insbesondere vor, wenn der Darlehensnehmer ein Bedürfnis nach einer anderweitigen Verwertung der zur Sicherung des Darlehens beliehenen Sache hat. Der Darlehensnehmer hat dem Darlehensgeber denjenigen Schaden zu ersetzen, der diesem aus der vorzeitigen Kündigung entsteht (Vorfälligkeitsentschädigung). Löst der Darlehensnehmer nach der Teilkündigung des Darlehens durch die Bank auch den ungekündigten Teil des Kredites ab, so ist die Bank insoweit zur Geltendmachung einer Vorfälligkeitsentschädigung berechtigt.[44]

20 Dieses Sonderkündigungsrecht hat der Darlehensnehmer somit nach Ablauf von sechs Monaten nach dem vollständigen Empfang des Darlehens, wobei er eine Kündigungsfrist von drei Monaten einzuhalten hat (§ 488 Abs. 3 Satz 2 BGB). Mit dieser Regelung wird die Rechtsprechung des BGH zur lange umstrittenen Frage der **Vorfälligkeitsentschädigung** kodifiziert.[45] Dabei orientiert sich die Gesetzesfassung eng an den vom BGH entwickelten Grundsätzen, so dass sich aus der Kodifikation keine Änderung der geltenden Rechtslage, sondern nur eine größere Rechtsklarheit und Rechtssicherheit für den Rechtsanwender ergibt.[46]

21 Nach § 490 Abs. 2 BGB müssen es die **berechtigten Interessen** des Darlehensnehmers **gebieten**, dass er den Darlehensvertrag vorzeitig kündigen kann. Ein solcher Fall liegt nach § 490 Abs. 2 Satz 2 BGB insbesondere dann vor, wenn der Darlehensnehmer ein Bedürfnis nach einer anderweitigen Verwertung seines zur Sicherung des Darlehens beliehenen Grundstücks oder Schiffes hat. Hierbei kommt es

---

[38] So auch *Canaris*, ZHR 143, 113-138, 127 f.
[39] Vertiefend *Canaris*, ZHR 143, 113-138, 124 ff.
[40] *Canaris*, ZHR 143, 113-138, 131.
[41] OLG Celle v. 30.06.1982 - 3 U 258/81 - ZIP 1982, 942-954.
[42] OLG Schleswig v. 03.05.2010 - 5 U 29/10 - BeckRS 2010, 28247.
[43] Generalisierend *Hadding* in: Hadding, FS für Heinsius zum 65. Geburtstag, 1991, S. 198 f. Die einseitige Aufhebung der Geschäftsverbindung aus wichtigem Grund gem. Nr. 17 Satz 2 AGB der Banken/Nr. 13 Abs. 2 AGB der Sparkassen.
[44] OLG Celle v. 01.07.2009 - 3 U 37/09 - WM 2010, 402-405.
[45] BGH v. 01.07.1997 - XI ZR 267/96 - BGHZ 136, 161-172.
[46] BT-Drs. 14/6040, S. 254.

auf den Beweggrund nicht an.[47] Der Anspruch des Darlehensnehmers auf vorzeitige Vertragsauflösung besteht daher sowohl bei einem Verkauf aus privaten Gründen (z.B. Ehescheidung, Krankheit, Arbeitslosigkeit, Überschuldung, Umzug) ebenso wie bei der Wahrnehmung einer günstigen Verkaufsgelegenheit.[48] Auch der nicht erfüllte Wunsch des Darlehensnehmers nach Aufstockung eines Geschäftskredits kann die Kündigung rechtfertigen.[49] Das gilt auch, wenn der Darlehensnehmer die Gelegenheit zum Austausch einer Sicherheit[50] nutzen möchte, denn dies entspricht funktional einer günstigen Verkaufsgelegenheit, zumal die Bank durch die Vorfälligkeitsentschädigung keinen Nachteil erleidet. Nicht ausreichend ist demgegenüber sein Interesse an einer zinsgünstigen Umschuldung,[51] es sei denn, der Verkauf der besicherten Immobilie kann nur durch die Umschuldung abgewendet werden, da der Verkauf der Immobilie selbst die Kündigung rechtfertigen würde.[52]

Geht die Initiative zur Ablösung des Darlehens allein vom Kreditinstitut aus, so besteht kein Anspruch auf Vorfälligkeitsentschädigung.[53] Hat die Bank beispielsweise vor Ablauf der Zinsbindung wegen Zahlungsverzuges gekündigt, ergibt sich aus der schadensrechtlich allgemein anerkannten Ersatzfähigkeit entgangenen Gewinns kein Anspruch auf eine Vorfälligkeitsentschädigung.[54]

22

An die Stelle des von der Rechtsprechung entwickelten Anspruchs auf Vertragsauflösung tritt nach § 490 Abs. 2 BGB ein **Kündigungsrecht**. Dies stellt keine inhaltliche Änderung dar, sondern entspricht lediglich der Gesetzessystematik, die dem Schuldner bei Dauerschuldverhältnissen ein Kündigungsrecht gewährt (§ 314 BGB). Dabei sind die Fristen des § 488 Abs. 3 Satz 2 BGB einzuhalten (frühestens sechs Monate nach vollständigem Empfang des Darlehens unter Einhaltung einer Kündigungsfrist von drei Monaten). Die Mindestlaufzeit beträgt demnach neun Monate.

23

1. Vorfälligkeitsentschädigung

Allerdings muss der Darlehensnehmer dem Darlehensgeber eine **Vorfälligkeitsentschädigung** zahlen. Das bedeutet, der Darlehensnehmer muss dem Darlehensgeber den Schaden ersetzen, der diesem aus der vorzeitigen Kündigung entsteht (§ 490 Abs. 2 Satz 3 BGB). Die Berechnungsgrundsätze für die Vorfälligkeitsentschädigung werden vom Gesetzgeber ausdrücklich auch weiterhin der Rechtsprechung überlassen, da diese in ihren Verästelungen und Details einer gesetzlichen Kodifikation nicht zugänglich sind und auch für eventuelle Änderungen in den äußeren wirtschaftlichen Bedingungen offen sein müssen.[55]

24

Um einen **Schwebezustand** zu verhindern, stellt § 490 Abs. 2 BGB klar, dass die Kündigung des Darlehensnehmers bei Vorliegen der tatbestandlichen Voraussetzungen in jedem Fall wirksam ist. Der Darlehensgeber hat demgegenüber einen gesetzlichen Anspruch auf Zahlung der Vorfälligkeitsentschädigung.[56] Wird er vom Darlehensnehmer auf Freigabe der Sicherheit in Anspruch genommen, so hat er wegen dieses Zahlungsanspruchs ein Zurückbehaltungsrecht nach den §§ 273, 274 BGB.[57]

25

---

[47] BT-Drs. 14/6040, S. 254/255.
[48] BGH v. 01.07.1997 - XI ZR 267/96 - BGHZ 136, 161-172.
[49] BGH v. 01.07.1997 - XI ZR 197/96 - LM BGB § 242 (Ba) Nr. 95 (1/1998).
[50] BGH v. 03.02.2004 - XI ZR 398/02 - BGHZ 158, 11-19; dazu: *Medicus*, EWiR 2004, 733-734, 733.
[51] BGH v. 05.06.2003 - XI ZR 226/02 - NJW 2003, 2230-2231, Rn. 13, 17; OLG Naumburg v. 15.02.2007 - 2 U 138/06 - NJW-RR 2007, 1278-1279, Rn, 20 f.; *Berger* in: MünchKomm-BGB, § 490 Rn. 26.
[52] OLG Naumburg v. 15.02.2007 - 2 U 138/06 - NJW-RR 2007, 1278-1279, Rn. 20 f.; zweifelnd *Weidenkaff* in: Palandt, § 490 Rn. 6; ablehnend auch *Schelske*, EWiR 2007, 519- 520, 519.
[53] OLG Frankfurt v. 16.02.2005 - 23 U 52/04 - ZIP 2005, 2010-2012.
[54] LG Berlin v. 18.02.2011 - 4 O 476/09, Rn. 54ff. mit überzeugenden Gründen gegen OLG München v. 03.04.2009 - 5 U 5240/08.
[55] BT-Drs. 14/6040, S. 255.
[56] BT-Drs. 14/7052, S. 200.
[57] *Reiff* in: Dauner-Lieb/Heidel/Lepa/Ring, Das neue Schuldrecht in der anwaltlichen Praxis, 2001, § 490 Rn. 16.

2. Berechnungsgrundsätze

26 Die Berechnung der Vorfälligkeitsentschädigung ist vom Gesetzgeber bewusst der Rechtsprechung überlassen worden.[58] Die Parteien können die Vorfälligkeitsentschädigung in den Grenzen des § 138 BGB frei vereinbaren.[59] Grundsätzlich ist davon auszugehen, dass der Darlehensgeber daraus weder Vorteile erlangen noch Nachteile erleiden darf.[60] Es handelt sich um einen Schadensersatzanspruch, so dass in der Regel die §§ 249 ff. BGB, insbesondere auch § 252 BGB, anzuwenden sind. Insoweit gilt dasselbe wie für die Berechnung des Nichterfüllungsschadens in Fällen eines anfänglichen Scheiterns des Darlehensvertrags durch Nichtabnahme des Kredits.[61]

27 Grundsätzlich steht der Bank nach § 252 BGB jedenfalls ein Anspruch auf Ersatz des entgangenen **Nettozinsgewinns** zu. Bei der Bemessung ist von der Differenz zwischen den vereinbarten Darlehenszinsen und den Refinanzierungskosten der Bank auszugehen (Zinsmargenschaden). Diese Differenz ist um Beträge für das entfallende Risiko aus dem abgelösten Darlehen (Risikoprämie) und – sofern die Bank nicht neben den Darlehenszinsen noch laufzeitabhängige Sondergebühren verlangt – für die Verwaltungskosten während der Darlehenslaufzeit zu kürzen.[62] Die genaue Berechnung des Zinsmargenschadens kann auf Schwierigkeiten stoßen und die Offenlegung interner Betriebsdaten erfordern. Dem BGH erscheint es deshalb im Rahmen des § 252 BGB erlaubt und angemessen, auf eine genaue Aufklärung zu verzichten, soweit die Ersatzforderung der Bank sich auf den bei Banken gleichen Typs üblichen **Durchschnittsgewinn** beschränkt. Dabei ist es auch zulässig, von den Möglichkeiten des § 287 ZPO Gebrauch zu machen und auf der Grundlage statistischer Angaben in den Monatsberichten der Deutschen Bundesbank die maßgebenden Berechnungsfaktoren im Wege der Schätzung zu ermitteln. Diesem Ansatz ist zuzustimmen, denn es geht im Rahmen von § 252 BGB nicht um die Ermittlung von internen Kostenpositionen, sondern allein darum, welchen Gewinn eine Bank mit einem rechtlich zulässigen Darlehensgeschäft möglicherweise in der Zukunft gemacht hätte. Dieser Gewinn kann im Einzelfall, je nach Marktlage, erheblich über etwaigen internen Kosten liegen.

28 Darüber hinaus kann, so der BGH, ein **Zinsverschlechterungsschaden** entstehen, wenn die Bank das vorzeitig zurückerhaltene Darlehenskapital für die Restlaufzeit des abgelösten Darlehens nur zu einem niedrigeren als dem Vertragszins wieder ausleihen kann. Dieser Schaden ist auf der Grundlage der Differenz zwischen dem Vertragszins und dem Wiederausleihezins zu berechnen.[63] Dabei ist der Gesamtschaden, der sich für die Dauer der rechtlich geschützten Zinserwartung – also bis zum nächstmöglichen Kündigungszeitpunkt – ergibt, auf den Zeitpunkt der Zahlung der Vorfälligkeits- bzw. Nichtabnahmeentschädigung abzuzinsen. Insoweit ist ein Zinssatz in gleicher Höhe wie der aktive Wiederanlagezins zugrunde zu legen (**Aktiv-Aktiv-Methode**).[64]

29 Häufig wird es einer Bank – so der BGH weiter – nicht möglich oder zumutbar sein, durch eine vorzeitige Darlehensablösung frei gewordene Mittel laufzeitkongruent wieder in gleichartigen Darlehen anzulegen. In solchen Fällen liegt eine Anlage auf dem allgemeinen Kapitalmarkt nahe (**Aktiv-Passiv-Methode**).[65] Wählt eine Bank diese Berechnungsmethode, so ist die Differenz zwischen dem Vertragszins und der Rendite von Kapitalmarkttiteln öffentlicher Schuldner mit einer Laufzeit, die der Restlauf-

---

[58] BT-Drs. 14/6040, S. 255.
[59] BGH v. 06.05.2003 - XI ZR 226/02 - NJW 2003, 2230-2231; *Blaurock*, WuB I E 3 Hypothekarkredit 2.03; OLG Schleswig v. 3.5.2010 - 5 U 29/10 - WM 2011, 460-461.
[60] BGH v. 01.07.1997 - XI ZR 267/96 - BGHZ 136, 161-172; vertiefend: *Rösler/Wimmer*, WM 2005, 1873-1881.
[61] BGH v. 12.03.1991 - XI ZR 190/90 - LM BGB § 252 Nr. 47 (2/1992); dazu *Reifner*, NJW 1995, 2945-2950; *Weber*, NJW 1995, 2951-2956.
[62] BGH v. 01.07.1997 - XI ZR 267/96 - BGHZ 136, 161-172.
[63] BGH v. 01.07.1997 - XI ZR 267/96 - BGHZ 136, 161-172; BGH v. 30.11.2004 - XI ZR 285/03 - BGHZ 161, 196-204.
[64] BGH v. 07.11.2000 - XI ZR 27/00 - NJW 2001, 509, 510 = WM 2001, 20, 21 = ZIP 2001, 20, 23, dazu *Rösler/Wimmer*, WM 2000, 164; *Krepold*, BKR 2009, 28.
[65] BGH v. 07.11.2000 - XI ZR 27/00 - NJW 2001, 509, 510 = WM 2001, 20, 21 = ZIP 2001, 20, 23, dazu *Rösler/Wimmer*, WM 2000, 164; *Krepold*, BKR 2009, 28.

zeit des abzulösenden Darlehens entspricht, auf der Grundlage der Kapitalmarktstatistik der Deutschen Bundesbank zu ermitteln.[66] Damit verschafft sich, so der BGH, die Bank eine besonders günstige Ausgangsgröße für die Berechnung ihres Zinsverschlechterungsschadens, die den ihr zustehenden Gewinn voll abdeckt und die gesonderte Zubilligung eines Zinsmargenschadens unangemessen erscheinen lässt.[67]

Die Differenz zwischen dem Vertragszins des abzulösenden Darlehens und der Kapitalmarktrendite ist um angemessene Beträge sowohl für **ersparte Verwaltungsaufwendungen** als auch für das entfallende Risiko des abzulösenden Darlehens zu kürzen. Die sich auf der Grundlage der so zu ermittelnden **Nettozinsverschlechterungsrate** für die Restlaufzeit des abzulösenden Darlehens ergebenden Zinseinbußen müssen sodann auf den Zeitpunkt der Zahlung der Vorfälligkeitsentschädigung abgezinst werden. Ein etwaiger „**Zinsverbesserungsvorteil**" ist von der Vorfälligkeitsentschädigung abzuziehen.[68]

Daneben, so der BGH weiter, kann die Bank ein angemessenes Entgelt für den mit der vorzeitigen Ablösung des Darlehens verbundenen **Verwaltungsaufwand** verlangen. Da sich dieser Aufwand kaum exakt berechnen lassen dürfte, ist seine Ermittlung im Wege der Schätzung (§ 287 ZPO) zulässig. Dabei ist es nicht sachgerecht, als Ansatzpunkt für die Bemessung des Aufwands einen bestimmten Prozentsatz der Darlehenssumme zu wählen.

Zinsmargen- und Zinsverschlechterungsschaden stehen nicht völlig losgelöst nebeneinander. Der Zinsmargenschaden bildet die Situation ab, die nach dem „gewöhnlichen Lauf der Dinge" mit „Wahrscheinlichkeit erwartet werden konnte" (§ 252 BGB). Ein höherer Schaden kann der Bank nicht entstehen – der Zinsmargenschaden bildet damit zugleich die Obergrenze des Schadensersatzanspruchs. Wählt der Darlehensgeber zur Schadensberechnung also die Zinsverschlechterungsmethode, so kann der daraus resultierende Anspruch nicht höher sein als bei Zugrundelegung des Zinsmargenschadens.

Steht dem Kreditnehmer – wie etwa bei einer Umschuldung – gegen den Kreditgeber ein Anspruch auf eine vorzeitige Ablösung eines Darlehens mit fester Laufzeit nicht zu, so unterliegt eine Vereinbarung der Vertragspartner über die Höhe des Vorfälligkeitsentgelts keiner Angemessenheitskontrolle, sondern ist – solange die Grenzen des § 138 BGB gewahrt sind – grundsätzlich wirksam.[69]

Soll die zur Sicherheit für einen Bankkredit bestellte Grundschuld nach der Zweckerklärung die Hauptforderung, Zinsen und Kosten sichern, erstreckt sich der Sicherungszweck auch auf eine Vorfälligkeitsentschädigung, die vom Kreditnehmer für die vorzeitige Kreditablösung zu zahlen ist.[70] Der Kreditnehmer muss daher auch zur Realisierung des Anspruchs auf Vorfälligkeitsentschädigung die Zwangsvollstreckung aus der Grundschuld dulden.[71]

V. Absatz 3

Die Vorschriften über die Störung der Geschäftsgrundlage (§ 313 BGB) und die Kündigung aus wichtigem Grund bei Dauerschuldverhältnissen bleiben nach § 490 Abs. 3 BGB unberührt. Jedoch hat § 490 BGB als Spezialvorschrift Vorrang, verdrängt also die allgemeineren Regeln in den §§ 313, 314 BGB.[72] Kündigt der Darlehensnehmer nach § 314 BGB aus wichtigem Grund, so schuldet er keine Vorfälligkeitsentschädigung.[73]

Macht der Darlehensnehmer über den Verwendungszweck des Darlehens unwahre Angaben, so liegt ein fristloser Kündigungsgrund vor. Dies ist etwa dann der Fall, wenn ein wesentlicher Teil des Darle-

---

[66] BGH v. 30.11.2004 - XI ZR 285/03 - BGHZ 161, 196-204, Rn. 16 ff.
[67] BGH v. 01.07.1997 - XI ZR 267/96 - BGHZ 136, 161-172.
[68] OLG Zweibrücken v. 27.05.2002 - 7 U 231/01 - ZIP 2002, 1680-1683; dazu *Mues*, EWiR 2003, 47-48.
[69] BGH v. 06.05.2003 - XI ZR 226/02 - WM 2003, 1261 = ZIP 2003, 1189, ähnlich: OLG Köln v. 04.12.2002 - 13 U 82/02 - BKR 2003, 500.
[70] OLG Hamm v. 06.12.2004 - 5 U 146/04 - WM 2005, 1265.
[71] OLG Hamm v. 06.12.2004 - 5 U 146/04 - WM 2005, 1265.
[72] *Freitag*, WM 2001, 2370-2377; *Weidenkaff* in: Palandt, § 490 Rn. 9; BT-Drs. 14/6040, S. 177.
[73] OLG Karlsruhe v. 25.06.2001 - 9 U 143/00 - NJW-RR 2001, 1492.

hens nicht dem angegebenen Verwendungszweck (Finanzierung einer Immobilie), sondern der Ablösung eines Konsumentenkredits des Darlehensnehmers dienen soll.[74] Auch der Zahlungsverzug kann eine Kündigung aus wichtigem Grund rechtfertigen.[75] Kündigt die Bank in einem solchen Fall wegen Zahlungsvollzugs, so steht ihr keine Vorfälligkeitsentschädigung, aber **Verzugsschadensanspruch** zu.[76] Auch der dringende Eigenbedarf bei einem zinslosen Darlehen kann wichtiger Grund für eine Kündigung sein.[77] Die Ungewissheit über den Eintritt der Rechtsnachfolge nach der Fusion zweier Banken soll einen wichtigen Grund darstellen.[78] Auch die drohende Zahlungsunfähigkeit stellt bereits einen wichtigen Grund im Sinne des § 314 BGB dar.[79] Wer dagegen eine fällige Ratenzahlung aus rechtlich einsichtigen Gründen verweigert, liefert keinen wichtigen Kündigungsgrund.[80] Erweist sich der Betrieb des Darlehensnehmers als unwirtschaftlich, so ist dies allein noch kein Kündigungsgrund.[81] Will der Darlehensnehmer das finanzierte Objekt veräußern, so rechtfertigt dies nicht die Kündigung des Darlehens, soweit nicht die Voraussetzungen des § 490 Abs. 1 BGB erfüllt sind.[82]

37 Benötigt der Darlehensnehmer das Darlehen nicht mehr, weil er anderweitig eine günstige Finanzierungsmöglichkeit gefunden oder seine Pläne geändert hat, so liegt darin keine Störung der Geschäftsgrundlage (§ 313 BGB).[83]

---

[74] KG v. 12.05.2010 - 24 U 43/09 - WM 2010, 1890-1893.
[75] OLG München v. 03.04.2009 - 5 U 5240/08; LG Berlin v. 18.02.2011 - 4 O 476/09.
[76] LG Berlin v. 18.02.2011 - 4 O 476/09 gegen OLG München v. 03.04.2009 - 5 U 5240/08.
[77] OLG Stuttgart v. 21.03.1986 - 2 U 181/85 - NJW 1987, 782.
[78] OLG Karlsruhe v. 25.06.2001 - 9 U 143/00 - NJW-RR 2001, 1492.
[79] BGH v. 20.05.2003 - XI ZR 50/02 - NJW 2003, 2674.
[80] BGH v. 05.03.1981 - III ZR 115/80 - NJW 1981, 1666.
[81] BGH v. 06.03.1986 - III ZR 245/84 - NJW 1986, 1928.
[82] OLG Karlsruhe v. 05.10.1995 - 12 U 95/95 - NJW-RR 1996, 814.
[83] BGH v. 02.11.1989 - III ZR 143/88 - NJW 1990, 981; BGH v. 12.03.1991 - XI ZR 190/90 - NJW 1991, 1817.

Kapitel 2 - Besondere Vorschriften für Verbraucherdarlehensverträge

§ 491 BGB Verbraucherdarlehensvertrag

(Fassung vom 29.07.2009, gültig ab 11.06.2010)

(1) Die Vorschriften dieses Kapitels gelten für entgeltliche Darlehensverträge zwischen einem Unternehmer als Darlehensgeber und einem Verbraucher als Darlehensnehmer (Verbraucherdarlehensvertrag), soweit in den Absätzen 2 oder 3 oder in den §§ 503 bis 505 nichts anderes bestimmt ist.

(2) Keine Verbraucherdarlehensverträge sind Verträge,
1. bei denen der Nettodarlehensbetrag (Artikel 247 § 3 Abs. 2 des Einführungsgesetzes zum Bürgerlichen Gesetzbuche) weniger als 200 Euro beträgt,
2. bei denen sich die Haftung des Darlehensnehmers auf eine dem Darlehensgeber zum Pfand übergebene Sache beschränkt,
3. bei denen der Darlehensnehmer das Darlehen binnen drei Monaten zurückzuzahlen hat und nur geringe Kosten vereinbart sind,
4. die von Arbeitgebern mit ihren Arbeitnehmern als Nebenleistung zum Arbeitsvertrag zu einem niedrigeren als dem marktüblichen effektiven Jahreszins (§ 6 der Preisangabenverordnung) abgeschlossen werden und anderen Personen nicht angeboten werden,
5. die nur mit einem begrenzten Personenkreis auf Grund von Rechtsvorschriften in öffentlichem Interesse abgeschlossen werden, wenn im Vertrag für den Darlehensnehmer günstigere als marktübliche Bedingungen und höchstens der marktübliche Sollzinssatz vereinbart sind.

(3) § 358 Abs. 2, 4 und 5 sowie die §§ 491a bis 495 sind nicht auf Darlehensverträge anzuwenden, die in ein nach den Vorschriften der Zivilprozessordnung errichtetes gerichtliches Protokoll aufgenommen oder durch einen gerichtlichen Beschluss über das Zustandekommen und den Inhalt eines zwischen den Parteien geschlossenen Vergleichs festgestellt sind, wenn in das Protokoll oder den Beschluss der Sollzinssatz, die bei Abschluss des Vertrags in Rechnung gestellten Kosten des Darlehens sowie die Voraussetzungen aufgenommen worden sind, unter denen der Sollzinssatz oder die Kosten angepasst werden können.

Gliederung

A. Grundlagen... 1	II. Der sachliche Anwendungsbereich des Absatzes 1 ... 19
B. Anwendungsvoraussetzungen ... 7	1. Grundsätze ... 19
I. Persönlicher Anwendungsbereich ... 7	2. Bürgschaften ... 26
1. Unternehmer als Darlehensgeber ... 8	III. Unbeschränkte Ausnahmen nach Absatz 2 ... 31
2. Verbraucher (§ 13 BGB) ... 11	IV. Beschränkte Ausnahmen nach Absatz 3 ... 40

A. Grundlagen

Mit Wirkung 11.06.2010 sind große Teile des Verbraucherkreditrechts durch Umsetzung der Richtlinie 2008/48/EG[1] geändert worden.[2] § 491 BGB wurde neugefasst v.a. mit Blick auf die Frage, wel- 1

---

[1] V. 23.04.2008, ABl.EG L133/66 v. 22.05.2008.
[2] BR-Drs. 639/09 v. 03.07.2009; die Begründung zum Gesetzesentwurf findet sich in BT-Drs. 16/11643 v. 21.01.2009; vertiefend *Schwintowski*, Bankrecht, § 13 ab Rn. 6.

che Verträge keine Verbraucherdarlehensverträge sind (Absätze 2 und 3). Von den Vorschriften des § 491 BGB darf nicht zum Nachteil des Verbrauchers abgewichen werden (§ 511 BGB). § 491 Abs. 1 BGB definiert den **Verbraucherdarlehensvertrag** als entgeltlichen Darlehensvertrag zwischen einem Unternehmer als Darlehensgeber[3] und einem Verbraucher als Darlehensnehmer. Für diesen Vertrag gelten die besonderen Vorschriften der §§ 492-512 BGB, allerdings unter Berücksichtigung der Einschränkungen in den §§ 491 Abs. 2 und 3, 503-505 BGB.[4]

2 Somit sind auf den Verbraucherdarlehensvertrag zunächst einmal die allgemeinen Vorschriften zum Darlehensvertrag (§§ 488-490 BGB) anwendbar, nicht jedoch die Vorschriften über das Sachdarlehen (§§ 607-609 BGB).[5]

3 Das deutsche Recht hat einen geringfügig erweiterten Anwendungsbereich gegenüber dem europäischen Recht. Grundpfandrechtlich gesicherte Darlehen und Renovierungsdarlehen sind vom Anwendungsbereich der Vorschriften umfasst.[6] Das deutsche Recht enthält auch keine Höchstgrenze für Verbraucherkredite.[7] Gerade bei hohen Darlehen besteht ein erhöhtes Schutzbedürfnis.[8] Soweit die Anwendung sämtlicher Vorschriften über den Verbraucherkredit nicht zu sachgerechten Ergebnissen führt, sind Ausnahmen in den Absätzen 2 und 3 sowie den §§ 503-505 BGB zusammengefasst.[9]

4 Auch für die von der VKred-Rili vorgesehene Ausnahme für Darlehen zur Finanzierung von Finanzinstrumenten[10] ist nicht vollständig in deutsches Recht übernommen worden.[11] Für solche Verträge sah § 491 Abs. 3 Nr. 2 BGB a.F. früher vor, dass die Regelungen über das verbundene Geschäft nicht anzuwenden sind. Der Gesetzgeber hat hieran festgehalten, weil bei Spekulationsgeschäften das Risiko von Verlusten grundsätzlich mit Vertragsabschluss auf den Erwerber übergeht. Der Darlehensgeber oder Verkäufer soll deshalb nicht durch einen Widerruf mit diesen Risiken belastet werden.[12] Systematisch ist dieser Rechtsgedanke nun in § 359a Abs. 3 BGB angesiedelt.[13] Darüber hinaus besteht aber keine Notwendigkeit, diese Verträge aus dem Anwendungsbereich der §§ 491 ff. BGB auszunehmen.[14] Zwar obliegen in diesen Fällen dem Verkäufer der Rechte bereits umfangreiche Aufklärungs- und Informationspflichten, diese schützen jedoch nicht vor darlehenstypischen Risiken.[15] Die Unterrichtungspflichten aus § 31 WpHG und der dazu erlassenen Verordnung zur Konkretisierung der Verhaltensregeln und Organisationsanforderungen für WpDU vom 20.07.2007 sind eindeutig auf Wertpapiere zugeschnitten.[16] Personen, die ein Wertpapier mittels Darlehens finanzieren, soll aber auch hinsichtlich der Finanzierung derselbe Schutz zukommen wie bei anderen Finanzierungen.[17]

5 § 491 Abs. 2 BGB enthält die Ausnahmetatbestände, bei deren Vorliegen die §§ 492-512 BGB insgesamt keine Anwendung finden. Keine Verbraucherdarlehensverträge sind Verträge,
- bei denen der Nettodarlehensbetrag weniger als 200 € beträgt,[18]
- bei denen sich die Haftung des Darlehensnehmers auf eine dem Darlehensgeber zum Pfand übergebene Sache beschränkt,

---

[3] Dazu OLG Hamm v. 23.04.2010 - 7 U 99/09, I-7 U 99/09.
[4] BT-Drs. 16/11643, S. 76.
[5] Krit. *Artz*, VuR 2001, 391, 392.
[6] BT-Drs. 16/11643, S. 76 – anders Art. 2 Abs. 2a/b VKred-Rili.
[7] Anders Art. 2 Abs. 2c VKred-Rili.
[8] BT-Drs. 16/11643, S. 113.
[9] BT-Drs. 16/11643, S. 76.
[10] Art. 2 Abs. 2h VKred-Rili.
[11] BT-Drs. 16/11643, S. 76.
[12] BT-Drs. 16/11643, S. 76.
[13] Vgl. Nr. 10; BT-Drs. 16/11643, S. 76.
[14] BT-Drs. 16/11643, S. 76.
[15] BT-Drs. 16/11643, S. 76.
[16] BT-Drs. 16/11643, S. 76.
[17] BT-Drs. 16/11643, S. 76.
[18] Gilt nicht bei Fernabsatzverträgen: BGH v. 09.06.2011 - I ZR 17/10 - juris Rn. 27 - WM 2012, 221.

- bei denen der Darlehensnehmer das Darlehen binnen drei Monaten zurückzuzahlen hat und nur geringe Kosten vereinbart sind,
- die von Arbeitgebern mit ihren Arbeitnehmern als Nebenleistung zum Arbeitsvertrag zu einem niedrigeren als dem marktüblichen effektiven Jahreszins (§ 6 PAngV) abgeschlossen werden und anderen Personen nicht angeboten werden,
- die nur mit einem begrenzten Personenkreis aufgrund von Rechtsvorschriften in öffentlichem Interesse abgeschlossen werden, wenn im Vertrag für den Darlehensnehmer marktübliche Bedingungen und höchstens der marktübliche Sollzinssatz vereinbart sind.

In § 491 Abs. 3 BGB wird die Anwendung einiger Vorschriften, insbesondere bezüglich der Informationspflichten auf gerichtlich protokollierte Vergleiche ausgeschlossen.[19] Die Ausnahme gilt nur, wenn das Protokoll bestimmte inhaltliche Anforderungen erfüllt; eine mündliche Absprache ist nicht ausreichend.[20] Die Vorschriften der §§ 496 ff. BGB sollen Anwendung finden und damit insbesondere das Kündigungsrecht und das Recht auf vorzeitige Rückzahlung.[21] Die Vorschrift soll den Vertragsabschluss erleichtern und die Vergleichsbereitschaft der Parteien vor Gericht fördern, jedoch keine grundsätzlich anderen Vertragsabwicklungsmöglichkeiten zulassen.[22]

B. Anwendungsvoraussetzungen

I. Persönlicher Anwendungsbereich

Der Darlehensvertrag nach § 491 Abs. 1 BGB ist ein Verbraucherdarlehensvertrag, wenn er (persönlich) zwischen einem Unternehmer und einem Verbraucher geschlossen wird und wenn es sich (sachlich) um einen entgeltlichen Darlehensvertrag handelt.[23]

1. Unternehmer als Darlehensgeber

Der Darlehensgeber muss Unternehmer – typischerweise Banken und Sparkassen –, also eine natürliche oder juristische Person oder eine rechtsfähige Personengesellschaft sein, die bei Abschluss des Darlehensvertrages in Ausübung ihrer gewerblichen oder selbstständigen beruflichen Tätigkeit handelt (§ 14 BGB). Hierunter fallen – im Umkehrschluss aus § 512 BGB – auch Existenzgründer.[24] Für den **Kreditvermittler** gelten die Sonderregeln in den §§ 655a-655e BGB. Die „rechtsfähige Personengesellschaft" wird in § 14 Abs. 2 BGB als eine solche definiert, „die mit der Fähigkeit ausgestattet ist, Rechte zu erwerben und Verbindlichkeiten einzugehen". Das ist bei der unternehmerisch tätigen Außen-GbR nach inzwischen gefestigter Rechtsprechung der Fall.[25]

Nicht erforderlich ist, dass gerade die Vergabe von Krediten die gewerbliche oder selbstständige berufliche Tätigkeit darstellt. Darlehensgeber kann vielmehr auch ein Unternehmer sein, dessen unternehmerische Tätigkeit sich nicht auf die Kreditvergabe bezieht.[26] Notwendig ist nur, dass der Unternehmer bei Abschluss des Darlehensvertrags in Ausübung seiner gewerblichen oder selbständigen beruflichen Tätigkeit handelt, wobei auch eine erstmalige Darlehensvergabe gelegentlich der gewerblichen Tätigkeit ausreichend ist.[27] Handelt es sich beim Darlehensgeber um einen Kaufmann, z.B. eine

---

[19] BT-Drs. 16/11643, S. 77 – Art. 2 Abs. 2i VKred-Rili.
[20] BT-Drs. 16/11643, S. 77.
[21] BT-Drs. 16/11643, S. 77.
[22] BT-Drs. 16/11643, S. 77.
[23] *Heermann*, Geld und Geldgeschäfte, 2003, S. 400 ff.
[24] BGH v. 24.02.2005 - III ZB 36/04 - NJW 2005, 1275; *Jesgarzewski/Buntrock* – aus Sicht des Brauereidarlehens: DStR 2012, 145.
[25] BGH v. 29.01.2001 - II ZR 331/00 - NJW 2001, 1056.
[26] BGH v. 09.12.2008 - XI ZR 513/07 - BGHZ 179, 126 = ZIP 2009, 261; OLG Hamm v. 23.04.2010 - 7 U 99/09 - juris Rn. 31; OLG Koblenz v. 29.10.2010 - 10 U 1514/09.
[27] BGH v. 09.12.2008 - XI ZR 513/07 - juris Rn. 14 - BGHZ 179, 126 unter Hinweis auf die nahezu einhellige Meinung in Literatur und Rechtsprechung.

GmbH, so streitet nach den §§ 343, 344 HGB eine Vermutung für den unmittelbaren Bezug des Darlehensvertrags zur gewerblichen Tätigkeit des Darlehensgebers.[28]

10 Entscheidend ist die Entgeltlichkeit der Kreditgewährung.[29] Das Entgelt darf geringfügig sein[30]; ein völlig unerheblicher Betrag genügt jedoch nicht.[31] Auf Gesetz beruhende Verzugs- oder Gefälligkeitszinsen sind kein Entgelt.[32] Eine Gewinnerzielungsabsicht ist nicht erforderlich.[33] Nicht erfasst werden Kredite, die die öffentliche Hand in öffentlich-rechtlicher Form gewährt.[34] Das ist z.B. der Fall, wenn die öffentliche Hand subventionierend auftritt, z.B. Wohnbauförderungsdarlehen gibt.[35] Das Gleiche gilt, wenn sie Steuern stundet (§§ 222, 234 AO).[36] Beteiligt sich die öffentliche Hand allerdings als Wettbewerber am Kreditgeschäft, so ist sie Unternehmen i.S.d. § 491 BGB.[37] Das gilt etwa für die öffentlich-rechtlichen Sparkassen oder für die Kreditanstalt für Wiederaufbau oder die Landwirtschaftliche Rentenbank.[38]

2. Verbraucher (§ 13 BGB)

11 Der Darlehensvertrag muss mit einem Verbraucher geschlossen werden, also einer natürlichen Person, die den Darlehensvertrag zu einem Zweck abschließt, der weder ihrer gewerblichen noch ihrer selbstständigen beruflichen Tätigkeit zugerechnet werden kann (§ 13 BGB). Nach diesem Wortlaut muss Verbraucher eine **natürliche Person** sein. Das entspricht Art. 1 lit. a RL 2008/48/EG. Wird der Verbraucher vertreten (§ 164 BGB), so kann der Vertreter Unternehmer sein.

12 Eine GbR, zu der sich mehrere natürliche Personen zusammengeschlossen haben, kann zwar beschränkt rechtsfähig und damit Unternehmer im Sinne von § 14 BGB sein.[39] Zugleich hat der BGH aber klargestellt, dass die GbR nicht den Status einer juristischen Person besitzt.[40] Die Anerkennung der beschränkten Rechtsfähigkeit der GbR mit der Folge, dass Kreditverträge einer Bank unmittelbar mit der GbR und nicht mit den Gesellschaftern zustande kommen, hindert danach nicht, die Vorschriften des Verbraucherkreditrechts anzuwenden.[41] Insoweit kommt es entscheidend auf den Schutzzweck an. Das Verbraucherkreditrecht will alle natürlichen Personen schützen, die mit dem Darlehen weder ihre gewerbliche noch ihre selbständige berufliche Tätigkeit fördern wollen (§ 13 BGB).[42] Dies gilt auch dann, wenn mehrere natürliche Personen den Kredit gemeinsam aufnehmen.[43] Aus der Perspektive des Schutzzwecks des Verbraucherkreditrechts hat sich somit die **Einzelbetrachtung** durchgesetzt;[44] die entgegenstehende Gesamtbetrachtung wurde kurzfristig vom OLG München vertreten,[45] vom selben Gericht aber bereits im nächsten Jahr aufgegeben.[46] An der Schutzwürdigkeit solcher Kreditnehmer ändert sich nichts, wenn sie auf gesellschaftsvertraglicher Grundlage einen gemeinsamen

---

[28] BGH v. 09.12.2008 - XI ZR 513/07 - juris Rn. 22 - BGHZ 179, 126 unter Hinweis auf die herrschende Kommentarliteratur.
[29] *Lwowski/Münscher* in: Bankrechts-Handbuch, § 81 Rn. 4.
[30] OLG Köln v. 16.03.1994 - 26 U 30/93 - ZIP 1994, 776.
[31] LG Karlsruhe v. 14.07.1998 - 11 O 12/98 - NJW-RR 2000, 1442.
[32] BGH v. 16.10.2007 - XI ZR 132/06 - NJW 2008, 1070.
[33] *Thessinga* in: E/B/J/S, BankR IV, Rn. 282.
[34] *Bülow/Artz*, VerbrKR, § 491 Rn. 49.
[35] *Bülow/Artz*, VerbrKR, § 491 Rn. 49.
[36] *Bülow/Artz*, VerbrKR, § 491 Rn. 49.
[37] *Bülow/Artz*, VerbrKR, § 491 Rn. 49.
[38] *Lwowski/Münscher* in: Bankrechts-Handbuch, § 81 Rn. 4.
[39] BGH v. 29.01.2001 - II ZR 331/00 - BGHZ 146, 341 = ZIP 2001, 330 = EWiR 2001, 341 m. Anm. *Prütting*.
[40] BGH v. 29.01.2001 - II ZR 331/00 - BGHZ 146, 341, 347 = ZIP 2001, 330, 332.
[41] BGH v. 23.10.2001 - XI ZR 63/01 - ZIP 2001, 2224, 2225.
[42] Grenzen für Existenzgründer ergeben sich aus § 512 BGB.
[43] BGH v. 23.10.2001 - XI ZR 63/01 - ZIP 2001, 2224, 2225.
[44] *Köndgen*, NJW 2000, 468, 479.
[45] OLG München v. 29.6.1994 - 20 U 4549/93 - OLGR 1995, 37.
[46] OLG München v. 30.5.1996 - 8 U 1750/96 - OLGR 1996, 173.

Zweck verfolgen.[47] Ein von einer GbR aufgenommener Verbraucherkredit dient schon deshalb nicht gewerblichen Zwecken, weil die GbR den Darlehensvertrag schließt.[48] Das Gleiche gilt für Erbengemeinschaften oder Bruchteilsgemeinschaften, sofern es sich um Kredite zu privaten Zwecken handelt und die in der Gemeinschaft verbundenen Personen ebenso schutzbedürftig sind, als wären sie unverbunden.[49]

Die Eigenschaft „Verbraucher" wird durch einen **Schuldbeitritt** nicht in Frage gestellt. Es entspricht gefestigter Rechtsprechung des BGH,[50] dass Schuldbeitritte einem Kreditvertrag – auch hinsichtlich der Formwirksamkeit[51] – gleichzustellen sind, wenn es sich bei dem Vertrag, zu dem der Beitritt erklärt wird, um einen Kreditvertrag handelt. Bei einer **Vertragsübernahme** kommt es darauf an, ob der Darlehensgeber, Unternehmer und der neue Darlehensnehmer Verbraucher ist.[52] In der gesetzlichen Haftung eines GbR-Gesellschafters (§§ 128, 130 HGB analog) liegt keine Vertragsübernahme.[53] Die **Bürgschaft** ist Sicherungsmittel, aber kein eigenständiger Darlehensvertrag.[54]   13

Der Darlehensvertrag muss zu einem Zweck abgeschlossen werden, der weder der gewerblichen noch der selbstständigen beruflichen Tätigkeit des Verbrauchers zugerechnet werden kann (§ 13 BGB). Eine gewerbliche Tätigkeit ist eine planmäßige und auf Dauer angelegte wirtschaftlich selbstständige Tätigkeit unter Teilnahme am Wettbewerb.[55] Zu den gewerblichen Betätigungen gehört daher nicht die **Verwaltung eigenen Vermögens**,[56] die auch dann grundsätzlich dem privaten Bereich zugerechnet wird, wenn es sich um die Anlage beträchtlichen Kapitals handelt. Die Aufnahme von Fremdmitteln kann insbesondere beim Immobilienerwerb zur ordnungsgemäßen Verwaltung gehören und lässt daher nicht zwangsläufig auf ein Gewerbe schließen.[57]   14

Das ausschlaggebende Kriterium für die **Abgrenzung** der **privaten** von einer **berufsmäßig** betriebenen **Vermögensverwaltung** ist der Umfang der mit ihr verbundenen Geschäfte. Erfordern diese einen planmäßigen Geschäftsbetrieb wie etwa die Unterhaltung eines Büros oder einer Organisation, so liegt eine gewerbliche Betätigung vor.[58] Die Höhe der verwalteten Werte oder des Kreditbetrages ist dabei nicht maßgeblich,[59] weil etwa bei einer Anlage in Aktien oder festverzinslichen Wertpapieren mit einem relativ geringen organisatorischen und zeitlichen Aufwand auch große Kapitalbeträge verwaltet werden können.[60] Handelt es sich um die Vermietung oder Verpachtung von Immobilien, so ist dementsprechend nicht ihre Größe entscheidend, sondern Umfang, Komplexität und Anzahl der damit verbundenen Vorgänge. Ein ausgedehntes oder sehr wertvolles Objekt an eine geringe Anzahl von Personen zu vermieten, hält sich daher grundsätzlich im Rahmen der privaten Vermögensverwaltung. Dagegen spricht die Ausrichtung auf eine Vielzahl gleichartiger Geschäfte für ein profes-   15

---

[47] *Bülow/Artz*, VerbrKR, § 491 Rn. 55 ff., 61 ff.; *Soergel/Häuser*, § 1 VerbrKrG, Rn. 22; *Lwowski/Peters/Gößmann*, VerbrKrG, §§ 1-3 Anm. I 2a aa; BGH v. 23.10.2001 - XI ZR 63/01 - ZIP 2001, 2224, 2225.
[48] BGH v. 23.10.2001 - XI ZR 63/01 - ZIP 2001, 2224, 2225.
[49] *Drescher*, VerbrKrG und Bankenpraxis, 1994, Rn. 15.
[50] BGH v. 24.06.2003 - XI ZR 100/02 - BGHZ 155, 240, 243; BGH v. 24.07.2007 - XI ZR 208/06 - WM 2007, 1833, Tz. 12; BGH v. 09.12.2008 - XI ZR 513/07 - BGHZ 179, 126, Tz. 24.
[51] BGH v. 09.12.2008 - XI ZR 513/07 - BGHZ 179, 126, Tz. 24.
[52] BGH v. 26.05.1999 - VIII ZR 141/98 - NJW 1999, 2664.
[53] BGH v. 26.06.2003 - VII ZR 126/02 - NJW 2003, 2980.
[54] OLG Düsseldorf v. 09.12.2008 - I-24 U 26/08 - WM 2009, 847; OLG Düsseldorf v. 12.09.2007 - I-3 U 31/07, 3 U 31/07 - WM 2007, 2009; vertiefend und differenzierend ab Rn. 26.
[55] BGH v. 23.10.2001 - XI ZR 63/01 - ZIP 2001, 2224, 2226; *Bülow/Artz*, VerbrKR, § 491 Rn. 39.
[56] BGH v. 10.06.1974 - VII ZR 44/73 - BGHZ 63, 32, 33; BGH v. 10.05.1979 - VII ZR 97/78 - BGHZ 74, 273, 276; BGH v. 18.04.1963 - VII ZR 37/62 - NJW 1963, 1397; ZIP 2001, 224, 226.
[57] BGH v. 23.09.1992 - IV ZR 196/91 - BGHZ 119, 252, 256 = ZIP 1992, 1642, 1644; *Kessal-Wulf* in: Staudinger, § 491 Rn. 38.
[58] BGH v. 25.04.1988 - II ZR 185/87 - BGHZ 104, 205, 208 = ZIP 1988, 694 f. = EWiR 1988, 585 m. Anm. *Häuser*; BGH v. 23.09.1992 - IV ZR 196/91 - BGHZ 119, 252, 256 = ZIP 1992, 1642, 1644.
[59] *Bülow/Artz*, VerbrKR, § 491 Rn. 65, 66.
[60] BGH v. 23.10.2001 - XI ZR 63/01 - ZIP 2001, 2224, 2226.

sionelles Vorgehen.[61] Dabei kommt es für die Verbrauchereigenschaft auf den Zeitpunkt des Vertragsschlusses an; spätere Ereignisse sind bedeutungslos.[62]

16 Aus diesen Grundsätzen ergibt sich, dass auch der (Mehrheits- oder Allein-)Gesellschafter und (Allein- oder Mit-)Geschäftsführer einer GmbH Verbraucher im Sinne von § 13 BGB ist.[63] Das Halten eines GmbH-Geschäftsanteils ist keine gewerbliche Tätigkeit, sondern Vermögensverwaltung; die Geschäftsführung einer GmbH ist keine selbstständige, sondern eine angestellte berufliche Tätigkeit.[64]

17 Auf die Mithaftungsübernahme des geschäftsführenden Allein- oder Mehrheitsgesellschafters einer GmbH findet das Verbraucherkreditrecht entsprechende Anwendung.[65] Das gilt auch für die Mithaftungsübernahme des geschäftsführenden Gesellschafters einer GmbH & Co. KG, wenn die neu gegründete Gesellschaft das Darlehen zur Anschubfinanzierung aufgenommen hat.[66]

18 Wird das Darlehen **gemischt genutzt**, d.h. für private und gewerbliche Zwecke eingesetzt, wird man den Darlehensvertrag nicht dem Verbraucherkreditrecht unterstellen, wenn die private Nutzung ganz untergeordnet ist, wenn der Kredit ganz oder überwiegend den gewerblichen bzw. beruflichen Zwecken dient.[67] Bei Kaufleuten greift die Vermutung des § 344 HGB, wonach ein Rechtsgeschäft, das von einem Kaufmann getätigt wird, im Zweifel seinem Handelsgewerbe zuzurechnen ist.[68]

II. Der sachliche Anwendungsbereich des Absatzes 1

1. Grundsätze

19 Der Anwendungsbereich des § 491 Abs. 1 BGB ist nicht nur persönlich, sondern auch sachlich begrenzt. Es muss sich um einen **entgeltlichen Darlehensvertrag** handeln. Zinslose und gebührenfreie Darlehen können daher keine Verbraucherdarlehensverträge sein.[69] Etwas anderes gilt, wenn das Darlehen zwar als solches zinslos ist, aber etwa gegen eine „Bearbeitungsgebühr" erhoben wird.[70] Das Entgelt kann auch gering sein,[71] solange es nicht nur einen unerheblichen Kleinstbetrag umfasst[72].

20 Der Schutzbereich des Gesetzes erstreckt sich nach § 491 Abs. 1 BGB auf entgeltliche Darlehen. Damit ist das Gelddarlehen, nicht aber das Sach- und Vereinbarungsdarlehen erfasst. Angeknüpft wird an den Begriff des Darlehensvertrages, wie in § 488 Abs. 1 BGB definiert. Danach ist der Darlehensgeber verpflichtet, dem Darlehensnehmer einen Geldbetrag in der vereinbarten Höhe zur Verfügung zu stellen. Der Darlehensnehmer seinerseits ist verpflichtet, den geschuldeten Zins zu zahlen und bei Fälligkeit das zur Verfügung gestellte Darlehen zurückzuerstatten. Erfasst sind die unterschiedlichen Formen der Überlassung von Geld als Darlehen, d.h. sowohl die Übergabe von Bargeld als auch die Formen des bargeldlosen Verkehrs wie die Überweisung, die Gutschrift, die Gewährung eines Kontokorrentkredits und in dessen Rahmen die Einräumung eines Überziehungskredits.[73]

---

[61] *Graf von Westphalen/Emmerich/v. Rottenburg*, VerbrKrG, § 1 Rn. 9; BGH v. 23.10.2001 - XI ZR 63/01 - ZIP 2001, 2224, 2226.

[62] BGH v. 14.12.1994 - VIII ZR 46/94 - BGHZ 128, 156, 162 = ZIP 1995, 105, 107 = EWiR 1995, 201 m. Anm. *Schwintowski*; BGH v. 23.10.2001 - XI ZR 63/01 - ZIP 2001, 2224, 2226.

[63] BGH v. 05.06.1996 - VIII ZR 151/95 - WM 1996, 1258 = WuB I E2., vgl. hierzu BGH v. 08.11.2005 - XI ZR 34/05 - BGHZ 165, 43; BGH v. 24.07.2007 - XI ZR 208/06 - WM 2007, 1833.

[64] BGH v. 25.02.1997 - XI ZR 49/96 - WM 1997, 710 = WuB I E2., § 1 VerbrKrG 1.98 Peters.

[65] BGH v. 08.11.2005 - XI ZR 34/05 - BGHZ 165, 43 = NJW 2006, 431.

[66] BGH v. 24.07.2007 - XI ZR 208/06 - WM 2007, 1833 im Anschluss an BGH v. 28.01.1997 - XI ZR 251/95 - WM 1997, 663.

[67] *Lwowski/Münscher* in: Bankrechts-Handbuch, § 81 Rn. 9; *Bruchner/Ott/Wagner-Wieduwilt*, Verbraucherkreditgesetz, § 1 Rn. 36.

[68] BGH v. 09.12.2008 - XI ZR 513/07 - BGHZ 179, 126, Rn. 22 m.w.N.; *Münstermann/Hannes*, Verbraucherkreditgesetz, § 1 Rn. 35.

[69] BT-Drs. 16/11643, S. 76 und Art. 3c VKred Rili; *Bülow* in: Schulze/Schulte-Nölke, S. 153, 155 und 157 f.

[70] OLG Köln v. 16.03.1994 - 26 U 30/93 - ZIP 1994, 776; *Krämer/Müller* in: Nomos Kommentar, § 491 Rn. 2.

[71] OLG Köln v. 16.03.1994 - 26 U 30/93 - ZIP 1994, 776-778.

[72] LG Karlsruhe v. 14.07.1998 - 11 O 12/98 - NJW-RR 2000, 1442-1443.

[73] BT-Drs. 14/6040, S. 253.

Nicht erfasst sind dagegen Verträge, durch die ein Unternehmer einem Verbraucher einen **entgeltlichen Zahlungsaufschub** von mehr als drei Monaten oder eine sonstige entgeltliche **Finanzierungshilfe** gewährt. Diese Formen fallen unter § 506 BGB. Teilzahlungsgeschäfte sind in § 507 BGB gesondert erfasst. Ratenlieferungsverträge werden in § 510 BGB und Existenzgründungsdarlehen in § 512 BGB geregelt. Daneben stellen die §§ 504, 505 BGB klar, dass auch für **Überziehungskredite** einige Sonderregelungen gelten. 21

Die Kapitalnutzung kann auch durch den Einsatz einer **Kreditkarte** erreicht werden. Der damit gewöhnlich verbundene Zahlungsaufschub fällt nach § 506 Abs. 1 BGB dann unter das Verbraucherdarlehensrecht, wenn ein entgeltlicher Zahlungsaufschub gewährt wird. 22

Der **Krediteröffnungsvertrag** ist ein Rahmenvertrag, durch den sich der Darlehensgeber verpflichtet, dem Verbraucher zu vereinbarten Bedingungen, insbesondere bis zum vereinbarten Limit, nach Abruf durch den Verbraucher, Kredit zu gewähren.[74] Sofern dafür wie üblich Bereitstellungszinsen zu leisten sind, verspricht der Darlehensgeber das Darlehen gegen Entgelt, sodass es sich um einen entgeltlichen Darlehensvertrag im Sinne von § 491 Abs. 1 BGB handelt. 23

In welchen **Erscheinungsformen** das Darlehen dem Verbraucher gewährt wird, ist für die Anwendbarkeit des Verbraucherdarlehensrechts (beachte aber die Einschränkungen in § 491 Abs. 2 und Abs. 3 BGB) ohne Bedeutung. Erfasst sind alle Darlehen, sofern sie einem Verbraucher zu privaten Zwecken versprochen oder gewährt werden. Die Beurteilung der Frage, ob ein Verbraucherdarlehen gegeben ist, hängt nicht vom Verständnis des Verbrauchers, sondern von den **objektiven Gegebenheiten** und damit entscheidend davon ab, ob dem – zur Leistung verpflichteten – Vertragspartner Mittel zur Verfügung gestellt werden, über welche er ohne die getroffene Ratenzahlungsvereinbarung nicht verfügen würde.[75] Verträge über Dienstleistungen mit monatlicher Fälligkeit sind deshalb keine Kreditverträge, denn diese Fälligkeitsregelung entspricht derjenigen für den Dienstvertrag in § 614 BGB (beachte aber Ratenlieferungsverträge nach § 510 BGB). Eine vertragliche Abrede, die diese zeitliche Grenze beachtet und keinen darüber hinausgehenden Zahlungsaufschub (vgl. § 506 BGB) enthält, gewährt dem Vertragspartner keinen finanziellen Vorteil, der als Kredit bezeichnet werden könnte.[76] Entscheidend ist also, ob dem Verbraucher zeitweilig finanzielle Mittel überlassen werden, die ihm ohne die Kreditabsprache nicht zur Verfügung stünden.[77] 24

Auf den **Schuldbeitritt** zu einem Darlehensvertrag ist das Verbraucherdarlehensrecht entsprechend anwendbar. Denn obwohl der Schuldbeitritt kein Kreditvertrag ist, wird er bei wertender Betrachtung einem solchen gleichgestellt.[78] Bei einem Schuldbeitritt oder einer befreienden Schuldübernahme kommt es darauf an, dass die tatbestandlichen Voraussetzungen des § 491 Abs. 1 BGB in der Person des Mitverpflichteten gegeben sind.[79] Der Darlehensnehmer selbst muss nicht Verbraucher sein.[80] Das Schutzbedürfnis des Mitverpflichteten, der keinen eigenen Anspruch auf Darlehensgewährung erwirbt, aber das damit einhergehende Risiko der Belastung mit einer langfristigen Rückzahlungsverpflichtung eingeht, ist ebenso hoch wie bei dem Darlehensnehmer selbst.[81] Die gleichen Grundsätze gelten im Falle der Forderungsgarantie.[82] 25

---

[74] *Bülow/Artz*, VerbrKR, § 491 Rn. 110.
[75] BGH v. 16.11.1995 - I ZR 177/93 - WM 1996, 148; BGH v. 05.06.1996 - VIII ZR 151/95 - ZiP 1996, 120; BGH v. 16.11.1995 - I ZR 177/93 - BB 1996, 178.
[76] BGH v. 16.11.1995 - I ZR 177/93 - WM 1996, 148.
[77] *Bülow/Artz-Ulmer*, Verbraucherprivatrecht, § 491 Rn. 101 ff.; *Fischer*, MDR 1994, 1063, 1065.
[78] BGH v. 08.11.2005 - XI ZR 34/05 - BGHZ 165, 43-53; BGH v. 24.06.2003 - XI ZR 100/02 - BGHZ 155, 240, 243; BGH v. 05.06.1996 - VIII ZR 151/95 - BGHZ 133, 71-78; BGH v. 24.07.2007 - XI ZR 208/06 - WM 2007, 1833 Tz. 12; BGH v. 05.06.1996 - VIII ZR 151/95 - WM 1996, 1258 = WuB I E2. § 7 VerbrKrG 2.96 Seeker; *Wiechers*, WM 2000, 1077, 1081 m.w.N.
[79] *Peters* in: Bankrechts-Handbuch, § 81 Rn. 17.
[80] BGH v. 05.06.1996 - VIII ZR 151/95 - WM 1996, 1258.
[81] BGH v. 05.06.1996 - VIII ZR 151/95 - WM 1996, 1258.
[82] *Omlor*, WM 2009, 54, 60.

2. Bürgschaften

26 Bürgschaften bewirken, anders als der Schuldbeitritt oder die Schuldübernahme, keine Verpflichtung aus dem Kreditvertrag. Der Bürge gewährt keinen Kredit, sondern sichert die Hauptverbindlichkeit eines anderen. Dabei ist offen, ob es überhaupt zur Inanspruchnahme des Bürgen kommt. Bei ordnungsgemäßer Abwicklung des Geschäfts ist das nicht der Fall. Die Bürgschaft ist also ein Kreditsicherungsmittel, d.h. ein Haftungskredit, aber kein Geldkredit.

27 Auch eine analoge Anwendbarkeit des Verbraucherdarlehensrechts auf die Bürgschaft hat der BGH im Gegensatz zu seiner Entscheidung über den Schuldbeitritt[83] abgelehnt, weil der Schutzzweck ein anderer als beim Schuldbeitritt sei[84]. Zum einen sei der Bürge von der Rechtsstellung des Kreditnehmers weiter entfernt als der Mitschuldner, weil sich seine Schuld nicht gleichrangig und selbstständig, sondern akzessorisch an die Hauptschuld angelehnt ergebe. Der Bürge übernehme lediglich eine Eventualverbindlichkeit für den Sicherungsfall. Seinen Schutzbedürfnissen sei im Übrigen durch das Schriftformerfordernis des § 766 BGB hinreichend Rechnung getragen. Dabei betont der BGH an mehreren Stellen seines Urteils, er habe nicht den Fall zu beurteilen gehabt, dass die Verpflichtung des Bürgen die Forderung aus einem Verbraucherkreditvertrag sichere.

28 Einen solchen Fall hatte allerdings der EuGH auf Vorlage des LG Potsdam zu entscheiden. Das Gericht entschied am 23.03.2000, dass der Bürgschaftsvertrag nicht in den Schutzbereich der Verbraucherkreditrichtlinie (87/102/EWG) fällt.[85] Im Gegensatz zur Haustürwiderrufsrichtlinie erfasse der Schutzbereich der Verbraucherkreditrichtlinie den Bürgen gerade nicht.[86] Sachgründe, die die formale Betrachtungsweise des EuGH aus der Perspektive der Schutzbedürftigkeit des Bürgen untermauern könnten, finden sich in dem Urteil nicht. Immerhin waren die spanische und die französische Regierung anderer Meinung als der EuGH; auch nach Auffassung der Kommission stellt die Tatsache, dass die Verbraucherkreditrichtlinie nichts über die Rechtsstellung der Bürgen aussage, eine **planwidrige Lücke** dar.[87]

29 Für die Diskussion in Deutschland folgt aus der Entscheidung des EuGH nur, dass der Gesetzgeber nicht verpflichtet ist, den Schutz des Verbraucherdarlehensrechts auf Bürgen zu erstrecken. Er ist durch die Richtlinie aber auch nicht daran gehindert. Auch die Rechtsprechung kann die Grundsätze des Verbraucherdarlehensrechts zugunsten des Bürgen entsprechend anwenden, wenn sie dies für richtig hält. Die Entscheidung des BGH vom 21.04.1998[88] steht dem nicht entgegen, denn der BGH hat selbst mehrfach betont, er habe nicht den Fall zu beurteilen gehabt, dass die Verpflichtung des Bürgen die Forderung aus einem Verbraucherkreditvertrag sichere. Materiellrechtlich ist zu beachten, dass sich die **ökonomische Lage eines bürgenden Verbrauchers** nicht anders darstellt als diejenige eines gesamtschuldnerisch durch Schuldbeitritt haftenden Verbrauchers.[89] *Schürnbrand* schlägt etwa vor, die nach § 492 BGB vorgeschriebenen Angaben über den Darlehensvertrag in die hierauf bezogene Bürgschaftsurkunde einzubeziehen bzw. an die Bürgschaftsurkunde eine Abschrift des Darlehensvertrages zu heften.[90]

30 Ganz praktisch steht ein Kreditinstitut vor der Frage, wann es das Verbraucherdarlehensrecht anwenden muss. Unterzeichnet der mithaftende Verbraucher – z.B. der Ehegatte – als „Mitdarlehensnehmer"

---

[83] BGH v. 05.06.1996 - VIII ZR 151/95 - ZIP 1996, 1209; BGH v. 25.02.1997 - XI ZR 49/96 - ZIP 1997, 642.

[84] BGH v. 21.04.1998 - IX ZR 258/97 - BGHZ 138, 321-330; BGH v. 21.04.1998 - IX ZR 258/97 - WM 1998, 1120 = ZIP 1998, 949 m. Anm. *Bülow* = JR 1999, 103 m. Anm. *Artz* = WuB I F1a. 15.98 m. Anm. *Bydlinski/Klauninger* = EWiR 1998, 567 m. Anm. *Deimel*.

[85] EuGH v. 23.03.2000 - C-208/98 - EuZW 2000, 339 m. Anm. *Rosenfeld* = ZIP 2000, 574 = WM 2000, 713 = WuB I E 2. Art. 1 RL 87/102/EWG 1.00 Steinbeck; dazu *Fischer*, Bürgschaft und Verbraucherkreditgesetz, ZIP 2000, 828.

[86] EuGH v. 23.03.2000 - C-208/98 - EuZW 2000, 340 Tz. 24/25.

[87] EuGH v. 23.03.2000 - C-208/98 - EuZW 2000, 339, 340.

[88] BGH v. 21.04.1998 - IX ZR 258/97 - ZIP 1998, 949.

[89] *Bülow/Artz*, VerbrKR, § 491 Rn. 126.

[90] *Schürnbrand* in: MünchKomm-BGB, § 491 Rn. 58.

oder „Kreditnehmer", so liegt darin wohl eher ein Schuldbeitritt, der nach der Rechtsprechung des BGH[91] in den entsprechenden Anwendungsbereich des Verbraucherkreditrechts fällt.[92] Unterschreibt der Dritte hingegen als „Bürge", so soll die darin liegende Bürgschaft nicht vom Verbraucherdarlehensrecht erfasst sein. Kommt der Vertrag jedoch am Arbeitsplatz oder in einer Haustürsituation zustande, so soll dem Kunden das Widerrufsrecht aus § 312 BGB stets und unabhängig davon zustehen, ob er eine Bürgschaft oder einen Schuldbeitritt unterzeichnet hat.[93] Folglich scheint in diesen Fällen jedenfalls eine Widerrufsbelehrung notwendig zu sein.[94] Zur Vermeidung von Wertungswidersprüchen sollte deshalb die Rechtsprechung über den Schuldbeitritt auch auf die Bürgschaft angewendet werden.

III. Unbeschränkte Ausnahmen nach Absatz 2

In § 491 Abs. 2 BGB werden Verträge definiert, die keine Verbraucherdarlehensverträge sind. Im Gegensatz zu Absatz 3, der nur einige Regelungen ausnimmt, finden die §§ 491a. BGB auf die in Absatz 2 genannten Verträge insgesamt keine Anwendung.[95] Systematisch handelt es sich bei denen in Absatz 2 genannten Verträgen schon kraft Definition um keine Verbraucherdarlehensverträge. Dies erleichtert die Verwendung des Begriffes in anderen Gesetzen.[96] Allerdings handelt es sich nach wie vor um Verbraucherverträge (§ 310 Abs. 3 BGB), so dass auch die Vorschriften über die Widerrufsrechte nach den §§ 312 ff., 355 ff. BGB anzuwenden sind, wenn deren Voraussetzungen vorliegen.[97]   31

Nr. 1 bestimmt, dass Darlehen unter 200 € keine Verbraucherdarlehensverträge sind.[98] Bei Verträgen dieser Art ist das Schutzbedürfnis des Darlehensnehmers deutlich geringer als in anderen Verträgen, andererseits wäre mit der Befolgung der Vorschriften über den Verbraucherkredit ein bei diesen geringwertigen Darlehen unverhältnismäßiger Aufwand verbunden.[99] Der Begriff Nettodarlehensbetrag ist einheitlich und übergreifend in Art. 247 § 3 EGBGB definiert.[100] Nettodarlehensbetrag ist danach der Höchstbetrag, auf den der Darlehensnehmer aufgrund des Darlehensvertrags Anspruch hat (Art. 247 § 3 Abs. 2 EGBGB). Aus dem Umstand, dass bei Ratenlieferungsverträgen ein Widerrufsrecht des Verbrauchers nur besteht, wenn die Summe aller vom Verbraucher bis zum frühestmöglichen Kündigungszeitpunkt zu entrichtenden Teilzahlungen 200 € übersteigt, folgt nicht, dass das Fernabsatzrecht bei Beträgen von weniger als 200 € von vornherein unanwendbar ist. Weder die Fernabsatzrichtlinie noch die deutschen Vorschriften über Fernabsatzverträge sehen bei diesen eine Bagatellgrenze für das Widerrufsrecht vor. Eine entsprechende Anwendung der für Ratenlieferungsverträge geltenden Bagatellgrenze von 200 € auf Fernabsatzverträge kommt daher nicht in Betracht.[101]   32

Nach Nr. 2 sind Darlehensverträge vom Anwendungsbereich der §§ 491 ff. BGB ausgenommen, bei denen sich die Haftung des Darlehensnehmers auf eine zum Pfand übergebene Sache beschränkt.[102] Mit dieser Vorschrift wird von der Ausnahmeregelung des Art. 2 Abs. 2k VKred-Rili Gebrauch gemacht. Die Vorschrift hat die Tätigkeit von so genannten Leih- oder Pfandhäusern im Blick.[103] Der Begriff „Haftung" umschreibt sämtliche Verpflichtungen aus dem Darlehensvertrag. Die Ausnahmeregelung setzt voraus, dass der Pfandgegenstand kraft Vertrags alle zukünftigen Zahlungsverpflichtun-   33

---

[91] BGH v. 08.11.2005 - XI ZR 34/05 - BGHZ 165, 43.
[92] *Schanbacher*, NJW 1994, 2335; *Kessal-Wulf* in: Staudinger, § 491 Rn. 31.
[93] BGH v. 02.05.2007 - XII ZR 109/04 - NJW 2007, 2110 f; BGH v. 11.05.2006 - IX ZR 247/03 - BGHZ 167, 363, 367 – auf diese Zusammenhänge weist *Madaus*, BKR 2008, 54 hin.
[94] *Madaus*, BKR 2008, 54 ff.
[95] BT-Drs. 16/11643, S. 76.
[96] BT-Drs. 16/11643, S. 76.
[97] BT-Drs. 16/11643, S. 76.
[98] BT-Drs. 16/11643, S. 76 – das entspricht Art. 2 Abs. 2c VKred-Rili.
[99] BT-Drs. 16/11643, S. 76.
[100] BT-Drs. 16/11643, S. 76.
[101] BGH v. 09.06.2011 - I ZR 17/10 - juris Rn. 27 m.w.N. - WM 2012, 221.
[102] BT-Drs. 16/11643, S. 76.
[103] BT-Drs. 16/11643, S. 76.

§ 491

gen des Darlehensnehmers abdeckt.[104] Insbesondere müssen sowohl der Verzug des Darlehensnehmers mit einzelnen Teilzahlungen als auch die Rückzahlungsforderung des Darlehens selbst erfasst sein. Die Vorschrift greift nur, wenn der Darlehensgeber weder aus Verzug noch aus Nichtleistung der Rückzahlung weitere Ansprüche gegen den Darlehensnehmer geltend machen kann als die Befriedigung aus dem Pfand.[105] Voraussetzung ist die Vereinbarung eines Pfandrechts an einer Sache (§§ 1204 ff. BGB) einschließlich der damit verbundenen Übergabe.[106]

34 Nr. 3 regelt, dass die Schutzvorschriften auf zinsfreie oder besonders kostengünstige Verbraucherdarlehensverträge mit kurzer Laufzeit nicht anzuwenden sind.[107] Diese Verträge stellen für Verbraucher in der Regel kein hohes Risiko dar, so dass die Schutzvorschriften nicht zwingend angewendet werden müssen.[108] Der Begriff „geringe Kosten" stellt sicher, dass allein die Vereinbarung niedriger Bearbeitungsgebühren bei zinslosen Darlehen noch nicht den Anwendungsbereich der §§ 491 ff. BGB eröffnet. Als Beispiel für die Ausnahmeregelung gelten insbesondere Darlehen, die auf Zahlungskarten (Kredit- oder Debitkarten) gewährt werden, wenn für die Ausstellung und Nutzung der Karte eine Gebühr verlangt wird.[109] Dieser Hauptanwendungsfall zeigt, dass der Begriff „gering" nicht allein prozentual vom Nettodarlehensbetrag abhängt, sondern in der Gesamtschau aller Umstände, insbesondere aller möglichen Kosten, zu sehen ist.[110] So kann der Anwendungsbereich der §§ 491 ff. BGB nicht dadurch ausgeschlossen werden, dass im Darlehensvertrag keine Zinsen vereinbart werden, aber der Verzicht des Darlehensgebers auf Zinsen durch hohe Kosten wieder ausgeglichen wird.[111] Dabei ist der Begriff „Kosten" weit auszulegen. Er geht über die Gesamtkosten, die nach § 6 PAngV in die Berechnung des effektiven Jahreszinses einzubeziehen sind, hinaus. Auch Kosten, die der Darlehensnehmer nur unter bestimmten Voraussetzungen zu tragen hat, wie etwaige vereinbarte Verzugskosten, sind bei der Auslegung des Begriffs „geringe Kosten" zu berücksichtigen.[112] Falls insbesondere bereits bei Vertragsabschluss offensichtlich ist, dass der Darlehensnehmer innerhalb von drei Monaten nicht zurückzahlen kann und der Darlehensgeber überdurchschnittlich hohe Verzugszinsen geltend machen kann, greift Nr. 3 nicht ein.[113]

35 Nr. 4 entspricht dem Regelungsgehalt des früher gültigen § 491 Abs. 2 Nr. 2 BGB.[114] Danach gelten die Verbraucherschutzvorschriften nicht für Verträge zwischen Arbeitgebern und ihren Arbeitnehmern, wenn diese gewisse Voraussetzungen erfüllen. Das Pronomen „ihre" verdeutlicht, dass zwischen Arbeitgeber und Arbeitnehmer ein Arbeitsvertrag bestehen muss.[115] Voraussetzung ist, dass die Verträge anderen Personen nicht angeboten werden. Diese europarechtlich vorgegebene Beschränkung („nicht der breiten Öffentlichkeit") bedeutet, dass die typischen Arbeitgeberdarlehen in dieser Form und mit den ihnen eigenen Vertragsbedingungen nicht auch Personen angeboten werden, die außerhalb des Betriebs des Arbeitgebers stehen.[116]

36 Gewöhnliche Darlehensverträge von Kreditinstituten mit ihren Arbeitnehmern (z.B. Überziehungsmöglichkeiten) fallen deshalb nicht unter die Ausnahme.[117] Ebenso sind Arbeitgeberdarlehen dann nicht von der Ausnahme umfasst, wenn der Arbeitgeber die Darlehen derart häufig vergibt, dass er

---

[104] BT-Drs. 16/11643, S. 76.
[105] BT-Drs. 16/11643, S. 76.
[106] BT-Drs. 16/11643, S. 76.
[107] BT-Drs. 16/11643, S. 76 unter Hinweis auf Art. 2 Abs. 2f VKred-Rili.
[108] BT-Drs. 16/11643, S. 76.
[109] BT-Drs. 16/11643, S. 76 unter Hinweis auf Erwägungsgrund 13 der VKred-Rili.
[110] BT-Drs. 16/11643, S. 76/77.
[111] BT-Drs. 16/11643, S. 77.
[112] BT-Drs. 16/11643, S. 77.
[113] BT-Drs. 16/11643, S. 77.
[114] Zugleich Art. 2 Abs. 2g VKred-Rili.
[115] BT-Drs. 16/11643, S. 77.
[116] BT-Drs. 16/11643, S. 77.
[117] BT-Drs. 16/11643, S. 77.

bereits entsprechende Strukturen in seinem Betrieb angelegt hat, wie etwa eine „Kreditabteilung".[118] Weitere Voraussetzung ist, dass die Darlehen als Nebenleistung zum Arbeitsvertrag gewährt werden, also ein innerer Zusammenhang zwischen Darlehen und Arbeitsvertrag besteht.[119] Die Darlehen müssen außerdem günstiger sein als marktübliche Verträge. Der Preis wird durch den effektiven Jahreszins (§ 6 PAngV) ausgedrückt, weshalb sich die Günstigkeit aus einem Vergleich des tatsächlichen mit dem marktüblichen effektiven Jahreszins ergibt.[120] Der marktübliche effektive Jahreszins wird in den Monatsberichten der Bundesbank veröffentlicht.[121]

Nr. 5 nimmt Verträge über Darlehen aus, die an einen begrenzten Personenkreis aufgrund von Rechtsvorschriften im öffentlichen Interesse vergeben werden.[122] Der Begriff „öffentliches Interesse", der auch in zahlreichen anderen Vorschriften verwendet wird, hat die Förderung gesamtgesellschaftlicher Anliegen im Blick und eignet sich daher zur Umsetzung des dem Bundesrecht grundsätzlich fremden Begriffs „Gemeinwohlinteresse" der Richtlinienvorgabe.[123]

37

Das öffentliche Interesse bezieht sich auf die „Rechtsvorschriften" und verlangt nicht, dass der Vertrag selbst in unmittelbarem öffentlichem Interesse abgeschlossen wird.[124] „Rechtsvorschriften" sind alle Normen, einschließlich Förderrichtlinien, die der Vergabe von Darlehen zu Grunde gelegt werden.[125] Die Ausnahme umfasst deshalb insbesondere Förderdarlehen zur Berufsausbildung oder zum Wohnungsbau. Im Gegensatz zum früheren § 491 Abs. 2 Nr. 3 BGB sind alle auf gesetzlichen Vorgaben des öffentlichen Rechts basierenden Darlehen gemeint.[126] Entsprechend der Richtlinienvorgabe müssen diese Darlehen für den Darlehensnehmer günstiger als marktübliche Verträge sein. Dies kann sich insbesondere in einem günstigerem als dem marktüblichen Sollzinssatz ausdrücken.[127] Das Merkmal ist aber auch dann erfüllt, wenn die Vertragsbedingungen im Vergleich zu den marktüblichen, privatwirtschaftlichen Bedingungen andere Entlastungen für den Darlehensnehmer vorsehen, z.B. eine tilgungsfreie Zeit.[128]

38

Im Vergleich zur früheren Rechtslage wird auf das Kriterium der Unmittelbarkeit verzichtet.[129] Auch die „durchgeleiteten" Förderdarlehen, bei denen der Darlehensnehmer den Vertrag mit seiner Hausbank abschließt, diese aber den Vertrag zu den Bedingungen einer Förderanstalt anbietet, sind von Nr. 5 umfasst.[130] Dies trägt der inzwischen durchgesetzten Praxis Rechnung, wonach die Darlehen in der Regel nicht mehr unmittelbar von den Förderanstalten, sondern über private Banken vergeben werden.[131]

39

IV. Beschränkte Ausnahmen nach Absatz 3

Auf die in § 491 Abs. 3 BGB genannten Verträge sind bestimmte ausdrücklich genannte Vorschriften des Verbraucherdarlehensrechts nicht anwendbar, während die nicht ausdrücklich benannten Regeln auch hier gelten. Die Ausnahme für im Rahmen des Üblichen grundpfandrechtlich gesicherte Verbraucherdarlehensverträge wurde bereits 2002 gestrichen.[132]

40

---

[118] BT-Drs. 16/11643, S. 77 unter Hinweis auf KOM (2002) 443, S. 12.
[119] BT-Drs. 16/11643, S. 77.
[120] BT-Drs. 16/11643, S. 77.
[121] BT-Drs. 16/11643, S. 77.
[122] BT-Drs. 16/11643, S. 77 unter Hinweis auf Art. 2 Abs. 2l VKred-Rili.
[123] BT-Drs. 16/11643, S. 77.
[124] BT-Drs. 16/11643, S. 77.
[125] BT-Drs. 16/11643, S. 77.
[126] BT-Drs. 16/11643, S. 77.
[127] BT-Drs. 16/11643, S. 77.
[128] BT-Drs. 16/11643, S. 77.
[129] BT-Drs. 16/11643, S. 77.
[130] BT-Drs. 16/11643, S. 77.
[131] BT-Drs. 16/11643, S. 77.
[132] G. v. 23.07.2002; BGBl I 2002, 2850, 2857, Art. 25 Abs. 1 Nr. 10 a.

41 Gemeint sind Darlehensverträge, die in ein gerichtliches Protokoll aufgenommen wurden oder durch einen gerichtlichen Beschluss über einen zwischen den Parteien geschlossenen Vergleich festgestellt sind, wenn in das Protokoll oder den Beschluss der Sollzinssatz, die bei Abschluss des Vertrags in Rechnung gestellten Kosten des Darlehens sowie die Voraussetzungen aufgenommen worden sind, unter denen der Sollzinssatz oder die Kosten angepasst werden können. Eine mündliche Absprache ist nicht ausreichend.[133] Die Vorschriften der §§ 496 ff. BGB bleiben anwendbar; dies betrifft insbesondere das Kündigungsrecht und das Recht auf vorzeitige Rückzahlung. Die Vorschrift soll den Vertragsabschluss erleichtern und die Vergleichsbereitschaft der Parteien vor Gericht fördern, jedoch keine grundsätzlich anderen Vertragsabwicklungsmöglichkeiten zulassen.[134] Vergleiche nach § 278 Abs. 6 ZPO sind protokollierten Vergleichen gleichgestellt, weil die Interessenlage in diesen Fällen gleich ist.[135]

42 Der Begriff Jahreszins wurde gemäß der Definition in § 489 Abs. 5 BGB durch „Sollzinssatz" ersetzt. Der Begriff „ändern" wurde durch den Begriff „anpassen" ersetzt. Damit soll die einseitige Leistungsbestimmung zum Ausdruck gebracht werden.[136] Mit dem Begriff „Kosten" sind nur die mit dem Darlehen kausal verknüpften Kosten, beispielsweise Verzugskosten, gemeint. Der Begriff erstreckt sich deshalb nicht auf Gerichtskosten und Anwaltshonorare.[137]

43 Die früher in § 491 Abs. 3 BGB enthaltene Ausnahmeregelung für „notariell beurkundete Verträge" ist entfallen.[138] Hintergrund sind die zwingenden Vorgaben der VKred-Rili, wonach Ausnahmen für notariell beurkundete Verträge nur im Rahmen des Widerrufsrechts möglich sind.[139] Für den Ausschluss des Widerrufsrechts ist in § 495 Abs. 3 Nr. 2 BGB eine Spezialvorschrift vorgesehen.

44 Eine beschränkte Ausnahme bestand für grundpfandrechtlich gesicherte Darlehen (Realkredite) und ihnen gleichgestellte **Bauspardarlehen** (§ 491 Abs. 3 Nr. 1 BGB a.F.) bis zum 01.11.2002.[140] Aufgrund einer Entscheidung des EuGH auf Vorlage des BGH[141] sah sich der Gesetzgeber jedoch zu einer Änderung der Vorschriften zum Widerruf bei Verbraucherverträgen im BGB veranlasst.[142] Er entschloss sich dazu, die in § 491 Abs. 3 Nr. 1 BGB a.F. enthaltene Ausnahme für Immobiliardarlehensverträge vollständig zu streichen. Infolge der Streichung werden Immobiliardarlehensverträge dem allgemeinen Verbraucherdarlehensrecht unterstellt. Das hat insbesondere zur Folge, dass Immobiliardarlehensverträge generell widerruflich wurden.[143] Einige verbliebene Sonderregeln für Immobiliardarlehensverträge enthält § 503 BGB.

---

[133] BT-Drs. 16/11643, S. 77.
[134] BT-Drs. 16/11643, S. 77.
[135] BT-Drs. 16/11643, S. 77.
[136] BT-Drs. 16/11643, S. 77.
[137] BT-Drs. 16/11643, S. 78.
[138] BT-Drs. 16/11643, S. 78.
[139] BT-Drs. 16/11643, S. 78.
[140] BT-Drs. 14/9633, S. 2; *Bülow/Artz*, VerbrKR, Rn. 176 ff.
[141] EuGH v. 13.12.2001 - C-481/99 - ZBB 2002, 29 - Heininger; dazu *Kulke*, ZBB 2002, 33 ff.; *Schwintowski*, Heininger und die Folgen, in: FS Kümpel, 2003, S. 501; *Singer*, DZWIR 2003, 221.
[142] BT-Drs. 14/9633, S. 2 ff.; ZBB-Dokumentation 2002, 233-240; vertiefend *Artz*, BKR 2002, 603; *Fischer*, DB 2002, 1643; *Lang*, ZBB 2002, 457-478.
[143] Gesetzesbegründung ZBB 2002, 237.

§ 491a BGB Vorvertragliche Informationspflichten bei Verbraucherdarlehensverträgen

(Fassung vom 29.07.2009, gültig ab 11.06.2010)

(1) Der Darlehensgeber hat den Darlehensnehmer bei einem Verbraucherdarlehensvertrag über die sich aus Artikel 247 des Einführungsgesetzes zum Bürgerlichen Gesetzbuche ergebenden Einzelheiten in der dort vorgesehenen Form zu unterrichten.

(2) ¹Der Darlehensnehmer kann vom Darlehensgeber einen Entwurf des Verbraucherdarlehensvertrags verlangen. ²Dies gilt nicht, solange der Darlehensgeber zum Vertragsabschluss nicht bereit ist.

(3) ¹Der Darlehensgeber ist verpflichtet, dem Darlehensnehmer vor Abschluss eines Verbraucherdarlehensvertrags angemessene Erläuterungen zu geben, damit der Darlehensnehmer in die Lage versetzt wird, zu beurteilen, ob der Vertrag dem von ihm verfolgten Zweck und seinen Vermögensverhältnissen gerecht wird. ²Hierzu sind gegebenenfalls die vorvertraglichen Informationen gemäß Absatz 1, die Hauptmerkmale der vom Darlehensgeber angebotenen Verträge sowie ihre vertragstypischen Auswirkungen auf den Darlehensnehmer, einschließlich der Folgen bei Zahlungsverzug, zu erläutern.

Gliederung

A. Grundlagen... 1	8. Weitere Angaben bei vorvertraglichen Informationen (Art. 247 § 4 EGBGB).................... 49
B. Anwendungsvoraussetzungen 2	9. Besondere Kommunikationsmittel (Art. 247 § 5 EGBGB) 54
I. Informationen nach Absatz 1..................... 2	10. Zusatzleistungen (Art. 247 § 8 EGBGB) 61
1. Art. 247 EGBGB 3	11. Art. 247 § 9 EGBGB.................................. 67
2. Form und Zweck der Unterrichtung (Art. 247 § 1 EGBGB)... 6	12. Angaben bei Überziehungsmöglichkeiten (Art. 247 § 10 EGBGB)....................... 84
a. Rechtzeitige Unterrichtung 8	13. Angaben bei bestimmten Umschuldungen (Art. 247 § 11 EGBGB).................... 85
b. Textform.. 13	
3. Muster (Art. 247 § 2 EGBGB).................... 14	14. Entgeltliche Finanzierungshilfen (Art. 247 § 12 EGBGB) 86
4. Inhalt der vorvertraglichen Information (Art. 247 § 3 Abs. 1 EGBGB)...................... 21	15. Darlehensvermittler (Art. 247 § 13 EGBGB) ... 87
5. Definitionen (Art. 247 § 3 Abs. 2 EGBGB) 42	II. Anspruch auf Übermittlung eines Vertragsentwurfs (Absatz 2) 88
6. Beispielhafte Erläuterungen von effektivem Jahreszins und Gesamtbetrag (Art. 247 § 3 Abs. 3 EGBGB) 45	III. Erläuterungspflicht (Absatz 3) 91
7. Angaben zum Sollzinssatz (Art. 247 § 3 Abs. 4 EGBGB) 47	IV. Rechtsfolgen 99

A. Grundlagen

§ 491a BGB begründet seit dem 11.06.2010 erstmals umfangreiche vorvertragliche Informationspflichten bei Verbraucherdarlehensverträgen, deren nähere Ausgestaltung im EGBGB erfolgt.[1] Obwohl es sich um vorvertragliche Informationen handelt, werden bereits die Begriffe Darlehensgeber und Darlehensnehmer benutzt, um eine möglichst einheitliche Textfassung zu gewährleisten.[2] Diese Wortwahl soll – anders als beim Begriffspaar „Verbraucher" und „Unternehmer" – verdeutlichen, dass es zwischen den beiden Parteien bereits zu einem gewissen Kontakt gekommen sein muss. Aus der ausdrücklichen Erwähnung des Verbraucherdarlehensvertrags in Absatz 1 ergibt sich, dass die vorvertraglichen Informationspflichten nur für solche Verträge gelten.[3]

1

---

[1] BT-Drs. 16/11643, S. 78; umgesetzt werden Artt. 5 und 6 der VKred-Rili.
[2] BT-Drs. 16/11643, S. 78.
[3] BT-Drs. 16/11643, S. 78.

B. Anwendungsvoraussetzungen

I. Informationen nach Absatz 1

2   Nach Absatz 1 hat der Darlehensgeber den Darlehensnehmer bei einem Verbraucherdarlehensvertrag über die sich aus Art. 247 EGBGB ergebenden Einzelheiten in der dort vorgesehenen Form zu unterrichten.[4] Damit entstehen europaweit einheitliche vorvertragliche Informationspflichten. Mit der Auskunft soll der Darlehensnehmer in die Lage versetzt werden, auf der Grundlage der vom Darlehensgeber angebotenen Vertragsbedingungen und unter Berücksichtigung seiner eigenen Wünsche verschiedene Angebote miteinander zu vergleichen und eine eigenverantwortliche Entscheidung für oder gegen einen Vertragsabschluss zu fällen.[5] Die Vorschrift ist vergleichbaren Normen, wie z.B. § 312c BGB oder § 5 BGB-InfoV, nachgebildet. Sie ist als vorvertragliche Informationspflicht ausgestaltet und setzt daher ein Schuldverhältnis im Sinne des § 311 Abs. 2 BGB voraus.[6] Der Darlehensgeber schuldet die Informationspflicht kraft Gesetzes, der Darlehensnehmer muss die Informationen also nicht verlangen. Das unterscheidet § 491a Abs. 1 BGB von § 491a Abs. 2 BGB.[7] Grundsätzlich wird die Informationspflicht deshalb auch nicht durch den Vertragsentwurf bei Absatz 2 erfüllt.[8] Bezieht sich allerdings der Darlehensvertrag auf den zuvor verlangten Entwurf, so erfüllt der Darlehensgeber mit dem Entwurf zugleich die Pflichten nach Absatz 1. Hinsichtlich des Zeitpunktes, der Form und der inhaltlichen Informationen verweist Absatz 1 auf Art. 247 EGBGB. Dort wird auch den Ausnahmevorschriften aus Art. 5 Abs. 2-5 und den vereinfachten Informationspflichten des Art. 6 der VKred-Rili Rechnung getragen.[9]

1. Art. 247 EGBGB

3   In Art. 247 EGBGB werden die Einzelheiten über vorvertragliche Informationen und Vertragsinhalte bei Verbraucherdarlehensverträgen näher erläutert. Zentrale Vorschriften sind die §§ 1, 3 und 6.[10] § 1 legt die formellen Voraussetzungen an die Unterrichtung fest (Textform, rechtzeitig).[11] § 3 listet die vorvertraglichen Informationen auf, die der Darlehensgeber dem Darlehensnehmer vor Abschluss des Vertrags erteilen muss und erläutert die wesentlichen Begriffe.[12] § 6 regelt, welche Regelungen im Vertrag getroffen sein müssen (§ 492 BGB). Um § 3 nicht zu überfrachten, wurden die nicht für alle Verträge zwingenden Angaben und die Ausnahmen in den §§ 4 und 5 sowie den §§ 7-13 ausgegliedert.[13]

4   Die §§ 14 ff. widmen sich speziellen Unterrichtungspflichten. Sie folgen der Ordnung im BGB. § 14 regelt den Inhalt eines Tilgungsplans (§ 492 Abs. 3 Satz 2 BGB). § 15 ergänzt die Regelungen zur Wirksamkeit von Zinsanpassungen in § 493 Abs. 3 BGB. Die §§ 16 und 17 ergänzen die §§ 504, 505 BGB um die Pflichtangaben bei eingeräumten und geduldeten Überziehungen.[14] Diese Regelungen des Art. 247 EGBGB werden im jeweilgen Sachzusammenhang bei den genannten Normen behandelt.

5   Diese Ordnung hat zur Folge, dass für Überziehungsmöglichkeiten zwei Vorschriften bestehen: § 10 hinsichtlich der Angaben in der vorvertraglichen Unterrichtung und im Vertrag sowie § 16 für die lau-

---

[4] Umsetzung von Art. 5 Abs. 1 und Art. 6 Abs. 1 VKred-Rili.
[5] BT-Drs. 16/11643, S. 78.
[6] BT-Drs. 16/11643, S. 78.
[7] *Weidenkaff* in: Palandt, § 491a Rn. 2.
[8] *Weidenkaff* in: Palandt, § 491a Rn. 2.
[9] BT-Drs. 16/11643, S. 78.
[10] BT-Drs. 16/11643, S. 121.
[11] BT-Drs. 16/11643, S. 121.
[12] BT-Drs. 16/11643, S. 121.
[13] BT-Drs. 16/11643, S. 121.
[14] BT-Drs. 16/11643, S. 121.

fenden Informationen während des Vertragsverhältnisses. Diese Gliederung hat es dem Gesetzgeber ermöglicht, die einzelnen Vorschriften übersichtlicher zu formulieren.[15]

2. Form und Zweck der Unterrichtung (Art. 247 § 1 EGBGB)

Die Unterrichtung nach § 491a Abs. 1 BGB muss **rechtzeitig** vor dem Abschluss eines Verbrauchervertrags in **Textform** erfolgen und die sich aus den §§ 3-5 und §§ 8-13 ergebenden Einzelheiten enthalten. Auf diese Weise wird geklärt, welche vorvertraglichen Informationen in § 491a Abs. 1 BGB eigentlich gemeint sind. Es geht nicht um alle Informationen, die Art. 247 EGBGB enthält, sondern um diejenigen der §§ 3-5 und §§ 8-13.

6

Die Norm gilt nur für Verbraucherdarlehensverträge und folglich nicht für die in § 491 Abs. 2 BGB genannten Verträge.

7

a. Rechtzeitige Unterrichtung

Nach § 1 hat die Unterrichtung rechtzeitig vor Vertragsabschluss zu erfolgen. Hintergrund für den Begriff rechtzeitig sind Artt. 5 Abs. 1 und 6 Abs. 1 VKred-Rili. Danach soll die Unterrichtung in der Weise erfolgen, dass der Darlehensnehmer in Abwesenheit des Darlehensgebers mehrere Angebote miteinander vergleichen kann, um eine fundierte Entscheidung für oder gegen den Abschluss eines Darlehensvertrags treffen zu können.[16] Die Vorstellungen des Darlehensnehmers, etwa in Bezug auf Darlehenshöhe und Laufzeit sind vom Darlehensgeber bei der Informationserteilung zu berücksichtigen.[17] Die Informationen müssen schließlich allgemein verständlich sein (§ 6 Abs. 1).[18]

8

Rechtzeitig ist die Unterrichtung, wenn der Darlehensnehmer die Information vor Vertragsschluss auch in Abwesenheit des Darlehensgebers eingehend zur Kenntnis nehmen und prüfen kann.[19] Die Informationen können auch im Entwurf des Darlehensvertrags enthalten sein – entscheidend ist nur, dass dieser Entwurf in den später zu schließenden Darlehensvertrag übernommen wird.[20] Für einzelne Vertragstypen gelten Besonderheiten, die in den §§ 8-13 Art. 247 EGBGB geregelt sind.[21] Die Abwesenheit des Darlehensgebers/Vermittlers ist keine zwingende Voraussetzung für die Rechtzeitigkeit. Entscheidend ist, dass dem Verbraucher diejenigen Informationen vor Vertragsschluss vorliegen, die er benötigt „um verschiedene Angebote zu vergleichen und eine fundierte Entscheidung darüber zu treffen, ob er einen Darlehensvertrag schließen will".[22] Ein solcher Vergleich kann auch in Anwesenheit des Darlehensgebers/Vermittlers erfolgen, jedenfalls dann, wenn der Darlehensgeber/Vermittler den Vergleich im Sinne einer fundierten Entscheidung konstruktiv im Sinn des Kundeninteresses unterstützt. Dies bedeutet, dass der Darlehensgeber/Vermittler wie ein Makler, also als Sachwalter des Kunden, auftritt und nicht etwa versucht, das Produkt des eigenen Hauses herauszustellen und den Darlehensnehmer im Sinne dieses Produktes zu beeinflussen. Nimmt der Darlehensgeber/Vermittler derart auf die Willensbildung des Kunden Einfluss, dass dieser die verschiedenen Angebote nicht mehr in Ruhe und rational abwägend vergleichen und damit auch keine fundierte Entscheidung mehr treffen kann, so fehlt es am Merkmal der Rechtzeitigkeit. Umgekehrt genügt es, wenn der Darlehensnehmer informiert wird – ein „Nahebringen" im Sinne der Vermittlung eines Grundverständnisses ist nicht geschuldet.[23] Erkennt der Darlehensgeber/Vermittler aber, dass der Darlehensnehmer Teile der Information nicht oder nicht richtig versteht, so kann dies eine Warn- und Informationspflicht nach § 241 Abs. 2 BGB auslösen.[24]

9

---

[15] BT-Drs. 16/11643, S. 121.
[16] BT-Drs. 16/11643, S. 121.
[17] BT-Drs. 16/11643, S. 121.
[18] BT-Drs. 16/11643, S. 121.
[19] BT-Drs. 16/11643, S. 121 vgl. Erwägungsgrund 19 der VKred-Rili.
[20] Nicht ganz so deutlich: *Weidenkaff* in: Palandt, § 491a Rn. 2.
[21] *Schürnbrand* in: MünchKomm-BGB, Art. 247 § 17 EGBGB Rn. 14 ff.
[22] Art. 6 Abs. 1 VKred-Rili.
[23] *Schürnbrand* in: MünchKomm-BGB, § 491a Rn. 4; a.A. *Kulke*, VuR 2009, 373, 379.
[24] *Hesse/Niederhofer*, MDR 2010, 968, 970.

10 Eine zeitliche Festlegung des Begriffs „Rechtzeitigkeit" ist nicht möglich. Das folgt aus der Funktion des Begriffs, für eine fundierte Entscheidung des Kunden zu sorgen. Erfahrene Kunden mit einem ausreichendem Marktüberblick sind in der Lage, nach kurzer Vorinformation über das ihnen jetzt ergänzend angebotene Produkt eine fundierte Entscheidung zu treffen – das kann wenige Minuten nach Beginn des Gesprächs mit dem Darlehensgeber/Vermittler der Fall sein. Weniger erfahrene Kunden benötigen unter Umständen eine Bedenkzeit von einigen Stunden – bei manchen ist eine fundierte Entscheidung erst möglich, wenn sie „die Sache überschlafen" haben. Der Begriff „rechtzeitig" ist somit **funktional** zu interpretieren. Rechtzeitig ist eine vorvertragliche Information immer dann, wenn sie eine **fundierte Entscheidung** ermöglicht, ob ein Darlehensvertrag geschlossen werden soll. Deshalb ist ein Vertragsschluss am Tag der Informationserteilung und auch unmittelbar nach der Erteilung möglich.[25]

11 Der Darlehensnehmer muss nur die Möglichkeit haben, die Information räumlich vom Darlehensgeber getrennt zu prüfen.[26] Diese vom Gesetzgeber für erforderlich gehaltene räumliche Trennung ist für eine fundierte Entscheidung jedenfalls in den Fällen angebracht, in denen der Darlehensnehmer erkennbar Zeit braucht, um verschiedene Angebote zu vergleichen und unsicher ist, welche Entscheidung er treffen soll. Die räumliche Trennung ermöglicht dann eine unbeeinflusste Willensbildung des Darlehensnehmers und beseitigt Zweifel darüber, ob der Darlehensnehmer seine Entscheidung wirklich frei, unabhängig, unbeeinflusst und folglich fundiert getroffen hat. Rechtzeitig bedeutet außerdem, dass der Verbraucher die Information vor jeglicher rechtlicher Bindung erhalten haben muss.[27] Bindet sich ein Verbraucher durch ein Angebot zum Vertragsabschluss (§ 145 BGB), muss ihm die Information folglich bereits vor dieser Erklärung vorliegen.[28] Die inhaltlichen Anforderungen an die rechtzeitige Information ergeben sich aus den §§ 3-5 und §§ 8-13. Eine Parallele besteht zu § 7 Abs. 1 VVG, wonach der Versicherer dem Versicherungsnehmer ebenfalls „rechtzeitig" vor Abgabe von dessen Vertragserklärung bestimmte Informationen mitzuteilen hat.[29] Auch im Versicherungsrecht geht es um eine informierte Entscheidung vor Abgabe der bindenden Willenserklärung. Wie lange „rechtzeitig" ist, bemisst sich nach Art, Umfang, Komplexität und Bedeutung des Versicherungsvertrages.[30] Bei komplexen Versicherungsprodukten und bei der Absicherung existenzieller Risiken kann es erforderlich sein, dem VN nach Übersendung der Informationen noch eine **Bedenkzeit** vor Abgabe des Angebotes einzuräumen.[31] Die Gerichte haben den Begriff **rechtzeitig** in jedem Fall auszulegen – in Zweifelsfällen ist der Streit dem EuGH, der für die Auslegung des unionsrechtlichen Begriffs „rechtzeitig" allein zuständig ist, vorzulegen.[32]

12 Für die Rechtsfolgen gelten die allgemeinen Grundsätze. Der Darlehensvertrag bleibt auch dann, wenn die Informationen nicht rechtzeitig erteilt wurden, wirksam (§ 494 Abs. 1 BGB). Allerdings kommen Schadensersatzansprüche nach § 280 Abs. 1 BGB in Betracht, wenn der Kunde durch nicht rechtzeitige Information eine Fehlentscheidung getroffen und dadurch Schaden erlitten hat. Dies ist insbesondere dann der Fall, wenn der Kunde bei rechtzeitiger Information den Darlehensvertrag womöglich gar nicht oder in anderer Höhe oder mit einer anderen Laufzeit oder mit einem anderen (niedrigeren) Zinssatz geschlossen hätte.

---

[25] BT-Drs. 16/11643, S. 121.
[26] BT-Drs. 16/11643, S. 121.
[27] BT-Drs. 16/11643, S. 122.
[28] BT-Drs. 16/11643, S. 122.
[29] *Ebers* in: Schwintowski/Broemmelmeyer, PK zum VVG, 2. Aufl., § 7 ab Rn. 35; *Herrmann* in: Bruck/Möller, VVG, § 7 ab Rn. 60.
[30] *Ebers* in: Schwintowski/Broemmelmeyer, PK zum VVG, 2. Aufl., § 7 Rn. 36.
[31] *Schimikowski*, r + s 2007, 133,135; *Wandt*, Versicherungsrecht, Rn. 384; *Ebers*, in: Schwintowski/Broemmelmeyer, PK zum VVG, 2. Aufl., § 7 Rn. 36 m.w.N.; Hinweis auf differenzierende Auffassungen.
[32] *Ebers* in: Schwintowski/Broemmelmeyer, PK zum VVG, 2. Aufl., § 7 Rn. 37; Hinweis auf EuGH Rs. C–264/02 - EuZW 2004, 87 Rn. 23, 29.

b. Textform

Die Unterrichtung muss nach § 1 in Textform (§ 126b BGB) vor Vertragsschluss erfolgen. Dies bedeutet, dass die Erklärung in einer Urkunde oder auf andere zur dauerhaften Wiedergabe in Schriftzeichen geeignete Weise abgegeben, die Person des Erklärenden genannt und der Abschluss der Erklärung durch Nachbildung der Namensunterschrift oder anderes erkennbar gemacht wird (§ 126b BGB). Für die vorvertraglichen Informationen genügt also Textform, während der Verbraucherdarlehensvertrag selbst nach § 492 Abs. 1 Satz 1 BGB schriftlich abzuschließen ist, also den Anforderungen des § 126 BGB genügen muss.

13

3. Muster (Art. 247 § 2 EGBGB)

Die Unterrichtung hat unter Verwendung der Europäischen Standardinformation für Verbraucherkredite gemäß dem Muster in Anlage 3 zu Art. 247 § 2 EGBGB zu erfolgen, wenn nicht ein Vertrag gemäß § 495 Abs. 3 Nr. 1 BGB, § 503 BGB oder § 504 Abs. 2 BGB abgeschlossen werden soll.

14

Die Muster, die während der Verhandlungen der VKred-Rili entwickelt wurden, sind auf die inhaltlichen Voraussetzungen der §§ 3-13 abgestimmt.[33] Der Begriff „Muster" wurde verwendet, um sowohl die beiden aus der VKred-Rili stammenden Formulare „Europäische Standardinformationen für Verbraucherkredite" und „Europäische Verbraucherkreditinformationen" als auch das „Europäische Standardisierte Merkblatt" aus der Empfehlung K (2001) 477 zu erfassen.[34]

15

Nach Absatz 1 ist das Muster „Europäische Standardinformationen für Verbraucherkredite" (Anlage 3) bei allen gewöhnlichen Verbraucherdarlehensverträgen zwingend zu verwenden, um die vorvertragliche Information zu erteilen.[35] Ausgenommen von der Verwendungspflicht sind:

16

- Umschuldungen nach § 495 Abs. 3 Nr. 1 BGB,
- grundpfandrechtlich gesicherte Verbraucherdarlehensverträge nach § 503 BGB und
- Überziehungsmöglichkeiten nach § 504 Abs. 2 BGB.

Für Umschuldungen (§ 495 Abs. 3 Nr. 1 BGB) und Überziehungsmöglichkeiten (§ 504 Abs. 2 BGB) kann das in Anlage 4 abgedruckte Muster fakultativ verwendet werden.[36] Der Darlehensgeber hat die Wahl, ob er das Muster verwendet oder die vorvertragliche Information auf andere Weise kommuniziert.[37] Für grundpfandrechtlich gesicherte Verträge (§ 503 BGB) kann der Darlehensgeber ebenfalls fakultativ das „Europäische Standardisierte Merkblatt" (Anlage 5) verwenden. Verwendet der Darlehensgeber die Muster nicht, so muss er die Pflichtangaben gleichartig gestalten (Satz 3). Die Pflichtangaben sollen sich von anderen Angaben abheben (§ 4 Abs. 2) und vom Darlehensnehmer klar und deutlich als Pflichtangaben wahrgenommen werden können.[38]

17

Absatz 3 regelt die Rechtsfolgen, wenn der Darlehensgeber das Muster verwendet.[39] Die Informationspflichten nach § 491a BGB gelten als erfüllt, wenn der Darlehensgeber dem Darlehensnehmer das ordnungsgemäß ausgefüllte Muster in Textform übermittelt hat (Absatz 3 Satz 1). Daneben muss die Information **rechtzeitig** erfolgen – in Absatz 3 geht es also um die „inhaltliche" Erfüllung der Informationspflichten.[40] Die Vorschrift ermöglicht dem Darlehensgeber eine standardisierte Erfüllung seiner Informationspflichten und stimmt mit den Rechtsgedanken des früheren § 14 Abs. 2 BGB-InfoV sowie des neuen § 360 BGB überein.[41]

18

---

[33] BT-Drs. 16/11643, S. 122.
[34] BT-Drs. 16/11643, S. 122.
[35] BT-Drs. 16/11643, S. 122.
[36] BT-Drs. 16/11643, S. 122.
[37] BT-Drs. 16/11643, S. 122.
[38] BT-Drs. 16/11643, S. 122.
[39] BT-Drs. 16/11643, S. 123.
[40] BT-Drs. 16/11643, S. 123.
[41] BT-Drs. 16/11643, S. 123.

19 Das Muster muss ordnungsgemäß ausgefüllt sein – nur dann greift die Fiktionswirkung.[42] Dies ist eine europarechtlich unbedenkliche Klarstellung, die sich aus dem Zweck der Informationsmitteilung, wie er in Artt. 5 Abs. 1, 6 Abs. 1 VKred-Rili niedergelegt ist, ergibt.[43] Das „Europäische Standardisierte Merkblatt" für grundpfandrechtlich gesicherte Darlehensverträge soll – so der Gesetzgeber in der Begründung – den anderen Mustern in seiner Wirkung gleichgestellt sein.[44] Der Darlehensgeber hat also auch in diesen Fällen seine Unterrichtungspflicht aus § 491a Abs. 1 BGB erfüllt, wenn er das Merkblatt ausgefüllt an den Darlehensnehmer übermittelt.[45]

20 Satz 2 erweitert die Fiktion, wonach die Informationspflichten mit Vorlage der Formulare erfüllt sind, auch auf die Informationspflichten aus dem allgemeinen Fernabsatzrecht. Dies entspricht den Vorgaben der VKred-Rili.[46] Die Muster in Anlage 1 und 2 entsprechen den Vorgaben des Fernabsatzrechts.[47] Sie berücksichtigen die Informationserfordernisse im Fernabsatz, so dass § 312c Abs. 1 BGB als erfüllt gilt, wenn der Unternehmer das vorgegebene Muster verwendet. Das „Europäische Standardisierte Merkblatt" ist durch Punkt 18 ergänzt worden.[48] Wird Punkt 18 ausgefüllt, erfüllt auch das „Europäische Standardisierte Merkblatt" die Anforderungen an die vorvertragliche Information im Fernabsatz, so dass die Fiktion auch in diesem Falle greift. Wird das Muster ordnungsgemäß ausgefüllt, ist folglich für die Rechtsfolgen des § 355 Abs. 4 BGB kein Raum.[49]

4. Inhalt der vorvertraglichen Information (Art. 247 § 3 Abs. 1 EGBGB)

21 In § 3 sind die Anforderungen an die Information bei typischen Darlehensverträgen zusammengefasst.[50] Abweichungen gibt es für Immobiliardarlehensverträge (§ 9), für Überziehungsmöglichkeiten (§ 10) und für Umschuldungen (§ 11). Das Schriftformerfordernis ergibt sich allerdings aus § 492 Abs. 1 Satz 1 BGB. Die Vorgaben aus Art. 5 Abs. 1 Satz 3 VKred-Rili wurden teilweise aufgeteilt, so dass die deutsche Aufzählung zahlenmäßig zwei vorvertragliche Informationspflichten mehr kennt als die europäische Vorgabe.[51] Die Reihenfolge orientiert sich nicht an Art. 5 VKred-Rili, sondern an dem Muster nach Anlage 1; die Reihenfolge ist dort besser gegliedert und übersichtlicher.[52] Um die Verweisungen in den §§ 5, 9-11 einfach zu halten, wurde auch auf die Bedürfnisse aus diesen Vorschriften Rücksicht genommen.[53] Außerdem wurden die Pflichtangaben für alle Verträge von den Pflichtangaben in bestimmten Fällen getrennt. § 3 enthält die Angaben für alle Verträge, während über die Angaben aus § 4 nur dann zu unterrichten ist, wenn die dort bestimmten Einzelheiten für den konkret in Betracht kommenden Vertrag Bedeutung erhalten.[54]

22 **Nr. 1** verpflichtet zu Angabe von Name und Anschrift des Darlehensgebers.[55] Die Vorschrift wird durch § 13 erweitert, wenn Darlehensvermittler beteiligt sind.[56] Die Anforderungen an den Namen ergeben sich aus § 12 BGB; die Angabe der Anschrift erfordert eine Postadresse, Internetanschriften sind nicht ausreichend.[57] An die Anschrift muss dem Darlehensgeber Schriftverkehr zugestellt werden können.[58]

---

[42] BT-Drs. 16/11643, S. 123.
[43] BT-Drs. 16/11643, S. 123.
[44] BT-Drs. 16/11643, S. 123.
[45] BT-Drs. 16/11643, S. 123.
[46] BT-Drs. 16/11643, S. 123.
[47] BT-Drs. 16/11643, S. 123.
[48] BT-Drs. 16/11643, S. 123.
[49] BT-Drs. 16/11643, S. 123.
[50] BT-Drs. 16/11643, S. 123.
[51] BT-Drs. 16/11643, S. 123.
[52] BT-Drs. 16/11643, S. 123.
[53] BT-Drs. 16/11643, S. 123.
[54] BT-Drs. 16/11643, S. 123.
[55] Umsetzung von Art. 5 Abs. 1 Satz 4b, Art. 6 Abs. 1 Satz 2b VKred-Rili.
[56] BT-Drs. 16/11643, S. 123.
[57] BT-Drs. 16/11643, S. 123.
[58] BT-Drs. 16/11643, S. 123.

Nach **Nr. 2** muss die „Art des Darlehens" angegeben werden.[59] Nr. 2 umfasst auch die „Produktbeschreibung" aus dem „Europäischen Standardisierten Merkblatt" für grundpfandrechtlich gesicherte Verbraucherdarlehensverträge.[60] Bei der „Art" kann zunächst zwischen Darlehensverträgen und anderen entgeltlichen Finanzierungshilfen unterschieden werden.[61] Als Vertragsart kommt deshalb beispielsweise der „Leasingvertrag" in Betracht. Die „Art" kann sich aber auch auf die nähere Ausgestaltung des Darlehens beziehen, z.B. auf ein befristetes oder unbefristetes Darlehen mit regelmäßiger Tilgung oder Tilgung am Laufzeitende.[62] Auch die besonderen Formen, die in den §§ 503-505 BGB genannt werden, stellen Darlehensarten dar.[63]

Nr. 3 verpflichtet zu Angabe des **effektiven Jahreszinses** (§ 6 PAngV). Damit soll dem Verbraucher ein Preisvergleich ermöglicht werden – es entsteht **Markttransparenz**. Ob ein Darlehen preisgünstig ist, hängt allerdings nicht nur vom effektiven Jahreszins, sondern auch von der Laufzeit ab. Die Prozentzahl ist entsprechend der europäischen Vorgaben stets als „effektiver Jahreszins" zu bezeichnen, auch wenn sich dieser ändern kann.[64] Nach Absatz 3 ist der effektive Jahreszins anhand eines repräsentativen Beispiels zu erläutern.[65] Der **effektive Jahreszins** beschreibt die vom Darlehensnehmer zu entrichtenden Zinsen und Kosten, die für das Darlehen jährlich zu entrichten sind, in einem Prozentsatz. Einzubeziehen sind alle Kosten einschließlich etwaiger Vermittlungskosten, die im Zusammenhang mit dem Kreditvertrag zu entrichten und die dem Kreditgeber bekannt sind (§ 6 Abs. 3 PAngV). 23

Zinsen sind die **laufzeitabhängigen** Vergütungen für die Kapitalnutzungsmöglichkeit.[66] Kosten sind dagegen laufzeitunabhängige Vergütungen für das Darlehen. Zu den Kosten gehören alle Aufwendungen, die der Darlehensnehmer vereinbarungsgemäß bei planmäßiger Abwicklung für den Kredit zu tragen hat.[67] Dazu gehören (verdeckte)[68] Vermittlungsprovisionen,[69] Bearbeitungsgebühren, Spesen, Provisionen sowie die Forward- und die Cap-Prämie.[70] Die Vorfälligkeitsentschädigung gehört nicht dazu.[71] Ein Disagio, das im Nominalzins nicht berücksichtigt ist, gehört zu den Kosten. Damit wird nicht die Rechtsnatur des Disagios als laufzeitabhängiger Ausgleich für einen niedrigeren Nominalzins in Zweifel gezogen, sondern es werden nur Irreführungen vermieden.[72] 24

Nicht einzubeziehen sind Kosten, die in § 6 Abs. 3 Nr. 1-6 PAngV ausdrücklich genannt sind. Dazu gehören Kosten für solche Versicherungen, die keine Voraussetzung für die Kreditvergabe sind (Nr. 4). Dies bedeutet, dass die Prämien für eine Kapitallebensversicherung, die der Tilgung des Darlehens dienen soll, jedenfalls dann miteinzubeziehen sind, wenn diese Art der Tilgung Voraussetzung für die Kreditvergabe ist.[73] Die gleichen Grundsätze gelten für Restschuldversicherungen, sofern deren Abschluss Voraussetzung für die Kreditvergabe war. Bei der Restschuldversicherung handelt es sich um eine Risikolebensversicherung, mit deren Hilfe das offene Darlehen im Falle des vorzeitigen Ablebens des Darlehensnehmers getilgt wird. Ist die Restschuldlebensversicherung **nicht** Voraussetzung für die 25

---

[59] Umsetzung von Art. 5 Abs. 1 Satz 4a, Art. 6 Abs. 1 Satz 2a VKred-Rili.
[60] BT-Drs. 16/11643, S. 123.
[61] BT-Drs. 16/11643, S. 123.
[62] BT-Drs. 16/11643, S. 123.
[63] BT-Drs. 16/11643, S. 123.
[64] BT-Drs. 16/11643, S. 123.
[65] Umsetzung von Art. 5 Abs. 1 Satz 4g, Art. 6 Abs. 1 Satz 2f VKred-Rili.
[66] BGH v. 16.11.1978 - III ZR 47/77 - NJW 1979, 540 = WM 1979, 52.
[67] BGH v. 07.10.1997 - XI ZR 233/96 - NJW 1998, 602.
[68] OLG München v. 12.10.2000 - 19 U 4455/99 - WM 2001, 1215.
[69] OLG Brandenburg v. 30.06.1998 - 6 U 194/97 - WM 2000, 2192 m.w.N.
[70] *Rösler*, WM 2000, 1930.
[71] BGH v. 07.10.1997 - XI ZR 233/96 - WM 1997, 2353.
[72] BGH v. 29.05.1990 - XI ZR 231/89 - BGHZ 111, 287.
[73] Zur früheren Rechtslage vor dem 11.06.2010 (Prämien wurden generell nicht berücksichtigt) BGH v. 18.01.2005 - XI ZR 17/04 - BGHZ 162, 20 dazu *Metz*, EWiR 2006, 31; *Reifner*, WM 2005, 1825.

Kreditvergabe, so gehen die Kosten nicht in den effektiven Jahreszins ein.[74] Besonderheiten gelten, wenn sich die Parteien vorbehalten haben, einen anfänglich variablen Zins während der Laufzeit des Darlehens in einen festen Zinssatz umzuwandeln.[75]

26 Die Berechnung des effektiven Jahreszinses ergibt sich aus der Gleichung in Anhang 2 zu § 6 Nr. 3 PAngV. Das entspricht der VKred-Rili, so dass die Berechnung des effektiven Jahreszinses europaweit gleich ist.[76]

27 **Nr. 4** verpflichtet zur Angabe des in Absatz 2 definierten Nettodarlehensbetrags.[77] Nettodarlehensbetrag ist der Höchstbetrag, auf den der Darlehensnehmer aufgrund des Darlehensvertrags Anspruch hat (§ 3 Abs. 2). Nettodarlehensbetrag ist also die Darlehensvaluta nach Abzug eines eventuellen Disagios und ohne alle kreditierten Einmalkosten, wie etwa Bearbeitungsgebühren, Spesen oder Vermittlungscourtage. Auf der Basis des Nettodarlehensbetrags wird der effektive Jahreszins berechnet.

28 Der Nettodarlehensbetrag muss nicht an den Verbraucher persönlich ausgezahlt werden. Es gelten vielmehr die allgemeinen Regeln des Erfüllungsrechts. Danach zahlt die Bank den Nettodarlehensbetrag an den Kunden auch dann aus, wenn sie etwa im Auftrag des Kunden direkt an den Verkäufer einer finanzierten Sache überweist (§§ 362, 185 BGB) oder an einen Zessionar, an eine Zahlstelle des Verbrauchers oder an ein Kreditinstitut im Rahmen einer externen Umschuldung. Auch die Aufrechnung mit Forderungen aus einem Altkredit (interne Umschuldung) gilt als Auszahlung.

29 Nach **Nr. 5** ist der **Sollzinssatz** anzugeben.[78] Der Sollzinssatz (Nominalzins) muss die Bedingungen und den Zeitraum für seine Anwendung sowie die Art und Weise seiner Anpassung enthalten (§ 3 Abs. 4). Es ist also anzugeben, ob der Sollzinssatz gebunden oder veränderlich oder kombiniert ist. Weitere Einzelheiten enthält § 3 Abs. 4.

30 Nach **Nr. 6** ist die Vertragslaufzeit anzugeben, bei unbefristeten Verträgen ist sie als unbefristet einzutragen.[79]

31 **Nr. 7** regelt die Angaben von Betrag und Zahlungsfälligkeit der einzelnen Teilzahlungen. Speziell bei der Fälligkeit ist es ausreichend, wenn sie auf einen nach dem Kalender bestimmbaren Zeitpunkt bezogen wird.[80] Dies entspricht der Vorgabe, die von „Periodizität" spricht.[81]

32 Das Darlehen muss ferner den **Gesamtbetrag (Nr. 8)** enthalten.[82] Der Gesamtbetrag ist die Summe aus Nettodarlehensbetrag und Gesamtkosten (Absatz 2). In besonderen Fällen ist nur der effektive Jahreszins, nicht jedoch der Gesamtbetrag anzugeben. Dies gilt etwa für grundpfandrechtlich gesicherte Verträge, so dass das Muster nach Anlage 3 den Gesamtbetrag nicht aufführt.[83]

33 **Nr. 9** regelt die Angabe der Auszahlungsbedingungen.[84] Bei grundpfandrechtlich gesicherten Verträgen ist diese Angabe entbehrlich.[85] Anzugeben ist insbesondere, wenn der Darlehensnehmer das Darlehen nicht selbst ausgezahlt bekommt, sondern das Geld einem Dritten zufließt und der Darlehensnehmer dafür etwas anderes erhält, z.B. die Befreiung von einer Verbindlichkeit oder einem Gegenstand.[86]

34 **Nr. 10** verpflichtet zur Angabe aller aufgrund des Darlehensvertrags anfallender Kosten.[87] Bei Verträgen mit veränderlichen Konditionen ordnet darüber hinaus § 6 Abs. 1 Satz 2 PAngV weitere Pflicht-

---

[74] BGH v. 18.01.2005 - XI ZR 17/04 - BGHZ 162, 20.
[75] OLG Hamburg v. 10.03.1994 - 10 U 94/93 - NJW-RR 1994, 1011.
[76] BT-Drs. 16/11643, S. 149.
[77] Umsetzung von Art. 5 Abs. 1 Satz 4c VKred-Rili.
[78] Umsetzung von Art. 5 Abs. 1 Satz 4 f, Art. 6 Abs. 1 Satz 2e VKred-Rili.
[79] BT-Drs. 16/11643, S. 123; Umsetzung von Art. 5 Abs. 1 Satz 4d, Art. 6 Abs. 1 Satz 2d VKred-Rili.
[80] BT-Drs. 16/11643, S. 124.
[81] BT-Drs. 16/11643, S. 124.
[82] Umsetzung von Art. 5 Abs. 1 Satz 4g VKred-Rili.
[83] BT-Drs. 16/11643, S. 124.
[84] Umsetzung von Art. 5 Abs. 1 Satz 4c VKred-Rili.
[85] BT-Drs. 16/11643, S. 124.
[86] BT-Drs. 16/11643, S. 124.
[87] Umsetzung von Art. 5 Abs. 1 Satz 4i, Art. 6 Abs. 1 Satz 2k VKred-Rili.

angaben an.[88] Der Darlehensnehmer soll einen Überblick über die sonstigen Kosten des Vertrags erhalten; es handelt sich um die Kosten, die vor Vertragsabschluss anfallen, aber auch um diejenigen, die bei der Durchführung entstehen, insbesondere bei Überziehungsmöglichkeiten. Exemplarisch nennt das Gesetz an dieser Stelle die Kosten für die Auszahlung oder für ein ZAuFI.[89] § 675f Abs. 3 Satz 1 BGB bestimmt den Begriff des „Zahlungsvorgangs". Diese Kosten fallen regelmäßig an. Fallen weitere Kosten in einem separaten Vertrag an, sind diese Kosten nicht bei Nr. 10 anzugeben.[90]

Für jede Kostenart ist anzugeben, unter welchen Bedingungen die Kosten angepasst werden können. Als solche Bedingung kommt insbesondere ein Zeitraum in Betracht, wie es § 6 Abs. 1 Satz 2 PAngV bereits früher vorsah.[91] „**Anpassen**" bezeichnet im Gegensatz zu „**ändern**" die einseitige Neubestimmung der Leistung.[92] Die Muster in Anlage 1-3 sehen vor, dass die verschiedenen Kosten getrennt ausgewiesen werden. Dies ergibt sich als Verpflichtung aber nicht aus der Richtlinie und wird deshalb auch nicht gesetzlich vorgeschrieben.[93] Gleichwohl soll die vorvertragliche Information dem Darlehensnehmer einen Überblick über die Kosten verschaffen, so dass die verschiedenen Kosten nach Möglichkeit separat ausgewiesen werden sollen.[94]

Nr. 11 verlangt die Angabe des Verzugszinssatzes und der Art und Weise seiner etwaigen Anpassung sowie gegebenenfalls anfallende Verzugskosten.[95] Weitere Kosten im Zusammenhang mit dem Verzug sind etwa eine Vertragsstrafe.[96] Kosten, die infolge von Leistungsstörungen anfallen, gehören nicht zu den „**Gesamtkosten**" (vgl. § 6 Abs. 3 Nr. 1 PAngV).[97]

Dem Darlehensnehmer ist nach **Nr. 12** ein Warnhinweis zu den Folgen ausbleibender Zahlungen zu geben.[98] Seine Formulierung ist im Muster vorgegeben.

Nr. 13 verpflichtet zur Angabe des Bestehens oder Nichtbestehens eines Widerrufsrechts.[99] Die Formulierung entspricht Art. 246 § 1 Nr. 10 EGBGB.

Nr. 14 dient der Aufklärung des Darlehensnehmers über sein Recht, das Darlehen jederzeit mit befreiender Wirkung zurückzahlen zu können.[100] In diesem Fall steht dem Darlehensgeber eine Vorfälligkeitsentschädigung zu.[101] Die Berechnungsmethode ergibt sich aus § 502 BGB.

Nach **Nr. 15** ist der Darlehensnehmer über die sich § 491a Abs. 2 BGB ergebenden Rechte zu informieren, das bedeutet, dass der Darlehensnehmer zusätzlich zu dem Muster auch einen Entwurf des Darlehensvertrags verlangen kann.[102]

Nr. 16 dient der Unterrichtung des Darlehensnehmers darüber, dass er über das Ergebnis einer Anfrage bei Stellen, die geschäftsmäßig personenbezogene Daten zur Prüfung der Kreditwürdigkeit übermitteln, Auskunft verlangen kann, wenn der Abschluss eines Darlehensvertrags aus diesem Grund nicht zustande kommt.[103] Diese Rechte ergeben sich aus § 29 Abs. 7 BDSG.

---

[88] BT-Drs. 16/11643, S. 124.
[89] Der Begriff „Zahlungsauthentifizierungsinstrument" (ZAuFI) wird in § 1 Abs. 5 des Zahlungsdiensteaufsichtsgesetzes (ZAG) definiert.
[90] BT-Drs. 16/11643, S. 124 unter Hinweis auf Art. 5 Abs. 1 Satz 4i VKred-Rili.
[91] BT-Drs. 16/11643, S. 124.
[92] BT-Drs. 16/11643, S. 124 unter Hinweis auf die Begründung zu § 491 Abs. 3 BGB.
[93] BT-Drs. 16/11643, S. 124.
[94] BT-Drs. 16/11643, S. 124.
[95] Umsetzung von Art. 5 Abs. 1 Satz 4l, Art. 6 Abs. 1 Satz 2i VKred-Rili.
[96] BT-Drs. 16/11643, S. 124.
[97] BT-Drs. 16/11643, S. 124.
[98] Umsetzung von Art. 5 Abs. 1 Satz 4m VKred-Rili.
[99] Umsetzung von Art. 5 Abs. 1 Satz 4o VKred-Rili.
[100] Umsetzung von Art. 5 Abs. 1 Satz 4p, Art. 6 Abs. 3b VKred-Rili.
[101] Vgl. Ziffer 4 Europäische Standardinformation, Anlage 3 zu Art. 247 § 2.
[102] Umsetzung von Art. 5 Abs. 1 Satz 4r VKred-Rili.
[103] Umsetzung von Art. 5 Abs. 1 Satz 4q, Art. 6 Abs. 1 Satz 2j VKred-Rili.

5. Definitionen (Art. 247 § 3 Abs. 2 EGBGB)

42 In § 3 Abs. 2 werden wichtige in Absatz 1 verwendete Begriffe definiert. „**Gesamtbetrag**" ist die Summe aus Nettodarlehensbetrag und Gesamtkosten. Es handelt sich um den Oberbegriff.[104] Der Gesamtbetrag drückt die Gesamtbelastung des Darlehensnehmers aus. Diese teilt sich in die Rückzahlung des Darlehens, die Zinsleistungen und alle sonstigen Kosten.[105] Bei Finanzierungshilfen fällt auch der Preis für den Erwerb der Ware oder Dienstleistung unter den Begriff.[106] Dies ergibt sich aus einem Umkehrschluss aus Art. 19 Abs. 2 VKred-Rili und dem folgend aus § 6 Abs. 3 Nr. 2 PAngV.[107] Speziell bei Zeitzahlungsgeschäften entspricht der Begriff „**Gesamtbetrag**" dem früher in § 502 Abs. 1 Nr. 2 BGB definierten Begriff „**Teilzahlungspreis**", der nicht mehr benötigt wird.[108]

43 **Nettodarlehensbetrag** ist der Höchstbetrag, auf den der Darlehensnehmer aufgrund des Darlehensvertrags Anspruch hat.[109] Es kommt nicht darauf an, dass dieser Betrag tatsächlich dem Darlehensnehmer zufließt.[110] Entscheidend ist, dass der Darlehensnehmer auf den Nettodarlehensbetrag „Anspruch hat". Der Betrag kann also auch einer Person zufließen, die der Darlehensnehmer zur Einziehung ermächtigt hat (§ 185 BGB) oder an die er den Anspruch abgetreten hat. Dieser Unterschied ist gerade im Hinblick auf verbundene Geschäfte oder Überziehungsmöglichkeiten wichtig.[111] Durch diese Fassung kann auf die früher in § 492 Abs. 1 Nr. 1 BGB erwähnte „Höchstgrenze" verzichtet werden, da diese nunmehr Bestandteil der europarechtlich vorgegebenen Definition ist.[112]

44 Zur Berechnung der Gesamtkosten und des „effektiven Jahreszinses" wird auf die Berechnungsvorschriften in § 6 PAngV verwiesen.[113]

6. Beispielhafte Erläuterungen von effektivem Jahreszins und Gesamtbetrag (Art. 247 § 3 Abs. 3 EGBGB)

45 Nach § 3 Abs. 3 sind der Gesamtbetrag und der effektive Jahreszins anhand eines repräsentativen Beispiels zu erläutern. Dabei sind sämtliche in die Berechnung des effektiven Jahreszinses einfließenden Annahmen anzugeben und die vom Darlehensnehmer genannten Wünsche zu einzelnen Vertragsbedingungen zu berücksichtigen.[114] Je nach dem Stadium der Verhandlung hat sich das Beispiel an den Wünschen des Darlehensnehmers zu orientieren; es ist deshalb nicht mit dem „repräsentativen Beispiel" identisch, das Art. 4 VKred-Rili in Werbeangeboten verlangt.[115] Durch die Angabe eines Beispiels soll der Darlehensnehmer realistisch seine Gesamtbelastung einschätzen können.[116] Berechnungen aufgrund unvollständiger oder unzutreffender Grundlage sind nicht repräsentativ und erfüllen die Anforderungen an den Informationsgehalt nicht.[117] Hängt die Berechnung des effektiven Jahreszinses vom Ergebnis eines mathematischen Verfahrens zur Berechnung der Wahrscheinlichkeit eines zukünftigen Verhaltens des Darlehensnehmers ab, ist von einem Ergebnis auszugehen, das bei dem Darlehensgeber in vielen Fällen tatsächlich oder jedenfalls durchschnittlich eintritt.[118] Zu einer Offenlegung

---

[104] Umsetzung von Art. 3h VKred-Rili.
[105] BT-Drs. 16/11643, S. 125.
[106] BT-Drs. 16/11643, S. 125.
[107] BT-Drs. 16/11643, S. 125.
[108] BT-Drs. 16/11643, S. 125; vgl. auch die Begründung zu § 498 BGB.
[109] Umsetzung von Art. 3l VKred-Rili – früher § 492 Abs. 1 Satz 5 Nr. 1 BGB.
[110] BT-Drs. 16/11643, S. 125.
[111] BT-Drs. 16/11643, S. 125.
[112] BT-Drs. 16/11643, S. 125.
[113] BT-Drs. 16/11643, S. 125.
[114] Umsetzung von Art. 5 Abs. 1 Satz 4g, Art. 6 Abs. 1 Satz 2 f VKred-Rili.
[115] BT-Drs. 16/11643, S. 125.
[116] BT-Drs. 16/11643, S. 125.
[117] BT-Drs. 16/11643, S. 125.
[118] BT-Drs. 16/11643, S. 125.

seiner Geschäftsstruktur zur Überprüfung ist der Darlehensgeber gegenüber dem Darlehensnehmer nicht verpflichtet.[119]

Satz 2 enthält eine zusätzliche Informationspflicht darüber, dass sich der Jahreszins unter Umständen erhöht, wenn sich eine der zur Berechnung zugrunde gelegten Vermutungen ändert.[120] Dies entspricht der Funktion des früheren „anfänglichen effektiven Jahreszinses" (§ 492 Abs. 1 Satz 5 Nr. 5 BGB a.F.).

46

7. Angaben zum Sollzinssatz (Art. 247 § 3 Abs. 4 EGBGB)

Die Angabe zum Sollzinssatz muss die Bedingungen und den Zeitraum für seine Anwendung sowie die Art und Weise seiner Anpassung enthalten.[121] Anzugeben sind die Anwendungsbedingungen, der Zeitraum der Anwendung und die Art und Weise einer Anpassung. Satz 2 verpflichtet zur Angabe eines Indexes oder Referenzzinssatzes, falls der Sollzinssatz von einem solchen abhängig gemacht wird.[122] Der Begriff Referenzzinssatz ist in § 675g Abs. 3 Satz 2 BGB definiert.

47

Satz 3 dehnt die Verpflichtungen aus den Sätzen 1 und 2 in Verträgen, in denen mehrere Sollzinssätze vereinbart sind, auf jeden einzelnen vereinbarten Sollzinssatz aus. Ist in diesen Fällen das Darlehen in Teilzahlungen zu tilgen, ist nach Satz 4 auch anzugeben, in welcher Reihenfolge die Rückzahlungsforderung und die Zinsforderungen des Darlehensgebers getilgt werden.[123] Die Tilgungsreihenfolge ist nur anzugeben, wenn verschiedene Sollzinssätze vereinbart sind.[124]

48

8. Weitere Angaben bei vorvertraglichen Informationen (Art. 247 § 4 EGBGB)

§ 4 Abs. 1 enthält Angaben, die nicht zwingend erforderlich sind, sondern nur dann in die vorvertragliche Unterrichtung einfließen müssen, soweit sie für den in Betracht kommenden Vertragsabschluss erheblich sind. Bei Nr. 1 handelt es sich um einen Hinweis, dass der Darlehensnehmer in Folge des Vertragsabschlusses Notarkosten zu tragen hat, falls solche anfallen. Da Notarkosten von Fall zu Fall variieren, können sie nicht als Geldbetrag angegeben werden.[125] Die Angabe von gesetzlich vorgegebenen Notargebühren könnte zwar verlangt werden; sie wäre aber für den Darlehensnehmer nur begrenzt nützlich, da zu den Gebühren noch weitere, im Voraus nicht feststehende Kosten, wie etwa Auslagen und Pauschalbeträge, hinzukämen.[126]

49

Nr. 2 schreibt die Angabe von Sicherheiten, die der Darlehensgeber verlangt, vor. Sicherheiten werden von Fall zu Fall einzeln vereinbart, deshalb hielt es der Gesetzgeber für sachgerecht, diese in § 4 zu regeln.[127] Der Begriff „Sicherheiten" (§ 232 BGB) ist weit zu verstehen und umfasst sämtliche Gestaltungen, mit denen dem Darlehensgeber zusätzliche Ansprüche zustehen, wenn das Darlehen nicht zurückgezahlt wird.[128]

50

Nach **Nr. 3** muss der Darlehensgeber über den Anspruch auf Vorfälligkeitsentschädigung und dessen Berechnungsmethode unterrichten, soweit er diesen Anspruch geltend macht. Der Darlehensgeber muss auch die Art der Berechnung des Anspruchs darlegen.[129] Da es im Belieben des Darlehensgebers steht, ob er diesen Anspruch geltend machen will, wurde diese Unterrichtungspflicht in § 4 aufgenommen.[130]

51

Nr. 4 verpflichtet den Darlehensgeber, den Zeitraum anzugeben, für den er sich an die übermittelten Informationen bindet. Eine solche Bindung ist zwar nicht gesetzlich vorgegeben und somit fakultativ,

52

---

[119] BT-Drs. 16/11643, S. 125.
[120] BT-Drs. 16/11643, S. 125; Umsetzung von Art. 5 Abs. 1 Satz 4g VKred-Rili.
[121] Umsetzung von Art. 5 Abs. 1 Satz 4f und h sowie Art. 6 Abs. 1 Satz 2e, Abs. 3a VKred-Rili.
[122] BT-Drs. 16/11643, S. 125.
[123] BT-Drs. 16/11643, S. 125/126.
[124] BT-Drs. 16/11643, S. 126.
[125] BT-Drs. 16/11643, S. 126.
[126] BT-Drs. 16/11643, S. 126.
[127] BT-Drs. 16/11643, S. 126.
[128] BT-Drs. 16/11643, S. 126.
[129] BT-Drs. 16/11643, S. 126.
[130] BT-Drs. 16/11643, S. 126.

aber doch von erheblicher Bedeutung, falls der Darlehensnehmer mehrere Angebote miteinander vergleichen möchte.[131]

53 **Absatz 2** verlangt, dass die Hinweise des Darlehensgebers räumlich getrennt von den Angaben nach Absatz 1 und nach den §§ 3 und 8-13 erteilt werden. Auf diese Weise soll dem Verbraucher klar veranschaulicht werden, welche Informationen gesetzlich vorgegeben sind und welche ihm der Unternehmer zusätzlich zur Verfügung stellt.[132]

9. Besondere Kommunikationsmittel (Art. 247 § 5 EGBGB)

54 § 5 erlaubt vorvertragliche Informationen unter bestimmten Voraussetzungen in anderer Form (z.B. mündlich) und auch in reduziertem Umfang zu erteilen; außerdem wird erlaubt, die vollständige Unterrichtung nachzuholen.[133] Große praktische Bedeutung hat diese Vorschrift für das deutsche Recht nicht, da für den Vertragsschluss grundsätzlich Schriftform verlangt wird (§ 492 Abs. 1 BGB). Dies ist zugleich richtlinienkonform.[134] Das BGB sieht allerdings in engem Umfang Ausnahmen von § 492 Abs. 1 BGB vor, nämlich in § 504 Abs. 2 BGB für Überziehungsmöglichkeiten und in § 507 Abs. 1 BGB für Teilzahlungsgeschäfte im Fernabsatz. In diesen Fällen erlangt § 5 für die vorvertragliche Information Bedeutung.[135]

55 Vorausgesetzt ist, dass der Vertrag mittels Kommunikationsmitteln abgeschlossen wird, die die Erteilung der Information in den in §§ 1, 2 genannten Formen nicht gestatten. Die Form bezieht sich sowohl auf den Zeitpunkt als auch auf die Textform als auch auf die Verwendung des Musters.[136] Das ist insbesondere bei mündlicher Kommunikation der Fall. Aber auch wenn der Vertragsabschluss über andere Kommunikationswege angebahnt wird, insbesondere in den in § 507 Abs. 1 BGB genannten Fällen, kann das Kommunikationsmittel einer vollständigen Unterrichtung entgegenstehen.[137] Das Wort „Kommunikationsmittel" ist in Plural gesetzt, weil gerade in den Fällen, in denen unterschiedliche Medien zur Anwendung kommen, die formgerechte Erfüllung der vorvertraglichen Information erschwert sein kann.[138] In diesen Fällen kann es sachgerecht sein, wenn zumindest die vollständige Information unmittelbar nach Vertragsabschluss nachgeholt wird.[139]

56 Die **zweite Voraussetzung** ist, dass der Darlehensnehmer die Kommunikationsform gewählt hat. Nur dann kann er auf die vorvertragliche Information verpflichtet werden.[140] Dabei muss dem Darlehensnehmer eine tatsächliche Wahlmöglichkeit zustehen. Die Formulierung stellt außerdem sicher, dass der Darlehensnehmer die Initiative zum Vertragsabschluss ergreifen muss.[141] So kann auf § 5 keine Reduzierung der Informationspflicht gestützt werden, wenn ein Darlehensgeber z.B. per telefonischer Kurznachricht dem Darlehensnehmer ein Angebot für eine Überziehungsmöglichkeit unterbreitet, das dieser binnen kurzer Frist annehmen soll.[142]

57 Als **dritte Voraussetzung** muss die vollständige Information unverzüglich, also ohne schuldhaftes Zögern (§ 121 BGB), nachgeholt werden. Dies kann noch nach Vertragsabschluss sein, etwa wenn der Darlehensnehmer eine schnelle Bereitstellung des Geldes oder des gekauften Gegenstands wünscht.[143]

---

[131] BT-Drs. 16/11643, S. 126.
[132] BT-Drs. 16/11643, S. 126.
[133] Umsetzung von Art. 5 Abs. 2 und 3 sowie Art. 6 Abs. 4 und 7 VKred-Rili.
[134] Art. 10 Abs. 1 Satz 3 VKred-Rili sowie Erwägungsgrund 30.
[135] BT-Drs. 16/11643, S. 126.
[136] BT-Drs. 16/11643, S. 126.
[137] BT-Drs. 16/11643, S. 126.
[138] BT-Drs. 16/11643, S. 126.
[139] BT-Drs. 16/11643, S. 126.
[140] BT-Drs. 16/11643, S. 126.
[141] BT-Drs. 16/11643, S. 126.
[142] BT-Drs. 16/11643, S. 127.
[143] BT-Drs. 16/11643, S. 127; Umsetzung von Art. 5 Abs. 3 und Art. 6 Abs. 7 VKred-Rili.

In § 5 Satz 2 gibt es eine weitere Spezialvorschrift für telefonische Kontakte.[144] Bei telefonischen Kontakten sind jedenfalls die Pflichten nach Art. 246 § 1 zu erfüllen.[145] § 5 Satz 2 ergänzt in seinem Anwendungsbereich Art. 246 § 1 Abs. 1 Nr. 4 EGBGB, der dazu verpflichtet, die Hauptmerkmale des Angebots zu beschreiben.[146] Diese Hauptmerkmale werden durch § 5 näher bestimmt, wobei auf den Katalog des § 3 verwiesen wird. Es handelt sich um folgende Merkmale: 58
- effektiver Jahreszins unter Angabe eines repräsentativen Beispiels (§ 3 Abs. 1 Nr. 3, Abs. 3),
- Nettodarlehensbetrag (§ 3 Abs. 1 Nr. 4),
- Angaben zum Sollzins (§ 3 Abs. 1 Nr. 5, Abs. 4),
- Vertragslaufzeit (§ 3 Abs. 1 Nr. 6),
- Angaben zu den Teilzahlungen (§ 3 Abs. 1 Nr. 7),
- Gesamtbetrag unter Angabe eines repräsentativen Beispiels (§ 3 Abs. 1 Nr. 8, Abs. 3) und
- Auszahlungsbedingungen (§ 3 Abs. 1 Nr. 9).

Das Wort „zumindest" stellt klar, dass die Aufzählung nicht abschließend ist. Sie kann sowohl vom Darlehensgeber selbst auf weitere Einzelheiten erstreckt werden, als auch durch gesetzliche Verpflichtung.[147] Eine solche ergibt sich bei verbundenen Verträgen und Finanzierungshilfen aus § 12 Abs. 1 Nr. 1, wonach zusätzlich die erworbene Ware oder die bezogene Dienstleistung anzugeben ist.[148] Einschränkungen des Informationskatalogs ergeben sich für Überziehungsmöglichkeiten aus § 10 Abs. 2.[149] 59

Auch wenn diese Informationen erteilt werden, ist die vollständige Unterrichtung nach Satz 1 in jedem Fall nachzuholen. Satz 2 stellt keine Ausnahme zu Satz 1 dar; die verkürzte Form der vorvertraglichen Information soll die vollständige vorvertragliche Information nicht ersetzen.[150] 60

10. Zusatzleistungen (Art. 247 § 8 EGBGB)

In § 8 sind die Informationspflichten für den Fall zusammengefasst, dass der Darlehensgeber den Abschluss des Darlehensvertrags mit zusätzlichen Leistungen oder einem weiteren Vertrag koppelt. Hierunter fallen insbesondere Versicherungsverträge, die im Zusammenhang mit dem Darlehensvertrag abgeschlossen werden, etwa Restschuldversicherungen.[151] Ferner zählen herzu Girokontoverträge, die zwingend im Zusammenhang mit dem Darlehensvertrag abzuschließen sind.[152] Diese Beispiele, die im Gesetz repräsentativ aufgezählt werden, entstammen der Richtlinie – gemeint sind so genannte „Spar-/Kreditkombinationen", bei denen der Darlehensnehmer Teilzahlungen entrichtet, die nicht der Rückführung des Darlehens dienen, sondern einen separaten Kapitalstock bilden, mit dem das Darlehen zurückgeführt werden soll.[153] Um diese unterschiedlichen Vertragsarten zusammenzufassen wurde der Begriff „Zusatzleistung" gewählt. Die Aufzählung ist nicht abschließend.[154] 61

Die „Zusatzleistungen" werden in der Richtlinie an verschiedenen Stellen erwähnt.[155] Dabei geht der Richtliniengeber davon aus, dass Kontoführungsverträge grundsätzlich mit dem Darlehensgeber abgeschlossen werden und es praktisch unvorstellbar ist, dass sich der Darlehensnehmer hierzu an einen Dritten wendet.[156] Deshalb können die Kosten grundsätzlich angegeben werden und sind auch in den 62

---

[144] Umsetzung von Art. 5 Abs. 2 VKred-Rili.
[145] BT-Drs. 16/11643, S. 127.
[146] BT-Drs. 16/11643, S. 127.
[147] BT-Drs. 16/11643, S. 127.
[148] BT-Drs. 16/11643, S. 127.
[149] BT-Drs. 16/11643, S. 127.
[150] BT-Drs. 16/11643, S. 127 unter Hinweis auf KOM [2004] 747, S. 8.
[151] BT-Drs. 16/11643, S. 129.
[152] BT-Drs. 16/11643, S. 129.
[153] BT-Drs. 16/11643, S. 129.
[154] BT-Drs. 16/11643, S. 129.
[155] Zu den Einzelheiten: BT-Drs. 16/11643, S. 129.
[156] BT-Drs. 16/11643, S. 129.

effektiven Jahreszins einzubeziehen.[157] Bei anderen Zusatzleistungen ist jedoch offen, ob der Darlehensnehmer den Vertrag, selbst wenn ihn der Darlehensgeber verlangt, mit dem Darlehensgeber selbst abschließt.[158] Als Beispiel verweist der Gesetzgeber auf die Haftpflichtversicherung für ein finanziertes Fahrzeug. In diesen Fällen müsse in der vorvertraglichen Information und im Vertrag nur auf das Verlangen hingewiesen, aber die Kosten müssten nicht genau angegeben werden.[159] Auf Kosten, die im Vertrag nicht angegeben werden, besteht kein Anspruch (§ 494 Abs. 4 BGB). Wird die Pflicht zum Abschluss eines Restschuldversicherungsvertrags im Darlehensvertrag nicht erwähnt, kann diese auch nicht zur Bedingung für die Auszahlung gemacht werden.[160] Widerruft der Darlehensnehmer den Versicherungsvertrag nach den Regeln des VVG, kann der Darlehensgeber den Abschluss eines neuen Versicherungsvertrags nur verlangen, wenn der Darlehensnehmer hierzu im Vertrag verpflichtet ist.[161] Widerruft der Darlehensnehmer dagegen den Darlehensvertrag, so ist er (§ 358a Nr. 2 BGB) auch nicht mehr an den Versicherungsvertrag oder andere Verträge gebunden.[162]

63 **Absatz 1 Satz 1** regelt, dass in der vorvertraglichen Information darauf hinzuweisen ist, dass die Zusatzleistung für den Abschluss des Darlehensvertrags obligatorisch ist.[163] Nach **Satz 2** sind Kontoführungsgebühren und ihre Änderungsmöglichkeiten anzugeben, wenn der Abschluss eines Kontoführungsvertrags vom Darlehensgeber verlangt wird.[164]

64 In den von **Absatz 2** erfassten Fällen bekommt der Darlehensnehmer ein Gelddarlehen gegen monatliche bzw. regelmäßige Teilzahlungen ausbezahlt.[165] Mit diesen Teilzahlungen tilgt er jedoch nicht das Darlehen, sondern bildet ein neues Vermögen oder zahlt nur die laufenden Zinsen.[166] In diesem Falle verpflichtet Satz 1 den Darlehensgeber zu einer Aufstellung im Vertrag, aus der Zeiträume und Bedingungen für die Zahlung der Sollzinsen und der damit verbundenen wiederkehrenden und nicht wiederkehrenden Kosten hervorgehen.[167] Ein Verstoß hiergegen lässt nach § 494 Abs. 4 BGB den Anspruch des Darlehensgebers auf die Kosten entfallen.[168]

65 **Satz 2** gilt für die Fälle, in denen sich der Darlehensnehmer zusätzlich zur Vermögensbildung, etwa über einen Aktienfond, verpflichtet.[169] In der Regel soll am Ende der Laufzeit das Darlehen mit den Ausschüttungen aus dem angesparten Vermögen getilgt werden. Da der angesparte Betrag, z.B. in einer kapitalbildenden Lebensversicherung, geringer ausfallen kann als das zu tilgende Darlehen, ist der Darlehnsnehmer vor Vertragsabschluss und im Vertrag klar und verständlich darauf hinzuweisen, dass die einzelnen Raten, die der Darlehensnehmer während der Vertragslaufzeit entrichtet, das Darlehen nicht tilgen, das Darlehen also am Ende der Vertragslaufzeit in voller Höhe zur Rückzahlung ansteht.[170] Dies trifft sowohl auf Zahlungsverpflichtungen aus dem Darlehensvertrag (Zinszahlungen) als auch auf Zahlungsverpflichtungen aus dem Sparvertrag (Sparraten) zu.[171] Außerdem ist der Darlehensnehmer darauf hinzuweisen, dass der bloße Abschluss des Sparvertrags nicht sicherstellt, dass die am Ende der Laufzeit angesparte Summe tatsächlich die Rückzahlungsforderung aus dem Darlehensvertrag abdeckt.[172]

---

[157] BT-Drs. 16/11643, S. 129.
[158] BT-Drs. 16/11643, S. 129.
[159] BT-Drs. 16/11643, S. 129.
[160] BT-Drs. 16/11643, S. 129.
[161] BT-Drs. 16/11643, S. 129.
[162] BT-Drs. 16/11643, S. 129.
[163] BT-Drs. 16/11643, S. 129 – Umsetzung von Art. 5 Abs. 1 Satz 4k VKred-Rili.
[164] BT-Drs. 16/11643, S. 129.
[165] BT-Drs. 16/11643, S. 129.
[166] BT-Drs. 16/11643, S. 129.
[167] BT-Drs. 16/11643, S. 129.
[168] BT-Drs. 16/11643, S. 129.
[169] BT-Drs. 16/11643, S. 129.
[170] BT-Drs. 16/11643, S. 130.
[171] BT-Drs. 16/11643, S. 130.
[172] BT-Drs. 16/11643, S. 130.

Etwas anderes gilt nur dann, wenn die Parteien vereinbaren, dass die Ansprüche, die der Darlehensnehmer aus der Vermögensbildung erwirbt, die Tilgung des Darlehens gewährleisten. Fehlen die Informationen oder die Gewährleistungsvereinbarung, so ergeben sich die Rechtsfolgen aus § 494 Abs. 4 BGB. Der Darlehensvertrag wird jedoch nicht nichtig, so dass der Darlehensgeber das Darlehen verlangen kann und zum Fälligkeitszeitpunkt zurückzahlen muss.[173]   66

11. Art. 247 § 9 EGBGB

§ 9 regelt die Pflichtangaben in der vorvertraglichen Information für grundpfandrechtlich gesicherte Darlehensverträge. Absatz 1 enthält Informationen, die von den §§ 3-8 und 13 abweichen; § 9 steht im Kontext mit § 2, der Darlehensnehmer soll über die Angaben unterrichtet werden, die kumulativ sowohl im Europäischen Standardisierten Merkblatt als auch in der VKred-Rili vorgegeben werden.[174]   67

Dementsprechend ist nach § 9 zu unterrichten über: 68
- Name und Anschrift des Darlehensgebers sowie gegebenenfalls eines Darlehensvermittlers (Merkblatt Punkt 1),
- Art des Darlehens (Merkblatt Punkt 2),
- Effektiver Jahreszins (Merkblatt Punkt 4),
- Nettodarlehensbetrag (Merkblatt Punkt 5),
- Sollzinssatz mit Zusatzangaben (Merkblatt Punkt 3),
- Vertragslaufzeit (Merkblatt Punkt 6),
- Betrag, Zahl und Fälligkeit der einzelnen Teilzahlungen (Merkblatt Punkt 7-9),
- Informationen über einen Zusatzvertrag, insb. Sparvertrag (Merkblatt Punkt 9),
- sämtliche Kosten (Merkblatt Punkt 10 und 11).

Darüber hinaus ist zwingend über das Widerrufsrecht zu unterrichten.[175] Entsprechend wurde das Merkblatt um Punkt 16 ergänzt, die Angabe ist wegen § 495 Abs. 2 BGB erforderlich.[176] Die Angabe über das Widerrufsrecht ersetzt die ansonsten für den Beginn der Widerrufsfrist maßgebliche Belehrung (dazu: § 360 BGB).[177]   69

Nach **Absatz 1 Satz 2** muss die vorvertragliche Information außerdem einen deutlichen Hinweis darauf enthalten, ob Forderungen aus dem Darlehensvertrag abgetreten werden können oder das Vertragsverhältnis ohne Zustimmung des Darlehensnehmers übertragen werden kann.[178] Die Pflicht beruht auf den Erwägungen, die im Zuge des Risikobegrenzungsgesetzes[179] angestellt wurden.[180] Das Merkblatt wurde in Punkt 17 entsprechend ergänzt.   70

Die Norm dient, wie § 309 Nr. 10 BGB, dem Schutz des Darlehensnehmers. Will der Darlehensgeber Forderungen aus dem Darlehensvertrag ohne Zustimmung des Darlehensnehmers abtreten, so muss der Darlehensnehmer in der Vertragserklärung durch einen deutlich gestalteten Hinweis hierauf hingewiesen werden; außerdem muss der Darlehensgeber für diesen Fall den neuen Gläubiger nach § 309 Nr. 10 BGB namentlich bezeichnen oder aber dem Darlehensnehmer das Recht einräumen, sich vom Vertrag zu lösen.   71

Hintergrund der Regelung ist die Entscheidung des BGH vom 27.02.2007,[181] wonach Abtretungen von Darlehensforderungen generell zulässig sind. Es spielt keine Rolle, ob die Forderung an eine Bank oder an eine Nicht-Bank abgetreten wird. Der Abtretung steht auch nicht das Bankgeheimnis oder das   72

---

[173] BT-Drs. 16/11643, S. 130.
[174] BT-Drs. 16/11643, S. 130.
[175] BT-Drs. 16/11643, S. 130.
[176] BT-Drs. 16/11643, S. 130.
[177] BT-Drs. 16/11643, S. 130.
[178] BT-Drs. 16/11643, S. 130.
[179] BGBl I 2008, 1666; Begründung und Bericht des Finanzausschusses BT-Drs. 16/9821 ab S. 14.
[180] BT-Drs. 16/11643, S. 130.
[181] BGH v. 27.02.2007 - XI ZR 195/05 - NJW 2007, 2106 = WM 2007, 643.

§ 491a

Bundesdatenschutzgesetz entgegen.[182] Das Bundesverfassungsgericht hat die gegen dieses Urteil gerichtete Verfassungsbeschwerde aus der Perspektive des Rechts auf informationelle Selbstbestimmung nicht angenommen.[183] Der Gesetzgeber war deshalb der Auffassung, dass der Darlehensgeber den Darlehensnehmer durch einen deutlich gestalteten Hinweis darauf aufmerksam machen muss, dass der Darlehensgeber Forderungen aus dem Darlehensvertrag ohne Zustimmung des Darlehensnehmers abtreten und das Vertragsverhältnis auf einen Dritten übertragen darf. Dies gilt nur dann nicht, wenn die Abtretung im Vertrag ausgeschlossen ist oder der Darlehensnehmer der Übertragung zustimmen muss.[184]

73 Die Frage, ob die Abtretung einer Darlehensforderung an eine Nicht-Bank möglicherweise zu einer Inhaltsänderung der Forderung und damit zu einem Ausschluss der Abtretung nach § 399 Alt. 1 BGB führt, hat der BGH in seinem Urteil nicht gestellt. Schon in den Protokollen zum BGB ist anerkannt, dass eine Forderung nicht abgetreten werden kann, wenn „deren Inhalt durch die Leistung an einen anderen Gläubiger verändert werden würde".[185] Wird eine Darlehensforderung an eine Nicht-Bank abgetreten, so wird der Inhalt dieser Forderung durch die nunmehr notwendige Leistung an einen anderen (nämlich den neuen) Gläubiger grundlegend verändert. Dies ergibt sich zunächst einmal daraus, dass ein Darlehensvertrag nur mit einer Bank geschlossen werden kann (§ 1 Abs. 1 Ziff. 1 Nr. 2 KWG). Dies bedeutet, dass Darlehensverträge ihrem Wesen nach zwischen einem Darlehensnehmer und einem nach § 32 KWG zugelassenen Kreditinstitut geschlossen und durchgeführt werden. Daran kann auch die Abtretung der Darlehensforderung nichts ändern, denn anderenfalls könnte man das Verbot, Darlehensgeschäfte nur mit Kreditinstituten einzugehen, durch eine Abtretung umgehen.[186]

74 Zu beachten ist, dass der Darlehensnehmer darauf angewiesen ist, es mit einer Bank zu tun zu haben, die sich an die banküblichen Handelsbräuche bei der Darlehensvergabe und Darlehensverlängerung hält und die den gesetzlichen Bindungen, insbesondere des Handels-, des Bilanz- und des Aufsichtsrechts unterliegt, die die Vergabe des Darlehens bestimmt haben. Bei einer reinen Inkassostelle, noch dazu mit Sitz in einer Steueroase, ist dies nicht der Fall. Eine solche Inkassogesellschaft ist nicht an einer langfristigen, stabilen Kundenbeziehung interessiert. Für sie bedeutet die Zerschlagung der Kundenbeziehung nichts. Stattdessen ist die Frage, ob bei der Verwertung der Sicherheiten ein höherer Mehrwert erzielt werden kann, wichtiger als die Aufrechterhaltung und Stabilisierung der Kundenbeziehung, auch in Krisenzeiten. Symptomatisch für die Interessen der Inkassogesellschaft ist eine auf kurzfristige Gewinnerzielung gerichtete Betrachtungsweise, während eine klassische Bank, schon wegen der Tatsache, dass Darlehensverträge typischerweise über viele Jahre geschlossen werden, eine mittel- bis langfristige Perspektive ihren Überlegungen zugrunde legt. Außerdem ist eine Bank verpflichtet, die Sicherheiten nur „schonend", und zwar auch im Interesse einer langfristig belastbaren Geschäftsbeziehung, zu verwerten (Nr. 17 AGB/B).

75 Auch die moderne **Schutzzwecklehre**, die das Bundesverfassungsgericht[187] in Zusammenhang mit der Übertragbarkeit von Lebensversicherungsverträgen entwickelt hat, zeigt, dass der Darlehensnehmer nicht einfach hinnehmen muss, dass ihm eine Nicht-Bank als Vertragspartner aufgedrängt wird, wenn sich dadurch seine Rechtsposition drastisch verschlechtert. Selbst wenn man dem Darlehensnehmer für den Fall der Abtretung an eine Nicht-Bank ein **Sonderkündigungsrecht** einräumt – wie es

---

[182] Genau entgegengesetzt hat der VIII. Zivilsenat am 10.02.2010 entschieden (ZR 53/09), BB 2010, 582 – es ging um die Abtretung von Provisionsansprüchen eines Versicherungsvertreters, der Personenversicherungen vermittelt.
[183] BVerfG v. 11.07.2007 - 1 BvR 1025/07 - WM 2007, 1694.
[184] Vertiefend *Nobbe*, ZiP 2008, 97; *Clemente*, ZfIR 2008, 589; *Reifner*, BKR 2008, 142; *Langenbucher*, NJW 2008, 3169; *Schalast*, BB 2008, 2190; *Dörrie*, ZBB 2008, 292; *Bredow/Vogel*, BKR 2008, 271; *Koch*, ZBB 2008, 232.
[185] *Mugdan*, Die gesamten Materialien zum BGB für das Dt. Reich II, 1899 (Neudruck 1979), Prot. S. 573.
[186] Vertiefend *Schwintowski/Schantz*, NJW 2008, 472, 473 f; *Schwintowski*, Die Veräußerung (notleidender) Kredite - Grenzen der Abtretbarkeit - Schadensersatz wegen nicht schonender Sicherheitenverwertung. Schriftenreihe des Rostocker Bankeninstitutes, 2009 (demnächst).
[187] BVerfG v. 26.07.2005 - 1 BvR 782/94, 1 BvR 957/96 - BVerfGE 114, 1, 35f = NJW 2005, 2363.

§ 309 Nr. 10 BGB seit dem 19.08.2008 tut – ist damit seine Rechtsstellung nicht angemessen gewahrt. Ein Sonderkündigungsrecht gegenüber einer Nicht-Bank nützt dem Darlehensnehmer nichts, weil ihm der Vertragspartner, mit dem ihn ein Bankvertrag einschließlich der daraus resultierenden Schutzpflichten verbindet, abhandengekommen ist. Darin liegt eine wesentliche Verschlechterung der Rechtsposition des Darlehensnehmers, die den Inhalt des Schuldverhältnisses i.S.v. § 399 Alt. 1 BGB verändert.

Der Gesetzgeber hat sich bei der Verbesserung des Schuldner- und Verbraucherschutzes bei der Abtretung und beim Verkauf von Krediten über die Frage der Inhaltsänderung aus der Perspektive des § 399 Alt. 1 BGB nicht geäußert. Das Gleiche gilt für den BGH, der in seinem Urteil vom 27.02.2007[188] hierzu ebenfalls nichts gesagt hat. Im Ergebnis bedeutet dies, dass die Frage, ob durch Abtretung einer Darlehensforderung an eine Nicht-Bank eine Inhaltsänderung nach § 399 Alt. 1 BGB eintritt, nach den allgemeinen Regelungen des BGB zu beantworten ist – eine von diesen Grundsätzen abweichende Regelung des Gesetzgebers oder klärende höchstrichterliche Rechtsprechung liegt nicht vor.

76

Der Hinweis soll, so heißt es in der Gesetzesbegründung, in die vom Darlehensnehmer zu unterzeichnende Vertragserklärung aufgenommen werden.[189] Insbesondere durch die Pflicht zur Unterzeichnung werde sichergestellt, dass der Darlehensnehmer die Information auch zur Kenntnis nehmen könne. Das ist richtig, führt aber zu der Frage, ob der Darlehensnehmer auch über die Verhandlungsstärke verfügt, in einer Situation, in der er um ein Darlehen nachsucht, anstelle dieser Klausel einen Abtretungsausschluss – eventuell gegen einen etwas höheren Zins – durchzusetzen. Diese Frage hatte im Gesetzgebungsverfahren auch der Gesetzgeber erkannt und deshalb in einem der ersten Entwürfe des Risikobegrenzungsgesetzes geregelt, dass die Parteien vor Abschluss des Darlehensvertrages über die Möglichkeit der Abtretung gegen geringeren Zins verhandeln. Diese Option ist nach wie vor möglich, ob sie bei der Darlehensvergabe eine praktische Relevanz gewinnen wird, bleibt abzuwarten.

77

Der Hinweis soll „deutlich gestaltet" sein. Damit knüpft der Gesetzgeber[190] vom Wortlaut her an die Widerrufsbelehrung in § 360 BGB an. Die für die Widerrufsbelehrung entwickelten Kriterien sollen auf den Hinweis entsprechend anwendbar sein.[191] So werde gewährleistet, dass der Darlehensnehmer den Hinweis ohne große Schwierigkeiten zur Kenntnis nehmen könne und er nicht zwischen den übrigen Vertragsbedingungen untergehe. Der Hinweis muss in die Vertragsbestimmungen aufgenommen werde, unterliegt also der Schriftform des Verbraucherdarlehensvertrags (§ 492 Abs. 1 Satz 1 BGB). Der Hinweis bezieht sich auf die Abtretung von Forderungen des Darlehensgebers aus dem Darlehensvertrag. Dies sind insbesondere Geldforderungen wie Tilgungs-, Zins- und Kostenansprüche.[192] Auch die Forderung der Restschuld ist eine Forderung aus dem Darlehensvertrag und kann, so die Gesetzesbegründung ausdrücklich, abgetreten werden. Der Hinweis sollte, um dem Transparenzgebot zu genügen, klarstellen, dass Abtretungen, die zu Inhaltsänderungen führen – etwa bei Abtretungen an eine Nicht-Bank – ausgeschlossen bleiben. Der Hinweis ist auch erforderlich, wenn das Vertragsverhältnis etwa nach § 123 UmwG auf einen Dritten übertragen werden darf.[193]

78

Der Hinweis ist entbehrlich, soweit im Vertrag ein entsprechendes Abtretungsverbot (§ 399 Alt. 2 BGB) vereinbart wurde.[194] „Soweit" bedeutet, dass auf den Hinweis nur insoweit verzichtet werden darf, soweit das Abtretungsverbot greift.[195] Beschränkt sich etwa das vereinbarte Abtretungsverbot auf die Zeit, während der der Darlehensnehmer seinen Verpflichtungen aus dem Vertrag nachkommt, ist der Hinweis für die Möglichkeit der Abtretung bei Vertragsverletzungen[196] (denkbar ist beispielsweise

79

---

[188] BGH v. 27.02.2007 - XI ZR 195/05 - NJW 2007, 2106 = WM 2007, 643.
[189] BT-Drs. 16/9821, S. 15.
[190] BT-Drs. 16/9821, S. 15.
[191] BT-Drs. 16/9821, S. 15.
[192] BGBl I Nr. 36 v. 18.08.2008, 1666 ff.; BT-Drs. 16/9821, S. 15.
[193] BGBl I Nr. 36 v. 18.08.2008, 1666 ff.; BT-Drs. 16/9821, S. 15.
[194] BT-Drs. 16/9821, S. 15.
[195] BT-Drs. 16/9821, S. 15.
[196] BT-Drs. 16/9821, S. 15.

Verzug) zu erteilen. Der Hinweis ist auch dann entbehrlich, wenn es nicht um rechtsgeschäftliche Forderungsübertragungen durch den Darlehensgeber, sondern beispielsweise um gesetzliche Sukzessionen, etwa bei Erbfällen oder Insolvenzen, geht.[197] Darüber hinaus kann auf den Hinweis verzichtet werden, wenn die Forderungsübertragung – z.B. nach Vereinbarung zwischen Darlehensgeber und Darlehensnehmer – ohnedies der Zustimmung des Darlehensnehmers bedarf.[198]

80 Enthält die vom Darlehensnehmer unterzeichnete Vertragserklärung den nur bei Immobiliardarlehensverträgen erforderlichen Hinweis nicht, so handelt es sich um eine Pflichtverletzung des Darlehensgebers, die den Darlehensnehmer zum Schadensersatz berechtigt.[199] Die Nichtangabe des Hinweises soll – so der Gesetzgeber in der Begründung – nicht zur Nichtigkeit (§ 494 BGB) führen, da diese Sanktion unangemessen sei.[200] Schadensersatz bedeutet in diesen Fällen, ähnlich wie bei der Verletzung anderer Belehrungspflichten,[201] dass die Forderung ohne Zustimmung des Darlehensnehmers nicht abgetreten werden kann. Das heißt, die Bank kann sich auf die ihr günstigen Rechte nicht berufen. Es genügt nicht, die Frage zu stellen, ob der Darlehensvertrag auch mit entsprechendem Hinweis geschlossen worden wäre – dies wird in der Regel der Fall sein, sodass die Verletzung der Hinweispflicht praktisch sanktionslos bliebe.

81 Die weiteren im Merkblatt vorgesehenen Angaben (Punkte 12-15 und 18) sind freiwillig. Sie können jedoch aus anderen Rechtsgründen verpflichtend sein, insbesondere im Fernabsatzrecht.[202] So sind nach Art. 246 § 1 Abs. 2 Nr. 3 EGBGB Informationen über die Kündigungsmöglichkeiten (Merkblatt Punkt 12) und die weiteren In Punkt 18 vorgesehenen Angaben bei Fernabsatzverträgen zwingend anzugeben.[203] Es ist dem Darlehensgeber unbenommen, über weitere Einzelheiten zu unterrichten – dann müssen die Informationen räumlich getrennt erfolgen (§ 4 Abs. 2).[204]

82 **Absatz 1 Satz 3** ergänzt Satz 1 um die Regelung in § 6 Abs. 2 zum Widerrufsrecht. Die dort vorgesehenen Angaben zum Widerrufsrecht müssen auch bei grundpfandrechtlich gesicherten Verträgen angegeben werden.[205] Fehlen andere als die sich aus Absatz 1 ergebenden Angaben im Vertrag, soll nicht die Nichtigkeitsfolge des § 494 BGB eintreten; vielmehr tritt an die Stelle einer vertraglichen Vereinbarung die jeweilige gesetzliche Regelung.[206] Der Darlehensnehmer hat mit Abschluss des Vertrags einen Anspruch auf das vollständige Darlehen.[207]

83 **Absatz 2** enthält eine Sonderregelung für Darlehensverträge zur Zwischenfinanzierung, bis die Zuteilungsreife eines Bausparvertrags erreicht ist. Dieser Zeitpunkt darf nicht im Voraus festgelegt werden, wie sich aus § 4 Abs. 5 des BausparkassenG ergibt.[208] Deshalb kann bei solchen Darlehen zur Zwischenfinanzierung die Anzahl der Teilzahlungen nicht angegeben werden – dies stellt Absatz 2 sicher.[209] Keine Bedenken bestehen dagegen, die Laufzeit anzugeben (§ 3 Abs. 1 Nr. 6), denn diese kann mit Angaben wie „bis zur Zuteilungsreife" oder ähnlich umschrieben werden.[210]

---

[197] BT-Drs. 16/9821, S. 15.
[198] BT-Drs. 16/9821, S. 15.
[199] BT-Drs. 16/9821, S. 15.
[200] BT-Drs. 16/9821, S. 15.
[201] *Römer*, VW 1996, 928; *Römer*, VersR 1998, 1313, 1316.
[202] BT-Drs. 16/11643, S. 130.
[203] BT-Drs. 16/11643, S. 130.
[204] BT-Drs. 16/11643, S. 130.
[205] BT-Drs. 16/11643, S. 130.
[206] BT-Drs. 16/11643, S. 130.
[207] BT-Drs. 16/11643, S. 130.
[208] BT-Drs. 16/11643, S. 130.
[209] BT-Drs. 16/11643, S. 130.
[210] BT-Drs. 16/11643, S. 130.

12. Angaben bei Überziehungsmöglichkeiten (Art. 247 § 10 EGBGB)

§ 10 ist als Ausnahmetatbestand zu den §§ 3 und 6 ausgestaltet – nur die Angaben aus den §§ 3 und 6 werden modifiziert.[211] Es geht um Sonderregelungen für Überziehungsmöglichkeiten nach § 504 BGB. Die Einzelheiten sind dort dargestellt.

84

13. Angaben bei bestimmten Umschuldungen (Art. 247 § 11 EGBGB)

In § 11 geht es um Sonderangaben für bestimmte Formen der Umschuldung, die in § 495 Abs. 3 Nr. 1 BGB vorgesehen sind. Die Einzelheiten werden dort dargestellt.

85

14. Entgeltliche Finanzierungshilfen (Art. 247 § 12 EGBGB)

In § 12 geht es um Pflichten im Rahmen von Verträgen, die eine entgeltliche Finanzierungshilfe nach § 506 Abs. 1 darstellen. Die Einzelheiten werden dort dargestellt.

86

15. Darlehensvermittler (Art. 247 § 13 EGBGB)

Die Vorschrift betrifft Darlehensvermittlungsverträge, wenn der Auftraggeber Verbraucher ist. Die Einzelheiten ergeben sich aus § 655h BGB.

87

II. Anspruch auf Übermittlung eines Vertragsentwurfs (Absatz 2)

Absatz 2 räumt dem Verbraucher einen eigenständigen Anspruch auf einen Vertragsentwurf ein.[212] Der Vertragsentwurf soll den beabsichtigten Vertragsinhalt wiedergeben.[213]

88

Mit der Ausgestaltung der Vorschrift als Anspruchsgrundlage sollen zwei Dinge klargestellt werden. Der Anspruch besteht unabhängig davon, ob der Darlehensgeber die Pflicht nach Absatz 1 erfüllt.[214] Der Anspruch besteht also auch dann, wenn der Darlehensnehmer bereits das Muster der Europäischen Standardinformation für Verbraucherkredite erhalten hat.[215] Anders als beim ZDRV kann auch die Übermittlung des Vertragsentwurfs die Erfüllung der vorvertraglichen Information nach Absatz 1 nicht ersetzen.[216] Zum anderen wird klargestellt, dass der Darlehensgeber für diese Leistung keine Kosten verlangen darf.[217]

89

Der Anspruch kann Bedeutung erlangen, wenn der Darlehensgeber das vorgegebene Muster nicht verwendet, was bei den in § 495 Abs. 3 Nr. 1 BGB genannten Fällen der Umschuldungen und bei Überziehungsmöglichkeiten nach § 504 Abs. 2 BGB zulässig ist.[218] Gerade in diesen Verträgen können Informationen enthalten sein, die bei den genannten Umschuldungen und Überziehungsmöglichkeiten nicht zwingend im Rahmen der vorvertraglichen Information erteilt werden müssen, z.B. die Auszahlungsbedingungen.[219] Die Vorschrift ist an § 312c Abs. 3 BGB angelehnt, aber nicht auf den Fernabsatz beschränkt.[220] Der Anspruch ist entsprechend den europarechtlichen Vorgaben solange ausgeschlossen, wie der Darlehensgeber zum Vertragsabschluss noch nicht bereit ist.[221] Die Bereitschaft kann beispielsweise von der Bonitätsprüfung des Darlehensnehmers abhängen.[222]

90

---

[211] BT-Drs. 16/11643, S. 130.
[212] Umsetzung von Art. 5 Abs. 4 und Art. 6 Abs. 6 VKred-Rili.
[213] BT-Drs. 16/11643, S. 78.
[214] BT-Drs. 16/11643, S. 78.
[215] BT-Drs. 16/11643, S. 78.
[216] BT-Drs. 16/11643, S. 78.
[217] BT-Drs. 16/11643, S. 78.
[218] BT-Drs. 16/11643, S. 78.
[219] BT-Drs. 16/11643, S. 78.
[220] BT-Drs. 16/11643, S. 78.
[221] BT-Drs. 16/11643, S. 78.
[222] BT-Drs. 16/11643, S. 78.

III. Erläuterungspflicht (Absatz 3)

91 Nach Absatz 3 ist der Darlehensgeber verpflichtet, dem Darlehensnehmer vor Abschluss eines Verbraucherdarlehensvertrags angemessene Erläuterungen zu geben, damit der Darlehensnehmer in die Lage versetzt wird, zu beurteilen, ob der Vertrag dem von ihm verfolgten Zweck und seinen Vermögensverhältnissen gerecht wird.[223] Hierzu sind gegebenenfalls die vorvertraglichen Informationen, die Hauptmerkmale des angebotenen Vertrags sowie ihre vertragstypischen Auswirkungen auf den Darlehensnehmer, einschließlich der Folgen bei Zahlungsverzug, zu erläutern. Eine solche Erläuterungspflicht war bisher im deutschen Recht nicht normiert, sie hat sich aber schon immer als vertragliche Nebenpflicht aus § 241 BGB ergeben.[224] Die gleiche Pflicht trifft den Darlehensvermittler (§ 655a Abs. 2 BGB).

92 Erläutern bedeutet, dass der Darlehensgeber dem Darlehensnehmer den Vertrag und die Vertragsbedingungen verständlich zu machen hat.[225] Der Umfang der Erläuterung hängt von der Komplexität des konkreten Darlehensgeschäfts und auch von der Verständnismöglichkeit des Darlehensnehmers ab, soweit diese dem Darlehensgeber erkennbar ist.[226] Erläutern erfordert nicht zwingend ein direktes Gespräch zwischen den Vertragsparteien, es sind auch schriftliche oder telefonische Erläuterungen möglich.[227] Ausgangspunkte sind Verständnismöglichkeiten des durchschnittlichen Darlehensnehmers, wenn nicht, z.B. aufgrund erfolgter Rückfragen, Anhaltspunkte für etwas Abweichendes erkennbar sind.[228] Je höher die Schwierigkeiten des durchschnittlichen oder, soweit erkennbar auch des konkreten Darlehensnehmers sind, eine Vertragsklausel zu begreifen, desto höhere Anforderungen sind an die Erfüllung der Erläuterungspflicht zu stellen.[229] Ebenso vergrößert sich die Erläuterungspflicht, wenn der Darlehensgeber neu gestaltete oder ungewöhnliche Vertragsklauseln in den Vertrag aufnimmt.[230] Aus der Sicht eines durchschnittlichen Darlehensnehmers ist zu beachten, dass für diesen nahezu alle Klauseln eines Darlehensvertrags neu sind, da der Darlehensnehmer Geschäfte dieser Art häufig zum ersten Mal und in der Regel insgesamt selten macht.

93 Die Erläuterung ist von der Beratung aufgrund eines besonderen Beratungsvertrags abzugrenzen und bleibt dahinter zurück.[231] Es geht bei der Erläuterung nicht darum, dass der Darlehensgeber dem Darlehensnehmer zu einem für seine Zwecke und Vermögensverhältnisse optimal zugeschnittenen Vertrag rät.[232] Vielmehr soll der Darlehensgeber die Eigenschaften und Folgen der angebotenen Verträge darstellen, damit der Darlehensnehmer von sich aus auf informierter Grundlage entscheiden kann.[233] Dies bedeutet, dass der Darlehensgeber im Rahmen der Beratung sich zunächst einmal von den Wünschen und Bedürfnissen des Kunden leiten lässt. Hiervon ausgehend empfiehlt der Berater das für den Kunden geeignete Produkt. Gibt der Kunde zu erkennen, dass er dieser Empfehlung wohl folgen will, folgt nun die Erläuterung des Produkts im Einzelnen im Sinne des Absatzes 3. Auf der Grundlage dieser umfassenden Erläuterung trifft der Kunde seine nunmehr informierte Entscheidung endgültig.

94 Die Erläuterung hat also zum Ziel, dass der Darlehensnehmer anhand seiner Vermögensverhältnisse und des mit dem Vertrag verfolgten Zwecks einschätzen kann, ob der Vertrag für ihn nützlich ist oder nicht.[234] Der Begriff Vermögensverhältnisse ist wie an anderen Stellen des BGB (z.B. §§ 490 Abs. 1,

---

[223] Vertiefend *Hofmann*, BKR 2010, 232; aus der Sicht von § 241 Abs. 2 BGB *Hesse/Niederhofer*, MDR 2010, 968, 970.
[224] BT-Drs. 16/11643, S. 78.
[225] BT-Drs. 16/11643, S. 78.
[226] BT-Drs. 16/11643, S. 78.
[227] BT-Drs. 16/11643, S. 78/79 unter Hinweis auf Erwägungsgrund 6 und 7 VKred-Rili.
[228] BT-Drs. 16/11643, S. 79.
[229] BT-Drs. 16/11643, S. 79.
[230] BT-Drs. 16/11643, S. 79.
[231] BT-Drs. 16/11643, S. 79; so auch *Hofmann*, BKR 2010, 232, 234.
[232] BT-Drs. 16/11643, S. 79.
[233] BT-Drs. 16/11643, S. 79.
[234] BT-Drs. 16/11643, S. 79.

775 Abs. 1 BGB) zu verstehen.²³⁵ Der Darlehensgeber ist aufgrund der Vorschrift nicht verpflichtet zu prüfen, ob der vom Darlehensnehmer verfolgte Zweck für diesen sinnvoll ist.²³⁶ Allerdings muss die Erläuterung dem Darlehensnehmer die Entscheidung darüber eröffnen, ob der Vertrag dem von ihm verfolgten Zweck und seinen Vermögensverhältnissen gerecht wird.

In Satz 2 wird die Erläuterungspflicht konkretisiert, insbesondere die vorvertragliche Information ist zu erläutern, ebenso wie die vertragstypischen Auswirkungen und die Hauptmerkmale des angebotenen Vertrags. Mit dem Begriff „gegebenenfalls" wird klargestellt, dass § 491a Abs. 3 BGB nicht alle Erläuterungspflichten abschließend aufführt; weitere Erläuterungs- und insbesondere Aufklärungspflichten bleiben von der Vorschrift unberührt.²³⁷ Dies gilt insbesondere für Aufklärungspflichten, die die Rechtsprechung entwickelt hat.²³⁸ Diese Rechtsprechung soll durch die Einführung des Absatzes 3 nicht geändert werden.²³⁹ Andererseits bedeutet „gegebenenfalls" auch, dass nicht zwingend alle in Satz 2 aufgeführten Angaben zu erläutern sind.²⁴⁰ Wenn kein Anlass dafür besteht, die vorvertragliche Information zu erläutern, etwa weil sie der Darlehnsnehmer verstanden hat, wird eine zusätzliche Erläuterung nicht verlangt.²⁴¹ 95

Die Hauptmerkmale eines Vertrags sind vorrangig die Hauptleistungspflichten.²⁴² Aber auch sonstige Besonderheiten, die den speziellen Vertrag von anderen unterscheiden, sind dem Darlehensnehmer näher darzulegen.²⁴³ So ist es beispielsweise ein Merkmal des Vertrags, wenn die Forderung des Darlehensgebers durch die Teilzahlungen des Darlehensnehmers nicht getilgt wird (Art. 247 § 8 Abs. 2 EGBGB).²⁴⁴ Die Hauptmerkmale beziehen sich auf die vom Darlehensgeber „angebotenen Verträge".²⁴⁵ Der Darlehensgeber soll auf die Gestaltungsalternativen hinweisen, wenn der Darlehensnehmer die Möglichkeit hat, durch eigene Erklärungen auf den Vertragsinhalt einzuwirken.²⁴⁶ Dies kann ausgewählte Klauseln eines vorformulierten Vertrags betreffen, aber auch Gestaltungsmöglichkeiten wie einen veränderlichen Sollzinssatz.²⁴⁷ 96

Mit vertragstypischen Auswirkungen sind insbesondere die finanziellen Belastungen des Darlehensnehmers gemeint.²⁴⁸ Darunter fallen aber auch andere vertragstypische Risiken, vorrangig Haftungsrisiken.²⁴⁹ Dies gilt umso mehr, je weiter ein Vertrag Besonderheiten aufweist und von einem Durchschnittsvertrag abweicht.²⁵⁰ Ein Sonderfall der Auswirkungen sind die Folgen bei Zahlungsverzug, die im Gesetz ausdrücklich erwähnt werden.²⁵¹ 97

Die Erläuterung muss vor Abschluss des Darlehensvertrags erfolgen. Das Ergebnis soll ein Hilfsmittel für die Entscheidung des Darlehensnehmers für oder gegen einen Vertrag sein.²⁵² Nur wenn die Erläuterung vor Vertragsabschluss erfolgt, ist dies möglich.²⁵³ Die Erläuterungspflicht trifft den Darlehensgeber. Er hat folglich zu beweisen, dass er seiner Pflicht im gesetzlichen Umfang nachgekommen ist. 98

---

²³⁵ BT-Drs. 16/11643, S. 79.
²³⁶ BT-Drs. 16/11643, S. 79.
²³⁷ BT-Drs. 16/11643, S. 79.
²³⁸ BT-Drs. 16/11643, S. 79 unter Hinweis auf *Rohe* in: Bamberger/Roth, BGB, § 488 Rn. 80 ff: *Berger* in: MünchKomm-BGB, vor § 488 Rn. 73 ff.
²³⁹ BT-Drs. 16/11643, S. 79.
²⁴⁰ BT-Drs. 16/11643, S. 79.
²⁴¹ BT-Drs. 16/11643, S. 79.
²⁴² BT-Drs. 16/11643, S. 79.
²⁴³ BT-Drs. 16/11643, S. 79.
²⁴⁴ BT-Drs. 16/11643, S. 79.
²⁴⁵ BT-Drs. 16/11643, S. 79.
²⁴⁶ BT-Drs. 16/11643, S. 79.
²⁴⁷ BT-Drs. 16/11643, S. 79.
²⁴⁸ BT-Drs. 16/11643, S. 79.
²⁴⁹ BT-Drs. 16/11643, S. 79.
²⁵⁰ BT-Drs. 16/11643, S. 79.
²⁵¹ BT-Drs. 16/11643, S. 79.
²⁵² BT-Drs. 16/11643, S. 130.
²⁵³ BT-Drs. 16/11643, S. 130.

Um diesen Beweis führen zu können erscheint es sinnvoll, die Erläuterung in ihrem wesentlichen Kern zu dokumentieren. Diese Dokumentation könnte der ohnehin erforderlichen Europäischen Standardinformationen (Anlage 3 zu Art. 247 § 2 EGBGB) beigefügt werden.

IV. Rechtsfolgen

99 Unterrichtet der Darlehensgeber den Darlehensnehmer entgegen § 491a Abs. 1 BGB nicht, oder nicht hinreichend oder nicht rechtzeitig, so kann darin ein Verstoß gegen die §§ 3, 4 Nr. 11 UWG liegen; außerdem entstehen Unterlassungsansprüche nach § 2 UKlaG.[254] Daneben kommen Schadensersatzansprüche nach den §§ 280 Abs. 1, 241 Abs. 2, 311a Abs. 2 BGB in Betracht.[255] Der Darlehensgeber verletzt seine Pflichten, wenn er das Formular „Europäische Standardinformationen für Verbraucherkredite" nicht verwendet, nicht ordnungsgemäß ausfüllt oder nicht rechtzeitig vor Vertragsschluss überlässt.[256] Der Schadensersatzanspruch steht neben § 494 BGB.[257]

100 Verletzt der Darlehensgeber seine Pflichten aus § 491a BGB, so muss der Darlehensgeber beweisen, dass der dadurch beim Darlehnsnehmer eingetretene Schaden **nicht kausal** auf der objektiven Pflichtverletzung beruht – andernfalls blieben die Informationspflichten des § 491a BGB weitgehend sanktionslos, liefen also leer.[258] Es geht in diesen Fällen nicht um die Vermutung aufklärungsrichtigen Verhaltens, sondern darum, den Informationspflichten zum Durchbruch zu verhelfen. Deswegen hilft in diesen Fällen auch der Hinweis auf das **Widerrufsrecht** nicht weiter, denn der Darlehensnehmer, der falsch, nicht hinreichend oder nicht rechtzeitig informiert worden ist, kann die Notwendigkeit eines Widerrufes nicht zutreffend einschätzen – dazu fehlen ihm die erforderlichen Grundinformationen. Informationspflichten dürfen auch wegen des Effektivitätsgrundsatzes (Art. 4 Abs. 3 EUV) nicht leer laufen – Gerichte, die den Schadensersatzanspruch des Darlehensnehmers bei ansonsten feststehender objektiver Pflichtverletzung des Darlehensgebers an der Kausalität scheitern lassen wollen, müssen, wegen der Auslegungsprärogative des EuGH, diesen Fall nach Art. 267 AEUV dem EuGH zur Vorabentscheidung vorlegen. Das **Verschulden** wird nach § 280 Abs. 1 Satz 2 BGB vermutet.

---

[254] *Artz* in: Bülow/Artz, Rn. 61 f.; *Schürnbrand* in: MünchKomm-BGB, § 491a Rn. 6.
[255] *Schürnbrand* in: MünchKomm-BGB, § 491a Rn. 6; *Wittig/Wittig*, ZInsO 2009, 633, 637; *Schürnbrand*, ZBB 2008, 383, 386; PWW-Kessal-Wulf, § 491a Rn. 1; *Nobbe/Müller-Christmann*, Rn. 19; BT-Drs. 16/11643, S. 78.
[256] *Schürnbrand* in: MünchKomm-BGB, § 491a Rn. 6 m.w.N.
[257] *Schürnbrand* in: MünchKomm-BGB, § 491a Rn. 6.
[258] A.A. *Schürnbrand* in: MünchKomm-BGB, § 491a Rn. 7 m.w.N.

§ 492 BGB Schriftform, Vertragsinhalt

(Fassung vom 24.07.2010, gültig ab 30.07.2010)

(1) [1]Verbraucherdarlehensverträge sind, soweit nicht eine strengere Form vorgeschrieben ist, schriftlich abzuschließen. [2]Der Schriftform ist genügt, wenn Antrag und Annahme durch die Vertragsparteien jeweils getrennt schriftlich erklärt werden. [3]Die Erklärung des Darlehensgebers bedarf keiner Unterzeichnung, wenn sie mit Hilfe einer automatischen Einrichtung erstellt wird.

(2) Der Vertrag muss die für den Verbraucherdarlehensvertrag vorgeschriebenen Angaben nach Artikel 247 §§ 6 bis 13 des Einführungsgesetzes zum Bürgerlichen Gesetzbuche enthalten.

(3) [1]Nach Vertragsschluss stellt der Darlehensgeber dem Darlehensnehmer eine Abschrift des Vertrags zur Verfügung. [2]Ist ein Zeitpunkt für die Rückzahlung des Darlehens bestimmt, kann der Darlehensnehmer vom Darlehensgeber jederzeit einen Tilgungsplan nach Artikel 247 § 14 des Einführungsgesetzes zum Bürgerlichen Gesetzbuche verlangen.

(4) [1]Die Absätze 1 und 2 gelten auch für die Vollmacht, die ein Darlehensnehmer zum Abschluss eines Verbraucherdarlehensvertrags erteilt. [2]Satz 1 gilt nicht für die Prozessvollmacht und eine Vollmacht, die notariell beurkundet ist.

(5) Erklärungen des Darlehensgebers, die dem Darlehensnehmer gegenüber nach Vertragsabschluss abzugeben sind, bedürfen der Textform.

(6) [1]Enthält der Vertrag die Angaben nach Absatz 2 nicht oder nicht vollständig, können sie nach wirksamem Vertragsschluss oder in den Fällen des § 494 Absatz 2 Satz 1 nach Gültigwerden des Vertrags in Textform nachgeholt werden. [2]Hat das Fehlen von Angaben nach Absatz 2 zu Änderungen der Vertragsbedingungen gemäß § 494 Absatz 2 Satz 2 bis Absatz 6 geführt, kann die Nachholung der Angaben nur dadurch erfolgen, dass der Darlehensnehmer die nach § 494 Absatz 7 erforderliche Abschrift des Vertrags erhält. [3]In den sonstigen Fällen muss der Darlehensnehmer spätestens im Zeitpunkt der Nachholung der Angaben eine der in § 355 Absatz 3 Satz 2 genannten Unterlagen erhalten. [4]Werden Angaben nach diesem Absatz nachgeholt, beträgt die Widerrufsfrist abweichend von § 495 einen Monat. [5]Mit der Nachholung der Angaben nach Absatz 2 ist der Darlehensnehmer in Textform darauf hinzuweisen, dass die Widerrufsfrist von einem Monat nach Erhalt der nachgeholten Angaben beginnt.

Gliederung

A. Grundlagen...	1
B. Anwendungsvoraussetzungen	2
I. Schriftform (Absatz 1)	2
II. Inhalt des Verbraucherdarlehensvertrags (Absatz 2)	10
1. Vertragsinhalt (Art. 247 § 6 EGBGB)	12
2. Weitere vertragliche Angaben (Art. 247 § 7 EGBGB)..	22
3. Art. 247 §§ 8-13 EGBGB	23
III. Abschrift des Vertrags – Tilgungsplan (Absatz 3)	24
IV. Vollmacht (Absatz 4)...........................	32
V. Textform (Absatz 5).............................	36
VI. Nachholen von Angaben.......................	37

A. Grundlagen

§ 492 BGB enthält in der seit dem 11.06.2010 geltenden Fassung Vorschriften zu Form und Inhalt des Darlehensvertrages. Sinn und Zweck besteht in der Aufklärungs-, Beweis- und Warnfunktion für

1

den Verbraucher.[1] Die Norm findet auf alle Verbraucherdarlehen einschließlich der Immobiliardarlehensverträge (§ 503 BGB) und eingeräumter Überziehungsmöglichkeiten (§ 504 BGB) sowie Finanzierungshilfen (§ 506 Abs. 1 BGB) Anwendung. Auch Vertragsänderungen[2] sowie Vertragsverlängerungen oder Änderungen der Konditionen[3] sind erfasst. Die Vorschrift enthält zwingendes Recht (§ 511 BGB). Liegt kein Verbraucherdarlehensvertrag vor (zum Beispiel bei gerichtlicher Protokollierung: § 491 Abs. 3 BGB, oder geduldeter Überziehung: § 505 Abs. 4 BGB), ist auch § 492 BGB nicht anzuwenden. Die **Rechtsfolgen** ergeben sich aus § 494 BGB (in der Regel Nichtigkeit – aber Heilung möglich – wenn das Darlehen empfangen oder in Anspruch genommen ist mit ermäßigtem Zinssatz).

B. Anwendungsvoraussetzungen

I. Schriftform (Absatz 1)

2 Verbraucherdarlehensverträge sind, mit Ausnahme der Überziehungskredite (§ 504 Abs. 2 BGB), schriftlich abzuschließen. Der Verbraucherdarlehensvertrag kann allerdings auch durch qualifizierte elektronische Signatur (§§ 126 Abs. 3, 126a BGB), nicht aber in Textform abgeschlossen werden.[4] Schriftform bedeutet, dass die Urkunde vom Aussteller eigenhändig durch Namensunterschrift oder mittels notariell beglaubigten Handzeichens unterzeichnet werden muss (§ 126 BGB).

3 Mit Wirkung vom 01.05.1993 ist das Schriftformerfordernis leicht modifiziert worden. „Der Form ist genügt, wenn Antrag und Annahme durch die Vertragsparteien jeweils **getrennt** schriftlich erklärt werden.[5] Dies bedeutet, dass die Unterschrift die Urkunde nicht räumlich abschließen, also außerhalb des Textes stehen muss.[6] Fehlt die Annahmeerklärung insgesamt, so führt dieser Fehler zur Gesamtnichtigkeit des Darlehensvertrages.[7] Blankounterschriften genügen nicht.[8] Die Erklärungen müssen dem anderen Partner formgerecht zugehen[9] – der Verzicht auf den Zugang ist nach § 151 BGB möglich.[10] Wird die Erklärung **gefaxt**, so genügt sie dem Schriftformerfordernis bei Zugang nicht.[11]

4 Die Erklärung des Kreditgebers bedarf keiner Unterzeichnung, wenn sie mithilfe einer automatischen Einrichtung erstellt wird" (§ 492 Abs. 1 Sätze 2 und 3 BGB). Zur Begründung heißt es im Bericht des Rechtsausschusses:[12] „Die Änderung dient der Beseitigung praktischer Schwierigkeiten im Darlehensgeschäft. Das mit der gesetzlichen Schriftform nach § 126 BGB verbundene **Gebot der Urkundeneinheit** nötigt Kreditinstitute und Verbraucher bei dem weithin üblichen Vertragsschluss im Korrespondenzwege, die einheitliche Vertragsurkunde mehrfach – oft dreimal – untereinander hin- und herzuschicken. Dieser Aufwand wird durch Abs. 1 S. 2/3 erheblich reduziert, ohne dass dadurch die Information des Verbrauchers Einbußen erleidet."

5 Mit Blick auf Satz 3 heißt es, dass das Erfordernis der **handschriftlichen Unterzeichnung** des Vertrages (so § 126 Abs. 1 BGB) häufig zu großem Mehraufwand bei der Bearbeitung von Kreditverträ-

---

[1] BGH v. 06.12.2005 - XI ZR 139/05 - NJW 2006, 681; BGH v. 09.05.2006 - XI ZR 114/05 - BKR 2006, 405.
[2] *Herresthal*, BKR 2004, 479.
[3] BGH v. 06.12.2005 - XI ZR 139/05 - NJW 2006, 681.
[4] BT-Drs. 16/11643, S. 130 unter Hinweis auf Erwägungsgrund 30 der VKred-Rili und die E-Commerce-Rili vom 08.06.2000 (2000/31/EG).
[5] Zur Blankounterschrift: BGH v. 19.05.2005 - III ZR 240/04 - ZIP 2005, 1179, 1180; dazu *Hadding*, EWiR 2006,7-8.
[6] BGH v. 25.10.2011 - XI ZR 331/10 - ZIP 2012, 18 mit Anm. v. *Bülow* in: LMK 2012, 327127; in Anschluss an BGH v. 27.04.2004 - XI ZR 49/03 - NJW-RR 2004, 1683.
[7] BGH v. 06.12.2005 - XI ZR 139/05 - NJW 2006, 681.
[8] BGH v. 29.09.2004 - 1 BvR 1281/04 - NJW-RR 2005, 141; BGH v. 25.04.2006 - XI ZR 106/05 - NJW 2006, 1955.
[9] BGH v. 06.12.2005 - XI ZR 139/05 - NJW 2006, 681.
[10] Wie hier *Weidenkaff* in: Palandt, § 492 Rn. 2.
[11] BGH v. 30.07.1997 - VIII ZR 244/96 - NJW 1997, 3169.
[12] BT-Drs. 12/4526, S. 13 f.

gen führe. Zahlreiche Banken stellten ihre Verträge im Wege der Datenverarbeitung her. Vor allem würde das Festhalten an einer handschriftlichen Unterzeichnung seitens der Kreditgeber zu keiner Steigerung der Eindeutigkeit und Klarheit der Vertragsunterlagen führen, sondern ein bloßer Formalismus sein.[13]

Nach § 492 Abs. 4 BGB gelten die Absätze 1 und 2 dieser Norm **auch für die Vollmacht**, die ein Darlehensnehmer zum Abschluss eines Verbraucherdarlehensvertrags erteilt. Dies gilt nach Satz 2 nicht für Prozessvollmachten und notariell beurkundete Vollmachten. Der Gesetzgeber wendet sich mit dieser Bestimmung ausdrücklich gegen die h.M. zum früheren Recht, wonach die Vollmachtsurkunde zum Abschluss eines Verbraucherkreditvertrages weder die Pflichtangaben des § 4 Abs. 1 Satz 5 VerbrKrG a.F. enthalten musste, noch überhaupt dem Schriftformgebot unterlag.[14]

Durch Absatz 4 soll verhindert werden, dass der von Absatz 1 bezweckte Verbraucherschutz in Vertretungsfällen leer läuft.[15] Soweit die Rechtsprechung dies früher damit begründet hatte, dass ein Abschluss von Verbraucherkreditverträgen auch durch Bevollmächtigte möglich sein müsse,[16] ist zu berücksichtigen, dass eine Vertretung des Verbrauchers durch andere Verbraucher beim Abschluss eines Verbraucherkreditvertrages recht selten ist.[17] Wenn es zu einer Vertretung kommt, dann ist der Vertreter oft, wie z.B. bei Immobilienanlagegeschäften, ein Unternehmer. In jedem Fall ist bei einer Stellvertretung nicht immer sichergestellt, dass der Verbraucher, der einem Dritten eine Vollmacht zum Abschluss eines Verbraucherdarlehensvertrages erteilt, zum Zeitpunkt der Vollmachterteilung auch selbst über die in § 492 Abs. 1 BGB bezeichneten Angaben verfügt und hierdurch von einer „übereilten" Erteilung der Vollmacht, die letztlich auch zu einem ihn verpflichtenden übereilten Vertragsschluss führen kann und oft genug auch geführt hat, abgehalten wird.[18] Dies soll durch Absatz 4 ausdrücklich verhindert werden. Dabei ist der Gesetzgeber der Ansicht, dass der Verbraucherschutz dem nicht besonders ausgeprägten Bedürfnis nach einer Stellvertretung bei Verbraucherdarlehensverträgen vorgeht und dass deshalb das Schriftformerfordernis auf die Vollmacht ausgedehnt werden muss.[19]

Zu berücksichtigen ist dabei, dass eine uneingeschränkte Ausdehnung auch solche Vollmachten entwerten würde, die für den Rechtsverkehr unentbehrlich sind. Dies sind notarielle Generalvollmachten und Prozessvollmachten. Würden diese nicht mehr zum Abschluss auch von Verbraucherdarlehen ermächtigen, könnten Prozesse nicht mehr sinnvoll geführt und Vermögensverwaltungen nicht mehr effektiv durchgeführt werden. Deswegen werden Vollmachten dieser Art durch Satz 2 aus dem erweiterten Formzwang ausgenommen. Der Sache nach werden diese Vollmachten vom Erfordernis der Pflichtangaben befreit. Denn notariell beurkundete Vollmachten bedürfen nach § 126 Abs. 4 BGB stets der Schriftform und Prozessvollmachten können zwar formlos wirksam erteilt werden, liegen aber wegen § 80 Abs. 1 ZPO in aller Regel schriftlich vor.[20]

Eine besondere Übergangsregelung für **Altvollmachten**, die bis zum 31.12.2001 erteilt wurden, hat der Gesetzgeber zwar erwogen, aber nicht eingeführt.[21]

---

[13] BT-Drs. 12/4526, S. 13.
[14] Vgl. BGH v. 24.04.2001 - XI ZR 40/00 - BGHZ 147, 262-268; BGH v. 18.12.2001 - XI ZR 156/01 - BGHZ 149, 302-311; BGH v. 10.07.2001 - XI ZR 198/00 - LM BGB § 167 Nr. 44 (5/2002); BGH v. 24.04.2001 - XI ZR 40/00 - ZIP 2001, 911, 912; BGH v. 10.07.2001 - XI ZR 198/00 - NJW 2001, 2963; BGH v. 18.12.2001 - XI ZR 156/01 - ZIP 2002, 391; Überblick über den Meinungsstand bei *Peters* in: Bankrechts-Handbuch, § 81 Rn. 142-159.
[15] BT-Drs. 14/7052, S. 201.
[16] BGH v. 24.04.2001 - XI ZR 40/00 - NJW 2001, 1931, 1932; OLG Frankfurt a.M. v. 30.08.2000 - 9 U 6/00 - MDR 2000, 1182.
[17] BT-Drs. 14/7052, S. 201.
[18] BT-Drs. 14/7052, S. 201.
[19] BT-Drs. 14/7052, S. 201.
[20] *Krämer/Müller* in: Nomos Kommentar, § 492 Rn. 18.
[21] BT-Drs. 14/7052, S. 201.

II. Inhalt des Verbraucherdarlehensvertrags (Absatz 2)

10 Nach § 492 Abs. 2 BGB muss der Verbraucherdarlehensvertrag die Angaben nach Art. 247 §§ 6-13 EGBGB enthalten. Gemeint sind die Informationen, die dort ausdrücklich für den Verbraucherdarlehensvertrag vorgeschrieben werden.[22] Der Darlehensgeber hat folglich die den Darlehensvermittlungsvertrag betreffenden Informationen nach Art. 247 § 13 Abs. 2/Abs. 3 EGBGB nicht in den Verbraucherdarlehensvertrag aufzunehmen.[23] Welche Informationen im Einzelnen anzugeben sind, hängt vom jeweiligen Verbraucherdarlehensvertrag ab.[24]

11 Die Einzelheiten ergeben sich aus diesen Normen.

1. Vertragsinhalt (Art. 247 § 6 EGBGB)

12 Der Verbraucherdarlehensvertrag muss klar und verständlich folgende Angaben enthalten:
- die in § 3 Abs. 1 Nr. 1-14 und Abs. 4 genannten Angaben,
- den Namen und die Anschrift des Darlehensnehmers,
- die für den Darlehensgeber zuständige Aufsichtsbehörde,
- einen Hinweis auf den Anspruch des Darlehensnehmers auf einen Tilgungsplan nach § 492 Abs. 3 Satz 2 BGB,
- das einzuhaltende Verfahren bei Kündigung des Vertrags,
- sämtliche weitere Vertragsbedingungen.[25]

13 Der Anwendungsbereich ist auf Verbraucherdarlehensverträge beschränkt, wie sich aus dem Bezug auf § 492 BGB ergibt.[26] Die Systematik folgt der des § 3, das heißt in Absatz 1 werden zunächst die für alle Darlehensverträge zwingenden Angaben vorgegeben; die Absätze 2 und 3 regeln weitere Einzelheiten.[27]

14 In Absatz 1 werden die Pflichtangaben für jeden Darlehensvertrag benannt – diese Angaben müssen klar und verständlich sein, also dem Transparenzgebot (§ 307 BGB) entsprechen. Angaben, die nicht klar und verständlich sind, sind folglich nach § 307 Abs. 1 BGB unwirksam.

15 Der Vertrag muss die in § 3 Abs. 1 Nr. 1-14 und Abs. 4 genannten Angaben enthalten – d.h. die Angaben aus § 3 Abs. 1 Nr. 15 und 16 sind nicht in den Vertrag aufzunehmen. Dabei handelt es sich um die Ansprüche des Darlehensnehmers auf einen Vertragsentwurf und auf Auskunft über das Ergebnis einer Datenbankabfrage.[28] Außerdem brauchen Gesamtbetrag und effektiver Jahreszins nicht im Vertrag erläutert zu werden.[29] Auch auf § 3 Abs. 3 wird nicht verwiesen, stattdessen enthält § 6 Abs. 3 hierzu eine Sondervorschrift.[30]

16 Demgegenüber sind die erläuternden Angaben zum Sollzinssatz gemäß § 3 Abs. 4 auch in den Vertrag aufzunehmen.[31] Aus der Verweisung auf § 3 Abs. 1 und 4 ergibt sich, dass folgende Regelungen im Vertrag enthalten sein müssen:
- Name und Anschrift des Darlehensgebers (§ 3 Abs. 1 Nr. 1),
- die Art des Darlehensvertrags (§ 3 Abs. 1 Nr. 2),
- der effektive Jahreszins (§ 3 Abs. 1 Nr. 3),
- der Nettodarlehensbetrag (§ 3 Abs. 1 Nr. 4),
- der Sollzinssatz mit allen dazugehörigen Angaben (§ 3 Abs. 1 Nr. 5, § 3 Abs. 4),

---

[22] So die Klarstellung im Gesetz vom 24.07.2010, BGBl I 2010, Nr. 39, 977; dazu die Begründung in BT-Drs. 17/1394, S. 14.
[23] BT-Drs. 17/1394, S. 14.
[24] BT-Drs. 17/1394, S. 14.
[25] Umsetzung von Art. 10 VKred-Rili.
[26] BT-Drs. 16/11643, S. 127.
[27] BT-Drs. 16/11643, S. 127.
[28] BT-Drs. 16/11643, S. 127.
[29] BT-Drs. 16/11643, S. 127.
[30] BT-Drs. 16/11643, S. 127.
[31] BT-Drs. 16/11643, S. 127 – Umsetzung von Art. 10 Abs. 2 VKred-Rili.

- die Laufzeit (§ 3 Abs. 1 Nr. 6),
- Angaben zu den Teilzahlungen (§ 3 Abs. 1 Nr. 7),
- der vom Darlehensnehmer zu entrichtende Gesamtbetrag (§ 3 Abs. 1 Nr. 8),
- die Auszahlungsbedingungen (§ 3 Abs. 1 Nr. 9),
- die Kosten (insbesondere auch für ZAufl) (§ 3 Abs. 1 Nr. 10),
- der Verzugszinssatz (§ 3 Abs. 1 Nr. 11),
- der Warnhinweis bei ausbleibenden Zahlungen (§ 3 Abs. 1 Nr. 12),
- der Hinweis auf ein Widerrufsrecht (§ 3 Abs. 1 Nr. 13) und
- das Recht, das Darlehen vor Fälligkeit zurückzahlen zu können, sowie die daraus resultierenden Ersatzansprüche des Darlehensgebers (§ 3 Abs. 1 Nr. 14).

Darüber hinaus formuliert § 6 Abs. 1 weitere inhaltliche Anforderungen (Ziff. 2 bis 6), die aus sich heraus verständlich sind. Im Zusammenhang mit Nr. 5 (Verfahren bei Kündigung des Vertrags) sind insbesondere die Vorschriften des § 500 BGB zu beachten. Die Regelung soll dem Darlehensnehmer verdeutlichen, wann eine Kündigung des Darlehensgebers wirksam ist und wie der Darlehensnehmer selbst den Vertrag kündigen kann.[32] Bei befristeten Darlehensverträgen muss zumindest darauf hingewiesen werden, dass eine Kündigung nach § 314 BGB (wichtiger Grund) möglich ist.[33] Zu den weiteren Vertragsbedingungen, die in den Vertrag aufzunehmen sind, zählen insbesondere die AGB des Darlehensgebers.[34]   17

Absatz 2 gibt die Angaben vor, die im Vertrag enthalten sein müssen, wenn der Darlehensnehmer den Vertrag widerrufen kann.[35] Anders als in den Fällen des § 360 BGB ist eine Belehrung vor Vertragsabschluss mit den in § 360 BGB vorgesehenen Pflichtangaben für Verbraucherdarlehensverträge nicht vorgesehen, weil dies als überzogene Anforderung mit der VKred-Rili kollidieren würde.[36] Der Vertrag muss allerdings einige Angaben, nämlich folgende, enthalten: 18

- die Widerrufsfrist (14 Tage, § 355 BGB),
- Umstände für die Erklärung, insbesondere den Empfänger sowie Formvereinbarungen (insbesondere entsprechend § 360 Abs. 1 Nr. 1-4 BGB),
- Hinweis auf die Rückabwicklung nach § 346 BGB; den Darlehensnehmer trifft dabei die Pflicht, das Darlehen zu verzinsen (§§ 346 Abs. 1, 347 Abs. 1 BGB): die Zinshöhe ist als Tagespreis anzugeben.[37]

Ist die Angabe vollständig, ersetzt sie die Belehrung nach § 355 Abs. 2 BGB (vgl. § 495 Abs. 2 Nr. 1 BGB).[38]   19

Absatz 3 präzisiert die Angabe des Gesamtbetrags und des effektiven Jahreszinses, wobei die vorvertraglichen Angaben (§ 3 Abs. 3) leicht abzuändern und nicht mehr anhand eines Beispiels zu erläutern sind.[39] Vielmehr sollen sämtliche Angaben, die in die Berechnung des effektiven Jahreszinses eingeflossen und bei Vertragsabschluss bekannt sind, in den Vertrag aufgenommen werden.[40] Annahmen sind die Vermutungen oder Folgerungen, mit denen die Platzhalter in der Gleichung des effektiven Jahreszinses ausgefüllt werden.[41]   20

Die Kenntnis in § 6 Abs. 3 von den Annahmen steht in Zusammenhang mit der Kenntnis des Darlehensgebers von den Kosten, die in den effektiven Jahreszins einzubeziehen sind (vgl. § 6 Abs. 3 PAngV).[42]   21

---

[32] BT-Drs. 16/11643, S. 128.
[33] BT-Drs. 16/11643, S. 128.
[34] BT-Drs. 16/11643, S. 128.
[35] BT-Drs. 16/11643, S. 128.
[36] BT-Drs. 16/11643, S. 128.
[37] BT-Drs. 16/11643, S. 128.
[38] BT-Drs. 16/11643, S. 128.
[39] BT-Drs. 16/11643, S. 128.
[40] BT-Drs. 16/11643, S. 128.
[41] BT-Drs. 16/11643, S. 128.
[42] BT-Drs. 16/11643, S. 128.

Die Kenntnis des Darlehensgebers ist gemäß Erwägungsgrund 20 VKred-Rili objektiv danach zu beurteilen, welche Kosten er kennen muss.[43] Auf besondere Sach- oder Unkenntnis des Darlehensgebers kommt es demnach nicht an.[44] Maßgeblicher Beurteilungsmaßstab für die Kenntnis sind gemäß Erwägungsgrund 20 die Anforderungen an die berufliche Sorgfalt.[45]

2. Weitere vertragliche Angaben (Art. 247 § 7 EGBGB)

22 § 7, der spiegelbildlich zu § 4 gebildet wurde, enthält zusätzliche Inhaltsangaben für den Vertrag, die jedoch nicht für alle Verträge verpflichtend sind, sondern nur bei entsprechender Relevanz.[46] Es handelt sich um folgende Angaben:
- Einen Hinweis, dass der Darlehensnehmer Notarkosten zu tragen hat.
- Die vom Darlehensgeber verlangten Sicherheiten und Versicherungen im Falle von entgeltlichen Finanzierungshilfen, insbesondere einen Eigentumsvorbehalt.[47] Der für Teilzahlungsgeschäfte typische Eigentumsvorbehalt wird separat erwähnt.[48] Die Vorschrift verpflichtet zur Aufzählung der verlangten Sicherungsrechte, weshalb es bei Sicherheiten, die ausgetauscht werden, ausreichend ist, dass auf das Recht des Darlehensgebers zur Absicherung in bestimmter Höhe durch bestimmte Sicherheiten hingewiesen wird.[49] Die Vorgabe kann z.B. als Verpflichtung des Darlehensnehmers ausgestaltet werden, die bestimmten Sicherheiten beizubringen.[50] Die konkrete Sicherungsvereinbarung muss dagegen nicht zwingend im Darlehensvertrag ausformuliert sein; sie kann in einem eigenständigen Vertrag vereinbart werden.[51] Dies kann insbesondere der Fall sein, wenn der Darlehensgeber bei der Finanzierung eines Gegenstands eine Sachversicherung – z.B. eine Fahrzeugvollversicherung – verlangt.[52]
- Zu benennen ist die Berechnungsmethode des Anspruchs auf Vorfälligkeitsentschädigung, soweit der Darlehensgeber beabsichtigt, diesen Anspruch geltend zu machen, falls der Darlehensnehmer das Darlehen vorzeitig zurückzahlt. Damit wird auf die §§ 500 Abs. 2, 502 BGB Bezug genommen.[53] Fehlt die Angabe oder ist sie ungenau, ist der Anspruch nach § 502 Abs. 2 Nr. 2 BGB ausgeschlossen.[54]
- Der Zugang des Darlehensnehmers zu einem außergerichtlichen Beschwerde- und Rechtsbehelfsverfahren und gegebenenfalls die Voraussetzungen für diesen Zugang.[55]

3. Art. 247 §§ 8-13 EGBGB

23 Der Vertrag muss die Angaben nach Art. 247 §§ 8-13 EGBGB enthalten. Es handelt sich um dieselben Angaben, die nach § 491a Abs. 1 BGB rechtzeitig vor dem Abschluss eines Verbraucherdarlehensvertrags in Textform erfolgen müssen. Insoweit wird auf die Kommentierung zu § 491a BGB Rn. 2 verwiesen.

III. Abschrift des Vertrags – Tilgungsplan (Absatz 3)

24 Nach Vertragsschluss stellt der Darlehensgeber dem Darlehensnehmer eine Abschrift des Vertrags zur Verfügung.[56] Nach dem gesetzlichen Wortlaut sollen alle Vertragsparteien eine „Ausfertigung" erhal-

---

[43] BT-Drs. 16/11643, S. 128.
[44] BT-Drs. 16/11643, S. 128.
[45] BT-Drs. 16/11643, S. 128.
[46] BT-Drs. 16/11643, S. 128.
[47] Umsetzung von Art. 10 Abs. 2o VKred-Rili.
[48] BT-Drs. 16/11643, S. 128.
[49] BT-Drs. 16/11643, S. 128.
[50] BT-Drs. 16/11643, S. 128.
[51] BT-Drs. 16/11643, S. 128.
[52] BT-Drs. 16/11643, S. 128.
[53] Umsetzung von Art. 10 Abs. 2r VKred-Rili.
[54] BT-Drs. 16/11643, S. 128.
[55] Umsetzung von Art. 10 Abs. 2t VKred-Rili.
[56] Umsetzung von Art. 10 Abs. 1 Satz 2 VKred-Rili.

ten, wobei mit dem Begriff „Ausfertigung" nach europäischem Recht keine beglaubigte Abschrift, sondern der Vertragsinhalt in wiedergegebener Form gemeint ist.[57] Deshalb hält der Gesetzgeber am Begriff „Abschrift" fest, wobei auch ein elektronisches Dokument genügt, wenn der Vertragsabschluss in elektronischer Form zugelassen wird.[58] In diesem Falle kann eine strengere Form nicht verlangt werden.[59]

Der Darlehensgeber wird verpflichtet, dem Darlehensnehmer eine Abschrift des Vertrags zur Verfügung zu stellen. Er selbst ist in aller Regel schon aufgrund der eigenen Buchführungspflichten (§ 35 Prüfungsberichts-VO, § 10 Makler- und Bauträger-VO) verpflichtet, die Urschrift oder zumindest eine Abschrift des Vertragsentwurfs aufzubewahren.[60] Auch darf typischerweise davon ausgegangen werden, dass der Vertrag vom Darlehensgeber oder vom Darlehensvermittler erstellt wird, diese also regelmäßig im Besitz des Vertragstexts sind.[61] Insofern ist es ausreichend, allein zu bestimmen, dass dem Darlehensnehmer, der an der Erstellung des Vertrags in der Regel nicht beteiligt ist, eine Abschrift zu überlassen ist.[62] Die Aufbewahrungspflicht für geschäftliche Unterlagen ergibt sich im Übrigen aus § 257 HGB sowie steuerrechtlich aus § 142 AO. 25

Eine Abschrift ist unabhängig von ihrer Herstellung jedes Dokument, das den Vertragsinhalt wiedergibt, ohne dass es besonderer förmlicher Zusätze, wie beispielsweise einer Unterschrift, bedarf.[63] 26

Ist ein Zeitpunkt für die Rückzahlung des Darlehens bestimmt, kann der Darlehensnehmer vom Darlehensgeber jederzeit einen Tilgungsplan nach Art. 247 § 14 EGBGB verlangen (Satz 2).[64] Die ursprünglich in der Richtlinie vorgesehene Verpflichtung des Darlehensgebers, stets einen Tilgungsplan zu erstellen, wurde wegen des möglichen großen Umfangs eines Tilgungsplans während der Beratungen der VKred-Rili im Europäischen Parlament in einen Anspruch umgewandelt.[65] Dieser wird durch einen Hinweis auf einen Anspruch im Vertrag flankiert (Art. 247 § 6 Abs. 1 Nr. 4 EGBGB). Ein Tilgungsplan kann nur bei Darlehen mit bestimmter Laufzeit erstellt werden, weshalb der Anspruch auf diese Fälle begrenzt ist; der Inhalt des Tilgungsplans ergibt sich aus Art. 247 § 14 EGBGB.[66] 27

Der Tilgungsplan nach Art. 247 § 14 EGBGB führt nicht nur dem Darlehensnehmer seine Belastung und den Stand der Rückführung des Darlehens vor Augen; er dient auch dazu, im Streitfall rasch zu ermitteln, welche Forderungen des Darlehensgebers strittig sind und auf welche Einzelforderung welche Leistung erbracht wurde.[67] 28

Absatz 1 stellt klar, dass im Tilgungsplan die einzelnen Teilzahlungen des Darlehensnehmers sowie der darin jeweils enthaltene Zins-, Kosten- und Tilgungsanteil anzuführen sind.[68] Absatz 1 gilt für befristete Verträge mit gebundenem Sollzinssatz.[69] 29

Absatz 2 gilt für Darlehensverträge ohne gebundenen Sollzinssatz; in diesen Fällen kann ein sinnvoller Tilgungsplan nur für die Dauer bis zur nächsten Anpassung erstellt werden – dies muss dem Darlehensnehmer deutlich gemacht werden.[70] 30

Absatz 3 sieht vor, dass der Anspruch des Darlehensnehmers aus § 492 Abs. 3 Satz 2 BGB kein einmaliger Anspruch ist, sondern dass der Darlehensnehmer während des Bestehens des Darlehensver- 31

---

[57] BT-Drs. 16/11643, S. 80.
[58] BT-Drs. 16/11643, S. 80.
[59] BT-Drs. 16/11643, S. 80.
[60] BT-Drs. 16/11643, S. 80.
[61] BT-Drs. 16/11643, S. 80.
[62] BT-Drs. 16/11643, S. 80.
[63] BT-Drs. 16/11643, S. 80 unter Hinweis auf Art. 10 Abs. 1 Satz 2 VKred-Rili.
[64] Umsetzung von Art. 10 Abs. 3 VKred-Rili.
[65] BT-Drs. 16/11643, S. 80.
[66] BT-Drs. 16/11643, S. 80.
[67] BT-Drs. 16/11643, S. 133.
[68] BT-Drs. 16/11643, S. 133.
[69] BT-Drs. 16/11643, S. 133.
[70] BT-Drs. 16/11643, S. 133.

hältnisses stets einen neuen Tilgungsplan verlangen kann.[71] Der Tilgungsplan muss in Textform zur Verfügung gestellt werden; es reicht aus, wenn sich der Darlehensnehmer den aktuellen Tilgungsplan an einem Automaten ausdrucken lassen kann.[72]

IV. Vollmacht (Absatz 4)

32 Nach § 492 Abs. 4 BGB gelten die Absätze 1 und 2 auch für die Vollmacht, die ein Darlehensnehmer zum Abschluss eines Verbraucherdarlehensvertrags erteilt. Damit wird die in § 167 Abs. 2 BGB für die Vollmacht angeordnete Formfreiheit abgeändert, um zu verhindern, dass der Schutz des § 492 BGB für denjenigen Darlehensnehmer leer läuft, der sich beim Abschluss des Darlehensvertrages vertreten lässt.[73] Damit ist die zum vor § 492 BGB geltenden Verbraucherkreditrecht entstandene Streitfrage entschieden, ob die Vollmacht die Mindestangaben des damaligen § 4 Abs. 1 Satz 4 Nr. 1 VerbrKrG enthalten muss. Das wurde vom BGH auch für die unwiderrufliche Vollmacht verneint.[74] Der Gesetzgeber hat entgegengesetzt entschieden, um zu verhindern, dass der Verbraucherschutz in Vertretungsfällen leer läuft.[75] Dabei wird erkannt, dass eine Vertretung des Verbrauchers durch einen anderen Verbraucher beim Abschluss von Verbraucherdarlehensverträgen selten ist. Wenn es zu einer Vertretung kommt, dann ist der Vertreter oft, wie z.B. bei Immobilienanlagegeschäften, ein Unternehmer.[76] In jedem Fall ist bei einer Stellvertretung nicht immer sichergestellt, dass der Verbraucher, der einem Dritten eine Vollmacht zum Abschluss eines Verbraucherdarlehensvertrags erteilt, zum Zeitpunkt der Vollmachtserteilung auch selbst über die in § 492 Abs. 1 und 2 BGB bezeichneten Angaben verfügt und hierdurch von einer „übereilten" Erteilung der Vollmacht, die letztlich auch zu einem ihn verpflichtenden übereilten Vertragsschluss führen kann und oft genug auch geführt hat, abgehalten wird. Dies sollte verhindert werden. Denn andernfalls könnte der mit § 492 BGB intendierte Verbraucherschutz in Vertretungsfällen unterlaufen werden.[77]

33 Allerdings ist zu berücksichtigen, dass eine uneingeschränkte Ausdehnung auch Vollmachten entwerten würde, die für den Rechtsverkehr unentbehrlich sind. Dies sind notarielle Generalvollmachten und Prozessvollmachten. Würden diese nicht mehr zum Abschluss auch von Verbraucherdarlehen ermächtigen, könnten Prozesse nicht mehr sinnvoll geführt und Vermögensverwaltungen nicht mehr effektiv durchgeführt werden.[78] Deshalb gilt Satz 1 nicht für die Prozessvollmacht und eine Vollmacht, die notariell beurkundet ist (§ 492 Abs. 4 Satz 2 BGB).

34 Im Grundsatz gelten Schriftform und Vertragsinhalt i.S.v. § 492 Abs. 1 BGB auch für die Vollmacht. Die Vollmachturkunde muss die Bevollmächtigung (§ 167 Abs. 1 BGB) sowie den Vertragsinhalt im Sinne von § 492 Abs. 1 und 2 BGB aufweisen und vom Darlehensnehmer unterzeichnet sein (§ 126 BGB). Praktisch führt das dazu, dass der Darlehensnehmer den vollständigen Inhalt des Darlehensvertrages kennen und ihn dem Vertreter schriftlich aushändigen muss.[79] Dem Darlehensnehmer muss also bei Vollmachtserteilung der Inhalt des Vertrages vorliegen, damit er davon Kenntnis nehmen kann und weiß, wozu er sich durch den vom Vertreter vorzunehmenden Vertragsschluss verpflichtet. Nach § 494 Abs. 1 BGB sind der Verbraucherdarlehensvertrag und die auf Abschluss eines solchen Vertrags erteilte Vollmacht nichtig, wenn die Schriftform insgesamt nicht eingehalten ist oder wenn eine der in § 492 Abs. 1 BGB vorgeschriebenen Angaben fehlt (§ 494 Abs. 1 BGB). Der Mangel kann nach § 494

---

[71] BT-Drs. 16/11643, S. 133.
[72] BT-Drs. 16/11643, S. 133.
[73] *Weidenkaff* in: Palandt, § 492 Rn. 6.
[74] BGH v. 24.04.2001 - XI ZR 40/00 - BGHZ 147, 262; BGH v. 24.04.2001 - XI ZR 40/00 - NJW 2001, 1931; BGH v. 10.07.2001 - XI ZR 199/00 - NJW 2001, 3479 m.w.N.
[75] BT-Drs. 14/7052, S. 201.
[76] BT-Drs. 14/7052, S. 201.
[77] BT-Drs. 14/7052, S. 202.
[78] BT-Drs. 14/7052, S. 202.
[79] *Weidenkaff* in: Palandt, § 492 Rn. 6.

Abs. 2 BGB geheilt werden, wenn der Darlehensnehmer das Darlehen empfängt oder in Anspruch nimmt. Bei Vertragsschluss durch den vollmachtlosen Vertreter gelten die §§ 177 ff. BGB.[80]

Für Vollmachten, die vor dem 01.01.2002 erteilt wurden, hat der Gesetzgeber keine besondere Übergangsregelung geschaffen. In der Gesetzesbegründung wird darauf verwiesen, dass eine nach geltendem Recht wirksam erteilte Vollmacht nicht durch die Einführung neuer Formvorschriften im Nachhinein unwirksam werden kann.[81] Dies gilt auch dann, wenn die Vollmacht erst nach dem 01.01.2002 gebraucht wird.[82] Dies legt es nahe, die Rechtsprechung des BGH zur alten Formvorschrift des § 4 Abs. 1 Satz 4 VerbrKrG zur Vermeidung von Wertungswidersprüchen und Ungerechtigkeiten einer Auslegungskorrektur zu unterziehen.[83] Andernfalls kann der mit § 492 BGB intendierte Verbraucherschutz in Vertretungsfällen unterlaufen werden.[84] Im Sinne der Einheit der Rechtsordnung und zur Vermeidung von Wertungswidersprüchen ist es deshalb geboten, die Entscheidung des Gesetzgebers in § 492 Abs. 4 BGB wertend bei der Beurteilung der Wirksamkeit solcher Vollmachten zu berücksichtigen, die vor dem 01.01.2002 erteilt wurden.

35

V. Textform (Absatz 5)

Absatz 5 schreibt vor, dass sämtliche Erklärungen des Darlehensgebers nach Vertragsschluss, die den Inhalt und die Abwicklung des Vertrags betreffen, in Textform zu erfolgen haben.[85] Der Begriff „Erklärungen" umfasst insbesondere auch die Unterrichtungen, die die §§ 493 ff. BGB vorsehen.[86] Alle in der VKred-Rili vorgesehenen Erklärungen und Unterrichtungen des Darlehensgebers nach Vertragsschluss bedürfen dieser Form, weshalb die Form einheitlich für alle rechtserheblichen Erklärungen des Darlehensgebers angeordnet wird.[87] Mit dieser Vorschrift kann der Darlehensnehmer sicher sein, dass ihm alle juristisch relevanten Änderungen auch tatsächlich in einer bestimmten Form, nämlich Textform (§ 126b BGB), mitgeteilt werden. Dies bedeutet, dass die Erklärung in einer Urkunde oder auf andere zur dauerhaften Wiedergabe in Schriftzeichen geeigneten Weise abgegeben werden muss und die Person des Erklärenden genannt und der Abschluss der Erklärung durch Nachbildung der Namensunterschrift oder anders erkennbar gemacht wird (§ 126b BGB).

36

VI. Nachholen von Angaben

Enthält der Vertrag die Angaben nach Absatz 2 nicht oder nicht vollständig, so können sie unter bestimmten Voraussetzungen in Textform nachgeholt werden. Die Regelung in Absatz 6 wurde durch Gesetz vom 24.07.2010[88] in das BGB eingefügt und ist am 30.07.2010 in Kraft getreten. Dem Darlehensgeber wird ermöglicht, den Beginn der Widerrufsfrist durch das Nachholen vertraglicher Pflichtangaben nach § 492 Abs. 2 BGB auszulösen.[89] Pflichtangaben können nur bei wirksam abgeschlossenen oder bei geheilten Verträgen (Gültigwerden nach § 494 Abs. 2 Satz 1 BGB) nachgeholt werden.[90] In anderen Fällen ist es nicht möglich Pflichtangaben nachzuholen. Ist der Vertrag nach § 494 Abs. 1 BGB nichtig, so können Pflichtangaben nur durch den erneuten Abschluss eines schriftlichen Vertrags nachgeholt werden.[91] Es geht also in Absatz 6 um die weniger bedeutenden Pflichtangaben, die den

37

---

[80] *Weidenkaff* in: Palandt, § 492 Rn. 6.
[81] BT-Drs. 14/7052, S. 201.
[82] BT-Drs. 14/7052; *Peters/Gröpper*, WM 2001, 2199, 2203.
[83] BGH v. 24.04.2001 - XI ZR 40/00 - BGHZ 147, 262 = NJW 2001, 1931 = WM 2001, 1024; BGH v. 10.07.2001 - XI ZR 198/00 - NJW 2001, 2963, 2964.
[84] BT-Drs. 14/7052, S. 201; ähnlich zuvor bereits *Derleder*, VuR 2000, 155, 158; ähnlich *Wittig/Wittig*, WM 2002, 145, 152.
[85] BT-Drs. 16/11643, S. 80.
[86] BT-Drs. 16/11643, S. 80.
[87] BT-Drs. 16/11643, S. 80.
[88] So die Klarstellung im Gesetz vom 24.07.2010, BGBl I 2010, Nr. 39, 977.
[89] BT-Drs. 17/1394, S. 14.
[90] BT-Drs. 17/1394, S. 16.
[91] BT-Drs. 17/1394, S. 14;16.

wirksamen Vertragsschluss oder seine Heilung nicht behindern. In diesen Fällen wäre es zu hart, dass die Widerrufsfrist nicht mehr beginnen kann und der Vertrag grundsätzlich während seiner gesamten Laufzeit widerruflich ist.[92]

38 Betroffen sind insbesondere Fälle, in denen der Darlehensvertrag wegen des Fehlens von Pflichtangaben nach Art. 247 §§ 6, 9-13 EGBGB zunächst gemäß § 494 Abs. 1 BGB formnichtig ist und erst durch Inanspruchnahme oder Empfang des Darlehens nach § 494 Abs. 2 Satz 1 BGB gültig wird.[93] Da die Heilung des Formmangels allein nicht über das Fehlen von Pflichtangaben hinweghelfen kann, würde die Widerrufsfrist nicht zu laufen beginnen.[94] So würde der fehlende Hinweis auf das außergerichtliche Beschwerdeverfahren (Art. 247 § 7 Nr. 4 EGBGB) dazu führen, dass der Vertrag bis zur Grenze der Verwirkung widerruflich wäre.[95] In solchen Fällen, in denen der Darlehensvertrag ohnehin geheilt und folglich wirksam ist, ist es interessengerecht, eine Nachholbarkeit der Angaben in Übereinstimmung mit der europäischen Kommission vorzusehen.[96] Die Belange des Verbrauchers werden dadurch nicht beeinträchtigt, denn der wirksame Vertrag kann mit den nachgeholten Hinweisen nicht nachteilig geändert werden.[97] Umgekehrt kann der Verbraucher aber nochmals prüfen, ob er an dem Vertrag festhalten will, denn die Widerrufsfrist beginnt frühestens, wenn alle Pflichtangaben vollständig erteilt wurden.[98] Um dem Darlehensnehmer, der von nachgeholten Hinweisen überrascht werden kann, ausreichend Zeit für diese Prüfung zu verschaffen, wird die Widerrufsfrist in Anlehnung an § 355 Abs. 2 Satz 3 BGB auf einen Monat verlängert.[99] Darauf ist der Darlehensnehmer ausdrücklich hinzuweisen.

39 Das Unterlassen der Pflichtangaben im Darlehensvertrag bleibt auch dann pflichtwidrig, wenn diese nachgeholt werden, das heißt Ansprüche wegen unzureichender Pflichtangaben nach § 280 BGB werden durch die Möglichkeit der Nachholung nicht ausgeschlossen.[100]

40 Ein wirksamer Vertrag trotz fehlender Pflichtangaben liegt vor, wenn das Fehlen der Pflichtangaben nicht zur Nichtigkeit führt (bei fehlenden Angaben nach Art. 247 §§ 7 und 8 EGBGB, etwa zu einem außergerichtlichen Rechtsbehelfsverfahren).[101] Ein wirksamer Vertrag ist auch dann gegeben, wenn der Darlehensvertrag wegen des Fehlens von Pflichtangaben nach Art. 247 §§ 6, 9-13 EGBGB zunächst nach § 494 Abs. 1 BGB formnichtig ist und erst durch Empfang oder Inanspruchnahme des Darlehens Gültigkeit erlangt (§ 494 Abs. 2 Satz 1 BGB).[102]

41 Da der Vertrag wirksam sein muss, sind Vertragsänderungen ausgeschlossen. Fehlen im Vertrag etwa Angaben zu vom Darlehensgeber verlangten Sicherheiten oder über Einzelheiten des Anspruchs auf Vorfälligkeitsentschädigung (Art. 247 § 7 Nr. 2 und 3 EGBGB), ist der Vertrag wirksam und die Sicherheiten bzw. die Vorfälligkeitsentschädigung können nicht verlangt werden.[103] Diese Rechtsfolge kann nicht dadurch einseitig geändert werden, dass ein nachträglicher Hinweis auf beispielsweise eine zu bestellende Sicherheit erfolgt.[104] In diesen Fällen bedarf es keiner Nachholung von Pflichtangaben, weil die erteilten vertraglichen Angaben der Rechtslage entsprechen, also richtig sind.[105]

---

[92] BT-Drs. 17/1394, S. 15.
[93] BT-Drs. 17/1394, S. 15.
[94] BT-Drs. 17/1394, S. 15.
[95] BT-Drs. 17/1394, S. 15.
[96] BT-Drs. 17/1394, S. 15.
[97] BT-Drs. 17/1394, S. 15.
[98] BT-Drs. 17/1394, S. 15.
[99] BT-Drs. 17/1394, S. 15.
[100] BT-Drs. 17/1394, S. 15.
[101] BT-Drs. 17/1394, S. 15.
[102] BT-Drs. 17/1394, S. 15.
[103] BT-Drs. 17/1394, S. 16.
[104] BT-Drs. 17/1394, S. 16.
[105] BT-Drs. 17/1394, S. 16.

Nachholbar sind Angaben nach Art. 247 § 7 Nr. 1 EGBGB über etwaige vom Darlehensnehmer zu tragende Notarkosten.[106] Gleiches gilt für die Angabe für ein außergerichtliches Beschwerde- und Rechtsbehelfsverfahren (Art. 247 § 7 Nr. 4 EGBGB).[107] Dagegen ist eine Nachholung der Information über die Berechnungsmethode des Anspruchs auf Vorfälligkeitsentschädigung nicht möglich (Art. 247 § 7 Nr. 3 EGBGB).[108] Enthält der Vertrag keine Angaben hierzu, so ist ein Anspruch auf Vorfälligkeitsentschädigung ausgeschlossen (§ 502 Abs. 2 Nr. 2 BGB).[109] Ist die Forderung des Darlehensgebers auf Abschluss eines Versicherungsvertrags nicht schriftlich im Vertrag festgehalten, hat der Darlehensgeber mangels Einhaltung der Schriftform keinen Anspruch hierauf; der Hinweis kann nicht nachgeholt werden.[110] Auch bei Sicherheiten, die im Vertrag nicht enthalten sind, ist eine Nachholung nicht möglich.[111] Bei Verträgen mit einem Nettodarlehensbetrag von über 75.000 € besteht der – zumindest auf eine mündliche Vereinbarung zurückzuführende – Anspruch nach § 494 Abs. 6 Satz 3 BGB.[112] Diese Angabe ist nachholbar.[113] Nicht nachholbar sind unterlassene Angaben über geforderte Zusatzleistungen (Art. 247 § 8 EGBGB).[114]

42

§ 492 Abs. 6 Satz 2 BGB betrifft den Sonderfall, dass sich durch Heilung des Vertrags Vertragsbedingungen geändert haben.[115] In diesen Fällen kann das Nachholen der Pflichtangaben nur dadurch erfolgen, dass der Darlehensnehmer die Abschrift des Vertrags nach § 494 Abs. 7 BGB erhält. Mit dieser Abschrift erhält der Darlehensnehmer erstmals die korrekten Pflichtangaben.[116]

43

In sonstigen Fällen wird das wirksame Nachholen von Pflichtangaben davon abhängig gemacht, dass der Darlehensnehmer spätestens im Zeitpunkt der Nachholung eine der in § 355 Abs. 3 Satz 2 BGB genannten Unterlagen erhalten hat (Absatz 6 Satz 3).[117] Damit wird sichergestellt, dass der Darlehensnehmer im Zeitpunkt der Nachholung der Pflichtangaben tatsächlich alle erhalten hat.[118] Zugleich wird auf diese Weise klargestellt, wann die Widerrufspflicht zu laufen beginnt.[119]

44

Mit der Nachholung der Angaben ist der Darlehensnehmer in Textform darauf hinzuweisen, dass die Widerrufsfrist einen Monat nach Erhalt der nachgeholten Angaben beginnt (Absatz 6 Sätze 4/5). Die Monatsfrist ist mit der Richtlinie vereinbar.[120] Die Verlängerung der Widerrufsfrist entspricht in der Sache der Regelung in § 355 Abs. 2 BGB und damit Grundprinzipien des deutschen Verbraucherschutzrechts.[121]

45

---

[106] BT-Drs. 17/1394, S. 16.
[107] BT-Drs. 17/1394, S. 16.
[108] BT-Drs. 17/1394, S. 16.
[109] BT-Drs. 17/1394, S. 16.
[110] BT-Drs. 17/1394, S. 16.
[111] BT-Drs. 17/1394, S. 16.
[112] BT-Drs. 17/1394, S. 16.
[113] BT-Drs. 17/1394, S. 17.
[114] BT-Drs. 17/1394, S. 17.
[115] BT-Drs. 17/1394, S. 17.
[116] BT-Drs. 17/1394, S. 17.
[117] BT-Drs. 17/1394, S. 17.
[118] BT-Drs. 17/1394, S. 17.
[119] BT-Drs. 17/1394, S. 17.
[120] BT-Drs. 17/1394, S. 17.
[121] BT-Drs. 17/1394, S. 18.

§ 493 BGB Informationen während des Vertragsverhältnisses

(Fassung vom 29.07.2009, gültig ab 11.06.2010)

(1) ¹Ist in einem Verbraucherdarlehensvertrag der Sollzinssatz gebunden und endet die Sollzinsbindung vor der für die Rückzahlung bestimmten Zeit, unterrichtet der Darlehensgeber den Darlehensnehmer spätestens drei Monate vor Ende der Sollzinsbindung darüber, ob er zu einer neuen Sollzinsbindungsabrede bereit ist. ²Erklärt sich der Darlehensgeber hierzu bereit, muss die Unterrichtung den zum Zeitpunkt der Unterrichtung vom Darlehensgeber angebotenen Sollzinssatz enthalten.

(2) ¹Der Darlehensgeber unterrichtet den Darlehensnehmer spätestens drei Monate vor Beendigung eines Verbraucherdarlehensvertrags darüber, ob er zur Fortführung des Darlehensverhältnisses bereit ist. ²Erklärt sich der Darlehensgeber zur Fortführung bereit, muss die Unterrichtung die zum Zeitpunkt der Unterrichtung gültigen Pflichtangaben gemäß § 491a Abs. 1 enthalten.

(3) ¹Die Anpassung des Sollzinssatzes eines Verbraucherdarlehensvertrags mit veränderlichem Sollzinssatz wird erst wirksam, nachdem der Darlehensgeber den Darlehensnehmer über die Einzelheiten unterrichtet hat, die sich aus Artikel 247 § 15 des Einführungsgesetzes zum Bürgerlichen Gesetzbuche ergeben. ²Abweichende Vereinbarungen über die Wirksamkeit sind im Rahmen des Artikels 247 § 15 Abs. 2 des Einführungsgesetzes zum Bürgerlichen Gesetzbuche zulässig.

(4) Wurden Forderungen aus dem Darlehensvertrag abgetreten, treffen die Pflichten aus den Absätzen 1 bis 3 auch den neuen Gläubiger, wenn nicht der bisherige Darlehensgeber mit dem neuen Gläubiger vereinbart hat, dass im Verhältnis zum Darlehensnehmer weiterhin allein der bisherige Darlehensgeber auftritt.

Gliederung

A. Anwendungsvoraussetzungen 1	III. Informationspflicht bei Zinsanpassungen (Absatz 3) 10
I. Information vor Ende der Zinsbindung (Absatz 1) 1	IV. Informationspflichten für neue Gläubiger (Absatz 4) 14
II. Unterrichtung vor Beendigung des Darlehensvertrags (Absatz 2) 9	B. Rechtsfolgen 16

A. Anwendungsvoraussetzungen

I. Information vor Ende der Zinsbindung (Absatz 1)

1 Für die Informationspflicht nach Absatz 1 gibt es keine europarechtlichen Vorgaben, sie steht aber mit dem europäischen Recht auch nicht in Widerspruch, denn die Richtlinie regelt nicht abschließend, welchen Informationspflichten Darlehensgeber während des Bestehens eines Vertragsverhältnisses unterliegen.[1] In Einklang mit Erwägungsgrund 9 der VKred-Rili durften folglich zusätzliche Informationspflichten auf innerstaatlicher Ebene getroffen werden.[2] Die Formulierung in Absatz 1 wird an die durch die VKred-Rili geänderten Begriffsbestimmungen (seit 11.06.2010) (Sollzinssatz, Sollzinsbindung) angepasst. Ferner wird das Wort Darlehensvertrag zur Klarstellung durch das Wort „Verbraucherdarlehensvertrag" ersetzt; inhaltliche Änderungen sind damit nicht verbunden.[3]

2 Die Vorschrift, die durch das Risikobegrenzungsgesetz mit Wirkung vom 19.08.2008[4] eingeführt wurde (damals § 492a BGB a.F. – nur sprachlich am 11.06.2010 angepasst), soll den Darlehensnehmer

---

[1] BT-Drs. 16/11643, S. 80.
[2] BT-Drs. 16/11643, S. 80.
[3] BT-Drs. 16/11643, S. 80.
[4] BGBl I Nr. 36 2008, 1666.

rechtzeitig darüber unterrichten, dass sich beim Vertragsverhältnis Änderungen (bei der Zinshöhe) ergeben können.[5] Auf diese Weise soll der Darlehensnehmer sich auf bevorstehende Zinsänderungen und/oder die Vertragsbeendigung insgesamt einstellen können. Ein Zeitraum von drei Monaten erscheint – so die Gesetzesbegründung – angezeigt, aber auch ausreichend, um warnend auf den Darlehensnehmer zu wirken und ihm zugleich die Möglichkeit zu geben, den Markt zu erforschen.[6] Die Vorschrift ergänzt das ordentliche Kündigungsrecht des Darlehensnehmers bei vereinbarten Zinsbindungen (§ 489 BGB) und schafft eine neue Hinweispflicht für den Darlehensgeber.

Die gesetzliche Anordnung, das Vertragsverhältnis fortzuführen, erschien dem Gesetzgeber nicht zielführend, da dies für den Darlehensnehmer auch nachteilig sein könne, etwa wenn der marktübliche Zins bei Vertragsbeendigung niedriger sei als der vertraglich vereinbarte Zinssatz.[7] Ganz grundsätzlich kann sich aber aus dem Bankvertrag der Anspruch des Darlehensnehmers auf Fortführung des Darlehensvertrags ergeben, z.B. wenn sich die Bank bei Abschluss auf eine zwanzigjährige Tilgungsabrede („das Darlehen wird nach Ablauf von 20 Jahren durch einen dann fälligen Lebensversicherungsvertrag getilgt")[8] eingelassen hat. Der Anspruch auf Fortführung des Darlehensvertrags kann sich aber auch aus dem Schikaneverbot (§ 226 BGB) oder aus dem Gesichtspunkt von Treu und Glauben (§ 242 BGB) ergeben, wenn der Darlehensgeber für die Vertragsbeendigung keinen nachvollziehbaren Sachgrund hat, insbesondere wenn er vergleichbaren Darlehensnehmern die Fortführung des Darlehensvertrags typischerweise eröffnet. In diesen Fällen ist der Darlehensvertrag zu angemessen marktüblichen Bedingungen fortzusetzen. Als Sachgrund, der die Nichtfortführung legitimieren könnte, käme insbesondere die Ausschöpfung des aufsichtsrechtlich zur Verfügung stehenden Kreditgewährungsspielraums in Betracht.

Die Norm ist auf alle Verbraucherdarlehen, nicht nur Immobiliardarlehensverträge, anwendbar. Von der Norm darf nicht zum Nachteil des Darlehensnehmers abgewichen werden (§ 511 BGB). Dies gilt auch, wenn sie durch anderweitige Gestaltungen umgangen werden soll (§ 511 BGB).

Voraussetzung ist ein Darlehensvertrag mit festem Sollzinssatz (vgl. vertiefend die Kommentierung zu § 489 BGB Rn. 3). Endet die Zinsbindung vor der für die Rückzahlung des gesamten Darlehens bestimmten Zeit, unterrichtet der Darlehensgeber den Darlehensnehmer spätestens drei Monate vor Ende der Zinsbindung darüber, ob er zu einer neuen Zinsbindungsabrede bereit ist. Erklärt er sich hierzu bereit, muss die Unterrichtung den zum Zeitpunkt der Unterrichtung vom Darlehensgeber angebotenen Zinssatz enthalten. Damit soll der Darlehensnehmer in die Lage versetzt werden, grob die möglicherweise anstehenden Veränderungen abschätzen zu können.[9] Verweigert der Darlehensgeber eine neue Zinsbindungsabrede, so schuldet der Darlehensnehmer nunmehr variable Zinsen, je nach Marktentwicklung. In diesem Fall hat der Darlehensnehmer die Möglichkeit, den Darlehensvertrag ganz oder teilweise zu kündigen (§ 489 Abs. 1 BGB). Setzt der Darlehensnehmer den Darlehensvertrag mit veränderlichem Zinssatz fort, so kann er diesen Darlehensvertrag unter Einhaltung einer Kündigungsfrist von drei Monaten jederzeit kündigen (§ 489 Abs. 2 BGB).

Eine Rechtspflicht auf Fortsetzung des Darlehensvertrages besteht nicht.[10] Etwas anderes kann – ausnahmsweise – dann gelten, wenn der Darlehensgeber vergleichbaren Darlehensnehmern die Fortsetzung von Darlehensverträgen typischerweise anbietet und kein Sachgrund für die Ungleichbehandlung des Darlehensnehmers im Einzelfall erkennbar ist, wenn also die Verweigerung der Fortsetzung des Darlehensvertrages im Einzelfall unangemessen und missbräuchlich ist (§§ 242, 226 BGB).[11]

---

[5] BT-Drs. 16/9821, S. 15.
[6] BT-Drs. 16/9821, S. 15.
[7] BT-Drs. 16/9821, S. 15.
[8] OLG Karlsruhe v. 04.04.2003 - 15 U 8/02 - OLGR Karlsruhe 2003, 467-469.
[9] BT-Drs. 16/9821, S. 15.
[10] *Lehmann*, ZGS 2009, 214, 217; *Stürner*, ZHR 173 (2009), 363, 371; *Schürnbrand* in: MünchKomm-BGB, § 493 Rn. 4.
[11] Diesen Zusammenhang übersieht *Schürnbrand* in: MünchKomm-BGB, § 493 Rn. 4.

7 Erklärt sich der Darlehensgeber bereit, eine neue Zinsbindung einzugehen, so unterrichtet er den Darlehensnehmer über den zum Zeitpunkt der Unterrichtung von ihm angebotenen Zinssatz. Dieses Angebot ist nach der Gesetzesbegründung noch nicht verbindlich, weil der notwendige Bedenkzeitraum von drei Monaten als zu lange erscheint, um den Darlehensgeber schon zu einem verbindlichen Folgeangebot zu verpflichten.[12] Allerdings kann dies nur gelten, wenn der Darlehensgeber bei seiner Unterrichtung ausdrücklich auf die Unverbindlichkeit seines Angebotes hinweist. Macht er dagegen ein **verbindliches** Angebot, so kann der Darlehensnehmer dieses innerhalb der üblichen Annahmefristen annehmen. Es kommt auf diese Weise eine verbindliche Zinsbindungsabrede unter der zeitlichen Bedingung der Beendigung der laufenden Zinsbindungsabrede zustande.

8 Macht der Darlehensgeber ein unverbindliches Angebot, so ist er nach Treu und Glauben (§ 242 BGB) verpflichtet, dieses in angemessener Frist zu einem verbindlichen Angebot zu verdichten, weil sonst der Zweck der neuen Unterrichtungspflicht leer läuft. Der Darlehensnehmer kann sich nur neu orientieren, wenn er den Konkurrenten des Darlehensgebers ein diesen bindendes Angebot vorlegen kann. Nur auf der Grundlage eines solchen bindenden Angebotes werden die Konkurrenten des Darlehensgebers bereit sein, ihrerseits verbindliche Angebote zu stellen. Ein Darlehensgeber, der auch sechs Wochen vor Ablauf der Zinsbindungsfrist immer noch nicht bereit ist, ein verbindliches Angebot zu stellen, zeigt damit, dass er in Wirklichkeit keine neue Zinsbindung eingehen, dies aber nicht klar sagen will. Damit verletzt der Darlehensgeber seine Unterrichtungspflicht aus § 493 Abs. 1 BGB und macht sich schadensersatzpflichtig.[13] In diesem Falle ist der Darlehensgeber zumindest an die Konditionen des „scheinbar unverbindlichen" Angebotes gebunden. Auszugleichen ist beispielsweise der Zinsnachteil, der dem Darlehensnehmer dadurch entsteht, dass er ein günstiges Alternativangebot nicht angenommen hat oder nicht frühzeitig auf die Notwendigkeit einer Neuorientierung aufmerksam gemacht wurde.[14] Ein Mitverschulden des Darlehensnehmers scheidet regelmäßig aus, weil ihm gegenüber kein verbindliches Angebot vorliegt, er also nicht annehmen kann.[15]

II. Unterrichtung vor Beendigung des Darlehensvertrags (Absatz 2)

9 Absatz 2 enthält eine dem Absatz 1 entsprechende Regelung für den Fall, dass die Rückzahlungsforderung des Darlehensgebers binnen drei Monaten fällig wird.[16] Der Darlehensgeber soll erklären, ob er bereit ist, das Darlehensverhältnis fortzuführen. In diesem Fall soll er über seine aktuellen Vertragsbedingungen unter Berücksichtigung der Pflichtangaben aus § 491a Abs. 1 BGB unterrichten. Ist der Darlehensgeber zur Fortführung des Darlehensverhältnisses nicht bereit, so gelten die zu Absatz 1 entwickelten Grundsätze. Entscheidend ist, ob der Darlehensgeber anderen vergleichbaren Darlehensnehmern die Fortführung des Darlehensverhältnisses eröffnet. In diesem Fall muss es einen Sachgrund dafür geben, dass der Darlehensgeber den ansonsten gleichartigen Darlehensvertrag mit dem betroffenen Darlehensnehmer nicht fortzusetzen bereit ist (§§ 226, 242 BGB).

III. Informationspflicht bei Zinsanpassungen (Absatz 3)

10 Nach Absatz 3 wird eine vom Darlehensgeber einseitig vorgenommene Zinsanpassung erst wirksam, wenn der Darlehensnehmer vom Darlehensgeber gemäß Art. 247 § 15 EGBGB über die dort niedergelegten Auswirkungen der Zinsanpassung unterrichtet wurde.[17] Voraussetzung ist ein Verbraucherdarlehensvertrag mit veränderlichem Sollzinssatz und eine entsprechende Änderungsvereinbarung im Vertrag.[18] Außerdem muss der Darlehensgeber in Ausübung seines Leistungsbestimmungsrechts eine

---

[12] BT-Drs. 16/9821, S. 15.
[13] BT-Drs. 16/9821, S. 15; *Dörrie*, ZBB 2008, 292, 298.
[14] *Schürnbrand* in: MünchKomm-BGB, § 493 Rn. 5 m.w.N.
[15] BGH v. 22.03.2011 - XI ZR 33/10 - juris Rn. 41 - NJW 2011, 1949; *Schürnbrand* in: MünchKomm-BGB, § 493 Rn. 5 m.w.N.
[16] BT-Drs. 16/9821, S. 15.
[17] Umsetzung von Art. 11 VKred-Rili.
[18] BT-Drs. 16/11643, S. 81.

Erklärung nach § 315 Abs. 2 BGB abgegeben haben, die den formellen Anforderungen des § 492 Abs. 5 BGB genügt (Textform).[19] Frühestens ab Zugang sowohl dieser Erklärung als auch der Unterrichtung nach Art. 247 § 15 EGBGB kann der neue Sollzinssatz als Berechnungsgrundlage für die Zinszahlung herangezogen werden.[20]

Die Zinsanpassung[21] wird erst wirksam, nachdem der Darlehensgeber den Darlehensnehmer über

- den angepassten Sollzinssatz[22],
- die angepasste Höhe der Teilzahlungen und
- die Zahl und die Fälligkeit der Teilzahlungen, sofern diese sich ändern, unterrichtet hat (Art. 247 § 15 Abs. 1 EGBGB).

Geht die Anpassung des Sollzinssatzes auf die Änderung eines Referenzzinssatzes zurück, können die Vertragsparteien einen von Absatz 1 abweichenden Zeitpunkt für die Wirksamkeit der Zinsanpassung vereinbaren (Art. 247 § 15 Abs. 2 Satz 1 EGBGB). In diesen Fällen muss der Vertrag eine Pflicht des Darlehensgebers vorsehen, den Darlehensnehmer nach Absatz 1 in regelmäßigen Zeitabständen zu unterrichten (Art. 247 § 15 Abs. 2 Satz 2 EGBGB). Außerdem muss der Darlehensnehmer die Höhe des Referenzzinssatzes in den Geschäftsräumen des Darlehensgebers einsehen können (Art. 247 § 15 Abs. 2 Satz 3 EGBGB).

Anders als in den Fällen der Absätze 1 und 2, bei denen insbesondere Schadensersatzansprüche in Betracht kommen, führt die Missachtung der Pflichten aus Absatz 3 dazu, dass eine Zinsänderung nicht wirksam wird und demzufolge der Vertrag zu den bisherigen Bedingungen fortgeführt wird.[23] Etwas anderes gilt dann, wenn die einseitig vorgenommene Zinsanpassung für den Darlehensnehmer günstig ist, da § 493 BGB allein den Interessen des Verbrauchers dient.[24]

IV. Informationspflichten für neue Gläubiger (Absatz 4)

Die Pflichten nach den Absätzen 1 und 2 treffen bei Abtretung der Forderungen aus dem Darlehensvertrag auch den neuen Gläubiger, es sei denn, der neue Gläubiger hat mit dem bisherigen Gläubiger vereinbart, im Verhältnis zum Darlehensnehmer weiterhin als Darlehensgeber aufzutreten (stille Zession).[25] Auf diese Weise erfährt der Darlehensnehmer, ob der neue Gläubiger zur Fortsetzung des Vertrages bereit ist und welche Konditionen dieser zugrunde legen würde. Hintergrund ist, dass der ursprüngliche Gläubiger an der Fortsetzung des Darlehensvertrages regelmäßig kein Interesse mehr hat, weil er sonst die Forderung kaum abgetreten hätte.[26] Er wird daher geneigt sein, keine besonders vorteilhaften Konditionen anzubieten.[27] Deshalb soll **auch** der neue Gläubiger zu entsprechenden Angeboten verpflichtet werden.[28] Der Schuldner hat damit die Möglichkeit, ein entsprechendes Angebot mit dem des ursprünglichen Gläubigers zu vergleichen und darüber hinaus ausreichend Zeit, weitere Angebot einzuholen.[29]

Diese Überlegungen laufen allerdings leer, wenn man eine wirksame Abtretung der Darlehensforderungen auch an eine Nicht-Bank – z.B. eine Inkassogesellschaft mit Sitz in einem Steuerparadies – zulässt. Eine solche Inkassogesellschaft kann kein Angebot nach Absatz 1 oder Absatz 2 stellen, weil sie keine Bank ist. Das bedeutet, dass der Sinn der neuen Vorschrift, dem Darlehensnehmer die Gele-

---

[19] BT-Drs. 16/11643, S. 81.
[20] BT-Drs. 16/11643, S. 81.
[21] Krit. *Wimmer/Rösler*, WM 2011, 1788, 1797.
[22] Hierzu krit.: *Wimmer/Rösler*, BKR 2011, 6, 9.
[23] BT-Drs. 16/11643, S. 81.
[24] *Schürnbrand* in: MünchKomm-BGB, § 493 Rn. 6; Hinweis auf *Weidenkaff* in: Palandt, § 493 Rn. 3; sowie *Kessal-Wulf* in: PWW, § 493 Rn. 2.
[25] BT-Drs. 16/9821, S. 15.
[26] BT-Drs. 16/9821, S. 15.
[27] BT-Drs. 16/9821, S. 15.
[28] BT-Drs. 16/9821, S. 15; d.h. kumulative Informationen von Alt- und Neugläubiger: *Schürnbrand* in: MünchKomm-BGB, § 493 Rn. 9 m.w.N.; a.A. *Dörrie*, ZBB 2008, 292, 298; *Höche*, FS Nobbe 2009, S. 317, 327.
[29] BT-Drs. 16/9821, S. 15.

genheit zu geben, sowohl mit dem Altgläubiger als auch mit dessen Konkurrenten über die Fortsetzung der Zinsbindung oder des Vertrages ernsthaft zu verhandeln, konterkariert wird. Erwirbt eine Inkassogesellschaft die Forderung aus dem Darlehensvertrag, so steht damit fest, dass sie gar nicht in der Lage ist, Angebote nach Absatz 1 oder Absatz 2 abzugeben – dies wiederum belegt die These, wonach die Abtretung an eine Nicht-Bank eine Inhaltsänderung nach § 399 Alt. 1 BGB und folglich ausgeschlossen ist.[30]

B. Rechtsfolgen

16 Die Verletzung der in den Absätzen 1 und 2 geregelten Pflichten löst Schadensersatzansprüche aus.[31] Die gesetzliche Anordnung, das Vertragsverhältnis fortzuführen, erscheint, so die Gesetzesbegründung, nicht zielführend.[32] Deshalb kann es in diesen Fällen nicht zu einem Vertragsschluss und der dann nahe liegenden Anwendung des § 494 BGB kommen.[33] Dies könne für den Darlehensnehmer auch nachteilig sein, etwa wenn der marktübliche Zins bei Vertragsbeendigung niedriger sei als der vertraglich vereinbarte Zinssatz.[34]

17 Verstößt der Darlehensgeber gegen die Pflicht, ein Angebot vor Ablauf der Zinsbindungsfrist zu stellen (Absatz 1), so wird der Vertrag auf der Grundlage der bestehenden Zinsbindungsabrede für den branchenüblichen Bindungszeitraum fortgesetzt, es sei denn, der marktübliche Zins für vergleichbare Darlehen ist im Zeitpunkt der Beendigung der Zinsbindung niedriger als der bis dahin praktizierte Zinssatz. Erklärt sich der Darlehensgeber nach Absatz 1 zur Fortsetzung der Zinsbindung bereit, so erstarkt sein zunächst unverbindliches Zinsangebot zu einem verbindlichen, wenn er sich auch sechs Wochen vor Ablauf der alten Zinsbindungsfrist nicht zu einem verbindlichen Zinsangebot durchringen kann. Dabei kann das Zinsangebot im Einzelfall ermäßigt werden, wenn der Darlehensgeber vergleichbaren Darlehensnehmern im maßgeblichen Zeitraum niedrigere Zinskonditionen anbietet und kein Sachgrund dafür erkennbar ist, warum ausgerechnet der betroffene Darlehensnehmer verpflichtet sein soll, einen höheren Zinssatz zu zahlen (§§ 226, 242 BGB).

18 Unterrichtet der Darlehensgeber den Darlehensnehmer nicht, ob er zur Fortführung des Darlehensverhältnisses bereit ist (Absatz 2), so ist der Darlehensgeber aus dem Gesichtspunkt des Schadensersatzes verpflichtet, den Darlehensvertrag über einen branchenüblichen Zeitraum zu den bisherigen Konditionen fortzusetzen. Wahlweise kann der Darlehensnehmer den Vertrag in diesem Falle bei einem Konkurrenten zu einem höheren Zinssatz fortsetzen und vom Schädiger die Zahlung der Zinsdifferenz verlangen. Erklärt sich der Darlehensgeber zur Fortführung des Vertrages bereit, weigert sich aber, die Pflichtangeben nach § 491a Abs. 1 BGB zu machen, so wird der Vertrag branchenüblich verlängert. Liegen der effektive Jahreszins und die Kosten für vergleichbare Darlehen im Zeitpunkt der Verlängerung niedriger, so schuldet der Darlehensnehmer diese niedrigeren Konditionen, höchstens aber die Konditionen, die den Altvertrag bestimmt haben. Wahlweise kann der Darlehensnehmer auch hier den Vertrag bei einem Konkurrenten zu einem höheren Zinssatz fortsetzen. Der frühere Darlehensgeber schuldet in diesem Fall die Zinsdifferenz als Schadensersatz.

19 Weicht der Darlehensgeber bei der Unterrichtung über die Pflichtangaben nach § 491a Abs. 1 BGB gegenüber vergleichbar von ihm gewährten Darlehenskonditionen ohne erkennbaren Sachgrund nach oben ab, so kommt der Vertrag zu den vergleichbar gewährten Konditionen zustande – eines darüber hinausgehenden Schadensersatzanspruches bedarf es nicht mehr.

---

[30] Vertiefend *Schwintowski/Schantz*, NJW 2008, 472; *Schimansky*, WM 2008, 1049; dazu BGH v. 30.03.2010 - XI ZR 200/09 -WM 2010, 1022; wie hier mit etwas anderer Begründung: *Schürnbrand* in: MünchKomm-BGB, § 493 Rn. 9; ohne diese Einschränkung: *Langenbucher*, NJW 2008, 3169, 3171; *Schalast*, BB 2008, 2190, 2192.
[31] BT-Drs. 16/9821, S. 15.
[32] BT-Drs. 16/9821, S. 15.
[33] Sowohl *Langenbucher*, NJW 2008, 3169, 3170.
[34] BT-Drs. 16/9821, S. 15.

§ 494 BGB Rechtsfolgen von Formmängeln

(Fassung vom 24.07.2010, gültig ab 30.07.2010)

(1) Der Verbraucherdarlehensvertrag und die auf Abschluss eines solchen Vertrags vom Verbraucher erteilte Vollmacht sind nichtig, wenn die Schriftform insgesamt nicht eingehalten ist oder wenn eine der in Artikel 247 §§ 6 und 9 bis 13 des Einführungsgesetzes zum Bürgerlichen Gesetzbuche für den Verbraucherdarlehensvertrag vorgeschriebenen Angaben fehlt.

(2) ¹Ungeachtet eines Mangels nach Absatz 1 wird der Verbraucherdarlehensvertrag gültig, soweit der Darlehensnehmer das Darlehen empfängt oder in Anspruch nimmt. ²Jedoch ermäßigt sich der dem Verbraucherdarlehensvertrag zugrunde gelegte Sollzinssatz auf den gesetzlichen Zinssatz, wenn die Angabe des Sollzinssatzes, des effektiven Jahreszinses oder des Gesamtbetrags fehlt.

(3) Ist der effektive Jahreszins zu niedrig angegeben, so vermindert sich der dem Verbraucherdarlehensvertrag zugrunde gelegte Sollzinssatz um den Prozentsatz, um den der effektive Jahreszins zu niedrig angegeben ist.

(4) ¹Nicht angegebene Kosten werden vom Darlehensnehmer nicht geschuldet. ²Ist im Vertrag nicht angegeben, unter welchen Voraussetzungen Kosten oder Zinsen angepasst werden können, so entfällt die Möglichkeit, diese zum Nachteil des Darlehensnehmers anzupassen.

(5) Wurden Teilzahlungen vereinbart, ist deren Höhe vom Darlehensgeber unter Berücksichtigung der verminderten Zinsen oder Kosten neu zu berechnen.

(6) ¹Fehlen im Vertrag Angaben zur Laufzeit oder zum Kündigungsrecht, ist der Darlehensnehmer jederzeit zur Kündigung berechtigt. ²Fehlen Angaben zu Sicherheiten, können sie nicht gefordert werden. ³Satz 2 gilt nicht, wenn der Nettodarlehensbetrag 75 000 Euro übersteigt.

(7) ¹Der Darlehensgeber stellt dem Darlehensnehmer eine Abschrift des Vertrags zur Verfügung, in der die Vertragsänderungen berücksichtigt sind, die sich aus den Absätzen 2 bis 6 ergeben. ²Abweichend von § 495 beginnt die Widerrufsfrist in diesem Fall, wenn der Darlehensnehmer diese Abschrift des Vertrags erhalten hat.

Gliederung

A. Grundlagen	1	IV. Kosten, Zins- und Kostenanpassungen (Absatz 4)	14
B. Anwendungsvoraussetzungen	2	V. Neuberechnungen der Teilzahlungen (Absatz 5)	15
I. Nichtigkeit bei Formfehlern (Absatz 1)	2	VI. Fehlen weiterer Angaben (Absatz 6)	16
II. Gültigkeit trotz Mangels (Absatz 2)	6	VII. Anspruch auf veränderte Abschrift (Absatz 7)	18
III. Zu niedriger effektiver Jahreszins (Absatz 3)	13	VIII. Unzulässige Rechtsausübung	20

A. Grundlagen

§ 494 BGB ist mit Wirkung 11.06.2010 neugefasst worden. Am Grundgedanken wurde festgehalten, d.h. der Verbraucherdarlehensvertrag ist nichtig, wenn bestimmte Formerfordernisse nicht eingehalten wurden. Im Gegensatz zu früher zählen dazu Angaben, die Art. 247 §§ 6 und 9-13 EGBGB enthält. Damit erweist sich § 494 BGB als Sonderregelung gegenüber den §§ 125 Satz 1, 139 BGB.[1] Im Gegensatz zu § 125 Satz 1 BGB (Nichtigkeit bei Verletzung der vorgeschriebenen Form) bleibt der Darlehensvertrag gültig, soweit der Darlehensnehmer das Darlehen empfängt oder in Anspruch nimmt

1

---

[1] Wie hier *Weidenkaff* in: Palandt, § 494 Rn. 2.

(§ 494 Abs. 2 BGB). In diesen Fällen ermäßigt sich der dem Vertrag zugrunde gelegte Sollzinssatz auf den gesetzlichen Zinssatz (§ 246 BGB). Damit wird die Gültigkeit des Darlehensvertrags trotz Formfehlers zum Regelfall. Sinnvoller wäre es, dem Verbraucher ein Wahlrecht zu geben, nämlich entweder Nichtigkeit und damit Rückabwicklung zu wählen oder aber am Vertrag zu ermäßigten Konditionen festzuhalten.

B. Anwendungsvoraussetzungen

I. Nichtigkeit bei Formfehlern (Absatz 1)

2 Grundsätzlich gilt, dass der Verbraucherdarlehensvertrag und die auf Abschluss eines solchen Vertrags vom Verbraucher erteilte Vollmacht nichtig sind, wenn die Schriftform insgesamt nicht eingehalten ist oder wenn eine der in Art. 247 §§ 6 und 9-13 EGBGB vorgeschriebenen Angaben fehlt. Der Wortlaut stellt klar, dass die Nichtigkeitsfolge in Bezug auf fehlende Angaben nur dann eintritt, wenn eine der für den Verbraucherdarlehensvertrag vorgeschriebenen Informationen nicht erteilt wurde.[2] Deshalb ist der Darlehensvertrag wirksam, wenn nur der Verwendungszweck falsch angegeben wurde.[3] Der Verbraucherdarlehensvertrag ist folglich nicht nichtig, wenn er die in Art. 247 §§ 6 und 9-13 EGBGB vorgeschriebenen vorvertraglichen Informationen oder die für den Darlehensvermittlungsvertrag in Art. 247 § 13 Abs. 2 und 3 EGBGB vorgesehenen Pflichtangaben nicht enthält.[4] Das gilt auch beim Vertragsschluss in elektronischer Form.[5] Nach Sinn und Zweck des § 126 Abs. 3 BGB sollen beide Formen gleichgestellt werden, ohne dass dies in weiteren Vorschriften nochmals ausdrücklich erwähnt werden müsste.[6] Ist der Verbraucherdarlehensvertrag öffentlich beurkundet worden (§ 491 Abs. 3 BGB), so findet § 494 BGB keine Anwendung.

3 Dies gilt auch für die zusätzlichen Angaben, die Art. 247 §§ 7 und 8 EGBGB vorsieht.[7] Diese sehen insbesondere Pflichtangaben vor, die Ansprüche des Darlehensgebers betreffen (Sicherheitsleistungen nach Art. 247 § 7 Nr. 2 EGBGB, Vorfälligkeitsentschädigung Nr. 3 und sonstige Zusatzleistungen Art. 247 § 8 EGBGB). Fehlen Angaben hierüber, ist zwar der Darlehensvertrag nicht nichtig. Die Sicherheit, Vorfälligkeitsentschädigung oder sonstige Zusatzleistung kann aber nicht verlangt werden.[8] Bei Sicherheitsleistungen entspricht dies der geltenden Rechtslage, weil § 494 BGB nicht auf den früheren § 492 Abs. 1 Satz 5 Nr. 7 BGB verweist.[9] Diese Regelungstechnik soll auf die Berechnung der Vorfälligkeitsentschädigung und die Zusatzleistungen erstreckt werden.[10] Fehlt eine der genannten Angaben, wäre die Anordnung der Nichtigkeit des Vertrags für den Verbraucher nachteilig; deshalb soll die Nichtigkeitsfolge in diesen Fällen nicht eintreten.[11]

4 Die Anordnung der Nichtigkeit des Vertrags erscheint außerdem unverhältnismäßig, wenn im Vertrag die Notarkosten, die der Darlehensnehmer zu tragen hat, unzutreffend angegeben sind oder der Hinweis auf einen Zugang zu einem außergerichtlichen Streitbeilegungsverfahren (Art. 247 § 7 Nr. 1 und 4 EGBGB) fehlt; so dass auch diese Angaben von der Nichtigkeit ausgenommen sind.[12]

5 § 494 BGB ist gegenüber den §§ 125 Satz 1, 139 BGB lex specialis.[13] Grundsätzlich ist Nichtigkeit die Rechtsfolge, wenn Schriftform und Inhaltsanforderungen von Art. 247 §§ 6 und 9-13 EGBGB

---

[2] Gesetz vom 29.07.2010 BGBl I 2010, Nr. 39, 977; Begründung BT-Drs. 17/1394, S. 18.
[3] *Barmert*, WM 2004, 2002, 2008.
[4] BT-Drs. 17/1394, S. 18.
[5] BT-Drs. 16/11643, S. 81.
[6] BT-Drs. 16/11643, S. 81.
[7] BT-Drs. 16/11643, S. 81.
[8] BT-Drs. 16/11643, S. 81.
[9] BT-Drs. 16/11643, S. 81.
[10] BT-Drs. 16/11643, S. 81.
[11] BT-Drs. 16/11643, S. 81.
[12] BT-Drs. 16/11643, S. 81.
[13] *Weidenkaff* in: Palandt, § 494 Rn. 2.

nicht eingehalten wurden. Werden Nebenabreden im Zusammenhang mit den Pflichtangaben getroffen, so unterliegen auch sie der Schriftform. Ist diese nicht eingehalten, besteht Teilnichtigkeit, die nach § 139 BGB zu beurteilen ist.[14] Nebenabreden, die nicht unter den Pflichtkatalog des Art. 247 EGBGB fallen, sind formlos wirksam. Andere Nichtigkeitsgründe, etwa die §§ 134, 138, 142, 177 BGB, bleiben unberührt.

II. Gültigkeit trotz Mangels (Absatz 2)

Der Verbraucherdarlehensvertrag wird trotz eines Mangels nach § 494 Abs. 1 BGB gültig, **soweit** der Darlehensnehmer das Darlehen empfängt oder in Anspruch nimmt (§ 494 Abs. 2 Satz 1 BGB); d.h. Heilung ist auch nur teilweise möglich. Da Empfang oder Auszahlung des Darlehens vorausgesetzt wird, ist diese Regelung auf den **Schuldbeitritt (§ 414 BGB) nicht anwendbar.**[15] Denkbar ist aber, dass die Berufung auf den Formmangel eine unzulässige Rechtsausübung darstellt.[16] Die Heilung tritt also nur in Bezug auf den Darlehensnehmer ein, der Schuldbeitritt selbst ist nichtig. Nach dem Wortlaut von § 494 Abs. 2 Satz 1 BGB wird der Verbraucherdarlehensvertrag auch beim Mangel einer Vollmacht gültig, soweit der Darlehensnehmer das Darlehen empfängt oder in Anspruch nimmt. Dies ist auch dann gegeben, wenn die Darlehensvaluta aufgrund Weisung des Darlehensnehmers oder eine entsprechende Regelung im Darlehensverhältnis direkt an einen Dritten ausbezahlt wird.[17] Die Auszahlung eines Darlehens auf ein Treuhandkonto führt allerdings nicht zum Empfang des Darlehens und damit zur Heilung nach § 494 Abs. 2 Satz 1 BGB, wenn der Darlehensvertrag und der Beitrittsvertrag eine unwiderrufliche Anweisung an die Finanzierungsbank derart vorsehen, dass das Finanzierungsdarlehen ausschließlich dem Treuhandkonto des Anlagetreuhänders gutgeschrieben und dort entsprechend den festgelegten Bedingungen an die Fondsgesellschaft weitergeleitet wird.[18]

6

Der **Empfang des Darlehens** im Sinne des § 494 Abs. 2 Satz 1 BGB ist zu bejahen, wenn der Darlehensgegenstand aus dem Vermögen des Darlehensgebers ausgeschieden und dem Vermögen des Darlehensnehmers in der vereinbarten Form endgültig zugeführt wurde.[19] Dabei erfordert Empfangen des Darlehens eine Leistungshandlung des Darlehensgebers, etwa die Auszahlung, auftragsgemäße Überweisung oder Gutschrift auf dem Konto des Darlehensnehmers. Außerdem muss der Darlehensnehmer beim Empfang (Erfüllung i.S.v. § 488 Abs. 1 Satz 1 BGB) mitwirken. Ist die Vollmacht unwirksam, so muss der Darlehensnehmer beim Empfang selbst mitwirken.[20] Wird die Darlehensvaluta auf Weisung des Darlehensnehmers an einen **Dritten ausgezahlt**, so hat der Darlehensnehmer regelmäßig den Darlehensbetrag empfangen, wenn der von ihm als Empfänger namhaft gemachte Dritte das Geld vom Darlehensgeber erhalten hat, es sei denn der Dritte ist nicht überwiegend im Interesse des Darlehensnehmers, sondern sozusagen als „verlängerter Arm" des Darlehensgebers tätig geworden.[21]

7

Zur Heilung des Mangels nach § 494 Abs. 2 Satz 1 BGB genügt es auch, dass der Darlehensnehmer das Darlehen nur **in Anspruch nimmt**. Dies setzt weniger als beim Empfang des Darlehens voraus. Eine Disposition des Verbrauchers als Darlehensnehmer, z.B. das an den Darlehensgeber gerichtete Verlangen, das Geld zur Verfügung zu stellen, genügt, wenn der Darlehensgeber entsprechend handelt, also auszahlt, überweist oder einen Scheck einlöst.[22] Durch die Überziehung des Kontos werden etwaige Formmängel nicht geheilt – insoweit gilt allein § 504 BGB. Im Fall einer Vertragsänderung

8

---

[14] *Bülow/Artz*, VerbrKR, § 494 Rn. 19; *Weidenkaff* in: Palandt, § 494 Rn. 2.
[15] BGH v. 12.11.1996 - XI ZR 202/95 - NJW 1997, 654.
[16] BGH v. 08.11.2005 - XI ZR 34/05 - juris Rn. 27, 28 - BGHZ 165, 43.
[17] BGH v. 25.04.2006 - XI ZR 29/05 - BGHZ 167, 223; BGH v. 25.04.2006 - XI ZR 193/04 - juris Rn. 31 - BGHZ 167, 252.
[18] OLG Karlsruhe v. 23.05.2006 - 17 U 286/05 - juris Rn. 24, 26 - OLGR Karlsruhe 2006, 632-635; *Kessal-Wulf* in: Staudinger, § 494 Rn. 4.
[19] BGH v. 25.04.2006 - XI ZR 193/04 - juris Rn. 31 - BGHZ 167, 252-268.
[20] OLG München v. 22.04.1999 - 31 W 1110/99 - NJW 1999, 2196-2197.
[21] BGH v.12.11.2002 - XI ZR 47/01 - BB 2003, 264 m.w.N.
[22] Wie hier *Weidenkaff* in: Palandt, § 494 Rn. 4.

§ 494

kann die Inanspruchnahme in der Fortsetzung der Darlehensnutzung liegen.[23] Eine Inanspruchnahme liegt auch dann vor, wenn die Darlehensnutzung vereinbarungsgemäß durch einen Dritten erfolgt.[24]

9 Liegen diese Voraussetzungen (Empfang/Inanspruchnahme) vor, so wird der Verbraucherdarlehensvertrag **voll gültig**. Jedoch **ermäßigt** sich der ihm zugrunde gelegte **Sollzinssatz** auf den **gesetzlichen Zinssatz**, wenn seine Angabe oder die Angabe des effektiven Jahreszinses oder die Angabe des Gesamtbetrages fehlt (§ 494 Abs. 2 Satz 2 BGB). Die VKred-Rili differenziert nicht zwischen effektivem Jahreszins und „anfänglichem effektivem Jahreszins"; sie verlangt vielmehr die Angabe des effektiven Jahreszinses in der vorvertraglichen Information und im Vertrag unabhängig davon, ob der Zins gebunden oder veränderlich ist.[25]

10 Der Begriff „bezeichnen" verlangt allerdings (§ 6 Abs. 1 Satz 1 PAngV) die ausdrückliche Angabe des Jahreszinses als „anfänglichen effektiven Jahreszinses", was durch die Anführungszeichen im Text des § 6 PAngV zusätzlich hervorgehoben ist.[26] Die deutsche Rechtsprechung kennt folglich zwei unterschiedliche Preisbezeichnungen, die auch verwendet werden müssen.[27] Dies stimmt bei Verbraucherdarlehen mit der neuen VKred-Rili nicht mehr überein.[28] Diese Richtlinie legt Wert darauf, dass nur eine europaweit vergleichbare Preisangabe besteht, deshalb soll der Begriff „anfänglicher effektiver Jahreszins" nicht mehr verwendet werden.[29] Ein Nachteil entsteht dadurch nicht, zumal die europarechtlich vorgegebenen Muster vorsehen, dass der Verbraucher unter der Rubrik „Preis" über alle Kosten zu unterrichten ist, die während der Laufzeit des Vertragsverhältnisses geändert oder angepasst werden können.[30] Es ist daher im Rahmen der vorvertraglichen Information sichergestellt, dass der Verbraucher von dem Umstand, dass sich der effektive Jahreszins ändern kann, Kenntnis erlangt. Keinesfalls kann aus der Aufhebung des „anfänglichen effektiven Jahreszinses" geschlossen werden, dass bei Darlehen mit veränderlichen Bedingungen überhaupt kein effektiver Jahreszins anzugeben ist.[31] Vielmehr ist er unter Berücksichtigung der bei Vertragsabschluss maßgeblichen Konditionen auszuweisen und im Vertrag zu erwähnen (Art. 247 § 6 Abs. 3 EGBGB).[32]

11 Der gesetzliche Zinssatz beträgt nach § 246 BGB 4%. Sind aufgrund des ermäßigten Zinssatzes zu viel Zinsen bezahlt worden, so sind diese nach § 812 BGB zurückzuerstatten.[33] Der ermäßigte Zinssatz ist auch bei der Rückerstattung des Disagios zu berücksichtigen.[34] Ferner sind auch sonstige laufzeitabhängige Vergütungen mit zinsähnlichem Charakter in die Erstattung miteinzubeziehen.[35] Ein Wahlrecht des Verbrauchers, stattdessen die den gesetzlichen Zinssatz übersteigenden, in den vereinbarten Ratenzahlungen enthaltenen Zinsen zur Tilgung des Darlehensrückzahlungsanspruchs zu verrechnen, besteht nicht.[36]

12 Die im Darlehensvertrag entgegen Art. 247 § 3 Nr. 8 EGBGB **fehlende Gesamtbetragsangabe** hat bei vereinbarungsgemäßer Auszahlung der Darlehensvaluta zur Folge, dass der Darlehensnehmer die

---

[23] BGH v. 06.12.2005 - XI ZR 139/05 - juris Rn. 18 - BGHZ 165, 213-223.
[24] BGH v. 18.12.2007 - XI ZR 76/06 - juris Rn. 26 - NJW-RR 2008, 643-645.
[25] BT-Drs. 16/11643, S. 82.
[26] BT-Drs. 16/11643, S. 82.
[27] BT-Drs. 16/11643, S. 82.
[28] BT-Drs. 16/11643, S. 82.
[29] BT-Drs. 16/11643, S. 82.
[30] BT-Drs. 16/11643, S. 82.
[31] BT-Drs. 16/11643, S. 82.
[32] BT-Drs. 16/11643, S. 82.
[33] BGH v. 09.05.2006 - XI ZR 119/05 - NJW-RR 2006, 1419; BGH v. 14.09.2004 - XI ZR 11/04 - NJW-RR 2005, 483; BGH v. 23.10.2001 - XI ZR 63/01 - ZIP 2001, 2224, 2227 = EWiR 2002, 93 m. Anm. *Saenger/Bertram* = WM 2001, 2379, 2381 f.; BGH v. 18.12.2001 - XI ZR 156/01 - ZIP 2002, 391, 394.
[34] BGH v. 04.04.2000 - XI ZR 200/99 - NJW 2000, 2816.
[35] BGH v. 26.03.2004 - V ZR 90/03 - WM 2004, 2180.
[36] BGH v. 20.01.2009 - XI ZR 504/07 - NJW 2009, 2046 in Abgrenzung zu BGH v. 23.10.1990 - XI ZR 313/89, BGHZ 112, 352.

Neuberechnung der monatlichen Leistungsraten unter Berücksichtigung der auf den gesetzlichen Zinssatz verminderten Zinsen und gemäß § 812 Abs. 1 Satz 1 Alt. 1 BGB die Rückzahlung überzahlter Zinsen verlangen kann.[37] Auch insoweit besteht kein Wahlrecht des Verbrauchers, stattdessen die den gesetzlichen Zinssatz übersteigenden, in den vereinbarten Ratenzahlungen enthaltenen Zinsen zur Tilgung des Darlehensrückzahlungsanspruchs zu verrechnen (Abgrenzung zu BGHZ 112, 352).[38]

III. Zu niedriger effektiver Jahreszins (Absatz 3)

Bei einem **zu niedrig** angegebenen (anfänglichen) **effektiven Jahreszins** vermindert sich der dem Verbraucherdarlehensvertrag zugrunde gelegte (Nominal-)Zinssatz um den Prozentsatz, um den der effektive Jahreszins zu niedrig angegeben ist. **Beispiel:** Ist der effektive Jahreszins mit 8% angegeben, beträgt aber tatsächlich 9,5%, so ist der mit 7,5% errechnete Nominalzins um 1,5 Punkte auf 6% zu vermindern. Der Wortlaut von § 494 Abs. 3 BGB lässt theoretisch eine Verminderung auf 0% zu.[39] Andere ziehen die Grenze mit Blick auf § 246 BGB beim gesetzlichen Zinssatz von 4%.[40] Dogmatisch hilft § 246 BGB nicht weiter, weil in § 494 Abs. 3 BGB **etwas anderes bestimmt ist**. Systematisch ergibt sich die Untergrenze von 4% aber aus § 494 Abs. 2 BGB. Es gibt keinen Sachgrund, die Kreditinstitute bei fehlerhaften Angaben schlechter zu behandeln, als wenn sie gar keine Angaben machen. Wird der effektive Jahreszins **höher** angegeben, als er tatsächlich ist, so ist dies für § 494 BGB unschädlich, weil für den Verbraucher günstig.[41]

13

IV. Kosten, Zins- und Kostenanpassungen (Absatz 4)

Nicht angegebene Kosten werden vom Darlehensnehmer nicht geschuldet (Absatz 4). Ist im Vertrag nicht angegeben, unter welchen Voraussetzungen Kosten oder Zinsen angepasst werden können, so entfällt die Möglichkeit, diese zum **Nachteil** des Darlehensnehmers anzupassen (Absatz 4 Satz 2). Umfasst sind auch Zinsanpassungen.[42] Der Begriff, der in der VKred-Rili nicht verwendet wird, wird nicht ausdrücklich benutzt, um die Vollharmonisierung nicht in Frage zu stellen.[43] Dennoch sind Zinsanpassungen erfasst, denn alle Annahmen, die in die Berechnung des effektiven Jahreszinses einfließen und somit preisbestimmend sind, sind entweder Zinsen oder Kosten; weitere preisbestimmende Faktoren existieren nicht.[44] Zinsanpassungsklauseln sind nur dann wirksam, wenn sie die Verpflichtung der Bank enthalten, Kostenminderungen an die Kunden weiterzugeben, ohne dass die Bank insoweit ein Ermessen hat.[45] In diesen Fällen entfällt die Möglichkeit, Zinsen **zum Nachteil** des Darlehensnehmers anzupassen; zum Vorteil dürfen sie – und müssen sie – bei entsprechender Marktentwicklung angepasst werden.

14

V. Neuberechnungen der Teilzahlungen (Absatz 5)

Wurden Teilzahlungen vereinbart, ist deren Höhe vom Darlehensgeber unter Berücksichtigung der verminderten Zinsen oder Kosten neu zu berechnen. Es genügt, dass die Berechnung der Höhe der monatlichen Zins- und Tilgungsrate auf der Basis des auf 4% ermäßigten Zinssatzes nochmals vor-

15

---

[37] BGH v. 20.01.2009 - XI ZR 504/07 - juris Rn. 11 - BGHZ 179, 260 = WM 2009, 506.
[38] BGH v. 20.01.2009 - XI ZR 504/07 - juris Rn. 13 und 18 - BGHZ 179, 260 = WM 2009, 506.
[39] *Reiff* in: Dauner-Lieb/Heidel/Lepa/Ring-Reiff, Das neue Schuldrecht in der anwaltlichen Praxis, 2001, § 494 Rn. 16.
[40] *Reiff* in: Dauner-Lieb/Heidel/Lepa/Ring-Reiff, Das neue Schuldrecht in der anwaltlichen Praxis, 2001, § 494 Rn. 12; *Schürnbrand* in: MünchKomm-BGB, § 494 Rn. 34.
[41] *Bülow/Artz*, VerbrKR, § 494 Rn. 77; *Kessal-Wulf* in: Staudinger, § 464 Rn. 34.
[42] BT-Drs. 16/11643, S. 82.
[43] BT-Drs. 16/11643, S. 82.
[44] BT-Drs. 16/11643, S. 82.
[45] BGH v. 21.04.2009 - XI ZR 78/08 - NJW 2009, 2051 unter Aufgabe von BGH v. 06.03.1986 - III ZR 195/84 - BGHZ 97, 212.

genommen wird.[46] Eine Aufschlüsselung der einzelnen Raten nach Zins- und Tilgungsanteilen ist nicht geschuldet.[47] Die Rückforderungsansprüche werden im Zeitpunkt der rechtsgrundlosen Zinszahlung periodisch fällig; am Ende des jeweiligen Jahres beginnt – wegen des Schutzzwecks der Norm – folglich die dreijährige Verjährung nach § 195 BGB.[48] Die Verjährung beginnt jedoch nicht vor Beendigung des Darlehensverhältnisses.[49]

VI. Fehlen weiterer Angaben (Absatz 6)

16 Fehlen im Vertrag Angaben zur Laufzeit oder zum Kündigungsrecht, ist der Darlehensnehmer jederzeit zur Kündigung berechtigt (Absatz 6 Satz 1). Fehlen Angaben zu Sicherheiten, können sie nicht gefordert werden (Absatz 6 Satz 2), dies gilt nicht, wenn der Nettodarlehensbetrag 75.000 € übersteigt (Absatz 6 Satz 3). Gemeint sind fehlende Angaben nach Art. 247 § 3 Abs. 1 Nr. 6 EGBGB und § 6 Abs. 1 Nr. 5 EGBGB. In diesen Fällen erscheint es angemessen, dem Darlehensnehmer ein uneingeschränktes Kündigungsrecht zuzugestehen.[50] Dies entspricht bei unbefristeten Darlehensverträgen ohnedies dem Leitbild des Darlehensvertrags (§ 500 BGB) und erschient auch bei befristeten Verträgen sachgerecht.[51] Übt der Darlehensnehmer dieses Kündigungsrecht aus, handelt es sich nicht um einen Fall der vorzeitigen Rückzahlung, mit der Folge, dass dem Darlehensgeber kein Anspruch auf Vorfälligkeitsentschädigung zusteht (§ 502 Abs. 2 Nr. 2 BGB).

17 Nicht angegebene Sicherheiten können nicht gefordert werden (Absatz 6 Satz 2). Eine Ausnahme besteht, wenn der Nettodarlehensbetrag den Schwellenwert von 75.000 € überschreitet. Dies Ausnahme wurde zur besseren Verständlichkeit sowie aus Verweisungsgründen (§ 507 Abs. 1 BGB) in einen separaten Satz überführt.[52]

VII. Anspruch auf veränderte Abschrift (Absatz 7)

18 Der Darlehensgeber stellt dem Darlehensnehmer eine Abschrift des Vertrags zur Verfügung, in der die Vertragsänderungen berücksichtigt sind, die sich aus den Absätzen 2-6 ergeben (Absatz 7). Damit ist die bisher in der Rechtslehre streitige Frage, ob diese Verpflichtung besteht, geklärt.[53] Diese gesetzliche Klarstellung war angezeigt, um dem Darlehensnehmer die tatsächliche Höhe seiner Schuld und auch seiner Teilzahlungen vor Augen zu führen.[54]

19 Die Widerrufsfrist beginnt abweichend von § 495 BGB erst, wenn der Darlehensnehmer die Abschrift des Vertrags erhalten hat.[55] Gemeint sind die Fälle, in denen sich aufgrund der Heilung des Vertrags durch Empfang oder Inanspruchnahme des Darlehens der Vertragsinhalt gegenüber dem ursprünglichen Vertragstext (wenn auch nicht wirksam) geändert hat.[56] Hintergrund ist, dass der Darlehensnehmer mit dieser Abschrift erstmals die Pflichtangaben vollständig erhält.[57]

VIII. Unzulässige Rechtsausübung

20 Ausnahmsweise kann das Geltendmachen eines Formmangels **unzulässige Rechtsausübung sein**, z.B. wenn eine Partei, die längere Zeit aus einem formnichtigen Vertrag Vorteile gezogen hat, sich unter

---

[46] BGH v. 09.05.2006 - XI ZR 119/05 - WM 2006,1243 Rn. 32.
[47] BGH v. 20.01.2009 - XI ZR 504/07 - WM 2009, 506 Rn. 11 m.w.N.
[48] BGH v. 20.01.2009 - XI ZR 504/07 - WM 2009, 506 ab Rn. 44.
[49] BGH v. 20.01.2009 - XI ZR 487/07 - BKR 2009, 194 Rn. 33; *Weidenkaff* in: Palandt, § 494 Rn. 9.
[50] BT-Drs. 16/11643, S. 82.
[51] BT-Drs. 16/11643, S. 82.
[52] BT-Drs. 16/11643, S. 82.
[53] BT-Drs. 16/11643, S. 83 m.w.N.
[54] BT-Drs. 16/11643, S. 83.
[55] Wortlaut eingefügt durch Gesetz vom 29.07.2010, BGBl I 2010, Nr. 39, 977; Gesetzesbegründung BT-Drs. 17/1394, S. 18.
[56] BT-Drs. 17/1394, S. 18.
[57] BT-Drs. 17/1394, S. 18.

Berufung auf den Formmangel vertraglichen Verpflichtungen entziehen will.[58] Eine unzulässige Rechtsausübung kommt aber nicht in Betracht, wenn durch Gesetz (wie in § 494 BGB) die Rechtsfolgen des Formverstoßes unter Berücksichtigung der beiderseitigen Interessen abweichend von § 125 Satz 1 BGB geregelt sind.[59]

---

[58] BGH v. 28.01.1993 - IX ZR 259/91 - BGHZ 121, 224-236 = EWiR 1993, 561-562 m. Anm. *Koziol*; BGH v. 30.07.1997 - VIII ZR 244/96 - BGH LM VerbrKrG § 1 Nr. 9 (3/1998) = EWiR 1997, 1047-1048 m. Anm. *Heinrichs*; BGH v. 26.05.1999 - VIII ZR 141/98 - BGHZ 142, 23-35 = EWiR 1999, 761-762 m. Anm. *v. Westphalen*.
[59] BGH v. 23.10.2001 - XI ZR 63/01 - BGHZ 149, 80-89.

§ 495 BGB Widerrufsrecht

(Fassung vom 24.07.2010, gültig ab 30.07.2010)

(1) Dem Darlehensnehmer steht bei einem Verbraucherdarlehensvertrag ein Widerrufsrecht nach § 355 zu.

(2) ¹Die §§ 355 bis 359a gelten mit der Maßgabe, dass

1. an die Stelle der Widerrufsbelehrung die Pflichtangaben nach Artikel 247 § 6 Absatz 2 des Einführungsgesetzes zum Bürgerlichen Gesetzbuche treten,
2. die Widerrufsfrist auch nicht beginnt
   a) vor Vertragsschluss und
   b) bevor der Darlehensnehmer die Pflichtangaben nach § 492 Absatz 2 erhält, und
3. der Darlehensnehmer abweichend von § 346 Absatz 1 dem Darlehensgeber auch die Aufwendungen zu ersetzen hat, die der Darlehensgeber an öffentliche Stellen erbracht hat und nicht zurückverlangen kann; § 346 Absatz 2 Satz 2 zweiter Halbsatz ist nur anzuwenden, wenn das Darlehen durch ein Grundpfandrecht gesichert ist.

²§ 355 Absatz 2 Satz 3 und Absatz 4 ist nicht anzuwenden.

(3) Ein Widerrufsrecht besteht nicht bei Darlehensverträgen,

1. die einen Darlehensvertrag, zu dessen Kündigung der Darlehensgeber wegen Zahlungsverzugs des Darlehensnehmers berechtigt ist, durch Rückzahlungsvereinbarungen ergänzen oder ersetzen, wenn dadurch ein gerichtliches Verfahren vermieden wird und wenn der Gesamtbetrag (Artikel 247 § 3 des Einführungsgesetzes zum Bürgerlichen Gesetzbuche) geringer ist als die Restschuld des ursprünglichen Vertrags,
2. die notariell zu beurkunden sind, wenn der Notar bestätigt, dass die Rechte des Darlehensnehmers aus den §§ 491a und 492 gewahrt sind, oder
3. die § 504 Abs. 2 oder § 505 entsprechen.

Gliederung

A. Grundlagen. 1	VI. Rechtsfolgen 57
B. Anwendungsvoraussetzungen 3	VII. Der Einwendungsdurchgriff (§ 359 BGB) 60
I. Widerrufsrecht (Absatz 1) 3	1. Grundsätze 60
II. Geltung der §§ 355-359a BGB 7	2. Einwendungsdurchgriff 62
III. Ausnahmen vom Widerrufsrecht (Absatz 3) 18	3. Erweiterung des Anwendungsbereichs
IV. Rechtsfolgen des Widerrufs (§ 357 BGB) 24	(§ 359a BGB) 66
V. Verbundene Verträge (§ 358 BGB) 28	4. Rückforderungsdurchgriff 72

A. Grundlagen

1 Mit Wirkung 11.06.2010 ist auch § 495 BGB (teilweise) durch die Richtlinie 2008/48/EG vom 23.04.2008[1] geändert worden. Die Absätze 2 und 3 enthalten im Vergleich zum früheren Recht Abweichungen, die der europarechtlich geforderten **Vollharmonisierung** geschuldet sind. Der **Zweck der Norm** besteht darin, den Verbraucher „wegen der wirtschaftlichen Bedeutung eines Darlehensvertrags vor übereilter Bindung zu schützen, indem ihm innerhalb einer Bedenkzeit die Möglichkeit eingeräumt wird, den Vertrag zu beseitigen"[2]. Der Schutzzweck läuft in den Fällen leer, in denen der Dar-

---

[1] ABl. EG L133/66 v. 22.05.2008.
[2] *Weidenkaff* in: Palandt, § 495 Rn. 1.

lehensnehmer – wie üblich – das Darlehen vor Ablauf der Widerrufsfrist in Anspruch nimmt und damit beispielsweise ein Kfz anschafft. In diesem Fall hat der Darlehensnehmer Wertersatz zu leisten (§ 346 Abs. 2 BGB), kann dies aber regelmäßig nicht, weil das Darlehen verbraucht ist. Deshalb wird in anderen europäischen Rechtsordnungen angeordnet, dass das Darlehen vor Ablauf der Widerrufsfrist nicht valutiert werden darf.[3]

Das Widerrufsrecht besteht für alle Verbraucherdarlehensverträge, also auch für den Immobiliardarlehensvertrag (§ 503 BGB), die eingeräumte Überziehungsmöglichkeit (§ 504 Abs. 1 BGB), Finanzierungshilfen (§ 506 Abs. 1 BGB). Für das Teilzahlungsgeschäft gelten Sonderregeln (§ 509 Abs. 1 BGB). Beim Ratenlieferungsvertrag besteht ein eigenständiges Widerrufsrecht nach § 510 Abs. 1 Nr. 3 BGB. Bei bestimmten Darlehensverträgen besteht kein Widerrufsrecht (§ 495 Abs. 3 BGB). Dazu gehören die Darlehensverträge, die notariell zu beurkunden sind (§ 495 Abs. 3 Nr. 2 BGB). Das Widerrufsrecht kann nicht abbedungen werden (§ 511 BGB). 2

B. Anwendungsvoraussetzungen

I. Widerrufsrecht (Absatz 1)

Dem Darlehensnehmer steht bei einem Verbraucherdarlehensvertrag ein 14-tägiges Widerrufsrecht nach § 355 BGB zu. Bei Teilzahlungsgeschäften kann dem Verbraucher statt des Widerrufsrechts ein Rückgaberecht nach § 356 BGB eingeräumt werden (§ 508 Abs. 1 BGB). Die Voraussetzungen des Widerrufs, dessen Erklärung, die dafür geltende Form und Frist, dessen Beginn, die erforderliche Belehrung und deren notwendiger Inhalt nebst Aushändigung der Vertragsurkunde sowie das Erlöschen des Widerrufsrechts sind in § 495 Abs. 2 i.V.m. den §§ 355-359a BGB geregelt. Die Rechtsfolgen ergeben sich aus § 357 BGB. 3

Der Widerruf selbst bedarf keiner Begründung; das Wort „**widerrufen**" braucht nicht verwendet zu werden.[4] Es genügt eine Erklärung, aus der sich ergibt, dass der Verbraucher den Vertrag nicht gelten lassen will. Auch die Verteidigungsbereitschaft nach § 276 Abs. 1 Satz 1 ZPO genügt.[5] Der Widerruf ist als Gestaltungserklärung bedingungsfeindlich. Zulässig ist aber (weil Rechtsbedingung) ein Eventualwiderruf für den Fall, dass die vom Verbraucher primär vorgetragene Rechtsverteidigung, etwa der Vertrag sei nichtig, erfolglos bleibt.[6] 4

Der Widerruf kann in Textform (§ 126b BGB) oder durch Rücksendung der Sache erklärt werden. Neben der schriftlichen Erklärung ist der Widerruf folglich auch durch Fax oder E-Mail zulässig, sofern die Erklärung den Anforderungen des § 126b BGB genügt. 5

Die Erklärung bedarf keiner Unterschrift oder elektronischen Signatur (§ 126a BGB), muss aber den Erklärenden zweifelsfrei erkennbar machen. Auch die Erklärung zu gerichtlichem Protokoll genügt.[7] Das Gleiche gilt, wenn der Widerruf in einem Schriftsatz enthalten ist, der in der mündlichen Verhandlung dem Gericht übergeben wird, sofern der Unternehmer vom Inhalt des Schriftsatzes Kenntnis erhält.[8] 6

II. Geltung der §§ 355-359a BGB

Die §§ 355-359a BGB gelten mit der Maßgabe, dass 7
1. an die Stelle der Widerrufsbelehrung die Pflichtangaben nach Art. 247 § 6 Abs. 2 EGBGB treten,
2. die Widerrufsfrist auch nicht beginnt

---

[3] *Schwintowski*, Informationspflichten und effet utile in: Schulze/Ebers/Grigoleit, Informationspflichten und Vertragsschluss im Acquis communautaire, 2003, 267.
[4] BGH v. 21.10.1992 - VIII ZR 143/91 - NJW 1993, 128; BGH v. 25.04.1996 - X ZR 139/94 - NJW 1996, 1964.
[5] OLG Karlsruhe v. 25.02.1997 - 8 U 32/96 - NJW-RR 1998, 1438.
[6] *Grüneberg* in: Palandt, § 355 Rn. 6 unter Hinweis auf die ebenso zulässige Eventualanfechtung nach § 143 Rn. 2 BGB.
[7] BGH v. 24.04.1985 - VIII ZR 73/84 - BGHZ 94, 226.
[8] BGH v. 06.12.1989 - VIII ZR 310/88 - BGHZ 109, 314.

- vor Vertragsschluss und
- bevor der Darlehensnehmer die Pflichtangaben nach § 492 Abs. 2 BGB erhält und[9]

3. der Darlehensnehmer abweichend von § 346 Abs. 1 BGB dem Darlehensgeber auch die Aufwendungen zu ersetzen hat, die der Darlehensgeber an öffentlichen Stellen erbracht hat und nicht zurückverlangen kann; § 346 Abs. 2 Satz 2 HS. 2 BGB ist nur anzuwenden, wenn das Darlehen durch ein Grundpfandrecht gesichert ist.

§ 355 Abs. 2 Satz 3 und Abs. 4 BGB ist nicht anzuwenden.[10]

8   Der neugefasste Absatz 2 regelt abschließend die Abweichungen von den allgemeinen Vorschriften über das Widerrufsrecht, auf die in Absatz 1 verwiesen wird.[11] Die Abweichungen sind erforderlich, um den Anforderungen von Art. 14 VKred-Rili zu genügen.[12] Da es um eine Vollharmonisierung geht, sollen die Unterschiede im Darlehensrecht geregelt und nicht bei den §§ 355 ff. BGB verallgemeinert werden.[13] Für § 360 BGB, auf den nicht verwiesen wird, ist im Rahmen des Widerrufsrechts nach § 495 BGB kein Raum, da die Informationen zum Widerrufsrecht in den Vertrag aufzunehmen sind und keine separate Belehrung über das Widerrufsrecht zu erfolgen hat.[14] Zur Erfüllung der vorvertraglichen Information über das Widerrufsrecht ist es ausreichend, wenn die von der Richtlinie vorgesehenen und dem EGBGB eingestellten Muster verwendet werden.[15]

9   Nr. 1 bestimmt, dass an die Stelle der nach § 355 Abs. 2 BGB erforderlichen **Belehrung** die von der VKred-Rili vorgegebene **Pflichtangabe** zum Widerrufsrecht im Vertrag tritt.[16] Die nach § 355 Abs. 2 BGB erforderliche Belehrung ist in der VKred-Rili nicht vorgesehen und kann wegen der Vollharmonisierung auch nicht zusätzlich verlangt werden.[17] Somit ist es sachgerecht, die entsprechende Information im Vertrag an ihre Stelle treten zu lassen; die Anforderungen nach Art. 247 § 6 Abs. 1 und 2 EGBGB müssen erfüllt sein.[18] Damit ist die gesamte Rechtsprechung zum zeitlich unbefristeten Widerrufsrecht bei fehlender oder unvollständiger Belehrung nur noch für die in der Vergangenheit liegenden Fälle (vor 11.06.2010) relevant.[19] Spezielle Fragen stellen sich beim befristeten Widerrufsrecht des Versicherungsnehmers nach § 5a VVG a.F. (wirksam bis 31.12.2008).[20]

10 § 495 Abs. 2 Nr. 2 BGB stellt klar, dass die **Widerrufsfrist** nicht vor Abschluss des Verbraucherdarlehensvertrags **beginnt**.[21] Ist der Darlehensvertrag abgeschlossen, so muss dem Darlehensnehmer nach § 492 Abs. 3 BGB eine **Abschrift** des Vertrags zur Verfügung gestellt werden. Versäumt der Darlehensgeber dies, so ändert das nichts am Lauf der Widerrufsfrist. Es spielt für die Widerrufsfrist auch keine Rolle, ob die Abschrift des Vertragsangebots vom Darlehensnehmer unterzeichnet ist.[22]

11 Eine weitere Voraussetzung für den Lauf der Widerrufsfrist enthält der mit Wirkung 30.07.2010 eingefügte Buchstabe b, wonach die Widerrufsfrist auch nicht beginnt, bevor der Darlehensnehmer die

---

[9] Neufassung des Wortlauts durch Gesetz vom 24.07.2010, BGBl I 2010, Nr. 39, 977; Begründung BT-Drs. 17/1394, S. 19.
[10] Neufassung des Wortlauts durch Gesetz vom 24.07.2010, BGBl I 2010, Nr. 39, 977; Begründung BT-Drs. 17/1394, S. 19.
[11] BT-Drs. 16/11643, S. 83.
[12] BT-Drs. 16/11643, S. 83.
[13] BT-Drs. 16/11643, S. 83.
[14] BT-Drs. 16/11643, S. 83.
[15] BT-Drs. 16/11643, S. 83.
[16] BT-Drs. 16/11643, S. 83 unter Hinweis auf Art. 10 Abs. 2b VKred-Rili sowie Art. 247 § 6 Abs. 2 EGBGB.
[17] BT-Drs. 16/11643, S. 83.
[18] BT-Drs. 16/11643, S. 83.
[19] Zum früheren Rechtszustand vergleiche EuGH v. 13.12.2001 - C-481/99 - ZIP 2002, 32 - Heininger; dazu BGH v. 09.04.2002 - XI ZR 91/99 - NJW 2002, 1881; dazu *Schwintowski* in: FS Kümpel 2003, 501; *Singer*, DZWIR 2003, 221.
[20] OLG Celle v. 09.02.2012 - 8 U 191/11 - juris Rn. 40 b); beachte auch die Vorlage des BGH beim EuGH - Pressemitteilung BGH 42/2012.
[21] BT-Drs. 17/1394, S. 19.
[22] OLG Frankfurt a.M. v. 30.01.2012 - 19 W 4/12 - juris Rn. 4.

Pflichtangaben nach § 492 Abs. 2 BGB erhält.[23] Sind die Pflichtangaben im Vertrag vollständig erteilt worden, spielt diese Regelung keine Rolle.[24] Bedeutung erlangt Buchstabe b dann, wenn im Verbraucherdarlehensvertrag abweichend von den gesetzlichen Vorschriften Pflichtangaben fehlen.[25] Angeknüpft wird an die **Nachholung von Pflichtangaben** nach § 492 Abs. 6 BGB. Die Regelung in Buchstabe b stellt ausdrücklich klar, dass auch in solchen Fällen die Widerrufsfrist erst zu laufen beginnt, wenn die erforderlichen Informationen tatsächlich erteilt wurden.[26] Erfasst sind Fälle, in denen ein zunächst formnichtiger Vertrag durch Inanspruchnahme oder Empfang des Darlehens geheilt wird, ohne dass es zu Änderungen kommt.[27] Zum anderen werden von Buchstabe b Sachverhalte erfasst, in denen der Darlehensnehmer nicht die nach Art. 247 §§ 7 und 8 EGBGB erforderlichen Pflichtangaben im Vertrag erhalten hat, was die Wirksamkeit des Vertrags unberührt lässt.[28]

Die **Widerrufsfrist** beginnt auch dann **nicht zu laufen**, wenn der Darlehensnehmer abweichend von § 346 Abs. 1 BGB dem Darlehensgeber auch die Aufwendungen zu ersetzen hat, die der Darlehensgeber an öffentliche Stellen erbracht hat und nicht zurückverlangen kann (Absatz 2 Nr. 3). Darunter können z.B. Notarkosten fallen, nicht aber Anfragen bei privaten Auskunfteien.[29] Voraussetzung ist, dass der Darlehensgeber selbst keinen Erstattungsanspruch gegen die öffentliche Stelle geltend machen kann.[30]

12

Nr. 3 Satz 2 schränkt die Anwendung des § 346 Abs. 2 Satz 2 HS. 2 BGB auf **grundpfandrechtlich gesicherte** Verbraucherdarlehensverträge ein. Diese Vorschrift erlaubt es dem Darlehensnehmer bei der Berechnung des Wertersatzes nachzuweisen, dass der Wert des Verbrauchsvorteils geringer war als die vertraglich vereinbarte Gegenleistung, also der Betrag des Sollzinssatzes für die bis zum Widerruf angefallene Zeit.[31] Die VKred-Rili nimmt dagegen allein die vertraglich vereinbarte Gegenleistung zum Maßstab und verbietet es zugleich, von ihrem Regelungsgehalt abzuweichen, auch zugunsten der Darlehensnehmer.[32] Die Regelung des § 346 Abs. 2 Satz 2 HS. 2 BGB ist folglich mit Art. 14 Abs. 3b Satz 2 VKred-Rili unvereinbar, weshalb der Anwendungsbereich der Vorschrift auf grundpfandrechtlich gesicherte Verträge beschränkt wird, die von der Richtlinie nicht erfasst sind.[33] Bei ihnen hat die Vorschrift ohnehin die größte Bedeutung.[34] Der Darlehensnehmer wird davor geschützt, allzu lange an die Bedingungen des widerrufenen bzw. abzuwickelnden Vertrags gebunden zu sein; dies gewinnt erst bei langfristigen Verträgen mit höherer Rückzahlung für den Fall an Bedeutung, dass der Darlehensnehmer den Darlehensbetrag (z.B. bei unzureichender Widerrufsbelehrung) für einen längeren Zeitraum bis zum Widerruf zur Verfügung hat.[35]

13

§ 495 Abs. 2 Satz 2 BGB wurde durch Gesetz vom 24.07.2010 (in Kraft seit 30.07.2010) neu in das Gesetz aufgenommen.[36] Durch den Ausschluss des § 355 Abs. 2 Satz 3 BGB findet die **Monatsfrist**, die grundsätzlich für eine Widerrufsinformation nach Vertragsschluss gelten würde, keine Anwendung.[37] Diese Regelung ist der VKred-Rili geschuldet (Art. 14); danach sind verlängerte Widerrufs-

14

---

[23] Einfügung durch Gesetz vom 24.07.2010, BGBl I 2010, Nr. 39, 977; Gesetzesbegründung BT-Drs. 17/1394, S. 19.
[24] BT-Drs. 17/1394, S. 19.
[25] BT-Drs. 17/1394, S. 19.
[26] BT-Drs. 17/1394, S. 19.
[27] BT-Drs. 17/1394, S. 19.
[28] BT-Drs. 17/1394, S. 19.
[29] BT-Drs. 16/11643, S. 83.
[30] Umsetzung von Art. 14 Abs. 3b Satz 3 VKred-Rili; BT-Drs. 16/11643, S. 83.
[31] BT-Drs. 16/11643, S. 83.
[32] BT-Drs. 16/11643, S. 83.
[33] BT-Drs. 16/11643, S. 83.
[34] BT-Drs. 16/11643, S. 83.
[35] BT-Drs. 16/11643, S. 83/84.
[36] BGBl I 2010, Nr. 39, 977; Gesetzesbegründung BT-Drs. 17/1394, S. 19.
[37] BT-Drs. 17/1394, S. 19.

fristen mit der Richtlinie unvereinbar.[38] Dem Grundgedanken dieser Regelung wird aber durch die Verlängerung der Widerrufsfrist in § 492 Abs. 6 Satz 4 BGB Rechnung getragen.[39]

15 Schließlich wird die **sechsmonatige Höchstfrist** (§ 355 Abs. 4 BGB) für das Erlöschen des Widerrufsrechts **ausgeschlossen**.[40] Auch dies ist der VKred-Rili geschuldet, die ein Erlöschen des Widerrufsrechts nicht vorsieht.[41]

16 Der Verbraucher kann, auch wenn der Vertrag noch nicht zustande gekommen ist, seine Willenserklärung vor Fristbeginn widerrufen. In diesem Fall findet § 495 Abs. 1 BGB keine Anwendung. Zahlt das Kreditinstitut trotzdem das Darlehen aus, so muss es der Verbraucher nach den §§ 812 ff. BGB zurückzahlen, ohne dabei an die 14-Tage-Frist des § 355 Abs. 2 Satz 1 BGB gebunden zu sein. Zur Wahrung der 14-Tage-Frist genügt die rechtzeitige **Absendung**. Dies gilt sowohl für die Absendung des Widerrufs als auch für die Rückzahlung (z.B. Rücküberweisung) des Darlehens. Auf den Zugang der Willenserklärung bzw. auf den Empfang des zurückgezahlten Darlehens kann es nach Sinn und Zweck von § 355 Abs. 1 BGB nicht ankommen[42].

17 Die **Widerrufsfrist** beträgt, von § 492 Abs. 6 BGB abgesehen, **14 Tage** (§ 355 Abs. 2 BGB). Die Regelung vereinheitlicht die unterschiedlichen Fristregelungen des europäischen Rechts (Fernabsatzverträge: sieben Werktage; Haustürgeschäfte: sieben Kalendertage; Time-Sharing-Verträge: zehn Kalendertage). Sie macht von der in allen Verbraucherschutzrichtlinien enthaltenen Option Gebrauch, den Verbraucherschutz zu verbessern[43]. Die Widerrufsfrist kann durch Vertrag verlängert, aber nicht abgekürzt werden (§ 511 Abs. 1 BGB).

III. Ausnahmen vom Widerrufsrecht (Absatz 3)

18 Absatz 3 fasst die Ausnahmen vom Widerrufsrecht zusammen. Das Widerrufsrecht ist ein zentrales verbraucherschützendes Rechtsinstitut, weshalb es sinnvoll ist, alle Ausnahmen in einem Absatz zusammenzufassen.[44]

19 Nr. 1 schließt ein Widerrufsrecht bei besonderen Formen der Umschuldung aus.[45] Sinn der Vorschrift ist es, dass im Falle eines Verzugs des Darlehensnehmers rasch eine Vertragsänderung ermöglicht wird und die Änderung nicht durch die 14-tägige Widerrufsfrist, während der in dem bestehenden Darlehensvertrag Soll- und Verzugszinsen anfallen, in die Länge gezogen wird.[46]

20 Voraussetzung ist ein bestehender Darlehensvertrag, bei dem der Darlehensnehmer mit seinen Verpflichtungen in Rückstand geraten ist; dieser muss nach § 498 BGB kündbar sein.[47] Durch den neuen Vertrag muss ein Gerichtsverfahren jedenfalls zum Zeitpunkt der Umschuldung vermieden werden.[48] Eine Prognose über das zukünftige Rückzahlungsverhalten des Darlehensnehmers sowie der Reaktionen des Darlehensgebers bei erneutem Verzug braucht dagegen zum Zeitpunkt des Vertragsabschlusses nicht gestellt zu werden.[49] Außerdem muss ein Vergleich der Gesamtbeträge (Art. 247 § 3 Abs. 2 EGBGB) ergeben, dass der vom Darlehensnehmer zu entrichtende Gesamtbetrag des neuen Vertrags die Restschuld des alten Vertrags nicht erreicht.[50] Die besonderen rechtlichen Vorschriften, die für diese Art von Umschuldung gelten, sind also nur anwendbar, wenn die Umschuldung zu einer realen

---

[38] BT-Drs. 17/1394, S. 19.
[39] BT-Drs. 17/1394, S. 20.
[40] BT-Drs. 17/1394, S. 20.
[41] BT-Drs. 17/1394, S. 20.
[42] *Grüneberg* in: Palandt, § 355 Rn. 10, der dies zwar für die Rücksendung der Sache erkennt, für die Widerrufserklärung aber am Zugangserfordernis (§ 130 Abs. 1 BGB – ohne Begründung) festhält.
[43] *Bülow/Artz*, NJW 2000, 2049, 2050.
[44] BT-Drs. 16/11643, S. 128.
[45] Umsetzung von Art. 2 Abs. 6 VKred-Rili.
[46] BT-Drs. 16/11643, S. 84.
[47] BT-Drs. 16/11643, S. 84.
[48] BT-Drs. 16/11643, S. 84.
[49] BT-Drs. 16/11643, S. 84.
[50] BT-Drs. 16/11643, S. 84.

Minderbelastung des Darlehensnehmers führt.[51] Weitere Vereinfachungen für diesen Vertragstyp ergeben sich bei den Informationspflichten, die in Art. 247 § 11 EGBGB geregelt sind.[52]

Nach Nr. 2 entfällt das Widerrufsrecht bei Darlehensverträgen, die notariell zu beurkunden sind, wenn der Notar bestätigt, dass die Rechte des Darlehensnehmers aus den §§ 491a und 492 BGB gewahrt sind.[53]

Vorgeschrieben ist die Mitwirkung eines Notars bei Vertragsabschlüssen im deutschen Recht, wenn für sie die Form der notariellen Beurkundung (§ 128 BGB) vorgeschrieben ist. Dagegen ist für die öffentliche Beglaubigung (§ 129 BGB) kein Raum, da sie nur für Erklärungen gilt; es gibt aber keine Verträge, die der öffentlichen Beglaubigung bedürfen.[54] Entsprechend beschränkt sich der Tatbestand auf die notarielle Beurkundung; dies ist sachgerecht, da auch die Belehrungs- und Prüfungspflichten des Notars nach § 17 BeurkG grundsätzlich nicht für die öffentliche Beglaubigung gelten.[55] Damit das Widerrufsrecht wirksam entfallen kann, muss der Notar außerdem bestätigen, dass die Rechte des Darlehensnehmers aus den §§ 491a, 492 BGB gewahrt sind. Dies muss der Notar in eigener Verantwortung feststellen.[56] Erteilt der Notar diese Bestätigung nicht, so lebt das Widerrufsrecht auf. Erteilt der Notar die Bestätigung, obwohl die Rechte aus den §§ 491a, 492 BGB nicht oder teilweise nicht gewahrt sind, so macht er sich schadensersatzpflichtig (§§ 241 Abs. 2, 280 Abs. 1 BGB).

Nr. 3 schließt das Widerrufsrecht bei bestimmten Überziehungsmöglichkeiten aus, also Darlehensverträgen, die § 504 Abs. 2 BGB oder § 505 BGB entsprechen.[57]

IV. Rechtsfolgen des Widerrufs (§ 357 BGB)

Ist der Widerruf wirksam, hat der Verbraucher also das Darlehen binnen zwei Wochen an den Darlehensgeber zurückgezahlt, so ergeben sich die weiteren Rechtsfolgen aus § 357 BGB. Danach sind die Vorschriften über den gesetzlichen Rücktritt entsprechend anzuwenden (§ 357 Abs. 1 BGB). Gemeint sind die §§ 346-354 BGB. Nach § 346 Abs. 1 BGB sind im Fall des Rücktritts die empfangen Leistungen zurückzugewähren und die gezogenen Nutzungen herauszugeben. Was den Darlehensnehmer betrifft, so hat dieser das Darlehen einschließlich marktüblicher Zinsen[58] zurückzuzahlen. § 346 Abs. 1 BGB ordnet für den Darlehensgeber ebenfalls die Rückgewähr etwaig empfangener Leistungen an. Dabei kann es sich um ein Disagio, um laufzeitunabhängige Kosten und auch um Raten- und Zinszahlungen handeln. Die beiderseitigen Rückgewährpflichten sind (§ 348 BGB) Zug um Zug zu erfüllen. Dabei finden die Vorschriften der §§ 320, 322 BGB entsprechende Anwendung. Dies bewirkt, dass der Darlehensgeber innerhalb der zwei Wochen, in denen der Darlehensnehmer das Darlehen zurückzahlt, seinerseits bereits empfangene Leistungen (Kosten, Disagio, Damnum) zurückzuerstatten hat. Gegenseitige Aufrechnung ist möglich.

Darüber hinaus sind die **gezogenen Nutzungen** herauszugeben. Ist dies, wie beim Verbraucherdarlehen typisch, wegen der Natur des Erlangten (Gebrauchsvorteile aus der mit dem Darlehen angeschafften Sache) ausgeschlossen, so hat der Darlehensnehmer Wertersatz zu leisten (§ 346 Abs. 2 BGB). Anzuknüpfen ist an die von den Parteien vereinbare oder, für den Fall mangelnder Vereinbarungen, an die marktübliche Vergütung für die Nutzung eines Gelddarlehens[59]. Infolge des wirksamen Widerrufs hat das Kreditinstitut keinen Anspruch mehr auf den mit der Darlehensvergabe erstrebten Gewinn[60]. Bei der Wertermittlung muss daher, gleichgültig ob sie an die von den Parteien vereinbarte

---

[51] BT-Drs. 16/11643, S. 84.
[52] BT-Drs. 16/11643, S. 84.
[53] Zulässige Öffnungsklausel nach Art. 14 Abs. 6 VKred-Rili.
[54] BT-Drs. 16/11643, S. 84.
[55] BT-Drs. 16/11643, S. 84.
[56] BT-Drs. 16/11643, S. 84.
[57] BT-Drs. 16/11643, S. 84.
[58] BGH v. 12.11.2002 - XI ZR 47/01 - ZIP 2003, 64 (auch beim Realkredit, wenn die Darlehensvaluta weisungsgemäß einem Treuhänderkonto zufloss).
[59] BGH v. 12.11.2002 - XI ZR 47/01 - ZIP 2003, 64.
[60] *Grüneberg* in: Palandt, § 357 Rn. 15.

oder die übliche Vergütung anknüpft, das vom Darlehensnehmer an den Darlehensgeber zu zahlende Entgelt um die Gewinnspanne gekürzt werden.[61] Die Höhe des zu kürzenden Gewinnanteils kann nach § 287 ZPO geschätzt werden.[62] Der Gewinnanteil darf nicht mit dem in der Bilanz ausgewiesenen – zu versteuernden – verwechselt werden. Gewinn ist vielmehr der dem Kreditgeber zur Verfügung stehende Cashflow zuzüglich etwaiger Abschreibungen und stiller Reserven.

26 Die Pflicht zum Wertersatz entfällt in bestimmten, in § 346 Abs. 3 BGB bezeichneten Fällen. Für Verbraucherdarlehen könnte Absatz 3 Nr. 2 in Betracht kommen, wenn durch galoppierende Inflation ein drastischer Wertverfall beim Darlehen eingetreten ist. Diesen Wertverlust hätte der Darlehensnehmer nicht auszugleichen, weil er beim Darlehensgeber gleichfalls eingetreten wäre.

27 Weitergehende Ansprüche des Darlehensgebers gegen den Darlehensnehmer, etwa aus den §§ 280 ff., 311, 823 oder 812 BGB, schließt § 357 Abs. 4 BGB aus. Damit wird zugleich die Verweisung in § 357 Abs. 1 BGB auf § 346 Abs. 4 BGB abgeschnitten, denn in § 357 Abs. 4 BGB ist **etwas anderes bestimmt**. Praktische Bedeutung hat dies nicht, da der Verbraucher in diesen Fällen das Darlehen schon zurückgezahlt hat. Weitergehende Ansprüche des Darlehensnehmers gegen den Darlehensgeber lässt § 357 Abs. 4 BGB unberührt.

V. Verbundene Verträge (§ 358 BGB)

28 Die §§ 358-359a BGB fassen Vorschriften über verbundene Verträge zusammen. Mithilfe der Normen soll der Verbraucher vor Risiken geschützt werden, die ihm durch die Aufspaltung eines wirtschaftlich einheitlichen Vertrages in ein Bargeschäft und einen damit verbundenen Kreditvertrag drohen. § 358 Abs. 1 BGB regelt, dass der wirksame Widerruf eines Liefervertrages zugleich die Bindung an den Darlehensvertrag aufhebt. Umgekehrt erstreckt § 358 Abs. 2 BGB das für den Verbraucherdarlehensvertrag geltende Widerrufsrecht auch auf den Liefervertrag. Darüber hinaus gestattet der in § 359 BGB geregelte Einwendungsdurchgriff dem Verbraucher, Einwendungen aus dem verbundenen Vertrag auch dem Darlehensgeber entgegenzuhalten. Voraussetzung für die Anwendbarkeit der §§ 358, 359 BGB ist, dass Liefervertrag und Verbraucherdarlehensvertrag eine **wirtschaftliche Einheit** bilden (§ 358 Abs. 3 Satz 1 BGB). In der Regel sind **drei Personen** beteiligt: der Verbraucher, der Unternehmer (Verkäufer/Dienstleister) und der Darlehensgeber. Die Regelungen sind aber auch dann anwendbar, wenn Leistungserbringer und Darlehensgeber identisch sind.

29 Hat der Verbraucher seine auf den Abschluss eines Vertrags über die Lieferung einer Ware oder die Erbringung einer anderen Leistung durch einen Unternehmer gerichtete Willenserklärung wirksam widerrufen, so ist er nach § 358 Abs. 1 BGB auch an seine auf den Abschluss eines mit diesem Vertrag verbundenen Verbraucherdarlehensvertrags gerichtete Willenserklärung nicht mehr gebunden. Gemeint sind Kaufverträge, Werk-, Dienstleistungs- oder Geschäftsbesorgungsverträge, die eine wirtschaftliche Einheit mit einem Verbraucherdarlehensvertrag (§ 491 BGB) bilden. Die Finanzierung kann in den Liefervertrag integriert oder aber getrennt vereinbart werden. Dabei ist unerheblich, ob sie sich auf die ganze oder nur einen Teil der zu zahlenden Vergütung bezieht.[63] Allerdings muss die Finanzierung auf einem Verbraucherdarlehensvertrag beruhen, ansonsten ist § 358 BGB nicht anwendbar. Zu prüfen ist im Einzelfall, ob eine Gestaltung gewählt wird, mit der die §§ 491, 495, 358 BGB umgangen werden sollen (§ 511 Satz 2 BGB).

30 Durch den wirksamen Widerruf entfällt nicht nur die Bindung an den Liefervertrag, sondern auch die an den Verbraucherdarlehensvertrag. Folglich sind beide Verträge nach § 357 BGB und damit nach Rücktrittsrecht (§§ 346 ff. BGB) abzuwickeln. Das ergibt sich aus § 358 Abs. 4 BGB, wonach § 357 BGB für den verbundenen Vertrag entsprechend gilt. Allerdings sind in Abweichung zu § 346 BGB

---

[61] OLG Düsseldorf v. 11.07.1991 - 8 U 84/90 - WM 1991, 1998; OLG Köln v. 05.12.1994 - 12 U 75/94 - ZIP 1995, 21; *Grüneberg* in: Palandt, § 346 Rn. 10; § 357 Rn. 15.
[62] *Grüneberg* in: Palandt, § 346 Rn. 10.
[63] *Grüneberg* in: Palandt, § 358 Rn. 3.

Ansprüche auf Zahlung von Zinsen und Kosten aus der Rückabwicklung des Verbraucherdarlehensvertrags gegen den Verbraucher ausgeschlossen (§ 358 Abs. 4 Satz 2 BGB).

Der Darlehensgeber tritt für den Fall, dass der mit einem Kaufvertrag verbundene Darlehensvertrag widerrufen wird und der Darlehensbetrag dem Verkäufer bereits zugeflossen ist, in die Rechte und Pflichten des Verkäufers aus dem Kaufvertrag ein (Absatz 4 Satz 3). Die Vorschrift soll eine bilaterale Rückabwicklung zwischen Verbraucher und Darlehensgeber gewährleisten und es dem Verbraucher ersparen, den Darlehensbetrag dem Darlehensgeber zunächst erstatten und sich seinerseits an den Verkäufer wegen der Rückzahlung des Kaufpreises halten zu müssen.[64] Dies wird dadurch erreicht, dass der Darlehensgeber in die Rechte und Pflichten des Verkäufers eintritt. Diese Regelung greift § 358 Abs. 4 Satz 3 BGB auf und verallgemeinert sie, indem sie auch auf sonstige mit einem Darlehensvertrag verbundene Verträge erstreckt wird. Satz 3 spricht daher statt des **Verkäufers** vom **Unternehmer** und statt des **Kaufvertrages** vom **verbundenen Vertrag**. Dabei findet Satz 3 lediglich Anwendung, wenn der **Darlehensvertrag** widerrufen wird. Satz 3 bezieht sich also auf die Anwendungsfälle des § 358 Abs. 2 BGB.[65]

31

Dabei ist zu beachten, dass das Wort **widerrufen** nicht verwendet werden muss.[66] Es genügt eine Äußerung, aus der sich ergibt, dass der Verbraucher den Darlehensvertrag nicht mehr gelten lassen will. Er muss den Vertrag so bezeichnen, dass dieser identifiziert werden kann. Ergibt sich aus dem Widerruf, dass dieser das gesamte Geschäft, also Liefervertrag und Darlehensvertrag beseitigen soll, so sind die Anforderungen des § 358 Abs. 2 BGB erfüllt. Hat der Verbraucher in diesem Fall den Widerruf nicht an den Darlehensgeber, sondern an den Unternehmer gerichtet, so ist dieser nach dem Sinn und Zweck von § 358 Abs. 3 und Abs. 4 BGB Empfangsbote des Darlehensgebers. Das folgt auch aus dem Rechtsgedanken des § 355 Abs. 1 BGB, wonach die **rechtzeitige Absendung** des Widerrufs genügt – wirksamer Zugang also nicht Voraussetzung für den Widerruf ist. Für den Innenausgleich zwischen Unternehmer und Darlehensgeber kommt es auf deren vertragliche Abreden, etwaige Vertragsverletzungen (§ 280 BGB), an. In Ermangelung vertraglicher Abreden richtete sich der Ausgleich nach Bereicherungsrecht (§§ 812 ff. BGB). Hat der Unternehmer gegenüber dem Darlehensgeber die Schuldmitübernahme erklärt, so haftet er dem Darlehensgeber im Fall des Widerrufs auf die Rückzahlung des Darlehens mit marktüblicher Verzinsung.[67]

32

In § 358 Abs. 2 BGB wird das Widerrufsrecht, das dem Darlehensnehmer nach § 495 BGB beim Verbraucherdarlehensvertrag zusteht, auf den verbundenen Vertrag über die Lieferung einer Ware oder die Erbringungen einer anderen Leistung erstreckt. Voraussetzung ist der wirksame Widerruf des Darlehensvertrages. Auch Realkredite sind widerruflich (§ 503 BGB).[68] Die Rückzahlung des Darlehens ist nicht Voraussetzung für die Wirksamkeit des Widerrufs (§ 495 Abs. 1 BGB).

33

Die Universalkreditkarte ist typisches Zahlungsmittel und bildet als solche regelmäßig keine wirtschaftliche Einheit mit dem Liefervertrag.[69] Dagegen kann § 358 Abs. 2 BGB auf die Verwendung der Kundenkreditkarte durchaus anwendbar sein.[70]

34

Ein Vertrag über die Lieferung einer Ware oder die Erbringung einer anderen Leistung und ein Verbraucherdarlehensvertrag **sind verbunden**, wenn das Darlehen ganz oder teilweise der Finanzierung des anderen Vertrags dient und beide Verträge eine **wirtschaftliche Einheit** bilden (§ 358 Abs. 3 Satz 1 BGB). Verbundene Verträge sind in der Regel Kauf- oder Werkverträge. Es kann aber auch

35

---

[64] BT-Drs. 14/6040, S. 201.
[65] BT-Drs. 14/6040, S. 201.
[66] BGH v. 21.10.1992 – VIII ZR 143/91 – NJW 1993, 128; BGH v. 25.04.1996 – X ZR 139/94 – NJW 1996, 1964.
[67] BGH v. 25.05.1993 – XI ZR 140/92 – NJW 1993, 1913.
[68] Zur Entwicklung: EuGH v. 13.12.2001 – C-481/99 – ZIP 2002, 31 = ZBB 2002, 29; dazu *Kulke*, ZBB 2002, 33; BGH v. 09.04.2002 – XI ZR 91/99 – NJW 2002, 1881; zur Gesetzesänderung ZBB 2002, 236; dazu *Lang*, ZBB 2002, 457.
[69] *Grüneberg* in: Palandt, § 358 Rn. 11; *Seibert*, DB 1991, 429, 431.
[70] *Grüneberg* in: Palandt, § 358 Rn. 11; *Seibert*, DB 1991, 429, 431.

ein Unterrichtungsvertrag[71], ein Vertrag über eine Ehe- oder Partnerschaftsvermittlung[72], ein Reisevertrag oder ein Vertrag über eine sonstige Leistung sein[73].

36 Mit Wirkung zum 01.11.2002 ist für **Realkredite** dem § 358 Abs. 3 BGB folgender Satz 3 angefügt worden: „Bei einem finanzierten Erwerb eines Grundstücks oder eines grundstücksgleichen Rechts ist eine wirtschaftliche Einheit nur anzunehmen, wenn der Darlehensgeber selbst das Grundstück oder das grundstücksgleiche Recht verschafft oder wenn er über die Zurverfügungstellung von Darlehen hinaus den Erwerb des Grundstücks oder grundstücksgleichen Rechts durch Zusammenwirken mit dem Unternehmer fördert, indem er sich dessen Veräußerungsinteressen ganz oder teilweise zu eigen macht, bei der Planung, Werbung oder Durchführung des Projektes Funktionen des Veräußerers übernimmt oder den Veräußerer einseitig begünstigt."[74]

37 Eine **wirtschaftliche Einheit** ist insbesondere anzunehmen, wenn der Unternehmer selbst die Gegenleistung des Verbrauchers finanziert, oder im Falle der Finanzierung durch einen Dritten, wenn sich der Darlehensgeber bei der Vorbereitung oder dem Abschluss des Verbraucherdarlehensvertrags der Mitwirkung des Unternehmers bedient.

38 Gefährlich sind solche verbundenen Geschäfte für den Verbraucher deshalb, weil Einwendungen z.B. gegen einen Kaufvertrag, etwa wegen fehlerhafter Lieferung von Sachen, den rechtlich selbstständigen Darlehensvertrag nicht berühren. Der Verbraucher müsste das Darlehen also auch dann noch zurückzahlen, wenn der Verkäufer den Kaufpreis wegen inzwischen eingetretenen Konkurses trotz wirksamer Wandlung des Käufers nicht zurückerstatten könnte. Zum Schutz des Verbrauchers ordnet deshalb § 359 BGB an, dass er die „Rückzahlung des Darlehens **verweigern** kann, soweit Einwendungen aus dem verbundenen Vertrag ihn gegenüber dem Unternehmer zur Verweigerung seiner Leistung berechtigen würden".

39 Somit verhindert § 358 Abs. 3 BGB, dass die Aufspaltung eines wirtschaftlich einheitlichen Geschäfts in zwei rechtlich selbstständige Verträge zulasten des Darlehensnehmers führt. Dies ist für das deutsche Recht ein altbekanntes Phänomen, das sich mit dem Stichwort „finanzierter Ratenkauf" verbindet und im Speziellen als A-, B- oder C-Geschäft diskutiert wurde.[75] Zugleich ist damit die von Lehre und Rechtsprechung entwickelte und seit langem anerkannte Lehre vom **Einwendungsdurchgriff**[76] Gesetz geworden (§ 359 BGB). Der Verbraucher kann nunmehr kraft Gesetzes die Rückzahlung des Kredits verweigern, soweit Einwendungen aus dem verbundenen Kaufvertrag ihn gegenüber dem Verkäufer zur Verweigerung seiner Leistung berechtigen würden. Hat der Verbraucher z.B. beim Möbelhaus M eine neue Schrankwand unter der Bedingung bestellt, dass er die erhoffte größere Wohnung finden werde, so ist nicht nur der Kaufvertrag, sondern auch das für die Finanzierung der Schrankwand mitvermittelte Darlehen rückwirkend unwirksam, wenn die größere Wohnung nicht gefunden wird (§ 158 Abs. 2 BGB). Macht der Verbraucher einen Mangel der gelieferten Sache geltend (die Türen der Schrankwand schließen nicht richtig), so kann er die Rückzahlung des Darlehens erst verweigern, wenn die Nacherfüllung fehlgeschlagen ist (§ 359 Abs. 3 BGB).

40 Verbundene Geschäfte sind nach § 358 Abs. 3 Satz 1 BGB solche, bei denen das
- Darlehen der Finanzierung des Geschäftes dient (**Zweckbestimmung**) und
- beide Verträge als **wirtschaftliche Einheit** anzusehen sind.

41 Mit dieser Formulierung wollte der Gesetzgeber den Begriff des verbundenen Geschäfts in Übereinstimmung mit der höchstrichterlichen Rechtsprechung definieren.[77] Das ist nicht ganz gelungen, denn

---

[71] *Fischer*, MDR 1994, 1063.
[72] *Compensis/Reiserer*, BB 1991, 2457.
[73] *Grüneberg* in: Palandt, § 358 Rn. 12.
[74] BT-Drs. 14/9633, S. 2, vom 27.06.2002; dazu *Tonner*, BKR 2002, 856; *Bülow/Artz*, VerbrKR, § 495, Rn. 267a; *Lang*, ZBB 2002, 457; *Schwintowski* in: FS Kümpel, 2003, S. 501, 508 ff.; *Singer*, DZWIR 2003, 221.
[75] Vertiefend *Kümpel*, Bank- und Kapitalmarktrecht, 5.196.
[76] Überblick bei *Baumbach/Hopt*, HGB, 35. Aufl., 2. Teil: Handelsrechtliche Nebengesetze, G Rn. 42-45.
[77] BT-Drs. 11/5462, S. 23.

der BGH forderte in std. Rspr. lediglich, dass Kauf und Darlehen „wirtschaftlich eine auf ein Ziel ausgerichtete Einheit bilden oder sich zu einer solchen Einheit ergänzen"[78]. Eine solche wirtschaftliche Einheit setzt denknotwendig voraus, dass der Kredit (zumindest teilweise) zur Finanzierung des mit ihm verbundenen Geschäfts verwendet wird. Andernfalls fehlt es an der wirtschaftlichen Einheit. Das bedeutet, dass die **Zweckbestimmung** des Kredits kein selbstständiges Tatbestandsmerkmal neben dem Begriff der wirtschaftlichen Einheit war, sondern sich aus diesem ergab. Der heutige Wortlaut von § 358 Abs. 3 Satz 1 BGB ist verwirrend, weil das Merkmal (Darlehen zur Finanzierung des Geschäfts) verselbstständigt worden ist. Folglich müsste es wirtschaftlich einheitliche Geschäfte geben, bei denen das Darlehen nicht der Finanzierung des mit ihm verbundenen Geschäfts dient. Das aber ist begrifflich nicht möglich, da eine wirtschaftliche Einheit nur dann besteht, wenn sich beide Verträge wechselseitig bedingen[79], was wiederum voraussetzt, dass der Kredit der Finanzierung des Geschäfts – zumindest teilweise – dient. Handelt es sich umgekehrt um Geschäfte, die sich nicht wechselseitig bedingen und deshalb keine wirtschaftliche Einheit bilden, so spielt es keine Rolle, wenn der Kredit trotzdem der Finanzierung des anderen Geschäftes dient. Hieraus folgt, dass das Merkmal der Zweckbestimmung keinen eigenen Regelungsgehalt aufweist und deshalb allenfalls deklaratorisch von Bedeutung ist.

Entscheidendes Kriterium für die Anwendbarkeit von § 358 Abs. 3 BGB ist der Begriff der **wirtschaftlichen Einheit**. In § 358 Abs. 3 Satz 2 BGB wird ein **Regelbeispiel** formuliert. Danach ist eine wirtschaftliche Einheit insbesondere dann anzunehmen, wenn der Unternehmer selbst die Gegenleistung des Verbrauchers finanziert, oder im Falle der Finanzierung durch einen Dritten, wenn sich der Darlehensgeber bei der Vorbereitung oder dem Abschluss des Verbraucherdarlehensvertrages der Mitwirkung des Unternehmers bedient. Beispielhaft hierfür ist insbesondere das „B-Geschäft", bei dem der Verkäufer beim Kreditantrag an einen von ihm bestimmten Kreditgeber mitwirkt und in aller Regel den kreditierten Kaufpreis direkt vom Kreditgeber ausgezahlt erhält.[80]   42

In der Literatur wurde darüber nachgedacht, ob der Begriff der wirtschaftlichen Einheit neben **objektiven** auch **subjektive** Voraussetzungen enthält.[81] Angeknüpft wird damit an die frühere Rechtsprechung des BGH, wonach es **objektiv** der Verbindung beider Geschäfte durch bestimmte Umstände bedurfte, die **subjektiv** beim Darlehensnehmer den Eindruck erweckten, Verkäufer und Darlehensgeber stünden ihm gemeinschaftlich als Vertragspartner gegenüber.[82] Nach dem heutigen Wortlaut von § 358 Abs. 3 Satz 1 BGB kommt es nicht darauf an, ob beim Darlehensnehmer der Eindruck entsteht, Verkäufer und Darlehensgeber stünden ihm gemeinschaftlich als Vertragspartner gegenüber. Vielmehr genügt es, dass sich der „Darlehensgeber bei der Vorbereitung und dem Abschluss des Darlehensvertrages der Mitwirkung des Unternehmers bedient". Dieser **rein objektive** Begriff der wirtschaftlichen Einheit entspricht dem Sinn und Zweck von § 358 Abs. 3 Satz 1 BGB. Der Darlehensnehmer soll durch die Aufteilung eines wirtschaftlich einheitlichen Vorgangs in zwei rechtlich selbstständige Verträge keine Nachteile erleiden. Um diesen Normzweck zu erreichen, kann es nicht darauf ankommen, ob der Darlehensnehmer den Eindruck hat, Verkäufer und Darlehensgeber stünden ihm gemeinschaftlich als Vertragspartner gegenüber. Selbst dann, wenn der Verkäufer ausdrücklich darauf hinweist, dass Kauf und Darlehen scharf voneinander zu trennen seien, ändert das nichts an der wirtschaftlichen Einheit des Geschäfts, wenn sich die Bank bei der Vorbereitung oder dem Abschluss des Darlehensvertrages der Mitwirkung des Verkäufers bedient. Das entspricht im Übrigen den Vorgaben von Art. 11 Abs. 2 EG-Richtlinie 1986, wonach der Verbraucher berechtigt ist, Rechte gegen den Kreditgeber geltend zu machen, wenn der Kredit objektiv der Finanzierung eines bestimmten Geschäfts dient. Ob eine   43

---

[78] BGH v. 20.02.1967 - III ZR 260/64 - BGHZ 47, 255; BGH v. 06.12.1979 - III ZR 46/78 - WM 1980, 159.
[79] BGH v. 15.05.1990 - XI ZR 205/88 - ZIP 1990, 851.
[80] BT-Drs. 11/5462, S. 23.
[81] *v. Westphalen/Emmerich/Kessler*, VerbrKrG, § 9 Rn. 37 ff.
[82] BGH v. 15.05.1990 - XI ZR 205/88 - ZIP 1990, 851.

§ 495

44 wirtschaftliche Einheit anzunehmen ist, bestimmt sich also allein nach **objektiven Kriterien**. Auf die subjektive Vorstellung des betroffenen Verbrauchers stellt das Gesetz gerade nicht ab.[83]

44 Zur Feststellung einer wirtschaftlichen Einheit hatte der BGH eine Reihe von **Verbindungselementen** entwickelt.[84] Es handelte sich um **Indizien**, die das Vorliegen der wirtschaftlichen Einheit nahe legten. Auf solche Indizien kommt es heute nur noch an, wenn Kreditgeber und Verkäufer nicht arbeitsteilig zusammenwirken. Bedient sich dagegen der Darlehensgeber bei der Vorbereitung oder dem Abschluss des Kreditvertrages der Mitwirkung des Unternehmers, so wird die wirtschaftliche Einheit (**unwiderlegbar**) unterstellt. Entscheidend ist somit, welche Voraussetzungen vorliegen müssen, um sagen zu können, dass sich der Darlehensgeber der Mitwirkung des Verkäufers **bedient**. In der Regierungsbegründung[85] wird beispielhaft der Fall genannt, „dass der Verkäufer – möglicherweise aufgrund eines Einreichervertrages mit der Finanzierungsbank – bei der Vorbereitung oder dem Abschluss des Kaufvertrages mitwirkt". Insbesondere sei das „B-Geschäft" zu nennen, bei dem der Verkäufer beim Kreditantrag an einen von ihm bestimmten Kreditgeber mitwirkt und in aller Regel den kreditierten Kaufpreis direkt vom Kreditgeber ausgezahlt erhält.[86] Es besteht allgemein Einigkeit darüber, dass diese Beispiele, die an eine **dauernde** Geschäftsverbindung oder sogar eine **Rahmenvereinbarung** (Einreichervertrag) anknüpfen, zwar Prototypen eines wirtschaftlich einheitlichen Vorgangs, aber keinesfalls abschließend sind.[87] Es besteht umgekehrt Einigkeit darüber, dass eine wirtschaftliche Einheit immer dann nicht vorliegt, wenn sich der Verbraucher aus eigenem Antrieb und durch selbstständige unabhängige Verhandlungen den Kredit **auf eigene Faust** beschafft.[88]

45 Ausgangspunkt für die Beantwortung der Frage, wann sich der Kreditgeber der Mitwirkung des Verkäufers **bedient**, muss der **Normzweck** von § 358 Abs. 3 BGB sein. Der Verbraucher soll, so heißt es in der Regierungsbegründung, durch die rechtliche Aufspaltung in das finanzierte Geschäft und den Kreditvertrag nicht schlechter gestellt werden, als wenn ihm – wie bei einem einfachen Abzahlungskauf – nur ein Vertragspartner gegenüberstünde. Nur ein Vertragspartner stünde ihm immer dann gegenüber, wenn der Unternehmer wie in den Fällen des § 123 Abs. 2 BGB nicht als Dritter, sondern als Beteiligter anzusehen ist. Entscheidend ist insoweit, ob die Tätigkeit des Verkäufers bei der Beratung des Kunden über das Finanzierungsmodell als schlichte Darlehensvermittlung oder als Vertragsverhandlung aufseiten der Bank anzusehen ist. Bei der Bestimmung des Dritten i.S.v. § 123 Abs. 2 BGB wird von Rechtsprechung und Lehre darauf abgestellt, ob der Betreffende auf Seiten des Erklärungsgegners steht und maßgeblich am Zustandekommen des Vertrages mitgewirkt hat, d.h. ob er Vertreter oder Verhandlungsgehilfe des Erklärungsempfängers gewesen ist.[89] Diese Formel hat ihren Rechtsgrund u.a. in der Zurechnungsnorm des § 278 BGB.[90] Überträgt man diese Grundsätze auf § 358 Abs. 3 BGB, so **bedient sich** der Darlehensgeber der Mitwirkung des Unternehmers immer dann, wenn dieser aufseiten der Bank steht und maßgeblich am Zustandekommen des Vertrages mitgewirkt hat, d.h. **Vertreter oder Verhandlungsgehilfe** der Bank gewesen ist. In diesen Fällen begibt sich der Verkäufer **in das Lager der Bank**, d.h. Darlehen und finanziertes Geschäft verschmelzen zur wirtschaftlichen Einheit.

46 Das ist insbesondere der Fall, wenn der Verkäufer mit Willen der Bank in die Verhandlungen zum Abschluss des Kreditvertrages eingeschaltet wird und nicht wie ein bloßer Vertragsvermittler der Bank

---

[83] Wie hier *Bülow/Artz*, VerbrKR, § 495 Rn. 230, 249; *Habersack* in: MünchKomm-BGB, § 358 Rn. 36 ff.; *Dauner-Lieb*, WM 1991, Beilage 6, S. 4, 13.
[84] Vgl. nur BGH v. 25.03.1982 - III ZR 198/80 - BGHZ 83, 301, 304 = NJW 1982, 1694.
[85] BT-Drs. 11/5462.
[86] BT-Drs. 11/5462, S. 23.
[87] *Habersack* in: MünchKomm-BGB, § 358 Rn. 38 ff.
[88] BGH v. 25.03.1982 - III ZR 198/80 - BGHZ 83, 301, 305 = NJW 1982, 1694.
[89] BGH v. 08.02.1956 - IV ZR 282/55 - BGHZ 20, 39 = NJW 1956, 705; BGH v. 26.09.1962 - VIII ZR 113/62 - NJW 1962, 2195; BGH v. 21.06.1974 - V ZR 15/73 - NJW 1974, 1505; ähnlich für das Haustürgeschäft: BGH v. 21.01.2003 - XI ZR 125/02 - ZIP 2003, 432.
[90] BGH v. 26.09.1962 - VIII ZR 113/62 - NJW 1962, 2195.

nur Vertragsinteressenten zuführt und Gelegenheiten zu Vertragsabschlüssen vermittelt.[91] Fehlt es an einer ausdrücklichen **Absprache** zwischen Verkäufer und Bank, so kann sich die wirtschaftliche Einheit **aus den Umständen** der Vertragsanbahnung ergeben.[92] Das gilt erst recht, wenn der Verkäufer den Verbraucher schlicht auf eine Finanzierungsmöglichkeit hinweist, sofern sich der Verbraucher daraufhin das Darlehen „auf eigene Faust" beschafft und der Verkäufer ihm, außer der Mitteilung der Adresse des Kreditgebers oder Kreditvermittlers, „alles überlassen" hat[93]. Dagegen bedient sich die Bank des Verkäufers, wenn **aufeinander abgestimmte** Formulare verwendet werden.[94] Gleiches gilt, wenn der Darlehensgeber seine speziell für finanzierte Geschäfte bestimmten Formulare verwendet und/oder der Unternehmer im Besitz derselben ist.[95] Der Darlehensgeber bedient sich auch dann des Verkäufers, wenn er gänzlich auf den Kontakt mit dem Verbraucher verzichtet.[96] **Geringe Indizwirkungen** entfaltet die Sicherungsübereignung des Kaufgegenstandes sowie die Übereinstimmung von Nettokreditbetrag und (Rest-)Kaufpreis.[97] Beide Umstände können auch dann vorliegen, wenn sich der Verbraucher den Kredit auf „eigene Faust" besorgt hat.

Besondere Bedeutung für den Begriff der wirtschaftlichen Einheit hat der Ausschluss des Verbrauchers von der **freien Verfügung über die Valuta**. Dieses Merkmal ist seit der Entscheidung des BGH vom 06.12.1979[98] nahezu unverzichtbar geworden.[99] Dem ist die Literatur weitgehend zu Recht gefolgt[100], da das Darlehen immer dann, wenn der Verbraucher von der freien Verfügung über die Valuta ausgeschlossen ist, vom Darlehensgeber **gesteuert** wird. Folglich befindet sich der Verbraucher in genau der Lage, in der er wäre, würde er den Kredit vom Lieferanten selbst bekommen. Das ist insbesondere dann der Fall, wenn der Darlehensgeber **nicht bereit** ist, die Valuta auf ein eigenes Konto, d.h. zur **freien Disposition** des Verbrauchers zu überweisen.[101] Hat der Verbraucher dagegen Dispositionsfreiheit, so kann er selbstverständlich Direktüberweisung an den Gläubiger erbitten. Dadurch verliert er nicht die freie Verfügung über die Valuta, sondern macht von seinem Recht Gebrauch, die Richtung der Zahlungsströme selbst zu bestimmen. Folglich erweist sich das Kriterium der **Dispositionsfreiheit** über die Valuta als das entscheidende für die Erfassung des Begriffs der wirtschaftlichen Einheit überhaupt. **Regelmäßig gilt: Ist der Kreditgeber nicht bereit, die Valuta dem Verbraucher zur freien Disposition zu überlassen, so begründet dies die (widerlegliche) Vermutung der wirtschaftlichen Einheit zwischen Kredit und finanziertem Geschäft.**

47

Bei Anschaffungsdarlehen ist der Bank bekannt, dass der Kunde mit der Darlehensvaluta ein bestimmtes Geschäft finanzieren möchte. Anders als beim Teilzahlungskredit lässt allerdings die Bank in diesem Fall dem Kunden das Darlehen regelmäßig zur freien Disposition. Folglich fehlt es an der wirtschaftlichen Einheit zwischen Kredit und finanziertem Geschäft.[102] Dabei ist es, mit dem BGH, unschädlich, wenn die Bank die Darlehensvaluta an den Verkäufer überweist, sofern sie auch bereit gewesen wäre, die Auszahlung auf das Konto des Kreditnehmers zu dessen freier Verfügung vorzunehmen.[103] Bau-

48

---

[91] RGZ 101, 97; BGH v. 17.11.1960 - VII ZR 115/59 - BGHZ 33, 309 = NJW 1961, 164; BGH v. 08.02.1979 - III ZR 2/77 - NJW 1979, 1593; weiterführend *Schwintowski*, NJW 1989, 2087, 2088.
[92] *Habersack* in: MünchKomm-BGB, § 358 Rn. 26, 36 m.w.N.
[93] BGH v. 25.05.1983 - VIII ZR 16/81 - NJW 1983, 2250, 2251.
[94] *Seibert*, VerbrKrG, § 9 Rn. 3; *Habersack* in: MünchKomm-BGB, § 358 Rn. 42.
[95] BGH v. 25.03.1982 - III ZR 198/80 - BGHZ 83, 301, 306 = NJW 1982, 1694; BGH v. 07.02.1980 - III ZR 141/78 - NJW 1980, 1155 f.
[96] BGH v. 20.11.1986 - III ZR 115/85 - NJW 1987, 1813, 1814; BGH v. 07.02.1980 - III ZR 141/78 - NJW 1980, 1155, 1156 f.
[97] *Dauner-Lieb*, WM 1991, Beilage 6, S. 15; *Habersack* in: MünchKomm-BGB, § 358 Rn. 43 m.w.N.
[98] BGH v. 06.12.1979 - III ZR 46/78 - NJW 1980, 938 f.
[99] So *Gernhuber*, Das Schuldverhältnis, 1989, § 31 II 7e.
[100] *Hopt/Mülbert*, vor § 607 BGB, Rn. 47 m.w.N.; *Canaris*, Bankvertragsrecht, 4. Aufl., Rn. 1480; *Habersack* in: MünchKomm-BGB, § 358 Rn. 26 m.w.N.
[101] BGH v. 15.05.1990 - XI ZR 205/88 - WM 1990, 1234 f.; *Habersack* in: MünchKomm-BGB, § 358 Rn. 48.
[102] *Kümpel*, Bank- und Kapitalmarktrecht, 10.354.
[103] BGH v. 15.05.1990 - XI ZR 205/88 - WM 1990, 1234 f.

zwischenfinanzierungen sind regelmäßig verbundene Geschäfte, jedenfalls dann, wenn die Bank mit den Bauträgern zusammenarbeitet und die Valuta nicht frei verfügbar ist.[104] Die Frage, ob Effektenkredite verbundene Geschäfte sind, war streitig. Mit der Novelle des VerbrKrG vom 27.04.1993 wurde klargestellt, dass das Gesetz auf Kredite, die „der Finanzierung des Erwerbs von Wertpapieren, Devisen oder Edelmetallen dienen", nicht anzuwenden ist. Das gilt heute auch für Derivate (§ 359a Abs. 3 BGB).

49 Die §§ 358, 359 BGB fanden bis 01.11.2002 auf Verbraucherdarlehensverträge, bei denen die Gewährung des Darlehens von der Sicherung durch ein Grundpfandrecht abhängig gemacht wird und zu Bedingungen erfolgt, die für grundpfandrechtlich abgesicherte Darlehensverträge und deren Zwischenfinanzierung üblich sind, keine Anwendung (§ 491 Abs. 3 Nr. 1 BGB a.F.). Unter dem Eindruck der Entscheidung des Europäischen Gerichtshofes vom 13.12.2001[105] (Heininger) und der daran anknüpfenden Entscheidung des BGH vom 09.04.2002[106] hat der Gesetzgeber die bisher bestehende Ausnahme für Realkredite aufgegeben.[107]

50 Um die in der Immobilienfinanzierung tätigen Kreditinstitute, die sich regelmäßig in irgendeiner Form der Mitwirkung des Veräußerers bedienen, nicht prinzipiell einer Durchgriffshaftung auszusetzen, hat der Gesetzgeber die einschlägigen Fallgruppen nun im Gesetz ausdrücklich benannt (§ 358 Abs. 3 Satz 3 BGB). Danach liegt ein verbundenes Geschäft typischerweise vor, wenn der Darlehensgeber selbst das zu finanzierende Objekt verschafft. Das gilt auch, wenn der Darlehensgeber durch Zusammenwirken mit dem Verkäufer den Erwerb der Immobilie fördert, indem er sich dessen Veräußerungsinteressen ganz oder teilweise zu eigen macht, bei der Planung, Werbung oder Durchführung des Projektes Funktionen des Veräußerers übernimmt oder den Veräußerer einseitig begünstigt. In der Gesetzesbegründung wird klargestellt, dass nicht jedwede Förderung genügt. Daher sieht die Vorschrift vor, dass der Darlehensgeber über die Zurverfügungstellung von Darlehen (an den Verbraucher, aber auch an den Verkäufer) hinausgehen muss. Macht er sich das Erwerbsinteresse des Verkäufers ganz oder teilweise zu Eigen, übernimmt er bei der Planung, Werbung oder Durchführung des Projekts Funktionen des Veräußerers oder begünstigt er einseitig den Verkäufer, fördert er im Sinne der Vorschrift den Rechtserwerb in sonstiger Weise.[108] Das ist auch dann der Fall, wenn der Darlehensgeber ein eigenes wirtschaftliches Interesse nicht nur an der Finanzierung des Darlehens, sondern auch an der Finanzierung der mit dem Immobilienerwerb verbundenen Vermittlungsprovision hat, insbesondere wenn dabei gegenüber dem Käufer nicht offen gelegt wird, dass Kaufpreis und Provision von der Bank finanziert werden.[109]

51 Eine andere, hiervon zu trennende Frage ist, ob die Bank im Einzelfall zur Aufklärung über das zu finanzierende Geschäft verpflichtet ist. Grundsätzlich gilt, dass bei Steuer sparenden Bauherren- und Erwerbermodellen die Bank nur unter ganz besonderen Voraussetzungen zur Risikoaufklärung über das zu finanzierende Geschäft verpflichtet ist, weil sie regelmäßig davon ausgehen darf, dass die Kunden entweder selbst über die notwendigen Kenntnisse und Erfahrungen verfügen oder dass sie sich jedenfalls der Hilfe von Fachleuten bedient haben.[110] Allerdings können sich auch hier aus den besonderen Umständen des Einzelfalles Aufklärungs- und Hinweispflichten der Bank ergeben. Das kann etwa dann der Fall sein, wenn sie in Bezug auf die speziellen Risiken des Vorhabens einen konkreten

---

[104] BGH v. 12.07.1979 - III ZR 18/78 - WM 1979, 1054 f.; BGH v. 21.01.1988 - III ZR 179/86 - WM 1988, 561 f.
[105] EuGH v. 13.12.2001 - C-481/99 - NJW 2002, 281.
[106] BGH v. 09.04.2002 - XI ZR 91/99 - NJW 2002, 1881.
[107] ZBB-Dokumentation 2002, 236; dazu *Tonner*, BKR 2002, 856; *Bülow/Artz*, VerbrKR, Rn. 267a ff.; *Lang*, ZBB 2002, 457; *Schwintowski* in: FS Kümpel 2003, 501; *Singer*, DZWIR 2003, 221.
[108] Gesetzesbegründung ZBB 2002, 236.
[109] BGH v. 04.03.1987 - IVa ZR 122/85 - NJW 1987, 1815 = ZIP 1987, 500 = EWiR 1987, 575 *Niehoff*; vertiefend *Schwintowski*, NJW 1989, 2087, 2090; *Schwintowski* in: FS Kümpel 2003, 501, 508 f.; OLG Oldenburg v. 19.06.2002 - 2 U 65/02 - BKR 2003, 28 – für den alten Rechtszustand (insoweit a.A.: BGH v. 10.09.2002 - XI ZR 151/99 - NJW 2003, 199).
[110] BGH v. 18.04.2000 - XI ZR 193/99 - ZIP 2000, 1051, 1052; BGH v. 17.12.2002 - XI ZR 136/02 - GuT 2003, 64; *v. Heymann*; NJW-RR 1987, 523.

Wissensvorsprung vor dem Darlehensnehmer hat und dies auch erkennen kann.[111] Dabei begründen Kenntnisse der Bank über den Zustand des zu finanzierenden Objekts regelmäßig keinen Wissensvorsprung über spezielle Risiken, der zur Aufklärung des Kreditsuchenden verpflichten könnte. Die Bank darf vielmehr davon ausgehen, dass der Kunde sich über den Zustand der Immobilie selbst ins Bild gesetzt hat.[112] Nicht ausreichend zur Begründung einer Aufklärungspflicht ist grundsätzlich auch ein Wissensvorsprung der Bank darüber, dass der vom Erwerber zu zahlende Kaufpreis in keinem angemessenen Verhältnis zum Wert des zu erwerbenden Objektes steht.[113] Das kann anders zu beurteilen sein, wenn die Bank bei einem Vergleich von Kaufpreis und Wert des Objekts von einer sittenwidrigen Übervorteilung des Kunden durch den Vertragspartner ausgehen muss.[114] Von einem diesen Vorwurf rechtfertigenden besonders groben Missverhältnis zwischen Leistung und Gegenleistung, das eine Vermutung für die subjektiven Voraussetzungen der Sittenwidrigkeit begründet, kann dann ausgegangen werden, wenn der Wert der Leistung knapp doppelt so hoch ist wie der Wert der Gegenleistung.[115]

In seinem Urteil vom 16.05.2006[116] hat der BGH darüber hinaus einen konkreten Wissensvorsprung der Bank im Zusammenhang einer arglistigen Täuschung[117] des Verkäufers bzw. Vermittlers vermutet, wenn die kreditgebende Bank und der Verkäufer bzw. Vermittler der finanzierten Immobilie in institutionalisierter Weise zusammenwirken.[118] Hierbei handelt es sich um eine Beweiserleichterung in Form einer widerleglichen Vermutung, die z.B. dann anzunehmen sei, wenn zwischen der Bank und den übrigen am Vertrieb Beteiligten ständige Geschäftsbeziehungen (z.B. Rahmen- oder Vertriebsvereinbarungen) bestehen oder die Bank wiederholt Wohnungen oder Fondsbeteiligungen desselben Objekts vermittelt hat. Ein institutionalisiertes Zusammenwirken ist auch anzunehmen, wenn die Bank den Vertriebspartnern Büroräume zur Verfügung stellt oder diese – mit Wissen der Bank – deren Kreditformulare benutzen.[119]

52

Von diesem Schadensersatzanspruch zu unterscheiden ist der vom EuGH in den Entscheidungen der Rechtssachen Schulte[120] und Crailsheimer Volksbank[121] geforderte verschuldensunabhängige Schadensersatzanspruch gerichtet auf die Rückabwicklung des Darlehens und des finanzierten Geschäfts, wenn der Verbraucher gar nicht oder mangelhaft über sein Widerrufsrecht belehrt wurde. Diesen An-

53

---

[111] BGH v. 03.12.1991 - XI ZR 300/90 - BGHZ 116, 209 = ZIP 1992, 166 = WM 1992, 133 = EWiR 1992, 141 *Büttner*; BGH v. 31.03.1992 - XI ZR 70/91 - ZIP 1992, 912, 913 = WM 1992, 901, 902 = EWiR 1992, 547 *v. Stebut*; BGH v. 11.02.1999 - IX ZR 352/97 - ZIP 1999, 574, 575 = WM 1999, 678, 679 = EWiR 1999, 683 *Schwintowski*; BGH v. 18.04.2000 - XI ZR 193/99 - ZIP 2000, 1051, 1052.

[112] BGH v. 03.12.1991 - XI ZR 300/90 - WM 1992, 133, 134 = ZIP 1992, 166, 167; BGH v. 18.04.2000 - XI ZR 193/99 - ZIP 2000, 1051, 1052.

[113] BGH v. 15.10.1987 - III ZR 235/86 - WM 1987, 1426, 1428 = ZIP 1987, 1454, 1457 = EWiR 1987, 1163 *Köndgen*; BGH v. 21.01.1988 - III ZR 179/86 - ZIP 1988, 562, 564 = WM 1988, 561, 563 = EWiR 1988, 437 *Hegmanns*; BGH v. 31.03.1992 - XI ZR 70/91 - ZIP 1992, 912, 914 = WM 1992, 901, 903; BGH v. 11.02.1999 - IX ZR 352/97 - ZIP 1999, 574, 575 = WM 1999, 678, 679; BGH v. 18.04.2000 - XI ZR 193/99 - ZIP 2000, 1051, 1053.

[114] BGH v. 18.04.2000 - XI ZR 193/99 - ZIP 2000, 1051, 1053.

[115] BGH v. 25.02.1994 - V ZR 63/93 - BGHZ 125, 218, 227 = ZIP 1994, 538, 541; BGH v. 09.10.1996 - VIII ZR 233/95 - WM 1997, 230, 232; BGH v. 21.03.1997 - V ZR 355/95 - ZIP 1997, 931, 932 = WM 1997, 1155, 1156 = EWiR 1997, 639 *Tiedtke*; BGH v. 26.11.1997 - VIII ZR 322/96 - WM 1998, 932, 934 = EWiR 1998, 201 *Tiedtke*; BGH v. 18.04.2000 - XI ZR 193/99 - ZIP 2000, 1051, 1053; vgl. auch: BGH v. 18.12.2007 - XI ZR 324/06 - juris Rn. 31 - WM 2008, 967.

[116] BGH v. 16.05.2006 - XI ZR 6/04 - BGHZ 168, 1-27.

[117] Für die Arglist trägt der Darlehensnehmer die Beweislast: BGH v. 01.07.2008 - XI ZR 411/06 - WM 2008, 1596.

[118] Fortführung der Rspr. u.a. BGH v. 20.03.2007 - XI ZR 414/04 - juris Rn. 53 - ZIP 2007, 954-962; BGH v. 10.07.2007 - XI ZR 243/05 - juris Rn. 17 - NJW 2007, 3272-3273.

[119] BGH v. 16.05.2006 - XI ZR 6/04 - juris Rn. 51 ff. - BGHZ 168, 1-27; ein Beispiel für einen solchen Fall findet sich in BGH v. 14.05.2007 - II ZR 48/06 - WM 2007, 1275: Beitritt zu geschlossenen Immobilienfonds.

[120] EuGH v. 25.10.2005 - C-350/03 - WM 2005, 2079-2086.

[121] EuGH v. 25.10.2005 - C-229/04 - WM 2005, 2086-2089.

spruch hat der BGH zwar grundsätzlich im Falle von Haustürgeschäften anerkannt,[122] aber zumindest für die Fälle abgelehnt, in denen der Darlehensvertrag nach dem Abschluss des finanzierten Geschäfts zustande gekommen ist. Der BGH argumentiert, der Verbraucher sei durch die zeitliche Reihenfolge der Verträge bereits gebunden gewesen, so dass zwischen dem Abschluss des finanzierten Geschäfts und der unterbliebenen Belehrung über die Widerrufsmöglichkeit des Darlehensvertrages gar keine Kausalität bestehe.[123]

54 In der Rechtssache Hamilton[124] begrenzte der EuGH das Widerrufsrecht des Verbrauchers bei gar nicht oder mangelhaft erfolgter Belehrung auf die vollständige Durchführung des Vertrages. Mit dem Zweck der RL 85/577/EWG[125] sei dies vereinbar. Es sei vor allem eine nach Art. 4 Abs. 3 der RL „geeignete Maßnahme zum Schutz des Verbrauchers", wenn nationale Gerichte das Widerrufsrecht auf den Ablauf eines Monats nach vollständiger Erbringung der Leistung und damit der Beendigung des Vertrages begrenzten. Offen ist die Frage, ob der Verbraucher in diesen Fällen vom Kreditinstitut wegen fehlerhafter Information über das Widerrufsrecht Schadensersatz verlangen kann.

55 Mit Urteil vom 04.10.2007 hat der EuGH klargestellt, dass die Berechtigung des Verbrauchers, Rechte gegen den Darlehensgeber geltend zu machen, nicht davon abhängig gemacht werden darf, dass in dem vorausgehenden Kreditangebot die finanzierte Sache oder Dienstleistung angegeben ist.[126]

56 Wird der Verbraucherkredit mit einer Restschuldversicherung verbunden und die Versicherungsprämie über den Kredit mitfinanziert, so kann darin ein verbundenes Geschäft liegen, so dass der Kreditnehmer dem Rückzahlungsbegehren der Bank die Zahlungsverpflichtung aus der Restschuldversicherung im Wege der Aufrechnung entgegenhalten kann.[127]

VI. Rechtsfolgen

57 Die Rechtsfolgen ergeben sich auch für den verbundenen Vertrag aus § 357 BGB entsprechend, wie § 358 Abs. 4 BGB klärt. Hat der Verbraucher seine auf den Abschluss des verbundenen Vertrages gerichtete Willenserklärung wirksam widerrufen, sind Ansprüche auf Zahlung von Zinsen und Kosten aus der Rückabwicklung des Verbraucherdarlehensvertrags gegen den Verbraucher ausgeschlossen (§ 358 Abs. 4 Satz 2 BGB). Ist das Darlehen dem Unternehmer bei Wirksamwerden des Widerrufs bereits zugeflossen, so tritt der Darlehensgeber im Verhältnis zum Verbraucher hinsichtlich der Rechtsfolgen des Widerrufs oder der Rückgabe in die Rechte und Pflichten des Unternehmers aus dem verbundenen Vertrag ein (§ 358 Abs. 4 Satz 3 BGB).

58 Ist dagegen das Darlehen dem Unternehmer noch nicht zugeflossen, so findet bei Widerruf die Rückabwicklung zwischen Unternehmer und Kunde statt.[128] Das ist z.B. dann denkbar, wenn die Bank die Valuta erst nach Ablauf der Widerrufsfrist zur Verfügung stellen will, der Unternehmer aber bereit ist vorzuleisten. In diesen Fällen bedarf der Darlehensvertrag keiner Rückabwicklung.[129] Damit der Verbraucher weiß, gegen wen er seine Ansprüche geltend zu machen hat, kann er, zusammen mit dem

---

[122] BGH v. 19.09.2006 - XI ZR 204/04 - BGHZ 169, 109-122; Fortführung u.a. BGH v. 17.04.2007 - XI ZR 130/05 - EWiR 2008, 35-36 mit Anm. *Kulke*; BGH v. 06.11.2007 - XI ZR 322/03 - juris Rn. 55 - ZIP 2008, 210-217; allerdings verlangt der BGH entgegen dem EuGH ein Verschulden i.S.d. § 276 BGB. In der Literatur wird teilweise darauf verzichtet und argumentiert, es sei aufgrund europarechtlicher Vergaben im Sinne des § 276 Satz 1 BGB „etwas anderes" bestimmt, vgl. etwa: *Habersack*, JZ 2006, 91, 93; *Hoffmann*, ZIP 2005, 1985, 1991.

[123] BGH v. 16.05.2006 - XI ZR 6/04 - BGHZ 168, 1-27; vgl. hierzu die kritische Auseinandersetzung mit diesem Urteil von *Hofmann*, WM 2006, 1847, 1850 sowie *Schwintowski*, VuR 2006, 5, 6; *Schwintowski*, BKR 2009, 89 ff.

[124] EuGH v. 10.04.2008 - C-412/06 - juris Rn. 78 ff. - BB 2008, 967-970 mit Anm. *Edelmann*.

[125] Richtlinie des Rates v. 20.12.1985 betreffend den Verbraucherschutz im Falle von außerhalb von Geschäftsräumen geschlossenen Verträgen.

[126] EuGH v. 04.10.2007 - C-429/05 - Rampion.

[127] OLG Schleswig v. 26.04.2007 - 5 U 162/06 - NJW-RR 2007, 1347 a.A. *Lange/Schmidt*, BKR 2007, 493, 497.

[128] BGH v. 11.10.1995 - VIII ZR 325/94 - NJW 1995, 3386: Zeitpunkt: Zugang des Widerrufs.

[129] So bereits *Stauder* in: FS für Bosch, 1976, 983, 996.

Widerruf, einen Auskunftsanspruch geltend machen.[130] Ist dagegen das Darlehen dem Unternehmer bereits zugeflossen, so erfolgt die Rückabwicklung **allein** im Verhältnis **Kreditgeber/Verbraucher**. Der Kreditgeber tritt nicht neben, sondern in die Rechte und Pflichten des Unternehmers ein.[131] Folglich muss der Darlehensgeber dem Verbraucher sämtliche an den Unternehmer erbrachten Leistungen, auch z.B. eine Anzahlung, zurückerstatten. Umgekehrt muss der Verbraucher dem Kreditgeber die Kaufsache übereignen. Ferner hat er nach § 346 Abs. 1 BGB eine Gebrauchsvergütung zu leisten, nicht aber eine Wertminderung für den bestimmungsgemäßen Gebrauch. Den Darlehensbetrag muss der Verbraucher nicht zurückerstatten, da dieser durch den Eintritt des Darlehensgebers in die Pflichten des Unternehmers im Verhältnis zum Verbraucher konsumiert ist. Insoweit findet ein Innenausgleich zwischen der Bank und dem Verkäufer statt. Das Risiko, dass der Unternehmer seinen Verpflichtungen gegenüber der Bank nicht nachkommt (**Insolvenzrisiko**), trägt die Bank.

Steht bei einem verbundenen Geschäft wegen anfänglicher Nichtigkeit des Kaufvertrags dem Verbraucher das Recht zu, die Kaufpreiszahlung zu verweigern, so führt dies dazu, dass auch dem Anspruch des Darlehensgebers aus dem Finanzierungsdarlehen von Anfang an eine dauernde Einrede im Sinne von § 813 Abs. 1 BGB entgegensteht.[132] Die trotz dieser Einrede auf den Kredit geleisteten Zahlungen kann der Verbraucher gemäß §§ 813 Abs. 1 BGB i.V.m. 812 Abs. 1 Satz 1 BGB vom Kreditgeber zurückverlangen.[133] Für eine (analoge) Begründung eines Rückforderungsdurchgriffs ist mangels Regelungslücke kein Raum.[134]

VII. Der Einwendungsdurchgriff (§ 359 BGB)

1. Grundsätze

Der Verbraucher kann, so heißt es in § 359 BGB, die Rückzahlung des Darlehens verweigern, soweit Einwendungen aus dem verbundenen Vertrag ihn gegenüber dem Unternehmer, mit dem er den verbundenen Vertrag geschlossen hat, zur Verweigerung seiner Leistung berechtigen würden. Dies gilt nicht bei Einwendungen, die auf einer zwischen diesem Unternehmer und dem Verbraucher nach Abschluss des Verbraucherdarlehensvertrags vereinbarten Vertragsänderung beruhen. Kann der Verbraucher Nacherfüllung verlangen, so kann er die Rückzahlung des Darlehens erst verweigern, wenn die Nacherfüllung fehlgeschlagen ist.

Diese gesetzliche Konzeption des Einwendungsdurchgriffs beruht im Kern auf Art. 11 Abs. 2 EG-Richtlinie 86, der die Mitgliedstaaten verpflichtet, eine gesetzliche Regelung der Rechte vorzusehen, die dem Verbraucher gegenüber dem Kreditgeber zustehen, wenn der Kredit der Finanzierung von Waren oder Dienstleistungen dient und die finanzierte Leistung nicht oder nicht vertragsgemäß erbracht wird. Allerdings hat die Richtlinie die nähere Ausgestaltung der Verbraucherrechte in diesen Fällen sowohl hinsichtlich der Voraussetzungen als auch der Folgen den Mitgliedstaaten überlassen. Deshalb sind die Regelungen in den einzelnen Mitgliedstaaten der EG zwar in den Ergebnissen ähnlich, in der Konzeption und den Details aber unterschiedlich.[135] In Deutschland ist damit die von der Rechtsprechung durchgesetzte Lehre zum Einwendungsdurchgriff Gesetz geworden.[136] Zugleich ist damit der Streit um die dogmatische Grundlage dieser Lehre, die die Rechtsprechung überwiegend in § 242 BGB gesehen hatte, überwunden.

---

[130] BGH v. 11.10.1995 - VIII ZR 325/94 - NJW 1995, 3386.
[131] BGH v. 11.10.1995 - VIII ZR 325/94 - NJW 1995, 3386.
[132] BGH v. 04.12.2007 - XI ZR 227/06 - juris Rn. 19, 31 - BGHZ 174, 334 = WM 2008, 244.
[133] BGH v. 04.12.2007 - XI ZR 227/06 - Leitsatz 2 - WM 2008, 244.
[134] BGH v. 04.12.2007 - XI ZR 227/06 - juris Rn. 30 - BGHZ 174, 334 = WM 2008, 244, Abweichung von BGH v. 21.07.2003 - II ZR 387/02 - BGHZ 156, 46, 54 ff.
[135] *v. Westphalen/Emmerich/Kessler*, VerbrKrG, Einl. Rn. 28 ff.
[136] Vgl. die Anfänge in BGH v. 17.11.1960 - VII ZR 56/59 - BGHZ 33, 293, 300 f.; BGH v. 05.04.1962 - VII ZR 183/60 - BGHZ 37, 94; BGH v. 11.07.1963 - VII ZR 120/62 - BGHZ 40, 65; BGH v. 25.02.1965 - II ZR 191/62 - BGHZ 43, 258; BGH v. 20.02.1967 - III ZR 134/65 - BGHZ 47, 207; BGH v. 20.02.1967 - III ZR 128/65 - BGHZ 47, 233.

2. Einwendungsdurchgriff

62 Der Kern der Lehre vom Einwendungsdurchgriff ist heute in § 359 Satz 1 BGB geregelt. Der Verbraucher kann „die Rückzahlung des Darlehens verweigern, soweit Einwendungen aus dem verbundenen Vertrag ihn gegenüber dem Unternehmer zur Verweigerung seiner Leistung berechtigen würden". Der Käufer kann also unmittelbar und ohne weitere Voraussetzungen Einwendungen aus dem verbundenen Geschäft, die ihn berechtigen würden, z.B. seinen Kaufpreis zurückzuhalten, auch den (Rückzahlungs-)Ansprüchen des Darlehensgebers entgegensetzen. Das gilt in den Fällen der Nichtleistung (Unternehmer liefert nicht), der Nichtigkeit oder Anfechtung des verbundenen Geschäfts oder des Rücktritts von ihm sowie bei Schadensersatzansprüchen des Verbrauchers, sofern es sich nicht um den Ersatz von Begleitschäden handelt, die sich aus Mängeln der Kaufsache ergeben.[137] Folglich kann der Kunde Schadensersatzansprüche gegen den Unternehmer nun auch gegenüber dem Kreditgeber aufrechnen.[138] Anders als früher[139] kann der Verbraucher Wandelung und Minderung bereits im Zeitpunkt der Geltendmachung dem Darlehensgeber entgegenhalten. Er braucht nicht abzuwarten, ob sich seine Ansprüche beim Unternehmer realisieren lassen.[140] Damit hat der Gesetzgeber den früher von der Rechtsprechung entwickelten Grundsatz der **Subsidiarität des Einwendungsdurchgriffs aufgegeben**. Dieser Grundsatz verpflichtete den Verbraucher vor Geltendmachung seines Leistungsverweigerungsrechts gegenüber dem Kreditgeber, seine Rechte in zumutbarer Weise gegen den Verkäufer durchzusetzen.[141] Zwar hatte der BGH in bestimmten Fällen – Nichtigkeit des finanzierten Geschäfts[142] – auf die vorherige Inanspruchnahme des Verkäufers gänzlich verzichtet und dieses auch dann angenommen, wenn der Lieferant die Erfüllung ernsthaft gegenüber dem Verbraucher verweigerte.[143] Aber im Grundsatz wurde daran festgehalten, dass der Einwendungsdurchgriff erst dann zulässig war, wenn der Käufer den Verkäufer ohne Erfolg in Anspruch genommen hatte.[144]

63 Zur Begründung der Aufgabe des Subsidiaritätsprinzips heißt es in der Regierungsbegründung, dass „die sofortige Geltendmachung des Leistungsverweigerungsrechts gegenüber dem Kreditgeber einer ökonomischen Vertragsabwicklung dient": Der Kreditgeber kann sein Vertragsverhältnis zum Verkäufer von vornherein so gestalten, dass er leicht Regress nehmen kann (z.B. indem er sich eine Bürgschaft einräumen lässt). Bei Insolvenz des Verkäufers trägt der Kreditgeber ohnehin das Risiko des Geschäfts.[145] Der Gedanke der Subsidiarität werde, so heißt es in der Begründung weiter, nur insoweit aufrechterhalten, als der Verkäufer sich bei Sachmängeln die Ersatzlieferung oder die Nachbesserung (heute: Nacherfüllung: § 359 Satz 3 BGB) vorbehalten hat. Dasselbe gelte, wo diese Rechtsbehelfe gesetzlich vorgesehen seien. Hier müsse der Verbraucher zunächst das Ergebnis der Nachbesserung abwarten, bevor er sein Leistungsverweigerungsrecht geltend machen könne. In diesen Fällen könne dem Verbraucher zugemutet werden, bis zum Fehlschlagen des (Nachbesserungsversuchs) seine Raten weiter zu entrichten.[146]

64 Nach dem Wortlaut von § 359 Satz 1 BGB kann der Verbraucher die Rückzahlung des Darlehens verweigern, soweit Einwendungen aus dem verbundenen Kaufvertrag ihn gegenüber dem Unternehmer zur Verweigerung seiner Leistung berechtigen würden. Damit erhält der Verbraucher ein **eigenständi-**

---

[137] BT-Drs. 11/5462, S. 24.
[138] *Emmerich*, FLF 1989, 168, 173.
[139] BGH v. 20.06.1984 - VIII ZR 131/83 - NJW 1985, 129.
[140] So aber früher BGH v. 18.01.1973 - II ZR 69/71 - WM 1973, 233.
[141] BGH v. 21.05.1975 - VIII ZR 118/74 - BGHZ 64, 268 = WM 1975, 739; BGH v. 09.02.1978 - III ZR 31/76 - WM 1978, 459; BGH v. 21.06.1979 - III ZR 62/78 - WM 1979, 1180.
[142] BGH v. 07.02.1980 - III ZR 141/78 - WM 1980, 327.
[143] BGH v. 18.01.1979 - III ZR 129/77 - WM 1979, 489; weiterführend BGH v. 19.09.1985 - III ZR 214/83 - BGHZ 95, 350, 352 = WM 1985, 1307.
[144] BGH v. 19.09.1985 - III ZR 214/83 - BGHZ 95, 350 = WM 1985, 1307, dazu *Schröter*, WuB I E 2c Konsumentenkredit/Finanzierter Kauf 1.86.
[145] BT-Drs. 11/5462, S. 23, 24.
[146] BT-Drs. 11/5462, S. 24.

ges **Leistungsverweigerungsrecht** gegenüber der Bank. Im Ergebnis erhält der Unternehmer die gelieferte Sache zurück oder den Wert der geleisteten Arbeit oder der Dienste vergütet sowie den Wert der Nutzungen der überlassenen Sache ersetzt (§ 346 i.V.m. §§ 437 Nr. 2, 634 Nr. 3, 812 BGB). Der Verbraucher seinerseits erhält die geleistete Anzahlung und die an den Darlehensgeber gezahlten Kreditraten zurück (§ 346 i.V.m. §§ 437 Nr. 2, 634 Nr. 3, 812 BGB). Der Darlehensgeber erhält den ausbezahlten Nettokredit vom Unternehmer zurück.[147] Schließlich erhält der Verbraucher die in den Kreditraten enthaltenen Zins- und Kostenanteile zurück oder wird insoweit freigestellt.[148] Die Rückabwicklung kann dadurch vereinfacht werden, dass der Unternehmer hinsichtlich der aus dem Darlehen entstandenen Ansprüche im Verhältnis zum Verbraucher in die Gläubiger- und Schuldnerstellung des Darlehensgebers eintritt.[149]

In seltenen Fällen kann es vorkommen, dass z.B. der Kaufvertrag wirksam, aber der Darlehensvertrag nichtig ist. Dann liegt genau besehen kein verbundenes Geschäft i.S.v. § 358 Abs. 3 BGB vor. Der Kunde schuldet der Bank bereicherungsrechtlich Rückgewähr der (an den Verkäufer) gezahlten Valuta. Auf diesen bereicherungsrechtlichen Rückgewähranspruch ist § 359 Satz 1 BGB analog anzuwenden, weil der Verbraucher durch Nichtigkeit des Darlehens nicht schlechter dastehen darf als bei Wirksamkeit des Kreditvertrages.[150] Steht ein **Bürge** für die Rückzahlung des Darlehens ein, so gelten die allgemeinen Regeln des Bürgschaftsrechts. Darf der Verbraucher die Rückzahlung des Kredits nach § 359 Satz 1 BGB verweigern, so entlastet das automatisch auch den Bürgen (§ 767 BGB). Erhebt der Verbraucher die ihm zustehenden Einwendungen gegen den Verkäufer nicht, so kann dies an seiner Stelle der Bürge tun (§ 768 BGB). Entsprechendes gilt für alle akzessorischen Sicherheiten, d.h. der Kreditvertrag teilt im Ergebnis das Schicksal des mit ihm verbundenen Geschäfts. Daraus folgt, dass Zweifel über die Berechtigung des Leistungsverweigerungsrechtes im **Verhältnis zwischen Verbraucher und Darlehensgeber** auszutragen sind.[151]

3. Erweiterung des Anwendungsbereichs (§ 359a BGB)

Mit Wirkung vom 11.06.2010 ist der Anwendungsbereich für verbundene Geschäfte erweitert worden. Auch dann, wenn die Voraussetzungen für ein verbundenes Geschäft nicht vorliegen, ist § 358 Abs. 1 und 4 BGB entsprechend anzuwenden, wenn die Ware oder die Leistung des Unternehmers aus dem widerrufenen Vertrag in einem Verbraucherdarlehensvertrag genau angegeben ist (Absatz 1). Außerdem soll sich der Widerruf eines Verbraucherdarlehensvertrags auch auf Verträge über Zusatzleistungen erstrecken, die der Verbraucher in unmittelbarem Zusammenhang mit dem Verbraucherdarlehensvertrag abgeschlossen hat (Absatz 2).[152]

In beiden Fällen ist der Sachverhalt der Ausgangslage eines verbundenen Geschäfts vergleichbar, ohne dass jedoch zwingend die Voraussetzungen dafür vorliegen müssen.[153] Kein verbundenes Geschäft liegt beispielsweise vor, wenn zwar der Verwendungszweck im Darlehensvertrag konkret bezeichnet ist, sich der Verbraucher aber erst nach der Auszahlung des Darlehens für einen bestimmten Vertragspartner entscheidet, der den finanzierten Gegenstand liefert.[154]

In diesen Fällen ist es nicht sachgerecht, sämtliche Vorschriften über das verbundene Geschäft anzuwenden.[155] Insbesondere birgt der Einwendungsdurchgriff nach § 359 BGB für den Darlehensgeber

---

[147] BGH v. 17.09.1996 - XI ZR 164/95 - NJW 1996, 3414.
[148] OLG Düsseldorf v. 23.04.1996 - 24 W 27/96 - BB 1996, 1905; a.A. LG Hagen v. 23.07.1993 - 1 S 119/93 - MDR 1994, 251; *Grüneberg* in: Palandt, § 359 Rn. 7.
[149] *Grüneberg* in: Palandt, § 359 Rn. 7.
[150] BGH v. 10.07.1980 - III ZR 177/78 - NJW 1980, 2301; *Bülow/Artz*, VerbrKR, § 495 Rn. 342.
[151] *Reinking/Nießen*, ZIP 1991, 634, 636; a.A. *Lieb*, WM 1991, 1533, 1539.
[152] Vgl. die Klarstellung im Gesetz vom 30.07.2010 (BGBl I 2010, Nr. 39, 977) und die Gesetzesbegründung in BT-Drs. 17/1394, S. 14.
[153] BT-Drs. 16/11643, S. 73.
[154] BT-Drs. 16/11643, S. 73; für die Restschuldversicherung, die aus dem Darlehen finanziert wird, vgl. *Schürnbrand*, ZBB 2010, 123, 126 ff.; *Mülbert/Wilhelm*, WM 2009, 2241, 2243.
[155] BT-Drs. 16/11643, S. 73.

ein unberechenbares Risiko, wenn er den Lieferanten gar nicht kennt.[156] Deshalb sollen Fälle, bei denen eine wirtschaftliche Einheit fehlt, aber der zu finanzierende Gegenstand konkret im Vertrag verzeichnet ist, nur hinsichtlich des Widerrufsrechts den verbundenen Geschäften gleichgestellt werden.[157]

69 Nach Absatz 2[158] ist der Verbraucher mit dem Widerruf des Darlehensvertrags auch an Zusatzverträge nicht mehr gebunden, die er im Zusammenhang mit dem Darlehensvertrag abgeschlossen hat. Darlehens- und Zusatzvertrag bilden nur dann ein verbundenes Geschäft, wenn die Zusatzleistung aus dem Darlehen finanziert wird.[159] Haben die Parteien aber eine andere Regelung getroffen, etwa dass der Verbraucher die Zusatzleistung bei Vertragsabschluss voll bezahlt, greifen die Regelungen über ein verbundenes Geschäft nicht ein.[160] Dennoch ist nach Art. 14 Abs. 4 VKred-Rili für diese Fälle eine Auflösung des Zusatzvertrags vorzusehen, wenn der Verbraucher den Darlehensvertrag widerruft.[161]

70 Der Begriff „Zusatzleistung" wird in Art. 247 Abs. 8 EGBGB eingeführt und ist in § 359a Abs. 2 BGB genauso zu verstehen.[162] Verträge, die der Verbraucher in unmittelbarem Zusammenhang mit dem Darlehensvertrag abgeschlossen hat, sind solche, die eine direkte kausale Verknüpfung mit dem Darlehensvertrag aufweisen, etwa ein Versicherungs- oder Kontoführungsvertrag oder auch ein Vertrag über eine Zahlungskarte.[163]

71 Nach § 359a Abs. 3 BGB sind die §§ 358 Abs. 2, 4 und 5 sowie 359 BGB nicht anzuwenden auf Verbraucherdarlehensverträge, die der Finanzierung des Erwerbs von Finanzinstrumenten dienen. Der Begriff „Finanzinstrumente" wurde in § 1 Abs. 11 KWG gesetzlich definiert und ist im BGB entsprechend zu verstehen.[164] Finanzinstrumente unterliegen ständigen Preisschwankungen; dies ist dem Erwerber auch bekannt.[165] Er soll deshalb nicht durch den Widerruf eines Darlehensvertrags, der dem Erwerb solcher Finanzinstrumente dient, das Risiko der Kursschwankungen auf den Verkäufer abwälzen können.[166] Umfasst sind alle Finanzinstrumente.[167] Für Verträge, die dem Erwerb von Finanzinstrumenten dienen, gelten ansonsten die §§ 491 ff. BGB.[168]

4. Rückforderungsdurchgriff

72 Hat der Verbraucher schon einige Kreditraten gezahlt, bevor er merkt, dass er die Leistung gegenüber dem Verkäufer und damit auch gegenüber der Bank verweigern darf (Virus zerstört finanzierte Computersoftware erst zwei Monate nach Inbetriebnahme), so kann der Verbraucher auch die Zurückzahlung der bereits geleisteten Raten von der Bank verlangen. Dies ergibt sich aus § 813 Abs. 1 BGB.[169] Danach kann das zum Zwecke der Erfüllung einer Verbindlichkeit Geleistete (hier die Raten auf das Darlehen) auch dann zurückgefordert werden, wenn dem Anspruch (aus dem Darlehensvertrag) eine Einrede entgegenstand, durch welche die Geltendmachung des Anspruchs **dauernd** ausgeschlossen wurde. Dieser Fall ist von § 812 Abs. 1 Satz 1 BGB nicht erfasst, weil die Verbindlichkeit zwar besteht, also ein Rechtsgrund vorliegt, ihrer Geltendmachung aber eine dauernde Einrede (Ausnahme:

---

[156] BT-Drs. 16/11643, S. 73.
[157] BT-Drs. 16/11643, S. 73; damit wird Art. 15 Abs. 1 VKred-Rili genügt.
[158] Vgl. die Klarstellung im Gesetz vom 30.07.2010 (BGBl I 2010, Nr. 39, 977) und die Gesetzesbegründung in BT-Drs. 17/1394, S. 14.
[159] BT-Drs. 16/11643, S. 73.
[160] BT-Drs. 16/11643, S. 73.
[161] BT-Drs. 16/11643, S. 73.
[162] BT-Drs. 16/11643, S. 73.
[163] BT-Drs. 16/11643, S. 73.
[164] BT-Drs. 16/11643, S. 72.
[165] BT-Drs. 16/11643, S. 72.
[166] BT-Drs. 16/11643, S. 72.
[167] BT-Drs. 16/11643, S. 73.
[168] BT-Drs. 16/11643, S. 73.
[169] BGH v. 04.12.2007 - XI ZR 227/06 - BGHZ 174, 334 = WM 2008, 244 (in Abgrenzung zu BGH v. 21.07.2003 - II ZR 387/02 - BGHZ 156, 46, 54).

Verjährung) entgegensteht, womit die Schuld praktisch zu einer **Nichtschuld** wird. Genau dies ist der Fall, wenn der Verbraucher vom finanzierten Vertrag wegen eines Mangels zurückgetreten ist. Dann stand dem Rückzahlungsanspruch des Kreditgebers von Anfang an eine Einrede entgegen, durch die die Geltendmachung des Anspruchs (aus dem Darlehensvertrag) auf Dauer ausgeschlossen wurde. Die Tatsache, dass diese von Anfang an bestehende Einrede erst nachträglich erkannt worden ist, spielt nach dem Wortlaut des § 813 BGB und dem Sinn und Zweck dieser Norm keine Rolle.[170] Zum gleichen Ergebnis kommen diejenigen, die annehmen, dass mit der Wandelung des Kaufvertrages zugleich die Geschäftsgrundlage des mit ihm verbundenen Kreditvertrages entfällt.[171]

---

[170] OLG Dresden v. 03.11.1999 - 8 U 1305/99 - NZM 2000, 207; *Vollkommer* in: FS Merz 1992, 595; *Staudinger*, NZM 2000, 689; *v. Westphalen/Emmerich/Kessler*, VerbrKrG, § 9 Rn. 101; *Schwab* in: MünchKomm-BGB, § 813 Rn. 2; *Bülow/Artz*, VerbrKR, Rn. 337; a.A. *Reinicke/Tiedtke*, ZIP 1992, 217, 225; *Grüneberg* in: Palandt, § 359 Rn. 7.
[171] *Bruchner/Ott/Wagner-Wieduwilt*, VerbrKrG, 2. Aufl., § 9 Rn. 108.

§ 496 BGB Einwendungsverzicht, Wechsel- und Scheckverbot

(Fassung vom 29.07.2009, gültig ab 11.06.2010)

(1) Eine Vereinbarung, durch die der Darlehensnehmer auf das Recht verzichtet, Einwendungen, die ihm gegenüber dem Darlehensgeber zustehen, gemäß § 404 einem Abtretungsgläubiger entgegenzusetzen oder eine ihm gegen den Darlehensgeber zustehende Forderung gemäß § 406 auch dem Abtretungsgläubiger gegenüber aufzurechnen, ist unwirksam.

(2) ¹Wird eine Forderung des Darlehensgebers aus einem Darlehensvertrag an einen Dritten abgetreten oder findet in der Person des Darlehensgebers ein Wechsel statt, ist der Darlehensnehmer unverzüglich darüber sowie über die Kontaktdaten des neuen Gläubigers nach Artikel 246 § 1 Abs. 1 Nr. 1 bis 3 des Einführungsgesetzes zum Bürgerlichen Gesetzbuche zu unterrichten. ²Die Unterrichtung ist bei Abtretungen entbehrlich, wenn der bisherige Darlehensgeber mit dem neuen Gläubiger vereinbart hat, dass im Verhältnis zum Darlehensnehmer weiterhin allein der bisherige Darlehensgeber auftritt. ³Fallen die Voraussetzungen des Satzes 2 fort, ist die Unterrichtung unverzüglich nachzuholen.

(3) ¹Der Darlehensnehmer darf nicht verpflichtet werden, für die Ansprüche des Darlehensgebers aus dem Verbraucherdarlehensvertrag eine Wechselverbindlichkeit einzugehen. ²Der Darlehensgeber darf vom Darlehensnehmer zur Sicherung seiner Ansprüche aus dem Verbraucherdarlehensvertrag einen Scheck nicht entgegennehmen. ³Der Darlehensnehmer kann vom Darlehensgeber jederzeit die Herausgabe eines Wechsels oder Schecks, der entgegen Satz 1 oder 2 begeben worden ist, verlangen. ⁴Der Darlehensgeber haftet für jeden Schaden, der dem Darlehensnehmer aus einer solchen Wechsel- oder Scheckbegebung entsteht.

Gliederung

A. Grundlagen 1	II. Information über den neuen Gläubiger
B. Anwendungsvoraussetzungen 2	(Absatz 2) 3
I. Unwirksamer Aufrechnungsverzicht (Absatz 1) . 2	III. Verbot der Wechselverbindlichkeit (Absatz 3) .. 7

A. Grundlagen

1 Mit Wirkung 11.06.2010 ist die Norm, die zuvor durch das Risikobegrenzungsgesetz vom 12.08.2008[1] eingeführt wurde, leicht modifiziert worden. Der **Zweck** besteht darin, den Darlehensnehmer im Fall der Forderungsabtretung davor zu schützen, dass er seine Einwendungen womöglich dem neuen Abtretungsgläubiger nicht entgegensetzen kann. Außerdem soll der Darlehensnehmer über den neuen Gläubiger informiert werden (Absatz 2). Schließlich soll der Darlehensnehmer seine Einwendungen auch im Urkundenprozess (trotz § 598 ZPO) nicht verlieren (Absatz 3). Die Norm ist auf alle Verbraucherdarlehensverträge einschließlich der Immobiliardarlehen (§ 503 BGB) und auf Finanzierungshilfen (§ 506 Abs. 1 BGB) anwendbar.

B. Anwendungsvoraussetzungen

I. Unwirksamer Aufrechnungsverzicht (Absatz 1)

2 § 496 BGB erklärt Vereinbarungen, durch die der Verbraucher auf Einwendungen und Aufrechnungsmöglichkeiten für den Fall der Abtretung verzichtet, für unwirksam. Auch bei einem Gläubigerwechsel

---
[1] BGBl I 2008, 1666.

verliert der Verbraucher somit die ihm zustehenden Rechte nicht und kann sie dem neuen Gläubiger entgegenhalten.[2]

II. Information über den neuen Gläubiger (Absatz 2)

Durch das Risikobegrenzungsgesetz vom 12.08.2008[3] wurde Absatz 2 mit Wirkung vom 19.08.2008 eingefügt. Die Norm begründet die Verpflichtung, bei offenen Abtretungen oder Übertragungen des Vertragsverhältnisses (z.B. nach dem Umwandlungsgesetz) den Darlehensnehmer über den neuen Gläubiger oder Vertragspartner zu informieren.[4] Dies gibt dem Darlehensnehmer die Gelegenheit, die Geschäftsziele des neuen Gläubigers kennen zu lernen und sich beizeiten zu entscheiden, ob er insbesondere eine längerfristige Vertragsbeziehung mit dem neuen Gläubiger oder Vertragspartner fortsetzen möchte.[5]

Es handelt sich um eine vertragliche Verpflichtung, die den Darlehensgeber trifft.[6] Zur Unterrichtung ist deshalb bei Abtretungen in der Regel der Zedent verpflichtet, weil es sich um eine vertragliche Verpflichtung handelt und der Zedent Vertragspartner des Darlehensnehmers bleibt.[7] Im Falle einer Vertragsübernahme ist dagegen der Übernehmende als neuer Vertragspartner zur Information verpflichtet.[8] Möglich ist es auch, dass Zessionar und Zedent oder die Übernahmepartner die Information des Darlehensnehmers auch in den jeweiligen Verträgen, die zur Abtretung oder zum Vertragspartnerwechsel führen, vereinbaren.[9]

Die Unterrichtung ist bei Abtretungen **entbehrlich**, wenn der bisherige Darlehensgeber mit dem neuen Gläubiger vereinbart hat, dass im Verhältnis zum Darlehensnehmer weiterhin **allein der bisherige Darlehensgeber** auftritt (**stille Zession**). Dieser Weg ist auch aufsichtsrechtlich gebilligt, wie das Rundschreiben 4/97 vom 19.03.1997 vom Bundesaufsichtsamt für das Kreditwesen (heute BaFin) belegt. Vor allem wird bei stillen Zessionen die Weitergabe personenbezogener Daten vermieden, weil die Altbank weiterhin die Einziehung der Forderungen betreibt. Wirtschaftlich zieht sie die Forderung im Innenverhältnis zugunsten des neuen Gläubigers ein und übermittelt, soweit dies mit Blick auf das Innenverhältnis notwendig ist, personenbezogene Daten ausschließlich an einen **Datentreuhänder**. Dieser aufsichtsrechtlich vorgezeichnete Weg wird durch § 496 Abs. 2 BGB verwirklicht. Die Neuregelung belegt, dass auch der Gesetzgeber der Auffassung ist, dass bei der Abtretung von Darlehensforderungen personenbezogene Daten weitergegeben werden müssen, es sei denn, im Verhältnis zum Darlehensnehmer tritt allein der bisherige Darlehensgeber auf. Damit ist die Argumentation des BGH in einem Urteil vom 12.02.2007, wonach die Abtretung einer Darlehensforderung angeblich weder das Bankgeheimnis noch das Bundesdatenschutzgesetz berührt, zu dieser Frage im Kern erschüttert.[10]

Die Daten, die dem Darlehensnehmer mitzuteilen sind, ergeben sich aus Art. 246 § 1 Abs. 1 Nr. 1-3 EGBGB – für Verträge, die vor dem 11.06.2010 abgeschlossen wurden, gilt § 1 Nr. 1-3 BGB-InfoV.

III. Verbot der Wechselverbindlichkeit (Absatz 3)

Die Wechsel- und Scheckverbote in § 496 Abs. 3 BGB stellen eine konsequente Weiterführung des Grundgedankens aus § 496 Abs. 1 BGB dar, der dem Schuldner Einwendungen aus dem Darlehensvertrag erhalten will.[11] Abgewendet wird die Gefahr, dass der Verbraucher vom Inhaber des Wechsels oder Schecks im **Urkundenprozess** in Anspruch genommen wird und in diesem Verfahren die Einwendungen aus dem Grundgeschäft nicht erheben kann (§§ 598, 605a ZPO). Zumindest aber kehrt

---

[2] BT-Drs. 11/5462, S. 24.
[3] BGBl I 2008, 1666.
[4] BT-Drs. 16/9821, S. 15/16.
[5] BT-Drs. 16/9821, S. 15/16.
[6] BT-Drs. 16/9821, S. 15/16.
[7] BT-Drs. 16/9821, S. 15/16.
[8] BT-Drs. 16/9821, S. 15/16.
[9] BT-Drs. 16/9821, S. 15/16.
[10] BGH v. 27.02.2007 - XI ZR 195/05 - NJW 2007, 2106 = WM 2007, 643.
[11] BT-Drs. 11/5462, S. 24.

sich die Beweislast mit der Folge um, dass der Verbraucher beweisen muss, dass ein Rechtsgrund für die geltend gemachte Wechsel- oder Scheckforderung nicht vorhanden ist.

8 Diese bewusste Beschränkung auf Wechsel und Schecks hindert nicht an einer persönlichen Unterwerfung unter die Zwangsvollstreckung im Rahmen eines Verbraucherdarlehens.[12]

9 § 496 Abs. 3 BGB ist nicht analog auf das abstrakte (vollstreckbare) Schuldanerkenntnis und -versprechen anwendbar.[13]

10 Eine wertpapiermäßige Verbriefung würde dem Kreditnehmer die Einwendungen aus dem Kreditvertrag abschneiden. Das gilt jedenfalls gegenüber einem **gutgläubigen späteren Erwerber**, dem der Verbraucher persönliche Einwendungen nicht mehr entgegensetzen dürfte (Art. 17 WG; Art. 22 ScheckG).[14] Ein angemessener Schutz gegen diese Nachteile lässt sich durch das Wechsel- und Scheckverbot des § 496 Abs. 3 BGB erreichen.[15] Selbstverständlich kann der Verbraucher sein Darlehen durch Hingabe eines Schecks zurückzahlen. Dies geschieht nicht sicherungs-, sondern zahlungshalber.[16]

11 Wird gegen § 496 Abs. 3 Sätze 1, 2 BGB verstoßen, so sind das Verpflichtungsgeschäft und die Sicherungsabrede nach § 134 BGB nichtig. Die Wechsel- und Scheckverbindlichkeit ist dagegen wirksam.[17] Deshalb kann der Darlehensnehmer vom Darlehensgeber jederzeit die **Herausgabe** eines Wechsels oder Schecks, der entgegen Satz 1 oder Satz 2 begeben worden ist, verlangen. Ferner haftet der Darlehensgeber für jeden Schaden, der dem Darlehensnehmer aus einer solchen Wechsel- oder Scheckbegebung entsteht. Der Anspruch ist verschuldensunabhängig.[18] Die Wirksamkeit des Darlehensvertrags wird durch einen Verstoß nach § 496 Abs. 3 BGB nicht berührt, für § 139 BGB ist wegen des Schutzzwecks von Absatz 3 kein Raum.[19]

---

[12] BGH v. 23.11.2004 - XI ZR 27/04 - MittBayNot 2005, 300.
[13] BGH v. 15.03.2005 - XI ZR 135/04 - NJW 2005, 1576, 157, zu § 10 Abs. 2 VerbrKrG; BGH v. 16.05.2006 - XI ZR 63/04 - BauR 2006, 1801, zu § 10 Abs. 2 VerbrKrG; *Schürnbrand* in: MünchKomm-BGB, § 504 Rn. 8.
[14] BT-Drs. 11/5462, S. 25.
[15] BT-Drs. 11/5462, S. 25.
[16] *Bülow*, NJW 1991, 129-134, 132; *Weidenkaff* in: Palandt, § 496 Rn. 4.
[17] *Weidenkaff* in: Palandt, § 496 Rn. 4.
[18] *Reiff* in: Dauner-Lieb/Heidel/Lepa/Ring, Das neue Schuldrecht in der anwaltlichen Praxis, 2001, § 496 Rn. 7; *Weidenkaff* in: Palandt, § 496 Rn. 4.
[19] OLG München v. 09.09.2003 - 23 U 1945/03 - ZIP 2004, 991; *Schürnbrand* in: MünchKomm-BGB, § 496 Rn. 20 m.w.N.

§ 497 BGB Verzug des Darlehensnehmers

(Fassung vom 29.07.2009, gültig ab 11.06.2010)

(1) ¹Soweit der Darlehensnehmer mit Zahlungen, die er auf Grund des Verbraucherdarlehensvertrags schuldet, in Verzug kommt, hat er den geschuldeten Betrag nach § 288 Abs. 1 zu verzinsen. ²Im Einzelfall kann der Darlehensgeber einen höheren oder der Darlehensnehmer einen niedrigeren Schaden nachweisen.

(2) ¹Die nach Eintritt des Verzugs anfallenden Zinsen sind auf einem gesonderten Konto zu verbuchen und dürfen nicht in ein Kontokorrent mit dem geschuldeten Betrag oder anderen Forderungen des Darlehensgebers eingestellt werden. ²Hinsichtlich dieser Zinsen gilt § 289 Satz 2 mit der Maßgabe, dass der Darlehensgeber Schadensersatz nur bis zur Höhe des gesetzlichen Zinssatzes (§ 246) verlangen kann.

(3) ¹Zahlungen des Darlehensnehmers, die zur Tilgung der gesamten fälligen Schuld nicht ausreichen, werden abweichend von § 367 Abs. 1 zunächst auf die Kosten der Rechtsverfolgung, dann auf den übrigen geschuldeten Betrag (Absatz 1) und zuletzt auf die Zinsen (Absatz 2) angerechnet. ²Der Darlehensgeber darf Teilzahlungen nicht zurückweisen. ³Die Verjährung der Ansprüche auf Darlehensrückzahlung und Zinsen ist vom Eintritt des Verzugs nach Absatz 1 an bis zu ihrer Feststellung in einer in § 197 Abs. 1 Nr. 3 bis 5 bezeichneten Art gehemmt, jedoch nicht länger als zehn Jahre von ihrer Entstehung an. ⁴Auf die Ansprüche auf Zinsen findet § 197 Abs. 2 keine Anwendung. ⁵Die Sätze 1 bis 4 finden keine Anwendung, soweit Zahlungen auf Vollstreckungstitel geleistet werden, deren Hauptforderung auf Zinsen lautet.

(4) (weggefallen)

Gliederung

A. Grundlagen... 1	III. Verbuchung der Zinsen (Absatz 2)............. 6
B. Anwendungsvoraussetzungen 3	IV. Tilgungsreihenfolge (Absatz 3) 7
I. Pauschalierung des Verzugsschadens (Absatz 1). 3	V. Verjährung 10
II. Konkreter Schaden 4	

A. Grundlagen

§ 497 BGB ist eine Reaktion auf das Problem des **modernen Schuldturms** und soll dessen Ursachen beseitigen, soweit sie im materiellen Recht liegen.[1] Es soll vermieden werden, dass Haushalte in eine **lebenslange Schuldenspirale** geraten, weil sie nicht in der Lage sind, mehr als die jeweiligen Zinsen aufzubringen. Deshalb sind Zahlungen zunächst auf die Kosten der Rechtsverfolgung, dann auf die Hauptsache und erst am Schluss auf die Zinsen zu verrechnen (§ 497 Abs. 3 Satz 1 BGB). Der Zinsschaden wird auf 4% begrenzt (§ 497 Abs. 2 BGB i.V.m. den §§ 289, 246 BGB). Auf diese Weise entsteht für die Verbraucher ein Anreiz, weitere Zahlungen zu leisten; außerdem können dauerhaft notleidende Kredite steuerlich wertberichtigt werden und damit das Ausmaß der Zinseinbußen relativieren.[2]

§ 497 BGB ist auf alle Verbraucherdarlehensverträge anwendbar, jedoch nicht auf Verzugsschäden eines Kreditinstituts, die ihre Grundlage nicht in einem Darlehensvertrag haben.[3] Umgekehrt sollen auch nichtige Darlehensverträge erfasst sein, weil der Schuldner sonst schlechter gestellt wäre als bei einem wirksamen Kreditvertrag.[4] Die spezielle Verjährungshemmung nach § 497 Abs. 3 Satz 3 BGB

---

[1] *Reiff* in: Dauner-Lieb/Heidel/Lepa/Ring, Das neue Schuldrecht in der anwaltlichen Praxis, 2001, § 497 Rn. 1.
[2] BT-Drs. 11/5462, S. 26 f.
[3] OLG Dresden v. 27.08.1998 - 7 U 1648/98 - BB 1998, 2229.
[4] OLG Dresden v. 27.08.1998 - 7 U 1648/98 - BB 1998, 2229, 2230.

§ 497

ist analog auf den **Schuldbeitritt** zu einem Darlehensvertrag anwendbar.[5] Für Immobiliardarlehensverträge gelten Sonderregeln in § 503 BGB. § 497 BGB gehört zu den Vorschriften, von denen nicht zum Nachteil des Darlehensnehmers abgewichen werden kann (§ 511 BGB); das gilt auch für Umgehungen durch anderweitige Gestaltungen.

B. Anwendungsvoraussetzungen

I. Pauschalierung des Verzugsschadens (Absatz 1)

3 Soweit der Darlehensnehmer mit Zahlungen, die er aufgrund des Verbraucherdarlehensvertrages schuldet, in Verzug kommt, hat er den geschuldeten Betrag gemäß § 288 Abs. 1 BGB zu verzinsen, es sei denn, es handelt sich um ein grundpfandrechtlich gesichertes Darlehen (§ 503 Abs. 2 BGB). Voraussetzung ist also, dass der Darlehensnehmer mit Zahlungen in Verzug kommt (§ 286 BGB). Zur Herbeiführung des Schuldnerverzugs bedarf es einer **Mahnung**, die zwar grundsätzlich erst nach Fälligkeit wirksam erfolgen kann, jedoch ausnahmsweise mit der die Fälligkeit begründenden Handlung des Gläubigers verbunden werden darf.[6] Soweit dies der Fall ist, hat der Darlehensnehmer den geschuldeten Betrag gemäß § 288 Abs. 1 BGB zu verzinsen. Danach beträgt der Verzugszinssatz für das Jahr **5 Prozentpunkte** über dem Basiszinssatz (für Immobiliardarlehen nur 2,5%: § 503 Abs. 2 BGB). Der Basiszinssatz ergibt sich aus § 247 BGB und kann sich zum 01.01. und 01.07. eines jeden Jahres verändern. Der **geschuldete Betrag**, auf den § 497 Abs. 1 BGB Bezug nimmt, umfasst auch die **Zinseszinsen** und stellt klar, dass auch diese von der Pauschalierung umfasst sind.[7]

II. Konkreter Schaden

4 Im Einzelfall kann der Darlehensgeber einen höheren oder der Darlehensnehmer einen niedrigeren Schaden nachweisen (§ 497 Abs. 1 Satz 3 BGB). Verlangt der Darlehensgeber einen höheren Schaden, so muss er **nachweisen**, dass im Einzelfall die Refinanzierungskosten gegenüber dem Durchschnitt erheblich abweichen und/oder der Bearbeitungs- und Verwaltungsaufwand ausnahmsweise einmal erheblich höher ist. Ein langjähriger Vergleich der Zinsen für Dreimonatsgelder mit dem Diskontsatz der Bundesbank aus den Jahren 1971 bis Mai 1986 ließ erkennen, dass die Refinanzierungskosten durchschnittlich 2% über dem Diskontsatz lagen und nur kurzfristig in Hochzinsphasen wesentlich abwichen.[8] Für den Bearbeitungs- und Verwaltungsaufwand hielt der Gesetzgeber einen Zinsaufschlag von 2% pro Jahr für angemessen.[9]

5 Die Verzugsschadenspauschale von 5% ist somit großzügig bemessen. In Niedrigzinsphasen erscheint es nicht abwegig, dass der Darlehensnehmer im Einzelfall einen niedrigeren Schaden nachweisen kann.[10] Für die Anforderungen an den Beweis durch den Darlehensnehmer ist auf die allgemeinen Anforderungen der ZPO zurückzugreifen. Danach muss der Darlehensgeber den vom Darlehensnehmer vorgetragenen niedrigeren Zinsschaden **substantiiert bestreiten**, weil der Beweis dem Behauptenden (Darlehensnehmer) nicht möglich und nicht zumutbar ist, während der Bestreitende (Darlehensgeber) alle wesentlichen Tatsachen kennt und es ihm zumutbar ist, nähere Angaben zu machen.[11] Diese Substantiierungslast trifft die nicht beweisbelastete Partei (hier Darlehensgeber) aber nur ausnahmsweise, und zwar dann, wenn der darlegungspflichtige Gegner (Darlehensnehmer) außerhalb des von ihm darzulegenden Geschehensablaufs steht und die maßgebenden Tatsachen (wie hier) nicht näher

---

[5] OLG Celle v. 21.03.2007 - 3 U 224/06 - WM 2007, 1319.
[6] BGH v. 13.07.2010 - XI ZR 27/10 - juris Rn. 14 - NJW 2010, 2940 m.w.N.
[7] BT-Drs. 14/6040, S. 256; *Reiff* in: Dauner-Lieb/Heidel/Lepa/Ring, Das neue Schuldrecht in der anwaltlichen Praxis, 2001, § 497 Rn. 3.
[8] BT-Drs. 11/5462, S. 26.
[9] BT-Drs. 11/5462, S. 26.
[10] *Ungewitter*, JZ 1994, 701.
[11] BGH v. 07.12.1998 - II ZR 266/97 - BGHZ 140, 156-166 m.w.N.

kennt, während sie der anderen Partei bekannt und ihr ergänzende Angaben zuzumuten sind.[12] Es handelt sich insoweit um allgemeine Grundsätze des Beweisrechts, nicht etwa um Beweiserleichterungen zu Gunsten des Darlehensnehmers.[13] Entschließt sich der Darlehensgeber den Verzugszins pauschaliert zu verlangen, so kann daneben nicht auch noch wegen der frühzeitigen Fälligstellung entgangener Gewinn geltend gemacht werden.[14]

III. Verbuchung der Zinsen (Absatz 2)

Die nach Eintritt des Verzugs anfallenden Zinsen sind nach § 497 Abs. 2 BGB auf einem gesonderten Konto zu verbuchen und dürfen nicht in ein Kontokorrent mit dem geschuldeten Betrag oder anderen Forderungen des Darlehensgebers eingestellt werden. Dies gilt nicht für Immobiliendarlehensverträge (§ 503 Abs. 1 BGB). Die getrennte Verbuchung soll Zinseszinseffekte nach § 355 HGB verhindern.[15] Der Zinsbegriff ist weit zu verstehen, gemeint sind alle Verzugsschadensposten, seien sie pauschaliert oder konkret nachgewiesen.[16] Hinsichtlich dieser Zinsen gilt § 289 Satz 2 BGB mit der Maßgabe, dass der Darlehensgeber Schadensersatz nur bis zur Höhe des gesetzlichen Zinssatzes (§ 246 BGB) verlangen kann. Damit wird als **Höchstbetrag** der Zinssatz von 4% festgelegt. Bis zu dieser Höhe kann im Prozess gemäß § 287 ZPO geschätzt werden.[17] In Niedrigzinsphasen, wie etwa in den Jahren 2001/02, kann der Zinsschaden unter 4% liegen.[18]

6

IV. Tilgungsreihenfolge (Absatz 3)

Zahlungen des Darlehensnehmers, die zur Tilgung der gesamten fälligen Schuld nicht ausreichen, werden abweichend von § 367 Abs. 1 BGB „zunächst auf die Kosten der Rechtsverfolgung, dann auf den übrigen geschuldeten Betrag (Absatz 1) und zuletzt auf die Zinsen (Absatz 2) angerechnet". Dabei darf der Darlehensgeber Teilzahlungen nicht zurückweisen. Diese Regelungen gelten gemäß § 503 Abs. 1 BGB wiederum nicht für Immobiliendarlehensverträge.

7

Durch diese veränderte Tilgungsreihenfolge soll, so der Gesetzgeber, „der Schuldner die Chance und den Anreiz erhalten", den vor ihm liegenden Schuldenberg durch primäre Tilgung der Hauptforderung allmählich abzubauen.[19] Dieser entlastende Effekt ergibt sich, weil in § 497 Abs. 2 Satz 2 BGB für die Verzinsung der Zinsforderung ein niedrigerer Satz als der übliche Verzugszins, nämlich der gesetzliche Zinssatz in Höhe von 4% (§ 246 BGB) gewählt wurde. Zwar sieht das geltende Recht in § 289 Satz 1 BGB vor, dass „von Zinsen Verzugszinsen nicht zu entrichten sind" (Zinseszinsverbot/Anatozismus). Dieses Zinseszinsverbot kommt in der Bankpraxis aber nicht zum Tragen, weil auf die Zinsforderung Verzugsschadensersatz nach § 289 Satz 2 BGB gefordert und die Zinsberechnung und -belastung im Wege der Saldierung durchgeführt wird. Um dem entgegenzuwirken, müssen nach § 497 Abs. 2 Satz 1 BGB die nach Eintritt des Verzugs anfallenden Zinsen auf einem gesonderten Konto verbucht werden. Insbesondere dürfen sie nicht in ein Kontokorrent mit dem geschuldeten Betrag oder anderen Forderungen des Kreditgebers eingestellt werden.

8

Ein Teil des Verzugsschadens, nämlich der 4% übersteigende Teil, darf nicht liquidiert werden. Erreicht werden soll, dass bei Zahlungsverzug das rasche Anwachsen der Schulden durch Zinseszinseffekte gebremst wird. Damit hat der Gesetzgeber aus sozialen Gründen eine höhenmäßige Begrenzung des Ersatzes von Zinseszinsen im Wege des Schadensersatzes normiert und den Kreditgebern

9

---

[12] BGH v. 03.02.1999 - VIII ZR 14/98 - LM ZPO § 138 Nr. 44 (7/1999); BGH v. 17.10.1996 - IX ZR 293/95 - LM BGB § 362 Nr. 24 (2/1997); BGH v. 05.10.1995 - III ZR 10/95 - LM BGB § 652 Nr. 137 (2/1996); BGH v. 11.06.1990 - II ZR 159/89 - LM Nr. 28 zu § 138 ZPO; BGH v. 18.10.2001 - IX ZR 493/00 - LM KO § 17 Nr. 36 (4/2002).
[13] *Ungewitter*, JZ 1994, 701-709, 707; *Weidenkaff* in: Palandt, § 497 Rn. 5.
[14] OLG Zweibrücken v. 24.07.2000 - 7 U 47/00 - WM 2001, 24.
[15] BT-Drs. 11/5462, S. 27.
[16] *Reiff* in: Dauner-Lieb/Heidel/Lepa/Ring, Das neue Schuldrecht in der anwaltlichen Praxis, 2001, § 497 Rn. 7.
[17] *Weidenkaff* in: Palandt, § 497 Rn. 8.
[18] Zu den allgemeinen Grundsätzen vgl. BGH v. 09.02.1993 - XI ZR 88/92 - LM BGB § 289 Nr. 10 (6/1993).
[19] BT-Drs. 11/5462, S. 27.

zugleich einen Beitrag zur Lösung der Schuldturmproblematik auferlegt.[20] Dieser Konzeption ist der BGH mit einer Entscheidung vom 09.02.1993[21] ausdrücklich gefolgt.

V. Verjährung

10 Die regelmäßige Verjährungsfrist beträgt drei Jahre (§ 195 BGB).[22] Sie beginnt, wenn der Anspruch entstanden ist und der Gläubiger im Sinne des § 199 Abs. 1 BGB Kenntnis hat. Diese Fristen sind im Falle des Tilgungsverzuges zu kurz und würden den Darlehensgeber zur Erhebung der Leistungsklage (§ 204 Abs. 1 Nr. 1 BGB) zwingen. Um dies zu verhindern, wird die Verjährung der Ansprüche auf Darlehensrückerstattung und Zinsen vom Eintritt des Verzuges an bis zu ihrer Feststellung im Sinne von § 197 Abs. 1 Nr. 3-5 BGB **gehemmt** (§ 497 Abs. 3 Satz 3 BGB).[23] Diese Regelung gilt mangels Bezugnahme in § 503 Abs. 1 BGB auch für Immobiliendarlehensverträge.

11 Die Verjährungshemmung nach § 497 Abs. 3 Satz 3 BGB erfasst sowohl die in den Darlehensraten enthaltenen Tilgungsanteile, Vertragszinsen und Bearbeitungsgebühren als auch die Verzugszinsen; erfasst sind also auch die rückständigen Darlehensraten in vollem Umfang.[24] Die Verjährung ist gehemmt, sobald der Verzug eingetreten ist (§ 286 BGB), so dass der Zeitraum danach nicht in die Verjährungsfrist eingerechnet wird (§ 209 BGB). Die Hemmung dauert bis zur rechtskräftigen Feststellung des Anspruchs (§ 197 Abs. 1 Nr. 3 BGB) oder bis zur Beurkundung nach § 794 Abs. 1 Nr. 1, Nr. 5 ZPO. Von da an beginnt die 30-jährige Verjährungsfrist des § 197 Abs. 1 Nr. 3 BGB. Die Verjährungsfrist beginnt mit dem Schluss des Jahres, in dem der Anspruch entstanden und dem Darlehensgeber zur Kenntnis gelangt ist (§ 199 Abs. 1 BGB). Die Hemmung dauert längstens 10 Jahre von ihrer Entstehung an. Auf irgendeine Art von Kenntnis kommt es nicht an.

12 Soweit Zinsen aus Vollstreckungstiteln im Sinne des § 197 Abs. 1 Nr. 3-5 BGB geschuldet werden, verjähren diese Ansprüche normalerweise nach § 197 Abs. 2 BGB in **drei Jahren**. Diese Regelung gilt für Zinsansprüche im Sinne des § 497 BGB nicht (§ 497 Abs. 3 Satz 4 BGB). Es gilt daher die 30-jährige Verjährungsfrist des § 197 Abs. 1 Nr. 3-5 BGB.

13 Zahlt der Darlehensnehmer auf Vollstreckungstitel des Darlehensgebers, deren Hauptforderung auf Zinsen lautet, so finden nach § 497 Abs. 3 Satz 5 BGB die davor stehenden Sätze 1-4 keine Anwendung. Dies hat zur Folge, dass es bei einer Leistung auf isolierte Zinstitel bei der Tilgungsreihenfolge des § 367 BGB und bei der regelmäßigen Verjährung nach § 195 i.V.m. § 197 Abs. 2 BGB (3 Jahre) bleibt.[25] Streitig ist die entsprechende Anwendung auf gemischte, aus Hauptforderung und Zinsen bestehende Titel.[26] Jedenfalls in den Fällen, in denen die gesamte noch offene Hauptforderung tituliert worden ist, steht § 497 Abs. 3 Satz 5 BGB einer Titulierung der Zinsforderung nicht entgegen.[27] *Bülow* tritt für ein Verbot isolierter Zinstitel ein, solange die Hauptsache noch offen ist.[28]

---

[20] BT-Drs. 11/5462, S. 26.
[21] BGH v. 09.02.1993 - XI ZR 88/92 - LM BGB § 289 Nr. 10 (6/1993); dazu *Habersack*, EWiR 1993, 349-350.
[22] Grundsätzlich gilt die regelmäßige Verjährungsfrist gem. § 197 Abs. 2 BGB auch für (titulierte) Zinsansprüche.
[23] Zur Anwendbarkeit des § 497 Abs. 3 Satz 3 BGB auf den Schuldbeitritt zu einem Darlehensvertrag OLG Celle v. 21.03.2007 - 3 U 224/06 - juris Rn. 41 - WM 2007, 1319-1324; dazu Anmerkung von *Baterau*, WuB I F 1 d Schuldmitübernahme 1.07.
[24] BGH v. 05.04.2011 - XI ZR 201/09 - juris Rn. 21/22 - WM 2011, 973.
[25] Kritisch zur Regelung und deren Auslegungsproblemen *Schürnbrand* in: MünchKomm-BGB, § 497 Rn. 36; *Reiff* in: Dauner-Lieb/Heidel/Lepa/Ring, Das neue Schuldrecht in der anwaltlichen Praxis, 2001, § 497 Rn. 11.
[26] *Weidenkaff* in: Palandt, § 497 Rn. 10; für eine teleologische Reduktion des § 497 Abs. 3 Satz 5 BGB *Schürnbrand* in: MünchKomm-BGB, § 497 Rn. 39 m.w.N.
[27] BGH v. 13.03.2007 - XI ZR 263/06 - WuB IV A § 497 BGB 1.07; OLG Köln v. 28.06.2006 - 13 U 30/06 - juris Rn. 24 - WM 2007, 1326-1328.
[28] *Bülow*, WM 1992, 1009-1014.

§ 498 BGB Gesamtfälligstellung bei Teilzahlungsdarlehen

(Fassung vom 29.07.2009, gültig ab 11.06.2010)

¹Wegen Zahlungsverzugs des Darlehensnehmers kann der Darlehensgeber den Verbraucherdarlehensvertrag bei einem Darlehen, das in Teilzahlungen zu tilgen ist, nur kündigen, wenn

1. der Darlehensnehmer mit mindestens zwei aufeinander folgenden Teilzahlungen ganz oder teilweise und mit mindestens 10 Prozent, bei einer Laufzeit des Verbraucherdarlehensvertrags von mehr als drei Jahren mit mindestens 5 Prozent des Nennbetrags des Darlehens in Verzug ist und
2. der Darlehensgeber dem Darlehensnehmer erfolglos eine zweiwöchige Frist zur Zahlung des rückständigen Betrags mit der Erklärung gesetzt hat, dass er bei Nichtzahlung innerhalb der Frist die gesamte Restschuld verlange.

²Der Darlehensgeber soll dem Darlehensnehmer spätestens mit der Fristsetzung ein Gespräch über die Möglichkeiten einer einverständlichen Regelung anbieten.

Gliederung

A. Grundlagen	1	II. Kündigung	3
B. Anwendungsvoraussetzungen	2	III. Kündigungsvoraussetzungen	4
I. Anwendungsbereich	2		

A. Grundlagen

Nach § 498 BGB darf der Darlehensgeber einen Verbraucherdarlehensvertrag vorzeitig kündigen, wenn der Kunde in **Zahlungsverzug** gerät **und** eine **Nachfrist mit Androhung der Gesamtfälligstellung** erfolglos geblieben ist. Es handelt sich um einen gesetzlich geregelten Fall der Kündigung aus **wichtigem Grund**. Die außerordentlichen Kündigungsrechte aus § 490 Abs. 1 BGB und § 314 BGB bleiben zwar unberührt, dürfen aber nicht zum Nachteil des Darlehensnehmers (§ 511 BGB) ausgeübt werden. Der Verbraucherschutz des Darlehensnehmers wird durch eine Kündigungsbeschränkung, durch Förderung einer einvernehmlichen Regelung sowie durch eine Begrenzung des Schadensersatzes verwirklicht. Die Norm ist auf alle Verbraucherdarlehensverträge einschließlich Immobiliardarlehensverträge (§ 503 Abs. 1 BGB) anwendbar. Sie gilt auch für den **Schuldbeitritt**.[1]

B. Anwendungsvoraussetzungen

I. Anwendungsbereich

Erfasst sind alle Verbraucherdarlehensverträge, die in mindestens drei Teilzahlungen (§ 498 Abs. 1 BGB) zu erfüllen sind.[2] Umfasst ist auch der Schuldbeitritt.[3] Für **Immobiliardarlehensverträge** gilt § 503 Abs. 3 BGB. Die Norm ist auf den Zahlungsaufschub und sonstige Finanzierungshilfen nach § 506 BGB entsprechend anzuwenden.[4] Das gilt auch für Finanzierungsleasingverträge; insoweit hat sich gegenüber der früheren Rechtslage inhaltlich nichts geändert.[5] Wird der Darlehensvertrag mit

---

[1] OLG Karlsruhe v. 25.02.1997 - 8 U 32/96 - NJW-RR 1998, 1438.
[2] *Weidenkaff* in: Palandt, § 498 Rn. 1; zur entsprechenden Anwendung bei einer Vereinbarung von nur zwei Raten vgl. *Möller* in: Bamberger/Roth, § 498 Rn. 2.
[3] OLG Karlsruhe v. 25.02.1997 - 8 U 32/96 - NJW-RR 1998, 1438-1440; *Weidenkaff* in: Palandt, § 498 Rn. 1.
[4] BT-Drs. 16/11643, S. 84.
[5] BGH v. 14.02.2001 - VIII ZR 277/99 - BGHZ 147, 7-19; BT-Drs. 16/11643, S. 84.

einer Kapitallebensversicherung verbunden, so treten die zu zahlenden Versicherungsprämien an die Stelle der Teilzahlungen – § 498 BGB ist zumindest entsprechend anwendbar.[6]

II. Kündigung

3 Der Darlehensgeber muss, wenn die Voraussetzungen von § 498 BGB vorliegen, **kündigen**. Damit sind Verfallsklauseln, die den Kredit automatisch fällig stellen würden, unzulässig, auch wenn die übrigen Voraussetzungen von § 497 BGB eingehalten wären.[7]

III. Kündigungsvoraussetzungen

4 Für das **Kündigungsrecht** nach § 498 Abs. 1 BGB müssen **kumulativ drei Voraussetzungen** vorliegen:
- Schuldnerverzug (§ 286 BGB),
- Mindestrückstand (zwei aufeinanderfolgende Raten),
- Ablauf der Nachfrist mit Androhung der Gesamtfälligstellung.

Hinzu kommt das Vergleichsgespräch, das der Kreditgeber dem Verbraucher spätestens mit der Fristsetzung anbieten **soll**. Dieses Gespräch über die Möglichkeiten einer einverständlichen Regelung soll helfen, anstelle der Kündigung des Kredits andere Lösungsmöglichkeiten zu finden. So kann z.B. bei Zahlungsschwierigkeiten des Verbrauchers wegen vorübergehender außergewöhnlicher Belastungen oder Einnahmeausfällen eine Stundungsvereinbarung für beide Seiten die wirtschaftlich vernünftigere Lösung sein. Das Gesprächsangebot des Kreditgebers soll vermeiden helfen, dass eine solche Lösung nicht zustande kommt, weil der Verbraucher z.B. aus „Schwellenangst" nicht selbst den Weg zum Kreditgeber findet. Das Gesprächsangebot stellt jedoch **keine Tatbestandsvoraussetzung** für die Kündigung dar.[8]

5 Liegt eine der drei genannten Voraussetzungen nicht vor, so ist die Kündigung unzulässig. Für den **Schuldnerverzug** sind die allgemeinen Regeln (§ 286 BGB) maßgebend. Verzug ist für jede Teilzahlung gesondert festzustellen. Typischerweise wird der Verzug nach § 286 Abs. 2 Nr. 1 BGB (kalendermäßig bestimmte Leistung) eintreten. In jedem Fall muss der Verbraucher auch **schuldhaft** gehandelt haben (§ 286 Abs. 4 BGB). Liegt die Tilgungsverzögerung im Versehen der überweisenden Bank oder im Verlust eines per Post übersandten Schecks, so fehlt es am Schuldnerverzug, der Kreditgeber hat kein Kündigungsrecht.[9] Geldmangel hat der Verbraucher allerdings immer zu vertreten, und zwar nicht deshalb, weil Geldschulden wie Gattungsschulden (§ 243 BGB) zu behandeln sind,[10] sondern weil eine **Wertverschaffungsverpflichtung** nicht unmöglich werden kann.

6 Das gesetzliche Kündigungsrecht besteht nur, wenn der Verbraucher mit einem **relativ beträchtlichen Teil** seiner Rückzahlungsverpflichtung in Verzug gerät. Dies nämlich lässt auf eine „besondere Kreditgefährdung" schließen.[11] Der Betrag, mit dem der Verbraucher in Verzug gerät, muss **zweierlei** Anforderungen erfüllen. **Zum einen** muss der Verbraucher mit mindestens zwei aufeinanderfolgenden Raten ganz oder teilweise in Verzug sein. In Bagatellfällen kann die Ausübung des Kündigungsrechts durch den Darlehensgeber rechtsmissbräuchlich sein.[12] Eher theoretisch ist die Diskussion, ob der Verbraucher das Kündigungsrecht des Kreditgebers mit Hilfe von § 366 BGB aushebeln kann. Er könnte mit Hilfe dieses Tilgungsbestimmungsrechts seine Zahlung als Leistung auf **jede zweite Rate** bestimmen mit der Folge, dass er niemals mit zwei aufeinanderfolgenden Raten in Verzug ge-

---

[6] OLG Celle v. 29.09.2004 - 3U 130/04 - BKR 2005, 66; *Bülow/Artz*, Verbraucherkreditrecht, § 498 Rn. 15; *Weidenkaff* in: Palandt, § 498 Rn. 1 m.w.N.
[7] *Seibert*, Verbraucherkreditgesetz, § 12 Rn. 2.
[8] BT-Drs. 11/5462, S. 27.
[9] *Bülow/Artz*, Verbraucherkreditrecht, § 498 Rn. 17.
[10] Zu diesen eher verwirrenden Ansätzen in der Lehre vgl. umfassend *Medicus*, AcP 188, 489-510, 489 ff.
[11] BT-Drs. 11/5462, S. 27.
[12] *Bülow/Artz*, Verbraucherkreditrecht, § 498 Rn. 19.

riete. Hierin läge eine gezielte und bei der dritten Wiederholung selbst rechtsmissbräuchliche Umgehung von § 498 BGB.[13]

Zum anderen genügt es noch nicht, dass der Verbraucher mit zwei aufeinanderfolgenden Teilzahlungen ganz oder teilweise in Verzug ist. Bei einer Laufzeit des Vertrages von bis zu **drei** Jahren muss er mit mindestens **10%** des Nennbetrages des Kredites in Verzug sein. Bei länger laufenden Kreditverträgen muss der Rückstand mindestens **5%** des Nennbetrages des Kredits ausmachen.

Die Kündigung soll nicht ausgeschlossen sein, wenn der Verbraucher vor Ausspruch der ihm angedrohten Kündigung den rückständigen Betrag durch eine Teilzahlung unter die Rückstandsquote von 10% oder 5% des Nennbetrages des Kredites zurückführt.[14] Die Androhung nach § 498 Abs. 1 Satz 1 Nr. 2 BGB muss den Hinweis enthalten, dass der Darlehensgeber bei Nichtzahlung die gesamte Restschuld verlangen wird. Die bloße Androhung der Kündigung führt zu ihrer Unwirksamkeit.[15] Bei einem Verbraucherdarlehen, das durch die Leistungen aus der Lebensversicherung getilgt werden soll, unterliegt der Zahlungsverzug nur dann § 498 BGB, wenn Kreditvertrag und Darlehensvertrag verbundene Geschäfte sind.[16]

Der Darlehensvertrag darf nur gekündigt werden, wenn der Darlehensgeber dem Verbraucher erfolglos eine **zweiwöchige Frist** zur Zahlung des rückständigen Betrags mit der Erklärung gesetzt hat, dass er bei Nichtzahlung innerhalb der Frist die gesamte Restschuld verlange. Diese Nachfrist soll, so die Gesetzesbegründung, dem Verbraucher die gefährliche Situation eindeutig vor Augen führen. Innerhalb der zweiwöchigen Nachfrist gewährt der Kreditgeber dem Verbraucher eine letzte Chance zur Rettung des Kredits.[17] Die Nachfrist ist eine **Mindestfrist** (§ 506 Abs. 1 BGB), sie kann auch länger sein. Mit der Fristsetzung muss der **rückständige Betrag** konkret bezeichnet werden. Er setzt sich zusammen aus dem geschuldeten Betrag und den darauf angefallenen Zinsen nach § 497 BGB.

Die Fristsetzung mit Androhung der Gesamtfälligkeit ist eine **formlose empfangsbedürftige** Willenserklärung (§ 130 BGB).[18] Die Fristsetzung entspricht grundsätzlich den Anforderungen, die § 323 Abs. 1 BGB vorgibt. Die Androhung muss darauf bezogen sein, dass die gesamte noch offene und bisher nicht fällige Restschuld verlangt wird, wenn der Darlehensnehmer nicht innerhalb der gesetzten Frist den bestimmt bezeichneten vollen offenen Betrag zahlt. Ist die Erklärung unrichtig, wird z.B. eine zu kurze Frist gesetzt oder ein zu hoher Betrag gefordert, so ist die Fristsetzung und damit die Kündigung unwirksam.[19] Eine **Fristsetzung** mit Kündigungsandrohung ist **entbehrlich**, wenn der Darlehensnehmer die Leistung ernsthaft und endgültig verweigert.[20] In der Zahlungsaufforderung, die der Kündigung vorauszugehen hat, muss der fällige Restschuldbetrag nicht beziffert werden.[21]

---

[13] *Seibert*, Verbraucherkreditgesetz, 1991, § 12 Rn. 3; *Münstermann/Hannes*, Verbraucherkreditgesetz, § 12 Rn. 650; differenzierend: *Schürnbrand* in: MünchKomm-BGB, § 498 Rn. 12; *Bülow/Artz*, Verbraucherkreditrecht, § 498 Rn. 20.

[14] BGH v. 26.01.2005 - VIII ZR 90/04 - NJW-RR 2005, 1410-1412; a.A. *Graf v. Westphalen*, BGHReport 2005, 615; *Bülow*, WuB I E 2 § 498 BGB 1.05.

[15] OLG Celle v. 26.10.2004 - 3 W 96/04 - WM 2005, 1750.

[16] OLG Celle v. 29.09.2004 - 3 U 130/04 - MDR 2005, 438-439; dazu *Reinking*, EWiR 2005, 447-448; *Belot*, WuB I E 2 § 498 BGB 2.05.

[17] BT-Drs. 11/5462, S. 27.

[18] *Bülow*, Verbraucherkreditrecht, § 498 Rn. 26.

[19] *Weidenkaff* in: Palandt, § 498 Rn. 3; *Reiff* in: Dauner-Lieb/Heidel/Lepa/Ring, Das neue Schuldrecht in der anwaltlichen Praxis, 2001, § 498 Rn. 6 m.w.N.; *Schürnbrand* in: MünchKomm-BGB, § 498 Rn. 16.

[20] BGH v. 05.12.2006 - XI ZR 341/05 - NJW-RR 2007, 1202; BGH v. 05.12.2006 - XI ZR 341/05 - juris Rn. 23 - NJW 2007, 1202 (zu § 12 Abs. 1 Nr. 2 VerbrKrG); OLG Schleswig v. 24.05.2011 - 5 U 34/11 - MDR 2011, 1124; a.A. *Schürnbrand* in: MünchKomm-BGB, § 498 Rn. 17; *Wolters*, EWiR 2007, 735-736; OLG Celle v. 09.11.2006 - 3 W 126/06 - juris Rn. 14 - OLGR Celle 2006, 905 (wonach § 323 Abs. 2 BGB unanwendbar sein soll).

[21] OLG Nürnberg v. 27.04.2009 - 14 U 1037/08 - WM 2009, 1744; dazu *Müller-Christmann*, jurisPR-BKR 11/2010, Anm. 5.

11 Zahlt der Darlehensnehmer rechtzeitig, so läuft der Darlehensvertrag unverändert weiter. Bereits entstandene Zins- oder Schadensersatzansprüche bleiben unberührt.[22] Wird dagegen die Frist versäumt, so darf der Darlehensgeber nunmehr kündigen.[23] Die Kündigung ist innerhalb angemessener Zeit auszusprechen, weil andernfalls der Eindruck widersprüchlichen Verhaltens (venire contra factum proprium) entstünde.[24] Eine verspätete Zahlung beseitigt das einmal eingetretene Kündigungsrecht nicht, es sei denn, der Darlehensgeber lässt erkennen, dass er den Darlehensvertrag aufrechterhalten will. Das Gesprächsangebot (Satz 2) ist eine Sollvorschrift – die Fristsetzung oder die Kündigung werden in ihrer Wirksamkeit auch dann nicht berührt, wenn der Darlehensgeber kein Gesprächsangebot unterbreitet.[25] Bei **mehreren** Darlehensnehmern kommt es darauf an, ob zumindest einer von ihnen Verbraucher ist – in diesem Falle ist § 498 BGB einheitlich für alle anzuwenden.[26]

---

[22] *Weidenkaff* in: Palandt, § 498 Rn. 4.
[23] BGH v. 24.04.1996 - VIII ZR 150/95 - LM VerbrKrG § 1 Nr. 4 (10/1996); LG Bonn v. 14.04.1997 - 13 O 54/97 - NJW-RR 1998, 779-780 m.w.N.
[24] *Weidenkaff* in: Palandt, § 498 Rn. 4.
[25] BGH v. 14.02.2001 - VIII ZR 277/99 - NJW 2001, 1349.
[26] BGH v. 28.06.2000 - VIII ZR 240/99 - NJW 2000, 3133 – es ging um einen Leasingvertrag.

§ 499 BGB Kündigungsrecht des Darlehensgebers; Leistungsverweigerung

(Fassung vom 29.07.2009, gültig ab 11.06.2010)

(1) In einem Verbraucherdarlehensvertrag ist eine Vereinbarung über ein Kündigungsrecht des Darlehensgebers unwirksam, wenn eine bestimmte Vertragslaufzeit vereinbart wurde oder die Kündigungsfrist zwei Monate unterschreitet.

(2) ¹Der Darlehensgeber ist bei entsprechender Vereinbarung berechtigt, die Auszahlung eines Darlehens, bei dem eine Zeit für die Rückzahlung nicht bestimmt ist, aus einem sachlichen Grund zu verweigern. ²Beabsichtigt der Darlehensgeber dieses Recht auszuüben, hat er dies dem Darlehensnehmer unverzüglich mitzuteilen und ihn über die Gründe möglichst vor, spätestens jedoch unverzüglich nach der Rechtsausübung zu unterrichten. ³Die Unterrichtung über die Gründe unterbleibt, soweit hierdurch die öffentliche Sicherheit oder Ordnung gefährdet würde.

Gliederung

A. Grundlagen.. 1	I. Kündigungsfristen (Absatz 1).................. 2
B. Anwendungsvoraussetzungen 2	II. Verweigerung der Auszahlung (Absatz 2) 3

A. Grundlagen

Die Norm setzt Art. 13 Abs. 1 VKred-Rili (2008) um. Sie gilt nicht für Immobiliardarlehensverträge (§ 503 Abs. 1 BGB) und für geduldete Überziehungen (§ 505 Abs. 4 BGB). Der Wortlaut ist irreführend. Gemeint ist, dass bei Darlehensverträgen mit bestimmten Vertragslaufzeiten das ordentliche Kündigungsrecht des Darlehensgebers ausgeschlossen ist. **1**

B. Anwendungsvoraussetzungen

I. Kündigungsfristen (Absatz 1)

In einem Verbraucherdarlehensvertrag ist eine Vereinbarung über ein Kündigungsrecht des Darlehensgebers unwirksam, wenn eine bestimmte Vertragslaufzeit vereinbart wurde oder die Kündigungsfrist zwei Monate unterschreitet (Absatz 1).[1] Bei Darlehensverträgen mit unbestimmter Laufzeit darf die Kündigungsfrist zwei Monate nicht unterschreiten. Das heißt, die ordentliche Kündigung des Darlehens nach § 488 Abs. 3 BGB in einer Frist von drei Monaten kann durch den Darlehensvertrag auf zwei Monate verkürzt werden. Eine weitergehende Verkürzung ist unwirksam.[2] Die Kündigung bedarf der Textform (§ 492 Abs. 5 BGB). **2**

II. Verweigerung der Auszahlung (Absatz 2)

Absatz 2 ermöglicht es dem Darlehensgeber, die Auszahlung des Darlehens ganz oder teilweise zu verweigern, ohne dass dies die Kündigungsmöglichkeiten beeinflusst. Voraussetzung ist, dass das Leistungsverweigerungsrecht in einem Verbraucherdarlehensvertrag ohne fest vereinbarte Laufzeit vertraglich vereinbart, also auch Vertragsinhalt nach § 492 BGB geworden ist.[3] Die Vereinbarung muss sicherstellen, dass die Ausübung des Leistungsverweigerungsrechts nur aus sachlich gerechtfertigtem Grund erfolgen kann. Damit ist zugleich klargestellt, dass die Vereinbarung von Leistungsverweigerungsrechten des Darlehensgebers, die nicht auf einem sachlichen Grund beruhen, unzulässig ist.[4] **3**

---

[1] Umsetzung von Art. 13 Abs. 1 VKred-Rili.
[2] *Weidenkaff* in: Palandt, § 499 Rn. 2.
[3] BT-Drs. 16/11643, S. 85.
[4] BT-Drs. 16/11643, S. 85.

4   Gesetzliche Leistungsverweigerungsrechte werden von der Vorschrift nicht berührt; ihre Ausübung ist unabhängig von den Voraussetzungen des Absatzes 2 zulässig.[5] Ein vertraglich vereinbarter sachlicher Grund kann insbesondere in der Verschlechterung der Vermögensverhältnisse des Darlehensnehmers zwischen Vertragsabschluss und vollständiger Auszahlung des Darlehens (§ 321 BGB) liegen.[6] Ist ein Verwendungszweck des Darlehens vereinbart, kann auch die missbräuchliche Verwendung des Darlehens das Leistungsverweigerungsrecht begründen.[7] Dies ist jedoch eine Einzelfallabwägung, bei der das Interesse des Darlehensgebers an der vereinbarten Verwendung des Darlehens gegen die Gründe des Darlehensnehmers für das abweichende Verhalten abgewogen werden muss.[8] Bei der Abwägung ist der europarechtliche Hintergrund zu beachten, denn nach Erwägungsgrund 33 der VKred-Rili soll neben einem erhöhten Risiko der Verschlechterung der Vermögensverhältnisse des Verbrauchers auch der Verdacht auf eine nicht zulässige oder missbräuchliche Verwendung des Darlehens zur Leistungsverweigerung berechtigen.[9] Der europäische Gesetzgeber hatte offensichtlich die Verwendung von Geldbeträgen zu terroristischen Zwecken oder Geldwäsche vor Augen.[10] An das Vorliegen einer sachlichen Rechtfertigung wegen missbräuchlicher Verwendung sind daher erhebliche Anforderungen zu stellen, wenn auch nicht unbedingt ein terroristisches Risiko zu verlangen ist.[11]

5   Die Ausübung des Leistungsverweigerungsrechts ist in Textform (§ 492 Abs. 5 BGB) vor oder unverzüglich nach seiner Ausübung mitzuteilen und zu begründen, damit der Darlehensnehmer weiß, weshalb das Darlehen nicht ausgezahlt wird.[12] Die Unterrichtung über die Gründe unterbleibt, soweit hierdurch die öffentliche Sicherheit oder Ordnung gefährdet würde. Die Formulierung umfasst die Unverletzlichkeit der gesamten Rechtsordnung, insbesondere auch die subjektiven Rechte und Rechtsgüter des Einzelnen.[13] Der Richtliniengeber versteht hierunter insbesondere die Verhinderung, Aufklärung und Verfolgung von Straftaten.[14]

---

[5] BT-Drs. 16/11643, S. 85.
[6] BT-Drs. 16/11643, S. 85.
[7] BT-Drs. 16/11643, S. 85.
[8] BT-Drs. 16/11643, S. 85.
[9] BT-Drs. 16/11643, S. 85.
[10] Vgl. Erwägungsgrund 29 der VKred-Rili.
[11] BT-Drs. 16/11643, S. 85.
[12] BT-Drs. 16/11643, S. 85.
[13] BT-Drs. 16/11643, S. 85.
[14] Erwägungsgrund 29 VKred-Rili.

§ 500 BGB Kündigungsrecht des Darlehensnehmers; vorzeitige Rückzahlung

(Fassung vom 29.07.2009, gültig ab 11.06.2010)

(1) ¹Der Darlehensnehmer kann einen Verbraucherdarlehensvertrag, bei dem eine Zeit für die Rückzahlung nicht bestimmt ist, ganz oder teilweise kündigen, ohne eine Frist einzuhalten. ²Eine Vereinbarung über eine Kündigungsfrist von mehr als einem Monat ist unwirksam.

(2) Der Darlehensnehmer kann seine Verbindlichkeiten aus einem Verbraucherdarlehensvertrag jederzeit ganz oder teilweise vorzeitig erfüllen.

Gliederung

A. Grundlagen	1	I. Kündigungsrecht (Absatz 1)		2
B. Anwendungsvoraussetzungen	2	II. Vorzeitige Rückzahlung (Absatz 2)		4

A. Grundlagen

Die Vorschrift beruht auf der Umsetzung der Art. 13 Abs. 1 und 16 Abs. 1 VKred-Rili. Sie gibt dem Darlehensnehmer das Recht, einen unbefristeten Darlehensvertrag ordentlich zu kündigen. Außerdem kann eine Kündigungsfrist vereinbart werden. Nach Absatz 2 hat der Darlehensnehmer das Recht, sowohl bei unbefristeten als auch bei befristeten Verträgen seine Verbindlichkeiten vorzeitig zu erfüllen. Die Norm bezieht sich nicht auf Immobiliardarlehensverträge (§ 503 BGB – dort nur Sonderkündigungsrecht nach § 490 Abs. 2 BGB).

B. Anwendungsvoraussetzungen

I. Kündigungsrecht (Absatz 1)

Nach § 500 Abs. 1 BGB kann der Darlehensnehmer einen Verbraucherdarlehensvertrag, bei dem eine Zeit für die Rückzahlung nicht bestimmt ist, ganz oder teilweise kündigen, ohne eine Frist einzuhalten. Eine Vereinbarung über eine Kündigungsfrist von mehr als einem Monat ist unwirksam.[1]

Anders als bei § 488 Abs. 3 Satz 2 BGB besteht keine gesetzliche Kündigungsfrist – vertraglich kann eine Frist bis zu einem Monat vereinbart werden. Kündigt der Darlehensnehmer, so ist § 489 Abs. 3 BGB zu beachten, d.h. die Kündigung gilt als nicht erfolgt, wenn er den geschuldeten Betrag nicht binnen zwei Wochen nach Wirksamwerden der Kündigung zurückzahlt.[2] Zahlt der Darlehensnehmer mehr zurück, als er im Rahmen der geschuldeten Rate zu zahlen hätte, so liegt darin eine konkludente Teilkündigung.[3] Bei bestehendem Verzug ist § 497 Abs. 3 BGB anzuwenden.

II. Vorzeitige Rückzahlung (Absatz 2)

Nach Absatz 2 kann der Darlehensnehmer seine Verbindlichkeiten jederzeit ganz oder teilweise vorzeitig erfüllen.[4] Auf dieses Recht ist im Vertrag hinzuweisen (§§ 492 Abs. 1, Abs. 2; 497 Abs. 1 BGB; Art. 247 § 6 Abs. 1 Nr. 1; § 3 Abs. 1 Nr. 14 EGBGB). Das Recht bezieht sich auf Darlehensverträge mit unbestimmter oder bestimmter Laufzeit. Umfasst sind sämtliche Verbindlichkeiten aus einem Verbraucherdarlehensvertrag. Die Rechtsfolgen ergeben sich aus den §§ 501, 502 BGB.

---

[1] Umsetzung von Art. 13 Abs. 1 VKred-Rili.
[2] BT-Drs. 16/11643, S. 75.
[3] *Weidenkaff* in: Palandt, § 500 Rn. 2.
[4] Umsetzung von Art. 16 Abs. 1 VKred-Rili.

§ 501 BGB Kostenermäßigung

(Fassung vom 29.07.2009, gültig ab 11.06.2010)

Soweit der Darlehensnehmer seine Verbindlichkeiten vorzeitig erfüllt oder die Restschuld vor der vereinbarten Zeit durch Kündigung fällig wird, vermindern sich die Gesamtkosten (§ 6 Abs. 3 der Preisangabenverordnung) um die Zinsen und sonstigen laufzeitabhängigen Kosten, die bei gestaffelter Berechnung auf die Zeit nach der Fälligkeit oder Erfüllung entfallen.

Gliederung

A. Grundlagen..	1	II. Verrechnungsmodalitäten	4
B. Anwendungsvoraussetzungen	2	III. Restschuldverminderung	8
I. Vorzeitige Rückzahlung	2		

A. Grundlagen

1 Mit der Norm wird Art. 16 Abs. 1 VKred-Rili (2008) umgesetzt. Erfasst sind sämtliche Darlehensverträge einschließlich der Immobiliardarlehensverträge und Finanzierungshilfen (§ 507 Abs. 3 Satz 2 BGB), mit Ausnahme der §§ 505, 506 Abs. 2 Nr. 3 BGB.

B. Anwendungsvoraussetzungen

I. Vorzeitige Rückzahlung

2 Soweit der Darlehensnehmer seine Verbindlichkeiten vorzeitig erfüllt oder die Restschuld vor der vereinbarten Zeit durch Kündigung fällig wird, vermindern sich die Gesamtkosten (§ 6 Abs. 3 PAngV) um die Zinsen und die sonstigen laufzeitabhängigen Kosten, die bei gestaffelter Berechnung auf die Zeit nach der Fälligkeit oder Erfüllung entfallen. Dies betrifft sowohl vorzeitige Fälligkeiten aufgrund einer Kündigung (§§ 489, 490, 498-500 BGB) durch Darlehensgeber oder Darlehensnehmer als auch die vorzeitige Begleichung (§ 500 Abs. 2 BGB) der Rückzahlungsforderung oder anderer Verbindlichkeiten.[1]

3 Die Vorschrift ändert an der Rechtslage nichts, denn schon immer flossen nach einer Kündigung die überbezahlten Zinsen und sonstigen laufzeitabhängigen Kosten als Rechnungsposten in das Abwicklungsverhältnis ein.[2] Auch im Rahmen des § 490 Abs. 2 BGB sind ersparte und „unverbrauchte" Kosten, wie Risikokosten, Verwaltungskosten oder als Zinsvorauszahlung ausgestaltete Disagii bei der Berechnung der Vorfälligkeitsentschädigung im Rahmen der Vorteilsausgleichung anspruchsmindernd zu berücksichtigen.[3] Deshalb handelt es sich bei den Kostenreduktionen um einen verallgemeinerungsfähigen Rechtssatz, der in § 501 BGB niedergeschrieben ist.[4] Auswirkungen auf die frühere Praxis sind damit nicht verbunden. Insbesondere ist § 501 BGB keine Anspruchsgrundlage, sondern lediglich im Rahmen der Abwicklung eines beendeten Darlehensvertrags als Berechnungsposten etwaiger Schadensersatz- oder Bereicherungsansprüche zu berücksichtigen.[5] § 501 BGB berührt auch nicht den Anspruch auf Schadensersatz wegen Verzugs, wenn das Darlehen nach § 498 BGB gekündigt wird.[6]

---

[1] Umsetzung von Art. 16 Abs. 1 VKred-Rili.
[2] BGH v. 29.05.1990 - XI ZR 231/89 - BGHZ 111, 287, 290, 294; BGH v. 17.05.1994 - IX ZR 232/93 - NJW 1994, 1790.
[3] BGH v. 01.07.1997 - XI ZR 267/96 - BGHZ 136, 161; BGH v. 30.11.2004 - XI ZR 285/03 - BGHZ 161, 196 m.w.N. BT-Drs. 16/11643, S. 85.
[4] BT-Drs. 16/11643, S. 85.
[5] BT-Drs. 16/11643, S. 85.
[6] BT-Drs. 16/11643, S. 85.

II. Verrechnungsmodalitäten

Mit dem Wort „soweit" werden auch die Fälle teilweiser Kündigung bzw. teilweiser vorzeitiger Rückzahlung erfasst. Wird ein Darlehen teilweise gekündigt, ermäßigen sich die Gesamtkosten nur hinsichtlich des gekündigten Teils.[7]

Die Vorschrift fußt darauf, dass für die vereinbarte Laufzeit berechnete Kosten zu hoch angesetzt sein können, falls das Vertragsverhältnis vor der vereinbarten Laufzeit beendet wird. Ermäßigen sich dadurch die Gesamtkosten, so ermäßigt sich zugleich der vom Darlehensnehmer zu entrichtende Gesamtbetrag (Art. 247 § 3 Abs. 2 EGBGB).[8]

Die Gesamtkosten ermäßigen sich zunächst um die „Zinsen" nach dem Zeitpunkt der Rückzahlung bzw. Kündigung.[9] Dies erlangt insbesondere für bereits im Voraus bezahlte Zinsen Bedeutung, denn für die Zeit nach Vertragsbeendigung entstehen keine neuen Zinsansprüche.[10] Außerdem kommt es zu einer Ermäßigung der sonstigen Kosten, soweit diese im Vertrag laufzeitabhängig ausgestaltet wurden.[11] Die „gestaffelte Berechnung" trägt dem Gedanken Rechnung, dass gerade bei Verträgen, bei denen die Rückzahlungsforderung in Teilzahlungen getilgt wird, die Teilzahlungen einen unterschiedlichen Zins-, Kosten- und Tilgungsanteil aufweisen.[12] Wenn im Vertrag eine frühzeitige Tilgung der Kosten vorgesehen ist, soll dies bei der Berechnung der fälligen Gesamtkosten berücksichtigt werden; die laufzeitabhängigen Kosten sind deshalb nicht für jede Rate mit gleich bleibender Höhe zu berechnen, sondern jeweils mit dem vertraglich vereinbarten Betrag.[13]

Verständlich wird § 501 BGB, wenn man es, wie üblich, mit **gleich bleibenden Raten** zu tun hat. In diesen gleich bleibenden Raten sind von Anfang an Kapital- und Zinsanteile enthalten. An sich schuldet der Verbraucher aber ganz andere Zinsbeträge. Sie sind am Anfang höher und sinken dann mit fortschreitender Tilgung des Kapitals bei staffelmäßiger Berechnung immer weiter ab. Folglich sind in dem geschuldeten Betrag, der sich für den Zeitpunkt der Kündigung ergibt, gewöhnlich Zinsen enthalten, die bei staffelmäßiger Berechnung erst für die Zeit nach Wirksamwerden der Kündigung angefallen wären. Konsequent vermindert sich der vom Verbraucher noch zu zahlende Restbetrag um diesen Zinsanteil.

III. Restschuldverminderung

Die Restschuld vermindert sich allerdings nur um Zinsen und sonstige laufzeitabhängige, nicht dagegen um **laufzeitunabhängige** Kosten wie Antrags-, Auskunfts- oder Bearbeitungsgebühren (zur Einordnung der Kreditkostenfaktoren in laufzeitabhängige und laufzeitunabhängige vgl. die Kommentierung zu § 491a BGB Rn. 24). Laufzeitunabhängige Kosten sind Entgelt für das einmalige Tätigwerden des Kreditgebers. Sie sind verbraucht und werden nicht anteilig zurückgewährt. Zu beachten ist, dass das Disagio regelmäßig zu den laufzeitabhängigen Kosten des Kredits rechnet und deshalb in die Rückvergütung einzubeziehen ist[14]. Es ist eine gestaffelte Abrechnung der Zinsen vorzunehmen; eine vereinfachte Staffelmethode genügt nicht[15]. Die Berechnung beim Finanzierungsleasing (§ 506 BGB) ist umstritten.[16]

Der finanzierte Vertrag, in der Regel der Kaufvertrag, wird von der Kündigung nicht berührt. Dem Darlehensnehmer, der das Darlehen zurückbezahlt oder noch zurückbezahlen muss (§ 488 Abs. 1 BGB), darf die aufgrund des finanzierten Geschäfts erlangte Gegenleistung nicht deshalb entzogen werden, weil der Darlehensvertrag wirksam gekündigt ist[17]. Das ist auch sachgerecht, da der Darlehensnehmer, etwa als Käufer, mit dem Geld aus dem Darlehensvertrag den Kaufpreis bezahlt hat.

---

[7] BT-Drs. 16/11643, S. 85.
[8] BT-Drs. 16/11643, S. 85.
[9] BT-Drs. 16/11643, S. 85.
[10] BT-Drs. 16/11643, S. 85.
[11] BT-Drs. 16/11643, S. 85.
[12] BT-Drs. 16/11643, S. 85.
[13] BT-Drs. 16/11643, S. 85.
[14] *Bülow/Artz*, VerbrKR, § 498 Rn. 47; *Weidenkaff* in: Palandt, § 498 Rn. 11.
[15] LG Stuttgart v. 07.08.1992 - 21 O 171/92 - NJW 1993, 208.
[16] *Peters*, WM 1992, 1797, 1805.
[17] *Weidenkaff* in: Palandt, § 498 Rn. 11.

§ 502 BGB Vorfälligkeitsentschädigung

(Fassung vom 24.07.2010, gültig ab 30.07.2010)

(1) ¹Der Darlehensgeber kann im Fall der vorzeitigen Rückzahlung eine angemessene Vorfälligkeitsentschädigung für den unmittelbar mit der vorzeitigen Rückzahlung zusammenhängenden Schaden verlangen, wenn der Darlehensnehmer zum Zeitpunkt der Rückzahlung Zinsen zu einem bei Vertragsabschluss vereinbarten, gebundenen Sollzinssatz schuldet. ²Die Vorfälligkeitsentschädigung darf folgende Beträge jeweils nicht überschreiten:

1. 1 Prozent beziehungsweise, wenn der Zeitraum zwischen der vorzeitigen und der vereinbarten Rückzahlung ein Jahr nicht übersteigt, 0,5 Prozent des vorzeitig zurückgezahlten Betrags,
2. den Betrag der Sollzinsen, den der Darlehensnehmer in dem Zeitraum zwischen der vorzeitigen und der vereinbarten Rückzahlung entrichtet hätte.

(2) Der Anspruch auf Vorfälligkeitsentschädigung ist ausgeschlossen, wenn

1. die Rückzahlung aus den Mitteln einer Versicherung bewirkt wird, die auf Grund einer entsprechenden Verpflichtung im Darlehensvertrag abgeschlossen wurde, um die Rückzahlung zu sichern, oder
2. im Vertrag die Angaben über die Laufzeit des Vertrags, das Kündigungsrecht des Darlehensnehmers oder die Berechnung der Vorfälligkeitsentschädigung unzureichend sind.

Gliederung

A. Grundlagen... 1	II. Ausnahmen von dem Anspruch auf Vorfälligkeitsentschädigung (Absatz 2)... 9
B. Anwendungsvoraussetzungen... 2	
I. Angemessene Vorfälligkeitsentschädigung (Absatz 1)... 2	

A. Grundlagen

1   Die Norm setzt Art. 16 Abs. 2, 3, 5 VKred-Rili um. § 502 BGB regelt die Entschädigung, die dem Darlehensgeber zusteht, wenn das Darlehen vorzeitig zurückgezahlt wird.[1] Nicht erfasst sind Immobiliardarlehensverträge (§ 503 Abs. 1 BGB), sowie Überziehungsmöglichkeiten (§§ 504 Abs. 1 Satz 2; 505; 506 Abs. 2 Satz 2 BGB).

B. Anwendungsvoraussetzungen

I. Angemessene Vorfälligkeitsentschädigung (Absatz 1)

2   Nach Absatz 1 hat der Darlehensgeber einen Anspruch auf eine angemessene Entschädigung für die Nachteile, die unmittelbar mit der vorzeitigen Rückzahlung (§ 500 Abs. 2 BGB) zusammenhängen, wenn der Darlehensnehmer zum Zeitpunkt der Rückzahlung Sollzinsen zu einem gebundenen Sollzinssatz schuldet.[2] Der Anspruch ist dem in § 490 Abs. 2 BGB geregelten Anspruch der Vorfälligkeitsentschädigung nachempfunden.[3] Voraussetzung für den Anspruch ist eine vorzeitige Rückzahlung des Darlehensnehmers (§ 500 Abs. 2 BGB). Im Rückzahlungszeitpunkt müssen Zinsen zu einem gebundenen Sollzinssatz, die bereits bei Vertragsabschluss so vereinbart wurden, geschuldet sein.[4]

---

[1] Umsetzung von Art. 16 Abs. 2, 3, 5 VKred-Rili.
[2] BT-Drs. 16/11643, S. 85.
[3] BT-Drs. 16/11643, S. 85.
[4] Umsetzung von Art. 3k VKred-Rili.

Der Schadensersatzanspruch soll den Darlehensgeber insbesondere dafür entschädigen, dass er Kosten zur Refinanzierung des Darlehens hat, ihm aber die Zinsansprüche, auf die er bei Darlehen mit fester Laufzeit und gebundenem Sollzinssatz vertrauen durfte, entgehen.[5] Auch die Bearbeitungsgebühren, die dem Darlehensgeber durch die vorzeitige Rückzahlung entstehen, sind abgedeckt – dies ist vorrangig mit den Begriffen „unmittelbar mit der Rückzahlung zusammenhängenden Kosten" und „Verluste" in Art. 16 VKred-Rili gemeint.[6] Die Richtlinie erlaubt den Mitgliedstaaten, dem Darlehensgeber den gesamten materiellen Schaden zu ersetzen, also auch den entgangenen Gewinn.[7] Dies entspricht dem „Zinsmargenschaden" nach deutschem Recht, der Ausgangspunkt für die Berechnung der Vorfälligkeitsentschädigung nach § 490 Abs. 2 BGB ist.[8]

Der Darlehensnehmer soll die Berechnung der Entschädigung nachvollziehen und seine Belastung, falls er sich zur vorzeitigen Rückzahlung entschließt, zuverlässig abschätzen können.[9] Der Schadensersatz wird deshalb auf den „unmittelbar mit der vorzeitigen Rückzahlung zusammenhängenden Schaden" beschränkt – es muss ein enger Kausalzusammenhang zwischen der Rückzahlung und dem Schaden bestehen.[10] Dies ist insbesondere für Verwaltungs- und Refinanzierungskosten anzunehmen.[11]

Zum anderen muss der Umfang des Ersatzes angemessen sein, der Darlehensgeber kann keinen bis an die Grenze der Sittenwidrigkeit reichenden Entschädigungsbetrag verlangen; er muss vielmehr nachvollziehbar sein und sich an den tatsächlichen Kosten orientieren.[12] Mit dem Begriff „angemessen" werden die Fälle umfasst, bei denen der Schaden im Rahmen des § 252 BGB auf Grundlage des Durchschnittsgewinns ermittelt oder im Rahmen des § 297 ZPO geschätzt wird.[13] Der Begriff „Schaden" sorgt dafür, dass der Ersatzanspruch den tatsächlich eingetretenen Schaden nicht übersteigt.[14]

Zudem ist die Höhe begrenzt; nach Nr. 1 darf die Vorfälligkeitsentschädigung 1% der Summe des vorzeitig zurückgezahlten Vertrags nicht überschreiten. Damit hat der deutsche Gesetzgeber von der Öffnungsklausel in Art. 16 Abs. 4b VKred-Rili, die ein Durchbrechen der 1%-Regel gestattet, keinen Gebrauch gemacht.[15] Die Entschädigung darf 0,5% des vorzeitig zurückgezahlten Kreditbetrags nicht überschreiten, wenn der Zeitraum zwischen der vorzeitigen Rückzahlung und dem Zeitpunkt des vereinbarten Ablaufs des Kreditvertrags ein Jahr nicht überschreitet.[16]

Außerdem darf die Vorfälligkeitsentschädigung den Betrag der Sollzinsen, den der Darlehensnehmer in dem Zeitraum zwischen der vorzeitigen und der vereinbarten Rückzahlung entrichtet hätte, nicht überschreiten (Ziff. 2).[17] Der Darlehensnehmer soll durch die Ausübung seines Rechts auf vorzeitige Rückzahlung nicht schlechter gestellt werden als wenn er den Vertrag ordnungsgemäß bedient hätte.[18]

Die Berechnung gilt wegen des zwingenden Charakters der europäischen Vorgabe auch für Teil- und Abzahlungsgeschäfte.[19]

---

[5] BT-Drs. 16/11643, S. 85.
[6] BT-Drs. 16/11643, S. 85.
[7] BT-Drs. 16/11643, S. 85; Art. 16 Abs. 4b VKred-Rili.
[8] BGHZ 136, 161, 169; BT-Drs. 16/11643, S. 85.
[9] So die Informationspflichten in Art. 5 Abs. 1 S. 3p, Art. 6 Abs. 3b VKred-Rili sowie die Höchstgrenzen in Art. 16 Abs. 2 und 5 VKred-Rili.
[10] BT-Drs. 16/11643, S. 87.
[11] BT-Drs. 16/11643, S. 87.
[12] BT-Drs. 16/11643, S. 87.
[13] BGH v. 01.07.1997 - XI ZR 267/96 - BGHZ 136, 161, 169; BT-Drs. 16/11643, S. 87.
[14] BT-Drs. 16/11643, S. 87.
[15] BT-Drs. 16/11643, S. 87.
[16] Klarstellung durch Gesetz vom 24.07.2010 – in Kraft seit 30.07.2010 – BGBl I 2010, Nr. 39, 977; Gesetzesbegründung (Hinweis auf die Intervention der Kommission) BT-Drs. 17/1394, S. 20.
[17] Umsetzung von Art. 16 Abs. 5 VKred-Rili.
[18] BT-Drs. 16/11643, S. 87.
[19] BT-Drs. 16/11643, S. 87.

II. Ausnahmen von dem Anspruch auf Vorfälligkeitsentschädigung (Absatz 2)

9 Nach Absatz 2 Nr. 1 ist der Anspruch auf Vorfälligkeitsentschädigung ausgeschlossen, wenn die Rückzahlung aus den Mitteln einer Versicherung bewirkt wird, die gerade die Rückzahlung sicherstellen soll.[20] Der Abschluss des Versicherungsvertrags muss bereits durch eine entsprechende Verpflichtung im Darlehensvertrag veranlasst sein.[21] Nach Nr. 2 ist der Anspruch außerdem ausgeschlossen, wenn im Vertrag keine vollständigen Angaben zur Laufzeit, zum Kündigungsrecht des Darlehensnehmers oder zur Berechnung der Vorfälligkeitsentschädigung enthalten sind.[22] Dies ist auch dann der Fall, wenn die Angaben zur Berechnung der Vorfälligkeitsentschädigung nicht klar und prägnant (Art. 247 § 7 Nr. 3 EGBGB) und deshalb für den Darlehensnehmer nicht verständlich sind.[23]

---

[20] Umsetzung von Art. 16 Abs. 3 VKred-Rili.
[21] BT-Drs. 16/11643, S. 88.
[22] BT-Drs. 16/11643, S. 88.
[23] BT-Drs. 16/11643, S. 88 – Nr. 2 ist eine zusätzliche Sanktion im Sinne des Art. 23 VKred-Rili.

§ 503 BGB Immobiliardarlehensverträge

(Fassung vom 29.07.2009, gültig ab 11.06.2010)

(1) § 497 Abs. 2 und 3 Satz 1, 2, 4 und 5 sowie die §§ 499, 500 und 502 sind nicht anzuwenden auf Verträge, bei denen die Zurverfügungstellung des Darlehens von der Sicherung durch ein Grundpfandrecht abhängig gemacht wird und zu Bedingungen erfolgt, die für grundpfandrechtlich abgesicherte Verträge und deren Zwischenfinanzierung üblich sind; der Sicherung durch ein Grundpfandrecht steht es gleich, wenn von einer solchen Sicherung nach § 7 Abs. 3 bis 5 des Gesetzes über Bausparkassen abgesehen wird.

(2) Der Verzugszinssatz beträgt abweichend von § 497 Abs. 1 für das Jahr 2,5 Prozentpunkte über dem Basiszinssatz.

(3) § 498 Satz 1 Nr. 1 gilt mit der Maßgabe, dass der Darlehensnehmer mit mindestens zwei aufeinander folgenden Teilzahlungen ganz oder teilweise und mit mindestens 2,5 Prozent des Nennbetrags des Darlehens in Verzug sein muss.

Gliederung

A. Grundlagen.................................... 1	I. Immobiliardarlehensvertrag..................... 2
B. Anwendungsvoraussetzungen 2	II. Verzugszinssatz 6

A. Grundlagen

Die Norm setzt Art. 2 Abs. 2a VKred-Rili um. Alle Sonderregelungen für Immobiliardarlehensverträge werden zusammengefasst.   1

B. Anwendungsvoraussetzungen

I. Immobiliardarlehensvertrag

In Absatz 1 wird klargestellt, dass bestimmte Regelungen auf Immobiliardarlehensverträge nicht anzuwenden sind. Die Vorschrift gilt für Verbraucherdarlehen, die nicht in den Anwendungsbereich der VKred-Rili fallen.[1] Es geht um Darlehen, deren Rückzahlungsforderung grundpfandrechtlich (insbesondere Hypothek und Grundschuld) gesichert ist. Wegen des in der Regel hohen Darlehenswertes und der Risiken, die mit einem solchen Vertrag verbunden sind, erscheint es richtig, diese Verträge, wie in der Vergangenheit, grundsätzlich in den Schutzbereich der §§ 491 ff. BGB einzubeziehen, obwohl dies europarechtlich nicht zwingend vorgegeben ist.[2] Dies gilt insbesondere für die vorvertragliche Information, die Form und das Widerrufsrecht und entspricht damit weitgehend der früheren Rechtslage.[3] Immobiliardarlehensverträge sind Verträge, bei denen die Zurverfügungstellung des Darlehens von der Sicherung durch ein Grundpfandrecht anhängig gemacht wird und zu Bedingungen erfolgt, die für grundpfandrechtlich abgesicherte Verträge und deren Zwischenfinanzierung üblich sind (Absatz 1). Der Sicherung durch ein Grundpfandrecht steht es gleich, wenn von einer solchen Sicherung nach § 7 Abs. 3-5 BausparkG abgesehen wird (Absatz 1 letzter Halbsatz).   2

Wie früher sind die Verzugsregelungen in § 497 Abs. 2 und 3 Sätze 1, 2, 4, 5 BGB nicht anzuwenden. Das Gleiche gilt für das Kündigungsrecht des Darlehensgebers (§ 499 BGB), für das Kündigungsrecht des Darlehensnehmers (§ 500) und für die Vorfälligkeitsentschädigung (§ 502 BGB). Der Grund liegt darin, dass Kündigungsmöglichkeiten gerade für Immobiliardarlehen in den §§ 489, 490 BGB ausdif-   3

---

[1] Art. 2 Abs. 2a VKred-Rili.
[2] BT-Drs. 16/11643, S. 88.
[3] BT-Drs. 16/11643, S. 88.

ferenziert geregelt sind.⁴ Erfasst sind Darlehen mit veränderlichem Zinssatz (§ 489 Abs. 2 BGB) sowie grundpfandrechtlich gesicherte mit festem Zinssatz (§ 489 Abs. 1 Nr. 1 und 2 BGB). Daneben gibt es das außerordentliche Kündigungsrecht des § 490 Abs. 2 BGB, das z.B. eine Kündigung erlaubt beim notwendigen Verkauf einer Immobilie wegen Umzugs.⁵ Weitergehende gesetzliche Rückzahlungsrechte würden zum Nachteil der Darlehensnehmer die günstige Wirkung der langfristigen Festzinsvereinbarungen aufheben, weil die Kosten erheblich steigen würden.⁶ Zudem würde die langfristige Refinanzierung der Hypothekarkredite über Pfandbriefe erschwert und damit das bewährte deutsche Pfandbriefsystem erheblich benachteiligt werden, wenn die Kreditinstitute von einem allgemeinen gesetzlichen Anspruch der Darlehensnehmer auf vorzeitige Rückzahlung ausgehen müssten.⁷

4 Demgegenüber sollen die §§ 491a, 493 und 496 BGB bei grundpfandrechtlich gesicherten Darlehen anwendbar sein. Dies soll die Transparenz erhöhen und die Entscheidungsmöglichkeit für Verbraucher weiter verbessern.⁸ Die Informationspflichten aus den §§ 493 und 496 BGB beruhen ohnehin auf Erwägungen, die im Zusammenhang mit dem Verkauf grundpfandrechtlich gesicherter Darlehensforderungen angestellt wurden, insofern ist ihre Anwendung unproblematisch.⁹ Auch die Pflicht, den Verbraucher vor Vertragsabschluss zu informieren, kann auf Immobiliardarlehensverträge übertragen werden, zumal den Darlehensnehmern hierfür – wie bei anderen Darlehensverträgen auch – ein Muster zur Verfügung steht (Art. 247 § 2 EGBGB).¹⁰ Die Einzelheiten für die Informationspflichten der Darlehensgeber ergeben sich aus Art. 247 § 9 EGBGB und werden deshalb in § 503 BGB nicht erwähnt.¹¹

5 Auch die Erläuterungspflicht nach § 491a Abs. 3 BGB soll auf grundpfandrechtlich gesicherte Verträge angewendet werden. Bei diesen Verträgen wird sich der Darlehensnehmer in der Regel schon wegen des hohen Betrags ausführlich beraten lassen, so dass der Erläuterungspflicht üblicherweise schon im Rahmen dieser Beratung nachgekommen wird.¹²

II. Verzugszinssatz

6 Der Verzugszinssatz beträgt abweichend von § 497 Abs. 1 BGB für das Jahr 2,5% über dem Basiszinssatz. § 498 Satz 1 Nr. 1 BGB gilt mit der Maßgabe, dass der Darlehensnehmer mit mindestens zwei aufeinanderfolgenden Teilzahlungen ganz oder teilweise und mit mindestens 2,5% des Nennbetrag des Darlehens in Verzug sein muss (Absatz 3). Diese Regelung beruht auf den Überlegungen, die im Zusammenhang mit dem Problemkreis des Kredithandels bereits zum Risikobegrenzungsgesetz angestellt wurden.¹³

---

[4] BT-Drs. 16/11643, S. 88.
[5] BT-Drs. 16/11643, S. 88.
[6] BT-Drs. 16/11643, S. 88.
[7] BT-Drs. 16/11643, S. 88.
[8] BT-Drs. 16/11643, S. 88.
[9] BT-Drs. 16/11643, S. 88.
[10] BT-Drs. 16/11643, S. 88.
[11] BT-Drs. 16/11643, S. 88.
[12] BT-Drs. 16/11643, S. 88.
[13] BT-Drs. 16/11643, S. 88.

§ 504 BGB Eingeräumte Überziehungsmöglichkeit

(Fassung vom 29.07.2009, gültig ab 11.06.2010)

(1) ¹Ist ein Verbraucherdarlehen in der Weise gewährt, dass der Darlehensgeber in einem Vertragsverhältnis über ein laufendes Konto dem Darlehensnehmer das Recht einräumt, sein Konto in bestimmter Höhe zu überziehen (Überziehungsmöglichkeit), hat der Darlehensgeber den Darlehensnehmer in regelmäßigen Zeitabständen über die Angaben zu unterrichten, die sich aus Artikel 247 § 16 des Einführungsgesetzes zum Bürgerlichen Gesetzbuche ergeben. ²Ein Anspruch auf Vorfälligkeitsentschädigung aus § 502 ist ausgeschlossen. ³§ 493 Abs. 3 ist nur bei einer Erhöhung des Sollzinssatzes anzuwenden und gilt entsprechend bei einer Erhöhung der vereinbarten sonstigen Kosten. ⁴§ 499 Abs. 1 ist nicht anzuwenden.

(2) ¹Ist in einer Überziehungsmöglichkeit vereinbart, dass nach der Auszahlung die Laufzeit höchstens drei Monate beträgt oder der Darlehensgeber kündigen kann, ohne eine Frist einzuhalten, sind § 491a Abs. 3, die §§ 495, 499 Abs. 2 und § 500 Abs. 1 Satz 2 nicht anzuwenden. ²§ 492 Abs. 1 ist nicht anzuwenden, wenn außer den Sollzinsen keine weiteren laufenden Kosten vereinbart sind, die Sollzinsen nicht in kürzeren Zeiträumen als drei Monaten fällig werden und der Darlehensgeber dem Darlehensnehmer den Vertragsinhalt spätestens unverzüglich nach Vertragsabschluss in Textform mitteilt.

Gliederung

A. Grundlagen.............................	1	I. Vertraglich eingeräumte Überziehungsmöglichkeit...	2
B. Anwendungsvoraussetzungen	2	II. Dreimonatslaufzeit............................	8

A. Grundlagen

Die Vorschrift setzt Art. 2 Abs. 3 VKred-Rili um. Geschützt sind vertraglich eingeräumte Überziehungsmöglichkeiten (Dispokredite).   **1**

B. Anwendungsvoraussetzungen

I. Vertraglich eingeräumte Überziehungsmöglichkeit

Wird dem Verbraucher das Recht eingeräumt, sein Konto in bestimmter Höhe zu überziehen, hat der Darlehensgeber in regelmäßigen Zeitabständen über die Angaben zu unterrichten, die sich aus Art. 247 § 16 EGBGB ergeben. Es handelt sich um: **2**
- den genauen Zeitraum, auf den sich die Unterrichtung bezieht,
- Datum und Höhe der an den Darlehensnehmer ausbezahlten Beträge,
- Saldo und Datum der vorangegangenen Unterrichtung,
- den neuen Saldo,
- Datum und Höhe der Rückzahlungen des Darlehensnehmers,
- den angewendeten Sollzinssatz,
- die erhobenen Kosten und
- den gegebenenfalls zurückzuzahlenden Mindestbetrag.

Ein Anspruch auf Vorfälligkeitsentschädigung aus § 502 BGB ist dagegen ausgeschlossen. § 493 Abs. 3 BGB ist nur bei einer Erhöhung des Sollzinssatzes anzuwenden und gilt entsprechend bei einer Erhöhung der vereinbarten sonstigen Kosten. § 499 Abs. 1 BGB ist nicht anzuwenden (Absatz 1).   **3**

4   Die Überziehungsmöglichkeit ist ein atypischer Darlehensvertrag, weil der Vertrag in der Regel nur einen Rahmen vorgibt, innerhalb dessen der Darlehensnehmer das Darlehen oder einen Teil davon tatsächlich abrufen und nutzen kann.[1] Dennoch besteht eine Darlehensabrede, so dass die §§ 491 ff. BGB uneingeschränkt anzuwenden sind.[2] Die Höhe des Darlehens wird durch Parteivereinbarung bestimmt.[3] Über die Informationspflichten, die Art. 247 § 16 EGBGB enthält, ist in Textform zu unterrichten (§ 492 Abs. 5 BGB). Textform umfasst auch die Möglichkeit, die Information über einen Kontoauszugsdrucker zur Verfügung zu stellen.[4]

5   Die Unterrichtung muss in regelmäßigen Zeitabständen erfolgen, z.B. wöchentlich, monatlich oder vierteljährlich – dabei muss so informiert werden, dass der Darlehensnehmer angemessen informiert ist und seine Belastung immer erkennen kann.[5] Ein jährlicher Rhythmus ist keinesfalls ausreichend.[6]

6   Überziehungen soll der Verbraucher schnell, einfach und ohne Verluste zurückzahlen dürfen – deshalb wird die Vorfälligkeitsentschädigung in Satz 2 ausgeschlossen; sie käme mangels fester Laufzeit und gebundenem Sollzinssatz regelmäßig ohnehin nicht in Betracht.[7] Über Zinsanpassungen ist nur zu informieren bei einer Erhöhung des Sollzinssatzes (Satz 3); die sonstigen Kosten, wie beispielsweise die vereinbarten Verzugskosten, sind erfasst. Die Unterrichtung kann vereinfacht erfolgen, wie es § 493 Abs. 2 Satz 3 BGB i.V.m. Art. 247 § 15 Abs. 2 EGBGB vorsieht.[8]

7   Satz 4 nimmt § 499 Abs. 1 BGB aus dem Anwendungsbereich der Überziehungsmöglichkeiten aus. Hintergrund ist Art. 2 Abs. 3 VKred-Rili, wonach der Darlehensnehmer bei der Überziehung die Möglichkeit hat, das Darlehen „auf Aufforderung" des Darlehensgebers zurückzuzahlen.[9] Die Möglichkeit zu einer solchen Aufforderung kann vertraglich nur durch ein jederzeitiges Kündigungsrecht des Darlehensgebers gestaltet werden, weshalb die Anwendung von § 499 Abs. 1 BGB für Überziehungsmöglichkeiten ausgeschlossen werden muss.[10]

II. Dreimonatslaufzeit

8   Ist in einer Überziehungsmöglichkeit vereinbart, dass nach der Auszahlung die Laufzeit höchstens drei Monate beträgt oder der Darlehensgeber kündigen kann, ohne eine Frist einzuhalten, sind die §§ 491a Abs. 3, 495, 499 Abs. 2 BGB und § 500 Abs. 1 Satz 2 BGB nicht anzuwenden (Absatz 2 Satz 1). § 492 Abs. 1 BGB ist nicht anzuwenden, wenn außer den Sollzinsen keine weiteren laufenden Kosten vereinbart sind, die Sollzinsen nicht in kürzeren Zeiträumen als drei Monaten fällig werden und der Darlehensgeber dem Darlehensnehmer den Vertragsinhalt spätestens unverzüglich nach Vertragsabschluss in Textform mitteilt (Absatz 2 Satz 2).

9   Die Ausnahmen beruhen auf Art. 2 Abs. 3 VKred-Rili und berücksichtigen die Besonderheiten, insbesondere die Kurzfristigkeit von Überziehungsmöglichkeiten. Es entfällt die Erläuterungspflicht (§ 491a Abs. 3 BGB), das Widerrufsrecht (§ 495 BGB) sowie das Kündigungsrecht (§§ 499 Abs. 2, 500 Abs. 1 BGB).

10 Für Überziehungen nach Absatz 2 gelten die in Absatz 1 genannten Unterrichtungspflichten und Anwendungseinschränkungen der §§ 493, 502 BGB. Weitere Ausnahmen für de vorvertraglichen Informationspflichten und den Vertragsinhalt sind in Art. 247 § 10 EGBGB geregelt (keine Angabe der Teilzahlungen, kein Tilgungsplan, keine Kontoführungsgebühren, kein Warnhinweis, keine Angabe

---

[1] BT-Drs. 16/11643, S. 89.
[2] BT-Drs. 16/11643, S. 89.
[3] BT-Drs. 16/11643, S. 89.
[4] BT-Drs. 16/11643, S. 89.
[5] BT-Drs. 16/11643, S. 89.
[6] BT-Drs. 16/11643, S. 89.
[7] BT-Drs. 16/11643, S. 89.
[8] BT-Drs. 16/11643, S. 89.
[9] BT-Drs. 16/11643, S. 90.
[10] BT-Drs. 16/11643, S. 90.

der Sicherheiten, kein Hinweis auf das Nichtbestehen eines Widerrufsrechts, kein Hinweis auf das Recht auf vorzeitige Rückzahlung).[11]

Absatz 2 Satz 2 erlaubt in Abweichung zu § 492 BGB, den Vertrag über eine Überziehungsmöglichkeit ohne Einhaltung einer Form abzuschließen.[12] Da die Formvorschrift des § 492 BGB über die Vorgaben von Art. 10 VKred-Rili hinausgeht, ist diese Abweichung unbedenklich.[13] Damit auf die Schriftform verzichtet werden kann, werden drei Voraussetzungen genannt:

- Außer den Sollzinsen dürfen keine weiteren laufenden Kosten vereinbart sein, insbesondere Bearbeitungsgebühren. Laufende Kosten sind nur solche, die bei ordnungsgemäßer Vertragsdurchführung anfallen; nicht erfasst sind deshalb vereinbarte Verzugskosten, die nicht in die Gesamtkosten einbezogen werden.[14]
- Die geschuldeten Zinsen dürfen nicht in kürzeren Perioden als drei Monaten belastet werden. Damit soll der Problematik des Zinseszinses entgegengewirkt werden.[15]
- Schließlich hat der Darlehensgeber den Vertragsinhalt so schnell wie möglich in Textform mitzuteilen.[16]

11

---

[11] BT-Drs. 16/11643, S. 90.
[12] BT-Drs. 16/11643, S. 90.
[13] BT-Drs. 16/11643, S. 90.
[14] BT-Drs. 16/11643, S. 90.
[15] BT-Drs. 16/11643, S. 90.
[16] BT-Drs. 16/11643, S. 90.

§ 505 BGB Geduldete Überziehung

(Fassung vom 29.07.2009, gültig ab 11.06.2010)

(1) ¹Vereinbart ein Unternehmer in einem Vertrag mit einem Verbraucher über ein laufendes Konto ohne eingeräumte Überziehungsmöglichkeit ein Entgelt für den Fall, dass er eine Überziehung des Kontos duldet, müssen in diesem Vertrag die Angaben nach Artikel 247 § 17 Abs. 1 des Einführungsgesetzes zum Bürgerlichen Gesetzbuche in Textform enthalten sein und dem Verbraucher in regelmäßigen Zeitabständen in Textform mitgeteilt werden. ²Satz 1 gilt entsprechend, wenn ein Darlehensgeber mit einem Darlehensnehmer in einem Vertrag über ein laufendes Konto mit eingeräumter Überziehungsmöglichkeit ein Entgelt für den Fall vereinbart, dass er eine Überziehung des Kontos über die vertraglich bestimmte Höhe hinaus duldet.

(2) Kommt es im Fall des Absatzes 1 zu einer erheblichen Überziehung von mehr als einem Monat, unterrichtet der Darlehensgeber den Darlehensnehmer unverzüglich in Textform über die sich aus Artikel 247 § 17 Abs. 2 des Einführungsgesetzes zum Bürgerlichen Gesetzbuche ergebenden Einzelheiten.

(3) Verstößt der Unternehmer gegen Absatz 1 oder Absatz 2, kann der Darlehensgeber über die Rückzahlung des Darlehens hinaus Kosten und Zinsen nicht verlangen.

(4) Die §§ 491a bis 496 und 499 bis 502 sind auf Verbraucherdarlehensverträge, die unter den in Absatz 1 genannten Voraussetzungen zustande kommen, nicht anzuwenden.

Gliederung

A. Grundlagen	1	II. Erhebliche Überziehungen	4
B. Anwendungsvoraussetzungen	2	III. Sanktion für nicht angemessene Information	5
I. Geduldete Überziehung	2	IV. Nichtanwendbarkeit von Vorschriften	6

A. Grundlagen

1 Die Vorschrift setzt Art. 2 Abs. 5 VKred-Rili um.

B. Anwendungsvoraussetzungen

I. Geduldete Überziehung

2 Duldet der Darlehensgeber die vertraglich nicht eingeräumte Überziehung und ist für diesen Fall ein Entgelt vereinbart, so muss der Vertrag die Angaben nach Art. 247 § 17 Abs. 1 EGBGB enthalten und der Verbraucher muss in regelmäßigen Zeitabständen in Textform informiert werden (Absatz 1 Satz 1). Das Gleiche gilt, wenn ein Entgelt für den Fall vereinbart ist, dass eine Überziehung des Kontos über die vertraglich bestimmte Überziehung hinaus geduldet wird (Absatz 1 Satz 2).

3 Im Unterschied zur Überziehung nach § 504 BGB fehlt in diesen Fällen die vertraglich eingeräumte Überziehungsmöglichkeit, es besteht also kein Rahmenvertrag, der Darlehensvertrag kommt vielmehr als „Handdarlehen" zustande.[1] Allerdings muss die Möglichkeit einer Saldoüberschreitung gegen Entgelt vertraglich vorgesehen sein und der Kontoinhaber ist über Sollzinssatz und weitere Kosten zu informieren.[2] Damit verschwimmen die dogmatischen Grenzen zwischen der eingeräumten und der geduldeten Überziehung. Das gilt auch für die Bargeldauszahlung am Bankautomaten – gewährt die

---

[1] BT-Drs. 16/11643, S. 90.
[2] BT-Drs. 16/11643, S. 90.

Bank nach Eingabe der PIN Bargeld trotz Kontoüberziehung, liegt darin eine Duldung, wenn nicht gar die (konkludente) Einräumung einer Überziehungsmöglichkeit.[3]

II. Erhebliche Überziehungen

In Absatz 2 sind spezielle Informationspflichten bei „erheblichen Überziehungen" über einen Zeitraum von mehr als einem Monat vorgesehen. Die Erheblichkeit ist am konkreten Einzelfall zu bemessen, je geringer die in einem bestimmten Zeitraum dem Verbraucher auf dem laufenden Konto gutgeschriebenen Beträge sind, desto schneller ist die Überziehung „erheblich".[4] Es kommt auf das einzelne Vertragsverhältnis zwischen Verbraucher und Darlehensgeber an; irrelevant ist, ob dem Verbraucher andere Geldquellen zur Verfügung stehen oder wie rasch er die Überziehung zurückführen kann.[5]

III. Sanktion für nicht angemessene Information

Verstößt der Darlehensgeber gegen die Hinweispflichten aus den Absätzen 1 oder 2, kann er über die Rückzahlung des Darlehens hinaus Kosten und Zinsen nicht verlangen (Absatz 3). Der deutsche Gesetzgeber hat den Ermessensspielraum (Art. 23 VKred-Rili) benutzt, um eine Fiktion zu schaffen, die abschreckenden Charakter hat.[6] Wer nicht angemessen informiert, soll kein weiteres Entgelt verlangen können.[7]

IV. Nichtanwendbarkeit von Vorschriften

Die §§ 491a-496 und 499-502 BGB sind auf geduldete Überziehungen (Absatz 1) nicht anzuwenden (Absatz 4).[8] Dagegen sind § 497 BGB (Verzug) und § 498 BGB (Kündigung bei Verzug) ebenso wie die allgemeinen Vorschriften (§§ 488-490 BGB) anzuwenden. Dies geschieht vor dem Hintergrund, dass die in § 505 BGB geregelten Überschreitungen oftmals die kostenträchtigste Version eines Darlehensvertrags sind und der Darlehensnehmer hier besonders schutzbedürftig ist.[9] Geduldete Überziehungen kommen außerdem überwiegend bei Personen vor, denen keine Überziehungsmöglichkeit gegeben wird; dies ist oftmals bei wirtschaftlich schwächeren Personen der Fall.[10] Deshalb ist zumindest im Bereich des Verzugs von Rückzahlungen für einen hohen Schutz bei diesen Verträgen zu sorgen.[11]

---

[3] A.A. *Weidenkaff* in: Palandt, § 405 Rn. 5, der offenbar davon ausgeht, dass die Bank bei Bargeldauszahlung keinen Kontoabgleich durchführen kann.
[4] BT-Drs. 16/11643, S. 91.
[5] BT-Drs. 16/11643, S. 91.
[6] BT-Drs. 16/11643, S. 91.
[7] BT-Drs. 16/11643, S. 91.
[8] Umsetzung von Art. 2 Abs. 4 sowie Erwägungsgrund 11 VKred-Rili.
[9] BT-Drs. 16/11643, S. 91.
[10] BT-Drs. 16/11643, S. 91.
[11] BT-Drs. 16/11643, S. 91.

Untertitel 2 - Finanzierungshilfen zwischen einem Unternehmer und einem Verbraucher

§ 506 BGB Zahlungsaufschub, sonstige Finanzierungshilfe

(Fassung vom 29.07.2009, gültig ab 11.06.2010)

(1) Die Vorschriften der §§ 358 bis 359a und 491a bis 502 sind mit Ausnahme des § 492 Abs. 4 und vorbehaltlich der Absätze 3 und 4 auf Verträge entsprechend anzuwenden, durch die ein Unternehmer einem Verbraucher einen entgeltlichen Zahlungsaufschub oder eine sonstige entgeltliche Finanzierungshilfe gewährt.

(2) ¹Verträge zwischen einem Unternehmer und einem Verbraucher über die entgeltliche Nutzung eines Gegenstandes gelten als entgeltliche Finanzierungshilfe, wenn vereinbart ist, dass

1. der Verbraucher zum Erwerb des Gegenstandes verpflichtet ist,
2. der Unternehmer vom Verbraucher den Erwerb des Gegenstandes verlangen kann oder
3. der Verbraucher bei Beendigung des Vertrags für einen bestimmten Wert des Gegenstandes einzustehen hat.

²Auf Verträge gemäß Satz 1 Nr. 3 sind § 500 Abs. 2 und § 502 nicht anzuwenden.

(3) Für Verträge, die die Lieferung einer bestimmten Sache oder die Erbringung einer bestimmten anderen Leistung gegen Teilzahlungen zum Gegenstand haben (Teilzahlungsgeschäfte), gelten vorbehaltlich des Absatzes 4 zusätzlich die in den §§ 507 und 508 geregelten Besonderheiten.

(4) ¹Die Vorschriften dieses Untertitels sind in dem in § 491 Abs. 2 und 3 bestimmten Umfang nicht anzuwenden. ²Soweit nach der Vertragsart ein Nettodarlehensbetrag (§ 491 Abs. 2 Nr. 1) nicht vorhanden ist, tritt an seine Stelle der Barzahlungspreis oder, wenn der Unternehmer den Gegenstand für den Verbraucher erworben hat, der Anschaffungspreis.

Gliederung

A. Grundlagen.................................... 1	II. Nutzung von Gegenständen als Finanzierungshilfe (Absatz 2) 8
B. Anwendungsvoraussetzungen 2	III. Teilzahlungsgeschäfte (Absatz 3) 14
I. Anwendbarkeit des Verbraucherdarlehensrechts (Absatz 1) 2	IV. Ausnahme vom Anwendungsbereich (Absatz 4) 15

A. Grundlagen

1   Die Vorschrift setzt Art. 2 Abs. 2d VKred-Rili um und erstreckt den Schutz des Verbraucherdarlehensrechts auf Finanzierungshilfen. Für Finanzierungsleasingverträge und für Teilzahlungsgeschäfte werden Abweichungen geregelt.

B. Anwendungsvoraussetzungen

I. Anwendbarkeit des Verbraucherdarlehensrechts (Absatz 1)

2   Nach § 506 Abs. 1 BGB sind die §§ 358-359a und 491a-502 BGB mit Ausnahme des § 492 Abs. 4 BGB und vorbehaltlich der Absätze 3 und 4 auf Verträge entsprechend anzuwenden, durch die ein Unternehmer einem Verbraucher einen entgeltlichen Zahlungsaufschub oder eine sonstige entgeltliche Finanzierungshilfe gewährt. Damit gelten die Vorschriften, die zur Umsetzung der VKred-Rili geschaf-

fen wurden, für alle Formen der Finanzierung.[1] Eine Begrenzung auf einen entgeltlichen Zahlungsaufschub von „mehr als drei Monaten", die es früher gab, findet keinen Rückhalt im Richtlinientext und wurde deshalb gestrichen.[2] Bei der Verweisung handelt es sich jeweils um eine Rechtsgrundverweisung, sodass der Tatbestand der jeweiligen Vorschrift, auf die verwiesen wird, im Einzelfall festzustellen ist.[3] So ist bei der entsprechenden Anwendung des § 358 BGB zu prüfen, ob zwei verbundene Verträge vorliegen.[4]

Von der Verweisung sind die §§ 503-505 BGB sowie § 492 Abs. 4 BGB ausgenommen. Die §§ 503-505 BGB regeln besondere Arten des Darlehensvertrags, die bei Finanzierungshilfen nicht vorkommen.[5] Ebenso wird nicht auf die Vorschrift über die Formbedürftigkeit der Vollmacht (§ 492 Abs. 4 BGB) verwiesen.[6] Das entspricht der früheren Rechtslage.[7]

Ein Zahlungsaufschub liegt vor, wenn die vereinbarte Fälligkeit der vom Verbraucher geschuldeten Zahlung **gegen Entgelt** gestundet wird. Eine bloße Fälligkeitsvereinbarung im Sinne des § 271 BGB kann genügen. Bei Zeiträumen unter drei Monaten findet § 506 Abs. 1 BGB keine Anwendung (§§ 506 Abs. 4; 491 Abs. 2 Nr. 3 BGB). Die häufigste Form des Zahlungsaufschubs ist das **Teilzahlungsgeschäft**. Insoweit gelten die in § 507 BGB geregelten Besonderheiten. Die Stundung kann anfänglich im Vertrag oder nachträglich vereinbart werden[8]. Das Gesetz findet keine Anwendung auf Zahlungen mit der **Kreditkarte**, wenn die Karte lediglich als Zahlungsmittel verwendet wird und der Rechnungsbetrag vom Karteninhaber sofort nach der Belastung durch das Kartenunternehmen zu begleichen ist.[9] Anders ist es, wenn der Kreditkartenvertrag ein Zahlungsziel – gegen Zins – einräumt.[10]

Ein entgeltlicher Zahlungsaufschub liegt beispielsweise vor, wenn ein Versicherer Jahresbeiträge vereinbart, aber unterjährige Ratenzahlung (halbjährlich, vierteljährlich, monatlich) gegen Entgelt zulässt. In diesem Falle muss der Versicherer den effektiven Zins angeben, andernfalls kann der Darlehensnehmer das Widerrufsrecht (§ 495 Abs. 1 BGB) und die weiteren Rechtsfolgen (z.B. die Zinsermäßigung nach § 507 Abs. 2 BGB) geltend machen.[11] Ein entgeltlicher Zahlungsaufschub unterscheidet sich von einem Vertrag über bloß wiederkehrende Leistungen (z.B. monatliche Raten) durch die Entgeltlichkeit des gewährten Zahlungsaufschubs. Vereinbart dagegen ein Dienstleister oder Warenlieferant keinerlei Entgelt für die Teilzahlungen, so liegt kein Verbraucherkreditvertrag vor. Das gilt auch für Versicherungsverträge, wenn die jährliche Gesamtprämie in monatlichen Teilzahlungen erbracht wird, ohne dass für diese Teilzahlungen ein zusätzliches Entgelt (Zins) verlangt wird.[12] Verlangt der Versicherer dagegen für die monatlichen Teilzahlungen ein Entgelt (wie üblich), so handelt es sich um einen entgeltlichen Zahlungsaufschub, der unter den Anwendungsbereich der §§ 506 ff. BGB fällt.

Sonstige **Finanzierungshilfen** sind Verträge, durch die es dem Verbraucher ermöglicht wird, das Entgelt für den Erwerb von Sachen und Rechten oder den Empfang von Dienstleistungen leichter, insbesondere früher aufzubringen oder die Leistung (z.B. den Besitz der Sache) eher zu erhalten.[13] Dies wird vor allem beim Mietkauf verwirklicht. Ein TK-Dienstleistungsvertrag kann eine „sonstige ent-

---

[1] BT-Drs. 16/11643, S. 91.
[2] BT-Drs. 16/11643, S. 91.
[3] BT-Drs. 16/11643, S. 91.
[4] BT-Drs. 16/11643, S. 91.
[5] BT-Drs. 16/11643, S. 91.
[6] BT-Drs. 16/11643, S. 91.
[7] BT-Drs. 16/11643, S. 91.
[8] *Krämer/Müller* in: Nomos Kommentar, § 506 Rn. 6.
[9] BT-Drs. 11/5462, S. 18.
[10] *Bülow/Artz*, VerbrKR, § 491 Rn. 109 und § 504 Rn. 12; *Weidenkaff* in: Palandt, § 506 Rn. 3.
[11] LG Bamberg v. 08.02.2006 - 2 O 764/04; der BGH hat das gegen das Urteil des OLG Bamberg v. 24.01.2007 - 3 U 35/06 -VersR 2007, 529-530 eingelegte Rechtsmittel am 29.07.2009 - I ZR 22/07 - durch Anerkenntnisurteil aufgehoben und damit das Urteil des LG Bamberg inhaltlich bestätigt, str. vgl. OLG Hbg v. 18.11.2011 - 9 U 103/11; OLG Hamm v. 31.08.2011 - 20 U 81/11, I - 20 U 81/11.
[12] Erwägungsgrund 12 VKred-Rili 2008/48/EG.
[13] *Weidenkaff* in: Palandt, Vorb. § 506 Rn. 5; *Limbach*, NJW 2011, 3771.

geltliche Finanzierungshilfe" im Hinblick auf einen gleichzeitig abgeschlossenen Kaufvertrag über ein verbilligtes Mobiltelefon sein.[14]

7   Auch die sonstige Finanzierungshilfe muss entgeltlich gewährt werden. Gemeint sind vor allem Finanzierungsleasingverträge, für die § 506 Abs. 3 BGB Sonderregelungen vorsieht, aber auch das Hersteller- bzw. Händlerleasing und der Mietkauf.[15] Aus § 506 Abs. 1 BGB folgt, dass die meisten Vorschriften zum Verbraucherdarlehensvertrag (§ 491 BGB) anzuwenden sind. Insbesondere werden verbundene Geschäfte bei Widerruf nach den §§ 358, 359 BGB behandelt. Schriftform und Vertragsinhalt müssen den §§ 491a, 492 BGB entsprechen. Rechtsfolgen und Heilung von Formmängeln ergeben sich aus § 494 BGB. Das Widerrufsrecht mit der Anwendung des § 355 BGB folgt aus § 495 BGB. Verbote für den Einwendungsverzicht sowie das Wechsel- und Scheckverbot enthält § 496 BGB. Verzugszinsen und Teilleistungen werden nach § 497 BGB behandelt. Die Gesamtfälligstellung bei Teilleistung folgt den Grundsätzen des § 498 BGB.

II. Nutzung von Gegenständen als Finanzierungshilfe (Absatz 2)

8   Absatz 2 bestimmt, dass ein Verbrauchervertrag über die entgeltliche Nutzung eines Gegenstandes als entgeltliche Finanzierungshilfe gilt, wenn vertraglich entweder eine Erwerbsverpflichtung des Verbrauchers geregelt ist (Nr. 1) oder dem Unternehmer die Möglichkeit eingeräumt wird, von dem Verbraucher den Erwerb des Vertragsgegenstands zu verlangen (Nr. 2), oder der Verbraucher bei Vertragsablauf einen vereinbarten Restwert garantieren muss (Nr. 3). Diese Vereinbarung kann in dem Gebrauchsüberlassungsvertrag selbst angelegt oder auch in einem Zusatzvertrag vereinbart sein.[16]

9   Der Begriff „Gegenstand" wurde als Oberbegriff für sämtliche Formen von Kauf-, Werk- und Dienstverträgen gewählt.[17] Es kann sich um eine bewegliche oder unbewegliche Sache (§ 90 BGB) ebenso handeln wie um Forderungen und sonstige Vermögensrechte.[18]

10 Sinn der Vorschrift ist, die Finanzierungshilfen von bloßen Gebrauchsüberlassungsverträgen (insbesondere Mietverträgen) abzugrenzen.[19] Diese sind vom Anwendungsbereich der VKred-Rili nicht erfasst und sollen wegen der abweichenden Interessenlage auch von den Umsetzungsvorschriften nicht erfasst werden.[20]

11 Als Abgrenzungskriterium wird vorrangig auf eine Erwerbsverpflichtung des Verbrauchers zurückgegriffen (Nr. 1). Diese kann im Gebrauchsüberlassungsvertrag oder einem Zusatzvertrag ausdrücklich festgeschrieben oder auch als Wahlrecht des Unternehmers vereinbart sein.[21] Richtlinienkonform ist der Anwendungsbereich weit gefasst; das Gesetz stellt jeden Nutzungsvertrag einer entgeltlichen Finanzierungshilfe gleich, der dem Unternehmer die Möglichkeit einräumt, den Vertragspartner zum Erwerb des Vertragsgegenstands zu verpflichten (Nr. 2).[22] Darunter fällt insbesondere das Andienungsrecht in den klassischen **Finanzierungsleasing-** oder Mietkaufverträgen, wonach der Unternehmer nach Ende des Nutzungszeitraums vom Vertragspartner den Erwerb des Vertragsgegenstands zu Eigentum verlangen kann.[23] Erfasst werden Voll- und Teilamortisationsverträge im Sinne der Erlasse des BMF v. 19.04.1971[24] bzw. 22.12.1975[25]. Entscheidend ist, dass Aufwand und Kosten des Leasinggebers ganz überwiegend durch die Zahlungen des Leasingnehmers amortisiert werden.[26] Erfasst sind

---

[14] AG Dortmund v. 13.10.2010 - 417 C 3787/10 - MMR 2011, 67.
[15] *Krämer/Müller* in: Nomos Kommentar, § 506 Rn. 8.
[16] BT-Drs. 16/11643, S. 91/92; Umsetzung von Art. 2 Abs. 2d VKred-Rili.
[17] BT-Drs. 16/11643, S. 92.
[18] BT-Drs. 16/11643, S. 92.
[19] BT-Drs. 16/11643, S. 92.
[20] BT-Drs. 16/11643, S. 92.
[21] BT-Drs. 16/11643, S. 92.
[22] BT-Drs. 16/11643, S. 92.
[23] BT-Drs. 16/11643, S. 92.
[24] DB 1971, 506.
[25] DB 1976, 22.
[26] BGH v. 24.04.1996 - VII ZR 150/95 - juris Rn. 14 - WM 1996, 1146.

auch Kfz-Leasingverträge mit Kilometerabrechnung, die bei vertragsgemäßer Beendigung keine Verpflichtung des Leasingnehmers zum Restwertausgleich vorsehen.[27] Auch wenn der Unternehmer während der Vertragslaufzeit vom Vertrag zurücktreten kann und dadurch eine vertragliche Kaufverpflichtung seines Vertragspartners auslöst, gilt ein solcher Vertrag als entgeltliche Finanzierungshilfe.[28]

Nr. 3 findet keine Entsprechung in der Richtlinie und soll solche Finanzierungsleasingverträge erfassen, bei denen zwar keine Erwerbsverpflichtung besteht, aber der Verbraucher für einen bestimmten Wert des Gegenstands einzustehen hat.[29] Ein bestimmter Wert ist ein solcher, der im Vertrag als feste Zahl vereinbart ist.[30] Eine solche Restwertgarantie verschafft dem Unternehmer eine Vollamortisation des Vertragsgegenstands, die der Verbraucher finanziert.[31] Es ist nicht ersichtlich, warum Verträge mit einer Restwertgarantie anders behandelt werden sollten als Verträge mit Erwerbsverpflichtung.[32] Ein Vertrag mit einer Klausel über eine Restwertgarantie unterscheidet sich jedenfalls so deutlich vom Leitbild des Mietvertrags, dass seine Besserstellung gegenüber anderen entgeltlichen Finanzierungshilfen nicht gerechtfertigt ist.[33] Vielmehr sei nicht auszuschließen, dass in Finanzierungsleasingverträgen künftig auf ein Andienungsrecht mit der Folge verzichtet würde, dass die verbraucherschützenden Vorschriften der §§ 491 ff. BGB keine Anwendung fänden.[34] Vor diesem Hintergrund sei es sachgerecht, die verbraucherschützenden Vorschriften auf solche Nutzungsverträge anzuwenden, bei deren Ende der Verbraucher einen im Vertrag festgesetzten Restwert garantiere.[35]

In diesen Fällen soll allerdings keine vorzeitige Rückzahlung möglich sein und folglich auch kein Anspruch auf Vorfälligkeitsentschädigung entstehen; deshalb nimmt Absatz 2 die §§ 500 Abs. 2, 502 BGB aus dem Anwendungsbereich aus.[36] Eine vorzeitige Rückzahlung kann auf Leasingverträge grundsätzlich kaum sinnvoll zugeschnitten werden. Am Ende der Leasingvertragslaufzeit bestehen unterschiedliche Möglichkeiten zur Beendigung; so kann der Leasingnehmer das Fahrzeug erwerben oder es zurückgeben, auch die Restschuld kann je nach Art der Vertragsbeendigung sehr unterschiedlich ausfallen.[37] Außerdem würde der Leasingnehmer bei vorzeitiger Bezahlung auch den in den Raten enthaltenen Gebrauchsanteil entrichten, obwohl er diesen gar nicht schuldet. Deshalb erscheint es grundsätzlich sachgerecht, die Beendigung des Leasingvertrags der Regelung im Vertrag zu überlassen.[38] Flankiert wird die Beendigungsmöglichkeit durch die Kündigungsrechte des Mietvertragsrechts (§ 580a Abs. 3 BGB) sowie § 500 Abs. 1 BGB. Daneben kann auf die Anwendung des § 500 Abs. 2 BGB verzichtet werden.[39] Der Ausschluss des § 502 BGB bezieht sich allein auf den Anspruch auf Vorfälligkeitsentschädigung wegen vorzeitiger Rückzahlung.[40] Treffen die Vertragsparteien andere Regelungen der Vertragsbeendigung, die einen Ausgleichsanspruch des Leasinggebers begründen, bleibt dies im Rahmen der §§ 305 ff. BGB zulässig, sofern nicht gerade der geschilderte Zweck umgangen werden soll (§ 511 BGB).[41]

---

[27] BGH v. 11.03.1998 - VIII ZR 205 - 97 - NJW 1998, 1637.
[28] So etwa: OLG Hamm v. 03.08.2007 - 12 U 158/06 - WM 2007, 2012; BT-Drs. 16/11643, S. 92.
[29] BT-Drs. 16/11643, S. 92.
[30] BT-Drs. 16/11643, S. 92.
[31] BT-Drs. 16/11643, S. 92.
[32] BT-Drs. 16/11643, S. 92.
[33] BT-Drs. 16/11643, S. 92.
[34] BT-Drs. 16/11643, S. 92.
[35] BT-Drs. 16/11643, S. 92.
[36] BT-Drs. 16/11643, S. 92.
[37] BT-Drs. 16/11643, S. 92.
[38] BT-Drs. 16/11643, S. 92.
[39] BT-Drs. 16/11643, S. 92.
[40] BT-Drs. 16/11643, S. 92.
[41] BT-Drs. 16/11643, S. 92.

III. Teilzahlungsgeschäfte (Absatz 3)

14 Absatz 3 enthält wie früher die gesetzliche Definition des Teilzahlungsgeschäfts. Sie ist inhaltlich unverändert.[42] Teilzahlungsgeschäfte sind Verträge, die die Lieferung einer bestimmten Sache oder die Erbringung einer bestimmten anderen Leistung gegen Teilzahlungen zum Gegenstand haben.[43] Die Annahme eines Teilzahlungsgeschäftes setzt voraus, dass die Fälligkeit der vom Verbraucher geschuldeten Zahlung gegenüber dem gesetzlichen Fälligkeitszeitpunkt gegen Zahlung eines Entgelts hinausgeschoben wird, um dem Verbraucher die Zahlung des vereinbarten Preises zu erleichtern.[44] Teilzahlungsgeschäfte stellen eine besondere Form der entgeltlichen Finanzierungshilfen dar, so dass die Verweisung in § 506 Abs. 1 BGB auf diese Verträge anwendbar ist; dies wird durch das Wort „zusätzlich" sichergestellt.[45] Daneben ergeben sich aus den §§ 507, 508 BGB Abweichungen, die weitgehend den früheren §§ 502-504 BGB entsprechen.[46] Finanzierungsleasingverträge werden in Absatz 3 nicht mehr eigens erwähnt; soweit sie unter die Absätze 1 und 2 fallen, gelten die Vorschriften der §§ 491a ff. BGB unmittelbar – der frühere § 500 BGB wird aufgehoben.[47] Dies ist den Pflichtangaben in Art. 10 VKred-Rili geschuldet. Anders als früher wird für Finanzierungsleasingverträge grundsätzlich auf § 494 BGB verwiesen, so dass auch Verträge dieser Art geheilt werden können.[48] Auf diese Weise wollte der Gesetzgeber Rechtssicherheit schaffen.[49] Im Ergebnis heißt das, dass die Finanzierungsleasingverträge in aller Regel unter § 506 Abs. 2 BGB fallen und folglich wie entgeltliche Finanzierungshilfen behandelt werden.[50]

IV. Ausnahme vom Anwendungsbereich (Absatz 4)

15 Absatz 4 regelt – wie früher – die Ausnahme vom Anwendungsbereich für bestimmte Verträge durch Verweisung auf § 491 Abs. 2 und 3 BGB. Für Verträge, die keinen Nettodarlehensbetrag kennen, weil kein Darlehen ausbezahlt wird, soll an die Stelle des Nettodarlehensbetrags der Barzahlungspreis treten – also der Preis, den der Verbraucher zu entrichten hätte, wenn der Kaufpreis sofort in voller Höhe fällig wäre.[51] Beschafft der Unternehmer den Gegenstand, soll der Anschaffungspreis maßgebend sein; das ist insbesondere bei Finanzierungsleasingverträgen der Fall.[52] Das Brandenburgische OLG[53] umschreibt dies mit dem unmittelbar dem Verbraucher zufließenden Liquiditätsvorteil, den der Leasinggeber dem Lieferanten für den Gegenstand zu entrichten hat.[54] Dieser Anschaffungspreis umschreibt die vom Leasinggeber erwerbsbedingt getätigten Aufwendungen (§ 256 BGB).[55] Der Begriff umfasst alle freiwilligen Vermögensausgaben, die der Unternehmer zum Erwerb des Gegenstands tätigt, also grundsätzlich auch die vom Unternehmer zur Anschaffung zu entrichtende Umsatzsteuer.[56]

16 Bei Teilzahlungsgeschäften wendet der Unternehmer in der Regel keine Geldbeträge zum Erwerb für den Verbraucher auf, weil hier der Unternehmer den Gegenstand aus einem Vorrat auswählt, den er für

---

[42] BT-Drs. 16/11643, S. 92.
[43] BGH v. 22.12.2005 - VII ZR 183/04 - juris Rn. 24 - WM 2006, 1264.
[44] BGH v. 22.12.2005 - VII ZR 183/04 - juris Rn. 24 - WM 2006, 1264.
[45] BT-Drs. 16/11643, S. 92.
[46] BT-Drs. 16/11643, S. 92.
[47] BT-Drs. 16/11643, S. 92.
[48] BT-Drs. 16/11643, S. 92.
[49] BT-Drs. 16/11643, S. 92 unter Hinweis auf die frühere Diskussion in der Literatur und auf das Urteil des BGH v. 12.09.2001 - ZR 109/00 - NJW 2002, 133.
[50] BT-Drs. 16/11643, S. 92, bestehenbleibende Besonderheiten für Teilzahlungsgeschäfte sind in den §§ 507, 508 BGB geregelt.
[51] BT-Drs. 16/11643, S. 92.
[52] BT-Drs. 16/11643, S. 92.
[53] Brandenburgisches OLG v. 31.08.2005 - 3 U 17/05 - NJW 2006, 159.
[54] BT-Drs. 16/11643, S. 93.
[55] BT-Drs. 16/11643, S. 93.
[56] BT-Drs. 16/11643, S. 93.

solche Geschäfte bereithält.[57] Ebenso verhält es sich beim „Herstellerleasing", bei dem der Hersteller selbst als Leasinggeber auftritt und deshalb der Barzahlungspreis angesetzt werden kann.[58] Ein Erwerb „für den Verbraucher" kommt deshalb nur in Betracht, wenn der Verbraucher den Gegenstand gezielt auswählt und er dann vom Unternehmer zu Finanzierungszwecken erworben wird.[59]

---

[57] BT-Drs. 16/11643, S. 93.
[58] BT-Drs. 16/11643, S. 93.
[59] BT-Drs. 16/11643, S. 93.

§ 507 BGB Teilzahlungsgeschäfte

(Fassung vom 29.07.2009, gültig ab 11.06.2010)

(1) ¹§ 494 Abs. 1 bis 3 und 6 Satz 3 ist auf Teilzahlungsgeschäfte nicht anzuwenden. ²Gibt der Verbraucher sein Angebot zum Vertragsabschluss im Fernabsatz auf Grund eines Verkaufsprospekts oder eines vergleichbaren elektronischen Mediums ab, aus dem der Barzahlungspreis, der Sollzinssatz, der effektive Jahreszins, ein Tilgungsplan anhand beispielhafter Gesamtbeträge sowie die zu stellenden Sicherheiten und Versicherungen ersichtlich sind, ist auch § 492 Abs. 1 nicht anzuwenden, wenn der Unternehmer dem Verbraucher den Vertragsinhalt spätestens unverzüglich nach Vertragsabschluss in Textform mitteilt.

(2) ¹Das Teilzahlungsgeschäft ist nichtig, wenn die vorgeschriebene Schriftform des § 492 Abs. 1 nicht eingehalten ist oder im Vertrag eine der in Artikel 247 §§ 6, 12 und 13 des Einführungsgesetzes zum Bürgerlichen Gesetzbuche vorgeschriebenen Angaben fehlt. ²Ungeachtet eines Mangels nach Satz 1 wird das Teilzahlungsgeschäft gültig, wenn dem Verbraucher die Sache übergeben oder die Leistung erbracht wird. ³Jedoch ist der Barzahlungspreis höchstens mit dem gesetzlichen Zinssatz zu verzinsen, wenn die Angabe des Gesamtbetrags oder des effektiven Jahreszinses fehlt. ⁴Ist ein Barzahlungspreis nicht genannt, so gilt im Zweifel der Marktpreis als Barzahlungspreis. ⁵Ist der effektive Jahreszins zu niedrig angegeben, so vermindert sich der Gesamtbetrag um den Prozentsatz, um den der effektive Jahreszins zu niedrig angegeben ist.

(3) ¹Abweichend von den §§ 491a und 492 Abs. 2 dieses Gesetzes und von Artikel 247 §§ 3, 6 und 12 des Einführungsgesetzes zum Bürgerlichen Gesetzbuche müssen in der vorvertraglichen Information und im Vertrag der Barzahlungspreis und der effektive Jahreszins nicht angegeben werden, wenn der Unternehmer nur gegen Teilzahlungen Sachen liefert oder Leistungen erbringt. ²Im Fall des § 501 ist der Berechnung der Kostenermäßigung der gesetzliche Zinssatz (§ 246) zugrunde zu legen. ³Ein Anspruch auf Vorfälligkeitsentschädigung ist ausgeschlossen.

Gliederung

A. Grundlagen.................................... 1	II. Rechtsfolgen – Nichtigkeit und Heilung (Absatz 2).. 7
B. Anwendungsvoraussetzungen 2	III. Lieferung von Sachen/Leistungen nur gegen Teilzahlungen (Absatz 3)...................... 10
I. Anwendungsausnahmen (Absatz 1)............. 2	

A. Grundlagen

1 Die Vorschrift ist im Zusammenhang mit der Umsetzung der VKred-Rili neu gefasst worden. Der Verbraucher soll über den Umfang seiner Verpflichtungen angemessen aufgeklärt und informiert werden. Für Ehegatten gilt § 1357 Abs. 1 BGB.

B. Anwendungsvoraussetzungen

I. Anwendungsausnahmen (Absatz 1)

2 Nach Absatz 1 ist § 494 Abs. 1-3 und Abs. 6 Satz 3 BGB auf Teilzahlungsgeschäfte nicht anzuwenden, stattdessen enthält § 507 BGB besondere Heilungs- und Sanktionsmechanismen für Teilzahlungsverträge. Anders als nach früherem Recht sind aber die Absätze 4-7 des § 494 BGB anzuwenden. Die dort vorgesehenen Rechtsfolgen passen auf Darlehensverträge ebenso wie auf Teilzahlungsgeschäfte. Dies gilt für die fehlenden Angaben zur Laufzeit (Absatz 6) und den Anspruch auf eine neue Vertrags-

abschrift (Absatz 7).[1] Wegen der fehlenden Angabe der Sicherheiten wird auf Absatz 6 verwiesen.[2] Die Ausnahmeregelung für Verträge mit einem Nettodarlehensbetrag von über 75.000 € gilt bei Teilzahlungsverträgen nicht, so dass § 494 Abs. 6 Satz 3 BGB auf Teilzahlungsgeschäfte nicht anzuwenden ist.[3]

Wie früher kann beim Abschluss von Teilzahlungsgeschäften im Fernabsatz unter engen Voraussetzungen auf die Schriftform verzichtet werden (Satz 2). Voraussetzung ist, dass der Verbraucher von sich aus den engeren Vertragsabschluss (Angebot und Annahme) im Fernabsatz einleitet.[4] In diesen Fällen erlaubt Art. 5 Abs. 3 VKred-Rili eine verringerte vorvertragliche Information und statuiert keine Anforderungen an die Vertragsform.[5] Der Vertragsschluss muss auf der Initiative des Verbrauchers beruhen.

Das Angebot muss aufgrund eines Verkaufsprospekts oder ähnlichen Informationsmaterials abgegeben werden. Der Begriff „Verkaufsprospekt" wird wie in § 356 BGB nicht verwendet, dem Prospekt werden „vergleichbare" elektronische Medien „gleichgestellt", womit insbesondere Internetseiten erfasst werden sollen.[6] Zur Beurteilung der Vergleichbarkeit ist die Qualität des Materials maßgeblich.[7] Der Verbraucher muss die Informationen in Ruhe und ungestört wahrnehmen und auswerten können.[8] Telefonische Informationen sind deshalb zur Informationsbeschaffung ungeeignet und können dem Verkaufsprospekt nicht als ähnliches Informationsmaterial gleichgestellt werden.[9]

Wie früher muss der Verkaufsprospekt oder das elektronische Medium Barzahlungspreis, effektiven Jahreszins, die zu stellenden Sicherheiten und Versicherungen enthalten.[10] Der Begriff „Teilzahlungspreis" wird durch den Begriff „Gesamtbetrag", die inhaltsgleich sind, ersetzt.[11] Statt der Angabe des Gesamtbetrags sowie der Zahlungsfälligkeit der einzelnen Teilzahlungen verlangt das Gesetz einen „Tilgungsplan anhand beispielhafter Gesamtbeträge".[12] Bei Verkaufsprospekten ist das Bestellvolumen noch nicht bekannt, weshalb der Gesamtbetrag immer nur beispielhaft, etwa in unterschiedlichen Größenordnungen angegeben werden kann.[13] Dabei verwendet das Gesetz die Pluralform, es ist daher nicht ein Rechenbeispiel ausreichend, sondern es müssen zur Verdeutlichung mindestens zwei unterschiedliche Gesamtbeträge mit Tilgungsplan angegeben werden.[14] Art. 4 VKred-Rili verlangt außerdem bei der Werbung für Teilzahlungsgeschäfte die Angabe des Betrags der Teilzahlungen[15], da der Verkaufsprospekt (auch) ein Werbemittel ist, muss die Höhe der Teilzahlungen beispielhaft angegeben werden, so dass das Gesetz vorsieht, dass die Informationsquelle einen beispielhaften Tilgungsplan vorsehen muss.[16] So kann in diesem Tilgungsplan dargestellt werden, wie ein Gesamtbetrag von 1.000 € in zehn Jahren zurückgeführt wird. Dabei sollte sich der beispielhafte Tilgungsplan am durchschnittlichen Geschäfts- und Bestellvolumen bei dem Unternehmer orientieren.[17] Ergänzend und in Übereinstimmung mit Art. 4 VKred-Rili ist außerdem der Sollzinssatz anzugeben.[18]

---

[1] BT-Drs. 16/11643, S. 93.
[2] BT-Drs. 16/11643, S. 93.
[3] BT-Drs. 16/11643, S. 93.
[4] BT-Drs. 16/11643, S. 93.
[5] BT-Drs. 16/11643, S. 93.
[6] BT-Drs. 16/11643, S. 94.
[7] BT-Drs. 16/11643, S. 94.
[8] BT-Drs. 16/11643, S. 94.
[9] BT-Drs. 16/11643, S. 94.
[10] BT-Drs. 16/11643, S. 94.
[11] BT-Drs. 16/11643, S. 94.
[12] BT-Drs. 16/11643, S. 94.
[13] BT-Drs. 16/11643, S. 94.
[14] BT-Drs. 16/11643, S. 94.
[15] Art. 4 Abs. 2f VKred-Rili.
[16] BT-Drs. 16/11643, S. 94.
[17] BT-Drs. 16/11643, S. 94.
[18] BT-Drs. 16/11643, S. 94.

6 Der Verbraucher gibt sein Angebot „aufgrund" des Verkaufsprospekts ab; das heißt das Angebot beruht nicht nur auf der Ware, sondern auch auf den sonstigen Merkmalen, die im Verkaufsprospekt erwähnt sind. Nimmt der Unternehmer das Angebot an, kommt der Vertrag mit dem Barzahlungspreis und zu dem effektiven Jahreszins zustande, der vorher im Prospekt angegeben wurde.[19] Der Unternehmer muss dem Verbraucher den Vertragsinhalt spätestens unverzüglich nach Vertragsabschluss in Textform mitteilen. Es genügt, wenn der Vertragstext dem Warenpaket beiliegt.[20] Hat sich der Unternehmer längere Lieferfristen vorbehalten, ist der Vertragstext zuvor gesondert zu übermitteln.[21] Liegen die genannten Voraussetzungen vor, so entfällt als Rechtsfolge das Schriftformerfordernis des § 492 BGB; für die vorvertragliche Information kann auf Art. 247 § 5 EGBGB zurückgegriffen werden.[22]

II. Rechtsfolgen – Nichtigkeit und Heilung (Absatz 2)

7 Das Teilzahlungsgeschäft ist **nichtig**, wenn die Schriftform (§ 492 Abs. 1 BGB) nicht eingehalten ist oder wenn eine der in Art. 247 §§ 6, 12 und 13 EGBGB vorgeschriebenen Angaben fehlt. Es handelt sich um eine Sonderregelung zu § 125 Satz 1 BGB und zu § 139 BGB.

8 Trotz der grundsätzlichen Nichtigkeit nach § 502 Abs. 2 Satz 1 BGB können die Mängel weitgehend geheilt werden, wenn dem Verbraucher die Sache übergeben oder die Leistung erbracht wird (§ 502 Abs. 2 Satz 2 BGB). In diesem Fall wird das Teilzahlungsgeschäft gültig. Der Barzahlungspreis ist allerdings höchstens mit dem gesetzlichen Zinssatz zu verzinsen, wenn die Angabe des Gesamtbetrages oder des effektiven Jahreszinses fehlt. Ist der Barzahlungspreis nicht genannt, so gilt im Zweifel der Marktpreis als Barzahlungspreis. Ist der effektive Jahreszins zu niedrig angegeben, so vermindert sich der Teilzahlungspreis um den Prozentsatz, um den der effektive Jahreszins zu niedrig angegeben ist. Ergänzend gelten die Regelungen in § 494 Abs. 6 BGB. Das gilt auch für die Regelung für Versicherungen, wenn diese nicht im Vertrag angegeben sind; dies ist eine sachgerechte Ergänzung der früheren Rechtslage.[23]

9 Die zu liefernde Sache muss **übergeben** sein. Gemeint ist Übergabe i.S.v. § 929 BGB. Es genügt also weder ein Besitzmittlungsverhältnis i.S.v. § 930 BGB noch die Abtretung des Herausgabeanspruchs nach § 931 BGB[24]. Werk- oder Dienstverträge müssen vollständig erfüllt sein (§ 362 BGB). Die Höhe des gesetzlichen Zinssatzes ergibt sich aus § 246 BGB. Ob der Prozentsatz des effektiven Jahreszinses **zu niedrig** angegeben ist, ist an der tatsächlichen Zinsbelastung zu messen. Abweichungen sind bis zu 0,05% tolerabel.[25]

III. Lieferung von Sachen/Leistungen nur gegen Teilzahlungen (Absatz 3)

10 Liefert der Unternehmer Sachen oder Leistungen nur gegen Teilzahlungen, so müssen in der vorvertraglichen Information und im Vertrag der Barzahlungspreis und der effektive Jahreszins nicht angegeben werden (Absatz 3 Satz 1). Das entspricht der früheren Rechtslage, die beibehalten werden soll.[26] Es handelt sich um eine Ausnahmevorschrift, deren Voraussetzungen der Unternehmer darlegen und beweisen muss.[27]

11 Die Ausnahme ist richtlinienkonform, denn dem Wesen nach wird mit einem Teilzahlungsgeschäft die Fälligkeit der vom Verbraucher geschuldeten Zahlung gegen Entgelt hinausgeschoben.[28] Solche Ver-

---

[19] BT-Drs. 16/11643, S. 94.
[20] BT-Drs. 16/11643, S. 94.
[21] BT-Drs. 16/11643, S. 94.
[22] BT-Drs. 16/11643, S. 94.
[23] BT-Drs. 16/11643, S. 94.
[24] *Weidenkaff* in: Palandt, § 507 Rn. 8 m.w.N.
[25] LG Stuttgart v. 07.08.1992 - 21 O 171/92 - NJW 1993, 208.
[26] BT-Drs. 16/11643, S. 94.
[27] BT-Drs. 16/11643, S. 94 m.w.N.
[28] BT-Drs. 16/11643, S. 94 unter Hinweis auf BGH v. 22.12.2005 - VII ZR 182/04 - BGHZ 165, 325, 331; im Ergebnis zustimmend: *Schürnbrand* in: MünchKomm-BGB, § 507 Rn. 26.

träge sind von der Richtlinie grundsätzlich als Kreditverträge nach Art. 3c VKred-Rili erfasst.[29] Allerdings findet die Richtlinie nach Art. 2 Abs. 2f VKred-Rili keine Anwendung auf Kreditverträge, die zins- und gebührenfrei sind; unter diese Ausnahme fallen Teilzahlungsgeschäfte, wenn der Unternehmer nur gegen Teilzahlungen leistet.[30] In diesen Fällen ist ein Barzahlungspreis, der verzinst wird, nicht zu ermitteln.[31] Ebenso kann eine Gebühr für die Leistung nicht ermittelt werden, auch ein Abstellen auf den üblichen Marktwert ist nicht möglich, weil der Unternehmer allein mit dem von ihm verlangten Preis auf dem Markt auftritt, das heißt solche Fälle, bei denen ein Zins oder eine Gebühr nicht verlangt werden, sind von der Richtlinie nicht erfasst.[32]

Da aber auch bei diesem Geschäft in der Regel der Zahlungsaufschub im Verhältnis von Leistung und Gegenleistung berücksichtigt wird, sollen die Verbraucherschutzvorschriften soweit wie möglich auf sie angewendet werden.[33] Dementsprechend ordnet Absatz 3 als Rechtsfolge an, dass nur auf den effektiven Jahreszins und auf den Barzahlungspreis in der vorvertraglichen Information und im Vertrag verzichtet werden kann.[34] Alle anderen sich aus Art. 247 §§ 3 ff. EGBGB ergebenden Angaben sowie die weiteren verbraucherschützenden Vorschriften sind dagegen verpflichtend, um einen weitgehenden Gleichlauf dieser besonderen Art der Teilzahlungsgeschäfte mit anderen Geschäften vorzusehen.[35]

12

Absatz 3 Satz 2 übernimmt die Regelung des früheren § 504 Satz 2 BGB. Auch wenn der Verbraucher seine Verpflichtungen aus einem Teilzahlungsgeschäft der in Satz 1 bezeichneten Art vorzeitig erfüllt, soll dies die Kostenreduktion des § 501 BGB zur Folge haben.[36] Allerdings besteht in diesen Fällen kein Anhaltspunkt für die Berechnung der Reduktion, weshalb – wie früher – der gesetzliche Zinssatz zugrunde gelegt wird.[37]

13

Absatz 3 Satz 3 stellt klar, dass entsprechend der früheren Rechtslage ein Anspruch auf Vorfälligkeitsentschädigung ausgeschlossen ist; da der Anwendungsbereich der Richtlinie nicht eröffnet ist, kann und soll hieran festgehalten werden.[38]

14

---

[29] BT-Drs. 16/11643, S. 94.
[30] BT-Drs. 16/11643, S. 95.
[31] BT-Drs. 16/11643, S. 95.
[32] BT-Drs. 16/11643, S. 95.
[33] BT-Drs. 16/11643, S. 95.
[34] BT-Drs. 16/11643, S. 95.
[35] BT-Drs. 16/11643, S. 95.
[36] BT-Drs. 16/11643, S. 95.
[37] BT-Drs. 16/11643, S. 95.
[38] BT-Drs. 16/11643, S. 95.

§ 508 BGB Rückgaberecht, Rücktritt bei Teilzahlungsgeschäften

(Fassung vom 24.07.2010, gültig ab 30.07.2010)

(1) ¹Anstelle des dem Verbraucher gemäß § 495 Abs. 1 zustehenden Widerrufsrechts kann dem Verbraucher bei Verträgen über die Lieferung einer bestimmten Sache ein Rückgaberecht nach § 356 eingeräumt werden. ²§ 495 Abs. 2 gilt für das Rückgaberecht entsprechend.

(2) ¹Der Unternehmer kann von einem Teilzahlungsgeschäft wegen Zahlungsverzugs des Verbrauchers nur unter den in § 498 Satz 1 bezeichneten Voraussetzungen zurücktreten. ²Dem Nennbetrag entspricht der Gesamtbetrag. ³Der Verbraucher hat dem Unternehmer auch die infolge des Vertrags gemachten Aufwendungen zu ersetzen. ⁴Bei der Bemessung der Vergütung von Nutzungen einer zurückzugewährenden Sache ist auf die inzwischen eingetretene Wertminderung Rücksicht zu nehmen. ⁵Nimmt der Unternehmer die auf Grund des Teilzahlungsgeschäfts gelieferte Sache wieder an sich, gilt dies als Ausübung des Rücktrittsrechts, es sei denn, der Unternehmer einigt sich mit dem Verbraucher, diesem den gewöhnlichen Verkaufswert der Sache im Zeitpunkt der Wegnahme zu vergüten. ⁶Satz 5 gilt entsprechend, wenn ein Vertrag über die Lieferung einer Sache mit einem Verbraucherdarlehensvertrag verbunden ist (§ 358 Absatz 3) und wenn der Darlehensgeber die Sache an sich nimmt; im Fall des Rücktritts bestimmt sich das Rechtsverhältnis zwischen dem Darlehensgeber und dem Verbraucher nach den Sätzen 3 und 4.

Gliederung

A. Grundlagen	1	II. Rücktrittsrecht des Unternehmers (Absatz 2 Sätze 1-4)	4
B. Anwendungsvoraussetzungen	2	III. Rücktrittsfiktion (Absatz 2 Satz 5)	8
I. Rückgaberecht	2	IV. Verbundene Verträge (Absatz 2 Satz 6)	10

A. Grundlagen

1 § 508 BGB übernimmt die Regelung des früheren § 503 Abs. 1 BGB weitgehend unverändert und räumt dem Käufer im Teilzahlungsgeschäft statt des Widerrufsrechts ein Rückgaberecht (§ 356 BGB) ein.[1] Die Rückgabe der gelieferten Sache, mit der Wirkung, dass das Teilzahlungsgeschäft beseitigt wird, entspricht der allgemeinen Übung im Versandhandel und schützt den Verbraucher in gleicher Weise wie das Widerrufsrecht[2]. Zugleich wird die Abwicklung des Vertrages vereinfacht.

B. Anwendungsvoraussetzungen

I. Rückgaberecht

2 Das Rückgaberecht kann das Widerrufsrecht nach § 495 Abs. 1 BGB ersetzen oder auch – weil für den Verbraucher günstiger (§ 511 BGB) – wahlweise daneben bestehen bleiben. Das Rückgaberecht erscheint nur bei beweglichen Sachen sinnvoll und wird deshalb darauf beschränkt.[3] Dies entspricht weitgehend der im Fernabsatz gültigen Rechtslage (§ 312d Abs. 1 Satz 2 BGB). Das Rückgaberecht hat dieselbe Funktion wie ein Widerruf und ist diesem auch von den Rechtswirkungen gleichwertig und deshalb europarechtlich unbedenklich.[4]

---

[1] BT-Drs. 16/11643, S. 95.
[2] *Weidenkaff* in: Palandt, § 508 Rn. 1.
[3] BT-Drs. 16/11643, S. 95.
[4] BT-Drs. 16/11643, S. 95.

Das Rückgaberecht soll sich an denselben Vorgaben orientieren, die für das Widerrufsrecht gelten, weshalb § 495 Abs. 2 BGB für das Rückgaberecht entsprechend gilt.[5] Das bedeutet, dass an die Stelle der Belehrung über das Rückgaberecht nach § 355 Abs. 2 BGB für die Widerrufsfrist die entsprechende Pflichtangabe im Vertrag (Art. 247 § 6 Abs. 2 EGBGB) maßgebend ist.[6] Die Rückgabefrist (zwei Wochen: §§ 356, 355 BGB) beginnt nicht vor Vertragsschluss; der Unternehmer kann vom Verbraucher Ersatz der Aufwendungen verlangen, die er an öffentliche Stellen entrichtet hat und nicht zurückverlangen kann.[7]

II. Rücktrittsrecht des Unternehmers (Absatz 2 Sätze 1-4)

§ 508 Abs. 2 BGB gewährt dem Unternehmer bei Zahlungsverzug des Verbrauchers neben dem Kündigungsrecht aus § 498 BGB ein Rücktrittsrecht. Der Unternehmer hat somit die Wahl zwischen Kündigung und Rücktritt. Voraussetzung ist, dass der Verbraucher mit Teilzahlungen in Verzug geraten ist (§ 286 BGB), und zwar genau in dem Umfang, den § 498 Satz 1 BGB für eine Kündigung vorschreibt. Das gilt auch für das Gesprächsangebot, das der Unternehmer mit Blick auf eine einverständliche Regelung anzubieten hat. Allerdings ist der Rücktritt nicht unwirksam, wenn das Gesprächsangebot unterlassen wird.[8]

Die Wirkungen des Rücktritts ergeben sich im Grundsatz aus § 346 BGB. Ergänzend bestimmt § 508 Abs. 2 Satz 2 BGB, dass der Nennbetrag dem Gesamtbetrag entspricht. Damit werden die Voraussetzungen des § 498 BGB auf vertraglich eingeräumte Rücktrittsrechte ausgedehnt, was insbesondere bei der für das Teilzahlungsgeschäft typischen Vereinbarung eines Eigentumsvorbehalts Bedeutung gewinnt.[9] Bei Verzug des Teilzahlungskäufers soll für die Berechnung des Rückstands jedoch nicht der Nennbetrag, sondern der Gesamtbetrag maßgeblich sein.[10] Dies entspricht der früheren Rechtslage, wobei der Begriff „Teilzahlungspreis" mit dem Begriff „Gesamtbetrag" identisch ist, weil bei Teilzahlungsgeschäften auch der Barzahlungspreis inklusive sämtlicher Anzahlungen enthalten ist.[11]

Der Verbraucher hat dem Unternehmer auch die aufgrund des Vertrags gemachten Aufwendungen zu ersetzen. Aufwendungen sind freiwillige Auslagen und die Aufopferung von Vermögenswerten (§ 256 BGB). Sie müssen **durch** das Teilzahlungsgeschäft verursacht worden sein (**infolge**) und dürfen nicht überflüssig oder unangebracht sein[12]. Gemeint sind Verpackung, Fracht und Porto. Zu erstatten sind auch Versicherungsprämien, die speziell für dieses Geschäft gezahlt wurden.[13] Mahnkosten entstehen nicht infolge des Vertrags, sondern infolge des Verzugs, sind also nach den Grundsätzen der §§ 286-288 BGB, nicht aber nach § 508 Abs. 2 BGB zu ersetzen.[14] Nicht zu erstatten ist die Mehrwertsteuer, die der Unternehmer zurückerhält, ebenso wenig Finanzierungskosten oder die Kosten einer Auskunft und die eines Weiterverkaufs[15].

Der Verbraucher hat die infolge des Vertrags gemachten **Aufwendungen** zu ersetzen. Damit ist **Geldersatz** gemeint[16]. Bei der Bemessung der Vergütung von **Nutzungen** einer zurückzugewährenden Sache ist auf die inzwischen eingetretene Wertminderung Rücksicht zu nehmen (§ 508 Abs. 2 Satz 4 BGB). Die Regelung stellt zunächst klar, dass der Verbraucher eine Nutzungsvergütung (§ 346 BGB) für den tatsächlichen Gebrauch zu zahlen hat. Entscheidend ist der Wert der Nutzungen (§ 100 BGB), also insbesondere die Gebrauchsvorteile, ohne Rücksicht darauf, ob sie tatsächlich gezogen wurden,

---

[5] BT-Drs. 16/11643, S. 95.
[6] BT-Drs. 16/11643, S. 95.
[7] BT-Drs. 16/11643, S. 95; Umsetzung von Art. 14 Abs. 1 Satz 2 und Abs. 3b VKred-Rili.
[8] *Weidenkaff* in: Palandt, § 508 Rn. 6.
[9] BT-Drs. 16/11643, S. 95.
[10] BT-Drs. 16/11643, S. 95.
[11] BT-Drs. 16/11643, S. 95.
[12] *Weidenkaff* in: Palandt, § 508 Rn. 7.
[13] *Weidenkaff* in: Palandt, § 508 Rn. 7.
[14] A.A. *Weidenkaff* in: Palandt, § 508 Rn. 7.
[15] *Weidenkaff* in: Palandt, § 508 Rn. 7.
[16] *Weidenkaff* in: Palandt, § 508 Rn. 8.

ob die Sache also gebraucht wurde oder nicht. Entscheidend ist der objektive Verkehrswert.[17] Er ist als Wert der Gebrauchsüberlassung zu ermitteln oder zu schätzen. Dabei sind Kapitaleinsatz, anteilige Geschäftskosten, Risikoausgleich und ein angemessener Unternehmergewinn zugrunde zu legen. Zu berücksichtigen ist die inzwischen eingetretene **Wertminderung**. Zu ermitteln ist sie aus der gewöhnlichen, vertraglich vorausgesetzten Abnutzung und dem Verlust der Neuheit[18]. Nicht berücksichtigt werden der allgemeine Preisrückgang sowie der Veräußerungsverlust bei Weiterverkauf, ebenso wie verschuldete Beschädigungen, die unter § 823 Abs. 1 BGB fallen[19].

III. Rücktrittsfiktion (Absatz 2 Satz 5)

8   Nimmt der Unternehmer die aufgrund des Teilzahlungsgeschäfts gelieferte Sache wieder an sich, gilt dies als Ausübung des Rücktrittsrechts, es sei denn der Unternehmer einigt sich mit dem Verbraucher, diesem den gewöhnlichen Verkaufswert der Sache im Zeitpunkt der Wegnahme zu vergüten. Verhindert werden soll, dass dem Verbraucher Besitz und Nutzung der Sache entzogen werden, während er zugleich unvermindert zur Ratenzahlung verpflichtet bleibt. Voraussetzung ist, dass der Unternehmer die Sache wieder an sich nimmt. Das bedeutet im Regelfall Besitzverschaffung nach § 854 BGB. Mittelbarer Besitz (§ 868 BGB) genügt, wenn der Verbraucher auf Verlangen des Unternehmers die Sache an einen Dritten herausgibt, der den Besitz dem Unternehmen vermittelt.[20] Die bloße Wertverschaffung genügt nur dann, wenn sie allein durch den Unternehmer erfolgt, insbesondere durch Weiterveräußerung an einen Dritten.[21] Das Gleiche gilt bei einer Veräußerung auf Rechnung des Verbrauchers zur Begleichung der Kaufpreisschuld, wenn der Unternehmer die Verkaufsbedingungen bestimmt[22], und auch dann, wenn die Brauerei das ihr zur Sicherheit übereignete Inventar an den Nachfolger der Gaststätte veräußert, um auf diese Weise das restliche Darlehen zu tilgen[23]. Die Pfändung der Sache nach den §§ 808, 809 ZPO bewirkt nach h.M. noch nicht die Rücktrittsfiktion, sondern erst die Wegnahme selbst[24] und spätestens die Verwertung nach den §§ 814, 825 ZPO im Auftrag des Unternehmers[25]. Die Fiktion bewirkt allerdings nur die Rücktrittserklärung; darüber hinaus muss auch noch das Rücktrittsrecht bestehen.[26]

9   Die Fiktion ist ausgeschlossen, wenn der Unternehmer sich mit dem Verbraucher einigt, diesem den gewöhnlichen Verkaufswert der Sache im Zeitpunkt der Wegnahme zu vergüten. Der gewöhnliche Verkaufswert wird wie in § 813 Abs. 1 Satz 1 ZPO ermittelt.[27] Er bestimmt sich nach dem bei freihändigem Verkauf der Sache im Zeitpunkt des Wieder-an-sich-Nehmens erzielbaren Verkaufspreis. Maßgeblich ist dabei der gegenüber dem Letztverbraucher erzielbare Verkaufspreis, nicht etwa der Händlereinkaufspreis.[28] Die Einigung zwischen Unternehmer und Verbraucher über den Verkehrswert kann jederzeit, auch schon im Teilzahlungsvertrag erfolgen. Sie muss nicht auf einen bestimmten Betrag lauten.[29] Als Rechtsfolge bleibt der Kauf- (bzw. Werklieferungs-)vertrag aufrechterhalten. Die Kaufpreisforderung wird mit den bislang bezahlten Raten und dem (zu schätzenden) gewöhnlichen Verkehrswert verrechnet. Die Rücktrittsfiktion gilt auch für verbundene Geschäfte, also auch dann, wenn die Bank, die den Kaufpreis finanziert hat, nun die Kaufsache an sich nimmt.

---

[17] *Weidenkaff* in: Palandt, § 508 Rn. 8.
[18] *Weidenkaff* in: Palandt, § 508 Rn. 8.
[19] *Weidenkaff* in: Palandt, § 508 Rn. 8.
[20] *Weidenkaff* in: Palandt, § 508 Rn. 10.
[21] BGH v. 23.06.1988 - III ZR 75/87 - NJW 1989, 163 für § 5 AbzG.
[22] OLG Celle v. 19.12.1986 - 2 U 55/86 - NJW-RR 1987, 821 (für § 5 AbzG).
[23] OLG Köln v. 05.12.1994 - 12 U 68/94 - ZIP 1994, 1931.
[24] *Schürnbrand* in: MünchKomm-BGB, § 508 Rn. 47.
[25] OLG Karlsruhe v. 25.04.1997 - 14 U 67/96 - NJW-RR 1998, 1437 für § 13 VerbrKG.
[26] OLG Oldenburg v. 30.08.1995 - 2 U 136/95 - NJW-RR 1996, 564; OLG Köln v. 05.09.1997 - 19 U 83/97 - WM 1998, 381 für § 13 VerbrKrG.
[27] OLG Stuttgart v. 07.11.1995 - 6 U 118/95 - NJW-RR 1996, 563 m.w.N.
[28] OLG Stuttgart v. 07.11.1995 - 6 U 118/95 - NJW-RR 1996, 563.
[29] *Weidenkaff* in: Palandt, § 508 Rn. 2.

IV. Verbundene Verträge (Absatz 2 Satz 6)

Satz 5 gilt entsprechend, wenn ein Vertrag über die Lieferung einer Sache mit einem Verbraucherdarlehensvertrag verbunden ist (§ 358 Abs. 3 BGB) und wenn der Darlehensgeber die Sache an sich nimmt. Dies wird insbesondere aufgrund von Sicherungsübereignungen möglich sein. Auf das Rechtsverhältnis zwischen Darlehensgeber und Verbraucher sind für den Aufwendungsersatz und die Nutzungsvergütung dieselben Vorschriften wie für den Verbraucher und den Unternehmer anzuwenden.

§ 509 BGB Prüfung der Kreditwürdigkeit

(Fassung vom 29.07.2009, gültig ab 11.06.2010)

¹Vor dem Abschluss eines Vertrags über eine entgeltliche Finanzierungshilfe hat der Unternehmer die Kreditwürdigkeit des Verbrauchers zu bewerten. ²Grundlage für die Bewertung können Auskünfte des Verbrauchers und erforderlichenfalls Auskünfte von Stellen sein, die geschäftsmäßig personenbezogene Daten, die zur Bewertung der Kreditwürdigkeit von Verbrauchern genutzt werden dürfen, zum Zweck der Übermittlung erheben, speichern oder verändern. ³Die Bestimmungen zum Schutz personenbezogener Daten bleiben unberührt.

A. Grundlagen

1   Die Vorschrift setzt Art. 8 VKred-Rili um. § 509 BGB verlangt von den Unternehmern, die Kreditwürdigkeit des Verbrauchers vor dem Abschluss eines Vertrags über eine entgeltliche Finanzierungshilfe zu prüfen.[1] Die Vorschrift gilt für jede Form der entgeltlichen Finanzierungshilfe, sie ist nicht auf Teilzahlungsgeschäfte beschränkt.[2]

B. Anwendungsvoraussetzungen

2   Für Kredit- oder Finanzdienstleistungsinstitute ergibt sich die Pflicht zur Bonitätsprüfung aus § 18 Abs. 2 KWG. Diese Pflicht besteht im öffentlichen Interesse, während § 509 BGB eine privatrechtliche Prüfungspflicht konstituiert.[3]

3   Unternehmen, die Kredit bei eigenen Geschäften, wie dem Finanzierungsleasing oder dem Teilzahlungskauf, gewähren, werden jedoch nicht entsprechend beaufsichtigt, deshalb muss entsprechend der Vorgabe aus Art. 11 Abs. 1 VKred-Rili eine zivilrechtliche Pflicht in § 509 BGB vorgesehen werden.[4] Die Kreditwürdigkeit drückt die Wahrscheinlichkeit aus, mit der der Verbraucher seine Zahlungsverpflichtungen aus dem Vertrag über die entgeltliche Finanzierungshilfe erfüllen wird.[5] Der Unternehmer hat diese zu bewerten, sich also aufgrund der ihm vorliegenden Unterlagen ein Urteil über die Wahrscheinlichkeit zu bilden, mit der der Verbraucher den Kredit vollständig zurückgewähren wird.[6]

4   Grundlage für die Bewertung können Auskünfte des Verbrauchers und erforderlichenfalls Auskünfte von Stellen sein, die geschäftsmäßig personenbezogene Daten, die zur Bewertung der Kreditwürdigkeit von Verbrauchern genutzt werden dürfen, zum Zweck der Übermittlung erheben, speichern oder verändern (Satz 2). Daneben ist es dem Unternehmer unbenommen, die Kreditwürdigkeit aufgrund eigener Kenntnis zu bewerten, insbesondere dann, wenn er dies aufgrund einer längeren Geschäftsbeziehung kann. Satz 3 stellt klar, dass sich die Zulässigkeit der Datenerhebung oder -verwendung nach dem Bundesdatenschutzgesetz richtet.

5   Verletzt der Unternehmer seine Pflicht zur Prüfung der Kreditwürdigkeit des Verbrauchers, so richten sich die Rechtsfolgen nach den §§ 311 Abs. 1, 241 Abs. 2, 280 Abs. 1 BGB. Der Unternehmer hat dem Verbraucher den Schaden zu ersetzen, der dadurch entsteht, dass er ihn als kreditwürdig eingeschätzt hat, obwohl er es nicht oder nicht in vollem Umfang war. In Abhängigkeit vom Einzelfall bedeutet dies, dass der Unternehmer mangels Kreditwürdigkeit des Verbrauchers das Geschäft nicht gemacht hätte, so dass alle daraus entstehenden Rückabwicklungskosten vermieden worden wären. Das Gleiche gilt für den Teil des Geschäfts, auf den sich die Kreditwürdigkeit des Verbrauchers nicht bezog.

---

[1] Umsetzung von Art. 8 VKred-Rili.
[2] BT-Drs. 16/11643, S. 95.
[3] BT-Drs. 16/11643, S. 95/96; wie hier *Hofmann*, NJW 2010, 1782; *Reinking*, DAR 2010, 252, 255; *Schürnbrand*, Bankrechtstag 2009, S. 173, 184.
[4] BT-Drs. 16/11643, S. 96.
[5] BT-Drs. 16/11643, S. 96.
[6] BT-Drs. 16/11643, S. 96.

Untertitel 3 - Ratenlieferungsverträge zwischen einem Unternehmer und einem Verbraucher

§ 510 BGB Ratenlieferungsverträge

(Fassung vom 29.07.2009, gültig ab 11.06.2010)

(1) ¹Dem Verbraucher steht vorbehaltlich des Satzes 2 bei Verträgen mit einem Unternehmer, in denen die Willenserklärung des Verbrauchers auf den Abschluss eines Vertrags gerichtet ist, der
1. die Lieferung mehrerer als zusammengehörend verkaufter Sachen in Teilleistungen zum Gegenstand hat und bei dem das Entgelt für die Gesamtheit der Sachen in Teilzahlungen zu entrichten ist oder
2. die regelmäßige Lieferung von Sachen gleicher Art zum Gegenstand hat oder
3. die Verpflichtung zum wiederkehrenden Erwerb oder Bezug von Sachen zum Gegenstand hat,

ein Widerrufsrecht gemäß § 355 zu. ²Dies gilt nicht in dem in § 491 Abs. 2 und 3 bestimmten Umfang. ³Dem in § 491 Abs. 2 Nr. 1 genannten Nettodarlehensbetrag entspricht die Summe aller vom Verbraucher bis zum frühestmöglichen Kündigungszeitpunkt zu entrichtenden Teilzahlungen.

(2) ¹Der Ratenlieferungsvertrag nach Absatz 1 bedarf der schriftlichen Form. ²Satz 1 gilt nicht, wenn dem Verbraucher die Möglichkeit verschafft wird, die Vertragsbestimmungen einschließlich der Allgemeinen Geschäftsbedingungen bei Vertragsschluss abzurufen und in wiedergabefähiger Form zu speichern. ³Der Unternehmer hat dem Verbraucher den Vertragsinhalt in Textform mitzuteilen.

Gliederung

A. Grundlagen............................	1	I. Absatz 1	3
B. Anwendungsvoraussetzungen	3	II. Schriftform...............................	8

A. Grundlagen

Ratenlieferungsverträge sind weder Darlehens- noch Teilzahlungsgeschäfte; es fehlt an der Vorleistung des Verkäufers und an der Kreditierung der Gegenleistung des Käufers.[1] Dem Verbraucher, der sich durch die lang dauernde Bezugsbindung belastet, soll eine Überlegungsfrist gegeben werden, wenn er sich nach besserer Einsicht vom Vertrag lösen will.[2] Außerdem soll er durch die in § 510 Abs. 2 BGB vorgeschriebene Schriftform informiert und gewarnt werden. 1

Die Regelungen über Ratenlieferungsverträge (früher § 505 BGB) werden unverändert beibehalten, weil Verträge dieser Art nicht der VKred-Rili unterfallen.[3] In Abweichung zum Verbraucherdarlehensvertrag und zu den Kreditformen des Zahlungsaufschubs und der sonstigen Finanzierungshilfen kann der Ratenlieferungsvertrag auch in elektronischer Form abgeschlossen werden. Das entspricht den Erfordernissen der E-Commerce-Richtlinie (Art. 9)[4]. Der Schutzzweck der Norm (vor übereilter Bindung in Fällen langfristiger Erwerbs- und Bezugsverpflichtungen, bei denen die insgesamt entstehende Belastung nicht sofort übersehbar ist) kann die analoge Anwendung der Norm, z.B. auf Verträge über den Empfang von Fernsehprogrammen, rechtfertigen[5]. 2

---

[1] *Krämer/Müller* in: Nomos Kommentar, § 510 Rn. 1.
[2] *Weidenkaff* in: Palandt, § 510 Rn. 1.
[3] BT-Drs. 16/11643, S. 96.
[4] BT-Drs. 14/6040, S. 258.
[5] LG Hamburg v. 08.03.2000 - 315 O 780/99 - WRP 2000, 650.

B. Anwendungsvoraussetzungen

I. Absatz 1

3 Es geht um die Willenserklärung des Verbrauchers, die auf die Lieferung mehrerer als zusammengehörend verkaufter Sachen in **Teilleistungen** gerichtet ist (Nr. 1). Darunter fällt der Begriff des Sukzessivlieferungsvertrages. Beispiele sind Buchreihen[6], mehrbändige Sammelwerke (insbesondere Lexika), Bausätze für die Herstellung einer zusammengesetzten Sache[7] oder Buch und Kassetten für einen zusammengesetzten Sprachkurs[8]. Nicht hingegen die Lieferung und Errichtung eines Ausbauhauses gegen Teilzahlungen. Dabei handelt es sich um einen Werkvertrag, der weder nach § 510 Abs. 1 Nr. 1 BGB noch nach den §§ 501 Satz 1, 499 Abs. 2, 495 Abs. 1, 355 Abs. 1 BGB (Teilzahlungsgeschäfte) widerrufen werden kann.[9]

4 Der Verbraucher hat auch dann ein Widerrufsrecht nach § 355 BGB, wenn der Vertrag auf die regelmäßige Lieferung von Sachen gleicher Art gerichtet ist (Nr. 2). Gemeint sind Kauf- oder Werklieferungsverträge über eine regelmäßig, d.h. in bestimmten Zeitabschnitten oder innerhalb bestimmter Zeiträume zu erbringende Lieferung von Sachen in festliegender Menge oder Mindestmenge, z.B. Kaffee, Kindernahrungsmittel, Zeitungs- oder Zeitschriftenabonnements[10]. Bei einem nur einmonatigen Probeabonnement gilt dies nicht.[11] Dem Verbraucher steht auch bei Abschluss eines Pay-TV-Abonnement-Vertrages kein Widerrufsrecht zu.[12] Entscheidend kommt es auf die regelmäßige Lieferung von Sachen, nicht auf die regelmäßige Teilzahlung an. Die Zahlung kann also durchaus einmal und im Voraus geleistet werden.[13] Das im Voraus bezahlte Jahresabonnement einer Zeitschrift fällt jedoch nicht darunter[14], wohl aber die Bestellung auf sog. Orderkarte[15]. Entscheidend kommt es auf die Bezugsverbindlichkeit an, die Möglichkeit jederzeit zu kündigen soll nicht entgegenstehen.[16]

5 Schließlich hat der Verbraucher ein Widerrufsrecht gemäß § 355 BGB bei Verträgen, die eine Verpflichtung zum wiederkehrenden Erwerb oder Bezug von Sachen zum Gegenstand haben (Nr. 3). Gemeint sind nicht die Fälle der zusammengehörenden (Nr. 1) und gleichartigen Sachen (Nr. 2). Vielmehr geht es um Rahmenverträge, bei denen eine nicht von vornherein festliegende Lieferung bestimmter Sachen vereinbart wird. Es kann auch um eine Bestellung zur Lieferung mit Ablehnungsrecht gehen.[17] Typisch sind Rahmenverträge mit bestimmten Erwerbs- und Bestellpflichten wie etwa bei Buchgemeinschaften.[18] Die Norm ist auch anwendbar auf Franchiseverträge und Existenzgründer, soweit es um den Warenbezug geht.[19] Das Gleiche gilt für Bierlieferungsverträge, nicht jedoch für leitungsgebundene Versorgungsverträge für Strom, Gas und Wasser.[20]

6 Im gesetzlichen Anwendungsbereich des § 510 BGB hat der Verbraucher das **Widerrufsrecht** des § 355 BGB; ein Rückgaberecht (§ 356 BGB) hat der Gesetzgeber wohl übersehen.[21] Wird der Wider-

---

[6] BGH v. 12.01.1976 - VIII ZR 213/74 - NJW 1976, 1354.
[7] BGH v. 12.11.1980 - VIII ZR 338/79 - BGHZ 78, 375.
[8] BGH v. 12.11.1980 - VIII ZR 338/79 - BGHZ 78, 375.
[9] Keine Werkverträge vgl. BGH v. 22.12.2005 - VII ZR 183/04 - BGHZ 165, 325-332 im Anschluss an BGH v. 10.03.1983 - VII ZR 302/82 - juris Rn. 11 - BGHZ 87, 112.
[10] BGH v. 07.05.1986 - I ZR 119/84 - NJW 1987, 124; BGH v. 11.04.2002 - I ZR 306/99 - WM 2002, 1352.
[11] BGH v. 05.10.1989 - I ZR 89/89 - NJW 1990, 1046.
[12] BGH v. 13.03.2003 - I ZR 290/00 - ZIP 2003, 1204.
[13] *Weidenkaff* in: Palandt, § 510 Rn. 3.
[14] BGH v. 07.12.1989 - I ZR 139/87 - NJW-RR 1990, 562 für § 2 VerbrKrG.
[15] BGH v. 07.06.1990 - I ZR 207/88 - NJW 1990, 3144 für § 2 VerbrKrG.
[16] BGH v. 07.06.1990 - I ZR 207/88 - NJW 1990, 3144.
[17] OLG Frankfurt a.M. v. 19.04.1990 - 6 U 72/89 - NJW-RR 1990, 1080.
[18] *Martinek*, ZIP 1986, 1440.
[19] BGH v. 14.12.1994 - VIII ZR 46/94 - BGHZ 128, 156; OLG Hamm v. 28.07.1992 - 19 U 193/92 - NJW 1992, 3179 für § 2 VerbrKrG.
[20] *Weidenkaff* in: Palandt, § 505 Rn. 8.
[21] *Krämer/Müller* in: Nomos Kommentar, § 510, Rn. 16/17; *Weidenkaff* in: Palandt, § 510 Rn. 8.

ruf formgerecht und fristgemäß, also wirksam ausgeübt, so ist der Verbraucher an seine auf den Abschluss des Vertrages gerichtete Willenserklärung nach § 355 Abs. 1 BGB nicht mehr gebunden. Der Ratenlieferungsvertrag ist somit rückabzuwickeln. Das betrifft bereits erbrachte oder erst in Zukunft zu erbringende Leistungen. Ist der Ratenlieferungsvertrag mit einem Darlehensvertrag verbunden (§ 358 BGB), so bestehen die Widerrufsrechte nebeneinander.[22] Das gilt auch dann, wenn der Ratenlieferungsvertrag zugleich ein Haustürgeschäft (§ 312 BGB) ist. Bei Fernabsatzverträgen kann eine Konkurrenz mit § 312b BGB vorliegen; es gilt insoweit das Günstigkeitsprinzip.[23]

Der Verbraucher hat kein Widerrufsrecht, soweit er dieses Recht auch bei einem Verbraucherdarlehensvertrag nicht hätte. Die Einschränkungen ergeben sich aus § 491 Abs. 2 und Abs. 3 BGB. Das bedeutet insbesondere, dass § 510 BGB nur für Geschäfte mit einem Verpflichtungsvolumen von mindestens 200 € gilt. Da es bei Ratenlieferungsverträgen keine Nettodarlehenssumme gibt, bestimmt § 510 Abs. 1 Satz 3 BGB, dass es auf die Summe aller vom Verbraucher bis zum frühestmöglichen Kündigungszeitpunkt zu entrichtenden Teilzahlungen ankommt. Beträgt die Anzahlung 50 € und die Teilzahlung monatlich ebenfalls 50 € und ist eine Kündigungsfrist von einem Monat vereinbart bei frühester Kündigungsmöglichkeit nach zwei Monaten Laufzeit, so ergibt das eine Bindung auf drei Monate und somit einen Gesamtbetrag von 200 € der Teilzahlungen einschließlich der Anzahlung, es sei denn der Gesamtbetrag von 200 € wird nicht überschritten.[24]

II. Schriftform

Nach § 510 Abs. 2 BGB bedarf der Ratenlieferungsvertrag der schriftlichen Form. Dies gilt jedoch nicht, wenn dem Verbraucher die Möglichkeit verschafft wird, die Vertragsbestimmungen einschließlich der Allgemeinen Geschäftsbedingungen bei Vertragsschluss abzurufen und in wiedergabefähiger Form zu speichern. Der Unternehmer hat dem Verbraucher den Vertragsinhalt in Textform (§ 126b BGB) mitzuteilen. Wird gegen die Formerfordernisse verstoßen, so ist der Vertrag nichtig (§ 125 BGB). Eine Heilungsmöglichkeit besteht nicht, da § 502 Abs. 3 BGB nicht entsprechend anwendbar ist.[25] Ein Verstoß gegen die Mitteilungspflicht (Satz 3) berührt zwar die Wirksamkeit des Vertrages nicht, begründet aber einen Anspruch auf Mitteilung und unter Umständen auf Schadensersatz bei Verschulden aus § 280 Abs. 1 BGB. Zeitschriftenabonnements bei denen die bis zum frühestmöglichen Kündigungszeitpunkt zu entrichtenden Teilzahlungen 200 € nicht übersteigen, unterliegen nicht dem Schriftformerfordernis.[26]

Die auf Abschluss eines Ratenlieferungsvertrages gerichtete Willenserklärung kann auf Seiten des Unternehmers und des Verbrauchers durch einen Vertreter erfolgen. Die Vollmacht ist formfrei (§ 167 Abs. 1 BGB); § 492 Abs. 4 Satz 1 BGB ist nicht entsprechend anwendbar. Der Ratenlieferungsvertrag wird durch wirksamen Widerruf beendet. Andere Beendigungsgründe sind möglich, etwa Zeitablauf, auflösende Bedingung, Rücktritt, Kündigung oder Aufhebungsvertrag. Bei Störung der Geschäftsgrundlage (§ 313 BGB) kann es zur Anpassung und zur Beendigung des Vertrages kommen.[27]

---

[22] *Weidenkaff* in: Palandt, § 510 Rn. 8.
[23] *Weidenkaff* in: Palandt, § 510 Rn. 8.
[24] OLG Oldenburg v. 08.01.2004 - 1 U 70/03 - NJW-RR 2004, 701-703.
[25] *Weidenkaff* in: Palandt, § 510 Rn. 7.
[26] BGH v. 05.02.2004 - I ZR 90/01 - WM 2005, 91.
[27] *Weidenkaff* in: Palandt, § 510 Rn. 9.

§ 511

Untertitel 4 - Unabdingbarkeit, Anwendung auf Existenzgründer

§ 511 BGB Abweichende Vereinbarungen

(Fassung vom 29.07.2009, gültig ab 11.06.2010)

¹Von den Vorschriften der §§ 491 bis 510 darf, soweit nicht ein anderes bestimmt ist, nicht zum Nachteil des Verbrauchers abgewichen werden. ²Diese Vorschriften finden auch Anwendung, wenn sie durch anderweitige Gestaltungen umgangen werden.

A. Grundlagen

1 § 511 BGB regelt die Unabdingbarkeit und das Umgehungsverbot von den Vorschriften der §§ 491-510 BGB.[1]

B. Anwendungsvoraussetzungen

2 Nach § 511 BGB darf von den Vorschriften der §§ 491-510 BGB, soweit nicht ein anderes bestimmt ist, nicht zum Nachteil des Verbrauchers abgewichen werden. Der Einschub „soweit nicht ein anderes bestimmt ist" war erforderlich, weil die VKred-Rili an bestimmten Stellen eine vertragliche Abweichung von den im Übrigen zwingenden Vorgaben zulässt.[2] Es geht um die Abweichung von der Unterrichtungspflicht des § 493 Abs. 3 BGB, geregelt in Art. 247 § 15 Abs. 2 EGBGB und um die Abweichung von der Kündigungsfrist des § 500 Abs. 1 Satz 1 BGB, geregelt in § 500 Abs. 1 Satz 2 BGB.[3] Nach Satz 2 sind Abweichungen zum Nachteil des Verbrauchers auch dann unzulässig, wenn sie durch anderweitige Gestaltungen umgangen werden. Das Nachteils- und Umgehungsverbot (fraus legis) gilt ebenfalls für Existenzgründer (§ 512 BGB).

3 Günstigere Regelungen sind zulässig, z.B. die Vereinbarung längerer Widerrufsfristen oder ein späterer Fristbeginn oder ein teilweises Widerrufsrecht. Auch die Vereinbarung zusätzlicher Voraussetzungen etwa für den Eintritt des Verzuges zulasten des Unternehmers (§ 286 BGB) ist zulässig. Theoretisch ist es möglich, dass eine Vereinbarung getroffen wird, die die Lage des Verbrauchers nicht verbessert, aber auch nicht verschlechtert; darin liegt kein Nachteil.[4] Einseitige Rechtsgeschäfte wie z.B. Gestaltungsrechte sind dem Verbraucher zur Ausübung zugewiesen; insoweit kann zu seinem Nachteil nicht abgewichen werden. Nach dem Sinn und Zweck von § 511 BGB kann der Verbraucher dessen ungeachtet nicht auf sein Widerrufsrecht verzichten.[5] Ob der Verbraucher in der Absicht, das Geschäft wirksam zu machen, im Einzelfall (nachfolgend) auf sein Widerrufsrecht verzichten kann, ist streitig.[6] Entscheidend ist, ob der Verzicht für den Verbraucher nachteilig ist (dann unzulässig) oder ob er seine Rechtsposition verbessert oder zumindest nicht verschlechtert (dann zulässig). Unzulässige Abweichungen sind nichtig (§ 134 BGB), mit der Folge, dass stattdessen die betreffende gesetzliche Regelung gilt.[7]

4 Ob eine Vorschrift **umgangen** wird, ist objektiv zu bestimmen.[8] An die Stelle der für das Umgehungsgeschäft geltenden Vorschriften treten dann die §§ 491-510 BGB. Eine Umgehungs**absicht** ist nicht erforderlich.[9] Typischer Umgehungssachverhalt ist die Aufspaltung eines wirtschaftlich einheitlichen

---

[1] BT-Drs. 16/11643, S. 96.
[2] BT-Drs. 16/11643, S. 96.
[3] BT-Drs. 16/11643, S. 96.
[4] *Weidenkaff* in: Palandt, § 511 Rn. 2.
[5] *Weidenkaff* in: Palandt, § 511 Rn. 2.
[6] Dafür *Fuchs*, AcP 197 (1997), 113; *Krämer*, ZIP 1997, 93; dagegen *Bülow*, ZIP 1998, 945.
[7] *Weidenkaff* in: Palandt, § 511 Rn. 2.
[8] *Weidenkaff* in: Palandt, § 511 Rn. 3.
[9] *Weidenkaff* in: Palandt, § 511 Rn. 3.

Vertrages in mehrere Einzelverträge, z.B. in Kleindarlehen unter 200 € oder in Kettenverträge mit einer jeweiligen Laufzeit unter drei Monaten (§ 499 Abs. 1 BGB). Denkbar ist auch ein Darlehen für private Zwecke des Gesellschafters der Ein-Personen-GmbH, bei dem die GmbH Vertragspartner wird, obwohl der wirtschaftlich Begünstigte Verbraucher ist.[10]

---

[10] *Weidenkaff* in: Palandt, § 511 Rn. 3

§ 512 BGB Anwendung auf Existenzgründer

(Fassung vom 29.07.2009, gültig ab 11.06.2010)

Die §§ 491 bis 511 gelten auch für natürliche Personen, die sich ein Darlehen, einen Zahlungsaufschub oder eine sonstige Finanzierungshilfe für die Aufnahme einer gewerblichen oder selbständigen beruflichen Tätigkeit gewähren lassen oder zu diesem Zweck einen Ratenlieferungsvertrag schließen, es sei denn, der Nettodarlehensbetrag oder Barzahlungspreis übersteigt 75 000 Euro.

A. Grundlagen

1 Nach § 512 BGB gelten die §§ 491-511 BGB auch für natürliche Personen, die sich ein Darlehen, einen Zahlungsaufschub oder eine sonstige Finanzierungshilfe für die Aufnahme bei gewerblichen oder selbstständigen beruflichen Tätigkeiten gewähren lassen oder zu diesem Zweck einen Ratenlieferungsvertrag schließen, es sei denn, der Nettodarlehensbetrag oder Barzahlungspreis übersteigt 75.000 €. Auf diese Weise wird natürlichen Personen auch in der Existenzgründungsphase der Schutz des Verbraucherdarlehensrechts zuteil, weil in dieser Phase das Schutzbedürfnis noch gleich ist.

2 Wenn eine natürliche Person den Darlehensvertrag mit einem Unternehmer schließt, so entsteht nach § 491 Abs. 1 BGB grundsätzlich ein Verbrauchdarlehensvertrag. Beweist der Unternehmer nun, dass der Nettodarlehensbetrag oder der Barzahlungspreis 75.000 € übersteigt, muss umgekehrt der Verbraucher beweisen, dass das Darlehen nicht für die Aufnahme einer gewerblichen oder selbständigen beruflichen Tätigkeit gewährt wurde. Umgekehrt muss der Existenzgründer beweisen, dass das Darlehen für die Aufnahme einer gewerblichen oder selbständigen Tätigkeit gewährt wird.[1] Schließt ein Unternehmer den Darlehensvertrag, so muss er beweisen, dass er das Darlehen als Verbraucher oder als Existenzgründer genommen hat.[2]

B. Anwendungsvoraussetzungen

3 Der Vertrag muss unter die §§ 491-511 BGB fallen. An die Stelle des Verbrauchers tritt eine natürliche Person als Existenzgründer. Auch der Kauf von Gesellschaftsanteilen kann § 512 BGB erfüllen, wenn und soweit damit die Aufnahme einer gewerblichen oder selbständigen beruflichen Tätigkeit begonnen wird.[3] Dies gilt etwa für den Erwerb eines Anteils an einer freiberuflichen Gemeinschaftspraxis ebenso wie für die Anmietung von Geschäftsräumen und über den Abschluss eines Franchisevertrages.[4]

4 Das Geschäft muss der **Aufnahme** einer gewerblichen oder selbständigen beruflichen Tätigkeit dienen, also am Beginn dieser Tätigkeit stehen, ihre **Gründungsphase** umfassen.[5] Typisch wird dies durch die Öffnung eines Ladens oder das planmäßige Anbieten von Leistungen nach außen dokumentiert. Das Geschäft muss nicht vor dem Beginn der Tätigkeit abgeschlossen sein, es muss nur mit der Aufnahme in Zusammenhang stehen, etwa bei der Erstausstattung einer Werkstatt in angemessen kurzer Zeit nach Eröffnung.[6] Es darf nicht eine bloße Erweiterung oder Änderung sein. Auf die Eintragung im Handelsregister oder auf eine Konzessionserteilung kommt es nicht an.[7] Eine früher

---

[1] BGH v. 24.02.2005 - III ZB 36/04 - NJW 2005, 1273; BGH v. 15.11.2007 - III ZR 295/06 - NJW 2008, 435.
[2] *Weidenkaff* in: Palandt, § 512 Rn. 2.
[3] *Weidenkaff* in: Palandt, § 512 Rn. 3.
[4] BGH v. 24.02. 2005 - III ZB 36/04 - NJW 2004, 1273 m.w.N.
[5] *Weidenkaff* in: Palandt, § 512 Rn. 3.
[6] *Weidenkaff* in: Palandt, § 512 Rn. 5.
[7] *Krämer/Müller* in: Nomos Kommentar, § 507 Rn. 4.

einmal ausgeübte gewerbliche oder berufliche Tätigkeit steht nicht entgegen, auch nicht in derselben Branche.[8]

Die Anwendung von § 512 BGB ist auch dann möglich, wenn bereits eine gewerbliche oder selbstständige berufliche Tätigkeit ausgeübt wird. Allerdings darf dann die neue Tätigkeit mit der bereits ausgeübten Tätigkeit nicht im Zusammenhang stehen und muss klar davon abgegrenzt sein.[9] Unterschreibt der Darlehensnehmer den Darlehensvertrag mit dem Namen des schon bestehenden gewerblichen Unternehmens, so spricht dies in der Regel dafür, dass der Kredit zur Erweiterung einer schon ausgeübten gewerblichen Tätigkeit, nicht der Neubegründung einer zweiten gewerblichen oder selbstständigen Tätigkeit dient.[10]

Es geht um jede gewerbliche oder selbstständige berufliche Tätigkeit. Umfasst ist auch die freiberufliche Tätigkeit, z.B. als Arzt, Rechtsanwalt oder Steuerberater, und zwar sowohl als Inhaber als auch als Mitinhaber[11]. § 512 BGB erfasst auch die Gründung einer Gesellschaft durch einen Mitunternehmer.[12] Denkbar ist auch die Finanzierung durch eine Brauerei in der Existenzgründungsphase.[13] Dasselbe gilt für die Anschubfinanzierung an Tankstellenverwalter.[14]

Der Nettodarlehensbetrag oder der Barzahlungspreis darf 75.000 € nicht übersteigen. Das ist der maximale Betrag. Bei Ratenlieferungsgeschäften ist der Teilzahlungsgesamtbetrag maßgebend (§ 510 Abs. 1 Satz 3 BGB). Wird ein größerer Betrag für ein einheitliches Geschäft bewilligt, aber in kleinere Raten aufgeteilt, so liegt eine (nichtige) Umgehung vor (§ 511 BGB). Folglich ist § 512 BGB auf Fälle dieser Art nicht anzuwenden.[15] Darlehen oder Finanzierungshilfen, die ohne Zusammenhang gewährt wurden, werden nicht hinzugerechnet.

Für den Zeitpunkt kommt es auf den Beginn der selbstständigen Tätigkeit und im Einzelfall auf die Vornahme von Vorbereitungshandlungen an. Ein Darlehen, das erst sieben Wochen nach Beginn der gewerblichen Tätigkeit aufgenommen wurde, soll nicht mehr der Existenzgründung dienen und fällt damit nicht unter § 512 BGB.[16] Beim Franchisevertrag kommt es auf den Zeitpunkt des Vertragsabschlusses an, nicht auf die Erfüllung oder auf die Aufnahme des Geschäftsbetriebes.[17]

Soweit die §§ 491-511 BGB anwendbar sind, steht der Existenzgründer dem Verbraucher gleich. Ihm stehen die Widerrufsrechte ebenso wie dem Verbraucher zu. Die Vorschriften über die Vertragsinhalte und die Formbindungen gelten auch für ihn. Es treten die gleichen Rechtsfolgen ein, z.B. die Zinsverminderung.

---

[8] OLG Köln v. 05.12.1994 - 12 U 68/94 - NJW-RR 1995, 816; OLG Celle v. 04.01.1995 - 2 U 262/93 - NJW-RR 1996, 120.
[9] BGH v. 14.12.1994 - VIII ZR 46/94 - BGHZ 128, 156, 161 = WM 1995, 284; BGH v. 03.11.1999 - VIII ZR 35/99 - WM 2000, 81 = WuB I E2. § 1 VerbrKrG 1.00, *Mankowski*.
[10] BGH v. 03.11.1999 - VIII ZR 35/99 - WM 2000, 81.
[11] BGH v. 24.02.2005 - III ZB 36/04 - NJW 2005, 1273.
[12] BGH v. 24.02.2005 - III ZB 36/04 - NJW 2005, 1273.
[13] *Jesgarzewski/Buntrock*, DStR 2012, 145.
[14] *Steinhauer*, BB 2011, 550; übergreifend *Schünemann/Blomeyer*, JZ 2010, 1156.
[15] OLG Brandenburg v. 05.05.1999 - 13 U 135/98 - WM 1999, 2208 m.w.N.
[16] BGH v. 13.03.2002 - VIII ZR 292/00 - ZIP 2002, 930, dazu kritisch *Schwintowski/Brömmelmeyer*, EWiR 2002, 1021.
[17] BGH v. 14.12.1994 - VIII ZR 46/94 - BGHZ 128, 156.

§§ 513 bis 515 BGB (weggefallen)

(Fassung vom 02.01.2002, gültig ab 01.01.2002)

(weggefallen)

1 §§ 513 bis 515 BGB in der Fassung vom 26.11.2001 sind durch Art. 1 Abs. 1 Nr. 31 des Gesetzes vom 26.11.2011 – BGBl I 2001, 3138 – mit Wirkung vom 01.01.2002 weggefallen.

jurisPK-BGB / Sefrin

§ 516

Titel 4 - Schenkung

§ 516 BGB Begriff der Schenkung

(Fassung vom 02.01.2002, gültig ab 01.01.2002)

(1) Eine Zuwendung, durch die jemand aus seinem Vermögen einen anderen bereichert, ist Schenkung, wenn beide Teile darüber einig sind, dass die Zuwendung unentgeltlich erfolgt.

(2) [1]Ist die Zuwendung ohne den Willen des anderen erfolgt, so kann ihn der Zuwendende unter Bestimmung einer angemessenen Frist zur Erklärung über die Annahme auffordern. [2]Nach dem Ablauf der Frist gilt die Schenkung als angenommen, wenn nicht der andere sie vorher abgelehnt hat. [3]Im Falle der Ablehnung kann die Herausgabe des Zugewendeten nach den Vorschriften über die Herausgabe einer ungerechtfertigten Bereicherung gefordert werden.

Gliederung

A. Grundlagen 1	I. Die Schenkung innerhalb Ehe und Familie sowie in partnerschaftlichen Beziehungen 79
I. Kurzcharakteristik 4	II. Die Schenkung in vorweggenommener Erbfolge 86
II. Schuldrechtsreform 5	III. Die Schenkung im Gesellschafts- und Vereinsrecht 88
III. Regelungsprinzipien 6	IV. Was man nicht vergessen darf 94
IV. Schenkung und Steuer 7	**G. Arbeitshilfen – Muster** 95
B. Praktische Bedeutung 19	I. Handschenkung 96
C. Anwendungsvoraussetzungen 20	II. Einfache unentgeltliche Grundstücksübertragung – ohne Gegenleistungen und Vorbehalte 97
I. Allgemeines 20	III. Nießbrauchsvorbehalt 98
II. Einigung 21	IV. Vorbehaltenes Wohnungsrecht des Veräußerers . 99
III. Vermögensverschiebende Zuwendung 29	V. Vereinbarung einer Warte- und Pflegeverpflichtung 100
1. Begriff 29	VI. Vereinbarung einer Leibrente und dauernden Last als Gegenleistung 101
2. Entreicherung des Schenkers 33	VII. Vereinbarung vertraglicher Rückforderungsrechte bei der Schenkung 102
3. Bereicherung des Beschenkten 36	VIII. Mittelbare Grundstücksschenkung 103
4. Unentgeltlichkeit der Zuwendung 40	IX. Zuwendungen unter Ehegatten 104
5. Zuwendung ohne Willen des Empfängers (Absatz 2) 49	X. (Gemischte) Schenkung mit Freistellung bzw. Schuldübernahme 105
6. Sonderformen der Schenkung 55	XI. Schenkung mit Herauszahlung/Gleichstellung .. 106
a. Die gemischte Schenkung 55	XII. Die Ausstattung gemäß 1624 BGB 107
b. Die Schenkung unter Auflage 59	XIII. Vorweggenommene Erbfolge 108
c. Die Zweckschenkung 60	XIV. Schenkung eines GmbH-Geschäftsanteils 109
d. Die belohnende (remuneratorische) Schenkung . 62	XV. Schenkung eines GmbH-Geschäftsanteils und eines Kommanditanteils (GmbH & Co. KG) ... 110
e. Die Schenkung mit Widerruf 65	XVI. Schenkung einer Beteiligung an einer Gesellschaft bürgerlichen Rechts 111
f. Die Schenkung zugunsten Dritter auf den Todesfall 68	
7. Abdingbarkeit 70	
8. Praktische Hinweise 71	
D. Rechtsfolgen 73	
E. Prozessuale Hinweise 74	
F. Anwendungsfelder 79	

A. Grundlagen

Der Gesetzgeber hat in den §§ 516-534 BGB die **Schenkung** als einen **eigenständigen Vertragstyp** der unentgeltlichen Zuwendung geregelt. Die Besonderheit besteht darin, dass der Schenker aus seinem Vermögen freiwillig ein **Vermögensopfer** erbringt, das zu einer **dauerhaften Bereicherung** des Beschenkten führt.[1]

1

---
[1] Vgl. auch *Koch* in: MünchKomm-BGB, § 516 Rn. 11; *Mühl/Teichmann* in: Soergel, § 516 Rn. 1.

§ 516

2 Das Gesetz kennt weitere Arten unentgeltlicher Rechtsgeschäfte, die sich von der Schenkung unterscheiden.[2] Die **Stiftung** (§§ 80-88 BGB) erfolgt im Gegensatz zum Schenkungsvertrag durch eine einseitige, rechtsverbindliche Erklärung des Stifters. Die unentgeltliche **Leihe** (§§ 598-606 BGB), das zinslose **Geld- und Sachdarlehen**[3] (§§ 488-498; 607 BGB), der **Auftrag** (§ 662 BGB) und die unentgeltliche **Verwahrung** (§ 688 BGB) sind unentgeltliche Nutzungs- oder Kapitalüberlassungen **auf Zeit**. Der Vermögensgegenstand scheidet hier nicht endgültig und dauerhaft aus dem Vermögen des Zuwendenden aus[4] (vgl. Rn. 33).

3 Die **Rechtsposition des Beschenkten** ist gegenüber dem entgeltlich Erwerbenden bei der Schenkung deutlich **schwächer** ausgeprägt.[5] Bereits in den §§ 516-534 BGB finden sich, in Abweichung von den Regelungen bei anderen Schuldverträgen, besondere **Schutzvorschriften** zugunsten des Schenkers. (§ 518 BGB: Formbedürftigkeit des Versprechens; § 519 BGB: Notbedarfseinrede des Schenkers; §§ 521-524 BGB: Haftungs- und Gewährleistungsprivilegien des Schenkers; §§ 528, 529 BGB: Rückforderungsrechte wegen Verarmung; §§ 530-533 BGB: Widerrufsrechte). Zum Schutze von Vertretenen oder Dritten enthält das Bürgerliche Gesetzbuch weitere Sondervorschriften, die die Schenkungsnormen ergänzen (§§ 1425 Abs. 1, 1641, 1804, 2113 Abs. 2, 2205 Satz 3 BGB). Daneben werden Schenkungen mit besonderen **Rückforderungs**- bzw. **Ausgleichsansprüchen** sanktioniert (§§ 816 Abs. 1 Satz 2, 822, 988, 2287, 2329 BGB). Auch Gläubiger des Schenkers sollen durch dessen Freigiebigkeit nicht benachteiligt werden und unterliegen einem besonderen Schutz (vgl. hierzu § 4 AnfG; §§ 39 Abs. 1 Ziff. 4, 134, 143 Abs. 2, 145 Abs. 2 Ziff. 3 InsO).

I. Kurzcharakteristik

4 In § 516 Abs. 1 BGB ist die formlos gültige, sofort vollzogene **Hand- bzw. Realschenkung** geregelt (vgl. Muster: Handschenkung, Muster 1 zu § 516 BGB). In Abgrenzung zu der in § 518 BGB geregelten **Versprechensschenkung** (vgl. die Kommentierung zu § 518 BGB) liegt eine Handschenkung nach der **Legaldefinition** des Gesetzgebers dann vor, wenn beide Vertragsteile darüber einig sind, dass eine bereits erfolgte Zuwendung (§ 516 Abs. 2 BGB), durch die jemand aus seinem Vermögen einen anderen bereichert hat bzw. eine gleichzeitig erfolgende Zuwendung (§ 516 Abs. 1 BGB) unentgeltlich erfolgt. Auch der Handschenkung liegt eine **schuldrechtliche Vertragsvereinbarung** zwischen Schenker und Beschenktem zugrunde, die im Gegensatz zur Versprechensschenkung nicht mehr die Vertragserfüllung zum Inhalt hat, sondern den Behaltensgrund (**Rechtsgrundabrede**) darstellt.[6] Sie bietet die Grundlage etwaiger weiterer Ansprüche des Beschenkten (z.B. Gewährleistungsansprüche).[7]

II. Schuldrechtsreform

5 Durch das **Schuldrechtsmodernisierungsgesetz (SMG)** ist die Schenkung nunmehr im 4. Titel des 8. Abschnitts – Recht der einzelnen Schuldverhältnisse – geregelt (früher: 2. Titel) Die Paragraphenfolge blieb unverändert. **Inhaltlich** wurde die Schenkung im Rahmen dieser grundlegenden Überarbeitung des Schuldrechtes mehr als **unzulänglich** behandelt. Während der Gesetzgeber die Haftung für Rechtsmängel in § 523 Abs. 2 BGB noch folgerichtig den geänderten Bestimmungen im Kaufrecht – zumindest ansatzweise – angepasst hat, fehlt jegliche Angleichung der Sachmängelhaftung an die ge-

---

[2] *Kollhosser* in: MünchKomm-BGB, 4. Aufl. 2004, § 516 Rn. 54; *Wimmer-Leonhardt* in: Staudinger, § 516 Rn. 6.
[3] Beachte aber die schenkungsteuerliche Behandlung eines zinslosen oder niedrig verzinsten Darlehens als freigebige Zuwendung unter Lebenden, § 7 Abs. 1 Nr. 1 ErbStG: FG Rheinland-Pfalz v. 18.12.2008 - 4 K 1859/06 - juris Rn. 30 m.w.N.
[4] *Koch* in: MünchKomm-BGB, § 516 Rn. 1; *Wimmer-Leonhardt* in: Staudinger, § 516 Rn. 6.
[5] Vgl. *Koch* in: MünchKomm-BGB, § 516 Rn. 4; *Herrmann* in: Erman, § 516 Rn. 1; *Weidenkaff* in: Palandt, § 516 Rn. 4; *Wimmer-Leonhardt* in: Staudinger, § 516 Rn. 5.
[6] RG v. 25.06.1925 - IV 39/25 - RGZ 111, 151-156; vgl. hierzu auch BGH v. 19.06.2007 - X ZR 5/07 - juris Rn. 7 - NJW 2007, 2844-2845 und die Anmerkungen hierzu von *Hartmann*, ErbStB 2007, 371 und *Zorn*, VRR 2007, 385.
[7] *Mühl/Teichmann* in: Soergel, § 516 Rn. 1; *Koch* in: MünchKomm-BGB, § 516 Rn. 5; *Wimmer-Leonhardt* in: Staudinger, § 516 Rn. 2.

änderten Bestimmungen im Kaufrecht. Die Vorschrift des § 524 BGB (Haftung für Sachmängel) blieb vollständig **unverändert**! Die derzeit geltende Norm widerspricht damit nicht nur der nunmehrigen dogmatischen Konstruktion der Sachmängelgewährleistung im Kaufrecht, (vgl. auch die Kommentierung zu § 434 BGB), sondern verwendet weiterhin **Gesetzesbegriffe**, die durch die Schuldrechtsreform **obsolet** geworden sind (vgl. die Kommentierung zu § 524 BGB Rn. 4). Auch das Verhältnis der Mängelhaftung zum allgemeinen Leistungsstörungsrecht wirft bei der Schenkung Fragen auf, die durch die Schuldrechtsreform (leider) nicht beantwortet wurden. Es wurde insbesondere versäumt, die **Leistungspflichten des Schenkers**, insbesondere bezüglich der vertraglichen Beschaffenheit des Schenkungsgegenstandes, näher zu präzisieren. Bei der Schenkung gelten weiterhin besondere Gewährleistungsbestimmungen (§§ 523, 524 BGB), die mit dem nunmehr geltenden allgemeinen Gewährleistungsstörungsrecht des § 280 BGB schwer in Einklang zu bringen sind (vgl. die Kommentierung zu § 521 BGB).[8] Die Frage der Rückforderung einer Zuwendung aus § 527 BGB bei (unverschuldeter) Nichterfüllung unter Auflage wirft ungeklärte Fragen auf (vgl. auch die Kommentierung zu § 527 BGB Rn. 7).

III. Regelungsprinzipien

Sinn und Zweck der **Einleitungsnorm** zur Schenkung ist es, das Rechtsgeschäft im Bereich der sofortigen Vermögenszuwendung (von Hand zu Hand) zunächst zu **definieren** und damit den Anwendungsbereich der Vorschriften der §§ 517-534 BGB festzulegen. Mit der Regelung in § 516 Abs. 2 BGB bezweckt der Gesetzgeber eine angemessene **Interessenabwägung** für den Fall der (zunächst) ungewollten Mehrung fremden Vermögens. In Abweichung allgemeiner vertraglicher Rechtsgrundsätze wird **Schweigen** des Zuwendungsempfängers als **Zustimmung** fingiert, wenn nach angemessener Fristsetzung keine Ablehnung erfolgt.

6

IV. Schenkung und Steuer

Schenkungen unterliegen der **Schenkungsteuer**. Die Schenkungsteuer wird jetzt aufgrund des **Erbschaft- und Schenkungsteuergesetzes** in der zuletzt durch Artikel 6 des Gesetzes vom 22.12.2009 geänderten Fassung erhoben. Das Bundesverfassungsgericht hat mit seiner grundlegenden Entscheidung vom 07.11.2006[9], in der es die Verfassungswidrigkeit der damals geltenden Fassung des Erbschaft- und Schenkungsteuergesetzes feststellte, eine umfangreiche Reform des Erbschaft- und Schenkungsteuergesetzes sowie des Bewertungsgesetzes angestoßen. Nach dem Urteil des BVerfG war die durch § 19 ErbStG a.F. angeordnete Erhebung der Erbschaft- und Schenkungsteuer mit einheitlichen Steuersätzen (vgl. nachfolgend Rn. 12) mit dem Grundgesetz unvereinbar, weil sie an Steuerwerte anknüpft, deren Ermittlung bei wesentlichen Vermögensgruppen (Betriebsvermögen; Grundbesitz; Anteilen an Kapitalgesellschaften und land- und forstwirtschaftlichen Betrieben) den Anforderungen des Gleichheitssatzes aus Art. 3 Abs. 1 GG nicht genüge. Die Bewertung des durch Erbfall oder mittels Schenkung anfallenden Vermögens müsse einheitlich am gemeinen Wert (Verkehrswert) als dem maßgeblichen Bewertungsziel ausgerichtet sein.[10]

7

Der Gesetzgeber hatte zunächst auf diese Entscheidung mit dem Erlass des Gesetzes zur Reform des Erbschaftsteuer- und Bewertungsgesetzes (Erbschaftsteuerreformgesetz – ErbStRG) vom 24.12.2008[11] reagiert, das jedoch mittlerweile wieder durch das Gesetz zur Beschleunigung des Wirtschaftswachstums (Wachstumsbeschleunigungsgesetz) vom 22.12.2009[12] geändert wurde. Nunmehr sind alle Wirtschaftsgüter mit ihrem **gemeinen Wert** (§ 9 BewG) anzusetzen.[13] Insbesondere bei **Immobilien** orien-

8

---

[8] Vgl. auch *Wimmer-Leonhardt* in: Staudinger, § 516 Rn. 4.
[9] BVerfG v. 07.11.2006 - 1 BvL 10/02 - NJW 2007, 573-586.
[10] BVerfG v. 07.11.2006 - 1 BvL 10/02 - NJW 2007, 576 f.
[11] BGBl I 2008, 3018. Vgl. hierzu *Bauer/Wartenburger*, MittBayNot 2009, 85.
[12] BGBl I 2009, 3950.
[13] *Crezelius*, ZEV 2009, 1, 5 f.

§ 516

tieren sich die Vorschriften der §§ 176 ff. BewG an der **Verkehrswertermittlung**[14] und führen damit im Vergleich zu früher regelmäßig zu höheren steuerlichen Werten.[15] Aber auch bei Einzelunternehmen und Personengesellschaften kann die Reform zu höheren Werten führen, da das Bewertungsgesetz hier nicht mehr die Steuerbilanzwerte (§ 109 Abs. 1 BewG a.F.), sondern den gemeinen Wert des Betriebsvermögens (§ 109 Abs. 1 BewG n.F.) zugrunde legt.[16] Der Vergrößerung der Bemessungsgrundlage entsprechen höhere Freibeträge[17] und zahlreiche Verschonungsvorschriften (vgl. nachfolgend Rn. 13 ff.). Freilich privilegieren die höheren Freibeträge nur enge Verwandte und stellen schon die Angehörigen in Steuerklasse II (z.B. Geschwister) fremden Personen gleich. Dies ist durch die Änderung der Steuersätze in der Steuerklasse II mit dem Wachstumsbeschleunigungsgesetz abgemildert worden.[18]

9 Die Höhe der Besteuerung richtet sich nach dem **persönlichen Verhältnis** zum Schenker/Erblasser sowie nach dem **Wert** des **Erb-/Schenkungsgegenstandes**. Mehrere steuerbare Schenkungsvorgänge innerhalb einer Zeitspanne von **10 Jahren** werden zusammengerechnet (§ 14 ErbStG). Wenn in den letzten 10 Jahren keine Schenkungen stattgefunden haben, stehen die **Steuerfreibeträge** wieder ungeschmälert zur Verfügung. Das ist ein Grund dafür, dass Schenkungen in **vorweggenommener Erbfolge** (vgl. Rn. 86) in den letzten Jahren sehr stark an Bedeutung zugenommen haben. Dadurch soll eine spätere Erbschaftssteuerbelastung vermindert, ggf. ganz vermieden werden.

10 Eine Erbschaft oder Schenkung ist innerhalb einer Frist von drei Monaten nach Kenntniserlangung vom Erbfall bzw. von der Schenkung dem zuständigen **Finanzamt anzuzeigen**. Das ist in § 30 Abs. 1 ErbStG geregelt. Im **Erbfalle** hat die Anzeige der Erwerber bzw. bei einer Zweckzuwendung der Beschwerte vorzunehmen. Im Falle der **Schenkung** trifft die Anzeigepflicht neben dem Beschenkten auch den Schenker (§ 30 Abs. 2 ErbStG). Eine Anzeigepflicht besteht jedoch im Erbfalle nicht, wenn der Erwerb sich aus einem von einem deutschen Gericht, einem deutschen Notar oder einem deutschen Konsul eröffneten Testament ergibt. Entsprechendes gilt bei gerichtlich oder notariell beurkundeten Schenkungen (§ 30 Abs. 3 ErbStG). Die **Anzeigepflicht** geht in diesen Fällen auf die **Gerichte**, Behörden, Beamten und **Notare** über (§ 34 ErbStG), es sei denn, zum Vermögen gehören Grundbesitz, Betriebsvermögen, Anteile an Kapitalgesellschaften, die nicht der Anzeigepflicht nach § 33 ErbStG unterliegen oder Auslandsvermögen (§ 30 Abs. 3 Satz 1 HS. 2 ErbStG). **Besondere Anzeigepflichten** treffen im Erbfalle darüber hinaus die Vermögensverwahrer, den Vermögensverwalter und die Versicherungsunternehmen (§ 33 ErbStG).

11 Das Erbschafts- und Schenkungsteuergesetz unterteilt die Begünstigten in **drei Steuerklassen** (§ 15 ErbStG), an denen sich auch die persönlichen Freibeträge (§ 16 ErbStG) orientieren. Die folgende **Tabelle** gibt eine Übersicht über die Steuerklassen und Freibeträge:

Steuerklasse		Freibetrag
I	1. Ehegatte und Lebenspartner	500.000 €
	2. Kinder und Stiefkinder	400.000 €
	3. Abkömmlinge verstorbener Kinder und Stiefkinder aus 2.	400.000 €
	4. Abkömmlinge lebender Kinder und lebender Stiefkinder aus 2.	200.000 €
	5. Eltern und Voreltern bei Erwerb von Todes wegen	100.000 €

---

[14] *Dosdzol*, ZEV 2009, 7, 10.
[15] Vgl. *Bauer/Wartenburger*, MittBayNot 2009, 85, 89; *Fischl/Roth*, NJW 2009, 177, 179; *Geck*, ZEV 2008, 557, 558.
[16] *Crezelius*, ZEV 2009, 1, 5 f.
[17] Vgl. *Bauer/Wartenburger*, MittBayNot 2009, 85, 89.
[18] *Bauer/Wartenburger*, MittBayNot 2010, 175, 176.

II	1. Eltern und Voreltern, soweit nicht zur Stkl. I gehörend		20.000 €
	2. Geschwister		dto.
	3. Abkömmlinge ersten Grades von Geschwistern		dto.
	4. Stiefeltern		dto.
	5. Schwiegerkinder		dto.
	6. Schwiegereltern		dto.
	7. geschiedener Ehegatte		dto.
III	übrige Erwerber und Zweckzuwendungen		20.000 €

Die jeweiligen Steuersätze ergeben sich aus folgender Tabelle (§ 19 ErbStG): 12

Wert des steuerpflichtigen Erwerbs bis einschließlich	Vomhundertsatz in der Steuerklasse		
	I	II	III
75.000 €	7	15	30
300.000 €	11	20	30
600.000 €	15	25	30
6.000.000 €	19	30	30
13.000.000 €	23	35	50
26.000.000 €	27	40	50
über 26.000.000 €	30	43	50

Wie schon vor der Erbschaftsteuerreform ist die Übertragung des **Familienheims**[19] unter Lebenden **zwischen Ehegatten und Lebenspartnern** nach § 13 Abs. 1 Nr. 4a ErbStG steuerfrei möglich. Die Vorschrift wurde dahingehend erweitert, dass nunmehr auch ein in einem Mitgliedstaat der Europäischen Union oder einem Staat des Europäischen Wirtschaftsraumes belegenes Familienwohnheim steuerfrei zwischen Ehegatten übertragen werden kann. Da allerdings das Familienwohnheim nach wie vor den Mittelpunkt des familiären Lebens beider Ehegatten bilden muss,[20] wird die Erweiterung des Tatbestandes in der Praxis weniger relevant sein.[21] Jedoch ist nicht mehr die ausschließliche Nutzung zu Wohnzwecken erforderlich; auch teilweise für eigene Wohnzwecke genutzte Immobilien sind begünstigt.[22] Die Befreiung ist dann aber flächenmäßig auf die selbst genutzte Wohnung begrenzt.[23] Für den Gestalter interessant ist, dass auch eine mittelbare Grundstücksschenkung oder die Zuwendung von Mitteln zur Begleichung nachträglicher Herstellungs- und Erhaltungskosten des Familienheimes

13

---

[19] Nach der Legaldefinition des § 13 Abs. 1 Nr. 4a ErbStG ein bebautes Grundstück i.S.d. § 181 Abs. 1 Nr. 1-5 BewG (Ein- und Zweifamilienhäuser, Mietwohngrundstücke, Wohnungs- und Teileigentum, Geschäftsgrundstücke und gemischt genutzte Grundstücke), soweit darin eine Wohnung zu eigenen Wohnzwecken genutzt wird.
[20] Abschnitt 3 Abs. 2 Satz 4 des Erbschaftsteuererlasses vom 25.06.2009, BStBl I 2009, 713, 715.
[21] *Geck*, ZEV 2008, 557, 558.
[22] *Reimann*, ZEV 2010, 174 f.
[23] *von Hoyenberg*, Vorweggenommene Erbfolge, 2010, Kap. 2 Rn. 34, S. 49.

§ 516

begünstigt und damit steuerfrei sind.[24] Kinder oder Kinder verstorbener Kinder sind hingegen nur bei dem Erwerb des Familienwohnheims von Todes wegen privilegiert (§ 13 Abs. 1 Nr. 4c ErbStG).[25]

14 Bebaute Grundstücke oder Grundstücksteile, die im Inland, in einem Mitgliedstaat der Europäischen Union oder in einem Staat des Europäischen Wirtschaftsraums belegen sind und zu Wohnzwecken vermietet sind, können, sofern sie weder zu einem begünstigten Betriebsvermögen oder zum begünstigten Vermögen eines Betriebs der Land- und Forstwirtschaft im Sinne des § 13a ErbStG gehören, nach § 13c Abs. 1 ErbStG mit 90% ihres Wertes angesetzt werden. Dieser zehnprozentige Verschonungsabschlag macht in Verbindung mit dem Wegfall des § 25 ErbStG und der damit möglichen Anrechnung des Kapitalwertes einer dem Schenker vorbehaltenen Nutzungsbefugnis (vgl. nachfolgend Rn. 16) die Übertragung vermieteter Immobilien zu Lebzeiten des Schenkers aus erbschaftsteuerlichen Gesichtspunkten besonders interessant.[26]

15 Die steuerliche Behandlung von **Betriebsvermögen** wurde ebenfalls geändert. Nach § 13b Abs. 1 ErbStG sind land- und forstwirtschaftliches Betriebsvermögen, gewerbliche oder freiberufliche Betriebe, Teilbetriebe, Mitunternehmeranteile und -teilanteile sowie Beteiligungen an Kapitalgesellschaften, an denen der Übertragende mehr als 25% der Anteile hält[27], im Rahmen der Erbschaft- und Schenkungsteuer **begünstigtes Vermögen**. Die Begünstigung wird allerdings nicht gewährt, wenn das nach § 13 Abs. 1 ErbStG grundsätzlich begünstigte Vermögen zu mehr als 50% aus **Verwaltungsvermögen** besteht, § 13b Abs. 2 Satz 1 ErbStG. Damit will der Gesetzgeber solche Vermögensteile von der Privilegierung ausnehmen, die ohne wesentliche Störung der Betriebsfortführung versilbert und daher auch nach den allgemeinen Bestimmungen zur Steuer herangezogen werden können.[28] Dazu gehören beispielsweise fremdgenutzte Grundstücke (mit Einschränkungen für Betriebsaufspaltungen, Sonderbetriebsvermögen und Wohnungsunternehmen, § 13b Abs. 2 Satz 2 Nr. 1 ErbStG)[29], Minderheitsbeteiligungen an Kapitalgesellschaften, sofern diese nicht die 25%-Grenze übersteigen (§ 13b Abs. 2 Satz 2 Nr. 2 ErbStG), Beteiligungen an gewerblichen oder freiberuflichen Mitunternehmerschaften oder Kapitalgesellschaften, deren Verwaltungsvermögen mehr als 50% des Gesamtwertes beträgt (§ 13b Abs. 2 Satz 2 Nr. 3 ErbStG), Wertpapiere und vergleichbare Forderungen (§ 13 Abs. 2 Satz 2 Nr. 4 ErbStG) und Kunstgegenstände und andere Kostbarkeiten, wenn Handel und Verarbeitung nicht Hauptzweck des Gewerbebetriebes sind (§ 13 Abs. 2 Satz 2 Nr. 5 ErbStG). Der Anteil des Verwaltungsvermögens wird durch einen sogenannten Verwaltungsvermögenstest nach § 13b Abs. 2 Satz 4 ErbStG ermittelt.[30] „**Junges Verwaltungsvermögen**", d.h. Verwaltungsvermögen, das seit weniger als zwei Jahren zum Betriebsvermögen gehört, wird nach § 13b Abs. 2 Satz 3 ErbStG von der Vergünstigung ganz ausgenommen.[31] Liegt nach dem Verwaltungsvermögenstest begünstigtes Vermögen vor, kann zwischen zwei **Verschonungsmodellen** gewählt werden. Nach der **Regelverschonung** des § 13a Abs. 1 i.V.m. § 13b Abs. 4 ErbStG bleiben 85% des Wertes des begünstigten Vermögens außer Ansatz. Für den Wert, der die 85% der Regelverschonung übersteigt, gewährt § 13a Abs. 2 ErbStG einen gleitenden **Abzugsbetrag** in Höhe von 150.000 €, der bis zu einem Wert von 150.000 € in voller Höhe gewährt wird.[32] Übersteigt der Restbetrag 150.000 €, so wird der Abzugsbetrag um 50% der Differenz zwischen 150.000 € und dem übersteigenden Betrag gekürzt. Um diese Verschonung zu erhalten, darf die Lohnsumme nach § 13a Abs. 4 ErbStG innerhalb von fünf Jahren nach dem Erwerb insgesamt 400%

---

[24] Abschnitt 3 Abs. 4 Nr. 3, 5 des Erbschaftsteuererlasses vom 25.06.2009, BStBl I 2009, 713, 716; *Reimann*, ZEV 2010, 174, 175.
[25] *Crezelius*, ZEV 2009, 1, 4.
[26] Vgl. das Beispiel bei *Bauer/Wartenburger*, MittBayNot 2009, 85, 87.
[27] Nach § 13b Abs. 1 Nr. 3 Satz 2 können poolgebundene Anteile zusammengerechnet werden, vgl. näher *von Hoyenberg*, Vorweggenommene Erbfolge, 2010, Kap. 12, S. 369 ff.
[28] *Bauer/Wartenburger*, MittBayNot 2009, 85, 94 f.
[29] Einzelheiten vgl. *Bauer/Wartenburger*, MittBayNot 2009, 85, 95 ff.
[30] Vgl. hierzu *von Hoyenberg*, Vorweggenommene Erbfolge, 2010, Kap. 10 Rn. 42 f., S. 343 f.
[31] *von Hoyenberg*, Vorweggenommene Erbfolge, 2010, Kap. 10 Rn. 44, S. 344.
[32] Mit der Folge, dass begünstigtes Betriebsvermögen bis zu 1.000.000 € steuerfrei übertragen werden kann, vgl. *Geck*, ZEV 2008, 557, 563.

der Ausgangslohnsumme nicht unterschreiten (**Mindestlohnsumme**). Hierbei gilt nach § 13a Abs. 1 Satz 4 ErbStG eine Ausnahme für Kleinbetriebe, die nicht mehr als 20 Arbeitnehmer beschäftigen.[33] Die Lohnsummenregelung soll die Privilegierung betrieblichen Vermögens durch die Sicherung von Arbeitsplätzen verfassungsrechtlich rechtfertigen.[34] Ferner muss der Erwerber die in § 13a Abs. 5 ErbStG bestimmte fünfjährige **Behaltensfrist** wahren.[35] Sinkt die Lohnsumme während der Lohnsummenfrist unter die Mindestlohnsumme, verringert sich der Verschonungsabschlag in dem Umfang, in dem die tatsächliche Lohnsumme unterschritten wird (§ 13a Abs. 1 Satz 5 ErbStG).[36] Verstößt der Erwerber gegen die Behaltensfrist, wird die Verschonung nur zeitanteilig für die Zeit bis zu dem Verstoß gewährt,[37] es sei denn, es liegen Überentnahmen nach § 13a Abs. 5 Nr. 3 ErbStG vor, die den Verschonungsabschlag komplett entfallen lassen[38]. Der Abzugsbetrag nach § 13a Abs. 2 ErbStG entfällt in diesem Fall komplett.[39] Verstöße gegen die Lohnsummenfrist und die Behaltensfrist sind nach § 13a Abs. 6 ErbStG anzuzeigen. Die Möglichkeit der **kompletten Verschonung** betrieblichen Vermögens bietet § 13a Abs. 8 ErbStG. Diese Verschonung setzt voraus, dass das Verwaltungsvermögen nur 10% beträgt, ferner darf die Mindestlohnsumme von 700% während einer Lohnsummenfrist von sieben Jahren nicht unterschritten werden und die Behaltensfrist verlängert sich auf sieben Jahre. Sofern sich während der Erbschaftsteuerveranlagung oder nachträglich herausstellt, dass das Verwaltungsvermögen aller übertragenen wirtschaftlichen Einheiten über 10% liegt, wird die Regelverschonung gewährt.[40] Verstößt der Erwerber allerdings gegen die weiteren Verschonungsvoraussetzungen (Mindestlohnsumme und Behaltensfrist), kann er nicht mehr zur Regelverschonung zurück.[41] Der Antrag auf die Verschonung nach § 13a Abs. 8 ErbStG sollte von daher nur nach eingehender steuerlicher Beratung gestellt werden. Da der Antrag gegenüber der Finanzverwaltung bis zum Eintritt der formellen Bestandskraft der Festsetzung der Schenkungsteuer gestellt werden kann, aber nach Zugang beim Erbschaftsteuerfinanzamt nicht mehr widerrufen werden kann,[42] sollte eine notarielle Schenkungsurkunde hierzu keine Regelungen enthalten.[43] Eine weitere Besonderheit ergibt sich für die **Übertragung von Betriebsvermögen**, Betrieben der Land- und Forstwirtschaft oder Anteilen an Kapitalgesellschaften an Begünstigte der Steuerklasse II oder III. Bei solchen Übertragungen greift ein **Entlastungsbetrag**, der die Begünstigten im Ergebnis, bezogen auf dieses Vermögen, nach der Steuerklasse I besteuert (§ 19a ErbStG, sog. Tarifbegrenzung). Die Tarifbegrenzung greift aber nicht ein, wenn „junges Verwaltungsvermögen" übertragen wird.

Mit der Umstellung der Bewertungsverfahren, vor allem dem Verkehrswertansatz für Immobilien, ist die in § 25 ErbStG a.F. vorgesehene Abzugsbeschränkung von Duldungs- bzw. Nutzungsauflagen (vorbehaltene Nießbrauchs- oder Wohnungsrechte), Rentenverpflichtungen oder sonstigen wiederkehrenden Leistungen zugunsten des Schenkers oder dessen Ehegatten weggefallen.[44] Nunmehr verringern vorbehaltene Nießbrauchs- und Wohnungsrechte oder sonstige Versorgungsleistungen zugunsten

16

---

[33] Zu der Frage der Berechnung der Arbeitnehmer vgl. *Bauer/Wartenburger*, MittBayNot 2009, 85, 98.
[34] *Bauer/Wartenburger*, MittBayNot 2009, 85, 98; *von Hoyenberg*, Vorweggenommene Erbfolge, 2010, Kap. 10 Rn. 45, S. 344 f.
[35] Einzelheiten hierzu vgl. *Bauer/Wartenburger*, MittBayNot 2009, 85, 98 f.; *von Hoyenberg*, Vorweggenommene Erbfolge, 2010, Kap. 10 Rn. 49 ff., S. 346 f.
[36] Beispiel bei *Bauer/Wartenburger*, MittBayNot 2009, 85, 98.
[37] *von Hoyenberg*, Vorweggenommene Erbfolge, 2010, Kap. 10 Rn. 54, S. 347.
[38] *Bauer/Wartenburger*, MittBayNot 2009, 85, 99.
[39] *von Hoyenberg*, Vorweggenommene Erbfolge, 2010, Kap. 10 Rn. 50, S. 346; beim Unterschreiten der Mindestlohnsumme unterliegt der Abzugsbetrag keiner Anpassung, Abschnitt 16 Abs. 2 Satz 2 des Erbschaftsteuererlasses vom 25.06.2009, BStBl I 2009, 713, 726.
[40] Abschnitt 17 Abs. 3 Sätze 3, 4 des Erbschaftsteuererlasses vom 25.06.2009, BStBl I 2009, 713, 730.
[41] Abschnitt 17 Abs. 3 Sätze 5, 6 des Erbschaftsteuererlasses vom 25.06.2009, BStBl I 2009, 713, 730; *von Hoyenberg*, Vorweggenommene Erbfolge, 2010, Kap. 10 Rn. 30, S. 340.
[42] Abschnitt 17 Abs. 2 Satz 3 des Erbschaftsteuererlasses vom 25.06.2009, BStBl I 2009, 713, 730.
[43] Vgl. *Bauer/Wartenburger*, MittBayNot 2009, 85, 98.
[44] *Bauer/Wartenburger*, MittBayNot 2009, 85, 87.

17 des Schenkers und dessen Ehegatten die steuerliche Bemessungsgrundlage.[45] Sofern das vorbehaltene Recht keinen Barwert hat, wie bspw. ein Nießbrauch, wird es auf der Grundlage einer aktuellen Sterbetafel des Statistischen Bundesamtes kapitalisiert und nach den §§ 14 Abs. 1, 16 BewG bewertet.[46]

17 Im Falle der Schenkung sind **Steuerschuldner** sowohl der Erwerber als auch der Schenker. Sie haften beide nach § 20 Abs. 1 Satz 1 ErbStG als Gesamtschuldner. Die Erbschaftsteuer kann also durchaus auch vom Schenker vertraglich übernommen werden. Die entsprechende Abrede bedarf jedoch der notariellen Beurkundung.[47] In diesem Falle zählt die übernommene Schenkungsteuer ebenfalls zur Schenkung, erhöht also deren steuerliche Bemessungsgrundlage (§ 10 Abs. 2 ErbStG). Bei der Schenkung sollten daher entsprechende **Vereinbarungen** getroffen werden, wer die Schenkungsteuer trägt. Im Zweifel ist regelmäßig von dem Grundsatz auszugehen, dass die Steuer in erster Linie gegen den (bereicherten) Erwerber festzusetzen ist.[48] Die Erbschaft- bzw. Schenkungsteuer ist umgekehrt jedoch nicht von der steuerlichen Bemessungsgrundlage abziehbar (§ 10 Abs. 8 ErbStG). An dieser Regelung ist durch die Erbschaftsteuerreform nichts geändert worden. Zwar hat das BMF angekündigt, die Inanspruchnahme des Schenkers auszuschließen oder zu begrenzen.[49] Da die oben dargestellten Verschonungsregelungen aber auch entfallen, wenn ein Unternehmen durch Insolvenz aufgegeben wird,[50] und damit eine Nachversteuerung droht, ist die Aufnahme von **Rückforderungs- bzw. Widerrufsrechten** (vgl. nachfolgend Rn. 65) künftig auch unter diesem Gesichtspunkt zu bedenken.[51]

18 Durch die Reform des Erbschaft- und Schenkungsteuerrechts ist die Rechtslage, insbesondere im Hinblick auf die Bewertung der Wirtschaftsgüter, **nicht einfacher geworden**.[52] Eine **qualifizierte steuerliche Beratung** ist deswegen **unerlässlich**, um unerwünschte Steuerfolgen zu vermeiden. Insbesondere bei der Unternehmensnachfolge besteht ein nicht unerhebliches Risiko, dass bei einer späteren Betriebsprüfung die steuerliche Bemessungsgrundlage erhöht wird.[53] Aus diesem Grund kann es sich empfehlen, in die Betriebsübergabevereinbarung eine Steuerklausel folgenden Inhalts aufzunehmen: „Wenn aufgrund dieses Vertrages wider unser Erwarten eine Schenkungsteuer anfällt, kann der Schenker die Schenkung widerrufen."[54] Bei Ausübung des vertraglichen Widerrufsrechts erlischt die Steuer für die Hinschenkung (§ 29 Abs.1 Nr. 1 ErbStG) und die anschließende Rückübertragung stellt keinen steuerbaren Vorgang dar.[55]

B. Praktische Bedeutung

19 Schenkungen spielen in der Rechtsanwendungspraxis eine bedeutsame Rolle. Dies hat sich auch durch die Reform der Erbschaft- und Schenkungsteuer nicht geändert. Insbesondere zur **steueroptimalen Gestaltung** von lebzeitigen Vermögensübertragungen auf die Kinder wird die Schenkung weiterhin ein wichtiges Gestaltungsinstrument sein, die steuerlichen Freibeträge unter Ausnutzung der 10-Jahresfrist des § 14 ErbStG rechtzeitig zu nutzen. Dabei werden **Schenkungen unter Auflagen** (mit Nutzungsvorbehalten) nach § 525 BGB (vgl. die Kommentierung zu § 525 BGB), **gemischte Schenkungen** (vgl. die Kommentierung zu § 525 BGB Rn. 15) sowie **Schenkungen mit Widerrufsvorbehalt** (vgl. Rn. 65) den Vertragsjuristen und die Rechtsprechung vermehrt beschäftigen. Bei diesen Schen-

---

[45] *Bauer/Wartenburger*, MittBayNot 2009, 85, 98; *Reimann*, ZEV 2010, 174, 176.
[46] *Reimann*, ZEV 2010, 174, 176; *von Hoyenberg*, Vorweggenommene Erbfolge, 2010, Kap. 2 Rn. 17, S. 44 f mit Berechnungsbeispiel bei Rn. 18, S. 45.
[47] FG Düsseldorf v. 20.02.2008 - 4 K 1840/07 - juris Rn. 12 m.w.N. - EFG 2008, 961-962.
[48] FG Düsseldorf v. 20.02.2008 - 4 K 1840/07 - juris Rn. 11 m.w.N. - EFG 2008, 961-962.
[49] *Crezelius*, ZEV 2009, 1, 4.
[50] Abschnitt 10 Abs. 1 Satz 4 des Erbschaftsteuererlasses vom 25.06.2009, BStBl I 2009, 713, 723.
[51] *Bauer/Wartenburger*, MittBayNot 2009, 85, 98.
[52] *Bauer/Wartenburger*, MittBayNot 2009, 85, 99.
[53] *Piltz*, ZEV 2009, 70, 72.
[54] *Piltz*, ZEV 2009, 70, 72.
[55] *Piltz*, ZEV 2009, 70.

kungsarten können die schützenswerten Interessen der Schenker auf weitgehende Absicherung und Nutzungserhaltung, mit dem Wunsch, Vermögensbestandteile aus steuerlichen Gründen bereits zu Lebzeiten zu übertragen, sinnvoll verbunden werden. Bei der Planung der Unternehmensnachfolge innerhalb von Familienunternehmen werden unentgeltliche Zuwendungen durch Übertragung von Beteiligungen auch im **Handels- und Gesellschaftsrecht** weiterhin eine wichtige Rolle spielen. Der Kautelarjurist muss die gesetzlichen Rahmenbedingungen der §§ 516-534 BGB kennen, um eine sinnvolle und interessengerechte Vertragsgestaltung zu gewährleisten.

C. Anwendungsvoraussetzungen

I. Allgemeines

Nach der **Legaldefinition** des § 516 BGB liegt eine Schenkung dann vor, wenn zwischen den Vertragsparteien darüber **Einigkeit** besteht, dass eine **Zuwendung**, durch die jemand aus seinem Vermögen einen anderen bereichert, **unentgeltlich** erfolgen soll.

II. Einigung

Zwischen den Vertragsparteien muss eine **Einigung** vorliegen. Auch bei der Hand- bzw. Realschenkung muss demgemäß neben dem dinglichen Vollzugsgeschäft ein **schuldrechtlicher Vertrag** durch übereinstimmende Willenserklärungen (Angebot und Annahme, §§ 145-157 BGB) zustande gekommen sein.[56] Kraft dieses Schuldvertrages ist der Beschenkte im Gegensatz zur Versprechensschenkung (vgl. die Kommentierung zu § 518 BGB) **nicht** berechtigt, von dem Schenker eine bestimmte **Leistung zu fordern** (§ 241 BGB), weil diese bereits erfolgt ist (§ 516 Abs. 2 BGB) oder gleichzeitig erfolgt (§ 516 Abs. 1 BGB). Er ist vielmehr der Rechtsgrund dafür, dass der Beschenkte die Zuwendung behalten darf (**Rechtsgrundabrede**).[57] Die **fehlende Primärleistungspflicht** auf Erfüllung bei der Handschenkung hat unmittelbare Auswirkungen auf das Recht der Leistungsstörungen und die Rechts- und Sachmängelhaftung des Schenkers aus §§ 523, 524 BGB (vgl. auch die Kommentierung zu § 523 BGB und die Kommentierung zu § 524 BGB). Das Erfordernis übereinstimmender Willenserklärungen unterscheidet den Handschenkungsvertrag (vgl. auch Muster: Handschenkung, Muster 1 zu § 516 BGB) von der **Gefälligkeitsabrede**, z.B. Einladung zum Essen, Anbieten einer Mitnahmegelegenheit etc., bei der die Vertragsparteien keinen Rechtsbindungswillen haben.[58]

Die allgemeinen **Vorschriften über Rechtsgeschäfte**, insbesondere die §§ 104-185 BGB, sind auch auf den Handschenkungsvertrag anwendbar. Die Annahme des Vertragsangebotes erfolgt gemäß § 151 Satz 1 BGB i.d.R. ohne ausdrückliche Erklärung gegenüber dem Schenker. Auch beim Schenkungsangebot kann jedoch bloßes **Schweigen nicht als Annahme** angesehen werden (arg. § 516 Abs. 2 BGB).[59] Auch die **weiteren allgemeinen Vorschriften** über Rechtsgeschäfte, insbesondere Willenserklärungen, sind anwendbar. Sie werfen bei der Schenkung teilweise spezielle Probleme auf. Von Bedeutung ist insbesondere § 117 BGB. Das ist dann der Fall, wenn die Vertragsparteien eine in Wirklichkeit beabsichtigte Schenkung äußerlich in die Form eines entgeltlichen Vertrages kleiden, um eine

---

[56] Vgl. zur Geschäftsfähigkeit BGH v. 18.05.2001 - V ZR 126/00 - BGHReport 2001, 714.
[57] *Koch* in: MünchKomm-BGB, § 516 Rn. 2; *Wimmer-Leonhardt* in: Staudinger, § 516 Rn. 5; *Mühl/Teichmann* in: Soergel, § 516 Rn. 1; *Mansel* in: Jauernig, § 516, Rn. 2.
[58] Vgl. dazu BGH v. 22.06.1956 - I ZR 198/54 - juris Rn. 12 - BGHZ 21, 102-112; BGH v. 02.07.1968 - VI ZR 135/67 - juris Rn. 18 - LM Nr. 9 zu 832 BGB; *Wimmer-Leonhardt* in: Staudinger, § 516 Rn. 12; *Grüneberg* in: Palandt, Einl. vor § 241 Rn. 7-9; *H. P. Westermann* in: Erman, vor § 241 Rn. 14 ff.; *Koch* in: MünchKomm-BGB, § 516 Rn. 2.
[59] LG Berlin v. 05.02.1990 - 9 O 176/89 - NJW 1992, 1327-1328, dazu *Krampe*, NJW 1992, 1264-1270; *Koch* in: MünchKomm-BGB, § 516 Rn. 15; vgl. auch *Wimmer-Leonhardt* in: Staudinger, § 516 Rn. 40; *Mühl/Teichmann* in: Soergel, § 516 Rn. 3; anders jedoch *Weidenkaff* in: Palandt, § 516 Rn. 12 (Fristsetzung führt zur Annahmefiktion).

mögliche Schenkungssteuer zu vermeiden, Pflichtteilsergänzungsansprüche auszuschließen oder den Vertragserben zu benachteiligen. Bei diesen sog. **verschleierten Schenkungen**[60] ist das angeblich vorgegebene Rechtsgeschäft nach § 117 Abs. 1 BGB nichtig. Gemäß § 117 Abs. 2 BGB findet Schenkungsrecht Anwendung.[61] **Beispiele** sind: Vereinbarung von Gütergemeinschaft in besonderen Fällen[62] oder überhöhte Vergütungsvereinbarungen zwischen Eheleuten[63]; Beteiligung als **stiller Gesellschafter**[64], Abschluss eines (scheinbaren) **Kaufvertrages** zwischen **nahen Verwandten** mit Stundung des Kaufpreises bis zum Tod und anschließender Anrechnung auf Erb- bzw. Pflichtteilsrecht[65]; **Übertragung** eines Grundstücks an die **Lebenspartnerin** gegen entgeltlichen Pflegevertrag oder Abschluss eines Kaufvertrages zum Kaufpreis von 10.000 € (Verkehrswert des Grundstücks: 250.000 €) zur Aushöhlung von Pflichtteilsansprüchen der Kinder und Verminderung der Grunderwerbsteuer; Kauf wertloser Forderungen zu überhöhten Preisen.[66]

23 In diesen Fällen ist die Grenze zur zulässigen Vertragsgestaltung mit Vereinbarung einer objektiv unangemessenen Gegenleistung für die Zuwendung oft schwer zu ziehen.[67] Nach dem Prinzip der **subjektiven Äquivalenz** steht es den Vertragsparteien grundsätzlich frei, eine objektiv wesentlich geringere („Geschäft unter guten Freunden") oder ggf. auch eine höhere Gegenleistung als subjektiv gleichwertig anzusehen.[68] Für die Wertmaßstäbe der Vertragsparteien kann es dabei unterschiedliche Gründe geben.[69] Deshalb ist ihr Wille zunächst in aller Regel zu beachten.[70] Die subjektiven Vorstellungen der Vertragsparteien finden jedoch dann ihre Grenze, wenn sie **jeder sachlichen Grundlage** entbehren und **völlig willkürlich** festgelegt werden.[71] In solchen Fällen geht es dann weniger um den Schutz des Zuwendenden (z.B. Anwendung der Formvorschrift des § 518 BGB)[72], als vielmehr um die Verhinderung einer missbräuchlichen Vertragsgestaltung zu Lasten Dritter (z.B. der Pflichtteilsberechtigten oder der geschützten Vertragserben) oder der Allgemeinheit (**Steuerumgehung**). Auf die jeweiligen Vereinbarungen findet dann im Zweifel Schenkungsrecht Anwendung.[73] Gegebenenfalls liegt in solchen Fällen eine **belohnende Schenkung** vor (vgl. Rn. 62). Umgekehrt können **angebliche Schenkungen** auch einen wirklich gewollten entgeltlichen Vertrag verdecken, um z.B. einer möglichen Steuerpflicht zu entgehen. **Beispiele**: Schenkung von Geld gegen Gewährung eines

---

[60] *Koch* in: MünchKomm-BGB, § 516 Rn. 20; *Wimmer-Leonhardt* in: Staudinger, § 516 Rn. 57, vgl. hierzu auch LG Berlin v. 06.03.2007 - 37 O 95/06 - juris Rn. 25 - DZWIR 2007, 306-308.

[61] BGH v. 07.10.1960 - V ZR 178/59 - MDR 1961, 128; RG v. 06.04.1892 - V 344/91 - RGZ 29, 265-268; RG v. 07.02.1920 - V 343/19 - RGZ 98, 124-131; RG - IV 53/36; *Koch* in: MünchKomm-BGB, § 516 Rn. 20; *Herrmann* in: Erman, § 516 Rn. 15; *Mühl/Teichmann* in: Soergel, § 516 Rn. 25; *Wimmer-Leonhardt* in: Staudinger, § 516 Rn. 57.

[62] RG v. 22.11.1915 - IV 176/15 - RGZ 87, 301-305; OLG Nürnberg v. 30.09.1959 - 2 W 162/59 - BB 1960, 307.

[63] BGH v. 15.03.1989 - IVa ZR 338/87 - juris Rn. 10 - LM Nr. 23 zu § 2325 BGB.

[64] BGH v. 24.09.1952 - II ZR 136/51 - juris Rn. 13 - BGHZ 7, 174-184.

[65] RFH v. 12.04.1938 - I 43/37 - RStBl 1938, 620.

[66] LG Berlin v. 06.03.2007 - 37 O 95/06 - juris Rn. 25 - DZWIR 2007, 306-308.

[67] *Koch* in: MünchKomm-BGB, § 516 Rn. 21.

[68] BGH v. 12.01.1956 - ZR 120/54 - WM 1956, 351, 353; BGH v. 18.05.1990 - V ZR 304/88 - juris Rn. 26 - WM 1990, 1790-1793; BGH v. 25.09.1986 - II ZR 272/85 - juris Rn. 20 - NJW 1987, 890-898; *Koch* in: MünchKomm-BGB, § 516 Rn. 21.

[69] *Koch* in: MünchKomm-BGB, § 516 Rn. 21 m.w.N.

[70] *Wimmer-Leonhardt* in: Staudinger, § 516 Rn. 43.

[71] BGH v. 09.11.1960 - V ZR 96/59 - NJW 1961, 604-605; BGH v. 16.10.1963 - V ZR 73/61 - FamRZ 1964, 429; OLG Hamm v. 11.12.1992 - 29 U 214/91 - juris Rn. 23 - NJW-RR 1993, 1412-1413.

[72] Vgl. *Koch* in: MünchKomm-BGB, § 516 Rn. 22.

[73] Vgl. im Einzelnen: BGH v. 27.11.1991 - IV ZR 266/90 - juris Rn. 8 - BGHZ 116, 178-184; BGH v. 15.03.1989 - IVa ZR 338/87 - juris Rn. 10 - LM Nr. 23 zu § 2325 BGB; BGH v. 25.09.1986 - II ZR 272/85 - juris Rn. 20 - NJW 1987, 890-898; BGH v. 09.11.1983 - IVa ZR 151/82 - juris Rn. 8 - BGHZ 89, 24-33; BGH v. 13.07.1983 - IVa ZR 15/82 - juris Rn. 8 - BGHZ 88, 102-112; BGH v. 26.03.1981 - IVa ZR 154/80 - juris Rn. 13 - LM Nr. 14 zu § 516 BGB; BGH v. 19.09.1980 - V ZR 51/78 - LM Nr. 27 zu § 249 BGB. Ähnlich *Koch* in: MünchKomm-BGB, § 516 Rn. 22, der von einer tatsächlichen Vermutung für die Unentgeltlichkeit im Rahmen der Beweiswürdigung ausgeht.

unkündbaren Darlehens[74]; Ablösung der Grundpfandrechte gegen Schenkung des Grundstücks[75]. Wie immer in solchen Fällen ist nicht die von den Vertragsparteien gewählte äußere Form, sondern der **sachliche Inhalt** des tatsächlich Gewollten für die typologische Einordnung entscheidend.

Weiterhin finden auf die Schenkung z.B. auch die Vorschriften zur Unwirksamkeit wegen Verstoß gegen ein gesetzliches Verbot[76], zur Sittenwidrigkeit (§ 138 BGB)[77], zur Umdeutung (§ 140 BGB)[78] und zur ergänzenden Vertragsauslegung (§ 157 BGB)[79] Anwendung. So ist z.B. die Schenkung von Vermögen des Betreuten durch den Betreuer als seinen gesetzlichen Vertreter wegen Verstoß gegen die Vorschriften der §§ 1908i Abs. 2 Satz 1, 1804 Satz 1 BGB unwirksam.[80] 24

Zu beachten ist, dass die Frage der Rechtswirksamkeit der zugrunde liegenden schuldrechtlichen Rechtsgrundabrede von der Gültigkeit des eigentlichen **Vollzugsgeschäfts** auch bei der Handschenkung streng zu trennen ist. Da beide Rechtsgeschäfte häufig in einem Rechtsakt geschehen, beeinflussen Wirksamkeitshindernisse hier jedoch häufig beide Rechtsgeschäfte (**Fehleridentität**).[81] 25

Problematisch ist die Beteiligung von **Minderjährigen** an Schenkungen, insbesondere im Rahmen von Grundstücksübertragungen (vgl. dazu das Muster: Einfache unentgeltliche Grundstücksübertragung, Muster 2 zu § 516 BGB) im Wege der vorweggenommenen Erbfolge und bei der Beteiligung an Familienunternehmen. Soweit die Schenkungen ausschließlich **rechtlich vorteilhaft** sind, können sie gemäß § 107 BGB vom beschränkt geschäftsfähigen Minderjährigen selbst angenommen werden. Geschäftsunfähige Kinder werden aufgrund teleologischer Reduktion der §§ 1795 Abs. 1 Ziff. 1, 1795 Abs. 2, 181 BGB von den Eltern rechtswirksam vertreten.[82] Soweit Schenkungen an Minderjährige mit **rechtlichen Nachteilen** verbunden sein können, bedürfen sie der Zustimmung eines gesondert zu bestellenden Ergänzungspflegers gemäß § 1909 BGB und ggf. der Zustimmung des Familiengerichtes gemäß § 1643 Abs. 1 i.V.m. §§ 1821, 1822 BGB. Die Entscheidung, ob eine Schenkung mit rechtlichen Nachteilen verbunden ist, ist häufig schwer zu treffen.[83] Die Rechtsprechung ist häufig **einzelfallbezogen**.[84] Allgemeingültige konstruktive Abgrenzungskriterien sind deshalb schwer zu finden. Es kommt auf den jeweiligen Sachverhalt an, wobei in der Vertragspraxis im Zweifel der **sicherste Weg** mit Ergänzungspfleger und Genehmigung durch das Familiengericht gewählt werden sollte. Die schenkweise Übertragung eines Grundstücks mit Nießbrauchsvorbehalt (vgl. dazu Muster: Nießbrauchsvorbehalt, Muster 3 zu § 516 BGB) ist – im Gegensatz zur Schenkung eines Nießbrauchs selbst[85] – lediglich rechtlich vorteilhaft.[86] Das gilt auch dann, wenn der Grundbesitz mit Grundpfand- 26

---

[74] BFH v. 22.11.1963 - VI 178/62 U - BStBl III 1964, 74.
[75] RG v. 06.12.1928 - II 852/28 - Recht 1929 Nr. 443; RG, WarnR 1919 II S.173; BFH v. 12.12.1968 - II B 35/68 - DB 1969, 470.
[76] BGH v. 14.12.1999 - X ZR 34/98 - juris Rn. 13 - BGHZ 143, 283-290.
[77] BGH v. 07.03.1962 - V ZR 132/60 - BGHZ 36, 395-402; BGH v. 12.01.1984 - III ZR 69/83 - juris Rn. 8 - LM Nr. 12 zu § 138 (Ce) BGB.
[78] BGH v. 30.11.1977 - IV ZR 165/76 - juris Rn. 28 - LM Nr. 21 zu § 2271 BGB.
[79] BGH v. 26.10.1983 - IVa ZR 80/82 - juris Rn. 12 - LM Nr. 22 zu § 133 (B) BGB; BGH v. 31.01.1995 - XI ZR 56/94 - juris Rn. 18 - LM BGB § 133 (B) Nr. 40 (7/1995).
[80] Vgl. KG Berlin v. 13.03.2012 - 1 W 542/11 - juris Rn. 11 m.w.N.
[81] *Koch* in: MünchKomm-BGB, § 516 Rn. 23.
[82] BGH v. 27.09.1972 - IV ZR 225/69 - BGHZ 59, 236-242; BGH v. 16.04.1975 - V ZB 15/74 - MDR 1975, 746; OLG Hamm v. 13.03.1978 - 15 W 58/78 - juris Rn. 6 - DB 1978, 1397-1398.; *Koch* in: MünchKomm-BGB, § 516 Rn. 16; *Wimmer-Leonhardt* in: Staudinger, § 516 Rn. 49.
[83] *Koch* in: MünchKomm-BGB, § 516 Rn. 17 ff.; *Wimmer-Leonhardt* in: Staudinger, § 516 Rn. 49-50.
[84] OLG Hamm v. 03.02.1983 - 15 W 323/82 - OLGZ 1983, 144-148; RG v. 10.09.1935 - III 42/35 - RGZ 148, 321-325; BayObLG München v. 14.06.1967 - BReg 2 Z 26/67; OLG Düsseldorf v. 18.07.1974 - 10 W 55/74 - Rpfleger 1974, 429; OLG Celle v. 19.01.1979 - 4 Wx 1/79 - DRsp I(138) 358; OLG Frankfurt v. 09.09.1980 - 20 W 168/80 - MDR 1981, 139; OLG Hamm v. 13.03.1978 - 15 W 58/78 - DB 1978, 1397-1398; LG Kaiserslautern, MittBayNot 1977, 8; OLG Oldenburg (Oldenburg) v. 01.10.1987 - 5 W 43/87 - NJW-RR 1988, 839.
[85] LG Kaiserslautern, MittBayNot 1977, 8.
[86] RG v. 10.09.1935 - III 42/35 - RGZ 148, 321-325; BayObLG München v. 14.06.1967 - BReg 2 Z 26/67; OLG Düsseldorf v. 18.07.1974 - 10 W 55/74 - Rpfleger 1974, 429; OLG Celle v. 19.01.1979 - 4 Wx 1/79 - DRsp I (138) 358.

rechten in beträchtlicher Höhe belastet ist.[87] Die Schenkung von **Wohnungseigentum** kann demgegenüber wegen des damit verbundenen Eintritts des Minderjährigen in die Wohnungseigentümergemeinschaft als rechtlich nachteilig angesehen werden[88], ebenso der Erwerb vermieteter Grundstücke wegen § 566 BGB[89]. Bei **Schenkungen von Minderjährigen** ist das Schenkungsverbot der Eltern gemäß § 1641 BGB zu beachten.[90]

27 Der BGH[91] hatte ursprünglich bei der Übertragung von Wohnungseigentum an einen Minderjährigen die Frage zu klären, wie sich ein rechtlich vorteilhaftes Kausalgeschäft auf ein mit rechtlichen Nachteilen behaftetes dingliches Verfügungsgeschäft auswirkt. Er hat dabei die Theorie der „**Gesamtbetrachtung**" beider Rechtsgeschäfte entwickelt.[92] Nunmehr war ein Fall zu entscheiden, in dem sich die Mutter ein Rücktrittsrecht vom Schenkungsvertrag einräumen ließ, für den Fall, dass das Grundstück ohne ihre Zustimmung veräußert oder belastet würde. Gleichzeitig wurde ihr ein lebenslanges, unentgeltliches Nießbrauchrecht gewährt.[93] Hier betrachtet der BGH die Rechtswirksamkeit der Auflassung (dingliches Rechtsgeschäft) **isoliert** vom (schuldrechtlichen) Rücktrittsrecht der Mutter. Bei der Prüfung des Verfügungsgeschäftes gelangt er zum Ergebnis, dass weder ein Herausgabeanspruch noch eine Belastung des Grundstücks mit einer Grundschuld oder einem Nießbrauchsrecht oder das Tragen der öffentlichen Lasten rechtlich nachteilhaft für den Minderjährigen im Sinne von § 107 BGB sei.[94] Ist die dingliche Übertragung bei isolierter Betrachtung lediglich rechtlich vorteilhaft, so bedürfe die **Auflassungserklärung** des Minderjährigen auch dann **nicht** der **Einwilligung** des gesetzlichen Vertreters oder eines Ergänzungspflegers, wenn die zugrunde liegende schuldrechtliche Vereinbarung mit rechtlichen Nachteilen verbunden sei. Auch wenn der BGH hier die Beurteilung des obligatorischen Rechtsgeschäfts nicht auf das dingliche Rechtsgeschäft wirken lässt, kann doch nicht generell von einer Abkehr der Gesamtbetrachtung ausgegangen werden. Der Anwendungsbereich dieser Theorie wurde nur nicht ausgeweitet, sondern bewegt sich weiter in den engen Grenzen des ursprünglichen Beschlusses.[95] Die Gesamtbetrachtung bleibt damit auf die Ausnahme des lediglich rechtlich vorteilhaften Kausalgeschäfts bei rechtlich nachteiligem Verfügungsgeschäft beschränkt.[96]

28 Weiterhin wurde höchstrichterlich geklärt, dass ein auf den Erwerb eines vermieteten oder verpachteten Grundstücks gerichtetes Rechtsgeschäft für den Minderjährigen nicht rechtlich vorteilhaft im Sinne von § 107 BGB ist, auch wenn sich der Veräußerer den Nießbrauch an dem übertragenen Grundstück vorbehalten hat.[97]

III. Vermögensverschiebende Zuwendung

1. Begriff

29 Die Schenkung wird dadurch charakterisiert, dass der Schenker den Beschenkten durch eine **Zuwendung** aus seinem eigenen Vermögen **bereichert**. Vermögensverschiebende Zuwendung ist dabei die bewusste, rechtliche Hingabe eines Vermögensbestandteils zugunsten eines anderen.[98] Das geschieht

---

[87] OLG Celle v. 19.01.1979 - 4 Wx 1/79 - DRsp I (138) 358.
[88] *Koch* in: MünchKomm-BGB, § 516 Rn. 19.
[89] OLG Oldenburg v. 01.10.1987 - 5 W 43/87 - NJW-RR 1988, 839, ebenso *Feller*, DNotZ 1989, 66-83.
[90] OLG Stuttgart, FamRZ 1955, 39.
[91] Vgl. BGH v. 09.07.1980 - V ZB 16/79 - BGHZ 78, 28, 35.
[92] Vgl. ausführlich *Wojcik*, DNotZ 2005, 655.
[93] BGH v. 25.11.2004 - V ZB 13/04 - DNotZ 2005, 549.
[94] *Wojcik*, DNotZ 2005, 655.
[95] BGH v. 09.07.1980 - V ZB 16/79 - BGHZ 78, 28, 35.
[96] So zutreffend *Wojcik*, DNotZ 2005, 655; vgl. auch *Rastätter*, BWNotZ 2006, 1.
[97] BGH v. 03.02.2005 - V ZB 44/04 - BGHZ 162, 137-143.
[98] *Wimmer-Leonhardt* in: Staudinger, § 516 Rn. 17; *Weidenkaff* in: Palandt, § 516 Rn. 5; etwas anders *Mezger* in: BGB-RGRK, § 516 Rn. 53.

in der Regel durch **Rechtsgeschäft**, insbesondere durch die Begründung, Übertragung (§§ 398, 929, 873, 925 BGB) und Belastung von Sachen und Rechten. Es kann aber auch durch **tatsächliche Handlungen** (z.B. durch Verbindung gemäß § 946 BGB) erfolgen.[99] Daneben können auch der **Erlass von Forderungen** (vgl. die Kommentierung zu § 518 BGB Rn. 33), die Übertragung eines Anteils an einer BGB-Gesellschaft,[100] die Abgabe eines konstitutiven **Schuldanerkenntnisses** (§ 781 BGB)[101] sowie – im Ausnahmefall – die Begründung von **Gütergemeinschaft** durch Ehegatten[102] Zuwendungen sein. Gegenstand der Zuwendung kann ein einzelner Gegenstand oder ein bestimmtes Recht, aber auch das gesamte Vermögen (§ 311b Abs. 3 BGB) oder eine Erbschaft (§ 2385 BGB) sein.[103]

Das **Unterlassen eines Vermögenserwerbs** ist regelmäßig nicht als Zuwendung anzusehen, weil es nicht zu einer Verminderung der Vermögenssubstanz des Schenkers führt[104] (vgl. die Kommentierung zu § 517 BGB). Die Gewährung **immaterieller Güter** und die Erbringung von Arbeits- und **Dienstleistungen** (z.B. Aufführung von Konzerten und Theatervorstellungen, Dichterlesungen, Mitarbeit beim Bau des Hauses[105]; Übernahme von Architektenleistungen[106] etc.) werden ebenfalls nicht erfasst; allenfalls kann hier der Erlass des an sich geschuldeten Entgeltes Schenkungsgegenstand sein.[107]   30

Die Zuwendung muss **freiwillig** und mit **endgültigem Zuwendungswillen** erfolgen.[108] Ein Akt der Usurpation durch den Beschenkten ist keine Zuwendung des Schenkers.[109]   31

Gegenstand der Zuwendung kann auch ein Gestattungsrecht sein. Eine Aneignungsgestattung wird zum Beispiel durch ein Fruchtziehungsrecht gemäß § 956 Abs. 1 BGB begründet, und die Schenkung ist dann bewirkt, wenn dem Beschenkten dieses Recht eingeräumt wird.[110]   32

2. Entreicherung des Schenkers

Die Zuwendung muss „**aus** dem **Vermögen** des Schenkers" erfolgt sein. Dessen Vermögen muss durch den Zuwendungsakt **auf Dauer vermindert** werden.[111] Hierin liegt ein wichtiges Unterscheidungskriterium der Schenkung zu den sonstigen Vertragstypen unentgeltlicher Nutzungs- und Kapitalüberlassung. So ist z.B. die **unentgeltliche Gewährung eines Wohnrechtes** oder das sonstige Überlassen der Nutzung auf Zeit (z.B. eines Grundstückes für einen Schienenanschluss[112]) als **Leihe** einzuordnen und   33

---

[99] *Koch* in: MünchKomm-BGB, § 516 Rn. 5; *Wimmer-Leonhardt* in: Staudinger, § 516 Rn. 18; *Mezger* in: BGB-RGRK, § 516 Rn. 5.
[100] OLG Koblenz v. 02.05.2002 - 5 U 1272/01 - DB 2002, 1208.
[101] BGH v. 05.12.1979 - IV ZR 107/78 - NJW 1980, 1158-1159.
[102] BGH v. 27.11.1991 - IV ZR 266/90 - BGHZ 116, 178-184.
[103] *Koch* in: MünchKomm-BGB, § 516 Rn. 5.
[104] *Koch* in: MünchKomm-BGB, § 516 Rn. 6; *Herrmann* in: Erman, § 516 Rn. 4; *Wimmer-Leonhardt* in: Staudinger, § 516 Rn. 19; a.A. nach Maßgabe des § 517 BGB *Weidenkaff* in: Palandt, § 516 Rn. 5.
[105] BGH v. 01.07.1987 - IVb ZR 70/86 - juris Rn. 13 - BGHZ 101, 229-235.
[106] OLG Frankfurt v. 29.09.2010 - 15 U 63/08 - juris Rn. 31.
[107] OLG Frankfurt v. 29.09.2010 - 15 U 63/08 - juris Rn. 31; BGH v. 01.07.1987 - IVb ZR 70/86 - juris Rn. 13 - BGHZ 101, 229-235; *Wimmer-Leonhardt* in: Staudinger, § 516 Rn. 19; *Koch* in: MünchKomm-BGB, § 516 Rn. 6; *Herrmann* in: Erman, § 516 Rn. 4; *Mezger* in: BGB-RGRK, § 516 Rn. 5.
[108] Vgl. hierzu *Böhr*, NJW 2001, 2059-2061.
[109] *Wimmer-Leonhardt* in: Staudinger, § 516 Rn. 20; vgl. auch *Schiemann*, JZ 2000, 570-572 zum Schenkungsvollzug gemäß § 518 Abs. 2 BGB.
[110] BGH v. 19.07.2005 - X ZR 92/03 - juris Rn. 18 - WM 2005, 2297-2298.
[111] BGH v. 01.07.1987 - IVb ZR 70/86 - juris Rn. 15 - BGHZ 101, 229-235; OLG Düsseldorf v. 22.03.2002 - 5 U 249/00 - OLGR Düsseldorf 2002, 281-283; *Koch* in: MünchKomm-BGB, § 516 Rn. 6; *Mühl/Teichmann* in: Soergel, § 516 Rn. 6; *Herrmann* in: Erman, § 516 Rn. 5.
[112] OLG München v. 12.07.1984 - 24 U 871/83 - WM 1984, 1397-1399; OLG Breslau v. 18.05.1909 - VIII ZS - OLGE 20, 209; *Koch* in: MünchKomm-BGB, § 516 Rn. 7.

nicht als Schenkung.[113] Deshalb finden die Vorschriften der §§ 516-534 BGB, insbesondere die Formvorschrift des § 518 BGB, darauf keine Anwendung.[114]

34 Das Merkmal einer dauerhaften Entreicherung des Vermögens des Schenkers bedeutet nicht, dass sich der Zuwendungsgegenstand vorher gegenständlich im Vermögen des Schenkers befunden haben muss. Es muss **keine Identität zwischen Entreicherungs- und Bereicherungsgegenstand** bestehen.[115] Geldmittel können zweckgebunden zum Erwerb eines anderen Gegenstands, z.B. eines Grundstücks[116] oder eines KG-Anteils[117] geschenkt werden. Die fehlende Identität zwischen Entreicherung und Bereicherung kommt auch bei den so genannten **mittelbaren Schenkungen** zum Ausdruck. Eine **mittelbare Grundstücksschenkung** (vgl. Muster 8 zu § 516 BGB) liegt zum Beispiel vor, wenn Geld zum Erwerb eines bestimmten Grundstücks hingegeben wird. Voraussetzung ist, dass der Beschenkte nicht über das zugewendete Geld, sondern erst über das Grundstück frei verfügen kann. Dem steht – entgegen früherer Rechtsauffassung – nicht entgegen, dass der Bedachte bereits vor Überlassung des Geldes Eigentümer des Grundstücks geworden ist.[118] Entscheidend ist, dass der bestimmte Geldbetrag bis zum Zeitpunkt des Grundstückserwerbs zugesagt worden ist. Entgegen früherer Auffassungen[119] des BFH ist nicht die Zuwendung selbst entscheidend, vielmehr muss der Parteiwille hinreichend beachtet werden. Demnach liegt eine mittelbare Grundstücksschenkung auch dann vor, wenn der Bedachte auch vor der Überlassung des Geldes schon Grundstückseigentümer geworden war.[120] Bei der mittelbaren Schenkung leistet der Schenker den Schenkungsgegenstand nicht unmittelbar aus seinem Vermögen in das Vermögen des Beschenkten, sondern im Wege der Anweisung oder des Versprechens eines Dritten zugunsten des Beschenkten.[121] So liegt eine mittelbare Grundstücksschenkung regelmäßig dann vor, wenn der Schenker den Kaufpreis für die vom Beschenkten erworbene Wohnung direkt auf das Konto des Verkäufers überweist.[122] Häufig handelt es sich hierbei auch um **Schenkungen zugunsten Dritter auf den Todesfall**, insbesondere um Zuwendungen von Lebensversicherungen, Bauspar- oder Sparguthaben (vgl. Rn. 68). Gegenstand der Schenkung ist in diesen Fällen im Valutaverhältnis der gesamte Anspruch auf die Versicherungsleistung, die der Bezugsberechtigte bei Eintritt des Versicherungsfalles erhält und nicht die geleisteten Prämienzahlungen des Schenkers.[123] Problematisch sind in diesem Zusammenhang häufig die Frage der Rechtswirksamkeit des Schenkungsver-

---

[113] H.M., vgl. auch BGH v. 11.12.1981 - V ZR 247/80 - juris Rn. 8 - BGHZ 82, 354-360; BGH v. 20.06.1984 - IVa ZR 34/83 - juris Rn. 10 - LM Nr. 4 zu § 598 BGB; BFH v. 29.11.1983 - VIII R 184/83 - NJW 1984, 1583-1584; *Mezger* in: BGB-RGRK, § 518 Rn. 4; *Wimmer-Leonhardt* in: Staudinger, § 516 Rn. 8; *Mühl/Teichmann* in: Soergel, § 516 Rn. 10; *Koch* in: MünchKomm-BGB, § 516 Rn. 7; a.A. noch BGH v. 06.03.1970 - V ZR 57/67 - LM Nr. 7 zu § 518 BGB; BGH v. 19.06.1970 - V ZR 144/67 - WM 1970, 1247; LG Köln v. 10.05.1973 - 2 O 44/71 - NJW 1973, 1880-1881.

[114] *Koch* in: MünchKomm-BGB, § 516 Rn. 7 m.w.N.; a.A. *Reinicke*, JA 1982, 326-329; *Slapnicar*, JZ 1983, 325-331; *Nehlsen-von Stryk*, AcP 187, 552-602.

[115] *Lindenmaier/Möhring*, Nachschlagewerk des Bundesgerichtshofs, 1961, § 313 Nr. 1; RG v. 19.06.1941 - V 129/40 - RGZ 167, 199-203; BFH v. 18.12.1972 - II R 87/70, II R 88/70, II R 89/70, II R 87-89/70 - BB 1973, 417; BFH v. 27.10.1970 - II S 2/70, II S 3/70, II S 4/70, II S 2-4/70, II S 2 bis 4/70 - DB 1971, 850; BFH v. 03.08.1988 - II R 39/86 - NJW 1989, 1110; *Koch* in: MünchKomm-BGB, § 516 Rn. 9; *Herrmann* in: Erman, § 516 Rn. 5, 15; *Wimmer-Leonhardt* in: Staudinger, § 516 Rn. 22.

[116] RG, Warn 1940 Nr. 5; BFH v. 13.04.1977 - II R 162/71 - DB 1977, 1683.

[117] BFH v. 27.10.1970 - II S 2/70, II S 3/70, II S 4/70, II S 2-4/70, II S 2 bis 4/70 - DB 1971, 850; vgl. auch BFH v. 13.04.1977 - II R 162/71 - DB 1977, 1683; BFH v. 28.11.1984 - II R 133/83 - StRK ErbStG 1974 § 7 R.12; BFH v. 18.12.1972 - II R 87/70, II R 88/70, II R 89/70, II R 87-89/70 - BB 1973, 417.

[118] BFH v. 10.11.2004 - II R 44/02 - juris Rn. 14 - BFHE 207, 360.

[119] BFH v. 09.11.1994 - II R 87/92 - juris Rn. 10 - BFHE 176, 53.

[120] BFH v. 10.11.2004 - II R 44/02 - juris Rn. 15 - BFHE 207, 360.

[121] *Herrmann* in: Erman, § 516 Rn. 15; *Koch* in: MünchKomm-BGB, § 516 Rn. 10.

[122] So BFH v. 18.09.2007 - IX R 38/06 - juris Rn.9 m.w.N - BFH/NV 2008, 29-30; vgl. hierzu auch *Siegers*, EFG 2007, 398-399.

[123] Vgl. BGH v. 28.04.2010 - IV ZR 230/08 - juris Rn. 22; BGH v. 28.04.2010 - IV ZR 73/08 - juris Rn. 14 ff., 44; *Koch* in: MünchKomm-BGB, § 516 Rn. 89.

trages (Valutaverhältnis, vgl. die Kommentierung zu § 518 BGB Rn. 23) und die Berechnung von Pflichtteilsergänzungsansprüchen nach dem Tode des Schenkers (vgl. Rn. 68)[124].

Der Schenkungsgegenstand, der für die Rückforderung bzw. den Widerruf nach §§ 528 Abs. 1 Satz 1, 531 Abs. 2 BGB sowie für die steuerliche Bewertung (ErbStG) entscheidend ist, bestimmt sich nach **dem übereinstimmenden Parteiwillen**. Er ist nach allgemeinen Auslegungskriterien zu ermitteln.[125] Die Frage, was Schenkungsgegenstand ist, beantwortet sich danach, auf welchen Zuwendungsgegenstand sich die vertragliche Einigung i.S.v. § 516 BGB bezogen hat.[126] **Dabei gilt: Je stärker die Entscheidungsfreiheit** des Beschenkten mit der Geldhingabe **eingeschränkt** wird, desto mehr spricht dafür, den zu erwerbenden Gegenstand als Schenkungsobjekt anzusehen.[127] Eine Grundstücksschenkung liegt auch dann vor, wenn das Grundstück allein zum Zwecke der Weiterveräußerung übertragen wird.[128] Da mit der Reform des Bewertungsgesetzes (vgl. Rn. 8) die schenkungssteuerlichen Privilegierung von Grundbesitz gegenüber Geldzuwendungen in der Praxis zumindest stark eingeschränkt wurde, sind die Vorteile einer solchen Gestaltung nunmehr im Einzelfall stets zu prüfen. Eine Geldschenkung kann hingegen vorliegen, wenn der Beschenkte keinerlei Verfügungsbefugnis über den erworbenen Grundbesitz erhält.[129]

3. Bereicherung des Beschenkten

Nach dem Wortlaut des § 516 BGB muss der Beschenkte durch die Zuwendung „bereichert" werden. Korrespondierend zur Vermögensminderung beim Schenker muss beim Beschenkten eine Vermögensvermehrung (Bereicherung) eintreten. Diese Vermögensmehrung muss endgültig auf **Dauer angelegt** sein. Sie darf **nicht nur rein formaler** Natur sein.[130] **Fiduziarische Übertragungen**, bei denen der Treuhänder nur im fremden Namen von einem Recht Gebrauch machen darf und jegliche Eigennutzung ausgeschlossen ist, sind deshalb regelmäßig keine Schenkungen.[131] Auch zweckgebundene Zuwendungen mit der ausschließlichen Bestimmung zur Weitergabe an Dritte (z.B. **Spenden** für gemeinnützige oder ideelle Zwecke[132]) sind nicht als Schenkungen anzusehen, außer sie erfolgen an juristische Personen, die sie im Rahmen ihres eigenen Satzungszwecks verwenden.[133]

Das Vorliegen einer Bereicherung beim Beschenkten ist zunächst **objektiv** zu beurteilen. Eine **Bereicherungsabsicht** beim Schenker ist nicht erforderlich.[134] Seine Motive können egoistischer Art sein,

---

[124] Vgl. hierzu ausführlich die geänderte Rechtsprechung des BGH zum Pflichtteilsergänzungsrecht in BGH v. 28.04.2010 - IV ZR 230/08 - juris Rn. 24 ff., 26 f.; BGH v. 28.04.2010 - IV ZR 73/08 - juris Rn. 14 ff., 44 f.; wonach sich der Pflichtteilsergänzungsanspruch weder nach der Versicherungsleistung noch nach der Summe der vom Schenker geleisteten Beiträge, sondern nach dem Wert richtet, den der Schenker in der letzten – juristischen – Sekunde seines Lebens objektiv hätte erzielen können; vgl. auch *Koch* in: MünchKomm-BGB, § 516 Rn. 89, der zu Recht darauf hinweist, dass die schenkungsrechtliche Sichtweise nicht für alle anderen darauf verweisenden Normenkomplexe des Bürgerlichen Gesetzbuches maßgebend sein muss.

[125] RG v. 19.06.1941 - V 129/40 - RGZ 167, 199-203; BGH - VIII ZR 151/67 - FamRZ 1970, 1921; BGH v. 03.12.1971 - V ZR 134/69 - LM Nr. 3 zu § 531 BGB; *Wimmer-Leonhardt* in: Staudinger, § 516 Rn. 23; *Koch* in: MünchKomm-BGB, § 516 Rn. 9.

[126] BGH v. 02.07.1990 - II ZR 243/89 - BGHZ 112, 40-53.

[127] Ähnlich *Koch* in: MünchKomm-BGB, § 516 Rn. 9; *Herrmann* in: Erman, § 516 Rn. 15.

[128] BFH v. 17.04.1974 - II R 4/67 - BB 1974, 1335.

[129] BFH v. 06.03.1985 - II R 114/82 - NJW 1985, 1800.

[130] *Koch* in: MünchKomm-BGB, § 516 Rn. 12; *Knobbe-Keuk* in: FS für Flume zum 70. Geburtstag, 1978, Bd. II, S. 149, 155; *Herrmann* in: Erman, § 516 Rn. 6.

[131] *Herrmann* in: Erman, § 516 Rn. 6; *Koch* in: MünchKomm-BGB, § 516 Rn. 12.

[132] RG v. 06.02.1905 - III 273/05 - RGZ 62, 386-392.

[133] RG v. 16.10.1908 - VII 595/07 - RGZ 70, 15-20; RG v. 07.05.1909 - VII 365/08 - RGZ 71, 140-145; ausführlich hierzu *Koch* in: MünchKomm-BGB, § 516 Rn. 99 ff; *Herrmann* in: Erman, § 516 Rn. 6; *Weidenkaff* in: Palandt, § 516 Rn. 6; *Wimmer-Leonhardt* in: Staudinger, § 516 Rn. 29; etwas anders *Mühl/Teichmann* in: Soergel, § 516 Rn. 7.

[134] *Wimmer-Leonhardt* in: Staudinger, § 516 Rn. 41; *Koch* in: MünchKomm-BGB, § 516 Rn. 11; *Weidenkaff* in: Palandt, § 516 Rn. 6.

z.B. das Ziel haben, das eigene Vermögen durch die Zuwendung im Ergebnis zu mehren[135] oder die eigene Pflege und Versorgung im Alter sicher zu stellen. In solchen Fällen, die insbesondere bei der Schenkung unter Auflage (§ 525 BGB, vgl. auch die Kommentierung zu § 525 BGB) vorkommen, ist es ausreichend, dass nach der **subjektiven Meinung** des Beschenkten eine „Bereicherung" für ihn eingetreten ist.[136] Die Frage, ob der Schenker das Vermögen des Beschenkten durch die Zuwendung **objektiv bereichert hat**[137], ist im Übrigen streng nach **wirtschaftlichen Gesichtspunkten** zu beantworten[138]. Dazu bedarf es eines **wertenden Vergleiches** des Vermögens des Beschenkten vor und nach Vorliegen der Zuwendung.[139] Eine Vermögensmehrung liegt zunächst in der **Erweiterung des Aktivvermögens** des Beschenkten. Beispiele dafür sind: Verschaffung von Sachen und Rechten; Vorrangseinräumung für dingliche Rechte; unentgeltliche Erhöhung einer vertraglich vereinbarten Vergütung. Auch die **Minderung des Passivvermögens** kann eine Vermögensmehrung sein. Beispiele hierfür sind: Erlass einer Schuld[140]; Übernahme einer Schuld durch befreiende Schuldübernahme[141]; Aufgabe oder Minderung einer Sicherheit[142]; Veranlassung der Schuldentilgung durch Dritte[143]; die Vereinbarung, aus Grundschulden nicht zu vollstrecken. Die **Bestellung von Sicherheiten** für fremde Schulden[144] oder ein Schuldbeitritt kann zu einer Bereicherung führen, wenn sie ohne Gegenleistungen und unter Verzicht auf Rückgriffsrechte geleistet werden.[145]

38 Problematisch sind in diesem Zusammenhang unentgeltliche Zuwendungen in Form von **Zustiftungen** oder **Spenden an Stiftungen**. In der Regel soll die Vermögensübertragung endgültig sein, auch wenn die Erfüllung des Stiftungszweckes unmöglich wird. Eine treuhänderische Zuwendung kann in diesen Fällen regelmäßig nicht angenommen werden, weil Rückgabepflichten endgültig ausgeschlossen werden.[146]

39 Schenkungsteuerrechtlich ist noch hinzuzufügen, dass das Merkmal der Bereicherung abzulehnen ist, wenn ein Durchgangserwerb verneint wird. Es liegt beispielsweise kein Durchgangserwerb eines Kindes vor, wenn die Schwiegereltern dem Ehegatten des Kindes schenkweise ein Grundstückseigentum übertragen. Die Bereicherung des Kindes fehlt selbst dann, wenn die Übertragung auf Veranlassung des Kindes erfolgt ist oder diese Übertragung als ehebedingte Zuwendung benannt worden ist.[147]

---

[135] RG v. 07.02.1919 - VII 329/18 - RGZ 94, 322-326.
[136] RG v. 07.03.1905 - VII 336/04 - RGZ 60, 238-243; RG v. 06.02.1905 - III 273/05 - RGZ 62, 386-392; RG v. 08.11.1922 - IV 74/22 - RGZ 105, 305-310; RG v. 22.11.1909 - VI 437/08 - RGZ 72, 188-192; RG v. 07.02.1919 - VII 329/18 - RGZ 94, 322-326; RG v. 04.02.1919 - VII 315/18 - RGZ 95, 12-16; RG v. 03.03.1928 - V 320/27 - RGZ 120, 253-258; *Larenz*, Schuldrecht, Band I: Allgemeiner Teil, 14. Aufl. 1987, § 47 II, S. 198; *Wimmer-Leonhardt* in: Staudinger, § 516 Rn. 41.
[137] Eine objektive und gefestigte Bereicherung liegt z.B. nicht vor, wenn einer Stiftung Beträge zur Förderung des Stiftungszweckes zugewandt werden: OLG Dresden v. 02.05.2002 - 7 U 2905/01 - NJW 2002, 3181-3183.
[138] RG v. 06.02.1905 - III 273/05 - RGZ 62, 386-392; RG v. 08.11.1922 - IV 74/22 - RGZ 105, 305-310; *Koch* in: MünchKomm-BGB, § 516 Rn. 11.
[139] BFH v. 27.10.1967 - III R 43/67 - BFHE 90, 515; BGH v. 21.05.1986 - IVa ZR 171/84 - juris Rn. 15 - NJW-RR 1986, 1135-1136.
[140] RG, Recht 1913, Nr. 1123; RG, WarnR 1921 Nr. 95; OLG Stuttgart v. 21.03.1986 - 2 U 181/85 - juris Rn. 23 - NJW 1987, 782-783; der Schuldenerlass i.R. von Sanierungsversuchen ist gemäß § 13 Abs. 1 Ziff. 5 ErbStG steuerfrei.
[141] RG, Recht 1913, Nr. 1123; RG, WarnR 1921 Nr. 95.
[142] KG v. 22.07.1937 - 1 Wx 325/37 - KGJW 1937, 2597.
[143] Kann Schenkung an den Schuldner sein: RFH v. 17.09.1937 - I A 207/37 - RstBl 1937 I, 1303; *Mezger* in: BGB-RGRK, § 516 Rn. 5; oder Schenkung an den Gläubiger: OLG Kiel, LZ 1918, 520; *Koch* in: MünchKomm-BGB, § 516 Rn. 11.
[144] Die Bestellung einer Sicherheit für eine eigene Schuld ist keine Schenkung. Allg. Meinung, vgl. auch *Koch* in: MünchKomm-BGB, § 516 Rn. 11 m.w.N.
[145] *Lindenmaier/Möhring*, Nachschlagewerk des Bundesgerichtshofs, 1961, § 516 Nr. 2; BGH, BB 1956, 447; RG v. 16.04.1903 - VI 411/02 - RGZ 54, 282-286; RG v. 21.04.1917 - V 9/17 - RGZ 90, 171-173; *Koch* in: MünchKomm-BGB, § 516 Rn. 11; *Mühl/Teichmann* in: Soergel, § 516 Rn. 9; *Weidenkaff* in: Palandt, § 516 Rn. 7.
[146] BGH v. 10.12.2003 - IV ZR 249/02 - BGHZ 157, 178-187.
[147] BFH v. 10.03.2005 - II R 54/03 - juris Rn. 18-20 - BFHE 208, 447.

4. Unentgeltlichkeit der Zuwendung

Eine Schenkung liegt nach der Legaldefinition in § 516 Abs. 1 BGB nur dann vor, wenn sich beide Vertragsteile darüber **einig** sind, dass die Zuwendung **unentgeltlich** erfolgt. Ein wichtiges Abgrenzungskriterium der Schenkung von anderen schuldrechtlichen Vertragstypen liegt demnach in der **Unentgeltlichkeit der Zuwendung**, (objektives Element), die von der **Einigung der Vertragsparteien umfasst** (subjektives Element) sein muss.[148]

40

Objektive Unentgeltlichkeit: Eine Zuwendung ist **objektiv unentgeltlich**, wenn **kein Rechtsanspruch** auf den Erwerb besteht und wenn sie **unabhängig von einer den Erwerb ausgleichenden Gegenleistung** des Beschenkten oder eines Dritten geschieht.[149] Unentgeltlichkeit bedeutet nicht kostenlos. Auch wenn dem Beschenkten durch die Schenkung Kosten entstehen (z.B. Anwalts-, Notargebühren, Reisekosten etc.), bleibt die Zuwendung unentgeltlich.[150] Wenn objektiv feststeht, dass nur der Zuwendende eine sein Vermögen auf Dauer vermindernde Leistung erbracht hat (**einseitige Leistungshandlung**) ist das i.d.R. ein Indiz dafür, die vertragliche Abrede als Schenkung zu qualifizieren.[151] Auch die Bezeichnung durch die Vertragsparteien („Schenkung", „schenken") ist mit zu berücksichtigen.[152] Sie ist jedoch nicht abschließend maßgebend.[153]

41

Die Zuwendung muss von den **Vertragsparteien auch subjektiv als unentgeltlich gewollt** sein (§ 516 Abs. 1 BGB: „einig ..., dass ... unentgeltlich erfolgt").[154] Wenn darüber **keine Einigung** erzielt wird, liegen die Voraussetzungen der Schenkung nicht vor, obwohl möglicherweise – objektiv gesehen – eine unentgeltliche Zuwendung erbracht worden ist. Die Einigung über die Unentgeltlichkeit ist jedoch **nicht Bestandteil** des formbedürftigen **Schenkungsversprechens** bei der Versprechensschenkung (vgl. die Kommentierung zu § 518 BGB Rn. 7). Bei unterschiedlicher Vorstellung der Vertragsparteien über die Unentgeltlichkeit handelt es sich um **einen offenen Dissens**.[155] Entscheidend für das Vorliegen einer solchen Einigung ist, dass die Vertragsparteien die soziale Bedeutung ihres Verhaltens „**nach Laienart**"[156] richtig erfasst haben (Parallelwertung in der Laiensphäre[156]). Es genügen das übereinstimmende diesbezügliche Bewusstsein und der – ggf. konkludent – zum Ausdruck kommende Wille der Vertragsparteien.[157] Die Tatsache, dass ihnen lediglich das Fehlen einer Gegenleistung bekannt ist, genügt dafür nicht.[158] Eine Einigung über die Unentgeltlichkeit liegt auch dann nicht vor, wenn eine Vertragspartei – sei es auch irrtümlich – die Zuwendung als **Erfüllung einer vermeintlichen Verbindlichkeit** oder als **Abgeltung einer Gegenleistung** ansieht.[159] Eine Schenkung liegt jedoch vor, wenn

42

---

[148] *Koch* in: MünchKomm-BGB, § 516 Rn. 24; *Weidenkaff* in: Palandt, § 516 Rn. 8; *Mühl/Teichmann* in: Soergel, § 516 Rn. 11-19, 25-34; *Herrmann* in: Erman, § 516 Rn. 7-10; *Mezger* in: BGB-RGRK, § 516 Rn. 8-12.

[149] BGH v. 11.11.1981 - IVa ZR 182/80 - juris Rn. 11 - LM Nr. 15 zu 516 BGB; BGH v. 17.06.1992 - XII ZR 145/91 - LM BGB § 516 Nr. 24 (2/1993).

[150] RG v. 30.01.1940 - V 76/38 - RGZ 163, 348-361; *Koch* in: MünchKomm-BGB, § 516 Rn. 26; *Weidenkaff* in: Palandt, § 516 Rn. 8; *Mezger* in: BGB-RGRK, § 516 Rn. 9; *Wimmer-Leonhardt* in: Staudinger, § 516 Rn. 31; *Mühl/Teichmann* in: Soergel, § 516 Rn. 11.

[151] *Mühl/Teichmann* in: Soergel, § 516 Rn. 12.

[152] BGH v. 24.03.1983 - IX ZR 62/82 - juris Rn. 7 - BGHZ 87, 145-149; BGH v. 11.01.1980 - V ZR 155/78 - NJW 1980, 1789-1790; BGH v. 10.07.1981 - V ZR 79/80 - juris Rn. 18 - LM Nr. 21 zu § 818 Abs. 2 BGB; BGH v. 17.01.1990 - XII ZR 1/89 - juris Rn. 16 - LM Nr. 129 zu § 242 (Bb) BGB; OLG Düsseldorf v. 12.02.2007 - I-9 U 112/06 - juris Rn. 47; *Herrmann* in: Erman, § 516 Rn. 8.

[153] *Wimmer-Leonhardt* in: Staudinger, § 516 Rn. 42; RG v. 17.12.1928 - IV 303/28 - Recht 1929 Nr. 493; RG, WarnR 1916 Nr. 132.

[154] *Weidenkaff* in: Palandt, § 516 Rn. 8; OLG Hamm v. 11.12.1992 - 29 U 214/91 - NJW-RR 1993, 1412-1413 m.w.N.

[155] BGH v. 11.12.1992 - V ZR 241/91 - juris Rn. 8 - NJW-RR 1993, 450.

[156] Vgl. auch BFH v. 02.03.1994 - II R 59/92 - NJW 1994, 2044-2047.

[157] *Koch* in: MünchKomm-BGB, § 516 Rn. 24.

[158] *Weidenkaff* in: Palandt, § 516 Rn. 11; BGH v. 30.06.1980 - II ZR 186/79 - LM Nr. 9 zu § 38 BGB.

[159] BGH, WM 1980, 1790; BGH v. 14.07.1971 - III ZR 91/70 - juris Rn. 40 - WM 1971, 1338-1341; BGH v. 19.05.1967 - V ZR 167/64 - BB 1967, 1356; RG v. 30.09.1929 - IV 800/28 - RGZ 125, 380-385; RG v. 30.09.1929 - IV 800/28 - HRR 1930 Nr. 4; BFH v. 02.10.1957 - II 127/57 U - NJW 1958, 280; *Wimmer-Leonhardt* in: Staudinger, § 516 Rn. 42; *Koch* in: MünchKomm-BGB, § 516 Rn. 25.

der Schenker einverständlich mit dem Beschenkten auf eine nicht bestehende (angebliche) Schuld leistet.[160] Ein selbständiges Provisionsversprechen ohne Gegenleistung ist im Zweifel ebenfalls als Schenkungsvertrag zu qualifizieren.[161] Die Leistungen zur Erfüllung von sog. **unvollkommenen Verbindlichkeiten** (z.B. § 656 BGB: Heiratsvermittlung; § 762 BGB: Spiel, Wette) sind demgegenüber keine Schenkungen. Sie erfolgen nicht unentgeltlich, denn sie können erfüllt werden, obwohl sie nicht einklagbar sind.[162] Zuwendungen, die der Schenker als **Belohnung**, vgl. Rn. 62, erbringt oder im Hinblick auf eine **sittlich empfundene Verpflichtung** vollzieht, sind ebenfalls Schenkungen im Sinne des Gesetzes, vgl. auch die Kommentierung zu § 534 BGB. Ebenfalls keine Schenkungen sind nach der Ansicht des BGH Leistungen einer **Stiftung** an den Destinatär, auch wenn diese unentgeltlich erfolgen, sofern die Leistung im Rahmen des Stiftungszwecks zugewandt wird.[163] Rechtsgrund für derartige Zuwendungen ist der Stiftungszweck selbst. Dabei macht es keinen Unterschied, ob ein Anspruch auf die Stiftungsleistungen bereits durch die Stiftungssatzung selbst oder erst durch ein Stiftungsorgan, sei es durch einseitige Zuerkennung oder durch Abschluss eines entsprechenden Vertrages, begründet wird.[164]

43 Vorliegen von **Gegenleistungen**: Nicht in jedem Fall schließt das **Vorliegen bzw. die Vereinbarung einer Leistung des Zuwendungsempfängers** eine Einigung über die Unentgeltlichkeit aus. Der Inhalt einer etwaigen (Gegen-)Leistung des Zuwendungsempfängers ist dabei weit zu fassen. Nicht erforderlich ist, dass es sich dabei um vermögenswerte Leistungen, insbesondere um Sachleistungen, handelt.[165] So stellt z.B. die Zusage einer finanziellen Unterstützung von Sportvereinen durch einen Sponsor i.d.R. keine unentgeltliche Zuwendung dar. Der **Sponsoringvertrag** ist vielmehr dadurch gekennzeichnet, dass der Sponsor dem gesponserten Verein zur Förderung seiner sportlichen, kulturellen oder sozialen Aktivitäten Geld- oder Sachmittel zur Verfügung stellt, als Gegenleistung dafür, das sich dieser dazu verpflichtet, die kommunikativen Ziele des Sponsors (i.d.R. Werbung) zu unterstützen.[166] In Abgrenzung hiervon hat die finanzielle Förderung aus rein altruistischen Motiven (Mäzenatentum) regelmäßig unentgeltlichen Charakter. Auch bei der **gemischten Schenkung** (vgl. Rn. 60) und bei der **Schenkung unter Auflage** (vgl. die Kommentierung zu § 525 BGB Rn. 8) oder bei der **Zweckschenkung** (vgl. die Kommentierung zu § 525 BGB) ist die Vertragsvereinbarung trotz der vereinbarten Leistungsverpflichtung des Beschenkten bzw. des mit der Zuwendung beabsichtigten Zweckes als Schenkung zu qualifizieren. Entscheidend ist für die Einordnung, ob die Zuwendung nach dem Inhalt der von den Vertragsparteien getroffenen Vereinbarung **von der Gegenleistung abhängig** sein soll.[167]

44 Eine Einigung über die Unentgeltlichkeit und damit die Einordnung als Schenkung ist ausgeschlossen, wenn eine **rechtliche Verknüpfung zwischen der Leistung des Zuwendenden und der Leistung des Zuwendungsempfängers** gewollt ist.[168] Das ist nach der Rechtsprechung immer dann der Fall,

---

[160] OLG Hamburg v. 21.05.1912 - Bf II 397/11 - Recht 1912 Nr. 2524; *Koch* in: MünchKomm-BGB, § 516 Rn. 26.
[161] OLG Koblenz v. 14.01.2008 - 12 U 1326/06 - juris Rn. 23 - OLGR Koblenz 2008, 327-329; OLG Düsseldorf v. 19.05.2000 - 7 U 169/99 - juris Rn. 43 - OLGR Düsseldorf 2001, 54-57. Vgl. die Kommentierung zu § 652 BGB Rn. 53.
[162] *Mezger* in: BGB-RGRK, § 516 Rn. 13; *Koch* in: MünchKomm-BGB, § 516 Rn. 26.
[163] BGH v. 07.10.2009 - Xa ZR 8/08 - juris Rn. 12 - NJW 2010, 234; a.A. *Muscheler*, NJW 2010, 341, 343.
[164] BGH v. 07.10.2009 - Xa ZR 8/08 - juris Rn. 14; *Koch* in: MünchKomm-BGB, § 516 Rn. 102.
[165] BGH v. 26.03.1981 - IVa ZR 154/80 - juris Rn. 10 - LM Nr. 14 zu § 516 BGB („Arbeitskraft" als Gegenleistung); OLG Hamm v. 11.12.1992 - 29 U 214/91 - NJW-RR 1993, 1412-1413 („Übernahme der Betreuung" als Gegenleistung); *Mühl/Teichmann* in: Soergel, § 516 Rn. 12; *Koch* in: MünchKomm-BGB, § 516 Rn. 25.
[166] Vgl. ausführlich dazu OLG Dresden v. 02.03.2006 - 13 U 2242/05 - juris Rn. 10-12 - OLGR Dresden 2007, 253-254.
[167] BGH v. 17.06.1992 - XII ZR 145/91 - LM BGB § 516 Nr. 24 (2/1993); *Mühl/Teichmann* in: Soergel, § 516 Rn. 11.
[168] *Mühl/Teichmann* in: Soergel, § 516 Rn. 12; *Herrmann* in: Erman, § 516 Rn. 8; *Weidenkaff* in: Palandt, § 516 Rn. 8; *Koch* in: MünchKomm-BGB, § 516 Rn. 27 ff.

wenn beide Leistungen in einem **inneren rechtlichen Zusammenhang** zueinander stehen.[169] Entscheidend hierfür ist der **Wille der Vertragsparteien**, der anhand der Umstände des Einzelfalles auszulegen ist.

Ein solcher innerer Zusammenhang besteht jedenfalls dann, wenn die vereinbarte Gegenleistung in einem **synallagmatischen Verhältnis** zur Zuwendung steht. In diesem Fall liegt ein gegenseitiger Vertrag i.S.d. §§ 320-326 BGB und keine Schenkung vor.[170] Er kann auch durch nachträgliche Vereinbarung einer Vergütung bzw. deren Erhöhung zustande kommen.[171] Soweit im Einzelfall keine zwingenden Rechtsnormen und schützenswerten Interessen Dritter entgegenstehen, kann auch eine ursprünglich unentgeltliche Vereinbarung in einen entgeltlichen Vertrag **umgewandelt** werden.[172]   45

Bei einer **konditionalen Verknüpfung** sind sich die Beteiligten darüber einig, dass der Zuwendungsempfänger die Zuwendung nur erhält bzw. behalten darf, **wenn er** selbst eine bestimmte **Leistung erbringt**. Die Gegenleistung ist Wirksamkeitsvoraussetzung für die Zuwendung.[173]   46

Die schwächste Form der Verknüpfung ist die kausale Verknüpfung. Hier ist die Bewirkung der erstrebten Gegenleistung nicht Wirksamkeitsvoraussetzung für die Zuwendung, sondern nur deren **Geschäftsgrundlage**.[174]   47

Die theoretisch-dogmatische Differenzierung der verschiedenen Verknüpfungskategorien mag einleuchtend sein. In der Rechtspraxis ist sie jedoch nur eingeschränkt hilfreich, zumal sich die Sachverhalte und die jeweilige Einordnung teilweise überschneiden.[175] Die zutreffende rechtliche Einordnung eines Lebenssachverhaltes in einen Vertragstypus ist im Einzelfall nicht immer leicht festzustellen und bleibt letztlich Sache des Gerichts und nicht der Vertragsparteien („iura novit curia").[176] Entscheidend ist, ob im Einzelfall die Leistung des Zuwendungsempfängers nach dem Willen der Vertragsparteien untrennbar mit der erfolgten Zuwendung verbunden wird (im Zweifel keine Schenkung) oder ob die Vertragsparteien die Zuwendung rechtlich getrennt ansehen wollen (im Zweifel Schenkung). **Beispielsfälle**: Die **Unentgeltlichkeit** einer erfolgten Zuwendung wurde von der Rechtsprechung in folgenden Fällen **abgelehnt**: Versprechen, die Ehe fortzusetzen;[177] Zusage, eine Scheidung zu erleichtern;[178] Vereinbarung, auf die Durchführung von Urlaubsreisen zu verzichten, um die Pflege des Zuwendenden zu sichern;[179] Zusage eines Mitgiftversprechens als „Belohnung" für Eheschließung im Gegensatz zur Erstellung einer „Aussteuerurkunde" vor der Eheschließung türkischer Parteien;[180] Ver-   48

---

[169] RG v. 30.09.1929 - IV 800/28 - RGZ 125, 380-385; BGH v. 01.02.1952 - I ZR 23/51 - BGHZ 5, 27, 30; BGH v. 27.09.1989 - VIII ZR 245/88 - LM Nr. 16 zu § 177 BGB; BGH v. 02.10.1991 - XII ZR 132/90 - juris Rn. 15 - NJW 1992, 238-240; OLG Frankfurt v. 21.01.1981 - 7 U 146/80 - FamRZ 1981, 778-779.

[170] BGH v. 11.11.1981 - IVa ZR 182/80 - juris Rn. 11 - LM Nr. 15 zu § 516 BGB; BGH v. 07.04.1989 - V ZR 252/87 - BGHZ 107, 156-161; *Weidenkaff* in: Palandt, § 516 Rn. 8; *Mühl/Teichmann* in: Soergel, § 516 Rn. 17; *Koch* in: MünchKomm-BGB, § 516 Rn. 27.

[171] BGH v. 17.06.1992 - XII ZR 145/91 - juris Rn. 13 - LM BGB § 516 Nr. 24 (2/1993); BGH v. 21.05.1986 - IVa ZR 171/84 - juris Rn. 17 - NJW-RR 1986, 1135-1136; *Mühl/Teichmann* in: Soergel, § 516 Rn. 18.

[172] RG v. 22.11.1909 - VI 437/08 - RGZ 72, 188-192; RG v. 10.01.1911 - III 625/09 - RGZ 75, 325-328; RG v. 29.11.1918 - III 277/18 - RGZ 94, 157-159; *Koch* in: MünchKomm-BGB, § 516 Rn. 30; *Mühl/Teichmann* in: Soergel, § 516 Rn. 19.

[173] *Koch* in: MünchKomm-BGB, § 516 Rn. 27; *Weidenkaff* in: Palandt, § 516 Rn. 8; *Mühl/Teichmann* in: Soergel, § 516 Rn. 17; *Herrmann* in: Erman, § 516 Rn. 8.

[174] *Koch* in: MünchKomm-BGB, § 516 Rn. 28.

[175] Aus diesem Grund werden die vorliegenden Sachverhalte in den Kommentaren teilweise vollkommen unterschiedlich eingeordnet; vgl. dazu *Koch* in: MünchKomm-BGB, § 516 Rn. 27 f. m.w.N.

[176] *Kollhosser* in: MünchKomm-BGB, 4. Aufl. 2004, § 516 Rn. 13; *Mühl/Teichmann* in: Soergel, § 516 Rn. 11.

[177] RG v. 08.06.1931 - IV 474/30 - HRR 1931 Nr. 1752.

[178] *Lindenmaier/Möhring*, Nachschlagewerk des Bundesgerichtshofs, 1961, § 138 Nr. 4; RG v. 24.09.1941 - IV 96/41 - HRR 1942 Nr. 15; BFH v. 28.11.1967 - II 72/63 - NJW 1968, 1543; BFH v. 07.11.1966 - VI 298/65 - NJW 1967, 1535.

[179] OLG Hamm v. 23.05.1991 - 22 U 160/90 - NJW-RR 1992, 1170-1172.

[180] Diese wurde vom OLG Stuttgart v. 23.08.2006 - 13 W 54/06 - juris Rn. 12 ff. - OLGR Stuttgart 2007, 92-93 als Schenkung qualifiziert; vgl. auch in Abgrenzung zur Brautgabe: *Wurmnest*, FamRZ 2005, 1878.

einbarung, eine staatliche Stelle aufzugeben[181] oder keine gerichtlichen Schritte einzuleiten[182]; Zuwendung zur Herbeiführung einer erbrechtlichen Einigung;[183] Zahlungsversprechen für den Fall der Trennung in einer nichtehelichen Lebensgemeinschaft;[184] Grundstücksübertragung auf ein Kind als Gegenleistung für jahreslanges mietfreies Wohnen;[185] eine über eine Gefälligkeit hinausgehende Zuwendung der Schwiegereltern an den Ehepartner ihres Kindes zum Zwecke der Begünstigung des ehelichen Zusammenlebens;[186] Überlassung von Miteigentum an einem Grundstück vom Stiefvater an den Ehegatten der Stieftochter zur Bebauung mit einem Wohnhaus für die Familie der Stieftochter;[187] Zuwendung eines Nießbrauchsrechtes eines Ehegatten an den überlebenden Ehegatten[188].

5. Zuwendung ohne Willen des Empfängers (Absatz 2)

49 Bei der **Handschenkung** (§ 516 Abs. 1 BGB) fallen **schuldrechtliche Einigung** und **dinglicher Vollzug** zeitlich zusammen. Die **Versprechensschenkung** gemäß § 518 BGB wird dadurch charakterisiert, dass der **Schenkungsvollzug zeitlich nach der Abgabe eines Schenkungsversprechens** erfolgt. Der Gesetzgeber hat in § 516 Abs. 2 BGB den dritten Fall der Schenkung geregelt, bei dem die **Zuwendung bereits erfolgt** ist, bevor es zu einer schuldrechtlichen Einigung der Vertragsparteien kommt.[189]

50 Tatbestandsvoraussetzung ist zunächst – wie bei § 516 Abs. 1 BGB –, dass eine **Zuwendung** vorliegt, durch die jemand einen anderen bereichert hat. Das ist jedoch hier nicht mit dem **Willen des Zuwendungsempfängers** geschehen. **Beispiele:** Tilgung fremder Schulden ohne Wissen des Schuldners; Abschluss eines Vertrages zugunsten Dritter ohne Kenntnis des Dritten. Ein Rechtsgrund für das Behaltendürfen der Zuwendung kann dadurch geschaffen werden, indem nachträglich eine Einigung zwischen den Vertragsparteien erfolgt, dass das bereits Geleistete unentgeltlich zugewendet worden ist.

51 Der Gesetzgeber sieht gemäß § 516 Abs. 2 BGB in der erfolgten **Zuwendung** auch ein konkludentes schuldrechtliches **Angebot** zum Abschluss eines diesbezüglichen **Schenkungsvertrages**.[190] Der Zuwendende ist an das Angebot gebunden. Es bleibt – in Abweichung von den §§ 146-149 BGB – bis zur Entscheidung des Zuwendungsempfängers über die etwaige Annahme rechtswirksam. Das Gesetz gibt dem Zuwendenden in § 516 Abs. 2 Satz 1 BGB die Möglichkeit, diesen Schwebezustand dadurch zu beenden, dass er den Zuwendungsempfänger unter **Bestimmung einer angemessenen Frist** zur Erklärung über die Annahme auffordert. Die **Angemessenheit** der Frist hängt von der **Art und dem Umfang der Zuwendung** ab. Während bei kleineren Gelegenheitsgeschenken u.U. eine sofortige Erklärung erwartet werden kann, ist die Frist bei größeren Geschenken, die für den Zuwendungsempfänger weitreichende rechtliche und tatsächliche Auswirkungen und Kosten zur Folge haben, entsprechend zu verlängern.

52 Für die **Annahmeerklärung** des Zuwendungsempfängers gelten die allgemeinen Bestimmungen. Insbesondere ist § 151 BGB anwendbar.[191] Abweichend von dem sonst geltenden Grundsatz im Bürgerlichen Recht, dass jemand durch bloßes Schweigen nicht rechtsgeschäftlich verpflichtet werden kann (vgl. die §§ 108 Abs. 2, 177 Abs. 2 BGB), gilt die Schenkung gemäß § 516 Abs. 2 Satz 2 BGB nach

---

[181] RG v. 28.05.1919 - IV 97/19 - SeuffA 74 Nr. 166.
[182] OLG Königsberg v. 28.08.1936 - 4 U 67/36 - HRR 1937 Nr. 80.
[183] BGH, FamRZ 1970, 376; BGH, MDR 1957, 26; RG v. 26.01.1926 - I 152/25 - RGZ 112, 361-368.
[184] OLG Köln v. 22.11.2000 - 11 U 84/00 - juris Rn. 12 - MDR 2001, 756-758.
[185] OLG Düsseldorf v. 05.02.2001 - 9 U 136/00 - juris Rn. 6 - NJW-RR 2001, 1518-1519.
[186] OLG Celle v. 27.03.2003 - 6 U 198/02 - juris Rn. 22 - NJW-RR 2003, 721-723.
[187] OLG Celle v. 25.09.2003 - 6 U 140/03 - juris Rn. 2.
[188] Schleswig Holsteinisches OLG v. 16.02.2010 - 3 U 39/09 - juris Rn. 16.
[189] *Koch* in: MünchKomm-BGB, § 516 Rn. 47; *Wimmer-Leonhardt* in: Staudinger, § 516 Rn. 190; *Mezger* in: BGB-RGRK, § 516 Rn. 3; *Herrmann* in: Erman, § 516 Rn. 18.
[190] *Koch* in: MünchKomm-BGB, § 516 Rn. 48; *Herrmann* in: Erman, § 516 Rn. 18; *Mezger* in: BGB-RGRK, § 516 Rn. 3; *Wimmer-Leonhardt* in: Staudinger, § 516 Rn. 190.
[191] RG v. 25.06.1925 - IV 39/25 - RGZ 111, 151-156.

dem Ablauf der (angemessenen) Frist hier als angenommen. **Schweigen** gilt somit als **Zustimmung zum Vertragsangebot.**[192]

Eine Ablehnung vor dem Ablauf der Frist führt dazu, dass das durch die Zuwendung gemachte Vertragsangebot gemäß § 146 BGB erlischt. Mit der **Ablehnung** des Angebotes steht fest, **dass kein Rechtsgrund** für die erfolgte Vermögensverfügung besteht.[193] Die Herausgabe des Zugewendeten kann nach § 516 Abs. 2 Satz 3 BGB nach den Vorschriften über die **Herausgabe einer ungerechtfertigten Bereicherung** zurückgefordert werden. Es handelt sich hierbei um eine **Rechtsfolgenverweisung**, so dass insbesondere die §§ 818-820 BGB Anwendung finden. Die **verschärfte Haftung** des Zuwendungsempfängers tritt mit dem Zeitpunkt ein, in dem der Zuwendungsempfänger zur Erklärung der Annahme aufgefordert worden ist. Eine analoge Anwendung von § 820 Abs. 1 BGB (Rückwirkung auf den Zeitpunkt des Empfangs) berücksichtigt die schützenswerten Interessen desjenigen, der **ungewollt** eine Zuwendung erhalten hat, nicht angemessen.

53

Die Vorschrift ist nicht auf **gemischte Schenkungen** oder auf **Schenkungen unter Auflage** anwendbar, weil in beiden Fällen Pflichten des Beschenkten entstehen, die durch bloßes Schweigen nicht begründet werden sollen.[194] Die Annahmefiktion des § 516 Abs. 2 Satz 2 BGB gilt weiterhin nicht, wenn die Zuwendung unter einer Bedingung erfolgt ist, zu deren Annahme eine zusätzliche Handlung des Zuwendungsempfängers erforderlich ist (z.B. Ausstellung einer Urkunde).[195]

54

6. Sonderformen der Schenkung
a. Die gemischte Schenkung

Die **gemischte Schenkung** setzt sich aus einem unentgeltlichen und einem entgeltlichen Teil zusammen.[196] Es handelt sich um einen **einheitlichen Vertrag**, bei dem der Wert der Zuwendung höher ist als der Wert der Gegenleistung. Den Vertragsparteien ist bewusst und von ihnen ist es gewollt, dass nur der Mehrwert zwischen Zuwendung und Gegenleistung (Preis) unentgeltlich sein soll.[197] Es muss demgemäß – auch bei Rechtsgeschäften unter Verwandten – auch hier eine **Einigung** der Beteiligten über die **teilweise Unentgeltlichkeit** der Zuwendung erfolgen.[198] Der Beschenkte macht bei der gemischten Schenkung regelmäßig aus seinem eigenen Vermögen Aufwendungen, um den zugewendeten (höherwertigen) Gegenstand als Gegenleistung zu erlangen. Die Gestattung des Grundstückseigentümers zur Bebauung gegen Übertragung von Wohnungseigentum ist z.B. eine gemischte Schenkung.[199] Nach der Rechtsprechung liegt eine gemischte Schenkung regelmäßig, aber keineswegs nur dann vor, wenn der Wert der Gegenleistung weniger als die Hälfte des effektiven Wertes der Zuwendung beträgt.[200] Entscheidend ist auch hier, dass der Schenker dem Beschenkten objektiv einen Vermögensgegenstand zuwendet und ihn dadurch bereichert und dass beide subjektiv darüber einig sind, dass diese Zuwendung unentgeltlich erfolgt. Auch beim Vorliegen einer oder mehrerer Gegenleistun-

55

---

[192] Es handelt sich um eine Fiktion des Gesetzes. Vgl. *Koch* in: MünchKomm-BGB, § 516 Rn. 49.
[193] RG v. 25.06.1925 - IV 39/25 - RGZ 111, 151-156.
[194] *Wimmer-Leonhardt* in: Staudinger, § 516 Rn. 197; *Koch* in: MünchKomm-BGB, § 516 Rn. 49.
[195] RG, WarnR 1921 Nr. 120; *Koch* in: MünchKomm-BGB, § 516 Rn. 49; *Wimmer-Leonhardt* in: Staudinger, § 516 Rn. 197; *Mezger* in: BGB-RGRK, § 516 Rn. 3.
[196] Vgl. zum Begriff der gemischten Schenkung: BGH v. 18.10.2011 - XR 45/10 - juris Rn. 13, 14; vgl. auch *Koch* in: MünchKomm-BGB, § 516 Rn. 34f.; *Wimmer-Leonhardt* in: Staudinger, § 516 Rn. 200; *Herrmann* in: Erman, § 516 Rn. 16; *Weidenkaff* in: Palandt, § 516 Rn. 13.
[197] OLG Koblenz v. 13.09.2001 - 5 U 1435/99 - juris Rn. 13 - ZEV 2002, 244-245; BGH v. 21.06.1972 - IV ZR 221/69 - BGHZ 59, 132-139; BGH v. 23.09.1981 - IVa ZR 185/80 - juris Rn. 23 - BGHZ 82, 274-282; LG Dortmund v. 22.11.2006 - 22 O 105/05 - juris Rn. 46 ff. zur Feststellung einer gemischten Schenkung bei einem Grundstückskauf mit familiärem Hintergrund; vgl. auch Brandenburgisches OLG v. 27.02.2008 - 9 UF 219/07 - juris Rn. 3 - NJW 2008, 2720-2722; *Koch* in: MünchKomm-BGB, § 516 Rn. 34; *Mühl/Teichmann* in: Soergel, § 516 Rn. 20; *Weidenkaff* in: Palandt, § 516 Rn. 13.
[198] BGH v. 06.03.1996 - IV ZR 374/94 - juris Rn. 12 - NJW-RR 1996, 754-755.
[199] BGH v. 17.06.1992 - XII ZR 145/91 - juris Rn. 14 - LM BGB § 516 Nr. 24 (2/1993).
[200] BGH v. 11.04.2000 - X ZR 246/98 - juris Rn. 16 - NJ 2000, 598; BGH v. 19.01.1999 - X ZR 42/97 - juris Rn. 37 - BGHZ 140, 275-285; vgl. hierzu auch OLG Oldenburg v. 30.08.2006 - 5 U 154/06 - ErbR 2007, 129-130.

gen bedarf es nur einer bloßen Wertdifferenz zugunsten des Beschenkten; auf die Höhe kommt es nicht an.[201] Die höherwertige Zuwendung ist dabei real häufig unteilbar. Ansonsten liegt es nahe, zwei selbständige, nur äußerlich zusammengefasste Verträge anzunehmen.[202] Die **Abgrenzung** der gemischten Schenkung zur **Schenkung unter Auflage** ist häufig schwierig (vgl. die Kommentierung zu § 525 BGB Rn. 15). So werden Hofübergabeverträge teilweise als gemischte Schenkungen[203], teilweise als Schenkungen unter Auflage[204] angesehen.

56 Die durch die gemischte Schenkung aufgeworfenen Rechtsprobleme, sind **dogmatisch schwer fassbar**.[205] Nach der so genannten **Trennungstheorie**[206] ist der Vertrag in einen entgeltlichen und einen unentgeltlichen Teil aufzugliedern, und auf die entsprechenden Teile sind die jeweiligen Rechtsnormen der betroffenen Vertragstypen anzuwenden. Dem widerspricht die **Einheitstheorie**.[207] Nach ihrer Auffassung liegt ein einheitliches Rechtsgeschäft vor. Im Grundsatz finden die Bestimmungen der Schenkung wie auch der anderen entgeltlichen Vertragstypen kumulativ Anwendung. Führt dies zu unterschiedlichen Ergebnissen, so entscheidet der zwischen den Vertragsparteien gewollte Vertragszweck. Der **BGH**[208] und die **überwiegende Auffassung** in der Literatur[209] gehen von der so genannten **Zweckwürdigungstheorie** aus. Danach handelt es sich bei der gemischten Schenkung um einen **Typenverschmelzungsvertrag**[210] mit entgeltlichen und unentgeltlichen Bestandteilen. Eine sachgerechte Lösung der aufgeworfenen Rechtsfragen könne nur unter Berücksichtigung der beiderseitigen Interessen der Vertragsparteien und des von ihnen beabsichtigen wirtschaftlichen Zwecks gefunden werden.[211] Dabei seien die normativen Regelungen aller betroffenen Vertragstypen mit zu berücksichtigen, insbesondere die Wertungen des Gesetzgebers bei vergleichbaren Interessenkonflikten der Vertragsparteien. Dieser Auffassung ist zu folgen. Hier stehen zu Recht nicht dogmatische Theorieprämissen im Vordergrund. Entscheidend ist vielmehr die Orientierung am wirtschaftlichen Zweck der gewollten Vertragsvereinbarung unter Berücksichtigung der beiderseitigen Parteiinteressen.

57 Für die konkrete **Anwendung einzelner Rechtsnormen** ist es dabei entscheidend, ob der entgeltliche oder der unentgeltliche Charakter des Vertrages überwiegt.[212] Allein die Tatsache, dass die Parteien miteinander verwandt sind, spricht nicht automatisch für den Schenkungscharakter einer Vereinbarung.[213] Vielmehr ist bei einem Rechtsgeschäft zwischen Verwandten und Freunden, bei dem die Gegenleistung unter dem Verkehrswert liegt, eine gemischte Schenkung nur dann anzunehmen, wenn die Einigung über teilweise Unentgeltlichkeit konkret festgestellt werden kann.[214] Demgegenüber liegt

---

[201] So jetzt klarstellend BGH v. 18.10.2011 - XR 45/10 - juris Rn. 13, 14.
[202] *Koch* in: MünchKomm-BGB, § 516 Rn. 34; *Weidenkaff* in: Palandt, § 516 Rn. 13.
[203] BGH v. 23.05.1959 - V ZR 140/58 - juris Rn. 17 - BGHZ 30, 120-123; BGH v. 09.02.1967 - III ZR 188/64 - LM Nr. 2 zu § 2330 BGB.
[204] BayObLG, OLGE 96, 20.
[205] Vgl. *Koch* in: MünchKomm-BGB, § 516 Rn. 34 - 46 m.w.N.; *Wimmer-Leonhardt* in: Staudinger, § 525 Rn. 204-210; *Mühl/Teichmann* in: Soergel, § 516 Rn. 20; *Weidenkaff* in: Palandt, § 516 Rn. 14-17.
[206] RG v. 07.03.1903 - V 450/02 - RGZ 54, 107-111; RG v. 02.05.1908 - V 387/07 - RGZ 68, 326-329; RG v. 27.06.1935 - IV 28/35 - RGZ 148, 236-243; *Wimmer-Leonhardt* in: Staudinger, § 516 Rn. 206.
[207] *Oertmann*, BGB-Kommentar, 5. Aufl. 1929, § 516 Anm. 9; *Wimmer-Leonhardt* in: Staudinger, § 516 Rn. 205.
[208] BGH v. 02.10.1951 - V ZR 77/50 - BGHZ 3, 206-213; BGH v. 23.05.1959 - V ZR 140/58 - juris Rn. 17 - BGHZ 30, 120-123; BGH, FamRZ 1967, 214, 215; BGH v. 02.07.1990 - II ZR 243/89 - juris Rn. 15 - BGHZ 112, 40-53; BGH v. 03.12.1971 - V ZR 134/69 - juris Rn. 1 - LM Nr. 3 zu § 531 BGB.
[209] *Koch* in: MünchKomm-BGB, § 516 Rn. 38 f.; *Mühl/Teichmann* in: Soergel, § 516 Rn. 20; *Weidenkaff* in: Palandt, § 516 Rn. 14; *Wimmer-Leonhardt* in: Staudinger, § 516 Rn. 207.
[210] *Larenz*, Schuldrecht, Band I: Allgemeiner Teil, 14. Aufl. 1987, § 62 II c S. 428.
[211] BGH v. 23.05.1959 - V ZR 140/58 - juris Rn. 17 - BGHZ 30, 120-123; BGH, FamRZ 1967, 214, 215; BGH v. 02.07.1990 - II ZR 243/89 - juris Rn. 16 - BGHZ 112, 40-53.
[212] BGH v. 02.07.1990 - II ZR 243/89 - juris Rn. 15 - BGHZ 112, 40-53; BGH v. 03.12.1971 - V ZR 134/69 - LM Nr. 3 zu § 531 BGB.
[213] OLG Karlsruhe v. 26.10.2009 - 3 U 22/09 - juris Rn. 20 - ZErb 2010, 55-56; Brandenburgisches OLG v. 27.02.2008 - 9 UF 219/07 - juris Rn. 6 - NJW 2008, 2720-2722.
[214] Brandenburgisches OLG v. 27.02.2008 - 9 UF 219/07 - juris Rn. 6 - NJW 2008, 2720-2722.

im Übrigen nach der allgemeinen Lebenserfahrung bei einem groben oder krassen[215] Missverhältnis zwischen Leistung und Gegenleistung eine Vermutung für eine gemischte Schenkung vor.[216] Diese (widerlegbare) Vermutung gilt allerdings zunächst nur gegenüber geschützten Dritten, wie Pflichtteilsberechtigten oder dem Träger der Sozialhilfe[217] (vgl. Rn. 77). Das „gemischte" Schenkungsversprechen nach § 518 Abs. 1 BGB ist i.d.R. insgesamt beurkundungspflichtig, weil eine Aufteilung zwischen entgeltlichem und unentgeltlichem Teil der Zuwendung häufig nicht möglich ist. Nur wenn dies ausnahmsweise doch der Fall ist, unterliegt nur der unentgeltliche Teil der Formpflicht. Sie kann bei Vorliegen eines Formmangels gemäß § 518 Abs. 2 BGB geheilt werden.[218] Häufig wird jedoch in diesen Fällen die gesamte Vereinbarung im Hinblick auf § 139 BGB unwirksam sein. **Rückforderungs-** (§§ 527, 528 BGB) und **Widerrufsrechte** (§§ 530, 531 Abs. 2 BGB) sowie die **Möglichkeit der Notbedarfseinrede** (§ 519 BGB) bestehen auch bei der gemischten Schenkung.[219] Der Zuwendende hat im Falle des Widerrufes grundsätzlich nur dann einen Anspruch auf Herausgabe des zugewendeten Gegenstandes, wenn die Vertragsvereinbarung mehrheitlich unentgeltlichen Charakter hat. Ansonsten unterliegt das Rechtsgeschäft grundsätzlich nicht den Rückforderungs- bzw. Widerrufsregelungen der Schenkung.[220] In diesen Fällen kann jedoch ein Wegfall der Geschäftsgrundlage nach § 313 BGB zu bejahen sein, der im Ausnahmefall ebenfalls zu einer Rückübertragung führen kann.[221] Bei gemischten Schenkungen mit teilbarer Leistung ist nur der geschenkte Teil herauszugeben.[222] Ist der Schenkungsgegenstand dagegen unteilbar, so ist der geleistete Gegenstand in Natur herauszugeben, allerdings Zug um Zug gegen Wertausgleich des entgeltlichen Teils der gemischten Schenkung.[223]

Die eingeschränkten Haftungsregeln des Schenkers für **Pflichtverletzungen bei Leistungsstörungen sowie bei Rechts- und Sachmängeln** (§§ 521-524 BGB) sind bei der gemischten Schenkung nur anwendbar, wenn der unentgeltliche Teil der Vereinbarung überwiegt und die Einschränkungen dem Vertragszweck unter Berücksichtigung der Interessen der Vertragsparteien angemessen erscheinen.[224] In der Regel erfolgt dann eine Differenzierung der Haftungsregeln bezüglich der jeweiligen Vertragsteile.[225]

b. Die Schenkung unter Auflage

Die Schenkung unter Auflage ist eine besondere Form der Schenkung, die in den §§ 525-527 BGB eine eigene gesetzliche Regelung erfahren hat. Die Besonderheit dieser Schenkungsart liegt darin, dass zwischen den Vertragsparteien eine **zusätzliche Abrede** getroffen wird, aufgrund deren der **Beschenkte** zu einer bestimmten **Leistung** (Tun oder Unterlassen) verpflichtet werden soll (vgl. die Kommentierung zu § 525 BGB). Der Schenker hat einen rechtlich durchsetzbaren Anspruch auf Erfüllung der

---

[215] BGH v. 19.07.2005 - X ZR 92/03 - WM 2005, 2297-2298.
[216] BGH v. 18.10.2011 - XR 45/10 - juris Rn. 19 m.w.N.; OLG Frankfurt v. 21.02.2005 -16 U 71/04 - OLGR Frankfurt 2005, 611-613.
[217] OLG Karlsruhe v. 26.10.2009 - 3 U 22/09 - juris Rn. 14 - ZErb 2010, 55-56.
[218] *Koch* in: MünchKomm-BGB, § 516 Rn. 40 m.w.N.; *Weidenkaff* in: Palandt, § 516 Rn. 15; *Mühl/Teichmann* in: Soergel, § 518 Rn. 2.
[219] *Koch* in: MünchKomm-BGB, § 516 Rn. 41ff.; *Weidenkaff* in: Palandt, § 516 Rn. 16; *Mühl/Teichmann* in: Soergel, § 531 Rn. 3; *Wimmer-Leonhardt* in: Staudinger, § 516 Rn. 211.
[220] BGH v. 23.05.1959 - V ZR 140/58 - juris Rn. 17 - BGHZ 30, 120-123; *Lindenmaier/Möhring*, Nachschlagewerk des Bundesgerichtshofs, 1961, § 2287 Nr. 2; BGH v. 19.01.1999 - X ZR 42/97 - juris Rn. 37 - BGHZ 140, 275-285.
[221] Vgl. hierzu BGH v. 11.04.2000 - X ZR 246/98 - NJ 2000, 598.
[222] BGH v. 23.05.1959 - V ZR 140/58 - juris Rn. 18 - BGHZ 30, 120-123; *Lindenmaier/Möhring*, Nachschlagewerk des Bundesgerichtshofs, 1961, § 2287 Nr. 2; *Wimmer-Leonhardt* in: Staudinger, § 516 Rn. 211-212; *Koch* in: MünchKomm-BGB, § 516 Rn. 34; *Mezger* in: BGB-RGRK, § 516 Rn. 20; *Herrmann* in: Erman, § 516 Rn. 16.
[223] BGH v. 07.04.1989 - V ZR 252/87 - BGHZ 107, 156-161; *Koch* in: MünchKomm-BGB, § 516 Rn. 43; *Wimmer-Leonhardt* in: Staudinger, § 516 Rn. 212.
[224] Ähnlich *Koch* in: MünchKomm-BGB, § 516 Rn. 44 ff.; a.A. *Weidenkaff* in: Palandt, § 516 Rn. 17: Aufteilung in Schenkungs- und Kaufteil. Vgl. auch *Wimmer-Leonhardt* in: Staudinger, § 516 Rn. 219.
[225] Ähnlich *Koch* in: MünchKomm-BGB, § 516 Rn. 44 ff.

§ 516

vereinbarten Auflage, wenn er seinerseits seine Leistung erbracht hat (§ 525 Abs. 1 BGB). Das Gesetz gewährt ihm einen besonderen **Rückforderungsanspruch**, wenn die Vollziehung der Auflage unterbleibt (§ 527 Abs. 1 BGB). Der Beschenkte hat bei Vorliegen eines Mangels der verschenkten Sache wiederum ein begrenztes **Leistungsverweigerungsrecht** (§ 526 BGB, vgl. die Kommentierung zu § 526 BGB).

c. Die Zweckschenkung

60 Bei der **Zweckschenkung** (datio ob causam) soll nach dem Inhalt des Schenkungsvertrages oder aufgrund der übereinstimmenden Geschäftsgrundlage beider Vertragsparteien ein über den Schenkungsvollzug hinausgehender **Erfolg bezweckt** werden, **ohne** dass eine **einklagbare Verpflichtung** darauf begründet wird.[226] Die übrigen Merkmale der Schenkung, insbesondere die Einigung über die Unentgeltlichkeit der Zuwendung, müssen ebenfalls vorliegen. Das kann bei Bestehen einer Gegenleistung, die kausal mit der Zuwendung verknüpft ist (vgl. Rn. 47), problematisch sein.[227] Auch die **Abgrenzung** zur **Schenkung unter Auflage** ist oft schwierig (vgl. die Kommentierung zu § 525 BGB Rn. 12). Charakteristisch für die Zweckschenkung sind der übereinstimmende Wille und die Erwartung, einen bestimmten Zweck durch Vollzug der Schenkung zu erreichen, ohne hierauf einen Anspruch zu haben und ohne die Unentgeltlichkeit der erfolgten Zuwendung in Frage zu stellen.[228]

61 Die **Zweckerreichung** ist übereinstimmende **Geschäftsgrundlage** beider Vertragsparteien geworden. Sie muss jedoch vom übereinstimmenden Willen beider Vertragsparteien umfasst sein. Dafür reicht auch ggf. auch eine stillschweigende Willensübereinstimmung aus. **Beispiel**: Schenkung der Eltern an Kind und Schwiegerkind in der Erwartung des Fortbestandes der Ehe.[229] Wenn bei der Zweckschenkung der beabsichtigte Zweck nicht erreicht wird, erfolgt eine Rückforderung nach h.M. aus § 812 Abs. 1 Satz 2 BGB (Bereicherung wegen Zweckverfehlung).[230] Teilweise werden auch die Regeln über den Wegfall der Geschäftsgrundlage (jetzt § 313 BGB) herangezogen.[231]

d. Die belohnende (remuneratorische) Schenkung

62 Der Begriff der **belohnenden Schenkung** ist im Bürgerlichen Gesetzbuch selbst nicht mehr zu finden.[232] Es handelt sich hierbei um eine Schenkung, durch die der Schenker dem Beschenkten für eine von diesem erbrachte Leistung eine rechtlich **nicht geschuldete Belohnung** gewährt.[233] Das bedeutet zunächst, dass auch hier alle Tatbestandsvoraussetzungen der Schenkung in § 516 BGB, insbesondere auch das Merkmal der Unentgeltlichkeit, vorliegen müssen. Die **Abgrenzung** zwischen nachträglicher entgeltlicher Entlohnung (= entgeltlicher Vertrag) und unentgeltlicher Belohnung (= Schenkung) ist

---

[226] BGH v. 23.09.1983 - V ZR 67/82 - juris Rn. 11 - NJW 1984, 233; *Koch* in: MünchKomm-BGB, § 525 Rn. 8; *Wimmer-Leonhardt* in: Staudinger, § 525 Rn. 16; *Weidenkaff* in: Palandt, § 525 Rn. 11; *Herrmann* in: Erman, § 525 Rn. 6.

[227] *Koch* in: MünchKomm-BGB, § 516 Rn. 29.

[228] *Koch* in: MünchKomm-BGB, § 525 Rn. 8; *Herrmann* in: Erman, § 516 Rn. 17.

[229] Vgl hierzu BGH v. 03.02.2010 - XII ZR 189/06 - juris Rn. 47; BGH v. 20.07.2011 - XII ZR 149/09 - juris Rn. 33; BGH v. 21.07.2010 - XII 180/09 - juris Rn. 27; OLG Köln v. 10.11.1993 - 27 U 220/92 - juris Rn. 21 - NJW 1994, 1540-1542; a.A. OLG Oldenburg v. 22.12.1993 - 3 U 44/93 - juris Rn. 31 - NJW 1994, 1539-1540.

[230] BGH v. 24.11.1993 - XII ZR 130/92 - juris Rn. 4 - EzFamR aktuell 1994, 40-41; BGH v. 23.09.1983 - V ZR 67/82 - juris Rn. 10 - NJW 1984, 233; OLG Köln v. 10.11.1993 - 27 U 220/92 - juris Rn. 21 - NJW 1994, 1540-1542; OLG Hamm v. 30.11.1989 - 22 U 166/89 - juris Rn. 12 - MDR 1990, 1010-1011; OLG Karlsruhe v. 13.01.1988 - 6 U 202/86 - NJW 1988, 3023-3024; *Ehmann*, NJW 1973, 1035-1036; *Liebs*, JZ 1978, 697-703, 697, 699; *Herrmann* in: Erman, § 516 Rn. 17.

[231] OLG Oldenburg v. 22.12.1993 - 3 U 44/93 - NJW 1994, 1539-1540, *Koch* in: MünchKomm-BGB, § 525 Rn. 8.

[232] *Wimmer-Leonhardt* in: Staudinger, § 516 Rn. 160; *Herrmann* in: Erman, § 516 Rn. 17.

[233] So der BGH in *Lindenmaier/Möhring*, Nachschlagewerk des Bundesgerichtshofs, 1961, § 516 Nr. 15; dazu *Haase*, JR 1982, 197-197; BGH v. 11.11.1981 - IVa ZR 182/80 - juris Rn. 11 - LM Nr. 15 zu § 516 BGB.

nicht immer leicht.²³⁴ Bei einem **objektiv groben Missverhältnis** zwischen erbrachter Leistung und nachträglicher „Entlohnung" spricht vieles für das Vorliegen einer belohnenden Schenkung, insbesondere dann, wenn Interessen Dritter beeinträchtigt werden können (§§ 2325, 2329 BGB). Beispiel: Unangemessene Zusatzvergütungen an Ehegatten für langjährige Dienste.²³⁵ Hingegen kann eine entgeltliche Leistung auch dann vorliegen, wenn sie als Entlohnung für besondere Bemühungen des Zuwendungsempfängers erfolgt, die sich in dem zukünftigen Eintritt eines bestimmten Erfolges zeigen.²³⁶ Dabei kann die Gegenleistung des Zuwendungsempfängers auch immaterieller Art sein, wie der Gewinn einer Meisterschaft.²³⁷

Besondere betriebliche Zuwendungen und sonstige „freiwillige" Zuwendungen im **Arbeitsverhältnis** (Gratifikationen; Weihnachts-, Urlaubsgeld, Ruhegehaltszusagen etc.) sind regelmäßig keine belohnenden Schenkungen, sondern entgeltliche Zusatzleistungen, die ihre Grundlage im Arbeits- bzw. Ruhestandverhältnis haben.²³⁸

63

Remuneratorische Schenkungen sind nur dann als **Anstandsschenkungen** im Sinne von § 534 BGB anzusehen, wenn die Freigiebigkeit des Schenkers im Verhältnis zur Leistung des Beschenkten lediglich gering ist.²³⁹

64

e. Die Schenkung mit Widerruf

Die **Schenkung mit Widerrufsvorbehalt** wird dadurch charakterisiert, dass sich der Schenker bei der Zuwendung den Widerruf vorbehält.²⁴⁰ Sie kommt häufig bei der **Übertragung von Grundbesitz** in vorweggenommener Erbfolge vor, weil der Übergeber z.B. das Interesse hat, die Verfügungsmöglichkeiten des Übernehmers zu seinen Lebzeiten einzuschränken (vgl. Muster: Vorweggenommene Erbfolge, Muster 13 zu § 516 BGB). Der sich nach Widerruf ergebende Rückübertragungsanspruch wird in diesen Fällen häufig durch die Eintragung einer Rückauflassungsvormerkung gemäß § 883 BGB abgesichert. Die Zulässigkeit und Rechtswirksamkeit solcher **Rückauflassungsvormerkungen**, die in der Rechtspraxis eine überragende Bedeutung erlangt haben, steht außer Frage.²⁴¹ Dabei spielt es grundsätzlich keine Rolle, ob der **Widerruf** nur beim Eintritt **bestimmter Voraussetzungen** (z.B. vertragswidrige Verfügungen über den geschenkten Gegenstand; Ehescheidung; Nichtvereinbarung von Gütertrennung, Vorversterben des Beschenkten etc.) oder **jederzeit ohne** besondere Angabe von **Gründen** (freies Widerrufsrecht) möglich ist.²⁴² Ein Widerrufsrecht für den Fall, dass der Beschenkte nicht durch Ehevertrag sicherstellt, dass der Schenkungsgegenstand vom Zugewinnausgleich ausgeschlossen wird, ist z.B. ebenfalls zulässig und nicht als sittenwidrig anzusehen.²⁴³ Auch in diesen

65

---

²³⁴ Vgl. zur Abgrenzung: BGH v. 27.11.1991 - IV ZR 164/90 - BGHZ 116, 167-177; RG v. 07.02.1919 - VII 329/18 - RGZ 94, 322-326; OLG Hamm v. 29.11.1994 - 29 U 80/94 - NJW-RR 1995, 567-568; *Koch* in: MünchKomm-BGB, § 516 Rn. 31-33; *Wimmer-Leonhardt* in: Staudinger, § 516 Rn. 73.

²³⁵ BGH v. 15.03.1989 - IVa ZR 338/87 - juris Rn. 10 - LM Nr. 23 zu § 2325 BGB. Beachte: Echte Entlohnungen zwischen Ehegatten müssen nach § 1360b BGB ausdrücklich vereinbart werden.

²³⁶ BGH v. 28.05.2009 - Xa ZR 9/08 - juris Rn. 10 - NJW 2009, 2737.

²³⁷ BGH v. 28.05.2009 - Xa ZR 9/08 - juris Rn. 14 - NJW 2009, 2737.

²³⁸ BAG v. 29.07.1967 - 3 AZR 55/66 - NJW 1967, 2425; BAG v. 29.06.1954 - 2 AZR 13/53 - BAGE 1, 36; BAG v. 19.06.1959 - 1 AZR 417/57 - juris Rn. 21 - NJW 1959, 1746; BAG v. 30.11.1955 - 1 AZR 217/54 - juris Rn. 9 - JZ 1956, 322; RG v. 07.02.1919 - VII 329/18 - RGZ 94, 322-326; *Koch* in: MünchKomm-BGB, § 516 Rn. 33; *Wimmer-Leonhardt* in: Staudinger, § 516 Rn. 72.

²³⁹ Vgl. *Haase*, JR 1982, 197-197.

²⁴⁰ *Koch* in: MünchKomm-BGB, § 516 Rn. 13; *Wimmer-Leonhardt* in: Staudinger, § 516 Rn. 63.

²⁴¹ Vgl. BayObLG München v. 16.11.1977 - BReg 2 Z 62/77 - juris Rn. 30 - NJW 1978, 700-701; BayObLG München v. 18.11.1988 - BReg 2 Z 99/88 - juris Rn. 31 - FamRZ 1989, 321-322; OLG Zweibrücken v. 30.12.1980 - 3 W 187/80 - juris Rn. 18 - OLGZ 1981, 167-171; OLG Düsseldorf v. 03.08.1983 - 9 U 35/83 - OLGZ 1984, 90-93; BayObLG München v. 29.08.1989 - BReg 2 Z 92/89 - juris Rn. 25 - MittBayNot 1990, 37-39; OLG Oldenburg v. 27.11.1995 - 5 W 103/95 - NdsRpfl 1996, 36; *Koch* in: MünchKomm-BGB, § 516 Rn. 13 m.w.N; a.A. noch *Timm*, JZ 1989, 13-24; *Palm* in: Erman, § 137 Rn. 9.

²⁴² Vgl. *Koch* in: MünchKomm-BGB, § 517 Rn. 13 m.w.N.

²⁴³ LG München I v. 11.02.2002 - 13 T 2232/02 - MittBayNot 2002, 404-405; BayObLG München v. 01.08.2002 - 2Z BR 72/01 - juris Rn. 18 - DNotZ 2002, 784-785.

Fällen des Widerrufsvorbehaltes liegt durch die Zuwendung eine **Bereicherung** des Beschenkten vor, die nicht dadurch ausgeschlossen wird, dass der Schenker die Zuwendung wieder zurückfordern kann.[244] Der durch Eintragung einer Auflassungsvormerkung gesicherte Rückübertragungsanspruch ist im Zweifel höchstpersönlicher Natur und erlischt mit dem Tode des Schenkers. Die Löschung der Auflassungsvormerkung kann nach § 22 Abs. 1 GBO durch Vorlage einer Sterbeurkunde wegen eingetretener Unrichtigkeit des Grundbuchs erfolgen.[245] Um die Unsicherheit einer Auslegung durch die Gerichte zu vermeiden, sollten entsprechende Regelungen in keinem Vertrag fehlen. Selbstverständlich müssen entsprechende Widerrufsrechte klar formuliert sein und den wirklichen Willen der Beteiligten wiedergeben.[246]

66 Das gilt grundsätzlich auch für die Schenkung von **Geschäftsanteilen an Personen- und Kapitalgesellschaften**, soweit dem nicht zwingende Normen des Gesellschaftsrechts entgegenstehen (str.).[247] Der ansonsten geltende gesellschaftsrechtliche Grundsatz der Unwirksamkeit der **freien Hinauskündigungsmöglichkeit** eines Gesellschafters wegen Sittenwidrigkeit gemäß § 138 BGB[248] muss im Schenkungsrecht zugunsten der berechtigten Interessen des Schenkers eingeschränkt werden.[249] Es geht im vorliegenden Zusammenhang nicht um eine willkürliche Hinauskündigung eines Gesellschafters, sondern um die Möglichkeit der **Rückgängigmachung** einer **freiwilligen Einräumung** der Gesellschaftsbeteiligung durch einverständliche Vereinbarung der Vertragsbeteiligten. Das ist – unter Beachtung zwingender gesellschaftsrechtlicher Vorschriften – zulässig. So ist z.B. die Regelung in einem Gesellschaftsvertrag einer Kommanditgesellschaft, wonach der angeheiratete Gesellschafter bei Scheidung seinen unentgeltlich erworbenen Gesellschaftsanteil nach seiner Wahl ohne Abfindung zurück an den Ehegatten oder an die gemeinsamen Kinder zu übertragen hat, zweifellos rechtswirksam.[250]

67 Die Frage, ob und inwieweit nach der Ausübung des Widerrufes durch den Schenker, insbesondere aufgrund einer zwischenzeitlich erfolgten Wertsteigerung des ursprünglichen Geschäftsanteils durch die Mitwirkung des Beschenkten eine Entschädigung (**Abfindung**) zu leisten ist, ist davon unabhängig. Zwar hat grundsätzlich ein Gesellschafter, der aus einer Gesellschaft ausscheidet (z.B. durch Tod, Kündigung, Ausschluss oder Erfüllung einer Abtretungsverpflichtung), einen Anspruch auf Abfindung in Höhe des Verkehrswertes seines Geschäftsanteils. Dies muss jedoch nicht zwangsläufig der Fall sein. Zur Sicherung der Unternehmensfortführung und -liquidität wird im Gesellschaftsvertrag oder durch separate Vereinbarungen (z.B. im Schenkungsvertrag) häufig ein teilweiser oder völliger Ausschluss dieses Abfindungsanspruchs vereinbart. Das ist in der kautelarjuristischen Praxis sogar regelmäßig der Fall. Der etwaige Schenkungscharakter solcher Klauseln ist umstritten.[251] Während die h.M. das Vorliegen einer Schenkung jedenfalls dann ablehnt, wenn die Klausel für alle Gesellschafter

---

[244] H.M., vgl. auch BayObLG München v. 29.08.1989 - BReg 2 Z 92/89 - MittBayNot 1990, 37-39; BFH v. 13.09.1989 - II R 67/86 - NJW 1990, 1750-1751; *Kollhosser*, AcP 194, 231-264; *Koch* in: MünchKomm-BGB, § 516 Rn. 13; a.A. *Knobbe-Keuk* in: FS für Flume zum 70. Geburtstag, 1978, Bd. II, S. 149.

[245] So zu Recht OLG Hamm v. 07.03.2006 - 15 W 99/05 - juris Rn. 13 - JMBl NW 2006, 237-238; vgl. auch *Fembacher*, DNotZ 2007, 124-126.

[246] Vorbehalt eines Widerrufs bei Verkauf rechtfertigt keine Rückübertragung bei unentgeltlicher Weiterübertragung; vgl. dazu Brandenburgisches OLG v. 13.11.2008 - 5 U 53/07 - juris Rn. 24 f.

[247] Vgl. hierzu *Koch* in: MünchKomm-BGB, § 516 Rn. 93 mit ausführlicher Darstellung der verschiedenen Auffassungen zu dieser Rechtsfrage; vgl. auch BGH v. 02.07.1990 - II ZR 243/89 - juris Rn. 15 - BGHZ 112, 40-53.

[248] BGH v. 20.01.1977 - II ZR 217/75 - BGHZ 68, 212-217; BGH v. 29.05.1978 - II ZR 52/77 - NJW 1979, 104; BGH v. 13.07.1981 - II ZR 56/80 - juris Rn. 16 - BGHZ 81, 263-270; BGH v. 25.03.1985 - II ZR 240/84 - juris Rn. 11 - LM Nr. 19 zu § 140 HGB; BGH v. 19.09.1988 - II ZR 329/87 - juris Rn. 12 - BGHZ 105, 213-222; BGH v. 05.06.1989 - II ZR 227/88 - juris Rn. 16 - BGHZ 107, 351-359; BGH v. 09.04.1990 - II ZR 194/89 - BGHZ 112, 103-115.

[249] *Kollhosser* AcP 194, 231-264; *Koch* in: MünchKomm-BGB, § 516 Rn. 93 f.; teilweise anders *Schmidt*, BB 1990, 1992-1997, 1995; *Mühl/Teichmann* in: Soergel, § 516 Rn. 44.

[250] OLG Karlsruhe v. 12.10.2006 - 9 U 34/06 - juris Rn. 21 - DB 2007, 392-394.

[251] Vgl. hierzu ausführlich *Sikora*, RNotZ 2006, 522 ff; *Sikora*, MittBayNot 2006, 292 ff.; *Koch* in: MünchKomm-BGB, 516 Rn. 95 ff.

gleichermaßen gilt, weil in diesem Fall ein entgeltlicher („aleatorischer") Vertrag vorliege[252], stellt auch der allseitige Abfindungsausschluss nach der Gegenauffassung eine unentgeltliche Zuwendung dar.[253] Obwohl durch den entschädigungslosen Ausschluss eines Gesellschafters bei rein wirtschaftlicher Betrachtungsweise die Zwangseinziehung seines Geschäftsanteils oder die Erfüllung einer unentgeltlichen Abtretungsverpflichtung eine mittelbare Vermögensmehrung bei den verbleibenden Gesellschaftern eintritt, liegt schon begrifflich keine Schenkung vor. Die Gesellschafter, die solche Abfindungsvereinbarungen einvernehmlich treffen, beabsichtigen keine **unentgeltlichen Zuwendungen an ihre** Mitgesellschafter (objektives Element der Schenkung i.S.d. §§ 516 ff. BGB), die von der **Einigung der Vertragsparteien umfasst ist** (subjektives Element).[254] Sie handeln ausschließlich im Eigeninteresse, um den Bestand des Unternehmens oder die Unternehmensfortführung (in der Familie) zu sichern. Die Charakteristika einer Schenkung liegen nicht vor.[255]

f. Die Schenkung zugunsten Dritter auf den Todesfall

Die Rechtsanwendungspraxis hat sich häufig im Zusammenhang mit **Lebensversicherungsverträgen**, Bausparverträgen, Zuwendung von Bankguthaben[256] und Abfindungsregelungen bei Übergabeverträgen mit dem Problem der **aufschiebend befristeten Schenkung (unter Lebenden) auf den Todesfall** zu beschäftigen.[257] Der Schenker will dadurch zumeist einer ihm nahe stehenden Person eine Zuwendung gewähren, wobei die tatsächliche Vermögensmehrung erst **nach seinem Tod** eintreten soll. Das wirtschaftliche Bedürfnis für diese Art der Zuwendungen ist in den letzten Jahren in der Vertragspraxis immer stärker zutage getreten.[258] Es handelt sich rechtlich zumeist um Schenkungen **zugunsten Dritter auf den Todesfall** gemäß §§ 328 Abs. 1, 330, 331 BGB.[259] Neben der Frage der Heilung eines etwaigen Formmangels bei formunwirksamen Schenkungsversprechen gemäß § 518 Abs. 2 BGB (vgl. die Kommentierung zu § 518 BGB Rn. 23), ist die Abgrenzung dieser Schenkungsart von der **Schenkung von Todes wegen** i.S.v. § 2301 BGB problematisch.[260] Daneben spielt die Frage der Berechnung möglicher Pflichtteilsergänzungsansprüche gemäß § 2325 Abs. 1 BGB in diesem Zusammenhang eine wichtige Rolle.[261]

68

Auf eine Schenkung, die unter der **Bedingung** erteilt wird, dass der **Beschenkte den Schenker überlebt**, finden gemäß § 2301 Abs. 1 Satz 1 BGB die Vorschriften über Verfügungen von Todes wegen

69

---

[252] BGH v. 22.11.1956 - II ZR 222/55 - BGHZ 22, 186, 194 f. = NJW 1957, 180; BGH v. 20.12.1965 - II ZR 145/65 - DNotZ 1966, 620, 622; *Wimmer-Leonhard* in: Staudinger § 516 Rn. 157; *Mühl/Teichmann* in: Soergel, § 516 Rn. 45.
[253] Vgl. m.w.N. *Koch* in MünchKomm-BGB, § 516 Rn. 96.
[254] *Koch* in: MünchKomm-BGB, § 516 Rn. 97; *Weidenkaff* in: Palandt, § 516 Rn. 8; *Mühl/Teichmann* in: Soergel, § 516 Rn. 11-19, 25-34; *Herrmann* in: Erman, § 516 Rn. 7-10; *Mezger* in: BGB-RGRK, § 516 Rn. 8-12.
[255] So im Ergebnis auch zu Recht *Koch* in: MünchKomm-BGB, § 516 Rn. 97.
[256] OLG Saarbrücken v. 24.03.2003 - 1 W 38/03 - 7, 1 W 38/03 - MDR 2003, 1003 OLG Koblenz v. 22.09.2003 - 12 U 823/02 - ZERB 2003, 381-382.
[257] BGH v. 28.04.2010 - IV ZR 230/08 - NJW 2010, 3232 - 3239 Rn. 8 ff.; BGH v. 28.04.2010 - IV ZR 73/08 - NJW 2010 3232-3239; BGH v. 18.05.1988 - IVa ZR 36/87 - LM Nr. 3 zu BGB Vorb. z. § 1922; BGH v. 12.11.1986 - IVa ZR 77/85 - BGHZ 99, 97-101; *Lindenmaier/Möhring*, Nachschlagewerk des Bundesgerichtshofs, 1961, § 598 Nr. 4.
[258] *Wimmer-Leonhardt* in: Staudinger, § 516 Rn. 138;.
[259] Vgl. hierzu *Koch* in: MünchKomm-BGB, § 516 Rn. 88; *Wimmer-Leonhardt* in: Staudinger, § 516 Rn. 138-144; *Mezger* in: BGB-RGRK, § 516 Rn. 17.
[260] *Wimmer-Leonhardt* in: Staudinger, § 516 Rn. 138; *Koch* in: MünchKomm-BGB, § 516 Rn. 86 f.; vgl. hierzu auch *Hasse*, VersR 2008, 590-612.
[261] Vgl. zur geänderten Rechtsprechung des BGH: BGH v. 28.04.2010 - IV ZR 230/08 - juris Rn. 8 ff. - NJW 2010, 3232; BGH v. 28.04.2010 - IV ZR 73/08 - juris Rn. 33 ff., wonach sich der Pflichtteilsergänzungsanspruch weder nach der Versicherungsleistung noch nach der Summe der vom Schenker geleisteten Beiträge, sondern nach dem Wert richtet, den der Schenker in der letzten – juristischen – Sekunde seines Lebens objektiv hätte erzielen können; vgl. auch *Koch* in: MünchKomm-BGB, § 516 Rn. 89, der zu Recht darauf hinweist, dass die schenkungsrechtliche Sichtweise nicht für alle anderen darauf verweisenden Normenkomplexe des Bürgerlichen Gesetzbuches maßgebend sein muss.

Anwendung. Dies gilt gemäß § 2301 Abs. 2 BGB dann nicht, wenn die Schenkung bereits zu Lebzeiten vollzogen wurde. In diesem Fall gelten die Vorschriften der §§ 516-534 BGB. Entgegen einzelner Forderungen in der Literatur hält die **Rechtsprechung** am Wortlaut des § 2301 Abs. 1 Satz 1 BGB richtigerweise fest und wendet die Vorschrift nicht auf die Schenkung unter Lebenden auf den Todesfall an.[262] Den Vertragsbeteiligten ist der Unterschied zwischen den beiden Rechtsgeschäftsarten meistens nicht bekannt. Deshalb erklären sie nicht ausdrücklich, welche Schenkungsart tatsächlich gewollt ist. In diesen Fällen ist durch **Auslegung**, unter Berücksichtigung aller Umstände des Einzelfalles (§§ 133, 157 BGB), insbesondere der Interessen der Vertragsbeteiligten, ihr wirklicher Wille zu erforschen.[263] Obwohl zu beachten ist, dass nach der Lebenserfahrung ein Schenkungsversprechen von Todes wegen auch dann gewollt sein kann, wenn dies nicht ausdrücklich erklärt werde[264], lehnt der **BGH** eine diesbezügliche allgemeine Auslegungsregel zu Recht ab[265]. Bei der **Vertragsgestaltung in der Praxis** wird erkennbar, dass der Dritte nach dem Willen des Schenkers i.d.R. erst nach seinem Tode Kenntnis von der Zuwendung erlangen soll. Erfahrungsgemäß geht der Wille des Schenkers in solchen Fällen jedoch dahin, dass die Zuwendung jedenfalls auch dann noch rechtswirksam sein und bestandskräftig vollzogen werden soll, wenn das Zuwendungsverhältnis (Valutaverhältnis) nicht notariell beurkundet worden ist. Das ist jedoch nur bei der **aufschiebend befristeten Schenkung möglich** (vgl. die Kommentierung zu § 518 BGB Rn. 23). Aus diesem Grund spricht vieles dafür, diese Erfahrung aus der Praxis bei der Auslegung im Einzelfall mit zu berücksichtigen.[266]

7. Abdingbarkeit

70 Bei § 516 Abs. 1 BGB stellt sich die **Frage** der Abdingbarkeit der Norm **nicht**. Es handelt sich um eine **Definitionsnorm** des Gesetzgebers, in der die Handschenkung definiert wird. Die typologische Einordnung einer Vereinbarung hat der Gesetzgeber festgelegt. Sie obliegt nicht den Vertragsparteien, wenngleich deren subjektive Vorstellung mit zu berücksichtigen ist (vgl. Rn. 23). Die Bestimmung des § 516 Abs. 2 BGB ist demgegenüber **frei abdingbar**. Insbesondere kann die Fiktion der Schenkungsannahme durch Schweigen von den Vertragsparteien ausgeschlossen oder modifiziert werden.

8. Praktische Hinweise

71 Auch bei der Handschenkung muss der **Pflichteninhalt** des Schenkers **genau bestimmt** werden. Insbesondere die Beschaffenheit des Schenkungsgegenstandes sollte festgelegt werden, um unliebsame Haftungsüberraschungen aus §§ 523, 524 BGB zu vermeiden. Es ist hier, wie bei der Versprechensschenkung, häufig **ein Ausschluss jeglicher Haftung** und Gewährleistung – soweit rechtlich zulässig – angebracht. Es liegt regelmäßig nicht im Interesse des freigiebigen Schenkers, eine Haftung für die Beschaffenheit des Geschenkes zu übernehmen.

72 Die Frage einer möglichen **Steuerbelastung** sollte ebenfalls geklärt werden, um späteren Streit zu vermeiden, insbesondere auch, welche Vertragspartei für eine mögliche Steuerbelastung aufzukommen hat, zumal gegenüber den Finanzbehörden beide Vertragsparteien als Gesamtschuldner haften.

---

[262] BGH v. 18.05.1988 - IVa ZR 36/87 - juris Rn. 9 - LM Nr. 3 zu BGB Vorb z § 1922; BGH v. 12.11.1986 - IVa ZR 77/85 - juris Rn. 14 - BGHZ 99, 97-101; *Lindenmaier/Möhring*, Nachschlagewerk des Bundesgerichtshofs, 1961, § 598 Nr. 4.

[263] BGH v. 18.05.1988 - IVa ZR 36/87 - juris Rn. 15 - LM Nr. 3 zu BGB Vorb z § 1922; *Koch* in: MünchKomm-BGB, § 516 Rn. 87.

[264] BGH v. 12.11.1986 - IVa ZR 77/85 - juris Rn. 11 - BGHZ 99, 97-101.

[265] *Koch* in: MünchKomm-BGB, § 516 Rn. 87 m.w.N.

[266] Der BGH wendet den Rechtsgedanken des § 2084 BGB (Gebot der wohlwollenden Auslegung) an und kommt zum ähnlichen Ergebnis: BGH v. 18.05.1988 - IVa ZR 36/87 - juris Rn. 13 - LM Nr. 3 zu BGB Vorb z § 1922; vgl. auch *Kollhosser* in: MünchKomm-BGB, 4. Aufl. 2004, § 516 Rn. 56, der nur darauf abstellt, ob sich ein Wille feststellen lässt oder nicht. Die Möglichkeit, einen hypothetischen Willen unter Berücksichtigung der gesetzlichen Rahmenbedingungen zu finden bleibt dabei jedoch außer Betracht; vgl. auch *Koch* in: MünchKomm-BGB, § 516 Rn. 87.

D. Rechtsfolgen

Die **Handschenkung** stellt **sowohl** das dingliche **Vollzugsgeschäft** als auch den **schuldrechtlichen Rechtsgrund** für die erfolgte Vermögenszuwendung dar. Eine Herausgabe des Geschenkes nach den §§ 812-822 BGB ist damit regelmäßig ausgeschlossen. Im Falle der Zuwendung ohne Willen des Empfängers (§ 516 Abs. 2 BGB) kommt nach § 516 Abs. 2 Satz 2 BGB sowohl das schuldrechtliche **Grundgeschäft** als auch der **dingliche Vollzug** durch **Schweigen** zustande. Im Falle der Ablehnung erlischt das jeweilige Angebot des Zuwendenden. Beide Verträge sind nicht zustande gekommen. Der Zuwendungsempfänger ist zur **Herausgabe des Erlangten** nach den Vorschriften über die Herausgabe einer ungerechtfertigten Bereicherung verpflichtet.

73

E. Prozessuale Hinweise

Im Schenkungsprozess gelten grundsätzlich die **allgemeinen Darlegungs- und Beweislastregeln**.[267] Dabei kommt es insbesondere auf den vom Kläger geltend gemachten **Rechtsgrund** und auf die vorliegenden **Besitzverhältnisse** an. Bei der Handschenkung ist der angeblich Beschenkte in der Regel bereits im Besitz der Sache. Die **Eigentumsvermutung** von § 1006 Abs. 1 BGB gilt für ihn auch im Bereich der Schenkung. Begehrt der angebliche Schenker die Herausgabe aus § 985 BGB, so spricht die Eigentumsvermutung des § 1006 Abs. 1 BGB für den Beklagten, wenn er behauptet, er habe den Besitz und das Eigentum schenkweise vom Kläger erhalten.[268] Gelingt es dem Kläger als vormaligem Besitzer die angeblich erfolgte Schenkung zu widerlegen, dann greift zu seinen Gunsten die Besitzfortdauervermutung des § 1006 Abs. 2 BGB.[269] Dies gilt auch dann, wenn der Beklagte einräumt, zunächst nur Fremdbesitz erworben zu haben und erst nachträglich eine Eigentumsverschaffung durch Schenkung erfolgte.[270]

74

Der Kläger trägt auch bei vertraglichen Herausgabeansprüchen (z.B. §§ 604, 696 BGB) die Darlegungs- und Beweislast für das Bestehen des vertraglichen Rückgabeanspruches, wenn der Beklagte Besitzverschaffung durch Eigentumserlangung aufgrund Schenkung behauptet.[271] Der Schenker, der Rückforderungsrechte aus §§ 527, 528, 531 Abs. 2 BGB i.V.m. §§ 812-822 BGB geltend macht, hat sowohl das Zustandekommen der Schenkung als auch das Vorliegen der Widerrufs- bzw. Rückforderungsgründe darzulegen und ggf. zu beweisen.[272] Für eine schenkweise erfolgte Abtretung von Sparforderungen trägt der Schenkungsempfänger die Darlegungs- und Beweislast.[273]

75

Auch bei einem Rückforderungsverlangen aus § 812 Abs. 1 BGB gelten die allgemeinen Grundsätze über die Verteilung der Darlegungs- und Beweislast, denn derjenige, der einen Anspruch geltend macht, muss das Risiko des Prozessverlustes tragen, wenn sich die sein Begehren tragenden Tatsachen nicht feststellen lassen.[274] Der Schenker bzw. sein Rechtsnachfolger hat sämtliche Tatsachen vorzutragen und ggf. zu beweisen, die den Kondiktionsanspruch begründen. Er hat demgemäß auch das Fehlen

76

---

[267] *Koch* in: MünchKomm-BGB, § 516 Rn. 51; *Weidenkaff* in: Palandt, § 516 Rn. 18; *Wimmer-Leonhardt* in: Staudinger, § 516 Rn. 181; *Mezger* in: BGB-RGRK, § 516 Rn. 22.

[268] BGH v. 10.05.1960 - VIII ZR 90/59 - LM Nr. 7 zu § 1006 BGB; RG v. 26.10.1937 - VII 85/37 - RGZ 156, 63-65; *Koch* in: MünchKomm-BGB, § 516 Rn. 51; *Wimmer-Leonhardt* in: Staudinger, § 516 Rn. 183; *Mezger* in: BGB-RGRK, § 516 Rn. 22; *Weidenkaff* in: Palandt, § 516 Rn. 18.

[269] *Koch* in: MünchKomm-BGB, § 516 Rn. 51; *Weidenkaff* in: Palandt, § 516 Rn. 18; *Wimmer-Leonhardt* in: Staudinger, § 516 Rn. 183.

[270] *Koch* in: MünchKomm-BGB, § 516 Rn. 51.

[271] RG v. 23.05.1906 - IV 569/05 - RGZ 63, 323-324; RG, WarnR 1912 Nr. 336; OLG Düsseldorf v. 11.12.1969 - 12 U 210/68 - MDR 1970, 326; OLG Hamm v. 30.09.1977 - 11 U 99/77 - NJW 1978, 224-225.

[272] BGH v. 18.05.1990 - V ZR 304/88 - juris Rn. 37 - WM 1990, 1790-1793; BGH v. 29.09.1989 - V ZR 326/87 - juris Rn. 17 - LM Nr. 34 zu § 1191 BGB; OLG Saarbrücken v. 20.01.2003 - U 740/02, U 740/02 - 179, 1 U 740/02, 1 U 740/02 - 179 - OLGR Saarbrücken 2003, 135-136.

[273] OLG Koblenz v. 22.09.2003 - 12 U 823/02 - juris Rn. 27 - ZERB 2003, 381-382.

[274] Vgl. hierzu auch BGH v. 14.11.2006 - X ZR 34/05 - juris Rn. 9 - BGHZ 169, 377-383; *Weidenkaff* in: Palandt, § 516 Rn. 19.

des Rechtsgrundes nachzuweisen,[275] wobei allerdings im Falle des § 812 Abs. 1 Satz 1 Alt. 2 BGB (Nichtleistungskondiktion) hinsichtlich der Darlegungslast eine Erleichterung für den Anspruchsteller bestehen kann. Der Beschenkte, der die Herausgabepflicht leugnet, ist gehalten, die Umstände darzulegen, aus denen er sein Behaltensrecht herleitet. Er hat aus Gründen der Prozessökonomie die Umstände darzulegen, aus denen er das Vorliegen einer vollzogenen Schenkung ableitet. Der Anspruchssteller hat sodann im Rahmen des zumutbaren Aufwands diese Umstände durch eigenen Sachvortrag gezielt zu erschüttern und ggf. durch Beweis zu widerlegen.[276] Diese ursprüngliche Auffassung des BGH ist in der Literatur heftig kritisiert worden[277], vgl. die Kommentierung zu § 518 BGB Rn. 40. Das OLG Koblenz hatte bereits bei einer Vindikationsklage in Abgrenzung zu dieser BGH-Entscheidung (Bereicherungsklage) entschieden.[278] Gegenüber der Klage eines Erben auf Herausgabe eines Sparbuches habe der Sparbuchbesitzer, der nicht Erbe ist, die Beweislast für den Einwand einer lebzeitigen Schenkung durch den Erblasser.[279] Für den Fall, dass die behauptete Schenkung nicht der Form des § 518 Abs. 1 BGB genüge und erst durch Vollzug nach § 518 Abs. 2 BGB geheilt werde, hat der BGH seine vorgenannte Auffassung inzwischen geändert.[280] Wer die Heilung des Formmangels nach § 518 Abs. 2 BGB geltend mache, berufe sich auf einen Sachverhalt, der den Eintritt der nach § 125 Satz 1 BGB an sich gesetzlich vorgesehenen Rechtsfolge hindere. In diesem Fall obliege es dem angeblich Beschenkten, die Umstände darzulegen und zu beweisen, die den nach § 518 Abs. 2 BGB für die Wirksamkeit des behaupteten Schenkungsversprechens erforderlichen Tatbestand ausfüllen. Eine solche Beweislastverteilung entspreche auch dem Normzweck des § 518 BGB.[281] Ob diese Auffassung, die im Ergebnis die allgemeinen Darlegungs- und Beweisregeln im besonderen Fall der behaupteten Heilung durch Schenkungsvollzug nach § 518 Abs. 2 BGB umkehrt, auf weitere Fälle ausgeweitet wird, bleibt abzuwarten.[282]

77 Bei der **gemischten Schenkung** trägt grundsätzlich derjenige die Beweislast, der geltend macht, dass der unentgeltliche Teil überwiege.[283] Anders ist das ggf. bei Übergaben in vorweggenommener Erbfolge, weil hier i.d.R. eine gemischte Schenkung vorliegt, wobei jedoch dem in der Vertragsurkunde gewählten Begriff („vorweggenommene Erbfolge") allein zwar keine maßgebliche Bedeutung zukommt,[284] jedoch ein deutliches Indiz dafür ist.[285] Besteht aber zwischen Leistung und Gegenleistung ein objektives, über ein geringes Maß deutlich hinausgehendes Missverhältnis, so besteht die tatsächliche Vermutung für das Vorliegen einer gemischten oder verschleierten Schenkung.[286] Indessen gilt diese Vermutung nur zugunsten Dritter, die durch eine gemischte oder verschleierte Schenkung in ih-

---

[275] BGH v. 18.05.1999 - X ZR 158/97 - juris Rn. 12 - LM BGB § 518 Nr. 16 (2/2000); BGH v. 18.05.19999 - X ZR 158/97- NJW 1999, 2887 m.w.N.; *Baumgärtel/Strieder*, Handbuch der Beweislast im Privatrecht, Band 1, 2. Aufl. 1991, § 812 Rn. 10 ff.; BGH v. 14.11.2006 - X ZR 34/05 - juris Rn. 9 - BGHZ 169, 377-383; *Rosenberg*, Die Beweislast, 5. Aufl. 1965.
[276] BGH v. 18.05.1999 - X ZR 158/97 - juris Rn. 15 - LM BGB § 518 Nr. 16 (2/2000).
[277] Vgl. hierzu *Böhr*, NJW 2001, 2059-2061; *Schiemann*, JZ 2000, 570-572; *Schiemann*, JZ 2000, 570, 571; vgl. auch *Wacke*, AcP 191, 1-32, *Wacke*, FS Wiedemann, 2002 167, 168. a.A. *Wimmer-Leonhardt* in: Staudinger, § 516 Rn. 52 f.
[278] OLG Koblenz v. 22.09.2003 - 12 U 823/02 - ZERB 2003, 381-382.
[279] OLG Koblenz v. 22.09.2003 - 12 U 823/02 - ZERB 2003, 381-382.
[280] BGH v. 14.11.2006 - X ZR 34/05 - juris Rn. 9 - BGHZ 169, 377-383; vgl. auch *Koch* in: MünchKomm-BGB, § 516 Rn. 53.
[281] BGH v. 14.11.2006 - X ZR 34/05 - juris Rn. 9 - BGHZ 169, 377-383.
[282] Krit. auch bei *Laumen*, BGHReport 2007, 267-268.
[283] LG Dortmund v. 22.11.2006 - 22 O 105/05 - juris Rn. 49; *Weidenkaff* in: Palandt, § 516 Rn. 20; *Mühl/Teichmann* in: Soergel, § 516 Rn. 22.
[284] So zu Recht BGH v. 18.10.2011 - XR 45/10 - juris Rn. 18.
[285] In der notariellen Praxis wird die Bezeichnung „Vorweggenommene Erbfolge" regelmäßig nur verwendet, wenn es sich nach Auffassung der Vertragsparteien (zumindest teilweise) um ein unentgeltliches Rechtsgeschäft handelt.
[286] BGH v. 18.10.2011 - XR 45/10 - juris Rn. 19; BGH v. 25.09.1986 - II ZR 272/85 - NJW 1987, 890, 892; *Weidenkaff* in: Palandt, § 516 Rn. 20.

ren Interessen beeinträchtigt werden, wie bspw. Pflichtteilsberechtigte, Anfechtungsberechtigte und Träger der Sozialhilfe.[287] Behauptet hingegen der Schenker bei einer ausdrücklich als Kaufvertrag bezeichneten Übertragung von Grundbesitz gegen eine geringe Gegenleistung, es liege eine gemischte Schenkung und kein Kaufvertrag vor, kommt ihm die Beweiserleichterung nicht zugute und er trägt die volle Beweislast, dass es sich entgegen des Wortlauts des Vertrages um eine gemischte Schenkung handelt.[288] Bei **verschleierten Schenkungen** trägt derjenige die Beweislast, der sie behauptet.[289]

Im Übrigen gelten für die **Beweiswürdigung** bei der Schenkung gewisse Besonderheiten. Zunächst sind die gesetzlichen Vermutungen der §§ 685 Abs. 2, 1360b, 1620 BGB zu beachten.[290] Daneben haben **Zuwendungen in vorweggenommener Erbfolge** (vgl. Rn. 86) in der Regel überwiegend Schenkungscharakter, wobei die Verwendung der Bezeichnung („vorweggenommene Erbfolge") als solche zwar keine entscheidende Bedeutung hat,[291] jedoch in der notariellen Praxis in der Regel nur bei (zumindest teilweisen) unentgeltlichen Zuwendungen gebraucht wird. Bei grob **objektivem Missverhältnis** zwischen **Leistung und Gegenleistung** spricht – trotz grundsätzlicher Geltung des subjektiven Äquivalenzprinzips – die allgemeine Lebenserfahrung für das Vorliegen einer (gemischten) Schenkung[292] oder einer verschleierten Schenkung.[293] Bei **Zuwendungen unter Ehegatten** sind allgemeine diesbezügliche Vermutungen nicht möglich. Insbesondere spricht im Regelfall **keine** Vermutung für das Vorliegen einer Schenkung.[294] Erfolgen solche Zuwendungen innerhalb einer „intakten" Ehe, so spricht vieles dafür, die Zuwendungen im Rahmen und zur Verwirklichung der ehelichen Lebensgemeinschaft als **unbenannte ehebedingte Zuwendungen** anzusehen (vgl. Rn. 80). Bei der angeblichen Vorgabe von entgeltlichen Rechtsgeschäften innerhalb des engsten Familienkreises ist insbesondere dann eine vorsichtige Beweiswürdigung angebracht, wenn dadurch mittelbar Gläubiger oder Dritte benachteiligt werden.[295]

F. Anwendungsfelder

I. Die Schenkung innerhalb Ehe und Familie sowie in partnerschaftlichen Beziehungen

Innerhalb der **Familie** kommt es zu häufig zu **unentgeltlichen Zuwendungen**. Sowohl zwischen **Ehegatten** und **Partnern** als auch im Rahmen **nichtehelicher Lebensgemeinschaften** werden Vermögensübertragungen vorgenommen, ohne dass es in einem Zusammenhang mit einer konkreten Gegenleistung geschieht. Sie sind regelmäßig **objektiv unentgeltlich**.[296] Die Dienstleistungen und Hilfen, die innerhalb familiärer Beziehungen üblich sind, können regelmäßig nicht als Entgelt bzw. Ge-

---

[287] OLG Karlsruhe v. 26.10.2009 - 3 U 22/09 - juris Rn. 14 - ZErb 2010, 55-56.
[288] OLG Karlsruhe v. 26.10.2009 - 3 U 22/09 - juris Rn. 17 ff. - ZErb 2010, 55-56.
[289] RFH v. 17.12.1930 - VI A 1116/29 - RStBl 1931, 283; *Koch* in: MünchKomm-BGB, § 516 Rn. 22.
[290] Es handelt sich um widerlegbare Vermutungen: vgl. BAG v. 19.06.1959 - 1 AZR 417/57 - NJW 1959, 1746; RG v. 20.09.1909 - 349/08 VI - JW 1909, 670; RG, WarnR 1912 Nr. 382; *Koch* in: MünchKomm-BGB, § 516 Rn. 52.
[291] BGH v. 18.10.2011 - XR 45/10 - juris Rn. 18.
[292] So auch BGH v. 18.10.2011 - XR 45/10 - juris Rn.19; BGH v. 01.02.1995 - IV ZR 36/94 - juris Rn. 14 - LM BGB § 516 Nr. 25 (7/1995); *Koch* in: MünchKomm-BGB, § 516 Rn. 22; *Wimmer-Leonhardt* in: Staudinger, § 516 Rn. 188, 225.
[293] *Koch* in: MünchKomm-BGB, § 516 Rn. 22; vgl. auch LG Berlin v. 06.03.2007 - 37 O 95/06 - juris Rn. 25 - DZWIR 2007, 306-308.
[294] BFH v. 28.11.1984 - II R 133/83 - StRK ErbStG 1974 § 7 R.12; *Koch* in: MünchKomm-BGB, § 516 Rn. 54; *Mühl/Teichmann* in: Soergel, § 516 Rn. 27; *Wimmer-Leonhardt* in: Staudinger, § 516 Rn. 181.
[295] Vgl. auch *Wimmer-Leonhardt* in: Staudinger, § 516 Rn. 181.
[296] *Lindenmaier/Möhring*, Nachschlagewerk des Bundesgerichtshofs, 1961, § 2287 Nr. 20; BFH v. 02.03.1994 - II R 59/92 - NJW 1994, 2044-2047; OLG Celle v. 27.03.2003 - 6 U 198/02 - NJW-RR 2003, 721-723.

§ 516

genleistung angesehen werden.[297] Gleiches gilt für unentgeltliche Zuwendungen der Eltern an Kinder und Schwiegerkinder, sowohl im Wege der vorweggenommenen Erbfolge (vgl. Rn. 86) als auch im Hinblick auf die Verwirklichung in Ehe und Familie.[298] Rechtlich problematisch werden die Fallgruppen meistens dann, wenn es zu **Spannungen** innerhalb der Familie oder in partnerschaftlichen Beziehungen kommt, insbesondere zur **Trennung** und **Ehescheidung**. Auch die rechtlichen Auswirkungen solcher unentgeltlichen Vermögensverschiebungen im Hinblick auf Dritte (Gläubiger; Pflichtteilsberechtigte; Vertragserben etc.) sind häufig problematisch.[299]

80 Bei **Zuwendungen zwischen Ehegatten** ist die judikative Entwicklung nicht einheitlich verlaufen.[300] Teilweise wurden solche unentgeltlichen Zuwendungen generell als entgeltliche Rechtsgeschäfte angesehen[301], teilweise als Erfüllung einer ehelichen Unterhaltspflicht und teilweise als Entlohnung für Dienstleistungen in der Haushaltsführung.[302] Mittlerweile wird in der Rechtsprechung danach unterschieden, ob es sich um **echte Schenkungen** oder um so genannte **unbenannte ehebedingte Zuwendungen** handelt.[303]

81 Eine Zuwendung unter Eheleuten, die um der Ehe willen und als Beitrag zur Verwirklichung oder Ausgestaltung, Erhaltung oder Sicherung der ehelichen Lebensgemeinschaft erbracht wird und darin ihre Geschäftsgrundlage hat, ist danach grundsätzlich keine Schenkung, sondern **eine unbenannte ehebedingte Zuwendung**[304] (vgl. Muster: Zuwendungen unter Ehegatten, Muster 9 zu § 516 BGB). Solche Zuwendungen können auch zwischen Verlobten erfolgen.[305] Von einer ehebezogenen Zuwendung kann jedoch nicht zwangsläufig bei jeder unentgeltlichen Übertragung unter Ehegatten ausgegangen werden. Es sind vielmehr im jeden Einzelfall positive Feststellungen hierzu erforderlich.[306] Auch in diesem Bereich sind weiterhin **echte Schenkungen** möglich, wenn sich beide Ehepartner darüber einig

---

[297] BGH v. 27.11.1991 - IV ZR 164/90 - juris Rn. 7 - BGHZ 116, 167-177; *Mühl/Teichmann* in: Soergel, § 516 Rn. 9, 27.

[298] OLG Celle v. 27.03.2003 - 6 U 198/02 - NJW-RR 2003, 721-723; OLG Celle v. 25.09.2003 - 6 U 140/03.

[299] OLG Celle v. 25.09.2003 - 6 U 140/03 - juris Rn. 2; OLG Celle v. 27.03.2003 - 6 U 198/02 - NJW-RR 2003, 721-723.

[300] Ausführlich *Koch* in: MünchKomm-BGB, § 516 Rn. 60-77; *Weidenkaff* in: Palandt, § 516 Rn. 10; *Mühl/Teichmann* in: Soergel, § 516 Rn. 59-87; *Herrmann* in: Erman, § 516 Rn. 13-13 c); *Wimmer-Leonhardt* in: Staudinger, § 516 Rn. 84.

[301] *Morhard*, NJW 1987, 1734; dagegen: *Jaeger*, DNotZ 1991, 431-474; *Schotten*, NJW 1990, 2841-2851; *Schotten*, NJW 1991, 431; zum Ganzen: *Langenfeld*, Handbuch der Eheverträge und Scheidungsvereinbarungen, 4. Aufl. 2000.

[302] BGH v. 27.11.1991 - IV ZR 164/90 - juris Rn. 18 - BGHZ 116, 167-177; BFH v. 02.03.1994 - II R 59/92 - NJW 1994, 2044-2047; Schleswig-Holsteinisches OLG v. 16.02.2010 - 3 U 39/09 - juris Rn. 4; vgl. zur Entwicklung *Jaeger*, DNotZ 1991, 431-474; *Schotten*, NJW 1990, 2841-2851.

[303] Vgl. die Übersicht bei *Koch* in: MünchKomm-BGB, § 516 Rn. 60-77; *Mühl/Teichmann* in: Soergel, § 516 Rn. 27-32; *Weidenkaff* in: Palandt, § 516 Rn. 10; *Wimmer-Leonhardt* in: Staudinger, § 516 Rn. 84-85; vgl. ausführlich *Bruch*, MittBayNot 2008, 173-182.

[304] BGH v. 09.07.2008 - XII ZR 179/05 - juris Rn. 15 - FamRZ, 1822-1829; BGH v. 28.03.2006 - X ZR 85/04 - juris Rn. 9 - FamRZ 2006, 1022-1023; BGH v. 17.01.1990 - XII ZR 1/89 - juris Rn. 15 - LM Nr. 129 zu § 242 (Bb) BGB; BGH v. 30.06.1993 - XII ZR 210/91 - NJW-RR 1993, 1410-1412; BGH v. 27.11.1991 - IV ZR 266/90 - juris Rn. 10 - BGHZ 116, 178-184; BGH v. 07.01.1972 - IV ZR 231/69 - JR 1972, 244-246; BGH v. 24.03.1983 - IX ZR 62/82 - juris Rn. 7 - BGHZ 87, 145-149; BGH v. 26.11.1981 - IX ZR 91/80 - juris Rn. 7 - BGHZ 82, 227-237; BGH v. 27.01.1988 - IVb ZR 82/86 - NJW-RR 1988, 962-965; BGH v. 05.10.1988 - IVb ZR 52/87 - juris Rn. 16 - NJW-RR 1989, 66-68; BGH v. 26.04.1995 - XII ZR 132/93 - NJW 1995, 3383-3385; BGH v. 04.04.1990 - IV ZR 42/89 - LM Nr. 132 zu BGB § 242 (Bb); BGH v. 10.07.1991 - XII ZR 114/89 - BGHZ 115, 132-141; OLG Celle v. 17.10.1989 - 20 U 25/89 - NJW 1990, 720-721; OLG Düsseldorf v. 16.11.1990 - 7 U 71/89 - juris Rn. 61 - FamRZ 1991, 945-947; Schleswig-Holsteinisches OLG v. 16.02.2010 - 3 U 39/09 - juris Rn. 4.

[305] BGH v. 02.10.1991 - XII ZR 145/90 - juris Rn. 8 - BGHZ 115, 261-267.

[306] BGH v. 28.03.2006 - X ZR 85/04 - juris Rn. 7 - FamRZ 2006, 1022-1023; OLG München v. 28.01.2009 - 20 U 2673/08 - juris Rn. 48 - MittBayNot 2009, 308-311.

sind, dass die objektiv unentgeltliche Zuwendung auch subjektiv unentgeltlich sein soll.[307] Verspricht z.B. ein Ehegatte dem anderen mit Rücksicht auf eine anstehende Scheidung eine unentgeltliche Zuwendung, handelt es sich um eine Schenkung und nicht um eine ehebedingte Zuwendung.[308] Das Gleiche gilt auch, wenn durch unentgeltliche Zuwendungen ein Ehegatte abgesichert werden soll und die Zuwendung soweit nicht vom Bestand der Ehe abhängig sein soll.[309] Sie hat ihre Grundlage dann gerade nicht in der Verwirklichung und Fortdauer der ehelichen Lebensgemeinschaft. Bei der Vertragsgestaltung muss deshalb weiterhin klargestellt werden, ob es sich bei der Zuwendung um eine Schenkung i.S.d. §§ 516 ff. BGB oder um eine unbenannte ehebedingte Zuwendung handelt. Die Bezeichnung des Zuwendungsgeschäftes durch die Vertragsparteien ist zwar nicht allein entscheidend; der Wortlaut in einer notariellen Urkunde hat in diesem Bereich für die Einschätzung des rechtsgeschäftlichen Inhalts der beurkundeten Erklärungen jedoch ein erhebliches Gewicht.[310] Die Differenzierung zwischen „Schenkung" und „unbenannter ehebedingter Zuwendung" gehört mittlerweile zum Standard der notariellen Vertragsgestaltung. Da die ehebedingte Zuwendung der „Regelfall" zwischen Ehegatten sein wird, empfiehlt es sich im „Ausnahmefall" der Schenkung den besonderen Hintergrund zu schildern, der die Zuwendung eines Ehegatten als unentgeltlich erscheinen lässt.[311] Keine Schenkung liegt dann vor, wenn das Zuwendungsgeschäft nach der Vorstellung der Vertragsparteien vom Bestand der ehelichen Lebensgemeinschaft abhängen soll.[312] Demgegenüber ist eine Schenkung anzunehmen, wenn es sich nach dem Willen der Ehegatten um eine Unentgeltlichkeit im Sinne „richtiger Freigiebigkeit" handelt.[313] Im **Außenverhältnis**, insbesondere gegenüber Gläubigern (§ 134 InsO; § 4 AnfG) und im Steuerrecht werden die unentgeltlichen ehebedingten Zuwendungen den „echten" Schenkungen **gleichgestellt**.[314] Das gilt auch im Rahmen der Rückforderung aus § 822 BGB.[315] Im **Erbrecht** werden Vertragserben (§ 2287 BGB), Vertragsvermächtnisnehmer (§ 2288 BGB) sowie Pflichtteilsberechtigte (§ 2325 BGB) auch gegenüber unbenannten ehebedingten Zuwendungen geschützt.[316] Auch diese Gleichbehandlung mit der Schenkung ist ein Grund dafür, dass die Rechtsfigur der ehebedingten Zuwendung in jüngerer Zeit einer wachsenden Kritik ausgesetzt ist.[317]

Die ehevertragliche **Vereinbarung von Gütergemeinschaft** kann grundsätzlich auch dann, wenn ein Ehepartner erheblich mehr an Vermögen einbringt als der andere Ehegatte, nicht als Schenkung im Sinne von § 516 BGB angesehen werden.[318] Die objektive Bereicherung hat ihre Rechtsgrundlage

82

---

[307] *Lindenmaier/Möhring*, Nachschlagewerk des Bundesgerichtshofs, 1961, § 242 Nr. 129; BGH v. 18.04.1986 - V ZR 280/84 - juris Rn. 14 - NJW-RR 1986, 1202-1203; BGH v. 20.05.1987 - IVb ZR 62/86 - juris Rn. 15 - BGHZ 101, 65-72; BGH v. 07.09.2000 - VII ZR 443/99 - BGHZ 145, 121-133; BGH v. 24.03.1983 - IX ZR 62/82 - BGHZ 87, 145-149; BGH v. 08.07.1982 - IX ZR 99/80 - BGHZ 84, 361-370; OLG München v. 28.01.2009 - 20 U 2673/08 - juris Rn. 48 - MittBayNot 2009, 308-311; ausführlich auch *Koch* in: MünchKomm-BGB, § 516 Rn. 76, der unter ausführlicher Darstellung der teilweise willkürlich erscheinenden Rspr. das Rechtsinstitut der ehebezogenen Zuwendungen insgesamt als überflüssiges Rechtsinstitut bezeichnet und generell die Schenkungsregeln anwenden will; vgl. auch *Bruch*, MittBayNot 2008, 173-182.
[308] Schleswig-Holsteinisches Oberlandesgericht v. 04.10.2006 - 15 UF 50/06 - juris Rn. 32 - SchlHA 2007, 93-94. A.A. *Bruch*, MittBayNot 2008, 173, 174 f., der darin eine Regelung sui generis zur Regelung von Trennungs- und Scheidungsfolgen sieht.
[309] OLG München v. 28.01.2009 - 20 U 2673/08 - juris Rn. 50 - MittBayNot 2009, 308-311.
[310] So zu Recht BGH v. 28.03.2006 - X ZR 85/04 - juris Rn. 10 - FamRZ 2006, 1022-1023; vgl. auch KG v. 15.05.2009 - 7 U 222/08 - juris Rn. 6 - NJW-RR 2009, 1301-1302; auch *Bruch*, MittBayNot 2008, 173.
[311] *Bruch*, MittBayNot 2008, 173, 174.
[312] OLG Braunschweig v. 25.04.2001 - 7 W 35/00 - MDR 2001, 1242-1243.
[313] OLG München v. 20.07.2001 - 21 U 1873/01 - NJW-RR 2002, 3-4.
[314] BGH v. 29.11.1990 - IX ZR 29/90 - juris Rn. 12 - BGHZ 113, 98-106; BGH v. 28.02.1991 - IX ZR 74/90 - BGHZ 113, 393-398; BGH v. 13.03.1978 - VIII ZR 241/76 - BGHZ 71, 61-69.
[315] BGH v. 11.07.2000 - X ZR 78/98 - juris Rn. 21 - NJW-RR 2001, 6-7.
[316] BGH v. 27.11.1991 - IV ZR 164/90 - juris Rn. 20 - BGHZ 116, 167-177.
[317] Vgl. z.B. *Seif*, FamRZ 2000, 1193, 1194; Seiler, FS Henrich, 2000, 551, 563; ausführlich *Koch* in: Münch/Komm, § 516 Rn. 73 ff.; *Herrmann* in: Erman, § 516 Rn. 13a.
[318] BGH v. 27.11.1991 - IV ZR 266/90 - juris Rn. 8 - BGHZ 116, 178-184; *Koch* in: MünchKomm-BGB, § 516 Rn. 57; *Mühl/Teichmann* in: Soergel, § 516 Rn. 32; *Wimmer-Leonhardt* in: Staudinger, § 516 Rn. 80.

§ 516

nicht in der Einigung der Ehegatten über die Unentgeltlichkeit, sondern in der **Vereinbarung** des familienrechtlich anerkannten **Gütergemeinschaftsvertrages**.[319] Mit diesem Vertrag wollen die Ehegatten ihre vermögensrechtlichen Beziehungen in der ehelichen Lebensgemeinschaft umfassend und dauerhaft regeln. Deshalb ist die Vereinbarung von Gütergemeinschaft, die gemäß § 7 Abs. 1 Nr. 4 ErbStG bei der Überschreitung des Freibetrages der Schenkungsteuer unterliegt[320], grundsätzlich vor der Anfechtung durch Gläubiger und Dritte geschützt[321]. Nur im Ausnahmefall ist hierin eine Schenkung zu sehen. Das ist dann der Fall, wenn die Rechtsform des Gütergemeinschaftsvertrages missbräuchlich verwendet wird, um Dritte zu benachteiligen, insbesondere um Erb- oder Pflichtteilsrechte der Kinder auszuhöhlen.[322]

83 Die **Rückabwicklung** erfolgter Zuwendungen bei Scheitern der ehelichen Lebensgemeinschaft, insbesondere bei Scheidung der Ehe, ist umstritten[323], vgl. die Kommentierung zu § 530 BGB Rn. 16. Liegt eine **echte Schenkung** zwischen Eheleuten vor, so sind die schenkungsrechtlichen Rückforderungsregeln, insbesondere § 530 BGB, grundsätzlich anwendbar. Jedoch stellt z.B. die Verletzung der ehelichen Treuepflicht allein nicht schlechthin eine schwere Verfehlung dar, die zur Rückforderung berechtigt. Stets sind die konkreten Umstände des Einzelfalles in ihrer Gesamtheit mit zu würdigen.[324] Bei **unbenannten ehebedingten Zuwendungen** erfolgt eine etwaige Rückabwicklung bzw. ein Ausgleich nach h.M. grundsätzlich nicht nach Schenkungsrecht, sondern nach den **Regeln des Zugewinnausgleiches** bzw. der Gütergemeinschaft.[325] Diese sind abschließender Natur und schließen weitere Ausgleichsregelungen regelmäßig aus.[326] Nur zur Korrektur schlechthin unangemessener und **unzumutbarer unbilliger Ergebnisse** oder bei Gütertrennung kann ein Ausgleich bzw. eine Rückforderung nach den Regeln des Wegfalls der Geschäftsgrundlage gemäß § 313 BGB in Betracht kommen.[327]

---

[319] *Koch* in: MünchKomm-BGB, § 516 Rn. 57.
[320] *Mühl/Teichmann* in: Soergel, § 516 Rn. 32; *Koch* in: MünchKomm-BGB, § 516 Rn. 58.
[321] BGH v. 20.10.1971 - VIII ZR 212/69 - BGHZ 57, 123-129; BGH v. 27.11.1991 - IV ZR 266/90 - juris Rn. 10 - BGHZ 116, 178-184.
[322] RG v. 22.11.1915 - IV 176/15 - RGZ 87, 301-305; BGH v. 27.11.1991 - IV ZR 266/90 - juris Rn. 10 - BGHZ 116, 178-184.
[323] Vgl. dazu *Koch* in: MünchKomm-BGB, § 530 Rn. 10f., 12; § 516 Rn. 68-77; *Wimmer-Leonhardt* in: Staudinger, § 530 Rn. 24, 35, 36; *Mühl/Teichmann* in: Soergel, § 516 Rn. 29; *Herrmann* in: Erman, § 516 Rn. 13-13 c); *Weidenkaff* in: Palandt, § 516 Rn. 10; *Mansel* in: Jauernig, § 516, Rn. 20; ausführlich *Bruch*, MittBayNot 2008, 173-182.
[324] Vgl. zu den unterschiedlichen Entscheidungen: RG JW 1937, 988; BGH v. 08.11.1984 - IX ZR 108/83 - juris Rn. 12 - WM 1985, 137; BGH v. 09.07.1982 - V ZR 142/81 - juris Rn. 10 - WM 1982, 1057-1058; OLG Köln v. 25.03.1981 - 2 U 3/81 - juris Rn. 16 - NJW 1982, 390-391; OLG Düsseldorf v. 19.11.1979 - 5 U 116/79 - FamRZ 1980, 446-447; BGH v. 30.06.1993 - XII ZR 210/91 - juris Rn. 21 - NJW-RR 1993, 1410-1412; BGH v. 19.01.1999 - X ZR 60/97 - juris Rn. 13 - LM BGB § 530 Nr. 15 (9/1999).
[325] Vgl. BGH v. 21.10.1992 - XII ZR 182/90 - juris Rn. 13 - BGHZ 119, 392-402; BGH v. 22.04.1982 - IX ZR 35/81 - juris Rn. 9 - WM 1982, 697-698; BGH v. 05.10.1988 - IVb ZR 52/87 - juris Rn. 16 - NJW-RR 1989, 66-68; OLG Hamm v. 13.07.1987 - 11 W 95/86 - juris Rn. 7 - FamRZ 1988, 620-621; KG v. 15.05.2009 - 7 U 222/08 - juris Rn. 5 - NJW-RR 2009, 1301-1302.
[326] BGH v. 21.10.1992 - XII ZR 182/90 - BGHZ 119, 392-402; BGH v. 10.07.1991 - XII ZR 114/89 - juris Rn. 7 - BGHZ 115, 132-141; BGH v. 04.04.1990 - IV ZR 42/89 - juris Rn. 15 - LM Nr. 132 zu BGB § 242 (Bb); BGH v. 26.11.1981 - IX ZR 91/80 - juris Rn. 12 - BGHZ 82, 227-237.
[327] OLG Hamm v. 30.03.2000 - 22 U 112/99 - juris Rn. 51 - OLGR Hamm 2000, 376-380; BGH v. 10.07.1991 - XII ZR 114/89 - juris Rn. 7 - BGHZ 115, 132-141; BGH v. 21.10.1992 - XII ZR 182/90 - juris Rn. 13 - BGHZ 119, 392-402; BGH v. 08.07.1982 - IX ZR 99/80 - juris Rn. 14 - BGHZ 84, 361-370; BGH v. 27.01.1988 - IVb ZR 82/86 - juris Rn. 32 - NJW-RR 1988, 962-965; OLG Düsseldorf v. 16.11.1990 - 7 U 71/89 - juris Rn. 69 - FamRZ 1991, 945-947; OLG Celle v. 14.03.1991 - 12 U 9/90 - juris Rn. 33 - FamRZ 1991, 948-950; *Weidenkaff* in: Palandt, § 516 Rn. 10; *Wimmer-Leonhardt* in: Staudinger, § 516 Rn. 88; *Koch* in: MünchKomm-BGB, § 516 Rn. 69.

Auch innerhalb **nichtehelicher Lebensgemeinschaften** kommt es häufig zu unentgeltlichen Zuwendungen.[328] Wenn es sich zwischen den Vertragsparteien um eine dauerhafte Verantwortungs- und Lebensgemeinschaft handelt, die auf gegenseitiger Zuneigung und Vertrauen beruht und die Zuwendung darin ihre Grundlage hat, handelt es sich – entsprechend den Voraussetzungen innerhalb der ehelichen Lebensgemeinschaft – i.d.R. um unbenannte Zuwendungen.[329] Die Rückforderungsrechte des Schenkungsrechtes sind dann regelmäßig ausgeschlossen. Wenn jedoch die Voraussetzungen einer Schenkung vorliegen, insbesondere eine Einigung über die Unentgeltlichkeit bestanden hat, kann ein Widerruf über die §§ 528, 530 BGB zulässig sein, vgl. die Kommentierung zu § 530 BGB Rn. 16.[330] Die Auflösung der Lebensgemeinschaft als solche berechtigt – ohne Hinzutreten besonderer Umstände – nicht zur Rückforderung wegen groben Undanks.[331] Die vertragliche Verpflichtung zu einer Ausgleichszahlung wegen der Aufgabe der Berufstätigkeit aus Anlass der Geburt eines Kindes im Rahmen einer nichtehelichen Lebensgemeinschaft ist z.B. ebenfalls keine Schenkung i.S.v. § 516 BGB, weil es am Merkmal der „Unentgeltlichkeit" fehlt.[332] Bei größeren Zuwendungen, die im Hinblick auf die Dauer, den Bestand und die Verwirklichung der nichtehelichen Lebensgemeinschaft gemacht werden, kommt auch hier bei einer Trennung ein Ausgleich wegen **Wegfalls der Geschäftsgrundlage** gemäß § 313 BGB in Betracht.[333] In diesem Bereich ist die Rechtsprechung jedoch mit der Gewährung von Rückgewähr- und Ausgleichsansprüchen insgesamt eher zurückhaltend gewesen.[334] Der BGH[335] hat nun – in Abweichung von seiner bisherigen Rechtsprechung – zu Recht anerkannt, dass nach Beendigung einer nichtehelichen Lebensgemeinschaft wegen wesentlicher Beiträge eines Partners, mit denen ein Vermögenswert von erheblicher Bedeutung geschaffen worden ist (z.B. Wohnhaus), nicht nur gesellschaftsrechtliche Ausgleichsansprüche, sondern grundsätzlich auch Ansprüche aus ungerechtfertigter Bereicherung (§ 812 Abs. 1 Satz 2 Alt. 2 BGB) sowie nach dem Wegfall der Geschäftsgrundlage in Betracht kommen. Bei solchen Leistungen sei jeweils im Einzelfall zu prüfen, ob ein Ausgleichsverlangen berechtigt sei. Dies gelte im Übrigen nicht nur für nichteheliche Lebensgemeinschaften, sondern auch für andere Formen des gemeinschaftlichen Lebens und Wirtschaftens, wie z.B. unter Geschwistern, sonstigen Verwandten oder Freunden.[336]

84

In der Vertragspraxis hat sich weiterhin eine Fallgruppe von Zuwendungen herausgebildet, die dadurch gekennzeichnet ist, dass **Eltern an Kinder bzw. Schwiegerkinder** Vermögensgegenstände im Hinblick auf die Verwirklichung der ehelichen Lebensgemeinschaft unentgeltlich übertragen. Diese Zuwendungen haben in der Beratungs- und Gestaltungspraxis eine große Bedeutung erlangt. Es handelt sich in diesem Zusammenhang häufig um **Grundbesitz oder um Geldmittel zum Erwerb von Grundbesitz**.[337] Der BFH sieht keinen schenkungssteuerrechtlichen Durchgangserwerb beim Kind, wenn Schwiegereltern unter Mitwirkung und auf Veranlassung ihres Kindes schenkungsweise ein

85

---

[328] Vgl. hierzu auch BGH v. 09.07.2008 - XII ZR 179/05 - juris Rn. 15, 16; vgl. auch Brandenburgisches OLG v. 19.09.2006 - 11 U 140/05 - juris Rn. 25 ff.
[329] BGH v. 09.07.2008 - XII ZR 179/05 - juris Rn. 15, 16.
[330] OLG Hamm v. 02.05.2000 - 29 U 11/99 - juris Rn. 20 - NZG 2000, 929-930, so auch Brandenburgisches OLG v. 19.09.2006 - 11 U 140/05 - juris Rn. 25 ff.
[331] Vgl. BGH v. 07.07.1983 - IX ZR 69/82 - juris Rn. 11 - LM Nr. 106 zu § 242 (Bb) BGB.
[332] Vgl. BGH v. 16.09.1985 - II ZR 283/84 - juris Rn. 14 - LM Nr. 46 zu § 705 BGB; OLG Hamm v. 02.05.2000 - 29 U 11/99 - juris Rn. 20 - NZG 2000, 929-930.
[333] *Koch* in: MünchKomm-BGB, § 516 Rn. 82; *Mühl/Teichmann* in: Soergel, § 516 Rn. 33; *Wimmer-Leonhardt* in: Staudinger, § 516 Rn. 88.
[334] BGH v. 24.03.1980 - II ZR 191/79 - juris Rn. 8 - BGHZ 77, 55-60; BGH v. 04.11.1991 - II ZR 26/91 - juris Rn. 10 - LM BGB § 705 Nr. 57 (6/1992); BGH v. 01.02.1993 - II ZR 106/92 - juris Rn. 7 - NJW-RR 1993, 774-776; BGH v. 08.07.1996 - II ZR 340/95 - juris Rn. 6 - LM BGB § 705 Nr. 63 (11/1996); OLG Stuttgart, NJW 1993, 774.
[335] BGH v. 09.07.2008 - XII ZR 179/05 - juris Rn. 33 - FamRZ, 1822-1829.
[336] BGH v. 09.07.2008 - XII ZR 179/05 - juris Rn. 33 - FamRZ, 1822-1829.
[337] Vgl. zur Schenkung an Schwiegerkinder und deren Behandlung nach Scheitern der Ehe die geänderte Rechtsprechung: BGH v. 03.02.2010 - XII ZR 189/06 - DNotZ 2010, 852-861; BGH v. 21.07.2010 - XII ZR 180/09 - NJW 2010, 2884-2886; BGH v. 20.07.2011 - XII ZR 149/09 - NJW 2012, 273-276.

§ 516   jurisPK-BGB / Sefrin

Grundstück unmittelbar auf den Ehegatten des Kindes übertragen.[338] Hier stellen sich vielfältige Rechtsfragen bei **Scheitern der Ehe**.[339] Solche Zuwendungen sind **Schenkungen**, wenn sich die Vertragsbeteiligten darüber einig waren, dass eine **unentgeltliche Übertragung** an die Kinder bzw. Schwiegerkinder gewollt war. Dann kann bei ehelichen Verfehlungen bzw. bei Scheitern der Ehe grundsätzlich ein Anspruch auf Rückforderung nach schenkungsrechtlichen Regeln (z.B. aus § 530 BGB) in Betracht kommen.[340] Teilweise wird auch das Vorliegen einer **Zweckschenkung** (vgl. Rn. 60) mit dem Zweck der Verwirklichung der ehelichen Lebensgemeinschaft angenommen. Bei Scheitern der Ehe komme deshalb nur ein Rückübertragungsanspruch wegen Zweckverfehlung gemäß § 812 Abs. 1 Satz 2 Alt. 2 BGB in Betracht.[341] Der BGH[342] hat bislang – wegen vergleichbarer Interessenlage – die für die **unbenannten ehebedingten Zuwendungen entwickelten Grundsätze** in diesem Zusammenhang entsprechend angewandt. Das hatte zur Folge, dass die übertragenen Vermögenswerte im Falle einer Scheidung unmittelbar zwischen den Ehepartnern im Rahmen des ehelichen Güterrechts auszugleichen sind.[343] Nunmehr sieht der BGH[344] in geänderter mittlerweile gefestigter Rechtsprechung Zuwendungen der **Schwiegereltern an das Schwiegerkind** als Schenkungen i.S.d. § 516 BGB an.[345] Scheitert später die Ehe des Kindes mit dem Schwiegerkind, kann die Schenkung nach den Grundsätzen über die Störung der Geschäftsgrundlage (§ 313 BGB) zurückgefordert werden.[346] Geschäftsgrundlage der Schenkung sei das Bestehen der Ehe zwischen Kind und Schwiegerkind, mit der Folge, dass die Schenkung auch dem eigenen Kind dauerhaft zugutekomme.[347] Diese zutreffende Beurteilung wird durch die Erfahrungen in der täglichen Beratungspraxis bestätigt, bei der Schwiegereltern den Fortbestand der Ehe regelmäßig zur Grundlage ihrer Schenkung machen. Bei der Ermittlung der Vorstellung der Vertragsparteien sind dabei ggf. auch die Grundsätze fremder Kulturkreise mit zu berücksichtigen, solange sie nicht gegen das Wertesystem des Grundgesetzes verstoßen.[348] Der Rückforderung stünden auch nicht güterrechtliche Grundsätze entgegen. Der BGH differenziert hier zutreffend zwischen einer unbenannten Zuwendung unter Ehegatten, bei denen der Ausgleich beim Scheitern der Ehe im Regelfall nur nach güterrechtlichen Grundsätzen über die Regeln des Zugewinnausgleichs erfolgt (vgl. Rn. 83).[349] Schwiegereltern erscheine es indessen nicht zumutbar, wenn das Schwiegerkind beim Zugewinnausgleich im Ergebnis die Hälfte der Zuwendung behalten dürfe.[350] Auch eine (hypothetische) Kettenschenkung (Schwiegereltern an Kind; Kind an Schwiegerkind) könne

---

[338] BFH v. 10.03.2005 - II R 54/03 - juris Rn. 18 - BFHE 208, 447.

[339] Vgl. die Übersicht bei *Mühl/Teichmann* in: Soergel, § 516 Rn. 34-37; *Koch* in: MünchKomm-BGB, § 516 Rn. 78-80.

[340] BGH v. 19.01.1999 - X ZR 60/97 - juris Rn. 6 - LM BGB § 530 Nr. 15 (9/1999). Der BGH hat zwar den Anspruch im konkreten Fall nicht für gegeben erachtet, jedoch das grundsätzliche Bestehen solcher Ansprüche bejaht.

[341] OLG Hamm v. 30.11.1989 - 22 U 166/89 - juris Rn. 12 - MDR 1990, 1010-1011; OLG Köln v. 10.11.1993 - 27 U 220/92 - juris Rn. 21 - NJW 1994, 1540-1542; OLG Düsseldorf v. 30.03.1995 - 13 U 98/94 - NJW-RR 1996, 517-518.

[342] BGH v. 12.04.1995 - XII ZR 58/94 - juris Rn. 12 - BGHZ 129, 259-267; Brandenburgisches OLG v. 23.04.2008 - 13 U 52/07 juris Rn. 21 - FamRZ 2009, 117; OLG Oldenburg v. 22.12.1993 - 3 U 44/93 - juris Rn. 26 - NJW 1994, 1539-1540.

[343] A.A. *Mühl/Teichmann* in: Soergel, § 516 Rn. 35.

[344] BGH v. 03.02.2010 - XII ZR 189/06 - DNotZ 2010, 852-861; BGH v. 21.07.2010 - XII ZR 180/09 - NJW 2010, 2884-2886; BGH v. 20.07.2011 - XII ZR 149/09 - NJW 2012, 273-276.

[345] BGH v. 03.02.2010 - XII ZR 189/06 - juris Rn. 21 ff.; BGH v. 21.07.2010 - XII ZR 180/09 - juris Rn. 11; BGH v. 20.07.2011 - XII ZR 149/09 - juris Rn. 18.

[346] BGH v. 03.02.2010 - XII ZR 189/06 - juris Rn. 25 ff.; BGH v. 21.07.2010 - XII ZR 180/09 - juris Rn. 10 ff.; BGH v. 20.07.2011 - XII ZR 149/09 - juris Rn. 17 ff.

[347] BGH v. 03.02.2010 - XII ZR 189/06 - juris Rn. 26.

[348] So zu Recht LG Limburg v. 12.03.2012 - 2 O 384/10 - juris Rn. 64 für die sog. „Brautgabe" (taki) nach türkischem Recht.

[349] BGH v. 03.02.2010 - XII ZR 189/06 - juris Rn. 32.

[350] BGH v. 03.02.2010 - XII ZR 189/06 - juris Rn. 36; BGH v. 21.07.2010 - XII ZR 180/09 - juris Rn. 17 ff.; BGH v. 20.07.2011 - XII ZR 149/09 - juris Rn. 26 ff.

nicht ohne weiteres auf die direkte Zuwendung der Schwiegereltern an das Schwiegerkind angewandt werden.[351] Schließlich habe das Schwiegerkind auch keine doppelte Inspruchnahme zu fürchten, da die Schenkung der Schwiegereltern bei der Berechnung des Zugewinnausgleichs nach § 1374 Abs. 2 BGB in das Anfangsvermögen des Schwiegerkindes falle.[352] Bei dem Rückforderungsanspruch sind allerdings Vorteile, die das Kind der Schenker durch die Schenkung erhalten hat, zu berücksichtigen und diese von dem Rückforderungsanspruch abzuziehen. Durch die Auflösung der Ehe konnte das Kind zwar nicht auf Dauer von der Schenkung profitieren, die Geschäftsgrundlage entfalle aber nur soweit, wie die Begünstigung des Kindes – entgegen der Erwartung der Eltern – vorzeitig ende.[353] Eine vollständige Rückgewähr der Zuwendung scheidet z.B. dann aus, wenn das Kind die mit den Mitteln der Eltern erworbene oder renovierte Wohnung auch selbst genutzt hat.[354] Rückforderungsansprüche könnten jedoch nicht deshalb insgesamt abgelehnt werden, weil das eigene Kind Miteigentümer der Immobilie geworden sei und diese nach der Trennung bewohne.[355] In welcher Höhe in solchen Fällen ein Anspruch bestehe, sei unter Abwägung sämtlicher Umstände des Einzelfalles zu entscheiden.[356] Neben Ansprüchen aus dem Wegfall der Geschäftsgrundlage kommt auch eine Rückforderung wegen Zweckverfehlung nach § 812 Abs. 1 Satz 2 Alt. 2 BGB in Betracht.[357] Indessen müsste dann der Fortbestand der Ehe ausdrücklich als Zweck der Schenkung zwischen Schwiegereltern und Schwiegerkind vereinbart sein, was häufig nicht der Fall sein wird.[358] Für den Fall der schenkweisen Übertragung auf das eigene Kind und der Weiterübertragung auf das Schwiegerkind können im Ausnahmefall auch schenkungsrechtliche Rückforderungsansprüche, z.B. aus § 530 BGB, sowohl gegenüber dem eigenen Kind als auch gegenüber dem Schwiegerkind bestehen. Die güterrechtliche Behandlung und die Einordnung als unbenannte ehebedingte Zuwendung im Verhältnis der Ehegatten zueinander ist für die Frage der Anwendbarkeit von § 822 BGB auf die Ansprüche der Schwiegereltern jedoch grundsätzlich nicht maßgebend.[359] Ob das eigene Kind das von den Eltern Erlangte seinem Ehegatten unentgeltlich im Wege einer ehebedingten Zuwendung zugewendet hat, ist im Verhältnis zu den außerhalb der güterrechtlichen Beziehung stehenden Schwiegereltern in diesem Falle nicht nach güterrechtlichen Gesichtspunkten zu beurteilen.[360] Auch in Anbetracht der geänderten, „schwiegerelternfreundlichen Rechtsprechung" sind ausdrückliche vertragliche Rückforderungsvereinbarungen für den Fall des Scheiterns der Ehe nachdrücklich zu empfehlen, um sie nicht auf das Rechtsinstitut des Wegfalls der Geschäftsgrundlage zurückführen zu müssen.[361] Denn der Maßstab einer Vertragsanpassung wegen Wegfalls der Geschäftsgrundlage sind die Grundsätze der Billigkeit. Es kommt deshalb keineswegs immer zu einer Rückgewähr des geleisteten Geschenks.[362] Nachträglich auf das Institut des Wegfalls der Geschäftsgrundlage zurückgreifen zu wollen, wenn der primäre Klagevortrag einer (angeblichen) rückzahlbaren Darlehensgewährung keinen Erfolg hat, ist schwierig.[363]

---

[351] BGH v. 03.02.2010 - XII ZR 189/06 - juris Rn. 37.
[352] BGH v. 03.02.2010 - XII ZR 189/06 - juris Rn. 39.
[353] BGH v. 03.02.2010 - XII ZR 189/06 - juris Rn. 59.
[354] BGH v. 03.02.2010 - XII ZR 189/06 - juris Rn. 59.
[355] BGH v. 20.07.2011 - XII ZR 149/09 - juris Rn. 30.
[356] BGH v. 20.07.2011 - XII ZR 149/09 - juris Rn. 28.
[357] BGH v. 03.02.2010 - XII ZR 189/06 - juris Rn. 47; BGH v. 20.07.2011 - XII ZR 149/09 - juris Rn. 33; BGH v. 21.07.2010 - XII 180/09 - juris Rn. 27.
[358] BGH v. 03.02.2010 - XII ZR 189/06 - juris Rn. 51.
[359] BGH v. 11.07.2000 - X ZR 78/98 - NJW-RR 2001, 6-7.
[360] BGH v. 23.09.1999 - X ZR 114/96 - juris Rn. 30 - BGHZ 142, 300-304; BGH v. 11.07.2000 - X ZR 78/98 - juris Rn. 21 - NJW-RR 2001, 6-7.
[361] Z.B. bei Grundstücken oder Geldzuwendungen zum Erwerb oder Bau des Eigenheims durch die Begründung von vertraglichen Rückforderungsrechten oder Rückzahlungsansprüchen, aufschiebend bedingt mit Trennung und Scheidung und ggf. abgesichert durch Auflassungsvormerkungen und Grundpfandrechte im Grundbuch.
[362] OLG Stuttgart v. 23.02.2012 - 16 UF 249/11 - juris Rn. 48.
[363] Vgl. hierzu OLG Koblenz v. 04.11.2010 - 5 U 549/10 - juris Rn. 11.

II. Die Schenkung in vorweggenommener Erbfolge

86 Die **Schenkung in vorweggenommener Erbfolge** hat sich in der Rechtsanwendungspraxis als eine eigenständige Fallgruppe herausgebildet[364] (vgl. Muster: Vorweggenommene Erbfolge, Muster 13 zu § 516 BGB). Bei der Zuwendung von Grundbesitz (Übertragung) von Eltern an Kinder haben solche Zuwendungen in den letzten Jahren in der notariellen Vertragspraxis eine **überragende Bedeutung** erlangt.[365] Jedoch auch anderes Vermögen, z.B. Geld oder Wertpapiere[366], wird vielfach bei dieser Art der Schenkung übertragen. Die Gründe hierfür können vielfältig sein. Häufig spielen **steuerliche Erwägungen** eine zentrale Rolle, weil nach derzeitigem Steuerrecht die Schenkungssteuerfreibeträge jeweils nach 10 Jahren wieder zur Verfügung stehen (§ 14 ErbStG). Bei der Schenkung in vorweggenommener Erbfolge handelt es sich um die Übertragung von Vermögenswerten durch den **(künftigen) Erblasser** auf einen oder mehrere als **(künftige) Erben** in Aussicht genommene Empfänger.[367]

87 Die Übertragung von solchen Vermögensteilen ist **regelmäßig als Schenkung** anzusehen, weil es zu einer dauerhaften, unentgeltlichen Vermehrung des Vermögens der Kinder kommt.[368] Es handelt sich häufig um **Schenkungen unter Auflage** mit Nutzungsvorbehalten oder um **gemischte Schenkungen** durch Aufnahme einer Rentenzahlungspflicht oder Herauszahlungsverpflichtung der Kinder (vgl. die Kommentierung zu § 525 BGB Rn. 3). Teilweise behalten sich die Schenker auch **beschränkte Widerrufsrechte** vor (vgl. Muster: Vereinbarung vertraglicher Rückforderungsrechte bei der Schenkung, Muster 7 zu § 516 BGB), weil sie Verfügungen der Kinder zu ihren Lebzeiten ohne ihre Zustimmung ausschließen wollen. Die Vereinbarung von Widerrufsrechten für den Fall einer etwaigen Ehescheidung der Kinder bzw. beim Verstoß gegen die Verpflichtung, einen Ehevertrag zu errichten, bei dem der Schenkungsgegenstand nicht in den Zugewinnausgleich fällt, ist ebenfalls zulässig.[369] Eine besondere **Unterart dieses Schenkungstyps** ist der **Übergabevertrag** von **landwirtschaftlichen Betrieben** mit Versorgungsregelungen (z.B. Altenteil).[370] Auch hier liegt i.d.R. eine **gemischte Schenkung** vor, außer die vereinbarten Gegenleistungen des Übernehmers werden übereinstimmend als gleichwertige Gegenleistung angesehen.[371]

III. Die Schenkung im Gesellschafts- und Vereinsrecht

88 **Kapitalanteile** an Personen- und Kapitalgesellschaften sind **vermögenswerte Rechtsgüter**. Sie können **übertragen** werden, wobei die Gesellschaftsverträge regelmäßig bestimmte Zustimmungserfordernisse als Wirksamkeitsvoraussetzung enthalten. Die Rechtsgrundlage für die Übertragung von solchen Gesellschaftsanteilen kann demgemäß auch ein Schenkungsvertrag sein. Da die Übertragung und Vererbung von Betriebsvermögen gegenüber Privatvermögen nach derzeit geltendem **Steuerrecht** un-

---

[364] BGH v. 30.01.1991 - IV ZR 299/89 - BGHZ 113, 310-315; OLG München v. 10.03.1942 - 8 Wx 908/41 - HRR 1942 Nr. 544 BFH DB 1974, 1606; BFH v. 28.02.1974 - IV R 60/69 - BB 1974, 870; OLG Köln v. 10.11.1993 - 27 U 220/92 - juris Rn. 24 - NJW 1994, 1540-1542; vgl. auch RG v. 10.09.1935 - III 42/35 - RGZ 148, 321-325; BGH v. 02.10.1981 - V ZR 134/80 - juris Rn. 9 - LM Nr. 1 zu § 526 BGB; *Wimmer-Leonhardt* in: Staudinger, § 516 Rn. 110.

[365] Vgl. z.B. *Mayer*, Der Übergabevertrag, 2. Aufl. 2001.

[366] BGH v. 25.09.1986 - II ZR 272/85 - NJW 1987, 890-898.

[367] BGH v. 30.01.1991 - IV ZR 299/89 - juris Rn. 8 - BGHZ 113, 310-315.

[368] *Wimmer-Leonhardt* in: Staudinger, § 516 Rn. 110.

[369] LG München I v. 11.02.2002 - 13 T 2232/02 - MittBayNot 2002, 404-405.

[370] Bereits OLG Bamberg, NJW 1949, 788; BGH v. 08.04.1959 - V ZR 136/57 - LM Nr. 3 zu § 510 BGB; BGH, FamRZ 1967, 214, 215; BGH v. 07.04.1989 - V ZR 252/87 - juris Rn. 19 - BGHZ 107, 156-161; so auch *Koch* in: MünchKomm-BGB, § 516 Rn. 85 u. § 525 Rn. 10; für gemischte Schenkung hingegen: LG Passau, RdL 1975, 70; a.A. *Mayer*, Der Übergabevertrag, 2. Aufl. 2001, S. 25, der eine Schenkung unter Auflage nur annehmen will, wenn die sich aus der Auflage ergebenden Verpflichtungen "aus dem Schenkungsobjekt" erbracht werden können.

[371] Vgl. BGH v. 18.10.2011 - X R 45/10 - juris Rn. 13 ff.; BGH v. 01.02.1995 - IV ZR 36/94 - juris Rn. 11 - LM BGB § 516 Nr. 25 (7/1995); *Wimmer-Leonhardt* in: Staudinger, § 516 Rn. 112.

ter gewissen Voraussetzungen **privilegiert** sein kann (vgl. Rn. 15), wird die Bedeutung zunehmen.[372] Schenkungsverträge kommen in diesem Zusammenhang in den unterschiedlichsten Arten vor, z.B. „reine" Schenkungen, Schenkungen unter Auflage (z.B. Nutzungsvorbehalte) und Schenkungen mit Widerrufsvorbehalt (str., vgl. Rn. 66).

Die **Übertragung eines Anteils an einer BGB-Gesellschaft** stellt nach der Rechtsprechung i.d.R. eine gemischte Schenkung dar.[373] Die Übertragung **von OHG-Anteilen oder KG-Anteilen** kann ebenfalls eine Schenkung sein, unabhängig davon, ob noch eine persönliche Haftung des Kommanditisten in Betracht kommen kann oder nicht. Diese Haftung kann nicht als Gegenleistung angesehen werden,[374] insbesondere dann nicht, wenn der objektive Wert des Gesellschaftsanteils im Vergleich zur erkennbaren konkreten Haftungsgefahr besonders hoch ist.[375] Der Vollzug der Schenkung erfolgt regelmäßig mit der dinglichen Anteilsübertragung[376] (vgl. die Kommentierung zu § 518 BGB Rn. 34.

89

Während die Zuwendung eines **neuen Kommanditanteils** allgemein als Schenkung angesehen wird, ist bei der **Einräumung einer Gesellschafterstellung**, die zu einer persönlichen Haftung führt, umstritten, ob sie ebenfalls als Schenkung anzusehen ist. In der Praxis kann die Zuwendung durch „**Umbuchung**" aus dem Rücklagenkonto eines Gesellschafters in einen neuen Kapitalanteil des Eintretenden geschehen oder durch **Einräumung einer Kapitalbeteiligung** im Rahmen einer Neugründung, bei der nur der andere Gesellschafter eine Einlage erbringt. Auch die **zweckgebundene Zurverfügungstellung** von **Geldmitteln** zur Einbringung in die Gesellschaft kann eine Schenkung des zukünftigen Geschäftsanteils sein, denn es ist bei der Schenkung keine Identität zwischen Entreicherungs- und Bereicherungsgegenstand erforderlich (vgl. Rn. 34). Die **Rechtsprechung** lehnt eine Schenkung in solchen Fällen regelmäßig ab. Die Übernahme der persönlichen Haftung sowie die etwaige Verpflichtung zur Geschäftsführung seien Gegenleistungen, die eine Schenkung ausschließen würden.[377] Diese Auffassung ist abzulehnen.[378] Durch die Gestaltungspraxis im Recht der Personengesellschaften in den letzten Jahren wird das besonders deutlich. Spätestens seit vermögensverwaltende Personengesellschaften – ohne faktische Haftungsgefahr – und reine Besitzgesellschaften im Rahmen von Betriebsaufspaltungen nunmehr das Handelsregister eingetragen werden können und aus steuerlichen Gründen quasi zur **Spardose von Grundvermögen** geworden sind, wird sichtbar, dass die unentgeltliche Beteiligung an einer Personengesellschaft zu einem **dauerhaften Vermögenszuwachs** beim Zuwendungsempfänger führen und damit Schenkung sein kann. Das gilt gleichfalls für Gesellschaften des Bürgerlichen Rechts, wenn – oftmals innerhalb der Familie – eine Publizität nach außen durch Eintragung im Handelsregister vermieden werden soll. Aber auch in allen sonstigen Fällen sind die Übernahme der persönlichen Haftung und die „Pflicht" zur Geschäftsführung regelmäßig **nicht** als den Tatbestand des § 516 BGB ausschließende **Gegenleistungen** anzusehen. Letztlich

90

---

[372] Allerdings wurden die Jahressteuergesetze in diesem Bereich in den vergangenen Jahren schneller geändert als eine solche Prognose korrigiert werden könnte.
[373] So jetzt zu Recht Schleswig-Holsteinisches OLG v. 27.03.2012 - 3 U 39/11 - juris Rn. 43, 47, 50, 56; vgl. auch schon OLG Frankfurt v. 15.04.1996 - 20 W 516/94 - juris Rn. 10 - NJW-RR 1996, 1123-1125; OLG Koblenz v. 02.05.2002 - 5 U 1272/01 - DB 2002, 1208.
[374] Vgl. auch *Koch* in: MünchKomm-BGB, § 516 Rn. 90 f.; *Mühl/Teichmann* in: Soergel, § 516 Rn. 37; *Wimmer-Leonhardt* in: Staudinger, § 516 Rn. 152-153.
[375] So tendenziell auch OLG Karlsruhe v. 12.10.2006 - 9 U 34/06 - juris Rn. 22 - DB 2007, 392-394.
[376] BGH v. 02.07.1990 - II ZR 243/89 - juris Rn. 16 - BGHZ 112, 40-53; OLG Frankfurt, NJW-RR 1996, 1123; *Ulmer* in: MünchKomm-BGB, § 705 Rn. 45; *Mühl/Teichmann* in: Soergel, § 516 Rn. 37; *Schmidt*, BB 1990, 1992-1997.
[377] BGH v. 21.04.1959 - VIII ZR 71/58 - LM Nr. 5 zu § 15 GmbHG; BGH, WM 1959, 359; BGH v. 26.03.1981 - IVa ZR 154/80 - juris Rn. 11 - LM Nr. 14 zu § 516 BGB; offen gelassen in BGH v. 02.07.1990 - II ZR 243/89 - juris Rn. 15 - BGHZ 112, 40-53; vgl. nunmehr jedoch OLG Karlsruhe v. 12.10.2006 - 9 U 34/06 - juris Rn. 22 - DB 2007, 392-394, das die Rechtsfrage zwar im Ergebnis offen lässt, jedoch in der Tendenz Schenkungscharakter annimmt.; vgl. auch *Herrmann* in: Erman, § 516 Rn. 11; *Weidenkaff* in: Palandt, § 516 Rn. 9a.
[378] So auch *Koch* in: MünchKomm-BGB, § 516 Rn. 90 f. m.w.N.

§ 516

kommt es nur darauf an, ob die Beteiligung zu einem Vermögenszuwachs des Empfängers führt. Im Zweifel ist das durch **Bewertung des Gesellschaftsanteils** im Zeitpunkt des Vollzugs der Schenkung festzustellen.[379]

91 Kommt durch den Vertragsabschluss eine Erhöhung des bereits zustehenden Anteils einer GmbH zustande, so wird diese Werterhöhung nicht schenkungssteuerpflichtig. Ein steuerpflichtiger Erwerb liegt jedoch dann vor, wenn ein Einzelunternehmer unter Einbringung seines Einzelunternehmens eine GmbH gründet und hierfür keine gleichwertige Gegenleistung erhält.[380] Ebenfalls unproblematisch als Schenkung zu qualifizieren ist die unentgeltliche Übertragung eines Geschäftsanteils an einer Kapitalgesellschaft.[381]

92 Gegenstand einer Schenkung kann auch die Einräumung der Stellung als **stiller Gesellschafter**[382] oder einer **Unterbeteiligung** an Geschäftsanteilen sein.[383] Umstritten ist in diesem Zusammenhang, wie die stille Beteiligung oder die Unterbeteiligung vertraglich gestaltet sein muss und die Frage eines Beurkundungserfordernisses (vgl. die Kommentierung zu § 518 BGB Rn. 34). Auch die Zulässigkeit **freier Widerrufsvorbehalte** bei der Schenkung von Gesellschaftsanteilen und die Behandlung von Abfindungsklauseln sind im Einzelnen umstritten (vgl. hierzu oben Rn. 66 f.)

93 Darüber hinaus gibt es im **Gesellschafts- und Vereinsrecht** zahlreiche **weitere Fälle** freiwilliger Zuwendungen, z.B. Finanzierungszusagen und Stellung von Kreditsicherheiten; Schulderlass im Rahmen von Sanierungszuwendungen; freiwillige Verlustanteilserhöhungen bzw. -übernahmeerklärungen sowie Sponsoring von Vereinen.[384] Die causa der Mitgliedschaft (**societas causa**) für das Eingehen solcher Verpflichtungen schließt die Anwendbarkeit der Schenkungsnormen in Sinne der §§ 516 ff. BGB regelmäßig aus.[385] Solche Zusagen werden zwar in der Regel ohne unmittelbare Gegenleistungen im Rechtssinne und ohne entsprechende Verpflichtungen im Gesellschaftsvertrag oder der Satzung erteilt. Sie erfolgen jedoch auf der Grundlage der jeweiligen Mitgliedschaft zur finanziellen Stärkung der Gesellschaft bzw. des Vereins. Sie sind damit keine unentgeltlichen Zuwendungen. Gleiches gilt umgekehrt für etwaige verdeckte Gewinnausschüttungen an Gesellschafter.[386] So kann die Gegenleistung eines – in Abgrenzung zur Schenkung vorliegenden (formfreien) entgeltlichen **Sponsoringvertrags** – auch darin bestehen, dass sich ein Sportverein dazu verpflichtet, den Spielbetrieb mit seinen Mannschaften bis zum Saisonende fortzusetzen, um auf diese Weise die kommunikativen Ziele des Sponsors zu fördern.[387] Fraglich ist, ob die Grundsätze über die Leistung „causa societas" auch auf Sonderzahlungsversprechen im Rahmen einer bestehenden stillen Beteiligung Anwendung finden.[388]

IV. Was man nicht vergessen darf

94 Schenkungen lösen ggf. **Schenkungsteuer** (vgl. Rn. 7 ff.) aus. Bei **Übertragungen an Kinder** ist zunächst die Aufteilung des Vermögens auf beide Elternteile sinnvoll, weil dadurch die steuerlichen **Frei-**

---

[379] Vgl. *Koch* in: MünchKomm-BGB, § 516 Rn. 91; *Wimmer-Leonhardt* in: Staudinger, § 516 Rn. 153, so in der Tendenz auch OLG Karlsruhe v. 12.10.2006 - 9 U 34/06 - juris Rn. 22 - DB 2007, 392-394, Schleswig-Holsteinisches OLG v. 27.03.2012 - 3 U 39/11 - juris Rn. 43, 50, 56.

[380] BFH v. 12.07.2005 - II R 8/04 - MittBayNot 2006, 272.

[381] Vgl. statt vieler *Koch* in: MünchKomm-BGB, § 516 Rn. 92.

[382] BGH v. 29.10.1952 - II ZR 16/52 - BGHZ 7, 378, 379 - NJW 1953, 138; *Wimmer-Leonhard* in: Staudinger, § 516 Rn. 155; *Koch* in MünchKomm-BGB, § 516 Rn. 92.

[383] Vgl. hierzu BGH v. 29.11.2011 - II ZR 306/09 - juris Rn. 21-26; vgl. auch BGH v. 06.03.1967 - II ZR 180/65 - DB 1967, 1258-1259; *Klumpp* ZEV 1995, 385, 386; *Wimmer-Leonhard* in: Staudinger, § 516 Rn. 155; *Koch* in MünchKomm-BGB, § 516 Rn. 92.

[384] Vgl. hierzu BGH v. 08.05.2006 - II ZR 94/05 - DNotZ 2006, 870-871; BGH v. 14.01.2008 - II ZR 245/06 - juris Rn. 17-19; OLG Dresden v. 02.03.2006 - 13 U 2242/05 - OLGR Dresden 2007, 253-254; vgl. auch *Koch* in: MünchKomm-BGB, § 516 Rn. 98.

[385] BGH v. 08.05.2006 - II ZR 94/05 - DNotZ 2006, 870-871; BGH v. 14.01.2008 - II ZR 245/06 - juris Rn. 17-19.

[386] *Koch* in MünchKomm-BGB, § 516 Rn. 98.

[387] OLG Dresden v. 29.11.2007 - 5 O 5840/04 - juris Rn. 12.

[388] Bejahend: Schleswig-Holsteinisches OLG v. 02.03.2011 - 9 U 22/10 - juris Rn. 32, 33; verneinend: Hanseatisches OLG v. 11.02.2011 - 11 U 12/10 - juris Rn. 33, 37, 43.

beträge verdoppelt werden können. Die Vertragsgestaltung bei unentgeltlichen **Zuwendungen zwischen Ehegatten** oder Partnern sowie im Rahmen nichtehelicher Lebensgemeinschaften muss den Fall des Scheiterns bzw. der Trennung mitberücksichtigen. Im Zweifel sind **selbständige Rückübertragungsansprüche** zu begründen, ggf. unter Verzicht auf Zurückbehaltungsrechte und dem Verbot der Aufrechenbarkeit. Bei der Vereinbarung von **Widerrufsrechten** ist die Frage des etwaigen Ersatzes von Aufwendungen und sonstiger Ausgleichsansprüche mit zu berücksichtigen.

G. Arbeitshilfen – Muster

Die nachfolgenden Muster zur Schenkung können nur eine Hilfe in häufig wiederkehrenden Interessenkonstellationen der Vertragsparteien sein. Sie sollen für typische Fragestellungen angemessene Regelungen bieten, müssen jedoch immer auf ihre Angemessenheit im konkreten Fall hinterfragt werden. Sie betreffen – mit Ausnahme des Musters „Handschenkung" – unentgeltliche Grundstücksübertragungen, die in der Vertragspraxis im Bereich der §§ 516 ff. BGB eine überragende Bedeutung erlangt haben. Ausgehend vom Grundmuster zur Übertragung von Grundbesitz (ohne Gegenleistungen und Vorbehalte) werden in den nachfolgenden Formularen einzelne Regelungsbereiche näher ausgestaltet. Sie finden dann regelmäßig Eingang in die notarielle Übertragungsurkunde selbst. Insoweit stellen die Muster auch eine (keineswegs umfassende) Checkliste zur Beratung der Vertragsparteien durch den Vertragsjuristen im Schenkungsrecht dar.

Achtung: Soweit die einzelnen Muster bei einer konkreten Grundstücksübertragung mitverwendet werden, sind sie Teil der notariellen Übertragungsurkunde selbst und müssen mitbeurkundet werden. Im Übrigen ist – soweit der Anwendungsbereich des § 311b BGB nicht betroffen ist – die notarielle Beglaubigung der Erklärungen zur Eintragung im Grundbuch erforderlich (vgl. §§ 873 ff. BGB i.V. mit § 29 GBO).

Muster 1 zu § 516

I. Handschenkung (Muster 1)

Fall: Eltern schenken ihrem Kind (i.d.R. formlos) einen Geldbetrag, der jedoch später auf das gesetzliche Pflichtteilsrecht des Kindes angerechnet werden soll:

Vereinbarung

Der/Die Unterzeichnende _____(Name) – nachstehend auch Empfänger genannt – erkennt hiermit an, von seinem/ihrem Vater/Mutter/Eltern einen baren Geldbetrag in Höhe von

_____ €

i.W. (_____ Euro)

unentgeltlich erhalten zu haben.

Hierzu wird ausdrücklich bestimmt, dass sich der Empfänger den erhaltenen Geldbetrag in voller Höhe auf sein gesetzliches Pflichtteilsrecht am dereinstigen Nachlass seines **Vaters/seiner Mutter/seiner Eltern** anrechnen lassen muss (§ 2315 BGB).

Im Übrigen gelten für die erhaltene Geldzuwendung die gesetzlichen Vorschriften der Schenkung gemäß §§ 516 ff. BGB.

Ort, Datum

_____
Unterschriften (aller) Beteiligten

_____

Hinweis für die Praxis:
Häufig erfolgen solche Geldschenkungen an Kinder in der Erwartung der Eltern, dass eine Anrechnung des erhaltenen Geldbetrages auf das gesetzliche Pflichtteilsrecht (automatisch) erfolgt. Dies ist nicht der Fall und kann nachträglich in einseitiger Form (grundsätzlich) von den Eltern nicht mehr vorgenommen werden[1] (vgl. hierzu auch das Muster 13: Vorweggenommene Erbfolge). Vgl. auch die Kommentierung zu § 516 BGB Rn. 21.

_____

[1] Vgl. hierzu ausführlich: *Tanck*, Die Ausgleichung und Anrechnung im Erb- und Pflichtteilsrecht und die Einflussmöglichkeiten des Erblassers, 2005.

II. Einfache unentgeltliche Grundstücksübertragung – ohne Gegenleistungen und Vorbehalte (Muster 2)

URNr. _____ /2010

Übertragung

Heute, den

erschienen vor mir,

Dr. Peter Mustermann
Notar

mit dem Amtssitz in _____, in der Geschäftsstelle in _____, _____:

1. Als Veräußerer:
   Name, Vorname und Geburtsdatum
   _____

   Straße u. Hausnummer
   _____

   PLZ   Ort
   _____

2. Als Erwerber:
   Name, Vorname und Geburtsdatum
   _____

   Straße u. Hausnummer
   _____

   PLZ   Ort
   _____

Die Erschienenen weisen sich aus durch Vorlage ihrer Bundespersonalausweise.

Auf Ansuchen der Erschienenen und bei deren gleichzeitiger Anwesenheit beurkunde ich ihren Erklärungen gemäß, nach Grundbucheinsicht, was folgt:

Muster 2 zu § 516 jurisPK-BGB / Sefrin

I.

Grundbuchstand; Vorbemerkungen

Im Grundbuch des Amtsgerichts _____

von _____, **Blatt** _____

für die Gemarkung _____

ist/sind Herr/Frau/Eheleute _____ als Eigentümer/Alleineigentümer/Miteigentümer zu _____ des nachstehend bezeichneten Grundbesitzes der Gemarkung _____ eingetragen:

BV-Nr.

Flst.Nr.

Der Grundbesitz ist in Abt. II und III des Grundbuches jeweils lastenfrei vorgetragen.

oder:

Der Grundbesitz ist wie folgt belastet:

Abt. II:

Abt. III:

II.

Übertragung

Name

_____

Straße u. Hausnummer

_____

PLZ   Ort

_____

– nachstehend als **der Veräußerer** bezeichnet –

übergibt und überträgt hiermit

an

Name

Straße u. Hausnummer

PLZ   Ort

– nachstehend als **der Erwerber** bezeichnet –

den in Abschnitt I. näher beschriebenen Grundbesitz mit allen Rechten, Bestandteilen und dem gesetzlichen Zubehör

zu Alleineigentum/als Miteigentümer bzw. Berechtigte je zur Hälfte.

III.

Auflassung; Auflassungsvormerkung

Die Beteiligten sind über den Eigentumsübergang gemäß Abschnitt II. dieser Urkunde einig.

Sie bewilligen und beantragen die Eintragung der Rechtsänderung in das Grundbuch.

Keine AV:
Auf die Eintragung einer Auflassungsvormerkung wird verzichtet.

Oder:
Die Eintragung einer Auflassungsvormerkung zugunsten des Erwerbers wird bewilligt und beantragt.

Der Erwerber bewilligt und beantragt schon heute die Löschung dieser Vormerkung Zug um Zug mit der Eigentumsumschreibung, vorausgesetzt, dass keine Zwischeneintragungen ohne seine Zustimmung erfolgt sind.

Soweit Lastenfreistellung erforderlich ist, stimmen die Beteiligten dieser zu und beantragen den Vollzug im Grundbuch.

Vollzugsnachricht des Grundbuchamtes soll bei allen Anträgen in dieser Urkunde an den Notar erfolgen.

Jeder/Der Erwerber beantragt, ihm nach Vollzug der Eigentumsumschreibung im Grundbuch einen unbeglaubigten Grundbuchauszug auf seine Kosten zu übersenden.

IV.

Weitere Bestimmungen; Haftung

Im Übrigen gelten für die heutige Übertragung folgende weitere Bestimmungen:

Auf den Erwerber gehen über:

a) der Besitz ab sofort, ebenso die Verkehrssicherungspflicht,
b) die Nutzungen ab sofort,
c) die Steuern, öffentlichen Lasten und Abgaben ab dem gleichen Zeitpunkt,
d) die Gefahr des zufälligen Untergangs und der zufälligen Verschlechterung ab sofort.

Der Vertragsgrundbesitz ist vermietet oder verpachtet.

Wenn vermietet bzw. verpachtet:

Das Miet-/Pachtverhältnis ist dem Erwerber bekannt, bleibt bestehen und wird von ihm übernommen. Der Miet-/Pachtzins steht ab sofort dem Erwerber zu. (ggf. individuell)

Der Veräußerer ist verpflichtet, den Grundbesitz frei von Rechten Dritter und frei von Rückständen an Steuern, öffentlichen Abgaben und Lasten auf den Erwerber zu übertragen, soweit solche nicht ausdrücklich übernommen oder in dieser Urkunde bestellt werden.

Etwa bestehende nicht eingetragene Dienstbarkeiten oder Baulasten werden übernommen. Der Veräußerer versichert jedoch, dass ihm von solchen nichts bekannt ist.

Ansprüche und Rechte des Erwerbers wegen Sachmängeln nach § 524 BGB sind – soweit gesetzlich möglich – ausgeschlossen. Dies gilt auch für Ansprüche auf Schadensersatz, es sei denn der Veräußerer handelt vorsätzlich.

Ausstehende Genehmigungen zu dieser Urkunde sollen mit ihrem Eingang beim Notar allen Beteiligten gegenüber rechtswirksam werden.

Alle vertraglichen Ansprüche aus dieser Urkunde verjähren in 30 Jahren ab dem gesetzlichen Verjährungsbeginn. Kürzere gesetzliche Verjährungsfristen werden damit abbedungen.

Alle Kosten, zu denen diese Urkunde Veranlassung gibt, einschließlich der Kosten erforderlicher Genehmigungen von Behörden und Beteiligten, sowie etwaige Steuern trägt _____.

Die Kosten einer notwendigen Lastenfreistellung trägt _____.

Von dieser Urkunde erhalten:

a) Ausfertigungen:
   1 jeder Vertragsteil

b) Abschriften:
   2 das Finanzamt - Grunderwerbsteuerstelle -
   1 das Finanzamt - Erbschaftsteuerstelle -
   1 das Grundbuchamt
   1 der Erwerber (nur bei Finanzierung)

V.

Hinweise

Die Beteiligten wurden darauf hingewiesen,
- dass alle Angaben in dieser Urkunde richtig und vollständig sein müssen,
- dass der Erwerber erst Eigentümer wird mit Umschreibung im Grundbuch,
- dass die Eigentumsumschreibung erst erfolgen kann, wenn erforderliche Genehmigungen von Behörden und Beteiligten vorliegen, die Unbedenklichkeitsbescheinigung des Finanzamtes erteilt ist und die angeforderten Gebühren und Kosten bezahlt sind,
- dass der Notar in steuerlicher Hinsicht keine Beratung erteilt hat und für die steuerlichen Auswirkungen der Urkunde keine Haftung übernimmt.

VI.

Vollmacht

Die Beteiligten bevollmächtigen den Notar, alles zu tun, was zum Vollzug der Urkunde erforderlich ist, insbesondere Anträge an das Grundbuchamt und andere Behörden zu stellen, zu ändern und, auch wenn er sie nicht selbst gestellt hat, zurückzunehmen.

Weiterhin bevollmächtigen die Beteiligten jeden Angestellten bei der Notarstelle _____, befreit von den Beschränkungen des § 181 BGB, alle Erklärungen abzugeben und Handlungen vorzunehmen, die zum Vollzug der Urkunde notwendig oder zweckdienlich sind, sowie erforderliche Mitteilungen zu machen und entgegenzunehmen.

VII.

Erschließungskosten

Der Veräußerer versichert, dass alle bisher angeforderten Erschließungskosten, Anliegerbeiträge sowie wiederkehrende Ausbaubeiträge und die Kosten des Anschlusses an Ver- und Entsorgungsanlagen bezahlt sind.

Alle Kosten, die künftig angefordert werden, trägt der Erwerber.

VIII.

Rechtsgrund; Sonstiges

Die heutige Übertragung erfolgt

u n e n t g e l t l i c h

im Wege der Schenkung.

Der Veräußerer möchte sich keine Nutzungsrechte oder vertraglichen Rückforderungsrechte vorbehalten. Eine Anrechnung auf das gesetzliche Pflichtteilsrecht des Erwerbers erfolgt nicht. Eine Ausgleichung im Erbfalle wird nicht angeordnet.

Soweit sich aus der heutigen Urkunde nichts anderes ergibt, gelten für die Übertragung die gesetzlichen Bestimmungen der Schenkung gemäß §§ 516 ff. BGB.

Wenn Wohnungseigentum übertragen wird:

IX.

Wohnungseigentümergemeinschaft

Der Erwerber tritt anstelle des Veräußerers in sämtliche sich aus der Teilungserklärung und Gemeinschaftsordnung ergebenden Rechte und Pflichten ein und verpflichtet sich, diese seinen Rechtsnachfolgern mit Weitergabeverpflichtung aufzuerlegen.
Vom Tage des Nutzungsübergangs an hat der Erwerber insbesondere auch die Vorauszahlungen auf das Wohngeld zu leisten.

Die Abrechnung hat in der Weise zu erfolgen, dass der Tag der Besitzübergabe auch als Stichtag für Nachzahlungen und Erstattungen gilt.

Eine anteilige Instandsetzungsrücklage steht dem Erwerber – ab Besitzübergang – zu.

X.

Salvatorische Klausel

Sollte eine Bestimmung dieser Urkunde unwirksam sein oder werden, so berührt dies nicht die Wirksamkeit der übrigen Bestimmungen. Die unwirksame Bestimmung ist durch eine solche zu ersetzen, die die Beteiligten vereinbart hätten, wenn sie bei Vertragsschluss die Unwirksamkeit erkannt hätten. Entsprechendes gilt bei Vorliegen einer Lücke.

Vgl. dazu auch die Kommentierung zu § 516 BGB Rn. 26.

III. Nießbrauchsvorbehalt (Muster 3)

98

Der Veräußerer – mehrere als Gesamtberechtigte gemäß § 428 BGB – behält sich an dem heute übertragenen Grundbesitz das lebenslängliche und unentgeltliche

Nießbrauchsrecht

vor.

Die Eintragung dieses Nießbrauchsrechtes für den Veräußerer – mehrere als Gesamtberechtigte gemäß § 428 BGB – in das Grundbuch wird hiermit

bewilligt und beantragt,

mit dem Vermerk, dass zur Löschung der Nachweis des Todes der Berechtigten genügen soll.

Für das Nießbrauchsrecht gelten die gesetzlichen Bestimmungen des Bürgerlichen Gesetzbuches (§§ 1030 ff. BGB) **ggf. mit der Abweichung**, dass die Pflichten aus § 1041 BGB (Erhaltung des Vertragsobjektes), § 1045 BGB (Versicherung des Vertragsobjektes) und Lastentragung (§ 1047 BGB) an der Stelle des Nießbrauchers dem Eigentümer obliegen.

Hinweis für die Praxis:
Insbesondere bei vermieteten Objekten, auf denen noch Verbindlichkeiten lasten, kann es – aus steuerlichen Gründen – sinnvoll sein, dass der Schenker in Abweichung der gesetzlichen Lastenverteilung (§ 1047 BGB) auch die sog. außerordentlichen Lasten zu tragen hat.[1]

Dann folgendes **Muster**:
Für das Nießbrauchsrecht gilt, dass der Nießbrauchsberechtigte – in Abweichung von § 1047 BGB – verpflichtet ist, für die Dauer des Nießbrauchs sämtliche auf dem Grundbesitz ruhenden öffentlichen Lasten einschließlich der außerordentlichen Lasten, die als auf den Stammwert der Sache gelegt anzusehen sind, sowie sämtliche privatrechtlichen Lasten zu tragen, welche schon zur Zeit der Bestellung des Nießbrauchs auf dem Grundbesitz ruhten.

Des Weiteren obliegen dem Nießbrauchsberechtigten alle Ausbesserungen und Erneuerungen auch insoweit, als sie nicht zur gewöhnlichen Unterhaltung des Grundbesitzes gehören. Vgl. zum Nießbrauchsvorbehalt auch die Kommentierung zu § 516 BGB Rn. 26.

---

[1] Vgl. hierzu ausführlich: *Mayer*, Der Übergabevertrag, 2. Aufl. 2001, S. 333 ff.; *von Hoyenberg*, Vorweggenommene Erbfolge, 2010, S. 98 ff.

jurisPK-BGB / Sefrin

Muster 4 zu § 516

IV. Vorbehaltenes Wohnungsrecht des Veräußerers (Muster 4)

Wohnungsrecht

Der Veräußerer

- mehrere als Gesamtberechtigte gemäß § 428 BGB -

behält sich hiermit als beschränkte persönliche Dienstbarkeit unentgeltlich auf Lebenszeit folgendes

Wohnungs-, Benützungs- und Mitbenützungsrecht gemäß § 1093 BGB

am heute übertragenen Grundbesitz vor:

1. Der Veräußerer ist berechtigt, unter Ausschluss des Eigentümers folgende Räume allein zu bewohnen und zu benutzen:
   (genaue Aufzählung der einzelnen Räume)
2. Der Veräußerer ist berechtigt, alle zum gemeinsamen Gebrauch der Hausbewohner bestimmten Räume, Einrichtungen, Teile und Anlagen gemeinsam mit dem Eigentümer mitzubenutzen. Dazu gehören insbesondere der Keller, der Hof, der Garten.

Die Ausübung des Rechtes kann Dritten – nicht – überlassen werden.
Für die Ausübung des Rechtes gelten die gesetzlichen Bestimmungen.
Zur Sicherung des vorbestellten Wohnrechts wird die Eintragung einer entsprechenden Dienstbarkeit im Grundbuch an dem übertragenen Grundbesitz

bewilligt und beantragt,

und zwar an erster Rangstelle.

Vorstehendes Wohnrecht ruht ersatzlos, wenn der Veräußerer in einem Krankenhaus, einem Pflegeheim oder einer ähnlichen Heileinrichtung untergebracht ist und deshalb daran gehindert ist, sein Wohnrecht auszuüben.

Das Wohnrecht steht unter der auflösenden Bedingung, dass der Veräußerer nach fachärztlicher Feststellung aus medizinischen Gründen dauerhaft nicht mehr in der Lage ist, sein Wohnrecht auszuüben. In diesem Fall erlischt das vorstehend eingeräumte Wohnungsrecht ersatzlos. Der Veräußerer verpflichtet sich bereits heute, dann die Löschung der vorstehend eingeräumten Dienstbarkeit im

Grundbuch zu bewilligen. Der Notar hat darauf hingewiesen, dass zur Löschung des Wohnungsrechtes die Mitwirkung des Veräußerers erforderlich ist.

Hat der Erwerber den Grund, der den Veräußerer an der Ausübung des Wohnrechts hindert, schuldhaft verursacht, erlischt das Wohnrecht jedoch nicht. Dann ist der Erwerber vielmehr verpflichtet, dem Veräußerer eine Entschädigung in Geld zu zahlen, die dem gemeinen Wert des Wohnrechts entspricht. Der Erwerber ist in diesem Fall – dauernde Verhinderung des Veräußerers vorausgesetzt – befugt, die vorgenannten Räumlichkeiten zu vermieten und die Miete an den Veräußerer auszukehren.

Abweichung:
Der Wohnungsberechtigte kann mit dinglicher Wirkung von Kosten und Lasten entlastet werden, so dass der neue Eigentümer diese zu übernehmen hat. Dann folgende Formulierung:

Als dinglicher Inhalt des Wohnrechtes wird vereinbart, dass der neue Eigentümer alle bezeichneten Räume und Teile mit ihren Anlagen und Einrichtungen auf seine Kosten instand zu halten hat, insbesondere sämtliche Schönheitsreparaturen vorzunehmen und sämtliche Betriebskosten im Sinne der Betriebskostenverordnung zu tragen hat.

Hinweis:
Das Wohnrecht ist gemäß § 1092 Abs. 1 Satz 2 BGB, §§ 857 Abs. 3, 851 Abs. 2 ZPO unpfändbar, es sei denn, die Ausübungsüberlassung an Dritte ist gestattet. In diesem Fall ist es pfändbar und kann auch auf den Sozialhilfeträger übergeleitet werden. Vgl. hierzu die Kommentierung § 528 Rn. 43 ff.

Achtung:
Die **Zerstörung des Gebäudes** führt zum Erlöschen des Wohnrechtes. Um hier eine zusätzliche Sicherheit des Schenkers zu erreichen, kann eine Wohnungsreallast, die unabhängig vom jeweiligen Gebäudebestand Schutz gewährt, oder die Eintragung einer Brandvormerkung, die den Anspruch auf Neubestellung des Wohnrechtes in einem wieder aufgebauten Gebäude sichert, vereinbart werden.[1]

Hinweis:
Derzeit ist umstritten, ob eine Rückforderung bei Nichterfüllung einer Auflage nach § 527 BGB zulässig ist, wenn der Auflagenverpflichtete (unverschuldet) seine Pflicht nicht erfüllen kann (siehe die Kommentierung zu § 527 BGB Rn. 7).
Deshalb eventuell zusätzlich in Muster aufnehmen:
Erfüllt der Erwerber die vorstehend vereinbarten Verpflichtungen nicht, oder kann er die geschuldete Leistung nach § 275 Abs. 2 oder 3 BGB verweigern, so ist der Veräußerer berechtigt, vom heutigen Vertrag zurückzutreten, ohne dass es auf Verschulden des Erwerbers ankommt.

---

[1] Vgl. hierzu: *Jerschke*, Beck'sches Notar-Handbuch, 5. Aufl. 2009, Rn. 153; *Holland*, Würzburger Notar-Handbuch, 2. Aufl. 2010, Teil 2, Kap. 7, D Rn. 64 f., S. 1184.

Zur näheren Ausgestaltung des Rücktrittsrechtes vgl. das Muster 7: Vereinbarung vertragliche Rückforderungsrechte bei der Schenkung.

Vgl. auch die Kommentierung zu § 516 BGB Rn. 33.

V. Vereinbarung einer Warte- und Pflegeverpflichtung (Muster 5)

100

Als Auflage für die heutige Übertragung des Grundbesitzes vereinbaren die Beteiligten hiermit noch Folgendes:

1. Pflegeverpflichtung:

    Bei Krankheit, Gebrechlichkeit oder Altersschwäche des Veräußerers und sofern dieser es verlangt, verpflichtet sich der Erwerber hiermit zu sorgsamer häuslicher Warte und Pflege.

    Hierzu gehören insbesondere:

    a. die hauswirtschaftliche Versorgung, insbesondere die Verrichtung der anfallenden häuslichen Arbeiten wie Reinigung der Räume, der Kleidung, der Wäsche und des Schuhwerks und die Besorgung der erforderlich werdenden Gänge und Fahrten zum Einkaufen, zum Arzt, zur Apotheke, zum Krankenhaus und zur Kirche und

    b. die häusliche Grundpflege des Veräußerers selbst, insbesondere die Hilfe beim Aufstehen und Zubettgehen, An- und Auskleiden, bei der Nahrungsaufnahme, Körperpflege und Pflege im hygienischen Bereich, Verabreichung von Medikamenten und Umschlägen, Einreibung u.Ä.

    Diese Verpflichtungen bestehen jedoch nur, wenn diese vom Erwerber ohne besondere Ausbildung, ggf. unter Hinzuziehung seines Ehegatten oder der örtlich vorhandenen ambulanten Pflegedienste (Sozialstation oder Ähnliches) in einer dem Alters- und Gesundheitszustand des Veräußerers angemessenen Weise zu Hause erbracht werden können und höchstens eine Pflegebedürftigkeit im Sinne der Pflegestufe I des Pflegeversicherungsgesetzes vom 26.05.1994 in der jeweils gültigen Fassung vorliegt.

    Diese Verpflichtungen ruhen auf alle Fälle ersatzlos hinsichtlich des Erwerbers, wenn der Veräußerer in einem Krankenhaus, einem Pflegeheim oder einer ähnlichen Heileinrichtung untergebracht ist, weil nach fachärztlicher Feststellung aus medizinischen Gründen das Verbleiben auf dem Vertragsanwesen nicht mehr zumutbar ist.

    Ein etwaiges Pflegegeld verbleibt dem Veräußerer. Auf die weitergehende gesetzliche Unterhaltspflicht des Erwerbers auch und gerade in den Fällen der Heimunterbringung des Veräußerers wurde hingewiesen. Diesbezüglich sollen heute keine Vereinbarungen getroffen werden.

    Hinweis:

    Im Falle der Übertragung eines Hausanwesens erhalten die Geschwister des Erwerbers – im Vergleich zum Verkehrswert des übertragenen Hausanwesens – oft (geringere) Ausgleichszahlungen. Aus diesem Grund soll der Hauserwerber die Eltern pflegen und ggf. in Entlastung der Geschwister dafür erforderliche zusätzliche Geldleistungen allein aufbringen. Dann erfolgt folgende **zusätzliche Vereinbarung**:

Hierzu vereinbaren die Erschienenen, dass der Erwerber in einem solchen Fall im Innenverhältnis diese Kosten alleine zu tragen hat. Der Erwerber verpflichtet sich demgemäß, seine Geschwister in einem solchen Fall von einer finanziellen Inanspruchnahme freizustellen. Auf die unbeschränkte Haftung im Außenverhältnis hat der Notar hingewiesen.

2. Verköstigung:

Der Veräußerer erhält in den Tagen des Alters und der Krankheit auf Verlangen eine vollständige und bekömmliche standesgemäße Verköstigung einschließlich Getränken durch Teilnahme an allen Mahlzeiten und Zwischenmahlzeiten im Haushalt des Erwerbers. Bei Krankheit oder Gebrechlichkeit ist dem Veräußerer entsprechend ärztlicher Anordnung leichtere Kost (Diät) zu gewähren. Auf Verlangen ist die Kost in die Räume des Veräußerers zu bringen. Für die Kosten des Einkaufs der Lebensmittel hat jedoch der Veräußerer selbst aufzukommen.

3. Beerdigung, Grabpflege:

Sofern die Kosten für Beerdigung und Grabpflege nicht von Versicherungen getragen werden, hat beim Tod des Veräußerers der Erwerber die Kosten einer standesgemäßen Beerdigung mit den üblichen Gottesdiensten zu tragen und auf die Dauer der ortsüblichen Liegezeit für die ordnungsgemäße Pflege des Grabes zu sorgen. Im Hinblick auf diese Verpflichtungen werden dem Erwerber bereits jetzt etwaige Ansprüche auf Auszahlungen von Sterbegeldversicherungen abgetreten.

Auf dingliche Absicherung der vorstehenden Vereinbarungen im Grundbuch wird – trotz Belehrung des Notars – verzichtet.

oder

Zur Sicherung dieser vorstehend vereinbarten wiederkehrenden Leistungen bestellt der Erwerber hiermit zugunsten des Veräußerers – für mehrere als Gesamtberechtigte gemäß § 428 BGB – eine entsprechende **R e a l l a s t** und

bewilligt und beantragt,

die Eintragung derselben in das Grundbuch, mit dem Vermerk, dass zur Löschung der Nachweis des Todes des Veräußerers genügt.

Hinweis:

Derzeit ist ungeklärt, ob eine Rückforderung des Schenkers bei Nichterfüllung einer Auflage nach § 527 BGB zulässig ist, wenn der Auflagenverpflichtete (unverschuldet) seine Pflicht nicht erfüllen kann (vgl. die Kommentierung zu § 527 BGB Rn. 7).

Deshalb: Erfüllt der Erwerber vorstehende Verpflichtungen nicht, oder kann er die geschuldete Leistung nach § 275 Abs. 2 oder 3 BGB verweigern, so ist der Veräußerer berechtigt, vom heutigen Vertrag zurückzutreten, ohne dass es auf Verschulden des Erwerbers ankommt.

Zur näheren Ausgestaltung des Rücktrittsrechtes vgl. das Muster 7: Vereinbarung vertraglicher Rückforderungsrechte bei der Schenkung.

Muster 6 zu § 516

VI. Vereinbarung einer Leibrente und dauernden Last als Gegenleistung (Muster 6)

101

Hinweis:
Bei wiederkehrenden Geldleistungen ist zwischen Leibrenten und dauernden Lasten zu unterscheiden.[1] Unter einer Leibrente i.S. von § 759 BGB versteht man der Höhe nach gleichbleibende und in gleichmäßigen Zeitabständen wiederkehrende Zahlungen, die auf einem einheitlichen Rentenstammrecht (§ 759 BGB) beruhen und deren Laufzeit grundsätzlich von der Lebenszeit des Berechtigten abhängt. Wiederkehrende Leistungen, die demgegenüber nicht gleichmäßig zu erbringen sind, sondern von variablen Bemessungsgrößen abhängen (z.B. Leistungsfähigkeit des Beschenkten; Bedürftigkeit des Schenkers; Umsatz und Gewinn des Erwerbers etc.), sind dauernde Lasten, die steuerlich anders behandelt werden.[2]

a) Leibrente:
Als teilweise Gegenleistung für die heutige Übertragung des Grundbesitzes verpflichtet sich der Erwerber – mehrere als Gesamtschuldner – an den Veräußerer – mehrere als Gesamtberechtigte gemäß § 428 BGB – allmonatlich im Voraus und auf Lebenszeit, erstmals am _____
_____ eine Leibrente in Höhe von

_____€
i.W. (_____Euro)
zu bezahlen.

Beim Tod rückständige Zahlungen sind nicht vererblich und werden bereits jetzt erlassen.

Wegen der vorstehenden Zahlungsverpflichtung sowie wegen des dinglichen und persönlichen Anspruchs aus der nachbestellten Reallast unterwirft sich der Erwerber – mehrere als Gesamtschuldner – der sofortigen Zwangsvollstreckung aus dieser Urkunde in sein gesamtes Vermögen. Der Notar ist jederzeit berechtigt, eine vollstreckbare Ausfertigung der heutigen Urkunde zu erteilen.

Wegen der zu zahlenden Leibrente in der vorgenannten Höhe bestellt der Erwerber zugunsten des Veräußerers – mehrere als Gesamtberechtige gemäß § 428 BGB – an dem heute übertragenen Grundbesitz eine **Reallast** im Sinne von § 1105 BGB und

bewilligt und beantragt

---

[1] *Mayer*, Der Übergabevertrag, 2. Aufl. 2001, S. 269 ff.
[2] *Mayer*, Der Übergabevertrag, 2. Aufl. 2001, S. 271 ff.

die Eintragung derselben in das Grundbuch mit dem Vermerk, dass zur Löschung der Nachweis des Todes der Berechtigten genügen soll.

Die Zahlungsverpflichtung des Erwerbers soll den Lebensunterhalt des Veräußerers sicherstellen. Es wird daher folgende Wertsicherung vereinbart:

Sollte sich der vom Statistischen Bundesamt amtlich festgestellte Verbraucherpreisindex (VPI) für Deutschland (Basisjahr 2000 = 100), letztbekannter Stand ____ = ___) gegenüber dem Stand bei der heutigen Beurkundung bzw. gegenüber dem Stand des letzten Anpassungsverlangens um mehr als __ % nach oben oder unten verändern, so kann sowohl der Veräußerer als auch der Erwerber die Änderung der Höhe der Rentenzahlung jeweils im gleichen prozentualen Verhältnis ebenfalls nach oben oder unten verlangen, und zwar vom Beginn des letzten Kalendermonats an, der dieser Änderung folgt. Ein Anpassungsverlangen kann nur für die Zukunft gestellt werden und ist schriftlich zu erklären.

Auf eine dingliche Sicherung, zum Beispiel durch Eintragung entsprechender Vormerkungen oder einer Höchstbetragssicherungshypothek im Grundbuch, wird verzichtet.

Dauernde Last:
Wenn dauernde Last gewollt ist, sollte zusätzlich in das Formular der Anpassungsvorbehalt nach § 323 ZPO mit aufgenommen werden:

Falls durch eine Änderung der wirtschaftlichen Verhältnisse der standesgemäße Unterhalt des Veräußerers oder des Erwerbers nicht mehr gewährleistet ist, so kann jeder von ihnen die Anpassung der monatlichen Zahlung in entsprechender Anwendung des § 323 ZPO verlangen. Nicht zu berücksichtigen ist ein Mehrbedarf des Berechtigten, der sich aus einer dauernden Pflegebedürftigkeit oder der Aufnahme in ein Alters- oder Pflegeheim ergibt.

Hinweis für die steuerliche Beratungspraxis:
Das Jahressteuergesetz 2008 brachte wesentliche Änderungen bei der steuerlichen Anerkennung wiederkehrender Bezüge im Rahmen der vorweggenommenen Erbfolge: Wiederkehrende Bezüge, die unabhängig von der zivilrechtlichen Einordnung als Leibrente oder dauernde Last nunmehr steuerlich einheitlich als dauernde Last angesehen werden,[3] können nur noch im Rahmen des § 10 Abs. 1 Nr. 1a EStG geltend gemacht werden. Nach dieser Vorschrift können Versorgungsleistungen nur noch dann einkommensteuerlich als Sonderausgaben geltend gemacht werden, wenn sie im Zusammenhang mit einer Übertragung eines Mitunternehmeranteils an einer gewerblich, freiberuflich oder land- und forstwirtschaftlich tätigen Personengesellschaft, eines Betriebes oder Teilbetriebes oder einer mindestens 50-prozentigen Beteiligung an einer GmbH erfolgen. Zusätzliche Voraussetzung bei der Übertragung von GmbH-Geschäftsanteilen ist zudem, dass der Übergeber als Geschäftsführer tätig war, diese Tätigkeit mit der Übertragung aufgibt und der Erwerber die Geschäftsführerstellung über-

---

[3] *Wälzholz*, MIttBayNot 2008, 93, 96.

nimmt. Zwischenzeitlich wurde zur neuen Rechtslage der Rentenerlass IV des BMF[4] veröffentlicht, der den bisherigen Rentenerlass III vom 22.09.2004[5] ergänzt.[6]

Nunmehr kann der Erwerber bei der Übertragung von Wirtschaftsgütern gegen Versorgungsleistungen, die nicht die Voraussetzungen des § 10 Abs. 1 Nr. 1a EStG erfüllen, die regelmäßigen Leistungen an den Veräußerer nicht mehr steuerlich geltend machen. Dies betrifft insbesondere die Übertragung von privat oder betrieblich genutzten Immobilien, sofern nicht gleichzeitig der Betrieb oder Teilbetrieb mit übertragen wird, und Aktien oder sonstige Wertpapiere bzw. Anteile an Kapitalgesellschaften, bei denen nicht die vorgenannten Voraussetzungen erfüllt sind.[7] Aber auch bei der Übertragung von Anteilen an einer gewerblich geprägten Personengesellschaft i.S.d. § 15 Abs. 3 Nr. 2 EStG, einer GmbH & Co. KG, die ausschließlich Immobilien verwaltet, können Versorgungsleistungen nicht mehr durch den Erwerber steuerlich geltend gemacht werden.[8]

Vielmehr liegt nach der Auffassung der Finanzverwaltung in diesen Fällen – entgegen der Entscheidung des Großen Senates des BFH vom 12.03.2003[9] – kein unentgeltliches, sondern vielmehr ein teilentgeltliches Geschäft vor,[10] was zu einer Aufdeckung stiller Reserven und zu einer Versteuerung eines eventuell erzielten Gewinnes führen kann.[11]

Ist eine Übertragung gegen Versorgungsleistungen gewünscht, sollte der Vorgang aus diesen Gründen einer eingehenden steuerlichen Prüfung unterzogen werden. Gegebenenfalls kann der Veräußerer sich statt der wiederkehrenden Bezüge einen Nießbrauch oder Quotennießbrauch vorbehalten.[12] Wenngleich der Nießbrauch andere zivilrechtliche Folgen hat,[13] kann durch die nunmehr in § 25 ErbStG vorgesehene Abzugsmöglichkeit (vgl. die Kommentierung zu § 516 BGB Rn. 16) eine ähnliche steuerliche Folge erzielt werden wie nach der früheren Rechtslage.[14]

---

[4] BMF Schreiben vom 11.03.2010 IV C – S 2221/09/100004, ZEV 2010, 212.

[5] BMF Schreiben vom 16.09.2004, IV C 3 – S 2255 – 354/04, BStBl. I 2004, 922.

[6] Einzelheiten hierzu vgl. *Geck*, ZEV 2010, 161-168.

[7] *Wälzholz*, MittBayNot 2008, 93, 95.

[8] *Geck*, ZEV 2010, 161, 163.

[9] BFH v. 12.05.2003 - GrS 1/00 - juris Rn. 44 -NJW 2003, 3508-3511; BFH v. 12.05.2003 - GrS 2/00 - NJW 2003, 3511-3512.

[10] Rz. 65 des Rentenerlass IV, BMF Schreiben vom 11.03.2010 IV C – S 2221/09/100004, ZEV 2010, 212, 218.

[11] *Geck*, ZEV 2010, 161, 167 f.; *Wälzholz*, MittBayNot 2008, 93, 97 f.

[12] *Wälzholz*, MittBayNot 2008, 93, 97.

[13] Hierauf weist *Wälzholz*, MittBayNot 2008, 93, 97 hin.

[14] *Wälzholz*, MittBayNot 2008, 93, 97.

VII. Vereinbarung vertraglicher Rückforderungsrechte bei der Schenkung (Muster 7)

Neben den gesetzlichen Rückforderungsrechten aus den §§ 528, 530 BGB (vgl. die Kommentierung zu § 528 BGB Rn. 1 ff.) möchten sich viele Schenker aus Sorge über das weitere Schicksal des geschenkten Gegenstands vertragliche Rückforderungsrechte vorbehalten. Hierzu folgendes Formular:

Rückübertragungsverpflichtung

Der Veräußerer – mehrere als Gesamtberechtigte gemäß 428 BGB – behält sich das Recht vor, die Rückübertragung des Vertragsobjektes auf sich zu verlangen, wenn
a) der Erwerber den Grundbesitz ohne schriftliche Zustimmung des Veräußerers belastet und/oder ganz oder teilweise veräußert,
b) über das Vermögen des Erwerbers ein Insolvenzverfahren eröffnet oder mangels Masse abgelehnt wird oder Zwangsvollstreckungsmaßnahmen in den Vertragsgegenstand oder Teile davon eingeleitet werden und diese Maßnahmen nicht spätestens binnen 3 Monaten wieder aufgehoben werden,
c) der Erwerber vor dem Veräußerer verstirbt,
d) bzgl. der Ehe des Erwerbers Scheidungsantrag durch einen der Ehegatten gestellt wird.

Sofern die Beteiligten eine Steuerklausel (vgl. die Kommentierung zu § 516 BGB Rn. 8) wünschen:

e) aufgrund dieses Vertrages wider dem Erwarten der Beteiligten eine Schenkungsteuer anfällt.

Für die Geltendmachung des Verlangens auf Übertragung gilt die Erfüllung einer der in a) bis d)/e) genannten Voraussetzungen, wobei eine Veräußerung und/oder Belastung gemäß a) bereits dann gegeben ist, wenn das zugrunde liegende Rechtsgeschäft in der notwendigen Form abgeschlossen ist.
Für die Geltendmachung des Verlangens auf Übertragung genügt der Eintritt einer der vorgenannten Bedingungen in der Person des Erwerbers.
Ein Rücknahmeverlangen muss mindestens in Schriftform erfolgen und innerhalb von 6 Monaten nach Bedingungseintritt beim Erwerber eingehen. Soweit das Rückerwerbsrecht nicht ausgeübt wird, bleibt der Anspruch für weitere Fälle weiterhin bestehen.
Im Falle der Rückforderung ist der Veräußerer – mehrere als Gesamtberechtigte gemäß § 428 BGB – berechtigt, die Rückübertragung des Eigentums auf sich zu verlangen.
Der Rückerwerber hat dabei lediglich die im Range vor seiner Auflassungsvormerkung eingetragenen Rechte zur weiteren dinglichen Duldung und Haftung zu übernehmen, ebenso die dieser zugrunde

Muster 7 zu § 516

liegenden persönlichen Verbindlichkeiten. Im Übrigen hat die Rückübertragung unentgeltlich zu erfolgen.

Alternativ, wenn der Erwerber Investitionen in den übertragenen Vermögensgegenstand tätigen will:

Im Übrigen gilt für die Abwicklung der Rückübertragung Folgendes:
Bei der Rückübertragung sind die auf den Vertragsgrundbesitz gemachten nachgewiesenen wertsteigernden Aufwendungen des Erwerbers, seines Ehegatten und seines Rechtsnachfolgers im Eigentum zu ersetzen, soweit die Wertsteigerung noch besteht und soweit ihr nicht entsprechende Belastungen gegenüberstehen, die vom Rückerwerber zu übernehmen sind.
Der Wert des Grund und Bodens bleibt bei einer Wertermittlung unberücksichtigt. Im Übrigen hat die Rückübertragung unentgeltlich zu erfolgen.

Zur Sicherung vorstehender Rückübertragungsverpflichtung wird zugunsten des Veräußerers – mehrere als Berechtigte gemäß § 428 BGB – die Eintragung einer Rückauflassungsvormerkung am übertragenen Grundbesitz

bewilligt und beantragt.

Die Rückauflassungsvormerkung erhält im Grundbuch Rang _____.
Die vorstehenden Rücknahmerechte stehen dem Veräußerer nur höchstpersönlich zu und sind nicht vererblich und nicht übertragbar und erlöschen mit dem Ableben des Veräußerers.

Der jeweilige Eigentümer wird hiermit bevollmächtigt, die vorbestellte Auflassungsvormerkung nach dem Tode des Veräußerers unter Vorlage einer Sterbeurkunde zur Löschung im Grundbuch zu bewilligen und zu beantragen. Er ist von den Beschränkungen des § 181 BGB befreit.

Vgl. auch die Kommentierungen zu § 516 BGB Rn. 65, § 525 BGB Rn. 21 und § 527 BGB Rn. 7.

VIII. Mittelbare Grundstücksschenkung (Muster 8)

Heute miterschienen und während der gesamten Verhandlung anwesend waren auch die Eltern des Käufers, die Eheleute _____:

Name, Vorname
_____

Straße u. Hausnummer
_____

PLZ   Ort
_____

geboren am
_____

Name, Vorname
_____

Straße u. Hausnummer
_____

PLZ   Ort
_____

geboren am
_____

Sie vereinbaren hiermit mit ihrem Sohn

Name, Vorname
_____

Straße u. Hausnummer
_____

PLZ   Ort
_____

geboren am
_____

Folgendes:

Die Eltern – nachfolgend Schenker genannt – verpflichten sich hiermit, ihrem vorgenannten Kind – nachfolgend Beschenkter genannt – einen baren Geldbetrag in Höhe von

_____€

i.W. (_____Euro)

zu schenken.

_____
* Vgl. die Kommentierung zu § 516 BGB Rn. 28 ff.

Für diese Schenkung gilt Folgendes:

Der geschenkte Geldbetrag ist nach dem ausdrücklichen Willen des Schenkers vom Beschenkten zweckgebunden für den Erwerb des heutigen Vertragsbesitzes zu verwenden.

Gegenstand der heutigen Schenkung ist demgemäß nicht der vorgenannte Geldbetrag, sondern mittelbar der heute erworbene Grundbesitz.

Die Zahlung des Geldbetrages hat bei Fälligkeit unmittelbar an den Verkäufer nach Maßgabe der Fälligkeit des Grundstückskaufvertrages zu erfolgen.

Schenker und Beschenkter nehmen das vorstehende Schenkungsversprechen mit vertraglicher Bindungswirkung an.

Ort, Datum

_____

Unterschriften (aller) Beteiligten

IX. Zuwendungen unter Ehegatten (Muster 9)

1. (Reine) Schenkung unter Ehegatten:
Die heutige Übertragung unter den Ehegatten erfolgt

u n e n t g e l t l i c h

Im Wege einer Schenkung und ausdrücklich nicht als ehebedingte Zuwendung. Eine Gegenleistung ist demgemäß nicht zu erbringen.
Vertragliche Rückforderungsrechte werden nicht vereinbart.[1]
Die heutige Schenkung ist auf den gesetzlichen Pflichtteil (nicht) anzurechnen. Eine Anrechnung auf den Zugewinnausgleichsanspruch im Falle einer etwaigen Scheidung soll (nicht) erfolgen.

2. Ehebedingte Zuwendung:[2]
Die heutige Übertragung erfolgt als

ehebedingte Zuwendung,

d.h. im Hinblick auf die eheliche Lebensgemeinschaft und zum Ausgleich für geleistete Mitarbeit und Schuldentilgung sowie als angemessene Beteiligung an den Früchten des ehelichen Zusammenlebens.
Für die Rückforderung oder sonstige Ausgleichsansprüche bei einer etwaigen Scheidung sollen die gesetzlichen Bestimmungen gelten (Geltung des § 1380 BGB; Nichtanwendung von § 1374 Abs. 2 BGB). Ein Ausschluss wird nicht gewünscht
oder
Eine Rückforderung der heutigen Zuwendung oder ein sonstiger Ausgleich, gleich aus welchem Rechtsgrund, soll nicht erfolgen, insbesondere auch nicht wegen Wegfalls der Geschäftsgrundlage im Falle einer etwaigen Scheidung.
Ein etwaiger Zugewinnausgleich ist im Falle der Scheidung ohne Berücksichtigung der heutigen Zuwendung durchzuführen. Der Wert der heutigen Zuwendung ist bei der Berechnung des Zugewinnausgleichsanspruches demgemäß in keinster Weise zu berücksichtigen.

Hinweis:
Eine Belehrung über die Rechtsprechung bei unbenannten Ehegattenzuwendungen (vgl. die Kommentierung zu § 516 BGB Rn. 80) ist dringend erforderlich – ansonsten **Haftungsgefahr**!

---

[1] Hier können ggf. vertragliche Rückforderungsrechte eingefügt werden; vgl. hierzu das Muster 7: Vereinbarung vertraglicher Rückforderungsrechte bei der Schenkung.
[2] Vgl. hierzu ausführliche Musterformulierungen bei *Münch*, Ehebezogene Rechtsgeschäfte, 2. Aufl. 2007, Rn. 1096 ff.

Muster 10 zu § 516 jurisPK-BGB / Sefrin

X. (Gemischte) Schenkung mit Freistellung bzw. Schuldübernahme (Muster 10)

1. Freistellungsverpflichtung:

Gegenleistungen

Freistellungsverpflichtung des Erwerbers

Die in Abt. III unter lfd. Nr. _____ des Grundbuches heute vom Erwerber übernommene Grundschuld zu _____ € für die _____ Bank mit dem Sitz in _____ sichert nach Angaben der Erschienenen das Darlehen: Nr. _____ vom _____ und ist nach derzeitigem Stand noch mit ca. _____ € (i.W. _____ €) valutiert:

Ale Gegenleistung für die heutige Zuwendung vereinbaren die Beteiligten noch Folgendes:

Der Erwerber – mehrere als Gesamtberechtigte gemäß § 428 BGB – verpflichtet sich, den Veräußerer von diesen Darlehensverbindlichkeiten mit Wirkung ab sofort freizustellen. Dem Erwerber steht es frei, dies zu bewirken, indem er mit dem Gläubiger eine befreiende Schuldübernahme vereinbart oder indem er die Verbindlichkeit tilgt und mit diesem oder einem anderen Gläubiger ausschließlich in eigenem Namen eine neue Darlehensverbindlichkeit begründet oder indem er auf andere Weise die Freistellung des Veräußerers (Altschuldners) herbeiführt.

Hierbei handelt es sich um eine wesentliche Pflicht des Erwerbers, deren Erfüllung der Erwerber dem Veräußerer gegenüber innerhalb von drei Monaten ab heute durch Bestätigung des Gläubigers nachzuweisen hat.

Die Bestätigung darf an die Bedingung geknüpft sein, dass der Erwerber im Grundbuch als Eigentümer eingetragen wird.

Die Vorlage dieser Urkunde zur Eigentumsumschreibung auf den Erwerber soll nicht davon abhängen, dass dem Notar die Erfüllung der Freistellungspflicht durch schriftliche Bestätigung des Veräußerers oder des Gläubigers nachgewiesen ist.

Der Notar wird jedoch beauftragt, der Gläubigerin eine auszugsweise Ausfertigung der heutigen Urkunde zu übersenden zur Kenntnisnahme der vorstehenden Vereinbarungen.

2. Befreiende Schuldübernahme:

Die in Abt. III unter lfd. Nr. _____ des Grundbuches heute vom Erwerber übernommene Grundschuld zu _____ € für die _____ Bank mit dem Sitz in _____ sichert nach Angaben der Erschienenen das Darlehen: Nr.

_____ vom _____ und ist nach derzeitigem Stand noch mit ca. _____ € (i.W. _____ €) valutiert:
Als Gegenleistung für die heutige Zuwendung vereinbaren die Beteiligten noch Folgendes:

Der Erwerber übernimmt ab sofort mit schuldbefreiender Wirkung die dem übernommenen Grundpfandrecht zugrunde liegende vorgenannte Darlehensverbindlichkeit zur alleinigen weiteren Verzinsung und Rückzahlung.
Er verpflichtet sich, den Veräußerer von jeder weiteren Inanspruchnahme seitens der Grundpfandrechtsgläubigerin freizustellen, auch aus einem etwa übernommenen persönlichen Schuldanerkenntnis. Zu vorstehender Schuldübernahme ist die Zustimmung des Gläubigers bzw. die Schuldhaftentlassungserklärung der Gläubigerin erforderlich.
Der amtierende Notar wird beauftragt, der Gläubigerin eine auszugsweise Ausfertigung dieser Urkunde zu übersenden, was seitens der Beteiligten als Aufforderung gelten soll, der beantragten Schuldhaftentlassung zuzustimmen.
Falls die Zustimmung zur Schuldübernahme und die Schuldhaftentlassung des Veräußerers verweigert werden sollte, gilt die Schuldübernahme im Innenverhältnis zwischen den Beteiligten als befreiende Erfüllungsübernahme weiter. In diesem Fall ist jedoch der Erwerber verpflichtet, die Darlehensverbindlichkeit auf erstes Verlangen des Veräußerers sofort abzulösen.
Sollten bezüglich des übernommenen Grundpfandrechts durch Rückzahlung oder in sonstiger Weise Eigentümerrechte entstanden sein oder bis zur Eigentumsumschreibung noch entstehen, so werden diese entschädigungslos an den Erwerber abgetreten und ihre Umschreibung im Grundbuch bewilligt. Weiterhin werden an den Erwerber alle Ansprüche des Veräußerers gegen die Gläubigerin hinsichtlich der übernommenen Grundpfandrechte abgetreten.

Hinweis:
Ggf. ist – auf Wunsch des Gläubigers – noch eine (neue) persönliche Haftungserklärung (Schuldanerkenntnis) des Erwerbers hinsichtlich der übernommenen Grundschuld zu vereinbaren.

Tipp für die Praxis:
Nachdem nach wie vor noch Rechtsunklarheit darüber herrscht, ob im Fall der (echten) befreienden Schuldübernahme die Bestimmungen der §§ 488 ff., 491 ff. BGB (Verbraucherkredit) Anwendung finden, ist in der Praxis häufig das erste Vertragsmuster zu empfehlen.[1]

Informationen zur gemischten Schenkung finden sie auch in den Kommentierungen zu § 516 BGB Rn. 55 ff. und § 525 BGB Rn. 15.

---

[1] Vgl. hierzu ausführlich: *Mayer*, Der Übergabevertrag, 2. Aufl. 2001, S. 292 ff.

Muster 11 zu § 516

XI. Schenkung mit Herauszahlung/Gleichstellung (Muster 11)

106

Der Erwerber ist verpflichtet, an seine/n heute miterschiene/n Bruder/Schwester/Geschwister,

Name, Vorname

_____

Straße u. Hausnummer

_____

PLZ   Ort

_____

geboren am

_____

Name, Vorname

_____

Straße u. Hausnummer

_____

PLZ   Ort

_____

geboren am

_____

aus Anlass der heutigen Übertragung zur Gleichstellung einen baren Geldbetrag in Höhe von _____ €

i.W. (_____ Euro)

herauszuzahlen. Vorstehende Vereinbarung begründet ein eigenes Forderungsrecht des Herauszahlungsberechtigten.

Der Betrag ist fällig und zahlbar bis spätestens zum _____ und zwar ohne Zins bis dahin.

Im Falle des Verzuges gelten die gesetzlichen Bestimmungen.

Weitere Sicherungen für die Herauszahlungsverpflichtung sollen – trotz Belehrung – nicht vereinbart werden.

Der Erwerber unterwirft sich wegen der vorstehend eingegangenen Zahlungsverpflichtung der sofortigen Zwangsvollstreckung aus dieser Urkunde in sein gesamtes Vermögen. Der Notar ist berechtigt, jederzeit vollstreckbare Ausfertigung dieser Urkunde zu erteilen.

Mit Erhalt des (jeweiligen) Herauszahlungsbetrages erklärt sich der (jeweilige) Herauszahlungsberechtigte bzgl. der heutigen Übertragung des Grundbesitzes mit dem Erwerber als untereinander gleichgestellt. Weitere diesbezügliche Ansprüche bestehen nicht. Eine Ausgleichung erfolgt nicht, jedoch ist der (jeweilige) Herauszahlungsbetrag auf das gesetzliche Pflichtteilsrecht des (jeweiligen) Herauszahlungsberechtigten in Anrechnung zu bringen.

Hinweis:

Um Probleme mit etwaigen Pflichtteilsergänzungsansprüchen der Geschwister vorzubeugen (vgl. die Kommentierung zu § 516 BGB Rn. 17), empfiehlt sich noch folgende Ergänzung:

Der (jeweilige) Herauszahlungsberechtigte verzichtet hiermit für sich und seine Abkömmlinge gegenüber dem dies annehmenden Veräußerer auf sein gesetzliches Pflichtteilsrecht an dessen Nachlass in der Weise, dass der heutige Vertragsbesitz bei der Berechnung des Pflichtteils als nicht zum Nachlass des Veräußerers gehörend angesehen wird. Der Veräußerer nimmt diesen gegenständlich beschränkten Pflichtteilsverzicht (jeweils) mit vertraglicher Bindungswirkung an. (ggf. zusätzlich: Der (jeweilige) Verzicht steht unter der aufschiebenden Bedingung, dass er erst mit Erhalt des (jeweiligen) Herauszahlungsbetrages rechtswirksam wird.)

Achtung, Steuerfalle:

Bei einer vereinbarten Verzinsung des Herauszahlungsbetrages sind diese Zinsen als Einkünfte aus Kapitalvermögen zu versteuern. Eine Unverzinslichkeit über einen längeren Zeitraum ist der (fiktive) Zinsanteil ebenfalls zu versteuern.[1]

Vgl. auch die Kommentierung zu § 525 BGB Rn. 15.

---

[1] *Holland*, Würzburger Notar-Handbuch, 2. Aufl. 2010, Teil 2, Kap. 6, D. Rn. 112, S. 1198 m.w.N.

Muster 12 zu § 516

XII. Die Ausstattung gemäß 1624 BGB (Muster 12)

107

Die heutige Zuwendung erfolgt unentgeltlich im Wege der

Ausstattung

gemäß § 1624 BGB zur Erlangung einer selbständigen Lebensstellung.

Der Erwerber hat den Wert der heutigen Zuwendung im Verhältnis zu den übrigen Abkömmlingen des Veräußerers bei der gesetzlichen Erbfolge und im Fall des § 2052 BGB (nicht) zur Ausgleichung zu bringen.

TIPP:
Die Ausstattung unterliegt – ebenso wie die Pflicht- und Anstandsschenkung i.S. von § 534 BGB (vgl. die Kommentierung zu § 534 BGB Rn. 7) – grundsätzlich nicht der Pflichtteilsergänzung nach § 2325 BGB und sollte als vertragliches Gestaltungsmittel des Kautelarjuristen nicht unberücksichtigt bleiben.

XIII. Vorweggenommene Erbfolge (Muster 13)

Die heutige Zuwendung (Übertragung) erfolgt

unentgeltlich

im Wege der vorweggenommenen Erbfolge.

Der Erwerber hat sich den Wert der Zuwendung mit dem heutigen Verkehrswert unter Berücksichtigung eines Kaufkraftschwundes auf sein gesetzliches Pflichtteilsrecht am dereinstigen Nachlass des Veräußerers anrechnen zu lassen und gegenüber seinen Geschwistern nach den Bestimmungen der §§ 2050 ff. BGB zur Ausgleichung zu bringen.

Zusatz (wenn nur 1 Elternteil der Veräußerer/Schenker ist):
Soweit die Ausgleichung und Anrechnung am Nachlass desjenigen Elternteils bestimmt wird, der die heutige Zuwendung (Übertragung) nicht gemacht hat, erfolgt diese Anordnung als echter Vertrag zu Gunsten der übrigen Abkömmlinge.[1]

TIPP:
Bei unentgeltlichen Zuwendungen erfolgen Pflichtteilsanrechnung (§§ 2315, 2316 BGB) und Ausgleichung (§§ 2050 ff. BGB) nur bei ausdrücklicher Anordnung durch den Schenker.
Deshalb: **Pflichtteilsanrechnung im Zweifel immer aufnehmen!**

Nähere Informationen auch in der Kommentierung zu § 516 BGB Rn. 86.

---

[1] Vgl. ausführlich mit Mustern *Tanck*, Die Ausgleichung und Anrechnung im Erb- und Pflichtteilsrecht und die Einflussmöglichkeiten des Erblassers, 2005.

Muster 14 zu § 516

XIV. Schenkung eines GmbH-Geschäftsanteils (Muster 14)

109

<u>URNr.   /2010</u>

Ü b e r t r a g u n g

Heute, den

erschienen vor mir,

Dr. Peter Mustermann
Notar

mit dem Amtssitz in _____, in der Geschäftsstelle in _____, _____:

1. Als Veräußerer:

    Name, Vorname und Geburtsdatum
    _____

    Straße u. Hausnummer
    _____

    PLZ   Ort
    _____

2. Als Erwerber:

    Name, Vornahme und Geburtsdatum
    _____

    Straße u. Hausnummer
    _____

    PLZ   Ort
    _____

Die Erschienenen wiesen sich aus durch Vorlage ihrer Bundespersonalausweise.

Auf Ansuchen der Erschienenen und bei deren gleichzeitiger Anwesenheit beurkunde ich ihren Erklärungen gemäß, nach Grundbucheinsicht, was folgt:

I.

Vorbemerkungen

Im Handelsregister des Amtsgerichts _____ ist unter der Nummer HR B _____

die Firma

Firma GmbH

mit dem Sitz in Ort

(Geschäftsadresse: PLZ Ort, Straße)

- nachfolgend „**Gesellschaft**" genannt -

eingetragen.

Das Stammkapital der Gesellschaft beträgt insgesamt _____ €. Es ist nach Angabe der Erschienenen in voller Höhe erbracht.

Gesellschafter der Gesellschaft sind aufgrund der Eintragung in der zuletzt im Handelsregister aufgenommenen Gesellschafterliste Herr/Frau Vorname Name mit Anzahl Geschäftsanteil/en zum Nennbetrag von _____ € mit der Nummer _____,

Geschäftsführer der Gesellschaft ist _____, vorgenannt. Er ist als Geschäftsführer stets einzelvertretungsberechtigt und von den Beschränkungen des § 181 BGB befreit.
Bei mehreren Geschäftsführern:
Geschäftsführer der Gesellschaft sind _____ und _____ _____, beide vorgenannt. Beide Geschäftsführer sind jeweils einzelvertretungsberechtigt und von den Beschränkungen des § 181 BGB befreit.

II.

Übertragung

Herr/Frau _____

– nachstehend „**Veräußerer**" genannt -

Muster 14 zu § 516

überläßt und überträgt

seinen vorbezeichneten Geschäftsanteil zum Nennbetrag von _____ € (i.W. _____
_____ Euro) mit der Nummer _____ an der Gesellschaft mit sofortiger schuldrechtlicher und dinglicher Wirkung – im Innenverhältnis bereits ab Datum –

an

Herrn/Frau _____

- nachstehend „**Erwerber**" genannt -.

Der Erwerber nimmt vorstehende Geschäftsanteilsübertragung hiermit mit vertraglicher Bindung an.

Somit ist Herrn/Frau _____ ab sofort alleiniger Gesellschafter der vorgenannten Gesellschaft und hält nunmehr ab sofort einen Geschäftsanteil zum Nennbetrag von _____ € mit der Nummer _____ .

Alternative:

Somit sind nunmehr _____ Gesellschafter der Gesellschaft. Sie halten folgende Geschäftsanteile _____ mit den Nrn. _____

III.

Rechtsgrund, Gegenleistung

Die heutige Übertragung erfolgt

unentgeltlich

im Wege der Schenkung.

Der Veräußerer möchte sich keine Nutzungsrechte oder vertraglichen Rückforderungsrechte vorbehalten. Eine Anrechnung auf das gesetzliche Pflichtteilsrecht des Erwerbers erfolgt nicht. Eine Ausgleichung im Erbfalle wird nicht angeordnet.

Soweit sich aus der heutigen Urkunde nichts anderes ergibt, gelten für die Übertragung die gesetzlichen Bestimmungen der Schenkung gemäß §§ 516 ff. BGB.

Alternativ kommen insbesondere folgende Rückforderungsmöglichkeiten in Betracht:

RÜCKFORDERUNGSRECHTE:
1.Alt. – *Schenkung unter auflösender Bedingung:*

1. Der Veräußerer kann die Schenkung gegenüber dem Erwerber ganz oder teilweise widerrufen, wenn der Erwerber zu Lebzeiten des Veräußerers verstirbt.

2. Mit der Ausübung des Widerrufsrechts geht im Umfang des Widerrufs der Geschäftsanteil einschließlich etwaiger Surrogate unentgeltlich und mit dinglicher Wirkung auf den Schenker über. Der Widerruf ist auflösende Bedingung sowohl für den Schenkungsvertrag als auch für die Abtretung des Geschäftsanteils. Der Widerruf kann nur binnen einer Frist von sechs Monaten erklärt werden, nachdem der Veräußerer von dem Widerrufsgrund Kenntnis erlangt hat. Der Widerruf ist schriftlich zu erklären; der Veräußerer hat für den Nachweis des Zugangs der Widerrufserklärung in geeigneter Weise Sorge zu tragen. Nutzungen, welche der Erwerber vor dem Rückfall des Schenkungsgegenstandes gezogen hat, verbleiben bei ihm. Aufwendungen im Zusammenhang mit dem Schenkungsgegenstand sind ihm nicht zu erstatten. Etwaige Kosten der Rückübertragung trägt der Schenker.

3. Mit dem Tod des Schenkers erlischt dieses Rückforderungsrecht.

2.Alt. – *Rückforderungsrecht des Veräußerers im Todesfall:*
Rückübertragungsverpflichtung

1. Der Veräußerer behält sich das Recht vor, die heute übertragenen Geschäftsanteile von jedem Erwerber ganz oder teilweise zurückzuverlangen, wenn der jeweilige Erwerber zu Lebzeiten des Veräußerers verstirbt.

2. Der Veräußerer muss das Rücknahmeverlangen mindestens in Schriftform binnen einer Frist von sechs Monaten, nachdem der Veräußerer Kenntnis von dem Tod des Erwerbers erlangt hat, bei dessen Erben geltend machen. Der Veräußerer hat für den Nachweis des Zugangs der Widerrufserklärung in geeigneter Weise Sorge zu tragen.

3. Mit der Ausübung des Rücknahmeverlangens ist der Geschäftsanteil im Umfang des Rücknahmeverlangens einschließlich etwaiger Surrogate unentgeltlich auf den Veräußerer zurückzuübertragen.

Muster 14 zu § 516

Jeder Erwerber bevollmächtigt bereits jetzt den Veräußerer unwiderruflich unter Befreiung von den Beschränkungen des § 181 BGB und über seinen Tod hinaus, die dinglichen Erklärungen abzugeben, um den durch Ausübung des Rücknahmeverlangens entstehenden Rückübertragungsanspruch zu erfüllen.

Vorstehende Vollmacht ist im Außenverhältnis unbeschränkt erteilt; im Innenverhältnis vereinbaren die Beteiligten, dass der Veräußerer nur nach dem Tod des jeweiligen Erwerbers und nach Geltendmachung des Rücknahmeverlangens von der Vollmacht Gebrauch machen darf.

Etwaige Kosten der Rückübertragung trägt der Veräußerer.

4. Nutzungen, welche der Erwerber vor der Rückforderung des Geschäftsanteils gezogen hat, verbleiben bei ihm bzw. seinen Erben. Aufwendungen im Zusammenhang mit dem übertragenen Geschäftsanteil sind ihm bzw. seinen Erben nicht zu erstatten.

5. Das vorstehende Rücknahmerecht steht dem Veräußerer nur höchstpersönlich zu und ist weder vererblich noch übertragbar. Es erlischt ersatzlos mit dem Ableben des Veräußerers.

IV.

Gewährleistung

Eine Gewährleistung wird – soweit gesetzlich möglich – ausgeschlossen.

V.

Grundbesitz

Die Gesellschaft hat keinen Grundbesitz und ist nicht an Gesellschaften beteiligt, die Grundbesitz halten.

VI.

Gesellschafterversammlung, Zustimmung

Herr/Frau   erteilt hiermit als der einzige Gesellschafter und Geschäftsführer der Gesellschaft seine Zustimmung nach Maßgabe des Satzungsbestimmung der Satzung der Gesellschaft zu der vorstehenden Geschäftsanteilsübertragung.

VII.

Hinweise

Der Notar hat die Beteiligten darauf hingewiesen,

a) dass der Erwerber für etwaige auf den geschenkten Geschäftsanteil nicht erbrachten Geldeinlagen oder für etwaige Fehlbeträge nicht vollwertig geleisteter Sacheinlagen neben dem Veräußerer unbeschränkt haftet.

b) dass der Erwerber im Verhältnis zu der Gesellschaft erst dann als Inhaber des heute übertragenen Geschäftsanteils gilt, wenn er in die im Handelsregister aufzunehmende Gesellschafterliste eingetragen ist. Rechtshandlungen des Erwerbers im Bezug auf das Gesellschaftsverhältnis gelten jedoch von Anfang an als wirksam, wenn die Liste unverzüglich nach der heutigen Beurkundung in das Handelsregister aufgenommen wird (§ 16 Abs. 1 GmbH-Gesetz),

c) dass der Erwerber auf die Richtigkeit und Vollständigkeit der Angaben des Veräußerers angewiesen ist und den Geschäftsanteil nur dann erwirbt, wenn der Veräußerer Eigentümer des Geschäftsanteils ist oder sofern ein gutgläubiger Erwerb möglich ist. Ein gutgläubiger Erwerb setzt die Eintragung des Veräußerers als Nichtberechtigten voraus; ein gutgläubiger Erwerb ist nicht möglich, wenn die im Handelsregister aufgenommene Gesellschafterliste weniger als drei Jahre unrichtig ist und dem Berechtigten die Unrichtigkeit nicht zuzurechnen ist oder wenn der Erwerber die Unrichtigkeit kennt oder sie ihm infolge grober Fahrlässigkeit unbekannt ist oder der Liste ein Widerspruch zugeordnet ist (§ 16 Abs. 3 GmbH-Gesetz)..

VIII.

Vollmacht

Die Beteiligten bevollmächtigen den Notar, alles zu tun, was zum Vollzug der Urkunde erforderlich ist, insbesondere Anträge an das Handelsregister und andere Behörden zu stellen, zu ändern und, auch wenn er sie nicht selbst gestellt hat, zurückzunehmen.

Weiterhin bevollmächtigen die Beteiligten jeden Angestellten bei der Notarstelle befreit von den Beschränkungen des § 181 BGB, alle Erklärungen abzugeben und Handlungen vorzunehmen, die zum Vollzug der Urkunde notwendig oder zweckdienlich sind, sowie erforderliche Mitteilungen zu machen und entgegenzunehmen.

IX.

Kosten, Ausfertigungen, Abschriften

1. Die Kosten der heutigen Urkunde gehen zu Lasten des

2. Von dieser Urkunde erhalten:

   a) <u>**Ausfertigungen:**</u>
   - 1 jeder Gesellschafter
   - 1 die Gesellschaft

   b) <u>**beglaubigte Abschriften:**</u>
   - 2 die Gesellschaft
   - 1 das zuständige Finanzamt Ort
     – Körperschaftssteuerstelle –
   - 1 das zuständige Amtsgericht Ort
     – Registergericht –

X.

Salvatorische Klausel

Sollte eine der Bestimmungen dieser Urkunde sich als ungültig erweisen oder ungültig werden, so wird hiervon die Gültigkeit der Urkunde im übrigen nicht berührt.

Eine etwaige ungültige Bestimmung ist so zu ergänzen oder zu ändern, daß der beabsichtigte wirtschaftliche Zweck erreicht wird. Das gleiche gilt, wenn bei Durchführung der Vereinbarungen eine ergänzungsbedürftige Lücke offenbar wird.

jurisPK-BGB / Sefrin Muster 15 zu § 516

XV. Schenkung eines GmbH-Geschäftsanteils und eines Kommanditanteils (GmbH & Co. KG) (Muster 15)

URNr. _____ /2012

Übertragung

Heute, den

erschienen vor mir,

Dr. Peter Mustermann
Notar

mit dem Amtssitz in _____, in der Geschäftsstelle in _____, _____:

1. **Als Veräußerer:**

    Name, Vorname und Geburtsdatum

    _____

    Straße u. Hausnummer

    _____

    PLZ   Ort

    _____

2. **Als Erwerber:**

    Name, Vornahme und Geburtsdatum

    _____

    Straße u. Hausnummer

    _____

    PLZ   Ort

    _____

3. **Als weiterer Beteiligter:**

    a)   Die Firma

    GmbH
    mit dem Sitz in Ort
    (<u>Inländische Geschäftsanschrift</u>: PLZ Ort, Straße)

Muster 15 zu § 516

Herrn/Frau Vorname N a m e , erschienen zu 1., als deren stets einzelvertretungsberechtigter und von den Beschränkungen des § 181 BGB befreiter Geschäftsführer.

b) *Ggf. weiterer Kommanditist:*

Name, Vornahme und Geburtsdatum

_____

Straße u. Hausnummer

_____

PLZ   Ort

_____

Die Erschienenen wiesen sich aus durch Vorlage ihrer Bundespersonalausweise.

Auf Ansuchen der Erschienenen und bei deren gleichzeitiger Anwesenheit beurkunde ich ihren Erklärungen gemäß was folgt:

A.
Vorbemerkungen

1. Im Handelsregister des Amtsgerichts   ist unter der Nummer HR B

   die Firma

   Firma GmbH

   mit dem Sitz in Ort

   (<u>Geschäftsadresse</u>: PLZ Ort, Straße)

   - nachfolgend auch kurz „Abk. **GmbH**" oder „**GmbH**" genannt -

   eingetragen.

   Das Stammkapital der Abk. GmbH beträgt insgesamt   €. Es ist nach Angabe des/r Erschienenen in voller Höhe erbracht.

   Gesellschafter der Abk. GmbH ist nach seinen Angaben und aufgrund der Eintragung in der zuletzt im Handelsregister aufgenommenen Gesellschafterliste vom Datum Herr/Frau Vorname Name mit Anzahl Geschäftsanteil/en zum Nennbetrag von   € mit der Nummer   ,

   Bei mehreren Gesellschaftern:
   Gesellschafter der Abk. GmbH sind nach ihren Angaben und aufgrund der Eintragung in der zuletzt im Handelsregister aufgenommenen Gesellschafterliste vom Datum

   a) Herr/Frau Vorname Name mit Anzahl Geschäftsanteil/en zum Nennbetrag von   € mit der Nummer   ,

   b) Herr/Frau Vorname Name mit Anzahl Geschäftsanteil/en zum Nennbetrag von   € mit der Nummer   ,

   Geschäftsführer der Abk. GmbH ist   , vorgenannt. Er ist als Geschäftsführer stets einzelvertretungsberechtigt und von den Beschränkungen des § 181 BGB befreit.
   Bei mehreren Geschäftsführern:
   Geschäftsführer der Abk. GmbH sind   und   , beide vorgenannt. Beide Geschäftsführer sind jeweils einzelvertretungsberechtigt und von den Beschränkungen des § 181 BGB befreit.

Muster 15 zu § 516

2. Im Handelsregister des Amtsgerichts   ist unter der Nummer HR A   die Kommanditgesellschaft in Firma

GmbH & Co. KG
mit dem Sitz in Ort
(<u>Inländische Geschäftsanschrift</u>: PLZ Ort, Straße)

- nachfolgend auch „**Abk. GmbH & Co. KG**" oder „**Kommanditgesellschaft**" genannt -

eingetragen.

Alleinige Komplementärin der Abk. GmbH & Co. KG ist die vorgenannte Firma Abk. GmbH mit dem Sitz in Ort.

Keine Beteiligung an KG:
Die Komplementärin ist am Vermögen sowie am Gewinn und Verlust der Kommanditgesellschaft nicht beteiligt.

Beteiligung an KG:
Die Komplementärin hält einen Kapitalanteil in Höhe von EUR/DM   und ist am Gewinn und Verlust der Kommanditgesellschaft entsprechend beteiligt.

Das Kommanditkapital der Kommanditgesellschaft beträgt nach den Eintragungen im Handelsregister EUR/DEM   .

Kommanditisten der Kommanditgesellschaft sind:

a) Herr/Frau Vorname Name mit einer Kommanditeinlage in Höhe von EUR/DEM   ,

b) Herr/Frau Vorname Name mit einer Kommanditeinlage in Höhe von EUR/DEM   .

Die Kommanditeinlagen entsprechen jeweils der im Handelsregister eingetragenen Haftsumme. Sie sind nach Angaben der Erschienenen jeweils in voller Höhe eingezahlt und durch Verluste oder Entnahmen nicht gemindert.

3. Mit der heutigen Urkunde überträgt der Veräußerer seine/n Geschäftsanteil/e an der Abk. GmbH und seine Kommanditbeteiligung an der Abk. GmbH & Co. KG an den Erwerber.

B.
Übertragung des/r GmbH-Geschäftsanteils/e

I.
Übertragung

Herr/Frau

– nachstehend „**Veräußerer**" genannt -

ü b e r l ä ß t   u n d   ü b e r t r ä g t

seine/n vorbezeichneten Geschäftsanteil/e zum Nennbetrag von   € (i.W.   Euro) mit der/n Nummer/n   an der Gesellschaft mit sofortiger schuldrechtlicher und dinglicher Wirkung – im Innenverhältnis bereits mit Wirkung ab Datum –

a n

Herrn/Frau

- nachstehend „**Erwerber**" genannt -.

Der Erwerber nimmt vorstehende Geschäftsanteilsübertragung hiermit mit vertraglicher Bindung an.

Somit ist Herrn/Frau   ab sofort alleiniger Gesellschafter der vorgenannten Gesellschaft und hält nunmehr ab sofort einen Geschäftsanteil zum Nennbetrag von   € mit der Nummer   .

Alternative:
Somit sind nunmehr   Gesellschafter der Gesellschaft. Sie halten folgende Geschäftsanteile mit den Nrn.

II.
Gewährleistung

Eine Gewährleistung wird – soweit gesetzlich möglich – ausgeschlossen.

III.
Grundbesitz

Die GmbH hat keinen Grundbesitz und ist nicht an Gesellschaften beteiligt, die Grundbesitz halten.

Muster 15 zu § 516

IV.
Gesellschafterversammlung, Zustimmung

Herr/Frau   erteilt hiermit als der einzige Gesellschafter und Geschäftsführer der GmbH seine Zustimmung nach Maßgabe des Satzungsbestimmung der Satzung der GmbH zu der vorstehenden Geschäftsanteilsübertragung.

Alternative:
Sämtliche Erschienenen erteilen hiermit als Gesellschafter und Geschäftsführer ihre Zustimmung nach Maßgabe des Satzungsbestimmung der Satzung der GmbH zu der vorstehenden Geschäftsanteilsübertragung. Sie verzichten auf sämtliche ihnen ggf. zustehenden Übertragungsansprüche.

V.
Weitere Bestimmungen

Sämtliche Rechte und Pflichten gehen mit Wirkung ab sofort, - im Innenverhältnis bereits mit Wirkung ab Datum – auf den Erwerber über. Für den übertragenen Geschäftsanteil gilt, dass Gewinne, die in den voran-gegangenen Geschäftsjahren erwirtschaftet worden sind und für die noch kein verbindlicher Jahresabschluss festgestellt und Gewinnverwendungsbeschluss gefasst worden ist, ebenfalls auf den Erwerber übergehen, soweit sich aus der heutigen Urkunde nichts anderes ergibt. Festgehalten wird insbesondere, dass bereits vorab ausgeschüttete Gewinne beim Veräußerer verbleiben.

C.
Übertragung der Kommanditbeteiligung

I.
Übertragung

1. Herr/Frau Vorname N a m e

– nachstehend „**Veräußerer**" genannt -

ü b e r l ä ß t u n d ü b e r t r ä g t

seinen/ihren in Abschnitt A. 2. bezeichneten Kommanditanteil (Kommanditbeteiligung) in Höhe von EUR/DEM   (i.W.   Euro/DM) an der Abk. GmbH & Co. KG mit sofortiger schuldrechtlicher Wirkung und mit dinglicher Wirkung ab Eintragung der Sonderrechtsnachfolge in den Kommanditanteil im Handelsregister – im Innenverhältnis bereits mit Wirkung ab Datum –

a n

Herrn/Frau Vorname N a m e

- nachstehend „**Erwerber**" genannt -.

Der Erwerber nimmt vorstehende Übertragung hiermit mit vertraglicher Bindung an.

2. Die Kommanditeinlage des Erwerbers beträgt aufgrund der vorstehenden Übertragung EUR/DEM . Die Einlage entspricht – wie bisher – der Haftsumme.

Die vorgenannte Kommanditbeteiligung wird übertragen mit allen Rechten und Pflichten gegenüber der Abk. GmbH & Co. KG, insbesondere Ansprüchen und Verbindlichkeiten aus allen Konten (Kapitalkonto I; Kapitalkonto II, **ggf. weitere Konten**) *anpassen je nach Satzung*, sonstigen Ansprüchen, Rechten und dergleichen, soweit sich nachfolgend aus der heutigen Urkunde nichts anderes ergibt.

Alternative:

Ausdrücklich nicht mitübertragen werden die Rechte und Ansprüche des Veräußerers aus seinem bei der Abk. GmbH & Co. KG geführten privaten Verrechnungskonto (Privatkonto). Sie verbleiben beim Veräußerer.

Für den übertragenen Kommanditanteil gilt, dass Gewinne, die in den vorangegangenen Geschäftsjahren erwirtschaftet worden sind und für die noch kein verbindlicher Jahresabschluss festgestellt und Gewinnverwendungsbeschluss gefasst worden ist, ebenfalls auf den Erwerber übergehen, soweit sich aus der heutigen Urkunde nichts anderes ergibt. Festgehalten wird insbesondere, dass bereits vorab ausgeschüttete Gewinne beim Veräußerer verbleiben.

3. Der Veräußerer wird alles Erforderliche tun, um sein Ausscheiden zügig zum Handelsregister anzumelden. Tut er dies nicht, ist er dem Erwerber zum Ersatz eines evtl. dadurch entstehenden Schadens verpflichtet.

II.
Gewährleistung

Eine Gewährleistung wird – soweit gesetzlich möglich – ausgeschlossen.

III.
Grundbesitz

Die Kommanditgesellschaft hat keinen Grundbesitz und ist nicht an Gesellschaften beteiligt, die Grundbesitz halten.

IV.
Gesellschafterversammlung; Zustimmung

Die Erschienenen als die derzeitigen und zukünftigen sämtlichen Kommanditisten der Abk. GmbH & Co. KG und die Abk. GmbH – vertreten wie gesagt – treten hiermit ohne Rücksicht auf die vom Gesetz oder der Satzung bestimmten Formen und Fristen zu einer Gesellschafterversammlung der Abk. GmbH & Co. KG zusammen und beschließen einstimmig, was folgt:

1. Den vorstehenden Veräußerungen der Geschäftsanteile wird hiermit zugestimmt.

2. Weiteres soll vorerst nicht beschlossen werden.

V.
Sonstiges

Sollte die persönliche Haftung der Veräußerer für Verbindlichkeiten der Kommanditgesellschaft wieder aufleben aufgrund von Maßnahmen im Sinne von § 172 Abs. 4 HGB, die nach der Übertragung des Kommanditanteils von dem Erwerber oder seinen Rechtsnachfolgern vorgenommen werden, so hat der Erwerber den Veräußerer von dieser persönlichen Haftung freizustellen.

Der Erwerber unterwirft sich wegen dieser Freistellungsverpflichtung der sofortigen Zwangsvollstreckung in sein gesamtes Vermögen. Der Notar ist berechtigt, jederzeit vollstreckbare Ausfertigung der Urkunde zu erteilen.

D.
Schlussbestimmungen

I.
Rechtsgrund, Gegenleistung

Die heutigen Übertragungen erfolgen

u n e n t g e l t l i c h

im Wege der Schenkung.

Der Veräußerer möchte sich keine Nutzungsrechte oder vertraglichen Rückforderungsrechte vorbehalten. Eine Anrechnung auf das gesetzliche Pflichtteilsrecht des Erwerbers erfolgt nicht. Eine Ausgleichung im Erbfall wird nicht angeordnet.

Soweit sich aus der heutigen Urkunde nichts anderes ergibt, gelten für die Übertragung die gesetzlichen Bestimmungen der Schenkung gemäß §§ 516 ff. BGB.

Alternativ kommen insbesondere folgende Rückforderungsmöglichkeiten in Betracht:

<u>RÜCKFORDERUNGSRECHTE:</u>
<u>*1.Alt. – Schenkung unter auflösender Bedingung für den Fall des Vorversterbens:*</u>

1. Der Veräußerer kann die Schenkung gegenüber dem Erwerber ganz oder teilweise widerrufen, wenn der Erwerber zu Lebzeiten des Veräußerers verstirbt.

2. Mit der Ausübung des Widerrufsrechts gehen im Umfang des Widerrufs der heute übertragene GmbH-Geschäftsanteil und die heute übertragene Kommanditbeteiligung einschließlich etwaiger Surrogate unentgeltlich und mit dinglicher Wirkung auf den Schenker über. Der Widerruf ist auflösende Bedingung sowohl für den Schenkungsvertrag als auch für die Übertragung des GmbH-Geschäftsanteils und der Kommanditbeteiligung. Der Widerruf kann nur binnen einer Frist von sechs Monaten erklärt werden, nachdem der Veräußerer von dem Widerrufsgrund Kenntnis erlangt hat. Der Widerruf ist schriftlich zu erklären; der Veräußerer hat für den Nachweis des Zugangs der Widerrufserklärung in geeigneter Weise Sorge zu tragen. Nutzungen, welche der Erwerber vor dem Rückfall des Schenkungsgegenstandes gezogen hat, verbleiben bei ihm. Aufwendungen im Zusammenhang mit dem Schenkungsgegenstand sind ihm nicht zu erstatten. Etwaige Kosten der Rückübertragung trägt der Schenker.

3. Mit dem Tod des Schenkers erlischt dieses Rückforderungsrecht.

<u>*2.Alt. – Rückforderungsrecht des Veräußerers im Todesfall:*</u>
Rückübertragungsverpflichtung

1. Der Veräußerer behält sich das Recht vor, den heute übertragenen GmbH-Geschäftsanteil und die heute übertragene Kommanditbeteiligung von jedem Erwerber ganz oder teilweise zurückzuverlangen, wenn der jeweilige Erwerber zu Lebzeiten des Veräußerers verstirbt.

2. Der Veräußerer muss das Rücknahmeverlangen mindestens in Schriftform binnen einer Frist von sechs Monaten, nachdem der Veräußerer Kenntnis von dem Tod des Erwerbers erlangt hat, bei dessen Erben geltend machen. Der Veräußerer hat für den Nachweis des Zugangs der Widerrufserklärung in geeigneter Weise Sorge zu tragen.

3. Mit der Ausübung des Rücknahmeverlangens sind der GmbH-Geschäftsanteil und die Kommanditbeteiligung im Umfang des Rücknahmeverlangens einschließlich etwaiger Surrogate unentgeltlich auf den Veräußerer zurückzuübertragen.

   Jeder Erwerber bevollmächtigt bereits jetzt den Veräußerer unwiderruflich unter Befreiung von den Beschränkungen des § 181 BGB und über seinen Tod hinaus, die dinglichen Erklärungen abzugeben, um den durch Ausübung des Rücknahmeverlangens entstehenden Rückübertragungsanspruch zu erfüllen.

   Vorstehende Vollmacht ist im Außenverhältnis unbeschränkt erteilt; im Innenverhältnis vereinbaren die Beteiligten, dass der Veräußerer nur nach dem Tod des jeweiligen Erwerbers und nach Geltendmachung des Rücknahmeverlangens von der Vollmacht Gebrauch machen darf.

   Etwaige Kosten der Rückübertragung trägt der Veräußerer.

4. Nutzungen, welche der Erwerber vor der Rückforderung des GmbH-Geschäftsanteils bzw. der Kommanditbeteiligung gezogen hat, verbleiben bei ihm bzw. seinen Erben. Aufwendungen im Zusammenhang mit dem übertragenen GmbH-Geschäftsanteil bzw. der Kommanditbeteiligung sind ihm bzw. seinen Erben nicht zu erstatten.

5. Das vorstehende Rücknahmerecht steht dem Veräußerer nur höchstpersönlich zu und ist weder vererblich noch übertragbar. Es erlischt ersatzlos mit dem Ableben des Veräußerers.

II.
Hinweise

Der Notar hat die Beteiligten darauf hingewiesen, dass:

a) der Erwerber für etwaige auf die übertragenen Geschäftsanteile nicht erbrachten Geldeinlagen oder für etwaige Fehlbeträge nicht vollwertig geleisteter Sacheinlagen neben den Veräußerern unbeschränkt haftet,

b) der Erwerber im Verhältnis zu der Gesellschaft erst dann als Inhaber der heute übertragenen GmbH-Geschäftsanteile gilt, wenn er in die im Handelsregister aufzunehmende Gesellschafterliste eingetragen ist. Rechtshandlungen des Erwerbers im Bezug auf das Gesellschaftsverhältnis gelten jedoch von Anfang an als wirksam, wenn die Liste unverzüglich nach der heutigen Beurkundung in das Handelsregister aufgenommen wird (§ 16 Abs. 1 GmbH-Gesetz),

c) der Erwerber auf die Richtigkeit und Vollständigkeit der Angaben der Veräußerer angewiesen ist und den jeweiligen Geschäftsanteil nur dann erwirbt, wenn der betreffende Veräußerer Eigentümer des Geschäftsanteils ist oder sofern ein gutgläubiger Erwerb möglich ist. Ein gutgläubiger Erwerb des GmbH-Geschäftsanteils setzt die Eintragung des betreffenden Veräußerers als Nichtberechtigten voraus; ein gutgläubiger Erwerb ist nicht möglich, wenn die im Handelsregister aufgenommene Gesellschafterliste weniger als drei Jahre unrichtig ist und dem Berechtigten die Unrichtigkeit nicht zuzurechnen ist oder wenn der Erwerber die Unrichtigkeit kennt oder sie ihm infolge grober Fahrlässigkeit unbekannt ist oder der Liste ein Widerspruch zugeordnet ist (§ 16 Abs. 3 GmbH-Gesetz),

d) Voraussetzung für den heute vereinbarten Erwerb der Kommanditbeteiligungen ist, dass der jeweilige Veräußerer rechtmäßiger Inhaber der von ihm übertragenen Beteiligung gewesen ist; das Gesetz sieht einen gutgläubigen Erwerb von Gesellschaftsbeteiligungen an einer KG nicht vor;

e) der Erwerber mit Übertragung der Kommanditbeteiligung in die Stellung des Veräußerers als bisheriger Gesellschafter eintritt und über die sich daraus ergebenden Haftungsfolgen für die Vertragsbeteiligten;

f) die Haftung des Veräußerers einer KG Beteiligung wieder auflebt, wenn der Erwerber sich die Kommanditeinlage unter Verstoß gegen § 172 HGB zurückgewähren lässt.

g) ein Kommanditist einer KG in bestimmten Fällen über die Haftsumme hinaus für Verbindlichkeiten der Gesellschaft unbeschränkt haftet, insbesondere gemäß § 172 Abs.4 HGB; § 173 HGB; § 176 HGB.

h) wegen einer unentgeltlichen Übertragung Schenkungsteuer anfallen kann. Im Übrigen hat der Notar in steuerlicher Hinsicht keine Beratung erteilt und übernimmt für die steuerlichen Auswirkungen dieser Urkunde keinerlei Haftung.;

i) alle Angaben in dieser Urkunde richtig und vollständig sein müssen;

j) sämtliche Beteiligten für die anfallenden Steuern, Gebühren und sonstigen Kosten als Gesamtschuldner haften;

k) die Gesellschafter der Kommanditgesellschaft verpflichtet sind, die Änderung der Gesellschafterverhältnisse aufgrund der heutigen Übertragung zum Handelsregister anzumelden.

III.
Vollmacht

Die Beteiligten bevollmächtigen den Notar, alles zu tun, was zum Vollzug der Urkunde erforderlich ist, insbesondere Anträge an das Handelsregister und andere Behörden zu stellen, zu ändern und, auch wenn er sie nicht selbst gestellt hat, zurückzunehmen.

Weiterhin bevollmächtigen die Beteiligten jeden Angestellten bei der Notarstelle befreit von den Beschränkungen des § 181 BGB, alle Erklärungen abzugeben und Handlungen vorzunehmen, die zum Vollzug der Urkunde notwendig oder zweckdienlich sind, sowie erforderliche Mitteilungen zu machen und entgegenzunehmen.

IV.
Kosten, Ausfertigungen, Abschriften

1. Die Kosten der heutigen Urkunde gehen zu Lasten des

2. Von dieser Urkunde erhalten:

   a) **Ausfertigungen:**
   - 1 jeder Gesellschafter
   - 1 die Gesellschaft

   b) **beglaubigte Abschriften:**
   - 2 die Gesellschaft
   - 1 das zuständige Finanzamt Ort
     – Körperschaftssteuerstelle –
   - 1 das zuständige Amtsgericht Ort
     – Registergericht –

V.
Salvatorische Klausel

Sollte eine der Bestimmungen dieser Urkunde sich als ungültig erweisen oder ungültig werden, so wird hiervon die Gültigkeit der Urkunde im übrigen nicht berührt.

Eine etwaige ungültige Bestimmung ist so zu ergänzen oder zu ändern, daß der beabsichtigte wirtschaftliche Zweck erreicht wird. Das gleiche gilt, wenn bei Durchführung der Vereinbarungen eine ergänzungsbedürftige Lücke offenbar wird.

XVI. Schenkung einer Beteiligung an einer Gesellschaft bürgerlichen Rechts (Muster 16)

URNr. _____ /2012

Ü b e r t r a g u n g

Heute, den

erschienen vor mir,

Dr. Peter Mustermann
Notar

mit dem Amtssitz in _____, in der Geschäftsstelle in _____, _____:

1. Als Veräußerer:

   Name, Vorname und Geburtsdatum
   _____

   Straße u. Hausnummer
   _____

   PLZ   Ort
   _____

2. Als Erwerber:

   Name, Vorname und Geburtsdatum
   _____

   Straße u. Hausnummer
   _____

   PLZ   Ort
   _____

---

[1] Zur grundsätzlichen Frage, ob in der Übertragung eines GbR-Anteils eine (gemischte) Schenkung zu sehen ist; vgl. die Kommentierung zu § 516 Rn. 89 f.

Die Erschienenen weisen sich aus durch Vorlage ihrer Bundespersonalausweise.

Auf Ansuchen der Erschienenen und bei deren gleichzeitiger Anwesenheit beurkunde ich ihren Erklärungen gemäß was folgt:

I.
Vorbemerkungen

Die Erschienenen sind nach eigenen Angaben die sämtlichen Gesellschafter der Gesellschaft bürgerlichen Rechts (GbR) mit der Namensbezeichnung

Name

mit dem Sitz in Ort

- nachfolgend auch „**Gesellschaft**" genannt -

Die Gesellschaft wird beim Finanzamt Ort unter der Steuernummer Steuernummer geführt.

Gegenstand des Unternehmens ist Gesellschaftszweck.

Die Erschienenen sind, die sämtlichen Gesellschafter der Gesellschaft. Die Erschienenen sind nach eigenen Angaben zu gleichen Teilen am Vermögen und am Gewinn und Verlust der Gesellschaft beteiligt. [*ggf. anpasssen*]

Alternative:
Am Festkapital der Gesellschaft in Höhe von *Euro/DM* sind die Erschienenen wie folgt beteiligt:

Beiden Gesellschaftern, insbesondere dem Erwerber, sind die Verhältnisse der Gesellschaft genau bekannt; sie haben umfassend Einblick in sämtliche Geschäftsvorgänge und alle Bücher.

Die Gesellschaft ist nach Angaben der Erschienenen nicht Eigentümerin von Grundbesitz.

Mit der heutigen Urkunde überträgt der Veräußerer seine Gesellschaftsbeteiligung an der Gesellschaft an den Erwerber, [*ggf:*] so dass dieser kraft Gesetzes durch Anwachsung entsprechend § 718 BGB Alleinberechtigter sämtliche Aktiva und Passiva und aller sonstigen zum Gesellschaftsvermögen gehörenden Rechte und Ansprüche, auch soweit sie nicht bilanzierungsfähig oder bilanzierungspflichtig sind wird.

[ggf:] Durch die heutige Übertragung erlischt die Gesellschaft. **[ggf:]** Der Erwerber wird das Unternehmen als Einzelkaufmann zu Buchwerten weiterführen.

Für den Fall, dass die vorbezeichnete GbR – entgegen den Vorstellungen der Gesellschafter - kraft Gesetzes auch ohne Eintragung in das Handelsregister zu einer Offenen Handelsgesellschaft geworden ist, beziehen sich sämtliche Erklärungen in der heutigen Urkunde sinngemäß auf diese Gesellschaft. In diesem Fall wird nachfolgend die OHG-Beteiligung des Veräußerers an dieser entstandenen Offenen Handelsgesellschaft an den Erwerber übertragen.

<u>Übertragungsstichtag</u> für die Übertragung der Gesellschaftsbeteiligung ist der   .   20   .

II.
Übertragung

Herr/Frau

– nachstehend „**Veräußerer**" genannt -

ü b e r l ä ß t   u n d   ü b e r t r ä g t

hiermit mit schuldrechtlicher und dinglicher Wirkung ab **Datum**, – im Innenverhältnis bereits mit Wirkung ab Datum – seine gesamte Gesellschaftsbeteiligung an der vorbezeichneten Gesellschaft des bürgerlichen Rechts

a n

Herrn/Frau

- nachstehend „**Erwerber**" genannt -

zu dessen Alleinberechtigung.

Der Erwerber nimmt die vorstehende Übertragung der Gesellschaftsbeteiligung hiermit mit vertraglicher Bindung an.

[ggf:] Durch die Übertragung vereinigen sich die beiden Gesellschaftsanteile des Veräußerers und des Erwerbers in der Hand des Erwerbers, so dass die Gesellschaft ohne Liquidation kraft Gesetzes erlischt. Der gesamte bisher von der Gesellschaft gehaltene und geführte Betrieb und das gesamte gehaltene Vermögen mit allen Aktiven und Passiven, Rechten und Pflichten, geht im Wege der Gesamtrechtsnachfolge kraft Gesetzes auf den Erwerber als Alleineigentümer bzw. Alleinberechtigter und Alleinverpflichteter übergeht.

[*ggf.:*] Die vormalige Gesellschaft erlischt damit mit Wirkung ab Datum und wird zu diesem Zeitpunkt kraft Gesetzes ohne Liquidation beendet. Der Erwerber führt den Gewerbebetrieb ab diesem Zeitpunkt, als Einzelunternehmen fort.

Die Übertragung erfolgt im Übrigen unbedingt. Auf Sicherheiten wird – trotz Belehrung – verzichtet.

III.
Weitere Bestimmungen
zur Übertragung der Gesellschaftsbeteiligung

1. Eine Gewährleistung wird – soweit gesetzlich möglich – ausgeschlossen.

2. Etwaige Gewinnansprüche für die übertragene Gesellschaftsbeteiligung für das laufende Geschäftsjahr   stehen noch dem Veräußerer anteilig zu. Die Beteiligten sind sich einig, dass Gewinnansprüche des Veräußerers für die Vorjahre nicht mehr bestehen oder ggf. an den Erwerber mitübertragen sind.

   Etwaige Steuernachforderungen für die Zeit bis zum vorbezeichneten Stichtag gehen anteilig noch zu Lasten des Veräußerers.

3. Der Veräußerer überträgt seine Gesellschaftsbeteiligung mit allen entsprechenden und zugehörigen Rechten und Pflichten.

   Dies gilt auch/*ggf. ausdrücklich nicht* für das negative Kapitalkonto des Veräußerers bei der Gesellschaft. Dieses wird ebenfalls auf den Erwerber mit übertragen (derzeitiger Stand: EUR   )/*ggf. verbleibt beim Veräußerer*

4. Der Erwerber übernimmt mit Wirkung ab dem vorbezeichneten Stichtag sämtliche Aktiven und Passiven der vormaligen Gesellschaft.

   Anteilig mitübertragen sind auch Guthaben oder Sollstände an sämtlichen die vorbezeichnete Gesellschaft betreffenden Gesellschafterkonten.

5. Dem Veräußerer ist bekannt, dass er aufgrund seiner persönlichen Haftung hinsichtlich der Gesellschaft des Bürgerlichen Rechts auch weiterhin für die bereits begründeten Verbindlichkeiten

haftet. Die Beteiligten werden sich um eine Freistellung des Veräußerers im Außenverhältnis gegenüber den Gläubigern bemühen. Sollte eine solche Freistellung nicht gelingen, ist der Erwerber zur Ablösung der Verbindlichkeiten verpflichtet.

Der Erwerber verpflichtet sich hiermit, den Veräußerer von sämtlichen bestehenden Verbindlichkeiten der Gesellschaft samt dafür bestellten Sicherheiten mit Wirkung ab Datum umfassend freizustellen und jegliche diesbezügliche Inanspruchnahme des Veräußerers zu verhindern.

6. Der Erwerber wird die Buchwerte der Gesellschaft weiterführen.

IV.
Rechtsgrund, Gegenleistung

Die heutige Übertragung erfolgt

u n e n t g e l t l i c h

im Wege der Schenkung.

Der Veräußerer möchte sich keine Nutzungsrechte oder vertraglichen Rückforderungsrechte vorbehalten. Eine Anrechnung auf das gesetzliche Pflichtteilsrecht des Erwerbers erfolgt nicht. Eine Ausgleichung im Erbfall wird nicht angeordnet.

Soweit sich aus der heutigen Urkunde nichts anderes ergibt, gelten für die Übertragung die gesetzlichen Bestimmungen der Schenkung gemäß §§ 516 ff. BGB.

Alternativ kommen insbesondere folgende Rückforderungsmöglichkeiten in Betracht (nur möglich, wenn Gesellschaft des Bürgerlichen Rechts nicht durch Anwachsung ohne Liquidation erlischt):

RÜCKFORDERUNGSRECHTE:

1.Alt. – Schenkung unter auflösender Bedingung:

1. Der Veräußerer kann die Schenkung gegenüber dem Erwerber ganz oder teilweise widerrufen, wenn der Erwerber zu Lebzeiten des Veräußerers verstirbt.

2. Mit der Ausübung des Widerrufsrechts geht im Umfang des Widerrufs die Gesellschaftsbeteiligung einschließlich etwaiger Surrogate unentgeltlich und mit dinglicher Wirkung auf den Schenker über. Der Widerruf ist auflösende Bedingung sowohl für den Schenkungsvertrag als auch für die Übertragung der Gesellschaftsbeteiligung. Der Widerruf kann nur binnen einer Frist von sechs Monaten erklärt werden, nachdem der Veräußerer von dem Widerrufsgrund Kenntnis erlangt hat. Der Widerruf ist schriftlich zu erklären; der Veräußerer hat für den Nachweis des Zugangs der Widerrufserklärung in geeigneter Weise Sorge zu tragen. Nutzungen, welche der Erwerber vor dem Rückfall des Schenkungsgegenstandes gezogen hat, verbleiben bei ihm. Aufwendungen im Zusammenhang mit dem Schenkungsgegenstand sind ihm nicht zu erstatten. Etwaige Kosten der Rückübertragung trägt der Schenker.

3. Mit dem Tod des Schenkers erlischt dieses Rückforderungsrecht.

2.Alt. – Rückforderungsrecht des Veräußerers im Todesfall:
Rückübertragungsverpflichtung

1. Der Veräußerer behält sich das Recht vor, die heute übertragene Gesellschaftsbeteiligung von jedem Erwerber ganz oder teilweise zurückzuverlangen, wenn der jeweilige Erwerber zu Lebzeiten des Veräußerers verstirbt.

2. Der Veräußerer muss das Rücknahmeverlangen mindestens in Schriftform binnen einer Frist von sechs Monaten, nachdem der Veräußerer Kenntnis von dem Tod des Erwerbers erlangt hat, bei dessen Erben geltend machen. Der Veräußerer hat für den Nachweis des Zugangs der Widerrufserklärung in geeigneter Weise Sorge zu tragen.

3. Mit der Ausübung des Rücknahmeverlangens ist die Gesellschaftsbeteiligung im Umfang des Rücknahmeverlangens einschließlich etwaiger Surrogate unentgeltlich auf den Veräußerer zurückzuübertragen.

Jeder Erwerber bevollmächtigt bereits jetzt den Veräußerer unwiderruflich unter Befreiung von den Beschränkungen des § 181 BGB und über seinen Tod hinaus, die dinglichen Erklärungen abzugeben, um den durch Ausübung des Rücknahmeverlangens entstehenden Rückübertragungsanspruch zu erfüllen.

Vorstehende Vollmacht ist im Außenverhältnis unbeschränkt erteilt; im Innenverhältnis vereinbaren die Beteiligten, dass der Veräußerer nur nach dem Tod des jeweiligen Erwerbers und nach Geltendmachung des Rücknahmeverlangens von der Vollmacht Gebrauch machen darf.

Etwaige Kosten der Rückübertragung trägt der Veräußerer.

4. Nutzungen, welche der Erwerber vor der Rückforderung der Gesellschaftsbeteiligung gezogen hat, verbleiben bei ihm bzw. seinen Erben. Aufwendungen im Zusammenhang mit der übertragenen Gesellschaftsbeteiligung sind ihm bzw. seinen Erben nicht zu erstatten.

5. Das vorstehende Rücknahmerecht steht dem Veräußerer nur höchstpersönlich zu und ist weder vererblich noch übertragbar. Es erlischt ersatzlos mit dem Ableben des Veräußerers.

V.
Hinweise

Der Notar hat die Beteiligten anlässlich der heutigen Beurkundung, insbesondere auf folgendes hingewiesen:

a) Voraussetzung für den heute vereinbarten Erwerb der Gesellschaftsbeteiligung ist, dass der Veräußerer rechtmäßiger Inhaber der abgetretenen Beteiligungen gewesen ist. Das Gesetz sieht einen gutgläubigen Erwerb von Gesellschaftsbeteiligungen an einer GbR nicht vor.

b) Der Erwerber tritt mit Übertragung der Gesellschaftsbeteiligungen in die Stellung des Veräußerers als bisheriger Gesellschafter ein [*ggf:*] und wird Alleininhaber des Vermögens der Gesellschaft.

c) Auf die persönliche Haftung des Erwerbers für Gesellschaftsverbindlichkeiten.

d) Auf die Nachhaftung des Veräußerer als ausscheidender Gesellschafter für Verbindlichkeiten der Gesellschaft.

e) Auf die Vorschriften über die Eintragung der Kaufleute in das Handelsregister bei der Ausübung eines vollkaufmännischen Handelsunternehmens.

f) Wegen einer unentgeltlichen Übertragung kann Schenkungsteuer anfallen. Im Übrigen hat der Notar in steuerlicher Hinsicht keine Beratung erteilt und übernimmt für die steuerlichen Auswirkungen dieser Urkunde keinerlei Haftung.

VI.
Vollmacht

Die Beteiligten bevollmächtigen den Notar, alles zu tun, was zum Vollzug der Urkunde erforderlich ist.

Weiterhin bevollmächtigen die Beteiligten jeden Angestellten bei der Notarstelle befreit von den Beschränkungen des § 181 BGB, alle Erklärungen abzugeben und Handlungen vorzunehmen, die zum Vollzug der Urkunde notwendig oder zweckdienlich sind, sowie erforderliche Mitteilungen zu machen und entgegenzunehmen.

VII.
Kosten, Ausfertigungen, Abschriften

1. Die Kosten der heutigen Urkunde gehen zu Lasten des

2. Von dieser Urkunde erhalten:

   a) **Ausfertigungen:**
      1 jeder Gesellschafter

   b) **beglaubigte Abschriften:**
      1 das zuständige Finanzamt Ort
      – Schenkungsteuerstelle –

VIII.
Salvatorische Klausel

Sollte eine der Bestimmungen dieser Urkunde sich als ungültig erweisen oder ungültig werden, so wird hiervon die Gültigkeit der Urkunde im übrigen nicht berührt.

Eine etwaige ungültige Bestimmung ist so zu ergänzen oder zu ändern, daß der beabsichtigte wirtschaftliche Zweck erreicht wird. Das gleiche gilt, wenn bei Durchführung der Vereinbarungen eine ergänzungsbedürftige Lücke offenbar wird.

§ 517 BGB Unterlassen eines Vermögenserwerbs

(Fassung vom 02.01.2002, gültig ab 01.01.2002)

Eine Schenkung liegt nicht vor, wenn jemand zum Vorteil eines anderen einen Vermögenserwerb unterlässt oder auf ein angefallenes, noch nicht endgültig erworbenes Recht verzichtet oder eine Erbschaft oder ein Vermächtnis ausschlägt.

Gliederung

A. Grundlagen... 1	IV. Ausschlagung einer Erbschaft oder eines Vermächtnisses 8
I. Kurzcharakteristik............................... 1	V. Unanwendbarkeit der Vorschrift 10
II. Regelungsprinzipien........................... 2	D. Prozessuale Hinweise/Verfahrenshinweise 13
B. Praktische Bedeutung............................ 3	E. Arbeitshilfen 14
C. Anwendungsvoraussetzungen 4	I. Was man nicht vergessen darf 14
I. Normstruktur....................................... 4	II. Prüfschemata.. 15
II. Unterlassen eines Vermögenserwerbs ... 5	
III. Verzicht auf angefallene, noch nicht endgültig erworbene Rechte 6	

A. Grundlagen

I. Kurzcharakteristik

§ 517 BGB stellt in Ergänzung zu § 516 BGB klar, dass keine Schenkung vorliegt, wenn jemand zum Vorteil eines anderen eine **Mehrung des Vermögens unterlässt** oder auf noch nicht endgültig erworbene **Vermögensrechte** verzichtet. Schenkungen im Sinne des Bürgerlichen Gesetzbuches bedingen damit eine dauerhafte Vermehrung des gegenwärtigen Vermögens. **1**

II. Regelungsprinzipien

Die gesetzlichen Vorschriften der Schenkung, insbesondere die Rückforderungs- und Widerrufsvorschriften (§§ 528-534 BGB), passen nicht für Sachverhalte, in denen ein Vermögenserwerb unterlassen wird.[1] **Sinn und Zweck** der Vorschrift ist es, durch die Begrenzung des Schenkungsbegriffs die ansonsten in Fällen der „Rückforderung" entstehende **dogmatische Rechtsverwirrung** zu verhindern.[2] **2**

B. Praktische Bedeutung

Die **Bedeutung** der Vorschrift **beschränkt** sich eher darauf, dass sie auf Sachverhalte, die in der Rechtspraxis häufig vorkommen, nicht anwendbar ist (vgl. auch Rn. 10). **3**

C. Anwendungsvoraussetzungen

I. Normstruktur

Die Vorschrift stellt **keine** bloße **Auslegungshilfe** für den Rechtsanwender dar. Sie unterwirft vielmehr bestimmte Sachverhalte nicht der Schenkung und schließt damit die Anwendbarkeit der Vorschriften **4**

---

[1] Im täglichen Leben spricht man demgegenüber oft von einer Schenkung, wenn jemand zugunsten eines anderen einen zukünftigen Vermögenserwerb unterlässt. Vgl. *Koch* in: MünchKomm-BGB, § 517 Rn. 1; *Weidenkaff* in: Palandt, § 517 Rn. 2.

[2] So auch *Wimmer-Leonhardt* in: Staudinger, § 517 Rn. 1; *Medicus/Lorenz*, Schuldrecht II (BT), 16. Aufl. 2012, Rn. 386; *Däubler* in: AnwK-Das neue Schuldrecht, § 517 Rn. 1.

der §§ 516-534 BGB aus; insbesondere sind damit auch die Rückforderungsansprüche aus §§ 528 ff. BGB ausgeschlossen.[3] Die Vorschrift stellt eine gesetzliche **Negativdefinition** dar.[4]

II. Unterlassen eines Vermögenserwerbs

5   Eine Schenkung liegt nicht vor, wenn jemand den **Erwerb von (zukünftigem) Vermögen** zugunsten eines anderen **unterlässt**. Beispiele sind: Nichtannahme eines Vertragsangebotes; Verweigerung der Genehmigung eines Vertrages; Unterlassen der (möglichen) Anfechtung einer Willenserklärung. Ist der Vermögenserwerb mit der Erfüllung des Rechtsgeschäfts **bereits erfolgt** (§§ 398, 873, 929 BGB), so ist diese **Tatbestandsalternative nicht erfüllt.** Vermögen i.S.d. Vorschrift sind alle geldwerten Sachen und Rechte.[5] Eine Schenkung liegt auch dann nicht vor, wenn für eine erbrachte Arbeits- oder Dienstleistung aus Freundschaft oder Gefälligkeit auf die Zahlung eines Entgelts verzichtet wird.[6]

III. Verzicht auf angefallene, noch nicht endgültig erworbene Rechte

6   Ein **Verzicht**[7] auf bereits angefallene, aber noch nicht endgültig erworbene Rechte ist ebenfalls keine Schenkung. **Endgültig erworben** ist das Recht erst dann, wenn sämtliche für den Erwerb notwendigen Voraussetzungen rechtlicher oder tatsächlicher Art erfüllt sind, z.B. bei einer Grundstücksübertragung die Auflassung erklärt und Eigentumsumschreibung im Grundbuch erfolgt ist. Fehlt eine Voraussetzung, so ist das Recht noch nicht endgültig erworben. Das gilt z.B. beim **fehlenden Bedingungseintritt** bei aufschiebend bedingten Rechten.

7   Umstritten ist, ob der **Verzicht** auf ein bereits entstandenes **Anwartschaftsrecht** unter die Vorschrift fällt.[8] Das Anwartschaftsrecht ist – obwohl es durch die Rechtsprechung mittlerweile als selbständiges, übertragbares und (ver)pfändbares Vermögensrecht anerkannt worden ist[9] – nach dem Willen der Vertragsparteien i.d.R. nur die **Durchgangsstufe zum endgültigen Recht**. Es entsteht, wenn bestimmte Voraussetzungen vorliegen.[10] Das dem Anwartschaftsrecht zugrunde liegende Rechtsverhältnis (**Grundverhältnis**) kann entgeltlicher oder unentgeltlicher Art sein. Verzichtet der Erwerber beim entgeltlichen Grundverhältnis (z.B. Kaufvertrag) auf die Vollendung des endgültigen Rechtserwerbes, so liegt hierin keine Schenkung, sondern **eine vertragliche Abänderung** des dem Recht zugrunde liegenden Rechtsgeschäfts. Diese Abänderung kann ggf. eine Schenkung sein, wenn die Gegenleistung (Kaufpreis) bereits erbracht worden ist.[11] Wenn die Gegenleistung noch nicht erbracht wurde, liegt eine vertragliche Aufhebung des Grundgeschäfts und der dinglichen Einigung vor. Es handelt sich nicht um eine unentgeltliche Zuwendung.[12] Liegt dem Anwartschaftsrecht eine Schenkung des Vollrechts zugrunde und verzichtet der Beschenkte auf die Vollendung des Rechtes, so liegt hierin ein **schenkweiser Erlass** der noch nicht erfüllten Schuld.[13] Diese Fälle sind nicht zu verwechseln mit der unentgeltlichen **Übertragung eines Anwartschaftsrechtes**. Diese ist als Schenkung anzusehen.[14]

---

[3] *Wimmer-Leonhardt* in: Staudinger, § 517 Rn. 1; *Mühl/Teichmann* in: Soergel, § 517 Rn. 1.
[4] *Koch* in: MünchKomm-BGB, § 517 Rn. 1; *Weidenkaff* in: Palandt, § 517 Rn. 1; *Wimmer-Leonhardt* in: Staudinger, § 517 Rn. 1.
[5] Vgl. *Weidenkaff* in: Palandt, § 517 Rn. 2.
[6] So zu Recht *Koch* in: MünchKomm-BGB, § 516 Rn. 6 m.w.N.
[7] Regelmäßig liegt darin ein Erlass i.S.v. § 397 BGB; vgl. *Weidenkaff* in: Palandt, § 517 Rn. 3.
[8] Str., wie hier *Koch* in: MünchKomm-BGB, § 517 Rn. 4; *Herrmann* in: Erman, § 517 Rn. 2; *Mezger* in: BGB-RGRK, § 517 Rn. 2; OLG Frankfurt v. 20.06.1980 - 17 U 118/79 - OLGZ 80, 449; a.A. *Mühl/Teichmann* in: Soergel, § 517 Rn. 1.
[9] Vgl. hierzu im Grundstücksverkehr: *Schöner/Stöber*, Grundbuchrecht, 14. Aufl. 2008, Rn. 1589, 3318 m.w.N.
[10] Es entsteht i.d.R. dann, wenn von einem mehraktigen Entstehungstatbestand eines Rechtes bereits so viele entstanden sind, dass der Veräußerer die Rechtsposition des Erwerbers nicht mehr einseitig zerstören kann; vgl. dazu BGH v. 05.01.1955 - IV ZR 154/54 - LM Nr. 1 zu § 15 KO; BGH v. 30.04.1982 - V ZR 104/81 - BGHZ 83, 395-401.
[11] *Koch* in: MünchKomm-BGB, § 517 Rn. 4.
[12] *Koch* in: MünchKomm-BGB, § 517 Rn. 4; OLG Frankfurt v. 20.06.1980 - 17 U 118/79 - OLGZ 80, 449.
[13] *Koch* in: MünchKomm-BGB, § 517 Rn. 4.
[14] Vgl. *Koch* in: MünchKomm-BGB, § 517 Rn. 4.

IV. Ausschlagung einer Erbschaft oder eines Vermächtnisses

Mit dem Tode des Erblassers fällt die Erbschaft gemäß § 1942 Abs. 1 BGB den Erben kraft Gesetzes an. Eine Vermächtnisforderung entsteht gemäß § 2176 BGB. Der jeweilige **Rechtserwerb** ist jedoch **nur vorläufig**, wenn der Berechtigte von seinem Recht, die **Ausschlagung** form- und fristgemäß zu erklären, Gebrauch macht. Dann gelten Erbschaft und Vermächtnisanfall als (von Anfang an) nicht erfolgt. Es liegt **keine Vermögensminderung** vor, weil kraft Gesetzes zu keiner Zeit eine Vermögensmehrung stattgefunden hatte. Auch wenn der Ausschlagende damit mittelbar den Ersatzberechtigten (Ersatzerbe; Ersatzvermächtnisnehmer) begünstigen will, sind die Vorschriften der Schenkung hier nicht anwendbar.[15]

8

Gleiches gilt für den **lebzeitigen,** unentgeltlichen **Erb- oder Pflichtteils-** sowie für den **Zuwendungsverzicht** gemäß den §§ 2346, 2352 BGB.[16] Anders ist dies jedoch, wenn der Pflichtteilsanspruch bereits mit dem Tod des Erblassers entstanden war. Ein **nachträglicher postmortaler Verzicht** (Erlass) durch Vereinbarung mit dem Erben ist dann als Schenkung anzusehen, weil darin eine tatsächliche Vermögensminderung beim Verzichtenden zu sehen ist.[17]

9

V. Unanwendbarkeit der Vorschrift

Die Vorschrift ist **nicht anwendbar**, wenn ein Vermögensgegenstand **unentgeltlich** unter einer **auflösenden Bedingung** zugewendet wird. Bis zum etwaigen Eintritt der Bedingung liegt eine Schenkung vor. § 517 BGB ist ausgeschlossen.[18] Auch die Schenkung unter **aufschiebender Bedingung** fällt nicht unter die Vorschrift. Bereits mit Vollzug der Schenkung liegt eine dauerhafte Vermögensmehrung vor (Anwartschaftsrecht), obwohl die Bedingung noch nicht eingetreten ist.

10

Der Verzicht auf betagte Rechte (z.B. noch nicht fällige Zinsen, Leibrenten etc.) sowie der unentgeltliche **Erlass rückständiger Leistungen** stellen ebenfalls regelmäßig Schenkungen dar.[19] Auch die Fälle **mittelbarer unentgeltlicher Zuwendungen** fallen unter den Begriff der Schenkung, so dass § 517 BGB keine Anwendung findet.[20] **Schenkungen mit Widerrufsvorbehalt**, die häufig bei unentgeltlichen Grundstückszuwendungen an Kinder im Wege der vorweggenommenen Erbfolge vorkommen, sind gleichfalls Schenkungen im Sinne des Gesetzes (vgl. die Kommentierung zu § 516 BGB Rn. 65).

11

Abdingbarkeit: Bei § 517 BGB handelt es sich um eine **Definitionsnorm** des Gesetzgebers. Die Frage der Abdingbarkeit der Vorschrift durch die Vertragsparteien **stellt sich** demgemäß **nicht**. Die Frage, ob ein bestimmter Sachverhalt unter die Vorschrift fällt, entscheidet letztlich das Gericht.

12

D. Prozessuale Hinweise/Verfahrenshinweise

Derjenige, der sich darauf beruft, dass keine Schenkung vorliegt, weil ein bestimmter Sachverhalt unter den Tatbestand der Norm fällt, trägt hierfür die **Darlegungs- und Beweislast**, wenn er hieraus Rechte herleiten will.

13

---

[15] Einschränkend *Wimmer-Leonhardt* in: Staudinger, § 517 Rn. 5.
[16] *Koch* in: MünchKomm-BGB, § 517 Rn. 5; *Weidlich* in: Palandt, § 2346 Rn. 4.
[17] Vgl. dazu RG v. 10.10.1911 - VII 120/11 - RGZ 77, 238-241; *Mühl/Teichmann* in: Soergel, § 517 Rn. 4; *Herrmann* in: Erman, § 517 Rn. 3; *Weidenkaff* in: Palandt, § 517 Rn. 4; *Koch* in: MünchKomm-BGB, § 517 Rn. 5; a.A. *Mezger* in: BGB-RGRK, § 517 Rn. 2.
[18] *Koch* in: MünchKomm-BGB, § 517 Rn. 3; *Mühl/Teichmann* in: Soergel, § 517 Rn. 6; *Wimmer-Leonhardt* in: Staudinger, § 517 Rn. 4; *Mezger* in: BGB-RGRK, § 517 Rn. 2.
[19] *Wimmer-Leonhardt* in: Staudinger, § 517 Rn. 8; *Koch* in: MünchKomm-BGB, § 517 Rn. 3, *Herrmann* in: Erman, § 517 Rn. 3; *Mühl/Teichmann* in: Soergel, § 517 Rn. 7.
[20] Vgl. hierzu *Wimmer-Leonhardt* in: Staudinger, § 517 Rn. 4; *Koch* in: MünchKomm-BGB, § 516 Rn. 9.

E. Arbeitshilfen

I. Was man nicht vergessen darf

14 Bei Zuwendungen unter aufschiebender oder auflösender Bedingung ist genau festzulegen, was Schenkungsgegenstand ist (Vollrecht oder Anwartschaftsrecht). Davon hängt es ggf. ab, ob die Vorschrift des § 517 BGB Anwendung findet.

II. Prüfschemata

15 Zunächst ist zu prüfen, ob eine der drei in der Vorschrift genannten Alternativen vorliegt. Ist das der Fall, so finden die Vorschriften der §§ 516-534 BGB keine Anwendung.

§ 518 BGB Form des Schenkungsversprechens

(Fassung vom 02.01.2002, gültig ab 01.01.2002)

(1) ¹Zur Gültigkeit eines Vertrags, durch den eine Leistung schenkweise versprochen wird, ist die notarielle Beurkundung des Versprechens erforderlich. ²Das Gleiche gilt, wenn ein Schuldversprechen oder ein Schuldanerkenntnis der in den §§ 780, 781 bezeichneten Art schenkweise erteilt wird, von dem Versprechen oder der Anerkennungserklärung.

(2) Der Mangel der Form wird durch die Bewirkung der versprochenen Leistung geheilt.

Gliederung

A. Grundlagen 1	IV. Heilung des Formmangels 16
I. Kurzcharakteristik 1	1. Allgemeine Voraussetzungen 16
II. Regelungsprinzipien 2	2. Vollzug durch Leistungshandlung oder Leistungserfolg 21
B. Praktische Bedeutung 3	3. Vollzug nach dem Tod des Schenkers 23
C. Anwendungsvoraussetzungen 4	4. Einzelfälle 26
I. Formbedürftigkeit des Schenkungsversprechens nach Absatz 1 Satz 1 4	5. Abdingbarkeit 35
II. Die Beurkundungspflicht des Schenkungsversprechens 7	**D. Rechtsfolgen** 36
III. Die Beurkundungspflicht des Schuldversprechens und -anerkenntnisses 14	**E. Prozessuale Hinweise/Verfahrenshinweise** 38

A. Grundlagen

I. Kurzcharakteristik

§ 518 BGB normiert eine gesetzliche **Formvorschrift** für die Rechtswirksamkeit eines Schenkungsversprechens. Nach § 516 BGB ist für sofort vollzogene Schenkungen keine Form erforderlich. Solche „**Handschenkungen**" sind, unabhängig von der Art und dem Wert des geschenkten Gegenstandes, sofort rechtswirksam. Zur Rechtswirksamkeit eines nicht sofort vollzogenen Schenkungsvertrages („**Versprechensschenkung**"[1]) ist demgegenüber die **notarielle Beurkundung** des Schenkungsversprechens des Schenkers notwendig. Das gleiche Formerfordernis gilt auch für abstrakte Schuldversprechen oder Schuldanerkenntnisse gemäß den §§ 780, 781 BGB, wenn diese schenkweise erteilt werden. Aus § 518 Abs. 2 BGB ergibt sich, dass eine **Heilung** des Formmangels mit dem **Vollzug** der Schenkung eintritt.

1

II. Regelungsprinzipien

Das gesetzlich normierte Formerfordernis in § 518 Abs. 1 BGB will übereilte Schenkungsversprechen verhindern („**Übereilungsschutz**") sowie angeblich bereits zu Lebzeiten von Verstorbenen ausgesprochene Schenkungen vermeiden, um dadurch die Formvorschriften für letztwillige Verfügungen nicht zu umgehen („**Umgehungsschutz**").[2] Sinn und Zweck des Heilungsvollzuges in § 518 Abs. 2 BGB ist es, wieder eine Gleichbehandlung zwischen Handschenkung und Versprechensschenkung herzustellen,

2

---

[1] Vgl. zur Terminologie *Koch* in: MünchKomm-BGB, § 518 Rn. 1; *Weidenkaff* in: Palandt, § 518 Rn. 2; *Herrmann* in: Erman, § 518 Rn. 1 („Schenkungsversprechen als einseitig verpflichtender Vertrag"); *Wimmer-Leonhardt* in: Staudinger, § 518 Rn. 2; *Mezger* in: BGB-RGRK, § 518 Rn. 1-2; *Mühl/Teichmann* in: Soergel, § 518 Rn. 1.

[2] Vgl. dazu *Weidenkaff* in: Palandt, BGB, § 518 Rn. 1a; *Koch* in: MünchKomm-BGB, § 518 Rn. 1; *Herrmann* in: Erman, § 518 Rn. 1; *Wimmer-Leonhardt* in: Staudinger, § 518 Rn. 2; *Mezger* in: BGB-RGRK, § 518 Rn. 1; *Mühl/Teichmann* in: Soergel, § 518 Rn. 1.

wenn der Schenker sein Versprechen erfüllt hat. Der Schenker, der zuerst verspricht und dann erfüllt, soll nach Vollzug nicht besser gestellt werden, als der Schenker der zugleich erfüllt („**Gleichstellungsfunktion**").

B. Praktische Bedeutung

3   Die Vorschrift hat die Rechtspraxis in den letzten Jahren vielfach beschäftigt. Insbesondere Fragen der **Heilung** eines Formmangels nach dem Tode des Schenkers durch Vollzug der Schenkung nach § 518 Abs. 2 BGB und die Abgrenzung der auf den Tod befristeten Schenkung unter Lebenden von der Schenkung von Todes wegen gemäß § 2301 BGB waren Gegenstand von Rechtsstreitigkeiten.[3]

C. Anwendungsvoraussetzungen

I. Formbedürftigkeit des Schenkungsversprechens nach Absatz 1 Satz 1

4   Zur Gültigkeit eines Schenkungsversprechens ist die **notarielle Beurkundung** erforderlich. Ein ohne diese Form abgegebenes Versprechen ist gemäß § 125 Satz 1 BGB nichtig.[4]

5   Das Schenkungsversprechen ist dabei nicht zu verwechseln mit dem **Versprechensschenkungsvertrag**. Der Vertrag kommt nach allgemeinen Grundsätzen erst mit der Annahme des Versprechens durch den Beschenkten zustande. Die Annahme kann dabei, wenn nicht andere Formerfordernisse den Vertrag insgesamt erfassen (z.B. die §§ 311b Abs. 1, Abs. 3, Abs. 5 Satz 2, 2033, 2371, 2385 BGB, § 15 GmbHG), formfrei und konkludent (§ 151 BGB) erfolgen. Es handelt sich dann um einen **einseitig verpflichtenden Vertrag**, durch der Anspruch des Beschenkten begründet wird, die versprochene Leistung zu fordern. Schenkungsgegenstand ist die unentgeltliche Begründung dieser Forderung, die durch Vollzug (Leistung des versprochenen Gegenstandes) erfüllt wird.[5] Bei der **Handschenkung bzw. Realschenkung** i.S.v. § 516 BGB wird dagegen dem Beschenkten der körperliche Schenkungsgegenstand ohne vorheriges separates Schenkungsversprechen sofort verschafft, z.B. durch Übereignung oder Abtretung. Dabei bedarf der Eigentumsübergang bzw. die Übertragung des Eigentumsanwartschaftsrechtes bei der Handschenkung von beweglichen Sachen durch Einigung gemäß § 929 Satz 2 BGB aufgrund des sachenrechtlichen Typenzwangs darüber hinaus keiner weiteren Momente.[6] Der **Rechtsgrund (causa) der Handschenkung** liegt dabei regelmäßig in der Zuwendung selbst, wenn beide Vertragsteile darüber einig sind, dass diese unentgeltlich erfolgen soll.[7]

6   Der BGH stellt in diesem Zusammenhang klar, dass bei einer bereits unter Lebenden **vollzogenen** Verfügung zugunsten Dritter auf den Todesfall die auf diese Weise begründeten Rechtsbeziehungen nicht nur im Deckungsverhältnis-, sondern auch im Valutaverhältnis den allgemeinen Regeln für Rechtsgeschäfte unter Lebenden zu folgen haben und damit auch den Vorschriften des § 518 BGB unterliegen.[8]

---

[3] Vgl. z.B. BGH v. 30.10.1974 - IV ZR 172/73 - NJW 1975, 382; BGH v. 12.11.1986 - IVa ZR 77/85 - BGHZ 99, 97-101; BGH v. 05.03.1986 - IVa ZR 141/84 - NJW 1986, 2107-2108.

[4] *Weidenkaff* in: Palandt, § 518 Rn. 7; *Wimmer-Leonhardt* in: Staudinger, § 518 Rn. 16; *Koch* in: MünchKomm-BGB, § 518 Rn. 7.

[5] BGH v. 17.06.1992 - XII ZR 145/91 - juris Rn. 13 - LM BGB § 516 Nr. 24 (2/1993); so auch *Koch* in: MünchKomm-BGB, § 518 Rn. 4; *Wimmer-Leonhardt* in: Staudinger, § 518 Rn. 2; *Weidenkaff* in: Palandt, § 518 Rn. 3; a.A. *Harde*, NJW 1986, 3127, der als Schenkungsgegenstand den Gegenstand ansieht, auf den die Forderung gerichtet ist.

[6] BGH v. 19.06.2007 - X ZR 5/07 - juris Rn. 7 - NJW 2007, 2844-2845; vgl. die Anmerkungen hierzu von *Hartmann*, ErbStB 2007, 371 und *Zorn*, VRR 2007, 385.

[7] Vgl. *Koch* in: MünchKomm-BGB, § 516 Rn. 15; *Weidenkaff* in: Palandt, § 518 Rn. 4; *Wimmer-Leonhardt* in: Staudinger, Rn. 39; *Mezger* in: BGB-RGRK, § 518 Rn. 3.

[8] BGH v. 26.11.2003 - IV ZR 438/02 - BGHZ 157, 79-87.

II. Die Beurkundungspflicht des Schenkungsversprechens

Ein Versprechen, durch das eine Leistung schenkweise versprochen wird, ist nur gültig, wenn das Versprechen **notariell beurkundet** wird. Die Formbedürftigkeit bezieht sich demgemäß bereits nach dem Wortlaut der Vorschrift **nur** auf die **Verpflichtungserklärung** des Schenkers, nicht auf die Einigung beider Vertragsteile, wenn diese nicht in anderen Vorschriften vorgesehen ist.[9] Grundsätzlich ist nach dem Gesetz die notarielle Beurkundung nach den §§ 6-35 BeurkG erforderlich. Die notarielle Beurkundung wird gemäß § 128 BGB durch die Aufnahme in einem **Prozessvergleich** ersetzt. Das Formerfordernis **beschränkt** sich – wie gesagt – nur auf die **Verpflichtungserklärung** des Schenkers selbst. Es muss sich daraus nicht ergeben, dass und warum die Verpflichtung unentgeltlich übernommen wird. Die Beurkundung der causa ist nach dem Gesetz nicht erforderlich.[10]

Abgrenzungsprobleme können auch in **gesellschafts- und vereinsrechtlichen Fragen** auftreten. Erklärt ein Gesellschafter, er werde alle ihr (hier: während der Gründung) entstehenden Verluste ausgleichen, handelt es sich nicht um eine unentgeltliche, notariell zu beurkundende, sondern „**causa societatis**" eingegangene Verpflichtung. Sie stellt kein Schenkungsversprechen dar. Fällt die Gesellschaft später in Insolvenz, so hat der Gesellschafter diese Verpflichtung zu erfüllen, sofern nicht etwas anderes vereinbart wird.[11] Gleiches gilt für die Erklärung eines Vorstands eines Vereins, er werde für die dem Verein durch den pflichtwidrigen Abschluss von Trainerverträgen entstehenden Kosten persönlich haften, soweit sie nicht durch Werbung oder Sponsoring aufgebracht werden können.[12] Auch der **Sponsoringvertrag** als Vertrag sui generis unterliegt regelmäßig nicht dem Formzwang des § 516 Abs. 1 BGB, weil die finanzielle Leistung des Sponsors keine unentgeltliche Zuwendung darstellt.[13] Die einseitige Zuerkennung einer (unentgeltlichen) **Stiftungsleistung** durch ein Stiftungsorgan an einen Destinatär stellt ebenfalls kein formbedürftiges Schenkungsversprechen dar.[14] Rechtsgrund für derartige Zuwendungen ist der Stiftungszweck selbst. Dabei macht es keinen Unterschied, ob ein Anspruch auf die Stiftungsleistungen bereits durch die Stiftungssatzung selbst oder erst durch ein Stiftungsorgan, sei es durch einseitige Zuerkennung oder durch Abschluss eines entsprechenden Vertrages, begründet wird.[15] Auch die Zusage an einen Trainer, im Fall des Gewinns des Meistertitels einen Geldbetrag zu zahlen, stellt kein formbedürftiges Schenkungsversprechen dar.[16]

Die Beurkundungspflicht bezieht sich jedoch im Übrigen auf **den gesamten Inhalt des Schenkungsversprechens**. Demgemäß umfasst der Beurkundungszwang z.B. auch die Mitbeurkundung von vorbehaltenen Rechten des Schenkers bzw. zu erbringende Leistungen des Beschenkten bei der Schenkung unter Auflage[17] (vgl. die Kommentierung zu § 525 BGB). Auch die Verpflichtung, die Kosten der Schenkung samt etwaiger Schenkungsteuer zu zahlen, ist beurkundungspflichtig.[18] Es handele sich dabei neben bereits vollzogenen (und gem. § 518 Abs. 2 BGB geheilten) unentgeltlichen Zuwendungen um ein eigenes, separates Schenkungsversprechen, das der Beurkundungspflicht des § 518 Abs. 1

---

[9] RG v. 07.02.1920 - V 343/19 - RGZ 98, 124-131; *Wimmer-Leonhardt* in: Staudinger, § 518 Rn. 5; *Koch* in: MünchKomm-BGB, § 518 Rn. 4; *Weidenkaff* in: Palandt, § 518 Rn. 7.

[10] RG v. 07.02.1920 - V 343/19 - RGZ 98, 124-131 = RG, DR 1940, 2107; *Wimmer-Leonhardt* in: Staudinger, § 518 Rn. 6; *Koch* in: MünchKomm-BGB, § 518 Rn. 4; *Mühl/Teichmann* in: Soergel, § 518 Rn. 4; *Herrmann* in: Erman, § 518 Rn. 3.

[11] BGH v. 08.05.2006 - II ZR 94/05 - juris Rn. 11 - DB 2006, 1370-1371; *Koch* in: MünchKomm, § 516 Rn. 98.

[12] BGH v. 14.01.2008 - II ZR 245/06 - juris Rn. 17-19 - WM 2008, 447-449.

[13] OLG Dresden v. 02.03.2006 - 13 U 2242/05 - juris Rn. 12 - OLGR Dresden 2007, 253-254.

[14] BGH v. 07.10.2009 - Xa ZR 8/08 - juris Rn. 12 - NJW 2010, 234; a.A. *Muscheler*, NJW 2010, 341, 343.

[15] BGH v. 07.10.2009 - Xa ZR 8/08 - juris Rn. 14.

[16] BGH v. 28.05.2009 - Xa ZR 9/08 - juris Rn. 14.

[17] So auch *Koch* in: MünchKomm-BGB, § 518 Rn. 4; *Weidenkaff* in: Palandt, § 525 Rn. 2.

[18] FG Düsseldorf v. 20.02.2008 - 4 K 1840/07 - juris Rn. 11 m.w.N. - EFG 2008, 961-962; RG v. 31.01.1920 - V 406/19 - SeuffA 75 Nr. 126.

§ 518

Satz 1 BGB unterliege.[19] Die Beurkundung **vorbereitender Maßnahmen** (z.B. die Beurkundung einer Auflassungsvollmacht für den Beschenkten) reicht ebenfalls nicht aus.[20]

10 Das Formerfordernis gilt grundsätzlich für **alle Arten von Schenkungsversprechen**, demgemäß z.B. auch für belohnende Schenkungen (vgl. die Kommentierung zu § 516 BGB Rn. 62), Pflicht- und Anstandsschenkungen i.S.v. § 534 BGB, gemischte Schenkungen (vgl. die Kommentierung zu § 516 BGB Rn. 60), Schenkungen unter Auflage gemäß § 525 BGB (vgl. die Kommentierung zu § 525 BGB) und Schenkungen zugunsten Dritter (vgl. Rn. 23).[21] In Abgrenzung zur Brautgabe unterliegt auch das Versprechen eines (türkischen) Mannes gegenüber seiner Frau, in einer „Aussteuerurkunde" Hausratsgegenstände und Schmuckstücke anzuschaffen, dem Beurkundungszwang.[22] Ein selbständiges Provisionsversprechen ohne Gegenleistung ist im Zweifel ebenfalls als Schenkungsversprechen zu qualifizieren, das dem Beurkundungszwang unterliegt.[23] Die Formvorschrift des § 518 Abs. 1 Satz 1 BGB gilt nicht für Schenkungen unter Ehegatten im Rahmen einer **unbenannten ehebedingten Zuwendung** (vgl. die Kommentierung zu § 516 BGB Rn. 80), weil es sich hierbei nicht um echte Schenkungen i.S.v. § 516 Abs. 1 BGB handelt (str.).[24] Diese Zuwendungen tragen ihren Rechtsgrund in sich und unterliegen damit regelmäßig keinen Konditionsansprüchen aus den §§ 812, 822 BGB.[25] Das Gleiche gilt für die Vereinbarung von Zahlungsverpflichtungen innerhalb einer **nichtehelichen Lebensgemeinschaft** wegen Aufgabe der Berufstätigkeit aus Anlass der Geburt eines Kindes.[26]

11 Formbedürftigkeit liegt nur vor, wenn mit **Annahme** des Versprechens ein **Schenkungsvertrag** zustande kommt.[27] Liegt eine beurkundete Verpflichtungserklärung des Schenkers vor, so muss ggf. anhand außerurkundlicher Umstände geklärt werden, ob und inwieweit sie unentgeltlicher Natur ist.[28] Das kann insbesondere im Falle gemischter Schenkungen oder bei Schenkungen unter Auflage problematisch sein, weil diese im Zweifel nur hinsichtlich ihres unentgeltlichen Teiles den Regelungen der Schenkung unterliegen.

12 In steuerlicher Hinsicht verzichtet der BFH für die Rechtswirksamkeit der Geldzusage im Fall einer mittelbaren Grundstücksschenkung, bei der ein Geldbetrag zum zweckgebundenen Erwerb eines Grundstück zugesagt wurde, auf die Voraussetzungen des § 518 Abs. 1 BGB, besteht aber auf prüfbarer Nachweisbarkeit.[29]

---

[19] So FG Düsseldorf v. 20.02.2008 - 4 K 1840/07 - juris Rn. 12 - EFG 2008, 961-962, diese Auffassung ist fraglich, wenn von einem einheitlichen Rechtsgeschäft auszugehen ist und die Abrede, die Schenkungsteuer zu tragen, nur untergeordneten Charakter hat.

[20] RG v. 31.01.1920 - 406/19 V - JW 1920, 490.

[21] So auch *Weidenkaff* in: Palandt, § 518 Rn. 1; *Koch* in: MünchKomm-BGB, § 518 Rn. 2; *Wimmer-Leonhardt* in: Staudinger, § 518 Rn. 6.

[22] OLG Stuttgart v. 23.08.2006 - 13 W 54/06 - juris Rn. 12 ff. - OLGR Stuttgart 2007, 92-93.

[23] OLG Koblenz v. 14.01.2008 - 12 U 1326/06 - juris Rn. 23 - OLGR Koblenz 2008, 327-329; OLG Düsseldorf v. 19.05.2000 - 7 U 169/99 - juris Rn. 43 - OLGR Düsseldorf 2001, 54-57; *Jäger* in: jurisPK-BGB, 6. Aufl. 2012, § 652 Rn. 1324.

[24] Vgl. OLG Bremen v. 06.05.1999 - 5 U 35/98 - juris Rn. 57 - FamRZ 2000, 671-672; *Wimmer-Leonhardt* in: Staudinger, § 518 Rn. 12; *Sandweg*, NJW 1989, 1965-1974, a.A. mit ausführlicher Begründung: *Koch* in: MünchKomm-BGB, § 518 Rn. 3; *Mühl/Teichmann* in: Soergel, § 518, Rn. 2; *Herrmann* in: Erman, § 518 Rn. 3, offen gelassen von Schleswig-Holsteinisches OLG v. 04.10.2006 - 15 UF 50/06 - juris Rn. 30 - SchlHA 2007, 93-94.

[25] Vgl. BGH v. 04.04.1990 - IV ZR 42/89 - juris Rn. 15 - LM Nr. 132 zu BGB § 242 (Bb); OLG Bremen v. 06.05.1999 - 5 U 35/98 - juris Rn. 58 - FamRZ 2000, 671-672.

[26] Vgl. BGH v. 16.09.1985 - II ZR 283/84 - juris Rn. 14 - LM Nr. 46 zu § 705 BGB; OLG Hamm v. 02.05.2000 - 29 U 11/99 - juris Rn. 20 - NZG 2000, 929-930.

[27] Vgl. BGH v. 19.05.1967 - V ZR 167/64 - BB 1967, 1356.

[28] So auch *Koch* in: MünchKomm-BGB, § 518 Rn. 4.

[29] BFH v. 10.11.2004 - II R 44/02 - juris Rn. 14 - BFHE 207, 360.

Eine nachträgliche **Änderung** des Schenkungsversprechens ist nach dem Schutzzweck des § 518 BGB nur dann beurkundungsbedürftig, wenn sie eine unentgeltliche Erweiterung der Pflichten des Schenkers beinhaltet.[30]

III. Die Beurkundungspflicht des Schuldversprechens und -anerkenntnisses

Abstrakte Schuldversprechen i.S.v. § 780 BGB und **Schuldanerkenntnisse** i.S.v. § 781 BGB, die schenkweise erteilt werden sollen, bedürfen ebenfalls der Form der notariellen Beurkundung. Sie liegen jedoch nur dann vor, wenn die mit ihnen übernommenen Verpflichtungen von ihrem zugrunde liegenden Rechtsgrund gelöst und allein auf den im jeweiligen Versprechen zum Ausdruck kommenden Leistungswillen des Schuldners gestellt werden sollen.[31] Das ist z.B. nicht der Fall, wenn ein Vorstand eines Vereins erklärt, er werde für die dem Verein durch den pflichtwidrigen Abschluss von Trainerverträgen entstehenden Kosten persönlich haften, soweit sie nicht durch Werbung oder Sponsoring aufgebracht werden können.[32] Das grundsätzliche Schriftformerfordernis dieser abstrakten Verpflichtungserklärungen wird im Falle der Schenkung verschärft, um einen effektiven **Übereilungsschutz** für den Schenker zu bieten. **Formmängel** eines solchen Schenkungsversprechens können weder durch schriftliche Erteilung der abstrakten Schuldverpflichtungen gemäß § 518 Abs. 2 BGB geheilt werden, noch kann das Formerfordernis durch die Möglichkeit einer formlos wirksamen Handschenkung ausgeschlossen werden.[33] Das gilt auch für ein Schuldanerkenntnis, das einen fingierten Rechtsgrund enthält.[34]

Obwohl das Gesetz nur die beiden genannten Formen von abstrakten Verpflichtungserklärungen aufzählt, muss das Formerfordernis auch auf **andere schenkweise erteilte abstrakte Schuldversprechen** z.B. Wechsel, Scheck, Anweisungsannahme etc. **erweitert** werden.[35] Der Schutzzweck, den Schenker vor übereilten Versprechen zu schützen, deren Tragweite er möglicherweise nicht sofort erkennt, trifft hier ebenfalls zu.[36] Bei Schenkung eines Wechselakzeptes[37] oder eines Anweisungsakzeptes i.S.v. § 784 BGB[38] gilt demgemäß die Beurkundungspflicht ebenso wie bei der schenkweisen Hingabe eines Schecks.[39] Auch die schenkweise **Aufhebung eines Schulderlasses**[40] sowie die Umwandlung einer schenkweise versprochenen Forderung in ein Vereinbarungsdarlehen ist beurkundungspflichtig.[41]

---

[30] Vgl. *Koch* in: MünchKomm-BGB, § 518 Rn. 3; *Wimmer-Leonhardt* in: Staudinger, § 518 Rn. 13; *Herrmann* in: Erman, § 518 Rn. 3
[31] BGH v. 14.01.2008 - II ZR 245/06 - juris Rn. 15 - WM 2008, 447-449; BGH v. 14.10.1998 - XII ZR 66/97 - NJW 1999, 574, 575.
[32] BGH v. 14.01.2008 - II ZR 245/06 - juris Rn. 17-19 - WM 2008, 447-449.
[33] Vgl. dazu ausführlich *Koch* in: MünchKomm-BGB, § 518 Rn. 5.
[34] BGH v. 05.12.1979 - IV ZR 107/78 - NJW 1980, 1158-1159.
[35] Vgl. BGH v. 06.03.1975 - II ZR 150/74 - juris Rn. 6 - BGHZ 64, 340-342; BGH v. 12.04.1978 - IV ZR 68/77 - juris Rn. 13 - LM Nr. 11 zu § 518 BGB; so auch *Koch* in: MünchKomm-BGB, § 518 Rn. 6 ; *Mezger* in: BGB-RGRK, § 518 Rn. 2; *Wimmer-Leonhardt* in: Staudinger, § 518 Rn. 15; *Weidenkaff* in: Palandt, § 518 Rn. 6.
[36] *Koch* in: MünchKomm-BGB, § 518 Rn. 6.
[37] Vgl. RG v. 16.06.1909 - I 189/09 - RGZ 71, 289-293; *Mühl/Teichmann* in: Soergel, § 518 Rn. 11; *Koch* in: MünchKomm-BGB, § 518 Rn. 6; *Wimmer-Leonhardt* in: Staudinger, § 518 Rn. 15.
[38] *Koch* in: MünchKomm-BGB, § 518 Rn. 6; *Mühl/Teichmann* in: Soergel, § 518 Rn. 18; *Mezger* in: BGB-RGRK, § 518 Rn. 2.
[39] Vgl. BGH v. 06.03.1975 - II ZR 150/74 - juris Rn. 5 - BGHZ 64, 340-342; BGH v. 14.12.1970 - III ZR 206/67 - WM 1971, 443.
[40] Vgl. RG v. 04.03.1911 - VI 318/10 - RGZ 76, 59-61.
[41] BFH v. 19.09.1974 - IV R 95/73 - BB 1975, 166; OLG Hamm v. 13.03.1978 - 15 W 58/78 - juris Rn. 12 - DB 1978, 1397-1398.

IV. Heilung des Formmangels

1. Allgemeine Voraussetzungen

16 Der **Mangel** der Form wird gemäß § 518 Abs. 2 BGB durch „Bewirken der versprochenen Leistung" geheilt. Andere Mängel, außer der unterlassenen Beurkundung, werden demgemäß nicht behoben.[42] Eine Heilung tritt nur ein, wenn die Leistung **freiwillig** und mit **endgültigem Zuwendungswillen**[43] erfolgt, jedoch unabhängig davon, ob der Leistende irrtümlicherweise von der Gültigkeit des Schenkungsversprechens ausgegangen ist oder nicht.[44] Eine Erfüllung durch Zwangsvollstreckung oder Aufrechnung führt nicht zur Heilung[45], auch nicht ein Akt der **Usurpation** durch den Beschenkten[46]. Auch eine durch Drohung oder unter Ausübung von Zwang bewirkte Leistung behebt den Formmangel nicht.

17 Bloße **Vorbereitungs-** und **Sicherungsmaßnahmen** im Vorgriff auf die eigentliche Vollziehung, z.B. die Bestellung einer Hypothek zur Sicherung der unentgeltlich zugewendeten Forderung,[47] oder die Erteilung einer bloßen Vollmacht zur (späteren) Verfügung über ein Bankguthaben,[48] führen ebenfalls nicht zur Heilung des Formmangels.[49]

18 Die Gewährung eines **Wohnrechtes** ist als Leihe und nicht als Schenkung zu qualifizieren. Die Formvorschrift des § 518 BGB ist deshalb nicht anwendbar, so dass sich die Frage einer Heilung durch Vollzug nicht stellt.

19 Werden in einem unwirksamen Schenkungsversprechen mehrere einmalige oder wiederkehrende Leistungen versprochen, so bewirkt die **Erfüllung einer Einzelleistung** nur deren Heilung. Die Auswirkungen auf den verbleibenden (formnichtigen) Teil des Versprechensvertrages beurteilen sich nach § 139 BGB.[50]

20 Ist ein Holzeinschlagsrecht Gegenstand des Schenkungsversprechens, so ist die Leistung schon mit der **Aneignungsgestattung des Fruchtziehungsrechtes** gemäß § 956 Abs. 1 BGB begründet. Der Besitz der jeweiligen Frucht ist nicht entscheidend.[51]

2. Vollzug durch Leistungshandlung oder Leistungserfolg

21 Umstritten ist, ob es zur „Bewirkung der versprochenen Leistung" im Sinne von § 518 Abs. 2 BGB genügt, dass der Schenker alle aus seiner Sicht notwendigen **Leistungshandlungen** vorgenommen hat oder ob bereits der beabsichtigte **Leistungserfolg** eingetreten sein muss.[52] Die wohl noch **h.M.**[53] geht davon aus, dass eine Heilung des Formmangels bereits dann vorliegt, wenn der Schenker alle **Leis-**

---

[42] *Wimmer-Leonhardt* in: Staudinger, § 518 Rn. 25; *Koch* in: MünchKomm-BGB, § 518 Rn. 8; unzutreffend RG, WarnR 1911 Nr. 12, wonach § 313 Satz 1 BGB a.F. (jetzt § 311b Abs. 1 Satz 2 BGB) nicht den Formmangel des § 518 Abs. 1 BGB heilen soll.
[43] Vgl. hierzu *Böhr*, NJW 2001, 2059-2061.
[44] Vgl. *Weidenkaff* in: Palandt, § 518 Rn. 8; *Wimmer-Leonhardt* in: Staudinger, § 518 Rn. 17; *Koch* in: MünchKomm-BGB, § 518 Rn. 8; *Mühl/Teichmann* in: Soergel, § 518 Rn. 7; vgl. auch hierzu *Böhr*, NJW 2001, 2059-2061; *Reichel*, AcP 104, 1-150.
[45] Vgl. *Weidenkaff* in: Palandt, § 518 Rn. 9; *Koch* in: MünchKomm-BGB, § 518 Rn. 8.
[46] *Schiemann*, JZ 2000, 570-572.
[47] RG v. 01.07.1916 - V 135/16 - RGZ 88, 366-370.
[48] BGH v. 23.02.1983 - IVa ZR 186/81 - juris Rn. 19 - BGHZ 87, 19-26.
[49] So auch *Mühl/Teichmann* in: Soergel, § 518 Rn. 13; *Weidenkaff* in: Palandt, § 518 Rn. 16; *Wimmer-Leonhardt* in: Staudinger, § 518 Rn. 18.
[50] Vgl. RG v. 09.10.1911 - VI 473/10 - RGZ 77, 333-336; BAG v. 19.06.1959 - 1 AZR 417/57 - juris Rn. 28 - NJW 1959, 1746; *Koch* in: MünchKomm-BGB, § 518 Rn. 12; *Wimmer-Leonhardt* in: Staudinger, § 518 Rn. 23; *Mühl/Teichmann* in: Soergel, § 518 Rn. 13.
[51] BGH v. 19.07.2005 - X ZR 92/03 - juris Rn. 14 - WM 2005, 2297-2298.
[52] Vgl. hierzu ausführlich: *Koch* in: MünchKomm-BGB, § 518 Rn. 9 ff.
[53] So *Weidenkaff* in: Palandt, § 518 Rn. 9; BGH v. 06.03.1970 - V ZR 57/67 - LM Nr. 7 zu § 518 BGB; BGH v. 10.05.1989 - IVa ZR 66/88 - juris Rn. 13 - NJW-RR 1989, 1282; LG Köln v. 10.05.1973 - 2 O 44/71 - NJW 1973, 1880-1881; *Mansel* in: Jauernig, § 518 Rn. 6; *Wimmer-Leonhardt* in: Staudinger, § 518 Rn. 19.

tungshandlungen erbracht hat, die von seiner Seite aus erforderlich sind, um den (nachfolgenden) Leistungserfolg eintreten zu lassen.[54] Diese Auffassung sei insbesondere aus Gründen der **Rechtssicherheit** vorzugswürdig und führe auch bei bedingten oder befristeten Schenkungen zu klaren Ergebnissen.[55] Vor allem *Kollhosser*[56] hat demgegenüber überzeugend begründet, dass die versprochene Schenkungsleistung grundsätzlich nur dann bewirkt ist, wenn der beabsichtigte **Leistungserfolg** auch tatsächlich eingetreten ist. Diese Auffassung ist jedenfalls im Anwendungsbereich des § 518 Abs. 2 BGB für die Frage der Heilung einer formunwirksamen Schenkung durch Vollzug nach wie vor zutreffend.[57] Dafür sprechen sowohl der **Wortlaut** (vgl. auch die §§ 267 Abs. 1, 362 Abs. 1 BGB) und die **Entstehungsgeschichte** der Vorschrift als auch der mit der Norm bezweckte **Schutz des Schenkers** (Normzweck) vor unbedachter Minderung seines Vermögens. Dieser Schutz soll – ebenso wie bei der Handschenkung des § 516 BGB – erst mit dem eingetretenen Leistungserfolg verloren gehen.[58] Auch in der neueren Rechtsprechung ist (konkludent) die begrüßenswerte Tendenz zu erkennen, dass zum Vollzug des Schenkungsversprechens i.S.v. § 518 Abs. 2 BGB auch der Leistungserfolg gehört, wobei dieser jedoch auch **nach dem Tod** des Schenkers eintreten kann.[59] Nur dann, wenn die schützenswerten Interessen des Beschenkten normativ zum Ausdruck kommen und diejenigen des Schenkers deutlich überwiegen, kann im Einzelfall eine andere Beurteilung angemessen sein. So schützt z.B. § 529 Abs. 1 Alt. 2 BGB das Vertrauen des Beschenkten in die Rechtsbeständigkeit der Schenkung.(vgl. die Kommentierung zu § 529 BGB Rn. 2). Die 10-Jahresfrist für den Ausschluss des Rückforderungsanspruchs des Schenkers nach § 528 Abs. 1 BGB beginnt bei einer Grundstücksübertragung deshalb bereits dann zu laufen, wenn der Erwerber nach wirksamer Übertragung und Auflassung den Antrag auf Eigentumsumschreibung beim Grundbuchamt eingereicht hat, obwohl die Schenkung noch nicht (endgültig) vollzogen ist.[60]

Die Auffassung führt jedoch **nicht dazu**, dass Schenkungsvollzug in jedem Fall erst mit dem endgültigen, **bestandskräftigen Rechtserwerb** eintritt. Zwar genügt die Begründung einer bloßen schuldrechtlichen Forderung gegen den Schenker nicht (arg. § 518 Abs. 1 Satz 2 BGB). Jedoch kann die Entstehung stärkerer, unter der Stufe des Vollrechts liegender Rechtspositionen des Beschenkten (z.B. eines **Anwartschaftsrechtes**) bereits ausreichend sein, wenn darin die (zunächst) versprochene Leistung des Schenkers besteht und diese damit vollständig erbracht worden ist.[61] Deshalb kann z.B. auch mit der Verschaffung eines **aufschiebend** bedingten oder **befristeten Rechtes** eine Heilung des Form-

22

---

[54] Bei der Grundstücksschenkung genügt es nach Auffassung des BGH zur Leistung i.S. des § 529 Abs. 1 Fall 2 BGB für den Beginn der 10-Jahresfrist, wenn der Beschenkte nach formgerechtem Abschluss des Schenkungsvertrages und der Auflassung den Antrag auf Eigentumsumschreibung beim Grundbuchamt eingereicht hat; vgl. BGH v. 19.07.2011 - X ZR 140/10 - juris Rn. 11, 24 ff.; vgl. hierzu *Ewerts*, MittBayNot 2012, 23-25.

[55] So *Wimmer-Leonhardt* in: Staudinger, § 518 Rn. 21; *Weidenkaff* in: Palandt, § 518 Rn. 9; *Mansel* in: Jauernig, § 518 Rn. 6.

[56] *Kollhosser* in: MünchKomm-BGB, 3. Aufl. 2004, § 518 Rn. 12-18.

[57] *Kollhosser* in: MünchKomm-BGB, 3. Aufl. 2004, § 518 Rn. 12-18; so jetzt auch *Koch* in: MünchKomm-BGB, § 518 Rn. 9 ff.; so auch *Mühl/Teichmann* in: Soergel, § 518 Rn. 9.

[58] Vgl. *Kollhosser* in: MünchKomm-BGB, 3. Aufl. 2004, § 518 Rn. 14-15; *Koch* in: MünchKomm-BGB, § 518 Rn. 9 ff.; *Mühl/Teichmann* in: Soergel, § 518 Rn. 9.

[59] Vgl. BGH v. 29.05.1984 - IX ZR 86/82 - BGHZ 91, 288-293: so führt der BGH hier aus, dass der Vollzug der Schenkung einer (zu Lebzeiten widerruflichen) Lebensversicherung zugunsten eines Dritten erst mit der Unwiderruflichkeit (hier: Tod des Schenkers) eintritt, weil erst dann der Erfolg – Erwerb des Anspruchs auf die Versicherungssumme – endgültig bewirkt sei; vgl. hierzu auch *Koch* in: MünchKomm-BGB, § 518 Rn. 27.

[60] BGH v. 19.07.2011 - X ZR 140/10 - juris Rn. 11, 24 ff.; vgl. hierzu *Ewerts*, MittBayNot 2012, 23-25.

[61] So auch *Koch* in: MünchKomm-BGB, § 518 Rn. 11; ähnlich *Mühl/Teichmann* in: Soergel, § 518 Rn. 10; vgl. zur Übertragung des Eigentumsanwartschaftsrechtes gem. § 929 Satz 2 BGB bei der Handschenkung: BGH v. 19.06.2007 - X ZR 5/07 - juris Rn. 7 - NJW 2007, 2844-2845; vgl. die Anmerkungen hierzu von *Hartmann*, ErbStB 2007, 371 und *Zorn*, VRR 2007, 385.

mangels bereits vor endgültigem Rechtserwerb eintreten.[62] Gleiches gilt bei schenkweiser Zuwendung von **auflösend bedingten oder befristeten Rechten**.[63] Entscheidend sind jeweils die **Umstände des Einzelfalles**. Die Vereinbarung eines **Widerrufsvorbehaltes** hindert den Vollzug i.S.v. § 518 Abs. 2 BGB regelmäßig nicht.[64]

3. Vollzug nach dem Tod des Schenkers

23 Schenkungsvollzug im Sinne von § 518 Abs. 2 BGB kann auch **nach dem Tod des Schenkers** noch eintreten.[65] Im Unterschied dazu muss der Vollzug beim **Schenkungsversprechen von Todes wegen** gemäß § 2301 Abs. 2 BGB bis zum Tode des Schenkers bereits erfolgt sein. Ansonsten finden die Vorschriften über Verfügungen von Todes wegen gemäß § 2301 Abs. 1 BGB Anwendung[66] (vgl. die Kommentierung zu § 516 BGB Rn. 68). Das beim Tode des Schenkers nicht vollzogene (formunwirksame) Schenkungsversprechen kann durch die **Erben** des Schenkers **vollzogen** werden[67], ebenso durch den Beschenkten selbst[68] oder durch einen Dritten als Bevollmächtigter oder als Bote des Schenkers[69].

24 Ein solcher **Schenkungsvollzug** durch Hilfspersonen des Schenkers ist jedoch **nicht mehr möglich**, wenn die Erben des Schenkers das Schenkungsversprechen bzw. den Botenauftrag oder die Vollmacht vor Vollzug der Schenkung **widerrufen**. Der Schenker kann den Widerruf durch seine Erben im Vorhinein jedenfalls dann nicht ausschließen, wenn er sich nicht selbst bereits zu Lebzeiten unwiderruflich gebunden hatte. Die Erben sind kraft Gesamtrechtsnachfolge in seine Rechtsstellung eingetreten.[70] In diesen Fällen kommt es dann häufig zu dem so genannten **Wettlauf** zwischen den vom verstorbenen Schenker beauftragten Vollzugspersonen und den Erben.[71]

25 Das Problem des postmortalen Schenkungsvollzuges tritt häufig im Zusammenhang mit **Schenkungen zugunsten Dritter** auf den Todesfall gemäß §§ 328 Abs. 1, 330, 331 BGB auf (vgl. die Kommentie-

---

[62] Nach h.M. führt ein bedingter oder befristeter Vollzug regelmäßig zur Heilung des Formmangels. Vgl. hierzu *Lindenmaier/Möhring*, Nachschlagewerk des Bundesgerichtshofs, 1961, § 163 Nr. 2; BGH v. 11.03.1974 - II ZR 26/73 - WM 1974, 450; BGH v. 30.10.1974 - IV ZR 172/73 - juris Rn. 28 - NJW 1975, 382; BGH v. 09.11.1966 - VIII ZR 73/64 - BGHZ 46, 198-204; BGH v. 20.12.1988 - IX ZR 50/88 - BGHZ 106, 236-245; BGH v. 11.01.1984 - IVa ZR 30/82 - FamRZ 1985, 693-696; RG v. 17.01.1903 - I 286/02 - RGZ 53, 294-298; OLG Stuttgart v. 21.03.1986 - 2 U 181/85 - juris Rn. 24 - NJW 1987, 782-783; OLG Hamburg v. 16.02.1969 - 2 W 8/60 - NJW 1961, 76; *Weidenkaff* in: Palandt, § 518 Rn. 9; *Mühl/Teichmann* in: Soergel, § 518 Rn. 13; *Wimmer-Leonhardt* in: Staudinger, § 518 Rn. 20; a.A. *Herrmann* in: Erman, § 518 Rn. 5 („systemwidrige Konsequenz der h.M").

[63] Vgl. *Koch* in: MünchKomm-BGB, § 518 Rn. 11; *Wimmer-Leonhardt* in: Staudinger, § 518 Rn. 20; *Herrmann* in: Erman, § 518 Rn. 5 a; *Mezger* in: BGB-RGRK, § 518 Rn. 3.

[64] *Wimmer-Leonhardt* in: Staudinger, § 518 Rn. 20.

[65] BVerwG v. 18.12.1987 - 7 C 57/85 - NJW 1988, 984-986; BGH v. 05.03.1986 - IVa ZR 141/84 - juris Rn. 17 - NJW 1986, 2107-2108; BGH v. 11.01.1984 - IVa ZR 30/82 - FamRZ 1985, 693-696; *Mühl/Teichmann* in: Soergel, § 518 Rn. 15; *Koch* in: MünchKomm-BGB, § 518 Rn. 13 ff.; *Wimmer-Leonhardt* in: Staudinger, § 518 Rn. 46; *Weidenkaff* in: Palandt, § 518 Rn. 10.

[66] BVerwG v. 18.12.1987 - 7 C 57/85 - NJW 1988, 984-986; BGH v. 12.11.1986 - IVa ZR 77/85 - juris Rn. 11 - BGHZ 99, 97-101; BGH v. 11.01.1984 - IVa ZR 30/82 - FamRZ 1985, 693-696; BGH v. 23.02.1983 - IVa ZR 186/81 - juris Rn. 17 - BGHZ 87, 19-26; *Koch* in: MünchKomm-BGB, § 518 Rn. 13.

[67] RG v. 10.11.1923 - VII 44/23 - Recht 1924, Nr. 169. Hiervon ist die Abgabe eines neuen Angebotes auf den Abschluss eines Schenkungsvertrages zu unterscheiden: BFH v. 28.10.2009 II R 32/08 juris Rn 15 - BFH/NV 2010, 893.

[68] BGH v. 11.01.1984 - IVa ZR 30/82 - FamRZ 1985, 693-696; BVerwG v. 18.12.1987 - 7 C 57/85 - NJW 1988, 984-986; BGH v. 12.11.1986 - IVa ZR 77/85 - juris Rn. 11 - BGHZ 99, 97-101; BGH v. 05.03.1986 - IVa ZR 141/84 - juris Rn. 17 - NJW 1986, 2107-2108.

[69] Vgl. § 130 Abs. 2 BGB, vgl. hierzu BGH v. 30.10.1974 - IV ZR 172/73 - juris Rn. 28 - NJW 1975, 382.

[70] Vgl. dazu BGH v. 30.10.1974 - IV ZR 172/73 - NJW 1975, 382. Konnte der Erblasser etwa infolge Widerrufsverzichtes nicht mehr widerrufen, so kann dies auch der Erbe nicht, vgl. BGH v. 14.07.1976 - IV ZR 123/75 - WM 1976, 1130-1132; *Koch* in: MünchKomm-BGB, § 518 Rn. 15.

[71] Vgl. hierzu *Koch* in: MünchKomm-BGB, § 518 Rn. 15; *Mühl/Teichmann* in: Soergel, § 518 Rn. 15.

rung zu § 516 BGB Rn. 68). Häufig geht es hierbei um Lebensversicherungs-, Bauspar-, Bank- oder Übergabeverträge in vorweggenommener Erbfolge mit Abfindungsregelungen.[72] Bei solchen Schenkungen handelt es sich nach mittlerweile einhelliger Rechtsprechung[73] um **(mittelbare) Zuwendungen**, die der Schenker (Versprechensempfänger) dem Beschenkten (Dritter) über den Versprechenden zukommen lässt.[74] Wenn der Dritte gemäß § 328 Abs. 1 BGB beim **echten Vertrag zugunsten Dritter** durch den rechtswirksamen Abschluss des Vertrages bereits unmittelbar das unwiderrufliche Recht erlangt, die Leistung zu fordern, liegt hierin (und nicht erst in der Erfüllung des Anspruchs[75]) der Vollzug des Schenkungsversprechens. Ein etwaiger Formmangel ist geheilt.[76] Oft soll der Dritte jedoch erst nach dem Tode des Schenkers – häufig konkludent durch die Zuwendung des Versprechenden – Kenntnis von dem Schenkungsversprechen erlangen. Dann kommt es zum Interessenkonflikt zwischen dem Wunsch des Beschenkten auf Erfüllung des Schenkungsversprechens und dem Interesse der Erben, dieses zu verhindern. Vor allem dann treten die vorstehend aufgeführten Probleme auf.

4. Einzelfälle

Die Frage, ob die versprochene Leistung i.S.v. § 518 Abs. 2 BGB im Einzelfall tatsächlich bewirkt worden ist, hängt in erster Linie zunächst vom **Inhalt des abgegebenen Schenkungsversprechens** ab. Dieses ist – unter Berücksichtigung der Umstände seines Zustandekommens und der Interessen beider Vertragsparteien – **auszulegen**.[77] Unter Beachtung dieses Grundsatzes kann demgemäß die Heilung des Formmangels – wie vorstehend ausgeführt – bereits vor dem endgültigen bestandskräftigen Rechtserwerb des Schenkers eintreten. Welche Voraussetzungen daneben im Einzelnen erfüllt sein müssen, bestimmt sich nach der für den jeweiligen Schenkungsgegenstand maßgeblichen **Verschaffungsform**.[78]   26

Grundstücke werden durch Einigung und Eintragung gemäß den §§ 873, 925 BGB übertragen. Der zugrunde liegende Schuldvertrag unterliegt bereits gemäß § 311b Abs. 1 Satz 1 BGB der Beurkundungspflicht. Eine Heilung tritt gemäß § 311b Abs. 1 Satz 2 BGB grundsätzlich erst dann ein, wenn die Auflassung erklärt und die Eintragung im Grundbuch erfolgt sind.[79] Etwas anderes gilt für den Beginn der 10-Jahresfrist für den Ausschluss der Rückforderung nach § 529 Abs. 2 Alt. 2 BGB (vgl. Rn. 21).[80]   27

Bewegliche Sachen werden gemäß den §§ 929-936 BGB durch Einigung und Übergabe verschafft.[81] Das gilt grundsätzlich auch für Aktien und sonstige Wertpapiere.[82] So ist z.B. die Schenkung von   28

---

[72] Vgl. hierzu *Koch* in: MünchKomm-BGB, § 518 Rn. 17 f. 27 ; *Wimmer-Leonhardt* in: Staudinger, § 516 Rn. 138-139.

[73] Vgl. dazu BGH v. 29.01.1964 - V ZR 209/61 - juris Rn. 7 - BGHZ 41, 95-97; BGH v. 09.11.1966 - VIII ZR 73/64 - juris Rn. 13 - BGHZ 46, 198-204; BGH v. 14.07.1976 - IV ZR 123/75 - WM 1976, 1130-1132.

[74] Vgl. ausführlich BGH v 28.04.2010 - IV ZR 230/08 - juris Rn. 20; BGH v. 28.04.2010 - IV ZR 73/08 - juris Rn. 19.

[75] So jedoch LG Oldenburg v. 20.04.2000 - 10 O 3565/99 - WM 2000, 2047-2049, wo erst in der Auszahlung des Geldes Schenkungsvollzug gesehen wird. In dieser Entscheidung wird weiterhin ausgeführt, dass ein früheres Schenkungsversprechen auch durch ein zeitlich späteres Versprechen zugunsten eines anderen Dritten geändert, insbesondere erweitert werden kann.

[76] BGH v. 29.01.1964 - V ZR 209/61 - juris Rn. 7 - BGHZ 41, 95-97; BGH v. 09.11.1966 - VIII ZR 73/64 - juris Rn. 13 - BGHZ 46, 198-204; BGH v. 19.10.1983 - IVa ZR 71/82 - juris Rn. 8 - LM Nr. 8 zu § 331 BGB; BGH v. 29.05.1984 - IX ZR 86/82 - juris Rn. 13 - BGHZ 91, 288-293.

[77] So auch *Koch* in: MünchKomm-BGB, § 518 Rn. 20.

[78] Vgl. dazu ausführlich *Koch* in: MünchKomm-BGB, § 518 Rn. 20-32; *Wimmer-Leonhardt* in: Staudinger, § 518 Rn. 29; *Weidenkaff* in: Palandt, § 518 Rn. 9-15.

[79] Vgl. dazu *Wimmer-Leonhardt* in: Staudinger, § 518 Rn. 32; *Weidenkaff* in: Palandt, BGB, § 518 Rn. 9; *Koch* in: MünchKomm-BGB, § 518 Rn. 21.

[80] Vgl. hierzu BGH v. 19.07.2011 - X ZR 140/10 - juris Rn. 11, 24 f.

[81] BGH, NJW-RR 1991, 1157.

[82] RG v. 09.10.1911 - VI 473/10 - RGZ 77, 333-336.

Wertpapieren in einem Sammeldepot durch Änderung der Besitzanweisung bereits vollzogen.[83] Die **Übergabe** kann somit gemäß § 929 Satz 2 BGB entfallen[84] und durch Vereinbarung eines Besitzkonstituts (§ 930 BGB)[85] oder durch Abtretung des Herausgabeanspruchs (§ 931 BGB)[86] ersetzt werden. Zum Vollzug der Schenkung nicht ausreichend ist es nach einer Entscheidung des OLG Hamm, wenn der Versprechende zwar mit dem Schenkungsangebot einen Fahrzeugschlüssel und den Fahrzeugbrief übersandt hat, das Fahrzeug aber nicht in den Besitz des die Schenkung Annehmenden gelangt ist. Der Ausspruch „mit sofortiger Wirkung schenken", reiche nicht aus, den mittelbaren Besitz im Wege eines Besitzkonstituts zu verschaffen.[87] Nicht ausreichend ist weiterhin die Verschaffung von Mitbesitz[88] und die fortdauernde Besitzeinräumung durch einen Besitzdiener des Schenkers.[89]

29 Die Schenkung von **Geld** kann in verschiedenen Formen geschehen. **Bargeld** wird durch Einigung und Übergabe gemäß § 929 Satz 1 BGB übertragen. Die **Einzahlung auf ein bereits bestehendes Konto des Beschenkten** ist mit der Gutschrift der Bank vollzogen, ebenso die **Überweisung,** weil dem Beschenkten dadurch sofort eine entsprechende Guthabenforderung gegenüber der Bank zusteht.[90] Die **Errichtung eines Giro- oder Sparkontos** auf den Namen eines anderen ist sofort vollzogen, wenn dadurch ein echter Vertrag zugunsten Dritter i.S.v. § 328 Abs. 1 BGB begründet werden soll.[91] Dabei kommt es in erster Linie auf den Willen des Kontoeröffners an,[92] wobei die Umstände des Einzelfalles mit zu berücksichtigen sind.[93] Die **Begründung von Einzelverfügungsbefugnis** durch Errichtung eines sog. **Oder-Kontos** bewirkt ebenfalls den Vollzug der Schenkung, weil der Beschenkte dadurch unmittelbar einen hälftigen Anteil an der Guthabenforderung erwirbt.[94] Hinsichtlich der anderen Hälfte kann ggf. eine Schenkung von Todes wegen gemäß § 2301 BGB vorliegen[95] oder eine bis zum Tod aufschiebend bedingte Schenkung. Bereits bestehende **Sparguthaben** werden durch Abtretung der zugrunde liegenden Forderung gemäß § 398 BGB übertragen.[96] Die Übergabe des **Sparkassenbuches,** das nach Abtretung gemäß den §§ 402, 952 BGB herausverlangt werden kann, ist nicht erforderlich, kann aber bei der Auslegung als Indiz für die erfolgte Abtretung gewertet werden.[97]

---

[83] OLG Frankfurt v. 24.11.2010 - 4 U 92/10 - juris Rn. 37.
[84] RG v. 23.01.1904 - Recht 1904 Nr. 459; BGH v. 19.06.2007 - X ZR 5/07 - juris Rn. 7 - NJW 2007, 2844-2845.
[85] RG v. 13.12.1917 - IV 316/17 - Recht 1918 Nr. 524; *Lindenmaier/Möhring*, Nachschlagewerk des Bundesgerichtshofs, 1961, § 518 Nr. 12; BGH v. 09.01.1992 - IX ZR 277/90 - juris Rn. 20 - LM BGB § 1006 Nr. 18 (8/1992); BGH v. 31.01.1979 - VIII ZR 93/78 - juris Rn. 23 - BGHZ 73, 253-259; BGH v. 08.06.1989 - IX ZR 234/87 - juris Rn. 21 - NJW 1989, 2542-2544.
[86] OLG Frankfurt v. 24.11.2010 - 4 U 92/10 - juris Rn. 37; RG, WarnR 1909 Nr. 33; vgl. BGH v. 11.03.1974 - II ZR 26/73 - WM 1974, 450.
[87] OLG Karlsruhe v. 15.03.2005 - 17 U 180/04 - ErbBstg 2005, 130.
[88] BGH v. 10.01.1979 - VIII ZR 302/77 - juris Rn. 8 - LM Nr. 12 zu § 518 BGB; OLG Frankfurt v. 19.02.1991 - 8 U 116/89 - NJW-RR 1991, 1158.
[89] *Lindenmaier/Möhring*, Nachschlagewerk des Bundesgerichtshofs, 1961, § 518 Nr. 12.
[90] Vgl. RG v. 08.04.1910 - VII 318/09 - RGZ 73, 220-222; RG, WarnR 1912 Nr. 197; RG, WarnR 1916 Nr. 74, 75; BGH v. 02.02.1994 - IV ZR 51/93 - juris Rn. 7 - NJW 1994, 931-932; BGH v. 09.11.1966 - VIII ZR 73/64 - BGHZ 46, 198-204; BGH v. 25.06.1956 - II ZR 270/54 - juris Rn. 10 - BGHZ 21, 148-155; RG v. 08.04.1910 - VII 318/09 - RGZ 73, 220-222.
[91] Vgl. dazu *Koch* in: MünchKomm-BGB, § 518 Rn. 24; *Wimmer-Leonhardt* in: Staudinger, § 518 Rn. 36; *Weidenkaff* in: Palandt, § 518 Rn. 11.
[92] Vgl. BGH v. 09.11.1966 - VIII ZR 73/64 - BGHZ 46, 198-204; BGH v. 25.06.1956 - II ZR 270/54 - juris Rn. 8 - BGHZ 21, 148-155; RG v. 08.04.1910 - VII 318/09 - RGZ 73, 220-222.
[93] BGH v. 20.11.1958 - VII ZR 4/58 - BGHZ 28, 368-375; BGH v. 02.02.1994 - IV ZR 51/93 - juris Rn. 5 - NJW 1994, 931-932; OLG Hamm v. 14.12.1988 - 31 U 169/87 - WuB I C 2 Sparkonto 2.89; *Koch* in: MünchKomm-BGB, § 518 Rn. 24; *Weidenkaff* in: Palandt, § 518 Rn. 11; *Wimmer-Leonhardt* in: Staudinger, § 518 Rn. 36.
[94] *Koch* in: MünchKomm-BGB, § 518 Rn. 24; *Weidenkaff* in: Palandt, § 518 Rn. 10.
[95] Vgl. dazu BGH v. 16.04.1986 - IVa ZR 198/84 - NJW-RR 1986, 1133-1134.
[96] Vgl. RG v. 28.10.1915 - IV 155/15 - JW 1916, 36; RG v. 09.02.1917 - III 374/16 - RGZ 89, 401-403; *Koch* in: MünchKomm-BGB, § 518 Rn. 25; *Wimmer-Leonhardt* in: Staudinger, § 518 Rn. 38.
[97] Vgl. BGH v. 20.12.1988 - IX ZR 50/88 - BGHZ 106, 236-245.

Die Erlaubnis, von einem Konto einen bestimmten Betrag abzuheben[98] oder die **Ermächtigung**, über ein **Konto**[99] oder Wertpapierdepot[100] **zu verfügen**, ist dagegen erst mit der Auszahlung des Geldes bzw. der Ausführung der Verfügung vollzogen.

Die Gewährung eines zinslosen Darlehens kann bezüglich der Zinslosigkeit als Schenkung angesehen werden. Der Warn- und Klarstellungsfunktion des Formerfordernisses aus § 518 BGB muss dann Genüge getan werden, wenn es sich um eine Betragshöhe handelt, die im üblichen Geschäftsleben zu Anlagezwecken für einen anlageüblichen Zeitraum verwendet wird.[101]

Forderungen werden durch formlose Abtretung gemäß § 398 BGB übertragen[102], sofern nicht durch andere gesetzliche Vorschriften ein besonderes Formerfordernis besteht. Zum Vollzug der „**Abtretung einer Hypothek**" durch Übertragung der zugrunde liegenden Forderung gemäß § 1153 BGB ist die Übergabe des Hypothekenbriefes erforderlich.[103] Die unentgeltliche Begründung einer Forderung gegen den Schenker selbst bedarf der Form des § 518 Abs. 1 Satz 1 BGB.[104] Die Heilung eines Formmangels von abstrakten Forderungen gegen den Schenker (z.B. **Scheck, Wechsel** etc.) ist nach dem Schutzzweck des § 518 Abs. 1 Satz 2 BGB deshalb erst dann vollzogen, wenn die Forderung tatsächlich realisiert worden ist, d.h. erst mit Einlösung des Schecks oder Wechsels.[105]

Bei der Zuwendung einer unwiderruflichen **Bezugsberechtigung aus einem Versicherungsvertrag** (z.B. Lebensversicherung) tritt die Heilung bereits mit dem Abschluss des unwiderruflichen Versicherungsvertrages ein, weil der Dritte unmittelbar das Recht auf Erfüllung erlangt.[106] Hat sich der Schenker den **jederzeitigen Widerruf der Bezugsberechtigung** vorbehalten, so kann – je nach Inhalt des Schenkungsversprechens – ebenfalls bereits im Vertragsabschluss Heilungsvollzug mit Widerrufsmöglichkeit (auch der Schenkung) gesehen werden.[107] Ohne nähere Angaben oder Vorliegen besonderer Umstände tritt die Heilung jedoch im Zweifel erst mit dem Eintritt des Versicherungsfalles ein.[108]

Die schenkweise Verpflichtung zum **Schuldenerlass** wird mit (formlosem) Abschluss des Erlassvertrages gemäß § 397 BGB bewirkt,[109] auch wenn die erlassene Forderung aufschiebend bedingt oder befristet erst mit dem Tode des Schenkers erlöschen soll.[110]

Die Schenkung von **Beteiligungen an bestehenden Personen- und Handelsgesellschaften** (vgl. die Kommentierung zu § 516 BGB Rn. 89) wird durch **dingliche Übertragung** der jeweiligen Geschäfts-

---

[98] Vgl. hierzu RG v. 19.03.1883 - IV 587/82 - RGZ 9, 245-250.
[99] Vgl. BayObLG München v. 27.07.1973 - 19 U 2210/73 - WM 1973, 1252-1254; OLG Dresden v. 30.09.1916 - 5 ZS - OLGE 39, 229.
[100] Vgl. RG v. 28.10.1915 - RG v. 28.10.1915 - IV 155/15 - JW 1916, 36; RG v. 12.11.1903 - IV 396/03 - RGZ 56, 124-130; RG v. 30.09.1918 - 5 O 150/17 - LZ 1919, 444 und 692.
[101] OLG Stuttgart v. 24.08.2004 - 10 U 35/04 - juris Rn. 13 - OLGR Stuttgart 2005, 489-491.
[102] Vgl. RG v. 13.12.1906 - RG v. 13.12.1906 - IV 218/06 - JW 1907, 73 und 329; *Wimmer-Leonhardt* in: Staudinger, § 518 Rn. 34; *Mühl/Teichmann* in: Soergel, § 518 Rn. 20.
[103] *Mühl/Teichmann* in: Soergel, § 518 Rn. 2; *Wimmer-Leonhardt* in: Staudinger, § 518 Rn. 42.
[104] Vgl. *Wimmer-Leonhardt* in: Staudinger, § 518 Rn. 34; *Koch* in: MünchKomm-BGB, § 518 Rn. 22; *Mühl/Teichmann* in: Soergel, § 518 Rn. 19.
[105] Vgl. BGH v. 06.03.1975 - II ZR 150/74 - juris Rn. 7 - BGHZ 64, 340-342; OLG München v. 11.11.1982 - 24 U 114/82 - JZ 1983, 955-956; *Koch* in: MünchKomm-BGB, 5. Aufl. 2008, § 518 Rn. 30; *Weidenkaff* in: Palandt, § 518 Rn. 6, 10; *Wimmer-Leonhardt* in: Staudinger, § 518 Rn. 35; OLG Hamm v. 20.09.2001 - 10 U 27/01 - BKR 2002, 333-334; OLG Saarbrücken v. 24.03.2003 - 1 W 38/03 - 7, 1 W 38/03- MDR 2003, 1003.
[106] Vgl. OLG Karlsruhe v. 12.02.2008 - 1 W 18/08 - juris Rn. 4 - FamRZ 2008, 2277; *Lindenmaier/Möhring*, Nachschlagewerk des Bundesgerichtshofs, 1961, § 166 VVG Nr. 5.
[107] So *Koch* in: MünchKomm-BGB, § 518 Rn. 27.
[108] Vgl. RG v. 25.03.1930 - VII 440/29 - RGZ 128, 187-191; BGH v. 25.04.1975 - IV ZR 63/74 - NJW 1975, 1360; OLG Karlsruhe v. 12.02.2008 - 1 W 18/08 - juris Rn. 4 - FamRZ 2008, 2277; *Weidenkaff* in: Palandt, § 518 Rn. 15; *Mühl/Teichmann* in: Soergel, § 518 Rn. 23.
[109] RG v. 17.01.1903 - I 286/02 - RGZ 53, 294-298; RG v. 04.03.1911 - VI 318/10 - RGZ 76, 59-61; *Mühl/Teichmann* in: Soergel, § 518 Rn. 21; *Weidenkaff* in: Palandt, § 518 Rn. 12.
[110] Vgl. hierzu OLG Hamburg v. 16.02.1969 - 2 W 8/60 - NJW 1961, 76; OLG Stuttgart v. 21.03.1986 - 2 U 181/85 - juris Rn. 24 - NJW 1987, 782-783.

anteile bewirkt, auch wenn zur Rechtswirksamkeit ggf. noch die Zustimmung der anderen Gesellschafter erforderlich sein sollte.[111] Mit dem Abschluss des Gesellschaftsvertrages kann die unentgeltliche Beteiligung an einer neu zu gründenden Gesellschaft vollzogen sein.[112] Gleiches gilt im Gegensatz zur Auffassung in der Rechtsprechung[113] auch für die Beteiligung als **stiller Gesellschafter**, weil dieser mit Abschluss des Gesellschaftsvertrages, der grundsätzlich nicht der Beurkundungspflicht unterliegt,[114] die Gesellschafterstellung (endgültig) erlangt hat und damit regelmäßig einen Vermögenszuwachs erlangt.[115] Auch **Unterbeteiligungen** oder **Treuhandschaften** an Gesellschaftsanteilen sind grundsätzlich bereits mit der vertraglichen Einräumung der Beteiligung bzw. Begründung der Treuhand vollzogen.[116] Das gilt im Gegensatz zur Auffassung der Rechtsprechung[117] unabhängig davon, ob es sich dabei um eine typische oder um eine atypische stille (Unter-)Beteiligung handelt. Die Auffassung des BGH, wonach die unentgeltliche Zuwendung einer Unterbeteiligung, ebenso wie die unentgeltliche Schenkung einer stillen Beteiligung an einer Gesellschaft, mangels dinglicher Mitberechtigung des Zuwendungsempfängers am Gesellschaftsvermögen der Hauptgesellschaft nur dann vollzogen werden kann, wenn dem Zuwendungsempfänger auch mitgliedschaftliche Rechte eingeräumt werden, überzeugt nicht. Sie erzeugt Rechtsunsicherheit[118] und führt in der täglichen Beratungs- und Gestaltungspraxis nur zu Umgehungsgestaltungen. Es werden mitgliedschaftsähnliche Rechtspositionen durch Aufnahme von Einsichts-, Teilhabe- und beschränkten Kontrollrechten „konstruiert", um diesen Anforderungen zu genügen. Die Unterscheidung zwischen den verschiedenen Arten der stillen Beteiligung wird zunehmend unmöglich.[119] Fraglich ist, ob die Grundsätze über die Leistung „causa societas" (vgl. auch die Kommentierung zu § 516 BGB Rn. 93) auch auf Sonderzahlungsversprechen im Rahmen einer bestehenden stillen Beteiligung Anwendung finden.[120] **Praxistipp**: Solange keine Änderung der Rechtsprechung eintritt, sollten dem Unterbeteiligten neben seiner Beteiligung am Gewinn und Liquidationserlös zusätzliche Mitgliedschaftsrechte eingeräumt werden, durch die er Einfluss auf die Innengesellschaft nehmen kann.

5. Abdingbarkeit

35 Das sich aus § 518 Abs. 1 BGB ergebende Beurkundungserfordernis des Schenkungsversprechens ist durch den Gesetzgeber zum unabdingbaren Schutze des Schenkers statuiert worden. Es unterliegt nicht der Dispositionsbefugnis der Vertragsparteien. Die Vorschrift ist deshalb nicht durch Parteivereinbarung abdingbar.

---

[111] Vgl. BGH v. 02.07.1990 - II ZR 243/89 - juris Rn. 16 - BGHZ 112, 40-53; OLG Frankfurt, NJW-RR 1996, 1123; *Ulmer* in: MünchKomm-BGB, § 705 Rn. 44.
[112] BGH v. 02.07.1990 - II ZR 243/89 - juris Rn. 9 - BGHZ 112, 40-53; *Schmidt*, BB 1990, 1992-1997; *Hueck*, NJW 1953, 138-139; ausführlich *Koch* in: MünchKomm-BGB, § 518 Rn. 28-32; *Mühl/Teichmann* in: Soergel, § 516 Rn. 41.
[113] *Hueck*, NJW 1953, 138-139; BGH v. 24.09.1952 - II ZR 136/51 - juris Rn. 13 - BGHZ 7, 174-184; vgl. jedoch OLG Düsseldorf v. 17.12.1998 - 6 U 193/97 - juris Rn. 51 - NZG 1999, 652-654.
[114] OLG Düsseldorf v. 17.12.1998 - 6 U 193/97 - juris Rn. 51 - NZG 1999, 652-654; vgl. auch *Koch* in: MünchKomm-BGB, § 518 Rn. 30f.; *Koch*, AcP 194, 231-264.
[115] *Koch* in: MünchKomm-BGB, § 518 Rn. 29 m.w.N; *Mühl/Teichmann* in: Soergel, § 518 Rn. 41 m.w.N; anders ggf. wenn nur „Einbuchung" in den Handelsbüchern erfolgt.
[116] So auch *Koch* in: MünchKomm-BGB, § 518 Rn. 32; *Wimmer-Leonhardt* in: Staudinger, § 518 Rn. 41; anders BGH v. 06.03.1967 - II ZR 180/65 - WM 1967, 685.
[117] BGH v. 29.11.2011 - II ZR 306/09 - juris Rn. 22 m.w.N; *Koch* in: MünchKomm-BGB, § 518 Rn. 28-32.
[118] So auch *Koch* in: MünchKomm-BGB, § 518 Rn. 31.
[119] Vgl. zu den Schwierigkeiten einer typologischen Einordnung der verschiedenen Fallgruppen *Schmidt*, DB 2002, 829 ff., 833.
[120] Bejahend: Schleswig-Holsteinisches OLG v. 02.03.2011 - 9 U 22/10 - juris Rn. 32, 33; verneinend: Hanseatisches OLG v. 11.02.2011 - 11 U 12/10 - juris Rn. 33, 37, 43.

D. Rechtsfolgen

Ein ohne Beachtung der Formvorschrift des § 518 Abs. 1 BGB abgegebenes Schenkungsversprechen ist **nichtig**. Der „Beschenkte" kann daraus keine Rechte herleiten. Grundsätzlich sind jedoch auch bei der Schenkung Fälle denkbar, in denen ausnahmsweise der Mangel der gesetzlich vorgeschriebenen Form nach den **Grundsätzen von Treu und Glauben** als unschädlich angesehen werden kann.[121] Dies kann allerdings nur dann der Fall sein, wenn es im konkreten Einzelfall für den Begünstigten nicht nur hart, sondern schlechthin untragbar wäre, die Schenkung am Formmangel scheitern zu lassen. Aufgrund der Schutzfunktion der Formvorschrift für den Schenker sind die **Maßstäbe** hier **sehr streng** anzulegen. Das Übersenden von Unterlagen zu einem Gewinnspiel mit der Verweigerung des in Aussicht gestellten Gewinns reicht z.B. nicht aus.[122]

36

Die **Bewirkung** der versprochenen Leistung führt gemäß § 518 Abs. 2 BGB zur **Heilung des Formmangels** aus § 518 Abs. 1 BGB. Ein Rückforderungsanspruch aus § 812 Abs. 1 Satz 1 BGB scheidet aus. Andere etwaige Formmängel (z.B. aus den §§ 312 Abs. 1 Satz 1, 2033, 2371, 2385 BGB) werden nicht geheilt. Die Versprechensschenkung wird auch dann nicht rechtswirksam, wenn sie aus sonstigen Gründen unwirksam oder anfechtbar ist,[123] oder wenn noch Genehmigungserfordernisse bestehen (z.B. aus § 15 Abs. 5 GmbHG; § 68 Abs. 2 AktG).[124]

37

E. Prozessuale Hinweise/Verfahrenshinweise

Der Beschenkte, der die Erfüllung eines Schenkungsversprechens begehrt, trägt – entsprechend den allgemeinen Beweislastregeln[125] – die **Darlegungs- und Beweislast** für das wirksame **Zustandekommen** einer Versprechensschenkung. Macht der Schenker demgegenüber geltend, die Beurkundung des Versprechens sei wegen **Unvollständigkeit** unwirksam, weil z.B. die von ihm vorbehaltenen Rechte oder sonstige, vom Beschenkten zu erbringende Leistungen nicht ordnungsgemäß mit beurkundet wurden, so muss er hierfür den Beweis antreten. Die notarielle Schenkungsurkunde trägt zunächst die Vermutung der Vollständigkeit und Richtigkeit in sich.

38

Bei einem **Rückforderungsverlangen aus** § 812 Abs. 1 BGB gelten zunächst die **allgemeinen Grundsätze** über die Verteilung der Darlegungs- und Beweislast. Der Schenker bzw. sein Rechtsnachfolger hat sämtliche Tatsachen vorzutragen und zu beweisen, die den Kondiktionsanspruch begründen, demgemäß auch das **Fehlen des Rechtsgrundes**.[126] Den besonderen Schwierigkeiten, dieses **negative Tatbestandsmerkmal** nachzuweisen, begegnete der BGH zunächst dadurch, dass er dem Beschenkten einen ausreichend **substantiierten Tatsachenvortrag** für das Vorliegen einer vollzogenen Schenkung abverlangte. Der Beschenkte habe aus Gründen der Prozessökonomie die Umstände darzulegen, aus denen er das Vorliegen einer vollzogenen Schenkung ableitet. Der Anspruchsteller habe sodann im Rahmen des zumutbaren Aufwands diese Umstände durch eigenen Sachvortrag gezielt zu erschüttern und ggf. durch Beweis zu widerlegen.[127]

39

Diese Entscheidung des BGH ist in der Literatur **heftig kritisiert** worden.[128] Sie berücksichtige den Ausnahmecharakter und den besonderen Schutzzweck der Formvorschrift des § 518 BGB zu wenig.

40

---

[121] BGH v. 24.04.1998 - V ZR 197/97 - juris Rn. 18 - BGHZ 138, 339-348; *Ellenberger* in: Palandt, § 125 Rn. 22 m.w.N.

[122] Vgl. OLG Düsseldorf v. 14.01.1997 - 22 W 77/96 - NJW 1997, 2122-2123.

[123] Z.B. Verstoß gegen §§ 134, 138 BGB.

[124] Vgl. hierzu auch *Mühl/Teichmann* in: Soergel, § 518 Rn. 17; *Wimmer-Leonhardt* in: Staudinger, § 518 Rn. 25.

[125] Vgl. hierzu *Rosenberg*, Die Beweislast, 5. Aufl. 1965, S. 98.

[126] BGH v. 18.05.1999 - X ZR 158/97 - juris Rn. 12 - LM BGB § 518 Nr. 16 (2/2000); vgl. auch BGH v. 06.12.1994 - XI ZR 19/94 - juris Rn. 14 - LM BörsG Nr. 38 (5/1995); *Rosenberg*, Die Beweislast, 5. Aufl. 1965, S. 196.

[127] BGH v. 18.05.1999 - X ZR 158/97 - juris Rn. 15 - LM BGB § 518 Nr. 16 (2/2000).

[128] Vgl. hierzu *Böhr*, NJW 2001, 2059-2061; *Schiemann*, JZ 2000, 570-572; vgl. auch *Wacke*, AcP 191, 1-32.

Wer sich im Prozess darauf berufe, dass die erfolgten Zuwendungen schenkweise erfolgt seien, trage hierfür auch die Darlegungs- und Beweislast. Dies gelte insbesondere dann, wenn zusätzlich geltend gemacht werde, das (zunächst unwirksame) Schenkungsversprechen sei gemäß § 518 Abs. 2 BGB durch Vollzug geheilt worden.[129] Der BGH hat dieser Kritik mittlerweile Rechnung getragen und seine Auffassung geändert.[130] Für den Fall, dass die behauptete Schenkung nicht der Form des § 518 Abs. 1 BGB genüge und erst durch Vollzug nach § 518 Abs. 2 BGB geheilt werde, obliege es dem angeblich Beschenkten, die Umstände darzulegen und zu beweisen, die den nach § 518 Abs. 2 BGB für die Wirksamkeit des behaupteten Schenkungsversprechens erforderlichen Tatbestand ausfüllten.[131] Wer die Heilung des Formmangels nach § 518 Abs. 2 BGB geltend mache, berufe sich auf einen Sachverhalt, der den Eintritt der nach § 125 Satz 1 BGB an sich gesetzlich vorgesehenen Rechtsfolge (Nichtigkeit) hindere. Eine solche Beweislastverteilung entspreche auch dem Normzweck des § 518 BGB, denn Zweck dieser Vorschrift sei es u.a. eine sichere Beweisgrundlage für den Fall zu haben, dass es später zum Streit darüber komme, ob etwas geschenkt worden sei.[132] Ob diese Auffassung, die im Ergebnis die allgemeinen Darlegungs- und Beweisregeln im besonderen Fall der behaupteten Heilung durch Schenkungsvollzug nach § 518 Abs. 2 BGB umkehrt, auf weitere Fälle ausgeweitet wird, bleibt abzuwarten. Das **Anliegen**, den Schenker zu schützen und die Formvorschrift des § 518 BGB eng auszulegen, ist zwar **grundsätzlich berechtigt**. Es ist jedoch bei der Auslegung und Beweiswürdigung im Einzelfall entsprechend zu berücksichtigen und kann nicht dazu führen, die **allgemeinen prozessualen Grundsätze** der Darlegungs- und Beweislastverteilung im Rahmen der ungerechtfertigten Bereicherung generell **umzukehren**.[133] Zutreffend ist auch in diesem Fall dem Beschenkten (nur) die **sekundäre Beweislast** dafür aufzuerlegen, das Fehlen des Rechtsgrundes substantiiert zu bestreiten und die Umstände für das Vorliegen der Tatsachen einer vollzogenen Schenkung näher darzulegen.[134] Der Anspruchsteller hat sodann im Rahmen des zumutbaren Aufwands diese Umstände durch eigenen Sachvortrag gezielt zu erschüttern und ggf. durch Beweis zu widerlegen.[135]

41 Auch das OLG Koblenz hat für den Fall der Vindikationsklage entschieden, dass gegenüber der Klage eines Erben auf Herausgabe eines Sparbuches der Sparbuchbesitzer, der nicht Erbe ist, die Beweislast für den Einwand einer lebzeitigen Schenkung durch den Erblasser trägt.[136]

42 Die Frage der **Pfändbarkeit** des Anspruches aus einem Schenkungsversprechen (vor Erfüllung) ist umstritten und in der Rechtsprechung – soweit bekannt – bislang noch nicht entschieden. Während *Stöber* den durch ein Schenkungsversprechen entstandenen Anspruch des Beschenkten generell für pfändbar hält[137], geht *Busche*[138] davon aus, dass es sich um einen **höchstpersönlichen** Anspruch des Beschenkten handelt, der grundsätzlich nicht der Pfändung unterworfen ist. Bei der Beantwortung dieser Frage kommt es m.E. auf den jeweiligen Einzelfall an. Wenn mit der Schenkung eine ausdrückliche Zweckbindung verknüpft wird (z.B. Zuwendung von Geld zweckgebunden zum Studium),

---

[129] So im Ergebnis auch *Böhr*, NJW 2001, 2059-2061.
[130] BGH v. 14.11.2006 - X ZR 34/05 - juris Rn. 9 - BGHZ 169, 377-383; vgl. hierzu auch *Koch* in: MünchKomm-BGB, § 516 Rn. 53 und § 518 Rn. 19.
[131] BGH v. 14.11.2006 - X ZR 34/05 - juris Rn. 9 - BGHZ 169, 377-383; vgl. auch *Koch* in: MünchKomm-BGB, § 516 Rn. 53 f.
[132] BGH v. 14.11.2006 - X ZR 34/05 - juris Rn. 13 - BGHZ 169, 377-383. So auch *Weidenkaff* in: Palandt, § 518 Rn. 1b.
[133] So im Ergebnis auch *Wimmer-Leonhardt* in: Staudinger, § 516 Rn. 52 f.; a.A. *Koch* in: MünchKomm-BGB, § 516 Rn. 53.
[134] Vgl. auch BGH v. 16.12.1993 - I ZR 231/91 - juris Rn. 40 - LM ErstrG Nr. 1 (10/1994).
[135] BGH v. 18.05.1999 - X ZR 158/97 - juris Rn. 15 - LM BGB § 518 Nr. 16 (2/2000); vgl. auch *Wimmer-Leonhard* in: Staudinger, § 516 Rn. 52 f.
[136] OLG Koblenz v. 22.09.2003 - 12 U 823/02 - ZErb 2003, 381-382.
[137] *Stöber*, Forderungspfändung, 15. Aufl. 2010, Rn. 325.
[138] *Busche* in: Staudinger, § 399 Rn. 13.

unterliegt der Anspruch nicht der Pfändung. Der Zweck gehört in diesem Fall zum Inhalt der zu erbringenden Leistung. Bei einer Pfändung würde der Zweck vereitelt. Liegt jedoch eine solche Zweckbindung nicht vor, so handelt es sich um einen vermögenswerten Anspruch des Beschenkten, der grundsätzlich übertragbar und damit auch pfändbar ist. Das gilt nur dann nicht, wenn die Vertragsparteien ausdrücklich etwas anderes vereinbart haben.

§ 519 BGB Einrede des Notbedarfs

(Fassung vom 02.01.2002, gültig ab 01.01.2002)

(1) Der Schenker ist berechtigt, die Erfüllung eines schenkweise erteilten Versprechens zu verweigern, soweit er bei Berücksichtigung seiner sonstigen Verpflichtungen außerstande ist, das Versprechen zu erfüllen, ohne dass sein angemessener Unterhalt oder die Erfüllung der ihm kraft Gesetzes obliegenden Unterhaltspflichten gefährdet wird.
(2) Treffen die Ansprüche mehrerer Beschenkten zusammen, so geht der früher entstandene Anspruch vor.

Gliederung

A. Grundlagen	1	II. Drohender Notbedarf des Schenkers	5
I. Kurzcharakteristik	1	**D. Rechtsfolgen**	9
II. Regelungsprinzipien	2	I. Einrede gegen den Erfüllungsanspruch	9
B. Praktische Bedeutung	3	II. Vorliegen mehrerer Schenkungen	12
C. Anwendungsvoraussetzungen	4	**E. Prozessuale Hinweise/Verfahrenshinweise**	14
I. Allgemeine zeitliche Voraussetzungen	4	**F. Anwendungsfelder**	16

A. Grundlagen

I. Kurzcharakteristik

1 Die Vorschrift des § 519 BGB gibt dem Schenker das Recht, die **Erfüllung** eines abgegebenen Schenkungsversprechens zu **verweigern**, wenn dadurch – unter Berücksichtigung seiner sonstigen Verpflichtungen – eine **Gefährdung** seines eigenen **Unterhaltes** oder desjenigen seiner gesetzlichen Unterhaltsgläubiger droht. Der allgemeine Grundsatz, dass vertragliche Verpflichtungen zu erfüllen sind („pacta sunt servanda"), erfährt hier aus Gründen des **persönlichen Schuldnerschutzes** im Schenkungsrecht eine Ausnahme.

II. Regelungsprinzipien

2 Bei § 519 BGB handelt es sich um eine besondere **Billigkeitsregelung** zum Schutzes des Schenkers. Sie wird deshalb teilweise als besondere gesetzliche Ausprägung des Wegfalls des Geschäftsgrundlage (§ 313 BGB) angesehen.[1] Die Freigiebigkeit des Schenkers soll ihre **Grenze** dort finden, wo die **eigene Unterhaltssicherung** bzw. diejenige nahe stehender Personen durch sie **gefährdet** wird. Insoweit verwirklicht sich in der Vorschrift auch ein soziales Schutzprinzip des Gesetzes, das durch den Grundsatz der Privatautonomie nicht aufgehoben werden kann.

B. Praktische Bedeutung

3 Im Gegensatz zu den Vorschriften der §§ 528, 529 BGB, aufgrund deren dem Schenker nach Vollzug der Schenkung beim Eintritt der Bedürftigkeit bei Vorliegen bestimmter Voraussetzungen ein Rückforderungsrecht gewährt wird, hat die Vorschrift in der Praxis eher eine **geringe Bedeutung**. Der Grund liegt darin, dass der Anwendungsbereich in **zeitlicher Hinsicht nur den Zeitraum zwischen Begründung des Schenkungsversprechens und dessen Erfüllung** betrifft und es in dieser Zeit eher selten zu einer Bedürftigkeit des Schenkers kommt. Anders ist das ggf. dann, wenn der Vollzug der Schenkung erst längere Zeit nach Abgabe des Schenkungsversprechens, ggf. erst nach dem Tod des Schenkers, eintritt.

---

[1] So *Wimmer-Leonhardt* in: Staudinger, § 519 Rn. 1; *Weidenkaff* in: Palandt, § 519 Rn. 1; *Koch* in: MünchKomm-BGB, § 519 Rn. 1; *Herrmann* in: Erman, § 519 Rn. 1; *Mühl/Teichmann* in: Soergel, § 519 Rn. 8.

C. Anwendungsvoraussetzungen

I. Allgemeine zeitliche Voraussetzungen

Der Anwendungsbereich der Vorschrift ist in **zeitlicher Hinsicht** begrenzt und liegt zwischen dem Entstehen eines rechtswirksamen Schenkungsversprechens und Vollzug desselben (vgl. die Kommentierung zu § 518 BGB). Liegt noch kein wirksames Schenkungsversprechen vor, so hat der Beschenkte keinen Anspruch auf Erfüllung desselben. Aus diesem Grund muss dem Verlangen in diesem Zeitpunkt auch noch keine rechtshemmende Leistungsverweigerungseinrede entgegengesetzt werden. Ist die Schenkung bereits vollzogen, dann gelten für eine etwaige Rückforderung ausschließlich die Bestimmungen der §§ 528, 529 BGB.[2]

II. Drohender Notbedarf des Schenkers

Voraussetzung für die **Anwendbarkeit** der Vorschrift ist zunächst, dass der angemessene **Unterhalt** des Schenkers (§ 1610 Abs. 1 BGB) oder seiner Unterhaltsgläubiger (§§ 1360-1362, 1601-1615o BGB) **gefährdet** erscheint, wenn er das abgegebene Schenkungsversprechen zu erfüllen hätte. Die tatbestandlichen Voraussetzungen von § 519 Abs. 1 BGB entsprechen insoweit denjenigen des § 529 Abs. 2 BGB (vgl. die Kommentierung zu § 529 BGB Rn. 8).

Eine **Gefährdung** besteht dann, wenn die begründete **Besorgnis** besteht, dass das verbleibende **Aktivvermögen** des Schenkers unter Berücksichtigung von Einkünften und Substanz sowie gesicherten Erwerbspositionen nach Erfüllung des Schenkungsversprechens **nicht mehr ausreichend** ist, die zukünftigen Unterhaltskosten zu tragen.[3] Bei der anzustellenden **Vermögensvergleichsprognose** zwischen verbleibendem Vermögen des Schenkers und voraussichtlichen Kosten des zukünftigen angemessenen Unterhalts sind – im Gegensatz zu § 528 Abs. 1 BGB – auch die „sonstigen Verpflichtungen" des Schenkers (etwaige weitere Schulden) mit zu beachten. **Eigene Unterhaltsansprüche** des Schenkers bleiben dagegen auch hier **unberücksichtigt**. Der Schenker braucht sich vom Beschenkten nicht auf seine eigenen Unterhaltsansprüche verweisen zu lassen, sondern soll durch die Verweigerung der Erfüllung des Schenkungsversprechens auch zukünftig weiterhin in der Lage sein, seinen angemessenen Unterhalt bzw. die Ansprüche seiner Unterhaltsgläubiger selbst sicher zu stellen.[4]

Bei der Frage der „**Angemessenheit**" des Unterhalts knüpft das Gesetz an die Begriffe des familienrechtlichen Unterhalts an (§ 1610 Abs. 1 BGB). Die in diesem Zusammenhang entwickelten Grundsätze gelten auch hier, so dass insbesondere eine Orientierung an den einschlägigen Unterhaltstabellen (z.B. **Düsseldorfer Tabelle**) zulässig ist.[5] Es ist – genau wie bei § 529 Abs. 2 BGB – grundsätzlich unerheblich, wann und wodurch der Notbedarf des Schenkers entstanden ist und ob der Schenker seine Bedürftigkeit durch eigenes Verhalten „verschuldet" hat.[6]

Abdingbarkeit: Da § 519 BGB dem Schenker auch dann Schutz gewähren soll, wenn er selbst seine künftige Bedürftigkeit zu vertreten hat, ist die Geltung der Vorschrift **nicht** durch Parteivereinbarung **abdingbar**. Der Schutzzweck der Norm verbietet grundsätzlich eine Abdingbarkeit. Ein **Vorausverzicht** beim Abschluss des Schenkungsversprechens ist ebenfalls unwirksam.[7]

---

[2] *Wimmer-Leonhardt* in: Staudinger, § 519 Rn. 3; *Koch* in: MünchKomm-BGB, § 519 Rn. 1; *Weidenkaff* in: Palandt, § 519 Rn. 4; *Herrmann* in: Erman, § 519 Rn. 1; *Mezger* in: BGB-RGRK, § 519 Rn. 1; *Mühl/Teichmann* in: Soergel, § 519 Rn. 1.

[3] Vgl. *Koch* in: MünchKomm-BGB, § 519 Rn. 2; *Wimmer-Leonhardt* in: Staudinger, § 519 Rn. 6.

[4] *Koch* in: MünchKomm-BGB, § 519 Rn. 2; *Weidenkaff* in: Palandt, § 519 Rn. 4; *Wimmer-Leonhardt* in: Staudinger, § 519 Rn. 6.

[5] BGH v. 11.07.2000 - X ZR 126/98 - LM BGB § 529 Nr. 2 (2/2001) im Zusammenhang mit § 529 Abs. 2 BGB.

[6] BGH v. 19.12.2000 - X ZR 146/99 - juris Rn. 9 - LM BGB § 529 Nr. 3 (10/2001); *Koch* in: MünchKomm-BGB, § 519 Rn. 2; *Wimmer-Leonhardt* in: Staudinger, § 519 Rn. 10.

[7] *Koch* in: MünchKomm-BGB, § 519 Rn. 1; *Mühl/Teichmann* in: Soergel, § 519 Rn. 1; *Wimmer-Leonhardt* in: Staudinger, § 519 Rn. 5.

D. Rechtsfolgen

I. Einrede gegen den Erfüllungsanspruch

9   Aus der Norm ergibt sich als Rechtsfolge das **Recht** des Schenkers, die Erfüllung des abgegebenen Schenkungsversprechens zu **verweigern**. Es handelt sich hierbei um eine **anspruchshemmende Einrede**.[8] Die Einrede besteht nur solange und soweit der Notbedarf des Schenkers reicht. Nach Verbesserung der Vermögensverhältnisse kann eine frühere (als zurzeit unbegründet abgewiesene) Klage auf Erfüllung gegebenenfalls wieder mit Erfolg erhoben werden.[9]

10 Bei **Teilbarkeit** des geschenkten Gegenstandes (z.B. Geldschenkung) hemmt die Einrede den Erfüllungsanspruch **nur insoweit**, als das Geschenk zur Sicherung des voraussichtlichen Unterhaltsbedarfs erforderlich erscheint. Ist der Schenkungsgegenstand dagegen **unteilbar** (z.B. Grundbesitz) oder liegt eine **gemischte Schenkung** mit unteilbarem Schenkungsgegenstand vor, so erfasst die Einrede im Zweifel den ganzen Gegenstand.[10] Um den Schutz des Schenkers zu erhalten, besteht **keine Möglichkeit** des Beschenkten, in diesem Fall den Notbedarf durch entsprechende **Geldleistung** zu befriedigen und damit die Einrede auszuschließen.[11] Es fehlt in diesem Zusammenhang eine dem § 528 Abs. 1 Satz 2 BGB vergleichbare Vorschrift.

11 Die Einrede des Schenkers steht nur ihm **höchstpersönlich** zu. Sie kann deshalb grundsätzlich nicht von Bürgen oder Mitschuldnern erhoben werden, wenn nicht in ihrer eigenen Person die Tatbestandsvoraussetzungen des § 519 BGB vorliegen.[12] Das gilt beim **Bürgen** entgegen dem Wortlaut des § 767 Abs. 1 BGB bereits deshalb, weil der Beschenkte durch die zur Sicherheit gewährte Bürgschaft gerade vor einer Vermögenslosigkeit des Schuldners (Schenkers) geschützt werden soll.[13]

II. Vorliegen mehrerer Schenkungen

12 Wenn **Schenkungsansprüche mehrerer Beschenkter** bestehen, geht gemäß § 519 Abs. 2 BGB der früher entstandene Anspruch dem späteren vor. Das bedeutet, dass dem Anspruch des zeitlich früher Beschenkten die Einrede aus § 519 BGB nicht entgegengesetzt werden kann, solange und soweit durch Verweigerung der Erfüllung des zeitlich späteren Anspruchs der zukünftige Unterhaltsbedarf sichergestellt ist (**Prioritätsprinzip**).[14] Hier kommt es – teilweise anders als bei § 528 Abs. 2 BGB (vgl. die Kommentierung zu § 528 BGB Rn. 39) – immer auf den **Zeitpunkt der Entstehung des Schenkungsanspruchs**, mithin auf die Annahme des Schenkungsversprechens an. Das gilt auch bei bedingten, befristeten oder einredebehafteten Schenkungsversprechen.[15] Die Vorschrift des § 519 BGB bezweckt den Schutz des Schenkers vor seiner eigenen Freigiebigkeit, falls dadurch eine Unterhaltsgefährdung droht. Das gilt auch für § 519 Abs. 2 BGB. Deshalb bleibt dem Schenker die Einrede gegenüber dem älteren Schenkungserfüllungsanspruch - bis zur Grenze des Rechtsmissbrauchs – erhalten, wenn er die Einrede gegenüber dem jüngeren Anspruch (bewusst oder unbewusst) nicht erhoben hat.[16]

---

[8] *Wimmer-Leonhardt* in: Staudinger, § 519 Rn. 4; *Mezger* in: BGB-RGRK, § 519 Rn. 1-2; *Koch* in: MünchKomm-BGB, § 519 Rn. 3.

[9] *Koch* in: MünchKomm-BGB, § 519 Rn. 3; *Wimmer-Leonhardt* in: Staudinger, § 519 Rn. 15; *Mezger* in: BGB-RGRK, § 519 Rn. 2.

[10] So auch *Koch* in: MünchKomm-BGB, § 519 Rn. 3.

[11] *Wimmer-Leonhardt* in: Staudinger, § 516 Rn. 218.

[12] *Koch* in: MünchKomm-BGB, § 519 Rn. 4; *Wimmer-Leonhardt* in: Staudinger, § 519 Rn. 17; *Weidenkaff* in: Palandt, § 519 Rn. 2.

[13] *Koch* in: MünchKomm-BGB, § 519 Rn. 4; *Herrmann* in: Erman, § 519 Rn. 3; *Mezger* in: BGB-RGRK, § 519 Rn. 2; a.A. *Mühl/Teichmann* in: Soergel, § 519 Rn. 2.

[14] *Koch* in: MünchKomm-BGB, § 519 Rn. 5; *Herrmann* in: Erman, § 519 Rn. 4.

[15] *Wimmer-Leonhardt* in: Staudinger, § 519 Rn. 21; *Mezger* in: BGB-RGRK, § 519 Rn. 4; *Koch* in: MünchKomm-BGB, § 519 Rn. 5; *Weidenkaff* in: Palandt, § 519 Rn. 5.

[16] Vgl. *Koch* in: MünchKomm-BGB, § 519 Rn. 5; *Herrmann* in: Erman, § 519 Rn. 4; a.A. *Mühl/Teichmann* in: Soergel, § 519 Rn. 5; *Wimmer-Leonhardt* in: Staudinger, § 519 Rn. 22

§ 519 Abs. 2 BGB regelt die Konkurrenz mehrerer, zu unterschiedlicher Zeit entstandener Schenkungsansprüche. Das Gesetz sieht keine Regelung vor für den (seltenen) Fall **gleichzeitig angenommener Schenkungsversprechen**. Entgegen mehrheitlich vertretener Auffassung[17] gebietet es die allgemeine Schutzfunktion der Vorschrift, dass der Schenker **hier frei wählen kann**, gegenüber welchem Anspruch er die Einrede erheben will.[18] Genau wie bei der Rückforderung gleichzeitig vollzogener Schenkungen nach § 528 BGB, bei der die Beschenkten als Gesamtschuldner und nicht nur anteilig haften (vgl. die Kommentierung zu § 528 BGB Rn. 40), braucht sich der Schenker nicht darauf verweisen zu lassen, eine gleichmäßige Kürzung der Ansprüche vorzunehmen. Es muss ihm überlassen bleiben, mit welchem Vermögen er glaubt, seinen zukünftigen Unterhalt am besten sicherstellen zu können. Das gilt jedenfalls dann, wenn die Schenkungsgegenstände nicht teilbar sind.

E. Prozessuale Hinweise/Verfahrenshinweise

Die **Beweislast** der Tatsachen, aus denen sich eine Gefährdung des zukünftigen Unterhaltsbedarfs ergibt, hat der Schenker zu tragen.[19] Liegt zunächst eine Gefährdung des zukünftigen Unterhaltsbedarfs des Schenkers vor, so wird eine erhobene Klage als „zunächst" unbegründet abgewiesen. Erhebt nach Wegfall der Gefährdung der Beschenkte eine neue Erfüllungsklage, so trägt er die Beweislast für die den Wegfall begründenden Tatsachen.[20]

Liegt **bereits** eine **rechtskräftige Verurteilung** des Schenkers vor, weil die Voraussetzungen für die Erhebung der Einrede im Zeitpunkt der letzten mündlichen Verhandlung nicht vorgelegen haben, und treten diese **später** ein, so hat der Schenker die Möglichkeit, mit der **Vollstreckungsgegenklage** gemäß § 767 ZPO die Vollstreckung zu verhindern.[21]

F. Anwendungsfelder

Die Vorschrift des § 519 BGB verdrängt als spezielle Vorschrift in ihrem Anwendungsbereich die Vorschrift des § 275 Abs. 2 BGB.[22]

---

[17] So *Koch* in: MünchKomm-BGB, § 519 Rn. 5; *Weidenkaff* in: Palandt, § 519 Rn. 5; *Wimmer-Leonhardt* in: Staudinger, § 519 Rn. 23.
[18] So jetzt auch *Herrmann* in: Erman, § 519 Rn. 4; *Mansel* in Jauernig, § 519 Rn. 2.
[19] BGH v. 12.12.1985 - III ZR 200/84 - juris Rn. 30 - LM Nr. 47 zu § 157 (D) BGB; *Wimmer-Leonhardt* in: Staudinger, § 519 Rn. 18.
[20] So auch *Wimmer-Leonhardt* in: Staudinger, § 519 Rn. 5; *Weidenkaff* in: Palandt, § 519 Rn. 3; *Koch* in: MünchKomm-BGB, § 519 Rn. 3.
[21] RG v. 08.03.1937 - IV 333/36 - JW 1937, 1547; *Koch* in: MünchKomm-BGB, § 519 Rn. 3.
[22] *Amann/Brambring/Hertel*, Die Schuldrechtsreform in der Vertragspraxis, 2002, S. 316.

§ 520 BGB Erlöschen eines Rentenversprechens

(Fassung vom 02.01.2002, gültig ab 01.01.2002)

Verspricht der Schenker eine in wiederkehrenden Leistungen bestehende Unterstützung, so erlischt die Verbindlichkeit mit seinem Tod, sofern nicht aus dem Versprechen sich ein anderes ergibt.

Gliederung

A. Grundlagen... 1	II. Wiederkehrende Unterstützungsleistungen 5
I. Kurzcharakteristik................................. 1	D. Rechtsfolgen 7
II. Regelungsprinzipien............................ 2	E. Prozessuale Hinweise/Verfahrenshinweise 9
B. Praktische Bedeutung......................... 3	F. Arbeitshilfen 10
C. Anwendungsvoraussetzungen............. 4	I. Checkliste... 10
I. Qualifikation der Norm 4	II. Was man nicht vergessen darf 11

A. Grundlagen

I. Kurzcharakteristik

1 **Wiederkehrende** finanzielle **Unterstützungsleistungen** haben ihre Grundlage zumeist in der **engen persönlichen Beziehung** der beteiligten Personen. Verspricht der Schenker eine in wiederkehrenden Leistungen bestehende Unterstützung, so erlischt diese Verbindlichkeit gemäß § 520 BGB deshalb grundsätzlich mit seinem Tode.

II. Regelungsprinzipien

2 Bei der Vorschrift handelt es sich um eine **Auslegungsregel**. Sinn und Zweck ist es, eine unentgeltlich eingegangene Verbindlichkeit, deren Grundlage in der persönlichen Beziehung zum Beschenkten liegt, im Zweifel mit dem **Tode des Schenkers erlöschen** zu lassen. Seine Erben sollen vor weiteren, sich daraus ergebenden Verpflichtungen bewahrt werden.[1] Eine Belastung mit der Leistungsverpflichtung über den Tod hinaus soll vermieden werden. Die **Motivation** des Schenkers geht bei derartigen Schenkungsversprechen regelmäßig nur dahin, die **Unterstützung** des Beschenkten nur zu **eigenen Lebzeiten** zu gewähren.[2]

B. Praktische Bedeutung

3 Die praktische Bedeutung der Vorschrift ist **eher gering**. Die Schenkung einer lebenslangen Rente ist ein **Ausnahmefall**. Das darf nicht damit verwechselt werden, dass im Zusammenhang mit Schenkungen unter Auflagen oder bei gemischten Schenkungen häufig Versorgungsrenten (**Leibrenten**) als (Gegen-)Leistungen des Beschenkten vereinbart werden (vgl. dazu Muster: Vereinbarung einer Leibrente und dauernden Last als Gegenleistung, Muster 6 zu § 516 BGB). Diese erfolgen jedoch nicht unentgeltlich, sondern im Hinblick auf die Zuwendung des Schenkers. Vergleiche hierzu die §§ 759-761 BGB.

C. Anwendungsvoraussetzungen

I. Qualifikation der Norm

4 Bei § 520 BGB handelt es sich um eine **Auslegungsregel** des Gesetzes für wiederkehrende Rentenleistungen, die schenkweise versprochen werden.[3] Das bedeutet, dass die Regel nur gilt, „sofern nicht aus

---

[1] *Mühl/Teichmann* in: Soergel, § 520 Rn. 1 m.w.N.
[2] *Wimmer-Leonhardt* in: Staudinger, § 520 Rn. 3.
[3] *Koch* in: MünchKomm-BGB, § 520 Rn. 1; *Weidenkaff* in: Palandt, § 520 Rn. 1.

dem Versprechen sich ein anderes ergibt". Die Beteiligten können demgemäß **etwas anderes vereinbaren**, insbesondere eine weitergehende Verpflichtung der Erben festlegen. In einem solchen Fall, können sich etwaige Erben des Schenkers dadurch schützen, dass sie ihre **Haftung** auf den **Nachlass beschränken** (§§ 1975-1992 BGB).[4]

II. Wiederkehrende Unterstützungsleistungen

Das Schenkungsversprechen muss **wiederkehrende Unterstützungsleistungen** zum Inhalt haben. Es handelt sich hierbei um **regelmäßige finanzielle Zahlungen** an den Beschenkten zur Unterstützung irgendwelcher Art.[5] Es kann sich z.B. um die Zahlung von **Renten** zur Sicherung des Lebensunterhaltes im Alter oder um regelmäßige Zahlungen zur Finanzierung der **Ausbildung** handeln. Die Vorschrift gilt nicht bei Schenkung eines **bestimmten** Gesamtbetrages, der in Teilleistungen erbracht werden soll.[6]

Praktische Hinweise: Trotz der Auslegungsregel des Gesetzes ist es für die Praxis zu empfehlen, die Frage der **Höchstpersönlichkeit** des Anspruches, die Unzulässigkeit seiner Übertragbarkeit und den Ausschluss der Vererblichkeit in dem Schenkungsversprechen ausdrücklich zu regeln. Das gilt natürlich auch dann, wenn von der Regel des Gesetzes zu Lasten des Schenkers abgewichen werden soll. Eine solche **Abweichung** ist entsprechend § 518 Abs. 1 BGB zum Schutze des Schenkers **beurkundungspflichtig**.

D. Rechtsfolgen

Die Unterstützungsverpflichtung **erlischt** im Zweifel mit dem **Tod des Schenkers**. Beim Tod bereits fällige gewordene und rückständige Leistungen sind dagegen vererblich und können gegen den Erben geltend gemacht werden.[7] Grundsätzlich handelt es sich auch auf Seiten des Beschenkten um einen höchstpersönlichen Anspruch, der nicht veräußerlich und vererblich ist. Er erlischt grundsätzlich auch mit seinem Ableben.[8]

Die Haftung eines etwaigen **Bürgen** erlischt wegen der Akzessorietät ebenfalls gemäß § 767 Abs. 1 Satz 1 BGB mit dem Tode des Schenkers.[9] Ist ein **Mitschuldner** neben dem Schenker vorhanden, so kommt es in erster Linie auf die zugrunde liegenden Vereinbarungen an. Im Zweifel gilt die Vorschrift **nicht zugunsten** des **Mitschuldners**, wenn der Schenker verstirbt. Dessen Verpflichtung ist – im Gegensatz zu derjenigen des Bürgen – nicht akzessorisch. Verstirbt jedoch der Mitschuldner selbst, so gilt die Vorschrift auch zugunsten seiner Erben analog.[10] Die dargestellten Rechtsfolgen treten nicht ein, wenn die Vertragsparteien ausdrücklich „**etwas anderes vereinbart**" haben.

E. Prozessuale Hinweise/Verfahrenshinweise

Die Auslegungsregel des § 520 BGB wirkt sich **prozessual** dahingehend aus, dass derjenige, der die gesetzliche Auslegungsregel bestreitet, die **abweichende Parteivereinbarung** darlegen und im Bestreitensfalle auch **beweisen** muss. Das Weiterbestehen der Schuld über den Tod des Schenkers hinaus

---

[4] *Mühl/Teichmann* in: Soergel, § 520 Rn. 1.
[5] *Weidenkaff* in: Palandt, § 520 Rn. 1.
[6] *Koch* in: MünchKomm-BGB, § 520 Rn. 2; *Mühl/Teichmann* in: Soergel, § 520 Rn. 2; *Herrmann* in: Erman, Rn. 1, § 520; *Wimmer-Leonhardt* in: Staudinger, § 520 Rn. 2.
[7] *Wimmer-Leonhardt* in: Staudinger, § 520 Rn. 4; *Mühl/Teichmann* in: Soergel, § 520 Rn. 2; *Koch* in: MünchKomm-BGB, § 520 Rn. 2; *Weidenkaff* in: Palandt, § 520 Rn. 1.
[8] *Koch* in: MünchKomm-BGB, § 520 Rn. 1; *Herrmann* in: Erman, § 520 Rn. 1; *Wimmer-Leonhardt* in: Staudinger, § 520 Rn. 5.
[9] *Mühl/Teichmann* in: Soergel, § 520 Rn. 3; *Wimmer-Leonhardt* in: Staudinger, § 520 Rn. 7; *Koch* in: MünchKomm-BGB, § 520 Rn. 2.
[10] So auch *Koch* in: MünchKomm-BGB, § 520 Rn. 2 zur Schuldübernahme; *Mühl/Teichmann* in: Soergel, § 520 Rn. 3; vgl. auch *Wimmer-Leonhardt* in: Staudinger, § 520 Rn. 7; *Herrmann* in: Erman, § 520 Rn. 1.

§ 520

als gesetzliche Ausnahme von § 520 BGB muss der Beschenkte aus diesem Grund nachweisen. Der entsprechende vertragliche **Bindungswille** des Schenkers kann sich dabei ggf. auch **aus** den **Umständen** ergeben, z.B. durch Festlegung eines zu zahlenden regelmäßigen Geldbetrages bis zu einem gewissen Zeitpunkt oder Ereignis (z.B. Bestehen der Staatsprüfung).[11]

F. Arbeitshilfen

I. Checkliste

10 (1) Wiederkehrende Geldleistung;
    (2) Beabsichtigte Unterstützung des Beschenkten
    (3) Erlöschen oder abweichende Parteivereinbarung, ggf. aus Umständen ableitbar.

II. Was man nicht vergessen darf

11 § 520 BGB ist nur eine abdingbare Auslegungsregel des Gesetzes.

---

[11] Vgl. *Wimmer-Leonhardt* in: Staudinger, § 520 Rn. 3.

§ 521 BGB Haftung des Schenkers

(Fassung vom 02.01.2002, gültig ab 01.01.2002)

Der Schenker hat nur Vorsatz und grobe Fahrlässigkeit zu vertreten.

Gliederung

A. Allgemeine Vorbemerkungen zu den §§ 521-524 BGB 1	I. Haftungsbeschränkung/Anwendungsbereich 13
I. Kurzcharakteristik 9	II. Abdingbarkeit 27
II. Regelungsprinzipien 10	III. Musterklauseln 28
B. Praktische Bedeutung 11	D. Prozessuale Hinweise/Verfahrenshinweise 29
C. Anwendungsvoraussetzungen 13	E. Anwendungsfelder 30

A. Allgemeine Vorbemerkungen zu den §§ 521-524 BGB

Die §§ 521-524 BGB enthalten **Sonderregelungen zur Haftung** des Schenkers bei Leistungsstörungen. Die derzeit geltenden Bestimmungen passen systematisch nicht mehr in das durch das Schuldrechtsmodernisierungsgesetz (SMG) vollständig reformierte vertragliche Leistungsstörungsrecht.[1] **1**

Es ist schwer verständlich, weshalb der Gesetzgeber z.B. die Bestimmung des § 523 Abs. 2 BGB geändert und den neuen Vorschriften über die **Rechtsmängelhaftung** des Verkäufers ansatzweise **angeglichen**, dies jedoch bei § 524 BGB vollständig **versäumt** hat. Die Folge ist, dass in § 524 BGB nach wie vor Gesetzesbegriffe enthalten sind, die durch das SMG obsolet geworden sind (z.B. „Fehler"; „Schadensersatz wegen Nichterfüllung" etc.). Auch die scheinbare Anpassung des § 523 Abs. 2 Satz 2 BGB hat sich lediglich darauf beschränkt, die geänderten Paragraphennummern des Kaufrechts zu ersetzen, berücksichtigt jedoch die grundlegende Eingliederung der früheren selbständigen Gewährleistung beim Kaufvertrag (§§ 459-493 BGB a.F.) in das allgemeine Leistungsstörungsrecht[2] nicht. Insbesondere für den Fall eines vom Schenker noch zu erwerbenden Schenkungsgegenstandes ist die **Verweisung** auf die kaufrechtlichen Haftungsvorschriften **unvollständig** (vgl. die Kommentierung zu § 523 BGB Rn. 25). **2**

Weiterhin wurde es versäumt, den **Inhalt der vertraglichen Leistungspflichten** beim Schenkungsvertrag, insbesondere hinsichtlich der **Beschaffenheit** des vom Schenker zu erbringenden Schenkungsgegenstandes, entsprechend dem Kaufrecht gesetzlich festzulegen. Der vertragliche Pflichteninhalt ist jedoch eine zentrale Kategorie des neuen Leistungsstörungsrechtes. Nach der Grundnorm des § 280 Abs. 1 BGB setzen i.d.R. alle Schadensersatzansprüche eine **vertragliche Pflichtverletzung** des Schuldners voraus.[3] **3**

Unbefriedigend ist auch, dass die gesetzliche Normierung von „pVV" und „c.i.c." durch das SMG ebenfalls offensichtlich **keinen Einfluss** auf die schenkungsvertraglichen Sonderregeln genommen hat. Denn auch bei der Schenkung ist – ähnlich wie früher bei Kauf und Werkvertrag – sowohl der sachliche Anwendungsbereich als auch die Anwendbarkeit des Haftungsprivilegs aus § 521 BGB in diesem Bereich nach wie vor umstritten.[4] **4**

Dabei war es ein Hauptanliegen der Schuldrechtsreform gewesen, das bisherige unbefriedigende Nebeneinander („Krebsübel"[5]) von geschriebenen Gewährleistungsregeln und richterrechtlich entwickelten Rechtsinstituten zu beseitigen. Durch den Erhalt der schenkungsrechtlichen Gewährleistungsvorschriften in den §§ 523, 524 BGB ist diese **Rechtsunsicherheit** – trotz gesetzlicher Regelung der **5**

---

[1] Vgl. auch *Wimmer-Leonhardt* in: Staudinger, § 521 Rn. 1.
[2] Vgl. zur Kritik auch *Koch* in: MünchKomm-BGB § 523 Rn. 1.
[3] *Grüneberg* in: Palandt, § 280 Rn. 2.
[4] *Mühl/Teichmann* in: Soergel, Vorbem. § 521 Rn. 5-7; *Koch* in: MünchKomm-BGB, § 521 Rn. 4, 5; *Wimmer-Leonhardt* in: Staudinger, § 521 Rn. 9-14.
[5] *Heinrichs* in: Palandt, 63. Aufl. 2004, Vorbem. § 275 Rn. 5.

Rechtsinstitute – nicht beseitigt worden. Auch die unveränderte Fassung von § 521 BGB wirft in diesem Zusammenhang weitere Fragen auf. Die **Rechtspraxis** wird sich zukünftig mit diesen **Unzulänglichkeiten** auseinandersetzen müssen.

6 Es liegt die Vermutung nahe, dass es dem Gesetzgeber angesichts der Fülle der damals durch das SMG geänderten Bestimmungen und des **zeitlichen Drucks** seiner Verabschiedung nicht mehr möglich war, das Leistungsstörungsrecht einschließlich der Gewährleistung bei der Schenkung noch entsprechend anzupassen und einzugliedern. Es bleibt zu hoffen, dass der **Gesetzgeber** in absehbarer Zeit entsprechende **Änderungen vornehmen** wird, die sich stimmig in das sonst geltende vertragliche Leistungsstörungsrecht einfügen.

7 Diese werden **geringfügiger Art** sein können und trotzdem den derzeitigen Stand der Rechtsprechung und Wissenschaft befriedigend wiedergeben. Mit einer gesetzlichen Festlegung der vertraglichen Pflichten des Schenkers hinsichtlich der **Beschaffenheit** des Schenkungsgegenstandes – unterschieden zwischen bereits vorhandenem und noch zu erwerbendem Gegenstand – werden die Vorschriften der §§ 523, 524 BGB vollständig entfallen können. Alle Gewährleistungsfragen sind sodann mit dem allgemeinen Leistungsstörungskatalog der §§ 275-304 BGB gut zu bewältigen. Durch eine entsprechende **Differenzierung der Haftungsvorschrift** des § 521 BGB (Verschärfung der Haftung bei vertraglichen Erfüllungspflichtverletzungen und Verletzung sonstiger, mit dem Vertragsgegenstand nicht zusammenhängender Pflichten aus § 241 Abs. 2 BGB) kann eine Harmonisierung zur vormaligen pVV und c.i.c. erreicht werden. Damit wäre eine sinnvolle Anpassung bzw. Änderung des Schenkungsrechtes fast vollständig vollzogen.

8 In der nachfolgenden Kommentierung der §§ 521-524 BGB wird versucht, die derzeit geltenden Bestimmungen – gegebenenfalls über den Wortlaut hinaus – im **systematischen Zusammenhang** mit dem **übrigen allgemeinen Leistungsstörungsrecht** zu erläutern. Dabei soll der Stand von Rechtsprechung und Wissenschaft zu dem vor Verabschiedung des SMG geltenden Recht als Grundlage mit herangezogen werden. Es ist jedoch vorweg festzuhalten, dass die Aufgabe teilweise schwierig zu lösen ist. Das hängt mit den systematischen und terminologischen Unzulänglichkeiten des derzeit geltenden Leistungs- und Gewährleistungsstörungsrechtes bei der Schenkung zusammen.

I. Kurzcharakteristik

9 Aus § 521 BGB ergibt sich, dass der Schenker nur Vorsatz und grobe Fahrlässigkeit zu vertreten hat. Der Schuldner haftet nach der allgemeinen Bestimmung des § 276 Abs. 1 Satz 1 BGB grundsätzlich für Vorsatz und Fahrlässigkeit, wenn „... eine mildere Haftung nicht bestimmt ist." Es handelt sich somit bei § 521 BGB um einen **gesetzlich geregelten besonderen Fall der Haftungsmilderung**.

II. Regelungsprinzipien

10 **Sinn und Zweck** der Vorschrift ist es, eine **Haftungsprivilegierung des Schenkers** zu erreichen. Seine Freigiebigkeit und Uneigennützigkeit sollen nicht dazu führen, dass er bereits bei leichter Außerachtlassung der im Verkehr erforderlichen Sorgfalt einer Haftung unterworfen wird.[6]

B. Praktische Bedeutung

11 Die praktische **Bedeutung** der Vorschrift ist derzeit – wegen der bestehenden Sonderregeln zur Gewährleistung in den §§ 523, 524 BGB – **eher gering**. Sie ist zwar grundsätzlich auf alle Arten der Schenkung anwendbar.[7] Bei der **Handschenkung** stellt sich die Frage einer möglichen Haftung wegen **primärer Erfüllungspflichtverletzung** (z.B. durch Unmöglichkeit und Verzug) jedoch i.d.R. nicht, weil die Schenkung zeitgleich erfüllt wird (§ 516 Abs. 1 BGB) bzw. die Zuwendung bereits erfolgt ist (§ 516 Abs. 2 BGB).

---

[6] *Weidenkaff* in: Palandt, § 521 Rn. 1; *Mühl/Teichmann* in: Soergel, § 521 Rn. 1; *Koch* in: MünchKomm-BGB, § 521 Rn. 1.

[7] *Mühl/Teichmann* in: Soergel, Vorbem. § 521 Rn. 1.

Auf mögliche Ansprüche wegen Verletzung **vertraglicher Nebenleistungspflichten** aus den §§ 241 Abs. 2, 311 Abs. 2 und 3 BGB (früher: pVV und c.i.c.) ist die Vorschrift nur eingeschränkt anwendbar. Bei der notariell zu beurkundenden **Versprechensschenkung** (§ 518 BGB) wird im Interesse des Schenkers in der Vertragspraxis – soweit rechtlich möglich – häufig jegliche Haftung für Leistungsstörungen, insbesondere auch im Bereich der Gewährleistung, ausgeschlossen.

C. Anwendungsvoraussetzungen

I. Haftungsbeschränkung/Anwendungsbereich

§ 521 BGB stellt eine **Haftungsmilderung** gegenüber dem allgemeinen Verschuldensmaßstab aus § 276 Abs. 1 Satz 1 BGB dar. Der Schenker haftet nicht für leichte Fahrlässigkeit, wobei das – im Anwendungsbereich der Norm – auch für seine **Erfüllungsgehilfen** i.S.v. § 278 BGB gilt.[8] Die Haftungsmilderung kommt auch dem **Rechtsnachfolger** des Schenkers, z.B. seinen Erben, zugute und gilt auch zugunsten etwaiger Bürgen.[9]

Die Haftung des Schenkers kann noch weiter eingeschränkt werden. In der Beratungs- und Gestaltungspraxis wird von dieser Möglichkeit häufig Gebrauch gemacht. Es liegt regelmäßig in seinem Interesse, seine Haftung auf das gesetzlich Zwingende zu beschränken. In diesem Zusammenhang sind die Vorschriften der §§ 276 Abs. 3, 444 BGB (analog) als Grenzen der zulässigen Einschränkbarkeit einer möglichen Haftung zu beachten.[10] Bei einer „**Verschärfung**" der Haftung des Schenkers, die in der Regel nicht in seinem Interesse liegt, ist die Vereinbarung der Vertragsparteien entsprechend § 518 Abs. 1 BGB **beurkundungspflichtig**.[11]

Die Frage der Anwendbarkeit der Vorschrift stellt sich nach neuem Recht zunächst nur dann, wenn der Schenker gemäß § 280 Abs. 1 BGB eine vertragliche **Pflicht aus dem Schenkungsvertrag** verletzt hat.[12] Dabei umfasst § 280 BGB bei der Schenkung grundsätzlich sowohl die bisherigen Fälle der **Unmöglichkeit** und des **Verzuges** als auch in Verbindung mit den §§ 241 Abs. 2, 311 Abs. 2, 3 BGB die Tatbestände der bisherigen **pVV und c.i.c**. Die Haftung für Rechts- und Sachmängel (**Gewährleistung**) ist dagegen weiterhin (systemwidrig) in den **Sondervorschriften** der §§ 523, 524 BGB enthalten.[13] § 522 BGB ist demgegenüber eine Sondervorschrift zu den Regeln des Verzuges in den §§ 280 Abs. 1 und 2, 286 BGB.

Vorläufiges Fazit: § 521 BGB ist grundsätzlich auf alle Arten von vertraglichen Pflichtverletzungen anwendbar, die nicht die Haftung für Rechts- und Sachmängel des Schenkungsgegenstandes betreffen. Hierzu gibt es wichtige **Ausnahmen**: Diese ergeben sich einmal aus der **Rechtsnatur der verschiedenen Schenkungsarten** und zum anderen aus **teleologischen Gesichtspunkten**:

Bei der **Handschenkung** gemäß § 516 BGB ist der Anwendungsbereich der Vorschrift naturgemäß bereits wesentlich eingeschränkt. Hier ist der Beschenkte – im Gegensatz zur Versprechensschenkung – nicht berechtigt, vom Schenker eine bestimmte Leistung zu fordern (§ 241 Abs. 1 BGB), weil diese bereits erfolgt ist (§ 516 Abs. 2 BGB) oder gleichzeitig erfolgt (§ 516 Abs. 1 BGB). Der zustande kommende Handschenkungsvertrag ist (nur) der schuldrechtliche Rechtsgrund dafür, dass der Beschenkte die Zuwendung behalten darf (**Rechtsgrundabrede**[14], vgl. die Kommentierung zu § 516 BGB Rn. 4). Die Frage einer Pflichtverletzung wegen **Nicht- bzw. Spätererfüllung** der Leistungspflicht

---

[8] RG v. 13.12.1906 - VI 130/06 - RGZ 65, 17-21; *Koch* in: MünchKomm-BGB, § 521 Rn. 1; *Mühl/Teichmann* in: Soergel, Vorbem. § 521 Rn. 1; *Wimmer-Leonhardt* in: Staudinger, § 521 Rn. 2.
[9] *Mühl/Teichmann* in: Soergel, Vorbem. § 521 Rn. 1 m.w.N; *Wimmer-Leonhardt* in: Staudinger, § 521 Rn. 2.
[10] Auch das Verbot der Haftungsausschlüsse i.S. § 309 Ziff. 7 BGB ist bei der Schenkung zu beachten, wobei sowohl Verbraucherschenkungen als auch AGB-Schenkungen eher selten vorliegen werden.
[11] *Mühl/Teichmann* in: Soergel, § 523 Rn. 4; *Koch* in: MünchKomm-BGB, § 521 Rn. 1; *Wimmer-Leonhardt* in: Staudinger, § 521 Rn. 16.
[12] *Grüneberg* in: Palandt, § 280 Rn. 2, 6.
[13] Vgl. auch *Wimmer-Leonhardt* in: Staudinger, § 521 Rn. 3.
[14] *Wimmer-Leonhardt* in: Staudinger, § 521 Rn. 4; *Mühl/Teichmann* in: Soergel, Vorbem. § 521 Rn. 1.

§ 521

stellt sich in diesem Zusammenhang **nicht**. Es kommt nur eine Verletzung von sonstigen vertraglichen Nebenpflichten aus § 241 Abs. 2 BGB ggf. in Verbindung mit § 311 Abs. 2 BGB in Betracht. Dabei handelt es sich um vorvertragliche Pflichten[15], leistungsbezogene Nebenpflichten[16] und sonstige Nebenpflichten[17]. Häufig geht es in diesem Zusammenhang um die Verletzung von Leistungstreue-, Schutz-, Aufklärungs- und sonstigen Mitwirkungspflichten.[18] Das sind regelmäßig die Fälle, in denen früher **culpa in contrahendo** oder eine **positive Vertragsverletzung** als Grundlage eines möglichen Schadensersatzanspruchs herangezogen wurde.

19   Bei der **Versprechungsschenkung** (§ 518 BGB) kommt dagegen, neben einer möglichen Verletzung solcher Nebenpflichten, auch die **Nichterfüllung bzw. Verzögerung der primären Leistungserfüllungspflicht** durch Unmöglichkeit oder Verzug in Betracht. Die Erfüllung des Schenkungsvertrages folgt zeitlich nach der Abgabe des Schenkungsversprechens. § 280 Abs. 1 BGB erfasst – mit Ausnahme von Haftungsansprüchen wegen Rechts- und Sachmängeln – hier bei der Schenkung zunächst grundsätzlich alle **vertraglichen Pflichtverletzungen**. In sämtlichen Fällen der Unmöglichkeit (objektiv oder subjektiv; anfänglich oder nachträglich) ist die **Primärleistungspflicht** nach neuem Recht nunmehr gemäß § 275 Abs. 1 BGB **ausgeschlossen**. In diesem Zusammenhang wirkt sich das Haftungsprivileg des § 521 BGB im Rahmen des § 280 Abs. 1 Satz 2 BGB unmittelbar aus. Eine Haftung auf Schadensersatz ist bei leichter Fahrlässigkeit des Schenkers regelmäßig ausgeschlossen.

20   Für den Fall der **ursprünglichen subjektiven Unmöglichkeit** hat der Gesetzgeber in § 311a BGB eine Sonderbestimmung geschaffen. Vor der Geltung des SMG war die rechtliche Behandlung dieses Falles auch bei der Schenkung umstritten.[19] Während die **Rechtsprechung**[20] eine verschuldensunabhängige Garantiehaftung des Schenkers annahm, ging die überwiegende **Auffassung in der Literatur** davon aus, dass auch in diesem Zusammenhang die Vorschrift des § 521 BGB Anwendung fände und nur eine eingeschränkte Haftung des Schenkers zur Folge habe.[21] Das SMG hat die Auffassung, der Schuldner übernehme durch sein Leistungsversprechen stillschweigend eine **Garantie** für sein Leistungsvermögen, **zu Recht nicht übernommen**.[22] Ein Anspruch des Beschenkten auf Schadensersatz ist nach § 311a Abs. 2 Satz 2 BGB ausgeschlossen, wenn der Schenker das **Leistungshindernis** bei Vertragsschluss **nicht kannte** und seine **Unkenntnis** auch **nicht zu vertreten** hat. Für die Frage des Vertretenmüssens der Unkenntnis ist über § 276 Abs. 1 Satz 1 BGB nunmehr § 521 BGB anwendbar. Eine Haftung des Schenkers besteht nur dann, wenn der Schenker diesbezüglich mindestens grob fahrlässig gehandelt hat. Die bisherige Auffassung des BGH[23], der Schenker habe eine Garantie für die Erfüllbarkeit des Schenkungsversprechens übernommen, ist bei anfänglicher subjektiver Unmöglichkeit nicht mehr haltbar. Die vorgenannten Verschuldensgrundsätze gelten im Ergebnis auch dann, wenn im Falle der **subjektiven Unmöglichkeit die Sondervorschrift des** § 523 angewendet wird.

21   Im Falle des **Verzuges** gilt § 521 BGB im Rahmen des § 280 Abs. 1 Satz 2 BGB für den Eintritt der **Verzugsvoraussetzungen** uneingeschränkt zugunsten des Schenkers.[24]

22   Ist jedoch bereits Verzug des Schenkers – unter Anwendung des milderen Verschuldensmaßstabes – eingetreten, so ist kein sachlich gerechtfertigter Grund mehr ersichtlich, den Schenker wegen einer

---

[15] *Grüneberg* in: Palandt, § 311 Rn. 22 ff.
[16] *Grüneberg* in: Palandt, § 280 Rn. 22 f.
[17] *Grüneberg* in: Palandt, § 280 Rn. 24.
[18] *Grüneberg* in: Palandt, § 280 Rn. 25 ff. m.w.N.
[19] *Koch* in: MünchKomm-BGB, § 521 Rn. 3; *Mühl/Teichmann* in: Soergel, Vorbem. § 521 Rn. 2; *Weidenkaff* in: Palandt, § 521 Rn. 4.
[20] BGH v. 23.03.2000 - X ZR 177/97 - juris Rn. 9 - BGHZ 144, 118-122.
[21] *Huber*, ZIP 2000, 1372-1375; *Kollhosser* in: MünchKomm-BGB, 4. Aufl. 2004, § 521 Rn. 3; *Mühl/Teichmann* in: Soergel, § 521 Rn. 2; *Weidenkaff* in: Palandt, § 521 Rn. 4; *Wimmer-Leonhardt* in: Staudinger, § 521 Rn. 3.
[22] *Grüneberg* in: Palandt, § 311a Rn. 9.
[23] BGH v. 23.03.2000 - X ZR 177/97 - juris Rn. 9 - BGHZ 144, 118-122.
[24] Allg. Meinung: vgl. *Koch* in: MünchKomm-BGB, § 521 Rn. 3; *Wimmer-Leonhardt* in: Staudinger, § 521 Rn. 7; *Herrmann* in: Erman, § 521 Rn. 2.

möglichen Haftung weiterhin zu schützen. § 521 BGB ist deshalb im Rahmen des § 287 BGB nicht anwendbar.[25]

Die Frage, ob das **Haftungsprivileg** des Schenkers auch allgemein bei der Verletzung von **(vor)vertraglichen Nebenpflichten**, insbesondere von Pflichten aus § 241 Abs. 2 BGB und § 311 Abs. 2 BGB gilt, war vor der gesetzlichen Regelung von pVV und c.i.c. auch bei der Schenkung **heftig umstritten**. Das ist weiterhin so geblieben, weil es der Gesetzgeber versäumt hat, die Frage bei der Schuldrechtsmodernisierung mit zu regeln. Die Anwendbarkeit der Vorschrift wird sowohl **generell befürwortet**[26] als auch **generell abgelehnt** und der Haftungsmaßstab des § 276 BGB herangezogen.[27] Nach einer **vermittelnden Ansicht** gilt § 521 BGB nur bei Verletzung solcher Schutzpflichten, die sich auf den Vertragsgegenstand selbst beziehen, nicht jedoch bei der Verletzung allgemeiner Nebenpflichten, insbesondere der Pflicht zum Schutz anderer Rechtsgüter des Beschenkten.[28] Auch **nach der Schuldrechtsreform** ist nicht davon auszugehen, dass der Gesetzgeber durch sein Untätigbleiben bezüglich dieses Problemkreises eine abschließende positive Entscheidung dahingehend treffen wollte, dass die Vorschrift des § 521 BGB nun generell auf alle Pflichtverletzungen anwendbar ist. Es ist im Ergebnis vielmehr weiterhin der **vermittelnden Auffassung** zu folgen.[29] Nach der Auffassung des historischen Gesetzgebers und nach dem Sinn und Zweck der Vorschrift soll dem Schenker das Haftungsprivileg zunächst nur hinsichtlich des Schadens zugute kommen, der bei der Verletzung der **primären Leistungserfüllungspflicht** entsteht.[30] Liegt dagegen eine Verletzung der nunmehr in § 241 Abs. 2 BGB und § 311 Abs. 2 BGB genannten Nebenpflichten vor, so muss differenziert werden: Verletzt der Schenker Pflichten, die sich unmittelbar auf den Schenkungsgegenstand beziehen (**gegenstandsbezogene Nebenpflichten**), kommt ihm das **Haftungsprivileg** des § 521 BGB weiterhin **zugute**. Es ist nicht sachgerecht, bei Pflichtverletzungen, die unmittelbar mit dem geschenkten Gegenstand zusammenhängen, einen strengeren Verschuldensmaßstab anzulegen, als bezüglich der Erfüllung des Schenkungsversprechens selbst.[31] Dazu gehören alle **leistungsbezogenen Nebenpflichten**, z.B. auch die fehlende Aufklärung über die gefährlichen Eigenschaften des geschenkten Vertragsgegenstandes.[32] Verletzt der Schenker jedoch nicht unmittelbar mit dem Schenkungsgegenstand zusammenhängende **sonstige Nebenpflichten**, z.B. allgemeine Verhaltens- und **Schutzpflichten** bzgl. anderer Rechtsgüter des Beschenkten, so ist es sachgerecht, ihn auch nach dem allgemeinen Verschuldensmaßstab des § 276 Abs. 1 BGB haften zu lassen. Diese Pflichten entstehen bereits mit der Vertragsanbahnung zwischen Schenker und Beschenktem und setzen sich nach Vertragsabschluss als vertragliche Nebenpflichten fort.[33] Die Haftungsprivilegierung des Schenkungsrechtes hat seine Rechtfertigung in der **Uneigennützigkeit und Freigiebigkeit** des Schenkers. Sie ist **begrenzt** auf den Schenkungsgegen-

---

[25] H.M.: *Grüneberg* in: Palandt, § 287 Rn. 2; *Weidenkaff* in: Palandt § 521 Rn. 5; *Herrmann* in: Erman, § 521 Rn. 2; *Wimmer-Leonhardt* in: Staudinger, § 521 Rn. 7; *Mezger* in: BGB-RGRK, § 521 Rn. 2; *Mansel* in: Jauernig, § 521 Rn. 1; *Mühl/Teichmann* in: Soergel, § 521 Rn. 6; jetzt auch: *Koch* in: MünchKomm-BGB, § 521 Rn. 3, a.A. *Kollhosser* in: MünchKomm-BGB, 4. Aufl. 2004, § 521 Rn. 4.

[26] *Mezger* in: BGB-RGRK, § 521 Rn. 2.

[27] *Larenz*, Schuldrecht, Band I: Allgemeiner Teil, 14. Aufl. 1987, § 47 II a; *Schlechtriem*, Vertragsordnung und außervertragliche Haftung, 1972, S. 332; *Schlechtriem* in: Bundesminister der Justiz, Gutachten und Vorschläge zur Überarbeitung des Schuldrechts, 1981, S. 1618; *Schlechtriem*, BB 1985, 1356-1358; *Schlechtriem*, VersR 1973, 581-594; *Stoll*, JZ 1985, 384-386; *Kollhosser* in: MünchKomm-BGB, 4. Aufl. 2004, § 521 Rn. 9.

[28] BGH v. 20.11.1984 - IVa ZR 104/83 - juris Rn. 17 - BGHZ 93, 23-29; OLG Köln v. 11.03.2008 - 3 U 145/07 - juris Rn. 6 - OLGR Köln 2008, 657; *Weidenkaff* in: Palandt, § 521 Rn. 5; *Mühl/Teichmann* in: Soergel, Vorbem. § 521 Rn. 7; *Medicus/Lorenz*, Schuldrecht II (BT), 16. Aufl. 2012, Rn. 395.

[29] Jetzt auch *Koch* in: MünchKomm-BGB, § 521 Rn. 5.

[30] *Koch* in: MünchKomm-BGB, § 521 Rn. 5 m.w.N; *Stoll*, JZ 1985, 384-386; BGH v. 20.11.1984 - IVa ZR 104/83 - BGHZ 93, 23-29.

[31] So auch *Mühl/Teichmann* in: Soergel, § 521 Rn. 7; *Wimmer-Leonhardt* in: Staudinger, § 521 Rn. 3-8; *Koch* MünchKomm-BGB, § 521 Rn. 5.

[32] Bsp. nach *Kollhosser* in: MünchKomm-BGB, 4. Aufl. 2004 § 521 Rn. 12: Der geschenkte Hund ist bissig und verletzt den Beschenkten.

[33] Vgl. dazu allgemein *Grüneberg* in: Palandt, § 280 Rn. 24 ff.

stand und die damit verbundenen Pflichten. Bei einer Pflichtverletzung des Schenkers, die nicht im Zusammenhang mit dem Schenkungsgegenstand selbst steht, muss sich der Schenker deshalb im Ergebnis so behandeln lassen, wie bei entgeltlichen Verträgen auch.[34]

24 Die vorstehende Auffassung **schränkt den Anwendungsbereich** des § 521 BGB über den Wortlaut hinaus aufgrund historischer und teleologischer Erwägungen **ein**. Der Schenker wird dadurch nicht unangemessen benachteiligt. Seine Freigiebigkeit kann im Ergebnis nicht dazu führen, dass er einen **Haftungsfreibrief** erhält für die Verletzung anderer Rechtsgüter des Beschenkten, wenn er solche Pflichtverletzungen unter Außerachtlassung der im Verkehr erforderlichen Sorgfalt begeht.

25 Die Haftung für **Schadensersatz wegen Rechts- und Sachmängeln** ist – wie oben ausgeführt – noch in den bestehenden Gewährleistungssondervorschriften der §§ 523, 524 BGB geregelt. Fraglich ist, ob das auch für die so genannten **Mangelfolgeschäden** gilt.[35] Vor dem SMG ging die wohl **überwiegende Meinung** davon aus, dass diese Schäden von § 524 BGB erfasst würden, wobei der Schenker nur für Arglist hafte.[36] Die **Gegenauffassung** wendete pVV oder c.i.c. als mögliche Anspruchsgrundlagen an. Dabei war wiederum umstritten, ob der allgemeine Verschuldensmaßstab aus § 276 BGB[37] oder die Haftungsprivilegierung aus § 521 BGB[38] zur Anwendung kommt. Der **Anwendungsbereich** der §§ 523, 524 BGB muss nach dem SMG **restriktiv** ausgelegt werden. Sie „passen" an sich nicht mehr in das nunmehr geltende, allgemeine Leistungsstörungsrecht, das grundsätzlich auch Pflichtverletzungen wegen Rechts- und Sachmängeln mit einbezieht. **Mangelfolgeschäden** werden deshalb **nicht** von den §§ 523, 524 BGB mit **umfasst**. Sie werden über die allgemeine Haftungsnorm des § 280 Abs. 1 Satz 1 BGB nur dann ersetzt, wenn sie durch eine Pflichtverletzung des Schenkers verursacht worden sind. Für solche Pflichtverletzungen, die regelmäßig **unmittelbar mit dem Schenkungsgegenstand** zusammenhängen, haftet der Schenker – wie vorstehend bereits ausgeführt – nur dann, wenn er mindestens grob fahrlässig gehandelt hat.[39]

26 Wenn und soweit die Haftungsmilderung aus § 521 BGB – wie vorstehend ausgeführt – zugunsten des Schenkers Anwendung findet, gilt das auch für mögliche Ansprüche des Beschenkten aus unerlaubter Handlung (§§ 823-853 BGB).[40]

II. Abdingbarkeit

27 Die Frage der **Abdingbarkeit** der Haftung für Leistungsstörungen einschließlich der Gewährleistung spielt im Schenkungsrecht eine **erhebliche Rolle**. Der **Anwendungsbereich** der Haftungsmilderungsvorschrift des § 521 BGB ist – wie vorstehend gezeigt – in Rechtsprechung und Literatur **lebhaft umstritten**. In der Vertragsgestaltungspraxis besteht häufig ein Interesse des Schenkers, seine **Haftung** – soweit rechtlich zulässig – **vollständig auszuschließen** bzw. weiter zu mildern. Die Haftung des Schenkers kann aber auch den entgeltlichen Verträgen angepasst werden. Eine **Haftungsverschärfung** gegenüber den gesetzlichen Bestimmungen bedarf – wie ausgeführt – bei der Versprechensschenkung

---

[34] *Mühl/Teichmann* in: Soergel, § 521 Rn. 7; *Herrmann* in: Erman, § 521 Rn. 3; BGH v. 20.11.1984 - IVa ZR 104/83 - juris Rn. 17 - BGHZ 93, 23-29.

[35] Vgl. hierzu *Mühl/Teichmann* in: Soergel, Vorbem. § 521 Rn. 5; *Koch* in: MünchKomm-BGB, § 521 Rn. 7; *Wimmer-Leonhardt* in: Staudinger, § 521 Rn. 11.

[36] *Gerhardt*, JuS 1970, 597-603; *Weidenkaff* in: Palandt, § 524 Rn. 7; wohl auch *Mezger* in: BGB-RGRK, § 524 Rn. 2; *Wimmer-Leonhardt* in: Staudinger, § 521 Rn. 11.

[37] So noch *Kollhosser* in: MünchKomm-BGB, 4. Aufl. 2004, § 521 Rn. 9, jetzt zu Recht anders: *Koch* in: MünchKomm-BGB, § 521 Rn. 7; *Larenz*, Schuldrecht, Band I: Allgemeiner Teil, 14. Aufl. 1987, § 47 II b; *Stoll*, JZ 1985, 384-386.

[38] *Wimmer-Leonhardt* in: Staudinger, § 524 Rn. 14; *Mühl/Teichmann* in: Soergel, Vorbem. § 521 Rn. 7; *Thiele*, JZ 1967, 649-657.

[39] *Mühl/Teichmann* in: Soergel, § 521 Rn. 7; *Wimmer-Leonhardt* in: Staudinger, § 521 Rn. 11; *Herrmann* in: Erman, § 521 Rn. 3; jetzt i.E. auch *Koch* in: MünchKomm-BGB, § 521 Rn. 7.

[40] Str., vgl. dazu *Mühl/Teichmann* in: Soergel, Vorbem. § 521 Rn. 9; BGH v. 20.11.1984 - IVa ZR 104/83 - juris Rn. 18 - BGHZ 93, 23-29; *Herrmann* in: Erman, § 521 Rn. 4; *Koch* in: MünchKomm-BGB, § 521 Rn. 6; a.A. *Schulbert*, JZ 1985, 386; *Esser/Weyers*, Schuldrecht BT, Teilband 1, 8. Aufl. 1998, § 12 II 2.

der notariellen Beurkundung.[41] Zusammenfassend bleibt festzuhalten, dass die Vorschrift des § 521 BGB nach **beiden Seiten abdingbar** ist.

III. Musterklauseln

Beispiel für einen möglichen **Haftungsausschluss** des Schenkers im Individualvertrag: 28
Die gesetzliche Haftung des Schenkers für vertragliche Pflichtverletzungen sowie für Rechts- und Sachmängel des Schenkungsgegenstandes wird – soweit rechtlich zulässig – ausgeschlossen. Besondere Beschaffenheitsvereinbarungen bzgl. des geschenkten Gegenstandes werden nicht getroffen. Diesbezügliche Garantien werden nicht übernommen.

D. Prozessuale Hinweise/Verfahrenshinweise

Die prozessuale **Darlegungs- und Beweislast** folgt den allgemeinen Regeln. Der Anspruchsteller hat demgemäß ein Verschulden des Schuldners zu beweisen (vgl. die Kommentierung zu § 276 BGB). 29

E. Anwendungsfelder

Die Vorschrift des § 521 BGB ist in ihrem Anwendungsbereich grundsätzlich auf die **Schenkung beschränkt**. Sie ist nicht anwendbar auf **andere gesetzlich geregelte „Gefälligkeitsverträge"**, wie z.B. Auftrag, Leihe oder unentgeltliche Verwahrung.[42] Hier bestehen eigene gesetzliche Sondervorschriften (z.B. die §§ 599, 690 BGB etc.). Auch bei gesetzlich nicht geregelten Gefälligkeitsverhältnissen mit rechtlichen Schutzpflichten[43] kann § 521 BGB nicht ohne weitere Prüfung angewendet werden. Es kommt hier auf die jeweilige Vergleichbarkeit der Interessen der Beteiligten an. 30

---

[41] *Mühl/Teichmann* in: Soergel, § 523 Rn. 3; *Wimmer-Leonhardt* in: Staudinger, § 521 Rn. 16, *Herrmann* in: Erman, § 521 Rn. 1.
[42] *Koch* in: MünchKomm-BGB, § 521 Rn. 8; *Wimmer-Leonhardt* in: Staudinger, § 521 Rn. 17.
[43] Vgl. zu den Abstufungen im Bereich der Gefälligkeit: BGH v. 22.06.1956 - I ZR 198/54 - BGHZ 21, 102-112; *Grüneberg* in: Palandt, Einl. v. § 241 Rn. 7-9; *Koch* in: MünchKomm-BGB, § 521 Rn. 8; *Mühl/Teichmann* in: Soergel, § 521 Rn. 3.

§ 522 BGB Keine Verzugszinsen

(Fassung vom 02.01.2002, gültig ab 01.01.2002)

Zur Entrichtung von Verzugszinsen ist der Schenker nicht verpflichtet.

Gliederung

A. Grundlagen... 1	C. Anwendungsvoraussetzungen 4
I. Kurzcharakteristik............................. 1	D. Rechtsfolgen 6
II. Regelungsprinzipien........................... 2	E. Prozessuale Hinweise/Verfahrenshinweise 7
B. Praktische Bedeutung........................... 3	F. Arbeitshilfen 8

A. Grundlagen

I. Kurzcharakteristik

1   Der Schenker hat im Falle des Verzuges **keine Zinsen** zu zahlen.

II. Regelungsprinzipien

2   Der Schenker **bereichert** durch eine **freiwillige Zuwendung** das **Vermögen** des Beschenkten, ohne dafür eine Gegenleistung zu erhalten. Es wäre **unbillig**, ihn bei einer Verzögerung seiner Leistung mit Verzugszinsen zu belasten.[1]

B. Praktische Bedeutung

3   Die Bedeutung der Vorschrift in der Praxis ist **gering**. Der Beschenkte freut sich regelmäßig über ein Geschenk. Auch wenn es später als versprochen vollzogen wird, zeugte es eher von Undankbarkeit des Beschenkten, wenn er hierfür Verzugszinsen geltend machte.

C. Anwendungsvoraussetzungen

4   **Verzug des Schenkers**: Für die Tatbestandsvoraussetzungen zum Eintritt des Verzuges des Schenkers gelten zunächst die **allgemeinen Vorschriften** der §§ 280 Abs. 1 und 2, 286-289 BGB. Zu beachten ist die Haftungsmilderung des § 521 BGB, die im Rahmen des § 280 Abs. 1 Satz 2 BGB zur Anwendung kommt.[2]

5   **Abdingbarkeit**: Die Vorschrift ist grundsätzlich von den Vertragsparteien **abdingbar**. Ein Bedürfnis hierfür besteht regelmäßig nicht. Für den Fall der Verschärfung der Haftung des Schenkers ist die entsprechende Vereinbarung entsprechend § 518 BGB **beurkundungspflichtig**.

D. Rechtsfolgen

6   Liegen die Voraussetzungen des Verzuges vor (vgl. die Kommentierung zu § 521 BGB Rn. 21), so ergibt sich aus § 522 BGB, dass der Schenker zur **Entrichtung von Verzugszinsen** nicht verpflichtet ist. Das gilt auch für etwaige **Rechtsnachfolger** des Schenkers.[3] Die gesetzliche Privilegierung des Schenkers gilt jedoch **nur für die gesetzlichen Regelzinsen** aus den §§ 288 Abs. 1, 290 BGB, § 352 HGB. Wenn **konkrete Zinsschäden** des Beschenkten eingetreten sind, so sind diese gemäß § 286 Abs. 1 BGB zu ersetzen. Das gilt auch für die Zahlung von Prozesszinsen gemäß § 291 BGB.[4]

---

[1] *Mühl/Teichmann* in: Soergel, § 522 Rn. 1; *Wimmer-Leonhardt* in: Staudinger, § 522 Rn. 1.

[2] Allg. M. *Koch* in: MünchKomm-BGB, § 522 Rn. 1; *Mühl/Teichmann* in: Soergel, § 522 Rn. 1; *Wimmer-Leonhardt* in: Staudinger, § 522 Rn. 2.

[3] *Mühl/Teichmann* in: Soergel, § 522 Rn. 3 m.w.N.; *Wimmer-Leonhardt* in: Staudinger, § 522 Rn. 3.

[4] *Mühl/Teichmann* in: Soergel, § 522 Rn. 2; *Koch* in: MünchKomm-BGB, § 522 Rn. 1; *Wimmer-Leonhardt* in: Staudinger, § 522 Rn. 4, *Herrmann* in: Erman, § 522 Rn. 1.

E. Prozessuale Hinweise/Verfahrenshinweise

Der Beschenkte, der eine von § 522 BGB abweichende Parteivereinbarung vorträgt, ist hierfür beweispflichtig. 7

F. Arbeitshilfen

Was man nicht vergessen darf: Verzug tritt nur ein, wenn der Schenker vorsätzlich oder grob fahrlässig gehandelt hat (§ 521 BGB). 8

§ 523 BGB Haftung für Rechtsmängel

(Fassung vom 02.01.2002, gültig ab 01.01.2002)

(1) Verschweigt der Schenker arglistig einen Mangel im Recht, so ist er verpflichtet, dem Beschenkten den daraus entstehenden Schaden zu ersetzen.

(2) [1]**Hatte der Schenker die Leistung eines Gegenstandes versprochen, den er erst erwerben sollte, so kann der Beschenkte wegen eines Mangels im Recht Schadensersatz wegen Nichterfüllung verlangen, wenn der Mangel dem Schenker bei dem Erwerb der Sache bekannt gewesen oder infolge grober Fahrlässigkeit unbekannt geblieben ist.** [2]**Die für die Haftung des Verkäufers für Rechtsmängel geltenden Vorschriften des § 433 Abs. 1 und der §§ 435, 436, 444, 452, 453 finden entsprechende Anwendung.**

Gliederung

A. Grundlagen 1	III. Die Schenkung eines noch zu erwerbenden Gegenstandes 12
I. Kurzcharakteristik 1	1. Abdingbarkeit 17
II. Gesetzgebungsmaterialien 2	2. Musterklauseln 19
III. Anwendungsbereich der §§ 523, 524 BGB 3	3. Praktische Hinweise 20
IV. Regelungsprinzipien 4	C. Rechtsfolgen 21
B. Anwendungsvoraussetzungen 5	D. Prozessuale Hinweise/Verfahrenshinweise 27
I. Allgemeines/Rechtsmangel 5	
II. Die Schenkung aus eigenem Vermögen 10	

A. Grundlagen

I. Kurzcharakteristik

1 § 523 BGB enthält eine **Sondervorschrift für die Haftung** des Schenkers für **Rechtsmängel** des Schenkungsgegenstandes. Der Haftungsmaßstab für Schadensersatzansprüche wird gegenüber den allgemeinen Vorschriften zugunsten des Schenkers **gemildert**. Er ist nach § 523 Abs. 1 BGB nur dann zum Schadensersatz verpflichtet, wenn er den Mangel im Recht **arglistig verschwiegen** hat. Das Haftungsprivileg des Schenkers wird jedoch nach § 523 Abs. 2 BGB eingeschränkt, wenn der Schenker den Schenkungsgegenstand **erst erwerben** wollte. In diesem Fall kann der Beschenkte bereits dann Schadensersatz verlangen, wenn dem Schenker der Rechtsmangel bei dem Erwerb der Sache bekannt gewesen oder infolge grober Fahrlässigkeit unbekannt geblieben ist.

II. Gesetzgebungsmaterialien

2 Durch das **Gesetz zur Modernisierung des Schuldrechts (SMG)** hat der Gesetzgeber u.a. das vertragliche Leistungsstörungsrecht einschließlich des bisherigen Gewährleistungsrechtes grundlegend geändert (vgl. die Kommentierung zu § 275 BGB). Eine **Anpassung** des Rechts- und Sachmängelgewährleistungsrechtes der Schenkung wurde jedoch nur **ansatzweise** vorgenommen. Die Änderung beschränkt sich lediglich auf redaktionelle Änderungen in § 523 Abs. 2 BGB.[1] Dabei wurde es u.a. **versäumt**, den **Begriff** des „Schadensersatzes wegen Nichterfüllung" an die neue Terminologie des Gesetzes **anzupassen**.[2] Auch im Übrigen bleibt in diesem Zusammenhang manche Frage ungeklärt. Die fehlende Eingliederung des Gewährleistungsrechtes bei der Schenkung ist zu kritisieren (vgl. die Kommentierung zu § 521 BGB Rn. 1).

III. Anwendungsbereich der §§ 523, 524 BGB

3 Die Vorschriften der §§ 523, 524 BGB „passen" nicht mehr in das nunmehr geltende allgemeine Leistungsstörungsrecht. Es ist zu vermuten, dass der Gesetzgeber die Sondernormen nur deshalb (vor-

---

[1] *Weidenkaff* in: Palandt, § 523 Rn. 1.
[2] Vgl. hierzu *Grüneberg* in: Palandt, Vorbem. § 281 Rn. 4.

läufig) im Gesetz belassen hat, weil er aufgrund der Fülle der Rechtsänderungen und des Zeitdrucks, unter dem das SMG verabschiedet worden ist, nicht mehr in der Lage gewesen ist, auch das Recht der Gewährleistung bei der Schenkung in das allgemeine Leistungsstörungsrecht einzuarbeiten. Es ist kein Grund ersichtlich, das vormalige eigenständige Recht der Gewährleistung wegen Sach- und Rechtsmängeln beim Kaufvertrag und beim Werkvertrag aufzugeben und als (besonderen) Teil des allgemeinen Leistungsstörungsrechtes in das Bürgerliche Gesetzbuch einzugliedern[3] und dies bei der Schenkung zu unterlassen. Mit einer gesetzlichen **Regelung des Pflichtenkataloges** bezüglich der **Beschaffenheit** des Schenkungsgegenstandes würden beide **Vorschriften obsolet**. Die Besonderheiten des Miet- und Reisevertragsrechtes, bei denen ebenfalls noch Sondervorschriften zur Haftung wegen Rechts- und Sachmängeln bestehen (§§ 536a, 651f BGB), liegen bei der Schenkung nicht vor. Das gilt umso mehr, als sich auch das bisherige Schenkungsgewährleistungsrecht – durch Verweisungen – im Ansatz an die kaufvertragliche Haftung wegen Rechts- bzw. Sachmängel anlehnte.[4] Der **Anwendungsbereich** der beiden Vorschriften ist im Ergebnis **restriktiv auszulegen**. Die Bestimmungen der §§ 523, 524 BGB gehen der allgemeinen Haftungsvorschrift des § 280 BGB in ihrem Anwendungsbereich als Sondervorschriften vor. Sie gelten allerdings **nur bei Vorliegen eines Rechts- oder Sachmangels** des Schenkungsgegenstandes und umfassen keine (sonstigen) Pflichtverletzungen des Schenkers aus den §§ 241 Abs. 2, 311 Abs. 2 BGB.[5] **Mangelfolgeschäden** an anderen Rechtsgütern des Beschenkten werden ebenfalls **nicht umfasst**, sondern nach den allgemeinen Vorschriften behandelt (vgl. die Kommentierung zu § 521 BGB Rn. 25).

IV. Regelungsprinzipien

Die Vorschrift des § 523 BGB will den **Schenker schützen**. Bei Vorliegen von Rechtsmängeln der verschenkten Sache besteht eine Schadensersatzhaftung grundsätzlich nur dann, wenn dem Schenker ein **gravierender Verschuldensvorwurf** gemacht werden kann. Dabei differenziert das Gesetz danach, ob der Schenker den Schenkungsgegenstand bereits in Besitz hat oder ob er ihn erst noch erwerben sollte. Im **zweiten Fall** ist seine **Haftung** gemäß § 523 Abs. 2 BGB **strenger** ausgestaltet. Die Haftung für Rechtsmängel orientiert sich ansatzweise auch nach der Schuldrechtsreform aufgrund der Verweisung in § 523 Abs. 2 Satz 2 BGB weiterhin an den **Rechten des Käufers** im Falle von Rechtsmängeln der gekauften Sache. Die entsprechende Geltung der kaufrechtlichen Vorschriften ist jedoch unter Berücksichtigung der besonderen Situation der Schenkung entsprechend **einzuschränken**.

4

B. Anwendungsvoraussetzungen

I. Allgemeines/Rechtsmangel

Die Vorschrift des § 523 BGB ist nach wie vor **terminologisch unpräzise** formuliert. Während in § 523 Abs. 1 BGB gar kein Rechtsobjekt aufgeführt ist, wird in § 523 Abs. 2 Satz 1 BGB teilweise von „Gegenstand" und teilweise von „Sache" gesprochen. Nach allgemeiner Auffassung gilt § 523 BGB für Sachen und Rechte.[6] In den beiden Absätzen des § 523 BGB wird im Übrigen zwischen **Gattungsschulden** (§ 243 BGB) und **Stückschulden** nicht unterschieden. Die Vorschrift gilt für beide Arten von Schenkungsverpflichtungen.[7]

5

---

[3] *Grüneberg* in: Palandt, Vorbem. § 275 Rn. 12.
[4] Vgl. auch *Koch* in: MünchKomm-BGB, § 523 Rn. 1.
[5] Vgl. zur Rechtslage vor dem SMG: *Putzo* in: Palandt, BGB, 61. Aufl. 2002, § 521 Rn. 4; jetzt: *Weidenkaff* in: Palandt, § 521 Rn. 5; *Larenz*, Schuldrecht, Band I: Allgemeiner Teil, 14. Aufl. 1987, § 47 II b; *Kollhosser* in: MünchKomm-BGB, 4. Aufl. 2004, § 521 Rn. 11.
[6] *Koch* in: MünchKomm-BGB, § 523 Rn. 1; *Mühl/Teichmann* in: Soergel, § 523 Rn. 1; a.A. *Wimmer-Leonhardt* in: Staudinger, § 523 Rn. 1, die insoweit zwischen § 523 BGB und § 524 BGB differenziert.
[7] *Koch* in: MünchKomm-BGB, § 523 Rn. 1; *Mühl/Teichmann* in: Soergel, § 523 Rn. 2; *Wimmer-Leonhardt* in: Staudinger, § 523 Rn. 11, 13.

6 Die Haftung des Schenkers wegen Rechtsmängeln des Schenkungsgegenstandes orientiert sich aufgrund der Verweisungsnorm des § 523 Abs. 2 Satz 2 BGB auch nach der Schuldrechtsreform nach wie vor **im Ansatz an der Haftung des Verkäufers** für Rechtsmängel der verkauften Sache. Die Verweisung auf § 435 BGB findet sowohl auf den Fall des § 523 Abs. 1 BGB als auch auf den Fall des § 523 Abs. 2 BGB Anwendung.

7 Der Schenkungsgegenstand ist entsprechend § 435 BGB **frei von Rechtsmängeln**, wenn Dritte keine oder nur die im Schenkungsvertrag übernommenen Rechte gegen den Beschenkten geltend machen können. Einem Rechtsmangel steht es dabei gleich, wenn im Grundbuch ein Recht eingetragen ist, das nicht besteht.[8]

8 Der Rechtsmangel muss im **Zeitpunkt** des **Vollzuges** der Schenkung (vgl. die Kommentierung zu § 518 BGB Rn. 16) vorliegen.[9] Hat der Schenker erst **nach Abschluss des Schenkungsvertrages** durch sein Verhalten einen Rechtsmangel verursacht, der beim Vollzug der Schenkung noch besteht, so hat er seine vertragliche (Nebenleistungs-)Pflicht verletzt, den Schenkungsgegenstand nach Vertragsabschluss durch Rechtsmängel nicht zu beeinträchtigen.[10] Beispiel: Der Veräußerer bestellt nach Abschluss des Schenkungsvertrages über ein Hausanwesen zugunsten eines Dritten ein Wohnrecht, das vor Eigentumsumschreibung im Grundbuch eingetragen wird. Der Schenker haftet in solchen Fällen gemäß § 280 Abs. 1 Satz 1 BGB nach den allgemeinen Vorschriften. Der Verschuldensmaßstab richtet sich nach § 521 BGB, weil eine Pflichtverletzung vorliegt, die den Schenkungsgegenstand unmittelbar betrifft (vgl. die Kommentierung zu § 521 BGB Rn. 25).[11] Im Übrigen wird für die Frage des Bestehens eines Rechtsmangels auf die Kommentierung zu § 435 BGB verwiesen.

9 Die **Verweisung auf die anderen Vorschriften** des Kaufrechtes in § 523 Abs. 2 Satz 2 BGB ist ansonsten grundsätzlich beschränkt auf den Fall, dass der Schenker versprochen hat, den Schenkungsgegenstand erst noch zu erwerben (§ 523 Abs. 2 Satz 1 BGB). Ihre Anwendbarkeit auf den in § 523 Abs. 1 BGB geregelten Fall ist – wie nachstehend noch auszuführen ist – regelmäßig nicht sachgerecht.

II. Die Schenkung aus eigenem Vermögen

10 § 523 Abs. 1 BGB erfasst nur den Fall, dass sich der Schenkungsgegenstand **bereits im Vermögen des Schenkers** befindet.[12] Dann haftet der Schenker nur, wenn er dem Beschenkten den Rechtsmangel im Zeitpunkt des Vertragsschlusses **arglistig verschwiegen** hat. Zur Frage der Arglist vgl. § 444 BGB (vgl. die Kommentierung zu § 444 BGB). Der Haftungsmaßstab zugunsten des Schenkers ist gegenüber § 521 BGB noch **weiter abgemildert**. Dadurch kommt die Absicht des historischen Gesetzgebers zum Ausdruck, dass der Schenker bei der Schenkung eines Gegenstandes, den er bereits im Besitz hat, „sich nur verpflichten wolle, die Sache so zu gewähren, wie er sie selbst habe".[13]

11 Das hat zur Folge, dass sich seine Pflicht darauf beschränkt, nur den in seinem Vermögen befindlichen **konkreten** Gegenstand (so wie er tatsächlich ist) in das Vermögen des Beschenkten zu übertragen. Der Beschenkte hat hier – im Gegensatz zu § 523 Abs. 2 BGB – weder einen Anspruch auf Beseitigung des Rechtsmangels noch auf Schadensersatz statt der Leistung.[14] Die Bestimmung des § 433

---

[8] *Weidenkaff* in: Palandt, § 435 Rn. 6, 8.
[9] *Weidenkaff* in: Palandt, § 523 Rn. 2; *Koch* in: MünchKomm-BGB, § 523 Rn. 2; *Mühl/Teichmann* in: Soergel, § 523 Rn. 11.
[10] Vgl. *Koch* in: MünchKomm-BGB, § 523 Rn. 2; *Mühl/Teichmann* in: Soergel, § 523 Rn. 7; *Wimmer-Leonhardt* in: Staudinger, § 523 Rn. 17.
[11] Jetzt auch *Koch* in: MünchKomm-BGB, § 523 Rn. 2. a.A. noch *Kollhosser* in: MünchKomm-BGB, 4. Aufl. 2004, § 523 Rn. 4, 8, der hier den Haftungsmaßstab des § 276 BGB anwendet.
[12] *Weidenkaff* in: Palandt, § 523 Rn. 1; *Koch* in: MünchKomm-BGB, § 523 Rn. 3; *Mühl/Teichmann* in: Soergel, § 523 Rn. 4.
[13] *Mugdan* in: Reichstags-Protokolle zur Einführung des BGB II, S. 27; *Koch* in: MünchKomm-BGB, § 523 Rn. 3; *Mühl/Teichmann* in: Soergel, § 523 Rn. 4; *Wimmer-Leonhardt* in: Staudinger, § 523 Rn. 4.
[14] Vgl. *Koch* in: MünchKomm-BGB, § 523 Rn. 3; *Mühl/Teichmann* in: Soergel, § 523 Rn. 4; *Wimmer-Leonhardt* in: Staudinger, § 523 Rn. 6.

Abs. 1 Satz 2 BGB, wonach der Verkäufer (Schenker) verpflichtet ist, dem Käufer (Beschenkten) die Sache **frei von Sach- und Rechtsmängeln** zu verschaffen, gilt bei der Schenkung aus eigenem Vermögen **grundsätzlich nicht** (anders § 523 Abs. 2 BGB) Eine Ausnahme besteht nur dann, wenn der Schenker **sowohl rechtsmängelbehaftete** als auch **rechtsmangelfreie** Schenkungsgegenstände in seinem Vermögen hat (Beispiel: Schenkung eines nur der Gattung nach bestimmten Gegenstandes). Dann hat der Beschenkte auch in diesem Fall einen Anspruch auf Leistung eines rechtsmängelfreien Gegenstandes.[15]

III. Die Schenkung eines noch zu erwerbenden Gegenstandes

Wie vorstehend ausgeführt, wird in § 523 BGB danach differenziert, ob der Schenker den Schenkungsgegenstand bereits in seinem Vermögen hat oder ob er ihn erst noch erwerben muss. § 523 Abs. 2 BGB gewinnt in der Praxis nur bei der **Versprechensschenkung** (siehe die Kommentierung zu § 518 BGB) Bedeutung. Bei der **Handschenkung** (vgl. die Kommentierung zu § 516 BGB) fallen Versprechen und Vollzug dagegen zeitlich zusammen. Nach der Auffassung des historischen Gesetzgebers darf der Schenker bei der Schenkung eines versprochenen, aber noch zu erwerbenden Schenkungsgegenstandes nicht „ganz **so sorglos zu Werke gehen** wie bei der Schenkung eines bereits im eigenen Vermögen vorhandenen Gegenstandes".[16]

In der **Verweisung auf die Haftung des Verkäufers** bei Rechtsmängeln der verkauften Sache in § 523 Abs. 2 Satz 2 BGB hat das SMG diese Intention des historischen Gesetzgebers deutlich zum Ausdruck gebracht. Mit dem Hinweis auf § 433 Abs. 1 BGB wird nunmehr klargestellt, dass der Schenker in dem Fall des noch zu erwerbenden Schenkungsgegenstandes die **Verpflichtung** hat, dem Beschenkten **den Schenkungsgegenstand frei von Rechtsmängeln** zu beschaffen.[17] Es besteht demgemäß eine vertragliche Leistungspflicht des Schenkers zur Lieferung einer rechtsmängelfreien Sache.[18]

Die Vorschrift des § 523 Abs. 2 BGB gilt für noch zu erwerbende Spezies- wie auch für noch zu erwerbende Gattungsschulden.[19]

Bereits vor dem SMG war man allgemein der **Auffassung**, dass diese weitgehende Fassung des Gesetzes bei **noch zu erwerbenden Speziesgegenständen** generell eine Einschränkung erfahren müsse.[20] Der Schenker sei auch hier nur dazu verpflichtet, die konkrete Sache so zu erwerben wie sie tatsächlich sei. Voraussetzung für das Bestehen eines Schadensersatzanspruchs des Beschenkten wäre deshalb die **Vermeidbarkeit** bzw. tatsächliche **Behebbarkeit** des Rechtsmangels.[21] Diese Auffassung ist nach der jetzigen Fassung des § 523 Abs. 2 BGB nicht mehr zutreffend. Durch das **Gesetz** wird nunmehr **klargestellt**, dass der Schenker eines noch zu erwerbenden Schenkungsgegenstandes grundsätzlich verpflichtet ist, diesen **rechtsmängelfrei** an den Beschenkten zu übertragen. Das gilt unabhängig davon, ob es sich um einen konkreten oder nur der Gattung nach bestimmten Gegenstand handelt. Der Beschenkte hat einen **gesetzlichen Erfüllungsanspruch** auf Rechtsmängelfreiheit.[22] Die Frage, ob sich bei Verletzung dieses Erfüllungsanspruchs ein Schadensersatzanspruch ergibt, ist hier-

---

[15] *Wimmer-Leonhardt* in: Staudinger, § 523 Rn. 8; *Mühl/Teichmann* in: Soergel, § 523 Rn. 4.
[16] *Mugdan* in: Reichstags-Protokolle zur Einführung des BGB II, S.27.
[17] Vgl. hierzu ausführlich: *Koch* in: MünchKomm-BGB, § 523 Rn. 5 m.w.N.
[18] A.A. *Koch* in: MünchKomm-BGB, § 523 Rn. 5 („Erfüllungsanspruch nur bis zum Gefahrübergang").
[19] *Mühl/Teichmann* in: Soergel, § 523 Rn. 8. .
[20] *Mühl/Teichmann* in: Soergel, § 523 Rn. 9; *Wimmer-Leonhardt* in: Staudinger, § 523 Rn. 4; *Kollhosser* in: MünchKomm-BGB, 4. Aufl. 2004, § 523 Rn. 6, 9.
[21] *Kollhosser* in: MünchKomm-BGB, 4. Aufl. 2004, § 523 Rn. 6; *Mühl/Teichmann* in: Soergel, § 523 Rn. 9.
[22] Bezüglich der alten Fassung des Gesetzes hatte bereits Kollhosser danach differenziert, dass ein Erfüllungsanspruch nur bis zum Zeitpunkt der Entstehung des Schadensersatzanspruchs besteht, *Kollhosser* in: MünchKomm-BGB, 4. Aufl. 2004, § 523 Rn. 9.

§ 523

von unabhängig.²³ Zu beachten ist jedoch, dass diese Verpflichtung des Schenkers – wie beim Kaufvertrag – **dispositiv** ist.²⁴ Bei der Schenkung eines noch zu erwerbenden konkreten Gegenstandes wird die Vertragsvereinbarung der Beteiligten häufig dahingehend **auszulegen** sein, dass eine solche Verpflichtung des Schenkers nicht besteht, wenn der Mangel für den Schenker nicht behebbar ist.²⁵

16 Ein Anspruch des Beschenkten auf **Schadensersatz** besteht nach § 523 Abs. 2 Satz 1 BGB nur dann, wenn dem Schenker der Mangel beim Erwerb der Sache bekannt gewesen oder infolge grober Fahrlässigkeit unbekannt geblieben ist. Der **Maßstab der groben Fahrlässigkeit** beurteilt sich nach allgemein geltenden Grundsätzen (vgl. auch die Kommentierung zu § 276 BGB).

1. Abdingbarkeit

17 Die Frage der **Abdingbarkeit** der Haftung für Rechts- und Sachmängel spielt bei der Vertragsgestaltung eine **wichtige Rolle**. Der Schenker hat regelmäßig **wenig Interesse** daran, zu seiner Freigiebigkeit noch mit erheblichen **Haftungsgefahren** konfrontiert zu werden. Das gilt umso mehr, als sich nunmehr aus § 523 Abs. 2 BGB ein **vertraglicher Anspruch** des Beschenkten auf **Lieferung eines rechtsmängelfreien Schenkungsgegenstandes** ergibt. Die Vorschrift ist grundsätzlich zwischen den Vertragsparteien innerhalb gewisser Grenzen abdingbar.²⁶

18 Allerdings kann eine Haftung für **vorsätzliches Verhalten** gemäß § 276 Abs. 3 BGB nicht im Vorhinein ausgeschlossen werden. Weiterhin kann sich der Schenker nicht auf einen Haftungsausschluss berufen, wenn er (was nur ausnahmsweise der Fall sein dürfte) eine **Garantie** für die Beschaffenheit des Schenkungsgegenstandes übernommen hat (analog § 444 Alt. 2 BGB). Die Haftung kann auch über den Rahmen des § 523 BGB hinaus zu Lasten des Schenkers **ausgeweitet** werden. Eine Haftungsverschärfung gegenüber den gesetzlichen Bestimmungen bedarf jedoch der notariellen **Beurkundung**.²⁷

2. Musterklauseln

19 **Ausschlussklausel im Individualvertrag**: Die Haftung des Schenkers für Rechtsmängel des Schenkungsgegenstandes ist – soweit gesetzlich zulässig – ausgeschlossen. Das gilt neben dem Anspruch auf Schadensersatz auch für alle etwaigen weiteren Ansprüche des Beschenkten.

3. Praktische Hinweise

20 **Achtung**: Falls der Schenker ein noch zu erwerbendes Baugrundstück zu übertragen hat, haftet er nunmehr gemäß den §§ 523 Abs. 2 Satz 2, 436 BGB für Erschließungsbeiträge und sonstige Anliegerbeiträge, die bis zum Tage des Vertragsabschlusses bautechnisch begonnen worden sind.

C. Rechtsfolgen

21 Hat der Schenker die Schenkung eines **Gegenstandes aus seinem eigenen Vermögen** versprochen und das Vorliegen eines Rechtsmangels arglistig verschwiegen (§ 523 Abs. 1 BGB), so ist er verpflichtet, dem Beschenkten den **daraus entstehenden Schaden** zu ersetzen. Der Beschenkte kann nur Ersatz seines **Vertrauensschadens** verlangen.²⁸ Da der Schenker grundsätzlich in diesem Fall **keine Ver-**

---

²³ Vgl. hierzu Rn. 25; *Koch* in: MünchKomm-BGB, § 523 Rn. 5 f., will sowohl den Erfüllungsanspruch hinsichtlich der Rechtsmängelfreiheit als auch hinsichtlich des Pflichteninhalts („zumutbare Anstrengungen") begrenzen, um ein einheitliches Niveau mit dem nachfolgenden Schadensersatzanspruch herzustellen.
²⁴ *Amann/Brambring/Hertel*, Die Schuldrechtsreform in der Vertragspraxis, 2002, S. 103.
²⁵ So im Ergebnis auch *Koch* in: MünchKomm-BGB, § 523 Rn. 4; *Mühl/Teichmann* in: Soergel, § 523 Rn. 9; *Mezger* in: BGB-RGRK, § 523 Rn. 4.
²⁶ Vgl. *Mühl/Teichmann* in: Soergel, § 523 Rn. 3.
²⁷ *Koch* in: MünchKomm-BGB, § 523 Rn. 9 *Mühl/Teichmann* in: Soergel, § 523 Rn. 3; *Wimmer-Leonhardt* in: Staudinger, § 523 Rn. 18; *Herrmann* in: Erman, § 523 Rn. 5.
²⁸ BGH v. 02.10.1981 - V ZR 134/80 - juris Rn. 16 - LM Nr. 1 zu 526 BGB; *Koch* in: MünchKomm-BGB, § 523 Rn. 3; *Mühl/Teichmann* in: Soergel, § 523 Rn. 5; *Weidenkaff* in: Palandt, § 523 Rn. 2.

pflichtung zur **Leistung eines mangelfreien Gegenstandes** eingegangen ist, kann der Beschenkte nur die Schäden ersetzt verlangen, die er im Vertrauen auf die Rechtsmängelfreiheit erleidet.[29] Ein Anspruch auf **Schadensersatz statt der Leistung** (vgl. § 280 Abs. 3 BGB) **besteht nicht**. Es besteht grundsätzlich auch kein Anspruch auf Lieferung eines mangelfreien Gegenstandes (**Ersatzlieferung**) oder auf **Beseitigung** des Mangels (anders jedoch ggf. bei Gattungsschulden).

Kennt der Beschenkte bei Vertragsabschluss den Rechtsmangel, so ist sein Schadensersatzanspruch ausgeschlossen. Dabei ist es im Ergebnis unerheblich, ob man fehlende Kausalität[30] oder den Rechtsgedanken zu § 442 Abs. 1 BGB als Begründung heranzieht[31]. 22

Die Rechtsfolgen bei Vorliegen eines Rechtsmangels **eines vom Schenker noch zu erwerbenden Schenkungsgegenstandes** sind vielgestaltiger. Der Beschenkte kann zunächst nach dem Gesetzeswortlaut „Schadensersatz wegen Nichterfüllung" verlangen. Der Terminus „Schadensersatz wegen Nichterfüllung" ist durch das SMG ersetzt worden durch den Begriff „**Schadensersatz statt der Leistung**". Eine sachliche Änderung ist damit nicht verbunden[32] (vgl. die Kommentierung zu § 280 BGB). 23

Nach § 523 Abs. 2 Satz 2 BGB finden weiterhin die für die Haftung für Rechtsmängel geltenden Vorschriften der §§ 433 Abs. 1, 435, 436, 444, 452, 453 BGB entsprechende Anwendung. Das SMG hat bei dieser Verweisung im Wesentlichen nur die **geänderten Nummern** der bisherigen **Gewährleistungsnormen** des Kaufrechts angepasst, ohne die grundlegende systematische Änderung des Gewährleistungsrechtes beim Kauf zu berücksichtigen (vgl. die Kommentierung zu § 521 BGB Rn. 1). 24

Zu beachten ist jedoch, dass der Beschenkte im Falle des noch zu erwerbenden Schenkungsgegenstandes nunmehr grundsätzlich kraft Gesetzes einen **primären Erfüllungsanspruch** auf **Leistung eines rechtsmängelfreien** Schenkungsgegenstandes hat.[33] Obwohl in § 523 Abs. 2 Satz 2 BGB auf die §§ 437 Ziff. 1, 439 BGB nicht verwiesen wird, hat der Beschenkte – ähnlich wie im Fall des Vorliegens eines Sachmangels – deshalb neben dem Anspruch auf Schadensersatz auch einen Anspruch auf **Lieferung einer fehlerfreien Sache** bzw. auf **Beseitigung des Mangels**.[34] Das gilt jedoch nur dann, wenn dem Schenker der Rechtsmangel **beim Erwerb bekannt gewesen** oder infolge grober Fahrlässigkeit unbekannt geblieben ist. Diese Begrenzung des Erfüllungsanspruches entspricht der **Wertung** des Gesetzgebers beim **Schadensersatzanspruch** gemäß § 523 Abs. 2 Satz 1 BGB und stellt ein einheitliches Niveau zwischen beiden Ansprüchen her.[35] 25

Die übrigen Verweisungen in § 523 Abs. 2 Satz 2 BGB auf die kaufrechtlichen Vorschriften sind noch auf das ursprüngliche Gewährleistungsrecht des Kaufvertrages abgestimmt. Sie sind nach dem SMG zum Teil nicht mehr notwendig (§§ 444 Alt. 1, 453 BGB) und teilweise bei der Schenkung **nicht sachgerecht** (§ 436 BGB). Sie sind jedoch bei der Rechtsanwendung weiterhin zu beachten. Aus diesem Grund ist es z.B. bei der Schenkung eines noch zu erwerbenden Grundstücks notwendig, einen **Haftungsausschluss** für bautechnisch begonnene **Erschließungsanlagen** zu vereinbaren, um einer etwaigen Haftung des Schenkers aus den §§ 523 Abs. 2 Satz 2, 436 Abs. 1 BGB zu entgehen.[36] 26

D. Prozessuale Hinweise/Verfahrenshinweise

Die Ansprüche des Beschenkten **verjähren** entsprechend § 438 BGB. Der Schadensersatzanspruch aus § 523 Abs. 1 BGB verjährt gemäß § 438 Abs. 2 BGB in der **regelmäßigen Verjährungsfrist** (vgl. auch die Kommentierung zu § 438 BGB). Obwohl auf die Vorschrift des § 438 BGB in § 523 Abs. 2 27

---

[29] BGH v. 02.10.1981 - V ZR 134/80 - juris Rn. 16 - LM Nr. 1 zu § 526 BGB; *Mühl/Teichmann* in: Soergel, § 523 Rn. 5; *Koch* in: MünchKomm-BGB, § 523 Rn. 3; *Mansel* in: Jauernig, § 523 Rn. 1; *Weidenkaff* in: Palandt, § 523 Rn. 2. *Herrmann* in: Erman, § 523 Rn. 2.
[30] *Mühl/Teichmann* in: Soergel, § 523 Rn. 6; *Wimmer-Leonhardt* in: Staudinger, § 523 Rn. 7.
[31] *Koch* in: MünchKomm-BGB, § 523 Rn. 3; *Wimmer-Leonhardt* in: Staudinger, § 523 Rn. 7.
[32] *Grüneberg* in: Palandt, Vorbem. § 281 Rn. 4.
[33] Vgl. *Koch* in: MünchKomm-BGB, § 523 Rn. 5.
[34] Str. vgl. hierzu *Koch* in: MünchKomm-BGB, § 523 Rn. 5.
[35] So im Ergebnis auch *Koch* in: MünchKomm-BGB, § 523 Rn. 6.
[36] Vgl. *Amann/Brambring/Hertel*, Die Schuldrechtsreform in der Vertragspraxis, 2002, S. 317.

Satz 2 BGB nicht ausdrücklich verwiesen wird, ist die **Anwendung sach- und interessengerecht**, weil sich die Haftung des Schenkers wegen Rechtsmängeln der verschenkten Sache im Ansatz weiterhin an der Haftung des Verkäufers orientiert. Des Weiteren wird dadurch bei der Schenkung auch ein **Gleichlauf der Verjährung** von Ansprüchen wegen Rechts- und Sachmängeln erzielt.

28   **Darlegungs- und Beweislast**: Der Beschenkte hat das **Vorliegen des Rechtsmangels** und das **Verschulden des Schenkers** darzulegen und ggf. zu beweisen. Der Schenker hat ggf. die Einigung über eine vertragliche Beschaffenheitsgarantie und etwaige Kenntnis des Beschenkten vom Bestehen eines Rechtsmangels darzulegen und zu beweisen.[37]

---

[37] Ebenso *Wimmer-Leonhardt* in: Staudinger, § 523 Rn. 21.

§ 524 BGB Haftung für Sachmängel

(Fassung vom 02.01.2002, gültig ab 01.01.2002)

(1) Verschweigt der Schenker arglistig einen Fehler der verschenkten Sache, so ist er verpflichtet, dem Beschenkten den daraus entstehenden Schaden zu ersetzen.

(2) ¹Hatte der Schenker die Leistung einer nur der Gattung nach bestimmten Sache versprochen, die er erst erwerben sollte, so kann der Beschenkte, wenn die geleistete Sache fehlerhaft und der Mangel dem Schenker bei dem Erwerb der Sache bekannt gewesen oder infolge grober Fahrlässigkeit unbekannt geblieben ist, verlangen, dass ihm anstelle der fehlerhaften Sache eine fehlerfreie geliefert wird. ²Hat der Schenker den Fehler arglistig verschwiegen, so kann der Beschenkte statt der Lieferung einer fehlerfreien Sache Schadensersatz wegen Nichterfüllung verlangen. ³Auf diese Ansprüche finden die für die Gewährleistung wegen Fehler einer verkauften Sache geltenden Vorschriften entsprechende Anwendung.

Gliederung

A. Grundlagen... 1	III. Die Schenkung eines noch zu erwerbenden Gattungsgegenstandes 10
I. Kurzcharakteristik................................ 1	
II. Gesetzgebungsmaterialien..................... 2	1. Abdingbarkeit 12
III. Regelungsprinzipien............................. 3	2. Musterklauseln 13
B. Anwendungsvoraussetzungen 4	3. Praktische Hinweise 14
I. Allgemeines...................................... 4	C. Rechtsfolgen 15
II. Die Haftung aus Absatz 1 7	D. Prozessuale Hinweise/Verfahrenshinweise 19

A. Grundlagen

I. Kurzcharakteristik

§ 524 BGB enthält eine **Sondervorschrift** für die Haftung des Schenkers bei **Sachmängeln** der verschenkten Sache. Die Haftung wird auch hier zugunsten des **Schenkers** gemildert. Ein **Anspruch auf Schadensersatz** besteht nach § 524 Abs. 1 BGB nur dann, wenn der Schenker arglistig einen „Fehler" der verschenkten Sache verschwiegen hat. In § 524 Abs. 2 BGB wird die Haftung des Schenkers bei **noch zu erwerbenden Gattungsschulden** dahin gehend erweitert, dass der Schenker daneben – unter bestimmten Voraussetzungen – Lieferung einer fehlerfreien Sache verlangen kann.

II. Gesetzgebungsmaterialien

§ 524 BGB wurde im Gegensatz zu § 523 Abs. 2 BGB durch das **Schuldrechtsmodernisierungsgesetz (SMG)** nicht geändert. Aus diesem Grund enthält das Gesetz weiterhin **Begriffe**, die im **Übrigen entfallen** sind (Schadensersatz wegen Nichterfüllung, Fehler etc.). Es ist nicht davon auszugehen, dass der Gesetzgeber damit eine **inhaltliche Festschreibung** des bisherigen Rechtszustandes ohne Berücksichtigung des grundlegend geänderten Leistungsstörungsrechtes beabsichtigt hat. Vielmehr liegt die Vermutung nahe, dass es angesichts der Fülle der Änderungen und des Zeitdrucks nicht mehr möglich mehr, eine notwendige Anpassung vorzunehmen (vgl. die Kommentierung zu § 516 BGB Rn. 5 und die Kommentierung zu § 521 BGB Rn. 1). Das muss bei der Auslegung der Vorschrift beachtet werden.

III. Regelungsprinzipien

3 **Sinn und Zweck** der Vorschrift ist es – genau wie bei den §§ 521, 523 BGB – der Uneigennützigkeit und Freigiebigkeit des Schenkers dadurch Rechnung zu tragen, dass seine Haftung beim Vorliegen eines Sachmangels des Schenkungsgegenstandes **eingeschränkt** wird.[1]

B. Anwendungsvoraussetzungen

I. Allgemeines

4 § 524 BGB ist nach dem Wortlaut der Vorschrift nur anwendbar, wenn der Schenkungsgegenstand mit einem „**Fehler**" behaftet ist. Das Gesetz verwendet damit weiterhin den Begriff des Fehlers i.S.v. § 459 Abs. 1 BGB a.F.[2] Es ist nicht davon auszugehen, dass damit bei der Schenkung – im Gegensatz zum Kaufvertrag – an einem eigenständigen Fehlerbegriff entsprechend dem vormaligen Kaufrecht auch inhaltlich festgehalten werden sollte. Das wird auch dadurch deutlich, dass das Gesetz in § 524 Abs. 2 Satz 3 BGB „die für die Gewährleistung wegen Fehlers einer verkauften Sache geltenden Vorschriften" weiterhin für entsprechend anwendbar erklärt. Die **eigenständigen kaufrechtlichen Gewährleistungsvorschriften** sind jedoch durch das SMG **entfallen**. Die Vermutung liegt nahe, dass es sich um **begriffliche Versehen des Gesetzgebers** handelt.

5 Die Vorschrift ist im Lichte des **nunmehr geltenden Rechtes** auszulegen. Soweit daher in § 524 BGB von „Fehler" bzw. „fehlerhaft" gesprochen wird, handelt es sich sachlich um das Vorliegen eines **Sachmangels** i.S.v. § 434 BGB neuer Fassung.[3] Es ist auch bei der Schenkung interessengerecht, nunmehr in erster Linie vom **subjektiven Fehlerbegriff** auszugehen. Danach kommt es in erster Linie auf die **vereinbarte Beschaffenheit** des geschenkten Vertragsgegenstandes an. Der Sachmangel muss im Zeitpunkt des Vollzuges der Schenkung (noch) vorliegen.[4]

6 Im Übrigen ist der **Anwendungsbereich** der Vorschrift **restriktiv** zu sehen. Er ist auf die Haftung wegen Sachmängel beschränkt und findet keine Anwendung bei der Verletzung **gegenstandsbezogener (Neben-)Leistungspflichten** aus den §§ 241 Abs. 2, 311 Abs. 2 BGB. **Mängelfolgeschäden** werden grundsätzlich nach den allgemeinen Haftungsvorschriften behandelt (vgl. die Kommentierung zu § 521 BGB Rn. 25).

II. Die Haftung aus Absatz 1

7 § 524 Abs. 1 BGB gilt, wenn der Schenker einen **Sachmangel** der verschenkten Sache **arglistig verschwiegen** hat. Aus dem Zusammenhang mit § 524 Abs. 2 BGB wird deutlich, dass die Vorschrift bei allen Schenkungen einer bestimmten Sache (**Stückschuld**) gilt, bei **Gattungsschulden** (§ 243 BGB) grundsätzlich nur dann, wenn sich der Schenkungsgegenstand **bereits im Vermögen** des Schenkers befindet.[5] Dadurch wird – wie bei § 523 Abs. 1 BGB – erkennbar, dass sich die Pflicht des Schenkers bei einem **konkreten Schenkungsgegenstand** in erster Linie darauf beschränkt, den Gegenstand in der Qualität und dem Zustand zu verschaffen, wie er tatsächlich im Zeitpunkt des Vertragsabschlusses ist. Ein Schadensersatzanspruch des Beschenkten besteht nur dann, wenn der Schenker die **konkreten Beschaffenheitsmerkmale**, die sich zu Lasten des Beschenkten auswirken, **arglistig verschwiegen**

---

[1] *Weidenkaff* in: Palandt, § 524 Rn. 1; *Koch* in: MünchKomm-BGB, § 524 Rn. 1; *Herrmann* in: Erman, § 524 Rn. 1.

[2] Zum Begriff vgl. statt vieler *Putzo* in: Palandt, BGB, 61. Aufl. 2002, § 459 Rn. 8 m.w.N.

[3] So auch *Koch* in: MünchKomm-BGB, § 524 Rn. 2 m.w.N.; *Gehrlein* in: Bamberger/Roth/Gehrlein, § 524 Rn. 1; *Weidenkaff* in: Palandt, § 524 Rn. 1, a.A. *Herrmann* in: Erman, § 524 Rn. 1 („Fehler i.S. des alten Kaufrechts"); vgl. hierzu auch: *Weidenkaff* in: Palandt, § 434 Rn. 1 ff.; *Amann/Brambring/Hertel*, Die Schuldrechtsreform in der Vertragspraxis, 2002, S. 104-107.

[4] *Weidenkaff* in: Palandt, § 524 Rn. 5; *Wimmer-Leonhardt* in: Staudinger, § 524 Rn. 5;.

[5] *Weidenkaff* in: Palandt, § 524 Rn. 1; *Mühl/Teichmann* in: Soergel, § 524 Rn. 2; *Koch* in: MünchKomm-BGB, § 524 Rn. 1.

hat. Die Ausführungen zu § 523 Abs. 1 BGB gelten hier entsprechend (vgl. die Kommentierung zu § 523 BGB Rn. 10). **Arglist** muss im **Zeitpunkt** des **Vertragsabschlusses** vorliegen.[6]

Anders ist die Rechtslage, wenn der Schenker eine konkrete **Beschaffenheitszusage** bzw. **Beschaffenheitsgarantie** bezüglich des Schenkungsgegenstandes übernommen hat (§ 444 BGB analog). Dann bestimmen sich die Haftungsfolgen nach dem **Inhalt der vertraglichen Zusicherung**, wobei regelmäßig nicht mehr auf ein etwaiges Verschulden des Schenkers abzustellen ist.[7] Die **Schenkung eines Unternehmens** einer GmbH enthält z.B. die konkludente Zusage, dass die Stammeinlagen in voller Höhe erbracht sind.[8]

Problematisch ist in diesem Zusammenhang vor allem auch die Frage der Sachmängelhaftung bei einer gemischten Schenkung.[9] In der Literatur wird hierzu die Auffassung vertreten, dass es zu einer Abwägung der verschiedenen Rechtsprinzipien kommen soll. Zum einen die Schwäche des unentgeltlichen Erwerbs und zum anderen die Privilegierung des Schenkers. Aus diesem Interessenausgleich ergibt sich dann die Beantwortung der Frage, inwieweit dem Beschenkten konkrete Gewährleistungsansprüche zustehen[10] (vgl. auch die Kommentierung zu § 523 BGB Rn. 10).

III. Die Schenkung eines noch zu erwerbenden Gattungsgegenstandes

§ 524 Abs. 2 BGB erfasst – im Gegensatz zu § 523 Abs. 2 BGB – nur den Fall eines der **Gattung** nach bestimmten, vom Schenker **noch zu erwerbenden Schenkungsgegenstandes**. Der Vorschrift liegt ansonsten die gleiche Wertung zugrunde, wie bei dem nunmehr geänderten § 523 Abs. 2 Satz 2 BGB.[11] In dem Fall eines noch zu erwerbenden, nur der Gattung nach bestimmten Schenkungsgegenstandes ist der Schenker entsprechend § 433 Abs. 1 Satz 2 BGB zunächst verpflichtet, den Schenkungsgegenstand **frei von Sachmängeln** zu erwerben und dem Beschenkten zu verschaffen. Voraussetzung für das Bestehen von Haftungsansprüchen des Beschenkten aus § 524 BGB ist, dass der **Mangel** dem Schenker **beim Erwerb der Sache** bekannt gewesen oder infolge grober Fahrlässigkeit unbekannt geblieben ist. In das nicht der Fall, so beschränkt sich die Erfüllungspflicht des Schenkers auf die Übereignung des konkreten, von ihm erworbenen Gegenstandes, unabhängig davon, ob dieser möglicherweise mit einem Mangel behaftet ist oder nicht.[12] Eine **weitergehende Schadensersatzhaftung** trifft den Schenker nur noch gemäß § 524 Abs. 1 BGB, wenn er den vorhandenen Mangel beim Vollzug der Schenkung arglistig verschweigt. Der **Sachmangel** muss im **Zeitpunkt des Erwerbes** des Gegenstandes durch den Schenker vorhanden gewesen sein.

Verursacht der Schenker nach dem Erwerb des mangelfreien Schenkungsgegenstandes einen Sachmangel, der bei dem Vollzug der Schenkung noch vorliegt, so hat er eine vertragliche Nebenleistungspflicht verletzt, die ggf. über § 280 BGB zu einem Schadensersatzanspruch des Beschenkten führen kann. In diesem Rahmen gilt dann jedoch die **Haftungsmilderung** des § 521 BGB.

1. Abdingbarkeit

Die Frage der Abdingbarkeit stellt sich bei der Haftung des Schenkers für Sachmängel ebenso wie beim Vorliegen von Rechtsmängeln (vgl. die Kommentierung zu § 523 BGB Rn. 17).

2. Musterklauseln

Ausschlussklausel: **Jegliche Haftung** des Schenkers bei Vorliegen von Sachmängeln des Schenkungsgegenstandes ist – soweit gesetzlich zulässig – **ausgeschlossen**. **Besondere Beschaffenheitsver-**

---

[6] Vgl. zum Kauf BGH v. 21.02.1992 - V ZR 268/90 - juris Rn. 18 - BGHZ 117, 260-264; *Weidenkaff* in: Palandt, § 442 Rn. 8.
[7] *Koch* in: MünchKomm-BGB, § 524 Rn. 5; *Mühl/Teichmann* in: Soergel, § 524 Rn. 1; *Wimmer-Leonhardt* in: Staudinger, § 524 Rn. 11.
[8] OLG Hamm, OLG Report Hamm 4/91, S. 3.
[9] Vgl. hierzu ausführlich m.w.N. *Koch* in: MünchKomm-BGB, § 516 Rn. 44 ff.
[10] *Schlinker*, AcP 206, 28-55.
[11] Vgl. auch *Koch* in: MünchKomm-BGB, § 524 Rn. 3; *Wimmer-Leonhardt* in: Staudinger, § 524 Rn. 4.
[12] So auch *Koch* in: MünchKomm-BGB, § 524 Rn. 3.

einbarungen bzgl. des Schenkungsgegenstandes werden nicht getroffen. Diesbezügliche Garantien werden nicht übernommen.

3. Praktische Hinweise

14 Die Regelung möglicher Ansprüche des Beschenkten beim Vorliegen von Rechts- und Sachmängeln des Schenkungsgegenstandes ist von **zentraler Bedeutung**. In der Vertragsgestaltung spielt die Frage der **Haftung** des Schenkers eine **wichtige Rolle**. Da die gesetzlichen Regelungen zurzeit teilweise unsystematisch und nicht frei von Wertungswidersprüchen sind,[13] ist eine ausdrückliche vertragliche Vereinbarung zu empfehlen.

C. Rechtsfolgen

15 Liegen die Voraussetzungen des § 524 Abs. 1 BGB vor, ist der Schenker verpflichtet, dem Beschenkten den sich aus dem Sachmangel ergebenden **Schaden zu ersetzen**. Es handelt sich – wie bei § 523 Abs. 1 BGB – um einen Anspruch auf Ersatz des **Vertrauensschadens**[14] (vgl. die Kommentierung zu § 523 BGB Rn. 23). Bei der **Zusage** eines konkreten Beschaffenheitsmerkmals oder Abgabe einer Beschaffenheits**garantie** kann dagegen regelmäßig Schadensersatz statt der Leistung bzw. Nacherfüllung analog § 439 BGB verlangt werden.

16 Hat der Schenker die Leistung eines nur der Gattung nach bestimmten Schenkungsgegenstandes versprochen, den er selbst erst noch erwerben sollte, so **behält** der Beschenkte zunächst weiterhin den **vertraglichen Erfüllungsanspruch** auf **Lieferung** eines **mangelfreien Schenkungsgegenstandes**. Der Schenker haftet nur, wenn ihm beim Erwerb des Gegenstandes der Sachmangel bekannt gewesen oder infolge grober Fahrlässigkeit unbekannt geblieben ist. Über den Wortlaut des Gesetzes hinaus kann der Beschenkte dann entsprechend § 439 BGB neben der **Nachlieferung** eines mangelfreien Schenkungsgegenstandes auch die **Beseitigung des Mangels** verlangen. Ohne entsprechendes Verschulden des Schenkers beschränkt sich der Anspruch des Beschenkten – wie bei § 523 Abs. 2 BGB – auf die Lieferung der (mangelhaften) Sache (vgl. die Kommentierung zu § 523 BGB Rn. 25).

17 Eine Ausnahme gilt dann, wenn der Schenker den Mangel beim Vollzug der Schenkung arglistig verschweigt. Dann kann der Beschenkte – unabhängig davon, ob dem Schenker der Sachmangel beim Erwerb bekannt gewesen ist oder nicht – sowohl die **Nacherfüllung** als auch **Schadensersatz statt der Leistung** verlangen. Abweichend von den §§ 523, 524 Abs. 1 BGB muss die Arglist hier im Zeitpunkt des **Schenkungsvollzuges (hier: Gefahrübergang)** vorliegen.[15]

18 Auf die Ansprüche des Beschenkten finden gemäß § 524 Abs. 2 Satz 3 BGB die „für die **Gewährleistung wegen Fehler einer verkauften Sache**" geltenden Vorschriften entsprechende Anwendung. Nach dem SMG bezieht sich diese Verweisung nunmehr auf die Vorschriften über die Rechte des Käufers bei Sachmängeln (§§ 437-447 BGB). Hier muss im Einzelnen danach differenziert werden, ob und inwieweit die Vorschriften auf die spezielle Situation der Schenkung **passen**.[16] Entsprechende Anwendung finden z.B. die §§ 438, 439, 440, 442-447 BGB.

D. Prozessuale Hinweise/Verfahrenshinweise

19 Die Ansprüche des Beschenkten **verjähren** gemäß den §§ 524 Abs. 2 Satz 3, 438 BGB. Der Schadensersatzanspruch aus § 524 Abs. 1 BGB verjährt gemäß § 438 Abs. 2 BGB in der **regelmäßigen Verjährungsfrist** (vgl. die Kommentierung zu § 438 BGB). Die Anwendung der kaufvertraglichen Verjährungsfristen ist bei der Schenkung weiterhin **sachgerecht**, weil sich die Haftung des Schenkers

---

[13] *Koch* in: MünchKomm-BGB, § 523 Rn. 1.
[14] *Koch* in: MünchKomm-BGB, § 524 Rn. 2; § 523 Rn. 3; *Weidenkaff* in: Palandt, § 524 Rn. 6.
[15] *Mühl/Teichmann* in: Soergel, § 524 Rn. 4; *Koch* in: MünchKomm-BGB, § 524 Rn. 3.
[16] So auch *Mühl/Teichmann* in: Soergel, § 524 Rn. 4.

wegen Sachmängeln der verschenkten Sache im Ansatz weiterhin an der Haftung des Verkäufers orientiert.[17] Die kaufrechtlichen Verjährungsvorschriften bieten auch bei der Schenkung einen interessengerechten Ausgleich. Des Weiteren wird dadurch eine Gleichbehandlung der Verjährung von Ansprüchen wegen Rechts- und Sachmängeln erzielt.

Der Beschenkte hat das Vorliegen des Rechtsmangels und das Verschulden des Schenkers darzulegen und ggf. zu **beweisen**. Der Schenker hat die ggf. erfolgte Einigung über eine vertragliche Beschaffenheitsgarantie und eine etwaige Kenntnis des Beschenkten vom Bestehen eines Sachmangels darzulegen und ggf. zu beweisen.

20

---

[17] Vgl. vor dem SMG: *Putzo* in: Palandt, BGB, 61. Aufl. 2002, § 524 Rn. 9; jetzt *Weidenkaff* in: Palandt, § 524 Rn. 9; *Mühl/Teichmann* in: Soergel, § 524 Rn. 5, *Koch* in: MünchKomm-BGB, § 524 Rn. 4; *Gehrlein* in: Bamberger/Roth/Gehrlein, § 524 Rn. 3.

§ 525 BGB Schenkung unter Auflage

(Fassung vom 02.01.2002, gültig ab 01.01.2002)

(1) Wer eine Schenkung unter einer Auflage macht, kann die Vollziehung der Auflage verlangen, wenn er seinerseits geleistet hat.

(2) Liegt die Vollziehung der Auflage im öffentlichen Interesse, so kann nach dem Tod des Schenkers auch die zuständige Behörde die Vollziehung verlangen.

Gliederung

A. Grundlagen 1	1. Voraussetzungen 5
I. Kurzcharakteristik 1	2. Abgrenzung 12
II. Regelungsprinzipien 2	3. Typische Fälle 20
B. Praktische Bedeutung 3	4. Praktische Hinweise 21
C. Anwendungsvoraussetzungen 4	**D. Rechtsfolgen** 26
I. Normstruktur 4	**E. Prozessuale Hinweise/Verfahrenshinweise** 31
II. Schenkung unter Auflage 5	**F. Anwendungsfelder** 32

A. Grundlagen

I. Kurzcharakteristik

1 Die in den §§ 525-527 BGB besonders geregelte **Schenkung unter Auflage** (donatio sub modo) ist zunächst eine Schenkung i.S.v. § 516 BGB.[1] Die **allgemeinen** begrifflichen **Voraussetzungen** der Schenkung müssen demgemäß auch hier vorliegen (vgl. die Kommentierung zu § 516 BGB Rn. 20). Die Besonderheit dieser Schenkung liegt darin, dass zwischen den Vertragsparteien eine **zusätzliche Abrede** getroffen wird, aufgrund derer der Beschenkte zu einer bestimmten **Leistung** (Tun oder Unterlassen) verpflichtet werden soll. Dabei kann die Erfüllung der Auflage durchaus auch das **Hauptmotiv** für die Schenkung sein.[2] Erforderlich ist jedoch, dass dem Beschenkten nach Erfüllung des Vertrages samt Auflage objektiv oder zumindest nach dem subjektiven Willen der Vertragsparteien eine **Bereicherung** (vgl. die Kommentierung zu § 516 BGB Rn. 34) verbleibt.[3]

II. Regelungsprinzipien

2 Sinn und Zweck der Vorschrift besteht darin, dem Begünstigten einen **durchsetzbaren Anspruch auf Vollziehung** der vereinbarten Auflage zu verschaffen. Die Auflage muss dabei nicht unbedingt nur im Interesse des Schenkers, sondern kann auch im Interesse des Beschenkten oder eines Dritten liegen.[4] Deshalb kann neben dem Schenker (vgl. § 525 Abs. 1 BGB) ggf. auch ein **Dritter** die Vollziehung der Auflage verlangen, wenn er durch sie begünstigt werden soll.[5] Die Auflage ist – da der Anspruch auf Vollziehung grundsätzlich vererblich ist – auch nach dem **Tode** des Schenkers noch durchsetzbar. Liegt die Vollziehung dabei im öffentlichen Interesse, so kann auch die zuständige Behörde die Erfüllung verlangen (§ 525 Abs. 2 BGB).

---

[1] *Weidenkaff* in: Palandt, § 525 Rn. 1; *Koch* in: MünchKomm-BGB, § 525 Rn. 1; *Wimmer-Leonhardt* in: Staudinger, § 525 Rn. 1.

[2] Vgl. hierzu RG v. 18.04.1905 - VII 444/04 - RGZ 60, 379-387; *Koch* in: MünchKomm-BGB, § 525 Rn. 1.

[3] Teilweise in Einzelheiten umstritten, vgl. hierzu *Koch* in: MünchKomm-BGB, § 525 Rn. 1; RG v. 18.04.1905 - VII 444/04 - RGZ 60, 379-387; *Wimmer-Leonhardt* in: Staudinger, § 525 Rn. 2; *Larenz*, Schuldrecht, Band II/1: Besonderer Teil, 13. Aufl. 1986, § 47 III S. 209; *Herrmann* in: Erman, § 525 Rn. 3.

[4] *Weidenkaff* in: Palandt, § 525 Rn. 1; *Mezger* in: BGB-RGRK, § 525 Rn. 3; *Wimmer-Leonhardt* in: Staudinger, § 525 Rn. 13; *Herrmann* in: Erman, § 525 Rn. 2.

[5] OLG Frankfurt v. 25.06.1986 - 21 U 239/84 - juris Rn. 17 - WM 1987, 1248-1249.

B. Praktische Bedeutung

Die Schenkung unter Auflage hat sowohl in der täglichen Vertragspraxis als auch in der Rechtsanwendung der Gerichte eine **erhebliche Bedeutung** erlangt. Insbesondere im **Grundstücksverkehr** spielt sie eine **zentrale Rolle**. Die Rechtsprechung charakterisiert beispielsweise den Übertragungsvertrag mit Pflegeverpflichtung (Versorgungsvertrag) überwiegend als Schenkung unter Auflage.[6] Daneben werden Schenkungen mit der Verpflichtung, ohne Einwilligung des Schenkers nicht über den geschenkten Gegenstand zu verfügen[7] oder dem Schenker (oder einem Dritten) ein Nießbrauchsrecht daran zu bestellen[8], ebenfalls überwiegend als Schenkung unter Auflage behandelt. Der häufige Fall, dass das beschenkte Kind anlässlich der Übertragung eines Grundstücks an seine Geschwister Ausgleichs- oder Abfindungszahlungen leisten muss oder den Eltern ein unentgeltliches Wohnrecht als beschränkte persönliche Dienstbarkeit zu gewähren ist[9], fällt im Zweifel ebenfalls unter den Anwendungsbereich dieser Vorschrift[10]. Gleiches gilt für die Übertragung von Grundbesitz gegen Zahlung einer lebenslangen Versorgungsrente zugunsten des Schenkers.[11]

3

C. Anwendungsvoraussetzungen

I. Normstruktur

§ 525 BGB enthält den **Anspruch auf Vollziehung der vereinbarten Auflage**, wenn diese Inhalt der vertraglichen Vereinbarung geworden ist. Während in § 525 Abs. 1 BGB in erster Linie der Schenker – gegebenenfalls auch ein begünstigter Dritter[12] – die Vollziehung verlangen kann, gewährt § 525 Abs. 2 BGB der „**zuständigen Behörde**" einen Vollziehungsanspruch, wenn dies im öffentlichen Interesse ist. Es liegt der seltene Fall vor, dass aus Gründen des Gemeinwohls vertraglich begründete Ansprüche zwischen Privatpersonen nach dem Tod einer Vertragspartei zusätzlich zugunsten der öffentlichen Hand entstehen und sich die Anspruchsgrundlage im Bürgerlichen Gesetzbuch findet.

4

II. Schenkung unter Auflage

1. Voraussetzungen

Voraussetzung für die Anwendbarkeit der Norm ist zunächst, dass die **tatbestandlichen Voraussetzungen einer Schenkung** i.S.v. § 516 Abs. 1 BGB vorliegen (vgl. die Kommentierung zu § 516 BGB Rn. 20). Der objektive Wert der Schenkung braucht dabei nicht höher zu sein als die Höhe der zur Erfüllung der Auflage erforderlichen Aufwendungen (arg. § 526 Satz 1 BGB).[13] Es ist ausreichend,

5

---

[6] Bereits OLG Bamberg, NJW 1949, 788; BGH v. 07.04.1989 - V ZR 252/87 - juris Rn. 19 - BGHZ 107, 156-161; so auch *Koch* in: MünchKomm-BGB, § 525 Rn. 10, 12; für gemischte Schenkung hingegen LG Passau, RdL 1975, 70; a.A. *Mayer*, Der Übergabevertrag, 2. Aufl. 2001, S. 25, der eine Schenkung unter Auflage nur annehmen will, wenn die sich aus der Auflage ergebenden Verpflichtungen „aus dem Schenkungsobjekt" erbracht werden können.

[7] Vgl. dazu *Roellenbleg*, DNotZ 1973, 708-733, 723.

[8] OLG München v. 10.03.1942 - 8 WX 908/41 - HRR 1942 Nr. 544, BFH DB 1974, 1606; OLG Köln v. 10.11.1993 - 27 U 220/92 - juris Rn. 23 - NJW 1994, 1540-1542; vgl. auch RG v. 10.09.1935 - III 42/35 - RGZ 148, 321-325.

[9] BGH v. 02.10.1981 - V ZR 134/80 - juris Rn. 9 - LM Nr. 1 zu § 526 BGB.

[10] OGH, NJW 1949, 260; OLG Köln v. 10.11.1993 - 27 U 220/92 - juris Rn. 23 - NJW 1994, 1540-1542; *Koch* in: MünchKomm-BGB, § 525 Rn. 2; *Wimmer-Leonhardt* in: Staudinger, § 525 Rn. 25.

[11] OLG Düsseldorf v. 12.02.2007 - I-9 U 112/06 - juris Rn. 46 ff.

[12] *Koch* in: MünchKomm-BGB, § 525 Rn. 14; OLG Frankfurt v. 25.06.1986 - 21 U 239/84 - WM 1987, 1248-1249 m. Anm. *Hammen*; *Mezger* in: BGB-RGRK, § 525 Rn. 9; *Enneccerus/Lehmann*, Recht der Schuldverhältnisse, 15. Bearb. 1958, S. 486.

[13] Allg. Meinung: *Koch* in: MünchKomm-BGB, § 525 Rn. 4; *Herrmann* in: Erman, § 525 Rn. 3.

§ 525

6 Die **allgemeinen Vorschriften der Schenkung** kommen grundsätzlich auch bei der Schenkung unter Auflage zur Anwendung[16], allerdings nur, soweit sich in den §§ 525-527 BGB keine Sonderregelungen finden. Beispielsweise umfasst das Formgebot des § 518 Abs. 1 BGB auch die vertragliche Einigung über den Inhalt der Auflage.[17] Der Beschenkte geht mit der Auflage eine Verpflichtung ein, die i.d.R. in untrennbarem Zusammenhang mit der eigentlichen Schenkung steht.[18] Deshalb erfasst die Unwirksamkeit oder Nichtigkeit der Auflage über § 139 BGB im Zweifel auch die Unwirksamkeit des gesamten Schenkungsvertrages.[19] Die Auflage ist z.B. dann nichtig, wenn sie einem gesetzlichen Verbot zuwiderläuft oder gegen die guten Sitten verstößt (§§ 134, 138 BGB – vgl. die Kommentierung zu § 134 BGB und die Kommentierung zu § 138 BGB).[20] Beispiele: Auflage, eine bestimmte Partei zu wählen, eine bestimmte Person zu heiraten, ein bestimmtes religiöses Glaubensbekenntnis abzulegen etc. Die Anwendung der Annahmefiktion von § 516 Abs. 2 Satz 2 BGB ist dagegen ausgeschlossen.[21] Der allgemeine Grundsatz, dass durch Schweigen keine rechtsgeschäftliche Verpflichtung (des Beschenkten) begründet werden kann (vgl. die §§ 108 Abs. 2, 177 Abs. 2 BGB), behält hier seine Gültigkeit.[22]

7 Da die Vereinbarung einer Auflage rechtliche Verpflichtungen für den Beschenkten auslöst, ist sie nicht lediglich rechtlich vorteilhaft. Bei Beteiligung von **Minderjährigen** ist deshalb die Zustimmung der Eltern, ggf. die Bestellung eines Ergänzungspflegers und die Genehmigung durch das Familiengericht, erforderlich.[23]

8 Der **Begriff der Auflage**, der dem römischrechtlichen Begriff „modus" entspricht, ist gesetzlich nicht näher definiert. Auflage ist die mit der Schenkung verknüpfte Bestimmung, aufgrund derer der Beschenkte zu einer Leistung (Tun oder Unterlassen) verpflichtet werden soll, wenn er in den Genuss des geschenkten Gegenstandes gelangen will.[24] Durch die Auflage kann der Beschenkte oder ein Dritter, wenn er die Verpflichtung zur Leistung übernimmt, zu **jedem** (rechtlich zulässigen) **Handeln oder Unterlassen** verpflichtet werden.[25] Entscheidend für das Vorliegen einer Auflage ist das Zustandekommen einer **vertraglichen Vereinbarung** mit rechtlich durchsetzbarer Verpflichtung des Beschenkten, die mit dem Anspruch des Schenkers auf Erfüllung des Schenkungsversprechens korrespondiert.[26]

---

[14] RG v. 18.04.1905 - VII 444/04 - RGZ 60, 379-387; *Larenz*, Schuldrecht, Band II/1: Besonderer Teil, 13. Aufl. 1986, § 47 II, S. 198; *Wimmer-Leonhardt* in: Staudinger, § 525 Rn. 2; *Herrmann* in: Erman, § 525 Rn. 3.

[15] RG v. 06.02.1905 - III 273/05 - RGZ 62, 386-392; RG v. 08.11.1922 - IV 74/22 - RGZ 105, 305-310; *Wimmer-Leonhardt* in: Staudinger, § 525 Rn. 2; *Herrmann* in: Erman, § 525 Rn. 3.

[16] *Herrmann* in: Erman, § 525 Rn. 2; *Wimmer-Leonhardt* in: Staudinger, § 525 Rn. 1.

[17] *Weidenkaff* in: Palandt, § 525 Rn. 2; a.A.: *Herrmann* in: Erman, § 525 Rn. 2, der dies als „fragwürdig" ansieht.

[18] So auch *Wimmer-Leonhardt* in: Staudinger, § 525 Rn. 2; *Weidenkaff* in: Palandt, § 525 Rn. 1; a.A. wohl *Herrmann* in: Erman, § 525 Rn. 3, der Schenkung und Auflage durch die Einigung der Parteien miteinander verbunden sieht.

[19] *Herrmann* in: Erman, § 525 Rn. 2; *Wimmer-Leonhardt* in: Staudinger, § 525 Rn. 32.

[20] Vgl. OLG München v. 12.02.1974 - 1 Z 104/73 - NJW 1974, 1142.

[21] *Wimmer-Leonhardt* in: Staudinger, § 525 Rn. 4; *Koch* in: MünchKomm-BGB, § 525 Rn. 1.

[22] *Koch* in: MünchKomm-BGB, § 525 Rn. 8 (indirekt herauszulesen: „Anders als bei Auflagenschenkung..."); *Weidenkaff* in: Palandt, § 516 Rn. 12.

[23] Vgl. *Mezger* in: BGB-RGRK, § 525 Rn. 1; BGH v. 10.11.1954 - II ZR 165/53 - juris Rn. 14 - BGHZ 15, 168-171; teilw. anders OLG Hamm v. 13.03.1978 - 15 W 58/78 - juris Rn. 12 - DB 1978, 1397-1398; OLG München v. 12.02.1974 - 1 Z 104/73 - NJW 1974, 1142, wo es darum ging, an Kinder geschenkte Sparkontenforderungen wieder als verzinsliches Darlehen zurückgewährt zu bekommen.

[24] *Weidenkaff* in: Palandt, § 525 Rn. 1; *Koch* in: MünchKomm-BGB, § 525 Rn. 2; *Wimmer-Leonhardt* in: Staudinger, § 525 Rn. 2; *Herrmann* in: Erman, § 525 Rn. 2.

[25] Allg. Meinung: vgl. *Weidenkaff* in: Palandt, § 525 Rn. 1; *Koch* in: MünchKomm-BGB, § 525 Rn. 2; *Herrmann* in: Erman, § 525 Rn. 2. .

[26] *Wimmer-Leonhardt* in: Staudinger, § 525 Rn. 9; *Herrmann* in: Erman, § 525 Rn. 3.

Nicht notwendig ist, dass die Auflage in der Erbringung einer **vermögenswerten Leistung** besteht. Der Beschenkte kann vielmehr auch zu einem Tun oder Unterlassen **immaterieller Art** verpflichtet werden.[27] Als Auflage kann demgemäß z.B. die Gestattung der Benutzung eines Grundstücks zu öffentlichen Zwecken, die Durchführung einer bestimmten Ehrung oder die Teilnahme an einer Benefizveranstaltung vereinbart werden. Die Verpflichtung kann sich auch lediglich darin erschöpfen, zu Lebzeiten des Schenkers nicht ohne seine Zustimmung über den geschenkten Gegenstand zu verfügen.[28]

Das Geschenk geht – wie bei der reinen Schenkung – auch bei der Schenkung unter Auflage zunächst **vollständig in das Vermögen** des Beschenkten über. Dieser hat sodann seinerseits i.d.R. aus dem Wert des zugewendeten Gegenstandes[29] bzw. aus seinen Erträgen[30] seine Leistung zu erbringen. Nicht notwendig ist, dass die Erfüllung der Auflage **aus dem zugewendeten Gegenstand selbst heraus** erfolgen muss, wie dies teilweise vertreten wird.[31] Dies ergibt sich weder aus dem Wortlaut der Vorschrift noch aus deren Sinn und Zweck. Die Leistung soll nur „auf der Grundlage und **aus dem Wert der Zuwendung** erfolgen".[32]

Der Beschenkte wird durch die Auflage zu einer **eigenständigen (neuen) Leistung (Tun oder Unterlassen)** verpflichtet. Es ist nicht ausreichend, dass er nur **Einschränkungen**, die bzgl. des geschenkten Gegenstandes bereits bestehen, weiterhin **dulden** bzw. übernehmen muss.[33] Die Übertragung eines Grundstücks von den Eltern an den Sohn mit der Verpflichtung, der Schwester als beschränkt persönliche Dienstbarkeit ein Wohnrecht einzuräumen, ist demgemäß als Schenkung unter Auflage zu qualifizieren, während eine reine Schenkung vorliegt, wenn das Wohnrecht bereits besteht und vom Beschenkten nur weiterhin geduldet werden soll.[34] Ebenso ist die Übertragung eines Grundstückes „mit dem im Grundbuch verzeichneten Hypothekenstande" reine Schenkung, weil der Beschenkte nur zu dulden hat, was sich bereits aus dem Gesetz ergibt. Er muss seinerseits keine zusätzliche eigene Leistung erbringen.[35]

2. Abgrenzung

Die Schenkung unter Auflage ist von **ähnlichen Vertragsgestaltungen** abzugrenzen: Entscheidend für die rechtliche Einordnung der unterschiedlichen Vereinbarungen der Vertragsparteien ist – neben den begrifflichen Festlegungen (vgl. die Kommentierung zu § 516 BGB Rn. 20) – vor allem die **Interessenlage der Vertragsparteien**, insbesondere das **Motiv** für die Anordnung der Bestimmung und der Wille, die Erfüllung verlangen zu können.

So unterscheidet sich die Schenkung unter Auflage von der **Zweckschenkung** (datio ob causam, vgl. die Kommentierung zu § 516 BGB Rn. 60) dadurch, dass bei der Zweckschenkung nach dem Inhalt des Vertrages oder aufgrund der Geschäftsgrundlage beider Vertragsparteien ein über den Schenkungs-

---

[27] *Koch* in: MünchKomm-BGB, § 525 Rn. 2; BGH, FamRZ 1970, 185; *Wimmer-Leonhardt* in: Staudinger, § 525 Rn. 12; a.A. *Esser*, Schuldrecht, 8. Aufl. 1998, § 12 IV, 1.

[28] Aus der Praxis des Grundstücksverkehrs: Eltern übertragen Grundbesitz an die Kinder in vorweggenommener Erbfolge mit der Auflage, zu ihren Lebzeiten ohne ihre Einwilligung nicht darüber zu verfügen, vgl. *Roellenbleg*, DNotZ 1973, 708-733, 723.

[29] *Wimmer-Leonhardt* in: Staudinger, § 525 Rn. 8 m.w.N.; *Herrmann* in: Erman, § 525 Rn. 3; BGH v. 23.05.1959 - V ZR 140/58 - juris Rn. 17 - BGHZ 30, 120-123.

[30] Vgl. hierzu OLG Düsseldorf v. 12.02.2007 - I-9 U 112/06 - juris Rn. 49 ff.

[31] *Wimmer-Leonhardt* in: Staudinger, § 525 Rn. 8 sieht dies jetzt auch als nicht erforderlich an; vgl. Oberster Gerichtshof für die Britische Zone v. 18.11.1948 - II ZS 16/48 - OGH BRZ 1, 258; *Esser*, Schuldrecht, 8. Aufl. 1998, § 12 IV, 1; zutr. dagegen die heute h.M., vgl. *Herrmann* in: Erman, § 525 Rn. 3; *Koch* in: MünchKomm-BGB, § 525 Rn. 2.

[32] BGH v. 02.10.1981 - V ZR 134/80 - juris Rn. 16 - LM Nr. 1 zu 526 BGB; vgl. auch *Weidenkaff* in: Palandt, § 525 Rn. 1.

[33] *Wimmer-Leonhardt* in: Staudinger, § 525 Rn. 11.

[34] Vgl. zum Nießbrauch: *Reiff*, Die Dogmatik der Schenkung unter Nießbrauchsvorbehalt und ihre Auswirkung auf die Ergänzung des Pflichtteils und die Schenkungssteuer, 1989, S. 25.

[35] RG, WarnR 1916 Nr. 132; BGH v. 07.04.1989 - V ZR 252/87 - juris Rn. 17 - BGHZ 107, 156-161.

§ 525

vollzug hinausgehender **Erfolg bezweckt** werden soll, ohne eine einklagbare Verpflichtung darauf zu begründen.[36] Charakteristisch für diese Art der Schenkung sind deshalb der Wille und die Erwartung, einen bestimmten Zweck durch Vollzug der Schenkung zu erreichen, ohne hierauf einen Anspruch zu haben. Beispiel: Schenkung der Eltern an Kind und Schwiegerkind in der Erwartung des Fortbestandes der Ehe.[37] Je größer das Interesse des Schenkers auf Durchsetzbarkeit der Zusatzvereinbarung, desto mehr spricht für eine Schenkung unter Auflage. Liegt demgegenüber eine Zweckschenkung vor, so ist umstritten, auf welchem Weg eine **Rückabwicklung** bei Nichterreichung des beabsichtigten Zweckes erfolgt (vgl. hierzu die Kommentierung zu § 516 BGB Rn. 60 und die Kommentierung zu § 812 BGB).[38]

14 Die Frage, ob unentgeltliche Zuwendungen an eine **Stiftung**, deren bestimmungsgemäße Verwendung dem Stiftungsvermögen zugutekommt, eine Schenkung unter Auflage ist, wird vom BGH nur dann in Betracht gezogen, wenn das Treugut am Ende des Auftrages nicht beim Beauftragten verbleibt, sondern an den Auftraggeber oder an Dritte herauszugeben ist.[39]

15 Die **gemischte Schenkung** (vgl. die Kommentierung zu § 516 BGB Rn. 60) setzt sich im Gegensatz zur Schenkung unter Auflage aus einem **unentgeltlichen** und einem **entgeltlichen** Teil zusammen.[40] Den Vertragsparteien ist bewusst, dass nur der Mehrwert zwischen Zuwendung und Gegenleistung (Preis) unentgeltlich sein soll.[41] Der Beschenkte muss i.d.R. aus seinem eigenen Vermögen Aufwendungen machen, um den zugewendeten (höherwertigen) Gegenstand als Gegenleistung zu erlangen. Eine gemischte Schenkung liegt regelmäßig, aber nicht nur dann vor, wenn der Wert der Gegenleistung weniger als die Hälfte des effektiven Wertes des Geschenkes beträgt.[42] Entscheidet ist auch hier, dass der Schenker dem Beschenkten objektiv einen Vermögensgegenstand zuwendet und ihn dadurch bereichert und dass beide subjektiv darüber einig sind, dass diese Zuwendung unentgeltlich erfolgt. Auch beim Vorliegen einer oder mehrerer Gegenleistungen bedarf es nur einer bloßen Wertdifferenz zugunsten des Beschenkten; auf die Höhe kommt es nicht an.[43] Die durch die gemischte Schenkung aufgeworfenen Rechtsprobleme sind dogmatisch schwer fassbar.[44] Es handelt sich dabei um einen **Typenverschmelzungsvertrag**[45] mit entgeltlichen und unentgeltlichen Bestandteilen, bei dem eine sach-

---

[36] BGH v. 23.09.1983 - V ZR 67/82 - juris Rn. 11 - NJW 1984, 233; *Koch* in: MünchKomm-BGB, § 525 Rn. 8; *Wimmer-Leonhardt* in: Staudinger, § 525 Rn. 16; *Weidenkaff* in: Palandt, § 525 Rn. 11; *Herrmann* in: Erman, § 525 Rn. 6.

[37] So OLG Köln v. 10.11.1993 - 27 U 220/92 - juris Rn. 20 - NJW 1994, 1540-1542; BGH v. 23.09.1983 - V ZR 67/82 - NJW 1984, 233; a.A. OLG Oldenburg v. 22.12.1993 - 3 U 44/93 - juris Rn. 31 - NJW 1994, 1539-1540; *Weidenkaff* in: Palandt, § 525 Rn. 11; vgl. zur Schenkung an Schwiegerkinder und deren Behandlung nach Scheitern der Ehe die geänderte Rechtsprechung des BGH, wonach sich die Rückabwicklung i.d.R gemäß § 313 BGB nach den Regeln des Wegfalls der Geschäftsgrundlage richte: BGH v. 03.02.2010 - XII ZR 189/06 – DNotZ 2010, 852-861; BGH v. 21.07.2010 - XII ZR 180/09 NJW 2010, 2884-2886; BGH v. 20.07.2011 - XII ZR 149/09 - NJW 2012, 273-276.

[38] Nach der überwiegenden Meinung in Rspr. und Literatur erfolgt die Rückabwicklung nach § 812 Abs. 1 Alt. 2 BGB (Bereicherung wegen Zweckverfehlung), vgl. BGH v. 24.11.1993 - XII ZR 130/92 - juris Rn. 4 - EzFamR aktuell 1994, 40-41; BGH v. 23.09.1983 - V ZR 67/82 - juris Rn. 11 - NJW 1984, 233; OLG Köln v. 10.11.1993 - 27 U 220/92 - juris Rn. 21 - NJW 1994, 1540-1542; OLG Hamm v. 30.11.1989 - 22 U 166/89 - juris Rn. 12 - MDR 1990, 1010-1011; OLG Karlsruhe v. 13.01.1988 - 6 U 202/86 - NJW 1988, 3023-3024; *Ehmann*, NJW 1973, 1035-1036; *Liebs*, JZ 1978, 697-703, 697 (699); teilweise werden die Regeln über den Wegfall der Geschäftsgrundlage angewandt: vgl. OLG Oldenburg v. 22.12.1993 - 3 U 44/93 - NJW 1994, 1539-1540.

[39] BGH v. 10.12.2003 - IV ZR 249/02 - BGHZ 157, 178.

[40] Vgl. *Koch* in: MünchKomm-BGB, § 525 Rn. 7, § 516 Rn. 29-32; *Wimmer-Leonhardt* in: Staudinger, § 516 Rn. 42-45; *Herrmann* in: Erman, § 516 Rn. 16; *Weidenkaff* in: Palandt, § 516 Rn. 13.

[41] BGH v. 21.06.1972 - IV ZR 221/69 - BGHZ 59, 132-139; BGH v. 23.09.1981 - IVa ZR 185/80 - juris Rn. 23 - BGHZ 82, 274-282; *Koch* in: MünchKomm-BGB, § 516 Rn. 34; § 525 Rn. 7.

[42] BGH v. 11.04.2000 - X ZR 246/98 - juris Rn. 16 - NJ 2000, 598; BGH v. 19.01.1999 - X ZR 42/97 - juris Rn. 37 - BGHZ 140, 275-285.

[43] So jetzt klarstellend BGH v. 18.10.2011 – XR 45/10 – juris Rn. 13, 14.

[44] Vgl. *Koch* in: MünchKomm-BGB, § 516 Rn. 34 m.w.N.; *Wimmer-Leonhardt* in: Staudinger, § 525 Rn. 23.

[45] *Larenz*, Schuldrecht, Band II/1: Besonderer Teil, 13. Aufl. 1986, § 62 II c S. 428.

gerechte Lösung der aufgeworfenen Rechtsfragen nur unter Berücksichtigung der beiderseitigen Interessen der Vertragsparteien und des von ihnen beabsichtigten wirtschaftlichen Zwecks gefunden werden kann.[46] Dabei sind die normativen Regelungen der betroffenen Vertragstypen mit zu berücksichtigen, insbesondere die Wertungen des Gesetzgebers bei vergleichbaren Interessenkonflikten der Vertragsparteien.

Die „**Hoffnungsschenkung**" ist dadurch charakterisiert, dass der Schenker mit der Schenkung seiner Hoffnung Ausdruck verleiht, der Beschenkte möge eine bestimmte Handlung vornehmen oder unterlassen. Jegliche rechtliche Verbindlichkeit oder Durchsetzbarkeit der mit der Schenkung verknüpften Erwartung oder des darin zum Ausdruck kommenden Wunsches des Schenkers fehlt.[47] Beispiel: Schenkung einer Eintrittskarte zum Popkonzert an die Freundin mit dem Wunsch, die Freundschaft möge bestehen bleiben. 16

Die Abgrenzung zum **Auftrag mit Vorschuss** (§ 669 BGB – vgl. die Kommentierung zu § 669 BGB) besteht darin, dass der Vorschuss keine unentgeltliche Zuwendung ist, sondern den Vertragspartner erst dazu instand setzen soll, den Auftrag auszuführen.[48] Auch wenn die Pflicht zur Abrechnung erlassen wird und der Auftragnehmer den Mehrbetrag behalten kann, liegt keine Schenkung, sondern eine besondere Form des Auftrages vor (vgl. die §§ 662-674 BGB).[49] 17

Der Unterschied zur **bedingten Schenkung** liegt darin, dass bei der Schenkung unter Auflage das Rechtsgeschäft sofort voll rechtswirksam ist, ohne Rücksicht darauf, ob die Auflage bereits erfüllt worden ist oder nicht. Die mit einer Bedingung versehene Schenkung wird nach den §§ 158-163 BGB dagegen erst rechtswirksam, wenn die Bedingung eingetreten ist. Beispiel: Schenkung eines Autos unter der Bedingung, dass der Sohn im Abitur eine bestimmte Durchschnittsnote erreicht. 18

Auflage i.S.v. § 525 BGB ist ferner nicht zu verwechseln mit der **testamentarischen Auflage** (§§ 1940, 2192-2196 BGB) und den sog. Verwaltungsanordnungen bezüglich eines zugewendeten Vermögens (§§ 1418 Abs. 2 Nr. 2, 1638, 1803 BGB). Während die testamentarische Auflage den Begünstigten keinen Anspruch auf Erfüllung verschafft, sind die vorgenannten Verwaltungsanordnungen Bestimmungen, die unmittelbar auf den geschenkten Gegenstand einwirken und dessen Verwaltung betreffen, ohne dass eine zusätzliche Vereinbarung zwischen den Vertragsparteien getroffen wird. 19

3. Typische Fälle

Typische Einzelfälle, die i.d.R. als Schenkung unter Auflage angesehen werden, sind: Grundstücksübereignung mit Vereinbarung eines Nießbrauchsrechtes[50]; Übertragungsvertrag mit Abfindung an Geschwister[51] und/oder Zahlung einer Versorgungsrente an die Eltern[52]; Schenkung von Bankkonten mit der Bestimmung, diese wieder als Darlehen zurückzugewähren[53]; Hofübergabe mit der Vereinbarung von Altenteil und Abfindung an die Geschwister[54]; Schenkung von Gesellschaftsanteilen mit der Verpflichtung, dem Schenker oder einem Dritten ein Nießbrauchsrecht daran zu bestellen[55]. 20

---

[46] BGH v. 23.05.1959 - V ZR 140/58 - juris Rn. 17 - BGHZ 30, 120-123; BGH, FamRZ 1967, 214; BGH v. 02.07.1990 - II ZR 243/89 - juris Rn. 16 - BGHZ 112, 40-53.
[47] *Herrmann* in: Erman, § 525 Rn. 6; *Weidenkaff* in: Palandt, § 525 Rn. 6; begrifflich anders („Wunschschenkung") *Koch* in: MünchKomm-BGB, § 525 Rn. 8.
[48] OLG Jena, DR 1939, 1535; OLG München v. 11.11.1940 - 3 U 287/40 - HRR 1941, Nr. 228.
[49] *Wimmer-Leonhardt* in: Staudinger, § 525 Rn. 28.
[50] OLG Köln v. 10.11.1993 - 27 U 220/92 - juris Rn. 23 - NJW 1994, 1540-1542; BFH v. 26.11.1985 - IX R 64/82 - NJW 1986, 1009-1010; BFH v. 16.10.1984 - IX R 81/82 - NJW 1985, 2848.
[51] Oberster Gerichtshof für die Britische Zone v. 18.11.1948 - II ZS 16/48 - OGH BRZ 1, 258.
[52] OLG Düsseldorf v. 12.02.2007 - I-9 U 112/06 - juris Rn. 46 ff.
[53] OLG Hamm v. 13.03.1978 - 15 W 58/78 - juris Rn. 11 - DB 1978, 1397-1398; OLG München v. 12.02.1974 - 1 Z 104/73 - NJW 1974, 1142.
[54] BGH v. 07.04.1989 - V ZR 252/87 - juris Rn. 19 - BGHZ 107, 156-161; BGH v. 02.10.1951 - V ZR 77/50 - BGHZ 3, 206-213.
[55] OLG München v. 10.03.1942 - 8 WX 908/41 - HRR 1942 Nr. 544 BFH DB 1974, 1606; BFH v. 28.02.1974 - IV R 60/69 - BB 1974, 870.

4. Praktische Hinweise

21 Für die **Vertragsgestaltung** ist es von zentraler Wichtigkeit, dass durch die **Formulierung der Auflage** deutlich zum Ausdruck kommt, dass es sich neben der eigentlichen Schenkung um eine rechtlich verpflichtende Zusatzanordnung handelt, die im Streitfall einen durchsetzbaren Rechtsanspruch auf Erfüllung verschaffen soll. Es ist zu empfehlen, schon in dem Vertragstext durch eine geeignete Gliederung mit Überschrift eindeutig zum Ausdruck zu bringen, dass es sich um eine **echte Auflage** zur Schenkung handelt und nicht um bloße Erwartungen, Wünsche oder Hoffnungen. Nur so ist zu vermeiden, dass der Beschenkte die Erfüllung mit der Begründung verweigern kann, die Vereinbarung sei allenfalls Motiv oder Absicht für die Schenkung gewesen und nicht zum Inhalt der vertraglichen Vereinbarung geworden. Da derzeit umstritten ist, ob bei (unverschuldeter) Nichterfüllung der Auflage ein Rücktritt des Schenkers aus § 527 BGB zulässig ist (vgl. auch die Kommentierung zu § 527 BGB Rn. 7), ist dringend zu empfehlen, bei der Vertragsformulierung diese Frage ausdrücklich zu regeln (vgl. Muster: Vereinbarung einer Warte- und Pflegeverpflichtung, Muster 5 zu § 516 BGB).

22 Da Schenkungen mit Auflagen, z.B. Hausübertragungen gegen Zahlung von Versorgungsrenten und Gewährung von Wohnrechten häufig im Zusammenhang mit gewährten Sozialleistungen Gegenstand gerichtlicher Entscheidungen[56] sind, müssen die sozialrechtlichen Rahmenbedingungen, insbesondere die Möglichkeiten der Überleitung des Rückforderungsanspruchs aus § 528 Abs. 1 Satz 1 BGB i.V. mit § 93 SGB XII bzw. bei Grundsicherungsleistungen für Arbeitssuchende („Arbeitslosengeld II") gemäß § 33 SGB II immer in die Vertragsgestaltung mit einbezogen werden. (vgl. die Kommentierung zu § 528 BGB Rn. 42 ff.).

23 Bei der Auflage, die einen **Dritten begünstigen** soll, ist besonderer **Wert auf die Formulierung** im Einzelnen zu legen. Insbesondere sollte kein Zweifel darüber aufkommen, ob die Auflage von den Vertragsparteien noch beliebig (ohne Zustimmung des Dritten) abgeändert oder aufgehoben werden kann oder ob der Dritte mit dem Vertragsabschluss unmittelbar ein eigenes Recht auf Erfüllung der Auflage erhält. Die Tatsache, dass die Auflage z.B. erst nach dem Tod des Schenkers an den Dritten erfüllt werden muss (z.B. Abfindungszahlung an Geschwister) bedeutet nicht automatisch, dass deshalb zu Lebzeiten des Schenkers noch beliebig darüber verfügt werden kann. Im Zweifel sind die Umstände des Einzelfalles maßgebend.

24 Die Schenkung unter Auflage ist kein geeignetes Mittel sicherzustellen, dass der geschenkte Gegenstand nach dem Tode des Schenkers einem Dritten rechtlich verbindlich zufallen soll. Häufig werden Schenkungen mit dem Wunsch vorgenommen, der geschenkte Gegenstand **„möge in der Familie bleiben"**. Das OLG Stuttgart[57] hat zu Recht festgehalten, dass unsere geltende Privatrechtsordnung bewusst kein Rechtsinstitut mehr zur Verfügung gestellt hat, durch Rechtsgeschäft unter Lebenden Vermögensteile über den Tod des Beschenkten hinaus rechtlich festzulegen. Wo dies gewollt ist, bleibt nur der Weg über eine Verfügung von Todes wegen mit der Anordnung einer Vor- und Nacherbschaft i.S.d. §§ 2100-2146 BGB.

25 **Steuertipp**: Aus steuerlichen Gründen werden Schenkungen häufig bereits frühzeitig schon zu Lebzeiten vorgenommen. Die spätere Erbschaftsteuerbelastung kann gemindert oder ggf. ganz ausgeschlossen werden, wenn der Vollzug der Schenkung länger als **10 Jahre vor dem Todeszeitpunkt** des Schenkers liegt. Dabei ist zu beachten, dass die Schenkung unter Auflage nach § 10 Abs. 5 Nr. 2, Abs. 9 ErbStG nur insoweit der Schenkungsteuer unterliegt, als sie dem Beschenkten eine echte Bereicherung verschafft; der Wert der zu erbringenden Auflage wird demgemäß für die Höhe der für die Schenkungsteuer zu ermittelnden Bereicherung grundsätzlich abgezogen, sofern die Auflage nicht dem Erwerber zugutekommt.[58] Nach dem Wegfall des § 25 ErbStG gilt dies nunmehr auch für Nut-

---

[56] Vgl. BGH v. 19.01.2007 - V ZR 163/06 - FamRZ 2007, 632-635; OLG Koblenz v. 15.11.2006 - 1 U 573/06 - OLGR Koblenz 2007, 142-144; BGH v. 21.09.2001 - V ZR 14/01 - BGHReport 2002, 214-216; BGH v. 21.11.2002 - V ZB 40/02 - NJW 2003, 1126-1127; BGH v. 23.01.2003 - V ZB 48/02.

[57] OLG Stuttgart, HEZ 3, 1; vgl. hierzu *Wimmer-Leonhardt* in: Staudinger, § 525 Rn. 14.

[58] *Meincke*, ErbStG, 15. Aufl. 2009, § 10 Rn. 60.

zungsauflagen (z.B. Nießbrauchsrechte) zugunsten des Schenker-Ehegatten (vgl. die Kommentierung zu § 516 BGB Rn. 16).

D. Rechtsfolgen

Aus § 525 Abs. 1 BGB ergibt sich der Anspruch auf Vollziehung der Auflage, wobei dieser Anspruch nach § 525 Abs. 2 BGB nach dem Tode des Schenkers auch von der zuständigen Behörde geltend gemacht werden kann, wenn die Vollziehung der Auflage im öffentlichen Interesse liegt.

Anspruchsberechtigt ist nach dem Wortlaut der Vorschrift in erster Linie der **Schenker**. Daneben kann auch ein **Dritter** die Vollziehung der Auflage verlangen, wenn er durch diese begünstigt werden soll.[59] Nach der Auslegungsregel von § 330 Satz 2 BGB ist das im Zweifel immer dann anzunehmen, wenn dem Beschenkten bei einer unentgeltlichen Zuwendung eine Leistung an einen Dritten auferlegt wird. Ist keine abweichende Vereinbarung getroffen, sind beide Berechtigten in einem solchen Fall als Gesamtgläubiger i.S.v. § 428 BGB anzusehen.

Verlangen auf Vollziehung der Auflage ist die Geltendmachung des Anspruchs, die aufgrund der Auflage geschuldete Leistung zu erbringen. Der Vollziehungsanspruch erlischt, wenn die geschuldete Leistung an den Berechtigten i.S. der allgemeinen Vorschriften der §§ 362-371 BGB bewirkt worden ist, ggf. auch durch Hinterlegung (§§ 372-386 BGB).[60] Der Berechtigte kann den Anspruch jedoch erst dann durchsetzen, wenn „er **seinerseits geleistet** hat", d.h. nach Erfüllung des Schenkungsversprechens.[61] Der Anspruch auf Vollziehung ist erst dann durchsetzbar, wenn der Schenker selbst seine Leistung erbracht hat. Er ist **vorleistungspflichtig**, sofern zwischen den Vertragsparteien nichts anderes vereinbart worden ist, z.B. eine Leistung Zug um Zug.[62]

Im Übrigen unterliegt der Anspruch auf Vollziehung der Auflage den allgemeinen Vorschriften. Der **Anspruch** ist – soweit er nicht höchstpersönlicher Art ist[63] – deshalb z.B. grundsätzlich auch **abtretbar, vererblich und durch einstweilige Verfügung gemäß den §§ 935 ff. ZPO sicherbar.**[64] Fraglich ist, ob die Vertragsparteien über den Anspruch auf Vollziehung der Auflage auch dann noch frei verfügen können, wenn ein Dritter durch die Auflage unmittelbar berechtigt worden ist. Während *Cremer* der Auffassung ist, dass dem Schenker zu seinen Lebzeiten der Anspruch „zur freien Verfügung" steht[65], hängt für *Mezger* die Beantwortung dieser Frage von den Umständen des Einzelfalles ab[66]. Es gibt bei der Schenkung unter Auflage mit Begünstigung eines Dritten keinen Grund, von den allgemeinen dogmatischen Grundlagen eines Vertrages zugunsten Dritter abzuweichen. Wenn durch die Auflage ein Dritter unmittelbar berechtigt werden soll (vgl. § 328 Abs. 1 BGB), so kann die Auflage ohne seine Zustimmung auch nicht mehr nachteilig aufgehoben oder abgeändert werden. Ansonsten hängt dies – wie *Mezger* zu Recht ausführt – von den **Umständen des Einzelfalles** ab (§ 328 Abs. 2 BGB). Bei der inhaltlichen Vertragsgestaltung sollte diese Frage ausdrücklich geregelt werden.

Die Vollziehung der Auflage kann nach dem **Tode des Schenkers** auch von der zuständigen Behörde durchgesetzt werden, wenn dies **im öffentlichen Interesse** liegt (§ 525 Abs. 2 BGB) Mit dem Tod des Schenkers erweitert sich der auf den Erben übergegangene Anspruch zugunsten der berechtigten Körperschaft. Sie wird unmittelbar anspruchsberechtigt. Daher können die Erben z.B. dem Schuldner nicht

---

[59] *Koch* in: MünchKomm-BGB, § 525 Rn. 3; *Wimmer-Leonhardt* in: Staudinger, § 525 Rn. 39; *Weidenkaff* in: Palandt, § 525 Rn. 2, 13.

[60] *Weidenkaff* in: Palandt, § 525 Rn. 12; *Herrmann* in: Erman, § 525 Rn. 4; *Wimmer-Leonhardt* in: Staudinger, § 525 Rn. 35.

[61] *Wimmer-Leonhardt* in: Staudinger, § 525 Rn. 34; *Mezger* in: BGB-RGRK, § 525 Rn. 8; anders *Koch* in: MünchKomm-BGB, § 525 Rn. 13 „aufschiebende Bedingung".

[62] *Herrmann* in: Erman, § 525 Rn. 4; *Weidenkaff* in: Palandt, § 525 Rn. 12; BGH v. 02.10.1981 - V ZR 134/80 - juris Rn. 16 - LM Nr. 1 zu § 526 BGB.

[63] Z.B. Gewährung eines Wohnrechtes als beschränkt persönliche Dienstbarkeit i.S.d. §§ 1090, 1093 BGB.

[64] Statt vieler *Koch* in: MünchKomm-BGB, § 525 Rn. 13.

[65] *Cremer* in: Staudinger, 13. Bearb. 1995, § 525 Rn. 27.

[66] *Mezger* in: BGB-RGRK, § 525 Rn. 9.

ohne Zustimmung der Behörde die Erfüllung der Auflage erlassen (§ 397 BGB)[67] oder andere diesbezügliche Vereinbarungen treffen, die sich zum Nachteil der Behörde auswirken können (z.B. Stundung). Aus dem Wortlaut der Vorschrift wird deutlich, dass neben der Behörde „auch" die Erben weiterhin die Erfüllung verlangen können. Im Zweifel können auch hier beide Berechtigten die Leistung als Gesamtgläubiger fordern.[68] Öffentliches Interesse bedeutet, dass es aus Gründen der Förderung des Gemeinwohls und im Interesse der Allgemeinheit geboten ist, die Auflage zu erfüllen. Darunter sind nicht nur staatliche, sondern auch gemeindliche, soziale, karitative, kirchliche oder kulturelle Interessen zu verstehen (Beispiel: Schenkung eines Grundstücks mit der Auflage, dieses den Gemeindebewohnern am ersten Wochenende im September zur Durchführung der Kirmesveranstaltung zur Verfügung zu stellen). Es reicht aus, wenn die Auflage wenigstens **mittelbar** das Interesse der Allgemeinheit fördert, auch wenn – wie z.B. bei Wohltätigkeitsschenkungen – dadurch zunächst Dritte unmittelbar begünstigt werden.[69] Anspruchsberechtigt ist diejenige Behörde, die nach dem öffentlich-rechtlichen Organisationsrecht das durch die Auflage geschützte Interesse wahrzunehmen hat. Sie wird durch Bundes- oder Landesrecht bestimmt.[70]

E. Prozessuale Hinweise/Verfahrenshinweise

31 Da es sich bei der Auflage um eine eigenständige vertragliche Verpflichtung handelt, ist diese auch selbständig **einklagbar**. Richtige Klageart ist die **Leistungsklage** auf Erfüllung der Auflage. Sie ist vor dem zuständigen Zivilgericht geltend zu machen. Das gilt auch dann, wenn die zuständige Behörde die Vollziehung nach § 525 Abs. 2 BGB verlangt.[71] Voraussetzung für die Durchsetzbarkeit ist – wie oben bereits erwähnt – der **Vollzug der Schenkung**. Die **Beweislast** hierfür trägt entsprechend den allgemeinen prozessualen Beweislastregeln der Auflagenvollziehungsberechtigte, d.h. in der Regel der Schenker.[72] Der Schenker kann die Erfüllung seiner Schenkung auch nicht mit dem Argument verweigern, der Beschenkte habe die Auflage noch nicht erfüllt; er hat diesbezüglich kein Zurückbehaltungsrecht.[73] Bei Vorliegen der Voraussetzungen der §§ 916-945 ZPO, kann der Anspruch auf Vollziehung bereits im Wege des **Arrestes** bzw. der **einstweiligen Verfügung** gesichert werden.[74]

F. Anwendungsfelder

32 **Abdingbarkeit**: Die Vorschrift kann durch Vereinbarung der Vertragsparteien – ausdrücklich oder konkludent – insgesamt oder teilweise **abbedungen** werden. Insbesondere der Schenker wird häufig ein Interesse daran haben, seine Vorleistungspflicht abzubedingen und eine Leistung Zug um Zug zu vereinbaren. Es ist auch nicht ausgeschlossen, eine Vorleistungspflicht des Beschenkten festzulegen.[75]

---

[67] *Weidenkaff* in: Palandt, § 525 Rn. 14; *Koch* in: MünchKomm-BGB, § 525 Rn. 15.
[68] *Wimmer-Leonhardt* in: Staudinger, § 525 Rn. 45; *Herrmann* in: Erman, § 525 Rn. 5; vgl. zur Dogmatik dieser Gesamtgläubigerschaft *Kohler*, Zwölf Studien zum Bürgerlichen Gesetzbuch.
[69] *Wimmer-Leonhardt* in: Staudinger, § 525 Rn. 42.
[70] *Wimmer-Leonhardt* in: Staudinger, § 525 Rn. 43; Niedersachsen: § 3 AGBGB; Baden-Württemberg: § 4 AGBGB; Bayern: § 69 AGBGB.
[71] *Wimmer-Leonhardt* in: Staudinger, § 525 Rn. 46; *Mansel* in: Jauernig, §§ 525-527, Rn. 5.
[72] *Koch* in: MünchKomm-BGB, § 525 Rn. 13; *Wimmer-Leonhardt* in: Staudinger, § 525 Rn. 35; *Weidenkaff* in: Palandt, § 525 Rn. 12.
[73] *Wimmer-Leonhardt* in: Staudinger, § 525 Rn. 35; *Mezger* in: BGB-RGRK, § 525 Rn. 8.
[74] *Herrmann* in: Erman, § 525 Rn. 4; *Mezger* in: BGB-RGRK, § 525 Rn. 8; *Wimmer-Leonhardt* in: Staudinger, § 525 Rn. 35.
[75] Vgl. dazu: *Mezger* in: BGB-RGRK, § 525 Rn. 8; *Weidenkaff* in: Palandt, § 525 Rn. 12; *Wimmer-Leonhardt* in: Staudinger, § 525 Rn. 36.

§ 526 BGB Verweigerung der Vollziehung der Auflage

(Fassung vom 02.01.2002, gültig ab 01.01.2002)

¹Soweit infolge eines Mangels im Recht oder eines Mangels der verschenkten Sache der Wert der Zuwendung die Höhe der zur Vollziehung der Auflage erforderlichen Aufwendungen nicht erreicht, ist der Beschenkte berechtigt, die Vollziehung der Auflage zu verweigern, bis der durch den Mangel entstandene Fehlbetrag ausgeglichen wird. ²Vollzieht der Beschenkte die Auflage ohne Kenntnis des Mangels, so kann er von dem Schenker Ersatz der durch die Vollziehung verursachten Aufwendungen insoweit verlangen, als sie infolge des Mangels den Wert der Zuwendung übersteigen.

Gliederung

A. Grundlagen... 1	II. Fehlbetrag zwischen Schenkung und Auflage infolge Mangels................................. 6
I. Kurzcharakteristik................................. 1	**C. Rechtsfolgen**.. 12
II. Regelungsprinzipien............................. 2	I. Verweigerung der Auflagenvollziehung 12
B. Anwendungsvoraussetzungen................. 4	II. Anspruch auf Aufwendungsersatz............... 13
I. Normstruktur....................................... 4	**D. Prozessuale Hinweise/Verfahrenshinweise**.... 14

A. Grundlagen

I. Kurzcharakteristik

§ 526 BGB knüpft an die Bestimmung des § 525 BGB an und behandelt die Rechtsverhältnisse der Vertragsbeteiligten bei der Schenkung unter Auflage im Falle des Vorhandenseins von **Rechts- oder Sachmängeln** der verschenkten Sache. Die Vorschrift gewährt dem Beschenkten in diesen Fällen ein **zeitlich befristetes Leistungsverweigerungsrecht** (vgl. § 526 Satz 1 BGB) bzw. – für den Fall, dass die Auflage bereits vollzogen worden ist – einen eigenständigen **Aufwendungsersatzanspruch** (vgl. § 526 Satz 2 BGB).

1

II. Regelungsprinzipien

Sinn und Zweck der Vorschrift ist es, den Beschenkten mit der Schenkung unter Auflage **nicht schlechter** zu stellen, als er ohne sie wäre. Der Vorschrift liegt deshalb der Gedanke zugrunde, dass die Erfüllung der Auflage den Beschenkten nicht ärmer machen soll, als er ohne die Schenkung wäre.[1] Allgemeine Vertragsgrundlage der Parteien ist es, dass dem Beschenkten nach Erfüllung der Auflage (zumindest subjektiv) eine **Bereicherung verbleibt**. Ansonsten liegt schon begrifflich keine Schenkung unter Auflage vor (vgl. die Kommentierung zu § 525 BGB Rn. 1). Ist das jedoch nicht der Fall, weil die geschenkte Sache mit einem **Mangel** behaftet ist, so ist die **übereinstimmende Geschäftsgrundlage** der Vertragsparteien für den Abschluss und die Durchführung des Rechtsgeschäfts **weggefallen**. Die Vorschrift des § 526 BGB versucht in diesem Fall einen angemessenen **Interessenausgleich** zwischen den Vertragsparteien zu erzielen, indem eine „Anpassung" an die geänderten Verhältnisse erfolgt.

2

Die Vorschrift ist neben der allgemeinen Bestimmung in § 313 BGB eine **besondere gesetzliche Ausprägung der Lehre vom Wegfall der Geschäftsgrundlage**.[2] Ob **daneben** die allgemeinen Bestimmungen des § 313 BGB bei Vorliegen der Tatbestandsvoraussetzungen **anwendbar** sind, ist bislang – soweit bekannt – in der Rechtsprechung noch nicht entschieden worden. Im Anwendungsbereich des § 526 BGB geht diese Vorschrift jedenfalls als **lex specialis** der allgemeinen Vorschrift vor. Anderer-

3

---

[1] *Mezger* in: BGB-RGRK, § 527 Rn. 1; *Weidenkaff* in: Palandt, § 526 Rn. 1; *Koch* in: MünchKomm-BGB, § 526 Rn. 1; BGH v. 02.10.1981 - V ZR 134/80 - juris Rn. 16 - LM Nr. 1 zu § 526 BGB.
[2] *Wimmer-Leonhardt* in: Staudinger, § 526 Rn. 2; *Koch* in: MünchKomm-BGB, § 526 Rn. 1.

seits ist kein Grund ersichtlich, dass in **sonstigen Fällen des fehlenden Wertverhältnisses** eine Anpassung der Schenkung unter Auflage an die veränderten Verhältnisse möglich ist. Bereits vor der Kodifikation des Wegfalls der Geschäftsgrundlage durch das Schuldrechtsmodernisierungsgesetz war anerkannt, dass die Vorschrift des § 526 BGB auf **andere Fälle analog** anzuwenden ist, wenn sich nachträglich – entgegen den Vorstellungen der Vertragsparteien – ergibt, dass der **Wert der Auflagenleistung** den **Wert der Zuwendung deutlich übersteigt**. Das ist z.B. der Fall, wenn ein wesentlicher Irrtum über die Wertverhältnisse vorlag oder sich diese nachträglich ohne Einfluss der Vertragsparteien massiv zu Lasten des Beschenkten verändert haben.[3]

B. Anwendungsvoraussetzungen

I. Normstruktur

4   Bei Vorliegen der Tatbestandsvoraussetzungen gewährt § 526 BGB **zwei** unterschiedliche **Ansprüche**: Für den Fall, dass die **Auflage noch nicht vollzogen** ist, hat der Beschenkte eine aufschiebend bedingte **Einrede auf Verweigerung** der Vollziehung der Auflage, die durch den Ausgleich des durch den Mangel verursachten Fehlbetrages abgewendet werden kann. Ist demgegenüber die **Auflage bereits** (in Unkenntnis des Mangels) **vollzogen** worden, so gewährt § 526 Satz 2 BGB dem Beschenkten einen **Aufwendungsersatzanspruch eigener Art**. Der Anspruch ist der Höhe nach auf den Mehrbetrag beschränkt, den die von ihm erbrachten Aufwendungen über einem mangelfreien Geschenk liegen.

5   Die Vorschrift ist grundsätzlich anwendbar, unabhängig davon, ob der Schenker nach den allgemeinen Vorschriften der §§ 521-524 BGB einer Haftung unterliegt oder nicht. Weder der Wortlaut noch der Sinn und Zweck der Vorschrift beschränken den Anwendungsbereich auf diejenigen Fälle, in denen der Schenker für einen Mangel aus Gewährleistungsrecht nicht haftet.[4] Ansonsten würde der loyale Schenker der Einrede aus § 526 BGB ausgesetzt sein, der arglistig handelnde dagegen nicht.[5]

II. Fehlbetrag zwischen Schenkung und Auflage infolge Mangels

6   § 526 BGB findet zunächst nur Anwendung, wenn die Vertragsbeziehung zwischen den Parteien als eine **Schenkung unter Auflage** i.S.v. § 525 BGB zu qualifizieren ist. Die tatbestandlichen Voraussetzungen hierfür müssen vorliegen (vgl. die Kommentierung zu § 525 BGB Rn. 5).

7   Der Schenkungsgegenstand muss mit Rechts- oder Sachmängeln behaftet sein. Die Anwendbarkeit der Vorschrift ist – wie ausgeführt – grundsätzlich nicht auf die Fälle beschränkt, in denen der Schenker gemäß den §§ 523, 524 BGB nicht haftet.[6] Der Begriff des Sachmangels entsprach vor dem Schuldrechtsmodernisierungsgesetz dem Fehlerbegriff des Kaufrechtes i.S.v. § 459 Abs. 1 BGB a.F. Jetzt gilt § 434 BGB für den Sachmangel (vgl. die Kommentierung zu § 524 BGB Rn. 1) und § 435 BGB für den Rechtsmangel (vgl. die Kommentierung zu § 523 BGB).

8   Nach dem derzeitigen (unveränderten) Wortlaut der Vorschrift wird auch nach dem SMG nicht darauf abgestellt, ob der Schenker aufgrund des Schenkungsvertrages überhaupt die Verpflichtung hatte, dem Beschenkten einen rechts- und sachmängelfreien Schenkungsgegenstand zu verschaffen. Das ist bei dem bereits im Vermögen des Schenkers befindlichen, konkreten Schenkungsgegenstand – im Gegensatz zum noch zu erwerbenden, der Gattung nach bestimmten Schenkungsobjekt – in der Regel nicht

---

[3] Vgl. *Herrmann* in: Erman, § 526 Rn. 4; *Koch* in: MünchKomm-BGB, § 526 Rn. 5; *Mühl/Teichmann* in: Soergel, § 526 Rn. 3; so auch BGH v. 14.07.1953 - V ZR 72/52 - LM Nr. 18 zu § 242 (Bb) BGB; BGH v. 03.12.1971 - V ZR 134/69 - juris Rn. 17 - LM Nr. 3 zu § 531 BGB; BGH v. 17.01.1990 - XII ZR 1/89 - juris Rn. 19 - LM Nr. 129 zu § 242 (Bb) BGB; a.A. dagegen, d.h. für ausschließliche Anwendung von § 527 BGB, OLG Düsseldorf v. 12.07.1965 - 18 U 125/64 - NJW 1966, 550.

[4] BGH v. 02.10.1981 - V ZR 134/80 - juris Rn. 16 - LM Nr. 1 zu § 526 BGB; so auch *Wimmer-Leonhardt* in: Staudinger, § 526 Rn. 3; *Mühl/Teichmann* in: Soergel, § 526 Rn. 4; *Koch* in: MünchKomm-BGB, § 526 Rn. 3.

[5] *Koch* in: MünchKomm-BGB, § 526 Rn. 3; *Wimmer-Leonhardt* in: Staudinger, § 526 Rn. 3; *Mühl/Teichmann* in: Soergel, § 526 Rn. 4; BGH v. 02.10.1981 - V ZR 134/80 - juris Rn. 16 - LM Nr. 1 zu § 526 BGB.

[6] BGH v. 02.10.1981 - V ZR 134/80 - LM Nr. 1 zu § 526 BGB.

der Fall (vgl. die Kommentierung zu § 523 BGB). Hier schuldet der Schenker nur die **Verschaffung des konkreten** (ggf. auch mangelbehafteten) **Schenkungsgegenstandes**. Wenn der Schenker seine Leistung jedoch in diesen Fällen vertragsgemäß erbracht und seine Verpflichtung ordnungsgemäß erfüllt hat, ist es nicht sachgerecht, dem Beschenkten das Recht zu gewähren, die Vollziehung der Auflage zu verweigern bzw. ihm nach Erfüllung einen Aufwendungsersatzanspruch zu gewähren. Die Vorschrift des § 526 BGB ist deshalb unter **teleologischen Gesichtspunkten einzuschränken**. Ein Rechts- und Sachmangel liegt dann nicht vor, wenn der Schenker seine Leistung vertragsgemäß erbracht hat, auch wenn der Schenkungsgegenstand „objektiv" mit einem Rechts- oder Sachmangel behaftet ist. Auch in diesem Zusammenhang ist deshalb die konkrete Beschaffenheitsvereinbarung der Vertragsparteien entscheidend.[7]

Durch den Mangel muss ein Fehlbetrag zwischen dem Wert des zugewendeten Gegenstandes und der Höhe der für die Vollziehung der Auflage erforderlichen Aufwendungen entstanden sein. Fehlbetrag ist dabei die Differenz zwischen dem Wert der Schenkungszuwendung und der Höhe der zur Erfüllung der Auflage erforderlichen Aufwendungen. Fehlbetrag ist demnach nicht der Gesamtbetrag, der durch den Mangel verursachten Wertminderung des geschenkten Gegenstandes.[8] Das Vorliegen eines Fehlbetrages kann problematisch sein, wenn die Höhe der zur Vollziehung der Auflage erforderlichen Aufwendungen **objektiv nicht feststeht**, weil die Auflage z.B. eine höchstpersönliche Leistung des Beschenkten erfordert (Teilnahme an einer Benefizveranstaltung; Erbringung von persönlichen Warte- und Pflegeleistungen). In diesem Fall muss die Auflagenleistung im Zweifel dadurch wertmäßig „**objektiviert**" werden, dass der Preis der Leistung durch Vergleich mit einem durchschnittlichen Dritten ermittelt wird. 9

Der Fehlbetrag i.S.v. § 526 BGB muss weiterhin durch den Mangel **verursacht** worden sein. Es muss somit eine **Kausalität** zwischen Mangel und Fehlbetrag vorliegen.[9] Maßgebender **Zeitpunkt** für das Vorliegen eines Mangels ist i.d.R. der Zeitpunkt des Vollzuges der Schenkung,[10] nicht der Abschluss der Schenkungsvereinbarung.[11] 10

Weitere Voraussetzung ist die **Unkenntnis des Beschenkten** vom Vorliegen eines Mangels, wobei der Begriff der Kenntnis jetzt demjenigen in § 442 BGB entspricht.[12] Sinn und Zweck von § 526 BGB ist es, den Beschenkten davor zu schützen, durch die Erfüllung der Auflage vermögensmäßig weniger zu haben als ohne den Abschluss des Schenkungsvertrages, weil er davon ausgeht, ein mangelfreies Geschenk zu erhalten. Kennt er den Mangel, begibt er sich freiwillig dieses Schutzes. Ihm stehen deshalb die Rechte aus § 526 BGB nicht zu. Aus § 526 Satz 2 BGB darf insoweit kein Umkehrschluss gezogen werden.[13] 11

C. Rechtsfolgen

I. Verweigerung der Auflagenvollziehung

Der Beschenkte hat zunächst nach § 526 Satz 1 BGB das Recht, die **Vollziehung der Auflage**, d.h. die Erbringung der von ihm geschuldeten Leistung, so lange zu **verweigern**, bis der durch den Mangel des geschenkten Gegenstandes entstandene Fehlbetrag ausgeglichen ist. Es handelt sich um eine **aufschiebend bedingte Einrede**, die gegenüber jedem Vollziehungsberechtigten, also auch gegenüber ei- 12

---

[7] Str. a.A. *Koch* in: MünchKomm-BGB, § 526 Rn. 2; *Wimmer-Leonhardt* in: Staudinger, § 526 Rn. 3.
[8] *Wimmer-Leonhardt* in: Staudinger, § 526 Rn. 4; *Mezger* in: BGB-RGRK, § 526 Rn. 1.
[9] Vgl. dazu *Herrmann*, WM 1982, 1158-1160; *Herrmann* in: Erman, § 526 Rn. 2.
[10] *Wimmer-Leonhardt* in: Staudinger, § 526 Rn. 3.
[11] So jetzt auch *Herrmann* in: Erman, § 526 Rn. 2; anders noch *Herrmann* in Erman, 12. Aufl. 2008, § 526 Rn. 2.
[12] *Koch* in: MünchKomm-BGB, § 526 Rn. 2; *Wimmer-Leonhardt* in: Staudinger, § 525 Rn. 8; *Herrmann* in: Erman, § 526 Rn. 2; *Mezger* in: BGB-RGRK, § 526 Rn. 3; a.A. *Mühl/Teichmann* in: Soergel, § 526 Rn. 5.
[13] So auch *Wimmer-Leonhardt* in: Staudinger, § 525 Rn. 8; *Mezger* in: BGB-RGRK, § 526 Rn. 3.

nem Dritten, zu dessen Gunsten die Auflage vereinbart wurde, Wirkung entfaltet.[14] Dieses Leistungsverweigerungsrecht ist jedoch **zeitlich befristet**. Es erlischt in dem Zeitpunkt, in dem der Fehlbetrag ausgeglichen worden ist.

II. Anspruch auf Aufwendungsersatz

13 Das Leistungsverweigerungsrecht besteht nicht mehr, wenn der **Beschenkte** (in Unkenntnis des Mangels) die **Auflage bereits vollzogen** hat. Nach § 526 Satz 2 BGB gewährt das Gesetz dem Beschenkten in diesem Fall einen eigenständigen **Aufwendungsersatzanspruch**. Der Beschenkte kann Ersatz der Aufwendungen für die erbrachte Auflage insoweit verlangen, als diese aufgrund des Mangels den Wert des geschenkten Gegenstands übersteigen. Z.B.: Wert mangelfreier Gegenstand: 5.000 €; Wert Aufwendungen: 4.000 €; Wert mangelhafter Gegenstand: 2.500 €; Aufwendungsersatzanspruch: 1.500 €. Der Anspruch ist kein Anspruch auf Bereicherung, sondern ein **Aufwendungsersatzanspruch**, auf den die allgemeinen gesetzlichen Bestimmungen Anwendung finden. Es gelten z.B. die Verzinsungspflicht (§ 256 BGB) und der Anspruch auf Befreiung oder Sicherheitsleistung § 257 BGB.[15]

D. Prozessuale Hinweise/Verfahrenshinweise

14 Die Vorschrift gibt dem Beschenkten in § 526 Satz 1 BGB ein **Leistungsverweigerungsrecht**. Dabei handelt es sich um eine **Einrede** im materiellen und im prozessualen Sinne. Sie findet im Prozess nur Berücksichtigung, wenn sie **geltend gemacht** wird. Sie wird nicht von Amts wegen beachtet.

15 Der Beschenkte hat grundsätzlich das Vorliegen der für ihn anspruchsbegründenden Tatbestandsvoraussetzungen zu beweisen. Er trägt demgemäß die **Beweislast** für den im Zeitpunkt des Schenkungsvollzuges vorliegenden Rechts- oder Sachmangel des Geschenks und den sich daraus ergebenden Fehlbetrag.[16]

16 Die Geltendmachung der Einrede ist ausgeschlossen, wenn der Beschenkte den geschenkten Gegenstand in Kenntnis des Mangels angenommen hat. (vgl. Rn. 11). Das Vorliegen dieses anspruchsausschließenden, zugunsten des Schenkers bestehenden Tatbestandsmerkmals (Kenntnis des Mangels) trägt deshalb im Fall von § 526 Satz 1 BGB der Schenker.[17] Diese Beweislastverteilung gilt jedoch nicht, wenn der Beschenkte den Aufwendungsersatzanspruch nach § 526 Satz 2 BGB geltend macht. Dann muss er entsprechend den allgemeinen Beweislastregeln nachweisen, dass er die Auflage ohne Kenntnis des Mangels vollzogen hat. In diesem Fall muss der Beschenkte seine Unkenntnis vom Vorliegen des Mangels beweisen.[18]

---

[14] *Koch* in: MünchKomm-BGB, § 526 Rn. 3; *Wimmer-Leonhardt* in: Staudinger, § 526 Rn. 6; *Herrmann* in: Erman, § 526 Rn. 3; *Weidenkaff* in: Palandt, § 526 Rn. 3; *Mezger* in: BGB-RGRK, § 526 Rn. 3.

[15] *Mezger* in: BGB-RGRK, § 526 Rn. 3; *Wimmer-Leonhardt* in: Staudinger, § 526 Rn. 11; *Weidenkaff* in: Palandt, § 526 Rn. 4.

[16] *Herrmann* in: Erman, § 526 Rn. 5; *Mühl/Teichmann* in: Soergel, § 526 Rn. 7.

[17] So auch *Mezger* in: BGB-RGRK, § 526 Rn. 3; *Koch* in: MünchKomm-BGB, § 526 Rn. 2; *Wimmer-Leonhardt* in: Staudinger, § 525 Rn. 14; *Mühl/Teichmann* in: Soergel, § 526 Rn. 7; a.A *Weidenkaff* in: Palandt, § 526 Rn. 2 (Beweislast trägt der Beschenkte).

[18] Str., vgl. dazu *Herrmann* in: Erman, § 526 Rn. 5; *Wimmer-Leonhardt* in: Staudinger, § 526 Rn. 14; *Koch* in: MünchKomm-BGB, § 526 Rn. 4; a.A. *Mezger* in: BGB-RGRK, § 526 Rn. 3.

§ 527 BGB Nichtvollziehung der Auflage

(Fassung vom 02.01.2002, gültig ab 01.01.2002)

(1) Unterbleibt die Vollziehung der Auflage, so kann der Schenker die Herausgabe des Geschenkes unter den für das Rücktrittsrecht bei gegenseitigen Verträgen bestimmten Voraussetzungen nach den Vorschriften über die Herausgabe einer ungerechtfertigten Bereicherung insoweit fordern, als das Geschenk zur Vollziehung der Auflage hätte verwendet werden müssen.

(2) Der Anspruch ist ausgeschlossen, wenn ein Dritter berechtigt ist, die Vollziehung der Auflage zu verlangen.

Gliederung

A. Grundlagen	1	D. Rechtsfolgen	11
I. Kurzcharakteristik	1	E. Prozessuale Hinweise/Verfahrenshinweise	14
II. Regelungsprinzipien	2	F. Arbeitshilfen	15
B. Praktische Bedeutung	3	I. Was man nicht vergessen darf	15
C. Anwendungsvoraussetzungen	4	II. Schema zur Beratung	16
I. Nichterfüllung der Auflagenvollziehung	4	III. Musterklauseln	17
II. Abdingbarkeit	10		

A. Grundlagen

I. Kurzcharakteristik

Charakteristisches Merkmal der **Schenkung unter Auflage** ist das Interesse des Schenkers, die Erfüllung der Auflage verlangen und ggf. auch gerichtlich durchsetzen zu können (vgl. die Kommentierung zu § 525 BGB Rn. 4). Neben dem sich aus § 525 BGB ergebenden **primären Erfüllungsanspruch** stehen dem Schenker, ggf. auch dem durch die Auflage berechtigten Dritten, bei Nichterfüllung bzw. nicht ordnungsgemäßer Erfüllung der Auflage zunächst die **Sekundäransprüche** auf Ersatz des durch die Nichterfüllung entstandenen Schadens aus den §§ 280, 283 BGB zu. Gegebenenfalls kann auch der Ersatz des Verzögerungsschadens aus § 286 BGB geltend gemacht werden. In diesem Zusammenhang wird zu Recht darauf hingewiesen, dass es häufig am Nachweis eines eingetretenen Schadens fehlen dürfte und deshalb diese Ansprüche „ins Leere" gehen.[1] Durch die Vorschrift des § 527 BGB erlangt der Schenker unter bestimmten Voraussetzungen ein zusätzliches **eigenständiges gesetzliches Rückforderungsrecht**.

II. Regelungsprinzipien

Sinn und Zweck der Vorschrift ist es, den Beschenkten zur Vollziehung der Auflage anzuhalten, um dem sich bei Nichterfüllung ergebenden Anspruch auf Rückforderung zu entgehen.[2] Daneben soll dem Schenker ein **zusätzliches Recht** gewährt werden, wenn seine sonstigen Ansprüche bei (verschuldeter) unterbliebener Erfüllung der Auflage mangels Vorliegen der tatbestandlichen Voraussetzungen der Sekundäransprüche nicht bestehen oder keinen praktischen Wert haben.[3] Der Anspruch auf Rückübertragung nach § 527 BGB besteht deshalb auch dann, wenn bereits eine rechtskräftige Verurteilung auf Vollziehung der Auflage vorliegt und diese auch nach gestellter Nachfrist nicht erfüllt wird.[4]

---

[1] *Weidenkaff* in: Palandt, § 527 Rn. 2; *Koch* in: MünchKomm-BGB, § 527 Rn. 1.
[2] Vgl. hierzu *Wimmer-Leonhardt* in: Staudinger, § 527 Rn. 2 m.w.N; *Herrmann* in: Erman, § 527 Rn. 1.
[3] Vgl. *Mühl/Teichmann* in: Soergel, § 527 Rn. 1; *Weidenkaff* in: Palandt, § 527 Rn. 1.
[4] So RG v. 08.03.1937 - IV 333/36 - JW 1937, 1547; *Mühl/Teichmann* in: Soergel, § 527 Rn. 3; *Koch* in: MünchKomm-BGB, § 527 Rn. 1.

B. Praktische Bedeutung

3 Die Vorschrift ist für den Normadressaten von **erheblicher Bedeutung**. Bei Nichterfüllung der Auflage bieten die Sekundäransprüche oft keinen genügenden Schutz der Auflagenvollziehungsberechtigten (vgl. Rn. 1). In einem solchen Fall bietet die Norm grundsätzlich die **einzige Möglichkeit**, für den Schenker, zu einer **Rückforderung** des Schenkungsgegenstandes zu gelangen. Allerdings sind die Möglichkeiten des Schenkers nach dem Schuldrechtsmodernisierungsgesetz (SMG) bei **fehlendem Verschulden** des Beschenkten erheblich eingeschränkt worden (str.).

C. Anwendungsvoraussetzungen

I. Nichterfüllung der Auflagenvollziehung

4 Voraussetzung für die Anwendbarkeit der Vorschrift ist, dass bei einer Schenkung unter Auflage die „**Vollziehung der Auflage unterblieben ist**". Die Vereinbarung zwischen den Vertragsparteien muss demnach zunächst als **Schenkung unter Auflage** zu qualifizieren sein (genauer unter der Kommentierung zu § 525 BGB) und die Vollziehung der Auflage muss nicht erfüllt worden sein. Das bedeutet, dass der Beschenkte die von ihm geschuldete Leistung (Auflage) nicht oder nicht ordnungsgemäß erbracht hat.[5]

5 **Vor dem SMG** war die Vorschrift nur anwendbar, wenn entweder eine vom Beschenkten zu vertretende Unmöglichkeit der Erfüllung der Auflage vorlag (§ 325 BGB a.F.) oder der Beschenkte mit der Vollziehung der Auflage in Verzug war und die zusätzlichen Voraussetzungen des § 326 BGB a.F. gegeben waren.[6] Hatte der Beschenkte dagegen die Unmöglichkeit der Nichterfüllung der Auflage **nicht zu vertreten**, entfiel auch eine Rückforderung nach § 527 BGB und der **Beschenkte** wurde grundsätzlich nach § 275 BGB von seiner **Leistung frei**.[7] Der Beschenkte konnte das Geschenk behalten, ohne weiterhin mit der Auflage belastet zu sein.[8] **Nach dem SMG** gelten diese Grundsätze weiterhin (str. siehe sogleich) und sind zu Lasten des Schenkers noch erweitert worden. Nach § 275 Abs. 1 BGB ist der Anspruch des Schenkers auf Erfüllung der Auflage nunmehr **ausgeschlossen**, soweit diese für den Beschenkten oder für jedermann **unmöglich** ist. Für den Beschenkten tritt eine Leistungsfreiheit bei objektiver und subjektiver Unmöglichkeit ein, unabhängig davon, ob diese bereits beim Abschluss des Schenkungsvertrages vorlag oder erst danach eingetreten ist. **Beispiel**: Übertragung eines Hausanwesens gegen Gewährung eines Nießbrauchsrechtes, wenn das Haus später abbrennt. Aufgrund der Sekundäransprüche aus den §§ 280-285 BGB hat der Schenker nur dann Ansprüche gegen den Beschenkten, wenn dieser die **Unmöglichkeit zu vertreten**, also mindestens fahrlässig gehandelt hat.[9] Im Übrigen wird der Beschenkte – wie bisher – von seiner **Leistungspflicht frei**. Es besteht auch weiterhin kein Anspruch aus § 527 BGB (str.).

6 Eine weitere zentrale Bedeutung gewinnen in diesem Zusammenhang die neuen **Leistungsverweigerungsrechte** des Beschenkten aus § 275 Abs. 2 und Abs. 3 BGB. Danach kann der Beschenkte die Erfüllung einer Auflage verweigern, soweit diese einen Aufwand erfordert, der unter Beachtung des Inhalts der Schenkung und der Gebote von Treu und Glauben in einem **groben Missverhältnis** zu dem Leistungsinteresse des Schenkers steht (§ 275 Abs. 2 BGB). Weiterhin kann die Erfüllung der Auflage gemäß § 275 Abs. 3 BGB verweigert werden, wenn der Beschenkte die Leistung **persönlich**

---

[5] Vgl. hierzu die Kommentierung zu § 525 BGB Rn. 5; vgl. auch *Wimmer-Leonhardt* in: Staudinger, § 527 Rn. 1.

[6] Vgl. *Wimmer-Leonhardt* in: Staudinger, § 527 Rn. 4; *Mezger* in: BGB-RGRK, § 527 Rn. 2; *Koch* in: MünchKomm-BGB, § 527 Rn. 2.

[7] BGH v. 14.02.1952 - IV ZR 63/51 - LM Nr. 1 zu § 527 BGB; *Mezger* in: BGB-RGRK, § 527 Rn. 2; *Wimmer-Leonhardt* in: Staudinger, § 526 Rn. 4; *Koch* in: MünchKomm-BGB, § 527 Rn. 2.

[8] So BGH, LM BGB § 527 Nr. 1; *Wimmer-Leonhardt* in: Staudinger, § 527 Rn. 4; *Mezger* in: BGB-RGRK, § 527 Rn. 2.

[9] A.A. *Wimmer-Leonhardt* in: Staudinger, § 527 Rn. 4, die ein ergebnisloses Ablaufen der Nachholfrist ohne Verschulden genügen lässt; *Koch* in: MünchKomm-BGB, § 527 Rn. 2; *Weidenkaff* in: Palandt, § 527 Rn. 4; wie hier: *Gehrlein* in Bamberger/Roth/Gehrlein, Komm-BGB, 2. Aufl. 2007, § 527 Rn. 1.

zu erbringen hat und sie ihm unter Abwägung des seiner Leistung entsprechenden Hindernisses (...) nicht mehr zugemutet werden kann. Im Bereich der Schenkung unter Auflage sind hier beispielsweise die Übertragungen in vorweggenommener Erbfolge mit Warte- und Pflegeverpflichtung der Kinder zu nennen, bei denen die Verpflichteten – z.B. um einer drohenden Arbeitslosigkeit zu entgehen – von ihrem bisherigen Wohnort wegziehen müssen. In diesen Fällen **scheidet** (bei fehlendem Verschulden der Beschenkten) eine **Rückforderung** des Geschenks gemäß § 527 BGB aus.[10]

Auch wenn der Beschenkte in den vorgenannten Fällen von seiner **Verpflichtung** zur Leistung (Erfüllung der Auflage) **frei** wird, besteht auch nach der Neufassung der §§ 320 ff., 326 i.V.m. § 323 BGB durch das SMG weiterhin **kein Rücktrittsrecht** des Schenkers **aus** § 527 BGB.[11] Die von der h.M. mittlerweile vertretene Gegenauffassung, die aufgrund der Neufassung des § 323 BGB davon ausgeht, der Schenker könne – auch ohne Verschulden des Beschenkten – bei Nichterfüllung einer Auflage von der Schenkung zurücktreten, weil das Rücktrittsrecht nach dem eindeutigen Wortlaut des § 527 BGB nur an die für das Rücktrittsrecht bei gegenseitigen Verträgen bestimmten (geänderten) Voraussetzungen geknüpft sei[12], ist abzulehnen. Die Voraussetzungen des Rücktritts in § 527 BGB sind auf die alte Fassung des § 325 BGB, die ein Verschulden des Auflageverpflichteten voraussetzte, abgestimmt.

7

Wie bereits mehrfach ausgeführt, ist das Haftungs- und Gewährleistungsrecht der Schenkung in der Schuldrechtsreform nicht bzw. nur sehr unzulänglich in das neue Gesamtsystem der Haftung bei Pflichtverletzungen eingefügt worden (vgl. auch die Kommentierung zu § 516 BGB Rn. 5, die Kommentierung zu § 523 BGB Rn. 4 und die Kommentierung zu § 524 BGB Rn. 2). Es ist kein Hinweis ersichtlich, dass der Gesetzgeber mit der Neufassung des § 323 BGB auch die Rechtsfolgen der (**unverschuldeten**) **Nichterfüllung einer Auflage** bei der Schenkung grundlegend ändern wollte. Es handelt sich vielmehr um eine (**nicht bedachte**) **Lücke** des Gesetzes. Verschulden des Auflageverpflichteten bei Nichterfüllung seiner Verpflichtung ist daher weiterhin als (**ungeschriebenes**) **Tatbestandsmerkmal** für das Bestehen des gesetzlichen Rückforderungsrechtes aus § 527 BGB erforderlich. Das ist im Interesse der Vertragsparteien auch **sachgerecht**. Der Schenker kann billigerweise nicht erwarten, dass der Beschenkte quasi eine „Garantiehaftung" für seine Leistungserfüllung übernimmt, zumal die Auflage – im Gegensatz zum primären Anwendungsbereich des § 323 BGB n.F. – nicht in einem synallagmatischen Gegenseitigkeitsverhältnis zu seiner eigenen (freigiebigen) Leistung steht.[13] Der Beschenkte seinerseits kann auf den Rechtsbestand der Schenkung so lange vertrauen, wie er alles in seiner Macht stehende tut, um die übernommene Auflagenpflicht ordnungsgemäß zu erfüllen. Ein Rücktritt aus § 527 BGB ist deshalb weiterhin ausgeschlossen, wenn das beschenkte Kind aufgrund eigener Krankheit oder Tod seine übernommene Warte- und Pflegeverpflichtung (unverschuldet) nicht mehr erfüllen kann. Aus diesem Grund ist bei der Formulierung der jeweiligen Vertragsmuster bei Schenkungen unter Auflage Vorsicht geboten; es besteht ein erhöhter Beratungsbedarf (vgl. Muster: Vereinbarung einer Warte- und Pflegeverpflichtung, Muster 5 zu § 516 BGB).

8

Liegen die vorgenannten Tatbestandsvoraussetzungen vor, dann stellt § 527 BGB eine **Sondervorschrift** dar. Weitere gesetzliche Bestimmungen über eine Rückforderung sind grundsätzlich ausgeschlossen.[14] Insbesondere kann der Schenker bei Nichtvollziehung der Auflage nicht unmittelbar nach den allgemeinen schuldrechtlichen Regeln der §§ 323-326 BGB vom Schenkungsvertrag **zurücktreten**, weil die Verpflichtung des Schenkers nicht von der Leistungsverpflichtung des Auflagen-

9

---

[10] Str., so auch *Amann/Brambring/Hertel*, Die Schuldrechtsreform in der Vertragspraxis, 2002, S.318.
[11] So auch *Amann/Brambring/Hertel*, Vertragspraxis nach neuem Schuldrecht, 2. Aufl. 2003, S. 539 ff.
[12] Vgl. *Weidenkaff* in: Palandt, § 527 Rn. 4; *Wimmer-Leonhardt* in: Staudinger, § 527 Rn. 4; *Oechsler*, Schuldrecht BT Vertragsrecht, 2003, Rn. 529; *Koch* in: MünchKomm-BGB, § 527 Rn. 1; *Medicus/Petersen*, Bürgerliches Recht, 23. Aufl. 2011, Rn. 375.
[13] So auch *Amann/Brambring/Hertel*, Vertragspraxis nach neuem Schuldrecht, 2. Aufl. 2003, S. 539 ff, 541.
[14] BGH, LM BGB § 527 Nr. 1; *Mezger* in: BGB-RGRK, § 527 Rn. 1; *Wimmer-Leonhardt* in: Staudinger, § 527 Rn. 17; *Herrmann* in: Erman, § 527 Rn. 4; *Koch* in: MünchKomm-BGB, § 527 Rn. 4; *Weidenkaff* in: Palandt, § 527 Rn. 2; *Kühne*, FamRZ 1969, 371-380.

verpflichteten **abhängt**.[15] Bei der Schenkung unter Auflage besteht **kein Gegenseitigkeits- oder Bedingtheitsverhältnis**, so dass die Vorschriften der §§ 320-326 BGB nicht anwendbar sind.[16] Außerhalb des Regelungsbereiches von § 527 BGB und den §§ 323-326 BGB können im Einzelfall jedoch weiterhin Rückforderungsansprüche aus § 313 BGB (Wegfall der Geschäftsgrundlage) oder aus Bereicherungsrecht (§ 812 Abs. 1 Satz 2 BGB) in Betracht kommen.[17]

II. Abdingbarkeit

10 Die Vorschrift kann von den Vertragsparteien **abbedungen** werden.[18] Dazu besteht nach dem SMG insbesondere auch im Hinblick auf die Vorschriften der § 275 Abs. 2, 3 BGB bei der Vertragsgestaltung ein **erhebliches Bedürfnis**. Insbesondere in den Fällen, in denen der Schenker ein **persönliches Interesse** daran hat, dass die Auflage zu seinen Gunsten in jedem Fall erfüllt wird (z.B. Pflegeverpflichtung) ist es regelmäßig nicht sachgerecht, ihm jegliche Rückforderungs- und Schadensersatzansprüche zu versagen, wenn die Auflage nicht erbracht wird. Das gilt auch dann, wenn dem Beschenkten kein persönlicher Vorwurf an der Nichterfüllung der Auflage zu machen ist (vgl. Muster: Vereinbarung einer Warte- und Pflegeverpflichtung, Muster 5 zu § 516 BGB).

D. Rechtsfolgen

11 Bei Vorliegen der Tatbestandsvoraussetzungen hat der Schenker einen eingeschränkten **Rückforderungsanspruch**: Zunächst kann er nach § 527 Abs. 1 BGB die Herausgabe des Geschenkes (nur) insoweit verlangen, als das Geschenk **zur Vollziehung der Auflage** hätte verwendet werden müssen. Es ist i.d.R. nicht das geleistete Geschenk insgesamt zurück zu gewähren, sondern nur der Teil, der für die Erfüllung der Auflage notwendig gewesen wäre. Das setzt voraus, dass der Schenkungsgegenstand **real aufteilbar** ist in einen Teil, der zur Erfüllung der Auflage zu verwenden ist und in einen Teil, der dem Beschenkten verbleibt. Ist der geschenkte Gegenstand in seiner „individuellen Substanz"[19] insgesamt zur Erfüllung der Auflage zu verwenden gewesen, erfasst die Rückforderung naturgemäß das **gesamte Geschenk**.[20] Bei immateriellen Auflagenverpflichtungen ist i.d.R. nichts herauszugeben.[21] Der Gegenstand der Herausgabe hängt demgemäß entscheidend von den individuellen Verhältnissen des Einzelfalles ab.[22]

12 Der Anspruch steht grundsätzlich nur dem **Schenker** oder seinem **Rechtsnachfolger** zu. Er ist gemäß § 527 Abs. 2 BGB ausgeschlossen, wenn ein Dritter berechtigt ist, die Vollziehung der Auflage zu verlangen. Das kann ggf. auch eine **Behörde** sein.[23] Es handelt sich hierbei um eine Klarstellung für die Fälle, in denen der Dritte gemäß § 330 Satz 2 BGB die Vollziehung der Auflage verlangen kann. Der Schenker soll in diesem Fall grundsätzlich nicht mehr die Möglichkeit haben, das Geschenk zurückzufordern und dadurch das Recht des Dritten auszuschließen.[24]

---

[15] Vgl. *Brox/Walker*, Besonderes Schuldrecht, 36. Aufl. 2012, § 9 Rn. 25.
[16] *Mezger* in: BGB-RGRK, § 527 Rn. 2; *Mühl/Teichmann* in: Soergel, § 527 Rn. 1.
[17] So auch BGH v. 23.02.1968 - V ZR 166/64 - LM Nr. 11 zu § 133 (A) BGB; BGH v. 03.12.1971 - V ZR 134/69 - juris Rn. 17 - LM Nr. 3 zu § 531 BGB; BGH v. 17.01.1990 - XII ZR 1/89 - juris Rn. 19 - LM Nr. 129 zu § 242 (Bb) BGB; OLG Stuttgart v. 04.09.1987 - 2 U 272/86 - NJW-RR 1988, 134-135; *Wimmer-Leonhardt* in: Staudinger, § 527 Rn. 17; *Herrmann* in: Erman, § 527 Rn. 4; *Koch* in: MünchKomm-BGB, § 527 Rn. 4; a.A.: für ausschließliche Geltung von § 527 BGB: OLG Düsseldorf, NJW 1966, 1659 mit Abl. von *Dürr*.
[18] *Koch* in: MünchKomm-BGB, § 527 Rn. 3; *Weidenkaff* in: Palandt, § 527 Rn. 1.
[19] So *Wimmer-Leonhardt* in: Staudinger, § 527 Rn. 10.
[20] Vgl. dazu *Koch* in: MünchKomm-BGB, § 527 Rn. 3; *Wimmer-Leonhardt* in: Staudinger, § 527 Rn. 10; *Herrmann* in: Erman, § 527 Rn. 3.
[21] *Koch* in: MünchKomm-BGB, § 527 Rn. 3; *Weidenkaff* in: Palandt, § 527 Rn. 5; *Mühl/Teichmann* in: Soergel, § 527 Rn. 4.
[22] So auch *Wimmer-Leonhardt* in: Staudinger, § 527 Rn. 10.
[23] *Koch* in: MünchKomm-BGB, § 527 Rn. 2; *Mühl/Teichmann* in: Soergel, § 527 Rn. 5; *Wimmer-Leonhardt* in: Staudinger, § 527 Rn. 7; *Weidenkaff* in: Palandt, § 527 Rn. 4; *Herrmann* in: Erman, § 527 Rn. 2.
[24] *Mühl/Teichmann* in: Soergel, § 527 Rn. 5; *Wimmer-Leonhardt* in: Staudinger, § 527 Rn. 6.

Die Herausgabe kann weiterhin (nur) „nach den Vorschriften über die Herausgabe einer **ungerechtfertigten Bereicherung**" verlangt werden. Es handelt sich hierbei um eine **Rechtsfolgenverweisung** auf die Bestimmungen der §§ 812-822 BGB[25]. Im Vergleich zu den gesetzlichen oder vertraglichen Rückforderungsansprüchen kann es zu einer Schlechterstellung des Schenkers führen, weil die Rückforderung z.B. nach § 818 Abs. 3 BGB ausgeschlossen ist, wenn der Beschenkte nicht mehr bereichert ist (vgl. die Kommentierung zu § 818 BGB). Ist die Herausgabe wegen Beschaffenheit des Geschenkes nicht möglich oder ist der Beschenkte aus einem anderen Grunde nicht zur Herausgabe imstande, so hat er gemäß § 818 Abs. 2 BGB den Wert zu ersetzen.

E. Prozessuale Hinweise/Verfahrenshinweise

Die **Darlegungs- und Beweislast** folgt den **allgemeinen Grundsätzen**. Der Schenker hat darzulegen und zu beweisen, dass der Beschenkte die Vollziehung der Auflage unterlassen hat. Derjenige, der eine vertragliche Abänderung der Vorschrift zu seinen Gunsten vorträgt, muss das Bestehen dieser Vereinbarung beweisen.[26]

F. Arbeitshilfen

I. Was man nicht vergessen darf

Jegliche Rückforderung ist regelmäßig **ausgeschlossen**, wenn der Auflagenverpflichtete die Nichterfüllung der Auflage **nicht zu vertreten** hat und keine andere Vereinbarung der Vertragsparteien besteht (str.).

II. Schema zur Beratung

Bei der Beratung ist besonderer Wert darauf zu legen, welche Konsequenzen sich ergeben sollen, wenn die Fälle des § 275 Abs. 2, 3 BGB zu Lasten des Schenkers eintreten, z.B. Umzug des Verpflichteten bei einer Pflegeverpflichtung, Nichtbewohnbarkeit der dem Wohnrecht unterliegenden Wohnräume etc. (vgl. Muster: Vorbehaltenes Wohnungsrecht des Veräußerers, Muster 4 zu § 516 BGB). Den Beteiligten ist die derzeitige (unklare) Gesetzeslage eingehend zu erläutern.

III. Musterklauseln

Musterformulierung zum Weiterbestehen des Herausgabeanspruchs in den Fällen der nicht zu vertretenden Nichterfüllung der Auflage: Der Herausgabeanspruch des Schenkers aus § 527 BGB bleibt auch in den Fällen der § 275 Abs. 2, 3 BGB erhalten (vgl. Muster: Vereinbarung einer Warte und Pflegeverpflichtung, Muster 5 zu § 516 BGB).

---

[25] *Wimmer-Leonhardt* in: Staudinger, § 527 Rn. 12; *Mühl/Teichmann* in: Soergel, § 527 Rn. 4; *Herrmann* in: Erman, § 527 Rn. 3; *Koch* in: MünchKomm-BGB, § 527 Rn. 3; *Amann/Brambring/Hertel*, Die Schuldrechtsreform in der Vertragspraxis, 2002, S. 214.
[26] *Koch* in: MünchKomm-BGB, § 527 Rn. 3.

§ 528 BGB Rückforderung wegen Verarmung des Schenkers

(Fassung vom 02.01.2002, gültig ab 01.01.2002)

(1) ¹Soweit der Schenker nach der Vollziehung der Schenkung außerstande ist, seinen angemessenen Unterhalt zu bestreiten und die ihm seinen Verwandten, seinem Ehegatten, seinem Lebenspartner oder seinem früheren Ehegatten oder Lebenspartner gegenüber gesetzlich obliegende Unterhaltspflicht zu erfüllen, kann er von dem Beschenkten die Herausgabe des Geschenkes nach den Vorschriften über die Herausgabe einer ungerechtfertigten Bereicherung fordern. ²Der Beschenkte kann die Herausgabe durch Zahlung des für den Unterhalt erforderlichen Betrags abwenden. ³Auf die Verpflichtung des Beschenkten findet die Vorschrift des § 760 sowie die für die Unterhaltspflicht der Verwandten geltende Vorschrift des § 1613 und im Falle des Todes des Schenkers auch die Vorschrift des § 1615 entsprechende Anwendung.

(2) Unter mehreren Beschenkten haftet der früher Beschenkte nur insoweit, als der später Beschenkte nicht verpflichtet ist.

Gliederung

A. Grundlagen 1	D. Rechtsfolgen 20
I. Kurzcharakteristik 1	I. Anspruch auf Herausgabe des Geschenkes 20
II. Gesetzgebungsmaterialien 3	II. Einzelfragen 26
III. Regelungsprinzipien 4	III. Die Haftung mehrerer Beschenkter 39
IV. Altfälle (DDR-Recht) 9	IV. Rückforderung, Sozialhilfe und andere staatliche Leistungen 42
B. Praktische Bedeutung 10	
C. Anwendungsvoraussetzungen 13	V. Abwendungsbefugnis des Beschenkten 53
I. Normstruktur 13	VI. Verjährung 57
II. Vollziehung der Schenkung 14	E. Prozessuale Hinweise/Verfahrenshinweise ... 61
III. Notbedarf des Schenkers 15	

A. Grundlagen

I. Kurzcharakteristik

1 Die Vorschrift des § 528 BGB statuiert bei Vorliegen bestimmter Voraussetzungen ein eigenständiges **gesetzliches Rückforderungsrecht** des Schenkers. Wenn er nach Vollziehung der Schenkung selbst nicht mehr in der Lage ist, seinen **angemessenen Unterhalt** zu bestreiten oder die ihm kraft Gesetzes obliegende **Unterhaltsverpflichtung** gegenüber den in der Vorschrift genannten Personen zu **erfüllen**, kann er von dem Beschenkten die Herausgabe des Geschenkes nach den Vorschriften der §§ 812-822 BGB verlangen.

2 Das Rückforderungsrecht unterliegt dabei gewissen **Einschränkungen**. Diese ergeben sich teilweise aus der Norm selbst, wonach der Beschenkte z.B. die Herausgabe gegen Zahlung des für den Unterhalt erforderlichen Betrages abwenden kann (§ 528 Abs. 1 Satz 2 BGB) und teilweise aus weiteren gesetzlichen Bestimmungen (vgl. die §§ 529, 534 BGB).

II. Gesetzgebungsmaterialien

3 Die Vorschrift ist erst durch die **Reichstagskommission** in das Gesetz eingefügt worden.[1] Wortlaut und Systematik der Rückforderungsrechte nach den §§ 528, 529 BGB werden teilweise als „ungenau"

---

[1] Vgl. dazu näher *Wimmer-Leonhardt* in: Staudinger, § 528 Rn. 1.

bzw. „undurchdacht" kritisiert.[2] § 528 Abs. 1 Satz 1 BGB ist durch Art. 2 Nr. 2 des Gesetzes über Lebenspartnerschaften vom 16.02.2001[3] dahingehend geändert worden, dass neben dem Ehegatten auch der **Lebenspartner** eingefügt worden ist.

III. Regelungsprinzipien

Sinn und Zweck der Vorschrift ist es, den **Unterhalt** des Schenkers und der ihm nahe stehenden Personen auch nach Vollzug der Schenkung zu **erhalten**, wenn er selbst in Not gerät. Auch dann soll er noch in der Lage sein, seinen Unterhalt selbst zu bestreiten und seinen gesetzlichen Unterhaltsverpflichtungen nachzukommen.[4] Dadurch soll mittelbar zugleich eine **Inanspruchnahme der Allgemeinheit** für den Notbedarf des Schenkers **verhindert** werden. Es handelt sich um einen **zweckgebundenen Anspruch** (vgl. Rn. 34).[5] 4

Während der Schenker vor Erfüllung des Schenkungsversprechens nach § 519 BGB berechtigt ist, die Erfüllung des Versprechens zu verweigern, wenn sein angemessener Unterhalt oder die Erfüllung der ihm kraft Gesetzes obliegenden Unterhaltspflichten gefährdet wird, ist die **Schenkung** hier bereits **vollzogen**. Auch in diesem Fall ist es nach der Intention des Gesetzgebers unbillig, wenn der Beschenkte das Geschenk ohne Einschränkung behalten dürfte. Das sich aus dieser Vorschrift ergebende Rückforderungsrecht ist jedoch an **strengere Voraussetzungen** geknüpft als das Leistungsverweigerungsrecht aus § 519 BGB (vgl. die Kommentierung zu § 519 BGB). Grund dafür ist, dass das **Vertrauen** des Beschenkten in die Rechtsbeständigkeit der bereits vollzogenen Schenkung grundsätzlich ebenfalls **schutzwürdig** ist und bei der normativen Interessenabwägung Berücksichtigung finden muss.[6] 5

Der Gesetzgeber wollte durch die Statuierung der Vorschrift in erster Linie den in **Not geratenen Schenker** bzw. (mittelbar) dessen nächste Verwandten **schützen**, um deren Unterhalt sicherzustellen. Das noch nicht ausgeprägte **Sozialstaatssystem** bei Erlass des Bürgerlichen Gesetzbuches konnte diese Aufgaben nicht bzw. nur sehr begrenzt wahrnehmen. 6

Das Rückforderungsrecht aus § 528 BGB ist immanenter Bestandteil der Schenkung, es entsteht nicht erst mit dem Widerruf, sondern wird nur durch den Widerruf ausgelöst. Mit der Verarmung eines Schenkers verwirklicht sich nur ein Risiko, das der Schenkung von Anfang inne wohnte.[7] 7

Die **Verhältnisse** haben sich diesbezüglich jedoch grundlegend **geändert**. Heute stehen dem verarmten Schenker unter den Voraussetzungen der § 8 Nr. 1 SGB XII, § 8 Nr. 7 SGB XII rechtlich durchsetzbare Ansprüche auf staatliche Unterstützung, insbesondere auf **Sozialhilfe**, zu.[8] Aus diesem Grund hat sich der **Sinn und Zweck** der Vorschrift aufgrund der Veränderungen im Sozialstaatssystem gewandelt. Der Allgemeinheit wird nunmehr – durch Überleitung des Rückforderungsanspruchs gemäß § 93 Abs. 1 Satz 1 SGB XII (früher § 90 Abs. 1 Satz 1 BSHG) bzw. § 33 SGB II eine Möglichkeit verschafft, verauslagte Kosten beim Beschenkten wieder erstattet zu bekommen. Die Vorschrift ist da- 8

---

[2] Vgl. *Wimmer-Leonhardt* in: Staudinger, § 528 Rn. 1; insbesondere der Verweis in § 528 Abs. 1 Satz 3 BGB auf § 1613 BGB wird als undurchdacht kritisiert, vgl. hierzu *Mühl/Teichmann* in: Soergel, § 528 Rn. 10 f.; so noch *Kollhosser* in: MünchKomm-BGB, 4. Aufl. 2004, § 528 Rn. 24; jetzt zurückhaltender *Koch* in: MünchKomm-BGB, § 528 Rn. 25.

[3] BGBl I 2001, 266.

[4] Vgl. BGH v. 25.04.2001 - X ZR 229/99 - juris Rn. 11 - BGHZ 147, 288-296; *Weidenkaff* in: Palandt, § 528 Rn. 1; *Mühl/Teichmann* in: Soergel, § 528 Rn. 3; BGH v. 13.02.1991 - IV ZR 108/90 - juris Rn. 21 - LM Nr. 5 zu § 528 BGB; BGH v. 09.11.1994 - IV ZR 66/94 - juris Rn. 15 - BGHZ 127, 354-360.

[5] Vgl. dazu ausführlich *Kollhosser*, ZEV 1995, 391-396; vgl. auch BGH v. 25.04.2001 - X ZR 205/99 - juris Rn. 11 - EzFamR aktuell 2001, 147-149.

[6] So auch *Koch* in: MünchKomm-BGB, § 528 Rn. 1.

[7] BGH v. 28.10.2003 - X ZR 118/02 - MDR 2004, 561.

[8] *Koch* in: MünchKomm-BGB, § 528 Rn. 28 f.; vgl. zur früheren Rechtslage nach dem BSHG *Sefrin* in: jurisPK-BGB, 3. Aufl., § 528 Rn. 8, 36 f.

durch mittelbar zu einer Art „**sozialhilferechtlichem Erstattungsanspruch**" geworden.[9] Mit anderen Worten ist das geschenkte Vermögen – unabhängig vom Willen des Schenkers – dem Träger der Sozialhilfe gegenüber materiell-rechtlich mit der Verpflichtung belastet, erbrachte Sozialleistungen zu erstatten.[10] Die veränderten sozialstaatlichen Rahmenbedingungen legen im Zweifel eine **anspruchsgünstige Auslegung** der Vorschrift nahe. Es erscheint im Zweifel sachgerechter, den Beschenkten das Geschenk (teilweise) zurückgewähren zu lassen, als der Allgemeinheit die Folgen der freiwilligen Vermögensminderung des Schenkers aufzubürden.[11]

IV. Altfälle (DDR-Recht)

9   Auf Schenkungsverträge, die vor dem 03.10.1990 in der damaligen DDR geschlossen und vollzogen wurden, ist § 528 BGB nicht anwendbar. Zwar gelten nach der Rechtsprechung des BGH die aus § 242 BGB abgeleiteten Rechtsinstitute auch für Altverträge, dies darf jedoch nicht dazu führen, dass entgegen Art. 232 § 1 EGBGB eine im Altrecht abweichende Risikoverteilung vorgenommen wird.[12]

B. Praktische Bedeutung

10 Die Vorschrift ist von **erheblicher praktischer Relevanz**.[13] Aufgrund der Überleitbarkeit des Rückforderungsrechtes des verarmten Schenkers auf den Sozialhilfeträger gem. § 93 SGB XII[14] bzw. § 33 SGB II hat die Bedeutung in den letzten Jahren **stark zugenommen**.[15] Die Einschätzung, das im Jahre 1994 verabschiedete Gesetz zur sozialen Absicherung des Risikos der Pflegebedürftigkeit (sog. Pflegeversicherungsgesetz; PflegeVG)[16] werde die Situation entspannen,[17] hat sich nicht als zutreffend erwiesen. Nach wie vor decken die staatlichen Pflegeversicherungsleistungen die rapide gestiegenen **Kosten für Heimunterbringung**, Krankheit und Pflege im Alter keineswegs vollständig ab. Angesichts der steigenden Kostenentwicklung in diesem Bereich einerseits und leerer Kassen im öffentlichen Gesundheits- und Pflegekassensystem andererseits wird sich die Situation in den nächsten Jahren wohl **kaum entspannen**. Es ist eher noch eine Verschärfung zu erwarten.

11 Dazu kommt eine in der Praxis zunehmende Tendenz des „**Sozialmissbrauchs**". Denn die Erfahrung in der Praxis der Vertragsgestaltung zeigt, dass zunehmend der Versuch unternommen wird, die Möglichkeit des Sozialhilferegresses durch umgehende Vertragsgestaltung, insbesondere durch Vereinbarung von **Scheingegenleistungen**, zu erschweren bzw. ganz auszuschließen.[18] Aus diesem Grund hat die höchstrichterliche Rechtsprechung in den letzten Jahren auch die **Möglichkeiten** der Rückforderung nach § 528 Abs. 1 Satz 1 BGB über den **Sozialhilferegress** deutlich **ausgeweitet**.[19] Diese Tendenz ist durch die Neuerungen im Rahmen des SGB XII und SGB II, bei der die bisherige Arbeitslosenhilfe und die Sozialhilfe für erwerbsfähige Hilfebedürftige zusammengeführt und stärker an die

---

[9] Vgl. dazu *Franzen*, FamRZ 1997, 528-536, 533; vgl. auch *Kollhosser*, ZEV 1995, 391-396, 393; vgl. auch BFH v. 07.03.2006 - VII R 12/05 - BB 2006, 1434.

[10] BFH v. 07.03.2006 - VII R 12/05 - juris Rn. 42 - BB 2006, 1434.

[11] So auch *Koch* in: MünchKomm-BGB, § 528 Rn. 2; *Mühl/Teichmann* in: Soergel, § 528 Rn. 1; *Knütel*, NJW 1989, 2504-2509, 2504; *Knütel*, JR 1989, 378-379, 379; LG Karlsruhe v. 05.08.1993 - 5 S 115/93 - NJW 1994, 137-138; a.A. *Koch*, JR 1993, 313-317, 313.

[12] BGH v. 28.10.2003 - X ZR 118/02 - juris Rn. 13 - WM 2004, 337-339; OLG Dresden v. 05.04.2002 - 21 U 2285/01 - NJ 2002, 435-436.

[13] Vgl. *Mühl/Teichmann* in: Soergel, § 528 Rn. 2; *Koch* in: MünchKomm-BGB, § 528 Rn. 2.

[14] Vormals § 90 Abs. 1 Satz 1 BSHG.

[15] So auch *Mühl/Teichmann* in: Soergel, § 528 Rn. 2; *Koch* in: MünchKomm-BGB, § 528 Rn. 10; vgl. auch *Herrmann* in: Erman, § 528 Rn. 8.

[16] Vgl. BGBl I 1994, 1014.

[17] So *Kollhosser* in: MünchKomm-BGB, 4. Aufl. 2004, § 528 Rn. 3, der aber auch die Grenzen der Entlastung erkannt hatte.

[18] Vgl. auch *Koch* in: MünchKomm-BGB, § 528 Rn. 2.

[19] So z.B. BGH v. 25.04.2001 - X ZR 229/99 - BGHZ 147, 288-296; zusammenfassend *Krauß*, MittBayNot 2002, 248-251.

Sozialhilfe angenähert wurden (Hartz IV)[20], nicht abgeschwächt, sondern eher noch verstärkt worden (vgl. auch Rn. 42 ff.).

Auch im Zusammenhang mit der Gewährung von Ausbildungsförderung, insbesondere BAföG, gewinnt die Vorschrift zunehmend an Bedeutung. Um dem auch hier geltenden Grundsatz des Nachrangs der staatlichen Ausbildungsförderung Geltung zu verschaffen (vgl. § 1 BAföG), wird verschenktes Vermögen dem vorhandenen Vermögen des Antragstellers zugerechnet. Das kann in vielen Fällen zur Ablehnung eines Antrages auf Ausbildungsbeihilfe führen (vgl. hierzu auch Rn. 43).

C. Anwendungsvoraussetzungen

I. Normstruktur

§ 528 BGB gewährt dem Schenker bei Vorliegen der Tatbestandsvoraussetzungen einen Anspruch auf Herausgabe des Geschenkes gegen den Beschenkten (§ 528 Abs. 1 Satz 1 BGB). Dieser Anspruch hat jedoch (nur) den **immanenten Zweck**, den **Unterhalt** des Schenkers bzw. seiner ihm nahe stehenden Personen **sicherzustellen**.[21] Deshalb kann der Beschenkte nach § 528 Abs. 1 Satz 2 BGB den Herausgabeanspruch grundsätzlich **abwenden** („ersetzen"), wenn er den für den Unterhalt erforderlichen Geldbetrag zahlt.

II. Vollziehung der Schenkung

Der Herausgabeanspruch des Schenkers aus § 528 Abs. 1 Satz 1 BGB entsteht erst **nach Vollziehung** der Schenkung. Zeitliche Voraussetzung für das Entstehen des Anspruchs ist somit, dass der Schenker das Schenkungsversprechen bereits vollständig erfüllt hat.[22] Hier liegt ein wichtiger **Unterschied zum Leistungsverweigerungsrecht** des Schenkers aus § 519 BGB, das bereits vor Erfüllung des Schenkungsversprechens geltend gemacht werden kann.[23] Für die Anwendbarkeit der Vorschrift spielt es dagegen keine Rolle, ob die Bedürftigkeit des Schenkers vor oder nach der Schenkung eingetreten ist oder ggf. sogar kausal durch die vollzogene Schenkung verursacht worden ist. Entscheidend ist, ob die persönlichen Voraussetzungen in der Person des Schenkers (**Bedürftigkeit**) im Zeitpunkt des Schlusses der letzten mündlichen Verhandlung vorliegen.[24] Die Anwendbarkeit der Vorschrift setzt deshalb nur voraus, dass die Schenkung überhaupt vollzogen ist und dass der Schenker nach Abschluss des Schenkungsvertrages außerstande ist, seinen angemessenen Unterhalt zu bestreiten oder seine Unterhaltspflichten zu erfüllen.[25]

III. Notbedarf des Schenkers

Der Schenker muss außerstande sein, seinen angemessenen Unterhalt[26] zu bestreiten oder die ihm gesetzlich obliegenden Unterhaltsverpflichtungen aus den §§ 1360 ff.; 1569 ff.; 1601 ff., 1615 ff. BGB; §§ 5, 12, 16 LPartG gegenüber Verwandten, Ehegatten oder Partnern zu erfüllen. Entgegen dem Wortlaut der Vorschrift („und") reicht es aus, wenn **eine der beiden Sachverhaltsalternativen** vorliegt. Die Vorschrift ist auch dann anwendbar, wenn der Schenker z.B. keine gesetzlichen Unterhaltsver-

---

[20] Vgl. hierzu *Krauß* in: Brambring/Jerschke, Beck'sches Notar-Handbuch, 5. Aufl. 2009, A V 4, Rn. 237e ff.; *Krauß*, MittBayNot 2004, 330 ff.
[21] Vgl. dazu ausführlich *Kollhosser*, ZEV 1995, 391-396, 392.
[22] *Weidenkaff* in: Palandt, § 528 Rn. 5; *Wimmer-Leonhardt* in: Staudinger, § 528 Rn. 2; *Mezger* in: BGB-RGRK, § 528 Rn. 3; *Herrmann* in: Erman, § 528 Rn. 2; *Koch* in: MünchKomm-BGB, § 528 Rn.3.
[23] Vgl. BGH v. 07.11.2006 - X ZR 184/04 - juris Rn. 19 - BGHZ 169, 320-328; vgl. auch: *Wimmer-Leonhardt* in: Staudinger, § 528 Rn. 2; *Herrmann* in: Erman, § 528 Rn. 1; *Koch* in: MünchKomm-BGB, § 528 Rn. 1, 3.
[24] *Mezger* in: BGB-RGRK, § 528 Rn. 2; *Wimmer-Leonhardt* in: Staudinger, § 528 Rn. 6.
[25] BGH v. 07.11.2006 - X ZR 184/04 - juris Rn. 19 - BGHZ 169, 320-328; vgl. hierzu auch: *Krug*, BGHReport 2007, 93-95; *Geisler*, jurisPR-BGHZivilR 6/2007, Anm. 1; *Wimmer-Leonhardt*, ZEV 2007, 136-137.
[26] Vgl. dazu die Legaldefinition in § 1610 BGB; die frühere Fassung „standesgemäßer Unterhalt" ist durch das FamRÄndG vom 11.08.1961 durch „angemessenen Unterhalt" ersetzt worden. Z.B. gehören auch die Kosten für einen Betreuer dazu; vgl. dazu OLG Zweibrücken v. 13.10.1988 - 3 W 105/88 - OLGZ 1989, 264-268.

§ 528

pflichtungen zu erfüllen hat, er selbst aber nicht in der Lage ist, seinen angemessenen Unterhalt zu bestreiten.[27] Aufgrund dieses **offensichtlichen Redaktionsversehens** des Gesetzgebers würde ansonsten der Sinn und Zweck der Vorschrift, den Schenker wieder in die Lage zu versetzen, seinen Unterhalt oder den Unterhalt der ihm nahe stehenden Personen zu sichern, teilweise ins Leere gehen. Bei der Frage, ob die Mittel des Schenkers noch zur Deckung eines „**angemessenen**" Unterhalts ausreichen, knüpft das Gesetz an die Begriffe des **familienrechtlichen Unterhalts** an (§ 1610 Abs. 1 BGB). Die in diesem Zusammenhang entwickelten Grundsätze gelten auch hier. Eine Orientierung an den einschlägigen Unterhaltstabellen (z.B. Düsseldorfer Tabelle) ist möglich und zulässig.[28] Anknüpfungspunkt für den angemessenen Unterhalt des Schenkers ist grundsätzlich der Unterhalt, der objektiv seiner Lebensstellung **nach Vollzug der Schenkung** angemessen ist.[29]

16 Neben dem eigenen angemessenen Unterhalt nach § 1610 BGB werden nur die in der Vorschrift genannten **gesetzlichen Unterhaltsverpflichtungen** berücksichtigt. Etwaige vertraglich übernommene oder durch letztwillige Verfügungen auferlegte Unterhaltspflichten sind demgemäß unerheblich.[30] Diese Voraussetzungen sind nicht erfüllt, wenn der Schenkungsgegenstand an Dritte herausgegeben werden müsste.[31]

17 Der Schenker ist außerstande, seinen angemessenen Unterhalt zu bestreiten oder seine gesetzlichen Unterhaltsverpflichtungen zu erfüllen, wenn sein **Aktivvermögen** unter Berücksichtigung von Einkünften und Substanz sowie gesicherten Erwerbspositionen und zumutbaren Einkunftsmöglichkeiten **nicht ausreicht**, die Unterhaltskosten zu tragen.[32] Es muss bereits eine **konkrete Beeinträchtigung** eingetreten sein. Eine bloße Gefährdung des Unterhalts reicht nicht aus.[33] Das erfordert im Einzelfall einen konkreten **Vermögensvergleich** zwischen dem Aktivvermögen des Schenkers und den Kosten des angemessenen Unterhalts bzw. der Höhe der gesetzlich geschuldeten Unterhaltsverbindlichkeiten. Im Gegensatz zu § 519 Abs. 1 BGB bleiben dabei „sonstige Verbindlichkeiten" des Schenkers unberücksichtigt. Das Vertrauen des Beschenkten auf den Rechtsbestand der Schenkung ist nach der Vollziehung schutzwürdiger als vor der Erfüllung des Schenkungsversprechens. Die **übrigen Gläubiger** haben deshalb dann **keinen „Befriedigungsvorrang"** mehr.[34] Solange der Schenker eine eigene verwertbare Vermögenssubstanz besitzt, liegt grundsätzlich ein **Notbedarf** des Schenkers nicht vor.[35] Der Beschenkte kann auch nicht geltend machen, dass – wäre das Geschenk beim Schenker verblieben – dieses zu seinem Schonvermögen gehört hätte.[36] Hieraus ergibt sich gerade für die Praxis ein erhöhter Beratungsbedarf.[37]

18 Der BGH verdeutlicht in seiner Entscheidung weiterhin, dass es auf **keinen kausalen Zusammenhang zwischen** der **Schenkung** und dem **Eintritt der Bedürftigkeit** ankommt.[38] Zivilrechtlich ist daher nur der spätere Umstand des Notbedarfs entscheidend, weil kein finaler Zusammenhang zwischen Schenkung und Verarmung vorliegen muss.[39]

---

[27] So auch *Wimmer-Leonhardt* in: Staudinger, § 528 Rn. 8; *Mezger* in: BGB-RGRK, § 528 Rn. 1.
[28] BGH v. 11.07.2000 - X ZR 126/98 - juris Rn. 9 - LM BGB § 529 Nr. 2 (2/2001).
[29] BGH v. 05.11.2002 - X ZR 140/01 - NJW 2003, 1384-1388; *Kollhosser*, ZEV 2003, 206-207; *Medicus*, EWiR 2003, 253-254.
[30] Vgl. *Wimmer-Leonhardt* in: Staudinger, § 528 Rn. 12.
[31] Vgl. dazu OLG Celle v. 19.10.1998 - 4 W 227/98 - juris Rn. 18 - NJW-RR 1999, 197-198.
[32] Vgl. *Herrmann* in: Erman, § 528 Rn. 2; *Wimmer-Leonhardt* in: Staudinger, § 528 Rn. 9; *Koch* in: MünchKomm-BGB, § 528 Rn. 4; *Mezger* in: BGB-RGRK, § 528 Rn. 3.
[33] Vgl. *Wimmer-Leonhardt* in: Staudinger, § 528 Rn. 7; *Mezger* in: BGB-RGRK, § 528 Rn. 2.
[34] So *Koch* in: MünchKomm-BGB, § 528 Rn. 3.
[35] RG v. 02.02.1931 - VI 260/30 - SeuffA 85, Nr. 124; *Koch* in: MünchKomm-BGB, § 528 Rn. 4; *Herrmann* in: Erman, § 528 Rn. 2; *Wimmer-Leonhardt* in: Staudinger, § 528 Rn. 9.
[36] BGH v. 19.10.2004 - X ZR 2/03 - juris Rn. 12 - NJW 2005, 177.
[37] *Krauß*, MittBayNot 2005, 349-357. Der Verfasser beleuchtet das Urteil und zeigt die Problematik, die sich für die Praxis ergibt.
[38] BGH v. 19.10.2004 - X ZR 2/03 - juris Rn. 12 - NJW 2005, 177.
[39] *Krauß*, MittBayNot 2005, 349-357.

Allerdings kann von ihm keine völlig **unwirtschaftliche Verwertung** seines eigenen Vermögens verlangt werden, z.B. die in der Praxis regelmäßig wirtschaftlich sinnlose Veräußerung eines Miteigentumsanteils an einem Grundstück.[40] Eine das Vorliegen von Notbedarf ausschließende Möglichkeit des Schenkers zum eigenen Vermögenserwerb kann sich auch aus einer ergänzenden Auslegung des Schenkungsvertrages ergeben.[41] Bei der vorzunehmenden Vermögensbilanzierung bleiben **eigene Unterhaltsansprüche** des Schenkers unberücksichtigt. Der Schenker braucht sich vom Beschenkten nicht auf seine eigenen Unterhaltsansprüche verweisen zu lassen. Er soll vielmehr durch den Herausgabeanspruch wieder in die Lage versetzt werden, seinen eigenen Unterhalt und die Ansprüche seiner Unterhaltsgläubiger selbst wieder sicher zu stellen.[42] Bezieht der **Schenker Sozialhilfe**, so besteht eine (widerlegbare) Vermutung dafür, dass Notbedarf des Schenkers vorliegt, weil bereits eine Vorprüfung durch den Sozialhilfeträger stattgefunden hat. **Juristische Personen** können naturgemäß nicht in Notbedarf geraten, so dass sie sich i.d.R. nicht auf Rückforderung berufen können.[43]

19

D. Rechtsfolgen

I. Anspruch auf Herausgabe des Geschenkes

Der Schenker ist gemäß § 528 Abs. 1 Satz 1 BGB berechtigt, die **Herausgabe des Geschenkes** nach den Vorschriften der §§ 812-822 BGB zu verlangen.[44] Es handelt sich hierbei um eine **Rechtsfolgenverweisung**.[45] Die Folge ist, dass insbesondere die Vorschriften der §§ 818-822 BGB auf den Anspruch Anwendung finden.[46] Ist die Verpflichtung des Beschenkten zur Herausgabe des Geschenks z.B. nach § 822 BGB ausgeschlossen, weil er die erworbene Sache unentgeltlich einem Dritten zugewandt hat, so haftet der Dritte auf Wertersatz der zugewendeten Sache. Er kann sich jedoch von seiner Wertersatzpflicht befreien, in dem er die Sache herausgibt.[47] In diesem Zusammenhang stellt sich sodann die Frage nach dem Nutzungsersatz. Die Herausgabepflicht gemäß § 818 Abs. 1 BGB beschränkt sich auf solche Nutzungen, die der Bereicherte unmittelbar aus dem ohne Rechtsgrund erlangten Gegenstand oder dem Surrogat gezogen hat. Eine Haftung nach § 822 BGB kann sich nur in diesen Grenzen bewegen.[48]

20

In diesem Zusammenhang wird auch die Auffassung vertreten, dass im Fall einer vertraglichen Verpflichtung zur Rückübereignung ohne Beschränkung auf einen bereicherungsrechtlichen Ausgleich der Erwerber zumindest einer abstrakten Gefahr von Wertersatz oder Schadensersatz ausgesetzt ist.[49]

21

Der Herausgabeanspruch wird durch die Möglichkeit der Einrede bzw. Einwendung des § 529 BGB (vgl. die Kommentierung zu § 529 BGB) begrenzt. Ebenso unterliegen Pflicht- und Anstandsschenkungen (§ 534 BGB) nicht der Rückforderung aus § 528 BGB. Bei schenkweisen Grundstücksüber-

22

---

[40] So RG v. 07.07.1930 - IV 467/29 - HRR 1930, Nr. 1798; vgl. auch *Koch* in: MünchKomm-BGB, § 528 Rn. 4 FN 11; *Wimmer-Leonhardt* in: Staudinger, § 528 Rn. 9.
[41] OLG Koblenz v. 06.01.2004 - 5 W 826/03 - WuM 2004, 103-104.
[42] BGH v. 13.02.1991 - IV ZR 108/90 - juris Rn. 21 - LM Nr. 5 zu § 528 BGB; so *Kollhosser* in: MünchKomm-BGB, 4. Aufl. 2004, § 528 Rn. 5.
[43] RG v. 02.02.1931 - VI 260/30 - SeuffA 85, Nr. 124.
[44] Zur Problematik des § 822 BGB vgl. BGH v. 10.02.2004 - X ZR 117/02 - NJW 2004, 1314-1315.
[45] Vgl. dazu OLG Köln v. 26.06.1985 - 26 U 6/85 - FamRZ 1986, 988-990; *Damrau*, FS für Mühl zum 70. Geburtstag, 1981; *Knütel*, NJW 1989, 2504-2509, 2504; *Herrmann* in: Erman, § 528 Rn. 3; *Koch* in: MünchKomm-BGB, § 526 Rn. 5.
[46] So auch *Koch* in: MünchKomm-BGB, § 528 Rn. 5; *Herrmann* in: Erman, § 528 Rn. 3; *Wimmer-Leonhardt* in: Staudinger, § 528 Rn. 17; *Mühl/Teichmann* in: Soergel, § 528 Rn. 4; *Weidenkaff* in: Palandt, § 528 Rn. 6.
[47] BGH v. 10.02.2004 - X ZR 117/02 - juris Rn. 9 - BGHZ 158, 63-69.
[48] BGH v. 10.02.2004 - X ZR 117/02 - juris Rn. 9 - BGHZ 158, 63-69.
[49] BayObLG München v. 31.03.2004 - 2Z BR 045/04, 2Z BR 45/04- BayObLGZ 2004, 86-90.

§ 528

tragungen ist der sich nach Verarmung ergebende **Rückforderungsanspruch** – ebenso wie bei § 530 BGB – sofort **vormerkungsfähig (str.)**.[50]

23 Die Herausgabepflicht besteht nach Wortlaut und Sinn und Zweck der Vorschrift nur in**soweit**, als der **Notbedarf** des Schenkers reicht. Zwar ist grundsätzlich in erster Linie gemäß § 528 Abs. 1 Satz 1 BGB i.V.m. § 812 Abs. 1 Satz 1 BGB die Herausgabe des geleisteten Geschenkes (**Naturalrückgabe**) geschuldet. Das gilt jedoch nicht, wenn der eingetretene Notbedarf geringer ist als der Wert des Geschenkes. Für diesen Fall können bei **Teilbarkeit** desselben (z.B. geschenktes Geld) nur die zur Unterhaltssicherung notwendigen Teile zurückgefordert werden. Der Rückforderungsanspruch besteht lediglich in dem Umfang, in welchem der Schenkungsgegenstand zur Deckung des angemessenen Unterhalts erforderlich ist. Er geht nicht darüber hinaus.[51] Ist das geleistete Geschenk dagegen **unteilbar**, was regelmäßig bei übertragenem Grundbesitz der Fall ist, so kann der Anspruch nur auf Zahlung von Wertersatz in Geld gemäß § 518 Abs. 1 Satz 1 BGB i.V.m. § 818 Abs. 2 BGB für denjenigen Teil der Schenkung geltend gemacht werden, der wertmäßig zur Deckung des Unterhaltsbedarfes erforderlich ist.[52]

24 Bei **regelmäßig wiederkehrendem Unterhaltsbedarf** des Schenkers, z.B. dem Ersatz von Heim- oder Pflegekosten, richtet sich der Anspruch des Schenkers aus § 528 Abs. 1 Satz 1 BGB deshalb (von vornherein) auf wiederkehrende (Geld-)Leistungen des Beschenkten in einer dem angemessenen Unterhaltsbedarf entsprechenden Höhe. Das gilt solange, bis der Wert des Schenkungsgegenstandes erschöpft ist.[53] Dieser auf wiederkehrende Geldleistungen gerichtete „**Teilwertersatzanspruch**" des Schenkers ist eine besondere Ausprägung des Rückforderungsanspruchs aus § 528 Abs. 1 Satz 1 BGB. Es handelt sich nicht um zwei verschiedene Ansprüche, sondern um einen „einheitlichen" Anspruch auf teilweise Herausgabe des Geschenkes in Form einer Ersatzleistung in Geld.[54] So kann z.B. der verarmte Schenker für den Fall, dass der Anspruch aus einem Schenkungsversprechen durch Vormerkung im Grundbuch gesichert ist, nicht Beseitigung der Vormerkung, sondern nur Zahlung des Notbedarfs Zug um Zug gegen Übereignung des Grundstücks verlangen. Der Beschenkte kann diesen Zahlungsanspruch abwenden, indem er freiwillig die Löschung der Auflassungsvormerkung bewilligt.[55]

25 Auch wenn der **Unterhaltsbedarf** des Schenkers **geringer** ist als der Wert des Geschenkes und der Beschenkte deshalb grundsätzlich nur Teilwertersatz in Geld schuldet, kann dieser jederzeit das **ganze Geschenk** an den Anspruchsinhaber aus § 528 Abs. 1 Satz 1 BGB **herausgeben**. Er befreit sich damit von seiner Zahlungspflicht aus den §§ 528 Abs. 1 Satz 1, 818 Abs. 2 BGB.[56] Wenn sich der Beschenkte durch Zahlung des für den Unterhalt erforderlichen Betrages von der Verpflichtung zur Herausgabe

---

[50] OLG Düsseldorf v. 24.07.2002 - 3 Wx 320/01 - juris Rn. 7 - DNotI-Report 2002, 133; a.A. OLG Düsseldorf v. 04.04.2008 - I-3 Wx 45/08 - juris Rn. 11 ff. - DNotZ 2008, 619; a.A. zu Recht *Volmer*, DNotZ 2008, 622 ff.

[51] Vgl. BGH v. 17.01.1996 - IV ZR 184/94 - juris Rn. 15 - LM BGB § 528 Nr. 12 (6/1996); BGH v. 29.03.1985 - V ZR 107/84 - BGHZ 94, 141-145; BGH v. 11.03.1994 - V ZR 188/92 - BGHZ 125, 283-288; BGH v. 17.12.2009 - Xa ZR 6/09 - juris Rn. 14 - ZEV 2010, 155-156.

[52] BGH v. 29.03.1985 - V ZR 107/84 - juris Rn. 13 - BGHZ 94, 141-145; BGH v. 17.01.1996 - IV ZR 184/94 - LM BGB § 528 Nr. 12 (6/1996); OLG Celle v. 24.11.2006 - 6 W 117/06 - juris Rn. 5 - OLGR Celle 2007, 315-316; *Wimmer-Leonhardt* in: Staudinger, § 528 Rn. 17; vgl. auch BVerwG v. 25.06.1992 - 5 C 37/88 - NJW 1992, 3312-3313; *Mayer*, Der Übergabevertrag, 2. Aufl. 2001.

[53] Vgl. BGH v. 29.03.1985 - V ZR 107/84 - BGHZ 94, 141-145; BGH v. 19.12.2000 - X ZR 128/99 - juris Rn. 9 - LM BGB § 195 Nr. 46 (8/2001); BGH v. 17.09.2002 - X ZR 196/01 - NJW-RR 2003, 53-54; BGH v. 17.12.2009 - Xa ZR 6/09 - juris Rn. 13 - ZEV 2010, 155-156; *Koch* in: MünchKomm-BGB, § 528 Rn. 5; *Herrmann* in: Erman, § 528 Rn. 3.

[54] So BGH v. 19.12.2000 - X ZR 128/99 - LM BGB § 195 Nr. 46 (8/2001); BGH v. 11.03.1994 - V ZR 188/92 - juris Rn. 10 - BGHZ 125, 283-288; *Koch* in: MünchKomm-BGB, § 528 Rn. 5.

[55] So OLG Celle v. 24.11.2006 - 6 W 117/06 - juris Rn. 6 - OLGR Celle 2007, 315-316.

[56] BGH v. 17.12.2009 - Xa ZR 6/09 - juris Rn. 16 - ZEV 2010, 155-156; so auch *Kollhosser* in: MünchKomm-BGB, 4. Aufl. 2004, § 528 Rn. 7, der dies aus § 242 BGB oder aus § 528 Abs. 1 Satz 2 BGB analog herleitet. Vgl. auch *Koch* in: MünchKomm-BGB § 528 Rn. 6, „einschränkende Auslegung". Offen gelassen in BGH v. 11.03.1994 - V ZR 188/92 - BGHZ 125, 283-288.

des (ganzen) Geschenkes nach § 528 Abs. 1 Satz 2 BGB befreien kann, ist kein Grund ersichtlich, weshalb er nicht umgekehrt durch Rückgabe des (gesamten) Geschenkes auch auf seine „Privilegierung", nur Teilwertersatz leisten zu müssen, verzichten kann. Diese Auffassung hat der BGH[57] jetzt ausdrücklich bestätigt. Die Rückgabe des Geschenkes stelle den Zustand wieder her, der ohne die Schenkung bestünde; mehr könne vom Beschenkten nicht verlangt werden.[58] Allerdings befreit nur die Rückgabe an den **„richtigen" Gläubiger** von der Zahlungsverpflichtung. Wenn der Rückforderungsanspruch gemäß § 93 Abs. 1 Satz 1 SGB XII bzw. § 33 SGB II bereits auf den Sozialhilfeträger übergeleitet worden ist, kann sich der Beschenkte nicht durch Rückgabe des Geschenkes an den Schenker, sondern nur durch Rückgabe an den Sozialhilfeträger von seiner Zahlungspflicht befreien.[59] Etwas anderes gilt analog den §§ 407, 362 BGB, wenn der Beschenkte in Unkenntnis der Überleitung an den Schenker zurückgeleistet hat.[60]

II. Einzelfragen

Bei **gemischten Schenkungen** (vgl. die Kommentierung zu § 525 BGB Rn. 15) und **Schenkungen unter Auflage** (vgl. die Kommentierung zu § 525 BGB Rn. 5) sind die Einzelheiten der Rückübertragung **dogmatisch schwer** zu **fassen**. Die allgemeine Problematik wird zusätzlich dadurch überlagert, dass der Beschenkte selbst eine Leistung erbracht hat (Schenkung unter Auflage), die bei dem Rückübertragungsverlangen berücksichtigt werden muss bzw. die Schenkung teilweise auch aus einem entgeltlichen Teil besteht (gemischte Schenkung). In **all** diesen **Fällen** wirkt sich die vereinbarte Gegenleistung bzw. Auflage für den Beschenkten jedenfalls **anspruchsmindernd** aus.[61]   26

Bei der **gemischten Schenkung** muss zunächst die Leistung des Schenkers den Wert etwaig übernommener oder versprochener Gegenleistungen überwiegen.[62] Die Vertragsfreiheit erlaubt den Parteien grundsätzlich, dass sie den Wert der austauschenden Leistungen und dadurch auch die Größe eines entsprechenden Überschusses selbst bestimmen.[63] Auch unter nahen Verwandten gibt es keine grundsätzliche Vermutung für eine Schenkung, aber eine Beweiserleichterung in Form einer tatsächlichen Vermutung, wenn ein über das Maß hinausgehendes Missverhältnis zwischen Leistung und Gegenleistung vorliegt.[64] Indessen gilt diese Vermutung nur zugunsten Dritter, die durch eine gemischte oder verschleierte Schenkung in ihren Interessen beeinträchtigt werden, wie bspw. Pflichtteilsberechtigte, Anfechtungsberechtigte und Träger der Sozialhilfe.[65] Bei **teilbaren Schenkungsobjekten** (z.B. Geldschenkung) erstreckt sich der Rückforderungsanspruch dann nur auf den unentgeltlichen Teil. Bei der Schenkung unter Auflage muss die **Auflage wertmäßig festgestellt** und in Abzug gebracht werden.[66]   27

Aus der Anwendbarkeit der bereicherungsrechtlichen Vorschriften, ergibt sich nach § 818 Abs. 3 BGB, dass der Beschenkte nur im Rahmen seiner Bereicherung haftet. Dies hat indirekt auch Auswirkungen auf den **schenkungsrechtlichen Erwerb von Minderjährigen**. Die herrschende Meinung leitet aus § 818 Abs. 3 BGB zunächst den Grundsatz ab, dass bei der vertraglichen Vereinbarung eines Rückforderungsrechtes für den Minderjährigen kein rechtlicher Nachteil vorliegt, weil ihm keine zusätzlichen Pflichten über die bereicherungsrechtliche Rückabwicklung hinaus auferlegt werden.[67]   28

---

[57] BGH v. 17.12.2009 - Xa ZR 6/09 - juris Rn. 16 - ZEV 2010, 155-156.
[58] BGH v. 17.12.2009 - Xa ZR 6/09 - juris Rn. 16 - ZEV 2010, 155-156.
[59] BGH v. 11.03.1994 - V ZR 188/92 - juris Rn. 8 - BGHZ 125, 283-288.
[60] So auch *Koch* in: MünchKomm-BGB, § 528 Rn. 6.
[61] VGH Mannheim v. 15.04.1999 - 7 S 909/98 - NJW 2000, 376-378.
[62] BGH v. 18.10.2011 - X ZR 45/10 - juris Rn. 19; BGH v. 11.07.2000 - X ZR 78/98 - juris Rn. 13 - NJW-RR 2001, 6-7; BGH v. 23.05.1959 - V ZR 140/58 - juris Rn. 17 - BGHZ 30, 120-123.
[63] BGB v. 21.06.1972 - IV ZR 221/69 - juris Rn. 15 - NJW 1972, 1709-1790.
[64] BGH v. 18.10.2011 - X ZR 45/10 - juris Rn. 19; OLG Hamm v. 05.11.2004 - 9 U 26/04 - juris Rn. 16 - OLGR Hamm 2005, 277-280.
[65] OLG Karlsruhe v. 26.10.2009 - 3 U 22/09 - juris Rn. 14 - ZErb 2010, 55-56.
[66] Zum Problem der Bewertung der Auflage beim Pflichtteilsergänzungsanspruch vgl. *Kerscher/Riedel/Lenz*, Pflichtteilsrecht in der anwaltlichen Praxis, 3. Auflage 2002, § 9 Rn. 30 ff.
[67] BGH v. 25.11.2004 - V ZB 13/04 - DNotZ 2005, 549; vgl. Anmerkung *Wojcik*, DNotZ 2005, 655.

29 Bei **unteilbaren Schenkungsobjekten** (z.B. Grundstücken), bei denen nach h.M.[68] grundsätzlich ein Anspruch auf Rückgewähr des gesamten Geschenkes besteht (Schenkungswert ist kleiner als Unterhaltsbedarf), besteht ein **Gegenanspruch** des Beschenkten auf Ersatz seiner Aufwendungen. Dieser ist **Zug um Zug** mit der Geschenkrückgabe zu erfüllen. Dem Anspruch auf Rückgewähr kann grundsätzlich der Aufwand für **freiwillige** Pflege- oder Betreuungsleistungen gegenüber dem Schenker im Gegensatz zu vertraglich übernommenen nicht in Abzug gebracht werden.[69] Ein vorbehaltenes Wohnrecht mindert demgegenüber z.B. den Wert des zugewendeten Grundstücks und kann in Abzug gebracht werden; gleiches kann für Aufwendungen und Leistungen des Beschenkten in den Grundbesitz zur dauerhaften Verbesserung der Wohnsituation in der Erwartung auf ein späteres Erbe gelten.[70] Wenn der Schenkungswert größer ist als der Notbedarf des Schenkers, kann generell nur Teilwertersatz bis zur Höhe des anteiligen Schenkungswertes der Zuwendung verlangt werden.[71]

30 **Schuldner** des Rückforderungsanspruchs aus § 528 Abs. 1 Satz 1 BGB ist der **Beschenkte**. Hat der Beschenkte das Geschenk in der Zwischenzeit an einen **Dritten entgeltlich** weiterveräußert und die erhaltene Gegenleistung verbraucht, so ist er gemäß § 818 Abs. 3 BGB ganz oder teilweise[72] entreichert. Das gilt nicht, wenn die Voraussetzungen der §§ 818 Abs. 4, 819 BGB vorliegen (vgl. auch die Kommentierung zu § 818 BGB und die Kommentierung zu § 819 BGB). Hat der Beschenkte den geschenkten Gegenstand dagegen **unentgeltlich** an einen Dritten weitergegeben, so ist auch der Dritte zur Herausgabe verpflichtet.[73] Hat er einen Teil des Wertes des Geschenkes erlangt, z.B. durch unentgeltliche Zuwendung eines Wohnungsrechtes an dem geschenkten Grundstück, so ist er ggf. zum Wertersatz verpflichtet.[74] Zwar spricht der Wortlaut des § 528 Abs. 1 Satz 1 BGB („von dem Beschenkten") gegen diese Auffassung, Sinn und Zweck der Vorschrift gebieten jedoch eine über den Wortlaut hinausgehende Auslegung.[75] § 528 BGB gibt dem Erfordernis der **Unterhaltssicherung** grundsätzlich den **Vorrang** vor dem Vertrauen des Beschenkten in die Rechtsbeständigkeit der Schenkung. Dieser Zweck würde verfehlt, wenn der **Dritte**, der die Zuwendung ebenfalls unentgeltlich erlangt hat, die **Herausgabe verweigern** könnte. Er ist in diesem Zusammenhang nicht schutzwürdiger als der ursprünglich Beschenkte selbst.[76] Das gilt grundsätzlich auch dann, wenn der Dritte den Gegenstand nicht durch Schenkung, sondern im Rahmen einer **ehebedingten unbenannten Zuwendung** (vgl. die Kommentierung zu § 516 BGB Rn. 80) von seinem Ehegatten erhalten hat.[77] Bei einer **bewussten Umgehung** der Herausgabeverpflichtung durch Weitergabe an Dritte zu Lasten etwaiger Unterhaltsverpflichteter oder des Sozialhilfeträgers liegen in der Regel auch die Voraussetzungen der

---

[68] Vgl hierzu ausführlich mit weiteren Angaben *Koch* in: MünchKomm-BGB, § 516 Rn. 41-43.

[69] So BGH v. 28.10.1997 - X ZR 157/96 - BGHZ 137, 76-89; anders ist die Rechtslage zu beurteilen, wenn sich der Beschenkte vertraglich z.B. zu Pflegeleistungen verpflichtet und diese erbracht hat.

[70] Vgl. hierzu BGH v. 18.10.2011 - X ZR 45/10 - juris Rn. 22-31.

[71] Vgl. *Koch* in: MünchKomm-BGB, § 528 Rn. 7; *Wimmer-Leonhardt* in: Staudinger, § 528 Rn. 17.

[72] So z.B. bei der zwischenzeitlichen Bestellung eines Wohnungsrechtes zugunsten eines Dritten; vgl. hierzu Brandenburgisches OLG v. 22.12.2010 - 3 U 61/10 - juris Rn. 8.

[73] So zu Recht BGH v. 03.02.1989 - V ZR 190/87 - juris Rn. 18 - BGHZ 106, 354-358; *Koch* in: MünchKomm-BGB, § 528 Rn. 8; *Wimmer-Leonhardt* in: Staudinger, § 528 Rn. 20; *Mezger* in: BGB-RGRK, § 528 Rn. 5; *Herrmann* in: Erman, § 528 Rn. 3; *Mansel* in: Jauernig, §§ 528, 529, Rn. 3; a.A. OLG Düsseldorf v. 24.05.1984 - 18 U 220/83 - FamRZ 1984, 887-891.

[74] Brandenburgisches OLG v. 22.12.2010 - 3 U 61/10 - juris Rn. 10.

[75] So auch *Koch* in: MünchKomm-BGB, § 528 Rn. 8; *Wimmer-Leonhardt* in: Staudinger, § 528 Rn. 20; aufgrund des umstrittenen Wortlautes von § 528 BGB wissen das *Mezger* in: BGB-RGRK, § 528 Rn. 5 und *Mühl/Teichmann* in: Soergel, § 528 Rn. 9.

[76] So zu Recht BGH v. 03.02.1989 - V ZR 190/87 - juris Rn. 18 - BGHZ 106, 354-358; a.A. OLG Düsseldorf v. 24.05.1984 - 18 U 220/83 - FamRZ 1984, 887-891.

[77] BGH v. 11.07.2000 - X ZR 78/98 - juris Rn. 21 - NJW-RR 2001, 6-7; SG Dortmund v. 26.06.2003 - S 27 AL 108/02.

§§ 818 Abs. 4, 819, 822 BGB vor. Ein Schadensersatzanspruch aus § 826 BGB scheidet mangels Vorliegens eines Schadens regelmäßig aus.[78]

Gläubiger des Rückforderungsanspruchs ist gemäß § 528 Abs. 1 Satz 1 BGB zunächst der **Schenker**. Diesem bleibt es grundsätzlich überlassen, ob er den Anspruch aufgrund der eingetretenen Notlage geltend machen will oder nicht. Auch wenn die tatbestandlichen Entstehungsvoraussetzungen des Anspruchs nicht von seinem Willen abhängig sind, ist seine **freie Entscheidung** der Geltendmachung des Anspruchs so lange schützenswert, als sie nicht zu Lasten Dritter geht. Ist demgemäß bis zum Tode des Schenkers niemand für seinen Unterhalt aufgekommen und hat der Schenker den Anspruch selbst ebenfalls nicht geltend gemacht, **erlischt** er mit seinem **Tod**.[79] Hat der in Not geratene Schenker jedoch von **Dritten** in der Zwischenzeit **Unterhaltsleistungen** erhalten und damit zum Ausdruck gebracht, dass er ohne die Rückforderung des Geschenkes nicht in der Lage ist, seinen Unterhalt zu sichern, erlischt der **bereits entstandene Rückforderungsanspruch** auch mit seinem Tode nicht. Der Anspruch ist in diesem Fall vielmehr bereits durch schlüssiges Verhalten (Inanspruchnahme von Unterhaltsleistungen) geltend gemacht worden. Er geht auf die **Erben über** und kann von diesen z.B. an einen privaten Heimträger abgetreten werden, um dessen Zahlungsanspruch aufgrund der erbrachten Pflege zu realisieren.[80] Bei **geleisteter Sozialhilfe** kann auch der Sozialhilfeträger den Anspruch geltend machen. Das gilt unabhängig davon, ob der Anspruch bereits vor dem Tode des Schenkers gemäß § 93 Abs. 1 Satz 1 SGB XII bzw. § 33 SGB II durch privatrechtsgestaltenden Verwaltungsakt förmlich auf ihn übergeleitet worden war[81] oder erst danach (str.).[82] Auch wenn der Beschenkte zugleich Erbe des Schenkers geworden ist, geht der bereits entstandene Anspruch nicht durch **Konfusion** unter. Das wäre mit der Zweckbindung des Anspruchs, die Allgemeinheit nicht mit den entstandenen Unterhaltskosten zu belasten, nicht vereinbar.[83] Ist der **Beschenkte verstorben**, richtet sich der Anspruch nach § 1967 Abs. 1 BGB gegen seine Erben.[84]

Macht der Träger der Sozialhilfe einen Anspruch auf Rückübertragung eines zu Lebzeiten übertragenen Grundstücks gegen die Erben des Leistungsempfängers geltend, so erlischt der Anspruch mit dem Erbfall nicht durch Konfusion. § 93 Abs. 1 Satz 1 SGB XII bzw. § 33 SGB II dienen dem Ziel der Durchsetzung des Grundsatzes des Nachrangs der Sozialhilfe. Das geschenkte Vermögen ist gegenüber dem Träger der Sozialhilfe mit der materiell-rechtlichen Erstattungspflicht des § 528 BGB belastet. Aus dieser Tatsache rechtfertigt sich der Fortbestand der materiell-rechtlichen Erstattungspflicht, auch wenn der Beschenkte Erbe des an sich anspruchsberechtigten Schenkers geworden ist.[85]

Dogmatisch schwierig zu beurteilen ist die Rechtslage, wenn eine Erbengemeinschaft einen Vermögensgegenstand an einen Dritten verschenkt und nach Vollzug der Schenkung ein Miterbe verarmt und in seiner Person die tatbestandlichen Voraussetzungen einer Rückforderung nach § 528 Abs. 1 BGB vorliegen.[86] Im wirtschaftlichen Ergebnis entspricht es dem Schutzzweck der Norm, dass bei

---

[78] A.A. OLG Köln v. 26.06.1985 - 26 U 6/85 - FamRZ 1986, 988-990; LG Bonn v. 05.07.1988 - 7 O 90/88 - NJW-RR 1989, 284-285.

[79] So jetzt ausdrücklich BGH v. 25.04.2001 - X ZR 205/99 - EzFamR aktuell 2001, 147-149; bereits in der Tendenz BGH v. 14.06.1995 - IV ZR 212/94 - juris Rn. 7 - LM BGB § 1922 Nr. 18 (11/1995); so auch *Mühl/Teichmann* in: Soergel, § 528 Rn. 8; *Wimmer-Leonhardt* in: Staudinger, § 528 Rn. 25; *Herrmann* in: Erman, § 528 Rn. 6; *Weidenkaff* in: Palandt, § 528 Rn. 4.

[80] So BGH v. 25.04.2001 - X ZR 205/99 - EzFamR aktuell 2001, 147-149; *Weidenkaff* in: Palandt, § 528 Rn. 4; *Herrmann* in: Erman, § 528 Rn. 6; *Koch* in: MünchKomm-BGB, § 528 Rn. 12.

[81] BGH v. 20.12.1985 - V ZR 66/85 - juris Rn. 17 - BGHZ 96, 380-384; BGH v. 09.11.1994 - IV ZR 66/94 - juris Rn. 17 - BGHZ 127, 354-360.

[82] So jetzt BGH v. 14.06.1995 - IV ZR 212/94 - juris Rn. 11 - LM BGB § 1922 Nr. 18 (11/1995); *Koch* in: MünchKomm-BGB, § 528 Rn. 31; *Herrmann* in: Erman, § 528 Rn. 8.

[83] So BGH v. 25.04.2001 - X ZR 205/99 - juris Rn. 9 - EzFamR aktuell 2001, 147-149.

[84] *Mühl/Teichmann* in: Soergel, § 528 Rn. 9; *Herrmann* in: Erman, § 528 Rn. 3; *Weidenkaff* in: Palandt, § 528 Rn. 4; *Koch* in: MünchKomm-BGB, § 528 Rn. 8; *Wimmer-Leonhardt* in: Staudinger, § 528 Rn. 22.

[85] BFH v. 07.03.2006 - VII R 12/05 - BB 2006, 1434.

[86] Vgl. hierzu OLG Köln v. 28.03.2007 - 2 U 37/06 - juris Rn. 33 ff. - ZEV 2007, 489-492, ohne rechtsdogmatisch überzeugende Begründung. Vgl. hierzu auch die Kritik bei *Werner*, ZEV 2007, 492-493.

Verarmung eines Miterben nur dieser in Gestalt eines Wertersatzanspruchs Rückgabe des Geschenkes insoweit verlangen kann, als er aus seinem Vermögen dem Beschenkten einen Vermögenswert zugewendet hat.[87]

34 **Die Frage der Verfügbarkeit** des Rückforderungsanspruchs, insbesondere seiner Übertragbarkeit und seines Verzichtes, ist umstritten.[88] Es handelt sich bei dem Rückforderungsanspruch aus § 528 Abs. 1 BGB um einen **zweckgebundenen Anspruch** mit dem Zweck der Sicherstellung des Unterhaltsbedarfs des Schenkers und der Verhinderung einer Inanspruchnahme der Allgemeinheit.[89] Nur im Rahmen dieser **Zweckbindung** kann der Schenker über den Anspruch **verfügen**. Er kann ihn deshalb z.B. an Dritte abtreten, die dem Schenker zukünftig Unterhalt gewähren oder in der Vergangenheit gewährt haben.[90] Die Rechtswirksamkeit eines **Erlassvertrages** ist ebenfalls im Rahmen der vorgenannten Zweckbindung des Rückforderungsanspruchs zu beurteilen. Die Auffassung, ein solcher Erlassvertrag sei in jedem Fall gemäß § 138 BGB unwirksam[91], ist in dieser Allgemeinheit zu weitgehend. Wenn der Schenker trotz eingetretener Notlage **freiwillig** darauf **verzichtet**, den Anspruch geltend zu machen und dauerhaft keine Unterhaltsleistungen von dritter Seite erhält, ist seine „höchstpersönliche" Entscheidung zu respektieren. Ein Erlass ist in diesem Fall zulässig. Der Anspruch ist dann auch für Dritte nicht pfändbar. Die Frage, ob ein Vorausverzicht auf den Rückforderungsanspruch aus § 528 Abs. 1 Satz 1 BGB rechtlich möglich ist, hängt von der Vertragsgestaltung im Einzelfall ab. Wenn sich der Beschenkte verpflichtet, den Unterhalt des Schenkers auch im Fall der Not sicherzustellen, und diesen Anspruch erfüllt, ist der vereinbarte Verzicht rechtlich zulässig.[92]

35 Eine **Pfändbarkeit** des Anspruchs aus § 528 Abs. 1 Satz 1 BGB ist im Übrigen gemäß § 852 Abs. 2 ZPO grundsätzlich nur dann zulässig, wenn er durch Vertrag anerkannt oder rechtshängig geworden ist.[93] Entsprechend dem Rechtsgedanken des § 93 Abs. 1 Satz 4 SGB XII muss das Pfändungsverbot jedoch einschränkend ausgelegt werden („teleologische Reduktion"[94]). Es gilt nur für Pfändungen durch Gläubiger, die zur Sicherung des Notbedarfs des Schenkers nichts geleistet haben.[95]

36 Entsprechend der Zweckbindung des Rückforderungsanspruchs, den Unterhalt des Schenkers nach eingetretener Notlage zu sichern, ist der Anspruch auch nur eingeschränkt verpfändbar. Eine **Verpfändung** gemäß § 1274 Abs. 2 BGB ist nur zulässig an einen der in § 528 Abs. 1 Satz 1 BGB genannten Unterhaltsgläubiger oder an Dritte, die dem Schenker die zur Lebensführung notwendigen finanziellen Mittel zur Verfügung stellen.[96]

37 Der Rückgewähranspruch wegen Notbedarfs ist auch nicht dadurch ausgeschlossen, dass der Schenker das Geschenk nach der Rückforderung nicht sofort und ohne weiteres zu seiner Unterhaltssicherung verwerten kann (**Verwertbarkeit**). Es kommt lediglich darauf an, dass das Geschenk werthaltig ist und die wirtschaftliche Lage des Schenkers durch die Rückgewähr verbessert wird.[97] Entscheidend ist somit eine wirtschaftliche Betrachtungsweise.

38 Der Beschenkte ist auch im Falle der Überleitung des Rückforderungsanspruchs nicht gehindert, mit **Gegenansprüchen** im Rahmen des § 406 BGB aufzurechnen, wenn die Forderung vor Kenntnis der

---

[87] OLG Köln v. 28.03.2007 - 2 U 37/06 - juris Rn. 36 - ZEV 2007, 489-492.
[88] Vgl. dazu *Koch* in: MünchKomm-BGB, § 528 Rn. 17-19; *Herrmann* in: Erman, § 528 Rn. 6; die Frage wurde weiterhin offen gelassen in BGH v. 07.11.2006 - X ZR 184/04 - juris Rn. 26 - BGHZ 169, 320-328.
[89] So BGH v. 25.04.2001 - X ZR 205/99 - juris Rn. 11 - EzFamR aktuell 2001, 147-149.
[90] So BGH v. 25.04.2001 - X ZR 205/99 - juris Rn. 15 - EzFamR aktuell 2001, 147-149; *Koch* in: MünchKomm-BGB, § 528 Rn. 17-19; *Herrmann* in: Erman, § 528 Rn. 6.
[91] So *Wimmer-Leonhardt* in: Staudinger, § 528 Rn. 38; *Koch* in: MünchKomm-BGB, § 528 Rn. 18.
[92] Str.; vgl. hierzu *Koch* in: MünchKomm-BGB, § 528 Rn. 18 m.w.N.
[93] *Koch* in: MünchKomm-BGB, § 528 Rn. 20.
[94] So zu Recht *Koch* in: MünchKomm-BGB, § 528 Rn. 20.
[95] Ausführlich *Kollhosser*, ZEV 2001, 289, 292; so auch *Wimmer-Leonhardt* in: Staudinger, § 528 Rn. 37; *Koch* in: MünchKomm-BGB, § 528 Rn. 20.
[96] So auch *Wimmer-Leonhardt* in: Staudinger, § 528 Rn. 37; *Koch* in: MünchKomm-BGB, § 528 Rn. 19.
[97] BGH v. 07.11.2006 - X ZR 184/04 - juris Rn. 26 - BGHZ 169, 320-328; vgl. hierzu auch: *Krug*, BGHReport 2007, 93-95; *Geisler*, jurisPR-BGHZivilR 6/2007, Anm. 1; *Wimmer-Leonhardt*, ZEV 2007, 136-137.

Überleitungsanzeige entstanden ist.[98] Die **Aufrechnung** ist auch nicht gemäß § 394 BGB ausgeschlossen, wenn der Anspruch auf Rückgewähr rechtshängig, und damit gemäß § 852 Abs. 2 ZPO pfändbar, geworden ist. Ein weitergehendes Pfändungsverbot ergibt sich auch nicht aus der Zweckbindung des Rückgewähranspruchs in Verbindung mit § 851 Abs. 1 ZPO.[99]

III. Die Haftung mehrerer Beschenkter

Wenn **mehrere Beschenkte zeitlich nacheinander** beschenkt worden sind, ordnet § 528 Abs. 2 BGB eine **Rangordnung** der Herausgabeverpflichtungen an. Der frühere Beschenkte haftet nur insoweit, als der später Beschenkte nicht verpflichtet ist.[100] Die Vorschrift ordnet demgemäß die Rückabwicklung **zeitlich unterschiedlicher** Schenkungen bei eingetretenem Notbedarf des Schenkers in einer **umgekehrten zeitlichen Reihenfolge** an. Die zuletzt vollzogene Schenkung wird als erste zur Deckung des Notbedarfs herangezogen. Erst wenn danach noch ein nicht gedeckter Bedarf besteht, wird die zeitlich frühere Schenkung berücksichtigt.[101] Neben der bestehenden Leistungsverpflichtung des später Beschenkten muss bei ihm auch eine **tatsächliche Erfüllung** des Rückforderungsanspruchs möglich sein. Es kommt deshalb nicht nur auf die abstrakte Leistungsverpflichtung, sondern auch auf die **konkrete Leistungsfähigkeit** des später Beschenkten an.[102]

39

Erfolgt eine Schenkung **gleichzeitig** an mehrere Beschenkte, z.B. die Übertragung eines Hausgrundstücks an den Sohn mit Herauszahlungsverpflichtung an die Geschwister, so haften **alle Beschenkten** auf Rückgewähr des Empfangenen grundsätzlich als **Gesamtschuldner**.[103] Der Schenker kann nicht abschließend bestimmen, wer von den Beschenkten wirtschaftlich den bei ihm eingetretenen Notbedarf zu tragen hat, denn der Anspruch aus § 528 Abs. 1 Satz 1 BGB entsteht mit dem Eintritt der Notlage des Schenkers. Im **Innenverhältnis** besteht zwischen den Beschenkten in solchen Fällen regelmäßig ein interner Ausgleichsanspruch. Beim Fehlen sonstiger Verteilungsregelungen gilt grundsätzlich eine gleichmäßige Belastung aller Verpflichteten. Das gilt auch dann, wenn der Rückforderungsanspruch bereits auf den Sozialhilfeträger übergeleitet worden ist.[104]

40

Fraglich ist, ob es für den unterschiedlichen Zeitpunkt auf den Abschluss des **schuldrechtlichen Verpflichtungsgeschäftes** oder den **Vollzug** desselben ankommt.[105] Werden die Schenkungen durch den **gleichen Vertrag** als Bestandteile eines einheitlichen Rechtsgeschäftes vorgenommen (z.B. Grundstückübertragung mit Herauszahlung an Geschwister in vorweggenommener Erbfolge in einer Urkunde), so ist im Zweifel von einer Gleichzeitigkeit der Schenkungen auszugehen, selbst wenn der jeweilige Vollzug des Vertrages (Eigentumsumschreibung und Erhalt des Herauszahlungsbetrages) zu unterschiedlichen Zeitpunkten erfolgt.[106] Im Übrigen liegt es **näher**, auf den **Zeitpunkt des Vollzuges** abzustellen, weil beim Beschenkten im Zweifel erst dann eine echte Vermögensmehrung eingetreten ist,

41

---

[98] BGH v. 07.11.2006 - X ZR 184/04 - juris Rn. 24 - BGHZ 169, 320-328; *Koch* in: MünchKomm-BGB, § 528 Rn. 31; zust. *Wimmer-Leonhardt*, ZEV 2007, 136, 137.
[99] BGH v. 07.11.2006 - X ZR 184/04 - juris Rn. 24 - BGHZ 169, 320-328.
[100] Gleiches gilt beim Pflichtteilergänzungsanspruch gegenüber mehreren Beschenkten gemäß § 2329 Abs. 3 BGB.
[101] BGH v. 28.10.1997 - X ZR 157/96 - juris Rn. 21 - BGHZ 137, 76-89; *Wimmer-Leonhardt* in: Staudinger, § 529 Rn. 33; *Mezger* in: BGB-RGRK, § 528 Rn. 4; *Mühl/Teichmann* in: Soergel, § 528 Rn. 9; *Koch* in: MünchKomm-BGB, § 528 Rn. 26.
[102] A.A. noch *Kollhosser* in: MünchKomm-BGB, 4. Aufl. 2004, § 528 Rn. 25 unter Hinweis auf § 2329 BGB. Diese Ansicht überzeugt nicht, weil die Interessenlage im Vergleich zu § 2329 BGB hier eine andere ist. Dem Schutz des Schenkers zur Sicherung seines Unterhaltsbedarfs wird erst durch die tatsächliche Erfüllung Genüge getan; dies gilt erst recht, wenn die Allgemeinheit dafür aufgekommen war. Jetzt zu Recht anders *Koch* in: MünchKomm-BGB, § 528 Rn. 26.
[103] Vgl. BGH v. 28.10.1997 - X ZR 157/96 - juris Rn. 33 - BGHZ 137, 76-89; teilweise a.A. *Wimmer-Leonhardt* in: Staudinger, § 528 Rn. 11 m.w.N. (gesamtschuldnerartige Beziehung).
[104] So BGH v. 28.10.1997 - X ZR 157/96 - juris Rn. 11 - BGHZ 137, 76-89.
[105] Offen gelassen in BGH v. 28.10.1997 - X ZR 157/96 - juris Rn. 22 - BGHZ 137, 76-89.
[106] So BGH v. 28.10.1997 - X ZR 157/96 - juris Rn. 22 - BGHZ 137, 76-89.

auf deren Bestand er vertrauen konnte.[107] Anders ist die Rechtslage zu beurteilen, wenn der Vollzug des Vertrages von Zufälligkeiten abhängt, auf die der Beschenkte keinen Einfluss hat, z.B. davon, wie rasch eine Grundbucheintragung erfolgt oder ob und wann eine behördliche Genehmigung erteilt wird. In solchen Fällen ist im Zweifel der Abschluss des Rechtsgeschäftes maßgebend.

IV. Rückforderung, Sozialhilfe und andere staatliche Leistungen

42 Der Rückforderungsanspruch aus § 528 Abs. 1 Satz 1 BGB ist häufig im Zusammenhang mit **geleisteter Sozialhilfe** und sonstigen staatlichen Leistungen Gegenstand gerichtlicher Auseinandersetzungen.[108] Derjenige, der seinen notwendigen Lebensunterhalt im Allgemeinen (§ 8 Nr. 1 SGB XII) oder in besonderen Lebenslagen (§ 8 Nr. 7 SGB XII, z.B. bei Krankheit) nicht aus eigenen Mitteln beschaffen kann, hat gemäß § 17 SGB XII einen **Anspruch auf Sozialhilfe**. Zu den **eigenen Mitteln** gehören nach § 90 Abs. 1 SGB XII das gesamte verwertbare Vermögen und damit auch alle vermögensrechtlichen Ansprüche, z.B. der Rückforderungsanspruch aus § 528 BGB,[109] es sei denn, diese Vermögensgegenstände gehören zum „Schonvermögen" nach § 90 Abs. 2 SGB XII oder die Geltendmachung des Anspruchs stellt für den Berechtigten eine Härte im Sinne des § 90 Abs. 3 SGB XII dar[110]. Ein Rückforderungsanspruch schließt die Gewährung von Sozialhilfe aufgrund des geltenden Nachrangprinzips jedoch nur dann aus, wenn der Anspruch rechtzeitig durchzusetzen ist, d.h. wenn seine Verwirklichung umgehend möglich scheint und es sich deshalb um ein „bereites" Mittel zur Selbsthilfe handelt.[111] Ansonsten tritt der Sozialhilfeträger in Vorlage.

43 Er hat dann wiederum gemäß § 93 SGB XII bzw. bei Grundsicherungsleistungen für Arbeitsuchende („Arbeitslosengeld II") gemäß § 33 SGB II die Möglichkeit, durch schriftliche **Überleitungsanzeige** (= privatrechtsgestaltender **Verwaltungsakt**) solche Ansprüche, unabhängig davon, ob sie übertragbar oder pfändbar sind, bis zur Höhe seiner Aufwendungen auf sich überzuleiten.[112] Dabei genügt zunächst eine der Höhe nach unbezifferte Überleitung dem Grunde nach.[113] Die Überleitung ist gemäß § 93 Abs. 1 Satz 4 SGB XII auch nicht dadurch ausgeschlossen, dass der Anspruch nicht übertragen, verpfändet oder gepfändet werden kann. Die Schutzvorschriften über Schonvermögen (§ 90 Abs. 2 SGB XII) oder vergleichbare Regelungen kommen dem Beschenkten ebenfalls nicht zugute. Es handelt sich hierbei um Schutzvorschriften zugunsten des Leistungsempfängers und nicht zugunsten Dritter.[114] Auch die Tatsache, dass das Geschenk nach der Rückgewähr zeitweise nicht ohne weiteres zur Unterhaltssicherung verwendet werden kann, weil es nicht sofort verwertbar ist, schließt den Anspruch

---

[107] So auch bei § 2329 BGB, vgl. hierzu BGH v. 10.11.1982 - IVa ZR 29/81 - juris Rn. 24 - BGHZ 85, 274-288; *Lange* in: MünchKomm-BGB, § 2329 Rn. 22 m.w.N.

[108] Vgl. BGH v. 14.06.1995 - IV ZR 212/94 - LM BGB § 1922 Nr. 18 (11/1995); BGH v. 25.04.2001 - X ZR 205/99 - EzFamR aktuell 2001, 147-149; BGH v. 19.12.2000 - X ZR 128/99 - LM BGB § 195 Nr. 46 (8/2001); vgl. auch *Wimmer-Leonhardt* in: Staudinger, § 528 Rn. 41 m.w.N; *Koch* in: MünchKomm-BGB, § 528 Rn. 28 ff. m.w.N; *Weidenkaff* in: Palandt, § 528 Rn. 4 m.w.N; *Herrmann* in: Erman, § 528 Rn. 8 m.w.N; *Mühl/Teichmann* in: Soergel, § 528 Rn. 2 m.w.N.

[109] OVG NRW v. 14.10.2008 - 16 A 1409/07 - juris Rn. 25 - NWVBl 2009, 194-198; VG Düsseldorf v. 10.06.2008 - 21 K 2144/07 - juris Rn. 33; VG Düsseldorf v. 22.08.2008 - 21 K 4231/06 - juris Rn. 73.

[110] OVG NRW v. 14.10.2008 - 16 A 1409/07 - juris Rn. 27 ff. - NWVBl 2009, 194-198.

[111] So für Leistungen nach dem Dritten Kapitel des SGB XII: Landessozialgericht Berlin-Brandenburg v. 10.10.2007 - L 23 B 146/07 SO- juris Rn. 15 - SAR 2008, 2-4. Ist eine solche Realisierung nicht rechtzeitig möglich, tritt der Sozialhilfeträger in Vorlage und leitet den Anspruch nach § 93 SGB XII auf sich über.

[112] Vgl. zur früheren Rechtslage nach dem BSHG *Sefrin* in: jurisPK-BGB, 3. Aufl., § 528 Rn. 8, 36 f.; *Koch* in: MünchKomm-BGB, § 528 Rn. 28 f. allgemein zur Überleitung von Ansprüchen nach der Reform des Sozialrechtes durch das Vierte Gesetz für moderne Dienstleistungen am Arbeitsmarkt („Hartz IV") vom 24.12.2003 (BGBl I 2003, 2954) *Hußmann*, ZEV 2005, 54 ff; zur Kinder- und Jugendhilfe vgl. § 95 SGB VIII und dazu BGH v. 07.11.2006 - X ZR 184/04 - NJW 2007, 60; vgl. hierzu auch: BGH v. 07.11.2006 - X ZR 184/04 - juris Rn. 24 - BGHZ 169, 320-328.

[113] BVerwG v. 17.05.1973 - V C 108.72 - BVerwGE 42, 198, 200.

[114] BGH v. 11.03.1994 - V ZR 188/92 - BGHZ 125, 283, 287 = NJW 1994, 1655, BGH v. 19.10.2004 - X ZR 2/03 - NJW 2005, 670, 671. Vgl. hierzu auch *Meisterernst*, DNotZ 2005, 283; *Krauß*, MittBayNot 2005, 349.

nicht aus.[115] Überleitbar ist dabei auch ein Rückforderungsanspruch, der dem nicht getrennt lebenden Ehegatten, Lebenspartner oder den Eltern einer minderjährigen, unverheirateten leistungsberechtigten Person zusteht („Personen der Bedarfsgemeinschaft").[116] Gegenstand höchstrichterlicher Entscheidungen war in den letzten Jahren häufig die Frage der Möglichkeit des Sozialhilferegresses bei Übertragung von Grundbesitz in vorweggenommener Erbfolge gegen Gewährung von **Wohnungs- und Altenteilsrechten**.[117] Die entscheidende Frage besteht darin, ob und inwieweit dem Schenker ein Anspruch auf Zahlung einer – auf den Sozialhilfeträger überleitbaren – Geldrente zusteht, wenn der Schenker diese Rechte wegen Pflegebedürftigkeit nicht mehr ausüben kann. Nach zutreffender Auffassung des BGH führt zunächst ein in der Person liegendes dauerndes Ausübungshindernis nicht generell zum Erlöschen des Wohnungsrechtes, denn der Wohnungsberechtigte hat auch in diesem Fall – mit Zustimmung des Eigentümers – die Möglichkeit, die Ausübung seines Rechtes gegen Entgelt einem anderen zu überlassen und dadurch für sich einen Mietzahlungsanspruch zu begründen.[118] Entgegen seiner früheren Rechtsprechung[119] hat der BGH nunmehr eine Vertragsanpassung nach den Grundsätzen der **Störung der Geschäftsgrundlage** ausdrücklich abgelehnt. Bei der Vereinbarung eines lebenslangen Wohnungsrechts müsse jeder Vertragsteil grundsätzlich damit rechnen, dass der Berechtigte wegen Krankheit oder Pflegebedürftigkeit sein Wohnrecht nicht bis zu seinem Tod ausüben könne.[120] Eine **ergänzende Vertragsauslegung**, die einen Geldanspruch des Berechtigten gegen den Beschenkten begründet, kommt nach der Ansicht des BGH nur dann noch in Betracht, wenn der Schenkungsvertrag eine „planwidrige Regelungslücke" enthält.[121] Dies kann insbesondere dann der Fall sein, wenn die Möglichkeit des Wegzuges nicht bedacht oder in der irrtümlichen Annahme, das Wohnrecht erlösche bei Wegzug, vertraglich nicht geregelt wurde.[122] Bei Altverträgen, die keine Regelung über das Erlöschen des Wohnrechts im Fall des pflegebedingten Auszugs des Berechtigten enthalten, kann eine nachträgliche Klarstellung angebracht sein.[123]

Die inhaltliche Gestaltung von Schenkungsverträgen muss sich deshalb dieser Frage annehmen und entsprechende Vereinbarungen vorsehen, um keinen Platz für eine ergänzende Vertragsauslegung zu lassen.[124] Meistens wird es den Interessen der Vertragsbeteiligten entgegenkommen, in solchen Fällen jegliche Ersatzansprüche auszuschließen. Dazu kommt zunächst die Vereinbarung einer auflösenden Bedingung bezüglich des Wohnrechts für den Fall des dauerhaften Auszugs des Berechtigten in Betracht, flankiert durch die Verpflichtung des Berechtigten zur Abgabe einer entsprechenden Löschungsbewilligung[125] und den ausdrücklichen Ausschluss jeglicher Geldersatzansprüche, auch hin-

44

---

[115] BGH v. 07.11.2006 - X ZR 184/04 - juris Rn. 26 - BGHZ 169, 320-328; vgl. hierzu auch: *Krug*, BGHReport 2007, 93-95; *Geisler*, jurisPR-BGHZivilR 6/2007, Anm. 1; *Wimmer-Leonhardt*, ZEV 2007, 136-137.

[116] Vgl. § 93 Abs. 1 SGB XII i.V.m. § 19 SGB XII.

[117] BGH v. 19.01.2007 - V ZR 163/06 - WuM 2007, 139-142; OLG Koblenz v. 15.11.2006 - 1 U 573/06 - OLGR Koblenz 2007, 142-144; BGH v. 21.09.2001 - V ZR 14/01 - BGHReport 2002, 214-216; BGH v. 21.11.2002 - V ZB 40/02 - NJW 2003, 1126-1127; BGH v. 23.01.2003 - V ZB 48/02 - ZEV 2003, 211-212; vgl. auch *Brückner*, NJW 2008, 1111-1115.

[118] BGH v. 19.01.2007 - V ZR 163/06 - juris Rn. 13 - WuM 2007, 139-142; vgl. OLG Zweibrücken v. 08.09.1986 - 3 W 130/86 - OLGZ 1987, 27; OLG Oldenburg v. 11.01.1994 - 5 U 117/93 - NJW-RR 1994, 467, 468; OLG Köln v. 06.02.1995 - 2 W 21/95 - NJW-RR 1995, 1358; OLG Celle v. 19.07.1998 - 4 W 123/98 - MDR 1998, 1344; OLG Düsseldorf v. 28.05.2001 - 9 U 242/00 - Rpfleger 2001, 542, 543.

[119] BGH v. 19.01.2007 - V ZR 163/06 - juris Rn. 18, 22 - WuM 2007, 139-142; vgl. hierzu auch *Krauß*, NotBZ 2007, 129-131; *Gühlstorf*, ZfF 2007, 265-270; *Auktor*, MittBayNot 2008, 14-18; *Brückner*, NJW 2008, 1111-1115.

[120] BGH v. 09.01.2009 - V ZR 168/07 - juris Rn. 11 - NJW 2009, 1348-1349.

[121] BGH v. 09.01.2009 - V ZR 168/07 - juris Rn. 12 - NJW 2009, 1348-1349.

[122] BGH v. 09.01.2009 - V ZR 168/07 - juris Rn. 12 - NJW 2009, 1348-1349.

[123] Vgl. *Zimmer*, ZEV 2009, 382, 385, der einen nachträglichen Verzicht jedoch kritisch sieht.

[124] Vgl. hierzu auch schon *Evers*, ZEV 2004, 495.

[125] Die Abgabe der Löschungsbewilligung wird freilich dann schwierig, wenn der Berechtigte an Demenz leidet, *Zimmer*, ZEV 2009, 382, 383. Hier kommt die Bestellung eines Betreuers oder die Löschung aufgrund einer notariellen Vorsorgevollmacht in Betracht.

§ 528

sichtlich ersparter Aufwendungen.[126] Alternativ kann eine schuldrechtliche Verpflichtung zur Aufhebung des Wohnrechts vereinbart werden.[127] Ist vertraglich ausdrücklich festgelegt worden, dass ein Wohnrecht des Schenkers oder eine Pflegeverpflichtung des Beschenkten mit dauernder Heimunterbringung wegfällt, weist der Vertrag keine ausfüllungsbedürftige Lücke mehr auf.[128] Eine solche Vereinbarung ist nach der neuesten Rechtsprechung des BGH auch nicht sittenwidrig.[129] Der BGH vergleicht den Sachverhalt mit einer Schenkung, bei der sich der Schenker überhaupt keine Gegenleistung vorbehält. Auch eine solche Schenkung werde von der Rechtsordnung nicht missbilligt und könne nach dem Ablauf von zehn Jahren nicht mehr wegen einer Verarmung des Schenkers nach den §§ 528, 529 BGB zurückgefordert werden.[130] Auf der Grundlage dieser Rechtsprechung können zukünftig somit Wohnungsrechte und Rechte auf Warte und Pflege so ausgestaltet werden, dass sie ersatzlos erlöschen, wenn sie durch den Berechtigten dauerhaft nicht mehr ausgeübt bzw. geltend gemacht werden können. Eine Regelung, nach der sich der Beschenkte in Höhe der ersparten Aufwendungen an den Pflegekosten zu beteiligen hat,[131] ist nicht mehr erforderlich.[132] Aber nicht nur für den Fall der dauernden, sondern auch der vorübergehenden Verhinderung (z.B. Krankenhaus-, Kuraufenthalt oder kurzzeitige Pflegeheimunterbringung) sollte vertraglich festgelegt werden, dass Ansprüche des Berechtigten aus einem Wohnrecht ruhen und jegliche Geldersatzansprüche, insbesondere für ersparte Aufwendungen, ausgeschlossen sind (vgl. hierzu 0516000-6-AH0004.pdf).[133]

45 Obwohl diese vertraglichen Ausschlussvereinbarungen in der notariellen Praxis zumeist den Interessen der Vertragsparteien entsprechen, können selbstverständlich in all diesen Fällen auch finanzielle Ersatzregelungen vereinbart werden. So ist es z.B. möglich, die **Vermietung** des Objektes bei einer dauernden Nichtbenutzung durch den Berechtigten durch eine **vertragliche Regelung** zu gestatten und den Mietzins zwischen den Beteiligten aufzuteilen. Sofern dem Berechtigten dadurch ein Mietzinsanspruch zukommt, kann der Sozialhilfeträger diesen nach § 93 SGB XII auf sich überleiten.[134] Weist die Vereinbarung den Mietzins hingegen ausschließlich dem Eigentümer zu, kommt es zu **keiner weiteren Schenkung** an den Eigentümer, da bei dem Schenker und Wohnungsberechtigten keine über die Schenkung der Immobilie hinausgehende Vermögensminderung vorliegt.[135]

46 Nach der Überleitung tritt der Sozialhilfeträger als **neuer Gläubiger** an die Stelle des bisherigen Gläubigers. Er erlangt mit unmittelbarer Wirkung die Rechtsstellung, die der zu Lebzeiten verarmte Schenker hinsichtlich des Rückforderungsanspruches aus § 528 Abs. 1 Satz 1 BGB innehatte.[136] Die Vertragsparteien können nicht mehr über den Rückforderungsanspruch verfügen. Der Beschenkte kann grundsätzlich nur noch an den Sozialhilfeträger leisten.[137] Auch eine rückwirkende **Aufhebung** des Schenkungsvertrages zu Lasten des Sozialhilfeträgers ist nicht mehr möglich.[138] Der Anspruch aus § 528 Abs. 1 Satz 1 BGB entsteht nicht durch die Überleitungsanzeige des Trägers der Sozialhilfe,

---

[126] *Herrler*, DNotZ 2009, 408, 423; *Volmer*, MittBayNot 2009, 276, 281.
[127] *Zimmer*, ZEV 2009, 382, 383.
[128] BGH v. 06.02.2009 - V ZR 130/08 - juris Rn. 7 - NJW 2009, 1346-1348.
[129] BGH v. 06.02.2009 - V ZR 130/08 - juris Rn. 10 ff. - NJW 2009, 1346-1348.
[130] BGH v. 06.02.2009 - V ZR 130/08 - juris Rn. 11 - NJW 2009, 1346-1348.
[131] BGH v. 23.01.2003 - V ZB 48/02 - juris Rn. 9 - ZEV 2003, 211-212; hierzu *Mayer*, MittBayNot 2004, 181-183; *Littig*, ZErb 2003, 260-263; BGH v. 21.11.2002 - V ZB 40/02 - juris Rn. 13 - NJW 2003, 1126-1127; BGH v. 21.09.2001 - V ZR 14/01 - BGHReport 2002, 214-216; so auch noch *Sefrin*, jurisPK-BGB, 4. Aufl. 2008, § 528 Rn. 44.
[132] So auch *Herrler*, DNotZ 2009, 408, 423; einschränkend *Volmer*, MittBayNot 2009, 276, 281 für den Fall der Vermietung.
[133] So auch *Herrler*, DNotZ 2009, 408, 423.
[134] *Herrler*, DNotZ 2009, 408, 422.
[135] *Herrler*, DNotZ 2009, 408, 422.
[136] So auch OLG Köln v. 28.03.2007 - 2 U 37/06 - juris Rn. 30 - ZEV 2007, 489-492.
[137] Vgl. BGH v. 11.03.1994 - V ZR 188/92 - juris Rn. 12 - BGHZ 125, 283-288; *Koch* in: MünchKomm-BGB, § 528 Rn. 28 ff.; *Wimmer-Leonhardt* in: Staudinger, § 528 Rn. 44.
[138] BGH v. 11.03.1994 - V ZR 188/92 - juris Rn. 15 - BGHZ 125, 283-288.

sondern bereits mit dem Eintritt der Bedürftigkeit des Schenkers. Maßgeblicher Zeitpunkt für § 93 SGB XII bzw. § 33 SGB II ist die Einkommens- und Vermögenslage des Schenkers im Zeitpunkt der zur Bewilligung führenden Beantragung von Sozialhilfe. Es ist deshalb auch nicht die Einkommens- und Vermögenssituation im Zeitpunkt der letzten mündlichen Verhandlung ausschlaggebend.[139] Nach dem BGH kommt es für die Beurteilung der Bedürftigkeit des Schenkers allein auf dessen Einkommens- und Vermögenslage im Zeitpunkt der Bewilligung der Sozialhilfe an, wenn ein Sozialhilfeträger aus übergeleitetem Recht den Anspruch des Schenkers gegen den Beschenkten geltend macht.[140] Der Beschenkte kann sich demnach gegen eine Inanspruchnahme nicht damit verteidigen, dass der Schenker nach Beantragung und Gewährung der Sozialhilfe wieder über Einkommen oder Vermögen verfügt hat.[141]

Aufgrund des in § 2 Abs. 2 SGB XII verankerten **Nachrangprinzips**[142] bleibt der Rückforderungsanspruch beim Tode des Schenkers bestehen. Er kann auch nach seinem Tod noch auf den Sozialhilfeträger übergeleitet werden. Bei der Gewährung von Hilfe in besonderen Lebenslagen kann eine Überleitung auch dann vorgenommen werden, wenn der Sozialhilfeträger dem nicht getrennt lebenden Ehegatten des Schenkers Hilfe gewährt hat.[143] Nach der Überleitung des Rückforderungsanspruchs befreit eine Rückgabe des Geschenkes an den Schenker den Beschenkten grundsätzlich nicht mehr von seiner Verpflichtung zur Erstattung gewährter Unterhaltsleistungen.[144]

Sofern **Pflegewohngeld**[145] oder ähnliche Zuschüsse zur stationären Pflege aufgrund eines Landesgesetzes gewährt werden und dessen Vorschriften auf die vorgenannten Bestimmungen des SGB XII verweisen,[146] kann der dafür zuständige Träger die Gewährung des Pflegewohngeldes von der vorherigen Geltendmachung eines Rückforderungsanspruches nach § 528 Abs. 1 Satz 1 BGB abhängig machen oder den Anspruch auf sich überleiten.

Nachdem zum 01.01.2005 durch die Zusammenführung der bisherigen Arbeitslosenhilfe (SGB III) und der Sozialhilfe in Gestalt der „Grundsicherung für Arbeitsuchende" (SGB II) im Rahmen der „**Agenda 2010**" die Arbeitslosenhilfe komplett abgeschafft worden ist, erhält der Arbeitsuchende nach Auslaufen des Arbeitslosengeldbezuges Grundsicherung nach dem SGB II (Arbeitslosengeld II).[147] Dabei kommen gemäß § 4 SGB II Dienstleistungen, Informationen, Beratung und Unterstützung durch persönliche Ansprechpartner sowie Geld- und Sachleistungen in Betracht. Auch hier ist der Träger der Grundsicherung für Arbeitsuchende bei erfolgten Schenkungen in bestimmten Fällen ebenfalls zum Regress berechtigt, wenn der Schenker hilfebedürftig geworden ist.[148] Ähnlich der Sozialhilfe – wenn auch in abgeschwächter Form – können sonstige Ansprüche gegen Dritte, auch bürgerlich-rechtliche Rückforderungsansprüche aus § 528 BGB, durch Verwaltungsakt gemäß § 33 SGB II übergeleitet werden.

---

[139] BGH v. 20.05.2003 - X ZR 246/02 - BGHZ 155, 57-63, OLG Köln v. 28.03.2007 - 2 U 37/06 - juris Rn. 30 - ZEV 2007, 489-492.
[140] BGH v. 19.10.2004 - X ZR 2/03 - juris Rn. 12 - NJW 2005, 177, so auch OLG Köln v. 28.03.2007 - 2 U 37/06 - juris Rn. 30 - ZEV 2007, 489-492.
[141] BGH v. 19.10.2004 - X ZR 2/03 - juris Rn. 12 - NJW 2005, 177.
[142] Dieser Grundsatz besagt, dass der Sozialhilfeträger nur „in Vorlage" für den vorrangig Verpflichteten tritt, ohne dass dadurch eine Entlastung des Dritten folgt.
[143] OVG Münster v. 15.10.1991 - 8 A 1271/89 - NJW 1992, 1123-1124; *Wimmer-Leonhardt* in: Staudinger, § 528 Rn. 42; *Koch* in: MünchKomm-BGB, § 528 Rn. 30.
[144] BGH v. 11.03.1994 - V ZR 188/92 - BGHZ 125, 283-288; *Wimmer-Leonhardt* in: Staudinger, § 528 Rn. 44.
[145] Z.B. § 12 Abs. 3 Satz 1 des Landespflegegesetzes Nordrhein-Westfalen vom 19.03.1996.
[146] Vgl. § 12 Abs. 3 Satz 2 des Landespflegegesetzes Nordrhein-Westfalen vom 19.03.1996, der auf die Vorschriften des Ersten bis Dritten Abschnitts des Elften Kapitels des SGB XII (§§ 82 bis 91 SGB XII) verweist.
[147] Vgl. hierzu ausführlich die Sozialrechtl. Hinw. zu § 1578 BGB ff., früher geregelt im Grundsicherungsgesetz (GSiG).
[148] Vgl. hierzu ausführlich *Krauß*, MittBayNot 2004, 330, 332; vgl. auch *Krauß* in: Brambring/Jerschke, Beck'sches Notar-Handbuch, 5. Aufl. 2009, A V Rn. 237h.

50 In konsequenter Fortführung der bisherigen verwaltungsgerichtlichen Rechtsprechung zum BSHG[149] wird der Anspruch des verarmten Schenkers auf Rückgewähr des Geschenks nach § 528 BGB als **grundsicherungsrechtlich verwertbares Vermögen** gem. § 12 Abs. 1 SGB II angesehen, das ein bereites Mittel der Selbsthilfe (§ 2 Abs. 1 Satz 1 SGB II, § 3 Abs. 3 Satz 1 SGB II) darstellt und einen Anspruch auf Leistungen der Grundsicherung ausschließen kann.[150]

51 In diesem Bereich besteht derzeit ein erhöhter Beratungsbedarf in der kautelarjuristischen Praxis, der ohne Kenntnisse der sozialrechtlichen Grundlagen nur schwer zu leisten ist.[151] Dieser Aspekt muss in Anbetracht der derzeitigen wirtschaftlichen Rahmenbedingungen auf dem Arbeitsmarkt zukünftig verstärkt in die vertragliche Gestaltung von Schenkungsverträgen, vor allem innerhalb der Familie, mit einbezogen werden. Insbesondere geht es hierbei um die Frage, ob und inwieweit übertragenes Vermögen, etwa das geschenkte Einfamilienhaus, Ansprüche auf Grundsicherung nach SGB II reduzieren bzw. sogar ausschließen kann. Des Weiteren muss sich der Vertragsgestalter der Aufgabe stellen, die Vereinbarungen inhaltlich – etwa durch die Vereinbarung von Gegenleistungen – so auszugestalten, dass etwaige Überleitungsansprüche ausgeschlossen werden.[152] Wenngleich die Tendenz zur sozialmissbräuchlichen Vertragsgestaltung einer grundsätzlichen Kritik zu unterziehen ist, kann sich der Kautelarjurist diesen Herausforderungen zukünftig nicht entziehen.

52 Auch im Zusammenhang mit der **Gewährung von Ausbildungsförderung**, insbesondere BAföG, gewinnt die Frage des Bestehens von Rückforderungsansprüchen aus § 528 Abs. 1 Satz 1 BGB zunehmend an Bedeutung.[153] Nach § 11 Abs. 2 BAföG ist auf den Bedarf des Auszubildenden u.a. dessen Vermögen anzurechnen. Ein bestehender Rückforderungsanspruch aus § 528 Abs. 1 Satz 1 BGB ist nach § 27 Abs. 1 Satz 1 Nr. 2 BAföG als Forderung dem Vermögen zuzurechnen. Dies gilt z.B. für ein Bankguthaben, das vor der Antragstellung auf Geschwister unentgeltlich übertragen worden ist.[154] Diese Vorschriften dienen dazu, den Grundsatz des Nachrangs der staatlichen Ausbildungsförderung (vgl. § 1 BAföG) zu sichern. Rechtsmissbräuchlich veräußertes (verschenktes) Vermögen ist dabei dem vorhandenen Vermögen des Auszubildenden zuzurechnen[155] mit der Folge, dass ggf. der Anspruch auf Förderung verloren geht. Der Auszubildende handelt dabei grundsätzlich rechtsmissbräuchlich, wenn er, um eine Anrechnung von Vermögen zu vermeiden, dieses an einen Dritten unentgeltlich überträgt, anstatt es für seinen Lebensunterhalt und seine Ausbildung einzusetzen.[156] Wenn geltend gemacht wird, die Vermögensübertragung sei zur (angeblichen) Tilgung von Darlehensverbindlichkeiten vorgenommen worden, finden die gleichen Grundsätze Anwendung wie nach § 28 Abs. 3 BAföG. Es muss eine durchsetzbare Forderung bestehen und es muss ernsthaft mit der Geltendmachung durch den Gläubiger gerechnet werden.[157]

V. Abwendungsbefugnis des Beschenkten

53 Nach § 528 Abs. 1 Satz 2 BGB kann der Beschenkte die Herausgabe des Geschenkes durch Zahlung des für den Unterhalt des Schenkers erforderlichen Geldbetrages **abwenden**.[158] Das Gesetz gewährt

---

[149] Vgl. hierzu u.a. BVerwG v. 25.06.1992 - 5 C 37/88 - FEVS 43, 104.
[150] So SG Stade v. 05.04.2007 - S 18 AS 107/07 - juris Rn. 21.
[151] Vgl. hierzu ausführlich die Sozialrechtl. Hinw. zu § 1578 BGB ff.
[152] Zu vertraglichen Gestaltungsmöglichkeiten vgl. *Evers*, ZEV 2004, 495.
[153] Vgl. hierzu VG Augsburg v. 16.01.2007 - Au 3 K 06.00848; OVG des Saarlandes v. 24.04.2006 - 3 Q 60/05 - NJW 2006, 1750-1755.
[154] VG München v. 08.11.2007 - M 15 K 06.4151 - juris Rn. 24.
[155] Vgl. hierzu VGH BW v. 21.02.1994 - 7 S 197/93 - FamRZ 1995, 62; BVerwG v. 13.01.1983 - 5 C 103/80 - FamRZ 1983, 1174.
[156] VG Augsburg v. 16.01.2007 - Au 3 K 06.00848 - juris Rn. 21.
[157] OVG des Saarlandes v. 24.04.2006 - 3 Q 60/05 - juris Rn. 28 - NJW 2006, 1750-1755.
[158] Nicht erforderlich ist, dass die Unterhaltszahlungen bereits geleistet sein müssen, so jedoch OLG Düsseldorf v. 24.05.1984 - 18 U 220/83 - FamRZ 1984, 887-891; a.A. zu Recht *Koch* in: MünchKomm-BGB, § 528 Rn. 21 Fn. 72; *Wimmer-Leonhardt* in: Staudinger, § 528 Rn. 28.

dem Beschenkten das Recht, die Herausgabe durch Zahlung des erforderlichen Geldbetrages zu ersetzen (sog. **Ersetzungsbefugnis**). Der Schenker hat darauf jedoch keinen Anspruch.[159] Eine entstandene Schenkungsteuer erlischt gemäß § 29 Abs. 1 Ziff. 2 ErbStG mit Wirkung für die Vergangenheit.[160]

Das Recht des Beschenkten auf Ersetzung setzt voraus, dass der Schenker einen **Anspruch auf Herausgabe** des Schenkungsgegenstandes hat. Ist der Anspruch des Schenkers von vornherein auf Geld, Wertersatz oder auf Zahlung wiederkehrender Unterhaltsleistungen gerichtet (vgl. auch Rn. 20), bleibt für die Ersetzungsbefugnis des Beschenkten kein Raum.[161]

Macht der Beschenkte von seinem Recht auf Ersetzung Gebrauch, so **wandelt** sich das entstandene **Schuldverhältnis** kraft Gesetzes **um**. Der Schenker hat nur noch den Anspruch auf Zahlung einer wiederkehrenden **Rente** zur Deckung des Unterhaltsbedarfs. Auf diesen Anspruch findet § 760 BGB Anwendung. Auch diese Unterhaltsverpflichtung des Beschenkten erlischt, wenn der Wert des geleisteten Schenkungsgegenstandes vollständig ausgeschöpft ist.[162] Es ist kein sachlicher Grund ersichtlich, weshalb der sich kraft Ersetzung ergebende Ersatzanspruch wertmäßig höher sein soll, als der ursprüngliche Herausgabeanspruch selbst. Genauso wie der sich aus § 528 Abs. 1 Satz 1 BGB ergebende primäre Rückforderungsanspruch im Falle wiederkehrenden Unterhaltsbedarfs auf den Wert des Schenkungsgegenstandes begrenzt ist, gilt das auch im Falle der Geltendmachung der Abwendungsbefugnis durch den Beschenkten. Der Beschenkte kann die weitere Zahlung z.B. auch dann ablehnen, wenn die Zahlungen gemäß § 529 Abs. 2 BGB eine eigene Bedürftigkeit des Beschenkten zur Folge hätten (vgl. auch die Kommentierung zu § 529 BGB Rn. 8).

Um den Anwendungsbereich von § 1613 BGB einzuschränken und den Beschenkten nicht über den Weg der Ersetzungsbefugnis von seiner Haftung freikommen zu lassen, soll § 528 Abs. 1 Satz 2 BGB nach der Rechtsprechung nicht anwendbar sein, wenn das Geschenk zur Deckung eines in der **Vergangenheit** liegenden, abgeschlossenen **Zeitraumes** der **Bedürftigkeit** zurückverlangt wird.[163] Diese Auffassung findet im Gesetz keine Stütze. Das sachgerechte Ziel, eine ungerechtfertigte Befreiung des Beschenkten von seiner Verpflichtung zu verhindern, ist vielmehr durch **restriktive Auslegung** von § 528 Abs. 1 Satz 3 BGB zu erreichen.[164] Die Verweisungsnorm des § 528 Abs. 1 Satz 3 BGB ist einschränkend auszulegen. Die genannten Vorschriften sind nach allgemeiner Meinung auf den Rückforderungsanspruch aus § 528 Abs. 1 Satz 1 BGB nicht und auf § 528 Abs. 1 Satz 2 BGB nur eingeschränkt anwendbar.[165] Es ist mit dem Sinn und Zweck der Rückforderung unvereinbar, Ersatz für geleisteten Unterhalt für die Vergangenheit nur unter den engen Voraussetzungen des § 1613 BGB zu erlangen und den bereits entstandenen Anspruch mit dem Tode des Schenkers erlöschen zu lassen.

VI. Verjährung

Vor dem **Schuldrechtsmodernisierungsgesetz** betrug die regelmäßige Verjährung des Anspruchs aus § 528 Abs. 1 Satz 1 BGB nach § 195 BGB a.F. **30 Jahre**. Das galt auch dann, wenn bei regelmäßig

---

[159] Vgl. *Koch* in: MünchKomm-BGB, § 528 Rn. 21; *Wimmer-Leonhardt* in: Staudinger, § 528 Rn. 28; *Mühl/Teichmann* in: Soergel, § 528 Rn. 10. Die Vorschrift gibt dem Schenker keinen Unterhaltsanspruch, vgl. dazu OLG Naumburg v. 28.06.1996 - 7 U 17/96 - VerkMitt 1996, Nr. 124.
[160] Vgl. hierzu: BFH v. 08.10.2003 - II R 46/01 - BFH/NV 2004, 431-433.
[161] Vgl. BGH v. 17.01.1996 - IV ZR 184/94 - juris Rn. 17 - LM BGB § 528 Nr. 12 (6/1996); *Koch* in: MünchKomm-BGB, § 528 Rn. 21.
[162] Str., a.A. *Kollhosser* in: MünchKomm-BGB, 4. Aufl. 2004 § 528 Rn. 21; *Wimmer-Leonhardt* in: Staudinger, § 528 Rn. 29; *Mezger* in: BGB-RGRK, § 528 Rn. 7; wie hier: *Herrmann* in: Erman, § 528 Rn. 4, jetzt auch *Koch* in: MünchKomm-BGB, § 528 Rn. 22.
[163] So BGH v. 09.04.1986 - IVa ZR 125/84 - juris Rn. 10 - LM Nr. 3 zu § 534 BGB; BGH v. 20.12.1985 - V ZR 66/85 - juris Rn. 20 - BGHZ 96, 380-384; BGH v. 29.03.1985 - V ZR 107/84 - juris Rn. 14 - BGHZ 94, 141-145.
[164] Vgl. dazu *Koch* in: MünchKomm-BGB, § 528 Rn. 23; *Wimmer-Leonhardt* in: Staudinger, § 528 Rn. 31.
[165] So BGH v. 25.04.2001 - X ZR 205/99 - juris Rn. 19 - EzFamR aktuell 2001, 147-149; vgl. zu den interessenwidrigen Ergebnissen einer weiten Auslegung der Vorschrift ausführlich *Koch* in: MünchKomm-BGB, § 528 Rn. 23.

§ 528

wiederkehrendem Unterhaltsbedarf des Schenkers anstatt der Rückgabe des Geschenkes gemäß § 818 Abs. 2 BGB regelmäßige Geldzahlungen geschuldet wurden.[166] Jetzt beträgt die regelmäßige Verjährung nach § 195 BGB nur noch **drei Jahre; bei erfolgten Grundstücksschenkungen ist die 10-Jahresfrist des § 196 BGB maßgebend. Der Vorbehalt von Nutzungsrechten des Schenkers hindert den Lauf der Verjährung nicht.**[167]

58 Die Verjährung **beginnt** nach § 199 Abs. 1 BGB mit dem Schluss des Jahres, in dem der Anspruch entstanden ist und der Gläubiger von den den Anspruch begründenden Umständen und der Person des Schuldners Kenntnis erlangt oder ohne grobe Fahrlässigkeit Kenntnis erlangen müsste (vgl. auch die Kommentierung zu § 196 BGB und die Kommentierung zu § 199 BGB). Der **Rückforderungsanspruch** aus § 528 Abs. 1 Satz 1 BGB **entsteht** mit dem Eintritt des Notbedarfs des Schenkers. In diesem Zeitpunkt hat der Schenker regelmäßig auch von den den Anspruch begründenden Umständen und der Person des Beschenkten Kenntnis, so dass die Verjährung mit dem Schluss des betreffenden Kalenderjahres beginnt und nach drei Jahren eintritt.[168]

59 Fraglich ist, ob das auch im Falle einer Überleitung des Rückforderungsanspruchs gemäß § 93 SGB XII, vormals § 90 Abs. 1 Satz 1 BSHG, auf den **Sozialhilfeträger** gilt. Trotz der Überleitung des Anspruchs durch Verwaltungsakt bleibt zunächst die zivilrechtliche Rechtsnatur des Anspruchs unverändert bestehen. Dem Beschenkten verbleiben demgemäß grundsätzlich alle zivilrechtlichen Einreden gegen den Anspruch, so z.B. auch die Einrede der Verjährung.[169] Das führte dazu, dass, unabhängig von der Kenntnis des Sozialhilfeträgers vom Bestehen des Anspruchs, die Verjährung im Zweifel bereits 3 Jahre nach dem Schluss des Kalenderjahres, in dem die Verarmung des Schenkers eingetreten ist, einträte.[170] Durch vielfältige **Umgehungs- und Missbrauchsmöglichkeiten** zwischen den Vertragsparteien könnten hier regelmäßig Tatbestände geschaffen werden, die die Durchsetzbarkeit des übergeleiteten Anspruchs in relativ kurzer Zeit verhindern und sich im Ergebnis zu Lasten der Allgemeinheit auswirkten. Nach der bisherigen Rechtslage nach § 852 BGB a.F., nach dessen Vorbild auch § 199 Abs. 1 Ziff. 2 BGB n.F. konzipiert ist, musste sich zwar grundsätzlich ein neuer Gläubiger den Kenntnisstand des bisherigen Gläubigers zurechnen lassen.[171] Das ist jedoch im vorliegenden Fall für die Frage der Verjährung nicht interessengerecht. Es widerspricht dem heutigen Sinn und Zweck des § 528 BGB (vgl. auch Rn. 10), wenn der Sozialhilfeträger den Kenntnisstand des Schenkers in jedem Falle gegen sich gelten lassen müsste.[172] Die Gegenauffassung in der Rechtsprechung, die für die Frage der Kenntniszurechnung allein auf die zivilrechtliche Natur des Anspruchs und die entsprechende Anwendung der §§ 404, 412 BGB abstellt, beachtet die besondere rechtliche Qualifikation und den sachlichen Grund der Überleitbarkeit des Rückforderungsanspruchs auf den Sozialhilfeträger nicht genügend. Im Gegensatz zur (freiwilligen) rechtsgeschäftlichen Übertragung i.S.d. §§ 398 ff. BGB wird der Rückforderungsanspruch aus Gründen des fiskalischen Allgemeinwohls durch öffentlich-rechtlichen Zwangsakt auf den neuen Gläubiger übergeleitet. Das rechtfertigt es – in Abweichung sonstiger zivilrechtsdogmatischer Grundsätze – für die Kenntniszurechnung nach der Überleitung nur auf den (neuen) Anspruchsinhaber abzustellen; er wird im Hinblick auf die Frage der Verjährung so

---

[166] So BGH v. 19.12.2000 - X ZR 128/99 - juris Rn. 9 - LM BGB § 195 Nr. 46 (8/2001); LG Stuttgart v. 18.12.2007 - 15 O 452/06 - juris Rn. 62 f.

[167] Dies gilt auch dann, wenn sich der Rückforderungsanspruch auf Teilwertersatz richtet. Vgl. hierzu mit ausführlicher Begründung BGH v. 22.04.2010 - Xa ZR 73/07 - juris Rn. 19 ff., 22; zustimmend *Koch* in: MünchKomm-BGB, § 528 Rn. 34.

[168] *Amann/Brambring/Hertel*, Die Schuldrechtsreform in der Vertragspraxis, 2002, S. 214 f; LG Stuttgart v. 18.12.2007 - 15 O 452/06 - juris Rn. 62 f; *Koch* in: MünchKomm-BGB, § 528 Rn. 34.

[169] BGH v. 09.04.1986 - IVa ZR 125/84 - LM Nr. 3 zu § 534 BGB; BGH v. 29.03.1985 - V ZR 107/84 - BGHZ 94, 141-145; *Koch* in: MünchKomm-BGB, § 528 Rn. 34.

[170] So *Amann/Brambring/Hertel*, Die Schuldrechtsreform in der Vertragspraxis, 2002, S. 214 f; vgl. hierzu ausführlich LG Stuttgart v. 18.12.2007 - 15 O 452/06 - juris Rn. 62 f; *Koch* in: MünchKomm-BGB, § 528 Rn. 34.

[171] So mit ausführlicher dogmatischer Begründung LG Stuttgart v. 18.12.2007 - 15 O 452/06 - juris Rn. 62 f.

[172] So jedoch die Rechtsprechung zu § 852 BGB a.F.; vgl. dazu *Thomas* in: Palandt, BGB, 61. Aufl. 2002, § 852 Rn. 6 m.w.N.; so jetzt auch für § 528 BGB: LG Stuttgart v. 18.12.2007 - 15 O 452/06 - juris Rn. 62 f.

behandelt, als ob der Anspruch in seiner Person originär entstanden wäre.[173] Die Verjährung des Anspruchs aus § 528 Abs. 1 Satz 1 BGB beginnt deshalb gemäß § 199 Abs. 1 Ziff. 2 BGB im Zweifel erst mit der **Kenntnis des Sozialhilfeträgers** von der erfolgten Schenkung und der Person des Beschenkten bzw. mit dem Zeitpunkt, in dem der Sozialhilfeträger davon **Kenntnis hätte erlangen müssen**. Der Gesetzgeber hat das Problem bei der Neufassung der allgemeinen Verjährungsregelungen bezüglich der Schenkung offensichtlich nicht genügend bedacht. Sonst wäre das Festhalten an der 10-Jahres-Frist in § 529 Abs. 1 BGB für den Ausschluss des Rückforderungsanspruchs als nicht sachgerecht erkannt worden, weil bereits vorher in vielen Fällen die Verjährungseinrede erhoben werden könnte und damit die zeitliche Ausschlussregelung vielfach ins Leere ginge. Es bleibt abzuwarten, wie die Rechtsprechung weiterhin auf dieses Problem reagiert.[174]

Die Verjährung tritt gemäß § 199 Abs. 4 BGB – unabhängig von der Kenntnis – jedenfalls zehn Jahre nach der Entstehung des Rückforderungsanspruchs ein. Gleiches gilt gemäß § 196 BGB, wenn der Anspruch auf Rückübertragung eines (gesamten) Grundstücks gerichtet ist oder bei dem auf wiederkehrende Geldzahlung gerichteten „**Teilwertersatzanspruch**" des Schenkers.[175] Auch dieser Sekundäranspruch ist nur eine besondere Ausprägung des primären Anspruchs auf (Rück-)Übertragung des Grundstücks aus § 528 Abs. 1 Satz 1 BGB. Es handelt sich nicht um zwei verschiedene Ansprüche, sondern um einen „einheitlichen" Anspruch auf teilweise Herausgabe des Geschenkes in Form einer Ersatzleistung in Geld, der in verjährungsrechtlicher Hinsicht nach § 196 BGB zu behandeln ist.[176] Das gilt jedoch nicht für den Gleichstellungsanspruch der Geschwister auf Geldzahlung bei Übertragungen von Grundbesitz in vorweggenommener Erbfolge. (vgl. hierzu die Kommentierung zu § 516 BGB Rn. 86). Dieser Anspruch ist kein „abgetretener Sekundäranspruch" des Schenkers, sondern ein selbständiger (primärer) Zahlungsanspruch der herauszahlungsberechtigten Geschwister. Er unterliegt der regelmäßigen Verjährungsfrist des § 195 BGB.[177]

E. Prozessuale Hinweise/Verfahrenshinweise

Der Rückforderungsanspruch aus § 528 Abs. 1 Satz 1 BGB ist ein **privatrechtlicher Anspruch**, der vor den **Zivilgerichten** geltend gemacht werden muss. Das gilt auch dann, wenn der Anspruch zwischenzeitlich durch Verwaltungsakt[178] gemäß § 93 SGB XII, (früher § 90 Abs. 1 Satz 1 BSHG) auf den Sozialhilfeträger übergegangen ist. Seine **zivilrechtliche Rechtsnatur** bleibt dadurch unverändert.[179]

---

[173] Zu welch unangemessenen Ergebnissen die Gegenauffassung führt, mag folgendes Beispiel verdeutlichen: Der Schenker überträgt ein lastenfreies Mehrfamilienhaus (Wert: 1.000.000 €) auf den Beschenkten. Danach gerät er unverschuldet in Not, weil sein übriges umfangreiches Wertpapiervermögen durch einen Börsencrash vernichtet wird. Der Beschenkte leistet freiwillig drei Jahre finanzielle Unterstützung (jährlich 10.000 €) und stellt dann vereinbarungsgemäß seine Zahlungen ein. Es kann in solchen Fällen nicht zu Lasten der Allgemeinheit gehen, wenn sich der Sozialhilfeträger die Kenntnis der Beteiligten vom Entstehen des (dann verjährten) Rückforderungsanspruchs zurechnen lassen muss.

[174] Noch offen gelassen von OLG Köln v. 28.03.2007 - 2 U 37/06 - juris Rn. 41 - ZEV 2007, 489-492; jetzt LG Stuttgart v. 18.12.2007 - 15 O 452/06 - juris Rn. 62 f.; *Koch* in: MünchKomm-BGB, § 528 Rn. 34 hält hier ein Tätigwerden des Gesetzgebers für wünschenswert.

[175] So jetzt BGH v. 22.04.2010 - Xa ZR 73/07 - juris Rn. 22; *Koch* in: MünchKomm-BGB, § 528 Rn. 34.

[176] BGH v. 22.04.2010 - Xa ZR 73/07 - juris Rn. 22.

[177] So zu Recht OLG Karlsruhe v. 08.07.2010 - 4 U 210/09 - juris Rn. 16-20.

[178] Über die Rechtmäßigkeit der Überleitung entscheiden deshalb die Verwaltungsgerichte.

[179] BGH v. 09.04.1986 - IVa ZR 125/84 - LM Nr. 3 zu § 534 BGB; BGH v. 29.03.1985 - V ZR 107/84 - BGHZ 94, 141-145; BVerwG v. 10.05.1990 - 5 C 63/88 - NJW 1990, 3288-3289; *Koch* in: MünchKomm-BGB, § 528 Rn. 29.

§ 528

62 Der Schenker, der den Anspruch geltend macht, trägt die **Beweislast** dafür, dass eine unentgeltliche Zuwendung vorgelegen hat, dass diese vollzogen worden und dass nunmehr Notbedarf eingetreten ist.[180] Auch unter nahen Verwandten gibt es keine grundsätzliche Vermutung für den Schenkungscharakter, aber eine **Beweiserleichterung** in Form einer tatsächlichen Vermutung, wenn ein über das Maß hinausgehendes Missverhältnis vorliegt.[181] Wer die Rückforderung aus § 528 Abs. 1 Satz 1 BGB bestreitet, weil es sich bei der Zuwendung um eine unbenannte Zuwendung innerhalb einer nichtehelichen Lebensgemeinschaft handele, trägt hierfür die Beweislast. Ein entsprechender Tatsachenvortrag kann vom Betreuer des Schenkers mit Nichtwissen bestritten werden[182] (vgl. die Kommentierung zu § 516 BGB Rn. 83).

63 Bei einem **Übergabevertrag** trägt derjenige die Beweislast, der die Rückforderung aus § 528 BGB begehrt, wenn streitig ist, ob der Vertrag wegen einer vereinbarten Gegenleistungen als entgeltlich anzusehen oder als Schenkung einzuordnen ist.[183] Es gibt keine Vermutung für den grundsätzlichen Schenkungscharakter von Leistungen unter nahen Verwandten. Die Darlegungs- und Beweislast trägt derjenige, der den Anspruch aus § 528 BGB geltend macht.[184] Der Beschenkte trägt die Beweislast für eine von ihm behauptete Entreicherung gemäß § 818 Abs. 3 BGB.[185] Die Beweislast, dass eine **spätere Schenkung** vorliegt und deshalb der frühere Beschenkte gemäß § 528 Abs. 2 BGB nicht haftet, liegt bei dem in Anspruch genommenen Beschenkten.[186] Wenn der Schenker dagegen einwendet, der später Beschenkte hafte nicht oder der Rückforderungsanspruch könne bei ihm nicht realisiert werden, trägt er dafür die Beweislast.

64 Maßgebend für die **Durchsetzbarkeit** des Anspruchs sind auch bei § 528 BGB – wie ansonsten üblich – die Verhältnisse im Zeitpunkt der **letzten mündlichen Verhandlung**.[187]

---

[180] Vgl. OLG Köln v. 12.01.2001 - 19 U 134/00 - JMBl NW 2001, 203-204 in Anschluss an BGH v. 01.02.1995 - IV ZR 36/94 - LM BGB § 516 Nr. 25 (7/1995); *Wimmer-Leonhardt* in: Staudinger, § 528 Rn. 55; Koch in: Münch/Komm-BGB, § 528 Rn. 35.
[181] OLG Hamm v. 05.11.2004 - 9 U 26/04 - juris Rn. 16 - OLGR Hamm 2005, 277-280.
[182] Brandenburgisches OLG v. 19.09.2006 - 11 U 140/05 - juris Rn. 27.
[183] BGH v. 01.02.1995 - IV ZR 36/94 - LM BGB § 516 Nr. 25 (7/1995); BGH v. 17.09.2002 - X ZR 196/01 - NJW-RR 2003, 53-54; *Wimmer-Leonhardt* in: Staudinger, § 516 Rn. 53.
[184] OLG Düsseldorf v. 05.02.2001 - 9 U 136/00 - NJW-RR 2001, 1518-1519.
[185] *Koch* in: MünchKomm-BGB, § 528 Rn. 35; *Herrmann* in: Erman, § 528 Rn. 7; *Wimmer-Leonhardt* in: Staudinger, § 528 Rn. 56; *Mühl/Teichmann* in: Soergel, § 528 Rn. 5.
[186] *Koch* in: MünchKomm-BGB, § 528 Rn. 35.
[187] *Koch* in: MünchKomm-BGB, § 528 Rn. 35.

§ 529 BGB Ausschluss des Rückforderungsanspruchs

(Fassung vom 02.01.2002, gültig ab 01.01.2002)

(1) Der Anspruch auf Herausgabe des Geschenkes ist ausgeschlossen, wenn der Schenker seine Bedürftigkeit vorsätzlich oder durch grobe Fahrlässigkeit herbeigeführt hat oder wenn zur Zeit des Eintritts seiner Bedürftigkeit seit der Leistung des geschenkten Gegenstandes zehn Jahre verstrichen sind.

(2) Das Gleiche gilt, soweit der Beschenkte bei Berücksichtigung seiner sonstigen Verpflichtungen außerstande ist, das Geschenk herauszugeben, ohne dass sein standesmäßiger Unterhalt oder die Erfüllung der ihm kraft Gesetzes obliegenden Unterhaltspflichten gefährdet wird.

Gliederung

A. Grundlagen	1	III. Ausschluss wegen Zeitablaufs	7
I. Kurzcharakteristik	1	IV. Ausschluss wegen eigener Bedürftigkeit des Beschenkten	8
II. Regelungsprinzipien	2		
B. Praktische Bedeutung	3	V. Ausschluss der Rückforderung wegen Treu und Glauben	10
C. Anwendungsvoraussetzungen	4		
I. Allgemeine Voraussetzung	4	D. Rechtsfolgen	12
II. Notbedarf des Schenkers durch eigenes Verschulden	5	E. Prozessuale Hinweise/Verfahrenshinweise	13

A. Grundlagen

I. Kurzcharakteristik

Die Vorschrift des § 529 BGB schränkt die Möglichkeit des Schenkers, das geleistete Geschenk nach § 528 BGB wieder zurückfordern zu können, für **drei Fälle** ein. In § 529 Abs. 1 BGB hat der Beschenkte das Recht, den Anspruch auf Herausgabe zu verweigern, wenn der Schenker seine eigene **Bedürftigkeit** vorsätzlich oder grob fahrlässig **herbeigeführt** hat oder wenn bereits **10 Jahre** seit Leistung des geschenkten Gegenstandes vergangen sind. Nach § 529 Abs. 2 BGB ist der Anspruch ausgeschlossen, wenn die Rückgabe des Geschenkes an den Schenker eine **eigene Bedürftigkeit** des Beschenkten zur Folge hätte.   1

II. Regelungsprinzipien

§ 529 BGB knüpft an den Rückforderungsanspruch des Schenkers aus § 528 BGB an und gewährt dem Beschenkten das Recht, die Herausgabe des Geschenkes unter bestimmten Umständen zu **verweigern**. Es handelt sich um eine **Schutznorm** zugunsten des **Beschenkten** aus Billigkeitserwägungen für die Fälle, in denen der Gesetzgeber das Vertrauen des Beschenkten in die Rechtsbeständigkeit der Schenkung als besonders schutzwürdig angesehen hat.[1]   2

B. Praktische Bedeutung

Die Vorschrift wird insbesondere im Hinblick auf den Anspruchsausschluss wegen Ablaufs der **10-Jahres-Frist** an Bedeutung gewinnen. In der Praxis ist die deutliche Tendenz erkennbar, Vermögenswerte bereits frühzeitig auf die Kinder zu übertragen, um alle Steuerfreibeträge voll ausschöpfen zu können[2] (vgl. die Kommentierung zu § 516 BGB Rn. 7). Da eine Bedürftigkeit der Eltern häufig erst im Alter   3

---

[1] *Koch* in: MünchKomm-BGB, § 529 Rn. 1; *Weidenkaff* in: Palandt, § 529 Rn. 1; *Herrmann* in: Erman, § 529 Rn. 1.

[2] Nach derzeitiger Steuergesetzgebung können die Steuerfreibeträge nach 10 Jahren wieder neu ausgenutzt werden, vgl. dazu § 14 ErbStG.

eintritt, wird sich die Frage des Ausschlusses der Rückforderung bzw. des Sozialhilferegresses infolge Zeitablaufs zukünftig häufiger stellen.

C. Anwendungsvoraussetzungen

I. Allgemeine Voraussetzung

4 Allgemeine Voraussetzung für die Anwendbarkeit von § 529 BGB ist zunächst, dass ein **Rückforderungsanspruch** des Schenkers aus § 528 BGB besteht. Die Tatbestandsvoraussetzungen dieser Vorschrift müssen vorliegen. § 529 BGB ist z.B. nicht anwendbar, wenn der Rückforderungsanspruch des Schenkers wegen **Entreicherung** des Beschenkten gemäß den §§ 528 Abs. 1 Satz 1, 818 Abs. 3 BGB ausgeschlossen ist.[3] Die Vorschrift gilt andererseits unabhängig davon, welchen Inhalt der Rückforderungsanspruch hat (vgl. auch die Kommentierung zu § 528 BGB Rn. 20) und greift auch dann ein, wenn der Beschenkte sich zunächst entschlossen hatte, die Herausgabe durch Unterhaltszahlungen nach § 528 Abs. 1 Satz 2 BGB abzuwenden[4] (vgl. auch die Kommentierung zu § 528 BGB Rn. 25).

II. Notbedarf des Schenkers durch eigenes Verschulden

5 Der Anspruch des Schenkers auf Rückgabe ist ausgeschlossen, wenn er seine Bedürftigkeit durch **eigenes Verschulden** selbst herbeigeführt hat. Für die Frage, ob er dabei vorsätzlich oder grob fahrlässig gehandelt hat, gelten die allgemeinen Vorschriften der §§ 276, 277 BGB (vgl. auch die Kommentierung zu § 276 BGB und die Kommentierung zu § 277 BGB). Die Bedürftigkeit des Schenkers (näheres vgl. die Kommentierung zu § 528 BGB Rn. 15) muss nach Vollzug der Schenkung erfolgen und tatsächlich bereits eingetreten sein.[5] Es reicht hier – im Gegensatz zu § 519 BGB – nicht aus, dass Umstände vorliegen, aufgrund derer erst in Zukunft von einer Bedürftigkeit des Schenkers ausgegangen werden kann.[6] Hier wird eine Billigkeitsentscheidung getroffen, die den Beschenkten vor Verschwendungen des Schenkers schützen soll.[7] Beispiele für schuldhaftes Herbeiführen der eigenen Bedürftigkeit sind Verschwendung durch inadäquate Luxusausgaben, unseriöse Spekulationen, Glücksspiel und mutwilliger Arbeitsverzicht.[8] Andererseits können z.B. großzügige Spenden an karitative Einrichtungen noch sozialadäquat sein, wenn der Spender mit seinem baldigen Ableben rechnen musste.[9]

6 Der Beschenkte kann sich nach Sinn und Zweck der Vorschrift nicht auf den Ausschluss des Rückgabeanspruches berufen, wenn die **Bedürftigkeit** bereits durch die Schenkung **selbst verursacht** wurde und ihm dies bekannt sein musste. In einem solchen Fall ist das Vertrauen des Beschenkten auf die Rechtsbeständigkeit der Schenkung nicht als schutzwürdig anzusehen.

III. Ausschluss wegen Zeitablaufs

7 Der Anspruch des Schenkers ist nach § 529 Abs. 1 Alt. 2 BGB auch dann ausgeschlossen, wenn zur Zeit des Eintritts seiner Notlage seit der Leistung des geschenkten Gegenstandes **10 Jahre** verstrichen sind. Hierbei ist es wiederum erforderlich, dass der Notbedarf des Schenkers bereits **innerhalb der 10-Jahres-Frist** eingetreten ist. Es genügt nicht, wenn vor Ablauf der Frist nur die Umstände erkennbar sind, die zu einer **zukünftigen Bedürftigkeit** führen können, der Schenker aber aufgrund seiner Einkommens- und Vermögensverhältnisse tatsächlich **gegenwärtig** noch in der Lage ist, seinen

---

[3] Zum Verhältnis der §§ 528, 812-822 BGB zu § 529 BGB vgl. BGH v. 19.12.2000 - X ZR 146/99 - juris Rn. 12 - LM BGB § 529 Nr. 3 (10/2001).
[4] So auch *Koch* in: MünchKomm-BGB, § 529 Rn. 1.
[5] Vgl. *Koch* in: MünchKomm-BGB, § 529 Rn. 2; a.A. *Herrmann* in: Erman, Rn. 2, § 529 Rn. 2; *Mühl/Teichmann* in: Soergel, § 529 Rn. 2.
[6] BGH v. 26.10.1999 - X ZR 69/97 - juris Rn. 20 - BGHZ 143, 51-55
[7] BGH v. 05.11.2002 - X ZR 140/01 - NJW 2003, 1384-1388.
[8] *Koch* in: MünchKomm-BGB, § 529 Rn. 2; *Wimmer-Leonhardt* in: Staudinger, § 519 Rn. 4.
[9] BGH v. 05.11.2002 - X ZR 140/01 - NJW 2003, 1384, 1386.

Unterhalt bis zum Ablauf der Frist weiterhin selbst sicherzustellen.[10] Die 10-Jahres-Frist beginnt mit der „Leistung des Gegenstandes". Darunter ist grundsätzlich der Vollzug der Schenkung zu verstehen, d.h. der **Eintritt des Leistungserfolges** (vgl. auch die Kommentierung zu § 518 BGB Rn. 21 ff.).[11] Andererseits darf bei der Auslegung der Vorschrift nicht übersehen werden, dass es sich bei § 529 Abs. 1 Alt. 2 BGB z.B. im Gegensatz zu § 518 Abs. 2 BGB auch um eine Schutznorm zugunsten des Beschenkten handelt. Sein Vertrauen in die Rechtsbeständigkeit der Schenkung ist umso höher schutzwürdig, je länger die (rechtswirksame) Schenkungshandlung und sämtliche übrigen zum Eintritt des Leistungserfolges erforderlichen Voraussetzungen zurückliegen[12] (vgl. die Kommentierung zu § 518 BGB Rn. 21). Das rechtfertigt es, im Ausnahmefall von diesem Grundsatz abzuweichen, wenn die Beteiligten sämtliche zum Eintritt des Leistungserfolges erforderlichen Rechtshandlungen rechtswirksam vorgenommen haben und der Eintritt des Leistungserfolges weder vom Schenker noch von einem Dritten einseitig verhindert werden kann. So genügt es für den Beginn der 10-Jahresfrist bei einem geschenkten Grundstück, wenn der Beschenkte nach dem notariell beurkundeten Übergabe- und Auflassungsvertrag den Antrag auf Eigentumsumschreibung beim Grundbuchamt eingereicht hat.[13] Die neuere höchstrichterliche Rechtsprechung zu § 2325 Abs. 3 BGB, wonach eine Schenkung von Grundbesitz unter **Vorbehaltsnießbrauch** des Schenkers nicht vollzogen worden ist und deshalb die dort genannte 10-Jahresfrist nicht zu laufen beginnt[14], ist im vorliegenden Zusammenhang **nicht anzuwenden**.[15] Der Beschenkte ist im Rahmen des § 529 BGB schutzwürdig, unabhängig davon, ob er bereits tatsächlich die wirtschaftliche Nutzungsbefugnis des Geschenkes hat oder nicht. Die gleichen Erwägungen gelten auch bei der Vereinbarung von vertraglichen Widerrufsrechten des Schenkers. Auch in diesem Fall läuft die 10-Jahresausschlussfrist des § 529 Abs. 1 Alt. 2 BGB.[16] **Praxistipp:** Im Hinblick auf die Rückforderungsgefahr der §§ 528, 529 BGB sind vorbehaltene Widerrufs- und Nutzungsrechte für den Schenker unschädlich.

IV. Ausschluss wegen eigener Bedürftigkeit des Beschenkten

Die tatbestandlichen Voraussetzungen von § 529 Abs. 2 BGB entsprechen denjenigen von § 519 Abs. 1 BGB (vgl. die Kommentierung zu § 519 BGB Rn. 4). Der Beschenkte hat demgemäß die Möglichkeit, die Herausgabe des Geschenkes zu verweigern, wenn dadurch sein eigener angemessener **Unterhalt gefährdet** wird. Eine konkrete Beeinträchtigung muss noch nicht vorliegen, es genügt die bloße Gefährdung.[17] Es reicht aus, wenn die begründete Besorgnis besteht, dass der Beschenkte bei Erfüllung des Rückforderungsverlangens zukünftig nicht mehr in der Lage sein wird, seinen Unterhalt selbst sicherzustellen bzw. seinen gesetzlichen Unterhaltsverpflichtungen nachzukommen.[18] Der Beschenkte muss zur Erfüllung seiner Unterhaltspflichten auch den Stamm seines Vermögens einsetzen, eine Verwertung kann ihm jedoch dann nicht zugemutet werden, wenn dies für ihn mit einem wirtschaftlich nicht mehr zu vertretenen Nachteil verbunden wäre.[19]

---

[10] BGH v. 26.10.1999 - X ZR 69/97 - juris Rn. 20 - BGHZ 143, 51-55.
[11] Vgl. hierzu OLG Köln v. 26.06.1985 - 26 U 6/85 - FamRZ 1986, 988-990; *Koch* in: MünchKomm-BGB, § 529 Rn. 3; *Weidenkaff* in: Palandt, § 529 Rn. 2; *Herrmann* in: Erman, § 529 Rn. 2; *Wimmer-Leonhardt* in: Staudinger, § 529 Rn. 7; *Mezger* in: BGB-RGRK, § 529 Rn. 2.
[12] So zu Recht *Koch* in: MünchKomm-BGB, § 529 Rn. 1; *Schippers*, RNotZ 2006, 42 ff, 48.
[13] *Everts*, MittBayNot 2012, 23-25.
[14] BGH v. 27.04.1994 - IV ZR 132/93 - juris Rn. 12 - BGHZ 125, 395-399.
[15] So zu Recht jetzt BGH v. 19.07.2011 - X ZR 140/10 - juris Rn. 35-37.
[16] So auch *Schippers*, RnotZ 2006, 42; *Everts*, MittBayNot 2012, 23-25, 25, wobei jedoch zu beachten ist, dass diese Frage höchstrichterlich bislang noch nicht entschieden ist.
[17] BGH v. 15.01.2002 - X ZR 77/00 - BGHReport 2002, 861.
[18] BGH v. 19.12.2000 - X ZR 128/99 - juris Rn. 18 - LM BGB § 195 Nr. 46 (8/2001).
[19] BGH v. 15.01.2002 - X ZR 77/00 - juris Rn. 14 - BGHReport 2002, 861.

9   Der Begriff „**standesgemäßer Unterhalt**" ist mit „**angemessener Unterhalt**" gleichzusetzen.[20] Für die Bemessung der Höhe des künftigen Unterhaltsbedarfs des Beschenkten können die jeweils einschlägigen familienrechtlichen Bestimmungen (§§ 1603, 1610 Abs. 1 BGB) und die von der Rechtsprechung dazu entwickelten Maßstäbe herangezogen werden.[21] Es ist – bis zur Grenze des Rechtsmissbrauchs nach § 242 BGB – grundsätzlich unerheblich, wann und wodurch der Notbedarf des Beschenkten entstanden ist und ob der Beschenkte seine Bedürftigkeit durch eigenes Verhalten verschuldet hat (vgl. die Kommentierung zu § 519 BGB Rn. 4).[22]

V. Ausschluss der Rückforderung wegen Treu und Glauben

10 Die Vorschrift des § 529 BGB ist eine besondere Ausprägung des im Rechtsverkehr geltenden Grundsatzes von **Treu und Glauben**. Der Gesetzgeber hat mit der Vorschrift im Bereich der Schenkung Fallgruppen gesetzlich normiert, die es **unbillig** erscheinen lassen, den grundsätzlichen **Bestandsschutz** der vollzogenen Schenkung wieder zu **durchbrechen**. Die in der Vorschrift aufgeführten drei Fallalternativen sind jedoch **nicht erschöpfend**. So ist der Rückforderungsanspruch aus § 528 Abs. 1 BGB z.B. auch dann ausgeschlossen, wenn durch die Verwertung des Geschenkes **kein nennenswerter Erlös** erzielt werden kann und deshalb die Bedürftigkeit des Schenkers unverändert fortbesteht.[23] Der Beschenkte kann die Rückforderung eines Grundstücksmiteigentumsanteils auch dann verweigern, wenn er auf dem Grundbesitz mittlerweile sein Wohnhaus mit erheblichen Eigenmitteln errichtet hat.[24] Andererseits kann sich der Grundsatz auch zu **Lasten des Beschenkten** auswirken. Er kann sich z.B. im Rahmen des § 529 Abs. 2 BGB nicht auf die Vorschrift berufen, wenn er seine eigene Bedürftigkeit aus Mutwilligkeit bewusst herbeigeführt und verursacht hat.[25] Ebenso ergibt sich aus § 242 BGB eine einschränkende Auslegung dahingehend, dass der Beschenkte dem Sozialhilfeträger als Gläubiger gegenüber nicht einwenden kann, dass sein eigener angemessener Unterhalt gefährdet ist, wenn der Sozialhilfeträger selbst dem Beschenkten Sozialhilfeunterhalt gewährt hat.[26]

11 **Abdingbarkeit**: Die Vorschrift bezweckt zunächst den **Schutz des Beschenkten**. Er kann grundsätzlich freiwillig auf diesen Schutz verzichten und die Geltung der Vorschrift durch Parteivereinbarung abbedingen. Das gilt jedoch nicht im Rahmen des § 529 Abs. 2 BGB. Nach dem Sinn und Zweck dieser Tatbestandsalternative kann sich der Beschenkte nicht schon von vornherein des **Schutz**es, seinen eigenen **Unterhalt** auch zukünftig **sicherzustellen**, begeben (vgl. auch die Kommentierung zu § 519 BGB Rn. 8). Eine **Verkürzung der Ausschlussfrist** von 10 Jahren kann ebenfalls zwischen den Vertragsparteien vereinbart werden. Eine solche Vereinbarung ist jedoch dann unwirksam, wenn der Anspruch mittlerweile bereits auf den Sozialhilfeträger übergeleitet worden ist. Die im Gesetz zum Ausdruck kommende Wertentscheidung des Gesetzgebers ist zu beachten, wenn sich eine abweichende Parteivereinbarung im Ergebnis zu **Lasten der Allgemeinheit** auswirkt.

D. Rechtsfolgen

12 Der **Anspruch** des Schenkers auf Herausgabe des Geschenkes (vgl. auch die Kommentierung zu § 528 BGB Rn. 20) ist **ausgeschlossen**. Ob es sich bei den verschiedenen Fallgruppen des § 529 BGB um von Amts wegen zu berücksichtigende **Einwendungen** oder um **Einreden** des Beschenkten han-

---

[20] Es handelt sich um ein Redaktionsversehen des Gesetzgebers, vgl. hierzu *Koch* in: MünchKomm-BGB, § 529 Rn. 4; *Wimmer-Leonhardt* in: Staudinger, § 529 Rn. 11.
[21] BGH v. 02.03.2000 - IX ZR 126/98 - BGHR DDR-GesO § 10 Abs. 1 Anfechtungsgrund 2.
[22] BGH v. 19.12.2000 - X ZR 128/99 - LM BGB § 195 Nr. 46 (8/2001); *Koch* in: MünchKomm-BGB, § 519 Rn. 4; *Wimmer-Leonhardt* in: Staudinger, § 519 Rn. 10.
[23] OLG München v. 08.07.1938 - 4 U 169/38 - HRR 1938, Nr. 1327; *Koch* in: MünchKomm-BGB, § 529 Rn. 5.
[24] OLG Hamm v. 26.11.1992 - 22 U 347/91 - OLGR Hamm 1993, 160; vgl. OLG Celle v. 13.03.2003 - 6 U 129/02 - OLGR Celle 2003, 274-276.
[25] BGH v. 19.12.2000 - X ZR 128/99 - LM BGB § 195 Nr. 46 (8/2001).
[26] OLG Celle v. 20.12.2001 - 22 U 7/01 - OLGR Celle 2002, 139.

delt, ist dabei umstritten.²⁷ Sachgerecht erscheint es, zwischen den einzelnen Tatbestandsalternativen zu differenzieren. Trotz des Wortlautes der Vorschrift („Der Anspruch ... ist ausgeschlossen.") handelt es sich bei den in § 529 Abs. 1 Alt. 1 BGB und § 529 Abs. 2 BGB geregelten Fällen jeweils um Einreden und keine Einwendungen des Beschenkten.²⁸ Das **Vertrauen** des Beschenkten auf den Bestand der Schenkung soll grundsätzlich **geschützt** werden. Dieser Schutz erfolgt in diesen Fällen aufgrund einer im Einzelfall vorzunehmenden **Wertungsentscheidung**, die nur dann zu treffen ist, wenn sich der Beschenkte auch darauf berufen möchte. Anders ist das bei § 529 Abs. 1 Alt. 2 BGB zu sehen. Dort hat der Gesetzgeber bewusst eine zeitliche Ausschlussfrist gesetzt, nach deren Ablauf der Anspruch des Schenkers kraft Gesetzes ausgeschlossen sein soll. Er hat diesen Ausschluss an eine **objektive Voraussetzung** (Zeitablauf) geknüpft, die jegliche Wertung und Entscheidung des Beschenkten im Einzelfall entbehrlich macht. Sie ist deshalb **von Amts wegen** zu beachten.²⁹ Liegen die genannten Voraussetzungen der Vorschrift vor, so ist die **Durchsetzbarkeit** des dem Schenker zustehenden **Rückforderungsrechtes** aus § 528 Abs. 1 BGB **ausgeschlossen**. Das gilt grundsätzlich auch dann, wenn der Anspruch im Wege des Sozialhilferegresses mittlerweile auf den Sozialhilfeträger übergeleitet worden ist. Die Vorschrift gilt damit nicht nur zu Lasten des Schenkers selbst, sondern grundsätzlich auch **zu Lasten etwaiger Rechtsnachfolger**. Eine Ausnahme besteht dann, wenn die Voraussetzungen des Rückforderungsausschlusses durch die Parteien zu Lasten des Sozialhilfeträgers ausgehöhlt werden sollen, z.B. durch vertragliche Fristverkürzung.

E. Prozessuale Hinweise/Verfahrenshinweise

Wie vorstehend ausgeführt, handelt es sich bei den in § 529 Abs. 1 Alt. 1 BGB und § 529 Abs. 2 BGB geregelten Fallgruppen jeweils um **Einreden** des Beschenkten. Sie müssen im Prozess geltend gemacht werden. Beim Anspruchsausschluss wegen **Zeitablaufs** (§ 530 Abs. 1 Alt. 2 BGB.) liegt eine **rechtsvernichtende Einwendung** vor, die von Amts wegen zu berücksichtigen ist. 13

§ 529 Abs. 2 BGB begründet eine anspruchshemmende Einrede, die nicht dem Rückforderungsanspruch, sondern nur dessen gegenwärtiger Durchsetzung entgegensteht. Rechtlich ist dieser Fall mit einer Forderung vergleichbar, die besteht, aber nicht fällig gestellt wird.³⁰ 14

Die **Beweislast** für das Vorliegen der Tatbestandsvoraussetzungen liegt jeweils beim **Beschenkten**, wobei es auf den Zeitpunkt der letzten mündlichen Verhandlung in der Tatsacheninstanz ankommt.³¹ Wenn der Schenker behauptet, die Berufung des Beschenkten auf die Einrede sei gemäß § 242 BGB **rechtsmissbräuchlich**, so liegt die Beweislast für die den Rechtsmissbrauch begründenden Tatsachen beim Schenker. 15

---

[27] Vgl. dazu *Koch* in: MünchKomm-BGB, § 529 Rn. 6; *Mühl/Teichmann* in: Soergel, § 529 Rn. 5; *Mezger* in: BGB-RGRK, § 529 Rn. 1; *Wimmer-Leonhardt* in: Staudinger, § 529 Rn. 13.
[28] BGH v. 19.12.2000 - X ZR 146/99 - juris Rn. 12 - LM BGB § 529 Nr. 3 (10/2001) für § 529 Abs. 2 BGB; im Einzelnen strittig vgl. *Wimmer-Leonhardt* in: Staudinger, § 529 Rn. 13; *Mühl/Teichmann* in: Soergel, § 529 Rn. 5; *Koch* in: MünchKomm-BGB, § 529 Rn. 6; *Weidenkaff* in: Palandt, § 529 Rn. 1; *Herrmann* in: Erman, § 529 Rn. 1.
[29] So jetzt auch OLG Hamm v. 30.03.2000 - 22 U 112/99 - juris Rn. 45 - OLGR Hamm 2000, 376-380 und OLG Hamm v. 02.07.2001 - 22 U 1/01 - juris Rn. 44 zum vergleichbaren Fall des § 532 Satz 1 Alt. 2 BGB; vgl. hierzu auch Brandenburgisches OLG v. 26.11.2008 - 4 U 5/08 - juris Rn. 44 ff.
[30] BGH v. 06.09.2005 - X ZR 51/03 - juris Rn. 6 - WM 2006, 56-57.
[31] BGH v. 19.12.2000 - X ZR 146/99 - juris Rn. 24 - LM BGB § 529 Nr. 3 (10/2001).

§ 530 BGB Widerruf der Schenkung

(Fassung vom 02.01.2002, gültig ab 01.01.2002)

(1) Eine Schenkung kann widerrufen werden, wenn sich der Beschenkte durch eine schwere Verfehlung gegen den Schenker oder einen nahen Angehörigen des Schenkers groben Undankes schuldig macht.

(2) Dem Erben des Schenkers steht das Recht des Widerrufs nur zu, wenn der Beschenkte vorsätzlich und widerrechtlich den Schenker getötet oder am Widerruf gehindert hat.

Gliederung

A. Grundlagen 1	IV. Widerrufsrecht der Erben nach Absatz 2 12
I. Kurzcharakteristik 2	V. Sonderfragen 13
II. Regelungsprinzipien 3	VI. Einzelfälle 18
B. Praktische Bedeutung 4	1. Abdingbarkeit 19
C. Anwendungsvoraussetzungen 5	2. Praktische Hinweise 20
I. Normstruktur 5	**D. Rechtsfolgen** 21
II. Schwere Verfehlung des Beschenkten 6	**E. Prozessuale Hinweise/Verfahrenshinweise** 22
III. Grober Undank 10	**F. Anwendungsfelder** 24

A. Grundlagen

1 Schenker erwarten in der Regel ein gewisses berechtigtes **Maß an Dankbarkeit** vom Beschenkten. Diese ist – wie andere Grundsätze der allgemeinen Sozialmoral – jedoch weder einklagbar noch bei Nichterfüllung mit Schadensersatzansprüchen sanktionierbar. Bei **grob undankbarem Verhalten** gewährt das Gesetz dem Schenker jedoch unter bestimmten Voraussetzungen ein **Recht zum Widerruf** der Schenkung. Tatbestandsvoraussetzungen und Rechtsfolgen dieses Widerrufs sind in den §§ 530-534 BGB geregelt. Aus § 530 BGB ergeben sich die **Widerrufsvoraussetzungen** und die **Person** des Widerrufsberechtigten. In § 531 BGB ist die **Widerrufserklärung** mit den sich nach Ausübung ergebenden Rechtsfolgen geregelt. Die §§ 532, 534 BGB schränken die Widerrufsmöglichkeiten ein, während § 533 BGB sie gegen **voreiligen Verzicht** erhält.

I. Kurzcharakteristik

2 In § 530 Abs. 1 BGB sind zunächst die **Voraussetzungen** des Widerrufs einer Schenkung festgelegt. Eine Schenkung kann danach durch den Schenker widerrufen werden, wenn sich der Beschenkte durch eine schwere Verfehlung gegenüber dem Schenker oder einer ihm nahe stehenden Person **groben Undanks** schuldig macht. Nach § 530 Abs. 2 BGB steht dieses Recht dem **Erben** des Schenkers nur unter den dort genannten, eingeschränkten Voraussetzungen zu.

II. Regelungsprinzipien

3 **Sinn und Zweck** der Vorschrift ist es, dem Schenker eine **Sanktionsmöglichkeit** zu verschaffen, wenn der Beschenkte durch sein Verhalten eine Gesinnung zum Ausdruck bringt, die in erheblichem Maß Undankbarkeit erkennen lässt und den **üblichen Moralvorstellungen** in hohem Maße **zuwiderläuft**. In der Regel ist damit eine schwere persönliche Kränkung des Schenkers verbunden. In diesem Fall soll der Schenker die Möglichkeit haben, die Schenkung, unabhängig davon, ob sie bereits vollzogen ist oder ob nur ein wirksames Schenkungsversprechen vorliegt,[1] zu widerrufen und den Beschenkten gegebenenfalls zur Rückgabe des Geschenkes zu zwingen.

---

[1] BGH v. 18.05.1966 - IV ZR 105/65 - BGHZ 45, 258-268; *Wimmer-Leonhardt* in: Staudinger, § 530 Rn. 5.

B. Praktische Bedeutung

Die **praktische Bedeutung** der Vorschrift ist **nicht** zu **unterschätzen**. Oft erreicht die Undankbarkeit von Beschenkten ein Maß, dass die Grenze des groben Undankes überschreitet. Dann bieten die Rückforderungsmöglichkeiten nach den §§ 530-534 BGB grundsätzlich die einzige Möglichkeit für den Schenker, die Bestandskraft der Schenkung zu durchbrechen und das Geschenk wieder zurück zu erlangen.

4

C. Anwendungsvoraussetzungen

I. Normstruktur

In der Norm werden nur die **Tatbestandsvoraussetzungen** festgelegt, unter denen ein Widerruf der Schenkung möglich ist. Die Vollziehung und die Rechtsfolgen des Widerrufes ergeben sich aus den nachfolgenden Vorschriften der §§ 531-534 BGB.

5

II. Schwere Verfehlung des Beschenkten

Es muss zunächst eine **schwere Verfehlung** des Beschenkten vorliegen.[2] Das setzt nach ständiger Rechtsprechung **objektiv** ein gewisses Maß an Schwere und **subjektiv** eine tadelnswerte Gesinnung voraus, die in erheblichem Maße die Dankbarkeit vermissen lässt, die der Schenker redlicherweise erwarten kann.[3] Dabei sind alle **Umstände des Einzelfalles** festzustellen und umfassend zu würdigen. Bei dieser **wertenden Gesamtbetrachtung** ist sowohl das Verhalten des Beschenkten als auch ggf. das Gesamtverhalten des Schenkers mit zu berücksichtigen.[4] Zweifelhaft ist, ob der Wert der Schenkung, insbesondere im Hinblick auf den tatsächlichen Vermögenszuwachs beim Beschenkten, einen entscheidenden Einfluss darauf haben kann, ob objektiv von einer schweren Verfehlung des Beschenkten auszugehen ist.[5] Das ist im Grundsatz zu verneinen, denn das Maß der zu erwartenden Dankbarkeit ist im Ergebnis nicht i.e.L. an der Höhe der Zuwendung zu messen.

6

Die Verfehlung des Beschenkten kann durch **Tun oder Unterlassen**[6] und zwar durch einmaliges oder mehrfaches Verhalten[7] zum Ausdruck kommen. Möglicherweise erfüllt erst ein **fortgesetztes Handeln** oder eine **Mehrheit von Handlungen** den Tatbestand.[8] Das gilt auch dann, wenn etwaige frühere Handlungen wegen der Ausschlussfrist des § 532 BGB nicht mehr sanktioniert werden können.[9] Ein unmittelbarer **sachlicher oder zeitlicher Zusammenhang** mit der Schenkung ist grundsätzlich

7

---

[2] Beim Vertrag zugunsten Dritter ist dessen Verhalten zu werten, vgl. OLG München v. 09.11.1999 - 25 U 3831/99 - NJW 2000, 1423-1424.

[3] BGH v. 04.12.2001 - X ZR 167/99 - juris Rn. 8 - LM BGB § 530 Nr. 17 (5/2002); BGH v. 27.09.1991 - V ZR 55/90 - juris Rn. 12 - LM ZPO § 286 (A) Nr. 60 (6/1992).

[4] BGH v. 04.12.2001 - X ZR 167/99 - juris Rn. 20 - LM BGB § 530 Nr. 17 (5/2002); BGH v. 08.11.1984 - IX ZR 108/83 - juris Rn. 12 - WM 1985, 137; BGH v. 23.05.1984 - IVa ZR 229/82 - juris Rn. 16 - BGHZ 91, 273-281; BGH v. 24.03.1983 - IX ZR 62/82 - juris Rn. 17 - BGHZ 87, 145-149: umfassend hierzu auch OLG München v. 12.12.2007 - 20 U 3689/07 - juris Rn. 35.

[5] So jedoch im Ergebnis OLG Düsseldorf v. 12.02.2007 - I-9 U 112/06 - juris Rn. 51.

[6] Unterlassen kann dann eine schwere Verfehlung darstellen, wenn eine sittliche Pflicht zum Handeln bestand, vgl. RG v. 04.08.1938 - IV 104/38 - RGZ 158, 141-145; BGH v. 23.05.1984 - IVa ZR 229/82 - juris Rn. 16 - BGHZ 91, 273-281; *Weidenkaff* in: Palandt, § 530 Rn. 5; *Koch* in: MünchKomm-BGB, § 530 Rn. 3; *Herrmann* in: Erman, § 530 Rn. 2; *Wimmer-Leonhardt* in: Staudinger, § 530 Rn. 11; *Mezger* in: BGB-RGRK, § 530 Rn. 4; *Mühl/Teichmann* in: Soergel, § 530 Rn. 6.

[7] *Koch* in: MünchKomm-BGB, § 530 Rn. 3; *Herrmann* in: Erman, § 530 Rn. 2; *Wimmer-Leonhardt* in: Staudinger, § 530 Rn. 11; *Mezger* in: BGB-RGRK, § 530 Rn. 4.

[8] RG, WarnR 1915 Nr. 281; RG, WarnR 1935 Nr.112; *Wimmer-Leonhardt* in: Staudinger, § 530 Rn. 11; *Herrmann* in: Erman, § 530 Rn. 2; *Mezger* in: BGB-RGRK, § 530 Rn. 4; *Mühl/Teichmann* in: Soergel, § 530 Rn. 7; *Mansel* in: Jauernig, §§ 530-533, Rn. 2.

[9] BGH v. 22.02.1967 - IV ZR 309/65 - LM Nr. 80 zu § 48 Abs. 2 EheG; *Wimmer-Leonhardt* in: Staudinger, § 530 Rn. 11; *Herrmann* in: Erman, § 530 Rn. 2.

nicht erforderlich.[10] Die Verfehlung muss allerdings der Schenkung **nachfolgen**, da sie sich gerade im Lichte der vorangegangenen Schenkung als grober Undank darstellen muss.[11]

8   In **subjektiver** Hinsicht muss sich der Beschenkte „**schuldig**" gemacht haben. Das bedeutet in diesem Zusammenhang, dass dem Beschenkten in sittlich moralischer Hinsicht und nicht im Rechtssinne ein Vorwurf gemacht werden kann.[12] Voraussetzung dafür ist, dass **Verschuldensfähigkeit** des Beschenkten vorliegt.[13] Verfehlungen **Dritter** sind dem Beschenkten nach § 166 BGB oder § 278 BGB regelmäßig nicht zurechenbar, es sei denn, sie wurden von ihm zu ihrem verwerflichen Tun angehalten oder ihr Handeln wurde trotz Abhilfemöglichkeit von ihm geduldet.[14] Handelt ein Dritter zunächst ohne Wissen und Wollen des Beschenkten, kann dem Beschenkten die zum Widerruf berechtigende Handlung dann zugerechnet werden, wenn eine Verfehlung erheblichen Gewichts vorliegt, der Beschenkte zu gegenläufigem Handeln sittlich verpflichtet ist, dies jedoch unterlässt.[15] Zum Schutz des Beschenkten vor den Auswirkungen unvorhergesehenen Handelns Dritter sind hieran jedoch hohe Anforderungen zu stellen. Die unterlassene Reaktion des Beschenkten auf die Verfehlung des Dritten muss jedenfalls sittlich geboten sein (z.B.: abweisende Reaktion der beschenkten Tochter gegenüber der schenkenden Mutter auf eine sexuelle Belästigung durch den Schwiegersohn anstatt offensichtlichem Beistand oder Aufklärung der Vorkommnisse[16]), andernfalls scheidet eine Zurechnung regelmäßig aus. Die Verfehlung des Beschenkten muss **nicht** objektiv **rechtswidrig** gewesen sein.[17] Es reicht aus, wenn darin eine **undankbare moralische Gesinnung** zum Ausdruck kommt. Diese ist i.d.R. bei **Notwehr**, Notstand oder Wahrnehmung berechtigter Eigeninteressen des Schenkers ausgeschlossen.[18]

9   Die schwere Verfehlung muss sich **gegen den Schenker** selbst oder einen **nahen Angehörigen** richten. Wie groß der Kreis der nahen Angehörigen zu ziehen ist, hat der Gesetzgeber weder definiert noch begrenzt. Ein bestimmter Verwandtschaftsgrad ist nicht erforderlich. Deshalb können auch entferntere Verwandte als Kränkungsopfer in Betracht kommen. Ein gewisser Anhaltspunkt für die Abgrenzung kann § 11 Abs. 1 Ziff. 1 StGB bieten.[19] Entscheidend ist in jedem Fall, inwieweit die Verfehlungen gegenüber **Angehörigen** den Schenker selbst kränken oder in ihm eine **eigene Kränkung** erzeugen können.[20] Das erfordert i.d.R. ein tatsächliches persönliches Verhältnis zum Schenker.

III. Grober Undank

10 Durch die schwere Verfehlung muss sich der Schenker **groben Undanks** schuldig gemacht haben. Undank ist dabei als innere Empfindung oder als der Mangel einer solchen zu charakterisieren.[21] Diese

---

[10] *Koch* in: MünchKomm-BGB, § 530 Rn. 3; *Mezger* in: BGB-RGRK, § 530 Rn. 7.

[11] Zur ehelichen Untreue vgl. z.B. OLG München v. 28.01.2009 - 20 U 2673/08 - juris Rn. 61 - MittBayNot 2009, 308-311.

[12] *Koch* in: MünchKomm-BGB, § 530 Rn. 7; *Wimmer-Leonhardt* in: Staudinger, § 530 Rn. 12; *Herrmann* in: Erman, § 530 Rn. 2; *Weidenkaff* in: Palandt, § 530 Rn. 5.

[13] Hier können die §§ 827, 828 BGB analog herangezogen werden, vgl. *Koch* in: MünchKomm-BGB, § 530 Rn. 7; *Wimmer-Leonhardt* in: Staudinger, § 530 Rn. 12.

[14] Vgl. OLG Hamburg v. 19.06.1959 - 4 W 68/59 - FamRZ 1960, 151; BGH v. 23.05.1984 - IVa ZR 229/82 - juris Rn. 16 - BGHZ 91, 273-281; BGH v. 07.03.1962 - V ZR 132/60 - BGHZ 36, 395-402; BGH, WM 1982, 1472; BGH v. 27.09.1991 - V ZR 55/90 - juris Rn. 14 - LM ZPO § 286 (A) Nr. 60 (6/1992); *Wimmer-Leonhardt* in: Staudinger, § 530 Rn. 12; *Mansel* in: Jauernig, §§ 530-533, Rn. 2; *Koch* in: MünchKomm-BGB, § 530 Rn. 4; *Herrmann* in: Erman, § 530 Rn. 2.

[15] Brandenburgisches OLG v. 13.11.2008 - 5 U 53/07 - juris Rn. 27.

[16] So der Sachverhalt bei Brandenburgischem OLG v. 13.11.2008 - 5 U 53/07 - juris Rn. 28 f.

[17] *Wimmer-Leonhardt* in: Staudinger, § 530 Rn. 14; *Weidenkaff* in: Palandt, § 530 Rn. 5; *Koch* in: MünchKomm-BGB, § 530 Rn. 7; *Herrmann* in: Erman, § 530 Rn. 2; so auch OLG München v. 12.12.2007 - 20 U 3689/07 - juris Rn. 35 und 41.

[18] *Wimmer-Leonhardt* in: Staudinger, § 530 Rn. 15; *Mühl/Teichmann* in: Soergel, § 530 Rn. 7.

[19] *Wimmer-Leonhardt* in: Staudinger, § 530 Rn. 16; *Mühl/Teichmann* in: Soergel, § 530 Rn. 11.

[20] BGH v. 19.01.1999 - X ZR 60/97 - juris Rn. 13 - LM BGB § 530 Nr. 15 (9/1999); OLG Karlsruhe v. 09.09.1988 - 10 U 32/88 - juris Rn. 33 - NJW 1989, 2136-2137; *Herrmann* in: Erman, § 530 Rn. 3; *Wimmer-Leonhardt* in: Staudinger, § 530 Rn. 16.

[21] So auch BGH v. 14.12.1992 - II ZR 10/92 - juris Rn. 9 - DStR 1993, 332-333.

innere Empfindung muss sich in einem **äußeren Tun oder Unterlassen** äußern, das unter wertenden Gesichtspunkten als Undankbarkeit zu beurteilen ist. Der **grobe** Undank erfordert dazu **objektiv** ein gewisses Maß an Schwere, dass dem Beschenkten **subjektiv** bewusst sein muss.[22] Dabei muss für die Beurteilung auch ein etwaiges **anstößiges Verhalten des Schenkers** (ehrverletzende Äußerungen; schwere Reizung des Beschenkten etc.) mitbewertet werden.[23] Genau wie bei der Frage, ob eine schwere Verfehlung vorliegt, sind auch hier die gesamten **Umstände des Einzelfalles** mit zu berücksichtigen. Es ist eine Gesamtwürdigung des Verhaltens des Beschenkten unter Berücksichtigung der Handlungen des Schenkers geboten.[24] Ein enges Verwandtschaftsverhältnis zwischen Schenker und Beschenktem ist zu beachten. Jedoch kommt ihm nicht per se eine erhöhte Bedeutung zu.[25] Liegt eine schwere Verfehlung gegenüber Angehörigen des Schenkers vor, so ist zu prüfen, ob darin auch grober Undank gegenüber dem Schenker gesehen werden kann. Bezichtigen die von der Großmutter beschenkten Enkelinnen ihren Vater wahrheitswidrig des sexuellen Missbrauchs, ist darin eine tiefgreifende Beleidigung des Sohnes zu sehen. Diese kann die Mutter schmerzlich kränken und von daher schon Ausdruck groben Undanks auch gegenüber ihr sein.[26] **Eheliche Verfehlungen** bringen z.B. nicht gleichsam automatisch groben Undank gegenüber den schenkenden Schwiegereltern zum Ausdruck. Das ist nur bei Hinzutreten besonderer Umstände der Fall.[27] So stellt die Trennung nach kurzer Ehezeit allein keinen groben Undank gegenüber dem Ehepartner oder den Schwiegereltern dar, auch wenn darin nach ausländischer Kulturtradition möglicherweise eine Ehrverletzung zu sehen sein könnte.[28]

Die **moralisch verwerfliche Gesinnung** muss gegenüber dem Schenker zum Ausdruck kommen. Undankbarkeit gegenüber dem durch eine Auflage i.S.v. § 525 BGB begünstigten bzw. geschützten Dritten (vgl. auch die Kommentierung zu § 525 BGB Rn. 8) allein genügt nicht.[29]

IV. Widerrufsrecht der Erben nach Absatz 2

Auch wenn die tatbestandlichen Voraussetzungen des § 530 Abs. 1 BGB im Übrigen vorliegen, steht etwaigen **Erben** des Schenkers das Recht zum Widerruf nur eingeschränkt zu. Das Gesetz gewährt dem Schenker selbst die Möglichkeit des Widerrufs, weil er durch das schwerwiegende Fehlverhalten des Beschenkten in seiner berechtigten **Erwartung**, in gewisser Weise **Dankbarkeit zu erfahren**, enttäuscht worden ist. Dieses Recht steht ihm vor seiner Ausübung grundsätzlich nur **höchstpersönlich** zu. Es handelt sich um ein **unselbständiges Gestaltungsrecht**, das mit der Person des Schenkers verbunden und grundsätzlich weder vererblich noch pfändbar oder abtretbar ist. Nur wenn der Beschenkte vorsätzlich und widerrechtlich den Schenker getötet oder ihn zu Lebzeiten am Widerruf gehindert hat, kann das Recht gleichsam stellvertretend vom Erben (von mehreren gemeinschaftlich[30]) ausgeübt werden.[31] Dieses **Erbenwiderrufsrecht** ist nicht mehr höchstpersönlich mit der Person des Erben verknüpft. Es ist selbständig und deshalb ggf. auch vererblich.[32] Gleiches gilt für das nach (berechtigtem)

---

[22] BGH v. 11.01.1980 - V ZR 155/78 - NJW 1980, 1789-1790.
[23] BGH v. 04.12.2001 - X ZR 167/99 - juris Rn. 20 - LM BGB § 530 Nr. 17 (5/2002); RG v. 30.10.1907 - IV 90/07 - JW 1907, 744; RG v. 18.12.1905 - Reg. VI. 4/1905 - BayZ 1905, 744; *Wimmer-Leonhardt* in: Staudinger, § 530 Rn. 18; *Herrmann* in: Erman, § 530 Rn. 3; *Koch* in: MünchKomm-BGB, § 530 Rn. 3.
[24] So zu Recht Brandenburgisches OLG v. 26.11.2008 - 4 U 5/08 - juris Rn. 35 ff.
[25] BGH v. 25.03.1977 - V ZR 48/75 - juris Rn. 8 - LM Nr. 7 zu § 530 BGB; BGH v. 14.12.1992 - II ZR 10/92 - juris Rn. 10 - DStR 1993, 332-333.
[26] OLG Koblenz v. 07.03.2002 - 5 U 1591/01 - NJW-RR 2002, 630-631.
[27] BGH v. 19.01.1999 - X ZR 60/97 - juris Rn. 22 - LM BGB § 530 Nr. 15 (9/1999).
[28] So zu Recht LG Limburg v. 12.03.2012 - 2 O 384/10 - juris Rn. 40.
[29] BGH v. 19.01.1951 - V ZR 74/50 - MDR 1951, 335.
[30] *Wimmer-Leonhardt* in: Staudinger, § 530 Rn. 26; *Mühl/Teichmann* in: Soergel, § 530 Rn. 13.
[31] *Koch* in: MünchKomm-BGB, § 530 Rn. 15; *Wimmer-Leonhardt* in: Staudinger, § 530 Rn. 26.
[32] *Wimmer-Leonhardt* in: Staudinger, § 530 Rn. 26; *Mühl/Teichmann* in: Soergel, § 530 Rn. 13; *Mezger* in: BGB-RGRK, § 530 Rn. 6.

Widerruf durch den Schenker entstehende **Rückforderungsrecht** aus § 531 Abs. 2 BGB. Dieses Recht folgt allgemeinen Grundsätzen; es ist vererblich, abtretbar und pfändbar.[33]

V. Sonderfragen

13 Nach h.M. ist § 530 BGB sowohl auf Seiten des Schenkers als auch auf Seiten des Beschenkten bei **juristischen Personen** nicht anwendbar.[34] Nur eine natürliche Person könne sich als undankbar erweisen.[35] Bei Anwendbarkeit der Vorschrift in diesen Fällen sei die Gefahr einer **Einflussnahme** durch Druck oder Drohung nicht ausgeschlossen.[36] Diese Auffassung überzeugt nicht.[37] Eine juristische Person wird durch ihre organschaftlichen Vertreter repräsentiert. Ihr Verhalten und damit ggf. auch ihre schwerwiegenden Verfehlungen werden – sofern sie in Ausführung ihrer Organtätigkeit erfolgen – im Rechtsverkehr zu Recht der von ihnen vertretenen Institution zugerechnet. Verstößt dieses Verhalten bei einer Schenkung gegen die von § 530 BGB vorausgesetzten, sittlich-moralischen Grundsätze der Dankbarkeit, so ist kein Grund ersichtlich, die Anwendbarkeit der Vorschrift von vornherein auszuschließen. Das gilt auch, wenn die juristische Person als Schenker auftritt. Obwohl sie an sich keine natürliche Personenwürde genießt, ist auch hier ein undankbares Fehlverhalten des Beschenkten zu sanktionieren.[38] Es ist kein nachvollziehbarer Grund ersichtlich, eine Rückforderung aus § 530 BGB von vornherein auszuschließen, wenn der Beschenkte z.B. durch ein vorwerfbares Fehlverhalten die öffentliche oder private Institution als solche in ihrem Ansehen herabgewürdigt hat.[39]

14 Sind mehrere Personen an der Schenkung als Vertragsparteien beteiligt, dann gilt folgendes: Bei **mehreren Schenkern** steht das Widerrufsrecht jedem einzelnen höchstpersönlich bezüglich seines geschenkten Anteils zu. Ist das Geschenk unteilbar, kann ein verletzter Schenker Herausgabe nur an alle fordern.[40] Sind **mehrere Beschenkte** vorhanden, so ist ebenfalls zunächst der jeweilige Beschenkte bezüglich seines Anteils zur Herausgabe verpflichtet. Ist das Geschenk unteilbar, so ist ein Widerruf zum Schutze des Schenkers bereits zulässig, wenn nur ein Beschenkter sich als grob undankbar erwiesen hat.[41] In diesem Fall schlägt die Undankbarkeit des einzelnen Beschenkten auf die anderen durch, sie bilden eine **Dankbarkeitsgemeinschaft**. Eine andere Auffassung wird dem Sinn und Zweck der Schutzvorschrift zugunsten des Schenkers nicht gerecht.

15 Problematisch ist, inwieweit in der **Geltendmachung eigener Ansprüche** des Beschenkten oder in der Ausübung bestehender Rechte eine Verfehlung gesehen werden kann, durch die grober Undank zum Ausdruck kommt.[42] Durch eine Schenkung wird der Beschenkte grundsätzlich nicht gehindert, die ihm durch die Rechtsordnung gewährten Befugnisse auszuüben und eigene Rechte wahrzunehmen. Andererseits ist von ihm aber ein gewisses **Maß an Zurückhaltung** geboten, wenn der Schenker da-

---

[33] *Wimmer-Leonhardt* in: Staudinger, § 530 Rn. 19; *Koch* in: MünchKomm-BGB, § 531 Rn. 10.

[34] *Wimmer-Leonhardt* in: Staudinger, § 530 Rn. 30; OLG Schleswig v. 25.01.1966 - 1 U 123/65 - NJW 1966, 1269-1270; a.A. jedoch *Koch* in: MünchKomm-BGB, § 530 Rn. 14 und *Herrmann* in: Erman, § 530 Rn. 3. Dies sei ebenfalls anders zu beurteilen bei einer Einmanngesellschaft oder wenn alle Mitglieder einer juristischen Person sich als undankbar erwiesen, so *Mezger* in: BGB-RGRK, § 528 Rn. 4 und *Mühl/Teichmann* in: Soergel, § 530 Rn. 13.

[35] Vgl. OLG Düsseldorf v. 12.07.1965 - 18 U 125/64 - NJW 1966, 550.

[36] Vgl. *Däubler* in: AnwK-Das neue Schuldrecht, § 530 Rn. 1.

[37] So auch *Koch* in: MünchKomm-BGB, § 530 Rn. 14; *Herrmann* in: Erman, § 530 Rn. 3; *Wimmer-Leonhardt* in: Staudinger, § 530 Rn. 30.

[38] A.A. OLG Karlsruhe v. 13.12.1991 - 10 U 153/91 - DStR 1993, 177; *Wimmer-Leonhardt* in: Staudinger, § 530 Rn. 30.

[39] So i.E. auch *Koch* in: MünchKomm-BGB, § 530 Rn. 14, („Verstoß gegen die Dankesobliegenheit").

[40] So auch *Wimmer-Leonhardt* in: Staudinger, § 530 Rn. 28; *Lindenmaier/Möhring*, Nachschlagewerk des Bundesgerichtshofs, 1961, § 534 Nr. 1; *Herrmann* in: Erman, § 530 Rn. 5; *Weidenkaff* in: Palandt, 530 Rn. 5; *Mansel* in: Jauernig, §§ 530-533, Rn. 6.

[41] A.A. *Wimmer-Leonhardt* in: Staudinger, § 530 Rn. 29; *Mezger* in: BGB-RGRK, § 530 Rn. 3; *Koch* in: MünchKomm-BGB, § 530 Rn. 4.

[42] Vgl. hierzu *Koch* in: MünchKomm-BGB, § 530 Rn. 12.

durch in besonderem Maß nachteilig betroffen wird oder eine schwerwiegende Kränkung erfährt. So kann nach der **Schenkung eines Kommanditanteils** an den Sohn in der Gründung eines eigenen Konkurrenzunternehmens oder in der Ausübung von Gesellschaftsrechten zu Lasten des Schenkers dann grober Undank gesehen werden, wenn besondere Umstände hinzukommen. Das ist insbesondere der Fall, wenn aus einer **feindlichen Gesinnung** (Hass und Feindschaft) heraus gehandelt wird.[43] In der **Anzeige** bei der Polizei und Staatsanwaltschaft oder beim Arbeitgeber kann ein Ausdruck groben Undanks liegen, wenn damit keine eigenen berechtigten Interessen verfolgt werden,[44] ebenso in der Nichtausübung eines bestehenden Aussageverweigerungsrechtes.[45] In der **rücksichtslosen Ausübung von Eigentümerrechten** durch Kündigung eines Mietvertrages und dem Verlangen nach sofortiger Räumung mit der Folge einer beruflichen Existenzgefährdung des Schenkers kann u.U. eine schwere Verfehlung liegen, die zum Widerruf berechtigt.[46] Das Bestreiten von Zahlungen im Prozess kann dagegen ein zulässiges prozessuales Verteidigungsmittel des Beschenkten darstellen, das ein Widerrufsrecht des Schenkers ausschließt.[47] Andererseits kann die dauerhafte **Weigerung**, bei der Schenkung zugesagte **Wohn- bzw. Nutzungsrechte** zu dulden oder eine Grundschuld zu bestellen, Ausdruck groben Undanks sein.[48] Hingegen liegt grober Undank nicht vor, wenn der Schenker selbst durch sein Verhalten den Anlass zu dem Verhalten gibt. So erfüllt eine **Zwangsvollstreckung** aus einem Kostenfestsetzungsbeschluss gegen den Schenker dann nicht die Voraussetzungen des § 530 Abs. 1 BGB, wenn der Schenker den erfolglosen Prozess selbst angestrengt hat und einzelne Vollstreckungsmaßnahmen durch sein Verhalten erschwert oder gar vereitelt.[49]

Die Frage, ob und inwieweit unentgeltliche **Zuwendungen unter Ehegatten** nach § 530 BGB widerrufen werden können, ist in Rechtsprechung und Literatur umstritten.[50] Die Rechtsprechung differenziert zunächst danach, ob es sich bei dem Rechtsgeschäft um eine „echte" Schenkung zwischen Ehegatten oder eine so genannte **unbenannte ehebedingte Zuwendung** handelt (vgl. die Kommentierung zu § 516 BGB Rn. 80). Diese Differenzierung wird von der Rechtsprechung auch auf Zuwendungen zwischen den Partnern einer nichtehelichen Lebensgemeinschaft übertragen.[51] Liegt danach eine echte Schenkung zwischen Ehegatten vor, so ist § 530 BGB grundsätzlich anwendbar. Jedoch stellt z.B. die Verletzung der ehelichen Treuepflicht als solches nicht schlechthin eine schwere Verfehlung dar, durch die grober Undank zum Ausdruck kommt. Dies gilt insbesondere dann, wenn der Schenker durch seine eigene Lebenspraxis zu erkennen gegeben hat, dass eheliche Treue für ihn nicht die hohe Bedeutung hat, die ihr üblicherweise beigemessen wird.[52] Stets sind die konkreten Umstände des Einzelfalles in

16

---

[43] Vgl. BGH v. 04.12.2001 - X ZR 167/99 - juris Rn. 20 - LM BGB § 530 Nr. 17 (5/2002). Hier hat der BGH zwar im Ergebnis das Vorliegen der Voraussetzungen des § 530 BGB abgelehnt, grundsätzlich die Möglichkeit groben Undanks in vergleichbaren Fällen jedoch bejaht; vgl. auch BGH v. 02.07.1990 - II ZR 243/89 - BGHZ 112, 40-53.

[44] Vgl. BGH v. 28.09.1990 - V ZR 109/89 - juris Rn. 25 - BGHZ 112, 259-264.

[45] Vgl. *Lindenmaier/Möhring*, Nachschlagewerk des Bundesgerichtshofs, 1961, § 530 Nr. 6.

[46] Vgl. BGH v. 30.06.1993 - XII ZR 210/91 - juris Rn. 28 - NJW-RR 1993, 1410-1412.

[47] Vgl. OLG Karlsruhe v. 13.01.1988 - 6 U 202/86 - NJW 1988, 3023-3024; OLG Oldenburg (Oldenburg) v. 22.12.1993 - 3 U 44/93 - juris Rn. 24 - NJW 1994, 1539-1540.

[48] BGH v. 27.09.1991 - V ZR 55/90 - juris Rn. 14 - LM ZPO § 286 (A) Nr. 60 (6/1992); BGH v. 05.02.1993 - V ZR 181/91 - juris Rn. 11 - LM BGB § 530 Nr. 13 (9/1993).

[49] Brandenburgisches OLG v. 26.11.2008 - 4 U 5/08 - juris Rn. 44 ff.

[50] Vgl. dazu *Koch* in: MünchKomm-BGB, § 530 Rn. 10, § 516 Rn. 55-83; *Wimmer-Leonhardt* in: Staudinger, § 530 Rn. 24, 36, 37; *Mansel* in: Jauernig, §§ 530-533, Rn. 1 m.w.N.; *Weidenkaff* in: Palandt, § 530 Rn. 1, § 516 Rn. 10; ausführlich: *Bruch*, MittBayNot 2008, 173-182.

[51] BGH v. 09.07.2008 – XII ZR 179/05 - juris Rn. 16 - FamRZ, 1822-1829.

[52] OLG Frankfurt v. 12.07.2006 - 19 W 41/06 - juris Rn. 5 f. - OLGR Frankfurt 2007, 16-17.

ihrer Gesamtheit mit zu würdigen.[53] In der Literatur wird die Anwendbarkeit von § 530 BGB in entsprechender Anwendung der §§ 1579, 1587c, 1381 BGB zu Unrecht nur bei „exzessivem" Fehlverhalten eines Ehegatten für zulässig erachtet.[54] Im Bereich der so genannten **unbenannten ehebedingten Zuwendungen** erfolgt eine etwaige Rückabwicklung bzw. ein Ausgleich wegen schwerer Verfehlungen eines Ehegatten nach h.M. grundsätzlich nicht über § 530 BGB, sondern über die Regeln des **Zugewinnausgleiches**[55] oder – wenn dies zu schlechthin untragbaren Ergebnissen führt oder wenn ein Zugewinnausgleich beim Bestehen von Gütertrennung ausgeschlossen ist – nach den Regeln des Wegfalls der Geschäftsgrundlage gemäß § 313 BGB).[56] Die gleichen Grundsätze für die Anwendbarkeit von § 530 BGB gelten nunmehr auch bei unentgeltlichen Zuwendungen zwischen Partnern einer eingetragenen Lebenspartnerschaft. Aufgrund der geänderten Rechtsprechung zu Schenkungen an Schwiegerkinder kommt hier ebenfalls i.e.L. eine Rückforderung nach den Grundsätzen des Wegfalls der Geschäftsgrundlage in Betracht (vgl. die Kommentierung zu § 516 BGB Rn. 80).[57] Bei der Ermittlung der Geschäftsgrundlage können dabei auch Grundsätze eines fremden Kulturkreises mit heranzuziehen sein.[58]

17 Auch bei **nichtehelichen Lebensgemeinschaften** kann ein Widerruf von Geschenken zulässig sein, wenn die Voraussetzungen der Vorschrift gegeben sind und eine Schenkung zwischen den Vertragsparteien vorgelegen hat.[59] Allerdings kann die Auflösung der Lebensgemeinschaft als solche nicht bereits als grober Undank gewertet werden[60] (vgl. die Kommentierung zu § 516 BGB Rn. 84). Etwas anderes gilt ggf. für die Fortführung **heimlicher Seitensprünge** bei Annahme weiterer Geschenke.[61] Die vertragliche Verpflichtung zu einer Ausgleichszahlung wegen der Aufgabe der Berufstätigkeit aus Anlass der Geburt eines Kindes ist im Rahmen einer nichtehelichen Lebensgemeinschaft keine Schenkung i.S.v. § 516 BGB, weil es am Merkmal der „Unentgeltlichkeit" fehlt.[62] Damit kommt auch kein Widerruf nach Maßgabe des § 530 BGB in Betracht.[63] Liegt keine Schenkung vor, so kommen nach

---

[53] Vgl. zu den unterschiedlichen Entscheidungen: RG v. 07.12.1936 - IV 1999/36 - JW 1937, 988; BGH v. 08.11.1984 - IX ZR 108/83 - juris Rn. 12 - WM 1985, 137; BGH v. 09.07.1982 - V ZR 142/81 - juris Rn. 11 - WM 1982, 1057-1058; OLG Köln v. 25.03.1981 - 2 U 3/81 - juris Rn. 16 - NJW 1982, 390-391; OLG Düsseldorf v. 19.11.1979 - 5 U 116/79 - FamRZ 1980, 446-447; BGH v. 30.06.1993 - XII ZR 210/91 - juris Rn. 25 - NJW-RR 1993, 1410-1412; BGH v. 19.01.1999 - X ZR 60/97 - juris Rn. 22 - LM BGB § 530 Nr. 15 (9/1999); OLG Frankfurt v. 12.07.2006 - 19 W 41/06 - juris Rn. 5 f. - OLGR Frankfurt 2007, 16-17.

[54] *Bosch* in: Sandrock, FS für Beitzke zum 70. Geburtstag, 1979, S. 121; *Bosch*, FamRZ 1980, 447; *Bosch*, FamRZ 1982, 1067; *Langenfeld*, NJW 1986, 2541-2544, 2542; a.A. zu Recht *Koch* in: MünchKomm-BGB, § 530 Rn. 10; *Wimmer-Leonhardt* in: Staudinger, § 530 Rn. 35 m.w.N.

[55] Vgl. BGH v. 10.07.1991 - XII ZR 114/89 - juris Rn. 7 - BGHZ 115, 132-141; BGH v. 22.04.1982 - IX ZR 151/67 - DNotZ 1983, 177; BGH v. 05.10.1988 - IVb ZR 52/87 - juris Rn. 17 - NJW-RR 1989, 66-68; OLG Hamm v. 13.07.1987 - 11 W 95/86 - juris Rn. 7 - FamRZ 1988, 620-621; KG v. 15.05.2009 - 7 U 222/08 - juris Rn. 5 - NJW-RR 2009, 1301-1302.

[56] BGH v. 10.07.1991 - XII ZR 114/89 - juris Rn. 16 - BGHZ 115, 132-141; BGH v. 21.10.1992 - XII ZR 182/90 - juris Rn. 11 - BGHZ 119, 392-402; BGH v. 08.07.1982 - IX ZR 99/80 - juris Rn. 14 - BGHZ 84, 361-370; BGH v. 27.01.1988 - IVb ZR 82/86 - juris Rn. 30 - NJW-RR 1988, 962-965; OLG Düsseldorf v. 16.11.1990 - 7 U 71/89 - juris Rn. 62 - FamRZ 1991, 945-947; OLG Celle v. 14.03.1991 - 12 U 9/90 - FamRZ 1991, 948-950; *Weidenkaff* in: Palandt, § 516 Rn. 10; *Wimmer-Leonhardt* in: Staudinger, § 530 Rn. 31; a.A. mit ausgefeilter dogmatischer Differenzierung *Koch* in: MünchKomm-BGB, § 530 Rn. 11, § 516 Rn. 60-77, der jedoch im Einzelfall zu ähnlichen Ergebnissen gelangt; vgl. auch *Bruch*, MittBayNot 2008, 173-182.

[57] Vgl. zur Schenkung an Schwiegerkinder und deren Behandlung nach Scheitern der Ehe die geänderte Rechtsprechung: BGH v. 03.02.2010 - XII ZR 189/06 - DNotZ 2010, 852-861; BGH v. 21.07.2010 - XII ZR 180/09 - NJW 2010, 2884-2886; BGH v. 20.07.2011 - XII ZR 149/09 - NJW 2012, 273-276.

[58] So z.B. für die „Brautgabe" (türkisch: „taki") vgl. LG Limburg v. 12.03.2012 - 2 O 384/10 - juris Rn. 58 ff., 64.

[59] Vgl. für den Fall des § 528 Abs. 1 Satz 1 BGB auch Brandenburgisches OLG v. 19.09.2006 - 11 U 140/05 - juris Rn. 27.

[60] Vgl. BGH v. 11.06.1969 - VIII ZR 150/74 - FamRZ 1970, 19.

[61] Vgl. OLG Hamm v. 30.09.1977 - 11 U 99/77 - NJW 1978, 224-225.

[62] Vgl. BGH v. 16.09.1985 - II ZR 283/84 - juris Rn. 14 - LM Nr. 46 zu § 705 BGB; OLG Hamm v. 02.05.2000 - 29 U 11/99 - juris Rn. 20 - NZG 2000, 929-930.

[63] OLG Hamm v. 02.05.2000 - 29 U 11/99 - juris Rn. 20 - NZG 2000, 929-930.

Beendigung einer nichtehelichen Lebensgemeinschaft Ausgleichsansprüche aus ungerechtfertigter Bereicherung (§ 812 Abs. 1 Satz 2 Alt. 2 BGB) sowie nach den Grundsätzen über den Wegfall der Geschäftsgrundlage (§ 313 BGB) in Betracht.[64]

VI. Einzelfälle

Weitere **Einzelfälle** schwerer Verfehlungen, durch die grober Undank zum Ausdruck kommt, können sein: schwere körperliche Misshandlungen[65]; gröbste Beleidigungen[66]; grundlose Strafanzeigen[67]; unterlassene Hilfe bei Androhung unberechtigter Strafanzeigen[68]; Gefährdung eines auf einem Grundstück der Eltern eingeräumten Wohnrechts durch Androhung der Zwangsversteigerung[69], absprachewidrige, wertausschöpfende Belastung des übertragenen Grundstücks[70], grundlose Pflegschafts- bzw. Entmündigungsanträge (heute: unberechtigte Anregung zur Anordnung einer Betreuung als Ausdruck der persönlichen Herabwürdigung)[71]. Eine pauschal behauptete Belästigung mit Telefonaten stellt allein keine den Widerruf rechtfertigende schwere Verfehlung dar[72]. 18

1. Abdingbarkeit

Da durch § 530 BGB mit der Gewährung des Widerrufsrechtes an den Schenker ein zwingendes Mindestmaß an Dankbarkeit als Ausprägung der allgemein gültigen Sozialmoral geschützt werden soll, ist die Vorschrift grundsätzlich **im Vorhinein** von den Vertragsparteien **nicht abdingbar**. Das wird auch durch die gesetzliche Unzulässigkeit der Möglichkeit des Vorausverzichtes auf das Widerrufsrecht nach § 533 BGB ersichtlich. 19

2. Praktische Hinweise

Der Widerruf bzw. die Rückforderung ist nach den gesetzlichen Bestimmungen (§§ 527, 528, 530 BGB) nur sehr eingeschränkt möglich. In der Praxis empfiehlt es sich, die **Gründe**, die zum Widerruf berechtigen, ggf. über den gesetzlichen Rahmen hinaus zu **erweitern** bzw. auch zu **präzisieren**. Das bietet sich insbesondere für die Fälle der unentgeltlichen Übertragung von Grundbesitz an die Kinder in vorweggenommener Erbfolge oder für den Fall der Ehescheidung oder Trennung an. Auch der Vorbehalt **jederzeitigen Widerrufs** der Schenkung ohne inhaltliche Beschränkung ist grundsätzlich zulässig[73] (vgl. die Kommentierung zu § 516 BGB Rn. 65). 20

D. Rechtsfolgen

§ 530 BGB statuiert die Voraussetzungen, unter denen ein Widerruf wegen groben Undanks möglich ist. Die sich nach Ausübung des Widerrufsrechtes ergebenden Rechtsfolgen sind in § 531 Abs. 2 BGB festgelegt (vgl. die Kommentierung zu § 531 BGB). Danach kann der Schenker die **Herausgabe des Geschenkes** nach den Vorschriften über die Herausgabe einer ungerechtfertigten Bereicherung fordern. Der bei Grundstücksübertragungen vorbehaltene Anspruch auf Rückübertragung für den Fall des 21

---

[64] BGH v. 09.07.2008 - XII ZR 179/05 - juris Rn. 20, 24, 33, 40, 42 49 - FamRZ, 1822-1829.
[65] RG v. 05.07.1913 - IV 147/13 - Recht 1913 Nr. 2862.
[66] OLG Hamm v. 04.02.1999 - 10 U 173/95 - FamRZ 2001, 545-546.
[67] BGH v. 24.03.1983 - IX ZR 62/82 - juris Rn. 18 - BGHZ 87, 145-149; vgl. aber auch OLG Celle v. 03.04.2003 - 6 U 212/02 - OLGR Celle 2003, 256-258.
[68] BGH v. 27.09.1991 - V ZR 55/90 - juris Rn. 10 - LM ZPO § 286 (A) Nr. 60 (6/1992).
[69] OLG Köln v. 19.03.2002 - 11 W 19/02 - NJW-RR 2002, 1595-1596.
[70] OLG München v. 12.12.2007 - 20 U 3689/07 - juris Rn. 35.
[71] BGH v. 11.01.1980 - V ZR 155/78 - NJW 1980, 1789-1790; BGH v. 05.02.1993 - V ZR 181/91 - juris Rn. 8 - LM BGB § 530 Nr. 13 (9/1993).
[72] Brandenburgisches OLG v. 27.03.2007 - 6 U 71/06 - juris Rn. 6.
[73] Vgl. dazu Kollhosser, AcP 194, 231-264; Wimmer-Leonhardt in: Staudinger, § 530 Rn. 41; Weidenkaff in: Palandt, 530 Rn. 4.

groben Undankes kann bereits bei der Schenkung durch **Auflassungsvormerkung** im Grundbuch dinglich abgesichert werden.[74]

E. Prozessuale Hinweise/Verfahrenshinweise

22 Dem Schenker obliegt grundsätzlich die **Darlegungs- und Beweislast** für das Vorliegen groben Undankes. Er muss grundsätzlich die Umstände im Einzelnen darlegen und beweisen, aus denen sich diese Voraussetzungen herleiten lassen.[75] Pauschale Behauptungen allein reichen i.d.R. nicht aus.[76] Liegt nach Auffassung des Beschenkten dagegen keine schwere Verfehlung und grober Undank vor, aufgrund von Umständen, die sich ganz oder teilweise in seinem Wahrnehmungsbereich befinden, trifft den Beschenkten eine sog. „**sekundäre Beweislast**".[77] In diesem Fall ist der Beschenkte verpflichtet, die ausschließlich in seiner Sphäre liegenden Tatsachen vorzutragen und ggf. zu beweisen, die das Vorliegen der Tatbestandsvoraussetzungen ausschließen und von denen der Schenker keine Kenntnis haben kann.[78]

23 Die **Bewertung**, ob eine Verfehlung als hinreichend schwer angesehen werden kann und dadurch grob undankbar erscheint, obliegt letztlich allein dem **Tatrichter**. Das Revisionsgericht hat nur zu prüfen, ob der Rechtsbegriff nicht verkannt wurde oder ob Prozessstoff übergangen worden ist.[79]

F. Anwendungsfelder

24 Bezüglich der Anwendbarkeit von § 530 BGB im Verhältnis zu anderen Vorschriften bzw. Rechtsinstituten gilt Folgendes: Zu § 1301 BGB besteht eine übliche **Anspruchskonkurrenz**. Beide Vorschriften können unterschiedliche Sachverhalte erfassen und sind nebeneinander anwendbar.[80] Die Vorschrift über den **Wegfall der Geschäftsgrundlage** (§ 313 BGB) bleibt nur anwendbar, soweit der Sachverhalt außerhalb der Sondervorschriften der §§ 527-534 BGB liegt. Das gilt auch dann, wenn die Schenkungen bereits vollzogen sind[81] oder wenn es sich um gemischte Schenkungen handelt.[82] Bei den so genannten unbenannten ehebedingten Zuwendungen erfolgt der Ausgleich bzw. eine etwaige Rückforderung i.d.R. nach den güterrechtlichen Ausgleichsvorschriften[83] (vgl. die Kommentierung zu § 516 BGB Rn. 80). Allgemeine Grundsätze des Handels- und Gesellschaftsrechts hindern die Anwendbarkeit der Vorschrift grundsätzlich nicht.[84] Eine Rückforderung

---

[74] BGH v. 13.06.2002 - V ZB 30/01 - juris Rn. 4 - BGHZ 151, 116-126; BGH v. 13.06.2002 - V ZB 31/01 - Rpfleger 2002, 612-614.
[75] BGH v. 11.07.2000 - X ZR 89/98 - juris Rn. 20 - BGHZ 145, 35-44.
[76] Vgl. Brandenburgisches OLG vom 27.03.2007 - 6 U 71/06 - juris Rn. 6.
[77] Vgl. hierzu BGH v. 24.11.1998 - VI ZR 388/97 - juris Rn. 16 - LM BGB § 393 Nr. 7 (6/1999).
[78] BGH v. 11.07.2000 - X ZR 89/98 - juris Rn. 20 - BGHZ 145, 35-44.
[79] BGH v. 30.06.1993 - XII ZR 210/91 - NJW-RR 1993, 1410-1412; BGH v. 08.11.1984 - IX ZR 108/83 - juris Rn. 14 - WM 1985, 137; BGH v. 23.05.1984 - IVa ZR 229/82 - juris Rn. 10 - BGHZ 91, 273-281; *Koch* in: MünchKomm-BGB, § 530 Rn. 2.
[80] Vgl. hierzu *Koch* in: MünchKomm-BGB, § 530 Rn. 16; *Wimmer-Leonhardt* in: Staudinger, § 530 Rn. 32; *Mühl/Teichmann* in: Soergel, § 530 Rn. 3; *Herrmann* in: Erman, § 530 Rn. 6; *Mansel* in: Jauernig, §§ 530-533, Rn. 5.
[81] Ständige Rechtsprechung: BGH v. 28.09.1990 - V ZR 109/89 - juris Rn. 17 - BGHZ 112, 259-264; BGH v. 17.01.1990 - XII ZR 1/89 - juris Rn. 15 - LM Nr. 129 zu § 242 (Bb) BGB; OLG Stuttgart v. 04.09.1987 - 2 U 272/86 - juris Rn. 57 - NJW-RR 1988, 134-135; a.A. noch OLG Karlsruhe v. 09.09.1988 - 10 U 32/88 - juris Rn. 36 - NJW 1989, 2136-2137; *Koch* in: MünchKomm-BGB, § 530 Rn. 16; *Wimmer-Leonhardt* in: Staudinger, § 530 Rn. 31.
[82] Vgl. BGH v. 01.02.1993 - II ZR 106/92 - NJW-RR 1993, 774-776; BGH v. 11.04.2000 - X ZR 246/98 - juris Rn. 13 - NJ 2000, 598.
[83] A.A. *Koch* in: MünchKomm-BGB, § 530 Rn. 10, der eine entsprechende Anwendung von § 530 BGB bevorzugt.
[84] Vgl. *Koch* in: MünchKomm-BGB, § 530 Rn. 17; *Kollhosser*, AcP 194, 231-264, 239; BGH v. 02.07.1990 - II ZR 243/89 - juris Rn. 18 - BGHZ 112, 40-53.

wegen groben Undanks ist deshalb – allerdings unter Beachtung etwaiger gesellschaftsrechtlicher Sonderbestimmungen (z.B. Zustimmungserfordernisse) – grundsätzlich auch über § 530 BGB möglich. Durch die auf der Grundlage von Art. 96 EGBGB ergangenen landesrechtlichen Sonderbestimmungen bei Altenteilsverträgen[85] wird die Anwendbarkeit der Vorschrift nicht ausgeschlossen.[86]

---

[85] Vgl. statt vieler z.B. Rheinland-Pfalz §§ 2-18 AGBGB; Bayern Art. 7-23 AGBGB.
[86] BGH v. 02.10.1951 - V ZR 77/50 - BGHZ 3, 206-213; *Koch* in: MünchKomm-BGB, § 530 Rn. 17.

§ 531 BGB Widerrufserklärung

(Fassung vom 02.01.2002, gültig ab 01.01.2002)

(1) Der Widerruf erfolgt durch Erklärung gegenüber dem Beschenkten.

(2) Ist die Schenkung widerrufen, so kann die Herausgabe des Geschenkes nach den Vorschriften über die Herausgabe einer ungerechtfertigten Bereicherung gefordert werden.

Gliederung

A. Grundlagen 1	II. Abdingbarkeit 6
I. Kurzcharakteristik 1	**D. Rechtsfolgen** 7
II. Regelungsprinzipien 2	I. Anspruch auf Herausgabe des Geschenkes 7
B. Praktische Bedeutung 3	II. Haftungsverschärfung nach Bereicherungsrecht . 12
C. Anwendungsvoraussetzungen 4	III. Gegenrechte des Beschenkten 13
I. Der Widerruf der Schenkung 4	**E. Prozessuale Hinweise/Verfahrenshinweise** 14

A. Grundlagen

I. Kurzcharakteristik

1 § 531 BGB knüpft an die in § 530 BGB im Einzelnen festgelegten Tatbestandsvoraussetzungen des Widerrufs einer Schenkung wegen groben Undankes an. In § 531 Abs. 1 BGB ist bestimmt, in welcher **Form der Widerruf** zu erfolgen hat und aus § 531 Abs. 2 BGB ergeben sich die daraus resultierenden **Rechtsfolgen**.

II. Regelungsprinzipien

2 Sinn und Zweck der Widerrufserklärung von § 531 Abs. 1 BGB ist es, dass der Beschenkte nach seinem Fehlverhalten durch Zugang der Widerrufserklärung tatsächlich **Kenntnis** von dem **Verlangen des Schenkers nach Rückforderung** erlangt. Die eintretenden Rechtsfolgen richten sich gemäß § 531 Abs. 2 BGB nach den Vorschriften einer **ungerechtfertigten Bereicherung**. Der Rechtsgrund des Behaltendürfens ist dadurch (später) weggefallen (conditio ob causam finitam, § 812 Abs. 1 Satz 2 Alt. 1 BGB).

B. Praktische Bedeutung

3 Die Vorschrift steht in unmittelbarem **Zusammenhang mit** § 530 BGB. Dort sind die Voraussetzungen festgelegt, unter denen ein Widerruf der Schenkung zulässig ist. Die **erhebliche praktische Bedeutung** dieser Vorschrift wirkt sich dadurch mittelbar auch auf § 531 BGB aus. In der richterlichen Praxis kommt insbesondere dem **Zusammenspiel zwischen Schenkungsrecht und Bereicherungsrecht** durch § 531 Abs. 2 BGB i.V.m. den §§ 812-822 BGB eine wichtige Bedeutung zu. Insbesondere die Fragen der **Entreicherung** des Beschenkten (§§ 531 Abs. 2, 818 Abs. 3 BGB) sowie der **allgemeinen Haftung** wegen Nutzungs- oder Aufwendungsersatz des Beschenkten (§§ 531 Abs. 2, 818 Abs. 4, 819 Abs. 1, 292, 987-1007 BGB) spielen in diesem Zusammenhang eine zentrale Rolle.[1]

C. Anwendungsvoraussetzungen

I. Der Widerruf der Schenkung

4 Nach § 530 Abs. 1 BGB erfolgt der Widerruf der Schenkung durch **Erklärung** gegenüber dem Beschenkten. Die Schenkung wird demgemäß bei Vorliegen der Tatbestandsvoraussetzungen des § 530

---

[1] Vgl. hierzu BGH v. 19.01.1999 - X ZR 42/97 - BGHZ 140, 275-285.

BGB **nicht automatisch hinfällig**. Sie muss vielmehr erst durch formlose Erklärung des Schenkers widerrufen werden. Ein Schreiben, in dem das Vorliegen einer Schenkung selbst bereits in Abrede gestellt wird, ist nicht als Widerruf anzusehen.[2] Der Widerruf bezieht sich auf den schuldrechtlichen Schenkungsvertrag und nicht auf das dingliche Vollzugsgeschäft.[3] Es handelt sich hierbei um eine einseitige, empfangsbedürftige Willenserklärung des Schenkers i.S.d. §§ 130-133 BGB,[4] die auch in einer Klageerhebung liegen kann.[5] Die **Erklärung** muss dem Beschenkten **zugehen**. Eine bestimmte **Form des Widerrufes** ist nicht erforderlich. Er kann demgemäß auch durch **Testament** erklärt werden, wobei der Zugang in diesem Fall entsprechend § 130 Abs. 2 BGB erst nach dem Tod des Schenkers erfolgt.[6] Bei dem **Recht zum Widerruf** handelt es sich um ein persönliches unselbständiges **Gestaltungsrecht** (vgl. auch die Kommentierung zu § 530 BGB Rn. 6). Das bedeutet jedoch nicht, dass die Ausübung des Rechtes nicht durch einen Stellvertreter erfolgen kann.[7]

Jede **schwerwiegende Verfehlung** i.S.v. § 530 BGB, die die Grenze zum groben Undank überschreitet, berechtigt den Schenker grundsätzlich zum Widerruf. In der Widerrufserklärung müssen die **Gründe**, die den Widerruf rechtfertigen, vollständig und umfassend angegeben werden.[8] Die nachträgliche Angabe anderer Gründe ist – anders als die Präzisierung und Konkretisierung der bereits genannten Gründe – eine (neue) Widerrufserklärung. Sie ist prozessual ggf. als Klageänderung anzusehen.[9]

II. Abdingbarkeit

Während das **Recht** auf Widerruf aus den in § 530 BGB aufgeführten Gründen grundsätzlich im Vorhinein **nicht abdingbar** (vgl. die Kommentierung zu § 530 BGB Rn. 19) und gemäß § 533 BGB **nicht verzichtbar** ist, können die Vertragsparteien die **Form** des Widerrufs grundsätzlich **frei vereinbaren**. Bei Schenkungen im Grundstücksverkehr ist es üblich und sinnvoll, für die Widerrufserklärung zu **Beweiszwecken** mindestens die **Schriftform** zu wählen. Zu beachten ist jedoch, dass Vereinbarungen, durch die die Ausübung des Widerrufs für den Schenker durch Formerfordernisse ohne sachlichen Grund unverhältnismäßig erschwert wird, wegen mittelbarer **Vereitelung des Widerrufsrechtes** als unwirksam anzusehen sind.

D. Rechtsfolgen

I. Anspruch auf Herausgabe des Geschenkes

Die sich nach Widerruf ergebenden Rechtsfolgen sind in § 531 Abs. 2 BGB festgelegt. Danach kann der Schenker die **Herausgabe** des Geschenkes nach den Vorschriften über die Herausgabe einer **ungerechtfertigten Bereicherung** verlangen. Im Gegensatz zu den §§ 527 Abs. 1, 528 Abs. 1 Satz 1 BGB handelt es sich hierbei um eine **Rechtsgrundverweisung** auf die Vorschriften der §§ 812-822 BGB.[10] Der Schenker hat einen (schuldrechtlichen) Bereicherungsanspruch wegen Wegfalls des Rechtsgrun-

---

[2] So Brandenburgisches OLG v. 27.03.2007 - 6 U 71/06 - juris Rn.5.
[3] BGH v. 02.07.1990 - II ZR 243/89 - juris Rn. 21 - BGHZ 112, 40-53; BayObLG München v. 15.04.1992 - 2Z BR 31/92 - juris Rn. 9 - NJW-RR 1992, 1236; *Weidenkaff* in: Palandt, § 531 Rn. 1, der vom Wegfall des Rechtsgrundes der Schenkung spricht; *Koch* in: MünchKomm-BGB, § 531 Rn. 4.
[4] *Wimmer-Leonhardt* in: Staudinger, § 531 Rn. 1; *Weidenkaff* in: Palandt, § 531 Rn. 1; *Koch* in: MünchKomm-BGB, § 531 Rn. 2; *Herrmann* in: Erman, § 531 Rn. 1; *Mezger* in: BGB-RGRK, § 531 Rn. 1; *Mühl/Teichmann* in: Soergel, § 531 Rn. 1.
[5] *Wimmer-Leonhardt* in: Staudinger, § 531 Rn. 3.
[6] Vgl. RG v. 08.02.1943 - III 111/42, (V 105/42) - RGZ 170, 0; *Herrmann* in: Erman, § 531 Rn. 1; *Weidenkaff* in: Palandt, § 531 Rn. 1; *Mezger* in: BGB-RGRK, § 531 Rn. 1; *Mühl/Teichmann* in: Soergel, § 531 Rn. 1; *Koch* in: MünchKomm-BGB, § 531 Rn. 2.
[7] *Wimmer-Leonhardt* in: Staudinger, § 531 Rn. 2.
[8] Vgl. dazu auch OLG Hamm v. 02.07.2001 - 22 U 1/01 - juris Rn. 44.
[9] *Koch* in: MünchKomm-BGB, § 531 Rn. 3; *Wimmer-Leonhardt* in: Staudinger, § 531 Rn. 1, Rn. 27; *Mühl/Teichmann* in: Soergel, § 531 Rn. 1; *Mezger* in: BGB-RGRK, § 531 Rn. 4; *Herrmann* in: Erman, § 531 Rn. 1.
[10] Vgl. *Koch* in: MünchKomm-BGB, § 531 Rn. 4; *Wimmer-Leonhardt* in: Staudinger, § 531 Rn. 6; *Herrmann* in: Erman, § 531 Rn. 2; *Mezger* in: BGB-RGRK, § 531 Rn. 2; a.A. *Mansel* in: Jauernig, §§ 530-533, Rn. 8.

des nach § 812 Abs. 1 Satz 2 Alt. 1 BGB.[11] Eine Rückforderung ist deshalb z.B. nach § 817 Satz 2 BGB **ausgeschlossen**, wenn Schenker und Beschenkter mit der Schenkung bewusst **sittenwidrige Zwecke** verfolgt bzw. davon Kenntnis haben.[12] Der nach Widerruf entstehende **Bereicherungsanspruch** ist im Gegensatz zu dem Widerrufsrecht selbst **übertragbar**, pfändbar und auch vererblich. Auch vertragliche Abänderungen und Modifikationen nach § 311 BGB sind grundsätzlich möglich.[13] Sie dürfen jedoch nicht zu einer mittelbaren **Aushöhlung des Widerrufsrechtes** zu Lasten des Schenkers führen. Der bei Grundstücksübertragungen vorbehaltene vertragliche Anspruch auf Rückübertragung für den Fall des groben Undankes kann bereits durch eine **(Rück)Auflassungsvormerkung** im Grundbuch dinglich abgesichert werden[14] (vgl. die Kommentierung zu § 516 BGB Rn. 65).

8   Durch den erklärten Widerruf kann das **(noch nicht erfüllte) Schenkungsversprechen** „zurückverlangt" werden; es erlischt sodann.[15] Beim Widerruf einer bereits vollzogenen Schenkung hat der Schenker zunächst einen Anspruch auf das **gegenständlich Erlangte**. Das besagt jedoch nicht, dass sich der geschenkte Gegenstand vor der Schenkung bereits im Vermögen des Schenkers befunden haben muss. Bei der Schenkung müssen **Entreicherungs- und Bereicherungsgegenstand nicht identisch** sein (vgl. die Kommentierung zu § 516 BGB Rn. 34).[16]

9   Nur wenn die Herausgabe wegen der Beschaffenheit des Erlangten nicht möglich oder der Empfänger aus einem anderen Grund zur Herausgabe außerstande ist, schuldet er gemäß den §§ 531 Abs. 2, 818 Abs. 2 BGB **Wertersatz**.[17] Dabei ist für die Frage, ob die Herausgabe nach § 812 Abs. 2 BGB nicht möglich ist, häufig eine **wirtschaftliche Betrachtungsweise** – unter Berücksichtigung der Zumutbarkeit der Herausgabe – geboten.[18] Zwar ist dann, wenn der Beschenkte z.B. wertsteigernde Investitionen vorgenommen hat, die gegenständliche Herausgabe grundsätzlich nicht ausgeschlossen.[19] Der Unmöglichkeit der Herausgabe ist es jedoch gleichzustellen, wenn der geschenkte Gegenstand eine so **wesentliche Funktionsänderung** erfahren hat, dass er gleichsam ein anderer Gegenstand geworden ist. Das ist z.B. nach dem Bau auf dem geschenkten Bauplatz oder nach grundlegenden Umbaumaßnahmen der Fall.[20] Wenn der Beschenkte den Schenkungsgegenstand in der Zwischenzeit unentgeltlich auf einen Dritten weiterübertragen hat (ggf. auch als unbenannte ehebedingte Zuwendung (vgl. die Kommentierung zu § 516 BGB Rn. 80), gelten die §§ 531 Abs. 2, 822 BGB.[21] Die Herausgabeverpflichtung umfasst auch die gezogenen **Nutzungen** (z.B. Mieteinnahmen) nach Maßgabe der noch vorhandenen Bereicherung.[22]

10 Bei **gemischten Schenkungen** hat der Schenker zunächst nur dann einen Anspruch auf Herausgabe des geschenkten Gegenstandes nach § 531 Abs. 2 BGB, wenn das Geschäft **mehrheitlich unentgeltlichen Charakter** hatte. Das ist regelmäßig dann der Fall, wenn der Wert der Gegenleistung weniger als die Hälfte des effektiven Wertes des Geschenkes beträgt.[23] Ansonsten unterliegt das Rechtsgeschäft

---

[11] *Mezger* in: BGB-RGRK, § 531 Rn. 2; BGH v. 19.01.1999 - X ZR 42/97 - juris Rn. 60 - BGHZ 140, 275-285; *Wimmer-Leonhardt* in: Staudinger, § 530 Rn. 6; *Koch* in: MünchKomm-BGB, § 531 Rn. 4.
[12] BGH v. 07.03.1962 - V ZR 132/60 - BGHZ 36, 395-402.
[13] *Koch* in: MünchKomm-BGB, § 531 Rn. 10.
[14] BGH v. 13.06.2002 - V ZB 30/01 - juris Rn. 4 - BGHZ 151, 116-126.
[15] *Wimmer-Leonhardt* in: Staudinger, § 531 Rn. 5.
[16] BGH v. 02.07.1990 - II ZR 243/89 - BGHZ 112, 40-53; vgl. auch BGH v. 29.05.1952 - IV ZR 167/51 - LM Nr. 1 zu § 313 BGB; *Wimmer-Leonhardt* in: Staudinger, § 531 Rn. 9; *Mezger* in: BGB-RGRK, § 531 Rn. 3.
[17] *Koch* in: MünchKomm-BGB, § 531 Rn. 6; *Wimmer-Leonhardt* in: Staudinger, § 531 Rn. 8; *Herrmann* in: Erman, § 531 Rn. 3.
[18] *Koch* in: MünchKomm-BGB, § 531 Rn. 6; *Wimmer-Leonhardt* in: Staudinger, § 531 Rn. 8.
[19] BGH v. 02.10.1987 - V ZR 85/86 - juris Rn. 9 - WM 1987, 1533-1534.
[20] Vgl. dazu BGH v. 02.10.1987 - V ZR 85/86 - juris Rn. 9 - WM 1987, 1533-1534; BGH v. 10.07.1981 - V ZR 79/80 - juris Rn. 25 - LM Nr. 21 zu § 818 Abs. 2 BGB; RG v. 21.09.1931 - VI 51/31 - RGZ 133, 293-297.
[21] BGH v. 11.07.2000 - X ZR 78/98 - juris Rn. 21 - NJW-RR 2001, 6-7.
[22] BGH v. 19.01.1999 - X ZR 42/97 - juris Rn. 74 - BGHZ 140, 275-285.
[23] BGH v. 11.04.2000 - X ZR 246/98 - juris Rn. 13 - NJ 2000, 598; BGH v. 19.01.1999 - X ZR 42/97 - juris Rn. 37 - BGHZ 140, 275-285, vgl. auch OLG Düsseldorf v. 12.02.2007 - I-9 U 112/06 - juris Rn.43.

grundsätzlich nicht den Rückforderungsregelungen der Schenkung.[24] Es kann jedoch ggf. ein **Wegfall der Geschäftsgrundlage** nach § 313 BGB zu bejahen sein, der im Ausnahmefall ebenfalls zu einer Rückübertragung führen kann.[25] Bei gemischten Schenkungen mit **teilbarer Leistung** ist nur der geschenkte Teil herauszugeben.[26] Ist der Schenkungsgegenstand dagegen **unteilbar**, so ist grundsätzlich der geleistete Gegenstand in natura herauszugeben, allerdings Zug um Zug gegen Wertausgleich des entgeltlichen Teils der gemischten Schenkung.[27]

Bei der **Schenkung unter Auflage** (vgl. die Kommentierung zu § 525 BGB) ist danach zu differenzieren, ob die geleistete **Auflage unter Verwendung des Geschenkes** erfüllt wurde oder ob der Beschenkte aus seinem **sonstigen Vermögen Aufwendungen** erbracht hat, die zu einer eigenen Vermögensminderung geführt haben. Im ersten Fall ist er insoweit gem. der §§ 531 Abs. 2, 818 Abs. 3 BGB als entreichert anzusehen, im zweiten Fall braucht er das Geschenk regelmäßig nur gegen Ersatz seiner Aufwendungen herauszugeben.[28]

II. Haftungsverschärfung nach Bereicherungsrecht

Über § 531 Abs. 2 BGB gelten für die Rückforderung – wie vorstehend ausgeführt – die Vorschriften des Bereicherungsrechts. Daraus folgt z.B., dass der Ausschluss der Herausgabe nach § 817 Satz 2 BGB gegenüber dem Herausgabeanspruch des Schenkers durchgreifen kann.[29] Weiterhin gelten für die Haftung des Beschenkten die **allgemeinen Vorschriften** über die §§ 531 Abs. 2, 818 Abs. 4, 819 Abs. 1, 292, 985-1007 BGB. Die regelmäßig eintretende allgemeine Haftung ist nach § 818 Abs. 4 BGB i.V.m. § 819 Abs. 1 BGB bei der Rückforderung nach § 531 Abs. 2 BGB auf den Zeitpunkt vorverlagert, in dem der Beschenkte den Mangel des rechtlichen Grundes kennt bzw. erfährt. Umstritten ist, welcher **Zeitpunkt** dafür maßgebend ist. Eine Auffassung in der Literatur hält es für angebracht, entsprechend dem Sinn und Zweck des § 819 Abs. 1 BGB analog § 142 Abs. 2 BGB auf den **Zeitpunkt der schweren Verfehlung** abzustellen, weil der Beschenkte bereits ab diesem Zeitpunkt mit dem Widerruf zu rechnen hätte und ein Abstellen auf den Zugang der Widerrufserklärung eine nicht wünschenswerte Privilegierung des Beschenkten zur Folge habe.[30] Die gegenteilige Meinung stellt mit Recht auf den **Zeitpunkt des Zugangs der Widerrufserklärung** beim Beschenkten ab.[31] Liegen die Voraussetzungen des § 530 Abs. 1 BGB vor, so hat der Widerrufsberechtigte zunächst ein (Gestaltungs-)Recht zum Widerruf. Ob er von diesem Recht tatsächlich Gebrauch macht oder nicht, liegt in seinem Ermessen. Aus diesem Grund muss der Beschenkte erst von dem Zeitpunkt an nach den allgemeinen Grundsätzen haften, ab dem er verlässliche Kenntnis davon hat, dass der Schenker sein Recht ausgeübt hat. Diese Auffassung entspricht der Absicht des **historischen Gesetzgebers**[32] und vermeidet die ansonsten entstehende **zeitliche Unsicherheit**, ab welchem Zeitpunkt die Voraussetzungen der allgemeinen Haftung konkret vorliegen.[33]

---

[24] BGH v. 23.05.1959 - V ZR 140/58 - BGHZ 30, 120-123; BGH v. 19.01.1999 - X ZR 42/97 - juris Rn. 37 - BGHZ 140, 275-285.

[25] Vgl. hierzu BGH v. 11.04.2000 - X ZR 246/98 - juris Rn. 33 - NJ 2000, 598.

[26] BGH v. 23.05.1959 - V ZR 140/58 - BGHZ 30, 120-123; *Wimmer-Leonhardt* in: Staudinger, § 516 Rn. 19; *Koch* in: MünchKomm-BGB, § 516 Rn. 34; *Mühl/Teichmann* in: Soergel, § 531 Rn. 2.

[27] BGH v. 07.04.1989 - V ZR 252/87 - juris Rn. 15 - BGHZ 107, 156-161; *Koch* in: MünchKomm-BGB, § 516 Rn. 43; *Wimmer-Leonhardt* in: Staudinger, § 516 Rn. 19; *Mühl/Teichmann* in: Soergel, § 531 Rn. 2.

[28] *Koch* in: MünchKomm-BGB, § 531 Rn. 7; *Herrmann* in: Erman, § 531 Rn. 3; *Wimmer-Leonhardt* in: Staudinger, § 531 Rn. 18; BGH v. 27.09.1991 - V ZR 55/90 - juris Rn. 17 - LM ZPO § 286 (A) Nr. 60 (6/1992); BGH v. 07.04.1989 - V ZR 252/87 - juris Rn. 15 - BGHZ 107, 156-161; *Mühl/Teichmann* in: Soergel, § 531 Rn. 4; BGH v. 19.01.1999 - X ZR 42/97 - BGHZ 140, 275-285.

[29] BGH v. 19.04.1961 - IV ZR 217/60 - BGHZ 35, 103-111; OLG Hamm, NJW 1978, 24.

[30] So *Kollhosser* in: MünchKomm-BGB, 3. Aufl. § 531 Rn. 4; *Wimmer-Leonhardt* in: Staudinger, § 531 Rn. 15.

[31] BGH v. 19.01.1999 - X ZR 42/97 - juris Rn. 66 - BGHZ 140, 275-285; *Mezger* in: BGB-RGRK, § 531 Rn. 2; *Mühl/Teichmann* in: Soergel, § 531 Rn. 3; *Koch* in: MünchKomm-BGB, § 531 Rn. 9.

[32] *Mugdan*, Bd. 2, S. 169, 759.

[33] So zu Recht BGH v. 19.01.1999 - X ZR 42/97 - juris Rn. 66 - BGHZ 140, 275-285.

§ 531

III. Gegenrechte des Beschenkten

13 Im Zeitpunkt der Geltendmachung von Herausgabeansprüchen nach § 531 Abs. 2 BGB hat der Beschenkte häufig bereits im Zusammenhang mit dem Geschenk **Aufwendungen** gemacht bzw. **sonstige Vermögensopfer** gebracht, die ihm ansonsten nicht entstanden wären. Fraglich ist, inwieweit und auf welchem Wege diese Aufwendungen des Beschenkten beim Herausgabeanspruch des Schenkers Berücksichtigung finden.[34] Festzuhalten bleibt zunächst, dass finanzielle Aufwendungen **vor Abschluss des Schenkungsvertrages** im Rahmen des Herausgabeanspruches nicht in den vorzunehmenden Bereicherungsausgleich einfließen. Sie haben allenfalls den Wert des späteren Geschenkes erhöht[35] und begründen ggf. **selbständige Ersatzansprüche** des Beschenkten aus § 812 Abs. 1 Satz 2 Alt. 2 BGB.[36] Nach dem Zugang der Widerrufserklärung haftet der Beschenkte – wie vorstehend ausgeführt – nach den allgemeinen Vorschriften. Diese Vorschriften (§§ 292, 987-1007 BGB) gelten auch für Verwendungsersatzansprüche, wobei ab dann grundsätzlich nur noch **notwendige Verwendungen** zu ersetzen sind. Diese **Gegenansprüche** sind vom Beschenkten im Prozess gemäß den §§ 273, 274 BGB **geltend zu machen**. Die Geltendmachung kann auch in dem hilfsweise gestellten Antrag einer Zug-um-Zug-Verurteilung gesehen werden.[37] Bei dem nach § 531 Abs. 2 BGB vorzunehmenden Bereicherungsausgleich werden demgemäß nur diejenigen Aufwendungen berücksichtigt, die **zwischen dem Abschluss des Schenkungsvertrages und dem Zeitpunkt des Eintritts der verschärften Bereicherungshaftung** (Widerrufszugang) getätigt worden sind.[38] Dabei wirken sich sämtliche vermögensmindernden Aufwendungen des Beschenkten gemäß § 818 Abs. 3 BGB **unmittelbar bereicherungsmindernd** aus, unabhängig davon, ob sie zu einer Wertsteigerung des geschenkten Gegenstandes geführt haben oder nicht.[39] Diese Einschränkung des Herausgabeanspruches ist im Prozess **von Amts wegen** zu beachten, ohne dass der Beschenkte ein Zurückbehaltungsrecht geltend machen oder die Aufrechnung erklären muss.[40] Diejenigen Aufwendungen, die nicht unmittelbar zu einer Vermögensminderung des Beschenkten geführt haben (z.B. **erbrachte Arbeitsleistungen**), sind ggf. als Verwendungen anzusehen. Sie müssen – soweit die Bereicherung (des Schenkers) im Zeitpunkt des Rückgabeverlangens noch besteht – durch Einrede gemäß den §§ 273, 274 Abs. 1 BGB im Wege der **Verwendungskondiktion** (§ 812 Abs. 1 Satz 1 Alt. 2 BGB)[41] geltend gemacht werden.[42] Der Beschenkte kann weiterhin die **Kosten der Übertragung**, die ihm seinerzeit durch den Vollzug der Schenkung entstanden sind, ersetzt verlangen. Bei mittlerweile eingetragenen **Grundpfandrechten** kann der Schenker nicht die Löschung verlangen, sondern nur Wertersatz gemäß § 818 Abs. 2 BGB, sofern er den Schuldner von den dadurch abgesicherten Verbindlichkeiten befreit.[43]

---

[34] Vgl. dazu *Koch* in: MünchKomm-BGB, § 531 Rn. 7 f.; *Wimmer-Leonhardt* in: Staudinger, § 531 Rn. 12; *Weidenkaff* in: Palandt, § 531 Rn. 2; *Mühl/Teichmann* in: Soergel, § 531 Rn. 3.
[35] Vgl. BGH v. 02.10.1987 - V ZR 85/86 - juris Rn. 9 - WM 1987, 1533-1534.
[36] So BGH v. 19.01.1999 - X ZR 42/97 - juris Rn. 61 - BGHZ 140, 275-285.
[37] BGH v. 19.01.1999 - X ZR 42/97 - juris Rn. 70 - BGHZ 140, 275-285.
[38] BGH v. 19.01.1999 - X ZR 42/97 - juris Rn. 67 - BGHZ 140, 275-285.
[39] So jetzt klarstellend BGH v. 19.01.1999 - X ZR 42/97 - BGHZ 140, 275-285; vgl. auch *Koch* in: MünchKomm-BGB, § 531 Rn. 7; *Herrmann* in: Erman, § 531 Rn. 3; BGH v. 27.09.1991 - V ZR 55/90 - LM ZPO § 286 (A) Nr. 60 (6/1992); BGH v. 11.01.1980 - V ZR 155/78 - NJW 1980, 1789-1790.
[40] BGH v. 19.01.1999 - X ZR 42/97 - juris Rn. 62 - BGHZ 140, 275-285; *Koch* in: MünchKomm-BGB, § 531 Rn. 7; *Wimmer-Leonhardt* in: Staudinger, § 531 Rn. 27.
[41] Vgl. auch *Koch* in: MünchKomm-BGB, § 531 Rn. 8.
[42] Vgl. BGH v. 19.01.1999 - X ZR 42/97 - juris Rn. 70 - BGHZ 140, 275-285.
[43] OLG Hamm v. 04.02.1999 - 10 U 173/95 - FamRZ 2001, 545-546.

E. Prozessuale Hinweise/Verfahrenshinweise

Jede Verfehlung nach § 530 BGB ist als **selbständiger Klagegrund** anzusehen. Wenn weitere Verfehlungen als Widerrufsgründe in den Prozess nachträglich eingebracht werden, liegt darin i.d.R. eine **Klageänderung**.[44]

14

Der Erlass einer **einstweiligen Verfügung** zur Sicherung des Anspruchs aus § 531 Abs. 2 BGB ist möglich.[45] Der ausgeübte Widerruf führt nicht zu einer dinglichen Rechtsänderung, so dass z.B. die Eintragung eines **Amtswiderspruchs** im Grundbuch nicht möglich ist.[46]

15

Wird im Hauptprozess auf Rückübertragung geklagt, so kann im Wege der **Zwischenfeststellungsklage** die Rechtswirksamkeit der Schenkung begehrt werden.[47] Die geltend gemachten **Aufwendungsansprüche** des Beschenkten werden je nach dem, um welche Ansprüche es sich im Einzelnen handelt, bei der Frage der noch vorhandenen Bereicherung des Beschenkten gemäß § 818 Abs. 3 BGB teilweise von Amts wegen berücksichtigt. Teilweise müssen sie jedoch – wie vorstehend ausgeführt – auch vom Beschenkten ausdrücklich als Gegenansprüche prozessual geltend gemacht werden.

16

---

[44] *Wimmer-Leonhardt* in: Staudinger, § 531 Rn. 25; *Mezger* in: BGB-RGRK, § 531 Rn. 4.
[45] Vgl. RG, JW 1910, 148; OLG Köln v. 25.03.1981 - 2 U 3/81 - juris Rn. 25 - NJW 1982, 390-391; *Wimmer-Leonhardt* in: Staudinger, § 531 Rn. 29.
[46] BayObLG München v. 15.04.1992 - 2Z BR 31/92 - juris Rn. 9 - NJW-RR 1992, 1236.
[47] *Wimmer-Leonhardt* in: Staudinger, § 531 Rn. 29.

§ 532 BGB Ausschluss des Widerrufs

(Fassung vom 02.01.2002, gültig ab 01.01.2002)

¹Der Widerruf ist ausgeschlossen, wenn der Schenker dem Beschenkten verziehen hat oder wenn seit dem Zeitpunkt, in welchem der Widerrufsberechtigte von dem Eintritt der Voraussetzungen seines Rechts Kenntnis erlangt hat, ein Jahr verstrichen ist. ²Nach dem Tode des Beschenkten ist der Widerruf nicht mehr zulässig.

Gliederung

A. Grundlagen... 1	II. Verzeihung des Schenkers ... 5
I. Kurzcharakteristik... 1	III. Einjährige Ausschlussfrist ... 7
II. Regelungsprinzipien... 2	IV. Ausschluss durch den Tod des Beschenkten ... 9
B. Praktische Bedeutung... 3	V. Abdingbarkeit... 10
C. Anwendungsvoraussetzungen ... 4	D. Rechtsfolgen ... 11
I. Allgemeines... 4	E. Prozessuale Hinweise/Verfahrenshinweise ... 13

A. Grundlagen

I. Kurzcharakteristik

1 § 532 BGB enthält drei Gründe, aus denen das an sich bestehende Recht zum Widerruf einer Schenkung aus § 530 BGB ausgeschlossen ist. Der **Widerruf** ist **ausgeschlossen**, wenn der Schenker dem Beschenkten die schwere Verfehlung, die er ihm gegenüber begangen hat, **verziehen hat** (vgl. auch § 2337 BGB) oder wenn seit dem Zeitpunkt der Kenntnis von der Verfehlung **ein Jahr** verstrichen ist. Weiterhin ist nach dem **Tode des Beschenkten** der Widerruf der Schenkung ebenfalls nicht mehr möglich.

II. Regelungsprinzipien

2 Sinn und Zweck der Vorschrift ist es, die **Möglichkeit des Widerrufs**, begründet durch die persönliche Kränkung, die der Schenker regelmäßig durch die schwere Verfehlung des Beschenkten erlitten hat, zu **begrenzen**. Wenn der Schenker dem Beschenkten verziehen hat oder über eine längere Zeit trotz Kenntnis keinen Widerruf erklärt, soll die **Bestandskraft der Schenkung** aufrechterhalten bleiben. Gleiches gilt, wenn derjenige, der die schwere Verfehlung bzw. Kränkung begangen hat, verstorben ist.

B. Praktische Bedeutung

3 Die **Bedeutung der Vorschrift** in der Praxis ist nicht zu unterschätzen. Schenker und Beschenkte haben in der Regel eine enge **persönliche Beziehung** zueinander. Auch nach Begehen einer schweren, von Undankbarkeit geprägten Verfehlung des Beschenkten kommt es häufig zu weiteren persönlichen Begegnungen und Kontakten. Nicht selten werden **Versöhnungsversuche** zwischen den Vertragsparteien unternommen. In diesen Fällen ist es häufig schwer zu erkennen, ob und wann ggf. eine Verzeihung eingetreten ist, die zum Ausschluss des Widerrufsrechtes führt.

C. Anwendungsvoraussetzungen

I. Allgemeines

4 Die Vorschrift setzt zunächst voraus, dass der **Widerruf** vom Schenker **noch nicht vollzogen** worden ist. Ein bereits erklärter Widerruf kann demgemäß z.B. durch Verzeihung nicht wieder rückgängig gemacht werden. Allerdings ist in solchen Fällen zu prüfen, ob durch den Akt der Verzeihung nicht der

durch Vollzug des Widerrufs entstandene **Rückforderungsanspruch** aus § 531 Abs. 2 BGB **erlassen** werden soll. Dafür ist jedoch auch das Einverständnis des Beschenkten erforderlich.[1]

II. Verzeihung des Schenkers

Verzeihung ist der nach außen erkennbare Entschluss des Schenkers, das den Widerruf begründende Fehlverhalten des Beschenkten nicht mehr als Kränkung zu empfinden.[2]

Entscheidend ist der **Wegfall der Kränkungsempfindung** beim Schenker.[3] Der Akt der Verzeihung, der sich regelmäßig auf ein bestimmtes Fehlverhalten bezieht,[4] ist somit kein Rechtsgeschäft und keine geschäftsähnliche Handlung. Er ist ein **rein tatsächliches Verhalten**, das – unabhängig von dem Willen und der Kenntnis des Schenkers – die in § 532 BGB angeordnete Rechtsfolge (Widerrufsausschluss) auslöst.[5] Aus diesem Grund sind die Vorschriften des Bürgerlichen Gesetzbuches über Rechtsgeschäfte (z.B. Geschäftsfähigkeit; Anfechtung; geheimer Vorbehalt, Vertretung etc.) i.d.R. auf den Akt der Verzeihung nicht anwendbar.[6] Allerdings ist analog den §§ 827, 828 BGB eine entsprechende **Einsichtsfähigkeit des Verzeihenden** für sein nach außen hin kundgemachtes Verhalten erforderlich.[7] Verzeihung setzt nicht notwendigerweise einen bestimmten Adressaten voraus[8] und scheitert auch nicht daran, dass der Schenker die erlittene **Kränkung in Erinnerung** behält.[9] Eine Kränkung kann auch bereits weggefallen sein, obwohl der Beschenkte noch eine persönliche Entschuldigung verlangt, um den Beschenkten zusätzlich zu disziplinieren.[10] Verzeihung setzt bei **mehreren Schenkern** Verzeihung durch alle voraus. Auch ist nicht in jedem **Versöhnungsversuch** schon eine Verzeihung i.S.d. Vorschrift zu sehen.[11]

III. Einjährige Ausschlussfrist

Die **Jahresfrist** des § 532 Abs. 1 Satz 1 BGB ist eine **rechtsvernichtende Ausschlussfrist**[12] und keine Verjährungsfrist.[13] Die Frist, für deren Berechnung die allgemeinen Vorschriften der §§ 186-193 BGB gelten, beginnt in dem Zeitpunkt, in welchem der Schenker von der schweren Verfehlung des Beschenkten i.S.v. § 530 Abs. 1 BGB verlässlich Kenntnis erlangt hat.[14] Dabei läuft für jede Verfehlung eine selbständige Frist. Es ist nicht ausgeschlossen, dass **frühere Verfehlungen**, bei denen die

---

[1] Vgl. *Koch* in: MünchKomm-BGB, § 532 Rn. 3; *Wimmer-Leonhardt* in: Staudinger, § 532 Rn. 2.

[2] BGH v. 07.06.1961 - V ZR 18/60 - LM Nr. 1 zu 2337 BGB; BGH v. 23.05.1984 - IVa ZR 229/82 - juris Rn. 26 - BGHZ 91, 273-281; *Mühl/Teichmann* in: Soergel, § 532 Rn. 2.

[3] Vgl. BGH v. 23.05.1984 - IVa ZR 229/82 - juris Rn. 26 - BGHZ 91, 273-281; *Herrmann* in: Erman, § 532 Rn. 2; *Mühl/Teichmann* in: Soergel, § 532 Rn. 2; *Wimmer-Leonhardt* in: Staudinger, § 532 Rn. 2; *Mezger* in: BGB-RGRK, § 532 Rn. 1.

[4] Demgemäß kann z.B. Verzeihung bzgl. weiterer Fehlverhalten noch nicht vorliegen; vgl. hierzu RG, WarnR 1940 Nr. 5; *Wimmer-Leonhardt* in: Staudinger, § 532 Rn. 4; *Koch* in: MünchKomm-BGB, § 532 Rn. 3.

[5] Vgl. BGH v. 07.06.1961 - V ZR 18/60 - LM Nr. 1 zu 2337 BGB; *Koch* in: MünchKomm-BGB, § 532 Rn. 2; *Weidenkaff* in: Palandt, § 532 Rn. 2; *Wimmer-Leonhardt* in: Staudinger, § 532 Rn. 2; *Mühl/Teichmann* in: Soergel, § 532 Rn. 2.

[6] *Wimmer-Leonhardt* in: Staudinger, § 532 Rn. 3; *Koch* in: MünchKomm-BGB, § 532 Rn. 2; *Mühl/Teichmann* in: Soergel, § 532 Rn. 2.

[7] *Weidenkaff* in: Palandt, § 532 Rn. 2; *Koch* in: MünchKomm-BGB, § 532 Rn. 2; *Mühl/Teichmann* in: Soergel, § 532 Rn. 2; *Herrmann* in: Erman, § 532 Rn. 2.

[8] *Wimmer-Leonhardt* in: Staudinger, § 532 Rn. 2; BGH v. 01.03.1974 - IV ZR 58/72 - juris Rn. 24 - LM Nr. 2 zu § 2333 BGB.

[9] „Vergeben aber nicht vergessen", vgl. hierzu BGH v. 23.05.1984 - IVa ZR 229/82 - juris Rn. 26 - BGHZ 91, 273-281.

[10] BGH v. 23.05.1984 - IVa ZR 229/82 - juris Rn. 26 - BGHZ 91, 273-281; *Koch* in: MünchKomm-BGB, § 532 Rn. 3.

[11] BGH v. 19.01.1999 - X ZR 42/97 - juris Rn. 51 - BGHZ 140, 275-285.

[12] Vgl. OLG Hamm v. 30.03.2000 - 22 U 112/99 - juris Rn. 45 - OLGR Hamm 2000, 376-380.

[13] So auch *Wimmer-Leonhardt* in: Staudinger, § 532 Rn. 5.

[14] Informationen aus anonymen Briefen reichen i.d.R. nicht aus, vgl. dazu OLG Frankfurt v. 18.02.1986 - 8 U 44/85 - FamRZ 1986, 576-577.

Frist bereits abgelaufen ist, bei der **Gesamtwürdigung** im Rahmen des § 530 Abs. 1 BGB weiterhin mitberücksichtigt werden (vgl. auch die Kommentierung zu § 530 BGB Rn. 6). Das gilt insbesondere dann, wenn sich der grobe Undank in einem Gesamtverhalten über einen längeren Zeitraum hinweg widerspiegelt.[15] Im Fall des § 530 Abs. 2 BGB beginnt die Frist mit der Kenntnis von der Erbenstellung und der Verfehlung.[16]

8 Die **Jahresfrist** gilt sowohl nach dem Wortlaut des § 532 BGB als auch nach der Stellung der Vorschrift in der Gesetzessystematik des Schenkungsrechts allein für die in § 530 BGB geregelten Fälle des Schenkungswiderrufs, nicht jedoch ohne weiteres auch für vertraglich vereinbarte Widerrufsgründe[17].

IV. Ausschluss durch den Tod des Beschenkten

9 Nach dem **Tod des Beschenkten** ist ein Widerruf unzulässig. Das Gesetz sanktioniert in § 530 Abs. 1 BGB das persönliche Fehlverhalten des Beschenkten, wenn dieses einen besonderen Schweregrad erreicht hatte, mit dem Recht des Schenkers, die bereits vollzogene Schenkung zu widerrufen. Mit dem Tod des Beschenkten endet dieses Recht, weil der Erbe des Beschenkten nicht weiterhin für das persönliche Verhalten des verstorbenen Beschenkten sanktioniert werden soll. Der Ausschluss gilt jedoch nur, wenn das **Widerrufsrecht** zu Lebzeiten des Schenkers **noch nicht** gemäß § 531 Abs. 1 BGB **vollzogen** worden ist.[18] Da § 532 BGB keine Ausnahmen vorsieht (vgl. jedoch § 530 Abs. 2 BGB beim Tod des Schenkers), berechtigt auch ein Fehlverhalten des Erben zum Widerruf, weil dieser nicht der Beschenkte selbst ist.

V. Abdingbarkeit

10 Die Vorschrift ist **abdingbar**. Häufig kann es im Interesse des Schenkers liegen – trotz Verzeihung – weiterhin die Möglichkeit zum Widerruf zu haben. Auch die Jahresausschlussfrist des § 532 Satz 1 Alt. 2 BGB. kann zwischen den Vertragsparteien abgeändert werden. Das kann vor allem dann sachgerecht sein, wenn nach einem etwaigen Fehlverhalten des Beschenkten **Versöhnungsversuche** stattfinden, um den Schenker nicht mittelbar wegen der Gefahr des Fristablaufs zum Widerruf zu zwingen. Auch **nach dem Tod des Beschenkten** kann dem Schenker die Widerrufsmöglichkeit durch eine **entsprechende Vereinbarung** im Schenkungsvertrag weiterhin erhalten bleiben.

D. Rechtsfolgen

11 Der **Widerruf ist ausgeschlossen** bzw. nicht mehr zulässig, wenn einer der drei gesetzlichen Ausschlussgründe vorliegt. Auch wenn die Tatbestandsvoraussetzungen des § 530 Abs. 1 BGB bestehen, kann die Bestandskraft der Schenkung nicht mehr durch einseitige Erklärung des Beschenkten beseitigt werden.

12 Ob es sich bei den verschiedenen Fallgruppen des § 532 BGB um von Amts wegen zu berücksichtigende **Einwendungen** oder um vom Beschenkten zu erhebende **Einreden** handelt, ist – wie bei § 529 BGB – umstritten (vgl. auch die Kommentierung zu § 529 BGB Rn. 12).[19] Sachgerecht erscheint es auch hier zwischen den einzelnen **Tatbestandsalternativen zu differenzieren**: Trotz des Wortlautes der Vorschrift („Der Anspruch ... ist ausgeschlossen.") handelt es sich beim Ausschluss wegen **Verzeihung** um eine **Einrede**, die vom Beschenkten erhoben werden muss. Bei den beiden anderen Tatbestandsalternativen (**Fristablauf; Tod des Beschenkten**) handelt es sich dagegen um von Amts we-

---

[15] BGH v. 23.01.1967 - II ZR 166/65 - juris Rn. 9 - BGHZ 46, 392-397.
[16] *Koch* in: MünchKomm-BGB, § 532 Rn. 4; *Wimmer-Leonhardt* in: Staudinger, § 532 Rn. 7; *Mezger* in: BGB-RGRK, § 532 Rn. 1.
[17] OLG Hamm v. 13.02.2012 - 8 UF 263/11 - juris Rn. 30.
[18] *Wimmer-Leonhardt* in: Staudinger, § 532 Rn. 9.
[19] Vgl. dazu *Koch* in: MünchKomm-BGB, § 532 Rn. 6; *Wimmer-Leonhardt* in: Staudinger, § 532 Rn. 10; *Mühl/Teichmann* in: Soergel, § 532 Rn. 2-3; *Herrmann* in: Erman, § 532 Rn. 1; *Mezger* in: BGB-RGRK, § 532 Rn. 1.

gen zu beachtende **Einwendungen**.²⁰ Die Verzeihung bezieht sich auf die höchstpersönliche Beziehung zwischen den Vertragsparteien, die unter wertenden Gesichtspunkten vom Tatrichter zu beurteilen ist. Das ist jedoch nur dann gefordert, wenn sich der Beschenkte auch tatsächlich darauf berufen will. Die beiden anderen Ausschlussgründe sind demgegenüber **objektiv feststellbare Tatbestände**, bei deren Vorliegen der Gesetzgeber bestimmte Rechtsfolgen geknüpft hat. Diese treten kraft Gesetzes ein, ohne Rücksicht darauf, ob sich die Vertragsparteien darauf berufen oder nicht. Sie sind im Prozess von Amts wegen zu beachten.

E. Prozessuale Hinweise/Verfahrenshinweise

Die **Beweislast** für die den **Beschenkten** begünstigende Norm liegt grundsätzlich bei diesem.²¹ Er muss insbesondere das Vorliegen derjenigen Umstände vortragen und beweisen, aufgrund deren eine eingetretene Verzeihung des Schenkers angenommen werden kann. Die **endgültige Bewertung** liegt beim **Gericht**.²² Dieser Grundsatz erfährt eine Ausnahme, wenn der Schenker vorträgt, trotz seines äußeren Verhaltens sei keine Verzeihung eingetreten, weil weiterhin eine tiefe Kränkung bei ihm vorhanden sei. Das kann im Einzelfall durch eine **Beweislastumkehr** dazu führen, dass er das **Weiterbestehen dieser (inneren) Kränkung** trotz entgegengesetztem äußeren Anschein nachweisen muss.²³ Wie vorstehend ausgeführt, greifen die Ausschlussgründe des § 532 BGB nur dann ein, wenn der Widerruf des Schenkers noch nicht vollzogen worden ist. Macht der Schenker die bereits erfolgte Vollziehung geltend, so trägt er hierfür die Beweislast.²⁴

13

---

20 So auch *Wimmer-Leonhardt* in: Staudinger, § 532 Rn. 10; *Mezger* in: BGB-RGRK, § 532 Rn. 7; *Weidenkaff* in: Palandt, § 532 Rn. 1; *Herrmann* in: Erman, § 532 Rn. 1; OLG Hamm v. 30.03.2000 - 22 U 112/99 - juris Rn. 45 - OLGR Hamm 2000, 376-380; so zu Recht für § 532 Satz 1 Alt. 2 BGB Brandenburgisches OLG v. 26.11.2008 - 4 U 5/08 - juris Rn. 51; a.A. *Koch* in: MünchKomm-BGB, § 532 Rn. 6.
21 *Wimmer-Leonhardt* in: Staudinger, § 532 Rn. 11; *Mühl/Teichmann* in: Soergel, § 532 Rn. 3; *Koch* in: MünchKomm-BGB, § 532 Rn. 6.
22 BGH v. 10.07.1981 - V ZR 79/80 - juris Rn. 21 - LM Nr. 21 zu § 818 Abs. 2 BGB.
23 Ähnlich *Kollhosser* in: MünchKomm-BGB, 4. Aufl. 2004, § 532 Rn. 3.
24 Vgl. *Wimmer-Leonhardt* in: Staudinger, § 532 Rn. 11.

§ 533 BGB Verzicht auf Widerrufsrecht

(Fassung vom 02.01.2002, gültig ab 01.01.2002)

Auf das Widerrufsrecht kann erst verzichtet werden, wenn der Undank dem Widerrufsberechtigten bekannt geworden ist.

Gliederung

A. Grundlagen...	1	III. Praktische Hinweise...........................	7
I. Kurzcharakteristik.................................	1	**D. Rechtsfolgen**	8
II. Regelungsprinzipien...........................	2	**E. Prozessuale Hinweise/Verfahrenshinweise**	9
B. Praktische Bedeutung.........................	3	**F. Arbeitshilfen**	10
C. Anwendungsvoraussetzungen	4	I. Checklisten...................................	10
I. Vorausverzicht	4	II. Musterverträge.............................	11
II. Abdingbarkeit	6	III. Musterklauseln............................	12

A. Grundlagen

I. Kurzcharakteristik

1 Ein rechtsgeschäftlicher **Verzicht auf das Widerrufsrecht** aus § 530 BGB ist erst möglich, wenn der Schenker vom groben Undank i.S.v. § 530 Abs. 1 BGB Kenntnis erlangt hat.

II. Regelungsprinzipien

2 **Sinn und Zweck** der Vorschrift ist es, dem Schenker die Möglichkeit zu erhalten, im Falle des groben Undanks das **Geschenk** durch Schenkungswiderruf **wieder zurück zu erhalten**. Diese Möglichkeit soll ihm nicht durch vorzeitigen Verzicht genommen werden können. Mittelbar soll durch diese Regelung ein gewisses **sittliches Maß an Dankbarkeit** bei vollzogenen Schenkungen gesichert werden, weil sich der Schenker der durch das Gesetz gewährten Sanktion nicht im Vorhinein begeben kann.

B. Praktische Bedeutung

3 Die **praktische Bedeutung** der Vorschrift ist eher **gering**. Der Wunsch, bereits im Vorhinein Rechte des Schenkers bei schweren Verfehlungen des Beschenkten einzuschränken oder auszuschließen, ist in der Praxis selten anzutreffen.

C. Anwendungsvoraussetzungen

I. Vorausverzicht

4 Nach der Vorschrift kann der Beschenkte auf das **Widerrufsrecht erst verzichten**, wenn ihm der Undank des Beschenkten **bekannt** geworden ist. Im Umkehrschluss bedeutet das, dass der Verzicht zwingend ausgeschlossen ist, solange dem Widerrufsberechtigten die Gründe des groben Undanks noch nicht bekannt geworden sind. Das gilt sowohl für den **einseitigen Verzicht** auf das sich aus § 530 Abs. 1 BGB ergebende Widerrufsrecht **durch empfangsbedürftige einseitige Willenserklärung** des Schenkers als auch für den sich nach Widerrufsvollzug aus § 531 Abs. 2 BGB ergebenden Rückforderungsanspruch durch **Vorauserlassvertrag** gemäß § 397 Abs. 1 BGB.[1] Beim Verzicht handelt es sich um eine **empfangsbedürftige Willenserklärung** des Schenkers, in der zum Ausdruck kommen muss, dass der Widerruf – trotz Vorliegen der Widerrufsvoraussetzungen – nicht geltend ge-

---

[1] Vgl. BGH v. 02.10.1951 - V ZR 77/50 - BGHZ 3, 206-213; RG v. 25.01.1906 - VI 452/05 - RGZ 62, 328-329; *Koch* in: MünchKomm-BGB, § 533 Rn. 1; *Wimmer-Leonhardt* in: Staudinger, § 533 Rn. 4; *Weidenkaff* in: Palandt, § 533 Rn. 1; *Mezger* in: BGB-RGRK, § 533 Rn. 1.

macht wird.² Der Verzicht muss **nicht höchstpersönlich** erklärt werden; er kann auch durch Stellvertreter oder Rechtsnachfolger z.B. Erben des Schenkers, erfolgen.³ Das grundsätzliche Bestehen des sich nach Widerruf ergebenden **Rückgabeanspruchs** muss dem Schenker ebenfalls vor dem Verzicht bekannt sein.

Eine **vertragliche Modifizierung** des sich nach Widerruf ergebenden Rückgabeanspruchs ist zulässig, wenn sichergestellt ist, dass das geltende Gesetz nicht zu Lasten des Schenkers in unzulässiger Weise umgangen wird.⁴ Deshalb ist es z.B. möglich, den sich nach Erklärung des Widerrufs ergebenden Rückforderungsanspruch bereits im Vorhinein vertraglich dergestalt zu modifizieren, dass die berechtigten Schutzinteressen beider Vertragsparteien, insbesondere diejenigen des Schenkers, gewahrt bleiben.⁵

II. Abdingbarkeit

§ 533 BGB enthält zum Schutze des Schenkers **zwingendes Recht**.⁶ Die Rechtsordnung gewährt dem Beschenkten im Vorhinein **keinen Freibrief** für eine spätere grobe Undankbarkeit. Tritt diese ein, so soll der Schenker zunächst weiterhin die Möglichkeit haben, einen Widerruf geltend zu machen. Erst danach kann er sich freiwillig dieses Schutzes in Kenntnis aller Umstände begeben.

III. Praktische Hinweise

Finden nach Bekanntwerden des groben Undanks Versöhnungs- oder Vergleichsverhandlungen der Vertragsparteien statt, die in einem Verzicht des Schenkers auf Widerruf münden, so empfiehlt es sich, diesen in jedem Fall **schriftlich** festzuhalten.

D. Rechtsfolgen

Wenn dem Schenker der grobe Undank des Beschenkten bekannt geworden ist, steht ihm die Möglichkeit zum Verzicht auf den Widerruf zu. Nach Rechtswirksamkeit des Verzichtes oder des Erlassvertrages erlischt das Widerrufsrecht des Schenkers aus § 530 Abs. 1 BGB.

E. Prozessuale Hinweise/Verfahrenshinweise

Der Beschenkte trägt die **Darlegungs- und Beweislast** dafür, dass ihm gegenüber ein einseitiger Verzicht durch Abgabe einer **empfangsbedürftigen Willenserklärung** des Schenkers erfolgt ist oder dass gegebenenfalls eine zulässige vertragliche Modifikation des Rückforderungsanspruchs zwischen den Vertragsparteien vorgenommen wurde. Gleiches gilt, wenn geltend gemacht wird, nach Kenntnis des Widerrufsgrundes sei ein **Erlassvertrag** über den Rückforderungsanspruch abgeschlossen worden. Im Zweifel muss der Beschenkte auch nachweisen, dass dem Schenker die konkreten Umstände des Undankes und der sich grundsätzlich daraus ergebende Rückgabeanspruch im Zeitpunkt des Verzichts bzw. der vertraglichen Modifikation bekannt gewesen sind.

---

[2] *Herrmann* in: Erman, § 533 Rn. 1; *Weidenkaff* in: Palandt, § 533 Rn. 1.
[3] *Wimmer-Leonhardt* in: Staudinger, § 533 Rn. 2.
[4] *Wimmer-Leonhardt* in: Staudinger, § 533 Rn. 5; vgl. BGH v. 13.07.1971 - VI ZR 245/69 - NJW 1971, 1983.
[5] Zulässig ist es, z.B. als Ersatz für den geschenkten Miteigentumsanteil für den Fall der Rückforderung eine Geldabfindung zu vereinbaren. Vgl. dazu BGH v. 17.09.1971 - V ZR 177/69 - LM Nr. 1 zu § 533 BGB; so auch *Koch* in: MünchKomm-BGB, § 533 Rn. 2; *Weidenkaff* in: Palandt, § 533 Rn. 1; vgl. auch *Wimmer-Leonhardt* in: Staudinger, § 533 Rn. 2.
[6] *Wimmer-Leonhardt* in: Staudinger, § 533 Rn. 5; RG v. 25.01.1906 - VI 452/05 - RGZ 62, 328-329; *Mezger* in: BGB-RGRK, § 533 Rn. 1; *Mühl/Teichmann* in: Soergel, § 533 Rn. 1; *Herrmann* in: Erman, § 533 Rn. 1; vgl. auch *Koch* in: MünchKomm-BGB, § 533 Rn. 2.

F. Arbeitshilfen

I. Checklisten

10 Ist der **Undank** des Beschenkten dem Schenker **bekannt**? **Wenn nein:** – kein Verzicht oder Erlass auf das Widerrufsrecht möglich. **Wenn ja**: – weitere Prüfung: Ist bereits Widerruf des Schenkers erfolgt – dann ggf. Erlassvertrag; wenn nein – dann ggf. Verzicht durch einseitige, empfangsbedürftige Willenserklärung des Schenkers. **Alternative**: Jederzeitige vertragliche Vereinbarung über den etwaigen Rückgabeanspruch.

II. Musterverträge

11 **Muster für einen Erlassvertrag** nach Ausübung des Widerrufs: In Kenntnis vom Bestehen eines Herausgabeanspruchs aufgrund meines Widerrufs vom (Datum) wegen groben Undanks wird Folgendes vereinbart: Die Pflicht zur Herausgabe des geschenkten Gegenstandes wird dem Beschenkten erlassen. Dieser nimmt den Erlass mit vertraglicher Bindungswirkung an.

III. Musterklauseln

12 **Muster für Verzicht des Schenkers**: Mir („Schenker") ist bekannt, dass sich der Beschenkte aufgrund (Beschreibung des Verhaltens) groben Undanks schuldig gemacht hat. In Kenntnis dieser Sachlage und des Bestehens eines Rückgabeanspruchs verzichte ich hiermit auf mein gesetzliches Widerrufsrecht.

§ 534 BGB Pflicht- und Anstandsschenkungen

(Fassung vom 02.01.2002, gültig ab 01.01.2002)

Schenkungen, durch die einer sittlichen Pflicht oder einer auf den Anstand zu nehmenden Rücksicht entsprochen wird, unterliegen nicht der Rückforderung und dem Widerruf.

Gliederung

A. Grundlagen	1	III. Anstandsschenkung	8
I. Kurzcharakteristik	1	1. Typische Fallkonstellationen	9
II. Regelungsprinzipien	2	2. Abdingbarkeit	11
B. Praktische Bedeutung	3	3. Praktische Hinweise	12
C. Anwendungsvoraussetzungen	4	D. Rechtsfolgen	13
I. Allgemeines	4	E. Prozessuale Hinweise/Verfahrenshinweise	17
II. Pflichtschenkung	6	F. Arbeitshilfen – Was man nicht vergessen darf	19

A. Grundlagen

I. Kurzcharakteristik

§ 534 BGB behandelt Schenkungen, durch die einer sittlichen Pflicht (**Pflichtschenkung**) oder einer auf den Anstand zu nehmenden Rücksicht entsprochen wird (**Anstandsschenkung**). Sie können nicht nach den §§ 528-533 BGB widerrufen oder zurückgefordert werden und genießen damit einen erhöhten Bestandsschutz.   **1**

II. Regelungsprinzipien

Sinn und Zweck der Vorschrift ist es, dem Beschenkten in bestimmten Fällen einen besonderen Schutz vor Rückgabe des Geschenkes zu gewähren. Selbst wenn die tatbestandlichen Voraussetzungen vorliegen, die im Allgemeinen einen Widerruf nach den §§ 530-533 BGB oder eine Rückforderung aus § 528 BGB rechtfertigen, soll die Schenkung nicht rückgängig gemacht werden können, weil der **Beschenkte** aus Gründen der Sittlichkeit oder des Anstands **besonders schutzwürdig** erscheint.   **2**

B. Praktische Bedeutung

Die Bedeutung der Vorschrift ist in der Praxis nicht zu unterschätzen. Sie spielt in der Rechtsberatung und Rechtsanwendung insbesondere in den Fällen eine Rolle, in denen größere **Zuwendungen** (häufig Grundbesitz) **unter Ehegatten oder Partnern bzw. innerhalb nichtehelicher Lebensgemeinschaften** unentgeltlich erfolgen im Hinblick auf erbrachte oder erwartete Arbeits- oder Pflegeleistungen und danach die persönliche Beziehung der Vertragsparteien in die Brüche geht.[1] Häufig wird bei der Vereinbarung das Problem der Bestandskraft einer erfolgten Zuwendung im Falle einer Trennung nicht genügend beachtet. Es fehlen oft diesbezügliche Regelungen in den Verträgen gänzlich.   **3**

C. Anwendungsvoraussetzungen

I. Allgemeines

Bei Pflicht- und Anstandsschenkungen handelt es sich um **echte Schenkungen** i.S.v. § 516 Abs. 1 BGB. Die Vereinbarungen unterliegen demgemäß grundsätzlich den allgemeinen gesetzlichen Regeln   **4**

---

[1] BGH v. 18.04.1986 - V ZR 280/84 - NJW-RR 1986, 1202-1203; BGH v. 19.09.1980 - V ZR 78/79 - LM Nr. 2 zu § 534 BGB; BGH v. 11.07.2000 - X ZR 126/98 - LM BGB § 529 Nr. 2 (2/2001); BGH v. 07.03.1984 - IVa ZR 152/82 - LM Nr. 5 zu 2330 BGB; für die nichteheliche Lebensgemeinschaft vgl. BGH v. 09.07.2008 - XII ZR 179/05 - FamRZ, 1822-1829.

der Schenkung.² Sie müssen die tatbestandlichen Voraussetzungen erfüllen (vgl. die Kommentierung zu § 516 BGB Rn. 20).

5   Auch in **anderen gesetzlichen Bestimmungen** haben sie eine **Sonderstellung**. Die allgemein geltenden Verfügungsbeschränkungen und Zustimmungserfordernisse von Familien-³ bzw. Nachlassgericht (§§ 1425, 1641, 1804, 2113 Abs. 2, 2205, 2207, 2330 BGB) gelten für sie nicht: Nach § 814 BGB ist eine **Rückforderung nach Bereicherungsrecht ausgeschlossen,** wenn die erbrachte Leistung einer sittlichen Pflicht oder einer auf den Anstand zu nehmenden Rücksicht entsprach (vgl. die Kommentierung zu § 814 BGB). Durch diese Sonderstellung wird die Position des Beschenkten entweder dadurch, dass er das Geschenk unter erleichterten Bedingungen erhält oder dass die Bestandskraft der Schenkung auch unter veränderten Bedingungen erhalten bleibt, besonders geschützt.

II. Pflichtschenkung

6   Schenkungen, durch die einer **sittlichen Pflicht** entsprochen wird, sind dadurch gekennzeichnet, dass die Vornahme der Schenkung nach den konkreten Umständen des Einzelfalles in der Weise sittlich geboten erscheint, dass ihr **Unterlassen** dem Schenker als **sittliche Verfehlung** zur Last gelegt wird.⁴ Bei der vorzunehmenden Wertung zur Ausfüllung des Begriffs der „sittlichen Pflicht" ist jeweils auf die **konkreten Umstände des Einzelfalles** abzustellen. Zu beachten sind dabei insbesondere sowohl die **Lebensstellung der Beteiligten** als auch deren Beziehung zueinander.⁵ Die allgemeine sittliche Empfindung, aus Nächstenliebe durch eine Schenkung helfen zu müssen, reicht allein in der Regel nicht aus.⁶

7   **Typische Fallkonstellationen**: Typisches Beispiel für die Annahme einer Pflichtschenkung ist die **Unterstützung bedürftiger nahe stehender Personen** (z.B. Geschwister), die zwar keinen gesetzlichen Unterhaltsanspruch haben, deren Unterlassung aber als sittlich anstößig empfunden würde.⁷ Weitere Beispiele sind die **Erbringung umfangreicher Pflegeleistungen** unter Inkaufnahme **eigener schwerer persönlicher Opfer**, ggf. mit der Folge, dass der Helfende selbst in Not gerät.⁸ In der Praxis stellt sich häufig die Frage, ob Schenkungen als Ausdruck der Dankbarkeit für langjährige unbezahlte Dienste oder zur **Sicherung der Altersvorsorge des Ehe- oder Lebenspartners** bei nichtehelichen Lebensgemeinschaften einer sittlichen Pflicht entsprechen und deshalb eine Rückforderung oder – nach dem Tod des Schenkers – die Geltendmachung von Pflichtteilsergänzungsansprüchen aus-

---

[2] BGH v. 02.10.1951 - V ZR 77/50 - BGHZ 3, 206-213; RG v. 30.09.1929 - IV 800/28 - RGZ 125, 380-385; RG v. 25.01.1906 - VI 452/05 - RGZ 62, 328-329; *Weidenkaff* in: Palandt, § 534 Rn. 1; *Wimmer-Leonhardt* in: Staudinger, § 534 Rn. 1; *Koch* in: MünchKomm-BGB, § 534 Rn. 1.

[3] Anstandsschenkungen bedürfen nicht der Genehmigung des Familiengerichtes nach § 1804 BGB, vgl. dazu BayObLG München v. 09.07.1987 - BReg 3 Z 91/87 - Rpfleger 1988, 22-23.

[4] BGH v. 07.03.1984 - IVa ZR 152/82 - LM Nr. 5 zu § 2330 BGB.

[5] RG v. 16.10.1908 - VII 595/07 - RGZ 70, 15-20; RG, WarnR 1913 Nr. 409; *Lindenmaier/Möhring*, Nachschlagewerk des Bundesgerichtshofs, 1961, § 534 Nr. 1; BGH v. 11.07.2000 - X ZR 126/98 - juris Rn. 19 - LM BGB § 529 Nr. 2 (2/2001); *Mezger* in: BGB-RGRK, § 534 Rn. 2.

[6] Vgl. BGH v. 09.04.1986 - IVa ZR 125/84 - juris Rn. 7 - LM Nr. 3 zu § 534 BGB; *Lindenmaier/Möhring*, Nachschlagewerk des Bundesgerichtshofs, 1961, § 534 Nr. 1; *Koch* in: MünchKomm-BGB, § 534 Rn. 2; *Wimmer-Leonhardt* in: Staudinger, § 534 Rn. 7; *Mühl/Teichmann* in: Soergel, § 534 Rn. 2; *Mezger* in: BGB-RGRK, § 534 Rn. 2; *Herrmann* in: Erman, § 534 Rn. 2; *Weidenkaff* in: Palandt, § 534 Rn. 3.

[7] Vgl. *Koch* in: MünchKomm-BGB, § 534 Rn. 3; *Wimmer-Leonhardt* in: Staudinger, § 534 Rn. 7; *Mühl/Teichmann* in: Soergel, § 534 Rn. 2; *Mezger* in: BGB-RGRK, § 534 Rn. 2; *Herrmann* in: Erman, § 534 Rn. 2.

[8] Vgl. BGH v. 09.04.1986 - IVa ZR 125/84 - juris Rn. 9 - LM Nr. 3 zu § 534 BGB; *Lindenmaier/Möhring*, Nachschlagewerk des Bundesgerichtshofs, 1961, § 2330 Nr. 5. Eine die Rückforderung ausschließende sittliche Verpflichtung zur Belohnung von Pflegeleistungen ohne Hinzukommen besonderer Umstände kann i.d.R. nicht angenommen werden, vgl. hierzu BGH v. 11.07.2000 - X ZR 126/98 - juris Rn. 8 - LM BGB § 529 Nr. 2 (2/2001).

geschlossen ist.[9] In diesem Zusammenhang muss eine auf den jeweiligen Einzelfall bezogene **Abwägung** zwischen der sittlichen Pflicht zur Dankbarkeit und Altersvorsorge des Partners und der sittlich-moralischen Pflicht, den Nachlass zum Schutze der Abkömmlinge nicht gänzlich auszuhöhlen, erfolgen.[10] Diese kann dazu führen, dass im Einzelfall auch die Zuwendung eines Wohnhauses, die zur Aushöhlung des Nachlasses führte, unter Beachtung dieser Grundsätze als sittlich geboten erscheint.[11]

III. Anstandsschenkung

Eine Schenkung, durch die einer auf den **Anstand zu nehmenden Rücksicht** entsprochen wird, liegt vor, wenn deren **Unterbleiben** gegen die Anschauungen der mit dem Schenker sozial Gleichgestellten verstieße und dem Handelnden dadurch eine spürbare **Minderung an Achtung und Anerkennung** einbrächte.[12] Entscheidend ist die im Einzelfall zu prüfende örtliche und standesgemäße **Verkehrssitte**[13] sowie der **Wert des Geschenkes**[14]. Dabei ist bei der Bemessung der Geldwert des Geschenkes mit der Leistungsfähigkeit des Schenkers zu vergleichen. Liegt nicht bereits aufgrund typischer Merkmale eine Anstandsschenkung vor, muss diese durch **die besonderen Umstände des Einzelfalles** vom gesetzlichen Sinngehalt her erfasst werden.[15] Eine Anwendung ist dann nur zu bejahen, wenn das Geschenk nicht erheblich über das Maß an Freigiebigkeit hinausgeht, das der Beschenkte anständigerweise erwarten durfte.[16]

8

1. Typische Fallkonstellationen

Zu den Anstandsschenkungen werden Gelegenheitsgaben wie **Weihnachts- oder Hochzeitsgeschenke** gezählt, ferner das **Trinkgeld** und **Spenden** zu einer öffentlichen Sammlung und ähnlichen Gelegenheiten.[17] Nicht dazu zählen i.d.R. die Übertragung eines Miteigentumsanteils an einem Grundstück an den Schwiegersohn oder Ehegatten.[18] Strittig ist das aber bei der gleichzeitig dadurch zum Ausdruck kommenden Absicht, ein gemeinsames Familienhaus auf dem Grundstück zu errichten.[19]

9

Remuneratorische oder belohnende Schenkungen (vgl. die Kommentierung zu § 516 BGB Rn. 62) sind nur dann als Anstandsschenkungen anzusehen, wenn die Freigiebigkeit des Schenkers im Verhältnis zur Leistung des Beschenkten lediglich geringer Natur ist.[20] **Gegenseitige Schenkungen** fallen re-

10

---

[9] Vgl. dazu BGH v. 02.11.1977 - IV ZR 144/76 - WM 1977, 1410-1411; BGH v. 26.04.1978 - IV ZR 26/77 - juris Rn. 7 - DRsp I(174) 187; BGH v. 07.03.1984 - IVa ZR 152/82 - juris Rn. 16 - LM Nr. 5 zu § 2330 BGB; BGH v. 10.11.1982 - IVa ZR 83/81 - LM Nr. 22 zu § 138 BGB (Cd); BGH v. 11.11.1981 - IVa ZR 235/80 - juris Rn. 8 - WM 1982, 100-101; *Koch* in: MünchKomm-BGB, § 534 Rn. 3; *Wimmer-Leonhardt* in: Staudinger, § 534 Rn. 8.

[10] BGH v. 07.03.1984 - IVa ZR 152/82 - juris Rn. 18 - LM Nr. 5 zu § 2330 BGB.

[11] Vgl. dazu BGH v. 07.03.1984 - IVa ZR 152/82 - juris Rn. 16 - LM Nr. 5 zu § 2330 BGB.

[12] RG v. 11.02.1910 - VII 232/09 - RGZ 73, 46-50; RG v. 16.04.1920 - VII 480/19 - RGZ 98, 323-327; OLG Köln v. 22.11.1996 - 11 U 107/96 - FamRZ 1997, 1113-1114; *Koch* in: MünchKomm-BGB, § 534 Rn. 4; *Mezger* in: BGB-RGRK, § 534 Rn. 3; *Weidenkaff* in: Palandt, § 534 Rn. 3; *Mühl/Teichmann* in: Soergel, § 534 Rn. 3; BGH v. 19.09.1980 - V ZR 78/79 - juris Rn. 9 - LM Nr. 2 zu § 534 BGB; *Mansel* in: Jauernig, § 534 Rn. 2.

[13] *Wimmer-Leonhardt* in: Staudinger, § 534 Rn. 9.

[14] BGH v. 19.09.1980 - V ZR 78/79 - juris Rn. 9 - LM Nr. 2 zu § 534 BGB; *Mühl/Teichmann* in: Soergel, § 534 Rn. 4.

[15] *Lindenmaier/Möhring*, Nachschlagewerk des Bundesgerichtshofs, 1961, § 534 Nr. 2; *Wimmer-Leonhardt* in: Staudinger, § 534 Rn. 6.

[16] Die Schenkung eines Miteigentumsanteils an einem Grundstück an den Schwiegersohn fällt i.d.R. nicht darunter; vgl. BGH v. 19.09.1980 - V ZR 78/79 - juris Rn. 12 - LM Nr. 2 zu § 534 BGB.

[17] Vgl. auch § 4 Abs. 2 AnfG; § 149 Abs. 2 InsO, „gebräuchliches Gelegenheitsgeschenk geringen Wertes"; zum Trinkgeld jetzt auch *Koch* in: MünchKomm-BGB, § 534 Rn. 4; anders noch *Kollhosser* in: MünchKomm-BGB, 4. Aufl. 2004, § 534, Rn. 7 und § 516 Rn. 22.

[18] BGH v. 18.04.1986 - V ZR 280/84 - juris Rn. 14 - NJW-RR 1986, 1202-1203; *Koch* in: MünchKomm-BGB, § 534 Rn. 5; *Weidenkaff* in: Palandt, § 534 Rn. 3.

[19] So LG Wuppertal v. 16.11.1982 - 1 O 352/80 - FamRZ 1983, 278-279; vgl. auch *Karakatsanes*, FamRZ 1986, 1049-1055 m.w.N.

[20] Vgl. *Haase*, JR 1982, 197.

gelmäßig nicht unter § 534 BGB, da sie den erforderlichen Schenkungscharakter nicht besitzen.[21] Besondere **betriebliche Zuwendungen** und sonstige „freiwillige" Zuwendungen im Arbeitsverhältnis sind in der Regel keine Schenkungen, sondern entgeltliche Zusatzleistungen, so dass § 534 BGB ebenfalls keine Anwendung findet[22] (vgl. die Kommentierung zu § 516 BGB Rn. 62). Die Weihnachtszuwendung für einen Pensionär hat ihren Rechtsgrund z.B. im Ruhestandsverhältnis; der Dienstherr übernimmt freiwillig die Fürsorge aufgrund früher geleisteter Dienste. Eine Schenkung liegt hier regelmäßig nicht vor.[23]

2. Abdingbarkeit

11   Durch die Vorschrift des § 534 BGB kommt eine **Abwägungsentscheidung des Gesetzgebers** zum Ausdruck: In bestimmten Situationen soll die Bestandskraft des Schenkungsvertrages zum Schutz des Beschenkten grundsätzlich nicht mehr durchbrochen werden können. Dieses Schutzes kann sich der Beschenkte jedoch freiwillig begeben. Deshalb können die Vertragsparteien die **Geltung der Vorschrift** ganz oder teilweise abbedingen, mit der Folge, dass die allgemeinen Widerrufs- und Rückforderungsansprüche des Schenkers auch bei Pflicht- und Anstandsschenkungen bestehen bleiben.

3. Praktische Hinweise

12   Es empfiehlt sich in all den Fällen, in denen durch die Schenkung einer sittlichen Pflicht oder einer auf den Anstand zu nehmenden Rücksicht entsprochen wird, die **Gründe** und **Motivationen** für das Rechtsgeschäft im Einzelnen genau **darzulegen**. Der Beschenkte kann nur dann geschützt werden, wenn in einem etwaigen Prozess die judikative Ausfüllung der auslegungsbedürftigen Rechtsbegriffe durch eine konkrete Sachverhaltsbeschreibung ermöglicht wird. Dadurch wird die Abwägungsentscheidung zugunsten des Beschenkten erleichtert. Das spielt insbesondere auch nach dem Tode des Schenkers im Rahmen der Prüfung etwaiger Pflichtteilsergänzungsansprüche im Bereich des § 2330 BGB eine große Rolle.

D. Rechtsfolgen

13   Liegen die vorgenannten Tatbestandsvoraussetzungen einer Pflicht- oder Anstandsschenkung vor, so unterliegt die Schenkung nicht der Rückforderung aus § 528 Abs. 1 BGB und nicht dem Widerruf aus den § 530–533 BGB. Das gilt auch dann, wenn der an sich bestehende Anspruch im Wege des Sozialhilferegresses bereits auf den Sozialhilfeträger übergeleitet worden ist.

14   Liegen bei einem noch nicht vollzogenen Schenkungsversprechen die Voraussetzungen des **Notbedarfs des Schenkers** aus § 519 BGB vor, so gewährt § 534 BGB in diesem Zusammenhang keinen Schutz[24] (vgl. die Kommentierung zu § 519 BGB).

15   Anstands- oder Pflichtschenkungen, die mit einer **Auflage** i.S.v. § 525 BGB versehen sind, sind grundsätzlich zulässig. Der beschränkte Herausgabeanspruch aus § 527 BGB bleibt in diesem Fall bestehen.[25] Die Anwendbarkeit dieser Vorschrift bleibt von § 534 BGB unberührt.

16   **Teilbare (gemischte) Schenkungen**, die nur zum Teil eine Pflicht- oder Anstandsschenkung darstellen (z.B. Geldschenkungen), sind auch nur bezüglich dieses Teils nicht widerrufbar. Handelt es sich dagegen um einen **unteilbaren Schenkungsgegenstand**, ist es dem Schenker grundsätzlich möglich, die

---

[21] *Wimmer-Leonhardt* in: Staudinger, § 534 Rn. 12.
[22] *Koch* in: MünchKomm-BGB, § 534 Rn. 5; *Wimmer-Leonhardt* in: Staudinger, § 534 Rn. 13; vgl. auch *Weidenkaff* in: Palandt, § 516 Rn. 9 a.
[23] BAG v. 23.04.1963 - 3 AZR 173/62 - BB 1963, 938-938.
[24] *Wimmer-Leonhardt* in: Staudinger, § 534 Rn. 3; *Mezger* in: BGB-RGRK, § 534 Rn. 1.
[25] RG v. 25.04.1929 - IV 443/28 - JW 1929, 2594; *Koch* in: MünchKomm-BGB, § 534 Rn. 1; *Herrmann* in: Erman, § 534 Rn. 4; *Mühl/Teichmann* in: Soergel, § 534 Rn. 1; *Weidenkaff* in: Palandt, § 534 Rn. 1; a.A. *Mezger* in: BGB-RGRK, § 534 Rn. 1.

gesamte Leistung zurückzuverlangen, allerdings muss er dann eine der sittlichen Pflicht oder dem Anstand entsprechende Leistung Zug um Zug seinerseits erbringen.[26]

E. Prozessuale Hinweise/Verfahrenshinweise

Trotz des Wortlautes der Vorschrift („Der Anspruch ... ist ausgeschlossen.") handelt es sich aus den gleichen Gründen wie teilweise bei § 529 BGB (vgl. die Kommentierung zu § 529 BGB Rn. 13) um eine **Einrede** und keine Einwendung des Beschenkten.[27] Der Beschenkte muss die Einrede im Prozess erheben. Eine Beachtung von Amts wegen findet nicht statt.[28]

Demgemäß trägt auch der Beschenkte die **Beweislast** für das Vorliegen einer Pflicht- oder Anstandsschenkung.

F. Arbeitshilfen – Was man nicht vergessen darf

Nach § 4 Abs. 1 AnfG ist eine unentgeltliche Leistung **anfechtbar**, es sei denn, sie ist früher als vier Jahre vor der Anfechtung vollzogen worden. Ausgeschlossen ist das jedoch nach § 4 Abs. 2 AnfG, wenn die Leistung auf ein **gebräuchliches Gelegenheitsgeschenk** geringen Wertes gerichtet war. Eine entsprechende Regelung ist in § 134 Abs. 2 InsO enthalten.

Achtung Steuern: Nach § 13 Abs. 1 Nr. 14 ErbStG bleiben die üblichen Gelegenheitsgeschenke steuerfrei.

---

[26] *Mühl/Teichmann* in: Soergel, § 534 Rn. 6; BGH v. 13.02.1963 - V ZR 82/62 - LM Nr. 1 zu § 534 BGB; *Koch* in: MünchKomm-BGB, § 534 Rn. 6; *Wimmer-Leonhardt* in: Staudinger, § 534 Rn. 15; *Mezger* in: BGB-RGRK, § 534 Rn. 4.

[27] BGH v. 19.12.2000 - X ZR 146/99 - juris Rn. 12 - LM BGB § 529 Nr. 3 (10/2001) für § 529 Abs. 2 BGB; *Koch* in: MünchKomm-BGB, § 534 Rn. 7; a.A. die wohl h.M. vgl. *Wimmer-Leonhardt* in: Staudinger, § 534 Rn. 5; *Mühl/Teichmann* in: Soergel, § 534 Rn. 6; *Herrmann* in: Erman, § 534 Rn. 1.

[28] So auch schon *Kollhosser* in: MünchKomm-BGB, 4. Aufl. 2004, § 534 Rn. 4; jetzt auch *Koch* in: MünchKomm-BGB, § 534 Rn. 4; a.A. *Wimmer-Leonhardt* in: Staudinger, § 534 Rn. 5; *Herrmann* in: Erman, § 534 Rn. 1; *Mezger* in: BGB-RGRK, § 534 Rn. 5.

§ 535

Titel 5 - Mietvertrag, Pachtvertrag

Untertitel 1 - Allgemeine Vorschriften für Mietverhältnisse

§ 535 BGB Inhalt und Hauptpflichten des Mietvertrags

(Fassung vom 02.01.2002, gültig ab 01.01.2002)

(1) ¹Durch den Mietvertrag wird der Vermieter verpflichtet, dem Mieter den Gebrauch der Mietsache während der Mietzeit zu gewähren. ²Der Vermieter hat die Mietsache dem Mieter in einem zum vertragsgemäßen Gebrauch geeigneten Zustand zu überlassen und sie während der Mietzeit in diesem Zustand zu erhalten. ³Er hat die auf der Mietsache ruhenden Lasten zu tragen.

(2) Der Mieter ist verpflichtet, dem Vermieter die vereinbarte Miete zu entrichten.

Gliederung

A. Grundlagen 1	II. Rechte und Pflichten des Mieters 182
I. Kurzcharakteristik 1	1. Miete 182
II. Gesetzgebungsmaterialien 6	2. Betriebskosten 191
B. Praktische Bedeutung 8	III. Verwirkung 235
C. Anwendungsvoraussetzungen 10	**E. Rechtsprechung zu Vertragsklauseln in Mietverträgen** 240
I. Normstruktur 10	I. ABC der allgemeinen Klauseln 240
II. Mietvertrag 12	II. Schönheitsreparaturen und Endrenovierung 311
1. Definition 12	1. Renovierungsfristen 311
2. Schriftform 26	2. Endrenovierungspflicht 331
3. Vertretung 41	3. Einzelfälle 345
4. Vorvertrag 45	**F. Prozessuale Hinweise** 358
5. Übertragung von Mietverträgen 52	I. Zuständigkeit 358
III. Abgrenzung zu anderen Vertragstypen 56	II. Klageart und Parteifähigkeit 360
IV. Die Mietvertragsparteien 75	III. Beweisregeln 373
1. Der Vermieter 75	IV. Verfassungsrechtliche Rechtsprechung 384
2. Der Mieter 77	V. Einstweiliger Rechtsschutz 393
3. Juristische Personen 84	VI. Gebühren 395
4. Wechsel der Mietvertragsparteien 92	**G. Arbeitshilfen** 397
V. Einzelfälle 102	I. Checkliste 397
1. Leasingvertrag 102	II. Gegenüberstellung der §§ 535 ff. BGB a.F. und n.F. 398
2. Kfz-Mietvertrag 132	III. Gesetz zur Regelung der Miethöhe 399
3. Altmietverträge im Beitrittsgebiet 143	IV. Anwendbarkeit altes und neues Mietrecht 400
VI. Steuerliche Besonderheiten 144	
D. Rechtsfolgen 148	
I. Rechte und Pflichten des Vermieters 148	

A. Grundlagen

I. Kurzcharakteristik

1 Die Vorschrift § 535 BGB leitet im 2. Buch und 7. Abschnitt des Bürgerlichen Gesetzbuchs den 5. Titel über den **Mietvertrag** und den Pachtvertrag ein und regelt die Hauptpflichten der Vertragsparteien eines Mietvertrages. Seit In-Kraft-Treten der **Mietrechtsreform** am 01.09.2001 wurde das Mietrecht im BGB wie folgt gegliedert:

- Untertitel 1: Allgemeine Vorschriften für Mietverhältnisse
- Untertitel 2: Mietverhältnisse über Wohnraum
- Untertitel 3: Mietverhältnisse über andere Sachen
- Untertitel 4: Pachtvertrag
- Untertitel 5: Landpachtvertrag

Die **wesentlichen Änderungen** liegen zunächst in der systematischen Aufgliederung des neuen Mietrechts und in der Zusammenführung aller auch außerhalb des BGB befindlichen Regelungen, etwa des MHRG. Inhaltlich betreffen die meisten Änderungen das Wohnraummietrecht. Hier sind neben der Neuregelung über die Kaution und die Verjährung vor allem die Neuregelungen der Kündigungsfristen und der Mieterhöhung zu nennen. Das neue Mietrecht enthält auch neue Fristen, insbesondere Ausschlussfristen im Zusammenhang mit der Mieterhöhung.[1]

Die Regelung des heutigen § 535 Abs. 1 Satz 1 BGB entspricht dem früheren 535 Satz 1 BGB a.F., die Regelung in § 535 Abs. 1 Satz 2 BGB entspricht § 536 BGB a.F., die Regelung in § 535 Abs. 1 Satz 3 BGB entspricht § 546 BGB a.F., und die Regelung in § 535 Abs. 2 BGB entspricht § 535 Satz 2 BGB a.F.

Die Schuldrechtsreform hat dagegen das bereits durch die Mietrechtsreform geänderte Mietrecht kaum beeinflusst. Die Schuldrechtsreform wirkt sich allerdings insoweit auch im Mietrecht aus, als insbesondere das Leistungsstörungsrecht zur Anwendung kommt.[2]

Die Vorschriften des Allgemeinen Mietrechts im 1. Untertitel und mit ihnen § 535 BGB gelten wegen ihrer **systematischen Stellung** für alle Mietverhältnisse und für solche Rechtsverhältnisse, für die die Vorschriften des Allgemeinen Mietrechts kraft Verweisung anwendbar sind, etwa für Pachtverträge gemäß § 581 BGB (vgl. die Kommentierung zu § 581 BGB).

II. Gesetzgebungsmaterialien

Die Neufassung des Mietrechts im BGB geht auf den Abschlussbericht der Expertenkommission „Wohnungspolitik" von 1994 zurück[3], der 1996 eine Bund-Länder-Arbeitsgruppe „Mietrechtsvereinfachung" mit einem Gegenentwurf folgte[4]. Hierauf bauten die Entwürfe der Bundesregierung[5] und des Bundesjustizministeriums[6] auf. Nach Empfehlung des Bundestagsrechtsausschusses[7] wurde das **Mietrechtsreformgesetz** ohne Zustimmung des Bundesrates am 16.06.2001 verabschiedet und ist am 01.09.2001 in Kraft getreten.[8]

Die Übergangsbestimmungen (vgl. Rn. 400) zum Mietrechtsreformgesetz sind in Art. 229 § 3 EGBGB enthalten und regeln die Anwendbarkeit des alten und neuen Mietrechts vor bzw. nach dem 01.09.2001.

B. Praktische Bedeutung

Der § 535 BGB enthält mit den Hauptpflichten der Parteien eine **Legaldefinition** des Mietvertrages, die Ausgangspunkt für die Abgrenzung zu ähnlichen Vertragsarten ist. Die wichtigsten Anwendungsfälle des § 535 BGB sind der Wohnraummietvertrag und der Geschäftsraummietvertrag.

Während die Verpflichtung des Mieters zur Zahlung der vereinbarten Miete wegen der Bestimmungen über den Leistungsort und die Leistungszeit in den §§ 270, 271 BGB (vgl. die Kommentierung zu § 270 BGB und die Kommentierung zu § 271 BGB) keiner Präzisierung bedurfte, enthält § 535 Abs. 1 Satz 2 BGB qualitative Anforderungen an die Pflicht des Vermieters zur Gebrauchsüberlassung der Mietsache. Dies wird in § 535 Abs. 1 Satz 3 BGB ergänzt durch die Verpflichtung des Vermieters, auch die auf der Mietsache ruhenden Lasten zu tragen.

---

[1] *Grundmann*, NJW 2001, 2497-2505.
[2] *Graf von Westphalen*, NZM 2002, 368-377; vgl. hierzu und, insbesondere zum neuen mietrechtlichen Verjährungsrecht: *Börstinghaus*, ZAP Fach 4, 749-764.
[3] BT-Drs. 13/159.
[4] BAnz 97 Nr. 39a.
[5] BT-Drs. 14/4553, abgedruckt in NZM 00/812.
[6] Abgedruckt in NZM 00/415.
[7] BT-Drs. 14/5663; abgedruckt in NZM 01/798.
[8] BGBl I 2001, 1149.

C. Anwendungsvoraussetzungen

I. Normstruktur

10 Der § 535 BGB ist die **Eingangsvorschrift** zum deutschen Mietrecht und besteht aus zwei Absätzen. Der erste Absatz enthält in Satz 1 die Definition des Mietvertrages, in Satz 2 die inhaltlichen Anforderungen an die Verpflichtung des Vermieters zur Gebrauchsüberlassung und in Satz 3 die Regelung über die Lastentragung hinsichtlich der Mietsache. Der zweite Absatz enthält die Zahlungspflicht des Mieters.

11 Die Tatbestandsmerkmale sind Mietvertrag, Vermieter und Mieter als Parteien des Mietvertrages sowie die Mietsache. Die Rechtsfolgen des zustande gekommenen Mietvertrages, Gebrauchsüberlassungspflicht des Vermieters und Mietzahlungspflicht des Mieters, sind die Hauptleistungspflichten der Mietvertragsparteien.

II. Mietvertrag

1. Definition

12 Der Mietvertrag ist von seiner **Rechtsnatur** ein rein schuldrechtlicher Vertrag. Er kommt durch Angebot gemäß § 145 BGB und Annahme gemäß §§ 147-152 BGB zustande (vgl. die Kommentierung zu § 145 BGB und die Kommentierung zu § 147 BGB). Die Einigung muss die Mietvertragsparteien, die Mietsache und den Mietzins als essentialia negotii umfassen. Die Hauptleistungspflichten des Mietvertrages stehen im Gegenseitigkeitsverhältnis, sog. Synallagma. Durch sein Zustandekommen wird ein Dauerschuldverhältnis begründet, das auf eine entgeltliche Gebrauchsgewährung auf Zeit von Sachen im Sinne von § 90 BGB (vgl. die Kommentierung zu § 90 BGB) gerichtet ist.[9]

13 Vereinbaren die Parteien, dass der „nicht abgewohnte" Teil eines zur Errichtung eines Wohngebäudes zur Verfügung gestellten Betrags dem Zahlenden beim Auszug zu erstatten ist, kommt zwischen ihm und dem Zahlungsempfänger ein **Mietvertrag** zustande. Die Höhe der Miete kann durch das Gericht in ergänzender Vertragsauslegung oder analog § 612 Abs. 2 BGB und § 632 Abs. 2 BGB bestimmt werden. Diese Thematik sowie das Urteil des BGH werden von *Buhlmann* und *Schimmel* besprochen.[10]

14 Überlässt der einer von zwei Erbbauberechtigten eines mit einem Mehrfamilienhaus bebauten Grundstücks dem anderen Erbbauberechtigten eine der Wohnungen gegen Entgelt, handelt es sich regelmäßig um einen Mietvertrag. Dem steht auch nicht entgegen, dass in dem Vertrag von einer Vermietung der „ideellen Hälfte des Erdgeschosses" die Rede ist. Dieser Hinweis hat lediglich steuerliche Gründe, ändert jedoch im Ergebnis nichts daran, dass Gegenstand des Vertrages die Überlassung einer Wohnung gegen Entgelt ist.[11]

15 Ein Mietvertrag liegt dagegen nicht vor, wenn ein **öffentlich-rechtliches Nutzungsverhältnis** begründet wurde, etwa durch Einweisung in eine Wohnung zur Abwendung von Obdachlosigkeit. Ein solches öffentlich-rechtliches Nutzungsverhältnis kann auch nicht einseitig in ein privatrechtliches Nutzungsverhältnis umgewandelt werden.[12]

16 Wird dem Arbeitnehmer (Schulhausmeister) eine **Werkdienstwohnung** zugewiesen, ist Rechtsgrundlage für die Nutzung dieses Wohnraums der Arbeitsvertrag. Ein eigenständiges Mietverhältnis besteht daneben nicht. Im Fehlen eines Mietvertrags liegt der Unterschied zu den funktionsgebundenen Werkmietwohnungen.[13]

---

[9] BGH v. 05.11.1997 - VIII ZR 55/97 - juris Rn. 20 - BGHZ 137, 106-115.
[10] BGH v. 31.01.2003 - V ZR 333/01 - juris Rn. 8 - NJW 2003, 1317-1318; Buhlmann/Schimmel, JA 2003, 916-918.
[11] BGH v. 15.09.2010 - VIII ZR 16/10 - WuM 2010, 711-713.
[12] OLG Celle v. 04.09.2003 - 11 U 31/03 - juris Rn. 4 - OLGR Celle 2004, 139-140.
[13] LArbG München v. 11.04.2006 - 6 Sa 1195/04 - juris Rn. 50, 52.

Unterliegt der Abschluss eines Geschäftes (hier: langjähriger Mietvertrag) nach der Landeshaushaltsordnung der Zustimmung des Ministeriums der Finanzen, so handelt es sich dabei um eine behördeninterne Kompetenzregelung. Die Zustimmung stellt aber keine Wirksamkeitsvoraussetzung dar, wenn eine Behörde, ohne die Zustimmung einzuholen, mit einem Dritten einen Vertrag abschließt.[14] 17

Anders verhält es sich, wenn bei Abschluss eines Mietvertrags mit einer Gemeinde das öffentliche Haushaltsrecht missachtet wird. Ein Vertrag, der unter Verstoß gegen das Haushaltsrecht zustande kommt, kann sittenwidrig und damit unwirksam sein, wenn der Verstoß beiden Seiten subjektiv zuzurechnen ist.[15] 18

Auch wenn das BVerfG in seiner Entscheidung vom 26.05.1993 das Besitzrecht des Mieters in den Schutzbereich des Art. 14 Abs. 1 Satz 1 GG einbezogen hat, bleibt der Mietvertrag ein rein **schuldrechtlicher Vertrag**.[16] Eine dingliche Sicherung des Besitzrechts des Mieters, beispielsweise durch Eintragung im Grundbuch, ist im deutschen Recht nicht vorgesehen. Allerdings gibt es dingliche Besitzrechte, wie etwa das Wohnungsrecht gemäß § 1093 BGB oder gemäß § 31 WEG, die eine solche dingliche Sicherung ermöglichen. 19

War dem Eigentümer des Stammgrundstücks der **Überbau** aufgrund eines Mietvertrages über die überbaute Fläche gestattet, berührt der Ablauf des Vertrages sein Eigentum am Überbau nicht. Er ist aber verpflichtet, dem Eigentümer des überbauten Grundstücks das Eigentum am Überbau zu verschaffen. Dem Eigentümer des rechtmäßig überbauten Grundstücks kann das Eigentum am Überbau durch Bestellung einer Dienstbarkeit zu Lasten des Stammgrundstücks (Ausschluss der Ausübung des Überbaurechts) oder durch Aufhebung der Gestattung und Trennung des Überbaus vom übrigen Gebäude verschafft werden. Der Erwerb des Stammgrundstücks berechtigt den Erwerber nicht, den aufgrund eines von seinem Rechtsvorgänger abgeschlossenen Mietvertrages errichteten Überbau auf dem fremden Grundstück zu unterhalten.[17] 20

Vereinbaren die Mietvertragsparteien die **Aufhebung** des Mietvertrags bei Stellung eines geeigneten Nachmieters, gilt die den Mieter belastende Bedingung jedenfalls dann als erfüllt, wenn der Vermieter den Vertragsabschluss mit dem objektiv geeigneten Nachmietinteressenten ablehnt. Der objektiven Eignung eines Nachmietinteressenten steht grundsätzlich nicht dessen kulturelle Herkunft entgegen.[18] 21

Lässt sich der Mieter in Kenntnis seiner behaupteten umfangreichen Vorarbeiten sehenden Auges auf die Vereinbarung eines (einseitigen) **Rücktrittsrechts** ein, ohne sich selbst abzusichern, muss er sich daran festhalten lassen. Er kann nicht nachträglich geltend machen, es sei treuwidrig, weil sein vitales Interesse unberücksichtigt bleiben würde.[19] 22

Ein **Mietoptionsvertrag** ist ein Mietvertrag, der unter der aufschiebenden Bedingung geschlossen ist, dass der eine Vertragspartner innerhalb einer bestimmten Frist von dem ihm eingeräumten Recht, diesen Mietvertrag zustande zu bringen oder zu verlängern, vor Ablauf des Mietvertrags oder der Optionsfrist Gebrauch macht.[20] 23

Ist in einem gewerblichen, auf bestimmte Zeit geschlossenen Mietvertrag vereinbart, dass sich das Mietverhältnis jeweils um ein Jahr verlängert, wenn nicht eine der Parteien spätestens sechs Monate vor Ablauf der Mietzeit widerspricht, und enthält der Mietvertrag außerdem ein Optionsrecht zur Verlängerung des Mietvertrages für eine Partei, ohne dass für die Ausübung des Optionsrechts eine Frist bestimmt ist, so enthält der Mietvertrag eine Lücke, die durch ergänzende Vertragsauslegung gemäß §§ 133, 157, 242 BGB zu schließen ist. Eine Ergänzung hat in der Weise zu erfolgen, dass das Optionsrecht innerhalb der Frist ausgeübt werden muss, innerhalb derer der Widerspruch gegen eine Ver- 24

---

[14] OLG Naumburg v. 07.12.2004 - 9 U 72/04 - OLGR Naumburg 2005, 612-613.
[15] BGH v. 25.01.2006 - VIII ZR 398/03 - BGHReport 2006, 622-623.
[16] BVerfG v. 26.05.1993 - 1 BvR 208/93 - NJW 1993, 2035-2037.
[17] BGH v. 16.01.2004 - V ZR 243/03 - BGHZ 157, 301-309.
[18] AG Wetzlar v. 09.05.2006 - 38 C 1639/05 - juris Rn. 8, 9, 11 - WuM 2006, 374-375.
[19] OLG Celle v. 29.06.2009 - 2 U 43/09 - ZMR 2010, 25-27.
[20] OLG Frankfurt v. 20.05.1998 - 23 U 121/97 - NZM 1998 1006-1007.

25 Übernimmt der Pferdewirt ein **Pferd** in die von ihm betriebene Robusthaltung (Offenhaltung), so schließt er mit dem Eigentümer des Pferdes einen Mietvertrag.[22]

2. Schriftform

26 Der Abschluss eines Mietvertrages unterliegt grundsätzlich keinem **Formzwang**. Mietverträge können daher auch mündlich oder stillschweigend zustande kommen. Kommt ein unter einer aufschiebenden Bedingung abgeschlossener Mietvertrag nicht zustande, weil die Bedingung bis zu dem vorgesehenen Termin nicht eintritt, so kann in der Folgezeit der Mietvertrag konkludent mit dem zuvor schriftlich niedergelegten Inhalt zustande kommen, wenn die Vertragsparteien nach Eintritt der Bedingung das Mietverhältnis in der Weise vollziehen, dass der Vermieter dem Mieter den Mietgebrauch einräumt und dieser die vereinbarte Miete entrichtet.[23]

27 Die Begründung eines neuen Mietverhältnisses durch schlüssiges Verhalten kommt auch dann in Betracht, wenn der Vermieter nach Beendigung des ursprünglichen Mietverhältnisses einen Räumungstitel erwirkt hat. Voraussetzung ist aber neben der Zahlung von Nutzungsentschädigung und der Überlassung des Besitzes die Berücksichtigung eines Zeitmoments seit dem Räumungstitel. Insoweit bietet sich eine Orientierung an der Zweijahresfrist des § 569 Abs. 3 Nr. 2 Satz 3 BGB an.[24]

28 Sind die Parteien eines beabsichtigten Mietvertrags übereinstimmend davon ausgegangen, dass der Mietvertrag schriftlich geschlossen werden sollte, so liegt darin eine **Schriftformvereinbarung**, § 127 BGB. Wird die Schriftformabrede nicht eingehalten, führt dies nach den §§ 125, 154 Abs. 2 BGB im Zweifel dazu, dass der Vertrag nicht wirksam zustande kommt. Vor Anwendung der Zweifelsregelung ist allerdings zu prüfen, welche Bedeutung die Formabrede nach dem Willen der Parteien haben sollte, ob ihr also die Bedeutung einer Wirksamkeitsvereinbarung zukommen oder sie lediglich Beweiszwecken dienen sollte.[25]

29 Zur Wahrung der Schriftform eines Mietvertrages bedarf es entgegen der früheren Rechtsprechung nicht mehr der körperlichen Verbindung der einzelnen Seiten des Mietvertrages und der dazugehörigen Anlagen, wenn sich die **Einheit** der schriftlichen Bestandteile des Mietvertrages aus anderen Umständen, zum Beispiel der fortlaufenden Paginierung der Seiten oder Nummerierung der Bestimmungen ergibt.[26]

30 Unterzeichnet nur einer von zwei Vorständen einer Aktiengesellschaft für diese einen Mietvertrag, ist zur Wahrung der Schriftform ein Vertretungszusatz nicht erforderlich.[27]

31 Eine salvatorische Klausel in der Form einer Erhaltungs- und einer Ersetzungsklausel in einem auf längere Zeit als ein Jahr geschlossenen Mietvertrag führt nicht dazu, dass die Vertragsparteien zur Nachholung einer etwa nicht gewahrten Schriftform verpflichtet wären.[28]

32 Beim Abschluss einer **Zusatzvereinbarung** zu einem schriftlichen (Gewerberaum-) Mietvertrag (auch Nachtrag genannt) wird die gesetzliche Schriftform gewahrt, wenn die Zusatzvereinbarung ihrerseits der Schriftform genügt und ausdrücklich auf den ursprünglichen Vertrag Bezug nimmt. Der Nachtrag muss eindeutig zum Ausdruck bringen, dass der Mietvertrag unter Berücksichtigung der im Nachtrag enthaltenen Änderungen fortgelten soll. Die Schriftform ist jedoch nur bei einer Änderung der mietvertraglichen Vereinbarungen einzuhalten. Verpflichtet der Mietvertrag den Mieter zum Beitritt in eine so genannte Werbegemeinschaft, die durch eine gesonderte Vereinbarung – einem Gesellschaftsvertrag –

---

[21] OLG Hamm v. 16.12.2009 - 30 U 71/09.
[22] AG Essen v. 31.08.2007 - 20 C 229/06 - NZM 2008, 264.
[23] OLG Rostock v. 30.09.2002 - 3 U 143/01 - OLGR Rostock 2003, 157-160.
[24] AG Hamburg-Altona v. 01.03.2005 - 316 C 635/04 - juris Rn. 14-18 - WuM 2006, 697-700.
[25] LG Kiel v. 30.09.2004 - 1 S 199/04.
[26] BGH v. 12.03.2003 - XII ZR 18/00 - juris Rn. 29 - NJW 2003, 2158-2161.
[27] KG Berlin v. 24.05.2007 - 8 U 193/06 - DWW 2007, 374-375.
[28] BGH v. 25.07.2007 - XII ZR 143/05 - NJW 2007, 3202.

zustande kommt, bleibt der Mietvertrag auch nach Auflösung dieser Werbegemeinschaft bestehen. Ein Mieter, der aufgrund des Mietvertrages verpflichtet war, einer Werbegemeinschaft beizutreten und während der Mietzeit seine Mitgliedschaft ununterbrochen aufrechtzuerhalten, haftet daher auch dann auf Zahlung des Mietzinses, wenn die Werbegemeinschaft wieder aufgelöst wurde.[29]

Die Schriftform eines **Nachtrags** zu einem Mietvertrag ist gewahrt, wenn eine lückenlose Bezugnahme auf alle Schriftstücke, aus denen sich die wesentlichen vertraglichen Vereinbarungen der Parteien ergeben, gewährleistet ist. Eine solche Urkunde, die ihrerseits dem Schriftformerfordernis genügt, heilt den Mangel zuvor errichteter Urkunden.[30] 33

Zeitmietverträge über Wohnraum können bereits vor Ablauf der vereinbarten Mietzeit unter Einhaltung der (kürzeren) gesetzlichen Kündigungsfristen beendet werden, wenn sie gemäß § 550 BGB (vgl. die Kommentierung zu § 550 BGB) ohne Beachtung der gesetzlichen Schriftform zustande gekommen sind.[31] 34

Ein schriftlicher Mietvertrag zwischen den Parteien kommt mangels **rechtzeitiger Annahme** nicht zustande, wenn der Vermieter den von ihm gegengezeichneten Mietvertrag nicht innerhalb von zwei bis drei Wochen an den Mieter zurücksendet.[32] 35

Der Mieter kann dem schriftlichen **Mieterhöhungsverlangen** des Vermieters auch konkludent zustimmen. Dies gilt auch im Falle eines unwirksamen Zustimmungsverlangens zur Mieterhöhung. Der Tatrichter hat dabei das Zustandekommen der Mieterhöhungsvereinbarung festzustellen.[33] 36

Wenn der Mietvertrag eine Haftung mehrerer Mitmieter als Gesamtschuldner vorsieht und **Änderungen** des Mietvertrages dem Schriftformerfordernis unterliegen, setzt eine wirksame Änderung der Gesamtschuld durch Vereinbarung einer Teilschuld voraus, dass mit allen Mitmietern eine entsprechende Abrede schriftlich getroffen wird.[34] 37

Der **Umlegungsmaßstab** für Betriebskosten kann konkludent vereinbart werden. Eine mietvertragliche Schriftformklausel steht der Wirksamkeit der Vereinbarung nicht entgegen, wenn die Parteien einverständlich handeln.[35] 38

Das Schriftformerfordernis setzt auch voraus, dass nicht nur die vermieteten Räume für den Mietgegenstand bestimmbar bezeichnet sind, sondern auch mitvermietete Stellplätze, Freiflächen und sonstige Nebenräume.[36] 39

Ist bei Abschluss des Mietvertrages nicht zur Sprache gekommen, dass auf Mieterseite noch weitere Personen in das Mietverhältnis aufgenommen werden sollen als die bisher im Rubrum genannten, und wird der Mietvertrag vorbehaltlos unterschrieben, so ist der Mietvertrag nur zwischen den unterzeichnenden, im Rubrum tatsächlich genannten Personen wirksam entstanden. Zur Auslegung dürfen auch nach Vertragsschluss liegende Ereignisse zum Verständnis von Willenserklärungen herangezogen werden, wenn sie den Rückschluss auf das, was die Vertragsparteien bei Vertragsschluss wirklich wollten, zulassen. Dem lag ein Sachverhalt zugrunde, bei dem der Mieter bei Abschluss des Mietvertrages sich nicht gegenüber dem Vermieter vorbehielt, weitere Mitunternehmer in den Mietvertrag aufnehmen zu können. Der Mieter wendete im Verfahren die Unwirksamkeit des Mietvertrages ein, ging jedoch in der Vorkorrespondenz mit dem Vermieter, ohne zuvor mit einem Anwalt gesprochen zu haben, davon aus, dass der Mietvertrag wirksam sei, er jedoch aus persönlichen Gründen um Entlassung aus dem Vertrag bitte. Das ist ein klassischer Fall von „Vertragsreue".[37] 40

---

[29] KG Berlin v. 09.08.2004 - 8 U 57/04 - KGR Berlin 2005, 65-66.
[30] OLG Rostock v. 08.10.2009 - 3 U 137/08.
[31] *Both*, Grundeigentum 2002, 718-722.
[32] LG Stendal v. 29.01.2004 - 22 S 107/03 - NZM 2005, 15.
[33] BGH v. 29.06.2005 - VIII ZR 182/04 - WuM 2005, 518-519.
[34] KG Berlin v. 22.05.2003 - 8 U 271/02 - KGR Berlin 2004, 47-48.
[35] BGH v. 02.11.2005 - VIII ZR 52/05 - WuM 2005, 774.
[36] OLG Rostock v. 08.10.2009 - 3 U 137/08.
[37] OLG Düsseldorf v. 09.11.2010 - 24 U 169/09 - ZMR 2011, 718-720.

3. Vertretung

41 **Rechtsgeschäftliche Vertretung.** Die Parteien können sich bei Vertragsschluss auch gemäß § 164 BGB (vgl. die Kommentierung zu § 164 BGB) vertreten lassen. Dabei genügt es nach Ansicht des OLG Dresden bereits, wenn auf der Vorderseite eines Leasingvertragsformulars als Ansprechpartner der Lieferant eingetragen ist, um den Lieferanten als Bevollmächtigten anzusehen.[38]

42 Ein unternehmensbezogener Mietvertrag liegt vor, wenn die anmietende Person erkennbar für ein bestimmtes Unternehmen und zweifelsfrei nicht im eigenen Namen auftritt.[39]

43 Bei **Unterzeichnung** durch den Geschäftsführer einer GmbH oder Prokuristen ohne Vertretungszusatz kommt der Mietvertrag wegen § 177 BGB (vgl. die Kommentierung zu § 177 BGB) zunächst mit dem Vertretenen zustande und kann dann durch den Vertreter genehmigt werden. Genehmigt der Vertretene nicht, haftet der Vertreter gemäß § 179 BGB (vgl. die Kommentierung zu § 179 BGB) grundsätzlich auf Erfüllung oder Schadensersatz.

44 Neben einer ausdrücklichen oder stillschweigenden Bevollmächtigung kann sich eine Vertretungsbefugnis auch aus den Grundsätzen der **Duldungs- bzw. Anscheinsvollmacht** ergeben. Duldungsvollmacht liegt vor, wenn der Vertretene es wissentlich geschehen lässt, dass ein anderer für ihn wie ein Vertreter auftritt und der Geschäftsgegner dieses Dulden nach Treu und Glauben dahin versteht und verstehen darf, dass der als Vertreter Handelnde bevollmächtigt ist. Anscheinsvollmacht liegt vor, wenn der Vertretene das Handeln des Scheinvertreters nicht kennt, es aber bei pflichtgemäßer Sorgfalt hätte erkennen und verhindern können und der andere Teil annehmen durfte, der Vertretene dulde und billige das Handeln seines Vertreters.

4. Vorvertrag

45 Haben die Parteien einen **Mietvorvertrag** abgeschlossen, auf dessen Grundlage zu einem späteren Zeitpunkt ein gewerblicher Mietvertrag über eine bestimmte Mietsache zustande kommen soll, und in dem Mietvorvertrag den Vertragsbeginn, die Mietdauer und das Vertragsende einschließlich Verlängerungsoption festgelegt, liegt ein Mietvertrag und kein Vorvertrag vor, wenn auch über die Entgeltlichkeit eine Einigung erzielt wurde. Diese Einigung über die Entgeltlichkeit kann dann anzunehmen sein, wenn aus den Umständen hervorgeht, dass eine ortsübliche angemessene Miete vereinbart werden sollte, da diese ortsübliche und angemessene Miete nach Ansicht des BGH bestimmbar ist.[40]

46 Ein Mietinteressent muss grundsätzlich in **vorvertraglichen Verhandlungen** nicht offenbaren, dass er bereits eine eidesstattliche Versicherung abgegeben hat, da diese Angabe kein vertragswesentlicher Umstand ist. Allein das Verschweigen dieses Umstandes berechtigt den Vermieter nicht zur Mietvertragsanfechtung wegen arglistiger Täuschung. Der Vermieter ist vielmehr verpflichtet, konkret danach zu fragen.[41]

47 Absprachen, die vor Abschluss des Mietvertrages getroffen wurden, stehen zur einvernehmlichen Disposition der Parteien. Entscheidend ist letztlich, was diese im Zeitpunkt des Vertragsschlusses tatsächlich wollten. Haben die Parteien bei Abschluss des Vertrages die vorherigen Überlegungen erneut mit einbezogen und, wenn auch (wie hier) in abgeänderter Form, geregelt, so gelten ausschließlich die schriftlich fixierten Klauseln.[42]

48 Ein Mietvorvertrag gibt dem künftigen Mieter zwar nicht das Recht zur Inbesitznahme des Mietobjekts, begründet aber ein **Recht zum Besitz**, sofern dem künftigen Mieter das Objekt im Hinblick auf den demnächst abzuschließenden Hauptvertrag bereits überlassen wurde und er die Erfüllung des Vorvertrages verlangen kann. Der Mieter ist bei Überlassung des Mietobjekts verpflichtet, für die Zeit der Nutzung ein Nutzungsentgelt in Höhe der ortsüblichen Miete zu zahlen, wenn er im Vorvertrag

---

[38] OLG Dresden v. 05.06.2002 - 8 U 280/02 - GuT 2002, 145-147.
[39] OLG Düsseldorf v. 05.03.2007 - I-24 U 144/06, 24 U 144/06 - MietRB 2007, 226.
[40] BGH v. 03.07.2002 - XII ZR 39/00 - juris Rn. 39 - NJW 2002, 3016-3019.
[41] AG Dresden v. 04.08.2004 - 141 C 3027/04 - ZMR 2004, 918-919.
[42] OLG Frankfurt v. 28.01.2011 - 2 U 135/10 - MietRB 2011, 276-277.

ausdrücklich auf die Pflicht zur Entrichtung eines Nutzungsentgeltes hingewiesen wurde. Auch auf Ansprüche aus einem Mietvorvertrag, der bereits vertragliche Ansprüche begründet, ist die kurze Verjährungsfrist des § 197 BGB anzuwenden.[43]

In Fällen der Nutzung bereits überlassener Räume bis zu einem noch auszuhandelnden endgültigen Mietvertrag ist dagegen ein **vorläufiges Mietverhältnis** anzunehmen. Wer durch den Austausch von Leistungen in dauernde Beziehungen zu anderen tritt, will nach allgemeiner Lebenserfahrung regelmäßig nicht in einem vertragslosen Zustand handeln, in dem der Leistungsaustausch nach den für solche Dauerbeziehungen nicht passenden Vorschriften der §§ 812 ff. BGB zu beurteilen wäre. Für die Annahme eines Mietvertrages genügt bereits eine sehr begrenzte Übereinkunft. Ein Mietvertrag erfordert nach § 535 BGB nichts weiter, als dass ein Vertragsteil sich verpflichtet, dem anderen Vertragsteil den Gebrauch einer Sache gegen Entgelt zu gewähren, auch wenn dies nur unter Vorbehalt jederzeitigen Widerrufs, also auf unbestimmte Zeit und in der beiderseitigen Erwartung des Zustandekommens eines endgültigen Mietvertrages geschieht.[44]

49

Demgegenüber liegt bereits ein Mietvertrag und nicht lediglich ein Vorvertrag vor, wenn in einer als „Vormietvertrag" bezeichneten Urkunde bereits alle für den Abschluss eines Mietvertrags wesentlichen Punkte geregelt sind und einer sofortigen Nutzung der Mietsache keine Hindernisse entgegenstehen.[45]

50

Durch Abschluss eines Mietvorvertrages wird lediglich ein Anspruch auf Abschluss des Hauptvertrages und – gegebenenfalls – bei unberechtigter Weigerung einer Vertragspartei auf Leistung von Schadensersatz begründet, nicht aber unmittelbar auf Erfüllung der im künftigen Mietvertrag noch zu begründenden Leistungsverpflichtung.[46]

51

5. Übertragung von Mietverträgen

Die Rechtspositionen aus dem Mietvertrag können auch Gegenstand einer **Abtretung** sein. Bei der Veräußerung eines gemieteten Grundstücks (hier: Miterbbaurechtsanteil), tritt der Käufer erst dann in den Mietvertrag zwischen Veräußerer und dem Mieter ein, wenn die Eigentumsumschreibung im Grundbuch erfolgt ist. Zuvor kann eine Übertragung von Rechten aus dem Mietvertrag auf den Erwerber nur dann erfolgen, wenn der frühere Eigentümer seine Ansprüche gegen den Mieter an diesen ausdrücklich abtritt.[47]

52

Der Wirksamkeit eines neuen Mietvertrages steht ein weiterer Mietvertrag über dieselbe Mietsache grundsätzlich nicht entgegen, so genannte **Doppelvermietung**.[48]

53

Durch Übertragung eines gewerblichen Mietverhältnisses kann es zu einem **Betriebsübergang** im Sinne von § 613a BGB kommen. Eine Arbeitnehmerüberlassung im Sinne des § 1 AÜG liegt jedoch nicht vor, wenn Praxisräume, medizinische Geräte und medizinisches Assistenzpersonal für eine Arztpraxis im Rahmen eines so genannten „Slot-Time-Vertrages" zur Verfügung gestellt werden.[49]

54

Hat ein Vermieter von einem **Untermietverhältnis** Kenntnis, stellt sich die Übergabe des Mietobjekts an den Untermieter als Abkürzung des Leistungsweges und nicht als Indiz für die Zustimmung zu einer Vertragsübernahme durch den Untermieter dar.[50]

55

III. Abgrenzung zu anderen Vertragstypen

Der **Pachtvertrag** ist in den §§ 581-584b BGB (vgl. die Kommentierung zu § 581 BGB bis zur Kommentierung zu § 584b BGB) geregelt und geht weiter als der Mietvertrag. Im Gegensatz zur Miete

56

---

[43] KG Berlin v. 05.05.2003 - 8 U 108/02.
[44] OLG Hamburg v. 14.11.2001 - 4 U 34/01 - juris Rn. 14 - WuM 2003, 84-85.
[45] OLG Karlsruhe v. 12.11.2002 - 17 U 177/00 - OLGR Karlsruhe 2003, 303-310.
[46] OLG Düsseldorf v. 22.06.2009 - I-24 U 178/08, 24 U 178/08 - juris Rn. 6 - Grundeigentum 2009, 1554.
[47] OLG Rostock v. 14.01.2002 - 3 U 208/00 - OLGR Rostock 2003, 31-33.
[48] KG Berlin v. 22.05.2003 - 8 U 346/01 - KGR Berlin 2004, 48.
[49] OLG Düsseldorf v. 30.04.2002 - 24 U 109/01 - BB 2002, 2339-2340.
[50] Brandenburgisches Oberlandesgericht v. 20.06.2007 - 3 U 135/06 - juris Rn. 15.

gewährt die Pacht nicht nur den Gebrauch, sondern auch den Fruchtgenuss (Bodenschätze, Unternehmensertrag) und bezieht sich nicht nur auf Sachen im Sinne von § 90 BGB, sondern auch auf Rechte, da gemäß § 581 Abs. 1 Satz 1 BGB Gegenstände Anknüpfungspunkt sind.

57 Die Abgrenzung zur Wohnraummiete wird selten problematisch, da Wohnraum alleine nur zu Wohnzwecken überlassen werden kann. Dagegen ist der Pachtvertrag in der Praxis häufig vom **Geschäftsraummietvertrag** abzugrenzen, da sich beide auf gewerbliche Räume beziehen können. Werden nur leere Räume zur Nutzung überlassen, liegt Miete vor. Werden dagegen speziell ausgestattete Räume mit Berechtigung zu zusätzlichen Leistungen überlassen, liegt Pacht vor.[51] Die Unterscheidung hat für den Gerichtsstand miet- und pachtvertraglicher Streitigkeiten keine Bedeutung mehr. Für die Abgrenzung spielt die Bezeichnung des Vertrages keine Rolle. Es ist auf den Vertragsinhalt und den von den Parteien gewollten Zweck abzustellen.

58 Ein **Mischraummietverhältnis** zeichnet sich dadurch aus, dass Räume in einem einheitlichen Vertrag zu beiden Nutzungsarten, also Wohnzwecken und anderen, etwa Geschäftszwecken, überlassen werden. Bei der Vermietung von Wohnraum und Garage kommt es für die Frage der Zulässigkeit der Teilkündigung darauf an, ob ein einheitliches Mietverhältnis vorliegt. Das wird für den Fall getrennter Verträge für Wohnraum und Garage unterschiedlich beurteilt. Teilweise stützt sich die Rechtsprechung auf die Verkehrsanschauung, wonach die Parteien regelmäßig ein einheitliches Vertragsverhältnis wollen.[52]

59 Der Mietvertrag setzt entgeltliche Gebrauchsüberlassung auf Zeit voraus. Fehlt es an der Entgeltlichkeit, so liegt Leihe gem. § 598 BGB (vgl. die Kommentierung zu § 598 BGB) vor. Die Abgrenzung zum **Leihvertrag** wird dann schwierig, wenn im Rahmen eines Mietvertrages für einen Teil des überlassenen Raumes kein Mietzins vereinbart wurde. Wird in einem solchen Fall die Fläche gleichwohl in der Mietzinsberechnung als Berechnungsgrundlage berücksichtigt, liegt entgeltliche Überlassung vor. Nur dann, wenn ausdrücklich die unentgeltliche Überlassung von Teilen der Mietsache vereinbart wurde, liegt insoweit Leihe vor.

60 Überlässt der Hauseigentümer seinem Schwiegersohn nach Abrede einen Dachraum für diesen und dessen Familie zunächst zum Ausbau auf seine Kosten und nach Schaffung einer Familienwohnung zur dauerhaften, unentgeltlichen Nutzung, kann dies als **Leihe** qualifiziert werden.[53]

61 Der **Mietkauf** besteht aus einem Mietvertrag, der die Option zugunsten des Mieters enthält, die Mietsache zu einem vorher festgelegten Kaufpreis und unter Anrechnung der geleisteten Miete erwerben zu können. Mit Ausübung der Option endet der Mietvertrag. Die miet- und kaufvertraglichen Bestandteile unterfallen jeweils dem Miet- bzw. Kaufrecht. Anders als beim Leasingvertrag liegen die Risiken und Lasten von Gefahr, Gewährleistung und Instandhaltung beim Vermieter. Beim Mietkauf soll durch eine höhere Miete zum einen der Kaufanreiz beim Mieter gefördert und zum anderen der Wertverlust der Mietsache aufgefangen werden. Der Mietkauf kann Verbraucherdarlehensvertrag im Sinne von § 491 BGB (vormals § 1 VerbrKrG, vgl. die Kommentierung zu § 491 BGB) sein.

62 In einem **Leasingvertrag** überlässt der Leasinggeber dem Leasingnehmer eine Sache oder Sachgesamtheit gegen ein in Raten zu zahlendes Entgelt zum Gebrauch, wobei die Gefahr oder Haftung für Instandhaltung, Sachmängel, Untergang oder Beschädigung der Sache ausschließlich den Leasingnehmer trifft. Soweit der Leasinggeber Inhaber von Ansprüchen gegen Dritte ist, überträgt er diese auf den Leasingnehmer.[54]

63 Die Rechtsnatur des Leasingvertrages wird von Rechtsprechung und Literatur überwiegend als atypischer Mietvertrag angesehen. Teilweise wird der Leasingvertrag wegen möglicher weiterer Bestandteile aus Geschäftsbesorgung und Darlehen auch als Vertrag sui generis angesehen.[55]

---

[51] BGH v. 27.03.1991 - XII ZR 136/90 - LM BGB § 535 Nr. 134 (2/1992).
[52] LG Köln v. 26.02.1992 - 10 S 419/91 - juris Rn. 6 - WuM 1992, 264.
[53] Brandenburgisches Oberlandesgericht v. 05.08.2009 - 3 U 110/08 - juris Rn. 27.
[54] BGH v. 11.03.1998 - VIII ZR 205/97 - juris Rn. 24 - LM VerbrKrG § 1 Nr. 10 (8/1998).
[55] *Knebel*, WM 1993, 1026-1030.

Im Einzelfall kann auch die Abgrenzung des **Werkvertrags** vom Mietvertrag problematisch werden. Dies ist etwa dann der Fall, wenn der beim Werkvertrag geschuldete Erfolg zusammen mit der mietvertraglichen Gebrauchsüberlassung einer Sache in einem Mischvertrag verbunden wurde. Dies ist beispielsweise beim Besuch einer Veranstaltung der Fall. Werk- und mietvertragliche Elemente treffen auch beim Reisevertrag, etwa bei der Bereitstellung von Ferienwohnungen, zusammen, wobei reiserechtliche Bestimmungen, insbesondere der Schadensersatzanspruch aus § 651f BGB (vgl. die Kommentierung zu § 651f BGB), ergänzend zur Anwendung kommen können. 64

Bei so genannten Betreuungs- oder Pflegewohnverträgen zwischen Einrichtungsträgern im Sinne des Heimgesetzes kommen neben miet- und werkvertraglichen Elementen auch dienstvertragliche Leistungspflichten hinzu. Derartige Verträge sind nach den Grundsätzen gemischter Verträge zu behandeln. 65

Wird eine technische Bühnenausstattung (Verstärker, Beleuchtung etc.) zunächst nur vermietet und verpflichtet sich der Vermieter später auch zum Auf- und Abbau, liegt kein kombinierter Miet- und Dienstschaffungsvertrag, sondern ein Werkvertrag vor. Behauptet der Besteller substantiiert eine Festpreisvereinbarung, muss der Unternehmer beweisen, dass eine derartige Vereinbarung nicht getroffen wurde.[56] 66

Bei der Überlassung von Brücken (hier: Behelfsbrücken) liegt ein **gemischter Vertrag** vor, nachdem dieser sowohl miet- als auch werkvertragliche Elemente ausweist. Die Überlassung der im Eigentum der Vermieterin verbleibenden Brücken bemisst sich nach mietvertraglichen Vorschriften, nachdem der vertragliche Schwerpunkt in der Gebrauchsüberlassung liegt. Der Auf- und Abbau unterliegt hingegen werkvertraglichen Regeln.[57] 67

Übernimmt der Nutzer die Beförderung von Reisenden im öffentlichen Eisenbahnverkehr und nutzt dabei die Eisenbahninfrastruktur des Betreibers des Schienenweges zur Erbringung eigener Eisenbahnverkehrsleistungen, so ist der **Trassennutzungsvertrag** als Mietvertrag und nicht als Werkvertrag zu qualifizieren.[58] 68

Beim **Verwahrungs- und Lagervertrag** gem. § 688 BGB (vgl. die Kommentierung zu § 688 BGB) bzw. § 467 HGB wird nicht die Überlassung von Räumen, sondern die Aufbewahrung von beweglichen Sachen des Hinterlegers durch einen Verwahrer geschuldet, den neben der Lagerung auch eine Obhutspflicht trifft. 69

Unter dem Begriff Application Service Providing Vertrag wird die Nutzung von **Software** verstanden, bei der der Kunde die Software nicht für sein eigenes System erwirbt, sondern auf dem Server des Providers nutzt. Verträge dieser Art können mietvertragliche Elemente enthalten.[59] 70

Auch Internet-Leistungen (Web Services), wie die Gebrauchsüberlassung eines Webseitenservers, können Leistungen eines Mietvertrags sein.[60] 71

Beim ASP-Vertrag hingegen steht die Gewährung der Onlinenutzung von Software für eine begrenzte Zeit im Mittelpunkt der vertraglichen Pflichten.[61] 72

Nach einer Auffassung in der Literatur ist Mietrecht nicht bei jedem ASP-Vertrag anzuwenden. Es gebe auch ASP-Verträge, bei denen eine Dienstleistung oder ein Werk maßgeblich seien. Der ASP-Vertrag sei ein atypischer Vertrag, dessen Vertragstyp je nach Einzelfall und Schwerpunkt zu bestimmen sei. Vor diesem Hintergrund empfehlen die Autoren bei solchen Verträgen in einer Präambel die Hauptleistungen und die Ziele zu beschreiben, um eine leichtere Einordnung zu ermöglichen.[62] 73

---

[56] OLG Koblenz v. 13.01.2004 - 5 W 21/04 - MDR 2004, 386.
[57] OLG Düsseldorf v. 27.10.2009 - I-21 U 3/09, 21 U 3/09 - BauR 2010, 467-468.
[58] KG Berlin v. 09.04.2009 - 19 U 21/08 - IR 2009, 142-143.
[59] *Witzel*, ITRB 2002, 183-187.
[60] *Koch*, ITRB 2007, 71-73.
[61] BGH v. 15.11.2006 - XII ZR 120/04 - juris Rn. 13 - NZM 2007, 379; zustimmend *Marly/Jobke*, LMK 2007, 209583.
[62] *Müller-Hengstenberg/Kirn*, NJW 2007, 2370-2373.

74 Erfasst die Nichtigkeit eines im Rahmen eines Bauherrenmodells geschlossenen Treuhandvertrages wegen unzulässiger Rechtsberatung gemäß § 139 BGB auch einen weiteren im Zusammenhang mit der Verwaltung des Objekts geschlossenen **Treuhandvertrag**, so schlägt die Nichtigkeit des weiteren Treuhandvertrages jedoch nicht über § 139 BGB auf die Vollmachtserteilung an den weiteren Treuhänder durch, so dass ein von diesem geschlossener Mietvertrag wirksam bleibt.[63]

IV. Die Mietvertragsparteien

1. Der Vermieter

75 Der **Vermieter** muss nicht Eigentümer der Mietsache sein. Auch ein Erbbauberechtigter, ein Inhaber eines Nießbrauchs oder eines dinglichen Wohnrechts kann eine Mietsache vermieten. Die Vermietung ist aber auch durch einen nicht dinglich Berechtigten möglich, da rechtstatsächliche Voraussetzung für die zulässige Gebrauchsgewährung im Rahmen eines Mietverhältnisses der rechtmäßige Besitz im Sinne von § 854 BGB ist (vgl. die Kommentierung zu § 854 BGB). So kann auch der Mieter eine Sache weitervermieten, so genanntes **Untermietverhältnis**. Der Mietvertrag ist daher Besitzmittlungsverhältnis im Sinne von § 868 BGB (vgl. die Kommentierung zu § 868 BGB).

76 Praktisch bedeutsam im Massengeschäft ist die Vermietung von Wohn- oder Geschäftsräumen durch einen zwischengeschalteten Hausverwalter. Die Verwaltung erfolgt dabei entweder im Wege der Stellvertretung gem. § 164 BGB (vgl. die Kommentierung zu § 164 BGB) oder durch Ermächtigung gem. § 185 BGB (vgl. die Kommentierung zu § 185 BGB). Die Bevollmächtigung einer **Hausverwaltung** kann entweder gesondert oder im Verwaltervertrag erfolgen. Schließlich kann die Vermietung auf Vermieterseite auch durch Dritte erfolgen, die durch den Entzug der Verfügungsbefugnis an die Stelle des Vermieters getreten sind. Neben dem Zwangsverwalter kann das der Insolvenz- oder Nachlassverwalter, der Pfleger bei Nachlass- und Abwesenheitspflegschaft, der Nachverwalter oder Testamentsvollstrecker sein.

2. Der Mieter

77 **Mieter** einer Mietsache kann grundsätzlich jede natürliche oder juristische Person sein. Schließen mehrere natürliche Personen einen Mietvertrag auf Mieterseite, so kommt es entscheidend darauf an, dass alle Personen in den Mietvertrag aufgenommen wurden. Insbesondere bei Eheleuten und ihnen gleichgestellten nichtehelichen Lebensgemeinschaften ist das vor allem im Hinblick auf die Fortsetzung des Mietverhältnisses bei Tod oder Auszug eines Partners von Bedeutung.[64]

78 Nach endgültiger Trennung der Eheleute kann ein Ehepartner die Zustimmung zur Kündigung der gemeinsam angemieteten ehemaligen Ehewohnung von dem in der Wohnung verbliebenen Ehegatten verlangen, wenn unterhaltsrechtliche Gründe oder nacheheliche Solidarität dem nicht entgegenstehen.[65]

79 Wird der Mietvertrag auf der Mieterseite neben dem **Minderjährigen** auch von dessen Eltern mitunterzeichnet, ist durch Auslegung zu ermitteln, ob diese Partei des Mietvertrages werden oder stattdessen nur für die Zahlung der Miete haften sollen. Im letzteren Fall kann in der Mitunterzeichnung ein Schuldbeitritt oder eine Bürgschaft anzunehmen sein, wobei die Schriftformerfordernisse der Bürgschaft gemäß § 766 BGB (vgl. die Kommentierung zu § 766 BGB) einzuhalten sind.[66]

80 Der **Erziehungsberechtigte** wird bei einem Schuldmitübernahmevertrag nicht selbst Mieter, auch wenn er in diesem den Mietvertrag für sein Kind rechtsverbindlich übernimmt. Bei einem solchen Vertrag tritt ein neuer Schuldner als Gesamtschuldner neben den bisherigen Schuldner, der aus dem Schuldverhältnis entlassen wird. Somit verpflichtet sich der Erziehungsberechtigte mit dem Schuldmitübernahmevertrag, alle Schulden zu erfüllen, die sich aus den mietvertraglichen Verpflichtungen

---

[63] OLG Düsseldorf v. 31.07.2003 - I-24 U 113/01, 24 U 113/01 - OLGR Düsseldorf 2005, 79-84.
[64] *Rothenfußer*, JA 2002, 472-480.
[65] OLG Köln v. 11.04.2006 - 4 UF 169/05 - juris Rn. 3 - WuM 2006, 511-512.
[66] LG Berlin v. 15.08.2002 - 62 S 119/02 - Grundeigentum 2003, 259.

seines noch minderjährigen und wirtschaftlich noch nicht in vollem Umfang leistungsfähigen Kindes ergeben.[67]

So genannte **Wohngemeinschaften** bilden regelmäßig eine BGB-Gesellschaft, deren Zweck in der Beschaffung und Unterhaltung einer Unterkunft besteht.[68] Das gilt auch dann, wenn Partner einer nichtehelichen Lebensgemeinschaft mit Blick auf eine Eheschließung einen Mietvertrag über eine Wohnung schließen und sich danach wieder trennen.[69] 81

Ein Arbeitsuchender hat auch dann Anspruch auf Leistungen für Unterkunft und Heizung gemäß § 22 Abs. 1 Satz 1 SGB II, wenn er zusammen mit seinen Eltern aus Bonitätsgründen einen Mietvertrag unterschrieben hat, worin er alleine zur Nutzung berechtigt sein soll. Die Beteiligung der Eltern des Hilfebedürftigen am Zustandekommen des Mietvertrages führt nicht dazu, dass seine Unterhaltskosten dadurch bereits zu zwei Dritteln gedeckt wären.[70] 82

Einem nach § 29 Abs. 1 Satz 1 SGB XII wegen Grundsicherung im Alter bzw. bei Erwerbsminderung Anspruchsberechtigten ist die Leistung auch dann zu gewähren, wenn er einen Mietvertrag mit einem Angehörigen geschlossen hat. Dies gilt unabhängig davon, ob der Mietvertrag einem Fremdvergleich standhält, sofern ein entsprechender Rechtsbindungswille besteht.[71] 83

3. Juristische Personen

Bei **juristischen Personen** auf Mieterseite kommt der Vertrag nur durch Unterzeichnung eines Vertretungsberechtigten zustande, wodurch die Gesellschafter einer Kapital- oder Personengesellschaft – mit Ausnahme der BGB-Gesellschaft – jedoch nicht verpflichtet werden. Ein Wechsel von Gesellschaftern hat daher auf den Mietvertrag keine Auswirkung. Bei unklaren Vertragsgestaltungen kann im Zweifel vermutet werden, dass der Geschäftsführer einer GmbH zugleich im eigenen Namen handelt.[72] 84

Ein **unternehmensbezogener** Mietvertrag liegt vor, wenn die anmietende Person erkennbar für ein bestimmtes Unternehmen und zweifelsfrei nicht im eigenen Namen auftritt.[73] 85

Die Unternehmensbezogenheit eines Mietvertrages ist in erster Linie durch die Auslegung des Mietvertrages zu ermitteln. Ein rein unternehmensbezogener Mietvertrag kommt danach nur dann in Betracht, wenn die anmietende Person erkennbar für ein bestimmtes Unternehmen und zweifelsfrei nicht in eigenem Namen auftritt.[74] 86

Allerdings können Gesellschafter einen Schaden der Gesellschaft gegenüber dem Vermieter nur dann als eigenen Anspruch geltend machen, wenn sich der Schaden als verminderter Gewinn auf die Gewinnausschüttungen ausgewirkt hat.[75] Wird der Mietvertrag mit einer in Gründung befindlichen Gesellschaft geschlossen, dann kommt der Vertrag zunächst mit der **Vorgesellschaft**, regelmäßig einer BGB-Gesellschaft, zustande und geht mit Beurkundung des Gesellschaftsvertrages dann auf die gegründete Gesellschaft über.[76] 87

Seit der Entscheidung des BGH zur Außenrechtsfähigkeit der Gesellschaft bürgerlichen Rechts, mit der GbR die Partei- und Prozessfähigkeit verliehen wurde, kann die GbR Partei eines Mietvertrages werden.[77] 88

Ist ein den Gesellschaftsvertrag ersetzender Fortsetzungsbeschluss über eine „GmbH im Aufbau" unter der irrigen Annahme einer wirksamen Umwandlung nach dem Treuhandgesetz gefasst worden, sind 89

---

[67] LG Berlin v. 27.09.2004 - 67 S 131/04 - MM 2004, 410-411.
[68] LG Saarbrücken v. 25.10.1991 - 13 B S 144/91 - NJW-RR 1992, 781-783.
[69] OLG Dresden v. 17.05.2002 - 20 W 0631/02, 20 W 631/02- MDR 2002, 1318-1319.
[70] SG Magdeburg v. 20.02.2010 - S 11 AS 3600/09 ER.
[71] BSG v. 25.08.2011 - B 8 SO 1/11 B.
[72] OLG Düsseldorf v. 10.10.1996 - 10 U 247/95 - WM 1997, 1719.
[73] OLG Düsseldorf v. 11.02.2003 - 24 U 145/02 - ZMR 2003, 568-569.
[74] OLG Düsseldorf v. 05.11.2002 - 24 U 32/02 - GuT 2003, 7-8.
[75] BGH v. 08.07.1998 - XII ZR 64/96 - NZM 1998, 718-720.
[76] OLG München v. 07.06.1991 - 21 U 4248/90 - OLGR München 1997, 159-161.
[77] BGH v. 29.01.2001 - II ZR 331/00 - juris Rn. 5 - BGHZ 146, 341-361; *Kraemer*, NZM 2002, 465-473.

auf diesen eingetragenen und in Vollzug gesetzten Verband die Grundsätze der so genannten **fehlerhaften Gesellschaft** anzuwenden, mit der Folge, dass der Verband auch Partei eines Mietvertrages werden kann.[78]

90 Hat eine Gesellschaft ein Betriebsgrundstück gemietet, dessen Eigentümer und Vermieter dieses als fremdnütziger Treuhänder für den geschäftsführenden Gesellschafter der Gesellschaft verwaltet, kann die Gesellschaft dem Vermieter gegenüber in der Regel keine Einwendungen aus etwaigen Verstößen gegen die Treuhandvereinbarung entgegenhalten. Dies gilt auch dann, wenn der Treuhänder dem Treugeber (geschäftsführender Gesellschafter) gegenüber zur Reduzierung der Miete verpflichtet ist und der Treuhänder diese Verpflichtung nicht erfüllt.[79]

91 Nicht die Gesellschafter der durch Grundstückserwerb in das Mietverhältnis auf Vermieterseite eingetretenen Gesellschaft bürgerlichen Rechts, sondern die BGB-Gesellschaft selbst ist die „richtige Partei" als Klägerin einer auf Nachzahlung von Heizkosten nach der Betriebskostenabrechnung gerichteten Klage. Dem ist gegebenenfalls durch eine Rubrumsberichtigung zu entsprechen.[80]

4. Wechsel der Mietvertragsparteien

92 Der **Wechsel der Mietvertragsparteien** auf Vermieterseite ist gesetzlich in § 566 BGB mit dem Grundsatz „Kauf bricht nicht Miete" erfasst (vgl. die Kommentierung zu § 566 BGB). Der Wechsel ist aber auch auf Mieterseite im Wege der Vertragsübernahme möglich, die jedoch im Gegensatz zum Vermieterwechsel die Zustimmung des Vermieters voraussetzt. Bei der Vertragsübernahme haftet jeder Mieter grundsätzlich nur für die Verbindlichkeiten und Pflichten aus seiner Mietperiode, wenn nichts Abweichendes, insbesondere keine Nachhaftung des ausscheidenden Vormieters vereinbart wurde.

93 Bei einem **Vermieterwechsel** ist die Schriftform auch dann gewahrt, wenn in dem notariellen Grundstückskaufvertrag der Vermieterwechsel vereinbart wird und darin die ursprünglichen Mietvertragsparteien aufgeführt sind und die Bezeichnung des veräußerten Grundstücks zugleich die Lage des Mietobjekts kennzeichnet. Eine körperliche Verbindung des notariellen Kaufvertrages mit dem ursprünglichen Mietvertrag ist nicht erforderlich.[81]

94 Kommt der Vermieterwechsel durch zweiseitigen Vertrag zwischen früherem Vermieter und neuem Vermieter zustande, bedarf es der Zustimmung des Mieters. Diese Zustimmung unterliegt keinen Formvorschriften und kann somit auch konkludent erklärt werden.[82]

95 Ein Parteiwechsel durch **Veräußerung** der Mietsache setzt voraus, dass der veräußernde Eigentümer zugleich der Vermieter ist. Eine zugunsten des Vermieters eingetragene bloße Auflassungsvormerkung reicht für die Anwendung des § 566 BGB nicht aus.[83]

96 Wird vermieteter Wohnraum nach der Überlassung an den Mieter von dem Vermieter an einen Dritten veräußert, verliert der Mieter dem Veräußerer gegenüber sein Zurückbehaltungsrecht an der rückständigen Miete wegen eines Mangels der Mietsache, der vor der Veräußerung entstanden ist. Vom Zeitpunkt der Veräußerung an ist nur noch der Erwerber zur Mangelbeseitigung verpflichtet und kann der Mieter nur die Leistung der diesem geschuldeten Miete bis zur Mangelbeseitigung verweigern.[84]

97 Gibt bei einem Parteienwechsel auf der Vermieterseite der Grundstücksveräußerer die vom Mieter an ihn geleistete Kaution an den Grundstückserwerber auf Verlangen oder mit Billigung des Mieters weiter, so haftet nur noch der Grundstückserwerber auf die Rückzahlung der Kaution. Dafür spricht insbesondere die Übereinstimmung mit dem aus § 415 BGB folgenden Grundsatz, dass Wechsel in der Person des Schuldners der Zustimmung des Gläubigers bedarf.[85]

---

[78] KG v. 03.03.2003 - 8 U 300/01 - juris Rn. 20 - VIZ 2003, 548-552.
[79] OLG Koblenz v. 05.10.2004 - 3 U 391/04 - OLGR Koblenz 2005, 474-477.
[80] BGH v. 14.09.2005 - VIII ZR 117/04 - WuM 2005, 791.
[81] BGH v. 12.03.2003 - XII ZR 18/00 - juris Rn. 30 - NJW 2003, 2158.
[82] BGH v. 12.03.2003 - XII ZR 18/00 - juris Rn. 32 - NJW 2003, 2158.
[83] BGH v. 12.03.2003 - XII ZR 18/00 - NJW 2003, 2158.
[84] BGH v. 19.06.2006 - VIII ZR 284/05 - NSW BGB §§ 566, 535, 320.
[85] OLG Düsseldorf v. 11.06.2002 - 24 U 212/01 - MDR 2003, 150-151.

In einer zum Pachtvertrag ergangenen Entscheidung hatte sich die Ehefrau des Pächters im notariellen Vertrag als Gesamtschuldnerin zur Zahlung des Pachtzinses mitverpflichtet und sich hinsichtlich der Forderungen der sofortigen Zwangsvollstreckung unterworfen. In einer Vollstreckungsgegenklage kann es entscheidend darauf ankommen, ob eine derartige **Mitverpflichtung** sittenwidrig war. Im Rahmen eines gewerblichen Miet- und Pachtvertrages ist die Anwendung des § 138 Abs. 1 BGB auf Bürgschafts- und Mithaftungsverträge zwischen dem Vermieter oder Verpächter einerseits und einem privaten Sicherungsgeber andererseits regelmäßig entscheidend vom Grad des Bürgen oder Mitverpflichteten abhängig. Demgemäß ist bei Beantwortung der Frage, ob eine finanzielle Überforderung des Mitverpflichteten vorliegt, auf den Zeitpunkt der Übernahme der Mitverpflichtung abzustellen. Hat sich die Ehefrau zu diesem Zeitpunkt verpflichtet, notfalls für die ursprüngliche Vertragsdauer von 5 Jahren den Pachtzins zu tragen, ist eine Verlängerungsoption des Ehemanns um weitere 5 Jahre nicht mit zu berücksichtigen, da vernünftigerweise nicht angenommen werden kann, dass ein Pächter von der Verlängerungsoption Gebrauch macht, wenn er zuvor den Pachtzins nicht erwirtschaften konnte. Dieser Verpflichtung (und nicht der Höhe der späteren tatsächlichen Haftung) sind das Vermögen und das Einkommen der mitverpflichteten Ehefrau zum Zeitpunkt der Verpflichtungsübernahme gegenüberzustellen, nicht aber die entsprechenden Verhältnisse zum Zeitpunkt der tatsächlichen Inanspruchnahme.[86]

Ein **Mieterwechsel** liegt bereits dann vor, wenn der Gewerberaummieter dem Vermieter einen Nachfolger vorstellt, der in die Miträume einzieht und gegenüber dem Vermieter bekundet, er wolle die Räumlichkeiten erwerben, sodann mit deren Umbau zu Wohnzwecken beginnt sowie vom Vermieter nachfolgend die Miete ohne Mehrwertsteuer in Rechnung gestellt bekommt. Der Vermieter hat insoweit nur den „Nachfolger" als und wie seinen Mieter behandelt. Die Indiztatsachen reichen, wenn auch nicht jede für sich gesehen, jedoch in ihrer Gesamtheit aus, den Schluss auf eine schuldbefreiende Vertragsübernahme zu ziehen.[87]

Werden in einer Vereinbarung in erster Linie Modalitäten für die beabsichtigte Übergabe von Mieträumen und der Einfluss des Übergabezeitpunktes auf den Beginn der Mietzahlungspflicht vereinbart, ist auch dann, wenn in dieser Vereinbarung ein anderer als der im Mietvertrag ausgewiesene Mieter als Mieter bezeichnet wird, nicht von der Zustimmung des Vermieters zu einem vertraglichen Mieterwechsel auszugehen.[88]

Der Vollzug eines **Untervermieterwechsels** auf der Grundlage einer Vereinbarung der Parteien des Hauptmietvertrages setzt zwingend voraus, dass alle Untermieter dieser Vereinbarung zustimmen oder sie genehmigen. Das gebietet bereits der zentrale Grundsatz der Privatautonomie, der das gesamte Zivilrecht beherrscht. Darüber hinaus hat die Beendigung eines Hauptmietverhältnisses nicht zur Folge, dass die Untermietverhältnisse auf den Hauptvermieter übergehen.[89]

V. Einzelfälle

1. Leasingvertrag

Bei Leasingverträgen unterscheidet man je nach Vertragsgestaltung und Schwerpunkt folgende **Leasingarten**: Finanzierungsleasing mit Vollamortisation, Operating-Leasing mit unbestimmter Dauer und vereinfachten Beendigungsmöglichkeiten, Immobilienleasing als Unterfall des Finanzierungsleasings für Immobilien mit sehr langen Vertragszeiten, Herstellerleasing, Null-Leasing als Unterfall des Finanzierungsleasings mit Abschlusszahlung nach Ablauf der Leasingdauer. Das sale-and-lease-back Verfahren ermöglicht dem Eigentümer eines Leasinggutes, dieses an einen Leasinggeber zu veräußern und als Leasingnehmer zu nutzen.

---

[86] BGH v. 29.09.2004 - XII ZR 22/02 - GuT 2005, 6-8.
[87] OLG Frankfurt v. 27.10.2005 - 2 U 23/05 - juris Rn. 42-47 - MietRB 2006, 266-267.
[88] Brandenburgisches Oberlandesgericht v. 20.06.2007 - 3 U 135/06 - juris Rn. 14.
[89] OLG Düsseldorf v. 06.01.2011 - 24 U 6/10 - Grundeigentum 2011, 1370-1371.

103 Verwendet der Leasinggeber noch alte, vor der Schuldrechtsreform erstellte AGB des Lieferanten, so trägt er das Verwendungsrisiko insbesondere auch hinsichtlich der leasingtypischen Abtretungskonstruktion mit der Folge der Haftung gegenüber dem Leasingnehmer.[90]

104 Der Abschluss eines neuen **Fahrzeugleasingvertrages** bei Vereinbarung gleichzeitiger Rücknahme der Fahrzeuge aus laufenden Leasingverträgen beinhaltet eine Aufhebungsvereinbarung über die bestehenden Leasingverträge.[91]

105 Die Vereinbarung einer **Kaufoption** ist kein typisches Element eines Finanzierungsleasingvertrages.

106 Das Amtsgericht München ist demgegenüber der Auffassung, dass eine Klausel in Allgemeinen Geschäftsbedingungen, nach der das Erwerbsrecht des Leasingnehmers ausgeschlossen ist, den Leasingnehmer unangemessen benachteiligt und außerdem überraschend ist.[92]

107 Eine formularmäßig vereinbarte Rückkaufklausel zwischen Leasinggeber und Lieferant durch die die Übergabe des Objektes dadurch ersetzt wird, dass der Leasinggeber seine Herausgabeansprüche gegenüber dem Besitzer an den Lieferanten abtritt, ist gemäß § 307 BGB unwirksam. Diese Entscheidung wird von *Reinking* besprochen.[93]

108 Eine Klausel in den AGB eines Kfz-Leasinggebers, wonach dieser im Falle der **Kündigung** des Leasingvertrages wegen Verlusts des Leasingfahrzeugs Anspruch auf dessen Zeitwert oder den Restvertragswert in Höhe seines nicht amortisierten Gesamtaufwandes hat, wobei der höhere Wert maßgebend ist, benachteiligt den zur Versicherung des Fahrzeugs verpflichteten Leasingnehmer nicht unangemessen im Sinne des § 307 Abs. 1 BGB.[94] Diese Rechtsprechung wird teilweise kritisiert, da allein der Leasingnehmer die Beiträge zur Kaskoversicherung entrichtet hat.[95]

109 Die Leistungen eines **Kaskoversicherers** gebühren dem Leasinggeber als Eigentümer des Leasingobjekts. Soweit die Leistungen den Finanzierungsaufwand des Leasinggebers übersteigen, stehen sie dem Leasingnehmer zu, wenn ihm – leasinguntypisch – zum Vertragsablauf ein Erwerbsrecht eingeräumt worden ist.[96]

110 In dem so genannten **Flens-Modell** schließt der Leasingnehmer neben dem Leasingvertrag mit dem Leasinggeber einen weiteren Vertrag mit einem Dritten ab, in dem sich der Leasingnehmer durch eine Einmalzahlung an den Dritten von seiner Zahlungspflicht gegenüber dem Leasinggeber befreit und der Dritte sich zur Zahlung der Leasingraten an den Leasinggeber verpflichtet. Die Einmalzahlung hat gegenüber dem Leasinggeber dann schuldbefreiende Wirkung, wenn Leasinggeber und Leasingnehmer im Leasingvertrag vereinbart haben, dass der Leasingnehmer berechtigt ist, mit Erfüllungswirkung gemäß § 362 Abs. 2 BGB an den Dritten zu leisten. Das Risiko, dass der Dritte aus der vereinbarten Einmalzahlung des Leasingnehmers sämtliche Leasingraten sowie den vereinbarten Restwert erwirtschaftet und an den Leasinggeber leistet, liegt dann beim Leasinggeber und nicht mehr beim Leasingnehmer.[97]

111 Nimmt bei einem so genannten **Händlerleasing**, bei dem Händler und Leasinggeber identisch sind, dieser bei einem Kraftfahrzeugleasingvertrag einen Gebrauchtwagen des Leasingnehmers in Zahlung, so liegt darin im Regelfall kein gesonderter Kaufvertrag über den Gebrauchtwagen, sondern ein einheitlicher Leasingvertrag. Im Hinblick auf das Absatzinteresse des Leasinggebers ist die Interessenlage vergleichbar mit der beim Fahrzeugkauf, wo es dem Verkäufer erkennbar auf die Veräußerung des Fahrzeugs gegen Geld und nicht um den Erwerb eines gebrauchten Fahrzeugs ankommt. Lässt sich der Verkäufer im Interesse des Geschäfts auf eine Inzahlungnahme des gebrauchten Fahrzeugs ein, so

---

[90] *Graf von Westphalen*, ZGS 2002, 64-67; vgl. ausführlich zum Leasing als Finanzierungsalternative der öffentlichen Hand: *Gabbert*, Kompass/BKn 2002, Nr. 7/8, 3-7.
[91] OLG Braunschweig v. 05.03.2001 - 7 U 99/00 - juris Rn. 3 - OLGR Braunschweig 2001, 204-205.
[92] AG München v. 30.11.2002 - 141 C 27942/01 - NZV 2003, 243-244.
[93] BGH v. 19.03.2003 - VIII ZR 135/02 - juris Rn. 13 - NJW 2003, 2607-2609; *Reinking*, EWiR 2003, 793-794.
[94] BGH v. 27.09.2006 - VIII ZR 217/05 - BB 2006, 2663-2664.
[95] *Reinking*, EWiR 2007, 227-228.
[96] OLG Düsseldorf v. 14.01.2003 - 24 U 13/02 - NJW-RR 2003, 775-776.
[97] BGH v. 26.02.2003 - VIII ZR 270/01 - NJW 2003, 2382-2384.

liegt darin nur die Befugnis des Käufers, einen Teil seiner vereinbarten Geldschuld durch Inzahlungnahme zu erfüllen. So ist auch beim Händlerleasing in der Regel nicht die Vereinbarung einer Gegenleistung, die zum Teil in Geld und zum anderen Teil in der Überlassung des Altfahrzeugs bestehen soll, gewollt. Dies bedeutet aber, dass bei der Rückabwicklung des Leasingvertrages kein davon unberührter Kaufvertrag über den Erwerb des Gebrauchtwagens besteht und der Leasingnehmer somit nicht den für seinen Gebrauchtwagen angerechneten Geldbetrag herausverlangen kann. Vielmehr hat der Leasingnehmer nur Anspruch auf Herausgabe der tatsächlich erbrachten Leistung, also des von ihm geleisteten Geldbetrags und des in Zahlung gegebenen Gebrauchtwagens.[98]

Ist der Leasingnehmer aufgrund eines Fahrzeugmangels zur Wandelung des Fahrzeugleasingvertrages berechtigt, muss er sich bei einem Dieselfahrzeug mit hoher jährlicher Laufleistung eine **Nutzungsvergütung** anrechnen lassen. Diese ist gemäß § 287 Abs. 2 ZPO durch richterliche Schätzung zu ermitteln und beträgt 0,5% des Neupreises je 1.000 km Laufleistung.[99]   **112**

Beim Leasen von Mobilien steht dem Insolvenzverwalter in der **Insolvenz** des Leasingnehmers das Wahlrecht nach § 103 InsO zu. Lehnt der Insolvenzverwalter die Erfüllung der Leasingverträge ab, verbleibt es bei dem mit Verfahrenseröffnung eingetretenen Zustand der Nichterfüllung mit der Folge, dass der Leasinggeber die vertraglich vereinbarten Leasingraten nicht mehr verlangen kann, sondern auf einen Schadensersatzanspruch als Insolvenzforderung verwiesen wird.[100]   **113**

In der **Insolvenz des Leasinggebers** hat der Insolvenzverwalter die Wahl, ob er die Andienungspflicht des Schuldners erfüllt oder die Erfüllung ablehnt.[101]   **114**

Lehnt der Insolvenzverwalter auf Grund seines Wahlrechts die Erfüllung eines Leasingvertrages des Schuldners ab, kann der Leasinggeber dem Grunde nach den leasingtypischen Ersatz seines Nichterfüllungsschadens gemäß §§ 535, 280 Abs. 1, 281 Abs. 1 Satz 1 BGB verlangen. Hatte der Leasingnehmer die Leasingrate vereinbarungsgemäß im Voraus am Quartalsanfang zu zahlen, ist der Kündigungsfolgeschaden nach der vorschüssigen Rentenbarwertformel zu berechnen.[102]   **115**

Zudem hat der Insolvenzverwalter in der Insolvenz des Leasinggebers eine vom Leasingnehmer rechtzeitig ausgeübte Verlängerungsoption gegen sich gelten zu lassen und die Pflicht, dem Leasingnehmer das Leasingobjekt weiterhin bis zum Vertragsende zum Gebrauch zu überlassen.[103]   **116**

Die **Kündigung** eines Verbraucherkreditvertrages (hier: Finanzierungsleasingvertrag) wegen Zahlungsverzugs des Verbrauchers (Leasingnehmer) wird nicht dadurch ausgeschlossen, dass der Verbraucher vor Ausspruch der ihm angedrohten Kündigung den rückständigen Betrag durch eine Teilzahlung unter die Rückstandsquote von zehn beziehungsweise fünf vom Hundert des Nennbetrags des Kredits oder des Teilzahlungspreises zurückführt. Die Kündigung eines Verbraucherkreditvertrags wegen Zahlungsverzuges des Verbrauchers ist unwirksam, wenn der Kreditgeber mit der Kündigungsandrohung einen höheren als den vom Verbraucher tatsächlich geschuldeten rückständigen Betrag fordert. Das gilt auch dann, wenn die Zuvielforderung sich nur aus gesondert in Rechnung gestellten Nebenforderungen zusammensetzt, auf die der Kreditgeber keinen Anspruch hat.[104]   **117**

Im Falle der außerordentlichen Kündigung eines Kraftfahrzeug-Leasingvertrages mit **Kilometerabrechnung** wegen Zahlungsverzugs des Leasingnehmers findet der vom Leasinggeber intern kalkulierte Restwert des Leasingfahrzeugs bei der konkreten Berechnung des Kündigungsschadens des Leasinggebers als Rechnungsposten für den hypothetischen Fahrzeugwert bei Vertragsende auch dann keine Berücksichtigung, wenn der Leasinggeber für den Fall der ordnungsgemäßen Beendigung des   **118**

---

[98] BGH v. 30.10.2002 - VIII ZR 119/02 - NJW 2003, 505-507.
[99] OLG Braunschweig v. 05.03.2001 - 7 U 103/99 - juris Rn. 6 - OLGR Braunschweig 2001, 205-206.
[100] OLG Düsseldorf v. 07.04.2005 - I-10 U 161/04, 10 U 161/04 - ZInsO 2005, 820-822.
[101] OLG Düsseldorf v. 09.06.2009 - I-24 U 174/08, 24 U 174/08 - juris Rn. 22, 23 - ZInsO 2009, 2250-2253.
[102] OLG Düsseldorf v. 13.01.2011 - 24 U 169/05 - DB 2007, 1355.
[103] OLG Düsseldorf v. 09.06.2009 - I-24 U 174/08, 24 U 174/08 - juris Rn. 34 - ZInsO 2009, 2250-2253.
[104] BGH v. 26.01.2005 - VIII ZR 90/04 - BB 2005, 572-575.

§ 535

Leasingvertrages in Höhe des Restwertes eine Rückkaufvereinbarung mit dem Fahrzeughändler getroffen hat, von dem er das Leasingfahrzeug erworben hat.[105]

119 Im Rahmen des Kündigungsschadens ist die Ermittlung des Substanzvorteils, den der Leasinggeber durch die vorzeitige Rückgabe (hier zwei Jahre) des Kfz bei einer außerordentlichen Kündigung wegen Zahlungsverzuges des Leasingnehmers erhält, nicht durch eine Berechnung auf Grundlage etwaiger Minder- und Mehrkilometer vorzunehmen. Vielmehr ist zwischen hypothetischem und realem Substanzwert eine Differenz zu bilden und diese in Ansatz zu bringen.[106]

120 Der Leasingnehmer muss seinen **Schadensersatzanspruch** bei vorzeitiger Vertragsbeendigung des Pkw-Leasingvertrages konkret darlegen, wenn es an einer wirksamen vertraglichen Regelung zur Berechnung des Schadensersatzes fehlt.[107]

121 Die Leasinggeberin muss sich den **Verkehrswert** des Fahrzeuges anrechnen lassen, der dem gutachterlich festzustellenden Händler-Verkaufspreis entspricht, sofern ihre Bemühungen für eine bestmögliche Verwertung des Fahrzeuges nicht ausreichend sind.[108]

122 Dem Leasinggeber steht nach fristloser Kündigung des Kraftfahrzeug-Leasingvertrages der **Mehrerlös** aus der Verwertung des Leasinggegenstands als dessen Surrogat zu, sofern die Parteien über den Verbleib der Sache keine anderen Vereinbarungen (z.B. ein Erwerbsrecht des Leasingnehmers) getroffen haben.[109]

123 Der Lieferant, der im Auftrag des Leasinggebers das Leasingobjekt an den Leasingnehmer ausliefert, ist nicht Erfüllungsgehilfe des Leasinggebers im Hinblick auf die vom Leasingnehmer abzugebende **Übernahmebestätigung**. Bestätigt der Leasingnehmer dem Leasinggeber die Übernahme des Leasingobjektes, obgleich dieses nicht an ihn übergeben worden ist, so ist er zum Ersatz des Schadens verpflichtet, den der Leasinggeber dadurch erleidet, dass er seinen Anspruch auf Rückzahlung des im Vertrauen auf die Richtigkeit der Übernahmebestätigung an den Lieferanten ausgezahlten Kaufpreises für das Leasingobjekt wegen Zahlungsunfähigkeit des Lieferanten nicht realisieren kann. Eine Schmälerung des Schadensersatzanspruches des Leasinggebers wegen unterlassenen Hinweises auf die mangelnde Übereinstimmung der vom Leasinggeber vorformulierten Übernahmebestätigung mit dem tatsächlichen Lieferumfang kommt nicht in Betracht, wenn dem Leasingnehmer das Leasingobjekt vom Lieferanten nicht übergeben worden ist. Die Kenntnis des Lieferanten von der Unrichtigkeit der Übernahmebestätigung, die der Leasingnehmer dem Leasinggeber gegenüber abgibt, obgleich ihm das Leasingobjekt nicht übergeben worden ist, ist dem Leasinggeber nicht entsprechend § 166 BGB wie eigenes Wissen zuzurechnen.[110]

124 Die Bestätigung des Leasingnehmers, das Leasingobjekt vertragsgerecht übernommen zu haben, begründet noch keine Anerkennung oder einen Verzicht auf etwaige Einwendungen. Sie stellt nur eine Quittung für die empfangene Leistung dar, die den Aussteller zum Beweis zwingt, wenn er später die Unrichtigkeit der Erklärung geltend machen will. Bestätigt der Leasingnehmer wahrheitswidrig die vertragsgemäße Aushändigung des Leasingobjektes, ist die hierauf gestützte außerordentliche fristlose Kündigung aus wichtigem Grund gerechtfertigt. Dies gilt jedenfalls dann, wenn der Leasinggeber im Vertrauen auf die Richtigkeit dieser Erklärung den Kaufpreis an den Lieferanten bezahlt hat.[111]

125 Der Leasingnehmer kann sich wegen mangelnder Wahrung der Interessen des Leasinggebers schadensersatzpflichtig machen, wenn er eine Übernahmebestätigung für den Leasinggegenstand erteilt und der Leasinggeber wegen der daraufhin geleisteten Kaufpreiszahlung infolge der Insolvenz des Lieferanten einen Schaden erleidet.[112]

---

[105] BGH v. 14.07.2004 - VIII ZR 367/03 - NSW BGB § 535.
[106] OLG Düsseldorf v. 18.01.2011 - I-24 U 73/10, 24 U 73/10.
[107] OLG Rostock v. 03.12.2009 - 3 U 186/08.
[108] OLG Rostock v. 03.12.2009 - 3 U 186/08.
[109] OLG Düsseldorf v. 30.12.2008 - I-24 U 34/08, 24 U 34/08 - OLGR Düsseldorf 2009, 309.
[110] BGH v. 20.10.2004 - VIII ZR 36/03 - DB 2004, 2528-2529.
[111] OLG Karlsruhe v. 30.01.2007 - 8 U 143/06 -OLGR Karlsruhe 2007, 427-430.
[112] OLG Düsseldorf v. 17.06.2004 - 10 U 22/04, I-10 U 22/04- OLGR Düsseldorf 2004, 397-398.

126 Ein **Finanzierungsleasingvertrag** zwischen einem Leasinggeber und einem Leasingnehmer mit Verbrauchereigenschaft, der im Rahmen der leasingtypischen Abtretungskonstruktion die Abtretung der kaufrechtlichen Gewährleistungsansprüche des Leasinggebers gegen den Lieferanten der Leasingsache an den Leasingnehmer vorsieht, ist kein Umgehungsgeschäft im Sinne des § 475 Abs. 1 Satz 2 BGB. Dem Lieferanten der Leasingsache (hier eines gebrauchten Kraftfahrzeuges) ist es aus diesem Grund nicht verwehrt, sich dem Leasingnehmer mit Verbrauchereigenschaft gegenüber auf den mit dem Leasinggeber als Käufer der Leasingsache vereinbarten Gewährleistungsausschluss zu berufen. In diesem Fall stehen dem Leasingnehmer mit Verbrauchereigenschaft mietrechtliche Gewährleistungsansprüche gegen den Leasinggeber zu.[113]

127 In diesem Zusammenhang stellt sich die Frage, ob mietvertragliche und kaufvertragliche Gewährleistung im Leasingvertrag gleichwertig sind. Des Weiteren ist unklar, inwiefern ein Leasingnehmer als Verbraucher einen Anspruch darauf hat, wie ein Verbrauchsgüterkäufer behandelt zu werden, wenn der Lieferant Kenntnis über die Verbrauchereigenschaft hat.[114]

128 Ergibt ein Vergleich der vertraglichen Leasingrate mit den üblicherweise am Markt vereinbarten Raten ein auffälliges Missverhältnis, so ist ein Finanzierungsleasingvertrag über eine Computeranlage zum Betrieb eines Informationsnetzwerkes im Onlinedienst gemäß § 138 Abs. 1 BGB sittenwidrig und daher nichtig. Im Falle eines fehlenden repräsentativen Marktes für den Leasinggegenstand sind hierzu die von der Rechtsprechung für die Vergleichsberechung entwickelten Prüfungskriterien zur objektiven Sittenwidrigkeit von Ratenkreditverträgen heranzuziehen. Eine **Sittenwidrigkeit** setzt danach voraus, dass der Vertragszins den marktüblichen Effektivzins relativ um 100% oder absolut um 12% übersteigt.[115]

129 Auch bei einer ordentlichen Beendigung des Leasingverhältnisses sind nach Ablauf der vereinbarten Leasingdauer leasingtypische Ausgleichsansprüche ohne Umsatzsteuer zu berechnen, weil ihnen eine steuerbare Leistung (§ 1 Abs. 1 Nr. 1 UStG) nicht gegenübersteht und der Leasinggeber deshalb **Umsatzsteuer** auf sie nicht zu entrichten hat.[116]

130 Veräußert der Leasinggeber nach Ende des Leasingvertrages das Leasingobjekt (hier: Sonnenbank) nicht an Endverbraucher, sondern an einen Händler, so verletzt er seine Obliegenheit zur bestmöglichen Verwertung von geleasten Sonnenbänken nicht, solange er die auf dem Markt erzielbaren Preise nicht unterschreitet.[117]

131 Der Leasinggeber kann verpflichtet sein, den Leasingnehmer von den Forderungen der Bank freizustellen, sofern der Leasinggeber mit Wissen des Leasingnehmers seine Ansprüche aus dem Leasingvertrag an eine Bank abgetreten hat, er jedoch später ohne Wissen der Bank mit dem Leasingnehmer und einem Dritten die Übernahme des Leasingvertrages vereinbart und der Dritte den Leasingvertrag nicht erfüllt.[118]

2. Kfz-Mietvertrag

132 Ist in einem Kfz-Mietvertrag lediglich die Tarifart (hier: Unfallersatztarif) und die Mietpreisgruppe angegeben worden, liegt mangels einer konkreten Preisangabe keine wirksame **Mietvereinbarung** vor. Ein Anspruch aus ungerechtfertigter Bereicherung steht dem Vermieter in diesem Fall zu, weil der Mieter durch die Leistung des Vermieters auf dessen Kosten etwas ohne rechtlichen Grund erlangt hat. Der Mieter hat bei Vertragsende die Mietsache in vertragsgemäß geschuldetem Zustand zurückzugeben und ihn notfalls herzustellen. Diese weitgehende Verpflichtung beruht allein auf dem von den

---

[113] BGH v. 21.12.2005 - VIII ZR 85/05 - WM 2006, 495-498.
[114] Vgl. dazu *Müller-Sarnowski*, DAR 2007, 72-77.
[115] Thüringer Oberlandesgericht v. 30.10.2001 - 5 U 1851/98 - OLGR Jena 2003, 153-157.
[116] OLG Stuttgart v. 08.12.2009 - 6 U 99/09.
[117] OLG Düsseldorf v. 10.02.2009 - I-24 U 106/08, 24 U 106/08 - MDR 2009, 1267.
[118] OLG Düsseldorf v. 05.03.2009 - I-24 U 164/08, 24 U 164/08 - OLGR Düsseldorf 2009, 605-607.

Mietparteien abgeschlossenen Mietvertrag. Die Höhe des Anspruchs bemisst sich nach dem Gebrauchsvorteil des vermieteten Fahrzeugs.[119]

133 Gleiches gilt auch, wenn im Mietvertrag nur der Tagespreis des Fahrzeugs einer anderen Kategorie steht und eine Vereinbarung über den Mietpreis pro Woche oder zusätzliche Tage fehlt.[120]

134 Der gemäß § 315 Abs. 1 BGB zu bestimmende marktübliche Mietzins orientiert sich nicht an den Unfallersatztarifen der HUK-Empfehlungen aus dem Jahr 1993, sondern am täglichen Nutzungswert des Mietwagens, sofern die Parteien eines Pkw-Mietvertrages keine Abrede über die Höhe der Tagesmiete getroffen haben. Die Empfehlungen des HUK-Verbandes geben keine marktüblichen Preise wieder.[121]

135 Der Fahrer eines Mietfahrzeuges, der einen links blinkenden Lkw überholt, vernachlässigt seine **Schutzpflichten** gegenüber gemietetem Eigentum. Kommt es in dieser Situation zu einem Verkehrsunfall, kann sich der Fahrzeugmieter nicht auf eine vertraglich vereinbarte Haftungsbeschränkung berufen, sondern haftet dem Mietwagenunternehmen voll umfänglich auf Schadensersatz wegen grob fahrlässiger Schadensherbeiführung.[122]

136 Eine Ausnahmeklausel in den Allgemeinen Geschäftsbedingungen eines gewerblichen LKW- Vermieters, wonach der Mieter bei der Anmietung eines Lkws auch bei einer vereinbarten **Haftungsreduzierung** für alle Schäden am Aufbau, wie Spiegel, Plane, Koffer, Hebebühne generell und unabhängig vom Verschuldensgrad haftet, stellt eine entgegen den Geboten von Treu und Glauben unangemessene Benachteiligung dar und ist daher gem. § 307 Abs. 1 BGB unwirksam.[123]

137 Ist in den AGB des Kraftfahrzeugmietvertrages bestimmt, dass der Mieter trotz der Haftungsreduzierung jedenfalls für ein Verhalten eines berechtigten oder nichtberechtigten Fahrers einzustehen hat, ohne diese Einstandspflicht auf den Bereich der versicherungsrechtlichen Repräsentantenhaftung zu beschränken, beeinträchtigt diese Klausel den Mieter unangemessen und ist deshalb insgesamt gemäß § 307 BGB unwirksam.[124]

138 Bei **Veräußerung** des Mietfahrzeuges durch den Vermieter nach vom Mieter verursachtem Totalschaden zwei Wochen nach dem Unfall ohne Unterrichtung des Mieters liegt darin keine Beweisvereitelung zum Nachteil des Mieters, wenn dieser es versäumt hat, rechtzeitig nach dem Unfall im eigenen Interesse für eine Beweissicherung zu sorgen.[125]

139 Ein Kaufvertrag zwischen einem Kraftfahrzeughändler und einem Verbraucher, der eine so genannte **Gebrauchtwagengarantieversicherung** für einen von dem Verbraucher zunächst als Leasingfahrzeug genutzten Gebrauchtwagen enthält, ist hinsichtlich der Frage der Kostentragung nach Ausübung der Kaufoption auszulegen. Im vorliegenden Fall kam der BGH zu dem Schluss, dass u.a. vom Verbraucher eine Nutzungsentschädigung gezahlt werden muss, da dieser das Leasingfahrzeug trotz mehrfacher Aufforderung dem Kraftfahrzeughändler nicht zurückgegeben hat und damit gemäß § 546a BGB das Fahrzeug vorenthalten hatte.[126]

140 Ein Mietfahrzeug einer professionellen Autovermietung ist im Winter nur dann zum vertragsgemäßen Gebrauch im Sinne des § 535 Abs. 1 Satz 2 BGB geeignet, wenn es mit speziellen Winterreifen ausgestattet ist. Einer ausdrücklichen vertraglichen Vereinbarung der Parteien zum Typ der Reifen bedarf es nicht.[127]

141 Setzt sich die **Mietwagenrechnung** aus Mehrkilometerleistungen für mehrere von dem Mieter genutzte Mietfahrzeuge zusammen, muss der Kfz-Vermieter zur Herbeiführung der Fälligkeit bereits in der Rechnung die auf jedes einzelne Fahrzeug entfallenden Mehrkilometer einzeln aufschlüsseln. Der Kfz-

---

[119] AG Krefeld v. 03.06.2004 - 72 C 17/04 - SVR 2004, 393-394.
[120] AG Bingen v. 08.12.2005 - 2 C 454/05 - Schaden-Praxis 2006, 172.
[121] Thüringer Oberlandesgericht v. 25.03.2003 - 8 U 448/02 - OLGR Jena 2003, 316-318.
[122] OLG Rostock v. 06.08.2003 - 8 U 72/03 - ZfSch 2003, 498-500.
[123] OLG Hamm v. 22.06.2005 - 30 U 208/04 - OLGR Hamm 2005, 557-558.
[124] OLG Köln v. 02.12.2009 - 11 U 146/08 - juris Rn. 21.
[125] OLG Düsseldorf v. 10.10.2002 - 10 U 114/01 - MDR 2003, 215-216.
[126] BGH v. 01.06.2005 - VIII ZR 234/04 - WM 2005, 1863-1866.
[127] Hanseatisches OLG Hamburg v. 23.04.2007 - 14 U 34/07 - DAR 2007, 336.

Mieter ist grundsätzlich nicht berechtigt, die ihm in Rechnung gestellten Mehrkilometer mit Nichtwissen zu bestreiten.[128]

Macht der Fahrzeugvermieter nach der Rückgabe des Mietfahrzeugs einen Schaden geltend, ohne dass dem Fahrzeugmieter eine Kopie des Mietvertrages ausgehändigt, noch bei der Fahrzeugübergabe ein Dokument vorgelegt wurde, in dem Altschäden des Mietfahrzeugs markiert und ansatzweise erläutert sind, und existieren sonst keine Beweismittel, die den Zustand des Fahrzeugs zum Zeitpunkt der Übergabe dokumentieren (bspw. Fotos), kann nicht ausgeschlossen werden, dass der Schaden bereits bei Anmietung als Altschaden vorhanden war. Liegen bei Anmietung des Fahrzeugs unstreitig mehrere Altschäden vor, spricht kein Anscheinsbeweis für ein vorschadensfreies Fahrzeug bei Übergabe.[129]

3. Altmietverträge im Beitrittsgebiet

Die inhaltlichen Anforderungen an eine Betriebskostenabrechnung für **Altmietverhältnisse** im Beitrittsgebiet richten sich nach dem Grad der Zumutbarkeit, d.h. nach einer sinnvollen Relation zwischen dem Zeit- und Arbeitsaufwand des Vermieters einerseits und den schutzwürdigen Informationsinteressen des Mieters andererseits. Der Mieter muss die ihm angelasteten Kosten bereits aus der Abrechnung selbst ohne Hinzuziehung der Belege klar ersehen und überprüfen können. Vermieter konnten bei vor dem 03.10.1990 in der ehemaligen DDR abgeschlossenen Mietverträgen bis zum 31.12.1997 durch einseitige Erklärung die Miete auf Grundmiete nebst Betriebskostenvorauszahlungen umstellen. Die Umstellung auf Umlage der Betriebskosten bzw. Betriebskostenvorauszahlung genießt auch nach Außerkrafttreten der Betriebskostenumlage VO Bestandsschutz nach § 14 Abs. 1 Satz 2 MHG, wobei der Vermieter aber nicht mehr an die Kappungsgrenze der Betriebskostenumlage VO gebunden ist.[130]

VI. Steuerliche Besonderheiten

Die Veräußerung eines Hauses an einen nahen Angehörigen, die gleichzeitige Rückanmietung durch den Veräußerer und die verzinsliche Stundung des Kaufpreises stellen nicht allein deshalb einen **Gestaltungsmissbrauch** im Sinne des § 42 AO dar, weil sich Zins und Miete wirtschaftlich neutralisieren. Ein Vertrag über ein Anschaffungsdarlehen zwischen nahen Angehörigen, das über die gesamte Laufzeit zu verzinsen ist, hält einem Fremdvergleich stand und ist deshalb auch dann steuerlich anzuerkennen, wenn der Darlehensnehmer in den ersten 10 Jahren nicht zur Tilgung verpflichtet ist und der Darlehensgeber auf die Besicherung seiner Forderung verzichtet und wegen der vereinbarten Tilgungsdauer von 25 Jahren die endgültige Tilgung des Darlehens nicht mehr erlebt. Das Mietverhältnis zwischen einem Steuerpflichtigen und seiner Tante – als Mieterin – ist auch bei Vereinbarung einer Mietpreisbindung von 10 Jahren sowie Verzicht des Steuerpflichtigen auf ein ordentliches Kündigungsrecht auf Lebenszeit der Tante steuerlich anzuerkennen, wenn die vereinbarte Miete nicht wesentlich unter der ortsüblichen Vergleichsmiete liegt.[131]

Die Vermietung und Verpachtung von Grundstücken ist gemäß § 4 Nr. 12a UStG grundsätzlich umsatzsteuerfrei. Der Vermieter kann **Umsatzsteuer** nur dann vom Mieter verlangen, wenn dies im Mietvertrag ausdrücklich geregelt wurde. Dazu muss der Vermieter gegenüber den Finanzbehörden zur Umsatzsteuer optieren; vgl. § 9 Abs. 1 UStG. Enthält der Mietvertrag hierzu keine abweichenden Bestimmungen, ist die Umsatzsteuer in der vereinbarten Miete enthalten.[132]

Durch die Einräumung eines Wohnrechts gemäß § 1093 BGB werden keine Einkünfte aus Vermietung und Verpachtung erzielt. Die Eintragung eines Freibetrages gemäß § 39a Abs. 4 EStG ist daher als Grundlagenbescheid im Lohnsteuererhebungsverfahren und nicht als Festsetzungsbescheid im Einkommensteuerfestsetzungsverfahren einzuordnen.[133]

---

[128] OLG Düsseldorf v. 28.09.2006 - I-10 U 76/06, 10 U 76/06 - juris Rn. 3, 5 - OLGR Düsseldorf 2007, 337-338.
[129] AG Hamburg-Blankenese v. 15.12.2010 - 531 C 113/10 - MRW 2011, Nr. 1, 18.
[130] LG Stendal v. 17.07.2003 - 22 S 27/03 - ZMR 2004, 42-44.
[131] FG Stuttgart v. 21.06.2005 - 4 K 250/01 - EFG 2005, 1943-1946.
[132] BGH v. 24.02.1988 - VIII ZR 64/87 - BGHZ 103, 284-298.
[133] FG Hamburg v. 15.09.2005 - V 106/05.

147 Schadensersatzleistungen, die der Leasingnehmer nach einer von ihm schuldhaft veranlassten außerordentlichen Kündigung des Leasingvertrages zu erbringen hat, sind ohne Umsatzsteuer zu berechnen, weil ihnen eine steuerbare Leistung (§ 1 Abs. 1 Nr. 1 UStG) nicht gegenübersteht und der Leasinggeber deshalb Umsatzsteuer auf sie nicht zu entrichten hat. Nichts anderes gilt für den leasingtypischen Ausgleichsanspruch des Leasinggebers, der auf Ausgleich seines noch nicht amortisierten Gesamtaufwandes zum Zeitpunkt einer ordentlichen Kündigung, einer nicht durch den Leasingnehmer schuldhaft veranlassten außerordentlichen Kündigung oder einer einvernehmlichen vorzeitigen Beendigung des Leasingvertrages gerichtet ist.[134]

D. Rechtsfolgen

I. Rechte und Pflichten des Vermieters

148 Für den Vermieter sind die Verpflichtung zur **Gebrauchsüberlassung** und die Verpflichtung zur Erhaltung der Mietsache unmittelbare Rechtsfolge aus einem wirksam geschlossenen Mietvertrag. Der Vermieter muss die Mietsache zeitlich, räumlich und inhaltlich dem Mieter so bereitstellen, dass der Mieter in der Lage ist, die Sache vertragsgemäß in Gebrauch zu nehmen. Die Erhaltungspflicht trifft den Vermieter während der gesamten Dauer des Mietverhältnisses.

149 Wird ein vermietetes Objekt in der Weise vermietet, dass der neue Mieter (zunächst) die Stellung eines Zwischenmieters einnehmen und der bisherige Mieter im unmittelbaren Besitz bleiben soll, geht der Gebrauchsüberlassungsanspruch des Mieters aus § 535 BGB auf Übertragung des mittelbaren Besitzes (§ 870 BGB) auf den neuen Mieter über.[135]

150 Zur wirksamen Überlassung der Mietsache bedarf es keiner direkten Übergabe durch den Vermieter. Es reicht aus, wenn die Mietsache durch den Vormieter an den neuen Mieter übergeben wird.[136]

151 Die Gebrauchsüberlassungsverpflichtung des Vermieters erstreckt sich grundsätzlich darauf, eine mangelfreie Mietsache zur Verfügung zu stellen. Wären die erforderlichen Aufwendungen für die Beseitigung eines Mangels einer Wohnung im Bereich des Gemeinschaftseigentums voraussichtlich unverhältnismäßig hoch und würden sie die „Opfergrenze" für den Vermieter übersteigen, kann der Mieter vom Vermieter jedoch nicht die Beseitigung des Mangels verlangen. Grundsätzlich steht dem Verlangen einer Mangelbeseitigung wiederum nicht entgegen, dass der Vermieter der Eigentumswohnung die Zustimmung der anderen Wohnungseigentümer herbeiführen muss.[137]

152 Der Mieter kann den Erfüllungsanspruch auf Gebrauchsüberlassung auch dann noch geltend machen, wenn eine Minderung nach § 536b BGB ausgeschlossen ist. Erfüllungsansprüche sind nur dann ausgeschlossen, wenn die Mietvertragsparteien einen bestimmten, bei Überlassung vorhandenen (schlechten) Zustand der Mietsache als vertragsgemäß vereinbart haben.[138]

153 Die vertragliche Gebrauchsgewährungspflicht besteht in der Zeit vom rechtlichen Ende des Vertragsverhältnisses bis zur tatsächlichen Räumung und Rückgabe des Objekts nicht mehr.[139]

154 Die Gestellung eines gebrauchsfähigen Krans und eines geeigneten Kranführers ist, sofern die Sorge für den Einsatz des Krans und dessen Obhut dem Auftraggeber obliegt, als Mietvertrag verbunden mit einem Dienstverschaffungsvertrag zu qualifizieren. Dabei müssen die Verantwortungsbereiche der Parteien gegeneinander abgegrenzt werden. Die Prüfung der Geeignetheit eines Standplatzes und seiner Tragfähigkeit für das Aufstellen des Kranes fällt noch in den Verantwortungsbereich des Kranbetreibers. Dieser habe im Verhältnis zum Besteller einen etwa vorgegebenen Standort zu prüfen und gegebenenfalls auf Bedenken hinzuweisen. Kommt es während dieser Phase, also noch vor der Überlas-

---

[134] BGH v. 14.03.2007 - VIII ZR 68/06 - juris Rn. 14, 16 - DB 2007, 1023-1025.
[135] OLG Hamburg v. 29.08.2001 - 4 U 196/00 - ZMR 2003, 178-179.
[136] KG Berlin v. 22.05.2003 - 8 U 346/01 - KGR Berlin 2004, 48.
[137] BGH v. 20.07.2005- VIII ZR 342/03- NJW 2005, 820 f.
[138] BGH v. 18.04.2007 - XII ZR 139/05 - EBE/BGH 2007, 190-192.
[139] Brandenburgisches Oberlandesgericht v. 17.01.2007 - 3 U 66/06 - juris Rn. 21.

sung des Kranes an den Mieter, zu einem Schaden (hier: Berührung der Oberleitung), so hat der Vermieter keinen Anspruch auf Ersatz des daraus entstandenen Schadens.[140]

Die **Besitzeinräumungspflicht** des Vermieters gemäß § 535 BGB bleibt auch dann bestehen, wenn dieser das Mietobjekt an einen Dritten weiterveräußert, ohne dass der Vermieter vorher im Grundbuch als Eigentümer eingetragen war, das Eigentum unmittelbar und ohne Zwischenerwerb des Vermieters vom ursprünglichen Eigentümer auf den Dritten übergeht. Denn die §§ 566, 567a BGB setzen voraus, dass eine Identität zwischen Vermieter und Grundstückseigentümer besteht.[141]

155

Seiner Pflicht zur uneingeschränkten Besitzverschaffung genügt ein Vermieter, der Schlösser austauscht, nicht dadurch, dass er dem Mieter zu bestimmten vorgegebenen Zeiten den Zutritt zu den Mieträumen ermöglicht.[142]

156

Der Erwerber eines vermieteten Grundstücks ist erst ab dem Zeitpunkt seiner Eintragung legitimiert, **Mietzinsansprüche** geltend zu machen oder den Mietvertrag im eigenen Namen zu kündigen. Etwas anderes gilt nur dann, wenn dem Erwerber die Ansprüche des Veräußerers ausdrücklich abgetreten waren.[143]

157

Mit der Verpflichtung des Vermieters zur **Lastentragung** gemäß § 535 Abs. 1 Satz 3 BGB trifft den Vermieter die Verpflichtung, die auf der Mietsache ruhenden Lasten zu tragen. Lasten sind als Lasten im Sinne von § 103 BGB (vgl. die Kommentierung zu § 103 BGB) zu verstehen. Hierunter fallen öffentliche Gebühren, Grundsteuer und vieles mehr. Die Lastentragung ist abdingbar und wird regelmäßig unter Bezugnahme auf die Zweite Berechnungsverordnung, BVO 2[144], in Verbindung mit den vom Mieter zu tragenden Betriebs- und Nebenkosten im Mietvertrag geregelt.

158

Der zur Räumung der Wohnung rechtskräftig verurteilte Mieter kann im Zeitraum der vom Gericht eingeräumten Räumungsfrist nicht vom Vermieter die Beheizung der Wohnung verlangen, da das Mietverhältnis durch die wirksame Kündigung des Vermieters beendet ist.[145]

159

Wer eine Wohnung aufgrund eines auf Vermächtnis beruhenden unentgeltlichen **Wohnrechts** bewohnt, kann sich gegenüber dem Herausgabeanspruch des Erstehers nicht auf § 57 ZVG, §§ 566, 535 Satz 1 BGB berufen. Ihm kann jedoch der Einwand der unzulässigen Rechtsausübung zur Seite stehen, wenn der Voreigentümer und der Ersteher als Strohmann kollusiv zu seinem Nachteil zusammengewirkt haben.[146]

160

Der vertragsimmanente **Konkurrenzschutz**, den der Vermieter gewerblich genutzter Räume dem Mieter schuldet, erstreckt sich nicht allein auf ein in der Nähe liegendes anderes Grundstück desselben Vermieters, das nicht unmittelbar an das Mietgrundstück angrenzt.[147]

161

Der Vermieter einer Bäckerei, deren Betreiber er Konkurrenzschutz schuldet, handelt nicht vertragswidrig, wenn er im selben Gebäude Räume an ein Fast-Food-Unternehmen vermietet, das Sandwiches anbietet („Subway"). Da die Mietvertragsparteien keine besonderen Abreden zum Umfang des Konkurrenzschutzes getroffen hatten, kann nicht davon ausgegangen werden, dass der Vermieter zu einem umfänglicheren Konkurrenzschutz verpflichtet war, der über den Schutz vor Konkurrenz in den Hauptartikeln hinausgeht.[148]

162

Ein Mieter von Gewerberäumen (hier: zum Betrieb einer Kfz- Werkstatt) kann gegenüber den bereits auf dem Gelände vorhandenen Konkurrenzunternehmen keinen Konkurrenzschutz beanspruchen. Eine

163

---

[140] OLG Stuttgart v. 08.09.2010 - 3 U 51/10 - VersR 2011, 1571-1573.
[141] BGH v. 12.03.2003 - XII ZR 18/00 - juris Rn. 15 - NJW 2003, 2158-2161.
[142] OLG Düsseldorf v. 23.11.2010 - 24 U 67/10 - MietRB 2011, 278-279.
[143] OLG München v. 17.01.1997 - 21 U 5618/93.
[144] BGBl I 2001, 1149.
[145] AG Ludwigsburg v. 25.11.2005 - 10 C 3469/05 - MietRB 2006, 214.
[146] OLG Schleswig v. 03.06.2004 - 16 U 39/04 - OLGR Schleswig 2005, 52-54.
[147] OLG Rostock v. 10.01.2005 - 3 W 130/04 - OLGR Rostock 2005, 574-576.
[148] OLG Düsseldorf v. 09.11.2009 - I-24 U 61/09, 24 U 61/09 - Grundeigentum 2010, 411-412.

weitere Konkurrenz braucht der Mieter aber in der Regel im Rahmen des vertragsimmanenten Konkurrenzschutzes nicht zu dulden.[149]

164 Auf den Hotelreservierungsvertrag sind die Regeln des Mietrechts anzuwenden. Daher ist ein Hotelier, der schuldhaft eine unberechtigte Kündigung ausspricht und die Erfüllung des Mietvertrags verweigert, dem Mieter gemäß §§ 280 Abs. 1, 249 BGB zum Ersatz des daraus kausal entstandenen Schadens verpflichtet.[150]

165 Die **Instandsetzungspflicht** des Vermieters erstreckt sich auch auf eine vom Mieter eingebrachte Heizungsanlage, wobei der Zeitpunkt des Einbringens unerheblich ist.[151]

166 Im Rahmen seiner Instandsetzungs- und Verkehrssicherungspflicht ist der Vermieter nicht verpflichtet, ordnungsgemäß installierte (Kohle-)Öfen in der Wohnung des Mieters ohne besonderen Anlass einer regelmäßigen Kontrolle, etwa im Hinblick auf die Funktionsfähigkeit und Dichtheit der Wandanschlüsse, zu unterziehen. Sollten nicht im Einzelfall besondere Umstände vorliegen, reicht es aus, wenn auftretende Unregelmäßigkeiten oder vom Mieter angezeigte Mängel unverzüglich von einem Fachmann abgestellt werden.[152]

167 Die Instandsetzungspflicht des Vermieters geht in vollem Umfang auf den Zwangsverwalter über.[153]

168 Es gehört zu den grundlegenden Vermieterpflichten, dafür zu sorgen, dass sich in den Mieträumen eine dem vertraglichen Verwendungszweck entsprechende Raumtemperatur herstellen lässt. Dem lag ein Sachverhalt zugrunde, bei dem der Vermieter aufgrund einer zumindest fragwürdigen Klausel nur in der Zeit von Oktober bis April die Heizung in Betrieb gehalten hat, und in den übrigen Monaten nur geheizt wurde, wenn die Außentemperatur an drei aufeinander folgenden Tagen um 20 Uhr unter 14 Grad liegt. Eine Raumtemperatur von 20°C, wie sie in Läden für erforderlich gehalten wird, kann auch der Mieter eines Restaurants in seinen Räumen beanspruchen.[154]

169 In der Literatur wird teilweise ein Wegfall der Instandsetzungspflicht des Vermieters wegen Überschreitung der „Opfergrenze" angenommen, wenn die Instandsetzungskosten den Zeitwert der Wohnung deutlich überschreiten oder sich nicht innerhalb von 10 Jahren erwirtschaften lassen.[155]

170 Der Vermieter ist auf Grund der ihm nach § 4 KrW-/AbfG obliegenden Pflicht zur stofflichen Trennung des Abfalls berechtigt, eine **Müllschluckeranlage** zur Verbesserung des Abfalltrennungsverhaltens der Mieter stillzulegen. Dagegen haben die Mieter keinen Unterlassungsanspruch, sofern die Müllschluckeranlage nicht ausdrücklich in den Mietvertrag einbezogen wurde.[156]

171 Der Mieter soll nach Ansicht in der Literatur einen Anspruch auf ordnungsgemäße **Briefzustellung** im liberalisierten Postmarkt haben. Dieser Anspruch könne auch die Installierung eines von außen zugänglichen Briefkastens umfassen.[157]

172 Der Vermieter von nicht haftpflichtversicherungspflichtigen Baufahrzeugen hat eine **Aufklärungspflicht**, wenn für ihn erkennbar der Mieter damit auch am öffentlichen Straßenverkehr teilnehmen will und diesem die versicherungsrechtliche Situation aufgrund von Unerfahrenheit unklar ist.[158]

173 **Besichtigungsrechte** des Vermieters von Wohn- und Gewerberaum ergeben sich nicht nur aus § 554 BGB, sondern auch aus § 535 Abs. 1 Satz 2 BGB. Demgemäß soll der Vermieter auch das Recht haben, die Räume ohne Anlass zu besichtigen. Insofern sei ein periodisches Besichtigungsrecht alle 1-2 Jahre anzuerkennen.[159]

---

[149] KG Berlin v. 21.10.2004 - 8 U 51/04 - KGR Berlin 2005, 173-174.
[150] OLG Düsseldorf v. 10.03.2011 - 10 U 72/10 - ZMR 2011, 717-718.
[151] LG Lüneburg v. 13.09.2006 - 6 S 43/06 - juris Rn. 9 - WuM 2006, 609.
[152] BGH v. 01.06.2011 - VIII ZR 310/10 - WuM 2011, 465.
[153] AG Köpenick v. 15.05.2006 - 10 C 288/05 - WuM 2006, 583.
[154] OLG Düsseldorf v. 23.12.2010 - 24 U 65/10 - MietRB 2012, 69-70.
[155] *Hirsch*, ZMR 2007, 81-86.
[156] AG Köpenick v. 26.04.2006 - 7 C 403/05 - Grundeigentum 2006, 917-919.
[157] *Bausch*, NZM 2006, 917-919.
[158] BGH v. 15.11.2006 - XII ZR 63/04 - juris Rn. 11 - BGHReport 2007, 195-196.
[159] *Lützenkirchen*, NJW 2007, 2152-2156.

Wenn dem Vermieter im Mietvertrag ein Besichtigungsrecht „während der üblichen Tageszeit werktags bis 19 Uhr" eingeräumt worden ist, ist eine Besichtigung am Samstag zwischen 11 und 12 Uhr gerechtfertigt. Denn auch Samstage sind Werktage.[160] 174

Der Vermieter ist zum Schadenersatz gemäß § 831 Abs. 1 Satz 1 BGB und zur Zahlung einer Entschädigung wegen einer Verletzung des allgemeinen **Persönlichkeitsrechts** verpflichtet. Das Oberlandesgericht Köln hat in seiner Entscheidung den Mietinteressenten einen Anspruch auf Schadenersatz für entstandene materielle Schäden sowie eine Geldentschädigung aufgrund der von der Verrichtungsgehilfin des Vermieters vorgenommenen diskriminierenden Äußerung (Mieter wurden als „Neger" bezeichnet) zugesprochen.[161] 175

Der Anspruch des Mieters auf Beseitigung eines Mangels als Teil des Gebrauchserhaltungsanspruchs ist während der Mietzeit unverjährbar. Bei der Hauptleistungspflicht des Vermieters handelt es sich um eine in die Zukunft gerichtete Dauerverpflichtung, so dass der Vermieter verpflichtet ist, während der gesamten Mietzeit die Mietsache in einem gebrauchstauglichen Zustand zu erhalten. Eine solche vertragliche Dauerverpflichtung kann während des Bestehens des Vertragsverhältnisses schon begrifflich nicht verjähren.[162] 176

Der Schuldner (hier: Mieter) kann bestimmen, auf welche Forderungen er leistet, sofern dem Gläubiger (hier: Vermieter) Forderungen aus mehreren Schuldverhältnissen zustehen. Der Gläubiger kann die Leistung nach den Regeln des § 366 Abs. 2 BGB nur dann verrechnen, wenn er eine solche Leistungsbestimmung nicht trifft.[163] 177

Der Vermieter ist im öffentlich geförderten, preisgebundenen Wohnraum berechtigt, die Kostenmiete einseitig um den Zuschlag nach § 28 Abs. 4 II. BV zu erhöhen, sofern eine im Mietvertrag enthaltene Klausel über die Abwälzung der Schönheitsreparaturen auf den Mieter unwirksam ist. Der Mieter hat keinen Anspruch darauf, so gestellt zu werden, wie wenn der Vermieter eine wirksame Schönheitsreparaturklausel verwendet hätte; eine positive Pflicht zur Verwendung wirksamer Allgemeiner Geschäftsbedingungen trifft den Vermieter nicht.[164] 178

Ein in der Grundmiete einer preisgebundenen Wohnung enthaltener Kostenansatz für Schönheitsreparaturen im Sinne des § 28 Abs. 4 II. BV berechtigt einen zur Durchführung der Schönheitsreparaturen verpflichten Vermieter nicht, nach Entlassung der Wohnung aus der Preisbindung die nunmehr als „Marktmiete" geschuldete Grundmiete über die im Mietspiegel ausgewiesene ortsübliche Vergleichsmiete hinaus um einen Zuschlag für Schönheitsreparaturen zu erhöhen.[165] 179

Ein Vermieter ist nur bei planmäßigem Geschäftsbetrieb ein **Unternehmer**. Allein das Handeln als Vermieter reicht nicht aus. Insoweit bleibt er Verbraucher, wenn er nur gelegentlich einen Standplatz für eine Werbetafel auf seinem Privatgrundstück vermietet.[166] 180

Der Anspruch des Vermieters auf Leistung einer **Mietsicherheit** erlischt nicht mit der Beendigung des Mietverhältnisses, sondern kann bei fortbestehendem Sicherungsbedürfnis, vorliegend Ansprüche auf rückständige Miete sowie Schadensersatz wegen Beschädigung der Mietsache, auch danach noch geltend gemacht werden.[167] 181

II. Rechte und Pflichten des Mieters

1. Miete

Rechtsfolge für den Mieter ist seine Verpflichtung gemäß § 535 Abs. 2 BGB zur Zahlung der vereinbarten **Miete**, auch Mietzins genannt. Hierunter fällt das vereinbarte Entgelt für die Gebrauchsüberlas- 182

---

[160] OLG Frankfurt v. 26.06.2009 - 24 U 242/08 - Mietrecht kompakt 2009, 150.
[161] OLG Köln v. 19.01.2010 - I-24 U 51/09, 24 U 51/09 - WuM 2010, 81-84.
[162] BGH v. 17.02.2010 - VIII ZR 104/09 - NSW BGB § 535.
[163] OLG Rostock v. 10.12.2009 - 3 U 253/08.
[164] BGH v. 12.01.2011 - VIII ZR 6/10 - WuM 2011, 112-113.
[165] BGH v. 09.11.2011 - VIII ZR 87/11.
[166] OLG Koblenz v. 10.01.2011 - 5 U 1353/10 - WuM 2011, 211-212.
[167] BGH v. 22.11.2011 - VIII ZR 65/11 - NJW 2012, 996.

sung der Mietsache durch den Mieter einschließlich sämtlicher Neben- und Betriebskosten, die der Mieter im Mietvertrag übernommen hat. Grundsätzlich müssen sich die Parteien über eine spätere Änderung des Mietzinses und eine Anpassung der Nebenkostenvorauszahlung einigen. Eine konkludente Zustimmung kann allerdings in der Nachzahlung durch den Mieter liegen.[168]

183 Der Vermieter kann keine Ansprüche gegen einen Dritten aus einem konkludent erklärten Schuldbeitritt herleiten, wenn dieser über einen längeren Zeitraum die Miete für den Mieter direkt an den Vermieter gezahlt hat und sich darauf beruft, gemäß § 267 BGB geleistet zu haben.[169]

184 Im Geltungszeitraum des Mietenüberleitungsgesetzes kann nach dem Wegfall der Preisbindung bei Neuabschluss eines Mietvertrags ein preisrechtswidrig überhöht vereinbarter Mietzins als die ursprünglich vereinbarte Miete verlangt werden, sofern der Mietvertrag eine entsprechende Vereinbarung enthält.[170]

185 Zieht nach der Beendigung einer nichtehelichen Lebensgemeinschaft einer der Mieter aus der gemeinsamen Wohnung (hier: befristeter Wohnraummietvertrag über 10 Jahre) aus, während der andere Mieter dem Vermieter gegenüber sein Einverständnis erklärt, dass dieser seiner ehemaligen Mitmieterin/Lebensgefährtin eine andere Wohnung vermietet und in der Folgezeit die ursprünglich an beide vermietete Wohnung monatelang weiterbenutzt, bringt er damit objektiv zum Ausdruck, dass er die Wohnung unabhängig von dem Auszug seiner Partnerin weiter behalten will. Im Innenverhältnis zu seiner bisherigen Mitmieterin ist der in der ursprünglich vermieteten Wohnung verbleibende Mieter/Lebensgefährte dann verpflichtet, den Mietzins für die ehemals gemeinsame Wohnung allein zu zahlen.[171]

186 Die vertragsgemäße Zahlung der Miete setzt auch eine auf die Erfüllung der Mietzahlungspflicht gerichtete Tilgungsbestimmung bei der Zahlung voraus. Im Falle der Untervermietung fehlt es an der dort notwendigen doppelten Tilgungsbestimmung des Untermieters, wenn der Untermieter die Miete nicht an den Mieter, sondern unmittelbar an den Vermieter zahlt sowie Vermieter und Untermieter zum Nachteil des Mieters zusammenwirken.[172]

187 Das Recht, zu bestimmen, welche von mehreren Forderungen getilgt werden soll, steht zwar gemäß § 366 Abs. 1 BGB grundsätzlich dem Schuldner zu. Versäumt dieser aber die Bestimmung bei der Leistung vorzunehmen, geht das Bestimmungsrecht nicht auf den Gläubiger über, sondern verloren und die Tilgungsreihenfolge richtet sich dann nach § 366 Abs. 2 BGB. Das gleiche gilt, wenn die Leistungsbestimmung ins Leere geht und der Schuldner es versäumt, die unrichtige beziehungsweise wirkungslose Leistungsbestimmung gemäß § 119 BGB anzufechten. Eine nachträgliche Tilgungsbestimmungsvereinbarung geht einer Verrechnung nach § 366 Abs. 2 BGB vor.[173]

188 Eine vor Außerkrafttreten des II. WoBauG erklärte Mietzinserhöhung zum 01.01.2002, die unter Einbeziehung des Aufwands zum Wohnungsausbau und -umbau gemäß § 17 II. WoBauG erfolgt, stellt die vertragsgemäße Ausgangsmiete ab 2002 dar. Dem lag ein Sachverhalt zugrunde, bei dem der Vermieter in den 1970er Jahren die spätere Wohnung der Mieter unter Erfüllung der Voraussetzungen des § 17 Abs. 1 Satz 2 II. WoBauG umgebaut und auf den darauf beruhenden Mietzins nach § 10 WoBindG zum 01.01.2002 eine Mieterhöhung vorgenommen hatte.[174]

189 Für die **Rechtzeitigkeit der Zahlung des Mietzinses** ist entscheidend, wann der Mieter das zur Übermittlung des Geldes Erforderliche seinerseits getan hat. Bei Zahlung durch Überweisung ist die Leistungshandlung rechtzeitig, wenn der Überweisungsauftrag vor Fristablauf bei dem Geldinstitut eingeht und auf dem Konto Deckung vorhanden ist. Hat die Ehefrau des Mieters als dessen Erfüllungsgehilfin bei Ausfüllen des Überweisungsträgers zwar den Empfänger richtig, die Kontonummer jedoch falsch

---

[168] LG Berlin v. 28.02.2002 - 62 S 333/01 - MM 2002, 183.
[169] OLG München v. 14.10.2004 - 19 U 4033/04 - GuT 2004, 224.
[170] BGH v. 27.06.2007 - VIII ZR 150/06 - Grundeigentum 2007, 1114-1115.
[171] OLG Köln v. 28.03.2003 - 19 U 159/02 - ZMR 2004, 32-33.
[172] OLG Düsseldorf v. 16.04.2002 - 24 U 89/01 - OLGR Düsseldorf 2003, 213-214.
[173] OLG Düsseldorf v. 26.11.2009 - 10 U 42/09 - GuT 2011, 154-157.
[174] BGH v. 10.08.2010 - VIII ZR 316/09, VIII ZR 50/10 - WuM 2010, 679-680.

angegeben, so ist der Überweisungsauftrag fehlerhaft mit der Folge, dass der verspätete Eingang der Mietzinszahlung dem Mieter zuzurechnen ist.[175]

Der Mieter hat gegen den Vermieter wegen überzahlter Miete (hier: ca. 25% zu geringe Wohnfläche) einen Rückforderungsanspruch aus ungerechtfertigter Bereicherung. Dieser Anspruch unterliegt der Verjährung gemäß den Vorschriften des BGB in seiner ab dem 01.01.2002 geltenden Fassung, wenn die Ansprüche bei Anwendung des § 197 BGB a.F. an diesem Tag noch nicht verjährt waren. Da diese Verjährung kürzer ist als die bis zum 01.01.2002 geltende vierjährige Verjährungsfrist des § 197 BGB a.F., ist sie nach Art. 229 § 6 Abs. 4 Satz 1 EGBGB vom 01.01.2002 an zu berechnen. Nach Art. 229 § 6 Abs. 4 Satz 2 EGBG bleibt es jedoch bei dem Ablauf der Verjährung nach früherem Recht, wenn die nach altem Recht längere Frist früher abläuft als die Frist nach neuem Recht. Somit waren im hier zu entscheidenden Fall die Ansprüche des Mieters aus den Jahren 2000 und 2001, von denen er erst im Jahr 2007 erfahren hatte, bereits verjährt, denn nach § 197 BGB a.F. begann die Verjährung mit Schluss des Jahres, in dem sie entstanden waren, ohne dass es auf eine Kenntnis des Gläubigers vom Anspruch ankam. Verjährung trat also im Jahr 2004 bzw. 2005 ein und damit früher, als der Beginn der Verjährung nach § 199 BGB n.F.[176]

190

2. Betriebskosten

Der Mieter kommt nicht in **Verzug**, wenn er eine Nachforderung aus einer Nebenkostenabrechnung nicht mit der nächsten fälligen Miete beglichen hat. Der Vermieter ist lediglich berechtigt, einen Hinweis gemäß § 286 Abs. 3 HS. 1 BGB in die Betriebskostenabrechnung aufzunehmen, der einen Verzugseintritt für die Nachzahlung nach 30 Tagen zur Folge hat. Erfolgt ein solcher Hinweis nicht, setzt Verzug eine Mahnung voraus, der es erst bedarf, nachdem dem Mieter eine angemessene Frist zur Prüfung der Betriebskostenabrechnung gewährt wurde.[177]

191

Der Mieter schuldet grundsätzlich den sich aus der Nebenkostenabrechnung ergebenden Betrag in voller Höhe, auch wenn die vereinbarten Betriebskostenvorauszahlungen deutlich zu gering waren. Zu **Nachforderungen** ist der Vermieter jedoch dann nicht berechtigt, wenn er den Mieter über die Höhe der Betriebskosten vorwerfbar getäuscht hat, indem er die Nebenkostenvorauszahlungen bewusst zu niedrig berechnet hat, um den Mieter über den tatsächlichen Umfang der Miete zu täuschen.[178]

192

Rechnet der Vermieter die Betriebskosten vertragswidrig nicht ab, so steht dem Mieter grundsätzlich ein vertraglicher Anspruch auf Rückzahlung der Betriebskostenvorauszahlungen zu.[179]

193

Dieser Rückzahlungsanspruch des Mieters besteht aber nur dann, wenn der Vermieter bis zum Ablauf der auch im gewerblichen Mietrecht regelmäßig mit einem Jahr anzusetzenden Abrechnungsfrist keine Nebenkostenabrechnung erteilt hat und das Miet- oder Pachtverhältnis beendet ist. Hat der Vermieter eine formell wirksame Abrechnung erteilt, ist der Abrechnungsanspruch des Mieters erfüllt und die Abrechnung unterliegt dann nur noch einer materiellen Überprüfung im Prozess auf Nachzahlung oder auf Rückforderung überzahlter Betriebskosten nach Maßgabe des § 812 BGB.[180]

194

Die vom Mieter vorgenommene Aufrechnung gegen Mietforderungen des Vermieters mit Forderungen auf Rückzahlung von Betriebskostenvorauszahlungen verliert ihre Wirkung, wenn der Vermieter noch vor Schluss der mündlichen Verhandlung die Betriebskosten abrechnet.[181]

195

Rechnet der Vermieter nur einen Teil der Nebenkosten formell wirksam ab, andere Teile der Nebenkosten (Nebenkostenvorauszahlungen) sind aber unwirksam, so ist es ihm nicht gestattet, gegen den Mieter Nachforderungen aus einzelnen Nebenkostenabrechnungen durchzusetzen.[182]

196

---

[175] KG Berlin v. 27.01.2003 - 8 U 216/01 - KGR Berlin 2004, 156-157.
[176] BGH v. 29.06.2011 - VIII ZR 30/10 - WuM 2011, 464-465.
[177] AG Wiesloch v. 10.09.2003 - 3 C 16/03 - DWW 2004, 297-298.
[178] OLG Hamm v. 06.11.2002 - 30 U 44/02 - NZM 2003, 717-718.
[179] OLG Düsseldorf v. 29.06.2009 - I-24 U 11/09, 24 U 11/09 - juris Rn. 3 - MDR 2009, 1333.
[180] OLG Düsseldorf v. 03.03.2011 - I-10 W 16/11 - NZM 2011, 884.
[181] OLG Düsseldorf v. 29.06.2009 - I-24 U 11/09, 24 U 11/09 - juris Rn. 3, 6, 7 - MDR 2009, 1333.
[182] OLG Düsseldorf v. 21.04.2009 - I-24 U 163/08, 24 U 163/08 - juris Rn. 33 - Grundeigentum 2009, 1489-1492.

197 Fehlt der Betriebskostenabrechnung eine geordnete, d.h. für den durchschnittlich gebildeten, juristisch und betriebswirtschaftlich nicht geschulten Mieter nachvollziehbare Zusammenstellung der Gesamtkosten, so ist diese formell unwirksam und deshalb nicht fällig. Die Zusammenstellung der Gesamtkosten muss zudem übersichtlich in einzelne, im Mietvertrag geregelte Abrechnungspositionen gegliedert sein. Sind die Belege, die der Betriebskostenabrechnung zugrunde liegen, nicht an den Vermieter selbst, sondern an einen Dritten adressiert, wird nicht die formelle, sondern allenfalls die materielle (inhaltliche) Wirksamkeit der Abrechnung berührt.[183]

198 Der Mieter kann bei beendetem Gewerberaummietverhältnis die Rückzahlung der Nebenkostenvorauszahlungen verlangen, wenn der Vermieter nicht fristgerecht über die Nebenkosten abrechnet. Ist die Abrechnungsfrist erfolglos abgelaufen und das Mietverhältnis beendet, wird der Anspruch auf Rückzahlung der Nebenkostenvorauszahlungen fällig. Die Entstehung und die Durchsetzbarkeit des Rückzahlungsanspruchs sind nicht davon abhängig, dass noch ein fälliger und durchsetzbarer Anspruch auf Erteilung der Nebenkostenabrechnung besteht.[184]

199 Schuldet ein Gewerberaummieter nach dem Mietvertrag die auf den Mietzins entfallende Umsatzsteuer, so gilt dies nach ergänzender Vertragsauslegung auch für die Pflicht des Mieters zur Zahlung abgerechneter Nebenkosten, wenn und soweit der Vermieter selbst Umsatzsteuer auf die Nebenkostenpositionen hat zahlen müssen.[185]

200 Grundsätzlich gewährt § 320 BGB dem Mieter ein **Zurückbehaltungsrecht** gegenüber dem Anspruch des Vermieters auf die Miete. Allerdings kann der Mieter gegen Treu und Glauben verstoßen, wenn er es in vollem Umfang geltend macht. Was als angemessen zu gelten hat, ist in erster Linie eine Frage des tatrichterlichen Ermessens und hängt von den Umständen des Einzelfalles ab. In der Literatur wird zum Teil auf das Drei- bis Fünffache des Minderungsbetrages oder des jeweils zur Reparatur erforderlichen Betrages abgestellt.[186] Ein Zurückbehaltungsrecht nur in dieser Höhe mag im Einzelfall gerechtfertigt sein, wenn dem Mieter zuzumuten ist, die Reparatur – nach erfolgloser Fristsetzung – selbst auszuführen. Die Annahme eines Zurückbehaltungsrechts in dreifacher Höhe der Herstellungskosten ist in einem Fall wie hier, in dem sich der Vermieter zur Erstellung einer Mauer verpflichtet hat, jedenfalls nicht übersetzt und revisionsrechtlich nicht zu beanstanden.[187]

201 Dem Mieter kann ein Zurückbehaltungsrecht aus § 273 Abs. 1 BGB zustehen, und zwar dann, wenn der Vermieter zur Umsatzsteuer optiert. In einem solchen Fall hat der Mieter gemäß § 14 Abs. 1 UStG einen Anspruch auf Erteilung einer Rechnung, in der die Umsatzsteuer gemäß § 14 Abs. 4 UStG auszuweisen ist. Solange der Vermieter diesen Anspruch nicht erfüllt, kann der Mieter einen Teilbetrag in Höhe der Umsatzsteuer zurückbehalten.[188]

202 Der Mieter kann die Miete nicht mit der Begründung mindern, dass bei Ausbleiben erwarteter Gewinne die Geschäftsgrundlage des Mietvertrages entfallen wäre, da die Gewinnrealisierung grundsätzlich im Risikobereich des gewerblichen Mieters liegt. Besondere Umstände und spezifische Vertragsgestaltungen können jedoch Ausnahmen hiervon rechtfertigen.[189]

203 Der Mieter von Wohnraum hat gegen den Vermieter keinen Anspruch, einen Garagenstellplatz zur Verfügung zu stellen, wenn der Mietvertrag eine solche Verpflichtung nicht vorsieht. Eine von dem Vermieter verwaltungsintern geführte Liste von Mietern, die sich für Garagenstellplätze interessieren, begründet keine einklagbaren Rechte der dort aufgeführten Mieter.[190]

---

[183] OLG Düsseldorf v. 21.04.2009 - I-24 U 163/08, 24 U 163/08 - juris Rn. 10, 12, 19 - Grundeigentum 2009, 1489-1492.
[184] KG Berlin v. 22.03.2010 - 8 U 142/09.
[185] Schleswig-Holsteinisches Oberlandesgericht v. 17.11.2000 - 4 U 146/99 - Grundeigentum 2001, 851.
[186] Vgl. hierzu *Emmerich* in: Staudinger, BGB, 13. Bearb., § 537 Rn. 81; *Joachim*, DB 1986, 2649-2654, 2649 f.
[187] BGH v. 26.03.2003 - XII ZR 167/01 - NJW-RR 2003, 873-874.
[188] OLG Düsseldorf v. 09.03.2006 - I-10 U 130/05, 10 U 130/05.
[189] OLG München v. 06.03.1992 - 14 U 502/91 - OLGR München 1992, 65-67.
[190] BGH v. 31.08.2010 - VIII ZR 268/09 - WuM 2010, 678-679.

Sind Wohnung und Garage Bestandteile eines einheitlichen Mietverhältnisses, so ist eine Teilkündigung des Mietverhältnisses über die Garage unzulässig. Dagegen spricht eine tatsächliche, jedoch widerlegbare Vermutung für eine rechtliche Selbständigkeit beider Vereinbarungen, wenn der schriftliche Wohnungsmietvertrag und der Mietvertrag über eine Garage separat voneinander abgeschlossen wurden.[191] 204

Der Vermieter ist nicht berechtigt, die Versorgung seines Mieters mit Wasser und Heizung zu unterbrechen, selbst wenn dieser mit der Zahlung der laufenden Betriebskosten im Verzug ist. Dem Vermieter steht insoweit auch nach der Reform des Mietrechts kein Zurückbehaltungsrecht zu.[192] 205

Sofern Räume Dritten überlassen sind oder vom Vermieter genutzt werden, ist der Mieter nicht verpflichtet, die Versorgung der Räume mitzuübernehmen. Dies gilt auch für Kosten, die auf leerstehende Räume entfallen.[193] 206

Der Mieter ist dagegen nicht berechtigt, die von ihm zu stellende Mietsicherheit wegen von ihm behaupteter Mietminderungs- oder Schadensersatzansprüche zurückzubehalten.[194] 207

Der Vermieter ist durch einen Wohnraummietvertrag nicht zum Abschluss eines Dienstvertrages mit einem **Kabelbetreiber** verpflichtet. Wenn der Vermieter einen derartigen Vertrag abschließt, wird der Mieter durch eine entsprechende Regelung im Rahmen der Nebenkosten zur Zahlung dieser Nebenkostenabrechnung verpflichtet. Der Wohnraummieter kann keinen Minderungsanspruch darauf stützen, dass ihm ein Kabelanschluss vom Vermieter nicht zur Verfügung gestellt wird.[195] 208

Der Mieter muss bei Verzicht auf die auf seinen Wunsch geschaffene Kabelanschlussmöglichkeit dem Vermieter weiterhin die anteiligen Kosten erstatten, wenn der Vermieter sich gegenüber dem Kabelanbieter nicht zeitnah vom Vertrag lösen kann.[196] 209

Der Anspruch eines deutschen Wohnungsmieters gegen den Vermieter auf Duldung der Installation einer **Satellitenschüssel** zu Gunsten des Informationsbedürfnisses seines türkischen Lebensgefährten in nicht eingetragener Lebenspartnerschaft wird nach notwendiger Interessenabwägung dadurch begründet, dass sich für den Mieter der Vorteil der Programmvielfalt des über Parabolantenne zu empfangenden ausländischen Rundfunks ergibt, um den Nachteil eingeschränkter Programmvielfalt und höherer Kosten des Kabelempfangs mit Set-Top-Box auszuräumen. Die Interessen des Mieters an der Teilhabe der Informationsfreiheit gemäß Art. 5 GG gehen denen des Vermieters am Eigentumsschutz nach Art. 14 GG vor, folglich muss der Vermieter die Installation der Satellitenschüssel dulden[197] und hat keinen Anspruch auf Entfernung der streitgegenständlichen Parabolantenne[198]. Insoweit hat der BGH[199] mittlerweile klargestellt, dass eine einzelfallbezogene Abwägung des Eigentumsrechts des Vermieters aus Art. 14 GG mit dem Grundrechtsschutz nach Art. 4 GG (Glaubensschutz) und dem Informationsrecht aus Art. 5 GG erforderlich ist. Diese Abwägung geht in der Regel zugunsten des Vermieters aus, wenn der bestehende Breitbandkabelanschluss Programme in der Sprache des Mieters vorhält. Der Mieter kann das Aufstellen einer Parabolantenne insbesondere nicht mit der Begründung gegen den Anspruch des Vermieters auf Unterlassung oder Beseitigung der damit verbundenen optischen und ästhetischen Beeinträchtigung durchsetzen, dass die Programme des Breitbandkabelanbieters nicht einer bestimmten religiösen oder weltanschaulichen Gesinnung des Mieters entsprechen.[200] 210

Der Vermieter kann wegen des durch Art. 5 Abs. 1 GG geschützten Interesses des Mieters am zusätzlichen Empfang von (ausländischen) Satellitenprogrammen nach Treu und Glauben verpflichtet sein, 211

---

[191] BGH v. 12.10.2011 - VIII ZR 251/10.
[192] LG Göttingen v. 07.03.2003 - 5 T 282/02 - juris Rn. 4 - WuM 2003, 626-627.
[193] OLG Rostock v. 10.12.2009 - 3 U 253/08.
[194] KG Berlin v. 09.01.2003 - 8 U 130/02 - juris Rn. 15 - Grundeigentum 2003, 525.
[195] LG Frankfurt v. 23.07.2004 - 17 S 32/04 - DWW 2004, 297.
[196] AG Hamburg v. 26.07.2006 - 46 C 29/05.
[197] AG München v. 05.12.2003 - 463 C 21529/03 - WuM 2004, 659-660.
[198] LG München I v. 05.05.2004 - 31 S 1039/04 - WuM 2004, 659-660.
[199] BGH v. 10.10.2007 - VIII ZR 260/06 - NJW 2008, 216-218.
[200] BGH v. 10.10.2007 - VIII ZR 260/06 - NJW 2008, 216-218.

einer Aufstellung einer Parabolantenne zuzustimmen, wenn weder eine Substanzverletzung noch eine nennenswerte ästhetische Beeinträchtigung des Eigentums des Vermieters zu besorgen ist, sondern die Antenne keine oder lediglich geringfügige optische Beeinträchtigungen verursacht.[201]

212 Der Vermieter hat dem Mieter nach § 535 Abs. 1 BGB die Möglichkeit zu geben, Rundfunk und Fernsehen zu empfangen, um seinem grundrechtlich geschützten **Informationsbedarf** nachzukommen. Geschieht dies über eine hauseigene terrestrische Dachantenne, muss der Vermieter sicherstellen, dass Rundfunk- und Fernsehsignale empfangen werden können und auch beim Mieter ankommen. Der Vermieter ist jedoch nicht verpflichtet, auf eigene Kosten die über die Dachantenne empfangenen digitalen Signale für jedes einzelne Programm in analoge Signale umzuwandeln, damit sich der Mieter keine Set-Top-Box anschaffen muss. Der Vermieter schuldet nur die Empfangsmöglichkeit von Signalen überhaupt, nicht aber den analogen Empfang.[202]

213 Ein deutscher Staatsangehöriger ausländischer Herkunft hat keinen Anspruch auf Duldung einer **Parabolantenne** durch seinen Vermieter (hier: am Gitter des Wohnzimmerfensters), wenn ein solcher Duldungsanspruch unter denselben tatsächlichen Gegebenheiten auch einem deutschen Staatsangehörigen inländischer Herkunft unter Abwägung des grundgesetzlich geschützten Informationsinteresses des Mieters gegen das Eigentumsinteresse des Vermieters nicht zustehen würde.[203]

214 Die Installation einer Parabolantenne auf dem Balkon der gemieteten Wohnung muss der Vermieter nicht gestatten, wenn die Familie des Mieters durch einen Zusatzdecoder und unter monatlichen Gebührenzahlungen an den Betreiber des in der Wohnung vorhandenen Breitbandkabelanschlusses ein Vollprogramm in der Sprache des Heimatlandes empfangen kann und damit dem Informationsinteresse Genüge getan ist.[204]

215 Auch ein gesteigertes berufliches und persönliches Informationsbedürfnis von deutschen Mietern kann nach einer Auffassung in der Literatur dazu führen, dass der Mieter einen Anspruch darauf hat, eigene Empfangsvorrichtungen zu installieren.[205]

216 Wenn ein ausländischer (hier: russischer) Mieter über ein (von ihm zu installierendes) Zusatzgerät zu seinem Kabelanschluss („Decoder") mehrere Heimatsender empfangen könnte, steht ihm gegenüber seinem Vermieter kein Anspruch auf Zustimmung zur Anbringung einer Parabolantenne (hier: vor seinem Wohnzimmerfenster) zu.[206]

217 Ist die Mietwohnung an das Breitbandkabel angeschlossen, ist regelmäßig ein Grund zur Versagung der Genehmigung einer Parabolanteneninstallation am Gebäude gegeben. Dies gilt auch für Ausländer, die Programme ihrer Heimatländer über digitales Kabelprogramm zur Befriedigung ihres Informationsinteresses empfangen können.[207]

218 Überwiegt das gleichrangige Grundrecht des Vermieters als Eigentümer die ebenfalls geschützten Interessen eines ausländischen Mieters nicht, hat der Vermieter die Installation einer baurechtlich zulässigen Parabolantenne zum Empfang ausländischer Sender an einem von ihm zu bestimmenden Aufstellungsort zu genehmigen. Der Mieter muss für die Versicherung Sorge tragen und die Rückbaukosten gegenüber dem Vermieter sicherstellen.[208]

219 Ein Anspruch des Mieters gegen den Vermieter auf Unterlassung des Betriebs einer **Mobilfunksendeanlage** besteht weder nach § 1004 Abs. 1 Satz 2 BGB aufgrund von der beim Betrieb der Mobilfunkanlage ausgehenden unwesentlichen Immissionen noch auf mietvertraglicher Grundlage nach § 535 Abs. 1 Satz 2 BGB, wonach dem Mieter die Wohnung in einem zum vertragsgemäßen Gebrauch geeigneten Zustand zu überlassen ist. Der Vermieter ist aufgrund des Mietvertrags verpflichtet, die Richt-

---

[201] BGH v. 16.05.2007 - VIII ZR 207/04 - juris Rn. 16 - WuM 2007, 381-383.
[202] AG Berlin-Neukölln v. 29.10.2004 - 20 C 98/03 - Grundeigentum 2005, 131-133.
[203] AG Frankfurt v. 09.02.2004 - 33 C 4463/03-31, 33 C 4463/03 - Grundeigentum 2004, 1594-1595.
[204] LG Krefeld v. 19.09.2006 - 2 S 52/05 - juris Rn. 4 - WuM 2006, 676-677.
[205] *Kinne*, Grundeigentum 2007, 337-344.
[206] BGH v. 02.03.2005 - VIII ZR 118/04 - WuM 2005, 237 f.
[207] BGH v. 17.04.2007 - VIII ZR 63/04 - WuM 2007, 380-381.
[208] BGH v. 16.09.2009 - VIII ZR 67/08 - WuM 2010, 29-30.

und Grenzwerte nach der Bundesimmissionsschutzverordnung (BImSchV) einzuhalten, die sich an nachweisbaren Gesundheitsgefahren durch Hochfrequenzfelder orientierten. Eine weitergehende Fürsorgepflicht des Vermieters, allen denkbaren abstrakten Gefahren entgegenzuwirken, bestehe nicht. Maßgeblich sei das Empfinden eines verständigen Durchschnittsmenschen. Die Befürchtung des auf einen Herzschrittmacher angewiesenen Mieters, die Anlage sei dennoch gesundheitsgefährdend, reiche nicht aus. Im vorliegenden Fall sei weder eine Störbeeinflussung der Funktion des Herzschrittmachers noch eine Gesundheitsgefährdung des Mieters bewiesen.[209]

Der Mieter einer Eigentumswohnung bedarf für die Errichtung einer Mobilfunksendeanlage auf dem Dach einer Wohnungseigentumsanlage der Zustimmung aller Wohnungseigentümer (WEG § 22 Abs. 1).[210] 220

Die Vereinbarung einer Mieterhöhung nach Modernisierung der **Wohnungsbeheizung** durch Einbau einer Heizungs- und Warmwasseraufbereitung statt der vorhandenen Ofenheizung hat auch dann Bestand, wenn der Vermieter die Zentralheizung später an einen Contractor verpachtet. Bei Wärmecontracting im laufenden Mietverhältnis ohne Zustimmung des Mieters darf der Vermieter nur Kosten gemäß § 7 Abs. 2 HeizkostenV umlegen.[211] 221

In einem bestehenden Mietverhältnis ist der Mieter nicht verpflichtet, mit einem Dritten einen Vertrag über die zukünftige Lieferung und Abrechnung von Wasser sowie über die Abrechnung der Entwässerungsgebühren (**Contracting** für Wasser und Abwasser) zu vereinbaren.[212] 222

In preisgebundenen Wohnraummietverhältnissen soll **Wärme-Contracting**, also der Verkauf oder Verpachtung der Heizungsanlage eines Mietwohnungshauses an ein Energielieferungsunternehmen und Abschluss eines gewerblichen Wärmelieferungsvertrages, zulässig sein.[213] 223

Die **Wohnungsflächenangabe** im Mietvertrag für die auf Wunsch des Mieters vor Vertragsabschluss umgebaute Wohnung ist keine unverbindliche Objektbeschreibung. Der wunschgemäße Umbau steht der Annahme eines Mangels der Mietsache bei mehr als 10% geringerer als der vereinbarten Wohnfläche nicht entgegen.[214] 224

Der Mieter hat eine **Sacherhaltungspflicht** grundsätzlich nur innerhalb der gemieteten Räume. Eine Ausweitung der Erhaltungspflicht auf Dach und Fach soll jedoch eingeschränkt möglich sein.[215] 225

Es obliegt dem Mieter, die von ihm zur Verhinderung von Schäden (hier: Ölkontamination des gemieteten Parkplatzes) ergriffenen Maßnahmen in Ausübung seiner Obhutspflicht darzulegen.[216] 226

Mieter haben ein Recht zur Mitbenutzung der Gemeinschaftsflächen des Hauses. Darunter fällt auch das Auslegen von Branchenbüchern im Treppenhaus eines Mietshauses, die zur Mitnahme durch die Mieter gedacht sind. So lange dies keine Belästigung oder Vermüllung der Gemeinschaftsflächen darstellt, begründet dies keinen Unterlassungsanspruch des Eigentümers gegen das auslegende Unternehmen.[217] 227

Zur Befriedigung seines Sicherheitsbedürfnisses kann der Mieter einer Erdgeschosswohnung Maßnahmen an den Fenstern der Wohnung vornehmen, die nach Art und Ausmaß dem Eigentümerinteresse des Vermieters entsprechen müssen und das Sicherungsinteresse nicht absolut abzudecken haben.[218] 228

Der Mieter einer nicht modernisierten Altbauwohnung hat grundsätzlich einen Anspruch auf eine Elektrizitätsversorgung, die zumindest den Betrieb eines größeren Haushaltsgerätes, wie einer Wasch- 229

---

[209] BGH v. 15.03.2006 - VIII ZR 74/05 - WuM 2006, 304-306.
[210] Schleswig-Holsteinisches Oberlandesgericht v. 05.09.2001 - 9 U 103/00 - OLGR Schleswig 2001, 446-448.
[211] BGH v. 01.06.2005 - VIII ZR 84/04 - Grundeigentum 2005, 916.
[212] LG Bonn v. 02.03.2006 - 6 S 258/05 - juris Rn. 16-17 - WuM 2006, 563-566; a.A. AG Bonn v. 26.10.2005 - 6 C 242/05 - WuM 2006, 563-566.
[213] *Kramer*, ZMR 2007, 508-511.
[214] BGH v. 28.09.2005 - VIII ZR 101/04 - WuM 2005, 712.
[215] *Stapenhorst*, NZM 2007, 17-23.
[216] OLG Frankfurt v. 11.06.1997 - 21 U 154/96 - OLGR Frankfurt 1997, 181-182.
[217] BGH v. 10.11.2006 - V ZR 46/06 - juris Rn. 9 - NZM 2007, 37-38; zustimmend *Flatow*, NZM 2007, 432-438.
[218] LG Hamburg v. 02.02.2006 - 334 S 39/05 - WuM 2007, 502-502.

maschine und gleichzeitig weiterer haushaltsüblicher Geräte, wie zum Beispiel eines Staubsaugers, ermöglicht. Der Mieter kann nur bei eindeutiger Vereinbarung auf eine unterhalb dieses Mindeststandards liegende Beschaffenheit verwiesen werden. Demnach genügt eine Formularklausel, nach der der Mieter in der Wohnung Haushaltsmaschinen nur im Rahmen der Kapazität der vorhandenen Installationen aufstellen darf, nicht.[219]

230 Der Vermieter ist – sofern die Mietvertragsparteien keine abweichende Vereinbarung getroffen haben – grundsätzlich nicht zu baulichen Veränderungen zwecks Modernisierung der Wohnung verpflichtet. Der Mieter hat auch grundsätzlich keinen Anspruch darauf, dass der Vermieter ihm gestattet, selbst bauliche Veränderungen an der Wohnung mit dem Ziel einer Modernisierung oder Erhöhung des Wohnkomforts vorzunehmen. Die Erteilung einer derartigen Erlaubnis steht vielmehr im Ermessen des Vermieters, der sein Ermessen jedoch nicht missbräuchlich ausüben darf. Die Entscheidung eines Vermieters, die an die Mieter vermietete Wohnung während der Dauer des Mietverhältnisses im bisherigen vertragsgemäßen Zustand zu belassen und etwaige Investitionen erst nach Beendigung des Mietverhältnisses im Zusammenhang mit einer Neuvermietung vorzunehmen, hält sich im Rahmen der ihm als Eigentümer zustehenden Befugnis, mit seiner Sache nach Belieben zu verfahren. Daher handelt er auch nicht rechtsmissbräuchlich, wenn er dem Mieter nicht gestattet, eine Gasetagenheizung auf eigene Kosten einzubauen.[220]

231 Eine Veränderung der äußeren Ausgestaltung des Objektes, hier der Dachfläche, muss die Mieterin nicht hinnehmen, denn die Anbringung einer Photovoltaik-Anlage durch die Eigentümerin ist eine erhebliche Veränderung der Außenansicht des Daches. Eine solche Veränderung der zuvor vertraglich vereinbarten Ausgestaltung des Daches des Objekts, in dem sich die gemieteten Räumlichkeiten befinden, muss die Mieterin nicht dulden.[221]

232 Der Vermieter ist nicht verpflichtet, den für lärmintensive Musikveranstaltungen gegebenenfalls notwendigen Schallschutz baulich herzustellen, sofern die Mietvertragsparteien die Nutzung des Mietobjekts als „Kulturzentrum" vereinbart haben. Der Mieter trägt das Risiko der Durchführbarkeit von Veranstaltungen, für die der vorhandene Schallschutz des Gebäudes nicht ausreichend ist, allein, sofern die Art der kulturellen Veranstaltungen in jeder Hinsicht offen gelassen worden ist.[222]

233 Ein Mieter kann als berechtigter Besitzer den Substanzschaden aus § 823 Abs. 1 BGB auch dann nicht gegenüber einem anderen Mieter geltend machen, wenn der andere Mieter für die Beschädigung der Mieträume (hier: infolge eines Wasserschadens) verantwortlich ist. Zur Geltendmachung des Substanzschadens ist nur der Eigentümer legitimiert.[223]

234 Ist der Vertragszweck im Mietvertrag nicht ausdrücklich bezeichnet, so darf der Mieter das gemietete Objekt nicht zu jedem beliebigen gewerblichen Zweck nutzen, sofern sich durch Auslegung des Mietvertrages Nutzungsbeschränkungen ergeben. Dem lag ein Sachverhalt zugrunde, bei dem zum einen ein Zusatz („insbesondere dürfen … verkauft/gelagert werden") darauf hindeutete, dass die Räumlichkeiten zu Verkaufszwecken zu nutzen waren; zum anderen nahm eine Baubeschreibung, die Vertragsbestandteil war, mehrfach auf diesen Nutzungszweck Bezug. In dem Zusatz liegt zwar keine Beschränkung des Verkaufs, jedoch kommt ihm eine den Vertragszweck beschreibende Funktion zu.[224]

III. Verwirkung

235 Der Vermieter verwirkt seinen Anspruch auf die **Miete** nicht, wenn er nach Mietminderung durch den Mieter gemäß § 536 BGB nicht alsbald den geschuldeten Mietzins einklagt oder zumindest anmahnt oder die vorgenommene Geltendmachung der Minderung zurückweist. Es kann gerade im Interesse des Vermieters liegen, zunächst einen Mietzinsrückstand abzuwarten, um die Voraussetzungen einer

---

[219] BGH v. 10.02.2010 - VIII ZR 343/08 - NSW BGB § 535.
[220] BGH v. 14.09.2011 - VIII ZR 10/11 - NZM 2012, 154.
[221] OLG Bamberg v. 30.07.2009 - 3 U 23/09 - NZM 2009, 859-860.
[222] OLG Düsseldorf v. 05.05.2009 - I-24 U 87/08 - juris Rn. 25 - Grundeigentum 2009, 1046.
[223] Hanseatisches Oberlandesgericht Hamburg v. 06.09.2002 - 1 U 134/01 - OLGR Hamburg 2003, 177-179.
[224] OLG Düsseldorf v. 20.09.2010 - 24 U 202/09 - ZMR 2011, 865-867.

fristlosen Kündigung nach § 543 Abs. 2 Nr. 3 BGB herbeizuführen. Vor dem Hintergrund dieser gesetzlichen Regelungen sei darin auch kein treuwidriges Verhalten des Vermieters zu sehen.[225]

Handelt es sich bei den noch offenen Mietforderungen um eine ganz erheblich hohe Summe, reicht eine Frist von lediglich etwas mehr als zwei Jahren als Zeitmoment für eine Verwirkung von Mietrückständen gemäß § 242 BGB nicht aus.[226] 236

Von einer Verwirkung kann nach einer Entscheidung des AG Wiesbaden nach Ablauf von drei Jahren nach **Auszug** aus der Wohnung und völliger Einstellung der Auseinandersetzung über die Renovierungsverpflichtung und Rückzahlung der Kaution ausgegangen werden.[227] 237

Wenn der Vermieter seit dem Jahre 1988 keine Nebenkostenabrechnung erteilt und keine Nachforderungen geltend gemacht hat, und zwar ausdrücklich aufgrund der wirtschaftlich schwierigen Lage der Mieter eines Einkaufszentrums, dürfen sich die Mieter des Einkaufszentrums darauf verlassen, dass eine Änderung der Haltung des Vermieters ihnen rechtzeitig mitgeteilt wird, damit sie sich in ihren wirtschaftlichen Planungen darauf einstellen können. Um die Verwirkung der **Nebenkostenforderung** einer Abrechnungsperiode zu vermeiden, muss der Vermieter spätestens ein Jahr nach Ablauf der Abrechnungsperiode die Mitteilung über die Änderung seiner Haltung machen. Zwar ist bei der Heizkostenabrechnung gemäß § 12 HeizkostenV a.F. von dem tatsächlichen Verbrauch auf Basis der Quadratmeter nur ein Abschlag von 15% vorzunehmen, wenn eine Abrechnung nach Verbrauch nicht möglich ist. Eine Berechnung nach § 12 HeizkostenV a.F. setzt aber voraus, dass der Vermieter die Aufteilung nach Quadratmetern in nicht zu beanstandender Weise vorgenommen hat.[228] 238

Die Vereinbarung einer Mieterhöhung nach Modernisierung der Wohnungsbeheizung durch Einbau einer Heizungs- und Warmwasseraufbereitung statt der vorhandenen Ofenheizung hat auch dann Bestand, wenn der Vermieter die Zentralheizung später an einen Contractor verpachtet. Bei **Wärmecontracting** im laufenden Mietverhältnis ohne Zustimmung des Mieters darf der Vermieter nur Kosten gemäß § 7 Abs. 2 HeizkostenV umlegen.[229] 239

E. Rechtsprechung zu Vertragsklauseln in Mietverträgen

I. ABC der allgemeinen Klauseln

Durch eine ausdrückliche Vereinbarung im Mietvertrag kann der Mieter im Einzelfall verpflichtet werden, größere Schrankwände mit einem Abstand von mehr als 9 cm von der Außenwand aufzustellen, **Abstandsklausel**.[230] 240

Eine im Mietvertrag vereinbarte Vorfälligkeitsklausel ist durch das Zusammentreffen mit der ebenfalls vereinbarten **Ankündigungsklausel** gemäß § 536 Abs. 4 BGB unwirksam, da durch die Kombination beider Klauseln der Mieter unangemessen benachteiligt wird. Denn die Ankündigungsklausel verstärkt die zeitliche Wirkung der Mietzinsvorauszahlungsklausel bezüglich der Ausübung einer Mietminderung durch den Wohnraummieter.[231] 241

Die Formulierung einer **Beendigungsklausel** im Mietvertrag „Vermieter und Mieter stimmen darin überein, dass das Mietverhältnis langfristig angelegt werden sein sollte" steht einer Vermieterkündigung nicht entgegen, wenn das ursprünglich befristete Mietverhältnis bereits auf unbestimmte Zeit läuft. Wer als Vermieter über permanente Vorwürfe des Kassierens einer überhöhten Miete von seiten des Mieters „genervt" ist, kann, um ohne Spannungen im eigenen Haus zu leben, dem Mieter ordentlich kündigen.[232] 242

---

[225] LG Frankfurt v. 12.11.2002 - 2-11 S 300/01 - WuM 2003, 30.
[226] OLG Frankfurt v. 04.06.2004 - 2 U 160/03 - OLGR Frankfurt 2004, 349.
[227] AG Wiesbaden v. 22.04.2004 - 92 C 5423/03 - NJW-RR 2005, 161-162.
[228] OLG Düsseldorf v. 24.06.2004 - I-24 U 92/04, 24 U 92/04 - ZMR 2005, 42-44.
[229] BGH v. 01.06.2005 - VIII ZR 84/04 - WuM 2005, 456-457.
[230] LG Hamburg v. 17.06.2003 - 307 S 48/02 - ZMR 2004, 41-42.
[231] AG Saarbrücken v. 21.09.2004 - 36 C 428/04 - WuM 2004, 657-658.
[232] AG Hamburg-Blankenese v. 26.05.2004 - 508 C 436/03 - WE 2005, 18-19.

§ 535

243 Die Beendigungsklausel: „Das Mietverhältnis endet am 31. Dezember des 15. Mietjahres nach der Übergabe." ist dahin gehend auszulegen, dass das Mietverhältnis erst mit dem Ende des Jahres nach Vollendung des 15. Mietjahres (Auslauffrist) und nicht bereits während des laufenden 15. Mietjahres endet.[233]

244 Die **Besichtigungsklausel** im Wohnraummietvertrag „Der Vermieter und sein Beauftragter können die Mieträume werktäglich von 10 bis 13 Uhr und 15 bis 18 Uhr zur Prüfung ihres Zustandes betreten", verstößt gegen § 307 Abs. 1 BGB und ist deshalb unwirksam. Die Klausel enthält keine Einschränkung dahin, dass das Zutrittsrecht von einer vorherigen Terminabsprache mit dem Mieter abhängig gemacht wird. Gleichwohl ist der Mieter auch ohne Vertragsvereinbarung verpflichtet, dem Mieter alle 1 bis 2 Jahre auch ohne konkreten Grund ein Betreten der Mieträume an einem Werktag (zur normalen Besuchs- und Arbeitszeit) zu erlauben, damit dieser den Zustand der Räumlichkeiten prüfen kann. Diese Prüfungsbefugnis folgt aus der Instandhaltungspflicht des Vermieters. Eine derartige Besichtigung muss aber mindestens eine Woche vor dem gewünschten Besichtigungstermin angekündigt werden.[234]

245 Eine Klausel im Formularmietvertrag für Gewerberäume, wonach als sonstige **Betriebskosten** „die Kosten der kaufmännischen und technischen Hausverwaltung der Mietsache" umlagefähig sind, ist weder überraschend noch verstößt sie gegen das Transparenzgebot. Ebenso wenig führt die Klausel zu einer unangemessenen Benachteiligung des Gewerberaummieters. Die Umlegung von Verwaltungskosten ist bei der Geschäftsraummiete nicht ungewöhnlich. Der Mieter ist vor überhöhten Forderungen durch das Wirtschaftlichkeitsgebot geschützt.[235]

246 Eine Vereinbarung über die **Umlage der Betriebskosten** ist nicht bestimmt genug, wenn der Vertrag mehrere Varianten der umzulegenden Betriebskosten ausweist, hiervon aber keine angekreuzt ist.

247 Eine Formularklausel, die den gewerblichen Mieter verpflichtet, seinen Betrieb aufrechtzuerhalten, so genannte **Betriebspflichtklausel**, ist dann unangemessen und unwirksam, wenn dem Mieter gleichzeitig eine Sortimentsbindung auferlegt wird, ohne dass ihm Konkurrenzschutz gewährt wird.[236]

248 Die Klausel in einem Wohnungsmietvertrag, die den Mieter verpflichtet, ein Konto zu eröffnen, eine Bankverbindung – mit Ausnahme der Postbank – zu benennen und eine **Einzugsermächtigung** zu erteilen, verstößt für sich nicht gegen das Verbot der unangemessenen Benachteiligung des Vertragspartners des Verwenders. Anders verhält es sich jedoch, wenn die von der Einziehung erfassten Forderungen im Mietvertrag nicht genau bezeichnet sind. Dann verstößt die Klausel gegen das Transparenzgebot.[237]

249 Wenn ein Gewerberaummietvertrag die **Gebrauchsüberlassungsklausel** enthält: „ Ohne Zustimmung der Vermieterin darf die Mieterin die Mietsache weder ganz oder teilweise untervermieten oder ihren Gebrauch Dritten in anderer Weise überlassen. Insbesondere darf die Mietsache nicht zu einem Zweck benutzt werden, der den Interessen der Vermieterin entgegensteht.", darf der Vermieter eine Untermietungserlaubnis verweigern, sofern eine Untervermietung dazu führen würde, dass der Vermieter einen seiner (Haupt-)Mieter als Untermieter an den Gewerberaummieter verliert. Es liegt im beachtenswerten Interesse des Vermieters eigene Leerstände zu vermeiden.[238]

250 Ist hingegen in einem Pachtvertrag die grundsätzliche Erlaubnis zur Unterverpachtung erteilt, würde diese Regelung wertlos, wenn der Verpächter willkürlich jeden Unterpächter ablehnen könnte. Nennt der Verpächter in diesem Fall keinerlei Gründe, die gegen die Person des Unterpachtverhältnisses sprechen, ist er nicht berechtigt, die Zustimmung zu verweigern.[239]

---

[233] OLG Düsseldorf v. 25.01.2007 - I-24 U 143/06, 24 U 143/06 - juris Rn. 4 - MietRB 2007, 198.
[234] LG Berlin v. 24.11.2003 - 67 S 254/03 - MM 2004, 125-126.
[235] BGH v. 04.05.2011 - XII ZR 112/09 - NZM 2012, 83-84.
[236] OLG Schleswig v. 02.08.1999 - 4 W 24/99 - juris Rn. 3 - SchlHA 1999, 312.
[237] LG Köln v. 16.05.2002 - 1 S 205/01 - juris Rn. 4 - WuM 2002, 306-307.
[238] OLG Düsseldorf v. 17.02.2005 - 10 U 144/04 - GuT 2005, 57-59.
[239] OLG Düsseldorf v. 04.05.2010 - 24 U 170/09 - ZMR 2011, 282-284.

Der formularmäßige **Gewährleistungsausschluss** für sämtliche anfänglich und nachträglich auftretende Mängel ist wegen Verstoßes gegen § 307 Abs. 2 Nr. 2 BGB (früher § 9 Abs. 2 Nr. 2 AGBG) unwirksam. Eine Klausel, der zufolge der Vermieter für eine bestimmte Größe und Beschaffenheit sowie für sichtbare und unsichtbare Mängel der Mietsache keine Gewähr leistet, kann unter Berücksichtigung des gesamten Vertrages geltungserhaltend dahin auszulegen sein, dass lediglich die Gewährleistung für die bei Abschluss des Vertrages vorhandenen Mängel ausgeschlossen wird; dies gilt insbesondere für gewerbliche Mietverträge, in denen die verschuldensunabhängige Haftung für anfängliche Sachmängel gemäß § 536a BGB (früher § 538 BGB a.F.) ausgeschlossen wurde.[240]

251

Eine Formularklausel in einem Gewerberaummietvertrag, die den Ausschluss des Minderungs- oder Zurückbehaltungsrechts enthält, ist dann wirksam, wenn dem Mieter durch diesen Gewährleistungsausschluss nicht die Möglichkeit genommen wird, überzahlte Miete nach Bereicherungsrecht zurückzufordern.[241]

252

Ein **Ausschluss der Haftung** des Vermieters nach § 536a Abs. 1 Alt. 1 BGB ist grundsätzlich zulässig. Jedoch wird eine solche Klausel gemäß § 305c Abs. 1 BGB dann nicht Vertragsbestandteil, wenn die Stellung im Gesamtwerk der allgemeinen Geschäftsbedingungen überraschend ist. Das ist nach der zugrunde liegenden Entscheidung dann der Fall, wenn die Klausel in einem systematischen Zusammenhang steht, in dem der Vertragspartner sie nicht zu erwarten braucht. Davon ist laut BGH auszugehen, wenn der Ausschluss der Garantiehaftung in einer Vertragsklausel „versteckt" ist, die mit „Aufrechnung, Zurückbehaltung" überschrieben ist.[242]

253

Eine Ausnahmeklausel in den Allgemeinen Geschäftsbedingungen eines gewerblichen Lkw- Vermieters, wonach der Mieter bei der Anmietung eines Lkws auch bei einer vereinbarten **Haftungsreduzierung** für alle Schäden am Aufbau, wie Spiegel, Plane, Koffer, Hebebühne generell und unabhängig vom Verschuldensgrad haftet, stellt eine entgegen den Geboten von Treu und Glauben unangemessene Benachteiligung dar und ist daher gem. § 307 Abs. 1 BGB unwirksam.[243]

254

Ist in den AGB des Kraftfahrzeugmietvertrages bestimmt, dass der Mieter trotz der Haftungsreduzierung jedenfalls für ein Verhalten eines berechtigten oder nichtberechtigten Fahrers einzustehen hat, ohne diese Einstandspflicht auf den Bereich der versicherungsrechtlichen Repräsentantenhaftung zu beschränken, beeinträchtigt diese Klausel den Mieter unangemessen und ist deshalb insgesamt gemäß § 307 BGB unwirksam.[244]

255

Eine **Indexklausel** ist eine Preisklausel in Miet- und Pachtverträgen über Gebäude oder Räume. Diese gilt gemäß § 4 PrKV (Preisklauselverordnung) als genehmigt, wenn die Entwicklung des Miet- und Pachtzinses durch die Änderung eines von dem Statistischen Bundesamt oder einem Statistischen Landesamt ermittelten Preisindexes für die Gesamtlebenshaltung oder eines vom Statistischen Amt der Europäischen Gemeinschaft ermittelten Verbraucherpreisindexes bestimmt werden soll, § 4 Abs. 1 Nr. 1 a PrKV, und der Vermieter oder Verpächter für die Dauer von mindestens zehn Jahren auf das Recht zur ordentlichen Kündigung verzichtet oder der Mieter oder Pächter das Recht hat, die Vertragsdauer auf mindestens zehn Jahre zu verlängern, § 4 Abs. 1 Nr. 2 PrKV.[245]

256

Auch Individualvereinbarungen eines über 30 Jahre abgeschlossenen Immobilienleasingvertrages, können dahin auszulegen sein, dass der Mietzins zunächst für 10 Jahre vereinbart und anschließend angepasst werden soll. Das ist vor allem dann der Fall, wenn vertraglich festgeschrieben wurde, dass eine spätere Einigung über den Zinssatz getroffen werden soll und der Leasingnehmer die Möglichkeit erhält, eine eigene Finanzierung zu beschaffen und als Alternative vorzutragen. Eine Anpassung des

257

---

[240] BGH v. 03.07.2002 - XII ZR 327/00 - juris Rn. 12 - NJW 2002, 3232-3234.
[241] KG Berlin v. 14.02.2002 - 8 U 8203/00 - NJW-RR 2002, 948.
[242] BGH v. 21.07.2010 - XII ZR 189/08 - NJW 2010, 3152-3154.
[243] OLG Hamm v. 22.06.2005 - 30 U 208/04 - OLGR Hamm 2005, 557-558.
[244] OLG Köln v. 02.12.2009 - 11 U 146/08 - juris Rn. 21.
[245] OLG Düsseldorf v. 21.12.2006 - I-10 U 80/06, 10 U 80/06 - juris Rn. 38 - OLGR Düsseldorf 2007, 507-508.

§ 535

258 Die formularmäßige Auferlegung der **Instandhaltung** und Instandsetzung gemeinschaftlich genutzter Flächen und Anlagen auf den Gewerberaummieter ohne Beschränkung der Höhe nach verstößt gegen § 307 Abs. 1 BGB. Denn dem Mieter werden auch Kosten übertragen, die nicht durch seinen Mietgebrauch veranlasst sind und die nicht in seinen Risikobereich fallen. Die Übertragung der Erhaltungslast gemeinschaftlich genutzter Anlagen ist allenfalls dann wirksam, wenn sie in einem bestimmten, zumutbaren Rahmen erfolgt. Vorgeschlagen wird beispielsweise eine Kostenbegrenzung auf einen festen Prozentsatz der Jahresmiete.[247]

Mietzinses besteht dann nämlich nicht zwangsläufig in einer Aktualisierung eines zu Beginn vereinbarten Indexes, der als Grundlage für den Zinssatz diente.[246]

259 Die Beteiligung des Mieters an Instandsetzung und Instandhaltung des Mietobjekts kann dabei grundsätzlich nicht nur in Form von eigenen Instandhaltungs- und Instandsetzungsmaßnahmen, sondern auch durch eine Kostenbeteiligung des Mieters in Form der Zahlung einer Pauschale erfolgen, solange diese nicht zu unkalkulierbaren Kostenrisiken des Mieters führt.[248]

260 Hat der Mieter im Mietvertrag die Instandhaltung des Gebäudes an Dach und Fach übernommen, bleibt nach den Grundsätzen über die Auslegung von Willenserklärungen die Instandsetzung des Mietobjekts, vor allem durch Reparatur von außergewöhnlichen Schäden oder durch die Erneuerung nicht mehr reparabler oder reparaturunwürdiger Gebäudeteile (hier: Komplettsanierung des Daches), weiterhin Aufgabe des Vermieters.[249]

261 Eine Klausel, der zufolge der Mieter bei Nichtzahlung der **Kaution** „die Rechte aus dem Vertragsverhältnis" verliert und der Vermieter berechtigt sein soll, über das Mietobjekt „anderweitig zu verfügen", wobei der Mieter für den „tatsächlich ausgefallenen Mietzins ... einzustehen" habe, ist nach § 307 BGB unwirksam. Dies gilt auch bei Gewerbemietverträgen, da der Mieter trotz Eintritts der auflösenden Bedingung für ausgefallenen Mietzins einzustehen hat und dies nach § 307 Abs. 2 Nr. 1 BGB unwirksam ist.[250]

262 Vereinbaren die Parteien in einer **Kleinreparaturklausel**, dass der Mieter nur kleinere Schäden auf eigene Kosten zu beseitigen hat, bedeutet dies bei größeren Schäden nicht eine Haftung des Mieters für einen Reparaturkostenbeitrag bis zur vereinbarten Grenze. Vielmehr wird der Mieter dann nach dem Sinn dieser Kleinreparaturklausel, Auseinandersetzungen über die Ursachen kleinerer Schäden zu vermeiden, ganz von der Haftung frei. Ist eine andere Regelung durch den Vermieter gewollt, so muss dies ausdrücklich im Vertrag geregelt werden.[251]

263 Die Beseitigung einer Störung in der Heiztherme der Mietwohnung ist keine Kleinreparatur, deren Kosten aufgrund einer Kleinreparaturkostenklausel vom Mieter zu tragen wären.[252]

264 Eine Kleinreparaturklausel in einem Formularmietvertrag über Wohnraum, wonach der Mieter die Kosten von Kleinreparaturen ohne Rücksicht auf ein Verschulden zu tragen hat, benachteiligt den Mieter unangemessen, wenn sie keinen Höchstbetrag für den Fall enthält, dass innerhalb eines bestimmten Zeitraumes mehrere Kleinreparaturen anfallen, und wenn sie auch solche Teile der Mietsache umfasst, die nicht dem häufigen Zugriff des Mieters ausgesetzt sind.[253]

265 Eine im Mietvertrag über Ladenräume enthaltene **Konkurrenzklausel** kann nach § 138 BGB mit Blick auf die nach Art. 12 GG (Berufsfreiheit) zu beachtende Wertentscheidung der Verfassung sittenwidrig sein, wenn der Mieter mit der Übernahme des Geschäfts an den bisherigen Betreiber und Eigentümer eine Ablöse für den Goodwill bezahlt. In diesem Fall scheidet auch eine geltungserhaltende Re-

---

[246] Brandenburgisches Oberlandesgericht v. 06.04.2011 - 3 U 88/10.
[247] BGH v. 06.04.2005 - XII ZR 158/01 - juris Rn. 24 - ZfIR 2005, 692-694.
[248] LG München I v. 22.02.2007 - 6 O 11796/06.
[249] OLG Brandenburg v. 13.11.2002 - 3 U 166/98 - juris Rn. 46 - ZMR 2003, 909-914.
[250] KG Berlin v. 26.01.2006 - 8 U 128/05 - juris Rn. 18, 25 - Grundeigentum 2006, 716-718.
[251] OLG Düsseldorf v. 11.06.2002 - 24 U 183/01 - WuM 2002, 545-547.
[252] AG Hannover v. 28.06.2007 - 528 C 3281/07 - WuM 2007, 504-504.
[253] BGH v. 07.06.1989 - VIII ZR 91/88 - BGHZ 108, 1-14.

duktion nach § 139 BGB aus. Die Frage, ob die Rechte und Pflichten aus einer in einem Mietvertrag über Ladenräume enthaltenen Konkurrenzklausel nach den §§ 578 Abs. 2, 566 Abs. 1 BGB auf den Erwerber des Grundstücks übergehen, ist danach zu beurteilen, ob nach den Umständen des Einzelfalls die Wettbewerbsabrede integraler Bestandteil des Mietvertrags ist.[254]

Der Konkurrenzschutz eines Mieters richtet sich wesentlich danach, welchen Besitzstand er nach den bei Vertragsschluss ersichtlichen Umständen erwarten konnte bzw. erhalten sollte. Maßgebend sind insoweit Prioritätsgesichtspunkte, so dass regelmäßig Konkurrenzschutz nur der zuerst vorhandene im Verhältnis zu einem hinzukommenden Mieter beanspruchen kann. Ein Rechtsanwalt, der in einem Gebäude Kanzleiräume anmietet, in dem sich bereits eine Anwaltskanzlei befindet, kann auf Grund eines vertraglich vereinbarten Konkurrenzschutzes für die von ihm beworbene Fachrichtung nicht verhindern, dass die vorhandene Kanzlei um einen Sozius mit derselben Fachrichtung erweitert wird.[255]

266

Die Regelung im Mietvertrag zum Konkurrenzschutz in einem Ärztehaus: „Der Mieter wird die ärztliche Praxis im Fachgebiet Radiologie ausüben. Der Vermieter verpflichtet sich, Mieträume im Ärztehaus ohne Zustimmung des Mieters nicht an einen Arzt mit gleicher Fachgebietsbezeichnung zu vermieten. Es ist vereinbart, dass Ärzte mit fachbezogener Röntgenberechtigung in Praxisgemeinschaft mit der Radiologin den konventionellen Bereich der Röntgenabteilung sowie das Ultraschallgerät nutzen, ihren Kostenanteil entsprechend tragen und ihre Leistungen selbst abrechnen." ist nach §§ 133, 157 BGB nicht dahin auszulegen, dass es Ärzten anderer Fachrichtungen mit Teilröntgenberechtigungen in ihren Praxen des Ärztehauses untersagt ist, ein eigenes Röntgengerät zu nutzen.[256]

267

Einer ergänzenden Vertragsauslegung einer Konkurrenzschutzklausel mit dem Inhalt „Kein weiteres Optik- und Hörgerätegeschäft in Objekten" des Vermieters dahingehend, dass auch ein bereits bei Abschluss des Mietvertrages in dem Gebäude praktizierender Facharzt für Hals-, Nasen-, Ohrenkrankheiten mit einbezogen ist, bedarf es nicht. Die Parteien haben bei Abschluss des Mietvertrages konkret beschrieben, wie weit der Konkurrenzschutz zu gewähren ist. Er ist gemäß dem Wortlaut begrenzt auf das Verbot der Vermietung von Räumlichkeiten an Dritte zum Betrieb eines weiteren Optik- und Hörgerätegeschäfts. Die Mieterin sollte primär vor unmittelbarer Konkurrenz durch einen gleichartigen Geschäftsbetrieb geschützt werden. Sie musste also bereits zum Zeitpunkt der Anmietung damit rechnen, dass der dort praktizierende Facharzt sämtliche Leistungen erbringen wird, zu denen er berechtigt ist. Wäre auch ein Schutz vor ärztlichen Leistungen gewollt gewesen, dann hätten die Parteien die Leistungen konkret benennen sollen.[257]

268

Ist dem Betreiber eines Fitnessstudios, in welchem auch medizinisch-therapeutische Behandlungen angeboten werden, ein mietvertraglicher Konkurrenzschutz gewährt worden, schließt das auch die Ansiedlung eines weiteren Fitnessstudios, das keinen besonderen medizinischen oder therapeutischen Ansatz hat und sich vorrangig an jugendliches Publikum richtet, aus. Verletzt der Vermieter die Konkurrenzschutzklausel durch Abschluss eines Mietvertrages, so resultiert daraus die Pflicht des Vermieters, im Rahmen des ihm rechtlich und tatsächlich Möglichen auf den Mieter einzuwirken, in den Mieträumen den Betrieb eines Hauptgewerbes „Fitnessstudio" zu unterlassen, und dies zu unterbinden.[258]

269

Die in einen Gewerberaummietvertrag über Teileigentum aufgenommene Klausel über die **Kostentragung**, der Mieter habe (neben den im Einzelnen aufgeführten Betriebskosten) „alle hier nicht aufgeführten Kosten in Ansehung des Mietobjektes" zu tragen, ist unwirksam.[259]

270

Die Klausel in Bezug auf die **Umlage** von Frisch-/Kaltwasser- und Abwasserkosten in Formularmietverträgen „... Entsprechendes gilt für die Grundgebühr (sie wird im Verhältnis der je Wohnung erfassten Verbrauchsmenge umgelegt)" benachteiligt den Vertragspartner des Vermieters unangemessen und

271

---

[254] OLG Karlsruhe v. 07.02.2005 - 1 U 211/04 - OLGR Karlsruhe 2005, 146-148.
[255] OLG Köln v. 27.05.2005 - 1 U 72/04 - OLGR Köln 2005, 390-391.
[256] OLG Düsseldorf v. 28.09.2006 - I-10 U 28/06, 10 U 28/06 - juris Rn. 18 - Grundeigentum 2007, 651-652.
[257] BGH v. 11.01.2012 - XII ZR 40/10 - NJW 2012, 844-846.
[258] OLG Frankfurt v. 27.01.2012 - 2 U 299/11.
[259] OLG Düsseldorf v. 14.05.2002 - 24 U 142/01 - NZM 2002, 700.

ist deshalb unwirksam. Die vom gesetzlichen Leitbild abweichende formularmäßige Vereinbarung einer Umlegung (auch) der verbrauchsunabhängigen Bestandteile (hier: Grundgebühr) der Kosten der Wasserversorgung entsprechend dem jeweiligen Wasserverbrauch benachteilt den Mieter unangemessen.[260]

272 Der Betreiber eines Einkaufszentrums kann die Kosten des Center-Managements in seinen Allgemeinen Geschäftsbedingungen auf die Ladenmieter umlegen; allerdings muss er aufschlüsseln, welche einzelnen Leistungen von dieser Konstellation erfasst sind.[261]

273 Eine vertragliche Klausel, die das **Kündigungsrecht** des Mieters ausschließt, falls er im Einzugsbereich des Mietobjekts eine andere Filiale eröffnen will, wird nicht umgangen, wenn ein anderes Unternehmen des Konzerns, dem auch das Unternehmen des Mieters angehört, eine Filiale eröffnet.[262]

274 Die **Laufzeitverlängerungsklausel** in einem Mietvertrag über eine Fernmeldeanlage hält einer Inhaltskontrolle nicht stand, wenn die Restmietlaufzeit an einen Verlängerungsfaktor gekoppelt ist, wie sie im entschiedenen Fall in folgender Tabelle vereinbart wurde:

Restmietlaufzeit (Jahre)	1	2	3	4	5	6	7	8
Verlängerungsfaktor	3,6	3,2	2,8	2,4	2,0	1,6	1,2	0,8
Restmietlaufzeit (Jahre)	9	10	11	12	13	14	15	
Verlängerungsfaktor	0,4	0,3	0,2	0,1	0,05	0,025	0,1	

275 Eine solche Klausel verstößt gegen das bei der Verwendung von AGB zu beachtende Transparenz- und Bestimmtheitsgebot.[263]

276 Demgegenüber verstößt die formularmäßige Vereinbarung einer längerfristigen (hier: circa elfjährigen) Laufzeit eines zwischen Kaufleuten geschlossenen Mietvertrages über eine Telefonanlage nicht gegen § 9 AGBG a.F.[264]

277 Die Verwendung einer Vertragsklausel, in der ein außerordentliches Kündigungsrecht für den Fall vereinbart wird, dass die **Mietsicherheit** bei Fälligkeit nicht geleistet wird, stellt keine unangemessene Benachteiligung des Mieters dar.[265]

278 Die **Mietzinsvorauszahlungsklausel** bewirkt, dass die Mietminderung nie an dem Mietzins für den betreffenden Monat direkt ausgeübt werden kann, sondern nur später mit einer Aufrechnung gegenüber dem Mietzins des Folgemonats. Diese Aufrechnungsmöglichkeit wird aber gerade durch die Ankündigungsklausel gemäß § 537 Abs. 3 BGB a.F. noch weiter eingeschränkt. De facto wird die Geltendmachung der Mietminderung je nach Fallkonstellation um mindestens einen Monat und mehr eingeschränkt. Ist die Mietvorauszahlungsklausel im Altraummietvertrag unwirksam, verbleibt es bei der Vorleistungspflicht des Vermieters, solange die Mietvertragsparteien keine individualvertragliche, abweichende Vereinbarung zur Vorleistungspflicht des Mieters treffen.[266]

279 Eine solche Mietzinsvorauszahlungsklausel stellt in Verbindung mit einer Aufrechnungsklausel, der zufolge die Aufrechnung einen Monat zuvor anzukündigen ist, keine unangemessene Benachteiligung des Mieters dar.[267]

---

[260] OLG Dresden v. 25.06.2009 - 8 U 402/09 - WuM 2010, 158-160.
[261] OLG Rostock v. 13.12.2004 - 3 U 56/04 - OLGR Rostock 2005, 86-87.
[262] OLG Düsseldorf v. 27.04.2006 - I-24 U 152/05, 24 U 152/05 - juris Rn. 11 - GuT 2006, 243-245.
[263] OLG Düsseldorf v. 13.07.2006 - I-10 U 145/05, 10 U 145/05 - OLGR Düsseldorf 2006, 709-711.
[264] Hanseatisches Oberlandesgericht Hamburg v. 05.04.2002 - 1 U 9/01 - OLGR Hamburg 2002, 443-445.
[265] KG Berlin v. 09.01.2003 - 8 U 130/02 - juris Rn. 14 - Grundeigentum 2003, 525.
[266] AG Saarbrücken v. 21.09.2004 - 36 C 428/04 - WuM 2004, 657-658.
[267] BGH v. 04.05.2011 - VIII ZR 191/10.

Dies hat das KG Berlin in einer späteren Entscheidung auch für den Fall entschieden, in dem die Vertragsklauseln weitere das **Minderungsrecht** einschränkende Regelungen enthalten, die jedoch ohne weiteres sprachlich und inhaltlich vom übrigen wirksamen Teil abtrennbar sind.[268]

280

Bei einer **Nachmieterklausel**, die den Mieter berechtigt, die Rechte und Pflichten aus einem langfristigen Mietvertrag auf einen Nachmieter zu übertragen, gehen diese sämtlich auf den Nachmieter über. Bei einer Verletzung der Vermieterpflicht, den Kündigungsschaden (hier: Mietausfall) abzuwenden oder zu mindern, d.h. für einen Verstoß des Vermieters gegen seine Schadensminderungspflicht, hat der Mieter die Beweislast zu tragen.[269]

281

Eine **Optionsklausel**, dass „bei Ausübung der Option über den Mietpreis neu verhandelt wird", führt nicht dazu, dass die Miethöhe nur für den Optionszeitraum gilt. Mit der Aufnahme des Optionszeitraums wird nicht vereinbart, dass nach diesem Zeitraum ein vertragsloser Zustand eintreten soll. Eine solche Parteivereinbarung wäre vielmehr interessengerecht dahin auszulegen, dass nach Ende des Optionszeitraums kein vertragsloser Zustand eintritt, sondern die Miethöhe bei stillschweigender Vertragsfortsetzung weitergelten kann.[270]

282

Die Klausel „Der Mieter erhält eine Option von fünf Jahren, die in Kraft tritt, wenn er nicht zwölf Monate vor Ablauf kündigt" erfordert für die Ausübung des Optionsrechts keine ausdrückliche Erklärung des Mieters. Es genügt vielmehr das bloße Unterlassen der Kündigung.[271]

283

Außerdem muss sich der Vermieter oder Verpächter das Recht zur ordentlichen Kündigung im Miet- bzw. Pachtvertrag ausdrücklich vorbehalten. Könnte der Vermieter bzw. Verpächter ohne den Vorbehalt ordentlich kündigen, so bestünde die Möglichkeit, das Optionsrecht des Mieters bzw. Pächters „auszuhebeln". Dies würde jedoch gerade dem Kern des Optionsrechts zuwiderlaufen, dass der Mieter bzw. Pächter einseitig eine Vertragsverlängerung bewirken kann.[272]

284

Wird in einem Mietvertrag über Geschäftsräume vereinbart, dass die Miete bei einer Veränderung eines **Preisindexes** um mehr als 10% gegenüber dem Zeitpunkt der letzten Festsetzung durch Verhandlungen bzw. im Streitfall durch ein Schiedsgutachten neu festzusetzen ist, ist eine Verminderung der Miete nur bei einer Senkung des Preisindexes möglich.[273]

285

Ist eine solche Preisindexklausel rechtskräftig für unwirksam erklärt worden, so hat der Vermieter keinen Anspruch darauf, dass der Mieter im Wege der ergänzenden Vertragsauslegung einer Klausel zustimmt, die über den ursprünglichen vertraglichen Regelungsinhalt hinausgeht. Eine solche ergänzende Auslegung ist nämlich ausgeschlossen, wenn die Parteien über den (scheinbar) regelungsbedürftigen Punkt bewusst eine abschließende Regelung getroffen haben. Die Tatsache, dass diese Regelung für unwirksam erklärt worden ist, kann nicht dazu führen, ein solche im Wege einer Vertragsauslegung zu ersetzen, solange sich das Vertragsgefüge nicht völlig einseitig zu Ungunsten des Vermieters verschiebt. Es verwirklicht sich dann das Risiko der Vertragspartei, die eine unwirksame Klausel vereinbart.[274]

286

Haben sich die Mietvertragsparteien bei Abschluss des Mietvertrages im Rahmen einer Gleitklausel über die Anwendung eines bestimmten Preisindexes (hier: Index für die Lebenshaltung eines 4-Personenarbeitnehmerhaushalts) verständigt und wird dieser Index später unvorhergesehen nicht mehr weiter fortgeschrieben, so ist die dadurch entstandene Lücke im Wege der ergänzenden Vertragsauslegung zu schließen. Entscheidend ist dabei, was die Vertragsparteien bei angemessener Abwägung ihrer Interessen nach Treu und Glauben vereinbart hätten, wenn sie diesen Fall vorher bedacht hätten. Nach

287

---

[268] KG Berlin v. 14.04.2003 - 8 U 68/02 - Grundeigentum 2003, 952-953.
[269] BGH v. 16.02.2005 - XII ZR 162/01 - NZM 2005, 340-341.
[270] KG Berlin v. 19.01.2006 - 8 U 22/05 - juris Rn. 26, 27 - KGR Berlin 2006, 375-376.
[271] OLG Karlsruhe v. 12.11.2002 - 17 U 177/00 - OLGR Karlsruhe 2003, 303-310.
[272] OLG Düsseldorf v. 18.11.2010 - 24 U 120/10 - GuT 2011, 283-284.
[273] OLG Naumburg v. 04.04.2000 - 9 U 219/99.
[274] OLG München v. 19.11.2010 - 27 U 624/10 - GuT 2011, 46-48.

der Rechtsprechung des BGH hätten sie den „Verbraucherpreisindex" als Maßstab für künftige Anpassungen des Mietzinses vereinbart.[275]

288 Bei Bestehen einer **Rechtsfolgenklausel**, die den Mieter berechtigt, die Rechte und Pflichten aus einem langfristigen Mietvertrag und den sich daraus ergebenden Voraussetzungen eines Mietwechsels auf einen Nachmieter zu übertragen, muss eine im konkreten Fall vorliegende Verletzung der Pflicht des Vermieters bewiesen werden, um eine Minderung oder eine Abwendung des Mietausfallschadens zu erreichen.[276]

289 Wird im Mietvertrag vereinbart, dass der Mieter die Mietsache „in ordnungsgemäßem Zustand" zurückzugeben hat, so umschreibt diese **Rückgabeklausel** nur die Pflicht des Mieters, die Räume im vertragsgemäßen Zustand zu übergeben, ohne aber diesen Zustand zu definieren. Dieser ist dann dem sonstigen Vertragsinhalt in Verbindung mit den gesetzlichen Bestimmungen zu entnehmen.

290 Die Rückbauklausel in einem Mietvertrag, „Ein- und Ausbauten ...(sind)... zu entfernen", wenn durch sie „eine weitere Vermietung erschwert sein (sollte)", ist rechtlich unbedenklich und begünstigt den Mieter gegenüber der gesetzlichen Regelung. Der **Rückbauanspruch** entsteht nämlich nur dann, wenn der Nachfolgemieter die Beseitigung der Einbauten verlangt.[277]

291 Eine **Schiedsgutachterklausel**, in der die Parteien vereinbaren, dass ein Sachverständiger als Schiedsgutachter gemäß § 317 BGB nach billigem Ermessen die Miethöhe bestimmen soll, wenn die Mietvertragsparteien sich darüber nicht einigen, ist so auszulegen, dass der Sachverständige nur die für den konkreten Einzelfall vertraglich angemessene, nicht aber die ortsübliche Miete für die Parteien verbindlich festlegen soll. Legt der Sachverständige die ortsübliche Miete fest, sind die Parteien daran nicht gebunden.[278]

292 Eine **Sicherungsabrede** in einem Formularmietvertrag über eine öffentlich geförderte Wohnung, die einen nach § 9 WoBindG unzulässigen Sicherungsinhalt enthält und nicht im Wege der ergänzenden Vertragsauslegung auf einen wirksamen Kern (Sicherheitsleistung des Mieters nur für Schäden und Schönheitsreparaturen) zurückgeführt werden kann, ist nichtig.[279]

293 Hat sich der Kaufhausbetreiber in einer **Standortentwicklungsklausel** verpflichtet, einen gleichwertigen Ersatzstandort für den vermieteten Standplatz eines Imbisswagens während der Umbauarbeiten auf dem Kaufhausgrundstück bereitzustellen, so berechtigen ihn Schwierigkeiten bei der Zuweisung eines gleichwertigen Standortes nicht zur Kündigung des Mietvertrages.[280]

294 Das formularmietvertragliche **Tierhaltungsverbot** stellt die Entscheidung, ob einem Mieter im Einzelfall eine Erlaubnis zur Tierhaltung erteilt wird, in das freie Ermessen des Vermieters.[281] Demgegenüber hat der BGH[282] unter Aufhebung der Entscheidung des LG Krefeld nunmehr entschieden, dass die Formularklausel „Jede Tierhaltung, insbesondere von Hunde und Katzen, mit Ausnahme von Ziervögeln und Zierfischen, bedarf der Zustimmung des Vermieters" der Inhaltskontrolle gemäß § 307 Abs. 1 BGB nicht standhält. Die Entscheidung darüber, welche Tierhaltung zum vertragsgemäßen Gebrauch im Sinne von § 535 Abs. 1 BGB gehört, erfordert eine Abwägung der Interessen von Mieter und Vermieter, die nicht allgemein, sondern nur im Einzelfall vorgenommen werden kann.[283]

295 Bei allgemein erlaubnispflichtiger Tierhaltung besteht kein Anspruch des Mieters darauf, dass die Haltung eines American Bulldog gestattet wird, weil dieser zu einer Hunderasse gehört, die nach den Ge-

---

[275] OLG Düsseldorf v. 27.10.2011 - 10 U 68/11 - Mietrecht kompakt 2012, 20.
[276] BGH v. 16.02.2005 - XII ZR 162/01 - NZM 2005, 340-341.
[277] OLG Düsseldorf v. 21.04.2009 - I-24 U 56/08 - juris Rn. 3 - MDR 2009, 977-978.
[278] BGH v. 29.01.2003 - XII ZR 6/00 - juris Rn. 16 - NZM 2003, 358.
[279] LG Hannover v. 30.12.1997 - 16 S 7/97 - WuM 1998, 347-348.
[280] BGH v. 08.10.2003 - XII ZR 329/00 - GuT 2004, 12-13.
[281] LG Krefeld v. 08.11.2006 - 2 S 46/06 - juris Rn. 12-13 - WuM 2006, 675-676; vgl. zum Tierhaltungsverbot *Blank*, NJW 2007, 729-733.
[282] BGH v. 14.11.2007 - VIII ZR 340/06 - NJW 2008, 218-221.
[283] BGH v. 14.11.2007 - VIII ZR 340/06 - NJW 2008, 218-221.

fahrenabwehrverordnungen verschiedener Bundesländer als gefährlich eingestuft ist und nur mit einer auf Grund eines berechtigten Interesses erteilten Erlaubnis gehalten werden darf.[284]

Eine schwere rheumatische Erkrankung des Mieters verpflichtet den Vermieter ausnahmsweise, trotz vertraglichen Verbots der Hundehaltung, eine solche Tierhaltung zu gestatten.[285] **296**

Die **Übernahmeklausel** „Der Mieter übernimmt die Miträume in dem vorhandenen und ihm bekannten Zustand nach eingehender Besichtigung ... als vertragsgemäß, insbesondere als in jeder Hinsicht bezugsfertig und unbeschädigt mit folgenden Ausnahmen ..." verstößt gegen § 309 Nr. 12b BGB.[286] **297**

Wird im Vertrag in einer **Umsatzsteuerklausel** vereinbart, dass der Mieter neben der Nettomiete die „jeweils gültige Mehrwertsteuer" zu zahlen hat, wenn die Option des Vermieters zur Steuerpflicht unwirksam ist, so dass die Vermietung tatsächlich steuerfrei bleibt, muss vorerst geprüft werden, ob die Option der Vermieterin zur Steuerpflicht nach den Übergangsvorschriften wirksam gewesen ist. Sollte sich erweisen, dass die Option unwirksam war, wird den Beklagten (hier: die Vermieterin) im Rahmen der dann zu prüfenden ergänzenden Vertragsauslegung Gelegenheit zu geben sein, gegebenenfalls konkret vorzutragen, welche Vorstellungen die Vertragsparteien bei der Feststellung des Mietzinses hatten, insbesondere auch welche finanziellen Nachteile die Vermieterin infolge der Steuerfreiheit des Vermietungsumsatzes im Vergleich zur Steuerpflicht bezüglich des Mietobjekts erlitten hat.[287] **298**

Der Vermieter kann die zur Erfüllung einer **Verkehrssicherungspflicht** erforderlichen Maßnahmen auf den Mieter übertragen. Er bleibt jedoch weiterhin zu einer allgemeinen Aufsicht in Form einer fortlaufenden Überwachung verpflichtet.[288] **299**

Ein befristetes Mietverhältnis mit **Verlängerungsklausel** verlängert sich automatisch auf bestimmte oder unbestimmte Zeit, wenn es nicht zum vereinbarten Vertragsende gekündigt wird. Unterbleibt die Kündigung, wird das Mietverhältnis mit demselben Vertragsinhalt fortgesetzt. Nichts anderes gilt, wenn die Verlängerung des Mietverhältnisses nicht an den Ausspruch oder das Ausbleiben einer Kündigung, sondern an die Erklärung oder das Fehlen eines Widerspruchs gegen die Verlängerung geknüpft ist. Ein Widerspruch gegen die Verlängerung der Fortsetzung des Mietverhältnisses kann schlüssig erklärt werden, sofern sich zweifelsfrei ergibt, dass eine Partei das Mietverhältnis beenden möchte.[289] **300**

Die in den Allgemeinen Versicherungsbedingungen eines Leasinggebers enthaltene **Versicherungsklausel** „Der Leasingnehmer hat eine Vollkaskoversicherung seiner Wahl zu nehmen, bei der sichergestellt ist, dass ihre Berufung auf § 61 VVG ausgeschlossen wird. Sollte die Versicherung auf diesen Ausschluss Gebühren dem Leasinggeber in Rechnung stellen, so ist der Leasingnehmer dazu verpflichtet, diese dem Leasinggeber zu erstatten" ist unwirksam, da sie für den Leasingnehmer überraschend ist und ihn unangemessen benachteiligt.[290] **301**

Die Vereinbarung einer **Vertragsausfertigungsgebühr** in einem Formularmietvertrag über Wohnraum ist wegen Verstoßes gegen § 307 Abs. 1 BGB unwirksam.[291] **302**

Eine **Vertragsstrafenklausel** im Gewerbemietvertrag, durch die der Vermieter für den Fall, dass das Mietobjekt dem Mieter aufgrund von Verzögerungen des Baufortschritts nicht an einem bestimmten Tag zur Verfügung steht, zur Zahlung von Vertragsstrafe verpflichtet ist, umfasst auch den Fall, dass sich bereits der Baubeginn verzögert.[292] **303**

Eine Vertragsstrafenklausel im Gewerbemietvertrag, durch die der Vermieter für den Fall, dass das Mietobjekt dem Mieter nicht an einem bestimmten Tag zur Verfügung steht, verpflichtet wird, eine **304**

---

[284] AG Hamburg-Barmbek v. 16.12.2005 - 816 C 305/05 - juris Rn. 2 - ZMR 2006, 535-536.
[285] AG Hamburg v. 11.07.2007 - 46 C 32/06 - WuM 2007, 567-568.
[286] OLG Düsseldorf v. 16.10.2003 - 10 U 46/03 - juris Rn. 22 - ZMR 2003, 921-925.
[287] BGH v. 28.07.2004 - XII ZR 292/02 - GuT 2004, 159-160.
[288] OLG Nürnberg v. 18.11.2002 - 5 U 2703/02 - GuT 2003, 234.
[289] OLG Düsseldorf v. 21.12.2006 - I-10 U 80/06, 10 U 80/06 - juris Rn. 24 - OLGR Düsseldorf 2007, 507-508.
[290] OLG Düsseldorf v. 23.11.2004 - I-24 U 168/04, 24 U 168/04 - MDR 2005, 618.
[291] AG Hamburg-Altona v. 11.07.2006 - 316 C 120/06 - juris Rn. 9 - WuM 2006, 607-609.
[292] BGH v. 12.03.2003 - XII ZR 18/00 - juris Rn. 43 - NJW 2003, 2158-2161.

Vertragsstrafe von täglich 500 DM zu zahlen, stellt keine unangemessene Benachteiligung dar, wenn sie in einem angemessenen Verhältnis zur Schwere des mit ihr geahndeten Verstoßes steht. Bei der Prüfung der Angemessenheit ist darauf abzustellen, in welchem Verhältnis der täglich anfallende Betrag zu dem steht, was eine Überschreitung um einen Tag für einen Mieter bedeutet, der seinem Vertragspartner durch diese Klausel von Anfang an deutlich gemacht hat, dass er allergrößten Wert auf pünktliche Gebrauchsüberlassung legt. Bei einer Monatsmiete von 24.840 DM erscheint eine solche Vertragsstrafe keinesfalls überhöht.[293]

305 Eine Klausel in einem Formularmietvertrag, die es in das Ermessen des Vermieters stellt, die **Vorauszahlungen** von netto auf brutto und umgekehrt umzustellen, stellt eine unangemessene Benachteiligung dar und ist daher unwirksam.[294]

306 Eine fristlose Kündigung wegen Zahlungsverzuges ist unwirksam, wenn sich der Mieter in Ansehung der Unwirksamkeit der **Vorfälligkeitsklausel** erst mit einer Monatsmiete in Verzug befindet.[295]

307 Enthält der Mietvertrag eine **Vorkaufsklausel** und ist der Vertrag nicht notariell beurkundet worden, so ist das gesamte Rechtsgeschäft nichtig, wenn das Vorkaufsrecht Investitionen des Mieters „sichern" sollte und es deshalb für die Vertragspartner wesentlich war. Dem Herausgabeanspruch des Vermieters kann der Mieter Verwendungsersatzansprüche nur entgegenhalten, soweit er nach dem Mietvertrag Aufwendungen hätte ersetzt bekommen können.[296]

308 Die formularmäßige Verpflichtung des Mieters in einem Einkaufszentrum, einer **Werbegemeinschaft** in Form einer GbR beizutreten, ist unzulässig, wenn Beitragshöhe oder zumindest Höchstgrenze der Beiträge nicht bestimmbar sind.[297]

309 Enthält ein gewerblicher Untermietvertrag eine Bestimmung, wonach der Untervermieter Mieterhöhungen des Eigentümers aufgrund einer **Wertsicherungsklausel** des Hauptmietvertrages in voller Höhe und zum gleichen Anpassungszeitpunkt an den Untermieter weitergeben kann, so ist diese Bestimmung dahin auszulegen, dass sie jedenfalls solche Erhöhungstatbestände nicht erfasst, die bei Unterzeichnung des Untermietvertrags bereits abgeschlossen waren.[298]

310 Der Vermieter schafft beim Mieter insofern einen Vertrauenstatbestand, dass er jedenfalls für den eingeklagten Zeitraum nicht von der Wertsicherungsklausel Gebrauch machen will, wenn er vorgerichtlich und gerichtlich Mietzinsansprüche ohne **Nachforderungsvorbehalt** hinsichtlich einer Wertsicherungsklausel geltend macht.[299]

II. Schönheitsreparaturen und Endrenovierung

1. Renovierungsfristen

311 Die Festlegung starrer Renovierungsfristen in einer Schönheitsreparaturklausel führen noch nicht zur Unwirksamkeit der Klausel, wenn dem Mieter der Nachweis offen steht, dass das Mietobjekt noch nicht renovierungsbedürftig sei. Unangemessen kurze Renovierungsfristen führen zur Nichtigkeit der Schönheitsreparaturklausel insgesamt.[300]

312 Im Falle der Vermietung einer bei Vertragsbeginn nicht renovierten Wohnung ist die formularmäßige Abwälzung von Schönheitsreparaturen auf den Mieter nach Maßgabe eines Fristenplans wirksam, wenn die Renovierungsfristen mit dem Anfang des Mietverhältnisses zu laufen beginnen; dies gilt auch dann, wenn die Wohnung bei Vertragsbeginn renovierungsbedürftig war und der Anspruch des

---

[293] BGH v. 12.03.2003 - XII ZR 18/00 - juris Rn. 48 - NJW 2003, 2158-2161.
[294] AG Berlin-Tempelhof-Kreuzberg v. 08.04.2002 - 6 C 523/00 - MM 2002, 230.
[295] AG Saarbrücken v. 21.09.2004 - 36 C 428/04 - WuM 2004, 657-658.
[296] OLG Düsseldorf v. 25.03.2003 - I-24 U 100/01, 24 U 100/01 - OLGR Düsseldorf 2005, 110-114.
[297] BGH v. 12.07.2006 - XII ZR 39/04 - GuT 2006, 224; zustimmend gegen eine solche Zwangsmitgliedschaft per AGB *Joachim*, GuT 2007, 3-5.
[298] OLG Köln v. 01.04.2003 - 22 U 196/02 - OLGR Köln 2005, 190-192.
[299] OLG Karlsruhe v. 12.11.2002 - 17 U 177/00 - OLGR Karlsruhe 2003, 303-310.
[300] LG Hamburg v. 10.04.2003 - 307 S 134/02 - ZMR 2004, 37-38.

Mieters auf eine Anfangsrenovierung durch den Vermieter vertraglich ausgeschlossen ist.[301] Um einen den Mieter nach § 9 AGBG bzw. § 307 BGB unangemessen benachteiligenden „starren" Fristenplan handelt es sich nicht, wenn der Vermieter bei einem entsprechenden Zustand der Wohnung zur Verlängerung der Fristen verpflichtet ist. Nimmt der Vermieter nach Beendigung des Mietverhältnisses in der Wohnung Umbauarbeiten vor, verwandelt sich sein Erfüllungsanspruch auf Vornahme der (unterlassenen) Schönheitsreparaturen im Wege der ergänzenden Vertragsauslegung in einen Ausgleichsanspruch in Geld, falls der Mietvertrag nichts anderes bestimmt. Hätte der Mieter nach dem Mietvertrag die Arbeiten in Eigenleistung bzw. durch Verwandte oder Bekannte ausführen lassen dürfen, und hatte er die ihm geschuldete Ausführung von Schönheitsreparaturen nicht abgelehnt, braucht er – neben den Kosten für das notwendige Material – nur den Betrag zu entrichten, den er für deren Arbeitsleistung hätte aufwenden müssen.[302]

Der in einer Schönheitsreparaturklausel im Formularmietvertrag für preisgebundenen Wohnraum enthaltene Teil des Fristenplans, wonach die Anstriche der Fenster, Türen, Heizkörper, Versorgungs- und Abflussleitungen sowie der Einbaumöbel in Küchen und Bädern spätestens alle vier Jahre durchzuführen sind, ist nicht nach § 9 Abs. 1, Abs. 2 Nr. 1 AGBG (§ 307 Abs. 1 Satz 1, Abs. 2 Nr. 1 BGB) unwirksam. Ein formularmäßiger Schönheitsreparatur-Fristenplan, der anordnet, dass Arbeiten „spätestens" nach Ablauf bestimmter Zeiträume auszuführen sind, wird durch die zusätzliche Klausel: „Lässt in besonderen Ausnahmefällen während der Mietzeit der Zustand einzelner Räume der Wohnung eine Verlängerung der vereinbarten Fristen zu oder erfordert er eine Verkürzung, kann der Vermieter nach billigem Ermessen die Fristen des Plans bezüglich der Durchführung einzelner Schönheitsreparaturen verlängern oder verkürzen." zu einem „weichen" Fristenplan, der aus Sicht des Klauselkontrollrechts nicht zu beanstanden ist.[303]

313

Eine mietvertragliche Formularklausel, durch die dem Mieter die Ausführung der Schönheitsreparaturen nach einem „starren" Fristenplan auferlegt wird, ist unwirksam.[304]

314

Eine solche unwirksame Klausel führt aber nicht dazu, dass eine zusätzlich getroffene Individualvereinbarung, wonach der Mieter eine Endrenovierung schuldet, wenn er eine neu renovierte Wohnung übernommen hat, ebenfalls unwirksam ist.[305]

315

Eine mietvertragliche Formularklausel, durch die die Schönheitsreparaturen auf den Mieter abgewälzt werden, ist jedoch schon deshalb – insgesamt – unwirksam, weil davon auch das „Weißen der Decken und Oberwände" umfasst ist.[306]

316

Auch bei preisfreiem Wohnraum bestimmt sich der Begriff der Schönheitsreparaturen anhand der in § 28 Abs. 4 Satz 3 der Zweiten Berechnungsverordnung (II. BV) enthaltenen Definition. Eine formularvertragliche Erweiterung dieser Arbeiten ist demnach über den in § 28 Abs. 4 Satz 3 II. BV beschriebenen Inhalt hinaus – zumindest bei Fehlen einer angemessenen Kompensationsregelung – wegen unangemessener Benachteiligung des Mieters gemäß § 307 Abs. 1 Satz 1 BGB unwirksam. Stellt sich diese Verpflichtung aufgrund unzulässiger Ausgestaltung – sei es hinsichtlich der zeitlichen Modalitäten, der Ausführungsart oder des gegenständlichen Umfangs – in ihrer Gesamtheit als übermäßig dar, hat dies die Unwirksamkeit der Vornahmeklausel insgesamt zur Folge.[307]

317

Eine mietvertragliche Regelung, durch die die Verpflichtung zur Durchführung von Schönheitsreparaturen auf den Mieter abgewälzt wird, ist auch wegen unangemessener Benachteiligung des Mieters unwirksam, wenn die Verpflichtung als solche und die für ihre Erfüllung maßgebenden starren Fristen zwar in zwei verschiedenen Klauseln enthalten sind, zwischen diesen Klauseln aus der Sicht eines ver-

318

---

[301] Bestätigung von BGH v. 01.07.1987 - VIII ARZ 9/86 - BGHZ 101,153 ff.
[302] BGH v. 20.10.2004 - VIII ZR 378/03 - NZM 2005, 58-60.
[303] BGH v. 16.02.2005 - VIII ZR 48/04 - NJW 2005, 1188-1190.
[304] BGH v. 23.06.2004 - VIII ZR 361/03 - NJW 2004, 2586-2587.
[305] LG Hanau v. 24.03.2006 - 2 S 324/05 - Info M 2006, 119.
[306] BGH v. 16.12.2009 - VIII ZR 175/09 - WuM 2010, 184-185.
[307] BGH v. 10.02.2010 - VIII ZR 222/09 - WuM 2010, 231-232.

ständigen Mieters jedoch ein innerer Zusammenhang besteht, so dass sie als einheitliche Regelung erscheinen.[308]

319 Ebenso liegt der Fall, wenn eine Klausel dem Mieter die Verpflichtung zur Ausführung der Schönheitsreparaturen auferlegt und eine weitere Klausel regelt, dass der Mieter nur mit Zustimmung des Wohnungsunternehmens von der „bisherigen Ausführungsart" abweichen darf.[309]

320 Eine Schönheitsreparaturklausel ist auch dann unwirksam, wenn nicht ohne vorherige Zustimmung des Vermieters von der „üblichen Ausführungsart" abgewichen werden darf. Sie unterliegt auch der Inhaltskontrolle nach den §§ 305 ff. BGB, wenn das Vertragsformular von dem vom Vermieter beauftragten Wohnungsvermittlungsmakler stammt. In einem solchen Fall gelten die vorformulierten Vertragsbedingungen vom Vermieter gestellt, denn der in die Vetragsanbahnung eingeschaltete Makler ist nicht Dritter, sondern Abschlussgehilfe des Vermieters gemäß § 278 BGB.[310]

321 Die in einem Wohnraummietvertrag enthaltene Schönheitsreparaturklausel, nach der Schönheitsreparaturen „in der Regel in Küchen, Bädern und Toiletten spätestens nach drei Jahren, in Wohnräumen, Schlafräumen, Dielen … spätestens nach fünf Jahren und in sonstigen Räumlichkeiten … spätestens nach sieben Jahren" durchzuführen sind, enthält keinen starren Fristenplan; sie ist deshalb nicht wegen unangemessener Benachteiligung des Mieters unwirksam.[311]

322 Die in einem Gewerbemietvertrag enthaltene Klausel, nach der Schönheitsreparaturen ab Mietbeginn in gewerblich oder freiberuflich genutzten Räumen spätestens nach 4 Jahren und in sonstigen Räumlichkeiten nach 7 Jahren auszuführen sind, enthält einen starren Fristenplan, der den Mieter unangemessen benachteiligt und insgesamt zur Unwirksamkeit führt.[312]

323 Hat der Mieter von Wohnraum im Mietvertrag die Verpflichtung zur Durchführung der Schönheitsreparaturen übernommen, so wird der entsprechende Anspruch des Vermieters – sofern kein Fristenplan vereinbart ist – fällig, sobald aus der Sicht eines objektiven Betrachters Renovierungsbedarf besteht. Darauf, ob bereits die Substanz der Wohnung gefährdet ist, kommt es nicht an. Gerät der Mieter während eines bestehenden Mietverhältnisses mit der Durchführung der Schönheitsreparaturen in Verzug, kann der Vermieter von ihm einen Vorschuss in Höhe der voraussichtlichen Renovierungskosten verlangen.[313]

324 Die Formularklausel in einem Gaststättenpachtvertrag „Der Mieter ist verpflichtet, Schönheitsreparaturen laufend auf eigene Kosten fachgerecht durchführen zu lassen,…" ist unwirksam. Grund dafür ist, dass durch die Formulierung „durchführen zu lassen" eine Selbstvornahme der Schönheitsreparaturen durch den Mieter ausgeschlossen ist und darin eine unangemessene Benachteiligung zu sehen ist. Denn auch der gewerbliche Mieter schuldet nur eine fachgerechte Ausführung mittlerer Art und Güte (§ 243 Abs. 1 BGB), die er ohne weiteres in Eigenleistung erbringen kann.[314]

325 Eine Formularklausel in einem Wohnraummietvertrag, wonach „im Allgemeinen Schönheitsreparaturen in den Mieträumen in folgenden Zeitabständen erforderlich sind", ist unwirksam. Nach Ansicht des BGH unterscheidet eine solche Klausel hinsichtlich der Türen und Fenster nicht ausreichend zwischen Innen- und Außenbereich; es geht nicht mit der erforderlichen Klarheit hervor, dass mit dem Streichen der Fenster und Türen nur deren Innenflächen gemeint sind.[315]

326 Der 8. Zivilsenat des BGH hat nunmehr in einer Reihe von Entscheidungen am 05.04.2006 zu Schönheitsreparaturen entschieden:

---

[308] BGH v. 22.09.2004 - VIII ZR 360/03 - WuM 2004, 660-663.
[309] BGH v. 28.03.2007 - VIII ZR 199/06 - juris Rn. 11 - WuM 2007, 259-260.
[310] BGH v. 14.12.2010 - VIII ZR 143/10 - WuM 2011, 96.
[311] BGH v. 13.07.2005 - VIII ZR 351/04 - WuM 2005, 716-717.
[312] OLG Düsseldorf v. 18.01.2007 - I-10 U 102/06, 10 U 102/06; zur Unwirksamkeit starrer Fristen bei Gewerbemietraum vgl. auch OLG München v. 22.09.2006 - 19 U 2964/06 - GuT 2006, 234-235.
[313] BGH v. 06.04.2005 - VIII ZR 192/04 - NJW 2005, 1862-1863.
[314] OLG Düsseldorf v. 09.12.2010 - 10 U 66/10 - GuT 2010, 344-346.
[315] BGH v. 31.08.2010 - VIII ZR 42/09 - WuM 2011, 137.

- Die in einem Mietvertrag enthaltene formularmäßige Klausel „Der Mieter ist verpflichtet, die während der Dauer des Mietverhältnisses notwendig werdenden Schönheitsreparaturen ordnungsgemäß auszuführen. Auf die üblichen Fristen wird insoweit Bezug genommen, wie z.B.: Küchen und Bäder 3 Jahre, Wohn- und Schlafräume 4-5 Jahre, Fenster, Türen und Heizkörper 6 Jahre." enthält einen starren Fristenplan. Deshalb ist die gesamte die Schönheitsreparaturen betreffende Vertragsbestimmung wegen § 307 Abs. 1 BGB unwirksam. Der BGH begründet dies damit, dass der Mieter die Formulierung „notwendig werdende Schönheitsreparaturen" in Verbindung mit beispielhaft genannten Fristen von einem durchschnittlichen Mieter als verbindliche Vorgabe verstehen müsse. Eine solche Formulierung könne nicht als unverbindlicher Vorschlag des Vermieters verstanden werden.[316]
- Die in einem formularmäßigen Mietvertrag enthaltene Klausel, wonach der Mieter verpflichtet ist, bei seinem Auszug alle von ihm angebrachten oder vom Vormieter übernommenen Tapeten zu beseitigen, ist wegen unangemessener Benachteiligung des Mieters unwirksam, weil diese Maßnahmen unabhängig von der letzten durchgeführten Schönheitsreparatur durchgeführt werden sollten und damit über den tatsächlich erforderlichen Renovierungsbedarf hinausgehen. Der Vermieter kann nur den Renovierungsaufwand auf den Mieter abwälzen, der bei vertragsgemäßer Nutzung entsteht. Eine höhere Instandsetzungsverpflichtung kann dem Mieter nicht auferlegt werden.[317]
- Die in den beiden vorstehenden Entscheidungen ausgeführten Grundsätze gelten auch für die Entfernung von Bodenbelägen. In dem der Entscheidung zugrunde liegenden Fall sollte der Mieter neben den Schönheitsreparaturen innerhalb üblicher Fristen die vom Vermieter übernommenen Boden- und Wandbeläge bei Rückgabe entfernen. Auch dies ist nach Ansicht des BGH mit den wesentlichen Grundgedanken der gesetzlichen Regelung nicht vereinbar und führt daher insgesamt zur Unwirksamkeit der entsprechenden Vertragsbestimmung.[318]
- Ein zur Unwirksamkeit einer Formularklausel führender so genannter Summierungseffekt auf Grund des Zusammentreffens zweier – jeweils für sich genommen – unbedenklicher Klauseln kann auch dann vorliegen, wenn nur eine der beiden Klauseln formularmäßig, die andere dagegen als Individualvereinbarung zustande gekommen ist.[319]
- Ein formularmäßiger Fristenplan für die vom Mieter vorzunehmenden Schönheitsreparaturen ist auch dann starr und benachteiligt einen Mieter unangemessen im Sinne des § 307 BGB, wenn die Fristen allein durch die Angabe eines nach Jahren bemessenen Zeitraumes ohne jeden Zusatz bezeichnet sind. Eine Klausel über die quotenmäßige Abgeltung angefangener Renovierungsintervalle verliert ihre Grundlage, wenn die vertragliche Regelung über die Abwälzung der Schönheitsreparaturenverpflichtung auf den Mieter unwirksam ist.[320]

In der Literatur werden die Folgen der Rechtsprechungsänderung des BGH bezüglich Abgeltungsklauseln und starrer Fristen für die Praxis kontrovers diskutiert. Während *Eisenschmid* mit dem Bundesgerichtshof vollständig übereinstimmt, dass eine solche Abgeltungsklausel gemäß § 307 Abs. 1 Satz 1, Abs. 2 Nr. 1 BGB unwirksam sei, weil sie den Mieter entgegen den Geboten von Treu und Glauben unangemessen benachteilige, zeigen *Bub/von der Osten* und *Beyer* Argumente des entgegenstehenden Schrifttums auf. Insbesondere kritisieren sie, dass das Urteil unter dem Gesichtspunkt des Vertrauensschutzes keine Übergangregelung enthalte und auch bestehende Mietverträge von der Unwirksamkeit der Abgeltungsklausel nicht ausnehme. Schließlich erklären sie Reaktionsmöglichkeiten des Vermieters in laufenden Mietverhältnissen und geben Hinweise, wie eine Abgeltungsklausel in künftigen Mietverträgen wirksam vereinbart werden kann.[321]

---

[316] BGH v. 05.04.2006 - VIII ZR 106/05 - NJW 2006, 2113 f.
[317] BGH v. 05.04.2006 - VIII ZR 109/05 - NJW 2006, 2116.
[318] BGH v. 05.04.2006 - VIII ZR 152/05 - NJW 2006, 2115 f.
[319] BGH v. 05.04.2006 - VIII ZR 163/05 - NJW 2006, 2116 ff.
[320] BGH v. 05.04.2006 - VIII ZR 178/05 - NJW 2006, 1728 f.
[321] *Bub/von der Osten*, NZM 2007, 76-80, *Beyer*, Grundeigentum 2007, 122-136 und *Eisenschmid*, BGHReport 2007, 99-100.

328 Teilweise wird in der Literatur auch auf den Vertrauensschutz im Mietrecht abgestellt. Hieraus wird die Forderung abgeleitet, der BGH müsse eine Stichtagsregelung finden und seine Rechtsprechung für Altfälle schnellstens korrigieren, um Rechtsfrieden zu schaffen und keinen bleibenden Schaden zuzufügen. Altfälle müssten absoluten Bestandsschutz genießen.[322]

329 Eine sog. Abgeltungsklausel mit „starrer" Abgeltungsquote ist gemäß § 307 BGB unwirksam, wenn diese den Mieter bei Beendigung des Mietverhältnisses zur Zahlung eines allein vom Zeitablauf abhängigen Anteils an den Kosten für noch nicht fällige Schönheitsreparaturen nach feststehenden Prozentsätzen verpflichtet und ein diesem Kostenanteil entsprechender Renovierungsbedarf aufgrund des tatsächlichen Erscheinungsbilds der Wohnung noch nicht gegeben ist.[323] Auch insoweit wurde kritisiert, dass es keine Beschränkung des Urteils auf bereits abgeschlossene bzw. sogar schon abgewickelte Mietverträge gebe.[324] Diese Rechtsprechung hat der BGH mit seiner Entscheidung vom 26.09.2007[325] nunmehr auch auf die Quotenklauseln mit sogenannten „weichen" Fristen erstreckt. Diese verstoßen nach Auffassung des BGH ebenfalls gegen das Transparenzgebot, weil sie für den Mieter nicht erkennen lassen, in welcher Art und Weise die Abrechnung erfolgen wird. Darüber hinaus hat es der Vermieter in der Hand, eine andere Berechnungsweise zu wählen und dadurch unangemessen hohe Quoten zu erzielen.[326] Das gilt nach einer weiteren Entscheidung des BGH aus denselben Gründen auch für die Abgeltungsklauseln, wonach der Mieter den Vermieter für angelaufene Renovierungsintervalle zeitanteilig entschädigen soll, wenn die Schönheitsreparaturen bei seinem Auszug noch nicht fällig sind. In dieser Entscheidung hat der BGH auch ausgeführt, dass sich der Verwender allgemeiner Geschäftsbedingungen aufgrund einer Änderung der höchstrichterlichen Rechtsprechung grundsätzlich nicht auf Vertrauensschutz berufen kann.[327]

330 Haben die Parteien keine Renovierungsfristen vereinbart, so ergibt sich aus dem bloßen Zeitablauf keine Verpflichtung zur Ausführung der Schönheitsreparaturen.

2. Endrenovierungspflicht

331 Eine Klausel, die dem Mieter ohne Rücksicht auf den Zeitpunkt der letzten Renovierung eine Endrenovierungspflicht auferlegt, ist wegen unangemessener Benachteiligung des Mieters unwirksam.[328]

332 Die Festlegung starrer Renovierungsquoten bei Auszug vor Fälligkeit von Schönheitsreparaturen ohne Berücksichtigung des tatsächlichen Zustandes der Wohnung benachteiligt den Mieter unangemessen und ist unwirksam.[329]

333 Die Reinigung textiler Bodenbeläge stellt keine Schönheitsreparatur dar.[330]

334 Für Wohnraummietverhältnisse hat das LG Düsseldorf eine Endrenovierungsklausel für unwirksam erklärt, die dem Mieter regelmäßige Schönheitsreparaturen und zugleich unabhängig von den vertraglichen Instandhaltungspflichten die Rückgabe in vollständig sach- und fachgerechtem Zustand auferlegt, weil damit ein Summierungseffekt verbunden sei.[331]

---

[322] *Horst*, NZM 2007, 185-193.
[323] BGH v. 18.10.2006 - VIII ZR 52/06 - juris Rn. 16 - WuM 2006, 677-680; zustimmend *Kappus*, ZMR 2007, 31-32.
[324] *Artz*, NZM 2007, 265-274.
[325] BGH v. 26.09.2007 - VIII ZR 143/06 - NJW 2007, 3632-3635.
[326] BGH v. 26.09.2007 - VIII ZR 143/06 - NJW 2007, 3632-3635.
[327] BGH v. 05.03.2008 - VIII ZR 95/07 - NJW 2008, 1438-1439.
[328] LG Gießen v. 19.12.2001 - 1 S 334/01 - ZMR 2002, 426-427.
[329] AG Neukölln v. 15.03.2006 - 19 C 398/05 - Grundeigentum 2006, 851-855.
[330] Brandenburgisches OLG v. 13.12.2006 - 3 U 200/05 - juris Rn. 28; a.A. LG Görlitz v. 09.08.2000 - 2 S 4/00 - WuM 2000, 570.
[331] LG Düsseldorf v. 17.10.2002 - 21 S 69/02 - MDR 2003, 213; so auch mit gleicher Begründung LG Berlin v. 13.01.1998 - 65 S 308/97 - juris Rn. 3 - NJW-RR 1998, 1310; a.A. mit Hinweis auf den unterschiedlichen Regelungsbereich der Endrenovierungs- und der Schönheitsreparaturklausel: LG Köln v. 27.05.1999 - 30 S 17/99 - WuM 1999, 720.

Allein die Verpflichtung, die Räume „im bezugsfertigen Zustand" zu übergeben, verpflichtet den Mieter nicht zur Endrenovierung, da die Räume auch ohne solche von einem Nachfolger bezogen und bestimmungsgemäß benutzt werden können.

Renovierungsklauseln in den Allgemeinen Geschäftsbedingungen eines Mietvertrages über dem Mieter unrenoviert übergebene Geschäftsräume sind gemäß § 307 Abs. 2 Nr. 2 BGB unwirksam, soweit der Mieter dadurch verpflichtet ist, regelmäßig Schönheitsreparaturen durchzuführen und außerdem die Miträume bei Beendigung des Mietverhältnisses „in voll renoviertem Zustand" zurückzugeben.[332]

Diese Auffassung hat der BGH nunmehr bestätigt. Die Unwirksamkeit der Endrenovierungsklausel zieht die Unwirksamkeit der Schönheitsreparaturklausel nach sich, auch wenn diese für sich betrachtet wirksam ist. Eine isolierte Betrachtung von Endrenovierungs- und Schönheitsreparaturklauseln ist wegen der inneren Zusammengehörigkeit, nämlich der Abwälzung der Renovierungspflicht auf den Mieter entgegen dem gesetzlichen Leitbild des § 535 BGB, nicht möglich. Bei der notwendig vorzunehmenden Gesamtbetrachtung kommt es durch den Summierungseffekt der Abweichungen vom gesetzlichen Leitbild zum Nachteil des Mieters zu einer unangemessenen Benachteiligung. Die Klauseln sind nicht teilbar und deswegen beide unwirksam. Wegen des Gebotes der Transparenz kann sich der Verwender von vorformulierten Vertragsbedingungen nicht auf die Unwirksamkeit eines Klauselteils berufen, um den Bestand des anderen Klauselteils zu seinen Gunsten aufrechtzuerhalten.[333]

Nach der Auffassung des OLG Celle gilt dies nicht bei gewerblicher Vermietung. Eine Klausel, durch die der gewerbliche Mieter zu einer Schlussrenovierung verpflichtet wird, die unabhängig von der letzten vorgenommenen Schönheitsrenovierung sein soll, ist wirksam. Die Berufung auf eine solche Klausel kann aber dann rechtsmissbräuchlich sein, wenn die letzte Schönheitsrenovierung kurze Zeit vor Vertragsbeendigung erfolgt ist.[334]

Diese Auffassung hat der 8. Zivilsenat BGH nunmehr bestätigt. Die Unwirksamkeit der Endrenovierungsklausel zieht die Unwirksamkeit der Schönheitsreparaturklausel nach sich, auch wenn diese für sich betrachtet wirksam ist. Eine isolierte Betrachtung von Endrenovierungs- und Schönheitsreparaturklauseln ist wegen der inneren Zusammengehörigkeit, nämlich der Abwälzung der Renovierungspflicht auf den Mieter entgegen dem gesetzlichen Leitbild des § 535 BGB, nicht möglich. Bei der notwendig vorzunehmenden Gesamtbetrachtung kommt es durch den Summierungseffekt der Abweichungen vom gesetzlichen Leitbild zum Nachteil des Mieters zu einer unangemessenen Benachteiligung. Die Klauseln sind nicht teilbar und deswegen beide unwirksam. Wegen des Gebotes der Transparenz kann sich der Verwender von vorformulierten Vertragsbedingungen nicht auf die Unwirksamkeit eines Klauselteils berufen, um den Bestand des anderen Klauselteils zu seinen Gunsten aufrechtzuerhalten.[335] Ein Teil der Literatur geht davon aus, dass aufgrund des unterschiedlichen Regelungsgehaltes beider Klauseln nicht von einem Summierungseffekt gesprochen werden kann.[336] Unter Anwendung der Grundsätze einer anderen Entscheidung des 8. Zivilsenates, ebenfalls vom 25.06.2003, erscheint eine Trennung der unwirksamen Endrenovierungsklausel von der für sich gesehen unbedenklichen Schönheitsreparaturklausel doch möglich, wenn diese sprachlich trennbar sind.[337]

Vor dem Hintergrund dieser Rechtsprechung werden in der Literatur Abwehrstrategien des Vermieters gegen Mieteransprüche aus unwirksamen Renovierungsklauseln entwickelt.[338]

---

[332] OLG Hamm v. 05.07.2002 - 7 U 94/01 - MDR 2002, 1243-1244.
[333] BGH v. 14.05.2003 - VIII ZR 308/02 - juris Rn. 20 - NJW 2003, 2234-2235.
[334] OLG Celle v. 07.05.2003 - 2 U 200/02 - NJW-RR 2003, 1165.
[335] BGH v. 14.05.2003 - VIII ZR 308/02 - juris Rn. 20 - NJW 2003, 2234-2235; vgl. hierzu auch BGH v. 25.06.2003 - VIII ZR 335/02 - NJW 2003, 3192-3193; kritische Anmerkungen zu der Entscheidung des BGH vom 25.06.2003 *Eckert*, EWiR 2003, 1233-1234.
[336] *Blank*, LMK 2003, 201-202; *Kröll*, EWiR 2003, 1061-1062.
[337] BGH v. 25.06.2003 - VIII ZR 344/02 - juris Rn. 15 - NJW 2003, 2899-2900.
[338] *Horst*, DWW 2007, 48-55.

341 Führt der Mieter eine Endrenovierung aus, weil er um die Unwirksamkeit einer Abwälzungsklausel nicht weiß, kann er die bezahlten Handwerkerkosten nach den Voraussetzungen der Geschäftsführung ohne Auftrag vom Vermieter erstattet verlangen.[339]

342 Nach Auffassung des 8. Zivilsenats des BGH ist eine Regelung in einem vom Vermieter verwandten Formularmietvertrag über Wohnraum, nach welcher der Mieter verpflichtet ist, die Mieträume bei Beendigung des Mietverhältnisses unabhängig vom Zeitpunkt der Vornahme der letzten Schönheitsreparaturen renoviert zu übergeben, wegen unangemessener Benachteiligung des Mieters unwirksam. Das gilt auch dann, wenn der Mieter zu laufenden Schönheitsreparaturen während der Dauer des Mietverhältnisses nicht verpflichtet ist, also bei einer sog. „isolierten Endrenovierungsklausel".[340]

343 Eine Formularklausel in einem Mietvertrag über eine vom Vermieter renoviert überlassene Wohnung, die den Mieter bei Beendigung des Mietverhältnisses zur Zahlung eines Anteils an den Kosten für von ihm vorzunehmende, aber noch nicht fällige Schönheitsreparaturen verpflichtet, ist in ihrem sachlichen Regelungsgehalt hingegen nicht zu beanstanden, wenn sie eine Berücksichtigung des tatsächlichen Erhaltungszustands der Wohnung in der Weise ermöglicht, dass für die Berechnung der Quote das Verhältnis zwischen der Mietdauer seit Durchführung der letzten Schönheitsreparaturen und dem Zeitraum nach Durchführung der letzten Schönheitsreparaturen maßgeblich ist, nach dem bei einer hypothetischen Fortsetzung des Mietverhältnisses aufgrund des Wohnverhaltens des Mieters voraussichtlich Renovierungsbedarf bestünde.[341]

344 Eine solche Klausel verstößt jedoch gegen das Transparenzgebot und ist deshalb wegen unangemessener Benachteiligung des Mieters unwirksam, wenn ihr Wortlaut für den Mieter nicht eindeutig erkennen lässt, dass die Abgeltungsquote in dieser Art und Weise zu berechnen ist, sondern dem Vermieter die Möglichkeit gibt, den Mieter aufgrund einer anderen Berechnungsweise, die ebenfalls vom Wortlaut der Klausel gedeckt ist, auf eine unangemessen hohe Quote in Anspruch zu nehmen.[342]

3. Einzelfälle

345 Je nach Grad der **Abnutzung** sind Schönheitsreparaturen unverzüglich durchzuführen, wenn die dazugehörige Klausel des Wohnraummietvertrages der Inhaltskontrolle standhält. Die Überbürdung von Schönheitsreparaturkosten in AGB ist wegen unangemessener Benachteiligung im Sinne von § 307 BGB unwirksam, falls die Wohnung in unrenoviertem Zustand übergeben wird und der Mieter zugleich zur Anfangsrenovierung verpflichtet ist.[343]

346 Eine Schönheitsreparaturklausel ist unwirksam, wenn sie mit der unwirksamen **Farbwahlklausel**, die Mietwohnung mit weiß gestrichenen Fenstern, Türen und Decken zurückzugeben, kombiniert wird. Eine derartige Regelung läuft wegen des Summierungseffekts auf eine Endrenovierungspflicht hinaus, die unabhängig vom Zustand der Dekoration und dem Zeitpunkt der letzten Renovierung eintritt, weil der Mieter beim Auszug die vorgenannten Objekte selbst dann weiß streichen muss, wenn er im Rahmen seiner geschmacklichen Freiheit helle Pastellfarben verwendet hat.[344]

347 Dies wurde vom BGH bestätigt, der auch die Formulierung des „Weißen" von Decken und Wänden mit einbezog. Begründet wird dies damit, dass der Mieter unangemessen benachteiligt sei, weil er auch während des laufenden Mietverhältnisses in der vorgegebenen Farbwahl dekorieren muss und dadurch in seiner persönlichen Lebensgestaltung eingeschränkt wird, ohne dass dafür ein anerkennenswertes Interesse des Vermieters besteht.[345]

348 Eine andere Bewertung einer solchen Klausel ist auch dann nicht gerechtfertigt, wenn dem Mieter im Einzelfall die Möglichkeit eingeräumt wird, eine Erlaubnis des Vermieters zur Dekoration in abwei-

---

[339] LG Wuppertal v. 23.08.2007 - 9 S 478/06 - WuM 2007, 567-568.
[340] BGH v. 12.09.2007 - VIII ZR 316/06 - EBE/BGH 2007, 383-384.
[341] BGH v. 26.09.2007 - VIII ZR 143/06 - EBE/BGH 2007, 373-376.
[342] BGH v. 26.09.2007 - VIII ZR 143/06 - EBE/BGH 2007, 373-376.
[343] KG Berlin v. 10.01.2005 - 8 U 17/04 - KGR Berlin 2005, 146-147.
[344] LG Berlin v. 10.01.2006 - 64 S 394/05 - juris Rn. 7 - Info M 2006, 118.
[345] BGH v. 21.09.2011 - VIII ZR 47/11 - WuM 2011, 618.

chender Farbe einholen zu können. Es ist kein sachlich gerechtfertigtes Interesse des Vermieters ersichtlich, während der laufenden Mietzeit Einfluss auf die Farbwahl nehmen zu dürfen.[346]

Die formularmietvertragliche Einengung der Farbwahl für die vorzunehmenden Schönheitsreparaturen auf nur eine einzige Farbe („weiß") im Zeitpunkt der Rückgabe schränkt die Gestaltungsfreiheit des Mieters in einer Weise ein, die nicht durch ein berechtigtes Interesse des Vermieters gerechtfertigt ist und den Mieter deshalb unangemessen benachteiligt.[347] 349

Eine Vertragsklausel, die das Abschleifen und Versiegeln des **Parketts** dem Wohnraummieter auferlegt, ist wegen unangemessener Benachteiligung und unabhängig von einer vereinbarten Ausführungsfrist gemäß § 307 BGB unwirksam.[348] 350

Sind die Schönheitsreparaturen insgesamt dem Mieter nicht in wirksamer Weise aufgebürdet worden, so ist auch einer **Quotenklausel** für die Beendigung des Mietverhältnisses der rechtliche Boden entzogen.[349] 351

Eine Schönheitsreparaturklausel, die die Erneuerung von **Teppichböden** auferlegt, hat einen unzulässig weiten Umfang und ist deshalb nichtig.[350] 352

Wenn Schönheitsreparaturen wegen geplanter Umbaumaßnahmen des Vermieters (hier: u.a. Erneuerung der Elektroinstallation) sinnlos wären, steht dem Vermieter ein Entschädigungsanspruch in Geld zu. Dieser besteht in vollem Umfang (hier: aus Kostenvoranschlag eines Malers), wenn eine kostensparende Selbstvornahme des Mieters nicht in Betracht kommt. Der Vermieter kann auch die Umsatzsteuer auf die Renovierungskosten verlangen, da es sich nicht um einen Schadensersatzanspruch, sondern um einen vertraglichen Anspruch eigener Art handelt.[351] 353

Eine **individualvertragliche** Abrede zum Zustand der Mietsache bei Rückgabe überlagert die formularmäßig übernommene Verpflichtung zur Vornahme von Schönheitsreparaturen.[352] 354

Bei Unwirksamkeit der Schönheitsreparaturklausel ist der Vermieter berechtigt, dem Mieter Verhandlungen über eine **Vertragsänderung** anzubieten, deren Inhalt die wirksame Übernahme der Schönheitsreparaturen durch den Mieter vom Zeitpunkt der zu treffenden Vereinbarung an ist. Unterbleibt die angebotene Vertragsänderung, kann der Vermieter im Zustimmungsverfahren zur Mieterhöhung auf der Grundlage des Rücksichtnahmegebots einen Zuschlag zur ortsüblichen Vergleichsmiete vom Mieter verlangen.[353] 355

Wird die Endreinigungspflicht bezüglich des Teppichbodens durch den Mieter im Mietvertrag festgeschrieben, so entfällt diese Pflicht, wenn der Vermieter sich entschieden hat, diesen allein aus geschmacklichen Gründen auszutauschen. Die Nichtreinigung eines Teppichbodens stellt für den Vermieter keinen ausgleichsfähigen Schaden dar, weil der Belag dadurch nicht ohne weiteres schadhaft wird.[354] 356

Ist eine der Klauseln über die Abwälzung von Schönheitsreparaturen auf den Mieter unwirksam, ist der Vermieter berechtigt, im Rahmen eines Mieterhöhungsverfahrens einen entsprechenden Zuschlag mit dem Höchstsatz von 8,50 €/qm auf die Miete zu verlangen.[355] 357

---

[346] BGH v. 22.02.1012 - VIII ZR 205/11 - NJW 2012, 1280-1281.
[347] BGH v. 14.12.2010 - VIII ZR 218/10 - WuM 2011, 212-213.
[348] OLG Düsseldorf v. 16.10.2003 - 10 U 46/03 - juris Rn. 32 - WuM 2003, 621-624.
[349] LG Regensburg v. 22.07.2003 - 2 S 121/03 - ZMR 2003, 933-934.
[350] LG Regensburg v. 22.07.2003 - 2 S 121/03 - ZMR 2003, 933-934.
[351] LG Berlin v. 23.02.2006 - 67 S 409/05 - juris Rn. 17, 18, 21, 26 - Grundeigentum 2006, 1038-1039.
[352] OLG Köln v. 27.01.2006 - 1 U 6/05 - juris Rn. 10, 13 - ZMR 2006, 859-860.
[353] LG Düsseldorf v. 18.05.2006 - 21 S 288/05 - juris Rn. 16 - WuM 2006, 387-388.
[354] Brandenburgisches OLG v. 13.12.2006 - 3 U 200/05 - juris Rn. 29.
[355] OLG Karlsruhe v. 18.04.2007 - 7 U 186/06 - juris Rn. 13, 17-20 - Grundeigentum 2007, 909-910.

F. Prozessuale Hinweise

I. Zuständigkeit

358 Für Streitigkeiten über Ansprüche aus einem Mietverhältnis über Wohnraum oder über den Bestand eines solchen Mietverhältnisses besteht gemäß § 23 Nr. 2a GVG eine ausschließliche **instanzielle Zuständigkeit** der Amtsgerichte. Diese Zuweisung betrifft jedoch nur Wohnraummietverhältnisse und greift bei Mischmietverhältnissen daher nur, wenn die Wohnraummiete überwiegt und gegenüber der Geschäftsraummiete oder Pacht den Schwerpunkt des Vertrages bildet.[356]

359 Die örtliche Zuständigkeit für Streitigkeiten in Bezug auf Miet- und Pachträume ist in § 29a ZPO als **ausschließlicher Gerichtsstand** des Gerichts ausgestaltet, in dessen Bezirk sich die Räume befinden. Ausgenommen von dieser Gerichtsstandsregelung sind die in § 549 BGB genannten Mietverhältnisse über Wohnraum (vorübergehende Nutzung, Eigennutzung des Vermieters, Nutzung durch juristische Personen des öffentlichen Rechts etc.).

II. Klageart und Parteifähigkeit

360 Ansprüche auf Miete aus Wohnraummietverträgen sind grundsätzlich als Leistungsklage geltend zu machen. Der Bundesgerichtshof lässt zwischenzeitlich jedoch auch die Klage im **Urkundenprozess** gemäß §§ 592 ff. ZPO zu. Diese bietet sich immer dann an, wenn der Vermieter einen schnellen Titel gegen den Mieter benötigt und die geschuldete Miete aus der Mietvertragsurkunde folgt. Die seitens des Mieters eingewandte Minderung hindert die Zulässigkeit des Urkundsprozesses nicht.[357]

361 Diese Klageart soll bei Herausgabeklagen, Klagen auf Abgabe einer Willenserklärung oder auf Vornahme einer Handlung sowie bei Feststellungsklagen etwa zur Feststellung der Beendigung eines Mietverhältnisses nicht zulässig sein. Jedoch biete sich der Urkundenprozess als Klageart beim Anspruch auf Zahlung von Kaution sowie rückständiger Miete oder einer erhöhten Betriebskostenvorauszahlung an.[358]

362 Ein Mietrückstand wegen behauptet unberechtigter Mietminderung kann nicht im Urkundenprozess geltend gemacht werden, sofern der Mieter die hier anhand des Wohnungsübergabeprotokolls gelisteten Mängel bei Wohnungsübergabe und die Zusage der Mängelbeseitigungen vorliegend durch ein Schreiben der Hausverwaltung nachweisen kann und der Vermieter eine erfolgte Mängelbeseitigung nicht durch Urkunden belegen kann.[359]

363 Andererseits ist der Urkundenprozess zum Nachweis, dass der Mieter die Mietsache als Erfüllung angenommen hat, dann statthaft, wenn dies entweder unstreitig ist oder der Vermieter ein solches Verhalten des Mieters durch Urkunden, etwa das Übergabeprotokoll oder Kontoauszüge, aus denen hervorgeht, dass der Mieter zunächst die ungeminderte Miete gezahlt hat, beweisen kann.[360]

364 Enthält der Formularmietvertrag möglicherweise unwirksame Klauseln über die Verpflichtung des Mieters zur Vornahme von Schönheitsreparaturen, so hat der Mieter ein berechtigtes Interesse daran, die Frage seiner Verpflichtung zur Durchführung von Schönheitsreparaturen vor seinem Auszug zu klären und dementsprechend vom Vermieter zu erfahren, ob er den Mieter in Anspruch nehmen will. Dem Mieter ist somit der Weg für eine negative Feststellungsklage eröffnet, nachdem er das erforderliche Interesse an einer alsbaldigen Feststellung hat.[361]

365 Auf einen bislang nicht am Rechtsstreit beteiligten Dritten kann eine Klage nicht im Wege der unselbständigen Anschlussberufung erstreckt werden. Dies gilt auch für die Erstreckung auf einen Streithelfer.[362]

---

[356] OLG Hamm v. 12.07.1985 - 9 U 85/85 - ZMR 1986, 11-12.
[357] BGH v. 01.06.2005 - VIII ZR 216/04 - WuM 2005, 526-528.
[358] *Both*, NZM 2007, 156-160.
[359] BGH v. 20.10.2010 - VIII ZR 111/09 - WuM 2010, 761-762.
[360] BGH v. 08.07.2009 - VIII ZR 200/08 - NJW 2009, 3099-3100.
[361] BGH v. 13.01.2010 - VIII ZR 351/08 - juris Rn. 17, 18, 19 - WuM 2010, 143-146.
[362] OLG Karlsruhe v. 12.11.2002 - 17 U 177/00 - OLGR Karlsruhe 2003, 303-310.

Ein Vermieter darf auch auf zukünftige Miete bzw. Nutzungsentschädigung klagen, sofern der Mieter nach dem Einzug ohne Angabe von Gründen jegliche Mietzahlung unterlässt. Der Vermieter darf in diesem Fall von der Zahlungsunfähigkeit des Mieters ausgehen.[363] 366

Sind in einem angefochtenen erstinstanzlichen Urteil eine GmbH & Co. KG und ihre Komplementär-GmbH als Beklagte verurteilt worden, so muss die Berufungsschrift, in der als Berufungsklägerin versehentlich nur die Komplementär-GmbH, nicht aber auch die GmbH & Co. KG aufgeführt ist, dahin ausgelegt werden, dass für beide Beklagte Berufung eingelegt ist, wenn das erstinstanzliche Urteil der Berufungsschrift beigefügt war oder jedenfalls vor Ablauf der Berufungsfrist dem Berufungsgericht vorliegt.[364] 367

Die Angaben der streitgegenständlichen Mietperioden und der darauf entfallende jeweilig eingeklagte Mietzins sind für die Bestimmtheit der Klageerhebung im Sinne von § 253 Abs. 2 Nr. 2 ZPO unverzichtbar, aber auch ausreichend. Klagt der Vermieter rückständige Mieten ein, braucht er nur das Bestehen eines Mietvertrages, den streitgegenständlichen Monat, die Gebrauchsmöglichkeit des Mieters in diesem Monat und die Höhe der für diesen Monat beanspruchten Miete vorzutragen. Beansprucht der Vermieter für einen Monat weniger die volle Miete und sind Betriebskostenvorschüsse vereinbart, hat der Vermieter klarzustellen, ob und in welchem Umfang er Zahlung auf die Grundmiete oder auf den Betriebskostenvorschuss beansprucht, da beide Forderungen hinsichtlich ihrer Entstehung, ihres Untergangs und ihrer Fälligkeit nach unterschiedlichen Regeln zu beurteilen sein können. Etwaige Erfüllungen durch den Mieter braucht der klagende Vermieter zur Schlüssigkeit seines Anspruchs jedoch nicht darzulegen. Der Kläger ist unter keinem denkbaren Gesichtspunkt gehalten, das Erlöschen nicht eingeklagter Forderungen darzustellen. Nachträgliche Mietzinssenkungen oder Tilgungen der entstandenen Mietforderung über das für den streitgegenständlichen Monat vom Kläger beanspruchte Entgelt oder die eingeräumte Erfüllung hinaus hat der Mieter darzutun.[365] 368

Der für die Anfechtung des Pfändungspfandrechts maßgebliche Zeitpunkt richtet sich nach dem Beginn des Nutzungszeitraums, für den die Mietrate geschuldet war, sofern ein Gläubiger eine künftige Mietforderung des Schuldners gegen einen Dritten pfändet. Ist das durch Pfändung der Mietforderung entstandene Pfandrecht anfechtbar, weil der Nutzungszeitraum, für den die Mieten geschuldet sind, in der anfechtungsrelevanten Zeit begonnen hat, führt es nicht zur Annahme eines masseneutralen Sicherheitentauschs, dass die Mietforderung zugleich in den Haftungsverband einer Grundschuld fällt.[366] 369

Ist dem Vollstreckungsschuldner die Vornahme der titulierten Handlung unzumutbar, so hat die Zwangsvollstreckung der im Pachtvertrag vereinbarten Betriebspflicht für eine Speisegaststätte nach § 888 ZPO zu unterbleiben. Ein solcher Fall der Unzumutbarkeit liegt vor, wenn es sich bei der Gaststätte um einen „Familienbetrieb" handelt und es dem Pächter aus gesundheitlichen Gründen (hier: eine schwere primäre chronische Polyarthritis) nicht mehr möglich ist, seine Arbeitskraft als Koch oder Bedienung einzusetzen.[367] 370

Nimmt der Mieter die ihm gemäß § 262 BGB obliegende Wahl für Instandsetzung und Renovierung der Mietsache nicht innerhalb des dafür eröffneten Rahmens vor, so begründet das keinen Schadensersatzanspruch des Vermieters. Dieser muss vielmehr, soweit die Art der Erfüllung dem Mieter zur Wahl steht, nach § 264 Abs. 1 BGB vorgehen. Er muss den Mieter auf Arbeitsausführung verklagen und auf der Grundlage eines dann etwa erstrittenen Urteils nach § 887 ZPO vollstrecken.[368] 371

Der Vermieter handelt nach § 858 Abs. 1 BGB widerrechtlich, wenn er gemietete Geschäftsräume ohne rechtswirksamen Räumungstitel eigenmächtig im Wege der Selbsthilfe geräumt und neue Türschlösser eingebaut hat. Gemäß § 861 Abs. 1 BGB kann der Mieter, dem der Besitz durch verbotene Eigenmacht entzogen worden ist, im Wege einer einstweiligen Verfügung nach den §§ 935, 940 ZPO 372

---

[363] AG Charlottenburg v. 22.06.2006 - 220 C 63/06 - Grundeigentum 2006, 1047.
[364] OLG Köln v. 01.04.2003 - 22 U 196/02 - OLGR Köln 2005, 190-192.
[365] Brandenburgisches Oberlandesgericht v. 08.05.2006 - 3 W 18/06 - juris Rn. 2, 6 - WuM 2006, 579-580.
[366] BGH v. 17.09.2009 - IX ZR 106/08 - BGHZ 182, 264-272.
[367] OLG Celle v. 09.07.2002 - 2 W 60/02 - OLGR Celle 2002, 257-258.
[368] OLG Koblenz v. 12.07.2010 - 5 U 288/10.

die Wiedereinräumung des Besitzes an den gemieteten Räumen verlangen, da dies keine unzulässige Vorwegnahme der Hauptsache ist. Die verbotene Selbsthilfe des Antragsgegners ist vielmehr rückgängig zu machen.[369]

III. Beweisregeln

373 Die **Beweislast** für den vertragsgemäßen Zustand der Mietsache vor Übergabe und die rechtzeitige Gewährung trägt der Vermieter.[370] Die Beweislast für den Abschluss einer Individualvereinbarung etwa bei individualvertraglicher Ergänzung einer Formularklausel trägt der Verwender.[371] Der Verwender muss also nachweisen, dass die Klausel inhaltlich zur Disposition gestellt wurde, indem er beispielsweise entsprechenden Schriftverkehr vorlegt.

374 Ist es nach dem Mietvertrag möglich, dass der Mieter die Gewerberäume Dritten im Wege der Untervermietung oder durch Auswechslung des Mieters überlässt, so trägt der Vermieter die Darlegungs- und Beweislast für seine Behauptung, die Gewerberäume würden aufgrund eines Untermietvertrages entgeltlich zur Nutzung überlassen, wenn es dem Vermieter im Vorfeld erkennbar gleichgültig war, welche der beiden Varianten vorliegt.[372]

375 Beruft sich der Mieter darauf, dass ein Außenwandgasofen, der zum Beheizen eines einzelnen Zimmers dient, vom Vermieter eingebaut worden sei mit der Folge, dass der Ofen deshalb zur Ausstattung der Mietsache gehöre und die Instandhaltungspflicht daher den Vermieter treffe, so muss der Mieter auch den entsprechenden Beweis führen.[373]

376 Im Falle der Nichterfüllung eines Gewerberaummietvertrages durch Überlassung der Mieträume in einem zum vertragsgemäßen Gebrauch nicht geeigneten Zustand genügt der Mieter, der entgangenen Gewinn fordert, seiner Darlegungs- und Beweislast, wenn er nachweist, an der Durchführung bestimmter Geschäfte gehindert worden zu sein und dass ihm wegen der Nichtdurchführbarkeit dieser Geschäfte Gewinn entgangen ist. Ist der Erwerbsschaden eines Selbstständigen festzustellen, so ist es im Rahmen des § 252 BGB und § 287 ZPO in der Regel erforderlich und angebracht, an die Geschäftsentwicklung und die Geschäftsergebnisse in den letzten Jahren anzuknüpfen. Zur Darlegung des entgangenen Gewinns im Rahmen der abstrakten Schadensberechnung nach § 252 Satz 2 BGB genügt es, diese Tatsachen vorzutragen.[374]

377 Besteht bei einem gewerblichen Miet- und Pachtverhältnis ein auffälliges Missverhältnis zwischen der vereinbarten und der marktüblichen Miete oder Pacht, kann hieraus allein noch nicht auf eine verwerfliche Gesinnung des Begünstigten geschlossen werden. Aufgrund häufig auftretender **Bewertungsschwierigkeiten** bedarf es der tatrichterlichen Prüfung, ob dieses Missverhältnis für den Begünstigten subjektiv erkennbar war.[375]

378 Ist die Höhe eines vorvertraglichen Nutzungsentgelts streitig, kann hierüber ein **Sachverständigengutachten** eingeholt werden. Einwendungen gegen ein solches Sachverständigengutachten sind im Rahmen des Zumutbaren, also spätestens so rechtzeitig vor demjenigen Termin anzubringen, in dem das Gutachten vorgetragen und damit in den Rechtsstreit eingeführt wird, dass die Ladung des Sachverständigen noch möglich ist. Erhebt der Kläger erstmals sechs Wochen nach Zustellung des Gutachtens in der mündlichen Verhandlung Einwendungen gegen das Gutachten und beantragt dessen Ergänzung, so übt er sein Fragerecht verspätet aus, so dass das Gericht dem nicht nachzugehen hat. Grundsätzlich verliert eine Partei ihren Anspruch auf Anordnung des Erscheinens des Sachverständigen, wenn sie einen solchen Antrag im ersten Rechtszug nicht rechtzeitig stellt. Das Berufungsgericht darf einen solchen erstmals in zweiter Instanz gestellten Antrag nur dann nicht ablehnen, wenn die Ladung des

---
[369] OLG Frankfurt v. 06.10.2003 - 2 W 26/03 - MDR 2004, 626.
[370] OLG Köln v. 18.12.1996 - 27 U 17/96 - OLGR Köln 1997, 89-91.
[371] LG Gießen v. 19.12.2001 - 1 S 334/01 - ZMR 2002, 426-427.
[372] OLG Düsseldorf v. 29.10.2009 - I-24 U 30/09.
[373] BGH v. 17.08.2011 - VIII ZR 96/11 - WuM 618-619.
[374] BGH v. 27.10.2010 - XII ZR 128/09 - GuT 2010, 343-344.
[375] BGH v. 14.07.2004 - XII ZR 352/00 - GuT 2004, 225-227.

Sachverständigen nach § 411 Abs. 3 ZPO schon von Amts wegen geboten ist, weil das Gutachten zur Behebung von Zweifeln oder Beseitigung von Unklarheiten und Widersprüchen der mündlichen Erörterung bedarf.[376]

Ob ein geringes Angebot an **vergleichbaren Räumen** besteht, ist jeweils für die in Betracht kommende Wohnungsgruppe („Teilmarkt") festzustellen. Für eine Wohnung mit weit überdurchschnittlicher Qualität stellt deshalb der Umstand, dass sie in einem Ballungsgebiet liegt und für die betreffende Gemeinde ein Zweckentfremdungsverbot besteht, kein hinreichend aussagekräftiges Anzeichen für das Vorliegen einer Mangelsituation dar.[377]

379

Der Fachsenat eines Oberlandesgerichtes kann aufgrund eigener **Sachkunde**, d.h. einem nicht formalisierten Befähigungsnachweis, gegebenenfalls auch die objektiven Voraussetzungen für die Sittenwidrigkeit eines Mietvertrages ausschließen, sofern er den Parteien spätestens in der mündlichen Verhandlung seine Sachkunde darlegt und ihnen Gelegenheit gibt, hierzu Stellung zu beziehen.[378]

380

Hat der beklagte (Gewerberaum-)Mieter in der Eingangsinstanz einer Mietzahlungsklage ohne näheren Vortrag behauptet, dass die vertraglich vereinbarte Miete überhöht sei, und wird der Vortrag erst in der Berufungsinstanz durch Benennung von **Vergleichsobjekten** substantiiert, so ist die Partei mit diesem Vortrag gemäß § 531 Abs. 2 ZPO ausgeschlossen. Es handelt sich um neu vorgetragene Tatsachen im Sinne der genannten Vorschrift und nicht nur um die Konkretisierung bereits schlüssigen Vorbringens. Neu ist Vorbringen, welches im ersten Rechtszug nur angedeutet und erst in der Berufungsinstanz substantiiert wird und schlüssig ist. Fortlaufend monatlich fällig werdende Mietzinsforderungen für bestimmte Zeiträume müssen im Mahnbescheid nicht gesondert ausgewiesen werden. Die Bezeichnung des Gesamtbetrages reicht aus.[379]

381

Wenn ein Wohnungsmieter ein Abnahmeprotokoll unterschrieben hat, in dem der Zustand der Räume und die Erforderlichkeit von Schönheitsreparaturen dargestellt sind, ist er darlegungs- und beweispflichtig für die ordnungsgemäße Durchführung dieser Arbeiten.[380]

382

Drohen dem Rechtsbeschwerdeführer größere Nachteile als dem Gegner, so kann das Rechtsbeschwerdegericht im Wege der einstweiligen Anordnung nach den §§ 570 Abs. 3 HS. 1, 575 Abs. 5 ZPO auch die Vollziehung einer Entscheidung (hier: Vollstreckung eines Räumungstitels) der ersten Instanz aussetzen. Dies jedoch nur, wenn die Rechtsbeschwerde zulässig erscheint und die Rechtsmittel des Rechtsbeschwerdeführers nicht von vornherein ohne Erfolgsaussicht sind.[381]

383

IV. Verfassungsrechtliche Rechtsprechung

Das durch Art. 3 Verf HE i.V.m. dem Rechtstaatsprinzip garantierte Grundrecht auf Gewährung rechtlichen Gehörs gibt den Verfahrensbeteiligten einen Anspruch darauf, dass ihr Parteivortrag vom Fachgericht zur Kenntnis genommen und bei der Entscheidung in Erwägung gezogen wird. Ein Gehörsverstoß ist nur dann gegeben, wenn sich dieser aus den besonderen Umständen des Einzelfalls ergibt. Dies ist besonders dann der Fall, wenn das Fachgericht in seinen Entscheidungsgründen auf substantiiertes Parteivorbringen von zentraler Bedeutung nicht eingeht.[382] Das OLG hat das rechtliche Gehör dadurch verletzt, dass es wesentliches, substantiiertes und unter Beweis gestelltes Vorbringen des Antragstellers zu verschiedenen Schadenspositionen aus nicht nachvollziehbaren Gründen unberücksichtigt gelassen hat. Insbesondere ist es bei der Schadensberechnung von einem falschen Aufmaß der zu berücksichtigenden Wandflächen ausgegangen.[383]

384

---

[376] KG Berlin v. 05.05.2003 - 8 U 108/02.
[377] BGH v. 25.01.2006 - VIII ZR 56/04 - WuM 2006, 161-162.
[378] BGH v. 01.09.2004 - XII ZR 73/01 - GuT 2004, 238.
[379] KG Berlin v. 07.08.2003 - 8 U 266/02.
[380] LG Berlin v. 18.07.2006 - 64 S 119/06 - juris Rn. 5, 6 - Grundeigentum 2006, 1037-1038.
[381] BGH v. 04.02.2010 - VIII ZB 84/09 - WuM 2010, 252.
[382] Vgl. StGH Wiesbaden v. 20.10.1999 - P.St. 1356 - StAnz 1999, 3410, 3413 - WuM 1999, 624 ff.
[383] StGH Wiesbaden v. 15.01.2003 - P.St. 1648 - WuM 2003, 136.

385 Einer Entscheidung des StGH Wiesbaden zufolge ist das Grundrecht des rechtlichen Gehörs und des Willkürverbots durch fachgerichtliche Abweisung einer Klage des Mieters auf Rückzahlung vermeintlich überhöhter Wohnraummiete nicht verletzt und die Grundrechtsklage somit unbegründet. Es begegnet keinen verfassungsrechtlichen Bedenken, dass das LG Frankfurt seiner Entscheidung den – bereits in der Klageerwiderung – ausgeführten Vortrag des Vermieters zugrunde gelegt hat, wonach die Mieterin im Sinne von § 814 BGB schon von Beginn des Mietverhältnisses an Kenntnis von der Mietpreisüberhöhung und ihrer Nichtschuld hatte. Die Bezugnahme des LG auf § 814 BGB in der mündlichen Berufsverhandlung war demnach – entgegen dem Vortrag der Mieterin – nicht überraschend. Des Weiteren ist nicht feststellbar, dass das Vorbringen der Mieterin, sie habe eine gewisse Zeitspanne keine Kenntnis von der Nichtschuld der Zahlung des überhöhten Mietzinses gehabt, vom LG unberücksichtigt gelassen wurde. Die Rechtsauffassung des LG, wonach u.a. die Anzeige der Mieterin wegen Mietpreisüberhöhung entscheidend für die positive Kenntnis von ihrer Nichtschuld spricht, könnte aus einfachgesetzlicher Sicht zweifelhaft sein, stellt aber keine verfassungsrechtlich relevante Verletzung des rechtlichen Gehörs dar. Gleiches gilt, soweit das LG deliktische Ansprüche aus § 5 WiStrG unter Zugrundelegung des Vortrages des Vermieters verneint. Eine Entscheidung eines Fachgerichtes überschreitet die Schwelle der Willkür im Sinne von Art. 1 Verf HE erst, wenn sie nicht mehr verständlich ist und sich der Schluss aufdrängt, dass sie auf sachfremden Erwägungen beruht (vgl. die Kommentierung zu § 558 BGB).[384]

386 Eine Grundrechtsklage gegen Mieterhöhungsverlangen ist unzulässig, wenn der Rechtsweg noch nicht erschöpft ist. In dem der Entscheidung zugrunde liegenden Fall hatte die Antragstellerin (Mieterin) die ihr nach § 511a ZPO offen stehende Möglichkeit der Berufung zum LG durch ihre Berufungsrücknahme nicht genutzt und es fehlte somit die Rechtswegerschöpfung. Die Auffassung des LG, wonach auch bei Formnichtigkeit des von der Klägerin des Ausgangsverfahrens (Vermieterin) ausgesprochenen ersten Mieterhöhungsverlangens eine Mieterhöhung zwischen der Antragstellerin und der Klägerin zustande gekommen sein konnte, ist rechtlich vertretbar und ließ es der Antragstellerin unbenommen, die Berufung aufrechtzuerhalten. Von einer willkürlichen Herbeiführung der Berufungsrücknahme durch das LG kann daher keine Rede sein. Im Übrigen wäre für eine Unwirksamkeit der Berufungsklage nach dem Grundsatz der Subsidiarität verlangt, dass der Antragsteller vor deren Erhebung alle ihm zur Verfügung stehenden Möglichkeiten ergreift, um eine fachgerichtliche Korrektur der geltend gemachten Verfassungsverletzung zu erwirken.[385]

387 Mangels Substantiierung stellt eine Grundrechtsklage keine Verletzung der Garantie des gesetzlichen Richters und des rechtlichen Gehörs durch zivilrechtliche Abweisung einer mietrechtlichen Zahlungsklage dar. Gemäß § 44 Abs. 1 Satz 2 StGHG HE wird geprüft, ob die Entscheidung des höchsten in der Sache zuständigen Gerichts (hier: Entscheidung des LG, nicht auch des AG) auf der Verletzung von Landesgrundrechten beruht. Die Garantie des gesetzlichen Richters im Sinne von Art. 20 Abs. 1 Satz 1 Verf HE, die inhaltsgleich mit Art. 101 Abs. 1 Satz 2 GG gewährt wird, kann dadurch verletzt sein, dass das LG bei einer mietrechtlichen Streitigkeit seine Pflicht zur Vorlage an das OLG gem. § 541 ZPO in der Fassung vom 17.12.1990 willkürlich außer Acht lässt. Eine Vorlagepflicht wegen Divergenz ist nicht gegeben, da für eine Abweichung des LG von der mietrechtlichen Rechtsprechung des BGH sowie die Verkennung des Vorliegens einer Rechtsfrage von grundsätzlicher Bedeutung im Sinne von § 541 ZPO a.F. aufgrund des unsubstantiierten Vortrags des Antragstellers nichts ersichtlich ist. Das Gehörsrecht (Art. 3 Verf HE in Verbindung mit dem Rechtsstaatsprinzip) als Verfahrensgrundrecht im gerichtlichen Verfahren bietet grundsätzlich keinen Schutz dagegen, dass ein Fachgericht – wie hier – nach seinem insofern maßgeblichen Rechtsstandpunkt ein tatsächliches oder rechtliches Vorbringen einer Partei für unbeachtlich hält.[386]

---

[384] StGH Wiesbaden v. 10.10.2001 - P.St. 1539.
[385] StGH Wiesbaden v. 12.09.2001 - P.St. 1667.
[386] StGH Wiesbaden v. 15.08.2002 - P.St. 1533; vgl. auch StGH Wiesbaden v. 20.10.1999 - P.St. 1356 - NZM 1999, 1088, 1090.

Eine Verfassungsbeschwerde nach Art. 81 Abs. 1 Nr. 4 SächsVerf i.V.m. § 27 Abs. 1 und § 28 Sächs-VerfGHG ist nur zulässig, wenn der Beschwerdeführer (hier: Mieter) substantiiert die Möglichkeit einer Verletzung eigener Grundrechte aus der Verfassung des Freistaates Sachsen darlegt. Hierzu muss er den Lebenssachverhalt, aus dem er die Grundrechtsverletzung ableitet, aus sich heraus verständlich wiedergeben und im Einzelnen aufzeigen, mit welchen verfassungsrechtlichen Anforderungen die angegriffene Maßnahme kollidieren soll. Mit der der Entscheidung zugrunde liegenden Verfassungsbeschwerde hatte der Beschwerdeführer einen Verstoß gegen das Willkürverbot gerügt, weil die Rechtsprechung des Bundesgerichtshofes unterlaufen werde, und eine Verletzung des Anspruchs auf rechtliches Gehör. Überdies habe das Landgericht mit seinen Beschlüssen sowohl das Diskriminierungsverbot als auch Gesetze wie die Zugänglichmachungsverordnung und das GVG missachtet. Das Landgericht habe nicht einmal ansatzweise versucht, diskriminierungsfrei zu handeln. Die mit der Verfassungsbeschwerde angefochtenen Beschlüsse seien zudem nicht in wahrnehmbarer Form für Blinde und Hilflose zugänglich gemacht worden.[387]

388

Damit eine Verfassungsbeschwerde, mit der eine Verletzung der Grundrechte auf Gleichbehandlung und rechtliches Gehör aus Art. 10 Abs. 1 und Art. 15 Abs. 1 Verf BE gerügt werden soll, zulässig ist, bedarf es einer ausreichenden Substantiierung. Dieser ist nicht genüge getan, wenn der Beschwerdeführer lediglich pauschal und formelhaft ohne jegliche Konkretisierung eine Verletzung rügt und dabei auch nicht vorträgt, welche abweichenden Schlüsse sich aus seiner Sicht dadurch für das Instanzgericht hätten ergeben müssen. Auch ist für einen Angriff gegen einen ablehnenden Prozesskostenhilfebeschluss darzulegen, inwiefern die Versagung der Prozesskostenhilfe unter keinem denkbaren Gesichtspunkt vertretbar sein soll. Voraussetzung dafür ist jedoch eine inhaltliche Auseinandersetzung mit den Gründen der angefochtenen Entscheidung, eine konkrete Bezeichnung etwaiger durch das Instanzgericht begangener Rechtsfehler sowie deren Auswirkungen auf das Entscheidungsergebnis.[388]

389

Das durch Art. 3 Verf HE i.V.m. dem Rechtsstaatsprinzip in gleicher Weise wie durch Art. 103 Abs. 1 GG gewährte Grundrecht auf Gewährung rechtlichen Gehörs garantiert den Verfahrensbeteiligten sich nicht nur zu dem der Entscheidung zugrunde liegenden Sachverhalt, sondern auch zur Rechtslage zu äußern. Ein rechtlicher Hinweis gem. Art. 3 Verf HE ist ausnahmsweise dann geboten, wenn das Fachgericht auf einen rechtlichen Gesichtspunkt abstellen will, mit dem auch ein gewissenhafter und kundiger Prozessbeteiligter nicht zu rechnen braucht.[389] Dadurch, dass das Landgericht – ohne einen rechtlichen Hinweis an den Mieter und ohne entsprechenden Parteivortrag – seine Berufungsentscheidung maßgeblich darauf gestützt hat, die Kündigung des Mietverhältnisses sei nach den Grundsätzen des § 626 Abs. 2 BGB verspätet und daher unwirksam, weil er nach fruchtlosem Ablauf der Frist zur Mängelbeseitigung nicht zeitnah gekündigt hat, ist das Gehörsrecht des Antragstellers verletzt. Denn der Antragsteller musste nicht damit rechnen, dass das LG – einer Einzelmeinung zur Überlegungsfrist bei Kündigungen nach § 542 BGB in der Literatur folgend – der Klage wegen verspäteter Kündigung teilweise stattgeben würde.[390]

390

Zum Grundrecht der Informationsfreiheit aus Art. 14 Abs. 2 Verf BE gehört – ebenso wie in der inhaltsgleichen Verbürgung des Art. 5 Abs. 1 Satz 1 GG – auch der Empfang aller in Deutschland möglichen ausländischen Fernsehprogramme mittels Parabolantenne.[391] Bei einem Streit um die Anbringung einer Parabolantenne an Mietwohnungen ist durch die Fachgerichte im Rahmen einer fallbezogenen Interessenabwägung regelmäßig das Informationsinteresse des Mieters an der Nutzung zugänglicher Informationsquellen aus Art. 14 Abs. 2 Verf BE und das in Art. 23 Abs. 1 Verf BE geschützte

391

---

[387] Verfassungsgerichtshof des Freistaates Sachsen v. 05.11.2009 - Vf 41-VI-09.
[388] Verfassungsgerichtshof des Landes Berlin v. 16.03.2010 - 111/09, 111 A/09.
[389] Vgl. BVerfG v. 29.05.1991 - 1 BvR 1383/90 - BVerfGE 84, 188, 190.
[390] StGH Wiesbaden v. 26.09.2001 - P.St. 1543 - NZM 2002, 61-62.
[391] Vgl. VerfGH Berlin v. 21.02.2000 - 18/99 - ZMR 2000, 740, 741.

§ 535

Eigentumsrecht des Vermieters an der optisch ungeschmälerten Erhaltung des Wohnraumes zu berücksichtigen.[392] Der das Mietverhältnis beherrschende Grundsatz von Treu und Glauben gem. § 242 BGB verbietet es, dass der Vermieter grundlos Einrichtungen versagt, die dem Mieter das Leben in der Mietwohnung erheblich angenehmer machen, während der Vermieter dadurch nur unerheblich beeinträchtigt und die Mietsache nicht verschlechtert wird. Die Würdigung des Landgerichts, dass der vorhandene Breitbandkabelanschluss ein überwiegendes Interesse des Vermieters an der Verweigerung der Zustimmung zur Installation einer Parabolantenne indiziert, ist verfassungsrechtlich nicht zu beanstanden. Denn die Informationsfreiheit des Mieters ist durch die fehlende Empfangbarkeit der zusätzlichen Satellitenprogramme nicht wesentlich beeinträchtigt. Dass das Landgericht – trotz der nur geringen Beeinträchtigung des äußeren Erscheinungsbildes des Hauses – dem Eigentümerinteresse den Vorzug gegeben hat, ist verfassungsrechtlich nicht zu beanstanden, da die Würdigung des Sachverhalts im Einzelfall nicht der Nachprüfung durch den VerfGH Berlin unterliegt.[393] Ähnlich ist es auch im Falle einer angebrachten Parabolantenne an der Balkonbrüstung durch eine deutsche Staatsangehörige polnischer Herkunft, hier besteht ein Duldungsanspruch des Mieters.[394]

392 Die Eigentumsgarantie des Art. 23 Abs. 1 VvB schützt nicht nur die Eigentumsposition des Vermieters. Auch das Besitzrecht des Mieters an der gemieteten Wohnung ist Eigentum im Sinne dieses Grundrechts. Diese Belange von Vermieter und Mieter sind durch die Fachgerichte bei der Auslegung der mietrechtlichen Kündigungstatbestände angemessen zu berücksichtigen, gegeneinander abzuwägen und in einen verhältnismäßigen Ausgleich zu bringen. Im Hinblick auf Art 23 Abs. 1 VvB sind vor Annahme einer eine Räumungskündigung rechtfertigenden Pflichtverletzung des Mieters einerseits das Eigentumsrecht des Mieters am Besitz der Mietwohnung sowie andererseits das Eigentum des Vermieters an der Mietsache und seine Beeinträchtigung durch das Verhalten des Mieters umfassend zu würdigen. Hierbei sind die weiteren Umstände des Einzelfalls zu berücksichtigen, u.a. die bisherige Dauer, aber auch der Verlauf des Mietverhältnisses sowie Art und Ausmaß der Störung. Das ein Gericht eine solche Abwägung nicht vorgenommen habe und damit gegen die grundrechtlich geschützte Position des Mieters verstieße, lässt sich nicht allein damit begründen, dass es darauf verweist, dass die Frage bereits höchstrichterlich entschieden sei und die in Bezug genommene Entscheidung ohne Beachtung der Besonderheiten des dort entschiedenen Einzelfalls auf den Ausgangsrechtsstreit übertragen wurde.[395]

V. Einstweiliger Rechtsschutz

393 In einem Verfahren auf Erlass einer **einstweiligen Verfügung** gemäß § 936 ZPO mit dem Inhalt, den Abriss eines Wohnungsbalkons zu verhindern, hat das LG Braunschweig klargestellt, dass Rechtshängigkeit nicht erst mit Zustellung, sondern schon mit Eingang des Antrages bei Gericht eintritt. Im zugrunde liegenden Fall kam es auf diese Frage entscheidend an, da der Balkon vor Zustellung, aber nach Einreichung des Antrages abgerissen worden war und somit Erledigung nach Rechtshängigkeit im Sinne von § 91a ZPO eingetreten war.[396]

394 Im Fall der „**Doppelvermietung**" kann der Besitzüberlassungsanspruch des ersten Mieters gegenüber dem Vermieter nicht durch eine einstweilige Verfügung gesichert werden.[397]

VI. Gebühren

395 Der **Streitwert** einer auf § 535 Abs. 1 Satz 2 BGB gestützten Klage des Mieters gegen den Vermieter auf Herstellung des vertragsgemäßen Zustandes der Mietsache wird von der Rechtsprechung uneinheit-

---

[392] Vgl. BVerfG v. 09.02.1994 - 1 BvR 1687/92 - BVerfGE 90, 27, 32 f.
[393] VerfGH Berlin v. 21.02.2000 - 18/99 - ZMR 2000, 740, 741; vgl. auch VerfGH Berlin v. 30.06.1992 - 9/92 - LVerfGE 1, 7. 8.
[394] BGH v. 16.11.2005 - VIII ZR 5/05 - WuM 2006, 28-32.
[395] Verfassungsgerichtshof des Landes Berlin v. 20.04.2010 - 62/07.
[396] LG Braunschweig v. 08.01.2002 - 6 S 510/01 (143), 6 S 510/01 - juris Rn. 7 - WuM 2002, 221.
[397] KG Berlin v. 25.01.2007 - 8 W 7/07 - WuM 2007, 207.

lich festgesetzt. Das LG Berlin bemisst den Streitwert der Herstellungsklage gemäß § 3 ZPO in Verbindung mit § 16 Abs. 1 GKG nach dem Jahresbetrag der fiktiven Minderung der Nettokaltmiete[398], während das KG für die Klage auf Durchführung von Instandsetzungsarbeiten den dreieinhalbfachen Jahresminderungsbetrag der Bruttokaltmiete (ohne Heizkostenanteil, jedoch einschließlich Betriebskostenvorauszahlung) als Streitwert zugrunde legt.[399]

Vertritt ein Rechtsanwalt mehrere Bruchteilseigentümer eines Vermietungsobjekts im Mietzinsprozess, fällt die **Mehrvertretungsgebühr** des § 6 Abs. 1 Satz 2 BRAGO an. Dies wird damit begründet, dass identische Gegenstände einer anwaltlichen Tätigkeit für mehrere Auftraggeber im Sinne von § 6 Abs. 1 Satz 2 BRAGO vorliegen, wenn inhaltsgleiche Rechtspositionen demselben Rechtsverhältnis entstammen und das nämliche Ziel verfolgen. Die noch zur BRAGO ergangene Entscheidung dürfte auch auf die im Wesentlichen gleich lautenden Bestimmungen des § 7 Abs. 2 RVG i.V.m. § 16 RVG anzuwenden sein.[400]

G. Arbeitshilfen

I. Checkliste

(1) **Abgrenzung nach Mietgegenstand**
  Wohnungs- oder Geschäftsraummietvertrag
  Kfz-Miete oder Leasing mit kaufrechtlichen Vertragsbestandteilen
  Sonstiger Vertragsgegenstand

(2) **Identifizierung der Mietvertragsparteien**
  natürliche oder juristische Person
  Personenmehrheit
  Vertretungsberechtigungen (Verwalter, gesetzlicher oder rechtsgeschäftlicher Vertreter)

(3) **Bestimmung des Vertragsgegenstandes**
  genaue Bezeichnung des Vertragsgegenstandes
  bei Mieträumen: Lage, Ort, Geschoss, Wohnungs-/Geschäftsraumnummer, Größe und Fläche
  genaue Bezeichnung weiterer Gegenstände und Bestandteile der Mietsache
  Beschreibung der Mietsache als Anlage zum Vertrag nehmen

(4) **Form**
  Mündlicher oder schriftlicher Vertrag
  Folgen: § 550 BGB
  falls schriftlicher Vertrag: Unterzeichnung durch die Parteien/Vertretungsberechtigten
  Verbindung bzw. innere Bezugnahme zu Beweiszwecken sinnvoll

(5) **Miete**
  Festlegung der Grundmiete
  Festlegung der Vorauszahlungen für Betriebs- und Nebenkosten ggf. nach Betriebskostenverordnung
  bei ausgeübter Umsatzsteueroption des Vermieters zzgl. Umsatzsteuer
  Zahlungsmodalitäten (Fälligkeit, Art der Zahlung, Bankverbindung)

(6) **Vertragsdauer**
  Beginn und Ende des Mietvertrages
  Verlängerungsoptionen
  Kündigungsmodalitäten: ordentliche und außerordentliche Kündigung
  Ausschluss der stillschweigenden Verlängerung gemäß § 545 BGB

---

[398] LG Berlin v. 02.12.2002 - 62 T 124/02 - Grundeigentum 2003, 187-188.
[399] KG Berlin v. 23.05.2002 - 8 W 107/02 - Grundeigentum 2002, 930.
[400] OLG Hamm v. 06.09.2004 - 23 W 208/04 - AGS 2004, 479-480.

(7) **Instandhaltung, Instandsetzung, Wartung**
    Vermieter: Dach und Fach
    Mieter: Schönheitsreparaturen und Bagatellschäden
    Festlegung der zu wartenden technischen Anlagen sowie der Wartungsintervalle
    Übergabe etwa erforderlicher Dokumentation

(8) **Nutzung und Gebrauchsüberlassung**
    Besondere Nutzungsbedingungen (Hausordnung als Anlage)
    Besitzübergang (Regelungen der Übergabe, Übergabeprotokoll als Anlage)
    Untervermietung
    Sonstige Gebrauchsüberlassung an Dritte
    Mitberechtigte (Lebensgefährten etc.)

(9) **Bauliche Veränderungen**
    durch den Vermieter
    durch den Mieter
    Modernisierungsmaßnahmen

(10) **Sonstige Vertragsbestimmungen**
    Vermieterpfandrecht
    Mietsicherheit (Kaution)
    Aufrechnung, Zurückbehaltungsrechte, Abtretungsverbote
    Regelungen in Bezug auf Rückgabe der Mietsache (Betretungsrecht für Vermieter)

(11) **Schlussbestimmungen**
    Ausschluss von Nebenabreden und ggf. Aufhebung Vorvertrag oder vorgehender Mietverträge
    Schriftform
    Salvatorische Klausel
    Erfüllungsort und Gerichtsstand, ggf. anwendbares Recht
    Bezugnahme auf Anlagen als Bestandteil des Mietvertrages

Anlagen
    Beschreibung der Mietsache
    Hausordnung
    Übergabeprotokoll

II. Gegenüberstellung der §§ 535 ff. BGB a.F. und n.F.

bisheriges Recht (bis 31.08.2001)		neues Recht (ab 01.09.2001)	
BGB: 2. Buch, 7. Abschn.		Dritter Titel. Mietvertrag. Pachtvertrag	
I. Miete			
§ 535	[Wesen des Mietvertrags]	§ 535	Inhalt und Hauptpflichten des Mietvertrags
§ 536	[Pflichten des Vermieters]	§ 535	
§ 537	[Haftung für Sachmängel]	§ 536	Abs. 1, 2, 4 Mietminderung bei Sach- und Rechtsmängeln
§ 538	[Schadensersatzpflicht des Vermieters]	§ 536a	Schadens- und Aufwendungsersatzanspruch des Mieters wegen eines Mangels

§ 539	[Kenntnis des Mieters vom Mangel]	§ 536b	Kenntnis des Mieters vom Mangel bei Vertragsschluss oder Annahme
§ 540	[Vertraglicher Ausschluss der Gewährleistung]	§ 536d	Vertraglicher Ausschluss von Rechten des Mieters wegen eines Mangels
§ 541	[Haftung für Rechtsmängel]	§ 536	Abs. 3
§ 541a	[Maßnahmen zur Erhaltung der Mietsache]	§ 554	Abs. 1 Duldung von Erhaltungs- und Modernisierungsmaßnahmen
§ 541b	[Maßnahmen zur Verbesserung, zur Einsparung und zur Schaffung neuen Wohnraums]	§ 554	Abs. 2-5
§ 542	[Fristlose Kündigung wegen Nichtgewährung des Gebrauchs]	§ 543	Außerordentliche fristlose Kündigung aus wichtigem Grund
§ 543	[Durchführung der Kündigung]	§ 543	Abs. 4
§ 544	[Fristlose Kündigung wegen Gesundheitsgefährdung]	§ 569	Außerordentliche fristlose Kündigung aus wichtigem Grund
§ 545	[Obhutspflicht und Mängelanzeige]	§ 536c	Während der Mietzeit auftretende Mängel; Mängelanzeige durch den Mieter
§ 546	[Lasten der Mietsache]	§ 535	Abs. 1
§ 547	[Ersatz von Verwendungen]		
	Abs. 1	§ 536a	Abs. 2
	Abs. 2	§ 539	Abs. 1 Ersatz sonstiger Aufwendungen und Wegnahmerecht des Mieters
§ 547a	[Wegnahmerecht des Mieters]		
	Abs. 1	§ 539	Abs. 2
	Abs. 2, 3	§ 552	Abwendung des Wegnahmerechts des Mieters
§ 548	[Abnutzung durch vertragsmäßigen Gebrauch]	§ 538	Abnutzung der Mietsache durch vertragsgemäßen Gebrauch
§ 549	[Gebrauchsüberlassung an Dritte, Untermiete]		
	Abs. 1, 3	§ 540	Gebrauchsüberlassung an Dritte
	Abs. 2	§ 553	Gestattung der Gebrauchsüberlassung an Dritte
§ 549a	[Gewerbliche Zwischenmiete]	§ 565	Gewerbliche Weitervermietung
§ 550	[Vertragswidriger Gebrauch]	§ 541	Unterlassungsklage bei vertragswidrigem Gebrauch
§ 550a	[Unzulässige Vertragsstrafe]	§ 555	Unwirksamkeit einer Vertragsstrafe

§ 550b	[Mietsicherheiten]	§ 551	Begrenzung und Anlage von Mietsicherheiten
§ 551	[Entrichtung des Mietzinses]	§ 556b	Abs. 1 Fälligkeit der Miete, Aufrechnungs- und Zurückhaltungsrecht
		§ 579	Fälligkeit der Miete
§ 552	[Persönliche Verhinderung des Mieters]	§ 537	Entrichtung der Miete bei persönlicher Verhinderung des Mieters
§ 552a	[Aufrechnungs- und Zurückhaltungsrecht]	§ 556b	Abs. 2 Fälligkeit der Miete, Aufrechnungs- und Zurückbehaltungsrecht
§ 553	[Fristlose Kündigung bei vertragswidrigem Gebrauch]	§ 543	Abs. 2 Außerordentliche fristlose Kündigung aus wichtigem Grund
§ 554	[Fristlose Kündigung bei Zahlungsverzug]		
	Abs. 1	§ 543	Abs. 2
	Abs. 2	§ 569	Abs. 3
§ 554a	[Fristlose Kündigung bei unzumutbarem Mietverhältnis]	§ 543	Abs. 1
		§ 569	Abs. 2, 4
§ 554b	[Vereinbarung über fristlose Kündigung]	§ 569	Abs. 5
§ 556	[Rückgabe der Mietsache]		
	Abs. 1, 3	§ 546	Rückgabepflicht des Mieters
	Abs. 2	§ 570	Ausschluss des Zurückbehaltungsrechts
		§ 578	Abs. 1 Mietverhältnisse über Grundstücke und Räume
§ 556a	[Widerspruch des Mieters gegen Kündigung]		
	Abs. 1, 4, 7	§ 574	Widerspruch des Mieters gegen die Kündigung
	Abs. 2, 3	§ 574a	Fortsetzung des Mietverhältnisses nach Widerspruch
	Abs. 5	§ 574b	Abs. 1 Form und Frist des Widerspruchs
	Abs. 6		Abs. 2 Auf Wohnraummietverhältnisse zuwendbare Vorschriften
	Abs. 8	§ 549	
§ 556b	[Fortsetzung befristeter Mietverhältnisse]		Entfallen
§ 556c	[Weitere Fortsetzung des Mietverhältnisses]	§ 574c	Weitere Fortsetzung des Mietverhältnisses bei unvorhergesehenen Umständen

§ 557	[Ansprüche bei verspäteter Rückgabe]		
	Abs. 1	§ 546a	Entschädigung des Vermieters bei verspäteter Rückgabe
	Abs. 2-4	§ 571	Weiterer Schadensersatz bei verspäteter Rückgabe von Wohnraum
§ 557a	[Im Voraus entrichteter Mietzins]	§ 547	Erstattung von im Voraus entrichteter Miete
§ 558	[Verjährung]	§ 548	Verjährung der Ersatzansprüche und des Wegnahmerechts
§ 559	[Vermieterpfandrecht]	§ 562	Umfang des Vermieterpfandrechts
§ 560	[Erlöschen des Pfandrechts]	§ 562a	Erlöschen des Vermieterpfandrechts
§ 561	[Selbsthilferecht]	§ 562b	Selbsthilferecht, Herausgabeanspruch
§ 562	[Sicherheitsleistung]	§ 562c	Abwendung des Pfandrechts durch Sicherheitsleistung
§ 563	[Pfändungspfandrecht]	§ 562d	Pfändung durch Dritte
§ 564	[Ende des Mietverhältnisses]	§ 542	Ende des Mietverhältnisses
§ 564a	[Schriftform der Kündigung]		
	Abs. 1, 2	§ 568	Form und Inhalt der Kündigung
	Abs. 3	§ 549	Abs. 2, 3 Auf Wohnraummietverhältnisse anwendbare Vorschriften
§ 564b	[Berechtigtes Interesse des Vermieters an der Kündigung]		
	Abs. 1-4	§ 573	Ordentliche Kündigung des Vermieters
		§ 573a	Erleichterte Kündigung des Vermieters
		§ 573b	Teilkündigung des Vermieters
		§ 577a	Kündigungsbeschränkung bei Wohnungsumwandlung
	Abs. 7	§ 549	Abs. 2, 3
§ 564c	[Fortsetzung befristeter Mietverhältnisse]	§ 575	Zeitmietvertrag
§ 565	[Kündigungsfristen]		
	Abs. 1, 1a, 4, 5	§ 580a	Kündigungsfristen
	Abs. 2, 3	§ 573c	Fristen der ordentlichen Kündigung
	Abs. 5	§ 573d	Abs. 1, 2 Außerordentliche Kündigung mit gesetzlicher Frist
		§ 580a	Abs. 4 Kündigungsfristen

§ 565a	[Verlängerung befristeter oder bedingter Mietverhältnisse]		
	Abs. 2	§ 572	Abs. 2 Vereinbartes Rücktrittsrecht; Mietverhältnis unter auflösender Bedingung
§ 565c	[Kündigung von Werkmietwohnungen]	§ 576	Fristen der ordentlichen Kündigung bei Werkmietwohnungen
§ 565d	[Sozialklausel bei Werkmietwohnungen]	§ 576a	Besonderheiten des Widerspruchsrechts bei Werkmietwohnungen
§ 565e	[Werkdienstwohnungen]	§ 576b	Entsprechende Geltung des Mietrechts bei Werkdienstwohnungen
§ 566	[Schriftform des Mietvertrages]	§ 550	Form des Mietvertrags
§ 567	[Vertrag über mehr als 30 Jahre]	§ 544	Vertrag über mehr als dreißig Jahre
§ 568	[Stillschweigende Verlängerung]	§ 545	Stillschweigende Verlängerung des Mietverhältnisses
§ 569	[Kündigung bei Tod des Mieters]	§ 580	Außerordentliche Kündigung bei Tod des Mieters
§ 569a	[Eintritt von Familienangehörigen in das Mietverhältnis]	§ 563	Eintrittsrechte bei Tod des Mieters
		§ 563b	Haftung bei Eintritt oder Fortsetzung
§ 569b	[Gemeinsamer Mietvertrag von Ehegatten]	§ 563a	Fortsetzung mit überlebenden Mietern
§ 570	[Versetzung des Mieters]		Entfallen
§ 570a	[Vereinbartes Rücktrittsrecht]	§ 572	Abs. 1 Vereinbartes Rücktrittsrecht; Mietverhältnis unter auflösender Bedingung
§ 570b	[Vorkaufsrecht des Mieters]	§ 577	Vorkaufsrecht des Mieters
§ 571	[Veräußerung bricht nicht Miete]	§ 566	Kauf bricht nicht Miete
		§ 578	Mietverhältnisse über Grundstücke und Räume
§ 572	[Sicherheitsleistung des Mieters]	§ 566a	Mietsicherheit
§ 573	[Vorausverfügung über den Mietzins]	§ 566b	Vorausverfügung über die Miete
§ 574	[Rechtsgeschäfte über Entrichtung des Mietzinses]	§ 566c	Vereinbarung zwischen Mieter und Vermieter über die Miete
		§ 578	Mietverhältnisse über Grundstücke und Räume

§ 575	[Aufrechnungsbefugnis]	§ 566d	Aufrechnung durch den Mieter
		§ 578	Mietverhältnisse über Grundstücke und Räume
§ 576	[Anzeige des Eigentumsübergangs]	§ 566e	Mitteilung des Eigentumsübergangs durch den Vermieter
		§ 578	Mietverhältnisse über Grundstücke und Räume
§ 577	[Belastung des Mietgrundstücks]	§ 567	Belastung des Wohnraums durch den Vermieter
		§ 578	Mietverhältnisse über Grundstücke und Räume
§ 578	[Veräußerung vor Überlassung]	§ 567a	Veräußerung oder Belastung vor der Überlassung des Wohnraums
		§ 578	Mietverhältnisse über Grundstücke und Räume
§ 579	[Weiterveräußerung]	§ 567b	Weiterveräußerung oder Belastung durch Erwerber
		§ 578	Mietverhältnisse über Grundstücke und Räume
§ 580	[Raummiete]		Entfallen

III. Gesetz zur Regelung der Miethöhe

bisheriges Recht (bis 31.08.2001) MHRG		neues Recht (ab 01.09.2001) BGB	
§ 1	[Kündigungsverbot]	§ 557	Abs. 3 Mieterhöhungen nach Vereinbarung oder Gesetz
		§ 573	Abs. 1 Ordentliche Kündigung des Vermieters
§ 2	[Erhöhung bis zur ortsüblichen Vergleichsmiete]		
	Abs. 1, 1a, 5	§ 588	Mieterhöhung bis zur ortsüblichen Vergleichsmiete
	Abs. 2, 6	§ 588a	Form und Begründung der Mieterhöhung
	Abs. 3, 4	§ 558b	Zustimmung zur Mieterhöhung
	Abs. 2, 5	§ 558c	Mietspiegel
§ 3	[Mieterhöhung bei baulichen Änderungen]		
	Abs. 1 Sätze 1, 2	§ 559	Mieterhöhung bei Modernisierung

		Abs. 1 Sätze 3-7	§ 559a	Anrechnung von Drittmitteln
		Abs. 3, 4	§ 559b	Geltendmachung der Erhöhung, Wirkung der Erhöhungserklärung
§ 4		[Betriebskosten]		
		Abs. 1	§ 556	Abs. 2, 3 Vereinbarungen über Grundmiete und Betriebskosten
		Abs. 2-4	§ 560	Veränderungen von Betriebskosten
		Abs. 5	§ 556a	Abs. 2 Abrechnungsmaßstab für Betriebskosten
§ 5		[Erhöhung der Kapitalkosten]		Entfallen
§ 6		[Sonderregelung für das Saarland]	§ 29a	WoBauG Saarland
§ 7		[Sonderregelung für Bergmannswohnungen]		Entfallen
§ 8		[Ausnahme von der Schriftform]		Entfallen
§ 9		[Kündigungsrecht und Kündigungsschutz des Mieters]		
		Abs. 1	§ 561	Sonderkündigungsrecht des Mieters nach Mieterhöhung
		Abs. 2	§ 569	Abs. 3 Außerordentliche fristlose Kündigung aus wichtigem Grund
§ 10		[Unabdingbarkeit; Staffelmiete; Anwendungsbereich]		
		Abs. 1	§ 557	Abs. 1 Mieterhöhungen nach Vereinbarung oder Gesetz
		Abs. 2	§ 557a	Staffelmiete
		Abs. 3	§ 549	Abs. 2, 3 Auf Wohnraummietverhältnisse anwendbare Vorschriften
		Abs. 3 Nr. 1		Entfallen
§ 10a		[Mietanpassungsvereinbarung]	§ 557b	Indexmiete
§ 11		[Anwendungsbereich im Beitrittsgebiet]		Entfallen
§ 12		[Allgemeine Mieterhöhung]		Entfallen
§ 13		[Beschränkte Mieterhöhung bei Modernisierung]		Entfallen
§ 14		[Betriebskosten]		Entfallen
§ 15		[Kapitalkosten für Altverbindlichkeiten]		Entfallen

§ 16	[Erhöhung gemäß Grundmietenverordnung]		Entfallen
§ 17	[Begrenzte Unabdingbarkeit]		Entfallen

IV. Anwendbarkeit altes und neues Mietrecht

Zur Zeit des In-Kraft-Tretens des BGB am 01.01.1900 war Anknüpfungskriterium für die Anwendbarkeit des seinerzeit „neuen" Rechts auf Altverträge gemäß Art. 171 EGBGB die Nichtausübung der Kündigung nach altem Recht. 400

Dagegen gilt das neue Mietrecht gemäß Art. 229 § 3 EGBGB grundsätzlich **sofort ab In-Kraft-Treten** am 01.09.2001 und erfasst grundsätzlich auch alle Mietverträge. 401

Das aus dem Rechtsstaatsprinzip der Art. 19, 20 GG folgende Verbot der echten **Rückwirkung** verbietet es dem Gesetzgeber, durch Neuregelungen Sachverhalte der Vergangenheit, die im Vertrauen auf die damalige Rechtslage gelebt wurden, nachträglich mit nachteiligen Rechtsfolgen zu versehen (sog. Rückbewirkung von Rechtsfolgen). Dagegen ist die so genannte unechte Rückwirkung grundsätzlich innerhalb der Grenzen des Grundgesetzes (Bedeutung des gesetzgeberischen Interesses und Wohl der Allgemeinheit) zulässig, bei der eine Neuregelung lediglich an Tatbestände der Vergangenheit anknüpft, um hieran zukünftig Rechtsfolgen zu knüpfen (sog. tatbestandliche Rückanknüpfung). 402

Grundsätzlich muss der Bürger also Rechts- und Gesetzesänderungen hinnehmen. Dabei stellen Übergangsvorschriften als Ausnahmen den Übergang von altem Recht auf neues Recht insoweit sicher, als sie zur Wahrung der Rechtssicherheit und Gewährleistung des Vertrauensschutzes notwendig sind und die Anwendbarkeit der Neuregelung für einen Übergangszeitraum differenzieren und modifizieren. 403

Diese Übergangsvorschriften betreffen bei der Mietrechtsreform 2001 überwiegend die Kündigung und die Kündigungsfristen, die Kündigungssperrfristen für Wohnungsumwandlung, die Zeitmietverträge, die Mieterhöhungen, die Betriebskosten und die Modernisierungsmaßnahmen. 404

Das **Übergangsrecht** in Art. 229 § 3 EGBGB regelt die Anwendbarkeit des neuen und des alten Mietrechts. Maßgeblicher Zeitpunkt und Zäsur für die Anwendung des jeweiligen Rechts ist der 01.09.2001. Die Übergangsvorschriften ordnen grundsätzlich zwei verschiedene Rechtsfolgen an. Entweder wird erstens die Weitergeltung bestimmter Vorschriften des bisherigen Mietrechts oder zweitens die Nichtanwendung bestimmter Vorschriften des neuen Mietrechts vorgeschrieben. Das neue Recht gilt immer und für alle Verträge, die nach dem 01.09.2001 abgeschlossen werden. Das neue Recht gilt grundsätzlich auch für alle Verträge, die vor dem 01.09.2001 abgeschlossen wurden. Für diese Altverträge gilt ausnahmsweise jedoch noch altes Recht, wenn dies ausdrücklich im Übergangsrecht vorgesehen ist.[401] 405

Diese Fortgeltung des alten Mietrechts umfasst im Wesentlichen folgende drei Fallgruppen: 406
- laufende Verfahren (Mieterhöhungen oder Kündigungen),
- vertragliche Vereinbarungen, die künftig nicht mehr zulässig sind (befristeter oder Zeitmietvertrag),
- Sachverhalte, die zukünftig entfallen (erleichterte Kündigungsmöglichkeiten von Ferienhäusern).

Die wesentlichen Regelungen des Übergangsrechts betreffen insbesondere die Fortgeltung der alten Kündigungsfristen auf vor dem 01.09.2001 zugegangene Kündigungen, die Möglichkeit der abweichenden Verlängerung der Kündigungsfristen bei Vereinbarung vor dem 01.09.2001 und die begrenzte Fortgeltung von Kündigungssperrfristen bei umgewandelten Eigentumswohnungen bis 2004. Darüber hinaus unterliegen alte Zeitmietverträge weiterhin altem Recht. Das gilt auch für vor dem 01.09.2001 eingeleitete Mieterhöhungen, Betriebskostenabrechnungen und Modernisierungsmaßnahmen. 407

---

[401] Vgl. *Jansen*, NJW 2001, 3151-3154.

§ 535

408 Art. 229 § 3 Abs. 1 Nr. 1 EGBGB: Gemäß Art. 229 § 3 Abs. 1 Nr. 1 EGBGB sind auf ein am 01.09.2001 bestehendes Miet- oder Pachtverhältnis anzuwenden, im Falle einer vor dem 01.09.2001 zugegangenen Kündigung:
- die Vorschrift über die fristlose Kündigung des Wohnraummieters infolge Zahlungsverzugs insoweit, als diese Kündigung durch Zahlung des Mieters oder einer öffentlichen Stelle unwirksam wird, vgl. § 554 Abs. 2 Nr. 2 BGB a.F.,
- die Vorschrift über die bisherigen gesetzlichen Kündigungsfristen bei Mietverhältnissen über Grundstücke und Räume, vgl. § 565 BGB a.F.,
- die Vorschrift über die Kündigung von Werkmietwohnungen, die vor dem 01.09.1993 überlassen wurden und für einen anderen zur Dienstleistung Verpflichteten dringend benötigt werden, vgl. § 565c Satz 1 Nr. 1b BGB a.F.,
- die Vorschrift über die Anwendbarkeit der Sozialklausel (Widerspruch gegen Kündigung des Vermieters und Fortsetzung des Mietverhältnisses) in § 556a BGB a.F. bei Kündigung einer Werkmietwohnung, vgl. § 565d Abs. 2 BGB a.F.,
- die Vorschrift über das privilegierte Kündigungsrecht von Militärpersonen, Beamten, Geistlichen und Lehrern an öffentlichen Unterrichtsanstalten bei ihrer Versetzung an einen anderen Dienstort, vgl. § 570 BGB a.F.,
- die Vorschrift über das Kündigungsrecht des Mieters bei Mieterhöhung durch den Vermieter; vgl. § 9 Abs. 1 MietHöReglG a.F.

409 Art. 229 § 3 Abs. 1 Nr. 2 EGBGB: Gemäß Art. 229 § 3 Abs. 1 Nr. 2 EGBGB sind auf ein am 01.09.2001 bestehendes Miet- oder Pachtverhältnis anzuwenden, im Falle eines vor dem 01.09.2001 zugegangenen Mieterhöhungsverlangens oder einer vor diesem Zeitpunkt zugegangenen Mieterhöhungserklärung:
- die Vorschrift über die Voraussetzungen des Mieterhöhungsverlangens, vgl. § 2 MietHöReglG a.F.,
- die Vorschrift über Bauliche Änderungen durch den Vermieter, vgl. § 3 MietHöReglG a.F.,
- die Vorschrift über die Umlage erhöhter Kapitalkosten, vgl. § 5 MietHöReglG a.F.,
- die Vorschrift über Bergmannswohnungen, vgl. § 7 MietHöReglG a.F.,
- die Vorschrift über die Anwendung des Miethöhegesetzes auf das Gebiet der ehemaligen DDR, vgl. § 11 MietHöReglG a.F.,
- die Vorschrift über das Erhöhungsverlangen, vgl. § 12 MietHöReglG a.F.,
- die Vorschrift über die maximale Erhöhung bei baulichen Änderungen, vgl. § 13 MietHöReglG,
- die Vorschrift über die Kapitalkosten, vgl. § 15 MietHöReglG,
- die Vorschrift über die Mieterhöhung nach Beschaffenheit, vgl. § 16 MietHöReglG. Der Art. 229 § 3 Abs. 1 Nr. 2 EGBGB stellt außerdem klar, dass Mieterhöhungen vor dem 01.09.2001 in Mietverträgen über Bergmannswohnungen im Sinne von § 7 MiethöheG a.F. sich nach dieser Vorschrift richten.

410 Art. 229 § 3 Abs. 1 Nr. 3 EGBGB: Gemäß Art. 229 § 3 Abs. 1 Nr. 3 EGBGB ist auf ein am 01.09.2001 bestehendes Miet- oder Pachtverhältnis im Falle einer vor dem 01.09.2001 zugegangenen Erklärung über eine Betriebskostenänderung die Vorschrift über Betriebskostenvorauszahlungen und Umlage erhöhter Betriebskosten, vgl. § 4 Abs. 2-4 MietHöReglG a.F., anzuwenden.

411 Art. 229 § 3 Abs. 1 Nr. 4 EGBGB: Gemäß Art. 229 § 3 Abs. 1 Nr. 4 EGBGB sind auf ein am 01.09.2001 bestehendes Miet- oder Pachtverhältnis im Falle einer vor dem 01.09.2001 zugegangenen Erklärung über die Abrechnung von Betriebskosten
- die Vorschrift über Betriebskostenvorauszahlungen und Umlage erhöhter Betriebskosten, vgl. § 4 Abs. 5 Satz 1 Nr. 2 MietHöReglG a.F., und
- die Vorschrift über die Betriebskosten, vgl. § 14 MietHöReglG a.F., anzuwenden.

412 Art. 229 § 3 Abs. 1 Nr. 5 EGBGB: Gemäß Art. 229 § 3 Abs. 1 Nr. 5 EGBGB sind auf ein am 01.09.2001 bestehendes Miet- oder Pachtverhältnis im Falle des Todes des Mieters oder Pächters, wenn der Mieter oder Pächter vor dem 01.09.2001 verstorben ist, im Falle der Vermieterkündigung

eines Wohnraummietverhältnisses gegenüber dem Erben jedoch nur, wenn auch die Kündigungserklärung dem Erben vor dem 01.09. zugegangen ist, anzuwenden:
- die Vorschrift über die Kündigung bei Tod des Mieters; vgl. § 569 BGB a.F.,
- die Vorschrift über den Eintritt von Familienangehörigen in das Mietverhältnis; vgl. § 569a BGB a.F.,
- die Vorschrift über den gemeinsamen Mietvertrag von Ehegatten; vgl. § 569b BGB a.F.,
- die Vorschrift über den Übergang des Vorkaufsrechts auf den das Mietverhältnis des verstorbenen Mieters Fortsetzenden; vgl. § 570b Abs. 3 BGB a.F.,
- die Vorschrift über das Kündigungsrecht der Erben und des Verpächters bei Tod des Pächters; vgl. § 594d Abs. 1 BGB a.F.

Art. 229 § 3 Abs. 1 Nr. 6 EGBGB: Gemäß Art. 229 § 3 Abs. 1 Nr. 6 EGBGB sind auf ein am 01.09.2001 bestehendes Miet- oder Pachtverhältnis im Falle einer vor dem 01.09.2001 zugegangenen Mitteilung über die Durchführung von Modernisierungsmaßnahmen die Vorschriften über die Maßnahmen zur Verbesserung, zur Einsparung und zur Schaffung neuen Wohnraums anzuwenden; vgl. § 541b BGB a.F. **413**

Art. 229 § 3 Abs. 1 Nr. 7 EGBGB: Gemäß Art. 229 § 3 Abs. 1 Nr. 7 EGBGB ist auf ein am 01.09.2001 bestehendes Miet- oder Pachtverhältnis hinsichtlich der Fälligkeit die Vorschrift über die Entrichtung des Mietzinses anzuwenden; vgl. § 551 BGB a.F. **414**

Art. 229 § 3 Abs. 2 EGBGB: Gemäß Art. 229 § 3 Abs. 2 EGBGB kann ein am 01.09.2001 noch bestehendes Mietverhältnis **415**
- im Sinne von § 564b Abs. 4 Nr. 2 BGB a.F., also ein Mietverhältnis über eine Wohnung in einem vom Vermieter selbst bewohnten Wohngebäude mit drei Wohnungen, oder
- im Sinne von § 564b Abs. 7 Nr. 4 BGB a.F., also ein Mietverhältnis über Wohnraum in Ferienhäusern und Ferienwohnungen in Feriengebieten, noch bis zum 31.08.2006 wegen Eigenbedarfs nach § 564b BGB a.F. gekündigt werden.

Art. 229 § 3 Abs. 3 EGBGB: Gemäß Art. 229 § 3 Abs. 3 EGBGB sind auf ein am 01.09.2001 bestehendes Miet- oder Pachtverhältnis auf bestimmte Zeit anzuwenden: **416**
- die Vorschrift über die Fortsetzung befristeter Mietverhältnisse in Verbindung mit der Vorschrift über das berechtigte Interesse des Vermieters an der Kündigung; vgl. § 564c BGB, § 564b BGB a.F.,
- die Vorschrift über den Widerspruch des Mieters gegen die Kündigung und die Fortsetzung des Mietverhältnisses; vgl. § 556a BGB a.F.,
- die Vorschrift über die Fortsetzung befristeter Mietverhältnisse; vgl. § 556b BGB a.F.,
- die Vorschrift über die weitere Fortsetzung nach vorausgegangener befristeter Fortsetzung des Mietverhältnisses (§ 556a BGB, § 556b BGB a.F.); vgl. § 556c Abs. 1 BGB a.F.,
- die Vorschrift über das privilegierte Kündigungsrecht von Militärpersonen, Beamten, Geistlichen und Lehrern an öffentlichen Unterrichtsanstalten bei ihrer Versetzung an einen anderen Dienstort; vgl. § 570 BGB a.F.

Art. 229 § 3 Abs. 4 EGBGB: Gemäß Art. 229 § 3 Abs. 4 EGBGB sind auf ein am 01.09.2001 bestehendes Miet- oder Pachtverhältnis, bei dem die Betriebskosten ganz oder teilweise in der Miete enthalten sind, wegen der Erhöhung der Betriebskosten und wenn die Kostentragung des Mieters im Mietvertrag vereinbart wurde, **417**
- die Vorschrift des § 560 Abs. 1 BGB und § 560 Abs. 2 BGB a.F. entsprechend und
- bei Ermäßigung der Betriebskosten die Vorschrift des § 560 Abs. 3 BGB a.F. entsprechend anzuwenden.

Art. 229 § 3 Abs. 5 EGBGB: Gemäß Art. 229 § 3 Abs. 5 Satz 1 EGBGB sind auf ein am 01.09.2001 bestehendes Miet- oder Pachtverhältnis auf einen Mietspiegel, der vor dem 01.09.2001 unter den Voraussetzungen erstellt worden ist, die dem § 558d Abs. 1 BGB und § 558d Abs. 2 BGB n.F. entsprechen, die Vorschriften über den qualifizierten Mietspiegel anzuwenden, wenn die Gemeinde ihn nach dem 01.09.2001 veröffentlicht hat. Nach Art. 229 § 3 Abs. 5 Satz 2 EGBGB ist es ausreichend, wenn die Gemeinde ihn später öffentlich als qualifizierten Mietspiegel bezeichnet hat und der Mietspiegel **418**

§ 535

bereits vor dem 01.09.2001 veröffentlicht worden war. Nach Art. 229 § 3 Abs. 5 Satz 3 EGBGB **nicht** anzuwenden sind in jedem Fall die Vorschriften des § 558a Abs. 3 BGB n.F. über die Mitteilung der Angaben des Mietspiegels im Mieterhöhungsverlangen des Vermieters und des § 558d Abs. 3 BGB n.F. über die Vermutung der Wiedergabe der ortsüblichen Vergleichsmiete im qualifizierten Mietspiegel auf Mieterhöhungsverlangen, die dem Mieter vor dieser Veröffentlichung zugegangen sind.

419 In Art. 229 § 3 Abs. 5 EGBGB sind seit dem 01.09.2001 Regelungen über den Mietspiegel in den §§ 558a ff. BGB n.F. enthalten. Danach kann ein Mieterhöhungsverlangen auch auf einen Mietspiegel Bezug nehmen. Vormals waren diese Regelungen jedenfalls teilweise in § 2 MietHöReglG a.F. enthalten. Neu ist die verbindliche Definition des allgemeinen Mietspiegels in § 558c BGB n.F. (vgl. die Kommentierung zu § 558c BGB), und des qualifizierten Mietspiegels in § 558d BGB n.F. (vgl. die Kommentierung zu § 558d BGB).

420 Art. 229 § 3 Abs. 6 EGBGB: Gemäß Art. 229 § 3 Abs. 6 Satz 1 EGBGB sind auf ein am 01.09.2001 bestehendes Miet- oder Pachtverhältnis auf vermieteten Wohnraum, der sich in einem Gebiet befindet, das auf Grund des § 564b Abs. 2 Nr. 2, 3 BGB a.F. (Gemeinde, bei der die Versorgung der Bevölkerung mit Wohnraum besonders gefährdet ist; gemäß Bestimmung durch Rechtsverordnung der Landesregierung) oder des Gesetzes über eine Sozialklausel in Gebieten mit gefährdeter Wohnungsversorgung vom 22.04.1993[402] bestimmt (d.h. definiert) ist, die am 31.08.2001 geltenden vorstehend genannten Bestimmungen über die Beschränkungen des Kündigungsrechts des Vermieters bis zum 31.08.2004 anzuwenden.

421 Gemäß Art. 229 § 3 Abs. 6 Satz 2 EGBGB wird ein am 01.09.2001 bereits verstrichener Teil einer Frist nach den vorstehend genannten Bestimmungen auf die Frist nach der Vorschrift des § 577a BGB n.F. (vgl. die Kommentierung zu § 577 BGB) über die Kündigungsbeschränkung bei Wohnraumumwandlung angerechnet.

422 Gemäß Art. 229 § 3 Abs. 6 Satz 3 EGBGB ist die Vorschrift des § 577a BGB n.F. (vgl. die Kommentierung zu § 577 BGB) jedoch nicht anzuwenden im Falle einer Kündigung des Erwerbers nach § 573 Abs. 2 Nr. 3 BGB n.F. (vgl. die Kommentierung zu § 573 BGB), wenn die Veräußerung vor dem 01.09.2001 erfolgt ist und sich die veräußerte Wohnung nicht in einem nach Satz 1 bezeichneten Gebiet befindet.

423 Art. 229 § 3 Abs. 7 EGBGB: Gemäß Art. 229 § 3 Abs. 7 EGBGB ist auf ein am 01.09.2001 bestehendes Miet- oder Pachtverhältnis nicht anzuwenden die Vorschrift des § 548 Abs. 3 BGB n.F. (vgl. die Kommentierung zu § 548 BGB) über die Verjährungsunterbrechung bei Einleitung eines selbständigen Beweisverfahrens, wenn das selbständige Beweisverfahren vor dem 01.09.2001 beantragt worden ist.

424 Art. 229 § 3 Abs. 8 EGBGB: Gemäß Art. 229 § 3 Abs. 8 EGBGB ist auf ein am 01.09.2001 bestehendes Miet- oder Pachtverhältnis die Vorschrift des § 551 BGB n.F. (vgl. die Kommentierung zu § 551 BGB) über die Begrenzung und Anlage von Mietsicherheiten (sog. Kautionen) nicht anzuwenden, wenn die Verzinsung vor dem 01.01.1983 durch Vertrag ausgeschlossen worden ist.

425 Art. 229 § 3 Abs. 9 EGBGB: Gemäß Art. 229 § 3 Abs. 9 EGBGB sind auf ein am 01.09.2001 bestehendes Miet- oder Pachtverhältnis die Vorschrift des § 556 Abs. 3 Satz 2-6 BGB n.F. (vgl. die Kommentierung zu § 556 BGB) über die Vereinbarungen zwischen den Mietvertragsparteien über Grundmiete und Betriebskosten sowie die Vorschrift des § 556a Abs. 1 BGB n.F. (vgl. die Kommentierung zu § 556a BGB) über den Abrechnungsmaßstab für Betriebskosten nicht anzuwenden auf Abrechnungszeiträume, die vor dem 01.09.2001 beendet waren.

426 Art. 229 § 3 Abs. 10 EGBGB: Gemäß Art. 229 § 3 Abs. 10 EGBGB ist auf ein am 01.09.2001 bestehendes Miet- oder Pachtverhältnis die Vorschrift des § 573c BGB n.F. (vgl. die Kommentierung zu § 573c BGB) über die Neufassung der Kündigungsfristen der ordentlichen Kündigung nicht anzuwenden, wenn die Kündigungsfristen vor dem 01.09.2001 durch Vertrag vereinbart worden sind.

427 Vgl. zu Mietminderung und Kündigung nach In-Kraft-Treten der Mietrechtsreform LG Berlin.[403]

---

[402] BGBl I 1993, 466, 487.
[403] LG Berlin v. 18.01.2002 - 64 S 406/01 - Grundeigentum 2002, 668.

§ 536 BGB Mietminderung bei Sach- und Rechtsmängeln

(Fassung vom 02.01.2002, gültig ab 01.01.2002)

(1) ¹Hat die Mietsache zur Zeit der Überlassung an den Mieter einen Mangel, der ihre Tauglichkeit zum vertragsgemäßen Gebrauch aufhebt, oder entsteht während der Mietzeit ein solcher Mangel, so ist der Mieter für die Zeit, in der die Tauglichkeit aufgehoben ist, von der Entrichtung der Miete befreit. ²Für die Zeit, während der die Tauglichkeit gemindert ist, hat er nur eine angemessen herabgesetzte Miete zu entrichten. ³Eine unerhebliche Minderung der Tauglichkeit bleibt außer Betracht.
(2) Absatz 1 Satz 1 und 2 gilt auch, wenn eine zugesicherte Eigenschaft fehlt oder später wegfällt.
(3) Wird dem Mieter der vertragsgemäße Gebrauch der Mietsache durch das Recht eines Dritten ganz oder zum Teil entzogen, so gelten die Absätze 1 und 2 entsprechend.
(4) Bei einem Mietverhältnis über Wohnraum ist eine zum Nachteil des Mieters abweichende Vereinbarung unwirksam.

Gliederung

A. Grundlagen	1	c. Mangel verneint:	119
I. Kurzcharakteristik	1	III. Zugesicherte Eigenschaft	151
II. Verhältnis zu anderen Vorschriften	5	1. Definition	151
B. Praktische Bedeutung	11	2. Rechtsprechung	153
C. Anwendungsvoraussetzungen	12	IV. Rechtsmangel	160
I. Normstruktur	12	1. Definition	160
II. Sachmangel	13	2. Typische Fallkonstellationen	164
1. Definition	13	**D. Rechtsfolgen**	168
2. Rechtliche Verhältnisse	18	I. Grundsatz	168
a. Vorbemerkung	18	II. Berechnung	171
b. Einzelfälle	20	III. Ausschluss der Minderung	175
3. Tatsächliche Verhältnisse	40	IV. Verwirkung	187
a. Vorbemerkung	40	V. Abdingbarkeit	193
b. Einzelfälle	42	**E. Prozessuale Hinweise**	194
4. ABC der Rechtsprechung zu Mängeln an der Mietsache	55	I. Klageart	194
a. Mangel bei beweglichen Sachen bejaht	55	II. Beweislast	197
b. Mangel bei Grundstücken und Räumen bejaht	60	III. Streitwert	206

A. Grundlagen

I. Kurzcharakteristik

Das **Mietgewährleistungsrecht** ist für alle Mietverhältnisse allgemein in den §§ 536-536d BGB geregelt. Es gilt grundsätzlich vorrangig zum allgemeinen Leistungsstörungsrecht und sieht folgende Rechte des Mieters vor: 1

- Mietminderung bei Sach- und Rechtsmängeln gemäß § 536 BGB,
- Schadens- und Aufwendungsersatzanspruch des Mieters gemäß § 536a BGB.

Durch die Mietrechtsreform und die sich anschließende Schuldrechtsreform wurde das Mietgewährleistungsrecht auch **terminologisch neu gestaltet**. An die Stelle des bisherigen Begriffs des „Fehlers" ist der Begriff des „Mangels" getreten. Statt von der „vermieteten Sache" spricht das Gesetz nunmehr einheitlich von der „Mietsache". Neu ist auch der Begriff der „angemessenen" Minderung, der die vormalige Verweisung auf die Berechnungsvorschrift zur Minderung im Kaufrecht (§ 472 BGB a.F.) ersetzt. Bislang geht man davon aus, dass den neuen Begriffen **kein anderer Bedeutungsgehalt** zu- 2 kommt, da insofern anders als beim Kauf- und Werkvertragsgewährleistungsrecht keine inhaltliche Umgestaltung vorgenommen wurde.[1]

3   Die Regelung des § 536 Abs. 1 BGB in der heutigen Fassung entspricht dem früheren § 537 Abs. 1 BGB a.F.; die Regelung in § 536 Abs. 2 BGB entspricht wörtlich § 537 Abs. 2 Satz 1 BGB a.F., dessen Satz 2 ersatzlos weggefallen ist; die Regelung in § 536 Abs. 3 BGB entspricht § 541 BGB a.F., und die Regelung in § 536 Abs. 4 BGB entspricht dem Wortlaut von § 537 Abs. 3 BGB a.F.

4   Das Mietgewährleistungsrecht ist Teil des „Allgemeinen Mietrechts" im 1. Untertitel des neuen Mietrechts im BGB und gilt wegen seiner **systematischen Stellung** für alle Mietverhältnisse und über die Verweisung in § 581 Abs. 2 BGB (vgl. die Kommentierung zu § 581 BGB) auch für Pachtverträge. Nutzungsverhältnisse zwischen einer Wohnungsgenossenschaft und ihrem Mitglied unterliegen ebenfalls dem Mietrecht.[2] Von der Vorschrift des § 536 BGB kann bei Mietverhältnissen über Wohnraum nicht zum Nachteil des Mieters abgewichen werden; § 536 Abs. 4 BGB.

II. Verhältnis zu anderen Vorschriften

5   Die Rechte aus § 536 BGB ergänzen den **Erfüllungsanspruch** des Mieters aus § 535 Abs. 1 Satz 2 BGB auf Gewährung einer mangelfreien Mietsache. Die Gewährleistungsrechte stehen dem Mieter jedoch nur solange zu, wie er bis zur Wiederherstellung des vertragsgemäßen Zustandes durch den Vermieter selbst vertragstreu bleibt und am Mietvertrag festhält.[3]

6   Das **allgemeine Leistungsstörungsrecht** ist grundsätzlich nur bis zum Zeitpunkt der Überlassung der Mietsache anwendbar. Nach der Überlassung der Mietsache geht das Mietgewährleistungsrecht vor. Die **anfängliche Unmöglichkeit** führt heute (anders als noch in § 306 BGB a.F.) gemäß § 311a BGB nicht mehr zur Nichtigkeit des Vertrages (vgl. die Kommentierung zu § 311a BGB).

7   Die Ansprüche aus **vorvertraglicher Pflichtverletzung** sind nunmehr in § 311 BGB in Verbindung mit § 280 Abs. 1 BGB (vgl. die Kommentierung zu § 311 BGB und die Kommentierung zu § 280 BGB) normiert. Diese Rechte kommen jedoch nur dann zur Anwendung, wenn das vorrangige Mietgewährleistungsrecht nicht anwendbar ist. Ausnahmsweise stehen dem Mieter Ansprüche aus vorvertraglicher Pflichtverletzung zu, namentlich wenn der Vermieter dem Mieter die Mietsache nicht überlässt oder vorsätzlich seine vorvertraglichen Pflichten, insbesondere Aufklärungspflichten, verletzt hat.[4]

8   Das Recht zur **Anfechtung** wird durch § 536 BGB auch nach Überlassung der Mietsache nicht ausgeschlossen.[5]

9   Bislang gingen die Regelungen des Mietgewährleistungsrechts den Rechten bei **Störung der Geschäftsgrundlage** als abschließende Sonderregelung vor, sofern die Störung auf einem Mangel oder einer Eigenschaft der Mietsache beruht.[6] Die von Rechtsprechung und Lehre entwickelten Rechtsgrundsätze zur Störung der Geschäftsgrundlage wurden nunmehr in § 313 BGB normiert (vgl. die Kommentierung zu § 313 BGB).

10 Gewährleistungsrechte kann der Mieter einem **Mieterhöhungsverlangen** des Vermieters gemäß § 558 BGB (vgl. die Kommentierung zu § 558 BGB) grundsätzlich nicht entgegenhalten, da der Anspruch auf Mieterhöhung und der Anspruch auf Minderung nicht in einem synallagmatischen Verhältnis stehen. Der Mieter hat daher weder ein Leistungsverweigerungsrecht aus § 320 BGB noch ein Zurück-

---

[1] *Börstinghaus*, BuW 2001, 734-744.
[2] LG Dresden v. 14.10.1997 - 15 S 0316/97, 15 S 316/97 - MDR 1998, 589-590.
[3] BGH v. 25.01.1982 - VIII ZR 310/80 - LM Nr. 20 zu § 320 BGB.
[4] BGH v. 05.10.2001 - V ZR 275/00 - LM BGB § 459 Nr. 145 (6/2002); gegen diesen Vorrang des Gewährleistungsrechts wegen der damit verbundenen Privilegierung des Vermieters *Emmerich*, NZM 2002, 362-367.
[5] *Emmerich*, NZM 1998, 692-697.
[6] BGH v. 11.12.1991 - XII ZR 63/90 - NJW-RR 1992, 267-269; BGH v. 16.02.2000 - XII ZR 279/97 - juris Rn. 41 - LM BGB § 537 Nr. 51 (10/2000).

behaltungsrecht aus § 273 BGB.[7] Allerdings wurde in einem gewerblichen Mietverhältnis die Minderung gegenüber einem Mieterhöhungsanspruch zugelassen.[8]

B. Praktische Bedeutung

Mit den Regelungen in § 536 Abs. 1-3 BGB erhält der Mieter rechtstechnisch keinen Anspruch, sondern eine rechtsvernichtende **Einwendung**, die er dem Anspruch des Vermieters auf Zahlung der Miete entgegensetzen kann. Dadurch wird der Mieter in Höhe der Minderung von der Zahlung der Miete ganz oder teilweise befreit.

C. Anwendungsvoraussetzungen

I. Normstruktur

Die Vorschrift des § 536 BGB ist in vier Absätze gegliedert. Der erste Absatz regelt die Minderung abhängig von der Schwere der Sachmängel. In § 536 Abs. 1 Satz 1 BGB ist die grundsätzliche Befreiung des Mieters von der Zahlungspflicht enthalten, die durch § 536 Abs. 1 Satz 2 BGB ergänzt wird, wonach der Mieter lediglich eine angemessen herabgesetzte Miete zahlen muss. In Fällen unerheblicher Minderungen sind die Gewährleistungsrechte gemäß § 536 Abs. 1 Satz 3 BGB ausgeschlossen. Im zweiten Absatz wird die Mietminderung auch auf das Fehlen oder den Wegfall zugesicherter Eigenschaften und im dritten Absatz auf Rechtsmängel erstreckt; § 536 Abs. 2, Abs. 3 BGB. Der vierte Absatz bestimmt, dass die Regelungen in Mietverhältnissen über Wohnraum gemäß § 536 Abs. 4 BGB nicht zum Nachteil des Mieters abdingbar sind.

II. Sachmangel

1. Definition

Voraussetzung für die Rechte aus § 536 BGB ist das Vorliegen eines Sach- oder Rechtsmangels. Ein Sachmangel liegt vor, wenn die Ist-Beschaffenheit von der vertraglich vereinbarten Soll-Beschaffenheit abweicht.[9]

Je nach **Schwere des Mangels** unterscheidet die Vorschrift nach Mängeln,
- die zur vollständigen Aufhebung der Gebrauchstauglichkeit der Mietsache führen,
- die die Gebrauchstauglichkeit der Mietsache mindern und
- solchen, die unerheblichen sind.

Ein Mangel ist unerheblich, wenn er erkennbar leicht und schnell mit einem geringen Kostenaufwand zu beseitigen ist. In diesem Sinne unerhebliche Mängel berechtigen zwar nicht zur Minderung, unterliegen aber dem Erfüllungsanspruch des Mieters aus § 535 BGB, so dass der Vermieter auch unerhebliche Mängel beseitigen muss. Eine Ausnahme greift nur, wenn der Aufwand für die Beseitigung des unerheblichen Mangels unverhältnismäßig wäre.

Der Mangel muss zum Zeitpunkt der Gebrauchsüberlassung vorliegen oder später auftreten. Sachmängel können allgemein in folgende **Fallgruppen** eingeteilt werden:
- Gebrauchsbeeinträchtigungen,
- Beschaffenheitsbeeinträchtigungen,
- Beeinträchtigungen durch rechtliche oder tatsächliche Verhältnisse.

Der BGH hat in seiner Rechtsprechung den Mangelbegriff über Abweichungen in der physischen Substanz hinaus auch auf solche **rechtlichen und tatsächlichen Verhältnisse** ausgeweitet, die mit der

---

[7] OLG Frankfurt v. 29.07.1999 - 20 ReMiet 1/96 - NJW 2000, 2115-2117.
[8] OLG Düsseldorf v. 07.10.1993 - 10 U 3/93 - NJW-RR 1994, 399-400.
[9] BGH v. 16.02.2000 - XII ZR 279/97 - juris Rn. 28 - LM BGB § 537 Nr. 51 (10/2000); *Wenger*, ZMR 2000, 645-653.

Mietsache zusammenhängen und nach der allgemeinen Verkehrsanschauung den Gebrauchswert der Mietsache für den vertraglich vorausgesetzten Gebrauch unmittelbar beeinträchtigen.[10]

2. Rechtliche Verhältnisse

a. Vorbemerkung

18 Rechtliche Verhältnisse können das Vorliegen eines Sachmangels begründen. Dies ist in der Praxis insbesondere bei öffentlich-rechtlichen Beschränkungen der Fall, also gesetzliche oder behördliche Verbote können als rechtliche Verhältnisse einen Sachmangel im Sinne von § 536 BGB begründen, wenn sie den Gebrauch der Mietsache unmöglich machen oder erheblich beeinträchtigen. Entscheidende Voraussetzung dafür ist jedoch, dass die Beschränkung auf die Mietsache und nicht auf die Person des Mieters bezogen ist.[11]

19 Die Beschränkung darf nicht erst in Zukunft zu erwarten sein, anders jedoch wenn der Fortbestand ungewiss ist, besonders wenn ein Rechtsbehelf eingelegt ist. Unter Umständen genügt auch eine zeitweilige Beschränkung, wenn dem Mieter unmöglich gemacht wird, den Vertragszweck zu erreichen, nicht aber eine bloß zeitweilige Verhinderung der Überlassung oder des Gebrauchshindernisses. Eine behördliche Duldung oder ein behördlicher Verzicht auf die Durchsetzung genügen nicht.[12]

b. Einzelfälle

20 **Öffentlich-rechtliche Gebrauchshindernisse** stellen einen Fehler der Mietsache dar, wenn sie auf deren konkreter Beschaffenheit beruhen. Dazu zählen auch fehlende Kfz-Stellplätze, wenn deshalb ein zum Betrieb eines Restaurants gemietetes Objekt nicht genehmigt wird und daher auch nicht bestimmungsgemäß genutzt werden kann.[13]

21 **Wasserschäden** im Deckenbereich eines Ladenlokals mit Herabstürzen von Deckenteilen stellen einen erheblichen Sachmangel dar, der die Bruttomiete um monatlich 20% mindert.[14]

22 Öffentlich-rechtliche **Genehmigungserfordernisse** und behördliche Auflagen, die für den Betrieb einer Gaststätte vorausgesetzt werden, können deshalb auch nicht formularmäßig auf den Mieter übertragen werden.[15] Das gilt jedoch nicht für öffentlich-rechtliche Kosten und Abgaben. Daher kann eine nach der Zweckentfremdungsverbot-Verordnung zu zahlende Ausgleichsabgabe auf den Gewerbemieter wirksam formularmäßig abgewälzt werden.[16]

23 Das **Rauchverbot** in § 7 Abs. 1 Nichtraucherschutzgesetz Rheinland-Pfalz stellt keinen Mangel einer verpachteten Gaststätte dar, denn das Verwendungsrisiko bezüglich der Pachtsache trägt bei der Gewerberaummiete grundsätzlich der Mieter. Daher fallen gesetzgeberische Maßnahmen, die den geschäftlichen Erfolg beeinträchtigen, in den Risikobereich des Pächters. Der BGH hat folgerichtig auch einen Schadensersatzanspruch des Mieters aus § 536a Abs. 1 Alt. 3 BGB abgelehnt, der sich daraus ergeben sollte, dass der Vermieter einer Aufforderung des Mieters, die baulichen Voraussetzungen für die Einrichtung eines Raucherraumes zu schaffen, nicht nachgekommen ist.[17]

24 Treffen die Parteien eines gewerblichen Mietvertrages nach Vertragsschluss die individuelle Regelung, dass für alle baurechtlichen Auflagen und öffentlich-rechtlichen Genehmigungen, die für die Ausführung der von der Mieterin geplanten Nutzung oder deren Umbauten erforderlich sind, der Mieter einzustehen hat, übernimmt der Mieter damit das Risiko, dass er die Mietsache wegen einer fehlenden öffentlich-rechtlichen **Nutzungsgenehmigung** nicht nutzen kann.[18]

---

[10] BGH v. 01.07.1981 - VIII ZR 192/80 - juris Rn. 11 - LM Nr. 27 zu § 537 BGB.
[11] BGH v. 11.12.1991 - XII ZR 63/90 - NJW-RR 1992, 267-269.
[12] BGH v. 23.09.1992 - XII ZR 44/91 - juris Rn. 28 - LM BGB § 537 Nr. 47 (2/1993).
[13] OLG München v. 19.05.1995 - 21 U 4948/94 - OLGR München 1995, 205-206.
[14] OLG München v. 20.12.2006 - 20 U 4428/06 - juris Rn. 9-11.
[15] OLG Celle v. 01.06.1999 - 2 U 228/98 - NJW-RR 2000, 873-874.
[16] KG Berlin v. 15.01.1996 - 8 U 6509/94 - NJW-RR 1996, 1224-1225.
[17] BGH v. 13.07.2011 - XII ZR 189/09 - WuM 2011, 520-521.
[18] OLG Düsseldorf v. 28.05.2009 - I-10 U 2/09, 10 U 2/09 - Grundeigentum 2009, 1043-1044.

Ist das Vorhaben (hier: Kulturzentrum) grundsätzlich genehmigungsfähig, so stellt das bloße Fehlen einer Entwidmung des Mietobjekts (hier: ehemaliger Bahnhof) und einer baurechtlichen Nutzungsgenehmigung keinen Mangel dar und berechtigt demzufolge nicht zu einer Einstellung der Mietzahlungen. Untersagt die zuständige Behörde die Nutzung des Mietobjekts oder ist ein behördliches Einschreiten ernsthaft zu erwarten, so liegt ein Mangel regelmäßig vor.[19]

Der Mieter kann nicht geltend machen, dass das Mietobjekt (hier: Bahnhof) wegen seiner Eintragung als Denkmal von vornherein nicht für die Verwirklichung des vorgesehenen Mietzwecks (hier: Kulturzentrum) geeignet gewesen sei, nachdem der Mieter ausdrücklich nach einem denkmalgeschützten Mietobjekt gesucht hatte.[20]

Weist die zuständige Behörde den Antrag auf Erteilung einer **Gaststättenerlaubnis** zurück, weil die Schallschutzanforderungen nicht erfüllt werden, so stellt dies ein öffentlich-rechtliches Gebrauchshindernis dar, das den (hier: gewerblichen) Mieter je nach Lage des Falles zur Minderung der Miete auf Null berechtigen kann.[21]

Wird anstelle der beantragten Nutzung als Diskothek nur der Betrieb einer Schankwirtschaft mit beschränkter Speiseabgabe und Tanzlokal genehmigt, so begründet dies eine Minderung des Mietzinses (hier um 20%), wenn der konkrete Betriebszweck des angemieteten Objekts in „betriebsbereitem Zustand" ausschließlich der Betrieb einer Diskothek war.[22]

Öffentlich-rechtliche Gebrauchshindernisse begründen dagegen keinen Sachmangel, solange für ein drohendes **Einschreiten** der Verwaltungsbehörde nichts ersichtlich ist. Bei jahrelanger, nicht beanstandeter Nutzung des Mietobjekts sind Gewährleistungsansprüche verwirkt. Der Umstand allein, dass für Kellerräume eines Gewerbeobjekts hinsichtlich der Büronutzung keine Baugenehmigung vorliegt, begründet noch keinen Mangel. Mietminderungs- und Zurückbehaltungsrechte sind jedenfalls verwirkt, wenn der Mieter die betreffenden Räume jahrelang beanstandungsfrei benutzt hat.[23]

Auch das Fehlen einer an sich erforderlichen **Baugenehmigung** führt nicht automatisch zur Annahme eines Mangels gemäß § 537 BGB in der Fassung vom 14.07.1964 und zur Nichtgewährung des vertragsgemäßen Gebrauchs. Voraussetzung dafür ist vielmehr, dass die fehlende Genehmigung eine Aufhebung oder erhebliche Beeinträchtigung der Tauglichkeit der Mietsache zum vertragsgemäßen Gebrauch zur Folge hat. Eine solche liegt im Allgemeinen nur vor, wenn die zuständige Behörde die Nutzung des Mietobjektes zu dem vereinbarten Zweck untersagt oder wenn ein behördliches Einschreiten insoweit zu erwarten ist.[24]

Wurden vor Beginn des Pachtverhältnisses an einer Pachtsache ohne erforderliche Baugenehmigung Umbauarbeiten vorgenommen und ergeht daraufhin eine die Nutzung der Pachtsache untersagende Ordnungsverfügung, die die Aufnahme des vertraglich vorgesehenen Geschäftsbetriebes unmöglich macht, so liegt ein derart gravierender Mangel in der **Gebrauchsfähigkeit** des Pachtobjekts vor, dass die Pachtzinszahlungspflicht von Anfang an entfällt.[25]

Die Androhung einer behördlichen Maßnahme wegen **Brandschutzes** kann wiederum einen Mangel des gemieteten Kaufhauses begründen.[26]

Ein Pachtobjekt ist nicht mit einem Mangel behaftet, wenn sich die Parteien nach Streit über ausreichenden Brandschutz in den Pachträumen („Betreutes Wohnen") in einem Prozessvergleich darauf verständigen, dass der vom Bauordnungsamt genehmigte Brandschutz gelten soll und die Genehmigung erteilt wird.[27]

---

[19] OLG Düsseldorf v. 05.05.2009 - I-24 U 87/08 - juris Rn. 20 - Grundeigentum 2009, 1046.
[20] OLG Düsseldorf v. 05.05.2009 - I-24 U 87/08 - juris Rn. 22 - Grundeigentum 2009, 1046.
[21] KG Berlin v. 07.10.2002 - 8 U 139/01 - MDR 2003, 622-623.
[22] OLG München v. 17.01.1997 - 21 U 5618/93.
[23] OLG Düsseldorf v. 15.01.2004 - 24 U 186/03, 24 U 186/03 - Grundeigentum 2005, 55-56.
[24] OLG Düsseldorf v. 12.05.2005 - 10 U 190/04 - DWW 2005, 235-238.
[25] Brandenburgisches OLG v. 10.04.1996 - 3 U 162/05 - OLGR Brandenburg 1998, 411-414.
[26] OLG Düsseldorf v. 19.03.2002 - 24 U 124/01 - GuT 2002, 74-75.
[27] OLG Düsseldorf v. 24.07.2009 - I-24 U 173/07, 24 U 173/07 - BauR 2010, 124.

34 In der auf Jahre hinaus zu erwartenden Ungewissheit über den Ausgang eines **Verwaltungsprozesses** über die Zulässigkeit einer vertragsgemäßen gewerblichen Nutzung der Miethäume wurde ein Sachmangel insoweit angenommen, als durch die Ungewissheit der Entscheidung des Verwaltungsgerichts gegenwärtige Interessen des Mieters beeinträchtigt werden.[28]

35 Eine Gebrauchsbeeinträchtigung i.S.d. § 536 Abs. 1 BGB liegt nicht vor, wenn die Parteien in Kenntnis einer fehlenden behördlichen Genehmigung einen Mietvertrag abschließen und diesen „in Gang setzen". Erst mit der Versagung der Genehmigung kommt eine Mangelhaftigkeit der Mietsache in Betracht.[29]

36 Nach Auffassung des OLG Düsseldorf führt die fehlende Genehmigung zur gewerblichen Nutzung schon dann zum Mangel, wenn ein behördliches Einschreiten ernstlich zu erwarten ist.[30]

37 Bei einem nicht vertragsgemäßen Zustand des Schienenweges, der zugehörigen Steuerungs- und Sicherungssysteme sowie der zugehörigen Anlagen zur streckenbezogenen Versorgung mit Fahrstrom ist der Nutzer zu einer Minderung der Trassennutzungsentgelte berechtigt.[31]

38 Gleiches gilt auch für die Sperrung der Trasse und die damit verbundene Umfahrung und Verringerung der Geschwindigkeit auf Grund von Brückenbauarbeiten, deren Notwendigkeit sich erst nach Vertragsschluss herausgestellt hat und die nicht als Betriebsstörung im Rahmen des allgemeinen Betriebsrisikos anzusehen sind.[32]

39 Die baustellenbedingte Nichteinhaltung der Taktzeiten begründet jedoch kein Minderungsrecht, wenn der Zustand der baustellenbedingt eingleisigen Schienenführung und die daraus resultierenden Beeinträchtigungen bei Bestellung der Trassen bekanntgegeben und in die Netzfahrpläne mit eingearbeitet wurden. Vorausgesetzt wird auch, dass dem Betreiber des Schienenweges insoweit weder Planungs- und Koordinierungsfehler bei Einrichtung der Trasse noch eine nachrangige Behandlung des Nutzers bei der Abwicklung von Engpässen anzulasten sind.[33]

3. Tatsächliche Verhältnisse

a. Vorbemerkung

40 Ein Sachmangel kann auch durch tatsächliche Verhältnisse begründet werden, die auf die Mietsache einwirken, wie etwa Lärm, Luftverschmutzung oder Gerüche. Ein Sachmangel im Sinne von § 536 BGB liegt dann vor, wenn durch die tatsächlichen Verhältnisse eine Beeinträchtigung der Mietsache eintritt, die bei Vertragsschluss nicht ausdrücklich berücksichtigt wurde. Auf die Verpflichtung des Vermieters, als Eigentümer derartige Beeinträchtigungen gemäß § 906 Abs. 1 Satz 1 BGB dulden zu müssen, kommt es für die Gewährleistungsrechte des Mieters nicht an.[34]

41 Eine generelle Aufklärungspflicht des Vermieters bei Vertragsschluss über negative Umstände (hier: frühere Vorvermietungen und deren Dauer) besteht grundsätzlich nicht. Es ist Sache des Mieters, entsprechende Erkundigungen einzuholen. Das Recht zur fristlosen Kündigung des Mietvertrages kann hieraus nicht abgeleitet werden.[35]

b. Einzelfälle

42 Eine Mietsache ist in diesem Sinne mangelhaft, wenn in den Mieträumen die nach der Arbeitsstätten-Richtlinie zulässige **Innenraumtemperatur** von 26 Grad Celsius überschritten wird.[36] Die praktische

---

[28] VerfGH Berlin v. 03.05.2001 - 39/00 - juris Rn. 19 - NZM 2001, 746-747.
[29] KG Berlin v. 15.02.2007 - 8 U 138/06 - juris Rn. 34 - DWW 2007, 249-250.
[30] OLG Düsseldorf v. 30.03.2006 - I-10 U 166/05, 10 U 166/05 - juris Rn. 8 - GuT 2006, 138-139.
[31] KG Berlin v. 09.04.2009 - 19 U 21/08 - IR 2009, 142-143.
[32] KG Berlin v. 09.04.2009 - 19 U 21/08 - IR 2009, 142-143.
[33] KG Berlin v. 09.04.2009 - 19 U 21/08 - IR 2009, 142-143.
[34] OLG München v. 26.03.1993 - 21 U 6002/92 - juris Rn. 4 - NJW-RR 1994, 654-655.
[35] OLG Düsseldorf v. 21.06.2005 - I-24 U 85/05, 24 U 85/05 - Grundeigentum 2006, 327.
[36] KG Berlin v. 02.09.2002 - 8 U 146/01 - juris Rn. 14 - Grundeigentum 2003, 48-49.

Umsetzung dieser Anforderungen wurde durch *Ormanschick* erläutert.[37] Der Entscheidung des KG hat sich das LG Bielefeld angeschlossen und zusätzlich entschieden, dass dies auch gilt, wenn bei einer Außentemperatur von über 32 Grad Celsius die Innentemperatur nicht mindestens 6 Grad Celsius unter der Außentemperatur liegt. Dies gilt unabhängig vom Vorhandensein einer Klimaanlage.[38]

43 Anders hat jedoch das OLG Karlsruhe entschieden, wonach Gewerberäume, die in einem in den 20er Jahren des vorigen Jahrhunderts errichteten und 1936 erweiterten Gebäude liegen und als Büroräume vermietet worden sind, nicht deshalb mangelhaft sind, weil die Innentemperatur in den Sommermonaten aufgrund von Sonneneinstrahlung mehrfach und über längere Zeiträume mehr als 26 °C beträgt. Keine Aussage darüber, ab welchen durch Sonneneinstrahlung verursachten Innentemperaturen Gewerbemieträume einen Mietmangel aufweisen, enthalten die Verordnung über Arbeitsstätten vom 12.08.2004, die Arbeitsstättenrichtlinien und die DIN 1946-2.[39]

44 Die Beurteilung, ob wegen Aufheizung eines Gebäudes aufgrund **Sonneneinstrahlung** ein Mangel der Mietsache vorliegt, richtet sich nach den vertraglichen Vereinbarungen und dem baulichen Zustand des Gebäudes, nicht nach der Arbeitsstättenverordnung.[40]

45 Unzureichender baulicher **Wärmeschutz** in einer Neubauwohnung, der zu Temperaturen deutlich oberhalb der Wohlbefindlichkeitsschwelle führt, stellt einen solchen Mangel dar, der zu einer Minderung von 20% führt.[41]

46 In Bezug auf diese Rechtsprechung erörtert *Schliemann*, warum sie im Lichte der **Energiesparverordnung** seiner Meinung nach nicht haltbar sein werde. Er führt aus, dass diese Urteile das Kyoto-Protokoll sowie den Inhalt der Energiesparverordnung nicht berücksichtigt haben. Gerade die Energiesparverordnung ziele darauf ab, eine Klimatisierung von Gebäuden im Sinne der Energieeinsparung zu vermeiden und die Gebäude von vornherein so zu planen, dass eine übermäßige Erwärmung im Hochsommer durch möglichst niedrige Sonneneintragskennwerte vermieden werde. Bei Einhaltung dieser Verordnung könne ein Sachmangel im Sinne des Mietrechts nicht vorliegen.[42]

47 **Lärmbelästigungen** wie überlaut geführte Streitgespräche der Wohnungsnachbarn, die mehrmals wöchentlich zur Nachtzeit auftreten, beeinträchtigen die Wohn- und Lebensqualität des betroffenen Mieters nicht nur unerheblich und können deshalb eine Mietminderung nach § 536 Abs. 1 BGB in Höhe von 5% rechtfertigen.[43]

48 Eine Mietminderung wegen des von einer **Mobilfunkantenne** ausgehenden elektromagnetischen Feldes ist nur gerechtfertigt, wenn die in der 26. BImSchV festgelegten Grenzwerte überschritten werden.[44] Diese Rechtsprechung hat das Landgericht Frankfurt bestätigt.[45]

49 Ein Anspruch des Mieters gegen den Vermieter auf Unterlassung des Betriebs einer Mobilfunksendeanlage besteht weder nach § 1004 Abs. 1 Satz 2 BGB aufgrund der beim Betrieb der Mobilfunkanlage ausgehenden unwesentlichen Immissionen noch auf mietvertraglicher Grundlage nach § 535 Abs. 1 Satz 2 BGB, wonach dem Mieter die Wohnung in einem zum vertragsgemäßen Gebrauch geeigneten Zustand zu überlassen ist. Der Vermieter ist aufgrund des Mietvertrags verpflichtet, die Richt- und Grenzwerte nach der Bundesimmissionsschutzverordnung (BImSchV) einzuhalten, die sich an nachweisbaren Gesundheitsgefahren durch Hochfrequenzfelder orientieren. Eine weitergehende Fürsorgepflicht des Vermieters, allen denkbaren abstrakten Gefahren entgegenzuwirken, bestehe nicht. Maßgeblich sei das Empfinden eines verständigen Durchschnittsmenschen. Die Befürchtung des auf einen Herzschrittmacher angewiesenen Mieters, die Anlage sei dennoch gesundheitsgefährdend, reiche

---

[37] *Ormanschick*, WE 2003, 226.
[38] LG Bielefeld v. 16.03.2003 - 3 O 411/01 - AiB 2003, 752.
[39] OLG Karlsruhe v. 17.12.2009 - 9 U 42/09 - Grundeigentum 2010, 542-545.
[40] OLG Frankfurt v. 19.01.2007 - 2 U 106/06 - NZM 2007, 330-333.
[41] AG Hamburg v. 10.05.2006 - 46 C 108/04 - juris Rn. 9-11 - WuM 2006, 609-611.
[42] *Schliemann*, ZfIR 2005, 488-496.
[43] AG Bergisch Gladbach v. 24.07.2001 - 64 C 125/00 - juris Rn. 7 - WuM 2003, 29-30.
[44] LG Berlin v. 29.10.2002 - 63 S 24/02 - NJW-RR 2003, 300.
[45] LG Frankfurt v. 04.03.2003 - 2-11 S 272/01, 2/11 S 272/01 - MMR 2003, 540-541.

§ 536

nicht aus. Im vorliegenden Fall sei weder eine Störbeeinflussung der Funktion des Herzschrittmachers noch eine Gesundheitsgefährdung des Mieters bewiesen.[46]

50 **Gefahrenquellen** außerhalb der Mietsache können einen Mangel begründen, wenn die Mietsache einer latenten Gefahr ausgesetzt ist, bei deren Verwirklichung der Gebrauchswert der Mietsache aufgehoben oder gemindert würde. Es ist nicht notwendig, dass sich die Gefahr bereits realisiert hat. Allerdings wird bei Gefahrenquellen außerhalb der Mietsache ein anfänglicher Fehler dann verneint, wenn der Vermieter sich nicht gegen die Gefahr schützen kann.[47]

51 Gesundheitsgefährdende **Umweltgifte**, die der Mietsache anhaften, können auch dann einen Mangel darstellen, wenn sie zur Zeit des Mietvertrages noch nicht als umwelt- oder gesundheitsgefährdend eingestuft worden waren. Ändert sich die wissenschaftliche Einschätzung dieser Umweltgifte (z.B. Holzschutzmittel, Baustoffe wie Asbest, Formaldehyd oder Bleirohre), so kommt es für die Beurteilung des Mangels nicht auf den Zeitpunkt des Vertragsschlusses an. Vielmehr haben die Parteien bei Vertragsschluss die gesundheitliche Unbedenklichkeit der Mietsache vorausgesetzt. Stellt sich später heraus, dass diese nicht mehr gewährleistet ist, liegt ein Mangel vor.[48]

52 Bei erheblicher Belastung der Atemluft mit polyzyklischen aromatischen Kohlenwasserstoffen (PAK) ist die Miete für die gesamte Wohnung um 15% zu mindern.[49]

53 Eine Rechtsprechungsübersicht zur Behandlung von Umweltschäden im Rahmen von Miet- und Pachtverhältnissen und beim Wohnungseigentum wurde von *Mohr* zusammengestellt.[50]

54 Umstände des **allgemeinen Lebensrisikos** stellen dagegen keinen Mangel im Sinne des Mietgewährleistungsrechts dar (z.B. fehlende Versicherbarkeit wegen häufiger Einbrüche in Geschäftsräume).[51]

4. ABC der Rechtsprechung zu Mängeln an der Mietsache

a. Mangel bei beweglichen Sachen bejaht

55 Ein Mangel an der Mietsache liegt vor, wenn ein zur Überdachung einer Baustelle vermietetes **Baustellenzelt** wasserdurchlässig ist und deshalb seinen vertraglich vorausgesetzten Zweck, für genügend Trockenheit für Beschichtungsarbeiten zu sorgen, nicht erfüllen kann.[52]

56 Die gewerbsmäßigen Vermieter von **Kraftfahrzeugen** trifft eine erhöhte Sorgfaltspflicht, dafür zu sorgen, dass diese verkehrstüchtig sind. Ein Mangel liegt insoweit vor bei einem lockeren Lenkradgriff eines Fahrrades, der zu einem Unfall führt[53], oder bei fehlerhaften Reifen. Allgemeine Geschäftsbedingungen, wonach der Mieter Mängelfreiheit anerkennt, entlasten den Vermieter dabei nicht.[54]

57 Fehlt einer gemieteten **Computeranlage** wegen eines Defekts des Druckers insgesamt die Gebrauchstauglichkeit, so kann die Miete wegen dieses Mangels auf Null gemindert werden.[55]

58 Bei der Vermietung von Computerprogrammen können **Programmsperren**, die zum Schutz vor Raubkopien verwendet werden, einen Mangel der Mietsache darstellen. Dies ist jedoch anhand der besonderen Umstände des Einzelfalls zu beurteilen.[56]

59 Ein gemietetes **Fotokopiergerät** ist mit einem Mangel im Sinne des § 536 BGB behaftet, wenn in einem Zeitraum von 19 Monaten 375 Papierstaus auftreten.[57]

---

[46] BGH v. 15.03.2006 - VIII ZR 74/05 - WuM 2006, 304-306.
[47] OLG München v. 12.07.1991 - 21 U 5745/90 - juris Rn. 12 - WuM 1991, 681-683.
[48] BayObLG München v. 04.08.1999 - RE-Miet 6/98 - juris Rn. 25 - NJW-RR 1999, 1533-1535.
[49] LG Berlin v. 13.01.2003 - 61 S 152/02 - Grundeigentum 2003, 884.
[50] *Mohr*, ZMR 2003, 86-89.
[51] KG Berlin v. 29.09.1997 - 20 U 4599/97 - NJW-RR 1998, 944; str. a.A.: OLG Naumburg v. 16.12.1996 - 1 U 175/96 - NJW-RR 1998, 944-945.
[52] OLG Hamm v. 28.09.1994 - 30 U 45/94 - NJW-RR 1995, 525-526.
[53] BGH v. 22.09.1982 - VIII ZR 246/81 - WM 1982, 1230-1231.
[54] BGH v. 09.11.1966 - VIII ZR 114/65 - DB 1967, 118.
[55] OLG Hamm v. 11.01.1993 - 31 U 107/92 - NJW-RR 1993, 1527.
[56] Vgl. dazu ausführlich *Würmeling*, CR 1994, 585-595.
[57] KG Berlin v. 14.02.2005 - 8 U 203/04 - MDR 2005, 859-860.

b. Mangel bei Grundstücken und Räumen bejaht
aa. Einzelfälle

Bei der Wohnraummiete gehört die **Außenwand** nicht zum Mietgegenstand, und auch bei der Geschäftsraummiete ist die Benutzung der höher gelegenen Wandteile, auch durch den Mieter des betreffenden Stockwerks, nicht vom Mietgebrauch umfasst. Die Demontage des auf höher gelegenen Außenwandflächen angebrachten Leuchttransparents des Vermieters durch den Mieter der Geschäftsräume stellt die Ausübung verbotener Eigenmacht dar, die dem Vermieter einen Anspruch gemäß §§ 861, 858 BGB auf Herausgabe des Leuchttransparents sowie Unterlassung zukünftiger Entfernung verschafft.[58]   60

Mietminderungen können zudem durch Mängel begründet werden, die in **Baulärm** durch eine benachbarte Großbaustelle bzw. ICE-Neubaustrecke[59] begründet liegen oder bei Lärm und Geruchsbelästigung durch den benachbarten Supermarkt[60]. Ein Dachgeschossausbau kann die im Hause wohnenden Mieter während der Bauzeit zu einer durchschnittlichen Mietminderung von 20% berechtigen.[61]   61

Der bei Kernsanierung eines großen Verwaltungsgebäudes in zentraler innerstädtischer Lage auf die in den umliegenden Häusern wohnenden Mieter eindringende Lärm und Schmutz begründet ebenfalls die Minderung.[62]   62

Bei umfangreichen Bauarbeiten in unmittelbarer Nähe der Wohnung (hier: Sanierung der Wuppertaler Schwebebahn) kann eine Mietminderung um 20% begründet sein, ohne dass der Mieter konkrete Daten zu den Lärmbeeinträchtigungen (Lärmprotokoll) vortragen muss.[63]   63

Durch **behördliche** Verbote oder Auflagen herbeigeführte Gebrauchshindernisse und -beschränkungen stellen einen Mangel dar, da sie den Mieter daran hindern, die gemietete Sache vereinbarungsgemäß zu nutzen.[64]   64

Das Fehlen einer für die gewerbliche Nutzung an sich erforderlichen Nutzungsgenehmigung führt allerdings nicht automatisch zur Annahme eines Mangels gemäß § 536 BGB und damit zur Nichtgewährung des vertragsgemäßen Gebrauchs. Voraussetzung ist vielmehr, dass die fehlende Genehmigung eine Aufhebung oder erhebliche Beeinträchtigung der Tauglichkeit der Mietsache zum vertragsgemäßen Gebrauch zur Folge hat. Eine solche liegt regelmäßig nur vor, wenn die zuständige Behörde die Nutzung des Mietobjekts untersagt oder wenn ein behördliches Einschreiten insoweit ernstlich zu erwarten ist.[65]   65

Unterschreiten vermietete Wohnräume die bauordnungsrechtlich vorgeschriebene lichte Höhe, so stellt die theoretische Möglichkeit eines behördlichen Einschreitens gegen die Wohnnutzung keinen Grund zur Minderung dar.[66]   66

Die Verschattung der Mietwohnung durch **Baumbewuchs** stellt einen Mietmangel dar, wenn dadurch der Mieter tagsüber im Wohnzimmer Licht einschalten muss.[67]   67

Eine Mietminderung von 10% ist nach dem LG Berlin angemessen, wenn **Baumaßnahmen** nur in und an den Nachbargebäuden stattfinden.[68]   68

Für die Beurteilung der Frage, ob eine Mietwohnung Mängel aufweist, ist die von Mietvertragsparteien vereinbarte Beschaffenheit der Wohnung ausschlaggebend, nicht die Einhaltung bestimmter tech-   69

---

[58] OLG München v. 04.07.2005 - 21 U 1607/05.
[59] LG Mannheim v. 08.10.1999 - 4 S 93/99 - juris Rn. 31 - WuM 2000, 185-187; LG Wiesbaden v. 17.12.1999 - 3 S 77/99 - WuM 2000, 184-185.
[60] AG Gifhorn v. 07.03.2001 - 33 C 426/00 (VII), 33 C 426/00- WuM 2002, 215-216.
[61] LG Berlin v. 15.03.2002 - 63 S 54/00 - MM 2002, 225-227.
[62] AG Gelsenkirchen v. 16.05.2006 - 3b C 779/05 - juris Rn. 10 - WuM 2006, 611-612.
[63] AG Wuppertal v. 04.03.2003 - 92 C 464/02 - MietRB 2003, 63-64.
[64] OLG Düsseldorf v. 07.03.2006 - I-24 U 91/05, 24 U 91/05 - DWW 2006, 286-187.
[65] OLG Düsseldorf v. 22.12.2005 - I-10 U 100/05, 10 U 100/05 - OLGR Düsseldorf 2007, 508-510.
[66] AG Hamburg-Blankenese v. 20.04.2007 - 509 C 325/06 - ZMR 2007, 789-790.
[67] AG Berlin-Charlottenburg v. 07.09.2006 - 211 C 70/06 - Grundeigentum 2006, 1557.
[68] LG Berlin v. 02.04.2007 - 62 S 82/06 - juris Rn. 11 - Grundeigentum 2007, 1188-1189.

nischer Normen. Fehlt es an einer **Beschaffenheitsvereinbarung**, so ist die Einhaltung der maßgeblichen technischen Normen geschuldet. Dabei ist nach der Verkehrsanschauung grundsätzlich der bei Errichtung des Gebäudes geltende Maßstab anzulegen. Nimmt der Vermieter bauliche Veränderungen vor, die zu Lärmimmissionen führen könnten, so kann der Mieter erwarten, dass Lärmschutzmaßnahmen getroffen werden, die den Anforderungen der zur Zeit des Umbaus geltenden DIN-Normen genügen. Wird ein älteres Wohnhaus nachträglich um ein weiteres Wohngeschoss aufgestockt, so entsteht an der Mietwohnung, die vor der Aufstockung im obersten Wohngeschoss gelegen war, ein Mangel, wenn die Trittschalldämmung der darüber errichteten Wohnung nicht den Anforderungen der im Zeitpunkt der Aufstockung geltenden DIN-Norm an normalen Trittschallschutz genügt. Die Einhaltung der Anforderungen an erhöhten Trittschallschutz kann der Mieter nur dann verlangen, wenn dies mit dem Vermieter vereinbart ist.[69]

70 Die Quantität und Qualität des **Besucherverkehrs** der Mitmieter sowie die Aufhebung der Zugangskontrolle können den Mieter gewerblicher Mieträume unter Berücksichtigung der konkreten Ausgestaltung des Vertragsverhältnisses zur Mietminderung wegen eines Sachmangels berechtigen.[70] Ein solcher Mangel liege vor, wenn in einem als exklusiv angebotenen Bürohaus eine Sozialbehörde mit einem Kundenverkehr von etwa 500 Personen pro Tag untergebracht werde. Hiergegen wird teilweise eingewandt dass der Besuch von „Hartz IV"-Empfängern keinen Mangel darstellen könne.[71]

71 Ein Mangel wird auch angenommen, wenn in einem anderen Geschoss ein **Bordell** betrieben wird. Allein die Möglichkeit, dass Mitmieter durch im Hausflur wartende Freier belästigt werden, rechtfertigt eine Minderung der Miete um 10%. Kommt es dagegen zu konkreten Belästigungen, berechtigt dies zu bis zu 30%iger Minderung.[72]

72 Führt die Einrichtung einer **Drogenberatungsstelle** dazu, dass die Drogenszene den Zugang zu einem Geschäftslokal beeinträchtigt, so liegt darin ein Mangel, der den Mieter von der Entrichtung der Miete in Höhe von bis zu 50% befreit, ohne dass den Vermieter ein Verschulden treffen muss.[73]

73 Die Gebrauchsgewährpflicht des Vermieters beschränkt sich hinsichtlich der **Elektrizitätsversorgung** darauf, dass er dem Mieter die technischen Möglichkeiten für den Abschluss eines Anschlussnutzungsvertrages mit einem Stromversorgungsunternehmen eröffnet.[74]

74 Es stellt einen zur Minderung berechtigenden Mangel der Mietwohnung dar, wenn sich in ihr **Elektro-Nachtspeicheröfen** befinden, die für den Mieter nahe liegende und begründete Gesundheitsgefahren durch die Freisetzung von entsprechenden Astbestfaserkonzentrationen begründen.[75]

75 Die Minderung wegen Beeinträchtigung des **Fernsehempfanges** wird unterschiedlich beurteilt.[76]

76 **Feuchtigkeitsschäden** stellen einen vom Vermieter zu beseitigenden Mietmangel im Sinne der §§ 535 Abs. 1 Satz 2, 536 BGB dar. Dieser Mangel im Sinne einer Beeinträchtigung des vertragsgemäßen Mietgebrauchs ist dem Vermieter nur dann nicht zuzurechnen, wenn er vom Mieter selbst zu vertreten ist. Die volle Beweislast trifft in diesem Fall den Vermieter dafür, dass die Feuchtigkeitserscheinungen nicht aufgrund von außen eindringender oder im Mauerwerk aufsteigender Feuchtigkeit verursacht wurden. Der Vermieter hat auf den Stand der Technik zur Bauzeit bezogen darzulegen und nachzuweisen, dass das Gebäude frei von wärmetechnischen Baumängeln ist und hieran gemessen keine aus dem Rahmen fallenden Beheizungs- und Belüftungsmaßnahmen erforderlich gewesen wären, um Feuchtigkeitsschäden zu vermeiden.[77]

---

[69] BGH v. 06.10.2004 - VIII ZR 355/03 - NJW 2005, 218-219.
[70] OLG Stuttgart v. 21.12.2006 - 13 U 51/06 - ZMR 2007, 272.
[71] *Schläger*, ZMR 2007, 275-276.
[72] LG Berlin v. 21.07.1995 - 64 S 84/95 - NJW-RR 1996, 264-265.
[73] OLG Hamm v. 24.10.1995 - 7 U 171/94 - OLGR Hamm 1996, 76-79.
[74] Brandenburgisches OLG v. 31.08.2006 - 3 U 79/06 - Grundeigentum 2007, 1631-1632.
[75] LG Dortmund v. 16.02.1994 - 11 S 197/93 - ZMR 1994, 410-411.
[76] *Kinne*, Grundeigentum 2007, 337-344.
[77] LG Hamburg-Blankenese v. 06.08.2003 - 508 C 130/03 - ZMR 2004, 274-275.

Das unwillkürliche Abschalten der **Gasversorgung** für die Küche eines Restaurants stellt einen Mangel der Mietsache dar. Der Vermieter hat nachzuweisen, dass die Ursache des Mangels dem Obhutsbereich des Mieters entstammt und andere in seinen Verantwortungsbereich fallende Ursachen ausgeschlossen sind, wenn er sich darauf beruft, die Unterbrechung der Gaszufuhr sei durch willkürliche Abschaltungen der Lüftungsanlage durch den Mieter verursacht worden, und der Mieter sich darauf beruft, die Ursache der Unterbrechung liege wahrscheinlich in der vorhandenen Koppelung zwischen der Lüftungsanlage und der Gasversorgung, mithin an einem Mangel der technischen Ausstattung. Neben einem Material- und Herstellungsmangel muss der Vermieter auch einen ebenfalls zu seiner Risikosphäre gehörenden normalen Verschleiß als Schadensursache beweislich ausschließen können. Da vorliegend das Ausschalten der Gaszufuhr als solche unstrittig ist, muss der Vermieter substantiiert unter Beweisantritt vortragen, dass diese Funktionsstörung nicht auf einen der Gasversorgungs- und Lüftungsanlage anhaftenden technischen Fehler zurückzuführen ist und daher der Mangel nicht aus seinem Risikobereich stammt.[78]

77

Der Vermieter führt einen Mangel der Mietwohnung herbei, wenn er im Rahmen einer Modernisierungsmaßnahme Isolierfenster einbauen lässt, deren Fläche kleiner ist als die der ursprünglich vorhandenen Fenster (hier: in einer Altbauwohnung). Die Verringerung der **Glasfläche** um 23% ist als erheblich anzusehen. Dieser Mangel der Mietsache berechtigt den Mieter, die Miete pro Fenster um 3% zu mindern. Zudem steht dem Mieter ein Mangelbeseitigungsanspruch dahin zu, dass der Vermieter die vor der Modernisierung vorhandene größere Fensterfläche wiederherstellt.[79]

78

Als Mangel der Mietsache wurde für die Mieter im Erdgeschoss ein Schutt- und Baumaterialhaufen als unzumutbar angesehen. Wenn die **Hausflure** und Treppenräume nicht ordnungsgemäß verputzt oder verstrichen sind oder die letzte malermäßige Instandsetzung mehr als 15 Jahre zurückliegt, liegt eine erhebliche Beeinträchtigung des bestimmungsgemäßen Gebrauchs des Wohngebäudes vor. Handelt es sich um Altbau und weist das Treppenhaus einen Zustand auf, der selbst für einen Altbau nicht mehr hinnehmbar ist, so ist der Vermieter zur Renovierung des Treppenhauses verpflichtet.[80]

79

Eine vertragswidrige **Konkurrenzsituation** stellt einen zur Minderung des Mietzinses berechtigenden Sachmangel der Mietsache dar.[81]

80

Der Ausfall der **Lüftung** in einem Restaurant stellt einen Mangel der Mietsache dar, wobei es dem Mieter obliegt nachzuweisen, dass dadurch der vertragsmäßige Gebrauch nicht nur unerheblich beeinträchtigt wird.[82]

81

Der Mieter einer nicht modernisierten Altbauwohnung kann mangels abweichender vertraglicher Vereinbarung jedenfalls einen **Mindeststandard** erwarten, der ein zeitgemäßes Wohnen ermöglicht und den Einsatz der für die Haushaltsführung allgemein üblichen elektrischen Geräte erlaubt.[83]

82

Fugen und Höhenunterschiede am **Parkettboden** berechtigen dagegen zu 6% Mietminderung bezogen auf die anteilige Fläche des Parkettzimmers.[84]

83

In Geschäftsräumen stellt eine **Raumtemperatur** über 26 Grad Celsius bei einer Außentemperatur bis zu 32 Grad Celsius regelmäßig einen Mietmangel dar. Bei höheren Außentemperaturen muss die Raumtemperatur mindestens 6 Grad Celsius unter der Außentemperatur liegen. Andernfalls sind die Räume so beschaffen, dass in ihnen Arbeitnehmer nicht beschäftigt werden können. Die Grenzwerte der Arbeitsstättenverordnung werden überschritten.[85]

84

Auch **Schimmelpilzbefall** stellt einen Mangel der Mietwohnung dar. Entsteht dieser, weil der Mieter nach dem Einbau neuer Isolierglasfenster nicht dem erforderlichen Lüftungsverhalten gerecht wird, so

85

---

[78] KG Berlin v. 20.09.2004 - 8 U 65/04 - MM 2004, 409.
[79] LG Berlin v. 08.01.2004 - 67 S 312/01 - MM 2004, 124-125.
[80] LG Berlin v. 27.09.2004 - 67 S 131/04 - MM 2004, 410-411.
[81] KG Berlin v. 25.01.2007 - 8 U 140/06 - juris Rn. 23 - KGR Berlin 2007, 390-391.
[82] BGH v. 27.02.1991 - XII ZR 47/90 - juris Rn. 19 - NJW-RR 1991, 779-780.
[83] BGH v. 26.07.2004 - VIII ZR 281/03 - Grundeigentum 2004, 1090-109.
[84] LG Berlin v. 15.03.2002 - 63 S 54/00 - MM 2002, 225-227.
[85] OLG Hamm v. 28.02.2007 - 30 U 131/06 - juris Rn. 64-75 - OLGR Hamm 2007, 541-543.

ist der Mangel trotzdem dem Gefahrenbereich des Vermieters zuzuordnen, wenn dieser den Mieter nicht präzise über die erforderlichen zusätzlichen Lüftungsmaßnahmen aufgeklärt hat.[86] Eine Minderung bis 20% der Bruttokaltmiete ist gerechtfertigt, wenn aufgrund vom Vermieter zu verantwortender Feuchtigkeitsschäden die Wände mit Schimmelpilz befallen sind und die Möbel deshalb nur eingeschränkt aufgestellt werden können.[87]

86 Ökonomisches Heizverhalten, d.h. die Heizung der Räume im Souterrain wird nachts heruntergedreht, steht einer Minderung wegen Schimmels nicht entgegen.[88] Demgegenüber wird die Miete regelmäßig nicht gemindert, wenn der Mieter den Schimmelbefall durch unsachgemäßes Heiz- und Lüftungsverhalten selbst verschuldet hat.[89]

87 Falsches Wohnverhalten des Mieters als Ursache für Schimmelbildung muss eindeutig sein. Daher reicht eine niedrige Temperierung der Miträume bei vorhandenem Baumangel alleine nicht aus.[90]

88 Die durch hohe Raumfeuchtigkeit bedingte Schimmelbildung in Miträumen begründet die Minderung auch dann, wenn der Mieter eine den Schimmel verhindernde Lüftung unterlässt, weil das Ausmaß der erforderlichen Lüftung unzumutbar ist.[91]

89 Für die Bemessung des Grades der Gebrauchsbeeinträchtigung durch Feuchtigkeitseinwirkungen in einer Gaststätte kommt es weniger darauf an, ob ein festgestellter Schimmelpilzbefall aus objektiver Sicht bereits gesundheitsgefährdlich ist. Maßgeblich ist vielmehr, welcher Eindruck sich beim Publikum einstellt. Dieses stellt in aller Regel und zu Recht an die hygienischen Standards einer Speisegaststätte hohe Anforderungen. Die Gebrauchstauglichkeit einer Speisegaststätte ist deshalb in hohem Maße beeinträchtigt, wenn „ein typischer Geruch vorhanden (war), der auf eine Schimmelbelastung hinwies". In diesem Fall war eine Minderung um 50% gerechtfertigt.[92]

90 Eine unzureichende vermauerte Wandöffnung, die den Einbruch in ein vermietetes Ladenlokal erleichtert, kann einen Mangel der vermieteten Räume darstellen. Dies gilt auch dann, wenn keine ausdrückliche Vereinbarung im Hinblick auf die Beschaffenheit des Mauerwerks getroffen wurde, weil auch insoweit von den üblichen **Sicherheitsstandards** auszugehen ist.[93]

91 Ein Mangel kann auch bei **Ungezieferbefall** vorliegen. Der vertragsgemäße Gebrauch einer Wohnung im Sinne von § 535 BGB wird durch den Befall mit Katzenflöhen aufgehoben und löst unabhängig vom Vermieterverschulden Schadensersatzansprüche aus, wenn er schon bei Beginn des Mietverhältnisses vorgelegen hat.[94] Kann bei einem erheblichen Mottenbefall der Wohnung die Ursache des Ungezieferbefalls weder dem Vermieter noch dem Mieter vorgeworfen werden oder ist die Ursache nicht aufklärbar, so begründet der Ungezieferbefall trotzdem die Mietminderung.[95]

92 Hat der Vermieter in den Räumen des Mieters, in denen Ungeziefer (hier: Schaben) aufgetreten ist, Maßnahmen zur Schädlingsbekämpfung durchgeführt, kann er die Kosten der Schädlingsbekämpfung nicht von dem betroffenen Mieter beanspruchen, wenn die Ursache des Ungeziefers streitig und nicht zeitnah durch einen Sachverständigen festgestellt worden ist.[96]

93 Wenn der Wohnungsmieter Minderungsansprüche wegen **Verfärbungen** in seiner Wohnung geltend macht, die laut Sachverständigengutachten vom Vermieter auf ein fehlerhaftes Nutzverhalten oder un-

---

[86] LG Gießen v. 12.04.2000 - 1 S 63/00 - MDR 2000, 761-762.
[87] AG Berlin- Köpenick v. 08.02.2001 - 17 C 475/00 - MM 2002, 185-186.
[88] LG Berlin v. 04.05.2006 - 32 O 281/05 - Grundeigentum 2006, 913-915.
[89] LG Berlin v. 06.02.2006 - 67 S 346/05 - Grundeigentum 2006, 913.
[90] AG Königs Wusterhausen v. 11.05.2007 - 9 C 174/06 - WuM 2007, 568-569.
[91] AG Frankfurt v. 09.07.2007 - 33 C 1906/06 - 31, 33 C 1906/06- WuM 2007, 569.
[92] OLG Düsseldorf v. 24.07.2009 - I-24 U 6/09, 24 U 6/09 - MietRB 2010, 39.
[93] BGH v. 07.06.2006 - XII ZR 34/04 - NSW § 536 (BGH-intern).
[94] AG Bremen v. 14.01.1998 - 25 C 180/97 - NJW 1998, 3282-3283.
[95] AG Bremen v. 06.12.2001 - 25 C 0118/01, 25 C 118/01- WuM 2002, 215.
[96] OLG Düsseldorf v. 24.06.2004 - I-24 U 92/04, 24 U 92/04 - ZMR 2005, 42-44.

terlassene Schönheitsreparaturen und nicht auf Baumängel zurückzuführen sind, hat der Mieter neben den Minderungsbeträgen auch die Kosten des Privatsachverständigen zu erstatten.[97]

Neu verlegte PVC-Fliesen, die im Rahmen einer Instandsetzungsmaßnahme verlegt wurden, stellen ihrerseits einen Mangel der Mietsache dar, wenn sie sich in erheblich abweichender Farbtönung nicht in die vorhandene Struktur einfügen.[98] **94**

Werbemaßnahmen eines anderen Mieters stellen nur dann einen Mangel dar, wenn sie den Betrieb des Ladengeschäfts des Anspruchstellers beeinträchtigen. Eine Beeinträchtigung liegt jedoch nicht vor, wenn der Mieter, der die beanstandeten Werbemaßnahmen durchführt, kein Konkurrent des Anspruchstellers ist und wenn durch die beanstandeten Werbemaßnahmen weder der Zugang zum Ladengeschäft des Anspruchstellers noch der Blick auf dessen Warenangebot im Schaufenster beeinträchtigt wird.[99] **95**

Bei einer gewerblichen **Zwischenmiete** von Wohnungen zum Zwecke der Weitervermietung sind Umstände, die die Wohnungstauglichkeit beeinträchtigen, regelmäßig auch als Mängel des Zwischenmietverhältnisses im Verhältnis Hauptmieter zu Zwischenmieter anzusehen. Ob diese Mängel dort als erheblich bzw. unerheblich i.S.d. § 537 Abs. 1 Satz 2 BGB in der Fassung vom 14.07.1964 einzustufen sind, hängt insbesondere von der Größenordnung des gewerblichen Zwischenmietverhältnisses ab.[100] **96**

Bei **hochpreisigen** Wohnungen sind folgende Minderungsquoten anzusetzen: Setzrisse in der Küche 2%, Fleck auf dem Teppich in der Diele 2%, Funktionsunfähigkeit der Gegensprechanlage 5%, erschwerte Anschlussmöglichkeit für Tiefkühlschrank 2% und fehlender Telefonanschluss 5%.[101] **97**

bb. Flächenabweichungen

Ist im Mietvertrag ausdrücklich die Größe der Wohnung auf der Basis der Grundfläche vereinbart, ist diese Größe und nicht die nach der Wohnflächenverordnung ermittelte Wohnfläche für die Entscheidung über die tatsächliche **Flächenabweichung** zugrunde zu legen.[102] **98**

Werden Räumlichkeiten in einem Altenheim (Seniorenwohnanlage, Altersheim) gemietet, so bestimmt sich die Wohnfläche nicht nur nach der anrechenbaren Grundfläche der Räume, die zur alleinigen Wohnnutzung zur Verfügung stehen. Hinzu kommt die zur gemeinschaftlichen Benutzung vorgesehene Fläche, die der Wohnfläche zuzurechnen ist.[103] **99**

Die **Wohnungsflächenangabe** im Mietvertrag für die auf Wunsch des Mieters vor Vertragsabschluss umgebaute Wohnung ist keine unverbindliche Objektbeschreibung. Der wunschgemäße Umbau steht der Annahme eines Mangels der Mietsache bei mehr als 10% geringerer als der vereinbarten Wohnfläche nicht entgegen.[104] **100**

Entsprach es bei Abschluss des Mietvertrages der übereinstimmenden Vorstellung der Vertragsparteien, dass in der mit einer bestimmten Quadratmeterzahl angegebenen Wohnfläche die Dachterrasse der vermieteten Penthousewohnung zu einem nicht näher bestimmten, nicht unerheblichen Anteil enthalten ist, so kann der Mieter nicht im Nachhinein geltend machen, die vereinbarte Wohnfläche sei um mehr als 10% unterschritten, weil die Terrassenfläche nach gesetzlichen Bestimmungen nur mit einem Bruchteil von weniger als der Hälfte – des gesetzlichen Maximalwerts – als Wohnfläche anzurechnen sei.[105] **101**

Bei der Ermittlung der Wohnfläche einer Maisonettewohnung ist die Fläche des zu Wohnzwecken mitvermieteten Galeriegeschosses unabhängig davon zu berücksichtigen, ob die Räume des Galerie- **102**

---

[97] LG Bad Kreuznach v. 12.11.2002 - 1 S 108/02 - ZMR 2004, 36-37.
[98] AG Hamburg-Altona v. 23.06.2005 - 314b C 105/05 - WuM 2006, 563.
[99] OLG München v. 12.01.2006 - 19 U 4826/05 - GuT 2006, 71-72.
[100] BGH v. 30.06.2004 - XII ZR 251/02 - Grundeigentum 2004, 1228-1229.
[101] LG Berlin v. 22.09.1998 - 64 S 53/98 - juris Rn. 9 - WuM 1998, 725.
[102] LG Berlin v. 01.04.2005 - 63 S 10/05 - Grundeigentum 2005, 619-621.
[103] AG Hamburg-Blankenese v. 04.01.2006 - 508 C 230/05 - ZMR 2006, 782-783.
[104] BGH v. 28.09.2005 - VIII ZR 101/04 - WuM 2005, 712.
[105] BGH v. 22.02.2006 - VIII ZR 219/04 - BauR 2006, 991 f.

geschosses nach bauordnungsrechtlichen Vorschriften deswegen nicht zur Wohnfläche zu rechnen sind, weil sie zu weniger als der Hälfte der Grundfläche eine lichte Höhe von mehr als 2,20 m aufweisen und deshalb nicht als Aufenthaltsräume gelten.[106]

103 Ist die tatsächliche Wohnfläche geringer als im Mietvertrag angegeben, so liegt darin ein zur Minderung führender Sachmangel im Sinne des § 536 Abs. 1 BGB, wenn die **Unterschreitung** erheblich und die Gebrauchstauglichkeit der Wohnung gerade durch die geringere Wohnfläche beeinträchtigt ist. Beträgt die Flächendifferenz mehr als 25%, so rechtfertigt allein der erhebliche Umfang der räumlichen Einengung die Annahme der Herabsetzung der Gebrauchstauglichkeit der Wohnung. Bei dieser erheblichen Flächendifferenz ist es evident, dass dem Mieter bedeutende Nutzungsmöglichkeiten entgehen.[107]

104 In einem weiteren Fall hat das LG Köln entschieden, dass bereits eine Unterschreitung von 18% der im Mietvertrag über Wohnraum angegebenen Wohnfläche unabhängig von einer subjektiven Beeinträchtigung des Mieters einen zur Mietminderung berechtigenden Mangel darstellt. Dies gilt jedenfalls dann, wenn die (handschriftlich eingetragene) Quadratmeterzahl im Vertrag ohne einschränkenden, auf eine etwaige Unverbindlichkeit hinweisenden Zusatz angegeben ist.[108]

105 Ist der vermietete Gewerberaum wesentlich kleiner als vereinbart, muss bei der Berechnung der Mietminderung die gesamte Minderfläche berücksichtigt werden, auch wenn bei einer Abweichung der Gewerbefläche innerhalb der zulässigen Toleranzgrenze von 10% noch nicht gemindert werden kann. Unerheblich ist, ob durch die Flächendifferenz der tatsächliche Mietgebrauch beeinträchtigt wird; maßgebend ist vielmehr die Minderung der vereinbarten Gebrauchstauglichkeit der Mietsache. Diese Entscheidung wird von *Windisch* erläutert, der ihr auch für die Wohnraummiete Bedeutung beimisst.[109]

106 Dagegen handelt es sich bei einer **Zirka-Angabe** im Mietvertrag um eine unverbindliche Objektbeschreibung. Eine solche Angabe berechtigt jedenfalls dann nicht zur Mietminderung, wenn die tatsächliche Wohnfläche nicht um deutlich mehr als 10% von der im Vertrag genannten Größe abweicht.[110]

107 Liegt die tatsächliche Fläche mehr als 10% unter der vereinbarten Quadratmeterzahl, so liegt ein zur Mietminderung berechtigender Sachmangel vor, auch wenn die als Beschaffenheit vereinbarte Wohnfläche mit einer „ca."-Angabe versehen ist. Bei der Beurteilung der Erheblichkeit des Mangels ist nicht eine zusätzliche Toleranzspanne anzusetzen; dies gilt auch für die Berechnung der Minderung. Maßgeblich für die Berechnung der Minderung ist in diesem Fall ebenfalls die prozentuale Unterschreitung der vereinbarten Quadratmeterzahl.[111]

108 Auch wenn eine Wohnung möbliert vermietet ist, ist die Bruttomiete bei einer Wohnflächenabweichung um mehr als 10% gegenüber der vereinbarten Wohnfläche im Verhältnis der Wohnflächenabweichung gemindert. Daran ändert die Möblierung der Wohnung im Streitfall nichts, denn der Mietwert der Wohnungseinrichtung ist hier ausweislich des Mietvertrags der Parteien Teil der Kalkulation der Nettokaltmiete gewesen.[112]

109 Bei einer Dachgeschosswohnung ist die Circa-Angabe der Wohnfläche objektiv dahin gehend auszulegen, dass nicht die Geschossfläche ohne Berücksichtigung von Schrägen gemeint ist.[113]

110 Ist ein eindeutiges Verständnis des Begriffs „Mietraumfläche" bei Verwendung des Formularmietvertrages nicht festzustellen, ist nach der Regel des § 305c Abs. 2 BGB im Zweifel die für den Verwendungsgegner günstigste Auslegung der betroffenen Allgemeinen Geschäftsbedingung vorzuziehen.

---

[106] BGH v. 16.12.2009 - VIII ZR 39/09 - WuM 2010, 150-151.
[107] OLG Frankfurt v. 03.12.2002 - 20 RE-Miet 2/01 - WuM 2003, 25-26; *Kraemer*, NZM 2000, 1121-1125.
[108] LG Köln v. 29.01.2003 - 10 S 237/02 - juris Rn. 9 - NZM 2003, 278-280.
[109] OLG Karlsruhe v. 28.12.2001 - 17 U 176/00 - juris Rn. 7 - NJW-RR 2002, 586-587; *Windisch*, ZMR 2003, 184-185.
[110] LG Berlin v. 31.03.2003 - 62 S 12/03 - Grundeigentum 2003, 882.
[111] BGH v. 10.03.2010 - VIII ZR 144/09 - NSW BGB § 536.
[112] BGH v. 02.03.2011 - VIII ZR 209/10 - WuM 2011, 213-214.
[113] LG Landshut v. 17.05.2006 - 12 S 393/06 - juris Rn. 8 - WuM 2006, 377.

Für den Mieter, der eine Mietminderung wegen Flächenabweichung geltend macht, ist es günstiger, unter dem Begriff „Mietraumfläche" die Wohnfläche zu verstehen, da diese wegen der Dachschrägen kleiner ist als die Grundfläche der Wohnung.[114]

Weist eine gemietete Wohnung eine Wohnfläche auf, die mehr als 10% unter der im Mietvertrag angegebenen Fläche liegt, stellt dieser Umstand der **Überschreitung** grundsätzlich einen Mangel der Mietsache im Sinne des § 536 Abs. 1 Satz 1 BGB dar. Der Mieter ist zur Minderung berechtigt. Er muss nicht zusätzlich darlegen, dass infolge der Flächendifferenz die Tauglichkeit der Wohnung zum vertragsgemäßen Gebrauch gemindert ist.[115] | 111

Eine Flächenabweichung von mehr als 10% im Vergleich zur qm-Angabe im Mietvertrag ist ein erheblicher Mangel. Dieser vom Bundesgerichtshof für den Fall des Vorhandenseins von Minderflächen bei der Wohnraummiete aufgestellte Grundsatz ist auch anwendbar, wenn ein Mietverhältnis über Gewerberaum vorliegt.[116] | 112

Die aufgestellten Grundsätze zur Minderung bei Unterschreitung der vereinbarten Fläche um mehr als 10% finden auch auf **Gewerbemietverhältnisse** Anwendung. Eine Minderung ist auch dann gerechtfertigt, wenn die tatsächlich vermietete Fläche von der Angabe im Mietvertrag nur um 10,022% abweicht.[117] Der Minderungsbetrag beträgt dann ebenfalls 10,022%.[118] | 113

Bei einer gewerblichen Zwischenvermietung von Wohnungen zum Zwecke der Weitervermietung sind Umstände, die die Wohnungstauglichkeit beeinträchtigen, regelmäßig auch als Mängel des Zwischenmietverhältnisses im Verhältnis Hauptvermieter zu Zwischenmieter anzusehen. Ob diese Mängel dort als erheblich bzw. unerheblich im Sinne des § 537 Abs. 1 Satz 2 BGB in der Fassung vom 14.07.1964 einzustufen sind, hängt insbesondere von der Größenordnung des gewerblichen Zwischenmietverhältnisses ab. Als unerheblich im Sinne von § 537 Abs. 1 Satz 2 BGB in der Fassung vom 14.07.1964 ist ein Fehler insbesondere dann anzusehen, wenn er leicht erkennbar ist und schnell und mit geringen Kosten beseitigt werden kann, so dass die Geltendmachung einer Minderung gegen Treu und Glauben verstieße.[119] | 114

Die vom achten Zivilsenat des Bundesgerichtshofs in seinen Urteilen vom 24.03.2004[120] für den Fall des Vorhandenseins von Minderflächen bei der Vermietung von Wohnungen aufgestellten Grundsätze sind auch auf ein Mietverhältnis über Gewerberaum anzuwenden.[121] | 115

Die Wohnflächenangabe im Mietvertrag für die auf Wunsch des Mieters vor Vertragsabschluss umgebaute Wohnung ist nicht eine unverbindliche Objektbeschreibung. Der wunschgemäße Umbau steht einem Mangel der Mietsache bei mehr als 10% geringerer als der vereinbarten Wohnfläche nicht entgegen.[122] | 116

Entsprach es bei Abschluss des Mietvertrages der übereinstimmenden Vorstellung der Vertragsparteien, dass in der mit einer bestimmten Quadratmeterzahl angegebenen Wohnfläche die Dachterrasse der vermieteten Penthousewohnung zu einem nicht näher bestimmten, nicht unerheblichen Anteil enthalten ist, so kann der Mieter nicht im Nachhinein geltend machen, die vereinbarte Wohnfläche sei um mehr als 10% unterschritten, weil die Terrassenfläche nach gesetzlichen Bestimmungen nur mit einem Bruchteil von weniger als der Hälfte – des gesetzlichen Maximalwertes – als Wohnfläche anzurechnen sei.[123] | 117

---

[114] BGH v. 21.10.2009 - VIII ZR 244/08 - WuM 2010, 27-28.
[115] BGH v. 24.03.2004 - VIII ZR 295/03 - juris Rn. 16 - NJW 2004, 1947-1949.
[116] OLG Düsseldorf v. 13.01.2005 - I-10 U 86/04, 10 U 86/04 - DWW 2005, 67-68.
[117] Weiterführung BGH v. 24.03.2004 - VIII ZR 295/03 - WuM 2004, 178 und BGH v. 24.03.2004 - VIII ZR 133/03 - WuM 2004, 268.
[118] OLG Frankfurt v. 04.01.2005 - 12 U 137/04 - Info M 2005, 29.
[119] BGH v. 30.06.2004 - XII ZR 11/01 - Grundeigentum 2004, 1228-1229.
[120] BGH v. 24.03.2004 - VIII ZR 44/03, 133/03, 295/03.
[121] OLG Düsseldorf v. 02.12.2004 - I-10 U 77/04, 10 U 77/04 - Grundeigentum 2005, 299.
[122] BGH v. 28.09.2005 - VIII ZR 101/04 - WuM 2005, 712 f.
[123] BGH v. 22.02.2006 - VIII ZR 219/04 - NJW-RR 2006, 801 f.

118 Eine mietvertragliche Vereinbarung der Wohnfläche folgt weder daraus, dass der Vermieter in einer Zeitungsanzeige die Wohnfläche mit „ca. 90 qm" angegeben hat, noch daraus, dass der Vermieter die Betriebskosten auch unter Zugrundelegung einer Wohnfläche von 90 qm gegenüber dem Mieter abgerechnet hat.[124]

c. Mangel verneint:

119 Ist bereits bei Abschluss des Mietvertrages erkennbar, dass im Hinblick auf die ältere Bausubstanz mit **Bautätigkeit** in der weiteren räumlichen Umgebung des Mietobjekts gerechnet werden muss, so ist eine Mietminderung wegen der mit den Bauarbeiten verbundenen Lärm- und Schmutzimmissionen nicht gerechtfertigt. Der Vermieter schuldet dem Mieter in diesem Fall nur die um das Risiko derartiger baulicher Maßnahmen verminderte Gebrauchsgewährung.[125]

120 Macht der Grundstückseigentümer einen Schadensersatzanspruch wegen Minderung der Miete durch einen Mieter seines in einem Sanierungsgebiet liegenden Wohngebäudes auf Grund von Bauarbeiten auf dem Nachbargrundstück (Abriss des Gebäudes und Errichtung von Reihenhäusern) geltend, muss er darlegen und beweisen, dass es sich bei den von den Bauarbeiten ausgehenden Auswirkungen um wesentliche Beeinträchtigungen handelte, die eine ortsübliche Benutzung des Grundstücks oder dessen Ertrag über das zumutbare Maß hinaus beeinträchtigt haben. Dies muss im Einzelnen dargelegt und kann nicht ohne weiteres aus der Durchführung der Bauarbeiten selbst gefolgert werden. Die Vorlage von Lärmprotokollen, in denen die Bauarbeiten lediglich pauschal über einen längeren Zeitraum beschrieben werden, reicht nicht aus. Insbesondere ist auf die konkreten Auswirkungen auf die Wohnung des berufstätigen und tagsüber abwesenden Mieters einzugehen.[126]

121 Des Weiteren ist eine unzumutbare, die Opfergrenze des Grundstückseigentümers in wirtschaftlicher Hinsicht überschreitende Beeinträchtigung insbesondere dann nicht anzunehmen, wenn dieser in mindestens drei großen Wohn- und Geschäftshäusern eine größere Anzahl von Räumen vermietet und er sich im Rahmen seines Schadensersatzanspruchs lediglich auf die Mietminderung eines einzigen Mieters beruft. Er konnte bereits darüber hinaus bei Ausgestaltung der Mietverträge berücksichtigen, dass er in der Zukunft von der Umgestaltung des Nachbargrundstücks in Wohnhäuser ebenfalls profitieren wird.[127]

122 Kein Mangel der Mietsache liegt vor, wenn die Mietsache zum vertraglich vorausgesetzten Verwendungszweck geeignet ist. Unerheblich ist dann eine mangelnde Akzeptanz eines **Fachmarktzentrums** aufgrund eines niedrigeren Vermietungsstandes als vom Mieter bei Vertragsschluss erwartet.[128]

123 Der Vermieter eines Fachmarktzentrums, der ein Gebäude in Teilflächen an Fachhändler vermietet, hat nicht für eine standortbedingte ungünstige Geschäftslage und mangelnde Qualität der Mitmieter einzustehen, sondern schuldet den Mietern ein funktionsfähiges Gesamtkonzept.[129]

124 Die Wohnfläche im frei finanzierten Wohnraum kann nach der Wohnflächenverordnung berechnet werden, wenn die **Flächenabweichung** der im Mietvertrag angegebenen von der tatsächlichen Wohnfläche festzustellen ist.[130] Eine solche Angabe berechtigt jedenfalls dann nicht zur Mietminderung, wenn die tatsächliche Wohnfläche nicht um deutlich mehr als 10% von der im Vertrag genannten Größe abweicht.[131]

125 Wenn die nach der Verordnung zur Berechnung der Wohnfläche vom 25.11.2003 ermittelte Wohnfläche die im Vertrag angegebene Fläche um mehr als 10% unterschreitet, stellt dies selbst bei Angabe mit einem einschränkendem Zusatz wie beispielsweise „ca." oder „etwa" einen Mangel dar, ohne dass

---

[124] LG Mannheim v. 08.11.2006 - 4 S 96/06 - DWW 2007, 118-119.
[125] KG Berlin v. 03.06.2002 - 8 U 74/01 - juris Rn. 4 - NZM 2003, 718.
[126] Brandenburgisches Oberlandesgericht v. 30.07.2009 - 5 U 96/08 - juris Rn. 25, 27, 28 - BauR 2009, 1637.
[127] Brandenburgisches Oberlandesgericht v. 30.07.2009 - 5 U 96/08 - juris Rn. 31, 32 - BauR 2009, 1637.
[128] OLG Naumburg v. 13.12.1996 - 6 U 126/96 - juris Rn. 32 - JMBl ST 1998, 172-174.
[129] OLG München v. 06.03.1992 - 14 U 502/91 - OLGR München 1992, 65-67.
[130] AG Wetzlar v. 11.03.2004 - 39 C 1440/03 (39), 39 C 1440/03 - WuM 2004, 716.
[131] LG Berlin v. 31.03.2003 - 62 S 12/03 - Grundeigentum 2003, 882.

es der zusätzlichen Darlegung der konkreten Beeinträchtigung des Gebrauchswertes der Wohnung bedarf.[132] Bei einer Minderung aufgrund einer Flächenabweichung ist bei einer vereinbarten Nettomiete zuzüglich Nebenkostenvorauszahlung lediglich der Nettomietbetrag ohne die auf die Nebenkosten zu leistenden Vorschüsse heranzuziehen.

Gibt der Vermieter nach Mietvertragsabschluss in einer Bescheinigung, die der Mieter der Wohngeldstelle vorlegen muss, eine um mehr als 10% zu große Wohnfläche an, berechtigt dies den Mieter nicht zur Minderung, da darin keine Beschaffenheitsvereinbarung zu sehen ist.[133]

126

Eine Beschaffenheitsvereinbarung hinsichtlich der Wohnfläche ist auch dann nicht gegeben, wenn ein Wohnraummietvertrag zwar eine Wohnflächenangabe enthält, diese Angabe jedoch mit der Einschränkung versehen ist, dass sie nicht zur Festlegung des Mietgegenstandes diene.[134]

127

Macht der Vermieter Angaben zur Kundenzahl, zugleich aber deutlich, dass er für diese Angaben nicht einstehen kann, liegt kein Mangel der Mietsache vor, wenn sich herausstellt, dass die Angaben unrichtig waren. Solche Angaben berühren nur das allgemeine unternehmerische Verwendungs- und Gewinnerzielungsrisiko, das beim Mieter liegt.[135]

128

Wird die Mietfläche mit „ca." angegeben, sind Flächenabweichungen von 7% je nach den Umständen des Einzelfalls vom Mieter hinzunehmen.[136]

129

Wenn der Mieter ein Mietvertragsexemplar unterzeichnet hat, in dem eine bestimmte Wohnfläche angegeben ist, und der Vermieter ein gegengezeichnetes Exemplar zurückreicht, in dem er aber neben das Wort „Wohnfläche" das Wort „Nutzfläche" gesetzt hat, ist eine vertragliche Vereinbarung zur Wohnfläche nicht zustande gekommen. Gleichwohl ist der Mietvertrag gemäß § 139 HS. 2 BGB zustande gekommen, wenn der Mieter zuvor die Wohnung besichtigt hatte und die von ihm besichtigte Wohnung auch anmieten wollte. Die Miete kann wegen der Wohnungsgröße nicht gemindert werden, weil ohne Vereinbarungen zur Wohnfläche ein Mangel nicht vorliegt.[137]

130

Sofern der **Fußbodenbelag** der gewerblichen Miträume nach dem Mietvertrag herzurichten ist, ist der Mieter nicht zur Minderung der Miete berechtigt, wenn er sich dafür entscheidet, anstelle des vom Vermieter vorgesehenen textilen Bodenbelages auf eigene Kosten einen Kunststoffbelag durch einen von ihm beauftragten Unternehmer aufbringen zu lassen und Schäden am Fußbodenbelag auftreten, die durch den Subunternehmer, der sorgfaltswidrig den Kunststoffbelag auf feuchtem Untergrund verklebt hat, verschuldet sind. Auch dann nicht, wenn der vom Mieter beauftragte Unternehmer identisch mit dem vom Vermieter mit der Durchführung der anderen Sanierungsmaßnahmen beauftragten Unternehmer ist.[138]

131

Die Nutzung des Erdgeschosses eines Mietshauses als **Gaststätte** ist im Innenstadtbereich üblich und stellt – wie auch die Eröffnung einer Gaststätte im laufenden Mietverhältnis – keinen Mangel dar. Die daraus herrührenden Beeinträchtigungen wie gelegentliche Einwirkungen von Zigarettenrauch oder Lärm sind hinzunehmen, wenn nicht ein unzumutbares Maß außerhalb des in einer Innenstadtlage Üblichen überschritten wird. Auf die subjektive Beeinträchtigung des Mieters durch eine Asthmaerkrankung kann nicht abgestellt werden.[139]

132

Nächtliche Ruhestörungen durch auf dem Heimweg lärmende Besucher eines Restaurants oder einer Veranstaltungshalle im Umkreis der Mietwohnung begründen in innerstädtischer Wohnanlage einer Großstadt ohne Sperrstunde für Gaststätten keinen Mietmangel.[140]

133

---

[132] LG Berlin v. 14.09.2004 - 63 S 126/04 - Grundeigentum 2004, 1592-1593.
[133] LG Dortmund v. 05.06.2007 - 1 S 96/06 - WuM 2007, 503-504.
[134] BGH v. 10.11.2010 - VIII ZR 306/09 - NJW 2011, 220-221.
[135] OLG Düsseldorf v. 17.09.2002 - 24 U 1/02 - juris Rn. 31 - WuM 2003, 138-142.
[136] LG Berlin v. 01.11.2002 - 64 S 433/01 - Grundeigentum 2003, 190.
[137] LG Berlin v. 11.04.2006 - 65 S 338/05 - juris Rn. 7-8, 10-11 - Grundeigentum 2006, 973.
[138] KG Berlin v. 16.08.2004 - 12 U 310/03 - Grundeigentum 2004, 1393.
[139] LG Berlin v. 15.07.2005 - 65 S 408/04 - Grundeigentum 2005, 1126.
[140] AG Köpenick v. 04.05.2006 - 12 C 44/06 - Grundeigentum 2006, 855.

134	Wird eine nach Abschluss des Wohnraummietvertrages ausgefallene **Hausantenne** lediglich durch eine Zimmerantenne ersetzt, mit der nunmehr nur noch vier Fernsehprogramme empfangen werden können, so ist eine Minderung von 2% der Nettomiete angemessen und ausreichend.[141]
135	Eine Heizungsanlage, die zwar veraltet, aber im Übrigen funktionstüchtig ist, stellt, auch wenn sie unwirtschaftlich arbeitet, keinen Mangel der Mietsache dar.[142]
136	Ein **Kinderspielplatz** stellt keinen Mietmangel dar, da dessen Errichtung in einer Wohnanlage aufgrund der Sozialadäquanz üblich ist und bei Vertragsabschluss nicht ausdrücklich erwähnt werden muss. Auch muss der Mieter bei Abschluss des Mietvertrages seitens des Vermieters nicht darauf hingewiesen werden, dass auf der noch vorhandenen Freifläche ein Spielplatz errichtet werden soll.[143]
137	Der durch **Leuchtreklamen** verursachte Lichteinfall in eine Wohnung stellt in einer Großstadt keinen Beschaffenheitsmangel dar.[144]
138	Der Mieter hat keinen Anspruch darauf, dass der Vermieter Maßnahmen zum Schutz vor elektromagnetischen Strahlungen einer auf dem Gebäude über der Mietwohnung errichteten **Mobilfunkantenne** ergreift, wenn die festgelegten Grenzwerte eingehalten werden.[145]
139	Eine UMTS Mobilfunkanlage begründet keinen Mangel, wenn die Grenzwerte gemäß BImSchV eingehalten werden.[146]
140	Werden Grenzwerte überschritten, ohne dass es dabei zu Gesundheitsgefährdungen kommt, führt dies regelmäßig nicht zu einem Mangel im Sinne von § 536 BGB.[147]
141	Wirkt sich ein **Mangel** (hier: Überhitzung der Gewerbemieträume im Sommer) **nur periodisch** in einem vorhersehbaren Zeitraum erheblich auf die Gebrauchstauglichkeit der Mietsache aus, ist der Mietzins auch nur in diesem Zeitraum kraft Gesetzes herabgesetzt. Während der Zeit, in der die Mietsache trotz Vorliegens eines Mangels uneingeschränkt vertragsgemäß nutzbar ist, scheidet eine Herabsetzung der Miete aus.[148]
142	**Rauchentwicklung** aus älteren Heizungsanlagen der Nachbarhäuser in zulässigem Umfang begründet keine Minderung der Wohnungsmiete.[149]
143	In ländlichen Gegenden ist Vogelkot nistender **Schwalben** auf dem Fensterbrett und das gelegentliche Hineinfliegen von Schwalben in die Wohnung eine ortsübliche Einwirkung und kein Mietmangel.[150]
144	Der Ausbau des **Stromzählers** durch den Stromversorger führt zwar zu einem Mangel der Wohnung, als ihre Gebrauchsmöglichkeit dadurch beeinträchtigt ist, dass der Mieter ohne die Messeinrichtung keinen Strom von einem (neuen) Versorger beziehen konnte. Ein solcher Mangel führt aber dann nicht zur Minderung der Miete, wenn er der Sphäre des Mieters zuzurechnen ist. So lag es hier, denn der Mieter weigerte sich, dem Versorger die Kosten für die vorausgegangene Sperrung und Entsperrung des Anschlusses zu erstatten, die wegen eines Zahlungsrückstands des Mieters gegenüber dem Versorger entstanden waren.[151]
145	Die Montage eines Taubenabwehrnetzes stellt keine Veränderung der Mietsache und keinen Sachmangel im Sinne des § 536 BGB dar.[152]
146	Ein Mangel liegt auch dann nicht vor, wenn die Mietsache später verschärften baurechtlichen Vorgaben, hier **Trittschall**, nicht mehr genügt. Die Gebrauchstauglichkeit der Mietsache richtet sich nach

---

[141] AG Schwäbisch Gmünd v. 07.09.2004 - 2 C 822/04 - NZM 2005, 105.
[142] OLG Düsseldorf v. 17.12.2010 - 24 U 66/10 - Grundeigentum 2011, 1369-1370.
[143] LG Berlin v. 02.03.2004 - 64 S 423/03 - MM 2004, 410.
[144] LG Berlin v. 19.12.2003 - 64 S 353/03 - Grundeigentum 2004, 352.
[145] LG Berlin v. 23.07.2002 - 63 S 366/01 - Grundeigentum 2003, 53-54.
[146] AG Berlin-Tiergarten v. 04.12.2001 - C 417/01 - MM 2002, 230-231.
[147] OLG Köln v. 30.04.1991 - 22 U 277/90 - NJW 1992, 51.
[148] BGH v. 15.12.2010 - XII ZR 132/09 - NJW 2011, 514-515.
[149] AG Münster v. 24.07.2007 - 3 C 3832/06 - WuM 2007, 505.
[150] AG Eisleben v. 21.09.2006 - 21 C 118/06 - juris Rn. 14-16 - NZM 2006, 898.
[151] BGH v. 15.12.2010 - VIII ZR 113/10 - WuM 2011, 97-98.
[152] AG Schöneberg v. 03.09.2007 - 16b C 180/07 - Grundeigentum 2007, 1325-1327.

den zur Zeit des Mietvertrages geltenden baurechtlichen Vorschriften. Nur diesen Zustand muss der Vermieter aufrechterhalten.[153]

Enttäuschte **Umsatzerwartungen** stellen ebenfalls keinen Mangel der Mietsache dar. Die Umsatzentwicklungen sind grundsätzlich dem Risikobereich des Mieters zuzuordnen.[154]

147

Die Grenze zur **Unerheblichkeit** bei Mängeln im Sinne des § 537 Abs. 1 Satz 2 BGB in der Fassung vom 14.07.1964 ist insbesondere überschritten, wenn diese leicht erkennbar sind und schnell und mit geringen Kosten beseitigt werden können, so dass die Geltendmachung einer Minderung gegen Treu und Glauben verstieße.[155]

148

In einem Wohnraummietverhältnis sind folgende Mängel im Einzelfall in der Regel unerheblich und berechtigen nicht zur Minderung:
- schadhafte Stufen im Hausflur;
- fehlender Kokosläufer im Treppenhaus;
- teilweise abgeplatzte Farbe im Treppenhaus;
- fehlendes Schloss am Müllplatz;
- glatte Hauseingangsstufe bei Frost;
- klemmendes Haustürschloss;
- Ausfall der Hausnummernbeleuchtung;
- Regenwasserpfützen im Kellergang;
- lose Stäbe im Treppenaufgang;
- unbedenklicher Bleigehalt gemäß Trinkwasserverordnung 2001 nach kurzem Ablaufenlassen des Standwassers.[156]

149

Im einem **Altbau** von 1928, dessen Fenster und Türen noch mit dem damaligen Baustandard entsprechenden Holzrahmen ausgestattet sind, kann der Mieter hinsichtlich des Wärmeschutzes nur einen altersentsprechenden Standard erwarten. Zuglufterscheinungen aufgrund der altersbedingten Undichtigkeit der Fenster und Balkontüren stellen daher keinen Mangel der Mietwohnung dar.[157]

150

III. Zugesicherte Eigenschaft

1. Definition

Die Rechte aus § 536 Abs. 1 BGB stehen dem Mieter auch zu, wenn der Mietsache eine zugesicherte Eigenschaft fehlt oder später wegfällt, unabhängig davon, ob dadurch die Gebrauchstauglichkeit aufgehoben oder gemindert wird. Die **Zusicherung einer Eigenschaft** setzt den erkennbaren Rechtsbindungswillen des Erklärenden voraus, für die zugesicherte Eigenschaft einstehen zu wollen. Die Zusicherung ist von unverbindlichen Erklärungen wie Beschreibungen oder Anpreisungen abzugrenzen. Eine Eigenschaft ist jede Beschaffenheit der Sache selbst und jedes tatsächliche oder rechtliche Verhältnis, das für die Brauchbarkeit oder den Wert der Sache von Bedeutung ist und seinen Grund in der Beschaffenheit der Mietsache selbst hat, von ihr ausgeht, ihr für gewisse Dauer anhaftet und nicht nur durch Umstände außerhalb der Mietsache in Erscheinung tritt.[158]

151

Im früheren § 537 Abs. 2 Satz 2 BGB a.F. galt die Zusicherung der Größe eines Grundstücks noch ausdrücklich als zugesicherte Eigenschaft. Durch den Wegfall dieses Passus in § 536 BGB hat der Gesetzgeber jedoch keine Rechtsänderung beabsichtigt.[159] Die Zusicherung der Mietfläche ist nach wie vor als Zusicherung einer Eigenschaft möglich. Lässt sich die Zusicherung einer Eigenschaft nicht darlegen und beweisen, kann die fehlende Eigenschaft als Mangel Gewährleistungsrechte auslösen, wenn

152

---

[153] AG Berlin-Schöneberg v. 17.12.2002 - 15 C 528/01 - Grundeigentum 2003, 191-192.
[154] OLG Düsseldorf v. 07.12.1995 - 10 U 18/95 - juris Rn. 18 - NJWE-MietR 1996, 154.
[155] BGH v. 30.06.2004 - XII ZR 251/02 - Grundeigentum 2004, 1228-1229.
[156] LG Berlin v. 15.03.2002 - 63 S 54/00 - MM 2002, 225-227.
[157] AG Karlsruhe v. 01.03.2005 - 7 C 69/04 - DWW 2006, 159-160.
[158] BGH v. 16.02.2000 - XII ZR 279/97 - juris Rn. 31 - LM BGB § 537 Nr. 51 (10/2000).
[159] BT-Drs. 14/4553, S. 10.

dadurch die Gebrauchstauglichkeit der Mietsache entfällt oder gemindert ist. Rechtstechnisch gibt § 536 Abs. 2 BGB dem Mieter also eine **Beweiserleichterung**, indem dieser anders als beim Vorliegen eines Mangels nicht beweisen muss, dass der vertragsgemäße Gebrauch durch den Wegfall oder das Fehlen der Eigenschaft beeinträchtigt wurde.

2. Rechtsprechung

153 Eine Eigenschaftszusicherung kann nicht ohne weiteres in den **Angaben des Vermieters** gesehen werden, die dieser vor Vertragsschluss in Bezug auf zukünftige Umsätze des Mieters in dem gewerblichen Mietobjekt macht.[160]

154 Keine Zusicherung liegt vor bei Zirka-Angaben der Wohnfläche im Mietvertrag[161] oder Angabe der Quadratmeter, da es sich insoweit lediglich um eine bloße **Beschaffenheitsangabe** handelt, für die der Vermieter regelmäßig keinen auf Zusicherung gerichteten Rechtsbindungswillen hat[162].

155 Die Größe eines Geschäftsraums gilt als zugesichert, wenn es sich bei der **Flächenangabe** nach den Vorstellungen der Parteien um eine solche Eigenschaft handelt, die die Höhe des Mietpreises beeinflusst. Dafür spricht die ausdrückliche Regelung der Flächenangabe im Abschnitt über den Mietzins in einem Mietvertrag.[163]

156 In der vertraglichen Vereinbarung, dass die Miträume in einem „konzessionsfähigen Zustand" übergeben werden, liegt die Zusicherung, dass die **Konzession** rechtzeitig zum vertraglich vorgesehenen Termin bei Übergabe der Mietsache erlangt werden kann.[164]

157 Eine Vollvermietung und eine bestimmte Mieterstruktur sind nicht als zugesichert anzusehen, wenn die Mietparteien einen bestimmten **Vermietungszustand** in der Präambel des Mietvertrages aufgenommen haben, die von den Parteien in der Präambel des Vertrages gemachten Angaben keine zusicherungsfähigen Eigenschaften des streitigen Mietobjektes darstellen. Eine Herabsetzung der Miete kann auch nicht auf die Grundsätze des Fehlens oder Wegfalls der Geschäftsgrundlage gestützt werden. Nach der Rechtsprechung des BGH ist für die Berücksichtigung von Störungen der Geschäftsgrundlage grundsätzlich insoweit kein Raum, als es um Erwartungen und Umstände geht, die nach den vertraglichen Vereinbarungen in den Risikobereich einer der Parteien fallen sollten. Eine solche vertragliche Risikoverteilung schließe für den Betroffenen regelmäßig die Möglichkeit aus, sich bei Verwirklichung des Risikos auf den Wegfall der Geschäftsgrundlage zu berufen.[165]

158 Gewinnerwartungen liegen regelmäßig im Risikobereich des gewerblichen Mieters. Das Ausbleiben erwarteter Gewinne begründet daher auch nicht unter dem Aspekt des **Wegfalls der Geschäftsgrundlage** das Recht des Mieters zur Minderung. Besondere Umstände und spezifische Vertragsgestaltungen können jedoch Ausnahmen hiervon rechtfertigen.[166]

159 Entspricht die Belegungssituation eines Einkaufszentrums nicht der in der Präambel des Mietvertrages erwähnten, stellt dies keinen Mangel im Sinne von § 536 Abs. 2 BGB dar. Die Vollvermietung eines Einkaufszentrums ist keine zusicherungsfähige Eigenschaft im Sinne dieser Vorschrift. Eine solche Belegungssituation betrifft nicht die Gebrauchstauglichkeit der Mietsache, sondern das allgemeine Verwendungsrisiko, das grundsätzlich beim Mieter liegt. Eine Risikoteilhabe des Vermieters erfordert eine eindeutige vertragliche Regelung.[167]

---

[160] OLG Hamburg v. 22.10.1997 - 4 U 130/96 - NJW-RR 1998, 1091-1092.
[161] LG Münster v. 03.08.1990 - 3 S 149/89 - DWW 1990, 310.
[162] OLG Dresden v. 15.12.1997 - 3 AR 0090/97, 3 AR 90/97- NJW-RR 1998, 512-514.
[163] OLG Köln v. 08.06.1998 - 16 U 92/97 - juris Rn. 3 - NZM 1999, 73-74.
[164] KG Berlin v. 07.06.1999 - 8 U 3727/97 - NJW-RR 2000, 819-821.
[165] BGH v. 21.09.2005 - XII ZR 66/03 - NJW 2006, 899-903.
[166] OLG München v. 06.03.1992 - 14 U 502/91 - OLGR München 1992, 65-67.
[167] BGH v. 26.05.2004 - XII ZR 149/02 - juris Rn. 11 - NJW-RR 2004, 1236-1237.

IV. Rechtsmangel

1. Definition

Gemäß § 536 Abs. 3 BGB kann der Mieter auch dann mindern, wenn der vertragsgemäße Gebrauch der Mietsache durch ein Recht eines Dritten ganz oder zum Teil entzogen wird.

Rechte Dritter im Sinne dieser Vorschrift sind schuldrechtliche oder dingliche Rechte an der Mietsache, durch deren Ausübung der Dritte den Mietgebrauch beeinträchtigen kann. Das bloße Bestehen des Rechts reicht für die Annahme eines Rechtsmangels nicht, vielmehr muss der Dritte sein Recht ausüben.[168] Für die Ausübung kann bereits die Ankündigung oder Androhung ausreichen, gerichtliches Geltendmachen ist dagegen nicht erforderlich.[169]

Öffentlich-rechtliche Verhältnisse fallen dagegen nicht unter den Begriff des Rechtsmangels, sondern sind unter dem Aspekt der rechtlichen Verhältnisse als Sachmangel zu behandeln.

Ein solcher Sachmangel liegt in **Abgrenzung** zum Rechtsmangel beispielsweise vor, wenn eine auf Jahre hinaus zu erwartende Ungewissheit über den Ausgang eines Verwaltungsprozesses über die Zulässigkeit einer vertragsgemäßen gewerblichen Nutzung der Mieträume besteht.[170]

2. Typische Fallkonstellationen

Der klassische Fall des Rechtsmangels im Mietgewährleistungsrecht ist die **Doppelvermietung**, bei der über dieselbe Mietsache zwei wirksame Mietverträge zustande gekommen sind. Der Mieter, dem die Mietsache zuerst überlassen wurde, ist berechtigter Besitzer. Der Vermieter kann dem berechtigten Mieter nicht wegen anderweitiger Vermietung kündigen. Allerdings kann er dem übergangenen Mieter die Mietsache auch nicht mehr zur Verfügung stellen. Der übergangene Mieter kann nicht gegen den berechtigten Mieter vorgehen, sondern hat neben dem Erfüllungsanspruch einen Anspruch auf Schadensersatz aus § 536a BGB gegen den Vermieter. Außerdem kann der übergangene Mieter nach § 543 Abs. 2 Satz 1 Nr. 1 BGB außerordentlich kündigen.[171]

Wenn ein Vermieter (hier: einer Parkplatzfläche) Teile der vermieteten Grundstücksfläche anderweitig vermietet (hier: als Stellplätze für Verkaufswagen von Markthändlern) liegt eine unzulässige Doppelvermietung vor und damit ein von dem Vermieter zu vertretender nachträglicher Rechtsmangel, der ihn zum Schadensersatz wegen Nichterfüllung verpflichtet. Der benachteiligte Mieter hat dann gegen den Vermieter einen Anspruch auf Herausgabe des durch die vertragswidrige Weitervermietung erzielten Erlöses.[172]

Bei **Untervermietung** kann ein Rechtsmangel im Untermietverhältnis entstehen, wenn das Hauptmietverhältnis beendet ist und der Hauptvermieter vom Untermieter die Mietsache nach § 546 Abs. 2 BGB herausverlangt. Dieser Anspruch des Hauptvermieters gegenüber dem Untermieter berechtigt den Untermieter gegenüber dem Untervermieter zur Minderung oder befreit ihn von der Mietzahlungsverpflichtung.[173]

Beim **Eigentumserwerb** des Mieters an einem Grundstück liegt kein Rechtsmangel wegen des Eigentums des Mieters nach § 536 Abs. 3 BGB analog vor, wenn Vermieter und Eigentümer nicht identisch sind. Dennoch ist der Mieter nicht zur Mietzahlung verpflichtet, weil der Vermieter dem Mieter diese sogleich zurückgewähren müsste.[174]

---

[168] BGH v. 12.05.1999 - XII ZR 134/97 - juris Rn. 6 - NJW-RR 1999, 1239-1240.
[169] BGH v. 04.10.1995 - XII ZR 215/94 - juris Rn. 14 - LM BGB § 539 Nr. 10 (3/1996).
[170] VerfGH Berlin v. 03.05.2001 - 39/00 - juris Rn. 19 - NZM 2001, 746-747.
[171] OLG Düsseldorf v. 18.09.1997 - 10 U 93/96 - ZMR 1999, 19-21.
[172] OLG Rostock v. 29.04.2002 - 3 U 119/01 - OLGR Rostock 2002, 428-429.
[173] BGH v. 30.10.1974 - VIII ZR 69/73 - BGHZ 63, 132-140.
[174] KG Berlin v. 16.03.2006 - 8 U 158/05 - juris Rn. 27, 30 - KGR Berlin 2006, 602-604.

D. Rechtsfolgen

I. Grundsatz

168 Liegen die Voraussetzungen des § 536 BGB vor, so tritt Mietminderung oder Befreiung von der Mietzahlungspflicht **automatisch und kraft Gesetzes** ein, ohne dass sich der Mieter darauf berufen muss und unabhängig davon, ob der Mieter die Sache überhaupt genutzt hätte, wenn sie gebrauchstauglich gewesen wäre.[175]

169 Anders als im Werkvertragsrecht hat der Vermieter keinen **Vorschussanspruch** gegen den Mieter in Höhe der anfallenden Kosten für die Durchführung von Schönheitsreparaturen.[176]

170 Der Vermieter kann den geleisteten Kostenvorschuss zurückfordern, wenn der Mieter die Mangelbeseitigung nicht innerhalb angemessener Frist vornimmt und über die Verwendung des ihm zugesprochenen Vorschusses keine Abrechnung erteilt. Hierfür ist in der Regel ein Richtwert von bis zu einem Jahr anzunehmen.[177]

II. Berechnung

171 Die Minderungsbefugnis beginnt mit dem Auftreten des Mangels und endet mit der Wiederherstellung der vertraglichen Beschaffenheit der Mietsache. Die Höhe der Minderung richtet sich nach den Umständen des Einzelfalles. **Berechnungsgrundlage** der Mietminderung ist immer die Bruttokaltmiete, wobei mangelspezifische Nebenkosten erfasst werden können. Bei völliger Aufhebung der Gebrauchstauglichkeit ist der Mieter von sämtlichen Nebenkosten befreit. Die Parteien können sich auch auf einen bestimmten Minderungsbetrag einigen.[178]

172 Der BGH hat nunmehr entschieden, dass Bemessungsgrundlage der Minderung wegen Mietmängeln die **Bruttomiete**, d.h. die Miete einschließlich aller Nebenkosten ist. Dass Betriebskosten als Bestandteil der Miete anzusehen sind, ergibt sich aus der systematischen Stellung der Vorschrift, die klarstellt, dass Betriebskosten vereinbart werden können, nämlich § 556 BGB. Diese Regelung gehört zum Unterkapitel „Vereinbarungen über die Miete". Des Weiteren führt der BGH in seinen Entscheidungsgründen aus, dass jedenfalls Einigkeit darüber besteht, dass der Mieter von der Entrichtung der Miete vollständig, d.h. auch von der Zahlung der Nebenkosten befreit ist, solange die Tauglichkeit der Mietsache zum vertragsgemäßen Gebrauch infolge eines Mangels aufgehoben ist. Nicht verständlich sei es daher, bei geringerer, nicht vollständiger Nutzungsbeeinträchtigung die Nebenkosten nicht entsprechend herabzusetzen. Unerheblich dabei ist, ob die Nebenkosten als Pauschale oder Vorauszahlung geschuldet werden. Mit diesem Urteil befasst sich *Lützenkirchen* in einem Aufsatz zur Bemessungsgrundlage der Minderung. Er ist mit dem Gericht der Auffassung, dass sich die Minderung nach der Bruttomiete und somit nach dem Mietzins inklusive aller Nebenkosten bemisst. In der Folge zeigt der Verfasser anhand einiger Beispiele Problemfälle auf, die sich beim Ansatz der Bruttomiete ergeben können.[179]

173 Die Bruttomiete ist auch dann Bemessungsgrundlage der Minderung nach § 536 BGB, wenn der zur Minderung führende Mangel auf einer Wohnflächenabweichung um mehr als 10% beruht.[180]

174 Möglich ist auch eine **Mietminderung „auf Null"**. So hat das LG Leipzig anlässlich der „Jahrhundertflut" in Sachsen im Jahre 2002 entschieden, dass dem Mieter der nicht mehr nutzbaren Räume, die bei „normaler Hochwasserlage" ungefährdet geblieben wären, ein 100%iges Mietminderungsrecht

---

[175] BGH v. 29.10.1986 - VIII ZR 144/85 - juris Rn. 17 - LM Nr. 37 zu § 537 BGB.
[176] *Ormanschick*, WE 2002, 154-159.
[177] OLG Celle v. 23.12.2009 - 2 U 134/09 - juris Rn. 10.
[178] LG Berlin v. 07.12.2001 - 63 S 136/01 - Grundeigentum 2002, 534; Rechtsprechungsübersicht bei *Mutter*, ZMR 1995, 189-193.
[179] BGH v. 06.04.2005 - XII ZR 225/03 - juris Rn. 11 - NJW 2005, 1713-1715; *Lützenkirchen*, BGHReport 2005, 897-898.
[180] BGH v. 20.07.2005 - VIII ZR 347/04 - juris Rn. 11 - NJW 2005, 2773-2774.

zusteht. Das Recht zur Mietminderung besteht auch in Ansehung des Umstandes, dass der Verlust der Gebrauchsmöglichkeit durch ein nicht vom Vermieter voraussehbares Naturereignis verursacht wurde.[181]

III. Ausschluss der Minderung

Die Minderung ist ausgeschlossen, wenn die Minderung in zulässiger Weise abbedungen wurde oder der Mangel unterhalb der **Erheblichkeitsschwelle** steht. Das gilt auch, wenn der Mieter oder eine Person, für die er einstehen muss, den Mangel zu vertreten hat, oder bei Kenntnis des Mieters vom Mangel gemäß § 536b BGB.[182]   175

Ein Recht zur Minderung liegt nicht vor, wenn der Pächter nach den vertraglichen Vereinbarungen **selbst zur Instandsetzung der gerügten Mängel verpflichtet** ist. Darüber hinaus besteht seitens des Verpächters keine Verpflichtung zur Mängelbeseitigung, soweit **Mängel nach dem Zeitraum der fristlosen Kündigung angezeigt** werden. Eine Minderungsberechtigung besteht dann nicht.[183]   176

In der Praxis wird häufig die **vorbehaltlose Mietzahlung** problematisch. Dann kann die Minderung ausgeschlossen sein, wenn der Mieter in Kenntnis der Mängel vorbehaltlos über längere Zeit den vollen Mietzins weiterzahlt. Das gilt allerdings dann nicht, wenn der Vermieter sich zur Mangelbeseitigung verpflichtet hat und der Mieter in Erwartung der Mangelbeseitigung die Miete weiterzahlt.[184]   177

Hat ein Mieter, dessen Mietvertrag vor dem In-Kraft-Treten des Mietrechtsreformgesetzes am 01.09.2001 geschlossen worden ist, in entsprechender Anwendung des § 539 BGB a.F. sein Recht zur Minderung der Miete verloren, weil er den Mangel längere Zeit nicht gerügt und die Miete ungekürzt und vorbehaltlos weiter gezahlt hat, so verbleibt es hinsichtlich der bis zum 01.09.2001 fällig gewordenen Mieten bei diesem **Rechtsverlust**. Die Bestimmungen des Mietrechtsreformgesetzes und der hierzu ergangenen Übergangsvorschriften führen nicht zu einem Wiederaufleben des Minderungsrechts. Für nach dem In-Kraft-Treten des Mietrechtsreformgesetzes fällig gewordene Mieten scheidet eine analoge Anwendung des § 536b BGB, der an die Stelle des § 539 BGB a.F. getreten ist, aus. Insoweit beurteilt sich die Frage, ob und in welchem Umfang ein Mieter wegen eines Mangels der Wohnung die Miete mindern kann, ausschließlich nach § 536c BGB. Dies gilt auch für Mietverträge, die vor dem 01.09.2001 abgeschlossen worden sind. Soweit hiernach das Minderungsrecht des Mieters nach dem 01.09.2001 nicht entsprechend der bisherigen Rechtsprechung zur analogen Anwendung des § 539 BGB a.F. erloschen ist, bleibt jedoch zu prüfen, ob der Mieter dieses Recht unter den strengeren Voraussetzungen der Verwirkung gemäß § 242 BGB oder des stillschweigenden Verzichts verloren hat. Besprochen wurde diese Entscheidung des BGH von *Krauss*.[185]   178

Seit In-Kraft-Treten des neuen Mietrechts am 01.09.2001 ist ein Verlust des Minderungsrechts wegen nachträglich entstandener und nicht gerügter Mängel nicht mehr möglich. Der BGH hat entschieden, dass die Rechtsprechung zu § 539 BGB a.F. nicht auf § 536b BGB übertragbar ist. Eine analoge Anwendung des § 536b BGB kommt mangels planwidriger Regelungslücke nicht in Betracht. Der Gesetzgeber hat in der Begründung des Regierungsentwurfs klargestellt, dass § 536c BGB eine abschließende Regelung für sich nachträglich zeigende Mängel darstellt.[186]   179

Grundsätzlich verliert der Mieter seine Gewährleistungsrechte, wenn er die Miete vorbehaltlos in ungekürzter Höhe über einen längeren Zeitraum fortentrichtet. Diese rechtliche Wirkung kann auch dann herbeigeführt werden, wenn der Mieter zwar zuvor die Miete wegen gerügter Mängel einbehalten, den Mietzins später aber vorbehaltlos nachgezahlt hat unter der eindeutigen Bestimmung, dass durch die Zahlung der geminderte Betrag getilgt werden soll. Eine **vorbehaltlose Nachzahlung** ohne eine solche   180

---

[181] LG Leipzig v. 28.05.2003 - 1 S 1314/03 - NJW 2003, 2177-2178.
[182] OLG Düsseldorf v. 19.03.2002 - 24 U 124/01 - GuT 2002, 74-75.
[183] OLG Düsseldorf v. 28.10.2010 - 10 U 22/10 - GuT 2011, 309.
[184] OLG Düsseldorf v. 19.03.2002 - 24 U 124/01 - GuT 2002, 74-75.
[185] BGH v. 16.07.2003 - VIII ZR 274/02 - juris Rn. 11 - NJW 2003, 2601-2603; *Krauss*, JA 2004, 3-6.
[186] BGH v. 16.07.2003 - VIII ZR 274/02 - juris Rn. 21 - NJW 2003, 2601-2603.

ausdrückliche Bestimmung durch den Mieter schließt dessen Gewährleistungsrechte dagegen nicht aus. Insbesondere ist die Tilgungsfiktion des § 366 Abs. 2 BGB auf die vorbehaltlose Nachzahlung nicht anwendbar, denn sie tritt nur bei nicht geminderten Mietbeträgen ein.[187]

181 Wegen § 536c BGB kann der Mieter sich dann wiederum nicht auf die Mietminderung berufen, wenn er seiner **Anzeigepflicht** nicht ordnungsgemäß nachgekommen ist oder die Mangelbeseitigung verhindert.[188]

182 Der Mieter kann keine Ansprüche gemäß §§ 537, 538 BGB a.F. (§§ 536, 536a BGB n.F.) geltend machen, wenn er eine als Neumaschine bezeichnete Werkzeugmaschine vorbehaltlos annimmt, obwohl er bei der Anlieferung zahlreiche und eindeutige Gebrauchsspuren bemerkt hat. Die Begründung, bei der Maschine handele es sich nicht um eine neue, sondern um eine gebrauchte Maschine, reicht nicht aus.[189]

183 Der Unterpächter (Gastwirt) genügt seiner Pflicht zur Mängelanzeige nicht, wenn er den Mangel dem Hauptverpächter (Eigentümer) statt seinem (Zwischen-)Verpächter (Brauerei) anzeigt. Der Pächter ist nach § 581 BGB verpflichtet, dem Verpächter unverzüglich Anzeige zu machen, wenn sich im Laufe der Pachtzeit ein Mangel an der gepachteten Sache zeigt. Das Recht zur Minderung und der Anspruch auf Schadensersatz wegen Nichterfüllung entfallen, sofern der Pächter die Anzeige unterlässt und der Verpächter infolgedessen nicht die Möglichkeit hat, dem Mangel abzuhelfen.[190]

184 Die Minderung kommt bei einem Sachmangel aufgrund vertragswidriger rechtlicher Verhältnisse dann nicht in Betracht, wenn dem (gewerblichen) Mieter die erforderliche öffentlich-rechtliche Erlaubnis nach dem Gaststättengesetz nur möglicherweise nicht erteilt worden wäre und er es unterlassen hat, eine neue Erlaubnis zu beantragen.[191]

185 Schönheitsreparaturen sind nur dann geschuldet, wenn die Mieträume sich in einem zur Durchführung von Schönheitsreparaturen geeigneten baulichen Zustand befinden. Solange Schönheitsreparaturen wegen bauseitiger Schäden nicht sinnvoll und fachgerecht ausgeführt werden können, tritt deren Fälligkeit nicht ein. Die Mieträume müssen sich in einem solchen schlechten baulichen Zustand befinden, dass die Ausführung von Schönheitsreparaturen wirtschaftlich sinnlos ist und daher dem Verlangen auf Durchführung von Schönheitsreparaturen der Einwand der unzulässigen Rechtsausübung entgegensteht.[192]

186 Der Mieter ist verpflichtet, im Rahmen des ihm Zumutbaren die erforderlichen Baumaßnahmen zur Instandsetzung durch **Schaffung von Baufreiheit** vorzubereiten. Unterlässt der Mieter diese Vorbereitungsmaßnahmen, vereitelt er die Mangelbeseitigung und das Minderungsrecht entfällt.[193]

IV. Verwirkung

187 Der Mieter kann sein Recht auf Minderung auch **verwirken**, wenn er die Mangelbeseitigung des Vermieters vereitelt. Der Vermieter bleibt dennoch zur Mangelbeseitigung verpflichtet.[194]

188 Wann der Mieter von seinem Recht auf Minderung Gebrauch machen muss, wurde weder im alten noch im neuen Mietrecht ausdrücklich geregelt. Zwar enthält § 536c BGB (vgl. die Kommentierung zu § 536c BGB) die Pflicht des Mieters, einen Mangel unverzüglich anzuzeigen. Hieraus folgt jedoch nicht, dass der Mieter die Miete auch unverzüglich mindern muss. Allerdings unterliegt das Recht zur Minderung der **Verwirkung**, da der Vermieter bei vorbehaltloser Fortzahlung der Miete nach Ablauf einer im Einzelfall zu ermittelnden angemessenen Zeitspanne darauf vertrauen darf, dass der Mieter

---

[187] OLG Düsseldorf v. 30.07.2002 - 24 U 200/01 - juris Rn. 21 - NJW-RR 2003, 153-154.
[188] *Franke*, ZMR 1996, 297-303.
[189] OLG Köln v. 30.06.1995 - 19 U 262/94 - OLGR Köln 1995, 313-314.
[190] OLG Düsseldorf v. 30.07.1993 - 24 U 178/92 - OLGR Düsseldorf 1993, 350-351.
[191] KG Berlin v. 18.11.2002 - 8 U 383/01 - Grundeigentum 2003, 185.
[192] KG Berlin v. 08.12.2003 - 8 U 163/03 - Grundeigentum 2004, 297.
[193] LG Berlin v. 22.02.2005 - 63 S 389/04 - Grundeigentum 2005, 621.
[194] AG Ibbenbüren v. 27.12.2001 - 12 C 184/01 - WuM 2002, 216-217.

nicht mehr mindert. Dies kann jedoch dazu führen, dass ausgerechnet der gutmütige Mieter Gefahr läuft, sein Recht auf Minderung zu verlieren, während der Mieter, der sein Recht sofort ausübt, auf der sicheren Seite steht. Nach der Rechtsprechung zum alten Recht konnte die Minderung nach sechs Monaten verwirkt sein. Dies wurde unter Heranziehung der kurzen Verjährung in § 558 BGB a.F. und dem Ausschluss der Minderung bei Kenntnis des Mieters vom Mangel gemäß § 539 BGB a.F. begründet.[195]

Eine **analoge** Anwendung des an die Stelle des § 539 BGB a.F. getretenen § 536b BGB kommt für die Zeit nach der Mietrechtsreform nicht mehr in Betracht. Bis zur Annahme der Verwirkung werden von der Rechtsprechung heute auch längere Zeiträume zugelassen.[196] 189

So hat das LG Berlin bei vorbehaltloser Weiterzahlung der Miete über einen Zeitraum von **14 Monaten** die Verwirkung des Minderungsrechts bejaht.[197] 190

Der BGH hat den Zeitraum zwar offen gelassen, aber entschieden, dass jedenfalls für die Zeit nach In-Kraft-Treten der Mietrechtsreform ab dem 01.09.2001 der Mieter bei nachträglich festgestellten Mängeln eine längere Zeit verstreichen lassen kann, bevor er die Miete mindert.[198] 191

Die Minderung unterliegt als Einwendung nicht unmittelbar der **Verjährung**. Allerdings unterliegt der Anspruch auf Rückzahlung der in Höhe der Minderung überzahlten Miete aus § 812 BGB der regelmäßigen Verjährung. 192

V. Abdingbarkeit

Für **Mietverträge über Wohnraum** ist § 536 BGB zugunsten des Mieters zwingend und kann nicht abbedungen werden, § 536 Abs. 4 BGB. Davon erfasst werden sämtliche Beschränkungen des Minderungsanspruchs. Bei Mietverhältnissen über andere Sachen als Wohnräume ist § 536 BGB abdingbar. Das betrifft vor allem die in der Praxis wichtigen Mietverhältnisse über Geschäftsräume (vgl. zum Gewährleistungsausschluss die Kommentierung zu § 535 BGB). 193

E. Prozessuale Hinweise

I. Klageart

Der Mieter kann die überzahlte Miete in einer auf § 812 BGB gestützten Zahlungsklage zurückfordern oder im Wege der Feststellungsklage die Berechtigung zur Minderung dem Grunde und der Höhe nach feststellen lassen, wobei er die Höhe der Minderung nicht beziffern muss.[199] 194

Eine Mängelrüge und die Berühmung des Rechts auf Mietminderung begründen grundsätzlich keine Durchsetzung des Wohnungsbesichtigungsrechts mit einstweiliger Verfügung. Eine Leistungsverfügung, durch die auch das Besichtigungsrecht des Vermieters an der vermieteten Wohnung durchgesetzt werden kann, ist nur dann zulässig, wenn die geschuldete Handlung so kurzfristig zu erbringen ist, dass die Erwirkung eines Titels im ordentlichen Verfahren nicht möglich ist.[200] 195

Beruft sich der Mieter von Gewerberäumen gegenüber dem im Urkundenprozess geltend gemachten Zahlungsanspruch des Vermieters auf eine Mietminderung, weil der Mietgebrauch durch die Vermietung von circa 3/4 der Geschossfläche des mehrgeschossigen Bürogebäudes zum Betrieb einer Ganztagsschule mit etwa 450 Schülern der Gymnasialstufe nicht unerheblich beeinträchtigt ist, ist dies eine offenkundige Tatsache i.S.d. § 291 ZPO. Bei einer solchen Sachlage ist der Kläger, wenn er am Urkundenprozess festhält, mit seiner Klage nach § 597 Abs. 2 ZPO abzuweisen.[201] 196

---

[195] AG Frankfurt v. 01.10.1991 - 33 C 2578/91 - 29 - juris Rn. 2 - NJW-RR 1992, 971.
[196] BGH v. 16.07.2003 - VIII ZR 274/02 - juris Rn. 25 - BGHZ 155, 380-392.
[197] LG Berlin v. 08.11.2002 - 65 S 275/02 - Grundeigentum 2003, 254-255.
[198] BGH v. 16.07.2003 - VIII ZR 274/02 - juris Rn. 25 - BGHZ 155, 380-392.
[199] BGH v. 11.06.1997 - XII ZR 254/95 - juris Rn. 4 - NJWE-MietR 1997, 202.
[200] LG Duisburg v. 11.08.2006 - 13 T 81/06 - juris Rn. 4 - NZM 2006, 897.
[201] OLG München v. 14.01.2004 - 7 U 4293/03 - OLGR München 2004, 167-168.

II. Beweislast

197 Für unaufklärbare Ursachen eines Mangels, z.B. einer Schwärzung der Wohnung (Fogging), trägt der Vermieter die Beweislast.[202]

198 Es genügt jedoch, wenn der Vermieter beweist, dass die Schadensursache dem Obhutsbereich des Mieters entstammt und er mögliche Schadensursachen aus seinem eigenen Verantwortungs- und Obhutsbereich ausräumen kann.[203]

199 Der Mieter trägt die Beweislast dafür, dass eine von ihm behauptete Schadstoffbelastung der Luft mit dem Zustand der Mietsache etwas zu tun hat.[204]

200 Der Mieter hat darzulegen und zu beweisen, dass Feuchtigkeit in den Mieträumen aufgetreten ist und die Gebrauchstauglichkeit beeinträchtigt. Werden Schimmelpilze an Einbaumöbeln des Mieters festgestellt, rechtfertigt dies allein keine Mietminderung. Ein solcher Schimmel belegt keinen unmittelbaren Mangel der Mietsache, solange die hierfür möglicherweise ursächliche Feuchtigkeit des Raumes als „Ursprungsmangel" nicht hinreichend dargelegt ist.[205]

201 Der Mieter muss bei einem Instandsetzungsanspruch nachweisen, dass die Schadstoffbelastung aus dem Verantwortungsbereich des Vermieters stammt. War der Mieter im erstinstanzlichen Verfahren über die Instandsetzung seiner Wohnung wegen einer behaupteten Schadstoffbelastung mit dem durch Beweisbeschluss festgestellten Umfang der beabsichtigten Messungen des Sachverständigen aus Kostengründen nicht einverstanden und zahlte trotz des gerichtlichen Angebotes einer eingeschränkten Begutachtung den angeforderten Kostenvorschuss nicht, ist er im Berufungsverfahren nach § 531 Abs. 2 ZPO mit dem Beweisantritt auf Einholung eines Sachverständigengutachtens zur Aufklärung der Schadstoffe und ihrer Ursachen ausgeschlossen.[206]

202 Der Vermieter trägt die Beweislast für den Erfolg seiner Mangelbeseitigung.[207]

203 Ist die Feuchtigkeitsbelastung des Mietobjekts sachverständig dokumentiert, muss sich der Vermieter dahingehend entlasten, dass hierfür keine baulichen Mängel ursächlich sind. Dies gilt insbesondere, wenn der Vermieter nachträglich Isolierglasfenster einbauen lassen hat.[208]

204 Der Mieter genügt seiner Darlegungslast, wenn er den Mangel substantiiert vorträgt. Es ist nicht erforderlich, dass er auch zum Maß der durch den Mangel verursachten Gebrauchsuntauglichkeit der Mietsache Stellung nimmt.[209] Daher kann das Instanzgericht den Vortrag einer Partei, ein Rohr sei „durchrostet" und „undicht" sowie ein Heizkörper funktioniere nicht, nicht einfach übergehen, wenn die Partei rechtzeitig die in Augenscheinnahme als Beweis beantragt und gleichzeitig ein Sachverständigengutachten vorlegt.[210]

205 Das BVerfG hat zu dieser Rechtsprechung des BGH eine entgegenstehende Auffassung des KG als Divergenz eingeordnet. Anders als der BGH wies das KG die Darlegungslast für den Umfang der Gebrauchsbeeinträchtigung dem Mieter zu.[211] Darin liegt eine entscheidungserhebliche Abweichung von dem vorgenannten Grundsatz des BGH, mit dem sich das KG nicht auseinandergesetzt habe.[212]

---

[202] LG Berlin v. 18.02.2003 - 64 S 457/01 - NZM 2003, 434.
[203] LG Duisburg v. 05.08.2003 - 13 S 345/01 - juris Rn. 6 - WuM 2003, 494-495.
[204] LG Berlin v. 29.04.2003 - 65 S 372/02 - Grundeigentum 2003, 955-956.
[205] KG Berlin v. 25.09.2006 - 12 U 118/05 - juris Rn. 22, 27 - Grundeigentum 2007, 445-446.
[206] LG Berlin v. 29.04.2003 - 65 S 372/02 - Grundeigentum 2003, 955-956.
[207] OLG Hamm v. 28.09.1994 - 30 U 45/94 - NJW-RR 1995, 525-526.
[208] LG Hamburg v. 17.06.2003 - 307 S 48/02 - ZMR 2004, 41-42.
[209] BGH v. 27.02.1991 - XII ZR 47/90 - juris Rn. 17 - NJW-RR 1991, 779-780.
[210] BGH v. 25.10.2011 - VIII ZR 125/11 - NJW 2012, 382-384.
[211] KG v. 23.01.2003 - 8 U 278/02.
[212] BVerfG v. 29.05.2007 - 1 BvR 624/03 - WuM 2006, 529.

III. Streitwert

Nach überwiegender Ansicht beläuft sich der Streitwert für die Mangelbeseitigungsklage auf das 3,5-fache der Minderungsquote, die sich aus der Differenz zwischen der vereinbarten Miete und der Miete für die mangelhafte Mietsache ergibt.[213]

---

[213] OLG Hamburg v. 27.06.1995 - 4 W 26/95 - WuM 1995, 595.

§ 536a BGB Schadens- und Aufwendungsersatzanspruch des Mieters wegen eines Mangels

(Fassung vom 02.01.2002, gültig ab 01.01.2002)

(1) Ist ein Mangel im Sinne des § 536 bei Vertragsschluss vorhanden oder entsteht ein solcher Mangel später wegen eines Umstands, den der Vermieter zu vertreten hat, oder kommt der Vermieter mit der Beseitigung eines Mangels in Verzug, so kann der Mieter unbeschadet der Rechte aus § 536 Schadensersatz verlangen.

(2) Der Mieter kann den Mangel selbst beseitigen und Ersatz der erforderlichen Aufwendungen verlangen, wenn
1. der Vermieter mit der Beseitigung des Mangels in Verzug ist oder
2. die umgehende Beseitigung des Mangels zur Erhaltung oder Wiederherstellung des Bestands der Mietsache notwendig ist.

Gliederung

A. Grundlagen...................................... 1	IV. Verzug des Vermieters mit der Mängelbeseitigung (Absatz 2) 24
I. Kurzcharakteristik............................ 1	V. Mängelbeseitigung durch den Mieter (Absatz 2). 26
II. Verhältnis zu anderen Vorschriften 5	VI. Abdingbarkeit................................. 33
B. Praktische Bedeutung...................... 8	VII. Verjährung.................................... 34
C. Anwendungsvoraussetzungen 9	**D. Rechtsfolgen** 35
I. Normstruktur................................. 9	**E. Prozessuale Hinweise**........................ 41
II. Mangel bei Vertragsschluss (Absatz 1 Alternative 1)..................................... 12	I. Beweislast 41
III. Verschulden des Vermieters nach Vertragsschluss (Absatz 1 Alternative 2) 18	II. Erledigung.................................... 45

A. Grundlagen

I. Kurzcharakteristik

1 Die Vorschrift § 536a BGB enthält die **Anspruchsgrundlagen** für die Schadens- und Aufwendungsersatzansprüche des Mieters bei Sach- und Rechtsmängeln.

2 Die Regelung des Schadensersatzanspruchs in § 536a Abs. 1 BGB entspricht dem bisherigen § 538 Abs. 1 BGB a.F.; die Regelung des Aufwendungsersatzanspruchs in § 536a Abs. 2 Nr. 1 BGB entspricht für Sachmängel dem bisherigen § 538 Abs. 2 BGB a.F. und für Rechtsmängel dem bisherigen § 541 BGB a.F.; der § 536a Abs. 2 Nr. 2 BGB entspricht dem früheren Verwendungsersatzanspruch aus § 547a BGB a.F.

3 Durch die Mietrechtsreform wurden die **Schadens- und Aufwendungsersatzansprüche** des Mieters damit in einer Vorschrift zusammengeführt. Im Zuge der Schuldrechtsreform wurde der Begriff „Schadensersatz wegen Nichterfüllung" auf den Begriff „Schadensersatz" terminologisch verkürzt.

4 Die Vorschrift § 536a BGB ist Teil des Mietgewährleistungsrechts und gilt wegen ihrer systematischen Stellung im Allgemeinen Mietrecht des 1. Untertitels für alle Mietverhältnisse.

II. Verhältnis zu anderen Vorschriften

5 Im Verhältnis zum **allgemeinen Leistungsstörungsrecht** gilt für die Ansprüche aus § 536a BGB schon wegen der ausdrücklichen Bezugnahme auf § 536 BGB nichts anderes als für die Rechte aus § 536 BGB. Damit stehen dem Mieter die Ansprüche aus § 536a BGB grundsätzlich nach Überlassung der Mietsache zu. Kommt es nicht zur Überlassung der Mietsache, weil diese nicht vertragsgemäß her-

gestellt werden kann, ist das allgemeine Leistungsstörungsrecht anzuwenden.[1] Bei Rechtsmängeln als besonderem Fall des Unvermögens verdrängt § 536a BGB das allgemeine Leistungsstörungsrecht auch schon vor Überlassung der Mietsache.[2]

Unterlässt der Vermieter jegliche periodische Inspektion des Zustandes der Abwasseranlage und kommt es infolge eines verrosteten Abwasserrohrverschlusses durch eintretendes Abwasser zu einer Überflutung der Gewerbemieträume, dann ist der Vermieter wegen grober Verletzung seiner mietvertraglichen **Schutzpflichten** nach den Grundsätzen der positiven Vertragsverletzung zum Ersatz des Wasserschadens verpflichtet.[3]

Die **Kündigungsrechte** des Mieters aus § 543 BGB bestehen neben seinen Ansprüchen aus § 536a BGB. Der Mieter ist auch nicht unter dem Aspekt der Schadensminderungspflicht zur Kündigung des Mietverhältnisses verpflichtet.

B. Praktische Bedeutung

Die in § 536a BGB geregelten Ansprüche ergänzen die Gewährleistungsrechte des Mieters aus § 536 BGB und gelten für alle Mietverhältnisse.

C. Anwendungsvoraussetzungen

I. Normstruktur

Der Schadensersatzanspruch ist kein Gewährleistungsanspruch im engeren Sinne, sondern ein Schadensersatzanspruch wegen Nichterfüllung, der alle Mängel im Sinne des § 536 BGB erfasst. Der Mieter kann diesen Anspruch in drei Fällen geltend machen:
- 1. Fall: Vorhandensein von Mängeln bei Vertragsschluss,
- 2. Fall: Verschulden des Vermieters nach Vertragsschluss,
- 3. Fall: Verzug des Vermieters mit der Mängelbeseitigung.

Daneben gewährt die Vorschrift dem Mieter das Recht, Mängel selbst zu beseitigen und vom Vermieter Ersatz der erforderlichen Aufwendungen zu verlangen, wenn
- 1. Fall: Vermieter in Verzug mit der Mängelbeseitigung ist oder
- 2. Fall: Mängelbeseitigung existenziell notwendig ist.

Die Ansprüche aus § 536a BGB setzen jeweils einen Mangel im Sinne von § 536 BGB voraus.

II. Mangel bei Vertragsschluss (Absatz 1 Alternative 1)

Die erste Alternative des § 536a BGB ist **verschuldensunabhängig** und setzt lediglich voraus, dass der Mangel bei Vertragsschluss schon vorhanden war, wobei auf den Zeitpunkt des Zustandekommens des Mietvertrages abzustellen ist. Wurde der Mietvertrag zunächst formlos abgeschlossen und später schriftlich niedergelegt, ist auf den früheren Zeitpunkt abzustellen.

Der Mangel muss jedoch noch nicht erkennbar geworden sein oder schädigende Wirkungen entfaltet haben. Es genügt, dass die **Ursache des Mangels** (z.B. Gefahrenquelle) bei Vertragsschluss angelegt und bei Überlassung der Mietsache an den Mieter noch vorhanden war, etwa weil die Mietsache noch nicht fertig gestellt war.[4]

Die **natürliche Verschlechterung** der Mietsache, wie sie durch den vertragsgemäßen Gebrauch und durch Zeitablauf entsteht, ist jedoch kein zum Schadensersatz berechtigender Mangel.[5]

---

[1] BGH v. 18.06.1997 - XII ZR 192/95 - juris Rn. 14 - BGHZ 136, 102-110; BGH v. 25.11.1998 - XII ZR 12/97 - juris Rn. 2 - LM BGB § 306 Nr. 14 (6/1999); str. a.A. *Tröster*, NZM 1998, 697-703; krit. auch *Timmet*, NZM 1998, 396-397.
[2] BGH v. 29.11.1995 - XII ZR 230/94 - juris Rn. 7 - LM BGB § 242 (Bb) Nr. 164 (4/1996).
[3] OLG Frankfurt v. 06.06.2003 - 24 U 131/02 - OLGR Frankfurt 2003, 454-455.
[4] OLG München v. 01.12.1995 - 21 U 3013/95 - OLGR München 1996, 25-26.
[5] LG Hamburg v. 22.07.1999 - 307 S 54/99 - juris Rn. 4 - WuM 1999, 513-514.

15 War die Mietsache bei Vertragsschluss noch nicht fertig gestellt, wird der Mangel aber bis zur Überlassung an den Mieter angelegt, ist § 536a BGB entsprechend anwendbar.[6] Auf die **Kenntnis** oder Möglichkeit der Kenntnis kommt es nicht an. Der Vermieter trägt damit die Gefahr verdeckter Mängel.[7]

16 Ein anfänglicher Mangel liegt auch dann vor, wenn ein Bauteil aufgrund seiner fehlerhaften Beschaffenheit bei Vertragsschluss bereits in diesem Zeitpunkt für die Gebrauchstauglichkeit der Mietsache ungeeignet und damit unzuverlässig ist.[8]

17 Ist in einer wohnungseigentumsrechtlichen Teilungserklärung die Nutzung eines Teiles der Anlage mit „Café" umschrieben, so brauchen die Wohnungseigentümer nur mit einem früh schließenden Betrieb zu rechnen, nicht dagegen mit einer Gaststätte, die „Bistro"-Charakter aufweist. Der Vermieter von Räumlichkeiten, die nach der mietvertraglichen Sollvereinbarung als Bistro mit Öffnungszeiten und Speiseangeboten bis Mitternacht und später genutzt werden sollen, haftet wegen anfänglichen Mangels der Mietsache, wenn der Mieter die Gaststätte wegen der eben genannten Einschränkung nicht wie beabsichtigt betreiben kann.[9]

III. Verschulden des Vermieters nach Vertragsschluss (Absatz 1 Alternative 2)

18 Der Vermieter haftet in der zweiten Alternative des § 536a BGB dem Mieter bei Mängeln, die erst nach Vertragsschluss entstehen, nur dann auf Schadensersatz wegen Nichterfüllung, wenn ihn ein **Verschulden** trifft.

19 Das ist der Fall bei eigener Verantwortlichkeit des Vermieters im Sinne von § 276 BGB (vgl. die Kommentierung zu § 276 BGB) oder bei Verantwortlichkeit für Dritte im Sinne von § 278 BGB (vgl. die Kommentierung zu § 276 BGB). Dritter ist beispielsweise der **Verrichtungsgehilfe** bei Bauarbeiten.[10]

20 Die Verpflichtung des Mieters in § 536c BGB zur **Mängelanzeige** führt allerdings nicht dazu, dass der Mieter als Erfüllungsgehilfe des Vermieters anzusehen ist.

21 Ein Verschulden des Vermieters liegt vor, wenn dieser den Mieter durch eine seinerseits begangene **Vertragsverletzung** veranlasst hat, das bestehende Mietverhältnis zu kündigen. Der zu ersetzende Schaden umfasst auch die Kosten für die Beschaffung von Ersatzräumen. Liegt deren Miete höher als die zuvor geschuldete Miete, haftet der Vermieter auf Ausgleich der Differenz. Die Schadensersatzverpflichtung des Vermieters setzt in solchen Fällen auch dann ein Verschulden voraus, wenn der gesetzliche Kündigungstatbestand ein Verschulden des Vermieters nicht erfordert.[11]

22 Ein Vermieter kann nicht für Schäden an Sachen des Mieters verantwortlich gemacht werden, wenn die Schadensursache von einer Gefahrenquelle ausgeht, die sich zwar im Mietgebäude befindet, aber nicht im Verantwortungsbereich des Vermieters liegt. Im vorliegenden Fall handelt es sich um eine verplombte Zähleranlage des Elektrizitätswerks. Der Vermieter ist zwar verpflichtet, die Elektroinstallation der Mietsache zu warten und zu überprüfen, jedoch besteht eine solche Verpflichtung nicht für die im Eigentum des Elektrizitätsversorgungsunternehmens stehende Zähleranlage, in der der schadensbegründende Fehler aufgetreten ist. Hier trägt das Unternehmen die Verpflichtung zur Wartung. Der Mieter kann keine Überwachungsleistung erwarten, durch deren Erfüllung der Vermieter gezwungen ist, in fremde Rechte einzugreifen. Es würde die Anforderungen an die Verantwortlichkeit des Vermieters für Schäden an Einrichtungsgegenständen des Mieters überspannen, wenn der Vermieter uneingeschränkt für Schäden einzustehen hätte, die im Verantwortungsbereich des Elektrizitätsversorgungsunternehmens entstanden seien.[12]

---

[6] OLG Naumburg v. 30.06.1999 - 6 U 92/98 - juris Rn. 30 - WuM 2000, 246-247.
[7] BGH v. 13.12.1962 - II ZR 196/60 - LM Nr. 8 zu § 633 BGB.
[8] BGH v. 21.07.2010 - XII ZR 189/08 - NJW 2010, 3152-3154.
[9] OLG Bremen v. 23.09.2004 - 2 U 20/04 - OLGR Bremen 2005, 126-127.
[10] OLG Hamm v. 10.10.1995 - 7 U 12/95 - NJW-RR 1996, 969-970.
[11] OLG Düsseldorf v. 18.12.2003 - I-10 U 33/03, 10 U 33/03 - NJW-RR 2004, 660-661.
[12] BGH v. 10.05.2006 - XII ZR 23/04 - NSW BGB § 536.

Wenn ein Vermieter (hier: einer Parkplatzfläche) Teile der vermieteten Grundstücksfläche anderweitig vermietet (hier: als Stellplätze für Verkaufswagen von Markthändlern), liegt eine unzulässige Doppelvermietung vor und damit ein von dem Vermieter zu vertretender nachträglicher Rechtsmangel, der ihn zum Schadensersatz wegen Nichterfüllung verpflichtet. Der benachteiligte Mieter hat dann gegen den Vermieter einen Anspruch auf Herausgabe des durch die vertragswidrige Weitervermietung erzielten Erlöses.[13]

IV. Verzug des Vermieters mit der Mängelbeseitigung (Absatz 2)

Verzug des Vermieters mit der Mängelbeseitigung ist **Schuldnerverzug** gemäß § 286 BGB und setzt voraus, dass der Mieter den Vermieter mit einer Mahnung zur Mängelbeseitigung aufgefordert hat. Die Mängelanzeige nach § 536c BGB genügt nicht. Die Parteien können die Mängelbeseitigung auch vereinbarungsweise auf einen Kalendertag festlegen.[14]

Eine Pflicht des Verpächters zum Wiederaufbau der durch Brand zerstörten und vom Pächter als Gaststätte genutzten Mühle besteht in diesem Falle nicht, ohne dass es auf Fragen der Zumutbarkeit i.S. von § 275 Abs. 2 BGB ankäme. Die Mühle sei zwar nur teilweise zerstört, jedoch sei die sogenannte „Opfergrenze" überschritten, ab der dem Verpächter eine Wiederherstellung nicht mehr zuzumuten sei. Auch der Anspruch des Pächters auf Gebrauchsüberlassung und sein Recht zum Besitz entfallen, wenn die Pachtsache durch Brand im Wesentlichen zerstört wird.[15]

V. Mängelbeseitigung durch den Mieter (Absatz 2)

Der Mieter kann die Mängel an der Mietsache im Wege der **Ersatzvornahme** selbst beseitigen oder beseitigen lassen, wenn der Vermieter in Verzug mit der Mängelbeseitigung ist oder die umgehende Mängelbeseitigung objektiv notwendig ist, um den Bestand der Mietsache zu erhalten oder wieder herzustellen.

Der Mieter verliert seinen **Schadensersatzanspruch** wegen eines Mangels nicht schon dann, wenn er von seinem Recht zur Ersatzvornahme keinen Gebrauch macht. Ihn kann allerdings ein Mitverschulden treffen, wenn die Mangelbeseitigung einfach und ihm deshalb zuzumuten ist.[16]

Jedoch kann der Anspruch auf Mängelbeseitigung verwirkt sein, wenn der Mieter seine Mitwirkungspflicht bei der Beseitigung eines Feuchtigkeitsschadens in der Wohnung verletzt.[17]

Diese Voraussetzung entspricht dem früheren Begriff der notwendigen Verwendungen in § 547 Abs. 1 Satz 1 BGB a.F. und erfasst damit insbesondere **Notmaßnahmen**, die keinen Aufschub dulden, wie etwa bei Rohrbruch, Heizungsausfall, Kfz-Panne.[18]

Wenn der Vermieter dem Mieter ein Auswahlrecht hinsichtlich des Musters von Betonplatten einräumt, ist der Vermieter berechtigt, Schäden an Terrassenböden dadurch zu beseitigen, dass anstelle der vorhandenen Keramikfliesen Betonplatten verlegt werden.[19]

Sind die erforderlichen Aufwendungen für die Beseitigung eines Mangels einer Wohnung im Bereich des Gemeinschaftseigentums voraussichtlich unverhältnismäßig hoch und übersteigen sie die „Opfergrenze" für den Vermieter, kann der Mieter vom Vermieter nicht die Beseitigung des Mangels verlangen. Grundsätzlich steht dem Verlangen einer Mangelbeseitigung jedoch nicht entgegen, dass der Vermieter der Eigentumswohnung die Zustimmung der anderen Wohnungseigentümer herbeiführen muss.[20]

---

[13] OLG Rostock v. 29.04.2002 - 3 U 119/01 - OLGR Rostock 2002, 428-429.
[14] LG Berlin v. 14.12.1999 - 65 S 348/99 - NJW-RR 2000, 674-675.
[15] OLG Stuttgart v. 11.01.2010 - 5 U 119/09.
[16] OLG Düsseldorf v. 11.02.2003 - 24 U 87/02 - juris Rn. 7 - WuM 2003, 386-387.
[17] AG Münster v. 12.06.2007 - 3 C 4552/06 - WuM 2007, 569-570.
[18] BT-Drs. 14/4553, S. 41; BGH v. 20.01.1993 - VIII ZR 22/92 - juris Rn. 11 - NJW-RR 1993, 522-524.
[19] AG Berlin-Charlottenburg v. 21.11.2003 - 208 C 289/03 - Grundeigentum 2004, 303.
[20] BGH v. 20.07.2005 - VIII ZR 342/03 - NJW 2005, 3284-3285.

32 Der Anspruch des Mieters auf Erstattung der **Umzugskosten** kann nicht mit dem Vorbringen, der Schimmelbefall beruhe auf einem bereits bei Mietvertragsabschluss vorhandenen Mangel der Wohnung, begründet werden. Nicht die Kälte- bzw. Wärmebrücke ist der eigentliche Mietmangel, sondern der aus diesem Umstand resultierende Schimmelbefall. Zudem führt nicht jede konstruktive Wärme- bzw. Kältebrücke zu einem Schimmel und zum Auftreten der hier festgestellten Schimmelarten.[21]

VI. Abdingbarkeit

33 Der vertragliche **Haftungsausschluss** des Vermieters ist sowohl individualvertraglich als auch innerhalb der Grenzen der §§ 307, 309 Nr. 7 BGB (vormals §§ 9, 11 Nr. 7 AGBG) formularmäßig grundsätzlich zulässig. Eine Privilegierung von Wohnraummietverhältnissen ist hier weder gesetzlich vorgesehen noch von der Rechtsprechung anerkannt worden.[22]

VII. Verjährung

34 Der Schadensersatzanspruch verjährt gemäß § 195 BGB in drei Jahren. Der Anspruch des Mieters auf Aufwendungsersatz verjährt gemäß § 548 BGB in sechs Monaten.

D. Rechtsfolgen

35 Kann der Mieter oder eine in seinen Schutzbereich einbezogene Person **Schadensersatz** wegen Nichterfüllung verlangen, dann muss der Vermieter dem Mieter den Minderwert, die Mängelbeseitigungskosten, die Vertragskosten und den entgangenen Gewinn ersetzen.[23]

36 Der Schutzbereich des Mietvertrags erstreckt sich auf Angestellte und Arbeitnehmer eines Unternehmens. Nicht erfasst werden hingegen gelegentliche Besucher.[24]

37 Hat der Mieter einen Mangel gemäß § 536a Abs. 2 BGB selbst beseitigt, kann er bei einem Eigentümerwechsel den Ersatz der erforderlichen **Auslagen** von demjenigen Vermieter verlangen, der bei Beendigung der Mängelbeseitigungsmaßnahmen als Eigentümer im Grundbuch eingetragen ist[25].

38 Der Umstand, dass die Arbeiten, die der Mieter von einem Fachbetrieb hat ausführen lassen, selbst nicht mangelfrei sind, führt lediglich dazu, dass der Mieter eventuelle **Gewährleistungsrechte** aus den Verträgen mit den bauausführenden Unternehmen an den Vermieter abtreten muss. Die Aufwendungen für die Arbeiten kann er gleichwohl vom Vermieter Zug um Zug gegen Abtretung der Gewährleistungsansprüche im vollen Umfang ersetzt verlangen.[26]

39 Die Mängelbeseitigung durch den Mieter schließt den Schadensersatzanspruch nicht aus, sondern ergänzt ihn um den Anspruch auf Ersatz der erforderlichen Aufwendungen. Der Mieter kann daher **Wertersatz** gemäß §§ 256, 257 BGB verlangen. Anders als bei der Mietminderung kann der Mieter vom Vermieter auch einen auf § 242 BGB (vgl. die Kommentierung zu § 242 BGB) gestützten Vorschuss verlangen.[27]

40 Bei der Miete eines Geschäftslokals, das sich in einem Einkaufszentrum befindet, trägt der Mieter das **Verwendungsrisiko** einschließlich des Gewinnzielrisikos auch dann, wenn sich die geschäftsbelebende Funktion des Einkaufszentrums nicht wie erwartet verwirklicht.[28]

---

[21] LG Berlin v. 20.01.2009 - 65 S 345/07 - juris Rn. 23, 24 - Grundeigentum 2009, 845-847.
[22] BGH v. 27.01.1993 - XII ZR 141/91 - NJW-RR 1993, 519-521; BGH v. 04.10.1990 - XII ZR 46/90 - NJW-RR 1991, 74-75.
[23] BGH v. 17.06.1998 - XII ZR 206/96 - juris Rn. 8 - WM 1998, 1787-1788; OLG München v. 01.12.1995 - 21 U 3013/95 - OLGR München 1996, 25-26.
[24] OLG Rostock v. 14.12.2006 - 3 W 52/06 - OLGR Rostock 2007, 431-432.
[25] OLG Brandenburg v. 13.11.2002 - 3 U 166/98 - juris Rn. 40 - ZMR 2003, 909-914.
[26] OLG Brandenburg v. 13.11.2002 - 3 U 166/98 - juris Rn. 69 - ZMR 2003, 909-914.
[27] OLG Düsseldorf v. 25.02.1999 - 10 U 109/95 - juris Rn. 23 - ZMR 1999, 627-628.
[28] OLG Saarbrücken v. 22.12.2004 - 8 W 286/04, 8 W 286/04 - 42- GuT 2005, 169-170.

E. Prozessuale Hinweise

I. Beweislast

Der Mieter trägt grundsätzlich die Darlegungs- und Beweislast für sämtliche anspruchsbegründenden Voraussetzungen einschließlich der Ursächlichkeit.[29]

Liegt die Ursache für den Mangel im Verantwortungsbereich des Vermieters, muss der Mieter das Verschulden des Vermieters nicht beweisen.[30]

So kann die Ursache des so genannten Foggings im Einzelfall dem Verantwortungsbereich des Vermieters zugerechnet werden. Dem Vermieter steht hinsichtlich seines Verschuldens der Entlastungsbeweis offen.[31]

Der Vermieter ist ferner darlegungs- und beweisbelastet für durchgeführte Mängelbeseitigung oder fehlende Ursächlichkeit.[32]

II. Erledigung

Mit der Beendigung des Mietverhältnisses und dem Auszug tritt die Erledigung des Zwangsvollstreckungsverfahrens ein, da die titulierte Verpflichtung des Schuldners aus § 538 BGB in der Fassung vom 14.07.1964, die Mängel der Mietsache zu beseitigen, durch die Vertragsbeendigung weggefallen ist. Der Schuldner ist im Zwangsvollstreckungsverfahren gemäß § 887 ZPO grundsätzlich mit seinem Einwand zu hören, der vollstreckbare Anspruch sei erfüllt, sofern nicht aus tatsächlich Gründen feststeht, dass seine Handlung ungeeignet war, die titulierte Verpflichtung zu erfüllen. Grundsätzlich handelt der Titelgläubiger widersprüchlich, wenn er einerseits den Schuldner durch Zwangsvollstreckungsmaßnahmen zur Erfüllung des titulierten Anspruchs anhält, andererseits aber die vom Schuldner angebotene Erfüllung ablehnt. Dies gilt jedoch nicht, wenn der Gläubiger berechtigte Zweifel an der Ernsthaftigkeit des Erfüllungswillens haben darf.[33]

---

[29] OLG Hamm v. 25.06.1997 - 30 U 208/96 - OLGR Hamm 1997, 253-254.
[30] BGH v. 15.03.2000 - XII ZR 81/97 - juris Rn. 22 - LM BGB § 249 (Ha) Nr. 55 (10/2000).
[31] BGH v. 25.01.2006 - VIII ZR 223/04 - Grundeigentum 2006, 319.
[32] OLG Hamm v. 28.09.1994 - 30 U 45/94 - NJW-RR 1995, 525-526; OLG Saarbrücken v. 04.06.1993 - 4 U 109/92 - NJW 1993, 3077-3078.
[33] BGH v. 21.12.2004 - IXa ZB 281/03 - BGHReport 2005, 677-679.

§ 536b BGB Kenntnis des Mieters vom Mangel bei Vertragsschluss oder Annahme

(Fassung vom 02.01.2002, gültig ab 01.01.2002)

¹Kennt der Mieter bei Vertragsschluss den Mangel der Mietsache, so stehen ihm die Rechte aus den §§ 536 und 536a nicht zu. ²Ist ihm der Mangel infolge grober Fahrlässigkeit unbekannt geblieben, so stehen ihm diese Rechte nur zu, wenn der Vermieter den Mangel arglistig verschwiegen hat. ³Nimmt der Mieter eine mangelhafte Sache an, obwohl er den Mangel kennt, so kann er die Rechte aus den §§ 536 und 536a nur geltend machen, wenn er sich seine Rechte bei der Annahme vorbehält.

Gliederung

A. Grundlagen.. 1	2. Anwendungsbereich........................... 9
I. Kurzcharakteristik................................ 1	3. Einzelfälle.. 12
II. Verhältnis zu anderen Vorschriften.............. 3	III. Grobfahrlässige Unkenntnis (Satz 2)............ 21
B. Praktische Bedeutung........................ 4	1. Definition... 21
C. Anwendungsvoraussetzungen................ 5	2. Abgrenzung....................................... 24
I. Normstruktur....................................... 5	IV. Annahme mangelhafter Sachen (Satz 3)........ 27
II. Kenntnis des Mangels (Satz 1).................. 6	**D. Rechtsfolgen**...................................... 31
1. Definition... 6	**E. Prozessuale Hinweise**......................... 33

A. Grundlagen

I. Kurzcharakteristik

1 Die Vorschrift § 536b BGB entspricht § 539 Satz 2 BGB, § 541 BGB a.F., wurde jedoch auf die Kenntnis des Mieters von Rechtsmängeln und Fehlen zugesicherter Eigenschaften erweitert.[1] Rechtstechnisch enthält die Vorschrift einen **Haftungsausschluss** zugunsten des Vermieters.

2 Die Vorschrift § 536b BGB ist Teil des Mietgewährleistungsrechts und gilt wegen ihrer systematischen Stellung im Allgemeinen Mietrecht für alle Mietverhältnisse.

II. Verhältnis zu anderen Vorschriften

3 Im Verhältnis zum **allgemeinen Leistungsstörungsrecht** gilt grundsätzlich nichts anderes als bei den §§ 536, 536a BGB. Da der Erfüllungsanspruch durch die Regelung in § 536b BGB nicht berührt wird, gilt § 320 BGB.[2] Der Erfüllungsanspruch aus § 535 Abs. 1 Satz 2 BGB kann aber dann ausgeschlossen sein, wenn der Mieter den Mangel kannte und als vertragsgemäß akzeptiert hat.[3] Das Kündigungsrecht wird von § 536b BGB nicht ausgeschlossen (vgl. Rn. 31).

B. Praktische Bedeutung

4 Der Haftungsausschluss in § 536b BGB erfasst ausschließlich die **vertraglichen Ansprüche** aus den §§ 536, 536a BGB, nicht jedoch die Gebrauchsgewährungs- und Erhaltungsverpflichtung aus § 535 Abs. 1 Satz 2 BGB oder gesetzliche Ansprüche des Mieters etwa aus unerlaubter Handlung. Die Vorschrift gilt nicht nur während der Mietzeit, sondern auch, wenn der Mieter durch Ausübung einer Verlängerungsoption die Mietzeit verlängert.[4]

---

[1] BT-Drs. 14/4553, S. 41.
[2] BayObLG München v. 10.05.1999 - RE-Miet 1/99 - juris Rn. 11 - NJW-RR 1999, 1241-1242.
[3] OLG Düsseldorf v. 25.02.1999 - 10 U 109/95 - juris Rn. 21 - ZMR 1999, 627-628.
[4] OLG Köln v. 19.12.2000 - 3 U 56/00 - OLGR Köln 2001, 121-123.

C. Anwendungsvoraussetzungen

I. Normstruktur

Es gibt **drei Fallgruppen** in § 536b BGB: 5
- 1. Fall: Kenntnis des Mangels (Satz 1),
- 2. Fall: grob fahrlässige Unkenntnis (Satz 2),
- 3. Fall: Annahme mangelhafter Sachen (Satz 3).

II. Kenntnis des Mangels (Satz 1)

1. Definition

Kenntnis des Mangels liegt in der **ersten Alternative** des § 536b BGB vor, wenn der Mieter zum Zeitpunkt des Vertragsschlusses oder zum Zeitpunkt der Vertragsverlängerung **positive Kenntnis** von dem Mangel oder den ihn begründenden Umständen hatte. Als Mangel kommen sowohl Sach- und Rechtsmängel als auch das Fehlen zugesicherter Eigenschaften in Betracht.[5] Kenntnis eines Rechtsmangels bedeutet Kenntnis der Rechtsfolgen und Inkaufnahme des Risikos der Geltendmachung eines Rechts durch den Dritten.[6] 6

Anders als bei grob fahrlässiger Unkenntnis oder Annahme mangelhafter Sachen kommt es für die erste Alternative in § 536b BGB nicht darauf an, ob der Vermieter den Mangel arglistig verschwiegen hat. Bei mehreren Mietern genügt die Kenntnis eines Mieters.[7] 7

Nicht unter den Wortlaut des Satzes 1 fällt die **nachträgliche Kenntnis** des Mieters, da die Vorschrift auf den Zeitpunkt von Vertragsschluss oder Annahme abstellt. Die Rechtsprechung zu § 539 BGB a.F. ist auf § 536b BGB übertragbar.[8] 8

2. Anwendungsbereich

Obwohl der Gesetzgeber die **analoge Anwendung** des § 536b BGB auf den Fall der vorbehaltlosen Weiterzahlung der Miete bei nachträglich vom Mieter erkannten Mängeln ausdrücklich abgelehnt hat, haben viele Instanzgerichte die Regelung entsprechend angewendet.[9] 9

Der **VIII. Senat** des BGH hat nunmehr entschieden, dass die Rechtsprechung zu § 539 BGB a.F. nicht auf § 536b BGB übertragbar ist. Eine analoge Anwendung des § 536b BGB kommt mangels planwidriger Regelungslücke nicht in Betracht. Der Gesetzgeber hat in der Begründung des Regierungsentwurfs klargestellt, dass § 536c BGB eine abschließende Regelung für sich nachträglich zeigende Mängel darstellt.[10] 10

Dieser Rechtsprechung hat sich der **XII. Senat** des BGH mit Urteil vom 16.02.2005 angeschlossen. Im konkreten Fall ging es um die Frage, ob die bisherige Rechtsprechung des Bundesgerichtshofs zur analogen Anwendung des § 539 BGB a.F. auf Fälle, in denen im Verlauf der Mietzeit ein Mangel auftritt und der Mieter den Mietzins gleichwohl über längere Zeit vorbehaltlos weiterbezahlt, auch nach Inkrafttreten des neuen Mietrechts für § 536b BGB n.F. fort gilt. In Fortführung der bisherigen Rechtsprechung zu § 539 BGB a.F. hat der XII Senat nunmehr auch für gewerbliche Mietverhältnisse eine analoge Anwendung des ab 01.09.2001 geltenden § 536b BGB ausgeschlossen.[11] 11

---

[5] OLG München v. 26.03.1993 - 21 U 6002/92 - juris Rn. 4 - NJW-RR 1994, 654-655.
[6] BGH v. 23.11.1995 - IX ZR 213/94 - BGHZ 131, 200-209.
[7] BGH v. 01.12.1971 - VIII ZR 88/70 - LM Nr. 5 zu § 539 BGB.
[8] OLG Dresden v. 18.06.2002 - 5 U 260/02 - NJW-RR 2002, 1163-1164; OLG Naumburg v. 27.11.2001 - 9 U 186/01 - NJW 2002, 1132-1133.
[9] Instruktiv: *Wichert*, ZMR 2003, 330-332.
[10] BGH v. 16.07.2003 - VIII ZR 274/02 - juris Rn. 21 - NJW 2003, 2601-2603.
[11] BGH v. 16.02.2005 - XII ZR 24/02 - GuT 2005, 56.

3. Einzelfälle

12 Setzt der Mieter den Gebrauch der Mietsache nach **Vertragsende** durch Nichtausübung seines Kündigungsrechtes trotz Kenntnis des Mangels widerspruchslos fort, stehen ihm keine Minderungs- und Schadensersatzansprüche zu.[12]

13 Bezahlt der Mieter trotz Kenntnis die **volle Miete** über 6 Monate weiter, kann er dadurch seine Rechte für die Vergangenheit und die Zukunft verwirken.[13]

14 Die vorbehaltlose Zahlung des Mietzinses über einen Zeitraum von mehr als 6 Monaten unter Hinnahme etwaiger Mängel der Mietsache schließt aus, dass sich der Mieter zu einem späteren Zeitpunkt auf die Mangelhaftigkeit der Mietsache beruft und den Mangel zum Gegenstand einer Mietzinsminderung macht. Auch wenn der Mieter den Mangel der Mietsache bei Vertragsschluss nicht kennt und damit die unmittelbare Anwendung des § 539 BGB a.F. ausgeschlossen ist, führt die nachträgliche Kenntniserlangung zu einer analogen Anwendung dieser Vorschrift, wenn der Mieter nicht alsbald Konsequenzen aus der Mangelhaftigkeit der Mietsache zieht. Hiervon wird auch der Vorschussanspruch gemäß § 538 Abs. 2 BGB a.F. erfasst.[14]

15 Die Gewährleistungsrechte werden durch **vorbehaltlose Mietzahlungen** aber dann nicht ausgeschlossen, wenn der Mieter die Mängel gerügt und der Vermieter die Beseitigung versprochen hat.[15]

16 Der Mieter konnte nach der Rechtsprechung zum bisherigen Recht bei Kenntnis von Mängeln auch sein **Kündigungsrecht** verlieren. Da die Verweisung in § 543 Abs. 4 BGB auf § 536b BGB der früheren Verweisung in § 543 Satz 1 BGB a.F. auf die §§ 539-541 BGB a.F. entspricht, gilt das auch nach neuem Recht.[16]

17 Vereinbart der Mieter in Kenntnis der Mängel die **Verlängerung** des Mietverhältnisses oder stimmt er einer Mieterhöhung zu, ohne sich die Gewährleistungsrechte ausdrücklich vorzubehalten, so sind diese ausgeschlossen.[17]

18 Die Bestimmung des § 536b BGB ist grundsätzlich abdingbar.[18]

19 Vereinbaren die Parteien abweichend von § 536b BGB, dass anfängliche Mängel beseitigt werden sollen, sind die Mangelkenntnis des Mieters und ihre Folgen grundsätzlich unschädlich. Allerdings trifft den Mieter in diesem Fall die Beweislast für die Verpflichtung des Vermieters, die anfänglichen Mängel zu beseitigen.[19]

20 Die Übertragung dieser Rechtsprechung auf die Neuregelung des § 536b BGB ist im **Schrifttum** umstritten.[20]

III. Grobfahrlässige Unkenntnis (Satz 2)

1. Definition

21 Auch die **zweite Alternative** in § 536b BGB stellt auf Sach- und Rechtsmängel sowie das Fehlen zugesicherter Eigenschaften ab. Anders als in der ersten Alternative der positiven Kenntnis von Mängeln schließt grob fahrlässige Unkenntnis die Haftung des Vermieters nur aus, wenn dieser die Mängel nicht arglistig verschwiegen hat.

22 Der Mieter handelt grob fahrlässig, wenn er die verkehrsübliche Sorgfalt in besonders hohem Maße außer Acht lässt. Das ist der Fall, wenn der Mieter Umstände übersieht oder Maßnahmen unterlässt, die jeder andere vorgenommen hätte, um Schaden von sich abzuwenden. Den Mieter trifft keine

---

[12] OLG Hamm v. 20.11.1987 - 30 U 39/87 - MDR 1988, 410.
[13] OLG Naumburg v. 06.02.2001 - 9 U 179/00 - juris Rn. 24 - ZMR 2001, 617-618.
[14] OLG Celle v. 26.11.1997 - 2 U 203/96 - OLGR Celle 1998, 91-93.
[15] BGH v. 18.06.1997 - XII ZR 63/95 - juris Rn. 30 - LM BGB § 539 Nr. 11 (11/1997).
[16] BGH v. 31.05.2000 - XII ZR 41/98 - juris Rn. 16 - LM BGB § 542 Nr. 21 (10/2000).
[17] OLG Köln v. 19.12.2000 - 3 U 56/00 - juris Rn. 7 - OLGR Köln 2001, 121-123.
[18] BGH v. 22.10.2003 - XII ZR 126/00 - BGH NJW-RR 2004, 12.
[19] OLG Düsseldorf v. 23.10.2008 - I-24 U 25/08, 24 U 25/08 - juris Rn. 5 - Grundeigentum 2009, 843.
[20] Dafür: *Eckert*, NZM 2001, 409-414; dagegen: *Wichert*, ZMR 2001, 262-263.

grundsätzliche **Untersuchungspflicht**. Etwas anderes kann gelten, wenn Anhaltspunkte eine Untersuchung nahe legen.[21]

Eine Pflicht des Mieters, rechtliche Verhältnisse aufzuklären, etwa Auskünfte der zuständigen Behörden hinsichtlich geplanter Änderungen der Bebauung einzuholen, wird dagegen abgelehnt.[22]

2. Abgrenzung

Arglistiges Verschweigen von Mängeln ist ein Fall der **arglistigen Täuschung** durch Unterlassen und setzt wie in § 123 BGB (vgl. die Kommentierung zu § 123 BGB) und in § 263 StGB die Täuschung zum Zwecke der Erregung oder Aufrechterhaltung eines Irrtums voraus. Eine Täuschung durch Verschweigen liegt nur dann vor, wenn hinsichtlich der verschwiegenen Tatsachen eine Aufklärungspflicht besteht. Im Rahmen der Vertragsverhandlungen vor dem Vertragsschluss besteht dagegen eine Offenbarungspflicht der Parteien hinsichtlich der wesentlichen Umstände.[23]

Eine allgemeine **Aufklärungspflicht** besteht darüber hinaus nicht, kann sich aber im Einzelfall aus besonderen Umständen oder aus Vertrauensverhältnis ergeben. Insbesondere Fragen müssen immer vollständig und richtig beantwortet werden.[24]

Übertragen auf das Mietrecht bedeutet das, dass der Vermieter nicht ungefragt über alle mangelbezogenen Umstände aufklären muss, insbesondere, wenn der Mieter diese selbst erkennen kann. In subjektiver Hinsicht muss der Vermieter in dem Bewusstsein handeln, dass der Mieter den Mangel nicht kennt und bei Kenntnis den Mietvertrag nicht, jedenfalls nicht zu diesen Konditionen abschließen würde.

IV. Annahme mangelhafter Sachen (Satz 3)

Der Mieter muss sich seine Rechte in der **dritten Alternative** des § 536b BGB ausdrücklich vorbehalten, wenn er die Mietsache in Kenntnis der Mängel annimmt. Der Begriff des Vorbehalts bei der Annahme entspricht dem in § 464 BGB.

Danach ist der **Vorbehalt** eine formlos mögliche einseitige empfangsbedürftige Willenserklärung, die der Vermieter dahin verstehen kann, dass der Mieter einen Mangel kennt und insoweit nicht auf seine Gewährleistungsrechte verzichten will. Eine Mängelanzeige im Sinne von § 536c BGB erfüllt diese Anforderungen nicht, weil sie regelmäßig keine Verzichtserklärung enthält.

Die **Annahme** der Mietsache entspricht der Überlassung im Sinne von § 535 BGB und erfolgt regelmäßig durch Verschaffen der tatsächlichen Sachherrschaft gemäß § 854 BGB.

Der Vorbehalt muss grundsätzlich zum **Zeitpunkt** der Annahme erklärt werden. Ausnahmsweise kann der Vorbehalt auch schon vor oder unverzüglich nach Annahme erklärt werden.[25]

D. Rechtsfolgen

Rechtsfolge des § 536b BGB ist der **Haftungsausschluss** zugunsten des Vermieters. Der Mieter verliert seine Rechte aus den §§ 536, 536a BGB auf Minderung, auf Schadens- und Aufwendungsersatz. Weitere Rechte, insbesondere die Kündigungsrechte des Mieters, werden von § 536b BGB schon wegen der abschließenden Verweisung auf die §§ 536, 536a BGB nicht ausgeschlossen.

Das gilt auch für den Erfüllungsanspruch des Mieters aus § 535 Abs. 1 Satz 2 BGB, der durch § 536b BGB ebenfalls nicht ausgeschlossen wird.[26]

---

[21] LG Berlin v. 05.12.1995 - 65 S 222/95 - Grundeigentum 1996, 471.
[22] LG Köln v. 12.01.2000 - 10 S 295/99 - WuM 2001, 78-79.
[23] BGH v. 13.12.1990 - III ZR 333/89 - juris Rn. 18 - LM Nr. 11 zu BGB § 627.
[24] BGH v. 11.06.1979 - VIII ZR 224/78 - juris Rn. 16 - BGHZ 74, 383-393.
[25] OLG Düsseldorf v. 08.11.1995 - 9 U 70/95 - juris Rn. 25 - NJW-RR 1996, 693-694.
[26] BGH v. 18.04.2007 - XII ZR 139/05 - EBE/BGH 2007, 190-192.

§ 536c BGB Während der Mietzeit auftretende Mängel; Mängelanzeige durch den Mieter

(Fassung vom 02.01.2002, gültig ab 01.01.2002)

(1) ¹Zeigt sich im Laufe der Mietzeit ein Mangel der Mietsache oder wird eine Maßnahme zum Schutz der Mietsache gegen eine nicht vorhergesehene Gefahr erforderlich, so hat der Mieter dies dem Vermieter unverzüglich anzuzeigen. ²Das Gleiche gilt, wenn ein Dritter sich ein Recht an der Sache anmaßt.

(2) ¹Unterlässt der Mieter die Anzeige, so ist er dem Vermieter zum Ersatz des daraus entstehenden Schadens verpflichtet. ²Soweit der Vermieter infolge der Unterlassung der Anzeige nicht Abhilfe schaffen konnte, ist der Mieter nicht berechtigt,
1. die in § 536 bestimmten Rechte geltend zu machen,
2. nach § 536a Abs. 1 Schadensersatz zu verlangen oder
3. ohne Bestimmung einer angemessenen Frist zur Abhilfe nach § 543 Abs. 3 Satz 1 zu kündigen.

Gliederung

A. Grundlagen 1	1. Definition 8
I. Kurzcharakteristik 1	2. Rechtsprechung 11
II. Regelungsprinzipien 3	III. Mängelanzeige 19
B. Praktische Bedeutung 5	D. Rechtsfolgen 24
C. Anwendungsvoraussetzungen 6	E. Abdingbarkeit 30
I. Normstruktur 6	F. Prozessuale Hinweise 33
II. Anzeigepflichtige Tatbestände 7	

A. Grundlagen

I. Kurzcharakteristik

1 Die Vorschrift § 536c BGB enthält die **Rechte des Mieters** für den Fall, dass die Mängel während der Mietzeit auftreten. Sie entspricht dem § 545 BGB a.F., der lediglich sprachlich angepasst wurde. Im Zuge der Schuldrechtsreform wurde der Begriff „Schadensersatz wegen Nichterfüllung" auf den Begriff „**Schadensersatz**" terminologisch verkürzt.

2 Die Regelung in § 536c BGB ist Teil des Mietgewährleistungsrechts und gilt wegen ihrer **systematischen Stellung** im Allgemeinen Mietrecht für alle Mietverhältnisse.

II. Regelungsprinzipien

3 Kernstück in § 536c BGB ist die **Anzeigepflicht** des Mieters. Dabei handelt es sich um eine gesetzlich normierte Nebenpflicht des Mieters, auf die der Vermieter keinen unmittelbaren Anspruch hat.

4 Grundlage dieser **Nebenpflicht** des Mieters ist zum einen der Gedanke der Verwirkung und zum anderen der Gedanke der Schadensminderungspflicht: unterlässt der Mieter die Anzeige, verliert er seine Gewährleistungsrechte und muss dem Vermieter den Schaden ersetzen. Die Vorschrift ist damit Ausdruck einer vertragsimmanenten Sorgfaltspflicht des Mieters.

B. Praktische Bedeutung

5 Die **Anzeigepflicht** beginnt unabhängig von der vereinbarten Mietzeit mit der tatsächlichen Überlassung und endet mit der tatsächlichen Rückgabe der Mietsache an den Vermieter. Sie erstreckt sich auf

den Umfang der Gebrauchsgewährung, wobei Mängel, die der Vermieter kennt oder selbst feststellen kann, wegen des Zwecks der Vorschrift grundsätzlich nicht erfasst werden.[1]

C. Anwendungsvoraussetzungen

I. Normstruktur

In Absatz 1 wird die Anzeigepflicht in **drei Fällen** normiert. Danach sind Mängel während der Mietzeit, Gefahren für die Mietsache und Rechtsanmaßungen Dritter anzeigepflichtige Tatbestände. 6

II. Anzeigepflichtige Tatbestände

Die Regelung in § 536c BGB setzt alternativ einen Mangel oder eine Gefahr für die Mietsache voraus. Gemäß Absatz 1 Satz 2 muss der Mieter auch anzeigen, wenn sich ein Dritter ein Recht an der Mietsache anmaßt. 7

1. Definition

Der Begriff des **anzeigepflichtigen Mangels** geht über den Begriff des Gewährleistungsrechte auslösenden Mangels im Sinne von § 536 BGB hinaus. Unter dem Auftreten eines anzeigepflichtigen Mangels im Sinne von Absatz 1 wird jeder Umstand verstanden, der unabhängig von der Beeinträchtigung der Gebrauchstauglichkeit zu einer Verschlechterung der Mietsache führt.[2] 8

Eine **anzeigepflichtige Gefahr** für die Mietsache setzt nach dem Wortlaut eine (nicht notwendig äußere) unvorhergesehene Gefahr voraus, die eine Maßnahme zum Schutz der Mietsache erforderlich macht. Hiervon zu unterscheiden sind Gefahrenquellen oder Gefahren, die einen Sachmangel begründen und damit unter den Tatbestand des anzeigepflichtigen Mangels fallen (vgl. Definition in der Kommentierung zu § 536 BGB).[3] 9

Eine **anzeigepflichtige Rechtsanmaßung** setzt voraus, dass ein Dritter sich ein Recht an der Mietsache anmaßt. Bislang wird allgemein davon ausgegangen, dass der Begriff der Anmaßung mit dem des Rechtsmangels identisch ist, für den die Rechtsprechung voraussetzt, dass das Recht des Dritten besteht und seine Geltendmachung mindestens angekündigt oder angedroht wurde (vgl. Definition in der Kommentierung zu § 536 BGB). Während es für das Vorliegen des Rechtsmangels nicht genügt, dass der Dritte sich lediglich eines nicht bestehenden Rechts berühmt, wird dies für die Anzeigepflicht bereits ausreichen müssen, da der Mieter das Bestehen des Rechts nicht überprüfen kann und für § 536c BGB daher ein weiteres Verständnis zugrunde zu legen ist. 10

2. Rechtsprechung

Der Mieter muss einen Sachmangel an einem dem Vermieter gehörenden **Kran** anzeigen.[4] 11

Auch eine **defekte Dichtung** und erhöhten Wasserverbrauch muss der Mieter dem Vermieter anzeigen. Er ist ansonsten gemäß § 536c BGB verpflichtet, dem Vermieter den durch den Wassermehrverbrauch entstandenen Schaden zu ersetzen.[5] 12

Ein **verstopfter Abfluss** einer Dusche kann jedenfalls dann einen anzeigpflichtigen Mangel darstellen, wenn dies für den Mieter erkennbar ist.[6] 13

Der Mieter muss Vorsichtsmaßnahmen bei drohendem **Unwetter** treffen.[7] 14

Beim Betrieb von **Waschmaschinen** oder Spülmaschinen in Wohnräumen trifft den Mieter eine Beaufsichtigungspflicht, da damit immer die latente Gefahr verbunden ist, dass bei Störungen Wasser aus der Maschine austritt.[8] 15

---

[1] BGH v. 04.04.1977 - VIII ZR 143/75 - juris Rn. 34 - BGHZ 68, 281-288.
[2] BGH v. 04.04.1977 - VIII ZR 143/75 - juris Rn. 37 - BGHZ 68, 281-288.
[3] BGH v. 04.04.1977 - VIII ZR 143/75 - juris Rn. 30 - BGHZ 68, 281-288.
[4] BGH v. 04.04.1977 - VIII ZR 143/75 - juris Rn. 28 - BGHZ 68, 281-288.
[5] AG Rosenheim v. 18.11.1993 - 16 C 526/93 - DWW 1994, 360.
[6] LG Berlin v. 07.07.1987 - 29 S 48/87 - Grundeigentum 1987, 929.
[7] LG Berlin v. 29.01.1981 - 61 S 345/80 - MDR 1981, 584.
[8] LG Landau (Pfalz) v. 07.11.1995 - 1 S 253/95 - juris Rn. 7 - WuM 1996, 29.

§ 536c

16 Eine besondere Aufsichtspflicht trifft den Mieter auch bei erstmaliger Inbetriebnahme fabrikneuer **Haushaltsgeräte**.[9]

17 Wenn der Mieter eine **Lärmstörung** durch andere Wohnparteien dem Vermieter als Mangel anzeigt, genügt eine Bezeichnung der Lage der Wohnung. Eine Benennung des Namens der störenden Mietpartei ist nicht erforderlich, da aufgrund der Ortsangabe die Störungsquelle herauszufinden ist und rechtzeitig für Abhilfe gesorgt werden kann.[10]

18 Der Mieter ist nicht nur verpflichtet, keinen vertragswidrigen Gebrauch von der Mietsache zu machen, sondern auch infolge eines vertragswidrigen Gebrauchs drohende Schäden zu verhindern oder wenigstens dem Vermieter anzuzeigen.[11]

III. Mängelanzeige

19 Durch das Vorliegen eines anzeigepflichtigen Tatbestands wird zunächst die **Anzeigepflicht** ausgelöst. Der Mieter muss den anzeigepflichtigen Tatbestand unverzüglich gegenüber dem Vermieter anzeigen, das heißt gegenüber dem Vermieter unmissverständlich zum Ausdruck bringen. Die **Eilbedürftigkeit** hängt vom Einzelfall ab. Die Anzeige ist formfrei möglich und muss dem Vermieter zugehen. Der Vermieter muss aus der Mängelanzeige Art und Umfang des Mangels erkennen können.[12]

20 Eine generelle **Nachforschungspflicht** trifft den Mieter nicht. Allerdings darf sich der Mieter der Kenntnis anzeigepflichtiger Tatbestände auch nicht verschließen. Er muss nicht nur sämtliche Umstände, von denen er positive Kenntnis hat, sondern auch die Umstände, von denen er in Anwendung der verkehrsüblichen Sorgfalt Kenntnis nehmen kann, anzeigen. Die Bestimmung dieser Sorgfaltspflicht richtet sich nach den Umständen des Einzelfalls, insbesondere nach den vertraglichen Instandhaltungs- und Instandsetzungspflichten des Mieters.[13]

21 Der Mieter haftet für die Kosten, die durch eine vorsätzliche oder grob fahrlässige **Falschanzeige** ausgelöst werden.[14]

22 Die Mängelanzeige kann **entbehrlich** sein, wenn der Vermieter oder Verpächter Kenntnis vom Mangel hat.[15]

23 Eine **Ersatzpflicht** nach Absatz 2 Satz 1 wird auch dann nicht ausgelöst, wenn der Mieter ohne Verschulden vom gleichen Kenntnisstand des Vermieters ausgehen darf und deshalb die Mängelanzeige unterlässt.[16]

D. Rechtsfolgen

24 Erste Rechtsfolge des anzeigepflichtigen Tatbestandes ist die **Anzeigepflicht** des Mieters.

25 In § 536c BGB wird dem Vermieter jedoch kein Anspruch auf Mängelanzeige eingeräumt. Ein solcher wäre ohnehin praktisch kaum durchsetzbar. Stattdessen erhält der Vermieter mit Absatz 2 Satz 1 einen **Schadensersatzanspruch** bei unterlassener Mängelanzeige auf Herstellung des Zustandes, der bei rechtzeitiger Mängelanzeige hätte hergestellt werden können.[17]

26 Es fehlt jedoch an der erforderlichen **Ursächlichkeit** der Unterlassung der Mängelanzeige des Mieters für den Schadenseintritt, wenn dem Vermieter auch nach verspäteter Anzeige noch hinreichende Gelegenheit zur Schadensabwendung bleibt.[18]

---

[9] LG Mannheim v. 17.04.1991 - 4 S 20/91 - ZMR 1991, 441.
[10] AG Erfurt v. 04.08.2004 - 5 C 3235/03 - WuM 2004, 660.
[11] OLG Frankfurt v. 11.06.1997 - 21 U 154/96 - OLGR Frankfurt 1997, 181-182.
[12] LG Köln v. 07.09.1989 - 1 S 117/89 - juris Rn. 6 - WuM 1990, 17-18.
[13] BGH v. 04.04.1977 - VIII ZR 143/75 - juris Rn. 38 - BGHZ 68, 281-288.
[14] AG Berlin-Neukölln v. 13.09.1995 - 2 C 289/95 - Grundeigentum 1995, 1419.
[15] BGH v. 23.12.1998 - XII ZR 49/97 - NJW-RR 1999, 845.
[16] OLG Düsseldorf v. 25.09.2001 - 24 U 14/01 - juris Rn. 9 - Grundeigentum 2002, 1262-1263.
[17] BGH v. 17.12.1986 - VIII ZR 279/85 - juris Rn. 27 - LM Nr. 24 zu § 536 BGB.
[18] OLG Düsseldorf v. 25.09.2001 - 24 U 14/01 - juris Rn. 12 - Grundeigentum 2002, 1262-1263.

Daneben ordnet Absatz 2 Satz 1 den **Verlust der Rechte** des Mieters auf Minderung gemäß § 536 BGB (vgl. die Kommentierung zu § 536 BGB); Schadensersatz wegen Nichterfüllung gemäß § 536a Abs. 1 BGB (vgl. die Kommentierung zu § 536a BGB) und fristlose Kündigung aus wichtigem Grund ohne Abhilfeverlangen gemäß § 543 Abs. 3 Satz 1 BGB (vgl. die Kommentierung zu § 543 BGB) an. Der Rechtsverlust kann vom Vermieter als Einwendung geltend gemacht werden. Andere Schadensersatzansprüche bleiben von § 536c BGB unberührt. 27

Ein Anspruch des Mieters auf Minderung des Mietzinses wegen Sachmängeln ist ausgeschlossen, wenn eine Mängelrüge gegenüber dem Vermieter unterblieben ist.[19] 28

Ein Verstoß der Anzeigepflicht kann auch zu einem **Mitverschulden** im Sinne von § 254 BGB (vgl. die Kommentierung zu § 254 BGB) führen.[20] 29

E. Abdingbarkeit

Die Regelung in § 536c BGB ist grundsätzlich abdingbar. Eine **Verschärfung** in einer verschuldensunabhängigen Klausel ist dagegen unwirksam. Im Einzelnen hat der BGH[21] folgende Regeln aufgestellt: 30

In einem Formularmietvertrag über Wohnraum ist **unwirksam**: 31
- eine Klausel, in der sich der Vermieter die Bestimmung eines „geeigneten, auch unterschiedlichen Umlegungsmaßstabs" für die Betriebskosten und, „soweit zulässig", die angemessene Abänderung des Verteilungsschlüssels zu Anfang eines neuen Abrechnungszeitraums vorbehält;
- eine Klausel, die dem Vermieter das Recht einräumt, „soweit zulässig", bei einer Erhöhung oder Neueinführung von Betriebskosten oder bei Erhöhung der Kapitalkosten den Mehrbetrag vom Zeitpunkt der Entstehung an umzulegen;
- eine Klausel, die das Halten von Haustieren uneingeschränkt verbietet;
- eine Klausel, die den Mieter verpflichtet, bei Beendigung des Mietverhältnisses Dübeleinsätze und -löcher spurlos zu beseitigen.

Zulässig ist dagegen eine Klausel, 32
- die als deklaratorische Klausel den formularmäßigen Hinweis auf die Schadensersatzpflicht des Mieters bei nicht rechtzeitiger Mängelanzeige auch ohne Hinweis auf die Verschuldensvoraussetzung enthält;
- die formularmäßige Freizeichnung des Vermieters von der Kabelanschlusspflicht bei vorhandenem Breitbandkabelanschluss in Trägerschaft eines Dritten.

F. Prozessuale Hinweise

Soweit § 536c BGB Anspruchsgrundlage für den Schadensersatzanspruch des Vermieters ist, trägt dieser neben den allgemeinen Anspruchsvoraussetzungen die Beweislast für den anzeigepflichtigen Tatbestand und die Kenntnis des Mieters. 33

Gegenüber Gewährleistungsrechten des Mieters gibt § 536c BGB dem Vermieter die Einwendung der unterlassenen Mängelanzeige. Der Vermieter muss dann beweisen, dass der Mangel bei rechtzeitiger Anzeige hätte beseitigt werden können.[22] 34

Will der Mieter seine Gewährleistungsrechte durchsetzen, muss er die Mängelanzeige und deren Zugang beim Vermieter beweisen. Will der Mieter nach § 543 Abs. 3 Satz 1 BGB kündigen, trägt der Vermieter die Beweislast dafür, dass er gerade wegen der unterlassenen oder nicht rechtzeitigen Mängelanzeige eine ursprünglich mögliche Abhilfe nicht schaffen konnte.[23] 35

---

[19] BGH v. 10.08.2010 - VIII ZR 316/09, VIII ZR 50/10 - WuM 2010, 679-680.
[20] BGH v. 04.04.1977 - VIII ZR 143/75 - juris Rn. 45 - BGHZ 68, 281-288.
[21] BGH v. 20.01.1993 - VIII ZR 10/92 - LM AGBG § 9 (Bb) Nr. 35 (7/1993).
[22] LG Kiel v. 16.04.1997 - 5 S 82/96 - juris Rn. 3 - WuM 1998, 282.
[23] BGH v. 17.12.1986 - VIII ZR 279/85 - juris Rn. 34 - LM Nr. 24 zu § 536 BGB.

§ 536d BGB Vertraglicher Ausschluss von Rechten des Mieters wegen eines Mangels

(Fassung vom 02.01.2002, gültig ab 01.01.2002)

Auf eine Vereinbarung, durch die die Rechte des Mieters wegen eines Mangels der Mietsache ausgeschlossen oder beschränkt werden, kann sich der Vermieter nicht berufen, wenn er den Mangel arglistig verschwiegen hat.

Gliederung

A. Grundlagen.. 1	II. Arglistiges Verschweigen von Mängeln 8
I. Kurzcharakteristik...................................... 1	C. Rechtsfolgen... 9
II. Systematik... 2	D. Abdingbarkeit... 11
B. Anwendungsvoraussetzungen 3	E. Prozessuale Hinweise.................................. 12
I. Vertraglicher Gewährleistungsausschluss 3	

A. Grundlagen

I. Kurzcharakteristik

1　Die Vorschrift § 536d BGB gilt für alle Mietverhältnisse und entspricht dem bisherigen § 540 BGB a.F., der für Rechtsmängel über § 541 BGB a.F. anwendbar war, mit einem Unterschied. Die ursprüngliche Regelung versagte einem **vertraglichen Gewährleistungsausschluss** die Wirksamkeit, während sich der Vermieter nach der Neuregelung nicht mehr auf den Ausschluss berufen kann.

II. Systematik

2　Die Regelung in § 536d BGB ist Teil des Mietgewährleistungsrechts und gilt wegen ihrer **systematischen Stellung** im Allgemeinen Mietrecht für alle Mietverhältnisse.

B. Anwendungsvoraussetzungen

I. Vertraglicher Gewährleistungsausschluss

3　Voraussetzung des § 536d BGB ist zunächst eine Vereinbarung zwischen den Parteien eines Mietvertrages über den Ausschluss der Gewährleistung. Eine solche Vereinbarung ist im Rahmen der **Privatautonomie** grundsätzlich möglich (§ 305 BGB; vgl. die Kommentierung zu § 305 BGB). Eine Einschränkung gilt allerdings für den Bereich des Wohnraummietrechts, wo gemäß § 536 Abs. 4 BGB die Minderung nicht ausgeschlossen werden kann.

4　Der **formularmäßige Ausschluss** der Mietminderung kann sich nur auf die Mängel erstrecken, die zur Zeit der Überlassung einer bereits fertig gestellten Mietsache vorhanden waren.[1]

5　In **Gewerbemietverträgen** dürfen Minderungsausschluss und Aufrechnungsverbot formularmäßig vereinbart werden, solange Bereicherungsansprüche des Mieters wegen vorhandener Mängel nicht ausgeschlossen werden.[2]

6　In einem gewerblichen Mietvertrag kann auch ein modifizierter Haftungsausschluss zugunsten des Vermieters derart vereinbart werden, dass der Mieter verpflichtet wird, das Mietobjekt umfassend gegen Schäden zu versichern.[3]

---

[1] OLG Düsseldorf v. 11.03.1982 - 10 U 129/81 - MDR 1982, 850.
[2] OLG Düsseldorf v. 31.05.2005 - I-24 U 12/05, 24 U 12/05- Grundeigentum 2005, 799-801.
[3] OLG Düsseldorf v. 28.07.1994 - 10 U 219/93 - juris Rn. 5 - BB 1994, 2027-2028.

In einem als Mietvertrag zu behandelnden **Leasingvertrag** ist der Gewährleistungsausschluss in den Allgemeinen Geschäftsbedingungen des Leasinggebers dann wirksam, wenn der Leasinggeber seine Gewährleistungsansprüche gegen den Lieferanten auf den Leasingnehmer überträgt.[4]

II. Arglistiges Verschweigen von Mängeln

Der Vermieter muss Mängel, die von dem vertraglichen Gewährleistungsausschluss erfasst werden, arglistig verschwiegen haben (vgl. zu Arglist und Verschweigen die Ausführungen die Kommentierung zu § 536b BGB).

C. Rechtsfolgen

Rechtsfolge des arglistigen Verschweigens von Mängeln durch den Vermieter ist die **Teilunwirksamkeit** des Gewährleistungsausschlusses mit der Folge, dass sich der Vermieter nicht mehr auf diese Klausel berufen kann. Der Vertrag bleibt im Übrigen wirksam.[5]

Das **Zurückbehaltungsrecht** des Mieters besteht neben den Mietminderungsansprüchen auch insoweit, als Gewährleistungsansprüche nach § 539 BGB a.F. ausgeschlossen sind. Es beläuft sich der Höhe nach auf den fünffachen Betrag einer fiktiven Minderungsquote wegen des zu beseitigenden Mangels.[6]

D. Abdingbarkeit

Die Vorschrift ist wegen ihres **Regelungszwecks** nicht abdingbar. Sie ist zugleich Grenze für den Gewährleistungsausschluss des Vermieters, der individualvertraglich möglich ist, soweit der Vermieter den Mangel nicht arglistig verschwiegen hat.[7]

E. Prozessuale Hinweise

Der Vermieter, dem der Arglisteinwand aus § 536d BGB entgegengehalten wird, trägt die **Beweislast** für die Aufklärung des Mieters über den Mangel oder dessen Kenntnis von einem Mangel. Der Mieter, der den Arglisteinwand erhebt, muss die Arglist und das Verschweigen eines Mangels durch den Vermieter beweisen.

---

[4] BGH v. 23.02.1977 - VIII ZR 124/75 - BGHZ 68, 118-127.
[5] BT-Drs. 14/4553, S. 42.
[6] LG Berlin v. 15.03.2002 - 63 S 54/00 - MM 2002, 225-227.
[7] OLG Köln v. 19.01.2001 - 19 U 112/00 - juris Rn. 46 - NJW-RR 2001, 1302-1303.

§ 537 BGB Entrichtung der Miete bei persönlicher Verhinderung des Mieters

(Fassung vom 02.01.2002, gültig ab 01.01.2002)

(1) ¹Der Mieter wird von der Entrichtung der Miete nicht dadurch befreit, dass er durch einen in seiner Person liegenden Grund an der Ausübung seines Gebrauchsrechts gehindert wird. ²Der Vermieter muss sich jedoch den Wert der ersparten Aufwendungen sowie derjenigen Vorteile anrechnen lassen, die er aus einer anderweitigen Verwertung des Gebrauchs erlangt.

(2) Solange der Vermieter infolge der Überlassung des Gebrauchs an einen Dritten außerstande ist, dem Mieter den Gebrauch zu gewähren, ist der Mieter zur Entrichtung der Miete nicht verpflichtet.

Gliederung

A. Grundlagen	1	II. Mietzahlungspflicht (Absatz 1 Satz 1)	7
I. Kurzcharakteristik	1	III. Verrechnungspflicht (Absatz 1 Satz 2)	13
II. Systematik	2	IV. Gebrauchsüberlassung an Dritte (Absatz 2)	20
B. Praktische Bedeutung	3	D. Abdingbarkeit	31
C. Anwendungsvoraussetzungen	6	E. Praktische Hinweise	32
I. Normstruktur	6	F. Prozessuale Hinweise	40

A. Grundlagen

I. Kurzcharakteristik

1   Die Vorschrift des § 537 Abs. 1 Sätze 1, 2 BGB entspricht den bisherigen § 552 Satz 1 BGB, § 552 Satz 2 BGB a.F., und die Bestimmung in § 537 Abs. 2 BGB entspricht dem bisherigen § 552 Satz 3 BGB a.F. ohne inhaltliche Änderungen.

II. Systematik

2   Die Regelung in § 537 BGB gilt wegen ihrer **systematischen Stellung** im 1. Untertitel des Allgemeinen Mietrechts für alle Mietverhältnisse.

B. Praktische Bedeutung

3   Die Regelung in § 537 BGB ist auf alle Mietverhältnisse anwendbar und überträgt bei bestehender Erfüllungsbereitschaft des Vermieters das **Verwendungsrisiko** der Mietsache ab Vertragsschluss auf den Mieter.[1]

4   Durch § 537 BGB wird klargestellt, dass der Mieter die Miete für die **Gebrauchsgewährung** und nicht den tatsächlichen Gebrauch schuldet. Die Vorschrift ist daher auch schon vor Überlassung der Mietsache anwendbar. Bei Unmöglichkeit der Gebrauchsüberlassung aus anderen Gründen greifen die Vorschriften §§ 323-325 BGB.[2]

5   Praktisch relevant wird die Regelung in § 537 BGB bei der Wohn- und Geschäftsraummiete, wenn der Mieter nach fehlgeschlagener Mietaufhebung oder unwirksamer Kündigung den **Besitz** aufgibt oder der Mieter nach Kündigung durch den Vermieter vorzeitig auszieht. Wegen der Kurzfristigkeit von Beherbergungsverträgen ist § 537 BGB auch in diesem Zusammenhang bedeutsam.[3]

---

[1] BGH v. 23.10.1996 - XII ZR 55/95 - juris Rn. 16 - LM AGBG § 9 (Bm) Nr. 26 (2/1997).
[2] OLG Düsseldorf v. 30.07.1992 - 10 U 49/92 - JMBl NW 1993, 30-31.
[3] *Nettesheim*, BB 1986, 547-549.

C. Anwendungsvoraussetzungen

I. Normstruktur

Im **ersten Absatz** enthält § 537 BGB zunächst in Satz 1 die Regelung, dass bei Nichtausübung des Gebrauchs die Mietzahlungspflicht des Mieters fortbesteht. In Satz 2 wird die Verrechnungspflicht des Vermieters für ersparte Aufwendungen und sonstige Vorteile normiert. Im **zweiten Absatz** wird der Mieter von der Mietzahlungspflicht freigestellt, wenn der Vermieter die Mietsache einem Dritten zum Gebrauch überlassen hat.

II. Mietzahlungspflicht (Absatz 1 Satz 1)

Die Verpflichtung des Mieters zur Zahlung der Miete entfällt nicht, wenn der Mieter persönlich verhindert ist, die Mietsache zu gebrauchen. Dieses so genannte **Verwendungsrisiko** trägt der Mieter immer dann, wenn der Grund für den Nichtgebrauch der Mietsache in seinen Risikobereich fällt. Es kommt nicht darauf an, ob der Mieter die Mietsache schon vor Überlassung nicht gebrauchen konnte.[4]

Gewinnerwartungen liegen regelmäßig im Risikobereich des gewerblichen Mieters. Das Ausbleiben erwarteter Gewinne begründet daher auch nicht unter dem Aspekt des **Wegfalls der Geschäftsgrundlage** das Recht des Mieters zur Minderung. In diesen Verantwortungsbereich fällt auch, wenn auf der Grundlage struktureller Marktveränderungen nach Vertragsschluss eine Mietpreisentwicklung einsetzt, die sich negativ auf die Konkurrenzfähigkeit des Mieters auswirkt.[5] Besondere Umstände und spezifische Vertragsgestaltungen können jedoch Ausnahmen hiervon rechtfertigen.[6]

Das Institut des Wegfalls der Geschäftsgrundlage ist auch weder dafür bestimmt noch dazu geeignet, gesetzliche oder vertragliche Risikosphären einseitig zu Lasten einer Partei zu verändern. Damit trägt der Mieter auch dann das Verwendungsrisiko, wenn er bei Abschluss des Mietvertrages einen Agenturvertrag mit einem Festnetzbetreiber A hat und dieser im Laufe der Mietzeit vom Anbieter V, ohne eine Verlängerung des Agenturvertrages mit dem Mieter, übernommen wird. Dies gilt selbst dann, wenn der Vermieter Kenntnis von der Bindung des Mieters hat.[7]

Die Ausfallentschädigung bei Stellung eines Baukrans ist im Rahmen des als Mietvertrag mit Dienstverschaffungselementen zu qualifizierenden Vertragsverhältnisses grundsätzlich nach § 537 BGB zu bemessen. Demgemäß wird der Anspruch der Vermieterin auf Entrichtung der Miete nicht dadurch beeinträchtigt, dass die Mieterin während des vereinbarten Zeitraums aufgrund von Verzögerungen, die auf Seiten ihrer eigenen Auftraggeber eingetreten waren, den angemieteten Kran nebst Bedienungspersonal nicht benötigt hat.[8]

Die **Mietzahlungsverpflichtung** bleibt bestehen trotz Tod und Krankheit[9] des Mieters, Wohnortwechsels infolge beruflicher Veränderung[10] oder vorzeitigen freiwilligen Auszugs[11]. Auch ein Messestand mit zu geringer Fläche[12] und die Stornierung von Hotelzimmern wegen fehlender Interessenten[13] lassen diese Verpflichtung unberührt.

Die vorbehaltlose Zahlung einer Nachforderung aus einer Wasserkostenabrechnung steht einem deklaratorischen Schuldanerkenntnis gleich. Der Mieter ist deshalb mit Einwendungen ausgeschlossen, die er bei sorgfältiger Prüfung der Belege hätte erheben können.[14]

---

[4] BGH v. 14.11.1990 - VIII ZR 13/90 - juris Rn. 19 - LM Nr. 22 zu § 275 BGB.
[5] OLG Düsseldorf v. 17.12.2010 - 24 U 66/10 - Grundeigentum 2011, 1369-1370.
[6] OLG München v. 06.03.1992 - 14 U 502/91 - OLGR München 1992, 65-67.
[7] OLG Düsseldorf v. 30.12.2010 - 24 U 190/10 - MietRB 2011, 343.
[8] OLG Koblenz v. 06.07.2007 - 10 U 1476/06 - juris Rn. 31 - BauR 2007, 2116.
[9] OLG Düsseldorf v. 06.06.2000 - 24 U 186/99 - juris Rn. 3 - MDR 2001, 83.
[10] LG Gießen v. 30.11.1994 - 1 S 413/94 - juris Rn. 3 - NJW-RR 1995, 395.
[11] OLG Hamm v. 22.08.1995 - 30 REMiet 1/95 - NJW-RR 1995, 1478-1479.
[12] OLG Frankfurt v. 13.11.1979 - 5 U 14/79 - MDR 1981, 231.
[13] OLG Köln v. 18.10.1991 - 19 U 79/91 - NJW-RR 1992, 443.
[14] KG Berlin v. 23.10.2003 - 8 U 15/03 - KGR Berlin 2004, 47.

III. Verrechnungspflicht (Absatz 1 Satz 2)

13 Der Vermieter soll aus der Situation des Mieters bei persönlicher Verhinderung **keine Vorteile** ziehen. Deshalb ordnet § 537 Abs. 1 Satz 2 BGB an, dass der Vermieter sich ersparte Aufwendungen und sonstige Vorteile aus einer anderweitigen Verwendung der Mietsache von seinem Anspruch auf die Miete abziehen lassen muss. Dabei kommt es auf das tatsächlich Ersparte und nicht auf das abstrakte Einsparpotential an.[15]

14 Der Vermieter muss sich bei Geltendmachung seines Anspruchs auf Mietzahlung gegenüber dem ausgezogenen Mieter im Falle der **Weitervermietung** an einen Dritten dessen Mietzahlung anrechnen lassen. Dabei sind jedoch Hindernisse bei der Durchsetzung des Anspruchs gegen den Dritten etwa wegen dessen Bonität oder aus anderen Gründen, nicht aber der lediglich unbekannte Aufenthalt des Dritten zu berücksichtigen.[16]

15 Der Vermieter ist zu einer anderweitigen Verwendung schon wegen des Erfüllungsanspruchs des Mieters aus § 535 BGB auch nicht unter dem Aspekt der allgemeinen **Schadensminderungspflicht** aus § 254 BGB verpflichtet.[17] Eine andere Auffassung vertritt neuerdings das LG Braunschweig, das eine Schadensminderung nach Treu und Glauben bejaht und eine Verpflichtung des Vermieters zur Weitervermietung bei vorzeitigem Auszug des Mieters annimmt.[18]

16 Entfallen **Instandhaltungs- und Wartungsarbeiten** des Vermieters, so muss er sich die ersparten Aufwendungen anrechnen lassen.[19]

17 Nimmt der Vermieter nach Auszug des Mieters, aber noch vor Vertragsbeendigung grundlegende **Sanierungen** in der Wohnung vor, so liegt eine anzurechnende Eigennutzung vor.[20]

18 Wird ein angemietetes **Hotelzimmer** nicht in Anspruch genommen, muss sich der Hotelier seine verminderten Kosten anrechnen lassen, wobei ein 20%iger Abzug üblich ist.[21]

19 Ist der Mieter ohne Rücksicht auf den weiter bestehenden Mietvertrag **vorzeitig ausgezogen** und hat er keine Miete mehr bezahlt, muss sich der Vermieter nur die Vorteile anrechnen lassen, die er durch die Weitervermietung erlangt hat. Der Mieter kann sich nicht darauf berufen, der Vermieter sei zu einer Weitervermietung nicht in der Lage gewesen, wenn dieser zur Ermöglichung einer etwaigen Weitervermietung – wie hier – kleinere Umbauarbeiten (Austausch eine Schiebeelements an der Schaufensterfront des Lokals, Arbeiten an der Jalousieanlage) durchführen lässt und die Stromversorgung wegen des Auszugs der Mieterin auf sich umgemeldet hat.[22]

IV. Gebrauchsüberlassung an Dritte (Absatz 2)

20 Der Mieter wird gemäß § 537 Abs. 2 BGB von der Mietzahlungspflicht frei, wenn der Vermieter die Mietsache einem Dritten zum Gebrauch überlässt und die Mietsache deshalb nicht mehr vom Mieter gebraucht werden kann. Klassischer Fall ist der der **Weitervermietung**. Der Vermieter behält aber den Anspruch auf die Differenzmiete, wenn er bei der Weitervermietung nur eine geringere Miete erzielt.[23]

21 Trotz fehlender **Erfüllungsbereitschaft** des Vermieters kann sich der Mieter nicht auf § 537 BGB berufen, wenn er sich selbst vertragswidrig verhält. Das ist etwa der Fall, wenn er die Mietsache nicht übernimmt oder auszieht und keine Miete mehr zahlt. Die Befreiung von der Mietzahlungspflicht dauert nur so lange, wie der Vermieter die Mietsache dem Mieter vorenthält. Im Einzelnen:

---

[15] LG Kassel v. 09.03.1989 - 1 S 418/88 - WuM 1989, 410.
[16] LG Berlin v. 19.07.2002 - 63 S 233/01 - Grundeigentum 2002, 1269.
[17] BGH v. 24.09.1980 - VIII ZR 299/79 - juris Rn. 46 - LM Nr. 43 zu § 133 (C) BGB; LG Gießen v. 30.11.1994 - 1 S 413/94 - juris Rn. 6 - NJW-RR 1995, 395.
[18] LG Braunschweig v. 24.01.1997 - 6 S 225/96 - juris Rn. 3 - WuM 1998, 220.
[19] OLG Düsseldorf v. 11.07.1985 - 10 U 19/85 - OLGZ 1986, 65-67.
[20] LG Gießen v. 14.06.1995 - 1 S 53/95 - NJW-RR 1996, 264.
[21] OLG Düsseldorf v. 02.05.1991 - 10 U 191/90 - NJW-RR 1991, 1143-114.
[22] OLG Düsseldorf v. 04.11.2004 - I-10 U 36/04, 10 U 36/04 - Grundeigentum 2005, 299-300.
[23] BGH v. 31.03.1993 - XII ZR 198/91 - BGHZ 122, 163-171.

Eine **Vorenthaltung** des Mietgebrauchs durch den Vermieter liegt in dem Austausch der Schlösser, wozu dieser auch bei Zahlungsverzug des Mieters nicht berechtigt ist.[24]

Durch den **Austausch der Türschlösser** seitens des Vermieters erklärt dieser konkludent seine Zustimmung zu einer rechtsunwirksamen Kündigung des Mieters und befreit diesen dadurch von seiner Verpflichtung zur Zahlung des Mietzinses.[25]

Ein Mietzahlungsanspruch steht dem Vermieter auch dann nicht zu, wenn er dem Mieter den Zugang zum Mietobjekt nach dessen **vorzeitigem Auszug** verwehrt.[26]

Keine Mietzahlungspflicht besteht für den Mieter, der vor Ablauf der Mietzeit auszieht, wenn der Vermieter nach seinem Auszug zum Zwecke der Erzielung eines höheren Mietzinses bei der **Neuvermietung** die Wohnung umfassend in Stand setzt.[27]

Die **bloße Anwesenheit** eines Dritten ohne Überlassung zum Gebrauch beseitigt die Mietzahlungspflicht des vorzeitig ausgezogenen Mieters nicht.[28]

Bezieht der Mieter trotz bestehenden Mietvertrages nicht das Mietobjekt und verweigert seine Mietzahlung, so muss sich der Vermieter, der aufgrund der Weigerung des Mieters das Mietobjekt weitervermietet, nur den **erzielten Erlös** anrechnen lassen. Auf die fehlende Möglichkeit des Vermieters, ihm den Gebrauch der Mietsache zur Verfügung zu stellen, kann sich der Mieter dann nicht (mehr) berufen.[29]

Der Vermieter muss sich gegenüber der Mietzinszahlungspflicht des Mieters auch eine **Vertragsstrafe** als Vorteil anrechnen lassen, die er wegen vorzeitiger Vertragsbeendigung von einem Dritten erhält, an den er das Mietobjekt weitervermietet hat.[30]

Nimmt der Mieter an, er sei zur Kündigung berechtigt[31] oder der Vertrag sei beendet[32], so steht dem Vermieter der Anspruch auf die Miete nicht zu, wenn er nach dem vorzeitigen Auszug des Mieters von der Möglichkeit der Weitervermietung Gebrauch gemacht hat. In der irrigen **Annahme** des Mieters liegt kein grober Vertragsbruch.

Der Mieter eines langfristigen Mietvertrages, der sich im Interesse der Schadensminderung mit der **Weitervermietung** durch den Vermieter einverstanden erklärt hat, wird von der Verpflichtung zur Entrichtung der Differenzmiete auch dann nicht frei, wenn der Vermieter das Mietobjekt dem Nachmieter überlassen hat.[33]

D. Abdingbarkeit

Die Regelung in § 537 BGB kann grundsätzlich abbedungen werden. Ein formularmäßiger Ausschluss von § 537 BGB verstößt jedoch gegen § 9 Abs. 2 Nr. 1 AGBG (jetzt § 307 Abs. 2 Nr. 1 BGB; vgl. die Kommentierung zu § 307 BGB).

E. Praktische Hinweise

Insbesondere in langfristigen **Geschäftsraummietverträgen** empfiehlt sich die Aufnahme einer Bestimmung, wonach der Mieter aus dem Vertrag vorzeitig ausscheiden kann, wenn er einen vergleichbaren Ersatzmieter stellt.[34]

---

[24] OLG Düsseldorf v. 10.11.1994 - 10 U 26/94 - DWW 1998, 342.
[25] AG Köln v. 22.08.1985 - 216 C 401/84 - WuM 1986, 92.
[26] AG Langenfeld v. 05.12.1986 - 23 C 523/86 - WuM 1988, 159.
[27] LG Düsseldorf v. 26.03.1998 - 21 S 491/97 - DWW 1999, 156-158.
[28] KG Berlin v. 11.06.1998 - 8 RE-Miet 8688/96 - NJW-RR 1998, 1383-1384.
[29] BGH v. 22.12.1999 - XII ZR 339/97 - juris Rn. 25 - LM BGB § 552 Nr. 7 (7/2000).
[30] KG Berlin v. 25.01.1999 - 8 U 2822/97 - Grundeigentum 1999, 569-570.
[31] KG Berlin v. 16.09.1996 - 8 RE Miet 2891/96 - NJW-RR 1997, 333-334.
[32] LG Mainz v. 28.03.2000 - 6 S 316/98 - NZM 2000, 714-715.
[33] OLG Karlsruhe v. 28.10.2004 - 9 U 110/04 - Grundeigentum 2005, 183.
[34] *Kandelhard*, BB 1995, 2596-2604.

33 Eine solche **Ersatzmieterklausel** ist wie auch der Abschluss eines Ersatzmietvertrages grundsätzlich wirksam.[35]

34 Zum Abschluss eines Ersatzmietvertrages ist der Vermieter ohne entsprechende Vereinbarung jedoch grundsätzlich nicht verpflichtet. Das gilt auch dann, wenn der Mieter einen vergleichbaren Ersatzmieter stellt, gegen den der Vermieter sachlich nichts einwenden kann (vgl. die Kommentierung zu § 542 BGB).[36]

35 Der Vermieter darf bei der Ablehnung von Ersatzmietern nicht gegen Treu und Glauben gemäß § 242 BGB verstoßen.[37] Dies ist der Fall bei grundloser Ablehnung des Ersatzmieters, unberechtigten Anforderungen an den Ersatzmieter, Ablehnung wegen ausländischer Staatsangehörigkeit oder bei genereller grundloser Ablehnung.[38]

36 Der Mieter kann im Einzelfall auch einen Anspruch auf **Übertragung des Mietvertrages** haben, wobei dazu ein dreiseitiges Vertragsverhältnis unter Beteiligung von Vermieter, Mieter und Ersatzmieter erforderlich ist.[39]

37 Bei Mietverhältnissen über **Wohnraum** wird zugunsten des Mieters in Fällen einer besonderen Härte auch ohne Vereinbarung einer Ersatzmieterklausel die Beendigung oder Übertragung des Mietverhältnisses für zulässig gehalten. Insbesondere bei unverschuldeter Arbeitslosigkeit[40] oder bei schwerer Krankheit, beruflicher Versetzung oder Familienzuwachs[41] muss der Vermieter den Mieter freistellen, wenn dieser einen geeigneten und vergleichbar solventen zumutbaren Mieter stellt, der zu denselben Konditionen mieten will.[42]

38 Bei **gewerblichen Mietverhältnissen** sind die Anforderungen an den Ersatzmieter höher.[43]

39 Steht kein Ersatzmieter zur Verfügung oder darf der Vermieter den Ersatzmieter berechtigt ablehnen, bleibt dem Mieter noch die Möglichkeit der Gebrauchsüberlassung an Dritte oder Untervermietung gemäß § 540 BGB.

F. Prozessuale Hinweise

40 Der Vermieter trägt die **Beweislast** für seine Erfüllungsbereitschaft.[44]

41 Der Mieter trägt die **Beweislast** für die Umstände, die ihn von der Zahlungspflicht befreien sollen; also insbesondere die Gebrauchsüberlassung an Dritte[45] und für die ersparten Aufwendungen des Vermieters etwa durch Weitervermietung oder die Möglichkeit der anderweitigen Vermietung.[46]

42 Der Mieter trägt auch die Beweislast für eine Aufklärungspflichtverletzung des Vermieters.[47]

43 Will der Sozialhilfeträger eine **Mietkaution** durch Abgabe einer Verpflichtungserklärung übernehmen und den damit sozialhilferechtlichen Bedarf decken, so ist für daraus resultierende Rechtsstreitigkeiten der Verwaltungsweg eröffnet.[48]

---

[35] BGH v. 03.12.1997 - XII ZR 6/96 - juris Rn. 16 - BGHZ 137, 255-266.
[36] OLG Hamburg v. 18.02.1987 - 4 U 22/87 - NJW-RR 1987, 657-658; vgl. auch LG Landau (Pfalz) v. 14.01.1997 - 1 S 245/96 - ZMR 1997, 189-191.
[37] OLG München v. 18.11.1994 - 21 U 3072/94 - NJW-RR 1995, 393-394.
[38] LG Berlin v. 20.07.1999 - 64 S 112/99 - Grundeigentum 1999, 1052.
[39] OLG München v. 08.09.1995 - 21 U 6375/94 - ZMR 1995, 579-582.
[40] LG Berlin v. 20.07.1999 - 64 S 112/99 - Grundeigentum 1999, 1052.
[41] LG Braunschweig v. 14.07.1998 - 6 T 86/98 - DWW 2000, 56-59.
[42] LG Bremen v. 01.02.2001 - 2 S 405/00 - ZMR 2001, 545-546.
[43] *Heile*, ZMR 1990, 249-254.
[44] OLG Oldenburg v. 10.11.1980 - 5 UH 11/80 - juris Rn. 10 - OLGZ 1981, 202-204.
[45] KG Berlin v. 11.06.1998 - 8 RE-Miet 8688/96 - NJW-RR 1998, 1383-1384.
[46] OLG Köln v. 18.10.1991 - 19 U 79/91 - NJW-RR 1992, 443.
[47] OLG Düsseldorf v. 14.12.2006 - I-10 U 74/06, I-10 U 117/06, 10 U 74/06, 10 U 117/06 - juris Rn. 14 - OLGR Düsseldorf 2007, 233-234.
[48] VG Lüneburg v. 24.08.2004 - 4 A 398/02 - NVwZ-RR 2005, 293-294.

§ 538 BGB Abnutzung der Mietsache durch vertragsgemäßen Gebrauch

(Fassung vom 02.01.2002, gültig ab 01.01.2002)

Veränderungen oder Verschlechterungen der Mietsache, die durch den vertragsgemäßen Gebrauch herbeigeführt werden, hat der Mieter nicht zu vertreten.

Gliederung

A. Grundlagen...	1	2. Verantwortungsbereich des Vermieters...........	13
I. Kurzcharakteristik...................................	1	3. Verantwortungsbereich des Mieters	16
II. Verhältnis zu anderen Vorschriften	2	IV. Entlastungsmöglichkeiten.......................	18
B. Praktische Bedeutung..........................	3	1. Entlastungsbeweis des Vermieters................	18
C. Anwendungsvoraussetzungen.................	6	2. Entlastungsbeweis des Mieters...................	22
I. Normstruktur...	6	D. Einzelfälle...	28
II. Vertragsgemäßer Gebrauch......................	7	E. Abdingbarkeit	55
III. Vertragswidriger Gebrauch	9	F. Rechtsfolgen...	57
1. Definition...	9		

A. Grundlagen

I. Kurzcharakteristik

Die Vorschrift § 538 BGB gilt wegen ihrer systematischen Stellung für alle Mietverhältnisse und entspricht dem früheren § 548 BGB a.F. Die geringfügigen **Änderungen** im Wortlaut haben keine inhaltliche Bedeutung. Gemäß § 581 Abs. 2 BGB (vgl. die Kommentierung zu § 581 BGB) gilt die Vorschrift § 538 BGB auch für Pachtverträge.   1

II. Verhältnis zu anderen Vorschriften

Vor der Übergabe der Mietsache richten sich die Rechte des Vermieters gegen den Mieter bei Abnutzung nach den Bestimmungen des allgemeinen Leistungsstörungsrechts und des Rechts der unerlaubten Handlung. **Nach Übergabe** der Mietsache privilegiert § 538 BGB den Mieter gegenüber diesen Haftungstatbeständen.[1]   2

B. Praktische Bedeutung

Die Regelung des § 538 BGB schließt als **rechtsgestaltende Norm** das Vertretenmüssen des Mieters für Abnutzungen der Mietsache durch vertragsgemäßen Gebrauch aus. Dies ist folgerichtig, denn der Mieter erwirbt durch den Mietvertrag das Recht zum vertragsgemäßen Gebrauch der Mietsache und der Vermieter erhält die Miete als Gegenleistung für die Gebrauchsgewährung und den damit verbundenen Wertverlust.   3

Die Norm ergänzt die Regelung in § 535 Abs. 1 Satz 2 BGB, wonach der Vermieter die Mietsache in einem **vertragskonformen Zustand** zu erhalten hat. Einen mietrechtlichen Anspruch auf Wiederherstellung des ursprünglichen Zustandes der Mietsache vor ihrer Abnutzung durch den vertragskonformen Gebrauch des Mieters gibt es nicht. Der Vermieter müsste also nach § 280 BGB (vgl. die Kommentierung zu § 280 BGB) vorgehen, der jedoch Vertretenmüssen des Schuldners (Mieters) voraussetzt.   4

In der Praxis häufig ist daher die **vertragliche Abbedingung** des § 538 BGB, insbesondere in Geschäftsraummietverhältnissen. Es kommt dann sowohl auf die Wirksamkeit abweichender Vereinbarungen als auch auf die Tragweite des Begriffs „vertragsgemäßer Gebrauch" an.   5

---

[1] BGH v. 28.11.1979 - VIII ZR 302/78 - juris Rn. 55 - LM Nr. 26 zu § 537 BGB.

C. Anwendungsvoraussetzungen

I. Normstruktur

6 Die Vorschrift § 538 BGB setzt eine **Abnutzung der Mietsache** voraus. Hierunter fallen sämtliche Veränderungen und Verschlechterungen der Mietsache, die kausal durch den vertragsgemäßen Gebrauch des Mieters herbeigeführt worden sind. Der vertragsgemäße Gebrauch ist vom vertragswidrigen Gebrauch abzugrenzen.

II. Vertragsgemäßer Gebrauch

7 Der Mieter hat Abnutzungen der Mietsache nur bei vertragsgemäßem Gebrauch nicht zu vertreten. Der vertragsgemäße Gebrauch kann auch bewusste Veränderungen der Mietsache erfassen, soweit sie mit Zustimmung des Vermieters erfolgt sind. Den Mieter treffen bei vertragsgemäßem Gebrauch daher weder Renovierungs-, Instandsetzungs- noch Schadensersatzpflichten.

8 So wurde beispielsweise die gewöhnliche Abnutzung des **Parketts** im Eingangsbereich einer Wohnung als vertragsgemäße Abnutzung angesehen.[2]

III. Vertragswidriger Gebrauch

1. Definition

9 Für vertragswidrige Abnutzungen haftet der Mieter dagegen verschuldensabhängig nach den Vorschriften des allgemeinen Leistungsstörungsrechts oder wegen unerlaubter Handlung.

10 Für die Abgrenzung des vertragsgemäßen vom vertragswidrigen Gebrauch kommt es entscheidend auf die **Beweislastverteilung** an. Dabei differenziert die Rechtsprechung grundsätzlich nach den Verantwortungsbereichen von Vermieter und Mieter.[3]

11 In den Fällen der ungeklärten Schadensursachen ist diese aus dem früheren § 548 BGB hergeleitete Beweislastverteilung nach Verantwortungsbereichen entsprechend anzuwenden, wobei die vertragsspezifischen Obhutspflichten des Mieters zugrunde gelegt werden.[4]

12 Dies wurde vom LG Berlin in seiner noch zu § 535 Satz 2 BGB a.F. ergangenen Entscheidung bestätigt. Danach trägt der Vermieter die Beweislast dafür, dass die Schadensursache im Verantwortungsbereich des Mieters liegt beziehungsweise die Schadensursache nicht im Verantwortungsbereich des Vermieters selbst lag.[5]

2. Verantwortungsbereich des Vermieters

13 Der Vermieter muss also beweisen, dass sich die Mietsache durch den vertragsgemäßen Gebrauch des Mieters verschlechtert hat. Dazu muss er den **Zustand der Mietsache** zu Beginn der Mietzeit und zum Zeitpunkt der Geltendmachung präzise darlegen.[6]

14 An die Darlegung und den Beweis des Zustandes der Mietsache stellt die Rechtsprechung **strenge Anforderungen**. Wertende Darstellungen, wie z.B. „vertragswidrig", genügen ebenso wenig wie Formeln ohne konkrete Zustandsbeschreibung, etwa „kaputt", oder sinnlose Worthülsen wie „schlecht".[7]

15 Um den Zustand der Mietsache zu Beginn des Mietgebrauchs beweissicher festzulegen, wird in der Praxis häufig ein **Übergabeprotokoll** vereinbart. Bestätigt der Mieter darin einen bestimmten Zustand der Mietsache zum Zeitpunkt des Mietbeginns, so kann sich der Vermieter hierauf berufen. Eine Verpflichtung zur Unterzeichnung eines solchen Protokolls besteht jedoch grundsätzlich nicht.[8]

---

[2] OLG Düsseldorf v. 16.10.2003 - 10 U 46/03 - juris Rn. 30 - WuM 2003, 621-624.
[3] BGH v. 01.03.2000 - XII ZR 272/97 - NJW 2000, 2344-2346.
[4] BGH v. 18.05.1994 - XII ZR 188/92 - juris Rn. 10 - BGHZ 126, 124-131.
[5] LG Berlin v. 18.11.2002 - 67 S 147/02 - Grundeigentum 2003, 253-254.
[6] OLG Hamm v. 15.04.1988 - 30 U 192/87 - ZMR 1988, 300-302.
[7] LG Berlin v. 01.07.1994 - 64 S 30/94 - Grundeigentum 1994, 1119-1121.
[8] BGH v. 10.11.1982 - VIII ZR 252/81 - juris Rn. 32 - BGHZ 85, 267-274.

3. Verantwortungsbereich des Mieters

Der Vermieter kann Schäden an der Mietsache nur dann vom Mieter ersetzt verlangen, wenn diese in den **Pflichtenkreis** des Mieters fallen und über den vertragsgemäßen Gebrauch der Mietsache hinausgehen. In diesen Fällen des vertragswidrigen Gebrauchs hat der Vermieter die Rechte aus den §§ 541, 543 BGB.

Der Vermieter hat dagegen keinen Anspruch auf Schadensersatz gegen den Mieter, wenn der Schaden seine Ursache im Pflichtenkreis des Vermieters hat. Zum Pflichtenkreis des Vermieters gehören Schäden, die durch Mängel, Alterung oder Verschleiß entstanden sind. Bei Schäden wegen unterlassener Instandhaltung kommt es darauf an, ob die Instandhaltungspflicht beim Vermieter lag oder vertraglich auf den Mieter abgewälzt wurde.

IV. Entlastungsmöglichkeiten

1. Entlastungsbeweis des Vermieters

Ist streitig, ob die Mietsache infolge des Mietgebrauchs beschädigt wurde, trägt der Vermieter die **Beweislast** dafür, dass die Schadensursache dem Verantwortungsbereich des Mieters zuzuordnen ist. Eine in seinen eigenen Verantwortungsbereich fallende Ursache, insbesondere der ihm zuzurechnende Zustand der Mietsache, muss der Vermieter ausräumen.[9] Ebenso muss der Vermieter, wenn es darauf ankommt, beweisen, dass die Mietsache bei Übergabe in einem ordnungsgemäßen Zustand zur Verfügung gestellt wurde.[10]

Will im Falle eines Brandschadens die Feuerversicherung beim Mieter für die an den Vermieter geleisteten Zahlungen Regress nehmen, so trifft sie die Beweislast, die ohne Forderungsübergang den Vermieter treffen würde. Dabei kann ihr ein **Anscheinsbeweis** zugutekommen, aber nur bei typischen Geschehensabläufen, die nach allgemeiner Lebenserfahrung den Schluss auf einen bestimmten Ursachenverlauf zulassen.[11]

Dem Gebäudeversicherer des Vermieters, dem der Regress nach einer leicht fahrlässigen Brandverursachung gegen den Mieter verwehrt ist, steht gegen den Haftpflichtversicherer des Mieters auch dann ein Ausgleichsanspruch zu, wenn der Rückgriff ausgeschlossen ist. Der Gebäudeversicherer trägt jedoch die Darlegungs- und Beweislast auch für das Vorliegen lediglich einfacher Fahrlässigkeit des Mieters. Hierbei ist ausreichend, wenn der Gebäudeversicherer einen Sachverhalt vorträgt, der den Schluss auf einen solchen Verschuldensgrad zulässt. Es verbleibt jedoch bei der Beweislast des Vermieters für ein Mieterverschulden, sofern die genaue Brandentstehung nicht aufklärbar ist. Die Regelung der besonderen mietrechtlichen Beweislastverteilung ist im Verhältnis der Versicherer untereinander nicht einschlägig.[12]

Dem Gebäudeversicherer des Hauseigentümers steht ein auf ihn übergegangener Anspruch gegen den Mieter aus Verletzung des Mietvertrags und unerlaubter Handlung nur dann zu, wenn dieser den hier schadenverursachenden Brand grob fahrlässig verursacht hat. Den Gebäudeversicherer trifft im Regressprozess jedoch die Darlegungs- und Beweislast für die grobe Fahrlässigkeit des Mieters.[13]

2. Entlastungsbeweis des Mieters

Der Mieter kann sich gegenüber dem Vorwurf des Vermieters, die Mietsache vertragswidrig gebraucht zu haben, durch den Beweis des **vertragsgemäßen Gebrauchs** entlasten. Dieser Entlastungsbeweis des Mieters ist immer dann Erfolg versprechend, wenn der Vermieter die gesetzliche Risikoverteilung nicht unter Abbedingung von § 538 BGB auf den Mieter abgewälzt hat.

---

[9] BGH v. 18.05.1994 - XII ZR 188/92 - juris Rn. 13 - BGHZ 126, 124-131.
[10] OLG Düsseldorf v. 09.12.2010 - 10 U 66/10 - GuT 2010, 344-346.
[11] OLG Düsseldorf v. 16.04.2002 - 24 U 137/01 - juris Rn. 17 - WuM 2002, 489-491.
[12] OLG Bamberg v. 08.10.2009 - 1 U 34/09 - OLGR Bamberg 2009, 806-808.
[13] OLG Düsseldorf v. 10.12.2009 - I-10 U 88/09, 10 U 88/09 - Grundeigentum 2010, 121-122.

§ 538

23 Steht fest, dass der Schaden in den **Obhutsbereich** des Mieters fällt, muss dieser sich exkulpieren, um einer Haftung zu entgehen. Dazu gehört etwa, dass er die fehlerfreie Installation und Betrieb von technischen Anlagen beweisen muss.[14]

24 Steht fest, dass die Verschlechterung durch den **Mietgebrauch** verursacht wurde, so kann der Mieter sich dadurch entlasten, dass er darlegt, er habe die Verschlechterung nicht zu vertreten.[15]

25 **Umfang und Inhalt** des vertragsgemäßen Gebrauchs ergeben sich aus dem Vertragsinhalt und dem Vertragszweck. Bei der Geschäftsraummiete kann sich die vertragswidrige Verwendung etwa aus der vertraglich festgelegten Art des Geschäftsbetriebes ergeben.[16]

26 Daher dürfen als Wohnung vermietete Räume grundsätzlich nicht gewerblich genutzt werden.[17]

27 Vertragsgemäß ist dagegen eine Veränderung an der Mietsache, die der Mieter mit Zustimmung des Vermieters vorgenommen hat. Für **zufällige Schäden** oder solche aufgrund höherer Gewalt haftet der Mieter nicht. Dies betrifft etwa den Fall, dass ein neuwertiges technisches Gerät ohne jedes vorherige Anzeichen eines Fehlers einen Brand verursacht hat.[18]

D. Einzelfälle

28 Ob der vertragsgemäße Gebrauch des **Balkons** der Mietwohnung das bloße Aufstellen einer Satellitenschüssel umfasst, hängt davon ab, dass sie in der Art ihrer Nutzung nicht störend ist und keine Substanzverletzung oder eine nachteilige Veränderung der Mietsache darstellt, und muss im Wege einer hier notwendigen Interessenabwägung ermittelt werden. Hierbei hat der Mieter darzulegen, dass sein Informationsinteresse das schützenswerte Interesse der Vermieterin an der Entfernung einer nicht vertragsgerechten Antennenanlage überwiegt.[19]

29 Der Mieter kann nicht dazu verpflichtet werden, uneingeschränkt für von seinen Besuchern verursachte Schäden zu haften, da diese Haftung auch ungebetene **Besucher** erfasst.[20] Der Mieter muss aber für Schäden von Personen einstehen, die auf seine Veranlassung mit der Mietsache in Kontakt gekommen sind.[21]

30 Der Mieter muss dagegen nicht für Schäden an der Mietsache aufkommen, die in den Verantwortungsbereich anderer Mieter oder **Dritter** fallen. Entsprechende Ursachen muss der Vermieter bei einem Schadensersatzanspruch ausschließen.[22]

31 Haben die Parteien die Installation einer **CB-Funkanlage** im Mietvertrag nicht vereinbart, gehört das Betreiben einer solchen Anlage unter Inanspruchnahme des Hausdaches zum Aufstellen einer Antenne nicht zum vertragsgemäßen Gebrauch einer Wohnung. Vorübergehende stillschweigende Duldung einer CB-Anlage schafft keinen Vertrauensschutz. Der Vermieter hat einen Anspruch auf Entfernung der am ungenehmigten CB-Sendemast angebrachten Satellitenschüssel auf dem Hausdach, selbst wenn die ausländische Ehefrau des Mieters ein Informationsbedürfnis hinsichtlich des Empfang von Fernsehsendern aus ihrem Heimatland hat.[23]

32 Der vertragswidrige Gebrauch der Mietsache durch den Mieter besteht nicht in der Anbringung und Vorhaltung einer **Satellitenempfangsanlage**. Allerdings lag in dem der Entscheidung zugrundeliegenden Fall der vertragswidrige Gebrauch des Mieters darin, dass er eine Zuleitung zu der Satellitenemp-

---

[14] BGH v. 26.11.1997 - XII ZR 28/96 - LM BGB § 542 Nr. 20 (8/1998).
[15] BGH v. 14.04.1976 - VIII ZR 288/74 - BGHZ 66, 349-354.
[16] OLG München v. 26.01.2001 - 21 U 3595/94 - juris Rn. 88 - OLGR München 2001, 63-64.
[17] LG Schwerin v. 04.08.1995 - 6 S 96/94 - NJW-RR 1996, 1223-1224.
[18] OLG Köln v. 22.06.1988 - 13 U 24/88 - NJW-RR 1989, 597-598.
[19] AG Lörrach v. 29.09.2004 - 3 C 72/04 - WuM 2004, 658-659.
[20] AG Köln v. 07.03.1991 - 215 (216) C 288/90 - WuM 1992, 118-119.
[21] BGH v. 15.05.1991 - VIII ZR 38/90 - juris Rn. 46 - LM Nr. 4 zu § 9 (Ca) AGBG.
[22] OLG Karlsruhe v. 09.08.1984 - 3 REMiet 6/84 - NJW 1985, 142-143.
[23] AG Berlin-Köpenick v. 18.05.2004 - 5 C 74/04 - Grundeigentum 2004, 1595.

fangsanlage des Nachbarn gelegt hatte. Mit Entfernung dieser Zuleitung ist der vertragswidrige Gebrauch der Mietsache durch den Mieter beendet.[24]

Im **Diebstahl** eines geleasten Kfz verwirklicht sich nicht das Gebrauchsrisiko des Mieters.[25] 33

Enthält eine Vertragsbestimmung eine pauschale Reparaturverpflichtung für Schäden an **Fensterscheiben**, so ist diese unwirksam.[26] 34

Kosten der **Gartenpflege** als umlagefähige Betriebskosten entstehen dem Mieter für nicht periodische Maßnahmen zur Unterhaltung einer Gartenfläche nicht. Bei einem Baumschnitt nach 12 Jahren hat der Vermieter für die Kosten aufzukommen, da es sich um Instandsetzungskosten handelt und nicht um Maßnahmen der Gartenpflege, deren Kosten vom Mieter zu tragen sind.[27] 35

Wenn streitig ist, ob vermietete Räume infolge Mietgebrauchs beschädigt sind, trägt der Vermieter die Beweislast dafür, dass die Schadensursache nicht aus dem Verhalten eines Dritten herrührt, für den der Mieter nicht (nach § 278 BGB) haftet. Da eine ergänzende Auslegung des Gebäudeversicherungsvertrags des Vermieters einen konkludenten Regressverzicht des Versicherers für die Fälle ergibt, in denen der Wohnungsmieter einen Leitungswasserschaden durch einfache Fahrlässigkeit verursacht hat, kann in der mietvertraglichen Verpflichtung des Wohnungsmieters, die anteiligen Kosten der **Gebäudeversicherung** zu zahlen, keine stillschweigende Beschränkung seiner Haftung für die Verursachung von Leitungswasserschäden auf Vorsatz und grobe Fahrlässigkeit gesehen werden. Der Vermieter ist jedoch verpflichtet, den Gebäudeversicherer und nicht den Mieter auf Schadensausgleich in Anspruch zu nehmen, wenn ein Versicherungsfall vorliegt, ein Regress des Versicherers gegen den Mieter ausgeschlossen ist und der Vermieter nicht ausnahmsweise ein besonderes Interesse an einem Schadensausgleich durch den Mieter hat.[28] 36

Auch aus der Art des Schadens kann sich ergeben, ob die Schadensursache im Mietgebrauch lag. Dies gilt für typische **Gebrauchsspuren**, aber auch für Brandschäden, wenn der Brand durch ein elektrisches Gerät verursacht wurde, welches der Mieter in den gemieteten Raum gebracht hat.[29] 37

Der Mieter von **Gewerberäumen** kann zur Übernahme sämtlicher Reparaturen verpflichtet werden, wenn die Schäden dem Mietgebrauch und dem Risikobereich des Mieters zuzuordnen sind.[30] 38

Umstritten ist die Behandlung von Klauseln, die den Mieter nach Beendigung des Mietgebrauchs zu bestimmten **Instandhaltungsarbeiten**, beispielsweise Reinigung der Teppichböden oder Abschleifen des Parkettfußbodens, verpflichten, da solche Klauseln den Mieter auch dann verpflichten, wenn die entsprechende Arbeit eigentlich wegen Kürze der Mietzeit überflüssig wäre.[31] 39

Eine Stadt haftet nicht als Hauptmieterin auf Ersatz eines Schadens, welcher durch unrechtmäßige Manipulation unbekannter Dritter an den Öltanks in dem als Übergangsheim für Spätaussiedler genutzten Mietobjekt durch ausgelaufenes Öl entstanden ist. Der eingetretene Schaden ist durch rechtswidriges und vorsätzliches Verhalten dritter Personen verursacht worden. Es hat sich kein „im Gebrauch" der Mietsache liegendes Risiko verwirklicht, so dass der Vermieter nicht nur sich zu entlasten hat (dass die Schadensursache nicht aus seinem Verantwortungs- und Pflichtenkreis entstammt), sondern auch die **Kausalität** einer Pflichtverletzung, die die Stadt als Hauptmieterin des Objekts zu vertreten hat, konkret darzulegen und zu beweisen hat. Die Stadt haftet nicht aus eigenem Verschulden, weil sie nicht sicherstellen kann, dass die Haustür eines Spätaussiedlerheims stets geschlossen gehalten wird, sie nicht verpflichtet ist, den Zugang zum Heizöllagerraum zusätzlich (z.B. durch ein Sicherheitsschloss) gegen das Betreten durch Unbefugte zu sichern, und sie nicht verpflichtet ist, den Vermieter auf eine möglicherweise unzureichende Sicherung des Heizöllagerraums vor Einbruch hinzuweisen. Die Stadt 40

---

[24] BGH v. 16.09.2009 - VIII ZR 67/08 - Grundeigentum 2009, 1550-1551.
[25] BGH v. 11.12.1991 - VIII ZR 31/91 - BGHZ 116, 278-292.
[26] AG Osnabrück v. 10.04.1987 - 44 - 7 C 75/87 K - WuM 1988, 107.
[27] LG Tübingen v. 18.10.2004 - 1 S 29/04 - WuM 2004, 669.
[28] BGH v. 03.11.2004 - VIII ZR 28/04 - Grundeigentum 2005, 123-125.
[29] BGH v. 26.11.1997 - XII ZR 28/96 - LM BGB § 542 Nr. 20 (8/1998).
[30] OLG Düsseldorf v. 20.02.1992 - 10 U 107/91 - JMBl NW 1992, 189-190.
[31] LG Stuttgart v. 03.05.1989 - 13 S 32/89 - NJW-RR 1989, 1170-1171.

§ 538

haftet auch nicht für fremdes Verschulden. Sie muss sich das vorsätzliche und unrechtmäßige Verhalten der Täter nicht zurechnen lassen. Dies gilt auch dann, wenn es sich dabei um Heimbewohner handeln sollte. § 278 BGB greift im Falle vorsätzlicher und rechtswidriger Handlungen allenfalls dann ein, wenn Schäden innerhalb der an die Untermieter überlassenen Räumlichkeiten eintreten, wozu die Heizöllagerstätte nicht gehört.[32]

41 Der Mieter kann formularmäßig zu **Kleinreparaturen** verpflichtet werden. Erforderlich ist bei der Wohnraummiete jedoch eine gegenständliche Beschränkung auf solche Teile der Mietsache, die dem regelmäßigen Zugriff des Mieters ausgesetzt sind, so etwa Installationsgegenstände für Elektrizität, Gas und Wasser, Heiz- und Kocheinrichtungen, Fenster- und Türverschlüsse sowie Verschlussvorrichtungen von Fensterläden, nicht jedoch in der Wand verlegte Gas-, Strom- oder Wasserleitungen.

42 Kleinreparaturklauseln müssen darüber hinaus sowohl einen Höchstbetrag für die Einzelreparatur (Höchstgrenze derzeit bei 75 €) als auch eine Zeitraumobergrenze enthalten für den Fall, dass mehrere Kleinreparaturen innerhalb eines kurzen Zeitraumes anfallen. Ein anteiliger Betrag von einer Monatsmiete pro Kalenderjahr wird von der Rechtsprechung ab 10 von Hundert als zu hoch angesehen.[33]

43 Der Ersatz von **Mietausfällen**, die dadurch entstehen, dass nach der gescheiterten Umsetzung eines Mietverhältnisses kein Ersatzmieter gefunden werden kann, ist nicht möglich, wenn der Vermieter dem Mieter keine Nachfrist gesetzt hat bzw. seitens des Mieters keine bestimmte, ernsthafte und endgültige Erfüllungsverweigerung vorliegt.[34]

44 Übermäßiges, intensives **Rauchen** des Mieters ist vertragswidrig, da dies ein exzessives, zu einer nachhaltigen Schädigung führendes Verhalten darstellt.[35] Dies ist insbesondere der Fall, wenn schon Verfärbungen an Holzpaneelen und Silikonfugen auftreten.[36]

45 Ein Fehler in der Mietsache liegt nicht vor, wenn der Mieter die Mietsache lediglich in Kenntnis ihrer wesentlichen Beschaffenheitsmerkmale anmietet. In einem solchen Fall stehen dem Mieter wegen seiner Investitionen keine **Schadensersatzansprüche** gemäß § 538 Abs. 2 BGB zu.[37]

46 Die Durchführung nicht geschuldeter **Schönheitsreparaturen** begründet dann einen Anspruch des Vermieters auf Schadensersatz gemäß § 280 Abs. 1 BGB, wenn dies zu einer Verschlechterung des Mietobjekts (hier: der vorhandenen Dekoration) geführt hat.[38]

47 Die Errichtung eines **Taubenschlags** ist als vertragsgemäßer Gebrauch der Mietsache zu werten, wenn der Vermieter diesen stillschweigend geduldet hat.[39]

48 Die Erstattung der **Umbau- und Rückbaukosten** kann vom Vermieter gemäß § 280 Abs. 1 BGB in Verbindung mit § 311 Abs. 2 BGB verlangt werden, wenn der Mieter erhebliche Baumaßnahmen veranlasst hat und die Mietfläche ohne triftigen Grund nicht wie vorgesehen übernehmen will.[40]

49 Gemäß § 540 Abs. 2 BGB hat der Mieter das Verschulden von **Untermietern** regelmäßig zu vertreten. In seinen Verantwortungsbereich fallen auch seine Erfüllungsgehilfen. Dies sind alle Personen, die auf Veranlassung des Mieters mit der Mietsache in Kontakt treten, namentlich Haushaltsangehörige, Betriebsangehörige, Gäste, Kunden und vom Mieter beauftragte Handwerker. Der Mieter haftet für Schäden von diesen Personen, sofern diese den Schaden bei Erfüllung und nicht nur bei Gelegenheit verursacht haben.[41]

50 Umstritten sind Klauseln, die den Mieter zur Zahlung einer **Vergütung** für die vertragsgemäße Abnutzung der Mietsache verpflichten. Nach Auffassung des LG Frankenthal ist eine solche Klausel grund-

---

[32] OLG Düsseldorf v. 11.11.2004 - I-10 U 81/04, 10 U 81/04 - GuT 2005, 18-19.
[33] OLG Hamburg v. 10.04.1991 - 5 U 135/90 - NJW-RR 1991, 1167-1168.
[34] OLG München v. 23.01.2003 - 19 U 3838/01 - juris Rn. 9 - WuM 2003, 443-444.
[35] LG Waldshut-Tiengen v. 04.08.2005 - 1 S 4/05 - DWW 2006, 287-288.
[36] LG Koblenz v. 27.10.2005 - 14 S 76/05 - ZMR 2006, 288.
[37] OLG München v. 21.04.1995 - 21 U 5722/94 - ZMR 1997, 236-238.
[38] LG Berlin v. 22.08.2002 - 65 S 37/02 - MM 2003, 45-46.
[39] AG Jülich v. 25.04.2006 - 11 C 19/06 - juris Rn. 23 - WuM 2006, 562-563.
[40] OLG München v. 23.01.2003 - 19 U 3838/01 - juris Rn. 11 - WuM 2003, 443-444.
[41] BGH v. 15.05.1991 - VIII ZR 38/90 - juris Rn. 46 - LM Nr. 4 zu § 9 (Ca) AGBG.

sätzlich unwirksam.⁴² Nach Auffassung des LG Köln kann eine solche Vereinbarung dagegen wirksam sein.⁴³ Nach Ablauf der Nutzungsdauer von Bestandteilen der Mietsache kann jedoch ein Ersatz auf Kosten des Mieters verlangt werden, wenn dies vereinbart war.⁴⁴

Den Mieter trifft auch kein Verschulden bei einem **Wasserschaden**, der von ihm nicht bemerkt werden konnte.⁴⁵ 51

Wird der Wassersperrhahn einer Geschirrspülmaschine entgegen der Betriebsanleitung nicht abgedreht und lastete deshalb auch außerhalb des Betriebes der Maschine permanent Druck auf dem Wasserzulaufschlauch, ist ein während des Betriebes der Maschine eingetretener Leitungswasserschaden nicht grob fahrlässig, sondern nur leicht fahrlässig verursacht. Verursacht ein haftpflichtversicherter Mieter leicht fahrlässig einen Leitungswasserschaden am versicherten Gebäude seines Vermieters, liegt eine Doppelversicherung vor und § 59 Abs. 2 Satz 1 VVG verdrängt § 67 VVG, da der Mieter dann kein Dritter im Sinne von § 67 VVG ist. Die beteiligten Versicherer sind dann auf die Ausgleichsregelung des § 59 Abs. 2 Satz 1 VVG angewiesen.⁴⁶ Der vom BGH angenommene konkludente Regressverzicht der Gebäudeversicherung gegenüber dem leicht fahrlässig den Gebäudeschaden verursachenden Mieter findet lediglich bei nicht haftpflichtversicherten Mietern Anwendung, so dass bei Vorliegen einer Haftpflichtversicherung die Grundsätze der Doppelversicherung anzuwenden sind.⁴⁷ 52

Wenn eine Wohnungsmieterin ihre Handtasche mit den **Wohnungsschlüsseln** in einem unbeaufsichtigt abgestellten Kraftfahrzeug zurücklässt, handelt sie fahrlässig und hat den eventuellen Verlust der Wohnungsschlüssel selbst verschuldet. Der Vermieter darf die Kosten im Haus als Schaden von der Mieterin ersetzt verlangen.⁴⁸ 53

Wird ein vermietetes Objekt in der Weise vermietet, dass der neue Mieter (zunächst) die Stellung eines **Zwischenmieters** einnehmen und der bisherige Mieter im unmittelbaren Besitz bleiben soll, geht der Gebrauchsüberlassungsanspruch des Mieters aus § 535 BGB auf Übertragung des mittelbaren Besitzes (§ 870 BGB) auf den neuen Mieter über.⁴⁹ 54

E. Abdingbarkeit

Die Vorschrift ist **grundsätzlich abdingbar**. Die Parteien können § 538 BGB ganz ausschließen oder vereinbaren, dass der Mieter für die Beseitigung von bestimmten Abnutzungsschäden aufzukommen bzw. diese durch regelmäßige Instandsetzung oder Ausbesserung zu vermeiden hat. Die Grenze liegt bei § 138 BGB. Eine **Formularklausel**, in der der Mieter bestätigt, dass sich die Mietsache bei Vertragsbeginn in mangelfreiem, vertragsgemäßem oder ordnungsgemäßem Zustand befand, ist wegen Verstoßes gegen das Beweislastumgehungsverbot in § 309 Nr. 12b BGB (vgl. die Kommentierung zu § 309 BGB, vormals § 11 Nr. 15b AGBG) unwirksam. 55

Mit der **Klausel** „Rückgabe der Sache in demselben Zustand wie übernommen" wird § 538 BGB nicht abgedungen. Diese Klausel setzt die vertragsübliche Abnutzung der Mietsache voraus und betrifft sie nicht. Es bleibt hier bei der Wertung des § 538 BGB, so dass die Sache nur so zurückzugeben ist, wie es einem vertragsgemäßen Gebrauch entspricht. Der Mieter haftet bei dieser Klausel insbesondere nicht für Zufall. Eine Abwälzung von Reparatur- und Ausbesserungspflichten auf den Mieter ist durch 56

---

⁴² LG Frankenthal v. 19.06.1985 - 2 S 412/84 - juris Rn. 6 - ZMR 1985, 342.
⁴³ LG Köln v. 16.09.1982 - 1 S 284/80 - WuM 1984, 195.
⁴⁴ LG Wiesbaden v. 25.02.1991 - 1 S 395/90 - juris Rn. 2 - WuM 1991, 540; a.A. AG Oberndorf v. 11.09.1984 - 4 C 396/84 - WuM 1989, 170-171.
⁴⁵ LG Gießen v. 27.11.1996 - 1 S 379/96 - MDR 1997, 452.
⁴⁶ Anschluss BGH v. 31.03.1976 - IV ZR 29/75 - VersR 1976, 847; Abgrenzung BGH v. 14.02.2000 - VIII ZR 292/98 - NVersZ 2001, 230.
⁴⁷ Abgrenzung BGH v. 14.02.2000 - VIII ZR 292/98 - NVersZ 2001, 230; OLG München v. 13.01.2005 - 19 U 3792/04 - RuS 2005, 107-109.
⁴⁸ AG Berlin-Hohenschönhausen v. 27.07.2004 - 5 C 348/03 - Grundeigentum 2004, 1397.
⁴⁹ OLG Hamburg v. 29.08.2001 - 4 U 196/00 - ZMR 2003, 178-179.

Formular- bzw. Standardklauseln nur in Grenzen möglich, weil eine unbegrenzte Übernahme von Instandhaltungspflichten für den Mieter ein unkalkulierbares Risiko bedeuten würde.

F. Rechtsfolgen

57 Für die von § 538 BGB erfassten durch vertragsgemäßen Gebrauch herbeigeführten Abnutzungen muss der Mieter nicht aufkommen.

58 Den Mieter trifft weder die Pflicht der Instandhaltung oder Ausbesserung, noch kann der Vermieter bei entsprechender Selbstvornahme Schadensersatz verlangen. Die durch den vertragskonformen Gebrauch verursachten Veränderungen und Verschlechterungen werden durch den Mietzins abgegolten.

§ 539 BGB Ersatz sonstiger Aufwendungen und Wegnahmerecht des Mieters

(Fassung vom 02.01.2002, gültig ab 01.01.2002)

(1) Der Mieter kann vom Vermieter Aufwendungen auf die Mietsache, die der Vermieter ihm nicht nach § 536a Abs. 2 zu ersetzen hat, nach den Vorschriften über die Geschäftsführung ohne Auftrag ersetzt verlangen.

(2) Der Mieter ist berechtigt, eine Einrichtung wegzunehmen, mit der er die Mietsache versehen hat.

Gliederung

A. Grundlagen... 1	4. Abdingbarkeit... 18
I. Kurzcharakteristik................................ 1	5. Verjährung... 19
II. Anwendungsbereich........................... 2	II. Wegnahmerecht des Mieters............... 21
B. Praktische Bedeutung........................... 3	1. Voraussetzungen.................................. 21
C. Anwendungsvoraussetzungen.............. 4	2. Rechtsprechung.................................... 23
I. Aufwendungsersatzanspruch............... 4	3. Ausübung und Abwendungsbefugnis... 26
1. Anspruchsvoraussetzungen.................. 4	4. Abdingbarkeit....................................... 33
2. Rechtsprechung.................................... 8	5. Verjährung.. 36
3. Verhältnis zu anderen Vorschriften..... 15	D. Prozessuale Hinweise........................... 37

A. Grundlagen

I. Kurzcharakteristik

Die Regelung in § 539 BGB gilt ihrer **systematischen Stellung** im 1. Untertitel über das Allgemeine Mietrecht folgend für alle Mietverhältnisse. Absatz 1 entspricht wörtlich § 547a Abs. 1 BGB a.F., Absatz 2 entspricht § 549 Abs. 3 BGB a.F. An die Stelle des Begriffs der „Verwendung" ist nunmehr der Begriff der „**Aufwendung**" getreten.[1]   1

II. Anwendungsbereich

Für Pachtverträge ist die Vorschrift wegen abweichender Sondervorschriften in den §§ 582, 582a, 590b, 591 BGB nicht anwendbar.   2

B. Praktische Bedeutung

Die Vorschrift des § 539 BGB gibt dem Mieter in Absatz 1 einen Aufwendungsersatzanspruch und in Absatz 2 ein Wegnahmerecht.   3

C. Anwendungsvoraussetzungen

I. Aufwendungsersatzanspruch

1. Anspruchsvoraussetzungen

Der Mieter muss als Mieter **während der Vertragslaufzeit** sonstige Aufwendungen gemacht haben, die der Erhaltung, Wiederherstellung oder Verbesserung der Mietsache dienen, aber nicht unter § 536a BGB fallen.[2]   4

Dabei handelt es sich typischerweise um Maßnahmen der Renovierung und Modernisierung.[3]   5

---

[1] BT-Drs. 14/4553, S. 42.
[2] BGH v. 13.02.1974 - VIII ZR 233/72 - LM Nr. 22 zu § 538 BGB; *Emmerich*, NZM 1998, 49-54.
[3] OLG München v. 26.04.1995 - 7 U 5093/94 - OLGR München 1995, 196-197.

6 Bei der Verweisung in § 539 BGB auf die Vorschriften über die Geschäftsführung ohne Auftrag gemäß §§ 677-687 BGB handelt es sich nach herrschender Meinung um eine **Rechtsgrundverweisung**.[4]

7 Damit müssen die weiteren **Voraussetzungen** des Aufwendungsersatzanspruchs, das ist entweder der Fremdgeschäftsführungswille gemäß § 683 BGB, die Genehmigung des Vermieters gemäß § 684 Satz 2 BGB oder die Erfüllung einer Pflicht im öffentlichen Interesse gemäß § 679 BGB, vorliegen. Liegen diese Voraussetzungen vor, kann der Mieter Wertersatz im Sinne der §§ 256, 257 BGB verlangen.

2. Rechtsprechung

8 Führt der Mieter ohne Absprache mit dem Vermieter Maßnahmen der **Modernisierung** durch, so kann er die Kosten nach Absatz 1 nur verlangen, wenn es sich um nützliche Verwendungen handelt, die er mit Fremdgeschäftsführungswillen erbracht hat. Als nützliche Verwendungen gelten solche Aufwendungen, die zumindest auch der Mietsache zugute kommen sollen, indem sie deren Nutzungsmöglichkeiten erweitern, aber nicht grundlegend verändern. Die Modernisierung, die der Verbesserung des Vertragsgebrauchs dient, zählt dazu. Erforderlich ist jedoch, dass der Mieter die Modernisierung zumindest auch für den Vermieter vornimmt.[5]

9 Weitere **Beispiele** sind die Bebauung eines unbebauten Grundstücks[6], Umbaumaßnahmen[7] oder Anbauten[8].

10 Wer, ohne Mieter zu sein, eine fremde Sache vermietet, ist dem Eigentümer gegenüber aus Eingriffskondiktion zur Herausgabe der **Nutzungen** verpflichtet. Gehört die in die Mieträume eingebrachte Einrichtung nicht dem Mieter, so wird der Vermieter nach Verjährung des Anspruchs des Mieters auf Duldung der Wegnahme nicht uneingeschränkt zu Besitz und Nutzung berechtigt, sondern schuldet dem Eigentümer selbst dann Herausgabe der Nutzungen, wenn er gutgläubig vom Eigentum des Mieters ausgehen durfte.[9]

11 Die Vereinbarung, dass der Mieter an der Mietsache Veränderungen vornehmen darf, die ausschließlich in seinem eigenen Interesse liegen, stellt zugleich ein stillschweigendes Einverständnis der Parteien dar, nach dem der Mieter keinen Aufwendungsersatz für die Veränderungen beanspruchen kann.[10]

12 Der Mieter kann vom Vermieter keinen Aufwendungsersatz verlangen, wenn es sich bei dem vermeintlichen Mietvertrag im Rechtssinne um Leihe handelt. Dies ist beispielsweise der Fall, wenn der Dachraum vom Hauseigentümer zunächst zum Ausbau auf Kosten des Schwiegersohns und nach Schaffung einer Familienwohnung zur dauerhaften, unentgeltlichen Nutzung überlassen wurde. Dieses Leihverhältnis stellt die vertragliche Grundlage für die nachfolgenden Ausbauarbeiten dar. Der durch den Ausbau entstandene Vermögenszuwachs erfolgt also nicht ohne Rechtsgrund im Sinne des § 812 Abs. 1 BGB. Sofern das einheitliche Nutzungsverhältnis des Ehepaars für Ehefrau und Kind bestehen bleibt, entfällt der Rechtsgrund auch nicht im Sinne dieser Vorschrift, wenn der Ehemann mit Scheidung der Ehe auszieht. Dieser Umstand ändert nichts am rechtlichen Fortbestand des Leihverhältnisses.[11]

13 Ansprüche des Mieters gegen den Vermieter auf Herausgabe von Verwendungen, die er vor der Mietzeit getätigt hat, gehören nicht in den versicherten Bereich des Mieterrechtsschutzes. Diese Ansprüche sind letztlich auf Bereicherungsausgleich gerichtet und haben ihre Ursache nicht im Mietverhältnis.[12]

14 Hat der Mieter nach dem Mietvertrag bauliche Veränderungen auf eigene Kosten vorzunehmen, so führt er damit kein fremdes, sondern ein eigenes Geschäft. In einer bloßen Zustimmung des (früheren)

---

[4] *Weidenkaff* in: Palandt, § 539 Rn. 6.
[5] LG Düsseldorf v. 15.11.2001 - 21 S 644/00 - juris Rn. 3 - WuM 2002, 491.
[6] BGH v. 26.02.1964 - V ZR 105/61 - BGHZ 41, 157-166.
[7] BGH v. 22.05.1967 - VIII ZR 25/65 - NJW 1967, 2255-2258.
[8] OLG Köln v. 23.02.1996 - 19 U 126/95 - OLGR Köln 1996, 89.
[9] OLG Rostock v. 02.05.2005 - 3 U 84/04 - OLGR Rostock 2005, 653-654.
[10] BGH v. 13.06.2007 - VIII ZR 387/04 - juris Rn. 12 - Grundeigentum 2007, 1049-1050.
[11] Brandenburgisches Oberlandesgericht v. 05.08.2009 - 3 U 110/08 - juris Rn. 27.
[12] OLG Köln v. 22.07.2003 - 9 U 187/02 - RuS 2004, 235-236.

Vermieters zu den in der fraglichen Maßnahme liegenden baulichen Veränderungen ist grundsätzlich keine Genehmigung im Sinne des § 684 Satz 2 BGB zu sehen. Denn in aller Regel bringt der Vermieter damit lediglich sein Einverständnis mit der über den vertragsgemäßen Gebrauch der Mietsache hinausgehenden Maßnahme des Mieters zum Ausdruck, mehr nicht.[13]

3. Verhältnis zu anderen Vorschriften

Der Mieter kann seinen **Schadensersatzanspruch** aus § 536a Abs. 1 BGB neben dem Aufwendungsersatz nach § 539 BGB verlangen, wenn er nicht nach § 536 Abs. 2 BGB vorgegangen ist.[14]   **15**

Neben dem Aufwendungsersatzanspruch aus § 539 BGB hat der Mieter auch einen Anspruch auf Ausgleich der **Wertsteigerung** für Baumaßnahmen aus § 812 BGB (vgl. die Kommentierung zu § 812 BGB), wenn diese Wertsteigerung dem Mieter bei einem späteren Eigentumserwerb verbleiben sollte.[15]   **16**

Aus dem Eigentümer-Besitzer-Verhältnis steht dem Mieter dagegen kein Anspruch auf Ersatz der Verwendungen gemäß §§ 994, 996 BGB neben dem Anspruch aus § 539 BGB zu, weil der Mieter berechtigter Besitzer ist.   **17**

4. Abdingbarkeit

Die Regelung in § 539 Abs. 1 BGB kann grundsätzlich abbedungen werden.   **18**

5. Verjährung

Der Aufwendungsersatzanspruch verjährt gemäß § 548 BGB in **sechs Monaten** ab Beendigung des Mietverhältnisses (vgl. die Kommentierung zu § 548 BGB), auch wenn die Parteien hierüber eine abweichende Vereinbarung getroffen haben.[16]   **19**

Der Mieter kann den Anspruch auf Aufwendungsersatz auch verwirken. **Verwirkung** setzt als illoyale Verspätung der Rechtsausübung voraus, dass der Berechtigte sein Recht längere Zeit nicht ausübt und der Verpflichtete darauf vertrauen durfte, dass der Berechtigte das Recht nicht mehr ausüben werde.[17]   **20**

II. Wegnahmerecht des Mieters

1. Voraussetzungen

Das Wegnahmerecht des Mieters bezieht sich auf Einrichtungen, mit der er die Mietsache versehen hat. Unter Einrichtungen in diesem Sinne sind Sachen zu verstehen, die mit der Mietsache verbunden wurden und dazu bestimmt sind, der Mietsache zu dienen.[18]   **21**

Regelmäßig wird die Einrichtung dadurch zum wesentlichen Bestandteil der Mietsache gemäß §§ 93, 94, 946, 947 BGB.   **22**

2. Rechtsprechung

Als Einrichtungen im Sinne von § 539 BGB werden angesehen: **23**
- Umpflanzbare Sträucher und Bäume im Garten,[19]
- Heizungsanlage,[20]

---

[13] OLG Düsseldorf v. 19.10.2009 - 24 U 58/09 - Grundeigentum 2010, 907-908.
[14] OLG Düsseldorf v. 19.12.1991 - 10 U 61/91 - juris Rn. 8 - NJW-RR 1992, 716-717; krit.: *Eckert*, NZM 2001, 409-414.
[15] BGH v. 22.06.2001 - V ZR 128/00 - LM BGB § 812 Nr. 284 (6/2002).
[16] LG Mannheim v. 08.04.1981 - 4 S 138/80 - WuM 1986, 279-280.
[17] BGH v. 12.05.1959 - VIII ZR 43/58 - LM Nr. 2 zu § 558 BGB.
[18] BGH v. 13.05.1987 - VIII ZR 136/86 - juris Rn. 17 - BGHZ 101, 37-48.
[19] OLG Köln v. 08.07.1994 - 11 U 242/93 - OLGR Köln 1994, 224-225; OLG Düsseldorf v. 03.04.1998 - 22 U 161/97 - NJW-RR 1999, 160-161.
[20] BGH v. 14.10.1958 - VIII ZR 155/57 - LM Nr. 3 zu § 547 BGB.

- Durchlauferhitzer und Nachtstromspeicherheizung,[21]
- Kücheneinrichtung,[22]
- Waschbecken, Badewanne, Toilette,[23]
- Duschkabine, lose verlegter Teppich,[24]
- Rollläden, Markisen, Wandschränke, Einbauküchen,[25]
- Pflanzen, die nicht nur zu einem vorübergehenden Zweck eingepflanzt wurden[26].

24 Eine Außensteckdose für Elektrizität am Balkon ist ebenfalls eine Einrichtung, die zulässig ist, soweit sie fachgerecht eingebracht wird und von ihr keine Gefahren für die Mietsache ausgehen.[27]

25 **Nicht als Einrichtung im Sinne von § 539 BGB werden angesehen:**
- Möbel, Inventarstücke, Einbauküche,[28]
- Tapeten, Holzdecken und Holzfußböden, Fliesen[29].

3. Ausübung und Abwendungsbefugnis

26 Der Mieter kann sein Wegnahmerecht ausüben, auch ohne dass der Vermieter zuvor die Abwendung der Wegnahme durch Übernahme der Einrichtung gegen Entschädigung des Mieters gemäß § 552 BGB angeboten hat.[30]

27 Hinsichtlich der Mieterinvestitionen besteht jedoch schon während des Mietverhältnisses ein Wegnahmerecht auf Seiten des Mieters.[31]

28 Dem Recht des Mieters auf Wegnahme korrespondiert der Anspruch des Vermieters aus § 546 BGB (vgl. die Kommentierung zu § 546 BGB) auf Rückgabe der Mietsache im vertragsgemäßen Zustand und damit auch ohne die Einrichtungen des Mieters.[32]

29 Hat der Mieter zum Vertragsende den ursprünglichen oder von ihm vertraglich herzustellenden Zustand nicht wiederhergestellt, so kann dem Vermieter ein Ersatzanspruch zustehen, der primär auf Wiederherstellung des ursprünglichen Zustands und sekundär unter den Voraussetzungen der §§ 280, 281 BGB auf Ersatz des für die Wiederherstellung erforderlichen Geldbetrages gerichtet ist.[33]

30 Die Ausgestaltung des Wegnahmerechts ist allgemein in § 258 BGB geregelt (vgl. die Kommentierung zu § 258 BGB). Darin ist bestimmt, dass der zur Wegnahme Berechtigte die herauszugebende Sache (hier die Mietsache) im Falle der Wegnahme auf seine Kosten in den ursprünglichen Zustand zurückzuversetzen hat. Der Vermieter muss die Wegnahme gestatten. Er kann die Gestattung verweigern, bis der Mieter ihm Sicherheit für die mit der Wegnahme verbundenen Schäden geleistet hat.

31 Das Wegnahmerecht erstreckt sich auch auf solche Einrichtungen, die wegen den §§ 93, 94, 946, 947 BGB im Eigentum des Vermieters oder eines Dritten stehen. Der Mieter hat dann neben dem Trennungsrecht auch ein dingliches Aneignungsrecht im Sinne von § 258 BGB.[34] Dieses Aneignungsrecht ist nicht auf Einrichtungen beschränkt, sondern erfasst auch Veränderungen in der baulichen Substanz ohne Rücksicht auf das Eigentum an den Einbauten.[35]

---

[21] LG Hamburg v. 05.11.1976 - 11 S 141/76 - ZMR 1977, 210.
[22] OLG Düsseldorf v. 17.12.1970 - 12 12 U 84/70 - MDR 1972, 147-148.
[23] LG Berlin v. 01.10.1985 - 8 O 47/83 - MM 1993, 215-216.
[24] AG Aachen v. 23.02.1987 - 7 C 2/87 - juris Rn. 4 - WuM 1987, 123.
[25] OLG München v. 22.06.1984 - 18 U 2537/84 - juris Rn. 13 - WuM 1985, 90-91; a.A.: OLG Düsseldorf v. 03.12.1998 - 10 U 191/97 - juris Rn. 39 - JMBl NW 1999, 116-117.
[26] OLG Düsseldorf v. 03.04.1998 - 22 U 161/97 - NJW-RR 1999, 160-161.
[27] AG Hamburg v. 18.10.2006 - 39a C 118/05 - juris Rn. 17.
[28] OLG Düsseldorf v. 03.12.1998 - 10 U 191/97 - juris Rn. 39 - JMBl NW 1999, 116-117.
[29] LG Berlin v. 01.10.1985 - 8 O 47/83 - MM 1993, 215-216.
[30] OLG Köln v. 08.07.1994 - 11 U 242/93 - OLGR Köln 1994, 224-225.
[31] Kinne, Grundeigentum 2007, 30-37.
[32] BGH v. 08.07.1981 - VIII ZR 326/80 - juris Rn. 24 - BGHZ 81, 146-152.
[33] OLG Düsseldorf v. 05.10.2009 - 24 U 17/09 - ZMR 2010, 959-960.
[34] BGH v. 12.06.1991 - XII ZR 17/90 - juris Rn. 8 - LM VVG § 76 Nr. 5 (3/1992).
[35] OLG Düsseldorf v. 04.08.2011 - 24 U 48/11 - GuT 2011, 280-281.

Der Vermieter hat gegenüber dem Wegnahmerecht des Mieters eine Abwendungsbefugnis aus § 552 BGB, die über § 578 Abs. 2 BGB auch für Mietverhältnisse über andere Räume als Wohnräume, insbesondere auch für Geschäftsräume gilt.

4. Abdingbarkeit

Das Wegnahmerecht ist grundsätzlich abdingbar. Bei Wohnraum enthält § 552 BGB eine abweichende Sonderregelung und begründet eine Abwendungsbefugnis zugunsten des Vermieters (vgl. die Kommentierung zu § 552 BGB). Dies gilt auch für andere Räume gemäß § 578 Abs. 2 BGB. Im Übrigen ist das Wegnahmerecht entschädigungslos abdingbar.[36]

In gewerblichen Mietverhältnissen kann die Verpflichtung des Mieters zu bestimmten Investitionen (z. B. Mieterausbau) das Wegnahmerecht ausschließen.[37]

Die ursprüngliche Regelung in § 547a Abs. 3 BGB a.F. sah noch die Unabdingbarkeit des Wegnahmerechts vor, wenn kein Ausgleich vorgesehen wurde.

5. Verjährung

Der Aufwendungsersatzanspruch verjährt gemäß § 548 BGB in sechs Monaten ab Beendigung des Mietverhältnisses (vgl. die Kommentierung zu § 548 BGB) auch dann, wenn der Mieter gegen die Verpflichtung verstößt, seine Einrichtung zurückzulassen.

D. Prozessuale Hinweise

Der Mieter trägt die **Beweislast** dafür, dass er die Aufwendungen auf die Mietsache erbracht beziehungsweise die Einrichtung mit der Mietsache verbunden hat. Insbesondere muss der Mieter beweisen, dass er von einem Vormieter Einrichtungen erworben hat. Der Vermieter muss die Leistung einer Sicherheit und die Verjährung beweisen.

Der Streitwert der **Klage auf Duldung** der Wegnahme beläuft sich auf dem geringeren Wert der Einrichtung nach Trennung.[38]

Die **Vollstreckung** des Duldungstitels gemäß § 890 ZPO kann nicht mehr durch Ausübung der Abwendungsbefugnis verhindert werden. Eine Herausgabeklage des Vermieters ist unzulässig.[39]

Ist das Wegnahmerecht des Mieters verjährt, erlangt der Vermieter ein dauerhaftes Recht zum Besitz, das er dem Mieter im Prozess **einredeweise** entgegenhalten kann.[40]

---

[36] OLG Karlsruhe v. 31.10.1985 - 15 U 129/84 - NJW-RR 1986, 1394-1396.
[37] BGH v. 08.11.1995 - XII ZR 202/94 - WM 1996, 1265-1267.
[38] BGH v. 12.06.1991 - XII ZR 30/91 - LM ZPO § 6 Nr. 16 (4/1992).
[39] OLG Düsseldorf v. 03.12.1998 - 10 U 191/97 - juris Rn. 43 - JMBl NW 1999, 116-117.
[40] BGH v. 08.07.1981 - VIII ZR 326/80 - BGHZ 81, 146-152; BGH v. 13.05.1987 - VIII ZR 136/86 - juris Rn. 27 - BGHZ 101, 37-48.

§ 540 BGB Gebrauchsüberlassung an Dritte

(Fassung vom 02.01.2002, gültig ab 01.01.2002)

(1) ¹Der Mieter ist ohne die Erlaubnis des Vermieters nicht berechtigt, den Gebrauch der Mietsache einem Dritten zu überlassen, insbesondere sie weiter zu vermieten. ²Verweigert der Vermieter die Erlaubnis, so kann der Mieter das Mietverhältnis außerordentlich mit der gesetzlichen Frist kündigen, sofern nicht in der Person des Dritten ein wichtiger Grund vorliegt.

(2) Überlässt der Mieter den Gebrauch einem Dritten, so hat er ein dem Dritten bei dem Gebrauch zur Last fallendes Verschulden zu vertreten, auch wenn der Vermieter die Erlaubnis zur Überlassung erteilt hat.

Gliederung

A. Grundlagen 1	1. Definition 23
I. Kurzcharakteristik 1	2. Rechtsprechung 29
II. Systematik 2	**D. Rechtsfolgen** 37
B. Praktische Bedeutung 3	I. Sonderkündigungsrecht 37
C. Anwendungsvoraussetzungen 6	II. Haftung des Mieters 39
I. Gebrauchsüberlassung an Dritte 6	III. Rechtsprechung 41
1. Definition 6	IV. Abdingbarkeit 48
2. Praktische Hinweise 20	**E. Prozessuale Hinweise** 50
II. Erlaubnis des Vermieters 23	

A. Grundlagen

I. Kurzcharakteristik

1 Die Vorschrift § 540 BGB regelt die Gebrauchsüberlassung und Untervermietung. Absatz 1 entspricht der bisherigen Regelung in § 549 Abs. 1 BGB a.F. und Absatz 2 entspricht dem bisherigen § 549 Abs. 3 BGB a.F. Die Regelung in § 549 Abs. 2 BGB a.F. ist in § 553 BGB (vgl. die Kommentierung zu § 553 BGB) enthalten.

II. Systematik

2 Die Regelung gilt wegen ihrer **systematischen Stellung** im Allgemeinen Mietrecht für alle Mietverhältnisse.

B. Praktische Bedeutung

3 Durch Absatz 1 wird dem Mieter die unentgeltliche oder entgeltliche teilweise oder vollständige Gebrauchsüberlassung gestattet, wobei der Vermieter zustimmen muss. Der Vermieter kann die Zustimmung nur aus bestimmten Gründen verweigern, andernfalls steht dem Mieter ein **Sonderkündigungsrecht** zu.

4 In der Praxis wird dies bei langjährigen gewerblichen Mietverhältnissen dazu genutzt, um sich vorzeitig vom Mietvertrag zu lösen; so genannte **Untermietfalle**. Allerdings setzt das voraus, dass der Untermieter nicht nur zum Schein benannt wird, da der Vermieter dann einen Grund zur Verweigerung hat. Rechtsfolge der verweigerten Zustimmung ist nur das Kündigungsrecht. Ein Schadensersatzanspruch aus positiver Vertragsverletzung (jetzt § 280 BGB) besteht dagegen nicht.[1]

5 Ergänzt wird die Regelung über die Gebrauchsüberlassung an Dritte durch eine **Haftungsbestimmung** in Absatz 2. Danach haftet der Mieter auch bei erlaubter Gebrauchsüberlassung für das Verschulden des Dritten.

---

[1] OLG Düsseldorf v. 29.04.1993 - 10 U 179/92 - OLGZ 1994, 290-292.

C. Anwendungsvoraussetzungen

I. Gebrauchsüberlassung an Dritte

1. Definition

Unter die Gebrauchsüberlassung an Dritte fällt jede Form der Einräumung des entgeltlichen oder unentgeltlichen vollständigen oder teilweisen Besitzes an der Mietsache zum selbständigen oder unselbständigen und auf gewisse Dauer angelegten Allein- oder Mitgebrauch.[2]

Klassischer Fall der Gebrauchsüberlassung an Dritte ist die **Untervermietung**.[3] Die Untervermietung ist entgeltliche Gebrauchsüberlassung und unterliegt dem Mietrecht.[4]

Dem Hauptmieter kann ein Anspruch dahin zustehen, die Untervermietung an eine andere Person vornehmen zu dürfen, wenn der Gewerberaummietvertrag die Möglichkeit der Untervermietung an einen bestimmten Untermieter vorsieht und dem Vermieter bekannt ist, dass der Untermieter nicht solvent ist.[5]

Wenn der Hauptmieter eines Gewerberaums in einem Shoppingcenter diesen untervermieten möchte, muss der Mieter dem Vermieter zumindest dann ausreichende Angaben über die Person des vorgesehenen Untermieters wie Name, Adresse, Geburtsdatum und Beruf, zu machen, wenn ein entsprechendes schützenwertes Interesse des Vermieters an Überprüfung von Zuverlässigkeit, Solvenz und Bonität des genannten Untermieters besteht. Auf Nachfrage müssen dem Vermieter bei einem Gewerberaummietverhältnis auch die wesentlichen Mietbedingungen des Untermietverhältnisses wie Nutzungsart, Miethöhe, Laufzeit des Vertrages, etwaige Kündigungsmöglichkeiten und Übernahme einer Betriebspflicht mitgeteilt werden.[6]

Der Vermieter von Gewerberäumen kann eine Offenlegung der Bonität eines Untermieters sowie der Bedingungen des Untermietvertrages für die Erteilung einer Untermieterlaubnis jedenfalls dann verlangen, wenn mit dem Hauptmieter eine Betriebspflicht vereinbart ist. In diesen Fällen will der Vermieter ständige Betreiberwechsel vermeiden.[7] Im Anschluss an diese Entscheidung weist *Blank* darauf hin, dass eine Übermittlung der Daten unter anderem dann nicht erforderlich sei, wenn die Untervermietung generell abgelehnt werde oder die Erlaubnis nicht wegen der Person des Untermieters verweigert werde.[8]

Zwischenvermietung liegt vor, wenn der Eigentümer nicht unmittelbar den Gebrauch einem Mieter gewährt, sondern einen, auch Generalmieter genannten, Zwischenmieter einschaltet, der dann an den Endmieter vermietet. Für die gewerbliche Weitervermietung von Wohnraum ist das in § 565 BGB (vormals § 549a BGB a.F.) geregelt.

Gebrauchsüberlassung an Dritte kann auch bei Vermietung an **Wohngemeinschaften** vorliegen, bei denen regelmäßig eine Gesellschaft bürgerlichen Rechts zwischen den Mitgliedern der Wohngemeinschaft zustande kommt oder besteht. Dabei kommt es immer dann zur Untervermietung, wenn an die Stelle ausscheidender Mitglieder der Wohngemeinschaft einem neuen Mitglied der Gebrauch von der Wohngemeinschaft und nicht vom Eigentümer und Vermieter überlassen wird.[9]

Der Anspruch eines Mieters auf Aufnahme eines Mitbewohners als Hauptmieter verletzt den Vermieter nicht in seinem Eigentum.[10]

---

[2] BayObLG München v. 06.10.1997 - RE-Miet 2/96 - juris Rn. 17 - NJW 1998, 1324-1326.
[3] *Heintzmann*, NJW 1994, 1177-1182.
[4] BGH v. 15.06.1981 - VIII ZR 166/80 - juris Rn. 23 - BGHZ 81, 46-52.
[5] LG München I v. 28.05.2004 - 6 O 21145/03 - ZMR 2004, 915-916.
[6] *Joachim*, NZM 2004, 892-896.
[7] BGH v. 15.11.2006 - XII ZR 92/04 - NJW 2007, 288.
[8] *Blank*, LMK 2007, 212509.
[9] LG Saarbrücken v. 25.10.1991 - 13 B S 144/91 - NJW-RR 1992, 781-783.
[10] BVerfG v. 28.01.1993 - 1 BvR 1750/92 - WM 1993, 573.

§ 540

14 Erfolgt die Gebrauchsüberlassung **unentgeltlich**, liegt Leihe vor. Erfolgt die unentgeltliche Gebrauchsüberlassung unverbindlich, liegt Gefälligkeit vor. Beide Überlassungsformen sind vom Wohnungstausch zu unterscheiden, bei dem eine zustimmungspflichtige Übertragung von Mietverhältnissen gegeben ist.[11]

15 Die Überlassung einer Wohnung in einem **Altersheim** erfolgt regelmäßig nicht auch zugunsten der Angehörigen.[12]

16 In geringem Umfang ist ein unselbständiger Mitgebrauch auch ohne Erlaubnis des Vermieters zulässig. Bei **Wohnraummietverhältnissen** ist darauf abzustellen, ob der Dritte in den Haushalt eingegliedert wird oder nur besuchsweise mitgebraucht.[13]

17 Bei **Geschäftsraummietverhältnissen** führt die Änderung der Rechtspersönlichkeit der juristischen Person des Mieters nicht zu einer Gebrauchsüberlassung im Sinne von § 540 BGB, da es an der Voraussetzung des Dritten fehlt.[14]

18 Anderes gilt jedoch, wenn der Betrieb des Mieters selbst unter Beibehaltung der Firma veräußert und auf einen Dritten übertragen wird oder durch den Eintritt eines Dritten in den Betrieb eines Einzelkaufmanns eine Außengesellschaft bürgerlichen Rechts entsteht.[15]

19 Beim Einzug von **Familienangehörigen** in die Mietwohnung liegt eine unberechtigte Untervermietung nur dann vor, wenn der Mieter die Wohnung dem Untermieter zur alleinigen Nutzung überlässt. Will der Mieter auf Dauer seinen Lebensmittelpunkt an einem anderen Ort begründen und ist seine Rückkehr in die Wohnung eher unwahrscheinlich, so steht ihm kein Anspruch auf die Erteilung einer Untervermietungserlaubnis zu.[16]

2. Praktische Hinweise

20 In gewerblichen Mietverhältnissen empfiehlt sich zugunsten des Vermieters die Aufnahme eines **Zustimmungsvorbehalts** in den Mietvertrag, wonach bei Veräußerung und Übertragung des Betriebs oder von Teilen des Betriebes des Mieters die Zustimmung des Vermieters erforderlich ist.

21 Zugunsten des gewerblichen Mieters kann in Geschäftsraummietverträgen bestimmt werden, dass bei identitätswahrenden Veränderungen wie Formwechsel oder Umwandlungen die Zustimmung des Vermieters als erteilt gilt.

22 Üblich ist auch die Klausel, wonach die Zustimmung des Vermieters bei Übertragung des Betriebes des Mieters auf konzernverbundene Unternehmen des Mieters als erteilt gilt.

II. Erlaubnis des Vermieters

1. Definition

23 Die Erlaubnis ist eine **einseitige empfangsbedürftige Willenserklärung** des Vermieters, die formlos möglich ist und auch etwa bei längerer Duldung der Gebrauchsüberlassung stillschweigend erteilt werden kann.[17]

24 Der Vermieter kann die Erlaubnis aus **wichtigem Grund** verweigern und die bereits erteilte Erlaubnis aus wichtigem Grund widerrufen.[18]

25 In einem **Formularmietvertrag** verstößt sowohl der uneingeschränkte Widerrufsvorbehalt als auch der Formzwang für die Erlaubniserteilung gegen § 9 AGBG, jetzt § 307 BGB.[19]

---

[11] LG Berlin v. 11.06.1985 - 64 S 112/85 - Grundeigentum 1986, 39.
[12] LG Kiel v. 21.12.1987 - 1 S 4/87 - WuM 1988, 125.
[13] BayObLG München v. 29.11.1983 - ReMiet 9/82 - juris Rn. 5 - MDR 1984, 316.
[14] BGH v. 21.12.1966 - VIII ZR 195/64 - LM Nr. 17 zu § 705 BGB.
[15] BGH v. 25.04.2001 - XII ZR 43/99 - LM BGB § 549 Nr. 19 (9/2001).
[16] LG Berlin v. 07.06.2005 - 65 S 364/04 - MM 2005, 335.
[17] BGH v. 10.05.2000 - XII ZR 149/98 - LM BGB § 558 Nr. 57 (11/2000).
[18] BGH v. 11.01.1984 - VIII ZR 237/82 - BGHZ 89, 308-316.
[19] BGH v. 15.05.1991 - VIII ZR 38/90 - LM Nr. 4 zu § 9 (Ca) AGBG; BGH v. 11.02.1987 - VIII ZR 56/86 - NJW 1987, 1692-1694.

Der Mieter muss, bevor ihm das Sonderkündigungsrecht bei Verweigerung zusteht, den Vermieter zuvor um Erlaubnis ersucht haben, wobei er den Dritten benennen muss. Dies ist dann nicht erforderlich, wenn der Vermieter die Erlaubnis generell verweigert.[20]

26

Ergibt sich die generelle Untervermietungserlaubnis schon aus dem Vertrag, hat der Mieter kein **Sonderkündigungsrecht** gemäß Absatz 1 Satz 2, wenn der Vermieter die Erlaubnis zu einer Untervermietung auf eine Anfrage des Mieters versagt hat, weil der Mieter keine konkrete Person benannt hat. Im vorliegenden Fall hatte der Mieter lediglich erklärt, einen Untermieter suchen zu wollen, der in den gemieteten Räumen irgendein öffentlich rechtlich zulässiges Gewerbe betreiben wolle.[21]

27

Erst nach **Verweigerung** der Erlaubnis steht dem Mieter das Sonderkündigungsrecht zu. Der Vermieter muss die Verweigerung nur begründen, wenn der Mieter danach fragt.

28

2. Rechtsprechung

Ein **wichtiger Grund** für die Versagung der Erlaubnis liegt vor, wenn die Untervermietung zu einer einseitigen Änderung der vertraglich vereinbarten Nutzungsart führen würde.[22]

29

Gestattet der Vermieter die Überlassung von Geschäftsräumen innerhalb eines im Vertrag umschriebenen Zweckes und beabsichtigt der Mieter eine Untervermietung der Räume zu Zwecken, die außerhalb dieser im Vertrag **vereinbarten Nutzungsart** liegt, richtet sich die Zulässigkeit der Gebrauchsüberlassung nach § 540 BGB. Der Mieter benötigt dann eine Erlaubnis des Vermieters. Dies gilt auch dann, wenn der Vermieter zuvor eine vertragswidrige Untervermietung geduldet hat, denn diese bezieht sich nur auf die einzelne Untervermietung außerhalb des Vertragszweckes.[23]

30

Der Mieter ist ohne Erlaubnis des Vermieters nicht berechtigt, den Gebrauch der Mietsache einem Dritten zu überlassen, insbesondere sie weiterzuvermieten.[24]

31

Der Mieter kann vom Vermieter auch nicht verlangen, dass dieser gegenüber der zuständigen Behörde der Nutzungsänderung der Mietflächen von Wohn- in Büronutzung und dem zu diesem Zweck vom Mieter bei der Baubehörde eingereichten Antrag zustimmt.[25]

32

Der Mieter hat keinen Anspruch auf Zustimmung des Vermieters zu einer den Vertragszwecken widersprechenden Untervermietung, wenn keine Interessenten mit dem geforderten Profil vorhanden sind. Insbesondere liegt in diesem Umstand keine Störung der Geschäftsgrundlage, denn der Mieter trägt grundsätzlich das **Verwendungsrisiko**. Eine Ausnahme ist nur dann möglich, wenn sich der Vermieter am Verwendungsrisiko beteiligen wollte.[26]

33

Keinen Grund in diesem Sinne stellt es dar, wenn die Miete im Untermietverhältnis die Miete im Hauptmietverhältnis übersteigt oder die Untervermietung nur von kurzer Dauer ist.[27]

34

Der vertragsimmanente **Konkurrenzschutz**, der einem Baumarkt zu gewähren ist, der im selben Objekt u.a. mit Bodenbelägen handelt, lässt den Betrieb eines Orientteppichfachgeschäfts unberührt. Die Versagung der Untervermietungserlaubnis für ein solches Fachgeschäft durch den Vermieter rechtfertigt deshalb eine Kündigung des Mietverhältnisses durch den Mieter gemäß § 540 Abs. 1 Satz 2 BGB. Der Mieter kann nach dieser Vorschrift auch dann kündigen, wenn er den Vermieter zunächst nur unzureichend über die Person des Untermieters unterrichtet, dieser Fehler sich aber auf die Versagungsentscheidung nicht auswirkt.[28]

35

---

[20] KG Berlin v. 16.09.1996 - 8 RE Miet 2891/96 - NJW-RR 1997, 333-334.
[21] OLG Celle v. 05.03.2003 - 2 W 16/03 - juris Rn. 4 - NZM 2003, 396-397.
[22] OLG Köln v. 12.04.1996 - 20 U 166/95 - NJW-RR 1997, 204.
[23] OLG Düsseldorf v. 05.09.2002 - 24 U 207/01 - juris Rn. 18 - WuM 2003, 136-138.
[24] OLG München v. 18.10.2002 - 21 U 2900/02 - NJW-RR 2003, 77-78.
[25] OLG München v. 18.10.2002 - 21 U 2900/02 - NJW-RR 2003, 77-78.
[26] OLG Düsseldorf v. 05.09.2002 - 24 U 207/01 - juris Rn. 24 - WuM 2003, 136-138.
[27] LG Landshut v. 14.12.1994 - 12 S 2011/94 - WuM 1996, 408.
[28] OLG Nürnberg v. 03.11.2006 - 5 U 754/06 - OLGR Nürnberg 2007, 8-10; vgl. zum Konkurrenzschutz: *Gather*, DWW 2007, 94-99.

36 Ein **Insolvenzverwalter** hat die Pflicht, eine Untervermietung nach Beendigung des Mietverhältnisses nur mit Erlaubnis des aussonderungsberechtigten Vermieters vorzunehmen, damit die mit jeder Untervermietung verbundene Gefährdung des Rückgabeanspruchs vermindert wird. Dies gilt insbesondere dann, wenn der Vermieter den in Aussicht genommenen Untermieter kennt und er berechtigte Zweifel an dessen Seriosität und Vertragstreue hegt.[29]

D. Rechtsfolgen

I. Sonderkündigungsrecht

37 Rechtsfolge der grundlos verweigerten Zustimmung ist das außerordentliche befristete Kündigungsrecht des Mieters. Bei Wohnraummietverhältnissen richtet sich die Kündigungsfrist nach § 573d BGB und beträgt drei Monate.

38 In Geschäftsraummietverhältnissen kann gemäß § 580 Abs. 4 BGB nur zum Quartalsende gekündigt werden.

II. Haftung des Mieters

39 Der Mieter haftet gemäß § 540 BGB für das **Verschulden des Dritten** unabhängig davon, ob der Vermieter die Gebrauchsüberlassung erlaubt hat oder nicht. Der Mieter haftet für den Untermieter daher wie für einen Erfüllungsgehilfen. Die Haftung des Mieters ist jedoch auf das Verschulden des Dritten bei Gebrauch der Mietsache beschränkt. Hierunter fällt alles, was der Dritte in Bezug auf den Gebrauch der Mietsache fahrlässig oder vorsätzlich zu verantworten hat.

40 Hiervon abzugrenzen ist die Haftung des Mieters wegen unerlaubter Gebrauchsüberlassung, die als Vertragsverletzung zu werten ist.

III. Rechtsprechung

41 Der Mieter haftet für eine vorsätzlich herbeigeführte **Explosion** durch den Untermieter während des Aufenthaltes in der Mietsache, da dieser insoweit beim Gebrauch handelt.[30]

42 Bei nur leicht fahrlässiger Herbeiführung des Versicherungsfalls eines Brandschadens durch den Untermieter oder den Hauptmieter können sich diese gegenüber dem Vermieter auf einen Regressverzicht des Gebäude-Feuerversicherers berufen.[31]

43 Eine Haftung des Mieters tritt auch ein bei **Störung des Hausfriedens** oder unerlaubten Handlungen durch den Untermieter. Gibt der Mieter die Mietsache an einen Dritten weiter, so ist er dem Vermieter bei Unterschlagung durch den Dritten verantwortlich.[32]

44 Der Mieter eines kaskoversicherten Kfz muss sich die grob fahrlässige Schadensverursachung durch den von ihm beauftragten Fahrer wie eigenes Fehlverhalten zurechnen lassen, auch wenn der Fahrer versicherungsrechtlich nicht Repräsentant des Mieters ist.[33]

45 Vereinbaren die Parteien eines gewerblichen Kraftfahrzeugmietvertrages gegen ein gesondertes Entgelt eine Haftungsreduzierung für den Mieter nach Art der Vollkaskoversicherung mit Selbstbeteiligung, so verliert der Mieter diesen Versicherungsschutz nicht, wenn ein Dritter (hier: angestellter Kraftfahrer), dem er das Fahrzeug überlassen hat, dieses schuldhaft (hier: Unfall nach Trunkenheitsfahrt) beschädigt. Ein Dritter (Fahrer, Untermieter o.Ä.), dem der Mieter das Fahrzeug überlässt, ist nicht als Repräsentant im Sinne des Versicherungsrechts anzusehen.[34]

---

[29] BGH v. 25.01.2007 - IX ZR 216/05 - juris Rn. 9 - EWiR 2007, 437; kritisch hierzu *Ferslev*, EWiR 2007, 437-438.
[30] BGH v. 17.10.1990 - VIII ZR 213/89 - BGHZ 112, 307-311.
[31] OLG Karlsruhe v. 13.03.2007 - 8 U 13/06 - OLGR Karlsruhe 2007, 378-381.
[32] OLG München v. 05.02.1986 - 7 U 4904/85 - NJW-RR 1987, 727-729.
[33] OLG Hamm v. 22.03.2006 - 30 U 177/05 - juris Rn. 56-65 - NZV 2006, 593-596.
[34] OLG Köln v. 02.12.2009 - 11 U 146/08 - juris Rn. 20.

Ist dem kündigenden Hauptmieter bekannt, dass ein Mietinteresse der benannten Untermieter nicht besteht, so ist die Ausübung eines sich aus der unberechtigten Verweigerung der Erlaubnis zur Untervermietung ergebenden außerordentlichen Kündigungsrechts nach § 540 Abs. 1 Satz 2 BGB rechtsmissbräuchlich (§ 242 BGB).[35]

Gemäß einer Entscheidung des OLG Düsseldorf wird der Schadensersatzanspruch des Vermieters nach § 540 Abs. 2 BGB durch den Verkehrswert des bebauten Grundstücks, den es vor dem Schadensereignis hatte, begrenzt. Im vorliegenden Fall ging der Vermieter, nachdem die Feuerversicherung nur einen Teil der Wiederherstellungskosten ersetzt hatte, in Höhe des noch offenen Betrages gegen die Mieterin vor. Jedoch hatte seine Klage keinen Erfolg, denn gegenüber der Mieterin war es **unzumutbar**, den Herstellungsaufwand in Ansatz zu bringen. Grund dafür war, dass der Herstellungsaufwand den Verkehrswert des Grundstücks vor Schadenseintritt deutlich um mehr als das Doppelte überstieg. Das ist unangemessen im Sinne des § 251 Abs. 2 Satz 1 BGB.[36]

IV. Abdingbarkeit

Die Regelung in § 540 BGB ist teilweise abdingbar. In **Wohnraummietverhältnissen** kann von § 540 BGB nur insoweit abgewichen werden, als es sich nicht um eine Gebrauchsüberlassung im berechtigten Interesse des Mieters im Sinne von § 553 BGB handelt.

Bei Mietverhältnissen über andere Räume, insbesondere bei **Geschäftsraummietverhältnissen**, kann die Untervermietung, nicht aber das Sonderkündigungsrecht isoliert, abbedungen werden.[37]

E. Prozessuale Hinweise

Die Erlaubnis zur Gebrauchsüberlassung kann der Mieter im Wege der **Leistungsklage** gegen den Vermieter gerichtet auf Verurteilung zur Erteilung der Erlaubnis verfolgen. Der Mieter trägt die Beweislast für die Vereinbarung, aus der sich sein Recht zur Untervermietung ergibt und für den von ihm konkret benannten Dritten.

Hat der Vermieter keine Erlaubnis erteilt und der Mieter gleichwohl die Mietsache einem Dritten zum Gebrauch überlassen, so kann der Vermieter mit der **Unterlassungsklage** gegen den Mieter vorgehen. Der Vermieter trägt die Beweislast für den wichtigen Grund, auf den er die Versagung der Erlaubnis stützt.

---

[35] BGH v. 11.11.2009 - VIII ZR 294/08 - juris Rn. 12 - WuM 2010, 30-31.
[36] OLG Düsseldorf v. 07.06.2011 - 24 U 123/09 - MDR 2012, 85-86.
[37] BGH v. 04.07.1990 - VIII ZR 288/89 - BGHZ 112, 65-73; BGH v. 24.05.1995 - XII ZR 172/94 - BGHZ 130, 50-59.

§ 541 BGB Unterlassungsklage bei vertragswidrigem Gebrauch

(Fassung vom 02.01.2002, gültig ab 01.01.2002)

Setzt der Mieter einen vertragswidrigen Gebrauch der Mietsache trotz einer Abmahnung des Vermieters fort, so kann dieser auf Unterlassung klagen.

Gliederung

A. Grundlagen... 1	1. Definition 8
I. Kurzcharakteristik................................ 1	2. Rechtsprechung 9
II. Systematik....................................... 2	III. Abmahnung 20
B. Praktische Bedeutung..................... 3	1. Definition 20
C. Anwendungsvoraussetzungen 4	2. Abdingbarkeit 22
I. Normstruktur..................................... 4	**D. Rechtsfolgen** 24
II. Fortgesetzter vertragswidriger Gebrauch 8	**E. Prozessuale Hinweise**...................... 25

A. Grundlagen

I. Kurzcharakteristik

1   Die Vorschrift § 541 BGB enthält die **Anspruchsgrundlage** für den Unterlassungsanspruch des Vermieters bei vertragswidrigem Gebrauch der Mietsache durch den Mieter Sie entspricht der bisherigen Regelung in § 550 BGB a.F.

II. Systematik

2   Die Regelung gilt wegen ihrer **systematischen Stellung** für alle Mietverhältnisse.

B. Praktische Bedeutung

3   Anspruchsgrundlage des **Unterlassungsanspruchs** des Vermieters ist unmittelbar § 541 BGB. Der Anspruch ist auf die Unterlassung vertragswidrigen Gebrauchs gerichtet. Daneben kann der Vermieter dem Mieter bei vertragswidrigem Gebrauch auch gemäß § 543 Abs. 2 Nr. 2 BGB kündigen oder Schadensersatzansprüche aus den §§ 280, 823 BGB geltend machen.

C. Anwendungsvoraussetzungen

I. Normstruktur

4   Der Unterlassungsanspruch des Vermieters setzt **vertragswidrigen Gebrauch** der Mietsache durch den Mieter, die daraufhin ergangene Abmahnung durch den Vermieter und die Fortsetzung des vertragswidrigen Gebrauchs seitens des Mieters voraus.

5   Während das Kündigungsrecht des Vermieters gemäß § 543 Abs. 2 Nr. 2 BGB eine erhebliche Verletzung der Rechte des Vermieters voraussetzt, genügt für den Unterlassungsanspruch des Vermieters grundsätzlich jeder vertragswidrige Gebrauch der Mietsache durch den Mieter.

6   Wegen der mieterschützenden Anforderung der **Abmahnung** an den Unterlassungsanspruch aus § 541 BGB wird allgemein vertreten, dass der mietrechtliche Anspruch dem Anspruch des Vermieters als Eigentümer aus § 1004 BGB vorgeht.

7   Für das Wohnraummietverhältnis hat der BGH klargestellt, dass ein auf Beseitigung gerichteter Anspruch nicht auf § 1004 BGB, sondern allein auf § 541 BGB gestützt werden kann.[1]

---

[1] BGH v. 17.04.2007 - VIII ZB 93/06 - EBE/BGH 2007, 198.

II. Fortgesetzter vertragswidriger Gebrauch

1. Definition

Fortgesetzter vertragswidriger Gebrauch der Mietsache liegt vor, wenn der Mieter selbst oder über einen Dritten, dem er den Gebrauch mit oder ohne Erlaubnis des Vermieters überlassen hat, die Mietsache objektiv anders gebrauch, als dies im Vertrag vereinbart wurde. Maßgebliches Kriterium für die Ermittlung des fortgesetzten vertragswidrigen Gebrauchs ist der vereinbarte **Vertragszweck**.[2] 8

2. Rechtsprechung

Hat der Mieter seinen Lebensmittelpunkt aus der bei dem klagenden Vermieter angemieteten Wohnung in eine andere verlegt und steht in der streitgegenständlichen Wohnung nur noch umfangreicher Hausrat, so vermag das nicht die grundsätzlich nach wie vor gegebene Nutzung zu Wohnzwecken zu verhindern. Den Mieter trifft insoweit keine **Gebrauchspflicht**.[3] 9

In der **unbefugten Gebrauchsüberlassung** liegt eine Verletzung der mietvertraglichen Pflichten.[4] 10

Es ist einem Mieter unbenommen, eigene oder in seiner Verfügungsbefugnis stehende Hausratsgegenstände von Familienmitgliedern aus einer zu Wohnzwecken angemieteten Wohnung zu veräußern. Darin liegt auch dann grundsätzlich keine von einer Vereinbarung mit dem Vermieter abhängige **geschäftliche Tätigkeit** des Mieters, wenn sie nach außen in Erscheinung tritt. Dies geht nur soweit, solange die angebotenen Gegenstände keine ständig wechselnden Durchlaufposten sind und der Mieter durch die Verkaufsaktivitäten Schutz- und Obhutspflichten in Bezug auf die Mietsache nicht verletzt oder den vertragsgemäßen Gebrauch anderer Mieter nicht stört.[5] 11

Das ist auch der Fall bei der **Haustierhaltung**, wenn der Vermieter diese ausdrücklich unter den Vorbehalt seiner schriftlichen Zustimmung gestellt hat und die Erteilung seiner Erlaubnis berechtigt verweigert.[6] 12

Ohne einen solchen Vorbehalt des Vermieters wird überwiegend Kleintierhaltung als vertragsgemäßer Gebrauch angesehen. Hinsichtlich des Haltens von Hunden und Katzen ist umstritten, ob dies noch vertragsgemäßer Gebrauch ist. Die Rechtsprechung verlangt teilweise keine Genehmigung des Vermieters zur Tierhaltung des Mieters. Der Vermieter habe bei Störungen durch das Tier nur einen Unterlassungsanspruch.[7] 13

Entgegen dieser Ansicht soll wegen der Vielzahl der unterschiedlichen Interessenlagen dagegen nicht ohne weiteres vertragsgemäßer Gebrauch anzunehmen sein. Vielmehr ist die Zulässigkeit der Tierhaltung im Einzelfall auf Grund umfassender Interessenabwägung zu entscheiden. Hierbei kommt es insbesondere auf Art und Zahl der Tiere, Größe der Wohnung und andere Umstände an. Die Tierhaltung hängt von einer Erlaubnis des Vermieters ab. Der Mieter hat allerdings einen Rechtsanspruch auf Erteilung der Erlaubnis, wenn seine Interessen an der Tierhaltung gewichtiger als die Interessen des Vermieters an der Versagung sind.[8] 14

Nicht zum vertragsgemäßen Gebrauch gehören ferner **Lärm** sowie die Bewohner oder das Gebäude gefährdende Baumaßnahmen.[9] 15

Wird im Mietvertrag der **Vertragszweck** festgelegt und nutzt der Mieter die Mietsache in darüber hinausgehender oder anderer Weise, so kann darin ein vertragswidriger Gebrauch liegen. 16

---

[2] Zusammenstellung bei: *Gather*, DWW 1995, 234-242.
[3] BGH v. 08.12.2010 - VIII ZR 93/10 - WuM 2011, 98-99.
[4] BayObLG München v. 26.04.1995 - RE-Miet 3/94 - NJW-RR 1995, 969-971.
[5] BGH v. 08.12.2010 - VIII ZR 93/10 - WuM 2011, 98-99.
[6] LG Braunschweig v. 07.01.1988 - 7 S 204/87 - NJW-RR 1988, 910-911.
[7] AG Bremen v. 05.05.2006 - 7 C 240/2005 - WuM 2007, 124; AG Köln v. 13.01.1997 - 213 C 369/96 - MDR 1997, 344; LG Hildesheim v. 11.02.1987 - 7 S 472/86 - WuM 1989, 9.
[8] So auch *Schmidt/Futterer*, Mietrecht, 8. Aufl., § 541 Rn. 57; LG Mannheim v. 16.09.1992 - 4 S 73/92 - ZMR 1992, 545; AG Bayreuth v. 02.06.2000 - 4 C 62/00 - ZMR 2000, 765.
[9] LG Braunschweig v. 24.04.1985 - 12 S 231/84 - juris Rn. 3 - NJW 1986, 322.

17 Dies wurde **beispielsweise** entschieden für die Nutzung einer zu Wohnzwecken vermieteten Wohnung als Kindertagesstätte[10], für die Unterbringung von Asylbewerbern in einem für einen bestimmten Geschäftsbetrieb vermietetem Objekt[11] oder für eine Autovermietung auf einem zum Betrieb einer Tankstelle verpachteten Grundstück[12].

18 Ist für einen Gewerberaum als Mietzweck „Betrieb eines Spielwaren- und Babyartikel Fachmarktes sowie Kinderbekleidung" vereinbart, so stellt die Lagerung und/oder der Verkauf von Silvesterfeuerwerksprodukten der Kategorie 2 einen vertragswidrigen Gebrauch der Mietsache dar. Bei Silvesterfeuerwerksprodukten der Kategorie 2 handelt es sich nicht um Spielwaren.[13]

19 Der vertragswidrige Gebrauch der Mietsache durch den Mieter besteht nicht in der Anbringung und Vorhaltung einer **Satellitenempfangsanlage**. Allerdings lag in dem der Entscheidung zugrunde liegenden Fall der vertragswidrige Gebrauch des Mieters darin, dass er eine Zuleitung zu der Satellitenempfangsanlage des Nachbarn gelegt hatte. Mit Entfernung dieser Zuleitung ist der vertragswidrige Gebrauch der Mietsache durch den Mieter beendet.[14]

III. Abmahnung

1. Definition

20 Die Abmahnung ist Mahnung im Sinne von § 284 BGB und muss vom Vermieter erklärt werden und dem Mieter zugehen. **Inhaltlich** muss sie den vertragswidrigen Gebrauch konkret bezeichnen und die Aufforderung enthalten, binnen angemessener Zeit den vertragswidrigen Gebrauch zu beenden.[15]

21 Die Abmahnung kann **entbehrlich** sein, wenn der Mieter sich ernsthaft und endgültig weigert, den vertragswidrigen Gebrauch einzustellen.[16]

2. Abdingbarkeit

22 Das Erfordernis der Abmahnung kann in allen Mietverhältnissen grundsätzlich **individualvertraglich** abbedungen werden.

23 Eine Privilegierung des Wohnungsmieters sieht das Gesetz an dieser Stelle nicht vor. Der **formularmäßige** Ausschluss verstößt jedoch gegen § 309 Nr. 4 BGB (früher § 11 Nr. 4 AGBG).

D. Rechtsfolgen

24 Die Rechtsfolge des trotz Abmahnung fortgesetzten vertragswidrigen Gebrauchs ist der klagbare **Unterlassungsanspruch** des Vermieters.

E. Prozessuale Hinweise

25 Neben der Unterlassungsklage kann der Vermieter auch im Wege des **vorläufigen Rechtsschutzes** gegen den Mieter vorgehen, wenn die Voraussetzungen des § 541 BGB und die weiteren Voraussetzungen der einstweiligen Verfügung gemäß § 935 ZPO vorliegen.

26 Der Vermieter trägt die **Beweislast** für den vertragswidrigen Gebrauch, die Abmahnung und den fortgesetzten vertragswidrigen Gebrauch der Mietsache durch den Mieter. Bei einer Mehrheit von Mietern kann der Vermieter den Unterlassungsanspruch nur gegen den störenden Mieter geltend machen.[17]

---

[10] LG Berlin v. 06.07.1992 - 61 S 56/92 - NJW-RR 1993, 907-908.
[11] OLG München v. 26.01.2001 - 21 U 3595/94 - OLGR München 2001, 63-64.
[12] OLG Hamm v. 20.05.1998 - 30 U 193/97 - NZM 1999, 1050-1052.
[13] KG Berlin v. 06.06.2011 - 8 U 9/11 - Grundeigentum 2011, 1083-1084.
[14] BGH v. 16.09.2009 - VIII ZR 67/08 - Grundeigentum 2009, 1550-1551.
[15] Vgl. für die Jagdpacht: BGH v. 18.11.1999 - III ZR 168/98 - juris Rn. 21 - LM BJagdG Nr. 24 (7/2000).
[16] BGH v. 19.02.1975 - VIII ZR 195/73 - MDR 1975, 572.
[17] *Voelskow* in: MünchKomm-BGB, § 550 Rn. 6.

Der Mieter kann nicht auf **Feststellung** klagen, dass die Abmahnung unbegründet war, weil er hierfür kein Feststellungsinteresse hat.[18] Diese Auffassung wurde vom BGH[19] nunmehr bestätigt. Selbst bei einer unberechtigten Abmahnung kann der Mieter vom Vermieter weder Beseitigung noch Unterlassung der Abmahnung verlangen. Ein solcher Anspruch ist weder in den §§ 535 ff. BGB noch sonst geregelt. Er lässt sich auch nicht aus den §§ 241 Abs. 2, 242 BGB herleiten, weil eine unberechtigte Abmahnung den Mieter noch nicht in seinen Rechten verletzt. Bei der in den §§ 541, 543 Abs. 3 BGB angesprochenen Abmahnung handelt es sich um eine rechtsgeschäftsähnliche Erklärung, die darauf abzielt, der anderen Vertragspartei ein bestimmtes, als Vertragsverletzung beanstandetes Fehlverhalten vor Augen zu führen, und zwar verbunden mit der Aufforderung, dieses Verhalten zur Vermeidung weiterer vertragsrechtlicher Konsequenzen aufgeben oder zu ändern. Darin erschöpfen sich ihre gegenwärtigen Wirkungen für den abgemahnten Mieter.

27

Insbesondere ändert die Abmahnung nichts daran, dass der Vermieter, wenn er sich in einem späteren Kündigungsrechtsstreit auf das abgemahnte Verhalten stützen will, durch die Abmahnung keinen Beweisvorsprung erlangt, sondern den vollen Beweis für die vorausgegangene Pflichtwidrigkeit zu führen hat.

28

Insoweit lässt sich die arbeitsrechtliche Beurteilung zu den Folgen einer fehlerhaften Abmahnung nicht auf das Mietvertragsrecht übertragen. Im Arbeitsrecht wird dem Arbeitnehmer über § 242 BGB und eine entsprechende Anwendung von § 1004 BGB ein Beseitigungsanspruch gegen eine zu Unrecht erteilte Abmahnung zugebilligt. Grundlage der Zubilligung eines Beseitigungs- und Unterlassungsanspruchs gegen eine auf arbeitsrechtlichem Gebiet liegende Abmahnung sind die ausgeprägte Fürsorgepflicht des Arbeitgebers sowie damit einhergehend weitgehende persönlichkeitsrechtliche Pflichtenbindungen. Diese sind im Mietvertragsrecht – wenn überhaupt – jedenfalls nicht in einer auch nur annähernd vergleichbaren Form anzutreffen. Eine auf Feststellung der Unbegründetheit einer Abmahnung gerichtete Klage ist folglich unzulässig, weil ihr das gemäß § 256 Abs. 1 ZPO erforderliche Feststellungsinteresse fehlt. Zulässiger Gegenstand einer Feststellungsklage kann nur das Bestehen oder Nichtbestehen eines Rechtsverhältnisses sein. Dazu können auch einzelne, aus einem Rechtsverhältnis sich ergebende Rechte und Pflichten gehören, nicht aber bloße Elemente oder Vorfragen eines Rechtsverhältnisses, reine Tatsachen oder etwa die Wirksamkeit von Willenserklärungen oder die Rechtswidrigkeit eines Verhaltens.[20]

29

---

[18] LG Berlin v. 20.08.1996 - 65 S 187/96 - NJW-RR 1997, 204-205.
[19] BGH v. 20.02.2008 - VIII ZR 139/07 - NJW 2008, 1303.
[20] BGH v. 20.02.2008 - VIII ZR 139/07 - NJW 2008, 1303.

§ 542 BGB Ende des Mietverhältnisses

(Fassung vom 02.01.2002, gültig ab 01.01.2002)

(1) Ist die Mietzeit nicht bestimmt, so kann jede Vertragspartei das Mietverhältnis nach den gesetzlichen Vorschriften kündigen.

(2) Ein Mietverhältnis, das auf bestimmte Zeit eingegangen ist, endet mit dem Ablauf dieser Zeit, sofern es nicht

1. in den gesetzlich zugelassenen Fällen außerordentlich gekündigt oder
2. verlängert wird.

Gliederung

A. Grundlagen 1	1. Definition 19
I. Kurzcharakteristik 1	2. Verlängerung 21
II. Systematik 2	3. Rechtsprechung 24
B. Praktische Bedeutung 3	IV. Sonstige Beendigungsmöglichkeiten 28
C. Anwendungsvoraussetzungen 5	1. Aufhebungsvereinbarung 28
I. Normstruktur 5	2. Beendigung in der Insolvenz einer Mietvertragspartei 34
II. Unbefristete Mietverträge 8	3. Nachmieterregelungen 40
1. Definition 8	4. Spezialgesetzliche Sonderkündigungsrechte 47
2. Kündigung 9	**D. Prozessuale Hinweise** 50
3. Rechtsprechung 14	
III. Zeitmietverträge 19	

A. Grundlagen

I. Kurzcharakteristik

1 Die Vorschrift § 542 BGB bestimmt, wann Mietverhältnisse enden. Sie entspricht im Wesentlichen dem bisherigen § 564 BGB a.F.

II. Systematik

2 Die Regelung gilt wegen ihrer **systematischen Stellung** für alle Mietverhältnisse.

B. Praktische Bedeutung

3 Die Regelung in § 542 BGB enthält keinen Kündigungstatbestand, sondern bestimmt lediglich, wann Mietverhältnisse enden. Dabei ist zwischen Mietverhältnissen auf unbestimmte Zeit und befristeten Mietverhältnissen, so genannten Zeitmietverträgen, zu unterscheiden. Beide können durch Kündigung beendet werden.

4 Weitere **Beendigungsmöglichkeiten** sind die Vereinbarung eines Aufhebungsvertrages, der Eintritt einer aufschiebenden Bedingung, die Ausübung eines Rücktrittsrechts, die Anfechtung des Mietvertrages, Unmöglichkeit und Wegfall der Geschäftsgrundlage.[1] Daneben können vertragliche oder spezialgesetzliche Sonderkündigungsrechte die vorzeitige Beendigung eines Mietvertrages ermöglichen.

C. Anwendungsvoraussetzungen

I. Normstruktur

5 In Absatz 1 regelt § 542 BGB die **Beendigung** unbefristeter Mietverhältnisse und in Absatz 2 die Beendigung befristeter Mietverhältnisse.

---

[1] Übersicht bei *Weidenkaff* in: Palandt, § 542 Rn. 2-8.

Für Letztere stellt § 542 Abs. 2 Nr. 1 BGB klar, dass ein **Zeitmietvertrag** auch vor Ablauf der Mietzeit außerordentlich gekündigt werden kann.

Außerdem bestimmt § 542 Abs. 2 Nr. 2 BGB, dass ein befristetes Mietverhältnis dann nicht endet, wenn es **verlängert** wurde.

II. Unbefristete Mietverträge

1. Definition

Haben die Parteien die Mietzeit nicht bestimmt oder den Mietvertrag auf **unbestimmte Zeit** abgeschlossen, so kann jede Partei nach den gesetzlichen Vorschriften kündigen. Die Fristen für die ordentliche Kündigung bei Wohnraummiete bestimmen sich nach den §§ 573c, 573a Abs. 1 Satz 2, 573b Abs. 2 BGB und bei Geschäftsräumen nach den §§ 580a, 550 Satz 2 BGB.

2. Kündigung

Die Kündigung ist ein **Gestaltungsrecht** und damit bedingungsfeindlich. Als einseitig empfangsbedürftige Willenserklärung muss sie dem anderen Vertragspartner zugehen, § 130 BGB (vgl. die Kommentierung zu § 130 BGB). Die Kündigung ist grundsätzlich formfrei möglich, wenn die Parteien nichts Abweichendes vereinbart haben. Bei Wohnraummietverhältnissen gilt jedoch Schriftform gemäß § 568 Abs. 1 BGB (vgl. die Kommentierung zu § 568 BGB). Die Erklärung muss nicht ausdrücklich das Wort „Kündigung" enthalten. Das Verhalten des Erklärenden muss jedoch auf eine rechtsverbindliche Erklärung schließen lassen.

Wenn der Vermieter eine unwirksame Mietvertragskündigung ausgesprochen hat, so kann ein späteres Schreiben des Mieters, in dem dieser die Rückgabe des Mietobjekts ankündigt, eine konkludente Mieterkündigung darstellen.[2]

Eine unwirksame außerordentliche Kündigung kann gemäß §§ 140, 133 BGB (vgl. die Kommentierung zu § 140 BGB und die Kommentierung zu § 133 BGB) in eine ordentliche Kündigung **umgedeutet** werden, wenn das Mietverhältnis auch ordentlich beendet werden sollte und die ordentliche Kündigung wirksam wäre.[3]

Wegen der **Einheitlichkeit** des Mietverhältnisses gilt der Grundsatz, dass die Kündigung von allen an alle erklärt werden muss.[4]

Eine **Teilkündigung** einheitlicher Mietverträge ist grundsätzlich unzulässig. Klassischer Fall ist die Kündigung von Wohnung oder Garage unabhängig davon, ob die Garage erst später hinzugemietet wurde[5], es sei denn es liegen zwei unabhängige Verträge vor[6]. Gesetzlich zugelassen ist dagegen die Teilkündigung von Nebenräumen gemäß § 573b BGB.

3. Rechtsprechung

Eine wirksame Kündigung im Sinne von § 542 BGB liegt nicht schon in der **Übersendung der Schlüssel** an den Vermieter.[7]

Die Kündigung zum **falschen Termin** ist grundsätzlich unwirksam, kann aber u.U. umgedeutet werden.[8]

Bei einem **einheitlichen Mietvertrag** über eine Wohnung mit Garage kann grundsätzlich keine gesonderte Kündigung nur für die Garage erklärt werden.[9]

Werden zunächst im zweiten Obergeschoss eines Hauses gelegene Räume und nachträglich weitere Räume im dritten Obergeschoss angemietet, so ist eine **Teilkündigung** des Mietvertrages über die

---

[2] LG Hamburg v. 10.04.2003 - 307 S 134/02 - ZMR 2004, 37-38.
[3] BGH v. 12.01.1981 - VIII ZR 332/79 - LM Nr. 43 zu § 581 BGB.
[4] Für Leasingverträge BGH v. 28.06.2000 - VIII ZR 240/99 - BGHZ 144, 371-385.
[5] LG Wuppertal v. 26.10.1995 - 9 S 356/94 - WuM 1996, 621.
[6] LG Hamburg v. 05.04.1991 - 311 S 262/90 - juris Rn. 4 - WuM 1991, 672-673.
[7] OLG Köln v. 09.07.1997 - 27 U 5/97 - OLGR Köln 1997, 277-278.
[8] LG Köln v. 15.02.1991 - 10 T 23/91 - WuM 1993, 542-543.
[9] LG Braunschweig v. 10.10.1985 - 7 S 145/85 - ZMR 1986, 165-166.

Räume im zweiten Obergeschoss nicht möglich, wenn es sich um ein einheitliches Mietverhältnis handelt. Ob ein solches gegeben ist oder zwei gesonderte Vertragsverhältnisse vorliegen, ist durch Auslegung der Vereinbarungen zu ermitteln.[10]

18 Für die Kündigung eines mit einer **Außen-GbR** abgeschlossenen Mietvertrages genügt es, wenn sich aus der Kündigungserklärung entnehmen lässt, dass das Mietverhältnis mit der Gesellschaft gekündigt werden soll und die Kündigung einem vertretungsberechtigten Gesellschafter zugeht.[11]

III. Zeitmietverträge

1. Definition

19 Zeitmietverträge sind Mietverträge, bei denen die Mietzeit auf eine bestimmte Kalenderzeit festgelegt wurde. Solche Mietverträge enden mit **Ablauf der vereinbarten Mietzeit**, ohne dass es einer Kündigung bedarf.[12]

20 Bei Wohnraummietverhältnissen muss ein Zeitmietvertrag die Voraussetzungen gemäß § 575 BGB (vgl. die Kommentierung zu § 575 BGB) erfüllen, so genannter „**qualifizierter Zeitmietvertrag**". Andernfalls gilt der Vertrag als unbefristetes Mietverhältnis, das nach § 542 BGB kündbar ist.

2. Verlängerung

21 Zeitmietverträge enden nicht mit Ablauf der Mietzeit, wenn sie verlängert wurden. Die **Verlängerung** kann vertraglich oder gesetzlich bestimmt sein. Gesetzlich ist die stillschweigende Verlängerung in § 545 BGB geregelt. Wird das Mietverhältnis nicht verlängert, muss es neu begründet werden.

22 **Verlängerungsklauseln** können eine automatische oder optionale Verlängerung des Mietverhältnisses vorsehen. Bei einer automatischen Verlängerungsklausel muss die Vertragspartei erklären, dass sie keine Verlängerung des Mietverhältnisses wünscht. Diese Erklärung ist keine Kündigung.[13]

23 Eine **Verlängerungsoption** muss dagegen ausgeübt werden, damit das Mietverhältnis fortgesetzt werden kann. Sie wird durch einseitige Willenserklärung ausgeübt und muss in der Regel während der Mietzeit ausgeübt werden. Nach Ausübung erlischt das Optionsrecht.[14]

3. Rechtsprechung

24 Ein **Zeitmietvertrag** liegt noch nicht vor, wenn im Mietvertrag der Mietzins für einen bestimmten Zeitraum verbindlich festgelegt wird, eine Mietzeit ansonsten aber nicht vereinbart ist.[15]

25 Ferner ist keine **Befristung** anzunehmen, wenn im Mietvertrag zwar einerseits eine Mietzeit festgelegt wird, dem Mieter aber andererseits das Recht zu einer fristgemäßen Kündigung eingeräumt wird.[16]

26 Ein auf **Lebenszeit** abgeschlossener Mietvertrag begründet hingegen ein befristetes Mietverhältnis.[17]

27 Stellt der Vermieter dem Mieter dessen Auszug bei andauernden Auseinandersetzungen frei, so liegt darin die Aufhebung der Befristung.[18]

IV. Sonstige Beendigungsmöglichkeiten

1. Aufhebungsvereinbarung

28 Mietverträge können unabhängig von ihrer Beendigung durch Kündigung auch einvernehmlich aufgehoben werden.

---

[10] KG Berlin v. 12.09.2002 - 8 U 308/01 - juris Rn. 3.
[11] BGH v. 23.11.2011 - XII ZR 210/09 - DB 2012, 109-110.
[12] OLG Dresden v. 24.09.1998 - 7 U 937/98 - juris Rn. 35 - ZMR 1999, 104-106.
[13] OLG Düsseldorf v. 10.07.1996 - 9 U 10/96 - NJW-RR 1998, 11-12.
[14] OLG Köln v. 27.02.1996 - 22 U 132/95 - ZMR 1996, 433-434.
[15] BGH v. 28.01.1976 - VIII ZR 263/74 - LM Nr. 37 zu § 133 BGB.
[16] LG Gießen v. 17.04.1996 - 1 S 529/95 - NJW-RR 1996, 1293-1294.
[17] BayObLG München v. 02.07.1993 - RE-Miet 5/92 - NJW-RR 1993, 1164-1165.
[18] LG Koblenz v. 24.06.1998 - 12 S 416/97 - NZM 1998, 859.

Soweit der Mietvertrag für Änderungen und Ergänzungen die **Schriftform** vorsieht, bezieht sich diese Regelung nicht auf die Beendigung des Vertragsverhältnisses durch Abschluss eines Mietaufhebungsvertrages.[19] 29

Die einvernehmliche **Aufhebung** eines Mietvertrages setzt grundsätzlich die Einigung der Mietvertragsparteien über die Beendigung des Mietvertrages unter Einhaltung der vertraglich vereinbarten Form voraus. 30

Eine unwirksame oder zur Unzeit ausgesprochene Kündigung kann grundsätzlich nicht in ein Angebot auf Vertragsaufhebung umgedeutet werden. Nimmt der Vermieter eine solche Kündigung jedoch ausdrücklich an, bietet er damit regelmäßig seinerseits dem Mieter die Aufhebung des Vertrages an. In der stillschweigenden Hinnahme dieser Erklärung durch den Mieter kann in solchen Fällen jedenfalls dann die Annahme dieses Angebotes liegen, wenn der Mieter weiterhin ausdrücklich an seiner Auffassung der vorzeitigen Vertragsbeendigung festhält.[20] 31

In der bloßen Aufforderung durch einen Mitarbeiter einer Hausverwaltung, dass die Mietsache unverzüglich zu räumen und die Schlüssel herauszugeben seien, weil die Verwaltung einen neuen Mieter gefunden hätte, liegt noch kein Angebot zum Abschluss eines Aufhebungsvertrages.[21] 32

Die Kündigung eines Wohnraummietverhältnisses, die nach dem Auszug eines Mitmieters allein gegenüber dem die Wohnung weiter nutzenden Mieter ausgesprochen wird, ist wirksam. Der Mieter, der die Wohnung mit Einverständnis des Vermieters allein weiter nutzt, ist nach Treu und Glauben verpflichtet, an einer Vertragsänderung mitzuwirken, durch die eine vertragliche Regelung zustande kommt, die den tatsächlichen Nutzungsverhältnissen entspricht. Der in dieser Weise widersprüchlich handelnde Mieter muss sich gegenüber seinen Vertragspartnern so behandeln lassen, als habe er seine Zustimmung zur Entlassung des Mitmieters und zur Fortsetzung des Mietverhältnisses mit ihm allein erteilt.[22] 33

2. Beendigung in der Insolvenz einer Mietvertragspartei

Mit dem Übergang des Verwaltungs- und Verfügungsrechts gemäß § 80 InsO auf den Insolvenzverwalter bestehen Mietverhältnisse des insolventen Mieters oder Vermieters wegen § 108 InsO zunächst fort. 34

In der **Insolvenz des Mieters** oder Pächters kann der Insolvenzverwalter den Mietvertrag gemäß § 109 InsO ohne Rücksicht auf die vereinbarte Vertragsdauer und die gesetzliche Kündigungsfrist kündigen. Für Wohnraummietverhältnisse tritt wegen des besonderen Schutzbedürfnisses an die Stelle der Kündigung die Erklärung des Insolvenzverwalters, dass Ansprüche nach Ablauf der Vertragsdauer bzw. der Kündigungsfrist nicht mehr im Insolvenzverfahren geltend gemacht werden können. 35

Den Vermieter des insolventen Mieters trifft die **Kündigungssperre** nach § 112 InsO, wonach der Vermieter nach dem Antrag auf Eröffnung des Insolvenzverfahrens nicht wegen Verzugs oder verschlechterter Vermögensverhältnisse kündigen kann. 36

In der **Insolvenz des Vermieters** sind dessen Verfügungen über die Miete gemäß § 110 InsO nur für den laufenden Kalendermonat wirksam, in dem das Insolvenzverfahren eröffnet wurde. Der Insolvenzverwalter kann die Mietsache veräußern, wobei der Erwerber ein Sonderkündigungsrecht gemäß § 111 InsO erhält.[23] 37

Die **Räumungsklage** des in der Insolvenz befindlichen Mieters muss gegen den Insolvenzverwalter gerichtet werden.[24] 38

Im Insolvenzverfahren über das Vermögen des Vermieters begründet der Anspruch des Mieters auf Herstellung eines zum **vertragsgemäßen Gebrauch** geeigneten Zustandes der Mietsache unabhängig 39

---

[19] OLG Düsseldorf v. 16.10.2003 - 10 U 46/03 - juris Rn. 17 - WuM 2003, 621-624.
[20] OLG Düsseldorf v. 16.10.2003 - 10 U 46/03 - juris Rn. 13 - WuM 2003, 621-624.
[21] LG Berlin v. 18.11.2002 - 67 S 123/02 - Grundeigentum 2003, 256-257.
[22] BGH v. 16.03.2005 - VIII ZR 14/04 - WuM 2005, 341 ff.
[23] Vgl. dazu umfassend: BGH v. 18.07.2002 - IX ZR 195/01 - BGHZ 151, 353-374.
[24] A.A. entgegen LG Karlsruhe v. 13.02.2003 - 5 S 149/02 - NJW-RR 2003, 1167: *Eckert*, EWiR 2003, 337-338.

davon, ob der mangelhafte Zustand vor oder nach Eröffnung des Verfahrens entstanden ist, bei fortdauerndem Mietverhältnis eine Masseschuld.[25]

3. Nachmieterregelungen

40 Mietverträge können auch durch so genannte **Nachmieterklauseln** beendet werden. Wurde in einem Mietvertrag eine Nachmieterklausel vereinbart, so liegt darin regelmäßig eine auflösende Bedingung des bestehenden Mietvertrages, die je nach Ausgestaltung mit Benennung des Nachmieters durch den bisherigen Mieter oder mit Abschluss des Mietvertrages zwischen dem Vermieter und dem neuen Mieter eintritt. Ohne eine solche Klausel hat der Mieter grundsätzlich keine Möglichkeit, den Mietvertrag einseitig durch Stellung eines Nachmieters zu beenden.

41 Der Vermieter darf im Falle einer Nachmieterklausel den vom Mieter gestellten Nachmieter nicht ohne Prüfung ablehnen. Andernfalls vereitelt er den Eintritt der Bedingung, die dann gemäß § 162 BGB als eingetreten gilt und das Mietverhältnis beendet.[26]

42 Der Mieter kann die Entlassung aus dem Mietverhältnis nur dann verlangen, wenn er dem Vermieter einen geeigneten und zumutbaren **Nachmieter** stellt und wenn er ein berechtigtes Interesse an der vorzeitigen Beendigung des Mietverhältnisses hat. Dies gilt auch dann allgemein nach den Grundsätzen von Treu und Glauben, wenn die Parteien keine ausdrückliche Regelung dahin gehend getroffen haben.[27]

43 Bei der Prüfung der **Zumutbarkeit** bleiben fern liegende Befürchtungen, bloße persönliche Antipathien und eine objektiv nicht begründete negative Einstellung des Vermieters zu bestimmten Mieterkreisen unberücksichtigt. Der Abschluss eines Mietvertrages mit einer Person, die mit einem Kind in die Wohnung einziehen möchte, ist für den Vermieter nicht unzumutbar.[28]

44 Der Vermieter ist nur dann gemäß § 242 BGB verpflichtet, den Mieter, der ihm einen geeigneten Nachmieter stellt, vorzeitig aus dem auf bestimmte Zeit abgeschlossenen Wohnungsmietvertrag zu entlassen, wenn das berechtigte Interesse des Mieters an der Aufhebung dasjenige des Vermieters am Bestand des Vertrages ganz erheblich überragt. Ein Anspruch auf vorzeitige Entlassung aus dem Mietverhältnis kommt auch dann in Betracht, wenn sich der Vermieter selbst dahin gehend bindet, dass er sich zur Akzeptanz von geeigneten Nachmietern gegenüber den Mietern bereiterklärt. Der Anspruch auf vorzeitige Entlassung setzt des Weiteren voraus, dass sich die Wohnung in einem ordnungsgemäßen Zustand befindet, der es dem Vermieter erlaubt, sie sofort weiterzuvermieten.[29]

45 In einem Gewerberaummietvertrag können die Parteien auch vereinbaren, dass der Mieter einen Nachmieter stellen kann, der die Räume zu Wohnzwecken nutzen will.[30]

46 Bei berechtigtem Interesse des Mieters an einer vorzeitigen Vertragsauflösung reicht es nicht aus, wenn der Mieter die Ersatzmieter nur benennt, diese sich aber nicht bei dem Vermieter melden. Der Vermieter braucht sich nicht selbst um den Abschluss eines Mietvertrages mit den benannten Ersatzmietern zu bemühen.[31]

4. Spezialgesetzliche Sonderkündigungsrechte

47 Die vertragliche Vereinbarung von Sonderkündigungsrechten ist ohne weiteres möglich. In Wohnraummietverträgen dürfen die mieterschützenden Kündigungsfristen nicht unterschritten werden. In Geschäftsraummietverhältnissen sind Sonderkündigungsrechte auch unterhalb der gesetzlichen Sonderkündigungsfristen zulässig.

---

[25] BGH v. 03.04.2003 - IX ZR 163/02 - juris Rn. 6 - WM 2003, 984-985.
[26] AG Siegburg v. 09.11.2001 - 8a C 181/01 - ZMR 2003, 202-203.
[27] BGH v. 22.01.2003 - VIII ZR 244/02 - juris Rn. 9 - NJW 2003, 1246-1248.
[28] BGH v. 22.01.2003 - VIII ZR 244/02 - juris Rn. 4 - NJW 2003, 1246-1248.
[29] LG Berlin v. 21.09.2004 - 63 S 175/04 - Grundeigentum 2004, 1529-1530.
[30] OLG Rostock v. 14.01.2010 - 3 U 50/09 - MDR 2010, 1045.
[31] AG Berlin-Schöneberg v. 16.10.2002 - 104 C 99/02, 104 C 99/02 A- MM 2004, 127.

Im Einzelfall können auch spezialgesetzliche Sonderkündigungsrechte bestehen. So enthält § 11 Wo-BindG für preisgebundenen Wohnraum ein Sonderkündigungsrecht des Mieters für den Fall, dass der Vermieter die Miete erhöht und dem Mieter dazu das Mieterhöhungsverlangen im Sinne von § 10 WoBindG übermittelt.

Das Sonderkündigungsrecht des § 11 WoBindG ist Bestandteil des der Disposition der Parteien entzogenen zwingenden Preisrechts des Wohnungsbindungsgesetzes. Es kann daher nicht abbedungen werden. Das gilt auch für gewerbliche Zwischenmietverhältnisse von sozialen Einrichtungsträgern, die soziale Wohnraum zur Weiterüberlassung an betreute Menschen von Vermietern anmieten, die ihrerseits Wohnbaufördermittel erhalten haben.[32]

D. Prozessuale Hinweise

Die **Kündigung** kann auch im Prozess, insbesondere in der Klageschrift oder einem Schriftsatz, erklärt werden. Hierzu sollte wegen der Ablehnungsmöglichkeit des Gegners gemäß § 180 BGB jedenfalls bei einzuhaltenden Kündigungsfristen grundsätzlich eine Originalvollmacht vorgelegt werden.

Die **Prozessvollmacht** für eine Räumungsklage oder deren Abwehr enthält regelmäßig auch die Vollmacht zur Kündigung oder deren Empfang.[33]

Eine Kündigung kann auch vorsorglich oder hilfsweise erklärt werden. Darin liegt noch keine **Bedingung**, sondern die Erklärung, dass die Kündigung nachrangig und für den Fall ausgesprochen wurde, dass das Mietverhältnis noch nicht beendet war.

---

[32] LG Berlin v. 02.02.2006 - 34 O 351/05.
[33] BGH v. 23.02.2000 - XII ZR 77/98 - NJW-RR 2000, 745-746.

§ 543 BGB Außerordentliche fristlose Kündigung aus wichtigem Grund

(Fassung vom 02.01.2002, gültig ab 01.01.2002)

(1) ¹Jede Vertragspartei kann das Mietverhältnis aus wichtigem Grund außerordentlich fristlos kündigen. ²Ein wichtiger Grund liegt vor, wenn dem Kündigenden unter Berücksichtigung aller Umstände des Einzelfalls, insbesondere eines Verschuldens der Vertragsparteien, und unter Abwägung der beiderseitigen Interessen die Fortsetzung des Mietverhältnisses bis zum Ablauf der Kündigungsfrist oder bis zur sonstigen Beendigung des Mietverhältnisses nicht zugemutet werden kann.

(2) ¹Ein wichtiger Grund liegt insbesondere vor, wenn
1. dem Mieter der vertragsgemäße Gebrauch der Mietsache ganz oder zum Teil nicht rechtzeitig gewährt oder wieder entzogen wird,
2. der Mieter die Rechte des Vermieters dadurch in erheblichem Maße verletzt, dass er die Mietsache durch Vernachlässigung der ihm obliegenden Sorgfalt erheblich gefährdet oder sie unbefugt einem Dritten überlässt oder
3. der Mieter
   a) für zwei aufeinander folgende Termine mit der Entrichtung der Miete oder eines nicht unerheblichen Teils der Miete in Verzug ist oder
   b) in einem Zeitraum, der sich über mehr als zwei Termine erstreckt, mit der Entrichtung der Miete in Höhe eines Betrages in Verzug ist, der die Miete für zwei Monate erreicht.

²Im Falle des Satzes 1 Nr. 3 ist die Kündigung ausgeschlossen, wenn der Vermieter vorher befriedigt wird. ³Sie wird unwirksam, wenn sich der Mieter von seiner Schuld durch Aufrechnung befreien konnte und unverzüglich nach der Kündigung die Aufrechnung erklärt.

(3) ¹Besteht der wichtige Grund in der Verletzung einer Pflicht aus dem Mietvertrag, so ist die Kündigung erst nach erfolglosem Ablauf einer zur Abhilfe bestimmten angemessenen Frist oder nach erfolgloser Abmahnung zulässig. ²Dies gilt nicht, wenn
1. eine Frist oder Abmahnung offensichtlich keinen Erfolg verspricht,
2. die sofortige Kündigung aus besonderen Gründen unter Abwägung der beiderseitigen Interessen gerechtfertigt ist oder
3. der Mieter mit der Entrichtung der Miete im Sinne des Absatzes 2 Nr. 3 in Verzug ist.

(4) ¹Auf das dem Mieter nach Absatz 2 Nr. 1 zustehende Kündigungsrecht sind die §§ 536b und 536d entsprechend anzuwenden. ²Ist streitig, ob der Vermieter den Gebrauch der Mietsache rechtzeitig gewährt oder die Abhilfe vor Ablauf der hierzu bestimmten Frist bewirkt hat, so trifft ihn die Beweislast.

Gliederung

A. Grundlagen 1	2. Rechtsprechung 10
I. Kurzcharakteristik 1	3. Verhältnis zu anderen Vorschriften 43
II. Systematik 2	4. Abdingbarkeit 52
B. Praktische Bedeutung 3	III. Kündigung wegen Nichtgewährung oder Entzug des Gebrauchs der Mietsache
C. Anwendungsvoraussetzungen 4	(Absatz 2 Nr. 1) 55
I. Normstruktur 4	1. Fehlen oder Entzug der Gebrauchsgewährung ... 55
II. Kündigung aus wichtigem Grund (Absatz 1) 6	2. Rechtsprechung 56
1. Wichtiger Grund 6	

3. Besonderer Ausschluss der Kündigung (Absatz 4) 68	V. Kündigung wegen Zahlungsverzugs des Mieters (Absatz 2 Nr. 3) 86
IV. Kündigung wegen Rechtsverletzung, Gefährdung oder unbefugter Gebrauchsüberlassung (Absatz 2 Nr. 2) 69	1. Definition 86
	2. Rechtsprechung 93
1. Erhebliche Rechtsverletzung 69	VI. Kündigung wegen Vertragsverletzung (Absatz 3) 122
2. Erhebliche Gefährdung 70	1. Definition 122
3. Rechtsprechung 71	2. Rechtsprechung 125
4. Unbefugte Gebrauchsüberlassung 81	**D. Prozessuale Hinweise** 154
5. Rechtsprechung 84	

A. Grundlagen

I. Kurzcharakteristik

Durch die **Mietrechtsreform** wurden die fünf Kündigungsvorschriften der bisherigen §§ 542, 544, 553, 554 BGB, § 554a BGB a.F. in einer Vorschrift zusammengefasst.   **1**

II. Systematik

Die Vorschrift § 543 BGB gilt wegen ihrer **systematischen Stellung** für alle Mietverhältnisse auch über andere Räume als Wohnräume gemäß § 578 Abs. 2 BGB und für Pachtverhältnisse gemäß § 581 Abs. 2 BGB. Für Wohnraummietverhältnisse gilt zusätzlich § 569 BGB. Für Leihe ist § 543 BGB dagegen nicht anwendbar.[1]   **2**

B. Praktische Bedeutung

Mit § 543 BGB wurde im Allgemeinen Mietrecht eine **einheitliche Kündigungsvorschrift** geschaffen, die aufbauend auf einen allgemeinen Grund- und Auffangtatbestand die besonderen Kündigungstatbestände in einer Vorschrift zusammenfasst. Auch wenn Verschulden keine Voraussetzung für eine Kündigung ist, stellt das Vertretenmüssen ein Kriterium für verschiedene Kündigungsgründe dar. Teilweise wird auch ein vorheriges Abhilfeverlangen vorausgesetzt.   **3**

C. Anwendungsvoraussetzungen

I. Normstruktur

In § 543 Abs. 1 Satz 1 BGB wird der **allgemeine Grundsatz** aufgestellt, dass Mietverhältnisse aus wichtigem Grund gekündigt werden können. Für den wichtigen Grund enthält § 543 Abs. 1 Satz 2 BGB eine **Legaldefinition**. Die Regelung in § 543 Abs. 1 BGB dient gegenüber den besonderen Kündigungstatbeständen der Absätze 2 und 3 zugleich als Auffangtatbestand.   **4**

Die **besonderen Kündigungstatbestände** greifen ein bei: **5**
- Nichtgewährung oder Entzug des Gebrauchs der Mietsache (Absatz 2 Nr. 1),
- Rechtsverletzung, Gefährdung, unbefugter Gebrauchsüberlassung (Absatz 2 Nr. 2),
- Zahlungsverzug des Mieters (Absatz 2 Nr. 3),
- Kündigung wegen Vertragsverletzung (Absatz 3).

II. Kündigung aus wichtigem Grund (Absatz 1)

1. Wichtiger Grund

Voraussetzung der außerordentlichen Kündigung in § 543 Abs. 1 BGB ist ein wichtiger Grund, der nach der Legaldefinition vorliegt, wenn die Fortsetzung des Mietverhältnisses nicht mehr zumutbar ist.   **6**

---

[1] BGH v. 09.10.1991 - XII ZR 122/90 - juris Rn. 13 - NJW 1992, 496-497.

Die **Unzumutbarkeit** der Fortsetzung des Mietverhältnisses ist anhand der Umstände des Einzelfalls, insbesondere am Verschulden der Vertragsparteien durch Interessenabwägung festzustellen.[2]

7 Die Kündigung des Mieters kommt beispielsweise bei **Verdacht einer Straftat** in Betracht, wenn dem Vermieter aufgrund der konkreten Straftat die Fortsetzung des Mietverhältnisses nicht mehr zugemutet werden kann, etwa weil er Opfer der Straftat des Mieters war. Hat der Vermieter lediglich den Verdacht, dass der Mieter eine Straftat begangen haben könnte, ist er verpflichtet, den Sachverhalt soweit ihm möglich aufzuklären und dem Mieter Gelegenheit zur Stellungnahme zu geben.[3]

8 Auch eine **Strafanzeige** durch den Mieter gegen den Vermieter kann eine fristlose Kündigung des Mietvertrags rechtfertigen, wenn der Grundsatz der Verhältnismäßigkeit nicht gewahrt ist. Danach ist es insbesondere unverhältnismäßig, wenn der Anzeigenerstatter nicht zur Wahrung eigener Interessen handelt, sondern um denunziatorisch oder böswillig dem Angezeigten einen Schaden zuzufügen. Hierzu gehören diejenigen Fälle, in denen der Anzeigende eine Straftat oder Ordnungswidrigkeit seines Vertragspartners, von der er selbst nicht betroffen ist, zum Anlass einer Anzeige nimmt.[4]

9 Sind der Mieterin Schwierigkeiten, ihr bestehendes Nutzungsrecht an dem gemieteten Objekt auszuüben, dadurch entstanden, dass sie den Betrieb über einen langen Zeitraum eingestellt hat und dadurch der Bestandsschutz einer ihr günstigen Baugenehmigung erloschen ist, so ist das im Rahmen der gemäß § 543 Abs. 1 BGB anzustellenden Interessenabwägung zu berücksichtigen. Der Entscheidung lag ein Sachverhalt zugrunde, bei dem die Gemeinde nach einer vollständigen Zerstörung des streitgegenständlichen Gebäudes den Flächennutzungs- und Bebauungsplan dahingehend abändern wollte, dass die aktuelle Nutzung durch die Mieterin nicht mehr möglich war. Jedoch hatte diese eine wirksame Baugenehmigung, die Bestandsschutz genoss. Jedoch erlischt auch eine solche Baugenehmigung dann, wenn über einen Zeitraum von mehr als zwei Jahren durch die Mieterin nicht versucht wurde, die Baugenehmigung selbst oder durch Untervermietung auszunutzen.[5]

2. Rechtsprechung

10 Die Voraussetzungen einer fristlosen Kündigung nach § 543 Abs. 1 BGB liegen nicht vor, wenn bei einer erregten **verbalen Auseinandersetzung** der Kündigende in nicht unerheblichem Maße die Vertragsstörung mitverursacht hat. Dies gilt auch, wenn unter anderen Umständen die Beleidigungen vom Kündigenden keinesfalls hätten hingenommen werden müssen.[6]

11 Ebenfalls liegen die Voraussetzungen des § 543 Abs. 1 BGB auch dann nicht vor, wenn der Mieter sein Mietverhältnis in der **Presse** veröffentlichen lässt. Die Darstellungsweise, die der Journalist wählt, ist dem Mieter nicht als Pflichtverletzung im Mietverhältnis zuzurechnen.[7]

12 Ist ein Mieter eines Wohnungseigentümers regelmäßig beleidigendem, bedrohendem und aggressivem Verhalten eines anderen Wohnungseigentümers ausgesetzt, kann er das Mietverhältnis außerordentlich kündigen.[8]

13 Eine außerordentliche Kündigung aus wichtigem Grund unter Berufung auf § 242 BGB kann in der Regel nur auf Umstände gestützt werden, die in der Person oder im **Risikobereich** des Kündigungsgegners begründet sind und sich nicht dessen Einflussbereich entziehen.[9]

14 Dem Vermieter ist keine Kündigung aus wichtigem Grund möglich, wenn ihm die Vermietung durch die **Gemeinschaftsordnung** untersagt ist, da es in seinen Risikobereich gehört, sich um die Vereinbarkeit mit der Gemeinschaftsordnung zu sorgen.[10]

---

[2] *Kraemer*, NZM 2001, 553-563.
[3] AG Berlin-Lichtenberg v. 20.01.2003 - 7 C 319/02 - NJW-RR 2003, 442-443.
[4] Brandenburgisches Oberlandesgericht v. 19.04.2005 - 3 U 157/05 - GuT 2007, 202-203.
[5] OLG Düsseldorf v. 20.09.2010 - 24 U 202/09 - ZMR 2011, 865-867.
[6] LG Aachen v. 14.06.2002 - 5 S 41/02 - WuM 2002, 427-428.
[7] AG Hamburg-Wandsbek v. 23.09.2005 - 716B C 46/05 - juris Rn. 17, 19 - WuM 2006, 526-527.
[8] OLG Köln v. 06.02.2006 - 16 Wx 197/05 - juris Rn. 4 - OLGR Köln 2006, 524-525.
[9] BGH v. 13.12.1995 - XII ZR 185/93 - ZMR 1996, 309-312.
[10] BGH v. 29.11.1995 - XII ZR 230/94 - LM BGB § 242 (Bb) Nr. 164 (4/1996).

Als Kündigungsgrund kommen auch Mängel der Mietsache in Betracht. Das Kündigungsrecht nach § 542 BGB a.F. setzt voraus, dass die Mietsache mit einem Fehler im Sinne des § 537 Abs. 1 BGB a. F. behaftet ist oder dass ihr eine besonders zugesicherte Eigenschaft (§ 537 Abs. 2 BGB a.F.) fehlt.[11]

15

Das Recht des Mieters zur außerordentlichen Kündigung wegen eines Mietmangels, das dieser vor In-Kraft-Treten der Mietrechtsreform wegen sechsmonatiger vorbehaltloser Mietzinszahlung eingebüßt hatte, lebte nach dem 01.09.2001 auf Grund der damals geänderten Rechtslage wieder auf.[12] Dies stößt in der Literatur auf Kritik, da im Vergleich zum Minderungsrecht das Recht zur Kündigung nicht fortwährend neu entstehen, sondern nur der Zeitpunkt, in dem die Kündigungsvoraussetzungen vorliegen, relevant sein soll.[13]

16

Werden Mieträume zu Wohnzwecken an **US-Streitkräfte** überlassen, so entfällt die Geschäftsgrundlage des Mietvertrages durch den Abzug der alliierten Truppen.[14]

17

Der Vermieter kann das Mietverhältnis im Allgemeinen nicht aus wichtigem Grund fristlos oder wegen Vertragsverletzung ordentlich kündigen, weil der Mieter dem Untermieter bzw. seinem Besucher trotz **Hausverbotes** des Vermieters den Zugang zu den Räumlichkeiten des Mieters gewährt hat. Ein Recht auf fristlose Kündigung besteht nur dann, wenn für den Kündigenden ein wichtiger Grund besteht, weil unter Berücksichtigung aller Umstände des Einzelfalles, insbesondere eines Verschuldens der Vertragsparteien unter Abwägung der beiderseitigen Interessen, die Fortsetzung des Mietverhältnisses zum Ablauf einer Kündigungsfrist nicht zugemutet werden kann, wobei ein wichtiger Grund insbesondere dann besteht, wenn eine Partei den Hausfrieden nachhaltig stört. Eine solche Störung ist nicht im Besuch des Untervermieters zu sehen, vielmehr ist der Mieter uneingeschränkt berechtigt, Besuch zu empfangen. Dies ergibt sich aus dem sich auch auf den Zugang zu seinen Mieträumen erstreckenden Hausrecht. Ausnahmsweise kann der Vermieter bestimmten Personen das Betreten des Hauses verbieten, wenn der Besucher in der Vergangenheit wiederholt den Hausfrieden gestört oder die gemeinschaftlich zu nutzenden Räume beschädigt oder verunreinigt hat.[15]

18

Verursacht der Mieter innerhalb von zwei Monaten mehrere **Brände** mit Feuerwehreinsatz, kann ihm der Vermieter wegen nachhaltiger Störung des Hausfriedens außerordentlich kündigen.[16]

19

Wenn der Mieter den Vermieter durch sein **vertragswidriges** Verhalten dazu veranlasst, das Mietverhältnis über ein Ladengeschäft fristlos zu kündigen, so ist der Mieter zum Ersatz des durch die Kündigung entstandenen Schadens verpflichtet, wie z.B. Mietausfallschaden, Maklerkosten und Rückbaukosten. Für einen Anspruch auf Ersatz des Mietausfallschadens gilt nicht die kurze Verjährungsfrist des § 558 BGB a.F., § 548 BGB in der Fassung vom 26.11.2001, sondern die vierjährige Verjährungsfrist. Hinsichtlich der Makler- und Rückbaukosten gilt die regelmäßige Verjährungsfrist des § 195 BGB in der Fassung vom 26.11.2001.[17]

20

Das eine fristlose Kündigung des Mietvertrages gemäß § 543 Abs. 1 Satz 1 BGB rechtfertigende vertragswidrige Verhalten eines Mieters wird nicht dadurch vertragsgemäß, dass der Vermieter nach einer ersten Abmahnung über einen längeren Zeitraum nicht von seinem Kündigungsrecht Gebrauch macht. Der Vermieter bleibt zur erneuten Abmahnung und Kündigung berechtigt.[18]

21

Eine außerordentliche fristlose Kündigung des Wohnmietvertrags aus wichtigem Grund kann auch gegenüber dem schuldlos handelnden Mieter, der durch sein Verhalten den **Hausfrieden** nachhaltig stört, erklärt werden. Dabei müssen die Belange des Vermieters und des Mieters abgewogen werden, im gegebenen Fall eine sich wiederholende nächtliche Ruhestörung der anderen Mieter durch Lärmverursa-

22

---

[11] BGH v. 16.02.2000 - XII ZR 279/97 - juris Rn. 28 - LM BGB § 537 Nr. 51 (10/2000).
[12] BGH v. 18.10.2006 - XII ZR 33/04 - NJW 2007, 147.
[13] *Artz*, LMK 2007, 212145.
[14] BGH v. 24.11.1999 - XII ZR 209/97 - NZM 2000, 1226-1227.
[15] AG Köln v. 22.09.2004 - 209 C 108/04 - WuM 2004, 673.
[16] AG Berlin-Charlottenburg v. 15.10.2003 - 212 C 150/03 - Grundeigentum 2004, 353.
[17] KG Berlin v. 29.09.2003 - 8 U 323/02 - KGR Berlin 2004, 154-155.
[18] KG Berlin v. 22.11.2010 - 8 U 87/10 - Grundeigentum 2011, 481-482.

chung einer schwer psychisch erkrankten Mieterin. Die Wertentscheidungen sind dann im Erkenntnisverfahren zu berücksichtigen.[19]

23 Eine **krankheitsbedingte** Wesensänderung, die zu Impulshandlungen führt, engt das Verschulden des Mieters bei schwerwiegenden Vertragsverletzungen ein. Ein jahrzehntelanges Mietverhältnis ist daher fortzusetzen, wenn dies die Umstände gebieten und es nicht unzumutbar ist.[20]

24 Eine Kündigung wegen Durchführung einer Drogenersatztherapie in den Räumen einer Praxis für Psychiatrie und Psychotherapie ist nicht aus wichtigem Grund gerechtfertigt. Die Substitutionsbehandlung ist von dem vertraglich vereinbarten Gebrauch des Mietobjekts gedeckt, da es sich dabei um eine Behandlungsform handelt, die im Rahmen der Psychiatrie oder Psychotherapie als üblich oder zumindest absehbar angesehen werden kann.[21]

25 Von der Ausnutzung eines geringen Wohnungsangebots ist nicht auszugehen, wenn der Mieter selbst unter **Zeitdruck** die vorherige Wohnung kündigt, ohne eine begründete Aussicht auf eine neue Wohnung zu haben.[22]

26 Der **Eigennutzungswille** des Vermieters ist eine innere Tatsache, die im Kündigungsschreiben mitzuteilen und im Räumungsprozess darzulegen und gegebenenfalls zu beweisen ist. Im Einzelfall ist im Kündigungsschreiben auch mitzuteilen, wie die Familie des Vermieters bisher untergebracht gewesen ist. Ein erstinstanzlich unterbliebener Hinweis auf einen gebotenen Beweisantritt ist nebst gegebenenfalls erforderlicher Beweisaufnahme im Berufungsverfahren nachzuholen.[23]

27 Nicht jedwede fristlose Kündigung kann schlechthin in eine fristgerechte **umgedeutet** werden. Ist dem Kündigungsschreiben nicht der Hinweis zu entnehmen, dass die Kündigung hilfsweise auch als ordentliche Kündigung ausdrücklich erklärt sein soll, so ist Voraussetzung einer Umdeutung jedenfalls, dass für den Kündigungsgegner eindeutig erkennbar ist, dass das Vertragsverhältnis vom Kündigenden auf jeden Fall beendet werden soll.[24] Die Voraussetzungen der Umdeutung liegen vor, wenn der Kündigung mehrere Abmahnungen bzw. Androhungen vorausgegangen sind. Stellt die GbR als Vermieterin den Formularmietvertrag, kann sie sich nach Treu und Glauben nicht darauf berufen, dass die Vertretungsverhältnisse auf Vermieterseite unzureichend gekennzeichnet seien und es deshalb an der gesetzlichen Schriftform fehle.[25]

28 Bei Umzug im Haus des Vermieters unter Mitnahme der Mietdauer in den aktuellen Mietvertrag bleibt die hierdurch „erworbene" verlängerte Kündigungsfrist des **Altmietverhältnisses** auch nach der Mietrechtsreform bestehen. Die außerordentliche Kündigung des Mietvertrages aus Gründen der gesundheitsgefährdenden Beschaffenheit der Wohnung bedarf der Begründung. Im Einzelfall ist die Umdeutung der Kündigung (hier: unwirksame außerordentliche in eine ordentliche Kündigung) nicht ausgeschlossen.[26]

29 Es obliegt dem Tatrichter, bei der Frage der Berechtigung einer fristlosen Kündigung wegen nachhaltiger Störung des Hausfriedens durch einen psychisch kranken Mieter die Belange des Vermieters, des Mieters und der anderen Mieter unter Berücksichtigung der Wertentscheidungen des Grundgesetzes gegeneinander abzuwägen. Wenn es – wie hier – um Störungen durch den behinderten Sohn des Mieters geht, kann nichts anderes gelten.[27]

30 Es liegt ein wichtiger Grund für eine außerordentliche fristlose Kündigung vor, wenn der Mieter einen gerichtlich protokollierten Vergleichsbetrag trotz Mahnung und Kündigungsandrohung nicht zahlt. Die

---

[19] BGH v. 08.12.2004 - VIII ZR 218/03 - WuM 2005, 125-126.
[20] AG Köln v. 22.03.2005 - 221 C 3/05 - juris Rn. 23 - WuM 2006, 522-523.
[21] OLG Köln v. 12.11.2010 - 1 U 26/00.
[22] AG Hamburg-Barmbek v. 09.09.2004 - 822 C 73/03 - ZMR 2004, 919-920.
[23] LG Hamburg v. 24.04.2003 - 307 S 127/02 - ZMR 2004, 39-40.
[24] Anschluss BGH v. 12.01.1981 - VIII ZR 332/79 - NJW 1981, 976.
[25] OLG Köln v. 23.11.2004 - 22 U 77/04 - OLGR Köln 2005, 55-56.
[26] BGH v. 22.06.2005 - VIII ZR 326/04 - WuM 2005, 584-585.
[27] BGH v. 24.11.2009 - VIII ZR 174/09 - WuM 2009, 762.

Kündigung wird nicht dadurch unwirksam, dass der Vermieter im Kündigungsschreiben irrtümlich auf die Schonfristregelung hinweist.[28]

Instandsetzungsarbeiten, die über einen langen Zeitraum (hier: mehr als zwei Jahre) andauern, deren Ende nicht absehbar ist und die die Nutzung der Wohnung ausschließen, berechtigen den Mieter zur fristlosen Kündigung wegen Störung der Geschäftsgrundlage gemäß §§ 313 Abs. 1, 3 Satz 2, 543 Abs. 1 BGB. Der Vermieter kann sich aufgrund der ihm obliegenden Verpflichtung zur Gebrauchsgewährung und Instandhaltungsverpflichtung auch nicht auf eine fehlende Mitwirkung der Wohnungseigentümergemeinschaft zur Durchführung der Instandsetzung berufen.[29]

Eine wissentliche Falschbeantwortung des Mietinteressenten zu der Frage, ob er in einem **Arbeitsverhältnis** steht, begründet in aller Regel ein Recht zur fristlosen Kündigung.[30]

Eine fristlose Kündigung des Mietvertrages ist aufgrund der Gesundheitsgefährdung der Bevölkerung durch eine **Mobilfunkanlage** nicht möglich, wenn die Immissionen innerhalb der in der 26. BImSchV geregelten Grenzwerte liegen. Der Protest der Bevölkerung wegen der Gesundheitsgefährdung durch eine Mobilfunkanlage führt nicht zum außerordentlichen Kündigungsrecht seitens der Gemeinde als Vermieter, wenn bereits im Vorfeld des Vertragsschlusses erhebliche Diskussionen bezüglich der Gefährdung geführt wurden.[31]

So entschied auch das OLG München. Insbesondere führte es aus, dass die bloße Behauptung, von einer solchen Anlage gehen Gesundheitsgefahren für Dritte aus, obwohl sie sich innerhalb der Grenzwerte der 26. BImSchV hält, nicht ausreiche. Insoweit müssen Beweise dargelegt werden, die, wie vom BGH gefordert, durch wissenschaftlich begründete Zweifel an der Richtigkeit von Grenzwerten zu einem fundierten Verdacht einer Gesundheitsgefährdung durch den Betrieb der Anlage führen und somit die Indizwirkung der 26. BImSchV erschüttern können.[32]

Eine fehlende **Baunutzungsgenehmigung** einer Behörde kann einen Grund für eine außerordentliche Kündigung darstellen. Eine kündigungsrelevante Ungewissheit entsteht für den Mieter nicht bereits, wenn die Behörde ihm Gelegenheit gibt, zu einer fehlenden Baunutzungsgenehmigung bzw. zu festgestellten Mängeln Stellung zu nehmen. Ein Kündigungsgrund liegt vielmehr erst vor, wenn der Mieter aufgrund des Verhaltens der Behörde bzw. des Vermieters davon ausgehen muss, dass mit ungewissem Ausgang auf Jahre hinaus über die Möglichkeit einer seinen Betrieb stilllegenden Untersagungsverfügung oder – im Falle ihres Erlasses – über deren Wirksamkeit gestritten wird. Nur in diesem Fall muss der Mieter eine sich hieraus ergebende Unsicherheit nicht auf Jahre in Kauf nehmen.[33]

Der Mieter kann seine Kündigung nicht darauf stützen, dass der Vermieter ihn bei Vertragsschluss nicht über sämtliche den Mietgegenstand betreffende Umstände informiert hätte. Es ist Sache des Mieters, entsprechende Erkundigungen einzuholen. Das Recht zur fristlosen Kündigung des Mietvertrages kann hieraus nicht abgeleitet werden. Jedoch eine bewusst unrichtige (auch ungefragte) Auskunft kann dagegen ein Grund für eine berechtigte Kündigung darstellen.[34]

Den Mieter trifft ein **Verschulden** für zu spät gezahlte Miete im Sinne des § 543 Abs. 1 Satz 2 BGB, wenn ihm bekannt ist, dass trotz eines von ihm eingerichteten Dauerauftrags die Miete verspätet auf dem Konto des Vermieters eingeht und er dies nicht überprüft und gegebenenfalls manuell überweist.[35]

Insoweit kann er auch nicht gegenüber einem neuen Vermieter geltend machen, der frühere Vermieter hätte die unpünktliche Zahlungsweise über mehrere Jahre hinweg hingenommen mit der Folge, dass dadurch dem neuen Vermieter das Fortsetzen des Mietverhältnisses zugemutet werden kann. Die Hinnahme durch den Rechtsvorgänger ist von vornherein nicht geeignet, einen Vertrauenstatbestand dafür

---

[28] LG Berlin v. 24.05.2005 - 65 S 39/05 - Grundeigentum 2005, 1195-1197.
[29] LG Berlin v. 04.04.2006 - 63 S 334/05 - juris Rn. 8, 9 - WuM 2006, 375-376.
[30] LG Kiel v. 06.05.2004 - 1 T 34/04.
[31] LG Karlsruhe v. 01.07.2005 - 2 O 112/05 - juris Rn. 50, 52 - MMR 2005, 860-863.
[32] OLG München v. 29.10.2009 - 3 U 3092/09.
[33] OLG Düsseldorf v. 22.12.2005 - I-10 U 100/05, 10 U 100/05 - juris Rn. 8 - OLGR Düsseldorf 2007, 508-510.
[34] OLG Düsseldorf v. 21.06.2005 - I-24 U 85/05, 24 U 85/05 - Grundeigentum 2006, 327.
[35] BGH v. 14.09.2011 - VIII ZR 301/10 - WuM 2011, 674-675.

§ 543

39 zu begründen, dass auch der neue Vermieter das vertragswidrige Verhalten des Mieters nicht beanstanden werde.[36]

39 Haben die Parteien eines Mietvertrages über Geschäftsräume eine **Umsatzmiete** vereinbart, ist der Mieter auch ohne konkrete vertragliche Vereinbarung verpflichtet, dem Vermieter die zur Feststellung notwendigen Auskünfte zu erteilen und ihm Einsicht in die Geschäftsbücher zu gewähren. Dem Vermieter steht ein immanentes konkludent vereinbartes Recht zur Kontrolle der vom Mieter angegebenen Umsatzzahlen zu. Kommt der Mieter dieser Pflicht nicht nach, so kann der Vermieter gemäß § 543 Abs. 1 BGB fristlos kündigen.[37]

40 Weiß der Mieter einer Gaststätte, dass das Verlangen des Vermieters hinsichtlich der Verkürzung von Öffnungszeiten weder auf den Mietvertrag noch auf entsprechende Auflagen in der Konzession gestützt werden kann und somit nicht durchsetzbar ist, kann die auf einer falschen Annahme beruhende Drohung des Vermieters mit einer Anzeige beim zuständigen Ordnungs- und Gewerbeamt den Gebrauch der Mietsache nicht nennenswert beeinträchtigen. Eine fristlose Kündigung des Mieters ist daher nicht möglich.[38]

41 Ein Vermieter, dessen außerordentliche Kündigung eines Wohnraummietverhältnisses wegen Zahlungsverzugs des Mieters deswegen unwirksam geworden ist, weil er hinsichtlich der Mietrückstände und der fälligen Entschädigung (§ 546a BGB) binnen zwei Monaten nach Erhebung der Räumungsklage von einer öffentlichen Stelle befriedigt worden ist (§ 569 Abs. 3 Nr. 2 BGB), kann eine erneute Kündigung des Mietverhältnisses regelmäßig nicht darauf stützen, dass der zahlungsunfähige Mieter nicht auch die im erledigt erklärten Räumungsprozess angefallenen Verfahrenskosten ausgeglichen hat. Mit der hinter § 569 Abs. 3 Nr. 2 BGB stehenden Intention des Gesetzgebers wäre es nicht zu vereinbaren, wenn zwar eine berechtigte außerordentliche Kündigung des Mietverhältnisses wegen Zahlungsverzugs aufgrund einer von der Sozialhilfebehörde innerhalb der Schonfrist herbeigeführten Befriedigung des Vermieters nachträglich unwirksam wird, jedoch dem Vermieter die Möglichkeit verbliebe, das Mietverhältnis gleichwohl erneut zu kündigen, weil der Mieter wirtschaftlich nicht in der Lage ist, die Prozesskosten des erledigten Räumungsrechtsstreits zu begleichen. Diese Wertung muss auch bei der Beurteilung, ob ein berechtigtes Interesse des Vermieters zur Kündigung im Sinne des § 573 Abs. 1 BGB vorliegt, beachtet werden.[39]

42 Wurde in einem Pachtvertrag eine gesonderte Vereinbarung zur Möglichkeit der außerordentlichen Kündigung getroffen, so führt eine spätere Streichung dieser Klausel durch die Vertragsparteien nur dazu, dass die gegebenenfalls vereinbarten zusätzlichen Kündigungsgründe entfallen. Dagegen bleibt das Recht zur außerordentlichen Kündigung aus den gesetzlich festgelegten Gründen unberührt.[40]

3. Verhältnis zu anderen Vorschriften

43 Die Kündigung aus wichtigem Grund ist bereits **vor** Beginn des Mietverhältnisses möglich.[41]

44 Ob allein die Nichtzahlung der **Kaution** den Vermieter bereits vor Übergabe des Mietobjekts zur fristlosen Kündigung gemäß § 543 Abs. 1 BGB berechtigt, hängt von den Umständen des Einzelfalls ab.[42]

45 Die Nichtzahlung der Kaution stellt grundsätzlich eine erhebliche Vertragsverletzung dar. Der Vermieter kann daher jedenfalls im Bereich der Gewerberaummiete vor der Kündigung in der Regel nicht darauf verwiesen werden, seinen Anspruch auf Leistung einer Mietsicherheit gerichtlich geltend zu machen.[43]

---

[36] BGH v. 14.09.2011 - VIII ZR 301/10 - WuM 2011, 674-675.
[37] KG Berlin v. 21.11.2011 - 8 U 77/11 - Grundeigentum 2012, 265-266.
[38] OLG Frankfurt v. 23.03.2010 - 15 U 53/10.
[39] BGH v. 14.07.2010 - VIII ZR 267/09 - NJW 2010, 3020-3022.
[40] OLG Köln v. 07.05.2009 - 23 U 2/08.
[41] OLG Düsseldorf v. 12.01.1995 - 10 U 36/94 - NJW-RR 1995, 1100-1101.
[42] BGH v. 21.03.2007 - XII ZR 255/04 - EBE/BGH 2007, 142-144.
[43] BGH v. 21.03.2007 - XII ZR 36/05 - EBE/BGH 2007, 159-160

Jedoch scheidet eine fristlose Kündigung dann aus, wenn zwischen der Kenntniserlangung vom Kündigungsgrund und dem Ausspruch der Kündigung zehn Monate vergangen sind. Die Kündigung ist dann verspätet und nicht mehr angemessen. Das ergibt sich auch aus § 314 Abs. 3 BGB.[44] 46

Bei anfänglicher Unmöglichkeit hat die Rechtsprechung § 306 BGB a.F. (heute § 311a BGB), bei nachträglicher Unmöglichkeit die §§ 323-325 BGB a.F. (heute §§ 275, 280 ff., 323 ff. BGB) angewendet. Das Mietverhältnis endete danach grundsätzlich, ohne dass es einer Kündigung bedurfte.[45] 47

Das bloße **Unvermögen** des Vermieters zur Gebrauchsgewährung, etwa wegen Doppelvermietung, beseitigt die Kündigungsmöglichkeit des Mieters dagegen nicht.[46] 48

Bei **Sach- und Rechtsmängeln** hat der BGH dem Mieter neben § 536a BGB die Rechte aus § 325 BGB a.F. (heute §§ 275, 280 ff., 323 ff. BGB) zugesprochen, wenn der Sachmangel nicht behebbar und für den Vermieter vorhersehbar war.[47] 49

Auch nach der Schuldrechtsreform ist nach hier vertretener Auffassung das allgemeine Leistungsstörungsrecht im Sinne der Rechtsprechung des BGH neben den Bestimmungen des Mietgewährleistungsrechts anwendbar. 50

Insoweit wird vertreten, dass die Rechtsfiguren der Kündigung und der Störung der Geschäftsgrundlage in einem Alternativverhältnis stehen. Die Kündigung aus wichtigem Grund betreffe ausschließlich Pflichtverletzungen des Kündigungsgegners, wohingegen die Störung der Geschäftsgrundlage nur in der Sphäre des Kündigenden wurzle.[48] 51

4. Abdingbarkeit

Die **allgemeine** Kündigungsmöglichkeit aus wichtigem Grund gemäß § 543 Abs. 1 BGB ist nicht abdingbar.[49] 52

Die **besonderen** Kündigungsgründe sind dagegen grundsätzlich abdingbar. Im Bereich des Wohnraummietrechts enthält § 569 BGB jedoch besondere Kündigungstatbestände zugunsten des Mieters, von denen nicht abgewichen werden darf (vgl. die Kommentierung zu § 569 BGB). 53

Bei abweichenden Vereinbarungen in Bezug auf die besonderen gesetzlichen Kündigungstatbestände in **Formularverträgen** ist § 307 BGB (früher § 9 AGBG) zu beachten.[50] 54

III. Kündigung wegen Nichtgewährung oder Entzug des Gebrauchs der Mietsache (Absatz 2 Nr. 1)

1. Fehlen oder Entzug der Gebrauchsgewährung

Gewährt der Vermieter dem Mieter den **vertragsgemäßen Gebrauch** der Mietsache nicht oder entzieht er ihm den vertragsgemäßen Gebrauch, kann der Mieter gemäß § 543 Abs. 2 Nr. 1 BGB außerordentlich kündigen.[51] 55

2. Rechtsprechung

Die Anforderungen an die **Erheblichkeit** der Pflichtverletzung für eine fristgerechte Kündigung gemäß § 573 Abs. 2 Nr. 1 BGB sind im Gegensatz zu dem Merkmal der Zumutbarkeit bei der fristlosen Kündigung aus wichtigem Grund gemäß § 543 Abs. 1 BGB geringer. Die Beschädigung einer Wohnungseingangstür durch den (nicht genehmigten) Einbau einer Katzenklappe stellt eine nicht geringfügige Beeinträchtigung der berechtigten Vermieterinteressen dar. Die Ermöglichung des unkontrol- 56

---

[44] OLG Koblenz v. 05.05.2011 - 2 U 793/10 - GuT 2011, 391-392.
[45] BGH v. 08.12.1980 - II ZR 48/80 - juris Rn. 12 - LM Nr. 7 zu § 254 (Bb) BGB.
[46] OLG Düsseldorf v. 18.09.1997 - 10 U 93/96 - ZMR 1999, 19-21.
[47] BGH v. 25.11.1998 - XII ZR 12/97 - juris Rn. 2 - LM BGB § 306 Nr. 14 (6/1999).
[48] *Hirsch*, NZM 2007, 110-115.
[49] BGH v. 05.06.1992 - LwZR 11/91 - BGHZ 118, 351-356; BT-Drs. 14/4553, S. 43.
[50] BGH v. 25.03.1987 - VIII ZR 71/86 - LM Nr. 291 zu § 242 (Cd) BGB.
[51] *Franke*, ZMR 1999, 83-89.

§ 543

lierten Zuganges der Katze in das Treppenhaus muss mit Rücksicht auf die Interessen der anderen Mieter vom Vermieter nicht hingenommen werden. Eine Katzenklappe ist auch beeinträchtigend, wenn sie relativ klein ist und farblich der Tür angepasst wurde. Die Pflichtverletzung ist zudem erheblich, weil der Mieter auf Abmahnungen des Vermieters mit Fristsetzungen nicht reagiert. Eine ordentliche Kündigung des Mietvertrages ist folglich nach § 573 Abs. 2 Nr. 1 BGB begründet.[52]

57 Die Vorenthaltung des vertragsgemäßen Gebrauchs ist anzunehmen, wenn bei einem **Computer-Leasingvertrag** die Software[53] oder die Hardware[54] nicht übergeben wird.

58 Eine Verschlechterung der **Ertragslage** genügt nicht zur außerordentlichen Kündigung.[55]

59 Der vertragsgemäße Gebrauch wird dem Mieter zudem teilweise entzogen, wenn er infolge einer **Einbruchserie** das Mietobjekt nicht mehr versichern kann.[56]

60 Eine vom Hersteller vorprogrammierte **Sperre** eines Computerprogramms zum Schutz vor unbefugter Nutzung beeinträchtigt die Gebrauchsüberlassung im Sinne von § 543 Abs. 2 Nr. 1 BGB nicht.[57]

61 Verweigert der Vermieter unberechtigt die **Untervermietung** durch den Mieter, obwohl dies im Mietvertrag allgemein gestattet ist, so liegt darin der teilweise Entzug des vertragsgemäßen Gebrauchs des Mietobjektes.[58]

62 Ist die Benutzung der Mietsache baurechtlich nicht zulässig[59] oder verlagert der Vermieter das **Genehmigungsrisiko** für die Nutzung der Mietsache auf den Mieter, hier mit der Folge der Untersagung des Gaststättenbetriebs[60], kann der Mieter kündigen.

63 Der Mieter ist nicht zur außerordentlichen fristlosen Kündigung berechtigt, wenn er die Störung des vertragsgemäßen Gebrauchs, wie einen Wasserschaden, **selbst zu vertreten** hat. Ist die Schadensursache zwischen den beiden Vertragsparteien streitig, trägt der Vermieter die Beweislast dafür, dass sie aus dem Obhutsbereich des Mieters stammt. Können sämtliche Ursachen ausgeräumt werden, die in den Obhuts- und Verantwortungsbereich des Vermieters fallen, hat nun der Mieter die Beweislast dafür zu tragen, dass er den Schadenseintritt nicht zu vertreten hat.[61]

64 Kündigt der Mieter wegen Ungezieferbefalls (hier: Ratten und Mäuse) in einer Apotheke das Mietverhältnis fristlos, obwohl das Ungeziefer auf von ihm vorgenommene Veränderungen der gemieteten Räume zurückgeht, so kann seine darauf gestützte außerordentliche Kündigung unter Abwägung aller Umstände des Einzelfalls unwirksam sein, selbst wenn den Vermieter die Verantwortung für in den Mieträumen außerdem auftretenden Befall durch Schaben trifft.[62]

65 Hat ein Mieter fristlos gekündigt, weil der ihm zugesagte Fertigstellungstermin für das Mietobjekt nicht eingehalten wurde, muss er substantiiert darlegen, dass im Zeitpunkt der Kündigung die nicht rechtzeitige **Fertigstellung** bereits festgestanden hat. Dies gilt unabhängig davon, dass grundsätzlich der Vermieter die rechtzeitige Gebrauchsgewährung zu beweisen hat.[63]

66 Gestattet das kommunale Bauplanungsrecht die vorgesehene Nutzung in den Mieträumen nicht, so kann dies einen Sachmangel begründen, der den Mieter zu einer fristlosen Kündigung berechtigen kann. Jedoch folgt daraus nicht zwingend, dass das Gewerbe nicht genehmigungsfähig ist. Dies gilt insbesondere, wenn das Schreiben der Gemeinde am Ende die Gelegenheit „zu einem gemeinsamen Gespräch" anbietet. Ein wichtiger Grund liegt dann noch nicht vor.[64]

---

[52] LG Berlin v. 24.09.2004 - 63 S 199/04 - Grundeigentum 2004, 1394-1395.
[53] BGH v. 01.07.1987 - VIII ZR 117/86 - LM Nr. 27 zu § 536 BGB.
[54] BGH v. 07.10.1992 - VIII ZR 182/91 - juris Rn. 16 - LM BGB § 542 Nr. 18 (4/1993).
[55] OLG Düsseldorf v. 13.12.1990 - 10 U 84/90 - BB 1991, 159-160.
[56] OLG Naumburg v. 16.12.1996 - 1 U 175/96 - NJW-RR 1998, 944-945.
[57] BGH v. 03.06.1981 - VIII ZR 153/80 - LM Nr. 8 zu § 542 BGB.
[58] OLG Düsseldorf v. 19.04.1994 - 24 U 160/93 - juris Rn. 8 - OLGR Düsseldorf 1994, 241.
[59] LG Mannheim v. 09.12.1998 - 4 S 36/98 - NJW-RR 1999, 1023-1024.
[60] OLG Celle v. 01.06.1999 - 2 U 228/98 - NJW-RR 2000, 873-874.
[61] BGH v. 10.11.2004 - XII ZR 71/01 - NZM 2005, 17-18.
[62] OLG Düsseldorf v. 06.11.2008 - 24 U 149/07 - ZMR 2011, 629-632.
[63] OLG Düsseldorf v. 17.02.2005 - 10 U 111/04 - GuT 2005, 124.
[64] OLG Rostock v. 14.06.2010 - 3 U 37/10.

Schimmelpilzbildung und damit verbundene Feuchtigkeitserscheinungen sind grundsätzlich ein Mangel der Mietsache. Dieser stellt bei erheblicher Gebrauchsstörung der Mietsache einen fristlosen Kündigungsgrund dar.[65]

3. Besonderer Ausschluss der Kündigung (Absatz 4)

Die Kündigung wegen Nichtgewährung oder Entzug des Gebrauchs der Mietsache gemäß § 543 Abs. 2 Nr. 1 BGB ist bei Vorliegen eines Mangels gemäß § 543 Abs. 4 BGB **ausgeschlossen** in folgenden Fällen:
- wenn der Mieter den Mangel kannte oder grob fahrlässig nicht kannte, es sei denn, der Vermieter hat den Mangel arglistig verschwiegen; § 536b BGB;
- wenn die Gewährleistungsrechte des Mieters vereinbarungsweise ausgeschlossen wurden, es sei denn, der Vermieter hat den Mangel arglistig verschwiegen; § 536d BGB;
- wenn mehrere Mietsachen oder Mietsachen mit Zubehör vermietet wurden und der Mangel nur einen Teil der Mietsachen betrifft, §§ 469-471 BGB.

IV. Kündigung wegen Rechtsverletzung, Gefährdung oder unbefugter Gebrauchsüberlassung (Absatz 2 Nr. 2)

1. Erhebliche Rechtsverletzung

Eine erhebliche Verletzung von Rechten des Vermieters durch den Mieter geht über den Begriff des vertragswidrigen Gebrauchs hinaus, der lediglich einen Unterlassungsanspruch des Vermieters gegen den vertragswidrig handelnden Mieter nach § 541 BGB begründet.

2. Erhebliche Gefährdung

Eine erhebliche Gefährdung der Mietsache muss auf einen Sorgfaltspflichtverstoß des Mieters zurückzuführen sein. In Betracht kommt insbesondere die Verletzung der Obhuts- und Anzeigepflichten gemäß § 536c BGB.

3. Rechtsprechung

Der Kündigungstatbestand setzt danach kumulativ zum einen eine erhebliche Gefährdung voraus, die bedeutende Auswirkungen auf die Mietsache hat, und zum anderen muss diese die Rechte des Vermieters erheblich beeinträchtigen.

Bauliche Veränderungen, wie der eigenmächtige Ausbau eines Dachbodens zu Wohnzwecken, können eine fristlose Kündigung rechtfertigen.[66] Nicht dagegen eine baurechtswidrige Benutzung eines Zwischengeschosses als zweite Büroebene, wenn dem Verpächter diese Nutzung von Anfang an bekannt war und von ihm geduldet wurde und er sich bereiterklärt hat, an einer bauaufsichtsrechtlichen Genehmigung der Nutzungsänderung mitzuwirken.[67]

Die Errichtung zweier **Taubenschläge** auf einem gemieteten Hausgrundstück, die ohne größere Probleme entfernt werden können, begründet keine fristlose Kündigung des Mietvertrags.[68]

Dem Mieter ist eine Fortsetzung des Mietverhältnisses im Sinne des § 543 BGB unzumutbar, wenn der Vermieter über längere Zeit mehrfach Betriebskosten vorsätzlich falsch abrechnet und die Einsicht in Belege verweigert.[69]

Der Vermieter kann dem Mieter fristlos kündigen, wenn der Mieter in **vertragswidriger Weise** in die **Bausubstanz** der Mietsache durch bauliche Veränderung **eingegriffen** hat. Ohne die Zustimmung des Vermieters handelt es sich dabei um Vertragsverletzungen. Beispiele hierfür sind eigenmächtiges He-

---

[65] LG Kiel v. 20.01.2005 - 1 S 100/04 - juris Rn. 36.
[66] LG Hamburg v. 26.04.1991 - 311 S 1/91 - WuM 1992, 190.
[67] OLG Düsseldorf v. 27.05.2010 - 10 U 147/09 - MDR 2010, 1447-1448.
[68] AG Jülich v. 25.04.2006 - 11 C 19/06 - juris Rn. 18 - WuM 2006, 562-563.
[69] LG Berlin v. 24.06.2003 - 65 S 421/02 - Grundeigentum 2003, 1081-1082.

rausreißen eines Kachelofens, Durchbrüche von Wänden oder Verlegung von Wasserleitungen. Der Mieter kann der hierauf gestützten Kündigung des Vermieters nicht entgegenhalten, dass andere Mieter auch in vertragswidriger Weise in die Mietsubstanz eingegriffen hatten, da es resümiert keine Klarheit im Unrecht gibt.[70]

76 Eine vertragswidrige **Überbelegung** der Wohnung gibt für sich noch keinen Grund für eine außerordentliche Kündigung, sofern damit nicht zugleich eine unbefugte Wohnraumüberlassung an Dritte verbunden ist.[71]

77 Eine **Änderung der Nutzung** der Mietsache, die vom Vertragszweck der Nutzung nicht mehr gedeckt ist und zu Belästigungen und Störungen führt, die vom Vermieter nicht zu dulden sind, reicht insoweit aus.[72]

78 Hat der Mieter eine Vielzahl von Rechtsstreitigkeiten gegen den Vermieter veranlasst (**Prozesslawine**), begründet dies noch kein Recht der außerordentlichen Kündigung durch den Vermieter.[73]

79 Der Pächter ist zur fristlosen Kündigung des Pachtverhältnisses berechtigt, sofern ein derart gravierender Mangel in der Gebrauchsfähigkeit des Pachtobjekts vorliegt, der auf Umbauarbeiten zurückzuführen ist, die vor Beginn des Pachtverhältnisses ohne erforderliche Baugenehmigung vorgenommen wurden und wenn daraufhin eine die Nutzung der Pachtsache untersagende Ordnungsverfügung ergeht, die die Aufnahme des vertraglich vorgesehenen Geschäftsbetriebes unmöglich macht.[74]

80 Die von einer Imbissgaststätte ausgehende **Geruchsbelästigung** kann eine erhebliche Vertragsverletzung darstellen. Dem Vermieter ist ein Festhalten am Vertrag mit dem Mieter nicht zumutbar und berechtigt ihn zur außerordentlichen Kündigung des auf 10 Jahre geschlossenen Mietvertrages. Zudem begründet die Geruchsbelästigung einen vertragswidrigen Gebrauch der Mietsache, auf dessen Unterlassung der Vermieter gemäß § 541 BGB Anspruch hat.[75]

4. Unbefugte Gebrauchsüberlassung

81 Die unbefugte Gebrauchsüberlassung entspricht dem Begriff in § 540 BGB. Sie liegt auch vor, wenn der Mieter die **Weitervermietung** durch seinen Untermieter pflichtwidrig nicht verhindert[76] und wenn der Mieter ohne Erlaubnis des Vermieters Dritten den Gebrauch einräumt, auch wenn er einen Anspruch auf Erlaubnis nach § 553 BGB hätte[77].

82 Die Erteilung einer **Erlaubnis** zur Untermiete ist dahin auszulegen, dass der Mieter den Mietgebrauch nicht weitgehend vollständig Dritten überlassen kann. „Die Vereinbarung gilt nur für drei Personen" ist dahin auszulegen, dass der Mieter neben seiner eigenen Nutzung berechtigt sein soll, zwei Personen als Untermieter aufzunehmen. Nicht erfasst ist die Alleinnutzung der Wohnung durch drei Untermieter ohne eigene Nutzung durch den Hauptmieter. Wenn der Mieter einen solchen vertragswidrigen Zustand trotz Abmahnung nicht abstellt, kann eine Kündigung aus wichtigem Grund zulässig sein.[78]

83 In jüngerer Zeit hat das Landgericht Berlin dahin gehend entschieden, dass die **Untervermietung** eines Teils der Wohnung den Vermieter dann nicht zur fristlosen bzw. fristgerechten Kündigung berechtigt, wenn der Mieter einen Anspruch gegen den Vermieter auf die Untermieterlaubnis hat.[79]

---

[70] AG Berlin-Neukölln v. 10.06.2004 - 8 C 71/04 - MM 2004, 411.
[71] BVerfG v. 18.10.1993 - 1 BvR 1335/93 - NJW 1994, 41-42.
[72] OLG Hamm v. 20.05.1998 - 30 U 193/97 - NZM 1999, 1050-1052.
[73] AG Jülich v. 25.04.2006 - 11 C 19/06 - juris Rn. 19 - WuM 2006, 562-563.
[74] Brandenburgisches OLG v. 10.04.1996 - 3 U 162/05 - OLGR Brandenburg 1998, 411-414.
[75] Brandenburgisches Oberlandesgericht v. 27.05.2009 - 3 U 85/08 - Info M 2009, 328.
[76] OLG Hamm v. 17.01.1992 - 30 U 36/91 - NJW-RR 1992, 783-785.
[77] BayObLG München v. 26.10.1990 - RE-Miet 1/90 - NJW-RR 1991, 461-462.
[78] AG Hamburg v. 07.07.2004 - 39A C 200/03 - ZMR 2004, 913.
[79] LG Berlin v. 10.04.2003 - 67 S 383/02 - Grundeigentum 2003, 880-881.

5. Rechtsprechung

Eine unbefugte Gebrauchsüberlassung liegt nicht vor, wenn der Vermieter dem Mieter die erforderliche Genehmigung zur **Untervermietung** nur aus wichtigem Grund versagen darf und einen solchen Grund nicht darlegen kann.

Einem **Herausgabeanspruch** des Vermieters aus § 546 BGB kann der Mieter dann den Einwand unzulässiger Rechtsausübung entgegensetzen, sofern ein Anspruch auf Erteilung der Zustimmung bestand. Musste der Vermieter der Untervermietung zustimmen, schadet es auch nicht, wenn der Vermieter nicht zuvor über die Untervermietung informiert wurde.[80]

V. Kündigung wegen Zahlungsverzugs des Mieters (Absatz 2 Nr. 3)

1. Definition

Der **Zahlungsverzug** des Mieters bestimmt sich nach § 284 BGB und schließt auch die Verpflichtung des Mieters ein, laufende Nebenkosten zu bezahlen.[81]

Für den Zahlungsrückstand sieht § 543 Abs. 2 Nr. 3 BGB zwei **Alternativen** vor. Der Mieter muss entweder für zwei aufeinander folgende Termine mit der Mietzahlung ganz oder erheblich in Verzug sein oder er muss über einen längeren Zeitraum als zwei Zahlungstermine mit einem Betrag in Höhe von zwei Monatsmieten in Verzug sein.

Die Kündigung wegen Zahlungsverzuges ist gemäß § 543 Abs. 2 Satz 2 BGB **ausgeschlossen**, wenn der Vermieter vor Zugang der Kündigung beim Mieter in voller Höhe befriedigt wird. Die Kaution bleibt dabei außer Betracht.[82]

Der Mieter kann die Kündigung auch gemäß § 543 Abs. 1 Satz 3 BGB **abwenden**, wenn er sich durch Aufrechnung von seiner Schuld befreien kann. Dann muss er die Aufrechnung allerdings unverzüglich nach Zugang der Kündigung gegenüber dem Vermieter erklären.

Ferner muss die Gegenforderung so bestimmt bezeichnet sein, dass sie der Vermieter prüfen kann.[83]

Der Vermieter kann vom Mieter den kündigungsbedingten Mietzinsausfall auch nach Kündigung wegen Zahlungsverzugs ersetzt verlangen. Der Mieter hat für seine finanzielle Leistungsfähigkeit einzustehen und deshalb eine auf Zahlungsrückstände gestützte fristlose Kündigung zu vertreten. Er haftet dem Vermieter danach für dessen Mietzinsausfälle bis zur Begründung eines neuen Mietverhältnisses bzw. bis zu dem Zeitpunkt, zu dem der Mieter das Vertragsverhältnis wirksam beenden kann. Dabei dürfte nach der Schuldrechtsnovellierung dieser Anspruch auf § 280 Abs. 1 Satz 1 BGB zu stützen sein. Für diesen allgemeinen Schadensersatzanspruch ist es ohne Bedeutung, auf welchen Gründen die Pflichtverletzung beruht und welche Folgen sie hat. Allerdings kann ein **Mitverschulden** des Vermieters gemäß § 254 BGB zu berücksichtigen sein, wenn der Vermieter nicht unverzüglich für eine Neuvermietung sorgt.[84]

Solange ein Mieter nach dem Tod seines Vermieters keine Gewissheit darüber erlangen kann, wer Gläubiger seiner Mietverpflichtungen geworden ist, unterbleiben seine Mietzahlungen infolge eines Umstandes, den er nicht zu vertreten hat.[85]

2. Rechtsprechung

Der Mieter ist nicht berechtigt, **Vorauszahlungen** für Warmwasser- und Heizungskosten einseitig herabzusetzen. Dadurch entstehende Rückstände können vom Vermieter angerechnet werden, um die Schwelle für die fristlose Kündigung zu erreichen.[86]

---

[80] OLG Düsseldorf v. 05.09.2002 - 10 U 105/01 - JMBl NW 2003, 57-58.
[81] OLG Naumburg v. 05.11.1998 - 8 U 4/98 - WuM 1999, 160-161.
[82] LG Berlin v. 06.02.1998 - 64 S 412/97 - ZMR 1998, 231-232.
[83] OLG Celle v. 16.02.2007 - 2 U 9/07 - juris Rn. 6 - OLGR Celle 2007, 349-350.
[84] OLG München v. 25.07.2002 - 19 U 1819/02 - juris Rn. 17 - WuM 2002, 492-493.
[85] BGH v. 07.09.2005 - VIII ZR 24/05 - Grundeigentum 2005, 1549-1550.
[86] BayObLG München v. 05.10.1995 - RE-Miet 1/95 - juris Rn. 7 - NJW-RR 1996, 207-209.

94 Ein Wohnungsmieter gerät nicht in Zahlungsverzug, wenn er 2 Monatsmieten auf ein Konto mit einer vom Vermieter irrtümlich falsch angegebenen Kontonummer überweist und im Zeitpunkt der Überweisungen von diesem **Vermieterirrtum** keine Kenntnis hat.[87]

95 Bei einer Kündigung wegen Zahlungsverzuges des Mieters muss der Zahlungsrückstand in der **Kündigungserklärung** nicht detailliert erläutert werden. Es ist vielmehr ausreichend, wenn die Kündigungserklärung auf die einschlägige Kündigungsvorschrift Bezug nimmt und ein aus sich heraus verständlicher Mietkontoauszug beigefügt ist. Dem säumigen Mieter kann in dieser Lage zugemutet werden, selbst zu prüfen, wann und in welchem Umfang er seiner Pflicht zur Mietzinszahlung nicht nachgekommen ist.[88]

96 Fortdauernd **unpünktliche** Zahlungen rechtfertigen eine Kündigung nach § 543 Abs. 2 Satz 1 Nr. 3 BGB.[89] Das gilt nach vorheriger Abmahnung durch den Vermieter auch ohne dass die gesetzlichen Rückstände erreicht werden, wenn dem Vermieter aufgrund der ständig verzögerten Mietzahlungen die Fortsetzung des Mietverhältnisses unzumutbar ist. Dies ist jedenfalls dann der Fall, wenn der Mieter auch nach zwei Abmahnungen und einer nicht durchgesetzten fristlosen Kündigung weiterhin unpünktlich zahlt. Unerheblich ist dabei, ob die Zahlungstermine jeweils nur um Tage oder Wochen überschritten werden und der Mieter jeweils vor dem nächsten Zahlungstermin das Mietkonto ausgeglichen hat.[90]

97 Die Entscheidung, ob das **Zahlungsverhalten** eines Mieters eine außerordentliche Beendigung des Mietverhältnisses gemäß § 543 Abs. 1 BGB rechtfertigt, bedarf einer Würdigung aller Umstände des Einzelfalls einschließlich des bisherigen Verhaltens des Vermieters. An die Unzumutbarkeit sind strenge Anforderungen zu stellen, da die Voraussetzungen des § 543 Abs. 3 BGB nicht durch die Anwendung eines anderen Kündigungstatbestandes unterlaufen werden dürfen.[91]

98 Eine außerordentliche fristlose Kündigung aus wichtigem Grund wegen wiederholter unpünktlicher Zahlung der Miete ist jedenfalls dann gerechtfertigt, wenn ein Mieter die Miete nach Abmahnung und vorausgegangener Kündigungsandrohung innerhalb eines Jahres noch dreimal verspätet zahlt. In diesem Fall ist die Fortsetzung des Mietvertrages für den Vermieter unzumutbar. Kündigungsgrund ist dann jedoch nicht § 543 Abs. 2 Nr. 3 BGB, sondern § 543 Abs. 1 BGB.[92]

99 Liegen die Voraussetzungen des § 543 Abs. 2 Nr. 3 BGB erst nach Absenden des Kündigungsschreibens vor und tritt vor dem Zugang der Kündigung keine vollständige **Befriedigung** des Vermieters ein, so ist die fristlose Kündigung wirksam.[93]

100 Eine außerordentliche Kündigung aufgrund von § 543 Abs. 2 Nr. 3 BGB ist nur möglich, wenn der Mieter mit der Zahlung der **Bruttomiete** im Rückstand ist. Dazu zählen grundsätzlich nur die monatlichen Mietforderungen einschließlich der Nebenkostenvorauszahlungen, nicht aber Nachforderungen des Vermieters aus einer Nebenkostenabrechnung oder aufgrund eines Sachverständigengutachtens, das eine höhere Miete ermittelt.[94]

101 Ein Rückstand, der die Miete für einen Monat übersteigt, ist **nicht unerheblich** im Sinne von § 543 Abs. 2 Nr. 3a BGB. Selbst bei einem Wohnraummietverhältnis berechtigt dieser Rückstand gemäß § 569 Abs. 3 Nr. 1 BGB zur fristlosen Kündigung. Der gesetzliche Schutz des Gewerbemieters reicht jedenfalls nicht weiter.[95]

102 Stundet der Vermieter dem Mieter zur fristlosen Kündigung berechtigende Mietrückstände und hält der Mieter die zugleich getroffene Vereinbarung einer geminderten, aber pünktlich und vollständig zu

---

[87] LG Berlin v. 07.03.2005 - 62 S 375/04 - MM 2005, 191.
[88] LG Berlin v. 18.08.2003 - 67 S 86/03 - juris Rn. 10 - WuM 2003, 628-629.
[89] BGH v. 23.09.1987 - VIII ZR 265/86 - juris Rn. 22 - WM 1988, 62-64.
[90] OLG Rostock v. 07.10.2002 - 3 U 90/02 - OLGR Rostock 2003, 30-31.
[91] OLG Karlsruhe v. 10.12.2002 - 17 U 97/02 - juris Rn. 30 - NJW-RR 2003, 945-949.
[92] BGH v. 11.01.2006 - VIII ZR 364/04 - WuM 2006, 193 f.
[93] LG Köln v. 18.10.1990 - 1 S 215/90 - NJW-RR 1991, 208-209.
[94] LG Hamburg v. 04.09.1992 - 311 S 116/92 - NJW-RR 1992, 1429-1430.
[95] LG Berlin v. 04.07.2007 - 29 O 95/07 - juris Rn. 13 - Grundeigentum 2007, 1190-1191.

zahlenden Miete nicht ein, lebt das Recht zur fristlosen Kündigung aus § 543 Abs. 2 Nr. 3 BGB ohne weitere Abmahnung wieder auf. Denn die getroffene Stundungsvereinbarung stand unter der auflösenden Bedingung, § 158 Abs. 2 BGB, der pünktlichen Bezahlung der reduzierten Mietzinsraten.[96]

Haben die Parteien die Möglichkeit einer fristlosen Kündigung bei mehrmaliger verspäteter Zahlung vereinbart, so kann der Vermieter davon nur Gebrauch machen, wenn der Mieter den vereinbarten **Zahlungstermin** mehrfach erheblich überschritten hat.[97] **103**

Zieht der (vorläufige) Insolvenzverwalter, der für das **Insolvenzverfahren** über das Vermögen eines Zwischenmieters bestellt worden ist, die Miete vom Endmieter ein, so ist er verpflichtet, die vereinnahmte Miete in der geschuldeten Höhe an den Hauptvermieter weiterzuleiten. Erklärt er dennoch, er werde die Miete nicht weiterleiten, so ist der Hauptvermieter zur fristlosen Kündigung des Zwischenmietverhältnisses berechtigt, auch wenn ein Zahlungsrückstand im Sinne des § 543 Abs. 2 Nr. 3 BGB noch nicht entstanden ist. Diese Entscheidung wird von *Drasko* besprochen. Dieser wirft unter anderem die Frage nach dem richtigen Zeitpunkt der Kündigungserklärung (Absendung oder Zugang) auf. Weiterhin weist er darauf hin, dass der Vermieter vor den Nachteilen nicht erfolgter Zahlungen vor dem Insolvenzantrag nicht geschützt sei, da insoweit § 112 InsO die Kündigungsmöglichkeit gegenüber dem Insolvenzverwalter ausschließe.[98] **104**

Kündigt ein Vermieter gemäß § 543 Abs. 2 Nr. 3 lit. a BGB fristlos und überholt diese fristlose Kündigung eine zuvor vom Insolvenzverwalter erklärte ordentliche Kündigung des Mietverhältnisses nach § 109 InsO, hat der Vermieter grundsätzlich einen Anspruch „eigener Art" auf Ersatz des ihm entstandenen Kündigungsfolgeschadens. Dieser Schaden besteht darin, dass der Mietzins nicht aus der Masse befriedigt wird.[99] **105**

Gibt ein **Rechtsirrtum** des Mieters Anlass zum Zahlungsrückstand, wenn in Rechtsprechung und Literatur andere Ansichten vertreten werden, so ist der Mietrückstand bei Beachtung der im Verkehr erforderlichen Sorgfalt unverschuldet.[100] **106**

Macht der Mieter ein **Zurückbehaltungsrecht** geltend, ohne sich selbst vertragstreu zu verhalten, so kommt er mit seiner Verpflichtung zur Zahlung der Miete in Verzug.[101] **107**

Das Zurückbehaltungsrecht des § 320 BGB steht dem Mieter grundsätzlich gegenüber dem gesamten Mietanspruch zu. Die Geltendmachung des Zurückbehaltungsrechts in voller Höhe kann im Einzelfall jedoch unangemessen sein und verstößt dann gegen die Grundsätze von Treu und Glauben.[102] **108**

Fehlt der Nachweis einer Mietkaution, fällt das Zurückbehaltungsrecht weg. Eine per Fax übermittelte Kopie der Sparurkunde steht einem Zurückbehaltungsrecht wegen fehlenden Nachweises der gesonderten Anlage der Mietkaution auch entgegen, wenn die Kopie schwer lesbar ist, der Mieter die Lesbarkeit aber nicht moniert. Soweit der Mieter aufgrund fehlerhafter Berechnung zu viel Miete zurückbehält, handelt er jedenfalls fahrlässig und ist mit der Miete im Verzug.[103] **109**

Kommt der Mieter aufgrund falscher **Beratung** durch einen Rechtsanwalt mit der Zahlung des Mietzinses in Verzug, so muss er sich dessen Verhalten gemäß § 278 BGB zurechnen lassen.[104] **110**

Wichtig ist das vor allem in Bezug auf das den Mieter dann treffende Kündigungsrisiko gemäß § 543 Abs. 2 Satz 1 Nr. 3a BGB. Klärt der Rechtsanwalt den Mieter nicht über dieses Risiko auf, steht dem Mieter gegen den Rechtsanwalt ein Schadensersatzanspruch wegen vertragswidriger Pflichtverletzung gemäß §§ 611, 675, 280 Abs. 1 Satz 1 BGB zu.[105] **111**

---

[96] OLG Düsseldorf v. 07.12.2010 - 24 U 141/10 - ZMR 2011, 864-865.
[97] LG Berlin v. 02.03.1972 - 25 O 64/72 - NJW 1972, 1324-1325.
[98] BGH v. 09.03.2005 - VIII ZR 394/03 - juris Rn. 13 - NJW 2005, 2552-2554; *Drasko*, NZI 2005, 452.
[99] KG Berlin v. 15.03.2007 - 8 U 165/06 - juris Rn. 23 - ZMR 2007, 615-617.
[100] LG Kiel v. 03.08.1995 - 1 S 249/94 - WuM 1996, 340.
[101] LG München I v. 24.03.1999 - 14 S 17277/98 - NZM 2000, 87.
[102] BGH v. 26.03.2003 - XII ZR 167/01 - juris Rn. 16 - NJW-RR 2003, 873-874.
[103] LG Hamburg v. 06.06.2003 - 316 O 56/03 - ZMR 2004, 40-41.
[104] OLG Köln v. 30.10.1997 - 12 U 29/97 - juris Rn. 5 - WuM 1998, 23-24.
[105] OLG Düsseldorf v. 14.12.2010 - 24 U 126/10 - WuM 2011, 114-116.

112 Ein Vermieter, der ausreichend **Geschäftserfahrung** besitzt, hat eine Kündigung selbst auszusprechen. Er verstößt gegen das Gebot der Schadensminderung, wenn er eine außerordentliche Kündigung wegen Zahlungsverzuges nicht selbst ausspricht, sondern dazu einen Rechtsanwalt beauftragt, so dass Rechtsanwaltsgebühren vom Mieter nicht geschuldet werden.[106]

113 So beurteilte es auch der BGH in einem Fall, in dem der Vermieter für die Abfassung einer auf Zahlungsverzug gestützten Kündigung einen Rechtsanwalt beauftragte. Die Kosten sind vom Mieter nicht zu erstatten, wenn es sich um einen tatsächlich und rechtlich einfach gelagerten Fall handelt und der Vermieter ein gewerblicher Großvermieter ist.[107]

114 Will ein Vermieter, der den Mietvertrag vorzeitig wegen Nichtzahlung des Mietzinses gekündigt hat, nach Rückgabe der Mietsache **Schadensersatz wegen Ausfall der Mieteinnahmen** geltend machen, muss er darlegen, wann und wie er sich um die Weitervermietung bemüht hat und dass diese Bemühungen wegen fehlenden Publikumsinteresses gescheitert sind.[108]

115 Wenn der Mieter nach einer fristlosen Kündigung wegen Zahlungsverzuges den gesamten Mietrückstand ausgleicht und der Vermieter daraufhin das Mietkonto auf „Null" stellt, tritt **Schonfristverbrauch** ein. Der Mieter kann dann nicht mehr damit gehört werden, er habe den Mietrückstand niemals vollständig ausgeglichen, deswegen sei ein Schonfristverbrauch niemals eingetreten.[109]

116 Für die Wirksamkeit einen fristlosen Kündigung des Mietverhältnisses wegen Zahlungsverzuges reicht es aus, dass der Kündigungstatbestand vor Abgabe der Kündigungserklärung verwirklicht war. Bei einfachem und klarem Sachverhalt genügt den Anforderungen an die Begründung der fristlosen Kündigung wegen Zahlungsverzuges im Kündigungsschreiben die exakte Angabe des Mietrückstands. Bei einer wiederholten Kündigung wegen Zahlungsverzuges besteht kein Anlass für eine Festsetzung einer Räumungsfrist von Amts wegen.[110]

117 Unterbleibt die Mietzahlung dagegen aufgrund Verschuldens des **Sozialamtes**, muss sich der Mieter dieses Verschulden nicht gemäß § 278 Satz 1 BGB zurechnen lassen. Das Sozialamt, das die Mietzahlung an den Vermieter übernimmt, handelt insoweit nicht als Erfüllungsgehilfe des Mieters, sondern als Dritter i.S.v. § 267 BGB.[111]

118 Bei zunächst hingenommenem, aber weiter auflaufendem Rückstand mit einem Teil der Miete ist grundsätzlich eine fristlose Kündigung möglich. Im vorliegenden Fall kam es jedoch zu einer Verwirkung des Rechts. Die fristlose Kündigungserklärung des Vermieters hat das auf zehn Jahre fest abgeschlossene Mietverhältnis nicht vorzeitig beendet, auch nicht als ordentliche Kündigung mit gesetzlicher Frist. Die fristlose Kündigung war unwirksam, obwohl der Mieter die **Umsatzsteuer** nicht einbehalten hätte dürfen. Nach Maßgabe der Übergangsvorschrift des § 27 Abs. 2 Nr. 3 UStG war die Option zur Umsatzsteuer wirksam, der Vermieter hatte die Umsatzsteuer auch tatsächlich auf die Miete abgeführt. Diese war letztlich nicht entscheidend, da der Mieter im Falle einer unzulässigen Option eine Miete entrichten muss, deren Höhe der vereinbarten Miete zuzüglich Umsatzsteuer entspreche. Die Unwirksamkeit der fristlosen Kündigung ergebe sich aus dem Grundsatz von Treu und Glauben. Der Vermieter hatte sein Recht zur fristlosen Kündigung wegen Zahlungsverzuges verwirkt, weil er diesen jahrelang hingenommen hat. Zumindest stellte die Kündigung eine unzulässige Rechtsausübung dar, nachdem der Vermieter die mit Schreiben initiierte Zahlungsklage nicht erhoben und den Einbehalt der Umsatzsteuer weitere eineinhalb Jahre hingenommen hatte, ohne die Kündigung vorher konkret anzudrohen.[112]

119 Wenn sich das als Mietpartei verpflichtende Einzelunternehmen durch Eintritt eines Gesellschafters in eine Offene Handelsgesellschaft umwandelt, kann die erforderliche Mitwirkung der Vermieterin zum

---

[106] AG Berlin-Neukölln v. 10.09.2004 - 14 C 110/03 - Grundeigentum 2004, 1397.
[107] BGH v. 06.10.2010 - VIII ZR 271/09.
[108] OLG Düsseldorf v. 18.02.2010 - 24 U 113/09 - DWW 2011, 78.
[109] AG Hamburg-Blankenese v. 02.01.2004 - 508 C 357/03 - ZMR 2004, 271-272.
[110] AG Dortmund v. 02.11.2004 - 125 C 10067/04 - WuM 2004, 720-721.
[111] LG Mainz v. 18.06.2003 - 3 S 57/03 - juris Rn. 10 - WuM 2003, 629-630.
[112] BGH v. 15.06.2005 - XII ZR 291/01 - NJW 2005, 2775.

Vertragsübergang darin bestehen, dass sie in der an die OHG gerichteten Kündigung des Mietvertrags auf das bestehende Mietverhältnis Bezug nimmt.[113]

Soweit die in einem **Vorprozess** entschiedene Rechtsfolge eine Vorfrage für die Entscheidung des nachfolgenden Rechtsstreits ist, besteht Bindungswirkung. Das ist der Fall, soweit dies für die spätere Prüfung eines Kündigungsgrundes vorgreiflich ist. Der Vermieter darf die Entfernung von Sachen, die seinem Pfandrecht unterliegen, im Wege der Selbsthilfe verhindern, soweit er berechtigt ist, der Entfernung zu widersprechen. Sein Selbsthilferecht setzt voraus, dass tatsächlich mit der Entfernung der Sachen begonnen wurde. Ist das der Fall, dann kommt im Einzelfall auch das Versperren von Räumen als Selbsthilfemaßnahme in Betracht.[114]

Der zum Abschluss eines Mietvertrages bevollmächtigte **WEG-Verwalter** ist nicht befugt, das Mietverhältnis wegen Zahlungsverzugs fristlos zu kündigen.[115]

VI. Kündigung wegen Vertragsverletzung (Absatz 3)

1. Definition

Liegt in einem Kündigungstatbestand zugleich eine vertragliche Pflichtverletzung, so muss die andere Vertragspartei gemäß § 543 Abs. 3 BGB zunächst um Abhilfe ersuchen oder abmahnen. Die Kündigung ist erst nach erfolglosem Ablauf einer angemessenen Frist zulässig.

Mit der **Abmahnung** ist der anderen Vertragspartei die von dieser noch nicht erkannte bzw. nicht erkennbare Erheblichkeit der Beanstandung vor Augen zu führen. Geschieht dies in einer ersten Abmahnung nicht, ist vor einer fristlosen Kündigung eine zweite Abmahnung, die diese Voraussetzungen erfüllt, erforderlich.[116]

Ausnahmsweise ist ein Abhilfeersuchen oder eine Abmahnung **entbehrlich**, wenn sie offensichtlich erfolglos sein wird, nach Interessenabwägung nicht gerechtfertigt erscheint oder der Mieter in Zahlungsverzug ist.

2. Rechtsprechung

Eine **Terminverschiebung** durch die andere Partei ersetzt eine Abmahnung grundsätzlich nicht, da die Abhilfefrist zur Beseitigung bestimmter, genau zu bezeichnender Gebrauchsstörungen gesetzt werden muss.[117]

War ein Ladenlokal an einem zentralen Platz in einer Großstadt vermietet worden und beginnen später (nach etwa einem Jahr) umfangreiche Bauarbeiten auf dem Platz und damit verbundene Erdaushubarbeiten (wegen des Baus einer Tiefgarage) in unmittelbarer Nähe des Ladenlokals, so dass über Jahre hinweg der Zugang zu dem Ladenlokal nur über Bretterstege möglich ist, berechtigt dieser **Mangel** den Mieter zur fristlosen Kündigung des Gewerberaummietvertrages gemäß § 543 Abs. 3 BGB.[118]

In Abgrenzung zu dieser Entscheidung des OLG Dresden hat das LG Düsseldorf entschieden, dass umfangreiche **Straßenbauarbeiten** im Bereich eines Geschäftslokals in der Innenstadt den Mieter dann nicht zur außerordentlichen Kündigung berechtigen, wenn das Erreichen des Geschäfts über den von Bauarbeiten nicht betroffenen Bürgersteig jederzeit möglich ist. Dies gilt auch dann, wenn die am Geschäft vorbeiführende Straße gesperrt ist, Parkplätze weggefallen sind und das Erreichen durch eine Veränderung der Anbindung an den öffentlichen Personennahverkehr erschwert wird.[119]

Hat sich der Kaufhausbetreiber verpflichtet, einen gleichwertigen Ersatzstandort für den vermieteten Standplatz eines Imbisswagens während der **Umbauarbeiten** auf dem Kaufhausgrundstück bereit-

---

[113] OLG Celle v. 15.06.2005 - 3 U 284/04.
[114] OLG Koblenz v. 02.11.2004 - 12 U 1530/03 - NJW-RR 2005, 1174-1175.
[115] AG Kaiserslautern v. 31.10.2005 - 4a C 211/05 - juris Rn. 17.
[116] OLG Düsseldorf v. 30.01.2003 - 10 U 16/02 - NJW-RR 2003, 1017-1018.
[117] OLG Naumburg v. 30.06.1999 - 6 U 92/98 - juris Rn. 32 - WuM 2000, 246-247.
[118] OLG Dresden v. 18.12.1998 - 5 U 1774/98 - juris Rn. 10 - NJW-RR 1999, 448-449
[119] LG Düsseldorf v. 10.06.2003 - 24 S 49/03 - NJW-RR 2003, 1594-1595.

§ 543

129 zustellen, so berechtigen ihn tatsächliche Schwierigkeiten bei der Zuweisung eines gleichwertigen Standortes nicht zur Kündigung des Mietvertrages.[120]

129 Wird bei einem Mietvertrag über ein noch zu errichtendes Mietobjekt die Herstellung des geschuldeten Zustandes endgültig und ernsthaft **verweigert**, so bedarf es keiner förmlichen Fristsetzung zur Ausübung des fristlosen Kündigungsrechtes.[121]

130 Eine **Abmahnung** ist entbehrlich, wenn die Abhilfe der Gebrauchsentziehung nicht oder nur unter unzumutbaren Bedingungen möglich ist.[122]

131 Einer Abmahnung bedarf es ferner nicht, wenn der Mieter einen Straftatbestand (hier: Sachbeschädigung) erfüllt.[123]

132 Darüber hinaus kann eine Abmahnung auch dann gemäß § 543 Abs. 3 Satz 2 Nr. 2 BGB entbehrlich sein, wenn der Vermieter im Geschäft des Mieters ein Schild herunterreißt, es dem Mieter vor die Füße wirft, ihn anschreit und als unfähigen Geschäftsmann bezeichnet, sowie damit droht, ihn fertig zu machen, sollte er seine mietvertragliche Betriebspflicht nicht erfüllen. Dies gilt jedoch dann nicht, wenn der Mieter, wie vorliegend durch Verletzung seiner vertraglichen Betriebspflicht geschehen, selbst Anlass zur Kritik gegeben hatte und es sich dabei um einen einmaligen Vorfall seitens des Vermieters handelte.[124]

133 Nicht vertragskonformes Verhalten des Pächters, wie eine unberechtigte Unterverpachtung, rechtfertigt nach einer Abmahnung die fristlose Kündigung.[125]

134 Einer Abmahnung bedarf es im Falle des Fahrens ohne Führerschein mit einem Mietfahrzeug nicht, da die Vertragsverletzung bereits abgeschlossen ist und eine Abmahnung nicht dazu führen kann, künftige Vertragsverletzungen zu unterbinden.[126]

135 Eine Abmahnung wegen unbefugter Stromentnahme im Keller ist jedenfalls dann erforderlich, wenn der behauptete Stromverbrauch durch den Mieter so gut wie nicht messbar ist.[127]

136 Der Vermieter ist an die von ihm gesetzte **Abhilfefrist** gebunden, selbst wenn diese zu lang ist. Eine nachträgliche Abkürzung dieser Frist kommt nur dann in Betracht, wenn sich der Zustand der Mietsache während des Laufs der Frist unvorhersehbar erheblich verschlechtert.[128]

137 Eine angemessene Abhilfefristsetzung oder eine Abmahnung sind grundsätzlich auch bei der außerordentlichen fristlosen Kündigung wegen erheblicher Gesundheitsgefährdung erforderlich.[129]

138 Eine Abmahnung oder Fristsetzung zur Mängelbeseitigung vor der außerordentlichen fristlosen Kündigung kann gemäß § 543 Abs. 3 Satz 2 BGB entbehrlich sein, wenn der Schimmelpilzbefall der Wohnung zu einer lebensgefährlichen Erkrankung des Mieters und seiner Tochter geführt hat.[130]

139 Einer Abmahnung bedarf es nicht, wenn der Vermieter das ihm bekannte ausschließliche Nutzungsrecht des Mieters rechtlich nicht anerkennen wollte und auch nicht anerkennen will. Die Abmahnung hätte offensichtlich keinen Erfolg versprochen, so dass der Mieter darauf gemäß § 543 Abs. 3 Satz 2 BGB verzichten durfte.[131]

140 In einer zwar unwirksamen, aber den Anforderungen einer Abmahnung entsprechenden, Kündigung kann eine Abmahnung gemäß § 543 Abs. 3 Satz 1 BGB gesehen werden. Das entschied der BGH in einem Fall, in dem die unwirksame Kündigung dem Empfänger unmissverständlich deutlich machte,

---

[120] BGH v. 08.10.2003 - XII ZR 329/00 - GuT 2004, 12-13.
[121] OLG Düsseldorf v. 12.12.2000 - 24 U 118/00 - ZMR 2001, 346-347.
[122] OLG Brandenburg v. 26.02.1997 - 3 U 219/96 - NJWE-MietR 1997, 224-226.
[123] LG München I v. 20.12.2005 - 14 S 22556/05 - juris Rn. 9 - WuM 2006, 524-525.
[124] KG Berlin v. 12.09.2011 - 8 U 141/11 - Grundeigentum 2011, 1484.
[125] BGH v. 18.11.1999 - III ZR 168/98 - LM BJagdG Nr. 24 (7/2000).
[126] OLG Düsseldorf v. 12.07.1990 - 10 U 6/90 - JZ 1990, 1143-1144.
[127] KG Berlin v. 18.11.2004 - 8 U 125/04 - KGR Berlin 2005, 60-62.
[128] LG Kiel v. 20.01.2005 - 1 S 100/04 - juris Rn. 39.
[129] BGH v. 18.04.2007 - VIII ZR 182/06 - EBE/BGH 2007, 182-184.
[130] LG Berlin v. 20.01.2009 - 65 S 345/07 - juris Rn. 13 - Grundeigentum 2009, 845-847.
[131] OLG Düsseldorf v. 30.06.2009 - I-24 U 179/08, 24 U 179/08 - MietRB 2010, 37-38.

dass ein bestimmt bezeichnetes vertragswidriges Verhalten (verspätete Zahlung der Miete) nicht länger hingenommen werde. Einer zusätzlichen ausdrücklichen Aufforderung, sich vertragstreu zu verhalten, bedurfte es nicht mehr.[132]

Dagegen liegt eine Abmahnung nicht vor, wenn die schriftliche Aufforderung mit der Bitte um Stellungnahme endet. Die Aufforderung zu einer „Rückantwort" zeigt vielmehr, dass der Vermieter zunächst jedenfalls zu einer Erörterung und möglicherweise sogar zu einer einvernehmlichen Regelung bereit war.[133]

Vereinbaren die Parteien eines Mietvertrages über **Farbkopierer**, dass auftretende Störungen oder Fehler innerhalb von vier Stunden nach erfolgter Störmeldung vom Vermieter zu beseitigen seien, und soll dem Mieter ein Recht zur Kündigung des Mietvertrages zum nächsten Monatsende zustehen, falls die für die Fehlerbeseitigung eingeräumte Vierstundenfrist mehr als dreimal im Jahr überschritten werde, so muss der Mieter jedenfalls dann den Vermieter gesondert abmahnen, wenn er nicht den ersten zur Kündigung berechtigenden Störfall zum Anlass nimmt, eine Kündigungserklärung abzugeben.[134]

Die Angabe der zur fristlosen Kündigung führenden Gründe im Kündigungsschreiben ist Wirksamkeitsvoraussetzung der Kündigung, auch wenn die Kündigungsgründe dem Mieter bereits bekannt waren. Die Substantiierung ist auch bei einer Vielzahl einzelner, behaupteter Vertragsverletzungen (hier: Lärmbelästigungen) erforderlich. Die vorangegangene Abmahnung ist in die Kündigung mit aufzunehmen, da sie Voraussetzung der Kündigung nach § 543 Abs. 3 BGB ist.[135]

Kündigt der Mieter den Gewerberaummietvertrag fristlos, muss er sämtliche Kündigungsvoraussetzungen (hier: erhebliche Gebrauchsbeeinträchtigung) darlegen und beweisen.[136]

Vor einer fristlosen Kündigung muss der Mieter dem Vermieter einen Mangel nach fehlgeschlagener Beseitigung grundsätzlich nicht nochmals anzeigen.[137]

Hat ein Vermieter dem Gewerberaummieter die Räume zum Betrieb eines „**Swinger-Clubs**" vermietet, hat er dadurch jedenfalls stillschweigend sein Einverständnis mit typischen „Emissionen" erklärt, die mit dem Betrieb eines solchen Clubs verbunden sind. Die tatsächliche Verfolgung des vereinbarten Betriebszwecks kann der Vermieter dem Mieter nicht als vertragswidrige Hausfriedensstörung anlasten und stellt keinen Kündigungsgrund dar.[138]

Das AG Aachen sieht in einem **Bordellbetrieb** in einem Wohnhaus keinen Vertragsverstoß und Kündigungsgrund, wenn es nicht zur Belästigung der Mitmieter kommt.[139] Demgegenüber soll nach einer Auffassung in der Literatur der Bordellbetrieb in einem Wohnhaus immer einen Kündigungsgrund darstellen; in einem Gewerbeobjekt dagegen nur, wenn es zusätzlich zu einer konkreten Beeinträchtigung der Mitmieter komme.[140]

Im Fall des § 543 Abs. 3 Satz 1 BGB ist neben der Fristsetzung die Androhung der außerordentlichen fristlosen Kündigung nicht erforderlich.[141]

Bei der **baurechtlich illegalen Nutzung** einer Lagerhalle, die zum Betrieb einer Spedition genutzt wird, ist die Fristsetzung nicht entbehrlich, solange noch Verhandlungen zwischen dem Vermieter und der Behörde zur Beseitigung der bauordnungsrechtlichen Beanstandungen schweben und diese nicht offensichtlich aussichtslos sind, sondern sich die Behörde auf eine Beseitigung durch den Vermieter einlässt.[142]

---

[132] BGH v. 07.09.2011 - VIII ZR 345/10 - WuM 2011, 676.
[133] OLG Frankfurt v. 01.09.2010 - 15 U 53/10 - ZMR 2011, 121-122.
[134] OLG Bremen v. 09.12.2004 - 2 U 96/03 - OLGR Bremen 2005, 71-72.
[135] LG Stuttgart v. 07.06.2006 - 19 T 33/06 - juris Rn. 8-11 - WuM 2006, 523-524.
[136] OLG Düsseldorf v. 20.12.2005 - I-24 U 68/05, 24 U 68/05 - MietRB 2006, 217.
[137] OLG Düsseldorf v. 04.04.2006 - I-24 U 145/05, 24 U 145/05 - juris Rn. 7 - MDR 2006, 1276-1277.
[138] KG Berlin v. 01.09.2003 - 12 U 20/03 - ZMR 2004, 261-265.
[139] AG Aachen v. 26.09.2006 - 10 C 181/06 - ZMR 2007, 41.
[140] *Sauren*, ZMR 2007, 42.
[141] BGH v. 13.06.2007 - VIII ZR 281/06 - juris Rn. 11 - EBE/BGH 2007, 227-228.
[142] OLG Düsseldorf v. 22.12.2005 - I-10 U 100/05, 10 U 100/05 - juris Rn. 10 - OLGR Düsseldorf 2007, 508-510.

150 Begründet der Mieter den Einbehalt der Miete mit einer verweigerten Mängelbeseitigung durch den Vermieter, so liegt es nahe, dass darin die Geltendmachung eines **Zurückbehaltungsrechts** liegt. Dies dürfte der Annahme eines zur Kündigung berechtigenden Zahlungsverzuges entgegenstehen.[143]

151 Ein leichter Verstoß eines Jagdpächters gegen das Eingatterungsverbot des § 21 Abs. 1 LJG NW rechtfertigt eine sofortige Kündigung ohne vorherige Abmahnung nicht, wenn der Pächter im Vertrauen auf die Durchführung des Vertrages bis zum vertraglich vereinbarten Ende in ein Jagdhaus Investitionen in Höhe von 100.000 € getätigt hat, der auf die Dauer von 12 Jahren abgeschlossene Vertrag zum Zeitpunkt der Kündigung erst zwei Jahre Bestand hatte und der Verpächter unter Berufung auf den Vertrag für sich den entschädigungslosen Eigentumsübergang sämtlicher Jagdeinrichtungen beansprucht.[144]

152 In der Äußerung „Lügenbold" ist keine schwerwiegende Beleidigung zu sehen, die die fristlose Kündigung eines lebenslangen Pachtverhältnisses rechtfertigen könnte. Erst recht dann nicht, wenn sie aus einer Provokation heraus oder im Zusammenhang einer bereits vorgegebenen streitigen Atmosphäre erfolgt oder wenn sie als eine momentane und vereinzelt gebliebene Unbeherrschtheit zu bewerten ist.[145]

153 Bei einer möglicherweise baurechtlich unzulässigen Errichtung oder Erweiterung von Tierunterständen kann es sich um ein vertragswidriges Verhalten des Mieters handeln, jedoch setzt eine darauf basierende Kündigung dennoch eine Abmahnung mit der Aufforderung zur Beseitigung voraus. In einem solchen Fall ist es dem Vermieter zuzumuten, zunächst die Entscheidung der Behörde und das Folgeverhalten des Beklagten abzuwarten.

D. Prozessuale Hinweise

154 Die **Beweislast** für den Kündigungsgrund trägt grundsätzlich der Kündigende.[146]

155 Die Beweislast für den Ausschluss oder das Erlöschen des Kündigungsrechts des Kündigenden trägt der jeweils andere Vertragspartner.

156 Der Vermieter trägt die Darlegungs- und Beweislast für einen Zahlungsrückstand, wenn er wegen Zahlungsverzugs des Mieters fristlos gekündigt hat. Ein Saldovortrag, aus dem nicht ersichtlich ist, welche unterlassenen Zahlungen ihm zugrunde liegen, genügt nicht.[147]

157 Neben dem saldierten Gesamtrückstand muss der Vermieter gesondert und unterteilt nach Monaten den Zahlungsrückstand angeben, auf den die Kündigung gestützt wird. Dem steht nicht entgegen, dass die Summe der Einzelrückstände den angegebenen Gesamtrückstand nicht erreicht, wenn dies daraus resultiert, dass in dem Gesamtrückstand mit Betriebskostennachforderungen auch nicht kündigungsrelevante Forderungen enthalten sind.[148]

158 Die Vorschrift des § 543 Abs. 2 Nr. 3b BGB findet keine Anwendung auf eine Mietforderung aus einem **Prozessvergleich**, der angesichts einer ungewissen Rechtslage diese Mietforderung möglicherweise überhaupt erstmals begründet hat. Dies gilt auch, wenn der Vergleichsbetrag rein rechnerisch die Summe mehrerer Monatsmieten umfasst.[149]

159 Ein Prozessvergleich, in dem der Vermieter zu Lebzeiten auf sein Recht zur ordentlichen Kündigung verzichtet, steht einer außerordentlichen Kündigung im Sinne von § 543 BGB nicht entgegen.[150]

---

[143] BGH v. 15.11.2011 - VIII ZB 95/11 - WuM 2011, 703-704.
[144] OLG Hamm v. 22.09.2010 - 30 U 119/09 - Jagdrechtliche Entscheidungen III Nr. 197.
[145] OLG Düsseldorf v. 04.05.2010 - 24 U 170/09 - ZMR 2011, 282-284.
[146] BGH v. 13.02.1985 - VIII ZR 154/84 - LM Nr. 6 zu § 9 (Bb) AGBG.
[147] LG Hamburg v. 08.07.2003 - 316 S 43/03 - juris Rn. 5 - NJW 2003, 3064-3065.
[148] LG Berlin v. 24.01.2006 - 64 S 379/05 - Grundeigentum 2006, 782-783.
[149] OLG München v. 09.12.2002 - 15 U 2940/02 - NZM 2003, 554.
[150] Hanseatisches Oberlandesgericht in Bremen v. 05.04.2007 - 2 U 7/07 - OLGR Bremen 2007, 429-431.

Die **Umdeutung** einer außerordentlichen Kündigung in eine ordentliche kommt nur dann in Betracht, wenn der Kündigende eindeutig und unmissverständlich erklärt hat, dass er das Mietverhältnis auf jeden Fall beenden wolle.[151]	160
Die Kündigung ist unheilbar unwirksam, wenn eine Voraussetzung fehlt. Sie kann aber in eine Abmahnung umgedeutet werden.[152]	161
Das Rechtsbeschwerdegericht kann im Wege der **einstweiligen Anordnung** die Vollziehung einer Entscheidung der ersten Instanz aussetzen, wenn durch die Vollziehung dem Rechtsbeschwerdeführer größere Nachteile drohen als dem Gegner, die Rechtsbeschwerde zulässig erscheint und die Rechtsmittel des Rechtsbeschwerdeführers nicht von vornherein ohne Erfolgsaussicht sind.[153]	162
Ist das Mietverhältnis durch fristlose Kündigung des Vermieters beendet, entfällt das Rechtsschutzbedürfnis für die Räumungs- und Herausgabeklage nicht bereits deshalb, weil sich der Vermieter im Wege verbotener Eigenmacht den Besitz an den Mieträumen verschafft hat.[154]	163
Die Nebenkostenvorauszahlungen erhöhen den Streitwert einer Räumungsklage wegen fristloser Mietvertragskündigung auch nach Inkrafttreten des Mietrechtsreformgesetzes zum 01.09.2001 nicht.[155]	164
Bei einem Miet- oder Pachtverhältnis ist die Feststellungsklage, dass der Mietvertrag durch Kündigung beendet ist, neben der Klage auf Räumung möglich.[156]	165

---

[151] BGH v. 12.01.1981 - VIII ZR 332/79 - LM Nr. 43 zu § 581 BGB.
[152] OLG München v. 26.01.2001 - 21 U 3595/94 - OLGR München 2001, 63-64.
[153] BGH v. 06.08.2003 - VIII ZB 77/03 - juris Rn. 1 - WuM 2003, 509-510.
[154] OLG Düsseldorf v. 26.09.2006 - I-10 W 102/06, 10 W 102/06 - juris Rn. 4 - Grundeigentum 2007, 365.
[155] OLG Celle v. 19.11.2002 - 2 W 88/02 - OLGR Celle 2003, 115-116.
[156] OLG Düsseldorf v. 04.05.2010 - 24 U 170/09 - ZMR 2011, 282-284.

§ 544 BGB Vertrag über mehr als 30 Jahre

(Fassung vom 02.01.2002, gültig ab 01.01.2002)

¹Wird ein Mietvertrag für eine längere Zeit als 30 Jahre geschlossen, so kann jede Vertragspartei nach Ablauf von 30 Jahren nach Überlassung der Mietsache das Mietverhältnis außerordentlich mit der gesetzlichen Frist kündigen. ²Die Kündigung ist unzulässig, wenn der Vertrag für die Lebenszeit des Vermieters oder des Mieters geschlossen worden ist.

Gliederung

A. Grundlagen... 1	1. Definition 7
I. Kurzcharakteristik.................................. 1	2. Rechtsfolge 9
II. Anwendungsbereich............................... 2	3. Abdingbarkeit 11
B. Praktische Bedeutung............................ 5	III. Mietvertrag auf Lebenszeit (Satz 2)......... 12
C. Anwendungsvoraussetzungen................ 6	1. Definition 12
I. Normstruktur... 6	2. Rechtsfolge 14
II. Mietvertrag über 30 Jahre (Satz 1) 7	3. Abdingbarkeit 15

A. Grundlagen

I. Kurzcharakteristik

1   Die Vorschrift § 544 BGB gilt wegen ihrer **systematischen Stellung** im Allgemeinen Mietrecht für alle Mietverhältnisse und entspricht der bisherigen Regelung in § 567 BGB a.F. mit einer Änderung.

II. Anwendungsbereich

2   Die Neuregelung stellt für den Beginn der **dreißigjährigen** Vertragsdauer ausdrücklich auf die tatsächliche Überlassung der Mietsache ab, während die Vorgängervorschrift dies offen ließ und daher allgemein auf den Zeitpunkt der vereinbarten Überlassung abgestellt wurde.

3   Die Regelung ist darüber hinaus gemäß § 581 BGB auch auf Pachtverhältnisse, Vorverträge und alle **miet- und pachtähnlichen** Vertragsverhältnisse, insbesondere die Leihe, anwendbar.[1]

4   Die Anwendung auf das einer Dienstbarkeit zugrunde liegende Kausalverhältnis wurde dagegen abgelehnt.[2]

B. Praktische Bedeutung

5   Die Vorschrift hat vor allem bei Grundstücksbenutzungsverträgen, Bodenabbauverträgen, Kiesausbeutungsverträgen praktische Bedeutung erlangt.

C. Anwendungsvoraussetzungen

I. Normstruktur

6   Die Vorschrift § 544 BGB bestimmt in **Satz 1**, dass Mietverträge mit einer Vertragsdauer über 30 Jahre nach deren Ablauf gekündigt werden können. Als Ausnahme hierzu schließt **Satz 2** dieses Kündigungsrecht für Mietverträge auf Lebenszeit aus.

---

[1] BGH v. 17.03.1994 - III ZR 10/93 - juris Rn. 47 - BGHZ 125, 293-302.
[2] BGH v. 20.09.1974 - V ZR 44/73 - LM Nr. 22 zu § 1018 BGB.

II. Mietvertrag über 30 Jahre (Satz 1)

1. Definition

Ein Vertrag über 30 Jahre im Sinne des Satzes 1 liegt vor, wenn eine Laufzeit von mehr als 30 Jahren vereinbart wurde. Für die Berechnung dieser **Vertragsdauer** ist auf das Vertragsjahr abzustellen, das mit Überlassung der Mietsache beginnt. Wurde ein Mietvertrag mit kürzerer Laufzeit verlängert, werden die Laufzeiten nicht zusammengerechnet.[3]

Die Vorschrift gilt somit in folgenden Fällen:
- Mietvertrag mit dreißigjähriger Festlaufzeit;
- Mietvertrag mit Kündigungsausschluss vor Ablauf von 30 Jahren;
- Zeitmietvertrag mit und ohne Verlängerungsklausel, der vom Vermieter nicht vor Ablauf von 30 Jahren gekündigt werden kann;
- Mietvertrag mit Verlängerungsoption für den Mieter, durch deren Ausübung eine Vertragslaufzeit von mehr als 30 Jahren entsteht[4];
- Faktische oder vereinbarte Unkündbarkeit während einer Zeit von dreißig Jahren, für die der Mieter die Mietsache benötigt[5];
- Mietverhältnis unter auflösender Bedingung, die nicht vor Ablauf von dreißig Jahren eintritt[6];
- Mietverhältnis mit Baukostenbeteiligung des Mieters, die nicht vor 30 Jahren abgewohnt werden kann.

2. Rechtsfolge

Liegt ein Mietvertrag mit einer Laufzeit über 30 Jahre vor, so kann dieser Vertrag erst nach Ablauf der 30 Jahre gekündigt werden. Diese **ordentliche Kündigung** richtet sich nach den gesetzlichen Bestimmungen. Die Vereinbarung einer längeren als der gesetzlichen Kündigungsfrist ist unwirksam.[7]

Dieses **Kündigungsrecht** kann weder verwirkt werden, noch ist seine Ausübung rechtsmissbräuchlich. Die Kündigung kann zu einem beliebigen Zeitpunkt nach Ablauf der 30 Jahre ausgesprochen werden.[8]

3. Abdingbarkeit

Abweichende Vereinbarungen sind nicht zulässig. Die Regelung in Satz 1 ist **zwingend**, weil so genannte Erbmietverhältnisse ausgeschlossen werden sollten.[9]

III. Mietvertrag auf Lebenszeit (Satz 2)

1. Definition

Ein Mietvertrag kann auch auf Lebenszeit abgeschlossen werden. Schon rein begrifflich ist das nur zugunsten einer **natürlichen Person** möglich. Der Mietvertrag muss das nicht wörtlich regeln. Es genügt, wenn die Parteien bestimmen, dass das Kündigungsrecht so lange ausgeschlossen ist, wie der Mieter die Mietsache nutzt.[10]

---

[3] BGH v. 17.04.1996 - XII ZR 168/94 - LM BGB § 567 Nr. 7 (9/1996).
[4] *Finke*, ZMR 1994, 353-355.
[5] OLG Hamm v. 11.06.1999 - 30 U 238/98 - NZM 1999, 753-755.
[6] BGH v. 20.02.1992 - III ZR 193/90 - BGHZ 117, 236-239; BGH v. 17.04.1996 - XII ZR 168/94 - LM BGB § 567 Nr. 7 (9/1996).
[7] OLG Frankfurt v. 21.01.1999 - 4 U 61/98 - NJW-RR 1999, 955.
[8] BGH v. 20.02.1992 - III ZR 193/90 - juris Rn. 11 - BGHZ 117, 236-239.
[9] BGH v. 17.04.1996 - XII ZR 168/94 - juris Rn. 13 - LM BGB § 567 Nr. 7 (9/1996); OLG Hamm v. 11.06.1999 - 30 U 238/98 - NZM 1999, 753-755.
[10] LG Stuttgart v. 26.03.1992 - 16 S 384/91 - NJW-RR 1992, 908.

13 Das ist nicht der Fall bei einem Pachtvertrag auf 99 Jahre, auch wenn den Parteien klar ist, dass der Pächter das **Vertragsende** nicht erleben würde.[11]

2. Rechtsfolge

14 Anders als bei Mietverträgen über 30 Jahre kann ein Mietvertrag auf Lebenszeit nicht gekündigt werden. Rechtsfolge des Satzes 2 ist der **Ausschluss der Kündigung**.

3. Abdingbarkeit

15 Die Vorschrift des Satzes 2 ist wegen ihres **Schutzzwecks** nicht abdingbar.

---

[11] OLG Frankfurt v. 22.04.1994 - 2 U 259/93 - OLGR Frankfurt 1994, 146-147.

§ 545 BGB Stillschweigende Verlängerung des Mietverhältnisses

(Fassung vom 02.01.2002, gültig ab 01.01.2002)

¹Setzt der Mieter nach Ablauf der Mietzeit den Gebrauch der Mietsache fort, so verlängert sich das Mietverhältnis auf unbestimmte Zeit, sofern nicht eine Vertragspartei ihren entgegenstehenden Willen innerhalb von zwei Wochen dem anderen Teil erklärt. ²Die Frist beginnt
1. für den Mieter mit der Fortsetzung des Gebrauchs,
2. für den Vermieter mit dem Zeitpunkt, in dem er von der Fortsetzung Kenntnis erhält.

Gliederung

A. Grundlagen 1	2. Rechtsprechung 14
I. Kurzcharakteristik 1	III. Erklärung des entgegenstehenden Willens 21
II. Systematik und Anwendungsbereich 2	1. Definition 21
B. Praktische Bedeutung 5	2. Rechtsprechung 23
C. Anwendungsvoraussetzungen 7	3. Abdingbarkeit 28
I. Normstruktur 7	D. Rechtsfolgen 30
II. Fortsetzung des Gebrauchs 9	**E. Prozessuale Hinweise** 31
1. Definition 9	

A. Grundlagen

I. Kurzcharakteristik

Die Vorschrift § 545 BGB entspricht mit einer **Änderung** der bisherigen Regelung in § 568 BGB a.F. An die Stelle der bisherigen Fiktion ist die gesetzliche Anordnung des Fortbestehens des Mietverhältnisses getreten.[1] **1**

II. Systematik und Anwendungsbereich

Die Regelung gilt wegen ihrer **systematischen Stellung** im Allgemeinen Mietrecht für alle Mietverhältnisse. **2**

Der Anwendungsbereich der Vorschrift des § 545 BGB umfasst neben sämtlichen Miet- und Pachtverhältnissen insbesondere: **3**
- Kleingartenpachtverträge[2],
- Leasingverträge[3],
- Beherbergungsverträge[4],
- Untermietvertrag[5].

Im Landpachtrecht wird § 545 BGB durch § 594 Satz 2-4 BGB verdrängt. Auf die Leihe ist § 545 BGB dagegen nicht anwendbar. **4**

---

[1] BT-Drs. 14/5443, S. 44.
[2] BGH v. 25.01.1991 - V ZR 116/90 - BGHZ 113, 290-297.
[3] OLG Celle v. 15.06.1994 - 6 U 214/93 - OLGR Celle 1994, 289; OLG Düsseldorf v. 12.07.1990 - 10 U 19/90 - juris Rn. 3 - MDR 1990, 1115.
[4] OLG Hamm v. 25.01.1995 - 30 U 117/94 - ZMR 1995, 206-207.
[5] OLG Düsseldorf v. 04.06.1992 - 10 U 147/91 - MDR 1993, 45.

B. Praktische Bedeutung

5   Durch § 545 BGB soll **Klarheit** darüber entstehen, ob ein Mietverhältnis fortbesteht.[6] Durch Vermeidung eines vertragslosen Zustands wird die Anwendbarkeit des Mietrechts gewährleistet.[7]

6   Obwohl die Vorschrift als **nicht interessengerecht** angesehen wird, hat der Gesetzgeber sie beibehalten.[8]

C. Anwendungsvoraussetzungen

I. Normstruktur

7   Der **Tatbestand** des Satzes 1 verlangt, dass der Mieter den Gebrauch der Mietsache nach Ablauf der Mietzeit fortsetzt. Erklärt keine der Parteien des Mietvertrages innerhalb von zwei Wochen gemäß Satz 2, dass dadurch das Mietverhältnis nicht fortgesetzt werden soll, verlängert sich das Mietverhältnis kraft Gesetz auf unbestimmte Zeit.

8   Die **Frist** für die Erklärung des entgegenstehenden Willens beginnt gemäß Satz 3 für den Mieter mit der Fortsetzung des Gebrauchs der Mietsache (Nr. 1) und für den Vermieter ab dem Zeitpunkt der Kenntnis vom fortgesetzten Gebrauch (Nr. 2).

II. Fortsetzung des Gebrauchs

1. Definition

9   Die Fortsetzung des Gebrauchs der Mietsache durch den Mieter ist ein **Realakt**, der in der Nutzung der Mietsache auf der Grundlage und im Rahmen des ursprünglichen Mietvertrages liegt. Der Mieter muss die Mietsache dabei selbst gebrauchen. Der Gebrauch durch einen Dritten genügt nicht.

10 Der Mieter muss den **Gebrauch** der Mietsache nach Art und Umfang tatsächlich so weiter ausüben, wie zur Zeit des Ablaufs der Mietzeit.[9]

11 Dabei kommt es nicht darauf an, wie der Gebrauch im abgelaufenen Mietvertrag vereinbart war.[10]

12 Für den **Ablauf der Mietzeit** kommen alle Beendigungsmöglichkeiten für das Mietverhältnis in Betracht, insbesondere:
- ordentliche Kündigung,
- außerordentliche Kündigung,
- Zeitablauf bei Befristung oder Zeitmietvertrag,
- Eintritt der auflösenden Bedingung,
- Anfechtung des Mietvertrages,
- Aufhebungsvertrag.

13 Auf die **Kenntnis** des Mieters vom Ablauf der Mietzeit kommt es nicht an.

2. Rechtsprechung

14 Für einen im Hotel verbleibenden **Asylbewerber** ist die Gemeinde bis zu dessen Auszug zur Zahlung des vereinbarten Nutzungsentgeltes verpflichtet, wenn sie der Fortsetzung der Nutzung nicht widerspricht.[11]

15 Setzt der **Unterpächter** nach Vertragsende den Pachtgebrauch unverändert und widerspruchslos fort, greift die Fortsetzungsfiktion, auch wenn er zwischenzeitlich mit dem Hauptpächter einen direkten Pachtvertrag geschlossen hat.[12]

---

[6] BGH v. 16.09.1987 - VIII ZR 156/86 - juris Rn. 29 - LM Nr. 3 zu § 568 BGB.
[7] OLG Schleswig v. 23.11.1981 - 6 RE-Miet 2/81 - juris Rn. 24 - NJW 1982, 449-451.
[8] *Eckert*, NZM 2001, 409-414; BT-Drs. 14/4553, S. 44, 83, 98.
[9] BGH v. 16.09.1987 - VIII ZR 156/86 - juris Rn. 27 - LM Nr. 3 zu § 568 BGB.
[10] BGH v. 16.09.1987 - VIII ZR 156/86 - juris Rn. 27 - LM Nr. 3 zu § 568 BGB.
[11] OLG Hamm v. 25.01.1995 - 30 U 117/94 - ZMR 1995, 206-207.
[12] OLG Düsseldorf v. 04.06.1992 - 10 U 147/91 - MDR 1993, 45.

Überlässt eine **Erbengemeinschaft** einem Miterben den Mietgebrauch und setzt dieser die Nutzung auch nach Ablauf des Hauptmietvertrages fort, so verlängert sich der Mietvertrag, wenn der Vermieter nicht widerspricht.[13]

16

Die Verletzung der **Rückgabepflicht** genügt nicht. Es ist vielmehr nötig, dass die Mietsache in der tatsächlichen Verfügungsgewalt des Mieters bleibt und dieser sie weiter vertragsgemäß nutzt.[14]

17

Gebraucht der Unterpächter die Pachtsache nach Beendigung des Hauptpachtvertrages in bisheriger Weise fort, so liegt darin eine Form des **Pachtgebrauchs** durch den Pächter, welche die Fortwirkungsfiktion auslöst, wenn er seinen entgegenstehenden Willen nicht zum Ausdruck bringt.[15]

18

Eine Gebrauchsfortsetzung in diesem Sinne liegt auch dann vor, wenn der Verpächter oder der Mieter es trotz eines vereinbarten Endtermins zulässt, dass ein Dritter den Gebrauch des Pacht- oder Mietobjekts fortsetzt.[16]

19

Die Insolvenzverwalterin nimmt die Leistung des Vermieters in Anspruch, wenn sie die Mieträume dem Schuldner überlässt, der dort mit ihrem Einverständnis seinen Handwerksbetrieb weiterführt.[17]

20

III. Erklärung des entgegenstehenden Willens

1. Definition

Die Erklärung des entgegenstehenden Willens gemäß Satz 2 ist eine einseitige empfangsbedürftige **Willenserklärung** im Sinne von § 130 BGB (vgl. die Kommentierung zu § 130 BGB). Sie ist formlos möglich und muss dem Erklärungsempfänger zugehen. Die Erklärung kann auch schon vor Ablauf der Mietzeit oder vor Ablauf der Kündigungsfrist abgegeben werden.[18]

21

Die **Frist** wird gemäß §§ 187, 188, 193 BGB (vgl. die Kommentierung zu § 187 BGB, die Kommentierung zu § 188 BGB und die Kommentierung zu § 193 BGB) berechnet.

22

2. Rechtsprechung

Eine **Wiederholung** der Erklärung des entgegenstehenden Willens durch den Vermieter ist entbehrlich, wenn er sie bereits vor Fristbeginn abgegeben hat.[19]

23

Der **entgegenstehende Wille** kann auch im Klageabweisungsantrag in Erwiderung auf eine Klage auf Feststellung des Fortbestehens des Pachtvertrages erklärt werden.[20]

24

Der **Widerspruch** kann bereits in einem Kündigungsschreiben ausgesprochen werden.[21]

25

Der Widerspruch kann auch **konkludent** schon in der Erklärung der fristlosen Kündigung liegen, wenn sie aufgrund von schuldhaften Vertragsverstößen ausgesprochen wurde und die Vertragsfortsetzung folglich der kündigenden Partei unzumutbar ist.[22]

26

Leitet der Vermieter ein Räumungsverfahren gegen den Mieter ein, so bringt er damit hinreichend zum Ausdruck, dass er nicht von einer Fortsetzung des Mietverhältnisses ausgeht. Soweit der Mietvertrag aufgrund einer darin enthaltenen Klausel im Fall der rechtskräftigen Abweisung einer Räumungsklage vorsieht, dass das Mietverhältnis zwischen den Parteien fortbestehen soll, so liegt für die Fall, dass die Voraussetzungen dieser Klausel nicht vorliegen, ein konkludenter Widerspruch im Sinne des § 545 Abs. 1 Satz 1 BGB vor.[23]

27

---

[13] BGH v. 08.01.1969 - VIII ZR 184/66 - LM Nr. 42 zu § 535 BGB.
[14] OLG Düsseldorf v. 12.07.1990 - 10 U 19/90 - juris Rn. 5 - MDR 1990, 1115.
[15] BGH v. 09.04.1986 - VIII ZR 100/85 - juris Rn. 19 - LM Nr. 2 zu § 568 BGB.
[16] OLG Düsseldorf v. 26.11.2009 - 10 U 42/09 - GuT 2011, 154-157.
[17] OLG Rostock v. 26.02.2007 - 3 W 5/07 - ZMR 2007, 367-369.
[18] BayObLG München v. 01.09.1981 - Allg Reg 58/81 - NJW 1981, 2759-2760.
[19] BGH v. 08.01.1969 - VIII ZR 184/66 - LM Nr. 42 zu § 535 BGB.
[20] BGH v. 25.01.1991 - V ZR 116/90 - BGHZ 113, 290-297.
[21] OLG Hamburg v. 27.07.1981 - 4 U 27/81 - NJW 1981, 2258-2259.
[22] BGH v. 16.09.1987 - VIII ZR 156/86 - juris Rn. 29 - LM Nr. 3 zu § 568 BGB.
[23] OLG Düsseldorf v. 28.07.2011 - 10 U 26/11.

3. Abdingbarkeit

28 Die stillschweigende Verlängerung von Mietverträgen kann **allgemein** abbedungen werden. Dabei kommt der Ausschluss des § 545 BGB oder der Ausschluss der fiktiven Weitergeltung des Mietvertrages in Betracht. Auch wenn die Vorschrift des § 545 BGB oder seine Wirkung in zulässiger Weise ausgeschlossen wurden, kann im Einzelfall das Mietverhältnis bei fortdauerndem Gebrauch der Mietsache fortbestehen.[24]

29 Bei **Wohnraummietverhältnissen** genügt der bloße Ausschluss von § 545 BGB ohne weitere Hinweise auf die Folgen nicht.[25]

D. Rechtsfolgen

30 Das ursprüngliche Mietverhältnis besteht in der Gestalt des fortgesetzten Mietverhältnisses fort mit Ausnahme der Bestimmungen, die der **Verlängerung** des ursprünglichen Mietverhältnisses entgegenstehen. Es verbleibt insbesondere bei der ursprünglich vereinbarten Miete und den gesetzlichen Kündigungsbestimmungen. Eine bereits erloschene Option lebt nicht mehr auf.[26]

E. Prozessuale Hinweise

31 Die Partei, die sich auf stillschweigende Verlängerung des Mietvertrages beruft, trägt auch die **Beweislast** für den fortgesetzten Gebrauch der Mietsache. Die Partei, die den fortgesetzten Gebrauch an der Mietsache bestreitet, trägt die Beweislast für die Erklärung ihres entgegenstehenden Willens.

---

[24] OLG Oldenburg v. 28.09.2000 - 8 U 140/00 - DWW 2001, 88.
[25] OLG Frankfurt v. 08.11.1999 - 20 ReMiet 1/97 - juris Rn. 9 - OLGR Frankfurt 2000, 5-6.
[26] OLG Köln v. 27.02.1996 - 22 U 132/95 - ZMR 1996, 433-434.

§ 546 BGB Rückgabepflicht des Mieters

(Fassung vom 02.01.2002, gültig ab 01.01.2002)

(1) Der Mieter ist verpflichtet, die Mietsache nach Beendigung des Mietverhältnisses zurückzugeben.

(2) Hat der Mieter den Gebrauch der Mietsache einem Dritten überlassen, so kann der Vermieter die Sache nach Beendigung des Mietverhältnisses auch von dem Dritten zurückfordern.

Gliederung

A. Grundlagen	1	2. Rechtsfolge	8
I. Kurzcharakteristik	1	3. Umfang der Rückgabe	16
II. Systematik	3	4. Rechtsprechung	18
B. Praktische Bedeutung	4	III. Rückgabeanspruch gegen Dritte (Absatz 2)	36
C. Anwendungsvoraussetzungen	5	1. Voraussetzungen	36
I. Normstruktur	5	2. Rechtsprechung	38
II. Rückgabeanspruch gegen den Mieter (Absatz 1)	6	**D. Prozessuale Hinweise**	42
1. Voraussetzungen	6		

A. Grundlagen

I. Kurzcharakteristik

Die Vorschrift des Absatzes 1 entspricht der bisherigen Regelung in § 556 Abs. 1 BGB a.F. und Absatz 2 entspricht der bisherigen Regelung in § 556 Abs. 3 BGB a.F.   **1**

Für Wohn-, Grundstücks- und Geschäftsraummiete bestimmen ergänzend die §§ 570, 578 BGB (vgl. die Kommentierung zu § 570 BGB und die Kommentierung zu § 578 BGB), dass der Mieter kein Zurückbehaltungsrecht gegen den Rückgabeanspruch des Vermieters hat. In Wohnraummietverhältnissen wird der Mieter durch den Ausschluss der Schadensersatzansprüche des Vermieters unter den Voraussetzungen des § 571 BGB (vgl. die Kommentierung zu § 571 BGB) privilegiert.   **2**

II. Systematik

Die Regelung in § 546 BGB gilt wegen ihrer **systematischen Stellung** im Allgemeinen Mietrecht für alle Mietverhältnisse.   **3**

B. Praktische Bedeutung

Mit der Regelung in § 546 BGB erhält der Vermieter einen **nachvertraglichen Anspruch** auf Rückgabe der Mietsache. Da es sich bei der nachvertraglichen Rückgabepflicht nicht mehr um eine synallagmatische Hauptpflicht aus dem Mietvertrag handelt, haftet der Mieter für Schlechterfüllung nach den Vorschriften des allgemeinen Leistungsstörungsrechts, § 280 BGB (vgl. die Kommentierung zu § 280 BGB). Daneben steht dem Vermieter als Eigentümer auch der Herausgabeanspruch aus § 985 BGB (vgl. die Kommentierung zu § 985 BGB) zu.   **4**

C. Anwendungsvoraussetzungen

I. Normstruktur

Die Vorschrift § 546 BGB ist **Anspruchsgrundlage** für den Herausgabeanspruch des Vermieters gegen den Mieter (Absatz 1) oder den Dritten, dem der Gebrauch vom Mieter überlassen wurde (Absatz 2).   **5**

II. Rückgabeanspruch gegen den Mieter (Absatz 1)

1. Voraussetzungen

6 Voraussetzung des Rückgabeanspruchs ist zunächst ein **wirksamer Mietvertrag**. War der Mietvertrag nicht wirksam zustande gekommen oder ist er rückwirkend etwa im Wege der Anfechtung entfallen, so scheidet der Rückgabeanspruch gemäß § 546 BGB aus. Der Vermieter kann stattdessen nach den §§ 812, 985 BGB gegen den Mieter vorgehen.

7 Zweite Voraussetzung des Rückgabeanspruchs ist die **Beendigung des Mietvertrages**. Da die Vorschrift nicht differenziert, kommen sämtliche Beendigungsmöglichkeiten in Betracht (vgl. die Übersicht in der Kommentierung zu § 545 BGB).

2. Rechtsfolge

8 Liegen die Voraussetzungen vor, so ist der Mieter verpflichtet, die Mietsache an den Vermieter zurückzugeben. Die **Rückgabepflicht** ist auf eine einheitliche und unteilbare Leistung gerichtet und wird von mehreren Mietern daher gesamtschuldnerisch geschuldet.[1]

9 Nach Beendigung des Mietverhältnisses und bestehender Rückgabepflicht fällt die Frage, ob und wann der Mieter geeigneten Ersatz findet, zumindest bei Mietverhältnissen über Geschäftsräume, regelmäßig allein in seine Risikosphäre. Das gilt selbst dann, wenn ein wichtiger Grund vorliegt, der ihn zur außerordentlichen fristlosen Kündigung berechtigt. Er kann sich weder auf eine nachvertragliche noch nach Treu und Glauben bestehende Duldungspflicht berufen.[2]

10 Hat der Vermieter an allen in den Mieträumen befindlichen Sachen das **Vermieterpfandrecht** nach § 562 Abs. 1 BGB ausgeübt, entfällt die Räumungspflicht des Mieters nach Absatz 1. Ein Anspruch auf Zahlung einer Nutzungsentschädigung nach § 546a Abs. 1 BGB steht dem Vermieter in diesem Fall nicht zu. Ein auf § 985 BGB gestützter Herausgabeanspruch des Vermieters als Eigentümer entfällt dann, wenn der Mieter durch vom Vermieter veranlasste Maßnahmen (hier: Wachdienst) keinen alleinigen Zugriff auf die Mieträume mehr hat.[3]

11 Die Rückgabepflicht besteht auch im Verhältnis des **Untermieters** zum Zwischen- oder Hauptmieter.[4]

12 In der **Insolvenz** des Mieters ist der Vermieter mit seinem Anspruch auf Rückgabe aus § 546 BGB wie bei § 985 BGB aussonderungsberechtigt.[5] Dies gilt jedoch nur soweit, wie sich beide Ansprüche decken. Der aus § 546 Abs. 1 BGB über § 985 BGB hinausgehende Anspruch des Vermieters auf vertragsgemäße Rückgabe der Mietsache, insbesondere die Herstellung des vertragsgemäßen Zustands, kann nur als Insolvenzforderung angemeldet werden.[6]

13 Jedoch ist der Insolvenzverwalter, der die Wohnung des Schuldners nicht in Besitz genommen hat, dem Vermieter gegenüber nicht räumungs- oder herausgabepflichtig.[7]

14 Der Verwalter im Insolvenzverfahren des Mieters ist indes von der Eröffnung des Insolvenzverfahrens an zur Herausgabe der Mietsache an den Vermieter verpflichtet, wenn er nicht die Erfüllung des Mietvertrages wählt.[8]

15 Führt bei Vorliegen mehrerer Kündigungen zumindest die Insolvenzkündigung nach § 111 InsO zur Beendigung des Pachtvertrages, hat der Verpächter einen Herausgabeanspruch gegen den Pächter.[9]

---

[1] OLG Düsseldorf v. 18.03.1987 - 15 U 183/86 - NJW-RR 1987, 1370-1371.
[2] Brandenburgisches Oberlandesgericht v. 12.08.2009 - 3 U 2/07 - juris Rn. 18.
[3] KG Berlin v. 14.02.2005 - 8 U 144/04 - KGR Berlin 2005, 258-259.
[4] OLG München v. 08.12.1988 - 21 W 3055/88 - NJW-RR 1989, 524.
[5] BGH v. 05.07.2001 - IX ZR 327/99 - BGHZ 148, 252-261.
[6] BGH v. 07.07.2010 - XII ZR 158/09 - NZM 2011, 75-76.
[7] LG Mannheim v. 09.11.2005 - 4 S 69/05 - juris Rn. 7 - WuM 2006, 694-695.
[8] BGH v. 01.03.2007 - IX ZR 81/05 - juris Rn. 10 - ZIP 2007, 778-781.
[9] Brandenburgisches OLG v. 13.06.2007 - 3 U 181/06 - juris Rn. 27 - ZMR 2007, 778-780.

3. Umfang der Rückgabe

Der Mieter muss dem Vermieter den **Besitz** an der Mietsache im Sinne von § 854 BGB einräumen. Dies kann bei Übergabe der Mietsache vom Mieter an den Nachmieter mit Einverständnis des Vermieters verkürzt werden.[10]

Der Anspruch wird mit Beendigung des Mietverhältnisses **fällig**. Verspätet sich der Mieter mit der Rückgabe, greifen die §§ 546a, 571 BGB (vgl. die Kommentierung zu § 546a BGB und die Kommentierung zu § 571 BGB) ein.

4. Rechtsprechung

Der Mieter muss seine Sachen vollständig aus dem Mietobjekt entfernen und alle Schlüssel herausgeben, um seiner **Rückgabeverpflichtung** nachzukommen.[11]

Der Mieter kommt seiner Rückgabeverpflichtung nach Beendigung des Vertragsverhältnisses auch dann nach, wenn er das Mietobjekt zurückgibt und dieses gleichzeitig infolge vertragsgemäßen Gebrauchs (nachteilig) verändert worden ist.[12]

Bei einer Vielzahl von Schlüsseln ist jedoch unschädlich, wenn ein einzelner nicht zurückgegeben wird, sofern der Mieter den Besitz zugunsten des Vermieters vollständig aufgegeben hat. Eine ordnungsgemäße Rückgabe kann ferner auch an einen Beauftragten des Vermieters erfolgen.[13]

Ausnahmsweise kann die Rückgabe nur eines Schlüssels genügen, wenn daraus der Wille des Mieters zur endgültigen Besitzaufgabe hervortritt und dem Vermieter ein ungestörter Gebrauch ermöglicht wird.[14]

Die Überlassung der Schlüssel an den Hausmeister genügt grundsätzlich nicht der Rückgabepflicht. Der Hausmeister ist nur dann richtiger Adressat der Schlüsselübergabe, wenn er vom Eigentümer oder der beauftragten Hausverwaltung hierzu bestimmt ist.[15]

Die Pflicht des Mieters, das gemietete Objekt vor der Rückgabe an den Vermieter auf seine Kosten in den vorherigen Zustand zu versetzen, wenn er seine Einbauten entfernt, ergibt sich aus §§ 258 Satz 1, 546 Abs. 1 BGB. Diese Pflicht trifft originär jeden Wegnahmeberechtigten und ist damit kein Teil einer Instandsetzungspflicht des Vermieters, die dieser auf den Mieter übertragen hat.[16]

Wird ein **Übergabeprotokoll** gefertigt, so haftet der Mieter nur für die darin festgehaltenen Mängel. Es entfaltet gleichsam Präklusionswirkung, und zwar auch für solche Mängel, die nur einem Fachmann erkennbar sind. Sinn und Zweck eines solchen Protokolls ist nicht nur die Verteilung der Beweislast, sondern die Vermeidung weiteren Streits über das Vorhandensein von Schäden am Mietobjekt.[17]

Auf die Erstellung eines gemeinsamen Übergabeprotokolls hat keine Partei Anspruch.[18]

Wird im Übergabeprotokoll bei Rückgabe der Miträume der ordnungsgemäße Zustand der Mietsache bestätigt, stellt dies ein negatives Schuldanerkenntnis dar, das einen Anspruch des Vermieters auf Durchführung der vertraglichen Schönheitsreparaturen sowie einen Zahlungsanspruch aus einer Kostenquotenklausel ausschließt.[19]

Der Vermieter ist bei Beendigung des Mietverhältnisses auch dann zur **Rücknahme** der Wohnung verpflichtet, wenn diese noch nicht vollständig bzw. in verwahrlostem Zustand geräumt ist. Nur wenn sich aus Art und Umfang der zurückgelassenen Gegenstände ergibt, dass dem Vermieter eine Inbesitznah-

---

[10] OLG Saarbrücken v. 29.11.2000 - 1 U 58/00 - 11, 1 U 58/00- NJW-RR 2001, 993-995.
[11] OLG Düsseldorf v. 16.01.1997 - 10 U 6/96 - MDR 1997, 342.
[12] OLG Düsseldorf v. 01.04.2004 - I-10 U 113/03, 10 U 113/03 - GuT 2004, 123-125.
[13] OLG Düsseldorf v. 27.04.2006 - I-24 U 152/05, 24 U 152/05 - juris Rn. 21, 25 - GuT 2006, 243-245.
[14] OLG Köln v. 27.01.2006 - 1 U 6/05 - juris Rn. 15 - ZMR 2006, 859-860.
[15] KG Berlin v. 19.01.2006 - 8 U 22/05 - juris Rn. 32 - KGR Berlin 2006, 375-376.
[16] Brandenburgisches OLG v. 13.12.2006 - 3 U 200/05 - juris Rn. 23.
[17] LG München v. 25.09.2002 - 15 S 22038/01 - NZM 2003, 714.
[18] LG Frankenthal v. 31.07.2006 - 8 T 86/06 - juris Rn. 11 - WuM 2006, 700-701.
[19] AG Lörrach v. 28.05.2003 - 4 C 382/03 - juris Rn. 2 - WuM 2003, 438.

me nicht möglich ist, liegt eine Vorenthaltung der Mieträume durch den Mieter vor. Bleiben nur einzelne Gegenstände in der Wohnung, ist der Mieter mithin an der Inbesitznahme nicht gehindert und darf die Rücknahme bei Meidung des Eintritts von Gläubigerverzug nicht verweigern. Ersatzansprüche wegen des etwaigen Aufwandes für die vollständige Räumung sowie wegen Rückgabe der Räume in beschädigtem oder verschlechtertem Zustand bleiben davon unberührt.[20]

28 Wurde bei Beginn des Mietverhältnisses eine gemeinsame Wohnungsübergabe durchgeführt und der Zustand der Räume in einem Begehungsprotokoll dokumentiert, so muss der Mieter darlegen und beweisen, dass ein in dem Protokoll nicht aufgeführter Mangel bereits im Zeitpunkt der Übergabe der Räume vorhanden war. Bis zum Beweis dieser Tatsache spricht eine tatsächliche Vermutung für den Vermieter dafür, dass ein im Protokoll nicht aufgeführter Mangel zum Zeitpunkt der Übergabe nicht vorhanden war.[21]

29 Dem Vermieter ist es nicht nur versagt sich auf spätere Mängel zu berufen, wenn diese nicht im Übergabeprotokoll festgehalten sind, sondern auch dann, wenn kein Übergabeprotokoll gefertigt wurde, er aber nach Übergabe der Mietsache und Abnahme von deren Zustand keinerlei **Vorbehalte** mehr macht. Der Umstand, dass vor Übergabe und Abnahme wegen einzelner, bei der Abnahme nicht vorbehaltener Mängel korrespondiert wurde, ist unbeachtlich.[22]

30 Auf Herausgabe haftet auch ein ausgeschiedener **OHG-Gesellschafter**, wenn das Mietverhältnis vor oder während seiner Zugehörigkeit zur Gesellschaft begründet wurde.[23]

31 Seiner Rückgabeverpflichtung genügt der Mieter nur bei vollständiger Räumung.[24] Er hat dazu grundsätzlich sämtliche **Einrichtungen** zu entfernen, mit denen er das Mietobjekt versehen hat.[25]

32 Dazu gehört auch, dass der Mieter, der anstelle eines vorhandenen Teppichbodens einen Laminatboden verlegt hat, die Fußbodenarbeiten vollständig abschließt und nicht nur teilweise durchführt. Die Kosten für eine nachträgliche Vervollständigung hat der Mieter zu tragen.[26]

33 Wurde ein **Tankstellengrundstück** in nicht kontaminiertem Zustand überlassen, so muss es in diesem Zustand nach Beendigung des Mietvertrages wieder zurückgegeben werden. Diese Pflicht trifft auch den Rechtsnachfolger, der in dieses Mietverhältnis zu den Bedingungen des zugrunde liegenden Mietvertrages eingetreten ist. Die Entscheidung des BGH, die noch zu § 556 Abs. 1 BGB a.F. ergangen ist, ist auch auf den nunmehr in § 546 BGB enthaltenen Rückgabeanspruch und dessen inhaltliche Ausgestaltung anwendbar.[27]

34 Die Rückgabe einer gemieteten **Reklamefläche** an der Giebelwand eines Hauses erfolgt dadurch, dass die angebrachte Reklame entfernt wird. Zur Herstellung eines ordnungsgemäßen Zustands kann die Neuverputzung der gemieteten Fläche erforderlich sein.[28]

35 Die Rückbauklausel in einem Mietvertrag: „Ein- und Ausbauten ... (sind) ... zu entfernen", wenn durch sie „eine weitere Vermietung erschwert sein (sollte)", ist rechtlich unbedenklich und begünstigt den Mieter gegenüber der gesetzlichen Regelung. Der **Rückbauanspruch** entsteht nämlich nur dann, wenn der Nachfolgemieter die Beseitigung der Einbauten verlangt.[29]

---

[20] LG Berlin v. 25.04.2003 - 63 S 292/02 - Grundeigentum 2003, 880.
[21] OLG Düsseldorf v. 27.03.2003 - 10 U 64/02 - NJW-RR 2004, 300.
[22] KG Berlin v. 13.02.2003 - 8 U 371/01 - Grundeigentum 2003, 524-525.
[23] BGH v. 01.04.1987 - VIII ZR 15/86 - NJW 1987, 2367-2369.
[24] OLG Hamm v. 12.12.1995 - 29 U 80/95 - OLGR Hamm 1996, 111-113.
[25] BGH v. 17.03.1999 - XII ZR 101/97 - juris Rn. 16 - LM EGBGB 1986 Art 232 Nr. 15 (11/1999).
[26] AG Pforzheim v. 18.09.2006 - 9 C 240/06 - juris Rn. 23 - WuM 2006, 583.
[27] BGH v. 10.07.2002 - XII ZR 107/99 - juris Rn. 14 - NJW 2002, 3234-3237.
[28] KG Berlin v. 10.04.2003 - 20 U 36/02 - GuT 2003, 146.
[29] OLG Düsseldorf v. 21.04.2009 - I-24 U 56/08 - juris Rn. 3 - MDR 2009, 977-978.

III. Rückgabeanspruch gegen Dritte (Absatz 2)

1. Voraussetzungen

Durch die **ergänzende** Bestimmung in Absatz 2 wird sichergestellt, dass der Vermieter auch in den Fällen der Gebrauchsüberlassung an Dritte und unabhängig davon, ob er eine entsprechende Erlaubnis gemäß § 540 BGB (vgl. die Kommentierung zu § 540 BGB) erteilt hat oder nicht, Rückgabe der Mietsache verlangen kann. 36

Der **Anspruch gegen den Dritten** tritt neben den Anspruch des Vermieters gegen den Hauptmieter aus Absatz 1[30], wobei der Dritte gemäß § 428 BGB durch Leistung entweder an den Hauptmieter oder den Vermieter frei wird. 37

2. Rechtsprechung

Der Anspruch aus Absatz 2 ist ein rein **schuldrechtlicher** Anspruch, der neben den dinglichen Anspruch aus § 985 BGB tritt.[31] 38

Der **Herausgabeanspruch** besteht auch gegenüber dem mittelbaren Besitzer[32] sowie gegenüber dem Ehegatten, der nicht Mietvertragspartei ist[33]. 39

Wer sich für eine Mietwohnung neben dem Hauptmieter beim Einwohnermeldeamt anmeldet, ist als unselbständiger Untermieter des Hauptmieters auch dann anzusehen, wenn er nur einen Besitzbegründungswillen, aber keinen Besitz an der Wohnung hat. Bei Beendigung des Hauptmietverhältnisses steht dem Vermieter auch gegen diesen Untermieter ein Herausgabe- und Räumungsanspruch zu.[34] 40

Der **Umfang** der Herausgabepflicht des Untermieters entspricht grundsätzlich der des Hauptmieters.[35] 41

D. Prozessuale Hinweise

Die **Räumungsklage** ist gegen alle Mitmieter zu richten, auch wenn einer der Mieter bereits ausgezogen ist. Das Rechtsschutzbedürfnis entfällt nicht deshalb, weil der ausgezogene Mieter erklärt hatte, nicht mehr in die Wohnung einziehen zu wollen.[36] 42

Denn mehrere Mieter schulden die Räumung als Gesamtschuldner.[37] 43

Die Räumungsklage ist nur bestimmt im Sinne von § 253 Abs. 2 Satz 2 ZPO, wenn die herauszugebenden Flächen für einen Gerichtsvollzieher lokalisierbar und vollstreckungsfähig bezeichnet sind.[38] 44

Dem ausgezogenen Mieter ist die Erfüllung seiner Rückgabepflicht nicht unmöglich, da diese objektiv – wenn auch nur von dem zurückgebliebenen Mitmieter – erbracht werden kann. Das Rechtsschutzbedürfnis ergibt sich daraus, dass der Räumungstitel es dem Vermieter nicht nur ermöglicht, nach § 283 BGB auf vereinfachtem Weg einen Schadensersatzanspruch gegen den ausgezogenen Mieter durchzusetzen, sondern auch Schutz dafür bietet, dass der ausgezogene Mieter seinen Entschluss revidiert und in die Räume zurückkehrt.[39] 45

Wegen der Kosten der Räumung einer Wohnung und insbesondere der Entsorgung von Sperrmüll hat der Vermieter einen Anspruch auf Schadensersatz in Höhe der entstandenen Kosten wegen Überschreitung der erlaubten Nutzung der Mietsache richtet sich aus § 683 BGB, der nicht analog nach § 558 BGB a.F., heute § 548 BGB, in sechs Monaten verjährt.[40] 46

---

[30] OLG Düsseldorf v. 18.01.1996 - 10 U 46/95 - juris Rn. 14 - MDR 1996, 898.
[31] BGH v. 21.01.1981 - VIII ZR 41/80 - juris Rn. 20 - BGHZ 79, 232-239.
[32] OLG Hamm v. 17.01.1992 - 30 U 36/91 - NJW-RR 1992, 783-785.
[33] OLG Schleswig v. 17.11.1992 - 4 RE-Miet 1/92 - NJW-RR 1993, 274-276.
[34] LG Mannheim v. 05.04.2006 - 4 S 137/05 - juris Rn. 10, 11 - DWW 2006, 250-251.
[35] BGH v. 17.01.2001 - XII ZB 194/99 - juris Rn. 10 - LM ZPO § 69 Nr. 9 (7/2001).
[36] LG Berlin v. 05.02.2004 - 62 S 336/03 - Grundeigentum 2004, 352-353.
[37] LG Berlin v. 16.09.2005 - 64 S 244/05 - Grundeigentum 2005, 1431.
[38] Brandenburgisches OLG v. 29.05.2006 - 3 W 7/06 - juris Rn. 7 - MietRB 2006, 314-315.
[39] KG Berlin v. 25.07.2006 - 8 W 34/06 - WuM 2006, 529.
[40] AG Naumburg v. 07.08.2003 - 13 C 60/03 (III), 13 C 60/03 - WuM 2004, 690.

47 Der Insolvenzverwalter kann die Haftung der Masse für Räumungskosten dadurch vermeiden, dass er die von der Schuldnerin in die gemieteten Räume eingebrachten Sachen freigibt.[41]

48 Durch die letzte ZPO-Reform, die die Möglichkeiten zur **Nachholung** von Prozesshandlungen eingeschränkt hat, sind die Haftungsverfahren für Rechtsanwälte in Mietsachen gestiegen. Die Zuständigkeit im Berufungsverfahren liegt regelmäßig beim Landgericht. Hat bei Eintritt der Rechtshängigkeit eine der Parteien ihren Wohn- bzw. Unternehmenssitz im Ausland, kommt es zu einer Ausnahmezuständigkeit des OLG nach § 119 Abs. 1 Nr. 1b GVG. Des Weiteren ist das rechtsanwaltliche Haftungsrisiko beim Vollstreckungsschutz im Revisionsverfahren zu beachten. Bei Zwangsvollstreckungen ist besonders die Vollstreckung gegen Dritte problematisch, wobei jeweils eigene Titel notwendig werden. Materiell-rechtliche Billigkeitserwägungen und Ansprüche auf das Vollstreckungsrecht vermögen nicht durchzuschlagen.[42]

49 Das vollstreckbare **Rückgabeurteil** gegen den Hauptmieter wirkt nicht gegen den Dritten, es sei denn der Dritte ist Rechtsnachfolger des Hauptmieters gemäß § 325 ZPO. Es sollten daher in der Regel sowohl der Hauptmieter als auch der Dritte verklagt werden, z.B. der Mieter und sein Ehegatte.[43]

50 Die Pflicht des Vermieters, an der Rückgabe der Wohnung nach Vertragsbeendigung **mitzuwirken**, ist mit einer einstweiligen Verfügung nicht durchzusetzen.[44]

51 Dem Hauseigentümer fehlt für einen Antrag auf Erlass einer einstweiligen Verfügung auf Räumung das **Rechtsschutzinteresse**, wenn ihm ein einfacherer Weg zur Erreichung seines Begehrens zur Verfügung steht. Dies ist der Fall, wenn Fortsetzung des noch anhängigen einstweiligen Verfügungsverfahrens des potentiellen Mieters auf Besitzverschaffung möglich ist.[45]

52 Ein Räumungsanspruch kann hinreichend bestimmt sein, wenn der Klageanspruch nur auf Räumung, nicht aber auf Beseitigung konkret bezeichneter Einbauten lautet.[46]

53 Auch nach Inkrafttreten des Mietrechtsreformgesetzes zum 01.09.2001 erhöhen die Nebenkostenvorauszahlungen nicht den Streitwert einer Räumungsklage wegen fristloser Mietvertragskündigung.[47]

54 Gemäß § 41 Abs. 2 GKG ist das für die Dauer eines Jahres zu zahlende Entgelt maßgebend, wenn wegen Beendigung eines Mietverhältnisses die Räumung des Grundstücks verlangt wird. Ist das Entgelt aufgrund einer Staffelmiete verschieden hoch, so ist der maßgebliche Jahresbetrag aus dem höchsten Entgelt zu errechnen. Zum Entgelt zählen nach § 41 Abs. 1 Satz 2 GKG neben dem Nettogrundentgelt auch die Nebenkosten, wenn diese als Pauschale vereinbart und nicht gesondert abgerechnet werden. Vom Entgeltbegriff werden grundsätzlich alle Leistungen umfasst, die der Mieter, Pächter oder Nutzer von Gesetzes wegen oder aufgrund vertraglicher Vereinbarung für die Gebrauchsüberlassung zu erbringen hat. Hierzu gehört auch die auf die Miete zu zahlende Mehrwertsteuer. Richtet sich die Räumungsklage auch gegen den Untermieter, bedingt dies keine Änderung des Streitwertes.[48]

55 Das Gericht kann über die Räumung des Mietobjekts nach ordentlicher Kündigung durch Teilurteil entscheiden und die Prüfung noch bestehender Mietrückstände dem Schlussurteil vorbehalten. Die Gefahr widersprechender Entscheidungen besteht nicht. Ist die Beendigung des Mietverhältnisses nicht Folge einer außerordentlichen Kündigung wegen Zahlungsverzugs, so ist die Prüfung von Mietrückständen für die Räumung bedeutungslos.[49]

---

[41] OLG Stuttgart v. 10.02.2005 - 13 U 167/04 - ZInsO 2005, 498-499.
[42] *Drasdo*, NJW-Spezial 2004, 337-342.
[43] OLG Schleswig v. 17.11.1992 - 4 RE-Miet 1/92 - juris Rn. 34 - NJW-RR 1993, 274-276.
[44] LG Frankenthal v. 31.07.2006 - 8 T 86/06 - juris Rn. 11 - WuM 2006, 700-701.
[45] AG Köln v. 23.01.2006 - 207 C 31/06 - MietRB 2006, 262.
[46] OLG Celle v. 20.07.2007 - 2 U 85/07 - ZIP 2007, 1914-1917.
[47] OLG Celle v. 19.11.2002 - 2 W 88/02 - OLGR Celle 2003, 115-116.
[48] OLG Düsseldorf v. 20.10.2009 - I-10 W 102/09, 10 W 102/09 - Grundeigentum 2009, 1554-1555.
[49] OLG Düsseldorf v. 23.06.2009 - I-24 U 18/07 - juris Rn. 3, 5 - Grundeigentum 2009, 1123-1124.

§ 546a BGB Entschädigung des Vermieters bei verspäteter Rückgabe

(Fassung vom 02.01.2002, gültig ab 01.01.2002)

(1) Gibt der Mieter die Mietsache nach Beendigung des Mietverhältnisses nicht zurück, so kann der Vermieter für die Dauer der Vorenthaltung als Entschädigung die vereinbarte Miete oder die Miete verlangen, die für vergleichbare Sachen ortsüblich ist.

(2) Die Geltendmachung eines weiteren Schadens ist nicht ausgeschlossen.

Gliederung

A. Grundlagen 1	2. Beendigung 14
I. Kurzcharakteristik 1	3. Herausgabepflicht 16
II. Regelungsprinzipien 2	4. Vorenthaltung 21
III. Verhältnis zu anderen Vorschriften 4	5. Rechtsprechung 23
B. Praktische Bedeutung 6	6. Abdingbarkeit/Übertragbarkeit 60
C. Anwendungsvoraussetzungen 10	IV. Schadensersatzansprüche (Absatz 2) 62
I. Normstruktur 10	1. Mögliche Anspruchsgrundlagen 63
II. Ausgleichsanspruch (Absatz 1) 11	2. Rechtsprechung 64
III. Zu den Voraussetzungen im Einzelnen 12	**D. Rechtsfolgen** 73
1. Mietvertrag 12	**E. Prozessuale Hinweise** 79

A. Grundlagen

I. Kurzcharakteristik

Die Vorschrift § 546a BGB gilt wegen ihrer systematischen Stellung für alle Mietverhältnisse. Absatz 1 entspricht dem bisherigen § 557 Abs. 1 Satz 1 BGB a.F. und Absatz 2 dem bisherigen § 557 Abs. 1 Satz 2 BGB a.F. **1**

II. Regelungsprinzipien

Die Regelung in § 546a Abs. 1 BGB sichert dem Vermieter in Form eines Ausgleichsanspruchs die Miete für die Zeit, in der der Mieter die Mietsache nach Beendigung des Mietverhältnisses nicht an den Vermieter zurückgibt. Ergänzend stellt § 546a Abs. 2 BGB klar, dass neben diesem Ausgleich für die Weiterbenutzung der Mietsache weitere Schadensersatzansprüche des Vermieters nicht ausgeschlossen werden. **2**

Für Wohnraummietverhältnisse enthält § 571 BGB (vgl. die Kommentierung zu § 571 BGB) eine Sonderregelung zugunsten des Mieters, wonach dem Vermieter Schadensersatzansprüche im Sinne von § 546a Abs. 2 BGB gegen den Mieter nur dann zustehen, wenn dieser die verspätete Rückgabe zu vertreten hat. Diese Privilegierung des Mieters war bisher in § 557 Abs. 2-4 BGB a.F. enthalten. **3**

III. Verhältnis zu anderen Vorschriften

Ob neben § 546a BGB auch die Ansprüche aus den §§ 812, 987 BGB anwendbar sind, ist umstritten. Nach früherer BGH-Rechtsprechung sind die Ansprüche nebeneinander anwendbar.[1] **4**

Nach neuerer OLG-Rechtsprechung schließt § 546a BGB als **lex specialis** die konkurrierenden Anspruchsgrundlagen dagegen aus.[2] Für letztere Auffassung spricht, dass der Anspruch aus § 546a BGB auch vom BGH[3] als vertraglicher Anspruch angesehen wird und der Mietvertrag Grundlage der nachvertraglichen Ausgleichspflicht bleibt. **5**

---

[1] BGH v. 27.04.1977 - VIII ZR 246/75 - BGHZ 68, 307-312.
[2] OLG Köln v. 05.08.1998 - 19 W 23/98 - WuM 1999, 288.
[3] BGH v. 27.04.1977 - VIII ZR 246/75 - BGHZ 68, 307-312.

B. Praktische Bedeutung

6 Die Vorschrift des § 546a BGB trägt dem **praktischen Bedürfnis** des Vermieters Rechnung, den Zustand rechtlich, aber noch nicht tatsächlich beendeter Mietverhältnisse zu regeln.

7 Da der Vermieter nach **Beendigung des Mietvertrages** keinen Anspruch mehr auf Miete hat, gebraucht der Mieter die Mietsache bis zur endgültigen Rückgabe unentgeltlich. Diesen Vorteil, den der Mieter aus dem unberechtigten Gebrauch zieht, muss er dem Vermieter ausgleichen.

8 Bei dem Ausgleichsanspruch aus § 546a BGB handelt es sich um einen **vertraglichen Anspruch** eigener Art auf Nutzungsentschädigung[4], so dass insbesondere die Regelung in § 254 BGB (vgl. die Kommentierung zu § 254 BGB) nicht anwendbar ist[5].

9 Ferner ist der Anspruch nach § 546a BGB eine Entgeltforderung im Sinne der §§ 286 Abs. 3, 288 Abs. 2 BGB, der einen Anspruch auf Verzugszinsen zu begründen vermag.[6]

C. Anwendungsvoraussetzungen

I. Normstruktur

10 Die Vorschrift in § 546a BGB besteht aus zwei Absätzen. In **Absatz 1** erhält der Vermieter einen Ausgleich für die unberechtigte unentgeltliche Gebrauchsanmaßung des Mieters, und in **Absatz 2** wird der weitergehende Schadensersatz des Vermieters sichergestellt.

II. Ausgleichsanspruch (Absatz 1)

11 Der Ausgleichsanspruch gemäß § 546a BGB hat folgende Voraussetzungen:
- Mietvertrag zwischen Vermieter und Mieter,
- Beendigung des Mietvertrages,
- Herausgabepflicht des Mieters,
- Vorenthaltung der Mietsache durch den Mieter.

III. Zu den Voraussetzungen im Einzelnen

1. Mietvertrag

12 Der Anspruch des Vermieters auf Nutzungsentschädigung setzt zunächst voraus, dass zwischen den Parteien ein Mietvertrag bestanden hat. Dem Mieter muss bis zur Beendigung des Mietverhältnisses der Gebrauch der Mietsache auf der Grundlage eines **wirksamen Vertrages** gewährt worden sein. War der Mietvertrag unwirksam, stehen dem Vermieter die Ansprüche aus § 812 BGB (vgl. die Kommentierung zu § 812 BGB) und den §§ 987-988 BGB (vgl. die Kommentierung zu § 987 BGB und die Kommentierung zu § 988 BGB) zu.

13 Bei **Untermietverhältnissen** steht dem Vermieter des Hauptmietvertrages kein Anspruch aus § 546a BGB gegen den Untermieter zu, weil es am Mietvertrag zwischen Hauptvermieter und Untermieter fehlt.[7]

2. Beendigung

14 Das Mietverhältnis muss beendet worden sein. In Betracht kommen sämtliche **Beendigungsgründe**, namentlich der Zeitablauf gemäß § 542 BGB, Kündigung gemäß §§ 542, 543 BGB oder ein Aufhebungsvertrag (vgl. die Übersicht in der Kommentierung zu § 545 BGB).

15 Der Anspruch aus § 546a BGB ist ausgeschlossen, wenn durch den fortgesetzten Gebrauch der Mietsache durch den Mieter das Mietverhältnis gemäß § 545 BGB stillschweigend fortgesetzt wird.

---

[4] BGH v. 15.02.1984 - VIII ZR 213/82 - BGHZ 90, 145-154.
[5] BGH v. 11.05.1988 - VIII ZR 96/87 - BGHZ 104, 285-291.
[6] OLG Köln v. 23.05.2006 - 3 U 203/05 - juris Rn. 13 - ZMR 2006, 772-773.
[7] OLG Brandenburg v. 23.09.1998 - 3 U 55/98 - ZMR 1999, 102-104.

3. Herausgabepflicht

Der Anspruch des Vermieters aus § 546a BGB setzt weiter voraus, dass der Mieter die Mietsache auch an den Vermieter herausgeben muss. Die hier vorausgesetzte **Rückgabepflicht** entspricht der Verpflichtung des Mieters zur Rückgabe in § 546 BGB (vgl. die Kommentierung zu § 546 BGB). 16

Diese Voraussetzung ist in den Fällen der **Holschuld** nicht erfüllt, wenn der Vermieter die Mietsache beim Mieter abholen muss.[8] 17

Der Mieter kann dem Vermieter auch ein **Zurückbehaltungsrecht** entgegenhalten, wobei er sich auf die Zurückbehaltung beschränken muss und die Mietsache nicht vertragsgemäß weiternutzen darf.[9] 18

Der Mieter kann sich der Herausgabepflicht dadurch wirksam entziehen, dass er mit dem neuen Mieter einen **Untermietvertrag** abschließt, auf dessen Grundlage er zum Gebrauch der Mietsache berechtigt bleibt. 19

Der Mieter erfüllt seine Pflicht zur **Rückgabe** auch dann, wenn er einzelne Sachen zurücklässt, an denen er offensichtlich nicht mehr interessiert ist, sofern sie nur geringen Raum einnehmen und ihre Beseitigung einen nur unerheblichen Aufwand erfordert. Dies ist nicht der Fall, wenn er mehrere Maschinen und Kraftfahrzeuge sowie einen Tresor von 600 kg Gewicht zurücklässt.[10] 20

4. Vorenthaltung

Ist der Mieter zur Herausgabe der Mietsache nach Beendigung eines wirksamen Mietvertrages verpflichtet, so enthält er dem Vermieter die Mietsache bereits mit Verletzung der Herausgabepflicht vor. Die Vorenthaltung setzt darüber hinaus nicht voraus, dass der Mieter die Mietsache weiterhin gebraucht. Insbesondere muss sich die Mietsache auch nicht im Besitz des herausgabepflichtigen Mieters befinden. Beispielsweise verletzt der Mieter auch dann seine Herausgabepflicht, wenn er an einen Untermieter vermietet und dadurch die Mietsache gegen den Willen des Vermieters nicht herausgibt. 21

Das Vorenthalten und damit auch der Anspruch auf Nutzungsentschädigung endet mit Ablauf des Tages, an dem der Mieter die Mietsache dem Vermieter zurückgibt.[11] 22

5. Rechtsprechung

Der Mieter erfüllt den Tatbestand der Vorenthaltung, wenn er die Mietsache gegen den Willen des Vermieters nicht herausgibt. Das gilt auch dann, wenn der Mieter wegen **Untervermietung** der Mietsache zur Herausgabe außerstande ist.[12] 23

Auch der ausgezogene **Mitmieter** kann dem Vermieter die Sache vorenthalten, weil dieser auf den in den Räumen verbliebenen Mitmieter mit rechtlichen und tatsächlichen Mitteln einwirken kann, damit der Rückgabeanspruch erfüllt wird.[13] 24

Ein Anspruch auf Nutzungsentschädigung des Vermieters bei verspäteter Rückgabe ergibt sich dann nicht, wenn kein Mietverhältnis besteht.[14] Auf ein bestehendes Untermietverhältnis zwischen dem Mieter und dem Untermieter kann wegen der Beendigung des Hauptmietverhältnisses nicht abgestellt werden. Jedoch kann der Vermieter seinen Anspruch auf die §§ 990 Abs. 1, 987 Abs. 1, 421 BGB stützen. Somit auch auf denjenigen Besitzer, dessen ursprüngliches Besitzrecht später entfallen ist, und damit auch auf den infolge des Wegfalls des Hauptmietvertrages nicht (mehr) zum Besitz berechtigten Untermieter. Demzufolge hat der Untermieter diejenigen Nutzungen an den Vermieter herauszugeben, die er nach dem Eintritt der Bösgläubigkeit gezogen hat. Die Höhe der Nutzungsentschädigung richtet 25

---

[8] OLG Köln v. 30.03.1993 - 22 U 215/92 - OLGR Köln 1993, 165.
[9] BGH v. 02.07.1975 - VIII ZR 87/74 - BGHZ 65, 56-59.
[10] OLG Düsseldorf v. 12.10.2004 - I-24 U 147/04, 24 U 147/04 - Grundeigentum 2005, 796.
[11] OLG Düsseldorf v. 18.02.2010 - 24 U 113/09 - DWW 2011, 78.
[12] BGH v. 15.02.1984 - VIII ZR 213/82 - juris Rn. 12 - BGHZ 90, 145-154.
[13] KG Berlin v. 09.01.2006 - 8 U 111/05 - juris Rn. 18 - NJW 2006, 2561-2563.
[14] *Gather* in: Schmidt/Futterer, 9. Aufl., Rn. 13 zu § 546a BGB.

sich nicht nach dem vereinbarten Mietzins zwischen Untermieter und Hauptmieter, sondern nach dem im Mietvertrag zwischen Vermieter und Mieter vereinbarten objektiven Mietwert.[15]

26 Zwingende Voraussetzung für das Entstehen eines Entschädigungsanspruches ist jedoch der **Rücknahmewille** des Vermieters, denn ein Vorenthalten liegt nur dann vor, wenn der Vermieter die Mietsache entgegen seinem erkennbaren Willen nicht zurückerhält.[16] Eine Vorenthaltung liegt daher nicht vor, wenn der Mieter den Besitz an dem ansonsten geräumten Mietobjekt nur deshalb noch behält, um auf Wunsch des Vermieters Mängelbeseitigungsarbeiten durchzuführen. Ebenso wenig, wenn der Mieter die Mietsache zurückgibt, ohne die ihm obliegenden Schönheitsreparaturen durchgeführt zu haben. Der Zustand der Mietsache bei Rückgabe ist grundsätzlich ohne Bedeutung.[17]

27 Die irrige Auffassung des Vermieters, der Mietvertrag dauere fort, schließt einen solchen Rücknahmewillen aus.[18]

28 Eine Vorenthaltung liegt bei vermieteten **Grundstücken** oder Räumen nur dann nicht vor, wenn der Mieter dem Vermieter den Besitz verschafft und die Mietsache räumt.[19]

29 Der Vermieter hat einen Anspruch auf **Nutzungsentschädigung**, wenn der Mieter ihm nicht die Schlüssel übergibt[20] oder wenn der Mieter zwar die Schlüssel übergibt, jedoch seine Gegenstände nicht aus der Mietsache entfernt[21].

30 Die Nutzungsentschädigung setzt sich der Höhe nach aus der zuletzt geschuldeten Miete zuzüglich des Betriebskostenanteils zusammen.[22]

31 Räumt der Mieter die Mietsache nicht, so ist grundsätzlich eine Vorenthaltung der Mietsache gegeben, da der Vermieter seine tatsächliche Gewalt nicht über die Mietsache ausüben kann. Im **Einzelfall** ist eine Vorenthaltung jedoch nicht anzunehmen, wenn beispielsweise nur einige wenige Sachen des Mieters in der Mietsache verbleiben und der Mieter insoweit erkennbar keinen Besitzwillen mehr hat.[23]

32 Eine Vorenthaltung der gewerblichen Mietsache wird angenommen, wenn der Mieter diese nicht nur in verwahrlostem oder verschlechtertem Zustand zurückgibt, sondern nach dem Auszug Einbauten oder Einrichtungen trotz entsprechender Verpflichtung nicht beseitigt.[24]

33 Eine Vorenthaltung ist dagegen nicht bei der bloßen **Schlechterfüllung** der Rückgabepflicht gegeben.[25]

34 Ist bei einer **Teilrückgabe** diese für den Vermieter nicht von eigenständigem Interesse, so kann er Nutzungsentschädigung bezüglich des gesamten Mietobjektes verlangen.[26]

35 Ein Nutzungsentschädigungsanspruch nach § 547 Abs. 1 Satz 1 BGB endet, wenn aus Sicht eines vernünftigen Vermieters eine Rückgabe der Sache wegen **Unmöglichkeit** ausscheidet.[27]

36 Eine Abmahnung oder Fristsetzung zur Mängelbeseitigung vor der außerordentlichen fristlosen Kündigung des Mieters kann entbehrlich sein, sofern der Schimmelpilzbefall der Wohnung zu einer lebensgefährlichen Erkrankung der Mieterin und ihrer Tochter geführt hat. In diesem Fall kann der Anspruch des Vermieters auf Zahlung einer Nutzungsentschädigung auf Null reduziert sein.[28]

37 Ein **Nutzungswille** des Vermieters ist für den Entschädigungsanspruch nicht erforderlich.[29]

---

[15] OLG Stuttgart v. 16.07.2007 - 5 U 214/06.
[16] OLG München v. 13.03.2003 - 19 U 4540/02 - juris Rn. 9 - WuM 2003, 279.
[17] BGH v. 13.07.2010 - VIII ZR 326/09 - WuM 2010, 632-633.
[18] OLG Hamm v. 13.12.2002 - 30 U 30/02 - NZM 2003, 517.
[19] BGH v. 11.05.1988 - VIII ZR 96/87 - juris Rn. 12 - BGHZ 104, 285-291.
[20] LG Düsseldorf v. 19.11.1991 - 24 S 294/91 - DWW 1992, 154-155.
[21] OLG Hamm v. 12.12.1995 - 29 U 80/95 - OLGR Hamm 1996, 111-113.
[22] KG Berlin v. 19.01.2006 - 8 U 22/05 - juris Rn. 30 - KGR Berlin 2006, 375-376.
[23] OLG Köln v. 14.02.1996 - 11 U 219/95 - DWW 1996, 189-190.
[24] OLG Düsseldorf v. 14.10.2008 - I-24 U 7/08, 24 U 7/08 - juris Rn. 3 - OLGR Düsseldorf 2009, 533-534.
[25] OLG Hamburg v. 08.04.1976 - 4 U 17/76 - ZMR 1977, 302.
[26] OLG Hamburg v. 29.11.1995 - 4 U 66/95 - MDR 1996, 790.
[27] OLG Hamm v. 24.03.1977 - 4 U 255/76 - ZMR 1977, 372-373.
[28] LG Berlin v. 20.01.2009 - 65 S 345/07 - juris Rn. 13, 19, 20, 21 - Grundeigentum 2009, 845-847.
[29] OLG München v. 02.04.1993 - 21 U 4750/92 - ZMR 1993, 466-469.

Eine Vorenthaltung der Mietsache kann nicht angenommen werden, wenn sich zum Zeitpunkt der Rückgabe zwar im Wesentlichen noch die gesamten Einrichtungsgegenstände in der Wohnung befinden, der Vermieter diesbezüglich jedoch sein **Vermieterpfandrecht** ausgeübt hat.[30]

38

Nutzungsentschädigung steht dem Vermieter mangels Vorenthaltens nicht nur zu, wenn er sein Vermieterpfandrecht an vom Mieter zurückgelassenen Sachen ausübt, sondern auch wenn er die Schlösser zu den Mieträumen auswechselt.[31]

39

Verschafft sich die Vermieterin an der Mietsache (hier: Büroräume) selbst den unmittelbaren Besitz durch den Austausch der Türschlösser, so hat sie gegenüber dem Mieter keinen Anspruch auf Nutzungsentschädigung, nachdem der Mieter nach Beendigung des Mietverhältnisses den Besitz nicht mehr vorenthalten konnte.[32]

40

Für eine vollständige Rückübertragung der Mietsache muss auch ein übergebener Schlüssel – bzw. hier der automatische Türöffner der Garage – zurückgegeben werden. Eine reine Erklärung der Aufgabe des Mitbesitzes reicht nicht aus, um der Rückgabepflicht zu genügen. Das der Mieter nur Mitbesitzer der Garage war, da die Vermieterin durch ihren Zentralschlüssel jederzeit Zugang zur Garage hatte, kann offen bleiben. Eine Nutzungsentschädigung steht dem Vermieter aufgrund Vorenthaltens der Mietsache zu.[33]

41

Verweigert der Vermieter nach Mietende die Annahme der **Wohnungsschlüssel**, damit der Mieter erforderliche Schönheitsreparaturen vornehmen kann, so hat er keinen Rückerlangungswillen und die Mietsache kann ihm danach nicht vorenthalten werden.[34]

42

Ist der Vermieter mit einem **Beweisverfahren** nach Mietende einverstanden, so liegt keine Vorenthaltung der Mietsache vor.[35]

43

Behält der Mieter nach Beendigung des Mietverhältnisses einen Schlüssel zurück, um auf Rüge des Vermieters beanstandete Mängel zu beseitigen und **Schönheitsreparaturen** durchzuführen, so kann darin keine zur Nutzungsentschädigung berechtigende Vorenthaltung gesehen werden, da dann der weiterhin ausgeübte (Mit-)Besitz gerade dem Willen des Vermieters entspricht.[36]

44

Gleiches gilt erst recht, wenn der Vermieter dem Mieter nach Übergabe der Räume einen Schlüssel zur Durchführung von Schönheitsreparaturen aushändigt.[37]

45

Ein (Mit-)besitz stellt kein Vorenthalten der Mietsache dar, auch dann nicht, wenn sich die Mietsache bei Rückgabe nicht in vertragsgemäßem Zustand befunden hat und weil der Mieter wegen der übernommenen Instandsetzung der Räume noch vom Vermieter abhängigen Mitbesitz hatte. Eine Vorhaltung würde nur dann vorliegen, wenn eine weitere Ausübung des (Mit-)Besitzes durch den Mieter nach rechtlich beendetem Mietverhältnis gegen den Willen des Vermieters stattfindet, der Mieter sich also weigert, dem vom Vermieter nach Beendigung des Mietvertrags geltend gemachten Herausgabeanspruch unverzüglich nachzukommen.[38]

46

Gleiches gilt auch für Ansprüche aus dem Eigentümer-Besitz-Verhältnis. Der Vermieter kann keine Ansprüche aus dem Eigentümer-Besitz-Verhältnis geltend machen, weil der Mieter mit Blick auf das Einverständnis des Vermieters mit der Durchführung der Instandsetzungsarbeiten nicht unberechtigter Besitzer im Sinne der §§ 987 ff. BGB gewesen ist und im Übrigen auch keine Nutzungen gezogen hat.[39]

47

---

[30] OLG Hamburg v. 25.10.1989 - 4 U 255/88 - juris Rn. 2 - NJW-RR 1990, 86-87.
[31] OLG Rostock v. 08.06.2007 - 3 W 23/07 - WuM 2007, 509.
[32] OLG Karlsruhe v. 11.02.2005 - 10 U 199/03 - NZM 2005, 542.
[33] OLG Karlsruhe v. 11.02.2005 - 10 U 199/03 - NZM 2005, 542.
[34] OLG Hamburg v. 06.12.1989 - 4 U 26/89 - juris Rn. 12 - MDR 1990, 247-248.
[35] AG Neuss v. 18.03.1994 - 36 C 593/93 - WuM 1994, 382.
[36] KG Berlin v. 19.07.2001 - 8 RE-Miet 2/01 - NJW-RR 2001, 1452-1453.
[37] OLG Düsseldorf v. 27.04.2006 - I-24 U 152/05, 24 U 152/05 - juris Rn. 26 - GuT 2006, 243-245.
[38] OLG Düsseldorf v. 23.07.2009 - I-24 U 109/08, 24 U 109/08 - MietRB 2010, 8-9.
[39] OLG Düsseldorf v. 23.07.2009 - I-24 U 109/08, 24 U 109/08 - MietRB 2010, 8-9.

48 Wenn eine weitere Ausübung des (Mit-)Besitzes durch den Mieter nach rechtlich beendetem Mietverhältnis gegen den Willen des Vermieters stattfindet, kann von einem Vorenthalten der Mietsache ausgegangen werden. Der weitere Schlüsselbesitz und (Mit-)Besitz an der Mietsache widerspricht nicht dem Willen des Vermieters, sofern er die restlichen Schlüssel vom Mieter nicht heraus verlangt.[40]

49 Eine Vorenthaltung liegt so lange nicht vor, wie der Vermieter eine ihm obliegende **Mitwirkungshandlung**, wie die Mitteilung des Rückgabeortes der Mietsache, unterlässt.[41]

50 Erscheint der Vermieter nicht zum **Übergabetermin** und gerät er somit in Annahmeverzug gemäß § 293 BGB, kann er keine Nutzungsentschädigung verlangen.[42]

51 Enthält der Mieter nach Beendigung eines Wohnraummietvertrages die Wohnung dem Vermieter weiter vor, kann der Vermieter wegen vertragswidriger **Vorenthaltung** der Mietsache grundsätzlich eine angemessene Nutzungsentschädigung verlangen.[43]

52 In einem Einzelfall hat das Kammergericht entschieden, dass sich die vereinbarte Rückgabe der Mieträume zum siebten eines Monats wie eine Rückgabe zur Unzeit auswirken kann, weil der Vermieter dann nicht in der Lage ist, die Räume für den laufenden Monat zu vermieten, so dass sich diese Rückgabe im Ergebnis wie eine Vorenthaltung für den ganzen Monat auswirkt.[44]

53 Das Verlangen des Leasinggebers nach Zahlung einer Nutzungsentschädigung in Höhe der vereinbarten Leasingrate wegen Vorenthaltung der vom Leasingnehmer vertragswidrig nicht zurückgegebenen Leasingsache ist erst dann als unzulässige Rechtsausübung anzusehen, wenn der Zeitwert des Leasingobjekts alters- oder gebrauchsbedingt so weit abgesunken ist, dass eine Nutzungsentschädigung in Höhe der vereinbarten monatlichen Leasingrate zu dem verbliebenen Verkehrs- oder Gebrauchswert der Leasingsache völlig außer Verhältnis steht.[45]

54 Für den Entschädigungsanspruch des Vermieters aus § 546a Abs. 1 BGB ist die ortsübliche Miete grundsätzlich unerheblich und allein die vereinbarte Miete maßgeblich.[46]

55 Der Arbeitgeber als Vermieter hat die Wahl, ob er für die Dauer der Vorenthaltung der Mietsache die vereinbarte oder die ortsübliche Miete fordert, wenn der Arbeitnehmer als Mieter dem Arbeitgeber die Mietsache nach Beendigung des Mietvertrags verspätet zurückgibt. Stellt der Arbeitgeber jedoch in die Lohnabrechnung die vereinbarte Miete ein, erklärt er konkludent die Aufrechnung in Höhe der vereinbarten Miete und kann sich nicht mehr auf einen Anspruch auf die ortsübliche Miete berufen.[47]

56 Wird eine Mietsache, deren Mietwert im Augenblick der Beendigung des Mietverhältnisses gemindert war, vorenthalten, so richtet sich auch der Mindestbetrag des Schadens, den der Vermieter zu fordern berechtigt ist, nach der geminderten Mietsache.[48]

57 Sowohl aus dem Eigentümer-Besitzer-Verhältnis als auch bereicherungsrechtlich ist prinzipiell der objektive Mietwert der erlangten Nutzungen herauszugeben, der regelmäßig der ortsüblichen und angemessenen Miete entspricht.[49]

58 Die für die Entschädigung des Vermieters nach Beendigung des Mietverhältnisses vorauszusetzende Vorenthaltung der Mietsache ist gegeben, solange der Mieter seine Rückgabepflicht gegen den Willen des Vermieters nicht erfüllt; daran fehlt es, wenn Räumung und/oder Herausgabe unterbleiben, weil der Vermieter vom Fortbestand des Vertragsverhältnisses ausgeht.[50]

---

[40] OLG Düsseldorf v. 16.02.2009 - I-24 U 6/08 - juris Rn. 7, 8 - MDR 2009, 1036-1037.
[41] OLG Düsseldorf v. 14.11.2000 - 24 U 22/00 - DB 2001, 268.
[42] OLG Köln v. 27.11.1992 - 19 U 114/92 - ZMR 1993, 77-78.
[43] BGH v. 05.10.2005 - VIII ZR 57/05 - Grundeigentum 2005, 1547-1548.
[44] KG Berlin v. 16.09.2002 - 8 U 89/01 - juris Rn. 6.
[45] BGH v. 13.04.2005 - VIII ZR 377/03 - MDR 2005, 1154 f.
[46] Brandenburgisches Oberlandesgericht v. 12.06.2007 - 3 U 8/07 - juris Rn. 8, 10 - OLGR Brandenburg 2007, 937.
[47] Thüringer Landesarbeitsgericht v. 25.08.2009 - 1 Sa 130/09 - juris Rn. 39.
[48] OLG Düsseldorf v. 28.05.2009 - I-10 U 2/09, 10 U 2/09 - Grundeigentum 2009, 1043-1044.
[49] Brandenburgisches Oberlandesgericht v. 12.08.2009 - 3 U 2/07 - juris Rn. 23.
[50] Brandenburgisches Oberlandesgericht v. 12.08.2009 - 3 U 2/07.

Schließen die Parteien eines Rechtsstreits einen Vergleich, wonach der Kläger gegenüber einem Dritten keine Ansprüche geltend macht, wenn der Beklagte seinen Verpflichtungen aus dem Vergleich nachkommt, und versteht ein Instanzgericht diesen Vergleich, ohne sich mit dem Vorbringen des Klägers auseinanderzusetzen, nur dahingehend, dass damit auch spätere Ansprüche abgegolten sein sollen, so verstößt es gegen Art. 103 Abs. 1 GG. Dem lag ein Sachverhalt zugrunde, bei dem der Kläger vortrug, dass der Vergleich sich ausschließlich auf den damaligen Rechtsstreit und somit auch nur auf in diesem Zusammenhang bestehende Ansprüche bezog. Dazu angebotene Beweise wurden vom Gericht übergangen.[51]   59

6. Abdingbarkeit/Übertragbarkeit

Der Anspruch aus § 546a BGB ist anders als bei der Wohnraummiete grundsätzlich abdingbar.   60
Der Anspruch geht bei Veräußerung der Mietsache auf den Erwerber über.[52]   61

IV. Schadensersatzansprüche (Absatz 2)

Gemäß § 546a Abs. 2 BGB kann der Vermieter auch den weiteren Schaden vom Mieter verlangen. Die Vorschrift stellt das Verhältnis des Ausgleichsanspruchs in § 546a Abs. 1 BGB zu den möglichen Schadensersatzansprüchen des Vermieters klar.   62

1. Mögliche Anspruchsgrundlagen

Der Vermieter kann neben dem Anspruch auf Nutzungsentschädigung seinen weiteren Schaden als Verzugsschaden aus § 286 BGB (vgl. die Kommentierung zu § 286 BGB), wegen unerlaubter Handlung aus § 823 BGB (vgl. die Kommentierung zu § 823 BGB) und Pflichtverletzung gemäß § 280 BGB (vgl. die Kommentierung zu § 280 BGB) vom Mieter ersetzt verlangen. Die Ansprüche aus den §§ 323-326 BGB kommen dagegen nicht in Betracht, weil die Rückgabepflicht keine synallagmatische Hauptpflicht ist.   63

2. Rechtsprechung

Kann der Verpächter wegen der verspäteten Rückgabe nicht sofort einen neuen Pächter finden, trägt der bisherige Pächter den **Mietausfallschaden**.[53]   64
Der Vermieter hat keinen **Schadensersatzanspruch** bei Vermietung trotz nicht rechtzeitiger Räumungsmöglichkeit.[54]   65
Zur Darlegung eines Schadensersatzanspruchs wegen verspäteter Rückgabe der Mietsache genügt es nicht, wenn der Arbeitgeber als Vermieter nur eine überwiegende Belegungswahrscheinlichkeit in Hinblick auf die Gesamtheit der von ihm zur Vermietung angebotenen Unterkünfte vorträgt.[55]   66
Wenn der Mieter bereits vor Eintritt der Fälligkeit den Rückbau der Mietsache endgültig und ernsthaft ablehnt, entsteht der Schadensersatzanspruch wegen eines unterbliebenen Rückbaus der Mietsache sogleich und ohne eine Fristsetzung des Vermieters.[56]   67
Der Mieter haftet für ein Verschulden seines **Mitmieters**.[57]   68
Der Vermieter gerät nicht in **Annahmeverzug**, wenn er die Rücknahme der Mieträume trotz Entgegennahme der Schlüssel bei Ende des Mietverhältnisses verweigert, weil der Mieter u.a. schrottreife Kraftfahrzeuge im Mietobjekt zurückgelassen hat, und kann Nutzungsentschädigung verlangen, wenn er die Schlüssel an den künftigen Nachmieter weitergibt, damit dieser dort die vom Mieter geschuldeten, aber nicht ausgeführten Schönheitsreparaturen durchführen kann.[58]   69

---

[51] BGH v. 07.09.2011 - XII ZR 114/10.
[52] BGH v. 28.06.1978 - VIII ZR 139/77 - juris Rn. 13 - BGHZ 72, 147-151.
[53] KG Berlin v. 16.02.1970 - 8 U 1857/69 - NJW 1970, 951.
[54] OLG München v. 17.03.1989 - 21 U 3209/88 - ZMR 1989, 224-225.
[55] Thüringer Landesarbeitsgericht v. 25.08.2009 - 1 Sa 130/09 - juris Rn. 41.
[56] OLG Düsseldorf v. 21.04.2009 - I-24 U 56/08 - juris Rn. 8 - MDR 2009, 977-978.
[57] OLG Düsseldorf v. 15.01.1987 - 10 U 122/86 - NJW-RR 1987, 911.
[58] OLG Düsseldorf v. 29.11.2004 - I-24 U 157/04, 24 U 157/04 - OLGR Düsseldorf 2005, 105-107.

70 Die **Nutzungsentschädigung** bei der Vermietung von unbebauten Grundstücksflächen, wie Parkplätzen, beschränkt sich bei einer Teilräumung auf den nicht geräumten Teil, wenn die geräumte Fläche auch ohne den nicht geräumten Teil nutzbar ist.[59]

71 Ob das Zurücklassen von **Einrichtungsgegenständen** lediglich eine Schlechterfüllung der Räumungsverpflichtung oder eine unvollständige Räumung darstellt, hängt entscheidend von Art und Umfang der zurückgelassenen Gegenstände und gegebenenfalls dem Kostenaufwand für ihre Beseitigung ab. Zurückgelassene Gegenstände muss der Mieter im Rahmen seiner Räumungsverpflichtung grundsätzlich auch dann entfernen, wenn sie nicht von ihm eingebracht worden sind. Insbesondere hat der Mieter im Verhältnis zum Vermieter auch für die ordnungsgemäße Räumung durch seinen Untermieter einzustehen.[60]

72 Die Beseitigungspflicht des Mieters erstreckt sich ohne besondere Absprache der Mietvertragsparteien nicht nur auf von dem Mieter eingebrachte Einrichtungen, sondern auch auf solche, die er vom Vermieter übernommen hatte.[61]

D. Rechtsfolgen

73 Der Vermieter kann mindestens die vereinbarte **Miete einschließlich Nebenkosten** vom Mieter ersetzt verlangen.[62]

74 Besteht eine **Bürgschaft** für die Mietzinszahlung, sichert diese auch den Anspruch des Vermieters auf Nutzungsentschädigung wegen Vorenthaltung der Mietsache nach Vertragsende ab.[63]

75 Der vorenthaltende Mieter kann während der Dauer der Vorenthaltung keine **Mängel** einwenden.[64]

76 Der Anspruch aus § 546a BGB wird grundsätzlich wie der Anspruch auf Mietzahlung **fällig**.

77 Der Mieter darf nach Beendigung des Mietverhältnisses gegen einen Zahlungsanspruch des Zwangsverwalters auf Miete oder Nutzungsentschädigung nicht mit einem Kautionsrückzahlungsanspruch **aufrechnen**.[65]

78 Wenn eine vermietete **Videokassette** nicht verspätet, sondern gar nicht zurückgegeben wird, steht dem Vermieter von Videokassetten ein Anspruch auf Nutzungsentschädigung nach § 546a BGB zu. Dieser Anspruch ist aber zu begrenzen auf den Zeitraum, in dem der Vermieter noch mit einer Rückgabe rechnen kann. Dies ergibt sich nicht aus § 254 BGB, sondern aus § 242 BGB. Der Nutzungsentschädigungsanspruch hat in der Regel spätestens nach der dritten fruchtlosen Mahnung zur Rückgabe zu erlöschen (hier: Beschränkung der Nutzungsentschädigung auf 30 Tage).[66]

E. Prozessuale Hinweise

79 Der Vermieter trägt die **Beweislast** für die Anspruchsvoraussetzungen des Ausgleichsanspruchs gemäß § 546a BGB und damit für das Bestehen eines wirksamen Mietvertrages, dessen Beendigung, die Herausgabepflicht des Mieters, die Vorenthaltung durch den Mieter und falls der Anspruch nicht auf Zahlung einer Nutzungsentschädigung in Höhe der vereinbarten, sondern in Höhe der ortsüblichen Miete gerichtet ist, auch die Ortsüblichkeit der begehrten Miethöhe.

80 Der Vermieter kann den Anspruch auf Rückgabe der Mietsache gemäß § 546a BGB mit dem Anspruch auf Zahlung der Nutzungsentschädigung aus § 546a BGB in einer **Klage** geltend machen. Einklagbar ist auch der Anspruch auf künftige Nutzungsentschädigung, wenn die Voraussetzungen von § 259 ZPO vorliegen.[67]

---

[59] OLG Köln v. 05.10.2004 - 22 U 112/04 - GuT 2004, 232-233.
[60] OLG Düsseldorf v. 14.10.2004 - I-10 U 21/04, 10 U 21/04 - Grundeigentum 2005, 299.
[61] OLG Düsseldorf v. 14.10.2008 - I-24 U 7/08, 24 U 7/08 - juris Rn. 3 - OLGR Düsseldorf 2009, 533-534.
[62] OLG Düsseldorf v. 20.01.1994 - 10 U 109/93 - NJW-RR 1994, 596-597.
[63] OLG Rostock v. 30.09.2002 - 3 U 143/01 - OLGR Rostock 2003, 157-160.
[64] OLG Düsseldorf v. 07.12.2000 - 10 U 199/99 - juris Rn. 12 - WuM 2001, 121.
[65] AG Berlin-Charlottenburg v. 16.01.2004 - 232 C 151/03 - Grundeigentum 2004, 353.
[66] LG Bielefeld v. 07.10.2003 - 20 S 96/03 - NJW-RR 2004, 442-443.
[67] OLG Dresden v. 24.09.1998 - 21 U 1565/98 - NZM 1999, 173.

Der Anspruch auf Nutzungsentschädigung kann in der **Insolvenz des Mieters** eine Masseschuld gemäß § 55 Abs. 1 Nr. 2 InsO begründen, wenn das Mietverhältnis erst nach Eröffnung des Insolvenzverfahrens beendet worden ist oder der Insolvenzverwalter die Mietsache zur Insolvenzsache eingezogen hat.[68]

81

Der Anspruch des Vermieters auf Nutzungsentschädigung für die Zeit ab Eröffnung des Insolvenzverfahrens bis zur Rückgabe der Mietsache ist grundsätzlich eine Insolvenzforderung. Hat der Verwalter die Mietsache nach der Eröffnung des Insolvenzverfahrens genutzt, ohne die Erfüllung des Mietvertrages zu erlangen, stellt der Anspruch des Vermieters auf Nutzungsentschädigung eine Masseforderung dar.[69]

82

Ist in der Insolvenz des Mieters das Mietverhältnis vor Eröffnung des Insolvenzverfahrens aufgelöst, kommt dem Anspruch des Vermieters auf Nutzungsentschädigung für die Zeit ab Insolvenzeröffnung grundsätzlich nicht der Rang einer Masseverbindlichkeit zu. Der Anspruch auf Nutzungsentschädigung wird nicht dadurch zu einer Masseverbindlichkeit, dass der nicht besitzende Insolvenzverwalter auf das Herausgabeverlangen des Vermieters nicht eingeht.[70]

83

Erlässt das Erstgericht gegen einen von zwei Beklagten ein wegen der Möglichkeit divergierender Entscheidungen bedenkliches **Teilurteil** und beseitigt der Kläger die Gefahr der Widersprüchlichkeit nach Verkündung des Teilurteils und Durchführung einer Beweisaufnahme durch Rücknahme der Klage gegen den anderen Beklagten, so ist dies bei Prüfung der Zulässigkeit des Teilurteils durch das Berufungsgericht beachtlich. Schuldet der Mieter wegen nicht rechtzeitiger Rückgabe der Mietsache Nutzungsentschädigung oder Ersatz der Gebrauchsvorteile, so ist der objektive Mietwert zu ersetzen, der – mangels anderweitiger Anhaltspunkte – der vertraglich vereinbarten Miete entspricht; behauptet eine Partei, dass dies nicht so sei, so muss sie konkrete Anhaltspunkte dafür vortragen und gegebenenfalls beweisen.[71]

84

---

[68] BGH v. 18.05.1995 - IX ZR 189/94 - juris Rn. 27 - BGHZ 130, 38-49, BGH v. 05.07.2001 - IX ZR 327/99 - BGHZ 148, 252-261.
[69] BGH v. 01.03.2007 - IX ZR 81/05 - ZIP 2007, 778-781.
[70] BGH v. 21.12.2006 - IX ZR 66/05 - juris Rn. 11,18 - WM 2007, 411-414.
[71] KG Berlin v. 16.08.2004 - 12 U 105/03 - KGR Berlin 2005, 56-57.

§ 547 BGB Erstattung von im Voraus entrichteter Miete

(Fassung vom 02.01.2002, gültig ab 01.01.2002)

(1) ¹Ist die Miete für die Zeit nach Beendigung des Mietverhältnisses im Voraus entrichtet worden, so hat der Vermieter sie zurückzuerstatten und ab Empfang zu verzinsen. ²Hat der Vermieter die Beendigung des Mietverhältnisses nicht zu vertreten, so hat er das Erlangte nach den Vorschriften über die Herausgabe einer ungerechtfertigten Bereicherung zurückzuerstatten.

(2) Bei einem Mietverhältnis über Wohnraum ist eine zum Nachteil des Mieters abweichende Vereinbarung unwirksam.

Gliederung

A. Grundlagen 1	III. Im Voraus entrichtete Miete 8
I. Kurzcharakteristik 1	1. Definition 8
II. Regelungsprinzipien 2	2. Rechtsprechung 10
B. Praktische Bedeutung 4	D. Rechtsfolgen 22
C. Anwendungsvoraussetzungen 5	I. Umfang des Rückerstattungsanspruchs 22
I. Normstruktur 5	II. Abdingbarkeit 24
II. Beendigung des Mietverhältnisses 6	E. Prozessuale Hinweise 25

A. Grundlagen

I. Kurzcharakteristik

1 Die Vorschrift § 547 BGB gilt wegen ihrer **systematischen Stellung** für alle Mietverhältnisse, insbesondere auch für Pachtverträge[1] und entspricht der bisherigen Regelung in § 557a BGB a.F. An die Stelle des Begriffs „Mietzins" ist nunmehr der Begriff der „Miete" getreten. Anders als die bisherige Regelung verweist § 547 BGB nicht mehr auf die Regelung über den Rücktritt (§ 347 BGB a.F.), sondern ordnet die Rückerstattung und Verzinsung selbst an.

II. Regelungsprinzipien

2 In § 547 BGB wird der **Grundsatz der Rückerstattungspflicht** des Vermieters für im Voraus erhaltene Miete geregelt, wobei danach differenziert wird, ob der Vermieter die Beendigung des Mietverhältnisses zu vertreten hat (Absatz 1 Satz 1) oder nicht (Absatz 1 Satz 2).

3 Der Rückerstattungsanspruch ist ein vertraglicher Anspruch. Die Verweisung auf das Bereicherungsrecht ist eine **Rechtsfolgenverweisung**.[2]

B. Praktische Bedeutung

4 Der Rückerstattungsanspruch des Mieters erfasst alle in der Praxis vorkommenden Arten von **im Voraus** entrichteter Miete. Das betrifft neben der periodisch im Voraus geschuldeten Mietzahlung auch Baukostenzuschüsse oder Finanzierungsdarlehen des Mieters.

C. Anwendungsvoraussetzungen

I. Normstruktur

5 Hat der Vermieter die **Beendigung des Mietverhältnisses** zu vertreten, trifft ihn die Rückerstattungspflicht gemäß Absatz 1 Satz 1 im vollen Umfang. Hat der Vermieter die Beendigung dagegen nicht zu vertreten, so wird er gegenüber dem Mieter dadurch privilegiert, dass er gemäß Absatz 1 Satz 2 nach

---
[1] BGH v. 17.05.2000 - XII ZR 344/97 - LM BGB § 557a Nr. 5 (2/2001).
[2] BGH v. 21.10.1970 - VIII ZR 63/69 - BGHZ 54, 347-352.

den Vorschriften über die Herausgabe einer ungerechtfertigten Bereicherung rückerstatten muss. Dadurch kann er dem Mieter insbesondere die Einwendungen des Bereicherungsrechts entgegenhalten.

II. Beendigung des Mietverhältnisses

Erste Voraussetzung des Rückerstattungsanspruchs des Mieters ist die Beendigung des Mietverhältnisses. Es kommt **jeder Beendigungsgrund** in Betracht, neben dem Zeitablauf befristeter Mietverhältnisse und der ordentlichen Kündigung gemäß § 542 BGB auch die außerordentliche Kündigung gemäß § 543 BGB oder vertragliche Aufhebung.[3]   6

Das Mietverhältnis kann auch durch Kündigung des Insolvenzverwalters gemäß § 109 InsO oder des Erwerbers der Mietsache gemäß § 111 InsO oder des Erstehers in der Zwangsversteigerung gemäß § 57a ZVG beendet werden.   7

III. Im Voraus entrichtete Miete

1. Definition

Unter dem Begriff der im Voraus entrichteten Miete ist **jede Leistung** zu verstehen, die der Mieter zum Zweck der vollständigen oder teilweisen Erfüllung seiner Mietzahlungspflicht an den Vermieter bewirkt.[4]   8

Im Wohnraummietrecht sind für **Vorausleistungen** des Mieters die Beschränkungen des Wohnungsbindungsgesetzes (WoBindG) zu beachten.   9

2. Rechtsprechung

Vereinbaren die Mietvertragsparteien, dass der Mieter den geleisteten **Baukostenzuschuss** abwohnen oder bis zur Abtragung zu einem ermäßigten Mietzins wohnen darf, so ist im Allgemeinen damit eine Mietvorauszahlung als gewollt anzusehen. Ein solcher auf den Mietzins anzurechnender Baukostenzuschuss, der als Mietzinsvorauszahlung zu werten ist, kann dann bei vorzeitiger Beendigung des Mietvertrages gemäß Absatz 1 Satz 1 zu erstatten sein, ansonsten kommt ein Ausgleich über das Bereicherungsrecht in Betracht.[5]   10

Das gilt nicht für den so genannten **Mietabstand** des Nachmieters an den Vormieter, womit der Nachmieter den Vormieter für die vorzeitige Überlassung der Mietsache abfindet.[6] Die Abstandszahlung ist bei Wohnraummiete grundsätzlich unzulässig.[7]   11

Der Mieter hat gegen den Dritten, dem Mieter und Vermieter vertraglich ein **Eintrittsrecht** in den Mietvertrag einräumen, auch bei vorzeitigem Ende des Mietverhältnisses keinen Anspruch auf Ersatz der Aufwendungen, die der Mieter durch erlaubte Einbauten oder Umbauten macht. Auch nicht auf den Mehrerlös, den der Dritte nach Eintritt in den Mietvertrag durch erlaubte Weitervermietung erzielt.[8]   12

Erlässt der Verkäufer eines Grundstückes dem Käufer einen Teil des vereinbarten Entgeltes, damit sich bei der daran anschließenden Verpachtung des Grundstücks an ihn der Pachtzins für einen gewissen Zeitraum verringert, so liegt im **Kaufpreisnachlass** eine Pachtvorauszahlung, die bei vorzeitiger Beendigung des Pachtverhältnisses zu erstatten sein kann.[9]   13

Vereinbaren Vermieter und Mieter, dass die Mietzinszahlung durch Verrechnung mit vom Vermieter an den Mieter zu zahlenden Raten aus einem **Mieterdarlehen** erfolgen soll, so kann darin die Vereinbarung einer Mietvorauszahlung liegen.[10] Eine solche Mietzinsvorauszahlung ist anzunehmen, wenn   14

---

[3] OLG Celle v. 16.12.1977 - 2 U 180/77 - juris Rn. 3 - MDR 1978, 492-493.
[4] BGH v. 17.05.2000 - XII ZR 344/97 - juris Rn. 15 - LM BGB § 557a Nr. 5 (2/2001).
[5] BGH v. 12.02.1959 - VIII ZR 54/58 - BGHZ 29, 289-300.
[6] BGH v. 23.04.1997 - VIII ZR 212/96 - BGHZ 135, 269-278.
[7] LG Bonn v. 11.06.1997 - 5 S 22/97 - WuM 1997, 443-444.
[8] OLG München v. 01.04.1993 - 1 U 5023/92 - NJW-RR 1994, 1100-1101.
[9] BGH v. 17.05.2000 - XII ZR 344/97 - LM BGB § 557a Nr. 5 (2/2001).
[10] BGH v. 11.03.1970 - VIII ZR 96/68 - LM Nr. 2 zu § 557a BGB.

§ 547

15 Auch in einem abwohnbaren **Finanzierungskostenzuschuss** liegt eine Vorausentrichtung des Mietzinses, der bei vorzeitiger Beendigung des Vertrages vom Verpächter zu erstatten ist.[12]

16 Bei Veräußerung des Pachtgegenstandes und Eintritt des Erwerbers in das Pachtverhältnis kann der Pächter **Wertersatz** für Verwendungen erst nach Rückgabe der Pachtsache verlangen.[13]

17 Vereinbaren Vermieter und Mieter, die Verwendungen des Mieters auf die Mietsache mit dem Mietzins zu verrechnen, so wird der **Verwendungsersatzanspruch** des Mieters zu einer Mietvorauszahlung, die bei vorzeitiger Beendigung anteilig dem Mieter vom Vermieter zu erstatten ist.[14]

18 Mit dem Übergang des Eigentums an den vermieteten Wohnraum auf den Erwerber richten sich alle schon vorher begründeten Ansprüche des Mieters gegen den Vermieter ausschließlich gegen den Veräußerer, so dass der Erwerber nicht zu ihrer Erfüllung verpflichtet ist. Das gilt insbesondere für schon entstandene Verwendungsersatzansprüche.[15]

19 Wird zum Zwecke des Ausbaus eines Dachgeschosses dem Grundstückseigentümer Geld zugewandt und bezieht der Zuwendende das ausgebaute Geschoss für die Dauer von fast einem Jahr, so muss er sich auf einen nach dem Auszug geltend gemachten Rückforderungsanspruch die ihm entstandenen Nutzungsvorteile anrechnen lassen.[16]

20 **Aufwendungen**, die dazu dienen, die Mietsache erst in einen vertragsgemäßen Zustand zu versetzen, sind keine notwendigen Verwendungen i.S.d. § 547 Abs. 1 BGB. Der Mieter hat insbesondere dann keinen Anspruch gegen den Vermieter gemäß § 547 Abs. 2 BGB i.V.m. § 683 BGB, wenn er einen früheren Stall in Kenntnis dieser Tatsache angemietet und diesen für seine Zwecke zum Betrieb einer Werkstatt ausgebaut hat. Der Anspruch gegen den Vermieter bestünde nur dann, wenn der Mieter den Willen hatte, mit den Verwendungen ein Geschäft des Vermieters zu führen, und wenn die Verwendungen dem Interesse und dem tatsächlichen oder mutmaßlichen Willen des Vermieters entsprachen.[17]

21 Werden durch den Mieter Aufwendungen auf ein Grundstück in der Erwartung des späteren Eigentumserwerbs bzw. einer langfristigen Nutzung gemacht, entsteht nur dann ein Bereicherungsanspruch gegen den Eigentümer, wenn diesem durch die Aufwendungen ein tatsächlich realisierbarer Vermögenszuwachs verbleibt. Die Bereicherung ist allein nach den Vorteilen zu bemessen, die dem Eigentümer dadurch zukommen, dass er von dem vorgesehenen Ablauf der Grundstücksüberlassung in den Genuss von dessen Nutzungsmöglichkeit gelangt, insbesondere auf die Steigerung des Ertragswertes.[18]

D. Rechtsfolgen

I. Umfang des Rückerstattungsanspruchs

22 Der Rückerstattungsanspruch des Mieters umfasst die gesamte im Voraus gezahlte Miete und wird grundsätzlich mit Beendigung des Mietverhältnisses fällig. Hat der Vermieter die Beendigung des Mietverhältnisses zu vertreten, trifft ihn die **Verschuldenshaftung** gemäß Absatz 1. Die zu erstattende Miete ist zu verzinsen, vgl. § 246 BGB und die Kommentierung zu § 246 BGB.

23 Hat der Vermieter die Beendigung dagegen nicht zu vertreten, so trifft ihn lediglich die **Bereicherungshaftung** im Umfang der §§ 818, 819 BGB (vgl. die Kommentierung zu § 818 BGB und die Kommentierung zu § 819 BGB).

---

[11] LG Berlin v. 07.06.1991 - 67 S 309/90 - Grundeigentum 1991, 1035-1037.
[12] OLG München v. 09.12.1992 - 7 U 4858/92 - NJW-RR 1993, 655-656.
[13] OLG Frankfurt v. 19.06.1992 - 10 U 254/91 - OLGR Frankfurt 1992, 104-105.
[14] OLG Düsseldorf v. 21.11.1991 - 10 U 47/91 - ZMR 1992, 110-111.
[15] OLG Celle v. 15.06.1994 - 2 U 152/93 - OLGR Celle 1994, 331-332.
[16] OLG Bremen v. 24.01.2005 - 4 W 1/05 - OLGR Bremen 2005, 266-267.
[17] OLG München v. 21.04.1995 - 21 U 5722/94 - ZMR 1997, 236-238.
[18] OLG Schleswig-Holstein v. 06.09.1995 - 4 U 37/93 - OLGR Schleswig 1995, 1-2.

II. Abdingbarkeit

Der Rückerstattungsanspruch des Mieters gemäß Absatz 1 ist **grundsätzlich** abdingbar. Bei Mietverhältnissen über **Wohnraum** kann der Rückerstattungsanspruch wegen Absatz 2 nicht ausgeschlossen werden. Der Rückerstattungsanspruch bleibt bei Wohnraummietverhältnissen auch gegenüber dem künftigen Ersteher in der **Zwangsversteigerung** bestehen.[19]

24

E. Prozessuale Hinweise

Der Mieter trägt die **Beweislast** für die Beendigung des Mietverhältnisses und die im Voraus geleistete Miete. Der Vermieter trägt die Beweislast für das Vertretenmüssen des Mieters.

25

---

[19] BGH v. 29.10.1969 - VIII ZR 130/68 - BGHZ 53, 35-41.

§ 548 BGB Verjährung der Ersatzansprüche und des Wegnahmerechts

(Fassung vom 02.01.2002, gültig ab 01.01.2002)

(1) ¹Die Ersatzansprüche des Vermieters wegen Veränderungen oder Verschlechterungen der Mietsache verjähren in sechs Monaten. ²Die Verjährung beginnt mit dem Zeitpunkt, in dem er die Mietsache zurückerhält. ³Mit der Verjährung des Anspruchs des Vermieters auf Rückgabe der Mietsache verjähren auch seine Ersatzansprüche.

(2) Ansprüche des Mieters auf Ersatz von Aufwendungen oder auf Gestattung der Wegnahme einer Einrichtung verjähren in sechs Monaten nach der Beendigung des Mietverhältnisses.

(3) (aufgehoben)

Gliederung

A. Grundlagen.................................... 1	3. Verjährungsbeginn 35
I. Kurzcharakteristik............................... 1	II. Ansprüche des Mieters (Absatz 2) 49
II. Systematik.. 3	1. Persönlicher Anwendungsbereich............... 49
B. Praktische Bedeutung........................ 5	2. Sachlicher Anwendungsbereich.................. 50
C. Anwendungsvoraussetzungen 12	3. Verjährungsbeginn 56
I. Ansprüche des Vermieters (Absatz 1)........... 12	III. Ablaufhemmung und Neubeginn der
1. Persönlicher Anwendungsbereich 12	Verjährung 58
2. Sachlicher Anwendungsbereich 17	IV. Abdingbarkeit.................................. 65

A. Grundlagen

I. Kurzcharakteristik

1 Die Vorschrift § 548 BGB entspricht der bisherigen Regelung in § 558 BGB a.F. Im Gegensatz zur bisherigen Regelung behandelt § 548 BGB die Verjährung der Ansprüche des Vermieters und des Mieters getrennt in verschiedenen Absätzen.

2 Im Zuge der **Schuldrechtsreform** wurde der dritte Absatz in § 548 BGB zum 01.01.2002 ersatzlos gestrichen. Der darin enthaltene Unterbrechungstatbestand der Verjährung bei Einleitung eines Beweisverfahrens ist seither allgemein für alle Schuldverhältnisse als Hemmungstatbestand in § 204 Abs. 1 Nr. 7 BGB (vgl. die Kommentierung zu § 204 BGB) geregelt.

II. Systematik

3 Die Vorschrift gilt wegen ihrer **systematischen Stellung** für alle Mietverhältnisse.

4 Der § 548 BGB gilt wegen § 581 Abs. 2 BGB (vgl. die Kommentierung zu § 581 BGB) auch für Pachtverträge mit Ausnahme der Landpachtverträge, für die § 591b BGB (vgl. die Kommentierung zu § 591b BGB) gilt, und ist gemäß § 606 BGB (vgl. die Kommentierung zu § 606 BGB) auch auf die Leihe anwendbar.

B. Praktische Bedeutung

5 Die Vorschrift des § 548 BGB ist eine **Spezialvorschrift** zu den allgemeinen Verjährungsbestimmungen in den §§ 194-218 BGB (vgl. die Kommentierung zu § 194 BGB bis zur Kommentierung zu § 218 BGB), die insoweit zur Anwendung kommen, als § 548 BGB keine Regelung enthält. Das ist insbesondere für die Hemmung der Verjährung und deren Neubeginn der Fall.

Durch § 548 BGB wird die regelmäßige Verjährung auf sechs Monate verkürzt. Grund für die kurze Verjährung der mietrechtlichen Ansprüche ist das Bedürfnis nach rascher Abwicklung der Nebenansprüche aus dem Mietverhältnis.[1] Die Bestimmung ist daher weit auszulegen.[2] 6

Die **Rechtsprechung** wendet die kurze Verjährung des § 548 BGB ebenso wie die des § 606 BGB für alle Fälle der Gebrauchsüberlassung, beispielsweise bei der Überlassung von Kraftfahrzeugen durch den Arbeitgeber an den Arbeitnehmer, an.[3] 7

Die kurze Verjährung **gilt** sowohl für vertragliche als auch für deliktische Ansprüche[4] sowie für konkurrierende Ansprüche aus dem Eigentum. Die Ansprüche aus dem Eigentum unterliegen dabei selbst dann der kurzen Verjährung, wenn der Eigentümer nicht selbst der Vermieter ist, sondern lediglich einem Dritten die Vermietung gestattet hat. 8

Der Kündigungsentschädigungsanspruch nach § 11 Abs. 1 Satz 1 BKleingG unterfällt jedoch nicht der kurzen Verjährung des § 548 Abs. 2 BGB, sondern verjährt aufgrund seiner Nähe zum öffentlich-rechtlichen Enteignungsentschädigungsanspruch in der regelmäßigen Verjährungsfrist des § 195 BGB.[5] 9

Die Verjährungsregelung des § 548 BGB (§ 558 BGB a.F.) gilt nicht für Ansprüche aus § 24 Abs. 2 BBodSchG.[6] 10

Die Berechnung der **Fristen** erfolgt nach den allgemeinen Vorschriften in § 187 Abs. 1 BGB (vgl. die Kommentierung zu § 187 BGB), § 188 Abs. 2 BGB (vgl. die Kommentierung zu § 188 BGB) und § 193 BGB (vgl. die Kommentierung zu § 193 BGB). 11

C. Anwendungsvoraussetzungen

I. Ansprüche des Vermieters (Absatz 1)

1. Persönlicher Anwendungsbereich

Die Regelung in § 548 Abs. 1 BGB betrifft zunächst Ansprüche des Vermieters. In persönlicher Hinsicht hat die Rechtsprechung zu § 558 BGB a.F. den Anwendungsbereich auf Ansprüche gegen Dritte ausgedehnt, die in den Schutzbereich des Mietvertrages einbezogen sind.[7] 12

Die **Einbeziehung Dritter** wurde nicht auf Mietverhältnisse beschränkt, sondern auf alle Arten von Miet- und Pachtverträgen erstreckt.[8] 13

Dies gilt insbesondere gegenüber einem Eigentümer, der nicht Vermieter ist. Er muss die kurze Verjährungsfrist des § 548 Abs. 1 BGB gegen sich gelten lassen, wenn zwischen ihm und dem Vermieter eine enge wirtschaftliche Verflechtung besteht.[9] 14

Das Gleiche gilt, wenn der Vermieter aus **abgetretenem Recht** des Eigentümers gegen den Mieter vorgeht.[10] 15

Schließlich gilt die kurze Verjährung auch für Ansprüche des Hauptvermieters gegen den Untermieter.[11] 16

2. Sachlicher Anwendungsbereich

In sachlicher Hinsicht unterliegen die Ansprüche des Vermieters auf Schadensersatz, gleich aus welchem Rechtsgrund, ebenfalls der kurzen Verjährung des § 548 BGB. 17

---

[1] BGH v. 18.09.1986 - III ZR 227/84 - juris Rn. 19 - BGHZ 98, 235-244.
[2] BGH v. 21.03.1997 - V ZR 217/95 - juris Rn. 16 - BGHZ 135, 152-157.
[3] Vgl. dazu instruktiv unter Verweisung auf die Rechtsprechung des BGH: ArbG Eisenach v. 15.08.2002 - 2 Ca 1563/01 - juris Rn. 34 - Bibliothek BAG.
[4] BGH v. 11.12.1991 - XII ZR 269/90 - juris Rn. 7 - BGHZ 116, 293-297.
[5] BGH v. 06.06.2002 - III ZR 181/01 - BGHZ 151, 71-79.
[6] Hanseatisches Oberlandesgericht Bremen v. 23.03.2007 - 5 U 44/06 - OLGR Bremen 2007, 673-675.
[7] BGH v. 29.03.1978 - VIII ZR 220/76 - juris Rn. 14 - BGHZ 71, 175-180.
[8] BGH v. 27.04.2001 - LwZR 6/00 - juris Rn. 10 - LM BGB § 591b Nr. 6 (3/2002).
[9] BGH v. 11.12.1991 - XII ZR 269/90 - BGHZ 116, 293-297.
[10] BGH v. 14.07.1970 - VIII ZR 1/69 - juris Rn. 13 - BGHZ 54, 264-268.
[11] AG Lemgo v. 28.04.1994 - 18 C 30/94 - NJW-RR 1994, 1166.

18	Inhaltlich können die Ansprüche auf Geld, Herstellung oder Wiederherstellung eines vereinbarten Zustandes gerichtet sein. Sie können sich aus Verzug, aus vertragswidrigem Gebrauch oder aus der Verletzung von Nebenpflichten (Instandhaltungs-, Anzeige- oder Obhutspflichten) ergeben. Entscheidend ist, dass der Schaden hinreichenden Bezug zur Mietsache hat.[12]
19	Der kurzen Verjährung unterliegen nicht nur Ansprüche in Bezug auf die Mietsache selbst, sondern auch in Bezug auf Bestandteile und Zubehör der Mietsache. Bei einem Hausgrundstück betrifft dies etwa auch solche Teile, die nicht Gegenstand des Mietvertrages selbst sind.[13]
20	Ersatzansprüche des Vermieters wegen Verschlechterung oder Veränderung der Mietsache verjähren auch dann in der kurzen Verjährungsfrist des § 548 Abs. 1 BGB, wenn die Mietvertragsparteien in einem vorangegangenen Räumungsprozess einen **Vergleich** geschlossen haben, in dem sich der Mieter verpflichtet hat, von ihm genutzte Teilflächen des Grundstücks zu räumen, die nicht Gegenstand des Mietverhältnisses waren. Grund dafür ist, dass ein Vergleich im Sinne von § 779 BGB grundsätzlich keine schuldumschaffende Wirkung hat. Das ist nur dann anders, wenn ein neuer Schuldgrund geschaffen wird, der im Wege der Auslegung des Parteiwillens zu ermitteln ist. Ein solcher kann dann nicht angenommen werden, wenn im Vorprozess der Umfang der Räumungspflicht der Beklagten zwischen den Parteien streitig war und gerade dieser Streit durch den Abschluss des Vergleichs beigelegt werden sollte. In diesem Fall findet der Vergleich seine rechtliche Grundlage in dem ursprünglichen Mietverhältnis zwischen den Parteien, sodass § 548 Abs. 1 BGB Anwendung findet und nicht § 195 BGB.[14]
21	Kein Fall der kurzen Verjährung ist es dagegen, wenn der Vermieter einen Vermögensschaden erleidet, der wegen der Beschädigung an einer dritten, vom Mietobjekt räumlich entfernten Sache entsteht. Der Schaden hat dann keinen hinreichenden Bezug zum Mietobjekt.[15]
22	Die kurze Verjährung gilt auch für Ansprüche wegen unterlassener **Schönheitsreparaturen**, wenn der Mieter dazu vertraglich verpflichtet war.[16]
23	Auf einen Schadensersatzanspruch aus culpa in contrahendo wegen Um- und Rückbaukosten ist die sechsmonatige Verjährungsfrist des § 548 BGB analog anzuwenden, wenn es nicht wie vorgesehen zum Abschluss des Mietvertrages gekommen ist. Hat in einem solchen Fall der potentielle Vermieter noch den unmittelbaren Besitz an der Sache, beginnt die Verjährungsfrist bereits ab dem Zeitpunkt zu laufen, an dem die Vertragsverhandlungen der Parteien ihr tatsächliches Ende gefunden haben. Dies gilt auch dann, wenn zu diesem Zeitpunkt der Schaden noch nicht beziffert werden kann, da die Möglichkeit einer Feststellungsklage ausreicht, um die Verjährung zu unterbrechen.[17]
24	Die kurze Verjährung des § 548 BGB kommt weder unmittelbar noch entsprechend bei Ansprüchen aus **ungerechtfertigter Bereicherung** zur Anwendung, da dieser Anspruch gerade keinen Mietvertrag voraussetzt.[18]
25	Der Anspruch des Vermieters gegen den Mieter auf Rückzahlung eines geleisteten **Kostenvorschusses** zur Mängelbeseitigung richtet sich nicht nach der kurzen Verjährungsfrist des § 548 BGB, sondern nach den §§ 195, 199 BGB.[19]
26	Auch der **Schadensersatzanspruch** wegen sittenwidriger Schädigung gemäß § 826 BGB (vgl. die Kommentierung zu § 826 BGB) unterliegt nicht der kurzen Verjährung, da der Schutzzweck des § 826 BGB über die mietvertraglichen Rechtsbeziehungen hinausgeht.[20]

---

[12] BGH v. 10.05.2000 - XII ZR 149/98 - juris Rn. 20 - LM BGB § 558 Nr. 57 (11/2000).
[13] BGH v. 19.09.1973 - VIII ZR 175/72 - juris Rn. 12 - BGHZ 61, 227-235.
[14] BGH v. 26.06.2010 - XII ZR 52/08 - NJW 2010, 2652-2654.
[15] OLG Dresden v. 17.04.2007 - 5 U 8/07 - juris Rn. 11-13 - ZMR 2007, 691-692.
[16] BGH v. 09.02.2000 - XII ZR 202/97 - NZM 2000, 547-548.
[17] BGH v. 22.02.2006 - XII ZR 48/03 - NJW 2006, 1963 f.
[18] BGH v. 12.07.1989 - VIII ZR 286/88 - juris Rn. 31 - BGHZ 108, 256-268.
[19] OLG Celle v. 23.12.2009 - 2 U 134/09 - juris Rn. 6.
[20] BGH v. 27.04.2001 - LwZR 6/00 - juris Rn. 11 - LM BGB § 591b Nr. 6 (3/2002).

§ 548 Abs. 1 BGB ist ebenfalls nicht auf einen Anspruch der Wohnungseigentümer-gemeinschaft aus § 823 Abs. 1 BGB anwendbar, wenn der Mieter, der in einer Vertragsbeziehung nur zu einem der Wohnungseigentümer steht, beim Auszug den im Gemeinschaftseigentum stehenden Aufzug beschädigt. Begründet hat der BGH dies damit, dass die Überlassung der Mietsache, auch soweit die Mitbenutzung des Gemeinschaftseigentums betroffen ist, nicht auf der Verfügung der Wohnungseigentümergemeinschaft beruht, sondern allein auf einer Disposition des vermietenden Wohnungseigentümers. Es besteht daher kein Anlass, die Wohnungseigentümergemeinschaft den Sondervorschriften des Mietrechts zu unterwerfen.[21]   27

Der mietvertragliche **Erfüllungsanspruch** unterliegt nicht der kurzen Verjährung, da sich § 548 BGB ausdrücklich nur auf Ersatzansprüche und auf Wegnahmerechte bezieht.[22]   28

Der Anspruch des Mieters auf **Kautionsrückzahlung** entsteht entweder erst mit der Beendigung des Mietverhältnisses und nach Ablauf der Überlegungsfrist des Vermieters oder er wird mit dem Mietverhältnis als aufschiebend bedingter Anspruch begründet. In beiden Fällen wird dieser Anspruch jedoch erst nach der Beendigung des Mietverhältnisses erfüllbar. Eine Aufrechnung des Vermieters mit eigenen Ansprüchen ist somit erst ab diesem Zeitpunkt möglich. Sind zu diesem Zeitpunkt seine Ansprüche bereits verjährt, so ist eine Aufrechnung mit der verjährten Forderung auch nach § 390 Satz 2 BGB nicht möglich, da dieser voraussetzt, dass zumindest jemals eine Aufrechnungslage bestand.   29

Der Anspruch des Mieters auf **Aufrechnung** der Kaution verjährt mit dem Anspruch auf deren Rückzahlung. Der Rückzahlungsanspruch verjährt drei Jahre nach seiner Entstehung, d.h. nachdem es dem Vermieter zumutbar geworden ist, noch offene Ansprüche aus dem Mietverhältnis abzurechnen.[23]   30

Von der Aufrechnung zu unterscheiden ist die Möglichkeit des Vermieters, die **Kaution** auch schon während des Mietverhältnisses zu verwerten, wobei er sich hierauf ausdrücklich berufen muss. Ist der Schadensersatzanspruch des Vermieters während des fortdauernden Mietverhältnisses verjährt, ohne dass der Vermieter sich aus der Mietkaution befriedigt hat, so kann er gegen den Kautionsrückzahlungsanspruch des Mieters nach Mietende nicht mehr aufrechnen.[24]   31

Wenn die Verwertung der den Schadensersatzanspruch sichernden Kaution schon vor Verjährungseintritt möglich war, wird die Verwertung der Kaution nicht durch die Verjährung des Schadensersatzanspruchs gehindert.[25]   32

Schadensersatzansprüche des Vermieters gegenüber dem Mieter eines Kraftfahrzeuges unterliegen der kurzen Verjährung auch dann, wenn das Fahrzeug infolge eines durch den Mieter grob fahrlässig verursachten Unfalls einen wirtschaftlichen Totalschaden erlitten hat.[26]   33

Die kurze Verjährungsfrist des § 548 BGB findet für **Ausgleichsansprüche** des Gebäudeversicherers gegen den Haftpflichtversicherer keine Anwendung. Für diese gilt die dreijährige Verjährungsfrist nach § 195 BGB. Bei dem Ausgleichsanspruch handelt es sich nicht um den übergegangenen Anspruch des Vermieters gegen den Mieter und auch nicht um einen Anspruch aus dem Versicherungsvertrag, der nach § 12 Abs. 1 VVG a.F. verjähren würde.[27]   34

3. Verjährungsbeginn

Die Verjährung der Vermieteransprüche beginnt mit dem Zeitpunkt, in dem die Mietsache zurückgegeben wird. Die Verjährung beginnt auch, wenn der Mietvertrag im Übrigen fortbesteht, solange der Vermieter über die Mietsache – oder einen Teil – nur insoweit wieder Sachherrschaft ausübt, dass er sie auf Veränderungen oder Verschlechterungen untersuchen kann.[28]   35

---

[21] BGH v. 29.06.2011 - VIII ZR 349/10 - NJW 2011, 2717-2718.
[22] BGH v. 10.07.1996 - VIII ZR 282/95 - juris Rn. 17 - LM BGB § 535 Nr. 154 (11/1996).
[23] OLG Düsseldorf v. 22.04.2005 - I-24 W 16/05, 24 W 16/05 - Grundeigentum 2005, 796.
[24] OLG Düsseldorf v. 30.10.2001 - 24 U 77/01 - DWW 2002, 203-204.
[25] OLG Düsseldorf v. 14.12.2006 - I-24 U 113/06, 24 U 113/06 - juris Rn. 3 - Grundeigentum 2007, 1119-1121.
[26] OLG Düsseldorf v. 27.09.2005 - I-24 U 9/05, 24 U 9/05 - ZMR 2006, 276-279.
[27] BGH v. 27.01.2010 - IV ZR 129/09 - NSW BGB § 548.
[28] BGH v. 12.10.2011 - VIII ZR 8/11 - NJW 2012, 144-145.

36 Für die **Ausübung der Sachherrschaft** reicht es nicht aus, dass der Mieter nach Räumung der Mietsache und Scheitern eines Übergabetermins den Wohnungsschlüssel in den Briefkasten der bisherigen Wohnung wirft. Auch kommt der Vermieter nicht dadurch mit der Rücknahme der Mietsache in Annahmeverzug, indem er den ihm vom Mieter an der Haustür angebotenen Schlüssel nicht entgegennimmt. Der Vermieter ist nicht verpflichtet, von einem kurzfristig ausgezogenen Mieter den Schlüssel auf „Zuruf" zurückzunehmen.[29]

37 Die Verjährungsfrist fängt bereits dann an zu laufen, wenn der Vermieter einen angebotenen Übergabetermin nicht wahrgenommen hat und er wegen eines eigenen Schlüssels und wegen des Auszugs des Mieters die Möglichkeit hat, das Mietobjekt jederzeit ungehindert zu betreten.[30]

38 Die Verjährung läuft getrennt für jeden einzelnen Anspruch wegen Verschlechterung und Veränderung.[31]

39 Bei einem Wechsel des Mieters beginnt für den ausgeschiedenen Mieter die Verjährung mit seiner Besitzaufgabe, selbst wenn der Vermieter die Sache zwischendurch nicht zurückerhält, sondern nahtlos weitervermietet.[32]

40 Dies gilt jedoch nicht, wenn zwischen den gleich bleibenden Vertragsparteien lediglich ein neuer Mietvertrag in Kraft tritt, die Mietsache im Übrigen aber im Besitz des Mieters verbleibt.[33]

41 Problematisch ist der Verjährungsbeginn bei Ansprüchen auf Schadensersatz wegen Nichterfüllung. Nach bisheriger Rechtslage begann die Verjährungsfrist hier erst, nachdem der Schadensersatzanspruch wirksam entstanden war. Dabei spielte die Verjährungsfrist des Erfüllungsanspruchs selbst für die Fristberechnung keine Rolle.[34]

42 Nach der Begründung des **Regierungsentwurfs** zur Schuldrechtsmodernisierung sollte diese Schlechterstellung des Vermieters beendet werden: § 548 Abs. 1 Satz 2 BGB soll nunmehr generell Spezialvorschrift gegenüber den allgemeinen Verjährungsvorschriften in den §§ 199, 200 BGB (vgl. die Kommentierung zu § 199 BGB und die Kommentierung zu § 200 BGB) sein, die den Beginn der Verjährung regeln.[35]

43 Demgegenüber wird in der **Literatur** an der alten Rechtsauffassung festgehalten. Für einen Verjährungsbeginn nach § 548 BGB spricht mit dem Gesetzeswortlaut das bessere Argument: Zwar mag es widersinnig erscheinen, die Verjährung eines Anspruches zu prüfen, der als Sekundäranspruch bei fehlendem Primäranspruch eigentlich gar nicht erst entstehen kann, der Gesetzgeber hat mit der ausdrücklichen Regelung in § 200 BGB aber den Zusammenhang von Anspruchsentstehung und Verjährungsbeginn aufgelöst: Danach ist eine spezielle Regelung des Verjährungsbeginns immer vorrangig. Dies gilt dann auch für § 548 BGB. Ein Anspruch des Vermieters auf Schadensersatz wegen Nichterfüllung beginnt damit erst mit der Rückgabe der Mietsache zu verjähren.[36]

44 Die Verjährung der Ersatzansprüche des Vermieters beginnt nach § 548 Abs. 1 Satz 2 BGB, § 200 Satz 1 BGB in dem Zeitpunkt, in dem der Vermieter die Mietsache zurückerhält. Dies gilt auch dann, wenn der Mietvertrag erst später endet[37] oder die Ansprüche erst zu einem späteren Zeitpunkt entstehen.[38]

45 Der Vermieter erhält die Mietsache bereits dann zurück, wenn der Mieter die Schlüssel der Mietsache mit der Bemerkung zurücksendet, dass aus seiner Sicht das Mietverhältnis beendet sei.[39]

---

[29] BGH v. 12.10.2011 - VIII ZR 8/11 - NJW 2012, 144-145.
[30] OLG München v. 13.03.2003 - 19 U 4540/02 - juris Rn. 12 - WuM 2003, 279.
[31] OLG Düsseldorf v. 15.10.1987 - 10 U 217/86 - JZ 1988, 54-55.
[32] BGH v. 06.11.1991 - XII ZR 216/90 - LM BGB § 558 Nr. 46 (4/1992).
[33] KG Berlin v. 31.05.1999 - 8 U 3844/97 - KGR Berlin 1999, 381-382.
[34] BGH v. 09.02.2000 - XII ZR 202/97 - NZM 2000, 547-548.
[35] BT-Drs. 14/4553, S. 45.
[36] *Weidenkaff* in: Palandt, § 548 Rn. 11.
[37] BGH v. 15.03.2006 - VIII ZR 123/05 - NJW 2006, 1588 f.
[38] BGH v. 19.01.2005 - VIII ZR 114/04 - BGHZ 162, 30-39.
[39] OLG Düsseldorf v. 31.08.2006 - I-10 U 46/06, 10 U 46/06 - juris Rn. 7 - Grundeigentum 2006, 1229-1230.

Für den Beginn der Verjährung von Ansprüchen des Vermieters aus unerlaubter Handlung wegen Veränderungen und Verschlechterungen der Mietsache ist der Zeitpunkt der Zurückerlangung der Mietsache maßgeblich. § 548 BGB erfasst auch Ansprüche des Vermieters wegen Veränderungen und Verschlechterungen der vermieteten Sache, die nicht auf den Mietvertrag, sondern auf unerlaubte Handlung gestützt werden.[40]

Erhält der Vermieter die Mietsache zurück, beginnt mit diesem Zeitpunkt für den Vermieter die Verjährung von Ersatzansprüchen wegen Veränderungen oder Verschlechterungen der Mietsache. Dies gilt auch dann, wenn der Mieter zwar nicht sämtliche Schlüssel zurückgibt, jedoch aber die Sachherrschaft über den Mietgegenstand endgültig und für den Vermieter erkennbar aufgibt. Sofern der Mieter die Räumung und Herausgabe der Mietsache angekündigt hat, kann kein Zweifel daran herrschen, dass er den Besitz an der Mietsache aufgeben und nicht nur dem Vermieter Gelegenheit geben wollte, Mängel zu beseitigen.[41]

Übergeht das Instanzgericht den unstreitigen Vortrag des Mieters, er habe sich nach dem Auszug ohne Zustimmung des Vermieters widerrechtlich Zutritt zu der Mietsache verschafft, sich regelmäßig auch nach dem Auszug darin aufgehalten und somit zum Ausdruck gebracht, dass er die Räume nicht an der Vermieter zurückgeben wolle, so verstößt es damit gegen den Anspruch des Mieters auf rechtliches Gehör aus Art. 103 Abs. 1 GG. Denn dieses Vorbringen ist gerade in Bezug auf den Beginn der kurzen Verjährung von zentraler Bedeutung.[42]

II. Ansprüche des Mieters (Absatz 2)

1. Persönlicher Anwendungsbereich

Zunächst kann nur der Vermieter gegenüber dem Mieter den Verjährungseinwand mit der in § 548 Abs. 2 BGB bezeichneten Frist geltend machen. Ein mit dem Vermieter nicht identischer Eigentümer kann den Verjährungseinwand dann erheben, wenn er im Vorfeld die Vermietung gestattet hat[43] oder wenn ihm im Vertrag unmittelbare Rechte gegen den Mieter eingeräumt werden[44].

2. Sachlicher Anwendungsbereich

Die kurze Verjährung des § 548 Abs. 2 BGB gilt für den Anspruch des Mieters aus § 536a Abs. 2 BGB, da es sich dabei um einen Verwendungsersatzanspruch handelt.[45]

Daneben unterliegen auch der allgemeine Aufwendungsersatzanspruch und das Wegnahmerecht des Mieters in § 539 BGB der kurzen Verjährung.[46]

Bei Wohnraummietverhältnissen umfasst die Bestimmung auch den Ersatzanspruch des Mieters für Aufwendungen bei Erhaltungs- und Modernisierungsmaßnahmen aus § 554 Abs. 4 BGB (vgl. die Kommentierung zu § 554 BGB) und bei Pachtverhältnissen die Ansprüche des Pächters aus den §§ 592, 593 Abs. 2 BGB (vgl. die Kommentierung zu § 592 BGB und die Kommentierung zu § 593 BGB).

Die kurze Verjährung erfasst auch weitere vertragliche Ersatzansprüche des Mieters.[47]

Der Kostenerstattungsanspruch des Mieters für ausgeführte Renovierungsarbeiten, die auf einer später als unwirksam erkannten Endrenovierungsklausel beruhen, verjährt innerhalb von sechs Monaten nach Ende des Mietverhältnisses. Dies gilt für einen Bereicherungsanspruch ebenso wie für einen etwaigen

---

[40] BGH v. 23.05.2006 - VI ZR 259/04 - NSW § 548
[41] OLG Düsseldorf v. 16.02.2009 - I-24 U 6/08 - juris Rn. 3, 10 - MDR 2009, 1036-1037.
[42] BGH v. 26.10.2011 - XII ZR 9/10 - GuT 2011, 309.
[43] BGH v. 21.03.1997 - V ZR 217/95 - juris Rn. 18 - BGHZ 135, 152-157.
[44] OLG Düsseldorf v. 04.08.1988 - 10 U 24/88 - BB 1988, 1994.
[45] BGH v. 13.02.1974 - VIII ZR 233/72 - LM Nr. 22 zu § 538 BGB.
[46] BGH v. 08.07.1981 - VIII ZR 326/80 - juris Rn. 26 - BGHZ 81, 146-152.
[47] OLG Hamm v. 19.04.1996 - 33 U 63/95 - WuM 1996, 474-475.

Schadensersatzanspruch des Mieters unter dem Gesichtspunkt, dass den Vermieter wegen der Verwendung der unwirksamen Renovierungsklausel ein Schuldvorwurf trifft.[48]

55 Verpflichtet sich der Mieter zur Zahlung einer monatlichen **Schönheitsreparaturkostenpauschale**, die ihm jeweils nach Ausführung der Schönheitsreparaturen und Billigung durch den Vermieter erstattet wird, handelt es sich um einen Aufwendungsersatzanspruch, der gemäß § 548 Abs. 2 BGB der kurzen Verjährung von sechs Monaten unterliegt.[49]

3. Verjährungsbeginn

56 Die Verjährung der Ansprüche des Mieters beginnt erst mit der rechtlichen Beendigung des Mietvertrages. Die geltend gemachten Ansprüche müssen zu diesem Zeitpunkt bereits entstanden sein.[50]

57 Bei einem Vermieterwechsel infolge der Veräußerung der Mietsache beginnt die Verjährung von Ansprüchen, die sich nur gegen den bisherigen Vermieter richten, ab dem Zeitpunkt der Veräußerung, da das Mietverhältnis mit dieser Partei dann rechtlich beendet ist.[51]

III. Ablaufhemmung und Neubeginn der Verjährung

58 Die Verjährung von künftigen Schadensersatzansprüchen wegen Mietausfalls wird durch die Erhebung einer Klage auf bestehenden Mietausfall nicht unterbrochen.[52]

59 Die Geltendmachung eines Vermieterpfandrechts kann die Verjährung der entgegenstehenden Ansprüche nicht hemmen. Früher musste dies aus der analogen Anwendung des § 202 Abs. 2 BGB a.F. hergeleitet werden. Diese Rechtsfolge ergibt sich nunmehr daraus, dass nach § 205 BGB (vgl. die Kommentierung zu § 205 BGB) nur noch solche Leistungsverweigerungsrechte zur Hemmung der Verjährung führen, die auf einer Vereinbarung zwischen Schuldner und Gläubiger beruhen.

60 Durch Verhandlungen zwischen Vermieter und Mieter wird die Verjährung gehemmt. Dies ergibt sich nunmehr unmittelbar aus § 203 BGB (vgl. die Kommentierung zu § 203 BGB), früher durch analoge Anwendung des § 852 Abs. 2 BGB a.F. Der Anspruchsgrund ist dabei unerheblich. Sind die Verhandlungen gescheitert, muss der Geschädigte unverzüglich Klage erheben.[53]

61 Zur Hemmung der Verjährung wegen schwebender Verhandlungen reicht ein Meinungsaustausch zwischen Vermieter und Mieter über die Geltendmachung von Schadensersatzansprüchen aus einem vom Mieter grob fahrlässig verursachten Unfall aus, der jedoch mit der deutlichen Ablehnung der Schadensersatzansprüche durch den Mieter endet.[54]

62 Den Einwand der Verwirkung kann der Geschädigte einer Verjährungseinwendung nur entgegenhalten, wenn er auf die Befriedigung seiner Ansprüche vertrauen durfte.[55]

63 Durch einen im Rahmen der gerichtlichen Güteverhandlung geschlossenen widerruflichen Prozessvergleich der Parteien wird die Verjährung eines von dem Vergleich erfassten Schadensersatzanspruches gemäß § 203 Satz 1 BGB bis zur Erklärung des Widerrufs gehemmt.[56]

64 Werden im Rahmen eines Zwischenmietverhältnisses vereinbarungsgemäß mehrere selbständig nutzbare Wohneinheiten geschaffen und untervermietet, beginnt die Verjährungsfrist des § 548 Abs. 2 BGB mit der rechtlichen Beendigung der Untermietverhältnisse. Es kann hierbei nicht auf die vollständige Beendigung des Zwischenmietvertrages abgestellt werden.[57]

---

[48] BGH v. 04.05.2011 - VIII ZR 265/10 - WuM 2011, 418.
[49] LG Berlin v. 05.04.2007 - 62 S 338/06 - juris Rn. 7 - Grundeigentum 2007, 1254-1255.
[50] OLG Hamm v. 19.04.1996 - 33 U 63/95 - WuM 1996, 474-475; BGH v. 02.10.1985 - VIII ZR 326/84 - juris Rn. 10 - LM Nr. 31 zu § 558 BGB.
[51] BGH v. 19.03.1965 - V ZR 268/62 - LM Nr. 8 zu § 558 BGB.
[52] BGH v. 19.11.1997 - XII ZR 281/95 - LM BGB § 326 (Dc) Nr. 11 (5/1998).
[53] BGH v. 28.11.1984 - VIII ZR 240/83 - BGHZ 93, 64-70.
[54] OLG Düsseldorf v. 27.09.2005 - I-24 U 9/05,24 U 9/05 – ZMR 2006, 276-279.
[55] BGH v. 28.11.1984 - VIII ZR 240/83 - juris Rn. 11 - BGHZ 93, 64-70.
[56] BGH v. 04.05.2005 - VIII ZR 93/04 - Grundeigentum 2005, 728-729.
[57] Brandenburgisches Oberlandesgericht v. 14.03.2007 - 3 U 54/06 - juris Rn. 20.

IV. Abdingbarkeit

Die kurze Verjährungsfrist des § 548 BGB kann nur in den Grenzen des § 202 BGB (vgl. die Kommentierung zu § 202 BGB) abbedungen werden. 65

Gemäß § 202 Abs. 1 BGB ist eine Vereinbarung über die Erleichterung der Verjährung bei Haftung wegen Vorsatzes im Voraus unzulässig. Dies bedeutet praktisch, dass für Vorsatzhaftung keine kürzere Verjährung als im Gesetz vorgesehen vereinbart werden kann. Da § 548 Abs. 1 BGB auch die Haftung für Vorsatzschäden beinhaltet, bleibt es daher bei der Verjährungsfrist von sechs Monaten. 66

Nach § 202 Abs. 2 BGB darf keine längere Verjährungsfrist als 30 Jahre ab dem gesetzlichen Verjährungsbeginn vereinbart werden. 67

In AGB ist darüber hinaus das gesetzliche Leitbild des § 548 BGB zu beachten, § 307 Abs. 2 Nr. 1 BGB (vgl. die Kommentierung zu § 307 BGB). 68

§ 549

Untertitel 2 - Mietverhältnisse über Wohnraum

Kapitel 1 - Allgemeine Vorschriften

§ 549 BGB Auf Wohnraummietverhältnisse anwendbare Vorschriften

(Fassung vom 02.01.2002, gültig ab 01.01.2002)

(1) Für Mietverhältnisse über Wohnraum gelten die §§ 535 bis 548, soweit sich nicht aus den §§ 549 bis 577a etwas anderes ergibt.

(2) Die Vorschriften über die Mieterhöhung (§§ 557 bis 561) und über den Mieterschutz bei Beendigung des Mietverhältnisses sowie bei der Begründung von Wohnungseigentum (§ 568 Abs. 2, §§ 573, 573a, 573d Abs. 1, §§ 574 bis 575, 575a Abs. 1 und §§ 577, 577a) gelten nicht für Mietverhältnisse über

1. Wohnraum, der nur zum vorübergehenden Gebrauch vermietet ist,
2. Wohnraum, der Teil der vom Vermieter selbst bewohnten Wohnung ist und den der Vermieter überwiegend mit Einrichtungsgegenständen auszustatten hat, sofern der Wohnraum dem Mieter nicht zum dauernden Gebrauch mit seiner Familie oder mit Personen überlassen ist, mit denen er einen auf Dauer angelegten gemeinsamen Haushalt führt,
3. Wohnraum, den eine juristische Person des öffentlichen Rechts oder ein anerkannter privater Träger der Wohlfahrtspflege angemietet hat, um ihn Personen mit dringendem Wohnungsbedarf zu überlassen, wenn sie den Mieter bei Vertragsschluss auf die Zweckbestimmung des Wohnraums und die Ausnahme von den genannten Vorschriften hingewiesen hat.

(3) Für Wohnraum in einem Studenten- oder Jugendwohnheim gelten die §§ 557 bis 561 sowie die §§ 573, 573a, 573d Abs. 1 und §§ 575, 575a Abs. 1, §§ 577, 577a nicht.

Gliederung

A. Grundlagen..................................... 1	III. Wohnraum zu vorübergehendem Gebrauch (Absatz 2 Nr. 1).................................. 19
I. Kurzcharakteristik............................. 1	1. Gesetzgebungsgeschichte....................... 19
II. Gesetzgebungsmaterialien.................... 4	2. Definition.. 20
B. Praktische Bedeutung...................... 5	3. Rechtsprechung.................................. 22
C. Anwendungsvoraussetzungen............. 6	IV. Möblierter Einliegerwohnraum (Absatz 2 Nr. 2) 23
I. Wohnraum, Abgrenzung zu Gewerberaum (Absatz 1).. 6	1. Gesetzgebungsgeschichte....................... 23
1. Gesetzgebungsgeschichte....................... 6	2. Definition.. 24
2. Definition.. 8	V. Studenten- und Jugendwohnheime (Absatz 3)... 34
3. Rechtsprechung.................................. 12	1. Gesetzgebungsgeschichte....................... 34
4. Literatur.. 14	2. Definition.. 36
II. Nicht anwendbare Vorschriften (Absätze 2 und 3).................................. 15	3. Rechtsprechung.................................. 39
	D. Rechtsfolgen................................. 40

A. Grundlagen

I. Kurzcharakteristik

1 Durch die Mietrechtsreform ist das Mietrecht eingeteilt worden in einen Untertitel 1 mit Allgemeinen Vorschriften und in einen **Untertitel 2** mit speziellen Vorschriften über **Mietverhältnisse über Wohnraum**, an dessen Spitze § 549 BGB steht. Dem folgen in den §§ 578-597 BGB kürzere Untertitel über Mietverhältnisse über andere Sachen, den Pachtvertrag und den Landpachtvertrag. Der Untertitel 2 ist damit der umfangreichste und auch praktisch wichtigste Teil des Mietrechts.

§ 549 Abs. 1 BGB spricht die Selbstverständlichkeit aus, dass die **allgemeinen Vorschriften** (§§ 535-548 BGB) auch für Mietverhältnisse über Wohnraum gelten. Wichtiger ist § 549 Abs. 2 BGB, der spezielle Mieterschutzvorschriften, nämlich die Vorschriften über die **Mieterhöhung**, den **Kündigungsschutz** und den Schutz bei der Umwandlung in Wohnungseigentum, für **bestimmte Mietverhältnisse ausnimmt**. Dies ist bei der Vermietung zu vorübergehendem Gebrauch der Fall (§ 549 Abs. 2 Nr. 1 BGB), bei einer Einliegerwohnung (§ 549 Abs. 2 Nr. 2 BGB) und bei Wohnraum, der Personen mit dringendem Wohnbedarf von bestimmten Trägern überlassen ist (§ 549 Abs. 2 Nr. 3 BGB).

§ 549 Abs. 3 BGB schließt im Wesentlichen dieselben Vorschriften auch für Wohnraum in **Studenten- und Jugendwohnheimen** aus. Im Gegensatz zu den Fällen des § 549 Abs. 2 BGB ist hier allerdings ein Widerspruch gegen die Kündigung möglich, § 574 BGB.

II. Gesetzgebungsmaterialien

Der Gesetzgeber begründet die neue Struktur des Mietrechts mit einer **Vereinfachung** und höherer Transparenz.[1] Das Vorbild für § 549 Abs. 1 BGB hat er in dem das Pachtrecht betreffenden § 581 Abs. 2 BGB gefunden.[2] Im Übrigen wird begründet, warum über das bisher geltende Recht hinaus auch die Vorschrift über das Vorkaufsrecht bei der Umwandlung in Wohnungseigentum nicht gelten soll,[3] und warum geringfügige Ausdehnungen der Fallgruppen, für die bestimmte Schutzvorschriften nicht gelten, vorgenommen wurden.[4]

B. Praktische Bedeutung

§ 549 Abs. 2 und Abs. 3 BGB schließen einen nicht unwesentlichen Teil der Wohnraumverhältnisse von den wichtigsten Mieterschutzvorschriften aus. Es ist daher vor Anwendung der Regelungen über die Mieterhöhung und über den Kündigungsschutz zu prüfen, ob diese Vorschriften ausnahmsweise nicht gelten, weil der Mieter zu den in dem § 549 Abs. 2 und Abs. 3 BGB aufgezählten Personengruppen gehört.

C. Anwendungsvoraussetzungen

I. Wohnraum, Abgrenzung zu Gewerberaum (Absatz 1)

1. Gesetzgebungsgeschichte

Das Mietrecht des BGB hat schon länger spezielle Vorschriften zum Schutz der Mieter von Wohnraum enthalten. Beim Inkrafttreten des BGB war dies allerdings nur das Recht zur fristlosen Kündigung wegen Gesundheitsgefährdung des Mieters gem. § 544 BGB a.F. (jetzt: § 569 Abs. 1 BGB). Erst nach dem Zweiten Weltkrieg wurden die **Mieterschutzvorschriften**, die sich seit dem Ersten Weltkrieg neben dem BGB entwickelt hatten, **nach und nach ins BGB integriert**.[5] Ein wichtiger Schritt war dabei das WKSchG 2, das zum 01.01.1975 in Kraft trat.[6]

Das soziale Mietrecht ist beschränkt auf das Wohnraummietrecht. Der Mieter einer beweglichen Sache oder von Gewerberaum ist – jedenfalls grundsätzlich – nicht schutzbedürftig. Es war daher stets notwendig, den Anwendungsbereich der zwingenden Schutzvorschriften dadurch zu beschränken, dass eine ausdrückliche Einschränkung auf die Miete von Wohnraum erfolgt. Das war im früheren Recht bei jeder einzelnen Norm der Fall, da die Schutznormen über das gesamte, für alle Fälle der entgeltlichen Gebrauchsüberlassung geltende Mietrecht verteilt waren. Darüber hinaus bestand außerhalb des BGB mit dem MietHöReglG eine weitere wichtige Schutzvorschrift zugunsten des Mieters von Wohn-

---

[1] BT-Drs. 14/4553, S. 35.
[2] BT-Drs. 14/4553, S. 45.
[3] BT-Drs. 14/4553, S. 45-46.
[4] BT-Drs. 14/4553, S. 46-47.
[5] Zur Geschichte des Kündigungsschutzes *Wolter*, Mietrechtlicher Bestandsschutz, 1984.
[6] BGBl 1974 I, 3603; dazu *Löwe*, NJW 1975, 9-15, 9; *Vogel*, JZ 1975, 73-80, 73.

raum. Der Gesetzgeber der Mietrechtsreform von 2001 hat es durch die **Zusammenfassung aller Schutzvorschriften** zu Gunsten des Mieters von Wohnraum **in einem eigenen Untertitel** überflüssig gemacht, dass in jedem Einzelfall die Beschränkung auf Wohnraum angeordnet werden muss. Dadurch hat er die Übersichtlichkeit und die Funktion des BGB, die Prinzipien des Zivilrechts systematisch geschlossen darzubieten, erheblich gestärkt. Der zwingende Charakter wird jedoch weiterhin für jede Norm einzeln angeordnet.

2. Definition

8   Aus der Funktion des § 549 Abs. 1 BGB, die Anwendbarkeit des Untertitels auf Mietverhältnisse über Wohnraum zu beschränken, ergibt sich die Notwendigkeit, derartige Mietverhältnisse von anderen Mietverhältnissen **abzugrenzen**. Dies bereitet keine Schwierigkeiten im Verhältnis zur Miete über bewegliche Gegenstände, jedoch muss auf die Abgrenzung zur Miete über gewerblich genutzten Raum eingegangen werden. Hierbei sind die Fälle einer ausschließlichen gewerblichen Nutzung von gemieteten Räumen wiederum unproblematisch, so dass auf Definitionen der Begriffe „Wohnraum" und „Gewerberaum" verzichtet werden kann.

9   Schwierigkeiten bereiten dagegen die sog. **Mischmietverhältnisse**, bei denen Elemente einer gewerblichen Nutzung und Wohnen zusammen kommen. Der Mieter oder dritte Personen wohnen hier in gewerblich genutzten Räumen, oder es besteht ein einheitlicher Mietvertrag über Räume, die teils gewerblich, teils zum Wohnen genutzt werden.

10 Es ist nicht möglich, auf derartige Mischmietverhältnisse die Schutzvorschriften für Wohnraum gleichsam reduziert oder modifiziert anzuwenden, vielmehr muss entschieden werden, ob sie vollständig oder gar nicht zur Anwendung kommen. Man hat deswegen seit längerer Zeit eine sog. **Übergewichtstheorie** entwickelt, die darauf abstellt, ob in dem jeweiligen Mietverhältnis die gewerbliche Nutzung oder der Wohnzweck überwiegt.[7] Dabei wird, falls feststellbar, auf den **Parteiwillen**,[8] sonst auf den **Vertragszweck** und die überwiegende Nutzungsart abgestellt.[9] Die Übergewichtstheorie gilt nicht nur bei der gemischten Nutzung derselben Räume („Mischräume"), sondern auch dann, wenn einige der vermieteten Räume ausschließlich gewerblich, andere ausschließlich zum Wohnen benutzt werden.[10] Der einheitliche Mietvertrag wird also nicht etwa zerlegt.

11 Nicht entscheidend ist, ob der Mietvertrag als Gewerbemietvertrag oder als Mietvertrag über Wohnraum bezeichnet wird. Die Gerichte haben sowohl einen als Gewerbemietvertrag bezeichneten Vertrag in Anwendung der Übergewichtstheorie den Vorschriften über die Wohnraummiete unterstellt[11] als auch umgekehrt einen mit Mietvertrag über Wohnraum überschriebenen Vertrag als Gewerbemietvertrag angesehen.[12]

3. Rechtsprechung

12 Die Gerichte folgen durchweg der sog. **Übergewichtstheorie**.[13] Das OLG Düsseldorf nahm einen Gewerbemietvertrag an bei der Miete eines ursprünglich rein gewerblich genutzten Hauses, in dem der Mieter später Räume zu Wohnzwecken umgebaut hatte.[14] Bei der Vermietung einer Wohnung zusam-

---

[7] BGH v. 30.03.1977 - VIII ZR 153/75 - juris Rn. 42 - LM Nr 2 zu MiethöheRegG; OLG Hamm v. 12.07.1985 - 9 U 85/85 - ZMR 1986, 11-12.
[8] OLG Schleswig v. 18.06.1982 - 6 RE-Miet 3/81 - NJW 1983, 49-51.
[9] BGH v. 29.10.1980 - VIII ZR 326/79 - LM Nr 3 zu MiethöheRegG; *Bieber* in: MünchKomm-BGB, § 549 Rn. 6; *Kossmann*, Handbuch der Wohnraummiete, 6. Aufl. 2003, § 2 Rn. 5; *Reinstorf* in: Bub/Treier, Handbuch der Geschäfts- und Wohnraummiete, 3. Aufl. 1999, I Rn. 83; *Blank* in: Schmidt-Futterer, 10. Aufl. 2011, vor § 535 Rn. 109; *Weitemeyer* in: Staudinger, § 549 Rn. 18.
[10] OLG Schleswig v. 18.06.1982 - 6 RE-Miet 3/81 - NJW 1983, 49-51; *Bieber* in: MünchKomm-BGB, § 549 Rn. 6.
[11] AG Fürth (Bayern) v. 06.12.2000 - 330 C 2618/00 - juris Rn. 14 - WuM 2001, 599-603.
[12] KG Berlin v. 11.03.2002 - 8 U 6289/00 - Grundeigentum 2002, 796-797.
[13] Ausdrücklich ablehnend nur AG Fürth (Bayern) v. 06.12.2000 - 330 C 2618/00 - WuM 2001, 599-603, allerdings ohne Auswirkung auf das Ergebnis der Entscheidung.
[14] OLG Düsseldorf v. 16.04.2002 - 24 U 199/01 - GuT 2002, 104-107.

men mit Atelierräumen an einen frei schaffenden Künstler ging das KG von Gewerbemiete aus.[15] Umgekehrt nahm das AG Fürth Wohnraummiete an bei der Vermietung eines kompletten Gebäudes, das eine Ladenfläche und eine Wohnung enthielt.[16]

Als gewerbliche Miete wird auch die Anmietung zum Zwecke der **Weitervermietung an Wohnraum** angesehen.[17] Durch die Vermietung an einen Verein wird ein Wohnraummietverhältnis nicht begründet.[18] Darauf kann hier nicht eingegangen werden; das Problem ist einer Sonderregelung in § 565 BGB (§ 549a BGB a.F.) zugeführt worden (vgl. die Kommentierung zu § 565 BGB).

4. Literatur

Die Literatur billigt durchweg die sog. Übergewichtstheorie der Rechtsprechung.[19]

II. Nicht anwendbare Vorschriften (Absätze 2 und 3)

§ 549 Abs. 2 und Abs. 3 BGB führen die Rechtsvorschriften auf, die für die in den beiden Absätzen aufgeführten Fallgruppen nicht gelten, obwohl es sich um Mietverhältnisse über Wohnraum handelt. Dabei wird der Kernbereich des sozialen Mietrechts erfasst, d.h. in den betreffenden Fallgruppen findet ein Mieterschutz durch zwingende Vorschriften weitgehend nicht statt.

Im Vordergrund stehen die Nichtanwendbarkeit der Vorschriften über die Mieterhöhung und über den Kündigungsschutz, §§ 557-561 BGB bzw. § 568 Abs. 2, §§ 573, 573a, 573d Abs. 1, §§ 574-575, § 575a Abs. 1 BGB.[20] Während für die Mieterhöhung damit jede gesetzliche Regelung entfällt, bleiben die Vorschriften über den Kündigungsschutz jedoch teilweise anwendbar: Die Kündigung bedarf der Schriftform, § 568 Abs. 1 BGB; eine außerordentliche fristlose Kündigung ist nur unter den Voraussetzungen des § 569 BGB zulässig; es bleiben die Regelung über die Teilkündigung, § 573b BGB, und die Fristen für die ordentliche Kündigung gem. § 573c BGB, die zwingend sind. Die wichtigste nicht zur Anwendung kommende Vorschrift ist die Bindung der ordentlichen Kündigung des Vermieters an die im Gesetz aufgezählten Gründe, § 573 BGB.

Darüber hinaus kommen auch die Vorschriften bei der Umwandlung vermieteten Wohnraums in Wohnungseigentum nicht zur Anwendung. Es entfällt das Vorkaufsrecht des Mieters gem. § 577 BGB[21] und die Kündigungsbeschränkung gem. § 577a BGB.

Für Wohnraum in Studenten- und Jugendwohnheimen gilt eine geringfügig engere Ausgrenzung der anwendbaren Vorschriften, § 549 Abs. 3 BGB. Die dortige Aufzählung bedeutet, dass das Widerspruchsrecht gegen eine Kündigung gem. § 574 BGB sowie die Pflicht des Vermieters, darauf hinzuweisen, § 568 Abs. 2 BGB, im Gegensatz zu den in § 549 Abs. 2 BGB aufgezählten Fallgruppen bestehen bleiben.

III. Wohnraum zu vorübergehendem Gebrauch (Absatz 2 Nr. 1)

1. Gesetzgebungsgeschichte

Vorschriften, bestimmte Schutzvorschriften für Mietverhältnisse zu vorübergehendem Gebrauch nicht anzuwenden, fanden sich vor der Mietrechtsreform in § 564b Abs. 7 BGB a.F. für die ordentliche Kündigung des Vermieters, in § 556a Abs. 8 BGB a.F. für das Widerspruchsrecht, die sog. Härteklausel, und in § 10 Abs. 3 Nr. 2 MietHöReglG für das gesamte MietHöReglG.

---

[15] KG Berlin v. 11.03.2002 - 8 U 6289/00 - Grundeigentum 2002, 796-797.
[16] AG Fürth (Bayern) v. 06.12.2000 - 330 C 2618/00 - juris Rn. 14 - WuM 2001, 599-603.
[17] OLG Hamburg v. 08.04.1998 - 4 U 50/97 - NZM 1998, 758; OLG Celle v. 14.02.1996 - 2 U 1/95 - NJW-RR 1996, 1097-1098; OLG Karlsruhe v. 24.10.1983 - 3 REMiet 4/83 - juris Rn. 12 - NJW 1984, 373-374; anders OLG Frankfurt v. 10.11.1992 - 2 Ws (B) 579/92 OWiG - NJW 1993, 673.
[18] LG Berlin v. 09.09.2011 - 63 S 605/10 - ZMR 2012, 275.
[19] Vgl. die Nachweise in Fn. 9 sowie *Gather*, Grundeigentum 2002, 723, 723.
[20] Allg. hierzu *Börstinghaus*, ZAP Fach 4, 791-810.
[21] Dies ist neu, vgl. zur Begründung BT-Drs. 14/4553, S. 45.

2. Definition

20 Ob vorübergehender Gebrauch vereinbart ist, muss sich nach dem Zweck der jeweiligen Vereinbarung richten. Nicht entscheidend, sondern lediglich ein Kriterium ist die Dauer. Eindeutig nur vorübergehender Gebrauch sind kurzfristige Aufenthalte in Hotels oder Ferienhäusern.[22] Sonst ist darauf abzustellen, ob der Mieter in der Wohnung seinen **Lebensmittelpunkt** begründet,[23] wobei es sich auch um einen zweiten Lebensmittelpunkt handeln kann. Der Mieter wird nach Beendigung des vorübergehenden Gebrauchs regelmäßig in eine Wohnung zurückkehren können, in der er seinen Lebensmittelpunkt hat, den er durch den vorübergehenden Gebrauch einer weiteren Wohnung auch nicht unterbrochen hat. Dies allein rechtfertigt es, dem Mieter den Schutz des sozialen Mietrechts zu nehmen.

21 Diese Kriterien können erfüllt sein bei der Anmietung von Wohnraum zu Urlaubszwecken und aus beruflichen Gründen, wenn der Mieter etwa vorübergehend an einem anderen Ort als seinem Lebensmittelpunkt seiner Arbeit nachgeht oder bei einem Arbeitsplatzwechsel sich an einem anderen Ort aufhält und dort auf der Suche nach einer endgültigen Familienwohnung ist. Dies heißt aber nicht, dass in derartigen Fällen stets „vorübergehender Gebrauch" vorliegt. So kann etwa in einer Ferienwohnung ein zweiter Lebensmittelpunkt begründet werden, und ein Berufspendler mag eine dauerhafte Zweitwohnung am Ort seines Arbeitsplatzes haben, ohne dort eine Familienwohnung zu suchen.

3. Rechtsprechung

22 Diesen Grundsätzen entspricht es, wenn ein vorübergehender Gebrauch nicht deswegen vorliegt, weil der Vermieter das Grundstück zu einem späteren ungewissen Zeitpunkt veräußern will.[24] Die getroffene mietvertragliche Vereinbarung allein reicht nicht aus; maßgeblich ist vielmehr, ob der Mieter in der betroffenen Wohnung seinen Lebensmittelpunkt begründet hat.[25] Die Vermietung an eine studentische Wohngemeinschaft erfolgt nicht nur zum vorübergehenden Gebrauch.[26] Auch die langfristige Vermietung eines Ferienhauses fällt nicht unter die Ausnahmevorschrift.[27]

IV. Möblierter Einliegerwohnraum (Absatz 2 Nr. 2)

1. Gesetzgebungsgeschichte

23 Auch § 549 Abs. 2 Nr. 2 BGB fasst Vorschriften zusammen, die sich vor der Mietrechtsreform verstreut bei den jeweiligen Schutzbestimmungen befanden, die bei Einliegerwohnungen nicht gelten.

2. Definition

24 Die Vorschrift versucht die Interessen des Mieters am Bestandsschutz und das Interesse des Vermieters, einen unliebsamen Mieter kurzfristig aus der von ihm selbst bewohnten Wohnung entfernen zu können, zum Ausgleich zu bringen. Zu diesem Zweck setzt die Ausnahme nach § 549 Abs. 2 Nr. 2 BGB zweierlei voraus: Der Vermieter muss die Wohnung selbst bewohnen, und er muss sie überwiegend mit Einrichtungsgegenständen ausgestattet haben. Das Gesetz sieht eine bedeutsame Rückausnahme vor: Bei dauerhafter Überlassung des Einliegerwohnraums an eine Familie gelten die Vorschriften des sozialen Wohnungsmietrechts uneingeschränkt.

---

[22] *Blank* in: Schmidt-Futterer, Mietrecht, 10. Aufl. 2011, § 549 Rn. 5. Zur Ferienhausmiete *Drasdo*, NJW-Spezial 2007, 337-338.
[23] *Weitemeyer* in: Staudinger, § 549 Rn. 22; *Lammel*, Wohnraummietrecht, 3. Aufl. 2007, § 549 Rn. 18; *Sternel*, Mietrecht aktuell, 4. Aufl. 2009, Rn. XI 369a.
[24] LG Köln v. 14.03.1990 - 9 S 382/89 - WuM 1991, 190-191.
[25] LG Berlin v. 29.05.1990 - 64 T 60/90 - Grundeigentum 1990, 1083.
[26] LG Köln v. 18.09.1991 - 10 S 339/90 - WuM 1992, 251-252; AG Berlin-Charlottenburg v. 16.08.1990 - 11 C 350/90 - MM 1990, 349. Zu Wohngemeinschaften allgemein *Petzold*, SchAZtg. 2011, 6-10.
[27] OLG Hamburg v. 30.09.1992 - 4 U 94/92 - NJW-RR 1993, 84-85 (30 Jahre); ebenso LG Lübeck v. 17.08.1984 - 1 S 76/84 - WuM 1989, 632; a.A., jedenfalls wenn die Ferienwohnung deutlich weniger intensiv genutzt wird als die Hauptwohnung, AG Goslar v. 27.06.1979 - 19 S 140/78 - MDR 1980, 671; AG Viechtach v. 28.10.1986 - 1 C 434/86 - NJW-RR 1987, 787.

Wohnen in derselben Wohnung: Die Ausnahme gilt nicht für jeden Einliegerwohnraum, sondern nur dann, wenn der Vermieter die Wohnung selbst bewohnt, weil nur dann das typische Spannungsverhältnis auftauchen kann, welches die ratio der Norm ist. Es reicht aus, wenn der Mieter einzelne Räume der Vermieterwohnung mitbenutzen muss.[28]

Ausstattung mit Einrichtungsgegenständen: Entscheidend ist die vertragliche Vereinbarung. Es kommt auf die für eine übliche Ausstattung wesentliche Einrichtung an, die nicht unbedingt wertmäßig die Einrichtungsgegenstände des Mieters überwiegen muss.[29]

Dauerhafte Überlassung an eine Familie: Der Streit, wie weit der Begriff der Familie zu ziehen ist, insbesondere ob darunter auch nicht verheiratete Paare fallen,[30] ist durch die Mietrechtsreform gegenstandslos geworden, denn es kommt nun nur noch darauf an, ob der Mieter in der Einliegerwohnung zusammen mit Personen lebt, mit denen er einen auf Dauer angelegten **gemeinsamen Haushalt** führt. Zwar steht der Begriff der Familie mit Rücksicht auf Art. 6 GG noch im Gesetz, jedoch ist letztlich der neu eingeführte Begriff des auf Dauer angelegten gemeinsamen Haushalts entscheidend. Der Gesetzgeber will damit die Änderung der Lebenswirklichkeit berücksichtigen und sich an die Kriterien der Rechtsprechung zur eheähnlichen Lebensgemeinschaft anlehnen.[31] Danach ist darunter „eine Lebensgemeinschaft zu verstehen, die auf Dauer angelegt ist, keine weiteren Bindungen gleicher Art zulässt und sich durch innere Bindungen auszeichnet, die ein gegenseitiges Füreinandereinstehen begründen und die über eine reine Wohn- und Wirtschaftsgemeinschaft hinaus gehen."[32] Es spielt keine Rolle, ob es sich dabei um hetero- oder homosexuelle Partnerschaften handelt.[33]

Wohnraum für Personen mit dringendem Wohnungsbedarf, § 549 Abs. 2 Nr. 3 BGB: Dies sind Personen, die besondere Schwierigkeiten bei der Wohnraumsuche haben.[34] Sinn der Vorschrift ist die Mobilisierung von Wohnraum, der sonst nicht zur Vermietung auf dem Markt angeboten würde, weil der Vermieter befürchten würde, dass die Mieter ihre Vertragspflichten verletzen und am Ende der Mietzeit die Wohnung nicht räumen würden. Die in der Vorschrift aufgeführten Träger sind Zwischenvermieter, die den Wohnraum untervermieten. Ohne die Vorschrift würde sich zwar der Untermieter gegenüber dem Zwischenvermieter auf die Vorschriften des sozialen Mietrechts berufen können, nicht aber der Zwischenvermieter gegenüber dem Hauptvermieter, da der Zwischenvermieter nicht zu Wohnzwecken mietet. Um diesen Widerspruch aufzulösen, überträgt die Vorschrift den Ausschluss des sozialen Mietrechts auf das Mietverhältnis zwischen Zwischenvermieter und Untermieter.[35] Auf den formalen Abschluss eines Untermietvertrags kommt es dabei nicht an; das Gesetz spricht lediglich von „überlassen".

Der Sache nach wird hier der Mieterschutz bei Personen, die besonders schutzbedürftig sind, heruntergeschraubt. Das mag einerseits widersprüchlich erscheinen, andererseits kommt hier der auch sonst zu beobachtende Gedanke zum Ausdruck, dass ein Zuviel an Mieterschutz zu einer Verknappung des Angebots beiträgt.

---

[28] *Bieber* in: MünchKomm-BGB, § 549 Rn. 16; *Blank* in: Schmidt-Futterer, Mietrecht, 10. Aufl. 2011, § 549 Rn. 9.

[29] *Bieber* in: MünchKomm-BGB, § 549 Rn. 18; *Blank* in: Schmidt-Futterer, Mietrecht, 10. Aufl. 2011, § 549 Rn. 11; a.A. *Kossmann*, Handbuch der Wohnraummiete, 6. Aufl. 2003, § 112 Rn. 2 (überwiegender Wert).

[30] Die Auffassungen waren hier recht restriktiv, ablehnend *Kossmann*, Handbuch der Wohnraummiete, 6. Aufl. 2003, § 112 Rn. 4; *Blank* in: Schmidt-Futterer, Mietrecht, 7. Aufl. 1999, § 564b Rn. 378; noch enger *Lammel*, Wohnraummietrecht, 2. Aufl. 2002, § 564b Rn. 222: nur bei Eltern-Kind-Gemeinschaft.

[31] BT-Drs. 14/4553, S. 37f.

[32] BT-Drs. 14/4553, S. 38.

[33] BT-Drs. 14/4553, S. 38.

[34] *Blank* in: Schmidt-Futterer, Mietrecht, 10. Aufl. 2011, § 549 Rn. 21; *Schönleber* in: Hannemann/Wiegener, Münchener Anwaltshandbuch Wohnraummietrecht, 3. Aufl. 2010, § 28 Rn. 538.

[35] Vgl. *Bieber* in: MünchKomm-BGB, § 549 Rn. 22; *Blank* in: Schmidt-Futterer, Mietrecht, 10. Aufl. 2011, § 549 Rn. 22. Diese dem bisherigen Recht zu Grunde liegende ratio übernimmt auch der Reformgesetzgeber, BT-Drs. 14/4553, S. 46.

30 Die Vorschrift erfasste vor der Mietrechtsreform nur Wohnraum, bei dem eine juristische Person des öffentlichen Rechts im Rahmen der ihr gesetzlich zugewiesenen Aufgaben als Zwischenvermieter auftrat. Der Gesetzgeber hat dies mit der Erwägung erweitert, dass Aufgaben der Wohlfahrtspflege immer mehr von privaten Trägern übernommen würden.[36] Juristische Personen des öffentlichen Rechts fallen nun uneingeschränkt unter die Vorschrift.

31 Die Überlassung durch den Zwischenvermieter muss an Personen mit dringendem Wohnbedarf erfolgen. Es ist streitig, ob die Ausnahmevorschrift auch dann zur Anwendung kommt, wenn der Wohnraum an andere Personen überlassen wird.[37]

32 Schließlich bedarf es eines Hinweises. Der Hinweis muss sich sowohl auf die Zweckbestimmung des Wohnraums erstrecken (für Personen mit dringendem Wohnbedarf) als auch auf die Ausnahme von den genannten Vorschriften. Er bedarf keiner besonderen Form, sollte aber aus Beweisgründen schriftlich dokumentiert werden.[38]

33 Der Untermieter kann keine Räumungsfrist gem. § 721 ZPO bei einer Räumungsklage in Anspruch nehmen.

V. Studenten- und Jugendwohnheime (Absatz 3)

1. Gesetzgebungsgeschichte

34 Mit Wirkung zum 01.01.1983 fügte der Gesetzgeber eine generelle Ausnahme vom Kündigungsschutz zu Lasten der Bewohner von Studenten- und Jugendwohnheimen in § 564b Abs. 7 Nr. 3 BGB a.F. ein.[39] Ausgehend von der Tatsache, dass es nicht genügend Studentenwohnheimplätze gibt, jedenfalls damals in den alten Bundesländern, sollte die Fluktuation der Bewohner sicher gestellt werden, damit jeder Studierende jedenfalls für einen Teil seines Studiums in den Genuss eines Wohnheimplatzes kommen kann (Fluktuationsmodell).

35 Um nicht jeden Kündigungsschutz für Bewohner von Studentenheimen zu beseitigen, führte das Gesetz in § 556a Abs. 8 BGB a.F. keine Parallelvorschrift ein, so dass die Sozialklausel des § 556a BGB zur Anwendung kam. Dagegen enthielt § 10 Abs. 3 Nr. 4 MietHöReglG eine Ausnahme von der Anwendbarkeit des MietHöReglG für Studentenwohnheime. Die Mietrechtsreform hat an dieser Rechtslage nichts geändert und die Ausnahme in § 549 Abs. 3 BGB aufgeführt, weil sie im Gegensatz zu den Ausnahmen des § 549 Abs. 2 BGB die Härteklausel nicht mit ausschließt.[40]

2. Definition

36 „Studentenwohnheim" ist in einem weiten Sinne zu verstehen. Es kommt nicht darauf an, ob das Heim einen öffentlichen **Träger** hat. Auch private Heime fallen unter die Regelung.[41] Erforderlich ist jedoch, dass der Vermieter aufgrund eines „institutionalisierten sozialen Förderkonzepts" vermietet, wie es sich etwa aus der Satzung eines Studentenwerks ergeben kann.[42] Ebenso spielt keine Rolle, ob das Heim in Einzelräume und Gemeinschaftsräume (Küche, Bad, Fernsehraum) aufgeteilt ist, oder ob die einzelnen Wohneinheiten so ausgestattet sind, dass sie praktisch abgeschlossene Wohnungen sind. Es ist nicht entscheidend, ob die Studenten als Einzelpersonen oder als Familie in dem Heim wohnen.

---

[36] BT-Drs. 14/4553, S. 46.
[37] Dafür *Bieber* in: MünchKomm-BGB, § 549 Rn. 25, der von „falschen Untermietern" spricht, die nicht eines stärkeren Schutzes bedürften als die in der Vorschrift bezeichneten Personenkreise; ebenso *Blank* in: Schmidt-Futterer, Mietrecht, 10. Aufl. 2011, § 549 Rn. 24.
[38] *Bieber* in: MünchKomm-BGB, § 549 Rn. 26; *Sternel*, Mietrecht aktuell, 4. Aufl. 2009, Rn. XI 383.
[39] Zur Erhöhung des Angebots an Mietwohnungen, BGBl I 1982, 912; kritisch dazu *Lechner*, WuM 1983, 71-73, 71.
[40] BT-Drs. 14/4553, S. 47; vgl. auch allg. *Martinek*, NZM 2004, 6-14.
[41] Allgemeine Ansicht, etwa *Bieber* in: MünchKomm-BGB, § 549 Rn. 30; *Kossmann*, Handbuch der Wohnraummiete, 6. Aufl. 2003, § 113 Rn. 2.
[42] LG Heidelberg v. 25.02.2011 - 5 S 87/10 - ZMR 2011, 470.

Der Schutz der (studentischen) Familie ist insoweit aufgehoben – im Gegensatz zum Schutz der Familie in der Einliegerwohnung - und wird nur über die Härteklausel verwirklicht.[43]

Dem Wortlaut nach sind nicht nur Studenten und Jugendliche von der Ausnahme erfasst, sondern alle Personen, die in einem Studenten- oder Jugendwohnheim wohnen. Dies bedarf einer teleologischen Reduktion jedenfalls für Wohnraum, der für Personal bestimmt ist.[44] Nur Studenten bzw. Jugendliche sind von der Regelung erfasst, nicht dagegen ein nichtstudentischer Tutor etwa oder Verwaltungspersonal des Heimträgers, da der Zweck der Vorschrift, die Fluktuation unter Studenten zu ermöglichen, auf diesen Personenkreis nicht zutrifft. 37

Nach allgemeiner Auffassung ist die Anwendung der Vorschrift auf Heime zu beschränken, die nicht mit der Absicht der Gewinnerzielung, sondern zu **fremdnützigen Zwecken** betrieben werden. Dies muss sich in einer unterhalb der ortsüblichen Miete liegenden Miete niederschlagen.[45] 38

3. Rechtsprechung

Die Vorschrift ist nicht auf ein Schwesternwohnheim zu übertragen.[46] Nicht anzuwenden war auch bereits die Vorgängervorschrift des § 575 BGB (Zeitmietvertrag), § 564c BGB a.F., obwohl diese Vorschrift entgegen der jetzigen Gesetzesfassung nicht ausdrücklich ausgeschlossen war.[47] Gegenüber Studenten oder studentischen Wohngemeinschaften, die normalen Wohnraum gemietet haben, kommt die Vorschrift nicht zur Anwendung; es liegt auch nicht ohne weiteres „vorübergehender Gebrauch" vor.[48] 39

D. Rechtsfolgen

Auf die unter § 549 BGB fallenden Personengruppen sind zwar die Vorschriften des sozialen Mietrechts nicht anwendbar, sie sind aber nicht völlig schutzlos. So gilt für die **Miethöhe** § 5 WiStrG in Verbindung mit § 134 BGB, wonach eine Mietvereinbarung, die eine Miete von mehr als 120% der ortsüblichen Vergleichsmiete zum Gegenstand hat, im Hinblick auf den 120% übersteigenden Teil der Mietvereinbarung nichtig ist. 40

Bei der **Kündigung** eines Mietverhältnisses über unbestimmte Zeit müssen die Kündigungsfristen gem. § 573c BGB eingehalten werden, die zu Gunsten des Mieters nach der Dauer des Mietverhältnisses gestaffelt sind. Die Vorschrift ist zwingend, § 573c Abs. 4 BGB. Eine kürzere Frist gilt allerdings im Falle des § 549 Abs. 2 Nr. 2, § 573c Abs. 3 BGB, und bei nur zu vorübergehendem Gebrauch vermietetem Wohnraum können kürzere Fristen vereinbart werden, § 573c Abs. 2 BGB (vgl. die Kommentierung zu § 573c BGB). 41

---

[43] Vgl. auch *Kossmann*, Handbuch der Wohnraummiete, 6. Aufl. 2003, § 113 Rn. 4-6.
[44] *Bieber* in: MünchKomm-BGB, § 549 Rn. 30; ähnlich *Blank* in: Schmidt-Futterer, Mietrecht, 10. Aufl. 2011, § 549 Rn. 39.
[45] LG Konstanz v. 08.07.1994 - 1 S 26/94 - WuM 1995, 539-540; AG München v. 11.10.1991 - 233 C 17396/91 - WuM 1992, 133; *Blank* in: Schmidt-Futterer, Mietrecht, 10. Aufl. 2011, § 549 Rn. 34; *Schmid/Wetekamp*, Mietzins für Wohnraum, 1996; *Wetekamp*, BGB-Mietrecht, 1998, § 564b Rn. 209; *Weitemeyer* in: Staudinger, § 549 Rn. 48; *Lammel*, Wohnraummietrecht, 3. Aufl. 2007, § 549 Rn. 39; *Schönleber* in: Hannemann/Wiegener, Münchener Anwaltshandbuch Wohnraummietrecht, 3. Aufl. 2009, § 28 Rn. 531; *Sternel*, Mietrecht aktuell, 4. Aufl. 2009, Rn. XI 385.
[46] LG Berlin v. 22.07.1993 - 67 S 161/93 - Grundeigentum 1993, 1157-1159.
[47] LG Regensburg v. 19.07.1983 - S 161/83.
[48] LG Köln v. 18.09.1991 - 10 S 339/90 - WuM 1992, 251-252; AG Berlin-Charlottenburg v. 16.08.1990 - 11 C 350/90 - MM 1990, 349.

§ 550 BGB Form des Mietvertrags

(Fassung vom 02.01.2002, gültig ab 01.01.2002)

¹Wird der Mietvertrag für längere Zeit als ein Jahr nicht in schriftlicher Form geschlossen, so gilt er für unbestimmte Zeit. ²Die Kündigung ist jedoch frühestens zum Ablauf eines Jahres nach Überlassung des Wohnraums zulässig.

Gliederung

A. Grundlagen 1	2. Einheitlichkeit der Urkunde 17
I. Kurzcharakteristik 1	3. Umfang 19
II. Gesetzgebungsmaterialien und Entstehungsgeschichte 2	V. Besonderheiten bei Änderungen und Ergänzungen des Vertrages 21
B. Praktische Bedeutung/Zweck der Regelung .. 3	VI. Abdingbarkeit 24
C. Anwendungsvoraussetzungen 4	VII. Praktische Hinweise 25
I. Normstruktur 4	D. Rechtsfolgen 26
II. Anwendungsbereich der Regelung 6	I. Gesetzliche Schriftform nach Satz 1 26
III. Vereinbarte Dauer des Vertrages 10	II. Vertraglich vereinbarte Schriftform (Schriftformklausel) 28
IV. Schriftform 12	E. Prozessuale Hinweise/Beweislastverteilung ... 29
1. § 126 BGB 12	

A. Grundlagen

I. Kurzcharakteristik

1 Ein Mietvertrag über Wohnraum kann wie grundsätzlich alle schuldrechtlichen Verträge wirksam formfrei abgeschlossen werden. Er unterliegt auch dann nicht dem Schriftformerfordernis (§ 126 Abs. 1 BGB), wenn er für längere Zeit als ein Jahr geschlossen wird. Vielmehr genügt für die Wirksamkeit eine mündliche oder schlüssige Einigung zwischen Vermieter und Mieter, wenn auch zu Beweiszwecken eine schriftlich niedergelegte Vereinbarung vorzuziehen ist. Der Grund für die **Formfreiheit** ist darin zu sehen, dass schuldrechtliche Verträge weitgehend Wirkungen nur zwischen den jeweils vertragschließenden Parteien hervorrufen. Reicht die Wirkung eines schuldrechtlichen Vertrages über die unmittelbaren Vertragspartner hinaus, bedarf er im Verkehrsinteresse (wobei dieses Interesse auch lediglich durch einen bestimmten Dritten repräsentiert werden kann) der Publizität, welche durch die Schriftform gewährleistet wird. Werden Mietverträge hingegen ohne Beachtung der Schriftform vereinbart, gelten sie gem. § 550 Satz 1 BGB als **auf unbestimmte Zeit** geschlossen. § 550 BGB ist damit auf alle Mietverträge anwendbar, die für eine bestimmte Zeit von mehr als einem Jahr oder auf unbestimmte Zeit geschlossen sind, soweit sie nicht vor Ablauf eines Jahres gekündigt werden können. § 550 Satz 2 BGB stellt klar, dass der Mietvertrag frühestens zum Ablauf eines Jahres nach dem (vertraglich bestimmten) Zeitpunkt der Überlassung gekündigt werden kann. Auf den Zeitpunkt des Vertragsschlusses kommt es dagegen nicht an. Die Vorschrift steht im Untertitel über Wohnraummietverhältnisse und ist daher direkt nur auf solche anwendbar. Die Anwendbarkeit auf die Miete von Grundstücken und anderen Räumen als Wohnräumen bestimmt die Verweisung in § 578 BGB.[1]

II. Gesetzgebungsmaterialien und Entstehungsgeschichte

2 Die heute geltende Fassung des § 550 BGB gem. Art. 1 Nr. 3 MietRRG vom 19.06.2001[2], ist seit dem 01.09.2001 in Kraft. § 550 BGB entspricht im Wesentlichen unverändert § 566 BGB a.F.[3] Vorbild der alten Vorschrift war die Regelung in ALR I, 21, § 269, wonach ein ohne Beachtung der vor-

---

[1] Zum Schriftformerfordernis bei Gewerbemietverhältnissen vgl. *Luckey*, Grundeigentum 2004, 285-289.
[2] BGBl I 2001, 1149; ausführlicher zum Mietrechtsreformgesetz *Weidenkaff* in: Palandt, Einf. v. § 535 Rn. 77ff.
[3] Überblick bei *Schmid*, Grundeigentum 2002, 1039-1044; *Franke*, ZMR 1998, 529-540; *Michalski*, WM 1998, 1993-2010.

geschriebenen Form geschlossener Mietvertrag nur für ein Jahr gültig sein sollte.[4] Im Interesse des Mieters sollte jedoch ein Verstoß gegen das Erfordernis der Schriftform nicht die Nichtigkeit des Vertrages nach sich ziehen. Deshalb wurde bestimmt, dass die nicht in der erforderlichen Form abgeschlossenen Verträge als für unbestimmte Zeit geschlossen gelten sollten; außerdem wurde zum Schutze des Mieters die Kündigungsmöglichkeit beschränkt.[5]

B. Praktische Bedeutung/Zweck der Regelung

Die Regelung dient nicht in erster Linie der Rechtssicherheit. Aus der Entstehungsgeschichte der Vorschrift wird als **Hauptanliegen** des § 550 BGB nahezu einhellig gefolgert, dem **Grundstückserwerber**, der gem. § 566 BGB n.F. in die bestehenden Mietverträge eintreten muss, die Möglichkeit zu verschaffen, sich über die Bedingungen aus dem schriftlichen Vertrag zu unterrichten.[6] Hieraus folgt z.B., dass das Formerfordernis für langfristige Mietverträge streng gehandhabt werden muss, weil andernfalls eine umfassende Information des Erwerbers über bestehende Mietverträge und die daraus resultierenden Rechte und Pflichten nicht sichergestellt ist.[7] Der Zweck des § 550 BGB umfasst jedoch auch die Sicherstellung der Beweisbarkeit langfristiger Abreden zwischen den Parteien (**Beweisfunktion**).[8] Außerdem soll der Vermieter durch § 550 BGB vor der unbedachten Eingehung übermäßig langer Bindungen geschützt werden, während zugleich dem Mieter ein Mindestschutz auch bei formloser Vereinbarung langfristiger Verträge gewährleistet bleibt (**Warnfunktion**)[9] und die getroffenen Vereinbarungen klargestellt werden (**Klarstellungsfunktion**).[10]

C. Anwendungsvoraussetzungen

I. Normstruktur

Wird bei der Eingehung eines Mietverhältnisses über mehr als ein Jahr nicht die schriftliche Form beachtet, so statuiert § 550 Satz 1 BGB die **Fiktion**, dass der Mietvertrag als **auf unbestimmte Zeit geschlossen** gilt. Im Zweifel, insbesondere bei trotz Auslegung verbleibenden Widersprüchen über die Befristung eines Mietvertrages, ist dabei von einem unbefristeten Mietverhältnis auszugehen.[11] In Abweichung von der ansonsten bei Formverstößen üblichen Rechtsfolge der Nichtigkeit des Rechtsgeschäfts gem. § 125 BGB führt die Nichtbeachtung der schriftlichen Form nach § 550 Satz 2 BGB lediglich zur Kündbarkeit des Mietvertrages und zwar frühestens zum Ablauf eines Jahres nach der Überlassung der Mietsache, also unabhängig vom Zeitpunkt des Vertragsschlusses.

§ 550 BGB gibt die gesetzliche Schriftform für Mietverträge über mehr als ein Jahr zwar nicht explizit vor, dürfte sie aber gleichwohl verlangen.[12] Für eine gesetzliche Schriftform spricht neben der amtlichen Überschrift auch, dass der Gesetzgeber die Schriftform bei Staffel- und Indexmiete (§ 557a Abs. 1

---

[4] Protokolle II, S. 155, 156.
[5] Protokolle II, S. 155, 178.
[6] BGH v. 02.12.1970 - VIII ZR 77/69 - BGHZ 55, 71-77; BGH v. 15.06.1981 - VIII ZR 166/80 - BGHZ 81, 46-52 (Tankstelle; Unterpachtvertrag); BGH v. 24.09.1997 - XII ZR 234/95 - juris Rn. 49 - BGHZ 136, 357-373; BGH v. 24.01.2012 - VIII ZR 235/11 - juris Rn. 6 - Grundeigentum 2012, 686-687; *Heile*, NJW 1991, 6-12, 9; *Schlemminger*, NJW 1992, 2249-2256, 2252; *Timme/Hülk*, NJW 2007, 3313-3317, 3313 f.; BGH v. 07.05.2008 - XII ZR 69/06 - juris Rn. 17 - BGHZ 176, 301-311.
[7] BGH v. 30.05.1962 - VIII ZR 173/61 - LM Nr. 7 zu § 566 BGB.
[8] BGH v. 07.05.2008 - XII ZR 69/06 - juris Rn. 17 - BGHZ 176, 301-311; BGH v. 15.06.1981 - VIII ZR 166/80 - juris Rn. 24 - BGHZ 81, 46-52; BGH v. 24.06.1998 - XII ZR 195/96 - juris Rn. 24 - BGHZ 139, 123-131.
[9] BGH v. 07.05.2008 - XII ZR 69/06 - juris Rn. 17 - BGHZ 176, 301-311; OLG Düsseldorf v. 20.04.1995 - 10 U 164/94 - juris Rn. 35 - NJW-RR 1995, 1417.
[10] *Weidenkaff* in: Palandt, § 550 Rn. 1.
[11] OLG Köln v. 20.05.1999 - 1 U 123/98 - WuM 1999, 521.
[12] *Weidenkaff* in: Palandt, § 550 Rn. 1; a.A. *Löwe*, NZM 2000, 577-583, 580 und *Eckert*, NZM 2001, 409-414; zur Auswirkung des Wegfalls der Schriftformerfordernis für Langzeitverträge vgl. *Ormanschick/Riecke*, MDR 2002, 247-249.

II. Anwendungsbereich der Regelung

6 § 550 BGB ist **anwendbar auf** Mietverträge über Wohnraum, andere Räume i.S.d. § 578 Abs. 2 Satz 1 BGB, Grundstücke (§ 578 Abs. 1 BGB) und Teile davon sowie auch auf Pachtverträge, denn diese sind den Mietverträgen insoweit gleichgestellt (§ 581 Abs. 2 BGB). Ausgenommen sind Landpachtverträge, für die § 585a BGB gilt. Des Weiteren ist § 550 BGB zu beachten, wenn ein schriftlicher Vorvertrag abgeschlossen war und sich der endgültige Vertrag darauf bezieht.[13] Inkonsequent im Hinblick auf den Schutzzweck der Norm erscheint hingegen die Anwendung auf den Untermietvertrag,[14] weil der Erwerber nicht in das Untermietverhältnis eintritt. Daneben ist § 550 BGB bei Mietoptionsverträgen[15], Änderungs- und Verlängerungsverträgen, bei Einigungen auf Fortsetzung des Mietverhältnisses nach wirksamer fristloser Kündigung,[16] bei Eintritt eines weiteren Mieters[17] und bei Eintritt eines neuen Mieters[18] oder Vermieters[19] an die Stelle des bisherigen zu beachten.

7 Unklar war die Situation früher im Falle von **Beschränkungen des Kündigungsrechts**. Der Verzicht des Vermieters auf die Ausübung des Kündigungsrechts bedarf grundsätzlich der Schriftform.[20] Ob dazu der Ausschluss lediglich bestimmter Kündigungsgründe genügt, ist strittig.[21] Der BGH hat dazu für die Frage der Anwendbarkeit des Formerfordernisses auf einen eingeschränkten, einseitigen Kündigungsverzicht in jüngerer Zeit Stellung bezogen.[22] Ausgangspunkt des Verfahrens war eine Kündigung des Vermieters wegen Eigenbedarfs. Nach Ansicht des Senats erfordert es der Zweck der Norm, dass sich der Grundstückserwerber auch über eine solche Beschränkung hinreichend aus dem Vertragswerk informieren kann.[23] Gerade bei dem Erwerb von Wohnraum bestehe an dem Sonderkündigungsrecht ein gesteigertes Interesse. Insoweit sei kein Unterschied zu einem generellen Kündigungsausschluss festzustellen.[24]

8 Keine Rolle spielt die **Höhe des** vereinbarten **Mietzinses**. Die Form des § 550 BGB muss auch bei Abschluss so genannter Gefälligkeitsmieten beachtet werden, selbst wenn die Miete Gegenstand eines Vergleichs ist.[25] Wird der Mietvertrag im **Ausland** abgeschlossen, so ist § 550 BGB entsprechend seinem Zweck anwendbar, wenn sich der Vertrag auf in Deutschland belegene Grundstücke oder Räume bezieht. § 550 BGB ist dagegen **nicht anwendbar** auf Mietvorverträge[26] und auf Vormietverträge; auf Automatenaufstellverträge;[27] auf eine Zustimmung bei Eintritt eines neuen Mieters durch den Vertrag zwischen zwei Mietern wegen § 182 Abs. 2 BGB;[28] auf einen Wechsel des Vermieters, wenn der bis-

---

[13] BGH v. 26.06.1970 - V ZR 97/69 - LM Nr. 9 zu § 566 BGB.
[14] So jedoch BGH v. 15.06.1981 - VIII ZR 166/80 - BGHZ 81, 46-52; OLG München v. 08.12.1988 - 21 W 3055/88 - NJW-RR 1989, 524. Zur Bezugnahme auf den Hauptmietvertrag vgl. OLG Bremen v. 13.09.2006 - 1 U 28/06a - ZMR 2007, 363-364.
[15] BGH v. 24.06.1987 - VIII ZR 225/86 - LM Nr. 28 zu § 566 BGB; OLG Frankfurt v. 20.05.1998 - 23 U 121/97 - NZM 1998, 1006-1007.
[16] BGH v. 24.06.1998 - XII ZR 195/96 - BGHZ 139, 123-131.
[17] BGH v. 02.07.1975 - VIII ZR 223/73 - BGHZ 65, 49-55.
[18] Ersatzmieter oder Mieterwechsel; BGH v. 18.09.1997 - III ZR 226/96 - juris Rn. 18 - LM BGB § 164 Nr. 82 (4/1998) m.w.N.
[19] BGH v. 23.02.2000 - XII ZR 251/97 - NJW-RR 2000, 744-745.
[20] So bereits BGH v. 08.12.1959 - VIII ZR 164/58 - LM Nr. 5 zu § 566 BGB.
[21] Bejahend *Sonnenschein*, NZM 2000, 1-9, 8 m.w.N.
[22] BGH v. 04.04.2007 - VIII ZR 223/06 - NJW 2007, 1742.
[23] Vgl. bereits LG Berlin v. 08.03.1991 - 64 S 394/90 - WuM 1991, 498; LG Hamburg v. 30.11.2000 - 307 S 133/00 - ZMR 2001, 895.
[24] So aber noch LG Mannheim v. 10.06.1977 - 4 S 39/77 - WuM 1977, 258.
[25] BGH v. 04.05.1970 - VIII ZR 179/68 - LM Nr. 45 zu § 535 BGB.
[26] BGH v. 26.03.1980 - VIII ZR 150/79 - juris Rn. 9 - LM Nr. 22 zu § 305 BGB; *Bieber* in: MünchKomm-BGB, § 550 Rn. 5 m.w.N.; *Heile*, NJW 1991, 6-12, 7-8 m.w.N.; a.A. *Michalski*, WM 1998, 1993-2010, 1996-1997.
[27] BGH v. 22.03.1967 - VIII ZR 10/65 - BGHZ 47, 202-206.
[28] Vgl. BGH v. 20.04.2005 - XII ZR 29/02 - NJW-RR 2005, 958; *Weidenkaff* in: Palandt, § 550 Rn. 4.

herige Vermieter wirtschaftlicher Eigentümer war und der neue Vermieter später auch eingetragener Eigentümer wird[29] und ist auch nicht anwendbar auf den Eintritt von Familienangehörigen nach § 563 BGB. Überlässt jemand einem anderen den Gebrauch einer Wohnung **unentgeltlich**, begründet er in der Regel einen Leihvertrag gem. § 598 BGB. Dieser ist auch dann formlos wirksam, wenn die Gebrauchsüberlassung auf Lebenszeit geschieht.[30] Auf dingliche Nutzungsverhältnisse (Wohnrecht, Nießbrauch) ist § 550 BGB ebenfalls nicht anwendbar; über den Inhalt solcher Verhältnisse gibt das Grundbuch Auskunft.[31]

Bei **gemischten Verträgen** können andere Formvorschriften Vorrang haben, z.B. notarielle Beurkundung nach § 311b BGB. Der Verstoß gegen § 311b BGB zieht in diesen Fällen zwar grundsätzlich gem. § 125 BGB die Nichtigkeit der gesamten Abreden der Parteien einschließlich des Mietvertrages nach sich,[32] jedoch wird hier häufig § 139 BGB zur Aufrechterhaltung des Mietvertrages führen.[33]

III. Vereinbarte Dauer des Vertrages

Die vereinbarte Dauer des Vertrages muss **ein Jahr überschreiten**. Nur dann ist die vorliegende Vorschrift zu beachten. Maßgebend ist der **Beginn des Mietverhältnisses**, nicht der Zeitpunkt des Vertragsabschlusses, wobei es nicht auf den Zeitpunkt der tatsächlichen Überlassung, sondern auf denjenigen Zeitpunkt ankommt, zu dem das Mietverhältnis vereinbarungsgemäß in Vollzug gesetzt werden soll.[34] Die Bestimmbarkeit dieses Zeitpunkts kann insbesondere bei noch nicht fertig gestellten Räumen (so genannte Vermietung „vom Reißbrett weg") Probleme bereiten. Der BGH hält die Mietdauer jedoch auch dann für hinreichend bestimmt, wenn für den Mietbeginn der Zeitpunkt der Übergabe der Mietsache vereinbart wurde.[35] Es genüge, dass die Einigung über die Mietdauer schriftlich festgehalten und deren Inhalt bestimmbar sei. Eine abstrakte Beschreibung, die eine nachträgliche Festlegung auf ein genaues Datum ermöglicht, sei dafür ein hinreichendes Maß an Genauigkeit. Zusätzliche Vereinbarungen über den zeitlichen Rahmen der Übergabe (Übergabe bis spätestens …) werden dadurch überflüssig, da ihnen kein konkreter, für den Rechtsnachfolger verwertbarer Übergabezeitpunkt zu entnehmen ist.[36]

Ein Abschluss für längere Zeit als ein Jahr liegt vor, wenn der Vertrag nach Ablauf des Jahres nur zu bestimmten Terminen kündbar ist.[37] Verträge mit **bestimmter Mietzeit** (§ 542 Abs. 2 BGB) unterfallen in der Regel § 550 BGB, insb. auch solche, die sich nach Ablauf eines Jahres um eine bestimmte Zeit verlängern, wenn nicht gekündigt wird, oder die nach Ablauf eines Jahres nur zu einem bestimmten Termin gekündigt werden können.[38] Ebenso werden Verlängerungsklauseln oder Optionen behandelt, die dem Mieter die Möglichkeit eröffnen, einseitig den Vertrag über ein Jahr hinaus zu verlängern,[39] und wenn der Vermieter mit einem Ersatzmieter vereinbart („Substitution"), dass der Ersatzmieter anstelle des Mieters in einen auf längere Zeit als ein Jahr geschlossenen Mietvertrag eintreten soll.[40] Verträge mit **unbestimmter Mietzeit** fallen unter § 550 BGB, wenn sie auf Lebenszeit einer Vertragspartei[41] oder eines Dritten geschlossen sind, d.h. von einem unvorhersehbaren Ereignis abhän-

---

[29] OLG Köln v. 01.07.1999 - 18 U 240/98 - NZM 1999, 1004.
[30] OLG Köln v. 24.11.1993 - 11 U 127/93 - NJW-RR 1994, 853-854.
[31] *Blank/Börstinghaus*, Miete, 2008, § 550 Rn. 10.
[32] OLG Koblenz v. 06.04.1995 - 5 U 135/95 - NJW-RR 1996, 744-745.
[33] BGH v. 29.01.1992 - XII ZR 175/90 - juris Rn. 27 - NJW-RR 1992, 654-655.
[34] Allgemein herrschende Ansicht; statt aller *Weidenkaff* in: Palandt, § 550 Rn. 6; zur ordentlichen Kündigung vor Überlassung der Mietsache *Eckert*, EWiR 2002, 95-96.
[35] BGH v. 02.11.2005 - XII ZR 212/03 - NJW 2006, 139-140; vgl. dazu auch *Klemm/Neumann*, ZfIR 2006, 278-284.
[36] Vgl. dazu auch *Meyer-Harport*, NJ 2006, 176-177; zu den Vorteilen einer vertraglichen Fixierung vgl. *Boettcher/Menzel*, NZM 2006, 286-289.
[37] *Heintzmann* in: Soergel, § 550 Rn. 3.
[38] *Heintzmann* in: Soergel, § 550 Rn. 3.
[39] BGH v. 24.06.1987 - VIII ZR 225/86 - LM Nr. 28 zu § 566 BGB.
[40] BGH v. 29.11.1978 - VIII ZR 263/77 - BGHZ 72, 394-400.
[41] BGH v. 30.09.1958 - VIII ZR 134/57 - LM Nr. 1 zu § 567 BGB.

gig gemacht werden,[42] ebenso wenn das Recht der ordentlichen Kündigung für mindestens ein Jahr ausgeschlossen wurde.[43]

IV. Schriftform

1. § 126 BGB

12 § 550 BGB selbst trifft keine Regelung, was unter „schriftlicher Form" zu verstehen ist. Maßgeblich ist insoweit allein § 126 BGB (vgl. die Kommentierung zu § 126 BGB). Diese Vorschrift regelt einerseits, dass die Urkunde vom Aussteller entweder eigenhändig durch Namensunterschrift oder mittels notariell beglaubigtem Handzeichen unterzeichnet werden muss (§ 126 Abs. 1 BGB), und zum anderen, dass bei einem Vertrag die Unterzeichnung der Parteien in diesem Sinne auf derselben Urkunde zu erfolgen hat (§ 126 Abs. 2 Satz 1 BGB). Bei gleichlautenden Verträgen genügt es jedoch, wenn der Mieter das für den Vermieter bestimmte Exemplar unterschreibt und umgekehrt (§ 126 Abs. 3 Satz 2 BGB). Folglich müssen sämtliche Vereinbarungen, die nach dem Willen der Parteien Vertragsbestandteil werden sollen, in einer Urkunde niedergelegt und von den Vertragspartnern eigenhändig und handschriftlich unterzeichnet werden. § 127 BGB gilt für § 550 BGB nicht.[44] Übersendet ein Vertragsteil den von ihm unterzeichneten langfristigen Mietvertrag zur Gegenzeichnung, so kommt der Mietvertrag nicht bereits dadurch zustande, dass der Vertragspartner gegenzeichnet und den Übersender davon unterrichtet; erforderlich für den Vertragsabschluss ist vielmehr der Zugang der gegengezeichneten Vertragsurkunde beim Vertragspartner.[45] Eine Ausnahme gilt nur unter den Voraussetzungen des § 151 BGB. Der Schriftform des § 550 BGB wird auch nicht dadurch genügt, dass die Parteien mündlich erklären, der schriftlich gefasste, auf den Abschluss eines langfristigen Grundstücksmietvertrages gerichtete Vorvertrag solle als endgültiger Mietvertrag gelten.[46] Ändern oder ergänzen die Parteien den beurkundeten Text, so werden die Änderungen und Ergänzungen durch die Unterschrift nur gedeckt, wenn sie in den ursprünglichen Text eingefügt werden.[47] Nachträge auf der Originalurkunde unterhalb der Unterschrift müssen von allen Vertragspartnern neu unterzeichnet werden.[48] Die Unterschrift muss, wie der Name „**Unter**schrift" besagt, die vertraglichen Erklärungen durch Unterzeichnung am Ende der Erklärung abdecken. Nicht ausreichend ist daher eine eigenhändige „Unterzeichnung" über oder neben dem Text, da eine sog. „Oberschrift" oder „Nebenschrift" keine „Unterschrift" i.S.d. Gesetzes ist.[49]

13 Der **Name** i.S.d. § 126 BGB ist der Vor- und Familienname. Die Unterschrift mit dem Familiennamen genügt.[50] Eine Unterzeichnung mit dem Vornamen, einem Pseudonym, einem Künstler- oder einem Phantasienamen reicht ebenfalls aus. Die Angabe einer bloßen Funktionsbezeichnung („Der Hauseigentümer") ist dagegen keine Namensunterschrift.[51] Leserlichkeit ist nicht erforderlich, wobei aber auch eine Wiedergabe des Namens in Druckbuchstaben eine Unterschrift ist.[52] Die Vertragsurkunde kann auch blanko unterschrieben werden.[53] Der später eingefügte Text muss aber auch hier vollständig über der Unterschrift stehen.

---

[42] *Emmerich* in: Staudinger, § 550 Rn. 10.
[43] Zuletzt BGH v. 09.07.2008 - XII ZR 117/06 - NZM 2008, 687 m.w.N.
[44] BGH v. 26.02.1986 - VIII ZR 34/85 - juris Rn. 26 - NJW-RR 1986, 944-945.
[45] BGH v. 18.10.2000 - XII ZR 179/98 - juris Rn. 19 - LM BGB § 566 Nr. 40 (4/2001); OLG Hamm v. 15.10.1981 - 15 W 196/81 - NJW 1982, 1002-1003.
[46] BGH v. 26.06.1970 - V ZR 97/69 - LM Nr. 9 zu § 566 BGB.
[47] BGH v. 24.01.1990 - VIII ZR 296/88 - juris Rn. 17 - LM Nr. 30 zu § 566 BGB.
[48] BGH v. 24.01.1990 - VIII ZR 296/88 - LM Nr. 30 zu § 566 BGB.
[49] BGH v. 20.11.1990 - XI ZR 107/89 - BGHZ 113, 48-54
[50] *Blank/Börstinghaus*, Miete, 2008, § 550 Rn. 53.
[51] *Blank/Börstinghaus*, Miete, 2008, § 550 Rn. 53.
[52] *Blank/Börstinghaus*, Miete, 2008, § 550 Rn. 54.
[53] *Heile* in: Bub/Treier, Handbuch der Geschäfts- und Wohnraummiete, 3. Aufl. 1999, II Rn. 757.

Für die Einhaltung der Schriftform ist es auch erforderlich, dass alle Vertragsparteien die Vertragsurkunde unterzeichnen. Unterzeichnet für eine Vertragspartei ein **Vertreter** den Mietvertrag, muss dies in der Urkunde durch einen das Vertretungsverhältnis anzeigenden Zusatz hinreichend deutlich zum Ausdruck kommen.[54] Ist allerdings aus dem Vertragsinhalt offensichtlich, dass der Unterzeichnende nicht in eigenem Namen handelt, bedarf es eines solchen Zusatzes nicht.[55] Davon zu unterscheiden ist der Fall einer Gesamtvertretung, z.B. durch die Vorstandsmitglieder einer AG. Denn hier wird allein durch die Unterschrift eines der Vorstandsmitglieder nicht deutlich, ob der Vertrag erst mit der Unterschrift aller weiteren Vorstandsmitglieder zu Stande kommen soll.[56] Der BGH hat in jüngerer Zeit auch klargestellt, dass ein bloßer Hinweis auf eine Stellvertretung ausreichend ist (z.B. durch den Zusatz „i.V."), ohne dass es einer näheren Kennzeichnung des Vertreterverhältnisses bedürfe.[57] In der Literatur wurde demgegenüber teilweise gefordert, dem Schutzzweck des § 550 BGB entsprechend müsse ein potentieller Erwerber des Mietgrundstücks aus der Vertragsurkunde entnehmen können, „in welcher Funktion" der Vertreter gehandelt habe.[58] Ist jedoch bereits auf Grund der fehlenden Vertretungsmacht kein Mietverhältnis zustande gekommen, bedarf der Erwerber keines Schutzes durch das Schriftformerfordernis.[59]

Ist der Mietvertrag vorab ohne Einhaltung der Form abgeschlossen worden, so können die Parteien die Beurkundung jederzeit **nachholen**. Der Vertrag gilt dann als von Anfang an in der gesetzlichen Schriftform abgeschlossen (**ex tunc-Wirkung**).[60] Grundsätzlich hat aber keine Partei Anspruch auf Nachholung der Schriftform, es sei denn, die Parteien hätten zusätzlich zur mietvertraglichen Regelung deren Beurkundung – sei es auch nur mündlich – bindend vereinbart.[61] Nehmen die Parteien in die nachträglich errichtete Urkunde nicht alle zuvor mündlich getroffenen Abreden auf, so ist davon auszugehen, dass diese Abreden nach ihrem Willen nicht mehr gelten sollen; andernfalls entbehrt der Vertrag nach wie vor der Schriftform mit der Folge des § 550 Satz 2 BGB. Wird die ordnungsgemäß errichtete Vertragsurkunde nachträglich zerstört, so ändert dies an der Wirksamkeit des Vertrages nichts, vorausgesetzt, dass es im Streitfall der betreffenden Partei gelingt, die ursprünglich formgerechte Beurkundung des Vertrages nachzuweisen.[62] Ein **Anspruch auf Einhaltung der Schriftform** ist begründet, wenn die Parteien im Zusammenhang mit dem mündlichen Abschluss des Mietvertrages bzw. Vorvertrages ausdrücklich oder stillschweigend vereinbaren, dass eine Pflicht zur Einhaltung besteht.[63] Zu bejahen ist ein solcher Anspruch indessen nicht bei einer allgemeinen salvatorischen Klausel.[64] Weder

---

[54] BGH v. 16.07.2003 - XII ZR 65/02 - NJW 2003, 3053-3054 (zur Einhaltung der Schriftform beim Abschluss eines langfristigen Mietvertrages durch einen für eine Gesellschaft bürgerlichen Rechts handelnden Vertreter); BGH v. 11.09.2002 - XII ZR 187/00 - juris Rn. 20 - NJW 2002, 3389-3391; mit Anm. von *Eckert*, EWiR 2002, 951-952; vgl. dazu auch *Moeser*, EWiR 2004, 13-14; *Schlicht*, ZMR 2004, 238-241; zur Schriftform bei Abschluss eines Mietvertrages durch den Vertreter einer Erbengemeinschaft vgl. stellvertretend *Winkler*, NJ 2003, 254; *Jäckel*, JA 2003, 185-188; *Wiek*, GuT 2003, 139-141.
[55] BGH v. 07.05.2008 - XII ZR 69/06 - BGHZ 176, 301-311; BGH v. 19.09.2007 - XII ZR 121/05 - NJW 2007, 3346-3347; in diesem Sinne bereits OLG Hamm v. 23.11.2005 - 30 U 45/05 - juris Rn. 56 - ZMR 2006, 205-207.
[56] BGH v. 04.11.2009 - XII ZR 86/07 - juris Rn. 19 - ZIP 2010, 185-187; kritisch dazu *Einsele*, LMK 2010, 296352. *Schott*, jurisPR-BGHZivilR 3/2010, Anm. 1 schlägt vor, die Vertretungsregelung zur Klarstellung bereits in die Vertragsurkunde aufzunehmen.
[57] Für die GmbH vgl. BGH v. 19.09.2007 - XII ZR 121/05 - NJW 2007, 3346-3347; für die AG vgl. KG v. 24.05.2007 - 8 U 193/06 - ZMR 2007, 962-963; a.A. LG Braunschweig v. 07.07.2005 - 2 O 487/05 - juris Rn. 16 - GuT 2005, 208-209.
[58] *Kraemer*, NZM 2002, 465-473, 471.
[59] Vgl. dazu auch *Emmerich* in: Emmerich/Sonnenschein, Miete, 9. Aufl. 2007, § 550 BGB Rn. 8.
[60] *Emmerich* in: Staudinger, § 550 Rn. 15; BGH v. 14.07.2004 - XII ZR 68/02 - BGHZ 160, 97, 101.
[61] *Bieber* in: MünchKomm-BGB, § 550 Rn. 19 m.w.N.
[62] *Heile* in: Bub/Treier, Handbuch der Geschäfts- und Wohnraummiete, 3. Aufl. 1999, II Rn. 752.
[63] BGH v. 07.03.2007 - XII ZR 40/05 - juris Rn. 14 - NJW 2007, 1817-1818; *Dusil*, ZMR 2007, 520-521; *Schlemminger*, NJW 1992, 2249-2256, 2255. Zum Fall einer zugesagten, jedoch nicht vorgenommenen Unterzeichnung der Vertragsurkunde vgl. *Jud*, NZM 2006, 913-917.
[64] BGH v. 25.07.2007 - XII ZR 143/05 - NJW 2007, 3202-3204; a.A. OLG Jena v. 20.07.1999 - 3 U 1623/98 - NZM 1999, 906-908.

die Erhaltungs- noch die Ersetzungsklausel können einen solchen Anspruch begründen, da zum einen der Mietvertrag bei einem Schriftformverstoß nicht unwirksam wird (Erhaltung) und zum anderen die Nachholung der Schriftform keine Ersetzung der – inhaltlich unveränderten – Klausel über die Mietdauer darstellt. Die **notarielle Beurkundung** (§ 128 BGB) ersetzt die Schriftform, § 126 Abs. 4 BGB. So muss z.B. ein Vorkaufsrecht des Mieters notariell beurkundet sein.[65] Ist eine notarielle Beurkundung wesentliche Bedingung des Mietvertrages, führt die unterbliebene notarielle Beurkundung zur Nichtigkeit des Mietvertrages.[66]

16 Ist der schriftlich fixierte Mietvertrag durch eine Partei verspätet angenommen worden, fehlt es grundsätzlich an der notwendigen Schriftform. Umstritten ist, ob die „**äußere Form**" eines solchen Vertrages den Anforderungen des § 550 BGB genügt, wenn das Mietverhältnis anschließend durch tatsächlichen Vollzug mit gleichem Vertragsinhalt konkludent begründet wird.[67] Der 12. Zivilsenat des BGH hat diese Frage nunmehr bejaht. Dabei stellt er auf den Schutzzweck der Norm ab und gelangt zu Recht zu dem Ergebnis, dass sowohl dem Informationsbedürfnis des Erwerbers als auch der Beweis- und Warnfunktion durch die äußere Form des Vertrags hinreichend genügt ist.[68]

2. Einheitlichkeit der Urkunde

17 § 126 Abs. 2 Satz 1 BGB verlangt die **Unterzeichnung derselben Urkunde** durch beide Parteien. Hieraus folgt zunächst, dass anders als bei der gewillkürten Schriftform des § 127 BGB ein bloßer Briefwechsel für die Erfüllung der gesetzlich vorgeschriebenen Schriftform nicht genügt.[69] Eine Ausnahme gilt nach § 126 Abs. 2 Satz 2 BGB nur, wenn sich beide Schreiben inhaltlich völlig decken und sich nicht lediglich als Antrag und Annahme darstellen. Darüber hinaus ergibt sich aus der Gesetzesforderung das Erfordernis der **Einheitlichkeit** der unterzeichneten Urkunde. Die Schriftform des Mietvertrages ist jedenfalls dann gewahrt, wenn die einzelnen Teile des Vertrages fest miteinander verbunden oder jeweils gesondert unterschrieben sind. Nach Auffassung des BGH[70] reicht für eine feste Verbindung das Heften mit einer Heftmaschine aus (nicht zerstörungsfreie Trennung). Nicht genügen soll dafür nach Ansicht des OLG Jena eine Verbindung mit einer Büroklammer.[71] Diese strengere Rechtsprechung wurde durch Urteile des OLG München[72] und des KG[73] insofern **aufgelockert**, als bei einem Vertrag, der fortlaufend Text und Seitennummerierung oder eine inhaltliche Verknüpfung durch wechselseitige Bezugnahme aufweist, die Schriftform auch ohne feste Verbindung gewahrt sein soll. Später hat auch der BGH in seiner „**Loseblatt**"**-Entscheidung**[74] klargestellt, dass § 550 BGB keine über § 126 BGB hinausgehenden Anforderungen an die äußere Beschaffenheit der Mietvertragsurkunde stellt, dass aber die Schriftform des § 126 BGB keine körperliche Verbindung einzelner Blätter der Urkunde erfordert, wenn sich deren Einheit aus fortlaufender Paginierung der einzelnen Blätter, fortlaufender Nummerierung der einzelnen Bestimmungen, einheitlicher graphischer Darstellung, inhaltlichem Zusammenhang des Textes oder vergleichbaren Merkmalen zweifelsfrei ergibt. Es müssen

---

[65] Dazu allgemein *Schlemminger*, NZM 1999, 890-893 m.w.N.
[66] OLG Düsseldorf v. 15.07.1999 - 24 U 191/98 - ZMR 2001, 101-102.
[67] Dafür OLG Jena v. 13.03.2008 - 1 U 130/07 - juris Rn. 62 - NZM 2008, 572-576; OLG Hamm v. 23.11.2005 - 30 U 45/05 - ZMR 2006, 205-207; *Pleister/Ehrich*, ZMR 2009, 818-820; *Lützenkirchen*, WuM 2008, 119-134; a.A. KG Berlin v. 25.01.2007 - 8 U 129/06 - ZMR 2007, 535-536; OLG Rostock v. 18.04.2005 - 3 U 90/04 - juris Rn. 22 - MDR 2006, 145-146 m.w.N.
[68] BGH v. 24.02.2010 - XII ZR 120/06 - juris Rn. 22.
[69] BGH v. 14.07.2004 - XII ZR 68/02 - juris Rn. 27 - BGHZ 160, 97-108; BGH v. 18.10.2000 - XII ZR 179/98 - juris Rn. 19 - NJW 2001, 221-223.
[70] BGH v. 13.11.1963 - V ZR 8/62 - BGHZ 40, 255-265.
[71] OLG Jena v. 13.02.1997 - 1 U 941/96 - OLG-NL 1997, 102-104.
[72] OLG München v. 20.10.1995 - 21 U 4893/94 - NJW-RR 1996, 654-655.
[73] KG Berlin v. 07.11.1996 - 8 U 8972/95 - BB 1997, 2074-2075.
[74] BGH v. 24.09.1997 - XII ZR 234/95 - BGHZ 136, 357-373; zustimmend *Lindner-Figura*, NJW 1998, 731-732; ablehnend *Sternel*, MDR 1998, 33-34; allgemein dazu *Repgen*, DWW 1999, 47-53; *Schultz*, NZM 1999, 298-301.

nicht sämtliche vorgenannten Merkmale vorliegen. Somit genügen beim Ursprungsvertrag auch „fliegende Blätter" dem Erfordernis der Einheitlichkeit der Urkunde. Bei fehlender körperlicher Verbindung kann eine Verweisung auf unterschriebene oder paraphierte **Anlagen** genügen.[75] Bilden Vertrag und Anlage eine einheitliche Urkunde, so ist die Unterschrift nur auf der Anlage ausreichend.[76] Zu den Besonderheiten bei Nachtragsvereinbarungen vgl. Rn. 21.

Wenn der Vertragstext **Widersprüche** aufweist, muss versucht werden, durch **Auslegung** zu ermitteln, welche Abrede gelten soll. Ist dies nicht möglich, so liegt ein Dissens vor mit der Folge, dass ein Vertrag nicht zustande gekommen ist. Haben die Parteien verschiedene Urkunden unterzeichnet, die sich widersprechen, so ist ebenfalls durch Auslegung zu ermitteln, welche Abreden gelten sollen; führt diese Auslegung zu keinem eindeutigen Ergebnis, so gelten nur die übereinstimmend in den verschiedenen Urkunden enthaltenen Abreden.[77]

3. Umfang

Grundsätzlich unterliegt **der gesamte Vertragsinhalt** der Form, wobei davon aber nur die mietvertraglichen Regelungen, für die § 550 BGB gilt, erfasst sind und nicht sonstige Vereinbarungen.[78] **Mindestinhalt** sind die wesentlichen Bedingungen eines Mietverhältnisses, zumindest jedoch die Vertragsparteien, der Mietpreis, die Mietdauer und der Mietgegenstand;[79] ggf. sogar mit Grundrissplan.[80] Auch wenn die Parteien bei Auswechslung des Mietgegenstandes die Fortgeltung des bisherigen Mietvertrages, der der Schriftform bedurfte, vereinbaren, müssen sich die wesentlichen Vertragsbedingungen aus der Urkunde ergeben, um dem Schriftformerfordernis gerecht zu werden.[81] Auch eine vertragliche Bestimmung der **Fälligkeit** des Mietzinses zählt zu den wesentlichen Bedingungen, da sich aus ihr ggf. eine geänderte Kündigungsmöglichkeit wegen Zahlungsverzuges ergeben kann.[82] Zu beachten sind ferner Regelungen über vorzunehmende **Bauarbeiten** an der Mietsache, die eine Kostenverpflichtung des Vermieters begründen. Da ein künftiger Erwerber sich über den Umfang seiner Eintrittspflicht hinsichtlich dieser Kosten informieren können muss, unterfallen sie dem Schriftformerfordernis.[83] Unterschiedliche Auffassungen gab es in der Rechtsprechung zu der Frage, ob die Vereinbarung, dass das Mietverhältnis mit der späteren Übergabe der Mietsache beginnen soll, zur Wahrung der Schriftform

---

[75] BGH v. 30.06.1999 - XII ZR 55/97 - juris Rn. 25 - BGHZ 142, 158-167; BGH v. 21.01.1999 - VII ZR 93/97 - juris Rn. 18 - LM BGB § 566 Nr. 34 (8/99); BGH v. 29.09.1999 - XII ZR 313/98 - juris Rn. 74 - LM BGB § 566 Nr. 38 (3/2000); BGH v. 05.07.2000 - XII ZR 70/98 - NZM 2000, 907-908; BGH v. 25.10.2000 - XII ZR 133/98 - juris Rn. 17 - NZM 2001, 43-44; OLG Köln v. 26.02.1999 - 11 U 163/98 - NJW-RR 1999, 1313-1314.

[76] KG Berlin v. 25.01.1999 - 8 U 2822/97 - Grundeigentum 1999, 569-570; a.A. vgl. *Emde*, WuM 1999, 251-253; insgesamt zur Auflockerung der Form zustimmend *Heiderhoff*, NZM 1998, 896-899; *Leo*, ZMR 1999, 527-530; *Stapel*, WuM 1999, 491-495; mit Folgerungen für die Praxis von *Schultz*, NZM 1999, 298-301; gegen die Auflockerung der Form *Michalski*, WM 1998, 1993-2010, 2005.

[77] *Emmerich* in: Staudinger, § 550 Rn. 27.

[78] BGH v. 29.01.1992 - XII ZR 175/90 - NJW-RR 1992, 654-655.

[79] BGH v. 07.07.1999 - XII ZR 15/97 - juris Rn. 31 - LM BGB § 566 Nr. 37 (3/2000); BGH v. 22.12.1999 - XII ZR 339/97 - juris Rn. 17 - LM BGB § 552 Nr. 7 (7/2000); BGH v. 24.02.2010 - XII ZR 120/06 - juris Rn. 13. Für einen formwirksamen Nachtragsvertrag muss auf diesen Mindestinhalt Bezug genommen werden, vgl. BGH v. 09.04.2008 - XII ZR 89/06 - NJW 2008, 2181-2183; BGH v. 24.01.2012 - VIII ZR 235/11 - Grundeigentum 2012, 686-687.

[80] OLG Jena v. 20.07.1999 - 3 U 1623/98 - NZM 1999, 906-908; anders jedoch, wenn der Grundrissplan lediglich Beweis- oder Veranschaulichungszwecken dienen soll, BGH v. 17.12.2008 - XII ZR 57/07 - juris Rn. 13 - ZMR 2009, 273-274. Für Nebenräume, deren Zuweisung dem Leistungsbestimmungsrecht des Vermieters unterfällt, ist eine genaue Bezeichnung im Mietvertrag nicht erforderlich, vgl. OLG Frankfurt v. 21.02.2007 - 2 U 220/06 - juris Rn. 35 - ZMR 2007, 532-533.

[81] BGH v. 24.01.2012 - VIII ZR 235/11 - Grundeigentum 2012, 686-687.

[82] BGH v. 19.09.2007 - XII ZR 198/05 - juris Rn. 15 - NJW 2008, 365-366; kritisch dazu *Leonhard*, NZM 2008, 353-356.

[83] KG v. 06.11.2006 - 8 U 110/06 - juris Rn. 14 - Grundeigentum 2007, 149-150.

§ 550

20 Die mietvertraglichen Regelungen müssen sich aus darin in Bezug genommenen Urkunden und Anlagen ergeben.[85] Es genügt die Bestimmbarkeit des Inhalts zum Zeitpunkt des Vertragsabschlusses durch Auslegung, wobei auch u.U. Umstände außerhalb der Urkunde genügen.[86] Enthält die ursprüngliche formwirksame Urkunde nicht alle wesentlichen Tatbestandsmerkmale eines Mietvertrages, kann ein insgesamt formwirksamer Vertrag auch durch einen der gesetzlichen Schriftform entsprechenden Nachtrag entstehen. Bei einem aus mehreren Vertragstypen zusammengesetzten **gemischten Vertrag** unterliegen nur die Bestimmungen des Mietvertrages dem Formzwang. **Nebenabreden** unterliegen dann der Schriftform, wenn diese den Inhalt des Mietvertrages gestalten und nach dem Willen der Parteien wesentliche Bedeutung haben,[87] was z.B. gegeben ist bei generell erteilter oder verweigerter Erlaubnis zur Untervermietung, i.d.R. auch bei Abreden über die Miete und den Umfang des Gebrauchsrechts.[88] Selbständige Nebenabreden, die nach dem Willen der Parteien keinen Bestandteil des Mietvertrages bilden sollen, bedürfen nicht der Schriftform. Daher unterliegen nicht der Schriftform Hausgemeinschaftsordnungen,[89] der Kauf von Inventar- und Einrichtungsgegenständen; i.d.R. alle Abreden, die eine einmalige Leistung betreffen, weil hier der Zweck des § 550 BGB nicht entgegensteht; Vereinbarungen mit Dritten, soweit sie lediglich aus Anlass des Mietvertrages getroffen sind oder über § 328 BGB nur Rechte zugunsten der Mieter begründen. Ein Übergabeprotokoll enthält für sich genommen keine Vereinbarung, sondern stellt lediglich eine Dokumentation des Zustands der Mietsache sowie der Übergabe dar. Es unterfällt daher nicht § 550 BGB.[90] Gleiches kann für ein Inventarverzeichnis gelten.[91]

V. Besonderheiten bei Änderungen und Ergänzungen des Vertrages

21 Auch Nachträge[92] und Ergänzungen, die insb. in **Anlagen** enthalten sind,[93] unterliegen der Schriftform und müssen von der Unterschrift gedeckt, jedoch nicht notwendig angeheftet sein.[94] Darunter fällt jedoch nicht die Aufhebung (§ 311 BGB) des gesamten Mietvertrages,[95] weil der Erwerber nur durch bestehende – nicht durch aufgehobene – Mietverträge tangiert wird, wohl aber die Aufhebung oder Beschränkung, Begründung und Erweiterung von Rechten und Pflichten oder des sonstigen Vertragsinhalts,[96] wie z.B. Vertragsverlängerungen, Mietzinserhöhungen[97] usw.[98] Keine Änderung ist der Eintritt des neuen Mieters nach § 540 BGB.[99] Der **Formzwang** umfasst grundsätzlich jede Änderung und jede Verlängerung des Mietvertrages, wenn der Vertrag (unter Einschluss der Änderung) noch länger als ein Jahr laufen soll (h.M.), nicht aber eine solche Änderung, die ihrerseits nur für einen kürzeren

---

[84] BGH v. 02.05.2007 - XII ZR 178/04 - juris Rn. 24 - NJW 2007, 3273-3275; BGH v. 21.112007 - XII ZR 149/05 - juris Rn. 34 - Grundeigentum 2008, 195-197; zur früheren Rspr. vgl. *Fritz*, NJW 2007, 887-891 m.w.N.
[85] BGH v. 29.04.2009 - XII ZR 142/07 - juris Rn. 22 - ZMR 2009, 750-752; OLG Hamm v. 11.03.1998 - 33 U 89/97 - NJW-RR 1999, 232-233.
[86] BGH v. 30.06.1999 - XII ZR 55/97 - juris Rn. 38 - BGHZ 142, 158-167. Zur Bestimmbarkeit des Mietbeginns vgl. Rn. 10.
[87] BGH v. 07.07.1999 - XII ZR 15/97 - juris Rn. 31 - LM BGB § 566 Nr. 37 (3/2000); BGH v. 22.12.1999 - XII ZR 339/97 - juris Rn. 17 - LM BGB § 552 Nr. 7 (7/2000).
[88] *Weidenkaff* in: Palandt, § 550 Rn. 10.
[89] BGH v. 30.06.1999 - XII ZR 55/97 - juris Rn. 32 - BGHZ 142, 158-167.
[90] KG v. 13.09.2007 - 12 U 36/07 - juris Rn. 9 - Grundeigentum 2008, 124.
[91] BGH v. 17.12.2008 - XII ZR 57/07 - juris Rn. 18 - ZMR 2009, 273-274.
[92] BGH v. 14.04.1999 - XII ZR 60/97 - LM BGB § 566 Nr. 35 (8/99).
[93] KG Berlin v. 05.03.1998 - 8 U 7326/96 - NJW-RR 1998, 943-944.
[94] Zuletzt BGH v. 29.04.2009 - XII ZR 142/07 - juris Rn. 22 - ZMR 2009, 750-752 m.w.N.
[95] *Emmerich* in: Staudinger, § 550 Rn. 30.
[96] BGH v. 26.02.1992 - XII ZR 129/90 - juris Rn. 14 - LM BGB § 305 Nr. 58 (1/1993).
[97] OLG Karlsruhe v. 10.12.2002 - 17 U 97/02 - NJW-RR 2003, 945-949.
[98] Weitere Beispiele bei *Emmerich* in: Staudinger, § 550 Rn. 29.
[99] *Weidenkaff* in: Palandt, § 550 Rn. 15; a.A. *Emmerich* in: Staudinger, § 550 Rn. 29.

Zeitraum gilt.[100] Der Formzwang greift auch für die Aufhebung und Beschränkung von Rechten und Pflichten aus dem Mietvertrag (h.M.). **Formfrei** sind ausnahmsweise solche Änderungen, die unwesentliche Nebenabreden darstellen.[101] Bei der **Einhaltung der Schriftform** gilt wiederum § 126 BGB.[102] Wird der Vertragstext nicht völlig neu gefasst, ist zusätzlich notwendig, dass ein unmittelbarer räumlicher Zusammenhang (feste, körperliche Verbindung) mit der ursprünglichen Vertragsurkunde hergestellt wird, indem entweder die Änderung auf die ursprüngliche Urkunde gesetzt oder die neue Urkunde im Augenblick der Erfüllung der Schriftform so mit der alten verbunden wird, dass sie nur unter teilweiser Substanzverletzung entfernt werden kann,[103] z.B. Anheften,[104] nicht dagegen mit einer Büroklammer.[105] Dann genügt auch die Bezugnahme auf eine nicht unterzeichnete Urkunde über die Änderungen.[106] Fehlt es an einem solchen räumlichen Zusammenhang zwischen den Urkunden, so müssen sie zumindest eine gedankliche Verbindung aufweisen, die in einer zweifelsfreien Bezugnahme zum Ausdruck kommt.[107] Mit Hilfe einer solchen eindeutigen Verbindung kann auch einem zunächst formunwirksamen Vertrag durch eine Nachtragsvereinbarung ex tunc zur Wirksamkeit verholfen werden.

Nachträge dürfen der Unterschrift grundsätzlich nicht räumlich nachfolgen, d.h., dass Nachträge unterhalb der Vertragsunterschrift zur Wahrung der Schriftform erneut von beiden Vertragsteilen unterzeichnet werden müssen.[108] Die räumliche Verbindung ist nicht notwendig, wenn die neue Urkunde selbst die wesentlichen Bestandteile eines Mietvertrages enthält und auf die (formgerechte) ursprüngliche Urkunde Bezug genommen wird.[109] Bei einem Verlängerungsvertrag ist dies auch dann der Fall, wenn ohne Bezeichnung des Mietobjekts die Verlängerung vereinbart und sonst wesentliche Bestandteile des Mietvertrages aufgeführt sind,[110] wobei insbesondere das Mietobjekt bestimmt oder bestimmbar bezeichnet wird,[111] oder wenn die Nachtragsurkunde auf den ursprünglichen Vertrag Bezug nimmt und ausgedrückt wird, es solle i.Ü. bei dem verbleiben, was (formwirksam) vereinbart war.[112] Für Verträge, die noch vor dem Beitritt unter Geltung des Zivilgesetzbuchs der DDR geschlossen wurden, gilt diese **Auflockerungsrechtsprechung** ebenso, wenn sie nach dem 03.10.1990 abgeändert wurden[113] oder wenn bei ihnen zwischen Ausgangsvertrag und Änderungsvereinbarung ein Wechsel auf Mieter- oder Vermieterseite eingetreten ist.[114]

Eine bedeutsame **Ausnahme** von dem Formzwang macht der BGH dann, wenn der Vermieter die Änderung des Vertrages zumindest mit Wirkung für die Zukunft **widerrufen** darf.[115] Der in das Mietverhältnis eintretende Erwerber, dessen Schutz die Vorschrift bezweckt, habe dann nämlich ebenso die

---

[100] Vgl. hierzu *Müller*, JR 1970, 86-91.
[101] BGH v. 29.09.1999 - XII ZR 313/98 - juris Rn. 60 - LM BGB § 566 Nr. 38 (3/2000); OLG München v. 20.10.1995 - 21 U 4893/94 - NJW-RR 1996, 654-655.
[102] Überblick zur Rechtsprechung bei *Schlemminger*, NJW 1992, 2249-2256; *Stapel*, WuM 1999, 491-495.
[103] BGH v. 13.11.1963 - V ZR 8/62 - BGHZ 40, 255-265; Rechtsprechungsüberblick bei *Stapel*, WuM 1999, 491-495.
[104] OLG München v. 20.10.1995 - 21 U 4893/94 - NJW-RR 1996, 654-655.
[105] OLG Jena v. 13.02.1997 - 1 U 941/96 - OLG-NL 1997, 102-104.
[106] BGH v. 13.11.1963 - V ZR 8/62 - BGHZ 40, 255-265.
[107] BGH v. 29.04.2009 - XII ZR 142/07 - juris Rn. 22 - ZMR 2009, 750-752 m.w.N.; vgl. dazu *Ingendoh*, jurisPR-MietR 19/2009, Anm. 4.
[108] BGH v. 24.01.1990 - VIII ZR 296/88 - LM Nr. 30 zu § 566 BGB.
[109] BGH v. 30.06.1964 - V ZR 7/63 - BGHZ 42, 333-340.
[110] BGH v. 19.03.1969 - VIII ZR 66/67 - BGHZ 52, 25-30.
[111] BGH v. 07.07.1999 - XII ZR 15/97 - juris Rn. 31 - LM BGB § 566 Nr. 37 (3/2000).
[112] Ständige Rspr. z.B. BGH v. 26.02.1992 - XII ZR 129/90 - juris Rn. 14 - LM BGB § 305 Nr. 58 (1/1993); BGH v. 29.01.1992 - XII ZR 175/90 - NJW-RR 1992, 654-655; BGH v. 16.02.2000 - XII ZR 258/97 - NZM 2000, 548-549; OLG Düsseldorf v. 16.06.1994 - 10 U 184/93 - NJW-RR 1994, 1234-1236; gegen die Auflockerung der Form *Haase*, WuM 1995, 625-636.
[113] BGH v. 14.04.1999 - XII ZR 60/97 - NJW 1999, 2517-2519.
[114] BGH v. 23.02.2000 - XII ZR 251/97 - NJW-RR 2000, 744-745.
[115] BGH v. 20.04.2005 - XII ZR 192/01 - NJW 2005, 1861-1862.

Möglichkeit, von dem Widerruf Gebrauch zu machen. Für den praktisch relevanten Fall der Änderung langfristiger Mietverträge über Gewerberaum kann der Vermieter sich demnach bei Änderungen durch den Vorbehalt des Widerrufs gegen die vorzeitige Beendigung des Mietverhältnisses durch den Mieter absichern. Vorschläge für eine vertragliche Regelung bietet *Wichert*.[116]

VI. Abdingbarkeit

24 § 550 BGB ist seiner Natur nach nicht abdingbar.[117] Abweichende Vereinbarungen sind schon wegen des Gesetzeszwecks unwirksam. Abreden über eine Nachholung der Schriftform sind dagegen zulässig.[118]

VII. Praktische Hinweise

25 Derzeit sollte der sicherste Weg gegangen und dafür Sorge getragen werden, dass ein längerfristiger Mietvertrag die strengeren Voraussetzungen der gesetzlichen **Schriftform** wahrt, es sei denn, die Kündbarkeit des Vertrages soll bewusst trotz Befristung erhalten bleiben. Darüber hinaus sollte auch angesichts der weitreichenden Folgen, die darin bestehen können, dass der Mieter sich bei Nichteinhaltung der Schriftform aus einem langjährig abgeschlossenen Mietvertrag vorzeitig lösen kann, in jedem Falle eine **feste Verbindung** zwischen Vertrag und Anlagen vorgezogen werden. Bei Änderungen und Ergänzungen kann diese Verbindung durch eindeutige Bezugnahmen auf den Vertragsinhalt und die Wiederholung der wesentlichen Vertragsbestandteile ersetzt werden.

D. Rechtsfolgen

I. Gesetzliche Schriftform nach Satz 1

26 Erste Voraussetzung für den Eintritt der Rechtsfolgen bei der gesetzlichen Schriftform nach § 550 Satz 1 BGB und insb. § 550 Satz 2 BGB ist, dass überhaupt ein wirksamer Mietvertrag geschlossen worden ist, was auch für den Fall des Eintritts eines weiteren Mieters gilt.[119] Die fehlende Schriftform zieht nicht die Nichtigkeit des Vertrages nach sich, denn § 550 Satz 2 BGB ist lex specialis gegenüber § 125 BGB. Die **Fiktion** des § 550 Satz 2 BGB bewirkt vielmehr, dass der Vertrag als voll wirksam **auf unbestimmte Zeit geschlossen** gilt und (frühestens) zum Ablauf des ersten Vertragsjahres (unabhängig vom Kalenderjahr) mit der Frist des § 573c BGB oder § 580a BGB ordentlich gekündigt werden kann.[120] Die Fiktion greift daher grundsätzlich auch dann ein, wenn der Vertrag nur nachträglich durch mündliche Änderungen oder Nebenabreden die erforderliche Schriftform einbüßt.[121] Die Rechtsfolge tritt unabhängig vom Parteiwillen ein, was zur Folge hat, dass sie nicht durch Anfechtung beseitigt werden kann, da sie nicht auf dem Willen der Parteien beruht.[122] Für Wohnraum gilt zudem § 573 BGB. Die Frist beginnt mit der tatsächlichen Überlassung der Mietsache, § 550 Satz 2 BGB. Nicht geregelt ist der Fall, dass die Überlassung zunächst nicht stattfindet. Teilweise wird angenommen, dass dann der vereinbarte Zeitpunkt gelten soll.[123] Dies ist jedenfalls für die Variante einer gänzlich unterbliebenen Gebrauchseinräumung unproblematisch. Fallen die Daten der vereinbarten und der tatsächlichen Überlassung lediglich auseinander, muss sich jedoch entsprechend dem Wortlaut der Vorschrift auch der Beginn der Jahresfrist verzögern. Unter Berücksichtigung des Schutzzwecks des § 550 BGB ist es dem Erwerber nämlich zumutbar, sich nach dem Zeitpunkt der tatsächlichen Überlassung zu erkundigen.

---

[116] *Wichert*, ZMR 2006, 257-259.
[117] Allg. M., BT-Drs. 14/4553, S. 47; LG Berlin v. 08.03.1991 - 64 S 394/90 - juris Rn. 5 - WuM 1991, 498-499.
[118] *Emmerich* in: Staudinger, § 550 Rn. 43; *Blank/Börstinghaus*, Miete, 2008, § 550 Rn. 90.
[119] BGH v. 02.07.1975 - VIII ZR 223/73 - BGHZ 65, 49-55.
[120] BGH v. 29.10.1986 - VIII ZR 253/85 - BGHZ 99, 54-62.
[121] BGH v. 22.02.1994 - LwZR 4/93 - juris Rn. 23 - BGHZ 125, 175-182.
[122] *Emmerich* in: Staudinger, § 550 Rn. 35 m.w.N.
[123] *Weidenkaff* in: Palandt, § 550 Rn. 13.

Formunwirksame **Änderungen und Ergänzungen** eines zuvor formgerechten Mietvertrages führen dazu, dass der Vertrag als auf unbestimmte Zeit geschlossen gilt und daher gekündigt werden kann. Die Mindestlaufzeit beginnt dann mit Abschluss des Änderungsvertrages,[124] es sei denn, die vertragliche Kündigungsfrist ist kürzer.[125] Von der unbefristeten Geltung des ursprünglichen Vertrages wird abgesehen, wenn ein **Verlängerungsvertrag** in dessen Inhalt nicht eingreift, sondern nur einen Zeitabschnitt hinzufügt (reiner Verlängerungsvertrag). Dann gilt § 550 BGB nur für den Verlängerungsvertrag.[126] Die **Berufung einer Vertragspartei auf einen Formmangel** ist i.d.R. nicht arglistig.[127] Denkbar ist indessen eine unzulässige Rechtsausübung, die im Einzelfall vorliegen kann, wenn bei mündlichen Vertragsabschlüssen die spätere Einhaltung der Schriftform vereinbart wird,[128] aber auch, wenn sich die durch eine nicht formgerechte Vertragsänderung begünstigte Vertragspartei auf den Formmangel beruft.[129] Voraussetzung ist somit, dass die Nichtanerkennung des Vertrages nicht nur zu einem harten, sondern zu einem schlechthin untragbaren Ergebnis führt.[130] Der Einwand der Arglist wirkt jedoch grundsätzlich nur zwischen den Vertragsparteien, im Regelfall nicht gegenüber dem Grundstückserwerber, der gem. § 566 BGB in den Mietvertrag eintritt.[131] Der Erwerber kann sich deshalb grundsätzlich selbst dann auf den Formmangel berufen, wenn dies dem Vermieter nach § 242 BGB verwehrt wäre.[132]

27

II. Vertraglich vereinbarte Schriftform (Schriftformklausel)

Die Parteien können zulässiger Weise für die abzuschließenden vertraglichen Regelungen Schriftform, elektronische Form (§ 126 Abs. 3 BGB und § 126a BGB)[133] oder Textform (§ 126b BGB) vereinbaren.[134] In Mietverträgen wird gelegentlich vereinbart, dass der Vertrag nur bei schriftlicher Niederlegung wirksam sein soll (Schriftformklausel). Solche Klauseln können entweder **konstitutive** (Mietvertrag soll erst und nur bei schriftlicher Abfassung wirksam sein) oder **deklaratorische** (z.B. zu Beweiszwecken) Bedeutung haben. Es kommt insoweit nur auf die Beweisbarkeit der mündlichen Abreden an. Gelingt der Beweis, ist in der mündlichen Vereinbarung gleichzeitig die Aufhebung der vertraglich vereinbarten Schriftform für den Einzelfall zu sehen. Die vertraglich vereinbarte Schriftform wird durch § 550 BGB nicht ausgeschlossen, führt jedoch über § 125 Satz 2 BGB im Zweifel zur Nichtigkeit des Mietvertrags. Nur wenn dieser trotzdem wirksam ist (deklaratorische Bedeutung), treten die Rechtsfolgen des § 550 BGB ein. Dies kommt aber nur in Betracht, wenn der Vertrag trotz § 154 Abs. 2 BGB als geschlossen anzusehen ist.[135] Bei der Vereinbarung der Schriftform kommt der Vertrag i.d.R. mit Unterzeichnung zustande, auch wenn die Form des § 550 BGB nicht gewahrt ist.

28

---

[124] BGH v. 29.10.1986 - VIII ZR 253/85 - BGHZ 99, 54-62; BGH v. 24.01.1990 - VIII ZR 296/88 - juris Rn. 20 - LM Nr. 30 zu § 566 BGB.
[125] BGH v. 29.03.2000 - XII ZR 316/97 - LM BGB § 566 Nr. 39 (10/2000).
[126] BGH v. 22.02.1994 - LwZR 4/93 - juris Rn. 23 - BGHZ 125, 175-182.
[127] H.M.; BGH v. 05.11.2003 - XII ZR 134/02 - NJW 2004, 1103-1104; *Michalski*, WM 1998, 1993-2010, 2008.
[128] OLG München v. 08.03.1996 - 21 U 2850/95 - NJW-RR 1996, 1223; ablehnend OLG Rostock v. 10.07.2008 - 3 U 108/07 - NZM 2008, 646-649 für eine Nachholungsklausel; kritisch dazu *Wichert*, ZMR 2008, 961-962; *Timme/Hülk*, NZM 2008, 764-766; vgl. auch *Ingendoh*, jurisPR-MietR 24/2008, Anm. 3 sowie *Streyl*, NZM 2009, 261-263.
[129] LG Kassel v. 29.04.1999 - 1 S 20/99 - ZMR 1999, 715-716.
[130] BGH v. 19.11.1982 - V ZR 161/81 - juris Rn. 19 - BGHZ 85, 315-319; BGH v. 29.10.1986 - VIII ZR 253/85 - juris Rn. 22 - BGHZ 99, 54-62.
[131] *Emmerich* in: Staudinger, § 550 Rn. 42.
[132] BGH v. 13.11.1963 - V ZR 8/62 - BGHZ 40, 255-265; BGH v. 30.05.1962 - VIII ZR 173/61 - LM Nr. 7 zu § 566 BGB; *Schlemminger*, NJW 1992, 2249-2256, 2254.
[133] Ausführlicher dazu *Stellmann/Süss*, NZM 2001, 969-971.
[134] OLG Rostock v. 02.12.2002 - 3 U 162/01 - juris Rn. 14 - OLGR Rostock 2003, 78-79, allerdings aufgehoben durch BGH v. 21.09.2005 - XII ZR 312/02 - BGHZ 164, 133-138.
[135] BGH v. 15.06.1966 - VIII ZR 48/64 - BB 1966, 1081.

Damit bleibt für § 125 Satz 2 BGB und § 154 Abs. 2 BGB i.d.R. nur der Fall der mündlichen Einigung (konstitutive Bedeutung), während nach Unterzeichnung allein § 550 BGB gilt.[136] Schriftformklauseln in Formularverträgen sind nicht ratsam, da sich die Parteien in Form von mündlichen Abreden, die als Individualvereinbarung nach § 305b BGB vorgehen, formlos über Vertragsänderungen einigen können.[137]

E. Prozessuale Hinweise/Beweislastverteilung

29 Vor der Übergabe an den Mieter muss der Mietinteressent **darlegen und beweisen**, dass es bereits entgegen § 154 Abs. 2 BGB zu einem **mündlichen Vertragsabschluss** gekommen ist. Nach Überlassung des Mietobjektes wird dies vermutet.[138] Bei Streit über die konstitutive oder deklaratorische **Bedeutung einer Schriftformabrede** spricht auf der Grundlage der Regelung in § 154 Abs. 2 BGB („im Zweifel") eine Vermutung für die konstitutive Bedeutung.[139] Daher trägt derjenige die Beweislast, der aus der deklaratorischen Schriftformabrede Rechte für sich ableitet.[140] Wer aus der **Befristung eines Mietvertrages** Rechte für sich ableitet, muss die Aushändigung der Vertragsurkunde als Voraussetzung für das Zustandekommen des Vertrages beweisen.[141] Wer daher von dem Kündigungsrecht nach § 550 BGB Gebrauch machen will, ist für das Vorliegen der Voraussetzungen dieser Vorschrift beweispflichtig.

30 Die über einen Mietvertrag aufgenommene Vertragsurkunde trägt zu ihren Gunsten die Vermutung der Vollständigkeit und Richtigkeit.[142] Nach § 416 ZPO begründet der in der Form des § 126 BGB errichtete Mietvertrag den vollen Beweis dafür, dass die vertraglichen Erklärungen von den Vertragspartnern abgegeben worden sind. Diese Beweisregel erstreckt sich allerdings nicht auf den Inhalt der Erklärungen.[143] Es trägt derjenige die **Beweislast**, der behauptet, dass neben den beurkundeten Abreden noch zusätzliche mündliche Abreden getroffen worden sind.[144] Dazu bedarf es der substantiierten Darlegung, wann, wo, zwischen wem und ggf. unter welchen Umständen die mündliche Zusatzvereinbarung getroffen worden sein soll und weshalb die Beurkundung unterblieben ist.[145] Nach der Rechtsprechung ist bei der Annahme mündlicher Zusatzvereinbarungen Zurückhaltung geboten.[146] Es muss klar erkennbar sein, dass die formfreie Absprache gelten soll, weil andernfalls der Zweck der Schriftformklausel verfehlt würde. Der Umstand, dass sich die Parteien entsprechend der mündlichen Abrede verhalten, bildet allerdings ein gewichtiges Indiz dafür, dass die Parteien beim Abschluss des Änderungsvertrages das Schriftformerfordernis beseitigen wollten.[147] Die Klausel in einem Formularmietvertrag, dass „mündliche Nebenabreden nicht getroffen" worden sind, stellt eine widerlegbare Vermutung dar. Wer behauptet, die Urkunde enthalte nicht die wirksamen Vereinbarungen der Parteien, trägt bei einer eindeutigen Urkunde ebenfalls die Beweislast, dass der übereinstimmende Wille der Parteien ein anderer war. Umgekehrt ist die Lage, wenn die Parteien unstreitig mündliche Abreden getroffen haben, und eine Partei deren Gültigkeit mit der Behauptung bestreitet, die Parteien hätten Schriftform vereinbart.

---

[136] BGH v. 29.09.1999 - XII ZR 313/98 - juris Rn. 52 - LM BGB § 566 Nr. 38 (3/2000); BGH v. 16.02.2000 - XII ZR 258/97 - NZM 2000, 548-549.

[137] BGH v. 31.10.1984 - VIII ZR 226/83 - juris Rn. 14 - LM Nr. 4 zu § 4 AGBG; BGH v. 21.09.2005 - XII ZR 312/02 - BGHZ 164, 133-138.

[138] *Blank/Börstinghaus*, Miete, 2008, § 550 Rn. 94.

[139] OLG Celle v. 12.07.1995 - 2 U 109/94 - ZMR 1996, 26-28.

[140] *Heile* in: Bub/Treier, Handbuch der Geschäfts- und Wohnraummiete, 3. Aufl. 1999, II Rn. 743, 785.

[141] OLG Dresden v. 24.09.1998 - 7 U 937/98 - juris Rn. 44 - ZMR 1999, 104-106.

[142] *Emmerich* in: Staudinger, § 550 Rn. 50.

[143] BGH v. 14.09.2005 - VIII ZR 363/04 - NJW 2005, 3490-3493.

[144] BGH v. 29.04.1970 - VIII ZR 49/69 - LM Nr. 42 zu § 328 BGB. Nach *Timme/Hülk*, NJW 2007, 3313-3317, muss daneben auch dargelegt werden, warum die zusätzliche Abrede nicht beurkundet wurde.

[145] *Heile* in: Bub/Treier, Handbuch der Geschäfts- und Wohnraummiete, 3. Aufl. 1999, II Rn. 767.

[146] BGH v. 02.06.1976 - VIII ZR 97/74 - juris Rn. 46 - BGHZ 66, 378-384.

[147] *Blank/Börstinghaus*, Miete, 2008, § 550 Rn. 97.

Dann trägt die Beweislast derjenige, der sich auf die Schriftformklausel beruft.[148] Erkennt der Gegner des Beweisführers nach § 439 Abs. 2 ZPO die Echtheit seiner Unterschrift unter dem Mietvertrag an, hat das nach § 440 Abs. 2 ZPO zur Folge, dass nunmehr auch die Echtheit der über der Unterschrift stehenden Erklärungen vermutet wird und ggf. zu widerlegen ist.

---

[148] *Emmerich* in: Staudinger, § 550 Rn. 48.

§ 551 BGB Begrenzung und Anlage von Mietsicherheiten

(Fassung vom 02.01.2002, gültig ab 01.01.2002)

(1) Hat der Mieter dem Vermieter für die Erfüllung seiner Pflichten Sicherheit zu leisten, so darf diese vorbehaltlich des Absatzes 3 Satz 4 höchstens das Dreifache der auf einen Monat entfallenden Miete ohne die als Pauschale oder als Vorauszahlung ausgewiesenen Betriebskosten betragen.

(2) ¹Ist als Sicherheit eine Geldsumme bereitzustellen, so ist der Mieter zu drei gleichen monatlichen Teilzahlungen berechtigt. ²Die erste Teilzahlung ist zu Beginn des Mietverhältnisses fällig.

(3) ¹Der Vermieter hat eine ihm als Sicherheit überlassene Geldsumme bei einem Kreditinstitut zu dem für Spareinlagen mit dreimonatiger Kündigungsfrist üblichen Zinssatz anzulegen. ²Die Vertragsparteien können eine andere Anlageform vereinbaren. ³In beiden Fällen muss die Anlage vom Vermögen des Vermieters getrennt erfolgen und stehen die Erträge dem Mieter zu. ⁴Sie erhöhen die Sicherheit. ⁵Bei Wohnraum in einem Studenten- oder Jugendwohnheim besteht für den Vermieter keine Pflicht, die Sicherheitsleistung zu verzinsen.

(4) Eine zum Nachteil des Mieters abweichende Vereinbarung ist unwirksam.

Gliederung

A. Grundlagen	1	II. Höhe der Sicherheitsleistung (Absatz 1)	10
I. Kurzcharakteristik	1	III. Fälligkeit (Absatz 2)	11
II. Gesetzgebungsmaterialien/Entstehungsgeschichte	2	IV. Anlage und Verzinsung (Absatz 3 Sätze 1-3)	12
B. Praktische Bedeutung	3	V. Sonderregelungen für Studenten- oder Jugendwohnheime (Absatz 3 Satz 5)	16
C. Anwendungsvoraussetzungen	4	VI. Rückzahlungsanspruch des Mieters	17
I. Anwendungsbereich	4	VII. Abweichende Vereinbarungen (Absatz 4)	20
1. Sachlicher Anwendungsbereich	4	**D. Rechtsfolgen**	21
2. Arten der Sicherheitsleistung	5	**E. Prozessuale Hinweise/Verfahrenshinweise**	22
3. Übergangsvorschriften	9		

A. Grundlagen

I. Kurzcharakteristik

1   Ziel der Vorschrift ist es, für **Wohnraummietverhältnisse** Rechtssicherheit über die zulässigen Modalitäten bei der Vereinbarung von Mietsicherheiten (i.d.R. **Kautionen**) zu schaffen. Dabei werden in gleichem Umfang das Sicherungsinteresse des Vermieters und das Schutzinteresse des Mieters berücksichtigt.[1] § 551 BGB gibt keinen gesetzlichen Anspruch auf Leistung einer Sicherheit, sondern setzt eine vertragliche Vereinbarung voraus.[2] Die Vorschrift gilt für alle Arten von **Sicherheitsleistungen**, wobei deren Sicherungszweck im Zweifel alle Verpflichtungen des Mieters aus dem Mietvertrag umfasst. Die Höhe der Mietsicherheit ist nach § 551 Abs. 1 BGB auf das Dreifache der Nettomiete begrenzt. Den Vermieter trifft hinsichtlich einer ihm überlassenen Barkaution eine Anlagepflicht. Die Anlage hat grds. bei einem Kreditinstitut zu dem für Spareinlagen mit dreimonatiger Kündigungsfrist üblichen Zinssatz zu erfolgen. Gemäß § 551 Abs. 3 Satz 3 BGB können die Parteien aber auch eine andere Anlageform vereinbaren, um höhere Erträge (z.B. Zinsen oder Dividenden) zu erzielen. Damit gehen sie indessen auch ein Verlustrisiko ein. Insoweit ist der Mieter, der den als Sicherheit geleisteten

---

[1]   *Eckert* in: Hk-BGB, § 551 Rn. 1.
[2]   Ein Muster einer Kautionsvereinbarung ist zu finden bei *Kniep* in: Hannemann/Wiegner, Münchener Anwaltshandbuch Wohnraummietrecht, 3. Aufl. 2010, § 26 Rn. 1.

Betrag dem Verlustrisiko aussetzt, nicht schutzwürdiger als der Vermieter, der seine Sicherheit verlieren kann. Daher haben beide Parteien das Verlustrisiko gemeinsam zu tragen, so dass der Mieter bei einem geringeren als dem erwarteten Gewinn oder einem Verlust weder die Mietsicherheit noch einen Mindestzinssatz vom Vermieter zurückverlangen kann. Unabhängig von der Form der Anlage hat der Vermieter das Geld getrennt von seinem Vermögen anzulegen. Gläubiger sollen keinen Zugriff auf Mietsicherheiten haben.[3] Diesem Zweck genügt ein Sammelkonto des Vermieters, so dass es nicht nötig ist, für jede Mietsicherheit ein eigenes Konto einzurichten. Die Zinsen und die sonstigen Erträge, die das nach § 551 Abs. 3 Satz 1 oder 2 BGB angelegte Kapital abwirft, erhöhen die Sicherheit und stehen daher im vollen Umfang dem Mieter zu. Die Vorschrift ist unabdingbar, § 551 Abs. 4 BGB. Im Falle der Veräußerung gilt § 566a BGB.

II. Gesetzgebungsmaterialien/Entstehungsgeschichte

Die Vorgängervorschrift § 550b BGB a.F. ist durch das Gesetz zur Erhöhung des Angebots an Mietwohnungen vom 20.12.1982[4] in das BGB eingefügt worden und galt ab dem 01.01.1983. Die Regelung über die Verzinsungspflicht beruht auf dem Rechtsgedanken, den der BGH[5] im Anschluss an einen Rechtsentscheid des BayObLG[6] entwickelt hat. In diesem Rechtsentscheid war die bis dahin nicht gesetzlich geregelte Frage zu klären, ob der Vermieter eine Barkaution bei fehlender vertraglicher Vereinbarung zu verzinsen hat. Dies wurde vom BGH mit der Begründung bejaht, dass die Kaution dem Vermieter nicht zur Erlangung von Einkünften sondern nur als Sicherheit für die Erfüllung seiner Ansprüche zur Verfügung gestellt werde. Daher erwarte der Mieter, dass der Vermieter die Kautionssumme zu einem Zinssatz anlegt, der bei Spareinlagen mit gesetzlicher Kündigungsfrist üblicher Weise erzielt wird. Durch das vierte MietRÄndG wurde § 550b BGB a.F. hinsichtlich der Anlagepflicht novelliert. Obgleich in der wissenschaftlichen Diskussion die Notwendigkeit einer wiederholten Neuregelung der Kautionsvorschrift insgesamt bezweifelt und insbesondere darauf hingewiesen wurde, dass die Entwürfe Vorschriften ändern, die sich in der Praxis bewährt haben und bisher von keiner Seite – weder vom Vermieter noch vom Mieter – diese Vorschriften in Zweifel gezogen wurden,[7] ordnete der Gesetzgeber die frühere Regelung des § 550b BGB a.F. über die Mietrechtssicherheit in § 551 BGB neu. Die gegenwärtige Fassung gem. Art. 1 Nr. 3 MietRRG ist seit dem 01.09.2001 in Kraft mit Ergänzungen in § 551 Abs. 3 Satz 2 BGB, wonach die Parteien eine Vereinbarung über die Anlageform treffen können.

B. Praktische Bedeutung

Die praktische Bedeutung des § 551 BGB ist erheblich, da sich Mietkautionen in der Praxis als **maßgebliches Sicherungsmittel** des Vermieters durchgesetzt haben. Insbesondere bei längerfristigen Mietverträgen ist ein Sicherungsbedürfnis des Vermieters von Wohnraum hinsichtlich seiner Ansprüche gegen den Mieter, sei es auf Mietzinszahlung, auf Durchführung von Schönheitsreparaturen oder auf Schadensersatz, anzuerkennen.[8] Bei preisgebundenem Wohnraum bestehen Einschränkungen nach § 9 Abs. 5 Satz 1 WoBindG.

---

[3] *Weidenkaff* in: Palandt, § 551 Rn. 11.
[4] BGBl I 1982, 1912.
[5] BGH v. 08.07.1982 - VIII ARZ 3/82 - BGHZ 84, 345-351.
[6] BayObLG München v. 09.02.1981 - Allg Reg 126/80 - NJW 1981, 994-995.
[7] So *Drasdo*, NZM 2000, 1109-1114, 1109.
[8] Vgl. *Riecke* in: Dauner-Lieb/Heidel/Ring, AnwaltKommentar BGB, § 551 Rn. 2; allgemein *Horst*, MDR 2003, 1035-1039.

C. Anwendungsvoraussetzungen

I. Anwendungsbereich

1. Sachlicher Anwendungsbereich

4   Die Sicherheitsleistung muss im Mietvertrag oder in einem Nachtrag **vereinbart sein**. Die Sicherungs-(Kautions-)Abrede kann sich auf alle Verpflichtungen des Mieters aus dem Mietverhältnis beziehen. Für den Umfang kommt es auf die Abrede im Einzelfall an. Eine Kautionsabrede kann aber auch aus wichtigem Grund **gekündigt** werden.[9] Fehlt eine Sicherungsabrede, sind alle Forderungen des Vermieters umfasst, die sich aus dem Mietverhältnis und seiner Abwicklung ergeben,[10] auch solche, die noch nicht fällig sind.[11] Dies betrifft insbesondere Betriebskostenabrechnungen. Eine Vereinbarung über die Sicherheitsleistung kann auch durch **Formularvertrag** getroffen werden. Allerdings ist insoweit eine deutliche drucktechnische Gestaltung sinnvoll. Gleichwohl kann eine formularmäßige Kautionsvereinbarung nur ausnahmsweise als überraschende Klausel i.S.v. § 305c BGB bewertet werden.[12] In der Regel wird die Kautionsvereinbarung beim Vertragsschluss getroffen; § 551 BGB gilt aber auch für solche Vereinbarungen, die während der Mietzeit zustande kommen. Für gerichtlich angeordnete Sicherheiten gilt § 551 BGB nicht.[13] Die Vorschrift findet **nur bei Wohnraumverträgen** Anwendung.[14] Die Vertragsparteien eines Geschäftsraummietvertrages oder Leasingvertrages können nur einvernehmlich entsprechende Regelungen zur Grundlage des Vertragsverhältnisses machen.[15] Bei **Mischmietverhältnissen** ist davon auszugehen, dass nur dann die Regelung des § 551 BGB eingreift, wenn das Mietverhältnis seinen Schwerpunkt im Wohnraummietrecht hat.[16] Maßgeblich ist in erster Linie der Parteiwille, also wie der Mieter das Objekt nutzen soll und welche Art der Nutzung im Vordergrund steht. Bei **preisgebundenem Wohnraum** gilt es § 9 Abs. 5 Satz 1 WoBindG zu beachten. Danach ist die Kaution keine Sicherheit für alle Forderungen des Vermieters aus dem Mietverhältnis, sondern nur für Ansprüche aus Beschädigung der Wohnung oder wegen Unterlassens überwälzter Schönheitsreparaturen. Bei Angehörigen des öffentlichen Dienstes oder ähnlichen Personengruppen darf die Vereinbarung eines **Wohnungsbesetzungsrechts (§ 16 NMV)** keine Kaution enthalten.[17] Bei **Altverträgen**, d.h. bei Vertragsschluss vor dem Inkrafttreten der Neuregelung der Kautionsvorschrift, gelten die individualvertraglichen Vereinbarungen weiter. Bei Wohnraum in einem **Studenten- oder Jugendwohnheim**[18] besteht für den Vermieter keine Pflicht, die Sicherheitsleistung zu verzinsen, § 551 Abs. 3 Satz 5 BGB.

2. Arten der Sicherheitsleistung

5   § 551 BGB umfasst **alle** Arten von Sicherungsleistungen, insb. die des § 232 BGB.[19] Im Falle der **Barkaution** ist der Mieter verpflichtet, an den Vermieter eine bestimmte **Geldsumme zu übergeben**

---

[9] *Peters*, JR 1997, 353-357, 357.
[10] BGH v. 08.03.1972 - VIII ZR 183/70 - WM 1972, 776-780.
[11] BGH v. 18.01.2006 - VIII ZR 71/05 - NJW 2006, 1422-1423; *Weidenkaff* in: Palandt, § 551 Rn. 7; a.A. LG Berlin v. 08.12.1998 - 63 S 150/98 - Grundeigentum 1999, 188-189 zu § 550b Abs. 1 Satz 2 BGB a.F.
[12] Str., vgl. *Schilling* in: MünchKomm-BGB, § 551 Rn. 6 m.w.N.; zur geltungserhaltenden Reduktion einer Formularklausel über die Kaution vgl. BGH v. 25.06.2003 - VIII ZR 344/02 - juris Rn. 15 - MDR 2003, 1348-1349.
[13] OLG Hamm v. 18.09.1992 - 11 UF 224/92 - FamRZ 1993, 574-575.
[14] Zu den mangelnden Voraussetzungen einer analogen Anwendung bei anderen Vertragstypen vgl. BGH v. 18.11.2009 - VIII ZR 347/08 - juris Rn. 9 - DB 2010, 276-277.
[15] BGH v. 18.11.2009 - VIII ZR 347/08 - juris Rn. 9 - DB 2010, 276-277. Zur Wirksamkeit der formularmäßigen Vereinbarung einer Kaution in siebenfacher Höhe der Monatsmiete vgl. OLG Brandenburg v. 04.09.2006 - 3 U 78/06 - NJW-RR 2007, 670.
[16] So auch *Drasdo*, NZM 2000, 225-228, 226.
[17] Dazu LG München I v. 28.12.1984 - 9 O 9366/84 - WuM 1985, 399.
[18] Vgl. zu den Voraussetzungen des Vorliegens eines Studentenwohnheimes LG Heidelberg v. 25.02.2011 - 5 S 87/10.
[19] Vgl. zu den Arten der Sicherheitsleistung auch *Derleder*, NZM 2006, 601-609.

oder diese auf ein vom Vermieter bestimmtes **Konto einzuzahlen**. Es handelt sich um die in der Praxis häufigste Form der Sicherungsleistung. Die Parteien können auch die Zahlung auf ein vom Mieter ausgewähltes Konto vereinbaren. Eine weitere Möglichkeit besteht darin, dass der Mieter diese Geldsumme auf ein **Sparbuch** einzahlt, das **auf seinen Namen** ausgestellt ist. In diesem Fall wird das Recht auf die Sparforderung vom Mieter an den Vermieter **verpfändet**.[20] Der Mieter muss die Verpfändung dem Kreditinstitut anzeigen und gleichzeitig mitteilen, wer der Pfandgläubiger ist. Das Kreditinstitut versieht das Sparbuch i.d.R. mit einem Sperrvermerk zugunsten des Vermieters. Das Pfandrecht erstreckt sich auch auf die Zinsen (§ 1289 BGB). Des Weiteren kann der Mieter die **Sparforderung** gem. den §§ 398-413 BGB **sicherheitshalber abtreten**, d.h. die Sparforderung steht zur Sicherheit der Erfüllung der Verbindlichkeit aus dem Mietvertrag dem Vermieter zu. Für den Vermieter hat die Sicherungsabtretung den Vorteil, dass er auch ohne Einwilligung des Mieters über die Sparforderung verfügen kann, wenn sich das Sparbuch in seinem Besitz befindet (§ 808 BGB). In diesem Falle sollte der Mieter zuvor durch sein Kreditinstitut einen Sperrvermerk anbringen lassen. Fehlt es an einer Vereinbarung über die Art der Sicherheitsleistung, so liegt in der Übergabe eines Sparbuchs an den Vermieter im Zweifel keine Verpfändung sondern eine Abtretung.[21]

Ein Mieter, der eine Barkaution nicht erbringen kann oder will, kann eine andere Sicherungsform bei Abschluss des Vertrages mit dem Vermieter vereinbaren. In Betracht kommt so in erster Linie eine **Bürgschaft**.[22] Wird der Bürge in Anspruch genommen, so kann er bestimmen, welche der Forderungen des Vermieters erlischt, wenn die Höhe der Bürgschaft nicht ausreicht, um alle Forderungen des Vermieters abzudecken.[23] Bei einer **befristeten Bürgschaft** – wie sie regelmäßig von Banken angeboten wird – kann der Vermieter den Bürgen nur wegen solcher Forderungen in Anspruch nehmen, die bis zum Ende der Befristung fällig geworden sind (§ 777 BGB).[24] Aus diesem Grunde ist es dem Vermieter zu empfehlen, möglichst keine Bürgschaft auf Zeit abzuschließen, sondern lediglich eine Begrenzung zu vereinbaren, die an die Beendigung des Mietverhältnisses geknüpft ist. Bei einer **unbefristeten Bürgschaft** haftet der Bürge im Zweifel nicht für solche Mietzinsverpflichtungen, die entstehen, weil die Parteien des Mietvertrages nach Vertragsende die weitere Fortsetzung des Mietverhältnisses vereinbart haben. Die Parteien können die für den Vermieter nachteilige Rechtsfolge des Verlustes der Sicherung vermeiden, indem sie vereinbaren, dass die Bürgschaft auch verjährte Forderungen sichern soll. Die Bürgschaft bedarf der Schriftform (§ 766 BGB). Sie ist kündbar, aber erst zu dem Zeitpunkt, zu dem der Vermieter ordentlich kündigen kann.[25] Die Bürgschaft ist jedoch von § 551 BGB unberührt, wenn sie der Bürge (der Dritte) unaufgefordert unter der Bedingung (§ 158 BGB) eingeht, dass der Wohnraummietvertrag zustande kommt,[26] oder wenn sie anstelle des § 569 Abs. 3 Nr. 2 BGB eingegangen wird, damit der Vermieter die Kündigung zurücknimmt.[27] Ist als Mietsicherheit eine Bankbürgschaft beigebracht worden, auf der Vermieter nach Beendigung des Mietverhältnisses zurückgreift, erlangt der Mieter bei unberechtigter Zahlung durch die Bank und Belastung des eigenen Kontos einen eigenen Rückzahlungsanspruch gegen den Vermieter.[28]

6

---

[20] LG Baden-Baden v. 29.10.2002 - 3 T 40/02 - WuM 2002, 697; LG Berlin v. 05.09.2002 - 65 T 64/02 - Grundeigentum 2003, 742-743. Zu den Vorteilen dieser Methode, insbesondere im Falle der Insolvenz des Vermieters vgl. *Eckert*, ZMR 2010, 9-16.
[21] LG Dortmund v. 05.12.2006 - 1 S 23/06 - WuM 2007, 73-74.
[22] Allgemein dazu *Durst*, NZM 1999, 64-66; *Boecken/Schifferdecker*, ZfIR 2004, 133-138; *Geldmacher*, NZM 2003, 502-505; *Neuhaus*, GuT 2003, 163-165; *Beuermann*, Grundeigentum 2009, 24-25.
[23] OLG Düsseldorf v. 12.03.1992 - 10 U 123/91 - DB 1992, 1234.
[24] OLG Düsseldorf v. 12.03.1992 - 10 U 123/91 - DB 1992, 1234.
[25] OLG Düsseldorf v. 24.11.1998 - 24 U 264/97 - NJW 1999, 3128-3129; mit Anmerkung von *Schläger*, ZMR 2000, 90-91.
[26] BGH v. 07.06.1990 - IX ZR 16/90 - BGHZ 111, 361-363; a.A. *Tiedtke*, ZMR 1990, 401-404.
[27] LG Kiel v. 12.04.1991 - 7 S 213/90 - NJW-RR 1991, 1291-1292.
[28] AG Berlin-Tiergarten v. 17.07.2003 - 5 C 640/02 - Grundeigentum 2003, 1332-1333: Mietkaution durch Bankbürgschaft.

§ 551

7 Neben den genannten Sicherheiten dürfte auch eine **Verpfändung von Wertpapieren** gem. § 1293 BGB weiterhin möglich sein. Dabei sind für die Entstehung dieses Pfandrechts die Übergabe des Papiers und die Einigung über die Entstehung des Pfandrechts erforderlich (§ 1205 BGB). Der Vermieter ist – sofern keine individuellen Vereinbarungen bestehen – nur zur Verwahrung, nicht jedoch zur Werterhaltung verpflichtet. Im Hinblick auf die Börsensituation ist fraglich, ob der Vermieter bei Gefahr eines Kursverlustes vom Mieter eine Anpassung der Verpfändungshöhe unter Bezugnahme auf § 313 BGB verlangen kann. Dem steht jedoch entgegen, dass Kurseinbrüche oder -schwankungen im Wertpapiergeschäft keine Seltenheit sind. Die Parteien, die ein mehr oder minder spekulatives Papier zur Sicherung verwenden, können sich daher regelmäßig nicht auf ein unvorhersehbares Ereignis berufen, das eine nicht hinnehmbare Verschiebung des wirtschaftlichen Gleichgewichts (Äquivalenzstörung, vgl. die Kommentierung zu § 313 BGB) bewirkt. Vereinzelt lassen sich Vermieter auch **Lohn- oder Gehaltsforderungen abtreten**. Jedoch liegt in der formularmäßigen Vereinbarung einer Lohnabtretung ein Verstoß gegen §§ 305c, 307 BGB.[29] Weitere Formen der Sicherungsleistung, wie etwa die **Sicherungsübereignung von Wertgegenständen** oder die **Hinterlegung von Wertpapieren** sind denkbar, haben aber in der Praxis keine Bedeutung.

8 Aufgrund dieser durch § 551 BGB gewährten **Wahlmöglichkeit** der Sicherungsleistungen richtet sich die Form der Sicherung nach der vertraglichen Vereinbarung. Ist eine Barkaution vereinbart worden, so kann der Mieter dieser Bestimmung weder durch Übergabe eines Sparbuchs noch durch Stellung einer Bürgschaft oder durch andere Formen der Sicherungsleistung nachkommen. Dies gilt schon deshalb, weil der Vermieter seine Ansprüche am einfachsten bei der Barkaution realisieren kann, nämlich durch Aufrechnung.

3. Übergangsvorschriften

9 Für die Verzinsungspflicht des Vermieters gem. § 551 Abs. 3 Satz 1 BGB gibt es eine spezielle Übergangsregelung nach Art. 229 § 3 Abs. 8 EGBGB, wonach diese Vorschrift nicht anzuwenden ist, wenn die Verzinsung vor dem 01.01.1983 durch Vertrag ausgeschlossen worden ist. Dieses Datum markiert das In-Kraft-Treten des „Gesetzes zur Erhöhung des Angebots an Mietwohnungen",[30] mit dem § 550b BGB a.F., und damit die gesetzliche Verzinsungspflicht der Kaution, erstmals eingefügt wurde.[31]

II. Höhe der Sicherheitsleistung (Absatz 1)

10 Die Höhe der Mietsicherheit darf das Dreifache der Monatsmiete (Nettomiete ohne Nebenkosten zur Zeit der Kautionsabrede) nicht übersteigen.[32] Hierbei handelt es sich um einen Höchstbetrag (Wortlaut: „höchstens"), von dem nach unten abgewichen werden kann. In der Praxis legt allerdings meist der Vermieter die Sicherheit fest und verlangt dabei regelmäßig den rechtlich zulässigen Höchstbetrag. Ist jedoch eine **Pauschalmiete** vereinbart, in der auch nicht abzurechnende Betriebskosten enthalten sind, dann ist diese Pauschalmiete für die Kautionsberechnung maßgebend.[33] Die zulässige Höhe der Kaution kann von der Bemessungsgrundlage der vereinbarten Nettokaltmiete abweichen, wenn dem Mieter ein **dauerhafter Mietminderungsanspruch** zusteht.[34] Dies ist häufig dann der Fall, wenn die tatsächliche Wohnfläche geringer als das vereinbarte Maß ist. Dann nämlich liegt bereits im Zeitpunkt der Kautionsvereinbarung ein unbehebbarer Mangel vor, so dass dem Vermieter lediglich ein entsprechend geringeres Sicherungsinteresse zuzuerkennen ist. Die Regelung über die Höhe der Kaution gilt nicht nur für die Barkaution, sondern für jede Form der Sicherungsleistung. Der zulässige Betrag wird nur durch die Zinsen erhöht (§ 551 Abs. 3 Satz 4 BGB). Eine sog. **Doppelsicherung** (z.B. Barkaution und

---

[29] AG Hamburg-Wandsbek v. 09.02.1984 - 714 C 744/83 - WuM 1985, 144-145.
[30] BGBl I 1982, 1912.
[31] Insg. dazu *Pauly*, WuM 1996, 599-602.
[32] Dies gilt nicht bei Geschäftsräumen, da bei diesen auch eine andere Höhe vereinbart werden kann.
[33] *Kniep* in: Hannemann/Wiegner, Münchener Anwaltshandbuch Wohnraummietrecht, 3. Aufl. 2010, § 26 Rn. 23.
[34] BGH v. 20.07.2005 - VIII ZR 347/04 - NJW 2005, 2773-2774.

Gehaltsabtretung oder Bürgschaft) über die drei Monatsmieten hinaus ist unzulässig;[35] den überschießenden Betrag kann der Mieter zurückfordern.[36] Rechtsfolge wäre die Teilnichtigkeit gem. § 139 BGB. An einer Aufrechnung ist der Mieter auch dann nicht gehindert, wenn ein Aufrechnungsverbot vereinbart ist.[37] Eine Aufrechnung des Vermieters gegenüber dem Bereicherungsanspruch des Mieters wegen einer überzahlten Mietkaution ist unzulässig, weil anderenfalls der Schutzzweck des § 551 BGB nicht erfüllt werden könnte.[38] Eine solche Begrenzung des Betrages kommt auch dem Bürgen zugute. Seine Haftung bis zur zulässigen Höhe bleibt aber bestehen.[39] Im Falle einer **Mieterhöhung** kann keine Erhöhung der Kaution verlangt werden.[40] Auch wenn der Mieter eine **höhere Kaution** als drei Monatsmieten **freiwillig** anbietet, darf der nach § 551 BGB zulässige Höchstbetrag nicht überschritten werden.[41] Dies erscheint fraglich, wenn der Mieter freiwillig auf Schutz vor übermäßiger Belastung verzichtet. Die Höchstgrenze darf aber überschritten werden, wenn ein Bürge unaufgefordert die Bürgschaft unter der Bedingung leistet, dass der Mietvertrag zustande kommt und der Mieter dadurch nicht erkennbar belastet wird oder die Bürgschaft in Höhe des Mietrückstandes erteilt wird, um die Rücknahme der Kündigung durch den Vermieter zu erreichen.[42] Es sind auch Fälle denkbar, in denen eine Überschreitung der Obergrenze deshalb geboten ist, weil der Vermieter dem Mieter freiwillig weitgehende Rechte an der Mietsache eingeräumt hat, die zu einem **Sonderrisiko** führen. Deshalb dürfen Sondervereinbarungen, wie beispielsweise die Gestattung von baulichen Änderungen bei Übernahme der Rückbauverpflichtung zum Vertragsende, gesondert gesichert werden. Der Grundsatz der Begrenzung muss auch bei der Installation einer Parabolantenne nicht beachtet werden,[43] denn der Vermieter kann aufgrund des nicht mehr durch den vertragsgemäßen Gebrauch abgedeckten Sonderrisikos eine zusätzliche Sicherheitsleistung verlangen, die höhenmäßig je nach Haftungsrisiko änderbar sein dürfte.[44] Von diesen Sonderfällen abgesehen kann die nach § 551 BGB zulässige Höchstgrenze nicht durch die Vereinbarung besonderer Sicherheiten umgangen werden. Hat der Mieter beispielsweise vereinbarungsgemäß eine allgemeine Mietkaution und zusätzlich eine besondere Kaution (für den Teppichboden, für eine Kücheneinrichtung) zu zahlen, so darf der Gesamtbetrag beider Kautionen die gesetzliche Höchstgrenze nicht überschreiten.[45]

III. Fälligkeit (Absatz 2)

Hat der Mieter eine Geldsumme als Sicherheit bereitzustellen, so ist er berechtigt, die Summe in drei gleichen monatlichen **Teilleistungen** zu erbringen. Dies soll dem Mieter, für den ein Wohnungswechsel meist mit hohen Kosten (Maklerprovision, Umzugskosten, Anschaffungskosten für Einrichtungsgegenstände) verbunden ist, den Wechsel in eine neue Wohnung erleichtern. Andererseits ist das Schutzbedürfnis des Vermieters noch gering, weil bei Vertragsbeginn weder Mietrückstände noch Schadensersatzansprüche – etwa wegen unterlassener Schönheitsreparaturen oder Mietschäden – vor-

---

[35] BGH v. 20.04.1989 - IX ZR 212/88 - juris Rn. 10 - BGHZ 107, 210-214; AG Lübeck v. 17.08.2011 - 23 C 1448/11 unter Hinweis auf unerwünschte Erschwerung zum Abschluss des Vertrages, einen leistungswilligen Dritten zu finden.
[36] AG Köln v. 17.03.1992 - 208 C 605/91 - juris Rn. 11 - WuM 1992, 369.
[37] LG Heidelberg v. 08.11.1996 - 5 S 95/96 - WuM 1997, 42-44.
[38] LG Bremen v. 15.09.1992 - 1 S 194/92 - juris Rn. 16 - NJW-RR 1993, 19.
[39] OLG Hamburg v. 31.01.2001 - 4 U 197/00 - NZM 2001, 375-376.
[40] *Weidenkaff* in: Palandt, § 551 Rn. 9; *Emmerich* in: Staudinger, § 551 Rn. 9; a.A. *Blank* in: Schmidt-Futterer, Mietrecht, 9. Aufl. 2007, § 551 Rn. 62 (zulässig bei Bestehen einer allg. Verpflichtung, wonach der Mieter zur Aufstockung der Kaution verpflichtet ist, wenn sich die Miete erhöht).
[41] *Kniep* in: Hannemann/Wiegner, Münchener Anwaltshandbuch Wohnraummietrecht, 3. Aufl. 2010, § 26 Rn. 24; AG Kerpen v. 14.02.2012 - 104 C 366/11.
[42] *Riecke* in: Dauner-Lieb/Heidel/Ring, AnwaltKommentar BGB, Schuldrecht, § 551 Rn. 23 m.w.N.
[43] OLG Karlsruhe v. 24.08.1993 - 3 REMiet 2/93 - NJW 1993, 2815-2817; LG Dortmund v. 11.01.2000 - 1 S 25/99 - NJW-RR 2000, 889-890.
[44] LG Hanau v. 29.01.1999 - 2 S 392/98 - NJW-RR 1999, 597-598.
[45] AG Aachen v. 16.07.1985 - 12 C 365/84 - juris Rn. 6 - WuM 1986, 336-337: Zusatzkaution für Teppichboden; LG Berlin v. 20.02.1992 - 67 S 328/91 - juris Rn. 7 - WuM 1992, 472-473: Zusatzkaution für Kücheneinrichtung.

liegen werden.[46] Über das Recht zur Teilzahlung muss der Vermieter den Mieter allerdings nicht aufklären.[47] Ohne abweichende Vereinbarungen ist die erste Rate (nicht notwendig eine Monatsmiete) mit **Beginn des Mietverhältnisses** fällig.[48] Dies ist der vertragsgemäße Zeitpunkt der Überlassung[49] und nicht der Zeitpunkt des Vertragsschlusses. Die Zahlung darf der Mieter von der Benennung eines insolvenzfesten Kontos abhängig machen.[50] Sind die ersten drei Monatsmieten verstrichen, ohne dass der Mieter die Zahlungen geleistet hat, so kann der Vermieter die gesamte Kaution auf einmal verlangen, und der Mieter hat kein Recht auf weitere Ratenzahlung.[51] Bei unterbliebener Zahlung vor Übergabe der Mietsache hat der Vermieter ein **Zurückbehaltungsrecht** nach den §§ 273, 274 BGB, nicht nach den §§ 320, 322 BGB.[52] Eine fristlose Kündigung des Vermieters ist jedoch ausgeschlossen (§§ 543 Abs. 2 Satz 1 Nr. 3, 543 Abs. 1 Satz 2, 569 Abs. 5 BGB), nicht dagegen eine ordentliche Kündigung gem. § 573 Abs. 2 Nr. 1 BGB. Wird die Kaution während des Mietverhältnisses vereinbart, ist die erste Rate sofort fällig; insofern gilt § 271 BGB. Die beiden weiteren Raten in Höhe je eines Drittels werden einen und zwei Monate später fällig, wenn die Fälligkeit nicht für spätere Termine vereinbart wurde. Vereinbarungen über eine sofortige Zahlung verstoßen gegen § 551 Abs. 4 BGB, was zu einer Teilnichtigkeit gem. § 139 BGB führt; es tritt die gesetzliche Ratenverpflichtung ein.[53] So ist auch eine Vereinbarung, wonach die Übergabe der Schlüssel von der Zahlung der vollen Kaution abhängig sein soll, ebenfalls unwirksam. Der Anspruch auf Zahlung der Kaution besteht auch **nach Beendigung des Mietvertrages**.[54] Der Vermieter hat danach noch so lange Anspruch auf Zahlung der Kaution, wie aus dem beendeten Mietvertrag noch Forderungen zustehen.[55] Allerdings unterliegt dieser Anspruch der regelmäßigen Verjährung gemäß § 195 BGB, welche mit der Fälligkeit des Anspruchs zu laufen beginnt.[56] Im Ausnahmefall kann **Verwirkung** vorliegen, wenn der Vermieter eine vertraglich vereinbarte Kaution über mehrere Jahre hinaus nicht geltend macht und der Mieter darauf vertraut, dass er nicht mehr in Anspruch genommen wird.[57] Allerdings wird es als unzulässige Rechtsausübung zu bewerten sein, wenn der Vermieter nach Beendigung des Mietvertrages die Kaution geltend macht, obwohl er nichts oder nur einen geringen Betrag zu fordern hat.[58]

IV. Anlage und Verzinsung (Absatz 3 Sätze 1-3)

12 Nach § 551 Abs. 3 BGB hat der Vermieter eine ihm als Sicherheit überlassene Geldsumme bei einem Kreditinstitut zu dem für Spareinlagen mit dreimonatiger Kündigungsfrist üblichen Zinssatz anzulegen.[59] § 551 Abs. 3 BGB wird als **Schutzgesetz** i.S.v. § 823 Abs. 2 BGB angesehen.[60] Unterlässt der

---

[46] BT-Drs. 9/2079, S. 14.
[47] LG Dortmund v. 13.05.2003 - 1 S 365/02 - WuM 2003, 498-499.
[48] Vgl. auch *Schach*, Grundeigentum 2002, 1536-1537 m.w.N.
[49] LG Mannheim v. 12.07.1989 - 4 S 38/89 - ZMR 1990, 18-19.
[50] BGH v. 13.10.2010 - VIII ZR 98/10 - juris Rn. 15 - NJW 2011, 59-61.
[51] LG Berlin v. 13.06.1988 - 61 S 429/87 - juris Rn. 3 - Grundeigentum 1988, 729.
[52] *Kraemer*, NZM 2001, 737-742, 739; siehe auch BGH v. 08.07.1998 - XII ZR 32/97 - juris Rn. 2 - NJW-RR 1998, 1464.
[53] LG Lüneburg v. 09.09.1999 - 1 S 116/99 - NJW-RR 2000, 821-822; a.A. LG München I v. 14.03.2001 - 15 S 13179/00 - NJW-RR 2001, 1230; vgl. zum Ganzen *Nonhoff/Peters*, ZMR 1999, 602-604 m.w.N.
[54] BGH v. 21.11.2011 - VIII ZR 65/11 - juris Rn. 2 - NJW 2012, 996; OLG Düsseldorf v. 19.05.2005 - I-10 U 196/04, 10 U 196/04 - juris Rn. 26 - ZMR 2006, 923-925; AG Pinneberg v. 05.02.2002 - 66 C 212/01 - ZMR 2002, 603-604.
[55] BGH v. 12.01.1981 - VIII ZR 332/79 - LM Nr. 43 zu § 581 BGB; AG Frankfurt v. 31.10.1989 - 33 C 2471/89 - 29 - NJW-RR 1990, 1295. Für die Geschäftsraummiete vgl. KG v. 21.01.2008 - 12 W 90/07 - ZMR 2008, 617-618.
[56] KG v. 03.03.2008 - 22 W 2/08 - juris Rn. 9 - GuT 2008, 126-127; LG Darmstadt v. 07.03.2007 - 4 O 529/06 - NZM 2007, 801.
[57] OLG Celle v. 07.01.1982 - 12 C 657/81 - WuM 1982, 86.
[58] Vgl. LG Saarbrücken v. 19.04.1996 - 13 B S 227/95 - WuM 1996, 616-618.
[59] Vgl. allgemein *Pachur*, DW 2003, Nr. 1, 43-44.
[60] LG Kiel v. 23.04.1998 - 1 S 256/97 - juris Rn. 6 - WuM 1999, 571; LG Hannover v. 22.11.1990 - 3 S 286/90 - NJW-RR 1991, 593.

Vermieter, die Mietkaution getrennt von seinem Vermögen als Sparguthaben anzulegen, so besteht ein Schadensersatzanspruch des Mieters in Höhe des Zinsertrages.[61] Die Verletzung der Vorschrift kann überdies den Tatbestand der Untreue gemäß § 266 Abs. 1 StGB verwirklichen.[62] Die **Anlagepflicht des Vermieters** bezweckt, den Rückzahlungsanspruch des Mieters im Falle einer Zahlungsunfähigkeit des Vermieters vor dem Zugriff von Gläubigern des Vermieters zu schützen. Dem Wortlaut des § 551 Abs. 3 Satz 1 BGB ist zu entnehmen, dass dieser nur bei einer dem Vermieter überlassenen Barkaution anwendbar ist. Die Anlage des Geldes kann durch den Vermieter bei einem Kreditinstitut seiner Wahl im gesamten EU-Bereich erfolgen,[63] wobei dies auch für eine vereinbarte Anlageform i.S.d. § 551 Abs. 3 Satz 2 BGB gilt.[64] Die Anlage gem. § 551 Abs. 3 Satz 1 BGB muss nicht notwendig als Sparguthaben erfolgen; entscheidend ist vielmehr, dass der Zinssatz dem bei drei Monaten Kündigungsfrist entspricht. Eine Anlage ohne Verzinsung ist sicherlich nicht möglich, insb. aus wirtschaftlichen Gründen. Es können auch mehrere Kautionen in einem Konto zusammengefasst werden (sog. **Sammelkonto**). Eine von der Bank gewährte Provision – etwa weil ein Großvermieter alle Kautionen bei einem bestimmten Kreditinstitut anlegt – steht dem Vermieter zu.[65] Für den üblichen Zinssatz ist auf den Zeitpunkt der Anlage abzustellen. Diese Anlage ist eine einklagbare Nebenpflicht des Vermieters[66] und geht im Zweifel auf seine Kosten. Der Mieter hat **Anspruch auf Auskunft** über die vertragsgemäße Anlage der Sicherheitsleistung,[67] wozu auch Kontonummer und Kündigungsfrist zählen.[68] Sollte der Vermieter diesem Anspruch nicht nachkommen, hat der Mieter gegebenenfalls die Möglichkeit der Leistungsklage[69] bzw. einen Schadensersatzanspruch nach § 280 BGB, da der Vermieter zum Schadensersatz verpflichtet ist, wenn er entsprechende gesetzliche Vorgaben nicht erfüllt.[70] **Gläubiger** des Vermieters können während der Bestandskraft der Kaution das Kontoguthaben nicht **pfänden**; wird trotzdem eine Pfändung durchgeführt, hat der Mieter die Möglichkeit, in Anwendung des § 771 ZPO der Pfändung zu widersprechen. Das Vollstreckungsgericht muss eine solche Pfändungsmaßnahme für unzulässig erklären. Das Kreditinstitut oder der Bürge haben auch keine Möglichkeit, auf das Kautionskonto zurückzugreifen, wenn der Vermieter anderweitige Verbindlichkeiten gegenüber dem Kreditinstitut oder dem Bürgen nicht erfüllt.

§ 551 Abs. 3 Satz 2 BGB lässt die **Vereinbarung einer anderen**, auch spekulativen **Anlageform**, die Erträge[71] abwerfen kann, zu,[72] vgl. im Einzelnen Rn. 5 „Arten der Sicherheitsleistung". 13

Die von § 551 Abs. 3 Satz 3 BGB vorgeschriebene **Trennung vom Vermögen des Vermieters** bedeutet, dass der Vermieter ein Konto einrichten muss, das speziell für einen anderen geführt wird, und dass dieses auch nach außen hin sichtbar ist.[73] Am besten hat dies durch offene Bezeichnung als Treuhandkonto zu erfolgen. Die Bezeichnung eines Kontos als „Mietkonto" reicht hierfür nicht aus,[74] wohl aber die Bezeichnung als „Kautionskonto". Dann ist die Kaution von der **Insolvenz des Vermieters** nicht 14

---

[61] LG Waldshut-Tiengen v. 10.11.2011 - 2 S 37/11 - juris Rn. 39.
[62] BGH v. 02.04.2008 - 5 StR 354/07 - JR 2008, 344-348; kritisch dazu *Kretschmer*, JR 2008, 348-350.
[63] *Bub*, NJW 1993, 2897-2903, 2902.
[64] *Weidenkaff* in: Palandt, § 551 Rn. 12.
[65] *Derleder*, WuM 1997, 651-654, 651.
[66] LG Köln v. 11.07.1990 - 10 S 144/90 - juris Rn. 18 - NJW-RR 1991, 80-83 m.w.N.
[67] LG Mannheim v. 07.03.1990 - 4 S 206/89 - NJW-RR 1991, 79-80; LG Kiel v. 29.10.1987 - 1 T 112/87 - juris Rn. 4 - WuM 1988, 266; *Langenberg*, NZM 2001, 69-74, 70.
[68] AG Frankfurt v. 17.11.2000 - 33 C 3350/00 - 76, 33 C 3350/00 - NJW-RR 2001, 1230.
[69] AG Braunschweig v. 20.08.1986 - 114 C 2740/86 (2) - WuM 1987, 257; AG München v. 10.07.1986 - 23 C 2809/86 - NJW-RR 1987, 786.
[70] OLG Frankfurt v. 18.01.1989 - 9 U 161/87 - ZMR 1990, 9-11; *Langenberg*, NZM 2001, 69-74, 70; vgl. auch *Breiholdt*, WE 2002, 177.
[71] BT-Drs. 14/4553, S. 48; z.B. auch Dividenden.
[72] Vgl. hierzu allgemein *Kandelhard*, WuM 2002, 302-304.
[73] *Drasdo*, NZM 2000, 225-228, 226 m.w.N.
[74] BGH v. 25.09.1990 - XI ZR 94/89 - juris Rn. 14 - LM Nr. 25 zu Allg Geschäftsbedingungen der Banken Ziff. 19; vgl. zu Treuhandkonten auch *Lange*, NJW 2007, 2513-2516.

erfasst, berechtigt zur Aussonderung (§ 47 InsO)[75] und ist vor der Einzelzwangsvollstreckung gegen den Vermieter geschützt, auch wenn das Treuhandkonto erst später errichtet wird. Aus diesem Grunde empfiehlt *Eckert* dem Mieter die Einholung einer Bankbestätigung.[76] Zinsen und **Erträge** stehen zwingend dem Mieter zu.[77] Dazu zählen auch gem. § 248 Abs. 2 BGB gutgeschriebene Zinseszinsen und Zinsen aus einem vom Vermieter ausgehandelten höheren Zinssatz.[78] Der Vermieter ist jedoch nicht verpflichtet, das Kreditinstitut auszuwählen, das die höchsten Zinsen zahlt.[79] Die Erträge müssen auf dem Kautionskonto stehen bleiben und dienen im vollen Umfang der Erhöhung der Sicherheit, § 551 Abs. 3 Satz 4 BGB, auch wenn sie die zulässige Kautionshöhe überschreiten. Daher hat der Mieter keinen Anspruch auf jährliche Auszahlung des Zinsbetrages. Die Verzinsungspflicht besteht also solange, bis das Konto aufgelöst wird, wobei die Kosten der Kontoführung und Kostenauslösung vom Vermieter zu tragen sind.[80] Bzgl. der **Besteuerung der Zinsen** gelten nach wie vor die Rundschreiben des Bundesministers der Finanzen vom 28.10.1992 und 09.05.1994.[81] Das bedeutet, dass der Vermieter grundsätzlich verpflichtet ist, bei Anlage auf einem Sammelkonto gegenüber dem für ihn zuständigen Finanzamt eine Erklärung zur einheitlichen und gesonderten Feststellung der Einkünfte aus Kapitalvermögen abzugeben. Gegebenenfalls ist der Mieter verpflichtet, entsprechende Unterlagen beim Vermieter anzufordern, damit er diese Unterlagen seiner Einkommensteuererklärung beifügen kann. Sofern das Kautionskonto aber auf den Namen des Mieters geführt wird, ist dies steuerrechtlich für den Vermieter bedeutungslos; der Mieter muss selbst die steuerrechtlichen Auswirkungen beachten. Während der Mietzeit ist der Mieter verpflichtet, die vertraglich vereinbarte Kaution wieder **aufzufüllen** bis zum Höchstbetrag von drei Monatsmieten, sofern der Vermieter eine Forderung gegenüber dem Mieter hat, die aus dem Kautionsguthaben erfüllt werden kann.[82] Allerdings ist der Vermieter nicht verpflichtet, sich während der Mietzeit aus der Kaution zu befriedigen; er kann den Mieter stattdessen auch auf Erfüllung in Anspruch nehmen und/ oder kündigen.[83] Mangels gegenteiliger vertraglicher Vereinbarung ist die Kautionsabrede nach der Verkehrssitte dahingehend auszulegen, dass der Vermieter während des Mietverhältnisses nur dann auf die Kaution zurückgreifen darf, wenn seine Forderung entweder unstreitig oder rechtskräftig festgestellt ist, oder wenn die Verrechnung auch im Interesse des Mieters liegt.[84] Solange das Mietverhältnis besteht, darf aber der Mieter – sofern nicht besondere Vereinbarungen bestehen – mit seinem Kautionsrückzahlungsanspruch **nicht aufrechnen**,[85] insb. darf der Mieter die Kaution nicht „abwohnen".[86]

15 Die Pflicht des Vermieters zur Anlage der Kaution bei einem Kreditinstitut geht im Falle der Zwangsverwaltung gemäß § 152 Abs. 2 ZVG auf den Zwangsverwalter über. Sie besteht auch dann, wenn der Zwangsverwalter die Kaution zuvor nicht von dem Vermieter erhalten hat.[87]

---

[75] Vgl. BGH v. 20.12.2007 - IX ZR 132/06 - NZM 2008, 203-204, dazu im Ergebnis zustimmend *Timme*, NZM 2008, 429-431; OLG Düsseldorf v. 03.12.1987 - 10 U 117/87 - NJW-RR 1988, 782; OLG Frankfurt v. 02.10.1986 - 1 U 255/85 - NJW-RR 1987, 786-787. Zum Schicksal der Kaution im Falle der Insolvenz von Vermieter oder Mieter vgl. auch *Cymutta*, WuM 2008, 441-444.

[76] *Eckert*, EWiR 2008, 209-210.

[77] Vgl. *Hirte*, MDR 1993, 500-502.

[78] H.M.; *Buß*, ZMR 1996, 8-12 m.w.N.; *Pauly*, WuM 1996, 599-602; a.A. AG Köln v. 28.10.1993 - 210 C 126/93 - NJW-RR 1994, 275-276; AG Frankfurt v. 16.03.2001 - 33 C 4130/00 - 76, 33 C 4130/00- WuM 2001, 336-337.

[79] H.M.; *Drasdo*, NZM 2000, 225-228, 226 m.w.N.

[80] A.A. *Kniep* in: Hannemann/Wiegner, Münchener Anwaltshandbuch Wohnraummietrecht, 3. Aufl. 2010, § 26 Rn. 36.

[81] BGBl I 1992, 693; BMF Schreiben 09.05.1994, BGBl I 1994, 312; sowie LG Berlin v. 02.09.1999 - 62 S 107/99 - NJW-RR 2000, 1537-1538.

[82] LG Berlin v. 02.06.2003 - 67 S 378/02 - Grundeigentum 2003, 1161.

[83] *Emmerich* in: Staudinger, § 551 Rn. 27.

[84] LG Mannheim v. 20.03.1996 - 4 S 123/95 - WuM 1996, 269-270.

[85] AG Aachen v. 01.03.1988 - C 495/87 - DWW 1989, 226-227.

[86] LG München I v. 17.07.1996 - 14 S 5138/96 - WuM 1996, 541; AG Dortmund v. 30.04.2002 - 125 C 532/02 - NZM 2002, 949.

[87] BGH v. 11.03.2009 - VIII ZR 184/08 - juris Rn. 8 - ZMR 2009, 522-523; kritisch dazu *Walke*, jurisPR-MietR 10/2009, Anm. 4.

V. Sonderregelungen für Studenten- oder Jugendwohnheime (Absatz 3 Satz 5)

Diese Ausnahme bezieht sich **nur auf die Verzinsung**, nicht jedoch auf die vom Vermögen des Vermieters getrennte Anlagepflicht. Im Einzelfall entscheidet die Vereinbarung. Ohne Vereinbarung ist der Vermieter weder verpflichtet, Zinsen zu zahlen, noch die Kaution verzinslich zu Gunsten des Mieters anzulegen.[88] Die Regelung beruht auf der Annahme, dass die Betreiber von Jugend- und Studentenwerken ihren Mietern im Hinblick auf die Zinsgewinnung eine günstigere Miete einräumen.[89] Ihre Gründe liegen in der regelmäßig nur geringen Dauer der Mietverhältnisse und in den dadurch bedingten geringeren Zinserträgen, die in keinem Verhältnis zu dem Verwaltungsaufwand stehen.

16

VI. Rückzahlungsanspruch des Mieters

Bei Beendigung des Mietverhältnisses ist der Vermieter verpflichtet, dem Mieter eine **Abrechnung** gem. § 259 BGB zu erteilen.[90] Aus dieser Abrechnung muss die Höhe der Kautionssumme einschließlich der Zinsen feststellbar sein. Außerdem müssen entsprechende Gegenforderungen nachvollziehbar nach Grund und Höhe nachgewiesen werden. Von einer Regelung der Rückzahlungsfrist der Kaution hat der Rechtsausschuss abgesehen.[91]

17

Der Rückzahlungsanspruch des Mieters wird erst nach Ablauf einer **angemessenen Überlegungs- und Abrechnungsfrist** im Anschluss an die Beendigung des Mietverhältnisses fällig. Die Angemessenheit der Frist richtet sich nach den Umständen des Einzelfalles. Insbesondere hat der Vermieter solange ein Zurückbehaltungsrecht an der Kaution als die Höhe der **Betriebskosten** noch nicht feststeht.[92] Es stellt sich dann allerdings die Frage, ob der Vermieter auch bei voller Ausschöpfung der einjährigen Abrechnungsfrist gemäß § 556 Abs. 3 Satz 2 BGB ebenso lange die Sicherheit zurückhalten darf.[93] Ist dem Vermieter eine Abrechnung im Einzelfall schon vor Ablauf der Frist möglich, so wird zu diesem Zeitpunkt auch die Rückzahlung der Kaution fällig. Umgekehrt müssen potentielle Nachforderungen bei Hindernissen, die der Vermieter gemäß § 556 Abs. 3 Satz 3 BGB nicht zu vertreten hat, auch über einen längeren Zeitraum abgesichert bleiben. Die damit verbundenen Nachteile des Mieters überwiegen bereits deshalb nicht das Sicherungsbedürfnis, weil der finanzielle Verlust einer späteren Auskehr durch die Verzinsungspflicht abgedämpft wird.

18

In der vorbehaltslosen Rückgabe der Kaution bei Vertragsende liegt ein Anerkenntnis, dass der Vermieter den Zustand der Mietsache als vertragsgemäß anerkennt und auf die Geltendmachung von Ersatzansprüchen wegen erkennbarer Mängel oder Beschädigungen verzichtet.[94] Falls die **Kaution in anderer Form geleistet** wurde, z.B. in Form einer Bürgschaft, muss der Vermieter seine Forderungen innerhalb der Abrechnungsfrist entweder gegen den Mieter oder gegenüber dem Bürgen geltend machen. Insoweit steht dem Vermieter ein Wahlrecht zu, sofern eine selbstschuldnerische Bürgschaft vereinbart wurde. Der Anspruch des Vermieters auf Zahlung korrespondiert mit dem Anspruch des Bürgen auf Herausgabe der Bürgschaftsurkunde. Es besteht keine Abrechnungsfrist, wenn für die Kaution nur ein Zwangsvollstreckungstitel besteht.[95] Die Zinsen sind gem. den §§ 187-193 BGB zu berechnen. Soweit Kapitalertragssteuer abgezogen ist, hat der Mieter nur Anspruch auf eine Bescheinigung.[96] Gegen den Bereicherungsanspruch des Mieters aus überzahlter Kaution findet keine Aufrechnung mit Er-

19

---

[88] *Weidenkaff* in: Palandt, § 551 Rn. 13.
[89] BT-Drs. 9/2284, S. 3.
[90] Ein Muster einer Kautionsabrechnung ist zu finden bei *Kniep* in: Hannemann/Wiegner, Münchener Anwaltshandbuch Wohnraummietrecht, 3. Aufl. 2010, § 26 Rn. 44.
[91] BT-Drs. 14/5663, S. 165.
[92] BGH v. 18.01.2006 - VIII ZR 71/05 - NJW 2006, 1422-1423; *Kniep* in: Hannemann/Wiegner, Münchener Anwaltshandbuch Wohnraummietrecht, 2. Aufl. 2005, § 38 Rn. 31; vgl. auch *Goetzmann*, ZMR 2002, 566-572.
[93] Ablehnend AG Ahrensburg v. 05.01.2007 - 46 C 943/06 - juris Rn. 6 - WuM 2007, 444-445; für einen teilweisen Einbehalt in Höhe von drei monatlichen Vorauszahlungsbeträgen LG Kiel v. 29.06.2004 - 1 S 66/04 - juris Rn. 10.
[94] OLG München v. 14.07.1989 - 21 U 2279/89 - NJW-RR 1990, 20.
[95] OLG Düsseldorf v. 30.05.1996 - 10 U 158/95 - NJW-RR 1997, 520.
[96] LG Berlin v. 02.09.1999 - 62 S 107/99 - NJW-RR 2000, 1537-1538.

satzansprüchen des Vermieters aus dem Mietverhältnis statt.[97] Bei **Veräußerung der Mietsache** kommt § 566a BGB zur Anwendung. Nach § 566a Satz 1 BGB tritt der Erwerber des veräußerten Wohnraums in die Rechte und Pflichten ein, die durch die Leistung der Sicherheit begründet wurden. Daher kann der Mieter die Kaution auch dann, wenn sie der Erwerber nicht erhalten hat bzw. eine Pflicht zur Rückgewähr übernommen hat, in jedem Fall vom Erwerber zurückverlangen.[98] Dabei haftet nach § 566a Satz 2 BGB der frühere Vermieter neben dem Erwerber fort.[99] Die zeitlich unbegrenzte Haftung des Veräußerers (Subsidiärhaftung) ist jedoch nur auf den Kautionsbetrag beschränkt, der beim Eigentumswechsel vorhanden war. Dabei hat der frühere Vermieter bis zum Eigentumswechsel ein Zugriffsrecht auf die Kaution und kann sie deshalb wegen rechtskräftig festgestellter, unstreitiger oder offensichtlich begründeter Forderungen in Anspruch nehmen.[100] Es kann jedoch auch eine Unübertragbarkeit der Sicherheitsleistung auf den Erwerber und/oder auch ein Zustimmungserfordernis vereinbart werden.[101]

VII. Abweichende Vereinbarungen (Absatz 4)

20 Zum Schutz des Wohnraummieters ist § 551 BGB **zwingend**, so dass abweichende Vereinbarungen unwirksam sind, § 551 Abs. 4 BGB. Beispiele sind die Verfallklausel bei vorzeitiger Beendigung des Mietvertrages,[102] Vereinbarungen, wonach sich der Vermieter mit der Rückzahlung beliebig Zeit lassen kann, sowie die Beschneidung der Möglichkeit, Teilzahlungen entgegen § 551 Abs. 2 Satz 1 BGB zu leisten.[103] Hingegen wird es überwiegend als zulässig angesehen, wenn die Parteien anstelle der Anlegung der Kaution auf einem Treuhandkonto die Rückzahlung des Kautionsbetrages nebst Zinsen durch die Bürgschaft eines geeigneten Kreditinstitutes absichern.[104] Die Unabdingbarkeit umfasst daher den gesamten Inhalt der § 551 Abs. 1-3 BGB, insb. die Ratenzahlung, die Höhe der Raten und der Sicherheit, die Art der Anlage, die auch bei Vereinbarung grds. Ertrag versprechen muss, und den Anspruch auf Erträge und Verwendung.[105]

D. Rechtsfolgen

21 Die **Rechtsfolgen eines Verstoßes** gegen § 551 BGB ergeben sich grundsätzlich aus den §§ 134 und 139 BGB. Nach dem Zweck der gesetzlichen Regelung wird man jedoch annehmen müssen, dass bei einem Verstoß einzelner Klauseln eines Mietvertrages gegen § 551 BGB als Rechtsfolge allein deren Unwirksamkeit und nicht die des gesamten Vertrages in Betracht kommt. Nach überwiegender Ansicht genügt es dabei, die unzulässige Vereinbarung auf den nach § 551 BGB zulässigen Inhalt zu reduzieren.[106] Auf jeden Fall hat der Mieter einen Rückzahlungsanspruch, wenn er unter Verstoß gegen § 551 BGB eine zu hohe Kaution geleistet hat.[107]

---

[97] LG Bremen v. 15.09.1992 - 1 S 194/92 - NJW-RR 1993, 19.
[98] *Kniep* in: Hannemann/Wiegner, Münchener Anwaltshandbuch Wohnraummietrecht, 3. Aufl. 2010, § 26 Rn. 48.
[99] BGH v. 24.03.1999 - XII ZR 124/97 - BGHZ 141, 160-169.
[100] OLG Celle v. 23.04.1997 - 2 U 118/96 - NJW-RR 1998, 585-586.
[101] *Peters*, JR 1997, 353-357, 356-357.
[102] AG Karlsruhe v. 09.02.1988 - 8 C 778/87 - WuM 1989, 73.
[103] LG Hamburg v. 29.06.1990 - 324 O 75/90 - juris Rn. 26 - WuM 1990, 416-418; AG Köln v. 07.06.2002 - 208 C 557/01 - WuM 2003, 357; LG Berlin v. 02.12.2002 - 61 S 259/02 - MM 2003, 192; LG Berlin v. 05.08.2002 - 67 S 342/01 - MM 2003, 46-47; a.A. AG Lörrach v. 15.07.2002 - 3 C 1061/02; LG Berlin v. 03.04.2003 - 62 S 387/02 - MM 2003, 297-298: Ersetzung einer unwirksamen Mietkautionsregelung durch die gesetzliche Regelung; LG Berlin v. 23.04.2002 - 63 S 322/01 - Grundeigentum 2002, 1067; vgl. hierzu auch allgemein *Maciejewski*, MM 2002, Nr. 7/8, 9; *Schach*, Grundeigentum 2002, 1537-1538.
[104] BT-Drs. 9/2079, S. 14; a.A. *Hülsmann*, WuM 1996, 688-689; *Emmerich* in: Staudinger, § 551 Rn. 33.
[105] Allgemein zur Abdingbarkeit *Hirte*, MDR 1993, 500-502.
[106] LG Hamburg v. 09.06.1988 - 7 S 79/88 - juris Rn. 4 - DWW 1989, 112-113; LG Berlin v. 07.11.1989 - 64 S 286/89 - Grundeigentum 1990, 817-819.
[107] BGH v. 20.04.1989 - IX ZR 212/88 - juris Rn. 19 - BGHZ 107, 210-214.

E. Prozessuale Hinweise/Verfahrenshinweise

Bei der Barkaution kann der Mieter einen fälligen **Rückzahlungsanspruch** mit der **Leistungsklage** geltend machen. Der Anspruch hinsichtlich der Kaution einschließlich der Zinsen **verjährt** gem. § 195 BGB. § 548 BGB gilt nicht. Die Verjährung beginnt nicht schon mit dem Ende des Mietvertrages, sondern mit der Fälligkeit des Rückforderungsanspruchs des Mieters. Ist die Höhe der Kautionszinsen unbekannt, so kann **Stufenklage** (Klage auf Auskunft über die Höhe der Zinsen verbunden mit einer Klage auf Leistung) erhoben werden.[108] Der Anspruch auf Verzugszinsen setzt eine Mahnung voraus.[109] Der Vermieter kann auch im Prozess gegen den Rückforderungsanspruch mit Gegenforderungen – auch wenn diese verjährt sind – aufrechnen.[110] Der **Streitwert** der Auskunftsklage des Mieters wegen Anlage der Kaution kann höchstens ¼ der Gesamtkaution betragen.[111] Der Streitwert der Kautionsrückzahlungsklage bemisst sich nach der Höhe der Kaution einschließlich der zugewachsenen Zinsen.[112] Auch der Streitwert einer Mieterklage auf Anlage der Mietkaution auf einem vom Vermögen des Vermieters getrennten Konto ist nach dem Nominalbetrag der Kaution zu bemessen, denn es geht um die Sicherung des Kautionsrückzahlungsanspruchs.[113]

22

§ 551 Abs. 3 BGB gibt dem Mieter einen **Anspruch auf eine bestimmte Anlage** der Mietkaution. Ihm steht insoweit gemäß § 273 BGB ein Zurückbehaltungsrecht an der laufenden Miete zu.[114] Mit einer **Leistungsklage** müsste er z.B. die Verurteilung des Beklagten beantragen, die von dem Kläger bereitzustellende Mietkaution auf einem offenen Treuhandkonto bei einem Kreditinstitut zu dem für Spareinlagen mit dreimonatiger Kündigungsfrist üblichen Zinssatz anzulegen. Die **Zwangsvollstreckung** richtet sich nach § 888 Abs. 1 ZPO.[115] Einer Pfändung des Treuhandkontos kann der Mieter nach § 771 ZPO widersprechen. Die Anlage der Mietkaution auf einem Treuhandkonto kann nicht durch **einstweilige Verfügung** angeordnet werden. Denn dadurch wird der Anspruch des Mieters auf Anlage der Mietkaution befriedigt. Der Mieter hat aber nur ein berechtigtes Interesse an der Sicherung seines Anspruchs auf Rückzahlung der Mietkaution und Schadensersatz wegen entgangener Zinsen; dafür gibt es den Arrest (§ 916 ZPO). Erfüllt hingegen der Mieter die vereinbarte Sicherungspflicht nicht, kann der Vermieter auf Erfüllung klagen; nach Ende des Mietverhältnisses aber nur ausnahmsweise bei Sicherungsinteresse.[116] Ein Anspruch auf Verzugszins besteht dabei jedoch nicht.[117] Die Verjährung richtet sich nach § 195 BGB. Der **Mieter** muss **beweisen**, dass er bei Vertragsbeginn eine Kaution geleistet hat. Der **Vermieter** muss beweisen, dass der Rückforderungsanspruch durch Aufrechnung erloschen ist.

23

---

[108] *Hirte*, MDR 1993, 500-502, 501.
[109] AG Zwickau v. 04.03.1994 - 17 C 2607/93 - WuM 1994, 266.
[110] BGH v. 01.07.1987 - VIII ARZ 2/87 - juris Rn. 22 - BGHZ 101, 244-253.
[111] AG Neumünster v. 09.05.1996 - 8 C 271/96 - WuM 1996, 632-633.
[112] LG Köln v. 08.06.1995 - 1 S 266/94 - WuM 1995, 719-720.
[113] LG Essen v. 18.07.2003 - 10 T 75/03 - MDR 2004, 207.
[114] BGH v. 23.09.2009 - VIII ZR 336/08 - juris Rn. 10 - NJW 2009, 3505. Dies gilt auch gegenüber dem Zwangsverwalter gemäß § 152 ZVG; vgl. dazu die ablehnende Anmerkung von *Walke*, jurisPR-MietR 23/2009, Anm. 4.
[115] Eine unvertretbare Handlung stellt im Übrigen auch die Verpflichtung des Mieters dar, ein Sparguthaben anzulegen und an den Vermieter zu verpfänden, vgl. LG Berlin v. 15.05.2007 - 67 T 34/07 - Grundeigentum 2007, 1191-1192.
[116] LG Saarbrücken v. 19.04.1996 - 13 B S 227/95 - WuM 1996, 616-618.
[117] LG Nürnberg-Fürth v. 02.08.1991 - 7 S 2303/91 - NJW-RR 1992, 335.

§ 552 BGB Abwendung des Wegnahmerechts des Mieters

(Fassung vom 02.01.2002, gültig ab 01.01.2002)

(1) Der Vermieter kann die Ausübung des Wegnahmerechts (§ 539 Abs. 2) durch Zahlung einer angemessenen Entschädigung abwenden, wenn nicht der Mieter ein berechtigtes Interesse an der Wegnahme hat.

(2) Eine Vereinbarung, durch die das Wegnahmerecht ausgeschlossen wird, ist nur wirksam, wenn ein angemessener Ausgleich vorgesehen ist.

Gliederung

A. Grundlagen	1	1. Bestehen des Rechts	5
I. Kurzcharakteristik	1	2. Ausübung des Rechts	6
II. Gesetzgebungsmaterialien	2	3. Folgen der Ausübung	7
B. Praktische Bedeutung	3	II. Ausschluss des Wegnahmerechts gem. Absatz 2	8
C. Anwendungsvoraussetzungen	4	D. Prozessuale Hinweise/Verfahrenshinweise	10
I. Abwendungsbefugnis des Vermieters gem. Absatz 1	4		

A. Grundlagen

I. Kurzcharakteristik

1 § 552 BGB ergänzt die Regelung über das Wegnahmerecht des Mieters in § 539 Abs. 2 BGB. § 552 Abs. 1 BGB räumt dem Vermieter das Recht ein, die Wegnahme der Einrichtung durch Zahlung einer angemessenen Entschädigung abzuwenden. Dieses Recht entfällt jedoch, wenn der Mieter ein berechtigtes Interesse an der Wegnahme hat. § 552 Abs. 1 BGB ist nicht nur auf Wohnraum, sondern auch auf gewerbliche und sonstige Mietverhältnisse anwendbar durch den Verweis in § 578 Abs. 2 BGB. Gem. § 552 Abs. 2 BGB sind Vereinbarungen über einen Ausschluss des Wegnahmerechts des Mieters bei Wohnraummietverhältnissen nur wirksam, wenn ein angemessener Ausgleich vorgesehen ist. Dieser Absatz gilt wie bisher nur für Mietverhältnisse über Wohnraum.

II. Gesetzgebungsmaterialien

2 Die geltende Fassung des § 552 BGB n.F. ist gem. Art. 1 Nr. 3 MietRRG seit dem 01.09.2001 in Kraft und entspricht § 547a Abs. 2-3 BGB a.F. Diese Vorschrift wurde durch das 2. MietRÄndG vom 14.07.1964[1] in das BGB eingefügt.

B. Praktische Bedeutung

3 § 552 BGB kommt in der Praxis meist bei Mietende zum Tragen, ohne dadurch jedoch seine rechtliche Bedeutung für die Dauer des Mietverhältnisses zu verlieren. Hat der Mieter eine Einrichtung so mit dem Mietobjekt verbunden, dass sie in das Eigentum des vermietenden Eigentümers übergegangen ist, stellt sich schon während der Durchführung des Mietvertrages die Frage, ob er sie wieder ausbauen und an sich nehmen darf. Hat der Vermieter bei einer Besichtigung eine Einrichtung bemerkt, die er dem Mietobjekt auf Dauer erhalten will, wird die Befugnis zur Abwendung der Wegnahme durch Zahlung einer Entschädigung relevant; hierzu kann es z.B. kommen, wenn der Vermieter die zusätzliche oder besondere Ausstattung bei künftigen Mieterhöhungen berücksichtigen will. Die praktische Bedeutung der Vorschrift ist jedoch insgesamt nicht allzu erheblich.

---

[1] BGBl I 1964, 457.

C. Anwendungsvoraussetzungen

I. Abwendungsbefugnis des Vermieters gem. Absatz 1

Gem. § 539 Abs. 2 BGB hat der Vermieter die Wegnahme von Einrichtungen zu dulden, mit denen der Mieter die Mietsache versehen hat. Gem. § 552 Abs. 1 BGB kann er jedoch die Entfernung gegen Zahlung einer angemessenen Entschädigung abwenden (sog. **Abwendungsbefugnis**), sofern dem kein berechtigtes Interesse des Mieters an der Entfernung entgegensteht. 4

1. Bestehen des Rechts

Das Abwendungsrecht des Vermieters besteht nur bei Einrichtungen und Räumen. Als **Einrichtungen** i.S.d. § 539 Abs. 2 BGB wurden von der Rechtsprechung anerkannt: ein an der Wohnungstür zusätzlich angebrachtes Sicherheitsschloss,[2] eine eingebaute Heizungsanlage,[3] Badezimmer- und Kücheneinrichtungen usw. (ausführlicher zu den Begriffen der Einrichtung und der Wegnahme vgl. die Kommentierung zu § 539 BGB). Keine Einrichtung liegt vor, wenn der Mieter Umbauten vornimmt, die nicht weggenommen, sondern höchstens zurückgebaut werden können.[4] Ob und in welchem Umfang der Mieter Einrichtungen in das Mietobjekt einbringen darf (Einbaurecht), richtet sich nach dem Mietvertrag oder danach, ob die Maßnahme noch vom vertragsgemäßen Gebrauch gedeckt ist. Ob er sie nach Mietende zu entfernen hat (Wegnahmepflicht), richtet sich ebenfalls nach dem Mietvertrag. Das Recht des Vermieters besteht, solange die Einrichtung noch **mit dem Mietobjekt verbunden** ist. Die Abwendungsbefugnis ist ausgeschlossen, wenn die Einrichtung ausgebaut und der frühere Zustand wiederhergestellt ist, auch wenn sie sich noch in den Räumen befindet.[5] Der Mieter ist daher nicht verpflichtet, die Einrichtung auf Anforderung des Vermieters wieder mit der Mietsache zu verbinden. Er ist zur Wegnahme auch dann berechtigt, wenn die von ihm vorgenommene Einrichtung wesentlicher Gebäudebestandteil geworden und in das Eigentum des Vermieters oder eines Dritten übergegangen ist.[6] Da die Verbindung von Mietobjekt und Einrichtung maßgeblich ist, besteht das Abwendungsrecht unabhängig vom Zustand des Mietverhältnisses. Deshalb kommt es nicht darauf an, ob das Mietverhältnis bis auf weiteres andauert, gekündigt oder beendet ist.[7] Das Abwendungsrecht ist **ausgeschlossen**, wenn der Mieter ein **berechtigtes Interesse** an der Wegnahme hat. Das Interesse des Mieters an der Wegnahme der Einrichtung muss nicht wirtschaftlich begründet sein, es genügt auch ein bloßes Affektionsinteresse,[8] wie z.B. ein Liebhaberinteresse[9]. I.d.R. werden jedoch für den Mieter wirtschaftliche Gründe im Vordergrund stehen. Die Interessen des Mieters haben Vorrang, wenn es sich bei der Einrichtung um ein wertvolles und unersetzliches Erbstück handelt, wenn die Einrichtung auf dem Markt nicht mehr erhältlich ist oder wenn die Kosten der Wegnahme gering, die Kosten der Anschaffung einer neuen Einrichtung jedoch erheblich sind.[10] Die Berücksichtigung aller plausiblen Gründe des Mieters stellt das Korrektiv dafür dar, dass das Abwendungsrecht des Vermieters unabhängig vom jeweiligen Zustand des Mietverhältnisses besteht. Sie ist überdies auch deshalb geboten, weil die Berechnung der vom Vermieter zu zahlenden Entschädigung zum Nachteil des Mieters ausschlagen kann. Ein besonderes Interesse liegt allerdings nicht vor, wenn der Mieter die Einbauten an den Nachfolgemieter verkaufen will. Hier ist das Recht des Vermieters aus § 552 BGB vorrangig. Deshalb ist der 5

---

[2] LG Karlsruhe v. 13.12.1996 - 9 S 271/96 - WuM 1998, 22.
[3] BGH v. 14.10.1958 - VIII ZR 155/57 - LM Nr. 3 zu § 547 BGB; AG Köln v. 28.05.1997 - 219 C 306/94 - juris Rn. 8 - WuM 1998, 345; LG Köln v. 24.03.1998 - 12 S 288/97 - WuM 1998, 345-346.
[4] BGH v. 05.10.2005 - XII ZR 43/02 - juris Rn. 23 - NJW-RR 2006, 294-296. Dann kann jedoch § 812 BGB (Bereicherung auf sonstige Weise) Anwendung finden.
[5] *Bieber* in: MünchKomm-BGB, § 552 Rn. 6.
[6] BGH v. 12.06.1991 - XII ZR 17/90 - juris Rn. 8 - LM VVG § 76 Nr. 5 (3/1992).
[7] *Scheuer* in: Bub/Treier, Handbuch der Geschäfts- und Wohnraummiete, 3. Aufl. 1999, V. B Rn. 262.
[8] *Eckert* in: Hk-BGB, § 552 Rn. 2.
[9] *Bieber* in: MünchKomm-BGB, § 552 Rn. 7.
[10] *Emmerich* in: Staudinger, § 552 Rn. 9.

Mieter in diesem Fall verpflichtet, die Sache zuvor dem Vermieter anzubieten.[11] Aus dem Abwendungsrecht des Vermieters lässt sich **keine Übernahmepflicht** herleiten. Ob und inwieweit der Vermieter von seiner Abwendungsbefugnis Gebrauch macht, unterliegt seinem freien Ermessen. Der Mieter kann die Einrichtung dem Vermieter daher nicht mit dem Ziel aufdrängen, eine Entschädigung zu erhalten. Macht sowohl der Mieter von seinem Wegnahmerecht als auch der Vermieter von seinem Abwendungsrecht keinen Gebrauch, belässt der Mieter die Einrichtung mithin im Mietobjekt, sei es, weil er kein Interesse mehr an ihr hat, sei es, weil er die Kosten für die Herstellung des früheren Zustandes scheut, besteht auch dann keine Pflicht zur Übernahme gegen Entschädigung, wenn der Vermieter die Mietsache anschließend unverändert weiter vermietet.[12] Da § 552 BGB eine abschließende Regelung darstellt, kommen Ansprüche des Mieters auf Verwendungsersatz gem. § 539 Abs. 1 BGB oder Nutzungsentschädigung nicht in Betracht. Die Ausübung des Wegnahmerechts braucht auch nicht vorher vom Mieter **angezeigt** zu werden.[13] Den Mietparteien ist jedoch eine vorherige Verständigung über Wegnahme oder Entschädigung anzuraten. Der Mieter ist des Weiteren nicht verpflichtet, dem Vermieter vor Entfernung der Einrichtung deren Übernahme gegen Entschädigung gem. § 552 Abs. 1 BGB **anzubieten**.[14] Die Belange des Vermieters sind i.d.R. dadurch hinreichend gewahrt, dass er während des Mietverhältnisses in angemessenen Abständen, und zumal gegen dessen Ende, zur Besichtigung berechtigt ist.

2. Ausübung des Rechts

6 Die Abwendung erfolgt durch **Zahlung einer angemessenen Entschädigung oder ein tatsächliches Angebot**[15] des Vermieters, das einen Annahmeverzug des Mieters begründet.[16] Dadurch wird sichergestellt, dass der Mieter nach Mitteilung der Abwendungsabsicht die Verwirklichung der Übernahme nicht folgenlos dadurch zunichtemacht, dass er die Einrichtung kurzerhand entfernt. Die Zahlungszusage beseitigt mithin einerseits das Wegnahmerecht des Mieters und begründet andererseits eine entsprechende Schuld des Vermieters, deren Höhe der Mieter nach den §§ 315, 316 BGB zu bestimmen hat.[17] Die Verhinderung der Wegnahme durch angemessene Entschädigung gilt allerdings nur bei Räumen. Die Wegnahme von Pflanzen, die der Mieter in einem Grundstück eingepflanzt hat, kann der Vermieter nicht verhindern.[18] Bietet der Vermieter nur eine unangemessene Entschädigung an oder ist er z.B. zahlungsunfähig, ist der Mieter dadurch geschützt, dass sein Interesse an der Wegnahme überwiegt, sein Wegnahmerecht also wieder auflebt. Die Zahlung kann unmittelbar, aber auch durch Aufrechnung erfolgen. Der Entschädigungsanspruch des Mieters besteht i.Ü. auch dann, wenn der Vermieter ohne Angebot einer Entschädigung verlangt, der Mieter solle eine Einrichtung zurücklassen, und der Mieter dieser Aufforderung nachkommt; dies gilt selbst dann, wenn der Vermieter ausdrücklich erklärt, eine Entschädigung dafür nicht zahlen zu wollen. Anderenfalls würde derjenige Mieter benachteiligt, der das Verlangen des Vermieters für rechtmäßig hält oder sich ihm nur beugt.[19] Eine Ausnahme gilt lediglich in dem Fall, dass die Erklärung des Vermieters als Vertragsangebot auf kostenlose Übernahme zu verstehen war, auf das der Mieter einging; die Beweislast liegt insoweit beim Vermieter. Die **angemessene Entschädigung** muss dem gegenwärtigen Verkehrswert (Zeitwert) der Einrichtung entsprechen, wobei Kosten und Wertverlust durch Ausbau und Aufwendungen für die Wiederherstel-

---

[11] *Blank/Börstinghaus*, Miete, 2008, § 552 Rn. 7.
[12] BGH v. 14.07.1969 - VIII ZR 5/68 - WM 1969, 1114-1116.
[13] H.M., vgl. *Emmerich* in: Staudinger, § 552 Rn. 5 m.w.N.
[14] OLG Köln v. 08.07.1994 - 11 U 242/93 - juris Rn. 3 - OLGR Köln 1994, 224-225; *Wetekamp*, Grundeigentum 1996, 760, 760.
[15] AG Aachen v. 23.02.1987 - 7 C 2/87 - WuM 1987, 123; *Emmerich* in: Staudinger, § 552 Rn. 4.
[16] KG Berlin v. 09.04.2001 - 8 W 52/01 - MDR 2001, 984.
[17] AG Köln v. 28.05.1997 - 219 C 306/94 - juris Rn. 7 - WuM 1998, 345; mit einer Anm. von *Scholtt*, WuM 1998, 327-328.
[18] OLG Köln v. 08.07.1994 - 11 U 242/93 - OLGR Köln 1994, 224-225.
[19] BGH v. 14.07.1969 - VIII ZR 5/68 - LM Nr. 2 zu Mietvertrag, Deutscher Einheitsmietvertrag.

lung des früheren Zustandes zu berücksichtigen sind.[20] Umstritten ist, ob weiter die ersparten Aufwendungen des Mieters für den Ausbau und die Wiederherstellung des ursprünglichen Zustandes abzuziehen sind sowie der Wertverlust, den die Einrichtung durch den Ausbau erleiden würde.[21] Nach a.A. ist darauf abzustellen, welchen Wert die Einrichtungen für den Vermieter haben.[22] Die Höhe der Entschädigung bestimmt sich nach der Einigung der Parteien. Anderenfalls greift § 316 BGB durch den Mieter als Gläubiger ein. Ist die **Einrichtung mangelhaft**, ist dies bei der Bemessung der Entschädigung zu berücksichtigen. Hat der Vermieter deshalb eine reduzierte Entschädigung geleistet, scheiden Gewährleistungsansprüche aus.[23] Wird das Mietverhältnis nach Veräußerung des Mietobjekts gem. § 566 BGB mit dem Erwerber fortgesetzt, und ist die Einrichtung nach wie vor vorhanden, hat auch der Erwerber das Abwendungsrecht.[24]

3. Folgen der Ausübung

Mit der wirksamen Ausübung des Abwendungsrechts entfällt das Wiederaneignungsrecht des Mieters, so dass die Einrichtung endgültig im Eigentum des Vermieters bleibt. Der nunmehr geschaffene Zustand ist **nicht mehr einseitig abänderbar**.[25] Zahlt der Vermieter die Entschädigung nicht, darf der Mieter die Einrichtung nicht wegnehmen, sondern muss seinen Anspruch notfalls gerichtlich durchsetzen. Bereut der Vermieter im Nachhinein die Übernahme, kann er nicht einseitig gegen Rückzahlung der Entschädigung nach Mietende die Beseitigung verlangen; hierzu bedarf es vielmehr eines Rückabwicklungsvertrages. Auch wenn die Parteien über den Ausschluss des Wegnahmerechts und die Höhe der Entschädigung eine Vereinbarung getroffen haben, **verjährt** der Anspruch des Mieters auf die entsprechende Leistung in der kurzen Frist des § 548 BGB.[26]

7

II. Ausschluss des Wegnahmerechts gem. Absatz 2

Vereinbarungen, durch die das **Wegnahmerecht** des Mieters **ausgeschlossen** wird, müssen einen angemessenen Ausgleich vorsehen, anderenfalls sind sie unwirksam. Auch Individualabreden, nach denen der Mieter „Einrichtungen entschädigungslos zurückzulassen hat", oder in denen mit anderer Formulierung dasselbe Ergebnis erzielt werden soll, sind daher nichtig. Demgegenüber sind Vereinbarungen auch formularvertraglich wirksam, in denen nur die Modalitäten festgelegt sind, wie mit Einrichtungen des Mieters zu verfahren ist. Hierzu gehört insbesondere die Verpflichtung des Mieters, die beabsichtigte Wegnahme dem Vermieter anzuzeigen oder ihm die Einrichtung zunächst zur Übernahme anzubieten.[27] Eine Vereinbarung, wonach der Vermieter auch dann das Recht haben soll, die Wegnahme gegen Zahlung einer angemessenen Entschädigung zu verhindern, wenn der Mieter ein berechtigtes Interesse an der Wegnahme hat, ist nach § 552 Abs. 2 BGB möglich. Als Formularklausel verstieße sie bei Vorliegen der weiteren Voraussetzungen gegen § 305c BGB.[28]

8

Ein Ausschluss kann durch ein Vermieterpfandrecht (§ 562 BGB),[29] durch abweichende Vereinbarungen im Mietvertrag oder auch später erfolgen (§ 311 BGB). **Bei Wohnraum** ist ein Ausschluss – im Unterschied zu § 552 Abs. 1 BGB, der eine angemessene Entschädigung verlangt – nur bei **angemessenem Ausgleich** zulässig, der jedoch nicht notwendig in Geld zu erfolgen hat. Er kann auch durch andere Gegenleistungen des Vermieters erreicht werden. Der Ausgleich erfordert jedoch schon begrifflich, dass die Gegenleistung des Vermieters gerade im Hinblick auf die Einrichtung erfolgt. Bei Verstoß gegen Absatz 2 ist die Klausel nichtig gem. § 134 BGB. § 552 Abs. 2 BGB ist zwingend. **Bei**

9

---

[20] Vgl. dazu insg. *Schollt*, WuM 1998, 327-328.
[21] Vgl. hierzu die Nachweise bei *Schollt*, WuM 1998, 327-328; *Emmerich* in: Staudinger, § 552 Rn. 6.
[22] *Eisenschmid*, WuM 1987, 243-248, 247.
[23] *Emmerich* in: Staudinger, § 552 Rn. 8.
[24] *Schopp*, ZMR 1969, 257-261, 261; vgl. auch BGH v. 14.10.1987 - VIII ZR 246/86 - LM Nr. 29 zu § 571 BGB.
[25] *Olivet*, ZMR 1979, 321-324, 323.
[26] LG Mannheim v. 08.04.1981 - 4 S 138/80 - WuM 1986, 279-280.
[27] *Scheuer* in: Bub/Treier, Handbuch der Geschäfts- und Wohnraummiete, 3. Aufl. 1999, V.B Rn. 273.
[28] *Blank/Börstinghaus*, Miete, 2008, § 552 Rn. 10.
[29] Vgl. dazu *Stellwaag*, DWW 1990, 166-166.

sonstigen Sachen, so auch bei Gewerberäumen[30], ist ein Ausschluss des Wegnahmerechts grundsätzlich zulässig.

D. Prozessuale Hinweise/Verfahrenshinweise

10 Macht der Mieter einen Anspruch auf Entschädigung für eine von ihm zurückgelassene Einrichtung geltend, trägt er die **Beweislast**, dass der Vermieter ihren Verbleib im Mietobjekt verlangt hat; ist unstreitig oder erwiesen, dass der Vermieter die Zurücklassung gefordert hat, hat er gegenüber dem Anspruch des Mieters zu beweisen, dass es sich nur um die Bestätigung eines freiwilligen Wegnahmeverzichts gehandelt hat.[31] Besteht bei der Raummiete Streit über die Höhe der Entschädigung, so muss der Vermieter beweisen, dass der angebotene Betrag angemessen ist. Macht der Mieter geltend, dass er ein berechtigtes Interesse an der Wegnahme i.S.d. § 552 Abs. 1 BGB habe, so muss er diejenigen Tatsachen beweisen, aus denen sich dieses Interesse ergeben soll. Eine **Entschädigung** nach § 552 Abs. 1 BGB kann der Mieter **nicht einklagen**, denn hierbei handelt es sich um keinen Anspruch, sondern um ein dem Vermieter zustehendes Recht, durch welches die Durchsetzung des Wegnahmeanspruchs verhindert werden kann. Etwas anderes gilt aber, wenn im Mietvertrag ein solcher Anspruch vereinbart worden ist,[32] oder wenn sich die Parteien über den Verzicht auf das Wegnahmerecht und die Höhe der Entschädigung einig geworden sind; in diesem Fall kann der Mieter seinen Anspruch auf die vertragliche Regelung stützen.

---

[30] Dazu *Horst*, MDR 2009, 477-481.
[31] BGH v. 14.07.1969 - VIII ZR 5/68 - WM 1969, 1114-1116.
[32] BGH v. 14.07.1969 - VIII ZR 5/68 - WM 1969, 1114-1116.

§ 553 BGB Gestattung der Gebrauchsüberlassung an Dritte

(Fassung vom 02.01.2002, gültig ab 01.01.2002)

(1) ¹Entsteht für den Mieter nach Abschluss des Mietvertrags ein berechtigtes Interesse, einen Teil des Wohnraums einem Dritten zum Gebrauch zu überlassen, so kann er von dem Vermieter die Erlaubnis hierzu verlangen. ²Dies gilt nicht, wenn in der Person des Dritten ein wichtiger Grund vorliegt, der Wohnraum übermäßig belegt würde oder dem Vermieter die Überlassung aus sonstigen Gründen nicht zugemutet werden kann.

(2) Ist dem Vermieter die Überlassung nur bei einer angemessenen Erhöhung der Miete zuzumuten, so kann er die Erlaubnis davon abhängig machen, dass der Mieter sich mit einer solchen Erhöhung einverstanden erklärt.

(3) Eine zum Nachteil des Mieters abweichende Vereinbarung ist unwirksam.

Gliederung

A. Grundlagen.................................... 1	III. Berechtigtes Interesse des Mieters 7
I. Kurzcharakteristik............................. 1	IV. Zumutbarkeit bzw. entgegenstehende Interessen
II. Gesetzgebungsmaterialien..................... 2	des Vermieters (Absatz 1 Satz 2 und Absatz 2) . 12
B. Praktische Bedeutung....................... 3	V. Untermietzuschlag gem. Absatz 2 19
C. Anwendungsvoraussetzungen.............. 4	VI. Abdingbarkeit/Abweichende Vereinbarungen
I. Normstruktur.................................. 4	(Absatz 3)... 23
II. Überlassung eines Teils des angemieteten	**D. Prozessuale Hinweise/Verfahrenshinweise** 24
Wohnraums..................................... 5	**E. Arbeitshilfen**................................... 28

A. Grundlagen

I. Kurzcharakteristik

§ 553 BGB regelt in Ergänzung zu § 540 BGB (vgl. die Kommentierung zu § 540 BGB) den Anspruch des Mieters von Wohnraum auf Erlaubnis der Gebrauchsüberlassung für einen Teil des Wohnraums an einen Dritten oder des Mitgebrauchs, wenn für ihn nach Abschluss des Mietvertrages ein berechtigtes Interesse hieran entstanden ist (sog. „**Abvermietung**"). Dies gilt jedoch nicht, wenn dem Vermieter die Überlassung nicht zuzumuten ist (§ 553 Abs. 1 Satz 2 BGB). Der Vermieter kann außerdem u.U. eine Erhöhung des Mietzinses verlangen (§ 553 Abs. 2 BGB). Die Regelungen des § 553 BGB sind zum Nachteil des Mieters **nicht abdingbar** (§ 553 Abs. 3 BGB). **Zweck** der Regelung ist es, im Interesse des **Bestandsschutzes** das Mietverhältnis auch dann aufrechtzuerhalten, wenn der Mieter den Wohnraum teilweise einem anderen zum Gebrauch überlassen möchte.[1] Dem Mieter soll die Wohnung als sein Lebensmittelpunkt auch dann erhalten bleiben,[2] wenn sich in seinen persönlichen Umständen eine Änderung ergibt, die ihn objektiv zur Aufgabe der Wohnung zwingt, was ihm subjektiv aber nicht zumutbar erscheint.[3] Wegen der besonderen Bedeutung der persönlichen und wirtschaftlichen Verhältnisse des Mieters für Abschluss und Bedingungen des Mietvertrages erstreckt sich sein Gebrauchsrecht nicht auf das Recht, die Mietsache einem anderen ohne Erlaubnis des Vermieters zum selbständigen Gebrauch zu überlassen, wenn dies nicht besonders vereinbart worden ist. Ein unmittelbarer Zwang, die Gebrauchsüberlassung an Dritte zu dulden, kann gegenüber dem Vermieter bei Wohnraummietverhältnissen unter den Voraussetzungen des § 553 BGB, sonst nur bei entsprechender vertraglicher Bindung des Vermieters, ausgeübt werden.[4] Maßgebend für die Entscheidung der Gesetzesverfasser gegen

1

---

[1] BGH v. 03.10.1984 - VIII ARZ 2/84 - juris Rn. 12 - BGHZ 92, 213-222.
[2] AG Berlin-Schöneberg v. 12.07.1989 - 12 C 375/89 - Grundeigentum 1991, 191, also nicht, wenn er diesen an einen anderen Ort verlegt; LG Berlin v. 11.04.1994 - 66 S 5/94 - Grundeigentum 1994, 703.
[3] LG Berlin v. 17.07.1992 - 64 S 99/92 - MM 1992, 354-355.
[4] Allgemein zu den Vermieterpflichten bei Untervermietungsanfragen *Seyfarth*, NZM 2002, 200-205.

die generelle Erlaubnis der Untervermietung war vor allem die Erwägung, dass die Miete grundsätzlich ein persönliches, von gegenseitigem Vertrauen getragenes Rechtsverhältnis sei, in welchem sich der Vermieter nicht gegen seinen Willen einen anderen Mieter aufzudrängen lassen brauche. Zum Ausgleich wurde dem Mieter jedoch ein außerordentliches befristetes Kündigungsrecht eingeräumt, § 540 Abs. 1 Satz 2 BGB (vgl. die Kommentierung zu § 540 BGB).

II. Gesetzgebungsmaterialien

2 Die gegenwärtig geltende Fassung des § 553 BGB gem. Art. 1 Nr. 3 MietRRG vom 19.06.2001[5] ist seit dem 01.09.2001 in Kraft. Vorläufer waren § 549 Abs. 2 BGB a.F. und § 29 MietSchG. Die erstgenannte Vorschrift wurde nach Aufhebung des Mietnotrechts durch das 2. MietRÄndG vom 14.07.1964[6] in das BGB eingefügt. Ab diesem Zeitpunkt gewährte das Gesetz jedem Wohnraummieter im Gegensatz zum gewerblichen Mieter (vgl. die Kommentierung zu § 540 BGB) grundsätzlich einen Anspruch auf Erlaubnis der Gebrauchsüberlassung an einen Dritten, namentlich also der Untervermietung, sofern nur der Mieter ein berechtigtes Interesse hieran hat. Seit dem 18.08.2006 sind neben den Bestimmungen des BGB auch § 2 Abs. 1 Nr. 8 AGG[7] sowie § 19 AGG zu beachten (vgl. näher dazu Rn. 12).

B. Praktische Bedeutung

3 Die Vorschrift war bei den Beratungen des 2. MietRÄndG heftig umstritten. Sie hat aber nie die Bedeutung als Schutzvorschrift des Wohnraummieters erlangt, die man sich seinerzeit wohl vorgestellt hat. Solange das freie Kündigungsrecht des Vermieters bestand, konnte der Mieter von dem Recht nach § 553 BGB n.F. praktisch nur Gebrauch machen, wenn ein langfristiger Mietvertrag bestand, oder wenn er im Fall einer Kündigung des Vermieters mit einer langfristigen Verlängerung aufgrund der Sozialklausel rechnen konnte. Die Beseitigung der Wohnungsnot und die allgemeine Einkommensverbesserung haben inzwischen bewirkt, dass sowohl das Interesse, Teile der Wohnung unterzuvermieten, als auch das Interesse Dritter, zur Untermiete zu wohnen, wesentlich zurückgegangen sind, obgleich die stetig wachsende Zahl beruflich mobiler Mieter die Gelegenheit einer entgeltlichen Gebrauchsüberlassung zu nutzen weiß. An Bedeutung hat die Regelung demgegenüber für die Frage gewonnen, ob der Mieter nach Abschluss des Mietvertrages andere Personen in die Wohnung auf Dauer aufnehmen darf. Der **Schwerpunkt** der Anwendung des § 549 Abs. 2 BGB a.F. lag bei der **Aufnahme des Lebenspartners**. Die Aufnahme eines Lebensgefährten gehörte nach bisheriger herrschender Auffassung nicht zum Kernbestand mietvertraglicher Rechte. Die Vorschrift des § 553 BGB hat ihre Bedeutung bei der **Gründung von Lebens- und Haushaltsgemeinschaften** behalten (vgl. Rn. 11). Sie ist indes nicht auf Sachverhalte beschränkt, in denen Mieter und Untermieter **gemeinsam** wohnen wollen.[8]

C. Anwendungsvoraussetzungen

I. Normstruktur

4 § 553 BGB gibt dem Mieter von Wohnraum unter bestimmten Voraussetzungen einen **Anspruch auf Erteilung der Gebrauchserlaubnis** an Dritte (ausführlicher zu den Begriffen der Gebrauchsüberlassung und der Erteilung der Erlaubnis vgl. die Kommentierung zu § 540 BGB). Dieser Anspruch ist nicht auf eine generelle, sondern nur auf eine personenbezogene Untermieterlaubnis ausgerichtet.[9] Da-

---

[5] BGBl I 2001, 1149; ausführlicher zum Mietrechtsreformgesetz *Weidenkaff* in: Palandt, Einf. v. § 535 Rn. 77.
[6] BGBl I 1964, 457.
[7] Allgemeines Gleichbehandlungsgesetz v. 14.08.2006, BGBl I 2006, 1897.
[8] BGH v. 23.11.2005 - VIII ZR 4/05 - juris Rn. 12 - NZM 2006, 220-221.
[9] BGH v. 21.02.2012 - VIII ZR 290/11 - juris Rn. 3 - GuT 2012, 35; KG Berlin v. 11.06.1992 - 8 RE Miet 1946/92 - NJW-RR 1992, 1229-1230; KG Berlin v. 16.09.1996 - 8 RE Miet 2891/96 - NJW-RR 1997, 333-334; LG Berlin v. 28.05.2001 - 67 S 443/00 - Grundeigentum 2002, 398-399 mit einer Anm. von *Schach*, Grundeigentum 2002, 367-368.

her muss auch die Erlaubnis nach Beendigung des bisherigen Untermietverhältnisses für ein neues erneut eingeholt werden.[10] Die Erlaubnis deckt weder eine weitere Untervermietung noch die vollständige Überlassung der gemieteten Räume an den Dritten ab.[11] Im Falle der Erlaubnisverweigerung kann der Wohnraummieter zwischen der Geltendmachung dieses Anspruchs und der Kündigung nach § 540 Abs. 1 Satz 2 BGB (vgl. die Kommentierung zu § 540 BGB) wählen. Der Anspruch nach § 553 BGB auf Erteilung der Erlaubnis ersetzt die Erlaubnis selbst nicht.[12] Der Mieter hat Anspruch auf Erteilung einer Erlaubnis ohne Bedingungen und Auflagen,[13] die Erlaubnis kann aber befristet werden.[14] Der Mieter kann die Erlaubnis allerdings nur verlangen, wenn er einen **Teil des Wohnraums** einem Dritten überlassen möchte, ein **berechtigtes Interesse** an der Überlassung hat, das **nach Abschluss des Mietvertrages** entstanden ist (es kann aber bereits vor Überlassung der Mietsache entstanden sein) und die Überlassung an einen Dritten dem **Vermieter zugemutet** werden kann. Dabei kann sich eine Unzumutbarkeit nicht nur aus der Person des Dritten, sondern auch aus einer Überbelegung des Wohnraums oder aus anderen Gründen ergeben, z. B. in dem vom Gesetz besonders erwähnten Fall, dass der Mieter sich weigert, in eine angemessene Mieterhöhung einzuwilligen, § 553 Abs. 2 BGB. § 553 Abs. 3 BGB regelt die Abdingbarkeit.

II. Überlassung eines Teils des angemieteten Wohnraums

§ 553 BGB bezieht sich nur auf die Überlassung eines Teils[15] des angemieteten Wohnraums. Die Überlassung der kompletten Wohnung zum Alleingebrauch an einen Dritten fällt nicht unter § 553 BGB, sondern unter § 540 BGB,[16] so dass in einem solchen Fall die Erlaubnisverweigerung nur zur Kündigung nach § 540 Abs. 1 Satz 2 BGB führen kann. Der Gesetzgeber hat ausdrücklich davon abgesehen, diese Regelung auf die Überlassung des gesamten Mietobjekts zu erstrecken[17]. § 553 BGB erfasst nicht nur die Untervermietung von einzelnen Wohnräumen, sondern jede Gebrauchsüberlassung, die sich nicht als vollständige Überlassung der ganzen Wohnung darstellt, also auch die Überlassung der ganzen Wohnung zum Mitgebrauch zusammen mit dem Mieter.[18] Nach heute h.M. ist es gleichgültig, ob dem Dritten ein selbständiges Besitzrecht an der Sache eingeräumt wird (Untermiete), oder ob der Dritte lediglich zur Mitbenutzung der Mietsache berechtigt sein soll (Aufnahme des Lebensgefährten).[19] Die **Wohnraummiete** bildet einen Sonderfall der Raummiete. Maßgebend für die Abgrenzung ist in erster Linie die vertragliche Zweckbestimmung der Räume. Wohnraummiete ist nur anzunehmen, wenn zum privaten Aufenthalt von Menschen geeignete Räume gerade für diesen Zweck, d.h. zum Zweck der Nutzung der Räume zu Wohnzwecken durch den Mieter selbst vermietet werden. **Wohnraum** ist jeder zum Wohnen (insb. Schlafen, Essen, Kochen, dauernde private Benutzung) bestimmter Raum, der Innenteil eines Gebäudes, nicht notwendig ein wesentlicher Bestandteil eines Grundstücks, ist, daher auch transportable Baracken; nicht aber bewegliche Sachen und deren Innenräume, z.B. Wohnwagen, Schiffskajüten.[20] Zum Wohnraum gehören auch die Nebenräume (z.B. Bad, Flur, Abstellraum, Kellerabteil. Unter dem Begriff **Wohnung** versteht man die Gesamtheit der

5

---

[10] LG Frankfurt v. 06.10.1992 - 2/11 S 3/92 - WuM 1993, 345-346.
[11] OLG Hamm v. 17.01.1992 - 30 U 36/91 - NJW-RR 1992, 783-785; AG Berlin-Schöneberg v. 10.12.1992 - 102 C 241/92 - Grundeigentum 1993, 267-269.
[12] OLG Hamm v. 11.04.1997 - 30 REMiet 1/97 - juris Rn. 16 - NJW-RR 1997, 1370; BayObLG München v. 26.10.1990 - RE-Miet 1/90 - juris Rn. 16 - NJW-RR 1991, 461-462; dazu ausführlicher *Pauly*, ZMR 1995, 574-576.
[13] LG Hamburg v. 10.06.1993 - 334 S 24/93 - WuM 1993, 737-738.
[14] LG Stuttgart v. 21.11.1991 - 6 S 208/91 - WuM 1992, 122-123.
[15] Vgl. zum Ganzen *Roggenbrodt*, MM 1998, Nr. 9, 9; *Beuermann*, Grundeigentum 1996, 562.
[16] LG Berlin v. 29.08.1989 - 64 S 374/89 - Grundeigentum 1989, 1111.
[17] BT-Drs. IV/806, S. 9.
[18] OLG Hamm v. 17.08.1982 - 4 REMiet 1/82 - NJW 1982, 2876-2881.
[19] OLG Hamm v. 17.08.1982 - 4 REMiet 1/82 - NJW 1982, 2876-2881; vgl. dazu auch Anm. von *Finger*, WuM 1983, 8-9; BayObLG München v. 29.11.1983 - ReMiet 9/82 - juris Rn. 10 - MDR 1984, 316; vgl. auch *Wangard*, ZMR 1986, 73-76; ausführlicher zum jetzt wohl überholten Streitstand bzgl. des selbständigen und unselbständigen Mitgebrauchs die Kommentierung zu § 540 BGB.
[20] *Weidenkaff* in: Palandt, Einf. v. § 535 Rn. 89.

Räume, welche die Führung eines Haushalts ermöglicht (daher nicht ein einzelnes Zimmer). Nicht Wohnraum sind Räume der Beherbergungsbetriebe.

6 Von der **Überlassung eines Teils** des Wohnraums kann nur gesprochen werden, wenn der Hauptmieter in der Lage ist, die tatsächliche **Sachherrschaft** über die Miträume auszuüben, was eine vorübergehende Ortsabwesenheit nicht ausschließt.[21] Eine Gesamtüberlassung der Räume zum alleinigen Gebrauch des Dritten ist jedoch anzunehmen während eines monate- oder gar jahrelangen Auslandsaufenthalts des Mieters.[22] Entgegen LG Berlin[23] fällt dann auch eine möblierte Untervermietung durch den längere Zeit auslandsabwesenden Mieter nicht unter § 553 BGB,[24] ebenso, wenn der Mieter seinen Besitz an der Wohnung derart aufgibt, dass er sich nur noch gelegentlich besuchsweise beim Untermieter aufhält.[25] Zwar ist der Mieter nicht zur Nutzung verpflichtet, ihm obliegt aber die Obhut über die Mietsache, deren Ausübung durch Dritte § 553 BGB gerade verhindern will.[26] Der Mieter muss daher sowohl den tatsächlichen Gebrauch der Mietsache beeinflussen können als auch dem Vermieter als ansprechbarer Vertragspartner zur Verfügung stehen.[27] Die Untervermietung eines Teils der Wohnung trotz verweigerter Untermieterlaubnis berechtigt allerdings nicht zur fristlosen bzw. fristgerechten Kündigung, wenn der Mieter einen Anspruch gegen den Vermieter auf die Untermieterlaubnis hat.[28] Für öffentlich geförderten Wohnraum ist zusätzlich § 21 WoBindG zu beachten, wonach die Anwendung der Vorschriften des WoBindG von dem Anteil der untervermieteten Fläche abhängt.[29]

III. Berechtigtes Interesse des Mieters

7 Der Anspruch auf Erteilung der Gebrauchserlaubnis setzt ein berechtigtes Interesse an der Gebrauchsüberlassung voraus. Als berechtigt gilt jedes, auch höchstpersönliche Interesse des Mieters von nicht ganz unerheblichem Gewicht, das mit der geltenden Sozialordnung in Einklang steht.[30] Mit diesem Tatbestandsmerkmal soll verhindert werden, dass der Mieter nach eigenem Ermessen den Umfang des Gebrauchs der Wohnung gestaltet. Insgesamt wird der Begriff heute in der Regel ganz weit ausgelegt, so dass Fälle, in denen ein berechtigtes Interesse des Mieters verneint wird, nur noch selten sind. Immer muss es sich indes um ein Interesse gerade des Mieters selbst handeln, so dass die Frage, ob allgemeine humanitäre Erwägungen bzw. die Hilfsbereitschaft gegenüber einem Fremden ausreichen, umstritten ist.[31] Das Interesse muss **nach Abschluss des Mietvertrages**, aber nicht notwendigerweise nach Übergabe der Mietsache entstanden sein.[32] Anfängliches Interesse genügt nicht.[33] Damit soll verhindert werden, dass der Mieter den Mietvertrag im Bewusstsein des latenten Wunsches einer Drittüberlassung gleichsam unter Vorspiegelung falscher Voraussetzungen erlangt. Ist das berechtigte Inte-

---

[21] LG Berlin v. 20.04.1993 - 63 S 43/93 - Grundeigentum 1993, 653; LG Kiel v. 21.12.1987 - 1 S 4/87 - WuM 1988, 125.
[22] LG Berlin v. 10.11.1994 - 61 S 204/94 - Grundeigentum 1995, 569: 1 Jahr; OLG Hamm v. 19.03.1998 - 28 U 207/97 - MDR 1998, 1127-1128: 3 Jahre; LG Berlin v. 22.05.1995 - 62 S 80/95 - Grundeigentum 1995, 1277-1279: 4 Jahre; LG Hamburg v. 08.01.1993 - 311 S 225/92 - WuM 1994, 536-537: mehrere Monate; a.A. bei gelegentlicher Rückkehr des Mieters LG Hamburg v. 18.04.1991 - 334 S 160/90 - WuM 1994, 535-536; vgl. *Sternel*, Mietrecht aktuell, 1991, S. 242 Rn. 211 m.w.N.
[23] LG Berlin v. 14.02.1994 - 67 S 297/93 - NJW-RR 1994, 1289-1290.
[24] So auch LG Mannheim v. 30.04.1997 - 4 S 142/96 - juris Rn. 5 - WuM 1997, 369-370.
[25] LG Berlin v. 30.05.1991 - 62 S 17/91 - WuM 1991, 483; vgl. auch LG Hamburg v. 20.07.2001 - 311 S 5/01 - ZMR 2001, 973-974.
[26] Anders für Pachtvertrag OLG Koblenz v. 08.01.1985 - 3 Wlw 4/84 - AgrarR 1985, 261.
[27] LG Berlin v. 30.05.1991 - 62 S 17/91 - WuM 1991, 483; LG Mannheim v. 30.04.1997 - 4 S 142/96 - WuM 1997, 369-370.
[28] LG Berlin v. 10.04.2003 - 67 S 383/02 - Grundeigentum 2003, 880-881.
[29] Zur Berechnung der maßgeblichen Fläche vgl. LG Mannheim v. 05.03.1997 - 4 S 182/96 - WuM 1997, 263.
[30] Zuletzt BGH v. 23.11.2005 - VIII ZR 4/05 - juris Rn. 8 - NZM 2006, 220-221; vgl. zum Begriff des berechtigten Interesses auch *Gather*, DWW 2009, 242-246.
[31] Dagegen: LG Berlin v. 25.02.1994 - 64 S 1/94 - WuM 1994, 326-327; dafür *Derleder*, WuM 1994, 305-306.
[32] *Bieber* in: MünchKomm-BGB, 6. Aufl. 2012, § 553 Rn. 7.
[33] BGH v. 03.10.1984 - VIII ARZ 2/84 - juris Rn. 19 - BGHZ 92, 213-222.

resse zur Drittüberlassung bereits bei Vertragsschluss vorhanden, kann der Mieter auf eine entsprechende Ausgestaltung des Mietvertrages drängen. Es genügt jeder vernünftige Grund, der den Wunsch des Mieters nach Überlassung eines Teils der Wohnung an Dritte nachvollziehbar erscheinen lässt,[34] mag der Grund seine Ursache im familiären, sonstigen persönlichen oder wirtschaftlichen Bereich haben, insbesondere Verringerung der Familie durch Tod, Auszug,[35] andererseits Aufnahme der Eltern,[36] gesunkenes Einkommen,[37] teilweise Kompensation der Kosten einer berufsbedingten Zweitwohnung,[38] Vermeidung zunehmender Vereinsamung eines älteren Menschen.[39] Ist die Wohnung nach dem Tod oder dem Wegzug von Familienmitgliedern zu groß geworden, wird dies als berechtigtes Interesse teilweise nur anerkannt, wenn dem Mieter der Umzug in eine kleinere Wohnung nicht zugemutet werden kann.[40] Es bleibt abzuwarten, ob sich gerade mit der Veränderung der Altersstruktur in der Bevölkerung neue Modelle des Zusammenlebens älterer Menschen durchsetzen werden (so genannte Rentner-WG). Die soziale und zwischenmenschliche Ernsthaftigkeit solcher Gemeinschaften hebt sich regelmäßig deutlich von bloßen finanziellen Interessen oder Zweckmäßigkeitserwägungen ab, so dass der Schutz des § 553 BGB auch auf diese Fälle zu erstrecken sein wird (vgl. zur Wohngemeinschaft allgemein Rn. 10).

Finanzielle Gründe liegen z.B. vor, wenn der in der Wohnung verbleibende Mieter nach einer Trennung vom bisherigen Partner[41] (Scheidung, Verlassen, Tod) oder aus sonstigen (einkommensbedingten) Gründen die finanziellen Belastungen der Wohnung nicht allein tragen kann.[42] Die finanziellen Schwierigkeiten müssen unverschuldet eingetreten sein. Kein berechtigtes Interesse stellt die Absicht dar, einen Teil seines Lebensunterhalts durch Untervermietung zu erzielen.[43] Ebenfalls nicht ausreichend ist der Auszug eines Mitmieters[44] oder die bloße Absicht wirtschaftlicher Verwertung der Wohnung bei längerer Abwesenheit.[45]

8

Der **Begriff des Dritten** ist in § 553 BGB nicht anders zu verstehen als in § 540 BGB (vgl. die Kommentierung zu § 540 BGB).[46] Zur **Aufnahme des Ehegatten**,[47] von **nächsten Familienangehörigen**,[48] des **Lebenspartners**, der als Familienangehöriger gilt (§ 11 Abs. 1 LPartG)[49] und von **Hausbe-**

9

---

[34] BGH v. 03.10.1984 - VIII ARZ 2/84 - BGHZ 92, 213-222.
[35] AG Hamburg v. 16.05.1990 - 45 C 334/90 - WuM 1990, 500.
[36] BayObLG München v. 06.10.1997 - RE-Miet 2/96 - NJW 1998, 1324-1326; vgl. dazu auch *Rustige*, SchAZtg 2001, 223-224.
[37] LG Hamburg v. 19.04.1983 - 16 S 329/82 - WuM 1983, 261; LG Frankfurt v. 06.10.1992 - 2/11 S 3/92 - WuM 1993, 345-346; AG Kandel v. 28.04.1988 - C 10/88 - FamRZ 1989, 505; AG Büdingen v. 07.06.1991 - 2 C 143/91 - WuM 1991, 585; AG Bielefeld v. 26.07.1991 - 17 C 1372/90 - WuM 1992, 122.
[38] AG Stuttgart v. 08.02.2012 - 32 C 6091/11 - juris Rn. 5 - ZMR 2012, 366-367.
[39] AG Hamburg v. 16.05.1990 - 45 C 334/90 - WuM 1990, 500.
[40] LG Berlin v. 02.07.1981 - 61 S 90/81 - MDR 1982, 234-235; ein berechtigtes Interesse nach Auszug eines Ehegatten haben bejaht LG Berlin v. 07.09.1983 - 64/63a S 219/83 - Grundeigentum 1983, 1111; LG Frankfurt v. 15.05.1979 - 2/11 S 32/79 - juris Rn. 5 - WuM 1981, 39-40; vgl. auch *Nassall*, ZMR 1983, 333-340, 335 m.w.N.
[41] LG Frankfurt v. 15.05.1979 - 2/11 S 32/79 - juris Rn. 5 - WuM 1981, 39-40.
[42] AG Kandel v. 28.04.1988 - C 10/88 - FamRZ 1989, 505; LG Hamburg v. 16.12.1993 - 334 S 77/93 - WuM 1994, 203; AG Köln v. 23.06.1994 - 215 C 36/94 - WuM 1995, 654; AG Berlin-Schöneberg v. 12.07.1994 - 16 C 511/93 - MM 1995, 30-31; LG Berlin v. 16.07.1996 - 65 S 120/96 - Grundeigentum 1996, 1053-1055.
[43] LG Berlin v. 06.08.1996 - 64 S 249/96 - WuM 1996, 762-763; LG Frankfurt v. 20.05.1997 - 2/11 S 516/96 - NJWE-MietR 1997, 198.
[44] LG Berlin v. 26.04.1982 - 61 S 34/82 - MDR 1982, 850-851.
[45] LG Mannheim v. 30.04.1997 - 4 S 142/96 - WuM 1997, 369-370 m.w.N.; a.A. LG Berlin v. 14.02.1994 - 67 S 297/93 - NJW-RR 1994, 1289-1290; dazu auch *Mutter*, ZMR 1998, 204-205.
[46] Zur Aufnahme Dritter in die Mietwohnung ausführlich *Köhler*, ZAP Fach 4, 213-230.
[47] Allgemein dazu *Hummel*, ZMR 1975, 291-294.
[48] Z.B. Kinder, Stiefkinder: BGH v. 15.05.1991 - VIII ZR 38/90 - juris Rn. 34 - LM Nr. 4 zu § 9 (Ca) AGBG; je nach Umständen des Einzelfalles der Eltern: BayObLG München v. 06.10.1997 - RE-Miet 2/96 - NJW 1998, 1324-1326; nicht aber des Bruders: BayObLG München v. 29.11.1983 - ReMiet 9/82 - MDR 1984, 316; vgl. auch *Emmerich* in: Staudinger, § 553 Rn. 8.
[49] Ausführlicher dazu *Finger*, WuM 2000, 462-464.

diensteten in die Mietwohnung benötigt der Mieter grundsätzlich keine Erlaubnis des Vermieters.[50] Die Aufnahme dieser Personen gehört grundsätzlich zum vertragsgemäßen Gebrauch der Mietwohnung,[51] wobei bei der Aufnahme des Ehegatten und gemeinsamer Kinder eine auch erhebliche Überbelegung – entgegen der früheren Rechtsprechung[52] – eine Kündigung des Vermieters gem. § 543 Abs. 2 Nr. 2 BGB nur bei erheblicher Beeinträchtigung seiner Interessen rechtfertigen kann.[53] Ausnahmen gelten für Wohnungen innerhalb der vom Vermieter selbst bewohnten Wohnung, die der Vermieter ganz oder überwiegend mit Einrichtungsgegenständen auszustatten hat. Auch besteht bei einer Aufnahme auf Dauer eine Anzeigepflicht gegenüber dem Vermieter.[54] Zweifelhaft ist, wie weit die vollständige Aufnahme von bisher getrennt lebenden Familienmitgliedern noch unter den vertragsgemäßen Gebrauch der Mietsache fällt. Es kommt auf die Art und den Zuschnitt der Wohnung an sowie darauf, ob der Vermieter bei Vertragsschluss mit der Aufnahme weiterer Personen rechnen musste.[55] Bei überwiegender Ortsabwesenheit des Mieters wird die Aufnahme von Angehörigen auch auf längere Dauer für zulässig gehalten.[56]

10 Innerhalb des Interessenbegriffs können auch die persönlichen Vorstellungen des Mieters über seine künftige Lebensplanung Berücksichtigung finden.[57] Wenn also der Mieter im Rahmen seiner Lebensgestaltung aus persönlichen oder wirtschaftlichen Gründen mit einem Dritten eine auf Dauer angelegte **Wohngemeinschaft**[58] begründen will, so reicht dies für die Feststellung eines berechtigten Mietinteresses i.S.d. § 553 Abs. 1 Satz 1 BGB aus.[59] Von einer Wohngemeinschaft spricht man in erster Linie, wenn mehrere Personen gemeinsam eine Wohnung mieten, wobei sie sich darüber einig sind, dass jeder Mieter zu einem beliebigen Zeitpunkt wieder ausziehen und durch einen anderen Mieter ersetzt werden kann. Wohngemeinschaften sind Mietverhältnisse, bei denen entweder mehrere Personen als Hauptmieter gegenüber dem Vermieter auftreten oder eine oder mehrere Personen als Hauptmieter, während weitere Personen, denen der Mitgebrauch überlassen ist, entweder formell Untermieter sind oder ihnen jedenfalls von den Hauptmietern der Gebrauch überlassen worden ist. Die Rechtsbeziehungen der Beteiligten richten sich in diesem Fall in erster Linie nach den Abreden untereinander und mit dem Vermieter. Die Rechtsbeziehungen der Mitglieder einer Wohngemeinschaft sind nicht als BGB-Gesellschaft zu qualifizieren sondern als Rechtsverhältnis eigener Art.[60] Sind keine besonderen Abreden getroffen worden, so kann, namentlich bei studentischen Wohngemeinschaften, häufig davon ausgegangen werden, dass der Vermieter jedenfalls konkludent mit einem ständigen Wechsel der Mitglieder der Wohngemeinschaft einverstanden ist, unbeschadet seines Rechts, entsprechend § 553 Abs. 1 Satz 2 BGB dem Wechsel einzelner Mitglieder zu widersprechen, wenn die neuen Mitglieder für ihn

---

[50] LG München I v. 10.04.1991 - 14 S 4544/89 - NJW-RR 1991, 1112-1113; BayObLG München v. 06.10.1997 - RE-Miet 2/96 - NJW 1998, 1324-1326 wonach aber keine Überbelegung der Wohnung eintreten darf; ausführlicher zum Ganzen die Kommentierung zu § 540 BGB.

[51] BGH v. 14.07.1993 - VIII ARZ 1/93 - juris Rn. 19 - BGHZ 123, 233-242.

[52] OLG Karlsruhe v. 16.03.1987 - 3 ReMiet 1/87 - NJW 1987, 1952-1953; BayObLG München v. 14.09.1983 - ReMiet 8/82 - NJW 1984, 60; OLG Hamm v. 06.10.1982 - 4 REMiet 13/81 - NJW 1983, 48-49.

[53] BGH v. 14.07.1993 - VIII ARZ 1/93 - juris Rn. 19 - BGHZ 123, 233-242; BVerfG v. 18.10.1993 - 1 BvR 1335/93 - NJW 1994, 41-42.

[54] *Hummel*, ZMR 1975, 291-294, 292.

[55] BayObLG München v. 14.09.1983 - ReMiet 8/82 - juris Rn. 9 - NJW 1984, 60.

[56] LG Hamburg v. 05.10.1999 - 316 S 133/98 - NJW-RR 2000, 602-603.

[57] BGH v. 03.10.1984 - VIII ARZ 2/84 - BGHZ 92, 213-222; darauf bezugnehmend hinsichtlich der Wohngemeinschaften auch *Gather*, DWW 1985, 25; *Reichert*, DWW 1985, 25-26; *Bosch*, FamRZ 1985, 45; *Wolf*, LM Nr. 11 zu § 549 BGB.

[58] OLG Hamm v. 17.08.1982 - 4 REMiet 1/82 - NJW 1982, 2876-2881; LG Berlin v. 17.06.1991 - 62 S 48/91 - NJW-RR 1992, 13-14; AG Berlin-Wedding v. 07.09.1989 - 12 C 318/89 - Grundeigentum 1990, 549-551; allgemein dazu *Bunn*, MDR 1989, 127-130.

[59] OLG Hamm v. 17.08.1982 - 4 REMiet 1/82 - NJW 1982, 2876-2881; OLG Hamm v. 23.10.1991 - 30 REMiet 1/91 - NJW 1992, 513-515; vgl. auch Rn. 7 zur so genannten Rentner-WG.

[60] LG Aachen v. 12.11.1981 - 5 T 183/81 - ZMR 1982, 110; a.A. LG Berlin v. 16.06.1983 - 52 S 405/82 - Grundeigentum 1984, 533.

unzumutbar sind.[61] Das gilt aber nicht, wenn der Vermieter einem erstmalig zu seiner Kenntnis gelangten Mitgliederwechsel sogleich widerspricht.[62] In diesem Falle können jedoch der oder die verbliebenen Mieter einen Anspruch auf Untervermietungserlaubnis nach § 553 BGB haben.[63]

Das aus der allgemeinen Handlungsfreiheit (Art. 2 Abs. 1 GG) folgende Recht des Mieters, eine **nichteheliche Lebensgemeinschaft**[64] einzugehen, ist auch im Rahmen des Mietrechts zu respektieren.[65] Personen, die zur Bildung eines auf Dauer angelegten Haushalts als **Lebensgefährte** aufgenommen werden sollen, gehören unabhängig vom Bestehen oder der Art einer sexuellen Beziehung zum Kreis der Dritten, für deren Aufnahme § 553 BGB erfüllt sein muss.[66] Ein vertraglicher Ausschluss einer solchen Gebrauchsüberlassung ist möglich, soweit nicht der Ehegatte oder nahe Verwandte betroffen sind[67] oder § 553 Abs. 3 BGB entgegensteht. § 553 BGB ist allerdings nicht anzuwenden, wenn der Mieter nur vorübergehend Freunde und Besucher aufnehmen will.[68] Hingegen zählt die Aufnahme eines Lebensgefährten nicht schon zum vertragsgemäßen Gebrauch der Mietsache. In der Regel besteht aber ein Anspruch des Mieters auf Erteilung der Erlaubnis, wenn der Lebensgefährte mit seinen Kindern in die Wohnung aufgenommen werden soll.[69] Die Wertentscheidung des Gesetzgebers, die Lebensgemeinschaften mietrechtlich zu fördern, verbietet auch eine unterschiedliche Bewertung danach, ob es sich um eine eheliche oder nichteheliche Partnerschaft handelt. Geschützt werden eheähnliche Zweiergemeinschaften **gleichgeschlechtlicher**[70] oder **verschiedengeschlechtlicher**[71] Partner. Die nichteheliche Lebensgemeinschaft muss über eine reine Haushalts- und Wirtschaftsgemeinschaft hinausgehen und sich durch innere Bindungen der Partner auszeichnen, die ein gegenseitiges Einstehen der Partner füreinander begründen.[72] Der Mieter muss die Veränderung seiner persönlichen Situation im Vergleich zu derjenigen bei Vertragsschluss dartun, um den Verdacht auszuräumen, den erkannten oder erwarteten Widerstand des Vermieters gegen eine Vermietung an Partner einer eheähnlichen Gemeinschaft oder an eine Wohngemeinschaft zu umgehen. Dazu muss er Umstände aus seiner Privatsphäre, seine Beziehungen zu den aufzunehmenden Personen und seine Vorstellungen über Art und

11

---

[61] BVerfG v. 28.01.1993 - 1 BvR 1750/92 - WM 1993, 573; BVerfG v. 05.09.1991 - 1 BvR 1046/91 - juris Rn. 1 - WuM 1992, 45-46; LG Göttingen v. 11.11.1992 - 5 S 123/92 - NJW-RR 1993, 783-784; LG Hamburg v. 10.08.1995 - 334 S 38/95 - juris Rn. 4 - NJW-RR 1996, 842; LG Karlsruhe v. 14.08.1992 - 9 S 102/92 - WuM 1997, 429-430; LG Berlin v. 18.08.1994 - 61 S 372/93 - Grundeigentum 1994, 1265-1267; vgl. i.Ü. *Schopp*, ZMR 1994, 139-141; *Nassall*, ZMR 1983, 333-340, 336.

[62] *Kraemer* in: Bub/Treier, Handbuch der Geschäfts- und Wohnraummiete, 3. Aufl. 1999, III.A Rn. 1028.

[63] LG Mainz v. 17.03.1981 - 3 S 243/80 - WuM 1982, 191-192; LG Hamburg v. 09.04.1992 - 307 S 363/91 - WuM 1992, 432; LG Köln v. 20.06.1991 - 1 S 28/91 - NJW-RR 1991, 1414; LG Berlin v. 04.05.1992 - 66 S 19/92 - MM 1992, 284-285.

[64] Allgemein dazu BGH v. 03.10.1984 - VIII ARZ 2/84 - BGHZ 92, 213-222 und BVerfG v. 03.04.1990 - 1 BvR 1186/89 - NJW 1990, 1593-1595; OLG Hamm v. 23.10.1991 - 30 REMiet 1/91 - NJW 1992, 513-515; LG Berlin v. 07.12.1987 - 61 S 201/87 - Grundeigentum 1988, 143; AG Aachen v. 02.11.1990 - 9 C 382/90 - NJW-RR 1991, 1112; LG Hamburg v. 06.02.1989 - 16 T 150/88 - WuM 1989, 510; AG Fürth (Bayern) v. 28.06.1990 - 1 C 712/90 - WuM 1991, 32.

[65] Allgemein dazu BVerfG v. 03.04.1990 - 1 BvR 1186/89 - NJW 1990, 1593-1595; vgl. auch *Schneider*, WuM 1999, 195-200; *Kinne*, FPR 2001, 36-41; ausführlich zu diesem Themengebiet: *Brudermüller*, Mietrechtliche Aspekte eheähnlicher Gemeinschaften, 1982.

[66] BT-Drs. 14/4553, S. 49; ebenso die h.M.: BGH v. 05.11.2003 - VIII ZR 371/02 - NJW 2004, 56-58; BGH v. 03.10.1984 - VIII ARZ 2/84 - BGHZ 92, 213-222; vgl. auch *Blank*, LMK 2004, 1-2; *Beuermann*, Grundeigentum 2003, 1588-1589.

[67] BayObLG München v. 14.09.1983 - ReMiet 8/82 - juris Rn. 9 - NJW 1984, 60.

[68] OLG Hamm v. 17.08.1982 - 4 REMiet 1/82 - juris Rn. 21 - NJW 1982, 2876-2881; vgl. auch *Gather*, Grundeigentum 1997, 1493-1494; *Lenhard*, ZMR 1978, 68-69.

[69] BGH v. 05.11.2003 - VIII ZR 371/02 - NJW 2004, 56-58; AG Ludwigsburg v. 01.02.2008 - 10 C 3187/07 - juris Rn. 14 - WuM 2010, 420.

[70] LG München I v. 10.04.1991 - 14 S 4544/89 - NJW-RR 1991, 1112-1113; AG Hamburg v. 06.05.1982 - 37a C 69/82 - NJW 1982, 2260.

[71] LG Aachen v. 28.12.1988 - 7 S 342/88 - juris Rn. 2 - WuM 1989, 372-373; AG Aachen v. 02.11.1990 - 9 C 382/90 - NJW-RR 1991, 1112; vgl. auch *Bunn*, ZMR 1988, 9-12.

[72] BVerfG v. 17.11.1992 - 1 BvL 8/87 - NJW 1993, 643-647.

Weise der Lebensführung in der Gemeinschaft offenbaren. Selbstverständlich muss der Mieter auch in diesem Fall die Ernsthaftigkeit seiner Lebensplanung, ihre beabsichtigte Dauerhaftigkeit[73] und darüber hinaus weiter darlegen und beweisen, dass er seine dahingehenden Entschlüsse erst nach Abschluss des Mietvertrages gefasst hat.[74] Eine allgemein gültige Auffassung, wonach das Zusammenleben unverheirateter Paare gleichen oder verschiedenen Geschlechts zu zweit in einer eheähnlichen Gemeinschaft oder zu mehreren in einer Wohngemeinschaft sittlich anstößig sei, lässt sich heute nicht mehr feststellen.[75] Rechte Dritter würden durch Vorgänge in einer fremden Wohnung grundsätzlich nicht berührt.[76] Zur Frage, ob der nichteheliche Lebenspartner beim Tod des Mieters gem. § 563 BGB in den Mietvertrag eintritt vgl. die Kommentierung zu § 563 BGB Rn. 14.[77]

IV. Zumutbarkeit bzw. entgegenstehende Interessen des Vermieters (Absatz 1 Satz 2 und Absatz 2)

12 Regelmäßig haben die Interessen des Mieters bei der Untervermietung Vorrang vor denen des Vermieters.[78] Sie haben nur zurückzutreten, wenn die beabsichtigte Gebrauchsüberlassung für den Vermieter unzumutbar wäre, § 553 Abs. 1 Satz 2, Abs. 2 BGB.[79] Es hat eine umfassende Interessenabwägung stattzufinden.[80] Als Regelbeispiele für die Unzumutbarkeit führt § 553 Abs. 1 Satz 2 BGB wichtige Gründe in der Person des aufzunehmenden Dritten oder Überbelegung an. Sonstige Unzumutbarkeitsgründe im Sinne der genannten Vorschrift müssen ein Gewicht haben, wie es dem der Regelbeispiele entspricht,[81] es müssen also erhebliche Belange des Vermieters berührt sein.[82] Der Begriff des **wichtigen Grundes** in der Person des Dritten ist derselbe wie in § 540 Abs. 1 Satz 2 BGB (vgl. die Kommentierung zu § 540 BGB). Ein solcher liegt vor, wenn dem Vermieter nach den Umständen des Einzelfalles die Gebrauchsüberlassung der Sache an den Dritten nicht zugemutet werden kann.[83] Dabei sind ethische und Moralanschauungen des Vermieters nicht von vornherein auszuklammern,[84] sind aber bei der Abwägung in der Regel nachrangig.[85] Insbesondere müssen die Vorschriften des **AGG** (vgl. Rn. 2) auf die Zustimmung des Vermieters Anwendung finden. Schon bisher ließ allein der Umstand, dass der Vermieter nichteheliche Lebensgemeinschaften moralisch missbilligte, die Vermieterbelange nicht schutzwürdiger erscheinen als das Interesse des Mieters, sich in der Wohnung frei zu entfalten und zu diesem Zweck eine Wohn- oder Lebensgemeinschaft einzugehen.[86] Dies galt selbst dann, wenn eine kirchliche Institution als Vermieter auftrat.[87] Auch die Gründe des Vermieters mussten sich im Rahmen der Rechts- und Sozialordnung halten; deswegen war die Herkunft des Dritten kein trag-

---

[73] AG Münster v. 12.09.1991 - 8 C 228/91 - WuM 1992, 238.
[74] Allgemein dazu BGH v. 03.10.1984 - VIII ARZ 2/84 - BGHZ 92, 213-222.
[75] Vgl. hierzu allgemein bereits BVerfG v. 03.04.1990 - 1 BvR 1186/89 - NJW 1990, 1593-1595; OLG Hamm v. 23.10.1991 - 30 REMiet 1/91 - NJW 1992, 513-515.
[76] OLG Hamm v. 17.08.1982 - 4 REMiet 1/82 - juris Rn. 41 - NJW 1982, 2876-2881.
[77] Vgl. auch BVerfG v. 03.04.1990 - 1 BvR 1186/89 - NJW 1990, 1593-1595; BGH v. 13.01.1993 - VIII ARZ 6/92 - BGHZ 121, 116-126; mit Stellungnahme von *Stintzing*, JuS 1994, 550-555 und *Finger*, FuR 1993, 159-162.
[78] Allgemein dazu BGH v. 03.10.1984 - VIII ARZ 2/84 - BGHZ 92, 213-222.
[79] Allgemein dazu BGH v. 03.10.1984 - VIII ARZ 2/84 - BGHZ 92, 213-222.
[80] OLG Hamm v. 17.08.1982 - 4 REMiet 1/82 - juris Rn. 69 - NJW 1982, 2876-2881.
[81] BGH v. 03.10.1984 - VIII ARZ 2/84 - juris Rn. 20 - BGHZ 92, 213-222.
[82] OLG Hamm v. 17.08.1982 - 4 REMiet 1/82 - juris Rn. 70 - NJW 1982, 2876-2881.
[83] *Emmerich* in: Staudinger, § 553 Rn. 13; OLG Köln v. 12.04.1996 - 20 U 166/95 - NJW-RR 1997, 204.
[84] OLG Hamm v. 23.10.1991 - 30 REMiet 1/91 - juris Rn. 18 - NJW 1992, 513-515.
[85] LG Berlin v. 12.11.1985 - 64 S 137/85 - Grundeigentum 1986, 659-661 zur angestrebten nichtehelichen Lebensgemeinschaft mit einem Partner aus gescheiterter, aber noch nicht geschiedener Ehe; AG Nürnberg v. 21.12.1992 - 25 C 7444/92 - WuM 1993, 609.
[86] OLG Hamm v. 17.08.1982 - 4 REMiet 1/82 - NJW 1982, 2876-2881.
[87] Vgl. OLG Hamm v. 23.10.1991 - 30 REMiet 1/91 - NJW 1992, 513-515 mit Anm. von *Heymann*, JA 1992, 311-313 und *Börstinghaus*, ZAP Fach 4 R, 49-50; einschränkend LG Aachen v. 10.07.1992 - 5 S 472/90 - NJW 1992, 2897 mit Anm. von *Listl*, FamRZ 1993, 326-327.

barer Grund für eine Weigerung.[88] Diese Wertung hat sich durch die gegenwärtige Gesetzeslage verfestigt, so dass größere praktische Auswirkungen im Falle der Begründung von Untermietverhältnissen nicht festzustellen waren.

Zu den wichtigen Gründen gehören die Überbeanspruchung der Mietsache, sichere Beeinträchtigung der übrigen Mieter oder des Vermieters durch den Beruf (z.B. Musiker), Gewerbe (Wettbewerb mit anderen Mietern oder in unmittelbarer Nähe wohnenden Vermietern).[89] Auch eine Verfeindung zwischen dem Vermieter und dem Dritten, soweit der Vermieter im selben Haus wohnt, ist beachtlich.[90] Entsteht durch die beabsichtigte Untervermietung eine Wohngemeinschaft, ist dieser Umstand für sich allein noch kein Grund für die Versagung der Erlaubnis.[91] Grundsätzlich ist daher auch die Aufnahme einer Erwachsenen mit Kind zu dulden, die der Mieter deshalb beabsichtigt, um die Wohnkosten zu senken und die Versorgung der eigenen Kinder zu verbessern.[92] Neben den persönlichen Verhältnissen des Dritten können auch im Einzelfall wirtschaftliche Verhältnisse von Bedeutung sein.[93] Zwar haftet auch bei der Untervermietung der Mieter dem Vermieter für den Mietzins und gem. § 540 Abs. 2 BGB auch für die von diesem verursachten Schäden. Bestehen in solchem Fall begründete Zweifel an der Solvenz des Untermieters, so steht dem Vermieter ein wichtiger, aus der Person des Dritten resultierender Grund zur Seite.

13

Um eine notwendige Prognose zu ermöglichen, muss der Mieter in seinem Begehren nach Erlaubnis die **Person konkret vorstellen**, so dass sich der Vermieter von dieser ein Bild machen kann. Auf Verlangen ist eine persönliche Vorstellung erforderlich, wobei der Mieter Auskunft über Namen,[94] ausgeübte Tätigkeit, aber auch über die persönlichen Beziehungen zum Untermieter geben muss, soweit es für die Versagung der Erlaubnis auf diese Umstände ankommen kann.[95] Jedenfalls hat der Vermieter keinen Anspruch auf Mitteilung des Geburtsortes, der letzten Meldeanschrift oder auf Vorlage von **Einkommensnachweisen**.[96] Dem Vermieter muss anschließend eine angemessene Frist zur Überprüfung gelassen werden. Der Vermieter ist berechtigt, vor der Entscheidung über die Aufnahme entsprechende sachbezogene Auskünfte über den Dritten einzuholen.[97] Der Umfang der notwendigen Angaben wird aber auch von der Art und Bewohnung des jeweiligen Mietobjekts abhängen. Verweigert der Mieter die notwendigen Angaben, ist der Vermieter zur Verweigerung der Untermieterlaubnis berechtigt.[98] Eine Täuschung über die vom Mieter für die Nutzung vorgesehenen Personen würde den Vermieter zur Anfechtung des Vertrages berechtigen. Das Schweigen des Vermieters bei einem Antrag auf Untervermietungserlaubnis kann nicht als zur Kündigung berechtigende Verweigerung der Erlaubnis ausgelegt werden, wenn der in Aussicht genommene Untermieter nicht identifizierbar genannt wird.[99]

14

Um eine übermäßige Abnutzung durch die Drittüberlassung zu verhindern, kann diese bei einer drohenden **Überbelegung** untersagt werden. Es ist jedoch nicht erforderlich, dass durch die Überbelegung

15

---

[88] LG Köln v. 18.11.1976 - 1 S 181/76 - WuM 1978, 50; LG Hamburg v. 06.04.2000 - 333 S 177/99 - WuM 2002, 93-94: Ausländer.

[89] *Heintzmann*, NJW 1994, 1177-1182, 1180.

[90] *Heintzmann* in: Soergel, § 549 Rn. 15.

[91] Vgl. OLG Hamm v. 17.08.1982 - 4 REMiet 1/82 - NJW 1982, 2876-2881.

[92] AG Büdingen v. 07.06.1991 - 2 C 143/91 - WuM 1991, 585.

[93] LG Hamburg v. 20.12.1990 - 334 S 111/90 - NJW-RR 1992, 13; LG Berlin v. 15.01.2002 - 65 S 559/00 - Grundeigentum 2002, 332; *Heintzmann*, NJW 1994, 1177-1182, 1180.

[94] LG Berlin v. 30.05.1991 - 62 S 17/91 - juris Rn. 3 - WuM 1991, 483.

[95] BGH v. 03.10.1984 - VIII ARZ 2/84 - BGHZ 92, 213-222; LG Hamburg v. 20.12.1990 - 334 S 111/90 - NJW-RR 1992, 13.

[96] LG Hamburg v. 20.12.1990 - 334 S 111/90 - NJW-RR 1992, 13; LG Berlin v. 26.06.1992 - 63 S 166/92 - MM 1992, 353-354. Anders bei der Prüfung des Untermieters im gewerblichen Mietverhältnis, vgl. BGH v. 15.11.2006 - XII ZR 92/04 - NJW 2007, 288 m.w.N.

[97] LG Hamburg v. 20.12.1990 - 334 S 111/90 - NJW-RR 1992, 13.

[98] AG Hamburg v. 12.07.1990 - 38 C 373/90.

[99] LG Berlin v. 31.01.2002 - 62 S 341/01 - MM 2002, 184; ausführlicher vgl. *Schach*, Grundeigentum 2002, 640; *Peter*, ZMR 2000, 357-360.

eine Schädigung der Mietsache eintritt oder droht.[100] Wann die zulässige Zahl der Bewohner überschritten ist, kann anhand der Ländergesetze zur Wohnungsaufsicht festgestellt werden, die von einer Wohnfläche für einen Erwachsenen von 9 m² und für Kinder unter 6 Jahren von 6 m² ausgehen.[101] Ergänzend sind jedoch jeweils die Umstände des Einzelfalles zu berücksichtigen.[102] So kann der Verweis auf die Überbelegung z.B. dann nicht durchgreifen, wenn der Drittüberlassung der Auszug eines anderen Mitbewohners vorausgeht.[103] Da der Wortlaut des Gesetzes ausdrücklich nur auf eine Überbelegung abstellt, braucht eine darüber hinausgehende Beeinträchtigung der Interessen des Vermieters nicht hinzu zu treten.

16 Zu den **sonstigen Gründen** nach § 553 Abs. 1 Satz 2 BGB gehören solche Gründe, die im Gewicht den bereits genannten gleichartig sind und die Entschließungsfreiheit des Vermieters über den sachlichen und personellen Umfang des Gebrauchs der Mietsache berühren.[104] Ein wichtiger Grund liegt vor allem schon vor, wenn die Gebrauchsüberlassung an den Dritten zu einer Änderung des Verwendungszwecks der Sache führte, weil sich der Mieter bei der Untervermietung stets an die Grenzen seines vertragsmäßigen Gebrauchs halten muss.[105] Beispiele sind der Betrieb eines anstößigen Gewerbes durch den Untermieter[106] oder die Untervermietung zur Unterbringung von Asylbewerbern.[107] Ein berechtigtes Interesse des Vermieters, die Erlaubnis zu versagen, wird wohl darüber hinaus anzuerkennen sein, wenn eine enge Nachbarschaft zwischen dem Lebensraum des Vermieters und dem des Mieters besteht (Einfamilienhaus, Einliegerwohnung, Wohnung innerhalb der Vermieterwohnung),[108] oder soweit in ländlichen oder kleinstädtischen Gebieten andere Moralauffassungen einen sozialen Druck der Gesellschaft bewirken können, den auszuhalten dem Vermieter nicht zugemutet werden kann[109] (vgl. jedoch zum AGG Rn. 12). Zur Unzumutbarkeit kann ebenso die Verlagerung des Lebensmittelpunktes in eine andere Stadt unter Vorratshaltung der alten Wohnung führen.[110] Dazu gehört auch das baldige Ende des Mietvertrages wegen der sich aus der Drittüberlassung ergebenden Schwierigkeiten bei der Räumung,[111] ferner der ständige Wechsel von Drittnutzern, der den Verdacht einer gewerblichen Ausnutzung der Wohnung nahe legt (Vermietung über sog. Mitwohnzentralen). Die Absicht des Vermieters, die Wohnung zu verkaufen, genügt nicht.[112] Schließlich ist die Überlassung einer dienstgebundenen Wohnung an einen „Nicht-Werksangehörigen" unzumutbar wegen der konkreten Zweckbestimmung der Wohnung. Nicht dazu gehören persönliche Umstände wie Empfang von Sozialhilfe oder Wohngeld.[113]

17 Der Vermieter braucht die **Gründe für die Verweigerung nicht sofort anzugeben**.[114] Anders ist es, wenn er danach gefragt wird, denn der Mieter muss die Rechtmäßigkeit der Weigerung prüfen und

---

[100] *Heintzmann* in: Soergel, § 553 Rn. 6.
[101] LG Hamburg v. 06.04.2000 - 333 S 177/99 - WuM 2002, 93-94; dazu auch *von Zezschwitz*, NJW 1976, 129-135, 133.
[102] Grundlegend BGH v. 14.07.1993 - VIII ARZ 1/93 - BGHZ 123, 233-242 und OLG Hamm v. 02.12.1992 - 30 REMiet 3/92 - Grundeigentum 1993, 147-151.
[103] LG Stuttgart v. 02.04.2008 - 5 S 224/07 - MietRB 2008, 229-230.
[104] BGH v. 03.10.1984 - VIII ARZ 2/84 - juris Rn. 20 - BGHZ 92, 213-222; OLG Hamm v. 17.08.1982 - 4 REMiet 1/82 - juris Rn. 70 - NJW 1982, 2876-2881.
[105] Vgl. hierzu BGH v. 11.01.1984 - VIII ZR 237/82 - BGHZ 89, 308-316.
[106] Vgl. hierzu BGH v. 11.01.1984 - VIII ZR 237/82 - BGHZ 89, 308-316 (Sex-Shop).
[107] LG Berlin v. 29.10.1993 - 25 O 203/93 - Grundeigentum 1994, 51-53.
[108] OLG Hamm v. 23.10.1991 - 30 REMiet 1/91 - juris Rn. 19 - NJW 1992, 513-515.
[109] OLG Hamm v. 23.10.1991 - 30 REMiet 1/91 - juris Rn. 19 - NJW 1992, 513-515; *Simon*, JuS 1980, 252-255, 255; nach LG Aachen v. 28.12.1988 - 7 S 342/88 - WuM 1989, 372-373 ist eine eheähnliche Gemeinschaft in der Mietwohnung auch im ländlichen Raum vom Vermieter grundsätzlich hinzunehmen.
[110] AG Berlin-Tempelhof-Kreuzberg v. 05.04.1990 - 15 C 56/90 - MM 1991, 231-232.
[111] *Burkhardt*, BB 1964, 771-779, 773.
[112] LG Hamburg v. 16.12.1993 - 334 S 77/93 - WuM 1994, 203.
[113] BVerwG v. 23.08.1991 - 8 C 101/89 - Buchholz 454.51 MRVerbG Nr. 17.
[114] Vgl. dazu BGH v. 03.10.1984 - VIII ARZ 2/84 - juris Rn. 20 - BGHZ 92, 213-222.

seine weiteren Entscheidungen hiervon abhängig machen können.¹¹⁵ Die Verweigerung der Erlaubnis ist unberechtigt und stellt eine Pflichtverletzung (§ 280 Abs. 1 BGB) dar, wenn der Vermieter sich zur Erteilung der Erlaubnis vertraglich verpflichtet hatte oder die Voraussetzungen des § 553 BGB gegeben sind. In diesem Falle kann der Mieter **Schadensersatz** verlangen, wobei als Schaden in erster Linie der ihm entgehende Untermietzins in Betracht kommt.

Für den Fall, dass der Mieter unberechtigt ein Untermietverhältnis begründet, steht dem Vermieter grundsätzlich **kein Anspruch auf den Erlös aus der Untermiete** zu. Einen solchen Anspruch hat der BGH auf der Grundlage der §§ 546 Abs. 1, 292 Abs. 2, 987 Abs. 1 BGB nur für solche Einkünfte bejaht, die nach Beendigung des Hauptmietverhältnisses entstanden sind.¹¹⁶

18

V. Untermietzuschlag gem. Absatz 2

Nach § 553 Abs. 2 BGB kann der Vermieter die Erlaubnis von einer angemessenen Erhöhung des Mietzinses abhängig machen, wenn ihm die Überlassung nur unter dieser Voraussetzung zuzumuten ist. Es handelt sich demnach um eine aufschiebende Bedingung i.S.d. § 158 Abs. 1 BGB (vgl. die Kommentierung zu § 158 BGB). Die gesetzliche Regelung besitzt **kaum praktische Bedeutung**, da in der Regel dann, wenn die allgemeine Zumutbarkeit der Untervermietung oder eines bestimmten Untermieters gegeben ist, Voraussetzungen für eine zusätzliche Erhöhung des Mietzinses nicht ersichtlich sind. Die Erhöhung kann nach dem Sinn der Vorschrift nur dazu gedacht sein, etwaige zusätzliche Aufwendungen des Vermieters, die durch die stärkere Belegung der Mietwohnung entstehen, abzugelten, etwa zusätzliche Abnutzung. Hierfür hätte jedoch nach § 540 Abs. 2 BGB (vgl. die Kommentierung zu § 540 BGB) oder über eine Schönheitsreparaturenklausel der Mieter ohnehin einzustehen.

19

Der Vermieter kann einen Untermietzuschlag nur verlangen, wenn die Untervermietung ohne den Zuschlag für ihn schlechthin **unzumutbar** ist.¹¹⁷ Insbesondere darf er auf diesem Weg nicht seine allgemeinen Erhöhungsabsichten durchsetzen.¹¹⁸ Für die Unzumutbarkeit reicht noch nicht aus, dass das Verlangen nach einer höheren Miete angesichts der stärkeren Belegung der Wohnung oder der Höhe des Untermietzinses verständlich oder angemessen erscheint. Vielmehr muss die Nichterhebung des Entgelts grob unbillig sein. Das ist nicht der Fall, wenn nur ein Personenwechsel eintritt, so dass sich die Anzahl der in der Wohnung lebenden Personen gegenüber den Verhältnissen vor der beabsichtigten Untervermietung nicht erhöhen würde (z.B. Untervermietung nach Auflösung einer Ehe oder Wohngemeinschaft und Auszug des Partners).¹¹⁹ Überhaupt soll der Vermieter nicht berechtigt sein, einen höheren Mietzins allein deshalb zu fordern, weil der Mieter einen Lebensgefährten aufgenommen hat.¹²⁰ Rechtsdogmatisch handelt es sich hierbei nicht um einen (neben der Miete geschuldeten) „Zuschlag", sondern um eine gegenüber § 313 BGB speziellere Form der Vertragsanpassung wegen eines erweiterten Mietgebrauchs.¹²¹

20

Die Mieterhöhung nach § 553 Abs. 3 BGB setzt das Einverständnis des Mieters voraus. Stimmt dieser der Festlegung des Zuschlages nicht zu, so gilt die Erlaubnis des Vermieters als verweigert. Der Vermieter hat **keinen Anspruch** auf die Mieterhöhung. Bei unberechtigter Untervermietung hat er keinen Anspruch auf Zahlung des Untermietzuschlages oder auf Herausgabe des vom Mieter durch die Untervermietung erzielten Mehrerlöses.¹²²

21

---

¹¹⁵ *Emmerich* in: Staudinger, § 553 Rn. 12.
¹¹⁶ BGH v. 12.08.2009 - XII ZR 76/08 - MDR 2009, 1267-1268; vgl. dazu *Eichel*, ZJS 2009, 702-705.
¹¹⁷ OLG Hamm v. 03.03.1983 - 4 REMiet 9/82 - juris Rn. 28 - NJW 1983, 1622-1623.
¹¹⁸ Vgl. *Sternel*, Mietrecht, 4. Aufl. 2009, VI Rn. 58.
¹¹⁹ LG Berlin v. 18.12.2003 - 67 S 277/03 - MM 2004, 46.
¹²⁰ AG Trier v. 02.04.1992 - 8 C 29/92 - WuM 1992, 239.
¹²¹ *Börstinghaus*, Grundeigentum 1996, 88-91, 90.
¹²² Vgl. zum Ganzen BGH v. 13.12.1995 - XII ZR 194/93 - BGHZ 131, 297-307; vgl. auch *Riehm*, JuS 1998, 672; *Gebauer*, Jura 1998, 128-135; *Mutter*, MDR 1993, 303-305.

22 Die Höhe des Zuschlags richtet sich nach den Umständen des Einzelfalles,[123] wobei die Mieten vergleichbarer Wohnungen mit Untermieterlaubnis als Orientierung gelten sollten.[124] Deshalb und auch mit Rücksicht auf § 553 Abs. 3 BGB kann der Mieter **nicht vertraglich im Voraus** zur Zahlung eines bestimmten Untermietzuschlages verpflichtet werden.[125] Die pauschale Vereinbarung eines Untermietzuschlages im Formularmietvertrag ist unzulässig.[126] Ebenso wenig kann formularmäßig bestimmt werden, dass der Mieter den Untermietzinsanspruch im Voraus ganz oder zum Teil an den Vermieter **abtreten** muss.[127] Im Übrigen bestehen jedoch keine Maßstäbe für die **Berechnung** der „angemessenen Erhöhung des Mietzinses" (§ 553 Abs. 2 BGB). Lediglich eine Verdopplung des Mietzinses dürfte wohl in jedem Fall als unangemessen anzusehen sein.[128] Angemessen ist bei preisgebundenem Wohnraum der gesetzlich erlaubte Untermietzuschlag (§ 26 Abs. 3 NMV 1970), in den anderen Fällen regelmäßig das Entgelt für die zusätzliche Abnutzung, nicht hingegen die ortsübliche Vergleichsmiete nach § 558 Abs. 2 BGB.[129] Erhöhen sich durch die Gebrauchsüberlassung die Betriebskosten, so hat dies allenfalls bei Inklusivmieten Einfluss auf die Höhe des Zuschlags. Im Übrigen ist der Vermieter auf die gesetzlichen Möglichkeiten der Änderung des Umlageschlüssels zu verweisen. Nimmt der Mieter **unentgeltlich** Dritte in der Wohnung auf, so scheidet ein Untermietzuschlag von vornherein aus, weil dann gar keine Untermiete vorliegt. Ist der Mieter mit der Mietzinserhöhung einverstanden, so wird der Mietvertrag entsprechend geändert. Die Änderung des Vertrages durch Erhöhung des Mietzinses bleibt auch in Kraft, wenn die **Gebrauchsüberlassung** später **endet**, es sei denn, die Vertragsänderung sei von vornherein entsprechend befristet worden (str.).[130] Im Einzelfall kann die Vertragsauslegung ergeben, dass solche Zusatzregelungen stillschweigend vereinbart worden sind. Hiervon kann beispielsweise ausgegangen werden, wenn die Parteien die Mieterhöhung als „Untermietzuschlag" bezeichnet haben, weil durch die Verwendung des Begriffs zum Ausdruck kommt, dass das erhöhte Entgelt nur für die Zeit der Untermiete gezahlt werden soll.[131] Fraglich ist, ob der Vermieter die Erhöhung des Mietzinses im Klagewege erzwingen kann. Dies wäre nur dann möglich, wenn der Mieter nach Ablehnung der Erhöhung auf der Untervermietung besteht, diese dem Vermieter allgemein zumutbar ist und der Mieter sie auch tatsächlich vornimmt. Klagt der Mieter auf Erteilung der Erlaubnis, kann der Vermieter Widerklage auf Zustimmung des Mieters zur Vertragsänderung durch Erhöhung des Mietzinses erheben. Aus dem Rechtsentscheid des BayObLG vom 25.03.1986[132] ergibt sich mittelbar, dass weder auf Erhebung noch auf Erhöhung des Untermietzuschlages die (seinerzeitigen) §§ 2 ff. MietHöReglG, jetzt § 573 BGB, Anwendung finden. Die Erhöhung muss also nicht im Wege des Zustimmungsverfahrens erwirkt werden. Eine Mieterhöhung nach § 553 Abs. 2 BGB wegen einer Gebrauchsüberlassung an einen Dritten kommt nicht in Betracht, wenn der Mieter bereits nach den Vereinbarungen im Mietvertrag berechtigt ist, einen Dritten in die Wohnung aufzunehmen. In diesem Fall

---

[123] AG Langenfeld v. 27.02.1992 - 23 C 515/91 - juris Rn. 7 - WuM 1992, 477-478.
[124] *Emmerich* in: Staudinger, § 553 Rn. 16.
[125] LG Hannover v. 05.05.1983 - 3 S 47/83 - WuM 1983, 236; LG Mainz v. 17.03.1981 - 3 S 243/80 - WuM 1982, 191-192; AG Langenfeld v. 27.02.1992 - 23 C 515/91 - WuM 1992, 477-478; allgemein zur Mieterhöhung wegen Untervermietung *Börstinghaus*, Grundeigentum 1996, 88-91; *Blank*, WuM 1990, 219-220.
[126] LG Hannover v. 05.05.1983 - 3 S 47/83 - WuM 1983, 236; OLG Hamm v. 03.03.1983 - 4 REMiet 9/82 - juris Rn. 28 - NJW 1983, 1622-1623; LG Hamburg v. 14.07.1989 - 74 O 139/89 - juris Rn. 17 - WuM 1990, 115-116.
[127] OLG Celle v. 29.12.1989 - 2 U 200/88 - NdsRpfl 1990, 86-97.
[128] *Emmerich* in: Staudinger, § 553 Rn. 17.
[129] BayObLG v. 25.03.1986 - ReMiet 4/85 - NJW-RR 1986, 892; *Weidenkaff* in: Palandt, § 553 Rn. 6.
[130] AG Kiel v. 04.11.1983 - 16 C 317/83 - WuM 1985, 262; Blank/Börstinghaus, Miete, 2008, § 553 Rn. 17; *Roquette*, Das Mietrecht des Bürgerlichen Gesetzbuches, 1966, § 549 Rn. 36; a.A. *Heintzmann* in: Soergel, § 553 Rn. 7.
[131] *Blank/Börstinghaus*, Miete, 2008, § 553 Rn. 17.
[132] BayObLG v. 25.03.1986 - ReMiet 4/85 - juris Rn. 21 - NJW-RR 1986, 892; *Kossmann*, Handbuch der Wohnraummiete, 6. Aufl. 2003, § 54 Rn. 5; *Kraemer* in: Bub/Treier, Handbuch der Geschäfts- und Wohnraummiete, 3. Aufl. 1999, III.A Rn. 1025.

liegt keine Gebrauchserweiterung vor, so dass eine nachträgliche Anpassung des Mietzinses nicht erforderlich ist.[133]

VI. Abdingbarkeit/Abweichende Vereinbarungen (Absatz 3)

Nach § 553 Abs. 3 BGB ist eine **zum Nachteil** des Mieters abweichende Vereinbarung **unwirksam** (anders bei der Überlassung nach § 540 BGB, vgl. die Kommentierung zu § 540 BGB). Unwirksam sind hiernach Vereinbarungen, wonach trotz berechtigten Interesses des Mieters die Untervermietung verboten ist, die Erteilung der Erlaubnis von zusätzlichen weiteren Bedingungen abhängig gemacht wird oder die jederzeitige Widerruflichkeit der Untermieterlaubnis bestimmt ist.[134] Soweit eine Klausel Schriftform für die Erteilung der Untervermieterlaubnis verlangt, verstößt sie gegen § 307 BGB und ist unwirksam.[135] Sog. „**Zölibatsklauseln**", die sicherstellen sollen, dass der Mieter nicht mit einer Person des anderen Geschlechts zusammenlebt, verstoßen gegen § 553 Abs. 3 BGB.[136] Unwirksam sind auch solche Vereinbarungen, durch die ein **mittelbarer Ausschluss** bewirkt wird (Beispiel: „Die Wohnung darf nur durch eine Person genutzt werden.").[137] Vorausvereinbarungen über die **Sicherungsabtretung des Untermietzinses** verstoßen zwar nicht gegen § 553 Abs. 3 BGB,[138] es liegt jedoch ein Verstoß gegen § 307 BGB vor, wenn die Abtretung formularmäßig erfolgt.[139] Klauseln, die **zum Vorteil** des Mieters von der gesetzlichen Regelung abweichen, sind dagegen zulässig. Als Beispiele können angeführt werden die fehlende Notwendigkeit eines berechtigten Interesses oder eine generelle Erlaubnis zur Untervermietung. 23

D. Prozessuale Hinweise/Verfahrenshinweise

Sind die Anspruchsvoraussetzungen für die Erteilung der Erlaubnis gegeben, verweigert der Vermieter jedoch dennoch ohne wichtigen Grund die Erlaubnis, kann auch der Mieter von Wohnraum das Mietverhältnis nach § 540 Abs. 1 Satz 2 BGB (vgl. die Kommentierung zu § 540 BGB) **kündigen**.[140] In einem solchen Fall kann der Mieter aber auch fristlos nach § 543 BGB kündigen, weil in der unberechtigten Verweigerung der Erlaubnis zugleich eine Entziehung des vertragsgemäßen Gebrauchs zu sehen ist.[141] 24

Im Übrigen kann er **Leistungsklage auf Abgabe einer Willenserklärung** gegen den Vermieter erheben. Sachlich zuständig ist stets das Amtsgericht (§ 23 Ziff. 2a GVG; § 29a ZPO). Der Anspruch und damit auch die Klage muss aber auf Erteilung der Erlaubnis zur Aufnahme eines konkreten Dritten gerichtet sein,[142] nicht auf die Erteilung einer allgemeinen Erlaubnis zur Gebrauchsüberlassung,[143] da dann dem Vermieter die ihm nach dem Gesetzeswortlaut zustehende Möglichkeit zur Überprüfung der Person des Dritten bei einem Nutzerwechsel genommen würde. Ggf. muss der Mieter seinen Klageantrag einschränken, sonst riskiert er die teilweise Abweisung seiner Klage. Mit Rechtskraft eines zusprechenden Urteils gilt die Willenserklärung (= Erlaubnis) nach § 894 ZPO als abgegeben. Gegenüber einer auf unerlaubte Gebrauchsüberlassung gestützten Räumungsklage kann der Mieter seinen Anspruch auf Erteilung der Erlaubnis einredeweise geltend machen oder Widerklage auf Erteilung erhe- 25

---

[133] *Blank/Börstinghaus*, Miete, 2008, § 553 Rn. 20.
[134] *Emmerich* in: Staudinger, § 553 Rn. 18.
[135] BGH v. 24.05.1995 - XII ZR 172/94 - juris Rn. 17 - BGHZ 130, 50-59; BGH v. 15.05.1991 - VIII ZR 38/90 - LM Nr. 4 zu § 9 (Ca) AGBG.
[136] *Strätz*, FamRZ 1980, 301-308, 438; *Blank/Börstinghaus*, Miete, 2008, § 553 Rn. 21.
[137] Vgl. AG Lörrach v. 08.01.1986 - 1 C 570/85 - WuM 1988, 361.
[138] *Blank/Börstinghaus*, Miete, 2008, § 553 Rn. 21.
[139] OLG Celle v. 29.12.1989 - 2 U 200/88 - NdsRpfl 1990, 86-97; LG Hannover v. 31.07.1989 - 20 S 69/89 - WuM 1989, 511; vgl. zum Ganzen *Tachezy/Thaler*, NZM 2000, 1043-1046.
[140] BGH v. 08.05.1972 - VIII ZR 36/71 - BGHZ 59, 3-10; vgl. auch *Kinne*, Grundeigentum 1998, 1183-1188.
[141] BGH v. 11.01.1984 - VIII ZR 237/82 - BGHZ 89, 308-316.
[142] KG Berlin v. 11.06.1992 - 8 RE Miet 1946/92 - NJW-RR 1992, 1229-1230.
[143] A.A. LG Berlin v. 31.10.1989 - 64 S 274/89 - NJW-RR 1990, 457.

ben. Ist der Anspruch berechtigt, beseitigt er das Tatbestandsmerkmal „unbefugt" in § 543 Abs. 2 Nr. 2 BGB (vgl. die Kommentierung zu § 543 BGB). Bei mehreren Mietern ist jeder einzelne klagebefugt,[144] so dass der Klageantrag darauf gerichtet sein muss, dass die Erlaubnis gegenüber allen Mietern zu erteilen ist. Der Umstand, dass das Mietverhältnis bereits gekündigt ist, steht der Klage nicht entgegen. Nach Ablauf der Kündigungsfrist besteht dagegen kein Anspruch auf die Erteilung der Erlaubnis; folgerichtig ist die Klage auf Erteilung der Untermieterlaubnis auszusetzen, wenn ein Räumungsrechtsstreit anhängig wird.[145] Verliert der Dritte während des Rechtsstreits sein Interesse am Bezug der Wohnung, so kann der Mieter den Rechtsstreit in entsprechender Anwendung des § 91a ZPO für erledigt erklären.[146] Hat der Mieter den Dritten ohne Erlaubnis in die Wohnung aufgenommen, so muss der Vermieter auf Unterlassung klagen; dieser Anspruch kann auch im einstweiligen Verfahren durchgesetzt werden, wenn die weiteren Voraussetzungen der §§ 935-945 ZPO vorliegen.[147] Der Vermieter kann das Mietverhältnis auch ordentlich kündigen, wenn das Fehlverhalten des Mieters ein rechtfertigendes Gewicht hat, das im Rahmen einer Abwägung aller Umstände zu ermitteln ist.[148] Eine auf die fehlende Erlaubnis gestützte Kündigung ist rechtsmissbräuchlich, wenn der Mieter die Erlaubnis zur Untervermietung rechtzeitig erbeten hat und der Vermieter seinerseits zur Erteilung der Erlaubnis verpflichtet war und ihm somit selbst eine Vertragsverletzung zur Last fällt.[149]

26 Der **Streitwert** der Klage auf Zustimmung zur Untervermietung kann sich nach dem Jahresbetrag eines vom Mieter angebotenen Untermietzuschlages bemessen.[150] Steht dieser noch nicht fest, so richtet sich der Wert nach der voraussichtlichen Verringerung der Mietbelastung des Mieters entsprechend dem Anteil der unterzuvermietenden Räumlichkeiten an der gesamten Wohnfläche. Bei Versagen der Untermieterlaubnis trotz berechtigten Interesses hat der Mieter einen **Schadensersatzanspruch** in Höhe des entgangenen Untermietzinses (vgl. Rn. 17).

27 Die **Beweislast** für das Vorliegen eines berechtigten Interesses trägt der **Mieter**. Er muss hierzu im Einzelnen seine Gründe darlegen, die den Wunsch zur Untervermietung begründen, wozu auch die Darlegung der Umstände gehört, aus denen sich ergibt, dass der Grund erst nach Vertragsschluss entstanden ist.[151] Falls er etwa geltend macht, dass er einen Lebensgefährten in die Wohnung aufnehmen will, muss er beweisen, dass es sich tatsächlich um einen solchen handelt, der auch auf Dauer aufgenommen werden soll. Außerdem muss er stets die Person des Dritten benennen, der der Gebrauch eines Teils der Räume überlassen werden soll, sowie die Art der von dem Dritten geplanten Nutzung im Einzelnen darlegen.[152] Die Auswahl des Untermieters bleibt dabei alleine Sache des Mieters; der Vermieter darf hierauf keinen Einfluss nehmen. Kündigt der Mieter nach § 540 Abs. 1 Satz 2 BGB (vgl. die Kommentierung zu § 540 BGB), muss er beweisen, dass er um die Erlaubnis nachgesucht, der Vermieter sie aber verweigert hat. Ist streitig, ob der Mieter dem Untermieter die gesamte Wohnung überlassen hat, so muss der Mieter beweisen, dass er noch in den Räumen wohnt.[153] Als Indiz hierfür kann gewertet werden, dass der Mieter dort polizeilich gemeldet ist. Eine Abmeldung spricht gegen diese Annahme. Vergleichbare Grundsätze gelten, wenn streitig ist, ob der Mieter einen Dritten

---

[144] LG Berlin v. 17.06.1991 - 62 S 48/91 - NJW-RR 1992, 13-14; a.A. LG Berlin v. 27.08.1990 - 63 S 192/90 - Grundeigentum 1991, 681-683.
[145] A.A. LG Berlin v. 17.06.1991 - 62 S 48/91 - NJW-RR 1992, 13-14.
[146] A.A. AG Berlin-Tempelhof-Kreuzberg v. 02.07.1986 - 6 C 545/85 - WuM 1987, 222.
[147] LG Oldenburg (Oldenburg) v. 11.05.1988 - 12 O 4090/87 - NJW-RR 1989, 81-82; a.A. LG Bochum v. 26.03.1991 - 11 S 70/91 - WuM 1991, 586.
[148] BGH v. 02.02.2011 - VIII ZR 74/10 - juris Rn. 20 - NJW 2011, 1065-1066.
[149] BGH v. 02.02.2011 - VIII ZR 74/10 - juris Rn. 22 - NJW 2011, 1065-1066.
[150] OLG Saarbrücken v. 23.07.2007 - 8 W 169/07 - 31, 8 W 169/07- juris Rn. 7 - OLGR Saarbrücken 2008, 43 f.; LG Bad Kreuznach v. 20.05.1988 - 2 T 48/88 - WuM 1989, 433-434; LG Berlin v. 18.12.2003 - 67 S 277/03 - MM 2004, 46.
[151] LG Berlin v. 14.02.1992 - 63 S 471/91 - MM 1992, 354.
[152] Vgl. hierzu BGH v. 03.10.1984 - VIII ARZ 2/84 - BGHZ 92, 213-222.
[153] *Blank/Börstinghaus*, Miete, 2008, § 553 Rn. 22; a.A. LG Berlin v. 26.06.1992 - 63 S 166/92 - MM 1992, 353-354.

in die Wohnung aufgenommen hat. Eine polizeiliche Anmeldung des Dritten begründet ein Indiz dafür, dass dieser auf Dauer in den Räumen wohnt.[154] Demgegenüber hat der **Vermieter** die Unzumutbarkeit der Gebrauchsüberlassung an den Dritten zu beweisen.[155] Auch die tatsächlichen Voraussetzungen der Mieterhöhung nach § 553 Abs. 2 BGB muss der Vermieter darlegen und beweisen. Gleiches gilt für die Vereinbarung, dass dem Mieter die Wohnung nur zur alleinigen Nutzung überlassen sein soll.[156]

E. Arbeitshilfen

Zu den Auswirkungen der (kurzfristigen) Untervermietung auf Umsatz-, Einkommen- und Gewerbesteuer vgl. die Ausführungen von *Martini* aus Anlass der Fußball-WM 2006.[157]

28

---

[154] *Blank/Börstinghaus*, Miete, 2008, § 553 Rn. 22; a.A. AG Hamburg v. 07.09.1979 - 43 b C 233/79 - WuM 1983, 327; vgl. auch LG Köln v. 27.05.1982 - 1 S 478/81 - WuM 1983, 327.
[155] BGH v. 03.10.1984 - VIII ARZ 2/84 - juris Rn. 20 - BGHZ 92, 213-222.
[156] LG Berlin v. 07.06.2005 - 65 S 364/04 - MM 2005, 335.
[157] *Martini*, Grundeigentum 2006, 554-558.

§ 554 BGB Duldung von Erhaltungs- und Modernisierungsmaßnahmen

(Fassung vom 02.01.2002, gültig ab 01.01.2002)

(1) Der Mieter hat Maßnahmen zu dulden, die zur Erhaltung der Mietsache erforderlich sind.

(2) [1]Maßnahmen zur Verbesserung der Mietsache, zur Einsparung von Energie oder Wasser oder zur Schaffung neuen Wohnraums hat der Mieter zu dulden. [2]Dies gilt nicht, wenn die Maßnahme für ihn, seine Familie oder einen anderen Angehörigen seines Haushalts eine Härte bedeuten würde, die auch unter Würdigung der berechtigten Interessen des Vermieters und anderer Mieter in dem Gebäude nicht zu rechtfertigen ist. [3]Dabei sind insbesondere die vorzunehmenden Arbeiten, die baulichen Folgen, vorausgegangene Aufwendungen des Mieters und die zu erwartende Mieterhöhung zu berücksichtigen. [4]Die zu erwartende Mieterhöhung ist nicht als Härte anzusehen, wenn die Mietsache lediglich in einen Zustand versetzt wird, wie er allgemein üblich ist.

(3) [1]Bei Maßnahmen nach Absatz 2 Satz 1 hat der Vermieter dem Mieter spätestens drei Monate vor Beginn der Maßnahme deren Art sowie voraussichtlichen Umfang und Beginn, voraussichtliche Dauer und die zu erwartende Mieterhöhung in Textform mitzuteilen. [2]Der Mieter ist berechtigt, bis zum Ablauf des Monats, der auf den Zugang der Mitteilung folgt, außerordentlich zum Ablauf des nächsten Monats zu kündigen. [3]Diese Vorschriften gelten nicht bei Maßnahmen, die nur mit einer unerheblichen Einwirkung auf die vermieteten Räume verbunden sind und nur zu einer unerheblichen Mieterhöhung führen.

(4) [1]Aufwendungen, die der Mieter infolge einer Maßnahme nach Absatz 1 oder 2 Satz 1 machen musste, hat der Vermieter in angemessenem Umfang zu ersetzen. [2]Auf Verlangen hat er Vorschuss zu leisten.

(5) Eine zum Nachteil des Mieters von den Absätzen 2 bis 4 abweichende Vereinbarung ist unwirksam.

Gliederung

A. Grundlagen	1
I. Kurzcharakteristik	1
II. Gesetzgebungsmaterialien	4
B. Anwendungsvoraussetzungen	5
I. Normstruktur	5
II. Absatz 1	6
1. Maßnahmen zur Erhaltung	6
2. Dulden	8
III. Absatz 2	10
1. Maßnahmen zur Verbesserung der Mietsache (Absatz 2 Satz 1)	10
2. Maßnahmen zur Einsparung von Energie oder Wasser (Absatz 2 Satz 1)	12
3. Maßnahmen zur Schaffung neuen Wohnraumes (Absatz 2 Satz 1)	14
4. Mieter (Absatz 2 Satz 1)	16
5. Dulden (Absatz 2 Satz 1)	17
6. Härte (Absatz 2 Satz 2)	18
7. Personen auf Mieterseite (Absatz 2 Satz 2)	19
8. Berechtigte Interessen des Vermieters und anderer Mieter (Absatz 2 Satz 2)	20
9. Abwägungskriterien (Absatz 2 Satz 3)	21
10. Allgemein üblicher Zustand (Absatz 2 Satz 4)	22
IV. Absatz 3	23
1. Ankündigung (Absatz 3 Satz 1)	23
2. Drei Monate vor Beginn (Absatz 3 Satz 1)	29
3. Art (Absatz 3 Satz 1)	34
4. Voraussichtlicher Umfang (Absatz 3 Satz 1)	36
5. Voraussichtlicher Beginn (Absatz 3 Satz 1)	39
6. Voraussichtliche Dauer (Absatz 3 Satz 1)	40
7. Zu erwartende Mieterhöhung (Absatz 3 Satz 1)	41
8. Mitteilung in Textform (Absatz 3 Satz 1)	47
9. Kündigungsrecht des Mieters (Absatz 3 Satz 2)	48
10. Unerhebliche Auswirkungen von Maßnahmen (Absatz 3 Satz 3)	50
V. Absatz 4	52
1. Aufwendungen (Absatz 4 Satz 1)	52
2. Ersatz in angemessenem Umfang (Absatz 4 Satz 1)	54

3. Vorschuss auf Verlangen (Absatz 4 Satz 2) 55
VI. Abdingbarkeit (Absatz 5) 56
C. Prozessuale Hinweise/Verfahrenshinweise.... 58
D. Anwendungsfelder............................. 63
E. Arbeitshilfen................................... 64

A. Grundlagen

I. Kurzcharakteristik

Die Vorschrift enthält Anordnungen für die Instandhaltung bzw. Modernisierung des Mietobjektes. Obwohl Verträge grundsätzlich wie geschlossen einzuhalten sind und folglich auch der bei Abschluss des Vertrages gegebene Zustand des Mietobjektes nur in Übereinstimmung der Parteien geändert werden darf, wird mit der Ausnahmeregelung dem Gedanken Rechnung getragen, dass im Verlaufe der Mietzeit Veränderungen des Mietobjektes notwendig oder wünschenswert werden können. Hierfür wird unter bestimmten Voraussetzungen eine Vertragspartei zur Hinnahme einseitiger Vertragsänderungen durch die andere Partei verpflichtet. § 554 Abs. 1 BGB stellt zudem die Wahrnehmung der aus § 536 BGB resultierenden Vermieterpflichten ggf. auch gegen den Willen des Mieters sicher. § 554 Abs. 2 BGB ermöglicht dem Vermieter die Vornahme von Verbesserungen am Mietobjekt und insbesondere die Realisierung auch im Allgemeininteresse wünschenswerter Maßnahmen zur Energie- und Ressourceneinsparung. Eine Verpflichtung des Vermieters zur Vornahme von Modernisierungsmaßnahmen besteht jedoch grundsätzlich nicht.[1] Instandhaltungsansprüche des Mieters insbesondere im Sinne einer Nachrüstungspflicht des Vermieters können jedoch bestehen: 1

- bei nachhaltiger Gesundheitsgefährdung des Mieters[2] (z.B. asbesthaltige Nachtstromspeicheröfen[3], Bleirohre bei Grenzwertüberschreitung[4], Elektrosmog bei Belastungsgrenzwertüberschreitung[5], Luftverschmutzung bei Grenzwertüberschreitung[6]),
- bei unzureichender Elektroinstallation[7] (bezogen auf Betrieb der üblichen Haushaltsgeräte)

Nicht von der Norm erfasst sind vom Vermieter nicht zu vertretende bauliche Veränderungen im Sinne von § 559 Abs. 1 BGB. Diese sind, da zumeist auf öffentlich-rechtlichen Vorschriften beruhend, vom Mieter gemäß § 242 BGB zu dulden.[8] 2

§ 554 BGB betrifft auch nicht etwaige Modernisierungsmaßnahmen des Mieters. Der Mieter hat grundsätzlich keinen Anspruch auf Gestattung eigener baulicher Veränderungen an der Wohnung. Die Erteilung einer derartigen Erlaubnis steht im Ermessen des Vermieters, der sein Ermessen jedoch nicht missbräuchlich ausüben darf.[9] 3

II. Gesetzgebungsmaterialien

Die Vorschrift wurde mit dem Mietrechtsreformgesetz eingeführt. Sie fasst die früheren §§ 541a und 541b BGB nunmehr in einer Vorschrift zusammen. Absatz 4 enthält nunmehr eine Klarstellung für den Aufwendungsersatzanspruch des Mieters auch bei Durchführung von Instandhaltungsmaßnahmen. Im 4

---

[1] BGH v. 31.10.2007 - VIII ZR 261/06 - juris Rn. 18 - NJW 2008 - 142-144: kein Anspruch des Mieters auf Erneuerung der Heizungsanlage; BGH v. 14.09.2011 - VIII ZR 10/11 - juris Rn. 9 - NZM 2012, 154.
[2] BVerfG v. 04.08.1998 - 1 BvR 1711/94 - ZMR 1998, 687 ff. – unter Berücksichtigung aktueller Erkenntnisse; OLG Hamm v. 25.03.1987 - 30 REMiet 1/86 - ZMR 1987, 267.
[3] LG Kassel v. 08.11.1994 - 1 T 61/94 - ZMR 1996, 90; LG Lübeck v. 06.11.1997 - 14 S 135/97 - ZMR 1998, 433; LG Hamburg v. 20.02.1998 - 307 T 20/98 - WuM 1998, 279.
[4] *Kinne* in: Kinne/Schach/Bieber, Miet- und Mietprozessrecht, 6. Aufl. 2010, § 554 Rn. 23 m.w.N.
[5] BVerfG v. 17.02.1997 - 1 BvR 1658/96 - ZMR 1997, 218.
[6] LG Berlin v. 04.08.1995 - 64 S 205/92 - GE 1343-1347.
[7] *Kinne* in: Kinne/Schach/Bieber, Miet- und Mietprozessrecht, 6. Aufl. 2010, § 554 Rn. 22, BGH v. 26.07.2004 - VIII ZR 281/03 - juris Rn. 15 - NJW 2004, 3174-3176; BGH v. 10.02.2010 - VIII ZR 343/08 - juris Rn. 33-35 - WuM 2010, 235-238.
[8] BT-Drs. 14/4553, S. 49; *Blank* in: Blank/Börstinghaus, Miete Kommentar, 3. Aufl. 2008, § 554 Rn. 1; *Kinne* in: Kinne/Schach/Bieber, Miet- und Mietprozessrecht, 6. Aufl. 2010, § 554 Rn. 4; BGH v. 04.03.2009 - VIII ZR 110/08 - juris Rn. 13 - NZM 2009, 394-395.
[9] BGH v. 14.09.12011 - VIII ZR 10/11 - juris Rn. 11 - NZM 2012, 154 .

Rahmen der Duldung von Modernisierungsmaßnahmen wird der Kreis der Personen, die sich auf eine Härte berufen können, erweitert (§ 554 Abs. 2 Satz 2 BGB). Die Ankündigung der Modernisierungsmaßnahmen soll mit den sprachlichen Veränderungen in Absatz 3 Erleichterungen erfahren.

B. Anwendungsvoraussetzungen

I. Normstruktur

5 Absatz 1 der Vorschrift regelt wie § 541a BGB a.F. die Duldungsverpflichtung des Mieters bei notwendigen Instandhaltungsmaßnahmen. Die Duldung von Modernisierungsmaßnahmen wird in Absatz 2 geregelt. Absatz 3 legt fest, dass solche Maßnahmen zuvor förmlich angekündigt werden müssen. Dem Mieter stehen für Aufwendungen im Zusammenhang mit der Durchführung von Instandhaltungs- oder Modernisierungsmaßnahmen Ersatzansprüche nach Absatz 4 zu. Absatz 5 der Norm schließlich betrifft die Abdingbarkeit.

II. Absatz 1

1. Maßnahmen zur Erhaltung

6 Erhaltungsmaßnahmen sind Arbeiten zur Instandhaltung und Instandsetzung des Mietobjektes bzw. des Gebäudes, in dem sich das Mietobjekt befindet. Erfasst ist damit nicht nur die Mängelbeseitigung und Reparatur, sondern auch die Ausführung vorbeugender Maßnahmen zur Erhaltung der Mietsache.

7 Die Duldungspflicht bezieht sich auf die „Erhaltung der Mietsache", während die frühere Regelung „Einwirkungen auf die Mietsache" erfasste. Hiermit sollte jedoch keine inhaltliche Änderung erfolgen, die sprachliche Neufassung dient lediglich der Vereinheitlichung mit § 554 Abs. 2 BGB.[10]

2. Dulden

8 Der Anspruch des Vermieters ist auf Duldung der Vornahme der Arbeiten durch den Mieter gerichtet. Im Hinblick auf die umfassende Verpflichtung des Vermieters nach § 536 BGB ist auch die Duldungspflicht des Mieters uneingeschränkt.[11] Der Mieter hat das Betreten der Räumlichkeiten durch den Vermieter oder seine Beauftragten zur Vorbereitung und Ausführung der notwendigen Arbeiten hinzunehmen. Er hat jegliche Behinderung der Maßnahmen zu unterlassen. Die Duldungspflicht kann sich auch auf eine erforderliche vorübergehende Räumung des Mietobjektes erstrecken.

9 Zur Mitwirkung ist der Mieter jedoch nicht verpflichtet, auch nicht zum Freimachen von Teilen des Mietobjektes durch Wegräumen oder Entfernen von Sachen.[12]

III. Absatz 2

1. Maßnahmen zur Verbesserung der Mietsache (Absatz 2 Satz 1)

10 Zur Mietsache gehören nicht nur die dem Mieter zur ausschließlichen Nutzung zugewiesenen Räumlichkeiten. Auch Maßnahmen zur Verbesserung sonstiger Teile des Gebäudes[13] können der Verbesserung des Mietobjektes dienen. Mit der insoweit veränderten sprachlichen Fassung sollte keine inhaltliche Änderung einhergehen.[14] Die Maßnahme muss nachhaltig, das heißt auf Dauer angelegt und objektiv vertretbar sein. Das Wirtschaftlichkeitsgebot ist nicht (mehr) zu beachten.[15] Es muss sich um

---

[10] BT-Drs. 14/4553, S. 49.
[11] *Kinne* in: Kinne/Schach/Bieber, Miet- und Mietprozessrecht, 6. Aufl. 2010, § 554 Rn. 33.
[12] LG Berlin v. 30.11.1995 - 67 S 158/95 - juris Rn. 4 - NJW-RR 1996, 1163.
[13] Vgl. § 541a BGB a.F.
[14] BT-Drs. 14/4553, S. 49.
[15] LG Berlin v. 23.08.2004 - 67 S 27/04 - juris Rn. 12 - MM 2004, 374 unter Hinweis auf BGH v. 03.03.2004 - VIII ZR 149/03 - Grundeigentum 2004, 620.

eine bauliche Veränderung handeln.[16] Welche Maßnahmen im Einzelnen als Verbesserungsmaßnahmen anzusehen sind, ist vielfach umstritten. Abgrenzungskriterium kann die Beantwortung der Frage sein, ob bei objektiver Betrachtung die Wohn- bzw. Nutzungsverhältnisse unter Wahrung des vereinbarten Vertragszwecks und -inhaltes besser, bequemer, leichter, sicherer oder gesünder werden. Eine Modernisierungsmaßnahme liegt nicht vor, wenn lediglich die Aufrechterhaltung oder Wiederherstellung des vertragsgemäßen Zustandes wieder erreicht werden soll (z.B. Einbau von Schallschutzfenstern in einer neuen Fluglärmzone). Die Mietsache darf auch nicht so verändert werden, dass etwas Neues entsteht.[17] Für die Frage, ob eine Verbesserung vorliegt, kommt es auf den ursprünglich vom Vermieter gestellten Zustand an.[18] War die Wohnung also ursprünglich nur mit einer Ofenheizung ausgestattet, welche der Mieter selbst durch eine Gasetagenheizung ersetzte, so kann es sich dennoch um eine Modernisierung handeln, wenn der Vermieter jetzt eine Gaszentralheizung einbauen möchte.[19] Maßnahmen zur Verbesserung sind unter anderem[20]:

11

- Zuschnittsveränderung: Insbesondere bei erstmaligem Badeinbau[21] unter Wegfall von Speise- oder Mädchenkammer, strittig dagegen bei bloßer Vergrößerung eines schon vorhandenen Bades[22],
- Wohnflächenvergrößerung durch Küchenerweiterung[23],
- Schallschutzmaßnahmen in Gebieten mit anhaltenden Geräuschen von über 50db (A)[24],
- erstmalige Installation von Gas oder Strom[25], Installation verstärkter Elektrosteigeleitungen[26], wenn Möglichkeit höherer Stromentnahme für den Mieter erreicht wird[27], nicht aber bei bloßer notwendiger Verstärkung infolge eines Dachgeschossausbaus[28],
- Sanitäreinrichtungen: Erstmaliger Badeinbau und Verbesserungen der Sanitärausstattungen[29],
- Be- und Entwässerung: Schaffung lichterer Weite der Wasserrohre und größerer Wasserentnahmemöglichkeit[30]; Entwässerung, wenn durch neue Abwasserleitung höhere Abwasserkapazität besteht[31],

---

[16] Kinne in: Kinne/Schach/Bieber, Miet- und Mietprozessrecht, 6. Aufl. 2010, § 554 Rn. 45; *Vogel*, Mandatspraxis Mietrecht, 2002, § 8 Rn. 831.
[17] BGH v. 23.02.1972 - VIII ZR 91/70 - LM Nr. 1 zu § 541a BGB; AG Hamburg-Altona v. 07.08.2007 - 316 C 425/06 - juris Rn. 29 - ZMR 2008, 214-215: deshalb ist der Umbau einer Loggia zu einem Wintergarten nicht zu dulden, dieser stellt auch keine „verbesserte Loggia" dar.
[18] LG Berlin v. 04.12.2007 - 63 S 130/07 - juris Rn. 5 - MM 2008, 75.
[19] AG Charlottenburg v. 07.09.2004 - 224 C 201/04 - Grundeigentum 2005, 58-59; LG Berlin v. 04.12.2007 - 63 S 130/07 - juris Rn. 5 - MM 2008, 75 - auf eine Energieeinsparung kommt es nicht an – es liegt eine Erhöhung des Wohnkomforts bezogen auf die ursprüngliche vertragsgemäße Ausstattung der Wohnung vor (hier: Einbau einer Gasetagenheizung durch den Vermieter).
[20] Vgl. hierzu die umfassenden und detaillierten Darstellungen bei: *Kinne* in: Blömeke/Blümmel/Kinne/Lorenz, Die Modernisierung und Instandsetzung von Wohnraum, 3. Aufl. 2000, S. 86-95; *Kinne* in: Kinne/Schach/Bieber, Miet- und Mietprozessrecht, 6. Aufl. 2010, § 554 Rn. 45-80.
[21] OVG Berlin v. 28.04.1989 - 7 B 24.88 - Grundeigentum 1989, 1011; LG Berlin v. 28.10.1991 - 66 S 78/91 - Grundeigentum 1992, 39-41.
[22] LG Berlin, Grundeigentum 1986, 157, 158.
[23] AG Pankow-Weißensee v. 30.01.2008 - 7 C 366/07 - juris Rn. 20 - NZM 2008, 769.
[24] LG Berlin v. 20.04.1999 - 64 S 316/98 - ZMR 1999, 554-556.
[25] LG Berlin v. 20.04.1999 - 64 S 316/98 - ZMR 1999, 554-556.
[26] LG Berlin v. 07.04.1992 - 65 S 516/90 - Grundeigentum 1992, 611.
[27] LG Berlin v. 20.04.1999 - 64 S 316/98 - ZMR 1999, 554-556; reine Erneuerung ohne Anschlusswerterhöhung dagegen nur Instandhaltung: OVG Berlin v. 10.06.2004 - 2 B 3.02 - juris Rn. 35 - ZMR 2005, 410-412.
[28] LG Berlin v. 27.10.1998 - 65 S 224/98 - Grundeigentum 1999, 46-47.
[29] *Kinne* in: Kinne/Schach/Bieber, Miet- und Mietprozessrecht, 6. Aufl. 2010, § 554 Rn. 54 m.w.N.
[30] LG Berlin v. 06.01.1986 - 62 S 84/85 - Grundeigentum 1986, 443-445.
[31] LG Berlin - 64 S 318/00; VG Berlin v. 31.08.1981 - 14 A 445/80 - Grundeigentum 1982, 331-333; VG Berlin v. 08.11.1984 - 14 A 196.83 - Grundeigentum 1985, 791.

- Sicherheitsmaßnahmen, z.B. Einbau einbruchshemmender Eingangstüren[32], Jalousien in Erdgeschosswohnungen, Klingel-, Gegensprech- und Türöffnungsanlagen[33],
- Fahrstuhl[34],
- Verbesserung allgemeiner Wohnverhältnisse[35], z.B. Stellplätze, Spielplatz, Grünanlagen,
- Schaffung eines Balkons, zusätzlicher Balkon[36],
- Fernsehen: Austausch der Einzelantenne gegen Gemeinschafts- oder Satellitenanlage, erstmalige Einrichtung Kabelanschluss[37],
- Umprogrammierung der bereits in der Wohnung vorhandenen Geräte zur Wärmeverbrauchserfassung auf Funkablesung[38],
- Anschluss an ein rückkanalfähiges Breitbandkabelnetz im Empfangsbereich von DVB-T[39].

2. Maßnahmen zur Einsparung von Energie oder Wasser (Absatz 2 Satz 1)

12   Mit der Neuregelung des Gesetzes durch die Mietrechtsreform sind nunmehr alle Arten von Energien erfasst. Hierzu gehört also auch der Strom, weshalb die Gesetzesbegründung auch den drehzahlbegrenzten Aufzugsmotor oder die Energiesparlampe beispielhaft erwähnt.[40] Auch diese Einsparungsmaßnahme muss nachhaltig sein.

13   Maßnahmen zur Einsparung von Energie oder Wasser sind unter anderem[41]:
- Wesentliche Verbesserung der Wärmedämmung, wenn sie zu einer nachhaltigen Energieeinsparung[42] führt: Eine Mindestersparnis hinsichtlich der Energiemenge ist nicht mehr erforderlich.[43] Die Energieeinsparung ist durch eine Wärmebedarfsberechnung gemäß DIN 4701 nachzuweisen. Der Nachweis ist nur für den Duldungsprozess erforderlich, die Wärmebedarfsberechnung muss der An-

---

[32] LG Köln v. 30.04.1992 - 1 S 385/91 - juris Rn. 2 - WuM 1993, 608-609; AG Berlin-Hohenschönhausen v. 13.04.2000 - 7 C 66/00 - Grundeigentum 2000, 1035.

[33] AG Berlin-Schöneberg v. 03.01.1986 - 15 C 538/85 - NJW 1986, 2059-2060; LG Berlin v. 13.04.1984 - 64 S 8/84 - Grundeigentum 1984, 665-667.

[34] LG Berlin v. 16.09.1996 - 62 S 181/96 - NJW-RR 1997, 520-521; LG München v. 24.11.2005 - 31 S 9700/05 - Info M 2006, 120: sogar für Mieter im 1. OG.

[35] *Kinne* in: Kinne/Schach/Bieber, Miet- und Mietprozessrecht, 6. Aufl. 2010, § 554 Rn. 60; *Vogel*, Mandatspraxis Mietrecht, 2002, § 8 Rn. 834.

[36] LG Berlin v. 23.12.2003 - 65 S 179/03 - juris Rn. 5 - ZMR 2004, 193-194; LG Berlin v. 12.11.2007 - 67 S 16/07 - juris Rn. 8 - WuM 2008, 85: auch, wenn schon Erker in der Wohnung vorhanden; AG Hamburg v. 29.07.2009 - 40B C 42/09 - juris Rn. 37 - ZMR 2010, 124-125: Anbau eines zusätzlichen Balkons mit einer Grundfläche von 3,5 x 1,5 m vor dem Wohnzimmer stellt eine Modernisierungsmaßnahme dar, auch wenn sich an der Küche bereits ein kleiner Balkon befindet.

[37] BGH v. 15.05.1991 - VIII ZR 38/90 - juris Rn. 58 - NJW 1991, 1750-1754, LM Nr. 4 zu § 9 (Ca) AGBG; rückkanalfähiges Breitbandkabel (Digitales Kabelfernsehen) – keine Wohnwertverbesserung: LG Berlin v. 28.05.2004 - 63 S 49/04 - Grundeigentum 2004, 964-965; anders BGH v. 20.07.2005 - VIII ZR 253/04 - NJW 2005, 2995-2997.

[38] BGH v. 12.05.2012 - VIII ZR 170/09 - juris Rn. 7 - NJW 2010, 2571: vorteilhaft für beide Vertragsparteien, da Betreten der Wohnung nicht mehr erforderlich.

[39] BGH v. 20.07.2005 - VIII ZR 253/04 - juris Rn. 16 - NJW 2005, 2995-2997.

[40] BT-Drs. 14/4553 S. 49; beachte aber hierzu zutreffend *Schach* in: Kinne/Schach/Bieber, Miet- und Mietprozessrecht, 6. Aufl. 2010, § 559 Rn. 3; *Blank* in: Blank/Börstinghaus, Miete Kommentar, 3. Aufl. 2008, § 554 Rn. 16: das Auswechseln einer Glühlampe ist keine bauliche Veränderung und somit gerade keine Modernisierungsmaßnahme.

[41] Vgl. hierzu die umfassenden Darstellungen bei: *Blömeke/Blümmel/Kinne/Lorenz*, Die Modernisierung und Instandsetzung von Wohnraum, 3. Aufl. 2000, S. 98-100; *Kinne* in: Kinne/Schach/Bieber, Miet- und Mietprozessrecht, 6. Aufl. 2010, § 554 Rn. 77-78.

[42] *Kinne* in: Kinne/Schach/Bieber, Miet- und Mietprozessrecht, 6. Aufl. 2010, § 554 Rn. 68; BGH v. 03.03.2004 - VIII ZR 149/03 - juris Rn. 20 - NJW 2004, 1738-1740; erfüllt bei Energieeinsparung von 9, 2%: LG Berlin v. 22.11.2004 - 67 S 154/03 - juris Rn. 22 - MM 2005, 145.

[43] So noch LG Berlin v. 26.09.1988 - 62 S 75/88 - Grundeigentum 1989, 41; BGH v. 10.04.2002 - VIII ARZ 3/01 - ZMR 2002, 503; *Kinne* in: Kinne/Schach/Bieber, Miet- und Mietprozessrecht, 6. Aufl. 2010, § 554 Rn. 69; AG Rheine v. 22.07.2008 - 14 C 54/07 - juris Rn. 38 - WuM 2008, 491-492.

kündigung nicht beigefügt werden[44]. Die berechnete Ersparnis muss dann auch tatsächlich eintreten.[45] Bei nutzungsabhängigem Energieverbrauch kommt es insoweit auf das Nutzungsverhalten eines durchschnittlichen Mieters an, nicht auf das etwa besonders sparsame Verhalten des betroffenen Mieters.[46]

- Einbau von Isolierglasfenstern,[47]
- Austausch von Einfachfenstern gegen Isolierglasfenster mit verbessertem Wärmedurchgangskoeffizienten auch in Küche und Bad.[48]
- Heizenergieeinsparungen durch Modernisierung der Heizungs- und Warmwasseranlagen: Einbau einer Abgassperrklappe, Einbau eines neuen Heizkessels mit verringerter Auslegung, Einbau von Thermostatventilen, Änderung der vorhandenen Zentralheizung auf Anschluss an Fernwärme mit Kraft-Wärme-Kopplung,
- Umstellung Kokszentralheizung auf (normale) Fernwärme, Maßnahmen zur Wärmerückgewinnung oder Errichtung von Solaranlagen,
- Austausch einer Gasetagenheizung gegen Zentralheizung, wenn hierdurch noch eine Energieeinsparung bewirkt wird,[49]
- Anschluss an Fernwärmenetz bei schon vorhandener Gasetagenheizung, wenn hierdurch Ersparnis an Primärenergie.[50]Beachte jedoch: Der Mieter kann von dem Vermieter aber nicht die Erneuerung einer im Objekt vorhandenen alten Heizungsanlage, welche den heutigen Maßstäben sparsamer Energieversorgung nicht entspricht, die Wärmeversorgung der Wohnung jedoch sicherstellt, verlangen. Ein derartiger Anspruch folgt auch nicht aus dem nach § 556 Abs. 3 Satz 1 HS. 2 BGB zu beachtenden Grundsatz der Wirtschaftlichkeit.[51]
- Auch im Fall der Erneuerung der Heizungsanlage durch den Wärmecontractor richtet sich die Duldungspflicht des Mieters grundsätzlich nach § 554 BGB. Sie besteht also, wenn die Wohnung bspw. bisher nur über Ofenheizung verfügt.[52] Will der Vermieter den Betrieb einer vorhandenen Zentralheizungsanlage lediglich – ohne dass diese erneuert wird - auf den Contractor übertragen, bedarf es einer Zustimmung des Mieters, wenn dem Mieter dadurch zusätzliche Betriebskosten auferlegt werden sollen und eine ausdrückliche Regelung hierfür im Mietvertrag fehlt.[53]
- Wassereinsparungen: Müssen mindestens 10% Ersparnis bewirken.

---

[44] LG Berlin v. 10.12.1998 - 67 S 220/98 - Grundeigentum 1999, 383-385.
[45] OVG Berlin v. 10.06.1986 - 4 B 48.85 - Grundeigentum 1987, 887.
[46] LG Berlin v. 22.11.2004 - 67 S 154/03 - juris Rn. 22 - MM 2005, 145; LG Berlin v. 20.04.2007 - 63 S 250/06 - Grundeigentum 2007, 849-851.
[47] LG Berlin v. 26.06.2008 - 62 S 439/07 - juris Rn. 4 - MM 2008, 370-371: bei Austausch der vorhandenen Kastendoppelfenster und nachhaltiger Energieeinsparung; LG Berlin v. 11.02.2008 - 67 S 64/07 - juris Rn. 8 - Grundeigentum 2008, 931: bei Austausch der vorhandenen Kastendoppelfenster, ist jedoch zu beachten, dass die zur Zeit der Ausführung geltenden technischen Normen eingehalten sind, anderenfalls liegt anschließend ein Mangel des Mietobjektes vor.
[48] LG Berlin v. 21.03.2005 - 67 S 433/03 - MM 2005, 262-263.
[49] LG Berlin v. 27.11.2006 - 67 S 285/05 - juris Rn. 12 - Grundeigentum 2007, 294-296.
[50] LG Berlin v. 09.11.2007, 63 S 75/07 - juris Rn. 5, 7 - Grundeigentum 2008, 61; bestätigt durch BGH v. 24.09.2008 - VIII ZR 275/07 - NJW 2008, 3630-3633.
[51] BGH v. 31.10.2007 - VIII ZR 261/06 - juris Rn. 18 - NJW 2008, 142-144: offengelassen, ob dies auch gilt, wenn der Vermieter aufgrund zwingender öffentlich-rechtlicher Vorschriften zur Stilllegung bzw. Erneuerung der Heizungsanlage verpflichtet ist.
[52] Wird die neue Heizungsanlage vom Contractor errichtet und bezahlt, kommt eine Mieterhöhung nach § 559 BGB allerdings nicht in Betracht, da der Contractor nicht Vermieter ist.
[53] BGH v. 06.04.2005 - VIII ZR 54/04 - juris Rn. 17 - NJW 2005, 1776-1778 mit umfangreicher Darstellung zum Meinungsstand; fraglich ist insoweit aber lediglich die Umlagefähigkeit der zusätzlichen Betriebskosten, eine Zustimmung des Mieters generell zur Übertragung an den Contractor ist nicht erforderlich; vgl. dazu auch: BGH v. 20.09.2006 - VIII ZR 279/05 - juris Rn. 11 - NZM 2007, 38-40; BGH v. 22.02.2006 - VIII ZR 362/04 - juris Rn. 10 - NJW 2006, 2185-2187; BGH v. 27.06.2007 - VIII ZR 202/06 - juris Rn. 19 - NJW 2007, 3060-3061; BGH v. 16.04.2008 - VIII ZR 75/07 - juris Rn. 14,15 - NJW 2008, 2105 f.

3. Maßnahmen zur Schaffung neuen Wohnraumes (Absatz 2 Satz 1)

14   Auch solche Maßnahmen sind vom Mieter zu dulden. Der mit der beabsichtigten Maßnahme zu schaffende Wohnraum darf als solcher bisher noch nicht vorhanden sein.

15   Maßnahmen zur Schaffung neuen Wohnraumes sind unter anderem[54]:
- Dachgeschossausbau,
- Umgestaltung von bisherigen Nebenräumen zu einer Wohnung,
- Aufstockung[55], Anbauten.

4. Mieter (Absatz 2 Satz 1)

16   Besteht ein Anspruch des Vermieters nach Absatz 2 Satz 1 ist der Mieter zur Duldung verpflichtet. Die Verpflichtung trifft aber auch den Untermieter.[56]
Beachte zur Abgrenzung:
Bauliche Maßnahmen, die der Vermieter aufgrund einer behördlichen Anordnung oder gesetzlichen Verpflichtung durchzuführen hat, fallen nicht unter § 554 Abs. 2 BGB und unterliegen deshalb auch nicht den in § 554 Abs. 3 BGB dem Vermieter auferlegten Mitteilungspflichten. Derartige Maßnahmen muss der Mieter vielmehr nach § 242 BGB dulden.[57]
Auch derartige Maßnahmen sind, soweit es sich nicht um Notmaßnahmen handelt, vom Vermieter vorher anzukündigen, so dass sich der Mieter nach Möglichkeit darauf einstellen kann. Der Mieter ist nach Treu und Glauben verpflichtet, an einer baldigen Terminsabstimmung mitzuwirken.[58]

5. Dulden (Absatz 2 Satz 1)

17   Duldung bedeutet nicht Zustimmung des Mieters[59], der Anspruch richtet sich vielmehr auf das Unterlassen des Mieters bezüglich einer Behinderung des Vermieters bei der Ausführung der Arbeiten bzw. der Ermöglichung des Zutritts zum Mietobjekt.[60] Eine Mitwirkungspflicht besteht nicht.

6. Härte (Absatz 2 Satz 2)

18   Sind Modernisierungsmaßnahmen im Sinne von Absatz 2 Satz 1 beabsichtigt, kann die Duldungspflicht des Mieters entfallen, sofern die Durchführung der Arbeiten zu einer nicht zu rechtfertigenden Härte führen würde. Diese kann sich unter anderem aus den vorzunehmenden Arbeiten[61], den baulichen Folgen der Arbeiten[62], eventuellen vorangegangenen baulichen Aufwendungen des Mieters[63] so-

---

[54] *Weidenkaff* in: Palandt, § 554 Rn. 13.
[55] Sogar bei Aufstockung eines Einfamilienhauses durch Staffelgeschoss, jedoch Härteeinwand zu berücksichtigen, AG Hamburg-Blankenese v. 24.11.2006 - 508 C 156/06 - juris Rn. 22, 26 - ZMR 2007, 122-125.
[56] *Weidenkaff* in: Palandt, § 554 Rn. 28.
[57] BGH v. 04.03.2009 - VIII ZR 110/08 - juris Rn. 13 - NJW 2009, 1736-1737: für einen öffentlich-rechtlich angeordneten Anschluss zweier Wohnungen an die vorhandene Zentralheizung des Hauses für die zwischenliegende Wohnung.
[58] BGH v. 04.03.2009 - VIII ZR 110/08 - juris Rn. 16 - NJW 2009, 1736-1737.
[59] KG Berlin v. 01.09.1988 - 8 RE-Miet 4048/88 - NJW-RR 1988, 1420-1423; LG Berlin v. 30.11.1995 - 67 S 158/95 - juris Rn. 4 - NJW-RR 1996, 1163; *Vogel*, Mandatspraxis Mietrecht, 2002, § 8 Rn. 873.
[60] *Vogel*, Mandatspraxis Mietrecht, 2002, § 8 Rn. 874.
[61] Zum Beispiel Fenster- oder Heizungseinbau im Winter AG Dortmund v. 22.12.1978 - 116 C 428/78 - WuM 1980, 246; vollständige vorübergehende Unbenutzbarkeit der Wohnung; umfangreiche Arbeiten in 1-Zimmer-Whg der 82-jährigen Mieterin – LG Berlin v. 09.08.1983 - 63 S 230/82 - Grundeigentum 1983, 1067; AG Hamburg v. 27.08.2008 - 46 C 109/07 - juris Rn. 5: drohender Asthmaanfall eines bereits erkrankten Kindes bei Durchführung der geplanten Arbeiten – zur Klärung der Gefahr ist ggf. medizinisches Gutachten einzuholen.
[62] Z.B. für den Mieter nachteilige Zuschnittsveränderung und unverhältnismäßige Mieterhöhung KG v. 22.06.1981 - 8 W RE-Miet 4340/80 - Grundeigentum 1981, 757-759; LG Berlin v. 26.06.2008 - 62 S 439/07 - juris Rn. 4 - MM 2008, 370-371: Zerstörung des architektonischen Gesamteindrucks eines durch Jugendstilfenster geprägten Altbaus.
[63] AG Charlottenburg v. 07.09.2004 - 214 C 201/04 - Grundeigentum 2005, 58-59: sofern diese noch nicht abgewohnt sind, bei Gasetagenheizung jedenfalls nach 14 Jahren gegeben.

wie der zu erwartenden Mieterhöhung ergeben. Die Härte muss sich aus den konkreten Umständen der geplanten Maßnahme ableiten.

7. Personen auf Mieterseite (Absatz 2 Satz 2)

Absatz 2 Satz 2 der Vorschrift beinhaltet eine Erweiterung des Personenkreises, dessen Belange bei Prüfung des Vorliegens einer Härte zu berücksichtigen sind. Abzustellen ist auf die Beeinträchtigungen, die sich für den Mieter selbst, seine Familie oder einen anderen Angehörigen seines Haushaltes ergeben. Zur Familie zählen alle in der Wohnung lebenden Angehörigen des Mieters, soweit sie nicht bereits selbst Partei des Mietvertrages sind. Haushaltsangehörige sind alle dauerhaft im Haushalt des Mieters lebenden Personen, neben dem Lebensgefährten auch Pflegekinder oder die Kinder des Lebensgefährten.[64]

19

8. Berechtigte Interessen des Vermieters und anderer Mieter (Absatz 2 Satz 2)

Die auf Mieterseite möglicherweise entstehende Härte muss auch unter Berücksichtigung der berechtigten Interessen des Vermieters oder anderer Mieter nicht zu rechtfertigen sein. Der Vermieter darf sich auf sein Interesse an der Erhaltung, Pflege, Werterhaltung und Wertsteigerung seines Eigentums berufen. Ebenso auf das Interesse, eine höhere Miete oder einen höheren Verkaufserlös zu erzielen oder verbesserte Vermietungsmöglichkeiten zu schaffen.[65] Für andere Mieter ist das Interesse an der Schaffung verbesserten Wohnkomforts in Betracht zu ziehen, zum Beispiel das Interesse am Einbau eines Fahrstuhles, der auch vom Erdgeschossmieter zu dulden ist.

20

9. Abwägungskriterien (Absatz 2 Satz 3)

Die Aufzählung der Kriterien ist, wie bereits aus dem Wortlaut folgt, nicht zwingend. Im Hinblick auf die vorzunehmenden Arbeiten sind das Ausmaß der damit einhergehenden Belästigung und der Unbenutzbarkeit der Wohnung zu berücksichtigen. Infolge der Ausführung der Arbeiten können bauliche Folgen eintreten, die das Mietobjekt bzw. das Gebäude dauerhaft verändern und auch den Vertragszweck beeinträchtigen. Hat der Mieter bereits selbst die Mietsache verbessert, ist auch dieser Umstand bei der Abwägung zum Schutze des Mieters zu berücksichtigen.[66] Der Mieter kann sich hierauf aber nicht berufen, wenn er die Arbeiten ohne Genehmigung des Vermieters ausgeführt hat.[67] Auch die nach der Modernisierung zu erwartende Miethöhe einschließlich der Nebenkosten kann eine Härte entstehen lassen. Bei der Abwägung ist auf den vom Vermieter in der Ankündigung mitgeteilten Betrag abzustellen. Das Einkommen des Mieters und der in seinem Haushalt lebenden Angehörigen ist dem gegenüberzustellen.[68] Ein Wohngeldanspruch des Mieters ist zu berücksichtigen.[69] Die Feststellung einer finanziellen Härte bereitet im Einzelfall erhebliche Schwierigkeiten. Eine feste Relation zwischen der Höhe des Einkommens und der zu erwartenden Miethöhe[70] im Sinne einer objektiven Grenze ist letztlich nicht herstellbar.[71]

21

---

[64] BT-Drs. 14/4553, S. 49; *Weidenkaff* in: Palandt, § 554 Rn. 18.
[65] *Kinne* in: Kinne/Schach/Bieber, Miet- und Mietprozessrecht, 6. Aufl. 2010, § 554 Rn. 98; *Vogel*, Mandatspraxis Mietrecht, 2002, § 8 Rn. 857.
[66] LG Berlin v. 20.04.1999 - 64 S 316/98 - ZMR 1999, 554-556.
[67] *Vogel*, Mandatspraxis Mietrecht, 2002, § 8 Rn. 851; *Kinne* in: Kinne/Schach/Bieber, Miet- und Mietprozessrecht, 6. Aufl. 2010, § 554 Rn. 89.
[68] *Vogel*, Mandatspraxis Mietrecht, 2002, § 8 Rn. 853; *Blümmel* in: Blömeke/Blümmel/Kinne/Lorenz, Die Modernisierung und Instandsetzung von Wohnraum, 3. Aufl. 2000, Teil A, S. 27 (§ 541b Rn. 42).
[69] KG v. 10.05.2007 - 8 U 166/06 - juris Rn. 17 - Grundeigentum 2007, 907-909: keine Härte, wenn die (neuen) Wohnkosten in voller Höhe durch Sozialleistungen abgedeckt werden.
[70] Vgl. zu der diesbezüglichen Rechtsprechung *Kinne* in: Kinne/Schach/Bieber, Miet- und Mietprozessrecht, 6. Aufl. 2010, § 554 Rn. 94 mit umfangreichen Nachweisen.
[71] KG Berlin v. 22.06.1981 - 8 W RE-Miet 4340/80 - juris Rn. 10 - NJW 1981, 2307-2308; vgl. auch aktuell: LG Berlin v. 19.01.2010 - 65 S 285/09 - juris Rn. 12 - WuM 2010, 88-89: Unzumutbarkeit, wenn neue Miete 33% des Einkommens ausmacht; AG Hamburg v. 16.09.2009 - 40B C 43/09 - WE 2009, 280-281 und 40B C 42/09 - juris Rn. 40 - WuM 2010, 32-33, ebenso bei 37%, Miete in Höhe von 34% des Einkommens jedoch noch zumutbar.

10. Allgemein üblicher Zustand (Absatz 2 Satz 4)

22 Die zu erwartende Mieterhöhung führt nicht zu einer für den Mieter unzumutbaren Härte, wenn die Maßnahmen lediglich der Herstellung eines allgemein üblichen Zustandes dienen sollen. Dies ist nach den konkreten lokalen Verhältnissen zu beurteilen. Zur Feststellung eines allgemein üblichen Zustandes gehört das Vorhandensein entsprechender Ausstattungs- bzw. Bausubstanzmerkmale in mindestens zwei Dritteln der Gebäude gleicher Altersklasse.[72]

IV. Absatz 3

1. Ankündigung (Absatz 3 Satz 1)

23 Die Ankündigung soll den Mieter über das Ausmaß der Modernisierung und die zu erwartende Mietzinserhöhung informieren, damit er entscheiden kann, ob die Maßnahme zumutbar ist oder eine Härte bedeutet, oder ob er von dem Sonderkündigungsrecht nach § 554 Abs. 3 Satz 2 BGB Gebrauch machen will.[73] Es ist nicht erforderlich, dabei jede Einzelheit der beabsichtigten Modernisierungsmaßnahme oder jede mögliche Auswirkung mitzuteilen.[74] Die Ankündigung muss lediglich so konkret gefasst sein, dass sie dem Mieter eine zureichende Kenntnis dahingehend vermittelt, in welcher die Wohnung durch die geplanten Maßnahmen verändert wird und wie sich diese Maßnahmen künftig auf den Mietgebrauch einschließlich etwaiger Verwendungen des Mieters sowie die zu zahlende Miete auswirken.[75] Die Mitteilung hat stets zu erfolgen und entfällt nur bei Bagatellmaßnahmen (§ 554 Abs. 3 BGB), denn mit der Mitteilung werden die Voraussetzungen für die Vertragsänderung geschaffen. Erst die formwirksame Mitteilung löst überhaupt den Duldungsanspruch des Vermieters aus.[76] Ohne gesetzmäßige Mitteilung besteht keine Duldungspflicht des Mieters, bei fehlender oder mangelhafter Ankündigung ist schon aus diesem Grunde eine evtl. spätere Duldungsklage des Vermieters abzuweisen. Fehler in der Ankündigung können im Duldungsprozess nur durch eine vollständige und formgerechte neue Ankündigung geheilt werden. Diese unterliegt aber wieder der Ankündigungsfrist.[77] Erforderlich ist eine individuelle, auf die konkrete Situation des betroffenen Mieters bezogene Mitteilung. Sie muss vorbehaltlos erfolgen (kein Vorbehalt von Alternativen, Abänderungen – zum Beispiel: Kabelfernsehen, obwohl nur Gemeinschaftsantenne angekündigt).

24 Treten im Verlauf der Ankündigungsfrist gravierende technische Änderungen auf oder werden erhebliche zeitliche Verschiebungen des Baubeginns erforderlich, ist eine neue Ankündigung notwendig.

25 Die wirksame Ankündigung der Maßnahmen ist nicht Voraussetzung für die Mieterhöhung nach den §§ 559-559b BGB, erfolgt die Duldung durch den Mieter ungeachtet einer mangelhaften oder unterbliebenen Ankündigung, ist später auch die Mietzinserhöhung möglich, es ist dann lediglich § 559b Abs. 2 BGB zu beachten.[78]

26 Bauliche Maßnahmen, die der Vermieter aufgrund einer behördlichen Anordnung oder gesetzlichen Verpflichtung durchzuführen hat, fallen nicht unter § 554 Abs. 2 BGB. Eine Ankündigung gem. § 554 Abs. 3 BGB ist deshalb hierfür nicht erforderlich. Die Duldungspflicht des Mieters ergibt sich nach § 242 BGB.[79]

---

[72] BGH v. 19.02.1992 - VIII ARZ 5/91 - juris Rn. 40 - BGHZ 117, 217-230.
[73] BayObLG München v. 13.11.2000 - RE-Miet 1/00 - juris Rn. 12 - NJW-RR 2001, 300-301.
[74] BGH v. 28.09.2011- VIII ZR 242/10 - juris Rn. 29 und Rn. 30 - NZM 2011, 849-852.
[75] BGH v. 28.09.2011 - VIII ZR 242/10 - juris Rn. 26 - NZM 2011, 849-852.
[76] KG Berlin v. 01.09.1988 - 8 RE-Miet 4048/88 - NJW-RR 1988, 1420-1423.
[77] AG München v. 26.04.2010 - 424 C 19779/09 - juris Rn. 30.
[78] BGH v. 19.09.2007 - VIII ZR 6/07 - juris Rn. 12 - NJW 2007, 3565-3566: Bei Nichtwahrung der Ankündigungsfrist keine nachteiligere Rechtsfolge als bei gänzlich unterbliebener Mitteilung der zu erwartenden Mieterhöhung; ebenso BGH v. 02.03.2011 - VIII ZR 164/10 - juris Rn. 15 - NJW 2011, 1220 bei unterbliebener Ankündigung, anderer Auffassung AG Dortmund v. 13.01.2009 - 425 C 8864/08 - juris Rn. 33.
[79] BGH v. 04.03.2009 - VIII ZR 110/08 - juris Rn. 13 - NJW 2009, 1736-1737.

Dient eine Baumaßnahme sowohl der Instandsetzung als auch der Modernisierung muss sie nach § 554 Abs. 3 BGB angekündigt werden.[80] 27

Der Erstellung einer formal wirksamen Ankündigung ist deshalb besondere Aufmerksamkeit zu widmen. Die Ordnungsgemäßheit der Ankündigung ist auch insbesondere vor Erhebung der Duldungsklage zwingend zu prüfen. 28

2. Drei Monate vor Beginn (Absatz 3 Satz 1)

Die Ankündigung muss spätestens drei Monate vor dem in Aussicht genommenen Beginn der Arbeiten erfolgen. Die Frist beginnt mit dem Zugang der Mitteilung beim Mieter. Für die Berechnung gelten die §§ 187, 188 BGB. Abzustellen ist auf den Beginn der eigentlichen Ausführungsarbeiten, vorbereitende Maßnahmen, die sich nicht auf den Gebrauch der Mietsache auswirken, sind unerheblich.[81] 29

Schiebt sich der Beginn der beabsichtigten Maßnahmen über den angekündigten Zeitpunkt hinaus, ist die Ankündigung neu vorzunehmen. 30

Die Frist wurde gegenüber der ursprünglichen Fassung in § 541b BGB um einen weiteren Monat verlängert. Hiermit sollte der Gleichlauf mit der Kündigungsfrist für den Mieter nach § 554 Abs. 3 Satz 2 BGB erzielt werden.[82] Dies ist insoweit nicht nachvollziehbar, als die nach Absatz 3 Satz 2 bestehende Überlegungs- und Kündigungsfrist des Mieters kürzer sein kann als die Ankündigungsfrist des Vermieters. 31

Eine Zustimmung des Mieters zur Ankündigung ist gesetzlich nicht vorgesehen. Es besteht keine gesetzliche Frist für eine Rückäußerung des Mieters. Mit dem Gesetz ist der Mieter lediglich bei Wahrung aller Voraussetzungen zur Duldung der Modernisierungsmaßnahmen verpflichtet. 32

Dennoch wird der Mieter gem. § 242 BGB für verpflichtet gehalten, auf das Ankündigungsschreiben des Vermieters zu reagieren, wenn dieses eine entsprechende Aufforderung enthält. Unterbleibt eine Reaktion des Mieters, gibt er – auch bereits vor Ablauf der Ankündigungsfrist – Anlass zur Erhebung der Duldungsklage.[83] 33

3. Art (Absatz 3 Satz 1)

Erforderlich ist die detaillierte Beschreibung der in der Wohnung oder an sonstigen Teilen des Gebäudes durchzuführenden Maßnahmen. 34

Notwendig ist auch die Abgrenzung zu den durch die Modernisierung miterledigten Instandsetzungsmaßnahmen, da diese der Wiederherstellung des ordnungsgemäßen Zustandes des Mietobjekts dienen und nur ausnahmsweise eine Modernisierung bedeuten können. 35

4. Voraussichtlicher Umfang (Absatz 3 Satz 1)

Trotz der sprachlichen Fassung, welche nur von einer Mitteilung des voraussichtlichen Umfanges ausgeht, ist vorsorglich eine nähere (technische) Beschreibung der geplanten baulichen Maßnahmen[84] vorzunehmen. Die erforderlichen baulichen Einzelheiten sind so konkret wie möglich zu beschreiben, da der Mieter ein Bild von den aufgrund der durchzuführenden Maßnahmen möglicherweise entstehenden Einwirkungen auf seine Wohnsituation erlangen können muss.[85] Sind derartige Beeinträchti- 36

---

[80] LG Berlin v. 07.09.2004 - 63 T 71/04 - Grundeigentum 2004, 1233.
[81] *Weidenkaff* in: Palandt, § 554 Rn. 26.
[82] BT-Drs. 14/4553, S. 49.
[83] KG v. 16.07.2009 - 8 U 77/09 - ZMR 2010, 180.
[84] LG Berlin v. 22.01.1993 - 64 S 308/92 - Grundeigentum 1993, 861-863; beachte nunmehr abgrenzend: BGH v. 28.09.2011 - VIII ZR 242/10 - juris Rn. 16 - NZM 2011, 849-852.
[85] Z.B.: An welchen Stellen der Wohnung geht dauerhaft Raum verloren? So letztlich auch weiterhin BGH v. 28.09.2011 - VIII ZR 242/10 - juris Rn. 29 und Rn. 30 - NZM 2011, 849-852.

§ 554

gungen durch die beabsichtigten Maßnahmen zu erwarten, ist eine genaue Beschreibung unerlässlich[86], sie wird zum Teil in der Rechtsprechung darüber hinaus auch selbst bei nicht auf die Wohnung bezogenen Arbeiten gefordert[87]. Für die Beschreibung reichen allgemeine und pauschale Hinweise nicht aus, eine Ausnahme gilt insoweit lediglich bei allgemein bekannten Umständen und üblichen Baumaßnahmen.[88]

37 Erforderlich ist auch eine Beschreibung im Hinblick auf die Qualifizierung der Maßnahme als Modernisierungsmaßnahme[89], insbesondere sofern diese auch Instandsetzungselemente enthält (z.B. Verstärkung der überalterten Elektro-Steigeleitung; Querschnitterweiterung bei ohnehin veralteten Trinkwasserleitungen).

38 Nach der Neufassung der Bestimmung ist nur noch der voraussichtliche Umfang der Maßnahme anzukündigen. Damit sollten die teilweise äußerst strengen Maßstäbe der Rechtsprechung abgesenkt werden.[90] Im Hinblick auf den Zweck und die Bedeutung der Ankündigung begründet dies jedoch Bedenken.[91]

5. Voraussichtlicher Beginn (Absatz 3 Satz 1)

39 Mit der Neufassung des Gesetzes ist auch nur noch die Mitteilung des voraussichtlichen Beginns erforderlich. Damit sollte der verlängerten Ankündigungsfrist und dem weiteren Umstand Rechnung getragen werden, dass der Vermieter zum Mitteilungszeitpunkt häufig noch keine präziseren Angaben zum Beginn der Arbeiten machen kann.[92] Insoweit hatte allerdings auch die bisherige Rechtsprechung schon Erleichterungen zugelassen, so dass mit der Gesetzesänderung in der Praxis kaum noch Veränderungen verbunden sind. Der Beginn ist so konkret wie möglich zu bezeichnen, jedoch reicht hierfür die Angabe zumindest einer konkreten Kalenderwoche aus, eine präzise Datumsangabe ist nicht erforderlich. Zum Teil ist auch bereits die Abgrenzung des Beginns nach Anfang, Mitte oder Ende eines Monats für ausreichend erachtet worden, dies stellt aber die untere Grenze der Angaben dar.[93]

6. Voraussichtliche Dauer (Absatz 3 Satz 1)

40 Wie schon in der bisherigen Regelung ist weiterhin die voraussichtliche Dauer der beabsichtigten Arbeiten anzukündigen. Hierfür genügt die Bezeichnung von Circa-Angaben[94], es ist aber zumindest eine Zuordnung nach bestimmten Kalenderwochen erforderlich.[95] Werden mehrere unterschiedliche

---

[86] Zum Beispiel Angabe von Anzahl, Bauart, Ort der Aufstellung von Heizkörpern, Verlauf der Heizungsrohre LG Hamburg v. 22.08.1991 - 334 S 48/91 - juris Rn. 3 - WuM 1992, 121; ebenso AG Köpenick v. 28.05.2009 - 2 C 57/09 - juris Rn. 17 - Grundeigentum 2009, 1051; beachte aber auch KG v. 10.05.2007 - 8 U 166/06 - juris Rn. 6 - Grundeigentum 2007, 907-909: die Bauschritte der einzelnen Gewerke müssen jedoch nicht angegeben werden; ist das Aufstellen von Möbeln im neu zu schaffenden Bad ohnehin nicht möglich, bedarf es auch keiner Angaben zum Verlauf von Heizungsrohren oder der Lage von Heizkörpern; siehe auch LG München v. 11.02.2009 - 15 S 22980/07 - juris Rn. 9 - ZMR 2009, 453-455: keine übertriebenen Anforderungen an den Inhalt des Ankündigungsschreibens zu stellen, unter Hinweis auf BVerfG v. 08.11.1988 - 1 BvR 1527/87 - NJW 1989, 969.
[87] Angabe der Leitungsführung bei Steigeleitungen, obwohl nicht auf Wohnung bezogen.
[88] KG v. 10.05.2007 - 8 U 166/06 - juris Rn. 6, 7 - Grundeigentum 2007, 907-909.
[89] Vgl. BGH v. 25.01.2006 - VIII ZR 47/05 - juris Rn. 9 - NJW 2006, 1126-1127 zu § 559b BGB und Anmerkung *Schach*, Grundeigentum 2006, 283 bzgl. § 554 BGB; KG v. 20.04.2006 - 8 U 204/05 - Grundeigentum 2006, 714-716 zu den Angaben bei Wärmedämmung von Außenwänden; LG Berlin v. 26.06.2008 - 62 S 439/07 - juris Rn. 4 - MM 2008, 370-371: bei Fensteraustausch Angaben zur näheren Beschaffenheit der neuen Fenster, zur Größe sowie zum Wärmedurchgangskoeffizienten erforderlich.
[90] BT-Drs. 14/4553, S. 49, 50.
[91] Zutreffend deshalb der Hinweis von *Kinne*, Grundeigentum 2001, 1181-1184, 1183.
[92] BT-Drs. 14/4553, S. 50.
[93] Nicht etwa: „zwischen März und April", „etwa im Juni", „im Herbst 2002" etc. Solche Angaben sind auch dann nicht zulässig, wenn der Vermieter dem Mieter eigentlich nur entgegenkommen will, um zum Beispiel Raum für Terminabsprachen zu lassen.
[94] LG Berlin v. 30.08.1985 - 29 S 47/85 - Grundeigentum 1985, 1099-1101.
[95] AG Köln v. 22.12.2004 - 203 C 391/04 - MietRB 2005, 89: Bezeichnung des Beginns „in spätestens drei Monaten" genügt nicht.

Maßnahmen durchgeführt, müssen sich die Angaben zur Dauer auch gesondert auf jede einzelne Maßnahme beziehen.[96]

7. Zu erwartende Mieterhöhung (Absatz 3 Satz 1)

Die Ankündigung muss auch eine Mitteilung zu der zu erwartenden Mieterhöhung enthalten. Sind mehrere Maßnahmen geplant, ist die sich für jede einzelne Maßnahme ergebende Mieterhöhung getrennt auszuweisen, damit der Mieter überlegen kann, ob er zum Beispiel nur einzelne Arbeiten dulden wird. 41

Erforderlich ist die betragsmäßige Mitteilung der gesamten zu erwartenden Mieterhöhung, eine auf den m² bezogene Mitteilung genügt nur bei gleichzeitiger Angabe der Wohnfläche der Wohnung.[97] Anzugeben sind ferner vorsorglich infolge der Modernisierung zusätzlich oder in größerem Umfang als bisher entstehende Betriebskosten[98], z.B. voraussichtliche Heizkosten. Fehlerhafte Angaben zum Betrag der Mieterhöhung machen die Ankündigung nicht unwirksam. In diesem Rahmen ist auch weder eine Voraberrechnung der Erhöhung noch eine Erläuterung der Kostenkalkulation notwendig. 42

Beachte aber:
Fallen im Mietobjekt zukünftig infolge der Durchführung der Modernisierungsmaßnahmen neue (weitere) Betriebskostenpositionen an, so ergibt sich die Kostentragungspflicht des Mieters nicht ohne weiteres bereits aus der Duldungspflicht. Vielmehr dürfte auch insoweit auf die generellen Überlegungen zur Neueinführung von Betriebskosten zurückzugreifen sein.[99] Die nunmehr neu entstehenden Betriebskostenpositionen müssten also zumindest im Mietvertrag bereits Erwähnung gefunden haben.

Beispiel: 43
Beseitigung der Gemeinschaftsantenne und Umstellung auf Breitbandkabel – Die Kosten für das Breitbandkabel sind umlegbar mit ergänzender Auslegung des Mietvertrages (welcher die Kosten der Gemeinschaftsantenne für umlegbar erklärte) und im Hinblick auf die bestehende Duldungspflicht des Mieter für die Umstellung auf Breitbandkabel.[100]

8. Mitteilung in Textform (Absatz 3 Satz 1)

Für die Ankündigung ist die Textform ausreichend (vgl. hierzu auch die Kommentierung zu § 126b BGB). Zur Zweckmäßigkeit der Abgabe der Erklärung in Textform vgl. die Kommentierung zu § 558a BGB Rn. 7. 44

Die Abgabe hat durch den Vermieter zu erfolgen. Die Abgabe durch Vertreter ist wie im Gesetz vorgesehen möglich, der Vermieter muss dann aber als Absender erkennbar sein, das Vertretungsverhältnis ist offen zu legen. Bei Abgabe der Erklärung durch Bevollmächtigte ist die Vollmachtsurkunde im 45

---

[96] LG Berlin v. 04.02.1992 - 64 S 245/91 - Grundeigentum 1992, 1101; LG Hamburg v. 07.10.2004 - 333 S 59/03 - juris Rn. 15 - WuM 2005, 60-61: Zeitplan mit Angaben zu Beginn und Ende der Maßnahmen und einzelnen Etappen, die unterschiedliche Beeinträchtigungen mit sich bringen können, erforderlich.

[97] LG Berlin v. 17.02.1987 - 64 S 118/86 - Grundeigentum 1987, 521-523; a.A.: LG Berlin v. 03.12.2004 - 63 S 273/04 - Grundeigentum 2005, 1491-1493, Angabe pro m2 genügt; noch anders: LG Fulda v. 24.01.1992 - 1 S 173/91 - juris Rn. 4 - NJW-RR 1992, 658-659, neue Gesamtmiete anzugeben.

[98] Es ist fraglich, ob es sich bei dieser Angabe um einen zwingenden Bestandteil der Ankündigung handelt. Offen gelassen von KG v. 10.05.2007 - 8 U 166/06 - juris Rn. 10, 11 - Grundeigentum 2007, 907-909, da konkret Gas- und Stromkosten betroffen für welche Mieter ohnehin selbst Verträge mit den Versorgern geschlossen hatte.

[99] Beachte insoweit BGH v. 20.09.2006 - VIII ZR 279/05 - juris Rn. 11 - NZM 2007, 38-40; BGH v. 22.02.2006 - VIII ZR 362/04 - juris Rn. 10 - NJW 2006, 2185-2187; BGH v. 27.06.2007 - VIII ZR 202/06 - juris Rn. 19 - NJW 2007, 3060-3061; BGH v. 20.09.2006 - VIII ZR 103/06 - juris Rn. 10 - NJW 2006, 3557-3558; BGH v. 16.04.2008 - VIII ZR 75/07 - juris Rn. 15 - NJW 2008, 2105 f.

[100] Beachte aber: Es ist jedoch fraglich, ob die Kostentragungspflicht stets aus der Duldungspflicht herzuleiten ist – auch wenn diese Positionen gerade nicht im Vertrag erwähnt sind; ablehnend insoweit: *Milger*, NZM 2008, 1 ff., 7; ebenso ablehnend LG Berlin v. 07.11.2006 - 65 S 169/06 - juris Rn. 16 - Grundeigentum 2007, 597-599, für nach Neueinbau anfallende Fahrstuhlbetriebskosten ohne vertragliche Regelung; in der Entscheidung des BGH v. 21.01.2004 - VIII ZR 99/03 - juris Rn. 21 - NZM 2004, 253-254 konnte nach Fahrstuhleinbau eine erfolgte konkludente Kostenübernahme unterstellt werden.

Original beizufügen, andernfalls kann der Mieter nach § 174 BGB verfahren (vgl. hierzu die Kommentierung zu § 558 BGB Rn. 5).

46 Problematisch sind die Fälle des Eigentümerwechsels. Eine Ankündigung des Erwerbers vor Erlangung der Vermieterstellung ist unwirksam auch bei Eintragung einer Auflassungsvormerkung und wird auch nicht durch die zwischenzeitlich erfolgende Eintragung im Grundbuch geheilt.[101] Die Abtretung des Duldungsanspruches ist nicht zulässig. Denkbar ist allerdings, dass der Erwerber die Ankündigung namens des Vermieters also des Verkäufers geltend macht. Hatte der Veräußerer noch selbst die Ankündigung erstellt und Duldungsklage gegen den Mieter erhoben, so ist er zur gerichtlichen Geltendmachung auch nach erfolgter Umschreibung noch weiter befugt, sofern die Klageanträge angepasst werden und der neue Eigentümer und Vermieter (Erwerber) mit dem Klagebegehren und der Fortführung des Rechtsstreites einverstanden ist. Tritt der Eigentumsübergang nach erfolgter Ankündigung aber vor Klageerhebung ein, ist der Erwerber klageberechtigt, der Duldungsanspruch des Verkäufers ist dann nach § 566 BGB auf ihn übergegangen. Der Erwerber kann auch schon vor der Umschreibung des Grundbuches Vermieterstellung erlangen durch eine dreiseitige Vereinbarung (Erwerber, Veräußerer, Mieter), wofür es ausreicht, wenn im Kaufvertrag § 566 BGB abbedungen bzw. „vorverlegt" wird und der Mieter dem zustimmt. Zulässig ist auch die Ermächtigung des Käufers durch den Verkäufer im notariellen Kaufvertrag, die Modernisierungsmaßnahmen vor Eigentumsumschreibung im eigenen Namen anzukündigen und durchzuführen.[102] In diesem Fall ist der Erwerber auch berechtigt, die Duldungsklage gegen den Mieter im eigenen Namen im Wege der gewillkürten aktiven Prozessstandschaft zu erheben.[103]

47 Die Erklärung muss an alle Mieter gerichtet werden, bei gegenseitiger Empfangsbevollmächtigung der Mieter genügt jedoch ein einziges Schreiben.[104]

9. Kündigungsrecht des Mieters (Absatz 3 Satz 2)

48 Bevorstehende Modernisierungsmaßnahmen berechtigen den Mieter zur Ausübung eines außerordentlichen Kündigungsrechtes, auch bei Bestehen eines befristeten Mietverhältnisses oder eines vereinbarten Kündigungsausschlusses. Die Kündigung des Mieters ist unverändert spätestens mit dem Ablauf des Monates, der auf den Monat des Zugangs folgt, zu erklären. Sie kann somit unabhängig vom Zeitpunkt ihrer Abgabe frühestens zum Ablauf des auf das Ende der Überlegungsfrist des Mieters folgenden Monates wirken.[105]

49 § 541b Abs. 2 Satz 3 BGB a.F. regelte, dass die angekündigte Maßnahme bis zum Ablauf der Mietzeit zu unterlassen ist. Diese Anordnung ist mit dem Mietrechtsreformgesetz entfallen, da die Ankündigungsfrist nunmehr länger ist als die Kündigungsfrist des Mieters.

10. Unerhebliche Auswirkungen von Maßnahmen (Absatz 3 Satz 3)

50 Die Bestimmung regelt die Entbehrlichkeit der Ankündigung und den Fortfall des Sonderkündigungsrechtes des Mieters, wenn die Maßnahmen mit keiner oder nur unerheblicher Einwirkung auf die vermieteten Räume[106] verbunden sind und keine oder nur eine unerhebliche Mietzinserhöhung auslösen.

---

[101] *Blümmel* in: Blömeke/Blümmel/Kinne/Lorenz, Die Modernisierung und Instandsetzung von Wohnraum, 3. Aufl. 2000, S. 33; *Kinne*, Grundeigentum 1993, 880-880, 884; *Kinne*, Grundeigentum 1997, 1288, 1288 ff.; LG Berlin v. 01.09.1983 - 62 S 10/83 - Grundeigentum 1983, 1161; AG Berlin-Charlottenburg v. 13.06.1984 - 13 C 257/84 - Grundeigentum 1984, 765 m.w.N.
[102] BGH v. 13.02.2008 - VIII ZR 105/07 - juris Rn. 25, 26, 27 - NJW 2008, 1218-1220.
[103] BGH v. 13.02.2008 - VIII ZR 105/07 - juris Rn. 13, 25, 26, 27 - NJW 2008, 1218-1220.
[104] KG Berlin v. 25.10.1984 - 8 RE-Miet 4148/84 - juris Rn. 19 - NJW-RR 1986, 173-175; OLG Schleswig v. 22.03.1983 - 6 RE-Miet 4/82 - juris Rn. 17 - NJW 1983, 1862-1863.
[105] Bsp.: Zugang der Ankündigung am 10.10.2002: Der Mieter kann die Kündigung bis spätestens zum 30.11.2002 erklären, sie wird dann zum 31.12.2002 wirksam. Die Kündigung ist aber – selbst wenn sie noch im Verlaufe des Oktobers 2002 erklärt würde – nicht schon bereits zu Ende November wirksam.
[106] Neue Thermostatventile, Einbau Antennensteckdose LG Berlin v. 15.04.1986 - 64 S 387/85 - Grundeigentum 1986, 751-753; Kabelfernsehen AG Hamburg v. 25.07.1990 - 41 C 669/90 - juris Rn. 9 - WuM 1990, 498-499.

Bezüglich der Mieterhöhung wird die Bagatellgrenze bei einer Mieterhöhung von maximal 5% der bisherigen Kaltmiete gesehen[107], dies ist allerdings streitig, z.T. wurden auch bereits 30 DM monatlich als erhebliche Mieterhöhung angesehen. Unzweifelhaft liegt eine Bagatellmaßnahme vor, wenn der Vermieter auf die Erhöhung hierfür verzichtet und wenn keinerlei Beeinträchtigung der Wohnung gegeben ist. Treffen umfangreiche und Bagatellmaßnahmen zusammen, sind dagegen alle Maßnahmen anzukündigen.

Insgesamt ist das Vorliegen des Ausnahmetatbestands sehr strittig, im Zweifelsfalle sollte vorsorglich eine Ankündigung erfolgen.

51

V. Absatz 4

1. Aufwendungen (Absatz 4 Satz 1)

Der Mieter hat einen Ersatzanspruch für Aufwendungen, die er im Zusammenhang mit der Durchführung einer Erhaltungs- oder Modernisierungsmaßnahme durch den Vermieter hatte. Es ist Kausalität zur Erfüllung der Duldungspflicht durch den Mieter erforderlich. Aufwendung ist die freiwillige Aufopferung von Vermögenswerten im Interesse eines anderen.[108] In Betracht kommen u.a. Kosten für das Räumen von Möbeln[109], die Beaufsichtigung der Wohnung während der Arbeiten[110], Reinigungskosten[111], Schönheitsreparaturen[112], soweit nicht vom Mieter zu tragen und zum Zeitpunkt der Arbeiten ohnehin fällig[113]. Die Arbeitsstunde des Mieters kann mit etwa 10 € in Ansatz gebracht werden.[114] Auch die vorübergehende Unterbringung des Ehegatten der Mieterin in einer Kurzzeitpflegeeinrichtung ist zu erstatten.[115] Kündigt der Mieter, um der Modernisierung zu entgehen, besteht kein Anspruch auf Aufwendungsersatz[116] Der Aufwendungsersatzanspruch schließt weitergehende Ansprüche des Mieters (z.B. Minderung, Schadensersatz) nicht aus.

52

Der Anspruch unterliegt der Verjährung nach § 548 Abs. 2 BGB.

53

2. Ersatz in angemessenem Umfang (Absatz 4 Satz 1)

Aufwendungen des Mieters sind nur in dem Einzelfall und den konkreten Umständen angemessenen Umfang zu ersetzen. Lebensweise oder Geschäftstätigkeit des Mieters sind hierbei zu berücksichtigen.

54

3. Vorschuss auf Verlangen (Absatz 4 Satz 2)

Der Mieter kann für zu erwartende Aufwendungen Vorschuss durch formlose Erklärung verlangen. Art und Umfang sowie die Höhe der Aufwendungen sind jedoch aufzuschlüsseln.

55

VI. Abdingbarkeit (Absatz 5)

Zum Nachteil des Wohnungsmieters von den Vorschriften der Absätze 1 bis 4 abweichende Vereinbarungen sind unwirksam. Für andere Mietverhältnisse dürfen jedoch auch zu Lasten des Mieters abweichende Vereinbarungen getroffen werden. Allerdings verbietet § 554 Abs. 5 BGB auch bei Wohnräumen nicht grundsätzlich den Abschluss von Modernisierungsvereinbarungen. Diese sind vielmehr

56

---

[107] *Weidenkaff* in: Palandt, § 554 Rn. 25; LG Berlin v. 15.04.1986 - 64 S 387/85 - Grundeigentum 1986, 751-753; vgl. auch AG Rheine v. 22.07.2008 - 14 C 54/07 - juris Rn. 28: Das Verhältnis zum bereits geschuldeten Mietzins ist maßgebend, 2,77% Mieterhöhung sind unerheblich.

[108] *Lammel*, Wohnraummietrecht, 3. Aufl. 2007, § 554 Rn. 87.

[109] AG Hohenschönhausen v. 12.05.2004 - 11 C 519/03 - MM 2004, 265-266.

[110] LG Hamburg v. 28.07.1987 - 16 S 19/87 - juris Rn. 3 - WuM 1987, 386-387.

[111] LG Essen v. 21.02.1979 - 1 S 577/78 - juris Rn. 6 - WuM 1981, 67-68.

[112] BGH v. 30.03.2011 - VIII ZR 173/10 - juris Rn. 11 - NJW 2011, 1499-1500.

[113] LG Aachen v. 16.01.1991 - 7 S 338/90 - ZMR 1991, 145.

[114] AG Hohenschönhausen v. 12.05.2004 - 11 C 519/03 - MM 2004, 265-266: in Anlehnung an § 2 Abs. 3 Satz 2 ZSEG.

[115] AG Hamburg-St.-Georg v. 08.10.2003 - 915 C 14/03 - juris Rn. 17 - WuM 2007, 262-264.

[116] BGH v. 22.06.2010 - VIII ZR 192/09 - juris Rn. 10 - WuM 2010, 565-567; dafür: AG Dresden v. 04.06.2003 - 142 C 6304/02 - ZMR 2004, 435-436; dagegen: *Beddies*, ZMR 2004, 436; *Schach*, Grundeigentum 2004, 31.

grundsätzlich zulässig, sofern sie den von § 554 BGB (früher § 541b BGB) gezogenen Rahmen nicht überschreiten.[117]

57 Nach § 554 Abs. 5 BGB unzulässig sind aber alle Vereinbarungen (schon in Mietverträgen), die den Vermieter zur Modernisierung berechtigen, ohne dass die Voraussetzungen des § 554 Abs. 2-4 BGB im Übrigen vorliegen würden.[118] Unwirksam ist aber auch eine Vereinbarung, nach welcher der Mieter auf eine fristgerechte Ankündigung von Modernisierungsmaßnahmen verzichtet[119] oder sich bereits beim Mietvertragsabschluss zur Abgabe der Zustimmungserklärung zu bestimmten Modernisierungsmaßnahmen verpflichtet, ohne dass deren finanzielle Auswirkungen zu berücksichtigen seien.[120] Unzulässig ist ebenfalls die Einschränkung oder der Ausschluss des Aufwendungsersatzanspruches des Mieters.[121] Unzulässig sind ebenso mietvertragliche Vereinbarungen bzgl. der Zustimmung zu künftigen Modernisierungsarbeiten.[122]

C. Prozessuale Hinweise/Verfahrenshinweise

58 Die Klage ist auf Duldung zu richten. Inhalt und Umfang der Duldungspflicht müssen aus dem Klageantrag unzweideutig erkennbar sein, damit das Bestimmtheitserfordernis des § 253 Abs. 2 Nr. 2 ZPO erfüllt ist.[123] In der Regel wird sich die Übernahme des Ankündigungstextes in den Klageantrag empfehlen. Nicht selten geht einer Modernisierungsankündigung eine Veräußerung des Grundstückes voraus. Die Vermieterstellung wird aber erst mit der Eintragung in das Grundbuch erlangt. Bei der Auswahl der richtigen Prozessparteien ist deshalb Vorsicht geboten, notfalls sind auch spätere Anpassungen des Klageantrages erforderlich. Ebenso ist vor Klageerhebung die Wahrung der entsprechenden materiell-rechtlichen Voraussetzungen in besonderem Maße zu prüfen.

59 **Duldungsklage bei Modernisierungsmaßnahmen**
  (1) **Kläger**
      Problemfälle:
      Verkäufer hat angekündigt, ist aber zum Zeitpunkt des Prozesses nicht mehr Eigentümer.
      Käufer kündigt an und klagt, war aber noch nicht Eigentümer zum Zeitpunkt der Ankündigung.
  (2) **Klageantrag**
      (a) exakte Auflistung und Beschreibung der zu duldenden Maßnahmen im Antrag
      (b) keine Bezugnahme auf die beigefügte Modernisierungsankündigung und sonstige Unterlagen
      (c) Im Hinblick auf die spätere Vollstreckung: Androhungsantrag nach § 890 Abs. 1 Satz 1 ZPO mit dem Duldungsantrag verbinden
  (3) **Klagevortrag**
      (a) Mietverhältnis zwischen den richtigen Parteien
      (b) Darlegung der ordnungsgemäßen Ankündigung

---

[117] LG Frankfurt/M. v. 04.07.1998 - 2/11 S 2/89; LG Berlin v. 05.11.2001 - 62 S 280/01 - Mietermagazin 2002, 141.
[118] Insbesondere in Formularklauseln: BGH v. 15.05.1991 - VIII ZR 38/90 - Grundeigentum 1991, 615 = NJW 1991, 1750.
[119] LG Berlin v. 18.02.1986 - 64 T 2/85 - Grundeigentum 1986, 609.
[120] Für Unzulässigkeit jeder Vereinbarung einer Vorauszustimmung bzw. Vorausduldungserklärung (LG Berlin v. 17.09.1987 - 61 S 50/87 - Grundeigentum 1987, 1219; Rechtsprechung im Zusammenhang mit der Anbringung von Antennen: BGH v. 15.05.1991 - VIII ZR 38/90 - WuM 1991, 381, 385; OLG Celle v. 29.12.1989 - 2 U 200/88 - WuM 1990, 103, 106; OLG Frankfurt v. 19.12.1991 - 6 U 108/90 - WuM 1992, 56, 59.
[121] AG Pinneberg v. 05.09.1989 - 41 C 443/88 - WuM 1990, 73. Vgl. im Übrigen die Aufzählungen bei *Lammel*, Wohnraummietrecht, 2. Aufl., § 554 Rn. 92; *Kinne* in: Kinne/Schach/Bieber, Miet- und Mietprozessrecht, 6. Aufl. 2010, § 554 Rn. 157 ff.
[122] AG Berlin-Neukölln v. 23.07.1990 - 13 C 329/90 - Mietermagazin 1993, 28-29.
[123] KG v. 05.08.2004 - 8 W 48/04 - juris Rn. 2 - Grundeigentum 2004, 1231: bei Heizungseinbau muss auch der genaue horizontale und vertikale Verlauf der Rohrleitungen angegeben werden.

(c) Darlegung der Voraussetzungen für die Duldung, also Tatbestand des § 554 BGB, insbesondere, dass es sich überhaupt um eine Modernisierungsmaßnahme handelt, also Wohnwertverbesserung oder Energieeinsparung vorliegt (dies kann bezüglich Wärmedämm- und Energiesparmaßnahmen i.d.R. nur durch Sachverständigengutachten erbracht werden) oder der angestrebte Zustand ein allgemein üblicher ist (zum Ausschluss des finanziellen Härteeinwandes des Mieters)
(d) Zustellung an den richtigen Adressaten
(e) Ablehnung der Duldung durch den Mieter

(4) **Beweislast**
(a) Vermieter:Für das Vorliegen der Voraussetzungen der Duldungspflicht, insbesondere, ob es sich bei der in Aussicht genommenen Maßnahme wirklich um eine Wohnwertverbesserung handelt (Wirtschaftlichkeitsgebot; Abgrenzung von Instandsetzungs- Modernisierungsmaßnahmen); allgemein üblicher Zustand
(b) Mieter muss eingewendete Härtegründe und ggf. Einkommensverhältnisse beweisen.

Die Durchsetzung des Duldungsanspruches bei Modernisierungsmaßnahmen im Wege der einstweiligen Verfügung ist für den Vermieter in der Regel nicht zulässig, da eine Vorwegnahme der Hauptsache vorläge. Im Einzelfall kann sie in Betracht kommen, wenn mit der Ausführung der Maßnahmen berechtigterweise bereits begonnen wurde und bei Unterbrechung der Ausführung erhebliche Nachteile für den Vermieter oder andere Mieter zu befürchten sind, wobei dies auch nicht in den Verantwortungsbereich des Vermieters fallen darf. Der Streitwert für die Duldungsklage beläuft sich nach § 41 Abs. 5 GKG auf den Jahresbetrag der zu erwartenden Mieterhöhung. 60

Der Mieter ist berechtigt, bei verweigerter Duldung der Modernisierung die Durchführung des Vermieters durch einstweilige Verfügung abzuwehren, insbesondere bei Maßnahmen außerhalb der Wohnung des Mieters, da diese sonst als geduldet gelten würden.[124] 61

Bei Instandsetzungsmaßnahmen ist die einstweilige Verfügung unter Umständen wegen Gefährdung des Mietobjektes oder des Gebäudes und/oder anderer Mieter oder bei zu befürchtender Verschlechterung des gegenwärtigen Zustandes möglich. 62

D. Anwendungsfelder

Die Vorschrift gilt für alle Arten von Wohnräumen nach § 549 Abs. 1-3 BGB. Sie ist auch anwendbar für den Sozialen Wohnungsbau (§ 10 WoBindG).[125] Auf Geschäftsräume finden § 554 Abs. 1-4 BGB Anwendung (§ 578 Abs. 2 Satz 1 BGB). 63

E. Arbeitshilfen

Checkliste: **Ankündigung von Modernisierungsmaßnahmen** 64
(1) drei Monate vorher
(2) in Textform (Einheit von Ankündigung und beigefügten Unterlagen)
(3) Abgabe der Erklärung durch den Vermieter
(4) Abgabe der Erklärung gegenüber und Zugang bei allen Mietern
(5) Maßnahmen zur Verbesserung der Mietsache
(6) Maßnahmen zur Einsparung von Energie oder Wasser

---

[124] Beachte insoweit differenzierend LG Hamburg v. 11.11.2008 - 334 S 38/08 - juris Rn. 6 - ZMR 2009, 208-209: Der Mieter ist bei Außenmaßnahmen nicht verpflichtet, der Duldungswirkung durch einstweiligen Rechtsschutz entgegenzutreten. Dieser ist ihm nur zuzubilligen, wenn er gegen die Außenmaßnahme eine nicht unerhebliche Beeinträchtigung seines Mietgebrauchs glaubhaft macht und darlegt, dass die Durchführung der Außenmaßnahme für ihn eine unzumutbare Härte bedeuten würde.

[125] BayObLG München v. 24.10.1996 - RE-Miet 3/95 - juris Rn. 24 - NJW-RR 1997, 266-268.

- (7) Maßnahmen zur Schaffung neuen Wohnraumes
- (8) Abgrenzung zu Instandhaltungsmaßnahmen
- (9) Beschreibung der Art der Maßnahmen
- (10) Beschreibung des voraussichtlichen Umfangs
- (11) Angabe des voraussichtlichen Beginns
- (12) Angabe der voraussichtlichen Dauer (ggf. für jede einzelne Maßnahme)
- (13) zu erwartende Mieterhöhung:
  - (a) bei mehreren Maßnahmen für jede einzelne Maßnahme gesondert
  - (b) Angabe von mit der Maßnahme verbundenen Betriebskosten
  - (c) ggf. auch Mitteilung, dass gerade keine Mieterhöhung gefordert werden wird
- (14) Abschluss der Erklärung

§ 554a BGB Barrierefreiheit

(Fassung vom 02.01.2002, gültig ab 01.01.2002)

(1) ¹Der Mieter kann vom Vermieter die Zustimmung zu baulichen Veränderungen oder sonstigen Einrichtungen verlangen, die für eine behindertengerechte Nutzung der Mietsache oder den Zugang zu ihr erforderlich sind, wenn er ein berechtigtes Interesse daran hat. ²Der Vermieter kann seine Zustimmung verweigern, wenn sein Interesse an der unveränderten Erhaltung der Mietsache oder des Gebäudes das Interesse des Mieters an einer behindertengerechten Nutzung der Mietsache überwiegt. ³Dabei sind auch die berechtigten Interessen anderer Mieter in dem Gebäude zu berücksichtigen.

(2) ¹Der Vermieter kann seine Zustimmung von der Leistung einer angemessenen zusätzlichen Sicherheit für die Wiederherstellung des ursprünglichen Zustandes abhängig machen. ²§ 551 Abs. 3 und 4 gilt entsprechend.

(3) Eine zum Nachteil des Mieters von Absatz 1 abweichende Vereinbarung ist unwirksam.

Gliederung

A. Grundlagen.................................... 1	VI. Erforderlichkeit............................... 16
I. Kurzcharakteristik............................ 1	VII. Berechtigtes Interesse des Mieters............ 17
II. Gesetzgebungsmaterialien..................... 4	VIII. Zustimmungsverweigerung des Vermieters
B. Praktische Bedeutung....................... 5	nach Interessenabwägung................... 18
C. Anwendungsvoraussetzungen................. 6	IX. Leistung einer angemessenen zusätzlichen
I. Normstruktur................................ 6	Sicherheit (Absatz 2)...................... 23
II. Zustimmung................................ 7	1. Definition............................... 24
1. Definition................................ 7	2. Praktische Hinweise..................... 26
2. Praktische Hinweise...................... 8	X. Unabdingbarkeit (Absatz 3)................. 27
III. Bauliche Veränderung....................... 9	**D. Prozessuale Hinweise**....................... 28
1. Definition............................... 10	**E. Anwendungsfelder**......................... 30
2. Typische Fallkonstellationen............. 11	I. Wohnraummietverhältnisse................. 30
IV. Sonstige Einrichtung....................... 12	II. Wohnungseigentum........................ 31
V. Behindertengerechte Nutzung oder behindertengerechter Zugang............................ 13	

A. Grundlagen

I. Kurzcharakteristik

Die Vorschrift gewährt dem Mieter einen Anspruch auf Zustimmung des Vermieters zu behindertengerechten baulichen Veränderungen des Mietobjektes durch den Mieter. Sie ist damit abzugrenzen von den §§ 535, 539 BGB, wonach der Mieter lediglich im Rahmen des vertragsgemäßen Gebrauchs auch ohne Zustimmung des Vermieters Einrichtungen in das Mietobjekt einbringen darf[1] und bildet eine Ausnahme zu dem im Übrigen geltenden Grundsatz, welcher den Vermieter in der Entscheidung frei lässt, ob er dem Mieter über den bloßen vertragsgemäßen Gebrauch hinausgehende Umgestaltungen des Mietobjektes gestattet. 1

Die Maßnahmen sind vom Mieter bzw. auf seine Veranlassung und auf seine Kosten auszuführen. Den Mieter treffen deshalb auch die Instandhaltungspflichten für etwaige Umbauten. Ferner sind von ihm die infolge von Einbauten zusätzlich entstehenden Betriebskosten zu tragen. Dies dürfte auch für Kosten gelten, die dem Vermieter infolge der vom Mieter vorgenommenen Umbauten zusätzlich bei der 2

---

[1] *Weidenkaff* in: Palandt, § 554a Rn. 3.

Ausführung der ihm selbst obliegenden Instandsetzungs- oder Instandhaltungspflichten entstehen (z.B. Treppenlift erschwert die Renovierung des Treppenhauses).

3   Die aus § 546 Abs. 1 BGB hergeleitete Pflicht des Mieters, bei Beendigung des Mietverhältnisses den ursprünglichen Zustand wiederherzustellen, bleibt nach dem Willen des Gesetzgebers unberührt.[2]

II. Gesetzgebungsmaterialien

4   Die in dem Gesetzesentwurf der Bundesregierung zum Mietrechtsreformgesetz[3] vom 19.07.2000 noch nicht vorgesehene Norm geht auf die Empfehlung des Rechtsausschusses des Deutschen Bundestages vom 27.03.2001 zurück.[4] Der Rechtsausschuss griff damit die Treppenlift-Entscheidung des Bundesverfassungsgerichtes vom 28.03.2000[5] auf, mit welcher das Bundesverfassungsgericht dem Mieter unter Abwägung seines i.S.d. Art. 14 Abs. 1 Satz 1 GG eigentumsgleichen Besitzrechtes an der gemieteten Wohnung[6] und des Grundrechtes des Vermieters aus Art. 14 GG bereits einen Anspruch auf behindertengerechte Nutzung und behindertengerechten Zugang zum Mietobjekt gewährt hatte. Obwohl der Rechtsausschuss die damit gegebene Rechtslage an sich für zufrieden stellend erachtete, hielt er es dennoch für geboten, mit einer ausdrücklichen gesetzlichen Regelung im Sinne der Rechtsklarheit und Rechtssicherheit die Verhandlungsposition behinderter Menschen gegenüber dem Vermieter zu stärken. Eine Änderung der durch die Entscheidung des Bundesverfassungsgerichtes begründeten Rechtslage war ausdrücklich nicht beabsichtigt.[7]

B. Praktische Bedeutung

5   Ob die formale Stärkung der Rechtsposition der Mieter tatsächlich ihre Verwirklichung in der Praxis durch mietereigene Umgestaltungen findet, bleibt angesichts der damit regelmäßig einhergehenden hohen Kosten und der vom Mieter zu stellenden Sicherheit für die Rückbaukosten sowie der sich aus der Anwendung der Vorschrift selbst ergebenden Probleme abzuwarten.

C. Anwendungsvoraussetzungen

I. Normstruktur

6   § 554 Abs. 1 BGB regelt die Anspruchsvoraussetzungen. Absatz 2 der Vorschrift gewährt dem Vermieter einen Anspruch auf eine zusätzliche Kaution zur Absicherung seines Anspruches auf Wiederherstellung des ursprünglichen Zustandes bei Beendigung des Mietverhältnisses. § 554 Abs. 3 BGB bestimmt die Unabdingbarkeit des Anspruches.

II. Zustimmung

1. Definition

7   Der Begriff der Zustimmung kann sich entsprechend der §§ 182-184 BGB sowohl auf die Einholung der Erlaubnis vor als auch nach Beginn der baulichen Veränderung erstrecken. Eine Verpflichtung des Mieters, sich bereits zuvor um die Zustimmung des Vermieters zu bemühen, ist dem Wortlaut der Vorschrift nicht zu entnehmen. Die in Absatz 2 Satz 1 vorgesehene Verknüpfung bezieht sich lediglich auf die Erteilung der Zustimmung.

---

[2] BT-Drs. 14/5663, S. 78; dies gilt auch für die §§ 559, 552 BGB, *Geldmacher*, DWW 2001, 178-191, 184; *Mersson*, NZM 2002, 313-320, 318.
[3] BT-Drs. 14/4553.
[4] BT-Drs. 14/5663.
[5] BVerfG v. 28.03.2000 - 1 BvR 1460/99 - juris Rn. 20 - NJW 2000, 2658-2660.
[6] BVerfG v. 26.05.1993 - 1 BvR 208/93 - juris Rn. 19 - NJW 1993, 2035-2037.
[7] BT-Drs. 14/5663, S. 78.

2. Praktische Hinweise

Allerdings bestehen für den Mieter, welcher ohne die erforderliche Zustimmung des Vermieters von ihm für geboten erachtete bauliche Veränderungen vornimmt, erhebliche Risiken, sofern der Vermieter tatsächlich zur Erteilung der Zustimmung nicht verpflichtet gewesen sein sollte. In diesem Fall trägt der Mieter das Risiko, schon während der Mietzeit den Rückbau vornehmen zu müssen, ohne in den Genuss der baulichen Verbesserungen zu kommen. Ferner ist der Vermieter bei ungenehmigten aber genehmigungspflichtigen Umbauten durch den Mieter u.U. zur fristlosen Kündigung des Mietverhältnisses nach § 543 BGB berechtigt.

III. Bauliche Veränderung

Das Recht des Mieters, bauliche Veränderungen oder sonstige Einrichtungen im Interesse einer behindertengerechten Nutzung oder eines behindertengerechten Zugangs zur Mietsache vorzunehmen, beinhaltet nicht das Recht zu jeglichem Umbau der Mietsache. Eine derartig weit gehende Interpretation könnte dazu führen, dass Vermieter von einer Vermietung an behinderte Personen zurückschrecken, was gerade nicht im Interesse des Gesetzgebers lag. Die Veränderungen oder Einrichtungen müssen deshalb zwingend erforderlich sein und es ist ferner die in Satz 2 der Vorschrift erwähnte Interessenabwägung vorzunehmen.

1. Definition

Da § 554a BGB nicht nur die behindertengerechte Nutzung sondern auch den behindertengerechten Zugang zum Mietobjekt erfasst, können sich die baulichen Veränderungen sowohl auf die Wohnung selbst als auch auf Bereiche außerhalb der Wohnung erstrecken. Zur Wohnung gehören auch Balkone und Terrassen sowie Kellerräume oder Mansarden. Außerhalb der Wohnung dürften insbesondere folgende Gebäudeteile Maßnahmen des behinderten Mieters unterfallen können: Zufahrten, Zugänge zum Grundstück und zum Hauseingang, Treppenhäuser, Tiefgaragen, Stellplätze. Bauliche Veränderungen dürfen – wie sich im Umkehrschluss aus der vom Gesetzgeber gewählten Definition der sonstigen Einrichtungen ergibt – auch und gerade Eingriffe in die Gebäudesubstanz beinhalten.[8] Für bloße Veränderungen im Rahmen des vertragsgemäßen Gebrauchs, wie zum Beispiel das Anbringen von Haltegriffen an der Badewanne, ist die Zustimmung des Vermieters ohnehin nicht erforderlich.

2. Typische Fallkonstellationen

Als bauliche Veränderung zustimmungsbedürftig sind jedoch beispielsweise die Beseitigung von Türschwellen, die Verbreiterung von Türen, die Erweiterung der sanitären Ausstattung, die Montage von Rampen oder eines Treppenliftes.

IV. Sonstige Einrichtung

Es handelt sich um ein Auffangmerkmal für Maßnahmen, die begrifflich nicht unbedingt unter eine bauliche Veränderung fallen, weil sie nicht massiv die bauliche Substanz verändern. Der Begriff ist von Einrichtungen im Sinne des § 539 Abs. 2 BGB abzugrenzen.[9]

V. Behindertengerechte Nutzung oder behindertengerechter Zugang

Ob eine Behinderung vorliegt, ist nicht an den sozialrechtlichen Vorschriften zu messen. Ebenso wenig ist deshalb eine Anerkennung als Schwerbehinderter notwendig. Behinderung ist vielmehr jede erhebliche und dauerhafte Einschränkung der Bewegungsfähigkeit.[10] Der Grad der Behinderung ist nicht erheblich, dieser ist erst bei der Interessenabwägung zu berücksichtigen (anders wohl die Gesetzesbegründung, strittig). Auch eine geistige Behinderung sowie Blind- oder Taubheit sind jedoch erfasst.[11] Strittig ist, ob

---

[8] BT-Drs. 14/5663, S. 78; ebenso *Mersson*, NZM 2002, 313-320, 314; *Weidenkaff* in: Palandt, § 554a Rn. 7.
[9] *Mersson*, NZM 2002, 313-320, 314; a.A.: *Weidenkaff* in: Palandt, § 554a Rn. 7; differenzierend: *Lammel*, Wohnraummietrecht, 3. Aufl. 2007, § 554a Rn. 9.
[10] BT-Drs. 14/5663, S. 78.
[11] *Mersson*, NZM 2002, 313-320, 314; *Drasdo*, WuM 2002, 123-130, 124; *Blank* in: Blank/Börstinghaus, Miete Kommentar, 3. Aufl. 2008, § 554a Rn. 7.

die Behinderung bereits zu Beginn des Mietverhältnisses vorgelegen haben darf[12] oder die Norm lediglich die im Laufe der Mietzeit z.B. unfall- oder altersbedingt entstandene Behinderung betrifft.[13] Auf ein Verschulden des Mieters an der Behinderung kommt es nicht an.[14]

14 Anspruchsinhaber ist stets nur der Mieter. Sein Anspruch besteht aber auch dann, wenn nicht er, sondern eine Person, die berechtigterweise in der Wohnung lebt, behindert ist.[15] Dies folgt aus dem Wortlaut der Vorschrift, welcher die behindertengerechte Nutzung der Wohnung, nicht aber eine bestimmte behinderte Person bezeichnet. Eine Ausdehnung des Anspruches auch auf bloße Besucher des Mieters wird zu Recht verneint, da der Besucher die Mietsache nicht nutzt.[16] Erfasst sind vielmehr alle Personen im Sinne des § 573 Abs. 2 Nr. 2 BGB, soweit diese mit dem Mieter einen gemeinsamen Hausstand führen.[17]

15 Die vom Mieter in Aussicht genommenen baulichen Veränderungen oder sonstigen Einrichtungen müssen in unmittelbaren Zusammenhang mit der Nutzung des Mietobjektes oder dem Zugang zum Mietobjekt stehen. Nicht von § 554a BGB erfasst sind somit allein nützliche Maßnahmen, wie z.B. die Schaffung eines bloßen Abstellplatzes für den Rollstuhl[18], ohne dass dieser zugleich auch für den Zugang erforderlich ist (z.B. weil der Mieter den Rollstuhl mangels Aufzuges oder Liftes nicht in die Wohnung mitnehmen kann).

VI. Erforderlichkeit

16 Die Veränderungen müssen darüber hinaus hierfür auch erforderlich sein. Angesichts des mit der Zustimmungsverpflichtung des Vermieters einhergehenden schweren Eingriffs in das Eigentumsrecht des Vermieters ist eine restriktive Auslegung geboten.[19] Diese Voraussetzung ist deshalb nur erfüllt, wenn die Zugänglichkeit zum Mietobjekt oder dessen Benutzung durch keine andere Maßnahme oder Einrichtung gewährleistet werden kann.[20] Für einen bettlägerigen und in seiner Gehfähigkeit eingeschränkten Mieter besteht deshalb beispielsweise kein Anspruch auf Installation einer Videokameraanlage im Treppenhaus, wenn er an seinem Bett über eine Wechselsprechanlage und an der Wohnungseingangstür über einen Türspion verfügt.[21] Das Tatbestandsmerkmal bedeutet aber wiederum nicht, dass der Person mit der Behinderung das größtmögliche Opfer an Anstrengung abverlangt werden dürfte, bevor der Anspruch nach § 554a BGB umgesetzt werden kann.[22]

VII. Berechtigtes Interesse des Mieters

17 Es handelt sich hierbei um das subjektive Element des Anspruchs, welches zusätzlich zum Vorliegen der oben genannten objektiven Voraussetzungen erforderlich ist.[23] Die Berechtigung des Mieterinteresses kann aus der bisherigen Dauer des Mietverhältnisses und einer Bindung an die gewohnte Umgebung folgen. Auch die insbesondere unter medizinischen Gesichtspunkten noch zu erwartende Fort-

---

[12] So BT-Drs. 14/5663, S. 78.
[13] *Lammel*, Wohnraummietrecht, 3. Aufl. 2007, § 554a Rn. 8, welcher den Mieter mit der nachträglichen Geltendmachung eines Anspruchs aus § 554a BGB für ausgeschlossen hält.
[14] *Mersson*, NZM 2002, 313-320, 314.
[15] BT-Drs. 14/5663, S. 78.
[16] *Mersson*, NZM 2002, 313-320, 314.
[17] *Kinne* in: Kinne/Schach/Bieber, Miet- und Mietprozessrecht, 6. Aufl. 2010, § 554a Rn. 2.
[18] *Mersson*, NZM 2002, 313-320, 314; *Drasdo*, WuM 2002, 123-130, 124.
[19] AG Köpenick v. 13.11.2002 - 7 C 211/02 - MM 2004, 79-80: Anspruch auf Installation einer Videoüberwachungsanlage im Treppenhaus für schwer geh- und sehbehinderte Mieter nur, wenn nur damit seinem Sicherheitsbedürfnis Rechnung getragen werden kann und ausgeschlossen ist, dass eine Aufzeichnung der von Hausbewohnern und -besuchern gefertigten Aufnahmen erfolgt.
[20] *Mersson*, NZM 2002, 313-320, 314; *Weidenkaff* in: Palandt, § 554a Rn. 8; *Drasdo*, WuM 2002, 123-130, 124.
[21] KG v. 15.06.2009 - 8 U 245/08 - juris Rn. 4 - Grundeigentum 2009, 1555-1556.
[22] LG Hamburg v. 29.04.2004 - 307 S 159/03 - ZMR 2004, 914: Drehung Rollstuhlcontainer, damit nur noch 4 statt 11 Schritte zum Rollstuhl.
[23] *Lammel*, Wohnraummietrecht, 3. Aufl. 2007, § 554a Rn. 17; anders der Rechtsausschuss des Bundestages BT-Drs. 14/5663, S. 78, wonach die anspruchsbegründenden Kriterien auch zur Interessenabwägung heranzuziehen sind.

dauer des Mietverhältnisses bildet ein beachtliches Kriterium.[24] Fehlt es an einer solchen Fortsetzungsprognose, dürfte der Anspruch des Mieters selbst dann ausscheiden, wenn die Maßnahmen im Übrigen im Sinne der Vorschrift erforderlich sind.

VIII. Zustimmungsverweigerung des Vermieters nach Interessenabwägung

Der Vermieter ist zur Verweigerung der Zustimmung berechtigt, wenn sein Interesse an der unveränderten Erhaltung des Gebäudes oder der Mietsache das Interesse des Mieters überwiegt. Bei dieser Interessenabwägung sind auch die Interessen anderer Mieter in dem Gebäude zu berücksichtigen. Letztere dürften allerdings bei Veränderungen innerhalb der Wohnung des anspruchstellenden Mieters nicht zu würdigen sein.[25] Fraglich sind die bei der Interessenabwägung zu berücksichtigenden Kriterien. Diese werden in der Norm nicht, auch nicht beispielhaft, erwähnt. Nach Auffassung des Rechtsausschusses sollen hierbei Art, Dauer, Schwere der Behinderung, Umfang und Erforderlichkeit der Maßnahme, Dauer der Bauzeit, Möglichkeit des Rückbaus, bauordnungsrechtliche Genehmigungsfähigkeit, Beeinträchtigungen der Mitmieter während der Bauzeit, Einschränkungen durch die Maßnahme selbst sowie mögliche Haftungsrisiken des Vermieters zu berücksichtigen sein.[26] Dies vermag insoweit nicht zu überzeugen, als damit teilweise eine Abgrenzung von den tatsächlichen Voraussetzungen der Vorschrift nicht erfolgt.

18

Der vorzunehmenden Interessenabwägung ist entscheidende Bedeutung beizumessen. Im Zweifelsfalle dürfte im Hinblick auf Art. 3 Abs. 3 Satz 2 GG von einer Entscheidung zugunsten des Mieters auszugehen sein. Andererseits ist aber auch die Schwere des Eingriffs in das fremde Eigentumsrecht zu berücksichtigen.

19

Von einem Überwiegen der Interessen des Vermieters ist auszugehen, wenn ihm die Zustimmung zu bauordnungsrechtlich nicht zulässigen Maßnahmen abverlangt wird oder die Umbaumaßnahmen sonst gegen bestehende Gesetze verstoßen (z.B. Denkmalschutzgesetz)[27] oder mit einem unzumutbaren Haftungsrisiko für den Vermieter im Hinblick auf die ihm obliegende Verkehrssicherungspflicht verbunden wären.[28] Ebenso ist er nicht verpflichtet, Eingriffen zuzustimmen, die die Sicherheit, insbesondere die Statik des Gebäudes beeinträchtigen.[29]

20

Auf Seiten des Vermieters zu beachtende Kriterien sind ferner unangemessene Beeinträchtigungen des Mietgebrauchs, insbesondere auch des Zugangs zu den Wohnungen, für andere Mieter (Bsp.: Verengung der Durchgangsbreite im Treppenhaus durch Einbau eines Treppenliftes, Versperren des Zugangs zu Keller- oder Fahrradabstellräumen). Zu befürchtende Mietminderungen sind demgegenüber – wie bereits aus dem Wortlaut des Absatzes 1 Satz 2 folgt – nicht zu berücksichtigen. Ebenso sind optische Beeinträchtigungen unerheblich.[30]

21

Der Vermieter ist berechtigt, dem Mieter Auflagen etwa bezüglich Art und Weise (z.B. Ausführung durch Fachbetrieb) sowie Ort und Zeitpunkt des Umbaus aufzuerlegen.[31] Im Rahmen der gerichtlichen Interessenabwägung wird deshalb auch zu prüfen sein, inwieweit der Vermieter nicht bereits hierdurch bestehende Bedenken ausräumen kann.[32] Ob allerdings den Vermieter bereits eine solche Abwägungspflicht trifft, wird zu Recht bezweifelt.[33]

22

---

[24] *Lammel*, Wohnraummietrecht, 3. Aufl. 2007, § 554a Rn. 17.
[25] *Drasdo*, WuM 2002, 123-130, 125.
[26] BT-Drs. 14/5663, S. 78.
[27] *Drasdo*, WuM 2002, 123-130, 124.
[28] *Mersson*, NZM 2002, 313-320, 314.
[29] *Drasdo*, WuM 2002, 123-130, 124.
[30] *Drasdo*, WuM 2002, 123-130, 125.
[31] BT-Drs. 14/5663, S. 78; näheres hierzu siehe *Drasdo*, WuM 2002, 123-130, 126.
[32] Sog. Kompensation, BT-Drs. 14/5663, S. 78; LG Duisburg v. 10.12.1996 - 23 S 452/96 - ZMR 2000, 464; BVerfG v. 28.03.2000 - 1 BvR 1460/99 - juris Rn. 21 - NJW 2000, 2658-2660.
[33] Mit sehr treffenden Erwägungen *Mersson*, NZM 2002, 313-320, 315 im Hinblick auf den in diesem Fall zunächst gerade nicht bestehenden Anspruch des Mieters.

IX. Leistung einer angemessenen zusätzlichen Sicherheit (Absatz 2)

23 Es handelt sich um eine zusätzliche Sicherheit, die der Vermieter über die ohnehin gewöhnlich nach § 551 BGB vereinbarte Kaution hinaus verlangen darf. Er darf insbesondere die Erteilung der Zustimmung von der Stellung der Sicherheit abhängig machen. Die Kaution sichert den Anspruch des Vermieters auf Rückbau der vom Mieter ergriffenen Maßnahmen, keineswegs wird der Mieter mit Leistung der Kaution etwa von dieser Verpflichtung frei.

1. Definition

24 Entsprechend der Bezugnahme auf § 551 Abs. 3 und 4 BGB gelten für diese Sicherheit grundsätzlich dieselben Konditionen wie für die allgemeine Mietkaution des Mieters. Der Vermieter ist deshalb verpflichtet, die Kaution ebenso von seinem Vermögen getrennt anzulegen und zu verzinsen. Die Verzinsung steht dem Mieter zu und erhöht die Sicherheit. Auch die Art der Sicherheit richtet sich nach den Grenzen des § 551 Abs. 1 BGB. Mangels Bezugnahme auf § 551 Abs. 2 BGB ist jedoch der Mieter zur Teilzahlung nicht berechtigt. Ebenso mangelt es an der in § 551 Abs. 1 BGB vorgesehenen Höchstbegrenzung des Sicherheitsbetrages. Dies würde angesichts des Zweckes der Regelung auch keinen Sinn machen.

25 Die Ermittlung der Angemessenheit der Sicherheitsleistung dürfte in der Praxis allerdings erhebliche Schwierigkeiten bereiten. Ob allein – wie vom Gesetzgeber gewollt – die Vorlage eines Kostenvoranschlages ausreichend ist, um bereits die Zustimmungsverpflichtung des Vermieters entstehen zu lassen, ist fraglich. Hier sind schon deshalb Zweifel geboten, weil der Gesetzgeber ausdrücklich von einer angemessenen Sicherheit für den späteren Rückbau ausgeht, somit also das jetzige Preisniveau gerade nicht maßgeblich sein kann. Ob die Verzinsung der Kaution Preissteigerungen auffängt, erscheint fraglich. Vielmehr sind richtigerweise zu erwartende Preissteigerungen deshalb bei der Berechnung einer angemessenen Sicherheitsleistung einzukalkulieren.[34] Im Hinblick auf diese Anspruchsvoraussetzung wird somit nicht selten Unsicherheit über die Zustimmungsverpflichtung des Vermieters bestehen (zu den prozessualen Konsequenzen siehe Rn. 28).

2. Praktische Hinweise

26 Wegen der Unsicherheit über die Angemessenheit der Sicherheitsleistung sind Regelungen über deren Ermittlung und Kostenaufteilung zweckmäßig.

X. Unabdingbarkeit (Absatz 3)

27 Die Vorschrift ist zu Lasten des Wohnraummieters unabdingbar. Unzulässig sind also insbesondere Vereinbarungen, welche den Anspruch von zusätzlichen Bedingungen abhängig machen würden.

D. Prozessuale Hinweise

28 Da es sich infolge der Erforderlichkeit und der Interessenabwägung letztlich nur um eine einzige bestimmte Maßnahme handeln kann, ist deren genaue Bezeichnung im Klageantrag erforderlich. Dies gilt insbesondere auch im Interesse der Erlangung eines vollstreckbaren Titels. Hierbei reicht jedoch die bloße Bezugnahme auf Anlagen (z.B. detaillierte Baubeschreibungen, Prospekte) nicht aus. Streitig ist, ob der Antrag lediglich auf Erteilung der Zustimmung oder auch auf die aus § 894 ZPO allein noch nicht folgende Duldung des Vermieters zu richten ist.[35] Teilweise wird auch die Angabe von Beginn und voraussichtlicher Dauer der in Aussicht genommenen baulichen Arbeiten für erforderlich gehalten.[36] Der Antrag kann nicht auf Verurteilung zur Zustimmung Zug um Zug gegen Erbringung der

---

[34] *Mersson*, NZM 2002, 313-320, 316; *Lammel*, Wohnraummietrecht, 3. Aufl. 2007, § 544a, Rn. 26.
[35] So zutreffend *Mersson*, NZM 2002, 313-320, 316; a.A.: *Kinne* in: Kinne/Schach/Bieber, Miet- und Mietprozessrecht, 6. Aufl. 2010, § 554a Rn. 6.
[36] *Kinne* in: Kinne/Schach/Bieber, Miet- und Mietprozessrecht, 6. Aufl. 2010, § 554a Rn. 6.

zusätzlichen Sicherheit lauten, da der Mieter hiermit vorleistungspflichtig ist und der Zustimmungsanspruch erst nach Sicherheitsleistung fällig wird.[37]

Den Mieter trifft die Darlegungs- und Beweislast für das Vorliegen der tatsächlichen und subjektiven Voraussetzungen der Norm. Dies bedeutet, er muss nicht nur die vorhandene Behinderung, sondern auch die Erforderlichkeit der Maßnahmen für die behindertengerechte Nutzung oder den Zugang zum Mietobjekt sowie das berechtigte Interesse substantiiert vortragen und erforderlichenfalls beweisen. Da Streit über die Erforderlichkeit bzw. die Interessenlage hinsichtlich konkret vom Mieter gewünschter Maßnahmen bestehen kann, ist die Stellung von Hilfsanträgen bezüglich alternativer, den Vermieter weniger belastender Maßnahmen zweckmäßig. Hilfsanträge sind auch erforderlich, da das Gericht von sich aus zur Erteilung von Auflagen nicht verpflichtet ist.[38] Den Mieter trifft ebenfalls die Beweislast für die Angemessenheit der von ihm nach Absatz 2 der Vorschrift zu stellenden zusätzlichen Sicherheit.[39]

E. Anwendungsfelder

I. Wohnraummietverhältnisse

Aufgrund der systematischen Stellung in den §§ 549-577a BGB und einer fehlenden Verweisung in den §§ 579-580a BGB gilt § 554a BGB nur für den Wohnraummieter.

II. Wohnungseigentum

Ist Gegenstand des Mietverhältnisses eine Eigentumswohnung, birgt der aus § 554a BGB resultierende Anspruch des Mieters erhebliche Probleme, wenn der Mieter Veränderungen im Außenbereich der Wohnung, also im Gemeinschaftseigentum, begehrt. Solche Maßnahmen unterfallen § 22 WEG und bedürfen der Zustimmung aller Wohnungseigentümer. Dieses Problem wurde vom Gesetzgeber offensichtlich nicht bedacht. Denkbar wäre es, den Anspruch in diesen Fällen zu versagen. Allerdings lässt der Wortlaut des Satzes die Berücksichtigung der Interessen anderer Wohnungseigentümer oder des Interesses des Vermieters, die Miteigentümer seinerseits nicht gerichtlich in Anspruch nehmen zu müssen, bei der Interessenabwägung nicht zu. Auch ein Anspruch des Mieters analog § 554a BGB gegen die Wohnungseigentümer kommt mangels entsprechender vertraglicher Beziehung, deren Ausgestaltung § 554a BGB betrifft, nicht in Betracht.[40] Die Lösung wird vielmehr in dem Grundsatz zu sehen sein, dass der Mieter stets nur soviel Rechte vom vermietenden Wohnungseigentümer ableiten kann, wie sie diesem zustehen. Es hat deshalb eine Parallelwertung zu erfolgen, ob der Vermieter seinerseits im Falle einer Behinderung bei Selbstnutzung der Wohnung einen Anspruch gegen die Eigentümergemeinschaft auf behindertengerechte Umgestaltung des Gemeinschaftseigentums hätte.[41] Ob der Vermieter in diesem Fall allerdings auch zu einer eventuell erforderlichen gerichtlichen Durchsetzung gegenüber den Miteigentümern verpflichtet ist[42], erscheint zweifelhaft. Aus der bloßen Gleichstellung der Rechte ist diese sehr viel weitergehende Verpflichtung nicht ohne weiteres herzuleiten. Die wohnungseigentumsrechtliche Lage ist in dem mietrechtlichen Verfahren nach § 554a BGB inzidenter zu prüfen um divergierende Entscheidungen, welche den Mieter letztlich auch im Falle des Obsiegens gegenüber dem Vermieter an der Umsetzung der Entscheidung hindern würden, zu vermeiden.[43] Aus diesem Gründen ist auch an eine Streitverkündung gegenüber den übrigen Wohnungseigentümern zu denken.

---

[37] *Kinne* in: Kinne/Schach/Bieber, Miet- und Mietprozessrecht, 6. Aufl. 2010, § 554a Rn. 8.
[38] *Mersson*, NZM 2002, 313-320, 316.
[39] Mit guter Begründung *Mersson*, NZM 2002, 313-320, 317; *Kinne* in: Kinne/Schach/Bieber, Miet- und Mietprozessrecht, 6. Aufl. 2010, § 554a Rn. 8; a.A. *Drasdo*, WuM 2002, 123-130, 127.
[40] *Mersson*, NZM 2002, 313-320, 319.
[41] *Drasdo*, WuM 2002, 123-130, 129 mit umfangreichen Nachweisen; z.B. gegeben für Errichtung einer Rollstuhlrampe im Eingangsbereich der Wohnanlage AG Pinneberg v. 19.01.2004 - 68 II 104/03 WEG - WuM 2004, 227.
[42] So *Drasdo*, WuM 2002, 123-130, 129.
[43] *Drasdo*, WuM 2002, 123-130, 129.

§ 555 BGB Unwirksamkeit einer Vertragsstrafe

(Fassung vom 02.01.2002, gültig ab 01.01.2002)

Eine Vereinbarung, durch die sich der Vermieter eine Vertragsstrafe vom Mieter versprechen lässt, ist unwirksam.

Gliederung

A. Grundlagen	1	I. Verwirkungs- und Verfallklauseln	7
I. Kurzcharakteristik	1	II. Pauschalierter Schadensersatz	8
II. Gesetzgebungsmaterialien	3	III. Typische Fallkonstellationen	10
B. Anwendungsvoraussetzungen	4	C. Rechtsfolgen	13

A. Grundlagen

I. Kurzcharakteristik

1 § 555 BGB verbietet für Wohnraummietverhältnisse **jegliche individual- oder formularvertragliche Vereinbarung** von Vertragsstrafen. Dies gilt sowohl für Haupt- als auch für Nebenpflichten aus dem Mietvertrag.[1] Die Norm bezweckt den Schutz des Mieters, dessen schwächere Verhandlungsposition bei den Vertragsverhandlungen ausgeglichen werden soll. Dazu muss die Vorschrift weit ausgelegt werden.[2] Der Mieter soll im Falle der Nicht- oder Schlechterfüllung nicht über den gesetzlichen Umfang hinaus haften.[3] Demnach fallen die Vereinbarung von Verwirkungs- und Verfallklauseln sowie unter bestimmten Voraussetzungen pauschalierte Schadensersatzbestimmungen unter § 555 BGB (im Einzelnen dazu Rn. 8 ff.).

2 Liegt ein **Mischmietverhältnis** vor, so kommt es in erster Linie auf den überwiegenden Teil der Nutzung an. Ist die Nutzung als Wohnraum vorrangig, bleibt § 555 BGB auf alle Vertragsstrafeversprechen des Mietverhältnisses anwendbar. Überwiegt hingegen der gewerbliche Anteil, so werden diejenigen Vereinbarungen nach § 555 BGB beurteilt, welche sich auf den Wohnanteil beziehen.[4]

II. Gesetzgebungsmaterialien

3 Die Vorschrift wurde im Zuge der Mietrechtsreform 2001 eingefügt und gibt den Wortlaut von § 550a BGB a.F. bis auf den durch die systematische Neuordnung überflüssig gewordenen Zusatz „von Wohnraum" wieder. Inhaltliche Änderungen sind nicht vorgenommen worden.[5]

B. Anwendungsvoraussetzungen

4 Der Begriff der **Vertragsstrafe** wird von § 339 BGB bestimmt. Danach liegt eine solche Vereinbarung vor, wenn der Schuldner für den Fall, dass er seine Verbindlichkeit nicht oder nicht in gehöriger Weise erfüllt, die Zahlung einer Geldsumme als Strafe verspricht. Da § 339 BGB sich nicht allein auf die Vereinbarung zwischen den Mietparteien bezieht, ist auch eine Umgehung der Vorschrift durch das Strafversprechen eines Dritten (z.B. Makler) gemäß § 555 BGB nicht zulässig.[6]

5 Eine Vertragsstrafe in diesem Sinne liegt allerdings nicht vor, wenn der Mieter lediglich die Erfüllung einer ohnehin bestehenden, fälligen Verpflichtung aus dem Mietverhältnis zusagt. So kann die in ei-

---

[1] *Kossmann*, Handbuch der Wohnraummiete, 6. Aufl. 2003, § 76 Rn. 2.
[2] *Bieber* in: MünchKomm-BGB, § 555 Rn. 4.
[3] *Blank*, WuM 1985, 274-276, 275.
[4] *Ebert* in: Hk-BGB, § 555 Rn. 2; vgl. zum Streitstand auch *Riecke* in: Dauner-Lieb/Heidel/Ring, AnwaltKommentar, Schuldrecht, § 555 Rn. 3.
[5] BT-Dr. 14/4553, S. 50.
[6] *Kossmann*, Handbuch der Wohnraummiete, 6. Aufl. 2003, § 76 Rn. 3.

nem Prozessvergleich zugesagte Räumung nicht als Vertragsstrafe gewertet werden, wenn ein darauf gerichteter Anspruch des Vermieters, z.B. wegen Zahlungsverzugs, begründet ist.[7]

Neben der klassischen Konventionalstrafe sollen von § 555 BGB dagegen auch solche Klauseln erfasst sein, die im Ergebnis die Wirkung einer Vertragsstrafe haben.[8] Daher fallen einige besondere Formen durch die weite Auslegung unter die mieterschützende Vorschrift.

I. Verwirkungs- und Verfallklauseln

So werden insbesondere Verwirkungs- und Verfallklauseln den Vertragsstrafeversprechen zugerechnet.[9] Die Rückzahlung der Kaution,[10] nicht verbrauchter Mietvorauszahlungen[11] oder eines Baukostenzuschusses[12] können mithin nicht von einem vertragswidrigen Verhalten des Mieters abhängig gemacht werden.

II. Pauschalierter Schadensersatz

Umstritten ist, ob die Vereinbarung von Pauschalbeträgen zur Begleichung von Ersatzforderungen als Versprechen einer Vertragsstrafe gemäß § 555 BGB gilt, sei es wegen vorzeitiger Beendigung des Mietverhältnisses zur Abgeltung des Aufwandes der Neuvermietung, wegen Mahngebühren oder vom Vermieter ausgeführter Schönheitsreparaturen. In der Rechtsprechung wird auf den vorrangigen Zweck solcher Abreden abgestellt. So erleichtern sie nach Ansicht des BGH die Durchsetzung eines Erfüllungs- oder Schadensersatzanspruches.[13] Allerdings schneidet die Beweiserleichterung dem Mieter unter Umständen die Möglichkeit des Nachweises, dass kein bzw. ein geringerer Schaden entstanden ist, ab und benachteiligt ihn so gegenüber der gesetzlichen Regelung.[14] Die Abgrenzung von Vertragsstrafen, die neben der Sicherung der Ansprüche des Vermieters diesen vom Nachweis des Schadens befreien und Ersatzpauschalen, die lediglich eine Erleichterung dieses Nachweises bewirken sollen, ist daher kaum möglich. So muss entgegen der Rechtsprechung im Regelfall von der Unzulässigkeit pauschalierter Schadensersatzvereinbarungen ausgegangen werden.[15]

Eine Ausnahme bilden Unkostenabgeltungen bei einer vorzeitigen Beendigung des Mietverhältnisses, die so genannten **Mietwechselgebühren**. Bei genauer Betrachtung stellen sie gar keine Schadensersatzansprüche dar, da die Kosten eines Mieterwechsels auch bei einem regulären Vertragsende anfallen würden.[16] Unter der Voraussetzung, dass die Höhe der Zahlung angemessen ist (üblicherweise eine Monatskaltmiete), gilt § 555 BGB für derartige Vereinbarungen nicht.[17] In Formularverträgen ist dabei zu beachten, dass dem Mieter auf Grund von § 305 Nr. 5 lit. b BGB der Nachweis einer geringeren Höhe der Aufwendungen offen bleiben muss.[18]

---

[7] BGH v. 14.10.2009 - VIII ZR 272/08 - juris Rn. 12, 13 - NJW 2010, 859-861; kritisch dazu *Blank*, NZM 2010, 31-32.
[8] *Blank*, WuM 1985, 274-276, 275.
[9] BGH v. 27.06.1960 - VII ZR 101/59 - NJW 1960, 1568; BGH v. 22.05.1968 - VIII ZR 69/66 - LM Nr. 13 zu § 339 BGB; AG Karlsruhe v. 09.02.1988 - 8 C 778/87 - juris Rn. 6 - WuM 1989, 73.
[10] LG Mannheim v. 11.12.1975 - 4 S 62/75 - juris Rn. 29 - WuM 1977, 99; AG Karlsruhe v. 09.02.1988 - 8 C 778/87 - juris Rn. 6 - WuM 1989, 73.
[11] *Emmerich* in: Staudinger, § 550 Rn. 5.
[12] BGH v. 22.05.1968 - VIII ZR 69/66 - LM Nr. 13 zu § 339 BGB.
[13] BGH v. 06.11.1967 - VIII ZR 81/65 - BGHZ 49, 84-90; BGH v. 27.11.1974 - VIII ZR 9/73 - BGHZ 63, 256-261; AG Hamburg-Altona v. 22.05.1980 - 317 C 540/79 - juris Rn. 5 - WuM 1980, 248.
[14] *Emmerich* in: Staudinger, § 550 Rn. 6 ff.
[15] Ebenso *Kossmann*, Handbuch der Wohnraummiete, 6. Aufl. 2003, § 76 Rn. 4.
[16] *Schmid*, WuM 1981, 99-100, 99.
[17] OLG Hamburg v. 17.04.1990 - 4 U 222/89 - juris Rn. 23 - NJW-RR 1990, 909-911.
[18] Vgl. zu § 11 Nr. 5 lit. b AGBG OLG Karlsruhe v. 15.02.2000 - 3 REMiet 1/99 - juris Rn. 16 - NJW-RR 2000, 1538-1540; AG Bad Homburg v. 07.08.1989 - 2 C 1614/88 - juris Rn. 6 - WuM 1990, 142-143.

III. Typische Fallkonstellationen

10 Die Vereinbarung eines **Strafzinses** gilt als Strafversprechen im Sinne von § 555 BGB und ist somit unzulässig.[19]

11 Ebenso kann sich der Vermieter gemäß § 555 BGB nicht auf eine Vereinbarung berufen, die den Mieter zur Zahlung einer **Verzugsschadenspauschale** verpflichtet.[20]

12 Gewährt der Vermieter dem Mieter hingegen eine **Umzugspauschale**, so verstößt die Vereinbarung, dass diese zurück zu zahlen ist, wenn der Mieter innerhalb von drei Jahren kündigt, nicht gegen § 555 BGB.[21] Anders zu beurteilen sind im Einzelfall Vereinbarungen über die Rückzahlung von **Abfindungen**, die der Mieter z.B. im Zuge eines Räumungsvergleichs erhalten soll.[22]

C. Rechtsfolgen

13 Liegt ein Strafversprechen gemäß § 555 BGB vor, so ist es gemäß § 134 BGB nichtig, wobei der Vertrag im Übrigen unberührt bleibt.

---

[19] *Kossmann*, Handbuch der Wohnraummiete, 6. Aufl. 2003, § 76 Rn. 3.
[20] AG Berlin-Charlottenburg v. 20.10.1980 - 7 C 631/79 B - juris Rn. 8 - WuM 1981, 227-228.
[21] AG Potsdam v. 18.11.2002 - 24 C 397/02 - Grundeigentum 2003, 594.
[22] AG Hamburg-Blankenese v. 28.09.2007 - 518 C 144/07 - ZMR 2008, 300-302.

Kapitel 2 - Die Miete

Unterkapitel 1 - Vereinbarungen über die Miete

§ 556 BGB Vereinbarungen über Betriebskosten

(Fassung vom 05.09.2006, gültig ab 01.01.2007)

(1) ¹Die Vertragsparteien können vereinbaren, dass der Mieter Betriebskosten trägt. ²Betriebskosten sind die Kosten, die dem Eigentümer oder Erbbauberechtigten durch das Eigentum oder das Erbbaurecht am Grundstück oder durch den bestimmungsmäßigen Gebrauch des Gebäudes, der Nebengebäude, Anlagen, Einrichtungen und des Grundstücks laufend entstehen. ³Für die Aufstellung der Betriebskosten gilt die Betriebskostenverordnung vom 25. November 2003 (BGBl. I S. 2346, 2347) fort. ⁴Die Bundesregierung wird ermächtigt, durch Rechtsverordnung ohne Zustimmung des Bundesrates Vorschriften über die Aufstellung der Betriebskosten zu erlassen.

(2) ¹Die Vertragsparteien können vorbehaltlich anderweitiger Vorschriften vereinbaren, dass Betriebskosten als Pauschale oder als Vorauszahlung ausgewiesen werden. ²Vorauszahlungen für Betriebskosten dürfen nur in angemessener Höhe vereinbart werden.

(3) ¹Über die Vorauszahlungen für Betriebskosten ist jährlich abzurechnen; dabei ist der Grundsatz der Wirtschaftlichkeit zu beachten. ²Die Abrechnung ist dem Mieter spätestens bis zum Ablauf des zwölften Monats nach Ende des Abrechnungszeitraums mitzuteilen. ³Nach Ablauf dieser Frist ist die Geltendmachung einer Nachforderung durch den Vermieter ausgeschlossen, es sei denn, der Vermieter hat die verspätete Geltendmachung nicht zu vertreten. ⁴Der Vermieter ist zu Teilabrechnungen nicht verpflichtet. ⁵Einwendungen gegen die Abrechnung hat der Mieter dem Vermieter spätestens bis zum Ablauf des zwölften Monats nach Zugang der Abrechnung mitzuteilen. ⁶Nach Ablauf dieser Frist kann der Mieter Einwendungen nicht mehr geltend machen, es sei denn, der Mieter hat die verspätete Geltendmachung nicht zu vertreten.

(4) Eine zum Nachteil des Mieters von Absatz 1, Absatz 2 Satz 2 oder Absatz 3 abweichende Vereinbarung ist unwirksam.

Gliederung

A. Kommentierung zu Absatz 1 1	II. Praktische Bedeutung 43
I. Grundlagen 1	III. Anwendungsvoraussetzungen 44
1. Kurzcharakteristik 1	1. Pauschale 44
2. Gesetzgebungsmaterialien 3	a. Definition 44
II. Praktische Bedeutung 6	b. Musterklauseln 47
III. Anwendungsvoraussetzungen – Betriebskosten 7	c. Praktische Hinweise 49
1. Legaldefinition 8	2. Vorauszahlung 52
2. Rechtsprechung 12	a. Definition 52
3. Literatur 13	b. Abdingbarkeit 53
4. Typische Fallkonstellationen 14	c. Musterklauseln 54
5. Abdingbarkeit 31	3. Angemessenheit 55
6. Musterklauseln 32	a. Gesetzgebungsgeschichte 56
7. Praktische Hinweise 34	b. Definition 57
IV. Prozessuale Hinweise 39	c. Literatur 59
B. Kommentierung zu Absatz 2 40	d. Die Auffassung des Autors 60
I. Grundlagen 40	e. Abdingbarkeit 61
1. Kurzcharakteristik 40	IV. Prozessuale Hinweise/Verfahrenshinweise ... 62
2. Gesetzgebungsmaterialien 42	**C. Kommentierung zu Absatz 3** 63

§ 556

I. Grundlagen 63	a. Gesetzgebungsgeschichte 97
1. Kurzcharakteristik 63	b. Abdingbarkeit 98
2. Gesetzgebungsmaterialien 67	IV. Prozessuale Hinweise/Verfahrenshinweise 99
II. Praktische Bedeutung 68	V. Anwendungsfelder 104
III. Anwendungsvoraussetzungen 69	VI. Arbeitshilfe – Checkliste zur Betriebskosten-
1. Normstruktur 69	abrechnung 105
2. Abrechnungszeitraum 70	1. Zusammenstellung der Gesamtkosten 106
a. Typische Fälle 72	2. Erklärung des Verteilungsschlüssels 107
b. Abdingbarkeit 73	3. Berechnung des entsprechenden Anteils der
c. Musterklauseln 74	Mietpartei 109
3. Grundsatz der Wirtschaftlichkeit 75	4. Abzug der Vorauszahlungen 111
a. Gesetzgebungsgeschichte 76	5. Zugang 112
b. Definition 77	**D. Kommentierung zu Absatz 4** 113
c. Typische Fälle 78	I. Grundlagen 113
d. Abdingbarkeit 81	1. Kurzcharakteristik 113
4. Abrechnungsfrist 82	2. Gesetzgebungsmaterialien 114
a. Gesetzgebungsgeschichte 87	II. Praktische Bedeutung 115
b. Typische Fälle 88	III. Anwendungsvoraussetzungen – Nachteilige
c. Abdingbarkeit 93	Vereinbarung 116
d. Praktische Hinweise 94	IV. Rechtsfolgen 122
5. Einwendungsfrist 96	

A. Kommentierung zu Absatz 1

I. Grundlagen

1. Kurzcharakteristik

1 § 556 Abs. 1 BGB konkretisiert den Grundsatz des § 535 Abs. 1 Satz 3 BGB, wonach der Vermieter die auf der Mietsache ruhenden Lasten trägt.[1] Die Betriebskosten werden somit bereits mit der Grundmiete abgegolten, sofern keine anders lautende Vereinbarung durch die Parteien getroffen wird. Derartige Vereinbarungen bilden indessen den Regelfall.

2 Zu beachten ist, dass die Vorschrift **nur für den freifinanzierten Wohnungsbau gilt**, während die Bestimmungen im preisgebundenen Wohnungsbau unberührt bleiben.

2. Gesetzgebungsmaterialien

3 Die Vorschrift wurde durch Art. 1 Nr. 3 MietRRG **neu gefasst** und ist seit dem 01.09.2001 in Kraft. Eine zunächst geplante Legaldefinition der Miete innerhalb von § 556 BGB wurde im Rechtsausschuss verworfen.[2]

4 Am 01.01.2004 trat die BetrKV in Kraft, durch welche die Anlage 3 zur BVO 2 ersetzt wird. Ihre Bestimmungen gelten seither für die **Aufstellung der Betriebskosten**.

5 Im Zuge der Föderalismusreform des Jahres 2006 erhielt § 556 Abs. 1 BGB zum 01.01.2007 eine neue Fassung. Gemessen an ihrem Umfang bewirkt die Änderung praktisch keine Neuerung. Erklärtes Ziel des Gesetzgebers war es, mit dem Föderalismusreform-Begleitgesetz[3] die notwendigen Folgeregelungen auf einfach-rechtlicher Ebene zu schaffen.[4] Dazu zählt die Übergangsregelung in Art. 11, die durch den Wegfall der Bundeskompetenz für die soziale Wohnraumförderung bedingt ist. Sie soll die Einheitlichkeit der Betriebskostenregelungen im privaten Wohnraummietrecht sichern.[5] § 556 Abs. 1 BGB bleibt dabei teilweise ein Provisorium. Die Änderung enthält zwei wesentliche Regelungen: Zum

---

[1] BR-Drs. 439/00, S. 125.
[2] BT-Drs. 14/5663, S. 79; zur Begründung wurde angeführt, dass die unterschiedlichen zulässigen Mietmodelle (Brutto-, Teilinklusiv- und Nettomiete) keine einheitliche Definition zulassen. Zudem befürchtete man neue Streitfragen im Rahmen des Mieterhöhungsverfahrens.
[3] BGBl I 2006, 2098.
[4] BT-Drs. 16/814, S. 1.
[5] BT-Drs. 16/814, S. 18.

einen wird die **Legaldefinition des Betriebskostenbegriffes** in das BGB übernommen. Der alte Verweis auf § 19 Abs. 2 WoFG (weggefallen) erübrigt sich. Die Definition gibt den Wortlaut des § 1 Abs. 1 Satz 1 BetrKV wieder (vgl. Rn. 8). Zum anderen wird unter Fortgeltung der BetrKV ein Verordnungsvorbehalt geschaffen, der es der Bundesregierung ermöglicht, ohne Beteiligung der Länder die Vorschriften zur Aufstellung der Betriebskosten neu zu regeln.

II. Praktische Bedeutung

Trotz Dispositivität sind die Klauseln über die Nebenkosten der **Regelfall** bei Wohnraummietverträgen. Die Norm verursacht bereits in der Vertragsgestaltung einen erheblichen Aufwand. So können neben der Vereinbarung gemäß § 556 Abs. 1 Satz 1 BGB auch die abzurechnenden Betriebskosten benannt werden. Zur Möglichkeit der pauschalen Verweisung auf die BetrKV vgl. Rn. 14. Ungeachtet ausführlicher gesetzlicher und vertraglicher Regelungen sind Betriebskostenabrechnungen häufig Gegenstand gerichtlicher Auseinandersetzungen. Entsprechend groß ist die Anzahl der Entscheidungen zur Umlagefähigkeit einzelner Kostenpositionen und zu den Abrechnungsformalien.

III. Anwendungsvoraussetzungen – Betriebskosten

Das bedeutsamste Merkmal der Norm ist der Begriff der **Betriebskosten**. Trotz der Legaldefinition besteht für einzelne Positionen regelmäßig Anlass zu Streitigkeiten. Der Begriff steht im allgemeinen Sprachgebrauch neben dem Ausdruck Nebenkosten, welcher selbst auch Einzug in das Gesetz gehalten hat (vgl. z.B. § 3 WoVermRG). Eine gesetzliche Definition für Nebenkosten existiert nicht. Sie werden jedoch weiter gefasst als die Betriebskosten. Nebenkosten sind alle Zahlungen, die der Mieter neben dem Grundmietzins erbringen muss.[6] Somit zählen die Betriebskosten ebenso zu den Nebenkosten und sind Teil der Miete (vgl. die Kommentierung zu § 535 BGB).

1. Legaldefinition

Betriebskosten sind die Kosten, die dem Eigentümer oder Erbbauberechtigten durch das Eigentum oder Erbbaurecht am Grundstück oder durch den bestimmungsgemäßen Gebrauch des Gebäudes, der Nebengebäude, Anlagen, Einrichtungen und des Grundstücks laufend entstehen (§ 556 Abs. 1 Satz 2 BGB). Demnach kann es sich bei solchen Ausgaben nur um objektbezogene Kosten handeln. Weiter geht aus der Vorschrift hervor, dass die Kosten regelmäßig anfallen müssen. Dabei ist umstritten, ob zumindest ein jährlicher Turnus verlangt werden kann. Zum Streitstand vgl. Rn. 12 f.

Betriebskosten können nur die in der § 2 BetrKV aufgeführten Positionen sein.[7] Die Ansicht einiger Gerichte[8] und vereinzelter Stimmen in der Literatur[9], dass der Grundsatz der Dispositionsfreiheit die Umlage zusätzlicher Ausgaben erlaubt, konnte sich bereits bei der abgelösten Regelung in Anlage 3 zu § 27 BVO 2 nicht durchsetzen. Die in § 556 Abs. 4 BGB vorgesehene Unabdingbarkeit bestätigt die schon zuvor herrschende Meinung.[10] Ohne Zweifel ist die Übernahme aller anfallenden Nebenkosten somit nichtig.[11] Zu den einzelnen umlagefähigen Kosten vgl. Rn. 16.

Eine weitere **Einschränkung** erfährt der Begriff der Betriebskosten in § 1 Abs. 2 BetrKV: Darunter fallen weder Verwaltungs-[12] noch Instandhaltungs- und Instandsetzungskosten. Insbesondere die Ab-

---

[6] Vgl. *Weidenkaff* in: Palandt, § 535 Rn. 87.
[7] BGH v. 20.01.1993 - VIII ZR 10/92 - juris Rn. 26 - LM AGBG § 9 (Bb) Nr. 35 (7/1993); OLG Karlsruhe v. 06.05.1988 - 9 ReMiet 1/88 - juris Rn. 13 - NJW-RR 1988, 1036; OLG Koblenz v. 07.01.1986 - 4 W RE 720/85 - juris Rn. 29 - NJW 1986, 995-996.
[8] LG Wiesbaden v. 17.03.1980 - 1 S 11/80 - ZMR 1981, 121-122; LG Braunschweig v. 01.09.1981 - 6 S 73/81 - juris Rn. 3 - WuM 1982, 79.
[9] *Bellinger/Fischer-Dieskau/Pergande u.a.*, Wohnungsbaurecht, 1976, § 4 MHG, Anm. 10.
[10] Vgl. BGH v. 20.01.1993 - VIII ZR 10/92 - NJW 1993, 1061; *Weidenkaff* in: Palandt, § 556 Rn. 3.
[11] *Weidenkaff* in: Palandt, § 556 Rn. 5; vgl. dazu auch BGH v. 02.05.2012 - XII ZR 88/10 - Grundeigentum 2012, 822-823.
[12] Zur Umlagefähigkeit von Verwaltungskosten in der Gewerberaummiete vgl. BGH v. 09.12.2009 - XII ZR 109/08 - MDR 2010, 313-315. Das Erfordernis der näheren Aufschlüsselung im Hinblick auf das Transparenzgebot des § 307 Abs. 1 Satz 2 BGB verneint das Gericht, BGH v. 24.02.2010 - XII ZR 69/08 - NZM 2010, 279.

grenzung von Betriebskosten im Sinne des § 556 Abs. 1 Satz 2 BGB gegenüber den Instandsetzungs- und Instandhaltungskosten gemäß § 1 Abs. 2 Nr. 2 BetrKV fällt in der Praxis häufig bei solchen Ausgaben schwer, die regelmäßig für technische Überprüfungen anfallen. Teilweise wird vertreten, es handele sich um eine „vorbeugende" Form der Instandhaltung, die auch deshalb nicht unter die Betriebskosten fallen dürfe, weil sie der Erfüllung der Verkehrssicherungspflicht des Vermieters diene.[13] Dieser Einschätzung ist der BGH entgegengetreten.[14] Kosten der Instandsetzung und -haltung setzen nach § 1 Abs. 2 Nr. 2 BetrKV einen entstandenen oder entstehenden Mangel an der Substanz der Mietsache voraus. Daran fehle es, wenn die betreffende Maßnahme ohne mangelbedingten Anlass ausschließlich zur technischen Überprüfung der Funktionsfähigkeit bzw. Betriebssicherheit erfolgt. Die Kosten für eine solche Überprüfung seien daher auf den Mieter umlegbar, sofern sie regelmäßig anfallen. Darüber hinaus wendet sich der Senat gegen die Auffassung, dass der Begriff der „sonstigen Betriebskosten" auf Wartungsarbeiten, also Arbeiten zur gleichzeitigen Funktionsüberprüfung, Einstellung, Reinigung bzw. Pflege, zu beschränken sei.[15] Insbesondere nach dem Verhältnis zu den ausdrücklich benannten Kostenarten und nach den weiteren Voraussetzungen der Umlagefähigkeit (Kosten ordnungsgemäßer Bewirtschaftung, ausdrückliche Vereinbarung) sei eine solche Beschränkung nicht notwendig. Die Entscheidung schafft damit nicht nur für technische Überprüfungen Klarheit, sie zieht auch eine deutliche Grenze zwischen den sonstigen Betriebskosten und den Instandsetzungs- bzw. Instandhaltungskosten.

11 Für den Begriff der Betriebskosten ist es grundsätzlich unbeachtlich, ob die damit abzugeltenden Leistungen unmittelbar durch den Vermieter oder unter vertraglicher Einbindung eines Dritten erbracht werden. Das weit verbreitete **Wärmecontracting** bezeichnet Fälle, in denen die Versorgung des Mieters mit Wärme und Warmwasser durch einen gewerblichen Anbieter (Contractor) eigenständig übernommen wird. Regelmäßig schließen diese Verträge auch die Verpflichtung des Contractors zu technischen Investitionen, laufenden Instandsetzungs-, Instandhaltungs- und Wartungskosten sowie zur Verbrauchserfassung ein. Durch das Wärmecontracting können Einspareffekte erzielt werden, die im Wesentlichen auf die technische Modernisierung[16] der Wärme- und Warmwasseranlage und auf günstigere Bezugskonditionen des Contractors zurückzuführen sind. Obgleich demnach die Übertragung der entsprechenden Verpflichtungen auf den Dritten unter Umständen für beide Parteien des Mietvertrags Vorteile mit sich bringen kann, haben sich zahlreiche Problemfelder um die Berücksichtigung des Wärmecontractings im Betriebskostenrecht entwickelt, deren Ursachen regelmäßig in der fehlenden mietvertraglichen Berücksichtigung, jedoch auch in der ambivalenten Kostenstruktur der Anbieter liegen. Dabei steht zunächst im Mittelpunkt, auf welche Weise eine wirksame Verpflichtung des Mieters zur Übernahme der auf diese Weise entstehenden Wärme- und Warmwasserlieferungskosten begründet werden kann. In einem bereits bestehenden Mietverhältnis darf die Umstellung nur einvernehmlich zwischen den Mietparteien erfolgen,[17] wobei der BGH ein solches Einvernehmen bereits in dem pauschalen Verweis auf Anlage 3 zu § 27 Abs. 1 BVO 2 gesehen hat.[18] Fehlen darf die Vereinbarung der Umlage von Kosten der eigenständigen gewerblichen Lieferung von Wärme jedoch auch dann nicht, wenn die Umstellung bereits vor Vertragsschluss stattfand.[19] An die Voraussetzung der wirksamen Umlagevereinbarung ist auch die weitere Frage geknüpft, welche Bestandteile der Con-

---

[13] So z.B. *Wall*, WuM 1998, 524-531, 526; AG Lichtenberg v. 30.07.1998 - 3 C 211/98 - WuM 1998, 572.
[14] BGH v. 14.02.2007 - VIII ZR 123/06 - NJW 2007, 1356-1357.
[15] In diesem Sinne z.B. *Wall*, WuM 1998, 524-531, 528.
[16] Vgl. dazu im Einzelnen *Eisenschmid*, WuM 2008, 264-270.
[17] BGH v. 22.02.2006 - VIII ZR 362/04 - NJW 2006, 2185-2187; BGH v. 15.03.2006 - VIII ZR 153/05 - WuM 2006, 256; BGH v. 01.06.2005 - VIII ZR 84/04 - WuM 2005, 456; grundlegend BGH v. 06.04.2005 - VIII ZR 54/04 - WuM 2005, 387 mit umfangreichen Nachweisen zum Streitstand.
[18] BGH v. 27.06.2007 - VIII ZR 202/06 - NJW 2007, 3060-3061; kritisch dazu *Schach*, Grundeigentum 2007, 1299-1300; *Beyer*, NZM 2008, 12-17; und *Arzt/Fitzner*, CuR 2007, 84-87. Die Entscheidung des Senats betraf allerdings ausdrücklich die im Zeitpunkt des Abschlusses des Mietvertrags gültige Fassung der BVO 2, in welcher die Umlage von Kosten der Lieferung von Fernwärme vorgesehen war.
[19] BGH v. 20.06.2007 - VIII ZR 244/06 - ZMR 2007, 768-770.

tracting-Kosten ggf. umlagefähig sind. Bei Bestehen einer vertraglichen Grundlage sind sämtliche Kosten, die dem Vermieter seitens des Versorgungsunternehmens in Rechnung gestellt werden, anteilig vom Mieter zu übernehmen.[20] Fehlt es daran, ist der Vermieter in der Abrechnung auf diejenigen Positionen beschränkt, deren Umlage ihm bei Beibehaltung des vorherigen Versorgungssystems gestattet war. In der Abrechnung müssen daher z.B. Investitionskosten und Gewinnanteile gesondert ausgewiesen und abgezogen werden.[21] Zum Wirtschaftlichkeitsgrundsatz vgl. Rn. 80.

2. Rechtsprechung

Einzelne Gerichte bejahen die vorausgesetzte **Regelmäßigkeit** laufender Kosten nur, wenn es sich zumindest um einen jährlichen Turnus handelt.[22] Es erscheint jedoch angebrachter, mit der Mehrheit der Rechtsprechung lediglich ein Anfallen der Kosten in gleichmäßigen Zeitabständen zu verlangen.[23] Entstehen die Kosten einmalig und nur bedingt durch einen Auszug des Mieters (insb. **Nutzerwechselgebühren** bzw. Kosten für eine **Zwischenablesung** des Verbrauchs), so handelt es sich dabei nicht um Betriebskosten.[24]

12

3. Literatur

Auch im Schrifttum bejaht man die Regelmäßigkeit, sobald es sich nur um gleichmäßig wiederkehrende Kosten handelt, wobei es sich auch um einen größeren Turnus handeln kann.[25]

13

4. Typische Fallkonstellationen

Der Katalog in § 2 BetrKV regelt sehr genau, welche Kosten umgelegt werden können. Trotzdem beschäftigte die Gerichte häufig die Frage, ob im Formularmietvertrag ein **pauschaler Verweis** auf die Vorschrift ohne Beifügung derselben als Anlage oder nähere Erläuterung der Kosten erfolgen kann. Sie ist umstritten, wird jedoch überwiegend bejaht.[26]

14

In der Literatur folgt man überwiegend der Auffassung des BayObLG.[27] Trotz der geringen Zahl von Gegenstimmen sollte der Streit in der Vertragsgestaltung (vgl. Rn. 34) nicht unberücksichtigt bleiben.

15

Gemäß § 2 Nr. 1 BetrKV können dem Mieter die laufenden öffentlichen Lasten des Grundstücks auferlegt werden. In erster Linie ist damit die Grundsteuer erfasst, ausgeschlossen ist die Hypothekengewinnabgabe. Dabei genügt es für den Mietvertrag, allgemein die Umlage der „Grundbesitzabgaben" oder der „öffentlichen Lasten des Grundstücks" zu vereinbaren. Es kann, wie oben (vgl. Rn. 14) erläutert, auch der pauschale Verweis auf § 2 BetrKV ausreichend sein. In der Betriebskostenabrechnung müssen die Positionen jedoch im Einzelnen genau bezeichnet sein.[28] Nicht umlagefähig sind die öffentlichen Kosten für den Straßenausbau am Grundstück.[29] Erhöht sich die Grundsteuer rückwirkend,

16

---

[20] BGH v. 16.04.2008 - VIII ZR 75/07 - juris Rn. 17; BGH v. 16.07.2003 - VIII ZR 286/02 - NJW 2003, 2900-2902.

[21] Vgl. LG Berlin v. 21.12.2006 - 62 S 256/06 - juris Rn. 5 - Grundeigentum 2007, 595-597; LG Bremen v. 27.06.2007 – 1 S 44/07 - WuM 2007, 512.

[22] KG Berlin v. 08.04.2002 - 8 U 8/01 - Grundeigentum 2002, 801; LG Siegen v. 23.04.1992 - 3 S 43/92 - juris Rn. 3 - WuM 1992, 630-631.

[23] BGH v. 14.02.2007 - VIII ZR 123/06 - juris Rn. 15 - NJW 2007, 1356-1357 (Turnus von vier Jahren jedenfalls ausreichend); zuvor bereits AG Köln v. 13.07.1992 - 213 C 164/92 - juris Rn. 2 - WuM 1992, 630.

[24] BGH v. 14.11.2007 - VIII ZR 19/07 - NJW 2008, 575-576 m.w.N. zum Streitstand; vgl. auch *Schmid*, NZM 2008, 762-764.

[25] Z.B. *Beuermann*, Grundeigentum 2002, 769.

[26] OLG Hamm v. 22.08.1997 - 30 REMiet 3/97 - juris Rn. 14 - NJW-RR 1998, 1090-1091; OLG Koblenz v. 27.02.1990 - 4 W - RE - 32/88 - juris Rn. 32 - NJW-RR 1990, 1038-1040; OLG Düsseldorf v. 25.07.1991 - 10 U 1/91 - juris Rn. 9 - NJW-RR 1991, 1354-1355; LG Hagen (Westfalen) v. 10.11.1986 - 10 S 187/86 - juris Rn. 2 - WuM 1987, 160-161; grundlegend BayObLG München v. 26.02.1984 - ReMiet 3/84.

[27] *Kossmann*, Handbuch der Wohnraummiete, 6. Aufl. 2003, § 35 Rn. 9; ablehnend *Sternel*, Mietrecht, 4. Aufl. 2009, V Rn. 126; *Löwe*, WuM 1984, 193-193.

[28] AG Aachen v. 01.03.1999 - 9 C 370/98 - WuM 1999, 305.

[29] AG Greiz v. 30.07.1998 - 1 C 259/98 - WuM 1999, 133.

so kann auch der Erhöhungsbetrag dem Mieter noch auferlegt werden; dazu muss sich der Vermieter die Nachforderung nicht vorbehalten haben.[30]

17 § 2 Nr. 2 BetrKV sieht die Möglichkeit der Umlage der Kosten für die Wasserversorgung vor. Darin enthalten sind alle Ausgaben für das Wasser selbst, die Bereitstellung und die Abrechnung. Ebenso zählen die Kosten einer Eichung und eines Austausches alter Messgeräte dazu. Vereinbarungsfähig ist ausdrücklich auch die Umlage von Kosten für ein Korrosionsschutzmittel zur Wasseraufbereitung.[31] Durch einen Wasserrohrbruch entstandene Mehrkosten für Wasser können nicht auf den Mieter abgewälzt werden.[32]

18 Nach § 2 Nr. 3 BetrKV der Anlage kann der Vermieter die Kosten der Entwässerung von Haus und Grundstück sowie des Betriebs einer entsprechenden nicht öffentlichen Anlage oder einer Entwässerungspumpe auferlegen. Als nicht-öffentliche Anlagen gelten vollbiologische Kläranlagen, Sammel- oder Sickergruben, die Abfuhr des Abwassers ist umlagefähig.[33] Hierher gehören auch die Kosten einer Dachrinnenreinigung.[34] In der Abrechnung können die Kosten für das Abwasser mit denen des Frischwassers zusammengefasst werden, wenn beide Positionen anhand des Frischwasserverbrauchs berechnet werden.[35]

19 § 2 Nr. 4 BetrKV umfasst Kosten, die durch den Betrieb von Wärmeversorgungsanlagen entstehen. Die Vorschrift enthält einen bereits umfangreichen Katalog der umlagefähigen Positionen. Nicht ersetzbar sind Bedienungskosten bei modernen vollautomatischen Heizungsanlagen,[36] dies gilt auch für Eilzuschläge auf Brennstoffeinkäufe an Feiertagen[37] und die Kosten einer kaufmännischen Heizkostenabrechnung.[38] Hingegen hat der BGH die Kosten einer Öltankreinigung als regelmäßig wiederkehrende Kosten für umlagefähig befunden, da der empfohlene Reinigungsturnus von fünf bis sieben Jahren noch überschaubar sei.[39] Im Rahmen der Abrechnung ist auf die zwingenden Regelungen der HeizkostenV zu achten.

20 § 2 Nr. 5 BetrKV betrifft Kosten des Betriebs, der Reinigung und Wartung der Warmwasseranlage sowie die Warmwasserlieferung, soweit diese Kosten nicht bereits unter Nr. 2 oder 4 fallen. Wird nicht auf § 2 Nr. 5 BetrKV oder die gesamte Vorschrift Bezug genommen, so muss die Warmwasserversorgung neben der Frischwasserversorgung aufgeführt sein, ansonsten gilt sie mit der Grundmiete als abgegolten.[40] Auch hier sind die Vorschriften der HeizkostenV vorrangig.

21 Gemäß § 2 Nr. 7 BetrKV sind die Kosten des Aufzuges umlagefähig. Dies trifft nach Auffassung des BGH auch auf Mieter im Erdgeschoss zu, da eine streng verursachungsabhängige Umlage nach der Stockwerkshöhe nicht praktikabel sei.[41] Zuzustimmen ist dem allerdings nur insoweit, als für den Erdgeschossmieter die Nutzung des Fahrstuhls im Rahmen seines Mietverhältnisses – also nicht als Besucher eines anderen Mieters – überhaupt in Betracht kommt, z.B. zur Nutzung des Dachbodens.[42] Zu

---

[30] LG Berlin v. 30.08.2005 - 65 S 90/05 - Grundeigentum 2005, 1249-1250.
[31] Vgl. zur alten Rechtslage nach Nr. 2 der Anlage 3 zu § 27 Abs. 1 BVO 2 AG Dresden v. 16.02.2001 - 143 C 3528/00 - NZM 2001, 708; a.A. AG Lörrach v. 31.01.1995 - 2 C 343/94 - juris Rn. 3 - WuM 1995, 593.
[32] AG Berlin-Lichtenberg v. 13.01.1999 - 3 C 615/98 - MM 2000, 178.
[33] AG Bergisch Gladbach v. 04.04.1984 - 23 C 2/84 - WuM 1985, 369.
[34] AG Hamburg-Altona v. 03.01.2001 - 317 C 474/00 - Grundeigentum 2001, 773-775; a.A. LG Berlin v. 16.08.1994 - 64 S 75/94 - Grundeigentum 1994, 1381.
[35] BGH v. 15.07.2009 - VIII ZR 340/08 - juris Rn. 18 - MDR 2009, 1098; a.A. LG Itzehoe v. 28.02.2007 - 9 S 60/06 - ZMR 2007, 539-540.
[36] LG Kassel v. 06.03.1980 - 1 S 298/79 - juris Rn. 8 - WuM 1980, 267-268.
[37] AG Berlin-Schöneberg v. 04.11.1993 - 18 C 195/93 - MM 1994, 68.
[38] AG Köln v. 22.01.1980 - 217 (156) C 1535/79 - juris Rn. 7 - WuM 1981, 283.
[39] BGH v. 11.11.2009 - VIII ZR 221/08 - MDR 2010, 137-138.
[40] AG Köln v. 31.05.1983 - 210 C 85/83 - WuM 1984, 90.
[41] BGH v. 20.09.2006 - VIII ZR 103/06 - NJW 2006, 3557-3558.
[42] Daher folgerichtig die Abgrenzung im Urteil des BGH v. 08.04.2009 - VIII ZR 128/08 - WuM 2009, 351-352.

beachten ist auch hier die Trennung von Betriebskosten und Instandhaltungskosten.[43] Die Kosten der Überwachung und Notbereitschaft für einen Aufzug sind umlagefähig.[44]

§ 2 Nr. 8 BetrKV ermöglicht die Abwälzung der Kosten für Straßenreinigung und Müllbeseitigung auf den Mieter. Der Begriff der Müllbeseitigung geht weiter als die alte Fassung „Müllabfuhr".[45] Damit wird der ökologisch sinnvolle Einsatz moderner Müllentsorgungstechnik gefördert. Reinigt der Vermieter die Straße selbst, so kann ein Kostenansatz für die Eigenleistung umgelegt werden, der sich jedoch nicht an den ersparten Aufwendungen, sondern an dem tatsächlichen Aufwand orientiert.[46] Zu beachten ist die Unterscheidung zwischen Fußweg- und Straßenreinigung. Erfolgt die Umlage anteilig nach der Wohnfläche, ist im Zweifel nur von der Umlage der Fußwegreinigungskosten auszugehen.[47] Bei den Kosten der Müllabfuhr ist zu bedenken, dass diese verbrauchsabhängig sind. Eine Umlage nach der Wohnfläche kann somit bei einem größeren Missverhältnis zur Anzahl der im Haus lebenden Personen unwirksam sein.[48] Die Kosten für Reinigungsmittel und Streugut sind auf den Mieter umlegbar.[49]

Nach § 2 Nr. 9 BetrKV gelten die Kosten der Reinigung gemeinsam genutzter Gebäudeteile und der Ungezieferbekämpfung als Betriebskosten. Umlagefähig sind erstgenannte auch bei Eigenleistung des Vermieters,[50] üblich ist dabei eine Berechnung nach einschlägigen Tarifverträgen.[51] Nicht darunter fallen die Anschaffungskosten der Reinigungsgeräte.[52] Die Ungezieferbekämpfung darf nicht insgesamt, sondern nur zum Anteil der Schädlingsbekämpfungsmittel auf den Mieter abgewälzt werden.[53] Zu den Kosten gehören nur Aufwendungen für die regelmäßige prophylaktische Behandlung des Gebäudes, nicht für die Bekämpfung bereits eingetretenen Befalls.[54]

Ebenso können nach § 2 Nr. 10 BetrKV die Kosten der Gartenpflege dem Mieter auferlegt werden. Hierher gehören nicht solche Ausgaben, die durch Beseitigung von außergewöhnlichen Sturmschäden entstehen.[55] Voraussetzung für eine Umlage ist stets, dass der Mieter zur Nutzung des Gartens berechtigt ist[56] und er nicht selbst die Pflege als mietvertragliche Pflicht übernommen hat.[57] Die Pflegekosten für eine Dachbegrünung können hingegen gar nicht als Betriebskosten gelten, da sie der Isolierung des Daches und damit der Instandhaltung dienen.[58] Bei der Pflanzenerneuerung hängt die Umlagefähigkeit davon ab, ob es sich um einen Austausch handelt, Neuanschaffungen von Pflanzen sind nicht erfasst.[59] Der Vermieter ist zudem berechtigt, Sachkosten für die Gartengeräte, die durch die Benutzung anfallen, sei es Benzin für den Rasenmäher oder dessen Wartung, auf die Mieter umzulegen.[60] Das Fällen

---

[43] Vgl. LG Essen v. 12.04.1991 - 1 S 768/90 - WuM 1991, 702.
[44] LG Gera v. 31.01.2001 - 1 S 185/00 - juris Rn. 4 - WuM 2001, 615-616.
[45] Vgl. *Grundmann*, NJW 2003, 3745-3748, 3747.
[46] AG Löbau v. 16.12.1993 - 2 C 564/93 - juris Rn. 13 - WuM 1994, 19.
[47] AG Hannover v. 30.10.1986 - 545 C 12576/86 - WuM 1987, 275.
[48] AG Lippstadt v. 04.07.1995 - 6 C 243/95 - juris Rn. 6 - WuM 1995, 594-595; differenzierter bzgl. der Wirkung für die Vergangenheit und des Aufwandes zur Erfassung der Personenzahl LG Aachen v. 04.06.1993 - 5 S 58/93 - juris Rn. 10 - WuM 1993, 410-411.
[49] *Gies* in: Hannemann/Wiegener, Münchener Anwaltshandbuch Wohnraummietrecht, 3. Aufl. 2010, § 24 Rn. 71.
[50] LG Berlin v. 21.08.2001 - 64 S 476/00 - Grundeigentum 2001, 1677-1678.
[51] *Gies* in: Hannemann/Wiegener, Münchener Anwaltshandbuch Wohnraummietrecht, 3. Aufl. 2010, § 24 Rn. 100.
[52] AG Lörrach v. 02.11.1994 - 3 C 336/94 - WuM 1996, 628.
[53] AG Frankfurt v. 09.02.1984 - 33 C 6602/83 - juris Rn. 7 - WuM 1989, 171.
[54] AG Oberhausen v. 13.09.1996 - 32 C 358/96 - WuM 1996, 714-715; KG Berlin v. 08.04.2002 - 8 U 8/01 - Grundeigentum 2002, 801.
[55] AG Königstein v. 02.02.1993 - 23 C 147/92 - juris Rn. 3 - WuM 1993, 410.
[56] AG Köln v. 18.09.1984 - 209 C 359/83 - juris Rn. 2 - WuM 1985, 344.
[57] BGH v. 29.09.2008 - VIII ZR 124/08 - WuM 2009, 41-42.
[58] KG Berlin v. 28.11.2005 - 8 U 125/05 - ZMR 2006, 284-285; LG Karlsruhe v. 28.04.1995 - 9 S 199/94 - juris Rn. 3 - WuM 1996, 230.
[59] LG Hamburg v. 28.10.1982 - 7 S 162/82 - WuM 1985, 369.
[60] LG Hamburg v. 13.07.1989 - 7 S 185/88 - juris Rn. 11 - WuM 1989, 640-641.

kranker Bäume stellt eine Instandsetzungsmaßnahme dar und ist nicht umlagefähig,[61] das Gleiche gilt für eine Grundpflege des Gartens nach länger unterbliebener Pflege.[62]

25 § 2 Nr. 11 BetrKV erlaubt die Umlage von Stromkosten für die Beleuchtung von gemeinschaftlich genutzten Flächen wie Treppen, Keller, Waschküchen etc., dabei können nur solche Mieter belastet werden, denen die entsprechenden Flächen auch zur Verfügung stehen. Die Kosten für den Austausch defekter Glühlampen gelten als Instandsetzungskosten und sind nicht umlagefähig.[63]

26 Kosten einer Sach- oder Haftpflichtversicherung sind gemäß § 2 Nr. 13 BetrKV umlegbar.[64] Dazu zählen nunmehr ausdrücklich auch so genannte Elementarschadenversicherungen für z.B. Sturm-, Wasser-, Feuer-, oder Erdrutschschäden. Eine Versicherung gegen Mietverlust[65] ist von der Bestimmung ebenso wenig wie Haus- und Mietrechtsschutzversicherungen[66] oder eine Reparaturversicherung[67] erfasst. Hingegen sind Versicherungen gegen Schwamm oder Hausbock sowie Glasversicherungen mit eingeschlossen.[68] Letztere können anteilig nach dem Maßstab der Fensterfläche auf die Mieter verteilt werden.[69] Eine Versicherung gegen Schäden durch Terroranschläge kann im Einzelfall umlegbar sein, wenn solche Anschläge durch die unmittelbare Nähe zu gefährdeten Einrichtungen zu befürchten sind.[70] Grundsätzlich ist dabei zu beachten, dass es bei Neuabschluss einer Versicherung während des bereits bestehenden Mietverhältnisses einer entsprechenden Vereinbarung über die Einbeziehung neu entstehender Betriebskosten bedarf (vgl. zur Mehrbelastungsklausel Rn. 33).[71]

27 Nach § 2 Nr. 14 BetrKV darf der Vermieter ebenso die Kosten eines Hauswartes auf den Mieter abwälzen. Unter Hauswart ist nicht etwa ein sog. „Doorman" bzw. ein Concierge-Service zu verstehen.[72] Zu beachten ist zudem, dass die Betriebskostenabrechnung Aufschluss über die genauen Tätigkeiten des Hauswartes geben muss, um die Umlage eventueller Instandsetzungs- oder Verwaltungskosten auszuschließen.[73] Die anfallenden Lohnnebenkosten können hingegen einbezogen werden,[74] dies gilt jedoch nicht für den Anteil von Instandsetzungs- und Verwaltungsaufgaben an seiner Tätigkeit.[75] Ebenso sind bei großen Wohnanlagen die Kosten, die durch einen 24-stündigen Pförtnerdienst anfallen, unter § 2 Nr. 14 BetrKV ansatzfähig.[76]

28 § 2 Nr. 15 BetrKV erlaubt die Umlage der Grundgebühren und sonstigen Kosten für den Betrieb einer Gemeinschaftsantennenanlage oder einer Breitbandkabel-Verteilanlage sowie für die Kabelweitersendung.

---

[61] AG Hamburg v. 14.09.1989 - 38 C 829/89 - juris Rn. 3 - WuM 1989, 641; AG Dinslaken v. 22.12.2008 - 30 C 213/08 - juris Rn. 4 - WuM 2009, 115; AG Potsdam v. 27.12.2011 - 23 C 349/11 - Grundeigentum 2012, 493-495.
[62] LG Hamburg v. 14.02.1992 - 311 S 254/90 - juris Rn. 3 - WuM 1994, 695.
[63] OLG Düsseldorf v. 08.06.2000 - 10 U 94/99 - Grundeigentum 2000, 888-890.
[64] LG Hamburg v. 24.01.1989 - 16 S 148/88 - juris Rn. 3 - WuM 1989, 191.
[65] AG Berlin-Charlottenburg v. 24.10.1990 - 12a C 189/90 - MM 1994, 66.
[66] AG Bonn v. 23.01.1987 - 6 C 366/85 - WuM 1987, 274.
[67] AG Köln v. 17.07.1990 - 208 C 614/89 - juris Rn. 2 - WuM 1990, 556.
[68] LG Hamburg v. 24.01.1989 - 16 S 148/88 - WuM 1989, 191; *Gies* in: Hannemann/Wiegener, Münchener Anwaltshandbuch Wohnraummietrecht, 3. Aufl. 2010, § 24 Rn. 110, 112.
[69] LG Stuttgart v. 03.09.1987 - 16 S 72/87 - juris Rn. 3 - WuM 1989, 521-522.
[70] AG Berlin-Spandau v. 08.02.2005 - 2a C 755/04 - Grundeigentum 2005, 1255-1257; OLG Frankfurt v. 26.06.2009 - 2 U 54/09 - juris Rn. 16 - NZM 2009, 744; großzügiger im Hinblick auf die Gefährdung OLG Stuttgart v. 15.02.2007 - 13 U 145/06 - WuM 2007, 199-200.
[71] BGH v. 27.09.2006 - VIII ZR 80/06 - WuM 2006, 612-613.
[72] AG Berlin-Mitte v. 31.10.2001 - 18 C 259/01 - NJW-RR 2002, 656; bejahend für einen Pförtner bei großer Wohnanlage LG Köln v. 12.02.1997 - 10 S 463/96 - NJW-RR 1997, 1231.
[73] BGH v. 20.02.2008 - VIII ZR 27/07 - juris Rn. 28 - NJW 2008, 1801 ff.; so bereits AG Berlin-Mitte v. 31.10.2001 - 18 C 259/01 - NJW-RR 2002, 656.
[74] So bereits nach der alten Rechtslage AG Kleve v. 06.10.1988 - 3 C 424/88 - WuM 1989, 28.
[75] LG Berlin v. 04.02.2002 - 67 S 185/01 - Grundeigentum 2002, 736-737.
[76] LG Köln v. 12.02.1997 - 10 S 463/96 - NJW-RR 1997, 1231.

§ 2 Nr. 16 BetrKV erfasst die Kosten des Betriebes einer maschinellen Wascheinrichtung, die durch deren Überwachung, Pflege und Reinigung entstehen.[77]

Unter § 2 Nr. 17 BetrKV werden z.B. Kosten für die Wartung von Feuerlöschern[78] oder für den Betrieb eines Schwimmbades gefasst.[79] Weiterhin können Aufwendungen für den Betrieb einer Sauna umgelegt werden.[80] Nicht umlagefähig nach Nr. 17 sind die Kosten einer Bewachung[81] oder Mietkosten für einen Gastank.[82] Der Begriff „sonstige Betriebskosten" darf trotz seiner Funktion als Auffangtatbestand nicht zu weit ausgelegt werden, insbesondere dürfen die abschließenden Aufzählungen der Nr. 1-16 nicht erweitert werden. Die ganz h.M. geht davon aus, dass hier ausnahmsweise eine pauschale Verweisung (vgl. Rn. 14) nicht zulässig ist.[83] Dem ist zuzustimmen, denn im Gegensatz zu den Nr. 1-16 liegt hier keine nähere gesetzliche Konkretisierung vor, ein solcher generalklauselartiger Tatbestand ist als pauschaler Verweis zu unbestimmt.

5. Abdingbarkeit

Gemäß § 556 Abs. 4 BGB kann die Vorschrift lediglich zu Gunsten einer mieterfreundlicheren Klausel abbedungen werden. Dies wäre der Fall, wenn ein Katalog von umlagefähigen Nebenkosten vereinbart wird, der nicht alle Positionen gemäß § 2 BetrKV umfasst und insofern abschließende Wirkung hat (vgl. Rn. 34).

6. Musterklauseln

Eine vertragliche Regelung, die den erforderlichen Standard gemäß § 556 BGB erfüllt und den Mieter darüber hinaus nicht weiter begünstigt, könnte folgendermaßen lauten:

„Zusätzlich zu dem unter § ... vereinbarten Grundmietzins trägt der Mieter die anfallenden Betriebskosten. Als solche zählen nur die in § 2 BetrKV aufgeführten Kosten. Die Vorschrift ist dem Mietvertrag in der Anlage beigefügt. Die Betriebskosten werden im Wege monatlicher Vorauszahlungen neben dem Grundmietzins abgegolten. Die Abrechnung der Betriebskosten erfolgt gemäß § 556 Abs. 3 BGB und enthält eine Aufstellung der tatsächlich angefallenen Ausgaben."

Im Interesse des Vermieters bietet sich eine **Mehrbelastungsklausel** an:

„Der Mieter übernimmt anteilig nach dem tatsächlichen Verbrauch bzw. der tatsächlichen Verursachung, hilfsweise nach der Wohnfläche auch die Betriebskosten nach § 2 BetrKV, die während des Mietverhältnisses erstmalig anfallen."

7. Praktische Hinweise

Seit der Mietrechtsreform 2001 ist bei sämtlichen Vereinbarungen über Betriebskosten Vorsicht geboten. Eine einseitige Erklärung des Vermieters zur Umlage von Mehrbelastungen nach der alten Regelung in § 4 Abs. 2-3 MietHöReglG ist nicht mehr möglich.[84] Daher empfiehlt sich die Vereinbarung einer Mehrbelastungsklausel (vgl. Rn. 33). Fehlt eine solche, so ist durch Auslegung des Mietvertrages gemäß §§ 133, 157 BGB zu ermitteln, was die Parteien bei Kenntnis des Fehlens vereinbart hätten.[85]

Bei der Mietvertragsgestaltung bietet es sich an, den Wortlaut des § 2 BetrKV als Anlage zum Vertrag hinzuzuziehen und in der entsprechenden Klausel (vgl. Rn. 32) darauf Bezug zu nehmen, da eine Um-

---

[77] Auf die Anschaffungskosten der Wascheinrichtung darf die Umlage nicht angerechnet werden, vgl. AG Hamburg v. 20.08.2003 - 39A 56/03 - juris Rn. 9 - WuM 2003, 565-566.
[78] *Gies* in: Hannemann/Wiegener, Münchener Anwaltshandbuch Wohnraummietrecht, 3. Aufl. 2010, § 24 Rn. 146.
[79] LG Osnabrück v. 31.05.1995 - 11 S 160/94 - juris Rn. 2 - WuM 1995, 434.
[80] LG Osnabrück v. 31.05.1995 - 11 S 160/94 - juris Rn. 2 - WuM 1995, 434.
[81] LG Hamburg v. 06.03.1997 - 333 S 139/96 - ZMR 1997, 358-359; LG Berlin v. 05.12.2003 - 64 S 369/03 - MM 2004, 76-77.
[82] LG Bonn v. 12.06.1989 - 6 S 102/89 - juris Rn. 2 - WuM 1989, 398.
[83] OLG Oldenburg v. 22.02.1995 - 5 UH 1/94 - juris Rn. 10 - WuM 1995, 430-431; LG Osnabrück v. 31.05.1995 - 11 S 160/94 - juris Rn. 2 - WuM 1995, 434; a.A. *Rudolph*, ZMR 1991, 208-210, 209-210.
[84] Zu den damit verbundenen Nachteilen für den Vermieter vgl. *Langenberg*, NZM 2001, 783-795, 784.
[85] LG Landau v. 24.06.2005 - 3 S 129/04 - juris Rn. 2 - ZMR 2005, 871-872.

lagevereinbarung zu Lasten des Vermieters im Allgemeinen eng ausgelegt wird.[86] Die Abrede „Der Mieter trägt die üblichen anteiligen Hausausgaben und Nebenkosten" ist zu unbestimmt.[87] Wird ein anderer Katalog von Betriebskosten aufgeführt, so hat er abschließende Bedeutung.[88]

36 In jedem Falle sollte auf Zusätze wie „u.a." oder „usw." verzichtet werden. Auch der Verweis auf die Ortsüblichkeit ist unangebracht.

37 Durch die anwaltliche Wahrnehmung des **Belegeinsichtsrechtes** (vgl. auch Rn. 95) kann im Einzelfall oftmals geklärt werden, ob eine entsprechende Betriebskostenposition überhaupt den Mandanten trifft wie z.B. die Pflegekosten für die Zufahrt zu einer Garage, die vom Mandanten gar nicht genutzt werden darf.[89]

38 Für den Mieter wirkt es sich günstig aus, die Prämie für die **Feuerversicherung** als Betriebskostenanteil zu vereinbaren. Auf diese Weise beschränkt er seine Haftung für Brandschäden auf Vorsatz und grobe Fahrlässigkeit.[90]

IV. Prozessuale Hinweise

39 Für die Tatsache, dass die Nebenkosten nicht bereits durch die Grundmiete abgegolten sind, ist der Vermieter beweispflichtig. Werden für nicht umlagefähige Anteile einzelner Kosten in der Abrechnung lediglich pauschale Abzüge vorgenommen, genügt ein einfaches Bestreiten des Mieters,[91] so dass insoweit auf die Wahrnehmung des Belegeinsichtsrechts und die Bezugnahme auf konkrete Abrechnungsunterlagen verzichtet werden kann. Die **Verjährungsfrist** für die Rückforderung zu viel gezahlter Betriebskosten nach § 812 BGB beträgt gemäß § 195 BGB drei Jahre und beginnt nach § 199 Abs. 1 BGB zu laufen. Die letztgenannte Vorschrift entschärft die kürzere Verjährung dadurch, dass von der Kenntnis des Mieters von allen den Anspruch begründenden Umständen regelmäßig erst mit Vorliegen der Betriebskostenabrechnung auszugehen ist.

B. Kommentierung zu Absatz 2

I. Grundlagen

1. Kurzcharakteristik

40 § 556 Abs. 2 BGB sieht zur Abgeltung der Betriebskosten die Alternativen der Pauschale und der Vorauszahlung vor. Diese regeln die möglichen Modi nicht abschließend, eine Teilinklusivmiete ist ebenso zulässig.[92] Im Falle der Vorauszahlung muss die Höhe gemäß § 556 Abs. 2 Satz 2 BGB angemessen sein.

41 Ist von den Parteien keine Vereinbarung über die Umlage der Betriebskosten getroffen worden, liegt eine Inklusivmiete vor.[93] Jedoch kann eine solche Vereinbarung auch stillschweigend zu Stande kommen. Der BGH lässt dafür die jahrelange beanstandungslose Begleichung von Nachforderungen durch den Mieter genügen.[94]

2. Gesetzgebungsmaterialien

42 Vgl. unter Rn. 3 f.

---

[86] Für die Einbeziehung in Formularverträgen vgl. *Stapel*, ZMR 2000, 580-581, 581.
[87] OLG Celle v. 25.03.1983 - 2 U 229/82 - WuM 1983, 291; LG Limburg v. 06.06.2003 - 3 S 55/03 - juris Rn. 9 - WuM 2003, 565.
[88] *Sternel*, Mietrecht, 4. Aufl. 2009, V. Rn. 126 f.
[89] LG Hamburg v. 13.07.1989 - 7 S 185/88 - juris Rn. 6 - WuM 1989, 640-641; für Stellplätze vgl. BGH v. 13.12.2011 - VIII ZR 286/10 - Grundeigentum 2012, 402.
[90] Vgl. LG Duisburg v. 16.09.1997 - 23 S 249/97 - juris Rn. 13 - ZMR 1997, 651-652.
[91] BGH v. 20.02.2008 - VIII ZR 27/07 - juris Rn. 29 - WuM 2008, 285-288.
[92] *Langenberg*, NZM 2001, 783-795, 784.
[93] *Ebert* in: Hk-BGB, § 556 Rn. 2.
[94] BGH v. 07.04.2004 - VIII ZR 146/03 - NJW-RR 2004, 877.

II. Praktische Bedeutung

Die Pauschale als erstgenannte Alternative der Betriebskostenabgeltung hat eine eher geringe Bedeutung gegenüber der Vorauszahlung. Aufgrund des hohen Anteils der Betriebskosten an der Nettomiete ist es **ökonomisch und ökologisch günstiger**, wenn der Mieter, der den Verbrauch unmittelbar steuert, auch direkt durch die Abrechnung begünstigt bzw. bei höherem Verbrauch belastet wird. Sein Vorteil besteht darin, dass nicht eine evtl. zur Sicherheit höher kalkulierte Pauschale zu einer verdeckten Erhöhung des Grundmietzinses führt, während der Vermieter von der Berechenbarkeit der Betriebskosten als durchlaufendem Posten profitiert. Allerdings wird die ungünstigere Wirkung einer Pauschale sowohl für den Vermieter als auch für den Mieter dadurch abgefedert, dass im Falle einer Erhöhung bzw. Ermäßigung der tatsächlichen Kosten eine Anpassung gemäß § 560 Abs. 1-3 BGB (vgl. die Kommentierung zu § 560 BGB) möglich ist.

III. Anwendungsvoraussetzungen

1. Pauschale

a. Definition

Von einer Pauschale ist auszugehen, wenn im Mietvertrag für die Betriebskosten ein Betrag ausgewiesen wird, den der Mieter unabhängig von den tatsächlich angefallenen Kosten zu zahlen hat.[95] Die mögliche Höhe einer Betriebskostenpauschale wird durch § 5 WiStrG begrenzt.

Bestehen in Formularmietverträgen Zweifel über die Einordnung einer Regelung als Pauschale oder Vorauszahlung, so ist von dem erstgenannten Modus auszugehen, da dieser aufgrund der erschwerten Erhöhung gemäß § 560 Abs. 1 Satz 2 BGB günstiger für den Mieter ist.[96]

Unzulässig ist die Vereinbarung einer Betriebskostenpauschale bei preisgebundenem Wohnraum, da diese im Preisbindungsrecht nicht vorgesehen ist.[97]

b. Musterklauseln

Bei der Vertragsgestaltung ist es bedeutsam, auf die Leistungspflicht zusätzlich zur Grundmiete hinzuweisen, da ansonsten eine Abgeltung mit derselben angenommen werden kann (vgl. Rn. 32 ff.).

Beispiel: „Ungeachtet des tatsächlichen Verbrauchs zahlt der Mieter zur Abgeltung der Betriebskosten eine monatliche Pauschale von € ... zusätzlich zum Grundmietzins. Der Vermieter ist berechtigt, Erhöhungen der Betriebskosten gemäß § 560 BGB auf den Mieter umzulegen."

c. Praktische Hinweise

Bei der Vereinbarung ist zu beachten, dass ein **Festbetrag** im Vertrag genannt ist, variable Pauschalen, wie ein Prozentsatz vom Grundmietzins oder andere Koppelungen, sind unzulässig. Dies geht aus § 560 BGB hervor; eine auf diese Weise möglich werdende Erhöhung der Pauschale wäre zum Nachteil des Mieters. Für einseitige Erhöhungen durch den Vermieter im Falle von Betriebskostenvereinbarungen bedarf es eines vertraglichen Vorbehaltes,[98] vgl. oben unter Musterklauseln (vgl. Rn. 48).

Auch bei der Vereinbarung einer Pauschale sollten die einzelnen Betriebskostenpositionen im Vertrag benannt sein oder zumindest ein Verweis auf § 2 BetrKV (zur Zulässigkeit eines solchen Verweises vgl. Rn. 14 ff.) erfolgen. Geschieht dies nicht, so gelten nicht aufgeführte Kosten als mit dem Grundmietzins abgegolten, so dass eine Erhöhung bzw. Ermäßigung der Pauschale gemäß § 560 BGB nicht möglich ist.[99]

Aus einer Jahre währenden praktischen Übung der Parteien, nach der die Vorauszahlungen wie eine Pauschale behandelt wurden, kann eine konkludente Vertragsänderung zu entnehmen sein.[100] In die-

---

[95] *Weidenkaff* in: Palandt, § 556 Rn. 6.
[96] Vgl. *Kossmann*, Handbuch der Wohnraummiete, 6. Aufl. 2003, § 35 Rn. 13.
[97] *Schmid*, WuM 2001, 424-427, 424.
[98] *Weidenkaff* in: Palandt, § 556 Rn. 6.
[99] *Schmid*, WuM 2001, 424-427, 424.
[100] Für einen Zeitraum von 15 Jahren AG Hamburg v. 23.02.2005 - 39A C 78/04 - ZMR 2005, 873-875.

sem Falle schuldet der Mieter den lediglich vereinbarten Betrag ohne Verpflichtung zum Ausgleich und ohne einen Anspruch auf Abrechnung. Die Erhöhung des Betrages erfolgt dann gemäß § 560 Abs. 1 BGB. Allerdings muss aus der Übung der rechtsgeschäftliche Wille der Mietvertragsparteien hervorgehen. Die bloße Untätigkeit des Mieters bei Nichtabrechnung lässt einen solchen Willen nicht erkennen.[101]

2. Vorauszahlung

a. Definition

52 Eine Vereinbarung ist als Vorauszahlung zu betrachten, wenn eine nachträgliche Abrechnung über die tatsächlich angefallenen Kosten erfolgt und ein Ausgleich zwischen Vorauszahlung und tatsächlicher Höhe stattfindet. In welchen Zeiträumen Vorauszahlungen zu erfolgen haben, ist nicht vorgeschrieben, jedoch bieten sich aufgrund der Verpflichtung des Vermieters zur jährlichen Abrechnung gemäß § 556 Abs. 3 Satz 1 HS. 1 BGB monatliche bzw. vierteljährliche Intervalle an.

b. Abdingbarkeit

53 Wie bereits erläutert, steht die Vorschrift zur Disposition der Parteien. Diese können abweichende Modi zur Betriebskostenumlage vereinbaren, z.B. eine Teilinklusivmiete.[102]

c. Musterklauseln

54 Vgl. Rn. 32 f.

3. Angemessenheit

55 § 556 Abs. 2 Satz 2 BGB schreibt vor, dass Vorauszahlungen nur in angemessener Höhe vereinbart werden dürfen.

a. Gesetzgebungsgeschichte

56 Das Erfordernis der Angemessenheit war vor der Mietrechtsreform bereits in § 4 Abs. 1 Satz 1 MietHöReglG enthalten.

b. Definition

57 Die Höhe der Vorauszahlung ist angemessen, wenn sie ungefähr den zu erwartenden tatsächlichen Kosten entspricht.[103] Dabei sind die **Erfahrungswerte** der letzten Abrechnungen zu Grunde zu legen. Diese dürfen aufgrund der stetigen Erhöhung der Betriebskosten leicht überschritten werden.[104]

58 Umstritten ist, wie eine Vorauszahlungsvereinbarung beurteilt werden muss, durch deren Höhe die tatsächlichen Betriebskosten nicht annähernd gedeckt werden können. Nach Ansicht einiger Gerichte und Stimmen in der Literatur schafft die Vereinbarung über eine bestimmte Höhe der Betriebskostenvorauszahlungen einen Vertrauenstatbestand zugunsten des Mieters dergestalt, dass die geleisteten Zahlungen die zu erwartenden Kosten in etwa decken.[105] *Lechner* führt dazu aufgrund teleologischer und wörtlicher Auslegung (der alten Vorschrift des § 4 Abs. 1 MietHöReglG) ins Feld, die Angemessenheit bezeichne lediglich das Verhältnis zwischen zwei Bezugsgrößen (hier Vorauszahlungen und tatsächliche Betriebskosten); eine Unangemessenheit bei Unterschreitung der wirklichen Betriebskosten kann sich unabhängig von der Über- oder Unterschreitung der Vorauszahlung aus der konkreten Wertung des Urteilenden ergeben.[106] Dagegen lehnen andere Gerichte eine Anwendbarkeit der Ange-

---

[101] LG Mannheim v. 07.11.2007 - 4 S 68/07 - DWW 2008, 61-62.
[102] Vgl. *Langenberg*, NZM 2001, 783-795, 784.
[103] *Weidenkaff* in: Palandt, § 556 Rn. 8.
[104] BayObLG München v. 05.10.1995 - RE-Miet 1/95 - juris Rn. 13 - NJW-RR 1996, 207-209.
[105] Für eine Toleranzgrenze von 25% AG Lübeck v. 24.04.1980 - 14 C 759/78 - juris Rn. 2 - WuM 1980, 250-251; ebenso AG Kassel v. 18.06.1979 - 89 C 1220/79 - WuM 1979, 254-255; für eine Grenze bei 40% AG Eschweiler v. 07.02.1980 - 5 C 785/79 - juris Rn. 9 - WuM 1980, 233-234; im Ergebnis ebenso, jedoch ohne Festlegung einer Toleranzgrenze *Kossmann*, Handbuch der Wohnraummiete, 6. Aufl. 2003, § 36 Rn. 5.
[106] *Lechner*, WuM 1983, 5-8, 5.

messenheitsklausel auf Fälle der zu geringen Vorauszahlung unter Hinweis auf den Schutzzweck der Norm des § 4 Abs. 1 MietHöReglG und auf den Charakter der Vorauszahlung ab.[107] Dem ist im Ergebnis beizupflichten. Der Mieter weiß spätestens mit Abschluss des Mietvertrages, dass seine Vorauszahlungen unabhängig von den tatsächlich anfallenden Betriebskosten erfolgen. Vertraute er darauf, dass mit der Leistung im Voraus der Anspruch des Vermieters unbenommen des weiteren Verbrauchs bzw. der weiteren Verursachung weitgehend befriedigt sei, so wäre dieses Vertrauen nicht schützenswert, zumal die Missbrauchsgefahr sehr hoch wäre. Der Mieter könnte einen Nachzahlungsanspruch regelmäßig dadurch umgehen, dass er durch besonders hohen Verbrauch die Betriebskostenrechnung „sprengt" und so einem Nachzahlungsanspruch des Vermieters – zumindest dem Anteil jenseits einer evtl. bestehenden Toleranzgrenze – entgeht. Von einer Pflichtverletzung des Vermieters durch eine unangemessen niedrige Vorauszahlungsvereinbarung kann daher nur dann ausgegangen werden, wenn der Mieter auf diese Weise getäuscht und zur Begründung des Mietverhältnisses bewogen werden sollte[108] oder wenn der Vermieter die Pflicht zur Berechnung einer annähernd die Betriebskosten deckenden Vorauszahlung gesondert, z.B. durch eine entsprechende vertragliche Zusicherung, übernommen hat.[109]

c. Literatur

In der Literatur ist umstritten, ob die Angemessenheitsklausel neben der Vorauszahlung auch auf Pauschalen Anwendung finden soll.[110] Gegen eine **analoge Anwendung** spricht zunächst der Wortlaut der Vorschrift, jedoch erscheint allein die Sanktion des § 5 WiStrG zur Begrenzung der Höhe einer Pauschale als ungenügend.

59

d. Die Auffassung des Autors

Die Heranziehung von § 556 Abs. 2 Satz 2 BGB für Pauschalen kann im Ergebnis keine Zustimmung finden. Zunächst lässt sich das Merkmal der Angemessenheit nicht mit der Funktion einer Pauschale vereinbaren. Diese soll ja zur festen Disposition der Parteien für die Laufzeit des Vertrages dienen, wobei die möglichen Abweichungen gerade durch die Möglichkeit einer von vornherein höheren bzw. niedrigeren Ansetzung aufgefangen werden. Schließlich ist die Höhe frei verhandelbar und kann durch § 560 Abs. 1 BGB zugunsten des Vermieters bei Erhöhung der Betriebskosten angehoben bzw. bei Ermäßigung derselben gemäß § 560 Abs. 3 BGB gesenkt werden. Somit bleibt es stets bei der gleichen anteiligen Belastung der Parteien. Die Angemessenheit als Voraussetzung ist hingegen auf die Verbrauchsabhängigkeit einer Betriebskostenabrechnung ausgerichtet. Sie soll die Divergenz zwischen den zu leistenden Vorauszahlungen und der letztendlichen tatsächlichen Höhe der Leistungsverpflichtung verringern, um die Dispositionsfreiheit des Mieters während der Abrechnungsperiode zu erhalten. Dies ist bei einer frei vereinbarten Pauschale nicht notwendig.

60

e. Abdingbarkeit

Gemäß § 556 Abs. 4 BGB darf das Erfordernis der Angemessenheit nicht vertraglich ausgeschlossen sein. Zum Streit bei zu niedrigen Vorauszahlungen vgl. Rn. 117 ff.

61

IV. Prozessuale Hinweise/Verfahrenshinweise

Beweispflichtig dafür, dass die Abgeltung der Betriebskosten zuzüglich zur Grundmiete vereinbart wurde, ist der Vermieter.

62

---

[107] Grundlegend LG Lübeck v. 12.09.1980 - 6 S 162/80 - WuM 1981, 45; OLG Stuttgart v. 10.08.1982 - 8 RE-Miet 6/81 - juris Rn. 8 - NJW 1982, 2506-2507; LG Berlin v. 11.07.1989 - 29 S 108/88 - Grundeigentum 1990, 653-655; AG Hamburg v. 30.01.2001 - 42 C 550/00 - ZMR 2001, 628-629.
[108] So zuletzt BGH v. 11.02.2004 - VIII ZR 195/03 - juris Rn. 9 - NJW 2004, 1102-1103.
[109] OLG Rostock v. 23.10.2008 - 3 U 123/07 - Grundeigentum 2009, 324-325.
[110] Befürwortend *Schmid*, WuM 2001, 424-427, 424. a.A. *Horst*, MDR 2001, 721-728, 724.

C. Kommentierung zu Absatz 3

I. Grundlagen

1. Kurzcharakteristik

63 Die Vorschrift regelt die Erfordernisse zur **Abrechnung der Betriebskosten** durch den Vermieter (§ 556 Abs. 3 Sätze 1-4 BGB) und zur **Geltendmachung von Einwendungen** seitens des Mieters gegen diese Abrechnung (§ 556 Abs. 3 Sätze 5-6 BGB).

64 § 556 Abs. 3 Satz 1 BGB schreibt für den Vermieter die Pflicht zur jährlichen Abrechnung vor, wobei der Grundsatz der Wirtschaftlichkeit zu beachten ist. Die Frist zur Mitteilung der Abrechnung beträgt zwölf Monate und beginnt mit dem Ende der entsprechenden Abrechnungsperiode zu laufen (§ 556 Abs. 3 Satz 2 BGB). Für eine spätere Geltendmachung von Nachforderungsansprüchen muss der Vermieter darlegen, dass er die Verzögerung nicht zu vertreten hat (§ 556 Abs. 3 Satz 3 BGB). Ferner ist er gemäß § 556 Abs. 3 Satz 4 BGB nicht zu Teilabrechnungen verpflichtet.

65 Die Frist für Einwendungen des Mieters gegen die Abrechnung beträgt ebenfalls zwölf Monate (§ 556 Abs. 3 Satz 5 BGB) und kann wiederum nur dann überschritten werden, wenn der Mieter dies nicht zu vertreten hat (§ 556 Abs. 3 Satz 6 BGB).

66 Durch die Vorschrift sollen die Mietparteien möglichst früh über die tatsächliche Divergenz von Vorauszahlung und tatsächlichem Verbrauch in Kenntnis gesetzt werden,[111] so dass ein zügiger Ausgleich von Über- bzw. Unterzahlung erreicht wird, was sich zugunsten der Dispositionsfreiheit beider Parteien auswirkt.

2. Gesetzgebungsmaterialien

67 Die Festsetzung der jährlichen Abrechnung ist der alten Regelung des § 4 Abs. 1 Satz 2 MietHöReglG entnommen. Der Grundsatz der Wirtschaftlichkeit wurde mit der Mietrechtsreform per 01.09.2001 gesetzlich normiert, wenn auch nicht besonders umfangreich.[112] Er fand erst nach entsprechender Kritik seine Berücksichtigung in den Neuerungen.[113] Die gleichzeitig in das Recht des preisfreien Wohnraumes eingeführte gesetzliche Frist von zwölf Monaten für die Abrechnung mitsamt der Regelung des Vertretenmüssens stammt aus § 20 Abs. 3 Satz 4 NMVO. Neu in dieser Materie war hingegen die Einwendungsfrist für den Mieter nach § 556 Abs. 3 Satz 5 BGB.

II. Praktische Bedeutung

68 Die Vorschrift gelangt vor allem dann zur Geltung, wenn sich die Abrechnung seitens der Versorgungsunternehmen gegenüber dem Vermieter verzögert.

III. Anwendungsvoraussetzungen

1. Normstruktur

69 Bis auf die Festlegung von jährlichen Berechnungszeiträumen und den Grundsatz der Wirtschaftlichkeit handelt es sich bei den folgenden Merkmalen ausschließlich um formelle Voraussetzungen der Abrechnung. Die wesentlichen inhaltlichen Bestimmungen gehen aus § 259 BGB (vgl. die Kommentierung zu § 259 BGB) hervor.

2. Abrechnungszeitraum

70 Die Abrechnungen erfolgen jeweils für den Verbrauch eines Jahres (§ 556 Abs. 3 Satz 1 BGB). Regelmäßig wird dabei das **Leistungsprinzip** zu Grunde gelegt. Danach werden die Kosten derjenigen Periode zugeordnet, in welcher die betreffende Leistung erfolgte. Es ist dem Vermieter jedoch grundsätzlich nicht verwehrt, die Abrechnung wahlweise nach dem **Abflussprinzip** vorzunehmen, wonach auf

---

[111] *Langenberg*, NZM 2001, 783-795, 785.
[112] Vgl. für den preisgebundenen Wohnungsbau § 20 Abs. 1 Satz 2 NMVO.
[113] Noch ohne Wirtschaftlichkeitsgrundsatz BT-Drs. 14/4553; vgl. zur Kritik *von Seldeneck*, ZMR 2002, 393-401, 393.

den Zeitpunkt abgestellt wird, in welchem die tatsächliche Zahlung z.B. an den jahresübergreifend abrechnenden Versorgungsträger erfolgt.[114] In seiner grundlegenden Entscheidung konnte der BGH allerdings offen lassen, ob das Abflussprinzip auch dann Anwendung finden kann, wenn derweil eine Änderung der Mietparteien des betreffenden Objekts stattgefunden hat (Mieterwechsel oder Auszug). Soweit mit der Abrechnung nur diejenigen Zeiträume Berücksichtigung finden, in denen die abzurechnende Leistung vom Mieter tatsächlich bezogen wurde,[115] und die Verteilung auf die Mietparteien einen eingetretenen Wechsel oder Auszug anderer Mieter berücksichtigt, dürfte indessen auch in solchen Fällen die Zugrundelegung des Abflussprinzips nicht zu beanstanden sein.

Darüber hinaus billigt der BGH in der Fortführung seiner Rechtsprechung zum Abflussprinzip dem Vermieter eine weitere Möglichkeit zur Harmonisierung der Abrechnung zu. So kann innerhalb einer Gesamtabrechnung für verbrauchsabhängige Kosten ein abweichender Zeitraum, z.B. die Heizperiode, angesetzt werden, ohne dass dies die formelle Wirksamkeit berührt. Die einheitliche Frist zur Erteilung der Abrechnung wird durch die Abweichung nicht berührt.[116] 71

a. Typische Fälle

Lediglich in zwei Fällen kommt es regelmäßig zu kürzeren Abrechnungsperioden. Zunächst liegt es nahe, bei einem Neubau bzw. einer **Erstvermietung** die Betriebskosten bis zum Zeitpunkt des gewünschten Beginns der regelmäßigen Erfassung abzurechnen. Die andere Variante betrifft die Umstellung auf einen anderen Zeitraum oder den Wechsel der Mietparteien. In beiden Fällen ist die vorgezogene Abrechnung zwingend, da eine Zusammenfassung mit dem darauf folgenden Jahreszeitraum zur Verfristung der Ansprüche gemäß § 556 Abs. 3 Satz 2 BGB führen würde. 72

b. Abdingbarkeit

Von der Vorschrift darf gemäß § 556 Abs. 4 BGB nicht zum Nachteil des Mieters abgewichen werden. Daraus ergibt sich, dass sowohl eine kürzere Abrechnungsperiode aufgrund fehlender Transparenz bei jährlichen Abrechnungen der Versorgungsunternehmen wie auch ein längerer Berechnungszeitraum wegen möglicher Einschränkungen der Dispositionsfreiheit des Mieters bei Rückzahlungsansprüchen unzulässig sind. 73

c. Musterklauseln

Denkbar wäre: „Die Betriebskostenabrechnung erfolgt jährlich für den Zeitraum vom 01. Januar bis zum 31. Dezember des abgelaufenen Jahres." 74

3. Grundsatz der Wirtschaftlichkeit

Der Grundsatz der Wirtschaftlichkeit kommt im Rahmen der Betriebskostenabrechnung gemäß § 556 Abs. 3 Satz 1 HS. 2 BGB und bei der Veränderung von Betriebskosten nach § 560 Abs. 5 BGB zur Geltung. Er verpflichtet den Vermieter, ein vertretbares Kosten-Nutzen-Verhältnis im Auge zu behalten.[117] Dies betrifft sowohl die Höhe als auch die Entstehung der anfallenden Betriebskosten.[118] 75

a. Gesetzgebungsgeschichte

Die Regelung ist im preisfreien Wohnraum seit dem 01.09.2001 gesetzlich normiert (vgl. Rn. 67). Sie galt bereits für preisgebundenen Wohnraum gemäß § 20 Abs. 1 Satz 2 NMVO i.V.m. § 27 Abs. 2 BVO 2, und war nach einhelliger Meinung ebenso im Recht des preisfreien Wohnraumes anzuwenden.[119] Die 76

---

[114] BGH v. 20.02.2008 - VIII ZR 27/07 - WuM 2008, 285-288; BGH v. 20.02.2008 - VIII ZR 49/07 - NJW 2008, 1300-1302 m.w.N.
[115] Vgl. dazu auch LG Berlin v. 02.08.2004 - 62 S 151/04 - MM 2004, 374.
[116] BGH v. 30.04.2008 - VIII ZR 240/07 - NJW 2008, 2328-2330.
[117] OLG Karlsruhe v. 20.09.1984 - 9 REMiet 6/83 - juris Rn. 20 - OLGZ 1985, 252-255.
[118] *Langenberg*, NZM 2001, 783-795, 793.
[119] *Langenberg*, NZM 2001, 783-795, 793.

vor der Reform geltende Rechtslage sollte durch die Aufnahme in das BGB nicht berührt werden.[120] Vielmehr sind die Mietparteien und die Rechtsprechung gehalten, auf den Grundsatz ein größeres Augenmerk zu richten.[121]

b. Definition

77 Zur Definition ist auf § 20 Abs. 1 Satz 2 NMVO zu verweisen. Danach entsprechen nur solche Kosten dem Wirtschaftlichkeitsgrundsatz, die bei gewissenhafter Abwägung aller Umstände und bei ordentlicher Geschäftsführung gerechtfertigt sind. Daraus ergibt sich einerseits die Pflicht, dem Mieter **nur wirtschaftlich sinnvolle Kostenteile** aufzuerlegen. Zudem sind diese der Höhe nach so weit wie möglich und zumutbar zu begrenzen. Dazu gehört, dass bei einem Anstieg der Kosten eine Plausibilitätskontrolle anhand früherer Abrechnungen durchgeführt wird.[122] Vor der Vergabe von Aufträgen an Fremdfirmen ist der Vermieter gehalten, Vergleichsangebote einzuholen, wobei ihn dies nicht zum Vertragsschluss mit dem preisgünstigsten Anbieter zwingt.[123] Vielmehr können auch Zuverlässigkeit, der Umfang der Leistung und die schnelle Ausführung zulässige Kriterien der Auswahl sein.[124] Sonderpreise und Mengenrabatte, sowie günstigere Sommerpreise bei Heizöl müssen wahrgenommen werden, umgekehrt müssen Eilzuschläge für Brennstoffeinkäufe an Feiertagen verhindert werden.[125] Schließlich können auch ökologische Gesichtspunkte den Ermessensspielraum des Vermieters erweitern.[126] Vorstellbar wäre hier die Umlage von Kosten für die Wärmedämmung, auch wenn diese zunächst die Heizkostenersparnis überschreitet.[127]

c. Typische Fälle

78 Häufig ist über die Frage zu entscheiden, ob die Höhe der **Kosten der laufenden Erfassung** von Heiz- und Wasserverbrauch dem Grundsatz der Wirtschaftlichkeit entspricht. Dies kann sich einerseits aus den besonders hohen Kosten der Erfassung, jedoch ebenso aus dem außergewöhnlich geringen Heiz- oder Wasserverbrauch seitens des Mieters ergeben.[128] Die Urteile dazu sind uneinheitlich und enthalten kaum Hinweise auf die generelle Bestimmbarkeit einer Wirtschaftlichkeitsgrenze.[129] Zum Teil wird ein Anteil der Erfassungskosten von 25% an den Gesamtkosten als Überschreitung der Grenze einer wirtschaftlichen Nebenkostenumlage angesehen,[130] andere Gerichte halten diesen Umfang noch für zulässig.[131] In einem Fall wurde sogar ein Anteil von 60% noch für zulässig erachtet.[132] Die Aufwendungen des Einbaus einer funkgesteuerten Anlage zur Heizkostenablesung, die ca. die Hälfte der gesamten Heizkosten ausmachen, wurden hingegen bereits deshalb als nicht umlagefähig eingestuft, weil eine solche Funkablesung ohne Nutzen für den Mieter sei.[133]

79 Einen sehr differenzierten Vorschlag zur Bestimmung der Wirtschaftlichkeit macht *Wall*.[134] Er nimmt die Betrachtung zunächst nur anhand eines Erfassungszeitraumes von einem Jahr vor und kommt zu folgender Berechnungsgrundlage: „Liegen die Kosten für die Verbrauchserfassung höher als die

---

[120] Stellungnahme des Rechtsausschusses zu § 556 BGB, vgl. BT-Drs. 14/5663, S. 79; vgl. dazu auch *Schmid*, ZMR 2002, 177-179, 177.
[121] *Wall*, WuM 2002, 130-134, 131.
[122] *Langenberg*, NZM 2001, 783-795, 793.
[123] *Kossmann*, Handbuch der Wohnraummiete, 6. Aufl. 2003, § 37 Rn. 13.
[124] *Langenberg*, NZM 2001, 783-795, 792.
[125] AG Berlin-Schöneberg v. 04.11.1993 - 18 C 195/93 - MM 1994, 68.
[126] Stellungnahme des Rechtsausschusses zu § 556 BGB, vgl. BT-Drs. 14/5663, S. 79; *Rips*, WuM 2001, 419-423, 421.
[127] Vgl. dazu im alten Recht OLG Karlsruhe v. 20.09.1984 - 9 REMiet 6/83 - juris Rn. 18 - OLGZ 1985, 252-255.
[128] *Wall*, WuM 2002, 130-134, 132.
[129] Ausnahme AG Münster v. 14.09.2001 - 3 C 3188/01 - juris Rn. 4 - WuM 2001, 499.
[130] AG Hamburg v. 25.01.1994 - 47 C 170/93 - juris Rn. 9 - WuM 1994, 695-696.
[131] AG Münster v. 14.09.2001 - 3 C 3188/01 - juris Rn. 4 - WuM 2001, 499.
[132] AG Lüdinghausen v. 22.06.2001 - 11 C 18/01 - juris Rn. 4 - WuM 2001, 499.
[133] LG Berlin v. 10.11.2003 - 62 S 220/03 - MM 2004, 43.
[134] *Wall*, WuM 2002, 130-134, 133.

mit 15% der Brennstoff- und Wasserkosten anzusetzende Einsparung, sind die Kosten für die verbrauchsabhängige Abrechnung grundsätzlich als unwirtschaftlich anzusehen." Dem Vorschlag kann in seiner Methode zugestimmt werden. Die Grenze von 15% erscheint allerdings unter ökologischen Gesichtspunkten[135] zu niedrig.

Bei der Wärmeversorgung der Mietsache im Rahmen des **Wärmecontractings** steht häufig im Streit, ob der Vermieter bei der Entscheidung für die Umstellung auf die gewerbliche Versorgung bzw. bei der Auswahl des Contractors gegen das Wirtschaftlichkeitsgebot verstoßen hat. Mit diesem Einwand soll der Mieter jedenfalls dann ausgeschlossen sein, wenn die vertragliche Bindung an den Contractor schon bei Abschluss des Mietverhältnisses bestand.[136] Allerdings obliegt dem Vermieter dann der Nachweis über die Wirtschaftlichkeit des Contractors, wenn der Mieter konkret darlegt, dass ein anderer Anbieter die gleiche Leistung im selben Zeitraum günstiger angeboten hätte.[137] Zu beachten ist dabei, dass nicht allein der Preis der Wärmelieferung den Ausschlag für die Entscheidung des Vermieters geben muss. So können auch hier z.B. die Dauer der Vertragsbindung, die Nebenleistungen oder die Zuverlässigkeit eines Contractors zulässige Kriterien sein.

d. Abdingbarkeit

Der Wirtschaftlichkeitsgrundsatz ist nicht disponibel, eine Abweichung wäre schon logisch immer mit einem Nachteil des Mieters verbunden, vgl. § 556 Abs. 4 BGB.

4. Abrechnungsfrist

Gemäß § 556 Abs. 3 Satz 2 BGB beträgt die Frist für den Vermieter zur Mitteilung der Abrechnung an den Mieter zwölf Monate nach Ende des Abrechnungszeitraumes. Mit der danach eintretenden Abrechnungsreife kann laut § 556 Abs. 3 Satz 3 BGB eine Nachforderung von Nebenkosten nicht mehr erfolgen (Ausschlussfrist), eine Zahlungspflicht wird mithin nicht mehr ausgelöst,[138] es sei denn, der Vermieter hat die Verzögerung nicht zu vertreten. Zu den Nachforderungen im Sinne der Vorschrift zählen indessen nicht die vereinbarten Vorauszahlungen selbst. Der Vermieter ist also bei verspäteter Erteilung einer Abrechnung nicht mit seinem Anspruch auf rückständige Vorauszahlungen ausgeschlossen.[139]

Für den Zeitpunkt der Mitteilung ist das rechtzeitige Absenden der Abrechnung unerheblich; entscheidend für die Fristwahrung ist der **Zugang**. Durch die Aufgabe des Dokuments zur Post kann folgerichtig auch nicht der Anscheinsbeweis des fristgerechten Zugangs (oder überhaupt des Zugangs) geführt werden.[140] Die verspätete Geltendmachung schadet gemäß § 556 Abs. Satz 3 BGB nicht, wenn der Vermieter diese nicht zu vertreten hat. Verzögerungen oder Verlust bei der Post hat der Vermieter gemäß § 278 BGB zu vertreten.[141]

Der Eintritt der Abrechnungsreife bedeutet über den Ausschluss der Zahlungspflicht für den Mieter nicht, dass dieser keinen Anspruch mehr auf eine ordnungsgemäße Abrechnung hat. Dieser Anspruch besteht fort, schließlich wäre es dem Mieter ansonsten schwer möglich, evtl. zu viel gezahlte Vorschüsse zurückzuverlangen. Mit Eintritt der Abrechnungsreife wird der Anspruch des Mieters auf die Ab-

---

[135] Stellungnahme des Rechtsausschusses zu § 556 BGB, vgl. BT-Drs. 14/5663, S. 79; *Rips*, WuM 2001, 419-423, 421.
[136] BGH v. 28.11.2007 - VIII ZR 243/06 - NJW 2008, 440; BGH v. 13.06.2007 - VIII ZR 78/06 - ZMR 2007, 685-686.
[137] BGH v. 13.06.2007 - VIII ZR 78/06 - ZMR 2007, 685-686; vgl. dazu auch *Streyl*, NZM 2008, 23-24.
[138] LG Berlin v. 08.12.2003 - 67 S 235/03 - NZM 2004, 339.
[139] BGH v. 31.10.2007 - VIII ZR 261/06 - NZM 2008, 35-37.
[140] BGH v. 21.01.2009 - VIII ZR 107/08 - MDR 2009, 558-559; so bereits *Langenberg*, NZM 2001, 783-795, 785; LG Berlin v. 27.08.2007 - 67 S 133/06 - Grundeigentum 2007, 1317; LG Düsseldorf v. 07.02.2007 - 23 S 108/06 - WuM 2007, 132.
[141] BGH v. 21.01.2009 - VIII ZR 107/08 - MDR 2009, 558-559; a.A. LG Berlin v. 27.08.2007 - 67 S 133/06 - Grundeigentum 2007, 1317.

rechnung fällig und einklagbar.[142] Jedoch ist er darauf nicht mehr angewiesen, wenn das Mietverhältnis beendet ist. Der BGH hat klargestellt, dass der ehemalige Mieter auch unmittelbar die **Rückzahlung seiner gesamten Vorauszahlungen** für den betreffenden Abrechnungszeitraum einklagen kann.[143] Zwar darf der Vermieter in diesem Falle die Abrechnung nachholen, um die tatsächlich angefallenen Betriebskosten der Klageforderung entgegenzuhalten oder in einem neuen Rechtstreit einzufordern. Dies gilt jedoch nur insoweit, als diese Kosten die Vorauszahlungen nicht übersteigen. Über den Verlust der Rückforderung hinaus geht der Mieter daher mit der Klage kein Risiko ein. Wenn das Mietverhältnis noch nicht beendet ist, steht dem Mieter das Zurückbehaltungsrecht gemäß § 273 Abs. 1 BGB als Druckmittel zur Verfügung. In diesem Falle kann er die vollständige Rückzahlung nicht verlangen.[144]

85 Dem Ansinnen des Gesetzgebers folgend muss der Ausschluss der Nachforderung für **jede Differenz** gelten, die sich zu dem Abrechnungsstatus bei Ablauf der Jahresfrist ergibt. Korrigiert demnach der Vermieter nach Eintritt der Abrechnungsreife eine zuvor erteilte Betriebskostenabrechnung, die ein Guthaben des Mieters ausgewiesen hatte, so bleibt er über die Nachforderung hinaus auch mit der Rückforderung des Guthabens ausgeschlossen.[145] Dabei kann es dahinstehen, ob das Guthaben bereits ausbezahlt bzw. mit der Mietzinszahlung aufgerechnet wurde, denn nicht mit der Zahlung, sondern schon mit der zum Ablauf der Jahresfrist fehlerhaften Abrechnung wird die zu schützende Rechtsposition des Mieters geschaffen.

86 Neben der Ausschlussfrist bleiben die Grundsätze zur **Verwirkung** unberührt. Sie können die Zahlungspflicht des Mieters gleichsam beenden.[146]

a. Gesetzgebungsgeschichte

87 Die Regelung ist mit der Mietrechtsreform in das BGB aufgenommen worden und hatte für preisgebundenen Wohnraum zuvor bereits gemäß § 20 Abs. 3 Satz 4 NMVO Geltung. Für preisfreien Wohnraum war allgemein anerkannt, dass die Abrechnung innerhalb einer angemessenen Frist erteilt werden musste.[147] Es war allerdings umstritten, wie diese zu bemessen war. Teilweise wurde bereits eine Frist von einem Jahr angenommen,[148] vereinzelt wurden sogar kürze Fristen zuerkannt.[149] Der Streit ist durch die Reform bedeutungslos geworden, allenfalls für gewerbliche Mietverhältnisse können die Überlegungen noch herangezogen werden.[150]

b. Typische Fälle

88 Häufig treten Fälle auf, in denen die Frage des **Vertretenmüssens** unklar ist. Im Streitfall hat der Vermieter seine Bemühungen um eine fristgemäße Abrechnung darzulegen.

89 Möglich sind Verzögerungen auf dem Postweg. Diese fallen in den Verantwortungsbereich des Vermieters. Eine Verzögerung hat er auch dann zu vertreten, wenn er die Abrechnung rechtzeitig abgesandt hat.[151] Demgegenüber hat er es nicht zu vertreten, wenn etwa ein Dritter die zunächst notwendige Zählerablesung nicht rechtzeitig vornimmt[152] oder die Erhebung der Grundsteuer bzw. der Abwas-

---

[142] OLG Hamm v. 26.06.1998 - 30 REMiet 1/98 - juris Rn. 17 - NJW-RR 2000, 9-12.
[143] BGH v. 09.03.2005 - VIII ZR 57/04 - juris Rn. 23 - NJW 2005, 1499-1503.
[144] BGH v. 29.03.2006 - VIII ZR 191/05 - EBE/BGH 2006, 211-212.
[145] BGH v. 12.12.2007 - VIII ZR 190/06 - NJW 2008, 1150-1151; kritisch im Hinblick auf die Begründung *Schmid*, NJW 2008, 1151-1152.
[146] AG Berlin-Mitte v. 24.02.2004 - 9 C 366/03 - MM 2004, 171.
[147] *Kossmann*, Handbuch der Wohnraummiete, 6. Aufl. 2003, § 37 Rn. 44.
[148] AG Bückeburg v. 12.03.1992 - 43 C 488/91 - DWW 1992, 180.
[149] AG Köln v. 22.11.1979 - 154 C 1232/79 - ZMR 1980, 85-86.
[150] Hier gilt § 556 Abs. 3 Satz 3 BGB nicht entsprechend, vgl. BGH v. 27.01.2010 - XII ZR 22/07 - juris Rn. 18 - MDR 2010, 496-498; zuvor bereits OLG Düsseldorf v. 29.10.2007 - I-24 U 94/07, 24 U 94/07- NZM 2008, 167; a.A. AG Wiesbaden v. 10.10.2005 - 93 C 349/05 - NZM 2006, 140-141; zu den Betriebskosten im Gewerberaummietrecht siehe auch Überblick bei *Fritz*, NJW 2007, 1045-1049.
[151] Vgl. dazu bereits Rn. 83; a.A. noch AG Bremen v. 04.11.1994 - 7 C 321/94 - juris Rn. 2 - WuM 1995, 593-594.
[152] *Weitemeyer* in: Staudinger, § 556 Rn. 109.

serkosten trotz Mahnung erst später erfolgt.[153] Allerdings wird er bei der Verzögerung auf Seiten eines Dritten nachzuweisen haben, dass er sich bei diesem um eine rechtzeitige Ausführung bemüht hat.[154]

Fraglich ist der Fall, in dem die Frist überschritten wird, während die Parteien in einem **Prozess** über die Abrechnung streiten. Hier kommt es darauf an, ob bzw. welche Punkte von dem Gericht an dem Abrechnungsschreiben bemängelt werden. Eine unrichtige Aufstellung der Betriebskosten soll bereits dann ausreichen, wenn lediglich die formellen Erfordernisse gemäß § 259 BGB erfüllt sind. Hingegen sollen inhaltliche Fehler – z.B. ein falscher Umlagemaßstab – auch später korrigiert werden können, weil dabei keine Gefahr einer Benachteiligung des Mieters bestehe.[155] Soweit allerdings das Ergebnis der Korrektur über die vorherige, fristgemäße Abrechnung hinausgeht, ist der Vermieter mit der Nachforderung ausgeschlossen.[156] Während also ein formeller Fehler zum Ausschluss des Nachforderungsanspruchs insgesamt führen kann, berühren materielle Mängel lediglich die betroffene Position. 90

Soweit der Vermieter wegen eines nicht von ihm zu vertretenden Abrechnungshindernisses die Frist des § 556 Abs. 3 Satz 2 BGB nicht einhalten kann, ist umstritten, welcher Zeitraum ihm nach Wegfall des Hindernisses für die Erstellung und Übermittlung der Abrechnung einzuräumen ist. Der BGH hat hierfür eine Frist von drei Monaten benannt.[157] Dieser Zeitraum ergebe sich aus den vergleichbaren Regelungen, insbesondere § 560 Abs. 2 BGB. Dort habe der Gesetzgeber eine Wertung hinsichtlich des Zeitraums zum Ausdruck gebracht, bei dessen Überschreiten sich der Vermieter dem Vorwurf einer schuldhaft verspäteten Geltendmachung der Forderung aussetzt. Der Senat geht gleichzeitig auf die in Literatur vertretene Gegenmeinung ein, die eine – gemäß § 121 Abs. 1 Satz 1 BGB – unverzügliche Abrechnung fordert.[158] Entgegen dieser Ansicht wird in der Entscheidung zutreffend auf das Interesse des Vermieters an einer angemessenen Frist für die ergänzende Abrechnung abgestellt. Der Mieter wird durch diese Verzögerung, die ihm nebenbei einen zinslosen Zahlungsaufschub einbringt, nicht wesentlich beeinträchtigt. Seine Ungewissheit, inwieweit nach dem gesetzlichen Eintritt der Abrechnungsreife weitere Nachzahlungen auf ihn zukommen, entsteht nämlich bereits durch das Abrechnungshindernis, dessen Dauer von vornherein dem Einfluss der Vertragsparteien entzogen ist. 91

Zahlt der Mieter die Nachforderung auf eine Betriebskostenabrechnung, die **nach Eintritt der Abrechnungsreife** erteilt wurde, so kann er das Geleistete nach § 812 Abs. 1 Satz 1 Alt. 1 BGB zurückfordern.[159] Vor der Entscheidung des BGH wurde diskutiert, ob sich der Mieter die Vorschrift des § 214 Abs. 2 Satz 1 BGB in analoger Anwendung entgegenhalten lassen muss. Eine entsprechende Anwendung soll jedoch nach dem Zweck des § 556 Abs. 3 BGB als Ausschlussfrist nicht in Betracht kommen. Vorsicht ist bei der Rückforderung dennoch geboten, denn die Zahlung kann auch als deklaratorisches Schuldanerkenntnis zu bewerten sein. Der BGH konnte offen lassen, inwieweit ein solches Anerkenntnis nach der Mietrechtsreform 2001 noch mit der gesetzlichen, nicht abdingbaren Einwendungsfrist des § 556 Abs. 3 Satz 5 BGB vereinbar ist (vgl. dazu Rn. 98). Es ist dem Mieter jedoch dazu zu raten, die Zahlung nur unter Vorbehalt zu leisten. 92

c. Abdingbarkeit

Vgl. Rn. 117 ff. 93

---

[153] AG Köln v. 05.08.2003 - 205 C 5/03 - MietRB 2004, 2-3.

[154] Vgl. für die Abrechnung eines Versorgungsunternehmens z.B. AG Köpenick v. 03.05.2007 - 14 C 78/06 – WuM 2007, 577.

[155] BGH v. 17.11.2004 - VIII ZR 115/04 - juris Rn. 9 - NJW 2005, 219-221; ebenso BGH v. 19.01.2005 - VIII ZR 116/04 - Grundeigentum 2005, 360-361.

[156] BGH v. 17.11.2004 - VIII ZR 115/04 - juris Rn. 14 - NJW 2005, 219-221.

[157] BGH v. 05.07.2006 - VIII ZR 220/05 - NJW 2006, 3350.

[158] So z.B. noch *Weidenkaff* in: Palandt, BGB, 65. Aufl. 2006, § 556 Rn. 12.

[159] BGH v. 18.01.2006 - VIII ZR 94/05 - NJW 2006, 903-904; vgl. dazu die Anmerkungen von *Lammel*, jurisPR-MietR 6/2006, Anm. 1 und *Eckert*, ZfIR 2006, 365-366.

d. Praktische Hinweise

94 Sobald der Vermieter annehmen kann, dass er die Abrechnung dem Mieter nicht innerhalb der Frist zugehen lassen kann, sollte er diesen rechtzeitig vor Fristablauf über die zu der Verzögerung führenden Umstände **informieren**.

95 Will der Mieter die Abrechnung überprüfen, so ist der Vermieter nach Ansicht des BGH nicht generell zur Übersendung von **Fotokopien** der Belege verpflichtet, soweit es sich um Wohnraum ohne Preisbindung handelt.[160] § 29 Abs. 2 Satz 1 NMVO sei nicht analog anwendbar, da es an einer planwidrigen Regelungslücke fehle. Ein solcher Anspruch des Mieters komme nach § 242 BGB nur ausnahmsweise in Betracht, wenn die Einsichtnahme in den Räumen des Vermieters – z.B. bei großer Entfernung – unzumutbar sei.

5. Einwendungsfrist

96 Der Mieter hat seinerseits ebenfalls zwölf Monate Zeit, um seine Einwendungen nach Zugang der Abrechnung geltend zu machen. Dies gilt auch für den Fall, dass nach Ansicht des Mieters einzelne Positionen mangels Umlagevereinbarung nicht abzurechnen sind.[161] Systematisch gleicht diese Ausschlussfrist bzgl. des Beginns, der Dauer und der Gründe für das Vertretenmüssen der Abrechnungsfrist (vgl. Rn. 82) des Vermieters. Die Beanstandungen müssen innerhalb der Frist **konkret benannt** sein. Werden sie erst nach Fristablauf substantiiert vorgebracht, so ist der Mieter mit ihnen ausgeschlossen.[162] Insbesondere sollte daher der pauschale Verweis auf die gerichtliche Klärung der Abrechnung unterbleiben.

a. Gesetzgebungsgeschichte

97 Vgl. oben unter Gesetzgebungsmaterialien (vgl. Rn. 67).

b. Abdingbarkeit

98 Problematisch erscheint auf den ersten Blick das Verhältnis der Einwendungsfrist zu einem vertraglichen Einwendungsausschluss[163] durch Anerkenntnis des Saldos. Ein solches Anerkenntnis könnte gegen § 556 Abs. 4 BGB verstoßen. Die Lösung liegt jedoch auf der Hand: Sowohl das Anerkenntnis einer Nachzahlungspflicht wie auch eines Guthabens verkürzen die Einwendungsfrist des Mieters. Dies führt stets zu einem Nachteil, denn ebenso wie eine Nachzahlungspflicht in Höhe und Grund falsch sein kann, besteht auch die Möglichkeit, dass ein Guthaben zu gering berechnet ist. Daher ist *Langenberg* im Ergebnis zuzustimmen,[164] ein Anerkenntnis des Mieters kann die Einwendungsfrist nicht abkürzen.

IV. Prozessuale Hinweise/Verfahrenshinweise

99 Die **Darlegungs- und Beweislast** für Anspruchsvoraussetzungen der Betriebskostenumlage trägt der Vermieter. Dazu gehört die Richtigkeit aller Ansätze in der Abrechnung, soweit diese durch den Mieter substantiiert bestritten werden,[165] sowie die Rechtzeitigkeit der Absendung der Betriebskostenabrechnung[166] und der Zugang (vgl. Rn. 83).

100 Nach Eintritt der Abrechnungsreife kann der **Vermieter** bei Mietrückständen weiterhin den Grundmietzins einklagen. Klagt er derartige Rückstände vor der Abrechnung ein, so muss er, sobald diese

---

[160] BGH v. 08.03.2006 - VIII ZR 78/05 - WuM 2006, 200-204.
[161] BGH v. 31.01.2012 - VIII ZR 335/10 - Grundeigentum 2012, 543.
[162] LG Bochum v. 08.04.2005 - 10 S 76/04 - ZMR 2005, 863-865.
[163] Zur umstrittenen Rechtsnatur dieses Typus als deklaratorisches Schuldanerkenntnis oder Verzichtsvertrag vgl. *Langenberg*, NZM 2001, 783-795, 787 m.w.N. Der Streit bleibt im Ergebnis bedeutungslos.
[164] *Langenberg*, NZM 2001, 783-795, 788.
[165] LG Bochum v. 08.04.2005 - 10 S 76/04 - ZMR 2005, 863-865; *Frommeyer* in: Dauner-Lieb/Heidel/Ring, Anwaltkommentar BGB, Schuldrecht, § 556 Rn. 24.
[166] LG Dresden v. 28.11.2003 - 4 S 0403/03, 4 S 403/03- MietRB 2004, 66-67, für den Fall, dass der Zugang der Abrechnung bestritten wird.

erfolgt ist, den Antrag auf den nun vorliegenden Saldo umstellen.[167] Kommt eine Nachzahlung durch Eintritt der Abrechnungsreife nicht mehr in Betracht, so hat der Vermieter den Streit insoweit in der Hauptsache für erledigt zu erklären.[168]

Der **Mieter** kann bei nicht erfolgter Abrechnung im Wege der Stufenklage gemäß § 254 ZPO zunächst auf Rechnungslegung und dann auf Rückzahlung des zu viel gezahlten Vorschusses klagen, sofern er sich ein Guthaben verspricht. Für die laufenden Betriebskosten steht ihm zur Durchsetzung seines Anspruches ein Zurückbehaltungsrecht gemäß § 273 Abs. 1 BGB zu.[169]

101

Liegt eine **größere Abweichung** der Betriebskosten von den Durchschnittskosten vor, so muss der Vermieter im Prozess ausführlich die Erforderlichkeit nachweisen und die Beachtung des Wirtschaftlichkeitsgrundsatzes darlegen.[170]

102

Die **Vollstreckung** eines titulierten Anspruches auf Erteilung der Betriebskostenabrechnung erfolgt nach § 888 ZPO.[171] Der BGH hat dazu ausgeführt, dass es nichts am Charakter einer nicht vertretbaren Handlung ändere, wenn Teile der Abrechnung von einem Dritten vorgenommen werden könnten.

103

V. Anwendungsfelder

Übergangsrecht: Für Abrechnungszeiträume, die vor dem 01.09.2001 beendet waren, gelten gemäß Art. 229 § 3 Abs. 9 EGBGB die Vorschriften des § 556 Abs. 3 Sätze 2-6 BGB nicht. § 556 Abs. 3 Satz 1 BGB bleibt anwendbar.

104

VI. Arbeitshilfe – Checkliste zur Betriebskostenabrechnung

Die Betriebskostenabrechnung muss **schriftlich** erfolgen. Es bedarf einer nachvollziehbaren und verständlichen sowie geordneten Aufstellung sämtlicher auf den Mieter entfallenden Betriebskosten.[172] Darin müssen mindestens folgende Angaben zu finden sein:[173]

105

1. Zusammenstellung der Gesamtkosten

Unter Gesamtkosten sind die jeweiligen Jahresbeträge für die einzelnen Kostenarten zu verstehen. Dabei werden nur die tatsächlichen Kosten berücksichtigt, die entweder nach dem Leistungs- oder nach dem Abflussprinzip (vgl. dazu Rn. 70) in die Abrechnungsperiode fallen. Zur Vereinfachung können die Kosten, die auf einer gemeinsamen Abrechnungsgrundlage beruhen, zusammengefasst werden.[174] Die einzelnen Positionen dürfen nach der jüngeren Rechtsprechung des BGH nicht vorweg um die nicht umlagefähigen Kostenanteile bereinigt werden.[175] Es solle für jeden Mieter nachvollziehbar sein, ob und in welcher Höhe solche Kosten in Abzug gebracht wurden. Anderenfalls fehle es der Abrechnung an den zur formellen Wirksamkeit erforderlichen Mindestangaben. Dies gelte jedenfalls dann, wenn der Mangel alle Positionen der Abrechnung berührt. Soweit die betroffenen Teile indes ohne weiteres „herausgerechnet" werden können, bleibe die übrige Abrechnung wirksam. Zwar werden mit der Entscheidung die Anforderungen an eine ordnungsgemäße Abrechnung teilweise überspannt. So ist es für die Nachvollziehbarkeit allein maßgeblich, ob die nicht umlagefähigen Kosten überhaupt ab-

106

---

[167] OLG Hamburg v. 02.11.1988 - 4 U 150/88 - juris Rn. 14 - NJW-RR 1989, 82-83.
[168] *Langenberg*, NZM 2001, 783-795, 786.
[169] BGH v. 11.04.1984 - VIII ARZ 16/83 - juris Rn. 25 - BGHZ 91, 62-72.
[170] AG Frankfurt v. 05.06.2002 - 33 C 4255/01 - 28, 33 C 4255/01- juris Rn. 6 - WuM 2002, 376-377; AG Leipzig v. 17.06.2003 - 18 C 2588/03 - juris Rn. 4 - WuM 2003, 452.
[171] BGH v. 11.05.2006 - I ZB 94/05 - juris Rn. 13 - EBE/BGH 2006, 196-197.
[172] BGH v. 23.11.1981 - VIII ZR 298/80 - juris Rn. 11 - LM Nr. 21 zu § 259 BGB; *Kossmann*, Handbuch der Wohnraummiete, 6. Aufl. 2003, § 37 Rn. 8; zur Heizkostenabrechnung vgl. AG Dortmund v. 06.02.2004 - 107 C 8704/03 - juris Rn. 13 - WuM 2004, 148-150.
[173] Vgl. *Kossmann*, Handbuch der Wohnraummiete, 6. Aufl. 2003, § 37 Rn. 8.
[174] Z.B. Versicherungskosten: BGH v. 16.09.2009 - VIII ZR 346/08 - WuM 2009, 669-670; Frisch- und Abwasser bei gemeinsamer Abrechnung nach dem Frischwasserzähler: BGH v. 15.07.2009 - VIII ZR 340/08 - MDR 2009, 1098; Brennstoffkosten: BGH v. 25.11.2009 - VIII ZR 322/08 - MDR 2010, 377-378.
[175] BGH v. 14.02.2007 - VIII ZR 1/06 - NJW 2007, 1059; BGH v. 11.09.2007 - VIII ZR 1/07 - WuM 2007, 575-576.

gezogen wurden. Die Differenz zu dem Betrag der nicht bereinigten Gesamtkosten spielt hingegen bei der Berechnung des umlegbaren Betriebskostenanteils keine Rolle und ist daher für den Mieter ohne Wert. Dennoch sollte der Vermieter angesichts der höchstrichterlichen Rechtsprechung nicht auf die Angabe verzichten.

2. Erklärung des Verteilungsschlüssels

107 Im freifinanzierten Wohnraum ist **kein bestimmter Umlageschlüssel vorgeschrieben** (vgl. im preisgebundenen Wohnraum § 20 NMVO). Daher können die Parteien die Umlage der Kosten nach dem gesondert gemessenen Verbrauch, der Zahl der Mietparteien, der Zahl der zum Haushalt gehörenden Personen oder nach der Grundfläche der Wohnung bestimmen. Sofern für bestimmte Nebenkosten allerdings eine Messvorrichtung bei allen Mietern installiert ist, muss die Umlage auf der Grundlage des gemessenen Verbrauchs erfolgen.[176] Zu beachten sind zudem die Sonderregelungen der HeizkostenV. Eine nähere Erläuterung des Verteilungsschlüssels dürfte allerdings im Hinblick auf den Mindestinhalt einer Abrechnung nicht zwingend erforderlich sein. Der Ansatz der genannten **Rechengrößen** wird vielmehr erst im Rahmen der materiellen Richtigkeit überprüft.[177] Unverzichtbar ist demgegenüber, dass der Mieter die **Rechenschritte** nachvollziehen kann.[178]

108 Enthält der Mietvertrag keine Bestimmungen zum Verteilungsschlüssel, so ist § 556a BGB zu beachten. Ist diese Vorschrift abbedungen, hat der Vermieter die Verteilungsgrundlage nach billigem Ermessen gemäß § 315 BGB zu bestimmen, im Streitfall ist eine Festlegung durch Gestaltungsklage möglich.[179]

3. Berechnung des entsprechenden Anteils der Mietpartei

109 Die Abrechnung muss weiterhin die Berechnung des entsprechenden Anteils erkennen lassen, den der Mieter aufgrund des Verteilungsschlüssels an den Gesamtkosten zu tragen hat.

110 Handelt es sich um **gemischt genutzte Räumlichkeiten**, kommt es auf die Unterscheidung zwischen preisfreiem und preisgebundenem Wohnraum an. Für letztgenannte Flächen ist § 20 Abs. 2 Satz 2 NMVO zu beachten. Nach dieser Vorschrift müssen gewerblich genutzte Flächen bei der Umlage der Betriebskosten vorweg abgezogen werden. Auf preisfreien Wohnraum ist diese Vorschrift nicht analog anwendbar.[180] Der BGH macht darüber hinaus deutlich, dass auch ein Vorwegabzug einzelner Betriebskostenpositionen nicht notwendig ist, wenn sich die Kosten der Gewerbefläche nicht wesentlich von denen der Wohnfläche unterscheiden und damit keine erhebliche Mehrbelastung für den Wohnraummieter verursacht wird.

4. Abzug der Vorauszahlungen

111 Letztlich muss der Abzug der bereits vom Mieter geleisteten Vorauszahlungen aus dem Schriftstück hervorgehen.

5. Zugang

112 Die Betriebskostenabrechnung muss dem Mieter zugehen (vgl. Rn. 83). Dabei wird oftmals übersehen, dass es bei einer Personenmehrheit auf der Mieterseite regelmäßig nicht genügt, wenn nur einer der Mieter als Adressat auf der Sendung benannt ist.[181] Ohne Rücksicht auf vertragliche Vereinbarungen, die einem der Mieter unter Umständen nur die Funktion des Empfangsboten zuweisen, empfiehlt sich daher die Einbeziehung aller Mitmieter.

---

[176] BGH v. 12.03.2008 - VIII ZR 188/07 - MDR 2008, 735-736 - juris Rn. 12; *Langenberg*, NZM 2001, 783, 790.

[177] BGH v. 28.05.2008 - VIII ZR 261/07 - NJW 2008, 2260-2262; vgl. dazu *Rave*, ZMR 2008, 779-780.

[178] So z.B. für die Umlage nach der anteiligen Wohnfläche BGH v. 09.04.2008 - VIII ZR 84/07 - NJW 2008, 2258-2260; grds. BGH v. 19.11.2008 - VIII ZR 295/07 - NJW 2009, 283-285.

[179] Vgl. für Umlage nach Wohnfläche z.B. OLG Hamm v. 27.09.1983 - 4 REMiet 14/82 - NJW 1984, 984-985.

[180] BGH v. 08.03.2006 - VIII ZR 78/05 - WuM 2006, 200-204.

[181] LG Berlin v. 14.07.2009 - 63 S 280/09 - MM 2010, 73-74; LG Frankfurt v. 02.12.2008 - 2-17 S 63/08 - MDR 2009, 137.

D. Kommentierung zu Absatz 4

I. Grundlagen

1. Kurzcharakteristik

§ 556 Abs. 4 BGB verbietet eine für den Mieter nachteilige Disposition über die Vorschriften in den §§ 556 Abs. 1, 556 Abs. 2 Satz 2, 556 Abs. 3 BGB. 113

2. Gesetzgebungsmaterialien

Die Regelung entspricht § 10 Abs. 1 HS. 1 MietHöReglG. 114

II. Praktische Bedeutung

Die Bedeutung der Vorschrift zeigt sich vorwiegend bei abweichenden Vereinbarungen über die Abrechnungsfrist gemäß § 556 Abs. 3 Sätze 2-3 BGB und die Einwendungsfrist gemäß § 556 Abs. 3 Sätze 5-6 BGB. 115

III. Anwendungsvoraussetzungen – Nachteilige Vereinbarung

Die Regelung stellt auf eine für den Mieter nachteilige Vereinbarung ab. Für § 556 Abs. 1 BGB bedeutet dies, dass eine Vereinbarung der Umlage anderer als der in § 2 BetrKV aufgeführten Kosten unwirksam ist. 116

Unklar ist die Frage der Nachteiligkeit beim Merkmal der **Angemessenheit**. Ohne Zweifel ist die Vereinbarung zu hoher Vorauszahlungen unangemessen und darüber hinaus für den Mieter nachteilig (vgl. zur Zulässigkeit einer leichten Überschreitung der tatsächlich zu erwartenden Höhe Rn. 57 ff.). Problematisch ist vielmehr der Fall, dass die tatsächlichen Kosten durch die zu geringen Vorauszahlungen nicht annähernd gedeckt werden können. Wie in Rn. 57 ff. erläutert, besteht nach der Ansicht einiger Gerichte kein Vertrauenstatbestand zugunsten des Mieters dergestalt, dass die zu leistenden Vorauszahlungen die zu erwartenden Betriebskosten in etwa decken.[182] Folgt man dieser Ansicht, so wäre es inkonsequent, die zu geringe Vorauszahlung zwar im ersten Schritt nicht als unangemessen für den Mieter i.S.v. § 556 Abs. 2 Satz 2 BGB anzusehen, da dieses Merkmal nur zu hohe Vorauszahlung betreffen soll, dann jedoch diese Vereinbarung wegen ihrer Nachteiligkeit bezüglich derselben Vorschrift wegen Verstoßes gegen § 556 Abs. 4 BGB zu kippen. Nimmt man wie in einigen anderen Entscheidungen an, das Merkmal der Angemessenheit erzeuge einen Vertrauenstatbestand der bezeichneten Art zugunsten des Mieters, dass die tatsächlichen Betriebskosten nicht bedeutend höher ausfallen,[183] so wäre ein Nachzahlungsanspruch eigentlich gemäß § 556 Abs. 2 Satz 2 BGB ausgeschlossen. Jedoch könnte man annehmen, dass die Festlegung einer zu geringen Vorauszahlung eine für den Mieter günstig abweichende Vereinbarung i.S.v. § 556 Abs. 4 BGB ist,[184] und die Wirksamkeit der Klausel so erhalten. Der durch eine solche Vereinbarung dem Mieter tatsächlich entstehende Zinsvorteil wird allerdings durch das Kostenrisiko einer hohen Nachzahlung wieder belastet. Folglich muss man bei Zugrundelegung dieser Meinung von einer für den Mieter nachteiligen und damit unwirksamen Abweichung ausgehen. Im Ergebnis bliebe es beim Entfallen des Nachzahlungsanspruches des Mieters. Gegen einen derartigen Vertrauenstatbestand und für die erstgenannte Ansicht sprechen allerdings die in Rn. 57 ff. dargelegten Gründe. 117

Probleme entstehen auch bei vertraglichen Abweichungen von der Abrechnungsfrist gemäß § 556 Abs. 3 Satz 2 BGB. Fraglich ist, inwieweit sie abdingbar ist, ohne dass ein Nachteil für den Mieter 118

---

[182] Grundlegend LG Lübeck v. 12.09.1980 - 6 S 162/80 - juris Rn. 2 - WuM 1981, 45; OLG Stuttgart v. 10.08.1982 - 8 REMiet 6/81 - juris Rn. 8 - NJW 1982, 2506-2507.
[183] Für eine Toleranzgrenze von 25% AG Lübeck v. 24.04.1980 - 14 C 759/78 - juris Rn. 2 - WuM 1980, 250-251; ebenso AG Kassel v. 18.06.1979 - 89 C 1220/79 - WuM 1979, 254-255; für eine Grenze bei 40% AG Eschweiler v. 07.02.1980 - 5 C 785/79 - juris Rn. 9 - WuM 1980, 233-234; im Ergebnis ebenso, jedoch ohne Festlegung einer Toleranzgrenze *Kossmann*, Handbuch der Wohnraummiete, 6. Aufl. 2003, § 37 Rn. 5.
[184] *Lechner*, WuM 1983, 5-8, 5.

entsteht. Wird die **Abrechnungsfrist verlängert**, so ist dies im Regelfall zum Nachteil des Mieters. Zum einen erschwert der längere Zeitraum die Kontrollmöglichkeiten einzelner Positionen. Zudem wird die Dispositionsfreiheit um die Höhe der geleisteten Vorauszahlung verringert, mithin erteilt der Mieter dem Vermieter ein zinsloses Darlehen.

119 Die **Vereinbarung einer kürzeren Frist** kann für den Mieter im Einzelfall durchaus günstig sein. Zu denken ist an die Fälle, in denen aufgrund eines Erstbezuges der Wohnung oder der Umstellung auf einen neuen Abrechnungsturnus eine Abrechnung zur Überbrückung erfolgt. Allerdings hängt dies von den Umständen des Einzelfalles ab, grundsätzlich verursacht jede andere Frist als die in § 556 Abs. 3 Satz 2 BGB einen zusätzlichen Aufwand für den Mieter, der anteilig anhand der meist jährlichen Abrechnungen der Versorgungsunternehmen die Kontrolle der einzelnen Positionen vornehmen muss.

120 Bei vermietetem **Wohnungseigentum** kann eine Benachteiligung des Mieters dadurch entstehen, dass dieser an die Beschlüsse der Miteigentümer gebunden wird (z.B. Betriebskostenabrechnung nach Vorgabe der Abrechnung des Verwalters).[185] Derartige Klauseln sind unwirksam.

121 **Praktische Hinweise**: Praktisch kommt nur eine Verkürzung der Abrechnungsfrist in Frage. Einigen sich die Parteien über eine derartige Änderung, so sollte dies nur vor dem Hintergrund des Erstbezuges oder der Umstellung auf einen neuen Abrechnungszeitraum erfolgen. Der Grund für die Umstellung sollte in dieser – möglichst schriftlichen – Vereinbarung mit benannt sein.

IV. Rechtsfolgen

122 Benachteiligen die entsprechenden Vertragsbestimmungen den Mieter, so sind sie unwirksam. Die Wirksamkeit der übrigen Klauseln ist davon nicht betroffen.

---

[185] AG Elmshorn v. 07.07.2005 - 52 C 368/04 - ZMR 2005, 820-821.

§ 556a BGB Abrechnungsmaßstab für Betriebskosten

(Fassung vom 02.01.2002, gültig ab 01.01.2002)

(1) ¹Haben die Vertragsparteien nichts anderes vereinbart, sind die Betriebskosten vorbehaltlich anderweitiger Vorschriften nach dem Anteil der Wohnfläche umzulegen. ²Betriebskosten, die von einem erfassten Verbrauch oder einer erfassten Verursachung durch die Mieter abhängen, sind nach einem Maßstab umzulegen, der dem unterschiedlichen Verbrauch oder der unterschiedlichen Verursachung Rechnung trägt.

(2) ¹Haben die Vertragsparteien etwas anderes vereinbart, kann der Vermieter durch Erklärung in Textform bestimmen, dass die Betriebskosten zukünftig abweichend von der getroffenen Vereinbarung ganz oder teilweise nach einem Maßstab umgelegt werden dürfen, der dem erfassten unterschiedlichen Verbrauch oder der erfassten unterschiedlichen Verursachung Rechnung trägt. ²Die Erklärung ist nur vor Beginn eines Abrechnungszeitraums zulässig. ³Sind die Kosten bislang in der Miete enthalten, so ist diese entsprechend herabzusetzen.

(3) Eine zum Nachteil des Mieters von Absatz 2 abweichende Vereinbarung ist unwirksam.

Gliederung

A. Grundlagen……………………………… 1	1. Definition……………………………… 20
I. Kurzcharakteristik……………………… 1	2. Abdingbarkeit………………………… 21
II. Gesetzgebungsmaterialien…………… 2	III. Maßstabsänderung durch den Vermieter
III. Regelungsprinzipien………………… 3	(Absatz 2)……………………………… 22
B. Praktische Bedeutung………………… 6	1. Gesetzgebungsgeschichte……………… 24
C. Anwendungsvoraussetzungen……… 8	2. Definition……………………………… 25
I. Wohnflächenmaßstab (Absatz 1 Satz 1)…… 8	a. Verbrauchs- bzw. verursachungsabhängiger Maßstab………………………… 26
1. Definition……………………………… 10	b. Textform……………………………… 27
2. Rechtsprechung……………………… 11	c. Frist…………………………………… 28
3. Typische Fälle………………………… 12	3. Abdingbarkeit………………………… 29
4. Abdingbarkeit………………………… 16	4. Praktische Hinweise…………………… 30
5. Praktische Hinweise…………………… 17	
II. Verbrauchs- bzw. verursachungsabhängiger Maßstab (Absatz 1 Satz 2)……………… 19	

A. Grundlagen

I. Kurzcharakteristik

§ 556a BGB befasst sich mit dem Abrechnungsmaßstab für Betriebskosten. Zunächst wird in § 556a Abs. 1 BGB ein gesetzlicher Umlagemaßstab normiert. Weiterhin regelt § 556a Abs. 2 BGB die Voraussetzungen der Änderung eines bestehenden vertraglichen Umlagemaßstabes.

1

II. Gesetzgebungsmaterialien

§ 556a Abs. 1 BGB ist mit dem Mietrechtsreform 2001 in das Recht des preisfreien Wohnraumes aufgenommen worden. Zuvor hatte der Vermieter durch § 4 Abs. 5 Nr. 1 MietHöReglG die Möglichkeit, durch einseitige Erklärung für den Wasserverbrauch und die Müllverursachung eine verbrauchs- bzw. verursachungsabhängige Umlage festzulegen. Die neue Regelung galt vor der Mietrechtsreform durch § 20 Abs. 2 Satz 1 NMV schon für preisgebundenen Wohnraum.

2

III. Regelungsprinzipien

3 § 556a Abs. 1 BGB legt fest, nach welchen Kriterien die Umlage von Betriebskosten auf den Mieter erfolgt, sofern kein vertraglicher Verteilungsschlüssel existiert.[1] Danach werden die Kosten generell nach dem **Anteil der Wohnfläche** umgelegt (§ 556a Abs. 1 Satz 1 BGB). Eine Ausnahme besteht gemäß § 556a Abs. 1 Satz 2 BGB für verbrauchs- und verursachungsabhängige Positionen. Diese müssen unter bestimmten Voraussetzungen anhand des tatsächlichen Verbrauchs (z.B. Wasser) bzw. der tatsächlichen Verursachung (z.B. Müll) abgerechnet werden. Der gesetzliche Vorbehalt in § 556a Abs. 1 Satz 1 BGB bezieht sich auf die Vorschriften der HeizkostenV, die durch § 556a BGB nicht berührt werden.

4 § 556a Abs. 2 BGB regelt die formellen und materiellen Voraussetzungen einer **Änderung des frei vereinbarten Umlagemaßstabes** in Form eines Gestaltungsrechtes für den Vermieter. So muss die Erklärung des Vermieters über die Änderung schriftlich und vor Beginn des betreffenden Abrechnungszeitraumes erfolgen. Inhaltlich ist nur der Wechsel zugunsten eines verbrauchs- bzw. verursachungsabhängigen Maßstabes möglich. Bei Inklusiv- und Teilinklusivmieten ist der Grundmietzins um den entsprechenden Betrag herabzusetzen.

5 Nach § 556a Abs. 3 BGB ist eine vertragliche Abweichung von § 556a Abs. 2 BGB, die zum Nachteil des Mieters führt, unwirksam.

B. Praktische Bedeutung

6 Die Regelung steuert die Fortbildung der Miete unter **ökonomischen und ökologischen** Aspekten. So wird für neue Mietverhältnisse ein sinnvoller Umlagemaßstab festgeschrieben, der sich dort, wo es möglich ist, am Verbrauch orientiert und damit die Parteien zur Sparsamkeit zwingt. Praktisch wird damit für die Änderung bereits bestehender Mietverhältnisse nur der Weg in genau diesen Umlagemodus offen gehalten. Entsprechend der Regelung in § 556a Abs. 1 BGB kann demnach nur durch eine vertragliche Regelung ein nicht verbrauchsabhängiger Maßstab vereinbart werden; durch einseitige Bestimmung des Vermieters ist dies nicht mehr möglich. Dies muss bereits in der Vertragsgestaltung berücksichtigt werden.

7 Praktisch bedeutungslos hingegen ist der Passus in § 556a Abs. 1 BGB „Haben die Vertragsparteien nichts anderes vereinbart...". Die Dispositivität der Vorschrift ergibt sich bereits aus § 556a Abs. 3 BGB.

C. Anwendungsvoraussetzungen

I. Wohnflächenmaßstab (Absatz 1 Satz 1)

8 Als **gesetzlicher Maßstab** der Umlage ist die Bezugnahme auf die Wohnfläche festgelegt. Sie gilt nur für Kosten, die ihren Grund in der Wohnungsnutzung haben. Daher sind gemischt genutzte Räume getrennt zu berechnen. Die Frage, ob dieser Umlageschlüssel generell unbillig ist, wenn er zu Nachteilen für den Vermieter führt, wurde bereits vor der Mietrechtsreform überwiegend verneint[2] und ist seitdem endgültig in diesem Sinne beantwortet. Eine unbillige Umlage kann sich nur aus besonderen Umständen des Einzelfalles ergeben[3] (vgl. Rn. 11). Zu beachten ist der Vorrang des § 556a Abs. 1 Satz 2 BGB für verursachungs- und verbrauchsabhängige Nebenkosten. Dieser Vorrang gilt indes nur dann, wenn der Verbrauch tatsächlich für das gesamte Mietobjekt erfasst wird.[4]

---

[1] Der Hinweis auf den Vorrang einer vertraglichen Regelung ist im Grunde überflüssig, da § 556a Abs. 3 BGB abweichende Vereinbarungen ohnehin zulässt; so auch *Langenberg*, NZM 2001, 783-795, 789.

[2] LG Bonn v. 27.11.1997 - 6 S 274/97 - juris Rn. 36 - WuM 1998, 353-354; AG Köln v. 10.05.1996 - 201 C 38/96 - ZMR 1997, 30.

[3] OLG Hamm v. 27.09.1983 - 4 REMiet 14/82 - juris Rn. 19 - NJW 1984, 984-985.

[4] BGH v. 12.03.2008 - VIII ZR 188/07 - juris Rn. 12 - WuM 2008, 288-289; so bereits *Langenberg*, NZM 2001, 783-795.

Bei **gemischt genutzten Flächen** müssen im preisfreien Wohnraum nach einem Urteil des BGH die auf die gewerbliche Nutzung entfallenden Betriebskosten bei der Umlage nicht generell vorweg abgezogen werden.[5] Dies folge weder aus dem Wortlaut der Norm noch aus den Gesetzgebungsmaterialien. Im Übrigen spreche auch die fehlende Übernahme einer § 20 Abs. 2 Satz 2 NMV entsprechenden Regelung in das Recht des preisfreien Wohnraums gegen eine generelle Pflicht des Vermieters zum Vorwegabzug dieser Positionen. Ein solcher Abzug sei nur dann geboten, wenn die gewerblich verursachten Kosten zu einer erheblichen Mehrbelastung des Wohnraummieters führen würden.[6] Für den Vermieter dürfte diese Entscheidung eine Vereinfachung der Abrechnung mit sich bringen. Demgegenüber werden in der Vielzahl der Fälle keine schwerwiegenden Nachteile des Mieters zu erwarten sein, da die unterschiedliche Nutzung von Gewerbe- und Wohnfläche sich eher auf die verbrauchsabhängigen Betriebskosten auswirkt, für die § 556a Abs. 1 Satz 2 BGB bei vorhandener Verbrauchserfassung Vorrang beansprucht.

1. Definition

Im Gegensatz zum Recht des preisgebundenen Wohnraumes besteht in dem des preisfreien **keine exakte gesetzliche Berechnungsgrundlage** für die zu Grunde zu legende Fläche. Die Berechnung hat lediglich nach billigem Ermessen gemäß den §§ 315-316 BGB zu erfolgen.[7] Dazu dürfte auf die regionale Übung zu verweisen sein.[8] Die Vorschriften der zum 01.01.2004 in Kraft getretenen WoFlV können – wie es üblich ist – ebenso wie eventuelle Bestimmungen des örtlichen Mietspiegels herangezogen werden. Umstritten ist, ob mietvertragliche Flächenangaben bei **Abweichungen** von der tatsächlichen Größe für die Berechnung vorrangig sind. Maßgeblich für die Umlage der Nebenkosten ist nach der Ansicht des AG Hamburg allein die tatsächlich gemessene Fläche, nicht eine mietvertraglich vereinbarte Größe.[9] Abweichend davon sehen das LG Hannover und das LG Köln in einer vertraglichen Flächenangabe eine zugunsten des Mieters verlässliche Größe insofern, als dieser nur mit der Umlage in der entsprechenden Höhe rechnen muss.[10] Der BGH hat dem gegenüber in jüngerer Zeit klargestellt, dass die vertraglich vereinbarte Wohnfläche für die Umlage der Betriebskosten maßgeblich ist, solange die Abweichung der tatsächlich gemessenen Fläche weniger als 10 v.H. beträgt.[11]

2. Rechtsprechung

Die Rechtsprechung hatte sich des Öfteren mit der Frage zu befassen, wann die Umlage nach der Wohnfläche im Einzelfall unbillig erscheint. Dies soll nur dann der Fall sein, wenn die Verteilung zu einem völlig unzumutbaren Ergebnis kommt. Das LG Aachen hat eine unzumutbare Belastung eines einzelnen Mieters angenommen, wenn dieser aufgrund der Wohnflächenumlage mehr zahlen muss als die im selben Haus lebenden vier- und fünfköpfigen Familien.[12] Dieselbe Kammer hält in einer anderen Entscheidung eine Kostenersparnis von 50% für den Mieter im Falle einer personenbezogenen Umlage nicht für ausreichend, um von der Unbilligkeit der Wohnflächenumlage auszugehen.[13] Das

---

[5] BGH v. 08.03.2006 - VIII ZR 78/05 - WuM 2006, 200-204; vgl. dazu auch die Anmerkung von *Pfeifer*, jurisPR-MietR 10/2006, Anm. 2.
[6] Vgl. dazu auch die Entscheidung des BGH v. 12.03.2008 - VIII ZR 188/07 - juris Rn. 13 - EBE/BGH 2008, 154-155, in welcher die Notwendigkeit eines Vorwegabzugs der Wasserkosten eines Restaurants bejaht wurde.
[7] *Weidenkaff* in: Palandt, § 556a Rn. 3.
[8] Vgl. dazu BGH v. 23.05.2007 - VIII ZR 231/06 - NJW 2007, 2624-2626; BGH v. 22.04.2009 - VIII ZR 86/08 - NJW 2009, 2295-2297.
[9] AG Hamburg v. 27.03.1996 - 41a C 2072/95 - WuM 1996, 778-779; ebenso *Wiese*, ZMR 1990, 81-88, 85; *Sternel*, Mietrecht, 3. Aufl. 1988, III Rn. 408.
[10] LG Hannover v. 04.10.1989 - 11 S 8/89 - juris Rn. 5 - WuM 1990, 228-229; LG Köln v. 20.03.1991 - 10 S 8/91 - juris Rn. 2 - WuM 1993, 362.
[11] BGH v. 31.10.2007 - VIII ZR 261/06 - juris Rn. 19 - ZMR 2008, 38-42; kritisch dazu *Lammel*, jurisPR-MietR 1/2008, Anm. 6; umfassend zum Streitstand auch KG Berlin v. 28.11.2005 - 8 U 125/05 - WuM 2006, 35-36.
[12] LG Aachen v. 24.05.1991 - 5 S 70/91 - juris Rn. 10 - NJW-RR 1992, 274-275.
[13] LG Aachen v. 04.06.1993 - 5 S 58/93 - juris Rn. 8 - WuM 1993, 410-411; a.A. AG Lippstadt v. 04.07.1995 - 6 C 243/95 - juris Rn. 9 - WuM 1995, 594-595.

LG Wuppertal verneint die grobe Unbilligkeit für den Fall einer gemeinnützigen Wohnungsgenossenschaft, wenn sich der Mieter häufig im Ausland aufhält und daher tatsächlich nur geringe Nebenkosten verursacht.[14] Der BGH hat die Umlage von Kabelgebühren nach Wohneinheiten für sachgerecht erachtet, weil der Nutzen des Kabelanschlusses unabhängig von der Wohnfläche für jeden Mieter gleich sei.[15]

3. Typische Fälle

12 Die Anwendung des Wohnflächenmaßstabs ist dann schwierig, wenn Wohnungen im selben Mietobjekt leer stehen. Würden diese Flächen von der Berechnung der Umlage ausgenommen, erhöhte sich der Anteil der einzelnen Mieter. Das mit dem **Wohnungsleerstand** verbundene wirtschaftliche Risiko trägt indessen der Vermieter.[16] Nach der Rechtsprechung müssen die unbewohnten Räume daher mit in die Abrechnung einbezogen werden.[17] Denkbar wäre zwar ein Anspruch des Vermieters auf Änderung des Umlagemaßstabs gemäß § 313 BGB, wenn man im Einzelfall davon ausginge, dass der Zustand ununterbrochener Vermietung aller Wohneinheiten des Mietobjekts zur gemeinsamen Grundlage des Mietvertragsschlusses geworden wäre. Aber auch dann fehlt es zumindest bei vorübergehenden Wohnungsleerständen an der Unzumutbarkeit für den Vermieter.

13 Ähnlich gelagert sind Fälle, in denen eine Umlage nach der Wohnfläche dazu führt, dass Betriebskosten für Einrichtungen oder Anlagen anfallen, die **ohne Nutzen für den Mieter** sind. Für den Mieter besteht kein Unterschied, ob er eine solche Einrichtung bereits nach dem Mietvertrag nicht nutzen darf, oder ob die Nutzung für ihn zwar erlaubt, aber schlichtweg sinnlos ist. Dennoch differenziert der BGH insoweit bei der Umlage. Die Anwendung des § 556a Abs. 1 Satz 1 BGB sei bei den Kosten eines Fahrstuhls auch dann nicht unbillig, wenn ein Erdgeschossmieter keine sinnvolle Möglichkeit zur Nutzung des Aufzugs hat.[18] Unbefriedigend erscheint der begründende Rekurs auf die Schwierigkeiten einer verbrauchs- bzw. verursachungsabhängigen Umlage. Grundsätzlich ist gegen eine Umlage nach der Wohnfläche nichts einzuwenden. Es dürfte dabei für den Fall, dass eine Nutzung des Fahrstuhls durch den Erdgeschossmieter im Rahmen des Mietverhältnisses – also nicht als Besucher eines anderen Mieters – sinnlos wäre, keine großen Schwierigkeiten bereiten, sowohl die Erdgeschossfläche als auch den Erdgeschossmieter aus der Berechnung heraus zu lassen.

14 Problematisch erweist sich häufig auch die Einbeziehung von **Balkonen** oder ähnlichen Flächen des Mietobjektes (Dachgärten etc.). Solche Gebäudeteile haben keinerlei Bedeutung für verbrauchsabhängige Kosten und dürfen für diese auch nicht mit ihrer Fläche zusätzlich veranschlagt werden. Es kann daher dazu kommen, dass im Verfahren der Mieterhöhung eine andere Wohnfläche zu Grunde gelegt wird als bei der Betriebskostenumlage. Bei der letzteren sollte im Falle mehrerer Mietparteien mit jeweils einem unterschiedlich großen Balkon o.Ä. die Fläche des kleinsten Balkons zu der übrigen Wohnfläche aller Wohneinheiten hinzugezogen werden.[19] Vorstellbar wäre nach *Langenberg* eine Einbeziehung der Balkonfläche allenfalls im Rahmen der Umlage einer Haftpflichtversicherung als verursachungsabhängiger Kostenfaktor,[20] wobei allerdings unklar ist, welcher Zusammenhang zwischen der Fläche des Balkons und dem höheren Gefahrenpotential bestehen soll. Dies ist wohl eher eine Frage der Nutzungsintensität und der Sicherheitsausstattung.

15 Die Frage, ob die Parteien im Sinne der Vorschrift etwas anderes vereinbart haben, tritt z.B. dann auf, wenn die Parteien in jahrzehntelanger Übung einen bestimmen Umlagemaßstab verwenden, obwohl

---

[14] LG Wuppertal v. 25.04.1989 - 16 S 16/89 - juris Rn. 6 - WuM 1989, 520-521.
[15] BGH v. 27.06.2007 - VIII ZR 202/06 - juris Rn. 28 m.w.N - NJW 2007, 3060-3061.
[16] OLG Hamburg v. 22.08.1990 - 4 U 51/89 - WuM 2001, 343-344; *Langenberg*, WuM 2002, 589-593, speziell für Heizkosten auch BGH v. 16.07.2003 - VIII ZR 30/03 - NJW 2003, 2902-2903.
[17] Zuletzt BGH v. 31.05.2006 - VIII ZR 159/05 - NJW 2006, 2771-2773; dazu *Maaß*, ZMR 2006, 760-761; BGH v. 21.01.2004 - VIII ZR 137/03 - juris Rn. 11 - WuM 2004, 150-151.
[18] BGH v. 20.09.2006 - VIII ZR 103/06 - Grundeigentum 2006, 1398-1399 m.w.N. zum Streitstand.
[19] *Langenberg*, NZM 2001, 783-795, 791.
[20] *Langenberg*, NZM 2001, 783-795, 785.

ein anderer bzw. gar kein Umlagemaßstab vereinbart wurde. Darin kann nach Auffassung des BGH eine **konkludente Änderung oder Ergänzung** des Mietvertrages liegen.[21] Besonderes Augenmerk verlangt dabei der Umstand, dass eine Schriftformklausel im Mietvertrag der nachträglichen stillschweigenden Vereinbarung des Umlagemaßstabes nicht entgegensteht. Der Mieter ist demnach gehalten, gegen eine Abrechnung mit vermieterseitig verändertem Umlagemaßstab vorzugehen, will er in künftigen Abrechnungsperioden nicht an die Änderung gebunden sein. Die Entscheidung des BGH muss sich Kritik gefallen lassen: Sie lässt offen, ab wann der neue Umlagemaßstab verbindlich wird. Die Ausführungen des Senats, der von einer Vereinbarung „durch jahrzehntelange einverständliche Handhabung" ausgeht, sind kaum praktikabel. Sie lassen keinen Zeitpunkt für die korrespondierenden Willenserklärungen der Vertragsparteien erkennen. Zu Recht wird von *Lammel* bezweifelt, dass der Vermieter mit der Abrechnung überhaupt ein auf Änderung des Umlagemaßstabes gerichtetes Angebot abgibt.[22] Ginge man von einem solchen Angebot aus, so läge dieses dem Mieter bereits mit der ersten Abrechnung vor. Es käme dann gar nicht auf die Jahrzehnte während Übung der Vertragsparteien an. Vielmehr müsste man von einer Zustimmung des Mieters bereits nach Ablauf der Einwendungsfrist gemäß § 556 Abs. 3 Satz 5 BGB ausgehen. Der Rekurs auf die Institute des Rechtsmissbrauchs bzw. der Verwirkung dürfte daher nicht nur der dogmatischen Einordnung, sondern auch den praktischen Bedürfnissen eher gerecht werden als die Konstruktion einer Vertragsänderung. Letztere kann sich nicht allein aus der Abrechnungspraxis der Parteien ergeben.

4. Abdingbarkeit

Der gesetzliche Umlagemaßstab ist nach dem Wortlaut der Vorschrift des § 556a Abs. 1 Satz 1 BGB vertraglich abdingbar.

16

5. Praktische Hinweise

Ein weiterer Vorteil der Umlage nach Wohnfläche für verbrauchsabhängige Kosten ergibt sich für den Vermieter. Im Streitfall müsste er bei der Umlage nach der Personenzahl darlegen und gegebenenfalls beweisen, wie viele Personen wie lange in welchen Wohnungen des Hauses wohnten. Der BGH hat entschieden, dass der Vermieter dazu nicht auf das amtliche Einwohnermelderegister abstellen darf, da dessen Angaben die tatsächliche Belegung nicht mit der erforderlichen Genauigkeit abbilden.[23] Derartige Schwierigkeiten können durch den gesetzlichen Schlüssel vermieden werden. Bei größeren Differenzen hinsichtlich der in einem Haushalt lebenden Personen kann daraus allerdings eine unbillige Benachteiligung einzelner Mieter mit wenigen Personen in großen Wohnungen erwachsen. Unter engen Voraussetzungen hat der Mieter einen Anspruch für die Zukunft aus § 242 BGB auf eine personenabhängige Umlage verbrauchsabhängiger Nebenkosten.[24] Dies kann der Vermieter nur durch die Installation von verbrauchserfassenden Messeinrichtungen und der damit verbundenen Umstellung auf eine verbrauchsabhängige Umlage gemäß § 556a Abs. 1 Satz 2 BGB verhindern, die sicherlich langfristig immer günstiger ist.

17

Die Beweislast dafür, dass durch den unterbliebenen Vorwegabzug der auf Gewerbeflächen entfallenden Betriebskosten eine erhebliche Mehrbelastung der Wohnraummieter entsteht, trägt der Mieter.[25] Für den Nachweis der entsprechenden Tatsachen steht ihm das Belegeinsichtsrecht zur Verfügung. Erst wenn der Mieter danach nicht in der Lage ist, die maßgeblichen Tatsachen vorzutragen, können die Grundsätze zur sekundären Behauptungslast herangezogen werden.

18

---

[21] BGH v. 02.11.2005 - VIII ZR 52/05 - NJW-RR 2006, 154.
[22] *Lammel*, jurisPR-MietR 4/2006, Anm. 3.
[23] BGH v. 23.01.2008 - VIII ZR 82/07 - juris Rn. 8 - WuM 2008, 151-152.
[24] Vgl. *Langenberg* in: Schmidt-Futterer, Mietrecht, 10. Aufl. 2011, § 556a Rn. 73; *Gies* in Hannemann/Wiegner, Münchener Anwaltshandbuch Mietrecht, 3. Auflage 2010, § 24 Rn. 260.
[25] BGH v. 25.10.2006 - VIII ZR 251/05 - WuM 2006, 684-686.

§ 556a

II. Verbrauchs- bzw. verursachungsabhängiger Maßstab (Absatz 1 Satz 2)

19 Für verbrauchs- und verursachungsabhängige Nebenkosten hat § 556a Abs. 1 Satz 2 BGB Vorrang. Die Vorschrift darf nicht missverstanden werden. Sie allein verschafft dem Mieter keinen Anspruch auf Installation einer Verbrauchserfassungsanlage.[26] Vielmehr wird durch das Gesetz an dieser Stelle eine Wertung dahingehend getroffen, dass im Regelfall nur der verbrauchs- oder verursachungsabhängige Umlageschlüssel eine gerechte Verteilung gemäß § 315 BGB darstellt.[27] Selbst die Installation einer Anlage zur Verbrauchserfassung führt nicht zu einer Änderung des Maßstabs, solange nicht alle Mieteinheiten über einen entsprechenden Zähler verfügen.[28] Rechnet der Vermieter Heizungs- und Warmwasserkosten allerdings nach der Wohnfläche ab, so hat er den Abzug in Höhe von 15 v.H. gemäß § 12 HeizKVO zu beachten.[29]

1. Definition

20 Eine Umlage nach dem erfassten Verbrauch bzw. der erfassten Verursachung kommt demnach in Betracht, wenn sie auf alle Mieter bezüglich der betreffenden Nebenkostenposition Anwendung findet. Eine Pflicht des Vermieters zur verbrauchsabhängigen Umlage besteht nur, wenn bei allen Mietparteien des Objektes der tatsächliche Verbrauch bzw. die tatsächliche Verursachung erfasst wird und die Abrechnung dem Vermieter zumutbar ist. Bei geeichten und funktionstüchtigen Messgeräten besteht die Vermutung, dass die abgelesenen Verbrauchswerte richtig sind.[30] Erfolgt nach § 556a Abs. 2 BGB die Umstellung von einer Teilinklusiv- auf eine Nettokaltmiete, so müssen davon alle Betriebskosten, auch die nicht verbrauchsabhängigen, erfasst sein.[31]

2. Abdingbarkeit

21 Nach § 556a Abs. 3 BGB kann der verbrauchs- oder verursachungsabhängige Umlageschlüssel grundsätzlich durch die Parteien abbedungen werden. Allerdings stößt der Vorrang der vertraglichen Regelung an die Grenzen der Billigkeit. Das Gesetz sieht diese Umlageform als billig i.S.v. § 315 BGB an. Eine Vereinbarung, die einen anderen Schlüssel vorsieht, ist somit regelmäßig unbillig, sofern die genannten Voraussetzungen einer verbrauchsabhängigen Umlage vorliegen.[32]

III. Maßstabsänderung durch den Vermieter (Absatz 2)

22 Gemäß § 556a Abs. 2 BGB kann der Vermieter durch einseitige Erklärung eine Änderung des Umlagemaßstabes zu Gunsten einer verbrauchs- bzw. verursachungsabhängigen Abrechnung vornehmen. Dabei ist es ihm möglich, gleichzeitig die Mietstruktur von einer Inklusiv- oder Teilinklusivmiete zur Nettomiete umzuwandeln. Auch die Umstellung von Betriebskostenpauschalen soll nach dem Willen des Gesetzgebers von der Vorschrift erfasst sein.[33]

23 Die Vorschrift gibt dem Vermieter ein einseitiges Gestaltungsrecht, ohne dabei dem Mieter einen Anspruch auf die erläuterte Maßstabsänderung zu gewähren.[34] Ein solcher Anspruch kann sich jedoch

---

[26] *Weidenkaff* in: Palandt, § 556a Rn. 4. Ein derartiger Anspruch kann sich jedoch aus der betreffenden Landesbauordnung ergeben.
[27] *Langenberg*, NZM 2001, 783-795, 790.
[28] BGH v. 25.11.2009 - VIII ZR 69/09 - MDR 2010, 199 (Vorwegabzug eines einzelnen, gewerblichen Mieters); BGH v. 12.03.2008 - VIII ZR 188/07 - juris Rn. 12 - MDR 2008, 735-736; AG Köln v. 31.01.2012 - 212 C 38/12 - MietRB 2012, 98-99; *Langenberg*, NZM 2001, 783-795, 790.
[29] Vgl. BGH v. 31.10.2007 - VIII ZR 261/06 - ZMR 2008, 38-42.
[30] Vgl. BGH v. 17.11.2010 - VIII ZR 112/10 - NJW 2011, 598; LG Berlin v. 11.11.2011 - 63 S 149/11 - Grundeigentum 2011, 1683-1684.
[31] AG Köln v. 12.08.2003 - 216 C 123/03 - ZMR 2004, 119-120.
[32] So bereits AG Moers v. 21.11.1994 - 7 C 749/93 - juris Rn. 5 - WuM 1996, 96-97; *Langenberg*, NZM 2001, 783-795, 790.
[33] Vgl. BT-Drs. 14/4553, S. 51.
[34] AG Berlin-Wedding v. 26.02.2002 - 16 C 473/01 - Grundeigentum 2002, 536-537.

aus § 242 BGB ergeben (vgl. Rn. 21). Der Vermieter ist auch befugt, einseitig die Mietstruktur vor der Mietrechtsreform abgeschlossener Verträge zu verändern.[35]

1. Gesetzgebungsgeschichte

Nach der alten Regelung in § 4 Abs. 5 Nr. 1 MietHöReglG war eine derartige Erklärung bereits für die Umlage des Wasserverbrauches und der Müllverursachung möglich.

2. Definition

Eine einseitige Änderung seitens des Vermieters nach § 556a Abs. 2 BGB kommt nur unter den folgenden Voraussetzungen in Betracht:

a. Verbrauchs- bzw. verursachungsabhängiger Maßstab

Die Regelung erlaubt es materiell nur, zu einer verbrauchs- bzw. verursachungsabhängigen Umlage zu wechseln. Sie ist erweiternd dahingehend auszulegen, dass eine solche Erklärung auch dann zulässig ist, wenn die Parteien zuvor überhaupt keine Umlagevereinbarung getroffen haben. Im Falle von Inklusiv- oder Teilinklusivmieten muss die Miete um den entsprechenden Teil herabgesetzt werden (§ 556a Abs. 2 Satz 3 BGB).

b. Textform

In formeller Hinsicht muss die Erklärung des Vermieters der Textform gemäß § 126b BGB entsprechen. Ist dies nicht der Fall, hat die Erklärung gemäß dem Normzweck keine rechtsgestaltende Wirkung.

c. Frist

Zudem hat die Erklärung gegenüber dem Mieter bis zum Beginn der betreffenden Abrechnungsperiode zu erfolgen. Damit ist die zwischen den Mietparteien geltende Periode, nicht die des Versorgungsunternehmens gemeint. Entscheidend für die Wahrung der Frist ist der Zugang gemäß § 130 BGB.

3. Abdingbarkeit

§ 556a Abs. 3 BGB lässt eine für den Mieter nachteilige vertragliche Regelung nicht zu. Daraus ergibt sich auch, dass ein Recht zur einseitigen Festlegung durch den Vermieter (z.B. durch Schätzungen über Verbrauch und Verursachung) unzulässig ist.

4. Praktische Hinweise

Eine **Begründung** der Erklärung zur Maßstabsänderung ist nicht erforderlich. Dies ergibt sich zum einen aus dem Charakter der Vorschrift als einseitiges Gestaltungsrecht. Zudem stellt die Umlage nach dem gemessenen Verbrauch bzw. der erfassten Verursachung die genaueste Form der Betriebskostenabrechnung dar, insofern erübrigt sich eine Stellungnahme des Vermieters.

Zusammen mit der Erklärung bietet es sich an, für die neue Umlage gleich eine **angemessene Vorauszahlung** festzusetzen. Nach § 556 Abs. 2 Satz 2 BGB bedarf es dazu grundsätzlich einer vertraglichen Vereinbarung. Jedoch wäre es dem Vermieter unzumutbar, auf Jahre im Voraus die Nebenkosten zu planen und bei den Verhandlungen mit dem Mieter bereits einen Vorbehalt zur einseitigen Festsetzung der Betriebskostenvorauszahlungen durchzusetzen. Vielmehr ergibt sich aus dem Zusammenhang der beiden Vorschriften, dass der Vermieter im Falle der Umstellung auf den verbrauchs- bzw. verursachungsabhängigen Maßstab – der ja auch für den Mieter vorteilhaft ist – die Vorauszahlungen in angemessener Höhe bestimmen darf. Anderenfalls ergäbe sich ein Wertungswiderspruch für den Fall, dass gleichzeitig die Mietstruktur geändert wird: Der Mieter könnte die Herabsetzung des Bruttomietzinses gemäß § 556a Abs. 2 Satz 3 BGB verlangen, ohne die entsprechenden Vorauszahlungen leisten zu müssen.

---

[35] BGH v. 21.09.2011 - VIII ZR 97/11 - NJW 2012, 226-227.

§ 556b BGB Fälligkeit der Miete, Aufrechnungs- und Zurückbehaltungsrecht

(Fassung vom 02.01.2002, gültig ab 01.01.2002)

(1) Die Miete ist zu Beginn, spätestens bis zum dritten Werktag der einzelnen Zeitabschnitte zu entrichten, nach denen sie bemessen ist.

(2) ¹Der Mieter kann entgegen einer vertraglichen Bestimmung gegen eine Mietforderung mit einer Forderung auf Grund der §§ 536a, 539 oder aus ungerechtfertigter Bereicherung wegen zu viel gezahlter Miete aufrechnen oder wegen einer solchen Forderung ein Zurückbehaltungsrecht ausüben, wenn er seine Absicht dem Vermieter mindestens einen Monat vor der Fälligkeit der Miete in Textform angezeigt hat. ²Eine zum Nachteil des Mieters abweichende Vereinbarung ist unwirksam.

Gliederung

A. Grundlagen 1	II. Qualifizierte Forderung des Mieters
I. Kurzcharakteristik 1	(Absatz 2 Satz 1) 18
II. Gesetzgebungsmaterialien 3	1. Definition 21
III. Regelungsprinzipien 5	2. Rechtsprechung 22
B. Praktische Bedeutung 6	3. Abdingbarkeit 24
C. Anwendungsvoraussetzungen 7	4. Musterklauseln 25
I. Vorleistungspflicht des Mieters (Absatz 1) 7	5. Praktische Hinweise 26
1. Vorfälligkeitsklausel 9	III. Anzeigepflicht (Absatz 2 Satz 1) 27
2. Rechtzeitigkeitsklausel 10	1. Abdingbarkeit 28
3. Der Sonnabend als Werktag 12	2. Praktische Hinweise 29
4. Typische Fälle 13	**D. Rechtsfolgen** 30
5. Abdingbarkeit 15	**E. Prozessuale Hinweise/Verfahrenshinweise** 32
6. Musterklauseln 16	**F. Anwendungsfelder** 35

A. Grundlagen

I. Kurzcharakteristik

1 § 556b BGB regelt die Fälligkeit der Miete (§ 556b Abs. 1 BGB) und die Voraussetzungen eines Aufrechnungs- oder Zurückbehaltungsrechtes des Mieters (§ 556b Abs. 2 BGB). Der **Mieter ist vorleistungspflichtig**, sofern nicht etwas anderes vertraglich vereinbart wurde. Gemäß § 579 Abs. 2 BGB gilt dies für Mietverhältnisse über Räume insgesamt.

2 Durch § 556b Abs. 2 BGB wird dem Mieter trotz seiner Vorleistungspflicht und ungeachtet einer abweichenden Vereinbarung die Möglichkeit zur **Aufrechnung und Zurückbehaltung** gegeben. Dazu muss er die Ausübung dieser Rechte jedoch dem Vermieter einen Monat vor Fälligkeit der betreffenden Forderung in Textform anzeigen.

II. Gesetzgebungsmaterialien

3 Mit § 556b Abs. 1 BGB wurde die alte Vorschrift des § 551 Abs. 1 BGB a.F. geändert. Es entsprach bereits der vertraglichen Praxis, für Wohnraummietverhältnisse die **Vorleistungspflicht** des Mieters mit einer Frist bis zum dritten Werktag des jeweiligen Zeitraumes zu vereinbaren.[1] Dem trug der Gesetzgeber durch die Änderung Rechnung.[2] Die Zulässigkeit einer abweichenden vertraglichen Regelung zielt vor allem auf besondere Mietverhältnisse wie Hotelzimmer oder Ferienwohnungen.[3]

---

[1] *Meist*, ZMR 1999, 801-803, 801; *Weitemeyer* in: Staudinger, § 556b Rn. 2.
[2] Vgl. BT-Drs. 14/4553, S. 52.
[3] BT-Drs. 14/4553, S. 52.

§ 556b Abs. 2 BGB entspricht § 552a BGB a.F. mit der Ergänzung, dass eine anderslautende, für den Mieter nachteilige Vereinbarung unwirksam ist. Damit sollen zum **Interessenausgleich** die Fälle von Sachmängeln erfasst werden, in denen die Vorleistungspflicht des Mieters die Minderung erschweren würde.[4]

III. Regelungsprinzipien

Die Regelung der Fälligkeit durch § 556b Abs. 1 BGB hat Auswirkungen auf die mietvertraglichen Mechanismen. Ausgehend von der gesetzlichen Vorleistungspflicht des Mieters würde diesem nach den Regeln des allgemeinen Schuldrechts kein Zurückbehaltungsrecht gemäß den §§ 320, 273 BGB zustehen. Damit zeigt sich, dass nicht lediglich der Zahlungszeitpunkt zu Gunsten des Vermieters verschoben wird.[5] § 556b Abs. 2 Satz 1 BGB verdeutlicht jedoch, dass mit der Miete trotz der Fälligkeit vor der Leistung des Vermieters mit den dort genannten Forderungen aufgerechnet oder der Mietzins einbehalten werden kann. Ungeachtet eines grundsätzlich möglichen vertraglichen Aufrechnungsverbotes sowie der Zulässigkeit der Einschränkung des Zurückbehaltungsrechtes sind diese beiden Rechte für Wohnraummietverhältnisse nach § 556b Abs. 2 Satz 2 BGB nicht abdingbar. Zum Streitstand in der Rechtsprechung hinsichtlich des Umfanges eines Zurückbehaltungsrechtes nach § 556b Abs. 2 Satz 1 BGB vgl. Rn. 30.

B. Praktische Bedeutung

§ 556b Abs. 1 BGB hat keine nennenswerten Auswirkungen auf die mietvertragliche Praxis, da die meisten Verträge ohnehin die Vorleistungspflicht des Mieters vorsehen. Die Regelung des § 556b Abs. 2 BGB dürfte den Streit in der Rechtsprechung um die Wirksamkeit einer vertraglichen Beschränkung des Aufrechnungs- oder Zurückbehaltungsrechtes bei gleichzeitiger Vereinbarung der Vorfälligkeit beendet haben. Derartig beschränkende Klauseln müssen für Verträge, die nach dem 31.08.2001 geschlossen wurden, zu Gunsten der vollständigen Erhaltung der in § 556b Abs. 2 BGB genannten Rechte modifiziert werden (vgl. näher dazu Rn. 9).

C. Anwendungsvoraussetzungen

I. Vorleistungspflicht des Mieters (Absatz 1)

Der Mieter ist gemäß § 556b Abs. 1 BGB zur Vorleistung des Mietzinses verpflichtet. Trotz der Verschiebung der Fälligkeit bis spätestens auf den dritten Werktag des entsprechenden Zeitabschnittes (regelmäßig der dritte Werktag jeden Monats) steht damit der Pflicht zur vollständigen Erbringung der Leistung durch den Mieter höchstens ein Teil der Gegenleistung des Vermieters (Einräumung des vertragsgemäßen Gebrauchs und Erhaltung dieses Zustandes, § 535 Abs. 1 Satz 1 BGB) gegenüber.

Die Mietzahlung ist eine Schickschuld.[6] Gemäß § 270 Abs. 1 BGB trägt damit im Zweifel der Mieter die Gefahr und die Kosten der Übermittlung. Der maßgebliche gesetzliche Zeitpunkt bestimmt sich nach der Vornahme der Leistungshandlung, mithin nach dem Eingang des Überweisungsauftrages des Mieters bei dessen Geldinstitut.[7] Der Sonnabend zählt als Werktag,[8] wobei auf § 193 BGB abzustellen ist.[9] Zur Abweichung durch Rechtzeitigkeitsklauseln in Formularverträgen vgl. Rn. 10.

---

[4] BT-Drs. 14/4553, S. 52.
[5] Vgl. *Langenberg*, WuM 2001, 523-532, 525.
[6] *Frommeyer* in: Dauner-Lieb/Heidel/Ring, AnwaltKommentar BGB, § 556b Rn. 3, a.A. *Herresthal*, NZM 2011, 833-841.
[7] AG Köln v. 11.08.1989 - 218 C 191/89 - juris Rn. 4 - WuM 1990, 78; *Frommeyer* in: Dauner-Lieb/Heidel/Ring, AnwaltKommentar BGB, § 556b Rn. 3.
[8] BGH v. 13.07.2010 - VIII ZR 129/09 - NJW 2010, 2879-2882, str. vgl. *Blank/Börstinghaus*, Miete, 2008, § 556b BGB Rn. 5 m.w.N.
[9] BGH v. 13.07.2010 - VIII ZR 129/09 - NJW 2010, 2879-2882; *Meist*, ZMR 1999, 801-803.

1. Vorfälligkeitsklausel

9 Vor der Mietrechtsreform 2001 gab es unter den Gerichten unterschiedliche Auffassungen zur Wirksamkeit einer **Vorfälligkeitsklausel** bei gleichzeitiger Beschränkung des Aufrechnungs- und/oder Zurückbehaltungsrechtes. Überwiegend wurde angenommen, eine formularmäßige Vorfälligkeitsklausel sei dann unwirksam, wenn gleichzeitig das Recht des Mieters zur Aufrechnung oder Zurückbehaltung beschränkt wird.[10] Zur Begründung wurde darauf verwiesen, dass der Minderungsanspruch des Mieters durch die Kombination der beiden Klauseln nur noch klageweise durchsetzbar wäre. Dem wurde von der geringen Zahl der Gegenstimmen entgegengehalten, der Mieter könne sein Recht in den Folgemonaten geltend machen. Außerdem sei eine Aufrechnungsklausel für sich bereits einschränkend dahingehend auszulegen, dass sie einen entsprechenden Bereicherungsanspruch des Mieters nicht erfasse.[11] Zu Recht machen *Kielholtz* und *Rau* darauf aufmerksam, dass eine gegen § 309 Nr. 2-3 BGB verstoßende formularvertragliche Regelung gemäß § 306 Abs. 2 BGB durch die gesetzliche ergänzt werde. Auf diese Weise könne der Mieter jederzeit die zu zahlende Miete bei Auftreten eines Mangels zurück behalten, ohne dass die Vorauszahlungsklausel angegriffen werden müsse.[12] Nach der geltenden Vorschrift des § 556b Abs. 1 BGB ergeben sich die Probleme nicht mehr, da die Vorleistungspflicht nunmehr der gesetzliche Regelfall ist und eine Einschränkung des Aufrechnungs- und Zurückbehaltungsrechtes unabdingbar nur in den Grenzen von § 556b Abs. 2 BGB zulässig ist. Die unterschiedlichen Ansätze sind jedoch weiter für solche Verträge von Bedeutung, die vor dem 01.09.2001 geschlossen wurden,[13] vgl. auch Rn. 35.

2. Rechtzeitigkeitsklausel

10 Weiterhin herrscht Uneinigkeit darüber, ob der für die **Rechtzeitigkeit der Mietzinszahlung** ausschlaggebende Zeitpunkt formularmäßig abweichend von § 270 Abs. 1 BGB geregelt werden kann. Praktisch sind damit solche Fälle betroffen, in denen der Zeitpunkt der Gutschrift auf dem Vermieterkonto maßgeblich sein soll. Zu Gunsten der Zulässigkeit einer solchen Klausel wird auf die Rechtsnatur von § 270 Abs. 1 BGB als Zweifelsfallregelung verwiesen. Der Gesetzgeber halte hier die Möglichkeit einer abweichenden vertraglichen Gestaltung bewusst offen. Zudem müsse der Mieter auf Grund der Häufigkeit von Rechtzeitigkeitsklauseln mit diesen rechnen.[14] Dem gegenüber wird von den Gegenstimmen ins Feld geführt, dass der Schuldner den Zeitpunkt des Zahlungseinganges nicht kontrollieren kann, er durch diese Klausel also unangemessen benachteiligt wird.[15]

11 Die Argumente gegen eine Zulässigkeit des formularmäßigen Rechtzeitigkeitserfordernisses greifen im Ergebnis nicht durch. Zum einen kann der **Zweifelsfallregelung** in § 270 Abs. 1 BGB nicht entnommen werden, dass deren formularmäßige Abbedingung unzulässig sei. Dies gilt umso mehr, als solche Klauseln in Mietverträgen regelmäßig Verwendung finden. Sie weichen weder von gesetzlichen Grundgedanken ab (§ 307 Abs. 2 Nr. 1 BGB), noch sind sie überraschend gemäß § 305c Abs. 1 BGB.

---

[10] BGH v. 26.10.1994 - VIII ARZ 3/94 - juris Rn. 22 - BGHZ 127, 245-254; LG Berlin v. 21.12.1999 - 64 S 314/99 - Grundeigentum 2000, 206; LG Berlin v. 30.03.2001 - 64 S 258/00 - NJW-RR 2002, 155-156; LG Trier v. 26.10.2000 - 3 S 13/00 - juris Rn. 17 - WuM 2001, 194-195; LG Köln v. 15.03.2000 - 10 S 444/99 - juris Rn. 6 - WuM 2001, 195-196; LG Berlin v. 11.12.1998 - 64 S 302/98 - ZMR 2000, 296-297; LG München I v. 22.10.1997 - 15 S 4999/97 - juris Rn. 25 - WuM 1998, 553-554.

[11] BayObLG München v. 06.05.1993 - RE-Miet 1/93 - juris Rn. 33 - NJW-RR 1993, 1097-1099; LG Berlin v. 25.02.1993 - 61 S 237/92 - juris Rn. 4 - MDR 1993, 338-339; im Ergebnis ebenso LG Berlin v. 18.12.2000 - 62 S 326/00 - Grundeigentum 2001, 854; LG Lüneburg v. 22.10.1998 - 4 T 162/98 - ZMR 1999, 175-176.

[12] *Kielholtz/Rau*, ZMR 2000, 265-270, 267.

[13] *Langenberg*, WuM 2001, 523-532, 526.

[14] LG Berlin v. 14.01.1992 - 65 S 272/91 - juris Rn. 3 - WuM 1992, 606-607; LG Berlin v. 04.11.1991 - 67 S 281/91 - MM 1992, 101-102; LG Berlin v. 12.04.1991 - 67 T 24/91 - MM 1992, 391-392; LG Kleve v. 31.05.1988 - 6 S 336/87 - WuM 1988, 261.

[15] AG Köln v. 19.07.1990 - 222 C 208/90 - juris Rn. 2 - WuM 1991, 345; AG Berlin-Wedding v. 06.12.1989 - 6 C 538/89 - MM 1990, 259-260; AG Köln v. 11.08.1989 - 218 C 191/89 - juris Rn. 5 - WuM 1990, 78; *Sternel*, Mietrecht, 4. Aufl. 2009, Rn. III 91

Daher kommt es auf die Gefahr einer innerhalb der Bank begründeten Verzögerung als Kriterium zur Zulässigkeitskontrolle nicht mehr an. Die Rechtzeitigkeitsklausel weist dem Mieter als Schuldner lediglich neben der Verlustgefahr auch die Verzögerungsgefahr zu. Dies ist unbedenklich, da er anders als der Vermieter durch rechtzeitige Vornahme der Überweisung das Risiko verringern oder erhöhen kann.

3. Der Sonnabend als Werktag

Fällt der letzte Tag der Frist gemäß § 556b Abs. 1 BGB auf einen Sonnabend, so ist § 193 BGB anwendbar.[16] Umstritten ist, ob der Sonnabend bei der Berechnung der Zahlungsfrist dann einbezogen werden muss, wenn er der erste oder zweite Tag im Monat ist. Dieser Fall ist von § 193 BGB nicht erfasst. Für eine analoge Anwendung der Vorschrift sprechen sich einige Gerichte[17] und Teile der Literatur[18] mit der Begründung aus, der Sonnabend sei als zusätzlicher geschäftlicher Ruhetag für Mieter und Vermieter ein ungeeigneter Zeitpunkt, den meist bargeldlosen Zahlungsverkehr zu erledigen bzw. zu kontrollieren. Dem wird entgegengehalten, dass der Tag bereits durch den technischen Fortschritt (Überweisungsautomat, Onlinebanking) für die Erledigung von Privatangelegenheiten wie der Mietzinszahlung sehr wohl in Frage kommt. Der Schutz des Mieters sei bereits dadurch gewahrt, dass § 193 BGB für den letzten Tag der Frist gelte.[19] Diese letztgenannte Ansicht verdient Zustimmung. Eine analoge Anwendung lässt sich zunächst nicht mit Blick auf die Schutzwürdigkeit des Mieters begründen, denn die Rechtsbedeutsamkeit einer Erklärung oder Leistungshandlung, der die Vorschrift des § 193 BGB Rechnung trägt, gilt ausdrücklich für den letzten Tag der Frist und schränkt die Vornahme zu einem früheren Zeitpunkt nicht ein. Zudem kann der Argumentation des LG Hamburg, der Vermieter sei an einem Samstag nur bedingt zur Entgegennahme der Miete in der Lage und daher nicht durch die analoge Anwendung von § 193 BGB benachteiligt,[20] nicht gefolgt werden. Für den weit häufigeren Fall der – am Samstag stets möglichen – Überweisung bedeutet die spätere Gutschrift für ihn einen Zins- und Dispositionsnachteil.

4. Typische Fälle

Der Mieter gerät nicht allein deshalb in Verzug, weil er auf seiner Überweisung nicht die **EDV-Nummer** seiner Wohnung vermerkt, wie es ihm aufgetragen war und die Überweisung dadurch nicht vor Fristablauf zugeordnet werden kann.[21]

Eine formularmäßige Bestimmung des **Bankeinzuges** zur Zahlung des Mietzinses ist zulässig, hingegen darf sich der Vermieter auf diese Weise nicht des Abbuchungsverfahrens bedienen.[22]

5. Abdingbarkeit

§ 556b Abs. 1 BGB ist **dispositiv**, was allerdings praktisch bisher nicht zur Bedeutung gelangt ist. Möglich ist die Vereinbarung der Mietzahlung im Voraus wie auch zum Ende eines Zeitabschnittes. Allerdings wird sich die formularmäßige Festlegung der Vorausentrichtung in Fällen, bei denen der zeitliche Bezug von Mietzinszahlung und Gebrauchsgewährung zu weit ist, wohl an den §§ 305-310 BGB messen lassen müssen.

---

[16] *Weidenkaff* in: Palandt, § 556b Rn. 4; BGH v. 13.07.2010 - VIII ZR 129/09 - NJW 2010, 2879-2882.

[17] LG Berlin v. 18.11.2008 - 63 S 339/07 - juris Rn. 22 - Grundeigentum 2009, 198-199; LG Berlin v. 03.03.1989 - 65 S 204/88 - Grundeigentum 1989, 509; LG Hamburg v. 24.04.1981 - 11 S 37/81 - juris Rn. 3 - MDR 1981, 760; AG Offenbach v. 16.04.1985 - 37 C 6343/84 - juris Rn. 6 - WuM 1987, 322.

[18] *Bottenberg/Kühnemund*, ZMR 1999, 221-224, 223-224 m.w.N.

[19] BGH v. 28.09.1972 - VII ZR 186/71 - BGHZ 59, 265-269; LG Wuppertal v. 06.07.1993 - 16 S 42/93 - juris Rn. 4 - NJW-RR 1993, 1232-1233; LG München I v. 30.11.1994 - 14 S 15468/94 - juris Rn. 10 - WuM 1995, 103-104; *Meist*, ZMR 1999, 801-803, 802-803; jeweils mit weiteren Nachweisen.

[20] LG Hamburg v. 24.04.1981 - 11 S 37/81 - juris Rn. 3 - MDR 1981, 760.

[21] LG Berlin v. 27.10.1988 - 62 T 134/88 - Grundeigentum 1989, 151-153.

[22] LG Köln v. 07.03.1990 - 10 S 532/89 - juris Rn. 11 - WuM 1990, 380-382.

6. Musterklauseln

16 Die Vorfälligkeitsklausel in Altverträgen mit der Zeitangabe „in den ersten Tagen des betreffenden Monats" wird als hinreichend konkret angesehen.[23]

17 Aufgrund der uneinheitlichen Rechtsprechung zur formularmäßigen Abweichung von § 270 Abs. 1 BGB (vgl. Rn. 10) muss zur Wirksamkeit auf eine individualvertragliche Abrede zurückgegriffen werden: „Abweichend von § 270 Abs. 1 BGB vereinbaren die Parteien, dass zur Wahrung der Zahlungsfrist gemäß § 556b BGB der Zeitpunkt der Gutschrift auf dem Konto der vermietenden Partei maßgeblich sein soll." Wird diese Vereinbarung nicht getroffen, so gilt der Tag des Überweisungsauftrages.

II. Qualifizierte Forderung des Mieters (Absatz 2 Satz 1)

18 Gemäß § 556b Abs. 2 Satz 1 BGB kann das Recht des Mieters zur Aufrechnung oder Zurückbehaltung nicht für Forderungen aus den §§ 536a, 539 BGB oder wegen zu viel gezahlter Miete aus § 812 BGB vertraglich beschränkt werden. Die gesetzliche Verknüpfung dieser Norm mit der Vorleistungspflicht des Mieters nach § 556b Abs. 1 BGB stellt seit der Mietrechtsreform von 2001 das Gleichgewicht zwischen den Mietparteien bezüglich der Sicherung ihrer Ansprüche her und beendet den Streit um die Wirksamkeit von Vorfälligkeitsklauseln, die mit Aufrechnungs- oder Zurückbehaltungsbeschränkungen verbunden sind (vgl. Rn. 9).

19 § 556b Abs. 2 Satz 1 BGB regelt lediglich den Fall vertraglicher Beschränkungen der Mieterrechte. Grundsätzlich kann der Mieter mit sämtlichen Forderungen, die ihm gegen den Vermieter zustehen, aufrechnen oder sein Zurückbehaltungsrecht ausüben, sofern die allgemeinen Voraussetzungen nach den §§ 387-396 BGB bzw. §§ 273, 320 BGB vorliegen.[24] Da es sich bei § 556b Abs. 2 Satz 1 BGB um eine **Rechtsgrundverweisung** handelt, müssen diese Merkmale auch hier kumulativ vorliegen.

20 Will der Vermieter das Aufrechnungsrecht des Mieters wegen einer sonstigen, nicht von § 556b Abs. 2 Satz 1 BGB erfassten Forderung unterbinden, so sind die Vorschriften über **Allgemeine Geschäftsbedingungen** in §§ 305-310 BGB zu beachten. Eine formularvertragliche Klausel kann insbesondere gegen § 309 Nr. 3 BGB (vgl. die Kommentierung zu § 309 BGB) oder gegen § 307 Abs. 2 Nr. 1 BGB (vgl. die Kommentierung zu § 307 BGB) verstoßen (vgl. die §§ 11 Nr. 3, 9 Abs. 2 AGBG).

1. Definition

21 Forderungen aus § 536a BGB sind solche aufgrund eines Schadensersatzanspruches gemäß eines der in § 536a Abs. 1 BGB genannten drei Fälle von Vertragsverletzungen oder eines Aufwendungsersatzanspruches gemäß § 536a Abs. 2 BGB. Im Rahmen der Forderungen aus § 539 BGB ist neben dem Aufwendungsersatz ebenso das Wegnahmerecht nach § 539 Abs. 2 BGB erfasst. Die Fälle ungerechtfertigter Bereicherung nach § 812 BGB betreffen regelmäßig eine Mietminderung (§ 536 BGB) oder die Rückgewähr bei Mietpreisüberhöhungen (§ 5 WiStrG).

2. Rechtsprechung

22 Unbestrittenen Forderungen werden solche gleich gestellt, die bereits **rechtskräftig festgestellt** sind.[25]

23 Formularmäßige Klauseln, durch die eine Aufrechnung auf **monatliche Teilbeträge** vom Mietzins beschränkt wird, sind unwirksam.[26]

3. Abdingbarkeit

24 Die Vorschrift ist gemäß § 556b Abs. 2 Satz 2 BGB nicht zum Nachteil des Mieters abdingbar.

---

[23] AG Neuss v. 27.09.1989 - 30 C 86/89 - juris Rn. 2 - WuM 1989, 569.
[24] *Weidenkaff* in: Palandt, § 556b Rn. 7; *Kossmann*, Handbuch der Wohnraummiete, 6. Aufl. 2003, § 42 Rn. 1.
[25] BGH v. 18.04.1989 - X ZR 31/88 - juris Rn. 18 - BGHZ 107, 185-191; BGH v. 27.01.1993 - XII ZR 141/91 - juris Rn. 17 - NJW-RR 1993, 519-521.
[26] LG Hannover v. 04.03.1980 - 8 S 317/79 - juris Rn. 5 - WuM 1980, 179.

4. Musterklauseln

In der Vertragsgestaltung sind insbesondere die Klauselverbote gemäß § 309 Nr. 2-3 BGB zu beachten. Eine formularmäßige **Abbedingung oder Einschränkung des Zurückbehaltungsrechtes** aus § 320 BGB scheidet völlig aus. Will der Vermieter die verbleibende Möglichkeit zur Restriktion im Formular nutzen, bietet sich folgende Klausel an: „Die Ausübung eines Zurückbehaltungsrechtes gegenüber Forderungen des Vermieters ist bis auf Ansprüche des Mieters gemäß 536a BGB ausgeschlossen, soweit es nicht auf dem selben Vertragsverhältnis beruht."[27]

25

5. Praktische Hinweise

Das Zurückbehaltungsrecht nach § 320 BGB bedarf nicht der ausdrücklichen Geltendmachung, sein Bestehen hemmt bereits den Zahlungsverzug des Mieters.[28] Will der Mieter hingegen wegen einer vertragsfremden Forderung gemäß § 273 BGB die Miete einbehalten, so muss er die darauf gestützte Einrede ausdrücklich erheben.[29]

26

III. Anzeigepflicht (Absatz 2 Satz 1)

Gemäß § 556b Abs. 2 Satz 1 BGB muss der Mieter seine Absicht, gegen die Miete aufzurechnen oder sie ganz oder teilweise einzubehalten, einen Monat vor Fälligkeit der Zahlung in Textform (§ 126b BGB) anzeigen. Art und Inhalt der geltend gemachten Forderung[30] sowie die Ankündigung der Aufrechnung oder Zurückbehaltung[31] müssen aus der Anzeige hervorgehen. Zudem müssen die Mängel, welche die Forderung begründen, einzeln benannt und beziffert sein.[32] Die Frist zur Anzeige berechnet sich nach den §§ 187-188 BGB. Es handelt sich bei ihr um eine empfangsbedürftige Willenserklärung, entscheidend ist daher gemäß § 130 BGB der Zugang.

27

1. Abdingbarkeit

Die Anzeige gemäß § 556b Abs. 2 Satz 1 BGB als Pflicht des Mieters begründet für diesen keine Vorteile. Die Abbedingung ist daher mit § 556b Abs. 2 Satz 2 BGB vereinbar.

28

2. Praktische Hinweise

Will der Mieter gegen die Mietforderung aufrechnen, so muss er **zusätzlich zur Anzeige** gemäß § 556b Abs. 2 Satz 1 BGB die Aufrechnungserklärung als allgemeines Erfordernis nach § 388 BGB abgeben. Zum Inhalt der Anzeige vgl. Rn. 27.

29

D. Rechtsfolgen

Liegen die oben genannten Voraussetzungen vor, kann der Mieter die bezeichneten Rechte ungeachtet eines vertraglichen Verbotes ausüben. Dabei stellt die Vorschrift eine **Rechtsgrundverweisung** dar, die Voraussetzungen der §§ 387-396 BGB bzw. der §§ 273, 320 BGB müssen kumulativ vorliegen. Dies betrifft praktisch insbesondere das Erfordernis der Aufrechnungserklärung gemäß § 388 BGB. Der Erfüllungsanspruch des Mieters wird durch die Ausübung nicht berührt.[33] Umstritten ist zwischen den einzelnen Gerichten, welchen **Umfang** ein bestehendes Zurückbehaltungsrecht haben soll. Über-

30

---

[27] *Hannemann* in: Hannemann/Wiegener, Münchener Anwaltshandbuch Wohnraummietrecht, 3. Aufl. 2010, § 10 Rn. 179.
[28] BGH v. 26.10.1965 - V ZR 87/63 - NJW 1966, 200; LG Berlin v. 20.05.1994 - 63 S 39/94 - WuM 1994, 464-465.
[29] BGH v. 15.04.1987 - VIII ZR 126/86 - juris Rn. 23 - LM Nr. 18 zu § 554 BGB.
[30] *Artz* in: MünchKomm-BGB, § 556b Rn. 11.
[31] *Weidenkaff* in: Palandt, § 556b Rn. 10.
[32] *Kossmann*, Handbuch der Wohnraummiete, 6. Aufl. 2003, § 42 Rn. 7.
[33] BGH v. 07.05.1982 - V ZR 90/81 - juris Rn. 16 - BGHZ 84, 42-47.

wiegend wird von dem 3- bis 5-fachen des entsprechenden Minderungsbetrages ausgegangen.[34] Demgegenüber wird vereinzelt auf einen Umfang in Höhe des 3- bis 5-fachen des Betrages abgestellt, der zur Mängelbeseitigung erforderlich ist.[35]

31 Das **Versäumnis der Anzeigefrist** gemäß § 556b Abs. 2 Satz 1 BGB bewirkt die Geltung der Erklärung für die Mietforderung, die an nächster fristgerechter Position steht.

E. Prozessuale Hinweise/Verfahrenshinweise

32 Hat der Vermieter den Mangel beseitigt, der das Zurückbehaltungsrecht des Mieters ausgelöst hat, so bedarf es zur Auslösung des Verzuges der Mahnung. Die Beseitigung allein wirkt nicht verzugsbegründend.[36]

33 Die Beweislast dafür, dass tatsächlich Mängel vorliegen, die ein Zurückbehaltungsrecht begründen, trägt der Mieter.[37]

34 Unterschiedlich wurde früher in Rechtsprechung und Literatur die Frage beantwortet, ob der Anspruch auf Zahlung der Wohnraummiete im **Urkundenprozess** geltend gemacht werden kann. Der BGH hat dies bejaht.[38] Zur Begründung des Anspruchs genüge die Vorlage des Mietvertrages, der neben den Parteien die Mietzeit und -höhe ausweist; nicht hingegen sei der Nachweis der Mangelfreiheit erforderlich. Der Mieter müsse insofern auf das Nachverfahren verwiesen werden. Damit eröffnet das Urteil dem Vermieter eine kostengünstige Variante, Mietschulden gerichtlich beizutreiben. Durch den Ausspruch der vorläufigen Vollstreckbarkeit bzw. der Anordnung einer Sicherheitsleistung im Vorbehaltsurteil ist dies gleichzeitig ein relativ zügiger Weg. Für den Mieter bedeutet die Entscheidung praktisch den vorläufigen Verlust seiner Rechte aus § 536 BGB und § 556b BGB. Sie lässt zwar offen, inwieweit die Geltendmachung der Mietforderung im Urkundenprozess auch dann statthaft ist, wenn der Mieter die Einrede des nichterfüllten Vertrages gemäß § 320 BGB erhebt. Es darf allerdings bezweifelt werden, dass für ihn damit künftig ein Weg am Urkundsbeweis der Mangelhaftigkeit vorbeiführt.[39]

F. Anwendungsfelder

35 **Übergangsrecht**: Zu beachten ist die Vorschrift des § 551 BGB a.F. für Mietverhältnisse, die am 01.09.2001 bereits bestanden haben, vgl. Art. 229 § 3 Abs. 1 Nr. 7 EGBGB. Auf Grund dieser Fortgeltung der alten Bestimmung hatte der BGH in jüngerer Zeit nochmals über das Zusammenwirken von Vorauszahlungs- und Aufrechnungsverbotsklausel zu entscheiden. Dabei hat der Senat hervorgehoben, dass nicht von einer Unwirksamkeit der Vorauszahlungsklausel auszugehen ist, wenn eine Durchsetzung von Minderungsansprüchen zumindest in den Folgemonaten möglich bleibt.[40] Wenn der Mieter nicht gänzlich auf die gerichtliche Durchsetzung seines Minderungsanspruches angewiesen ist, sei eine um wenige Monate verzögerte Realisierung keine unzulässige Beschränkung. Den Ausschluss des Minderungsrechts bei nachträglichen Mängeln, die der Vermieter nicht zu vertreten hat, oder die Begrenzung des Minderungsanspruchs in der Höhe (25% der Miete für die Folgemonate) lässt der BGH hingegen ausreichen, um die Unwirksamkeit der Vorauszahlungsklausel und damit die Anwendung des § 551 BGB a.F. zu bejahen.[41]

---

[34] LG Hamburg v. 30.03.1989 - 7 S 330/88 - juris Rn. 3 - WuM 1989, 566; LG Berlin v. 09.06.1995 - 64 S 256/94 - Grundeigentum 1996, 549-551.
[35] LG Saarbrücken v. 26.03.1999 - 13 B S 233/98 - NZM 1999, 757-758.
[36] LG Berlin v. 21.03.1995 - 64 S 290/94 - Grundeigentum 1995, 821-823.
[37] *Scheff* in: Dauner-Lieb/Heidel/Ring, AnwaltKommentar BGB, Schuldrecht, § 556b Rn. 7.
[38] BGH v. 01.06.2005 - VIII ZR 216/04 - NJW 2005, 2701-2703 mit umfangreichen Nachweisen zum Streitstand, zustimmend *Keller*, Jura 2006, 443-447.
[39] Vgl. dazu auch die Urteilsbesprechung von *Fischer*, jurisPR-MietR 18/2005, Anm. 1.
[40] BGH v. 14.11.2007 - VIII ZR 337/06 - WuM 2008, 152-153.
[41] BGH v. 04.02.2009 - VIII ZR 66/08 - juris Rn. 13 - WuM 2009, 228-231.

Unterkapitel 2 - Regelungen über die Miethöhe

§ 557 BGB Mieterhöhungen nach Vereinbarung oder Gesetz

(Fassung vom 02.01.2002, gültig ab 01.01.2002)

(1) Während des Mietverhältnisses können die Parteien eine Erhöhung der Miete vereinbaren.

(2) Künftige Änderungen der Miethöhe können die Vertragsparteien als Staffelmiete nach § 557a oder als Indexmiete nach § 557b vereinbaren.

(3) Im Übrigen kann der Vermieter Mieterhöhungen nur nach Maßgabe der §§ 558 bis 560 verlangen, soweit nicht eine Erhöhung durch Vereinbarung ausgeschlossen ist oder sich der Ausschluss aus den Umständen ergibt.

(4) Eine zum Nachteil des Mieters abweichende Vereinbarung ist unwirksam.

Gliederung

A. Grundlagen.. 1	IV. Ausschluss der Erhöhung durch Vereinbarung
I. Kurzcharakteristik............................. 1	(Absatz 3).. 12
II. Gesetzgebungsmaterialien...................... 2	V. Ausschluss der Erhöhung nach den Umständen
B. Anwendungsvoraussetzungen 3	(Absatz 3).. 14
I. Erhöhungsvereinbarung während des	1. Typische Fälle.. 15
Mietverhältnisses (Absatz 1)...................... 3	2. Kein Ausschluss...................................... 17
1. Typische Fälle 4	VI. Abdingbarkeit (Absatz 4)........................ 20
2. Zweifelsfälle 6	1. Typische Fälle.. 21
II. Künftige Änderungen der Miethöhe (Absatz 2) . 10	2. Folgen eines Verstoßes............................ 22
III. Mieterhöhungen im Übrigen (Absatz 3)........ 11	

A. Grundlagen

I. Kurzcharakteristik

Die Norm enthält die früheren Bestimmungen des Gesetzes zur Regelung der Miethöhe (MietHöReglG) und beschreibt im Überblick die Möglichkeiten zur Mietänderung bei Wohnraummietverhältnissen. Die Absätze 1 und 2 regeln die Mietänderungen durch Parteivereinbarung. Absatz 3 stellt klar, dass außerhalb von Vereinbarungen der Mietvertragsparteien Mieterhöhungen lediglich im gesetzlichen Rahmen der §§ 558-560 BGB vorgenommen werden können. Absatz 4 verbietet zum Nachteil des Mieters abweichende Vereinbarungen. 1

II. Gesetzgebungsmaterialien

§ 557 BGB wurde mit dem Mietrechtsreformgesetz vom 19.06.2001[1] zum 01.09.2001 in das BGB eingefügt. Absatz 1 der Vorschrift übernimmt teilweise § 10 Abs. 1 HS. 2 MietHöReglG, die in Absatz 2 in Bezug genommenen Vorschriften entsprechen § 10 Abs. 2 MietHöReglG und § 10a MietHöReglG. Absatz 3 entspricht § 1 Satz 2 MietHöReglG und § 1 Satz 3 MietHöReglG; Absatz 4 § 10 Abs. 1 HS. 1 MietHöReglG. 2

B. Anwendungsvoraussetzungen

I. Erhöhungsvereinbarung während des Mietverhältnisses (Absatz 1)

Die Bestimmung enthält den allgemeinen Grundsatz, dass die Parteien einvernehmlich eine Mieterhöhung vereinbaren können. Die Vereinbarung muss während der Mietzeit, also nach bzw. mindestens 3

---

[1] BGBl I 2001, 1149.

bei Abschluss des Mietvertrages, nicht notwendiger Weise nach Überlassung des Mietobjektes[2], getroffen werden und die einmalige Regelung einer konkreten Mieterhöhung zum Gegenstand haben (sonst Absatz 2). Erforderlich aber auch ausreichend sind inhaltlich übereinstimmende Willenserklärungen der Vertragsparteien (§§ 145-157 BGB). Anlass und Form der Vereinbarung sind grundsätzlich unerheblich. § 312 BGB kann aber Anwendung finden.[3] Grenzen finden sich im Übrigen in § 134 BGB, § 291 StGB, § 5 WiStrG. Die Vereinbarung kann auch stillschweigend erfolgen.[4] Unerheblich ist ebenfalls der Zeitpunkt der Mieterhöhung. Angesichts des im Vergleich zu § 10 Abs. 1 MietHöReglG geänderten Wortlautes muss die Vereinbarung sich nicht mehr auf einen bestimmten Erhöhungsbetrag beziehen.[5] Absprachen über die tatbestandlichen Voraussetzungen einer gesetzlich vorgesehenen Mieterhöhungsmöglichkeit (z.B. über das Vorliegen bestimmter Ausstattungsmerkmale oder einer Modernisierungsmaßnahme) fallen dagegen nicht in den Anwendungsbereich des Absatzes 1.

1. Typische Fälle

4   Vereinbarung einer bestimmten Mieterhöhung ohne Rücksicht auf das Vorliegen der gesetzlichen Voraussetzungen der §§ 558-560 BGB, z.B. Nichteinhaltung der Wartefrist, Überschreiten der ortsüblichen Vergleichsmiete (zu beachten jedoch die allgemeine Grenze des § 5 WiStrG), Abweichen von den gesetzlichen Begründungsmitteln, Überschreiten der Kappungsgrenze. Auch die bloße Zahlung einer nach den §§ 558-558e BGB erhöhten Miete ohne förmliche Erteilung der Zustimmung kann in Betracht kommen. Ferner ist ein entsprechender Bestätigungswille des Mieters erforderlich.[6]

5   Nach Durchführung von Modernisierungsmaßnahmen kann der Vermieter entweder eine Mieterhöhung nach § 559 BGB verlangen oder aber nach § 558 BGB vorgehen bzw. von beiden Mieterhöhungsmöglichkeiten in Kombination Gebrauch machen. Ebenso bietet sich aber alternativ ein Vorgehen nach § 557 Abs. 1 BGB an. Hierbei können Durchbrechungen des in § 559 BGB vorgesehenen maximalen jährlichen Erhöhungsbetrages erfolgen.[7]

2. Zweifelsfälle

6   Ebenso fällt die Zustimmung des Mieters zu einer formal unwirksamen Mieterhöhungserklärung grundsätzlich in den Anwendungsbereich der Vorschrift.[8] Unzureichende Mieterhöhungserklärungen des Vermieters können als Vertragsänderungsangebot ausgelegt werden, eine Annahme des Angebotes durch den Mieter durch nachfolgende Zahlung ist möglich.[9]

7   Erforderlich sind allerdings auch an dieser Stelle übereinstimmende Willenserklärungen der Vertragsparteien. Hat sich der Vermieter im Mietvertrag eine einseitige Neufestsetzung der Miete vorbehalten

---

[2] *Barthelmess*, Wohnraumkündigungsschutzgesetz, Miethöhegesetz, 5. Aufl. 1995, MHG § 10 Rn. 36.

[3] OLG Hamm v. 17.08.1993 - 27 U 144/92 - NJW-RR 1994, 415-416; a.A. LG Frankfurt v. 10.01.1989 - 2/11 S 133/88 - juris Rn. 15 - NJW-RR 1989, 824-825; vgl. im Übrigen mit weiteren Nachweisen *Lammel*, Wohnraummietrecht, 3. Aufl. 2007, § 557 Rn. 9, 10; *Beuermann*, Miete und Mieterhöhung bei preisfreiem Wohnraum, 3. Aufl. 1999, MHG § 10 Rn. 11.

[4] H.M., vgl. u.a. *Kinne* in: Kinne/Schach/Bieber, Miet- und Mietprozessrecht, 6. Aufl. 2010, § 557 Rn. 2, 3; *Weidenkaff* in: Palandt, § 557 Rn. 3; a.A. *Beuermann*, Miete und Mieterhöhung bei preisfreiem Wohnraum, 3. Aufl. 1999, MHG § 10 Rn. 21, 22; *Lammel*, Wohnraummietrecht, 3. Aufl. 2007, § 557 Rn. 13 – wegen § 550 BGB schriftformbedürftig.

[5] *Börstinghaus* in: Blank/Börstinghaus, Miete Kommentar, 3. Aufl. 2008, § 557 Rn. 7 f.; Beschlussempfehlung Rechtsausschuss Bundesrat BT-Drs. 14/5663, S. 80; so auch schon für die frühere Rechtslage, *Blank* in: Schmidt-Futterer/Blank, Wohnraumschutzgesetz, 6. Aufl. 1988, Rn. C 49; a.A. *Weidenkaff* in: Palandt, § 557 Rn. 3; *Kinne* in: Kinne/Schach/Bieber, Miet- und Mietprozessrecht, 6. Aufl. 2010, § 557 Rn. 4.

[6] Hieran fehlt es, wenn der Mieter bei Zahlung die fehlende Zahlungsverpflichtung nicht kennt, OLG Hamburg v. 06.02.1985 - 4 U 30/84, 4 U 42/84 - juris Rn. 20 - DWW 1985, 99-102.

[7] *Kinne* in: Kinne/Schach/Bieber, Miet- und Mietprozessrecht, 6. Aufl. 2010, § 557 Rn. 16.

[8] BGH v. 08.10.1997 - VIII ZR 373/96 - juris Rn. 24 - NJW 1998, 445-448; *Beuermann*, Miete und Mieterhöhung bei preisfreiem Wohnraum, 3. Aufl. 1999, MHG § 10 Rn. 10.

[9] BGH v. 29.06.2005 - VIII ZR 182/04 - juris Rn. 19 - NZM 2005, 736-737.

und hat er sodann in seinen an die Mieter gerichteten Mieterhöhungsschreiben nur erkennbar auf der Grundlage dieser vertraglichen Regelung sein einseitiges Bestimmungsrecht ausüben wollen, fehlt es hierbei – vom Empfängerhorizont der Mieter ausgehend – an einem Angebot des Vermieters zum Abschluss einer Mieterhöhungsvereinbarung.[10] In der Zahlung der erhöhten Miete seitens der Mieter kann schon deshalb eine stillschweigende Zustimmung zu der Mieterhöhung nicht gesehen werden.[11]

Nicht ohne weiteres in den Anwendungsbereich des § 557 BGB fallen somit auch Zahlungen des Mieters auf eine formal unwirksame Mieterhöhungserklärung des Vermieters nach § 559 BGB, da es sich auch hierbei um ein einseitiges Mieterhöhungsrecht des Vermieters handelt, welchem der Wille des Vermieters zum Abschluss einer Vereinbarung nicht unbedingt zu entnehmen ist.[12]

Übersteigt die in einem Mieterhöhungsverlangen nach § 558 BGB angegebene und der Berechnung zugrunde gelegte Wohnfläche die tatsächliche Wohnfläche, ist die Mieterhöhungserklärung möglicherweise formal unwirksam.[13] Hat der Mieter dennoch über längere Zeit die verlangten Mieterhöhungsbeträge geleistet, kommt eine Vereinbarung der Parteien nach § 557 Abs. 1 BGB in Betracht. Dieser liegt jedoch ein gemeinsamer Kalkulationsirrtum beider Parteien zugrunde, so dass der Mietzins der tatsächlich vorhandenen Wohnfläche anzupassen ist und dem Mieter ein Rückforderungsrecht nach § 812 BGB hinsichtlich der überzahlten Mieterhöhungsbeträge zusteht.[14]

II. Künftige Änderungen der Miethöhe (Absatz 2)

Absatz 2 beschränkt die Vereinbarungsmöglichkeiten nach Absatz 1 für die Fälle erst in der Zukunft eintretender Mieterhöhungen auf die jeweils automatisch wirkenden Erhöhungsformen der Staffelmiete (§ 557a BGB) und der Indexmiete (§ 557b BGB). Auch eine nachträgliche Vereinbarung dieser Änderungsmodi im Laufe des Mietverhältnisses ist zulässig.[15]

III. Mieterhöhungen im Übrigen (Absatz 3)

Die Bestimmung verweist auf die jeweils spezielle gesetzliche Mieterhöhung bis zur ortsüblichen Vergleichsmiete (§§ 558-558e BGB), nach Modernisierung (§§ 559-559b BGB) sowie Veränderungen bei den Betriebskosten (§ 560 BGB). Abweichend von den Absätzen 1 und 2 gewährleisten diese gesetzlich vorgesehenen Mietänderungsmöglichkeiten die Durchsetzung der Mieterhöhung auch gegen den Willen des Mieters und durchbrechen damit das Grundprinzip des Vertragsrechtes, wonach inhaltliche Abänderungen des Vertrages auch nur durch vertragliche Vereinbarungen erfolgen können. Die Erhöhung nach den §§ 558-558e BGB beinhaltet dabei den Anspruch des Vermieters auf Zustimmung zur Mieterhöhung, im Übrigen handelt es sich um jeweils einseitige vertragsändernde Erklärungen des Vermieters. Zu den Einzelheiten der Mieterhöhungsverfahren vgl. die Kommentierung zu § 558 BGB ff.

IV. Ausschluss der Erhöhung durch Vereinbarung (Absatz 3)

Die Parteien können den völligen Ausschluss der Mieterhöhung vereinbaren. Eine ausdrückliche Regelung kann sich aus dem Mietvertrag selbst oder einer anderen Vereinbarung der Parteien ergeben. Eine vertragliche Regelung, wonach spätere Anhebungen des Mietsatzes sich an der allgemeinen Entwicklung des örtlichen Mietpreisniveaus für vergleichbare Objekte in vergleichbarer Lage orientieren sollen, beschränkt die Mieterhöhungsmöglichkeit nach § 558 BGB auf die prozentuale Erhöhung der Vergleichsmiete.[16] Wird dem Mieter der Einbau einer Gasetagenheizung gestattet und zugleich verein-

---

[10] BGH v. 20.07.2005 - VIII ZR 199/04 - juris Rn. 14 - NZM 2005, 735-736.
[11] BGH v. 20.07.2005 - VIII ZR 199/04 - juris Rn. 15 - NZM 2005, 735-736.
[12] Vgl. BGH v. 28.04.2004 - VIII ZR 185/03 - juris Rn. 10 - NJW 2004, 2088-2089.
[13] Offen gelassen in BGH v. 07.07.2004 - VIII ZR 192/03 - juris Rn. 11 - NJW 2004, 3115-3117; anders BGH v. 12.11.2003 - VIII ZR 52/03 - juris Rn. 11 - NJW 2004, 1379-1380: formelle Wirksamkeit für den Fall der Überschreitung der im Mietspiegel angegebenen Mietzinsspanne.
[14] BGH v. 07.07.2004 - VIII ZR 192/03 - juris Rn. 17 - NJW 2004, 3115-3117.
[15] Gesetzesbegründung BT-Drs. 14/4553, S. 52.
[16] BGH v. 14.07.2004 - VIII ZR 164/03 - juris Rn. 12 - NJW 2004, 2751-2755.

bart, dass er bei späterem Einbau einer Zentralheizungsanlage durch den Vermieter eine Mieterhöhung nicht erhalten soll, kann diese Regelung sogar dahingehend auszulegen sein, dass der Vermieter sich auch bei späteren Mieterhöhungen nach § 558 BGB im Rahmen der Einstufung der Wohnung in den Mietspiegel nicht auf das Vorhandensein der Zentralheizungsanlage berufen kann.[17] Obwohl im Wortlaut der Vorschrift nicht ausdrücklich vorgesehen, dürfte für den Ausschluss Schriftformerfordernis bestehen.[18] Andernfalls tritt für das gesamte Mietverhältnis die Rechtsfolge des § 550 BGB ein. Die ausdrückliche Ausschlussvereinbarung kann auch nur auf eine bestimmte Zeitdauer oder bestimmte Mietteile begrenzt sein.

13 Fraglich ist, ob die Vereinbarung auch zwischen dem Vermieter und einem Dritten mit drittbegünstigender Wirkung für den Mieter geschlossen werden kann.[19]

V. Ausschluss der Erhöhung nach den Umständen (Absatz 3)

14 Auch wenn eine ausdrückliche Vereinbarung zwischen den Parteien nicht vorliegt, kann der Ausschluss der Mieterhöhung sich aus den Umständen des Mietverhältnisses, insbesondere sonstigen getroffenen Regelungen ergeben. Entscheidend ist die konkrete Ausgestaltung des Vertrages.[20]

1. Typische Fälle

15 Ein sich aus den Umständen ergebender Ausschluss der Mieterhöhung kann insbesondere in der festen Vereinbarung einer Miete für eine bestimmte Zeit gesehen werden.[21] Die bloße Vereinbarung einer Kostenmiete bewirkt einen Ausschluss der Mieterhöhung solange bei öffentlich geförderten Wohnungen die öffentlichen Mittel nicht zurückgezahlt sind, die Vereinbarung der Parteien, keine die Kostenmiete übersteigende Miete zu erheben, kann allerdings auch nach Auslaufen der gesetzlichen Voraussetzungen für die Gültigkeit der Kostenmiete eine weiter gehende Mieterhöhung ausschließen.[22] Bei Vereinbarung einer solchen Klausel mit einem ehemals gemeinnützigen Wohnungsunternehmen entfällt die Wirkung nunmehr jedoch nach Wegfall der Gemeinnützigkeit.[23] Ein Ausschluss liegt auch vor, wenn die Wohnung im Mietvertrag als „öffentlich gefördert oder sonst preisgebunden" bezeichnet wird, selbst wenn es zu einer tatsächlichen Inanspruchnahme öffentlicher Mittel nicht mehr kommt.[24] Hat der Mieter Finanzierungsbeiträge zugunsten des Mietobjektes zum Beispiel durch einmalige Baukostenzuschüsse, Mieterdarlehen oder Mietvorauszahlungen geleistet, kann ein Ausschluss der Mieterhöhung für den Zeitraum der Verrechnung oder des häufig im Gegenzuge vereinbarten Ausschlusses des ordentlichen Kündigungsrechtes des Vermieters in Betracht kommen.[25] Haben die Parteien ausdrücklich die Größe des Mietobjektes in den Vertrag einbezogen, so kann ein Ausschluss vorliegen,

---

[17] LG Berlin v. 20.11.2006 - 67 S 257/06 - juris Rn. 10 - Grundeigentum 2007, 293-294.
[18] *Lammel*, Wohnraummietrecht, 3. Aufl. 2007, § 557 Rn. 29.
[19] *Weidenkaff* in: Palandt, § 557 Rn. 7; zutreffend differenzierend m.w.N.: *Lammel*, Wohnraummietrecht, 3. Aufl. 2007, § 557 Rn. 28.
[20] BT-Drs. 14/4553, S. 52.
[21] Vgl. den bisherigen § 1 Satz 3 HS. 1 MietHöReglG, dessen Wegfall keine inhaltliche Änderung bedeuten soll – Gesetzesbegründung BT-Drs. 14/4553, S. 52; *Börstinghaus* in: Blank/Börstinghaus, Miete Kommentar, 3. Aufl. 2008, § 557 Rn. 16.
[22] OLG Hamm v. 14.03.1986 - 4 RE-Miet 2/85 - ZMR 1986, 287; LG Frankfurt v. 05.04.1991 - 2/17 S 272/90 - juris Rn. 4 - WuM 1992, 135; BVerfG v. 19.01.1987 - 1 BvR 1343/86 - DWW 1987, 68-69; BGH v. 07.02.2007 - VIII ZR 122/05 - juris Rn. 18 - NZM 2007, 283-284.
[23] BGH v. 14.06.2006 - VIII ZR 128/05 - juris Rn. 17 - NZM 2006, 693-695, wenn für die Zeit danach keine besondere Regelung getroffen wurde; a.A. zuvor: LG München I v. 05.02.1999 -14 S 3214/97 - WuM 1999, 170-171; LG Berlin v. 22.02.2001 - 67 S 5/00 - Grundeigentum 2001, 555-556; offen: BayObLG München v. 17.03.1998 - RE-Miet 1/98 - juris Rn. 14 - NJW-RR 1999, 89-91.
[24] BGH v. 21.01.2004 - VIII ZR 99/03 - juris Rn. 18 - EBE/BGH 2004, BGH-Ls 173/04.
[25] Strittig, dafür zumindest bei Kombination mit Zeitmietvertrag: *Weitemeyer* in: Staudinger, Neubearbeitung 2003, § 557 Rn. 64; *Barthelmess*, Wohnraumkündigungsschutzgesetz, Miethöhegesetz, 5. Aufl. 1995, MHG § 1 Rn. 39; a.A.: *Schultz* in: Bub/Treier, Handbuch der Geschäfts- und Wohnraummiete, 3. Aufl. 1999, III. A. Rn. 309; differenzierend BGH v. 20.12.1989 - VIII ZR 203/88 - juris Rn. 34 - LM Nr. 15 zu § 241 BGB.

wenn die tatsächliche Fläche[26] größer ist, als die im Vertrag vereinbarte. Der Mieterhöhung ist als Bezugsgröße dann nur die vereinbarte (kleinere) Wohnungsfläche zugrunde zu legen.[27]
Einer Mieterhöhung nach § 558 BGB ist jedoch die vereinbarte Wohnfläche zugrunde zu legen, wenn die tatsächliche Wohnfläche zum Nachteil des Mieters um nicht mehr als 10% davon abweicht.[28]

16

2. Kein Ausschluss

Kein Ausschluss liegt vor, wenn mietvertraglich lediglich eine bestimmte Laufzeit des Vertrages bzw. ein Kündigungsausschluss bestimmt ist. Bei Abschluss des Mietvertrages sollte aber dennoch vorsorglich ein Erhöhungsvorbehalt erfolgen. Ebenfalls kommt ein Ausschluss den Umständen nach nicht in Betracht, wenn der Mietvertrag eine automatische Verlängerung um jeweils eine bestimmte Zeit vorsieht und lediglich zunächst mit einer Festschreibung des Mietzinses verbunden ist.[29] Auch aus internen, lediglich einseitig bindenden Verwaltungsvorschriften (zum Beispiel über die maßgebliche Vergleichsmiete bei Bundesmietwohnungen) soll sich ein Ausschluss nicht ergeben.[30] Entgegen einer Ausschlussvereinbarung während eines Ausschlusszeitraumes oder im Wirkungsbereich eines Ausschlusses vorgenommene Mieterhöhungserklärungen nach den §§ 558-560 BGB sind unwirksam. Lässt sich der Mieter allerdings hierauf ein, kann eine Vereinbarung nach Absatz 1 vorliegen.
Fraglich ist ein eventueller Ausschluss im Hinblick auf den Gleichbehandlungsgrundsatz.
Der genossenschaftliche Gleichbehandlungsgrundsatz wird nicht verletzt, wenn die Wohnungsgenossenschaft lediglich bei einem Mieter die Mieterhöhung vornimmt, welcher entgegen den anderen Mitgliedern der Genossenschaft im Zuge der Durchführung von Baumaßnahmen eine Mietminderung geltend macht.[31]

17

18

19

VI. Abdingbarkeit (Absatz 4)

Die Vorschrift betrifft nur Wohnraummietverhältnisse. In diesen sind Vereinbarungen, die für den Mieter nachteilig von den Regelungen der §§ 557-560 BGB abweichen, unwirksam. Von einer für den Mieter nachteiligen Regelung ist auszugehen, wenn dem Vermieter hierdurch eine objektiv günstigere Rechtsposition eingeräumt wird, als in formeller oder materieller Hinsicht für ihn vom Gesetz vorgesehen.[32] Maßgeblicher Beurteilungszeitpunkt ist der Abschluss der Vereinbarung.[33] Ein eigenständiger Rege-

20

---

[26] Zu den für die Ermittlung der tatsächlichen Wohnfläche anzuwendenden Rechtsvorschriften siehe BGH v. 24.03.2004 - VIII ZR 44/03 - juris Rn. 14 - NJW 2004, 2230-2232: grundsätzlich auch im freifinanzierten Wohnraum §§ 42-44 BVO bzw. nunmehr § 19 Abs. 1 Satz 2 WoFG/WoflVO vom 25.11.2003 BGBl I, 2346 maßgebend, anderweitige Vereinbarungen der Parteien aber zulässig und dann auch vorrangig; ebenso BGH v. 22.02.2006 - VIII ZR 219/04 - juris Rn. 10 - NZM 2006, 375.

[27] LG Zweibrücken v. 06.10.1998 - 2 S 1/98 - NZM 1999, 71; LG München I v. 04.02.1998 - 14 S 15028/97 - WuM 1998, 230-231, LG Aachen v. 18.07.1991 - 6 S 91/91 - juris Rn. 3 - WuM 1991, 501; LG Berlin v. 03.02.2005 - 62 S 96/04 - Grundeigentum 2005, 619; gute Zusammenfassung bei *Börstinghaus* in Blank/Börstinghaus, Miete Kommentar, 3. Aufl. 2008, § 557 Rn. 17; so nunmehr auch BGH v. 23.05.007 - VIII ZR 138/06 - juris Rn. 18 - NJW 2007, 2626-2627: jedenfalls, wenn die tatsächliche Flächenüberschreitung nicht mehr als 10% beträgt.

[28] BGH v. 08.07.2009 - VIII ZR 205/08 - juris Rn. 10-12; es liegt hierdurch auch kein Verstoß gegen die §§ 557 Abs. 4 und 558 Abs. 6 BGB vor. Diese Normen werden durch Flächenvereinbarungen nicht berührt.

[29] OLG Zweibrücken v. 17.08.1981 - 3 W - RE - 66/81 - juris Rn. 5 - OLGZ 1982, 213-215; OLG Karlsruhe v. 27.11.1995 - 3 REMiet 1/95 - juris Rn. 26 - NJW-RR 1996, 329-331.

[30] BayObLG München v. 16.12.1998 - RE-Miet 3/98 - juris Rn. 19 - NJW-RR 1999, 1100-1104; OLG Schleswig v. 24.03.1981 - 6 RE-Miet 1/80 - juris Rn. 14 - NJW 1981, 1964; LG Berlin, Grundeigentum 1993, 95.

[31] BGH v. 14.10.2009 - VIII ZR 159/08 - juris Rn. 11-13 - NZM 2010, 121-122: Die Genossenschaft hatte die Mieter vor die Wahl gestellt, eine Mietminderung geltend zu machen oder aber hierauf zu verzichten, wobei dann die Genossenschaft ihrerseits auch von der Möglichkeit zur Mieterhöhung nach § 558 BGB zunächst keinen Gebrauch machen würde.

[32] OLG Stuttgart v. 07.09.1989 - 8 REMiet 1/89, 8 REMiet 2/89 - Grundeigentum 1989, 1221-1223; *Weitemeyer* in: Staudinger, Neubearbeitung 2003, § 557 Rn. 71; *Börstinghaus* in: Blank/Börstinghaus, Miete Kommentar, 3. Aufl. 2008, § 557 Rn. 18.

[33] BT-Drs. 14/4553, S. 53.

lungsbereich des Absatzes 4 ist schwer abzugrenzen, da auch die §§ 557a, 557b, 558-558b BGB und die §§ 559-560 BGB jeweils zu Lasten des Mieters nachteilig abweichende Vereinbarungen verbieten.[34] Zudem enthält § 557 Abs. 2 BGB über die Klarstellung hinaus keine eigenständige Bedeutung, Absatz 3 entfaltet diese lediglich für den Halbsatz 2, so dass auch insoweit nachteilige Abweichungen allein bezogen auf § 557 BGB kaum denkbar sind.

1. Typische Fälle

21 Im Hinblick auf § 557 Abs. 1 BGB sind vor Abschluss des Mietvertrages zwischen den Parteien getroffene Regelungen unwirksam. Die Nachteiligkeit ergibt sich hierbei aus einer für diesen Zeitraum unterstellten besonderen Drucksituation des Mieters. Ebenso sind Vereinbarungen über tatbestandliche Voraussetzungen der gesetzlichen Mieterhöhungsmöglichkeiten unwirksam (vgl. Rn. 3), auch wenn sie erst nachträglich geschlossen werden. Soweit aber die Voraussetzungen des Absatzes 1 gewahrt sind, können durch Vereinbarungen auch Abweichungen von den §§ 558-560 BGB erfolgen. Im Hinblick auf Absatz 2 sind alle Vereinbarungen unwirksam, die außerhalb der Vorgaben einer Staffel- oder Indexmiete generell künftige Erhöhungsfälle regeln sollen. In Bezug auf Absatz 3 unzulässig sollen neben den materiell-rechtlichen Abweichungen auch alle Vereinbarungen sein, mit denen von den Verfahrensvorschriften der §§ 558-560 BGB abgewichen werden soll. Dies dürfte jedoch eher aus den §§§ 557a, 557b, 558-558b und 559-560 BGB folgen, zumal § 557 Abs. 3 BGB gerade voraussetzt, dass Parteivereinbarungen nach den Absätzen 1 und 2 nicht vorliegen. Eine gemäß § 557 Abs. 4 BGB von § 557 Abs. 3 BGB abweichende Vereinbarung kann sich also nur bezüglich dessen Halbsatz 2 ergeben.[35] Eine unzulässige Abweichung liegt nicht vor bei bloßer Vereinbarung eines Mietzuschlages für teilgewerbliche Nutzung des Wohnraumes.[36]

2. Folgen eines Verstoßes

22 Folge eines Verstoßes gegen Absatz 4 ist die Unwirksamkeit einer solchen Vereinbarung, nicht etwa des gesamten Mietvertrages.[37] Dem Mieter steht für etwa gezahlte Mieterhöhungsbeträge ein Rückforderungsrecht nach § 812 BGB zu, nicht jedoch bei Vorliegen der Voraussetzungen des § 814 BGB. Dies setzt jedoch positive Kenntnis von der Unwirksamkeit der Vereinbarung voraus; der Mieter kann den Anspruch im Übrigen trotz positiver Kenntnis durch Zahlung unter Vorbehalt aufrechterhalten. Ferner kommt Anspruchserhaltung nach § 817 BGB in Betracht.

23 Auch der Vermieter kann sich auf die Unwirksamkeit der Vereinbarung berufen.[38]

---

[34] Vgl. insoweit auch *Börstinghaus* in: Blank/Börstinghaus, Miete Kommentar, 3. Aufl. 2008, § 557 Rn. 18, der die dortigen Wiederholungen für überflüssig hält.

[35] Vgl. zu einzelnen Fallkonstellationen im Übrigen die Übersichten bei *Lammel*, Wohnraummietrecht, 3. Aufl. 2007, § 557 Rn. 45-54 und *Kinne* in: Kinne/Schach/Bieber, Miet- und Mietprozessrecht, 6. Aufl. 2010, § 557 Rn. 5-15.

[36] BayObLG München v. 25.03.1986 - ReMiet 4/85 - NJW-RR 1986, 892.

[37] BGH v. 30.10.1974 - VIII ZR 69/73 - juris Rn. 14 - BGHZ 63, 132-140.

[38] OLG Schleswig v. 24.03.1981 - 6 RE-Miet 1/80 - NJW 1981, 1964; OLG Koblenz v. 05.06.1981 - 4 W-RE 248/81 - OLGZ 1981, 459-462; *Börstinghaus* in: Schmidt-Futterer, Mietrecht, 10. Aufl. 2010, § 557, Rn. 78; *Weitemeyer* in: Staudinger, § 557 Rn. 81; a.A.: *Blank* in: Schmidt-Futterer/Blank, Wohnraumschutzgesetz, 6. Aufl. 1988, Rn. C 486; *Beuermann*, Miete und Mieterhöhung bei preisfreiem Wohnraum, 3. Aufl. 1999, MHG § 10 Rn. 5; LG Bonn v. 12.03.1992 - 6 S 453/91 - juris Rn. 5 - WuM 1992, 199-200.

§ 557a BGB Staffelmiete

(Fassung vom 02.01.2002, gültig ab 01.01.2002)

(1) Die Miete kann für bestimmte Zeiträume in unterschiedlicher Höhe schriftlich vereinbart werden; in der Vereinbarung ist die jeweilige Miete oder die jeweilige Erhöhung in einem Geldbetrag auszuweisen (Staffelmiete).

(2) ¹Die Miete muss jeweils mindestens ein Jahr unverändert bleiben. ²Während der Laufzeit einer Staffelmiete ist eine Erhöhung nach den §§ 558 bis 559b ausgeschlossen.

(3) ¹Das Kündigungsrecht des Mieters kann für höchstens vier Jahre seit Abschluss der Staffelmietvereinbarung ausgeschlossen werden. ²Die Kündigung ist frühestens zum Ablauf dieses Zeitraums zulässig.

(4) Eine zum Nachteil des Mieters abweichende Vereinbarung ist unwirksam.

Gliederung

A. Grundlagen 1	IV. Mindestdauer einer einzelnen Staffel (Absatz 2) 10
I. Kurzcharakteristik 1	V. Ausschluss anderer Mieterhöhungsmöglichkeiten (Absatz 2) 11
II. Gesetzgebungsmaterialien 2	
B. Praktische Bedeutung 3	VI. Kündigungsrecht des Mieters (Absatz 3) 14
C. Anwendungsvoraussetzungen 4	VII. Unabdingbarkeit (Absatz 4) 18
I. Schriftliche Vereinbarung der Miete (Absatz 1) .. 4	**D. Rechtsfolgen** 19
II. Für bestimmte Zeiträume in unterschiedlicher Höhe (Absatz 1) 6	E. Prozessuale Hinweise/Verfahrenshinweise 22
	F. Anwendungsfelder 24
III. Ausweis der jeweiligen Miete oder Erhöhung (Absatz 1) 8	I. Anwendungsbereich 24
	II. Übergangsrecht 25

A. Grundlagen

I. Kurzcharakteristik

Absatz 1 der Vorschrift erläutert den Begriff der Staffelmiete. Er enthält auch einige inhaltliche Voraussetzungen der Vereinbarung. Die Absätze 2 und 3 betreffen weitere Geltungsvoraussetzungen sowie Ausschlussfunktionen der Vereinbarung. Absatz 4 regelt die Unabdingbarkeit. 1

II. Gesetzgebungsmaterialien

Die Vorschrift geht auf das Mietrechtsreformgesetz vom 19.06.2001[1] zurück. Sie ist an den früheren § 10 Abs. 2 MietHöReglG in der seit dem 01.09.1993 geltenden Fassung angelehnt, weist jedoch einige Änderungen auf. 2

B. Praktische Bedeutung

Mit der Vereinbarung einer Staffelmiete ist die Mietentwicklung für beide Vertragsparteien über einen bestimmten Zeitraum hinweg vorhersehbar. Die Staffelmiete birgt insbesondere für den Vermieter weitere Vorteile, da das formale und umständliche Mieterhöhungsverfahren nach den §§ 558-558e BGB vermieden wird. Dies gilt umso mehr, als die Gerichte in der Vergangenheit in den dortigen Zustimmungsverfahren zunehmend Sachverständigengutachten zur Ermittlung der ortsüblichen Vergleichsmiete eingeholt haben und die zukünftige Geltung und Bedeutung der qualifizierten Mietspiegel im Sinne des § 558d BGB noch ungeklärt ist (vgl. die Kommentierung zu § 558d BGB Rn. 3). Risiken bestehen allerdings im Hinblick auf § 5 WiStrG, sofern die in der Staffelvereinbarung kalkulierte Mietentwicklung mit der der ortsüblichen Vergleichsmiete nicht im Einklang steht. Zu beachten ist ferner 3

---

[1] BGBl I 2001, 1149.

Absatz 2 Satz 2, welcher insbesondere auch die Vornahme von Mieterhöhungen nach Modernisierungsmaßnahmen für die Laufzeit der Staffelmiete ausschließt.

C. Anwendungsvoraussetzungen

I. Schriftliche Vereinbarung der Miete (Absatz 1)

4 Im Gegensatz zu den anderen Mieterhöhungsmöglichkeiten erfordert die Staffelmietvereinbarung weiterhin die schriftliche Vereinbarung. Textform (§ 126b BGB), wie in § 558 BGB und § 559 BGB vorgesehen, genügt hier nicht. Erst recht genügt eine nur mündlich geschlossene Vereinbarung nicht (§ 125 BGB).[2] Die Vereinbarung im Formularmietvertrag ist zulässig, wenn die einzelnen Mietstaffeln bzw. Erhöhungsbeträge individuell ausgehandelt werden.[3] Zu den Voraussetzungen der Schriftform vgl. die Kommentierung zu § 126 BGB. Zweifel an der Wahrung der Schriftform können bestehen, wenn die Staffelvereinbarung dem Mietvertrag als bloßer Nachtrag ohne gesonderte Unterschriften der Parteien beigefügt wird (vgl. zum Problem der Einheitlichkeit des Vertragswerkes die Kommentierung zu § 550 BGB). Die Geltendmachung eines Schriftformmangels bei der Staffelmietvereinbarung ist jedoch (ausnahmsweise) treuwidrig, wenn die Parteien für diesen Fall Nachholung im Vertrag vereinbart haben.[4] Die Vereinbarung muss von allen Vertragsparteien getroffen werden. Der Zeitpunkt der Vereinbarung ist unerheblich,[5] auch der Abschluss im Verlaufe des Mietverhältnisses ist zulässig. Die Wartefrist des § 558 Abs. 1 BGB ist dabei nicht einzuhalten. Die für den einzelnen Zeitraum jeweils geltende Miete oder der jeweilige Erhöhungsbetrag müssen mit Abschluss der Staffelvereinbarung festgelegt werden. Die Festlegung auf eine Ermittlungsmethode reicht nicht aus. Auch die Orientierung an einer Indexveränderung wäre nicht zulässig, §§ 557a und 557b BGB schließen sich gegenseitig aus. Sämtliche vorgenannten Voraussetzungen sind auch dann zu beachten, wenn eine bereits getroffene Staffelvereinbarung später abgeändert werden soll.

5 Beachte aber zur Abgrenzung: Die Wirksamkeit einer Staffelmietvereinbarung, in der die jeweilige Miete oder der jeweilige Mieterhöhungsbetrag betragsmäßig ausgewiesen sind, wird nicht dadurch berührt, dass dem Mieter zusätzlich die Möglichkeit eingeräumt wird, sich zu seinen Gunsten auf eine niedrigere ortsübliche Vergleichsmiete zu berufen.[6]

II. Für bestimmte Zeiträume in unterschiedlicher Höhe (Absatz 1)

6 Eine Staffelvereinbarung liegt nur vor, wenn zumindest zwei verschiedene Mietstufen für jeweils gewisse Zeiträume vereinbart werden. Es kann sich um steigende oder fallende Staffeln handeln. Erforderlich ist die Festlegung der Miethöhe und des jeweiligen Fälligkeitszeitpunktes. Dies kann durch Angabe des konkreten Erhöhungstermins oder durch kalendermäßige Bestimmbarkeit erfolgen.

7 Die im früheren § 10 Abs. 2 Satz 2 MietHöReglG vorgesehene Beschränkung auf einen maximalen Zeitraum der Staffelung von 10 Jahren ist entfallen. Ob allerdings nunmehr zulässige längerfristige Staffelvereinbarungen zweckmäßig sind, erscheint im Hinblick auf die Risiken aus § 5 WiStrG und den Ausschluss anderweitiger Mieterhöhungen in § 557a Abs. 2 Satz 2 BGB bedenklich.

---

[2] Beachte: Das Schriftformerfordernis ist auch verletzt, wenn eine vereinbarte Staffelmietsteigerung mündlich für 1 Jahr ausgesetzt wird, LG Berlin v. 20.07.2004 - 65 S 75/04 - juris Rn. 8 - MM 2004, 374: ab diesem Zeitpunkt ist die Staffelmietvereinbarung insgesamt unwirksam.

[3] *Kinne* in: Kinne/Schach/Bieber, Miet- und Mietprozessrecht, 6. Aufl. 2010, § 557a Rn. 10.

[4] LG Berlin v. 25.06.2007 - 62 T 72/07 - juris Rn. 9 - Grundeigentum 2007, 1052.

[5] Zulässig also zum Beispiel auch schon während noch bestehender Preisbindung für den Zeitraum nach deren Auslaufen, sofern die übrigen Voraussetzungen gewahrt sind, *Kinne* in: Kinne/Schach/Bieber, Miet- und Mietprozessrecht, 6. Aufl. 2010, § 557a Rn. 8 m.w.N.; *Lammel*, Wohnraummietrecht, 3. Aufl. 2007, § 557a Rn. 11; a.A.: LG Hamburg v. 13.03.1997 - 334 S 118/96 - juris Rn. 11 - WuM 1997, 331-332; *Beuermann*, Miete und Mieterhöhung bei preisfreiem Wohnraum, 3. Aufl. 1999, MHG § 10 Rn. 28c.

[6] BGH v. 11.03.2009 - VIII ZR 279/07 - juris Rn. 11.

III. Ausweis der jeweiligen Miete oder Erhöhung (Absatz 1)

In der Vereinbarung ist die jeweils geltende Miete oder die für diesen Zeitraum eintretende Erhöhung in einem Geldbetrag auszuweisen.[7] Die Angaben müssen sämtliche vorgesehene Staffeln erfassen.[8] Unzulässig ist die bloße Angabe einer prozentualen Steigerung, da hier schon die Basis der Berechnung unklar ist (erste Staffelmiete oder letzter vorhergehender Staffelbetrag).[9] Die Angabe muss sich nur auf die durch die Vereinbarung jeweils geänderten Mietbestandteile beziehen (nicht also zum Beispiel auf hiervon unberührt bleibende bzw. sich gesondert erhöhende Betriebskostenvorschüsse, Stellplatz- oder Garagenmieten)[10]. 8

Die Regelung übernimmt den früheren § 10 Abs. 2 Satz 4 MietHöReglG, dessen Fassung auf das zum 01.09.1993 in Kraft getretene 4. Mietrechtsänderungsgesetz zurückging. In dem vorangehenden Zeitraum seit 01.01.1983 (erstmalige Zulässigkeit von Staffelmietvereinbarungen) erforderte die wirksame Vereinbarung einer Staffelmiete noch ausschließlich die konkrete betragsmäßige Angabe der jeweils für den einzelnen Staffelzeitraum geltenden Miete.[11] Die hierzu ergangene Rechtsprechung ist für § 10 Abs. 2 Satz 4 MietHöReglG und § 557a BGB jedoch nicht mehr beachtlich. Für in dem Zeitraum 01.09.1993 bis 31.08.2001 geschlossene Vereinbarungen findet jedoch § 10 Abs. 2 MietHöReglG in der Fassung des 4. Mietrechtsänderungsgesetzes weiterhin Anwendung (vgl. Rn. 25). 9

IV. Mindestdauer einer einzelnen Staffel (Absatz 2)

Der einzelne Staffelzeitraum muss zumindest ein Jahr betragen. Dies gilt auch, wenn sich der ursprünglich vorgesehene Beginn des Mietverhältnisses nachträglich geringfügig verschiebt, es ist dann eine Anpassung der Vereinbarung in zeitlicher Hinsicht erforderlich.[12] Der Beginn der jeweiligen neuen Staffel ist mit einem genauen Datum anzugeben. Die bloße kalendermäßige Bestimmbarkeit reicht nicht aus. 10

V. Ausschluss anderer Mieterhöhungsmöglichkeiten (Absatz 2)

Während der Laufzeit einer wirksamen[13] Staffelmietvereinbarung sind anderweitige gesetzliche Mieterhöhungen nach den §§ 558-559b BGB ausgeschlossen. Dies gilt auch dann, wenn die vereinbarte Staffelmiete die vergleichbare ortsübliche Miete unterschreitet. Erhöhungen wegen gestiegener Betriebskosten, also Erhöhungen der Betriebskostenvorauszahlungen oder der Betriebskostenpauschalen oder gemäß § 560 BGB analog bei Bruttomietverträgen bleiben jedoch möglich. 11

Vor Abschluss der Staffelmietvereinbarung muss der Vermieter genau überlegen, ob während der Laufzeit Modernisierungen des Mietobjektes beabsichtigt oder im Sinne § 559 Abs. 1 Satz 1 Alt. 4 BGB. evtl. durchzuführen sind. Ferner ist eine sorgfältige Prognose der zu erwartenden Entwicklung der orts- 12

---

[7] Die Orientierung einer bestimmten Staffel an der ortsüblichen Vergleichsmiete genügt nicht, die Staffelmietvereinbarung ist dann insgesamt unwirksam, LG Halle v. 06.05.2004 - 2 S 249/03 - juris Rn. 32 - ZMR 2004, 831-822.

[8] LG Nürnberg-Fürth v. 27.06.1997 - 7 S 246/97 - WuM 1997, 438; LG Berlin, MM 1989, 85; LG Berlin v. 16.11.1989 - 62 S 76/89 - MM 1990, 68; *Blank/Börstinghaus*, Miete Kommentar, 3. Aufl. 2008, § 557a Rn. 7.

[9] BGH v. 15.02.2012 - VIII ZR 197/11 - juris Rn. 15 - NJW 2012, 1502-1504: Bei Ausweis der jeweiligen Miete bzw. der jeweiligen Erhöhung für die ersten 10 Jahre der Laufzeit der Staffelmietvereinbarung in einem Geldbetrag und für die nachfolgenden Jahre in einem Prozentsatz ist die Staffelmietvereinbarung jedoch gem. § 139 BGB nicht insgesamt unwirksam, sondern für die ersten 10 Jahre wirksam.

[10] LG Berlin v. 28.02.1992 - 63 S 448/91 - Grundeigentum 1992, 381-383; *Lammel*, Wohnraummietrecht, 3. Aufl. 2007, § 557a Rn. 16.

[11] OLG Braunschweig v. 29.03.1985 - 1 MH 1/85 - NJW-RR 1986, 91; OLG Karlsruhe v. 13.11.1989 - 9 ReMiet 1/89 - juris Rn. 15 - NJW-RR 1990, 155-156.

[12] LG Berlin v. 18.03.2005 - 65 S 355/04 - Grundeigentum 2006, 453 -455 m.w.N. – der BGH hat Zurückweisung der hiergegen eingelegten Revision nach § 522a ZPO angekündigt.

[13] LG Berlin v. 13.03.2000 - 62 S 277/99 - Grundeigentum 2000, 604-605; *Lammel*, Wohnraummietrecht, 3. Aufl. 2007, § 557a Rn. 26; *Löfflad* in: Lützenkirchen/Löfflad, Neue Mietrechtspraxis, 2001, § 557a Rn. 179; *Börstinghaus* in: Blank/Börstinghaus, Miete Kommentar, 3. Aufl. 2008, § 557a Rn. 14; *Weidenkaff* in: Palandt, § 557a Rn. 8.

§ 557a

üblichen Vergleichsmiete notwendig, damit die vereinbarte Miete dahinter nicht zurückbleibt, bzw. die Vereinbarung nicht wegen Verstoßes gegen § 5 WiStrG nichtig wird.

13 Nach Ablauf der getroffenen Staffelmietvereinbarung steht den Parteien der Abschluss einer neuen Staffelung frei. Wird eine solche nicht getroffen, kann der Vermieter wieder nach den §§ 558-559b BGB vorgehen.

VI. Kündigungsrecht des Mieters (Absatz 3)

14 Schließen die Parteien einen Zeitmietvertrag, kann der Mieter sich spätestens zum Zeitpunkt von vier Jahren seit Abschluss der Vereinbarung (nicht erst seit Eingreifen der ersten Staffelstufe) durch Kündigung mit gesetzlicher Frist vom Mietvertrag lösen.[14] Die Neuregelung in Satz 2 stellt klar, dass die Kündigung bereits zum Ablauf des Vierjahreszeitraumes zulässig ist, also schon vorher mit Wirkung auf diesen Zeitpunkt erklärt werden darf.[15]

15 Ein mit der Staffelmiete formularmäßig vereinbarter Kündigungsausschluss von mehr als 4 Jahren führt zur Unwirksamkeit des gesamten Kündigungsausschlusses.[16] Liegt ein längerer individualvertraglicher Kündigungsverzicht vor, ist dessen Wirksamkeit auf den nach § 557a Abs. 3 BGB zulässigen Zeitraum beschränkt.[17]

16 § 557a Abs. 3 BGB bzw. zuvor § 10 Abs. 2 Satz 6 MHG greifen auch, wenn das Kündigungsrecht des Mieters zwar nicht generell ausgeschlossen, jedoch beschränkt wird, bspw., indem die Kündigung lediglich einmal jährlich zu einem bestimmten Zeitpunkt zulässig sein soll.[18]

17 § 557a Abs. 3 BGB bedeutet nicht etwa, dass die Staffelmietvereinbarung nur in Kombination mit dem Abschluss eines Zeitmietvertrages zulässig wäre. Vielmehr kann der Mietvertrag auch auf unbestimmte Zeit geschlossen werden. Sofern die Parteien eine Befristung wollen, kann diese auch unter den besonderen Voraussetzungen des § 575 BGB vereinbart werden.

VII. Unabdingbarkeit (Absatz 4)

18 Zum Nachteil des Mieters von den Vorgaben der Absätze 1-3 abweichende Vereinbarungen sind unwirksam. Hierunter fallen beispielsweise die Kombination mit einer Indexmiete oder einer Mieterhöhungsmöglichkeit nach den §§ 558-558e BGB, eine Option des Vermieters, bei Auslaufen der Staffelvereinbarung diese zu verlängern oder auf das Mieterhöhungsverfahren nach den §§ 558-558e BGB überzugehen, der Ausschluss des Kündigungsrechtes des Mieters für einen längeren Zeitraum als vier Jahre.[19]

D. Rechtsfolgen

19 Ist eine wirksame Staffelmietvereinbarung getroffen, tritt die jeweils vorgesehene Erhöhung automatisch ein. Es bedarf keiner Erhöhungserklärung des Vermieters. Die Vereinbarung des bestimmten

---

[14] Insoweit ist dann ein formularmäßig erklärter einseitiger Kündigungsverzicht des Mieters zulässig, BGH v. 23.11.2005 - VIII ZR 154/04 - NJW 2006, 1056-1059; BGH v. 12.11.2008 - VIII ZR 270/07- NJW 2009, 353-354; BGH v. 19.11.2008 - VIII ZR 30/08 - Rn. 15 - NJW 2009, 912-913.

[15] Regierungsbegründung BT-Drs. 14/4553, S. 53; so auch schon die bisher h.M. zu § 10 MietHöReglG; *Börstinghaus* in: Schmidt-Futterer, Mietrecht, 10. Aufl. 2010, § 557a Rn. 67; *Blank/Börstinghaus*, Miete Kommentar, 3. Aufl. 2008, § 557a Rn. 15; *Schneider* in: Hannemann/Wiegener, Münchener Anwaltshandbuch Wohnraummietrecht, 2005, § 34 Rn. 25; *Weidenkaff* in: Palandt, § 557a Rn. 10.

[16] BGH v. 25.01.2006 - VIII ZR 3/05 - NJW 2006, 1059-1061; beachte jedoch: Wurde die Staffelmietvereinbarung vor der Mietrechtsreform mit einem Kündigungsausschluss von mehr als 4 Jahren getroffen, ist der Kündigungsverzicht nur insoweit unwirksam, als er den Zeitraum von 4 Jahren übersteigt – *Schach*, Grundeigentum 2006, 220 u.H.a. § 10 Abs. 2 Satz 6 MHG.

[17] BGH v. 14.06.2006 - VIII ZR 257/04 - juris Rn. 20 - NJW 2006, 2696-2698.

[18] BGH v. 02.06.2004 - VIII ZR 316/03 - juris Rn. 22 - NZM 2004, 736.

[19] *Kinne* in: Kinne/Schach/Bieber, Miet- und Mietprozessrecht, 6. Aufl. 2010, § 557a Rn. 6+7; *Beuermann*, Miete und Mieterhöhung bei preisfreiem Wohnraum, 3. Aufl. 1999, MHG § 10 Rn. 27.

Erhöhungstermins entspricht § 286 Abs. 2 Nr. 1 BGB, so dass der Mieter bei Nichtzahlung auch ohne Mahnung des Vermieters in Verzug gerät.

Genügt die zwischen den Parteien getroffene Vereinbarung nicht den formalen Voraussetzungen einer Staffelmietvereinbarung, ist die Vereinbarung nichtig. Die Wirksamkeit des Mietvertrages bleibt hiervon jedoch unberührt.[20] Als Miete gilt dann die zuletzt vor der Staffelmietvereinbarung vereinbarte oder zuletzt wirksam erhöhte Miete.[21] Zukünftige Mieterhöhungen nach den §§ 558-558e BGB sind zulässig. Die Zahlung des Mieters auf eine unwirksame Staffelvereinbarung bedeutet keine Vereinbarung im Sinne des § 557 Abs. 1 BGB.[22] Eine Heilung der gesamten Staffelvereinbarung ist so nicht möglich, die Heilung der einzelnen erhöhten Staffel soll aber in Betracht kommen.[23]

Die Nichtigkeit der Staffelmietvereinbarung kann sich auch aus einem Verstoß gegen § 5 WiStrG ergeben.[24] Die Prüfung ist dabei nicht nur für eine in diesem Sinne eventuell bereits unzulässige Eingangsstaffel, sondern auch für alle Folgestaffeln möglich. Allerdings ist die Wirksamkeit jeder einzelnen Staffel gesondert an § 5 WiStrG zu messen.[25] Die Unwirksamkeit einer Staffel berührt deshalb nicht die Wirksamkeit der übrigen in der Vereinbarung vorgesehenen Staffeln.[26] Problematisch sind die Fälle des Absinkens der ortsüblichen Vergleichsmiete. Hiernach könnte eine zunächst mit der ortsüblichen Vergleichsmiete in Einklang stehende und somit zulässig vereinbarte Staffel zu einem späteren Zeitpunkt innerhalb ihres Geltungszeitraumes unzulässig werden. Dies führt aber nicht zu einer vollständigen rückwirkenden Unwirksamkeit dieser Staffel, sondern lediglich zu einem Rückzahlungsanspruch des Mieters für die Zeit innerhalb des Geltungszeitraumes, in der die Voraussetzungen des § 5 WiStrG tatsächlich erfüllt waren.[27] Eine einzelne Mietstaffel wird auch nicht dann unwirksam, wenn sie zwar innerhalb ihres Geltungszeitraumes die ortsübliche Vergleichsmiete im Sinne § 5 WiStrG übersteigt, zu einem früheren Zeitpunkt jedoch noch mit dem ortsüblichen Vergleichsmietzins vereinbar gewesen wäre.[28]

E. Prozessuale Hinweise/Verfahrenshinweise

Zahlt der Mieter die erhöhte Miete nicht, ist Zahlungsklage, nicht Zustimmungsklage, zu erheben. § 558b Abs. 2 BGB gilt nur für die Mieterhöhung bis zur ortsüblichen Vergleichsmiete.

Sind die weiteren Voraussetzungen erfüllt, kann der Vermieter bei Zahlungsverzug des Mieters auch nach § 543 Abs. 2 Nr. 3 BGB i.V.m. § 569 Abs. 3 Nr. 1 BGB oder § 573 Abs. 2 Nr. 1 BGB kündigen.

---

[20] OLG Celle v. 03.11.1981 - 4 U 99/81 - OLGZ 1982, 219-221.
[21] LG Berlin v. 02.02.1995 - 62 S 294/94 - Grundeigentum 1995, 369.
[22] LG Berlin v. 21.09.1999 - 64 S 187/99 - Grundeigentum 1999, 1428-1429; LG Berlin v. 16.02.1999 - 64 S 356/98 - Grundeigentum 2000, 345-346; LG Kiel v. 30.09.1999 - 8 S 330/98 - juris Rn. 3 - WuM 2000, 308; *Löfflad* in: Lützenkirchen/Löfflad, Neue Mietrechtspraxis, 2001, § 557a Rn. 182; *Lammel*, Wohnraummietrecht, 3. Aufl. 2007, § 557a Rn. 19.
[23] *Kinne* in: Kinne/Schach/Bieber, Miet- und Mietprozessrecht, 6. Aufl. 2010, § 557a Rn. 4.
[24] OLG Hamburg v. 13.01.2000 - 4 U 112/99 - juris Rn. 18 - NJW-RR 2000, 458-460; *Löfflad* in: Lützenkirchen/Löfflad, Neue Mietrechtspraxis, 2001, § 557a Rn. 186.
[25] H.M., vgl. mit umfangreichen Nachweisen: KG Berlin v. 01.02.2001 - 8 RE-Miet 10411/00 - juris Rn. 10 - NJW-RR 2001, 871-873; OLG Hamburg v. 13.01.2000 - 4 U 112/99 - juris Rn. 18 - NJW-RR 2000, 458-460.
[26] OLG Hamburg v. 13.01.2000 - 4 U 112/99 - NJW-RR 2000, 458-460; *Löfflad* in: Lützenkirchen/Löfflad, Neue Mietrechtspraxis, 2001, § 557a Rn. 186; *Börstinghaus* in: Blank/Börstinghaus, Miete Kommentar, 3. Aufl. 2008, § 557a Rn. 21.
[27] *Kinne* in: Kinne/Schach/Bieber, Miet- und Mietprozessrecht, 6. Aufl. 2010, § 557a Rn. 18; *Löfflad* in: Lützenkirchen/Löfflad, Neue Mietrechtspraxis, 2001, § 557a Rn. 186.
[28] KG Berlin v. 01.02.2001 - 8 RE-Miet 10411/00 - juris Rn. 8 - NJW-RR 2001, 871-873; *Löfflad* in: Lützenkirchen/Löfflad, Neue Mietrechtspraxis, 2001, § 557a Rn. 186.

F. Anwendungsfelder

I. Anwendungsbereich

24 Staffelmietvereinbarungen sind für alle Arten des freifinanzierten Wohnraumes unabhängig von der Baualtersklasse zulässig. In den neuen Bundesländern sind Staffelmietvereinbarungen für den ehemals preisgebundenen Altbau-Wohnraum seit dem 01.01.1998 (Wegfall des § 11 MietHöReglG)[29] zulässig. Für Neubauten galten die Beschränkungen § 11 MietHöReglG ohnehin nicht. Unter bestimmten Voraussetzungen können Staffelmietvereinbarungen auch für im Wege der so genannten vereinbarten Förderung errichtete Neubauten in Betracht kommen.[30] Für Wohnraummietverhältnisse nach § 549 Abs. 2, 3 BGB sind Vereinbarungen nach § 557a BGB nicht zulässig.

II. Übergangsrecht

25 Spezielle Übergangsvorschriften sind in Art. 229 § 3 EGBGB für die Staffelmiete nach § 557a BGB nicht vorgesehen. Es finden somit die allgemeinen Überleitungsvorschriften Art. 170, 171 EGBGB Anwendung. Danach gilt § 557a BGB für alle nach dem 01.09.2001 geschlossenen Staffelmietvereinbarungen, die Wirksamkeit zuvor getroffener Vereinbarungen ist weiterhin nach § 10 Abs. 2 MietHöReglG zu beurteilen.

---

[29] Wegfall der Beschränkungen §§ 11 Abs. 2 MietHöReglG, 12 - 17 MietHöReglG.
[30] Vgl. *Kinne* in: Kinne/Schach/Bieber, Miet- und Mietprozessrecht, 6. Aufl. 2010, § 557a Rn. 8 m.w.N.

§ 557b BGB Indexmiete

(Fassung vom 02.01.2002, gültig ab 01.01.2002)

(1) Die Vertragsparteien können schriftlich vereinbaren, dass die Miete durch den vom Statistischen Bundesamt ermittelten Preisindex für die Lebenshaltung aller privaten Haushalte in Deutschland bestimmt wird (Indexmiete).

(2) [1]Während der Geltung einer Indexmiete muss die Miete, von Erhöhungen nach den §§ 559 bis 560 abgesehen, jeweils mindestens ein Jahr unverändert bleiben. [2]Eine Erhöhung nach § 559 kann nur verlangt werden, soweit der Vermieter bauliche Maßnahmen auf Grund von Umständen durchgeführt hat, die er nicht zu vertreten hat. [3]Eine Erhöhung nach § 558 ist ausgeschlossen.

(3) [1]Eine Änderung der Miete nach Absatz 1 muss durch Erklärung in Textform geltend gemacht werden. [2]Dabei sind die eingetretene Änderung des Preisindexes sowie die jeweilige Miete oder die Erhöhung in einem Geldbetrag anzugeben. [3]Die geänderte Miete ist mit Beginn des übernächsten Monats nach dem Zugang der Erklärung zu entrichten.

(4) Eine zum Nachteil des Mieters abweichende Vereinbarung ist unwirksam.

Gliederung

A. Grundlagen... 1	VI. Angabe der Änderung des Preisindexes (Absatz 3)................................... 12
I. Kurzcharakteristik.............................. 1	VII. Angabe des Geldbetrages für die Miete oder die Erhöhung (Absatz 3)............ 13
II. Gesetzgebungsmaterialien................... 3	
B. Praktische Bedeutung........................... 4	VIII. Fälligkeit der geänderten Miete (Absatz 3).... 14
C. Anwendungsvoraussetzungen................ 6	IX. Unabdingbarkeit (Absatz 4)................... 15
I. Schriftliche Vereinbarung (Absatz 1)....... 6	D. Rechtsfolgen... 17
II. Lebenshaltungsindex (Absatz 1) 8	E. Prozessuale Hinweise/Verfahrenshinweise 19
III. Miete ein Jahr unverändert (Absatz 1)......... 9	F. Anwendungsfelder................................. 21
IV. Ausschluss anderer Erhöhungsmöglichkeiten (Absatz 2)... 10	I. Anwendungsbereich.............................. 21
V. Mietänderungserklärung in Textform (Absatz 3) 11	II. Übergangsrecht................................... 22

A. Grundlagen

I. Kurzcharakteristik

Ebenso wie die in § 557a BGB vorgesehene Möglichkeit der Staffelmietvereinbarung bezweckt auch diese Vorschrift die Regelung einer überschaubaren, stufenweisen Mietentwicklung. Abweichend von der Staffelmiete liegen die jeweiligen Mietbeträge hierbei jedoch noch nicht konkret betragsmäßig fest, sondern sind an die zukünftige Entwicklung des Lebenshaltungskostenindexes geknüpft. **1**

Absatz 1 der Vorschrift bezeichnet die Legaldefinition der Indexmiete und benennt zwei der Wirksamkeitsvoraussetzungen. Absatz 2 Satz 1 enthält eine weitere Voraussetzung, Satz 2 betrifft die Zulässigkeit anderer Mieterhöhungen. Das Mietänderungsverfahren wird in Absatz 3 geregelt. Absatz 4 betrifft die Unabdingbarkeit der gesamten Bestimmung. **2**

II. Gesetzgebungsmaterialien

Die Vorschrift geht auf das Mietrechtsreformgesetz vom 19.06.2001[1] zurück. Sie nimmt den früheren § 10a MietHöReglG in der seit dem 01.09.1993 geltenden und durch das EuroEG vom 09.06.1998[2] geänderten Fassung auf, beinhaltet aber weitere Änderungen. **3**

---

[1] BGBl I 2001, 1149.
[2] BGBl I 1998, 1242.

B. Praktische Bedeutung

4   Obwohl die Regelung angesichts ihres Normzweckes durchaus eine beachtliche Alternative zu den übrigen gesetzlichen Mieterhöhungsmöglichkeiten darstellt, ist die praktische Bedeutung bisher gering. Einschlägige Rechtsprechung existiert nicht.

5   Die §§ 557a und 557b BGB könnten insbesondere in Betracht gezogen werden, wenn die Anwendungsvoraussetzungen eines Mietspiegels für das betreffende Mietobjekt nicht gegeben[3] oder dessen Daten nicht aussagekräftig sind[4], da die Begründung eines Mieterhöhungsverlangens nach den §§ 558-558e BGB dann den Rückgriff auf die erschwerten und in der Regel auch kostenintensiveren[5] Begründungsmittel des § 558a Abs. 2 Nr. 2-4 BGB erfordert. Die Anbindung an den Lebenshaltungskostenindex ermöglicht zwar bei regelmäßiger Anpassung keine umfangreichen Mietsteigerungen, gewährleistet aber andererseits auf Dauer ein an die ortsübliche Vergleichsmiete angeglichenes Mietniveau und vermindert somit auch Risiken aus § 5 WiStrG.[6] Im Vergleich zu § 558 Abs. 3 BGB ist zudem der zwischen den jeweiligen Anpassungen liegende Zeitraum um drei Monate verkürzt (Jahresabstand, vgl. Rn. 9). Das in § 557a Abs. 3 BGB zwingend vorgesehene Kündigungsrecht des Mieters gilt bei der Indexvereinbarung nicht. Aus Vermietersicht abzuwägen ist allerdings auch hier der aus Absatz 2 Satz 2 folgende noch teilweise Ausschluss der Mieterhöhung nach Vornahme baulicher Veränderungen.

C. Anwendungsvoraussetzungen

I. Schriftliche Vereinbarung (Absatz 1)

6   Für den Abschluss der Vereinbarung ist ebenso wie bei § 557a BGB die Schriftform zu wahren (vgl. die Kommentierung zu § 557a BGB Rn. 4). Für die Mietänderungserklärung genügt dagegen ebenso wie in den §§ 558-558e, 559, 560 BGB Textform (§ 126b BGB). Die Indexvereinbarung kann bei Abschluss eines neuen Vertrages getroffen werden, ist aber ebenso im Verlaufe eines bestehenden Mietverhältnisses zulässig. Die Bindung kann, muss sich aber nicht auf die gesamte Vertragsdauer beziehen.

7   Eine feste Vertragslaufzeit des Mietverhältnisses ist möglich aber nicht mehr erforderlich,[7] es kann auch auf unbestimmte Zeit geschlossen sein. Damit bestehen nunmehr für die Indexierung im Wohnraummietrecht geringere Anforderungen als für den Abschluss eines indexierten Gewerberaummietvertrages.[8]

II. Lebenshaltungsindex (Absatz 1)

8   Einzig zulässig ist nunmehr[9] die Bindung der zukünftigen Mieterhöhung an den vom Statistischen Bundesamt ermittelten Preisindex für die Lebenshaltung aller privaten Haushalte in Deutschland. Aufgrund dieser Anbindung muss die Vereinbarung auch eine Herabsenkung des Mietzinses zumin-

---

[3] Zum Beispiel: keine Anwendung des Berliner Mietspiegels auf Ein- und Zweifamilienhäuser; fehlende Erstellung eines Mietspiegels in der Gemeinde.

[4] Keine ausreichende Datenerhebung in dem einschlägigen Mietspiegelfeld.

[5] Die Kosten der Einholung eines Sachverständigengutachtens nach § 558a Abs. 2 Nr. 3 BGB sind nach überwiegender Meinung keine erstattungsfähigen Kosten im Sinne von § 91 ZPO.

[6] *Kinne* in: Kinne/Schach/Bieber, Miet- und Mietprozessrecht, 6. Aufl. 2010, § 557b Rn. 5.

[7] Anders noch § 10a Abs. 1 Satz 3 MiethöReglG (Mindestlaufzeit durch Kündigungsverzicht des Vermieters für mindestens 10 Jahre oder Mietverhältnis auf Lebenszeit).

[8] Vgl. § 4 PreisklauselVO (vom 23.09.1998, BGBl I 1998, 3034).

[9] In Anlehnung an die bisherige Fassung von § 10a MiethöReglG, anders zuvor MiethöReglG i.d.F. vom 01.09.1993; vgl. dagegen § 10a MiethöReglG; beachte aber: Haben die Parteien einen ehemals zulässigen Verbrauchsindex vereinbart, der nun nicht mehr ermittelt wird, ist die Klausel nicht unwirksam, es muss vielmehr eine Umrechnung erfolgen. OLG Sachsen-Anhalt v. 15.11.2005 - 9 U 67/05 - juris Rn. 4.

dest vorsehen.[10] Die Erhöhung des Mietzinses muss proportional zur Entwicklung des amtlichen Indexes festgelegt werden.[11] In der Vereinbarung ist das Basisjahr anzugeben. Zweckmäßig aber nicht zwingend ist auch die Festlegung, ob bereits jegliche Veränderungen des Indexes zu einer Mietänderung berechtigen oder dies von einer Mindestveränderung der Punktzahl abhängen soll.[12]

III. Miete ein Jahr unverändert (Absatz 1)

Bevor eine Mietanpassung infolge Indexveränderung wirksam wird, muss die Miete ein Jahr unverändert gewesen sein. Die Jahresfrist bezieht sich somit auf das Einsetzen des neuen Mietbetrages, nicht auf den Zeitpunkt der Abgabe der Erhöhungserklärung.[13] Erhöhungen nach den §§ 559, 560 BGB bleiben für die Berechnung der Jahresfrist unberücksichtigt. Die Vorschrift bezeichnet nur eine Mindestfrist. Die Parteien können die Änderungserklärung auch zu einem späteren Zeitpunkt mit Wirkung für die Zukunft abgeben und dabei auf den Zeitpunkt des Eintritts der Veränderung zurückgreifen, so dass sich ein größerer Änderungsbetrag ergibt.[14]

9

IV. Ausschluss anderer Erhöhungsmöglichkeiten (Absatz 2)

Mieterhöhungen nach den §§ 558-558e BGB sind ebenso wie bei der Staffelmietvereinbarung für den Zeitraum der Bindung der Mieterhöhung an die Indexentwicklung ausgeschlossen. Im Gegensatz zu § 557a BGB kann der Vermieter jedoch Mieterhöhungen nach § 559 BGB vornehmen, sofern er bauliche Maßnahmen aufgrund von ihm nicht zu vertretender Umstände durchgeführt hat (vgl. die Kommentierung zu § 559 BGB Rn. 10). Mieterhöhungen nach § 560 BGB betreffend die Veränderungen bei Betriebskosten sind ebenso wie bei der Staffelmietvereinbarung ohnehin zulässig.

10

V. Mietänderungserklärung in Textform (Absatz 3)

Für die Erklärung zur Mietänderung genügt die Textform (§ 126b BGB, vgl. hierzu die Kommentierung zu § 126b BGB). Wegen Satz 3 muss die Erklärung spätestens am letzten Werktag des vorletzten Monates vor Einsetzen der Mietänderung zugehen, § 193 BGB findet Anwendung.[15] Sie muss vom berechtigten Vermieter (vgl. die Kommentierung zu § 558 BGB Rn. 5) abgegeben werden, Abgabe und Zugang der Änderungserklärung sind Voraussetzung für die Fälligkeit des geänderten Mietzinses.[16] Auch der Mieter ist zur Abgabe der Änderungserklärung berechtigt.[17]

11

VI. Angabe der Änderung des Preisindexes (Absatz 3)

In der Änderungserklärung ist die Veränderung der Vergleichsgröße darzulegen. Dazu gehören die Angabe des Index-Punktestandes zum Zeitpunkt des Abschlusses der Vereinbarung oder der letzten Mietanpassung und der aktuelle Indexstand.[18] Aus dem Vergleich des Punktestandes ist die eingetretene Veränderung zu entnehmen. Diese Veränderung ist auf den Mietzins zu übertragen und muss nachvollziehbar vorgerechnet werden.

12

---

[10] *Lammel*, Wohnraummietrecht, 3. Aufl. 2007, § 557b Rn. 14; *Löfflad* in: Lützenkirchen/Löfflad, Neue Mietrechtspraxis, 2001, § 557b Rn. 203.

[11] Vgl. zutreffend mit Berechnungsbeispielen: *Beuermann*, Miete und Mieterhöhung bei preisfreiem Wohnraum, 3. Aufl. 1999, MHG § 10a Rn. 13; *Weidenkaff* in: Palandt, § 557b Rn. 9; *Lammel*, Wohnraummietrecht, 3. Aufl. 2007, § 557b Rn. 12, 16.

[12] *Lammel*, Wohnraummietrecht, 3. Aufl. 2007, § 557b Rn. 18.

[13] H.M., *Weidenkaff* in: Palandt, § 557b Rn. 12; *Kinne* in: Kinne/Schach/Bieber, Miet- und Mietprozessrecht, 6. Aufl. 2010, § 557b Rn. 2, Rn. 5; *Lammel*, Wohnraummietrecht, 3. Aufl. 2007, § 557b Rn. 24; m.w.N.; *Artz* in: MünchKomm-BGB, § 557b, Rn. 9.

[14] *Lammel*, Wohnraummietrecht, 3. Aufl. 2007, § 557b Rn. 26; *Kinne* in: Kinne/Schach/Bieber, Miet- und Mietprozessrecht, 6. Aufl. 2010, § 557b Rn. 10.

[15] *Lammel*, Wohnraummietrecht, 3. Aufl. 2007, § 557b Rn. 27; *Weidenkaff* in: Palandt, § 557b Rn. 13.

[16] *Lammel*, Wohnraummietrecht, 3. Aufl. 2007, § 557b Rn. 23.

[17] *Lammel*, Wohnraummietrecht, 3. Aufl. 2007, § 557b Rn. 24.

[18] *Lammel*, Wohnraummietrecht, 3. Aufl. 2007, § 557b Rn. 25; *Börstinghaus* in: Blank/Börstinghaus, Neues Mietrecht, 2001, § 557b Rn. 6; *Löfflad* in: Lützenkirchen/Löfflad, Neue Mietrechtspraxis, 2001, § 557b Rn. 199.

VII. Angabe des Geldbetrages für die Miete oder die Erhöhung (Absatz 3)

13 Anders als noch in § 10a MietHöReglG vorgesehen, ist der betragsmäßige Ausweis entweder der zukünftigen Miete selbst oder zumindest des Erhöhungsbetrages erforderlich.

VIII. Fälligkeit der geänderten Miete (Absatz 3)

14 Die Geltendmachung der Mietänderung durch den Vermieter bewirkt, dass die geänderte Miete ab dem Beginn des übernächsten Monats seit dem Monat des Zugangs der Erklärung zu entrichten ist.

IX. Unabdingbarkeit (Absatz 4)

15 Zum Nachteil des Mieters von den Vorgaben der Absätze 1-3 abweichende Vereinbarungen sind unwirksam. Hierunter fallen insbesondere alle Abreden über andere Vergleichsmaßstäbe als den in Absatz 1 vorgesehenen, also zum Beispiel die Verknüpfung der Anpassung mit anderen Indizes oder die Vereinbarung von Spannungsklauseln oder Leistungsvorbehalten.[19] Ebenso unzulässig ist die Kombination von Staffel- und Indexmiete mit Wahlrecht des Vermieters[20], oder ein Wahlrecht des Vermieters zwischen einem Vorgehen nach § 557b BGB oder nach den §§ 558-558e BGB.[21]

16 Zulässig wäre dagegen die Vereinbarung einer mehr als einjährigen Wartefrist für Mieterhöhungen (Jahresabstand, vgl. Rn. 9).

D. Rechtsfolgen

17 Ist eine Indexvereinbarung unwirksam, kann der Vermieter die Mieterhöhung allein nach Maßgabe der §§ 558-558e, 559 BGB vornehmen.

18 Eine wirksame Vereinbarung führt nicht zu einer automatischen Anpassung der Miete. Vielmehr ist die Abgabe der Änderungserklärung erforderlich. Diese berechtigt den Mieter allerdings nicht zur Kündigung des Vertragsverhältnisses, § 561 BGB findet auf Indexmietvereinbarungen keine Anwendung.

E. Prozessuale Hinweise/Verfahrenshinweise

19 Zahlt der Mieter die infolge einer wirksamen Erklärung nach § 557b Abs. 3 BGB erhöhte Miete nicht, gerät er gemäß § 286 BGB in Zahlungsverzug. Der Vermieter kann Zahlungsklage erheben. Zustimmungsklage kommt nicht in Betracht.

20 Sofern die weiteren Voraussetzungen erfüllt sind, kann auch eine fristlose Kündigung wegen Zahlungsverzuges nach den §§ 543, 569 BGB in Betracht kommen. § 569 Abs. 3 Nr. 3 BGB findet hierbei keine Anwendung (vgl. die Kommentierung zu § 569 BGB).

F. Anwendungsfelder

I. Anwendungsbereich

21 Indexmietvereinbarungen können in Wohnraummietverträgen generell erst seit dem 01.09.1993 getroffen werden. Vorangegangene Vereinbarungen sind deshalb unwirksam. Seit In-Kraft-Treten des § 10a MietHöReglG sind Indexmietvereinbarungen für alle Arten des freifinanzierten Wohnraumes[22] unabhängig von der Baualtersklasse zulässig, in den neuen Bundesländern für den ehemals preisgebunde-

---

[19] *Weidenkaff* in: Palandt, § 557b Rn. 4; *Lammel*, Wohnraummietrecht, 3. Aufl. 2007, § 557b Rn. 5.

[20] *Lammel*, Wohnraummietrecht, 3. Aufl. 2007, § 557b Rn. 14; vgl. auch *Löfflad* in: Lützenkirchen/Löfflad, Neue Mietrechtspraxis, 2001, § 557b Rn. 202.

[21] *Lammel*, Wohnraummietrecht, 3. Aufl. 2007, § 557b Rn. 14; *Kinne* in: Kinne/Schach/Bieber, Miet- und Mietprozessrecht, 6. Aufl. 2010, § 557b Rn. 7.

[22] Hier auch: im Wege der vereinbarten Förderung nach § 88d II. WoBauG errichtete Neubauten, *Kinne* in: Kinne/Schach/Bieber, Miet- und Mietprozessrecht, 6. Aufl. 2010, § 557b Rn. 8.

nen Altbau-Wohnraum[23] jedoch erst seit dem 01.01.1998[24]. Für Wohnraummietverhältnisse nach § 549 Abs. 2, 3 BGB sind Vereinbarungen nach § 557b BGB nicht zulässig.

II. Übergangsrecht

Spezielle Übergangsvorschriften sind in Art. 229 § 3 EGBGB für die Indexmiete nach § 557b BGB nicht vorgesehen. Es finden somit die allgemeinen Überleitungsvorschriften Art. 170, 171 EGBGB Anwendung. Danach gilt § 557b BGB für alle nach dem 01.09.2001 geschlossenen Indexvereinbarungen, die Wirksamkeit zuvor getroffener Vereinbarungen ist weiterhin nach § 10a MietHöReglG in der jeweils zum Zeitpunkt des Abschlusses der Vereinbarung geltenden Fassung zu beurteilen.

22

---

[23] Für Neubauten galten die Beschränkungen des § 11 MietHöReglG nicht.
[24] Wegfall der Beschränkungen der §§ 11 Abs. 2, 12-17 MietHöReglG.

§ 558 BGB Mieterhöhung bis zur ortsüblichen Vergleichsmiete

(Fassung vom 02.01.2002, gültig ab 01.01.2002)

(1) ¹Der Vermieter kann die Zustimmung zu einer Erhöhung der Miete bis zur ortsüblichen Vergleichsmiete verlangen, wenn die Miete in dem Zeitpunkt, zu dem die Erhöhung eintreten soll, seit 15 Monaten unverändert ist. ²Das Mieterhöhungsverlangen kann frühestens ein Jahr nach der letzten Mieterhöhung geltend gemacht werden. ³Erhöhungen nach den §§ 559 bis 560 werden nicht berücksichtigt.

(2) ¹Die ortsübliche Vergleichsmiete wird gebildet aus den üblichen Entgelten, die in der Gemeinde oder einer vergleichbaren Gemeinde für Wohnraum vergleichbarer Art, Größe, Ausstattung, Beschaffenheit und Lage in den letzten vier Jahren vereinbart oder, von Erhöhungen nach § 560 abgesehen, geändert worden sind. ²Ausgenommen ist Wohnraum, bei dem die Miethöhe durch Gesetz oder im Zusammenhang mit einer Förderzusage festgelegt worden ist.

(3) Bei Erhöhungen nach Absatz 1 darf sich die Miete innerhalb von drei Jahren, von Erhöhungen nach den §§ 559 bis 560 abgesehen, nicht um mehr als 20 vom Hundert erhöhen (Kappungsgrenze).

(4) ¹Die Kappungsgrenze gilt nicht,
1. wenn eine Verpflichtung des Mieters zur Ausgleichszahlung nach den Vorschriften über den Abbau der Fehlsubventionierung im Wohnungswesen wegen des Wegfalls der öffentlichen Bindung erloschen ist und
2. soweit die Erhöhung den Betrag der zuletzt zu entrichtenden Ausgleichszahlung nicht übersteigt.

²Der Vermieter kann vom Mieter frühestens vier Monate vor dem Wegfall der öffentlichen Bindung verlangen, ihm innerhalb eines Monats über die Verpflichtung zur Ausgleichszahlung und über deren Höhe Auskunft zu erteilen. ³Satz 1 gilt entsprechend, wenn die Verpflichtung des Mieters zur Leistung einer Ausgleichszahlung nach den §§ 34 bis 37 des Wohnraumförderungsgesetzes und den hierzu ergangenen landesrechtlichen Vorschriften wegen Wegfalls der Mietbindung erloschen ist.

(5) Von dem Jahresbetrag, der sich bei einer Erhöhung auf die ortsübliche Vergleichsmiete ergäbe, sind Drittmittel im Sinne des § 559a abzuziehen, im Falle des § 559a Abs. 1 mit 11 vom Hundert des Zuschusses.

(6) Eine zum Nachteil des Mieters abweichende Vereinbarung ist unwirksam.

Gliederung

A. Kommentierung zu Absatz 1 1	1. Checklisten 26
I. Grundlagen 1	2. Prüfschemata 27
II. Praktische Bedeutung 3	3. Schemata zur Beratung 28
III. Anwendungsvoraussetzungen 5	**B. Kommentierung zu Absatz 2** 29
1. Vermieter 5	I. Grundlagen 29
2. Zustimmung 13	1. Kurzcharakteristik 29
3. Erhöhung bis zur ortsüblichen Vergleichsmiete.. 14	2. Gesetzgebungsmaterialien 30
4. 15 Monate unverändert 15	II. Anwendungsvoraussetzungen 31
5. Abgabe frühestens nach einem Jahr 16	1. Übliche Entgelte 31
IV. Anwendungsfelder 22	2. Gemeinde oder vergleichbare Gemeinde 32
1. Anwendungsbereich 22	3. Wohnraum vergleichbarer Art 33
2. Übergangsrecht 24	4. Größe 34
3. Abdingbarkeit 25	5. Ausstattung 35
V. Arbeitshilfen 26	a. Definition 35

b. Praktische Hinweise	36
6. Beschaffenheit	37
7. Lage	39
8. In den letzten vier Jahren vereinbart oder geändert	40
9. Nichtberücksichtigung der Erhöhungen nach § 560 BGB	41
10. Nichtberücksichtigung von Wohnraum nach Satz 2	42
III. Anwendungsfelder	43
C. Kommentierung zu Absatz 3	**44**
I. Grundlagen	44
1. Kurzcharakteristik	44
2. Gesetzgebungsmaterialien	45
II. Praktische Bedeutung	46
III. Anwendungsvoraussetzungen	47
1. Innerhalb von drei Jahren	47
2. Maximale Veränderung ohne Erhöhungen nach den §§ 559-560 BGB	54
IV. Prozessuale Hinweise/Verfahrenshinweise	59
V. Anwendungsfelder	60
1. Abdingbarkeit	60
2. Übergangsrecht	61
3. Neue Bundesländer – Mieterhöhung nach Restitutionsverfahren	62
D. Kommentierung zu Absatz 4	**63**
I. Grundlagen	63
1. Kurzcharakteristik	63
2. Gesetzgebungsmaterialien	65
II. Praktische Bedeutung	66
III. Anwendungsvoraussetzungen	67
1. Normstruktur	67
2. Wegfall der Verpflichtung des Mieters (Satz 1 Nr. 1)	68
3. Begrenzung der Erhöhung (Satz 1 Nr. 2)	70
4. Zeitpunkt der Geltendmachung des Auskunftsanspruches (Satz 2)	73
5. Inhalt des Auskunftsanspruches (Satz 2)	74
6. Entsprechende Anwendung des Satzes 1 (Satz 3)	75
IV. Rechtsfolgen	76
V. Anwendungsfelder	78
1. Abdingbarkeit	78
2. Übergangsrecht	79
E. Kommentierung zu Absatz 5	**80**
I. Grundlagen	80
1. Kurzcharakteristik	80
2. Gesetzgebungsmaterialien	83
II. Praktische Bedeutung	84
III. Anwendungsvoraussetzungen	85
1. Jahresbetrag	85
2. Abzug von Drittmitteln im Sinne von § 559a BGB	86
3. Abzug im Falle von § 559a Abs. 1 BGB	89
IV. Anwendungsfelder	91
1. Übergangsrecht	91
2. Anwendungsbereich	92
3. Abdingbarkeit	100
F. Kommentierung zu Absatz 6	**101**

A. Kommentierung zu Absatz 1

I. Grundlagen

§ 558 BGB leitet die Regelungen über die Mieterhöhung bis zur ortsüblichen Vergleichsmiete ein. Die frühere Regelung in § 2 MietHöReglG ist mit dem Mietrechtsreformgesetz vom 19.06.2001[1] entfallen und wurde durch die §§ 558-558e BGB ersetzt. Die Aufteilung auf nunmehr sechs Vorschriften sollte der besseren Übersichtlichkeit dienen. § 558 BGB regelt den Anspruch des Vermieters auf Zustimmung zur Mieterhöhung und bestimmt grundlegende Voraussetzungen der Mieterhöhung. § 558a BGB trifft Anordnungen für den Inhalt der Mieterhöhungserklärung. § 558b BGB regelt das Zustimmungsverfahren. Die §§ 558c-558e BGB schließlich betreffen die gesetzlichen Begründungsmittel.

1

§ 558 Abs. 1 BGB formuliert nunmehr ausdrücklich den Anspruch des Vermieters auf Zustimmung des Mieters zu einer Mieterhöhung bis zur Höhe der ortsüblichen Vergleichsmiete und bestimmt den zeitlichen Abstand zwischen den Mieterhöhungen. Er übernimmt § 2 Abs. 1 MietHöReglG.

2

II. Praktische Bedeutung

Trotz der hohen formalen Anforderungen an die Mieterhöhungserklärung und des zeitaufwändigen Zustimmungsverfahrens findet das Mieterhöhungsverfahren nach den §§ 558-558e BGB in der Praxis vorrangig vor den anderen gesetzlichen Mieterhöhungsmöglichkeiten nach den §§ 557-557b BGB Anwendung.

3

Das Vorgehen nach den §§ 558-558e BGB ist sinnvoll, wenn für die betreffende Gemeinde ein Mietspiegel im Sinne der §§ 558c, 558d BGB erstellt ist, welcher auch Daten für das betreffende Mietobjekt enthält und der Vermieter nicht auf die sehr viel aufwändigeren und kostenintensiven weiteren Begründungsmittel des § 558a BGB zurückgreifen muss. Dies ist bereits bei Abschluss des Mietver-

4

---

[1] BGBl I 2001, 1149.

trages zu prüfen (vgl. die Kommentierung zu § 557a BGB). Sind Vereinbarungen nach den §§ 557a, 557b BGB nicht getroffen und können diese auch nicht nachträglich mit dem Mieter abgeschlossen werden, begründen die §§ 558-558e BGB die einzige Möglichkeit zur Erhöhung der Miete auf das ortsübliche Niveau (§§ 559-559b BGB setzen die Vornahme von Modernisierungsmaßnahmen voraus).

III. Anwendungsvoraussetzungen

1. Vermieter

5   Die Mieterhöhungserklärung ist von dem Vermieter bzw. allen Vermietern allen Mietern gegenüber (zu den Mietvertragsparteien vgl. zunächst die Kommentierung zu § 535 BGB) abzugeben. In der Regel bestimmen sich – abgesehen von Vertretungsverhältnissen – die Parteien des Mietverhältnisses nach den Angaben im Rubrum des Mietvertrages und aus den geleisteten Unterschriften[2], Personenmehrheiten müssen aus dem Vertrag hervorgehen und identifizierbar sein. Schwierigkeiten ergeben sich in diesem Zusammenhang zunächst beim Auseinanderfallen von Rubrumsangaben und Anzahl der Unterschriften. Sind beide Eheleute im Rubrum des Mietvertrages aufgeführt, sollen diese Angaben maßgeblich sein[3], auch wenn dann nur ein Ehegatte unterzeichnet (Fiktion der gegenseitigen Vertretung), nicht aber im umgekehrten Fall, wenn beide unterschreiben jedoch lediglich ein Ehegatte im Rubrum bezeichnet wird[4]. Die Vertretungsfiktion ist aber nur bei Eheleuten heranzuziehen, nicht in anderen Fällen der Parteienmehrheit.

6   Problematisch sind aber auch unrichtige oder fehlende Angaben im Mietvertrag zu bestehenden Vertretungsverhältnissen bezüglich der Vermieterstellung. Dies kann zu einem Vertragsabschluss durch den Vertreter im eigenen Namen führen (§ 164 Abs. 2 BGB).

7   Weitere Probleme ergeben sich bei der Rechtsnachfolge. Hierbei ist für die Veräußerungsfälle § 566 BGB zu beachten.[5] Der Erwerber ist zur Abgabe von Mieterhöhungsverlangen erst mit erfolgter Eintragung in das Grundbuch berechtigt. Der Anspruch auf Durchführung einer Mieterhöhung ist nicht vom Veräußerer an den Erwerber abtretbar. Der Erwerber kann jedoch vor seiner Grundbucheintragung mit Vollmacht des Veräußerers in dessen Namen ein Mieterhöhungsverlangen abgeben.[6] Ebenso kann der Veräußerer den Käufer ermächtigen, die Mieterhöhungserklärung im eigenen Namen geltend zu machen oder ein noch von ihm abgegebenes Mieterhöhungsverlangen mit der Zustimmungsklage selbst weiter zu verfolgen.[7]

8   In den neuen Bundesländern bestehen nach wie vor Besonderheiten für Restitutionsgrundstücke.[8]

9   Bereits die richtige Bezeichnung des Absenders in der Mieterhöhungserklärung bereitet in der Praxis häufig Schwierigkeiten. Nicht selten sind Mieterhöhungsbegehren schon aufgrund solcher fehlerhaften Angaben unwirksam. Kommt eine Mehrheit von Personen als Vermieter in Betracht, ist auf die Angabe der richtigen Vermieter zu achten. Weist die Absenderangabe auch Personen aus, die nicht Vermieter sind, kann das Mieterhöhungsverlangen schon deshalb unwirksam sein.[9]

---

[2] Ausnahme bei Altmietverträgen in den neuen Bundesländern: Nach § 100 ZGB wurden auch nicht im Vertrag bezeichnete Ehegatten Partei des Mietverhältnisses.

[3] H.M. bei Wohnraummietverhältnissen: OLG Düsseldorf v. 29.05.1989 - 3 W 239/89 - juris Rn. 5 - WuM 1989, 362-363; a.A. LG Berlin v. 08.10.2001 - 62 S 210/01 - Grundeigentum 2002, 189-190.

[4] LG Berlin v. 11.09.1987 - 64 S 141/87 - Grundeigentum 1987, 1265-1267.

[5] Vgl. hierzu die Kommentierung zu § 566 BGB; zum anwendbaren Recht vgl. AG Berlin-Lichtenberg v. 23.01.2002 - 7 C 194/01 - NJW-RR 2002, 657-659.

[6] LG Berlin v. 23.02.1999 - 65 S 322/98 - Grundeigentum 1999, 777.

[7] LG Berlin v. 03.02.2004 - 65 S 126/03 - Grundeigentum 2004, 483-484.

[8] Z.B. Eintritt städtischer Wohnungsbaugesellschaften anstelle der früheren kommunalen Wohnungsgesellschaften; Eintritt des Alteigentümers in das Mietverhältnis mit Bestandskraft des Restitutionsbescheides.

[9] LG Berlin, ZMR 1999, 1427; a.A. zutreffend: LG Berlin v. 08.06.1999 - 65 S 469/97 - Grundeigentum 2000, 410.

Vorsicht ist auch geboten, wenn ein Vertreter des Vermieters die Mieterhöhungserklärung fertigt. Das Vertretungsverhältnis ist zweifels- und widerspruchsfrei offen zu legen, sonst greift § 164 Abs. 2 BGB. Dies gilt nicht nur für die Absenderangabe, sondern auch für die Unterzeichnung der Erklärung. Weist die Absenderangabe in der Mieterhöhungserklärung beispielsweise ausschließlich die Hausverwaltung aus, und kommt das bestehende Vertretungsverhältnis folglich nicht zum Ausdruck, ist die Erklärung unwirksam, da die Hausverwaltung in der Regel nicht selbst Mietvertragspartei ist, sondern den Vertrag in Vertretung des Vermieters geschlossen hat.[10] Die Hausverwaltung ist dann jedoch mangels Vermieterstellung nicht zur Abgabe einer Erhöhungserklärung im eigenen Namen befugt. Im Rahmen der Bezeichnung der Vertretungsverhältnisse soll auch der Name des Vertretenen ausdrücklich benannt werden müssen.[11] Um widersprüchliche Angaben handelt es sich, wenn die Absenderangabe auf die Hausverwaltung verweist, die Erklärung jedoch vom Vermieter selbst unterzeichnet wird oder umgekehrt.[12] Ist der Vertreter des Vermieters oder der Vermieter selbst eine juristische Person, ist zudem auf ordnungsgemäße Angabe und Wahrung der Vertretungsbefugnisse zu achten. Erforderlich war dabei nach bisher vertretener Auffassung auch insbesondere die Angabe, welche natürliche Person die Erklärung für die juristische Person abgibt.[13] Nach Auffassung des BGH[14] ist es auch im Rahmen der Abgabe von Erklärungen gem. § 126b BGB erforderlich, die Person des Erklärenden anzugeben, damit der Empfänger überhaupt weiß, von wem das Schreiben stammt. Für diesen Zweck reicht es jedoch bei der Abgabe einer Erklärung durch eine juristische Person aus, wenn der Name der juristischen Person bezeichnet wird. Nach Auffassung des BGH wäre es leere Förmelei, darüber hinaus die Angabe des Namens der natürlichen Person zu verlangen, die das Schreiben unterzeichnet hätte, wenn nicht die Unterschrift wegen der vom Gesetz aus Gründen der Vereinfachung erlaubten Textform entbehrlich wäre. Bei einer juristischen Person muss die Erklärung grundsätzlich von dem vertretungsberechtigten Organ selbst stammen. Insoweit bedarf es dann (natürlich) nicht der Beifügung einer Vollmacht. Die Vertretungsbefugnis ergibt sich bereits aus dem öffentlichen Register. Lassen sich diese organschaftlichen Vertreter aber – wie zunächst – wiederum selbst vertreten, ist eine Innenvollmacht erforderlich. Fraglich erscheint, ob diese (ebenfalls) der Mieterhöhungserklärung beigefügt werden muss.[15]

10

Bei der Abgabe der Erklärung für den Vermieter durch einen Bevollmächtigten ist ferner der Erklärung eine Originalvollmacht beizufügen, andernfalls ist der Mieter zur Zurückweisung nach § 174 BGB berechtigt.[16] Hat der Mieter bei Übernahme der Hausverwaltung ein Original der Hausverwaltervollmacht erhalten, kann statt der Beifügung auf diese Bezug genommen werden. Der Erhalt der Originalvollmacht ist jedoch in einem eventuell folgenden gerichtlichen Zustimmungsverfahren vom Vermieter zu beweisen.[17] Hat der Mieter zu keinem Zeitpunkt eine Originalvollmacht erhalten und weist er deshalb die Erklärung nach § 174 BGB zurück, könnte der Einwand der Treuwidrigkeit des Mieters in Betracht kommen, wenn der Mieter bereits seit langem von der Übernahme der Hausverwaltung für den Vermieter Kenntnis hatte und zum Beispiel den Bevollmächtigten selbst regelmäßig bei alle Fragen im Zusammenhang mit dem Mietverhältnis als Vertreter des Vermieters angesprochen oder entsprechenden Schriftwechsel mit ihm geführt hat.

11

---

[10] Eine Ausnahme besteht evtl. bei der von einem Einzelvermieter selbst geführten Hausverwaltung, vgl. *Schach* in: Kinne/Schach/Bieber, Miet- und Mietprozessrecht, 6. Aufl. 2010, § 535 Rn. 18.

[11] AG Charlottenburg v. 17.11.2005 - 204 C 182/05 - Grundeigentum 2006, 63, jedenfalls, wenn die Eigentümer vielfach gewechselt hatten und in der Vergangenheit die Namen des jeweiligen Vermieters dem Mieter nicht mitgeteilt wurden; anders: LG Berlin v. 24.03.1997 - 62 S 436/96 - Grundeigentum 1997, 1031.

[12] Hier bleibt unklar, in welchem Namen die Erklärung erfolgte.

[13] LG Berlin v. 23.06.2003 - 62 S 52/03 - Grundeigentum 2003, 1156-1157.

[14] BGH v. 07.07.2010 - VIII ZR 321/09 - juris Rn. 15, 16 und 17 - WuM 2010, 502-504.

[15] So wohl die bisher herrschende Meinung, anders in der Konsequenz aus BGH v. 07.07.2010 - VII ZR 321/09 - juris Rn. 17 - WuM 2010, 502-504.

[16] OLG Hamm v. 28.05.1982 - 4 REMiet 11/81 - juris Rn. 7 - NJW 1982, 2076-2077.

[17] Kritisch insbesondere bei erfolgten Mieterwechseln.

12 Im Hinblick auf die Rechtsprechung des BGH zur Gesellschaft bürgerlichen Rechts[18] ist nunmehr genau zu differenzieren, ob die Gesellschaft als solche oder lediglich die Gesellschafter in ihrer Gesamtheit als Vermieter anzusehen sind.[19]

2. Zustimmung

13 Die Vorschrift gewährt dem Vermieter im Gegensatz zu den §§ 557a, 557b BGB keinen Zahlungsanspruch. Der Anspruch des Vermieters richtet sich vielmehr auf die Abgabe einer ebenfalls auf Vertragsänderung gerichteten Willenserklärung durch den Mieter[20], nämlich die Annahme des mit der Erhöhungserklärung verbundenen Angebotes des Vermieters (§ 151 BGB). Aus diesem Grunde ist im Verweigerungsfall auch nicht Zahlungs- sondern Zustimmungsklage (§ 558b Abs. 2 BGB) zu erheben.

3. Erhöhung bis zur ortsüblichen Vergleichsmiete

14 Der Vermieter kann eine Erhöhung der bisher vereinbarten Miete bis maximal zur Höhe der ortsüblichen Vergleichsmiete verlangen.[21] Diese wird in § 558 Abs. 2 BGB definiert (vgl. hierzu Rn. 31). Ein Mieterhöhungsverlangen nach § 558 BGB ist nicht deshalb unwirksam, weil sich die Ausgangsmiete bereits innerhalb der Bandbreite der vom gerichtlichen Sachverständigen festgestellten örtlichen Vergleichsmiete befindet.[22] Bewegt sich die bisherige Miete noch weit unterhalb des ortsüblichen Vergleichsniveaus,[23] kann der Umfang der Mieterhöhung aber auch bereits durch die Kappungsgrenze gemäß § 558 Abs. 3 BGB begrenzt sein. Es ist jeweils die zuerst eingreifende Grenze maßgeblich (vgl. Rn. 50 ff.).

4. 15 Monate unverändert

15 Mit dem Mietrechtsreformgesetz ist insoweit lediglich eine sprachliche Änderung für die Festschreibung des Mietzinses eingetreten. Eine inhaltliche Änderung ergibt sich nicht, da § 2 Abs. 1 Nr. 1 MietHöReglG mit der Jahresfrist auf den Zeitraum zwischen dem Eintritt der letzten Mieterhöhung und dem Zugang der neuen Erhöhungserklärung abstellte, nunmehr jedoch der Zeitpunkt des Wirksamwerdens der neuen Mieterhöhung maßgeblich ist, und somit die Überlegungsfrist des Mieters gemäß § 558b Abs. 1 BGB in den 15-Monats-Zeitraum bereits einberechnet ist.[24] Die Festschreibung soll die Kontinuität im Mietverhältnis und die wirtschaftlichen Dispositionen des Mieters sichern.[25] Sie bewirkt daneben auch eine Verzögerung des Mietanstieges.

5. Abgabe frühestens nach einem Jahr

16 Bevor der Vermieter zur Abgabe eines neuen Mieterhöhungsverlangens nach den §§ 558-558e BGB[26] berechtigt ist, hat er die Wartefrist einzuhalten. Diese wird – insoweit im Wortlaut unverändert – weiterhin mit einem Jahr bezeichnet. Die Jahresfrist bezieht sich auf den Zeitraum zwischen der Wirksam-

---

[18] BGH v. 29.01.2001 - II ZR 331/00 - juris Rn. 5 - BGHZ 146, 341-361.
[19] AG Königstein v. 19.03.2001 - 21 C 1361/00 - 12, 21 C 1361/00 - NJW 2001, 1357-1358; AG Berlin-Tiergarten v. 15.04.2002 - 5 C 82/02 - Grundeigentum 2002, 670-671.
[20] Es handelt sich um eine formfreie, einseitige, empfangsbedürftige Willenserklärung (§ 130 BGB).
[21] Vgl. dazu aktuell BGH v. 21.12.2009 - VIII ZR 30/09 - juris Rn. 15. Dies gilt auch dann, wenn die Einzelvergleichsmiete unter Heranziehung eines Sachverständigengutachtens ermittelt worden ist und der Sachverständige nur eine Bandbreite von Vergleichswerten darlegt.
[22] BGH v. 06.07.2005 - VIII ZR 322/04 - juris Rn. 13 - NJW 2005, 2621-2622; BGH v. 12.11.2003 - VIII ZR 52/03 - juris Rn. 8 - NJW 2004, 1379-1380.
[23] Beachte: Einem Mieterhöhungsverlangen steht nicht entgegen, dass die Ausgangsmiete unter der – seit Vertragsbeginn unveränderten – ortsüblichen Vergleichsmiete liegt, BGH v. 20.06.2007 - VIII ZR 303/06 - juris Rn. 10 - NJW 2007, 2546-2547.
[24] BT-Drs. 14/4553, S. 54; umgekehrte Berechnung der Festschreibung: Vom Zeitpunkt des Wirksamwerdens der neuen Mieterhöhung an zurückgerechnet, muss die letzte wirksame Mieterhöhung 15 Monate zurückliegen.
[25] *Lammel*, Wohnraummietrecht, 3. Aufl. 2007, § 558 Rn. 16.
[26] Anders bei Mieterhöhungen nach den §§ 557a, 557b BGB.

keit der letzten vorangegangenen Mieterhöhung und dem Zugang des neuen Mieterhöhungsverlangens.[27] Der Grund der letzten Mieterhöhung ist abgesehen von der in § 558 Abs. 1 Satz 3 BGB erwähnten Ausnahme unerheblich.[28] Auch die Neuvermietung löst die Wartefrist aus.[29] Der Neuvermietung gleich gestellt sind der Eintritt eines neuen Mieters anstelle des ursprünglichen Mieters sowie der Eintritt eines zusätzlichen Mieters in das bestehende Mietverhältnis. Dies folgt aus der Notwendigkeit, die Mieterhöhung einheitlich gegenüber allen Mietern abzugeben.[30] Diese Überlegung betrifft allerdings nicht die Fälle des Eintrittsrechtes bzw. der Fortsetzung nach den §§ 563, 563a BGB.

Die Wartefrist ist auch einzuhalten, wenn nach dem Ende der Preisbindung gemäß den §§ 15-17 WoBindG erstmals die Miete nach den §§ 558-558e BGB erhöht werden soll. Abzustellen ist in diesem Fall auf die zuletzt eingetretene Kostenmieterhöhung.

Mieterhöhungen nach den §§ 559, 560 BGB, also nach erfolgten Modernisierungsmaßnahmen oder wegen veränderten Betriebskosten sind für die Einhaltung der Wartefrist allerdings unbeachtlich. Es muss sich allerdings um tatsächlich nach den vorgenannten Vorschriften eingetretene Mietänderungen infolge formal wirksamer einseitiger Mieterhöhungserklärungen des Vermieters handeln. Diese Voraussetzung ist nach dem Wortlaut des § 558 Abs. 1 BGB eigentlich nicht gewahrt, wenn die Parteien sich über derartige streitige Mieterhöhungen „einigen", es liegt dann eine Vereinbarung nach § 557 BGB vor, welche die Wartefrist grundsätzlich auslöst.[31] Jedoch soll eine Privilegierung des Vermieters auch dann eintreten, wenn die Vereinbarung nach § 557 BGB sich (ausschließlich) auf zuvor durchgeführte Modernisierungsmaßnahmen bezieht.[32] Für den früheren Sozialen Wohnungsbau bleiben die §§ 559-560 BGB entsprechenden Mieterhöhungen unberücksichtigt.[33]

Die Wartefrist wird jedoch ausgelöst bei Teilzustimmungen des Mieters auf ein wirksames Mieterhöhungsverlangen, wenn der Vermieter nicht hinsichtlich des weiter gehenden Mieterhöhungsbetrages fristgerecht die Zustimmungsklage erhebt.[34] Bezieht sich die Teilzustimmung allerdings auf ein unwirksames Mieterhöhungsverlangen, handelt es sich hierbei nicht um die teilweise Annahme des Angebotes des Vermieters, sondern vielmehr um die Abgabe eines neuen, geänderten Angebotes durch den Mieter. Nimmt der Vermieter dieses allerdings – zum Beispiel durch vorbehaltlose Annahme entsprechend erhöhter Mietzahlungen – an, kann eine Vereinbarung nach § 557 BGB vorliegen, welche die Wartefrist auslöst.

Gibt der Mieter eine Teilzustimmungserklärung ab, ist der Vermieter gehalten, die Wirksamkeit des Mieterhöhungsverlangens sorgfältig zu prüfen. Nur bei einer wirksamen Mieterhöhungserklärung kann der Vermieter den über die erfolgte Zustimmung hinausgehenden Erhöhungsbetrag mit der Zustimmungsklage gerichtlich durchsetzen. Ist die abgegebene Mieterhöhungserklärung dagegen unwirksam, ist die Klageerhebung nicht ratsam. Der Vermieter sollte dann vielmehr die Mieterhöhungserklärung

---

[27] OLG Oldenburg v. 23.12.1980 - 5 UH 3/80 - juris Rn. 3 - OLGZ 1981, 197-198; BGH v. 16.06.1993 - VIII ARZ 2/93 - juris Rn. 8 - BGHZ 123, 37-43; BGH v. 28.04.2004 - VIII ZR 178/03 - juris Rn. 21 - NJW-RR 2004, 945-947.

[28] *Beuermann*, Miete und Mieterhöhung bei preisfreiem Wohnraum, 3. Aufl. 1999, § 2 MHG Rn. 13; *Schach* in: Kinne/Schach/Bieber, Miet- und Mietprozessrecht, 6. Aufl. 2010, § 558 Rn. 6; *Weidenkaff* in: Palandt, § 558 Rn. 11.

[29] AG Erfurt v. 27.10.1995 - 222 C 569/95 - juris Rn. 2 - WuM 1995, 717; *Lammel*, Wohnraummietrecht, 3. Aufl. 2007, § 558 Rn. 23; *Schach* in: Kinne/Schach/Bieber, Miet- und Mietprozessrecht, 6. Aufl. 2010, § 558 Rn. 7.

[30] LG Berlin v. 09.01.1997 - 61 S 234/96 - Grundeigentum 1997, 185-187; *Lammel*, Wohnraummietrecht, 3. Aufl. 2007, § 558 Rn. 23; *Schach* in: Kinne/Schach/Bieber, Miet- und Mietprozessrecht, 6. Aufl. 2010, § 558 Rn. 7.

[31] *Löfflad* in: Lützenkirchen/Löfflad, Neue Mietrechtspraxis, 2001, Rn. 230.

[32] BGH v. 18.07.2007 - VIII ZR 285/06 - juris Rn. 12 - NJW 2007, 3122-3124, unter Verweis auf BGH v. 28.04.2004 - VIII ZR 185/03 - juris Rn. 14 - NJW 2004, 2088-2089, dort für die nicht erforderliche Wahrung der Kappungsgrenze. Ebenso zur Wartefrist nunmehr auch BGH v. 09.04.2008 - VIII ZR 287/06 - juris Rn. 13 - NJW 2008, 2031 f.

[33] §§ 6, 20-25a NMV, OLG Hamm v. 15.03.1995 - 30 REMiet 3/94 - NJW-RR 1995, 1293-1294.

[34] Vgl. § 558b Abs. 1, Abs. 2 BGB: „Soweit" der Mieter.

zurückziehen und die erfolgte Teilzustimmung des Mieters (nebst eventuell erfolgter Zahlungen) ausdrücklich zurückweisen[35], um die Möglichkeit zu erhalten, ohne Einhaltung der Wartefrist ein neues wirksames Mieterhöhungsverlangen zu stellen.

Erfolgt im Zustimmungsprozess eine Nachbesserung oder Nachholung des Mieterhöhungsverlangens, gilt die Wartefrist im Hinblick auf die Teilzustimmung des Mieters zum ursprünglichen Mieterhöhungsverlangen nicht.[36]

IV. Anwendungsfelder

1. Anwendungsbereich

Die §§ 558-558e BGB finden auf alle Mietverhältnisse des freifinanzierten Wohnraumes mit Ausnahme § 549 Abs. 2 und 3 BGB Anwendung. Für die Nutzungsentschädigung nach § 546a BGB ist die Einhaltung des Verfahrens nach §§ 558-558e BGB spätestens mit der dortigen sprachlichen Neufassung nicht mehr erforderlich.[37] In Mischmietverhältnissen mit teilweiser gewerblicher Nutzung ist das Mieterhöhungsverfahren bei überwiegender Wohnraumnutzung (vgl. die Kommentierung zu § 535 BGB) anwendbar. Bei der Mitvermietung von Garagen ist in der Regel von einem einheitlichen Mietverhältnis auszugehen (vgl. die Kommentierung zu § 535 BGB). Die Mieterhöhung muss deshalb ebenfalls einheitlich für Wohnung und Garage erfolgen.[38]

Nach dem Ende der Sozialbindung ist das Mieterhöhungsverfahren auch für den ehemals preisgebundenen Sozialen Wohnungsbau anwendbar (vgl. hierzu Rn. 63 ff.). Fraglich ist, ob der Vermieter mit dem Ende der Sozialbindung den „nahtlosen Übergang" zur nach § 558 BGB erhöhten Miete verlangen kann, was im Hinblick auf die Überlegungsfrist des Mieters nach § 558b Abs. 1 BGB voraussetzen würde, dass die Mieterhöhungserklärung noch während der (auslaufenden) Sozialbindung abgegeben wird. Hiergegen sprach nach früherem Recht § 10 Abs. 3 Nr. 1 MietHöReglG, wonach die Vorschriften in den §§ 1-9 MietHöReglG nicht für Mietverhältnisse über preisgebundenen Wohnraum galten. Damit fehlte für ein noch vor dem regulären Ende der Preisbindung gestelltes Mieterhöhungsverlangen die Anspruchsgrundlage. Wäre aber dem Vermieter die Abgabe des Mieterhöhungsverlangens noch zum Zeitpunkt der Sozialbindung zu verwehren, so bedeutete dies, den Vermieter systemwidrig noch über das Ende der Sozialbindung hinaus an die Kostenmiete zu binden. Der Vermieter ist deshalb berechtigt, das Mieterhöhungsverlangen so rechtzeitig abzugeben, dass es unmittelbar nach dem Ende der Preisbindung wirksam wird.[39] Hiergegen könnte der Mieter zwar einwenden, eine Schlechterstellung des Vermieters (ehemals) preisgebundenen Wohnraumes sei aufgrund der Inanspruchnahme öffentlicher Mittel gerechtfertigt[40], zudem schütze Art. 14 Abs. 1 Satz 1 GG nicht die Möglichkeit des Vermieters, ohne jegliche Verzögerung die höchstmögliche Rendite zu erzielen.[41] Dabei bleibt jedoch unberücksichtigt, dass der Inanspruchnahme der öffentlichen Mittel bereits über einen sehr langen Zeitraum hinweg die Preis- und Belegungsbindung gegenübersteht und ferner nach dem Ende der Sozialbindung mit der Mieterhöhung nach § 558 BGB nicht automatisch von dem Erzielen einer höchstmöglichen Miete auszugehen ist.

---

[35] LG Berlin v. 20.09.1996 - 63 S 196/96 - Grundeigentum 1996, 1551-1553; LG Hamburg v. 13.05.1986 - 16 S 15/86 - juris Rn. 6 - WuM 1987, 86-87; LG Berlin - 62 S 314/01 und LG Berlin - 62 S 169/01; nicht veröffentlicht; *Schach* in: Kinne/Schach/Bieber, Miet- und Mietprozessrecht, 6. Aufl. 2010, § 558 Rn. 5; *Beuermann*, Miete und Mieterhöhung bei preisfreiem Wohnraum, 3. Aufl. 1999, § 2 MHG Rn. 10.
[36] BGH v. 20.01.2010 - VIII ZR 141/09 - juris Rn. 19 - WuM 2010, 161-162.
[37] BT-Drs. 14/4553, S. 45; zuvor bereits BGH v. 14.07.1999 - XII ZR 215/97 - juris Rn. 7 - BGHZ 142, 186-192.
[38] *Schultz* in: Bub/Treier, Handbuch der Geschäfts- und Wohnraummiete, 1989, III A Rn. 274.
[39] LG Berlin, WuM 1995, 421; OLG Hamm v. 09.10.1980 - 4 ReMiet 2/80 - juris Rn. 5 - NJW 1981, 234-235; OLG Koblenz v. 12.08.2002 - 14 W 450/02 - MDR 2002, 1218.
[40] BVerfG v. 04.12.1985 - 1 BvL 23/84, 1 BvL 1/85, 1 BvR 439/84, 1 BvR 652/84 - NJW 1986, 1669-1671 (Kappungsgrenze; Vergleichsmiete).
[41] BVerfG v. 31.05.1991 - 1 BvR 461/91 - juris Rn. 1 - WuM 1991, 575.

2. Übergangsrecht

Es gilt Art. 229 § 3 Abs. 1 Nr. 2 EGBGB. 24

3. Abdingbarkeit

Zu Lasten des Mieters abweichende Vereinbarungen sind unwirksam (§ 558 Abs. 6 BGB). 25

V. Arbeitshilfen

1. Checklisten

Bei der Mieterhöhung nach §§ 558-558e BGB zu beachtende Fristen: 26

(1) § 558 Abs. 1 Satz 1 BGB – Festschreibungsfrist:
15 Monate zwischen Wirksamkeit der letzten und Wirksamwerden der neuen Mieterhöhung.

(2) § 558 Abs. 1 Satz 2 BGB – Wartefrist:
Ein Jahr zwischen Wirksamkeit der letzten Mieterhöhung und Zugang des neuen Mieterhöhungsverlangens.

(3) § 558b Abs. 2 Satz 1 BGB – Überlegungsfrist des Mieters:
Bis zum Ablauf des zweiten Kalendermonats, der auf den Zugang des Mieterhöhungsverlangens folgt.

(4) § 558b Abs. 1 BGB – Wirksamwerden der Mieterhöhung:
Mit dem Beginn des dritten Kalendermonats, der auf den Zugang des Erhöhungsverlangens folgt.

(5) § 558 Abs. 2 Satz 2 BGB – Klagefrist des Vermieters:
Bis zum Ablauf von weiteren drei Monaten ab Ende der Überlegungsfrist des Mieters.

(6) § 558 Abs. 4 BGB – Auskunftsverlangen des Vermieters:
Frühestens vier Monate vor dem Wegfall der öffentlichen Bindung.

2. Prüfschemata

Wesentliche Voraussetzungen der Mieterhöhung nach §§ 558-558e BGB: 27

(1) Einhaltung 15 Monate-Frist:
Die Miete muss vor dem Wirksamwerden der neuen Mieterhöhung mindestens seit 15 Monaten unverändert sein.
Ausnahme:
Erhöhungen nach den §§ 559-560 BGB.

(2) Einhaltung der Wartefrist:
Die Miete muss seit einem Jahr unverändert sein, bevor überhaupt das neue Mieterhöhungsverlangen abgegeben werden kann!
Ausnahme:
Erhöhungen nach den §§ 559-560 BGB.

(3) Einhaltung der Kappungsgrenze:
Die Miete darf sich innerhalb eines Zeitraumes von drei Jahren nicht um mehr als 20% verändern.
Ausnahme:
Erhöhungen nach den §§ 559-560 BGB/§ 558 Abs. 4 BGB.

(4) Wahrung der ortsüblichen Vergleichsmiete:
Begründung der Mieterhöhungserklärung durch:Mietspiegel/Sachverständigengutachten/Vergleichswohnungen/Datenbank.Keine Bindung des Gerichtes.
Ausnahme: § 558d Abs. 3 BGB.

3. Schemata zur Beratung

28 Vorbereitung der Mieterhöhungserklärung:

(1) Wann war die letzte Mieterhöhung?
Rechtsgrundlage: Einhaltung Festschreibungsfrist, Wartefrist (§ 558 Abs. Satz 1, Satz 2 BGB).

(2) Weshalb hatte sich die Miete erhöht?
Rechtsgrundlage: Ermittlung der auf die Wartefrist und die Kappungsgrenze nicht anzurechnenden Mieterhöhungen (§ 558 Abs. Satz 3, Abs. 3 BGB).

(3) Wie hoch ist die derzeitig vom Mieter gezahlte Miete?
Rechtsgrundlage: Ermittlung des Mieterhöhungspotentials.

(4) Wie hoch war die Miete drei Jahre vor dem Wirksamwerden der jetzt beabsichtigten Mieterhöhung?
Rechtsgrundlage: Ermittlung des Ausgangsbetrages zur Berechnung der Kappungsgrenze (§ 558 Abs. 3 BGB).

(5) Bzw.: Wie hoch war die niedrigste Miete innerhalb der letzten drei Jahre vor Wirksamwerden der neuen Mieterhöhung?
Rechtsgrundlage: Ermittlung des Ausgangsbetrages zur Berechnung der Kappungsgrenze (§ 558 Abs. 3 BGB).

(6) Zahlte der Mieter Fehlbelegungsabgabe?
Rechtsgrundlage: Überschreitung der Kappungsgrenze zulässig (§ 558 Abs. 4 BGB).

(7) Wie hoch ist die ortsübliche Vergleichsmiete?
Rechtsgrundlage: Einhaltung notwendig (§ 558 Abs. 1 Satz 1 BGB).

B. Kommentierung zu Absatz 2

I. Grundlagen

1. Kurzcharakteristik

29 Die Norm enthält eine Legaldefinition der ortsüblichen Vergleichsmiete und beschreibt deren Ermittlung und Zusammensetzung.[42] Sie bezweckt die Feststellung eines repräsentativen Querschnitts der Mieten, die für ausschließlich nach den gesetzlichen Kriterien bestimmten vergleichbaren Wohnraum in bestehenden Mietverhältnissen[43] unter gewöhnlichen Umständen tatsächlich und üblicherweise gezahlt werden.[44] Die Vorgaben sind insbesondere für die Erstellung von Mietspiegeln bedeutsam sowie für die gerichtliche Entscheidung im Zustimmungsverfahren. Es handelt sich aber um einen der Wertung unterliegenden Begriff, bei dem für den Einzelfall vorzunehmenden Vergleich können deshalb individuelle Zu- und Abschläge zum ermittelten durchschnittlichen Mietzinsniveau erforderlich sein, z.B. bei teilgewerblicher Nutzung, für das Vorhandensein von Garagen- oder Einstellplätzen oder für die Übernahme der Schönheitsreparaturen durch den Vermieter.[45] Derartige Zuschläge fließen in die

---

[42] Die Frage der Einordnung des Mietobjektes in das nach § 558 Abs. 2 BGB ermittelte Vergleichsmietenniveau betrifft dagegen die Rechtsanwendung und ist vom Gericht zu entscheiden, vgl. die Kommentierung zu § 558a BGB Rn. 10.

[43] Sie betrifft also im Interesse der preisdämpfenden Wirkung der Berücksichtigung von Bestandsmieten gerade nicht die Marktmiete im Sinne der zu einem bestimmten Zeitpunkt bei der Neuvermietung geforderten und gezahlten Mieten, vgl. *Beuermann*, Miete und Mieterhöhung bei preisfreiem Wohnraum, 3. Aufl. 1999, § 2 MHG Rn. 17; *Schultz* in: Bub/Treier, Handbuch der Geschäfts- und Wohnraummiete, 1989, III A 477; *Huber*, ZMR 1992, 469-478; *Schultz*, Grundeigentum 1990, 1215-1216, 1216; *Barthelmess*, Wohnraumkündigungsschutzgesetz, Miethöhegesetz, 5. Aufl. 1995, § 2 MHRG Rn. 21; *Schach* in: Kinne/Schach/Bieber, Miet- und Mietprozessrecht, 6. Aufl. 2010, § 558 Rn. 8; *Lammel*, Wohnraummietrecht, 3. Aufl. 2007, § 558 Rn. 31.

[44] BayObLG München v. 19.03.1981 - Allg Reg 7/81 - juris Rn. 5 - NJW 1981, 1219-1220.

[45] Mit Zuschlägen zu berücksichtigen: *Lammel*, Wohnraummietrecht, 3. Aufl. 2007, § 558 Rn. 53; *Schach* in: Kinne/Schach/Bieber, Miet- und Mietprozessrecht, 6. Aufl. 2010, § 558 Rn. 33; Schönheitsreparaturen: OLG Koblenz v. 08.11.1984 - 4 W-RE 571/84 - juris Rn. 11 - NJW 1985, 333; AG Frankfurt a.M. v. 16.09.2005 - 33 C 2479/05 - juris Rn. 13 - NJW 2005, 3294-3295; a.A. LG Nürnberg-Fürth v. 18.11.2005 - 7 S 7698/05 - juris Rn. 9 - NZM 2006, 53.

nach § 558 Abs. 2 BGB zu ermittelnde ortsüblichen Vergleichsmiete nicht ein.[46] Hiervon zu unterscheiden sind Zu- und Abschläge zur Herstellung der Vergleichbarkeit oder zur Ausfüllung von Mietpreisspannen, wie sie häufig in Mietspiegeln vorgesehen werden.[47] Problematisch ist die Herstellung der Vergleichbarkeit von Brutto- und Nettomieten. Hier ist eine Herausrechnung der Betriebskostenanteile erforderlich.[48]

2. Gesetzgebungsmaterialien

Die Vorschrift geht auf das Mietrechtsreformgesetz vom 19.06.2001[49] zurück. Sie übernimmt den mit dem Gesetz zur Erhöhung des Angebotes an Mietwohnungen[50] zum 01.01.1983 eingefügten und mit dem 4. Mietrechtsänderungsgesetz geänderten § 2 Abs. 1 Nr. 2 MietHöReglG mit einer Ergänzung hinsichtlich der für die Bildung der Vergleichsmiete nicht heranzuziehenden Wohnungen.[51]

II. Anwendungsvoraussetzungen

1. Übliche Entgelte

Ausgeschlossen werden damit die Berücksichtigung von Gefälligkeitsmieten oder überhöhten Mieten. Ebenfalls ausgeschlossen sind Zuschläge, die an die Person des Mieters gebunden sind.[52] Zu einem evtl. zu erhebenden Zuschlag zur ortsüblichen Vergleichsmiete im Falle einer unwirksamen Schönheitsreparaturklausel vgl. die Kommentierung zu § 558a BGB.

2. Gemeinde oder vergleichbare Gemeinde

Bei der Feststellung des für das Mietobjekt maßgeblichen Vergleichsmietenniveaus soll zunächst nach Möglichkeit auf dieselbe Gemeinde zurückgegriffen werden. Ist dies jedoch nicht möglich (vgl. die Kommentierung zu § 558a BGB), kann auf vergleichbare, möglichst nahe liegende Gemeinden abgestellt werden.

3. Wohnraum vergleichbarer Art

Relevant sind hier zum Beispiel die Unterscheidung zwischen Ein- und Mehrfamilienhäusern, bei diesen sodann die Anzahl der vorhandenen Wohngeschosse und die Lage der Wohnung innerhalb des Gebäudes, insbesondere Dachgeschoss- oder Souterrainwohnungen; die Frage, ob es sich um ein Reihen- oder Doppelhaus handelt oder um ein Wohnheim. Die Art des Wohnraumes wird nicht durch die Art und Weise der Finanzierung bestimmt.[53]

4. Größe

Der Vergleich des Mietpreises erfolgt über den Quadratmeterpreis. Die Wohnflächenberechnung muss deshalb nach einheitlichen Kriterien erfolgen. Maßgeblich sind nunmehr ausschließlich die WohnflächenVO. Für den Mietenvergleich müssen die jeweiligen Wohnungsgrößen jedoch nicht absolut identisch sein, Schwankungen bis maximal 20% sind zulässig.[54] Vgl. hierzu auch die entsprechenden Wohnungsgrößenkategorien in vielen Mietspiegeln.

---

[46] *Schach* in: Kinne/Schach/Bieber, Miet- und Mietprozessrecht, 6. Aufl. 2010, § 558 Rn. 33.
[47] *Schach* in: Kinne/Schach/Bieber, Miet- und Mietprozessrecht, 6. Aufl. 2010, § 558 Rn. 20.
[48] Vgl. zur gesamten Problematik ausführlich: *Schach* in: Kinne/Schach/Bieber, Miet- und Mietprozessrecht, 6. Aufl. 2010, § 558 Rn. 35-39; *Lammel*, Wohnraummietrecht, 3. Aufl. 2007, § 558 Rn. 57; *Beuermann*, Miete und Mieterhöhung bei preisfreiem Wohnraum, 3. Aufl. 1999, § 2 MHG Rn. 23-24.
[49] BGBl I 2001, 1149.
[50] BGBl I 1982, 1912.
[51] BT-Drs. 14/4553, S. 54.
[52] Z.B. so genannter Studenten-, Ausländer-, Wohngemeinschaftszuschlag: OLG Stuttgart v. 26.02.1982 - 8 REMiet 5/81 - juris Rn. 4 - NJW 1982, 1160-1161; OLG Hamm v. 03.03.1983 - 4 REMiet 9/82 - juris Rn. 12 - NJW 1983, 1622-1623; AG Dortmund v. 28.05.1991 - 125 C 11518/90 - NJW-RR 1991, 1228-1230.
[53] *Weidenkaff* in: Palandt, § 558 Rn. 16.
[54] *Weidenkaff* in: Palandt, § 558 Rn. 16.

5. Ausstattung

a. Definition

35 Das Vorhandensein von Bad/Dusche, WC und Sammelheizung verliert mit zunehmender Zeit an Bedeutung, da Wohnraum in der Regel über diese Ausstattungsmerkmale verfügt.[55] Wichtigere Kriterien zur Differenzierung sind nunmehr die Qualität der vorhandenen Objekte (Fliesen, Bodenbelag), insbesondere im Sanitär- und Küchenbereich, hierbei insbesondere auch die Anzahl der Objekte (z.B. getrennte Gästetoilette, gesonderte Duschtasse, mehrere Waschbecken). Eine vom Vermieter vorgenommene Möblierung ist ebenfalls zu berücksichtigen.[56] Nicht in Ansatz zu bringen sind dagegen vom Mieter selbst geschaffene Ausstattungen, z.B. eine vom Mieter eingebaute und finanzierte Einbauküche. Dies gilt auch dann, wenn bereits der Vormieter die Ausstattung geschaffen hatte und der Mieter hierfür eine Abstandszahlung entrichtet hat[57], oder wenn die Ausstattung im laufenden Mietverhältnis auf Kosten des Mieters erfolgte. Eine Berufung des Vermieters auf die vom Mieter geschaffenen Ausstattungsmerkmale kommt ferner auch dann nicht in Betracht, wenn dies auf einer vertraglichen Verpflichtung des Mieters beruhte.[58] Nimmt der Mieter aber Einbauten vor, die der Vermieter finanziert, gilt die Ausstattung als vom Vermieter erbracht und ist zu berücksichtigen. Bei nur teilweiser Finanzierung durch den Vermieter sollen aber nur Zuschläge zur ortsüblichen Vergleichsmiete in Betracht kommen. Hat der Mieter ursprünglich vorhandene, vom Vermieter geschaffene oder mitvermietete Einrichtungen entfernt und durch eigene ersetzt, wie zum Beispiel beim Einbau einer neuen Küche, ist bei der Vergleichseinordnung auf die ursprünglich vorhandene Ausstattung abzustellen.[59]

b. Praktische Hinweise

36 Den Parteien ist anzuraten, für vom Mieter gewünschte besondere Ausstattungen Klarheit hinsichtlich der Ausführung der Arbeiten und Tragung der Kostenlast sowie der Instandhaltungspflicht zu schaffen. Dies gilt sowohl für im Bestandsmietverhältnis anstehende Veränderungen der Ausstattung als auch für vor Einzug des Mieters noch vorzunehmende Ein- und Umbauten. Hier ist bei den Vertragsverhandlungen auf eindeutige Regelungen zu achten. Beruft sich der Vermieter in einem späteren Zustimmungsprozess auf das Vorhandensein bestimmter Ausstattungsmerkmale, so ist er beweispflichtig dafür, dass diese auch tatsächlich von ihm geschaffen wurden.

6. Beschaffenheit

37 Die Beschaffenheit einer Wohnung wird im Wesentlichen durch die während bestimmter Zeitperioden übliche Bauweise charakterisiert. Maßgeblich für die Ermittlung der ortsüblichen Vergleichsmiete ist deshalb das Baualter bzw. die Bezugsfertigkeit der Wohnung analog zu § 13 Abs. 4 WoBindG, Letzteres insbesondere bei Wiederaufbau, Wiederherstellung, Ausbau und Erweiterung im Rahmen der §§ 16 und 17 II. WoBauG.[60] Werden in bestehenden Gebäuden später noch zusätzliche Wohnungen errichtet (zum Beispiel Dachgeschossausbau), ist die Bezugsfertigkeit dieser Wohnungen maßgeblich. Die Modernisierung von Altbaubeständen bedeutet dagegen keine Umstufung in der Baualtersklasse (§ 16 Abs. 4 II. WoBauG).[61] Zur Beschaffenheit gehören auch der Zuschnitt der Wohnung, das Vorhandensein von Nebenräumen oder Garagen, die Lage der Wohnung innerhalb des Gebäudes sowie der Erhal-

---

[55] M.w.N.: *Lammel*, Wohnraummietrecht, 3. Aufl. 2007, § 558 Rn. 37; vgl. auch beispielhaft die Differenzierung im Berliner Mietspiegel 2000.
[56] BayObLG München v. 24.06.1981 - Allg Reg 41/81 - juris Rn. 6 - NJW 1981, 2259-2261.
[57] Ansatz jedoch zulässig, wenn der Vermieter die Einrichtung vom Vormieter gemäß § 552 BGB übernimmt.
[58] BGH v. 07.07.2010 - VIII ZR 315/09 - juris Rn. 15 - WuM 2010, 569-570.
[59] Vgl. zu allen drei Aspekten ausführlich und instruktiv: *Schach* in: Kinne/Schach/Bieber, Miet- und Mietprozessrecht, 6. Aufl. 2010, § 558 Rn. 23-26.
[60] Beachte: In solchen Fällen sind entsprechende Angaben bereits im Mieterhöhungsverlangen erforderlich, LG Berlin v. 26.11.2004 - 63 S 263/04 - Grundeigentum 2004, 307, 309.
[61] Ausnahme bei völliger Entkernung LG Düsseldorf v. 19.03.1998 - 21 S 600/97 - DWW 1999, 181-184.

tungszustand. Auch der energetische Zustand der Wohnung bzw. des Gebäudes soll nunmehr zu berücksichtigen sein.[62]

Nicht einzubeziehen sind dagegen so genannte behebbare Mängel des Mietobjektes[63], diese begründen auch kein Zurückbehaltungsrecht des Mieters gegenüber dem Zustimmungsverlangen[64]. 38

7. Lage

Entscheidend sind objektive Kriterien. Hierzu zählen die Lage in einem bestimmten Ortsteil oder Stadtviertel, in einem Gewerbe-, Misch- oder Wohngebiet, die Infrastruktur, die Verkehrsanbindung sowie die Umweltbelastung. Subjektive Bewertungen bleiben außer Betracht.[65] 39

8. In den letzten vier Jahren vereinbart oder geändert

Mieten, die in die Bildung der ortsüblichen Vergleichsmiete einfließen, müssen in den letzten vier Jahren vereinbart (Neuvermietung) oder geändert (Mieterhöhung) worden sein.[66] Dies ist der Zeitraum der letzten vier Jahre vor dem Zugang der Mieterhöhungserklärung.[67] Damit soll einerseits eine Begrenzung des Mietniveaus erreicht, jedoch auch eine Stagnation durch Verwendung zu alter Daten verhindert werden. Fraglich – da im Gesetz nicht angesprochen – ist das bei der Vergleichsmietenermittlung einzuhaltende Mischungsverhältnis zwischen geänderten Bestandsmieten und neu vereinbarten Mieten, sowie das Verhältnis der Berücksichtigung der Daten aus den einzelnen Jahren.[68] 40

9. Nichtberücksichtigung der Erhöhungen nach § 560 BGB

Nur Mietänderungen nach § 560 BGB sind bei der Bildung der ortsüblichen Vergleichsmiete ausgenommen. Alle anderen Mietänderungen dürfen somit Berücksichtigung finden, also alle Mieterhöhungen nach den §§ 557, 557a, 557b BGB und den §§ 559-559b BGB. 41

10. Nichtberücksichtigung von Wohnraum nach Satz 2

Zu dem Wohnraum, dessen Miethöhe durch Gesetz oder in Zusammenhang mit einer Förderzusage festgelegt worden ist, gehört zunächst der Soziale Wohnungsbau des so genannten ersten und zweiten Förderweges. Daneben sollen mit der Neuregelung und Ergänzung durch das Mietrechtsreformgesetz jedoch auch Wohnungen des dritten Förderweges, also im Wege der vereinbarten Förderung nach den §§ 88d, 88e II. WoBauG errichtete Wohnungen nicht mehr zur Bildung der ortsüblichen Vergleichsmiete herangezogen werden. Es sollte damit der Ausschluss aller Fördertatbestände, die zu Festlegungen der Miethöhe führen, erreicht werden. Derartige Mieten fanden bisher Berücksichtigung, da die nach den Fördervereinbarungen im Zuge des Abbaus der Förderung möglich werdenden Mieterhöhungen gemäß § 2 MietHöReglG vorzunehmen waren. 42

III. Anwendungsfelder

§ 558 Abs. 2 BGB ist auf alle nach dem 01.09.2001 zugegangenen Mieterhöhungserklärungen anwendbar (Art. 229 § 3 Abs. 1 Nr. 2 EGBGB). 43

---

[62] BT-Drs. 14/4553, S. 54.
[63] OLG Stuttgart v. 07.07.1981 - 8 REMiet 1/81 - juris Rn. 9 - NJW 1981, 2365-2366.
[64] OLG Frankfurt v. 29.07.1999 - 20 ReMiet 1/96 - juris Rn. 19 - NJW 2000, 2115-2117.
[65] *Lammel*, Wohnraummietrecht, 3. Aufl. 2007, § 558 Rn. 50; *Schach* in: Kinne/Schach/Bieber, Miet- und Mietprozessrecht, 6. Aufl. 2010, § 558 Rn. 30.
[66] BayObLG München v. 27.10.1992 - RE-Miet 3/92 - juris Rn. 9 - NJW-RR 1993, 202-203.
[67] *Schach* in: Kinne/Schach/Bieber, Miet- und Mietprozessrecht, 6. Aufl. 2010, § 558 Rn. 14.
[68] Vgl. hierzu ausführlich m.w.N.: *Beuermann*, Miete und Mieterhöhung bei preisfreiem Wohnraum, 3. Aufl. 1999, § 2 MHG Rn. 50-52; *Schach* in: Kinne/Schach/Bieber, Miet- und Mietprozessrecht, 6. Aufl. 2010, § 558 Rn. 14; *Lammel*, Wohnraummietrecht, 3. Aufl. 2007, § 558 Rn. 60; BayObLG München v. 19.03.1981 - Allg Reg 7/81 - juris Rn. 10 - NJW 1981, 1219-1220.

C. Kommentierung zu Absatz 3

I. Grundlagen

1. Kurzcharakteristik

44 Die Norm will einen zu schnellen Anstieg der Mieten, insbesondere der noch erheblich unterhalb des ortsüblichen Vergleichsniveaus liegenden Mieten, verhindern. Die Kappungsgrenze bildet damit, neben der Begrenzung der Mieterhöhung auf maximal das Niveau der ortsüblichen Vergleichsmiete, eine weitere Beschränkung der Mietentwicklung. Sie kann bewirken, dass die Mieterhöhung nicht bis zur Höhe der ortsüblichen Vergleichsmiete ausgeschöpft werden kann.

2. Gesetzgebungsmaterialien

45 § 558a Abs. 3 BGB geht auf das Mietrechtsreformgesetz vom 19.06.2001 (BGBl I 2001, 1149) zurück. Im Vergleich zur früheren Regelung[69] in § 2 Abs. 1 Nr. 3 MietHöReglG erfolgte eine Herabsenkung der zuletzt einheitlichen Kappungsgrenze von 30%[70] auf nunmehr 20%. Hintergrund hierfür war die Überlegung des Gesetzgebers, die Beibehaltung der höheren Kappungsgrenze könnte bei Haushalten mit niedrigen Einkommen, die bewusst preiswerte Wohnungen innehalten, zu Härten führen. Zudem sei nach empirischen Untersuchungen keine nennenswerte begrenzende Wirkung von Kappungsgrenzen feststellbar. Dies gelte in erster Linie nur für ehemalige Sozialbauwohnungen, insgesamt erfolge aber nur in einer vergleichsweise geringen Anzahl von Fällen eine Einschränkung des Mieterhöhungsspielraumes.[71]

II. Praktische Bedeutung

46 Angesichts der nicht immer leicht nachvollziehbaren Berechnung und Abgrenzung der Erhöhungen nach den §§ 559-560 BGB bereitet die richtige Anwendung der Norm und die zutreffende Ermittlung des konkreten Mieterhöhungspotentials in der Praxis häufig Schwierigkeiten.

III. Anwendungsvoraussetzungen

1. Innerhalb von drei Jahren

47 Die Mietentwicklung ist mit der Kappungsgrenze für einen Dreijahreszeitraum auf einen bestimmten Erhöhungsbetrag begrenzt. Diese Frist wird bezogen auf den Zeitpunkt des Wirksamwerdens der in Aussicht genommenen Mieterhöhung drei Jahre zurückgerechnet.[72] Es ist also zunächst vorausschauend zu ermitteln, zu welchem Zeitpunkt die Mieterhöhungserklärung gemäß § 558b Abs. 1 BGB Wirksamkeit erlangen wird. Sodann ist der von diesem Tage an exakt drei Jahre zurückliegend wirksam vereinbarte Mietzins festzustellen. Ist dieser Mietzins zugleich der niedrigste Mietzins innerhalb der letzten drei Jahre, ist er der Berechnung der Kappungsgrenze als Basis zu Grunde zu legen. Hat sich jedoch die Miete innerhalb der letzten drei Jahre noch zu einem späteren Zeitpunkt verringert, so ist der geringste Mietbetrag der letzten drei Jahre als Basisbetrag der Berechnung zu wählen.[73] Kann die Zurückrechnung nicht erfolgen, weil das Mietverhältnis noch nicht so lange andauert, bedeutet dies

---

[69] Kappungsgrenze eingefügt mit dem Gesetz zur Erhöhung des Angebotes an Mietwohnungen, BGBl I 1982, 1912.
[70] Die Beschränkungen aus § 2 Abs. 1 Nr. 3 lit. a, b MietHöReglG waren durch Zeitablauf gegenstandslos.
[71] BT-Drs. 14/4553, S. 54.
[72] OLG Celle v. 31.10.1995 - 2 UH 1/95 - juris Rn. 18 - NJW-RR 1996, 331-332; BayObLG München v. 10.03.1988 - RE-Miet 2/88 - juris Rn. 19 - NJW-RR 1988, 721-722; *Weidenkaff* in: Palandt, § 558 Rn. 21.
[73] So überzeugend unter Hinweis auf den Wortlaut („innerhalb von drei Jahren"): *Beuermann*, Miete und Mieterhöhung bei preisfreiem Wohnraum, 3. Aufl. 1999, § 2 MHG Rn. 56a; so auch: *Schach* in: Kinne/Schach/Bieber, Miet- und Mietprozessrecht, 6. Aufl. 2010, § 558 Rn. 48; a.A. *Lammel*, Wohnraummietrecht, 3. Aufl. 2007, § 558 Rn. 68 unter Hinweis auf OLG Celle v. 31.10.1995 - 2 UH 1/95 - NJW-RR 1996, 331-332 – der Rechtsentscheid betraf jedoch die Frage, ob die Dreijahresfrist der Kappungsgrenze auf den Zeitpunkt drei Jahre vor Wirksamwerden oder vor Zugang der Mieterhöhungserklärung zu beziehen sei.

nicht, dass eine Mieterhöhung nicht möglich wäre.[74] Voraussetzung der Vornahme einer Mieterhöhung ist lediglich, dass die Miete zumindest ein Jahr unverändert ist (§ 558 Abs. 1 BGB). Macht der Vermieter also bereits ein Jahr nach Abschluss des Mietvertrages eine Mieterhöhung geltend[75], bedeutet dies keinen Verstoß gegen § 558 Abs. 3 BGB. Der Vermieter kann bei dieser Mieterhöhung die Kappungsgrenze auch vollständig ausschöpfen, sofern die ortsübliche Vergleichsmiete hierbei nicht überschritten wird.[76] Jedoch ist eine weitere Mieterhöhung dann erst zum Ablauf von drei Jahren möglich[77] (vgl. das Berechnungsbeispiel 2 in Rn. 53).

Die Kappungsgrenze findet bereits auch bei der erstmaligen Mieterhöhung nach den §§ 558-558e BGB auf Mietobjekte des ehemals preisgebundenen Sozialen Wohnungsbaus Anwendung.[78] Für die Ermittlung der Ausgangsmiete der Berechnung ist dann auf die zu dem entsprechenden Zeitpunkt geltende frühere Preismiete abzustellen.[79] 48

Für die Berechnung der Kappungsgrenze ist die jeweils vereinbarte Mietzinsstruktur zu berücksichtigen. Haben die Parteien eine Nettokaltmiete nebst Vorauszahlungen für Nebenkosten vereinbart, ist der Kappungsbetrag aus der vor drei Jahren vereinbarten Nettokaltmiete zu errechnen. Liegt eine Vereinbarung über eine Bruttokalt- oder Teilinklusivmiete vor, ist diese Mietgröße einschließlich der in ihr enthaltenen Nebenkostenanteile maßgeblich.[80] Bei identischer Gesamtmiete ergeben sich hier gegenüber einer Nettokaltmietvereinbarung höhere Basisbeträge für die Berechnung der Kappungsgrenze und folglich größere Erhöhungsbeträge.[81] 49

Berechnungsbeispiel 1: 50
Das Mietverhältnis besteht seit dem 01.01.1999. Es ist eine Nettokaltmiete nebst Vorauszahlungen für Nebenkosten vereinbart. Die Mieterhöhung soll zum 01.05.2008 wirksam werden. Im Hinblick auf den Dreijahreszeitraum ist deshalb die zum 01.05.2005 wirksam vereinbarte Miete festzustellen. Sind zwischen dem 01.05.2005 und dem 01.05.2008 keine Mietabsenkungen eingetreten, ist die am 01.05.2005 gezahlte Miete zu Grunde zu legen. Die Miete betrug am 01.05.2005 500 € nettokalt/monatlich. Die Kappungsgrenze beträgt deshalb 100 € (20% von 500 €). Dieser Betrag ist zu dem Ausgangsbetrag von 500 € zu addieren. Die neue Miete zum 01.05.2008 darf also den Betrag von 600 € nicht übersteigen.

Berechnungsbeispiel 1 Variante a: 51
Ist die jetzt zu erhöhende Miete seit dem 01.05.2005 unverändert gezahlt worden, kann der Vermieter folglich eine Mieterhöhung von bisher 500 € um 100 € auf nunmehr 600 € fordern. Da der Vermieter mit der Mieterhöhung die Kappungsgrenze voll ausgeschöpft hat, kann er die nächste Mieterhöhung erst zum 01.05.2011 geltend machen.

Berechnungsbeispiel 1 Variante b: 52
Der Vermieter hatte die ursprüngliche Miete von 500 € mit Mieterhöhungsverlangen vom September 2006 bereits zum 01.12.2006 gemäß §§ 558-558e BGB um 50 € auf 550 € nettokalt/monatlich er-

---

[74] *Blank/Börstinghaus*, Miete Kommentar, 3. Aufl. 2008, § 558 Rn. 63.
[75] Festschreibungsfrist und Wartefrist sind auch bei Mieterhöhung nach Neuvermietung einzuhalten.
[76] In der Praxis dürfte dies allerdings nur in Betracht kommen, wenn bei der Neuvermietung eine deutlich unter dem ortsüblichen Vergleichsniveau liegende Miete vereinbart wurde.
[77] *Vogel*, Mandatspraxis Mietrecht, 2002, § 4 Rn. 390.
[78] BGH v. 28.04.2004 - VIII ZR 178/03 - juris Rn. 24 - NJW-RR 2004, 945-947; *Scheffler* in: Hannemann/Wiegener, Münchener Anwaltshandbuch Wohnraummietrecht, 2005, § 35 Rn. 124; *Schultz* in: Bub/Treier, Handbuch der Geschäfts- und Wohnraummiete, 1989, III A 343; *Vogel*, Mandatspraxis Mietrecht, 2002, § 4 Rn. 391; für spätere Mieterhöhungen unzweifelhaft, vgl. Gesetzesbegründung zur Absenkung der Kappungsgrenze BT-Drs. 14/4553, S. 54 und § 558 Abs. 4 BGB.
[79] LG Hamburg v. 23.02.1996 - 311 S 208/95 - WuM 1996, 277-278; LG Köln v. 13.02.1996 - 12 S 352/95 - juris Rn. 6 - WuM 1996, 276-277.
[80] BGH v. 19.11.2003 - VIII ZR 160/03 - juris Rn. 10 - MM 2004, 122-123.
[81] Dies ist bei einer in Aussicht genommenen Umstellung der Mietzinsstruktur von Teilinklusivmiete auf Nettokaltmiete, welche allerdings der Vereinbarung mit dem Mieter bedarf, für die zukünftige Mietentwicklung zu beachten. Ist innerhalb der letzten drei Jahre eine derartige Vereinbarung erfolgt, kann nur noch auf die zum damaligen Stichtag fiktiv berechnete Nettokaltmiete als Ausgangsbasis zurückgegriffen werden.

höht. Er kann deshalb jetzt lediglich noch eine Mieterhöhung um weitere 50 € auf 600 € vornehmen. Die nächste Mieterhöhung ist zum 01.12.2009 möglich. Dieser liegt als Basisbetrag zur Berechnung der Kappungsgrenze der zum 01.12.2006 vereinbarte Mietzins von 550 € zugrunde. Der Vermieter kann dann also die Miete von nunmehr (seit 01.05.2008) 600 € um weitere 60 € auf 660 € (550 € Basisbetrag + 20%) erhöhen.

53 **Berechnungsbeispiel 2**:
Das Mietverhältnis begann am 01.01.2007. Miete wie oben Beispiel 1. Der Vermieter möchte zum 01.04.2008 eine Mieterhöhung geltend machen. Zum 01.04.2005 bestand noch kein Mietverhältnis zwischen den Parteien. Der Vermieter ist jedoch berechtigt, die Miete um 100 € (20% von 500 €) anzuheben. Er kann die nächste Mieterhöhung dann aber erst wieder zum 01.04.2011 geltend machen.

2. Maximale Veränderung ohne Erhöhungen nach den §§ 559-560 BGB

54 Die Kappungsgrenze beträgt seit dem 01.09.2001 lediglich noch 20%. Bei der Berechnung der Kappungsgrenze sind Erhöhungen, die nach den §§ 559, 560 BGB eingetreten sind, nicht zu berücksichtigen (vgl. das Berechnungsbeispiel in Rn. 56). Entgegen der früheren Auffassung gilt dies auch für Vereinbarungen mit dem Mieter über eine Mieterhöhung nach Modernisierung, die anstelle einer einseitigen Mieterhöhung nach § 559 BGB getroffen wurden.[82] Für den früheren Sozialen Wohnungsbau bleiben die §§ 559, 560 BGB entsprechenden Mieterhöhungen unberücksichtigt.[83] Klarzustellen ist allerdings, dass insbesondere gemäß den §§ 559-559b BGB eingetretene Mieterhöhungen nach Modernisierungen, die mehr als drei Jahre zurückliegen, Bestandteil der Ausgangsmiete und somit Grundlage der Berechnung der Kappungsgrenze sind.

55 Die Kappungsgrenze kann vom Vermieter nicht ausgeschöpft werden, wenn der sich danach ergebende erhöhte Mietbetrag die ortsübliche Vergleichsmiete übersteigen würde. In diesem Fall ist die Erhöhung auf eine Anhebung bis zur ortsüblichen Vergleichsmiete zu beschränken (vgl. das Berechnungsbeispiel 3b in Rn. 58).

56 **Berechnungsbeispiel 3**:
Daten wie Beispiel 1 Variante a). Es soll eine Mieterhöhung zum 01.05.2008 erfolgen. Die Miete von 500 € nettokalt/monatlich (seit dem 01.05.2005) erhöhte sich zum 01.07.2007 bereits infolge einer Mieterhöhung nach § 559 BGB um 30 € monatlich auf 530 €. Diese Erhöhung löst die Wartefrist nach § 558 Abs. 1 BGB nicht aus. Die Kappungsgrenze errechnet sich wie im Beispiel 1 mit 100 € (20% von 500 €). Die Erhöhung nach § 559 BGB von 30 € ist hierauf nicht anzurechnen. Der Vermieter kann also eine Mieterhöhung von bisher 530 € monatlich/nettokalt um 100 € auf 630 € nettokalt/monatlich verlangen.

57 **Berechnungsbeispiel 3 Variante a**:
Daten wie Beispiel 1 Variante a). Die Wohnungsgröße beträgt 90 m². Die seit dem 01.05.2005 gezahlte Miete beträgt somit € 5,55/m² Wohnfläche nettokalt monatlich. Die zum 01.05.2008 maßgebliche ortsübliche Vergleichsmiete beträgt € 6,20/m² Wohnfläche nettokalt/monatlich. Es ergibt sich für die Wohnung somit nur eine ortsübliche Miete von 90m² x 6,20 € = 558 €. Der Vermieter kann die Kappungsgrenze nicht ausschöpfen. Er kann lediglich eine Mieterhöhung von 500 € um 58 € auf 558 € beanspruchen.

58 **Berechnungsbeispiel 3 Variante b**:
Wie zuvor Variante 3 a). Die ortsübliche Vergleichsmiete beträgt jedoch zum 01.05.2008 € 7,00/m² Wohnfläche monatlich. Die ortsübliche Vergleichsmiete für die Wohnung würde sich somit mit 90m² x 7,00 € = 630 € errechnen. Dieser Betrag würde jedoch die Kappungsgrenze von 100 € (20% von 500 €) übersteigen. Der Vermieter kann die Mieterhöhung wegen der Kappungsgrenze nicht bis zur Grenze der ortsüblichen Vergleichsmiete ausschöpfen.

---

[82] BGH v. 28.04.2004 - VIII ZR 185/03 - juris Rn. 12 - NJW 2004, 2088-2089.
[83] Vgl. die §§ 6, 20-25a NMV; OLG Hamm v. 15.03.1995 - 30 REMiet 3/94 - juris Rn. 16 - NJW-RR 1995, 1293-1294; LG Wuppertal v. 06.03.1997 - 9 S 248/96 - juris Rn. 3 - WuM 1999, 44; BGH v. 28.04.2004 - VIII ZR 178/03 - juris Rn. 25 - NJW-RR 2004, 945-947.

IV. Prozessuale Hinweise/Verfahrenshinweise

Die Einhaltung der Kappungsgrenze ist spätestens in der Zustimmungsklage darzulegen. Dies gehört zur Schlüssigkeit der Klage.[84] Es sind alle Grundlagen für die Berechnung der Kappungsgrenze vom Vermieter darzulegen. Erforderlich ist also die Angabe der drei Jahre vor Wirksamwerden der neuen Mieterhöhung wirksam vereinbarten Miete bzw. des innerhalb des Dreijahreszeitraumes geringsten vereinbarten Mietzinses und der nachfolgend vorgenommenen Mieterhöhungen. Übersteigt das Mieterhöhungsverlangen die tatsächlich einschlägige Kappungsgrenze, ist die Mieterhöhungserklärung hierdurch nicht formal unwirksam[85], die Klage unterliegt lediglich insoweit der Abweisung als unbegründet.

59

V. Anwendungsfelder

1. Abdingbarkeit

Zu Lasten des Mieters abweichende Vereinbarungen sind unwirksam (§ 558 Abs. 6 BGB).

60

2. Übergangsrecht

Es gilt Art. 229 § 3 Abs. 1 Nr. 2 EGBGB.

61

3. Neue Bundesländer – Mieterhöhung nach Restitutionsverfahren

Die Kappungsgrenze ist nicht zu wahren, wenn der Vermieter aus ihm nicht zu vertretenden Gründen gehindert war, die Miete für Wohnraum in den neuen Bundesländern nach den gesetzlichen Bestimmungen zu erhöhen, obwohl deren Voraussetzungen erfüllt waren. Dies kann im laufenden Restitutionsverfahren der Fall sein, da mit der Rechtskraft des Restitutionsbescheides ein zunächst bestandenes Mietverhältnis analog § 17 Satz 5 VermG in Verbindung mit § 121 Abs. 5 SachenRBerG wieder auflebt mit dem Inhalt, den es ohne die gescheiterte Eigentumsübertragung (auf den ursprünglichen Mieter) gehabt hätte. Im Regelfall liegt die Miete dann auf einem äußerst niedrigen Niveau, weshalb die bloße Mieterhöhungsmöglichkeit nach § 558 BGB unter Wahrung der letztlichen Voraussetzungen auf lange Zeit zu einem untragbaren wirtschaftlichen Ergebnis führen würde. Dem Vermieter steht deshalb ein Anspruch auf Heraufsetzung der Miete nach den Grundsätzen über die Anpassung eines Vertrages wegen wesentlicher Änderung der Geschäftsgrundlage zu.[86]

62

D. Kommentierung zu Absatz 4

I. Grundlagen

1. Kurzcharakteristik

Grundsätzlich findet die Kappungsgrenze auch für ehemals preisgebundenen Wohnraum Anwendung. § 558 Abs. 4 BGB bestimmt hierbei jedoch eine Ausnahme für die Berechnung und ermächtigt den Vermieter zur Vornahme einer maximal dem Betrag der zuletzt vom Mieter zu entrichtenden Ausgleichsabgabe entsprechenden Mieterhöhung, selbst wenn der Betrag der Mieterhöhung den Betrag der Kappungsgrenze überschreitet. Hiermit soll vermieden werden, dass der einkommensstarke Mieter, welcher aufgrund gestiegenen Einkommens die Belegungsvoraussetzungen im Sozialen Wohnungsbau nicht mehr erfüllt und zum Ausgleich für seinen Verbleib Fehlbelegungsabgabe zu zahlen hat, von dem Ende der Sozialbindung profitiert, indem diese Abgabe entfällt. Denn denkbar ist, dass eine die Kappungsgrenze nach Absatz 3 wahrende Mieterhöhung nicht den Betrag der bisher gezahlten Miete zuzüglich Fehlbelegungsabgabe erreicht, so dass der Mieter im Ergebnis trotz erfolgter Mieterhöhung sogar eine geringere Gesamtmietbelastung erfahren würde als vor dem Ende der Sozialbindung.

63

---

[84] OLG Koblenz v. 06.01.1984 - 4 W-RE 608/83 - juris Rn. 15 - WuM 1984, 47-48.
[85] OLG Celle v. 31.10.1995 - 2 UH 1/95 - juris Rn. 23 - NJW-RR 1996, 331-332.
[86] BGH v. 22.12.2004 - VIII ZR 41/04 - juris Rn. 23 - NZM 2005, 144-146, für den Fall einer zum Zeitpunkt der Entscheidung noch gesetzlich ausgeschlossenen Kündigung nach § 573 Abs. 2 Nr. 3 BGB.

64 Der Mieter wird deshalb mit der Bestimmung auch zur Auskunft über eine bestehende Verpflichtung zur Zahlung der Fehlbelegungsabgabe und deren Höhe verpflichtet.

2. Gesetzgebungsmaterialien

65 Die Vorschrift geht auf das Mietrechtsreformgesetz vom 19.06.2001[87] zurück. Sie übernimmt § 2 Abs. 1a MietHöReglG. Die vorgenannte Regelung wurde mit dem 4. Mietrechtsänderungsgesetz zum 01.09.1993 in das MietHöReglG aufgenommen.

II. Praktische Bedeutung

66 Die Handhabung der Ausnahmeregelung bereitet in der Praxis häufig Schwierigkeiten. Sie betrifft die Mieterhöhung nach dem Ende der Sozialbindung. In dieser Übergangsphase bestehen für den Vermieter ohnehin sehr häufig Unsicherheiten hinsichtlich der Anwendung der nunmehr geltenden Vorschriften.

III. Anwendungsvoraussetzungen

1. Normstruktur

67 Absatz 4 Satz 1 Nr. 1 erläutert die Voraussetzungen unter denen ein Abweichen von der Kappungsgrenze nach Absatz 3 zulässig ist. Absatz 4 Satz 1 Nr. 2 bestimmt, inwieweit von der Kappungsgrenze abgewichen werden darf und bildet damit auch die obere Grenze der Mieterhöhung, sofern nicht schon zuvor eine Überschreitung der ortsüblichen Vergleichsmiete eintreten sollte. Absatz 4 Satz 2 gewährt dem Vermieter einen Auskunftsanspruch bezüglich evtl. vom Vermieter entrichteter Ausgleichsbeträge und regelt den Zeitpunkt der Geltendmachung dieses Anspruches.

2. Wegfall der Verpflichtung des Mieters (Satz 1 Nr. 1)

68 Die Kappungsgrenze gilt nicht, wenn der Mieter im Zeitpunkt der Sozialbindung des Mietobjektes zur Leistung einer Ausgleichszahlung gemäß § 1 AfWoG verpflichtet war und diese Verpflichtung nunmehr mit dem Ende der Sozialbindung entfallen ist. Die Zweckbindung einer Wohnung folgt aus § 1 WoBindG. Das Ende der Zweck- und Preisbindung für Wohnungen im öffentlich geförderten Sozialen Wohnungsbau ergibt sich aus den §§ 15-17 WoBindG. Die Bestätigung über das Ende der Sozialbindung wird durch Bescheid des zuständigen Wohnungsamtes erteilt (§ 18 WoBindG). Mit dem Ende der Sozialbindung sind auch die Voraussetzungen des AFWoG nicht mehr gegeben. Die Verpflichtung des Mieters zur Entrichtung einer Fehlbelegungsabgabe entfällt gemäß § 7 Abs. 1 Nr. 1 AFWoG.

69 Regelmäßig endet die Bindung im ersten Förderweg mit dem Ablauf des Kalenderjahres, in dem die Darlehen planmäßig zurückgezahlt sind.[88] Abweichungen gelten bei steuerbegünstigten Wohnungen[89], bei außerplanmäßiger Darlehensrückzahlung[90], bei außerordentlicher Beendigung[91] sowie bei Darlehenskündigungen[92] und Zwangsversteigerungen[93].

---

[87] BGBl I 2001, 1149.
[88] § 15 WoBindG.
[89] § 88a Abs. 2 II. WoBauG, Befristung der Zweckbestimmung auf den Zeitraum, für den sich durch die Gewährung der Mittel die laufenden Aufwendungen vermindern.
[90] § 16 Abs. 1 WoBindG, Wohnung gilt als öffentlich gefördert bis zum Ablauf des zehnten Kalenderjahres nach dem Jahr der Rückzahlung, längstens jedoch bis zum Ablauf des Jahres, in dem die vorgesehene Tilgung der Darlehen eingetreten wäre. Sind öffentliche Mittel von nicht mehr als 3.000 DM/qm/Wfl. bewilligt, gibt es bei vorzeitiger Rückzahlung keine Nachwirkungsfrist, § 16 Abs. 2 WoBindG.
[91] Kommt in Betracht bei der Umwandlung von Mietwohnungen in Eigentumswohnungen, bei Mietobjekten mit einer Förderung von nicht mehr als 3.000 DM/qm/Wfl, § 16 Abs. 5 WoBindG.
[92] Hat der Eigentümer gegen Verpflichtungen verstoßen, und müssen die Darlehen vom Eigentümer vorzeitig zurückgezahlt werden, endet die Preisbindung erst zu dem Zeitpunkt, zu dem die Mittel planmäßig getilgt worden wären, spätestens jedoch zum Ablauf des zwölften Kalenderjahres nach dem Jahr der Rückzahlung, § 15 Abs. 1b WoBindG.
[93] Ist die Zwangsversteigerung des Objektes erforderlich, und fallen die öffentlichen Mittel dabei aus, weil das höchste Gebot auch insoweit nicht ausreichend ist, endet die Zweckbindung zum Ende des dritten Jahres nach dem Jahr des Zuschlages, § 17 WoBindG.

3. Begrenzung der Erhöhung (Satz 1 Nr. 2)

Die Regelung bestimmt eine Grenze für die Mieterhöhung und somit auch für die Überschreitung der Kappungsgrenze. Die Kappungsgrenze kann soweit überschritten werden, dass die Mieterhöhung den Betrag der bisher vom Mieter zu entrichtenden Ausgleichsabgabe nicht überschreitet. Der Betrag der Mieterhöhung darf also zwar die nach Absatz 3 zu wahrende Kappungsgrenze übersteigen, jedoch nicht höher sein als die Ausgleichsabgabe (vgl. das Berechnungsbeispiel in Rn. 72). 70

Darüber hinaus berechtigt auch der Tatbestand des Absatzes 4 den Vermieter nicht etwa zu einer Mieterhöhung, mit der die ortsübliche Vergleichsmiete überschritten werden würde. 71

Berechnungsbeispiel: 72
Der Mieter zahlt seit drei Jahren unverändert eine preisgebundene Miete von 200 € nettokalt/monatlich. Ferner leistet er eine Fehlbelegungsabgabe von 92,80 € monatlich. Unter Wahrung der Kappungsgrenze dürfte sich die Miete nach Wegfall der Sozialbindung lediglich auf 240 € nettokalt/monatlich erhöhen. Die Gesamtbelastung des Mieters würde sich somit um 52,80 € verringern. Die Kappungsgrenze kann deshalb überschritten werden. Die Miete darf nicht nur um 40 €, sondern um den bisherigen Betrag der Fehlbelegungsabgabe – also 92,80 € – auf 292,80 € nettokalt/monatlich erhöht werden. Eine weitergehende Erhöhung ist allerdings selbst dann nicht möglich, wenn die ortsübliche Vergleichsmiete etwa noch über diesem Betrag läge.

4. Zeitpunkt der Geltendmachung des Auskunftsanspruches (Satz 2)

Der Vermieter kann das Auskunftsverlangen frühestens vier Monate vor dem Wegfall der öffentlichen Bindung stellen, der Mieter hat dann innerhalb eines Monats Auskunft zu erteilen. Ein späteres Auskunftsverlangen bleibt möglich.[94] 73

5. Inhalt des Auskunftsanspruches (Satz 2)

Der Mieter ist zur Auskunft über eine bestehende Verpflichtung zur Zahlung der Fehlbelegungsabgabe und über die Höhe der Ausgleichszahlung verpflichtet. Strittig ist, ob diese Verpflichtung auch das Recht des Vermieters beinhaltet, vom Mieter Belege (z.B. Kopie des Bescheides) zum Nachweis der Richtigkeit seiner Auskunft zu verlangen. Im Gesetz ist dies nicht ausdrücklich vorgesehen, weshalb eine derartige Verpflichtung des Mieters auch zu verneinen ist. Grundsätzlich unterscheidet das Gesetz zwischen Auskunftspflichten und Nachweispflichten. Letztere sind nur in gewissen Ausnahmefällen zusätzlich zu einer gesetzlich normierten Auskunftspflicht vorgesehen. Allerdings könnte sich in analoger Anwendung der §§ 259, 260, 261 BGB bei Vorliegen ernsthafter Zweifel an der Richtigkeit der Angaben eine Verpflichtung des Mieters zur Abgabe einer eidesstattlichen Versicherung ergeben. Diese Vorschriften betreffen ihrem Wortlaut nach zwar nur die Verpflichtung zur Rechenschaftslegung und zum Nachweis der Richtigkeit der erteilten Auskünfte hinsichtlich der Einnahmen und Ausgaben einer Verwaltung bzw. über Gegenstände, jedoch ist die Interessenlage der jeweiligen Berechtigten durchaus vergleichbar, so dass die analoge Anwendung dieser Vorschriften geboten ist. 74

6. Entsprechende Anwendung des Satzes 1 (Satz 3)

Die Regelung betrifft den Wegfall einer sich aus den Vorschriften des Wohnraumförderungsgesetzes ergebenden Mietbindung. Das Wohnraumförderungsgesetz vom 13.09.2001[95] trat zum 01.01.2002 in Kraft und sieht ebenfalls Zahlungen zum Ausgleich von Fehlförderungen vor. Nach § 27 WoFG erlischt eine solche Verpflichtung, sobald die Wohnung nicht mehr der Mietpreisbindung unterliegt oder von keinem der Mieter mehr genutzt wird. Auch in diesen Fällen kann eine nachfolgende Mieterhöhung nach §§ 558-558e BGB unter Überschreitung der Kappungsgrenze bis maximal zum Betrag der zuvor vom Mieter zu leistenden Ausgleichszahlung erfolgen. 75

---

[94] *Beuermann*, Miete und Mieterhöhung bei preisfreiem Wohnraum, 3. Aufl. 1999, § 2 MHG Rn. 63c.
[95] BGBl I 2001, 2376.

IV. Rechtsfolgen

76 Fraglich ist, wie der Vermieter verfahren kann, wenn der Mieter pflichtwidrig die Auskunft nicht erteilt. Hierzu wird die Auffassung vertreten, der Vermieter könne dann unterstellen, dass der Mieter die höchstmögliche Fehlbelegungsabgabe zahle.[96] Diese Auffassung dürfte jedoch in der Praxis kaum umsetzbar sein. Dies gilt insbesondere für die spätere Zustimmungsklage. Der Vermieter muss dabei diejenigen Tatsachen darlegen und beweisen, aus denen er gerade den geltend gemachten Anspruch auf Zustimmung zu einer bestimmten Mieterhöhung herleitet. Dazu gehört dann auch die tatsächlich bestehende Verpflichtung des Mieters zur Zahlung des Höchstbetrages der Ausgleichsabgabe. Gelingt dem Vermieter dieser Nachweis nicht, weil der Mieter nunmehr im Prozess Belege über eine nur geringere Zahlungsverpflichtung vorlegt, ist die Zustimmungsklage insoweit unbegründet.[97]

77 Aufgrund der im Gesetz ausdrücklich formulierten Auskunftsverpflichtung des Mieters ist deshalb zunächst Klage gegen den Mieter auf Erteilung der Auskunft zu erheben. Da dieses Vorgehen erhebliche Zeit beansprucht und die klageweise erzwungene Auskunft nicht vor Abgabe des Mieterhöhungsverlangens vorliegen wird, kann der Vermieter zunächst das Mieterhöhungsverlangen (nur) unter Beachtung der Kappungsgrenze stellen und nach Abschluss des Auskunftsverfahrens Schadensersatzansprüche gegen den Mieter geltend machen, sofern dieser tatsächlich Fehlbelegungsabgabe zahlte und das Mieterhöhungsverlangen aufgrund der zunächst verweigerten Auskunft zu gering ausfiel.[98] Allerdings ist die Berechnung des Schadens recht problematisch. Hatte der Vermieter seit Ende der Sozialbindung erst ein einziges Mieterhöhungsverlangen gestellt, ist die Schadensberechnung für den zurückliegenden Zeitraum zwar noch einfach, denn sie liegt in der Differenz der richtigerweise möglichen und der letztlich vom Vermieter nur geltend gemachten Miete. Jedoch wirkt diese zu gering ausgefallene Mieterhöhung auch in der Zukunft permanent fort, da sie beispielsweise die (ebenfalls zu niedrige) Basis späterer Mieterhöhungsverlangen ist. D.h., der Vermieter müsste eine fortlaufende Schadensberechnung vornehmen und wiederholt Schadensersatzansprüche geltend machen, wobei er allerdings wiederum einen eventuell eingetretenen Schadensausgleich durch zulässiges Überschreiten der Kappungsgrenze in einem späteren Mieterhöhungsverlangen berücksichtigen muss. Um diesem für den Vermieter unbefriedigenden Ergebnis entgegenzuwirken wird zum Teil ein Schadensersatzanspruch des Vermieters auf rückwirkende Abänderung der Miethöhe angenommen.[99] Diesem grundsätzlich richtigen Gedanken stehen aber wiederum rechtliche Bedenken insoweit entgegen, als dass das Gesetz weder die Zustimmung zu einer rückwirkenden Mieterhöhung vorsieht, noch einen Anspruch auf Abschluss einer Mietabänderungsvereinbarung gewährt, so dass ein derartiger Schadensersatzanspruch auf ein gesetzlich nicht vorgesehenes Vorgehen gerichtet wäre.

V. Anwendungsfelder

1. Abdingbarkeit

78 Zu Lasten des Mieters abweichende Vereinbarungen sind unwirksam (§ 558 Abs. 6 BGB).

2. Übergangsrecht

79 § 558 Abs. 4 BGB ist auf alle nach dem 01.09.2001 zugegangenen Mieterhöhungserklärungen anwendbar (Art. 229 § 3 Abs. 1 Nr. 2 EGBGB).

---

[96] Vgl. *Artz* in: MünchKomm-BGB, 4. Aufl. 2004, § 558 Rn. 38.
[97] A.A. LG Köln v. 12.08.1998 - 10 S 169/98 - juris Rn. 5 - MDR 1998, 1282-1283.
[98] Vgl. *Sternel*, Mietrecht aktuell, 2001, Rn. A 80, m.w.N.; *Börstinghaus*, WuM 1994, 417-420, 420.
[99] *Börstinghaus*, WuM 1994, 417-420, 420.

E. Kommentierung zu Absatz 5

I. Grundlagen

1. Kurzcharakteristik

Die Bestimmung ist im Zusammenhang mit § 559a BGB zu sehen. Danach ist der Vermieter bei Vornahme einer Mieterhöhung nach erfolgten Modernisierungsmaßnahmen verpflichtet, eventuell erhaltende öffentliche Fördermittel von dem Jahresbetrag der Erhöhung abzuziehen. Jedoch kann der Vermieter wählen, ob er die Miete in diesen Fällen nach den §§ 559-559b BGB erhöht oder eine Mieterhöhung nach den §§ 558-558e BGB vornimmt. Unter Umständen kommt auch eine Kumulation beider Vorgehensweisen in Betracht.

80

Denkbar sind folgende Konstellationen: Der Vermieter erhöht die Miete ausschließlich nach den §§ 559-559b BGB (Vorteil: Wartefrist und Kappungsgrenze greifen nicht, die ortsübliche Vergleichsmiete kann im Rahmen des § 5 WiStrG überschritten werden) oder er geht ausschließlich nach den §§ 558-558e BGB auf Grundlage der Ausstattung der modernisierten Wohnung vor (Vorteil: die strengen Formalien und Anforderungen an eine ordnungsgemäße Mieterhöhung im Sinne der §§ 559-559b BGB sind nicht einzuhalten).[100] Der Vermieter könnte aber auch zunächst gemäß den §§ 558-558e BGB auf fiktiver Grundlage der nicht modernisierten Wohnung und einer ausdrücklichen Beschränkung auf diesen fiktiven Ausstattungsstandard vorgehen und zugleich oder anschließend die Erhöhung nach den §§ 559-559b BGB geltend machen.[101] Ebenso wäre eine Erhöhung nach den §§ 559-559b BGB mit nachfolgender Erhöhung nach den §§ 558-558e BGB auf Grundlage der modernisierten Wohnung zulässig.[102] Einzig unzulässig wäre lediglich die Kombination einer zuerst durchgeführten Mieterhöhung nach den §§ 558-558e BGB auf Grundlage der modernisierten Wohnung mit einer nachfolgenden Mieterhöhung nach den §§ 559-559b BGB.[103]

81

Mit dem wahlweisen Vorgehen bestünde die Möglichkeit, die in § 559a BGB zwingend vorgesehene Berücksichtigung von Fördermitteln zu umgehen. Aus diesem Grunde sieht § 558 Abs. 5 BGB ebenfalls vor, dass erhaltene Fördermittel bei der Vornahme einer Mieterhöhung in Abzug zu bringen sind. Die Norm bestimmt die Berechnung einer um die Drittmittel bereinigten fiktiven ortsüblichen Vergleichsmiete, welche sodann für das Mieterhöhungsverfahren wie im Übrigen anzuwenden ist.

82

2. Gesetzgebungsmaterialien

Die Vorschrift geht auf das Mietrechtsreformgesetz vom 19.06.2001[104] zurück. Sie übernimmt mit geringfügiger sprachlicher Änderung § 2 Abs. 1 Satz 2 MietHöReglG, welcher 1978 durch das Gesetz zur Änderung des Wohnraummodernisierungsgesetzes[105] eingeführt wurde.

83

II. Praktische Bedeutung

Die rechtliche Tragweite und die notwendige Einhaltung der Bestimmung werden in der Praxis zumeist verkannt. Wird der erforderliche Abzug nicht vorgenommen, ist der Mieter zur Rückforderung des überzahlten Mietzinses berechtigt. Ferner kann ein Verstoß gegen die Förderbestimmungen vorliegen, mit der Folge der Rückforderung der bewilligten Mittel.

84

---

[100] Beide Varianten sind problemlos zulässig.
[101] Zulässig gem. OLG Hamm v. 30.10.1982 - 4 REMiet 6/82 - juris Rn. 16 - NJW 1983, 289-290; LG Berlin v. 18.12.2000 - 62 S 325/00 - Grundeigentum 2001, 279-280.
[102] Zulässig, soweit nicht mit der Erhöhung nach den §§ 558-558e BGB die ortsübliche Vergleichsmiete überschritten wird, LG Berlin v. 18.01.1999 - 61 S 1342/98 - MDR 1999, 477-478.
[103] Das Mieterhöhungsrecht nach den §§ 559-559 BGB ist verwirkt, der Vermieter gibt mit der Mieterhöhung nach den §§ 558-558e BGB auf der Grundlage des modernisierten Ausstattungszustandes zu erkennen, dass er eine Modernisierungsmieterhöhung nicht mehr geltend machen will, LG Berlin v. 20.01.2000 - 67 S 277/99 - MM 2000, 280.
[104] BGBl I 2001, 1149.
[105] BGBl I 1978, 878.

III. Anwendungsvoraussetzungen

1. Jahresbetrag

85 Die gesetzliche Formulierung ist unglücklich gewählt. Gemeint ist der gesamte Jahresbetrag der ortsüblichen Vergleichsmiete, nicht etwa nur der Jahresbetrag der Erhöhung. Dies ergibt sich aus dem Vergleich mit § 2 Abs. 1 Satz 2 MietHöReglG, welcher noch den Jahresbetrag des zulässigen Mietzinses bezeichnete. Eine Abweichung von der bisherigen Regelung war mit dem Mietrechtsreformgesetz nicht beabsichtigt.[106] Die ortsübliche Vergleichsmiete ist auch im Rahmen von § 558 Abs. 5 BGB zunächst wie sonst üblich zu ermitteln. Von ihrem Jahresbetrag sind sodann Abzüge vorzunehmen.

2. Abzug von Drittmitteln im Sinne von § 559a BGB

86 Abzuziehen sind hiernach zunächst Drittmittel im Sinne von § 559a Abs. 2 BGB, dies sind zinsverbilligte oder zinslose Darlehen aus öffentlichen Haushalten, Zuschüsse oder Darlehen zur Deckung von laufenden Aufwendungen. Nach § 559a Abs. 3 BGB stehen Mieterdarlehen, Mietvorauszahlungen oder von einem Dritten für den Mieter erbrachte Leistungen für die baulichen Maßnahmen einem Darlehen aus öffentlichen Haushalten gleich (zu den Fördermitteln vgl. im Einzelnen die Kommentierung zu § 559a BGB).

87 Aus dem Hinweis auf die Berechnung des Abzuges im Falle von § 559a Abs. 1 BGB folgt, dass § 559a Abs. 2 BGB nicht nur die Art der zu berücksichtigenden Fördermittel bestimmt, sondern auch für die Berechnung des Abzuges maßgeblich ist. Somit ist für zinslose oder zinsverbilligte Darlehen zuerst gemäß § 559a Abs. 2 Satz 2 BGB der später in Abzug zu bringende Jahresbetrag der Zinsermäßigung aus dem Unterschied zwischen dem ermäßigten Zinssatz und dem marktüblichen Zinssatz bezogen auf den Ursprungsbetrag des Darlehens zu ermitteln. Marktüblicher Zinssatz ist nach § 559a Abs. 2 Satz 3 BGB der marktübliche Zinssatz für erstrangige Hypotheken zum Zeitpunkt der Beendigung der Maßnahmen. Bei Zuschüssen oder Darlehen zur Deckung von laufenden Aufwendungen ist zuerst der Jahresbetrag des Zuschusses oder des Darlehens zu ermitteln (§ 559a Abs. 2 Satz 4 BGB). Diese jeweiligen Beträge sind anschließend von dem Jahresbetrag der ortsüblichen Vergleichsmiete nach § 558 Abs. 5 HS. 1 BGB abzuziehen. Es ergibt sich danach die hier ausschließlich maßgebliche fiktive oder bereinigte ortsübliche Vergleichsmiete.

88 **Beispiel:**
Die ortsübliche Vergleichsmiete für eine Wohnung beträgt monatlich 500 € bzw. jährlich 6.000 €. Die Wohnung wurde mit einem Kostenaufwand von 10.000 € modernisiert. Hierfür hat der Vermieter ein öffentliches Darlehen erhalten, für welches anstelle des marktüblichen Zinssatzes von 9% lediglich ein Zinssatz von 5% zu entrichten ist. Es ergibt sich somit für den Vermieter ein Zinsvorteil von 400 € jährlich (4% von 10.000 €). Der Jahresbetrag der ortsüblichen Vergleichsmiete verringert sich deshalb auf 5.600 €. Die bereinigte und maßgebliche ortsübliche Vergleichsmiete beträgt somit monatlich nur 466,66 €. Der Vermieter kann deshalb die Miete nicht auf 500 € erhöhen. Allerdings ist auch im Rahmen von § 558 Abs. 5 BGB die Kappungsgrenze nach § 558 Abs. 3 BGB einzuhalten. Betrug die Miete zum maßgeblichen Stichtag vor drei Jahren etwa nur 350 € monatlich, so kann der Vermieter mit der Mieterhöhung auch nicht die bereinigte Vergleichsmiete von 466,66 € ausschöpfen, sondern ist an die sich aus der Kappungsgrenze ergebende Begrenzung auf 420 € gebunden. Beliefe sich allerdings der Ausgangsbetrag für die Berechnung der Kappungsgrenze bereits auf 390 €, ergäbe sich aus der Kappungsgrenze ein Betrag von 468 € monatlich. Dieser liegt jedoch höher als die maßgebliche bereinigte ortsübliche Vergleichsmiete. Das Mieterhöhungsverlangen ist in diesem Fall auf 466,66 € monatlich zu begrenzen.

3. Abzug im Falle von § 559a Abs. 1 BGB

89 Mittel im Sinne von § 559a Abs. 1 BGB sind mit Zuschüssen aus öffentlichen Haushalten gedeckte Modernisierungskosten oder vom Mieter oder für den Mieter von einem Dritten übernommene Kosten.

---

[106] Gesetzesbegründung BT-Drs. 14/4553, S. 54.

Es handelt sich also um einmalige Zahlungen an den Vermieter (zu den Fördermitteln vgl. im Einzelnen die Kommentierung zu § 559a BGB Rn. 5). Der jährliche Betrag der sich für den Vermieter ergebenden Begünstigung ist somit nicht ohne weitere Bezugsgrößen zu ermitteln. Der Abzug ist in diesen Fällen deshalb mit 11% des damals gewährten Zuschusses anzusetzen.

Beispiel:

Die ortsübliche Vergleichsmiete für eine Wohnung beträgt monatlich 500 € bzw. jährlich 6.000 €. Die Wohnung wurde mit einem Kostenaufwand von 10.000 € modernisiert. Hierfür hat der Vermieter einen einmaligen öffentlichen Zuschuss von 5.000 € erhalten. Der in Abzug zu bringende Betrag errechnet sich folglich mit 550 € (11% von 5.000 €). Die bereinigte ortsübliche Vergleichsmiete beträgt somit nur noch 5.450 € jährlich bzw. 454,16 € monatlich. Der Vermieter kann die Miete maximal bis zu diesem Betrag erhöhen, sofern hierbei die Kappungsgrenze gewahrt ist.

IV. Anwendungsfelder

1. Übergangsrecht

§ 558 Abs. 4 BGB ist auf alle nach dem 01.09.2001 zugegangenen Mieterhöhungserklärungen anwendbar, Art. 229 § 3 Abs. 1 Nr. 2 EGBGB.

2. Anwendungsbereich

Die §§ 558-558e BGB und somit auch § 558 Abs. 5 BGB finden auf alle Mietverhältnisse des freifinanzierten Wohnraumes mit Ausnahme des § 549 Abs. 2 und 3 BGB Anwendung. Voraussetzung für die Abzugspflicht ist, dass überhaupt Modernisierungsmaßnahmen im Sinne von § 559 BGB vorliegen. Dies ist nicht der Fall, wenn und soweit die Förderung sich auf Instandhaltungsmaßnahmen bezogen hat. Es muss sich ferner auch um eine Modernisierung im laufenden Mietverhältnis handeln. Daran fehlt es, wenn die Wohnung erst nach Abschluss der Arbeiten, für welche die Förderung bewilligt wurde, neu vermietet wird.[107]

Der Erwerber einer unter öffentlicher Förderung modernisierten Wohnung ist bei Vornahme von Mieterhöhungen nur dann an § 558 Abs. 5 BGB gebunden, wenn er im Mietvertrag selbst ausdrücklich die entsprechende Verpflichtung des Veräußerers übernommen hat.[108] Im Übrigen ist er zur Anrechnung nicht verpflichtet, da er selbst Fördermittel nicht in Anspruch genommen hat und keine Verpflichtungen gegenüber der öffentlichen Hand eingegangen ist. Die Verpflichtung des Veräußerers zur Beachtung der Mietbegrenzung bei Erhalt der Fördermittel begründet keine gesetzliche Mietpreisbindung, sondern stellt nur eine vertragliche Verpflichtung des Veräußerers gegenüber der Förderstelle dar.[109]

Fraglich ist, innerhalb welchen Zeitraumes nach Durchführung der Modernisierungsmaßnahmen Abzüge für Fördermittel bei Mieterhöhungen vorzunehmen sind. Grundsätzlich gilt die Anrechnungs-

---

[107] Zutreffend LG Berlin v. 17.01.1997 - 65 S 313/96 - Grundeigentum 1997, 238-239, unter Hinweis auf § 3 Abs. 1 MietHöReglG; LG Berlin v. 27.11.2000 - 62 S 163/00 - Grundeigentum 2001, 210; ebenso mit umfangreicher Darstellung des Streitstandes *Schach* in: Kinne/Schach/Bieber, Miet- und Mietprozessrecht, 6. Aufl. 2010, § 558 Rn. 58g, 58; *Börstinghaus* in: Blank/Börstinghaus, Miete Kommentar, 3. Aufl. 2008, § 558 Rn. 48 unter Verweis auf die Anknüpfung der Drittmittelanrechnung an die Möglichkeit einer Mieterhöhung nach § 559 BGB an welcher es bei einer erst nach erfolgter Modernisierung neu vermieteten Wohnung fehlt; a.A.: *Beuermann*, Miete und Mieterhöhung bei preisfreiem Wohnraum, 3. Aufl. 1999, § 2 MHG Rn. 64d – das Preisbindungselement sei an die Wohnung geknüpft; LG Berlin v. 12.06.2003 - 62 S 163/00 - Grundeigentum 2004, 297-298; LG Berlin v. 07.07.2003 - 62 S 70/03 - juris Rn. 8 - MM 2003, 471.

[108] BGH v. 08.10.1997 - VIII ZR 373/96 - juris Rn. 14 - LM BGB § 571 Nr. 35 (3/1998); ähnlich: KG Berlin v. 15.09.1997 - 8 RE-Miet 6517/96 - NJW-RR 1998, 296-298; offen gelassen von *Schach* in: Kinne/Schach/Bieber, Miet- und Mietprozessrecht, 6. Aufl. 2010, § 558 Rn. 58b; a.A. *Beuermann*, Miete und Mieterhöhung bei preisfreiem Wohnraum, 3. Aufl. 1999, § 2 MHG Rn. 64e, mit dem bedenkenswerten Einwand, dass so eine Durchbrechung des Rechtsgedankens aus § 571 BGB a.F. erfolge.

[109] BGH v. 08.10.1997 - VIII ZR 373/96 - juris Rn. 15 - LM BGB § 571 Nr. 35 (3/1998) BGH v. 10.09.2003 - VIII ZR 58/03 - juris Rn. 11 - NJW 2003, 3767-3768.

pflicht bei der Inanspruchnahme von öffentlichen Mitteln für die Dauer der Förderung.[110] Dies ist bei zinsverbilligten oder zinslosen Darlehen der Zeitraum bis zur Tilgung[111], bei Darlehen oder Zuschüssen zur Deckung von laufenden Aufwendungen muss der Abzug für den Zeitraum der Gewährung berücksichtigt werden. Bei einmaligen Baukostenzuschüssen ist die Ermittlung des maßgeblichen Zeitraumes so nicht möglich. Jedoch ist von einer maximal auf 10 bis 12 Jahre begrenzten Anrechnungszeit seit Abschluss der Baumaßnahmen auszugehen.[112] Eine dauerhafte Begrenzung wäre mit Art. 14 GG nicht vereinbar.[113]

95 Strittig ist, ob der Abzug nur bei der erstmaligen Mieterhöhung nach Ausführung von Modernisierungsarbeiten erforderlich ist, oder innerhalb des maßgeblichen Zeitraumes auch wiederholt erfolgen muss.[114] Gegen eine wiederholte Berücksichtigung spricht jedoch, dass damit eine doppelte oder mehrfache Mietbegrenzung eintreten würde, was sich der Vorschrift nicht entnehmen lässt. Zudem handelt es sich bei der Erhöhung nach den §§ 559-559b BGB um eine bezogen auf die konkrete Maßnahme einmalige Mieterhöhung. Wenn also § 558 Abs. 5 BGB auf § 559a BGB verweist, so lässt sich daraus ebenfalls herleiten, dass nur eine einmalige Berücksichtigung beabsichtigt war, da dies dem Grundkonzept des § 559a BGB entspricht.[115] Ferner ist zu berücksichtigen, dass die nachfolgenden Mieterhöhungen aufgrund der bei der ersten Mieterhöhung zu berücksichtigenden Begrenzung ohnehin von einer geringeren Basis ausgehen[116] und die Verminderung somit auch noch in der Zukunft fortwirkt. Vorsorglich ist jedoch von der Notwendigkeit eines mehrfachen wiederholten Abzuges auszugehen.

96 § 558 Abs. 5 BGB ist nicht zu entnehmen, ob Angaben zu Fördermitteln oder gar die Berechnung der Kürzung der ortsüblichen Vergleichsmiete zu den formalen Voraussetzungen der Mieterhöhungserklärung nach § 558a BGB gehören. Die §§ 559a, 559b BGB betreffen lediglich die Mieterhöhung wegen durchgeführter Modernisierungsmaßnahmen.

97 Entsprechendes muss aber auch grundsätzlich für die Mieterhöhung nach § 558 BGB gelten. Der Zweck der Begründungspflicht besteht gerade darin, dem Mieter die Möglichkeit der Information und Nachprüfung zu geben, damit er sich anhand der ihm mitgeteilten Daten schlüssig werden kann, ob er die Zustimmung zur Mieterhöhungserklärung erteilt oder nicht.[117] Hierzu ist der Mieter jedoch nur in der Lage, wenn ihm die der Berechnung der Kürzungsbeträge zugrunde liegenden Fakten bekannt

---

[110] LG Berlin v. 06.01.1997 - 62 S 474/96 - NJW-RR 1997, 1100; AG Berlin-Tempelhof-Kreuzberg v. 23.01.1997 - 11 C 159/96 - Grundeigentum 1997, 435; LG Berlin v. 07.07.2003 - 62 S 70/03 - juris Rn. 9 - MM 2003, 471.

[111] Vgl. BGH v. 01.04.2009 - VIII ZR 179/08 - juris Rn. 13 - NJW 2009, 1737-1738: solange der Vermieter die Zinsvergünstigung tatsächlich erhält.

[112] H.M. *Beuermann*, Grundeigentum 1996, 1514, 1520: 10 Jahre in Anlehnung an § 14 Abs. 4 ModEnG, § 15 Abs. 3 WoBindG; ebenso für eine Begrenzung, jedoch unter Berücksichtigung einer angemessenen Verzinsung des Zuschussbetrages auf 12 Jahre: BGH v. 25.02.2004 - VIII ZR 116/03 - juris Rn. 23 - NJW-RR 2004, 947-949; offen gelassen BGH v. 23.06.2004 - VIII ZR 282/03 - juris Rn. 9 - NZM 2004, 655; LG Berlin v. 07.07.2003 - 62 S 70/03 - juris Rn. 9 - MM 2003, 471: 12 Jahre in Analogie zu § 57c Abs. 2 Satz 2 ZVG; VerfGH Land Berlin v. 05.03.2004 - VerfGH 108/03 - juris Rn. 16 - NZM 2004, 732-733: jedenfalls noch nach 5 Jahren.

[113] *Beuermann*, Grundeigentum 1996, 1514, 1520; *Beuermann*, Miete und Mieterhöhung bei preisfreiem Wohnraum, 3. Aufl. 1999, § 2 MHG Rn. 64c; *Schach* in: Kinne/Schach/Bieber, Miet- und Mietprozessrecht, 6. Aufl. 2010, § 558 Rn. 58h; BGH v. 25.02.2004 - VIII ZR 116/03 - juris Rn. 20 - NJW-RR 2004, 947-949; ebenso BGH v. 23.06.2004 - VIII ZR 282/03 - juris Rn. 9 - NZM 2004, 655: jedenfalls nicht mehr 25 Jahre nach mittlerer Bezugsfertigkeit und 18 Jahre nach Gewährung des letzten Förderbetrages.

[114] So: *Beuermann*, Miete und Mieterhöhung bei preisfreiem Wohnraum, 3. Aufl. 1999, MietHöRglG § 2 Rn. 64c, *Beuermann*, Grundeigentum 1996, 1514, 1520 unter Hinweis auf den langen Zeitraum der öffentlichen Förderung; dafür auch LG Görlitz v. 10.06.2008 - 2 S 63/07 - juris Rn. 21 - WuM 2008, 489-490; *Börstinghaus*, jurisPR-MietR 7/2009, Anm. 3; dagegen: *Schach* in: Kinne/Schach/Bieber, Miet- und Mietprozessrecht, 6. Aufl. 2010, § 558 Rn. 58h.

[115] *Schach*, Grundeigentum 2004, 278-285, 283.

[116] *Lammel*, Wohnraummietrecht, 3. Aufl. 2007, § 558 Rn. 8, § 559 Rn. 4; *Schach* in: Kinne/Schach/Bieber, Miet- und Mietprozessrecht, 6. Aufl. 2010, § 558 Rn. 58h.

[117] BVerfG v. 12.03.1980 - 1 BvR 759/77 - juris Rn. 21 - NJW 1980, 1617-1618; BGH v. 12.05.2004 - VIII ZR 235/03 - juris Rn. 8 - WuM 2004, 406-407.

sind. Die dem Vermieter gezahlten Drittmittel sind in der Mieterhöhungserklärung anzugeben und die Berechnungsgrundlagen darzulegen. Hierzu gehört auch die Angabe, wann der Vermieter welche Mittel, zu welchem Zweck – Modernisierung oder Instandsetzung –, ggf. auch zu welchem Zinssatz erhalten hat. Fehlt es hieran, ist das Verlangen formell unwirksam und setzt die Überlegungsfrist und somit auch die Klagefrist nicht in Lauf.[118]

Wirken sich öffentliche Mittel auf die Berechnung nach § 558 Abs. 5 BGB gar nicht aus, weil die mit der jetzigen Mieterhöhung geforderte Miete ohnehin noch so gering ist, dass sie noch nicht einmal die fiktive nach § 558 Abs. 5 BGB gekürzte ortsübliche Vergleichsmiete erreichen würde, oder ist die Kürzung zeitlich nicht mehr geboten, ist die Angabe und Berechnung von Kürzungsbeträgen entbehrlich.[119] Die Begründung des Erhöhungsverlangens muss keine Elemente enthalten, die für die Berechtigung des Verlangens keine Rolle spielen.[120] Bezieht sich die Förderung ausweislich des Fördervertrages unmissverständlich lediglich auf Instandsetzungsmaßnahmen ist eine Kürzung der mit der Mieterhöhung verlangten Miete nicht erforderlich, weshalb Angaben zur öffentlichen Förderung (in Bezug auf die Instandsetzungsmaßnahmen) auch nicht im Mieterhöhungsverlangen erforderlich sind.[121]

98

§ 558 Abs. 5 BGB betrifft nur die gesetzliche Anordnung der Anrechnung von Fördermitteln, welche dem Vermieter im Rahmen der Durchführung von Modernisierungsmaßnahmen gewährt wurden. Darüber hinaus können sich jedoch sehr viel weitergehende Verpflichtungen aus den zwischen dem Vermieter und dem Fördermittelgeber geschlossenen Verträgen oder den Bewilligungsbescheiden ergeben. So sind hier bspw. häufig Mietobergrenzen für die Mieterhöhung nach Durchführung der Modernisierungsmaßnahmen, jedoch auch Mietbegrenzungen bei der Neuvermietung der neu modernisierten Wohnung vorgesehen, ebenso zeitliche Verschiebungen der nächsten Mieterhöhungsmöglichkeit nach § 558 BGB, Verminderungen der Kappungsgrenze (z.B. nur 10%), Verpflichtungen, diese begrenzte Miete auch bei einer Neuvermietung zu übernehmen, Verpflichtung des Fördermittelnehmers, die sich aus dem Fördervertrag ergebenden Verpflichtungen auch an einen evtl. Erwerber weiterzugeben. Die vorgenannten Regelungen in den Förderverträgen sind zumeist mit unmittelbarer Wirkung zu Gunsten des Mieters (§ 328 BGB) ausgestattet.

99

3. Abdingbarkeit

Zu Lasten des Mieters abweichende Vereinbarungen sind unwirksam (§ 558 Abs. 6 BGB).

100

F. Kommentierung zu Absatz 6

Derartige Vereinbarungen sind wie nach früherem Recht unzulässig.

101

---

[118] BGH v. 12.05.2004 - VIII ZR 235/03 - juris Rn. 8, 11 - WuM 2004, 406-407: Angabe lediglich eines Kürzungsbetrages pro qm Wohnfläche im Sinne des Rechenergebnisses genügt nicht, ebenso: BGH v. 19.01.2011 - VIII ZR 87/10 - juris Rn. 19 - NZM 2011, 309-311, BGH v. 19.01.2011 - VIII ZR 12/10 - juris Rn. 18 - WuM 2011, 165-166.

[119] BGH v. 25.02.2004 - VIII ZR 116/03 - juris Rn. 18 - NZM 2004, 380-381; LG Berlin v. 11.11.2002 - 67 S 118/02 - juris Rn. 28 - Grundeigentum 2003, 562; LG Berlin v. 14.03.2002 - 67 S 321/01 - Grundeigentum 2002, 996 = Grundeigentum 2002, 591; LG Berlin v. 06.10.2003 - 67 S 169/03 - juris Rn. 10 - Grundeigentum 2004, 300-301; LG Görlitz v. 10.06.2008 - 2 S 63/07 - juris Rn. 21 - WuM 2008, 489, 490; LG Berlin v. 07.04.2008 - 62 S 468/07 (Auslaufen der Zinsvergünstigung).

[120] BGH v. 25.02.2004 - VIII ZR 116/03 - juris Rn. 18 - NZM 2004, 380-381.

[121] BGH v. 19.01.2011 - VIII ZR 87/10 - juris Rn. 20 - NZM 2011, 309-311 und ebenso BGH v. 19.01.2011 - VII ZR 12/10 - juris Rn. 18 - WuM 2011, 165-166.

§ 558a BGB Form und Begründung der Mieterhöhung

(Fassung vom 02.01.2002, gültig ab 01.01.2002)

(1) Das Mieterhöhungsverlangen nach § 558 ist dem Mieter in Textform zu erklären und zu begründen.

(2) Zur Begründung kann insbesondere Bezug genommen werden auf
1. einen Mietspiegel (§§ 558c, 558d),
2. eine Auskunft aus einer Mietdatenbank (§ 558e),
3. ein mit Gründen versehenes Gutachten eines öffentlich bestellten und vereidigten Sachverständigen,
4. entsprechende Entgelte für einzelne vergleichbare Wohnungen; hierbei genügt die Benennung von drei Wohnungen.

(3) Enthält ein qualifizierter Mietspiegel (§ 558d Abs. 1), bei dem die Vorschrift des § 558d Abs. 2 eingehalten ist, Angaben für die Wohnung, so hat der Vermieter in seinem Mieterhöhungsverlangen diese Angaben auch dann mitzuteilen, wenn er die Mieterhöhung auf ein anderes Begründungsmittel nach Absatz 2 stützt.

(4) ¹Bei der Bezugnahme auf einen Mietspiegel, der Spannen enthält, reicht es aus, wenn die verlangte Miete innerhalb der Spanne liegt. ²Ist in dem Zeitpunkt, in dem der Vermieter seine Erklärung abgibt, kein Mietspiegel vorhanden, bei dem § 558c Abs. 3 oder § 558d Abs. 2 eingehalten ist, so kann auch ein anderer, insbesondere ein veralteter Mietspiegel oder ein Mietspiegel einer vergleichbaren Gemeinde verwendet werden.

(5) Eine zum Nachteil des Mieters abweichende Vereinbarung ist unwirksam.

Gliederung

A. Grundlagen... 1	IX. Vergleichswohnungen (Absatz 2).............. 28
I. Kurzcharakteristik.................................... 1	X. Qualifizierter Mietspiegel (Absatz 3)............ 30
II. Gesetzgebungsmaterialien....................... 2	XI. Bezugnahme auf Mietspiegel mit Spannen
B. Praktische Bedeutung.......................... 3	(Absatz 4)... 32
C. Anwendungsvoraussetzungen 4	XII. Anwendung anderer Mietspiegel (Absatz 4)... 34
I. Mieterhöhungsverlangen (Absatz 1) 4	XIII. Abdingbarkeit (Absatz 5) 35
II. Dem Mieter (Absatz 1)............................. 5	**D. Rechtsfolgen**....................................... 36
III. Textform (Absatz 1) 6	**E. Prozessuale Hinweise/Verfahrenshinweise** 37
IV. Erklären (Absatz 1).............................. 8	**F. Anwendungsfelder** 38
V. Begründen (Absatz 1) 9	**G. Arbeitshilfen**....................................... 39
VI. Mietspiegel (Absatz 2) 10	I. Checkliste: Mieterhöhungserklärung 39
VII. Auskunft Mietdatenbank (Absatz 2).......... 25	II. Checkliste: Zustellung 40
VIII. Gutachten eines Sachverständigen (Absatz 2) 26	

A. Grundlagen

I. Kurzcharakteristik

1 § 558 BGB regelt lediglich den materiell-rechtlichen Anspruch des Vermieters auf Durchführung einer Mieterhöhung. Die bei Abgabe der Mieterhöhungserklärung einzuhaltenden Formalien werden dagegen in § 558a BGB bestimmt. Absatz 1 enthält das Erfordernis der Erläuterung und Begründung der Mieterhöhungserklärung. Absatz 2 nennt eine beispielhafte, nicht abschließende Aufzählung der Begründungsmittel. Im Hinblick auf den ebenfalls mit dem Mietrechtsreformgesetz eingefügten qualifizierten Mietspiegel nach § 558d BGB enthält die Norm in Absatz 3 neue zusätzliche Vorgaben für die Mieterhöhungserklärung. Inhaltliche Anforderungen bei Bezugnahmen auf das Begründungsmittel des

einfachen Mietspiegels und die Zulässigkeit eines Rückgriffs auf ältere Mietspiegel sind in Absatz 4 bestimmt. Absatz 5 der Bestimmung betrifft die Abdingbarkeit.

II. Gesetzgebungsmaterialien

Die Vorschrift geht auf das Mietrechtsreformgesetz vom 19.06.2001[1] zurück. Sie übernimmt mit der Ergänzung in Absatz 3 im Übrigen § 2 Abs. 2 und 6 MietHöReglG.

B. Praktische Bedeutung

Die Einhaltung der gesetzlich vorgeschriebenen Formalien der Mieterhöhungserklärung ist zwingend und somit von erheblicher Bedeutung für die Durchsetzung der Mieterhöhung. Werden die Formalien nicht beachtet, ist über den materiell-rechtlichen Anspruch nicht mehr zu entscheiden, die Klage ist vielmehr dann schon als unzulässig abzuweisen (vgl. die Kommentierung zu § 558b BGB Rn. 11). Allerdings sollen an die Formalien keine übersteigerten Anforderungen gestellt werden dürfen.[2]

C. Anwendungsvoraussetzungen

I. Mieterhöhungsverlangen (Absatz 1)

Die Geltendmachung des dem Vermieter zustehenden Erhöhungsanspruches erfolgt durch eine einseitige, empfangsbedürftige Willenserklärung des Vermieters (§ 130 BGB). Aus der Erklärung muss ersichtlich sein, dass vom Mieter die Zustimmung zur Mietänderung, nicht bloße Zahlung der erhöhten Miete, verlangt wird.[3] Die Mieterhöhungserklärung muss so viele Angaben enthalten, dass der Mieter hiernach entscheiden kann, ob er die Zustimmung erteilt.

II. Dem Mieter (Absatz 1)

Die Mieterhöhungserklärung ist von allen Vermietern allen Mietern (zu den Parteien des Mietverhältnisses vgl. die Kommentierung zu § 535 BGB; vgl. auch die Kommentierung zu § 558 BGB Rn. 5) gegenüber abzugeben. Schwierigkeiten ergeben sich auf Mieterseite häufig durch erfolgte Mieterauswechslungen und Rechtsnachfolgen[4] oder bei Auszug von Mietern ohne wirksame Entlassung aus dem Mietverhältnis. Zieht einer von mehreren Mietern aus dem Mietobjekt aus, so setzt seine wirksame Entlassung aus dem Mietverhältnis eine dreiseitige Vereinbarung zwischen ihm, dem Vermieter und dem verbleibenden Mieter voraus.[5] Liegt eine solche nicht vor, ist auch der ausgezogene Mieter weiterhin als Partei des Mietvertrages anzusehen.[6] Dies bedeutet, dass auch dem ausgezogenen Mieter gegenüber das Mietverhältnis betreffende gestaltende Willenserklärungen des Vermieters abzugeben sind.[7] Auch das Mieterhöhungsverlangen ist dann also grundsätzlich noch an den ausgezogenen Mieter zu richten. Die Berufung des in der Wohnung verbliebenen Mieters auf die Unwirksamkeit eines den ausgezogenen Mieter nicht berücksichtigenden Mieterhöhungsverlangens kann sich allerdings als unzulässige Rechtsausübung darstellen.[8]

---

[1] BGBl I 2001, 1149.
[2] BVerfG v. 08.11.1988 - 1 BvR 1527/87 - juris Rn. 7 - NJW 1989, 969-970; BVerfG v. 14.05.1986 - 1 BvR 494/85 - NJW 1987, 313-314; beachte auch: die Angabe einer unzutreffenden Ausgangsmiete ist insoweit unschädlich, BGH v. 10.10.2007 - VIII ZR 331/06 - juris Rn. 18 - NJW 2008, 848-849.
[3] LG Gießen v. 21.09.1994 - 1 S 249/94 - NJW-RR 1995, 462; AG Wesel v. 09.03.1993 - 4 C 566/92 - juris Rn. 2 - WuM 1993, 358.
[4] Zum Beispiel Eintritt von Ehegatten oder Lebenspartner bei Tod des Mieters gemäß § 563 BGB, Eintritt des Erben gemäß § 564 BGB.
[5] BayObLG München v. 21.02.1983 - Allg Reg 112/81 - juris Rn. 6 - BayObLGZ 1983, 30-34; OLG Koblenz v. 13.10.1983 - 4 W-RE 171/83 - juris Rn. 17 - NJW 1984, 244-245.
[6] BVerfG v. 09.03.1989 - 1 BvR 914/88 - juris Rn. 15 - WuM 1989, 279-281.
[7] Dies ist vom Vermieter bei der Entscheidung über die Entlassung eines einzelnen Mieters aus dem Mietvertrag gegenüber dem Vorteil durch Beibehalt eines weiteren Schuldners abzuwägen.
[8] BGH v. 03.03.2004 - VIII ZR 124/03 - juris Rn. 14 - NJW 2004, 1797-1798; BGH v. 16.03.2005 - VIII ZR 14/04 - juris Rn. 9 - NJW 2005, 1715-1716.

III. Textform (Absatz 1)

6 Das Formerfordernis bezieht sich nur auf die Mieterhöhungserklärung als solche, nicht auf die dem Zustimmungsverlangen beigefügten Anlagen.[9] Zur Wahrung der Formalien der Mieterhöhungserklärung ist die Abgabe in Textform (§ 126b BGB) ausreichend, vgl. hierzu die Kommentierung zu § 126b BGB. In praktischer Hinsicht dürfte hier insbesondere die Übermittlung per Fax oder per E-Mail in Betracht kommen. Der Textform ist nicht genügt, wenn es infolge nachträglicher handschriftlicher Ergänzungen an einem räumlichen Abschluss der Vereinbarung fehlt.[10] Das Mieterhöhungsverlangen nach § 558 BGB muss auch dann nicht in Schriftform abgefasst sein, wenn der Mietvertrag eine Schriftformklausel für Vertragsänderungen enthält.[11]

7 Der Vermieter muss allerdings abwägen, ob er von den sich nach § 126b BGB ergebenden Erleichterungen Gebrauch machen will. Dies gilt angesichts der notwendigen umfangreichen Erklärung nicht nur für die technischen Übertragungskapazitäten, sondern insbesondere im Hinblick auf den erforderlichen Zugang der Mieterhöhungserklärung, welcher vom Vermieter im Streitfall zu beweisen ist. Ob dieser Nachweis bei Übermittlung durch SMS, E-Mail oder Fax zu führen ist, bleibt in technischer Hinsicht[12] und auch in der Rechtsprechung[13] abzuwarten.

IV. Erklären (Absatz 1)

8 Die Mieterhöhung ist dem Mieter gegenüber zu erklären. Das Mieterhöhungsverlangen muss also dem Mieter bzw. allen Mietern zugehen. Die Erklärung an alle Mieter muss sich bereits aus der Adressierung ergeben. Die Bezeichnung allein eines von mehreren Mietern ist insoweit nicht ausreichend.[14] Fraglich ist, ob die Mieterhöhungserklärung in einer der Anzahl der Mieter entsprechenden Anzahl abgegeben werden muss.[15] Der Zugang eines an alle Mieter gerichteten Erhöhungsschreibens bei nur einem der Mieter genügt jedenfalls, wenn eine wirksame Empfangsvollmacht im Mietvertrag vereinbart ist.[16] Die formularmäßige Vereinbarung einer solchen Klausel ist zulässig[17], jedoch können sich vielfältige Bedenken hinsichtlich der konkreten Ausgestaltung der Klausel ergeben[18].

V. Begründen (Absatz 1)

9 Das Mieterhöhungsverlangen ist zu begründen. Die nach § 558 Abs. 1 BGB erforderliche Begründung ist allerdings von der Frage der Ermittlung der tatsächlichen ortsüblichen Vergleichsmiete zu trennen. Zur Begründung gehört die Darlegung der formalen Schlüssigkeit des Mieterhöhungsbegehrens. Sie ist jedoch nicht mit der Beweisführung für die Richtigkeit der Angaben im Mieterhöhungsverlangen gleich zu setzen.[19] Die Begründung des Erhöhungsverlangens ist lediglich eine formale Voraussetzung der Erhöhungserklärung. Erforderlich ist die Erläuterung von Grund und Höhe des geltend gemachten Erhöhungsanspruches. Der Vermieter kann hierbei auf die in Absatz 2 bezeichneten Begründungsmittel zurückgreifen. Jedoch ist die Wahl des Begründungsmittels durch den Vermieter für das Gericht nicht vorgreiflich und verbindlich. Das Gericht ist in der Wahl des Beweismittels zur Ermittlung der

---

[9] KG Berlin v. 22.02.1984 - 8 W RE-Miet 194/84 - Grundeigentum 1984, 325-331.
[10] BGH v. 03.11.2011 - IX ZR 47/11 - juris Rn. 20 - Grundeigentum 2012, 200-201.
[11] BGH v. 05.04.2011 - VIII ZR 275/10 - juris Rn. 1 - WuM 2011, 393-394: Die Abgabe der Mieterhöhungserklärung bewirkt noch nicht die Vertragsänderung.
[12] Zum Beispiel Generierung von E-Mail-Sendeberichten.
[13] Vgl. allein die kontroverse Rechtsprechung zur Faxübertragung.
[14] OLG Koblenz v. 13.10.1983 - 4 W-RE 171/83 - NJW 1984, 244-245; AG Berlin-Lichtenberg v. 31.08.1998 - 6 C 109/98 - MM 1998, 441-443.
[15] So *Weidenkaff* in: Palandt, § 558a Rn. 3.
[16] BGH v. 10.09.1997 - VIII ARZ 1/97 - juris Rn. 14 - BGHZ 136, 314-327; LG Darmstadt v. 22.08.1996 - 6 S 25/96 - WuM 1996, 708; LG Berlin v. 27.09.1999 - 62 S 202/99 - MM 1999, 440.
[17] OLG Schleswig v. 22.03.1983 - 6 RE-Miet 4/82 - NJW 1983, 1862-1863; OLG Hamm v. 24.11.1983 - 4 RE-Miet 1/83 - juris Rn. 16 - WuM 1984, 20-21.
[18] BayObLG München v. 13.06.1997 - RE-Miet 1/97 - BayObLGZ 1997, 178-187.
[19] BVerfG v. 14.05.1986 - 1 BvR 494/85 - NJW 1987, 313-314.

ortsüblichen Vergleichsmiete völlig frei. Dabei ist insbesondere zu beachten, dass dem bisherigen (einfachen) Mietspiegel zwar weit verbreitet eine Beweismittelfunktion zukam, der Mietspiegel jedoch kein förmliches Beweismittel im Sinne der ZPO darstellt.[20] Er ist vom Gericht frei zu würdigen.[21] Das Gericht ist deshalb nicht gehindert, eine durch Vergleichswohnungen, durch privates Gutachten oder durch einfachen Mietspiegel begründete ortsübliche Vergleichsmiete durch Einholung eines gerichtlichen Sachverständigengutachtens ermitteln zu lassen. Lediglich bei Vorliegen eines qualifizierten Mietspiegels nach § 558d BGB hat das Gericht dessen in Absatz 3 niedergelegte Vermutungswirkung zu berücksichtigen. Auch in diesem Fall hat das Gericht jedoch zuvor zu würdigen, ob die tatsächlichen Voraussetzungen der Qualifizierung gegeben sind (vgl. die Kommentierung zu § 558d BGB Rn. 17).

VI. Mietspiegel (Absatz 2)

Die Aufzählung der Begründungsmittel ist nicht abschließend. Hierzu gehören der einfache Mietspiegel nach § 558c BGB und der qualifizierte Mietspiegel nach § 558d BGB.   **10**

Probleme bei der Heranziehung eines Mietspiegels können sich ergeben bei Leerfeldern[22], mangelnder Zuordnung in eine ausgewiesene Baualtersklasse, insbesondere bei noch sehr neuen Wohnungen, sowie Sonderobjekten, die bereits nicht dem im Mietspiegel definierten Anwendungsbereich unterfallen.   **11**

Mit dem BGH soll zur Begründung des Mieterhöhungsverlangens für ein vermietetes Einfamilienhaus die Vorlage eines Mietspiegels für Mehrfamilienhäuser genügen, wenn die verlangte Miete nicht höher liegt als die für vergleichbare Mehrfamilienhauswohnungen im Mietspiegel ausgewiesene ortsübliche Vergleichsmiete.[23]   **12**

Ein Mieterhöhungsbegehren ist nicht deshalb aus formellen Gründen unwirksam, weil der Vermieter darin zur Begründung auf den bisher geltenden Mietspiegel und nicht auf den kurz zuvor veröffentlichten neuesten Mietspiegel Bezug genommen hat.[24]   **13**

Begehrt der Vermieter die Erhöhung der Bruttokaltmiete und stützt er sich hierbei auf einen Mietspiegel, der (nur) Nettomieten ausweist, ist der Anspruch anhand der zuletzt auf die Wohnung entfallenden konkreten Betriebskosten zu beurteilen, um so die Vergleichbarkeit der unterschiedlichen Mietstrukturen durch Zuschlag der derzeit tatsächlich auf die Wohnung entfallenden Betriebskosten zu den Netto-Mietspiegelwerten herzustellen.[25] Dies betrifft jedoch nur die inhaltliche Begründetheit des Mieterhöhungsverlangens. Enthält die Mieterhöhungserklärung in einem solchen Fall nur Angaben zu den im Mietspiegel ausgewiesenen pauschalen Betriebskosten oder unzutreffende Angaben zur Höhe der Betriebskosten, wird sie hierdurch allein nicht formunwirksam.[26] Mit dem BGH[27] soll die Bezugnahme   **14**

---

[20] KG Berlin v. 06.06.1991 - 8 RE-Miet 323/91 - juris Rn. 11 - NJW-RR 1992, 80-81.

[21] BVerwG v. 26.01.1996 - 8 C 19/94 - juris Rn. 14 - NJW 1996, 2046-2049; BVerwG v. 18.11.1998 - 8 C 9/97 - NJW 1999, 735-737.

[22] Keine Heranziehung von Nachbarfeldern: LG Berlin v. 26.11.1992 - 67 S 254/92 - Grundeigentum 1993, 1157. Wenn der Mietspiegel für die betroffene Wohnung ein Leerfeld ausweist, kann ein Mieterhöhungsverlangen nach dem Berliner Mietspiegel jedenfalls nicht auf das Mietspiegelfeld mit der nächst schlechteren Lage gestützt werden; ebenso LG Berlin v. 18.09.2008 - 67 S 157/08 – juris Rn. 11 - GE 2008, 1492-1493.

[23] BGH v. 17.09.2008 - VIII ZR 58/08 - juris Rn. 12 - NZM 2009, 27.

[24] BGH v. 06.07.2011 - VIII ZR 337/10 - juris Rn. 7 - NZM 2011, 743.

[25] BGH v. 26.10.2005 - VIII ZR 41/05 - juris Rn. 13 - WuM 2006, 39-41.

[26] KG v. 20.01.2005 - 8 U 127/04 - juris Rn. 12 - WuM 2005, 379: Inhaltlich unzutreffende Angaben sind im Mieterhöhungsverlangen insoweit unschädlich und nur Fragen der Begründetheit des materiell-rechtlichen Erhöhungsanspruches; bestätigt durch BGH v. 26.10.2005 - VIII ZR 41/05 - juris Rn. 11 - WuM 2006, 39-41 bei unzutreffenden Angaben; für auszureichende pauschale Angaben vgl. auch BGH v. 12.07.2006 - VIII ZR 215/05 - juris Rn. 13 - NZM 2006, 864-865; beachte auch BGH v. 10.10.2007 - VIII ZR 331/06 - juris Rn. 11 - NJW 2008, 848-849: Angaben sind ohnehin entbehrlich in der Mieterhöhungserklärung, wenn auch die damit beanspruchte erhöhte Teilinklusivmiete die ortsübliche Nettomiete nicht übersteigt; kritisch gegenüber formal ausreichender Angabe nur der pauschalen Betriebskosten *Paschke*, Grundeigentum 2006, 550-554, 550; zur Problematik vgl. auch *Schach*, Grundeigentum 2006, 548-550.

[27] BGH v. 12.07.2006 - VIII ZR 215/05 - NZM 2006, 864-865, vgl. auch BGH v. 10.10.2007 - VIII ZR 331/06 - NJW 2008, 848-849: Zudem kommt es auf die Höhe der in der Miete enthaltenen Betriebskosten ohnehin nicht an, wenn selbst die erhöhte Teilinklusivmiete noch unterhalb der ortsüblichen Nettokaltmiete liegt.

§ 558a

auf bloße Betriebskostenpauschalen des Mietspiegels in der Mieterhöhungserklärung (nunmehr) ausreichen.[28] Die Nachholung der erforderlichen Angaben zu den in der Miete enthaltenen Betriebskosten im Zustimmungsprozess gem. § 558b Abs. 3 BGB ist zulässig.[29]

15 Für die Praxis ergeben sich auf jeden Fall erhebliche Schwierigkeiten, da zum Zeitpunkt der Abgabe einer Mieterhöhungserklärung noch nicht immer die jedenfalls später im Prozess benötigten Betriebskostendaten des letzten Jahres vorliegen und die (älteren vorhandenen) Angaben somit nicht „zeitnah/aktuell"[30] sind, ferner kann der Mieter die Richtigkeit der ermittelten und dargelegten Betriebskosten in jeder Hinsicht in Frage stellen, womit sich die Problematik des Zustimmungsverfahrens unter Umständen vollständig auf die Betriebskostenebene verlagert.

16 Verlangt der Vermieter vom Mieter die Zustimmung zur Erhöhung einer vereinbarten Bruttowarmmiete bis zur ortsüblichen Vergleichsmiete, hat der Umstand, dass die Warmmietenvereinbarung gem. § 2 HKVO nicht anzuwenden ist, nicht die formelle Unwirksamkeit des Mieterhöhungsverlangens und damit auch nicht die Unzulässigkeit der Zustimmungsklage zur Folge.[31]

17 Die in Mietspiegeln ausgewiesenen Werte basieren in der Regel auf einer wirksamen Verpflichtung des Mieters zur Durchführung von Schönheitsreparaturen. Da diese Verpflichtung Entgeltcharakter hat und insoweit als Bestandteil der Nettomiete anzusehen ist[32], könnte sich die Frage der wirksamen Verpflichtung des Mieters auch auf die Höhe der ortsüblichen und angemessenen Vergleichsmiete auswirken. Bei einer unwirksamen formularvertraglichen Überbürdung der Ausführungsverpflichtung auf den Mieter kommt deshalb grundsätzlich eine entsprechende Erhöhung der Mietspiegelwerte in Betracht.[33] Diese könnte sich an § 28 Abs. 4 BVO 2 orientieren.[34] Entsprechende Angaben im Mieterhöhungsverlangen wären dann aus Gründen der Nachvollziehbarkeit erforderlich.[35]

---

[28] Beachte aber: Ist diese Bezugnahme nicht möglich, bedarf es aber einer Betriebskostenaufstellung in der Mieterhöhungserklärung, AG Wedding v. 16.01.2008 - 8a C 286/07; *Mummenhoff*, jurisPR-MietR 3/2009, Anm. 4, Heilung durch Nachreichen möglich.

[29] BGH v. 20.01.2010 - VIII ZR 141/09 - juris Rn. 11 - WuM 2010, 161-162.

[30] BGH v. 23.05.2007 - VIII ZR 138/06 - NJW 2007, 2626-2627 und BGH v. 08.07.2008 - VIII ZR 4/08 - juris Rn. 1 - Grundeigentum 2008, 1488: Betriebskostenabrechnungen für den dem Mieterhöhungsverlangen vorangegangenen Abrechnungszeitraum sei maßgeblich, soweit diese vorliegt.

[31] BGH v. 19.07.2006 - VIII ZR 212/05 - juris Rn. 18 - NZM 2006, 652-653.

[32] BGH v. 06.07.1988 - VIII ARZ 1/88 - BGHZ 105, 71.

[33] AG Frankfurt a.M. v. 16.09.2005 - 33 C 2479/05 - juris Rn. 11 - NJW 2005, 3294-3295 – Berufung LG Frankfurt v. 08.02.2006 - 2-11 S 315/05 - WuM 2006, 204, ebenso: AG Bretten v. 08.03.2005 - 1 C 526/04 - DWW 2005, 293; differenzierend: LG Nürnberg-Fürth v. 18.11.2005 - 7 S 7698/05 - juris Rn. 10 - NJW 2006, 38-39: unabhängig von formalen Begründungsfragen läge jedenfalls widersprüchliches Verhalten des Vermieters vor, wenn er die unwirksame Formularklausel selbst gestellt hat und sich hierauf nun zum eigenen Vorteil beruft; jedenfalls solange keine Notwendigkeit zur wirtschaftlichen Kompensation der laufenden Instandhaltungslast besteht, weil der Mieter diese dem Vermieter noch nicht geltend gemacht hat; ablehnend auch LG Wuppertal v. 19.08.2005 - 10 S 44/05, 10 S 102/05- WuM 2005, 765: keine ungerechtfertigte Bereicherung des Mieters bei unwirksamer Klausel, deshalb auch kein Ausgleich dafür bei Mieterhöhung notwendig; vermittelnd jetzt LG Düsseldorf v. 18.05.2006, WuM 2006, 387 (im Anschluss an AG Bretten und *Börstinghaus* in: Schmidt-Futterer, Mietrecht, 8. Aufl., Rn. 54 zu § 558a BGB): Vermieter ist bei unwirksamer Klausel berechtigt, dem Mieter Verhandlungen über eine wirksame zukünftige Klausel anzubieten (§ 241 Abs. 2 BGB), nimmt der Mieter dieses Angebot (mit Wirkung für die Zukunft) nicht an, kann der Vermieter den Zuschlag (nach § 28 II. BV) bei der Mieterhöhung in Ansatz bringen – Revision zugelassen aber nicht eingelegt; vgl. auch: OLG Karlsruhe v. 18.04.2007 - 7 U 186/06 - NZM 2007, 481: Zuschläge gem. II. BV sind zulässig; LG Düsseldorf v. 16.05.2007 - 21 S 375/05 - juris Rn. 18 - NJW 2007, 456-457, Zuschlag zulässig, jedoch nur in Höhe von 0.20 €/m2 gegeben – dagegen *Blank*, NZM 2007, 472, 473: der Wortlaut des § 558 BGB lässt einen Rückgriff auf die Kriterien des § 28 Abs. 4 II. BV nicht zu; zudem könne der Mieter eine Belastung durch eine regelmäßige höhere Mietzahlung nicht beeinflussen, wohl aber den (schnelleren) Anfall von Schönheitsreparaturen durch sorgfältiges Verhalten verhindern; Zuschlag bejaht auch im Anschluss daran durch LG Wiesbaden v. 20.09.2007 - 2 S 30/07 - ZMR 2008, 131-133; vgl. dazu auch *Roth*, NZM 2007, 825.

[34] AG Frankfurt a.M. v. 16.09.2005 - 33 C 2479/05 - juris Rn. 11 - NJW 2005, 3294-3295 – Berufung anhängig LG Frankfurt a.M. - 2-11 S 315/05; differenzierend: LG Nürnberg-Fürth v. 18.11.2005 - 7 S 7698/05 - juris Rn. 6 - NJW 2006, 38-39 mit umfangreichen Nachweisen.

[35] LG Hamburg v. 28.11.2002 - 307 S 180/01 - ZMR 2003, 491-492.

Der BGH[36] lehnt die Erhebung eines Zuschlages jedoch ab: 18

Dieser sei nach Sinn und Zweck des § 558 BGB nicht gerechtfertigt. § 558 BGB soll es dem Vermieter ermöglichen, im Rahmen des Vergleichsmietensystems eine angemessene, am örtlichen Markt orientierte Miete zu erzielen. Maßstab für die Berechtigung einer geltend gemachten Mieterhöhung seien somit die Marktverhältnisse. Der streitige Zuschlag bei Unwirksamkeit der Schönheitsreparaturklausel orientiere sich demgegenüber an den Kosten für diese Arbeiten ohne Rücksicht auf deren Durchsetzbarkeit am Markt. Damit wäre jedoch das vom Gesetzgeber vorgesehene System der Vergleichsmieten verlassen. 19

Auch der Entgeltcharakter (der Übernahme der Schönheitsreparaturen durch den Mieter) könne aus dem vorgenannten Grund keinen derartigen abstrakten Zuschlag rechtfertigen. 20

Die Erhebung eines Zuschlages sei auch nicht mit der zu der Mieterhöhung bei vereinbarter Teilinklusivmiete ergangenen Rechtsprechung zu begründen. Hiernach ginge es nur um die Herstellung einer Vergleichbarkeit der Ausgangsmiete mit der Vergleichsmiete bei unterschiedlicher Mietstruktur. Insoweit sei aber zwischen Betriebskosten und Schönheitsreparaturen zu differenzieren. Für die Betriebskosten ist eine gesetzliche Grundlage in § 556 BGB zu finden, für die Schönheitsreparaturen sei dies jedoch gerade nicht der Fall. Die Überwälzung der Schönheitsreparaturen auf den Mieter sei zwar üblich. Es bleibe dennoch offen, ob dies auch dann der Fall gewesen wäre, wenn der Mieter nicht mehr ohne Weiteres die Möglichkeit der kostengünstigen Selbstvornahme zu einem Zeitpunkt hätte, der bei Vertragsschluss regelmäßig noch in ferner Zukunft liegt und ihm gewisse Steuerungsmöglichkeit eröffnet, sondern er die Kosten der Schönheitsreparaturen über einen monatlich zu zahlenden Aufschlag auf die Grundmiete abzugelten hätte. 21

Für die Erhebung des Zuschlages fehle es demnach an einer tauglichen Anknüpfung in den Marktgegebenheiten. 22

Auch eine ergänzende Vertragsauslegung komme nicht in Betracht. Deren Voraussetzungen seien nicht erfüllt, da der Verbleib der Ausführungspflicht beim Vermieter keine unangemessene, den typischen Interessen der Vertragspartner widersprechende Regelung darstelle. 23

Ebenfalls scheide auch ein Wegfall der Geschäftsgrundlage aus. Hierfür besteht kein Raum, wenn nach der gesetzlichen Regelung derjenige das Risiko zu tragen hat, der sich auf die Störung beruft. Die wirtschaftlichen Nachteile seien hier aber im Hinblick auf die §§ 306, 535 Abs. 1 Satz 2 BGB dem Vermieter zugewiesen. 24

VII. Auskunft Mietdatenbank (Absatz 2)

Zu den Begründungsmitteln gehört auch die Auskunft aus einer Mietdatenbank, vgl. § 558e BGB. 25

VIII. Gutachten eines Sachverständigen (Absatz 2)

Der Vermieter kann zur Begründung des Mieterhöhungsverlangens auf das Gutachten eines Sachverständigen zurückgreifen. Es muss sich um einen öffentlich bestellten und nach der neuen Fassung des Gesetzes auch vereidigten Sachverständigen (§ 36 Abs. 1 GewO) handeln. Der Sachverständige muss für die Grundstücksbewertung und Gebäudeschätzung bestellt sein.[37] Das Gutachten muss schriftlich erstellt und mit Gründen versehen sein.[38] Hierzu gehört eine nachvollziehbare Begründung der Mietwertermittlung, nicht das bloße Berufen auf die besondere Sachkunde des Gutachters.[39] Ferner muss eine Einordnung der Wohnung in das Vergleichsmietensystem nach § 558 Abs. 2 BGB erfolgen. Die formellen Anforderungen an das Mieterhöhungsverlangen können aber auch durch ein Sachverständigengutachten erfüllt werden, das sich nicht unmittelbar auf die Wohnung des Mieters, sondern auf an- 26

---

[36] BGH v. 09.07.2008 - VIII ZR 181/07 - juris Rn. 9 - NJW 2008, 2840-2842 und BGH v. 09.07.2008 - VIII ZR 83/07 - juris Rn. 12 - Grundeigentum 2008, 1046-1048.
[37] BGH v. 21.04.1982 - VIII ARZ 2/82 - BGHZ 83, 366-371.
[38] Vgl. zu den notwendigen Angaben im Einzelnen: *Lammel*, Wohnraummietrecht, 3. Aufl. 2007, § 558a Rn. 36.
[39] OLG Karlsruhe v. 29.12.1982 - 9 REMiet 2/82 - WuM 1983, 133-135.

dere, nach Größe und Ausstattung vergleichbare Wohnungen bezieht („Typengutachten").[40] Die konkrete Bezeichnung der als Vergleichsgrundlage herangezogenen Wohnungen ist für das lediglich als Begründungsmittel dienende Gutachten nicht erforderlich.[41] Anderes gilt jedoch für das gerichtliche Sachverständigengutachten im Zustimmungsprozess (vgl. die Kommentierung zu § 558b BGB Rn. 26). Nach überwiegender Auffassung ist das Gutachten ungeachtet des Wortlautes der Vorschrift der Mieterhöhungserklärung beizufügen.[42]

27 Die Wahl dieses Begründungsmittels sollte angesichts der hiermit einhergehenden sehr erheblichen und unter keinem rechtlichen Gesichtspunkt abwälzbaren Kosten[43] lediglich ultima ratio sein. Insbesondere ist zu beachten, dass das Gericht ein weiteres Gutachten zur Feststellung der ortsüblichen Vergleichsmiete einholen kann, für welches der insoweit darlegungs- und beweisbelastete Vermieter (erneut) vorschusspflichtig ist. In Betracht zu ziehen ist das Gutachten jedoch, wenn es für eine Vielzahl von Mietobjekten Anwendung finden kann oder es sich um außergewöhnliche Mietobjekte handelt oder wenn andere Begründungsmittel nicht zur Verfügung stehen.

IX. Vergleichswohnungen (Absatz 2)

28 Zur Begründung der Mieterhöhungserklärung ist auch der Rückgriff auf Vergleichswohnungen zulässig. Es müssen zumindest drei Wohnungen benannt werden. Diese können sich auch im selben Hause oder in anderen Objekten des Vermieters befinden.[44] Es muss sich um vergleichbare Wohnungen handeln, die zumindest innerhalb der gleichen Kategorien im Sinne des § 558 Abs. 2 BGB liegen wie das Mietobjekt.[45] Die Lage der herangezogenen Vergleichswohnungen muss nach Adresse, Lage und Stockwerk innerhalb des Gebäudes angegeben werden[46], bei mehreren Wohnungen auf einer Etage ist auch die exakte Lage im Geschoß anzugeben[47]. Dies ist für die erforderliche Identifizierbarkeit ausreichend, nicht erforderlich ist die Angabe der jeweiligen Mietervertragsparteien der Vergleichswohnungen.[48]

29 Die Mieterhöhungserklärung ist weder insgesamt noch teilweise unwirksam, wenn der Vermieter über die drei Vergleichswohnungen hinaus weitere Wohnungen benennt, die nicht die Voraussetzungen des § 558a Abs. 2 Nr. 4 BGB erfüllen.[49]

X. Qualifizierter Mietspiegel (Absatz 3)

30 Die Regelung bestimmt nunmehr neue zusätzliche Angaben in der Mieterhöhungserklärung, sofern für das Gebiet, in dem das Mietobjekt liegt, ein qualifizierter Mietspiegel nach § 558d BGB gegeben ist, welcher auch Angaben für das Mietobjekt enthält. In diesem Falle muss der Vermieter, der sich auf ein anderes Begründungsmittel stützt, dennoch in der Mieterhöhungserklärung auf die geltenden Werte des qualifizierten Mietspiegels hinweisen. Die Regelung ist im Zusammenhang mit § 558d Abs. 3 BGB und der dort bestimmten Vermutungswirkung für das spätere gerichtliche Zustimmungsverfahren zu sehen. Dem Mieter soll eine gesteigerte Möglichkeit der Nachprüfung des geltend gemachten Erhö-

---

[40] BGH v. 19.05.2010 - VIII ZR 122/09. Vgl. aber AG-Mitte v. 09.01.2008 - 21 C 206/07 - juris Rn. 21 - Grundeigentum 2008, 337-339; stützt sich ein Sammelgutachten auf im Wesentlichen sanierte Wohnungen, ist es für eine nicht sanierte Wohnung nicht verwertbar.
[41] OLG Frankfurt v. 05.10.1981 - 20 REMiet 2/81 - juris Rn. 8 - NJW 1981, 2820.
[42] OLG Braunschweig v. 19.04.1982 - 1 UH 1/81 - DWW 1982, 243.
[43] LG Bielefeld v. 22.10.1980 - 3 T 523/80 - Rpfleger 1981, 70-71; LG München I v. 31.05.1979 - 14 T 3577/79 - MDR 1984, 57.
[44] BVerfG v. 12.05.1993 - 1 BvR 442/93 - juris Rn. 6 - NJW 1993, 2039.
[45] Beachte aber: Der Vergleich sanierter und unsanierter Wohnungen ist nicht zulässig, AG Mitte v. 09.01.2008 - 21 C 206/07 - juris Rn. 18 - Grundeigentum 2008, 337-339.
[46] BGH v. 20.09.1982 - VIII ARZ 1/82 - BGHZ 84, 392-400.
[47] BGH v. 18.12.2002 - VIII ZR 72/02 - juris Rn. 12 - NJW 2003, 963-965; BGH v. 18.12.2002 - VIII ZR 141/02 - juris Rn. 11 - WuM 2003, 149-151.
[48] BVerfG v. 08.09.1993 - 1 BvR 1331/92 - juris Rn. 9 - NJW-RR 1993, 1485-1486.
[49] BGH v. 28.03.2012 - VIII ZR 79/11 - juris Rn. 12 - WuM 2012, 283-285.

hungsverlangens eingeräumt werden. Der Vermieter bleibt in der Wahl des Begründungsmittels zwar grundsätzlich frei, die Hinweise auf den qualifizierten Mietspiegel sind jedoch zwingend, andernfalls wäre die Mieterhöhungserklärung bereits formal unwirksam.[50] Die nach § 558a Abs. 3 BGB erforderlichen Angaben der Mietspiegelwerte müssen aus sich heraus verständlich und dürfen nicht lückenhaft sein.[51] Wird der Mietspiegel selbst oder ein relevanter Auszug daraus nicht beigefügt, bedarf es (dennoch) nicht der Angabe der Spannenwerte des einschlägigen – in der Mieterhöhungserklärung in Bezug genommenen – Rasterfeldes, wenn der Mieter sie in dem zutreffend bezeichneten Rasterfeld des Mietspiegels ohne weiteres ablesen kann.[52] Der Mietspiegel selbst muss dem Erhöhungsverlangen nicht beigefügt werden, wenn er im Amtsblatt veröffentlicht und allgemein zugänglich ist.[53] Dasselbe gilt, wenn der Vermieter dem Mieter die Einsichtnahme des Mietspiegels in den Räumen seines Kundencenters am Wohnort des Mieters anbietet.[54] Ein im Internet veröffentlichter Mietspiegel gilt als allgemein zugänglich.[55] Der Beifügung des Mietspiegels bedarf es ebenfalls nicht, wenn dieser gegen eine geringe Schutzgebühr für jedermann bei den örtlichen Mieter- und Vermietervereinigungen erhältlich ist.[56]

Ist in einem Gebiet streitig, ob der vorliegende Mietspiegel die Qualifikationsvoraussetzungen des § 558d BGB erfüllt, sollte der Vermieter vorsorglich auch bei Wahl eines anderen Begründungsmittels die Daten des eventuell qualifizierten Mietspiegels in der Mieterhöhungserklärung darlegen, um eine spätere Abweisung der Zustimmungsklage mangels Einhaltung allein dieser Formalie der Erklärung zu vermeiden.

31

XI. Bezugnahme auf Mietspiegel mit Spannen (Absatz 4)

Enthält ein einschlägiger Mietspiegel Spannen, so ist das Mieterhöhungsverlangen ausreichend begründet, wenn die mit der Mieterhöhungserklärung verlangte Miete sich innerhalb der Mietspiegelspanne bewegt. Die nähere Einordnung des Mietobjektes innerhalb der Spanne ist nicht erforderlich, diesbezügliche Angaben sind jedoch für die eventuelle spätere Zustimmungsklage unerlässlich.[57] Bereits in der Mieterhöhungserklärung anzugeben ist allerdings das die jeweilige Spanne enthaltende, für das Mietobjekt maßgebliche Mietspiegelfeld.[58] Liegt die verlangte Miete oberhalb der im Mietspiegel ausgewiesenen Mietspanne, so ist das Erhöhungsverlangen jedenfalls insoweit unbegründet, als es über den im Mietspiegel ausgewiesenen Höchstbetrag hinausgeht, die Mieterhöhungserklärung wird hierdurch aber nicht formal unwirksam.[59] Die Frage der richtigen Einordnung der Wohnung in ein Mietspiegelfeld ist keine Frage der Wirksamkeit, sondern der materiellen Begründetheit des Mieterhöhungsverlangens.[60] Anzugeben sind ferner Kriterien für die Herstellung der Vergleichbarkeit der Miet-

32

---

[50] LG München I v. 12.06.2002 - 14 S 21762/01 - juris Rn. 9 - NJW 2002, 2885; LG München I v. 08.05.2002 - 14 S 20654/01 - juris Rn. 7 - WuM 2002, 496-497; dies wird für verfassungswidrig erachtet, *Weidenkaff* in: Palandt, § 558a Rn. 13.
[51] LG München I v. 08.05.2002 - 14 S 20654/01 - juris Rn. 7 - WuM 2002, 496-497.
[52] So nunmehr der BGH v. 12.12.2007 - VIII ZR 11/07 - juris Rn. 15 - NJW 2008, 573-575.
[53] BGH v. 12.12.2007- VIII ZR 11/07 - juris Rn. 15 - NJW 2008, 573-575; vgl. zur Beifügung ähnlich auch zuvor LG Wiesbaden v. 30.08.2007 - 2 S 14/07 - juris Rn. 14 - WuM 2007, 706; LG Dresden v. 23.02.2007 - 4 S 288/06 - juris Rn. 4 - WuM 2007, 707; AG Münster v. 28.02.2007 - 38 C 1040/06 - juris Rn. 21 - WuM 2007, 674.
[54] BGH v. 11.03.2009 - VIII ZR 74/08- juris Rn. 9 - NJW 2009, 1667: Der Beifügung des Mietspiegels bedarf es in diesem Fall gerade nicht.
[55] BGH v. 28.04.2009 - VIII ZB 7/08 - juris Rn. 6 - NZM 2009, 429.
[56] BGH v. 30.09.2009 - VIII ZR 276/08 - juris Rn. 11- NJW 2010, 225-226.
[57] Die konkrete Spanneneinordnung innerhalb eines qualifizierten Mietspiegels kann vom Gericht nach § 287 ZPO unter Rückgriff auf eine im Mietspiegel enthaltene Orientierungshilfe erfolgen, BGH v. 20.04.2005 - VIII ZR 110/04 - juris Rn. 12 - NJW 2005, 2074-2075; verfügt der qualifizierte Mietspiegel nicht über eine Orientierungshilfe, ist ohne weitere Angaben spätestens in der Zustimmungsklage vom Mittelwert des Mietspiegels auszugehen, AG Dortmund v. 15.02.2005 - 125 C 12626/04 - juris Rn. 17 - NZM 2005, 258-260, m.w.N.
[58] BGH v. 12.11.2003 - VIII ZR 52/03 - juris Rn. 11 - NJW 2004, 1379-1380; LG Berlin v. 14.07.2005 - 62 S 120/05 - Grundeigentum 2005, 1063-1065: ansonsten formelle Unwirksamkeit der Mieterhöhungserklärung.
[59] BGH v. 12.11.2003 - VIII ZR 52/03 - juris Rn. 11 - NJW 2004, 1379-1380.
[60] BGH v. 08.03.2009 - VIII ZR 316/07 - juris Rn. 8 - WuM 2009, 239-240.

spiegelwerte, sofern die vereinbarte und zu Grunde zu legende Mietzinsstruktur mit der Mietzinsstruktur des Mietspiegels nicht übereinstimmt (vgl. Rn. 14: Bruttomiete und Nettokaltmietspiegel).

33 Auch wenn die konkrete Spanneneinordnung nicht notwendige Angabe in der Mieterhöhungserklärung ist, bedeutet dies nicht, dass die Mieterhöhungserklärung stets in materiell-rechtlicher Hinsicht bis zum Oberwert der Spanneneinordnung gerechtfertigt wäre. Die zutreffende Einordnung des Mietobjektes innerhalb der Spanne eines einschlägigen Mietspiegels, insbesondere eines mit Vermutungswirkung versehenen qualifizierten Mietspiegels ist deshalb noch vor der Abgabe der Erhöhungserklärung zu ermitteln, um eine spätere (Teil-)-Abweisung der Zustimmungsklage zu vermeiden.[61] Eine im Mietspiegel evtl. vorgesehene Orientierungshilfe zur Spanneneinordnung kann vom Gericht als Schätzungsgrundlage nach § 287 ZPO herangezogen werden.[62]

XII. Anwendung anderer Mietspiegel (Absatz 4)

34 Voraussetzung hierfür ist, dass für das Gebiet, in dem sich das Mietobjekt befindet, zum Zeitpunkt der Abgabe der Erhöhungserklärung durch den Vermieter kein die Voraussetzungen der §§ 558c Abs. 3, 558d Abs. 2 BGB wahrender Mietspiegel vorliegt. Nur in diesem Falle kann der Vermieter das Mieterhöhungsverlangen auch mit einem anderen, insbesondere einem veralteten Mietspiegel, begründen. Letzterer ist gerade der nicht aktualisierte Mietspiegel im Sinne des § 558a Abs. 2 Satz 2 HS. 1 BGB. Seine Heranziehung erschien gerechtfertigt, da eine Benachteiligung des Mieters bei fortschreitender Mietentwicklung nicht zu erwarten ist. Im Hinblick auf § 558 Abs. 2 BGB kann ein anderer Mietspiegel auch der aktuelle Mietspiegel einer vergleichbaren Gemeinde sein. Angesichts des Regelungszusammenhangs darf es sich dabei auch um einen für diese existenten veralteten Mietspiegel handeln. Kommen mehrere Nachbargemeinden in Betracht, deren Mietspiegel zur Begründung des Mieterhöhungsverlangens in Bezug genommen werden könnten, bedarf es für die getroffene Auswahl einer zusätzlichen Begründung.[63]

XIII. Abdingbarkeit (Absatz 5)

35 Zum Nachteil des Mieters von den vorgenannten Voraussetzungen abweichende Vereinbarungen sind unwirksam.

D. Rechtsfolgen

36 Sind bei einem Mieterhöhungsverlangen die formalen Voraussetzungen nach § 558a BGB nicht gewahrt, ist die Mieterhöhungserklärung unwirksam. Eine Überprüfung der materiell-rechtlichen Begründetheit des Anspruches findet nicht statt, die Zustimmungsklage unterliegt der Abweisung (vgl. Rn. 11). Der Vermieter kann jedoch im Rahmen des § 558b Abs. 3 BGB eventuell formale Mängel der Mieterhöhungserklärung heilen. In diesem Fall muss das Gericht im Zustimmungsprozess auch über die materielle Begründetheit des geltend gemachten Anspruches entscheiden.

E. Prozessuale Hinweise/Verfahrenshinweise

37 Das Vorliegen insbesondere der formalen Voraussetzungen der Mieterhöhungserklärung ist vor Einreichung der Zustimmungsklage sorgfältig zu prüfen. Erforderlichenfalls ist über eine Ergänzung bzw. Nachholung der Mieterhöhungserklärung nach § 558b Abs. 3 BGB zu entscheiden.

---

[61] Vgl. insoweit auch AG Brandenburg v. 29.03.2007 - 34 C 174/06 - juris Rn. 11 - WuM 2007, 268-270: Die Darlegungs- und Beweislast für die Ansiedlung der Wohnung innerhalb der Spanne über den Mittelwert trifft den Vermieter, auch und insbesondere, wenn der Mietspiegel eine Orientierungshilfe nicht aufweist. Der Mieter muss darlegen und beweisen, dass die ortsübliche Vergleichsmiete unter dem Mittelwert des Mietspiegels liegt.
[62] BGH v. 20.04.2005 - VIII ZR 110/04 - NJW 2005, 2074, 2075; KG v. 26.03.2009 - 8 U 10/09 - juris Rn. 7 - NZM 2009, 544-545 ebenso für die nicht qualifizierten Felder des Berliner Mietspiegels.
[63] LG Düsseldorf v. 15.09.2005 - 23 S 343/05 - juris Rn. 4 - WuM 2006, 100-101.

F. Anwendungsfelder

Übergangsrecht: Es gilt Art. 229 § 3 Abs. 1 Nr. 2 EGBGB.   38

G. Arbeitshilfen
I. Checkliste: Mieterhöhungserklärung   39

Angabe	zwingend	zweckmäßig
Absender	ja	
Vertreter des Absenders/ Originalvollmacht	ja ja[64]	
Adressat	ja	
Wohnungsbezeichnung	nein	ja, insbesondere bei ausgezogenem Mieter
Hinweis auf Rechtsgrundlagen der Mieterhöhung	nein	
- der jetzigen Miete	nein	ja
- des Erhöhungsbetrages	ja[65]	
- der Miete pro m² Wohnfläche		ja, zur Herstellung der Vergleichbarkeit mit Begründungsmittel
Miete seit einem Jahr unverändert	ja, gesetzliche Voraussetzung	
Mietzins drei Jahre vor dem Wirksamwerden der neuen Mieterhöhung	nein	ja
Angabe Zeitpunkt der Wirksamkeit der Mieterhöhung	nein[66]	
- von Sondermerkmalen	ja[67]	
- der Zusammensetzung der neuen Gesamtmiete		ja
Hinweis auf Zustimmungserfordernis	ja	
- auf Zustimmungsfrist	nein[68]	
- auf Zustimmungsklage	nein	
Abschluss der Erklärung	ja, Textform	

II. Checkliste: Zustellung   40

(1) Nachweis der Zustellung,
(2) Zustellung an alle Mieter erfolgt,
(3) Wirksamkeit einer Empfangsbevollmächtigungsklausel.

---

[64] § 174 BGB.
[65] KG Berlin v. 15.09.1997 - 8 RE-Miet 6517/96 - NJW-RR 1998, 296-298.
[66] LG Berlin v. 11.11.1996 - 61 S 161/96 - MM 1997, 75.
[67] Sofern im Mietspiegel vorgesehen.
[68] LG Berlin v. 11.11.1996 - 61 S 161/96 - MM 1997, 75.

§ 558b BGB Zustimmung zur Mieterhöhung

(Fassung vom 02.01.2002, gültig ab 01.01.2002)

(1) Soweit der Mieter der Mieterhöhung zustimmt, schuldet er die erhöhte Miete mit Beginn des dritten Kalendermonats nach dem Zugang des Erhöhungsverlangens.

(2) [1]Soweit der Mieter der Mieterhöhung nicht bis zum Ablauf des zweiten Kalendermonats nach dem Zugang des Verlangens zustimmt, kann der Vermieter auf Erteilung der Zustimmung klagen. [2]Die Klage muss innerhalb von drei weiteren Monaten erhoben werden.

(3) [1]Ist der Klage ein Erhöhungsverlangen vorausgegangen, das den Anforderungen des § 558a nicht entspricht, so kann es der Vermieter im Rechtsstreit nachholen oder die Mängel des Erhöhungsverlangens beheben. [2]Dem Mieter steht auch in diesem Fall die Zustimmungsfrist nach Absatz 2 Satz 1 zu.

(4) Eine zum Nachteil des Mieters abweichende Vereinbarung ist unwirksam.

Gliederung

A. Grundlagen 1	VII. Vorausgegangenes Erhöhungsverlangen (Absatz 3) 17
I. Kurzcharakteristik 1	
II. Gesetzgebungsmaterialien 2	VIII. Den Anforderungen des § 558a BGB nicht entsprechend (Absatz 3) 18
B. Anwendungsvoraussetzungen 3	
I. Soweit Mieter zustimmt (Absatz 1) 3	IX. Nachholung im Rechtsstreit (Absatz 3) 19
II. Wirksamwerden der Mieterhöhung (Absatz 1) .. 5	X. Mängelbehebung im Rechtsstreit (Absatz 3) 20
III. Soweit nicht zugestimmt (Absatz 2) 7	XI. Abdingbarkeit (Absatz 4) 25
IV. Innerhalb von zwei Monaten (Absatz 2) 9	**C. Prozessuale Hinweise/Verfahrenshinweise** 26
V. Klage auf Erteilung der Zustimmung (Absatz 2) 11	**D. Anwendungsfelder** 32
VI. Innerhalb von drei weiteren Monaten (Absatz 2) 12	I. Anwendungsbereich 32
	II. Übergangsrecht 33
1. Gesetzgebungsgeschichte 15	**E. Arbeitshilfen – Checkliste Mieterhöhungsklage** 34
2. Praktische Hinweise 16	

A. Grundlagen

I. Kurzcharakteristik

1 Die Norm regelt die Zustimmung des Mieters zur Mieterhöhungserklärung, bestimmt den Zeitpunkt des Wirksamwerdens der Mieterhöhung sowie der bei fehlender Zustimmung zu wahrenden Klagefrist und trifft Anordnungen für eine Nachholung bzw. Heilung des Mieterhöhungsverlangens im Zustimmungsprozess.

II. Gesetzgebungsmaterialien

2 Die Bestimmung wurde mit dem Mietrechtsreformgesetz eingeführt. Sie übernimmt mit einer Ergänzung § 2 Abs. 3 und 4 MietHöReglG.

B. Anwendungsvoraussetzungen

I. Soweit Mieter zustimmt (Absatz 1)

3 Voraussetzung der Zustimmungsverpflichtung des Mieters ist das Vorliegen einer wirksamen Mieterhöhungserklärung. Zustimmung ist die Annahme des auf Vertragsänderung gerichteten Angebotes des Vermieters.[1] Es handelt sich um eine einseitige, empfangsbedürftige Willenserklärung des Mieters

---

[1] BayObLG München v. 10.03.1988 - RE-Miet 2/88 - NJW-RR 1988, 721-722; BayObLG München v. 30.06.1989 - RE-Miet 4/88 - juris Rn. 16 - NJW-RR 1989, 1172-1173.

(§ 130 BGB). Sie ist aufgrund der bestehenden gesamthänderischen Bindung von allen Mietern abzugeben.[2] Eine formularmäßige Zustimmungsbevollmächtigung ist unwirksam.[3] Bei Ehegatten ergibt sich diese nicht aus § 1357 BGB. Ob die Erklärung des Mieters in bloßer Zahlung gesehen werden kann, ist fraglich. Dafür spricht zunächst, dass § 558b BGB eine bestimmte Form für die Erteilung der Zustimmung nicht vorschreibt.[4] Jedoch soll die Abgabe einer schriftlichen Zustimmungserklärung erforderlich sein, wenn die Parteien dies so wirksam vertraglich vereinbart haben oder der Mietvertrag eine Kündigungsausschlussregelung beinhaltet.[5] Das Erfordernis einer schriftlichen Zustimmung ist zwar gerade im letzteren Fall überzeugend, da die Änderung der Miethöhe einen wesentlichen Vertragsbestandteil betrifft, jedoch lässt sich ein solcher Anspruch des Vermieters weder aus § 558 Abs. 1 BGB noch aus § 558b Abs. 2 BGB herleiten. Ob hierüber wiederum eine wirksame vertragliche Vereinbarung möglich ist, erscheint im Hinblick auf § 558b Abs. 4 BGB durchaus zweifelhaft. Soweit der Mieter aus Gründen der Rechtssicherheit und der Beweisführung zur Abgabe einer schriftlichen Erklärung für verpflichtet gehalten wird, wenn der Vermieter eine derartige Erklärung ausdrücklich verlangt[6], wird übersehen, dass der Vermieter einseitig eine strengere als die gesetzliche Form nicht einfügen kann.[7] Eine wirksame Zustimmung liegt nur vor, wenn sie vorbehaltlos erteilt wurde (§ 150 Abs. 2 BGB).

In dem Umfang der erteilten Zustimmung ist der Mieter sodann zur Entrichtung des erhöhten Mietzinses verpflichtet.

II. Wirksamwerden der Mieterhöhung (Absatz 1)

Der Zeitpunkt der Zahlungspflicht ist bestimmt mit dem Beginn des dritten Monats, der auf den Zugang des Mieterhöhungsverlangens folgt. Wird der Mieter später zur Zustimmung verurteilt, wirkt die Zahlungsverpflichtung auf diesen Zeitpunkt zurück[8], sie wird jedoch erst mit der Rechtskraft des Zustimmungsurteils fällig.[9] Entscheidend für das Wirksamwerden der Mieterhöhung ist der Zugang der Mieterhöhungserklärung gegenüber allen Mietern. Erst der Zugang löst die Überlegungs- bzw. Zustimmungsfrist des Mieters, mit deren Ende die Mieterhöhung zur Zahlung fällig wird, aus. Fehlt es hieran, fehlt zugleich eine Prozess- bzw. Sachurteilsvoraussetzung der Zustimmungsklage, die Klage ist sodann als unzulässig abzuweisen.

Berechnungsbeispiel:
Wirksamwerden Mieterhöhung: Zugang der Mieterhöhungserklärung beim Mieter am 31.10.2002. Der erste nachfolgende Monat beginnt bereits am nächsten Tag (01.11.2002), die erhöhte Miete ist somit im Falle der Zustimmung ab dem 01.01.2003 zu entrichten.

Der Vermieter muss den Zugang im Zustimmungsprozess beweisen. Er hat für den Nachweis bereits bei Zustellung bzw. Übermittlung der Mieterhöhungserklärung Sorge zu tragen. Sicherstes Mittel hierfür ist die Übermittlung durch Boten. Soll der Bote im nachfolgenden Zustimmungsprozess als Zeuge gehört werden, muss er allerdings auch Kenntnis vom Inhalt des von ihm übermittelten Schriftstückes gehabt haben.

---

[2] KG Berlin v. 05.12.1985 - 8 RE-Miet 5205/85 - juris Rn. 18 - NJW-RR 1986, 439-441.
[3] *Weidenkaff* in: Palandt, § 558b Rn. 3.
[4] *Börstinghaus*, jurisPR-MietR 10/2007, Anm. 2; *Weidenkaff* in: Palandt, § 558b Rn. 3.
[5] *Börstinghaus*, jurisPR-MietR 10/2007, Anm. 2 unter Verweis auf: BGH v. 04.04.2007 - VIII ZR 223/06 - juris Rn. 14 - NJW 2007, 1742-1743, wonach im Falle des Kündigungsverzichtes für mehr als 1 Jahr der gesamte Vertrag schriftformbedürftig ist.
[6] LG Berlin v. 03.01.2007 - 63 T 130/06 - juris Rn. 2 - ZMR 2007, 196.
[7] So völlig zutreffend *Börstinghaus*, jurisPR-MietR 10/2007, Anm. 2.
[8] *Weidenkaff* in: Palandt, § 558b Rn. 17.
[9] BGH v. 04.05.2005 - VIII ZR 94/04 - juris Rn. 11 - NJW 2005, 2310-2313, also kein rückwirkender Verzug mit den Erhöhungsbeträgen.

III. Soweit nicht zugestimmt (Absatz 2)

7 Die Bestimmung stellt abweichend von § 150 Abs. 2 BGB klar, dass auch eine Teilzustimmung wirksam erteilt werden kann.[10] Soweit der Mieter die Zustimmung erteilt, wird eine Vertragsänderung hinsichtlich der Miethöhe herbeigeführt. Für den weitergehenden Mieterhöhungsbetrag gilt dies nicht, der Vermieter ist berechtigt und auch letztlich verpflichtet, diesen im Wege der Zustimmungsklage geltend zu machen. Die Wartefrist wird durch die bloße Teilzustimmung nicht ausgelöst, wenn der Vermieter innerhalb der Klagefrist die weitergehende Zustimmung geltend macht.[11] Aus der Klarstellung folgt im Umkehrschluss, dass bei erfolgter Teilzustimmung für eine auf den Gesamtbetrag der Mieterhöhung bezogene Klage kein Rechtsschutzbedürfnis vorliegt.

8 Erfolgte wirksame Teilzustimmungen sind deshalb bei der Formulierung des Klageantrages zwingend rechnerisch zu berücksichtigen, andernfalls erfolgt teilweise Klageabweisung.

IV. Innerhalb von zwei Monaten (Absatz 2)

9 Dem Mieter steht für die Abgabe der Zustimmungserklärung eine Überlegungsfrist von zwei Monaten seit Zugang des Mieterhöhungsverlangens zu. Die Frist beginnt mit dem Zugang der Mieterhöhungserklärung beim Mieter und endet am letzten Tag des zweiten Monates, der auf den Monat des Zuganges folgt. Der Mieter kann die Zustimmung innerhalb der Frist jederzeit erteilen. Die Zustimmung kann auch noch später erfolgen. Die §§ 148, 150 BGB gelten gerade nicht.[12]

10 Der Vermieter ist grundsätzlich nicht daran gehindert, die Zustimmungsklage bereits vor Ablauf der Zustimmungsfrist zu erheben. Es reicht aus, wenn die Klage bis zum Zeitpunkt der letzten mündlichen Verhandlung zulässig wird.[13] Stimmt der Mieter jedoch noch innerhalb der Überlegungsfrist dem Mieterhöhungsbegehren zu, ist die Klage für erledigt zu erklären. Die Kostenfolge liegt gemäß § 91a ZPO beim Vermieter, da der Mieter die Überlegungsfrist voll ausschöpfen darf und die Klage zum Zeitpunkt der Erhebung noch unzulässig war.

V. Klage auf Erteilung der Zustimmung (Absatz 2)

11 Die Klage ist Leistungsklage und auf die Abgabe der zustimmenden Willenserklärung durch den Mieter gerichtet, welche eine Vertragsänderung im Hinblick auf die Miethöhe herbeiführt. Eine Zahlungsklage ist zur Durchsetzung der Zustimmung nicht zulässig. Voraussetzung der Zulässigkeit der Zustimmungsklage ist ein formell wirksames Mieterhöhungsverlangen.[14] Die Klage ist gegen alle Mieter zu richten.[15] Wird der Klage stattgegeben, der Mieter also zur Zustimmung verurteilt, gilt die Fiktionswirkung des § 894 ZPO. Die Zustimmung gilt mit Rechtskraft des Urteiles als abgegeben. Die Verurteilung erstreckt sich jedoch nicht auf die sich aus der Zustimmung ergebende Zahlungsverpflichtung. Diesbezügliche Zahlungsrückstände sind gesondert im Wege der Zahlungsklage zu verfolgen. Eine Kombination bereits mit der Zustimmungsklage wäre zwar zulässig, die Klageerhebung bezüglich des Zahlungsanspruchs jedoch verfrüht, da die Voraussetzungen der Zahlungspflicht erst mit rechtskräftiger Verurteilung zur Zustimmung eintreten.[16] Bei ausbleibender Zahlung kann auch eine fristlose Kün-

---

[10] BayObLG München v. 10.03.1988 - RE-Miet 2/88 - NJW-RR 1988, 721-722; OLG Karlsruhe v. 15.12.1983 - 9 REMiet 2/83 - juris Rn. 14 - WuM 1984, 21-22.

[11] BayObLG München v. 30.06.1989 - RE-Miet 4/88 - juris Rn. 16 - NJW-RR 1989, 1172-1173; vgl. auch § 363 BGB.

[12] *Weidenkaff* in: Palandt, § 558b Rn. 5; a.A.: *Lammel*, Wohnraummietrecht, 3. Aufl. 2007, § 558b Rn. 10 unter Hinweis auf § 150 Abs. 2 BGB.

[13] KG Berlin v. 12.01.1981 - 8 W RE-Miet 4154/80 - juris Rn. 5 - JuS 1981, 458-459.

[14] Nur eine formell wirksame Mieterhöhungserklärung setzt überhaupt die Zustimmungsfrist in Lauf, deren Ablauf wiederum Zulässigkeitsvoraussetzung ist, BGH v. 19.07.2006 - VIII ZR 212/05 - juris Rn. 6 - NZMJ 2006, 652-653; BGH v. 12.05.2004 - VIII ZR 234/03 - juris Rn. 13 - NZM 2004, 581-582; BayObLG München v. 22.03.2000 - RE-Miet 2/99 - juris Rn. 11 - NJW-RR 2000, 964-966.

[15] Notwendige Streitgenossenschaft KG Berlin v. 05.12.1985 - 8 RE-Miet 5205/85 - juris Rn. 22 - ZMR 1986, 117-119; *Weidenkaff* in: Palandt, § 558b Rn. 7.

[16] *Weidenkaff* in: Palandt, § 558b Rn. 8; *Lammel*, Wohnraummietrecht, 3. Aufl. 2007, § 558b Rn. 26.

digigung wegen Zahlungsverzuges in Betracht kommen, § 569 Abs. 3 Nr. 3 BGB ist jedoch zu beachten.

VI. Innerhalb von drei weiteren Monaten (Absatz 2)

Die Klagefrist beginnt mit dem Ende der Überlegungsfrist des Mieters. Sie ist von diesem Tage an zu berechnen. Es gelten die §§ 187, 188 Abs. 2, Abs. 3, 193 BGB.

Die Klagefrist stellt lediglich eine späteste Frist dar, nach Ablauf der Überlegungsfrist des Mieters kann der Vermieter jederzeit die Zustimmungsklage einreichen. Stimmt der Mieter in diesem Fall noch im Verlaufe des Verfahrens der Mieterhöhung zu, ist die Klage ggf. für erledigt zu erklären, die Kostenfolge nach § 91a ZPO trifft insoweit den Mieter. Erfolgt die Zustimmung noch vor Zustellung der Klage, jedoch nach Ablauf der Überlegungsfrist, ist an ein Vorgehen nach § 269 Abs. 3 Satz 3 ZPO n.F. zu denken, welches ebenfalls zur Kostentragung durch den Mieter führt. Die Klagefrist ist eine Ausschlussfrist und stellt eine besondere Prozessvoraussetzung dar.[17] Eine erst nach Fristablauf erhobene Klage ist deshalb unzulässig. Zur Fristwahrung durch Zustellung nach § 167 ZPO n.F. (§ 270 ZPO a.F.) vgl. Rn. 16.

Hat der Vermieter die Klagefrist versäumt und liegt überhaupt keine Zustimmung des Mieters vor, wird mangels eingetretener Mietänderung auch die Wartefrist nicht ausgelöst. Der Vermieter kann deshalb sofort eine neue Mieterhöhungserklärung abgeben, das Mieterhöhungsverfahren beginnt dann mit neuen Überlegungs- und Klagefristen gleichsam von vorn. Hat der Mieter jedoch eine wirksame Teilzustimmung erklärt, ist hiermit die Wartefrist in Lauf gesetzt. Der Vermieter kann dann erst nach Ablauf der Wartefrist den weiter gehenden Mieterhöhungsbetrag mit einem neuen Mieterhöhungsverlangen geltend machen.

1. Gesetzgebungsgeschichte

Die Klagefrist wurde mit dem Mietrechtsreformgesetz auf nunmehr drei Monate verlängert. Hiermit sollte den Mietvertragsparteien die geräumigere zeitliche Möglichkeit gewährt werden, im Verhandlungswege übereinstimmend eine Mieterhöhung zu vereinbaren. Die bisherige Klagefrist von nur zwei Monaten wurde hierfür als zu kurz erachtet. Es sollte vermieden werden, dass Einigungen der Vertragsparteien allein aus Zeitnot scheitern, weil der Vermieter zu frühzeitig zur Klageerhebung gezwungen ist.[18]

2. Praktische Hinweise

Zur Fristwahrung genügt die Einreichung der Klage beim zuständigen Amtsgericht am letzten Tag der Frist, sofern die Zustellung der Klage „demnächst" i.S.d. § 167 ZPO (§ 270 ZPO a.F.) erfolgt. Der Vermieter muss hierfür aber alles veranlassen, damit die Klage unverzüglich zugestellt werden kann. Hierzu gehört insbesondere die rechtzeitige Einzahlung des vom Gericht angeforderten Gerichtskostenvorschusses. Die Einzahlungshandlung muss spätestens zwei Wochen nach Eingang der Vorschussanforderung des Gerichtes erledigt werden.[19] Der Vermieter ist berechtigt, die Aufforderung des Gerichtes zur Einzahlung des Gerichtskostenvorschusses abzuwarten. Hat er jedoch drei Wochen nach Einreichung der Klageschrift eine solche Aufforderung noch nicht erhalten, ist er zur Wahrung der Voraussetzungen des § 167 ZPO verpflichtet, entsprechende Nachfrage beim Gericht zu halten.[20]

VII. Vorausgegangenes Erhöhungsverlangen (Absatz 3)

Der Klage muss ein unwirksames Mieterhöhungsverlangen zu Grunde liegen, damit die Nachholungs- bzw. Heilungsmöglichkeit überhaupt eröffnet wird. § 558b Abs. 3 BGB gilt für alle unwirksamen

---

[17] *Reichold* in: Thomas/Putzo, ZPO, Vorbem. § 253 Rn. 33; *Greger* in: Zöller, ZPO, § 253 Rn. 21.
[18] BT-Drs. 14/4553, S. 56.
[19] BGH, NJW 1993, 1348; BGH, NJW 1985, 36; BGH v. 18.05.1995 - VII ZR 191/94 - LM ZPO § 690 Nr. 9 (11/1995); BGH v. 11.10.1984 - VII ZR 355/83 - juris Rn. 10 - WM 1985, 36-37.
[20] BGH v. 15.01.1992 - IV ZR 13/91 - juris Rn. 15 - LM VVG § 12 Nr. 42 (9/1992)

streitgegenständlichen Mieterhöhungsverlangens, nicht aber bei vollständigem Fehlen einer Mieterhöhungserklärung.[21] Dies wird nunmehr mit dem Wortlaut der Norm klar gestellt.[22] Die Nachholung ist nicht möglich, wenn die Klagefrist für die Zustimmungsklage bzgl. des ursprünglichen Mieterhöhungsverlangens versäumt wurde.[23]

VIII. Den Anforderungen des § 558a BGB nicht entsprechend (Absatz 3)

18 Die streitgegenständliche Mieterhöhungserklärung muss nach § 558a BGB formal unwirksam sein.[24] Hierzu zählt aber auch die Nichteinhaltung der Sperrfrist.[25] In diesem Fall muss das gesamte Mieterhöhungsverlangen nachgeholt werden.[26]

IX. Nachholung im Rechtsstreit (Absatz 3)

19 Schon nach dem bisherigen Recht wurde die Nachholung eines (neuen) Mieterhöhungsverlangens im Rechtsstreit für zulässig erachtet. Strittig war lediglich, ob hierfür erneut die Wartefrist abzuwarten sei.[27] Die Nachholungsmöglichkeit wird nunmehr mit der Gesetzesänderung klargestellt.[28] Ebenso klar gestellt ist die dann erneut erforderliche Einhaltung der Überlegungsfrist für den Mieter.[29]

X. Mängelbehebung im Rechtsstreit (Absatz 3)

20 Die Neuregelung gewährt dem Vermieter nunmehr auch die Möglichkeit, formale Fehler der Mieterhöhungserklärung zu korrigieren, zum Beispiel eine vergessene Unterschrift nachzuholen oder unrichtige Angaben, insbesondere Schreibfehler oder Zahlendreher, zu verbessern. Die Heilung tritt ex nunc ein.[30]

21 Die Nachholung der gesamten Mieterhöhungserklärung, nicht bloß Fehlerbehebung, ist geboten, wenn es nicht nur um die Korrektur eines Schreibfehlers geht, sondern wenn zum Beispiel die gesamte Begründung der Mieterhöhung fehlte.

22 Die Nachholung oder Korrektur eines unwirksamen Mieterhöhungsverlangens stellt eine Klageänderung nach § 263 ZPO dar, wenn die Zustimmungsklage nun hierauf gestützt wird. Die Klageänderung ist bis zum Schluss der letzten mündlichen Verhandlung zulässig. Im Hinblick auf die mit dem Zivilprozessreformgesetz[31] eingetretenen Änderungen erscheint dies jedoch problematisch. Die Klageänderung in der Berufungsinstanz ist danach nur im Rahmen von § 533 ZPO zulässig. Sie setzt eine zulässige Berufung und damit einen anderweitigen Angriff gegen das erstinstanzliche Urteil[32] voraus. Die Berufung kann somit nicht allein auf das erst in der Berufung nachgeholte Mieterhöhungsverlangen gestützt werden.[33] Zur Zulässigkeit der Klageänderung in der zweiten Instanz gehört nunmehr jedoch neben der Sachdienlichkeit auch die Berücksichtigungsfähigkeit der ihr zu Grunde liegenden Tatsachen im Sinne der §§ 529, 531 Abs. 2 ZPO.

---

[21] *Weidenkaff* in: Palandt, § 558b Rn. 19.
[22] Vgl. § 2 Abs. 3 Satz 2 MietHöReglG; BT-Drs. 14/4553, S. 56.
[23] LG Duisburg v. 21.06.2005 - 13 S 119/05 - juris Rn. 6 - WuM 2005, 457-458.
[24] Beispiele vgl. Gesetzesbegründung BT-Drs. 14/4553, S. 56.
[25] *Weidenkaff* in: Palandt, § 558b Rn. 19.
[26] BT-Drs. 14/4553, S. 56.
[27] *Sternel*, Mietrecht aktuell, 3. Aufl. 1996, Rn. 573, das nachgeschobene Mieterhöhungsverlangen bilde einen eigenständigen Streitgegenstand; a.A. jedoch zutreffend BayObLG München v. 30.06.1989 - RE-Miet 4/88 - NJW-RR 1989, 1172-1173; es liegt nur ein einziges prozessuales Mieterhöhungsverlangen vor, welches erst mit Rechtskraft des Urteiles abgeschlossen ist.
[28] BT-Drs. 14/4553, S. 56.
[29] BT-Drs. 14/4553, S. 56.
[30] LG Köln v. 08.12.2004 - 10 S 213/04 - InfoM 2005, 12.
[31] ZPO-RG vom 27.07.2001, BGBl I, 1887, geänd. 3138.
[32] *Reichold* in: Thomas/Putzo, ZPO, § 533 Rn. 2.
[33] So auch schon bisher § 519 Abs. 2 Nr. 2 ZPO.

Die dem Prozessbevollmächtigten des beklagten Mieters zur Verteidigung gegen die ursprüngliche Mieterhöhung erteilte Vollmacht berechtigt diesen auch zur Entgegennahme des zweiten Mieterhöhungsverlangens im Prozess.[34] 23

Stimmt der Mieter aufgrund eines erst durch Nachholung oder Heilung erstmalig wirksamen Mieterhöhungsverlangens nunmehr der Mieterhöhung zu, hat der Vermieter die Kosten des Rechtsstreites zu tragen (§ 91a ZPO). In der Berufungsinstanz ist § 97 Abs. 2 ZPO zu beachten. 24

XI. Abdingbarkeit (Absatz 4)

Zum Nachteil des Mieters von den vorgenannten Voraussetzungen abweichende Vereinbarungen sind unwirksam. 25

C. Prozessuale Hinweise/Verfahrenshinweise

Der Vermieter ist für die Voraussetzungen der Mieterhöhung darlegungs- und beweisbelastet. Dies gilt nicht nur für das Vorliegen eines formal wirksamen Zustimmungsverlangens, sondern auch für die an den Zugang geknüpften prozessualen Voraussetzungen. Zur Begründetheit des Zustimmungsanspruches muss der Vermieter zudem die Einhaltung der ortsüblichen Vergleichsmiete darlegen und beweisen. Sie wird durch das Gericht nach § 287 Abs. 2 ZPO ermittelt.[35] Hierfür ist der Rückgriff auf die Begründungsmittel nach § 558b Abs. 2BGB mit Ausnahme des qualifizierten Mietspiegels gemäß § 558b BGB grundsätzlich nicht ausreichend.[36] Ein einfacher Mietspiegel gem. § 558c BGB stellt jedoch im Mieterhöhungsprozess ein Indiz dafür da, dass die dort angegebenen Entgelte die ortsübliche Vergleichsmiete zutreffend wiedergeben. Ob diese Indizwirkung im Einzelfall zum Nachweis der Ortsüblichkeit der verlangten Miete ausreicht, hängt davon ab, welche Einwendungen der Mieter gegen den Erkenntniswert der Angaben des Mietspiegels erhebt.[37] Verbleiben danach Zweifel an der Verlässlichkeit des Mietspiegels, ist die Indizwirkung erschüttert.[38] Der Vermieter wird deshalb auch zur Wahrung der ortsüblichen Vergleichsmiete Beweis antreten müssen. Einzig geeignetes Beweismittel hierfür ist die Einholung des Sachverständigengutachtens. Gemäß § 144 ZPO kann das Gericht diese Beweiserhebung auch von Amts wegen anordnen. 26

Die Würdigung des vom Sachverständigen erstellten Gutachtens im Rahmen § 411 Abs. 4 ZPO kann nach folgenden Kriterien erfolgen: 27

Stellungnahme zum Gutachten unter Berücksichtigung folgender Fragen: 28
- Welche Vergleichswohnungen wurden herangezogen?
- Sind die Adressen angegeben?[39]
- Ist die Lage der Vergleichswohnungen wirklich vergleichbar?
- Liegen die Vergleichswohnungen in derselben Größen-Kategorie?
- Wurden evtl. besonders viele kleinere oder größere Wohnungen herangezogen?

---

[34] BGH v. 18.12.2002 - VIII ZR 72/02 - juris Rn. 13 - NJW 2003, 963-965; BGH v. 18.12.2002 - VIII ZR 141/02 - juris Rn. 15 - WuM 2003, 149-151.

[35] *Weidenkaff* in: Palandt, § 558b Rn. 12.

[36] A.A.: AG Dortmund v. 10.12.2002 - 125 C 12016/02 - juris Rn. 16 - WuM 2003, 35-36; LG Duisburg v. 24.01.2005 - 13 T 9/05 - WuM 2005, 460: Verwendung des einfachen Mietspiegels als Erkenntnismittel im Rahmen der freien richterlichen Beweiswürdigung zulässig, Verwertbarkeit im Einzelfall abhängig von Qualität; für eine grundsätzliche Heranziehung ordnungsgemäß aufgestellter Mietspiegel auch AG Dortmund v. 15.02.2005 - 125 C 12626/04 - juris Rn. 24 - NZM 2005, 258-260 (jedoch bei Dortmunder qualifiziertem Mietspiegel).

[37] BGH v. 16.06.2010 - VIII ZR 99/09 - juris Rn. 13 - WuM 2010, 505-506: Etwa bei substantiiertem Vortrag des Mieters, den Verfassern des Mietspiegel habe es an der erforderlichen Sachkunde gefehlt oder sie hätten sich von sachfremden Erwägungen leiten lassen oder der Mietspiegel beruhe auf unrichtigem Datenmaterial.

[38] BGH v. 16.06.2010 - VIII ZR 99/09 - juris Rn. 13 - WuM 2010, 505-506.

[39] BVerfG v. 11.10.1994 - 1 BvR 1398/93 - NJW 1995, 40-41; BGH v. 15.04.1994 - V ZR 286/92 - juris Rn. 9 - LM ZPO § 412 Nr. 9 (10/1994).

- Worauf beruhen die Feststellungen des Sachverständigen zur Ausstattung der Wohnung (tatsächliche Feststellung durch den Sachverständigen oder Mitteilungen der Parteien)?
- Berücksichtigung aller vorhandenen Ausstattungsmerkmale erfolgt?
- Berücksichtigung aller nicht behebbarer Mängel erfolgt?Beachte auch: Das Gutachten muss sich mit den Werten eines einschlägigen Mietspiegels auseinandersetzen und Abweichungen begründen.[40]

29 Anregungen zur weiteren gerichtlichen Verfahrensweise: Anregung durch die Partei, den Sachverständigen zur Erläuterung seines Gutachtens zu laden (§ 411 Abs. 3 ZPO), unter Vorbereitung eines Fragenkataloges. Soweit die Partei zu erkennen gibt, dass sie beabsichtigt, Fragen an den Sachverständigen zu stellen, verdichtet sich das Ermessen des Gerichtes zu einem Anspruch auf Ladung des Sachverständigen.[41]

30 Der Streitwert der Zustimmungsklage bestimmt sich nach § 41 Abs. 5 GKG. Er beläuft sich somit auf den Jahreswert des streitigen Mieterhöhungsbetrages.

31 Hiervon zu unterscheiden ist jedoch der Wert der Beschwer für die Berufung (§ 511 Abs. 2 ZPO). Dieser ist nach § 9 ZPO zu bemessen und folglich mit dem dreieinhalbfachen Jahresbetrag der abgewiesenen oder zugesprochenen Mieterhöhung zu ermitteln.[42]

D. Anwendungsfelder

I. Anwendungsbereich

32 Die §§ 558-558e BGB finden auf alle Mietverhältnisse des freifinanzierten Wohnraumes mit Ausnahme von § 549 Abs. 2 und 3 BGB Anwendung.

II. Übergangsrecht

33 Es gilt Art. 229 § 3 Abs. 1 Nr. 2 EGBGB.

E. Arbeitshilfen – Checkliste Mieterhöhungsklage

34

(1) **Zulässigkeit der Klage**
    (a) Einhaltung Zustimmungsfrist,
    (b) formal wirksames Mieterhöhungsverlangen (§ 558a BGB),
    (c) Einhaltung Klagefrist.

(2) **Parteien des Rechtsstreites**
    (a) Kläger: alle Vermieter,
    (b) Beklagter: alle Mieter, notwendige Streitgenossenschaft; auch wenn ein Mieter schon zugestimmt hat.

(3) **Klageantrag**
    (a) Wohnungsbezeichnung,
    (b) bisherige Miete,
    (c) Betrag der Erhöhung,
    (d) neue Miete,
    (e) Datum Fälligkeit.

---

[40] Kinne in: Kinne/Schach/Bieber, Miet- und Mietprozessrecht, 6. Aufl. 2010, Teil II Rn. 113.
[41] BVerfG v. 03.02.1998 - 1 BvR 909/94 - juris Rn. 10 - NJW 1998, 2273-2274; BGH v. 17.12.1996 - VI ZR 50/96 - juris Rn. 6 - LM ZPO § 397 Nr. 12 (3/1997); BGH v. 07.10.1997 - VI ZR 252/96 - juris Rn. 10 - LM ZPO § 397 Nr. 13 (3/1998).
[42] BVerfG v. 30.01.1996 - 1 BvR 2388/95 - juris Rn. 9 - NJW 1996, 1531; *Weidenkaff* in: Palandt, § 558b Rn. 14 m.w.N.; *Kinne* in: Kinne/Schach/Bieber, Miet- und Mietprozessrecht, 6. Aufl. 2010, Teil II Rn. 120 m.w.N.

(4) **Klagebegründung**
- (a) Mietvertragsabschluss, Bestehen des Mietverhältnisses:
  - (aa) Vermieterwechsel: erfolgter Eintritt in das Mietverhältnis, lückenlose Erwerbskette,
  - (bb) Mieterwechsel: bei gesetzlicher Mietnachfolge zu entsprechenden tatbestandlichen Voraussetzungen (zum Beispiel bei Eintritt des Ehegatten oder Lebenspartners oder Lebensgefährten nach § 563 Abs. 1, Abs. 2 BGB auch zum Bestehen einer Lebensgemeinschaft); Vortrag zu Ausscheiden/Nachfolge bei entsprechender Nachtragsvereinbarung also beispielsweise auch zu Inhalt, Form und Datum einer solchen Vereinbarung,
- (b) Mieterhöhungsverlangen und Inhalt,
- (c) Zustellung und Datum Zustellung,
- (d) zuletzt vereinbarte Mietzinshöhe,
- (e) Einhaltung Wartefrist:
  - (aa) Miete ein Jahr vor Zugang Mieterhöhung,
  - (bb) Unbeachtliche Mieterhöhungen.
- (f) Einhaltung Kappungsgrenze:
  - (aa) Mietzins drei Jahre vor Wirksamwerden der Mieterhöhung,
  - (bb) Unbeachtliche Mieterhöhungen.
- (g) Einhaltung der ortsüblichen Vergleichsmiete:
  - (aa) Angabe des Vermieters, dass bestimmte Ausstattungsmerkmale von ihm selbst oder den Vorgängern (auch Vormieter, wenn von Vermieter dann übernommen) geschaffen wurden, insbesondere, wenn hierüber schon in der Vorkorrespondenz gestritten wurde,
  - (bb) Berufen auf einfachen Mietspiegel und/oder Sachverständigengutachten. Zum Vortrag, die begehrte Miete sei ortsüblich, gehört auch: Angabe der Tatsachen, mit denen z.B. Kriterien eines Mietspiegels ausgefüllt werden sollen.[43]
  Berufen auf qualifizierten Mietspiegel.
  - (cc) Vortrag, um zur Ermittlung der ortsüblichen Vergleichsmiete durch Sachverständigengutachten (anstelle eines einfachen Mietspiegels) zu gelangen:
  Abweichen der zu beurteilenden Wohnung von Kriterien des Mietspiegels ist darzulegen (Ausreißerwohnung)
  oder: Mietspiegel ist zur Ermittlung des allgemeinen Mietniveaus nicht geeignet
  oder: Mietspiegel weist für die streitgegenständliche Wohnung nur ein Leerfeld oder ein Feld mit geringer Anzahl von Erhebungsdaten auf
  oder: Mietspiegel ist gerade kein qualifizierter Mietspiegel,
- (h) erfolgte Teilzustimmungen,
- (i) fehlende Zustimmung (und fehlende Zahlung).

---

[43] Also nicht nur: gut belichtet und besonnt, repräsentativer Eingangsbereich, sondern tatsächliches Ausfüllen der Begriffe erforderlich, also zum Beispiel Angabe, in welchem Geschoss sich die Wohnung befindet, Himmelsrichtung der Zimmer, Anzahl und Größe von Fenstern, Ausstattung im Eingangsbereich, Marmor, Spiegel, Teppich etc.

§ 558c BGB Mietspiegel

(Fassung vom 02.01.2002, gültig ab 01.01.2002)

(1) Ein Mietspiegel ist eine Übersicht über die ortsübliche Vergleichsmiete, soweit die Übersicht von der Gemeinde oder von Interessenvertretern der Vermieter und der Mieter gemeinsam erstellt oder anerkannt worden ist.

(2) Mietspiegel können für das Gebiet einer Gemeinde oder mehrerer Gemeinden oder für Teile von Gemeinden erstellt werden.

(3) Mietspiegel sollen im Abstand von zwei Jahren der Marktentwicklung angepasst werden.

(4) ¹Gemeinden sollen Mietspiegel erstellen, wenn hierfür ein Bedürfnis besteht und dies mit einem vertretbaren Aufwand möglich ist. ²Die Mietspiegel und ihre Änderungen sollen veröffentlicht werden.

(5) Die Bundesregierung wird ermächtigt, durch Rechtsverordnung mit Zustimmung des Bundesrates Vorschriften über den näheren Inhalt und das Verfahren zur Aufstellung und Anpassung von Mietspiegeln zu erlassen.

Gliederung

A. Grundlagen 1	V. Gebiet mehrerer Gemeinden (Absatz 2) 9
I. Kurzcharakteristik 1	VI. Teile von Gemeinden (Absatz 2) 10
II. Gesetzgebungsmaterialien 2	VII. Fortschreibung des Mietspiegels (Absatz 3) ... 11
B. Praktische Bedeutung 3	VIII. Erstellung des Mietspiegels (Absatz 4) 12
C. Anwendungsvoraussetzungen 5	IX. Veröffentlichung (Absatz 4) 13
I. Übersicht über die ortsübliche Vergleichsmiete .. 5	X. Ermächtigung (Absatz 5) 14
II. Von der Gemeinde anerkannt 6	**D. Rechtsfolgen** 15
III. Von beiden Interessenvertretern anerkannt 7	**E. Prozessuale Hinweise/Verfahrenshinweise** ... 16
IV. Gebiet einer Gemeinde (Absatz 2) 8	**F. Anwendungsfelder** 17

A. Grundlagen

I. Kurzcharakteristik

1 Die Bestimmung definiert in Absatz 1 den Begriff des Mietspiegels sowie den zur Aufstellung berechtigten Personenkreis und gilt damit auch für den um weitere Voraussetzungen ergänzten § 558d BGB. Absatz 2 beschreibt den möglichen örtlichen Geltungsbereich eines Mietspiegels. Die Fortschreibung des Mietspiegels wird in Absatz 3 geregelt. Absatz 4 betrifft das Gebot zur Erstellung von Mietspiegeln.

II. Gesetzgebungsmaterialien

2 § 558c BGB wurde mit dem Mietrechtsreformgesetz zum 01.09.2001 eingeführt. Der Begriff des Mietspiegels übernimmt mit einigen Ergänzungen § 2 Abs. 2 Satz 2 MietHöReglG und ist nunmehr in einer gesonderten Bestimmung geregelt. Zudem kann zukünftig mit § 558d BGB eine besonders qualifizierte Form des Mietspiegels für das Mieterhöhungsverfahren Bedeutung erlangen (Verwendung im Prozess, vgl. Rn. 16).

B. Praktische Bedeutung

3 Mietspiegel sind für das Mieterhöhungsverlangen nach den §§ 558-558e BGB als gesetzlich vorgesehenes Begründungsmittel nach § 558a Abs. 2 Nr. 1 BGB von großer Bedeutung.

4 Aufgrund des zumeist umfangreichen zugrunde liegenden Datenmaterials ermöglichen sie in der Regel eine verlässliche Abbildung der ortsüblichen Vergleichsmiete. Obwohl Mietspiegel nicht zu den förm-

lichen Beweismitteln der ZPO gehören, können Sie darüber hinaus nach bisheriger Rechtsprechung auch Grundlage der gerichtlichen Entscheidung im Zustimmungsverfahren bezüglich der Frage der Einhaltung der ortsüblichen Vergleichsmiete sein.

C. Anwendungsvoraussetzungen

I. Übersicht über die ortsübliche Vergleichsmiete

Der Mietspiegel ist eine Übersicht über die in § 558 Abs. 2 BGB in ihrer Zusammensetzung näher bestimmte ortsübliche Vergleichsmiete. Diese Bestimmung ist deshalb in die Betrachtung des § 558c BGB mit einzubeziehen. Während § 558 Abs. 2 BGB die Bildung der ortsüblichen Vergleichsmiete regelt, wird diese mit dem Mietspiegel durch Datenerhebung zu einem bestimmten Zeitpunkt festgelegt. Bei der Erstellung des Mietspiegels müssen die Voraussetzungen des § 558 Abs. 2 BGB erfüllt sein, es darf also nur solches Datenmaterial Berücksichtigung finden.

II. Von der Gemeinde anerkannt

Die Gemeinde ist allein zur Aufstellung eines Mietspiegels befugt. Die Mitwirkung der Interessenvertreter von Mietern und Vermietern oder die Anerkennung des Mietspiegels durch diese Interessenvertreter ist nicht Wirksamkeitsvoraussetzung.

III. Von beiden Interessenvertretern anerkannt

Die Interessenvertreter[1] können auch gegen den Willen der Gemeinde bzw. unabhängig von dieser einen Mietspiegel erstellen. Sie müssen hierin jedoch zwingend übereinstimmen. Ausreichend dafür ist, dass nur eine Interessenvertreterseite den Mietspiegel aufstellt und dieser von der anderen Seite anerkannt wird. Alle Interessenvertreter müssen jedoch Gelegenheit zur Mitwirkung haben.[2] Auch bei der Erstellung des Mietspiegels durch die Interessenvertreter sind die Vorgaben des § 558 Abs. 2 BGB einzuhalten. Es muss eine Datenerhebung erfolgen.[3]

IV. Gebiet einer Gemeinde (Absatz 2)

Der Mietspiegel kann wie bisher für das Gebiet einer Gemeinde erstellt werden. Mit dem Begriff ist die Gemeinde im verwaltungsrechtlichen Sinn gemeint.

V. Gebiet mehrerer Gemeinden (Absatz 2)

Der Mietspiegel kann sich auch auf das Gebiet mehrerer Gemeinden erstrecken. Dem liegt die Überlegung zugrunde, dass das Gemeindegebiet nicht notwendigerweise mit dem Gebiet eines als einheitlich anzusehenden Wohnungsmarktes übereinstimmen muss. Im Hinblick auf § 558 Abs. 2 BGB muss es sich dabei um eine vergleichbare Gemeinde handeln.[4] Ein für mehrere Gemeinden erstellter Mietspiegel soll deshalb auch Angaben zur Übertragbarkeit der Daten enthalten.[5]

VI. Teile von Gemeinden (Absatz 2)

In Ergänzung zu § 2 Abs. 2 Satz 2 MietHöReglG können Mietspiegel nunmehr auch nur für Teile von Gemeinden erstellt werden. Damit soll einerseits für Gemeindeteile, die stark im Einzugsbereich einer größeren Gemeinde liegen und mit dieser einen einheitlichen Wohnungsmarkt bilden, die Einbezie-

---

[1] Zum Begriff vgl. *Lammel*, Wohnraummietrecht, 3. Aufl. 2007, § 558c Rn. 9.
[2] OLG Hamm v. 11.10.1990 - 30 REMiet 4/90 - juris Rn. 13 - NJW-RR 1991, 209-210.
[3] *Lammel*, Wohnraummietrecht, 3. Aufl. 2007, § 558c Rn. 10.
[4] *Schach* in: Kinne/Schach/Bieber, Miet- und Mietprozessrecht, 6. Aufl. 2010, § 558c Rn. 3; so auch die frühere Formulierung in § 2 Abs. 2 Satz 2 MietHöReglG; vgl. auch *Lammel*, Wohnraummietrecht, 3. Aufl. 2007, § 558c Rn. 17, der einen Widerspruch zu § 558 Abs. 2 Satz 1 BGB sieht, aber dennoch von einem anwendbaren Begründungsmittel ausgeht.
[5] *Schach* in: Kinne/Schach/Bieber, Miet- und Mietprozessrecht, 6. Aufl. 2010, § 558c Rn. 3.

VII. Fortschreibung des Mietspiegels (Absatz 3)

11 Wie bereits in § 2 Abs. 5 Satz 3 MietHöReglG vorgesehen, besteht keine Verpflichtung zur Fortschreibung des einmal erstellten Mietspiegels, anders § 558d Abs. 2 BGB. Soll eine Fortschreibung erfolgen, besteht freie Wahl hinsichtlich der Fortschreibungskriterien.

VIII. Erstellung des Mietspiegels (Absatz 4)

12 Bei der Erstellung von Mietspiegeln handelt es sich um Aufgaben der öffentlichen Daseinsvorsorge.[7] § 558c Abs. 4 BGB begründet dennoch keinen hierauf gerichteten Anspruch von Privaten. Es handelt sich weiterhin lediglich um eine Sollvorschrift. Von der Einführung einer Mietspiegelpflicht wurde mit Rücksicht auf die Gemeinden aus Kostengründen abgesehen.[8]

IX. Veröffentlichung (Absatz 4)

13 Diese Sollvorschrift dient lediglich der Sicherstellung der Bekanntgabe des Begründungsmittels Mietspiegel. Die Veröffentlichung ist nicht Wirksamkeitsvoraussetzung eines Mietspiegels.[9] Mietspiegel sind keine Rechtsnormen.[10] Sie bedürfen deshalb auch keines rechtsförmlichen Veröffentlichungsverfahrens, weshalb auch die sprachliche Klarstellung gegenüber § 2 Abs. 5 Satz 5 MietHöReglG erfolgte.[11]

X. Ermächtigung (Absatz 5)

14 Die Ermächtigung ist inhaltsgleich mit § 2 Abs. 5 Satz 4 MietHöReglG. Sie wurde als weiterhin ausreichend erachtet.[12] Von der Ermächtigung wurde bisher ohnehin nicht Gebrauch gemacht.[13]

D. Rechtsfolgen

15 Ein wirksam erstellter Mietspiegel kann als Begründungsmittel für die Mieterhöhungserklärung nach § 558a Abs. 2 Nr. 1 BGB herangezogen werden (vgl. die Kommentierung zu § 558a BGB Rn. 10). Erforderlich aber auch ausreichend ist die Einhaltung der nach außen hin erkennbaren, formalen Anforderungen.[14]

E. Prozessuale Hinweise/Verfahrenshinweise

16 Zur Anwendung des Mietspiegels im Zustimmungsverfahren vgl. die Kommentierung zu § 558b BGB Rn. 26.

F. Anwendungsfelder

17 **Übergangsrecht**: Es gilt Art. 229 § 3 Abs. 1 Nr. 2 EGBGB.

---

[6] BT-Drs. 14/4553, S. 56.
[7] BVerwG v. 26.01.1996 - 8 C 19/94 - juris Rn. 12 - NJW 1996, 2046-2049.
[8] BT-Drs. 14/4553, S. 57.
[9] *Weidenkaff* in: Palandt, § 558c Rn. 6.
[10] BVerwG v. 26.01.1996 - 8 C 19/94 - NJW 1996, 2046-2049; VG München, ZMR 1994, 81.
[11] BT-Drs. 14/4553, S. 57.
[12] BT-Drs. 14/4553, S. 57.
[13] Vgl. die vom zuständigen Bundesministerium herausgegebenen Erstellungshinweise für Mietspiegel.
[14] *Lammel*, Wohnraummietrecht, 3. Aufl. 2007, § 558a Rn. 26.

§ 558d BGB Qualifizierter Mietspiegel

(Fassung vom 02.01.2002, gültig ab 01.01.2002)

(1) Ein qualifizierter Mietspiegel ist ein Mietspiegel, der nach anerkannten wissenschaftlichen Grundsätzen erstellt und von der Gemeinde oder von Interessenvertretern der Vermieter und der Mieter anerkannt worden ist.

(2) ¹Der qualifizierte Mietspiegel ist im Abstand von zwei Jahren der Marktentwicklung anzupassen. ²Dabei kann eine Stichprobe oder die Entwicklung des vom Statistischen Bundesamt ermittelten Preisindexes für die Lebenshaltung aller privaten Haushalte in Deutschland zugrunde gelegt werden. ³Nach vier Jahren ist der qualifizierte Mietspiegel neu zu erstellen.

(3) Ist die Vorschrift des Absatzes 2 eingehalten, so wird vermutet, dass die im qualifizierten Mietspiegel bezeichneten Entgelte die ortsübliche Vergleichsmiete wiedergeben.

Gliederung

A. Grundlagen	1	IV. Stichprobe (Absatz 2)	8
I. Kurzcharakteristik	1	V. Preisindex (Absatz 2)	9
II. Gesetzgebungsmaterialien	2	VI. Neuerstellung nach vier Jahren (Absatz 2)	10
B. Praktische Bedeutung	3	VII. Einhaltung der Vorschrift des Absatzes 2 (Absatz 3)	11
C. Anwendungsvoraussetzungen	4	VIII. Vermutungswirkung (Absatz 3)	12
I. Nach anerkannten wissenschaftlichen Grundsätzen erstellt (Absatz 1)	4	D. Rechtsfolgen	13
II. Von der Gemeinde oder den Interessenvertretern der Vermieter und Mieter anerkannt (Absatz 1)	6	E. Prozessuale Hinweise/Verfahrenshinweise	17
		F. Anwendungsfelder	19
		I. Anwendungsbereich	19
III. Im Abstand von zwei Jahren anzupassen (Absatz 2)	7	II. Übergangsrecht	20

A. Grundlagen

I. Kurzcharakteristik

Die Norm beschreibt die Voraussetzungen und die rechtliche Bedeutung des qualifizierten Mietspiegels. Absatz 1 erläutert die Voraussetzungen. Absatz 2 schreibt zwingend die Anpassung des Mietspiegels an die Marktentwicklung nach zwei Jahren und die Neuerstellung nach vier Jahren vor. Absatz 3 enthält die Vermutungsanordnung für die Richtigkeit der im Mietspiegel enthaltenen Angaben bezüglich der Wiedergabe der ortsüblichen Vergleichsmiete. **1**

II. Gesetzgebungsmaterialien

Die Norm wurde mit dem Mietrechtsreformgesetz neu in die Bestimmungen über das Mieterhöhungsverfahren hinsichtlich der ortsüblichen Vergleichsmiete aufgenommen. Aufgrund der besonderen Voraussetzungen bei der Erstellung des Mietspiegels und der späteren Datenpflege sowie dem Erfordernis des Anerkenntnisses durch die Gemeinde oder beide Interessenvertreter biete nach Auffassung des Gesetzgebers der qualifizierte Mietspiegel eine erhöhte Gewähr für Richtigkeit und Aktualität der Angaben und breite Akzeptanz.[1] Deshalb werden an den qualifizierten Mietspiegel weiter gehende Rechtsfolgen in Absatz 3 der Vorschrift geknüpft.[2] **2**

---

[1] BT-Drs. 14/4553, S. 57.
[2] BT-Drs. 14/4553, S. 57; zu den weiteren Hintergründen vgl. *Lammel*, Wohnraummietrecht, 3. Aufl. 2007, § 558d Rn. 3.

B. Praktische Bedeutung

3   Mietspiegel finden ganz überwiegend zur Begründung des Mieterhöhungsverlangens Anwendung. Ob dies auch für den qualifizierten Mietspiegel in breitem Raum gelten wird, ist noch nicht absehbar.[3] Hiergegen sprechen die kostenintensive Erstellung und vielfältige Probleme in der prozessualen Handhabung.

C. Anwendungsvoraussetzungen

I. Nach anerkannten wissenschaftlichen Grundsätzen erstellt (Absatz 1)

4   Voraussetzung ist zunächst, dass ein Mietspiegel zumindest im Sinne aller Anforderungen gemäß § 558c BGB vorliegt. In Abweichung und Ergänzung zum einfachen Mietspiegel muss die Erstellung hier jedoch nach anerkannten wissenschaftlichen Grundsätzen erfolgen.[4] Die Gesetzesbegründung hat hierfür bewusst keine Festlegungen getroffen, da es mehrere anerkannte wissenschaftliche Methoden geben könne.[5] Niedergelegt ist lediglich eine Mindestanordnung dahingehend, dass die Ziehung einer repräsentativen Zufallsstichprobe – möglichst durch Primärerhebung – aus der Grundgesamtheit erfolgen soll.[6] Ferner werden die bisher bei der Erstellung von Mietspiegeln angewandten Tabellen- und Regressionsmethoden beispielhaft erwähnt, weshalb beide den gesetzlichen Voraussetzungen genügen dürften.[7] Die Tabellenmethode greift die in § 558 Abs. 2 BGB erwähnten Kriterien zur Ermittlung der ortsüblichen Vergleichsmiete auf und setzt diese durch Bildung eines entsprechenden Rasters mit Angaben zu Wohnlage, Wohnfläche, Ausstattung etc. und die Angabe von Spannenmietwerten und ggf. auch Mittelwerten um. Besonderheiten des Mietobjektes werden durch Zu- und Abschläge zu den angegebenen Werten berücksichtigt. Probleme können für einzelne Kategorien entstehen, wenn nicht genügend Daten vorhanden sind und Mietspiegelfelder deshalb leer bleiben. Bei der Regressionsmethode können Leerfelder nicht entstehen, da diese Datenverknüpfungen zu allen Rasterfeldern herstellt.[8] Es bestehen jedoch anderweitige Probleme in der Anwendung.[9]

5   Im Hinblick auf die an den qualifizierten Mietspiegel in Absatz 3 geknüpfte Vermutungswirkung muss nach Auffassung des Gesetzgebers bei der Erstellung des Mietspiegels die Anwendung anerkannter wissenschaftlicher Methoden dokumentiert und nachvollziehbar und überprüfbar dargelegt sein.[10] Die insoweit zu stellenden Anforderungen werden nicht näher dargelegt. Dies wird für die gerichtliche Praxis erhebliche Schwierigkeiten bedeuten.[11] Erforderlich dürften Angaben zur Art und Weise der Datenerhebung, zu dem der Datenerhebung zugrunde liegenden Wohnungsbestand, zum Ergebnis der Datenerhebung und zur Auswertung der Daten sein.[12]

---

[3]   Vgl. zur Akzeptanz und praktischen Umsetzung des neuen Rechtsinstrumentes: *Börstinghaus*, NZM 2003, 377-386.

[4]   Dies soll sich auch auf die Datenerhebung als solche beziehen, vgl. *Lammel*, Wohnraummietrecht, 3. Aufl. 2007, § 558d Rn. 15-17.

[5]   BT-Drs. 14/4553, S. 57.

[6]   BT-Drs. 14/4553, S. 57, vgl. zu dieser Stichprobe: *Börstinghaus* in: Blank/Börstinghaus Miete Kommentar, 3. Aufl. 2008, § 558d Rn. 4.

[7]   *Löfflad* in: Lützenkirchen/Löfflad, Neue Mietrechtspraxis, 2001, § 558d Rn. 271; anders *Lammel*, Wohnraummietrecht, 3. Aufl. 2007, § 558d Rn. 14, der im Hinblick auf die geringe Anwendung und mangelnde Durchschaubarkeit der Regressionsmethode bisher nur die Tabellenmethode für eine anerkannte Methode hält.

[8]   Vgl. zu den Methoden näher: *Clar* in: Börstinghaus/Clar, Mietspiegel, 2002, Pkt. 2.1. und 2.2.

[9]   LG Frankfurt v. 03.11.1992 - 2/11 S 202/92 - juris Rn. 18 - NJW-RR 1993, 277-278; LG Frankfurt v. 23.08.1994 - 2/11 S 113/94 - juris Rn. 10 - NJW-RR 1995, 462-463; vgl. auch *Lammel*, Wohnraummietrecht, 3. Aufl. 2007, § 558d Rn. 14.

[10] BT-Drs. 14/4553, S. 57.

[11] *Schach* in: Kinne/Schach/Bieber, Miet- und Mietprozessrecht, 6. Aufl. 2010, § 558d Rn. 1.

[12] So zutreffend: *Börstinghaus* in: Blank/Börstinghaus, Miete Kommentar, 3. Aufl. 2008, § 558d Rn. 7.

II. Von der Gemeinde oder den Interessenvertretern der Vermieter und Mieter anerkannt (Absatz 1)

Die Norm geht ihrem Wortlaut nach bereits von der Erstellung des Mietspiegels durch Dritte[13] aus. Dies dürfte in der Komplexität der Erstellung eines qualifizierten Mietspiegels begründet sein. Aus diesem Grund muss eine Anerkennung entweder durch die Gemeinde allein oder übereinstimmend durch beide Interessenvertreterverbände erfolgen. Die Anerkennung ist eine Willenserklärung der Gemeinde durch das nach dem Kommunalrecht zuständige Vertretungsorgan.

6

III. Im Abstand von zwei Jahren anzupassen (Absatz 2)

Die Anordnung ist zwingend einzuhalten. Die Frist ist im Interesse der Erhaltung der Aktualität des Datenmaterials vom Stichtag der ersten Datenerhebung an zu berechnen.[14] Die Anpassung ist auch vorzunehmen, wenn keine Veränderungen des Mietniveaus, sondern lediglich des allgemeinen Preisniveaus eingetreten sind.[15] Die Anpassung eines qualifizierten Mietspiegels ist angesichts der gesetzlichen Konzeption nur einmal möglich, nach Ablauf von vier Jahren ist nach Absatz 2 Satz 3 die Neuerstellung vorzunehmen.

7

IV. Stichprobe (Absatz 2)

Die Stichprobe ist als Fortschreibungsmittel zulässig, jedoch nicht zwingend. Die Erhebung von Stichproben kann im kleineren Umfang als bei der originären Datenerhebung erfolgen. Aus dem Ergebnis der Stichprobe ist die Veränderung in Prozentpunkten zu ermitteln.

8

V. Preisindex (Absatz 2)

Zur Fortschreibung des qualifizierten Mietspiegels kann auch auf einen Index zurückgegriffen werden. Nur der im Gesetz bestimmte Index darf jedoch Verwendung finden. Mit der Anwendung des Preisindexes für die Lebenshaltung aller privaten Haushalte in Deutschland wird sichergestellt, dass eine Erhöhung des Mietspiegels zumindest um die Rate der Geldentwertung erfolgt.[16]

9

VI. Neuerstellung nach vier Jahren (Absatz 2)

Nach vier Jahren muss ein neuer qualifizierter Mietspiegel fertiggestellt werden.[17] Wird dieser Zeitpunkt überschritten, verliert der alte qualifizierte Mietspiegel seine qualifizierende Eigenschaft, mit der Folge des Wegfalls der Vermutungswirkung nach Absatz 3 der Vorschrift.[18] Fraglich ist lediglich, auf welchen Anfangszeitpunkt die Vierjahresfrist zu beziehen ist.[19]

10

VII. Einhaltung der Vorschrift des Absatzes 2 (Absatz 3)

Die Regelung ist missverständlich formuliert. Nach dem Wortlaut würde die Vermutungswirkung des Absatzes 3 bei erstmals erstellten qualifizierten Mietspiegeln nicht eingreifen können, da die Einhaltung der Anpassungsvorschrift des Absatzes 2 nur bei über zwei Jahre alten Mietspiegeln in Betracht kommt. Es ist jedoch angesichts des gesetzgeberischen Willens und der besonderen Konzeption davon auszugehen, dass die Vermutungswirkung auch und gerade für erstmalig erstellte qualifizierte Miet-

11

---

[13] Aber auf Veranlassung der in Absatz 1 bezeichneten Personen, *Börstinghaus* in: Blank/Börstinghaus, Miete Kommentar, 3. Aufl. 2008, § 558d Rn. 12, Rn. 7.
[14] *Börstinghaus* in: Blank/Börstinghaus, Miete Kommentar, 3. Aufl. 2008, § 558d Rn. 11; a.A.: *Lammel*, Wohnraummietrecht, 3. Aufl. 2007, § 558d Rn. 24 ab Beginn der Geltung des qualifizierten Mietspiegels.
[15] *Lammel*, Wohnraummietrecht, 3. Aufl. 2007, § 558d Rn. 24.
[16] 15. BT-Drs. 14/4553, S. 57.
[17] Also nicht erst Beginn einer Datenerhebung nach vier Jahren, *Lammel*, Wohnraummietrecht, 3. Aufl. 2007, § 558d Rn. 30.
[18] *Lammel*, Wohnraummietrecht, 3. Aufl. 2007, § 558d Rn. 30.
[19] Stichtag der ersten Datenerhebung: Blank/Börstinghaus, Miete Kommentar, 3. Aufl. 2008, § 558d Rn. 11; a.A.: *Lammel*, Wohnraummietrecht, 3. Aufl. 2007, § 558d Rn. 24 ab Beginn der Geltung des qualifizierten Mietspiegels.

spiegel gelten soll.[20] Klargestellt wird mit Absatz 3 Halbsatz 1 lediglich, dass Mietspiegel, die bereits älter als zwei Jahre sind, ihre besondere Bedeutung nur erhalten können, wenn die Fortschreibung im Sinne des Absatzes 2 erfolgt ist bzw. bei Mietspiegeln, die mehr als vier Jahre alt sind, die qualifizierende Wirkung von der Neuerstellung abhängt.

VIII. Vermutungswirkung (Absatz 3)

12 Unter den zuvor genannten Voraussetzungen wird bei einem qualifizierten Mietspiegel vermutet, dass die im Mietspiegel bezeichneten Entgelte die ortsübliche Vergleichsmiete wiedergeben. Es handelt sich hierbei um eine gesetzliche Vermutung gemäß § 292 ZPO. Die konkrete Spanneneinordnung innerhalb eines qualifizierten Mietspiegels kann vom Gericht nach § 287 ZPO unter Rückgriff auf eine im Mietspiegel enthaltene Orientierungshilfe erfolgen[21], verfügt der qualifizierte Mietspiegel nicht über eine Orientierungshilfe, ist ohne weitere Angaben spätestens in der Zustimmungsklage vom Mittelwert des Mietspiegels auszugehen[22].

D. Rechtsfolgen

13 Sind die Anforderungen des Absatzes 2 erfüllt kann die Vermutungswirkung eingreifen. Dem Mietspiegel kommt damit normative Außenwirkung zu.[23] Für vermietende Eigentümer könnte sich die Anfechtbarkeit des Mietspiegels vor den Verwaltungsgerichten aus Art. 14 GG ergeben.[24] Die frühere verneinende Rechtsprechung findet auf den qualifizierten Mietspiegel keine Anwendung, da Mietspiegel zuvor gerade keine Vermutungsfolge und somit auch keine zwingende Berücksichtigung als Beweismittel im Zustimmungsverfahren entfalteten.

14 Hinsichtlich der zwingenden Anordnung der Vermutungsfolge bestehen verfassungsrechtliche Bedenken aufgrund der Beteiligung Privater und der mangelnden Herkunft aus demokratisch legitimierten Institutionen.

15 Sind die Voraussetzungen des qualifizierten Mietspiegels nicht erfüllt, handelt es sich auch hierbei um einen einfachen Mietspiegel, der als solcher zumindest als Begründungsmittel nach § 558a Abs. 2 BGB Anwendung finden kann. Eine Beweismittelfunktion wird den einfachen Mietspiegeln allerdings im Hinblick auf die besondere Anordnung in § 558d Abs. 3 BGB zukünftig nicht mehr zukommen können.[25]

16 Ist dem Mieter die Mieterhöhungserklärung vor der Veröffentlichung des qualifizierten Mietspiegels zugegangen, gilt die Vermutungswirkung nicht.[26]

E. Prozessuale Hinweise/Verfahrenshinweise

17 Für den Zustimmungsprozess bewirkt der qualifizierte Mietspiegel eine widerlegbare Vermutung für die Richtigkeit der in ihm berücksichtigten Daten. Die Frage, ob die Werte des Mietspiegels auch tatsächlich der ortsüblichen Vergleichsmiete nach § 558 Abs. 2 BGB entsprechen, ist also gerade nicht mehr beweisbedürftig. Das Gericht wäre an einer derartigen Beweiserhebung bezüglich der gesetzlichen Vermutungsfolge gehindert. Diejenige Partei, die sich auf die Vermutungswirkung des qualifizierten Mietspiegels berufen will, muss allerdings die Voraussetzungen des Vermutungstatbestandes, also das Vorliegen eines qualifizierten Mietspiegels, bei dem die Voraussetzungen des § 558d Abs. 2 BGB eingehalten sind, vortragen und beweisen.[27] Hierzu gehören also alle Voraussetzungen eines Mietspie-

---

[20] Vgl. BT-Drs. 14/4553, S. 57 zur Bedeutung des qualifizierten Mietspiegels.
[21] BGH v. 20.04.2005 - VIII ZR 110/04 - juris Rn. 12 - NJW 2005, 2074-2075.
[22] AG Dortmund v. 15.02.2005 - 125 C 12626/04 - juris Rn. 17 - NZM 2005, 258-260, m.w.N.
[23] *Lammel*, Wohnraummietrecht, 3. Aufl. 2007, § 558d Rn. 35.
[24] *Börstinghaus* in: Blank/Börstinghaus, Miete Kommentar, 3. Aufl. 2008, § 558d Rn. 9.
[25] *Börstinghaus* in: Blank/Börstinghaus, Miete Kommentar, 3. Aufl. 2008, § 558d Rn. 3.
[26] LG Berlin v. 02.12.2003 - 64 S 86/03 - ZMR 2004, 516.
[27] Wesen der gesetzlichen Vermutung (§ 292 ZPO).

gels nach § 558c BGB sowie die den qualifizierten Mietspiegel gemäß § 558d BGB von einem einfachen Mietspiegel unterscheidenden Merkmale, also insbesondere die Erstellung des Mietspiegels nach anerkannten wissenschaftlichen Grundsätzen. Die Anerkennung durch die Gemeinde oder die Interessenvertreterverbände ist für die Qualifikation nicht ausreichend.[28] Ob ein qualifizierter Mietspiegel vorliegt, ist vielmehr von den Gerichten zu überprüfen und zu entscheiden. Die darlegungspflichtige Partei kann sich hierfür auf die Dokumentation der Datenerhebung im qualifizierten Mietspiegel berufen. Diese Daten sind jedoch ausdrücklich vorzutragen oder die Dokumentation ist dem Schriftsatz beizufügen. Die Beweisführung mag sodann gemäß § 291 ZPO (offenkundige Tatsachen) entbehrlich sein.

Ist der Vermutungstatbestand dargelegt und bewiesen, greift die Vermutungsfolge ein. Dem Beweisgegner steht jedoch hiergegen gemäß § 292 ZPO der Beweis des Gegenteils offen. Dabei handelt es sich um einen Haupt- bzw. Vollbeweis, der erst geführt ist, wenn die Unrichtigkeit der vermuteten Tatsachen bewiesen ist. Die bloße Erschütterung der Vermutungsfolge ist gerade nicht ausreichend. Somit ist auch das bloße Bestreiten der Richtigkeit des Datenbestandes des qualifizierten Mietspiegels nicht ausreichend. Erforderlich ist vielmehr konkreter und substantiierter Vortrag dahingehend, dass die ortsübliche Vergleichsmiete nach § 558 Abs. 2 BGB sich gerade anders darstelle, als im qualifizierten Mietspiegel ausgewiesen.[29] Die Vermutungswirkung erstreckt sich nicht auf die Frage der zutreffenden Einordnung des Mietobjektes in den Mietspiegel und der notwendigen Berücksichtigung von Zu- und Abschlägen.

18

F. Anwendungsfelder

I. Anwendungsbereich

Die §§ 558-558e BGB und somit auch § 558d BGB finden auf alle Mietverhältnisse des freifinanzierten Wohnraumes mit Ausnahme von § 549 Abs. 2 und 3 BGB Anwendung.

19

II. Übergangsrecht

Für das Mieterhöhungsverlangen gilt Art. 229 § 3 Abs. 1 Nr. 2 EGBGB. Ferner ist Art. 229 § 3 Abs. 5 EGBGB zu beachten. Hiernach kann auch ein schon vor dem 01.09.2001 erstellter Mietspiegel als qualifizierter Mietspiegel nach § 558d BGB anzuwenden sein, wenn er unter § 558d Abs. 1, Abs. 2 BGB entsprechenden Voraussetzungen erstellt wurde und die Gemeinde ihn nach dem 01.09.2001 als qualifizierten Mietspiegel veröffentlicht hat. War der Mietspiegel vor dem 01.09.2001 schon veröffentlicht, genügt eine spätere öffentliche Bezeichnung als qualifizierter Mietspiegel durch die Gemeinde. Keinesfalls kommt aber die Anwendung eines qualifizierten Mietspiegels für vor dem 01.09.2001 zugegangene Mieterhöhungsverlangen in Betracht (Art. 229 § 3 Abs. 5 Satz 3 EGBGB).

20

21

---

[28] *Börstinghaus* in: Blank/Börstinghaus, Miete Kommentar, 3. Aufl. 2008, § 558d Rn. 11; *Schach* in: Kinne/Schach/Bieber, Miet- und Mietprozessrecht, 6. Aufl. 2010, § 558d Rn. 1.

[29] *Schach* in: Kinne/Schach/Bieber, Miet- und Mietprozessrecht, 6. Aufl. 2010, § 558d Rn. 2; noch weiter gehend *Lammel*, Wohnraummietrecht, 3. Aufl. 2007, § 558d Rn. 34, der nicht nur eine methodische Durchleuchtung des Mietspiegels sondern zusätzlich auch eine Neuermittlung der ortsüblichen Vergleichsmiete für erforderlich hält; die Gesetzesbegründung enthält hierzu keine Hinweise.

§ 558e BGB Mietdatenbank

(Fassung vom 02.01.2002, gültig ab 01.01.2002)

Eine Mietdatenbank ist eine zur Ermittlung der ortsüblichen Vergleichsmiete fortlaufend geführte Sammlung von Mieten, die von der Gemeinde oder von Interessenvertretern der Vermieter und der Mieter gemeinsam geführt oder anerkannt wird und aus der Auskünfte gegeben werden, die für einzelne Wohnungen einen Schluss auf die ortsübliche Vergleichsmiete zulassen.

Gliederung

A. Grundlagen 1	II. Fortlaufend geführte Sammlung 5
I. Kurzcharakteristik 1	III. Von der Gemeinde oder von den Interessenvertretern gemeinsam geführt oder anerkannt... 6
II. Gesetzgebungsmaterialien 2	IV. Auskünfte für einzelne Wohnungen 7
B. Praktische Bedeutung 3	D. Anwendungsfelder 8
C. Anwendungsvoraussetzungen 4	
I. Zur Ermittlung der ortsüblichen Vergleichsmiete 4	

A. Grundlagen

I. Kurzcharakteristik

1 Die Norm beschreibt ein weiteres Mittel zur Begründung des Mieterhöhungsverlangens nach § 558a Abs. 2 BGB.

II. Gesetzgebungsmaterialien

2 Die Vorschrift wurde mit dem Mietrechtsreformgesetz zum 01.09.2001 neu eingeführt. Sie soll die Verbreitung und Entwicklung dieses Instrumentes fördern.[1]

B. Praktische Bedeutung

3 Eine Mietdatenbank wird bisher nur in Hannover betrieben. Der Aufbau weiterer Datenbanken wurde in der Vergangenheit wiederholt in Angriff genommen, jedoch nicht vollendet. Die praktische Bedeutung des Begründungsmittels ist also derzeitig als gering einzustufen. Die zukünftige Entwicklung bleibt abzuwarten. Im Hinblick auf die gesetzliche Konzeption, insbesondere die regelmäßige Datenfortschreibung, stellt die Datenbank grundsätzlich ein sehr geeignetes Begründungsmittel dar. Auch dürfte eine bessere Spezifizierung der erfassten Wohnungen nach Ausstattungsmerkmalen möglich sein.

C. Anwendungsvoraussetzungen

I. Zur Ermittlung der ortsüblichen Vergleichsmiete

4 Die Datenbank muss der Ermittlung der ortsüblichen Vergleichsmiete dienen. Bei der Auswahl von Mietdaten zur Aufnahme in die Datenbank sind deshalb die gesetzlichen Vorgaben des § 558 Abs. 2 BGB einzuhalten.

II. Fortlaufend geführte Sammlung

5 Die Datenbank muss fortlaufend geführt sein, sich also nicht auf einen Stichtag beziehen, sondern ständig neue, aktualisierte und verändernde Daten aufnehmen. Hierin liegt zugleich der Vorteil der Datenbank gegenüber dem Mietspiegel.

---

[1] BT-Drs. 14/4553, S. 58.

III. Von der Gemeinde oder von den Interessenvertretern gemeinsam geführt oder anerkannt

Die Sammlung kann von der Gemeinde allein oder von beiden Interessenvertreterverbänden gemeinsam geführt werden. Zulässig ist auch die Führung durch einen Dritten, sofern die Datenbank von der Gemeinde oder den Interessenvertretern anerkannt wird.

IV. Auskünfte für einzelne Wohnungen

Die Datenbank muss eine Auskunftserteilung ermöglichen, die den Schluss auf die für eine einzelne konkrete Wohnung maßgebliche ortsübliche Vergleichsmiete zulässt. Hierfür kann auf die für § 558a Abs. 2 Nr. 4 BGB geltenden Kriterien abgestellt werden.

D. Anwendungsfelder

Übergangsrecht: Es gilt Art. 229 § 3 Abs. 1 Nr. 2 EGBGB. Vor dem 01.09.2001 bereits zugegangene Mieterhöhungserklärungen sind weiterhin nach § 2 MietHöReglG zu beurteilen.

§ 559 BGB Mieterhöhung bei Modernisierung

(Fassung vom 02.01.2002, gültig ab 01.01.2002)

(1) Hat der Vermieter bauliche Maßnahmen durchgeführt, die den Gebrauchswert der Mietsache nachhaltig erhöhen, die allgemeinen Wohnverhältnisse auf Dauer verbessern oder nachhaltig Einsparungen von Energie oder Wasser bewirken (Modernisierung), oder hat er andere bauliche Maßnahmen auf Grund von Umständen durchgeführt, die er nicht zu vertreten hat, so kann er die jährliche Miete um 11 vom Hundert der für die Wohnung aufgewendeten Kosten erhöhen.

(2) Sind die baulichen Maßnahmen für mehrere Wohnungen durchgeführt worden, so sind die Kosten angemessen auf die einzelnen Wohnungen aufzuteilen.

(3) Eine zum Nachteil des Mieters abweichende Vereinbarung ist unwirksam.

Gliederung

A. Grundlagen	1	VII. Maßnahmen aufgrund nicht zu vertretender Umstände (Absatz 1)	10
I. Kurzcharakteristik	1	VIII. Erhöhung der jährlichen Miete (Absatz 1)	11
II. Gesetzgebungsmaterialien	3	IX. 11 vom Hundert der für die Wohnung aufgewendeten Kosten (Absatz 1)	13
B. Anwendungsvoraussetzungen	4	X. Bauliche Maßnahmen für mehrere Wohnungen (Absatz 2)	16
I. Normstruktur	4	XI. Angemessene Aufteilung (Absatz 2)	17
II. Vermieter (Absatz 1)	5	XII. Abdingbarkeit (Absatz 3)	18
III. Maßnahmen (Absatz 1)	6	**C. Anwendungsfelder**	19
IV. Nachhaltige Erhöhung des Gebrauchswertes (Absatz 1)	7	I. Anwendungsbereich	19
V. Allgemeine Verbesserung der Wohnverhältnisse auf Dauer (Absatz 1)	8	II. Übergangsrecht	21
VI. Nachhaltige Einsparungen von Energie oder Wasser (Absatz 1)	9		

A. Grundlagen

I. Kurzcharakteristik

1 Die Norm gewährt dem Vermieter nach Durchführung bestimmter baulicher Maßnahmen einen materiell-rechtlichen Anspruch auf Mieterhöhung als Äquivalenz für die hierdurch geschaffene Leistungsverbesserung. Die in § 559 Abs. 1 BGB genannten Maßnahmen sind trotz sprachlicher Abweichungen mit den in § 554 Abs. 1 BGB bezeichneten gleich zu setzen. Ergänzend ist geregelt, dass die Mieterhöhung auch für vom Vermieter nicht zu vertretende Maßnahmen verlangt werden darf. Es handelt sich um ein einseitiges Mieterhöhungsrecht des Vermieters im Interesse der vereinfachten und schnelleren Durchsetzung.[1] Die Mieterhöhungsmöglichkeit besteht neben der Erhöhung nach den §§ 558-558e BGB. Der Vermieter kann zwischen den Verfahren wählen bzw. diese auch kombinieren.[2]

2 Inhalt und Förmlichkeiten der Mieterhöhungserklärung sind in §§ 559a, 559b BGB geregelt. Ungeschriebene Voraussetzung einer Mieterhöhung ist jedoch auch, dass der Mieter die Maßnahmen geduldet hat. Dies setzt entweder eine nach § 554 BGB bestehende Duldungsverpflichtung des Mieters – sofern die Ankündigung nicht danach entbehrlich ist – oder eine tatsächliche Duldung durch den Mie-

---

[1] So frühere Gesetzesbegründung zu § 3 MietHöReglG.
[2] Der Vermieter kann zunächst eine Mieterhöhung nach § 558 BGB auf fiktiver Grundlage des nicht-modernisierten Ausstattungsstandards vornehmen und zugleich die Erhöhung nach § 559 BGB geltend machen, OLG Hamm v. 30.10.1982 - 4 REMiet 6/82 - juris Rn. 13 - NJW 1983, 289-290; es kann auch zuerst eine Mieterhöhung nach § 559 BGB erfolgen und anschließend – auf der Basis des modernisierten Ausstattungsstandards – eine Mieterhöhung nach § 558 BGB vorgenommen werden, sofern hierdurch die ortsübliche Vergleichsmiete nicht überschritten wird, LG Berlin v. 18.01.1999 - 61 S 1342/98 - NZM 1999, 457-458.

ter voraus.³ Letztere kann jedoch nur bei baulichen Veränderungen innerhalb der Wohnung des Mieters angenommen werden. Für bauliche Veränderungen außerhalb der Wohnung, auf die der Mieter keinen Einfluss nehmen kann, gilt dies nicht.⁴ In diesen Fällen kann dem Vermieter bei Nutzung der geschaffenen Verbesserung durch den Mieter allerdings ein Anspruch auf Vorteilsvergütung nach den Grundsätzen der aufgedrängten Bereicherung zustehen.⁵

II. Gesetzgebungsmaterialien

§ 559 BGB wurde mit dem Mietrechtsreformgesetz zum 01.09.2001 eingeführt. Er entspricht mit nur geringen Änderungen § 3 Abs. 1 MietHöReglG.

B. Anwendungsvoraussetzungen

I. Normstruktur

Absatz 1 der Vorschrift bestimmt eine grundlegende Voraussetzung der Mieterhöhung und den Umfang des Mieterhöhungsbetrages. Absatz 2 stellt klar, dass der Mieter nur in dem Umfang an den Kosten der Modernisierung durch Mieterhöhung beteiligt werden darf, wie er hieran auch teilnimmt. Die Abdingbarkeit ist in Absatz 3 geregelt.

II. Vermieter (Absatz 1)

Nach dem Wortlaut der Vorschrift steht das Mieterhöhungsrecht nur dem Vermieter zu, der auch die baulichen Änderungen durchgeführt hat. Dies ist bei der Veräußerung des Mietobjektes problematisch. Wurden die Arbeiten noch von dem Veräußerer durchgeführt und schon vor der Vollendung des Erwerbstatbestandes abgeschlossen, käme demnach eine Mieterhöhung durch den Erwerber nicht in Betracht.⁶ Anders dagegen, wenn die Maßnahmen erst abgeschlossen werden, nachdem auch der Erwerbsvorgang grundbuchlich abgeschlossen ist und der Erwerber damit die Vermieterstellung erlangt hat.⁷

III. Maßnahmen (Absatz 1)

Der Vermieter muss bauliche Maßnahmen durchgeführt haben, die den Gebrauchswert der Mietsache nachhaltig erhöhen, die allgemeinen Wohnverhältnisse auf Dauer verbessern oder nachhaltig Einsparungen von Energie oder Wasser bewirken. Die Begriffe sind nicht ganz deckungsgleich mit den in § 554 Abs. 2 Satz 1 BGB hinsichtlich der Ankündigung aufgeführten Maßnahmen. Die Schaffung neuen Wohnraumes ermächtigt den Vermieter unzweifelhaft nicht zur Mieterhöhung nach den §§ 559-559b BGB. Die Mieterhöhung kommt im Übrigen jedenfalls zumindest in Betracht, wenn eine der in § 554 Abs. 2 Satz 1 BGB genannten Maßnahmen vorliegt.

IV. Nachhaltige Erhöhung des Gebrauchswertes (Absatz 1)

Eine nachhaltige Erhöhung des Gebrauchswertes liegt vor, wenn Maßnahmen zur Verbesserung der Mietsache durchgeführt wurden.

---

[3] BT-Drs. 14/4553, S. 59; OLG Stuttgart v. 26.04.1991 - 8 REMiet 2/90 - juris Rn. 11 - NJW-RR 1991, 1108-1109; OLG Frankfurt v. 05.09.1991 - 20 REMiet 3/91 - juris Rn. 9 - NJW-RR 1992, 145-146.
[4] *Weidenkaff* in: Palandt, § 559 Rn. 6; *Lammel*, Wohnraummietrecht, 3. Aufl. 2007, § 559 Rn. 16; *Schach* in: Kinne/Schach/Bieber, Miet- und Mietprozessrecht, 6. Aufl. 2010, § 559b Rn. 7.
[5] KG Berlin v. 16.07.1992 - 8 RE Miet 3166/92 - juris Rn. 35 - NJW-RR 1992, 1362-1363; *Lammel*, Wohnraummietrecht, 3. Aufl. 2007, § 559 Rn. 16; a.A *Weidenkaff* in: Palandt, § 559 Rn. 17.
[6] KG Berlin v. 15.09.1997 - 8 RE-Miet 6517/96 - NJW-RR 1998, 296-298; *Lammel*, Wohnraummietrecht, 3. Aufl. 2007, § 559 Rn. 15; anders aber heute: KG Berlin v. 17.07.2000 - 8 RE-Miet 4110/00 - juris Rn. 34 - NJW-RR 2001, 81-82.
[7] KG Berlin v. 08.05.2000 - 8 RE-Miet 2505/00 - juris Rn. 11 - NJW-RR 2000, 1177-1178.

V. Allgemeine Verbesserung der Wohnverhältnisse auf Dauer (Absatz 1)

8 Eine allgemeine Verbesserung der Wohnverhältnisse ist nicht an eine Verbesserung des Mietobjektes gebunden, sondern kann sich auch aus einer Umfeldverbesserung ergeben, z.B. Errichtung von Spielplätzen, Grünanlagen, Stellplätzen. Verbesserungen am Gebäude außerhalb der Wohnung sind ebenfalls hiervon erfasst. Derartige Maßnahmen sind im Rahmen von § 554 Abs. 2 Satz 1 BGB bereits mit den Maßnahmen zur Verbesserung der Mietsache erfasst (vgl. die Kommentierung zu § 554 BGB Rn. 10).

VI. Nachhaltige Einsparungen von Energie oder Wasser (Absatz 1)

9 Der Wortlaut der Bestimmung ist ebenso wie in § 554 Abs. 2 Satz 1 BGB nunmehr auf alle Arten der Energieeinsparung erweitert (zu den Einsparungsmaßnahmen vgl. die Kommentierung zu § 554 BGB Rn. 12). In Erweiterung der vorgenannten Vorschrift wird hier jedoch auch ausdrücklich die Nachhaltigkeit der Energieeinsparung vorausgesetzt. Hierfür reicht es aus, wenn überhaupt eine messbare Einsparung an Heizenergie erzielt wird und diese dauerhaft ist.[8] Es ist allein auf die zu erzielende Ressourceneinsparung abzustellen. Nach der bisher herrschenden Meinung musste die Maßnahme aber darüber hinaus auch für den Mieter wirtschaftlich sein, damit ein Mieterhöhungsanspruch des Vermieters besteht.[9] Danach durfte der Betrag der für diese Maßnahme geltend zu machenden Mieterhöhung nicht mehr als den zwei- bis dreifachen Betrag der durch die Maßnahme zu erzielenden Kostenersparnis ausmachen.[10] Jedoch besteht für eine derartige Begrenzung der Mieterhöhung weder bei preisfreiem noch bei preisgebundenem Wohnraum eine gesetzliche Grundlage.[11]

VII. Maßnahmen aufgrund nicht zu vertretender Umstände (Absatz 1)

10 Diese Maßnahmen sind in § 554 Abs. 2 Satz 1 BGB nicht genannt, da die Duldungspflicht des Mieters sich in diesen Fällen ohne Rückgriff auf § 554 BGB bereits aus § 242 BGB ergibt. Hierdurch wird zugleich vermieden, dass der Mieter derartige Maßnahmen durch den Härteeinwand nach § 554 Abs. 2 Satz 2 BGB verhindert.[12] Ihre ausdrückliche Benennung in § 559 Abs. 1 BGB stellt aber klar, dass auch solche Maßnahmen den Vermieter zur Mieterhöhung berechtigen, unabhängig davon, ob sie eine Verbesserung der Mietsache oder der Wohnverhältnisse bewirken oder zur Energieeinsparung führen. Die Maßnahme darf nicht vom Vermieter zu vertreten sein, sondern muss aus gesetzlichen Vorschriften oder behördlichen Anordnungen resultieren. Dies gilt zum Beispiel für Anordnungen des Denkmalschutzes, der Umstellung der öffentlichen Energielieferung,[13] beim Anschlusszwang[14] oder bei Maßnahmen in Erfüllung der gesetzlichen Pflicht zur verbrauchsabhängigen Heizkostenabrechnung, nicht jedoch bei öffentlich-rechtlich begründeten Anordnungen, die der Vermieter zuvor durch sein Verhalten hätte vermeiden können, z.B. Instandsetzungsanordnungen.[15]

VIII. Erhöhung der jährlichen Miete (Absatz 1)

11 Grundlage der Mieterhöhung ist der Jahresbetrag der zuletzt wirksam vereinbarten Monatsmiete, nicht etwa der Gesamtbetrag der Miete innerhalb des letzten Jahres vor Durchführung der Mieterhöhung.[16]

---

[8] BGH v. 10.04.2002 - VIII ARZ 3/01 - juris Rn. 14 - BGHZ 150, 277-286.
[9] OLG Karlsruhe v. 20.09.1984 - 9 REMiet 6/83 - juris Rn. 19 - OLGZ 1985, 252-255; offen gelassen zunächst: BGH v. 10.04.2002 - VIII ARZ 3/01 - juris Rn. 18 - BGHZ 150, 277-286.
[10] LG Berlin v. 06.05.1997 - 64 S 564/96 - ZMR 1998, 166.
[11] BGH v. 03.03.2004 - VIII ZR 149/03 - juris Rn. 28 - NJW 2004, 1738-1740.
[12] *Schach* in: Kinne/Schach/Bieber, Miet- und Mietprozessrecht, 6. Aufl. 2010, § 559 Rn. 2.
[13] LG Berlin v. 27.11.1995 - 67 S 293/95 - Grundeigentum 1996, 131; AG Rostock v. 28.03.1995 - 48 C 429/94 - WuM 1996, 559-560.
[14] LG München II v. 17.09.1984 - 6 S 779/84 - juris Rn. 3 - WuM 1985, 66-67; LG Hildesheim v. 23.02.1983 - 7 S 382/82 - juris Rn. 7 - WuM 1985, 340-341.
[15] *Lammel*, Wohnraummietrecht, 3. Aufl. 2007, § 559 Rn. 28-30; *Weidenkaff* in: Palandt, § 559 Rn. 12.
[16] BT-Drs. 14/4553, S. 58.

Beispiel: Die Miete beträgt vor Geltendmachung der Mieterhöhung monatlich 500 €. Es ist deshalb von einer Basis der Mieterhöhung von jährlich 6.000 € auszugehen, selbst wenn die Miete sich erst vor zwei Monaten von 450 € auf 500 € erhöht hatte.

IX. 11 vom Hundert der für die Wohnung aufgewendeten Kosten (Absatz 1)

Die jährliche Miete darf sich um 11 vom Hundert der für die Wohnung des Mieters insgesamt aufgewendeten Kosten erhöhen. Es sind also zunächst die ansetzbaren Kosten zu ermitteln. Der Vermieter kann die Miete nur insoweit erhöhen, als die von ihm aufgewendeten Kosten hierfür notwendig waren. Unnötige, unzweckmäßige oder ansonsten überhöhte Modernisierungsaufwendungen hat der Mieter nicht zu tragen. Dies gilt auch bei nur geringfügigen Kostenüberhöhungen.[17] Es dürfen nur die tatsächlich angefallenen Baukosten Berücksichtigung finden.

Zu den ansatzfähigen Kosten gehören:
- Baukosten;
- Baunebenkosten: Kosten des Architekten[18], Gebühren behördlicher Genehmigungen, Behördliche Umlagen[19];
- Eigenleistungen des Vermieters[20];
- Adäquate Kosten der Wiederherstellung des vertragsgerechten Zustandes des Mietobjektes.Dagegen sind die Finanzierungskosten[21] oder der an den Mieter gemäß § 554 Abs. 4 BGB zu leistende Aufwendungsersatz oder durch Mietminderungen während der Ausführung der Arbeiten verursachte Mietverluste oder Verwaltungskosten gerade nicht ansatzfähig.[22] Ebenso wenig dürfen Kosten für mit der Modernisierung zugleich ausgeführte Instandsetzungs- oder Instandhaltungsmaßnahmen in Ansatz gebracht werden.[23] Werden derartige fällige Maßnahmen hierdurch erspart, sind die aktuellen fiktiven Reparaturkosten von den Baukosten abzuziehen.[24]

Von den ansatzfähigen, erforderlichenfalls nach § 559a BGB bereinigten und unter Berücksichtigung von § 559 Abs. 2 BGB konkret auf die Wohnung bezogen ermittelten Kosten ist sodann ein Betrag von 11 vom Hundert zu errechnen, welcher auf die jährliche Miete aufgeschlagen werden darf. Der sich so errechnende Jahresbetrag darf den Jahresbetrag der ortsüblichen Vergleichsmiete im Sinne von § 558 Abs. 2 BGB übersteigen, § 5 WiStrG ist jedoch zu beachten.

X. Bauliche Maßnahmen für mehrere Wohnungen (Absatz 2)

Hat der Vermieter bauliche Änderungen durchgeführt, welche das gesamte Gebäude oder mehrere Wohnungen betreffen, zum Beispiel den Einbau einer Zentralheizungsanlage oder die Anbringung einer Wärmeschutzfassade, sind die entstandenen ansatzfähigen Kosten angemessen auf die einzelnen Wohnungen aufzuteilen.

---

[17] BGH v. 17.12.2008 - VIII ZR 41/08 - juris Rn. 19 - VIII ZR 84/08: strittig waren überhöhte Montagekosten für Küchenschränke im Zuge des Einbaus von Kaltwasserzählern.

[18] Soweit die Beauftragung zur Durchführung der Arbeiten notwendig ist, LG Hamburg v. 09.11.1984 - 11 S 169/84 - WuM 1985, 366; nicht dagegen bei bloßen Koordinierungs- oder Kontrollaufgaben *Vogel*, Mandatspraxis Mietrecht, 2002, § 8 Rn. 888.

[19] Auch behördliche Umlage bei Kanalisation, *Weidenkaff* in: Palandt, § 559 Rn. 13, a.A.: OLG Hamm v. 30.05.1983 - 4 REMiet 2/83 - juris Rn. 33 - NJW 1983, 2331-2333.

[20] In Höhe der fiktiv bei Beauftragung eines Fachunternehmens anfallenden Kosten abzüglich jedoch der beim Vermieter nicht entstehenden Kalkulationskosten, zum Beispiel Sozialversicherungskosten *Vogel*, Mandatspraxis Mietrecht, 2002, § 8 Rn. 890.

[21] OLG Hamburg v. 14.05.1981 - 4 U 203/80 - juris Rn. 8 - NJW 1981, 2820-2821.

[22] *Lammel*, Wohnraummietrecht, 3. Aufl. 2007, § 559 Rn. 37; *Vogel*, Mandatspraxis Mietrecht, 2002, § 8 Rn. 896.

[23] LG Berlin v. 29.01.1998 - 62 S 295/97 - Grundeigentum 1998, 550-551; LG Berlin v. 29.01.1998 - 62 S 295/97 - Grundeigentum 1998, 550-551.

[24] AG Gera v. 04.08.1994 - 4 C 18/94 - juris Rn. 2 - WuM 1995, 399; *Schach* in: Kinne/Schach/Bieber, Miet- und Mietprozessrecht, 6. Aufl. 2010, § 559b Rn. 4.

XI. Angemessene Aufteilung (Absatz 2)

17 Dem Vermieter steht hierfür Ermessensspielraum nach den §§ 315, 316 BGB zu. Hierbei ist jedoch zuerst zu prüfen, ob eine konkrete Kostenaufteilung auf die einzelnen Wohnungen vorgenommen werden kann, zum Beispiel nach Anzahl der jeweils eingebauten Fenster oder Heizkörper, oder bei der Errichtung von Kabelfernsehanschlüssen. Soweit eine wohnungsbezogene Ermittlung bereits hiernach möglich ist, ist diese vorrangig. Nur im Übrigen sind sodann Kosten nach der Wohnfläche oder Heizfläche auf die einzelnen Wohnungen anteilig umzulegen.[25] Beim Einbau eines Fahrstuhles kann die Umlage der Kosten nach Stockwerken abgestuft erfolgen.[26] Die Belastung auch des Erdgeschoßmieters ist jedoch nicht unbillig.[27] Bei Vornahme einer Wärmedämmung kann sich die Umlage der Modernisierungskosten nur auf die dahinter liegenden Wohnungen beschränken.[28]

XII. Abdingbarkeit (Absatz 3)

18 Zu Lasten des Mieters abweichende Vereinbarungen sind unwirksam.

C. Anwendungsfelder

I. Anwendungsbereich

19 § 559 BGB gilt nur für Wohnraummietverhältnisse. Die Vorschrift findet jedoch keine Anwendung für Wohnraum im Sinne von § 549 Abs. 2, 3 BGB.

20 Sie ist ebenfalls nicht anwendbar, soweit das Mieterhöhungsrecht des Vermieters im Rahmen der §§ 557, 557a, 557b BGB ausgeschlossen ist. Hat der Vermieter nach Abschluss der Modernisierungsmaßnahmen bereits eine Mieterhöhung nach den §§ 558-558e BGB durchgeführt und hierbei bereits den durch die Modernisierung geschaffenen Ausstattungsstandard der Wohnung zu Grunde gelegt, ist eine weitere Mieterhöhung nach den §§ 559-559b BGB ebenfalls ausgeschlossen.

II. Übergangsrecht

21 Es gilt Art. 229 § 3 Abs. 1 Nr. 2 EGBGB. Vor dem 01.09.2001 bereits zugegangene Mieterhöhungserklärungen sind weiterhin nach § 3 MietHöReglG zu beurteilen.

---

[25] *Börstinghaus* in: Blank/Börstinghaus, Miete Kommentar, 3. Aufl. 2008, § 559 Rn. 25.
[26] *Vogel*, Mandatspraxis Mietrecht, 2002, § 8 Rn. 899.
[27] Str., LG Duisburg v. 28.05.1991 - 7 S 586/90 - juris Rn. 2 - WuM 1991, 597; LG Berlin v. 06.04.1989 - 61 S 77/88 - juris Rn. 2 - MDR 1990, 1016.
[28] KG v. 20.04.2006 - 8 U 204/05 - juris Rn. 24 - WuM 2006, 450-452.

§ 559a BGB Anrechnung von Drittmitteln

(Fassung vom 02.01.2002, gültig ab 01.01.2002)

(1) Kosten, die vom Mieter oder für diesen von einem Dritten übernommen oder die mit Zuschüssen aus öffentlichen Haushalten gedeckt werden, gehören nicht zu den aufgewendeten Kosten im Sinne des § 559.

(2) ¹Werden die Kosten für die baulichen Maßnahmen ganz oder teilweise durch zinsverbilligte oder zinslose Darlehen aus öffentlichen Haushalten gedeckt, so verringert sich der Erhöhungsbetrag nach § 559 um den Jahresbetrag der Zinsermäßigung. ²Dieser wird errechnet aus dem Unterschied zwischen dem ermäßigten Zinssatz und dem marktüblichen Zinssatz für den Ursprungsbetrag des Darlehens. ³Maßgebend ist der marktübliche Zinssatz für erstrangige Hypotheken zum Zeitpunkt der Beendigung der Maßnahmen. ⁴Werden Zuschüsse oder Darlehen zur Deckung von laufenden Aufwendungen gewährt, so verringert sich der Erhöhungsbetrag um den Jahresbetrag des Zuschusses oder Darlehens.

(3) ¹Ein Mieterdarlehen, eine Mietvorauszahlung oder eine von einem Dritten für den Mieter erbrachte Leistung für die baulichen Maßnahmen stehen einem Darlehen aus öffentlichen Haushalten gleich. ²Mittel der Finanzierungsinstitute des Bundes oder eines Landes gelten als Mittel aus öffentlichen Haushalten.

(4) Kann nicht festgestellt werden, in welcher Höhe Zuschüsse oder Darlehen für die einzelnen Wohnungen gewährt worden sind, so sind sie nach dem Verhältnis der für die einzelnen Wohnungen aufgewendeten Kosten aufzuteilen.

(5) Eine zum Nachteil des Mieters abweichende Vereinbarung ist unwirksam.

Gliederung

A. Grundlagen... 1	VI. Verringerung des Erhöhungsbetrages (Absatz 2) 9
I. Kurzcharakteristik.................................. 1	VII. Zuschüsse oder Darlehen zur Deckung von laufenden Aufwendungen (Absatz 2) 13
II. Gesetzgebungsmaterialien..................... 2	
B. Anwendungsvoraussetzungen 3	VIII. Verringerung des Erhöhungsbetrages (Absatz 2).. 14
I. Normstruktur.. 3	
II. Vom Mieter oder für diesen von einem Dritten übernommene Kosten (Absatz 1)............... 5	IX. Darlehen aus öffentlichen Haushalten gleichgestellten Mitteln (Absatz 3).................... 15
III. Mit Zuschüssen aus öffentlichen Haushalten gedeckte Kosten (Absatz 1) 6	X. Mittel aus öffentlichen Haushalten (Absatz 3)... 16
IV. Keine Berücksichtigung bei den aufgewendeten Kosten (Absatz 1)................................. 7	XI. Zuschüsse oder Darlehen nicht für einzelne Wohnungen festgestellt (Absatz 4).............. 17
	XII. Aufteilung (Absatz 4)............................ 18
V. Zinsverbilligte oder zinslose Darlehen aus öffentlichen Haushalten (Absatz 2).............. 8	XIII. Abdingbarkeit (Absatz 4) 19
	C. Anwendungsfelder............................ 20

A. Grundlagen

I. Kurzcharakteristik

Die Vorschrift regelt den Abzug von Drittmitteln, also Mitteln zur Finanzierung von Modernisierungsmaßnahmen, die der Vermieter nicht selbst aufgebracht hat. Der Abzug ist im Hinblick auf die in § 559 Abs. 1 BGB festgelegte Berechnungsweise der Mieterhöhung notwendig um eine Begünstigung des Vermieters durch Ansatz auch der so finanzierten Kosten zu vermeiden. 1

II. Gesetzgebungsmaterialien

Die Norm wurde mit dem Mietrechtsreformgesetz zum 01.09.2001 eingeführt. Sie übernimmt § 3 Abs. 1 Sätze 3-7 MietHöReglG. 2

B. Anwendungsvoraussetzungen

I. Normstruktur

3   Absatz 1 stellt klar, dass vom Vermieter nicht selbst aufgebrachte Kosten der Modernisierung nicht zu den nach § 559 BGB ansatzfähigen Kosten im Rahmen der Mieterhöhung gehören.

4   Absatz 2 enthält Hinweise für die Berechnung des Abzuges bei zinsverbilligten oder zinslosen Darlehen aus öffentlichen Haushalten. Absatz 3 bezeichnet den zinsverbilligten oder zinslosen Darlehen gleichgestellte Finanzierungsmittel. Soweit Finanzierungsanteile nicht wohnungsbezogen ermittelt werden können, legt Absatz 4 den Aufteilungsschlüssel fest. Absatz 5 betrifft die Abdingbarkeit.

II. Vom Mieter oder für diesen von einem Dritten übernommene Kosten (Absatz 1)

5   Kosten der Modernisierung, die entweder vom Mieter selbst oder für den Mieter von einem Dritten übernommen werden (verlorener Baukostenzuschuss) oder mit Zuschüssen aus öffentlichen Haushalten gedeckt werden, sind bei der Ermittlung der Modernisierungskosten im Sinne des § 559 Abs. 1 BGB nicht zu berücksichtigen. Die so finanzierten Kosten sind also bei der Berechnung überhaupt nicht in Ansatz zu bringen.

III. Mit Zuschüssen aus öffentlichen Haushalten gedeckte Kosten (Absatz 1)

6   Es muss sich nicht um Mittel aus öffentlichen Haushalten im engeren Sinne handeln. Vielmehr zählen auch Mittel der Finanzierungsinstitute des Bundes oder der Länder zu den Mitteln aus öffentlichen Haushalten (§ 559a Abs. 3 Satz 2 BGB). Der Zuschuss ist ein einmalig gewährter, nicht rückzahlbarer Beitrag zur Finanzierung der vom Vermieter durchgeführten Arbeiten.

IV. Keine Berücksichtigung bei den aufgewendeten Kosten (Absatz 1)

7   Der Vermieter muss deshalb zunächst alle aufgewendeten Kosten für die konkrete Wohnung ermitteln und hiervon die von Dritten übernommenen Kosten in Abzug bringen. Erst der danach verbleibende Kostenaufwand ist der Berechnung des Jahresbetrages der Erhöhung im Sinne des § 559 Abs. 1 BGB zu Grunde zu legen.

V. Zinsverbilligte oder zinslose Darlehen aus öffentlichen Haushalten (Absatz 2)

8   Die Förderung der Maßnahmen kann auch durch die Gewährung gänzlich zinsloser oder zinsverbilligter Darlehen aus öffentlichen Haushalten bzw. diesen gleichgestellten Quellen erfolgen.

VI. Verringerung des Erhöhungsbetrages (Absatz 2)

9   Da die Mittel zurückzuzahlen sind, ist bei der Ermittlung des Mieterhöhungsbetrages lediglich der sich durch die Zinsverbilligung ergebende Vorteil für den Vermieter in Abzug zu bringen.

10 Somit ist für zinslose oder zinsverbilligte Darlehen zuerst gemäß § 559a Abs. 2 Satz 2 BGB der später in Abzug zu bringende Jahresbetrag der Zinsermäßigung aus dem Unterschied zwischen dem ermäßigten Zinssatz und dem marktüblichen Zinssatz bezogen auf den Ursprungsbetrag des Darlehens zu ermitteln. Marktüblicher Zinssatz ist nach § 559a Abs. 2 Satz 3 BGB der marktübliche Zinssatz für erstrangige Hypotheken zum Zeitpunkt der Beendigung der Maßnahmen. Diese jeweiligen Beträge sind anschließend von dem Erhöhungsbetrag nach § 559 Abs. 1 BGB, also dem Jahresbetrag der Modernisierungsmieterhöhung, abzuziehen. Lediglich der sich danach noch ergebende bereinigte Jahresbetrag ist sodann auf die konkrete monatliche Mieterhöhung umzurechnen.

11 Die Berechnung ist problematisch, wenn die Förderung degressiv gestaltet ist, der Zinssatz für das Darlehen also jährlich ansteigt und der Vorteil des Vermieters folglich abnimmt. Der Vermieter muss dann bereits in der Erhöhungserklärung die jeweilige Verringerung der Kürzungsbeträge und die damit korrelierende Steigerung des Jahreserhöhungsbetrages bezogen auf die maßgeblichen Zeitpunkte mitteilen.[1]

---

[1] *Börstinghaus* in: Blank/Börstinghaus, Miete Kommentar, 3. Aufl. 2008, § 559a Rn. 7; LG Berlin, MM 1999, 439.

Beispiel: Auf die Wohnung entfällt nach umfänglichen Maßnahmen ein Kostenaufwand von 10.000 €. Hierfür hat der Vermieter (anteilig für die Wohnung) ein öffentliches Darlehen in Höhe von 5.000 € erhalten, für welches anstelle des marktüblichen Zinssatzes von 9% lediglich ein Zinssatz von 5% zu entrichten ist. Es ergibt sich somit für den Vermieter ein Zinsvorteil von 200 € jährlich (4% von 5.000 €). Diesen Betrag muss der Vermieter von dem sich eigentlich errechnenden jährlicher Erhöhungsbetrag von 1.100 € (11% von 10.000 €) abziehen. Der jährliche Erhöhungsbetrag beläuft sich so nur noch auf 900 €, monatlich also 75 €.

VII. Zuschüsse oder Darlehen zur Deckung von laufenden Aufwendungen (Absatz 2)

Mittel zur Förderung von Modernisierungsmaßnahmen kann auch die Gewährung von Zuschüssen oder Darlehen zur Deckung von laufenden Aufwendungen sein. Finanziert werden in diesem Fall nicht die Baukosten des Vermieters, sondern die Aufwendungen des Vermieters infolge der Baumaßnahmen.[2]

VIII. Verringerung des Erhöhungsbetrages (Absatz 2)

In diesen Fällen ist ebenfalls zuerst der Jahresbetrag des Zuschusses oder des Darlehens zu ermitteln (§ 559a Abs. 2 Satz 4 BGB). Dieser Jahresbetrag ist sodann von dem Erhöhungsbetrag nach § 559 Abs. 1 BGB abzuziehen.

IX. Darlehen aus öffentlichen Haushalten gleichgestellten Mitteln (Absatz 3)

Zur Finanzierung von Modernisierungsmaßnahmen ist es auch denkbar, dass der Mieter dem Vermieter ein Darlehen gewährt oder eine Mietvorauszahlung leistet oder ein Dritter für den Mieter eine Leistung erbringt. Solche Finanzierungsmittel stehen für die Berechnung des Abzuges einem Darlehen aus öffentlichen Haushalten gleich. Auch hier ist deshalb der sich für den Vermieter ergebende jährliche Finanzierungsvorteil zu ermitteln und von dem jährlichen Erhöhungsbetrag abzuziehen.

X. Mittel aus öffentlichen Haushalten (Absatz 3)

Zu den Mitteln aus öffentlichen Haushalten gehören auch Mittel der Finanzierungsinstitute des Bundes oder eines Landes, somit auch Mittel einer Gemeinde.[3]

XI. Zuschüsse oder Darlehen nicht für einzelne Wohnungen festgestellt (Absatz 4)

Die Förderung erfolgt sehr häufig wohnungsbezogen. Soweit sie sich jedoch auf das gesamte Gebäude oder mehrere Wohnungen betreffende Maßnahmen erstreckt, ist die gewährte Förderung auf die einzelnen Wohnungen umzurechnen, da der Abzug jeweils von den auf die einzelne Wohnung angefallenen Modernisierungskosten erfolgen muss.

XII. Aufteilung (Absatz 4)

Zur Ermittlung des insoweit bei der einzelnen Wohnung abzuziehenden Betrages ist zunächst der Anteil der jeweiligen Wohnung an den Gesamtkosten der Modernisierung zu ermitteln. Dieser Anteil ist zum Gesamtkostenaufwand ins Verhältnis zu setzen. In demselben Verhältnis ist nunmehr der Anteil der Wohnung an den Gesamtfördermitteln zu errechnen. Der sich dabei ergebende Anteil ist von dem Jahresbetrag der Mieterhöhung für die Wohnung nach § 559 Abs. 1 BGB abzuziehen.

XIII. Abdingbarkeit (Absatz 4)

Zum Lasten des Mieters von § 559a BGB abweichende Vereinbarungen sind unwirksam.

C. Anwendungsfelder

Übergangsrecht: Es gilt Art. 229 § 3 Abs. 1 Nr. 2 EGBGB. Vor dem 01.09.2001 bereits zugegangene Mieterhöhungserklärungen sind weiterhin nach § 3 MietHöReglG zu beurteilen.

---

[2] *Kunze/Tietzsch*, WuM 1997, 308-314, 310.
[3] *Both*, Grundeigentum 2000, 102-109, 102.

§ 559b BGB Geltendmachung der Erhöhung, Wirkung der Erhöhungserklärung

(Fassung vom 02.01.2002, gültig ab 01.01.2002)

(1) [1]Die Mieterhöhung nach § 559 ist dem Mieter in Textform zu erklären. [2]Die Erklärung ist nur wirksam, wenn in ihr die Erhöhung auf Grund der entstandenen Kosten berechnet und entsprechend den Voraussetzungen der §§ 559 und 559a erläutert wird.

(2) [1]Der Mieter schuldet die erhöhte Miete mit Beginn des dritten Monats nach dem Zugang der Erklärung. [2]Die Frist verlängert sich um sechs Monate, wenn der Vermieter dem Mieter die zu erwartende Erhöhung der Miete nicht nach § 554 Abs. 3 Satz 1 mitgeteilt hat oder wenn die tatsächliche Mieterhöhung mehr als 10 vom Hundert höher ist als die mitgeteilte.

(3) Eine zum Nachteil des Mieters abweichende Vereinbarung ist unwirksam.

Gliederung

A. Grundlagen	1
I. Kurzcharakteristik	1
II. Gesetzgebungsmaterialien	2
B. Anwendungsvoraussetzungen	3
I. Dem Mieter erklären (Absatz 1 Satz 1)	3
II. In Textform (Absatz 1 Satz 1)	4
III. Erhöhung berechnet aufgrund von Kosten (Absatz 1 Satz 2)	5
IV. Entsprechend den §§ 559 und 559a BGB erläutert (Absatz 1 Satz 2)	7
V. Wirksamwerden der Mieterhöhung (Absatz 2 Satz 1)	8
VI. Verlängerung um sechs Monate (Absatz 2 Satz 2)	9
VII. Zu erwartende Mieterhöhung nicht mitgeteilt (Absatz 2 Satz 2)	10
VIII. Tatsächliche Erhöhung höher als die mitgeteilte (Absatz 2 Satz 2)	11
IX. Abdingbarkeit (Absatz 3)	12
C. Rechtsfolgen	13
D. Prozessuale Hinweise/Verfahrenshinweise	14
E. Anwendungsfelder	16
I. Anwendungsbereich	16
II. Übergangsrecht	18
F. Arbeitshilfen – Checkliste Mieterhöhungserklärung	19

A. Grundlagen

I. Kurzcharakteristik

1   Absatz 1 der Norm regelt Form und Inhalt der Mieterhöhung, Absatz 2 bestimmt den Zeitpunkt des Wirksamwerdens der Mieterhöhung und Absatz 3 der Vorschrift betrifft die Abdingbarkeit.

II. Gesetzgebungsmaterialien

2   Die Norm wurde mit dem Mietrechtsreformgesetz zum 01.09.2001 eingeführt. Sie übernimmt mit geringfügiger Änderung § 3 Abs. 3, 4 MietHöReglG.

B. Anwendungsvoraussetzungen

I. Dem Mieter erklären (Absatz 1 Satz 1)

3   Die Mieterhöhungserklärung ist von allen Vermietern allen Mietern gegenüber abzugeben. Es handelt sich um eine einseitige, empfangsbedürftige Willenserklärung des Vermieters. Der Zugang der Erklärung bewirkt den Eintritt der Rechtsänderung. Die Abgabe der Erklärung kann erst nach Abschluss der baulichen Veränderungen erfolgen.[1] Erforderlich und ausreichend ist insoweit die Nutzbarkeit der ge-

---

[1] OLG Hamburg v. 06.10.1982 - 4 U 133/82 - MDR 1983, 133-134; LG Berlin v. 15.02.1990 - 61 S 385/89 - MDR 1990, 823.

schaffenen Änderung², vollständige Mängelbehebung oder Ausgleich der Rechnungen, also Mittelabfluss beim Vermieter, ist nicht erforderlich³, der Vermieter muss die Kosten aber definitiv kennen können⁴. Der Vermieter ist nicht verpflichtet, die Mieterhöhungserklärung unmittelbar nach Abschluss der Maßnahmen abzugeben. Er kann zum Beispiel auch zunächst die Mieterhöhung nur bezogen auf einzelne Maßnahmen fordern, oder die Mieterhöhung insgesamt zu einem späteren Zeitpunkt geltend machen. Dies wird allenfalls durch den Rechtsgedanken der Verwirkung begrenzt. Wird zunächst nur für einen Teil der ausgeführten Maßnahmen eine Mieterhöhung gefordert, sollte der Vermieter jedoch klar stellen, dass der weitergehende Erhöhungsanspruch vorbehalten ist.

II. In Textform (Absatz 1 Satz 1)

Die Mieterhöhungserklärung ist in Textform (§ 126b BGB) abzugeben. Dies gilt auch für die der Erklärung zur Erfüllung der gesetzlichen Erläuterungspflicht ggf. beizufügenden Anlagen. Nicht erforderlich ist jedoch eine feste Verbindung der Erklärung mit den Anlagen, wenn sich der Sinnzusammenhang im Übrigen aus der Erklärung ergibt.⁵

III. Erhöhung berechnet aufgrund von Kosten (Absatz 1 Satz 2)

Die eintretende Mieterhöhung ist auf der Grundlage der ansatzfähigen Modernisierungskosten⁶ dem Mieter in der Mieterhöhungserklärung nachvollziehbar zu berechnen. Dem Mieter muss danach eine überschlägige Überprüfung des verlangten Mehrbetrages ohne besondere Kenntnisse auf dem Gebiet der Rechnungsprüfung und ohne Einsicht in die Belege möglich sein.⁷ Dies erfordert die Angabe der tatsächlichen Berechnungsgrundlagen. Die Kosten müssen genau aufgeschlüsselt werden, bei Durchführung mehrerer Maßnahmen für diese getrennt⁸, bei umfangreichen Maßnahmen unter Umständen auch zusätzlich nach Gewerken⁹ getrennt. Eine Aufschlüsselung ist auch dann erforderlich, wenn mit dem ausführenden Unternehmen ein Pauschalpreis vereinbart war. Ob zur Aufschlüsselung auch die Auflistung aller Rechnungen und Daten gehört, ist strittig.¹⁰ Belege sind nicht beizufügen.¹¹ Der Mieter hat insoweit ein Einsichtsrecht nach § 259 BGB.¹² Die Berechnung muss aber für den Mieter aus sich heraus nachvollziehbar sein. Der Abzug von Instandsetzungskosten ist ebenfalls nachvollziehbar darzulegen.¹³ Dafür kann aber die Angabe eines prozentualen Pauschalabzuges bereits ausreichen,

---

[2] *Schach* in: Kinne/Schach/Bieber, Miet- und Mietprozessrecht, 6. Aufl. 2010; 559b Rn. 3; *Börstinghaus* in: Blank/Börstinghaus, Miete Kommentar, 3. Aufl. 2008, § 559b Rn. 17.

[3] *Börstinghaus* in: Blank/Börstinghaus, Miete Kommentar, 3. Aufl. 2008, § 559b Rn. 18; *Lammel*, Wohnraummietrecht, 3. Aufl. 2007, § 559 b Rn. 5; a.A.: *Schach* in: Kinne/Schach/Bieber, Miet- und Mietprozessrecht, 6. Aufl. 2010, § 559b Rn. 3.

[4] *Börstinghaus* in: Blank/Börstinghaus, Miete Kommentar, 3. Aufl. 2008, § 559b Rn. 18.

[5] *Lammel*, Wohnraummietrecht, 3. Aufl. 2007, § 559b Rn. 5.

[6] Vgl. hierzu § 559 BGB.

[7] LG Dresden, ZMR 1998, 216, 217.

[8] LG Köln v. 06.04.1989 - 1 S 516/88 - juris Rn. 2 - WuM 1989, 579-580.

[9] LG Dresden v. 14.10.1997 - 15 S 0316/97, 15 S 316/97 - juris Rn. 16 - MDR 1998, 589-590; AG Berlin-Schöneberg v. 31.01.1995 - 3 C 187/94 - Grundeigentum 1995, 621-623.

[10] Zutreffend ablehnend: *Börstinghaus* in: Blank/Börstinghaus, Miete Kommentar, 3. Aufl. 2008, § 559b Rn. 10 unter Hinweis auf die zur Betriebskostenabrechnung ergangene Rechtsprechung; a.A. überwiegend die Rechtsprechung, vgl. die umfangreichen Nachweise ebenso bei *Börstinghaus* in: Blank/Börstinghaus, Miete Kommentar, 3. Aufl. 2008, § 559b Rn. 10.

[11] *Börstinghaus* in: Blank/Börstinghaus, Miete Kommentar, 3. Aufl. 2008, § 559b Rn. 10.

[12] Vgl. hierzu im Einzelnen *Börstinghaus* in: Blank/Börstinghaus, Miete Kommentar, 3. Aufl. 2008, § 559b Rn. 10; LG Berlin v. 15.01.2007 - 67 S 85/06 - juris Rn. 21 - Grundeigentum 2007, 985-986.

[13] KG v. 20.04.2006 - 8 U 204/05 - juris Rn. 9 - WuM 2006, 450-452; LG Dresden v. 14.10.1997 - 15 S 0316/97, 15 S 316/97- juris Rn. 15 - MDR 1998, 589-590; LG Berlin v. 04.07.1994 - 66 S 38/94 - juris Rn. 5 - MM 1994, 326; LG Berlin v. 10.07.2003 - juris Rn. 6 - MM 2003, 471-472: Instandsetzungskosten sind konkret zu berechnen und in der Mieterhöhungserklärung aufgeschlüsselt und nachvollziehbar darzulegen.

wenn der Mieter zur Erforderlichkeit von Instandsetzungsmaßnahmen nicht substantiiert vorträgt.[14] Wie die abzuziehenden Instandsetzungskosten zu ermitteln sind, ist (weiterhin) streitig. Für die Ermittlung der fiktiven Instandhaltungskosten kann aber wohl auf Kostenvoranschläge zurückgegriffen werden. Sog. „Sowieso-Kosten", die bei der Modernisierungsmaßnahme angefallen sind, aber auch bei der (fiktiven) Reparaturkostenberechnung in Ansatz gebracht wurden (z.B. Gerüst, Baustelleneinrichtung) bereiten ebenfalls Probleme. Hier sollen nur die höheren Zusatzkosten der Modernisierungsmaßnahme (z.B. längere Standzeit oder größerer Umfang eines Gerüstes) bei der Mieterhöhung nach § 559 BGB umlagefähig sein.[15] Die Abzugspositionen müssen erläutert werden. Allein die Angabe eines Abzugsbetrages soll nicht genügen.[16] Wie die abzuziehenden Instandsetzungskosten zu ermitteln sind, ist (weiterhin) streitig. Für die Ermittlung von fiktiven Instandhaltungskosten kann aber auf Kostenvoranschläge zurückgegriffen werden. Die Mieterhöhung muss mit einem konkreten Betrag angegeben werden, bloße prozentuale Angaben sind nicht ausreichend. In der Berechnung sind deshalb folgende Angaben erforderlich:

6   Berechnung Mieterhöhung:
- Angabe der Gesamtkosten aller Modernisierungsmaßnahmen;
- Darstellung der Kosten der einzelnen Maßnahmen, erforderlichenfalls Untergliederung der Kosten nach Gewerken;
- Herausrechnung von Instandsetzungskosten, unter konkreter Angabe der bei fiktiver bloßer Durchführung der Instandhaltungsmaßnahmen entstandenen Kosten;
- Angabe des Verteilerschlüssels, erforderlichenfalls für jede Maßnahme getrennt;
- Angabe des auf die Wohnung danach konkret entfallenden Kostenanteils, bei mehreren Maßnahmen für jede einzelne Maßnahme gesondert ausgewiesen;
- Angabe des sich hieraus nach § 559 Abs. 1 BGB konkret errechnenden monatlichen Erhöhungsbetrages.

IV. Entsprechend den §§ 559 und 559a BGB erläutert (Absatz 1 Satz 2)

7   Neben der Berechnung der konkreten Mieterhöhung gehört zur Erklärung auch zwingend die Erläuterung im Hinblick auf die Vorgaben der §§ 559, 559a BGB. Zu erläutern ist demnach das Vorliegen von Modernisierungsmaßnahmen im Sinne von § 559 Abs. 1 BGB[17] sowie die Angemessenheit des gewählten Verteilungsschlüssels, bei der Inanspruchnahme von öffentlichen Fördermitteln oder einmaligen Baukostenzuschüssen für die Realisierung der Maßnahmen auch der Abzug dieser Mittel nach § 559a BGB. Die Mieterhöhungserklärung braucht jedoch nicht eine in tatsächlicher und rechtlicher Hinsicht erschöpfende Begründung für das Vorliegen von Modernisierungsmaßnahmen zu enthalten. Bei Baumaßnahmen, deren Beurteilung umfangreicherer technischer Darlegungen bedürfte, reicht eine Beschreibung aus, die dem Mieter unter Zuhilfenahme sachkundiger Personen die Beur-

---

[14] BGH v. 03.03.2004 - VIII ZR 149/03 - juris Rn. 22 - NJW 2004, 1738-1740; BGH v. 12.03.2003 - VIII ZR 175/02 - juris Rn. 12 - BGHReport 2003, 784.

[15] *Börstinghaus*, jurisPR-MietR 23/2006, Anm. 3, Anmerkung zu KG v. 20.04.2006 - 8 U 204/05 - juris Rn. 18 - WuM 2006, 450-452, nach diesem jedoch Aufteilung der „Sowieso-Kosten" im Verhältnis der Modernisierungskosten zu den fiktiven Reparaturkosten.

[16] AG Charlottenburg v. 27.02.2007 - 224 C 295/06 - Grundeigentum 2007, 989: Es ist vielmehr eine Vergleichsrechnung aufzumachen, welche Kosten entstanden wären, wenn statt der „Instandmodernisierung" eine bloße Instandsetzung stattgefunden hätte.

[17] BGH v. 25.01.2006 - juris Rn. 10 - NJW 2006, 1126-1127; BGH v. 25.01.2006 - VIII ZR 47/05 - NJW 2006, 1126, 1127: Bei Fensteraustausch ist die Beschreibung auch des Zustandes und technischen Standards der alten Fenster erforderlich, damit der Mieter den aufgezeigten Energiespareffekt beurteilen kann. Ebenso LG Berlin v. 10.09.2007 - 67 S 90/07 - juris Rn. 19 - Grundeigentum 2007, 1553-1556: Bei Austausch von Verbundfenstern gegen Isolierglasfenster ist eine Verbesserung des Wärmeschutzes nicht ohne weiteres ersichtlich, die Wärmedurchgangskoeffizienten sind deshalb anzugeben. KG v. 20.04.2006 - 8 U 204/05 - juris Rn. 6 - WuM 2006, 450-452: Sind dem Mieter die baulichen Maßnahmen durch ein Ankündigungsschreiben gem. § 554 BGB bekannt, soll in der Mieterhöhungserklärung eine stichwortartige Beschreibung der Arbeiten und die Mitteilung, dass diese wie angekündigt ausgeführt wurden, genügen.

teilung ermöglicht.[18] Deshalb ist bei Maßnahmen zur Einsparung von Heizenergie die Vorlage einer Wärmebedarfsberechnung in der Mieterhöhungserklärung nicht mehr erforderlich.[19]

V. Wirksamwerden der Mieterhöhung (Absatz 2 Satz 1)

Der Mieter schuldet die erhöhte Miete nach der Neufassung des Mietrechtsreformgesetzes nunmehr ab Beginn des dritten Monates, der auf den Monat des Zugangs der Mieterhöhungserklärung folgt. Die Verlängerung um einen Monat[20] sollte die Vereinheitlichung der Fristen im Mieterhöhungsrecht herstellen.[21]

8

VI. Verlängerung um sechs Monate (Absatz 2 Satz 2)

Diese Frist verlängert sich jedoch um weitere sechs Monate, wenn die zu erwartende Mieterhöhung dem Mieter mit der Ankündigung nicht oder nicht richtig mitgeteilt wurde.

9

VII. Zu erwartende Mieterhöhung nicht mitgeteilt (Absatz 2 Satz 2)

Dies kann sich ergeben, wenn die Mitteilung der Modernisierungsmaßnahme gänzlich unterblieb oder die Mitteilung fehlerhaft war oder die Modernisierungsankündigung verspätet erfolgte.[22] War die Mitteilung dagegen nach § 554 Abs. 3 Satz 3 BGB entbehrlich, tritt die Verlängerung nicht ein.[23]

10

VIII. Tatsächliche Erhöhung höher als die mitgeteilte (Absatz 2 Satz 2)

Der mit der Mieterhöhungserklärung berechnete konkrete Mieterhöhungsbetrag muss mehr als 10% höher sein als die in der Ankündigung mitgeteilte zu erwartende Mieterhöhung, damit die Verlängerung der Frist eintritt. Mit der Sanktion soll der Vermieter zu einer möglichst präzisen Berechnung der zu erwartenden Mietmehrbelastung bereits im Vorfeld der Maßnahmen angehalten werden. Ebenso können damit bewusst niedrig gehaltene und somit irreführende Angaben zur zukünftigen Miethöhe in der Ankündigung unterbunden werden.

11

IX. Abdingbarkeit (Absatz 3)

Zu Lasten des Mieters von den vorgenannten Vorgaben abweichende Vereinbarungen sind unwirksam.

12

C. Rechtsfolgen

Ist das Mieterhöhungsverlangen wirksam erstellt, bewirkt es mit Zugang beim Mieter die Änderung des Mietzinses zum vorgesehenen Zeitpunkt. Die Mieterhöhungsbeträge werden ebenso wie solche nach § 558 BGB unmittelbar Bestandteil der Miete und sind bei späteren Mieterhöhungen in die Ausgangsmiete einzuberechnen.[24] Eine unwirksame Mieterhöhungserklärung kann keine Rechtswirkung herbeiführen, jedoch ist eine komplette Nachholung bzw. Neuerstellung der Erklärung jederzeit möglich. Eine bloße Heilung von Mängeln kommt allerdings nicht in Betracht.

13

---

[18] BGH v. 10.04.2002 - VIII ARZ 3/01 - juris Rn. 13 - BGHZ 150, 277-286; KG v. 20.04.2006 - 8 U 204/05 - juris Rn. 6 - WuM 2006, 450-452.
[19] BGH v. 10.04.2002 - VIII ARZ 3/01 - juris Rn. 14 - BGHZ 150, 277-286; bestätigt durch: BGH v. 12.03.2003 - VIII ZR 175/02 - juris Rn. 11 - BGHReport 2003, 784; a.A.: KG Berlin v. 17.08.2000 - 8 RE-Miet 6159/00 - juris Rn. 12 - NJW-RR 2001, 588-589.
[20] Vgl. § 3 Abs. 4 Satz 1 MietHöReglG.
[21] BT-Drs. 14/4553, S. 58.
[22] BGH v. 19.09.2007 - VIII ZR 6/07 - juris Rn. 12 - NJW 2007, 3565-3566: Bei Nichtwahrung der Ankündigungsfrist keine nachteiligere Rechtsfolge als bei gänzlich unterbliebener Mitteilung der zu erwartenden Mieterhöhung; anders jedoch AG Dortmund v. 13.01.2009 - 425 C 8864/08 - juris Rn. 33: Bei vollständig unterbliebener Ankündigung und fehlender tatsächlicher Duldung der Maßnahme durch den Mieter ist eine Mieterhöhung nach § 559 BGB gar nicht möglich.
[23] *Weidenkaff* in: Palandt, BGB, § 559b Rn. 6.
[24] BGH v. 10.10.2007 - VIII ZR 331/06 - juris Rn. 16 - NJW 2008, 848-849.

D. Prozessuale Hinweise/Verfahrenshinweise

14 Zahlt der Mieter auf ein wirksames Erhöhungsverlangen hin die erhöhte Miete nicht, gerät er in Zahlungsverzug. Sofern die Voraussetzungen der §§ 543, 569 BGB erfüllt sind, kann auch eine fristlose Kündigung des Mietverhältnisses in Betracht kommen.

15 Zur Durchsetzung der Mietzinsansprüche ist Zahlungsklage, nicht Zustimmungsklage zu erheben.

E. Anwendungsfelder

I. Anwendungsbereich

16 § 559 BGB gilt nur für Wohnraummietverhältnisse. Die Vorschrift findet jedoch keine Anwendung für Wohnraum im Sinne von § 549 Abs. 2, 3 BGB.

17 Sie ist ebenfalls nicht anwendbar, soweit das Mieterhöhungsrecht des Vermieters im Rahmen §§ 557, 557a, 557b BGB ausgeschlossen ist. Hat der Vermieter nach Abschluss der Modernisierungsmaßnahmen bereits eine Mieterhöhung nach den §§ 558-558e BGB durchgeführt und hierbei bereits den durch die Modernisierung geschaffenen Ausstattungsstandard der Wohnung zu Grunde gelegt, ist eine weitere Mieterhöhung nach den §§ 559-559b BGB ebenfalls ausgeschlossen.[25]

II. Übergangsrecht

18 Es gilt Art. 229 § 3 Abs. 1 Nr. 2 EGBGB. Vor dem 01.09.2001 bereits zugegangene Mieterhöhungserklärungen sind weiterhin nach § 3 MietHöReglG zu beurteilen.

F. Arbeitshilfen – Checkliste Mieterhöhungserklärung

19
- (1) Abgabe in Textform,
- (2) Absender,
- (3) Adressat,
- (4) nachvollziehbare und überprüfbare Berechnung und Erläuterung:
  - (a) Auflistung der ausgeführten Arbeiten, einschließlich Qualifizierung als Modernisierung,
  - (b) Aufstellung der Gesamtkosten,
  - (c) Aufstellung der Kosten für die Einzelarbeiten,
  - (d) Erläuterung des Vorliegens von Modernisierungsarbeiten,
  - (e) Erläuterung der Abgrenzung zu Instandsetzungsarbeiten,
  - (f) Erläuterung des für Instandsetzung ersparten Kostenaufwandes,
  - (g) Abzug von Fördermitteln,
  - (h) Angabe des Umlageschlüssels,
  - (i) Kostenermittlung für die konkrete Wohnung, Angabe der speziell für diese Wohnung aus einzelnen Maßnahmen resultierenden Kosten, Angabe von anteilig für die Wohnung errechneten Kosten,
  - (j) nachvollziehbare Berechnung des konkreten monatlichen Erhöhungsbetrages anhand der auf die Wohnung insgesamt entfallenen Kosten: Auf die Wohnung entfallene Kosten, hieraus Ermittlung des Jahresbetrages mit 11%, hieraus Ermittlung des monatlichen Erhöhungsbetrages, Angabe des konkreten Erhöhungsbetrages, Angabe der neuen Gesamtmiete,
- (5) Angabe des Zeitpunktes des Wirksamwerdens der Mieterhöhung,
- (6) Abschluss der Erklärung im Sinne von § 126b BGB.

---

[25] LG Berlin v. 20.01.2000 - 67 S 277/99 - MM 2000, 280.

§ 560 BGB Veränderungen von Betriebskosten

(Fassung vom 02.01.2002, gültig ab 01.01.2002)

(1) ¹Bei einer Betriebskostenpauschale ist der Vermieter berechtigt, Erhöhungen der Betriebskosten durch Erklärung in Textform anteilig auf den Mieter umzulegen, soweit dies im Mietvertrag vereinbart ist. ²Die Erklärung ist nur wirksam, wenn in ihr der Grund für die Umlage bezeichnet und erläutert wird.

(2) ¹Der Mieter schuldet den auf ihn entfallenden Teil der Umlage mit Beginn des auf die Erklärung folgenden übernächsten Monats. ²Soweit die Erklärung darauf beruht, dass sich die Betriebskosten rückwirkend erhöht haben, wirkt sie auf den Zeitpunkt der Erhöhung der Betriebskosten, höchstens jedoch auf den Beginn des der Erklärung vorausgehenden Kalenderjahres zurück, sofern der Vermieter die Erklärung innerhalb von drei Monaten nach Kenntnis von der Erhöhung abgibt.

(3) ¹Ermäßigen sich die Betriebskosten, so ist eine Betriebskostenpauschale vom Zeitpunkt der Ermäßigung an entsprechend herabzusetzen. ²Die Ermäßigung ist dem Mieter unverzüglich mitzuteilen.

(4) Sind Betriebskostenvorauszahlungen vereinbart worden, so kann jede Vertragspartei nach einer Abrechnung durch Erklärung in Textform eine Anpassung auf eine angemessene Höhe vornehmen.

(5) Bei Veränderungen von Betriebskosten ist der Grundsatz der Wirtschaftlichkeit zu beachten.

(6) Eine zum Nachteil des Mieters abweichende Vereinbarung ist unwirksam.

Gliederung

A. Grundlagen	1	2. Abdingbarkeit	15
I. Kurzcharakteristik	1	3. Musterklauseln	16
II. Gesetzgebungsmaterialien	2	4. Praktische Hinweise	18
III. Regelungsprinzipien und praktische Bedeutung	4	III. Ermäßigung der Betriebskosten (Absatz 3)	19
		1. Gesetzgebungsgeschichte	20
B. Anwendungsvoraussetzungen	5	2. Definition	21
I. Normstruktur	5	3. Literatur	24
II. Erhöhung der Pauschale (Absatz 1)	8	4. Die Auffassung des Autors	25
1. Definition	9	5. Abdingbarkeit	26
a. Erhöhte Betriebskosten	10	6. Musterklauseln	27
b. Vereinbarung einer Gleitklausel	11	7. Praktische Hinweise	28
c. Erklärung in Textform	12	IV. Anpassung der Vorauszahlungen (Absatz 4)	29
d. Bezeichnung und Erläuterung der Erhöhungsgründe	13	V. Wirtschaftlichkeitsgrundsatz (Absatz 5)	33
		C. Rechtsfolgen	34

A. Grundlagen

I. Kurzcharakteristik

§ 560 BGB regelt das **Verfahren zur Änderung der Höhe einer Betriebskostenumlage** für den Fall, dass sich die Betriebskosten erhöhen oder ermäßigen. In § 560 Abs. 1-3 BGB findet man die wesentlich umfangreicheren Vorschriften für die Pauschale, während sich allein § 560 Abs. 4 BGB mit der Vorauszahlung befasst. Die Norm verlangt ferner die Beachtung des Wirtschaftlichkeitsgebotes bei der Anpassung (§ 560 Abs. 5 BGB) und ist nicht zum Nachteil des Mieters abdingbar (§ 560 Abs. 6 BGB).

1

II. Gesetzgebungsmaterialien

Mit der Mietrechtsreform 2001 wurden die Regelungen neu in das BGB eingefügt. Sie beruhen auf der alten Vorschrift in § 4 Abs. 2-4 MietHöReglG. Grundsätzlich wird seither für die Voraussetzungen der

2

§ 560

Anhebung oder Senkung der Betriebskostenumlage zwischen Pauschale und Vorauszahlung unterschieden.

3   Das Erfordernis einer **Gleitklausel** im Mietvertrag für die Anhebung der Pauschale durch den Vermieter gemäß § 560 Abs. 1 Satz 1 BGB war im Gesetzgebungsverfahren nicht unumstritten. So hielt man die Gleitklausel teilweise nicht für interessengerecht, da beide Parteien um die Möglichkeit der Schwankung von Betriebskosten wüssten und der Vermieter umgekehrt zur Herabsetzung der Pauschale bei einer Verringerung der Betriebskosten auch ohne eine derartige Abrede verpflichtet sein soll.[1] Letztlich wurde die Bestimmung unter Verweis darauf aufgenommen, dass sich der Mieter gerade aufgrund der fehlenden Abrechnung bei der Pauschale ohne diesen vertraglichen Hinweis auf die konstante Höhe der Zahlung verlassen würde.[2]

III. Regelungsprinzipien und praktische Bedeutung

4   § 560 BGB eröffnet den Parteien je nachdem, ob sie eine Pauschale oder eine Vorauszahlung vereinbart haben, unterschiedlich ausgestaltete Rechte zur Wahrnehmung ihrer Interessen. Im Falle der Vorauszahlung ist der Aufwand am geringsten. Die Parteien haben symmetrische Rechte zur Anpassung der Vorauszahlungshöhe auf der Grundlage der erfolgten Abrechnung und in Textform gemäß § 126b BGB. Dieser Vorteil gegenüber dem Verfahren bei der Pauschale lässt sich mit dem Ausgleich rechtfertigen, der mit Vorliegen der tatsächlichen Betriebskostenhöhe vorgenommen wird. Demgegenüber bleibt es für die Pauschale bei der komplizierten Regelung über das Wirksamwerden der Erhöhung, das die Zahlungspflicht des Mieters auslöst. Obwohl die Regelung bereits etwas vereinfacht wurde (vgl. § 4 Abs. 3 Satz 1 MietHöReglG),[3] verschafft sie nicht zuletzt durch das Erfordernis des Bezeichnens und Erläuterns der Umlage dem Vermieter einen bedeutend größeren Aufwand. Kommt dann noch hinzu, dass es sich um eine nachträgliche Geltendmachung (z.B. rückwirkend erhobene Grundsteuer) handelt, so führt dieser erhebliche Kosten- und Verwaltungsaufwand sowie der Zeitdruck der Frist von drei Monaten in der Praxis wie bisher dazu, dass kaum rückwirkende Erhöhungen vorgenommen werden.[4]

B. Anwendungsvoraussetzungen

I. Normstruktur

5   § 560 Abs. 1-3 BGB befasst sich mit der Veränderung einer **Betriebskostenpauschale**. Dabei werden in § 560 Abs. 1 BGB vorab die Voraussetzungen einer Erhöhung festgelegt. § 560 Abs. 2 BGB regelt auf der Rechtsfolgenseite den Zeitpunkt, in dem die Pflicht zur Zahlung der erhöhten Pauschale aus § 560 Abs. 1 BGB für den Mieter eintritt. Der Fall der Ermäßigung der Betriebskosten wird gemäß § 560 Abs. 3 BGB mit geringeren Erfordernissen zur Umlage als bei der Erhöhung bedacht. Dies betrifft sowohl den Zeitpunkt der Wirksamkeit einer niedrigeren Zahlungspflicht als auch die Mitteilungspflicht des Vermieters.

6   Für die **Vorauszahlung** legt § 560 Abs. 4 BGB Bedingungen einer Veränderung der Höhe fest. Danach sind beide Mietparteien mittels Erklärung in Textform zur Anpassung auf eine angemessene Höhe berechtigt.

7   Der Grundsatz der Wirtschaftlichkeit (§ 560 Abs. 5 BGB) sowie die relative Unabdingbarkeit (§ 560 Abs. 6 BGB) gelten wiederum für beide Alternativen.

II. Erhöhung der Pauschale (Absatz 1)

8   § 560 Abs. 1 BGB begründet für den Vermieter das Recht zur einseitigen Erhöhung der vereinbarten Betriebskostenpauschale durch Erklärung gegenüber dem Mieter.

---

[1] Vgl. Stellungnahme des Bundesrates, BT-Drs. 14/4553, S. 90.
[2] BT-Drs. 14/4553, S. 101.
[3] Vgl. auch BT-Drs. 14/4553, S. 59.
[4] *Langenberg*, NZM 2001, 783-795, 792.

1. Definition

Für eine Erhöhung der Pauschale seitens des Vermieters ist erforderlich, dass eine tatsächliche Erhöhung der Betriebskosten eingetreten ist (§ 560 Abs. 1 Satz 1 BGB). Weiterhin bedarf es einer vertraglichen Bestimmung, wonach der Vermieter zur einseitigen Vornahme der Umlageerhöhung berechtigt ist (Gleitklausel, § 560 Abs. 1 Satz 1 BGB). Zudem muss die Erklärung in Textform erfolgen (§ 560 Abs. 1 Satz 1 BGB) und die Erhöhungsgründe bezeichnen und erläutern (§ 560 Abs. 1 Satz 2 BGB). Der BGH fordert nun auch unter Aufgabe seiner bisherigen Rechtsprechung eine formell und inhaltlich korrekte Abrechnung.[5]

a. Erhöhte Betriebskosten

Zur Feststellung der tatsächlichen Erhöhung wird eine **Vergleichsrechnung** über die Summe der gesamten Betriebskosten zu zwei verschiedenen Zeitpunkten vorgenommen.[6] Regelmäßig wird für den zweiten Zeitpunkt auf die gegenwärtigen Betriebskosten abgestellt, eine Ausnahme bildet der Fall rückwirkend erhobener Betriebskosten nach der Maßgabe von § 560 Abs. 2 Satz 2 BGB.[7] Nicht zu berücksichtigen sind solche Erhöhungen, die dem Vermieter im Zeitpunkt der vorhergehenden Festlegung bereits bekannt und fällig waren. Nur wenn er die Erhöhung in seiner Kalkulation nicht berücksichtigen konnte, darf er sie auf den Mieter umlegen.

b. Vereinbarung einer Gleitklausel

Das Recht zur einseitigen Erhöhung der Pauschale seitens des Vermieters besteht nur, sofern es durch die Parteien im Mietvertrag vereinbart wurde (§ 560 Abs. 1 BGB). Dieses Erfordernis einer Gleitklausel hat mit der Mietrechtsreform 2001 Einzug in das BGB gehalten (vgl. Rn. 3).

c. Erklärung in Textform

Die Erklärung über die Erhöhung hat in **Textform** gemäß § 126b BGB (vgl. die Kommentierung zu § 126b BGB) zu erfolgen. Als Erklärender muss daraus unabhängig von der Stellung als Eigentümer der Vermieter hervorgehen.[8] Bei mehr als einem Vermieter (z.B. Erbengemeinschaft) muss die Erklärung gemeinsam abgegeben werden.[9] Zu richten ist sie an alle Mieter, die als solche aus dem Mietvertrag hervorgehen.[10] Dies gilt auch dann, wenn die Mieter sich wechselseitig zum Empfang bevollmächtigt haben.[11]

d. Bezeichnung und Erläuterung der Erhöhungsgründe

Letztlich müssen die Gründe für die Erhöhung in der Erklärung bezeichnet und erläutert werden. Diese Begründung ist eine Wirksamkeitsvoraussetzung des Erhöhungsverlangens.[12] Sie muss dem Mieter Aufschluss darüber geben, **welche Betriebskosten aus welchen Gründen** gestiegen sind. Dies hat in einer Form zu erfolgen, welche die Betriebskosten zu zwei Zeitpunkten (letzte Anpassung und aktueller Stand) unter Angabe des Umlagemaßstabes gegenüberstellt, so dass die Erhöhung für den Mieter tatsächlich nachvollziehbar ist.[13] Die dazu existierenden Belege sind für die effiziente Ausübung des

---

[5] BGH v. 15.05.2012 - VIII ZR 246/11 - MDR 2012, 752-753 - juris Rn. 13; bisher genügte eine formell korrekte Abrechnung, vgl. dazu BGH v. 28.11.2007 - VIII ZR 145/07 - NJW 2008, 508-511; BGH v. 25.11.2009 - VIII ZR 322/08 - NJW 2010, 2053-2055; BGH v. 16.06.2010 - VIII ZR 258/09 - NZM 2010, 736-739.
[6] *Weitemeyer* in: Staudinger, § 560 Rn. 18.
[7] Vgl. für rückwirkend erhobene öffentliche Lasten z.B. BVerwG v. 15.04.1983 - 8 C 170/81 - juris Rn. 17 - JZ 1984, 51-52. Allgemein zur Umlagefähigkeit rückwirkend erhobener Grundsteuer vgl. die Kommentierung zu § 556 BGB Rn. 16.
[8] LG Berlin v. 18.02.1997 - 65 S 378/96 - Grundeigentum 1997, 491.
[9] *Weitemeyer* in: Staudinger, § 560 Rn. 23.
[10] OLG Celle v. 20.01.1982 - 2 UH 1/81 - juris Rn. 12 - OLGZ 1982, 254-255 m.w.N.
[11] LG Darmstadt v. 22.08.1996 - 6 S 25/96 - WuM 1996, 708.
[12] AG Hannover v. 25.11.1983 - 515 C 12450/83 - juris Rn. 8 - WuM 1985, 122-123.
[13] Blank/Börstinghaus, Miete, 2008, § 560 Rn. 10; *Weitemeyer* in: Staudinger, § 560 Rn. 24; vgl. auch AG Dortmund v. 06.02.2004 - 107 C 8704/03 - juris Rn. 13 - WuM 2004, 148-150.

§ 560

Belegeinsichtsrechtes seitens des Mieters vom Vermieter so genau in der Erklärung zu bezeichnen, dass eine genaue Angabe des gewünschten Beleges möglich ist. Diese Bezeichnung erfolgt durch Vermerk des Datums und des Absenders der Referenz.[14]

14 Für den **Anspruch des Mieters auf Belegeinsicht** gelten die §§ 810-811 BGB. Die Einsichtnahme findet grundsätzlich in den Büroräumen bzw. am Wohnort des Vermieters statt. Ein Anspruch auf Übersendung von Kopien besteht nicht.[15]

2. Abdingbarkeit

15 Die Vorschrift ist gemäß § 560 Abs. 6 BGB nicht zum Nachteil des Mieters abdingbar.

3. Musterklauseln

16 **Gleitklausel**: Der Vermieter ist berechtigt, Erhöhungen von Betriebskosten, die in § 2 BetrKV aufgeführt sind, gemäß § 560 Abs. 1-2 BGB anteilig durch Erhöhung der Pauschale zum nächstmöglichen Zeitpunkt auf den Mieter umzulegen.

17 **Empfangsvollmacht**: Für die Wirksamkeit einer Erklärung des Vermieters genügt es, wenn sie gegenüber einem Mieter abgegeben wird. Allerdings muss sich die Erklärung trotzdem inhaltlich an alle Mieter wenden.[16]

4. Praktische Hinweise

18 Die Gleitklausel kann auch formularmäßig in den Mietvertrag einbezogen werden.[17]

III. Ermäßigung der Betriebskosten (Absatz 3)

19 Ebenso wie eine Erhöhung der Betriebskosten muss sich auch deren Ermäßigung auf die Pauschale niederschlagen. Das Verfahren dazu regelt § 560 Abs. 3 BGB. Die Pflicht des Vermieters zur Herabsetzung des Pauschalbetrages korrespondiert mit dem Erhöhungsrecht aus § 560 Abs. 1 BGB, daher sind die Voraussetzungen für die Feststellung einer Ermäßigung identisch.[18]

1. Gesetzgebungsgeschichte

20 Die Vorschrift entspricht weitgehend § 4 Abs. 4 MietHöReglG. Allerdings soll sich die Herabsetzung auf den Pauschalbetrag für die Nebenkosten, nicht wie zuvor auf den Mietzins beziehen.[19]

2. Definition

21 Die Ermäßigung muss sich auf die **Saldierung** des Gesamtbetrages aller Betriebskosten beziehen.[20] Dabei müssen die Positionen vernachlässigt werden, die nach einer vertraglichen Abrede mit einer Vorauszahlung abgeleistet werden. Die Ermäßigung betrifft nicht nur solche Fälle, in denen sich die Kosten verringert haben, sondern auch diejenigen, in denen einzelne Bestandteile völlig entfallen.

22 Zur **Berechnung** ist auf § 560 Abs. 1 BGB zu verweisen. Genau wie bei der Erhöhung wird die Saldierung zwischen den Betriebskosten im aktuellen Zeitpunkt und dem Zeitpunkt der letzten Anpassung vorgenommen.

23 Die Mitteilung an den Mieter hat unverzüglich zu erfolgen (§ 560 Abs. 3 Satz 2 BGB). Der Begriff der Unverzüglichkeit bestimmt sich nach der Legaldefinition in § 121 Abs. 1 Satz 1 BGB (vgl. die Kommentierung zu § 121 BGB).

---

[14] LG Berlin v. 11.08.1995 - 65 S 94/95 - juris Rn. 7 - WuM 1995, 717-718; AG Görlitz v. 17.11.1995 - 9 C 0791/95, 9 C 791/95 - juris Rn. 3 - WuM 1996, 48-49.
[15] BGH v. 08.03.2006 - VIII ZR 78/05 - WuM 2006, 200-204. Vgl. näher dazu die Kommentierung zu § 556 BGB Rn. 95.
[16] Vgl. *Weitemeyer* in: Staudinger, § 560 Rn. 23.
[17] OLG Karlsruhe v. 22.04.1993 - 3 REMiet 1/93 - juris Rn. 30 - NJW-RR 1993, 977-978.
[18] *Blank/Börstinghaus*, Miete, 2008, § 560 Rn. 15.
[19] Vgl. BT-Drs. 14/4553, S. 59.
[20] So bereits die vorangegangene Vorschrift, vgl. BT-Drs. 7/2011, S. 13.

3. Literatur

Bereits vor der Mietrechtsreform 2001 wurde eine vorherige Erhöhung für eine Ermäßigung des Mietzinses wegen geringerer Betriebskosten nach § 4 Abs. 4 MietHöRegl überwiegend verneint.[21] In der Praxis hat die Frage bisher keine übergeordnete Rolle gespielt.[22]

4. Die Auffassung des Autors

Mit der Mietrechtsreform sprechen die besseren Argumente für die überwiegende Ansicht. Der Gesetzgeber hat es sich zum Ziel gesetzt, die Abrechnungsgerechtigkeit zu erhöhen und ökonomisch sowie ökologisch verantwortungsvolle(n) Verbrauch bzw. Verursachung zu fördern.[23] Obwohl dabei die Vorauszahlung eine größere Rolle spielt, muss der Anreiz zum sparsamen Umgang für beide Alternativen der Betriebskostenumlage gelten. Ansonsten würde eines der Ziele des Gesetzgebers nur unzulänglich umgesetzt werden. Daher muss der bisherigen Rechtsprechung[24] und überwiegenden Literatur[25] gefolgt werden.

5. Abdingbarkeit

Gemäß § 560 Abs. 6 BGB ist § 560 Abs. 3 BGB nicht zum Nachteil des Mieters abdingbar.

6. Musterklauseln

Anders als bei der Erhöhung der Betriebskostenpauschale ist zu deren Herabsetzung **keine vertragliche Vereinbarung** notwendig.

7. Praktische Hinweise

Die anteilige Herabsetzung der Pauschale wird mit der Mitteilung zusammen vorgenommen. Eine Begründung oder die Beifügung entsprechender Belege ist nicht notwendig. Der Mieter hat jedoch ebenso wie bei der Erhöhung der Pauschale einen Auskunftsanspruch sowie einen Anspruch auf Auskunft und Belegeinsicht (vgl. Rn. 14).

IV. Anpassung der Vorauszahlungen (Absatz 4)

Bei der Vorauszahlung gestaltet sich eine Anpassung der Höhe **einfacher**. § 560 Abs. 4 BGB korrespondiert mit der Regelung in § 556 Abs. 2 Satz 2 BGB und konkretisiert diese für den Fall von Änderungen in der tatsächlichen Höhe der Betriebskosten. Da z.B. durch neu hinzugekommene bzw. ausgeschiedene Mitbewohner, Preissteigerungen oder veränderte Verbrauchsgewohnheiten relativ häufig eine solche Änderung vorliegen kann, sollen beide Parteien durch § 560 Abs. 4 BGB ein flexibles Recht zur Anpassung zur Verfügung haben.[26] Ergibt sich also bei dem Vergleich der Betriebskosten der aktuellen Abrechnung mit denen, die als Grundlage für die Festlegung der bisherigen Vorauszahlungshöhe dienten, ein Saldo, so kann jede Partei die Anhebung oder Senkung der Vorauszahlung in angemessener Höhe durch Erklärung in Schriftform (§ 126b BGB) vornehmen. Zusätzliche Voraussetzung für eine Erhöhung der Vorauszahlungen durch den Vermieter ist allerdings, dass dieser die formell ordnungsgemäße Betriebskostenabrechnung, aus der sich die Nachzahlungspflicht des Mieters ergibt, rechtzeitig gemäß § 556 Abs. 3 Satz 2 BGB vorlegt. Ansonsten ist neben der Nachforderung auch

---

[21] Blank/Börstinghaus, Miete, 2008, § 560 Rn. 16; *Barthelmess*, Wohnraumkündigungsschutzgesetz, Miethöhegesetz, 5. Aufl. 1995, § 4 Rn. 328.

[22] Vgl. lediglich das Urteil des BayObLG, in dem das Erfordernis einer vorangehenden Erhöhung wie bei der h.M. unter Verweis auf die mieterschützende Funktion der Vorschrift verneint wird, BayObLG München v. 05.10.1995 - RE-Miet 1/95 - juris Rn. 17 - NJW-RR 1996, 207-209.

[23] BT-Drs. 14/4553, S. 2.

[24] BayObLG München v. 05.10.1995 - RE-Miet 1/95 - juris Rn. 17 - NJW-RR 1996, 207-209.

[25] Vgl. Blank/Börstinghaus, Miete, 2008, § 560 Rn. 16; *Barthelmess*, Wohnraumkündigungsschutzgesetz, Miethöhegesetz, 5. Aufl. 1995, § 4 Rn. 328.

[26] BT-Drs. 14/4553, S. 59.

sein Erhöhungsverlangen ausgeschlossen.[27] Inhaltliche Mängel der Abrechnung wirken sich hingegen nur auf den Umfang der Erhöhung, also auf die Frage der Angemessenheit aus.[28] In jedem Falle sollten in der Erklärung des Mieters bzw. des Vermieters die Umstände dargelegt sein, aus denen sich die Höhe der Überzahlung bzw. Unterdeckung ergibt.[29]

30 Die Problematik nachträglich erhobener Betriebskosten entsteht im Falle der Vereinbarung von Vorauszahlungen nicht. Da der Vermieter z.B. die späte Nachforderung von öffentlichen Abgaben gemäß § 556 Abs. 3 Satz 3 BGB nicht zu vertreten hat, kann er diese noch abrechnen und auf den Mieter umlegen.

31 Die Frage, ob im Vergleich der Betriebskosten ein Saldo eingetreten ist, muss bisweilen differenziert im Hinblick auf die Art der Kosten beantwortet werden. Viele Mietverträge sehen getrennte Vorauszahlungsbeträge für die Heizkosten und für (sonstige) Betriebskosten vor. In diesen Fällen kann eine Erhöhung bzw. Verringerung auch dann durchgesetzt werden, wenn nur einer der beiden Abrechnungskreise einen entsprechenden Saldo aufweist.[30]

32 **Abdingbarkeit**: Gemäß § 560 Abs. 6 BGB kann das Anpassungsrecht des Mieters nicht durch eine vertragliche Regelung aufgehoben, verkürzt oder erschwert werden. Eine Abbedingung des Rechts auf Seiten des Vermieters wäre hingegen zulässig, jedoch auch für den Mieter, der sich so evtl. unerwartet einer hohen Nachzahlung ausgesetzt sieht, nicht nur von Vorteil.

V. Wirtschaftlichkeitsgrundsatz (Absatz 5)

33 Für Veränderungen der Betriebskosten ist gemäß § 560 Abs. 5 BGB das Gebot der Wirtschaftlichkeit zu beachten (vgl. näher dazu die Kommentierung zu § 556 BGB).

C. Rechtsfolgen

34 Pauschale und Vorauszahlung zeitigen unterschiedliche Rechtsfolgen bezüglich des Wirksamwerdens der Änderung.

35 § 560 Abs. 2 BGB bestimmt für die **Pauschale**, dass mit dem Beginn des auf die Erklärung folgenden übernächsten Monats der Mieter die festgesetzte Umlage schuldet. Der Fall der Herabsetzung der Pauschale gemäß § 560 Abs. 3 BGB ist davon aufgrund der systematischen Stellung im Gesetz nicht erfasst. Da § 560 Abs. 3 BGB zudem als Gestaltungsrecht konzipiert ist,[31] kann der Mieter mit Zugang der Herabsetzungserklärung seine Pauschalzahlungen verringern. Schwieriger gestaltet sich der Eintritt der Wirksamkeit bei der nachträglichen Geltendmachung von Betriebskostenerhöhungen. Die Erklärung wirkt höchstens bis auf den Beginn des ihr vorangegangenen Kalenderjahres zurück, so dass noch früher angefallene Kosten nicht mehr umlagefähig sind. Zudem hat der Vermieter nur drei Monate ab Kenntnis von der Erhöhung Zeit, um die Erklärung abzugeben. Versäumt er diese Frist, scheidet eine nachträgliche Geltendmachung nach dem Wortlaut von § 560 Abs. 3 Satz 2 BGB ganz aus.

36 Bei der **Vorauszahlung** verschafft die Regelung in § 560 Abs. 4 BGB für den Fall veränderter Betriebskosten beiden Parteien das Recht, die Anpassung der Vorauszahlung auf eine angemessene Höhe vorzunehmen. Die Vorschrift beschränkt dieses Recht jedoch auf die Zeit nach der entscheidenden Abrechnung. Problematisch ist daher, ob durch eine entsprechende Vertragsklausel, die dem Vermieter bereits für die laufende Periode ein einseitiges Erhöhungsrecht einräumt, der Mieter gemäß § 560 Abs. 6 BGB benachteiligt würde. Dies scheint aufgrund der auf die Vorauszahlungen folgenden Abrechnung zunächst nicht der Fall zu sein, allerdings besteht die Gefahr, dass der Vermieter eine solche

---

[27] LG Berlin v. 08.12.2003 - 67 S 235/03 - NZM 2004, 339; AG Hamburg-Harburg v. 16.06.2006 - 641 C 464/04 - ZMR 2006, 784-785.
[28] BGH v. 25.11.2009 - VIII ZR 322/08 - juris Rn. 16 - MDR 2010, 377-378.
[29] Dies fordert zumindest das Urteil des LG Berlin v. 18.12.2007 - 63 S 50/07 - Grundeigentum 2008, 331-332.
[30] So z.B. LG Duisburg v. 22.02.2006 - 13 T 9/06 - WuM 2006, 199-200; AG Pinneberg v. 07.12.2007 - 72 C 218/07 - ZMR 2008, 304-306.
[31] *Langenberg*, NZM 2001, 783-795, 792.

Klausel nutzt, um den gesamten prognostizierten Jahresfehlbetrag auf die wenigen letzten Monate der Abrechnungsperiode zu verteilen. *Langenberg* bietet für diesen Fall eine praktikable Lösung, indem er den monatlichen Fehlbetrag bei gleichmäßiger, auf das ganze Jahr verteilter Belastung ermittelt, welcher dann auf die restlichen Monate bis zur Abrechnung umgelegt wird.[32]

---

[32] *Langenberg*, NZM 2001, 783-795, 793.

§ 561 BGB Sonderkündigungsrecht des Mieters nach Mieterhöhung

(Fassung vom 02.01.2002, gültig ab 01.01.2002)

(1) ¹Macht der Vermieter eine Mieterhöhung nach § 558 oder § 559 geltend, so kann der Mieter bis zum Ablauf des zweiten Monats nach dem Zugang der Erklärung des Vermieters das Mietverhältnis außerordentlich zum Ablauf des übernächsten Monats kündigen. ²Kündigt der Mieter, so tritt die Mieterhöhung nicht ein.

(2) Eine zum Nachteil des Mieters abweichende Vereinbarung ist unwirksam.

Gliederung

A. Grundlagen 1	1. Definition 8
I. Kurzcharakteristik 1	2. Rechtsprechung 9
II. Gesetzgebungsmaterialien 3	3. Literatur 10
B. Praktische Bedeutung 5	III. Kündigungsfristen 11
C. Anwendungsvoraussetzungen 6	1. Definition 11
I. Relevante Mieterhöhungsgründe 6	2. Rechtsprechung 13
1. Definition 6	3. Abdingbarkeit 14
2. Abdingbarkeit 7	IV. Keine Mieterhöhung 15
II. Form des Mieterhöhungsverlangens . 8	**D. Rechtsfolgen** 16

A. Grundlagen

I. Kurzcharakteristik

1 Die Vorschrift räumt dem Mieter ein Sonderkündigungsrecht ein, wenn der Vermieter die Miete erhöhen will, indem er entweder gem. § 558 BGB die Erhöhung auf die ortsübliche Vergleichsmiete verlangt oder gem. § 559 BGB die Kosten einer Modernisierung auf die Mieter umlegen will. Der Mieter soll als Ausgleich dafür, dass der Vermieter kraft gesetzlicher Vorschriften die Miete einseitig erhöhen kann, das Vertragsverhältnis beenden können.[1]

2 § 561 BGB vereinheitlicht das früher in § 9 Abs. 1 MietHöReglG geregelte **Sonderkündigungsrecht**, das unterschiedliche Fristen für die beiden von ihm erfassten Formen der Mieterhöhung vorsah. Die Frist gliedert sich in eine **Überlegungsfrist**, innerhalb derer der Mieter sein Sonderkündigungsrecht ausüben muss, und in die **eigentliche Kündigungsfrist**. Beide zusammen betragen maximal vier Monate.

II. Gesetzgebungsmaterialien

3 Das Sonderkündigungsrecht nach § 9 Abs. 1 MietHöReglG trat, wie das MietHöReglG insgesamt, am 01.01.1975 als Bestandteil des 2. WoKSchG in Kraft. § 9 Abs. 1 MietHöReglG differenzierte nach Mieterhöhungen, die gem. § 2 MietHöReglG im Rahmen der Anhebung an die **ortsübliche Vergleichsmiete** geltend gemacht wurden, und nach Mieterhöhungen, die gem. § 3 MietHöReglG oder § 5 MietHöReglG als Umlage von **Modernisierungskosten** bzw. von Erhöhungen der Kapitalkosten geltend gemacht wurden.

4 Durch die **Mietrechtsreform** wurde eine Vereinheitlichung der Fristen im Sinne der bisher nur bei einer Mietanhebung bis zur ortsüblichen Vergleichsmiete geltenden Regelung vorgenommen. Damit wurde die kürzere der zuvor geltenden Fristen zur Vereinheitlichung gewählt. Für das Sonderkündigungsrecht bei einer Modernisierungsumlage bedeutet dies eine Verkürzung um einen Monat.[2] Die Vorschrift trat am 01.09.2001 in Kraft.

---

[1] Zur ratio der Vorschrift auch *Artz* in: MünchKomm-BGB, § 561 Rn. 1; *Lammel*, Wohnraummietrecht, 3. Aufl. 2007, § 561 Rn. 2; *Börstinghaus* in: Schmidt-Futterer, Mietrecht, 10. Aufl. 2011, § 561 Rn. 7.

[2] Die Gesetzesbegründung, BT-Drs. 14/4553, S. 59 f., ignoriert, dass die Vereinheitlichung auch bei Zugrundelegung der längeren Frist hätte erreicht werden können.

B. Praktische Bedeutung

Die praktische Bedeutung des Sonderkündigungsrechts wird als **gering** eingeschätzt.[3] Es wird nämlich häufig nicht im Interesse des Mieters sein, seine Wohnung aufzugeben. Bei einem angespannten Wohnungsmarkt wird er sich nur **schwer Ersatz-Wohnraum beschaffen** können. Eine gewisse praktische Relevanz dürfte die Vorschrift daher nur in den Segmenten des Wohnungsmarktes entfalten, in denen die Marktlage mindestens ausgeglichen ist oder ein Überangebot an Wohnraum besteht.

C. Anwendungsvoraussetzungen

I. Relevante Mieterhöhungsgründe

1. Definition

Das Sonderkündigungsrecht kann geltend gemacht werden bei einem Mieterhöhungsverlangen gem. § 558 BGB oder § 559 BGB, d.h. bei einem Verlangen des Vermieters, die Miete an die **ortsübliche Vergleichsmiete** anzupassen oder bei einem Verlangen, **Modernisierungskosten** umzulegen. Die Modernisierung muss ihrerseits gemäß § 554 BGB angekündigt werden.[4]

2. Abdingbarkeit

Das Sonderkündigungsrecht ist **nicht abdingbar** (§ 561 Abs. 2 BGB).

II. Form des Mieterhöhungsverlangens

1. Definition

Die meisten Probleme beim Sonderkündigungsrecht bereitet die Frage, welche **Anforderungen an das Mieterhöhungsverlangen** des Vermieters zu stellen sind. Das Gesetz verlangt Textform und Begründung für die Anpassung an die ortsübliche Vergleichsmiete (§ 558a BGB) und Textform und Erläuterung der Kosten für die Umlage von Modernisierungskosten (§ 559b Abs. 1 BGB). Es besteht Einigkeit, dass einerseits das Sonderkündigungsrecht auch dann eingreifen kann, wenn das Mieterhöhungsverlangen nicht alle formalen Voraussetzungen erfüllt, also unwirksam ist,[5] andererseits es nicht bereits dadurch ausgelöst wird, dass der Vermieter gesprächsweise eine Mieterhöhung erwähnt.[6] Die genaue Grenzziehung wurde jedenfalls zur bisherigen Rechtslage gem. § 9 Abs. 1 MietHöReglG unterschiedlich vorgenommen. Nach der Begründung zur Mietrechtsreform soll es nur noch auf das bloße Verlangen ankommen, **nicht** auf die **Wirksamkeit**.

2. Rechtsprechung

Wegen der relativ geringen praktischen Bedeutung des Sonderkündigungsrechts gibt es nur wenige Urteile, und diese sind nicht widerspruchsfrei. So wird vertreten, dass das Sonderkündigungsrecht nicht eingreift, wenn das Erhöhungsverlangen erkennbar unwirksam war.[7] Im entschiedenen Fall hatte der Vermieter in der Wohnung des Mieters einen handschriftlichen Zettel zurückgelassen, in dem er die Miete von 400 DM auf 500 DM erhöhen wollte. Andererseits soll ein **unwirksames mündliches Mieterhöhungsverlangen** das Sonderkündigungsrecht auslösen.[8] Schließlich wird es einem Mieterhö-

---

[3] *Artz* in: MünchKomm-BGB, § 561 Rn. 9; vgl. allgemein zu § 561 BGB auch *Börstinghaus*, ZAP Fach 4, 811-842.

[4] Vgl. auch LG München v. 11.02.2009 - 15 S 22980/07 - ZMR 2009, 453-455.

[5] *Artz* in: MünchKomm-BGB, § 561 Rn. 4; *Kossmann*, Handbuch der Wohnraummiete, 6. Aufl. 2003, § 183 Rn. 6; *Sternel*, Mietrecht aktuell, 4. Aufl. 2009, Rn. IV 284.

[6] *Kossmann*, Handbuch der Wohnraummiete, 6. Aufl. 2003, § 154 Rn. 19.

[7] AG Münsingen v. 30.07.1997 - 2 C 243/97 - NJW-RR 1998, 228-229; kritisch *Vielitz* in: Hannemann/Wiegener, Münchener Anwaltshandbuch Wohnraummietrecht, 3. Aufl. 2009, § 28 Rn. 635.

[8] AG Bad Hersfeld v. 26.02.1999 - 10 C 1120/98 (70), 10 C 1120/98 - WuM 2000, 36.

hungsverlangen gleichgestellt, wenn der Vermieter dem Mieter einen **neuen Mietvertrag** mit einer höheren Miete anträgt.

3. Literatur

10 In der Literatur wird die Erkennbarkeit der Unwirksamkeit des Mieterhöhungsverlangens etwas genauer bestimmt, wobei grundsätzlich davon ausgegangen wird, dass es auf die Wirksamkeit nicht ankommt.[9] Es sei **rechtsmissbräuchlich**, wenn der Mieter sein Sonderkündigungsrecht ausübt, obwohl er erkannt hat, dass das Mieterhöhungsverlangen unwirksam ist.[10] Nach der Mietrechtsreform kann dies aber nur eine äußerste Grenze sein,[11] denn das Gesetz stellt nur noch, wie ausgeführt, auf ein bloßes Verlangen der Mieterhöhung ab, ohne dessen Wirksamkeit vorauszusetzen.

III. Kündigungsfristen

1. Definition

11 Die Frist setzt sich zusammen aus einer **Überlegungsfrist**, bis zu deren Ablauf der Mieter spätestens das Sonderkündigungsrecht ausgeübt haben muss, und der eigentlichen Kündigungsfrist. Die Überlegungsfrist beginnt mit dem Zugang des Erhöhungsverlangens. Der **Zugang** bestimmt sich nach § 130 BGB (vgl. die Kommentierung zu § 130 BGB). Die Frist beträgt **zwei Monate** und kann vom Mieter dadurch abgekürzt werden, dass er das Sonderkündigungsrecht früher, u.U. sogar unmittelbar nach Zugang des Erhöhungsverlangens, ausübt. Daran mag er ein Interesse haben, wenn er ohnehin aus der Wohnung ausziehen will.

12 Die Dauer der **eigentlichen Kündigungsfrist** kann der Mieter dagegen nicht beeinflussen. Sie hängt von dem Kalendertag innerhalb eines Monats ab, an dem das Erhöhungsverlangen zugeht. Da die Kündigung zum Ablauf des übernächsten Monats greift, schwankt sie **zwischen zwei und drei Monaten**. Geht die Kündigung am letzten Tag eines Monats zu, beträgt sie nur zwei Monate, geht sie dagegen am ersten Tag eines Monats zu, sind es fast drei Monate. Durch die Wahl des Zeitpunkts des Zugangs kann der Vermieter daher etwas Einfluss auf die Länge der Kündigungsfrist nehmen. Die Überlegungsfrist und die Kündigungsfrist zusammengenommen können daher zwischen zwei und fünf Monaten schwanken.

2. Rechtsprechung

13 In der Rechtsprechung wurde das Sonderkündigungsrecht auch zugelassen, wenn es **vor dem Zugang des Mieterhöhungsverlangens** ausgeübt wurde.[12] Dem ist zuzustimmen, denn der Zugang ist keine Voraussetzung für die Ausübung des Sonderkündigungsrechts, sondern lediglich ein Kriterium für die Berechnung der Frist. Dagegen soll die bloße Bezugnahme auf ein früheres, vom Mieter als unwirksam erkanntes Erhöhungsverlangen nicht ausreichen.[13]

3. Abdingbarkeit

14 Die Fristen sind gem. § 561 Abs. 2 BGB **nicht abdingbar**, jedoch nur zum Nachteil des Mieters nicht. Normalerweise bestehen längere Fristen im Interesse des Mieters, so dass sie nicht verkürzt werden können. Das Sonderkündigungsrecht soll dem Mieter jedoch erlauben, so schnell wie möglich das Mietverhältnis zu beenden, so dass prinzipiell daran zu denken wäre, eine Verkürzung der Fristen trotz § 561 Abs. 1 BGB für zulässig zu halten. Auf der anderen Seite soll dem Mieter jedoch die Frist auch

---

[9] *Lammel*, Wohnraummietrecht, 3. Aufl. 2007, § 561 Rn. 6.
[10] *Artz* in: MünchKomm-BGB, § 561 Rn. 4; *Sternel*, Mietrecht aktuell, 4. Aufl. 2009, Rn. IV 285.
[11] Ähnlich *Vielitz* in: Hannemann/Wiegener, Münchener Anwaltshandbuch Wohnraummietrecht, 3. Aufl. 2009, § 28 Rn. 635 („allenfalls"), ebenso bereits für die alte Rechtslage *Börstinghaus* in: Schmidt-Futterer, Mietrecht, 7. Aufl. 1999, MHG § 9 Rn. 15.
[12] AG Bad Hersfeld v. 26.02.1999 - 10 C 1120/98 (70), 10 C 1120/98 - WuM 2000, 36.
[13] AG Münsingen v. 30.07.1997 - 2 C 243/97 - NJW-RR 1998, 228-229.

zustehen, damit er sein Sonderkündigungsrecht realisieren kann, sich also Ersatzwohnraum beschaffen kann. Deswegen wäre eine Verkürzung zum Nachteil des Mieters und mithin unzulässig.[14]

IV. Keine Mieterhöhung

Nach § 561 Abs. 1 Satz 1 BGB kann der Vermieter das Mieterhöhungsverlangen nicht mehr umsetzen, wenn der Mieter das Sonderkündigungsrecht ausübt. Die Mieterhöhungen nach den §§ 558 und 559 BGB werden mit Beginn des dritten Monats nach Zugang des Miterhöhungsverlangens wirksam (§ 558b Abs. 1 BGB bzw. § 559b Abs. 2 BGB) und mithin zu einem Zeitpunkt, zu dem die Fristen des § 561 BGB noch nicht notwendigerweise abgelaufen sein müssen. Für die restliche Mietzeit kann die Erhöhung jedoch nicht geltend gemacht werden.

D. Rechtsfolgen

Mit Ablauf der Kündigungsfrist endet das Mietverhältnis. Dabei ist jedoch § 545 BGB (§ 568 BGB a. F.) zu beachten, wonach sich das Mietverhältnis auf unbestimmte Zeit verlängert, wenn der Mieter nach Ablauf der Mietzeit den **Gebrauch der Mietsache fortsetzt**. Um dies zu verhindern, müssen die Mietparteien ihren entgegenstehenden Willen innerhalb von zwei Wochen erklären.

Es ist streitig, ob in diesem Fall die ursprüngliche[15] oder die erhöhte[16] Miete gilt. Nach Ansicht des Autors sollte die Mieterhöhung nicht als wirksam angesehen werden, denn der Vermieter hat es in der Hand, durch eine entsprechende Erklärung trotz Fortsetzung des Gebrauchs das Mietverhältnis zu beenden. Die Parteien mögen dann einen neuen Mietvertrag unter Zugrundelegung der erhöhten Miete abschließen.

---

[14] Im Ergebnis ähnlich *Vielitz* in: Hannemann/Wiegener, Münchener Anwaltshandbuch Wohnraummietrecht, 3. Aufl. 2009, § 28 Rn. 642, wonach Fristverlängerungen möglich sind, die dem Mieter zugutekommen.

[15] So *Artz* in: MünchKomm-BGB, § 561 Rn. 11; *Kossmann*, Handbuch der Wohnraummiete, 6. Aufl. 2003, § 173 Rn. 4; *Börstinghaus* in: Schmidt-Futterer, Mietrecht, 10. Aufl. 2011, § 561 Rn. 49.

[16] *Lammel*, Wohnraummietrecht, 3. Aufl. 2007, § 561 Rn. 17.

§ 562 BGB Umfang des Vermieterpfandrechts

Kapitel 3 - Pfandrecht des Vermieters

(Fassung vom 02.01.2002, gültig ab 01.01.2002)

(1) ¹Der Vermieter hat für seine Forderungen aus dem Mietverhältnis ein Pfandrecht an den eingebrachten Sachen des Mieters. ²Es erstreckt sich nicht auf die Sachen, die der Pfändung nicht unterliegen.

(2) Für künftige Entschädigungsforderungen und für die Miete für eine spätere Zeit als das laufende und das folgende Mietjahr kann das Pfandrecht nicht geltend gemacht werden.

Gliederung

A. Kommentierung zu Absatz 1	1
I. Grundlagen	1
1. Kurzcharakteristik	1
2. Gesetzgebungsgeschichte und -materialien	2
3. Regelungsprinzipien	4
II. Praktische Bedeutung	6
III. Anwendungsvoraussetzungen	7
1. Normstruktur	7
2. Wohnraummietverhältnis	8
3. Forderungen des Vermieters	11
4. Forderungen aus dem Mietverhältnis	14
5. Sachen des Mieters	17
a. Sachen	17
b. Eigentum des Mieters an den Sachen	22
c. Unpfändbare Sachen	30
6. Einbringen	36
IV. Rechtsfolgen	41
1. Pfandrecht des Vermieters	41
2. Abdingbarkeit	55
3. Praktische Hinweise	58
V. Prozessuale Hinweise	64
VI. Anwendungsfelder	71
1. Übergangsrecht	71
2. Muster – Geltendmachung des Vermieterpfandrechts	72
a. Ausübung des Pfandrechts während des laufenden Mietverhältnisses	72
b. Ausübung des Pfandrechts bei gekündigtem Mietverhältnis	73
B. Kommentierung zu Absatz 2	74
I. Grundlagen	74
1. Kurzcharakteristik	74
2. Regelungsprinzipien	75
II. Anwendungsvoraussetzungen	76
III. Rechtsfolge	77
1. Ausschluss der Geltendmachung für künftige Entschädigungsforderungen und für die Miete für eine spätere Zeit als das laufende und das folgende Mietjahr	77
2. Abdingbarkeit	84
IV. Prozessuale Hinweise/Verfahrenshinweise	85
V. Anwendungsfelder – Übergangsrecht	86

A. Kommentierung zu Absatz 1

I. Grundlagen

1. Kurzcharakteristik

1　Die Vorschrift gibt dem Vermieter von Wohnraum zur Absicherung seiner Ansprüche gegenüber dem Mieter ein gesetzliches besitzloses Pfandrecht. § 562 Abs. 1 BGB regelt den **gegenständlichen Umfang** des Vermieterpfandrechts.

2. Gesetzgebungsgeschichte und -materialien

2　Das auf das römische Recht zurückgehende[1] Vermieterpfandrecht hat seit Inkrafttreten des Bürgerlichen Gesetzbuches keine Änderung erfahren.

3　Auch durch das **Mietrechtsreformgesetz** vom 19.06.2001[2] wurden die vormals in den §§ 559-563 BGB a.F. enthaltenen Regelungen – in Übereinstimmung mit dem Votum der Bund-Länder-Arbeits-

---

[1] *Emmerich* in: Staudinger, 13. Bearb. 1995, § 559 Rn. 1.
[2] BGBl I 2005, 1149.

gruppe zur Mietrechtsvereinfachung³ und dem Referentenentwurf vom 20.03.2000 – inhaltlich unverändert übernommen. Es haben lediglich redaktionelle Anpassungen stattgefunden.⁴

3. Regelungsprinzipien

Das Pfandrecht des Vermieters stellte nach dem Willen des Gesetzgebers ursprünglich die **Kehrseite von dessen Vorleistungspflicht** dar.⁵ Da letztere mit dem Mietrechtsreformgesetz allerdings entfallen ist (vgl. hierzu die Kommentierung zu § 556b BGB), liegt sein Zweck nach Auffassung des Reformgesetzgebers nunmehr vor allem in der **Appellwirkung** gegenüber dem in Zahlungsverzug geratenen Mieter.⁶

Dass ein gesetzliches Vermieterpfandrecht – wie schon bisher – **lediglich im Rahmen der Grundstücksmiete** besteht, folgt nunmehr aus der Stellung der Vorschrift im 2. Untertitel „Mietverhältnisse über Wohnraum" und dem Fehlen einer Verweisung für die Fahrnismiete.

II. Praktische Bedeutung

Die praktische Relevanz des Vermieterpfandrechts im Rahmen der **Wohnraummiete** ist gering⁷, denn – so der Reformgesetzgeber selbst – die Mieter notleidender Wohnraummietverhältnisse besitzen regelmäßig auch keine pfändbaren Gegenstände, zumal in einer finanziell beengten Lage die eingebrachten Objekte in vielen Fällen unter Eigentumsvorbehalt erworben sein werden. Hinzu kommt zum einen die Einschränkung der der Pfändung unterliegenden Gegenstände infolge der Ausweitung des gesetzlichen Pfändungsschutzes (§§ 811, 811c, 812 ZPO) und zum anderen die oftmals nur schwierig und mit geringem Erlös mögliche Verwertung von Pfandsachen des täglichen Gebrauchs. Bedeutung erlangt das Vermieterpfandrecht daher in erster Linie auf Grund seiner durch gesetzliche Verweisung angeordneten Anwendbarkeit auf **gewerblichen Mietraum** (vgl. hierzu die Kommentierung zu § 578 BGB). Im Rahmen der Wohnraummiete stehen dagegen die vertraglich vereinbarten Mietsicherheiten nach § 551 BGB (vgl. hierzu die Kommentierung zu § 551 BGB) im Vordergrund.

III. Anwendungsvoraussetzungen

1. Normstruktur

Normstruktur:
- Tatbestandsmerkmale:
  - Wohnraummietverhältnis (vgl. Rn. 8 ff.),
  - Forderung des Vermieters (vgl. Rn. 11 ff.) aus dem Mietverhältnis (vgl. Rn. 14 ff.),
  - Sachen des Mieters (vgl. Rn. 17 ff.),
  - Einbringung der Sachen (vgl. Rn. 36 ff.).
- Rechtsfolge:
  - Pfandrecht des Vermieters (§ 562 Abs. 1 Satz 1 BGB; vgl. Rn. 41 ff.).
- Ausnahme:
  - Sachen, die nicht der Pfändung unterliegen (§ 562 Abs. 1 Satz 2 BGB; vgl. Rn. 30 ff.).

2. Wohnraummietverhältnis

Die Bestimmung ist auf Grund ihrer systematischen Stellung unmittelbar nur auf die **Wohnraummiete** anwendbar. Zur Abgrenzung von anderen Mietverhältnissen vgl. die Kommentierung zu § 549 BGB.

---

[3] Vgl. Bericht zur Neugliederung und Vereinfachung des Mietrechts, Dezember 1996 in: Bundesanzeiger Jg. 49, Nr. 39a, S. 169.

[4] Vgl. Regierungsentwurf eines Gesetzes zur Neugliederung, Vereinfachung und Reform des Mietrechts in: BT-Drs. 14/4553, S. 60.

[5] *Artz* in: MünchKomm-BGB, § 562 Rn. 3 und *Lammel* in: Schmidt-Futterer, Mietrecht, 10. Aufl. 2011, § 562 Rn. 2.

[6] Vgl. BT-Drs. 14/4553, S. 60.

[7] *Spieker*, ZMR 2002, 327-333, zudem mit einem Überblick über die Regelungen des Vermieterpfandrechts.

9 Auf die Anmietung **anderer Grundstücke** finden die §§ 562-562d BGB entsprechende Anwendung (vgl. hierzu die Kommentierung zu § 578 BGB), ebenso auf **Pachtverhältnisse** über Grundstücke (vgl. hierzu die Kommentierung zu § 581 BGB). Für **Landpachtverträge** ist in § 592 BGB eine gesonderte Regelung enthalten. Im Hinblick auf die darin enthaltenen mietrechtlichen Elemente sollen die Regelungen auch für einen **Pferdeeinstellungsvertrag** gelten.[8]

10 Keine Geltung besitzen die §§ 562-562d BGB dagegen im Rahmen der Fahrnismiete oder -pacht. Dass ein gesetzliches Vermieterpfandrecht **lediglich im Rahmen der Grundstücksmiete** besteht, folgt aus der Stellung der Vorschrift im 2. Untertitel „Mietverhältnisse über Wohnraum" und dem Fehlen einer Verweisung für die Mobiliarmiete. Im Rahmen eines Mietverhältnisses über **Scheinbestandteile** eines Grundstückes (§ 95 Abs. 1 BGB) finden die Vorschriften über das Vermieterpfandrecht allerdings Anwendung.[9]

3. Forderungen des Vermieters

11 Pfandgläubiger ist der **Vermieter**, d.h. die zur Sicherung herangezogenen Sachen müssen auf Grund eines wirksamen Mietvertrages eingebracht worden sein. Unerheblich ist, ob der Vermieter auch Eigentümer der Mietsache ist. Am erforderlichen Mietvertrag fehlt es u.a. im Verhältnis zwischen Hauptvermieter und Untermieter.[10]

12 Wird die **Mietsache veräußert**, so geht gemäß § 566 Abs. 1 BGB auch das Vermieterpfandrecht auf den Erwerber über. Die Vermieterpfandrechte des Erwerbers und des Veräußerers an bereits vor der Veräußerung eingebrachten Sachen stehen dann grundsätzlich gleichrangig nebeneinander (**str.**).[11]

13 Ein Dritter erwirbt das Pfandrecht infolge von dessen Akzessorietät, wenn der Vermieter durch das Vermieterpfandrecht **gesicherte Forderungen abtritt** (§§ 1257, 1250 Abs. 1 Satz 1, 401 BGB).[12]

4. Forderungen aus dem Mietverhältnis

14 **Forderungen aus dem Mietverhältnis** sind nur solche, die sich aus dem Wesen des Mietvertrages als entgeltlicher Gebrauchsüberlassung ergeben. Eine erweiternde Auslegung verbietet sich im Hinblick auf den Schutz des Mieters sowie dessen weitere Gläubiger.[13] Eine **vertragliche Erstreckung** des gesetzlichen Pfandrechts auf andere als die vom Gesetz genannten Forderungen ist daher ebenfalls nicht möglich. Den Absprachen der Mietvertragsparteien kommt allerdings insoweit Bedeutung zu, als sie bestimmen, welche mietvertraglichen Ansprüche des Vermieters im konkreten Vertragsverhältnis bestehen, beispielsweise ob und inwieweit Betriebskosten umgelegt werden. Vom Vermieterpfandrecht **erfasst werden** demnach insbesondere:
- **Mietzins** gemäß § 535 Abs. 2 BGB, einschließlich des für die Gestattung der Gebrauchsüberlassung an Dritte geschuldeten Zuschlages (§ 553 Abs. 2 BGB),
- **Betriebskosten** auf Grund einer Vereinbarung gemäß § 556 BGB (Vorauszahlungen ebenso wie der sich aus einer Abrechnung ergebende Saldo)[14],
- **Nutzungsentschädigung** gemäß § 546a Abs. 1 BGB[15],

---

[8] AG Lemgo v. 06.04.2006 - 18 C 385/06 - juris Rn. 13 - RdL 2006, 232-233 und LG Detmold v. 28.03.2007 - 10 S 183/06 - RdL 2007, 162-163.

[9] *Riecke/Schmidt* in: Schmid, Miete und Mietprozess, 4. Aufl. 2004, Teil 6 Rn. 109 sowie *Lammel* in: Schmidt-Futterer, Mietrecht, 10. Aufl. 2011, § 562 Rn. 6.

[10] OLG Düsseldorf v. 15.01.1987 - 10 U 162/86 - DWW 1987, 330.

[11] *Kellendorfer* in: Müller/Walther, Miet- und Pachtrecht, § 562 Rn. 28; *Lammel* in: Schmidt-Futterer, Mietrecht, 10. Aufl. 2011, § 562 Rn. 55 und *Herrlein* in: Herrlein/Kandelhard, ZAP-Praxiskommentar Mietrecht, 4. Aufl. 2010, § 562 Rn. 19; a.A. – analog zu § 1209 BGB ist das Pfandrecht des Veräußerers vorrangig – *v. Martius* in: Bub/Treier, Handbuch der Geschäfts- und Wohnraummiete, 3. Aufl. 1999, Teil III Rn. 868.

[12] *Emmerich* in: Staudinger, § 562 Rn. 35 und *Lammel* in: Schmidt-Futterer, Mietrecht, 10. Aufl. 2011, § 562 Rn. 55.

[13] BGH v. 06.12.1972 - VIII ZR 179/71 - juris Rn. 10 - BGHZ 60, 22-28.

[14] *Lammel* in: Schmidt-Futterer, Mietrecht, 10. Aufl. 2011, § 562 Rn. 38.

[15] BGH v. 08.03.1972 - VIII ZR 183/70 - juris Rn. 22 - LM Nr. 51 zu § 525 BGB sowie OLG Hamm v. 10.12.1993 - 7 U 63/93 - juris Rn. 33 - NJW-RR 1994, 655-656.

- **Verwendungsersatz** (§§ 1210 Abs. 2, 1216 BGB),
- **Mietsicherheit** auf Grund einer Vereinbarung (**str.**)[16],
- **Schadensersatz** wie beispielsweise Herstellungsaufwand, Mietausfall oder Räumungskosten[17] **wegen Verletzung vertraglicher Pflichten** wie u.a.:
  - **Beschädigung** der Mietsache (§ 280 Abs. 1 BGB),
  - Unterlassung der **Mängelanzeige** (§ 536c Abs. 2 Satz 1 BGB),
  - unterlassene **Schönheitsreparaturen** (§§ 280 Abs. 1 und 3, 281 BGB), eine Verwertung des Pfandes ist hier aber nur möglich, wenn der Anspruch auf die Erfüllung der Primärleistung (Durchführung der Schönheitsreparaturen) in eine sekundäre Geldleistungspflicht übergegangen ist (§ 1228 Abs. 2 BGB),
  - infolge einer **vom Mieter veranlassten Kündigung**,
- **Nebenleistungen bei gemischten Verträgen** (Reinigung, Verpflegung etc.), **sofern** der mietrechtliche Charakter des Rechtsverhältnisses überwiegt und die Nebenleistungen untrennbar im Mietzins aufgehen[18],
- **Kosten der** Kündigung sowie anschließender **Rechtsverfolgung** im Erkenntnis- wie im Vollstreckungsverfahren, auch der Pfandverwertung (§ 1210 Abs. 2 BGB)[19],
- **Zinsen** (§ 1210 Abs. 1 Satz 1 BGB),
- **Vertragsstrafen** (§ 1210 Abs. 1 Satz 1 BGB), dies hat im Hinblick auf das Verbot von Vertragsstrafen im Rahmen des Wohnraummietrechts (§ 555 BGB) allerdings nur bei der Gewerberaummiete Bedeutung.

Nicht vom Vermieterpfandrecht **erfasst** werden dagegen selbständig neben dem Mietverhältnis bestehende vertragliche Ansprüche des Vermieters gegen

- **den Mieter** aus
  - **Kaufvertrag** (beispielsweise bei Bierlieferung)[20],
  - **Darlehen**[21],
  - **Nebenleistungen bei gemischten Verträgen** (Reinigung, Verpflegung etc.), **soweit** die über die Miete hinausgehenden Leistungen selbständig neben die Überlassung der Räumlichkeiten treten[22],
  - einem zusätzlich **rechtsgeschäftlich bestellten Pfandrecht** und dessen Verfolgung[23],
  - **abstrakten Schuldanerkenntniss**en, die keinen Bezug zu konkreten Forderungen aus dem Mietverhältnis haben[24],

15

---

[16] Wie hier LG Regensburg v. 05.08.1991 - 1 O 50/91 - juris Rn. 19 - NJW-RR 1992, 717-718; *Emmerich* in: Staudinger, § 562 Rn. 27; *Kellendorfer* in: Müller/Walther, Miet- und Pachtrecht, § 562 Rn. 18 mit dem zutreffenden Hinweis darauf, dass das Vermieterpfandrecht insoweit gerade nicht als weitere Sicherheit neben eine geleistete Kaution tritt; *Herrlein* in: Herrlein/Kandelhard, ZAP-Praxiskommentar Mietrecht, 4. Aufl. 2010, § 562 Rn. 9 und *Lammel*, Wohnraummietrecht, 3. Aufl. 2007, § 562 Rn. 38; a.A. – wegen des in § 551 Abs. 1 BGB enthaltenen Kumulationsverbots – *Ehlert* in: Bamberger/Roth, § 562 Rn. 18; *Blank* in: Blank/Börstinghaus, Miete, 3. Aufl. 2008, § 562 Rn. 7; *Riecke/Schmidt* in: Schmid, Miete und Mietprozess, 4. Aufl. 2004, Teil 6 Rn. 140; *v. Martius* in: Bub/Treier, Handbuch der Geschäfts- und Wohnraummiete, 3. Aufl. 1999, Teil III Rn. 862 sowie *Lammel* in: Schmidt-Futterer, Mietrecht, 10. Aufl. 2011, § 562 Rn. 41.
[17] *v. Martius* in: Bub/Treier, Handbuch der Geschäfts- und Wohnraummiete, 3. Aufl. 1999, Teil III Rn. 862 sowie OLG Hamm v. 10.12.1993 - 7 U 63/93 - juris Rn. 33 - NJW-RR 1994, 655-656.
[18] *Lammel* in: Schmidt-Futterer, Mietrecht, 10. Aufl. 2011, § 562 Rn. 40.
[19] BGH v. 06.12.1972 - VIII ZR 179/71 - juris Rn. 13 - BGHZ 60, 22-28.
[20] *Emmerich* in: Staudinger, § 562 Rn. 28.
[21] BGH v. 06.12.1972 - VIII ZR 179/71 - juris Rn. 16 - BGHZ 60, 22-28.
[22] Vgl. – Darlehen an Mieter, damit dieser einer vertraglich übernommenen Aufbauverpflichtung nachkommen kann – BGH v. 06.12.1972 - VIII ZR 179/71 - juris Rn. 16 - BGHZ 60, 22-28 und *Emmerich* in: Staudinger, § 562 Rn. 28.
[23] *Lammel* in: Schmidt-Futterer, Mietrecht, 10. Aufl. 2011, § 562 Rn. 41 und *Emmerich* in: Staudinger, 1995, § 559 Rn. 63.
[24] *v. Martius* in: Bub/Treier, Handbuch der Geschäfts- und Wohnraummiete, 3. Aufl. 1999, Teil III Rn. 862 sowie BGH v. 12.05.1992 - VI ZR 257/91 - juris Rn. 22 - BGHZ 118, 201-209.

§ 562

- **Dritte** wie
  - Schulden eines **Vormieter**s, eine bloße Erfüllungsübernahme (§ 329 BGB) ändert hieran nichts[25]; anderes gilt nur bei einer Schuld(mit)übernahme (§§ 414, 415 BGB)[26] oder wenn das Pfandrecht durch eine vertragliche Vereinbarung unter Beteiligung des Vermieters, des neuen und des alten Mieters vom neuen Mieter übernommen wird[27],
  - Kosten der Rechtsverfolgung gegen den **Bürgen** oder **anderen Gläubiger** des Mieters.

16 Das Vermieterpfandrecht erfasst grundsätzlich nur Forderungen, die im Zeitpunkt ihrer ersten pfandrechtlichen Geltendmachung bereits **nach Grund und Höhe entstanden** sind.[28] Ihre Fälligkeit in diesem Moment ist dagegen nicht erforderlich.[29] Zu weiteren Einzelheiten der zeitlichen Begrenzung der durch das Vermieterpfandrecht gesicherten Forderungen vgl. die Erläuterungen in Rn. 74 ff.

5. Sachen des Mieters

a. Sachen

17 **Sachen** sind körperliche Gegenstände, vgl. hierzu auch die Kommentierung zu § 90 BGB. Diese müssen **sonderrechtsfähig** sein, d.h., sie dürfen nicht durch Verbindung mit dem Grundstück des Vermieters zu dessen wesentlichem Bestandteil geworden und damit bereits in das Eigentum des Vermieters übergegangen sein (§ 946 BGB, vgl. insoweit die Kommentierung zu § 93 BGB). Soweit bei **Scheinbestandteilen** (vgl. hierzu die Kommentierung zu § 95 BGB) ein Eigentumsübergang nicht stattfindet, unterliegen die Sachen dem Vermieterpfandrecht.

18 Im Hinblick auf die finanzielle Sicherungsfunktion des Vermieterpfandrechts kommen nur Sachen in Betracht, die einen eigenen **Vermögenswert** besitzen, nicht aber persönliche Andenken[30] oder Geschäftspapiere, die nur zur Vorbereitung der Durchsetzung vermieterseitiger Zahlungsansprüche dienen[31]. **Wertpapiere** unterliegen dem Pfandrecht, soweit sie selbst Träger des Forderungsrechtes sind, wie bei Inhaberpapieren (auch Investmentanteilscheine auf den Inhaber[32]) und durch Indossament übertragbaren Papieren (z.B. Wechsel und Schecks) oder Bargeld einschließlich Banknoten.[33] Kein Pfandrecht entsteht dagegen an bloßen Legitimationspapieren (z.B. Versicherungspolicen und Sparbüchern), denn sie dienen lediglich der Ausweiserleichterung und das Eigentum an ihnen folgt der Forderungsinhaberschaft (§ 952 BGB).

19 An **Forderungen** entsteht ebenfalls grundsätzlich kein Vermieterpfandrecht; dies gilt selbst dann, wenn sie im Wege der Surrogation an die Stelle einer veräußerten oder zerstörten Sache treten.[34] Deshalb hat der Vermieter auch keinen Anspruch gegenüber dem Hauptmieter auf Abtretung von dessen (Unter-)Mietzinsansprüchen gegenüber dem Untermieter, um so gemäß den §§ 1257, 1250, 412, 401 BGB in den Genuss eines Vermieterpfandrechts an den Sachen des Untermieters zu gelangen.[35]

20 Zum **Anwartschaftsrecht** vgl. Rn. 27.

---

[25] BGH v. 31.05.1965 - VIII ZR 302/63 - juris Rn. 44 - LM Nr. 3 zu § 559 BGB.
[26] BGH v. 31.05.1965 - VIII ZR 302/63 - juris Rn. 44 - LM Nr. 3 zu § 559 BGB.
[27] BGH v. 15.02.1995 - XII ZR 260/93 - juris Rn. 19 - LM BGB § 559 Nr. 9 (7/1995).
[28] OLG Düsseldorf v. 04.06.1998 - 24 U 91/97 - juris Rn. 57 - ZMR 2000, 518-522 sowie OLG Hamm v. 10.12.1993 - 7 U 63/93 - juris Rn. 33 - NJW-RR 1994, 655-656.
[29] v. Martius in: Bub/Treier, Handbuch der Geschäfts- und Wohnraummiete, 3. Aufl. 1999, Teil III Rn. 862.
[30] Weidenkaff in: Palandt, § 562 Rn. 7.
[31] Kellendorfer in: Müller/Walther, Miet- und Pachtrecht, § 562 Rn. 7 und Ehlert in: Bamberger/Roth, § 562 Rn. 13c.
[32] BGH v. 04.02.1999 - III ZR 56/98 - juris Rn. 8 - NJW 1999, 1393-1395.
[33] Emmerich in: Staudinger, § 562 Rn. 8 sowie Moeser in: Lindner-Figura/Oprée/Stellmann, Geschäftsraummiete, 2. Aufl. 2008, Kap. 12 Rn. 171.
[34] Kellendorfer in: Müller/Walther, Miet- und Pachtrecht, § 562 Rn. 5 und Lammel in: Schmidt-Futterer, Mietrecht, 10. Aufl. 2011, § 562 Rn. 12.
[35] OLG Celle v. 29.12.1989 - 2 U 200/88 - juris Rn. 43 - NdsRpfl 1990, 86-97.

Bei **Sachgesamtheiten** muss im Hinblick auf den sachenrechtlichen Bestimmtheitsgrundsatz das Vorliegen der Voraussetzungen für jeden Gegenstand einzeln beurteilt werden.[36]

b. Eigentum des Mieters an den Sachen

Die Sachen müssen zum Zeitpunkt der Geltendmachung des Pfandrechtes durch den Vermieter **im Eigentum des Mieters** stehen. Am **Eigentum Dritter** – insbesondere dem der Angehörigen des Mieters und dessen Untermieter – erlangt der Vermieter auch dann kein Pfandrecht, wenn er gutgläubig ist (vgl. Rn. 29). Bei **Ehegatten** sowie **Lebenspartnern** nach § 1 LPartG gelten allerdings die Vermutungen des § 1362 BGB bzw. § 8 LPartG[37]; sofern sie in Gütergemeinschaft leben, haftet das Gesamtgut gemäß § 1438 BGB. Auf **nichteheliche Lebensgemeinschaften** finden die Vorschriften dagegen keine analoge Anwendung (str.).[38]

Bei **Miteigentum** des Mieters besteht das Pfandrecht am entsprechenden Miteigentumsanteil (§ 1258 BGB).[39]

Bei **Gesamthandseigentum** an den eingebrachten Sachen entsteht ein Vermieterpfandrecht grundsätzlich nur, wenn entweder alle Gesamthänder oder die Gesamthand[40] selbst Mieter sind oder der Mieter über das Gesamthandseigentum verfügen kann.[41] Liegen diese Voraussetzungen nicht vor, ist auch der Anteil des Gesellschafters an einzelnen zum Gesellschaftsvermögen gehörenden Gegenständen nicht der Pfändung unterworfen (§ 562 Abs. 1 Satz 2 BGB i.V.m. § 859 Abs. 1 ZPO).

Ist eine **Personenhandelsgesellschaft** Mieter, wird allerdings das eingebrachte persönliche Eigentum der Gesellschafter – auch soweit sie persönlich haften – im Hinblick auf die weitgehende rechtliche Verselbständigung dieser Gesellschaften (§§ 124, 161 Abs. 2 HGB) nicht vom Vermieterpfandrecht erfasst.[42] Angesichts der Annäherung einer **bürgerlich-rechtlichen** Außengesellschaft (GbR) an die offene Handelsgesellschaft besteht kein Grund, diese hiervon abweichend zu behandeln (str.).[43]

Auflösend bedingtes Eigentum des Mieters – beispielsweise als Vorerbe (§ 2139 BGB) – ist ausreichend. Allerdings geht das Vermieterpfandrecht gemäß § 161 Abs. 2 und Abs. 1 Satz 2 BGB bei Eintritt der auflösenden Bedingung wieder unter.[44]

Bei unter **Eigentumsvorbehalt** vom Mieter erworbenen Gegenständen entsteht das Pfandrecht des Vermieters am **Anwartschaftsrecht** des Mieters. Veräußert der Mieter die unter Eigentumsvorbehalt stehende Sache nach Einbringung wieder, bevor er selbst das Eigentum erworben hat, bleibt das Vermieterpfandrecht nach allgemeinen sachenrechtlichen Grundsätzen bei Erstarken des Anwartschaftsrechts zum Vollrecht bei dem Dritten am Eigentum bestehen.[45] Der Vermieter kann regelmäßig gemäß § 267 BGB das Erlöschen des Eigentumsvorbehalts selbst herbeiführen.

Sind eingebrachte Sachen bereits **vor der Einbringung sicherungsübereignet**, kann schon mangels eines dinglichen Rechts des Mieters an ihnen kein Vermieterpfandrecht entstehen. Erfolgt die **Sicherungsübereignung** dagegen **nach Einbringung** in die Räume des Vermieters, wird das Vermieter-

---

[36] *Emmerich* in: Staudinger, 13. Bearb. 1995, § 559 Rn. 6.
[37] *Ehlert* in: Bamberger/Roth, § 562 Rn. 14c und *Kellendorfer* in: Müller/Walther, Miet- und Pachtrecht, § 562 Rn. 9.
[38] BGH v. 14.12.2006 - IX ZR 92/05 - juris Rn. 11 - NJW 2007, 992-994; a.A. *Lammel*, Wohnraummietrecht, 3. Aufl. 2007, § 562 Rn. 34 und *Brudermüller* in: Palandt, Einl. vor § 1297 Rn. 28.
[39] RG v. 21.01.1935 - IV 261/34 - RGZ 334-340, 335 und *Weidenkaff* in: Palandt, § 562 Rn. 7.
[40] *Emmerich* in: Staudinger, § 562 Rn. 18 sowie *Riecke* in: Schmid, Fachanwaltskommentar Mietrecht, 3. Aufl. 2012, § 562 Rn. 8.
[41] *Riecke/Schmidt* in: Schmid, Miete und Mietprozess, 4. Aufl. 2004, Teil 6 Rn. 113.
[42] *Lammel* in: Schmidt-Futterer, Mietrecht, 10. Aufl. 2011, § 562 Rn. 28.
[43] *Emmerich* in: Staudinger, § 562 Rn. 18; *Artz* in: MünchKomm-BGB, § 562 Rn. 15 und *Ehlert* in: Bamberger/Roth, § 562 Rn. 14b; a.A. auch bei Außen-GbR als Mieter Haftung des Alleineigentums der Gesellschafter – *Lammel* in: Schmidt-Futterer, Mietrecht, 10. Aufl. 2011, § 562 Rn. 28 und *Kellendorfer* in: Müller/Walther, Miet- und Pachtrecht, § 562 Rn. 10.
[44] *Lammel*, Wohnraummietrecht, 3. Aufl. 2007, § 562 Rn. 28.
[45] BGH v. 12.02.1992 - XII ZR 7/91 - juris Rn. 14 - BGHZ 117, 200-208 sowie OLG Düsseldorf v. 19.12.1997 - 22 U 133/97 - juris Rn. 4 - NJW-RR 1998, 559-561.

pfandrecht durch die nachträgliche Eigentumsübertragung nicht berührt.[46] Bei einer Sicherungsübereignung nach Einbringung kann der Sicherungsnehmer folglich nur ein mit dem Vermieterpfandrecht belastetes Sicherungseigentum erwerben. Entfaltet infolge einer entsprechenden Sicherungsabrede eine **Sicherungsübereignung gleichzeitig mit der Einbringung** der Sachen Wirksamkeit, insbesondere bei Vorliegen eines Raumsicherungsübereignungsvertrages über ein wechselndes Warenlager, geht das Vermieterpfandrecht rangmäßig vor, wenn die Sicherungsübereignung nach Abschluss des Mietvertrages vereinbart wurde und die Sachen dem Mieter unter Eigentumsvorbehalt geliefert wurden (str.).[47]

29 Der **gutgläubige Erwerb** von besitzlosen gesetzlichen Pfandrechten wie dem Vermieterpfandrecht ist nicht möglich, da die Verweisung des § 1257 BGB für das gesetzliche Pfandrecht die Vorschriften über die Entstehung des rechtsgeschäftlichen Pfandrechts, insbesondere somit § 1208 BGB, nicht einbezieht.[48]

c. Unpfändbare Sachen

30 Ausgenommen vom gesetzlichen Vermieterpfandrecht sind nach den vollstreckungsrechtlichen Vorschriften **unpfändbare Sachen** (§ 562 Abs. 1 Satz 2 BGB).

31 Hierzu zählen zunächst die in den **§§ 811 und 811c ZPO** aufgezählten Gegenstände. Soweit ohne weiteres ersichtlich ist, dass Gegenstände, die zum gewöhnlichen Hausrat gehören und im Haushalt des Mieters gebraucht werden, nur zu einem Erlös verwertet werden können, der außer Verhältnis zu ihrem Wert steht, unterliegen auch diese entsprechend **§ 812 ZPO** nicht dem Vermieterpfandrecht (str.).[49]

32 Durch einen **Pfändungsausschluss** gemäß § 865 ZPO für Zubehör wird die Entstehung des Vermieterpfandrechts dagegen nicht gehindert.[50]

33 Eine privatrechtliche **Austauschpfändung** entsprechend § 811a ZPO ist dem Vermieter in Eigenvornahme nicht gestattet, da insoweit die Einhaltung des vorgeschriebenen justizförmigen Verfahrens notwendig ist.[51]

34 **Maßgeblicher Zeitpunkt** für die Beurteilung der Unpfändbarkeit einer Sache ist der Moment der Geltendmachung des Vermieterpfandrechts.[52] Zum Begriff der Geltendmachung vgl. die Erläuterungen in der Rn. 79.

35 Die schuldhafte unberechtigte Geltendmachung eines Vermieterpfandrechts bezüglich unpfändbarer Sachen oder deren Verwertung macht den Vermieter nach den §§ 280 Abs. 1 und 823 Abs. 1 BGB **schadensersatzpflichtig**.[53] Die Gefahr einer entsprechenden Haftung besteht insbesondere bei Anwendung des sog. „Berliner Modells" (vgl. hierzu Rn. 69), wenn der Vermieter hierbei an sämtlichen

---

[46] BGH v. 31.05.1965 - VIII ZR 302/63 - juris Rn. 35 - LM Nr. 3 zu § 559 BGB; OLG Stuttgart v. 10.04.2008 - 13 U 139/07 - juris Rn. 9 - MDR 2008, 679- 680 sowie OLG Düsseldorf v. 16.12.1998 - 11 U 33/98 - juris Rn. 42 - OLGR Düsseldorf 1999, 173-177.

[47] BGH v. 04.12.2003 - IX ZR 222/02 - juris Rn. 13 - WM 2004, 295-299; BGH v. 12.02.1992 - XII ZR 7/91 - juris Rn. 14 - BGHZ 117, 200-208; OLG Karlsruhe v. 27.05.2010 - 8 U 86/09 - juris Rn. 19 sowie OLG Düsseldorf v. 19.12.1997 - 22 U 133/97 - juris Rn. 4 - NJW-RR 1998, 559-561; offen *Emmerich* in: Staudinger, § 562 Rn. 17; a.A. – Gleichrangigkeit – *v. Martius* in: Bub/Treier, Handbuch der Geschäfts- und Wohnraummiete, 3. Aufl. 1999, Teil III Rn. 857.

[48] OLG Koblenz v. 25.01.2007 - 2 U 1524/06 - juris Rn. 45 - MietRB 2007, 141-142; OLG Düsseldorf v. 16.12.1998 - 11 U 33/98 - juris Rn. 40 - OLGR Düsseldorf 1999, 173-177; zum Werkunternehmerpfandrecht: BGH v. 21.02.1960 - VIII ZR 146/59 - BGHZ 34, 153-158 und *Emmerich* in: Staudinger, § 562 Rn. 3.

[49] AG Köln v. 28.11.1986 - 201 C 453/88 - juris Rn. 8 - WuM 1989, 296; *Weidenkaff* in: Palandt, § 562 Rn. 17; *Schach* in: Kinne/Schach/Bieber, Miet- und Mietprozessrecht, 6. Aufl. 2011, § 562 Rn. 2 sowie *Riecke/Schmidt* in: Schmid, Miete und Mietprozess, 4. Aufl. 2004, Teil 6 Rn. 120; a.A. *Lammel* in: Schmidt-Futterer, Mietrecht, 10. Aufl. 2011, § 562 Rn. 14, der diese allerdings mangels Werthaltigkeit von der Pfandverwertung ausnimmt; offen: LArbG Düsseldorf v. 07.01.2004 - 12 TaBV 69/03 - juris Rn. 31 - LAGReport 2004, 137-140.

[50] *Weidenkaff* in: Palandt, § 562 Rn. 17.

[51] *Lammel*, Wohnraummietrecht, 3. Aufl. 2007, § 562 Rn. 14.

[52] *v. Martius* in: Bub/Treier, Handbuch der Geschäfts- und Wohnraummiete, 3. Aufl. 1999, Teil III Rn. 859.

[53] OLG Düsseldorf v. 16.12.1998 - 11 U 33/98 - juris Rn. 21 - OLGR Düsseldorf 1999, 173-177; OLG Frankfurt v. 16.11.1978 - 6 U 13/78 - juris Rn. 63 - BB 1979, 136-137; *v. Martius* in: Bub/Treier, Handbuch der Geschäfts- und Wohnraummiete, 3. Aufl. 1999, Teil III Rn. 861 sowie ausführlich *Grüßenmeyer*, NZM 2007, 310-324, 323.

in der Wohnung befindlichen Gegenständen ohne Rücksicht auf deren Pfändbarkeit „wahllos" ein Vermieterpfandrecht geltend macht und erkennbar unpfändbare Sachen nicht an den Mieter herausgibt.[54] Ob die unterbliebene Berücksichtigung der Unpfändbarkeit und der damit im Hinblick auf § 562 Abs. 1 Satz 2 BGB verbundenen Herausgabepflicht durch den Vermieter auch in anderen Fällen als Verletzung der im Verkehr erforderlichen Sorgfalt und damit als fahrlässig (§ 276 Abs. 2 BGB) zu beurteilen ist, hängt von den jeweiligen Umständen ab (zum Sorgfaltsmaßstab vgl. die Kommentierung zu § 276 BGB Rn. 9-11); allein das Zurückhalten von Sachen des Mieters ohne konkrete Anhaltspunkte, die eine genauere Prüfung der Unpfändbarkeit veranlassen, stellt sich aber nicht ohne weiteres als schuldhaft dar.[55] Stellt der Gerichtsvollzieher allerdings im Zusammenhang mit einer gleichzeitig mit der Räumung betriebenen Vollstreckung eines Zahlungstitels fest, dass sich in der Wohnung nur unpfändbare Sachen befinden[56], kommt sogar ein vorsätzliches Handeln des Vermieters in Betracht, was eine Aufrechnung gegenüber dem Schadensersatzanspruch des Mieters mit eigenen Ansprüchen ausschließt (§ 393 BGB).[57] Im Falle einer deliktischen Haftung erfasst diese nach § 848 BGB auch die Gefahr des zufälligen Untergangs oder der zufälligen Verschlechterung der herauszugebenden Sache.[58]

6. Einbringen

Das Einbringen liegt im rein tatsächlichen Hineinschaffen der Pfandsache in das Mietobjekt. Es dient der sachenrechtlich notwendigen Publizität dinglicher Rechtsveränderungen. Dem Einbringen stehen ein Verbleiben von **bei Mietbeginn bereits vorhandenen Gegenständen** mit Billigung des Mieters sowie die Herstellung neuer Sachen in den gemieteten Räumlichkeiten gleich.[59] **Durch wen** die Sachen eingebracht werden, ist unbeachtlich, solange es mit Billigung des Mieters geschieht.[60]

36

Umstritten ist, ob für das Entstehen des Vermieterpfandrechts eine – zumindest beschränkte – **Geschäftsfähigkeit** des Mieters erforderlich ist.[61] Wenn man mit der herrschenden Meinung im Einbringen einen Realakt sieht, bei dem die Entstehung des Vermieterpfandrechts allein an den tatsächlichen Vorgang und nicht einen damit verbundenen Willen anknüpft, so ist das Erfordernis einer Geschäftsfähigkeit des Mieters schwerlich zu begründen. Die praktischen Auswirkungen des Streits sind indes gering, da auch Realakte, die wie das Einbringen an eine willentliche Tätigkeit anknüpfen, eine der jeweiligen Handlung und ihrer Bedeutung angemessene **natürliche Einsichtsfähigkeit** erfordern. Diese kann aber auch ein Geschäftsunfähiger besitzen. Nur in diesem Sinne erfordert auch das Einbringen nach § 562 Abs. 1 Satz 1 BGB die Fähigkeit zu willensgetragenem Handeln.[62]

37

Kein Vermieterpfandrecht entsteht dagegen, wenn die Einbringung erst **nach Beendigung des Mietvertrages** erfolgt, unabhängig davon, ob der Mieter die Mietsache noch in Besitz hat oder sie sogar vorenthält.[63]

38

---

[54] BGH v. 16.07.2009 - I ZB 80/05 - juris Rn. 10 - NJW-RR 2009, 1384-1385; *Riecke*, NZM 2006, 919-921, 920 und *Grüßenmeyer*, NZM 2007, 310-324, 323.

[55] *Emmerich* in: Staudinger, § 562 Rn. 37.

[56] LG Lübeck v. 21.04.2010 - 14 T 33/10 - juris Rn. 2 - NJW-RR 2010, 810-811.

[57] *Flatow*, jurisPR-MietR 10/2010, Anm. 5.

[58] *Flatow*, jurisPR-MietR 10/2010, Anm. 5 und *Grüßenmeyer*, NZM 2007, 310-324, 323.

[59] *v. Martius* in: Bub/Treier, Handbuch der Geschäfts- und Wohnraummiete, 3. Aufl. 1999, Teil III Rn. 846.

[60] *Riecke/Schmidt* in: Schmid, Miete und Mietprozess, 4. Aufl. 2004, Teil 6 Rn. 124.

[61] Vgl. bejahend *Lammel*, Wohnraummietrecht, 3. Aufl. 2007, § 562 Rn. 20; *Emmerich* in: Staudinger, § 562 Rn. 10 sowie *Blank* in: Blank/Börstinghaus, Miete, 3. Aufl. 2008, § 562 Rn. 9 - zumindest beschränkte Geschäftsfähigkeit; a.A. – verneinend – *Riecke/Schmidt* in: Schmid, Miete und Mietprozess, 4. Aufl. 2004, Teil 6 Rn. 124; *Weidenkaff* in: Palandt, § 562 Rn. 6; *Sternel*, Mietrecht aktuell, 4. Aufl. 2009, Teil III Rn. 226 und *v. Martius* in: Bub/Treier, Handbuch der Geschäfts- und Wohnraummiete, 3. Aufl. 1999, Teil III Rn. 847.

[62] *Ellenberger* in: Palandt, Überblick vor § 104 Rn. 10 sowie *Riecke/Schmidt* in: Schmid, Miete und Mietprozess, 4. Aufl. 2004, Teil 6 Rn. 124.

[63] *Blank* in: Blank/Börstinghaus, Miete, 3. Aufl. 2008, § 562 Rn. 11; *Riecke* in: Schmid, Fachanwaltskommentar Mietrecht, 3. Aufl. 2012, § 562 Rn. 25 sowie *Sternel*, Mietrecht, 3. Aufl. 1988, Teil III Rn. 263; a.A. – bis zur tatsächlichen Rückgabe – *v. Martius* in: Bub/Treier, Handbuch der Geschäfts- und Wohnraummiete, 3. Aufl. 1999, Teil III Rn. 846.

39 Die Sachen müssen zwar nicht auf Dauer, aber zumindest für einen längeren Zeitraum eingebracht und **nicht nur vorübergehend eingestellt** werden (**str.**).[64] Etwas anderes gilt allerdings dann, wenn die regelmäßige vorübergehende Einstellung der Gegenstände **gerade den bestimmungsgemäßen Gebrauch** der Mietsache darstellt. Dies ist insbesondere bei vom Mieter genutzten Fahrzeugen[65] oder dem Warenlager eines Kaufmannes der Fall.[66] Letzteres gilt auch für die Tageskasse des Mieters, denn diese befindet sich bestimmungsgemäß in dessen Geschäftsräumen (str.).[67] Zur Frage des Erlöschens des Vermieterpfandrechtes in diesen Fällen bei vorübergehender Entfernung der Sachen vgl. die Kommentierung zu § 562a BGB.

40 **Räumlich** muss die Einbringung in den durch das Mietverhältnis vermittelten Machtbereich des Mieters erfolgen.[68] Dabei reicht die Einbringung in Nebenräume (beispielsweise Keller, Garage o.a.) aus, sofern diese mitvermietet sind.[69] Beim Vorliegen **mehrerer Mietverträge** zwischen den gleichen Parteien über unterschiedliche Räumlichkeiten unterliegen die eingebrachten Sachen nur dem für die jeweiligen Räume bestehenden Vermieterpfandrecht und sichern lediglich die aus dem zugehörigen Mietvertrag bestehenden Forderungen.

IV. Rechtsfolgen

1. Pfandrecht des Vermieters

41 Liegen die vorstehend genannten Voraussetzungen vor, erwirbt der Vermieter ein besitzloses Pfandrecht an den eingebrachten Sachen des Mieters (§ 562 Abs. 1 Satz 1 BGB). Dabei **entsteht** das Vermieterpfandrecht bereits **mit der Einbringung der Sache**(n), unabhängig davon, ob die gesicherten Forderungen in diesem Moment schon fällig sind (§§ 1257, 1209 BGB).[70] Infolge des sachenrechtlichen Prioritätsprinzips geht das Vermieterpfandrecht damit grundsätzlich allen Rechten im **Rang** vor, die erst nach Einbringung der Pfandsache daran begründet werden.

42 Unter **mehreren Pfandsachen** hat der Vermieter grundsätzlich ein Wahlrecht (§ 1230 BGB).[71]

43 Zur **Geltendmachung** des Pfandrechtes durch den Vermieter vgl. Rn. 79.

44 **Vor Pfandreife**, d.h. vor teilweiser oder gänzlicher Fälligkeit einer gesicherten Forderung, gibt das Vermieterpfandrecht dem Vermieter **kein Recht zum Besitz**[72], auch keinen mittelbaren Besitz (§ 868 BGB)[73].

45 Sofern der Vermieter **nach dem Eintritt der Pfandreife** – diese kann bei Fälligkeit von gesicherten Forderungen auch bereits während des Mietverhältnisses vorliegen – die **Verwertung** von Pfandsachen beabsichtigt, setzt dies eine vorherige Besitzerlangung voraus. Den entsprechenden Herausgabeanspruch muss er, sofern der Mieter diesen nicht freiwillig erfüllt und keiner der in § 562b BGB genannten Fälle vorliegt, gerichtlich durchsetzen (§ 1231 BGB und §§ 883, 886 ZPO).[74]

---

[64] *Weidenkaff* in: Palandt, § 562 Rn. 6 und *Ehlert* in: Bamberger/Roth, § 562 Rn. 12a; a.A. – auch Einstellen ausreichend – *Kellendorfer* in: Müller/Walther, Miet- und Pachtrecht, § 562 Rn. 13 und *Sternel*, Mietrecht, 3. Aufl. 1988, Teil III Rn. 263.

[65] OLG Frankfurt v. 19.05.2006 - 24 U 11/06 - juris Rn. 24 - ZMR 2006, 609-611 zur Gewerberaummiete.

[66] *Emmerich* in: Staudinger, § 562 Rn. 12 und *v. Martius* in: Bub/Treier, Handbuch der Geschäfts- und Wohnraummiete, 3. Aufl. 1999, Teil III Rn. 848.

[67] *Lammel* in: Schmidt-Futterer, Mietrecht, 10. Aufl. 2011, § 562 Rn. 36; a.A. OLG Braunschweig v. 27.11.1979 - 2 U 175/79 - juris Rn. 4 - MDR 1980, 403-404 - obiter dictum.

[68] OLG Düsseldorf v. 16.12.1998 - 11 U 33/98 - juris Rn. 17 - OLGR Düsseldorf 1999, 173-177.

[69] *Lammel* in: Schmidt-Futterer, Mietrecht, 10. Aufl. 2011, § 562 Rn. 34.

[70] BGH v. 14.12.2006 - IX ZR 102/03 - juris Rn. 11 - NSW BGB § 562 (BGH-intern) und BGH v. 20.03.1986 - IX ZR 42/85 - juris Rn. 18 - NJW 1986, 2426-2428.

[71] *Riecke/Schmidt* in: Schmid, Miete und Mietprozess, 4. Aufl. 2004, Teil 6 Rn. 151.

[72] *Emmerich* in: Staudinger, § 562 Rn. 5.

[73] *Lammel* in: Schmidt-Futterer, Mietrecht, 10. Aufl. 2011, § 562 Rn. 5.

[74] OLG Frankfurt v. 25.06.1974 - 20 W 237/74 - MDR 1975, 228 sowie *Riecke/Schmidt* in: Schmid, Miete und Mietprozess, 4. Aufl. 2004, Teil 6 Rn. 150.

Ebenso ist der Vermieter berechtigt, dem Pfandrecht unterliegende Sachen **nach dem Auszug des Mieters** in Besitz zu nehmen.[75]

Für die Verwertung der Pfandsachen gelten grundsätzlich die Vorschriften über die rechtsgeschäftlich bestellten Pfandrechte (§§ 1219 bis 1246 BGB). Insbesondere muss der Verwertung unter Einhaltung einer einmonatigen Wartefrist eine **Verkaufsandrohung** vorausgegangen sein (§§ 1257, 1234 BGB). Nach Inbesitznahme der Pfandsachen muss der Vermieter die **Verwertung alsbald** versuchen, um sich nicht gegenüber dem Mieter schadensersatzpflichtig zu machen[76]; eine Verpflichtung zur Herausgabe an den Mieter begründet eine Verzögerung der Verwertung allerdings grundsätzlich nicht (str.).[77] Besteht zugunsten des Vermieters an den gepfändeten Sachen neben dem Vermieterpfandrecht **gleichzeitig ein Pfändungspfandrecht** (§ 808 ZPO), so muss der Vermieter, der keine Verwertung durch den Gerichtvollzieher nach § 814 ZPO, sondern nach den Regelungen über das Vermieterpfandrecht will, auf sein Pfändungspfandrecht verzichten, um in den Besitz der Sachen zu gelangen.[78]

Die **Befriedigung des Vermieters** aus dem Vermieterpfandrecht erfolgt entweder im Wege öffentlicher Versteigerung (§§ 1257, 1235 Abs. 1 BGB) oder, wenn – wie regelmäßig – die gepfändete Sache einen Marktpreis hat, im Wege des privatrechtlichen Verkaufs (§§ 1257, 1235 Abs. 2, 1221 BGB). Auch letzterer darf indessen nicht durch den Vermieter selbst, sondern nur durch gemäß den §§ 1257, 1221 BGB befugte Personen erfolgen. Der Erlös ist an den Vermieter auszukehren, der diesen mit seinen gesicherten Forderungen verrechnen kann. Die **Verjährung** der durch das Vermieterpfandrecht gesicherten Forderung hindert eine solche Verrechnung grundsätzlich nicht (§ 216 BGB)[79], vgl. auch Rn. 63.

Werden die Pfandsachen **vor Ausübung des Vermieterpfandrechts zugunsten eines Dritten gepfändet** – vgl. hierzu auch die Kommentierung zu § 562d BGB –, so ist dem Vermieter eine Verwertung nach den §§ 1257, 1235 BGB verwehrt. Er kann sich weder einer solchen Pfändung – einschließlich der hierfür notwendigen Wegschaffung der Pfandsache – noch der nachfolgenden Verwertung widersetzen, sondern ist vielmehr auf sein klageweise geltend zu machendes Recht auf **vorzugsweise Befriedigung** aus dem erzielten Erlös nach § 805 ZPO beschränkt.[80] Durch Glaubhaftmachung eines solchen Rechts kann der Vermieter die gerichtliche Anordnung der Hinterlegung des Erlöses erreichen (§ 805 Abs. 4 ZPO). **Nach Abschluss der Zwangsvollstreckung** des Dritten durch Auskehrung des Erlöses an diesen verbleibt dem Vermieter dagegen nur ein bereicherungsrechtlicher Herausgabeanspruch nach den §§ 812, 816 BGB oder, bei schuldhaftem, rechtswidrigem Verhalten des Dritten, ein deliktischer Schadensersatzanspruch nach den §§ 823, 826 BGB.[81] Gegenüber dem Dritten gilt insoweit die in § 562b Abs. 2 Satz 2 BGB für den Vermieter angeordnete einmonatige Ausschlussfrist nicht.[82]

In der **Insolvenz des Mieters** steht dem Vermieter nur ein Anspruch auf abgesonderte Befriedigung aus dem Erlös der Pfandsache gemäß § 50 Abs. 1 InsO zu.[83] Danach kann der Vermieter sein Pfandrecht jedoch wegen der Miete für eine frühere Zeit als die letzten zwölf Monate vor der Eröffnung des Verfahrens sowie wegen der Entschädigung, die infolge einer Kündigung des Insolvenzverwalters zu zahlen ist, nicht geltend machen (§ 50 Abs. 2 Satz 1 InsO). Gleiches gilt für den Verpächter hinsicht-

---

[75] BGH v. 17.11.2005 - I ZB 45/05 - juris Rn. 13 - NJW 2006, 848-849 und BGH v. 20.06.2005 - II ZR 189/03 - juris Rn. 7 - NJW-Spezial 2005, 485.
[76] *v. Martius* in: Bub/Treier, Handbuch der Geschäfts- und Wohnraummiete, 3. Aufl. 1999, Teil III Rn. 907.
[77] OLG Stuttgart v. 10.04.2008 - 13 U 139/07 - juris Rn. 5 und 6; a.A. *Blank* in: Blank/Börstinghaus, Miete, 3. Aufl. 2008, § 562 Rn. 48 und *Emmerich* in: Staudinger, § 562d Rn. 7.
[78] OLG Frankfurt v. 25.06.1974 - 20 W 237/74 - MDR 1975, 228.
[79] *v. Martius* in: Bub/Treier, Handbuch der Geschäfts- und Wohnraummiete, 3. Aufl. 1999, Teil III Rn. 909.
[80] *Emmerich* in: Staudinger, § 562d Rn. 2.
[81] BGH v. 20.03.1986 - IX ZR 42/85 - juris Rn. 14 - NJW 1986, 2426-2428 sowie *Weidenkaff* in: Palandt, § 562d Rn. 4.
[82] *v. Martius* in: Bub/Treier, Handbuch der Geschäfts- und Wohnraummiete, 3. Aufl. 1999, Teil III Rn. 911.
[83] BGH v. 04.12.2003 - IX ZR 222/02 - juris Rn. 10 - WM 2004, 295-299 und *Riecke/Schmidt* in: Schmid, Miete und Mietprozess, 4. Aufl. 2004, Teil 6 Rn. 149.

lich der **Pacht**, mit Ausnahme des Pfandrechts des Verpächters eines landwirtschaftlichen Grundstücks (§ 50 Abs. 2 Satz 2 InsO). Die Einschränkungen bestehen indessen nicht im Verhältnis zu anderen Absonderungsberechtigten.[84] Die Rechte nach den §§ 562a Satz 2, 562bBGB stehen dem Vermieter gegenüber dem Insolvenzverwalter nicht zu.[85]

51 **Schadensersatzansprüche wegen einer insolvenzbedingten Kündigung** begründen nur Insolvenzforderungen, die nach Eröffnung des Verfahrens zur Tabelle anzumelden sind (§§ 109 Abs. 1, 38 InsO).

52 Sofern der Insolvenzverwalter die Pfandsache bereits in Besitz hat, erfolgt deren **Verwertung** gemäß § 166 InsO durch diesen.[86] Dem Insolvenzverwalter steht aber kein Recht zu, eine Tilgungsbestimmung hinsichtlich des Verwertungserlöses aus dem Vermieterpfandrecht zu treffen.[87] Nach der Verwertung setzt sich das Vermieterpfandrecht am vom Verwalter erzielten Veräußerungserlös fort, weshalb der Vermieter dann Anspruch auf abgesonderte Befriedigung hieraus hat, solange der Erlös noch unterscheidbar in der Masse vorhanden ist (§ 170 Abs. 1 Satz 2 InsO); ansonsten entsteht eine Masseforderung nach § 55 Abs. 1 Nr. 1 und 3 InsO.[88] Verfügt der Insolvenzverwalter über den Verwertungserlös, ohne den Vermieter zuvor zu befriedigen, hat letzterer ebenfalls einen Anspruch gegen die Masse gemäß § 55 Abs. 1 Nr. 3 InsO.

53 Die Entstehung des Vermieterpfandrechts beruht ferner zwar mit dem Einbringen auf einer Rechtshandlung im Sinne der **insolvenzrechtlichen Anfechtungs**vorschriften (§§ 129-147 InsO).[89] Da Mietzinsansprüche als gesicherte Forderungen jedoch bereits mit dem Abschluss des Mietvertrages aufschiebend befristet (§§ 163, 158 Abs. 1 BGB) entstehen, ist der Zeitpunkt der Einbringung auch für die Vornahme der insolvenzrechtlich maßgeblichen Rechtshandlung entscheidend (arg. § 140 Abs. 3 InsO).[90] Soweit die betroffenen Gegenstände bereits vor der Krise eingebracht wurden, unterliegt daher das schon mit dem Einbringen der Sachen des Mieters für künftige Mietzinsansprüche entstandene Vermieterpfandrecht nicht der Insolvenzanfechtung nach § 130 Abs. 1 InsO.[91]

54 In der Insolvenz steht dem Vermieter ferner regelmäßig ein **Auskunftsanspruch** gegenüber dem Insolvenzverwalter darüber zu, welche Sachen seinem Vermieterpfandrecht unterliegen, wenn er selbst keine verlässlichen Kenntnisse hierüber hat oder unschwer erlangen kann. Dies gilt grundsätzlich auch dann, wenn die Sachen bereits unter der Verantwortung des Amtsvorgängers des jetzigen Insolvenzverwalters vom vermieteten Grundstück entfernt wurden.[92]

2. Abdingbarkeit

55 § 562 Abs. 1 Satz 1 BGB ist abdingbar.[93] Die Entstehung des Vermieterpfandrechts nach § 562 Abs. 1 Satz 1 BGB kann generell oder hinsichtlich einzelner Gegenstände vertraglich ausgeschlossen werden.[94] Für einen nachträglichen **Verzicht** des Vermieters auf ein schon entstandenes Pfandrecht findet § 1255 BGB Anwendung.[95]

56 Eine von § 562 Abs. 1 Satz 2 BGB abweichende Vereinbarung ist dagegen unzulässig.[96] Eine unzulässige Umgehung stellt es insoweit dar, wenn hinsichtlich unpfändbarer Sachen ein Zurückbehal-

---

[84] *Lammel* in: Schmidt-Futterer, Mietrecht, 10. Aufl. 2011, § 562 Rn. 44.
[85] *Riecke/Schmidt* in: Schmid, Miete und Mietprozess, 4. Aufl. 2004, Teil 6 Rn. 149.
[86] *Riecke* in: Schmid, Fachanwaltskommentar Mietrecht, 3. Aufl. 2012, § 562 Rn. 55.
[87] LG Darmstadt v. 21.01.2005 - 2 O 296/04 - ZIP 2005, 456-457.
[88] BGH v. 14.12.2006 - IX ZR 102/03 - juris Rn. 19 - NSW BGB § 562 (BGH-intern).
[89] BGH v. 14.12.2006 - IX ZR 102/03 - juris Rn. 10 - NSW BGB § 562 (BGH-intern).
[90] BGH v. 14.12.2006 - IX ZR 102/03 - juris Rn. 18 - NSW BGB § 562 (BGH-intern).
[91] BGH v. 14.12.2006 - IX ZR 102/03 - juris Rn. 18 - NSW BGB § 562 (BGH-intern).
[92] BGH v. 04.12.2003 - IX ZR 222/02 - juris Rn. 9 - WM 2004, 295-299, und *Pape* in: Pape, EWiR 2004, 349-350, 349-350.
[93] *Kellendorfer* in: Müller/Walther, Miet- und Pachtrecht, § 562 Rn. 30.
[94] *Riecke/Schmidt* in: Schmid, Miete und Mietprozess, 4. Aufl. 2004, Teil 6 Rn. 129.
[95] *Kellendorfer* in: Müller/Walther, Miet- und Pachtrecht, § 562 Rn. 30.
[96] *Lammel* in: Schmidt-Futterer, Mietrecht, 10. Aufl. 2011, § 562 Rn. 18.

tungsrecht vereinbart wird.[97] Allerdings kann ein vertragliches Pfandrecht auch an einzelnen unpfändbaren Sachen begründet werden, wozu jedoch deren Übergabe erforderlich ist (§ 1205 BGB).[98] Ebenso kann neben dem gesetzlichen Vermieterpfand eine **rechtsgeschäftliche Verpfändung** erfolgen. Hierzu ist allerdings ebenfalls die Übergabe der Pfandsache(n) notwendig, die Begründung eines Besitzkonstitutes (§ 930 BGB) reicht nicht aus.

Eine **Formularklausel**, mit der der Mieter erklärt, dass die beim Einzug in die Mieträume eingebrachten Sachen sein **freies Eigentum** sind, verstößt im Rahmen der Wohnraummiete gegen § 309 Nr. 12 b) BGB und im Rahmen der Gewerberaummiete gegen § 307 BGB.[99]

3. Praktische Hinweise

Veräußert der Mieter in seinem Eigentum stehende Sachen nach Einbringung, so bleibt das Eigentum des Erwerbers mit dem Pfandrecht belastet.[100] Dritte können **lastenfreies Eigentum** an mit dem Vermieterpfandrecht belegten Sachen des Mieters nur nach § 936 BGB erwerben. Allerdings verhält sich ein Erwerber regelmäßig **grob fahrlässig**, wenn er sich Gegenstände in der Mietsache in Kenntnis des Bestehens eines Mietvertrages ohne Nachfrage beim Vermieter übergeben lässt, und ist damit nicht gutgläubig (§ 936 Abs. 2 BGB).[101] Ein Eigentumserwerb mittels Besitzkonstitut (§§ 930, 292 BGB) ohne Übergabe führt nicht zum lastenfreien Erwerb (§ 933 BGB).[102]

Bezahlt ein Dritter Schulden des Mieters, weil er durch die Veräußerung der Pfandsache ein Recht hieran verlieren würde (**Ablösung durch Dritte**), so erlangt er nach den §§ 1257, 1249, 1250, 268 Abs. 3, 412 BGB das Pfandrecht. Sind allerdings noch Forderungen des Vermieters aus dem Mietverhältnis offen, so geht sein daraus weiterhin bestehendes Vermieterpfandrecht dem des Dritten vor (§ 268 Abs. 3 Satz 2 BGB).

Mit der **Inbesitznahme** der dem Pfandrecht unterliegenden Gegenstände durch den Vermieter entfällt die entsprechende Räumungsverpflichtung des Mieters (§ 546 BGB)[103], ebenso fehlt es regelmäßig an einer Vorenthaltung der Mietsache (§ 546a BGB)[104]. Einen Anspruch auf Kostenersatz infolge der fehlenden Nutzbarkeit der Mietsache wegen der dortigen **Lagerung** der Pfandsachen kann der Vermieter daher nur nach den §§ 1257, 1215, 1216, 683 BGB verlangen.[105] Eine Inbesitznahme liegt aber noch nicht vor, wenn der Vermieter die Sachen unter Verantwortung des Mieters im Mietobjekt belässt.[106] Nimmt der Vermieter Sachen des Mieters auf Grund seines Vermieterpfandrechtes in Besitz, muss er sie **verwahren** (§§ 1215, 1257 BGB)[107]; die Vorschriften über den Verwahrungsvertrag (§§ 688 ff. BGB) sind dabei grundsätzlich entsprechend anzuwenden, soweit nicht die Interessenlage des pfandrechtlichen Verwahrungsverhältnisses von der gesetzlichen Regelung abweicht[108]. Da der Vermieter als Pfandgläubiger die Sache(n) nicht im Hinblick auf das ihm vom Mieter entgegengebrachte Vertrauen als (vertraglicher) Verwahrer erhält, sondern zur Sicherung seiner Forderung und damit auch im

---

[97] *Weidenkaff* in: Palandt, § 562 Rn. 16.
[98] *v. Martius* in: Bub/Treier, Handbuch der Geschäfts- und Wohnraummiete, 3. Aufl. 1999, Teil III Rn. 858.
[99] *Sternel*, Mietrecht aktuell, 4. Aufl. 2009, Teil III Rn. 223 sowie *Blank* in: Blank/Börstinghaus, Miete, 3. Aufl. 2008, § 562 Rn. 17.
[100] BGH v. 20.06.2005 - II ZR 189/03 - juris Rn. 8 - NJW-Spezial 2005, 485.
[101] BGH v. 03.02.2011 - IX ZR 132/10 - juris Rn. 5 - NZM 2011, 275 und BGH v. 31.05.1965 - VIII ZR 302/63 - juris Rn. 46 - LM Nr. 3 zu § 559 BGB.
[102] BGH v. 20.06.2005 - II ZR 189/03 - juris Rn. 8 - NJW-Spezial 2005, 485.
[103] *Riecke* in: Schmid, Fachanwaltskommentar Mietrecht, 3. Aufl. 2012, § 562 Rn. 3.
[104] OLG Düsseldorf v. 19.07.2005 - I-24 U 14/05, 24 U 14/05 - DWW 2006, 158-159 und KG v. 14.02.2005 - 8 U 144/04 - juris Rn. 28 - NZM 2005, 422-423.
[105] OLG Hamburg v. 25.10.1989 - 4 U 255/88 - juris Rn. 2 - NJW-RR 1990, 86-87 sowie *v. Martius* in: Bub/Treier, Handbuch der Geschäfts- und Wohnraummiete, 3. Aufl. 1999, Teil III Rn. 907.
[106] OLG Düsseldorf v. 12.04.1984 - 10 U 9/84 - juris Rn. 3 - BB 1984, 2226-2227.
[107] BGH v. 17.11.2005 - I ZB 45/05 - juris Rn. 15 - NSW ZPO § 885 (BGH-intern).
[108] *Wiegand* in: Staudinger, § 1215 Rn. 9.

eigenen Interesse, finden insbesondere die §§ 690, 691 Satz 1 BGB keine Anwendung[109]; zur Anwendbarkeit weiterer Vorschriften vgl. die Kommentierung zu § 1215 BGB. Die Verwahrpflicht betrifft nicht nur Gegenstände, an denen der Vermieter zu Recht sein Pfandrecht geltend macht, sondern – in analoger Anwendung der §§ 1215, 1257 BGB (str.) – auch solche, bezüglich derer die Geltendmachung rechtswidrig oder zumindest irrtümlich (vgl. hierzu insbesondere Rn. 35) erfolgt.[110] Kommt es infolge eines (zurechenbaren) schuldhaften Verhaltens des Vermieters zum Verlust oder zu einer Beschädigung der in Besitz genommenen Sache(n), haftet er dem Mieter aus dem gesetzlichen Verwahrungsverhältnis (§ 280 Abs. 1 BGB) und ferner bei Verletzung eines geschützten Rechts(-guts) des Mieters, insbesondere dessen Eigentum, ebenso aus Delikt (§ 823 Abs. 1 BGB) auf **Schadensersatz**.[111] Den Nachweis der Rechtsgutverletzung und des Schadens können dem Mieter dabei folgende Umstände erleichtern: Für sein Eigentum kann die Vermutung des § 1006 Abs. 1 Satz 1 BGB sprechen[112], hinsichtlich des Vorhandenseins und Zeitwerts der Gegenstände kann sich ein Vermieter, der diese – selbst oder durch Hilfspersonen – aus der Wohnung geräumt hat, gegenüber konkretem Vorbringen des Mieters nicht auf unsubstantiiertes pauschales Bestreiten beschränken (§ 138 Abs. 2 und 3 ZPO)[113]; unter dem Gesichtspunkt der Beweisvereitelung[114] kommen ferner **Beweiserleichterungen** im Rahmen der Beweiswürdigung (§§ 286, 287 ZPO) bis hin zu einer Beweislastumkehr zulasten des Vermieters in Betracht[115].

61 Der Vermieter ist – ohne abweichende Vereinbarung – weder berechtigt noch verpflichtet, aus den in Besitz genommenen Pfandsachen Nutzungen zu ziehen.[116] Nutzt der Vermieter die gepfändeten Sachen dennoch selbst oder überlässt er sie Dritten hierzu, so hat er die **gezogenen Nutzungen** (§ 100 BGB) an den Mieter herauszugeben oder sich anrechnen zu lassen: für den Fall berechtigter Geltendmachung des Pfandrechts nach den §§ 1257, 1214 BGB, für den Fall eines bereits nicht bestehenden Vermieterpfandrechtes an den Sachen nach § 816 Abs. 1 Satz 1 BGB.[117]

62 Das Vermieterpfandrecht geht dem **Wegnahmerecht des Mieters** nach § 539 Abs. 2 BGB vor.[118]

63 Die **Verjährung** eines durch das Vermieterpfandrecht gesicherten Anspruches hindert den Vermieter grundsätzlich nicht, seine Befriedigung aus der Pfandsache zu suchen (§ 216 Abs. 1 BGB). Dies gilt allerdings nicht, soweit Zinsen und andere wiederkehrende Leistungen, insbesondere der Mietzins, betroffen sind (§ 216 Abs. 3 BGB).

---

[109] *Grüßenmeyer*, NZM 2007, 310-324, 322.
[110] LG Lübeck v. 21.04.2010 - 14 T 33/10 - juris Rn. 15 - NJW-RR 2010, 810-811; *Grüßenmeyer*, NZM 2007, 310-324, 322 f. und – ohne dieses Problem anzusprechen – BGH v. 17.11.2005 - I ZB 45/05 - juris Rn. 15 - NSW ZPO § 885 (BGH-intern); a.A. – folgt nur als nachwirkende Verpflichtung aus dem Mietvertrag – *Flatow*, NJW 2006, 1396-1399, 1398.
[111] BGH v. 17.11.2005 - I ZB 45/05 - juris Rn. 15 - NSW ZPO § 885 (BGH-intern); jedenfalls § 823 Abs. 1 BGB – LG Lübeck v. 21.04.2010 - 14 T 33/10 - juris Rn. 13 - NJW-RR 2010, 810-811; *Flatow*, jurisPR-MietR 10/2010, Anm. 5 und *Schuschke*, NZM 2006, 284-286, 285.
[112] LG Lübeck v. 21.04.2010 - 14 T 33/10 - juris Rn. 14 - NJW-RR 2010, 810-811.
[113] LG Lübeck v. 21.04.2010 - 14 T 33/10 - juris Rn. 17 - NJW-RR 2010, 810-811.
[114] Vgl. zu den Voraussetzungen der Beweisvereitelung allgemein *Laumen*, MDR 2009, 177-180, 177 ff.
[115] LG Lübeck v. 21.04.2010 - 14 T 33/10 - juris Rn. 17 - NJW-RR 2010, 810-811; vgl. a. *Schuschke*, NZM 2006, 284-286, 285 f.
[116] LG Münster v. 10.02.2004 - 4 O 119/03 - MietRB 2004, 232; *v. Martius* in: Bub/Treier, Handbuch der Geschäfts- und Wohnraummiete, 3. Aufl. 1999, Teil III Rn. 908 sowie *Lammel*, Wohnraummietrecht, 3. Aufl. 2007, § 562 Rn. 50.
[117] LG Münster v. 10.02.2004 - 4 O 119/03 - MietRB 2004, 232 und OLG Frankfurt v. 24.05.1995 - 21 U 221/93 - juris Rn. 44 - NJW-RR 1996, 585.
[118] BGH v. 13.05.1987 - VIII ZR 136/86 - juris Rn. 23 - BGHZ 101, 37-48; *Lammel* in: Schmidt-Futterer, Mietrecht, 10. Aufl. 2011, § 562 Rn. 50 sowie *Emmerich* in: Staudinger, § 562 Rn. 5.

V. Prozessuale Hinweise

Die Darlegungs- und **Beweislast** für die Voraussetzungen der Entstehung des Vermieterpfandrechts, insbesondere auch das Eigentum des Mieters, trägt der Vermieter.[119] Auf die Eigentumsvermutung des § 1006 BGB kann er sich hierbei gegenüber dem Mieter nicht berufen, denn diese gilt nur zu Gunsten, nicht aber zu Lasten des Mieters (**str.**).[120] Sofern der Mieter allerdings die Pfandsache stets wie eine eigene benutzt hat, so trifft ihn in jedem Falle eine **sekundäre Darlegungslast** dafür, weshalb er gleichwohl nicht Eigentümer sein soll.[121] Gegenüber Dritten, die ebenfalls Eigentum an der Pfandsache beanspruchen, kann der Vermieter sich nach Inbesitznahme aber auf die Vermutung des § 1006 BGB berufen.[122]   64

Bei der **Klage** aus § 805 ZPO **auf vorzugsweise Befriedigung** muss der Vermieter nicht nur das behauptete Pfandrecht und dessen Rang, sondern auch den Anspruch, für den er vorzugsweise Befriedigung begehrt, beweisen, nicht dagegen aber das Fehlen rechtsvernichtender Tatsachen, also das Nichterlöschen des Anspruches.[123]   65

Für die **Unpfändbarkeit** von eingebrachten Sachen ist dagegen der Mieter darlegungs- und beweisbelastet.[124]   66

Ebenso trägt der Mieter die Beweislast für einen **Verzicht des Vermieters** auf sein Pfandrecht.[125]   67

Auf Nachfrage des Vermieters muss der Mieter die **Pfändung eingebrachter Sachen durch einen Dritten offen legen**, damit der Vermieter seine Rechte in der Vollstreckung wahren kann.[126]   68

Die Geltendmachung des Vermieterpfandrechts an sämtlichen im Mietobjekt befindlichen Sachen hindert den Vermieter auch dann nicht daran, die **Herausgabe der Mietsache** durch den Gerichtsvollzieher ohne Räumung **vollstrecken zu lassen**[127], wenn zwischen ihm und dem Mieter umstritten ist, ob dadurch der Pfändung nicht unterworfene Gegenstände des Schuldners in der Wohnung verbleiben; es ist nicht Sache des Gerichtsvollziehers als Vollstreckungsorgan, die materiell-rechtlichen Ansprüche der Parteien, wozu auch das Vermieterpfandrecht zählt, zu klären.[128] Vorschuss für die   69

---

[119] *Weidenkaff* in: Palandt, § 562 Rn. 20; KG v. 14.02.2005 - 8 U 144/04 - juris Rn. 36 - NZM 2005, 422-423; OLG Düsseldorf v. 16.12.1998 - 11 U 33/98 - juris Rn. 40 - OLGR Düsseldorf 1999, 173-177 und OLG Düsseldorf v. 22.01.2000 - 24 U 92/99 - juris Rn. 34 - OLGR Düsseldorf 2001, 266-269.

[120] OLG Brandenburg v. 02.04.2007 - 3 W 67/06 - juris Rn. 10 - OLGR Brandenburg 2007, 667-668; KG v. 14.02.2005 - 8 U 144/04 - juris Rn. 36 - NZM 2005, 422-423; OLG Düsseldorf v. 22.01.2000 - 24 U 92/99 - juris Rn. 34 - OLGR Düsseldorf 2001, 266-269; LG Osnabrück v. 21.09.2006 - 1 S 444/06 - juris Rn. 4 - WuM 2006, 645; RG v. 21.01.1935 - IV 261/34 - RGZ 334-340, 339; *Lammel*, Wohnraummietrecht, 3. Aufl. 2007, § 562 Rn. 25; *Blank* in: Blank/Börstinghaus, Miete, 3. Aufl. 2008, § 562 Rn. 51; *Weidenkaff* in Palandt, § 562 Rn. 20; *Emmerich* in: Staudinger, § 562 Rn. 40; *Sternel*, Mietrecht aktuell, 4. Aufl. 2009, Teil III Rn. 223 und 225a sowie *Ehlert* in: Bamberger/Roth, § 562 Rn. 32; a.A. OLG Düsseldorf v. 16.12.1998 - 11 U 33/98 - juris Rn. 40 - OLGR Düsseldorf 1999, 173-177; *Kellendorfer* in: Müller/Walther, Miet- und Pachtrecht, § 562 Rn. 9 und *Riecke/Schmidt* in: Schmid, Miete und Mietprozess, 4. Aufl. 2004, Teil 6 Rn. 119.

[121] *Emmerich* in: Staudinger, § 562 Rn. 39; *Kellendorfer* in: Müller/Walther, Miet- und Pachtrecht, § 562 Rn. 31; *Franke* in: Fischer-Dieskau/Pergande/Schwender, Wohnungsbaurecht, § 562 Anm. 21.1; *v. Martius* in: Bub/Treier, Handbuch der Geschäfts- und Wohnraummiete, 1989, Teil III Rn. 851 sowie – darüber hinaus erster Anschein zugunsten des Vermieters, insoweit fraglich – OLG Brandenburg v. 02.04.2007 - 3 W 67/06 - juris Rn. 10 - OLGR Brandenburg 2007, 667-668; *Sternel*, Mietrecht aktuell, 4. Aufl. 2009, Teil III Rn. 225a; *Blank* in: Blank/Börstinghaus, Miete, 3. Aufl. 2008, § 562 Rn. 51 und sowie – nur Anscheinsbeweis – *Schach* in: Kinne/Schach/Bieber, Miet- und Mietprozessrecht, 6. Aufl. 2011, § 562 Rn. 5.

[122] AG Berlin-Mitte v. 17.12.2009 - 27 C 185/09 - juris Rn. 31 - Grundeigentum 2010, 273-275; *Lammel* in: Schmidt-Futterer, Mietrecht, 10. Aufl. 2011, § 562 Rn. 21; vgl. auch – zum Inventarpfandrecht eines Pachtkreditinstituts – BGH v. 07.10.1970 - VIII ZR 207/68 - juris Rn. 20 - MDR 1971, 129-130.

[123] BGH v. 20.03.1986 - IX ZR 42/85 - juris Rn. 23 - NJW 1986, 2426-2428.

[124] *v. Martius* in: Bub/Treier, Handbuch der Geschäfts- und Wohnraummiete, 3. Aufl. 1999, Teil III Rn. 858.

[125] BGH v. 20.06.2005 - II ZR 189/03 - juris Rn. 10 - NJW-Spezial 2005, 485.

[126] *Emmerich* in: Staudinger, § 562 Rn. 36.

[127] Vgl. hierzu instruktiv *Schuschke*, NZM 2005, 681-688 und NZM 2006, 284-286.

[128] BGH v. 10.08.2006 - I ZB 135/05 - juris Rn. 11 - NJW 2006, 3273-3274; BGH v. 17.11.2005 - I ZB 45/05 - juris Rn. 13 - NJW 2006, 848-849 sowie *Flatow*, jurisPR-MietR 4/2006, Anm. 5 und *Kellner*, Grundeigentum 2006, 95-96.

Kosten der Räumung[129] darf der Gerichtsvollzieher in diesem Fall vom Vermieter nicht anfordern.[130] Allerdings entfällt mit der Geltendmachung eines umfassenden Vermieterpfandrechts die Verpflichtung des Mieters zur Räumung der Mietsache (§ 546 Abs. 1 BGB), weshalb dem Vermieter ab diesem Zeitpunkt kein Anspruch auf **Nutzungsentschädigung** (§ 546a Abs. 1 BGB) mehr zusteht[131]; er kann aber den Mietausfall – bei Vorliegen der entsprechenden Voraussetzungen – im Wege des Schadensersatzes als Kündigungsfolgeschaden geltend machen[132]. Der Räumungstitel ist nach der Entfernung des Schuldners und der Besitzeinweisung des Vermieters verbraucht; der Vermieter kann also nicht nachträglich durch den Gerichtsvollzieher die zurückgebliebenen Gegenstände entfernen lassen.[133] Vielmehr muss der Vermieter selbst für deren Verwahrung sorgen (vgl. Rn. 60); zu den sich hieraus ergebenden **Haftungsrisiken** vgl. ebenfalls Rn. 60 sowie zur Haftung infolge der unberechtigten Geltendmachung des Pfandrechts bezüglich unpfändbarer Sachen Rn. 35.

70 Eine gerichtliche Geltendmachung des Vermieterpfandrechts ist auch im Wege einer **einstweiligen Verfügung** möglich.[134]

VI. Anwendungsfelder

1. Übergangsrecht

71 Das **Mietrechtsreformgesetz** vom 19.06.2001[135] enthält **keine Übergangsvorschrift** zu § 562 Abs. 1 BGB. Dieser ist folglich ohne zeitliche Beschränkung anwendbar.

2. Muster – Geltendmachung des Vermieterpfandrechts

a. Ausübung des Pfandrechts während des laufenden Mietverhältnisses

72 Sehr geehrter Herr [Mieter],
wie ich Ihnen bereits mit meinem Schreiben vom [...] mitgeteilt habe, sind noch folgende mir zustehende Forderungen aus dem Mietverhältnis über die Wohnung in der [...] - Straße in [...] offen:
[Aufzählung der Forderungen in individualisierter Weise]
Wegen der vorstehenden Forderungen mache ich hiermit von meinem Vermieterpfandrecht an allen in die Mieträume eingebrachten Sachen Gebrauch (§ 562 Abs. 1 BGB), insbesondere an folgenden Gegenständen:
[Aufzählung der dem Vermieter bekannten **werthaltigen** und **pfändbaren** Sachen]
Ich weise Sie ferner darauf hin, dass weder Sie noch Dritte berechtigt sind, meinem Vermieterpfandrecht unterliegende Sache aus den Mieträumen zu entfernen. Einer solchen Entfernung widerspreche ich bereits jetzt (§ 562a Satz 1 BGB). Die Entfernung von dem Pfandrecht unterliegenden Sachen darf ich kraft gesetzlicher Anordnung (§ 562b Abs. 1 Satz 1 BGB) im Wege der Selbsthilfe auch ohne vorherige Anrufung eines Gerichts verhindern. Ebenso behalte ich mir vor, bei der Entfernung von Pfandsachen eine einstweilige Verfügung gegen Sie zu erwirken und Strafanzeige wegen Pfandkehr (§ 289 StGB) zu erstatten,
mit freundlichen Grüßen
[Vermieter]

---

[129] Vgl. hierzu ebenfalls *Schuschke*, NZM 2005, 681-688, 683 ff.
[130] BGH v. 10.08.2006 - I ZB 135/05 - juris Rn. 8 - NJW 2006, 3273-3274 und BGH v. 17.11.2005 - I ZB 45/05 - juris Rn. 8 - NJW 2006, 848-849.
[131] OLG Rostock v. 08.06.2007 - 3 W 23/07 - juris Rn. 3 - WuM 2007, 509; OLG Düsseldorf v. 19.07.2005 - I-24 U 14/05, 24 U 14/05- juris Rn. 18 - DWW 2006, 158-159 und KG v. 14.02.2005 - 8 U 144/04 - juris Rn. 28 - NZM 2005, 422-423.
[132] OLG Düsseldorf v. 19.07.2005 - I-24 U 14/05, 24 U 14/05 - juris Rn. 19 - DWW 2006, 158-159.
[133] BGH v. 21.12.2004 - IXa ZB 324/03 - juris Rn. 15 - NSW ZPO § 885 (BGH-intern) und *Schuschke*, NZM 2006, 284-286, 286.
[134] OLG Celle v. 10.11.1993 - 2 U 115/93 - juris Rn. 7 - ZMR 1994, 163-165 sowie OLG Celle v. 12.06.1986 - 2 W 34/86 - juris Rn. 2 - NJW-RR 1987, 447-448.
[135] BGBl I 2001, 1149.

b. Ausübung des Pfandrechts bei gekündigtem Mietverhältnis

Sehr geehrter Herr [Mieter],
durch die Kündigung vom [...] endet das Mietverhältnis über die Wohnung in der [...] - Straße in [...] zum [...]. Da Sie mit den Mieten für die Monate [...] im Rückstand sind, mache ich sowohl wegen der vorgenannten Rückstände als auch wegen der bis zur Beendigung des Mietverhältnisses noch anfallenden Miete von meinem Vermieterpfandrecht an allen in die Miträume eingebrachten Sachen Gebrauch (§ 562 Abs. 1 BGB), insbesondere an folgenden Gegenständen:
[Aufzählung der dem Vermieter bekannten **werthaltigen** und **pfändbaren** Sachen]
Ich weise Sie ferner darauf hin, dass weder Sie noch Dritte berechtigt sind, meinem Vermieterpfandrecht unterliegende Sache aus den Miträumen zu entfernen. Einer solchen Entfernung widerspreche ich bereits jetzt (§ 562a Satz 1 BGB). Die Entfernung von dem Pfandrecht unterliegenden Sachen darf ich kraft gesetzlicher Anordnung (§ 562b Abs. 1 Satz 1 BGB) im Wege der Selbsthilfe auch ohne vorherige Anrufung eines Gerichts verhindern. Ebenso behalte ich mir vor, bei der Entfernung von Pfandsachen eine einstweilige Verfügung gegen Sie zu erwirken und Strafanzeige wegen Pfandkehr (§ 289 StGB) zu erstatten,
mit freundlichen Grüßen
[Vermieter]

B. Kommentierung zu Absatz 2

I. Grundlagen

1. Kurzcharakteristik

§ 562 Abs. 2 BGB **begrenzt** das Vermieterpfandrecht in **zeitlich**er Hinsicht, soweit zukünftige Ansprüche des Vermieters betroffen sind. Zur Gesetzgebungsgeschichte und Materialien vgl. Rn. 2.

2. Regelungsprinzipien

Vgl. hierzu zunächst Rn. 4. Die zeitliche Einschränkung des Vermieterpfandrechts hinsichtlich zukünftiger Forderungen beruht – ebenso wie seine zeitliche Begrenzung für zurückliegende Zeiträume gegenüber einem Pfändungspfandrecht eines Dritten (§ 562d BGB, vgl. hierzu die Kommentierung zu § 562d BGB) und in der Insolvenz des Mieters (§ 50 InsO, vgl. hierzu Rn. 50) – auf **sozial- und kreditpolitischen Gründen**. Zum einen könnte die übermäßige Ausdehnung des Vermieterpfandrechts den Auszug des Mieters im Hinblick auf das Widerspruchs- (§ 562a Satz 1 BGB) und Selbsthilferecht (§ 562b BGB) des Vermieters unmöglich machen. Zum anderen würde eine zu starke Vorzugsstellung des Vermieters oftmals dazu führen, dass die übrigen Gläubiger des Mieters leer ausgehen und/oder die Durchführung des Insolvenzverfahrens selbst unmöglich wird.[136]

II. Anwendungsvoraussetzungen

Normstruktur:
- Tatbestandsmerkmale:
  - Vermieterpfandrecht nach § 562 Abs. 1 Satz 1 BGB (vgl. hierzu Rn. 1 ff.).
- Rechtsfolge: Ausschluss der Geltendmachung für:
  - künftige Entschädigungsforderungen und
  - Miete für eine spätere Zeit als das laufende und folgende Mietjahr.

---

[136] BGH v. 06.12.1972 - VIII ZR 179/71 - juris Rn. 12 - BGHZ 60, 22-28.

III. Rechtsfolge

1. Ausschluss der Geltendmachung für künftige Entschädigungsforderungen und für die Miete für eine spätere Zeit als das laufende und das folgende Mietjahr

77 Durch § 562 Abs. 2 BGB wird das Vermieterpfandrecht zeitlich begrenzt. Umstritten ist, ob die Vorschrift, wie ihr Wortlaut nahe legt, lediglich die **Geltendmachung** zukünftiger Entschädigungsforderungen und Mieten für eine spätere Zeit als das laufende und das folgende Mietjahr – nicht Kalenderjahr – ausschließt[137] oder das gesetzliche Pfandrecht insoweit schon gar nicht zur Entstehung gelangt.[138] Vorzugswürdig ist die letztgenannte Auffassung, da nur dadurch der der zeitlichen Begrenzung zugrunde liegende Schutz anderer Gläubiger des Mieters hinreichend durchgesetzt wird. Bei bloßem Ausschluss der Geltendmachung des Pfandrechts würde der Vermieter dennoch gegenüber diesen durch die rangwahrende Wirkung der Entstehung seines Pfandrechtes auch für zukünftige Ansprüche privilegiert.

78 Maßgeblicher Zeitpunkt für die **Abgrenzung von gegenwärtigen und zukünftigen Forderungen** ist die erste Geltendmachung des Pfandrechts durch den Vermieter.[139] Dies gilt auch dann, wenn eine Pfändung durch andere Gläubiger erfolgt ist und der Vermieter nach § 805 ZPO vorgeht.[140]

79 Geltend gemacht **wird das Vermieterpfandrecht** durch jedes Verhalten, mit dem der Vermieter nach außen zu verstehen gibt, dass er dieses hinsichtlich konkreter Pfandobjekte durchsetzen will.[141] Dies kann – muss aber nicht – durch Inbesitznahme geschehen. Es reicht auch schon aus, wenn der Vermieter die Geltendmachung ausdrücklich – auch mündlich[142] – oder konkludent, beispielsweise indem er den Mieter am Fortschaffen der Gegenstände hindert, erklärt.

80 Für nach dem Zeitpunkt der ersten Geltendmachung erst entstandene Forderungen kann das Vermieterpfandrecht **erneut geltend gemacht** werden, zwischenzeitlich an den Pfandsachen begründete Pfändungspfandrechte haben aber insoweit dann Vorrang (str.).[143]

81 Eine **gegenwärtige Forderung** liegt vor, wenn diese im Moment der Geltendmachung des Vermieterpfandrechts bereits dem Grund und der Höhe nach entstanden ist.[144] Ohne ein Feststehen auch der Höhe nach wäre nämlich dem Mieter die Möglichkeit der Abwendung nach § 562c BGB genommen.[145] Fälligkeit des Anspruches muss dagegen noch nicht eingetreten sein.[146]

82 Zu den **Entschädigungsforderungen** im Sinne von § 562 Abs. 2 BGB zählen sämtliche Ersatzansprüche des Vermieters wegen Verletzung von Haupt- oder Nebenpflichten durch den Mieter, insbesondere auch die Ansprüche wegen Vorenthaltung der Mietsache (§ 546a BGB) und auf Mietausfall wegen vorzeitiger Beendigung des Mietverhältnisses.[147] Die Vorschrift findet auch auf **konkurrierende deliktische Ansprüche** Anwendung.[148]

---

[137] *Lammel*, Wohnraummietrecht, 3. Aufl. 2007, § 562 Rn. 40 und *Blank* in: Blank/Börstinghaus, Miete, 3. Aufl. 2008, § 562 Rn. 29.

[138] *Emmerich* in: Staudinger, § 562 Rn. 29 und *Riecke/Schmidt* in: Schmid, Miete und Mietprozess, 4. Aufl. 2004, Teil 6 Rn. 144; offen *Weidenkaff* in: Palandt, § 562 Rn. 11.

[139] OLG Düsseldorf v. 04.06.1998 - 24 U 91/97 - juris Rn. 47 - ZMR 2000, 518-522 und *v. Martius* in: Bub/Treier, Handbuch der Geschäfts- und Wohnraummiete, 3. Aufl. 1999, Teil III Rn. 864.

[140] *Emmerich* in: Staudinger, § 562 Rn. 33.

[141] BGH v. 08.03.1972 - VIII ZR 183/70 - juris Rn. 19 - LM Nr. 51 zu § 525 BGB.

[142] *Riecke* in: Schmid, Fachanwaltskommentar Mietrecht, 3. Aufl. 2012, § 562 Rn. 55.

[143] OLG Düsseldorf v. 04.06.1998 - 24 U 91/97 - juris Rn. 59 - ZMR 2000, 518-522 und *Weidenkaff* in: Palandt, § 562 Rn. 15; a.A. *Lammel*, Wohnraummietrecht, 3. Aufl. 2007, § 562 Rn. 40.

[144] OLG Düsseldorf v. 04.06.1998 - 24 U 91/97 - juris Rn. 57 - ZMR 2000, 518-522; OLG Hamm v. 10.12.1993 - 7 U 63/93 - NJW-RR 1994, 655-656 und – allerdings unter Bezug auf § 559 Satz 2 BGB a.F., sprich den jetzigen § 562 Abs. 2 BGB - *Sternel*, Mietrecht aktuell, 4. Aufl. 2009, Teil III Rn. 222.

[145] *Lammel*, Wohnraummietrecht, 3. Aufl. 2007, § 562 Rn. 44.

[146] *v. Martius* in: Bub/Treier, Handbuch der Geschäfts- und Wohnraummiete, 3. Aufl. 1999, Teil III Rn. 863.

[147] *Weidenkaff* in: Palandt, § 562 Rn. 13.

[148] *Lammel* in: Schmidt-Futterer, Mietrecht, 10. Aufl. 2011, § 562 Rn. 47.

Hinsichtlich der **Miete** erweitert § 562 Abs. 2 BGB den Umfang des Vermieterpfandrechts auch in die Zukunft für das laufende und folgende Mietjahr. Zur Miete gehört lediglich die Gegenleistung für die Gebrauchsüberlassung einschließlich der vereinbarten Zuschläge und Nebenkostenvorauszahlungen.[149] Das **Mietjahr** ist unabhängig vom Kalenderjahr und läuft jeweils ab dem vertraglich vereinbarten Tag des Beginns des Mietverhältnisses.[150] Das Vermieterpfandrecht erfasst den in § 562 Abs. 2 BGB genannten Zeitraum dabei unabhängig davon, ob eine frühere Beendigung des Mietverhältnisses im Wege der ordentlichen Kündigung, insbesondere bei Mietverträgen auf unbestimmte Zeit oder mit Verlängerungsklausel, theoretisch möglich ist.[151]

83

2. Abdingbarkeit

§ 562 Abs. 2 BGB ist abdingbar.[152]

84

IV. Prozessuale Hinweise/Verfahrenshinweise

Die Darlegungs- und **Beweislast** für das Vorliegen der Voraussetzungen des § 562 Abs. 2 BGB trägt, da es sich um eine Begrenzung des Vermieterpfandrechtes handelt, der Mieter.[153]

85

V. Anwendungsfelder – Übergangsrecht

Das **Mietrechtsreformgesetz** vom 19.06.2001[154] enthält **keine Übergangsvorschrift** zu § 562 Abs. 2 BGB. Dieser ist folglich ohne zeitliche Beschränkung anwendbar.

86

---

[149] *Lammel* in: Schmidt-Futterer, Mietrecht, 10. Aufl. 2011, § 562, Rn. 45.
[150] *Emmerich* in: Staudinger, § 562 Rn. 34.
[151] *Lammel* in: Schmidt-Futterer, Mietrecht, 10. Aufl. 2011, § 562 Rn. 46 und *Emmerich* in: Staudinger, § 562 Rn. 34.
[152] *Weidenkaff* in: Palandt, § 562 Rn. 4; kritisch *Riecke* in: Schmid, Fachanwaltskommentar Mietrecht, 3. Aufl. 2012, § 562 Rn. 50 und *Schmid* in: Schmid, Mietkaution und Vermieterpfandrecht, 1. Aufl. 1997, Rn. 3042.
[153] *Ehlert* in: Bamberger/Roth, § 562 Rn. 32 und *Weidenkaff* in: Palandt, § 562 Rn. 20.
[154] BGBl I 2001, 1149.

§ 562a BGB Erlöschen des Vermieterpfandrechts

(Fassung vom 02.01.2002, gültig ab 01.01.2002)

¹Das Pfandrecht des Vermieters erlischt mit der Entfernung der Sachen von dem Grundstück, außer wenn diese ohne Wissen oder unter Widerspruch des Vermieters erfolgt. ²Der Vermieter kann nicht widersprechen, wenn sie den gewöhnlichen Lebensverhältnissen entspricht oder wenn die zurückbleibenden Sachen zur Sicherung des Vermieters offenbar ausreichen.

Gliederung

A. Grundlagen 1	1. Sperrrecht des Vermieters 11
I. Kurzcharakteristik 1	2. Ausschluss des Sperrrechts des Vermieters 16
II. Gesetzgebungsgeschichte und -materialien 2	**C. Rechtsfolgen** 23
III. Regelungsprinzipien 3	I. Erlöschen des Vermieterpfandrechts 23
B. Anwendungsvoraussetzungen 5	II. Praktische Hinweise 25
I. Normstruktur 5	III. Abdingbarkeit 26
II. Entfernung vom Grundstück 6	**D. Prozessuale Hinweise** 27
III. Ohne Wissen des Vermieters 10	**E. Anwendungsfelder – Übergangsrecht** 30
IV. Widerspruch des Vermieters 11	

A. Grundlagen

I. Kurzcharakteristik

1 § 562a BGB regelt das Erlöschen des Vermieterpfandrechts und die Möglichkeiten des Vermieters dieses zu verhindern.

II. Gesetzgebungsgeschichte und -materialien

2 Zur historischen Entwicklung vergleiche die Darstellung bei *Emmerich*.[1] § 562a BGB führt die vor dem **Mietrechtsreformgesetz** vom 19.06.2001[2] in § 560 BGB a.F. enthaltenen Regelungen unter sprachlichen Änderungen fort. Soweit der Ausschluss des Widerspruchsrechts des Vermieters bei einer Entfernung im regelmäßigen Geschäftsbetrieb gestrichen wurde, wird diese Fallgruppe nach Auffassung des Reformgesetzgebers von der Variante der den gewöhnlichen Lebensverhältnissen entsprechenden Entfernung umfasst.[3]

III. Regelungsprinzipien

3 Das Vermieterpfandrecht erlischt als gesetzliches Pfandrecht grundsätzlich nach den **allgemeinen pfandrechtlichen Bestimmungen** (§ 1257 BGB), insbesondere bei Tilgung der gesicherten Forderung (§ 1252 BGB) sowie bei Konsolidation (§ 1256 BGB). § 562a BGB stellt die im Hinblick darauf, dass der Vermieter das Pfandrecht ohne Besitzeinräumung erlangt, notwendige Ergänzung der allgemeinen pfandrechtlichen Regelungen dar und ersetzt das nach diesen vorgesehene Erlöschen des Pfandrechtes durch Rückgabe der Pfandsache (§ 1253 BGB).

4 Zur praktischen Durchsetzung des Widerspruchsrechts des Vermieters wird ihm ein **Selbsthilferecht** eingeräumt (§ 562b BGB), vgl. insoweit die Kommentierung zu § 562b BGB.

---

[1] *Emmerich* in: Staudinger, 13. Bearb. 1995, § 560 Rn. 1.
[2] BGBl I 2001, 1149.
[3] Vgl. BT-Drs. 14/4553, S. 60.

B. Anwendungsvoraussetzungen

I. Normstruktur

Normstruktur:
- Tatbestandsmerkmale:
  - Sache, die dem Vermieterpfandrecht nach § 562 BGB unterliegt (vgl. hierzu die Kommentierung zu § 562 BGB Rn. 17 ff.),
  - Entfernung der Sache vom Grundstück (vgl. Rn. 6 ff.).
- Rechtsfolge:
  - Erlöschen des Vermieterpfandrechts (§ 562a Satz 1 HS. 1 BGB; vgl. Rn. 23 f.).
- Ausnahme: Entfernung (§ 562a Satz 1 HS. 2 BGB)
  - ohne Wissen des Vermieters (vgl. Rn. 10) **oder**
  - unter Widerspruch des Vermieters, sofern dieser nicht nach § 562a Satz 2 BGB ausgeschlossen ist (vgl. Rn. 11 ff.).

II. Entfernung vom Grundstück

Die Entfernung liegt im rein tatsächlichen Hinausschaffen der Pfandsache aus dem Mietobjekt. Sie stellt ebenso wie ihr pfandrechtsbegründendes Gegenteil des Einbringens einen **Realakt** dar, d.h. die gesetzlichen Rechtsfolgen treten allein infolge des tatsächlichen Geschehens ein, unabhängig von einem entsprechenden Rechtsbindungswillen der beteiligten Personen. Umstritten ist, ob insoweit zumindest eine beschränkte Geschäftsfähigkeit erforderlich ist. Hierzu gilt das zur Einbringung Gesagte entsprechend, vgl. daher die Kommentierung zu § 562 BGB Rn. 37.

Ebenso wie das Einbringen muss die Entfernung nicht durch den Mieter selbst, sondern kann **auch durch Dritte** erfolgen. Im Gegensatz zur Einbringung ist bei der Entfernung nicht erforderlich, dass diese mit Billigung des Mieters geschieht. Deshalb ist das Tatbestandsmerkmal auch beim Wegschaffen durch einen Dieb[4], den Gerichtsvollzieher im Rahmen der Zwangsvollstreckung[5] oder den Insolvenzverwalter im Rahmen eines Insolvenzverfahrens[6] erfüllt. Die bloße Pfändung durch den Gerichtsvollzieher, ohne Wegnahme (§ 808 Abs. 2 ZPO), stellt allerdings noch keine Entfernung dar.[7] Die Entfernung **durch den Vermieter** – insbesondere zum Zwecke der Verwahrung an einem anderen Ort – führt nach Sinn und Zweck der Vorschrift regelmäßig ebenfalls nicht zum Erlöschen seines gesetzlichen Pfandrechts.[8] Entfernt der Vermieter seinem Pfandrecht unterliegende Sachen allerdings aufgrund einer von ihm gegenüber dem Mieter übernommenen vertraglichen Verpflichtung vom gemieteten Grundstück, so erlischt das Vermieterpfandrecht.[9]

Wann **in räumlicher Hinsicht** eine Entfernung vorliegt, insbesondere ob hierzu ein Hinausschaffen aus der Wohnung ausreicht oder eine solche vom gesamten Grundstück erforderlich ist, hängt davon ab, was nach den vertraglichen Vereinbarungen vermietet ist. Entscheidend ist, dass die Sache **aus dem durch den Mietvertrag bestimmten Machtbereich des Vermieters entfernt** wird. Bei der Raummiete reicht daher die Entfernung aus den gemieteten Räumen – einschließlich der im Rahmen des Mietgebrauchs mitvermieteten Nebenflächen – aus (str.).[10]

---

[4] *Emmerich* in: Staudinger, § 562a Rn. 3.
[5] *Weidenkaff* in: Palandt, § 562a Rn. 4.
[6] *v. Martius* in: Bub/Treier, Handbuch der Geschäfts- und Wohnraummiete, 3. Aufl. 1999, Teil III Rn. 873.
[7] *Riecke/Schmidt* in: Schmid, Miete und Mietprozess, 4. Aufl. 2004, Teil 6 Rn. 171.
[8] OLG Stuttgart v. 10.04.2008 - 13 U 139/07 - juris Rn. 11 - MDR 2008, 679-680.
[9] OLG Brandenburg v. 23.11.2011 - 7 U 195/10 - juris Rn. 87 zum Verpächterpfandrecht.
[10] *Blank* in: Blank/Börstinghaus, Miete, 3. Aufl. 2008, § 562a Rn. 3; *v. Martius* in: Bub/Treier, Handbuch der Geschäfts- und Wohnraummiete, 3. Aufl. 1999, Teil III Rn. 870 sowie *Emmerich* in: Staudinger, § 562a Rn. 4; a.A. – grundsätzlich erst mit Wegschaffung vom Grundstück – *Lammel*, Wohnraummietrecht, 3. Aufl. 2007, § 562a Rn. 12 sowie *Weidenkaff* in: Palandt, § 562a Rn. 4.

§ 562a

9 In **zeitlicher Hinsicht** ist jede Entfernung aus dem Machtbereich des Vermieters ausreichend, unabhängig davon, ob diese nur vorübergehender oder dauernder Natur ist (**str.**).[11] Dies bedeutet, dass das Vermieterpfandrecht auch bei einer nur vorübergehenden Verbringung aus dem Machtbereich des Vermieters regelmäßig erlischt und erst durch die erneute Einbringung wieder entsteht; hiervon betroffen sind insbesondere **Kraftfahrzeuge**. Ist das Eigentum des Mieters während der vorübergehenden Entfernung erloschen (beispielsweise wegen einer Sicherungsübereignung) oder mit einem anderen dinglichen Recht belastet worden (beispielsweise einem Werkunternehmerpfandrecht), so geht dies dem mit erneutem Einbringen entstehenden Vermieterpfandrecht vor.[12]

III. Ohne Wissen des Vermieters

10 Ein Wissen des Vermieters von der Entfernung liegt nur **bei positiver Kenntnis** vor. Grob fahrlässige Unkenntnis schadet dem Vermieter dagegen nicht.[13] **Bei mehreren Vermietern** darf keiner von ihnen positive Kenntnis besitzen.[14] Es ist ausreichend, wenn dem Vermieter die positive Kenntnis **anderer Personen zugerechnet** wird (§ 166 Abs. 1 BGB), vgl. hierzu auch die Kommentierung zu § 166 BGB. Für die Erlangung der Kenntnis reicht eine **beschränkte Geschäftsfähigkeit** aus.[15]

IV. Widerspruch des Vermieters

1. Sperrrecht des Vermieters

11 Erfolgt die Entfernung der Pfandsache(n) mit Wissen des Vermieters, muss er, um ein Erlöschen seines Pfandrechtes zu vermeiden, dieser widersprechen („**Sperrrecht**"). Der Widerspruch ist eine **rechtsgeschäftsähnliche Handlung**.[16] Er setzt daher zumindest beschränkte Geschäftsfähigkeit des Vermieters voraus.[17]

12 **Inhaltlich** genügt jede Meinungsäußerung oder Handlung, aus der sich für den Mieter erkennbar ergibt, dass der Vermieter nicht mit der Entfernung der Sachen einverstanden ist.[18] Eine konkrete Bezeichnung einzelner Gegenstände ist grundsätzlich nicht erforderlich.[19]

13 Der Widerspruch ist **gegenüber** dem Mieter oder der Person zu erklären, die die Pfandsache aus dem Machtbereich des Vermieters entfernt (**str.**).[20]

---

[11] OLG Hamm v. 11.12.1980 - 4 U 131/80 - juris Rn. 23 - ZIP 1981, 165-166; OLG Karlsruhe v. 03.02.1971 - 1 U 159/70 - juris Rn. 20; im Hinblick auf Rechtssicherheit und -klarheit *Blank* in: Blank/Börstinghaus, Miete, 3. Aufl. 2008, § 562a Rn. 5; *Weidenkaff* in: Palandt, § 562a Rn. 4; *Emmerich* in: Staudinger, § 562a Rn. 5; *Riecke/Schmidt* in: Schmid, Miete und Mietprozess, 4. Aufl. 2004, Teil 6 Rn. 170; a.A. - bei nur vorübergehender Entfernung kein Erlöschen des Vermieterpfandrechts – *Sternel*, Mietrecht aktuell, 4. Aufl. 2009, Teil III Rn. 226; *Lammel*, Wohnraummietrecht, 3. Aufl. 2007, § 562a Rn. 10; *v. Martius* in: Bub/Treier, Handbuch der Geschäfts- und Wohnraummiete, 3. Aufl. 1999, Teil III Rn. 871 sowie ebenso – bezüglich gewerblicher Mietobjekte – OLG Frankfurt v. 19.05.2006 - 24 U 11/06 - juris Rn. 24 - ZMR 2006, 609-611; LG Neuruppin v. 09.06.2000 - 4 S 272/99 - juris Rn. 15 - NZM 2000, 962-963 und *Eckert* in: Wolf/Eckert/Ball, Handbuch des gewerblichen Miet-, Pacht- und Leasingrechts, 10. Aufl. 2009, Rn. 767.

[12] *Blank* in: Blank/Börstinghaus, Miete, 3. Aufl. 2008, § 562a Rn. 5.

[13] *Lammel*, Wohnraummietrecht, 3. Aufl. 2007, § 562a Rn. 14.

[14] *Blank* in: Blank/Börstinghaus, Miete, 3. Aufl. 2008, § 562a Rn. 7.

[15] *Emmerich* in: Staudinger, § 562a Rn. 11.

[16] *Weidenkaff* in: Palandt, § 562a Rn. 6.

[17] *Emmerich* in: Staudinger, § 562a Rn. 14.

[18] *Blank* in: Blank/Börstinghaus, Miete, 3. Aufl. 2008, § 562a Rn. 9.

[19] *v. Martius* in: Bub/Treier, Handbuch der Geschäfts- und Wohnraummiete, 3. Aufl. 1999, Teil III Rn. 877.

[20] *Weidenkaff* in: Palandt, § 562a Rn. 6; *Lammel*, Wohnraummietrecht, 3. Aufl. 2007, § 562a Rn. 16 und *v. Martius* in: Bub/Treier, Handbuch der Geschäfts- und Wohnraummiete, 3. Aufl. 1999, Teil III Rn. 877; a.A. – notwendigerweise immer auch gegenüber dem Mieter – *Emmerich* in: Staudinger, § 562a Rn. 14; *Lammel* in: Schmidt-Futterer, Mietrecht, 10. Aufl. 2011, § 562a Rn. 26 und *Kellendorfer* in: Müller/Walther, Miet- und Pachtrecht, § 562a Rn. 10.

Der Widerspruch muss **in zeitlichem Zusammenhang mit der konkreten Entfernung** der Pfandsachen erfolgen, d.h. grundsätzlich zwischen Beginn und Abschluss des Wegschaffens.[21] Ausnahmsweise kann in einer vorangegangenen Pfändung durch den Vermieter bereits ein Widerspruch liegen.[22] Dagegen reicht ein allgemein im Voraus erklärter, insbesondere schon in den **Mietvertrag** pauschal aufgenommener Widerspruch zur Wahrung der Rechte des Vermieters nicht aus.[23] Ebenso wenig entfaltet ein **nach der Entfernung** erklärter Widerspruch Wirkung.[24]

14

Der Widerspruch ist **bei jeder Entfernung mit Wissen des Vermieters** erforderlich, um das Erlöschen seines Vermieterpfandrechts zu verhindern. Dies gilt auch, wenn die Entfernung im Rahmen einer vom Vermieter selbst veranlassten **Zwangsräumung** des Mietobjektes erfolgt.[25] Eine Ausnahme kann allenfalls da gelten, wo dem Vermieter ein sofortiger Widerspruch nicht möglich oder unzumutbar ist, etwa bei einem Diebstahl.[26]

15

2. Ausschluss des Sperrrechts des Vermieters

Der Vermieter kann einer Entfernung der Pfandsachen nicht widersprechen, wenn

16

- sie den gewöhnlichen Lebensverhältnissen entspricht (§ 562a Satz 2 Alt. 1 BGB, vgl. Rn. 17 ff.),
- die zurückbleibenden Sachen zu seiner Sicherung offenbar ausreichen (§ 562a Satz 2 Alt. 2 BGB, „Verweisungsrecht", vgl. Rn. 20),
- er sich in Annahmeverzug befindet (vgl. Rn. 21),
- die Entfernung auf hoheitliche Anordnung erfolgt (vgl. Rn. 22).

Welche Entfernung den **gewöhnlichen Lebensverhältnissen** entspricht, ist anhand eines objektiven Maßstabes nach der Verkehrssitte zu bestimmen. Maßgeblich sind danach nicht die Gepflogenheiten des einzelnen Mieters, sondern was in den betreffenden Kreisen allgemein üblich ist.[27] Insbesondere zählen hierzu:

17

- Benutzung von Fahrzeugen[28],
- Mitnahme von Gegenständen auf Reisen[29],
- Wegbringen von Gegenständen zur Reparatur[30],
- tägliche Entfernung der Tageskasse[31],
- Mitgabe von Sachen bei Trennung oder Auszug von Kindern[32],
- Austausch von alten Gegenständen gegen neue[33].

Nicht mehr von einer Entfernung im Rahmen der gewöhnlichen Lebensverhältnisse gedeckt ist es allerdings, wenn der Mieter **sämtliche werthaltigen Gegenstände** aus der Mietsache wegschafft.[34]

18

Die Entfernung **im regelmäßigen Betrieb des Geschäftes des Mieters** entspricht ebenfalls den gewöhnlichen Lebensverhältnissen, vgl. auch Rn. 2. Insoweit kommt es – auch nach der Mietrechtsreform – auf die Erfordernisse des konkreten Geschäftsbetriebs des Mieters an.[35] Das Widerspruchsrecht entfällt nur hinsichtlich der **im laufenden Geschäftsbetrieb** normalerweise erforderlichen Ent-

19

---

[21] *Lammel*, Wohnraummietrecht, 3. Aufl. 2007, § 562a Rn. 18.
[22] OLG Frankfurt v. 25.06.1974 - 20 W 237/74 - MDR 1975, 228.
[23] *Weidenkaff* in: Palandt, § 562a Rn. 6.
[24] *Riecke/Schmidt* in: Schmid, Miete und Mietprozess, 4. Aufl. 2004, Teil 6 Rn. 189.
[25] *v. Martius* in: Bub/Treier, Handbuch der Geschäfts- und Wohnraummiete, 3. Aufl. 1999, Teil III Rn. 875.
[26] *Blank* in: Blank/Börstinghaus, Miete, 3. Aufl. 2008, § 562a Rn. 8.
[27] *Blank* in: Blank/Börstinghaus, Miete, 3. Aufl. 2008, § 562a Rn. 15.
[28] OLG Karlsruhe v. 03.02.1971 - 1 U 159/70 - juris Rn. 19.
[29] *Lammel*, Wohnraummietrecht, 3. Aufl. 2007, § 562a Rn. 24.
[30] *Weidenkaff* in: Palandt, § 562a Rn. 8.
[31] OLG Braunschweig v. 27.11.1979 - 2 U 175/79 - juris Rn. 4 - MDR 1980, 403-404.
[32] *Riecke/Schmidt* in: Schmid, Miete und Mietprozess, 4. Aufl. 2004, Teil 6 Rn. 159.
[33] *Lammel*, Wohnraummietrecht, 3. Aufl. 2007, § 562a Rn. 24.
[34] *Riecke/Schmidt* in: Schmid, Miete und Mietprozess, 4. Aufl. 2004, Teil 6 Rn. 160 sowie *Lammel*, Wohnraummietrecht, 3. Aufl. 2007, § 562a Rn. 24.
[35] *Lammel*, Wohnraummietrecht, 3. Aufl. 2007, § 562a Rn. 23 sowie *Emmerich* in: Staudinger, § 562a Rn. 18.

fernung, denn insoweit ist davon auszugehen, dass die entfernten Sachen alsbald durch andere ersetzt werden, die dem Vermieter dann wieder als Sicherheit zur Verfügung stehen. An letzterem fehlt es, soweit eine Entfernung im Rahmen der Geschäftsaufgabe, sei es durch Totalausverkauf oder auf andere Weise, erfolgen soll.[36] Zum laufenden Geschäftsbetrieb zählt dagegen die Veräußerung von Waren **durch den Insolvenzverwalter**, wenn sie im Rahmen der Fortführung des Verkaufsgeschäfts des Schuldners geschieht.[37]

20 **Offenbar ausreichend zur Sicherung des Vermieters** sind die zurückbleibenden Sachen, wenn diese unzweifelhaft im Eigentum des Mieters stehen und darüber hinaus einen solchen Wert besitzen, dass auch ohne genauere Prüfung oder Schätzung auf der Hand liegt, dass hierdurch die gesicherten Forderungen des Vermieters abgedeckt werden.[38] Maßgebend ist insoweit nicht der objektive Wert der Sachen, sondern der zu erwartende Versteigerungserlös.[39] Auf die anderweitige Sicherung des Vermieters kann sich nicht nur der Mieter, sondern auch **ein anderer in die Pfandsachen vollstreckender Gläubiger** berufen, insbesondere wenn der Vermieter seinen Anspruch auf vorzugsweise Befriedigung nach § 805 ZPO geltend macht.[40] Dies gilt im Hinblick auf den sachenrechtlichen Prioritätsgrundsatz allerdings nicht, sofern dem Vermieter zudem ein vorrangiges Pfändungspfandrecht an den Sachen des Mieters zusteht.[41] Ebenso kann der Vermieter der Verweisung auf die verbliebenen Sachen des Mieters die Grundlage dadurch entziehen, dass er auf sein Pfandrecht hieran verzichtet.[42] Haben **mehrere andere Gläubiger** die Sache(n) des Mieters gepfändet, so kann jeder von ihnen den Vermieter auf die verbliebenen Gegenstände verweisen, sofern er nachweist, dass im Zeitpunkt seiner Pfändung diese noch zur Sicherung des Vermieters offenbar ausreichen.[43]

21 Befindet der Vermieter sich hinsichtlich ausreichender, vom Mieter angebotener Leistungen in **Annahmeverzug**, handelt er widersprüchlich (§ 242 BGB), wenn er dennoch einer Entfernung von Pfandsachen widerspricht.[44]

22 Einer Entfernung **auf Grund hoheitlicher Anordnung** kann der Vermieter nicht widersprechen. Dies gilt zunächst für die Wegnahme durch den Gerichtsvollzieher im Rahmen der Zwangsvollstreckung für einen anderen Gläubiger (§ 805 Abs. 1 ZPO), gleichermaßen aber auch für die Entfernung durch den Insolvenzverwalter im Rahmen des Insolvenzverfahrens.[45] Auch in diesen Fällen erlischt daher das Vermieterpfandrecht, der Vermieter ist auf die vorzugsweise Befriedigung verwiesen (**str.**).[46]

C. Rechtsfolgen

I. Erlöschen des Vermieterpfandrechts

23 Werden dem Vermieterpfandrecht unterliegende Sachen **mit Wissen des Vermieters und ohne dessen Widerspruch** aus dem durch den Mietvertrag gezogenen Machtbereich entfernt, so erlischt das Ver-

---

[36] BGH v. 14.11.1962 - VIII ZR 37/61 - NJW 1963, 147-147; LG Regensburg v. 05.08.1991 - 1 O 50/91 - juris Rn. 19 - NJW-RR 1992, 717-718 sowie *Blank* in: Blank/Börstinghaus, Miete, 3. Aufl. 2008, § 562a Rn. 14.
[37] LG Mannheim v. 30.10.2003 - 10 S 38/03 - ZIP 2003, 2374-2375.
[38] *Emmerich* in: Staudinger, § 562a Rn. 20.
[39] *Riecke/Schmidt* in: Schmid, Miete und Mietprozess, 4. Aufl. 2004, Teil 6 Rn. 162.
[40] BGH v. 06.05.1958 - VIII ZR 73/57 - BGHZ 27, 227-236.
[41] *Emmerich* in: Staudinger, 13. Bearb. 1995, § 560 Rn. 16.
[42] *Lammel*, Wohnraummietrecht, 3. Aufl. 2007, § 562a Rn. 27.
[43] *Emmerich* in: Staudinger, § 562a Rn. 8.
[44] *Riecke/Schmidt* in: Schmid, Miete und Mietprozess, 4. Aufl. 2004, Teil 6 Rn. 165b.
[45] *Lammel*, Wohnraummietrecht, 3. Aufl. 2007, § 562a Rn. 20 sowie *Riecke/Schmidt* in: Schmid, Miete und Mietprozess, 4. Aufl. 2004, Teil 6 Rn. 165d.
[46] *Emmerich* in: Staudinger, § 562a Rn. 6 und 9; *Artz* in: MünchKomm-BGB, § 562a Rn. 8 sowie *Blank* in: Blank/Börstinghaus, Miete, 3. Aufl. 2008, § 562a Rn. 13; a.A. *Lammel*, Wohnraummietrecht, 3. Aufl. 2007, § 562a Rn. 20 sowie *v. Martius* in: Bub/Treier, Handbuch der Geschäfts- und Wohnraummiete, 3. Aufl. 1999, Teil III Rn. 873; offen gelassen in BGH v. 09.06.1999 - VIII ZR 336/98 - juris Rn. 10 - NJW-RR 1999, 1410-1411 und bei *Riecke/Schmidt* in: Schmid, Miete und Mietprozess, 4. Aufl. 2004, Teil 6 Rn. 147a.

mieterpfandrecht. Gleiches gilt, wenn die Entfernung ohne Wissen des Vermieters oder trotz dessen Widerspruch erfolgt, das Widerspruchsrecht des Vermieters aber ausgeschlossen ist.[47]

Bei einem **wirksamen Widerspruch** des Vermieters bleibt sein Vermieterpfandrecht an den betroffenen Pfandsachen dagegen zunächst trotz deren Entfernung aus seinem Machtbereich bestehen. Dies gilt aber nur zeitlich begrenzt. Macht der Vermieter seinen Herausgabeanspruch nach § 562b Abs. 2 Satz 1 BGB nicht binnen eines Monats ab Kenntnis von der Entfernung gerichtlich geltend, so erlischt das Vermieterpfandrecht nach Ablauf dieser Ausschlussfrist gemäß § 562b Abs. 2 Satz 2 BGB, vgl. hierzu die Kommentierung zu § 562b BGB Rn. 21 ff. 24

II. Praktische Hinweise

Ein Erlöschen des Vermieterpfandrechts ist auch auf Grund der allgemeinen pfandrechtlichen Vorschriften – soweit auf besitzlose Pfandrechte anwendbar – sowie nach den **allgemeinen sachenrechtlichen Bestimmungen** möglich, insbesondere beim gutgläubigen Erwerb Dritter (§ 936 BGB). Ebenso kommt eine vertragliche Aufhebung oder ein Verzicht durch den Vermieter[48] in Betracht. 25

III. Abdingbarkeit

Die Vorschrift ist nicht abdingbar.[49] 26

D. Prozessuale Hinweise

Der **Vermieter** trägt die Darlegungs- und **Beweislast** dafür, dass die Pfandsache(n) ohne sein Wissen oder unter seinem Widerspruch entfernt wurde(n).[50] 27

Für die Entfernung und den Ausschluss des Widerspruchsrechts, insbesondere nach § 562a Satz 2 BGB, ist dagegen der **Mieter** darlegungs- und beweisbelastet.[51] 28

Sofern sich ein durch ein Pfändungspfandrecht gesicherter **Gläubiger** auf die offenbar ausreichende Sicherung des Vermieters durch die verbliebenen Sachen des Mieters beruft, muss er dies beweisen.[52] 29

E. Anwendungsfelder – Übergangsrecht

Das **Mietrechtsreformgesetz** vom 19.06.2001[53] enthält **keine Übergangsvorschrift** zu § 562a BGB. Dieser ist folglich ohne zeitliche Beschränkung anwendbar. 30

---

[47] *Kellendorfer* in: Müller/Walther, Miet- und Pachtrecht, § 562a Rn. 8; vgl. a. BGH v. 07.12.1992 - II ZR 262/91 - juris Rn. 9 - NJW 1993, 1791-1793.
[48] BGH v. 20.06.2005 - II ZR 189/03 - juris Rn. 11 - NJW-Spezial 2005, 485.
[49] *Lammel*, Wohnraummietrecht, 3. Aufl. 2007, § 562a Rn. 7.
[50] AG Köln v. 20.05.1983 - 221 C 496/82 - juris Rn. 3 - WuM 1985, 123-124.
[51] *Lammel*, Wohnraummietrecht, 3. Aufl. 2007, § 562a Rn. 28.
[52] BGH v. 20.03.1986 - IX ZR 42/85 - juris Rn. 19 - NJW 1986, 2426-2428.
[53] BGBl I 2001, 1149.

§ 562b BGB Selbsthilferecht, Herausgabeanspruch

(Fassung vom 02.01.2002, gültig ab 01.01.2002)

(1) ¹Der Vermieter darf die Entfernung der Sachen, die seinem Pfandrecht unterliegen, auch ohne Anrufen des Gerichts verhindern, soweit er berechtigt ist, der Entfernung zu widersprechen. ²Wenn der Mieter auszieht, darf der Vermieter diese Sachen in seinen Besitz nehmen.

(2) ¹Sind die Sachen ohne Wissen oder unter Widerspruch des Vermieters entfernt worden, so kann er die Herausgabe zum Zwecke der Zurückschaffung auf das Grundstück und, wenn der Mieter ausgezogen ist, die Überlassung des Besitzes verlangen. ²Das Pfandrecht erlischt mit dem Ablauf eines Monats, nachdem der Vermieter von der Entfernung der Sachen Kenntnis erlangt hat, wenn er diesen Anspruch nicht vorher gerichtlich geltend gemacht hat.

Gliederung

A. Kommentierung zu Absatz 1 1	1. Kurzcharakteristik 21
I. Grundlagen 1	2. Gesetzgebungsgeschichte und -materialien 22
1. Kurzcharakteristik 1	3. Regelungsprinzipien 23
2. Gesetzgebungsgeschichte und -materialien 2	II. Anwendungsvoraussetzungen 24
3. Regelungsprinzipien 3	1. Normstruktur 24
II. Anwendungsvoraussetzungen 4	2. Kenntnis des Vermieters von der Entfernung/ Ausschlussfrist 26
III. Rechtsfolgen 5	3. Fristwahrung durch gerichtliche Geltendmachung 31
1. Recht des Vermieters, die Entfernung ohne gerichtliche Hilfe zu verhindern (Absatz 1 Satz 1) 5	III. Rechtsfolgen 33
a. Zeitliche Grenzen 7	1. Anspruch des Vermieters auf Herausgabe zum Zwecke der Zurückschaffung auf das Grundstück 33
b. Räumliche Grenzen 9	
c. Inhaltliche Grenzen 11	2. Anspruch des Vermieters auf Überlassung des Besitzes, wenn der Mieter ausgezogen ist 36
2. Recht des Vermieters, die betroffenen Sachen beim Auszug des Mieters in Besitz zu nehmen (Absatz 1 Satz 2) 14	a. Abdingbarkeit 39
3. Abdingbarkeit 17	b. Praktische Hinweise 40
4. Praktische Hinweise 18	IV. Prozessuale Hinweise 44
IV. Prozessuale Hinweise 19	V. Anwendungsfelder 52
V. Anwendungsfelder – Übergangsrecht 20	1. Übergangsrecht 52
B. Kommentierung zu Absatz 2 21	2. Muster – Auskunft bezüglich von Drittem entfernter Sachen des Mieters 53
I. Grundlagen 21	

A. Kommentierung zu Absatz 1

I. Grundlagen

1. Kurzcharakteristik

1 Die Vorschrift gibt dem Vermieter ein besonderes **Selbsthilferecht** zur Durchsetzung seines besitzlosen Pfandrechtes an mietereigenen Sachen.

2. Gesetzgebungsgeschichte und -materialien

2 Vgl. hierzu zunächst die Kommentierung zu § 562 BGB Rn. 2. Die Regelung ist durch das **Mietrechtsreformgesetz** vom 19.06.2001[1] lediglich redaktionell verändert worden. Sie befand sich vor dem 01.09.2001 in § 561 BGB a.F.

---

[1] BGBl I 2001, 1149.

3. Regelungsprinzipien

Das von den allgemeinen Voraussetzungen (§§ 229, 230 BGB) unabhängige Selbsthilferecht wurde dem Vermieter eingeräumt, um ihm die Durchsetzung seines besitzlosen Pfandrechtes zu ermöglichen, da ihm ein besitzrechtlicher Schutz (§ 859 BGB) nicht zukommt. Die Notwendigkeit des Selbsthilferechts ist umstritten.[2]

II. Anwendungsvoraussetzungen

Normstruktur:
- Tatbestandsmerkmale:
  - Sache, die dem Vermieterpfandrecht nach § 562 BGB unterliegt (vgl. hierzu die Kommentierung zu § 562 BGB Rn. 17 ff.),
  - Entfernung der Sache (vgl. hierzu die Kommentierung zu § 562a BGB Rn. 6 ff.),
  - Widerspruchsrecht des Vermieters nach § 562a BGB (vgl. hierzu die Kommentierung zu § 562a BGB Rn. 11).
- Rechtsfolge:
  - Recht des Vermieters, die Entfernung ohne gerichtliche Hilfe zu verhindern (§ 562b Abs. 1 Satz 1 BGB),
  - Recht des Vermieters, die betroffenen Sachen beim Auszug des Mieters in Besitz zu nehmen (§ 562b Abs. 1 Satz 2 BGB).

III. Rechtsfolgen

1. Recht des Vermieters, die Entfernung ohne gerichtliche Hilfe zu verhindern (Absatz 1 Satz 1)

Das Selbsthilferecht des Vermieters nach § 562b BGB ist nicht davon abhängig, dass die weiteren **Voraussetzungen der allgemeinen Selbsthilferechte** nach den §§ 229, 230 BGB erfüllt sind, insbesondere dass obrigkeitliche Hilfe nicht rechtzeitig zu erlangen ist.[3]

Soweit das Selbsthilferecht vom Vermieter im nachstehend aufgezeigten gesetzlichen Rahmen ausgeübt wird, handelt er rechtmäßig und ein Widerstand des Mieters oder Dritter stellt sich als **verbotene Eigenmacht** (§ 858 BGB) und gegebenenfalls strafbare Handlung dar. Fehlt es dagegen an den Voraussetzungen des Selbsthilferechts, ist das Verhalten des Vermieters selbst eine verbotene Eigenmacht.[4] Er ist dem Mieter dann nach § 280 Abs. 1 BGB oder aus Delikt zum Schadensersatz verpflichtet. § 231 BGB ist dagegen nicht anwendbar.[5]

a. Zeitliche Grenzen

Das Selbsthilferecht nach § 562b BGB ist **zeitlich** auf den Zeitraum zwischen Beginn und Beendigung der Entfernung begrenzt.[6] Es steht dem Vermieter folglich weder vor deren Beginn[7] noch nach deren Beendigung zu.[8]

---

[2] Vgl. ablehnend *Emmerich* in: Staudinger, § 562b Rn. 1, befürwortend *v. Martius* in: Bub/Treier, Handbuch der Geschäfts- und Wohnraummiete, 3. Aufl. 1999, Teil III Rn. 891.

[3] *Emmerich* in: Staudinger, § 562b Rn. 4.

[4] OLG Koblenz v. 25.01.2007 - 2 U 1524/06 - juris Rn. 38 - MietRB 2007, 141-142 und OLG Celle v. 10.11.1993 - 2 U 115/93 - juris Rn. 6 - ZMR 1994, 163-165.

[5] *v. Martius* in: Bub/Treier, Handbuch der Geschäfts- und Wohnraummiete, 3. Aufl. 1999, Teil III Rn. 898.

[6] LG Freiburg (Breisgau) v. 27.09.1996 - 6 O 456/96 - juris Rn. 18 - WuM 1997, 113-114 sowie OLG Düsseldorf v. 04.03.1982 - 10 U 199/81 - juris Rn. 8 - ZMR 1983, 376-377.

[7] OLG Karlsruhe v. 11.02.2005 - 10 U 199/03 - NZM 2005, 542; OLG Koblenz v. 02.11.2004 - 12 U 1530/03 - juris Rn. 13 - NJW-RR 2005, 1174-1175; OLG Celle v. 10.11.1993 - 2 U 115/93 - juris Rn. 6 - ZMR 1994, 163-165 sowie und LG Berlin v. 29.09.2009 - 65 S 425/08 - juris Rn. 21 - Grundeigentum 2009, 1622-1623.

[8] *Riecke/Schmidt* in: Schmid, Miete und Mietprozess, 4. Aufl. 2004, Teil 6 Rn. 172.

8 Soweit der Vermieter **präventiv** tätig werden will, ist ihm dies nur durch die Erwirkung einer einstweiligen Verfügung möglich.[9] Im Rahmen des einstweiligen Rechtsschutzes sind an die Konkretisierung der Sachen im Verfügungsantrag keine übermäßigen Anforderungen zu stellen; es genügt, dass er zur Identifizierung der Sachen lediglich auf das vorherige Einbringen in die Mieträume verweist.[10]

b. Räumliche Grenzen

9 **Räumlich** ist die Wahrnehmung des Selbsthilferechts auf den Machtbereich des Vermieters begrenzt. Sobald die Pfandsachen die Grenzen des Machtbereichs des Vermieters verlassen haben, endet das Selbsthilferecht des Vermieters.[11]

10 Eine **Nacheile** ist dem Vermieter nur unter den Voraussetzungen des § 229 BGB gestattet.[12]

c. Inhaltliche Grenzen

11 Inhaltlich hat der Vermieter bei seiner Selbsthilfe den **Grundsatz der Verhältnismäßigkeit** zu wahren, er muss demnach das schonendste Erfolg versprechende Mittel wählen.[13] Dies ist zunächst grundsätzlich der Widerspruch gegen die Entfernung. Bestreitet der Mieter das Pfandrecht, hat der Vermieter dem nachzugehen.[14] Bestehen danach dennoch keine begründeten Bedenken am Pfandrecht und hatte der Widerspruch keinen Erfolg, so muss der Vermieter zunächst durch mittelbare Einwirkungen wie das Verschließen von Türen o.ä. versuchen, die Entfernung zu unterbinden.[15] Erst wenn auch dies fehlschlägt, ist ausnahmsweise die Anwendung von Gewalt gegen Personen zulässig.[16] **Unbeteiligte Dritte** darf der Vermieter nicht behindern oder gefährden.[17]

12 Beachtet der Vermieter bei der Ausübung der Selbsthilfe die vorgenannten inhaltlichen Grenzen nicht, so kann dies – sofern damit eine Entziehung des Besitzes der Mietsache einhergeht, wie beispielsweise beim Austausch von Schlössern – zum **Verlust seiner Mietzinsansprüche** für den betroffenen Zeitraum führen.[18]

13 Das Selbsthilferecht des Vermieters bei Entfernung einzelner Sachen unter Fortbestehen des Besitzes des Mieters an den gemieteten Räumlichkeiten berechtigt ihn **nicht zur Inbesitznahme der Gegenstände**.[19]

2. Recht des Vermieters, die betroffenen Sachen beim Auszug des Mieters in Besitz zu nehmen (Absatz 1 Satz 2)

14 § 562b Abs. 1 Satz 2 BGB erweitert die Befugnisse des Vermieters im Falle eines gänzlichen Auszuges des Mieters dahingehend, dass der Vermieter nunmehr zur **Inbesitznahme** der Pfandsachen berechtigt ist.

---

[9] OLG Celle v. 10.11.1993 - 2 U 115/93 - juris Rn. 7 - ZMR 1994, 163-165 sowie OLG Celle v. 12.06.1986 - 2 W 34/86 - juris Rn. 4 - NJW-RR 1987, 447-448.

[10] OLG Rostock v. 13.04.2004 - 3 U 68/04 - juris Rn. 18 - MDR 2004, 1109-1110.

[11] Emmerich in: Staudinger, § 562b Rn. 8.

[12] v. Martius in: Bub/Treier, Handbuch der Geschäfts- und Wohnraummiete, 3. Aufl. 1999, Teil III Rn. 894.

[13] OLG Karlsruhe v. 11.02.2005 - 10 U 199/03 - NZM 2005, 542 und OLG Düsseldorf v. 04.03.1982 - 10 U 199/81 - juris Rn. 9 - ZMR 1983, 376-377.

[14] OLG München v. 12.01.1989 - 29 U 2366/88 - juris Rn. 62 - NJW-RR 1989, 1499-1502 und OLG Düsseldorf v. 04.03.1982 - 10 U 199/81 - juris Rn. 9 - ZMR 1983, 376-377.

[15] OLG Koblenz v. 02.11.2004 - 12 U 1530/03 - juris Rn. 13 - NJW-RR 2005, 1174-1175 und LG Regensburg v. 05.08.1991 - 1 O 50/91 - juris Rn. 19 - NJW-RR 1992, 717-718.

[16] OLG München v. 12.01.1989 - 29 U 2366/88 - juris Rn. 62 - NJW-RR 1989, 1499-1502; Riecke/Schmidt in: Schmid, Miete und Mietprozess, 4. Aufl. 2004, Teil 6, Rn. 177; v. Martius in: Bub/Treier, Handbuch der Geschäfts- und Wohnraummiete, 3. Aufl. 1999, Teil III Rn. 893 und – grundsätzlich verboten – Emmerich in: Staudinger, § 562b Rn. 4.

[17] v. Martius in: Bub/Treier, Handbuch der Geschäfts- und Wohnraummiete, 3. Aufl. 1999, Teil III Rn. 896.

[18] OLG Karlsruhe v. 11.02.2005 - 10 U 199/03 - NZM 2005, 542.

[19] OLG Düsseldorf v. 04.03.1982 - 10 U 199/81 - juris Rn. 9 - ZMR 1983, 376-377.

Ein **Auszug** des Mieters liegt vor, wenn dieser den Besitz an der Mietsache endgültig aufgibt.[20] Auch der Auszug muss in dem Zeitpunkt, in dem der Vermieter tätig wird, bereits begonnen haben und darf noch nicht beendet sein.[21]

Durch die Inbesitznahme erlangt der Vermieter dieselbe **Rechtsstellung** wie der Pfandgläubiger eines vertraglich bestellten Faustpfandes. Es finden daher die §§ 1215-1219 BGB Anwendung, insbesondere die **Verwahrung**sverpflichtung nach § 1215 BGB.[22] Zur Ziehung von **Nutzung**en ist der Vermieter nur infolge besonderer Vereinbarung berechtigt, vgl. insoweit auch die Kommentierung zu § 562 BGB Rn. 60.

3. Abdingbarkeit

Eine **vertragliche Erweiterung des Selbsthilferechts** des Vermieters zu Lasten des Mieters ist unzulässig.[23]

4. Praktische Hinweise

Die Rechte des Vermieters gegenüber einer unbefugten Entfernung seinem Pfandrecht unterliegender Sachen sind in § 562b BGB **nicht abschließend** geregelt. Ein Anspruch auf Unterlassung der Entfernung, Rückgängigmachung einer bereits erfolgten Verbringung aus der Mietsache sowie Ersatz eines gegebenenfalls entstandenen Schadens kann sich ebenso aus den **folgenden allgemeinen Regelungen** ergeben:
- §§ 985, 1004, 1227, 1257 BGB (allgemeine Vorschriften über Pfandrechte),
- § 249 BGB (Schadensersatzansprüche), wobei die danach geschuldete Naturalrestitution auch in der erneuten Verbringung des Pfandobjektes in die Mietsache bestehen kann,
  - sei es aus Delikt, § 823 Abs. 1, Abs. 2 BGB i.V.m. § 289 StGB, oder
  - sei es aus positiver Vertragsverletzung, § 280 BGB, insbesondere der Pflichten des Mieters aus § 562a BGB,
- §§ 812, 816 Abs. 1 BGB (Herausgabe des Veräußerungserlöses),
- §§ 229, 230, 231 BGB (allgemeines Selbsthilferecht, allerdings nur wenn dessen spezielle Voraussetzungen erfüllt sind).

IV. Prozessuale Hinweise

Der Vermieter trägt die Darlegungs- und **Beweislast** für sämtliche Voraussetzungen des Bestehens seines Selbsthilferechtes.[24]

V. Anwendungsfelder – Übergangsrecht

Das **Mietrechtsreformgesetz** vom 19.06.2001[25] enthält **keine Übergangsvorschrift** zu § 562b Abs. 1 BGB. Dieser ist folglich ohne zeitliche Beschränkung anwendbar.

B. Kommentierung zu Absatz 2

I. Grundlagen

1. Kurzcharakteristik

Die Vorschrift gewährt dem Vermieter in Ergänzung seines Selbsthilferechts nach § 562b Abs. 1 BGB einen Anspruch auf Herausgabe zur Zurückschaffung und, sofern der Mieter ausgezogen ist, auf Über-

---

[20] *Emmerich* in: Staudinger, § 562b Rn. 10.
[21] OLG München v. 12.01.1989 - 29 U 2366/88 - juris Rn. 61 - NJW-RR 1989, 1499-1502 sowie LG Hamburg v. 02.04.1976 - 11 O 6/76 - juris Rn. 27 - MDR 1977, 933.
[22] *Lammel*, Wohnraummietrecht, 3. Aufl. 2007, § 562b Rn. 21.
[23] OLG München v. 12.01.1989 - 29 U 2366/88 - juris Rn. 64 - NJW-RR 1989, 1499-1502.
[24] *Emmerich* in: Staudinger, § 562b Rn. 24.
[25] BGBl I 2001, 1149.

§ 562b

lassung des Besitzes, wenn dem Pfandrecht unterliegende Gegenstände ohne sein Wissen oder unter seinem Widerspruch entfernt wurden.

2. Gesetzgebungsgeschichte und -materialien

22 Vgl. hierzu zunächst die Kommentierung zu § 562 BGB Rn. 2. Die durch das **Mietrechtsreformgesetz** vom 19.06.2001[26] geschaffene Vorschrift führt § 561 BGB a.F. fort.

3. Regelungsprinzipien

23 Mit dem Anspruch auf Herausgabe zur Zurückschaffung oder auf Besitzüberlassung wird dem Vermieter eine Handhabe zur Wiederherstellung der räumlichen Beziehung der Pfandobjekte zur Mietsache gegeben, an die sein besitzloses Pfandrecht anknüpft. § 562b Abs. 2 Satz 1 BGB stellt dabei lediglich eine **Modifizierung des dinglichen Herausgabespruches** nach den §§ 1257, 1227, 985, 1004 BGB dar.[27] Die einmonatige Ausschlussfrist dient im Hinblick auf die Besitzlosigkeit des Vermieterpfandrechts der Sicherheit des Rechtsverkehrs.[28]

II. Anwendungsvoraussetzungen

1. Normstruktur

24 § 562b Abs. 2 Satz 1 BGB:
- Tatbestandsmerkmale:
  - Sache, die dem Vermieterpfandrecht nach § 562 BGB unterliegt (vgl. hierzu die Kommentierung zu § 562 BGB Rn. 17 ff.),
  - Entfernung der Sache (vgl. hierzu die Kommentierung zu § 562a BGB Rn. 6 ff.),
  - ohne Wissen des Vermieters (vgl. hierzu die Kommentierung zu § 562a BGB Rn. 10) **oder**
  - unter Widerspruch des Vermieters (vgl. hierzu die Kommentierung zu § 562a BGB Rn. 11 ff.).
- Rechtsfolge: Anspruch des Vermieters auf:
  - Herausgabe zum Zwecke der Zurückschaffung auf das Grundstück (§ 562b Abs. 2 Satz 1 Alt. 1 BGB; vgl. Rn. 33 ff.),
  - Überlassung des Besitzes, wenn der Mieter ausgezogen ist (§ 562b Abs. 2 Satz 1 Alt. 2 BGB; vgl. Rn. 36 ff.).

25 § 562b Abs. 2 Satz 2 BGB:
- Tatbestandsmerkmale:
  - Sache, die dem Vermieterpfandrecht nach § 562 BGB unterliegt (vgl. hierzu die Kommentierung zu § 562 BGB Rn. 17 ff.),
  - Entfernung der Sache (vgl. hierzu die Kommentierung zu § 562a BGB Rn. 6 ff.),
  - Kenntnis des Vermieters seit mehr als einem Monat (vgl. Rn. 26 ff.).
- Rechtsfolge:
  - Erlöschen des Vermieterpfandrechts.
- Ausnahme:
  - vorherige gerichtliche Geltendmachung (vgl. Rn. 31 f.).

2. Kenntnis des Vermieters von der Entfernung/Ausschlussfrist

26 Hat der Vermieter Kenntnis von der Entfernung der seinem Vermieterpfandrecht unterliegenden Sache(n) erlangt, muss er binnen eines Monats seinen Herausgabeanspruch nach § 562b Abs. 2 Satz 1 BGB geltend machen, ansonsten erlischt das Vermieterpfandrecht (§ 562b Abs. 2 Satz 2 BGB). Es handelt sich um eine **Ausschlussfrist**. Sie unterliegt daher nicht den Verjährungsvorschriften und kann vertrag-

---

[26] BGBl I 2001, 1149.
[27] *Emmerich* in: Staudinger, § 562b Rn. 12.
[28] *Lammel*, Wohnraummietrecht, 3. Aufl. 2007, § 562b Rn. 31.

lich nicht verlängert werden.[29] Eine unzulässige vertragliche Verlängerung kann aber in die rechtsgeschäftliche Bestellung eines Pfandrechts umgedeutet werden (§ 140 BGB).[30]

Die einmonatige Frist **beginnt mit der Erlangung positiver Kenntnis** des Vermieters von der Entfernung der Sachen. Grob fahrlässige Unkenntnis reicht nicht aus. Die Ausschlussfrist läuft auch dann, wenn dem Vermieter mangels hinreichender Kenntnisse vom Verbleib der Sachen die Erhebung einer Klage auf Herausgabe nicht möglich ist.[31] Bei unzureichender Kenntnis muss der Vermieter innerhalb der Frist Auskunfts-(stufen-)Klage erheben, vgl. Rn. 40.[32]   27

Die **Kenntnis seiner Vertreter** steht der des Vermieters gleich (§ 166 BGB).[33]   28

Für die **Berechnung** der Frist gelten die §§ 187-193 BGB.   29

Mit Ablauf der Frist erlischt das Vermieterpfandrecht.[34]   30

3. Fristwahrung durch gerichtliche Geltendmachung

Das Erlöschen des Vermieterpfandrechts durch den Ablauf der Frist nach § 562b Abs. 2 Satz 2 BGB kann der Vermieter durch die gerichtliche Geltendmachung seines Herausgabeanspruches nach § 562b Abs. 2 Satz 1 BGB verhindern. Dabei genügt **jede gerichtliche Geltendmachung** des Zurückschaffungs- oder Herausgabeanspruches gegenüber dem Besitzer, sei es im Wege der Hauptsacheklage oder der einstweiligen Verfügung. Es reicht darüber hinaus aus, wenn der Vermieter in irgendeinem gerichtlichen Verfahren zum Ausdruck bringt, an seinem Pfandrecht festhalten zu wollen,[35] deshalb auch ein Widerspruch gegen eine einstweilige Verfügung des Mieters auf Duldung der Entfernung (str.)[36] und der Antrag gemäß § 805 Abs. 4 ZPO auf Hinterlegung des auf Grund der Pfandverwertung durch einen Dritten erzielten Erlöses (str.)[37]. **Nicht ausreichend** ist dagegen der Antrag auf Klageabweisung gegenüber einer negativen Feststellungsklage,[38] ebenso wenig die Pfändung der Mietsachen durch den Vermieter, da Pfändungspfandrecht und Vermieterpfandrecht grundsätzlich selbständig nebeneinander stehen[39].   31

Die **Klage gegen einen bloß vermeintlichen oder früheren Besitzer**, der im Zeitpunkt der Klageerhebung überhaupt nicht im Besitz der Pfandsache(n) war, vermag die Ausschlussfrist allerdings nicht zu wahren.[40]   32

III. Rechtsfolgen

1. Anspruch des Vermieters auf Herausgabe zum Zwecke der Zurückschaffung auf das Grundstück

Der Anspruch besteht als dinglicher (vgl. insoweit auch die Anmerkungen unter dinglicher Herausgabeanspruch, Rn. 23) **gegenüber dem jeweiligen unmittelbaren oder mittelbaren Besitzer**, unabhängig davon, ob dies der Mieter oder ein Dritter ist[41] und ob er derjenige ist, der die Sachen vom   33

---

[29] *Riecke/Schmidt* in: Schmid, Miete und Mietprozess, 4. Aufl. 2004, Teil 6 Rn. 191.
[30] *Weidenkaff* in: Palandt, § 562b Rn. 12.
[31] *Emmerich* in: Staudinger, § 562b Rn. 18.
[32] *Blank* in: Blank/Börstinghaus, Miete, 3. Aufl. 2008, § 562b Rn. 27.
[33] *Weidenkaff* in: Palandt, § 562b Rn. 12.
[34] *v. Martius* in: Bub/Treier, Handbuch der Geschäfts- und Wohnraummiete, 3. Aufl. 1999, Teil III Rn. 901.
[35] *Blank* in: Blank/Börstinghaus, Miete, 3. Aufl. 2008, § 562a Rn. 28.
[36] *Emmerich* in: Staudinger, § 562b Rn. 20; a.A. *Lammel*, Wohnraummietrecht, 3. Aufl. 2007, § 562b Rn. 39.
[37] *Weidenkaff* in: Palandt, § 562b Rn. 13; *v. Martius* in: Bub/Treier, Handbuch der Geschäfts- und Wohnraummiete, 3. Aufl. 1999, Teil III Rn. 902; a.A. *Lammel*, Wohnraummietrecht, 3. Aufl. 2007, § 562b Rn. 39 und *Kellendorfer* in: Müller/Walther, Miet- und Pachtrecht, § 562b Rn. 22.
[38] *Artz* in: MünchKomm-BGB, § 562b Rn. 11 und *Sternel*, Mietrecht, 3. Aufl. 1988, Teil III Rn. 271.
[39] *Emmerich* in: Staudinger, § 562b Rn. 20 sowie *v. Martius* in: Bub/Treier, Handbuch der Geschäfts- und Wohnraummiete, 3. Aufl. 1999, Teil III Rn. 902.
[40] *Emmerich* in: Staudinger, § 562b Rn. 20.
[41] *Emmerich* in: Staudinger, § 562b Rn. 13.

Grundstück entfernt hat.[42] Insbesondere richtet sich der Anspruch auch gegen einen neuen Vermieter des ausgezogenen Mieters, dem selbst ein Vermieterpfandrecht zusteht, da das erste Vermieterpfandrecht nach dem sachenrechtlichen Prioritätsprinzip vorgeht (§ 1209 BGB).[43] Der gutgläubige Erwerb eines vorrangigen Pfandrechtes durch den nachfolgenden Vermieter ist nicht möglich, da § 1208 BGB beim besitzlosen Vermieterpfandrecht keine Anwendung findet,[44] vgl. insoweit die Kommentierung zu § 562 BGB Rn. 29. Etwas anderes gilt nur beim gesetzlichen Pfandrecht des Kommissionärs, Frachtführers, Spediteurs oder Lagerhalters in den in § 366 Abs. 3 HGB genannten Fällen.[45]

34 Der Anspruch richtet sich auf Herausgabe, allerdings nicht zur Inbesitznahme durch den Vermieter, sondern lediglich zum Zwecke der Zurückschaffung in die Mietsache. Solange der Mieter nicht ausgezogen ist, steht dem Vermieter grundsätzlich **kein Recht auf Inbesitznahme** der Pfandsachen zu. Etwas anderes gilt nur, wenn dem Vermieter bereits fällige gesicherte Forderungen gegen den Mieter zustehen und er die Pfandsachen verwerten will, vgl. hierzu auch die Kommentierung zu § 562 BGB Rn. 45.

35 Die **Zurückschaffung** selbst ist, nachdem der Anspruch nach dem Wortlaut des Gesetzes auf Herausgabe gerichtet ist, Sache des Vermieters (str.).[46] Der Mieter hat vor seinem Auszug sogar grundsätzlich Anspruch auf die Zurückschaffung in die Mietsache.[47]

2. Anspruch des Vermieters auf Überlassung des Besitzes, wenn der Mieter ausgezogen ist

36 Ist der Mieter **ausgezogen**, kann der Vermieter selbst Überlassung der entfernten Sachen zur Verwahrung verlangen. Zum Begriff des Auszugs vgl. die Erläuterungen unter Rn. 15.

37 Zum **Anspruchsgegner** gelten die vorstehenden Ausführungen zum Anspruch auf Herausgabe zum Zwecke der Zurückschaffung auf das Grundstück entsprechend, vgl. daher die Erläuterungen unter Herausgabeanspruch zur Zurückschaffung, Rn. 23.

38 Der Vermieter erlangt mit Herausgabe an ihn dieselbe **Rechtstellung**, wie wenn ihm rechtsgeschäftlich ein Faustpfandrecht bestellt worden wäre, vgl. insoweit die Anmerkungen unter Rn. 16.

a. Abdingbarkeit

39 Die Ausschlussfrist kann nicht verlängert werden.[48]

b. Praktische Hinweise

40 Sofern der Vermieter nicht über Art und Umfang der vormals eingebrachten Sachen informiert oder ihm nicht bekannt ist, in wessen Besitz sich die Pfandsachen nunmehr befinden, steht ihm ein **Auskunftsanspruch** gegenüber dem Mieter oder dem Dritten, der die Sachen entfernt hat, zu (§ 260 BGB).[49] Sind der Entfernende und der aktuelle Besitzer identisch, kann das Auskunftsbegehren auch im Wege der **Stufenklage** (§ 254 ZPO) mit der Herausgabeklage verbunden werden[50], wobei allerdings eine Versicherung an Eides statt (§ 261 BGB) erst nach Erteilung der Auskunft und nur, falls Anhaltspunkte für deren Unrichtigkeit ersichtlich sind, gefordert werden kann; eine vorweggenom-

---

[42] *v. Martius* in: Bub/Treier, Handbuch der Geschäfts- und Wohnraummiete, 3. Aufl. 1999, Teil III Rn. 900.
[43] *Lammel*, Wohnraummietrecht, 3. Aufl. 2007, § 562b Rn. 24.
[44] *Kellendorfer* in: Müller/Walther, Miet- und Pachtrecht, § 562b Rn. 15.
[45] *Emmerich* in: Staudinger, 13. Bearb. 1995, § 561 Rn. 40.
[46] *Emmerich* in: Staudinger, § 562b Rn. 15; a.A. – auf Zurückschaffung durch den Mieter gerichtete Klage möglich – *Blank* in: Blank/Börstinghaus, Miete, 3. Aufl. 2008, § 562b Rn. 23 und *Lammel*, Wohnraummietrecht, 3. Aufl. 2007, § 562b Rn. 29.
[47] *Emmerich* in: Staudinger, 13. Bearb. 1995, § 561 Rn. 37 und *Lammel* in: Schmidt-Futterer, Mietrecht, 10. Aufl. 2011, § 562b Rn. 26.
[48] *Weidenkaff* in: Palandt, § 562b Rn. 4.
[49] OLG Rostock v. 13.04.2004 - 3 U 68/04 - juris Rn. 17 - MDR 2004, 1109-1110 sowie LG Mannheim v. 01.09.1976 - 4 S 12/76 - juris Rn. 28 - WuM 1978, 92.
[50] *Lammel*, Wohnraummietrecht, 3. Aufl. 2007, § 562b Rn. 24.

mene Versicherung der Richtigkeit der noch ausstehenden Auskunft an Eides Statt kann der Vermieter dagegen nicht verlangen.[51]

Die vorgenannten Ansprüche auf Auskunft und Herausgabe – an den Gerichtsvollzieher als Sequester[52] (vgl. Rn. 49) – kann der Vermieter ferner **im Wege der einstweiligen Verfügung** (§ 935 ZPO) durchsetzen.[53] 41

Das Erlöschen des Vermieterpfandrechts infolge Verstreichens der Ausschlussfrist lässt eventuelle **deliktische oder bereicherungsrechtliche Ansprüche** des Vermieters gegenüber dem Mieter oder Dritten unberührt (str.).[54] In der Fristversäumung durch den Vermieter kann aber ein **Mitverschulden** liegen (§ 254 BGB).[55] 42

Die Ausschlussfrist des § 562b Abs. 2 Satz 2 BGB gilt ebenfalls nicht für die **Klage auf vorzugsweise Befriedigung** gegenüber einem anderen Pfandgläubiger des Mieters nach § 805 ZPO.[56] 43

IV. Prozessuale Hinweise

Der **Vermieter** trägt die Darlegungs- und **Beweislast** für das Bestehen des Pfandrechts sowie den Besitz des Mieters oder Dritten im Zeitpunkt der Klageerhebung, ebenso für die Einhaltung der Ausschlussfrist.[57] 44

Für den Zeitpunkt der Kenntniserlangung des Vermieters ist der **Mieter** darlegungs- und beweisbelastet[58], insoweit trifft indessen den Vermieter eine sekundäre Darlegungslast. 45

Für die **gerichtliche Zuständigkeit** bei Klagen gegen den Mieter gelten § 23 Nr. 2a GVG und § 29a ZPO. Anders bei Klagen gegen Dritte, bei denen die allgemeinen Zuständigkeitsvorschriften Anwendung finden. 46

Bei Abfassung des **Klageantrags** muss zunächst beachtet werden, ob – bei fortbestehendem Mietbesitz des Mieters – nur Herausgabe zum Zwecke der Zurückschaffung oder – bei Auszug des Mieters – Herausgabe zur Inbesitznahme begehrt werden kann. Ändert sich der Herausgabezweck vor Abschluss des Rechtsstreits, muss der Antrag entsprechend angepasst werden. Tritt diese Veränderung erst nach Beendigung des Rechtsstreits ein, so kann der Vermieter auch mit dem auf Herausgabe zum Zwecke der Zurückschaffung lautenden Titel Herausgabe an sich verlangen.[59] 47

Ferner muss der Antrag **hinreichend bestimmt** sein (§ 253 Abs. 2 Nr. 2 ZPO), d.h. insbesondere die herauszugebenden Gegenstände konkret und vollstreckungsfähig bezeichnen. Ist dem Vermieter dies nicht möglich, so muss er zunächst eine Auskunftsklage anstrengen, gegebenenfalls im Wege der Stufenklage (§ 254 ZPO). Vgl. ein entsprechendes vorgerichtliches Anschreiben bei Muster, Rn. 53. 48

Im Rahmen der Sicherung seines Anspruchs auf Herausgabe durch **einstweilige Verfügung** kann der Vermieter regelmäßig selbst nach Auszug des Mieters nur die **Überlassung** der vom Vermieterpfandrecht erfassten Sachen **an den Gerichtsvollzieher als Sequester** verlangen, da ansonsten eine im vorläufigen Rechtsschutz grundsätzlich unzulässige endgültige Befriedigung des Gläubigers eintreten würde.[60] 49

---

[51] OLG Rostock v. 13.04.2004 - 3 U 68/04 - juris Rn. 22 - MDR 2004, 1109-1110.

[52] Brandenburgisches OLG v. 18.07.2007 - 3 W 20/07 - juris Rn. 10 - GuT 2007, 302-303.

[53] Brandenburgisches OLG v. 18.07.2007 - 3 W 20/07 - juris Rn. 7 - GuT 2007, 302-303; OLG Rostock v. 13.04.2004 - 3 U 68/04 - juris Rn. 18 - MDR 2004, 1109-1110 und *Lammel*, jurisPR-MietR 21/2007, Anm. 5.

[54] RG v. 15.12.1927 - VI 209/27 - RGZ 119, 265-270, 267; *Weidenkaff* in: Palandt, § 562b Rn. 14 sowie *Riecke/Schmidt* in: Schmid, Miete und Mietprozess, 4. Aufl. 2004, Teil 6 Rn. 193; a.A. *Emmerich* in: Staudinger, § 562b Rn. 21 sowie – in entsprechender Anwendung von § 839 Abs. 3 – *Blank* in: Blank/Börstinghaus, Miete, 3. Aufl. 2008, § 562b Rn. 29.

[55] RG v. 15.12.1927 - VI 209/27 - RGZ 119, 265-270, 267 sowie *Weidenkaff* in: Palandt, § 562b Rn. 14.

[56] *v. Martius* in: Bub/Treier, Handbuch der Geschäfts- und Wohnraummiete, 3. Aufl. 1999, Teil III Rn. 902.

[57] *Emmerich* in: Staudinger, § 562b Rn. 24.

[58] *Blank* in: Blank/Börstinghaus, Miete, 3. Aufl. 2008, § 562b Rn. 31.

[59] *Blank* in: Blank/Börstinghaus, Miete, 3. Aufl. 2008, § 562b Rn. 25 sowie *Emmerich* in: Staudinger, § 562b Rn. 16.

[60] Brandenburgisches OLG v. 18.07.2007 - 3 W 20/07 - juris Rn. 10 - GuT 2007, 302-303.

§ 562b

50 Die **Vollstreckung der Herausgabeansprüche** erfolgt nach § 883 ZPO durch Wegnahme der Sache durch den Gerichtsvollzieher und Übergabe an den Vermieter.

51 Die Frist des § 562b Abs. 2 Satz 2 BGB ist als Ausschlussfrist **von Amts wegen** zu beachten.

V. Anwendungsfelder

1. Übergangsrecht

52 Das **Mietrechtsreformgesetz** vom 19.06.2001[61] enthält **keine Übergangsvorschrift** zu § 562b Abs. 2 BGB. Dieser ist folglich ohne zeitliche Beschränkung anwendbar.

2. Muster – Auskunft bezüglich von Drittem entfernter Sachen des Mieters

53 Sehr geehrter Herr [Dritter],

Herr [Mieter] hat von mir die Wohnung in der [...] - Straße in [...] gemietet. Die von Herrn [Mieter] in die dortigen Räumlichkeiten eingebrachten Sachen unterliegen daher meinem Vermieterpfandrecht. Sie sind am [...] dabei beobachtet worden, wie Sie Gegenstände aus der genannten Wohnung entfernt haben.

Ich fordere Sie daher hiermit auf, mit binnen zwei Wochen mitzuteilen, um welche Sachen es sich hierbei gehandelt hat.

Eine entsprechende Auskunftsklage behalte ich mir bei fruchtlosem Fristablauf vor,

mit freundlichen Grüßen

[Vermieter]

---

[61] BGBl I 2001, 1149.

§ 562c BGB Abwendung des Pfandrechts durch Sicherheitsleistung

(Fassung vom 02.01.2002, gültig ab 01.01.2002)

¹Der Mieter kann die Geltendmachung des Pfandrechts des Vermieters durch Sicherheitsleistung abwenden. ²Er kann jede einzelne Sache dadurch von dem Pfandrecht befreien, dass er in Höhe ihres Wertes Sicherheit leistet.

Gliederung

A. Grundlagen...	1	C. Rechtsfolgen..	5
I. Kurzcharakteristik................................	1	I. Abwendungsbefugnis des Mieters...............	5
II. Gesetzgebungsgeschichte und -materialien......	2	II. Abdingbarkeit......................................	10
III. Regelungsprinzipien............................	3	III. Praktische Hinweise.............................	11
B. Anwendungsvoraussetzungen....................	4	D. Anwendungsfelder................................	13

A. Grundlagen

I. Kurzcharakteristik

§ 562c BGB ermöglicht es dem Mieter, die Ausübung des Vermieterpfandrechtes durch Sicherheitsleistung abzuwenden.   **1**

II. Gesetzgebungsgeschichte und -materialien

Vgl. hierzu zunächst die Kommentierung zu § 562 BGB Rn. 2. § 562c BGB führt die vor dem **Mietrechtsreformgesetz** vom 19.06.2001[1] in § 562 BGB a.F. enthaltenen Regelungen fort.   **2**

III. Regelungsprinzipien

Durch die Möglichkeit der Abwendung der Geltendmachung des Vermieterpfandrechts durch die Leistung einer Sicherheit wird es dem Mieter unter Wahrung des Sicherungsinteresses des Vermieters ermöglicht, über seine eingebrachten Sachen zu verfügen, was insbesondere im Rahmen der Gewerberaummiete von entscheidender Bedeutung ist.[2]   **3**

B. Anwendungsvoraussetzungen

Normstruktur: **4**
- Tatbestandsmerkmale:
  - Geltendmachung des Pfandrechts nach § 562 BGB durch den Vermieter (vgl. hierzu die Kommentierung zu § 562 BGB),
- Rechtsfolge:
  - Abwendungsbefugnis des Mieters.

C. Rechtsfolgen

I. Abwendungsbefugnis des Mieters

Die Abwendungsbefugnis steht nur dem Mieter oder einem Dritten zu, der durch die Ausübung des Vermieterpfandrechts **Gefahr läuft, ein Recht an der Pfandsache zu verlieren** (§ 268 Abs. 1 BGB entsprechend). Zu den Letztgenannten gehört/gehören insbesondere der/die Eigentümer der Pfandsa-   **5**

---

[1] BGBl I 2001, 1149.
[2] **Lammel**, Wohnraummietrecht, 3. Aufl. 2007, § 562c Rn. 1.

§ 562c

che(n) oder nachrangige(n) Pfändungspfandgläubiger.[3] Anderen Personen steht eine Abwendungsbefugnis dagegen nicht zu.[4]

6 Die **Höhe** der zu leistenden Sicherheit richtet sich grundsätzlich nach der Höhe der gesicherten Forderung des Vermieters. Ist allerdings der Wert der vorhandenen Pfandsachen niedriger, so ist dieser maßgeblich (str.).[5] Der Wert der Pfandsachen bestimmt sich dabei nach dem im Falle einer Verwertung erzielbaren Erlös.[6] Deckt danach die Höhe der Sicherheitsleistung die gesicherte Forderung nicht gänzlich ab, so entsteht an später eingebrachten Sachen insoweit wiederum ein Vermieterpfandrecht.[7]

7 Die **Art** der Sicherheit bestimmt sich nach den Vorschriften der §§ 232-240 BGB.

8 Nach § 562c Satz 2 BGB kann der Mieter auch **einzelne Sachen** vom Vermieterpfandrecht befreien, indem er Sicherheit in der Höhe ihres jeweiligen Wertes leistet. Auch hier bestimmt sich der Wert der Pfandsache(n) nach dem im Falle einer Verwertung erzielbaren Erlös.[8]

9 **Leistet der Mieter** entsprechende **Sicherheit**, führt dies dazu, dass das Vermieterpfandrecht nicht mehr geltend gemacht werden kann, sei es durch Widerspruch gegenüber einer Entfernung, sei es durch Ausübung des Selbsthilferechts oder sei es in anderer Weise.

II. Abdingbarkeit

10 Die Vorschrift ist unabdingbar.[9]

III. Praktische Hinweise

11 Da die Sicherheitsleistung **keine Pflicht**, sondern lediglich ein Recht des Mieters ist, kann der Vermieter, der Gegenstände des Mieters unberechtigt in Besitz genommen hat, den auf Herausgabe klagenden Mieter nicht auf die Ausübung der Abwendungsbefugnis verweisen; insbesondere entfällt bei unterbliebener Abwendung dadurch nicht das Rechtsschutzbedürfnis.[10]

12 Dem Mieter steht ein **Auskunftsanspruch** hinsichtlich der Höhe der gesicherten Forderung zu.[11] Erteilt der Vermieter die Auskunft trotz entsprechender Aufforderung nicht, kann er sich gemäß § 162 Abs. 1 BGB nicht mehr auf sein Pfandrecht berufen.[12]

D. Anwendungsfelder

13 **Übergangsrecht**: Das **Mietrechtsreformgesetz** vom 19.06.2001[13] enthält **keine Übergangsvorschrift** zu § 562c BGB. Dieser ist folglich ohne zeitliche Beschränkung anwendbar.

---

[3] *Riecke/Schmidt* in: Schmid, Miete und Mietprozess, 4. Aufl. 2004, Teil 6 Rn. 204.
[4] *Lammel*, Wohnraummietrecht, 3. Aufl. 2007, § 562c Rn. 5.
[5] *Weidenkaff* in: Palandt, § 562c, Rn. 1; *Blank* in: Blank/Börstinghaus, Miete, 3. Aufl. 2008, § 562c, Rn. 3 sowie *Lammel*, Wohnraummietrecht, 3. Aufl. 2007, § 562c Rn. 9; a.A. – immer nach der Höhe der gesicherten Forderung – *Riecke/Schmidt* in: Schmid, Miete und Mietprozess, 4. Aufl. 2004, Teil 6 Rn. 202.
[6] *Blank* in: Blank/Börstinghaus, Miete, 3. Aufl. 2008, § 562c Rn. 7.
[7] *Emmerich* in: Staudinger, § 562c Rn. 4.
[8] *Blank* in: Blank/Börstinghaus, Miete, 3. Aufl. 2008, § 562c Rn. 7.
[9] *Lammel*, Wohnraummietrecht, 3. Aufl. 2007, § 562c Rn. 2 sowie *Blank* in: Blank/Börstinghaus, Miete, 3. Aufl. 2008, § 562c Rn. 1.
[10] OLG Koblenz v. 25.01.2007 - 2 U 1524/06 - juris Rn. 45 - MietRB 2007, 141-142.
[11] BGH v. 29.06.1971 - VI ZR 255/69 – juris Rn. 27 - WM 1971, 1086-1088 und *Lammel*, Wohnraummietrecht, 3. Aufl. 2007, § 562c Rn. 8.
[12] *Emmerich* in: Staudinger, § 562c Rn. 3a.
[13] BGBl I 2001, 1149.

§ 562d BGB Pfändung durch Dritte

(Fassung vom 02.01.2002, gültig ab 01.01.2002)

Wird eine Sache, die dem Pfandrecht des Vermieters unterliegt, für einen anderen Gläubiger gepfändet, so kann diesem gegenüber das Pfandrecht nicht wegen der Miete für eine frühere Zeit als das letzte Jahr vor der Pfändung geltend gemacht werden.

Gliederung

A. Grundlagen.. 1	II. Pfändung durch einen anderen Gläubiger des Mieters.. 5
I. Kurzcharakteristik............................... 1	D. Rechtsfolge: zeitliche Beschränkung des Vermieterpfandrechtes....................... 6
II. Gesetzgebungsgeschichte und -materialien...... 2	I. Miete... 7
B. Regelungsprinzipien 3	II. Zeitliche Grenze 8
C. Anwendungsvoraussetzungen.............. 4	E. Anwendungsfelder........................... 11
I. Normstruktur..................................... 4	

A. Grundlagen

I. Kurzcharakteristik

§ 562d BGB beschränkt den Umfang des Vermieterpfandrechtes gegenüber einem Gläubiger, der ein Pfändungspfandrecht an den Sachen des Mieters erlangt hat.   1

II. Gesetzgebungsgeschichte und -materialien

Vgl. hierzu zunächst die Kommentierung zu § 562 BGB Rn. 2. § 562d BGB führt die vor dem **Mietrechtsreformgesetz** vom 19.06.2001[1] in § 563 BGB a.F. enthaltenen Regelungen fort.   2

B. Regelungsprinzipien

Die zeitliche Einschränkung des Vermieterpfandrechts gegenüber einem Pfändungspfandrechtsgläubiger beruht – ebenso wie seine zeitliche Begrenzung für zukünftige Zeiträume (§ 562 Abs. 2 BGB) und in der Insolvenz des Mieters (§ 50 InsO) – auf **sozial- und kreditpolitischen Gründe**n. Zum einen könnte die übermäßige Ausdehnung des Vermieterpfandrechts den Auszug des Mieters im Hinblick auf das Widerspruchs- (§ 562a Satz 1 BGB) und Selbsthilferecht (§ 562b BGB) unmöglich machen. Zum anderen würde eine zu starke Vorzugstellung des Vermieters oftmals dazu führen, dass die übrigen Gläubiger des Mieters leer ausgehen oder die Durchführung des Insolvenzverfahrens selbst unmöglich wird.[2]   3

C. Anwendungsvoraussetzungen

I. Normstruktur

Normstruktur: 4
- Tatbestandsmerkmale:
  - Sache, die dem Vermieterpfandrecht nach § 562 BGB unterliegt (vgl. hierzu die Kommentierung zu § 562 BGB Rn. 17 ff.),
  - Pfändung durch einen anderen Gläubiger des Mieters,
- Rechtsfolge:
  - zeitliche Beschränkung des Vermieterpfandrechtes.

---

[1] BGBl I 2001, 1149.
[2] BGH v. 06.12.1972 - VIII ZR 179/71 - juris Rn. 12 - BGHZ 60, 22-28.

II. Pfändung durch einen anderen Gläubiger des Mieters

5 Die Begrenzung des Vermieterpfandrechts wirkt nur gegenüber Gläubigern, die ein **Pfändungspfandrecht** an Sachen des Mieters erlangt haben. Andere Drittgläubiger des Mieters können sich nicht darauf berufen.[3]

D. Rechtsfolge: zeitliche Beschränkung des Vermieterpfandrechtes

6 Der Rang der verschiedenen Pfandrechte an den Sachen des Mieters bestimmt sich zunächst grundsätzlich nach dem sachenrechtlichen **Prioritätsgrundsatz**. Da im Hinblick hierauf dem Vermieter oftmals der Vorrang gegenüber anderen Pfandgläubigern zukommt (vgl. insoweit insbesondere die Erläuterungen in der Kommentierung zu § 562 BGB Rn. 27), beschränkt § 562d BGB seinen Zugriff, vgl. insoweit auch die Anmerkungen oben unter Regelungsprinzipien (vgl. Rn. 3).

I. Miete

7 Erfasst von der Beschränkung werden nur die Ansprüche auf **Miete**, d.h. die periodisch wiederkehrende Gegenleistung für die Gebrauchsüberlassung einschließlich Nebenkosten und Zuschlägen (vgl. insoweit auch die entsprechenden Erläuterungen in der Kommentierung zu § 562 BGB Rn. 83), nicht aber auf einmalige Zahlungen wie beispielsweise den Saldo aus einer Nebenkostenabrechnung oder Schadensersatz gerichtete Ansprüche.[4]

II. Zeitliche Grenze

8 **Zeitlich** umfasst die Beschränkung nur die Rückstände, die früher als im letzten Jahr vor der Pfändung entstanden sind. Hierbei ist vom Zeitpunkt der Pfändung gemäß den §§ 803, 808 ZPO taggenau zurückzurechnen. Für die Berechnung der in diesen Zeitraum fallenden Miete sind die vertraglichen Vereinbarungen maßgeblich. Die vereinbarten Zeitabschnitte müssen dabei insgesamt innerhalb des letzten Jahres liegen, um nicht der Beschränkung zu unterliegen. Eine tageweise Berücksichtigung nach den vertraglichen Vereinbarungen bereits vor Jahresfrist entstandener Mietzinsansprüche, soweit sie einen in die Jahresfrist fallenden Zeitraum betreffen, erfolgt nicht.[5]

9 Außerhalb dieses zeitlichen Rahmens wird **lediglich die Geltendmachung** des Vermieterpfandrechts gegenüber den anderen Pfandrechtsgläubigern **ausgeschlossen**, auf das Entstehen und den Fortbestand des Vermieterpfandrechtes hat § 562d BGB dagegen keinen Einfluss.[6] Verbleibt nach Befriedigung des Vermieters und des Pfändungspfandgläubigers noch ein **Überschuss**, so steht dieser deshalb dem Vermieter zu, da dann der Grund für die zeitliche Beschränkung weggefallen ist.[7]

10 Unberührt bleibt das Vermieterpfandrecht für **nach der Pfändung** durch Dritte **fällig werdende Ansprüche** auf die Miete.[8]

E. Anwendungsfelder

11 **Übergangsrecht**: Das **Mietrechtsreformgesetz** vom 19.06.2001[9] enthält **keine Übergangsvorschrift** zu § 562d BGB. Dieser ist folglich ohne zeitliche Beschränkung anwendbar.

---

[3] *Blank* in: Blank/Börstinghaus, Miete, 3. Aufl. 2008, § 562d Rn. 1.
[4] *Blank* in: Blank/Börstinghaus, Miete, 3. Aufl. 2008, § 562d Rn. 2.
[5] *Kellendorfer* in: Müller/Walther, Miet- und Pachtrecht, § 562d Rn. 5 sowie *Lammel*, Wohnraummietrecht, 3. Aufl. 2007, § 562d Rn. 11.
[6] Vgl. für die gleichlautende insolvenzrechtliche Regelung des § 50 Abs. 2 Satz 1 InsO auch *Ganter* in: Münchener Kommentar zur Insolvenzordnung, 2. Aufl. 2007, § 50 Rn 90.
[7] *Herrlein* in: Herrlein/Kandelhard, ZAP-Praxiskommentar Mietrecht, 4. Aufl. 2010, § 562d Rn. 4 und *Emmerich* in: Staudinger, § 562d Rn. 3.
[8] *Weidenkaff* in: Palandt, § 562d Rn. 2.
[9] BGBl I 2001, 1149.

Kapitel 4 - Wechsel der Vertragsparteien

§ 563 BGB Eintrittsrecht bei Tod des Mieters

(Fassung vom 02.01.2002, gültig ab 01.01.2002)

(1) ¹Der Ehegatte, der mit dem Mieter einen gemeinsamen Haushalt führt, tritt mit dem Tod des Mieters in das Mietverhältnis ein. ²Dasselbe gilt für den Lebenspartner.

(2) ¹Leben in dem gemeinsamen Haushalt Kinder des Mieters, treten diese mit dem Tod des Mieters in das Mietverhältnis ein, wenn nicht der Ehegatte eintritt. ²Der Eintritt des Lebenspartners bleibt vom Eintritt der Kinder des Mieters unberührt. ³Andere Familienangehörige, die mit dem Mieter einen gemeinsamen Haushalt führen, treten mit dem Tod des Mieters in das Mietverhältnis ein, wenn nicht der Ehegatte oder der Lebenspartner eintritt. ⁴Dasselbe gilt für Personen, die mit dem Mieter einen auf Dauer angelegten gemeinsamen Haushalt führen.

(3) ¹Erklären eingetretene Personen im Sinne des Absatzes 1 oder 2 innerhalb eines Monats, nachdem sie vom Tod des Mieters Kenntnis erlangt haben, dem Vermieter, dass sie das Mietverhältnis nicht fortsetzen wollen, gilt der Eintritt als nicht erfolgt. ²Für geschäftsunfähige oder in der Geschäftsfähigkeit beschränkte Personen gilt § 210 entsprechend. ³Sind mehrere Personen in das Mietverhältnis eingetreten, so kann jeder die Erklärung für sich abgeben.

(4) Der Vermieter kann das Mietverhältnis innerhalb eines Monats, nachdem er von dem endgültigen Eintritt in das Mietverhältnis Kenntnis erlangt hat, außerordentlich mit der gesetzlichen Frist kündigen, wenn in der Person des Eingetretenen ein wichtiger Grund vorliegt.

(5) Eine abweichende Vereinbarung zum Nachteil des Mieters oder solcher Personen, die nach Absatz 1 oder 2 eintrittsberechtigt sind, ist unwirksam.

Gliederung

A. Grundlagen... 1	2. Eintritt von Kindern und anderen Familienangehörigen................................. 12
I. Kurzcharakteristik................................ 1	3. Eintritt von anderen berechtigten Personen 14
II. Gesetzgebungsmaterialien...................... 2	4. Rechtsfolgen des Eintritts 16
B. Praktische Bedeutung........................... 3	IV. Ablehnungsrecht der eintrittsberechtigten Personen (Absatz 3)............................ 17
C. Anwendungsvoraussetzungen................. 4	
I. Normstruktur....................................... 4	V. Sonderkündigungsrecht des Vermieters (Absatz 4).. 22
II. Mietverhältnis und Tod des Mieters 5	
III. Eintrittsberechtigter Personenkreis (Absatz 1 und Absatz 2).. 7	VI. Unabdingbarkeit (Absatz 5).................... 24
1. Eintritt des Ehegatten bzw. des Lebenspartners.. 9	**D. Prozessuale Hinweise/Verfahrenshinweise** 25

A. Grundlagen

I. Kurzcharakteristik

§ 563 BGB regelt das sog. **Eintrittsrecht** von bestimmten, eng mit dem verstorbenen Mieter verbundenen Personen, die mit ihm in dem gemieteten Wohnraum bislang einen gemeinsamen Haushalt geführt haben, ohne dabei selbst Partei des Mietvertrages zu sein.[1] Sind Personen i.S.d. § 563 BGB außer dem Verstorbenen ebenfalls Vertragspartner des Vermieters gewesen, sog. Mitmieter, so gilt ausschließlich § 563a BGB (vgl. die Kommentierung zu § 563a BGB). Hatte der Mieter bis zu seinem Tod einen gemeinsamen Haushalt mit dem Ehegatten, Lebenspartner, Kind oder anderen Familien-

1

---

[1] Allgemein dazu *Jendrek*, ZEV 2002, 60-63; *Hinz*, ZMR 2002, 640-646; *Hitpaß*, WE 2003, 231.

angehörigen geführt, so wird ihnen ein besonderer Schutz dadurch gewährt, dass sie unabhängig von der Erbfolge in das Mietverhältnis eintreten. Im Übrigen berührt der Tod des Mieters grundsätzlich das Mietverhältnis nicht. Die Mietverträge gehen danach nicht vorrangig gem. § 1922 BGB auf den Erben (vgl. die Kommentierung zu § 1922 BGB), sondern auf die nach § 563 Abs. 1 und 2 BGB eintrittsberechtigten Personen über. Die Regelung dient entsprechend der **Zielsetzung** des sozialen Mietrechts allein dem Interesse bestimmter überlebender Hausgenossen des Mieters durch eine **Sonderrechtsnachfolge** am Erhalt ihres bisherigen Lebensmittelpunktes,[2] selbst dann wenn der Ehegatte oder Familienangehörige zugleich Erbe des verstorbenen Mieters ist.[3] Entgegen der amtlichen Überschrift und der Formulierung in Absatz 5 gibt § 563 BGB jedoch kein Eintrittsrecht, sondern bewirkt vielmehr den Eintritt, der mit einem Ablehnungsrecht gem. Absatz 3 verbunden ist.[4]

II. Gesetzgebungsmaterialien

Die gegenwärtig geltende Fassung des § 563 BGB gem. Art. 1 Nr. 3 MietRRG vom 19.06.2001[5] ist seit dem 01.09.2001 in Kraft und hat die Regelungen des § 569a Abs. 1, 2, 5 und 7 BGB a.F. mit Erweiterung des Eintritts des Lebenspartners und Lebensgefährten sowie einigen sprachlichen und inhaltlichen Änderungen übernommen. Die durch das 2. MietRÄndG vom 14.07.1964[6] in das BGB eingefügte a.F. knüpfte an die entsprechende Regelung in § 19 MietSchG an. Der dem Erblasser-Mieter zukommende Bestandsschutz erstreckte sich danach auf die mit ihm besonders verbundenen Personen, bei denen der persönliche Verlust des Hausgenossen nicht zusätzlich noch zum sachlichen Verlust des wohnraummäßigen Lebensmittelpunktes durch Räumung führen soll.

B. Praktische Bedeutung

§ 563 BGB ändert für Wohnraummietverhältnisse die gesetzliche Erbfolge: Bei Tod des Mieters gehen diese nicht auf den Erben über, sondern auf die in den Absätzen 1 und 2 genannten Personen, die mit dem Mieter einen gemeinsamen Hausstand führten. Die Vorschrift des § 563 BGB wurde zuletzt durch das Lebenspartnerschaftsgesetz (Art. 2 des Gesetzes zur Beendigung der Diskriminierung gleichgeschlechtlicher Gemeinschaften: Lebenspartnerschaften vom 16.02.2001)[7] geändert. Durch die Neuregelung sollte die schon nach altem Recht bestehende Sonderrechtsnachfolge für bestimmte Personen in das Mietverhältnis über Ehegatten und Familienangehörige hinaus auch auf gleich- oder andersgeschlechtliche Lebensgefährten ausgedehnt werden. Die Bestimmungen wurden dazu sprachlich und inhaltlich überarbeitet, um sie „an die veränderten gesellschaftlichen Verhältnisse und Entwicklung der Rechtsprechung" anzupassen.[8] Ferner werden die in das Mietverhältnis eintretenden Personen in die Lage versetzt, den Mietvertrag fortzusetzen, eine überschuldete Erbschaft jedoch auszuschlagen. Andererseits können sie auch die Erbschaft annehmen und die Fortsetzung des Mietvertrages ablehnen.[9] Die Möglichkeit der Eintrittsberechtigten, den Eintritt durch eine Ablehnungserklärung gegenüber dem Vermieter zu verhindern, vermeidet, dass den Angehörigen eine Wohnung aufgedrängt wird, die sie nicht gemietet haben. Auf der anderen Seite erschweren die strengen Voraussetzungen das Sonderkündigungsrecht des Vermieters, so dass sichergestellt wird, dass den Angehörigen des verstorbenen Mieters die Wohnung erhalten bleibt.

---

[2] OLG Karlsruhe v. 18.10.1989 - 3 ReMiet 1/89 - juris Rn. 15 - NJW 1990, 581-582.
[3] *Heile* in: Bub/Treier, Handbuch der Geschäfts- und Wohnraummiete, 3. Aufl. 1999, II Rn. 843.
[4] *Weidenkaff* in: Palandt, § 563 Rn. 1.
[5] BGBl I 2001, 1149.
[6] BGBl I 1964, 457.
[7] BGBl I 2001, 266-287; am 01.08.2001 in Kraft getreten.
[8] BR-Drs. 439/00, S. 152 f.
[9] *Heile* in: Bub/Treier, Handbuch der Geschäfts- und Wohnraummiete, 3. Aufl. 1999, II Rn. 843.

C. Anwendungsvoraussetzungen

I. Normstruktur

Entsprechend der (vermuteten) Nähe zum Erblasser-Mieter ordnet § 563 Abs. 1 und 2 BGB eine bestimmte Reihenfolge für die Nachfolge in das Mietverhältnis an: zuerst der Ehegatte bzw. der Lebenspartner, dann Kinder und Familienangehörige sowie sonstige Personen.[10] Der Eintritt erfolgt kraft Gesetzes unabhängig vom Parteiwillen. Um diese Rechtsfolge (rückwirkend) zu beseitigen, steht allen Eintrittsberechtigten ein Ablehnungsrecht zu, § 563 Abs. 3 BGB. Der Vermieter hingegen hat ein außerordentliches Kündigungsrecht gem. § 563 Abs. 4 BGB, wenn in der Person des Eintretenden ein wichtiger Grund vorliegt. Nach Absatz 5 stellt § 563 BGB ein zwingendes Recht dar, so dass abweichende Vereinbarungen zum Nachteil des Eintrittsberechtigten unwirksam sind.

II. Mietverhältnis und Tod des Mieters

§ 563 BGB beinhaltet als Grundvoraussetzung ein Mietverhältnis und den Tod des Mieters. Der Anwendungsbereich der Norm beschränkt sich auf **Wohnraummietverhältnisse**. Dabei ist unerheblich, ob das Mietverhältnis auf bestimmte oder unbestimmte Zeit geschlossen wurde; ebenfalls ohne Bedeutung ist, ob die Mietsache möbliert oder unmöbliert vermietet worden ist.[11] Da § 563 Abs. 1 BGB ein bestehendes Mietverhältnis voraussetzt, erfolgt kein Eintritt in ein Abwicklungsverhältnis.[12] War der Mietvertrag von Anfang an nichtig oder bereits zu Lebzeiten des Mieters wirksam gekündigt, so werden mit dem Tod des Mieters keine mietvertraglichen Rechte nach § 563 BGB begründet.[13]

Des Weiteren ist der **Tod** des Mieters Voraussetzung. Dabei kommt jedoch nur der Tod einer **natürlichen Person** in Betracht. Eine entsprechende Anwendung des § 563 BGB auf **juristische Personen** und Handelsgesellschaften scheidet hingegen aus.[14] Vom unveränderten Schutzzweck her muss § 563 BGB anwendbar sein, wenn der Wohnraum von einer Personengesellschaft gemietet und von einem Gesellschafter bewohnt wurde, der gestorben ist; dies gilt auch bei einer OHG und KG als Mieter, nicht aber bei einer GmbH als Mieter. Diese Regelung ist auch bei **Selbstmord** des Mieters anzuwenden, da es für die Anwendbarkeit des § 563 BGB nicht auf die Gründe für den Tod ankommt.[15] Das Lebensende wird heute als Hirntod (vollständiger, irreversibler Ausfall aller Funktionen von Großhirn, Kleinhirn und Hirnstamm) definiert.[16] Dem Lebensende ist gleichzustellen die durch formelle Todeserklärung eines Verschollenen nach Maßgabe der §§ 9, 44 Abs. 2 VerschG begründete Todesvermutung zum festgestellten Todeszeitpunkt, die allerdings nur eine widerlegbare Todesvermutung begründet.[17]

III. Eintrittsberechtigter Personenkreis (Absatz 1 und Absatz 2)

Eintrittsberechtigt sind Ehegatten sowie Lebenspartner, Kinder, andere Familienangehörige des Mieters sowie sonstige Personen, die mit diesem einen (auf Dauer angelegten) gemeinsamen Haushalt geführt hatten. § 563 BGB behandelt dabei die Rechtsfolgen, die vorrangig für den Ehegatten/Lebenspartner (§ 563 Abs. 1 BGB) und nachrangig für Familienangehörige sowie sonstige Personen (§ 563 Abs. 2 BGB) gelten.

Das **Erfordernis der gemeinsamen Haushaltsführung** in den gemieteten Wohnräumen soll gerade gegenüber dem bisherigen Recht unverändert bleiben. Entscheidend ist hierfür, dass in der Wohnung

---

[10] LG Berlin v. 12.04.1991 - 64 T 59/91 - Grundeigentum 1991, 575.
[11] *Rolfs* in: Staudinger, § 563 Rn. 4.
[12] *Häublein* in: MünchKomm-BGB, § 563 Rn. 6; *Rolfs* in: Staudinger, § 563 Rn. 4.
[13] KG Berlin v. 13.10.2009 - 1 W 168/08, 1 W 169/08 - juris Rn. 8 - FamRZ 2010, 494.
[14] *Rolfs* in: Staudinger, § 563 Rn. 6.
[15] BGH v. 06.07.1990 - LwZR 8/89 - juris Rn. 14 - LM Nr. 71 zu § 133 (C) BGB.
[16] Dazu *Heinrichs* in: Palandt, § 1 Rn. 3 und *Edenhofer* in: Palandt, § 1922 Rn. 2 jew. m.w.N.
[17] *Rolfs* in: Staudinger, § 563 Rn. 5.

mit Willen des Mieters der Mittelpunkt einer gemeinsamen Lebens- und Wirtschaftsführung lag.[18] Anzeichen dafür sind der regelmäßige Aufenthalt, das Schlafen und Einnehmen von Mahlzeiten, wobei nicht alle genannten Merkmale vorzuliegen brauchen.

1. Eintritt des Ehegatten bzw. des Lebenspartners

9 § 563 Abs. 1 BGB übernimmt mit einigen sprachlichen Änderungen das Eintrittsrecht des Ehegatten, der nicht Vertragspartner des Vermieters ist, in das Mietverhältnis wie in § 569a Abs. 1 Satz 1 BGB a. F., ohne damit rechtliche Änderungen zu verbinden.[19] Bei **Ehegatten** ist Voraussetzung, dass ein gemeinsamer Haushalt geführt wurde und die Ehe zum Todeszeitpunkt noch bestanden hat (§§ 1353 ff. BGB). Diese Eigenschaft endet, wenn die Ehe geschieden oder rechtskräftig für nichtig erklärt worden ist.[20] Bei laufenden Scheidungsverfahren ist § 563 BGB nicht per se unanwendbar, jedoch muss nach Einzelfall entschieden werden, ob in der Wohnung dann noch ein gemeinsamer Haushalt geführt wird. Ist ein Ehegatte ausgezogen, so ist ein gemeinsamer Haushalt nicht mehr gegeben.[21] Leben die Ehegatten in derselben Wohnung getrennt, um beispielsweise die Kosten für das Trennungsjahr gem. § 1566 BGB gering zu halten, hebt dieses Getrenntleben den gemeinsamen Haushalt auf,[22] wobei nicht nur die Trennung von Tisch und Bett, sondern auch die gemeinsame Nutzung von Bad und Küche unter sich aufgeteilt werden muss.[23] Der überlebende Ehegatte tritt dann nicht in den Mietvertrag gem. § 563 Abs. 1 BGB ein. Anders ist indes der Fall zu beurteilen, wenn einer Person ein Raum zugewiesen wird, den diese innerhalb der Familiengemeinschaft lediglich allein benutzt.

10 Zu beachten ist dabei allerdings, dass eine **nur vorübergehende Trennung** den gemeinsamen Hausstand nicht aufhebt. Maßgeblich ist, ob die Ehepartner die Absicht hatten, die Eheverbindung in dem noch möglichen Rahmen aufrechtzuerhalten und die eheliche Gemeinschaft nach Wegfall der Trennungsgründe wiederherzustellen. Ein ständiges Zusammenleben ist jedoch nicht erforderlich, so dass eine vorübergehende Trennung aus beruflichen oder krankheitsbedingten Gründen die Annahme eines gemeinsamen Hausstandes nicht hindert[24] ebenso wenig wie das Vorliegen eines weiteren Wohnsitzes und die dortige polizeiliche Anmeldung.[25] Zweifelhaft ist die Lage bei Trennung wegen der Verbüßung einer Freiheitsstrafe; jedenfalls führt eine zeitige Freiheitsstrafe nicht zur Veränderung des Wohnsitzes.[26] Nicht ausreichend ist indes eine nur besuchsweise Aufnahme oder der vorübergehende Aufenthalt einer Person.[27]

11 Zusätzlich ist in § 563 Abs. 1 Satz 2 BGB die **Gleichstellung des Lebenspartners** geregelt.[28] Der Lebenspartner ist eine Person, mit der der Mieter nach dem LPartG eine Lebenspartnerschaft begründet hat. Demnach sind für **eingetragene gleichgeschlechtliche Lebenspartnerschaften** die geltenden Regelungen für Ehegatten identisch anzuwenden. Für den Beginn einer solchen Anwendbarkeit kommt es also auf die Eintragung bei der zuständigen Behörde i.S.d. § 1 Abs. 1 Satz 3 LPartG an, für das Ende auf die Aufhebung durch gerichtliches Urteil gem. § 15 Abs. 1 LPartG. Hinsichtlich der gemeinsamen Haushaltsführung gilt identisches wie bei den Ehegatten. Nicht anwendbar ist hingegen

---

[18] LG Düsseldorf v. 18.03.1986 - 24 T 12/86 - WuM 1987, 225.
[19] Vgl. auch allg. *Herrlein*, ZFE 2002, 46-48.
[20] *Rolfs* in: Staudinger, § 563 Rn. 13.
[21] *Heintzmann* in: Soergel, § 563 Rn. 6.
[22] *Rolfs* in: Staudinger, § 563 Rn. 16.
[23] BGH v. 13.11.1968 - IV ZR 673/68 - FamRZ 1969, 80-82.
[24] LG Kiel v. 25.11.1991 - 1 S 366/90 - WuM 1992, 692.
[25] AG Berlin-Wedding v. 13.05.1997 - 15 C 701/96 - MM 1997, 243-244.
[26] BGH v. 19.06.1996 - XII ARZ 5/96 - NJW-RR 1996, 1217.
[27] *Rolfs* in: Staudinger, § 563 Rn. 29.
[28] Der Streit, ob gleichgeschlechtliche Partnerschaften den eheähnlichen Gemeinschaften gleichzusetzen sind, ist durch die ausdrückliche Nennung im Gesetz obsolet geworden. Vgl. statt aller *Heile* in: Bub/Treier, Handbuch der Geschäfts- und Wohnraummiete, 3. Aufl. 1999, II Rn. 852 ff; Überblick über die neuere Rechtsprechung zur nichtehelichen Lebensgemeinschaft bei *Grziwotz*, FamRZ 2003, 1417-1424.

§ 563 Abs. 1 BGB auf nicht eingetragene gleichgeschlechtliche und heterosexuelle nichteheliche Lebensgemeinschaften, die jedoch von Absatz 2 Satz 4 erfasst werden (vgl. Rn. 15).

2. Eintritt von Kindern und anderen Familienangehörigen

§ 563 Abs. 2 Satz 1-3 BGB normiert in Anlehnung an die bisherige Rechtslage (§ 569a Abs. 2 Satz 1 und Satz 2 BGB a.F.) das Eintrittsrecht von Kindern und Familienangehörigen des Verstorbenen.[29] Hierbei gilt es jedoch zu beachten, dass sich mit der Neuregelung die **Rangfolge der Eintrittsberechtigten** wie folgt darstellt: **Vorrangig** ist der Eintritt des Ehegatten gem. § 563 Abs. 2 Satz 1 HS. 2 BGB. Gibt es einen solchen nicht, aber Kinder des Mieters, dann treten diese mit einem gegebenenfalls vorhandenen eingetragenen Lebenspartner des Mieters gleichrangig in das Mietverhältnis ein (§ 563 Abs. 2 Satz 2 BGB). Mit dieser Regelung will der Gesetzgeber verhindern, dass der Lebenspartner als Mieter die Kinder des verstorbenen Mieters verdrängen kann, da dies mit dem Grundrechtsschutz der Familie (Art. 6 GG) nicht zu vereinbaren ist.[30] **Kinder** sind leibliche und adoptierte Kinder. Die Frage, ob auch Pflegekinder unter diesen Begriff zu fassen sind, wird regelmäßig bejaht.[31] Gibt es keine in Betracht kommenden Kinder des verstorbenen Mieters, aber einen eingetragenen Lebenspartner, tritt auch dieser vorrangig ein. **Nachrangig** zu Ehegatte/Lebenspartner, aber gleichrangig zu den eintretenden Kindern des Mieters, treten die in § 563 Abs. 2 Satz 3 BGB genannten Personen ein. **Familienangehörige** sind hierbei Personen, die mit dem Mieter verwandt (§ 1589 BGB) oder verschwägert (§ 1590 BGB) sind, wobei es auf den Grad der Verwandtschaft oder Schwägerschaft nicht ankommt[32]. Darüber hinaus werden Pflegekinder[33] als Familienangehörige angesehen.

Auch die Kinder bzw. Familienmitglieder müssen mit dem Mieter einen **gemeinsamen Haushalt** geführt haben, so dass im Wesentlichen die gleichen Grundsätze wie bei Ehegatten gelten. Entscheidend ist, ob eine gemeinsame Wirtschaftsführung in einem einheitlichen Haushalt geführt oder beibehalten wird, oder ob – etwa bei Heirat eines Kindes des Mieters, das dennoch in der Wohnung verbleibt – in Zukunft zwei Haushalte geführt werden. Hat der Mieter seit Jahren in einem Altersheim gelebt, so hat er mit einem Kind, das in der Mietwohnung verblieben ist, keinen gemeinsamen Haushalt mehr geführt, dies jedenfalls dann, wenn auf Seiten des Mieters nicht der Wille zur Rückkehr in die Wohnung bestand. Denn bei Vorliegen eines Rückkehrwillens kann selbst ein Aufenthalt in einem Altersheim wie Aufenthalt im Krankenhaus mit anschließender Verlegung in ein Pflegeheim nur als vorübergehende Aufhebung der gemeinsamen Wirtschafts- und Lebensführung zu werten sein,[34] so dass § 563 BGB anwendbar bleibt.

3. Eintritt von anderen berechtigten Personen

Ohne Entsprechung neu gefasst wurde § 563 Abs. 2 Satz 4 BGB, der ein Eintrittsrecht für Personen enthält, die in den gemieteten Räumen mit dem Mieter einen **auf Dauer angelegten gemeinsamen Haushalt** führen, ohne verheiratet zu sein oder eine eingetragene Partnerschaft nach dem LPartG begründet zu haben. Auffallend ist, dass bei diesen „anderen Personen" gefordert wird, „mit dem Mieter einen auf Dauer angelegten Haushalt" zu führen, während Familienangehörige lediglich einen „gemeinsamen Haushalt mit dem Mieter führen" müssen. Eine derartige Differenzierung im Gesetzeswortlaut ist wohl damit zu erklären, dass bei Letztgenannten die besondere Intensität eben in der familienrechtlichen Beziehung zu sehen ist. Um den Kriterien für die geforderte Intensität der Beziehung

---

[29] BGH v. 09.07.2003 - VIII ZR 26/03 - NJW 2003, 3265-3267 (Kündigung des zum Zeitpunkt der Umwandlung als Angehöriger im Haushalt des verstorbenen Mieters lebenden und bei seinem Tod kraft Gesetzes in das Mietverhältnis eingetretenen Mieters) mit Anm. v. *Schmidt*, ZWE 2004, 159-160.
[30] Allg. dazu *Sonnenschein*, WuM 2000, 387-406.
[31] BGH v. 13.01.1993 - VIII ARZ 6/92 - BGHZ 121, 116.
[32] BGH v. 13.01.1993 - VIII ARZ 6/92 - juris Rn. 6 - BGHZ 121, 116-126 m.w.N.; OLG Saarbrücken v. 06.03.1991 - 5 RE-Miet 1/90 - juris Rn. 16 - NJW 1991, 1760-1763.
[33] BGH v. 13.01.1993 - VIII ARZ 6/92 - juris Rn. 11 - BGHZ 121, 116-126.
[34] LG Kiel v. 25.11.1991 - 1 S 366/90 - juris Rn. 2 - WuM 1992, 692.

bei einer „auf Dauer angelegten Haushaltsführung" gerecht zu werden, hat man die Rechtsprechung des BGH[35] und des BVerfG[36] zum Begriff der „nichtehelichen Lebensgemeinschaft" in das Gesetz sinngemäß übernommen, wonach zwischen Partnern eine Lebensgemeinschaft dann besteht, wenn sie auf Dauer angelegt ist, keine weiteren Bindungen gleicher Art zulässt und sich durch eine innere Bindung auszeichnet, die ein gegenseitiges Füreinandereinstehen begründet und über eine reine Wohn- und Wirtschaftsgemeinschaft hinausgeht. Somit werden bloße Haushalts- oder Wohngemeinschaften hiervon nicht erfasst, wohl aber das dauerhafte Zusammenleben alter Menschen als Alternative zum Alters- und Pflegeheim, die ihr gegenseitiges Füreinandereinstehen z.B. durch gegenseitige Vollmachten dokumentieren.[37] Nicht entscheidend für die Beurteilung ist der Umstand, dass z.B. durch eine schwere Erkrankung des Mieters die Dauer des gemeinsamen Haushalts von vornherein begrenzt ist.[38] Zur Vermeidung von Missbrauch sollen hohe Anforderungen an die Intensität der Beziehung gestellt werden, so dass es auf objektive und nachprüfbare Kriterien ankommt. Daher genießt auch eine „Anbahnungspartnerschaft" nicht den besonderen Rechtsschutz, da noch keine Anlage zur Dauerhaftigkeit festzustellen ist. Neben der Dauer des Zusammenlebens sollen aber auch die Versorgung von Kindern und Angehörigen im gemeinsamen Hausstand und die Verfügungsbefugnis über Einkommen und Vermögensgegenstände von Bedeutung sein.[39]

15 Die Neuregelung ermöglicht somit auch das **Eintrittsrecht für alle „nichteingetragenen" Lebenspartner** ungeachtet ihrer sexuellen Orientierung. Auf das Vorliegen geschlechtlicher Beziehungen gleich welcher Art kommt es nicht an. Maßgebend ist vielmehr, dass eine besonders enge Lebensgemeinschaft zwischen den Partnern besteht. Das Eintrittsrecht ist gleichrangig mit dem der Kinder und Familienangehörigen und wird nicht verdrängt. Lebten Familienangehörige und Lebensgefährte bislang mit dem Verstorbenen gemeinsam in der Wohnung, so steht auch jedem von ihnen gleichberechtigt das Eintrittsrecht zu. Daher können auch alle gemeinsam eintreten, um die bisher bestehende Lebensgemeinschaft fortzusetzen.

4. Rechtsfolgen des Eintritts

16 Die Wirkung des § 563 Abs. 1 und Abs. 2 BGB besteht darin, dass der Eintritt als Mieter außerhalb und unabhängig von der Erbfolge aufgrund einer **Sonderrechtsnachfolge** des Ehegatten/Lebenspartners oder der Familienangehörigen bzw. berechtigten Personen kraft Gesetzes geschieht,[40] **ohne Abgabe einer Willenserklärung**. Das Mietverhältnis wird ab dem Zeitpunkt des Todes des Mieters mit allen Rechten und Pflichten mit dem Eintretenden fortgesetzt,[41] auch wenn ein Scheidungsverfahren rechtshängig ist.[42] Der Eintritt in das Mietverhältnis erfolgt „wie es steht und liegt".[43] Hat der verstorbene Mieter eine **Sozialwohnung** bewohnt, so benötigt der in das Mietverhältnis eintretende Ehegatte bzw. Familienangehörige keinen Wohnberechtigungsschein ebenso wenig wie der nichteheliche Lebenspartner. Das Mieteintrittsrecht besteht auch dann, wenn es sich um eine **Genossenschaftswohnung** handelt, wobei der Eintrittsberechtigte auch bereit sein muss, der Genossenschaft beizutreten.[44] Für die **Berechnung der Mietzeit** in Hinblick auf die Verlängerung der Kündigungsfrist nach § 573c BGB (vgl. die Kommentierung zu § 573c BGB) ist auch diejenige Zeit mit zu berücksichtigen, in der der jetzt eingetretene Mieter aufgrund des Mietvertrages des verstorbenen Mieters die Wohnung berechtigt bewohnt hat. Für die ab diesem Zeitpunkt entstehenden **Neuverbindlichkeiten** haftet/n der/

---

[35] Allg. dazu BGH v. 13.01.1993 - VIII ARZ 6/92 - BGHZ 121, 116-126.
[36] Allg. BVerfG v. 03.04.1990 - 1 BvR 1186/89 - NJW 1990, 1593-1595.
[37] BR-Drs. 439/00, S. 154.
[38] LG Berlin v. 01.08.2006 - 63 S 68/06 - juris Rn. 14 - Grundeigentum 2006, 1616-1617.
[39] BGH v. 13.01.1993 - VIII ARZ 6/92 - juris Rn. 24 - BGHZ 121, 116-126.
[40] BT-Drs. 14/4553, S. 60, h.M.; a.A. *Wenzel*, ZMR 1993, 489-491, 490, der eine Sondererbfolge annimmt.
[41] *Blank/Börstinghaus*, Miete, 2008, § 563 Rn. 21.
[42] *Rolfs* in: Staudinger, § 563 Rn. 31.
[43] *Sternel*, ZMR, 2004, 713, 716.
[44] LG Köln v. 01.09.1993 - 10 S 168/93 - WuM 1994, 23-24.

die Eintretende/n. Ist dies der Ehegatte, so haftet er allein. Werden mehrere gleichrangige Eintrittsberechtigte Mieter, so können die Rechte aus dem Mietverhältnis nur von ihnen gemeinsam ausgeübt werden. Für neu entstehende Verbindlichkeiten sind sie Gesamthandsgläubiger i.S.d. § 432 BGB und Gesamtschuldner i.S.d. § 421 BGB. Zur Haftung für **Altverbindlichkeiten** und Ausgleichsregelungen zum Erben des Mieters vgl. die Kommentierung zu § 563b BGB. Die Regelung gilt unabhängig davon, ob der Ehegatte bzw. der Lebenspartner oder für Absatz 2 die dort aufgeführten Familienangehörigen/Personen gleichzeitig Erben des Mieters sind oder nicht. Ist insbesondere ein in Betracht kommender Erbe in der Situation, eine Beschränkung der Erbenhaftung herbeizuführen, so muss er die Fortsetzung des Mietverhältnisses gem. § 563 BGB aktiv durch eine Ablehnung i.S.d. Absatzes 3 verhindern. Eine Haftungsbeschränkung des Erben ist nur dann wirksam, wenn das Mietverhältnis ausschließlich gem. § 564 BGB mit dem Erben fortgeführt wird.

IV. Ablehnungsrecht der eintrittsberechtigten Personen (Absatz 3)

Entsprechend der bisherigen Rechtslage (§ 569a Abs. 1 BGB a.F. und § 569a Abs. 2 BGB a.F.) regelt nunmehr § 563 Abs. 3 BGB das Ablehnungsrecht von Ehegatten/Lebenspartnern, Kindern, Familienangehörigen und sonstigen berechtigten Personen, um die Eintrittswirkung des § 563 Abs. 1 und 2 BGB zu umgehen. Die Ablehnungserklärung ist eine **einseitige empfangsbedürftige Willenserklärung** (vgl. die Kommentierung zu § 130 BGB), die (da es sich insoweit um keine Kündigung handelt) nach allg. Meinung **formlos** abgegeben werden kann, also auch mündlich.[45] Sie kann ebenso durch schlüssiges Verhalten erklärt werden, jedoch muss dieses Verhalten eindeutig sein. Zur Vermeidung von Missverständnissen ist eine schriftliche Erklärung hingegen ratsam, in der erklärt wird, vom Eintrittsrecht keinen Gebrauch machen zu wollen. Ein **primäres Ablehnungsrecht** besteht zunächst für den **Ehegatten/Lebenspartner**. Dieses muss innerhalb eines Monats ab dem Zeitpunkt ausgeübt werden, ab dem der Ehegatte/Lebenspartner Kenntnis vom Tode des Mieters erlangt hat. Diesbezüglich ist eine positive Kenntnis zu verlangen,[46] wobei hierfür auf Verschuldensmaßstäbe abzustellen ist.[47] Eine Erkundungspflicht besteht nicht, da das Gesetz nicht auf die Möglichkeit einer Kenntnisnahme abstellt. Die Frist bei Todeserklärungen beginnt nicht vor der Rechtskraft des fraglichen Beschlusses; außerdem muss der Ehegatte/Lebenspartner von dieser Kenntnis genommen haben.[48] Auf die Berechnung der Monatsfrist sind die §§ 186-188 BGB anwendbar.[49] Mit der Ablehnungserklärung durch den Ehegatten/Lebenspartner geht das Eintrittsrecht in das Mietverhältnis auf die Kinder, Familienangehörige und sonst berechtigten Personen über (§ 563 Abs. 3 Satz 1 BGB).

Den in § 563 Abs. 2 BGB genannten Personen steht selbstverständlich auch das Recht zu, den Vertragseintritt abzulehnen. Auch hier gilt die Frist von einem Monat, jedoch muss für die Bestimmung des Fristbeginns nach h.M. neben der Kenntnis vom Tode des Mieters auch noch die Kenntnis von der Ablehnung der vorrangig Eintrittsberechtigten hinzutreten.[50] Die Frist kann daher frühestens dann beginnen, wenn die Ablehnung des Ehegatten/Lebenspartners durch Zugang beim Vermieter wirksam geworden ist, da der gesetzliche Eintritt der Kinder, Familienangehörigen oder sonstigen berechtigten Personen in das Mietverhältnis erst dann stattgefunden hat. Damit die Ablehnungsfrist zu laufen beginnt, muss die Person i.S.d. § 563 Abs. 2 BGB von diesem Zugang Kenntnis haben.

Falls der **Eintrittsberechtigte gleichzeitig auch Erbe** ist bzw. zu den Erben gehören könnte und sich endgültig vom Mietvertrag lösen will, so empfiehlt sich eine **zulässige Kombination**[51] der Ablehnungserklärung mit der Kündigungserklärung i.S.d. § 564 Satz 2 BGB. Das gilt auch dann, wenn die

---

[45] *Rolfs* in: Staudinger, § 563 Rn. 38.
[46] OLG Düsseldorf v. 28.10.1993 - 10 U 12/93 - DWW 1994, 48-50.
[47] *Achenbach* in: Hannemann/Wiegener, Münchener Anwaltshandbuch Wohnraummietrecht, 3. Aufl. 2010, § 11 Rn. 303.
[48] *Rolfs* in: Staudinger, § 563 Rn. 39.
[49] *Ellenberger* in: Palandt, § 188 Rn. 2 mit Berechnungsbeispielen.
[50] *Weidenkaff* in: Palandt, § 563 Rn. 20.
[51] *Stellwaag*, ZMR 1989, 407-408, 407.

Erbverhältnisse unklar sind, denn der Vermieter kann die Kündigung nicht wegen fehlenden Nachweises der Erbberechtigung zurückweisen. War sie vom wahren Erben erklärt, ist sie wirksam, war sie vom Nichterben erklärt, nicht. Anders ist dies, wenn ein „Scheinerbe" kündigt, also eine Person, zugunsten deren ein Erbschein ausgestellt ist bzw. wenn eine Todeserklärung vorliegt. Eine differenzierte Darstellung ist unter der Kommentierung zu § 564 BGB zu finden.

20 Erfüllen **mehrere Familienangehörige** die Voraussetzungen für den (automatischen) Eintritt, so kann jeder für sich und unabhängig von anderen Familienangehörigen die Ablehnungserklärung abgeben (§ 563 Abs. 3 Satz 3 BGB), wobei dann für jeden die maßgebliche Frist individuell zu berechnen ist, wenn sie die erforderliche Kenntnis zu verschiedenen Zeitpunkten erhalten. § 563 Abs. 3 Satz 2 BGB verweist auf § 210 BGB – der auch auf Ausschlussfristen entsprechend anzuwenden ist[52] – wonach bei Fehlen eines gesetzlichen Vertreters für **geschäftsunfähige** oder **in der Geschäftsfähigkeit beschränkte Personen** die Erklärungsfrist erst einen Monat nach dem Zeitpunkt endet, zu dem die Person unbeschränkt geschäftsfähig wird oder der Vertretungsmangel aufhört.

21 Die **Wirkung** einer abgegebenen Ablehnungserklärung besteht darin, dass der Eintritt der in Betracht kommenden Person(en) in das Mietverhältnis als nicht erfolgt fingiert, die eingetretene Sonderrechtsnachfolge also rückwirkend beseitigt wird. Macht der Ehegatte/Lebenspartner von seinem Ablehnungsrecht Gebrauch, dann treten die Personen des Absatzes 2 entsprechend ihrer Rangfolge rückwirkend in das Mietverhältnis ein. Lehnen auch diese Personen den Eintritt ab, so gehen die Mietverträge auf den Erben (§ 1922 BGB) über. Der nun aus dem Eintrittsrecht Ausgeschiedene hat rückwirkend auch keine Rechte und Pflichten aus dem Mietverhältnis erworben, d.h. eine Haftung ist ausgeschlossen selbst für Ansprüche aus der Zeit zwischen Tod des Mieters und der aufgrund der Ablehnungserklärung geschuldeten Räumung und Herausgabe an primär andere Familienangehörige und sekundär den Erben.[53] Zwischenzeitlich erbrachte Leistungen sind ohne rechtlichen Grund erfolgt und können aus ungerechtfertigter Bereicherung zurückgefordert werden, soweit sie nicht aus einem anderen Grund geschuldet werden. Wurde die Ablehnungsfrist versäumt, so kann der Eintritt in das Mietverhältnis nicht gem. § 119 BGB angefochten werden, da er gesetzlich erfolgte, auch bei Rechtsunkenntnis des Eintretenden. Ein rechtlicher Irrtum über die Sonderrechtsnachfolge berechtigt nicht zur Anfechtung.[54] Haben alle eintrittsberechtigten Personen hingegen fristgerecht abgelehnt, so wird das Mietverhältnis mit dem/den Erben fortgesetzt, vgl. die Kommentierung zu § 564 BGB.

V. Sonderkündigungsrecht des Vermieters (Absatz 4)

22 Tritt ein Ehegatte, Lebenspartner, Familienangehöriger oder Lebensgefährte in den Mietvertrag ein, so steht dem Vermieter ein **außerordentliches befristetes Kündigungsrecht** zu, wenn in der Person des Eintretenden ein wichtiger Grund vorliegt (§§ 563 Abs. 4, 569a Abs. 5 BGB a.F.).[55] Der **Zweck** dieser Vorschrift besteht darin, dass dem Vermieter ein ihm unliebsamer Mieter nicht aufgedrängt wird. Zu beachten ist, dass der wichtige Grund nicht gleichzusetzen ist mit dem, was zur außerordentlichen fristlosen Kündigung gegenüber dem Mieter berechtigt.[56] Zur Definition des wichtigen Grundes enthält die Neuregelung indes keine Klarstellung, so dass die Kriterien dem entsprechen, was zum bisherigen Recht angenommen wurde. Der **wichtige Grund** bestimmt sich nach § 553 Abs. 1 Satz 2 BGB (vgl. die Kommentierung zu § 553 BGB) und muss in der Person oder den damit zusammenhängenden Umständen liegen. Ein derartiger wichtiger Grund könnte vorliegen, wenn der Eingetretene mit dem Vermieter oder anderen Mietern persönlich verfeindet ist oder die Gefahr besteht, dass Vermieter oder andere Mieter durch persönliche Eigenschaften, den Beruf oder die Lebensweise des Eingetretenen be-

---

[52] *Heinrichs* in: Palandt, § 210 Rn. 2.
[53] *Blank/Börstinghaus*, Miete, 2008, § 563 Rn. 56.
[54] Str. vgl. *Hinz* in: Dauner-Lieb/Heidel/Ring, AnwaltKommentar, Schuldrecht, § 563 Rn. 35.
[55] Überblick über die Möglichkeit der außerordentlichen Kündigung von Wohnraummietverträgen bei *Börstinghaus*, ZAP Fach 4, 811-842.
[56] LG Nürnberg-Fürth v. 19.12.1983 - 7 S 5694/81 - juris Rn. 7 - WuM 1985, 228-229; *Heile* in: Bub/Treier, Handbuch der Geschäfts- und Wohnraummiete, 3. Aufl. 1999, II Rn. 848; *Lützenkirchen*, WuM 1990, 413-414, 413.

einträchtigt werden, dass der Eintretende den Hausfrieden stören würde, wobei es auf ein Verschulden nicht ankommt. Im Einzelnen werden Zahlungsunfähigkeit[57], unsittlicher Lebenswandel, Alkoholismus oder eine fehlende Wohnberechtigung[58] als wichtige Gründe angesehen[59]. Nicht ausreichend ist dagegen die Unterbelegung bei einer Genossenschaftswohnung.[60] Bei Eintritt mehrerer Mieter als ausschließlich neue Vertragspartner genügt der Grund in der Person von einem (h.M.), sofern nicht der Fall gegeben ist, dass der Eintretende in ein bereits zwischen mehreren Personen bestehendes Mietverhältnis eintritt.[61] Die Kündigung ist dann aber wegen der Einheit des Mietvertrages allen Personen zuzustellen, die das Mietverhältnis fortsetzen.[62]

Hierfür hat der Vermieter eine **einmonatige Überlegungsfrist**, innerhalb derer er sich entscheiden kann, ob er das Mietverhältnis mit dem Eingetretenen kündigen will. Die Frist beginnt, nachdem der Vermieter sowohl Kenntnis vom Tod des Mieters erlangt hat als auch davon, dass der Eintritt endgültig ist, also spätestens mit Ablauf der Frist nach § 563 Abs. 3 BGB. Macht der Vermieter von seinem Kündigungsrecht Gebrauch, so gelten die in § 573d BGB vorgesehenen Fristen, d.h. die Sonderkündigung ist mit der kürzest möglichen Frist auszusprechen, also der um drei Werktage verkürzten Dreimonatsfrist. Die Kündigungserklärung muss dabei das Formerfordernis der Schriftlichkeit gem. § 568 BGB erfüllen. Umstritten ist allerdings, ob sich der Vermieter auf einen Kündigungsgrund i.S.d. § 573 BGB berufen können muss.[63] Soll jedoch das durch § 563 Abs. 4 BGB eingeräumte Kündigungsrecht nicht inhaltlich entwertet werden, so ist neben dem wichtigen Grund grundsätzlich auch ein berechtigtes Interesse des Vermieters erforderlich i.S.d. § 573d BGB.[64] Der Vermieter muss den Kündigungsgrund in der Kündigungserklärung angeben und darlegen, warum das Mietverhältnis mit dem Eintretenden nicht fortgesetzt werden soll.[65] Dabei muss der Grund so schwerwiegend sein, dass dem Vermieter die Fortsetzung des Mietverhältnisses nicht zugemutet werden kann. Ausgenommen ist dies jedoch, wenn der Eingetretene eine Wohnung im vom Vermieter selbst bewohnten Zweifamilienhaus bewohnt (vgl. § 573a BGB). Des Weiteren gilt ebenfalls die Sozialklausel (§§ 574-574a, 575a Abs. 2 BGB).[66]

VI. Unabdingbarkeit (Absatz 5)

§ 563 BGB ist zum Schutz des Mieters und der eintrittsberechtigten Personen **unabdingbar**. Jede vertragliche Änderung ist insoweit ausgeschlossen. Vertragliche Bestimmungen, die das Mietverhältnis mit dem Tod des Mieters beenden, sind unwirksam, wenn dadurch der Eintritt nach Absatz 1 bzw. 2 entfallen würde. Ferner darf das Eintrittsrecht nicht von zusätzlichen Erfordernissen abhängig gemacht werden. Für das Sonderkündigungsrecht des Vermieters ist es unzulässig, das außerordentliche, befristete Kündigungsrecht zu erweitern.

---

[57] *Lützenkirchen*, WuM 1990, 413-414, 413; *Sonnenschein*, ZMR 1992, 417-426, 420.
[58] LG Koblenz v. 02.12.1986 - 6 S 276/86 - juris Rn. 6 - WuM 1987, 201-202.
[59] *Heile* in: Bub/Treier, Handbuch der Geschäfts- und Wohnraummiete, 3. Aufl. 1999, II Rn. 848; *Beuermann*, Grundeigentum 1994, 1223-1224, 1223; *Lützenkirchen*, WuM 1990, 413-414, 414.
[60] OLG Karlsruhe v. 23.12.1983 - 9 REMiet 4/83 - juris Rn. 21 - NJW 1984, 2584-2585; vgl. ferner allg. in diesem Zusammenhang LG Nürnberg-Fürth v. 19.12.1983 - 7 S 5694/81 - WuM 1985, 228-229; LG Köln v. 01.09.1993 - 10 S 168/93 - WuM 1994, 23-24.
[61] Vgl. *Häublein* in: MünchKomm-BGB, 6. Aufl. 2012, § 563 Rn. 28.
[62] *Rolfs* in: Staudinger, § 563 Rn. 53.
[63] Vgl. dazu die Darstellung bei *Achenbach* in: Hannemann/Wiegener, Münchener Anwaltshandbuch Wohnraummietrecht, 3. Aufl. 2010, § 11 Rn. 331 ff.
[64] OLG Karlsruhe v. 23.12.1983 - 9 REMiet 4/83 - juris Rn. 16 - NJW 1984, 2584-2585; *Heile* in: Bub/Treier, Handbuch der Geschäfts- und Wohnraummiete, 3. Aufl. 1999, II Rn. 848; *Beuermann*, Grundeigentum 1994, 1223-1224, 1223.
[65] Dazu allg. BayObLG München v. 04.12.1984 - ReMiet 2/84 - BayObLGZ 1985, 279-283; a.A. *Lützenkirchen*, WuM 1990, 413-414, 414.
[66] Ausführlich hierzu bei *Achenbach*, NZM 2000, 741-743; vgl. auch *Hinkelmann*, NZM 2002, 378-380.

D. Prozessuale Hinweise/Verfahrenshinweise

25 Die **Beweislast** für die Erfüllung der in § 563 BGB genannten Voraussetzungen trägt in der Regel derjenige, der sich zur Begründung von Ansprüchen auf den Eintritt eines Berechtigten beruft. Macht der **Ehegatte** Ansprüche aus dem Mietvertrag geltend, so muss er beweisen, dass er mit dem Verstorbenen verheiratet war. Die **Angehörigen** müssen hingegen eine Verwandtschaft oder Schwägerschaft nachweisen. Der **Lebensgefährte** muss für die Annahme einer eheähnlichen Lebensgemeinschaft die erforderlichen Indizien beweisen. Unerträgliche Nachforschungen, die die Intimsphäre berühren, sind dabei allerdings nicht veranlasst.[67] Wer sich auf ein Eintrittsrecht beruft, hat dessen Voraussetzungen darzulegen und zu beweisen.[68] Auch sind die Tatsachen, die die rechtzeitige Abgabe und den rechtzeitigen Zugang einer Ablehnungserklärung belegen sollen, vom Eintretenden zu beweisen. Handelt es sich um einen Anspruch auf die Miete, muss der **Vermieter** den gemeinsamen Hausstand nachweisen. Macht der Vermieter geltend, dass ihm eine Ablehnungserklärung zugegangen sei, so trifft ihn die Beweislast. Die beweispflichtige Partei muss hierfür konkrete Tatsachen benennen; pauschale Behauptungen sind unzureichend. Die tatsächlichen Voraussetzungen des Kündigungsrechts muss ebenfalls der Vermieter beweisen, wozu die Fristwahrung, der Kündigungsgrund und der Zugang der Erklärung zählen.[69]

---

[67] BGH v. 13.01.1993 - VIII ARZ 6/92 - juris Rn. 24 - BGHZ 121, 116-126.
[68] Allg. dazu BGH v. 13.01.1993 - VIII ARZ 6/92 - BGHZ 121, 116-126.
[69] LG Köln v. 01.09.1993 - 10 S 168/93 - juris Rn. 2 - WuM 1994, 23-24.

§ 563a BGB Fortsetzung mit überlebenden Mietern

(Fassung vom 02.01.2002, gültig ab 01.01.2002)

(1) Sind mehrere Personen im Sinne des § 563 gemeinsam Mieter, so wird das Mietverhältnis beim Tod eines Mieters mit den überlebenden Mietern fortgesetzt.
(2) Die überlebenden Mieter können das Mietverhältnis innerhalb eines Monats, nachdem sie vom Tod des Mieters Kenntnis erlangt haben, außerordentlich mit der gesetzlichen Frist kündigen.
(3) Eine abweichende Vereinbarung zum Nachteil der Mieter ist unwirksam.

Gliederung

A. Grundlagen 1	III. Vertragsfortsetzung durch überlebenden Mitmieter (Absatz 1) 6
I. Kurzcharakteristik 1	IV. Sonderkündigungsrecht (Absatz 2) 8
II. Gesetzgebungsmaterialien 2	V. Sonderfälle bei Tod eines von mehreren Mietern 11
B. Praktische Bedeutung 3	VI. Unabdingbarkeit (Absatz 3) 13
C. Anwendungsvoraussetzungen 4	**D. Prozessuale Hinweise/Verfahrenshinweise** 14
I. Normstruktur 4	
II. Tod eines von mehreren Mietern und bestehendes Mietverhältnis (Absatz 1) 5	

A. Grundlagen

I. Kurzcharakteristik

In § 563a BGB wird ein sog. **Fortsetzungsrecht** des Mitmieters geregelt, wenn neben dem verstorbenen Mieter noch weitere Personen Partei des Mietvertrages waren.[1] Haben mehrere dieser Personen gemeinsam eine Wohnung gemietet und stirbt einer von ihnen, so setzen die überlebenden Mitmieter das Mietverhältnis im Wege der **Sonderrechtsnachfolge** fort, welche die allgemeine Erbfolge verdrängt.[2] Dadurch soll verhindert werden, dass der Erbe nach den allgemeinen Grundsätzen in die mietvertragliche Stellung des verstorbenen Mieters einrückt.[3] Die gemeinsam gemietete Wohnung soll dem überlebenden Mitmieter allein erhalten bleiben.[4] In dieser Norm ist dagegen **kein Ausdruck mietrechtlichen Bestandsschutzes** zu sehen, da der überlebende Mitmieter diesen Schutz bereits aufgrund seiner bisherigen Mit-Mieterstellung genießt. Dieser Mitmieter – nicht der Vermieter – hat ein Sonderkündigungsrecht. Wird hiervon Gebrauch gemacht, so wird das Mietverhältnis beendet, und zwischen dem überlebenden Mitmieter und dem Vermieter entsteht ein Abwicklungsverhältnis. Dabei wird gleichzeitig der Eintritt der Angehörigen oder des Erben gänzlich ausgeschlossen.[5] Durch die Sonderrechtsnachfolge ergibt sich für den Mitmieter weder eine Verbesserung noch eine Verschlechterung seiner Position.[6]

1

II. Gesetzgebungsmaterialien

Die gegenwärtig geltende Fassung des § 563a BGB gem. Art. 1 Nr. 3 MietRRG vom 19.06.2001 ist seit dem 01.09.2001 in Kraft und entspricht § 569b BGB a.F. mit Erweiterung der Fortsetzung auf Lebenspartner, Familienangehörige und alle Lebensgefährten, die bereits durch Gesetz[7] vom 16.02.2001 mit den §§ 569-569c BGB a.F. eingeführt worden waren. Die a.F., in der als Mitmie-

2

---

[1] Vgl. zum Ganzen *Stemel*, ZMR 2004, 713-723.
[2] *Eckert* in: Hk-BGB, § 563-564 Rn. 7.
[3] BT-Drs. 14/4553, S. 62.
[4] BT-Drs. 14/4553, S. 62.
[5] *Blank/Börstinghaus*, Miete, 2008, § 563a Rn. 7.
[6] Allgemein dazu OLG Karlsruhe v. 18.10.1989 - 3 ReMiet 1/89 - NJW 1990, 581-582.
[7] BGBl I 2001, 266.

ter allein nur der Ehegatte in Betracht kam, wurde durch das 2. MietRÄndG vom 14.07.1964[8] in das BGB eingefügt und erfüllte einen doppelten **Zweck**. Einerseits wurde dem mitmietenden Ehegatten ein Sonderkündigungsrecht nach dem Tode des Ehepartners gewährt entsprechend dem § 19 Abs. 4 MietSchG. Auf der anderen Seite führte die Norm zugunsten des Mieter-Ehegatten eine Sondererbfolge in den Anteil des Erblasser-Mieters ein, wodurch die Erben von der Erbfolge ausgeschlossen werden und dem überlebenden Ehepartner der gemeinschaftlich genutzte Wohnraum zur alleinigen Nutzung zugewiesen wurde. Eine derartige Sonderregelung für die Fälle, in denen der alleinige Mitmieter der Ehegatte war, ist in der heute geltenden Fassung des § 563a BGB nicht mehr zu finden und auch nicht erforderlich.

B. Praktische Bedeutung

3   § 563a BGB räumt der Fortsetzung des Mietverhältnisses durch eine Person i.S.d. § 563 BGB, die Mitmieter ist, den Vorrang vor dem Eintritt anderer Personen gem. § 563 BGB ein.[9] Sonst wäre die Vorschrift des § 563a BGB ohne Bedeutung, weil die von ihr begünstigten Personen auch nach § 563 BGB eintreten könnten.[10] Diese Regelung hat zur Folge, dass der nichteheliche bzw. nicht eingetragene Partner, der Mitmieter war, Vorrang vor den Familienangehörigen, insb. den Kindern des verstorbenen Mieters genießt. Letztgenannte sind bezüglich ihres Verbleibs in der Wohnung somit vom Wohlwollen des überlebenden Partners abhängig, obwohl sie gar nicht mit ihm verwandt sind. Teilweise wurden daher verfassungsrechtliche Bedenken (Art. 6 GG) geäußert, denn in der Konsequenz wird nämlich damit die Rechtsstellung der Personen i.S.v. § 563 BGB verschlechtert, deren Eintritt bisher nur ausgeschlossen war, wenn der Ehegatte Mitmieter war.[11] Interessen des Vermieters werden jedenfalls nicht nennenswert berührt, da der überlebende Mitmieter von diesem bereits vorher bewusst in das Mietverhältnis mit aufgenommen worden ist. Die praktische Bedeutung des außerordentlichen Kündigungsrechts (§ 563a Abs. 2 BGB) liegt darin begründet, dass der überlebende Mietpartner auch solche Mietverhältnisse kündigen kann, bei denen eine ordentliche Kündigung ausgeschlossen ist wie bei befristeten Mietverträgen oder solchen mit einer auflösenden Bedingung.[12]

C. Anwendungsvoraussetzungen

I. Normstruktur

4   § 563a Abs. 1 BGB nennt zunächst den Kreis der Eintrittsberechtigten, die als überlebende Mitmieter das Mietverhältnis fortsetzen. Nach § 563a Abs. 2 BGB haben sie jedoch ein Recht zur außerordentlichen Kündigung mit gesetzlicher Frist. Die relative Unabdingbarkeit der Vorschrift folgt aus § 563a Abs. 3 BGB.

II. Tod eines von mehreren Mietern und bestehendes Mietverhältnis (Absatz 1)

5   Bedingung für die Fortsetzung i.S.d. § 563a BGB ist der Tod eines der Mitmieter und ein bestehendes Mietverhältnis. Durch den Verweis auf § 563 BGB wird deutlich, dass auch § 563a BGB nur auf **Wohnraummietverhältnisse** anwendbar ist. Ausreichend ist, dass zum Todeszeitpunkt ein **gemeinschaftliches Mietverhältnis** noch besteht.[13] Ein solches liegt vor, wenn auf der Mieterseite mindestens zwei Personen den Vertrag abgeschlossen haben und daraus berechtigt und verpflichtet sind.[14] Der andere kann aber auch nachträglich erst im Wege der ausdrücklichen oder stillschweigenden Ver-

---

[8] BGBl I 1964, 457.
[9] A.A. *Löhnig*, FamRZ 2001, 891-895, 894.
[10] *Weidenkaff* in: Palandt, § 563a Rn. 3.
[11] *Sonnenschein*, WuM 2000, 387-406, 405.
[12] *Blank/Börstinghaus*, Miete, 2008, § 563a Rn. 9.
[13] *Blank/Börstinghaus*, Miete, 2008, § 563a Rn. 4.
[14] *Rolfs* in: Staudinger, § 563a Rn. 5.

tragsänderung eingetreten sein. Entsprechendes gilt also für Personen i.S.d. § 563 BGB, die aufgrund einer bereits bestehenden Vereinbarung zwischen Vermieter und Mieter in das Mietverhältnis durch anschließende Unterzeichnung der Vertragsurkunde eintreten. Eine Ausnahme kann für den Fall gelten, dass nur einer der Mitmieter den Vertrag unterschrieben hat, der andere aber im „Kopf" des Vertrages als Mieter aufgeführt ist, und beide Mitmieter bei Vertragsschluss anwesend waren. Hier spricht der Anschein wohl dafür, dass die Wohnung gemeinsam angemietet werden sollte. Besonderheiten ergeben sich indes bei Mietverträgen, die vor dem 03.10.1990 **auf dem Gebiet der DDR** abgeschlossen wurden. Nach § 100 Abs. 3 ZGB waren beide Ehegatten Mieter, auch wenn nur einer von ihnen den Vertrag abschloss.[15] Die Geltung des BGB in den neuen Bundesländern nach Art. 232 § 2 Abs. 1 EGBGB hat an dieser Parteistellung nichts geändert.[16] Eine bloße Aufnahme oder der spätere Einzug von Personen, die nicht formal Vertragspartner werden, führt hingegen nicht zu einem gemeinschaftlichen Mietvertrag. Als **Mitmieter** wird mindestens ein Partner des Mietvertrages verstanden, d.h. eine Person i.S.v. § 563 BGB, mit dem ein gemeinsamer Haushalt geführt wurde, der bei einem Lebenspartner weiterhin auf Dauer angelegt sein muss.[17] Zu den Einzelheiten dieser Voraussetzungen und dem Tod des Mieters vgl. die Kommentierung zu § 563 BGB.

III. Vertragsfortsetzung durch überlebenden Mitmieter (Absatz 1)

In § 563a BGB sind die Fälle geregelt, in denen der Verstorbene zusammen mit anderen Personen Mieter der Wohnung war, wobei gegenüber § 569b BGB a.F. eine **Erweiterung des Personenkreises** erfolgt ist. Im Gegensatz zur alten Regelung, die nur für den Ehegatten galt und deren Anwendung auf Lebensgemeinschaften ohne Trauschein umstritten war,[18] ist nunmehr lediglich Voraussetzung, dass es sich bei den Mitmietern um Personen i.S.d. § 563 BGB handelt,[19] d.h. auch andere Personen als der Ehepartner können Mitmieter sein. Die Vorschrift des § 563a BGB stellt demnach eine Gleichbehandlung der Personen, die bei einem Alleinmieter „eintrittsberechtigt" wären, her, wenn sie mit dem verstorbenen Mieter Mitmieter waren. Der Anwendungsbereich erschließt sich folglich aus der Verweisung auf § 563 BGB (vgl. die Kommentierung zu § 563 BGB), so dass die dortigen Ausführungen hierfür ebenso beachtlich sind. Vorrang haben jedoch die Personen hinsichtlich der Vertragsfortführung, die bereits Mitmieter sind, vor anderen Personen i.S.v. § 563 BGB. 6

Die **Vertragsfortsetzung** erfolgt automatisch kraft Gesetzes mit dem Anteil des Verstorbenen an dem Mietverhältnis ohne inhaltliche Änderung. Eine besondere Erklärung des überlebenden Mitmieters ist daher nicht erforderlich. Es handelt sich hierbei um eine Sonderrechtsnachfolge, die außerhalb und unabhängig von der Erbfolge ist,[20] so dass auch der überlebende Mitmieter gleichzeitig Erbe des Verstorbenen sein kann. Lebten bisher nur zwei Mieter gemeinsam in der Wohnung, so wird der überlebende Mitmieter Alleinmieter; bei mehreren überlebenden Mitmietern wird unter Ausschluss des Verstorbenen das Mietverhältnis fortgesetzt. In der Person des Überlebenden vereinigen sich seine Rechte und Pflichten als Mitmieter und im Wege der Sonderrechtsnachfolge die des Verstorbenen. Hinsichtlich der Rechtsfolgen der Fortsetzung vgl. auch die Kommentierung zu § 563 BGB. Bestehen zwischen dem verstorbenen Mieter und dem Vermieter Zusatzvereinbarungen, die nicht Inhalt des Mietvertrages sind, so gelten für diese Vereinbarungen die allgemeinen Regeln. Persönliche Dienst- und Arbeitsleistungen (z.B. Hausmeister- oder Putzdienst), die nicht zu den vererblichen Rechtspositionen zählen, erlöschen mit dem Tod des Mitmieters.[21] In die vererblichen Rechtspositionen tritt je- 7

---

[15] *Rolfs* in: Staudinger, § 563a Rn. 6.
[16] LG Görlitz v. 16.08.1995 - 2 S 35/95 - WuM 1995, 649-650.
[17] *Weidenkaff* in: Palandt, § 563a Rn. 5.
[18] Vgl. hierzu LG Hamburg v. 09.11.1987 - 16 T 91/87 - WuM 1988, 24; *Kossmann*, Handbuch der Wohnraummiete, 6. Aufl. 2003, § 17 Rn. 1.
[19] *Weidenkaff* in: Palandt, § 563a Rn. 4.
[20] *Weidenkaff* in: Palandt, § 563a Rn. 6.
[21] *Blank/Börstinghaus*, Miete, 2008, § 563a Rn. 8.

doch der Erbe ein. Fragen hinsichtlich der Haftung werden gesondert in § 563b BGB (vgl. die Kommentierung zu § 563b BGB) geregelt.

IV. Sonderkündigungsrecht (Absatz 2)

8   Der überlebende Mitmieter hat nicht wie bei § 563 Abs. 3 Satz 1 BGB die Möglichkeit, die Fortsetzung des Mietvertrages abzulehnen, da er ohnehin bereits Mieter ist. Allerdings steht ihm ein Sonderkündigungsrecht aus § 563a Abs. 2 BGB zu,[22] wenn dem Überlebenden aus persönlichen und sachlichen Gründen eine Weiternutzung der gemeinsamen Wohnung nicht mehr möglich erscheint; hierzu zählen vor allem untragbare finanzielle oder psychische Belastungen durch den Tod des Mieters hinsichtlich des Mietverhältnisses, auf die der Überlebende dann angemessen reagieren kann. Eine Begründung der Kündigung ist nicht erforderlich.[23]

9   Dieses Recht muss durch **Abgabe einer Kündigungserklärung** gem. § 542 BGB ausdrücklich ausgeübt werden, jedoch ist ein Kündigungsgrund nicht erforderlich. Bei mehreren Mitmietern kann das Kündigungsrecht nur gemeinsam ausgeübt werden.[24] Für den von der Regelung erfassten Personenkreis gilt nach dem Gesetzeswortlaut das Recht der außerordentlichen Kündigung mit gesetzlicher Frist i.S.d. §§ 573d und 575a BGB, wonach die kürzestmögliche gesetzliche Kündigungsfrist von drei Monaten anwendbar ist. Entscheidende Voraussetzung hierfür ist allerdings zuerst der Zugang der Kündigung beim Vermieter innerhalb der Frist des § 563a Abs. 2 HS. 2 BGB. Die Ausübungsfrist für die Kündigung beträgt einen Monat und wird ab dem Moment gerechnet, zu dem die zur Kündigung berechtigten Personen **Kenntnis vom Tode** des Mieters erlangt haben, § 563a Abs. 2 HS. 1 BGB. Erforderlich ist die positive Kenntnis; eine Erkundungspflicht besteht nicht. Bei Todeserklärungen beginnt die Frist allerdings nicht vor der Rechtskraft des Beschlusses, und der Kündigungsberechtigte muss davon ebenso Kenntnis genommen haben.[25] Gem. § 188 BGB wird die Monatsfrist berechnet.[26] Auch kann ein Mietverhältnis auf bestimmte Zeit aufgrund von § 563a BGB außerordentlich gekündigt werden, was jedoch nur für eine sofortige Sonderkündigung i.S.d. § 563a Abs. 2 BGB gilt. Wurde von diesem Sonderkündigungsrecht kein Gebrauch gemacht, dann gilt die Befristung oder auch ein eventuell vereinbarter Kündigungsausschluss als weiter bestehend.

10 Die **Kündigung bewirkt**, dass das Mietverhältnis endgültig beendet wird und auch nicht in den Nachlass fällt.[27] Die Kündigung wirkt indes aber – anders bei § 563 Abs. 3 BGB – nicht auf den Zeitpunkt des Todes des Mitmieters zurück, so dass eine ersatzweise Nachfolge in das Mietverhältnis durch einen Angehörigen gem. § 563 Abs. 2 BGB oder Erben gem. § 564 BGB ausscheidet. Dem Vermieter wird hingegen gem. § 563a BGB kein vorzeitiges Kündigungsrecht eingeräumt (h.M.), was auf einer bewussten Entscheidung des Gesetzgebers beruht.[28] Der Vermieter ist dem überlebenden Mitmieter ohnehin aus dem mit ihm abgeschlossenen Mietvertrag zur Gebrauchsgewährung verpflichtet.

V. Sonderfälle bei Tod eines von mehreren Mietern

11 Probleme könnten die Fälle bereiten, bei denen zwar Personen i.S.d. § 563 BGB vorhanden sind, die aber bisher keine Mitmieter des verstorbenen Mieters waren. Für eine derartige Konstellation passen weder § 563a BGB vom Wortlaut her noch § 563 BGB, der nur für den Alleinmieter gilt, womit auch nach der Mietrechtsreform aus dem Jahre 2001 eine **Regelungslücke** verblieben ist. Nun gibt es aber auch keine Anhaltspunkte dafür, dass der Gesetzgeber den Bestandsschutz der „Personen i.S.d. § 563

---

[22] AG Wetzlar v. 27.10.2009 - 38 C 1411/09 - juris Rn. 5 - ZMR 2010, 375; *Rolfs* in: Staudinger, § 563a Rn. 12; zur außerordentlichen Kündigung vgl. auch *Börstinghaus*, ZAP Fach 4, 811-842; *Hinkelmann*, NZM 2002, 378-380.
[23] AG Wetzlar v. 27.10.2009 - 38 C 1411/09 - juris Rn. 6 - ZMR 2010, 375.
[24] *Weidenkaff* in: Palandt, § 563a Rn. 7; *Rolfs* in: Staudinger, § 563a Rn. 13.
[25] *Rolfs* in: Staudinger, § 563a Rn. 13.
[26] *Ellenberger* in: Palandt, § 188 Rn. 2.
[27] *Sonnenschein*, ZMR 1992, 417-426, 419.
[28] BT-Drs. 4/2195, S. 7.

BGB" von dem Zufall abhängig machen wollte, ob diese bereits Mitmieter waren oder ob der Verstorbene bisher Alleinmieter war. Daher ist wohl für derartige Konstellationen ein Eintrittsrecht in das Mietverhältnis in analoger Anwendung des § 563 BGB anzunehmen, da sich aus dem Schutzzweck dieser Norm eben gerade ergibt, dass dem Eintrittsberechtigten, der bisher nicht selbst Mieter war, der bisherige Lebensmittelpunkt erhalten werden soll.[29] Vgl. insoweit die Kommentierung zu § 563 BGB.

Auch ergeben sich Schwierigkeiten beim Tod eines von mehreren Mietern, wenn Personen i.S.d. § 563 BGB nicht vorhanden sind, dafür aber andere Mitmieter existieren. In diesem Fall tritt der Erbe des Verstorbenen in dessen Rechtsstellung ein gem. § 564 BGB (vgl. die Kommentierung zu § 564 BGB). Folglich liegt dann ein Mietverhältnis mit mehreren Parteien vor: einerseits z.B. mit dem überlebenden Ehegatten (wegen fehlender gemeinsamer Haushaltsführung trotz gemeinschaftlicher Miete) und dem Erben des Verstorbenen andererseits. Jedoch ist zu beachten, dass eine mögliche Kündigung wegen der Unteilbarkeit des Mietverhältnisses[30] nur von allen oder gegenüber allen Beteiligten erklärt werden kann; es besteht also keine Möglichkeit, den „Anteil" des verstorbenen Mitmieters zu kündigen.

VI. Unabdingbarkeit (Absatz 3)

Zu Gunsten der Mieter gestaltet das neue Recht die Regelungen des § 563a BGB zwingend (Absatz 3). Im Wohnraummietrecht sind etwa vorhandene vertragliche Sonderregelungen, die dem Erben eines Mitmieters ein alleiniges Kündigungsrecht auch mit Wirkung gegen die Mitmieter zugestehen, wegen des zwingenden Charakters unwirksam.

D. Prozessuale Hinweise/Verfahrenshinweise

Da § 563a BGB keine Anspruchsnorm darstellt, lässt sich die Beweislast nicht von vornherein festlegen.[31] Derjenige, der für sich positive Rechtsfolgen herleiten will, muss im Streitfall die dafür vorliegenden Voraussetzungen beweisen. Leitet der **Vermieter** aus dem Fortsetzungsverhältnis Ansprüche her, so muss er die Voraussetzungen i.S.v. § 563 Abs. 1 bzw. Abs. 2 BGB für die betreffende Person beweisen; indes muss der überlebende **Mitmieter** die behauptete Kündigung nachweisen. Verweigert der überlebende Mitmieter dem Erben den Mitgebrauch, ist er hinsichtlich der Voraussetzungen darlegungs- und beweispflichtig.

---

[29] OLG Karlsruhe v. 18.10.1989 - 3 ReMiet 1/89 - juris Rn. 15 - NJW 1990, 581-582.
[30] OLG Karlsruhe v. 18.10.1989 - 3 ReMiet 1/89 - juris Rn. 22 - NJW 1990, 581-582.
[31] *Heintzmann* in: Soergel, § 563a Rn. 6.

§ 563b BGB Haftung bei Eintritt oder Fortsetzung

(Fassung vom 02.01.2002, gültig ab 01.01.2002)

(1) ¹Die Personen, die nach § 563 in das Mietverhältnis eingetreten sind oder mit denen es nach § 563a fortgesetzt wird, haften neben dem Erben für die bis zum Tod des Mieters entstandenen Verbindlichkeiten als Gesamtschuldner. ²Im Verhältnis zu diesen Personen haftet der Erbe allein, soweit nichts anderes bestimmt ist.

(2) Hat der Mieter die Miete für einen nach seinem Tod liegenden Zeitraum im Voraus entrichtet, sind die Personen, die nach § 563 in das Mietverhältnis eingetreten sind oder mit denen es nach § 563a fortgesetzt wird, verpflichtet, dem Erben dasjenige herauszugeben, was sie infolge der Vorausentrichtung der Miete ersparen oder erlangen.

(3) Der Vermieter kann, falls der verstorbene Mieter keine Sicherheit geleistet hat, von den Personen, die nach § 563 in das Mietverhältnis eingetreten sind oder mit denen es nach § 563a fortgesetzt wird, nach Maßgabe des § 551 eine Sicherheitsleistung verlangen.

Gliederung

A. Grundlagen 1	II. Ausgleichsregelungen im Innenverhältnis
I. Kurzcharakteristik 1	(Absatz 1 Satz 2) 5
II. Gesetzgebungsmaterialien 2	III. Ausgleich von Mietvorauszahlungen (Absatz 2) 9
B. Praktische Bedeutung 3	IV. Anspruch des Vermieters auf Sicherheits-
C. Anwendungsvoraussetzungen 4	leistung (Absatz 3) 14
I. Haftung für entstandene Verbindlichkeiten	V. Abdingbarkeit 15
(Absatz 1 Satz 1) 4	**D. Prozessuale Hinweise/Verfahrenshinweise** 16

A. Grundlagen

I. Kurzcharakteristik

1 Die Haftung der Personen, die gem. § 563 BGB in das Mietverhältnis eingetreten sind bzw. die dieses gem. § 563a BGB fortsetzen, für bisherige Verpflichtungen aus dem Mietverhältnis und der Ausgleich mit dem Erben ist in § 563b Abs. 1 BGB geregelt: Danach haften mehrere Eintritts- und Fortsetzungsberechtigte neben dem Erben im Außenverhältnis als Gesamtschuldner; im Innenverhältnis zu diesen Personen haftet der Erbe grundsätzlich allein. Für Mietvorauszahlungen, die der verstorbene Mieter für eine Zeit nach seinem Tod im Voraus entrichtet hat, ist im Verhältnis zum Erben ein Ausgleich vorzunehmen (§ 563b Abs. 2 BGB), d.h. die ersparte Miete hat der Eintretende bzw. Fortsetzende an den Erben auszuzahlen. § 563b Abs. 3 BGB gibt dem Vermieter wegen der Veränderung der Verhältnisse gegenüber dem Zeitpunkt des Vertragsabschlusses einen gesetzlichen Anspruch auf eine Sicherheitsleistung gegenüber den in das Mietverhältnis eintretenden bzw. fortsetzenden Personen. **Zweck** dieser Vorschrift ist somit, einzelne Verpflichtungen aus der Sonderrechtsnachfolge durch Eintritt oder Fortsetzung im Verhältnis zum Vermieter und Erben zu regeln.[1] Die Stellung der eintretenden bzw. fortsetzenden Personen lässt sich aus den allgemeinen Prinzipien analog der Erbfolge herleiten.

II. Gesetzgebungsmaterialien

2 Die gegenwärtig geltende Fassung des § 563b BGB gem. Art. 1 Nr. 3 MietRRG vom 19.06.2001 ist seit dem 01.09.2001 in Kraft und hat die Regelungen des § 569a Abs. 2 Satz 5, Abs. 3, 4 BGB a.F. mit Erweiterung auf die Personen i.S.v. § 563 BGB übernommen. Ergänzend begründet § 563b BGB einen Anspruch des Vermieters auf Sicherheiten, die bereits durch Gesetz vom 16.02.2001[2] mit den §§ 569-569c BGB a.F. eingeführt worden waren.

---

[1] *Weidenkaff* in: Palandt, § 563b Rn. 1.
[2] BGBl I 2001, 266.

B. Praktische Bedeutung

Da der Übergang eines Dauerschuldverhältnisses auf einen anderen noch nichts darüber besagt, ob der Eintretende oder Fortsetzende auch für die vor seiner Sonderrechtsnachfolge fällig gewordenen Verbindlichkeiten haftet,[3] bestimmt § 563b Abs. 1 Satz 1 BGB, dass für die bis zum Tod des Mieters entstandenen **Altverbindlichkeiten** der Eintretende bzw. Fortsetzende im **Außenverhältnis** neben dem Erben als Gesamtschuldner haftet. Diese gesamtschuldnerische Haftung führt dazu, dass der Vermieter noch zusätzliche Schuldner gewinnt und jeden einzelnen von ihnen nach seiner Wahl ganz oder zum Teil in Anspruch nehmen kann.[4] Im **Innenverhältnis** haftet der Erbe jedoch zu diesen Personen allein (§ 563b Abs. 1 Satz 2 BGB), vorbehaltlich einer anderweitigen Bestimmung. Diese Bestimmung soll für die Fälle, in denen eine Haftung des Erben im Innenverhältnis nicht in jedem Fall sachgerecht ist, andere Regelungen ermöglichen, die darin bestehen können, dass der verstorbene Mieter zu Lebzeiten entsprechende Vereinbarungen mit den eintritts- oder fortsetzungsberechtigten Personen oder dem Erben getroffen hat. § 563b Abs. 2 BGB beinhaltet die klarstellende Regelung, dass bei einer **Mietvorauszahlung** des Mieters für einen nach seinem Tod liegenden Zeitpunkt der Erbe einen Herausgabeanspruch in Höhe des durch die Vorauszahlung Ersparten bzw. Erlangten hat. War mit dem verstorbenen Mieter keine **Sicherheitsleistung** vereinbart, dann kann der Vermieter wegen der geänderten Verhältnisse sie gem. § 551 BGB von der eintretenden bzw. fortsetzenden Person verlangen.[5]

3

C. Anwendungsvoraussetzungen

I. Haftung für entstandene Verbindlichkeiten (Absatz 1 Satz 1)

Die gesetzliche Sonderrechtsnachfolge hat die Wirkung, dass die nach dem Tod des Mieters entstandenen **Neuverbindlichkeiten** vom Eingetretenen (vgl. die Kommentierung zu § 563 BGB) bzw. Fortsetzenden (vgl. die Kommentierung zu § 563a BGB) zu tragen sind. Im Übrigen haftet der Erbe nach § 1967 Abs. 1 BGB für die Nachlassverbindlichkeiten, zu denen auch die Verbindlichkeiten aus dem Mietverhältnis, die bis zum Tod des Mieters entstanden sind, gehören.[6] § 563 Abs. 1 Satz 1 BGB ordnet darüber hinaus im **Außenverhältnis zum Vermieter** eine mit dem Erben gesamtschuldnerische Haftung i.S.d. § 421 BGB der Eintretenden für alle bis zum Tod des Mieters entstandenen Verbindlichkeiten aus dem Mietverhältnis an. Der Vermieter kann also nach seiner Wahl entweder den Erben, den Sonderrechtsnachfolger oder alle zusammen in Anspruch nehmen.[7] Dazu zählen insbesondere rückständige Mietzinsen, Umlagen, Betriebskosten, vom Mieter übernommene Schönheitsreparaturen und Schadensersatzansprüche.[8] Für Schulden, die zwar die Wohnung i.w.S. betreffen, sich aber aus Verträgen des Verstorbenen mit Dritten z.B. über Strom- oder Wärmelieferung oder Renovierung der Wohnung ergeben, haften Personen i.S.v. § 563 bzw. 563a BGB nicht.[9]

4

II. Ausgleichsregelungen im Innenverhältnis (Absatz 1 Satz 2)

Im Innenverhältnis haftet der Erbe grundsätzlich allein, so dass der Sonderrechtsnachfolger nach Befriedigung des Vermieters Ausgleich vom Erben verlangen kann, da der Erbe für die Erblasserschulden vorrangig haften soll.[10] Voraussetzung ist, dass der **Eintritt in das Mietverhältnis** stattgefunden hat; der Vermieter ist indes nicht daran gehindert, den Sonderrechtsnachfolger vorbehaltlich schon vor der

5

---

[3] BGH v. 10.01.1962 - VIII ZR 185/60 - juris Rn. 12 - BGHZ 36, 265-273.
[4] *Rolfs* in: Staudinger, § 563b Rn. 4.
[5] *Weidenkaff* in: Palandt, § 563b Rn. 4.
[6] *Blank/Börstinghaus*, Miete, 2008, § 563b Rn. 3; zur Verwirkung des Minderungsanspruchs AG Berlin-Schöneberg v. 27.02.2002 - 5 C 540/01 - MM 2002, 228-229.
[7] *Blank/Börstinghaus*, Miete, 2008, § 563b Rn. 3; *Heintzmann* in: Soergel, § 563b Rn. 2.
[8] *Rolfs* in: Staudinger, § 563b Rn. 5.
[9] *Häublein* in: MünchKomm-BGB, 6. Auflage 2012, § 563b Rn. 5.
[10] *Rolfs* in: Staudinger, § 563b Rn. 9.

Ablehnungsfrist des § 563 Abs. 3 BGB in Anspruch zu nehmen.[11] Ebenso wenig wird die Haftung dadurch ausgeschlossen, falls der Vermieter nach § 563 Abs. 4 BGB kündigt. Ist bei mehreren Eintrittsberechtigten eine **Person zugleich Miterbe**, so können die anderen ihn voll auf Ausgleich in Anspruch nehmen und brauchen sich keine Haftungsquote anrechnen zu lassen.[12]

6 Eine Haftung des Erben für **frühere Verbindlichkeiten** steht aber in der geltenden Fassung des § 563b Abs. 1 Satz 2 BGB unter dem **Vorbehalt**, dass keine abweichende Vereinbarung des verstorbenen Mieters mit dem Eintretenden oder Fortsetzungsberechtigten besteht, HS. 2. Hierdurch sollen unsachgerechte Ergebnisse – insbesondere im Fall der Fortsetzung mit dem überlebenden Mitmieter – vermieden werden.[13] Jedoch erscheint die **Nützlichkeit dieser Regelung** in vielen Fällen **problematisch**, und der Erbe hat im Ergebnis die Altverbindlichkeiten doch allein zu tragen.[14] Die Rechtsnachfolger hingegen erhalten die Wohnung lastenfrei, obwohl die Mietverbindlichkeiten bereits während ihrer Nutzungszeit entstanden sind.[15] Im **Fall des Eintretens** i.S.d. § 563 BGB haftet der Erbe im Innenverhältnis für die Altschulden allein. Die Regelung des § 563b Abs. 1 Satz 2 BGB wird für derartige Konstellationen als sachgerecht angesehen.[16] Eine anderweitige Regelung kann dennoch in Betracht kommen, wenn der Alleinmieter zu Lebzeiten eine Erklärung des Mitbewohners veranlasst hat, wonach dieser im Verhältnis zum Erben für den Fall seines Eintretens die Altverbindlichkeiten übernimmt.

7 Im **Fall einer Fortsetzung** i.S.d. § 563a BGB bestand bereits schon vor dem Tod des Mieters eine gesamtschuldnerische Verbindlichkeit des Mitmieters. Schwierigkeiten könnten sich jedoch bei einem internen Gesamtschuldnerausgleich ergeben, trotz der neu aufgenommenen Regelung des § 563b Abs. 1 Satz 2 BGB. Diese Vereinbarungen, die eine Alleinhaftung des Erben in Anlehnung an § 426 Abs. 1 Satz 1 BGB möglicherweise ausschließen, werden mit dem Erben häufig aber nicht getroffen worden sein, weil kaum ein Mieter zu Lebzeiten einen Regelungsbedarf für laufende Verbindlichkeiten aus dem Mietverhältnis sieht, und solche vom potentiellen Erblasser aber auch nicht gewollt sind, um nicht schon frühzeitig aufzudecken, wer sein Erbe wird. Sollten dennoch derartige ausdrückliche Vereinbarungen vorliegen, so sind diese auch maßgeblich.

8 Fehlen aber schriftliche Vereinbarungen oder lassen sich mündliche Vereinbarungen nicht nachweisen, so ist auf die Kriterien der bisherigen Rechtsprechung und Literatur zur Auslegung der jetzigen Regelung zurückzugreifen: Danach musste der Erbe im Verhältnis zum Fortsetzungsberechtigten nicht die gesamten Mietverbindlichkeiten aus der Zeit vor dem Erbfall tragen, da der nach § 569b Abs. 1 BGB a.F. überlebende Ehegatte wegen des Gesamtschuldnerausgleichs zu gleichen Teilen den auf ihn hälftig entfallenden Teil der Altschulden i.d.R. selbst zu tragen hatte; lediglich dann, wenn der überlebende Ehegatte des Erblassers allein für die Mietverbindlichkeiten aufgekommen ist, traf den Erben die volle Ausgleichspflicht.[17] Abgrenzungskriterium[18] war z.B., dass lediglich einer der Ehegatten über Einkommen verfügte und folglich eine Ausgleichspflicht des den Haushalt führenden Ehegatten i.d.R. entfiel. Verdienten beide Ehegatten, so wurde auf das Verhältnis der beiderseitigen Einkommen[19] und ggf. auch auf die Höhe der beiderseitigen Vermögen[20] abgestellt. Solche Indizien können z.B. als „anderweitige Bestimmungen" i.S.d. § 563b Abs. 1 Satz 2 BGB nach dem Tod eines Mitmieters anwendbar sein, die nun ebenso auf eingetragene Lebenspartnerschaften und weitere Personengruppen des § 563

---

[11] *Rolfs* in: Staudinger, § 563b Rn. 8.
[12] *Rolfs* in: Staudinger, § 563b Rn. 11.
[13] BR-Drs. 439/00, S. 157.
[14] So auch schon *Voelskow* in: MünchKomm-BGB, 3. Aufl. 1995, § 569a Rn. 19; a.A. *Kossmann*, Handbuch der Wohnraummiete, 6. Aufl. 2003, § 25 Rn. 2.
[15] *Blank/Börstinghaus*, Miete, 2008, § 563b Rn. 4.
[16] *Achenbach* in: Hannemann/Wiegener, Münchener Anwaltshandbuch Wohnraummietrecht, 3. Aufl. 2010, § 11 Rn. 382.
[17] *Voelskow* in: MünchKomm-BGB, 3. Aufl. 1995, § 569b Rn. 5.
[18] Vgl. hierzu auch die Rechtsprechung zu § 426 BGB (vgl. die Kommentierung zu § 426 BGB).
[19] BGH v. 27.04.1988 - IVb ZR 55/87 - NJW-RR 1988, 966-967.
[20] BGH v. 25.11.1987 - IVb ZR 95/86 - juris Rn. 11 - LM Nr. 75 zu § 426 BGB.

BGB zu erweitern sind. Wesentlich ist letztlich, mit welchem jeweiligen Anteil die Mitmieter bei Lebzeiten die Verpflichtungen aus dem Mietverhältnis getragen haben.

III. Ausgleich von Mietvorauszahlungen (Absatz 2)

§ 563b Abs. 2 BGB übernimmt die Regelung des § 569a Abs. 4 BGB a.F. und betrifft das Verhältnis zum Erben. Hat der Verstorbene die Miete für einen nach seinem Tod liegenden Zeitpunkt im Voraus entrichtet, dann ist diese Vorauszahlung auf die späteren Mietraten des Eingetretenen oder Fortsetzenden anzurechnen, da hier Nutznießer und Leistender auseinander fallen. Einen derartigen **Vermögensvorteil** konnte das Gesetz den Sonderrechtsnachfolgern, die in das Mietverhältnis eingetreten sind, nicht belassen, ohne unzulässig in die Rechte des Erben einzugreifen.[21] Der Begriff der **Mietvorauszahlung** entspricht dem des § 547 BGB (vgl. insoweit die Kommentierung zu § 547 BGB). Dabei wird von der Vorschrift nicht nur die reine Miete erfasst, sondern **das gesamte Entgelt**, das der Mieter als Gegenleistung für den Gebrauch der Mietsache im Voraus entrichtet hat, so dass auch Umlagen oder sonstige Nebenkosten für besondere Leistungen des Vermieters dazu gehören.[22] Personen i.S.d. §§ 563, 563a BGB sind zur Herausgabe verpflichtet; Anspruchsgläubiger ist der Erbe. Ist der Eintretende oder Fortsetzende zugleich Erbe, besteht die Verpflichtung selbst dann, wenn noch weitere Miterben vorhanden sind, wobei der Eingetretene bzw. Fortsetzende den auf ihn entfallenden Anteil abziehen kann.[23]

Es muss die **Ersparnis** herausgegeben werden, mithin alles, was wegen der Vorauszahlung die eigene Belastung bei Mietzinszahlung mindert oder sogar gänzlich entfallen lässt.[24] Hierbei ist zu beachten, dass die Ersparnis nicht von vornherein mit dem vollen Betrag der Mietvorauszahlung gleichzusetzen ist. Fragwürdig ist daher, ob der gesamte noch nicht abgewohnte Rest der Mietvorauszahlung auf einmal oder nur der Betrag der jeweiligen Einzelmiete bei entsprechender Fälligkeit an den Erben zu erstatten ist. Grundsätzlich entsteht der Anspruch des Erben an dem Fälligkeitstag in der Höhe, in der durch Verrechnung der Mietvorauszahlung die Ersparnis eingetreten ist, also in monatlichen Raten entsprechend dem Ablauf der vorausbezahlten Mietmonate.[25] Der gesamte Restbetrag ist hingegen dann auf einmal herauszugeben, wenn die Miete nach dem Vertrag sofort in voller Höhe der Vorauszahlung für einen bestimmten Zeitraum getilgt wurde. Dies gilt vor allem für die sog. „**Einmalmiete**", die entweder am Ende oder bei entsprechender Vereinbarung zu Beginn der Mietzeit fällig war.

Wurde ferner vereinbart, dass ein **abwohnbarer Baukostenzuschuss** mit der Miete verrechnet werden soll, so ist ebenfalls die von den Sonderrechtsnachfolgern geschuldete Miete um den Verrechnungsbetrag gemindert, der in monatlichen Raten an den Erben zurückzuzahlen ist.[26]

Daneben ist auch das **Erlangte** herauszugeben. Endet das Mietverhältnis zwischen Vermieter und Sonderrechtsnachfolger, bevor die Mietvorauszahlung verrechnet oder „abgewohnt" wurde, und hat der Vermieter diesen „Überschuss" zurückgezahlt, so ist das auf diese Weise Erlangte an den Erben zu entrichten. Dabei ist dieser Anspruch sofort fällig.[27] Entsprechendes gilt auch bei bezahlter Einmalmiete ebenso wie bei einer Rückerstattung verlorener Baukostenzuschüsse, wonach der Erbe einen Anspruch auf Abtretung dieser erlangten Beträge hat.

Miet- bzw. Finanzierungsdarlehen werden als Mietvorauszahlung angesehen, wenn deren Tilgung durch Verrechnung mit dem Mietzins erfolgen soll.[28] Wurde die Rückzahlung jedenfalls bei Beendigung des Mietverhältnisses vereinbart, dann steht dieser Betrag prinzipiell dem Erben zu. § 563a Abs. 2 BGB ist dann nicht anwendbar.[29]

---

[21] *Kossmann*, Handbuch der Wohnraummiete, 6. Aufl. 2003, § 18 Rn. 5.
[22] *Rolfs* in: Staudinger, § 563b Rn. 14; *Häublein* in: MünchKomm-BGB, § 563b Rn. 9.
[23] *Häublein* in: MünchKomm-BGB, § 563b Rn. 10.
[24] *Blank/Börstinghaus*, Miete, 2008, § 563b Rn. 10.
[25] *Heintzmann* in: Soergel, § 563b Rn. 4; *Blank/Börstinghaus*, Miete, 2008, § 563b Rn. 10.
[26] *Blank/Börstinghaus*, Miete, 2008, § 563b Rn. 12.
[27] *Rolfs* in: Staudinger, § 563b Rn. 18.
[28] LG Berlin v. 07.06.1991 - 67 S 309/90 - Grundeigentum 1991, 1035-1037.
[29] *Blank/Börstinghaus*, Miete, 2008, § 563b Rn. 16.

IV. Anspruch des Vermieters auf Sicherheitsleistung (Absatz 3)

14 § 563b Abs. 3 BGB verschafft dem Vermieter einen eigenständigen, nicht im Mietvertrag vereinbarten, sondern gesetzlichen Anspruch auf eine Sicherheitsleistung, den er gegenüber den Personen i.S.d. §§ 563, 563a BGB geltend machen kann. In wirtschaftlicher Hinsicht trägt die Vorschrift den Interessen des Vermieters Rechnung, da durch den Tod des Mieters veränderte Umstände eintreten können. Hat der Vermieter etwa wegen der Person des ursprünglichen Mieters und dessen Bonität auf eine Sicherheitsleistung verzichtet, so hätte er diese evtl. bei geändertem Personenstand auf der Mieterseite gefordert, wenn er von vornherein nur mit dieser Person den Vertrag abgeschlossen hätte. Entsprechendes gilt auch bei ursprünglicher Mietermehrheit, weil der Verzicht auf eine Sicherheit in der Person und der Bonität eines der mehreren Mitmieter wegen der gesamtschuldnerischen Verpflichtung begründet gewesen war und sich nun durch die Veränderung der Mietverhältnisse gewandelt hat.[30] Die Sicherheit bestimmt sich nach Maßgabe des § 551 BGB (zu Einzelheiten diesbezüglich vgl. die Kommentierung zu § 551 BGB), so dass dessen Voraussetzungen einzuhalten sind. Anders verhält es sich jedoch, wenn mit dem Verstorbenen eine Sicherheit in bestimmter Höhe vereinbart worden ist. In diesem Fall verbleibt es bei dieser. Dem Gesetzeswortlaut ist ein Anspruch auf Aufstockung der Sicherheit nicht zu entnehmen, wenngleich auch ursprünglich eine geringere als die höchstmögliche Sicherheit im Hinblick auf die Bonität des Verstorbenen vom Vermieter als ausreichend erachtet wurde. Der Anspruch des Vermieters auf Abschluss einer Vereinbarung richtet sich nach § 311 Abs. 1 BGB, der auch auf gerichtlichem Wege durchgesetzt werden kann (§ 315 Abs. 3 BGB).[31]

V. Abdingbarkeit

15 Die gesamte Vorschrift ist **abdingbar**.[32] Insbesondere können hinsichtlich der Haftung des Eintretenden oder Fortsetzenden für die Schulden des Verstorbenen abweichende Vereinbarungen zwischen Mieter und Vermieter getroffen werden, was **auch in Formularverträgen** geschehen kann. Über das Innenverhältnis zwischen Personen i.S.d. §§ 563 bzw. 563a BGB und Erben hingegen dürfen sich nur der Mieter und der künftige Sonderrechtsnachfolger einigen.[33]

D. Prozessuale Hinweise/Verfahrenshinweise

16 Die tatsächlichen Voraussetzungen für den Eintritt in das Mietverhältnis muss derjenige **beweisen**, der hieraus Rechte für sich herleiten will. Nimmt der Vermieter einen Eintretenden oder Fortsetzungsberechtigten in Anspruch, so ist dieser beweispflichtig. Den Rechtsnachfolger trifft ferner die Beweislast, wenn streitig ist, ob der verstorbene Mieter z.B. eine Mietvorauszahlung geleistet hat.

---

[30] *Achenbach* in: Hannemann/Wiegener, Münchener Anwaltshandbuch Wohnraummietrecht, 3. Aufl. 2010, § 11 Rn. 391.
[31] *Weidenkaff* in: Palandt, § 563b Rn. 4.
[32] *Kossmann*, Handbuch der Wohnraummiete, 6. Aufl. 2003, § 25 Rn. 8.
[33] *Heintzmann* in: Soergel, § 563b Rn. 10.

§ 564 BGB Fortsetzung des Mietverhältnisses mit dem Erben, außerordentliche Kündigung

(Fassung vom 02.01.2002, gültig ab 01.01.2002)

[1]Treten beim Tod des Mieters keine Personen im Sinne des § 563 in das Mietverhältnis ein oder wird es nicht mit ihnen nach § 563a fortgesetzt, so wird es mit dem Erben fortgesetzt. [2]In diesem Fall ist sowohl der Erbe als auch der Vermieter berechtigt, das Mietverhältnis innerhalb eines Monats außerordentlich mit der gesetzlichen Frist zu kündigen, nachdem sie vom Tod des Mieters und davon Kenntnis erlangt haben, dass ein Eintritt in das Mietverhältnis oder dessen Fortsetzung nicht erfolgt sind.

Gliederung

A. Grundlagen 1	III. Tod des Mieters und Mietverhältnis 7
I. Kurzcharakteristik 1	IV. Außerordentliches Kündigungsrecht (Satz 2) ... 9
II. Gesetzgebungsmaterialien 2	1. Sonderkündigungsrecht des Vermieters 10
B. Praktische Bedeutung 3	2. Außerordentliche Kündigung durch den Erben .. 13
C. Anwendungsvoraussetzungen 4	3. Besonderheiten 16
I. Normstruktur 4	V. Abdingbarkeit 19
II. Fortsetzungsrecht des Erben (Satz 1) 5	D. Prozessuale Hinweise/Verfahrenshinweise 21

A. Grundlagen

I. Kurzcharakteristik

§ 564 BGB grenzt die Sonderrechtsnachfolge gem. den §§ 563 und 563a BGB von der Gesamtrechtsnachfolge gem. § 1922 BGB ab. **Zweck** dieser Vorschrift ist die Klarstellung, dass das Eintritts- und Fortsetzungsrecht einer Fortsetzung des Mietverhältnisses mit dem Erben vorgeht (§ 564 Satz 1 BGB). Nur für den Fall, dass weder ein Eintritt noch eine Fortsetzung erfolgt, wird das Mietverhältnis mit dem Erben weitergeführt.[1] Das in § 564 Satz 2 BGB eingeräumte **Sonderkündigungsrecht** für den Erben als auch für den Vermieter soll Härten und Unbilligkeiten ausgleichen,[2] weil die meisten Mietverhältnisse einen starken persönlichen Bezug haben und auf die Bedürfnisse der Parteien zugeschnitten sind.[3] Diese besondere **Lösungsmöglichkeit** berücksichtigt somit, dass der Vermieter i.d.R. die Mietsache nur einer bestimmten Person überlassen wollte und der gem. § 1922 BGB als Mieter eintretende Erbe die Mietsache häufig nicht benötigt.[4] Im Übrigen begründet der Tod des Vermieters kein Sonderkündigungsrecht; der Mietvertrag wird mit dem Erben des Vermieters fortgesetzt.

1

II. Gesetzgebungsmaterialien

Die gegenwärtig geltende Fassung des § 564 BGB gem. Art. 1 Nr. 3 MietRRG vom 19.06.2001 ist seit dem 01.09.2001 in Kraft und hat die Regelungen des § 569a Abs. 6 BGB a.F. und § 569 BGB a.F. mit Erweiterung auf die Personen i.S.v. § 563 BGB übernommen. Des Weiteren wird nun eine Überlegungsfrist von einem Monat, die bereits durch Gesetz vom 16.02.2001[5] mit den §§ 569 bis 569c BGB a.F. eingeführt worden war, für die außerordentliche Kündigung gewährt, und das berechtigte Interesse für die Kündigung durch den Vermieter ist weggefallen. Der durch das 2. MietRÄndG vom 14.07.1964[6] eingefügte Absatz 2 des § 569 BGB a.F. hat die Anwendbarkeit des Absatzes 1 der

2

---

[1] BT-Drs. 14/4553, S. 62.
[2] *Heintzmann* in: Soergel, § 564 Rn. 1.
[3] *Blank/Börstinghaus*, Miete, 2008, § 564 Rn. 2.
[4] *Weidenkaff* in: Palandt, § 564 Rn. 1.
[5] BGBl I 2001, 266.
[6] BGBl I 1964, 457.

a.F. auf Wohnraummietverhältnisse stark eingeschränkt. Während § 569 Abs. 1 BGB a.F. nachgiebiges Recht enthielt, war Absatz 2 der a.F. i.R.d. § 569a Abs. 7 BGB a.F. zwingend.

B. Praktische Bedeutung

3 Kommt es nicht zu einem Eintritt gem. § 563 BGB bzw. zur Fortsetzung gem. § 563a BGB, dann ergeben sich die Rechtsfolgen aus § 564 BGB. Danach wird das Mietverhältnis letztendlich mit dem Erben des verstorbenen Mieters fortgesetzt. Es gilt hierbei jedoch zu bedenken, dass es bei zunächst erfolgter Fortsetzung des Mietverhältnisses gem. § 563a BGB bei Ausspruch der Sonderkündigung (§ 563a Abs. 2 BGB) der verbleibenden Mieter zu einer Beendigung des Mietverhältnisses kommt, vgl. hierzu die Ausführungen bei § 563a BGB (vgl. die Kommentierung zu § 563a BGB). § 564 BGB kommt dann nicht zum Tragen, so dass ein Eintritt der Erben folglich nicht in Betracht kommt. Die Mietschutzvorschriften für den Erben gelten jedoch dann nicht, wenn die Erben die Wohnung nicht selbst bewohnen.[7] Im Falle der Weiterführung des Mietverhältnisses mit dem Erben gewährt § 564 Satz 2 BGB sowohl dem Vermieter als auch dem Erben ein **einmaliges außerordentliches Kündigungsrecht** mit einer Überlegungsfrist von einem Monat. Die Bedeutung besteht darin, dass bei Mietverhältnissen auf unbestimmte Zeit statt einer ordentlichen Kündigung ein außerordentliches Kündigungsrecht gegeben wird; bei Mietverhältnissen auf bestimmte Zeit hingegen wird eine vorzeitige Beendigung ermöglicht. Bisher bedurfte es nach herrschender Auffassung für das außerordentliche Kündigungsrecht des Vermieters zusätzlich seines berechtigten Interesses an der Beendigung des Mietverhältnisses.[8] Dieses Erfordernis ist jedoch mit der Neufassung der §§ 573d Abs. 1, 575a Abs. 1 BGB entfallen.[9] Schließlich ist das Recht aus § 564 Satz 2 BGB durch die Mietvertragsparteien **abdingbar**, auch zu Gunsten des Vermieters,[10] indem es ganz ausgeschlossen oder inhaltlich geändert werden kann.

C. Anwendungsvoraussetzungen

I. Normstruktur

4 Mit dem Tod des Mieters tritt der Erbe nach allgemeinen erbrechtlichen Vorschriften in das Mietverhältnis ein, soweit nicht in § 563 BGB oder § 563a BGB Sonderregelungen für Wohnraummietverhältnisse enthalten sind.[11] **Satz 1** der Neuregelung stellt den Vorrang des Eintritts- und Fortsetzungsrechtes klar. **Satz 2** regelt das außerordentliche Kündigungsrecht mit gesetzlicher Frist und berücksichtigt hierbei, dass der Mietvertrag ein Vertrauensverhältnis ist und der Tod des Mieters die Beziehungen der Vertragsteile grundlegend ändert.

II. Fortsetzungsrecht des Erben (Satz 1)

5 Mit dem Tod des Mieters endet das Mietverhältnis nicht; vielmehr wird dieses mit dem Erben fortgesetzt, der entweder **testamentarisch oder kraft Gesetzes** berufen wird. Wird der Erbteil an einen Dritten übertragen, tritt dieser in den Mietvertrag ein.[12] Der Erbe gem. § 1922 BGB oder als Teil einer Miterbengemeinschaft (§ 2032 BGB) tritt in die Rechte und Pflichten des Verstorbenen ein (vgl. hierzu auch die Kommentierung zu § 563b BGB); schlägt er die Erbschaft aus, dann wird der Fiskus als Erbe vermutet (§ 1964 Abs. 2 BGB). Dieses Fortsetzungsrecht des Erben gilt jedoch nur, falls **keine Sonderrechtsnachfolge** zustande kommt, d.h. ein Eintritt gem. § 563 BGB oder die Fortsetzung gem. § 563a BGB nicht stattfindet, also Personen i.S.v. § 563 BGB nicht vorhanden sind oder zwar vorhan-

---

[7] *Rolfs* in: Staudinger, § 564 Rn. 3.
[8] BGH v. 12.03.1997 - VIII ARZ 3/96 - NJW 1997, 1695- 1697.
[9] *Streyl* in: Schmidt-Futterer, Mietrecht, 10. Aufl. 2011, § 564 Rn. 6; *Rolfs* in: Staudinger, § 564 Rn. 16.
[10] BVerfG v. 10.10.1990 - 1 BvR 660/90 - juris Rn. 5 - NJW 1997, 2746.
[11] Vgl. allg. *Hitpaß*, WE 2003, 231; *Gather*, Grundeigentum 2003, 1592-1593.
[12] *Beuermann*, Grundeigentum 1994, 1223-1224, 1224, str.

den sind, aber den Eintritt ablehnen oder nicht Mitmieter des Verstorbenen sind.[13] Ebenso **unanwendbar** ist § 564 BGB, wenn das Mietverhältnis mit dem Tod des Mieters endet, da dieses auf Lebenszeit des Mieters abgeschlossen war. Hier tritt der Erbe lediglich in das Abwicklungsverhältnis ein. Dies ist auch im Rahmen von Scheidungsfolgenvereinbarungen zu berücksichtigen, die häufig einer Partei die entgeltliche Nutzung von Wohnraum bis zum Lebensende einräumen.[14]

Eine Verpflichtung des Erben zur Leistung einer **Mietsicherheit** gemäß § 551 BGB fehlt in § 564 BGB. Eine entsprechende Anwendung des § 563b Abs. 3 BGB ist gesetzlich nicht vorgesehen. Daraus dürfte sich indes keine planwidrige Regelungslücke ergeben, da dem Vermieter gegenüber den Fällen der §§ 563-563a BGB ein Kündigungsrecht an die Hand gegeben ist, welches nicht an besondere Voraussetzungen knüpft. Zu beachten hat der Vermieter ferner, dass eine bereits bestehende Sicherheit fortfallen kann, wenn sie durch eine Mietbürgschaft geleistet wurde. Derartige Bürgschaften sind nämlich regelmäßig auf die Person des vormaligen Hauptschuldners, also des Erblassers beschränkt. Verbindlichkeiten, die durch den gemäß § 564 BGB eintretenden Erben begründet werden, kann der Vermieter daher nicht gegen den Bürgen geltend machen.[15]

III. Tod des Mieters und Mietverhältnis

Voraussetzung des Fortsetzungsrechts des Erben ist der Tod des Mieters, wobei nur der Tod einer natürlichen Person in Betracht kommt. Die Unterbringung in einem Pflegeheim ist dem Tod nicht gleichzustellen.[16] Die Todesursache ist gleichgültig, so dass § 564 BGB auch bei **Selbsttötung** in Betracht kommt,[17] auf **juristische Personen** ist § 564 BGB nicht anwendbar,[18] vgl. die Kommentierung zu § 563 BGB.

§ 564 BGB gilt entsprechend seiner Stellung im Gesetz nur für **Mietverhältnisse über Wohnraum**. Für die Weiterführung des Mietverhältnisses über Räume, die nicht Wohnräume sind, Grundstücke oder andere Sachen mit dem Erben gilt vielmehr allein § 580 BGB; für Pachtverhältnisse § 584a Abs. 2 BGB, für Landpachtverhältnisse § 594d BGB.

IV. Außerordentliches Kündigungsrecht (Satz 2)

Inhaltlich gibt das in § 564 Satz 2 BGB (§ 569 Abs. 6 BGB a.F.) festgeschriebene Recht sowohl dem Erben als auch dem Vermieter die Möglichkeit zur außerordentlichen Kündigung mit der kürzestmöglichen gesetzlichen Frist (§ 564 BGB i.V.m. § 573d Abs. 2 BGB). Dabei wird beiden Seiten, Erben wie Mietern, eine **Überlegungsfrist von einem Monat** ab dem Zeitpunkt der Kenntnis der Voraussetzungen eingeräumt. Nach h.M.[19] ist hier auf Verschuldensmaßstäbe abzustellen, daneben auch auf die Zumutbarkeit.[20] Im Übrigen kann die Kündigung schon vor Klärung der Erbfolge abgegeben werden.[21] Des Weiteren muss für beide Erklärungen das **Zugangserfordernis** beachtet werden, da es sich hier um eine Kündigungserklärung handelt, so dass die allgemeinen Regeln gelten ebenso wie für die **Form** und den **Inhalt**.

1. Sonderkündigungsrecht des Vermieters

Für das **Sonderkündigungsrecht des Vermieters** ist zunächst Voraussetzung, dass dieser sowohl Kenntnis vom Tod des Mieters hat als auch davon, dass die Eintrittswirkung des § 563 BGB rückwirkend durch Ablehnungserklärung des Berechtigten entfallen ist bzw. die tatbestandlichen Vorausset-

---

[13] *Blank/Börstinghaus*, Miete, 2008, § 564 Rn. 16.
[14] Vgl. z.B. AG Worms v. 18.02.2005 - 2 C 253/04 - juris Rn. 13.
[15] LG Münster v. 23.04.2008 - 14 S 7/07 - juris Rn. 10 - WuM 2008, 481-482.
[16] Vgl. hierzu allgemein AG Altötting v. 14.02.1997 - 2 C 3625/96 - NJW-RR 1997, 1098-1099.
[17] BGH v. 06.07.1990 - LwZR 8/89 - juris Rn. 14 - LM Nr. 71 zu § 133 (C) BGB.
[18] Ausführlich hierzu: *Grapentin* in: Bub/Treier, Handbuch der Geschäfts- und Wohnraummiete, 3. Aufl. 1999, IV Rn. 230; *Häublein* in: MünchKomm-BGB, § 564 Rn. 5.
[19] OLG Düsseldorf v. 28.10.1993 - 10 U 12/93 - juris Rn. 8 - DWW 1994, 48-50.
[20] *Alexander*, NZM 1998, 253-255, 254.
[21] *Stellwaag*, ZMR 1989, 407-408, 407.

zungen des § 563a BGB nicht gegeben sind. Die Frist für den Ausspruch der Kündigung läuft aber erst dann, wenn der Vermieter **Kenntnis von der Person des Erben** erlangt hat,[22] wobei es auf die **positive Kenntnis** ankommt. Für den Vermieter besteht eine Erkundungspflicht; er muss zumutbare Anstrengungen unternehmen, um sich Gewissheit über die Person des Erben zu verschaffen.[23] Dazu kann er verpflichtet sein, Auskünfte beim Nachlassgericht einzuholen. Hat er dies versäumt, so läuft er Gefahr, sein außerordentliches Kündigungsrecht zu verlieren,[24] und das Mietverhältnis kann nur noch nach den allgemeinen Vorschriften gekündigt werden. Eine Kündigung durch öffentliche Zustellung gegenüber dem unbekannten Erben ist ausgeschlossen, weil dies den Rechtsschutz des Erben aufheben würde.[25]

11 Gleichsam kann der Vermieter gegenüber dem vorläufigen Erben kündigen,[26] insbesondere bei Vorlage eines **Erbscheins**, es sei denn, der Vermieter kannte die Unrichtigkeit des Erbscheins oder wusste, dass das Nachlassgericht die Rückgabe des Erbscheins wegen Unrichtigkeit verlangt hat (§ 2366 BGB). Nicht von Bedeutung ist indessen, ob der Vermieter von der Existenz des Erbscheins wusste, da dieser für die Kündigungswirkung dem Vermieter ohnehin nicht vorgelegt zu werden braucht.[27] Ebenso bleibt die gegenüber dem **Scheinerben** abgegebene Vermieterkündigung bei späterem Auffinden einer anderen testamentarischen Verfügung dem wahren Erben gegenüber wirksam.

12 Sind **mehrere Personen Vermieter**, müssen sie alle gemeinsam kündigen; ist der Mieter von mehreren Personen beerbt worden, so ist die Kündigung gegenüber allen zu erklären. Aus §§ 573d Abs. 1 bzw. 575a Abs. 1 BGB ergibt sich, dass für eine Kündigung des Vermieters gegenüber einem nicht in der Wohnung lebenden Erben der Kündigungsschutz des § 573 BGB nicht gilt, d.h. ein **berechtigtes Interesse** des Vermieters, welches nach bisherigem Recht vorliegen musste, ist nicht mehr erforderlich. Dies ist insofern sachgerecht, als dass Erben, die nicht ihren Lebensmittelpunkt in der Wohnung haben – sonst würden sie gem. § 563 BGB eintreten –, keines mietrechtlichen Schutzes bedürfen. Die Sozialklausel (§§ 574-574c, 575a Abs. 2 BGB), deren Anwendung i.R.v. § 569a Abs. 6 BGB a.F. strittig war,[28] gilt indes.[29]

2. Außerordentliche Kündigung durch den Erben

13 Hinsichtlich der Möglichkeit zur **außerordentlichen Kündigung durch den Erben** muss dieser zunächst **sichere Kenntnis von seiner Erbenstellung** haben, bevor die Fristen des § 564 BGB in Gang gesetzt werden.[30] Liegen hingegen nicht nur theoretische, von vornherein verwerfbare **Zweifel** hieran vor, kann keine hinreichend sichere Erbenstellung angenommen werden.[31] Außerdem muss der Erbe den Namen und die Anschrift des Vermieters kennen, die er selbst zu ermitteln hat. Im Übrigen sind die Kündigungsmöglichkeit und der -termin unabhängig von der Annahme der Erbschaft.[32] Auch der **vorläufige Erbe** kann kündigen, ohne dass darin eine Erbschaftsannahme liegt. Die für den eine Kündigungserklärung Abgebenden erforderliche Rechtssicherheit schafft letztendlich nur ein **Erbschein** zugunsten des Mieter-Erben.[33] Die Wirksamkeit der Kündigung hängt nicht vom Nachweis des Erbrechts ab, so dass der Vermieter die Kündigung aus diesem Grund nicht zurückweisen darf; das Recht,

---

[22] OLG Düsseldorf v. 28.10.1993 - 10 U 12/93 - juris Rn. 4 - DWW 1994, 48-50; LG Berlin v. 07.12.1987 - 61 S 201/87 - Grundeigentum 1988, 143; LG Köln v. 20.03.1967 - 1 S 152/66.
[23] *Stellwaag*, ZMR 1989, 407-408, 407 m.w.N.
[24] OLG Hamm v. 08.01.1981 - 4 U 203/80 - MDR 1981, 499.
[25] *Stellwaag*, ZMR 1989, 407-408, 407.
[26] *Rolfs* in: Staudinger, § 564 Rn. 14.
[27] *Rolfs* in: Staudinger, § 564 Rn. 10.
[28] Vgl. statt aller *Gather* in: Schmidt-Futterer, Mietrecht, 7. Aufl. 1999, § 569a Rn. 38.
[29] *Weidenkaff* in: Palandt, § 564 Rn. 9; *Rolfs* in: Staudinger, § 564 Rn. 16.
[30] OLG Düsseldorf v. 28.10.1993 - 10 U 12/93 - DWW 1994, 48-50.
[31] *Achenbach* in: Hannemann/Wiegener, Münchener Anwaltshandbuch Wohnraummietrecht, 3. Aufl. 2010, § 11 Rn. 401.
[32] *Rolfs* in: Staudinger, § 564 Rn. 19.
[33] AG Köln v. 02.08.1995 - 207 C 255/95 - WuM 1996, 95.

die Erbberechtigung zu bestreiten, bleibt hiervon aber unberührt. Ob eine **Kündigung auf „Verdacht"** sinnvoll ist, muss anhand der Interessenlage des vermeintlichen Erben gemessen werden. Sollte sich aber im Nachhinein herausstellen, dass der Kündigende zu Unrecht in einem Erbschein als Erbe eingetragen war, so kann er sich sowohl gegenüber dem wahren Erben als auch ggf. gegenüber dem Vermieter **schadensersatzpflichtig** machen.[34] Denn seine Kündigungserklärung ist jedenfalls dann zugunsten des Erklärungsempfängers wirksam (§ 2367 BGB), wenn ein Erbschein wegen dessen vermuteter Richtigkeit (§ 2365 BGB) und des öffentlichen Glaubens (§ 2366 BGB) ausgestellt war, wirkt also folglich auch für und gegen den tatsächlichen Erben. Ohne das Vorliegen eines Erbscheins erfolgen Erklärungen „auf eigene Gefahr".

Sollte der **Erbe des Mieters auch gleichzeitig Eintrittsberechtigter** i.S.d. § 563 BGB sein, ist eine kombinierte Ablehnungs- und Kündigungserklärung zulässig,[35] wenn dieser sich unbedingt vom Mietverhältnis lösen will, vgl. hierzu bereits die Kommentierung zu § 563 BGB. 14

Sind **mehrere Personen Mieter** und stirbt einer von ihnen, so steht grundsätzlich dessen Erben das Sonderkündigungsrecht nicht allein zu, was sich aus der Unteilbarkeit des Mietverhältnisses und der daraus abgeleiteten Unzulässigkeit einer Teilkündigung ergibt.[36] Mehrere Erben müssen daher wegen der gesamthänderischen Bindung gemeinsam kündigen,[37] ebenso wie eine Kündigung nur gegenüber allen Miterben ausgesprochen werden kann.[38] Letzteres kann indes entbehrlich sein, wenn nur ein einziger Miterbe in der Wohnung des Erblassers verblieben ist und die Erbauseinandersetzung vorsieht, dass dieser Miterbe aus diesem Mietverhältnis allein berechtigt sein soll. 15

3. Besonderheiten

Besonderheiten ergeben sich bei einer **Nachlassverwaltung** bzw. -insolvenz oder Testamentsvollstreckung. Bei einer Anordnung von **Nachlassverwaltung** oder **Testamentsvollstreckung** hat allein der Nachlassverwalter bzw. Testamentsvollstrecker das Kündigungsrecht, und nicht der Erbe, da dieses kein höchstpersönliches Recht ist.[39] Weil die Kündigung eine zum Nachlass gehörende Handlung ist, tritt die Beschränkung des Erben (§ 1984 Abs. 1 Satz 1 BGB) erst mit der Anordnung der **Nachlassverwaltung** ein, zuvor kann der Erbe noch aus eigenem Recht kündigen. 16

Anders ist es hingegen bei einer angeordneten **Testamentsvollstreckung**, wo die Ausübungsfrist für die Kündigung durch den Testamentsvollstrecker erst mit der Annahme des Amtes läuft. In der Zwischenzeit seit dem Tod des Mieters kann der Erbe demnach selbst nicht kündigen, weil die Verfügungsbeschränkung sofort wirkt;[40] er bleibt aber zuständig für den Empfang einer Vermieterkündigung.[41] 17

Bei einer **Nachlassinsolvenz** steht das Kündigungsrecht nur dem Insolvenzverwalter zu. 18

V. Abdingbarkeit

§ 564 BGB ist zwar **dispositiv**, darf aber nur durch **Individualvereinbarung** abbedungen, d.h. vollständig ausgeschlossen oder inhaltlich verändert werden.[42] Dies gilt auch zu Lasten des Erben, da keine unverzichtbaren Schutzrechte des sozialen Mietrechts betroffen werden und der Erbe in die Rechtsstellung des Erblassers eintritt. Für den Fall des Todes eines Mitmieters kann durch Vereinbarung sowohl dessen künftigen Erben als auch dem Vermieter ein für und gegen alle Vertragsbeteiligten wir- 19

---

[34] OLG Düsseldorf v. 28.10.1993 - 10 U 12/93 - juris Rn. 8 - DWW 1994, 48-50.
[35] *Stellwaag*, ZMR 1989, 407-408, 407; *Weidenkaff* in: Palandt, § 564 Rn. 4.
[36] *Beuermann*, Grundeigentum 1994, 1223-1224, 1224; *Sonnenschein*, ZMR 1992, 417-426, 417 m.w.N.
[37] LG Mannheim v. 21.08.1963 - 5 S 87/62 - WuM 1964, 138; AG Oberndorf v. 12.03.1957 - 2 C 304/56.
[38] Vgl. hierzu allgemein LG Köln v. 20.09.2000 - 9 S 167/00 - ZMR 2001, 357-358; LG Köln v. 19.12.2000 - 12 S 203/00 - ZMR 2001, 457; AG Berlin-Schöneberg v. 10.04.1992 - 15 C 140/92 - Grundeigentum 1992, 727-729.
[39] *Rolfs* in: Staudinger, § 564 Rn. 11.
[40] Hierzu allgemein BGH v. 02.10.1957 - IV ZR 217/57 - BGHZ 25, 275-287.
[41] *Rolfs* in: Staudinger, § 564 Rn. 20.
[42] *Kossmann*, Handbuch der Wohnraummiete, 6. Aufl. 2003, § 19 Rn. 1920.

kendes Kündigungsrecht eingeräumt werden, wobei dieses Recht auch schlüssig festgelegt und dann durch Vertragsauslegung ermittelt werden kann.[43] Das Kündigungsrecht des Vermieters kann auch gänzlich ausgeschlossen werden ebenso wie es möglich ist, den Kündigungstermin abweichend von § 564 BGB zu vereinbaren.[44]

20 Umstritten ist, ob und inwieweit der abänderbare Teil von § 564 BGB **formularvertraglich** abbedungen werden darf. Nach h.M. kann jedoch diese Regelung durch Formularvereinbarungen nicht ausgeschlossen werden,[45] weil das Sonderkündigungsrecht den für ein Dauerschuldverhältnis besonders tiefgreifenden Veränderungen, die mit dem Tod eines Mieters eintreten können, Rechnung trägt und damit dem gesetzlichen Leitbild der Miete zuzurechnen ist.[46] Insbesondere darf die Abbedingung des Lösungsrechts nicht einseitig nur zugunsten eines Vertragspartners erfolgen.

D. Prozessuale Hinweise/Verfahrenshinweise

21 Die Voraussetzungen des Kündigungsrechts hat derjenige zu **beweisen**, der sich darauf beruft.

---

[43] So auch *Grapentin* in: Bub/Treier, Handbuch der Geschäfts- und Wohnraummiete, 3. Aufl. 1999, IV Rn. 230.
[44] *Blank/Börstinghaus*, Miete, 2008, § 564 Rn. 41.
[45] LG Frankfurt v. 15.08.1989 - 2/11 S 136/89 - WuM 1990, 82-83; *Rolfs* in: Staudinger, § 564 Rn. 24 m.w.N.
[46] Vgl. *Häublein* in: MünchKomm-BGB, § 564 Rn. 26.

§ 565 BGB Gewerbliche Weitervermietung

(Fassung vom 02.01.2002, gültig ab 01.01.2002)

(1) ¹Soll der Mieter nach dem Mietvertrag den gemieteten Wohnraum gewerblich einem Dritten zu Wohnzwecken weitervermieten, so tritt der Vermieter bei der Beendigung des Mietverhältnisses in die Rechte und Pflichten aus dem Mietverhältnis zwischen dem Mieter und dem Dritten ein. ²Schließt der Vermieter erneut einen Mietvertrag zur gewerblichen Weitervermietung ab, so tritt der Mieter anstelle der bisherigen Vertragspartei in die Rechte und Pflichten aus dem Mietverhältnis mit dem Dritten ein.
(2) Die §§ 566a bis 566e gelten entsprechend.
(3) Eine zum Nachteil des Dritten abweichende Vereinbarung ist unwirksam.

Gliederung

A. Grundlagen... 1	5. Abdingbarkeit.. 14
I. Kurzcharakteristik.................................. 1	II. Eintritt des Hauptvermieters (Absatz 1 Satz 1)... 15
II. Gesetzgebungsmaterialien................... 2	1. Definition... 15
B. Anwendungsvoraussetzungen............. 5	2. Rechtsprechung...................................... 18
I. Gewerbliche Zwischenvermietung....... 5	3. Die Auffassung des Autors..................... 19
1. Definition... 5	III. Eintritt eines neuen Zwischenvermieters
2. Rechtsprechung.. 9	(Absatz 1 Satz 2)....................................... 21
3. Literatur... 12	C. Rechtsfolgen... 22
4. Die Auffassung des Autors..................... 13	

A. Grundlagen

I. Kurzcharakteristik

§ 565 BGB schützt den Mieter, wenn ein **gewerblicher Zwischenvermieter** eingeschaltet wird. Der **Endmieter** ist in diesem Falle lediglich **Untermieter** und im Falle einer Kündigung des Hauptmietvertrags zwischen dem Hauptvermieter und dem Zwischenvermieter verpflichtet, die Wohnung zu räumen, ohne sich gegenüber dem Hauptvermieter auf Kündigungsschutzvorschriften berufen zu können. Die Vorschrift sieht deshalb vor, dass der **Hauptvermieter** kraft Gesetzes in den Vertrag zwischen Zwischenvermieter und Untermieter **eintritt**, wenn der Hauptmietvertrag beendet wird. Dadurch entsteht ein „normaler" Mietvertrag zwischen Hauptvermieter und Endmieter, in dem die Kündigungsschutzvorschriften zur Anwendung kommen. Das Gleiche gilt bei einem Wechsel des Zwischenvermieters.

1

II. Gesetzgebungsmaterialien

Das Problem der gewerblichen Zwischenvermietung wurde durch Bauträger-Modelle virulent, bei denen der **Bauträger Eigentumswohnungen** verkauft und sich gegenüber dem Erwerber verpflichtet, die Wohnungen zu vermieten.[1] Der Endmieter gerät dadurch in die Position eines Untermieters, obwohl er sich nicht in der typischen sozialen Rolle eines Untermieters befindet und auch kein Grund besteht, ihm den Kündigungsschutz eines „normalen" Mieters zu nehmen. Dies ist aber der Fall, wenn der Hauptmietvertrag beendet wird und der Hauptvermieter, also i.d.R., aber nicht zwangsläufig der Eigentümer oder ein neuer Zwischenvermieter, dem Endmieter gegenüber tritt.

2

Der **Bundesgerichtshof** versuchte, die daraus resultierenden Probleme durch Bezug auf **Treu und Glauben** gem. § 242 BGB zu lösen. Es sei rechtsmissbräuchlich, wenn der Hauptvermieter das Mietverhältnis mit dem Endmieter nicht fortsetzen würde, falls dieser nicht wusste, dass er lediglich Unter-

3

---

[1] Vgl. *Häublein* in: MünchKomm-BGB, § 565 Rn. 1; *Lammel*, Wohnraummietrecht, 3. Aufl. 2007, § 565 Rn. 1 ff.; *Derleder*, NZM 2009, 8-15; *ders.*, WuM 1991, 641-648, 641.

mieter war[2] oder jedenfalls nicht wusste, dass ihm deswegen bei Beendigung des Hauptmietvertrags kein Kündigungsschutz zustehen würde.[3] Das **Bundesverfassungsgericht** hielt diese Rechtsprechung jedoch nicht für ausreichend. Es verstoße gegen Art. 3 Abs. 1 GG, wenn ein Endmieter, der eine direkte vertragliche Beziehung mit dem Hauptmieter habe, und ein Endmieter, der mit einem Zwischenvermieter kontrahiert hat, unterschiedlich behandelt werden.[4]

4 Daraufhin griff der Gesetzgeber ein und fügte mit dem 4. MietRÄndG auf Initiative des Bundesrats und gegen den Willen der damaligen Bundesregierung den § 549a BGB ins BGB ein.[5] Die Vorschrift trat am 01.09.1993 in Kraft[6] und erfasst auch früher abgeschlossene **Mietverträge**. Sie wurde mit der Mietrechtsreform mit geringen redaktionellen Änderungen als § 565 BGB übernommen.[7]

B. Anwendungsvoraussetzungen

I. Gewerbliche Zwischenvermietung

1. Definition

5 Die Vorschrift ist nur anwendbar, wenn die Zwischenvermietung **gewerblich** erfolgt. Dies muss nicht unbedingt heißen, dass der Zwischenvermieter Gewinnerzielungsabsichten verfolgt oder gar tatsächlich die Zwischenvermietung mit Gewinn betreibt. Häufig ist die Zwischenvermietung ein Service eines Bauträgers beim Verkauf an den Eigentümer. Für den Bauträger steht der Verkauf im Vordergrund, nicht die Zwischenvermietung. Entscheidend ist, dass die Zwischenvermietung **im Interesse des Hauptvermieters** erfolgt.[8]

6 Dadurch scheiden alle **gemeinnützigen Zwischenvermieter**, die die Anmietung im Interesse einer von ihnen betreuten Klientel von Wohnungssuchenden betreiben, aus dem Anwendungsbereich der Vorschrift aus,[9] jedenfalls bei direkter Anwendung (zur analogen Anwendung vgl. Rn. 12). Endmieter, die einen Mietvertrag mit einem gemeinnützigen Zwischenvermieter haben, sind daher uneingeschränkt Untermieter mit der Folge, dass sie bei Kündigung des Hauptmietverhältnisses keinen Anspruch auf Fortsetzung des Mietverhältnisses oder Kündigungsschutz haben.

7 Die Vorschrift ist ferner nur dann anwendbar, wenn die Zwischenvermietung zu **Wohnzwecken** erfolgt.[10] Dies hat der Gesetzgeber der Mietrechtsreform ausdrücklich klargestellt.[11] Diese Einschränkung wurde aber bereits zur Vorgängervorschrift des § 549a BGB a.F. vertreten.[12] Sie findet also keine Anwendung, wenn der Zwischenvermieter die Weitervermietung abredewidrig nicht zu Wohnzwecken vornimmt.[13]

8 Der Hauptvermieter kann sich jedenfalls durch eine AGB-Klausel nicht das Recht vorbehalten, seine **Vermieterstellung auf** einen **Zwischenvermieter zu übertragen**. Der BGH hat dies zwar bei der Ver-

---

[2] BGH v. 21.04.1982 - VIII ARZ 16/81 - juris Rn. 30 - BGHZ 84, 90-101.
[3] BGH v. 20.03.1991 - VIII ARZ 6/90 - BGHZ 114, 96-105.
[4] BVerfG v. 11.06.1991 - 1 BvR 538/90 - NJW 1991, 2272-2273 (Kündigungsschutz bei Zwischenvermietung; Mietrecht).
[5] BGBl I 1993, 1257.
[6] Überblick über die seinerzeitige Neuregelung bei *Mutter*, DZWiR 1994, 168-169.
[7] BT-Drs. 14/4553, S. 63.
[8] *Häublein* in: MünchKomm-BGB, § 565 Rn. 7; *Weißker* in: Hannemann/Wiegener, Münchener Anwaltshandbuch Wohnraummietrecht, 3. Aufl. 2009, § 50 Rn. 19; *Lammel*, Wohnraummietrecht, 3. Aufl. 2007, § 565 Rn. 17.
[9] *Weißker* in: Hannemann/Wiegener, Münchener Anwaltshandbuch Wohnraummietrecht, 3. Aufl. 2009, § 50 Rn. 19; *Lammel*, Wohnraummietrecht, 3. Aufl. 2007, § 565 Rn. 19.
[10] BGH v. 30.04.2003 - VIII ZR 162/02 - NJW 2003, 3054-3055 (gemeinnütziger Verein mit dem Zweck der Förderung von künstlerischen und gestalterischen Berufen als vertraglich zur Weitervermietung von Wohnraum befugter Zwischenvermieter) mit Anm. *Baldus*, ZMR 2003, 818-819.
[11] BT-Drs. 14/4553, S. 63.
[12] *Lammel*, Wohnraummietrecht, 2. Aufl. 2002, § 549a Rn. 16.
[13] *Häublein* in: MünchKomm-BGB, § 565 Rn. 6; vgl. auch *Blank* in: Schmidt-Futterer, Mietrecht, 10. Aufl. 2011, § 565 Rn. 6; *Emmerich* in: Staudinger, § 565 Rn. 3.

mietung von Gewerberaum zugelassen,[14] dabei jedoch auf den Einzelfall abgestellt. Auf den Wohnungsbereich kann die Entscheidung wegen des höheren Schutzbedarfs des Wohnungsmieters nicht übertragen werden.

2. Rechtsprechung

Das BVerfG hatte zur Vorgängervorschrift des § 565 BGB, § 549a BGB a.F., entschieden, dass die Kündigungsschutzvorschriften dem Endmieter auch gegenüber dem Hauptvermieter trotz fehlender direkter vertraglicher Beziehung zugutekommen, weil Art. 3 GG eine ungleiche Behandlung gegenüber dem Mieter, der direkt mit dem Hauptvermieter kontrahiert hat, verbietet.[15] Dies gilt aber nicht, wenn der Zwischenvermieter **ohne gewerbliche Absicht** ein besonderes alternatives Wohnmodell praktizieren will, das nicht auf dem allgemeinen Wohnungsmarkt angeboten wird; in diesem Fall dürfen die Endmieter wie Untermieter behandelt werden.[16] Ebenso hat der BGH in einem Fall gemeinnütziger Zwischenvermietung § 549a BGB a.F. nicht angewendet, dies aber mit einer Interessenabwägung im Einzelfall begründet.[17] Der Zwischenvermieter war ein Verein zur Betreuung von Jugendlichen. Dem Hauptvermieter sei es aus wirtschaftlichen Gründen nicht zumutbar, direkt mit den Jugendlichen zu kontrahieren. Eine generelle Aussage, § 565 BGB sei bei gemeinnütziger Zwischenvermietung nicht anwendbar, ist daher nicht richtig. Sie stünde auch in Widerspruch zu der Entscheidung des BVerfG von 1991, die auch nach Inkrafttreten des § 549a BGB a.F. (jetzt § 565 BGB) Geltung beansprucht. Auch andere Entscheidungen schließen jedoch die gemeinnützige Zwischenvermietung vom Anwendungsbereich der Vorschrift aus.[18] Dem wird nur vom AG Frankfurt a. M. widersprochen, das die Vorschrift in diesem Falle analog anwendet.[19] Auch schließt § 57 ZVG die Anwendbarkeit von § 565 BGB nicht aus.[20] Dagegen wird bei Zwischenvermietung durch einen **Arbeitgeber** regelmäßig gewerbliche Zwischenvermietung angenommen.[21]

Außerdem verlangt die Rechtsprechung, dass der Endmieter gegenüber dem Zwischenvermieter **Kündigungsschutz** gehabt hätte.[22] Dies soll nicht der Fall sein, wenn Zwischenvermieter und Endmieter nicht durch einen Mietvertrag miteinander verbunden sind, sondern die Wohnung als Sachleistung im Rahmen von sozialrechtlichen Vorschriften zur Verfügung gestellt wird.[23]

3. Literatur

In der Literatur wird kontrovers diskutiert, ob die Anwendung der Vorschrift auf die gewerbliche Zwischenvermietung beschränkt bleiben sollte,[24] oder ob eine **analoge Anwendung** für die **gemeinnützige Zwischenvermietung** geboten ist.[25] Dies wird aus der der Einführung des § 549a BGB a.F. voraus-

---

[14] BGH v. 09.06.2010 - XII ZR 171/08 mit zu Recht sehr krit. Anm. von *Bieber*, jurisPR-MietR 22/2010, Anm. 1.
[15] BVerfG v. 11.06.1991 - 1 BvR 538/90 - BVerfGE 84, 197-203, 202.
[16] BVerfG v. 03.02.1994 - 1 BvR 21295 u.a. - NJW 1994, 848 (Hafenstraße).
[17] BGH v. 03.07.1996 - VIII ZR 278/95 - BGHZ 133, 142.
[18] BGH v. 03.07.1996 - VIII ZR 278/95 - BGHZ 133, 142-155; BayObLG München v. 30.08.1995 - RE-Miet 6/94 - NJW-RR 1996, 76-79; BayObLG München v. 30.08.1995 - RE-Miet 5/94 - NJW-RR 1996, 71-72; AG Berlin-Schöneberg v. 19.03.1999 - 17 C 597/98 - MM 1999, 265-267 (für Studentenwerk als Zwischenvermieter); AG Wedding v. 05.12.2011 - 22a C 242/11.
[19] AG Frankfurt v. 28.01.1994 - 33 C 4059/93 - 50 - juris Rn. 8 - WuM 1994, 276-277; vgl. jedoch auch LG Berlin v. 16.05.2002 - 62 S 534/01 - Grundeigentum 2002, 1126-1127.
[20] LG Berlin v. 26.03.2009 - 67 S 83/08 - Grundeigentum 2009, 910-911.
[21] LG Duisburg v. 11.03.1997 - 23 S 528/96 - NJW-RR 1997, 1169-1170; AG Augsburg v. 25.03.1998 - 8 C 5962/97 - ZMR 1999, 176-177.
[22] BGH v. 03.02.1999 - XII ZR 308/96 - NZM 1999, 219; a.A. AG Frankfurt v. 28.01.1994 - 33 C 4059/93 - 50 - juris Rn. 10 - WuM 1994, 276-277.
[23] BGH v. 03.02.1999 - XII ZR 308/96 - NZM 1999, 219 (Nichtannahme einer Revision): Asylbewerber.
[24] So außerhalb der Kommentarliteratur, die durchweg nur die Positionen der Rechtsprechung referiert, *Haase*, JR 1997, 106-107.
[25] So *Eisenhardt*, WuM 1994, 277-278, 277-278; *Blank* in: Schmidt-Futterer, Mietrecht, 10. Aufl. 2011, § 565 Rn. 9 ff.

gegangenen Entscheidung des Bundesverfassungsgerichts gefolgert, die zwar einen Fall der gewerblichen Zwischenvermietung zum Gegenstand gehabt habe, deren Gründe aber auch auf die fremdnützige Zwischenvermietung zuträfen. Meistens wird auf der Linie des BGH[26] differenziert.[27] Eine analoge Anwendung der Vorschrift auf die Geschäftsraummiete wird nicht in Betracht gezogen.[28]

4. Die Auffassung des Autors

13 Eine verfassungskonforme Auslegung der Vorschrift gebietet die analoge Anwendung. Das Bundesverfassungsgericht hat die gegen den **Gleichheitssatz** verstoßende Schlechterstellung des Endmieters bei einer gewerblichen Zwischenvermietung im Verhältnis zu einem Mieter, der direkt vom Eigentümer mietet, gesehen.[29] Dass die Zwischenvermietung gewerblich erfolgt, spielt dafür keine Rolle. Auch der Endmieter eines gemeinnützigen Zwischenvermieters ist im Vergleich zum direkt vom Eigentümer mietenden Mieter schlechter gestellt. Das BVerfG sieht auch keine Gründe für eine Schlechterstellung, weil das Schutzbedürfnis des Mieters, der mit einem Zwischenvermieter einen Mietvertrag abschließt, kein geringeres ist.[30] Dies gilt auch für den Endmieter bei gemeinnütziger Zwischenvermietung. Schließlich weist das BVerfG darauf hin, dass die Zwischenvermietung regelmäßig im Interesse des Eigentümers liegt. Auch das ist bei einer gemeinnützigen Zwischenvermietung nicht anders.

5. Abdingbarkeit

14 Die Vorschrift ist zum Nachteil des Endmieters **nicht abdingbar** (§ 565 Abs. 3 BGB). Ihr Anwendungsbereich kann aber zu Gunsten von Endmietern erweitert werden. So kann ein gemeinnütziger Zwischenvermieter versuchen, die Anwendbarkeit der Vorschrift in den Verträgen mit den Hauptmietern zu vereinbaren.[31]

II. Eintritt des Hauptvermieters (Absatz 1 Satz 1)

1. Definition

15 Wird der Vertrag zwischen Hauptvermieter und Zwischenvermieter beendet, so **tritt der Hauptvermieter** in den Mietvertrag des Zwischenvermieters mit dem Endmieter **ein**. Der Endmieter rückt dadurch von der Position eines Untermieters in die eines (Haupt-)Mieters auf, wobei der Mietvertrag des Zwischenvermieters mit dem Endmieter bestehen bleibt.[32] Es handelt sich um einen gesetzlich angeordneten **Wechsel eines Vertragspartners**.[33] Der Grundsatz, dass sich niemand einen Schuldnerwechsel aufdrängen lassen muss – eine Forderungsabtretung gem. § 398 BGB kann nur zu einem Gläubigerwechsel führen – wird damit durchbrochen.

16 Die Beendigung des Hauptmietverhältnisses kann auch durch (außerordentliche) Kündigung erfolgen. Als außerordentlicher Kündigungsgrund gemäß § 543 Abs. 1 BGB ist anerkannt worden, dass der Insolvenzverwalter des Zwischenmieters sich weigert, die vom Endmieter eingezogene Miete an den Hauptvermieter weiterzuleiten.[34]

---

[26] BGH v. 03.07.1996 - VIII ZR 278/95 - BGHZ 133, 142-155.
[27] So insbesondere *Häublein* in: MünchKomm-BGB, § 565 Rn. 9; *Blank* in: Schmidt-Futterer, Mietrecht, 10. Aufl. 2011, § 565 Rn. 9, 14-15.
[28] *Häublein* in: MünchKomm-BGB § 565 Rn. 6; *Blank* in: Schmidt-Futterer Mietrecht, 10. Aufl. 2011, § 565 Rn. 6; a.A. nur *Derleder*, ZMR 2009, 8-15, 12.
[29] BVerfG v. 11.06.1991 - 1 BvR 538/90 - NJW 1991, 2272-2273 (Kündigungsschutz bei Zwischenvermietung; Mietrecht).
[30] Am angegebenen Ort unter 4. der Entscheidungsgründe; vgl. auch *Blank* in: Schmidt-Futterer, Mietrecht, 10. Aufl. 2011, § 565 Rn. 14, der aus diesen Ausführungen Kriterien für die analoge Anwendung ableitet.
[31] So der Vorschlag von *Maciejewski*, MM 1996, Nr. 10, 9.
[32] *Häublein* in: MünchKomm-BGB, § 565 Rn. 16; *Lammel*, Wohnraummietrecht, 3. Aufl. 2007, § 565 Rn. 24; LG Berlin v. 26.03.2009 - 67 S 83/08 - Grundeigentum 2009, 910-911; a.A. *Blank* in: Schmidt-Futterer, Mietrecht, 10. Aufl. 2011, § 565 Rn. 18: neuer Mietvertrag gleichen Inhalts.
[33] LG Berlin v. 26.03.2008 - 67 S 83/08 - Grundeigentum 2009, 910-911.
[34] BGH v. 09.03.2005 - VIII ZR 394/03 - NJW 2005, 2552.

Für den Mieter hat dies nicht nur den Vorteil, dass er grundsätzlich den **Kündigungsschutz** gem. § 573 BGB genießt, sondern dass auch Vorteile aus einer ggf. länger andauernden Zwischenvermietung, z.B. die **längeren Kündigungsfristen** des Vermieters gem. § 573 Abs. 1 Satz 2 BGB, zur Anwendung kommen.[35] Andererseits steht der Mieter keineswegs so, als würde der bestehende Mietvertrag einfach nur fortgeführt. Der neue Vermieter kann etwa wegen **Eigenbedarfs** gem. § 573 Abs. 2 Nr. 2 BGB kündigen, womit der Endmieter seitens des Zwischenvermieters, der eine juristische Person gewesen sein mag, nicht hatte rechnen müssen. Der Wunsch des Erwerbers, die zwischenvermietete Wohnung nunmehr selbst zu nutzen, wird häufig der Grund für die Beendigung des Vertrags zwischen Hauptvermieter und Zwischenvermieter sein.

2. Rechtsprechung

Nach der früheren Rechtslage konnten **Kapitalkostenerhöhungen** gem. § 5 MietHöReglG auf den Mieter abgewälzt werden. Dies soll aber dann nicht möglich sein, wenn der Eigentümer das gesicherte Darlehen bereits zu einem Zeitpunkt aufnahm, als er noch nicht Vertragspartner des Endmieters war.[36] § 549a BGB a.F. wurde über seinen Wortlaut hinaus auch dann angewendet, wenn kein gewerbliches Zwischenmietverhältnis vorlag, ein Pächter aber seinen Mieter in Unkenntnis darüber gelassen hatte, dass er nicht der Eigentümer war.[37]

3. Die Auffassung des Autors

Es erweckt Bedenken, wenn ein Mieter die **Eigenbedarfskündigung** eines in das Mietverhältnis eingetretenen Vermieters hinnehmen muss, obwohl er den Mietvertrag mit einem Zwischenvermieter, der in aller Regel eine juristische Person ist und deshalb keinen Eigenbedarf geltend machen kann, hinnehmen muss. Bei Abschluss des Mietvertrags musste er mit Eigenbedarf nicht rechnen. Auf der anderen Seite muss dem Eigentümer die Möglichkeit bleiben, die eigene Wohnung selbst nutzen zu können. Diese gegenläufigen Interessen können dadurch ausgeglichen werden, dass der Zwischenvermieter verpflichtet ist, den Endmieter auf den Umstand und auf die Dauer der Zwischenvermietung **hinzuweisen**.

Bedenken erweckt auch, dass die h.M. „zu Wohnzwecken" als „nur zu Wohnzwecken" liest. Die Entscheidung des AG Köln, wonach es ausreicht, wenn ein Grundstück teilweise auch zu Wohnzwecken verpachtet wird,[38] verdient Zustimmung.[39]

III. Eintritt eines neuen Zwischenvermieters (Absatz 1 Satz 2)

Nicht nur der Hauptvermieter selbst, sondern auch ein etwaiger **neuer Zwischenvermieter** tritt in den bisherigen Mietvertrag ein.[40] Es kommt also nicht zum Neuabschluss eines Mietvertrags. Dadurch wird vermieden, dass der Wechsel des Zwischenvermieters zum Anlass genommen werden kann, für einen Folgevertrag mit dem Mieter eine **höhere Miete** zu vereinbaren, ohne das Verfahren zur Anpassung der Miete an die ortsübliche Vergleichsmiete zu durchlaufen, oder dass der neue Zwischenvermieter eine Vermietung an einen anderen, vielleicht zahlungskräftigeren Mieter vornimmt. Im Übrigen gelten die gleichen Regeln wie beim Eintritt des Hauptmieters selbst.

---

[35] Nach der Auffassung von *Blank* in: Schmidt-Futterer, Mietrecht, 10. Aufl. 2011, § 565 Rn. 18, wäre dies zweifelhaft.
[36] LG München I v. 19.08.1994 - 14 S 839/94 - juris Rn. 2 - WuM 1997, 562-563; LG Hamburg v. 10.03.1994 - 307 S 372/93 - juris Rn. 2 - WuM 1994, 279-280.
[37] AG Köln v. 11.03.1994 - 221 C 429/93 - juris Rn. 6 - WuM 1996, 408-409.
[38] AG Köln v. 11.03.1994 - 221 C 429/93 - juris Rn. 6 - WuM 1996, 408-409: Wohnungen auf einem Tankstellengelände.
[39] In diese Richtung auch *Blank* in: Schmidt-Futterer, Mietrecht, 10. Aufl. 2011, § 565 Rn. 7.
[40] Vgl. *Häublein* in: MünchKomm-BGB, § 565 Rn. 17.

§ 565

C. Rechtsfolgen

22 § 565 BGB kann auch als eine Variation des Grundsatzes „Kauf bricht nicht Miete", jetzt § 566 BGB, angesehen werden. Deswegen kommen gem. § 565 Abs. 2 BGB eine Reihe von Vorschriften zur Anwendung, die für den Vermieterwechsel in Folge Eigentumsübergangs geschaffen wurden. So steht der den Vertrag übernehmende Hauptvermieter bzw. der neue Zwischenvermieter für die **Mietkaution** ein (§ 566a BGB).[41] Der bisherige Zwischenvermieter kann gegenüber dem Kautionsrückzahlungsanspruch des Endmieters mit anderen Forderungen aufrechnen.[42] **Vorausverfügungen** des bisherigen Vermieters über die Miete sind nur unter den erheblichen Einschränkungen des § 566b BGB zulässig, ebenso **Vereinbarungen über die Miete** zwischen dem bisherigen Vermieter und dem Mieter (§ 566c BGB). Schließlich kann der Mieter auch gegenüber dem neuen Vermieter **aufrechnen**, wenn gegenüber dem bisherigen Vermieter eine Aufrechnungslage bestand.

---

[41] LG Berlin v. 27.03.2009 - 67 S 83/08 - Grundeigentum 2009, 910-911.
[42] AG Mannheim v. 04.11.2008 - 2 C 235/08.

§ 566 BGB Kauf bricht nicht Miete

(Fassung vom 02.01.2002, gültig ab 01.01.2002)

(1) Wird der vermietete Wohnraum nach der Überlassung an den Mieter von dem Vermieter an einen Dritten veräußert, so tritt der Erwerber anstelle des Vermieters in die sich während der Dauer seines Eigentums aus dem Mietverhältnis ergebenden Rechte und Pflichten ein.

(2) ¹Erfüllt der Erwerber die Pflichten nicht, so haftet der Vermieter für den von dem Erwerber zu ersetzenden Schaden wie ein Bürge, der auf die Einrede der Vorausklage verzichtet hat. ²Erlangt der Mieter von dem Übergang des Eigentums durch Mitteilung des Vermieters Kenntnis, so wird der Vermieter von der Haftung befreit, wenn nicht der Mieter das Mietverhältnis zum ersten Termin kündigt, zu dem die Kündigung zulässig ist.

Gliederung

A. Grundlagen	1	II. Analoge Anwendung	17
I. Kurzcharakteristik	1	1. Definition	17
II. Gesetzgebungsmaterialien	4	2. Rechtsprechung	21
B. Praktische Bedeutung	6	3. Literatur	24
C. Anwendungsvoraussetzungen	7	III. Eintritt des Dritten in den Mietvertrag	27
I. Anwendungsbereich	7	1. Definition	27
1. Definition	7	2. Rechtsprechung	33
2. Rechtsprechung	15	IV. Haftung des bisherigen Vermieters (Absatz 2)	37
3. Abdingbarkeit	16		

A. Grundlagen

I. Kurzcharakteristik

Die seit der Mietrechtsreform von 2001 auch offizielle Benennung der Vorschrift, „**Kauf bricht nicht Miete**", ist auch unter juristischen Laien als Schlagwort bekannt. Der **Erwerber** vermieteten Wohnraums **tritt** kraft Gesetzes **in den bestehenden Mietvertrag ein**, der Mieter ist also geschützt. Weniger Bedeutung hat § 566 Abs. 2 BGB, wonach der (bisherige) Vermieter dem Mieter als Bürge haftet, wovon er sich aber durch Mitteilung des Eigentumsübergangs befreien kann. Die §§ 566a bis 566d BGB grenzen die Interessen des bisherigen Vermieters und des Erwerbers ab hinsichtlich einer Kaution (§ 566a BGB) und hinsichtlich einer Vorausverfügung oder einer anderweitigen Vereinbarung zwischen Vermieter und Mieter über die Miete (§§ 566b-566d BGB). 1

Die Vorschrift gilt auch für andere **Mietverträge über Grundstücke und Räume** (§ 578 BGB) sowie für Pachtverträge (§ 581 Abs. 2 BGB). Auch die Vorschriften über die Landpacht, das Erbbaurecht, den Nießbrauch und den Vorerben verweisen auf § 566 BGB. Inwiefern sie darüber hinaus analog anzuwenden ist, ist streitig.¹ Die Frage spielt bei der Überlassung von Wohnraum im Zusammenhang mit **Unterhaltsvereinbarungen** oder Dienstverhältnissen sowie von Geschäftsräumen im Zusammenhang mit **Gesellschaftsverträgen** und neuerdings bei Verträgen über **Kabelanlagen** eine erhebliche Rolle. Die Rechtsprechung entscheidet hier eher restriktiv (vgl. im Einzelnen Rn. 18). 2

Ein weiterer Schwerpunkt der Vorschrift ergibt sich bei der Frage, inwieweit vom ursprünglichen Vermieter bereits geltend gemachte Mieterhöhungsverlangen vom Erwerber übernommen werden können. Dies spielt bei **Modernisierungen** eine Rolle (vgl. Rn. 33). 3

---

¹ Ausführlich dazu *Schön*, JZ 2001, 119-127, 119.

II. Gesetzgebungsmaterialien

4 § 566 BGB entspricht dem § 571 BGB in der ursprünglichen Fassung des BGB. § 571 BGB a.F. galt als einer der wenigen **Tropfen „sozialen Öls" im ursprünglichen** BGB. Die Vorschrift war in den Beratungen umstritten. Der Vorschlag der 1. Kommission enthielt eine gegenteilige Regelung; erst unter dem Eindruck einer lebhaften öffentlichen Debatte entschloss sich die 2. Kommission, das Prinzip „Kauf bricht nicht Miete" in den Entwurf aufzunehmen.[2]

5 Die **Mietrechtsreform** hat die Vorschrift unverändert gelassen und sie lediglich redaktionell angepasst, da sie sich nunmehr auf Grund ihrer systematischen Stellung nur auf Wohnraum bezieht und die Erstreckung auf Grundstücke und andere Räume sich aus § 578 BGB ergibt.[3]

B. Praktische Bedeutung

6 Die Vorschrift ist von erheblicher praktischer Bedeutung, da sie dazu führt, dass bei der Veräußerung vermieteten Wohnraums dieser nur gleichsam mit den Mietern übernommen werden kann.[4] Dies wird in jedem Fall den **Kaufpreis beeinflussen**, und zwar wegen der Kündigungsschutzvorschriften negativ, wenn der Erwerber eine Nutzungsänderung beabsichtigt.

C. Anwendungsvoraussetzungen

I. Anwendungsbereich

1. Definition

7 Der Anwendungsbereich des § 566 BGB bezieht sich auf **vermieteten Wohnraum**. Dies ergibt sich bereits aus der Stellung der Vorschrift im Untertitel 2: Mietverhältnisse über Wohnraum. Die Norm ist eine Vorschrift zum Schutz des Wohnraummieters. Dies geht auch aus ihrer Entstehungsgeschichte hervor (vgl. Rn. 4). Trotzdem werden einerseits nicht alle Wohnverhältnisse geschützt, andererseits geht die Vorschrift über den Schutz von Wohnverhältnissen hinaus. Einschränkend gilt, dass nur der (Haupt-)Mieter, **nicht der Untermieter** geschützt ist,[5] es sei denn, die Regeln über die gewerbliche Zwischenvermietung (§ 565 BGB) greifen ein. Dies ergibt sich aus dem Wortlaut des § 566 BGB, wonach der Wohnraum vom Vermieter veräußert worden sein muss. Der Vermieter muss daher Eigentümer sein.[6]

8 Ebenfalls **nicht** in den Anwendungsbereich des § 566 BGB fällt die **unentgeltliche Gebrauchsüberlassung**.[7] Auch die bloße Nutzungsüberlassung einer im **Alleineigentum eines Ehegatten** stehenden Immobilie für die Dauer des Getrenntlebens an den anderen Ehegatten führt nicht zu einem Recht am Besitz gegenüber einem Erwerber.[8]

9 Demgegenüber wird der Anwendungsbereich des § 566 BGB über Wohnraum hinaus durch § 578 BGB erweitert, und zwar auf **Mietverhältnisse über Grundstücke** gem. § 578 Abs. 1 BGB und auf Mietverhältnisse über Räume, die keine Wohnräume sind gem. § 578 Abs. 2 BGB. Damit wird auch

---

[2] Dazu ausführlich *Wolter*, Mietrechtlicher Bestandsschutz, 1984.
[3] BT-Drs. 14/4553, S. 63.
[4] Vgl. dazu *Derleder*, NJW 2008, 1189-1195.
[5] BGH v. 22.05.1989 - VIII ZR 192/88 - juris Rn. 15 - BGHZ 107, 315-322.
[6] BGH v. 03.07.1974 - VIII ZR 6/73 - LM Nr. 22 zu § 571 BGB; BGH v. 03.07.2008 - V ZR 20/07 - NZM 2008, 732-736; BGH v. 20.01.2010 - VIII ZR 84/09; OLG Karlsruhe v. 10.02.1981 - 3 REMiet 1/81 - juris Rn. 9 - NJW 1981, 1278-1279; OLG Brandenburg v. 13.08.2008 - 3 U 176/07; LG Berlin v. 24.09.1987 - 61 S 129/87 - Grundeigentum 1987, 1263; *Lammel*, Wohnraummietrecht, 3. Aufl. 2007, § 566 Rn. 23; *Emmerich* in: Emmerich/Sonnenschein, Miete, 10. Aufl. 2011, § 566 Rn. 10; *Streyl* in: Schmidt-Futterer, Mietrecht, 10. Aufl. 2011, § 566 Rn. 54; *Sternel*, Mietrecht aktuell, 4. Aufl. 2009, Rn. I 181.
[7] BGH v. 08.01.1964 - V ZR 93/63 - LM Nr. 7 zu BGB § 571 (Leihe); OLG Düsseldorf v. 15.01.1987 - 10 U 132/86 - ZMR 1989, 19.
[8] OLG Celle v. 02.05.2011 - 10 WF 133/11 - NJW 2011, 2062, dazu *Mleczko*, jurisPR-FamR 20/2011, Anm. 5.

die **Gewerberaummiete** vom Grundsatz „Kauf bricht nicht Miete" erfasst.[9] Im Ergebnis bleibt es dadurch beim Anwendungsbereich gem. § 571 BGB a.F. Die Vorgängervorschrift des § 566 BGB sprach vom vermieteten Grundstück, was gem. § 580 BGB a.F. auch auf die Miete von Wohnräumen und anderen Räumen erstreckt wurde.

§ 566 BGB kommt auch bei der Übertragung des Nießbrauchs an einem Grundstück[10] und bei der Beendigung eines **Nießbrauchs** zur Anwendung (§ 1056 Abs. 1 BGB). Allerdings hat der Eigentümer in letzterem Fall das Recht, das Miet- oder Pachtverhältnis unter Einhaltung der gesetzlichen Kündigungsfrist zu kündigen (§ 1056 Abs. 2 BGB). Dies gilt gem. § 2135 BGB auch bei der Vermietung durch einen **Vorerben**.

10

Die Vorschrift ist ferner gemäß § 581 Abs. 2 BGB auch für den **Pachtvertrag**[11] und gemäß § 593b BGB für den **Landpachtvertrag**[12] anwendbar. Schließlich verweist auch § 30 ErbbauRG bei Vermietung durch den **Erbbauberechtigten** auf § 566 BGB.

11

In § 571 BGB a.F. hieß es nicht „Kauf", sondern „Veräußerung". Erfasst war also auch die Veräußerung im Rahmen eines **Werkvertrags**. Da die Grenzziehung zwischen Kauf- und Werkvertrag durch die Schuldrechtsreform zu Gunsten des Kaufrechts verschoben wurde und Grundstücksveräußerungen nunmehr regelmäßig Kaufverträge sind,[13] ist die Anpassung an den nichtjuristischen Sprachgebrauch zu begrüßen.[14]

12

Die Vorschrift setzt voraus, dass zum Zeitpunkt des Eigentümerwechsels ein wirksames Mietverhältnis besteht. Zwar wird sie auch dann angewendet, wenn das Mietverhältnis nicht mehr besteht, der Mieter aber noch nicht ausgezogen ist,[15] jedoch gilt dies dann nicht mehr, wenn der **Mieter** bereits vor dem Eigentümerwechsel **ausgezogen** ist. **Vermieter** und **Eigentümer** müssen **identisch** sein.[16]

13

Anstelle eines Übergangs des Vertrags gemäß § 566 BGB kann auch eine **vertragliche Übernahme**, die der Zustimmung der anderen Vertragspartei, also des Mieters, bedarf, erfolgen.[17] Die erforderliche Zustimmung kann nicht bereits in der Weiterzahlung der Miete an die bisherige Hausverwaltung gesehen werden.[18] Eine Formularklausel, die dem Vermieter das Recht einräumt, seine Vermieterstellung auf einen Dritten zu übertragen, ist nicht generell unzulässig, kann es jedoch bei einem besonderen Interesse des Mieters an der Person eines bestimmten Vermieters sein.[19]

14

2. Rechtsprechung

Die Anwendbarkeit der Vorschrift wird bejaht, wenn eine BGB-Gesellschaft als Eigentümerin ein Mehrparteienwohnhaus in Wohnungseigentum aufteilt und die einzelnen Gesellschafter Eigentümer der ihnen zugewiesenen Wohnungen werden,[20] ferner wenn das Grundstück **Ehegatten** gehört, aber nur einer von ihnen den Mietvertrag abschließt[21] ebenso umgekehrt, wenn das Grundstück nur einem

15

---

[9] LG Stuttgart v. 13.02.2007 - 5 S 199/06: Fitnessstudio-Vertrag mit überwiegend mietrechtlichem Einschlag.
[10] LG Mühlhausen v. 27.05.2008 - 3 O 122/08-IV; LG Verden v. 20.02.2009 - 1 T 176/08; anders dagegen bei Grundstücksübertragung unter gleichzeitigem Vorbehalt des Nießbrauchs; vgl. OLG Düsseldorf v. 30.10.2008 - 24 U 84/08 - 2 MR 2009, 844.
[11] OLG Brandenburg v.13.06.2007 - 3 U 181/06 - ZMR 2007, 778-780.
[12] OLG Braunschweig v. 14.08.2007 - 2 W 148/07 - NdsRpfl 2008, 72-73.
[13] BT-Drs. 14/6040, S. 95 (Begründung zum Schuldrechtsmodernisierungsgesetz).
[14] Vgl. auch BT-Drs. 14/4553, S. 63.
[15] BGH v. 28.06.1978 - VIII ZR 139/77 - BGHZ 72, 147-151; BGH v. 04.04.2007 - VIII ZR 219/06 - WuM 2007, 267-268 mit Anm. *Both*, jurisPR-MietR 1/2008, Anm. 2; BGH v. 16.12.2009 - VIII ZR 313/08 - NJW 2010, 1068-1070; *Eckert* ZfIR 2007, 766-768.
[16] Zuletzt OLG Hamm v. 06.05.2011 - 30 U 15/10 - juris Rn. 132.
[17] OLG Hamburg v. 14.01.2011 - 4 U 122/09 - ZMR 2012, 100.
[18] LG Berlin v. 05.10.2010 - 63 S 386/09.
[19] BGH v. 09.06.2010 - XII ZR 171/08 - NJW 2010, 3708-3710; dazu *Disput*, NZW 2010, 886-888; *Bieber*, jurisPR-MietR 22/2010, Anm. 1.
[20] BGH v. 23.11.2011 - VIII ZR 74/11.
[21] OLG Karlsruhe v. 10.02.1981 - 3 REMiet 1/81 - NJW 1981, 1278-1279.

§ 566

Ehegatten gehört, aber beide einen Mietvertrag abschließen[22]. Das Mietverhältnis soll auch dann auf den Erwerber übergehen, wenn der **Hausverwalter** des Voreigentümers den Mietvertrag in eigenem Namen abgeschlossen hat.[23] Unterschiedlich wird beurteilt, ob der Vermieter bei Abschluss des Mietvertrags bereits Eigentümer gewesen sein muss.[24] Jedenfalls müssen zum Zeitpunkt des Erwerbs der Vermieter und der ursprüngliche Eigentümer identisch sein.

3. Abdingbarkeit

16 § 566 BGB ist zwar **dispositiv**, doch ist eine Abbedingung in AGB nicht möglich, da die Vorschrift **Leitbildcharakter** hat, von dem gem. § 307 Abs. 2 Nr. 1 BGB nicht abgewichen werden darf.[25] Darüber hinaus kann sie auch durch Individualvereinbarungen nicht dadurch umgangen werden, dass im Mietvertrag ein Kündigungsrecht des Vermieters für den Fall der Veräußerung des vermieteten Wohnraums aufgenommen wird. Dies vertrüge sich nicht mit der abschließenden Aufzählung der ordentlichen Kündigungsgründe in § 573 BGB. Auch ein außerordentlicher Kündigungsgrund gem. § 569 BGB liegt nicht vor.

II. Analoge Anwendung

1. Definition

17 Die Hauptprobleme des § 566 BGB liegen in der Frage, inwieweit die Vorschrift analog anwendbar ist. Dabei stellt sich einmal die Frage, ob der **Schutzzweck** des § 566 BGB, das Wohnen, die Ausdehnung auf andere **Wohnverhältnisse** als Mietverhältnisse gebietet, und zum anderen, ob nicht durch die Ausweitung des Anwendungsbereichs durch § 578 BGB bzw. bereits § 571 BGB a.F. ein **weiterer Schutzzweck** als nur das Wohnen anzunehmen ist, der eine analoge Anwendung auch im gewerblichen Bereich erfordert. Die Rechtsprechung ist in beiden Fällen zurückhaltend.

18 Bei Wohnverhältnissen, die keine Mietverhältnisse sind, geht es meistens um familienrechtliche Wohnverhältnisse, die auf Grund einer **Unterhaltsvereinbarung** oder einer gerichtlichen **Hausratszuweisung** im Zusammenhang mit einem Scheidungsverfahren entstanden sind: Ein Ehegatte zieht aus dem in seinem Eigentum befindlichen Haus oder der Eigentumswohnung aus, der andere, der nicht Eigentümer ist, bewohnt es auf Grund der Vereinbarung oder Zuweisung weiter. Die Gerichte nehmen regelmäßig an, dass § 566 BGB bzw. die Vorgängervorschrift **nicht eingreift**, wenn der Ehegatte, der Eigentümer ist, das Grundstück bzw. die Eigentumswohnung verkauft.[26]

19 **Auf Kabelanschlussverträge** wendet die Rechtsprechung § 566 BGB nicht analog an.[27] Zur Begründung führt der BGH an, dass kein reiner Mietvertrag vorliege, der Schwerpunkt der Vereinbarung vielmehr in dem Ausschließlichkeitsrecht bestehe. Da Verträge ohne eine derartige Ausschließlichkeitsvereinbarung für Kabelanlagenbetreiber von wesentlich geringerem wirtschaftlichem Wert sind, dürfte die Frage einer analogen Anwendung des § 566 BGB auf Kabelanschlussverträge damit definitiv negativ beantwortet sein.

20 Ferner taucht das Problem auf, wie eine **Vereinbarung zwischen einem Gesellschafter und seiner Gesellschaft** zu beurteilen ist, in der der Gesellschafter der Gesellschaft Räume überlässt, wenn kein

---

[22] LG Itzehoe v. 23.12.1997 - 1 S 357/97 - WuM 1999, 219.
[23] LG Berlin v. 22.07.1993 - 67 T 50/93 - NJW-RR 1994, 781.
[24] Bejahend OLG Köln v. 02.08.2001 - 8 U 24/01 - ZMR 2001, 967; verneinend OLG Rostock v. 15.08.2005 - 3 U 196/04 - NZM 2006, 262; zustimmend zu OLG Rostock *Grooterhorst/Burbulla*, NZM 2006, 246-249; *Sternel*, Mietrecht aktuell, 4. Aufl. 2009, Rn. 47.
[25] *Häublein* in: MünchKomm-BGB, § 566 Rn. 47; *Emmerich* in: Emmerich/Sonnenschein, Miete, 10. Aufl. 2011, § 566 Rn. 38; *Streyl* in: Schmidt-Futterer, Mietrecht, 10. Aufl. 2011, § 566 Rn. 150; *Sternel*, Mietrecht aktuell, 4. Aufl. 2009, Rn. I 180.
[26] Die diesbezügliche Rechtsprechung geht auf BGH v. 08.01.1964 - V ZR 93/63 - LM Nr. 7 zu BGB § 571; in jüngerer Zeit OLG München v. 23.02.2001 - 21 U 4999/00 - WuM 2001, 283-285 zurück.
[27] BGH v. 17.07.2002 - XII ZR 86/01 - NJW 2002, 3322-3323; OLG Brandenburg v. 15.09.2000 - 7 U 105/00 - Grundeigentum 2000, 1474-1475 m.w.N.

Gewerberaummietvertrag bzw. Pachtvertrag abgeschlossen wird, die Raumüberlassung vielmehr Gegenstand des Gesellschaftsvertrags ist und die Leistung der Gesellschaft nicht nur das Entgelt für die Raumüberlassung ist, sondern auch andere Elemente enthält, z.B. auch Gewinnausschüttung. Der Fall ist höchstrichterlich noch nicht entschieden, aber breit und streitig in der gesellschaftsrechtlichen Literatur erörtert worden.[28]

2. Rechtsprechung

Außer zu den soeben referierten Grundsatzfällen hat die Rechtsprechung zu folgenden Einzelfällen entschieden: Ergibt sich ein Recht des Besitzers zum Besitz aus einem anderen schuldrechtlichen Grund als aus einem Mietvertrag, ist § 571 BGB a.F. nicht anzuwenden.[29] Über einen Untermietvertrag hinaus wird die Anwendung des § 571 BGB a.F. stets dann abgelehnt, wenn nicht der Veräußerer, sondern ein Dritter Vermieter ist.[30]

§ 566 BGB wird entsprechend für den Erwerber des Grundstücks in einer **Zwangsversteigerung** angewendet. Das gilt auch dann, wenn der Mietvertrag mit dem Zwangsverwalter abgeschlossen wurde.[31]

Um eine analoge Anwendung handelt es sich auch, wenn der Eigentümer kraft Gesetzes wechselt. Auf den Eigentümerwechsel kraft Gesetzes von der Bundesfinanzverwaltung zur Bundesanstalt für Immobilienaufgaben wendet die Rechtsprechung § 566 BGB analog an.[32] Eine analoge Anwendung bei fehlender Identität zwischen Vermieter und Verkäufer hat der BGH ausdrücklich dahingestellt sein lassen.[33]

3. Literatur

Die Abneigung der Rechtsprechung zu einer erweiternden Auslegung des Anwendungsbereichs des § 566 BGB mag ihren inneren Grund darin haben, dass der Erwerber den erworbenen Wohnraum nicht nutzen kann, gleichwohl aber **kein Entgelt** für die Fremdnutzung erhält. Dies trifft für die Leihe, die sonstige unentgeltliche Gebrauchsüberlassung und für familienrechtliche Nutzungsverhältnisse zu. In der Literatur wird dies aber großzügiger gesehen. Im Anschluss an *Canaris* wird vertreten, dass das Interesse an Sukzessionsschutz unabhängig davon bestehe, ob es sich um Wohnraum oder anderen Raum handele oder ob die Nutzung durch Mietverträge oder andere Verträge, die eine Gebrauchsüberlassung zum Gegenstand haben, erfüllt wird, so dass grundsätzlich ein **Bedürfnis für eine Analogie** bei allen auf Grundstücke oder Räume bezogenen Gebrauchsüberlassungsverträgen bestehe.[34] Dies wird im Hinblick auf die Erwerberinteressen aber eingeschränkt: **Nur der entgeltlich Nutzende** soll ein durchsetzbares Bestandsschutzinteresse haben.[35] *Schön* zieht die Analogie noch weiter: Der Nutzungsberechtigte, der ohne Entgelt oder nur gegen atypisches Entgelt nutzt, soll ein Wahlrecht haben,

---

[28] *Schön*, JZ 2001, 119-127, 120 m.w.N.; *Weitemeyer*, ZMR 2004, 153-166.
[29] BGH v. 29.06.2001 - V ZR 215/00 - LM BGB § 986 Nr. 22 (5/2002).
[30] OLG Celle v. 19.01.2000 - 2 U 111/99 - ZMR 2000, 284-286; es ging um das Aufstellen von Werbetafeln auf einem Golfplatz. Das Rechtsverhältnis zwischen Veräußerer und Vermieter wird nicht mitgeteilt; BGH v. 03.07.2008 - V ZR 20/07 - NZM 2008, 732-736: Eine entsprechende Anwendung von § 571 BGB a.F. kommt allenfalls dann in Betracht, wenn der von dem Veräußerer verschiedene Vermieter kein eigenes Interesse an dem Mietvertrag hat.
[31] BGH v. 20.05.1992 - XII ZR 77/91 - NJW 1992, 3041; OLG Düsseldorf v. 23.12.2010 - I-10 U 60/10, 10 U 60/10.
[32] BGH v. 09.07.2008 - VIII ZR 280/07 - NJW 2008, 2773; BGH v. 10.03.2009 - VIII ZR 265/08 - NJW-RR 2009, 948-949; LG Berlin v. 12.03.2007 - 67 S 337/06 - Grundeigentum 2007, 1259; AG Schöneberg v. 07.01.2008 - 16b C 85/07 - Grundeigentum 2008, 275-276 mit Anm. *Mack-Oberth*, jurisPR-MietR 12/2008, Anm. 3; a.A. LG Berlin v. 01.11.2005 - 63 S 190/05 - Grundeigentum 2006, 783; AG Schöneberg v. 17.01.2007 - 104a C 491/06 - Grundeigentum 2007, 1192-1193.
[33] BGH v. 11.04.2012 - XII ZR 48/10.
[34] *Canaris* in: Jacobs/Knobbe-Keuk, FS für Flume zum 70. Geburtstag, 1978, S. 371 ff.; ihm folgend *Schön*, JZ 2001, 119-127, 122.
[35] *Canaris* in: Jacobs/Knobbe-Keuk, FS für Flume zum 70. Geburtstag, 1978, S. 395.

ob er die Nutzung gegen ein angemessenes Entgelt fortsetzt oder das Grundstück bzw. den Raum herausgibt. Bei Kenntnis des Erwerbers soll § 566 BGB auch in Fällen eines atypischen Entgelts gelten.[36] Andererseits wird die Vorschrift für grundsätzlich nicht analogiefähig gehalten.[37]

25 Bei **gesellschaftsrechtlichen Verträgen** geht es um ein **obligatorisches Nutzungsrecht** an einem dem Gesellschafter gehörenden Grundstück als **Sacheinlage**, was nur dann möglich ist, wenn sie einen feststellbaren wirtschaftlichen Wert haben.[38] Der Gesellschafter darf der Gesellschaft die Sacheinlage nicht einseitig entziehen können, etwa durch Veräußerung des Grundstücks. § 566 BGB muss also anwendbar sein, wenn diese Form der Sacheinlage praktikabel sein soll. Im gesellschaftsrechtlichen Schrifttum wird dies jedoch unterschiedlich gesehen.[39]

26 Erörtert wird auch die Anwendung des § 566 BGB, wenn ein **Nichteigentümer Vermieter**[40] war. Dabei wird die Vermietung ohne Zustimmung des Eigentümers, mit Zustimmung des Eigentümers sowie die Vermietung „vom Reißbrett" unterschieden.

III. Eintritt des Dritten in den Mietvertrag

1. Definition

27 Der Erwerber tritt in die Rechte und Pflichten des bisherigen Vermieters ein, allerdings nicht in jegliche Absprache zwischen Mieter und Vermieter.[41] Der Erwerber tritt nur in die Rechte und Pflichten ein, die sich aus dem Mietvertrag selbst ergeben, nicht aber in Absprachen, die von den ursprünglichen Vertragsparteien gelegentlich des Abschlusses des Mietvertrags getroffen wurden.[42] Den Ausschluss einer Eigenbedarfskündigung kann der Mieter auch dem Erwerber entgegenhalten.[43]

28 Maßgeblicher Zeitpunkt ist der **Eigentumsübergang**, d.h. die Eintragung ins Grundbuch.[44] Die Bezeichnung „Kauf", die auf den obligatorischen Teil des Rechtsgeschäfts abstellt, ist daher ungenau.[45] Nach der Eintragung kann der bisherige Vermieter nicht mehr auf Zustimmung zu einer Mieterhöhung klagen; maßgeblich ist dabei der Zeitpunkt der Rechtshängigkeit.[46] Umgekehrt kann vor der Eintragung der Erwerber keine Mieterhöhung verlangen.[47] Der Erwerber wird Gläubiger und Schuldner der nach diesem Zeitpunkt begründeten Ansprüche aus dem Mietvertrag.[48] Die für die Vergangenheit bereits begründeten Ansprüche bleiben für und gegen den bisherigen Vermieter bestehen. Über Vorauszahlungen der Miete treffen die §§ 566b-566d BGB besondere Regelungen. Der Erwerber hat den Herausgabeanspruch gem. § 546 BGB.[49]

---

[36] *Schön*, JZ 2001, 119-127, 125-127.
[37] *Mack-Oberth*, jurisPR-MietR 12/2008, Anm. 3.
[38] BGH v. 15.05.2000 - II ZR 359/98 - juris Rn. 11 - BGHZ 144, 290-296.
[39] Für Analogie etwa *Götting*, AG 1999, 1-9, 4-5; dagegen *Bork*, ZHR 154, 205-236, 217.
[40] *Koch/Rudzio*, ZfIR 2007, 437-443.
[41] BGH v. 27.11.2009 - LwZR 12/08 - MDR 2010, 260; zum Eintritt in eine Modernisierungsvereinbarung: KG Berlin v. 28.08.2008 - 8 U 99/08 - ZMR 2009, 32-33; zur Vereinbarung über Kautionszahlungen: § 566a BGB und AG Wedding v. 15.12.2008 - 156 C 46/08, wonach der Anspruch auf Kautionszahlung kein Recht aus dem Mietverhältnis i.S.d. § 566 BGB darstellen soll.
[42] BGH v. 23.02.2012 - IX ZR 29/11.
[43] OLG Karlsruhe v. 21.01.1985 - 3 REMiet 8/84; LG Freiburg v. 21.07.2011 - 3 S 103/11.
[44] BGH v. 23.02.2012 - IX ZR 29/11; AG Lüdinghausen v. 23.09.2011 - 12 C 86/11; AG Mannheim v. 20.06.2008 - 9 C 129/08; vgl. auch AG Berlin-Charlottenburg v. 21.01.2000 - 24a C 322/99 - Grundeigentum 2000, 412-413: keine Klage auf Mieterhöhung gem. § 2 MietHöRegIG (jetzt § 558 BGB) vor Eintragung des Eigentumsübergangs im Grundbuch.
[45] Allg. Meinung: *Kossmann*, Handbuch der Wohnraummiete, 6. Aufl. 2003, § 20 Rn. 6; *Schön*, JZ 2001, 119-127, 119-120.
[46] AG Berlin-Charlottenburg v. 21.01.2000 - 24a C 322/99 - Grundeigentum 2000, 412-413.
[47] *Lammel*, Wohnraummietrecht, 3. Aufl. 2007, § 566 Rn. 66; *Streyl* in: Schmidt-Futterer, Mietrecht, 10. Aufl. 2011, § 566 Rn. 105.
[48] *Häublein* in: MünchKomm-BGB, § 566 Rn. 30.
[49] *Eckert* in: Hk-BGB, § 566 Rn. 8.

Die **Garantiehaftung** gem. § 536a Abs. 1 Satz 1 Alt. 1 BGB, d.h. für Mängel, die schon bei Vertragsschluss vorhanden waren, trifft auch den Erwerber.[50] Für später aufgetretene Mängel, für die gem. § 536a Abs. 1 Satz 1 Alt. 2 BGB nur eine Verschuldenshaftung des Vermieters gilt, haftet der Erwerber dagegen nicht.[51]

29

Ein Problem stellt sich bei einer **Mehrheit von Vermietern**, sei es auf der Seite des bisherigen Vermieters, sei es auf der Seite des Erwerbers. Es genügt, wenn ein Miteigentümer der Vermietung und Veräußerung durch den anderen Miteigentümer zustimmt.[52] Wird das Grundstück geteilt oder ein Teil veräußert, so tritt der Erwerber in das fortgesetzte Mietverhältnis als Gesamtschuldner bzw. -gläubiger ein.[53] Erwirbt eine Personenmehrheit das Grundstück, entsteht eine Vermietergemeinschaft, die den Mietvertrag nur einheitlich kündigen kann. Dagegen bleibt das Sonderkündigungsrecht des Erstehers in der Zwangsvollstreckung gem. § 57a ZVG dem einzelnen Ersteher für die von ihm ersteigerte Teilfläche erhalten.[54]

30

Der Eigentümer einer Eigentumswohnung ist deren alleiniger Vermieter, auch wenn – wie regelmäßig – Nebenräume mitvermietet werden, die im Gemeinschaftseigentum stehen.[55] Die Frage taucht insbesondere dann auf, wenn erst während der Mietzeit Wohnungseigentum begründet wird. Der Gesetzgeber der Mietrechtsreform hat sich diese Auffassung zu Eigen gemacht.[56]

31

Es bleibt allerdings die Frage, was gilt, wenn abgeschlossene **Nebenräume zu Sondereigentum werden**, das an einen Dritten veräußert wird. Hier sollen alle betroffenen Eigentümer Vermieter werden.[57]

32

2. Rechtsprechung

Die Durchführung dieser Grundsätze kann schwierig werden bei vor der Veräußerung geltend gemachten, aber vom Mieter noch nicht akzeptierten Mieterhöhungsverlangen. Die Rechtsprechung entschied dazu wie folgt: Der Anspruch auf **Mieterhöhung wegen Modernisierung**, seinerzeit § 3 Abs. 1 MietHöReglG, jetzt § 559 BGB, kann vom Erwerber geltend gemacht werden, wenn dieser auch in den Vertrag mit dem Bauunternehmer, der die Modernisierung durchführt, eingetreten ist, und zwar auch dann, wenn die **Bauarbeiten** zum Zeitpunkt der Veräußerung bereits **begonnen** worden waren.[58] Dies soll sogar dann möglich sein, wenn die Bauarbeiten vor Eintritt des Erwerbers in das Mietverhältnis **abgeschlossen** wurden, auch wenn der Erwerber an der Durchführung der Modernisierung nur mit geringen Aufwendungen beteiligt war.[59]

33

Der Erwerber muss die **Betriebskostenabrechnung** für den gesamten Abrechnungszeitraum erstellen, innerhalb dessen er in den Mietvertrag eingetreten ist.[60] Der bisherige Vermieter hat die Abrechnung für den Zeitabschnitt, in dem er Vermieter war, ggf. auch nach dem Eigentumswechsel durchzuführen; ihm stehen Nachzahlungen zu und er muss Überzahlungen auskehren.[61] Der **Zwangsverwalter** ist bei einer über den Zuschlag hinaus fortgesetzten Verwaltung verpflichtet, die von dem Mieter für die Zeit vor dem Zuschlag vereinnahmten, aber nicht verbrauchten **Nebenkostenvorauszahlungen** an den Er-

34

---

[50] *Häublein* in: MünchKomm-BGB, § 566 Rn. 38; *Emmerich* in: Emmerich/Sonnenschein, Miete, 10. Aufl. 2011, § 566 Rn. 33; *Lammel*, Wohnraummietrecht, 3. Aufl. 2007, § 566 Rn. 90.

[51] *Eckert* in: Hk-BGB § 566 Rn. 8; *Lammel*, Wohnraummietrecht, 3. Aufl. 2007, § 566 Rn. 91; *Emmerich* in: Emmerich/Sonnenschein, Miete, 10. Aufl. 2011, § 566 Rn. 33.

[52] OLG Brandenburg v. 15.09.2010 - 3 U 117/09.

[53] OLG Brandenburg v. 26.01.2012 - 5 W (Lw) 10/11.

[54] KG v. 08.11.2010 - 8 U 43/10 - NZM 2012, 304.

[55] BGH v. 28.04.1999 - VIII ARZ 1/98 - BGHZ 141, 239-248.

[56] BT-Drs. 14/4553, S. 63.

[57] LG Hamburg v. 15.07.1999 - 333 S 30/99 - ZMR 1999, 765-766; zustimmend *Sternel*, Mietrecht aktuell, 4. Aufl. 2009, Rn. I 189; vgl. auch AG Mannheim v. 18.04.2008 - 9 C 48/08 - ZMR 2009, 156-157.

[58] KG Berlin v. 08.06.2000 - 8 RE-Miet 3972/00 - KGR Berlin 2000, 380-381.

[59] KG Berlin v. 17.07.2000 - 8 RE-Miet 4110/00 - NJW-RR 2001, 81-82.

[60] LG Berlin v. 27.10.2000 - 64 S 200/00 - Grundeigentum 2001, 142.

[61] BGH v. 14.09.2000 - III ZR 211/99; OLG Naumburg v. 16.08.2011 - 9 U 16/11. Umfassend zu Betriebskostenvorauszahlungen bei Eigentümerwechsel *Neumann*, WuM 2012, 3-8.

35 Wird eine Wohnung und ein dazu gehöriger **Kfz-Stellplatz**, über die ein einheitlicher Mietvertrag besteht, von verschiedenen Erwerbern gekauft, so treten beide Erwerber gemeinsam in den einheitlichen Mietvertrag ein. Sie bilden untereinander eine Bruchteilsgemeinschaft.[63] Eine **Wettbewerbsabrede** geht nur dann über, wenn sie integraler Bestandteil des Mietvertrags ist.[64] Befindet sich der Mieter bei Eigentumsübergang in **Zahlungsverzug**, kann der Erwerber die restliche Miete nur dann verlangen, wenn sie ihm abgetreten ist.[65] Die **30-Jahres-Frist** nach § 544 BGB wird durch den Vermieterwechsel nicht unterbrochen, sondern läuft ab Beginn des ursprünglichen Mietverhältnisses weiter.[66]

36 Ist das Mietverhältnis zum Erwerbszeitpunkt gekündigt, endet es mit Ablauf der Kündigungsfrist.[67] Auf eine Eigenbedarfskündigung des Veräußerers kann sich der Erwerber nicht berufen.[68] Besteht eine bloße Kündigungslage, kann der Erwerber lediglich kündigen, wenn sich die Kündigungsgründe weiterhin manifestieren, z.B. bei unregelmäßiger Mietzahlung.[69]

IV. Haftung des bisherigen Vermieters (Absatz 2)

37 Der bisherige Vermieter rückt in die Stellung eines **selbstschuldnerischen Bürgen** für die Pflichten des Erwerbers gegenüber dem Mieter ein, § 566 Abs. 2 Satz 1 BGB. Der Mieter soll keinen Nachteil daraus erleiden, dass sich das Solvenzrisiko seines Vertragspartners durch den Eigentumsübergang ändert. Allerdings hat die Haftung des ehemaligen Vermieters Grenzen: Sie ist auf **Schadensersatz** beschränkt, und der bisherige Vermieter kann sich von der Haftung befreien, wenn er dem Mieter **vom Eigentumsübergang Mitteilung macht,** was auch dann gilt, wenn der Mieter auf andere Weise von dem Eigentumsübergang erfährt. Dies dürfte regelmäßig der Fall sein, so dass der Vorschrift **keine große praktische Bedeutung** zukommt.

38 Der Mieter kann **bei Kenntniserlangung kündigen**. Dem Mieter soll nicht auf Dauer durch den gesetzlich vorgesehenen Vertragseintritt ein weniger solventer Vertragspartner aufgedrängt werden. Dieser Teil der Vorschrift dürfte wegen der Schwierigkeit, Ersatzwohnraum erlangen zu können, noch geringere praktische Bedeutung haben.

---

[62] BGH v. 11.10.2007 - IX ZR 156/06 - NZM 2008, 168-170.
[63] BGH v. 28.09.2005 - VIII ZR 399/03 - NJW 2005, 3781 = ZMR 2006, 30 mit Anm. *Flatow*, jurisPR-MietR 26/2005, Anm. 1.
[64] OLG Karlsruhe v. 07.02.2005 - 1 U 211/04 - OLGR Karlsruhe 2005, 146.
[65] LG Berlin v. 18.01.2005 - 63 S 354/04 - Grundeigentum 2005, 487.
[66] OLG Karlsruhe v. 21.12.2007 - 1 U 119/07 - MDR 2008, 620-621.
[67] OLG Hamm v. 21.07.1992 - 30 REMiet 1/92 - NJW-RR 1992, 1164.
[68] BGH v. 09.11.2005 - VIII ZR 339/04 - NJW 2006, 220.
[69] *Derleder*, NJW 2008, 1189, 1191; *Häublein* in: MünchKomm-BGB, § 566 Rn. 35.

§ 566a BGB Mietsicherheit

(Fassung vom 02.01.2002, gültig ab 01.01.2002)

¹Hat der Mieter des veräußerten Wohnraums dem Vermieter für die Erfüllung seiner Pflichten Sicherheit geleistet, so tritt der Erwerber in die dadurch begründeten Rechte und Pflichten ein. ²Kann bei Beendigung des Mietverhältnisses der Mieter die Sicherheit von dem Erwerber nicht erlangen, so ist der Vermieter weiterhin zur Rückgewähr verpflichtet.

Gliederung

A. Grundlagen	1	2. Rechtsprechung	12
I. Kurzcharakteristik	1	II. Subsidiäre Haftung des Veräußerers (Satz 2)	13
II. Gesetzgebungsmaterialien	2	1. Definition	13
B. Praktische Bedeutung	5	2. Rechtsprechung	16
C. Anwendungsvoraussetzungen	6	III. Abdingbarkeit	20
I. Eintritt des Erwerbers (Satz 1)	6	IV. Übergangsrecht	21
1. Definition	6		

A. Grundlagen

I. Kurzcharakteristik

Die §§ 566a-566e BGB regeln Einzelheiten bei der Durchführung des in § 566 BGB (vgl. die Kommentierung zu § 566 BGB) enthaltenen Grundsatzes **„Kauf bricht nicht Miete"**. Die bei weitem wichtigste Vorschrift ist dabei § 566a BGB.[1] Sie beschäftigt sich mit dem Schicksal von **Mietsicherheiten** bei der Veräußerung von Wohnraum. Nach § 566a Satz 1 BGB tritt der Erwerber in alle Rechte und Pflichten ein, die sich aus der Vereinbarung über eine Mietsicherheit ergeben. Er kann z.B. die Auffüllung der Kaution verlangen, muss sie aber auch nach Beendigung des Mietverhältnisses herausgeben. § 566a Satz 2 BGB enthält eine **subsidiäre Haftung des ursprünglichen Vermieters** für die Rückgewähr der Sicherheit. Er ist in dieser Form erst durch die Mietrechtsreform von 2001 ins Gesetz gelangt. Die Vorgängervorschrift (§ 572 Satz 2 BGB a.F.) hatte praktische Bedeutung vor allem bei der Insolvenz des Erwerbers erlangt.

II. Gesetzgebungsmaterialien

Die **Vorgängervorschrift** (§ 572 BGB a.F.) entstammt der Ursprungsfassung des BGB von 1900. Sie wurde durch die Mietrechtsreform von 2001 **erheblich geändert**. Nach § 572 Satz 1 BGB a.F. trat der Erwerber nur in die Rechte aus der Begründung der Sicherheitsleistung ein, so dass der ursprüngliche Vermieter grundsätzlich zur Rückzahlung verpflichtet blieb. Davon machte § 572 Satz 2 BGB a.F. nur dann eine Ausnahme, wenn die Sicherheit dem Erwerber ausgehändigt wurde oder er dem Vermieter gegenüber die Verpflichtung zur Rückgewähr übernahm.

Nachdem es zuvor streitig war, entschied der **BGH** in einer Grundsatzentscheidung aus dem Jahre 1999, dass der **Erwerber neben dem Veräußerer** hafte.[2] Dies sollte nur dann nicht gelten, wenn die Sicherheitsleistung mit Zustimmung des Mieters vom Veräußerer auf den Erwerber übertragen wurde.[3] Außerdem sollte der Mieter gehalten sein, zunächst den Erwerber in Anspruch zu nehmen.

Der Regierungsentwurf des Mietrechtsreformgesetzes wollte dieses Urteil in den Wortlaut des Gesetzes übernehmen und schlug einen § 566a Satz 3 RE BGB vor.[4] Die Gesetz gewordene Fassung geht

---

[1] Allgemein zu § 566a BGB *Derleder*, NJW 2008, 1189, 1192.
[2] BGH v. 24.03.1999 - XII ZR 124/97 - BGHZ 141, 160-169 mit Belegen zum Streitstand; zustimmende Anm. *Haase*, JR 2000, 242-243.
[3] OLG Karlsruhe v. 30.11.1988 - 9 ReMiet 2/88 - juris Rn. 17 - NJW-RR 1989, 267-268.
[4] BT-Drs. 14/4553, S. 63.

aber auf Vorschlag des Bundesrats und des Rechtsausschusses des Bundestags noch einen Schritt weiter und ordnet **generell eine subsidiäre Haftung des Erwerbers** an.[5] § 572 Satz 2 BGB a.F. wurde gestrichen, so dass der Erwerber grundsätzlich für die Rückgewähr der Mietsicherheit haftet, auch wenn er sie nicht vom Veräußerer erhalten hat. Damit wird die bereits vom BGH vorgenommene Risikoverteilung konsequent zu Ende geführt und überdies eine übersichtliche Lösung eingeführt.

B. Praktische Bedeutung

5   Die Vorschrift in der jetzt geltenden Fassung führt dazu, dass der **Mieter** im Falle der Veräußerung des Wohnraums stets einen **solventen Partner** für die Rückzahlung einer Mietsicherheit behält, falls nicht unwahrscheinlicherweise sowohl Veräußerer wie Erwerber zahlungsunfähig werden. Nunmehr hat der Erwerber die Mietsicherheit zurückzugewähren, so dass er das Risiko einer Insolvenz des Veräußerers trägt, falls dieser die Mietsicherheit (noch) nicht an den Erwerber übertragen hatte. Ist der Erwerber insolvent, so haftet der Veräußerer, auch wenn er die Mietsicherheit an den Erwerber übertragen hatte.

C. Anwendungsvoraussetzungen

I. Eintritt des Erwerbers (Satz 1)

1. Definition

6   Die Vereinbarung über die Mietsicherheit nimmt nicht teil am Schicksal des Mietvertrags gem. § 566 BGB (vgl. die Kommentierung zu § 566 BGB), auch wenn die Vereinbarung im Mietvertrag enthalten ist. Vielmehr trifft § 566a BGB eine **selbständige und abschließende Regelung für die Mietsicherheit**, für die § 566 BGB (vgl. die Kommentierung zu § 566 BGB) auch nicht ergänzend heran zu ziehen ist. Hinsichtlich des Eintritts des Erwerbers spielt dies keine Rolle, da dies – nunmehr – in den §§ 566 Abs. 1, 566a Satz 1 BGB übereinstimmend geregelt ist. Unterschiede ergeben sich erst bei der subsidiären Haftung des ursprünglichen Vermieters, die in § 566a Satz 2 BGB stärker ausgeprägt ist als in § 566 Abs. 2 BGB.

7   Die Vorschrift setzt wie § 566 BGB voraus, dass im Zeitpunkt des Eigentumswechsels ein wirksames Mietverhältnis besteht. Die davon gemachte Ausnahme, dass ein Mietverhältnis zwar schon abgelaufen, der Mieter aber noch nicht ausgezogen ist, erstreckt der BGH ausdrücklich nicht auf den Fall, dass der Mieter **vor dem Eigentumswechsel ausgezogen** ist.[6] Er muss sich also wegen der Kautionsrückzahlung in diesem Fall an seinen bisherigen Vermieter halten.

8   Die zentrale Norm zur Mietsicherheit im Mietrecht ist § 551 BGB. Zur **Definition** des Begriffs der Mietsicherheit kann daher auf die Kommentierung zu § 551 BGB verwiesen werden.

9   Wie bei § 566 Abs. 1 BGB handelt es sich auch bei § 566a Satz 1 BGB um einen **gesetzlichen Vertragseintritt**. Ein gesetzlicher Forderungsübergang gem. § 412 BGB liegt nicht vor. §§ 398-413 BGB sind daher nicht anwendbar; an ihre Stelle treten die §§ 566-566e BGB.

10   Der Erwerber tritt zunächst in die **Rechte** des Veräußerers ein. Er kann also verlangen, dass die Mietsicherheit vereinbarungsgemäß gezahlt und ggf. aufgefüllt wird, falls er sie in Anspruch nehmen musste und durfte. Befindet sich die Mietsicherheit auf einem **Treuhandkonto**, soll der Übergang durch unmittelbaren Eintritt des Erwerbers in das Rechtsverhältnis mit der Bank erfolgen.[7]

11   Seit der Mietrechtsreform tritt der Erwerber auch in alle **Pflichten** aus der Vereinbarung über die Mietsicherheit ein. Er hat sie daher zu **verzinsen** (§ 551 Abs. 3 BGB), und er hat sie vor allem nach Beendigung des Mietverhältnisses **zurück zu gewähren**. Das gilt auch dann, wenn das Mietverhältnis zwar

---

[5]   BT-Drs. 14/5663, S. 81 (Bericht des Rechtsausschusses).
[6]   BGH v. 04.04.2007 - VIII ZR 219/06 mit Anm. *Eckert*, ZfIR 2007, 766-768; *Both*, jurisPR-MietR 1/2008, Anm. 2.
[7]   *Kraemer*, NZM 2001, 737-742, 742.

im Zeitpunkt der Grundbuchumschreibung schon beendet, der Anspruch auf Rückzahlung der Kaution aber noch nicht fällig war.[8]

2. Rechtsprechung

Die Verpflichtung zur Rückzahlung der Kaution geht auch dann auf den Erwerber über, wenn der insolvent gewordene Voreigentümer die Mietsicherheit nicht insolvenzfest angelegt hat.[9] Der Veräußerer kann die Kaution auch noch nach Eigentumsübergang beanspruchen, wenn eine Forderung gegen den Mieter rechtskräftig festgestellt wird.[10]

II. Subsidiäre Haftung des Veräußerers (Satz 2)

1. Definition

Grundsätzlich ist der **Erwerber** ab Eigentumsübergang **Schuldner des Rückgewähranspruchs** des Mieters. Der **Veräußerer haftet** jedoch in allen Fällen **subsidiär**.

Der Mieter muss zunächst versuchen, die Mietsicherheit vom Erwerber zu verlangen. Diese Voraussetzung geht auf die durch das BGH-Urteil von 1999 angestoßene Gesetzesänderung von 2001 zurück; was genau der Mieter unternehmen muss, ist jedoch unklar. Es dürfte nicht erforderlich sein, dass der Mieter etwa vergeblich die Vollstreckung aus einem Titel versucht.[11]

Weitere Voraussetzungen bestehen nicht. Insbesondere ist es nicht erforderlich, dass der in Anspruch genommene Vermieter oder Erwerber die Mietsicherheit tatsächlich noch hat bzw. erlangt hat.[12] Der Binnenausgleich zwischen Vermieter und Erwerber hat nach den Regeln über Gesamtschuldnerschaft (§§ 421-432 BGB) zu erfolgen. Auch auf eine Kenntnis des Mieters von einer Aushändigung der Mietsicherheit kommt es nicht mehr an.[13]

2. Rechtsprechung

Die subsidiäre Haftung des Veräußerers entfällt nicht dadurch, dass der Mieter der Übertragung der Sicherheit auf den Erwerber zugestimmt hat. Allerdings kann der Mieter unter besonderen Umständen (Verpfändung eines Sparbuchs zugunsten des Veräußerers persönlich) gem. § 242 BGB verpflichtet sein, eine Zustimmungserklärung abzugeben. Verweigert er dies, so kann der Erwerber die Kaution erneut verlangen.[14] Umgekehrt muss bei Beendigung des Mietverhältnisses der Erwerber die Pfandfreigabe erklären.[15]

Die Rechtsprechung zur Vorgängervorschrift des § 572 BGB a.F. ist **weitgehend gegenstandslos** geworden, da sie sich fast ausschließlich mit denjenigen Problemen befasst hat, die durch die Neufassung nunmehr eindeutig geregelt sind. Das gilt selbst für die Grundsatzentscheidung des BGH vom 24.03.1999.[16] Dieses Urteil hat zwar die gesetzliche Neuregelung maßgeblich mit ausgelöst, ist durch die Neuregelung gleichzeitig aber überholt. Der BGH befasste sich nämlich mit dem Verhältnis der beiden Sätze des § 572 BGB a.F. zueinander und kam aus rechtssystematischen Gründen zu dem Ergebnis, dass § 572 Satz 2 BGB a.F. zwar eine zusätzliche Verpflichtung des Erwerbers begründete, aber die Pflicht des Erwerbers zur Rückzahlung nicht ausschloss.

Besondere Probleme bereiten der Rechtsprechung **Zwangsverwaltung** und **Zwangsversteigerung**. Erwirbt der Mieter in der Zwangsvollstreckung selbst das Eigentum, so hat er keinen Anspruch auf

---

[8] LG Berlin v. 20.07.2006 - 62 S 79/06 mit Anm. *Eisenschmidt/Rips*, jurisPR-MietR 10/2007, Anm. 6.
[9] BGH v. 07.03.2012 - XII ZR 13/10 - NJW 2012, 1353-1354 mit Anm. *Börstinghaus*, jurisPR-BGHZivilR 8/2012, Anm. 4.
[10] OLG Frankfurt v. 15.04.2011 - 2 U 192/10 mit Anm. *Bieber*, jurisPR-MietR 16/2011, Anm. 5.
[11] Vgl. auch *Streyl* in: Schmidt-Futterer, Mietrecht, 10. Aufl. 2011, § 566a Rn. 24.
[12] Vgl. *Wachter*, MittBayNot 2001, 544-548.
[13] So zum alten Recht noch BGH v. 24.03.1999 - XII ZR 124/97 - BGHZ 141, 160-169.
[14] BGH v. 07.12.2011 - VIII ZR 206/10 - ZMR 2012, 303-304, mit Anm. *Jahreis*, jurisPR-MietR 4/2012, Anm. 3.
[15] AG Erfurt v. 11.01.2012 - 5 C 3497/10.
[16] BGH v. 24.03.1999 - XII ZR 124/97 - juris Rn. 30 - BGHZ 141, 160-169.

Auskehrung der Kaution gegen den Zwangsverwalter.[17] So wurde ausdrücklich erklärt, dass der Erwerber vom Mieter die Mietsicherheit nicht noch einmal verlangen kann, auch wenn er sie vom ursprünglichen Vermieter wegen dessen Insolvenz nicht erlangen kann[18] – was eigentlich selbstverständlich ist, da der Mieter gezahlt hat und so keine Rechte des Erwerbers im Sinne des § 572 Satz 1 BGB a.F. entstanden sind. Es soll keinen Unterschied bedeuten, ob der Wohnraum veräußert wurde oder ob Zwangsverwaltung des Grundstücks angeordnet wurde; das Nebeneinander der Haftung des Vermieters und des Zwangsverwalters soll sich nach den gleichen Grundsätzen richten wie das der Haftung des ursprünglichen Vermieters und des Erwerbers.[19] Der Wohnungsmieter, der durch Zuschlag im Zwangsversteigerungsverfahren Eigentümer wird, hat keinen Anspruch auf Auszahlung der Kaution gegenüber dem Zwangsverwalter.[20]

19 Nur noch zum alten Recht von Interesse ist die Rechtsprechung, wonach die **Beweislast** für die Nichtaushändigung der Mietsicherheit beim Erwerber liegt.[21]

III. Abdingbarkeit

20 Die Vorschrift ist grundsätzlich **abdingbar**. Die Abdingbarkeit findet jedoch Grenzen in § 307 Abs. 2 Nr. 1 BGB (Leitbildfunktion des dispositiven Rechts). Es wird vertreten, die Vorschrift sei abbedungen, wenn der Mieter die Herausgabe der Sicherheit an den Erwerber verlange oder ihr zustimme.[22]

IV. Übergangsrecht

21 Wegen der erheblichen Änderungen des § 566a BGB ist der Hinweis wichtig, dass die Vorgängervorschrift des § 572 BGB a.F. gem. Art. 229 § 3 EGBGB nicht nur auf künftige, sondern auch auf bestehende Mietverhältnisse nicht zur Anwendung kommt.[23]

22 Nach der Vorgängervorschrift des § 572 BGB a.F. haftete der Erwerber nur dann, wenn ihm die Kaution ausgehändigt wurde, während er jetzt in jedem Fall haftet. Der BGH[24] wendet in Übereinstimmung mit der h.M.[25] die alte Fassung auf alle Erwerbsverträge an, die vor Inkrafttreten der Mietrechtsreform (01.09.2001) abgeschlossen wurden, und zwar auch dann, wenn das Mietverhältnis am 01.09.2001 noch bestand. Unerheblich ist insofern, wenn der dingliche Erwerb des Mietobjektes erst nach dem 01.09.2001 erfolgt ist.[26] Das KG will es für die Anwendung der neuen Vorschrift ausreichen lassen, wenn der Grundstückskaufvertrag vor der Verkündung des Gesetzes am 19.06.2001, aber nach der entsprechenden Beschlussfassung durch den Deutschen Bundestag am 29.03.2001 abgeschlossen worden ist.[27]

23 Übergangsrecht spielt auch in neueren Entscheidungen noch eine Rolle. Der BGH wendet § 566a BGB auch bei einer Veräußerungskette an, wenn der erste Erwerb vom ursprünglichen Vermieter noch unter Geltung des § 572 BGB a.F. stattfand, der letzte Erwerb aber nach Inkrafttreten des § 566a BGB.[28]

---

[17] BGH v. 09.06.2010 - VIII ZR 189/09 mit Anm. *Walke*, jurisPR-MietR 18/2010, Anm. 4.
[18] LG Berlin v. 29.02.2000 - 63 S 315/99 - Grundeigentum 2000, 605-606.
[19] LG Berlin v. 19.02.2001 - 67 S 275/00 - Grundeigentum 2001, 698; vgl. auch *Emmerich* in: Emmerich/Sonnenschein, Miete, 10. Aufl. 2011, § 566a Rn. 4; BGH v. 16.07.2003 - VIII ZR 11/03 - NJW 2003, 3342-3343.
[20] LG Bonn v. 04.06.2009 - 6 S 51/09 - NJW-RR 2009, 817, 818.
[21] Zuletzt KG Berlin v. 02.04.2001 - 8 U 6556/98 - Grundeigentum 2001, 851.
[22] *Weidenkaff* in: Palandt, § 566a Rn. 6.
[23] Vgl. hierzu LG Aachen v. 28.11.2002 - 2 S 216/02 - NJW-RR 2003, 586.
[24] BGH v. 24.06.2009 - XII ZR 145/07 - NJW-RR 2009, 1164-1165; BGH v. 09.03.2005 - VIII ZR 381/03 - NJW-RR 2005, 962; BGH v. 16.11.2005 - XII ZR 124/03 - NJW-RR 2006, 443.
[25] LG Aachen v. 28.11.2002 - 2 S 216/02 - NJW-RR 2003, 586; *Streyl* in: Schmidt-Futterer, Mietrecht, 10. Aufl. 2011, § 566a Rn. 3; *Derleder*, DWW 2002, 150, 151; *Sternel*, Mietrecht aktuell, 4. Aufl. 2009, Rn. III 210.
[26] BGH v. 24.06.2009 - XII ZR 145/07 - NJW-RR 2009, 1164-1165.
[27] KG v. 20.09.2007 - 8 U 190/06 - ZMR 2008, 48-50 mit Anm. *Bieber*, jurisPR-MietR 4/2008, Anm. 1.
[28] BGH v. 01.06.2011 - VIII ZR 304/10 - NZM 2012, 81-82 mit Anm. *Flatow*, jurisPR-MietR 15/2011, Anm. 3.

§ 566b BGB Vorausverfügung über die Miete

(Fassung vom 02.01.2002, gültig ab 01.01.2002)

(1) ¹Hat der Vermieter vor dem Übergang des Eigentums über die Miete verfügt, die auf die Zeit der Berechtigung des Erwerbers entfällt, so ist die Verfügung wirksam, soweit sie sich auf die Miete für den zur Zeit des Eigentumsübergangs laufenden Kalendermonat bezieht. ²Geht das Eigentum nach dem 15. Tag des Monats über, so ist die Verfügung auch wirksam, soweit sie sich auf die Miete für den folgenden Kalendermonat bezieht.

(2) Eine Verfügung über die Miete für eine spätere Zeit muss der Erwerber gegen sich gelten lassen, wenn er sie zur Zeit des Übergangs des Eigentums kennt.

Gliederung

A. Grundlagen....................................	1	I. Anwendungsbereich	5
I. Kurzcharakteristik..........................	1	II. Vorausverfügungen	6
II. Gesetzgebungsmaterialien	3	III. Zeitraum	7
B. Praktische Bedeutung........................	4	IV. Abdingbarkeit	9
C. Anwendungsvoraussetzungen	5		

A. Grundlagen

I. Kurzcharakteristik

Nach der Kommentierung zu § 566 BGB ist der Erwerber ab dem Zeitpunkt des Eigentumsübergangs Inhaber der Ansprüche auf die Miete. Verfügt der bisherige Vermieter über diese Ansprüche, so handelt er als Nichtberechtigter mit der Folge, dass die Verfügung unwirksam ist. Die Verfügung eines Nichtberechtigten kann nur unter den Voraussetzungen des § 185 BGB wirksam werden (Einwilligung oder Genehmigung des Berechtigten). 1

Dieser Grundsatz wird von § 566b BGB durchbrochen. Eine **Vorausverfügung** des bisherigen Vermieters über die Miete ist danach auch über den Zeitpunkt des Eigentumsübergangs hinaus **wirksam**, allerdings **zeitlich eng beschränkt** auf den laufenden Monat bzw. bei Eigentumsübergang nach dem 15. des Monats auf den Folgemonat. Bei Kenntnis des Erwerbers gilt auch ein längerer Zeitraum (§ 566b Abs. 2 BGB). Die Vorschrift bezweckt einen Ausgleich der Interessen zwischen Vermieter, Dritten, Erwerber und Mieter.[1] 2

II. Gesetzgebungsmaterialien

Die Vorgängervorschrift des § 573 BGB a.F. befand sich seit 1953 im BGB. Sie ging zurück auf eine inhaltsgleiche Regelung in einer Notverordnung aus dem Jahre 1931. Die Mietrechtsreform von 2001 hat die Vorschrift lediglich redaktionell angepasst und ihren Inhalt auf zwei Absätze aufgeteilt.[2] 3

B. Praktische Bedeutung

Die Vorschrift ist zwar nicht bedeutungslos. Ihre Anwendung wirft aber keine praktischen Probleme auf, so dass es an Gerichtsentscheidungen zu dieser Norm fehlt. 4

---

[1] *Häublein* in: MünchKomm-BGB, § 566b Rn. 4; *Emmerich* in: Emmerich/Sonnenschein, Miete, 10. Aufl. 2011, § 566b Rn. 6.
[2] BT-Drs. 14/4553, S. 63.

C. Anwendungsvoraussetzungen

I. Anwendungsbereich

5 § 566b BGB steht seit der Mietrechtsreform im Untertitel über Mietverhältnisse über **Wohnraum**. Die Vorschrift hat jedoch auf Grund zahlreicher Verweisungen einen größeren Anwendungsbereich. Gemäß § 578 BGB gilt sie auch bei Mietverträgen über **Grundstücke** und über **Räume, die keine Wohnräume sind**, gem. § 581 BGB für **Pachtverträge**, gem. § 593b BGB für **Landpachtverträge**. Entsprechend anwendbar ist die Vorschrift beim Erlöschen des Erbbaurechts (§ 30 ErbbauRG), bei Beendigung des Nießbrauchs (§ 1056 BGB) und bei Eintritt der Nacherbfolge (§ 2135 BGB).

II. Vorausverfügungen

6 Die Verfügungen des Vermieters, die in Betracht kommen, sind die **Abtretung** und die **Verpfändung**, ferner auch die **Aufrechnung** gegenüber dem Mieter.[3] Die Verfügung erfolgt regelmäßig zu Gunsten eines Dritten.[4] Obwohl vom Wortlaut nicht direkt umfasst, wird dem im Anschluss an die Rechtsprechung des Reichsgerichts die **Pfändung** der Ansprüche auf Mietzahlung durch Gläubiger des Vermieters gleichgestellt.[5]

III. Zeitraum

7 Der Zeitraum, für den die Verfügung ausnahmsweise wirksam ist, ist begrenzt, und zwar grundsätzlich auf den **laufenden Kalendermonat** (§ 566b Abs. 1 Satz 1 BGB). In zwei Fällen kann er länger sein, nämlich einmal, wenn der Eigentumsübergang erst nach dem 15. Tage des Monats erfolgt, in dem der Eigentumsübergang erfolgt. Dann sind auch noch Verfügungen für den **Folgemonat** wirksam (§ 566b Abs. 1 Satz 2 BGB). Die Vorschrift ist auf monatliche Mietzahlungen zugeschnitten. Ist die Miete in größeren Abschnitten fällig, muss sie auf Monatsbeträge umgerechnet werden.[6] Ist die Miete in einem Betrag zu entrichten, soll die Vorschrift nicht anwendbar sein.[7]

8 Darüber hinaus muss der Erwerber Verfügungen auch dann gegen sich gelten lassen, wenn er sie zum Zeitpunkt des Eigentumsübergangs **kennt** (§ 566b Abs. 2 BGB). Dies soll dem Schutz des Mieters dienen, der sich vor Doppelzahlungen schützen kann[8] bzw. der Notwendigkeit, einen Teil der Miete vom bisherigen Vermieter zurück fordern zu müssen. Bedeutung kann dies nur entfalten, wenn der Mieter für einen längeren Zeitraum als für einen Monat im Voraus gezahlt hat.

IV. Abdingbarkeit

9 Auch § 566b BGB ist grundsätzlich **dispositiv**, wobei zu beachten ist, dass die Parteien nicht in Rechte eines Dritten eingreifen können.

---

[3] *Häublein* in: MünchKomm-BGB, § 566b Rn. 8; *Emmerich* in: Emmerich/Sonnenschein, Miete, 10. Aufl. 2011, § 566b Rn. 5; a.A. bezüglich der Aufrechnung *Lammel*, Wohnraummietrecht, 3. Aufl. 2007, § 566b Rn. 10.

[4] *Emmerich* in: Emmerich/Sonnenschein, Miete, 10. Aufl. 2011, § 566b Rn. 5; *Lammel*, Wohnraummietrecht, 3. Aufl. 2007, § 566b Rn. 10.

[5] *Emmerich* in: Emmerich/Sonnenschein, Miete, 10. Aufl. 2011, § 566b Rn. 5; *Lammel*, Wohnraummietrecht, 3. Aufl. 2007, § 566b Rn. 11; *Weidenkaff* in: Palandt, § 566b Rn. 4; widersprechend *Häublein* in: MünchKomm-BGB, § 566b Rn. 8.

[6] *Häublein* in: MünchKomm-BGB, § 566b Rn. 14-15; *Emmerich* in: Emmerich/Sonnenschein, Miete, 10. Aufl. 2011, § 566b Rn. 6.

[7] BGH v. 05.11.1997 - VIII ZR 55/97 - BGHZ 137, 106-111.

[8] *Lammel*, Wohnraummietrecht, 3. Aufl. 2007, § 566b Rn. 3, 17.

§ 566c BGB Vereinbarung zwischen Mieter und Vermieter über die Miete

(Fassung vom 02.01.2002, gültig ab 01.01.2002)

¹Ein Rechtsgeschäft, das zwischen dem Mieter und dem Vermieter über die Mietforderung vorgenommen wird, insbesondere die Entrichtung der Miete, ist dem Erwerber gegenüber wirksam, soweit es sich nicht auf die Miete für eine spätere Zeit als den Kalendermonat bezieht, in welchem der Mieter von dem Übergang des Eigentums Kenntnis erlangt. ²Erlangt der Mieter die Kenntnis nach dem 15. Tag des Monats, so ist das Rechtsgeschäft auch wirksam, soweit es sich auf die Miete für den folgenden Kalendermonat bezieht. ³Ein Rechtsgeschäft, das nach dem Übergang des Eigentums vorgenommen wird, ist jedoch unwirksam, wenn der Mieter bei der Vornahme des Rechtsgeschäfts von dem Übergang des Eigentums Kenntnis hat.

Gliederung

A. Grundlagen... 1	II. Kenntnis des Mieters........................... 7
B. Praktische Bedeutung........................ 4	III. Zeitraum 10
C. Anwendungsvoraussetzungen............. 5	IV. Abdingbarkeit.................................. 11
I. Vorausentrichtung der Miete 5	

A. Grundlagen

§ 566c BGB dient demselben Normzweck wie § 566b BGB. Die Vorschrift stellt auf **rechtsgeschäftliche Vereinbarungen** zwischen Mieter und bisherigem Vermieter ab, insbesondere über **Mietvorauszahlungen**, und erklärt deren Wirksamkeit gegenüber dem Erwerber. Die zeitliche Befristung entspricht § 566b BGB. Im Gegensatz zu § 566b BGB ist bei der Fristberechnung jedoch nicht der Zeitpunkt des Eigentumsübergangs, sondern der **Kenntnis des Mieters** maßgeblich. **1**

Die Vorschrift stellt ein Äquivalent für § 407 BGB (Rechtshandlungen gegenüber dem bisherigen Gläubiger) dar, da diese Vorschrift auch nicht über § 412 BGB (gesetzlicher Forderungsübergang) anwendbar ist. **2**

Die Entstehungsgeschichte der Vorschrift entspricht § 566b BGB (vgl. die Kommentierung zu § 566b BGB). Die Mietrechtsreform von 2001 übernahm den bisherigen § 547 BGB a.F. sachlich unverändert als § 566c BGB.[1] **3**

B. Praktische Bedeutung

Die Vorschrift schützt den Mieter, der damit rechnen kann, dass seine Mietvorauszahlungen jedenfalls in gewissen zeitlichen Grenzen wirksam bleiben, solange er vom Eigentumsübergang nichts weiß. Der Erwerber muss daher ein hohes Interesse daran haben, dem Mieter den Eigentumswechsel zur Kenntnis zu bringen. Die Vorschrift entfaltet bei Baukostenzuschüssen eine gewisse praktische Bedeutung.[2] **4**

C. Anwendungsvoraussetzungen

I. Vorausentrichtung der Miete

§ 566c BGB ist nicht nur bei der Vermietung von Wohnraum **anwendbar**, sondern auf Grund zahlreicher Verweise auch bei anderen Gebrauchsüberlassungen von Grundstücken und Räumen (vgl. die Aufzählung der Verweisnormen in der Kommentierung zu § 566b BGB). **5**

---

[1] BT-Drs. 14/4553, S. 63.
[2] *Dötsch*, NZM 2012, 296-300.

6 Die Vorschrift spricht von rechtsgeschäftlichen Vereinbarungen zwischen Mieter und (bisherigem) Vermieter und erwähnt insbesondere die Entrichtung der Miete. Der Sache nach kommt in erster Linie eine **Vorausentrichtung der Miete** für die laufende Periode (also i.d.R. die am Beginn eines Monats zu zahlende Miete) in Betracht. Daneben sind auch eine **Stundung**, ein **Erlass** oder eine **Aufrechnungsvereinbarung** möglich.[3] Bei einer Kündigung des Mieters, die in Unkenntnis des Eigentumsübergangs dem Veräußerer gegenüber erfolgte, ist § 566c BGB nicht anzuwenden.[4]

II. Kenntnis des Mieters

7 Wenn der Mieter **keine Kenntnis** über den Eigentumsübergang erlangt, bleiben **Mietvorauszahlungen an den bisherigen Vermieter wirksam**, nach Kenntniserlangung nur noch in den in der Vorschrift genannten zeitlichen Grenzen. Die Kenntniserlangung muss sich auf den **dinglichen Eigentumsübergang** beziehen, nicht (nur) auf das obligatorische Veräußerungsgeschäft zwischen bisherigem Vermieter und Erwerber. Es reicht also nicht, wenn der Erwerber den Mieter lediglich über den Kaufvertrag informiert. Den Erwerber trifft überdies die **Beweislast**, dass der Mieter Kenntnis erlangt hat.[5]

8 Wird eine Mietvorauszahlung nach Eigentumsübergang vereinbart, ist sie unwirksam, wenn der Mieter von dem Eigentumsübergang Kenntnis hatte (§ 566c Satz 3 BGB).

9 Der BGH schützt bei **Baukostenzuschüssen** den Mieter unabhängig von der Kenntnis, wenn folgende Voraussetzungen erfüllt sind:
- sie müssen als Vorauszahlung vereinbart sein,
- sie müssen vereinbarungsgemäß zum Auf- oder Ausbau des Mietgrundstücks verwendet werden,
- die Abrede muss im Zusammenhang mit dem Mietvertrag getroffen sein,
- die Mittel müssen bestimmungsgemäß verwendet worden sein,
- die dadurch bewirkte Werterhöhung muss auch noch dem Erwerber zugutekommen.[6]

III. Zeitraum

10 Die zeitlichen Grenzen für die Wirksamkeit von Mietvorauszahlungen nach Kenntniserlangung entsprechen § 566b BGB. Sie erfassen den **laufenden Kalendermonat** (§ 566c Satz 1 BGB) und, falls die Kenntniserlangung nach dem 15. Tag des Kalendermonats stattfand, den **Folgemonat** (§ 566c Satz 2 BGB). Eine längere Mietvorauszahlung kann dem Erwerber gegenüber nicht geltend gemacht werden.[7]

IV. Abdingbarkeit

11 Die Vorschrift ist **dispositiv**. Bei abweichenden Vereinbarungen ist jedoch zu beachten, dass die Parteien nur über ihre eigenen Rechte und Pflichten disponieren können, d.h. weder können bisheriger Vermieter und Mieter die Rechte des Erwerbers beschneiden noch kann im Veräußerungsvertrag zwischen Vermieter und Erwerber über die Regelung über die Kenntniserlangung des Mieters disponiert werden. Sinnvollerweise sind daher Vereinbarungen zwischen allen drei Beteiligten anzustreben.

---

[3] *Häublein* in: MünchKomm-BGB, § 566c Rn. 5; *Emmerich* in: Emmerich/Sonnenschein, Miete, 10. Aufl. 2011, § 566c Rn. 2.
[4] BGH v. 23.02.2012 - IX ZR 29/11 - NJW 2012, 1881-1884, juris Rn. 14.
[5] *Emmerich* in: Emmerich/Sonnenschein, Miete, 10. Aufl. 2011, § 566c Rn. 2; *Lammel*, Wohnraummietrecht, 3. Aufl. 2007, § 566c Rn. 23.
[6] BGH v. 11.07.1962 - VIII ZR 98/61 - BGHZ 37, 346-353; BGH v. 30.11.1966 - VIII ZR 145/65 - LM Nr. 2 zu § 574 BGB; LG Berlin v. 01.06.2010 - 65 S 292/09; ablehnend *Lammel*, Wohnraummietrecht, 3. Aufl. 2007, § 566c Rn. 14.
[7] LG Berlin v. 25.08.2008 - 67 T 102/08 - Grundeigentum 2008, 1428: Befugnis zur Aufrechnung mit Modernisierungsaufwendungen.

§ 566d BGB Aufrechnung durch den Mieter

(Fassung vom 02.01.2002, gültig ab 01.01.2002)

¹Soweit die Entrichtung der Miete an den Vermieter nach § 566c dem Erwerber gegenüber wirksam ist, kann der Mieter gegen die Mietforderung des Erwerbers eine ihm gegen den Vermieter zustehende Forderung aufrechnen. ²Die Aufrechnung ist ausgeschlossen, wenn der Mieter die Gegenforderung erworben hat, nachdem er von dem Übergang des Eigentums Kenntnis erlangt hat, oder wenn die Gegenforderung erst nach der Erlangung der Kenntnis und später als die Miete fällig geworden ist.

Hinsichtlich Entstehungsgeschichte und **Anwendungsbereich** sei auf die Ausführungen zu § 566b BGB (vgl. die Kommentierung zu § 566b BGB) verwiesen.	1
Die Vorschrift übernimmt eine Regelung aus dem Abtretungsrecht, § 406 BGB (Aufrechnung gegenüber dem neuen Gläubiger) für das Verhältnis zwischen Mieter (Schuldner), ursprünglichem Vermieter (ursprünglicher Gläubiger) und Erwerber (neuer Gläubiger). Die gesonderte Regelung ist erforderlich, weil es sich bei den §§ 566-566e BGB um eine **gesetzliche Vertragsübernahme** handelt, nicht jedoch um einen gesetzlichen Forderungsübergang, auf den gem. § 412 BGB die §§ 398-413 BGB anzuwenden wären.	2
Die Vorschrift bezieht sich auf die **Aufrechnungslage**, nicht auf eine Aufrechnungsvereinbarung. Auf letztere ist § 566c BGB anzuwenden.[1] Die Aufrechnung ist nicht auf Ansprüche aus dem Mietverhältnis beschränkt.[2]	3
Die Aufrechnung ist gem. § 566d Satz 2 BGB jedoch **ausgeschlossen**, wenn der Mieter die Gegenforderung erst erworben hat, nachdem er vom Eigentumsübergang Kenntnis erlangt hat oder sie erst danach und später als die Miete fällig geworden ist. Dies entspricht § 406 BGB. Der **dingliche Eigentumsübergang** muss dem Mieter freilich nachgewiesen werden; eine bloße Mitteilung ist nicht ausreichend.[3]	4
§ 566d BGB entspricht § 575 BGB a.F.	5

---

[1] *Häublein* in: MünchKomm-BGB, § 566d Rn. 1.
[2] *Häublein* in: MünchKomm-BGB, § 566d Rn. 4; *Kossmann*, Handbuch der Wohnraummiete, 6. Aufl. 2003, § 24 Rn. 1.
[3] *Kossmann*, Handbuch der Wohnraummiete, 6. Aufl. 2003, § 24 Rn. 2.

§ 566e BGB Mitteilung des Eigentumsübergangs durch den Vermieter

(Fassung vom 02.01.2002, gültig ab 01.01.2002)

(1) Teilt der Vermieter dem Mieter mit, dass er das Eigentum an dem vermieteten Wohnraum auf einen Dritten übertragen hat, so muss er in Ansehung der Mietforderung dem Mieter gegenüber die mitgeteilte Übertragung gegen sich gelten lassen, auch wenn sie nicht erfolgt oder nicht wirksam ist.

(2) Die Mitteilung kann nur mit Zustimmung desjenigen zurückgenommen werden, der als der neue Eigentümer bezeichnet worden ist.

Gliederung

A. Grundlagen	1	II. Auswirkungen der Mitteilung	4
B. Anwendungsvoraussetzungen	3	III. Rücknahme (Absatz 2)	6
I. Mitteilung	3		

A. Grundlagen

1 § 566e BGB übernimmt eine weitere Vorschrift aus dem Abtretungsrecht, nämlich § 409 BGB (Abtretungsanzeige) für das Verhältnis zwischen Mieter, ursprünglichem Vermieter und Erwerber. Eine **Mitteilung** des Vermieters **über den Eigentumsübergang** bewirkt, dass der Mieter die **Miete wirksam an den Erwerber zahlen** kann, auch wenn der Eigentumsübergang tatsächlich nicht stattgefunden hat.

2 Die Vorschrift entspricht § 576 a.F BGB. Die Mietrechtsreform 2001 hat sie mit unbedeutenden sprachlichen Änderungen übernommen.[1] Der **Anwendungsbereich** entspricht § 566b BGB (vgl. die Kommentierung zu § 566b BGB).

B. Anwendungsvoraussetzungen

I. Mitteilung

3 Voraussetzung für eine Leistung des Mieters an den Erwerber mit befreiender Wirkung ist eine **Mitteilung des ursprünglichen Vermieters**. Die Vorgängervorschrift des § 576 BGB a.F. sprach von einer „Anzeige"; eine inhaltliche Änderung ist mit dem Begriffswechsel nicht beabsichtigt.[2] Die Mitteilung ist **formfrei** möglich, sie muss jedoch **zugehen**.[3] Der Mieter hat aber ein Interesse, die Mitteilung in einer für ihn beweisbaren Form zu erhalten, da ihn die Beweislast trifft, dass er die Mitteilung erhalten hat.[4] Die Mitteilung muss sich auf den **dinglichen Eigentumsübergang** beziehen, nicht auf das obligatorische Veräußerungsgeschäft. Eine **Kenntniserlangung** vom Eigentumsübergang **auf andere Weise** als durch die Mitteilung des ursprünglichen Vermieters **reicht nicht aus**,[5] da der Vermieter mit seiner Mitteilung den u.U. unzutreffenden Rechtsschein setzt, ein Eigentumsübergang habe stattgefunden.

---

[1] BT-Drs. 14/4553, S. 63.
[2] BT-Drs. 14/4553, S. 63.
[3] *Häublein* in: MünchKomm-BGB, § 566e Rn. 3; *Kossmann*, Handbuch der Wohnraummiete, 6. Aufl. 2003, § 25 Rn. 3.
[4] *Häublein* in: MünchKomm-BGB, § 566e Rn. 9; *Kossmann*, Handbuch der Wohnraummiete, 6. Aufl. 2003, § 25 Rn. 9.
[5] *Häublein* in: MünchKomm-BGB, § 566e Rn. 5; *Kossmann*, Handbuch der Wohnraummiete, 6. Aufl. 2003, § 25 Rn. 4.

II. Auswirkungen der Mitteilung

Eine Zahlungsverpflichtung des Mieters gegenüber dem Erwerber ergibt sich allein gem. § 566 Abs. 1 BGB aus dem nachgewiesenen Eigentumsübergang, nicht jedoch aus der bloßen Mitteilung. Er gerät daher nicht in Zahlungsverzug, wenn mehrere (neue) Vermieter Zahlung verlangen und er nicht feststellen kann, wer sein aktueller Vermieter geworden ist.[6] Die Mitteilung berechtigt den Mieter jedoch, **mit befreiender Wirkung an den Erwerber zu zahlen**, und zwar unabhängig davon, ob der Eigentumsübergang tatsächlich eingetreten ist. Die befreiende Wirkung gilt auch für eine **Aufrechnung** gegenüber dem Erwerber oder für einen **Erlass**; beides muss sich jedoch allein auf das Mietverhältnis beziehen.[7]

Dem BGH zu Folge treten die Wirkungen der Mitteilung selbst dann ein, wenn der Mieter weiß, dass ein Eigentumsübergang tatsächlich nicht stattgefunden hat.[8] Die Entscheidung ist freilich zum allgemeinen Abtretungsrecht ergangen (§ 409 BGB). Dies soll seine Grenzen allein in einer Kollusion zwischen Mieter und Erwerber finden.

III. Rücknahme (Absatz 2)

Der ursprüngliche Vermieter kann die Wirkungen seiner Mitteilung nicht allein beseitigen, sondern bedarf dazu der Mitwirkung des in der Mitteilung bezeichneten **Erwerbers**. Dieser muss der **Rücknahme zustimmen**. Der Vermieter trägt daher das Risiko, dass der Mieter mit befreiender Wirkung weiterhin die Miete an den angeblichen Erwerber zahlt, wenn dieser nicht zustimmt. Er hat freilich einen Anspruch gegenüber dem Erwerber auf Zustimmung, der in der Literatur z.T. auf § 812 BGB gestützt wird.[9]

---

[6] AG Gelsenkirchen v. 07.11.2011 - 3a C 299/11 - ZMR 2012, 359.
[7] *Häublein* in: MünchKomm-BGB, § 566e Rn. 7; *Kossmann*, Handbuch der Wohnraummiete, 6. Aufl. 2003, § 25 Rn. 7.
[8] BGH v. 13.03.1975 - VII ZR 69/74 - juris Rn. 17 - BGHZ 64, 117-122.
[9] *Emmerich* in: Emmerich/Sonnenschein, Miete, 10. Aufl. 2011, § 566e Rn. 6.

§ 567 BGB Belastung des Wohnraums durch den Vermieter

(Fassung vom 02.01.2002, gültig ab 01.01.2002)

¹Wird der vermietete Wohnraum nach der Überlassung an den Mieter von dem Vermieter mit dem Recht eines Dritten belastet, so sind die §§ 566 bis 566e entsprechend anzuwenden, wenn durch die Ausübung des Rechts dem Mieter der vertragsgemäße Gebrauch entzogen wird. ²Wird der Mieter durch die Ausübung des Rechts in dem vertragsgemäßen Gebrauch beschränkt, so ist der Dritte dem Mieter gegenüber verpflichtet, die Ausübung zu unterlassen, soweit sie den vertragsgemäßen Gebrauch beeinträchtigen würde.

Gliederung

A. Grundlagen 1	III. Beschränkung des vertragsgemäßen Gebrauchs (Satz 2) 8
B. Anwendungsvoraussetzungen 4	
I. Anwendungsbereich 4	IV. Abdingbarkeit 9
II. Entziehung des vertragsgemäßen Gebrauchs (Satz 1) 5	

A. Grundlagen

1   Räumt der Vermieter, der Eigentümer ist, einem Dritten ein **dingliches Recht** an dem Wohnraum ein, der ihn **zur ausschließlichen Nutzung** berechtigt, so befindet sich der Mieter in derselben Situation wie wenn der Vermieter den Wohnraum veräußern würde. Das Gesetz erstreckt daher den Grundsatz „Kauf bricht nicht Miete" gem. § 566 BGB auf derartige Gestaltungen. Wer also ein (i.d.R., aber nicht notwendigerweise dingliches) Nutzungsrecht an Wohnraum erwirbt, der bereits vermietet ist, tritt kraft Gesetzes in den bestehenden Mietvertrag ein.

2   Einen abgeschwächten Schutz räumt das Gesetz ein, wenn das dem Dritten eingeräumte Recht den Gebrauch am gemieteten Wohnraum lediglich **beschränkt**. Der Dritte ist in diesem Fall verpflichtet, die **Nutzungsausübung zu unterlassen**, soweit sie den Mieter im vertragsgemäßen Gebrauch behindert, es bleibt aber beim Mietverhältnis zwischen ursprünglichem Vermieter und Mieter.

3   Die Mietrechtsreform 2001 hat den ursprünglichen § 577 BGB a.F. mit geringen sprachlichen Änderungen als § 567 BGB übernommen.

B. Anwendungsvoraussetzungen

I. Anwendungsbereich

4   Die Mietrechtsreform hat die Vorschrift in den Untertitel über die Miete von Wohnraum eingestellt, so dass sie direkt nur noch für Wohnraum anwendbar ist. Durch die Verweisung in § 578 BGB gilt sie jedoch auch – wie bisher § 577 BGB a.F. – für **Grundstücke und Räume, die keine Wohnräume sind**,[1] ferner gem. § 581 BGB für Pachtverträge und § 593b BGB für Landpachtverträge (vgl. im Übrigen die Erläuterungen zum Anwendungsbereich bei § 566 BGB (vgl. die Kommentierung zu § 566 BGB)).

II. Entziehung des vertragsgemäßen Gebrauchs (Satz 1)

5   Folgende dingliche Rechte führen zur vollständigen Entziehung des vertragsgemäßen Gebrauchs:
- Nießbrauch (§ 1030 BGB),[2]
- dingliches Wohnungsrecht (§ 1093 BGB),[3]

---

[1] Vgl. den Hinweis in BT-Drs. 14/4553, S. 63.
[2] OLG Frankfurt v. 06.05.1986 - 8 U 164/85 - DWW 1986, 290-293; LG Verden v. 20.02.2009 - 1 T 176/08; LG Mühlhausen v. 27.05.2008 - 3 O 122/08 - IV.
[3] BGH v. 02.06.1972 - V ZR 154/70 - BGHZ 59, 51-58.

- Erbbaurecht (ErbbauRG),
- Wohnungserbbaurecht bzw. Teilerbbaurecht (§ 30 WoEigG),
- Dauerwohnungsrecht bzw. Dauernutzungsrecht (§ 31 WoEigG). Für das dingliche Wohnungsrecht wendet der BGH nur dann Satz 1 an, wenn es sich auf alle vermieteten Räume erstreckt.[4] Was bei einem dinglichen Wohnrecht gilt, das nur einen Teil der vermieteten Wohnräume erfasst, lässt der BGH dahingestellt. In diesem Fall dürfte Satz 2 anzuwenden sein.

Bei Begründung der genannten Rechte kommen die §§ 566-566e BGB durch den Verweis in § 567 Satz 1 BGB zur Anwendung. Sie gelten nicht direkt, da § 566 BGB von der Veräußerung des Wohnraums spricht; in den Fällen des § 567 BGB bleibt dagegen der ursprüngliche Vermieter Eigentümer. § 567 BGB erfasst jedoch nicht den spiegelbildlichen Fall der **Beendigung der** genannten **Rechte**. Auch hier ist § 566 BGB nicht direkt anwendbar, da auch hier kein Fall der Veräußerung vorliegt. § 566 BGB wird dann jedoch **entsprechend** angewendet, was wenigstens teilweise gesetzlich vorgesehen ist, nämlich für den Nießbrauch in § 1056 Abs. 1 BGB, für das Erbbaurecht in § 30 ErbbauRG. Ein geringerer Schutz besteht bei einem **Dauerwohnrecht**. Miet- und Pachtverhältnisse mit den Dauerwohnberechtigten erlöschen mit dem Erlöschen des Dauerwohnrechts (§ 37 Abs. 1 WoEigG). Bei Geltendmachung des Heimfallanspruchs des Eigentümers und bei Veräußerung des Dauerwohnrechts gelten jedoch die §§ 566-566e BGB (§ 37 Abs. 2-3 WoEigG).

6

Im Ergebnis ist der Grundsatz „Kauf bricht nicht Miete" jedoch stets anwendbar sowohl bei der Begründung wie bei der Beendigung eines dinglichen Nutzungsrechts, das dem Mieter den vertragsgemäßen Gebrauch entziehen würde. Der Erwerber des beschränkten dinglichen Rechts tritt in den Mietvertrag gem. den §§ 567, 566 BGB ein. Endet das Recht, so tritt der Eigentümer gem. den Vorschriften, die § 566 BGB für entsprechend anwendbar erklärt, in den Vertrag ein. Bei einem langjährigen Mietverhältnis kann dies der Vertrag sein, den er selbst ursprünglich abgeschlossen hat; sonst wird es ein vom Nutzungsberechtigten abgeschlossener Mietvertrag sein.

7

III. Beschränkung des vertragsgemäßen Gebrauchs (Satz 2)

Beschränkungen des vertragsgemäßen Gebrauchs können sich aus folgenden dinglichen Rechten ergeben:

8

- Grunddienstbarkeiten (§ 1018 BGB),
- beschränkte persönliche Dienstbarkeiten (§ 1090 BGB),
- dingliche Wohnungsrechte (§ 1093 BGB), die sich nicht auf sämtliche vermietete Räume beziehen.[5]

Folge dieser Beschränkung ist lediglich ein **Anspruch des Mieters** gegen den Berechtigten auf **Unterlassung** der zur Beschränkung führenden Nutzung. Dieser Anspruch tritt neben die Ansprüche gegen den Vermieter auf Minderung oder Schadensersatz gem. den §§ 536-536a BGB bei einem (Rechts-)Mangel.

IV. Abdingbarkeit

§ 567 BGB ist **abdingbar**. Jedoch ist dabei zu beachten, dass nicht in die Rechtspositionen Dritter eingegriffen werden darf. Außerdem darf die Abbedingung nicht zur Entziehung der subsidiären Haftung des Veräußerers gem. § 566 Abs. 2 BGB führen.[6]

9

---

[4] BGH v. 02.06.1972 - V ZR 154/70 - BGHZ 59, 51-58.
[5] BGH v. 02.06.1972 - V ZR 154/70 - BGHZ 59, 51-58.
[6] *Kossmann*, Handbuch der Wohnraummiete, 6. Aufl. 2003, § 26 Rn. 5; *Emmerich* in: Emmerich/Sonnenschein, Miete, 10. Aufl. 2011, § 567 Rn. 1.

§ 567a BGB Veräußerung oder Belastung vor der Überlassung des Wohnraums

(Fassung vom 02.01.2002, gültig ab 01.01.2002)

Hat vor der Überlassung des vermieteten Wohnraums an den Mieter der Vermieter den Wohnraum an einen Dritten veräußert oder mit einem Recht belastet, durch dessen Ausübung der vertragsgemäße Gebrauch dem Mieter entzogen oder beschränkt wird, so gilt das Gleiche wie in den Fällen des § 566 Abs. 1 und des § 567, wenn der Erwerber dem Vermieter gegenüber die Erfüllung der sich aus dem Mietverhältnis ergebenden Pflichten übernommen hat.

1 § 567a BGB erlaubt entgegen der Regel des § 415 BGB einen **Schuldnerwechsel ohne Zustimmung des Gläubigers** (des Mieters), wenn der Mietvertrag zwar abgeschlossen wurde, die **Wohnräume** aber **noch nicht dem Mieter überlassen** wurden. Dieser Fall wird nicht vom Grundsatz „Kauf bricht nicht Miete" erfasst, da § 566 BGB sich direkt nur auf überlassenen Wohnraum bezieht. § 566 BGB kann auch nicht durch den Verweis in § 567 BGB eingreifen, da beim Erwerb eines Nutzungsrechts ebenfalls Voraussetzung ist, dass der Wohnraum bereits überlassen wurde. Es ist auch nicht Sinn des § 567a BGB, den Anwendungsbereich von „Kauf bricht nicht Miete" noch weiter zu ziehen, vielmehr ist das Gesetz der Ansicht, dass der Schutzzweck des § 566 BGB (und § 567 BGB) auf überlassenen Mietraum zu beschränken ist, während der Mieter, der zwar einen Mietvertrag abgeschlossen, den Wohnraum aber noch nicht bezogen hat, nicht schützenswert sein soll.

2 § 567a BGB schützt also nicht den Mieter, sondern den Vermieter, dem er ermöglichen will, entgegen § 415 BGB durch Vereinbarung allein mit dem Erwerber und unter Umgehung des Mieters den Erwerber in die Vermieter-Stellung einrücken zu lassen. Wäre dies nicht möglich oder wird eine Vereinbarung zwischen Vermieter und Erwerber nicht abgeschlossen, so würde der veräußernde Vermieter dem Mieter gegenüber schadensersatzpflichtig gem. den §§ 536a, 536 Abs. 3 BGB,[1] da der Mieter, dem die Wohnräume noch nicht überlassen wurden, mangels Eingreifens von „Kauf bricht nicht Miete" gegen den Erwerber keine Ansprüche hat, der Vermieter die Ansprüche jedoch nicht mehr erfüllen kann.

3 Die Vereinbarung zwischen Vermieter und Erwerber ist **formfrei** möglich. Sie ist auch noch **nach Eigentumsübergang** möglich.[2] Solange sie noch nicht dazu geführt hat, dass der Erwerber in die Vermieter-Stellung einrückt, d.h. vor Eigentumsübergang, kann sie ohne Zustimmung des Mieters wieder **aufgehoben** werden, sonst nur mit seiner Zustimmung.[3] Ist der Erwerber auf Grund einer Vereinbarung mit dem ursprünglichen Vermieter in die Vermieter-Stellung eingerückt, so muss er auch solchen Verpflichtungen gegenüber dem Mieter nachkommen, die erst nach Ausübung eines diesem vertraglich eingeräumten Gestaltungsrechts (Einrichtung eines Ladens) bestehen.[4]

4 § 567a BGB war vor der Mietrechtsreform § 578 BGB a.F. und wurde sachlich unverändert übernommen.

---

[1] *Emmerich* in: Emmerich/Sonnenschein, Miete, 10. Aufl. 2011, § 567a Rn. 2; *Weidenkaff* in: Palandt, § 567a Rn. 6.
[2] *Häublein* in: MünchKomm-BGB, § 567a Rn. 4; *Emmerich* in: Emmerich/Sonnenschein, Miete, 10. Aufl. 2011, § 567a Rn. 3.
[3] *Häublein* in: MünchKomm-BGB, § 567a Rn. 6.
[4] BGH v. 15.11.1965 - VIII ZR 288/63 - LM Nr. 1 zu § 578 BGB.

§ 567b BGB Weiterveräußerung oder Belastung durch Erwerber

(Fassung vom 02.01.2002, gültig ab 01.01.2002)

¹Wird der vermietete Wohnraum von dem Erwerber weiterveräußert oder belastet, so sind § 566 Abs. 1 und die §§ 566a bis 567a entsprechend anzuwenden. ²Erfüllt der neue Erwerber die sich aus dem Mietverhältnis ergebenden Pflichten nicht, so haftet der Vermieter dem Mieter nach § 566 Abs. 2.

§ 567b BGB befasst sich mit den Folgen des Grundsatzes „Kauf bricht nicht Miete" bei einer **Veräußerer-Kette**. Ohne die Vorschrift würde der weiterveräußernde Erwerber „Vermieter" im Sinne des § 566 BGB sein mit der Folge, dass ihn die subsidiäre Haftung nach § 566 Abs. 2 BGB träfe, der erste Veräußerer aber von dieser Haftung frei würde. Dieses Ergebnis wird von § 567b BGB modifiziert. Zwar tritt auch der neue Erwerber in den Mietvertrag ein, und es sind die Vorschriften der §§ 566a-567 BGB anzuwenden, aber § 566 Abs. 2 BGB gilt bei einer Veräußerer-Kette nicht, wie sich aus § 567b Satz 1 BGB ergibt. Den **weiter veräußernden Erwerber** trifft also **nicht** die Haftung als **selbstschuldnerischer Bürge** gem. § 566 Abs. 2 BGB. 1

Vielmehr ordnet das Gesetz in § 567b Satz 2 BGB an, dass diese Haftung weiterhin bei dem **ursprünglichen Vermieter**, also dem Erst-Veräußerer, liegt. Der Sinn dieser Regelung besteht darin, dass dem Mieter nicht die wenn auch nur subsidiäre Haftung seines ursprünglichen Vertragspartners genommen werden darf, auf dessen Solvenz er beim Vertragsschluss vertraut hat, während er sich die Erwerber nicht als Vertragspartner ausgesucht hat und folglich auch nicht mit deren Solvenzrisiko belastet werden darf. 2

§ 567b BGB war bis zur Mietrechtsreform 2001 § 579 BGB a.F. und wurde vom Reformgesetzgeber ohne sachliche Änderungen übernommen. 3

§ 568

Kapitel 5 - Beendigung des Mietverhältnisses

Unterkapitel 1 - Allgemeine Vorschriften

§ 568 BGB Form und Inhalt der Kündigung

(Fassung vom 02.01.2002, gültig ab 01.01.2002)

(1) Die Kündigung des Mietverhältnisses bedarf der schriftlichen Form.

(2) Der Vermieter soll den Mieter auf die Möglichkeit, die Form und die Frist des Widerspruchs nach den §§ 574 bis 574b rechtzeitig hinweisen.

Gliederung

A. Kommentierung zu Absatz 1 1	B. Kommentierung zu Absatz 2 46
I. Grundlagen 1	I. Grundlagen 46
1. Kurzcharakteristik 1	1. Kurzcharakteristik 46
2. Gesetzgebungsgeschichte und -materialien 2	2. Gesetzgebungsgeschichte und -materialien 47
3. Regelungsprinzipien 4	3. Regelungsprinzipien 48
II. Anwendungsvoraussetzungen 7	II. Anwendungsvoraussetzungen 49
1. Normstruktur 7	1. Normstruktur 49
2. Wohnraummietverhältnis 8	2. Wohnraummietverhältnis 50
3. Kündigung 12	3. Kündigung des Vermieters 52
4. Schriftliche Form 15	4. Bestehen eines Widerspruchsrechts des Mieters . 53
a. Definition 15	a. Art des Mietverhältnisses 55
b. Urkunde 16	b. Art der Beendigung 58
c. Eigenhändige Namensunterschrift 20	5. Hinweis des Vermieters auf das Widerspruchsrecht des Mieters 64
d. Stellvertretung 26	a. Form des Hinweises 64
e. Kündigungserklärung durch Personenmehrheit.. 29	b. Adressaten des Hinweises 65
f. Kündigungserklärung gegenüber Personenmehrheit 31	c. Inhaltliche Anforderungen an den Hinweis...... 66
g. Kündigungserklärungen im Rechtsstreit 32	d. Rechtzeitig 69
5. Abdingbarkeit................................ 36	6. Abdingbarkeit 73
6. Praktische Hinweise 39	III. Rechtsfolgen eines unterbliebenen Hinweises .. 75
III. Rechtsfolgen bei Nichtbeachtung der Schriftform 40	IV. Prozessuale Hinweise 78
IV. Prozessuale Hinweise/Verfahrenshinweise 44	V. Anwendungsfelder – Übergangsrecht 81
V. Anwendungsfelder – Übergangsrecht 45	VI. Arbeitshilfen – Muster 83

A. Kommentierung zu Absatz 1

I. Grundlagen

1. Kurzcharakteristik

1   Die Vorschrift regelt die allgemeinen **formellen Voraussetzungen** der ordentlichen und außerordentlichen Kündigung eines Wohnraummietverhältnisses, nicht aber – trotz der irreführenden amtlichen Überschrift – deren Inhalt.[1]

2. Gesetzgebungsgeschichte und -materialien

2   Die auf einen Vorschlag des Rechtsausschusses[2] zurückgehende, bis zum 31.08.2001 geltende **Vorgängerregelung** § 564a Abs. 1 Satz 1 BGB a.F. war durch das Erste Gesetz zur Änderung mietrechtlicher Vorschriften vom 29.07.1963[3] in das BGB aufgenommen worden. Die dort in Absatz 1 Satz 2

---

[1] *Weidenkaff* in: Palandt, § 568 Rn. 1 und *Wöstmann* in: Bamberger/Roth, § 568 Rn. 1.
[2] BT-Drs. 4/1323, S. 4.
[3] BGBl I 1963, 505.

lediglich als sanktionslose Sollvorschrift enthaltene **Obliegenheit zur Angabe der Gründe der Kündigung** im Kündigungsschreiben ist durch das Mietrechtsreformgesetz vom 19.06.2001[4] gemäß dem Vorschlag des Berichtes der Expertenkommission vom 30.12.1994[5] entfallen[6].

Zwingende **Begründungspflichten** finden sich nunmehr
- für die ordentliche Kündigung des Vermieters in § 573 Abs. 3 Satz 1 BGB (vgl. hierzu die Kommentierung zu § 573 BGB Rn. 187),
- für die außerordentliche Kündigung des Vermieters mit gesetzlicher Frist – im Wege der Verweisung – in § 573d Abs. 1 BGB (vgl. hierzu die Kommentierung zu § 573d BGB) und
- für die vermieter- oder mieterseitige außerordentliche fristlose Kündigung aus wichtigem Grund in § 569 Abs. 4 BGB (vgl. hierzu die Kommentierung zu § 569 BGB Rn. 201).

3. Regelungsprinzipien

Die Vorschrift ergänzt die allgemeinen Regelungen über die Beendigung von Mietverhältnissen (§§ 542, 543 BGB, vgl. hierzu die Kommentierung zu § 542 BGB) für die Wohnraummiete. Auch Wohnraummietverhältnisse (§ 549 Abs. 1 BGB, vgl. hierzu die Kommentierung zu § 549 BGB) enden regelmäßig entweder durch Kündigung, Zeitablauf oder Vertragsaufhebung.

Die Formvorschrift hat mieterschützende Funktion[7] und verfolgt zwei **Zwecke**[8]:
- Unüberlegte Kündigungen von Wohnraummietverhältnissen sollen verhindert werden (**Warnfunktion**).
- Der Mieter soll im Interesse der Rechtssicherheit und angesichts der einschneidenden Bedeutung, die eine Kündigung für seinen Lebenskreis mit sich bringt, bei einer auf Beendigung des Mietverhältnisses abzielenden Erklärung Gewissheit und Klarheit darüber haben, ob eine Kündigung ausgesprochen worden ist oder nicht (**Klarstellungsfunktion**).

Im Übrigen wird so ein **Gleichlauf zum** für den **Widerspruch** des Mieters bestehenden Schriftformerfordernis (§ 574b Abs. 1 Satz 1 BGB) erreicht.[9]

II. Anwendungsvoraussetzungen

1. Normstruktur

Normstruktur:
- Tatbestandsmerkmale:
  - Wohnraummietverhältnis,
  - Kündigung.
- Rechtsfolge:
  - Schriftform der Kündigung als Wirksamkeitsvoraussetzung.

2. Wohnraummietverhältnis

Die Bestimmung ist schon auf Grund ihrer systematischen Stellung unmittelbar nur auf die **Wohnraummiete** anwendbar. Zur Abgrenzung von anderen Mietverhältnissen vgl. die Kommentierung zu § 549 BGB.

Entgegen der Rechtslage vor der Mietrechtsreform unterliegen auch Kündigungen von Mietverhältnissen über **möblierten Wohnraum** innerhalb der Vermieterwohnung (§§ 564a Abs. 3, 564b Abs. 7 Nr. 2 BGB a.F., jetzt § 549 Abs. 2 Nr. 2 BGB) und Wohnraum, der nur zum **vorübergehenden Gebrauch** vermietet ist (§§ 564a Abs. 3, 564b Abs. 7 Nr. 1 BGB a.F., jetzt § 549 Abs. 2 Nr. 1 BGB), dem Schrift-

---

[4] BGBl I 2001, 1149.
[5] BT-Drs. 13/159, Ziffer 5414.
[6] Vgl. die Begründung zum Referentenentwurf, BT-Drs. 14/5663, S. 2 – dort zu § 568a BGB-Entwurf.
[7] *Blank* in: Schmidt-Futterer, Mietrecht, 10. Aufl. 2011, § 568 Rn. 3.
[8] Vgl. OLG Hamm v. 23.11.1981 - 4 REMiet 8/81 - juris Rn. 10 - NJW 1982, 452-453 sowie *Blank* in: Blank/Börstinghaus, Miete, 3. Aufl. 2008, § 568 Rn. 4 und *Wöstmann* in: Bamberger/Roth, § 568 Rn. 2.
[9] *Rolfs* in: Staudinger, § 568 Rn. 4.

formerfordernis, da § 549 Abs. 2 BGB für diese Mietverhältnisse nur § 568 Abs. 2 BGB, nicht aber § 568 Abs. 1 BGB von der Anwendung ausschließt[10].

10 **Außerhalb des Wohnraummietrechts** können Kündigungen dagegen – sofern nichts Abweichendes vereinbart ist – weiterhin formlos erfolgen (vgl. hierzu die Kommentierung zu § 578 BGB).

11 Sofern bei **Mischmietverhältnissen**, wenn also die Räume vereinbarungsgemäß sowohl zu Wohn- wie auch zu anderen Zwecken genutzt werden (vgl. hierzu die Kommentierung zu § 549 BGB), einheitlich Wohnraummietrecht Anwendung findet, ist die Schriftform dagegen einzuhalten.[11]

3. Kündigung

12 Zum **Begriff** der Kündigung vgl. die Kommentierung zu § 542 BGB. Die Formvorschrift gilt für **sämtliche Kündigungen eines Wohnraummietverhältnisses**, d.h. bei Wohnraum gleichermaßen für
- die ordentliche und die außerordentliche Kündigung,
- die befristete und die fristlose Kündigung,
- die Kündigung von Haupt- und Untermietverhältnissen,
- vermieter- und mieterseitige Kündigungen.

13 Bei Mietverhältnissen auf bestimmte Zeit mit wirksam vereinbarter **Verlängerungsklausel** (vgl. hierzu die Kommentierung zu § 573c BGB Rn. 63 und die Kommentierung zu § 573c BGB Rn. 85), bei denen die Verlängerung durch Parteierklärung abgelehnt werden muss, ist für die Beendigung ebenfalls eine formbedürftige Kündigung notwendig (**str.**).[12]

14 Auf **andere Formen der Beendigung** als die Kündigung findet die Formvorschrift keine Anwendung. Weder Mietaufhebungsverträge[13] noch der Rücktritt von einem Mietvertrag oder dessen Anfechtung bedürfen der schriftlichen Form. Einer diesbezüglichen erweiternden Auslegung der Vorschrift steht ihr klarer Wortlaut entgegen.[14]

4. Schriftliche Form

a. Definition

15 Zur Wahrung der schriftlichen Form muss die Kündigungserklärung in einer vom Kündigenden eigenhändig durch **Namensunterschrift** oder mittels **notariell beglaubigten Handzeichens** unterzeichneten Urkunde enthalten sein (§ 126 BGB, vgl. hierzu auch die Kommentierung zu § 126 BGB).

b. Urkunde

16 Die Kündigungserklärung muss in einer Urkunde **schriftlich** niedergelegt sein. Eine Urkunde ist ein geschriebener Text auf einer festen Unterlage, die geeignet ist, die Schriftzeichen festzuhalten, regelmäßig Papier.[15] Bei der Urkunde kann es sich auch um ein von beiden Parteien unterzeichnetes **Protokoll außergerichtlicher Verhandlungen** handeln, wenn darin die Kündigungserklärung enthalten ist.[16]

---

[10] AG Bad Oeynhausen v. 17.06.2004 - 18 C 52/04 - ZMR 2005, 541-542; *Rolfs* in: Staudinger, § 568 BGB Rn. 6; *Kellendorfer* in: Müller/Walther, Miet- und Pachtrecht, § 568 Rn. 2; a.A. – ohne Begründung – *Kandelhard* in: Herrlein/Kandelhard, ZAP-Praxiskommentar Mietrecht, 4. Aufl. 2010, § 568 Rn. 2.

[11] OLG Rostock v. 25.09.2000 - 3 U 75/99 - juris Rn. 35 - NJW-RR 2001, 514-515.

[12] *Blank* in: Schmidt-Futterer, Mietrecht, 10. Aufl. 2011, § 575 Rn. 78 und *Rolfs* in: Staudinger, § 568 BGB Rn. 10; vgl. auch BGH v. 29.04.2002 - II ZR 330/00 - juris Rn. 10 - NJW 2002, 2170-2171; a.A. BGH v. 16.10.1974 - VIII ZR 74/73 - juris Rn. 11 - NJW 1975, 40 m.w.N. sowie OLG Düsseldorf v. 10.07.1996 - 9 U 10/96 - NJW-RR 1998, 11-12; offen BGH v. 06.04.2005 - VIII ZR 155/04 - juris Rn. 17 - NJW 2005, 1572-1574.

[13] LG Aachen v. 02.12.1992 - 7 S 388/92 - juris Rn. 2 - WuM 1993, 734; a.A. AG Köln v. 15.06.1992 - 206 C 227/91 - juris Rn. 2 - WuM 1993, 119.

[14] *Blank* in: Schmidt-Futterer, Mietrecht, 10. Aufl. 2011, § 568 Rn. 7 und *Wöstmann* in: Bamberger/Roth, § 568 Rn. 3.

[15] *Rolfs* in: Staudinger, § 568 BGB Rn. 13.

[16] RG v. 04.05.1911 - VI 143/10 - RGZ 76, 191-195, 193.

Soweit die **Angabe von Kündigungsgründen** erforderlich ist (vgl. hierzu Rn. 3), erstreckt sich das Schriftformerfordernis auch auf diese.[17]

Eine **mündlich** erklärte Kündigung wird auch nicht dadurch wirksam, dass sie vom Kündigungsempfänger schriftlich angenommen wird (str.).[18] Unbillige Ergebnisse können – wie stets bei Mängeln der gesetzlichen Form (vgl. hierzu die Kommentierung zu § 125 BGB) – nur in krassen Ausnahmefällen über § 242 BGB korrigiert werden. Gegebenenfalls kann eine Umdeutung (§ 140 BGB) in Frage kommen, vgl. Rn. 39.

Eine **konkludente** Kündigungserklärung ist daher ebenfalls ausgeschlossen.[19] Dies gilt nicht bei der Geschäftsraummiete.[20]

c. Eigenhändige Namensunterschrift

Eine **Unterschrift** setzt ein aus Buchstaben einer üblichen Schrift bestehendes Gebilde voraus. Zu weiteren Einzelheiten hierzu vgl. die Kommentierung zu § 126 BGB.

Durch die **Namens**unterschrift soll die Identifizierung des Kündigenden ermöglicht werden. Regelmäßig ist daher die Zeichnung mit dem Familiennamen ausreichend. Wenn der Kündigungsempfänger den Kündigenden unter dessen Vornamen oder einem Pseudonym kennt, genügt auch diese Bezeichnung. Sogar die versehentliche Verwendung eines falschen Namens schadet nicht, sofern die Identität des Unterzeichnenden feststellbar bleibt. Keine Namensunterschrift und hinreichend zweifelsfreie Kennzeichnung des Kündigenden liegt in der bloßen Angabe von dessen Funktion („Der Vermieter") oder seiner Beziehung zum Kündigungsempfänger („Dein Vater").[21]

Die Unterschrift muss die Erklärung der Kündigung und deren notwendigen Inhalt **räumlich abschließen**.[22] Nicht genügend ist daher die Unterschrift am Rand des Textes oder auf einem offenen oder verschlossenen Umschlag, ebenso wenig die Unterschrift auf einer beiliegenden Vollmacht.[23]

Die Unterschrift kann auch **zeitlich** vor der Abfassung der Kündigung geleistet werden, durch die Ergänzung der erforderlichen Angaben in Übereinstimmung mit dem Willen des Kündigenden ist die Kündigung formwirksam (Blankounterschrift).[24] Insoweit ist allerdings Vorsicht geboten, da sich der Unterzeichnende später grundsätzlich nicht darauf berufen kann, dass Dritte die von ihm blanko unterzeichnete Urkunde abredewidrig ausgefüllt hätten.[25]

Die Unterschrift muss eigenhändig, d.h. handschriftlich vom Kündigenden selbst geleistet sein. Dem genügt die Anbringung einer gestempelten oder gedruckten Unterschrift nicht. Dies folgt schon daraus, dass die **Textform** (§ 126b BGB, vgl. hierzu die Kommentierung zu § 126b BGB) die gesetzliche Schriftform nicht ersetzt, sondern allenfalls die **elektronische Form** (§ 126 Abs. 3 BGB, vgl. hierzu die Kommentierung zu § 126 BGB, sowie zur elektronischen Form die Kommentierung zu § 126a BGB). Sofern die gesetzlichen Anforderungen der elektronischen Form gewahrt werden, kann daher eine Kündigung auch per **E-Mail** erfolgen.[26] Durch ein **Computerfax** kann der elektronischen Form nicht genügt werden, weil dieses kein elektronisches Dokument ist. Ebenfalls nicht ausreichend zur

---

[17] *Weidenkaff* in: Palandt, § 568 Rn. 4.
[18] *Blank* in: Schmidt-Futterer, Mietrecht, 10. Aufl. 2011, § 568 Rn. 17; a.A. AG Gifhorn v. 06.08.1991 - 13 C 214/91 - juris Rn. 3 - WuM 1992, 250, weil die Berufung auf die Schriftform dann gegen Treu und Glauben verstoße; zustimmend *Rolfs* in: Staudinger, § 568 BGB Rn. 24.
[19] LG Wuppertal v. 08.07.2005 - 10 S 16/05 - juris Rn. 5 - WuM 2005, 585-586.
[20] KG v. 16.01.2006 - 8 U 157/05 - juris Rn. 29 - WuM 2006, 193 sowie *Oprée* in: Lindner-Figura/Oprée/Stellmann, Geschäftsraummiete, 2. Aufl. 2008, Kap. 15 Rn. 26.
[21] *Blank* in: Blank/Börstinghaus, Miete, 3. Aufl. 2008, § 568 Rn. 7 und *Blank* in: Schmidt-Futterer, Mietrecht, 10. Aufl. 2011, § 568 Rn. 9.
[22] BGH v. 24.09.1997 - XII ZR 234/95 - juris Rn. 32 - BGHZ 136, 357-373.
[23] AG Friedberg (Hessen) v. 10.12.1992 - C 1263/92 - juris Rn. 4 - WuM 1993, 48.
[24] Vgl. zur Bürgschaftserklärung BGH v. 12.01.1984 - IX ZR 83/82 - juris Rn. 12 - LM Nr. 18 zu § 766 BGB.
[25] BGH v. 11.07.1963 - VII ZR 120/62 - juris Rn. 17 - BGHZ 40, 65-71.
[26] *Blank* in: Blank/Börstinghaus, Miete, 3. Aufl. 2008, § 568 Rn. 16; *Kandelhard* in: Herrlein/Kandelhard, ZAP-Praxiskommentar Mietrecht, 4. Aufl. 2010, § 568 Rn. 5 und *Wöstmann* in: Bamberger/Roth, § 568 Rn. 4.

Wahrung der Schriftform ist die Überlassung einer **Ablichtung**[27] der Kündigungserklärung oder ein **Telefax**[28] sowie eine Kündigung per **Telegramm**[29] oder **Fernschreiben**[30]. Auch zur bloßen Fristwahrung sind solche Erklärungen der Kündigung nicht geeignet, da sie wegen ihrer Formunwirksamkeit schlicht nichtig sind (§ 125 Satz 1 BGB, vgl. hierzu die Kommentierung zu § 125 BGB).[31] Die zur Abgabe von prozessrechtlichen Erklärungen per Telefax o.Ä. entwickelten Grundsätze[32] können angesichts der unterschiedlichen Schutzzwecke nicht auf die Kündigung als materiell-rechtliche Willenserklärung übertragen werden.[33]

25 Die **Eigenhändigkeit** ist lediglich für die Unterschrift, nicht aber die gesamte Kündigungserklärung vorgeschrieben („**Unterschriftsform**" im Gegensatz zur „Gesamtschriftform"). Der übrige Teil der Kündigungserklärung kann daher auch handschriftlich von Dritten, maschinenschriftlich oder sonst vervielfältigt sein.

d. Stellvertretung

26 Sofern für den Kündigenden ein **rechtsgeschäftlich bestellter Vertreter** die Kündigung – mit eigenhändig unterschriebenem Schreiben – erklärt, ist die **Offenlegung der Stellvertretung** in der Kündigung zur Formwirksamkeit erforderlich.[34] D.h., aus dem Kündigungsschreiben muss sich ergeben, dass der Unterzeichnende als Vertreter handelt[35] und zwar auch dann, wenn zwischen dem Kündigenden und dessen Vertreter Namensgleichheit besteht[36]. Die Offenlegung der Stellvertretung in der Kündigung ist nicht allein deshalb entbehrlich, weil der Kündigungsempfänger weiß, dass der Kündigende grundsätzlich in allen Mietangelegenheiten vom Unterzeichner des Kündigungsschreibens vertreten wird.[37] Ist die Offenlegung erfolgt, ist dagegen unerheblich, ob der Vertreter mit seinem eigenen Namen oder dem des Vertretenen unterschreibt.[38] Auch ein **Handeln zugleich im fremden und im eigenen Namen** ist rechtlich möglich und hat zur Folge, dass die abgegebene Erklärung neben dem Vertretenen auch dem Erklärenden als eigene zugerechnet wird. Hierfür ist es jedoch angesichts des bestehenden Schriftformerfordernisses notwendig, dass auch ein eigener Kündigungswille des Vertreters in der Kündigungserklärung selbst – gegebenenfalls nur unvollkommen – mit hinreichender Deutlichkeit Ausdruck gefunden hat.[39] Maßgeblich ist insoweit der Empfängerhorizont, weshalb beispielsweise eine – auch – eigene Kündigungserklärung des Vertreters angenommen werden kann, wenn sowohl Vater wie Sohn Mieter eines Studentenzimmers sind und der Vater dieses „im Auftrag" des Sohnes kündigt; denn aus Sicht des Vermieters besteht angesichts der Interessenlage kein Zweifel, dass der Vater die Kündigung auch im eigenen Namen aussprechen will.[40]

27 Die **Bevollmächtigung** zur Erklärung der Kündigung bedarf grundsätzlich selbst nicht der schriftlichen Form (§ 167 Abs. 2 BGB, vgl. hierzu die Kommentierung zu § 167 BGB). Strittig ist, ob etwas

---

[27] *Blank* in: Schmidt-Futterer, Mietrecht, 10. Aufl. 2011, § 568 Rn. 13.
[28] BGH v. 30.07.1997 - VIII ZR 244/96 - juris Rn. 15 - LM VerbrKrG § 1 Nr. 9 (3/1998).
[29] BGH v. 27.05.1957 - VII ZR 223/56 - BGHZ 24, 297-302 sowie AG Siegburg v. 30.10.1992 - 5 a C 177/92 - juris Rn. 3 - WuM 1993, 674.
[30] *Lammel*, Wohnraummietrecht, 3. Aufl. 2007, § 568 Rn. 13.
[31] *Rolfs* in: Staudinger, § 568 BGB Rn. 15 sowie *Blank* in: Schmidt-Futterer, Mietrecht, 10. Aufl. 2011, § 568 Rn. 13.
[32] GmSOGB v. 05.04.2000 - GmS-OGB 1/98 - juris Rn. 12 - BGHZ 144, 160-165.
[33] BGH v. 28.01.1993 - IX ZR 259/91 - juris Rn. 37 - BGHZ 121, 224-236.
[34] LG München I v. 09.03.1988 - 14 S 20173/87 - juris Rn. 5 - WuM 1989, 282-283 m.w.N. sowie LG Köln v. 16.07.1996 - 12 S 219/95 - juris Rn. 2 - WuM 1997, 219.
[35] LG Düsseldorf v. 17.11.1992 - 24 S 299/92 - DWW 1993, 20.
[36] AG Bergisch Gladbach v. 20.12.1989 - 23 C 477/89 - juris Rn. 7 - WuM 1990, 345-346.
[37] *Blank* in: Schmidt-Futterer, Mietrecht, 10. Aufl. 2011, § 568 Rn. 14.
[38] BGH v. 03.03.1966 - II ZR 18/64 - juris Rn. 9 - BGHZ 45, 193-196 sowie *Rolfs* in: Staudinger, § 568 BGB Rn. 19.
[39] BGH v. 15.07.2009 - VIII ZR 307/08 - juris Rn. 12 - NSW BGB § 568 (BGH-Intern).
[40] BGH v. 15.07.2009 - VIII ZR 307/08 - juris Rn. 13 - NSW BGB § 568 (BGH-Intern).

anderes für eine **unwiderrufliche Vollmacht** zur Kündigung gilt.[41] M.E. spricht bei Beachtung der von der Rechtsprechung zu diesem Problemkreis allgemein entwickelten Grundsätze[42] mehr für die Annahme eines Formzwangs für die Erteilung einer unwiderruflichen Kündigungsvollmacht, da bereits dadurch eine der Kündigung selbst gleiche Bindung des Vertretenen eintritt.

Eine **Zurückweisung der Kündigung** durch den Kündigungsempfänger ist möglich, wenn der Vertreter keine Vollmachtsurkunde beifügt (§ 174 Satz 1 BGB, vgl. hierzu die Kommentierung zu § 174 BGB). Die Urkunde ist im Original vorzulegen, eine beglaubigte Abschrift[43] reicht auch hier ebenso wenig aus wie eine Ablichtung oder ein Telefax[44]. Die Vollmacht muss mit der Kündigung vorgelegt werden, eine Nachreichung führt nicht zur Heilung der unwirksamen Erklärung.[45] Eine Zurückweisung durch den Kündigungsgegner kann jedoch nur **unverzüglich** erfolgen und muss erkennen lassen, dass sie auf die unterbliebene Vorlage der Vollmachtsurkunde gestützt wird und nicht aus anderen Gründen erfolgt.[46] Die Zurückweisung ist ausgeschlossen, wenn der Vollmachtgeber den Kündigungsempfänger von der Bevollmächtigung in Kenntnis gesetzt hatte (§ 174 Satz 2 BGB, vgl. hierzu die Kommentierung zu § 174 BGB).[47] Für diese Mitteilung ist eine Form nicht vorgeschrieben.[48]

28

e. Kündigungserklärung durch Personenmehrheit

Sind auf Seiten der kündigenden Vertragspartei **mehrere Personen** an dem Mietvertragsverhältnis beteiligt, müssen zur Wahrung der Schriftform grundsätzlich alle von ihnen die Kündigungserklärung unterschreiben.[49]

29

Eine **Vertretung** ist auch insoweit grundsätzlich unter den vorgenannten Bedingungen möglich, vgl. Rn. 26.

30

f. Kündigungserklärung gegenüber Personenmehrheit

Besteht eine Vertragsseite aus mehreren Personen und wird die Kündigung des Mietverhältnisses diesen gegenüber in gesonderten Schreiben ausgesprochen, so müssen die Erklärungen **in engem zeitlichem Zusammenhang** erfolgen, damit die Kündigungsempfänger die Wirksamkeit der Kündigung alsbald beurteilen können.[50]

31

g. Kündigungserklärungen im Rechtsstreit

Die Kündigung **in einem prozessualen Schriftsatz** im Rahmen eines Gerichtsverfahrens genügt der Schriftform, sofern der Kündigungsempfänger entweder eine vom Kündigenden eigenhändig unterschriebene Abschrift oder zumindest eine vom Hersteller des Schriftsatzes, d.h. dem Kündigenden oder seinem Prozessbevollmächtigten, eigenhändig mit Beglaubigungsvermerk versehene Abschrift des Schreibens erhält.[51]

32

---

[41] Für Formzwang in diesen Fällen *Rolfs* in: Staudinger, BGB, § 568 Rn. 18 und *Kossmann* in: Kossmann, Handbuch der Wohnraummiete, 6. Aufl. 2003, § 87 Rn. 5; (generell) gegen einen solchen *Grapentin* in: Bub/Treier, Handbuch der Geschäfts- und Wohnraummiete, 1989, Teil IV Rn. 18 und *Weidenkaff* in: Palandt, § 568 Rn. 7.
[42] Vgl. hierzu die Kommentierung zu § 167 BGB sowie *Ellenberger* in: Palandt, § 167 Rn. 2 m.w.N.
[43] BGH v. 04.02.1981 - VIII ZR 313/79 - juris Rn. 7 - LM Nr. 1 zu § 174 BGB.
[44] LG Berlin v. 22.12.1995 - 65 S 259/95 - juris Rn. 12 - MM 1996, 245.
[45] AG Bonn v. 26.01.1989 - 5 C 537/88 - juris Rn. 5 - WuM 1989, 380 sowie *Wetekamp* in: Schmid, Miete und Mietprozess, 4. Aufl. 2004, Teil 14 Rn. 8.
[46] *Grapentin* in: Bub/Treier, Handbuch der Geschäfts- und Wohnraummiete, 1989, Teil IV Rn. 18 m.w.N. sowie *Blank* in: Schmidt-Futterer, Mietrecht, 10. Aufl. 2011, § 542 Rn. 49.
[47] LG Berlin v. 10.10.2003 - 63 S 143/03 - juris Rn. 6 - Grundeigentum 2004, 481-482.
[48] *Kellendorfer* in: Müller/Walther, Miet- und Pachtrecht, § 568 Rn. 6.
[49] *Rolfs* in: Staudinger, § 568 BGB Rn. 12.
[50] *Blank* in: Schmidt-Futterer, Mietrecht, 10. Aufl. 2011, § 542 Rn. 30 sowie *Gahn* in: Schmid, Fachanwaltskommentar Mietrecht, 3. Aufl. 2012, § 568 Rn. 13.
[51] OLG Hamm v. 23.11.1981 - 4 REMiet 8/81 - juris Rn. 11 - NJW 1982, 452-453 sowie BayObLG München v. 14.07.1981 - Allg Reg 32/81 - juris Rn. 30 - NJW 1981, 2197-2201.

33 Allerdings muss in dem Schriftsatz tatsächlich eine **eigenständige**, materiell-rechtliche **Kündigungserklärung** enthalten sein, es darf nicht nur auf eine schon zuvor erfolgte Erklärung Bezug genommen werden[52]; insbesondere liegt allein in der Erhebung einer Räumungsklage noch keine neue Kündigungserklärung. Eine solche ist vielmehr nur anzunehmen, wenn die andere Partei aus dem prozessualen Verhalten unmissverständlich auf einen materiell-rechtlichen Kündigungswillen schließen kann.[53]

34 Sofern die kündigende Mietvertragspartei den Prozess nicht selbst führt, muss der Prozessbevollmächtigte ferner für die Erklärung der Kündigung hinreichend bevollmächtigt sein. Eine **Prozessvollmacht** gemäß § 81 ZPO umfasst regelmäßig auch die Befugnis zur Abgabe solcher sachlich-rechtlicher Willenserklärungen, die im Zusammenhang mit der Prozessführung stehen und der sachgerechten Rechtsverfolgung oder -verteidigung dienen.[54] Die **Überlassung einer Originalvollmacht** mit der Klageschrift an den Gegner ist auch hier erforderlich, da ansonsten eine Zurückweisung der Kündigung durch ihn möglich ist (§ 174 Satz 1 BGB)[55], vgl. hierzu Rn. 28. Etwas anderes gilt für erst im weiteren Verlauf des Räumungsrechtsstreits durch den Prozessbevollmächtigten erklärte Kündigungen, da diesem durch die Beauftragung mit der Führung des Räumungsrechtsstreits eine Stellung eingeräumt wurde, die regelmäßig mit der erforderlichen Bevollmächtigung einhergeht (§ 174 Satz 2 BGB).[56]

35 Durch eine Erklärung der Kündigung in einer mündlichen Verhandlung **zu Protokoll des Gerichts** ist die Schriftform nicht gewahrt.[57] Etwas anderes gilt nur, wenn sie im Rahmen eines gerichtlichen **Vergleichs** erfolgt (§§ 126 Abs. 4, 127a BGB).

5. Abdingbarkeit

36 Das gesetzliche Schriftformerfordernis für die Kündigung von Wohnraummietverhältnissen ist schon auf Grund seiner Zielrichtung (vgl. hierzu Rn. 5) **zwingendes Recht**.[58] Abweichende Regelungen – sei es formular- oder individualvertraglich – sind daher im Bereich der Wohnraummiete weder zur Erschwerung noch zur Erleichterung der vorgeschriebenen Form möglich.[59]

37 Wird eine **besondere Übersendungsart** für die Kündigung, insbesondere die Versendung per Einschreiben, vereinbart, so ist die Einhaltung des Übermittlungswegs allerdings regelmäßig keine Wirksamkeitsvoraussetzung, sondern dient lediglich dem Nachweis des Zugangs der Erklärung[60]; die Auslegung der getroffenen Regelung (§§ 133, 157 BGB) kann im Einzelfall aber etwas anderes ergeben[61].

---

[52] BGH v. 06.11.1996 - XII ZR 60/95 - juris Rn. 16 - LM BGB § 554a Nr. 6a (3/1997).

[53] BGH v. 09.07.2003 - VIII ZR 26/03 - juris Rn. 22 - NJW 2003, 3265-3267; BGH v. 02.11.1988 - VIII ZR 7/88 - juris Rn. 34 - LM Nr. 31 zu § 571 BGB; Schleswig-Holsteinisches Oberlandesgericht v. 15.02.2007 - 11 U 99/06 - juris Rn. 87 - NZM 2008, 341-343; OLG Hamm v. 26.11.1991 - 7 U 121/91 - juris Rn. 46 - NJW-RR 1993, 273-274 sowie BayObLG München v. 14.07.1981 - Allg Reg 32/81 - juris Rn. 34 - NJW 1981, 2197-2201.

[54] BGH v. 04.11.1959 - V ZR 45/59 - BGHZ 31, 206-210; KG v. 23.01.2003 - 8 U 340/01 - juris Rn. 8 - KGR Berlin 2004, 157-158 sowie LG Tübingen v. 10.01.1991 - 1 S 444/90 - juris Rn. 6 - NJW-RR 1991, 972; a.A. wohl *Kossmann* in: Kossmann, Handbuch der Wohnraummiete, 6. Aufl. 2003, § 87 Rn. 13.

[55] LG Berlin v. 10.10.2003 - 63 S 143/03 - juris Rn. 6 - Grundeigentum 2004, 481-482.

[56] KG v. 23.01.2003 - 8 U 340/01 - juris Rn. 8 - KGR Berlin 2004, 157-158.

[57] LG Berlin v. 08.11.1988 - 64 S 259/88 - Grundeigentum 1989, 145-147; AG Braunschweig v. 23.08.1988 - 116 C 2262/88 (9) - juris Rn. 9 - WuM 1990, 153; *Blank* in: Blank/Börstinghaus, Miete, 3. Aufl. 2008, § 568 Rn. 15 sowie *Kellendorfer* in: Müller/Walther, Miet- und Pachtrecht, § 568 Rn. 7.

[58] *Blank* in: Schmidt-Futterer, Mietrecht, 10. Aufl. 2011, § 568 Rn. 5; *Wöstmann* in: Bamberger/Roth, § 568 Rn. 16; *Weidenkaff* in: Palandt, § 568 Rn. 3 sowie die Begründung zum Referentenentwurf, BT-Drs. 14/5663, S. 2 – dort zu § 568a BGB-Entwurf.

[59] *Häublein* in: MünchKomm-BGB, § 568 Rn. 11; *Blank* in: Schmidt-Futterer, Mietrecht, 10. Aufl. 2011, § 568 Rn. 5 und *Gahn* in: Schmid, Fachanwaltskommentar Mietrecht, 3. Aufl. 2012, § 568 Rn. 21.

[60] Vgl. zur Gewerberaummiete BGH v. 21.01.2004 - XII ZR 214/00 - juris Rn. 11 - NZM 2004, 258-260 sowie – allgemein – *Häublein* in: MünchKomm-BGB, § 568 Rn. 11 und *Kellendorfer* in: Müller/Walther, Miet- und Pachtrecht, § 568 Rn. 4, jeweils m.w.N.

[61] OLG Naumburg v. 15.04.1999 - 7 U 94/98 - juris Rn. 35 - NZM 2000, 90-92.

Die **formularvertragliche** Vereinbarung eines besonderen Zugangserfordernisses verstößt im nicht-unternehmerischen Bereich gegen § 309 Nr. 13 BGB.[62]
Ein **Verzicht** des Mieters auf die Schriftform ist nicht möglich.[63] **38**

6. Praktische Hinweise

Sofern eine formunwirksame Kündigungserklärung vorliegt, kommt gegebenenfalls deren **Umdeutung** (§ 140 BGB) in ein Angebot auf einen Mietaufhebungsvertrag in Betracht. Eine solche Umdeutung in ein annahmebedürftiges Vertragsangebot ist aber nur ausnahmsweise dann zulässig, wenn sich der **Kündigende** bei Abgabe der Kündigung bewusst gewesen ist, dass sie als einseitige Erklärung nicht wirksam werden könnte und es für diesen Fall zur Herbeiführung des rechtlichen und wirtschaftlichen Erfolges der Vertragsbeendigung zumindest hilfsweise der Zustimmung des Kündigungsempfängers bedürfte.[64] Die Annahme eines solchen konkludenten Angebots setzt ferner voraus, dass auch der **Kündigungsempfänger** daraufhin mit dem Bewusstsein handelt, durch sein Verhalten eine rechtsgeschäftliche Zustimmung zum Angebot des Kündigenden zu erteilen. Dies ist nicht der Fall, wenn sich der Mieter – wie regelmäßig – lediglich der erklärten Kündigung beugt und auszieht, weil er irrigerweise davon ausgeht, dass diese wirksam ist.[65] **39**

III. Rechtsfolgen bei Nichtbeachtung der Schriftform

Eine unter Nichtbeachtung der gesetzlichen Schriftform erklärte Kündigung ist **nichtig** (§ 125 Satz 1 BGB, vgl. die Kommentierung zu § 125 BGB). **40**
Eine nachträgliche **Heilung** des Mangels ist nicht möglich. **41**
Sofern eine **Umdeutung** (vgl. hierzu Rn. 39) nicht möglich ist, können unbillige Ergebnisse – wie stets bei Mängeln der gesetzlichen Form (vgl. die Kommentierung zu § 125 BGB) – nur in krassen Ausnahmefällen nach **Treu und Glauben** über § 242 BGB korrigiert werden, etwa dann, wenn der Kündigungsempfänger in Kenntnis der Rechtslage den Kündigenden arglistig davon abgehalten hat, die schriftliche Form zu wahren.[66] **42**
Im Rechtsstreit ist die Nichtigkeit wegen Formmangels selbst dann zu beachten, wenn beide Parteien die formunwirksame Erklärung als wirksam betrachten, da die rechtliche Beurteilung des vorgetragenen Sachverhaltes nicht zu ihrer Disposition steht. **43**

IV. Prozessuale Hinweise/Verfahrenshinweise

Die Darlegungs- und **Beweislast** für die Einhaltung der Schriftform trägt die Vertragspartei, die sich auf die Wirksamkeit der Kündigung beruft.[67] **44**

V. Anwendungsfelder – Übergangsrecht

Die Vorschrift ist mangels einer Übergangsregelung im Mietrechtsreformgesetz vom 19.06.2001 in ihrer jetzigen Fassung **grundsätzlich auf alle Kündigungen**, unabhängig vom Zeitpunkt ihres Zuganges, anzuwenden.[68] Allerdings wird man vor In-Kraft-Treten des Mietrechtsreformgesetzes am 01.09.2001 zugegangene Kündigungen von Mietverhältnissen **über Wohnraum zum vorübergehenden Gebrauch** (§ 549 Abs. 2 Nr. 1 BGB) und **über möblierten Wohnraum in der Vermieterwohnung** (§ 549 Abs. 2 Nr. 2 BGB) entsprechend dem Grundgedanken von Art. 229 § 3 Abs. 1 Nr. 1 EGBGB im Hinblick auf den verfassungsrechtlich gebotenen Vertrauensschutz vom Formzwang aus- **45**

---

[62] *Häublein* in: MünchKomm-BGB, § 568 Rn. 11.
[63] *Kossmann*, Handbuch der Wohnraummiete, 6. Aufl. 2003, § 87 Rn. 15.
[64] BGH v. 24.09.1980 - VIII ZR 299/79 - juris Rn. 25 - LM Nr. 43 zu § 133 (C) BGB.
[65] *Wöstmann* in: Bamberger/Roth, § 568 Rn. 14.
[66] AG Gifhorn v. 06.08.1991 - 13 C 214/91 - juris Rn. 4 - WuM 1992, 250; *Rolfs* in: Staudinger, § 568 BGB Rn. 24 und *Wöstmann* in: Bamberger/Roth, § 568 Rn. 14.
[67] *Kellendorfer* in: Müller/Walther, Miet- und Pachtrecht, § 568 Rn. 13.
[68] Vgl. *Jansen*, NJW 2001, 3151-3154, 3152 f.; a.A. noch – nur nach dem 31.08.2001 zugegangene Kündigungen – *Rolfs* in: Staudinger, Bearb. 2003, § 568 BGB Rn. 27.

nehmen müssen, da diese Mietverhältnisse dem Formzwang erst durch das Mietrechtsreformgesetz unterstellt wurden, vgl. hierzu Rn. 12.[69]

B. Kommentierung zu Absatz 2

I. Grundlagen

1. Kurzcharakteristik

46 Die Vorschrift begründet für vermieterseitige Kündigungen eines Wohnraummietverhältnisses die **Obliegenheit des Vermieters**, auf die Möglichkeit und die formellen Anforderungen eines Widerspruchs durch den Mieter nach den §§ 574, 574a, 574b BGB hinzuweisen.

2. Gesetzgebungsgeschichte und -materialien

47 Die Regelung wurde durch das Dritte Gesetz zur Änderung mietrechtlicher Vorschriften vom 21.12.1967[70] eingefügt. Durch das Mietrechtsreformgesetz vom 19.06.2001[71] hat sich lediglich der Standort der Vorschrift (vormals: § 564a Abs. 2 BGB a.F.) geändert.

3. Regelungsprinzipien

48 Durch die Vorschrift soll verhindert werden, dass die Wahrnehmung des Widerspruchsrechts durch den Wohnraummieter, das der Gesetzgeber als eine der zentralen Regelungen des sozialen Mietrechts ansieht, nur wegen dessen mangelnder Gesetzeskenntnis unterbleibt.[72] Sie stellt somit eine **verfahrensrechtliche Ergänzung** zu den Vorschriften über den Kündigungswiderspruch nach den §§ 574, 574a, 574b BGB dar.

II. Anwendungsvoraussetzungen

1. Normstruktur

49 Normstruktur:
- Tatbestandsmerkmale:
  - Wohnraummietverhältnis,
  - vermieterseitige Kündigung,
  - Bestehen eines Widerspruchsrechts des Mieters nach den §§ 574, 574a, 574b BGB.
- Rechtsfolge:
  - Obliegenheit des Vermieters, den Mieter auf dessen Widerspruchsrecht hinzuweisen.

2. Wohnraummietverhältnis

50 Die Bestimmung ist schon auf Grund ihrer systematischen Stellung nur auf die **Wohnraummiete** anwendbar. Zur Abgrenzung von anderen Mietverhältnissen vgl. die Kommentierung zu § 549 BGB.

51 Auf Mietverhältnisse über **Gewerberäume** findet die Vorschrift keine Anwendung, ebenso wenig auf **Mischmietverhältnisse** deren Schwerpunkt im gewerblichen Bereich liegt.

3. Kündigung des Vermieters

52 Die Obliegenheit zur Belehrung besteht nur im Rahmen einer **Kündigung** des Vermieters, nicht aber bei anderen Arten der Beendigung eines Mietverhältnisses durch rechtsgeschäftliche Erklärung, vgl. hierzu Rn. 14.

---

[69] So auch *Haas*, Das neue Mietrecht, 2001, § 549 Rn. 12.
[70] BGBl I 1967, 1248.
[71] BGBl I 2001, 1149.
[72] BT-Drs. 5/1743, S. 3.

4. Bestehen eines Widerspruchsrechts des Mieters

Die Hinweisobliegenheit des Vermieters besteht ferner nur dann, wenn dem Mieter kraft Gesetzes ein **Widerspruchsrecht nach den §§ 574, 574a, 574b BGB** eingeräumt ist. Dies hängt von der Art des Mietverhältnisses sowie von der Art der Beendigung desselben ab. 53

Besteht eine Hinweisobliegenheit, so gerät diese auch nicht deshalb in Wegfall, weil der Mieter durch einen Rechtsanwalt oder eine andere **rechtskundige Person** vertreten ist.[73] 54

a. Art des Mietverhältnisses

Ein Widerspruchsrecht steht dem Mieter nach den §§ 574, 574a, 574b BGB nur im Rahmen der **Wohnraummiete** zu, vgl. hierzu die Kommentierung zu § 574 BGB. 55

Nach § 549 Abs. 2 BGB sind jedoch die dort genannten **besonderen Wohnraummietverhältnisse** (Wohnraum zum vorübergehenden Gebrauch, möblierter Einliegerwohnraum und Wohnraum eines Wohlfahrtsträgers zur Deckung dringenden Wohnbedarfs, vgl. hierzu die Kommentierung zu § 549 BGB) von der Hinweispflicht ausgenommen. 56

Der vermieterseitigen Kündigung von **Wohnraum in einem Studenten- oder Jugendwohnheim** (§ 549 Abs. 3 BGB, vgl. hierzu die Kommentierung zu § 549 BGB) kann der Mieter dagegen widersprechen. 57

b. Art der Beendigung

Ein Widerspruchsrecht des Mieters besteht nur, wenn der Mietvertrag durch **Kündigung** beendet wird, nicht dagegen wenn dieser auf andere Weise endet (§ 574 Abs. 1 BGB). 58

Der Widerspruch ist bei **ordentlicher Kündigung** (§ 574 BGB, vgl. hierzu die Kommentierung zu § 574 BGB) **und außerordentlicher Kündigung mit gesetzlicher Frist** (ebenfalls gemäß § 574 BGB[74]) eines Mietverhältnisses auf unbestimmte Zeit möglich. 59

Liegt seitens des Vermieters jedoch ein Grund vor, der ihn zur **außerordentlichen fristlosen Kündigung** berechtigt, entfällt das Widerspruchsrecht des Mieters (§ 574 Abs. 1 Satz 2 BGB) und damit auch die Hinweisobliegenheit des Vermieters. Dies gilt schon nach dem Wortlaut des § 574 Abs. 1 Satz 2 BGB **unabhängig davon**, ob der Vermieter tatsächlich eine außerordentliche fristlose Kündigung ausspricht oder es trotz Vorliegens entsprechender Gründe bei einer ordentlichen Kündigung belässt. 60

Sofern man allerdings die Möglichkeit einer Kündigung des Vermieters wegen **Wegfalls der Geschäftsgrundlage** nach § 313 BGB bejaht (vgl. hierzu die Kommentierung zu § 543 BGB)[75], steht dem Mieter gegenüber einer darauf gestützten außerordentlichen fristlosen Kündigung ebenfalls ein Widerspruchsrecht zu, was einen entsprechenden vermieterseitigen Hinweis erforderlich macht. Dies folgt daraus, dass der Kündigungsgrund in diesem Fall aus der Sphäre des Vermieters stammt und – anders als im Falle der außerordentlichen fristlosen Kündigung – nicht auf ein vertragswidriges Verhalten des Mieters zurückgeht. 61

Mietverhältnisse auf bestimmte Zeit (**Zeitmietverträge**) können nach der Neukonzeption durch das Mietrechtsreformgesetz vom 19.06.2001 (vgl. Rn. 47) nur noch in qualifizierter Form gemäß § 575 BGB abgeschlossen werden und enden daher regelmäßig nicht durch eine ordentliche Kündigung, sondern vielmehr durch bloßen Zeitablauf (vgl. hierzu die Kommentierung zu § 575 BGB). Bei Beendigung des Mietverhältnisses auf Grund der vertraglichen Befristung steht dem Mieter aber kein Widerspruchsrecht zu,[76] den Vermieter trifft deshalb bei Beendigung eines Zeitmietverhältnisses durch Ablauf der Vertragsdauer auch keine Belehrungspflicht. Auch bei Zeitmietverträgen ist indessen eine **au-** 62

---

[73] *Blank* in: Schmidt-Futterer, Mietrecht, 10. Aufl. 2011, § 568 Rn. 25.
[74] *Rolfs* in: Staudinger, § 574 BGB Rn. 14.
[75] BGH v. 16.02.2000 - XII ZR 279/97 - juris Rn. 41 - NJW 2000, 1714-1718; OLG Dresden v. 03.12.2002 - 5 U 1270/02 - juris Rn. 32 - NJW 2003, 1819-1820; *Blank* in: Schmidt-Futterer, Mietrecht, 10. Aufl. 2011, § 543 Rn. 229 und *Weidenkaff* in: Palandt, § 543 Rn. 8.
[76] *Rolfs* in: Staudinger, § 568 BGB Rn. 27; dort auch Nachweise zur Rechtslage vor dem Mietrechtsreformgesetz.

§ 568

ßerordentliche Kündigung mit gesetzlicher Frist möglich, weshalb § 575a Abs. 2 BGB i.V.m. § 574 BGB dem Mieter in diesen Fällen ein – wenn auch inhaltlich beschränktes – Widerspruchsrecht einräumt.[77]

63 Eine Besonderheit bei Mietverträgen auf bestimmte Zeit gilt für **einfache befristete Mietverhältnisse** nach § 564c Abs. 1 BGB a.F., die vor dem In-Kraft-Treten des Mietrechtsreformgesetzes am 01.09.2001 begründet worden sind und an diesem Tag noch bestanden. Bei diesen hat der Mieter, da nach Art. 229 § 3 Abs. 3 EGBGB auch § 556b BGB a.F. weiterhin Anwendung findet, ein eingeschränktes Widerspruchsrecht auch bei bloßem Ablauf der Befristung. Dieses begründete schon vor der Mietrechtsreform eine entsprechende Hinweisobliegenheit des Vermieters.[78] Nun ist zwar in der Übergangsvorschrift des Art. 229 § 3 Abs. 3 EGBGB die vormals den Hinweis regelnde Norm des § 564a Abs. 2 BGB a.F. nicht in Bezug genommen und eine unmittelbare Anwendung des § 568 Abs. 2 BGB scheitert daran, dass dort nur vom Widerspruch nach § 574 BGB die Rede ist. Schon Sinn und Zweck des nunmehr in § 568 Abs. 2 BGB geregelten Hinweises gebieten indessen die entsprechende Anwendung dieser Vorschrift auch auf das sich aus § 556b BGB a.F. ergebende Widerspruchsrecht des Mieters.[79] Dass auch der Gesetzgeber von einer Hinweisobliegenheit in diesen Fällen ausging, zeigt sich schon daran, dass er in der Übergangsvorschrift § 556a Abs. 6 Satz 2 BGB a.F. in Bezug genommen hat, wonach der unterbliebene rechtzeitige Hinweis den Mieter zur Erhebung des Widerspruchs noch im ersten Termin des Räumungsrechtsstreits berechtigt.

5. Hinweis des Vermieters auf das Widerspruchsrecht des Mieters

a. Form des Hinweises

64 Eine bestimmte Form ist für den Hinweis auf das Widerspruchsrecht nicht vorgeschrieben, er kann folglich auch **formlos** erteilt werden.[80] Eine schriftliche Erteilung und Überlassung gegen eingeschriebenen Brief empfiehlt sich jedoch im Hinblick auf die dem Vermieter für die Erfüllung der Hinweispflicht obliegende Beweislast, vgl. hierzu die Kommentierung zu § 574b BGB Rn. 24.

b. Adressaten des Hinweises

65 Der Hinweis ist eine empfangsbedürftige Willenserklärung und hat daher bei einer **Mehrzahl von Mietern** gegenüber jedem zu erfolgen.[81] Sofern ein Mieter für die übrigen Empfangsvollmacht hat, reicht dessen Belehrung aus; die entsprechende Bevollmächtigung kann auch formularmäßig geschehen.

c. Inhaltliche Anforderungen an den Hinweis

66 Der Hinweis muss neben der Belehrung über die **Möglichkeit** des Widerspruches nach § 574 Abs. 1 Satz 1 BGB und dem damit einhergehenden Fortsetzungsverlangen nach § 574a Abs. 1 Satz 1 BGB auch eine für den Mieter **nachvollziehbare und verständliche Darstellung** der Regelungen des § 574b Abs. 1 Satz 1, Abs. 2 Satz 1 BGB **zu Form und Frist des Widerspruches** enthalten. Die Wiedergabe des Gesetzeswortlautes – nicht aber die bloße Bezugnahme auf die Paragraphen – ist ausreichend, auch auf der Rückseite des Kündigungsschreibens, wenn in der umseitigen Kündigungserklärung hierauf hinreichend erkennbar hingewiesen wird.[82] Eine Darstellung oder gar Erläuterung der einzelnen Voraussetzungen für eine Fortsetzung des Mietverhältnisses ist nicht erforderlich, da es

---

[77] *Blank* in: Schmidt-Futterer, Mietrecht, 10. Aufl. 2011, § 574 Rn. 14.
[78] OLG Hamm v. 26.07.1991 - 30 REMiet 7/90 - juris Rn. 15 - NJW-RR 1991, 1485-1487.
[79] Im Ergebnis ebenso *Blank* in: Schmidt-Futterer, Mietrecht, 10. Aufl. 2011, § 568 Rn. 23, der indessen die Hinweisobliegenheit aus einer Fortgeltung der Vorgängervorschrift § 564a Abs. 2 BGB a.F. ableitet.
[80] *Rolfs* in: Staudinger, § 568 BGB Rn. 30.
[81] *Kellendorfer* in: Müller/Walther, Miet- und Pachtrecht, § 568 Rn. 9 und *Sternel*, Mietrecht, 3. Aufl. 1988, Teil IV Rn. 111.
[82] LG Rottweil v. 21.02.1980 - 1 T 13/80 - juris Rn. 4 - MDR 1980, 671.

nach Kenntniserlangung über die Möglichkeit eines Widerspruches grundsätzlich dem Mieter selbst obliegt, sich um weiteren rechtlichen Rat zu bemühen.[83]

Sofern man der Auffassung folgt, dass es bei einer **Personenmehrheit auf Mieterseite** zur Wirksamkeit des Widerspruches gegen die Kündigung grundsätzlich – wenn nicht entsprechende Erklärungsvollmachten vorliegen – notwendig ist, dass dieser von allen Mietern erklärt wird (vgl. hierzu die Kommentierung zu § 574a BGB Rn. 9), bedarf es auch eines Hinweises des Vermieters hierauf (**str.**).[84]   67

Eine **Übersetzung** der Belehrung ist dagegen auch bei ausländischen Mietern grundsätzlich nicht notwendig[85]; ihr Unterbleiben kann jedoch gegebenenfalls Auswirkungen auf die Rechtzeitigkeit des Hinweises haben, vgl. hierzu Rn. 70.   68

d. Rechtzeitig

Rechtzeitig erteilt ist der Hinweis auf das Widerspruchsrecht, wenn er so frühzeitig erfolgt, dass dem Mieter die **Einhaltung der gesetzlichen Widerspruchsfrist** von zwei Monaten vor Beendigung des Mietverhältnisses (§ 574b Abs. 2 Satz 1 BGB) möglich ist (vgl. hierzu die Kommentierung zu § 574b BGB Rn. 14). Dabei muss dem Mieter auch noch ausreichend Zeit verbleiben, sich rechtlich über Erfolgsaussicht und Begründung eines Widerspruchs beraten zu lassen, seine Entscheidung zu bedenken sowie den Widerspruch schriftlich abzufassen und dem Vermieter vor Fristablauf zugehen zu lassen.[86] Auch die notwendigen Postlaufzeiten sind dabei zu berücksichtigen.[87]   69

Welcher Zeitraum dafür grundsätzlich angemessen ist, ist umstritten, die Auffassungen variieren zwischen einer Woche[88], zwei Wochen[89] und einem Monat[90] vor Ablauf der Widerspruchsfrist. Eine in jedem Einzelfall angemessene Zeitspanne lässt sich ohnehin abstrakt nicht festlegen. Vielmehr sind jeweils die Umstände des Einzelfalles maßgebend, wobei auch die Rechts- und Geschäftsgewandtheit des einzelnen Mieters[91] sowie dessen Kenntnis der deutschen Sprache (**str.**)[92] zu berücksichtigen sind.   70

Der Hinweis muss nicht schon **im Kündigungsschreiben** erteilt werden,[93] was jedoch zulässig und gerade im Hinblick auf die Rechtzeitigkeit der Erklärung grundsätzlich auch zweckmäßig ist.   71

Nicht ausreichend ist es, wenn der Hinweis bereits **im Mietvertrag** erteilt wird, denn zum einen widerspräche dies der Systematik des Gesetzes, das die Hinweisobliegenheit im Rahmen der Regelungen über die Form und den Inhalt der Kündigung statuiert, und zum anderen würde hierdurch der Zweck der Hinweisobliegenheit, dem Mieter im Moment der Kündigung sein Widerspruchrecht zu vergegen-   72

---

[83] *Rolfs* in: Staudinger, § 568 BGB Rn. 28.
[84] AG Bergheim v. 27.05.1994 - 27 C 134/94 - juris Rn. 8 - WuM 1996, 415-416; *Grapentin* in: Bub/Treier, Handbuch der Geschäfts- und Wohnraummiete, 1989, Teil IV Rn. 21; *Kellendorfer* in: Müller/Walther, Miet- und Pachtrecht, § 568 Rn. 9; *Kossmann*, Handbuch der Wohnraummiete, 6. Aufl. 2003, § 132 Rn. 10 und *Hannappel* in: Bamberger/Roth, § 574b Rn. 9; a.A. *Rolfs* in: Staudinger, § 568 BGB Rn. 28; kein Hinweis über Gesetzestext hinaus erforderlich, *Blank* in: Schmidt-Futterer, Mietrecht, 10. Aufl. 2011, § 568 Rn. 25 und *Blank* in: Blank/Börstinghaus, Miete, 3. Aufl. 2008, § 568 Rn. 23.
[85] *Blank* in: Schmidt-Futterer, Mietrecht, 10. Aufl. 2011, § 568 Rn. 25; a.A. wohl – Verständnisschwierigkeiten eines (insbesondere ausländischen) Mieters sei Rechnung zu tragen – *Wöstmann* in: Bamberger/Roth, § 568 Rn. 13.
[86] *Rolfs* in: Staudinger, § 568 BGB Rn. 31.
[87] *Blank* in: Schmidt-Futterer, Mietrecht, 10. Aufl. 2011, § 568 Rn. 25.
[88] *Kossmann*, Handbuch der Wohnraummiete, 6. Aufl. 2003, § 87 Rn. 21.
[89] *Blank* in: Blank/Börstinghaus, Miete, 3. Aufl. 2008, § 568 Rn. 23; *Blank* in: Schmidt-Futterer, Mietrecht, 10. Aufl. 2011, § 568 Rn. 25; ebenso *Lammel*, Wohnraummietrecht, 3. Aufl. 2007, § 568 Rn. 18 und *Kellendorfer* in: Müller/Walther, Miet- und Pachtrecht, § 568 Rn. 11.
[90] *Sternel*, Mietrecht, 3. Aufl. 1988, Teil IV Rn. 111.
[91] *Blank* in: Schmidt-Futterer, Mietrecht, 10. Aufl. 2011, § 568 Rn. 25.
[92] *Wöstmann* in: Bamberger/Roth, § 568 Rn. 13; a.A. *Blank* in: Schmidt-Futterer, Mietrecht, 10. Aufl. 2011, § 568 Rn. 25 sowie – zum Zugang gegenüber fremdsprachigen Adressaten – *Ellenberger* in: Palandt, § 130 Rn. 5 und *Einsele* in: MünchKomm-BGB, § 130 Rn 31f.
[93] OLG Hamm v. 26.07.1991 - 30 REMiet 7/90 - juris Rn. 27 - NJW-RR 1991, 1485-1487.

wärtigen, unterlaufen.[94] Überhaupt ist ein **vor Ausspruch der Kündigung** erfolgter Hinweis allenfalls dann ausreichend, wenn die Kündigung zumindest zugleich angekündigt wird und ihre Erklärung dem Hinweis in engem zeitlichem Zusammenhang nachfolgt.[95]

6. Abdingbarkeit

73 **Zum Nachteil des Mieters** abweichende Vereinbarungen sind unwirksam. Dies folgt daraus, dass die Nichterfüllung der Hinweisobliegenheit sich kraft Gesetzes zu Gunsten des Mieters auf die Rechtzeitigkeit seines Widerspruches auswirken kann (§ 574b Abs. 2 Satz 2 BGB), was wiederum nicht abbedungen werden kann (§ 574b Abs. 3 BGB).[96]

74 Abweichende Vereinbarungen **zu Gunsten des Mieters** sind dagegen zulässig.[97]

III. Rechtsfolgen eines unterbliebenen Hinweises

75 Hat der Vermieter den Hinweis unterlassen oder ihn nicht vollständig, richtig oder rechtzeitig vor Ablauf der Widerspruchsfrist erteilt, so kann der Mieter den **Widerspruch noch im ersten Termin des Räumungsrechtsstreits** erklären (§ 574b Abs. 2 Satz 2 BGB, vgl. hierzu die Kommentierung zu § 574b BGB Rn. 14).

76 Auf die **Wirksamkeit der ausgesprochenen Kündigung** hat das Unterbleiben des Hinweises oder seine unrichtige oder verspätete Erteilung dagegen keinen Einfluss, diese ist vielmehr auch bei unterbliebenem, falschem oder verspätetem Hinweis wirksam.

77 Ebenso wenig kann der Mieter aus der Verletzung der Hinweisobliegenheit durch den Vermieter einen **Schadensersatzanspruch** herleiten.[98]

IV. Prozessuale Hinweise

78 Sofern eine **Räumungsklage vor dem Verstreichen der** dem Mieter gesetzlich gewährten **Überlegungsfrist** zur Verhandlung gelangt, ist sie unzulässig, da der Vermieter durch die verfrühte Erhebung der Klage keine Abkürzung der Frist erreichen kann.[99]

79 Ist seitens des Vermieters ein Hinweis nicht erfolgt, wird dieser, jedenfalls bei anwaltlich nicht vertretenen Mietern, regelmäßig seitens des **Gerichts** – spätestens – im ersten Verhandlungstermin zu erfolgen haben (§ 139 Abs. 1, 2 ZPO).

80 Im Rechtsstreit trägt der Vermieter im Rahmen des § 574b Abs. 2 Satz 2 BGB die **Beweislast** für die rechtzeitige Erteilung des Hinweises, vgl. hierzu die Kommentierung zu § 574b BGB Rn. 24.

V. Anwendungsfelder – Übergangsrecht

81 Die Vorschrift ist mangels einer Übergangsregelung im Mietrechtsreformgesetz vom 19.06.2001 in ihrer jetzigen Fassung **grundsätzlich auf alle Kündigungen**, unabhängig vom Zeitpunkt ihres Zuganges, anzuwenden (str.).[100]

82 Zur Hinweisobliegenheit bei **einfachen befristeten Mietverhältnissen** nach § 564c Abs. 1 BGB a.F., die vor dem In-Kraft-Treten des Mietrechtsreformgesetzes am 01.09.2001 begründet worden sind und an diesem Tag noch bestanden, vgl. Rn. 63.

---

[94] AG Hamburg-Altona v. 20.03.1970 - 317 C 82/70 - MDR 1971, 138; *Blank* in: Blank/Börstinghaus, Miete, 3. Aufl. 2008, § 568 Rn. 23 und *Kossmann*, Handbuch der Wohnraummiete, 6. Aufl. 2003, § 87 Rn. 21.
[95] *Rolfs* in: Staudinger, § 568 BGB Rn. 31 und *Blank* in: Schmidt-Futterer, Mietrecht, 10. Aufl. 2011, § 568 Rn. 25.
[96] *Rolfs* in: Staudinger, § 568 BGB Rn. 34.
[97] *Rolfs* in: Staudinger, § 568 BGB Rn. 34.
[98] *Kellendorfer* in: Müller/Walther, Miet- und Pachtrecht, § 568 Rn. 8.
[99] LG Kempten v. 03.06.1992 - S 790/92 - juris Rn. 7 - NJW-RR 1993, 1101-1102, vgl. dort auch zur Behandlung solcher Fälle in der Berufung, sowie *Wöstmann* in: Bamberger/Roth, § 568 Rn. 15.
[100] Vgl. *Jansen*, NJW 2001, 3151-3154, 3152 f.; a.A. noch – nur auf nach dem 31.08.2001 zugegangene Kündigungen – *Rolfs* in: Staudinger, Bearb. 2003, § 568 Rn. 35.

VI. Arbeitshilfen – Muster

Der Hinweis auf das Widerspruchsrecht könnte – sofern im Einzelfall keine weiteren Angaben erforderlich sind (vgl. insoweit insbesondere Rn. 67) – wie folgt aussehen:

83

[…] Ich weise Sie darauf hin, dass Sie der Kündigung widersprechen und die Fortsetzung des Mietverhältnisses verlangen können, wenn die vertragsgemäße Beendigung des Mietverhältnisses für Sie oder Ihre Familie eine Härte bedeuten würde, die auch unter Berücksichtigung meiner berechtigten Interessen nicht zu rechtfertigen ist (§§ 574, 574a BGB). Der Widerspruch muss mir spätestens zwei Monate vor Beendigung des Mietverhältnisses zugehen und bedarf der schriftlichen Form (§ 574b BGB). Für den Fall des Widerspruchs bitte ich Sie, mir über die Gründe unverzüglich Auskunft zu erteilen (§ 574b Abs. 1 Satz 2 BGB). […]

§ 569 BGB Außerordentliche fristlose Kündigung aus wichtigem Grund

(Fassung vom 02.01.2002, gültig ab 01.01.2002)

(1) ¹Ein wichtiger Grund im Sinne des § 543 Abs. 1 liegt für den Mieter auch vor, wenn der gemietete Wohnraum so beschaffen ist, dass seine Benutzung mit einer erheblichen Gefährdung der Gesundheit verbunden ist. ²Dies gilt auch, wenn der Mieter die Gefahr bringende Beschaffenheit bei Vertragsschluss gekannt oder darauf verzichtet hat, die ihm wegen dieser Beschaffenheit zustehenden Rechte geltend zu machen.

(2) Ein wichtiger Grund im Sinne des § 543 Abs. 1 liegt ferner vor, wenn eine Vertragspartei den Hausfrieden nachhaltig stört, so dass dem Kündigenden unter Berücksichtigung aller Umstände des Einzelfalls, insbesondere eines Verschuldens der Vertragsparteien, und unter Abwägung der beiderseitigen Interessen die Fortsetzung des Mietverhältnisses bis zum Ablauf der Kündigungsfrist oder bis zur sonstigen Beendigung des Mietverhältnisses nicht zugemutet werden kann.

(3) Ergänzend zu § 543 Abs. 2 Satz 1 Nr. 3 gilt:

1. Im Falle des § 543 Abs. 2 Satz 1 Nr. 3 Buchstabe a ist der rückständige Teil der Miete nur dann als nicht unerheblich anzusehen, wenn er die Miete für einen Monat übersteigt. ²Dies gilt nicht, wenn der Wohnraum nur zum vorübergehenden Gebrauch vermietet ist.
2. Die Kündigung wird auch dann unwirksam, wenn der Vermieter spätestens bis zum Ablauf von zwei Monaten nach Eintritt der Rechtshängigkeit des Räumungsanspruchs hinsichtlich der fälligen Miete und der fälligen Entschädigung nach § 546a Abs. 1 befriedigt wird oder sich eine öffentliche Stelle zur Befriedigung verpflichtet. ²Dies gilt nicht, wenn der Kündigung vor nicht länger als zwei Jahren bereits eine nach Satz 1 unwirksam gewordene Kündigung vorausgegangen ist.
3. Ist der Mieter rechtskräftig zur Zahlung einer erhöhten Miete nach den §§ 558 bis 560 verurteilt worden, so kann der Vermieter das Mietverhältnis wegen Zahlungsverzugs des Mieters nicht vor Ablauf von zwei Monaten nach rechtskräftiger Verurteilung kündigen, wenn nicht die Voraussetzungen der außerordentlichen fristlosen Kündigung schon wegen der bisher geschuldeten Miete erfüllt sind.

(4) Der zur Kündigung führende wichtige Grund ist in dem Kündigungsschreiben anzugeben.

(5) ¹Eine Vereinbarung, die zum Nachteil des Mieters von den Absätzen 1 bis 3 dieser Vorschrift oder von § 543 abweicht, ist unwirksam. ²Ferner ist eine Vereinbarung unwirksam, nach der der Vermieter berechtigt sein soll, aus anderen als den im Gesetz zugelassenen Gründen außerordentlich fristlos zu kündigen.

Gliederung

A. Kommentierung zu Absatz 1 1	5. Gefährdung des Mieters 22
I. Grundlagen.................................. 1	6. Durch die Benutzung der Wohnung 26
1. Kurzcharakteristik 1	7. Abhilfefrist oder Abmahnung 30
2. Gesetzgebungsgeschichte und -materialien 3	8. Einwendungen des Vermieters 31
3. Regelungsprinzipien......................... 4	a. Schuldhafte Verursachung durch den Mieter 31
II. Anwendungsvoraussetzungen 6	b. Verwirkung.................................. 33
1. Normstruktur 6	III. Rechtsfolge: Recht des Mieters zur außerordentlichen fristlosen Kündigung 36
2. Wohnraummietverhältnis 7	1. Abdingbarkeit 38
3. Gesundheitsgefährdung...................... 9	2. Praktische Hinweise............................ 39
4. Erheblichkeit................................ 18	

IV. Prozessuale Hinweise/Verfahrenshinweise 43
V. Anwendungsfelder – Übergangsrecht 46
B. Kommentierung zu Absatz 2 47
I. Grundlagen...................................... 47
1. Kurzcharakteristik 47
2. Gesetzgebungsgeschichte und -materialien 49
3. Regelungsprinzipien 50
II. Anwendungsvoraussetzungen 52
1. Normstruktur 52
2. Wohnraummietverhältnis 53
3. Hausfrieden.................................... 57
4. Störung.. 58
a. Zurechnung der Störung 62
b. Von der Störung betroffener Personenkreis 69
5. Nachhaltigkeit der Störung 72
6. Unzumutbarkeit der Fortsetzung des Mietverhältnisses 74
a. (Straf-)Anzeigen 84
b. Verweigerung der Zusammenarbeit............... 88
c. Ehrverletzende Äußerungen 89
d. Betreten der Mietsache 94
e. Gerüche.. 95
f. Lärm... 97
g. Lebenswandel................................... 99
h. Kriminelles Verhalten......................... 101
i. Tätlichkeiten................................. 102
7. Abmahnung..................................... 104
III. Rechtsfolge: Recht der betroffenen Partei zur außerordentlichen fristlosen Kündigung........ 105
IV. Prozessuale Hinweise/Verfahrenshinweise 108
V. Anwendungsfelder – Übergangsrecht 115
C. Kommentierung zu Absatz 3 116
I. Grundlagen..................................... 116
1. Kurzcharakteristik 116
2. Gesetzgebungsgeschichte und -materialien 117
3. Regelungsprinzipien 118
II. Anwendungsvoraussetzungen 119
1. Normstruktur 119
2. Kündigungsbeschränkung nach Absatz 3 Nr. 1 .. 122
a. Wohnraummietverhältnis 122
b. Kündigung nach § 543 Abs. 2 Satz 1 Nr. 3 lit. a BGB 125
c. Rechtsfolge: Legaldefinition des in § 543 Abs. 2 Satz 1 Nr. 3 lit. a BGB genannten Tatbestandsmerkmals des „nicht unerheblichen Teils der Miete". 126
d. Abdingbarkeit................................. 132
3. Wegfall der Kündigungswirkung nach Absatz 3 Nr. 2 133
a. Wohnraummietverhältnis 133
b. Kündigung nach § 543 Abs. 2 Satz 1 Nr. 3 BGB 135
c. Befriedigung des Vermieters hinsichtlich der fälligen Miete/Nutzungsentschädigung 137

d. Verpflichtung einer öffentlichen Stelle zur Befriedigung des Vermieters hinsichtlich der fälligen Miete/Nutzungsentschädigung........... 143
e. Innerhalb der Schonfrist......................... 156
f. Rechtsfolge: Wegfall der Wirkungen der Kündigung....................................... 165
g. Ausnahme nach Absatz 3 Nr. 2 Satz 2 169
h. Abdingbarkeit 174
III. Prozessuale Hinweise/Verfahrenshinweise...... 175
1. Kündigungsbeschränkung nach Absatz 3 Nr. 3 .. 182
a. Wohnraummietverhältnis......................... 182
b. Kündigung nach § 543 Abs. 2 Satz 1 Nr. 3 BGB 184
c. Verurteilung zur Zahlung einer erhöhten Miete nach den §§ 558-560 BGB 186
d. Rechtsfolge: Kündigung auf Grund Zahlungsverzuges mit den Erhöhungsbeträgen erst zwei Monate nach Rechtskraft der Verurteilung des Mieters möglich................................ 189
e. Abdingbarkeit 195
2. Prozessuale Hinweise/Verfahrenshinweise 196
IV. Anwendungsfelder – Übergangsrecht 199
D. Kommentierung zu Absatz 4...................201
I. Grundlagen......................................201
1. Kurzcharakteristik..............................201
2. Gesetzgebungsgeschichte und -materialien 202
3. Regelungsprinzipien 203
II. Anwendungsvoraussetzungen 204
1. Normstruktur....................................204
2. Wohnraummietverhältnis.........................205
3. Kündigung aus wichtigem Grund 207
4. Angabe des wichtigen Grundes 210
5. Im Kündigungsschreiben.........................216
6. Abdingbarkeit 220
III. Anwendungsfelder.............................221
1. Übergangsrecht..................................221
2. Muster – Kündigung wegen Zahlungsverzuges („schwierige" Sachlage)..................222
E. Kommentierung zu Absatz 5...................223
I. Grundlagen......................................223
1. Kurzcharakteristik..............................223
2. Gesetzgebungsgeschichte und -materialien 224
3. Regelungsprinzipien 225
II. Anwendungsvoraussetzungen 226
1. Absatz 5 Satz 1.................................226
a. Absatz 1, Absatz 2, Absatz 3 226
b. Absatz 4 229
c. Absatz 5 230
2. Absatz 5 Satz 2.................................231
a. Wohnraummietverhältnis.........................231
b. Vereinbarung 234
c. Von weiteren Kündigungsgründen 235
III. Rechtsfolge: Unwirksamkeit zugunsten des Vermieters vom Gesetz abweichender Regelungen 238
IV. Anwendungsfelder – Übergangsrecht............240

A. Kommentierung zu Absatz 1

I. Grundlagen

1. Kurzcharakteristik

1 § 569 BGB ergänzt die in den allgemeinen Vorschriften für Mietverhältnisse enthaltenen Regelungen über die außerordentliche fristlose Kündigung (§ 543 BGB, vgl. hierzu die Kommentierung zu § 543 BGB).

2 § 569 Abs. 1 BGB enthält zusätzliche Bestimmungen für das außerordentliche Kündigungsrecht des Mieters bei gesundheitsgefährdender Beschaffenheit der Mietsache.

2. Gesetzgebungsgeschichte und -materialien

3 Zu § 569 BGB insgesamt: Durch das **Mietrechtsreformgesetz** vom 19.06.2001[1] wurden die vormals in § 544 BGB (fristlose Kündigung wegen Gesundheitsgefährdung), § 554a BGB (fristlose Kündigung bei unzumutbarem Mietverhältnis), § 554 Abs. 2 BGB (fristlose Kündigung bei Zahlungsverzug bei Wohnraum), § 9 Abs. 2 MHG (Beschränkung des Kündigungsrechts des Vermieters bei Mieterhöhungen) und § 554b BGB (Vereinbarung über fristlose Kündigung) enthaltenen Bestimmungen in § 569 BGB zusammengefasst. **Neu** eingeführt wurde auf die Stellungnahme des Bundesrates hin der **Begründungszwang** in § 569 Abs. 4 BGB.

3. Regelungsprinzipien

4 Die Vorschrift des § 569 Abs. 1 BGB dient in erster Linie der **Gesundheitsfürsorge** und damit dem öffentlichen Interesse. Der historische Gesetzgeber versprach sich ferner eine auch sozialpolitisch erwünschte Verbesserung der Wohnverhältnisse insbesondere der Arbeitnehmer. Schon die Existenz der Vorschrift soll auf den Vermieter einen gewissen Druck hinsichtlich der Wohnhygiene und Instandhaltung der vermieteten Räume ausüben.[2]

5 Die Vorschrift des § 569 Abs. 1 Satz 1 BGB stellt eine **Konkretisierung des Grundtatbestandes** der Kündigung aus wichtigem Grund gemäß § 543 Abs. 1 BGB dar.[3] Der Umstand, dass die Nutzung von zu Wohnzwecken vermieteten Räumen zu einer Gesundheitsgefährdung führt, würde schon nach dieser allgemeinen Vorschrift als wichtiger Grund regelmäßig zur Kündigung berechtigen, da die Mietvertragsparteien in aller Regel als selbstverständlich davon ausgehen, dass eine Wohnung ohne Gesundheitsschädigung bewohnt werden kann.[4] Die **rechtliche Bedeutung** von § 569 Abs. 1 BGB liegt folglich in der Erleichterung der Kündigung durch den Mieter, insbesondere dadurch, dass diesem in den dort genannten Fällen abweichend von den allgemeinen Grundsätzen eine Mangelkenntnis bei Vertragsschluss oder ein Verzicht auf sich daraus ergebende Rechte nicht schadet (§ 569 Abs. 1 Satz 2 BGB).[5]

II. Anwendungsvoraussetzungen

1. Normstruktur

6 Normstruktur:
- Tatbestandsmerkmale:
  - Wohnraummietverhältnis,
  - Gesundheitsgefährdung,

---

[1] BGBl I 2001, 1149.
[2] BGH v. 17.12.2003 - XII ZR 308/00 - juris Rn. 19 - EBE/BGH 2004, 68-70; BGH v. 12.02.1959 - VIII ZR 54/58 - juris Rn. 16 - BGHZ 29, 289-300 sowie OLG Koblenz v. 19.05.1989 - 2 U 86/88 - juris Rn. 10 - NJW-RR 1989, 1247-1248.
[3] *Emmerich* in: Staudinger, § 569 Rn. 1 und *Blank* in: Blank/Börstinghaus, Miete, 3. Aufl. 2008, § 569 Rn. 1.
[4] BayObLG München v. 04.08.1999 - RE-Miet 6/98 - juris Rn. 23 - NJW-RR 1999, 1533-1535.
[5] BGH v. 12.02.1959 - VIII ZR 54/58 - juris Rn. 16 - BGHZ 29, 289-300 sowie *Emmerich* in: Staudinger, § 569 Rn. 2.

- Erheblichkeit,
- Gefährdung des Mieters,
- durch die Benutzung der Wohnung,
- erfolglose Abmahnung.
- Rechtsfolge:
  - Recht des Mieters zur außerordentlichen fristlosen Kündigung.

2. Wohnraummietverhältnis

Die Bestimmung ist schon auf Grund ihrer systematischen Stellung unmittelbar nur auf die **Wohnraummiete** anwendbar. Zur Abgrenzung von anderen Mietverhältnissen vgl. die Kommentierung zu § 549 BGB.

Auf die Anmietung **anderer Räume** findet sie infolge gesetzlicher Verweisung entsprechende Anwendung, wenn diese – wie beispielsweise Viehställe oder Hühnerhallen[6] – zum nicht nur ganz vorübergehenden Aufenthalt von Menschen bestimmt sind (§ 578 Abs. 2 Satz 2 BGB, vgl. hierzu die Kommentierung zu § 578 BGB), ebenso auf **Pachtverhältnisse** über solche Räume (§ 581 Abs. 2 BGB i.V. m. § 578 Abs. 2 Satz 2 BGB, vgl. hierzu die Kommentierung zu § 581 BGB Rn. 79)[7] und auf entsprechende **Landpachtverhältnisse** (§ 594e Abs. 1 BGB, vgl. hierzu die Kommentierung zu § 594e BGB).

3. Gesundheitsgefährdung

Eine Gefährdung der Gesundheit ist gegeben, wenn eine Schädigung der Gesundheit durch Einwirkungen aus der Wohnung unmittelbar bevorsteht, d.h. nach dem gewöhnlichen Lauf der Dinge zu erwarten ist.

Zwar muss folglich eine Gesundheitsschädigung noch nicht eingetreten sein, sie darf aber andererseits auch nicht nur unter fern liegenden, ganz unwahrscheinlichen Umständen zu erwarten sein („**Adäquanz**").[8] Je gravierender die drohende Beeinträchtigung der Gesundheit ist, desto geringer sind die Anforderungen, die im Rahmen der vorzunehmenden **Prognose** an die Gewissheit des Eintritts der Beeinträchtigung zu stellen sind.[9]

Demnach ist ein **begründeter** Gefahrenverdacht, der auf nachweisliche tatsächliche Risikomomente gestützt werden kann, selbst dann für die Annahme einer konkreten Gesundheitsgefährdung ausreichend, wenn er sich später nicht als richtig erweist.[10] Eine ohne ausreichende Tatsachengrundlage lediglich vom Mieter angenommene **Anscheinsgefahr** reicht dagegen ebenso wenig aus[11] wie eine rein **abstrakte Gefahrenlage**.[12]

---

[6] OLG Koblenz v. 12.05.1992 - 3 U 1765/91 - juris Rn. 44 - NJW-RR 1992, 1228-1229.
[7] OLG Koblenz v. 12.05.1992 - 3 U 1765/91 - juris Rn. 44 - NJW-RR 1992, 1228-1229.
[8] OLG Düsseldorf v. 14.01.2010 - I-10 U 74/09, 10 U 74/09 - juris Rn. 14 - MietRB 2010, 134-135; AG Brandenburg v. 06.08.2001 - 32 C 520/00 - juris Rn. 17 - WuM 2001, 605-607; AG Berlin-Schöneberg v. 01.12.1999 - 7 C 67/99 - ZMR 2000, 101-102, LG Saarbrücken v. 12.06.1989 - 13 B S 123/88 - juris Rn. 5 - WuM 1991, 91-93; *Wöstmann* in: Bamberger/Roth, § 569 Rn. 6 sowie *Lammel*, Wohnraummietrecht, 3. Aufl. 2007, § 569 Rn. 14.
[9] Vgl. für die Gefahr des Einsturzes der Mietsache bei ungünstigen Witterungseinflüssen OLG Koblenz v. 12.05.1992 - 3 U 1765/91 - juris Rn. 48 - NJW-RR 1992, 1228-1229.
[10] Vgl. für PCP und Lindan LG Lübeck v. 06.11.1997 - 14 S 135/97 - juris Rn. 5 - NJW-RR 1998, 441-442; für Schimmelpilzbefall LG Lübeck v. 15.01.2002 - 6 S 161/00 - juris Rn. 7 - ZMR 2002, 431-432; für Einsturzgefahr AG Saarlouis v. 29.09.1989 - 24 b C 437/89 H - juris Rn. 8 - WuM 1990, 389-390; OLG Hamm v. 25.03.1987 - 30 REMiet 1/86 - juris Rn. 20 - NJW-RR 1987, 968-969 und zur vergleichbaren Problematik beim Werkvertrag OLG Oldenburg v. 14.10.1998 - 2 U 179/98 - juris Rn. 7 - NJW-RR 1999, 241-242.
[11] Vgl. für Schimmelpilz LG Mainz v. 14.11.1997 - 3 T 102/97 - juris Rn. 3 - DWW 1999, 295-296 sowie *Weidenkaff* in: Palandt, § 569 Rn. 10.
[12] LG Berlin v. 16.11.2004 - 63 S 174/04 - Grundeigentum 2005, 57; AG Köln v. 23.11.1987 - 207 C 306/87 - juris Rn. 4 - WuM 1988, 265 sowie zu Elektrosmog *Roth*, NZM 2000, 521-526.

12 Ob eine hinreichend konkrete Gefahrenlage im genannten Sinne vorliegt, ist anhand eines **objektiven Maßstabes** zu bestimmen. Maßstab ist folglich die vom Zustand der Mieträume für einen **durchschnittlichen Mieter** ausgehende Gesundheitsgefahr.[13] Der individuelle Gesundheitszustand des Mieters bleibt dagegen ebenso wie eine bei diesem eventuell vorhandene besondere Disposition – insbesondere auch psychische Probleme[14] oder Allergien[15] – grundsätzlich unberücksichtigt. Da aber die Vereinbarung einer gefährdungsfreien Nutzung letztendlich auf eine – zumindest schlüssige – Abrede der Vertragsparteien über die gefahrlose Nutzung der angemieteten Räumlichkeiten zurückgeht (vgl. Rn. 5), können jedenfalls besondere allgemeine Dispositionen **bestimmter Mieterkreise** berücksichtigt werden (str.)[16], so insbesondere die Bedürfnisse **älterer Menschen**[17] und **Kinder**[18]. Dies kann zur Absenkung der Gefährdungsschwelle im Einzelfall führen, weil bei Vermietung an Personen aus diesen Personenkreisen die Räumlichkeiten den Anforderungen entsprechen müssen, die an ein gesundes Wohnen für jene Kreise zu stellen sind.[19]

13 Die **Art und Ursache der gefährdenden Umstände** sind unbeachtlich, diese können auf hygienischen, baupolizeilichen oder anderen Gegebenheiten beruhen. Soweit sich die Gefahrenlage aus dem Vorhandensein von Schadstoffen[20] ergibt, für die **Grenz- oder Vorsorgewerte** vorhanden sind, ist weder durch deren Einhaltung eine Gesundheitsgefährdung ausgeschlossen noch folgt aus dem Überschreiten der Richtwerte automatisch das Vorliegen einer Gefährdung.[21]

14 Die Anwendung der Norm setzt **kein Verschulden des Vermieters** voraus, die Gesundheitsgefährdung kann auch durch höhere Gewalt entstanden sein.[22]

15 Zum **Verschulden des Mieters** vgl. Rn. 31.

16 Maßgebend für die Beurteilung des Bestehens einer Gesundheitsgefährdung ist der Stand der medizinischen Erkenntnis **im Zeitpunkt der Kündigung**, d.h. ihres Zugangs beim Vermieter (str.).[23] Deshalb kann die Veränderung der Risikobeurteilung von chemischen Stoffen während des Mietverhältnisses zum Entstehen eines Kündigungsrechts des Mieters führen.

17 **Rechtsprechung**: Nachfolgend sind einige **Fallgruppen** aufgeführt, in denen ein Kündigungsrecht wegen Gesundheitsgefährdung angenommen wird. Maßgeblich bleiben indessen stets die Umstände des jeweiligen Einzelfalles, insbesondere was die Erheblichkeit angeht (vgl. hierzu Rn. 18 ff.):

---

[13] AG Trier v. 14.08.2001 - 6 C 549/00 - juris Rn. 14 - WuM 2001, 486-487 sowie LG Berlin v. 11.06.1998 - 62 S 10/98 - juris Rn. 5 - Grundeigentum 1998, 1465 und *Weidenkaff* in: Palandt, § 569 Rn. 10.
[14] LG Berlin v. 31.05.2002 - 64 T 46/02 - juris Rn. 11 - ZMR 2002, 752-753.
[15] AG Chemnitz v. 10.05.1999 - 19 C 3707/98 - juris Rn. 30 - NZM 1999, 801-803.
[16] LG Lübeck v. 06.11.1997 - 14 S 135/97 - juris Rn. 5 - NJW-RR 1998, 441-442; *Emmerich* in: Staudinger, § 569 Rn. 9a sowie *Blank* in: Schmidt-Futterer, Mietrecht, 10. Aufl. 2011, § 569 Rn. 9; a.A. *Lammel*, Wohnraummietrecht, 3. Aufl. 2007, § 569 Rn. 15.
[17] LG Saarbrücken v. 13.05.1981 - 16 S 118/80 - juris Rn. 6 - WuM 1982, 187-188.
[18] LG Mannheim v. 17.02.1977 - 4 S 90/76 - juris Rn. 19 - ZMR 1977, 154-155.
[19] *Sternel*, Mietrecht aktuell, 4. Aufl. 2009, Teil VIII Rn. 374 sowie *Kellendorfer* in: Müller/Walther, Miet- und Pachtrecht, § 569 Rn. 6.
[20] Vgl. hierzu auch *Schläger*, ZMR 2002, 85-96 und *Kraemer*, WuM 2000, 515-523.
[21] BayObLG München v. 04.08.1999 - RE-Miet 6/98 - juris Rn. 26 - NJW-RR 1999, 1533-1535 und *Wöstmann* in: Bamberger/Roth, § 569 Rn. 6; enger – § 569 Abs. 1 BGB dürfte „in erster Linie bei einer deutlichen Überschreitung der nach der Gefahrstoffverordnung von 1986 (BGBl I 1986, 1470) festgelegten Grenzwerte in Betracht kommen" – *Emmerich* in: Staudinger, § 569 Rn. 12.
[22] *Herrlein* in: Herrlein/Kandelhard, ZAP-Praxiskommentar Mietrecht, 4. Aufl. 2010, § 569 Rn. 4.
[23] BayObLG München v. 04.08.1999 - RE-Miet 6/98 - juris Rn. 20 - NJW-RR 1999, 1533-1535 sowie BVerfG v. 04.08.1998 - 1 BvR 1711/94 - juris Rn. 18 - LM GrundG Art. 101 Nr. 26a (8/99); *Emmerich* in: Staudinger, § 569 Rn. 8; *Blank* in: Schmidt-Futterer, Mietrecht, 10. Aufl. 2011, § 569 Rn. 11; *Lammel*, Wohnraummietrecht, 3. Aufl. 2007, § 569 Rn. 18 sowie *Wöstmann* in: Bamberger/Roth, § 569 Rn. 6; a.A. – Zeitpunkt der gerichtlichen Entscheidung – *Kinne* in: Kinne/Schach/Bieber, Miet- und Mietprozessrecht, 6. Aufl. 2011, § 569 Rn. 4 und *Kellendorfer* in: Müller/Walther, Miet- und Pachtrecht, § 569 Rn. 6.

- **Chemikalien** (insbesondere in der Raumluft): Asbest[24], Formaldehyd[25], PCB/Lindan[26], Insektizide[27],
- **Einsturzgefahr**[28],
- **Fäkalien** (nach Hochwasser)[29],
- **fehlendes Geländer** an einer L-förmigen Galerie im Obergeschoss eines zur teilgewerblichen Nutzung vermieteten Bauernhauses, wenn bei geringer Unachtsamkeit die Gefahr droht, abzustürzen und sich schwere Verletzungen zuzuziehen[30],
- **Feuchtigkeit**[31],
- **feuerpolizeilicher Mangel**[32],
- **Fogging**[33],
- **Gerüche**[34],
- **Heizungsausfall**[35],
- **Hitze**[36],
- **Lärm**[37],
- **Rauch**[38],
- **Schimmelpilz**[39], ob im Einzelfall eine Gefährdung vorliegt, wird allerdings oftmals nur durch medizinisches Sachverständigengutachten zu ermitteln sein[40],
- **Trinkwasserbelastung:** Blei[41], Nitrat[42], Rost[43],

---

[24] LG Dortmund v. 16.02.1994 - 11 S 197/93 - juris Rn. 5 - ZMR 1994, 410-411; *Wöstmann* in: Bamberger/Roth, § 569 Rn. 6 und *Kellendorfer* in: Müller/Walther, Miet- und Pachtrecht, § 569 Rn. 12.

[25] LG München I v. 26.09.1990 - 31 S 20071/89 - juris Rn. 6 - NJW-RR 1991, 975-976; AG Köln v. 30.09.1986 - 217 C 346/86 - juris Rn. 21 - NJW-RR 1987, 972-973.

[26] AG Erfurt v. 17.12.1999 - 223 C 1015/99 - juris Rn. 7 - WuM 2001, 23-24; LG Lübeck v. 06.11.1997 - 14 S 135/97 - juris Rn. 6 - NJW-RR 1998, 441-442; AG Euskirchen v. 24.06.1988 - 13 C 466/87 - VuR 1988, 341-343.

[27] AG Trier v. 14.08.2001 - 6 C 549/00 - juris Rn. 16 - WuM 2001, 486-487.

[28] OLG Düsseldorf v. 14.01.2010 - I-10 U 74/09, 10 U 74/09 - juris Rn. 14 - MietRB 2010, 134-135; OLG Koblenz v. 12.05.1992 - 3 U 1765/91 - juris Rn. 44 - NJW-RR 1992, 1228-1229; AG Saarlouis v. 29.09.1989 - 24 b C 437/89 H - juris Rn. 8 - WuM 1990, 389-390.

[29] AG Köln v. 08.09.1994 - 214 C 240/94 - juris Rn. 11 - WuM 1997, 261-262.

[30] OLG Brandenburg v. 02.07.2008 - 3 U 156/07 - juris Rn. 16 - ZMR 2009, 190-192.

[31] LG Oldenburg v. 07.10.1999 - 9 S 731/99 - juris Rn. 4 - ZMR 2000, 100-101; AG Regensburg v. 04.08.1988 - 10 C 1734/88 - juris Rn. 4 - WuM 1988, 361; LG Saarbrücken v. 13.05.1981 - 16 S 118/80 - juris Rn. 5 - WuM 1982, 187-188; LG Mannheim v. 17.02.1977 - 4 S 90/76 - juris Rn. 19 - ZMR 1977, 154-155.

[32] OLG Bremen v. 24.06.1992 - 1 U 34/92 - juris Rn. 20.

[33] LG Ellwangen v. 09.03.2001 - 1 S 244/00 - juris Rn. 8 - WuM 2001, 544-546.

[34] LG Mannheim v. 23.10.1968 - 5 S 61/68 - MDR 1969, 313-314.

[35] AG Waldbröl v. 06.09.1985 - 6 C 163/85 - juris Rn. 11 - WuM 1986, 337-338; LG Traunstein v. 14.11.1984 - 3 S 1459/84 - juris Rn. 11 - WuM 1986, 93-94; LG Mannheim v. 17.02.1977 - 4 S 90/76 - juris Rn. 19 - ZMR 1977, 154-155, hier ist von entscheidender Bedeutung, ob eine Abhilfe unschwer möglich ist und der Vermieter diese unverzüglich angeboten hat, vgl. Rn. 19 sowie LG Traunstein v. 14.11.1984 - 3 S 1459/84 - juris Rn. 11 - WuM 1986, 93-94 und AG Miesbach v. 25.03.1986 - 3 C 1078/85 - juris Rn. 3 - WuM 1987, 221.

[36] OLG Düsseldorf v. 04.06.1998 - 24 U 194/96 - juris Rn. 8 - NJW-RR 1998, 1307-1308.

[37] AG Berlin-Mitte v. 10.09.1998 - 16 C 196/98 - juris Rn. 23 - MM 1999, 36-37; AG Köln v. 07.06.1977 - 154 C 713/74 - WuM 1979, 75-77; AG Kerpen v. 05.11.1975 - 3a C 1144/74, 3a C 1386/74, 3a C 1431/74, 3a C 1518/74- juris Rn. 18 - WuM 1978, 68.

[38] LG Mannheim v. 23.10.1968 - 5 S 61/68 - MDR 1969, 313-314.

[39] LG Bremen v. 18.10.2006 - 1 S 181/06 - juris Rn. 3 - WuM 2006, 621; LG Duisburg v. 23.01.2001 - 13/23 S 359/00 - juris Rn. 4 - NZM 2002, 214; LG Berlin v. 11.06.1998 - 62 S 10/98 - juris Rn. 5 - Grundeigentum 1998, 1465; AG Flensburg v. 02.02.1996 - 63 C 246/95 - juris Rn. 13 - WuM 1996, 616; AG Köln v. 17.09.1985 - 209 C 98/85 - WuM 1986, 94 sowie *Selk/Hankammer*, NZM 2008, 65-69.

[40] BGH v. 18.04.2007 - VIII ZR 182/06 - juris Rn. 30 - WuM 2007, 319-322.

[41] LG Hamburg v. 05.02.1991 - 16 S 33/88 - juris Rn. 3 - NJW 1991, 1898-1899; AG Hamburg v. 17.12.1987 - 49 C 667/86 - juris Rn. 22 - NJW 1988, 914-915.

[42] AG Osnabrück v. 11.05.1987 - 14 C 33/87 - juris Rn. 5 - NJW-RR 1987, 971-972.

[43] LG Köln v. 25.03.1986 - 12 S 488/85 - juris Rn. 6 - WuM 1987, 122-123.

- **Ungeziefer**: Kakerlaken[44], Katzenflöhe[45], Kellerasseln[46], Mäuse[47], Silberfische[48], Taubenzecken[49],
- **Zugluft**[50].

Die bloße Behauptung von „**Elektrosmog**" infolge der Errichtung von Mobilfunkanlagen reicht dagegen nicht aus.[51]

4. Erheblichkeit

18 Eine erhebliche Gesundheitsgefährdung ist nur dann gegeben, wenn eine **nachhaltige oder gar dauernde Schädigung** droht. Ein bloßes Unbehagen reicht dagegen nicht aus[52], es müssen vielmehr Gesundheitsstörungen mit Krankheitscharakter konkret zu befürchten sein[53]. Hierdurch wird auch der Gleichlauf zu den allgemeinen Kündigungsbestimmungen hergestellt, wonach die Fortsetzung des Mietverhältnisses für den Mieter unzumutbar sein muss (§ 543 Abs. 1 Satz 2 BGB, vgl. hierzu die Kommentierung zu § 543 BGB)[54], was bei einer erheblichen Gesundheitsgefährdung grundsätzlich anzunehmen ist.[55]

19 Eine Erheblichkeit kann zwar grundsätzlich auch bei nur **vorübergehende**n, aber gravierenden **Gefahren** für die Gesundheit zu bejahen sein (str.).[56] Andererseits wird die Erheblichkeit regelmäßig fehlen, wenn die Gesundheitsgefahr **sofort behebbar** sowie der Vermieter hierzu bereit und in der Lage ist.[57] Damit der Vermieter insoweit aber überhaupt tätig werden kann, ist in diesen Fällen nach Treu und Glauben in jedem Fall eine vorherige **Abmahnung** durch den Mieter (§ 543 Abs. 3 BGB) erforderlich[58]; zum Erfordernis der Abmahnung allgemein vgl. Rn. 30. Der Umstand, dass der gefahrbringende Zustand binnen einer verhältnismäßig kurzen Zeit zu beseitigen und der Vermieter zur Abhilfe bereit ist, lässt die Erheblichkeit allerdings nicht entfallen, wenn die Gefahrenlage sich nicht erst bei län-

---

[44] LG Freiburg (Breisgau) v. 30.05.1985 - 3 S 1/85 - juris Rn. 4 - WuM 1986, 246-247, nicht wenn unschwer behebbar, vgl. Rn. 19 sowie LG Kiel v. 05.09.1991 - 1 S 12/90 - juris Rn. 8 - WuM 1992, 122.
[45] AG Bremen v. 14.01.1998 - 25 C 180/97 - juris Rn. 24 - NJW 1998, 3282-3283.
[46] LG Saarbrücken v. 12.06.1989 - 13 B S 123/88 - juris Rn. 3 - WuM 1991, 91-93.
[47] AG Brandenburg v. 06.08.2001 - 32 C 520/00 - juris Rn. 17 - WuM 2001, 605-607; AG Berlin-Tiergarten v. 30.01.1997 - 6 C 177/96 - juris Rn. 6 - MM 1997, 243.
[48] AG Kiel v. 28.03.1980 - 14 C 577/78 - WuM 1980, 235; a.A. AG Lahnstein v. 19.10.1987 - 2 C 675/87 - juris Rn. 3 - WuM 1988, 55-56.
[49] LG Berlin v. 24.03.1997 - 67 S 219/96 - juris Rn. 4 - Grundeigentum 1997, 689-691.
[50] AG Berlin-Schöneberg v. 01.12.1999 - 7 C 67/99 - ZMR 2000, 101-102.
[51] KG v. 24.05.2007 - 8 U 193/06 - juris Rn. 21 - GuT 2007, 354-355 und LG Hamburg v. 26.01.2006 - 307 S 130/05 - ZMR 2007, 198.
[52] *Blank* in: Blank/Börstinghaus, Miete, 3. Aufl. 2008, § 569 Rn. 10 f. und *Lammel*, Wohnraummietrecht, 3. Aufl. 2007, § 569 Rn. 16.
[53] *Emmerich* in: Staudinger, § 569 Rn. 7 und *Kinne* in: Kinne/Schach/Bieber, Miet- und Mietprozessrecht, 6. Aufl. 2011, § 569 Rn. 4.
[54] BGH v. 13.04.2010 - VIII ZR 206/09 - juris Rn. 5 - WuM 2010, 352-353.
[55] Vgl. auch – bei Vorliegen der Voraussetzungen des § 569 Abs. 1 BGB dürfte dem Mieter wohl generell die Fortsetzung des Mietverhältnisses nicht mehr zumutbar sein – *Emmerich* in: Staudinger, § 569 Rn. 7 und noch weitergehend – Unzumutbarkeit gar nicht zu prüfen, da durch das Gesetz auf § 543 Abs. 1 Satz 2 BGB nicht verwiesen werde – *Kellendorfer* in: Müller/Walther, Miet- und Pachtrecht, § 569 Rn. 11.
[56] *Lammel*, Wohnraummietrecht, 3. Aufl. 2007, § 569 Rn. 17 und *Wöstmann* in: Bamberger/Roth, § 569 Rn. 6; a.A. – ohne Differenzierung zwischen vorübergehenden und in kürzerer Zeit behebbaren Gefahren – *Franke* in: Fischer-Dieskau/Pergande/Schwender, Wohnungsbaurecht, § 569 Anm. 4.1.2 und – für „schnell" vorübergehende Beeinträchtigungen – *Häublein* in: MünchKomm-BGB, § 569 Rn. 8.
[57] AG Brandenburg v. 06.08.2001 - 32 C 520/00 - juris Rn. 19 - WuM 2001, 605-607; OLG Koblenz v. 12.05.1992 - 3 U 1765/91 - juris Rn. 47 - NJW-RR 1992, 1228-1229; LG Kiel v. 05.09.1991 - 1 S 12/90 - juris Rn. 8 - WuM 1992, 122; LG Saarbrücken v. 12.06.1989 - 13 B S 123/88 - juris Rn. 6 - WuM 1991, 91-93 und *Emmerich* in: Staudinger, § 569 Rn. 8; noch weitergehend OLG Naumburg v. 24.09.2002 - 9 U 44/02 - juris Rn. 13 - WuM 2003, 144-145 - keine Kündigung ohne Abmahnung im Winter wegen Überhitzung in den Sommermonaten.
[58] OLG Düsseldorf v. 20.12.2001 - 10 U 143/00 - juris Rn. 6 - JMBl NW 2002, 151-152 sowie LG Mainz v. 14.11.1997 - 3 T 102/97 - juris Rn. 4 - DWW 1999, 295-296.

gerem Bestehen negativ auf die Gesundheit auswirken kann, sondern – wie beispielsweise bei Einsturzgefahr – ein Zustand besteht, der **jederzeit** in einen akuten gravierenden Gesundheitsschaden **umschlagen** kann.[59]

Sofern **mehrere Räume** vermietet sind, führt ein nur von einem Teil derselben ausgehender Mangel lediglich dann zu einer erheblichen Gesundheitsgefährdung, wenn der Gebrauch der angemieteten Räumlichkeiten dadurch insgesamt erheblich beeinträchtigt wird.[60] Eine fehlende Benutzbarkeit von Räumen, die zur Deckung des unmittelbaren Wohnbedürfnisses dienen – insbesondere Wohn-, Schlaf-, Kinderzimmer, Bad, Küche – wird im Regelfall die Nutzbarkeit der gesamten Wohnung aufheben, nicht dagegen eine nur Nebenräume – beispielsweise Keller oder Abstellräume[61] – erfassende Beeinträchtigung. Es kommt dabei weniger auf die Größe und den Mietwert des unmittelbar betroffenen Teils der Mietfläche an als auf dessen Funktion für den Mieter im Rahmen des vertragsgemäßen Gebrauchs und die diesem zur Verfügung stehenden angemessenen Ausweichmöglichkeiten („**funktionale Betrachtungsweise**").[62] Die Möglichkeit eines Ausweichens besteht auch dann nicht, wenn sich die von einem Teil der Mietsache ausgehende Gefahrenlage ohnehin nicht verlässlich auf diesen begrenzen lässt, wie beispielsweise bei Krankheitserregern, die sich in der Wohnung verteilen.[63] Der Mieter ist ferner nicht gehalten, seinen Mietgebrauch in erheblichem Umfang so weit zu reduzieren, dass keine Gefährdung mehr vorliegt.[64] Ist die von einzelnen Räumen ausgehende Gesundheitsgefährdung nach dem vorstehend Ausgeführten aber im Hinblick auf die Nutzung der gesamten Mietsache nicht erheblich, besteht auch **kein Recht zur Teilkündigung**.[65] 20

Ein **Zuwarten** mit der fristlosen Kündigung durch den Mieter trotz Kenntnis der Gesundheitsgefährdung kann gegen die Annahme einer Erheblichkeit sprechen.[66] Bei Kündigungstatbeständen, die – wie § 569 Abs. 1 BGB im Hinblick auf das Vorliegen einer erheblichen Gesundheitsgefährdung (vgl. Rn. 18) – an eine Unzumutbarkeit der Fortsetzung des Mietverhältnisses anknüpfen, ist bei einer überlangen Hinauszögerung der Kündigung der Schluss gerechtfertigt, die Vertragsfortsetzung sei für den Kündigenden nicht unzumutbar.[67] Zu den Folgen einer längeren **Hinnahme der Gesundheitsgefährdung** vgl. ferner Rn. 33 f. 21

5. Gefährdung des Mieters

Das Kündigungsrecht steht nach seinem Sinn und Zweck grundsätzlich **dem Mieter** zu, dem selbst infolge der Benutzung der Räumlichkeiten eine Gesundheitsgefahr droht. 22

Geschützt wird durch die Vorschrift ferner die Gesundheit der Personen, die zum Mitgebrauch der Wohnung berechtigt sind, insbesondere der **Angehörige**n des Mieters. Voraussetzung ist allerdings stets, dass der Mieter oder dessen Angehörige die Wohnung **selbst nutzen**, denn nur dann droht ihnen eine Gefahr. 23

---

[59] OLG Düsseldorf v. 14.01.2010 - I-10 U 74/09, 10 U 74/09 - juris Rn. 14 - MietRB 2010, 134-135; vgl. auch *Kleinrahm* in: Hannemann/Wiegener, Münchener Anwaltshandbuch Mietrecht, 3. Aufl. 2010, § 28 Rn. 152.
[60] LG Düsseldorf v. 15.10.1998 - 21 S 661/97 - DWW 1999, 352-354 und LG Lübeck v. 21.11.2000 - 6 S 2/00 - juris Rn. 5 - ZMR 2001, 281-282 sowie *Weidenkaff* in: Palandt, § 569 Rn. 10; a.A. *Lammel*, Wohnraummietrecht, 3. Aufl. 2007, § 569 Rn. 13.
[61] LG Berlin v. 16.11.2004 - 63 S 174/04 - Grundeigentum 2005, 57.
[62] *Sternel*, Mietrecht, 3. Aufl. 1988, Teil IV Rn. 481 und *Wöstmann* in: Bamberger/Roth, § 569 Rn. 6.
[63] *Eisenschmid* in: Schmidt-Futterer, Mietrecht, 7. Aufl. 1999, § 544 Rn. 15.
[64] *Grapentin* in: Bub/Treier, Handbuch der Geschäfts- und Wohnraummiete, 3. Aufl. 1999, Teil IV, Rn. 155 und *Sternel*, Mietrecht, 3. Aufl. 1988, Teil IV Rn. 481.
[65] *Blank* in: Blank/Börstinghaus, Miete, 3. Aufl. 2008, § 569 Rn. 13; *Emmerich* in: Staudinger, § 569 Rn. 11 und *Wöstmann* in: Bamberger/Roth, § 569 Rn. 6; a.A. – im Einzelfall für Pachtverhältnisse – *Weidenkaff* in: Palandt, § 568 Rn. 10.
[66] *Kellendorfer* in: Müller/Walther, Miet- und Pachtrecht, § 569 Rn. 16 und *Lammel*, Wohnraummietrecht, 3. Aufl. 2007, § 569 Rn. 20.
[67] BGH v. 13.04.2010 - VIII ZR 206/09 - juris Rn. 5 - WuM 2010, 352-353.

24 Bei **mehreren Mietern** reicht es aus, wenn bei einem die Kündigungsgründe vorliegen. Die Kündigung muss aber auch dann von allen Mietern gegenüber dem Vermieter ausgesprochen werden.[68]

25 Das Recht zur außerordentlichen fristlosen Kündigung wegen gesundheitsgefährdender Beschaffenheit der Miträume steht im Hinblick auf den Gesetzeszweck (vgl. hierzu Rn. 4) bei einem mehrstufigen Mietverhältnis (**Untermiete**) grundsätzlich auch dem Mieter/Untervermieter – und nicht nur dem Untermieter[69] – im Verhältnis zum Hauptvermieter zu.[70] Dies gilt auch im Rahmen der gewerblichen **Zwischenmiete**.[71]

6. Durch die Benutzung der Wohnung

26 Die Gesundheitsgefahr muss sich aus der Beschaffenheit der Räume ergeben, d.h., sie muss Folge der diesen **anhaftenden dauernden Eigenschaft**en sein.[72]

27 Sofern die Beeinträchtigungen vom **Zustand der Baulichkeiten oder** der mitvermieteten **Einrichtungsgegenstände**[73] ausgehen, ist dies unproblematisch der Fall.

28 Aber auch negative gesundheitliche **Einflüsse von außen oder von Dritten** können ein Kündigungsrecht auslösen, sofern sie die ständigen Eigenschaften der Miträume mitbestimmen.[74] Dies ist allerdings nur dann anzunehmen, wenn die Wohnung unabhängig von ihrer jeweiligen Nutzung und unabhängig von der Person des Mieters, insbesondere auch in unbewohntem Zustand mit den gefahrtragenden Eigenschaften behaftet ist. In Betracht kommen etwa Beeinträchtigungen durch **Lärm**[75] oder **Gerüche**[76]. Nicht ausreichend ist es dagegen, wenn die Gesundheitsgefährdung auf Umständen beruht, die nicht mit dem Gebäude als solchem in Zusammenhang stehen, sondern in sonstigen Verhältnissen begründet sind.[77]

29 Ein **Verschulden des Vermieters** ist für die Begründung des Kündigungsrechts nicht erforderlich.

7. Abhilfefrist oder Abmahnung

30 Die Erforderlichkeit einer Abhilfefrist oder Abmahnung richtet sich seit dem Mietrechtsreformgesetz nach § 543 Abs. 3 BGB (vgl. die Kommentierung zu § 543 BGB). Im Gegensatz zur Rechtslage vor der Mietrechtsreform[78] stellt § 569 Abs. 1 BGB keinen eigenständigen Kündigungstatbestand mehr dar, sondern ist nach seinem klaren Wortlaut durch seine Verweisung in die allgemeine Kündigung aus wichtigem Grund gemäß § 543 BGB eingebunden. Demnach ist aber, sofern keine der Ausnahmen des § 543 Abs. 3 Satz 2 Nr. 1 und Nr. 2 BGB (vgl. auch hierzu die Kommentierung zu § 543 BGB) eingreift, nach § 543 Abs. 3 Satz 1 BGB **grundsätzlich das fruchtlose Setzen einer Abhilfefrist oder**

---

[68] *Blank* in: Blank/Börstinghaus, Miete, 3. Aufl. 2008, § 569 Rn. 18.
[69] So die bislang h.M., vgl. u.a. OLG Köln v. 25.09.2000 - 16 U 46/2000, 16 U 46/00 - juris Rn. 7 - NJW-RR 2001, 442; *Blank* in: Schmidt-Futterer, Mietrecht, 10. Aufl. 2011, § 569 Rn. 8; *Emmerich* in: Staudinger, Bearbeitung 2003, § 569 Rn. 6; *Wetekamp* in: Schmid, Miete und Mietprozess, 4. Aufl. 2004, Teil 14 Rn. 449 und *Lammel*, Wohnraummietrecht, 3. Aufl. 2007, § 569 Rn. 9.
[70] Vgl. ausführlich BGH v. 17.12.2003 - XII ZR 308/00 - juris Rn. 16 - EBE/BGH 2004, 68-70 sowie *Emmerich* in: Staudinger, § 569 Rn. 5; im Ergebnis zustimmend *Eckert*, EWiR 2004, 425-426, 425; ablehnend *Blank*, NZM 2004, 249-250, 249.
[71] BGH v. 17.12.2003 - XII ZR 308/00 - juris Rn. 16 - EBE/BGH 2004, 68-70.
[72] OLG Koblenz v. 19.05.1989 - 2 U 86/88 - juris Rn. 11 - NJW-RR 1989, 1247-1248.
[73] *Kellendorfer* in: Müller/Walther, Miet- und Pachtrecht, § 569 Rn. 8.
[74] *Sternel*, Mietrecht aktuell, 4. Aufl. 2009, Teil VIII Rn. 380 f.; *Sternel*, Mietrecht, 3. Aufl. 1988, Teil IV Rn. 478; a.A. *Lammel*, Wohnraummietrecht, 3. Aufl. 2007, § 569 Rn. 12.
[75] BGH v. 12.02.1959 - VIII ZR 54/58 - juris Rn. 9 - BGHZ 29, 289-300 sowie AG Köln v. 07.06.1977 - 154 C 713/74 - WuM 1979, 75-77; vgl. aber auch LG Wiesbaden v. 12.10.1992 - 1 S 37/92 - juris Rn. 1 - WuM 1994, 430.
[76] LG Mannheim v. 23.10.1968 - 5 S 61/68 - MDR 1969, 313-314.
[77] Vgl. OLG Koblenz v. 19.05.1989 - 2 U 86/88 - juris Rn. 12 - NJW-RR 1989, 1247-1248 - Überfälle auf die Mietsache.
[78] Vgl. hierzu *Emmerich* in: Staudinger, 13. Bearb. 1995, § 544 Rn. 3.

eine Abmahnung erforderlich.[79] Ob eine Fristsetzung oder Abmahnung nach den vorgenannten Vorschriften ausnahmsweise entbehrlich ist, ist unter Würdigung aller Umstände des Einzelfalls vom Tatrichter zu beurteilen.[80] Jedenfalls im Rahmen eines Wohnraummietverhältnisses ist der Vermieter regelmäßig vertraglich zur Überlassung der Räume in einem nicht gesundheitsgefährdenden Zustand verpflichtet, weshalb – entgegen teilweise vertretener Auffassung[81] – in der Überlassung gesundheitsgefährdender Wohnräume auch die Verletzung einer Pflicht aus dem Mietverhältnis liegt (§ 543 Abs. 3 BGB).[82] Soweit der Gesetzgeber davon ausging, durch das Mietrechtsreformgesetz diesbezüglich keine inhaltliche Änderung herbeigeführt zu haben[83], ist das unbeachtlich, da es keinen hinreichenden Niederschlag im Gesetz selbst gefunden hat[84]. Zwischen Fristsetzung oder Abmahnung einerseits und Kündigung andererseits muss ein **hinreichender zeitlicher Zusammenhang** bestehen: Hat beispielsweise der Mieter nach einer Fristsetzung zur Beseitigung der Gesundheitsgefährdung zunächst ein selbständiges Beweisverfahren (§§ 485 ff. ZPO) eingeleitet, kann er eine kurz vor dessen Abschluss ausgesprochene fristlose Kündigung nicht auf die zwischenzeitlich etwa neun Monate zurückliegende Fristsetzung zur Mangelbeseitigung stützen[85]; vgl. hierzu Rn. 34.

8. Einwendungen des Vermieters

a. Schuldhafte Verursachung durch den Mieter

Wenn der Mieter den gesundheitsgefährdenden Zustand selbst **schuldhaft herbeigeführt** hat, ist eine darauf gestützte Kündigung ausgeschlossen, da ihm aus seinem vertragswidrigen Verhalten keine Vorteile erwachsen dürfen (§ 162 Abs. 2 BGB, str.).[86] Der Vermieter behält in diesem Fall auch seinen Anspruch auf Entrichtung des Mietzinses gegenüber dem Mieter (§ 326 Abs. 2 BGB). 31

Gleiches gilt, wenn der Mieter die vom Vermieter angebotene Mangelbeseitigung **schuldhaft vereitelt** hat (§ 162 Abs. 1 BGB).[87] 32

b. Verwirkung

Eine Verwirkung des Kündigungsrechts, insbesondere auf Grund längerer vorbehaltloser Zahlung, ist im Hinblick auf das hinter diesem stehende öffentliche Interesse (vgl. hierzu Gesundheitsfürsorge, 33

---

[79] BGH v. 18.04.2007 - VIII ZR 182/06 - juris Rn. 10 - NJW 2007, 2177-2180; LG Stendal v. 24.03.2005 - 22 S 140/04 - juris Rn. 21 - ZMR 2005, 624-625; *Weidenkaff* in: Palandt, § 569 Rn. 9 und *Blank* in: Schmidt-Futterer, Mietrecht, 10. Aufl. 2011, § 569 Rn. 13; a.A. *Lammel*, Wohnraummietrecht, 3. Aufl. 2007, § 569 Rn. 19.

[80] BGH v. 13.04.2010 - VIII ZR 206/09 - juris Rn. 3 - WuM 2010, 352-353.

[81] *Wetekamp* in: Schmid, Miete und Mietprozess, 4. Aufl. 2004, Teil 14 Rn. 454.

[82] BGH v. 18.04.2007 - VIII ZR 182/06 - juris Rn. 12 - NJW 2007, 2177-2180 und BayObLG München v. 04.08.1999 - RE-Miet 6/98 - juris Rn. 23 - NJW-RR 1999, 1533-1535.

[83] Vgl. Regierungsentwurf, BT-Drs. 14/4553 zu § 569 BGB.

[84] *Sprau* in: Palandt, Einl. Rn. 40 und *Blank* in: Schmidt-Futterer, Mietrecht, 10. Aufl. 2011, § 569 Rn. 13.

[85] BGH v. 13.04.2010 - VIII ZR 206/09 - juris Rn. 4 - WuM 2010, 352-353.

[86] BGH v. 17.12.2003 - XII ZR 308/00 - juris Rn. 28 - EBE/BGH 2004, 68-70 - obiter dictum; RG v. 28.05.1902 - I 43/02 - RGZ 51, 357-362, 358-359; LG Ellwangen v. 09.03.2001 - 1 S 244/00 - juris Rn. 9 - WuM 2001, 544-546 und *Blank* in: Schmidt-Futterer, Mietrecht, 10. Aufl. 2011, § 569 Rn. 12 und *ders.* in: Blank/Börstinghaus, Miete, 3. Aufl. 2008, § 569 Rn. 17; *Weidenkaff* in: Palandt, § 569 Rn. 8; *Kinne* in: Kinne/Schach/Bieber, Miet- und Mietprozessrecht, 6. Aufl. 2011, § 569 Rn. 7; *Kellendorfer* in: Müller/Walther, Miet- und Pachtrecht, § 569 Rn. 10; *Franke* in: Fischer-Dieskau/Pergande/Schwender, Wohnungsbaurecht, § 569 Anm. 5.4 sowie *Lammel*, Wohnraummietrecht, 3. Aufl. 2007, § 569 Rn. 7; a.A. – lediglich Schadensersatz für den Vermieter – *Emmerich* in: Staudinger, § 569 Rn. 17; *Herrlein* in: Herrlein/Kandelhard, ZAP-Praxiskommentar Mietrecht, 4. Aufl. 2010, § 569 Rn. 4 und *Eisenschmid* in: Schmidt-Futterer, Mietrecht, 7. Aufl. 1999, § 544 Rn. 13.

[87] *Blank* in: Schmidt-Futterer, Mietrecht, 10. Aufl. 2011, § 569 Rn. 12.

Rn. 4) grundsätzlich **nicht möglich** (**str.**).[88] Allenfalls kann eine längere Hinnahme des gesundheitsgefährdenden Zustandes gegen die Erheblichkeit der Gefahr (vgl. Rn. 18) – insbesondere ohne vorherige Abmahnung (vgl. Rn. 30) – sprechen.[89]

34 Hat der Mieter jedoch die Gesundheitsbeeinträchtigung über **längere Zeit hingenommen**, so ist er nach Treu und Glauben (§ 242 BGB) jedenfalls verpflichtet, vor einer Kündigung vom Vermieter angekündigte Abhilfemaßnahmen abzuwarten.[90] Hat der Mieter nach einer Fristsetzung zur Beseitigung der Gesundheitsgefährdung zunächst ein **selbständiges Beweisverfahren** (§§ 485 ff. ZPO) eingeleitet, kann er eine kurz vor dessen Abschluss ausgesprochene fristlose Kündigung nicht auf die zwischenzeitlich etwa neun Monate zurückliegende Fristsetzung zur Mangelbeseitigung stützen. Die Vermieterseite darf vielmehr angesichts des laufenden Beweisverfahrens darauf vertrauen, der Mieter werde vor Ausspruch einer fristlosen Kündigung **nochmals eine Frist zur Mängelbeseitigung** setzen[91], vgl. hierzu auch Rn. 30. Dabei spielt keine Rolle, ob man das Verhalten des Mieters allein nach § 242 BGB als treuwidrig beurteilt oder daneben (**str.**)[92] die allgemeine Regelung des § 314 Abs. 3 BGB für die Kündigung von Dauerschuldverhältnissen aus wichtigem Grund heranzuziehen ist.[93] Innerhalb welchen **konkreten zeitlichen Rahmens** eine fristlose Kündigung wegen Gesundheitsgefährdung auszusprechen ist, hängt von den besonderen Umständen des jeweiligen Einzelfalls ab.[94] Das Zuwarten mit der fristlosen Kündigung kann ferner schon gegen die Erheblichkeit der Gesundheitsgefahr sprechen (vgl. Rn. 18).[95]

35 Die – zeitweise – unterlassene Geltendmachung des Kündigungsrechts kann sich ferner auf einen gegebenenfalls bestehenden Schadensersatzanspruch des Mieters mindernd auswirken, vgl. Mitverschulden, Rn. 41.

III. Rechtsfolge: Recht des Mieters zur außerordentlichen fristlosen Kündigung

36 Die Vorschrift gewährt nur **dem Mieter** – nicht dem Vermieter – bei Vorliegen einer erheblichen Gesundheitsgefährdung ein fristloses Kündigungsrecht.

---

[88] KG v. 22.09.2003 - 12 U 15/02 - juris Rn. 38 - GuT 2003, 215-217; AG Brandenburg v. 06.08.2001 - 32 C 520/00 - juris Rn. 22 - WuM 2001, 605-607; LG Duisburg v. 23.01.2001 - 13/23 S 359/00 - juris Rn. 8 - NZM 2002, 214; LG Lübeck v. 21.11.2000 - 6 S 2/00 - juris Rn. 7 - ZMR 2001, 281-282; LG Paderborn v. 12.09.1997 - 3 T 148/97 - juris Rn. 2 - WuM 1998, 21; LG Saarbrücken v. 13.05.1981 - 16 S 118/80 - juris Rn. 6 - WuM 1982, 187-188 sowie *Blank* in: Schmidt-Futterer, Mietrecht, 10. Aufl. 2011, § 569 Rn.14; *ders.* in: Blank/Börstinghaus, Miete, 3. Aufl. 2008, § 569 Rn. 19; *Sternel*, Mietrecht aktuell, 4. Aufl. 2009, Teil VIII Rn. 384; *Franke* in: Fischer-Dieskau/Pergande/Schwender, Wohnungsbaurecht, § 569 Anm. 5.3 und *Häublein* in: MünchKomm-BGB, § 569 Rn. 15; offen *Emmerich* in: Staudinger, § 569 Rn. 15; a.A.: LG Berlin v. 16.11.2004 - 63 S 174/04 - Grundeigentum 2005, 57; LG Berlin v. 01.03.2001 - 67 S 574/99 - juris Rn. 9 - MM 2001, 244-246; LG Saarbrücken v. 08.01.1999 - 13 B S 188/98 - juris Rn. 9 - NZM 1999, 411-412 - Verzicht; LG Köln v. 24.04.1980 - 1 S 516/77 - juris Rn. 7 - WuM 1980, 235; *Wetekamp* in: Schmid, Miete und Mietprozess, 4. Aufl. 2004, Teil 14 Rn. 455; ohne eindeutige Zuordnung *Weidenkaff* in: Palandt, § 569 Rn. 8 und *Gahn* in: Schmid, Fachanwaltskommentar Mietrecht, 3. Aufl. 2012, § 569 Rn. 11.

[89] Mehr lässt sich auch der Entscheidung des BGH v. 13.04.2010 - VIII ZR 206/09 - juris Rn. 2 und 5 - WuM 2010, 352-353 m.E. nicht entnehmen; ebenso *Häublein* in: MünchKomm-BGB, § 569 Rn. 15; a.A. *Emmerich* in: Staudinger, § 569 Rn. 15.

[90] KG v. 01.10.2001 - 8 U 3861/00 - juris Rn. 14 - Grundeigentum 2001, 1539-1540 und *Herrlein* in: Herrlein/Kandelhard, ZAP-Praxiskommentar Mietrecht, 4. Aufl. 2010, § 569 Rn. 10.

[91] BGH v. 13.04.2010 - VIII ZR 206/09 - juris Rn. 4 - WuM 2010, 352-353.

[92] Vgl. zur Wohnraummiete – Anwendbarkeit des § 314 Abs. 3 BGB offen gelassen – BGH v. 13.04.2010 - VIII ZR 206/09 - juris Rn. 2 und 5 f. - WuM 2010, 352-353; BGH v. 11.03.2009 - VIII ZR 115/08 - juris Rn. 17 - WuM 2009, 231-232 und – Anwendbarkeit bejaht – LG Itzehoe v. 12.10.2009 - 9 T 42/09 - juris Rn. 5 - ZMR 2010, 363-365 sowie zur Gewerberaummiete – § 314 Abs. 3 BGB anwendbar – BGH v. 21.03.2007 - XII ZR 36/05 - juris Rn. 21 - NSW BGB § 543 (BGH intern).

[93] BGH v. 13.04.2010 - VIII ZR 206/09 - juris Rn. 2 und 5 f. - WuM 2010, 352-353.

[94] BGH v. 13.04.2010 - VIII ZR 206/09 - juris Rn. 2 - WuM 2010, 352-353.

[95] *Kellendorfer* in: Müller/Walther, Miet- und Pachtrecht, § 569 Rn. 16 und *Lammel*, Wohnraummietrecht, 3. Aufl. 2007, § 569 Rn. 20.

Dieses besteht auf Grund der Zielrichtung der Vorschrift (vgl. hierzu Gesundheitsfürsorge, Rn. 4) – im Gegensatz zu den allgemeinen Regelungen (vgl. hierzu die Kommentierung zu § 536b BGB) – auch dann, wenn der Mieter bei Vertragsschluss **Kenntnis** von der die Gefahr bringenden Beschaffenheit hatte oder darauf **verzicht**et hat, die ihm wegen dieser Beschaffenheit zustehenden Rechte geltend zu machen (§ 569 Abs. 1 Satz 2 BGB, vgl. rechtliche Bedeutung, Rn. 5). 37

1. Abdingbarkeit

Vgl. hierzu Rn. 223. 38

2. Praktische Hinweise

Auch wenn eine **Abmahnung** gegebenenfalls gemäß § 543 Abs. 3 Satz 2 Nr. 1 und Nr. 2 BGB (vgl. Abmahnung, Rn. 30) entbehrlich sein kann, ist es im Hinblick auf die damit verbundenen Unwägbarkeiten im Falle eines gerichtlichen Verfahrens anzuraten, eine solche jedenfalls fürsorglich – mit entsprechend kurzer Frist – auszusprechen. 39

Das Kündigungsrecht des Mieters steht neben dessen **allgemeinen Rechten** auf Erfüllung (§ 535 BGB), Minderung (§ 536 BGB) und Schadensersatz (§ 536a BGB), sofern deren Voraussetzungen vorliegen. 40

Das Unterlassen oder die **Verzögerung einer Kündigung** durch den Mieter kann allerdings ein **Mitverschulden** (§ 254 BGB) darstellen, welches seinen eventuellen Schadensersatzanspruch wegen der gesundheitsgefährdenden Beschaffenheit der Mietsache (§ 536a BGB) mindern kann.[96] Ebenso kann ein Zuwarten mit der Kündigung **gegen die Erheblichkeit** der Gesundheitsgefährdung (vgl. hierzu Rn. 18) sprechen. 41

Erlangt der Vermieter verlässliche Kenntnis von einer für den Mieter nicht ersichtlichen Gesundheitsgefährdung, so kann er sich gegebenenfalls schadensersatzpflichtig machen, wenn er den Mieter hiervon nicht **unverzüglich unterrichtet**.[97] 42

IV. Prozessuale Hinweise/Verfahrenshinweise

Der Mieter trägt die Darlegungs- und **Beweislast** sowohl dafür, dass es sich um Wohnraum handelt, wie auch für die von dessen Beschaffenheit ausgehende erhebliche Gesundheitsgefährdung und gegebenenfalls für den Zugang der Abmahnung.[98] 43

Zur Feststellung der Gesundheitsgefährdung wird oftmals ein **Sachverständiger** hinzugezogen werden müssen.[99] Atteste des Hausarztes werden dagegen regelmäßig mangels hinreichend sicherer Angaben zur Beschaffenheit der Mietsache zum Nachweis nicht ausreichen. 44

Sollen vor Abschluss des Gerichtsverfahrens von den Parteien Maßnahmen zur Behebung der Gesundheitsgefahr durchgeführt werden, ist es gegebenenfalls angebracht, zuvor und insbesondere vor der Entsorgung entfernter Gegenstände mit der Gegenseite Rücksprache zu halten, um den Vorwurf der **Beweisvereitelung** zu vermeiden[100], oder ein selbständiges Beweisverfahren (§ 485 ZPO) durchzuführen. 45

V. Anwendungsfelder – Übergangsrecht

Das **Mietrechtsreformgesetz** vom 19.06.2001[101] enthält **keine Übergangsvorschrift** zu § 569 Abs. 1 BGB. Dieser ist folglich ohne zeitliche Beschränkung anwendbar. 46

---

[96] *Weidenkaff* in: Palandt, § 569 Rn. 7 und *Emmerich* in: Staudinger, § 569 Rn. 4.
[97] AG Osnabrück v. 02.04.2004 - 44 C 64/02 - juris Rn. 5 - WuM 2004, 336.
[98] LG Waldshut-Tiengen v. 20.10.1987 - 1 T 16/87 - WuM 1989, 175; LG Berlin v. 12.03.1985 - 64 S 9/85 - ZMR 1986, 54-56 sowie *Blank* in: Schmidt-Futterer, Mietrecht, 10. Aufl. 2011, § 569 Rn. 15.
[99] LG Mannheim v. 25.11.1987 - 4 S 8/87 - juris Rn. 5 - WuM 1988, 360-361.
[100] AG Stade v. 14.03.2000 - 63 C 437/98 - juris Rn. 10 - WuM 2000, 417-418.
[101] BGBl I 2001, 1149.

B. Kommentierung zu Absatz 2

I. Grundlagen

1. Kurzcharakteristik

47 § 569 BGB ergänzt die in den allgemeinen Vorschriften für Mietverhältnisse enthaltenen Bestimmungen über die außerordentliche fristlose Kündigung (§ 543 BGB, vgl. hierzu die Kommentierung zu § 543 BGB).

48 § 569 Abs. 2 BGB enthält zusätzliche Bestimmungen für das außerordentliche Kündigungsrecht der Parteien eines Raummietverhältnisses bei einer nachhaltigen Störung des Hausfriedens.

2. Gesetzgebungsgeschichte und -materialien

49 Zu § 569 BGB insgesamt vgl. die Rn. 3. Die Vorschrift befand sich vor dem **Mietrechtsreformgesetz** vom 19.06.2001[102] in § 554a BGB. Die weiteren vormals dort erfassten, aber nicht in § 569 Abs. 2 BGB übernommenen Pflichtverletzungen fallen jetzt in den Anwendungsbereich des § 543 Abs. 1 BGB (vgl. hierzu die Kommentierung zu § 543 BGB).[103]

3. Regelungsprinzipien

50 § 569 Abs. 2 BGB dient dem **Schutz des** im Rahmen eines Dauerschuldverhältnisses unabdingbaren persönlichen **Vertrauensverhältnisses** zwischen den Parteien und den Belangen der Mitbewohner, da auch diese auf gegenseitige **Rücksichtnahme** angewiesen sind. Die Vorschrift dient dabei weniger der Sanktion zurückliegenden Fehlverhaltens als vielmehr der Verhinderung zukünftiger Störungen.[104]

51 Die Vorschrift stellt eine **Konkretisierung des Grundtatbestandes** der Kündigung aus wichtigem Grund gemäß § 543 Abs. 1 BGB dar und ist deshalb im Zusammenhang mit diesem zu lesen.[105] Dies hat insbesondere auch Bedeutung für die Erforderlichkeit einer der Kündigung vorausgehenden Abmahnung, vgl. hierzu Rn. 104.

II. Anwendungsvoraussetzungen

1. Normstruktur

52 Normstruktur:
- Tatbestandsmerkmale:
  - Wohnraummietverhältnis,
  - Hausfrieden,
  - Störung,
  - Nachhaltigkeit der Störung,
  - Unzumutbarkeit der Fortsetzung des Mietverhältnisses,
  - erfolglose Abmahnung.
- Rechtsfolge:
  - Recht der betroffen Partei zur außerordentlichen fristlosen Kündigung.

---

[102] BGBl I 2001, 1149.
[103] *Emmerich* in: Staudinger, § 569 Rn. 20 und *Wöstmann* in: Bamberger/Roth, § 569 Rn. 1.
[104] Vgl. noch zu § 554a BGB a.F. *Blank* in: Schmidt-Futterer, Mietrecht, 7. Aufl. 1999, § 554a Rn. 1.
[105] *Emmerich* – unter Bezugnahme auf die Intention des Gesetzgebers – in: Staudinger, § 569 Rn. 20; *Haas*, Das neue Mietrecht, 2001, § 569 Rn. 3; *Lammel*, Wohnraummietrecht, 3. Aufl. 2007, § 569 Rn. 24 und noch *Blank* in: Blank/Börstinghaus, Neues Mietrecht, 2001, § 569 Rn. 1; a.A. – nunmehr – *Blank* in: Schmidt-Futterer, Mietrecht, 10. Aufl. 2011, § 569 Rn. 18.

2. Wohnraummietverhältnis

Die Bestimmung ist schon auf Grund ihrer systematischen Stellung unmittelbar nur auf die **Wohnraummiete** anwendbar. Zur Abgrenzung von anderen Mietverhältnissen vgl. die Kommentierung zu § 549 BGB Rn. 6 ff.

53

Auf die Anmietung **anderer Räume** findet § 569 Abs. 2 BGB infolge gesetzlicher Verweisung entsprechende Anwendung (§ 578 Abs. 2 BGB, vgl. hierzu die Kommentierung zu § 578 BGB), ebenso auf entsprechende **Pachtverhältnisse** (§ 581 Abs. 2 BGB, vgl. hierzu die Kommentierung zu § 581 BGB Rn. 79) und **Landpachtverhältnisse** (§ 594e Abs. 1 BGB, vgl. hierzu die Kommentierung zu § 594e BGB).

54

Auf ein **reines Grundstücksmietverhältnis** ist die Bestimmung dagegen nicht anwendbar.[106]

55

Bei **Mischmietverhältnissen** entscheidet die nach den vertraglichen Vereinbarungen überwiegende Nutzung. Nur wenn danach die Raummiete und nicht die bloße Grundstücksmiete im Vordergrund steht, greift § 569 Abs. 2 BGB ein.[107] Für die Abgrenzung ist in erster Linie der Wille der Parteien entscheidend, d.h. die gemeinsamen und übereinstimmenden Vorstellungen darüber, zu welchem Zweck die Mietsache genutzt werden soll.[108]

56

3. Hausfrieden

Eine **Definition** des Begriffs „Hausfrieden" gibt das Bürgerliche Gesetzbuch nicht. Allerdings sind Mieter und Vermieter auch ohne ausdrückliche vertragliche Regelung – ebenso wie Grundstücksnachbarn – nach **Treu und Glauben** (§ 242 BGB) verpflichtet, Störungen der anderen Vertragspartei oder auch weiterer Mitbewohner bei Ausübung des Mietgebrauchs soweit als möglich zu unterlassen.[109] Unter dem Hausfrieden ist mithin das aus dem Zusammenleben erwachsende Erfordernis gegenseitiger Rücksichtnahme durch alle Bewohner desselben Hauses zu verstehen („**Friedenspflicht gegenüber der Hausgemeinschaft**").[110] Aus diesem Gebot der wechselseitigen Rücksichtnahme innerhalb der Hausgemeinschaft können sich Grenzen für die Nutzung der Mietsache durch den Einzelnen ergeben. Welche konkreten Verhaltensweisen dabei noch sozialüblich sind oder die Grenze des dem anderen zumutbaren Mietgebrauchs überschreiten und deshalb den Hausfrieden zu beeinträchtigen geeignet sind, bestimmt sich entweder nach den vertraglichen **Vereinbarungen** – insbesondere der Hausordnung – oder, sofern solche fehlen, nach der **Verkehrssitte**.[111]

57

4. Störung

Eine **Störung** des Hausfriedens (vgl. zum Begriff Rn. 57) liegt demnach in einem Verhalten, das das Zusammenleben über das in einer Hausgemeinschaft als sozialüblich hinzunehmende Maß beeinträchtigt. Stets sind die einzelnen Störungen **substantiiert** und nachvollziehbar darzutun und gegebenenfalls nachzuweisen. Die pauschale Behauptung einer ‚Zerrüttung' des Mietverhältnisses ohne hinreichende Tatsachenbasis trägt kein Kündigungsrecht.

58

Noch keine Störung liegt in bloßen Lästig- oder Unhöflichkeiten, die aus Sicht einer verständigen Partei zwar als lästig, aber noch nicht erheblich empfunden werden („**Bagatellverstöße**").[112] Solche Verhaltensweisen werden auch bei gehäuftem Auftreten regelmäßig eine Kündigung nicht rechtfertigen.[113]

59

---

[106] *Lammel*, Wohnraummietrecht, 3. Aufl. 2007, § 569 Rn. 23.

[107] *Emmerich* in: Staudinger, § 569 Rn. 22.

[108] Vgl. – zur parallelen Problematik bei der Abgrenzung zwischen Wohn- und Gewerbemiete – BGH v. 16.04.1986 - VIII ZR 60/85 - juris Rn. 24 - NJW-RR 1986, 877-879.

[109] *Kraemer* in: Bub/Treier, Handbuch der Geschäfts- und Wohnraummiete, 3. Aufl. 1999, Teil III Rn. 1050.

[110] KG v. 01.09.2003 - 12 U 20/03 - juris Rn. 20 - ZMR 2004, 261-265; *Emmerich* in: Staudinger, § 569 Rn. 24 sowie *Sternel*, Mietrecht aktuell, 4. Aufl. 2009, Teil VIII Rn. 88.

[111] *Blank* in: Schmidt-Futterer, Mietrecht, 10. Aufl. 2011, § 569 Rn. 19.

[112] OLG Düsseldorf v. 29.11.2007 - I-10 U 86/07, 10 U 86/07 - juris Rn. 33 - GuT 2007, 438-443; *Blank* in: Schmidt-Futterer, Mietrecht, 10. Aufl. 2011, § 569 Rn. 23 und *Emmerich* in: Staudinger, § 569 Rn. 26.

[113] Noch weitergehend – überhaupt nicht zu berücksichtigen – *Blank* in: Schmidt-Futterer, Mietrecht, 10. Aufl. 2011, § 569 Rn. 26.

60 Besteht das Mietverhältnis mit **mehreren Mietern**, so ist eine von einem Mieter ausgehende Störung grundsätzlich ausreichend, um ein Kündigungsrecht zu begründen. Dies folgt schon aus dem Schutzzweck des § 569 Abs. 2 BGB, denn auf Grund der Unzulässigkeit von Teilkündigungen kann die Störung nur durch die Beendigung des gesamten Mietverhältnisses beseitigt werden.[114] Etwas anderes gilt nur dann, wenn sich die Kündigung des Mietverhältnisses gegenüber allen Mietern ausnahmsweise als **rechtsmissbräuchlich** (§ 242 BGB) darstellt, etwa weil der allein störende Mieter auszieht und von den anderen keine weiteren Störungen zu befürchten sind[115] oder der Vermieter letztere in Kenntnis der Störungen des ausgezogenen Mieters in das Mietverhältnis hat eintreten lassen („venire contra factum proprium")[16]. Relevant sind diese Ausnahmen insbesondere bei Mietverhältnissen mit **Wohngemeinschaften**. Zur Beweislast insoweit vgl. Rn. 110.

61 Sind **mehrere Mieter Störer** und haben sie nachweislich (vgl. hierzu Rn. 111) in ihrer Person jeweils den Kündigungstatbestand verwirklicht, liegt es grundsätzlich im Ermessen des Vermieters, welchem der Mieter er kündigt, sofern durch die gewählte Kündigung die Störung beseitigt werden kann.[117]

a. Zurechnung der Störung

62 Damit die Störung eine Kündigung gegenüber der anderen Vertragspartei trägt, muss sie ferner deren Risikobereich **zurechenbar** sein.

63 Dies ist zunächst unschwer gegeben, wenn die Störung von einer der **Mietvertragsparteien selbst** ausgeht. Sofern es sich um ein Verhalten des Vermieters handelt, ist nicht erforderlich, dass dieser im Haus wohnt und damit selbst Mitglied der Hausgemeinschaft ist; es reicht aus, wenn er sich anlässlich von Besuchen dort störend verhält.[118]

64 Störendes Verhalten von anderen Mietern oder **Dritten**, das zu einer Beeinträchtigung des Hausfriedens führt, ist dem Mieter oder Vermieter insbesondere zuzurechnen, wenn es sich dabei um deren **Erfüllungsgehilfen** (§ 278 Satz 1 BGB) handelt.[119]

65 Dies sind auf Seiten des **Vermieters** vor allem Hausmeister, -verwalter und andere Personen, deren sich der Vermieter zur Erfüllung seiner mietvertraglichen Pflichten, insbesondere auch zur Instandhaltung und Instandsetzung, bedient.[120] Andere Mieter und Angehörige des Vermieters sind grundsätzlich ebenfalls nur dann Erfüllungsgehilfen des Vermieters, wenn sie von ihm zur Erfüllung seiner Vertragspflichten herangezogen werden.[121] Ein den Hausfrieden störendes Verhalten seiner Angehörigen wird dem Vermieter aber ohne weiteres zugerechnet, wenn er mit ihnen im selben Haus wie der Mieter wohnt.[122]

66 Der **Mieter** hat grundsätzlich für sämtliche Personen, die er nicht nur vorübergehend in seine Wohnung aufgenommen hat, insbesondere seine Angehörigen (sofern diese nicht selbst Vertragspartner

---

[114] *Blank* in: Schmidt-Futterer, Mietrecht, 10. Aufl. 2011, § 569 Rn. 21 und *Emmerich* in: Staudinger, § 569 Rn. 25.
[115] LG Frankfurt v. 05.08.1986 - 2/11 S 158/86 - juris Rn. 6 - WuM 1987, 21-22.
[116] LG Lübeck v. 08.08.1989 - 6 S 176/89 - juris Rn. 7 - NJW-RR 1990, 1429-1430 sowie – Räumungsverlangen rechtsmissbräuchlich, wenn vertragstreuem Mieter nicht Abschluss eines Mietvertrages angeboten – LG Darmstadt v. 27.08.1982 - 17 S 67/82 - juris Rn. 1 - NJW 1983, 52.
[117] *Blank* in: Schmidt-Futterer, Mietrecht, 10. Aufl. 2011, § 569 Rn. 28; a.A. – nur Kündigung dessen, den die Hauptverantwortung trifft, zulässig – *Emmerich* in: Staudinger, § 569 Rn. 25 und AG Köln v. 29.10.1990 - 222 C 272/90 - juris Rn. 8 - WuM 1994, 207-208.
[118] *Blank* in: Schmidt-Futterer, Mietrecht, 10. Aufl. 2011, § 569 Rn. 20.
[119] *Emmerich* in: Staudinger, § 569 Rn. 28; *Kellendorfer* in: Müller/Walther, Miet- und Pachtrecht, § 569 Rn. 30; *Wöstmann* in: Bamberger/Roth, § 569 Rn. 9; einschränkend – Einzelfallprüfung notwendig – AG Hamburg v. 27.09.2002 - 47 C 145/02 - ZMR 2003, 581-582. Die gegenteilige Entscheidung des KG v. 15.06.2000 - 16 RE-Miet 10611/99 - juris Rn. 5 - NJW-RR 2000, 1397-1398 ist überholt.
[120] *Emmerich* in: Staudinger, § 569 Rn. 28 und *Grapentin* in: Bub/Treier, Handbuch der Geschäfts- und Wohnraummiete, 3. Aufl. 1999, Teil IV Rn. 189.
[121] OLG Karlsruhe v. 18.09.1987 - 14 U 30/86 - juris Rn. 14 - ZMR 1988, 52-53 sowie BGH v. 12.05.1969 - VIII ZR 164/67 - VersR 1969, 754.
[122] *Emmerich* in: Staudinger, § 569 Rn. 28 und *Kellendorfer* in: Müller/Walther, Miet- und Pachtrecht, § 569 Rn. 30.

sind), bei ihm beschäftigte Personen (auch Handwerker und Lieferanten) sowie Untermieter (§ 540 Abs. 2 BGB) einzustehen.[123]

Kinder kommen als Erfüllungsgehilfen nur dann in Betracht, wenn sie verschuldensfähig sind (§ 828 BGB, str.).[124] 67

Soweit störende Dritte **keine Erfüllungshilfen** der Vertragsparteien sind, ist die Störung letzteren dennoch zuzurechnen, wenn ihnen das störende Verhalten bekannt ist und sie – trotz entsprechender Möglichkeit[125] – nichts dagegen unternehmen. Denn für dieses eigene **Unterlassen** haben Mieter oder Vermieter die Verantwortung zu tragen. Auf Vermieterseite ist dies der Fall, wenn die Störungen von einem anderen Mieter des Anwesens ausgehen[126], auf Mieterseite sind dies insbesondere Störungen durch nicht verschuldensfähige Kinder[127] oder bloße Besucher (str.)[128]. 68

b. Von der Störung betroffener Personenkreis

Wie sich schon aus dem Begriff „**Haus**frieden" ergibt, muss die Störung immer Mitglieder der Hausgemeinschaft, d.h. Bewohner oder Nutzer der vermieteten Räume, betreffen.[129] Zu den Nutzern des Gebäudes zählen auch die Kunden, Lieferanten und Mitarbeiter des Vermieters oder Mieters.[130] 69

Werden dagegen nur andere Personen, insbesondere Bewohner in benachbarten Anwesen (**Nachbarn**), gestört, so gibt dies kein Kündigungsrecht nach § 569 Abs. 2 BGB. Dies gilt selbst dann, wenn beide Anwesen vom selben Vermieter vermietet werden.[131] 70

Gleiches gilt, wenn der **Vermieter** durch ein störendes Verhalten eines Mieters betroffen ist, aber weder im gleichen Haus wohnt noch dieses sonst selbst nutzt. Dann kommt eine außerordentliche fristlose Kündigung nur nach § 543 BGB und nicht nach § 569 Abs. 2 BGB in Betracht.[132] Indessen kann der Vermieter auch dann kündigen, wenn zwar nicht er selbst, aber andere seiner Mieter des Mietobjektes von der Störung betroffen sind, da er diesen gegenüber zum Einschreiten verpflichtet ist, vgl. hierzu Unterlassen (vgl. Rn. 68). 71

5. Nachhaltigkeit der Störung

Eine Störung ist nur nachhaltig, wenn sie andauert, was grundsätzlich bei regelmäßiger oder häufiger **Wiederholung** des störenden Verhaltens anzunehmen ist.[133] 72

---

[123] *Emmerich* in: Staudinger, § 569 Rn. 28; *Kellendorfer* in: Müller/Walther, Miet- und Pachtrecht, § 569 Rn. 30 und *Wöstmann* in: Bamberger/Roth, § 569 Rn. 9.

[124] OLG Düsseldorf v. 07.04.1995 - 3 Wx 472/94 - juris Rn. 20 - NJW-RR 1995, 1165-1166 sowie im Ergebnis wohl ebenso *Blank* in: Blank/Börstinghaus, Miete, 3. Aufl. 2008, § 573 Rn. 18 und *Grundmann* in: MünchKomm-BGB, § 278 Rn. 49 und im Ergebnis wohl auch *Emmerich* in: Staudinger, § 569 Rn. 28.

[125] AG Merzig v. 05.08.2005 - 23 C 1282/04 - juris Rn. 10 - WuM 2005, 727-730.

[126] *Kossmann*, Handbuch der Wohnraummiete, 6. Aufl. 2003, § 70 Rn. 4 und *Kellendorfer* in: Müller/Walther, Miet- und Pachtrecht, § 569 Rn. 30.

[127] *Emmerich* in: Staudinger, § 569 Rn. 28.

[128] *Eisenschmid* in: Schmidt-Futterer, Mietrecht, 10. Aufl. 2011, § 535 Rn. 258; *Blank* in: Blank/Börstinghaus, Miete, 3. Aufl. 2008, § 569 Rn. 26 und *Krenek* in: Müller/Walther, Miet- und Pachtrecht, § 573 Rn. 20; offen *Emmerich* in: Staudinger, § 569 Rn. 28; a.A. – Besucher ebenfalls Erfüllungsgehilfen – *Lammel*, Wohnraummietrecht, 3. Aufl. 2007, § 543 Rn. 54 sowie *Sternel*, Mietrecht, 3. Aufl. 1988, Teil II Rn. 490.

[129] Vgl. auch – in der Begründung allerdings insoweit fraglich, als trotz mangelnder Einwirkungsmöglichkeit ein, wenn auch relativ geringes Verschulden der Mieterin angenommen wird – AG München v. 09.08.2002 - 473 C 18703/02 - juris Rn. 6 - WuM 2004, 204.

[130] OLG München v. 12.07.1996 - 21 U 4334/95 - ZMR 1996, 557-558 sowie *Wöstmann* in: Bamberger/Roth, § 569 Rn. 11.

[131] LG Paderborn v. 05.12.1991 - 5 S 237/91 - juris Rn. 5 - WuM 1992, 191; *Weidenkaff* in: Palandt, § 569 Rn. 12 und *Emmerich* in: Staudinger, § 569 Rn. 24; a.A. AG Brühl v. 12.05.1995 - 23 C 469/94 - juris Rn. 16 - NJW-RR 1996, 1100.

[132] *Kraemer*, NZM 2001, 553-563, 562.

[133] *Blank* in: Schmidt-Futterer, Mietrecht, 10. Aufl. 2011, § 569 Rn. 22.

73 **Einmalige oder gelegentliche Störungshandlungen** tragen daher regelmäßig keine außerordentliche Kündigung.[134] Dies gilt nach hier vertretener Auffassung allerdings nicht ausnahmslos: auch ein einziger, aber **besonders schwerer Verstoß** gegen die Regeln des Zusammenlebens kann für die Zukunft eine nachhaltige Störung des Hausfriedens bewirken, so beispielsweise eine gegen das Leben einer Vertragspartei gerichtete Straftat.

6. Unzumutbarkeit der Fortsetzung des Mietverhältnisses

74 Selbst eine nachhaltige Störung des Hausfriedens berechtigt indessen – wie auch andere Pflichtverletzungen der Vertragsparteien (§ 543 Abs. 1 Satz 2 BGB, vgl. hierzu die Kommentierung zu § 543 BGB) – nur dann zur fristlosen Kündigung, wenn dem kündigenden Teil die Fortsetzung des Mietverhältnisses bis zur vereinbarten Beendigung, wozu auch die nächstmögliche Beendigung durch eine nach den Vereinbarungen mögliche ordentliche Kündigung zählt, **nicht mehr zumutbar** ist.[135] Dabei sind strenge Anforderungen zu stellen, da die Kündigung eines Mietverhältnisses stets einen schweren Eingriff in den persönlichen Lebensbereich des Mieters darstellt.[136]

75 Die Unzumutbarkeit ist durch eine **Abwägung** der beiderseitigen Interessen unter Berücksichtigung aller Umstände des Einzelfalls zu ermitteln. Dabei sind insbesondere einerseits die Schwere und Auswirkungen der Störung, der Grad des Verschuldens sowie andererseits die Auswirkungen der fristlosen Kündigung für die Vertragsparteien zu berücksichtigen.[137] Auch die persönlichen Verhältnisse der Vertragsparteien[138] und hieraus folgende besondere Beeinträchtigungen durch die Störung können Eingang finden.[139] Ebenso ist das grundrechtlich garantierte (Art. 2 Abs. 1 GG) Recht der Hausbewohner auf freie Entfaltung der Persönlichkeit zu beachten.[140] **Maßstab** dafür, ob eine Unzumutbarkeit vorliegt, ist das Empfinden eines mit den Besonderheiten des Mietverhältnisses vertrauten „verständigen Durchschnittsmenschen".[141] **Vorsätzliche Straftaten** werden beispielsweise regelmäßig eine Kündigung rechtfertigen, wenn sie einen Bezug zum Mietverhältnis aufweisen. Eine Unzumutbarkeit des störenden Verhaltens ist ferner insbesondere dann anzunehmen, wenn andere Mieter deswegen berechtigterweise eine **Mietminderung** vornehmen.[142]

76 Entscheidend ist stets, welche Auswirkungen das Fehlverhalten für das weitere Zusammenleben von Mieter und Vermieter hat („**Zukunftsprognose**").[143] Diese Prognose ist allerdings nach Lage der Dinge im Moment der Kündigungserklärung vorzunehmen, denn die Wirksamkeit der Kündigung ist grundsätzlich nur davon abhängig, ob die Fortsetzung des Mietverhältnisses **zum Zeitpunkt des Ausspruches der Kündigung** unzumutbar war – nachträgliches Wohlverhalten lässt den Kündigungsgrund regelmäßig nicht entfallen. Dies folgt schon daraus, dass durch eine wirksame Kündigung die vertraglichen Beziehungen in ein Abwicklungsverhältnis umgestaltet worden sind.[144] Etwas anderes gilt allenfalls dann, wenn sich ausnahmsweise das Festhalten an der Kündigung als rechtsmissbräuchlich darstellt (§ 242 BGB), vgl. hierzu Rn. 60.

---

[134] AG Köln v. 22.09.2004 - 209 C 108/04 - juris Rn. 7 - WuM 2004, 673 sowie *Lützenkirchen* in: Lützenkirchen/Löfflad, Neue Mietrechtspraxis, 2001 Rn. 894.

[135] OLG Düsseldorf v. 29.11.2007 - I-10 U 86/07, 10 U 86/07 - juris Rn. 33 - GuT 2007, 438-443.

[136] BGH v. 14.07.1993 - VIII ARZ 1/93 - juris Rn. 27 - BGHZ 123, 233-242.

[137] *Blank* in: Schmidt-Futterer, Mietrecht, 10. Aufl. 2011, § 569 Rn. 23 und *Wöstmann* in: Bamberger/Roth, § 569 Rn. 10.

[138] LG Siegen v. 10.01.2006 - 1 S 117/05 - juris Rn. 17 - WuM 2006, 158-160 und AG Köln v. 22.03.2005 - 221 C 3/05 - juris Rn. 23 - WuM 2006, 522-523.

[139] AG Fürstenfeldbruck v. 23.09.1994 - 2 C 1290/94 - juris Rn. 2 - WuM 1995, 41.

[140] Vgl. - zu § 543 Abs. 1 BGB - BGH v. 08.12.2004 - VIII ZR 218/03 - juris Rn. 13 - NZM 2005, 300-301 sowie allgemein *Eisenschmid* in: Schmidt-Futterer, Mietrecht, 10. Aufl. 2011, § 535 Rn. 320.

[141] *Emmerich* in: Staudinger, § 569 Rn. 21 und *Blank* in: Schmidt-Futterer, Mietrecht, 10. Aufl. 2011, § 569 Rn. 23.

[142] *Lammel*, Wohnraummietrecht, 3. Aufl. 2007, § 543 Rn. 25.

[143] LG Hamburg v. 20.12.2005 - 316 S 127/05 - juris Rn. 11 - ZMR 2006, 448-449 und *Blank* in: Schmidt-Futterer, Mietrecht, 10. Aufl. 2011, § 569 Rn. 23.

[144] BGH v. 23.09.1987 - VIII ZR 265/86 - juris Rn. 24 - WM 1988, 62-64 sowie LG Köln v. 12.07.1991 - 12 S 106/91 - juris Rn. 4 - WuM 1991, 485-486.

Im Gegensatz zur Rechtslage vor der Mietrechtsreform ist ein **Verschulden** des Kündigungsgegners nicht mehr zwingende Voraussetzung für die Entstehung des Kündigungsrechts, denn das Gesetz sieht es zwar als ein wichtiges Indiz („insbesondere"), aber nicht als notwendiges Tatbestandsmerkmal an.[145] Damit können jetzt auch Störungen durch **schuldunfähige Mieter** grundsätzlich Grundlage einer außerordentlichen Kündigung sein; im Hinblick auf die durchzuführende Abwägung muss es sich allerdings um besonders gravierende Fälle handeln.[146] 77

Für ein Verschulden ihrer **Erfüllungsgehilfen** haben die Vertragsparteien einzustehen (§ 278 Satz 1 BGB), vgl. hierzu auch Rn. 64 ff. 78

Im Rahmen der Abwägung ist auch das **eigene Verhalten des Kündigenden** zu beachten. Denn die Vertragspartei, die die andere zu einer Störung des Hausfriedens – insbesondere einer Beleidigung o. Ä. – **provoziert** hat, kann regelmäßig hierauf keine außerordentliche Kündigung nach § 569 Abs. 2 BGB stützen.[147] In einem solchen Fall wird dem Kündigenden die Fortsetzung des Mietverhältnisses nämlich grundsätzlich nicht unzumutbar sein, da die Vertragsverletzung wesentlich geringer zu bewerten ist.[148] Allerdings schließen eigene Vertragsverletzungen eine Kündigung aus wichtigem Grund nach den allgemeinen Vorschriften (§ 543 Abs. 1 BGB) nicht gänzlich aus. Eine solche ist vielmehr dennoch möglich, wenn das Mietverhältnis infolge der Vertragsverletzungen insgesamt „zerrüttet" ist.[149] 79

Zurückhaltung bei der Annahme einer Unzumutbarkeit ist ferner bei Äußerungen angebracht, die – noch – von der **Wahrnehmung berechtigter Interessen** gedeckt sind, was insbesondere bei Erklärungen im Rahmen rechtlicher Streitigkeiten nahe liegt.[150] 80

Die **Beweislast** für eine Provokation oder ein berechtigtes Interesse trägt allerdings der Gekündigte.[151] 81

Das Verstreichenlassen eines **längeren Zeitraumes zwischen dem – letzten – störenden Verhalten und dem Ausspruch der Kündigung** bzw. der gerichtlichen Geltendmachung des daraus resultierenden Räumungsanspruches durch den Kündigungsberechtigten ohne triftigen Grund spricht regelmäßig gegen eine Unzumutbarkeit der Fortsetzung des Vertragsverhältnisses.[152] Im Übrigen gilt auch hier der allgemeine Grundsatz, dass das Recht zur Kündigung eines Dauerschuldverhältnisses aus wichtigem Grund **nur innerhalb angemessener Zeit** ausgeübt werden kann, nachdem der Berechtigte vom Kündigungstatbestand Kenntnis erlangt hat.[153] Ob dabei zur Begründung die allgemeine Regelung des **§ 314 Abs. 3 BGB** für die Kündigung von Dauerschuldverhältnissen aus wichtigem Grund heran- 82

---

[145] BGH v. 08.12.2004 - VIII ZR 218/03 - juris Rn. 11 - NZM 2005, 300-301 sowie BT-Drs. 14/5663, S. 177.

[146] BGH v. 08.12.2004 - VIII ZR 218/03 - juris Rn. 11 - NZM 2005, 300-301 sowie *Kinne* in: Kinne/Schach/Bieber, Miet- und Mietprozessrecht, 6. Aufl. 2011, § 569 Rn. 11.

[147] BGH v. 04.12.1985 - VIII ZR 33/85 - juris Rn. 13 - WM 1986, 172-173; LG Hamburg v. 23.06.2005 - 307 S 32/05 - ZMR 2005, 867-869; LG Münster v. 02.05.1991 - 8 S 556/90 - juris Rn. 2 - WuM 1991, 688-689 sowie AG Hamburg v. 01.03.1994 - 47 C 1926/93 - juris Rn. 18 - WuM 1994, 382-383.

[148] *Emmerich* in: Staudinger, § 569 Rn. 30 und *Kellendorfer* in: Müller/Walther, Miet- und Pachtrecht, § 569 Rn. 32.

[149] BGH v. 04.06.1969 - VIII ZR 134/67 - juris Rn. 34 - LM Nr. 3 zu § 254 (Cb) BGB sowie BGH v. 11.02.1981 - VIII ZR 312/79 - juris Rn. 31 - LM Nr. 26 zu § 242 (Bc) BGB.

[150] LG Düsseldorf v. 11.09.1979 - 21 S 114/79 - ZMR 1981, 116-118 sowie AG Potsdam v. 03.03.1994 - 26 C 585/93 - juris Rn. 7 - WuM 1994, 527-528.

[151] LG Berlin v. 15.01.1991 - 64 S 297/90 - Grundeigentum 1991, 933-935; *Kinne* in: Kinne/Schach/Bieber, Miet- und Mietprozessrecht, 6. Aufl. 2011, § 569 Rn. 12 und *Blank* in: Schmidt-Futterer, Mietrecht, 10. Aufl. 2011, § 543 Rn. 188 und 196.

[152] Vgl. - allgemein - BGH v. 13.04.2010 - VIII ZR 206/09 - juris Rn. 5 - WuM 2010, 352-353; BGH v. 23.09.1987 - VIII ZR 265/86 - juris Rn. 23 - WM 1988, 62-64; OLG Düsseldorf v. 26.06.1997 - 10 U 95/96 - juris Rn. 23 - WuM 1997, 556-558 - zwei Jahre; LG Siegen v. 10.01.2006 - 1 S 117/05 - juris Rn. 6 - WuM 2006, 158-160 - drei Jahre; LG Halle (Saale) v. 11.01.2002 - 1 S 192/01 - NZM 2003, 309-310 - 1¼ Jahre; LG Berlin v. 10.10.2003 - 63 S 143/03 - juris Rn. 11 - Grundeigentum 2004, 481-482 sowie AG Dortmund v. 29.04.1977 - 110 C 43/77 - juris Rn. 29 - WuM 1978, 85 - sechs Monate; AG Delmenhorst v. 04.05.1979 - 5 C 43/79 - juris Rn. 18 - WuM 1980, 163 - ein Monat (fraglich).

[153] BGH v. 03.10.1984 - VIII ZR 118/83 - juris Rn. 26 - LM Nr. 31 zu § 305 BGB sowie BGH v. 23.03.1983 - VIII ZR 336/81 - juris Rn. 10 - WM 1983, 660-661.

zuziehen oder ein entsprechendes Verhalten des Mieters allein unter dem Gesichtspunkt von Treu und Glauben (§ 242 BGB) als treuwidrig zu bewerten ist, ist für die Wohnraummiete noch nicht höchstrichterlich geklärt[154]; im Rahmen der Gewerbemiete erachtet der Bundesgerichtshof dagegen § 314 Abs. 3 BGB ohne weiteres für anwendbar[155]. Eine absolute Zeitspanne für das Entfallen des Kündigungsrechts lässt sich dabei nicht festlegen, dies hängt von den Umständen des Einzelfalles ab.[156] Jedenfalls drei bis vier Monate nach der Vertragsverletzung ist die Kündigung in aller Regel verspätet.[157]

83 **Fallgruppen**: Nachfolgend einige **Fallgruppen** zum Kündigungsrecht wegen nachhaltiger Störung des Hausfriedens. Maßgeblich bleiben indessen die Umstände des jeweiligen Einzelfalles.

a. (Straf-)Anzeigen

84 Vorsätzlich oder leichtfertig[158] – d.h. ins Blaue hinein – **falsch** erstattete Anzeigen bei der Staatsanwaltschaft, der Polizei oder einer anderen Behörde, um ein strafrechtliches oder sonstiges behördliches Verfahren einzuleiten (vgl. auch § 164 StGB), beeinträchtigen den Hausfrieden in der Regel nachhaltig und berechtigen daher zur Kündigung.

85 Sofern die Anzeige dagegen auf **wahren** oder vom Gekündigten nach pflichtgemäßer Überprüfung für wahr gehaltenen **Tatsachen** beruht[159], kann ein Kündigungsrecht daraus nur erwachsen, wenn dieser nicht berechtigterweise zur Wahrnehmung eigener Interessen gehandelt[160] und deshalb seine aus dem Mietverhältnis resultierende Verpflichtung zu verhältnismäßigem Handeln verletzt hat.

86 Die **Beweislast** für die Wahrheit der angezeigten Tatsachen oder zumindest für die Rechtfertigung seines Vertrauens hierauf trägt der Gekündigte.[161]

87 Ein zur Kündigung berechtigendes Fehlverhalten wurde u.a. bejaht bei
- Anzeige wegen unzulässiger Umwandlung von Wohn- in Gewerberaum gegenüber zuständiger Behörde[162],
- Anzeige beim Amt für Wohnungswesen wegen offensichtlich nicht gegebener Mietpreisüberhöhung[163],
- Vorwurf des Meineids gegenüber Vermieter[164].

b. Verweigerung der Zusammenarbeit

88 Beharrliche Verweigerung der Zusammenarbeit mit dem Hausverwalter.[165]

c. Ehrverletzende Äußerungen

89 **Straftaten gegen die Ehre** – Beleidigung (§ 185 StGB), üble Nachrede (§ 186 StGB) und Verleumdung (§ 187 StGB) – können zu einer Störung des Hausfriedens führen, sofern sie gegenüber dem Ver-

---

[154] BGH v. 13.04.2010 - VIII ZR 206/09 - juris Rn. 2 und 5 f. - WuM 2010, 352-353; BGH v. 11.03.2009 - VIII ZR 115/08 - juris Rn. 17 - WuM 2009, 231-232; für die Anwendung des § 314 Abs. 3 BGB *Blank* in: Blank/Börstinghaus, Miete, 3. Aufl. 2008, § 569 Rn. 36 und *Häublein* in: MünchKomm-BGB, § 569 Rn. 25.
[155] BGH v. 21.03.2007 - XII ZR 36/05 - juris Rn. 21 - NSW BGB § 543 (BGH intern).
[156] BGH v. 13.04.2010 - VIII ZR 206/09 - juris Rn. 2 - WuM 2010, 352-353 zur Kündigung nach § 569 Abs. 1 BGB.
[157] OLG Köln v. 04.02.2000 - 1 U 92/99 - juris Rn. 35 - ZfIR 2000, 360-365 und OLG München v. 28.02.2001 - 3 U 5169/00 - juris Rn. 27 - NJW-RR 2002, 631-632.
[158] BVerfG v. 02.10.2001 - 1 BvR 1372/01 - juris Rn. 6 - Grundeigentum 2001, 1536.
[159] LG Wiesbaden v. 02.05.1995 - 8 S 411/94 - juris Rn. 14 - WuM 1995, 707-708 sowie AG Köln v. 13.12.1994 - 212 C 233/94 - juris Rn. 7 - WuM 1995, 587-588.
[160] OLG München v. 07.06.1991 - 21 U 4248/90 - OLGR München 1997, 159-161 sowie AG Friedberg (Hessen) v. 15.05.1986 - C 2033/84 - juris Rn. 6 - WuM 1986, 338.
[161] *Blank* in: Schmidt-Futterer, Mietrecht, 10. Aufl. 2011, § 543 Rn. 194 ff.
[162] LG Frankfurt v. 10.08.1993 - 2/11 S 142/93 - juris Rn. 8 - NJW-RR 1994, 143-144.
[163] LG Frankfurt v. 05.09.1989 - 2/11 S 193/89 - juris Rn. 8 - WuM 1989, 619-620.
[164] AG Schwelm v. 03.05.1984 - 28 C 501/83 - juris Rn. 10 - WuM 1985, 265.
[165] LG Göttingen v. 15.11.1989 - 5 S 60/89 - juris Rn. 8 - WuM 1990, 18-19.

tragspartner, dessen Angehörigen oder Angestellten[166] oder anderen Bewohnern, d.h. mit Bezug auf die Hausgemeinschaft, erfolgen. Angriffe auf die Ehre anderer Personen, die nicht im Zusammenhang mit dem Mietverhältnis stehen,[167] rechtfertigen dagegen keine Kündigung nach § 569 Abs. 2 BGB, sondern sind über § 543 Abs. 1 BGB zu erfassen.[168]

Regelmäßig wird es sich um **wiederholte Angriffe** auf die Ehre des anderen handeln müssen, vgl. hierzu Rn. 72 f.[169]

90

Bloße **Unhöflichkeiten** wie beispielsweise das Verweigern einer Begrüßung oder Briefe ohne Anrede oder Grußformel reichen dagegen zur Begründung einer außerordentlichen Kündigung grundsätzlich nicht aus.

91

Stets sind die gesamten Umstände, die zur Erklärung des Gekündigten geführt haben, zu berücksichtigen – denn Äußerungen, die anlässlich eines Streits im Zustand der Erregung fallen, sind regelmäßig weniger schwerwiegend als kühl geplante.[170] Zur Provokation von ehrverletzenden Äußerungen vgl. Provokation (vgl. Rn. 79). Ebenso sind die Art und Weise sowie der Umfang der Verbreitung der ehrverletzenden Erklärungen mit einzubeziehen. Bei Streitigkeiten der Mieter untereinander sind auch deren allgemeine Umgangsformen miteinander zu berücksichtigen, die der Annahme einer Unzumutbarkeit einzelner Störungen entgegenstehen können.[171]

92

Ein Kündigungsrecht ist – u.a. – bei folgenden ehrverletzenden Erklärungen angenommen worden:
- „Du kannst mich am Arsch lecken"/„Arschloch"[172],
- „Ich schlag' dich kaputt", „Du Saujude"[173],
- „griechisches Schwein"[174],
- mieterseitiges Transparent mit der – inhaltlich richtigen – Aufschrift: „In diesem Haus stehen 4 Wohnungen leer, ca. 500qm." („öffentliche Anprangerung")[175],
- Behauptung des Mieters gegenüber Handwerker, der Vermieter sei zahlungsunfähig[176],
- Mitteilung mietvertraglicher Differenzen an den Arbeitgeber des Mieters ohne Anlass[177],
- Transparent mit Anspielungen auf den Tod von Stalin und Tito mit dem Zusatz, der Hausverwalter sehe auch schlecht aus[178],
- Vorwurf der „Verschlagenheit, Hinterhältigkeit und betrügerische[n] Machenschaften", von „hinterhältigen, schmutzigen Manipulationen", „typische[n] Beispiele[n] der Russen- oder Italienmafia", „verabscheuungswürdige[n] Machenschaften" gegenüber vermietender GmbH[179].

93

d. Betreten der Mietsache

Eigenmächtiges Betreten der Mietsache durch den Vermieter[180], auch wenn nach Kündigung des Mietverhältnisses, aber vor Ablauf der Kündigungsfrist heimlich Renovierungsarbeiten durchgeführt wer-

94

---

[166] LG Köln v. 01.02.1980 - 12 S 316/79 - juris Rn. 2 - WuM 1981, 233.
[167] Vgl. LG München I v. 22.02.1984 - 14 S 18052/83 - juris Rn. 2 - WuM 1989, 180 - „werdender Eigentümer".
[168] *Kinne* in: Kinne/Schach/Bieber, Miet- und Mietprozessrecht, 6. Aufl. 2011, § 569 Rn. 12.
[169] AG Potsdam v. 03.03.1994 - 26 C 585/93 - juris Rn. 9 - WuM 1994, 527-528.
[170] AG Rosenheim v. 21.05.1980 - 13 C 200/80 - WuM 1980, 186.
[171] LG Mannheim v. 13.06.1979 - 4 S 13/79 - juris Rn. 7 - WuM 1981, 17-18.
[172] LG Köln v. 21.01.1993 - 1 S 365/92 - juris Rn. 2 - WuM 1993, 349; LG Berlin v. 13.05.1986 - 63 S 24/85 - juris Rn. 2 - Grundeigentum 1986, 747; a.A. bei einmaliger Erklärung vor dem Hintergrund anderer Streitigkeiten LG Offenburg v. 01.10.1985 - 1 S 347/84 - juris Rn. 1 - WuM 1986, 250.
[173] AG Dortmund v. 02.11.1994 - 127 C 11283/94 - juris Rn. 23 - DWW 1996, 282-283.
[174] AG Köln v. 06.01.1987 - 205 C 388/86 - juris Rn. 4 - WuM 1987, 388-389.
[175] LG München I v. 20.07.1983 - 14 S 18033/81 - juris Rn. 4 - WuM 1983, 263-265.
[176] LG Mannheim v. 05.08.1981 - 4 S 156/80 - WuM 1985, 264.
[177] LG Bonn v. 26.02.1998 - 6 S 264/97 - juris Rn. 20 - WuM 1998, 486-488.
[178] AG Gelsenkirchen-Buer v. 22.10.1997 - 9 C 605/97 - juris Rn. 1 - ZMR 1998, 353-354.
[179] AG Stuttgart-Bad Cannstatt v. 28.02.1997 - 10 C 3456/96 - juris Rn. 14 - WuM 1997, 492-494.
[180] LG Berlin v. 09.02.1999 - 64 S 305/98 - juris Rn. 3 - NJW-RR 2000, 676 und AG Heidelberg v. 06.11.1975 - 23 C 144/75 - juris Rn. 34 - WuM 1978, 69.

§ 569

den, die eine weitere Überlassung an den Mieter unmöglich machen[181]. Keine zu einer fristlosen Kündigung berechtigende Unzumutbarkeit soll allerdings vorliegen, wenn der Vermieter die vom Mieter bereits geräumte Wohnung ohne dessen Zustimmung einmalig mit einem Mietinteressenten betritt.[182]

e. Gerüche

95 Grundsätzlich sind Gerüche, die von sozialtypischem Verhalten der Hausbewohner – insbesondere im Rahmen der Essenszubereitung – ausgehen, hinzunehmen und stellen keine Störung des Hausfriedens dar.[183] Zur Abgrenzung zwischen zumutbaren und unzumutbaren Störungen können die zu § 906 BGB entwickelten Grundsätze entsprechend herangezogen werden.[184] Auch sozial unübliches Verhalten, das zu unangenehmen Gerüchen führt, rechtfertigt im Rahmen des § 569 Abs. 2 BGB – anders als bei der Kündigung wegen Gefährdung der Mietsache nach § 543 Abs. 2 Satz 1 Nr. 2 BGB – eine Kündigung aber erst, wenn hierdurch das Zusammenleben der Hausgemeinschaft betroffen ist.[185]

96 Dies wurde u.a. in folgenden Fällen angenommen:
- Gestank im Treppenhaus wegen stinkender Kleidung und verdorbener Speisereste[186],
- Gestank wegen Aufbewahrung verdorbener und verderbender Lebensmittel/Ausschütten übel riechender Flüssigkeit vom Balkon in den Garten[187],
- Verunreinigung des Treppenhauses durch Exkremente eines Haustieres[188],
- starke Geruchsbelästigung durch – unerlaubte – Tierhaltung[189],
- Belästigung der Mitmieter durch Haltung von 28 Tieren[190].

f. Lärm

97 Auch hier gilt, dass von sozialtypischem Verhalten ausgehende Geräusche grundsätzlich hinzunehmen sind und keine zur Kündigung berechtigende Störung des Hausfriedens darstellen. Dies folgt schon daraus, dass ein vertragsgemäßer Gebrauch der Mietsache regelmäßig gewisse Geräuschverursachungen einschließt („**normale Wohngeräusche**").[191] Zur Abgrenzung zwischen zumutbaren und unzumutbaren Störungen können die zu § 906 BGB entwickelten Grundsätze entsprechend herangezogen werden.[192] Keine Kündigung trägt daher regelmäßig von **Kinder**n ausgehender Lärm, es sei denn, dieser ist auf mangelnde Aufsichtsführung durch die Mieter als Eltern zurückzuführen; vgl. hierzu Unterlassen (vgl. Rn. 68).[193] Die vereinbarten oder ortsüblichen (wochentags regelmäßig von 13 bis 15 Uhr und von 22 bis 7 Uhr) **Ruhezeiten** sind von der Hausgemeinschaft grundsätzlich zu beachten.[194] Besondere **Hellhörigkeit eines Hauses** entschuldigt nicht; vielmehr haben die Bewohner ihr Verhalten hiernach auszurichten.[195]

---

[181] AG Braunschweig v. 26.06.2002 - 117 C 4321/01 - juris Rn. 41 - ZMR 2003, 499-501.
[182] LG Lüneburg v. 09.05.2005 - 6 S 51/05 - juris Rn. 5 - WuM 2005, 586-587.
[183] AG Hamburg-Harburg v. 21.09.1992 - 643 C 230/92 - juris Rn. 4 - WuM 1993, 39 sowie AG Bonn v. 29.04.1997 - 6 C 545/96 - juris Rn. 17 - NJW-RR 1998, 10-11 - monatliches Grillen im Sommer.
[184] Vgl. – zu Lärmbelästigungen – OLG Düsseldorf v. 29.01.1997 - 9 U 218/96 - juris Rn. 4 - ZMR 1997, 181-182.
[185] LG Siegen v. 10.01.2006 - 1 S 117/05 - juris Rn. 11 - WuM 2006, 158-160.
[186] AG Saarbrücken v. 29.10.1993 - 37 C 267/93 - juris Rn. 16 - DWW 1994, 186-187.
[187] LG Hamburg v. 26.05.1987 - 16 S 307/85 - juris Rn. 2 - WuM 1988, 18-19.
[188] AG Münster v. 22.06.1995 - 8 C 749/94 - juris Rn. 3 - WuM 1995, 534.
[189] LG Berlin v. 30.09.1996 - 67 S 46/96 - juris Rn. 26 - NJW-RR 1997, 395.
[190] AG Neustadt (Rübenberg) v. 27.07.1998 - 48 C 435/98 - juris Rn. 5 - WuM 1998, 666.
[191] *Kraemer* in: Bub/Treier, Handbuch der Geschäfts- und Wohnraummiete, 3. Aufl. 1999, Teil III Rn. 1051 sowie – zu nächtlichen Badegeräuschen – LG Köln v. 17.04.1997 - 1 S 304/96 - juris Rn. 6 - NJW-RR 1997, 1440-1441.
[192] OLG Düsseldorf v. 29.01.1997 - 9 U 218/96 - juris Rn. 4 - ZMR 1997, 181-182.
[193] LG Bad Kreuznach v. 03.07.2003 - 1 S 21/01 - juris Rn. 7 - WuM 2003, 328-329; LG Lübeck v. 31.01.1984 - 6 S 354/83 - juris Rn. 2 - WuM 1989, 627-628 sowie AG Berlin-Charlottenburg v. 08.10.1993 - 16b C 352/93 - juris Rn. 7 - WuM 1995, 394-395.
[194] *Eisenschmid* in: Schmidt-Futterer, Mietrecht, 9. Aufl. 2007, § 535 Rn. 321.
[195] *Lammel*, Wohnraummietrecht, 10. Aufl. 2011, § 543 Rn. 21.

Als über das sozialtypische hinausgehende, zu einer nachhaltigen Störung des Hausfriedens führende Lärmbelästigungen sind u.a. angesehen worden:
- lautstarke Musik zur Nachtzeit[196],
- lautstarke Austragung von Streitigkeiten[197],
- häufiger Lärm zur Nachtzeit[198],
- häufiges Zuschlagen von Türen zur Nachtzeit[199],
- häufiges lautstarkes Feiern bis spät in die Nacht[200],
- ständiges Bellen eines ungenehmigt gehaltenen Hundes[201]; nicht ausreichend ist dagegen allein die mietvertraglich nicht verbotene Haltung eines Kampfhundes, sofern von diesem keine Störungen für den Hausfrieden ausgehen[202],
- Blockieren des Druckknopfes der Toilettenspülung, so dass über einen längeren Zeitraum ständig – auch zur Nachtzeit – Wasser „rauscht"[203].

g. Lebenswandel

Schon im Hinblick auf das grundrechtlich geschützte Recht auf freie Entfaltung der Persönlichkeit (Art. 2 Abs. 1 GG) kann die Ausgestaltung seiner Lebensführung durch ein Mitglied der Hausgemeinschaft **regelmäßig keinen Kündigungsgrund** darstellen. Dies gilt insbesondere hinsichtlich der privaten Beziehungen des Mieters und der damit in Zusammenhang stehenden Übernachtung von Personen.[204] Eine außerordentliche Kündigung im Hinblick auf den Lebenswandel kommt nur in krassen Ausnahmefällen, in denen die Lebensführung des Gekündigten schwere und unmittelbare negative Auswirkungen auf das Zusammenleben in der Hausgemeinschaft hat, in Betracht.

Beispiele aus der Rechtsprechung hierfür sind:
- zwei Polizeieinsätze (Einsatzkommando verschafft sich zweimal gewaltsam Zutritt) in einer Nacht[205],
- zwei Polizeieinsätze mit gewaltsamer Öffnung der Türen innerhalb von sechs Wochen[206],
- Überlassung der Wohnung durch Mieter an Callgirl zur Ausübung der Gewerbsunzucht[207].

h. Kriminelles Verhalten

Ebenso können in den gemieteten Räumen begangene Drogendelikte[208] oder ähnliches **kriminelles Verhalten** für eine Kündigung unter dem Gesichtspunkt der Störung des Hausfriedens ausreichen, wenn sich dieses – beispielsweise durch den Kundenverkehr – auf die Nutzung des Hauses auswirkt.

---

[196] AG Dortmund v. 03.01.1990 - 117 C 681/89 - juris Rn. 14 - DWW 1990, 242.
[197] LG Mannheim v. 05.06.1991 - 4 S 36/91 - DWW 1991, 311-312.
[198] AG Köln v. 05.10.1973 - 152 C 276/73 - juris Rn. 18 - WuM 1977, 29.
[199] AG Ebersberg v. 25.04.1980 - C 815/79 - juris Rn. 16 - WuM 1980, 235.
[200] AG Lünen v. 16.12.1987 - Zw 14 C 182/86 - juris Rn. 6 - NJW-RR 1988, 1041-1042.
[201] AG Frankfurt v. 18.08.1976 - 33 C 4380/75 - juris Rn. 18 - WuM 1978, 127-128.
[202] LG Berlin v. 06.05.2005 - 64 S 503/04 - Grundeigentum 2005, 871.
[203] AG Wedding v. 19.10.2009 - 15b C 80/09 - juris Rn. 158 - Grundeigentum 2009, 1557-1558.
[204] *Eisenschmid* in: Schmidt-Futterer, Mietrecht, 10. Aufl. 2011, § 535 Rn. 255 sowie *Emmerich* in: Staudinger, 13. Bearb. 1995, § 554a Rn. 30 ff.
[205] LG Hamburg v. 03.11.2005 - 307 S 124/05 - juris Rn. 9 - NJW-RR 2006, 296-297.
[206] LG Mannheim v. 20.10.1993 - 4 S 113/93 - juris Rn. 10 - DWW 1994, 50-51.
[207] *Blank* in: Schmidt-Futterer, Mietrecht, 10. Aufl. 2011, § 543 Rn. 198.
[208] Vgl. AG Pinneberg v. 29.08.2002 - 68 C 23/02 - juris Rn. 17 - NJW-RR 2003, 944-945 - Drogenhandel; AG Linz v. 11.03.1991 - 2 C 992/90 - juris Rn. 11 - NJW-RR 1991, 1225-1226 - Aufbewahrung von Drogen; *Blank* in: Schmidt-Futterer, Mietrecht, 10. Aufl. 2011, § 543 Rn. 198; a.A. – für den Anbau von Cannabis zum Eigenkonsum – AG Köln v. 28.03.2003 - 208 C 141/02 - juris Rn. 30 - WuM 2006, 220 und LG Lüneburg v. 15.12.1994 - 6 S 104/94 - juris Rn. 4 - WuM 1995, 708-709.

i. Tätlichkeiten

102 Angriffe auf die körperliche Unversehrtheit des Vertragspartners oder anderer Nutzer des Hausanwesens oder deren Sachen berechtigen regelmäßig zur Kündigung wegen Störung des Hausfriedens. Etwas anderes kann allenfalls dann gelten, wenn es sich um harmlose Vorgänge handelt, deren Wiederholung ausgeschlossen ist.[209] Auch entsprechende **Drohungen** können gegebenenfalls ausreichen.[210] Eventuelle **Rechtfertigungsgründe** sowie ein auslösendes Verhalten des anderen Teils (vgl. hierzu Provokation, Rn. 79) sind zu berücksichtigen.

103 In diese Fallgruppe gehören die folgenden von der Rechtsprechung entschiedenen Fälle:
- Eintreten der Wohnungstüre des Hausnachbarn durch Mieter[211],
- Bedrohung des Vermieters mit Pistole[212],
- Versuch des von der Mieterin in die Wohnung aufgenommenen Ehemannes, das Gebäude durch ausströmendes Gas in die Luft zu sprengen[213].

7. Abmahnung

104 Die Erforderlichkeit einer Abmahnung richtet sich seit dem Mietrechtsreformgesetz nach § 543 Abs. 3 BGB, vgl. insoweit die Kommentierung zu § 543 BGB. Im Gegensatz zur vorherigen Rechtslage[214] stellt § 569 Abs. 2 BGB keinen eigenständigen Kündigungstatbestand mehr dar, sondern ist nach seinem klaren Wortlaut durch seine Verweisung in die allgemeine Kündigung aus wichtigem Grund nach § 543 BGB eingebunden. Demnach ist aber, sofern keine der Ausnahmen des § 543 Abs. 3 Satz 2 Nr. 1 und Nr. 2 BGB (vgl. hierzu die Kommentierung zu § 543 BGB) greift, nach § 543 Abs. 3 Satz 1 BGB **grundsätzlich eine Abmahnung erforderlich**.[215]

III. Rechtsfolge: Recht der betroffenen Partei zur außerordentlichen fristlosen Kündigung

105 Bei Vorliegen der geschilderten Voraussetzungen steht dem durch die Störung des Hausfriedens betroffenen Vertragspartner – dies kann der Vermieter oder der Mieter sein – ein Recht zur außerordentlichen fristlosen Kündigung zu.

106 Sofern auf Seiten des Gekündigten **mehrere Personen** am Mietvertrag beteiligt sind, muss die Kündigung gegenüber allen ergehen; eine Teilkündigung ist nicht zulässig.[216]

107 **Abdingbarkeit**: vgl. hierzu Rn. 223.

IV. Prozessuale Hinweise/Verfahrenshinweise

108 Der Kündigende trägt grundsätzlich die Darlegungs- und **Beweislast** für das Vorliegen der nachhaltigen Störung des Hausfriedens sowie die Unzumutbarkeit der Fortsetzung des Mietverhältnisses.

109 Soweit es um die **Rechtfertigung** einer nachhaltigen Störung geht, ist indessen der Gekündigte darlegungs- und beweisbelastet. Vgl. insbesondere zur Beweislast für

---

[209] *Emmerich* in: Staudinger, § 569 Rn. 31.
[210] OLG Düsseldorf v. 08.03.2005 - I-10 U 32/05, 10 U 32/05 - DWW 2006, 116-117; LG Hannover v. 14.03.2000 - 18 S 665/99 - juris Rn. 7 - WuM 2001, 446; *Weidenkaff* in: Palandt, § 569 Rn. 14 und *Emmerich* in: Staudinger, § 569 Rn. 31.
[211] LG Berlin v. 21.10.1983 - 64/63a S 147/83 - juris Rn. 5 - Grundeigentum 1984, 83.
[212] AG Warendorf v. 27.06.1995 - 10 C 75/95 - juris Rn. 4 - WuM 1996, 412-413.
[213] AG Helmstedt v. 14.01.1988 - 3 C 908/87 - juris Rn. 6 - WuM 1989, 569-570.
[214] Vgl. hierzu *Emmerich* in: Staudinger, 13. Bearb. 1995, § 554a Rn. 3.
[215] AG München v. 09.08.2002 - 473 C 18703/02 - juris Rn. 6 - WuM 2004, 204; *Blank* in: Blank/Börstinghaus, Miete, 3. Aufl. 2008, § 569 Rn. 35; *Weidenkaff* in: Palandt, § 569 Rn. 11; *Lützenkirchen* in: Lützenkirchen/Löfflad, Neue Mietrechtspraxis, 2001, Rn. 900 sowie *Zürn* in: Hannemann/Wiegener, Münchener Anwaltshandbuch Mietrecht, 3. Aufl. 2010, § 28 Rn. 334.
[216] *Emmerich* in: Staudinger, § 569 Rn. 25 und *Zürn* in: Hannemann/Wiegener, Münchener Anwaltshandbuch Mietrecht, 3. Aufl. 2010, § 28 Rn. 338.

- die Wahrheit behaupteter Tatsachen Rn. 86,
- die Wahrnehmung berechtigter Interessen Rn. 81 und
- eine Provokation Rn. 81.

Ebenso muss der Gekündigte darlegen und beweisen, dass ein Festhalten an einer wirksamen Kündigung sich als **rechtsmissbräuchlich** darstellt.

110

Kündigt der Vermieter auf Grund eines Streits zwischen **mehreren Mietern** einem von ihnen, muss er nachweisen, dass die Störung in unzumutbarer Weise – auch – von diesem ausgegangen ist.[217]

111

Stets sind die einzelnen Störungen **substantiiert** und nachvollziehbar darzutun und gegebenenfalls nachzuweisen.[218] Die pauschale Behauptung einer „Zerrüttung" des Mietverhältnisses ohne hinreichende Tatsachenbasis trägt kein Kündigungsrecht.

112

Soweit noch andauernde Lärm- oder Geruchsbelästigungen als Kündigungsgrund herangezogen werden, wird regelmäßig die **Einnahme eines Augenscheines** durch den erkennenden Tatrichter erforderlich sein, um deren Unzumutbarkeit beurteilen zu können[219], da Zeugenaussagen nur in den wenigsten Fällen[220] eine hinreichend sichere Feststellung ermöglichen werden[221].

113

Der Mieter kann gegenüber einer seiner Auffassung nach unberechtigten **Abmahnung** keine **Feststellungsklage** (§ 256 ZPO) erheben, da zum einen durch die Abmahnung kein festzustellendes Rechtsverhältnis begründet wird[222] und es zum anderen am erforderlichen Rechtsschutzinteresse fehlt[223]; letzteres schon deshalb, weil dem Mieter ein im Wege der Leistungsklage durchsetzbarer Abwehranspruch zusteht[224].

114

V. Anwendungsfelder – Übergangsrecht

Das **Mietrechtsreformgesetz** vom 19.06.2001[225] enthält **keine Übergangsvorschrift** zu § 569 Abs. 2 BGB. Dieser ist folglich ohne zeitliche Beschränkung anwendbar.[226]

115

C. Kommentierung zu Absatz 3

I. Grundlagen

1. Kurzcharakteristik

§ 569 Abs. 3 BGB ergänzt die allgemeinen Vorschriften des § 543 Abs. 2 Satz 1 Nr. 3 BGB über die außerordentliche fristlose Kündigung des Vermieters wegen Zahlungsverzuges des Mieters für die Wohnraummiete.

116

2. Gesetzgebungsgeschichte und -materialien

Zu § 569 BGB insgesamt vgl. Rn. 3. Die Regelungen des § 569 Abs. 3 BGB befanden sich vor dem **Mietrechtsreformgesetz** vom 19.06.2001[227] in § 554 Abs. 2 Nr. 1 BGB a.F. (jetzt § 569 Abs. 3 Nr. 1 BGB), § 554 Abs. 2 Nr. 2 BGB a.F. (jetzt § 569 Abs. 3 Nr. 2 BGB) sowie § 9 Abs. 2 MHG (jetzt § 569 Abs. 3 Nr. 3 BGB). Sie wurden im Wesentlichen unverändert übernommen, lediglich die in § 554 Abs. 2 Nr. 2 BGB a.F. genannte Schonfrist wurde von einem auf zwei Monate erstreckt.

117

---

[217] *Blank* in: Schmidt-Futterer, Mietrecht, 10. Aufl. 2011, § 569 Rn. 28.
[218] LG Stuttgart v. 07.06.2006 - 19 T 33/06 - juris Rn. 8 - WuM 2006, 523-524.
[219] OLG Düsseldorf v. 29.01.1997 - 9 U 218/96 - juris Rn. 3 - ZMR 1997, 181-182.
[220] Vgl. aber LG Karlsruhe v. 08.05.1987 - 9 S 394/86 - juris Rn. 8 - DWW 1987, 234-235.
[221] AG Kiel v. 21.06.1984 - 8 C 383/83 - juris Rn. 10 - WuM 1986, 240.
[222] LG Berlin v. 20.08.1996 - 65 S 187/96 - juris Rn. 2 - Grundeigentum 1996, 1243.
[223] Vgl. insoweit AG Münster v. 15.03.2006 - 49 C 5633/05 - juris Rn. 5 - WuM 2006, 456.
[224] *Schach*, jurisPR-MietR 23/2006, Anm. 4.
[225] BGBl I 2001, 1149.
[226] Zweifelnd, aber letztendlich offen gelassen in BGH v. 08.12.2004 - VIII ZR 218/03 - juris Rn. 9 - NZM 2005, 300-301.
[227] BGBl I 2001, 1149.

§ 569

3. Regelungsprinzipien

118 Durch die Vorschriften werden zunächst im Hinblick auf die **besondere Schutzwürdigkeit der Wohnung** als Mittelpunkt der privaten Existenz des Einzelnen[228] einerseits die Voraussetzungen für die Kündigung von Wohnraummietverhältnissen wegen Zahlungsverzuges gegenüber anderen Mietverhältnissen angehoben (§ 569 Abs. 3 Nr. 1 BGB), andererseits die Möglichkeiten des Mieters erweitert, durch Zahlungen nach der Kündigung deren Wirksamkeit in Wegfall zu bringen (§ 569 Abs. 3 Nr. 2 BGB). Die ferner angeordnete Beschränkung der Kündigungsmöglichkeiten des Vermieters nach einer Mieterhöhung (§ 569 Abs. 3 Nr. 3 BGB) soll die Entscheidungsfreiheit des Mieters über die Annahme einer Mieterhöhung dadurch sicherstellen, dass ihm im Falle der rückwirkenden Verurteilung zur Zahlung einer erhöhten Miete im gerichtlichen Mieterhöhungsverfahren ausreichend Gelegenheit bleibt, die während des Verfahrens aufgelaufenen Rückstände zur Vermeidung einer hierauf gestützten Kündigung zu entrichten.[229]

II. Anwendungsvoraussetzungen

1. Normstruktur

119 § 569 Abs. 3 Nr. 1 BGB:
- Tatbestandsmerkmale des § 569 Abs. 3 Nr. 1 Satz 1 BGB:
  - Wohnraummietverhältnis,
  - Kündigung des Vermieters nach § 543 Abs. 2 Satz 1 Nr. 3 lit. a BGB.
- Rechtsfolge:
  - Legaldefinition des in § 543 Abs. 2 Satz 1 Nr. 3 lit. a BGB genannten Tatbestandsmerkmals des „nicht unerheblichen Teils der Miete".
- **Ausnahme** nach § 569 Abs. 3 Nr. 1 Satz 2 BGB:
  - nur zum vorübergehenden Gebrauch vermieteter Wohnraum gemäß § 549 Abs. 2 Nr. 1 BGB.

120 § 569 Abs. 3 Nr. 2 BGB:
- Tatbestandsmerkmale des § 569 Abs. 3 Nr. 2 Satz 1 BGB:
  - Wohnraummietverhältnis,
  - Kündigung des Vermieters wegen Zahlungsverzuges nach § 543 Abs. 2 Satz 1 Nr. 3 BGB,
  - Befriedigung des Vermieters/Verpflichtung einer öffentlichen Stelle zu dessen Befriedigung hinsichtlich der fälligen Miete/Nutzungsentschädigung,
  - bis zum Ablauf von zwei Monaten nach Eintritt der Rechtshängigkeit des Räumungsanspruchs (Schonfrist).
- Rechtsfolge:
  - Wegfall der Wirkungen der Kündigung.
- **Ausnahme** nach § 569 Abs. 3 Nr. 2 Satz 2 BGB:
  - Kündigungswirkung nach § 569 Abs. 3 Nr. 2 Satz 1 BGB vor nicht länger als zwei Jahren bereits schon einmal weggefallen.

121 § 569 Abs. 3 Nr. 3 BGB:
- Tatbestandsmerkmale des § 569 Abs. 3 Nr. 3 HS. 1 BGB:
  - Wohnraummietverhältnis,
  - Kündigung des Vermieters wegen Zahlungsverzuges nach § 543 Abs. 2 Satz 1 Nr. 3 BGB,
  - Verurteilung zur Zahlung einer erhöhten Miete nach den §§ 558-560 BGB.
- Rechtsfolge:
  - Kündigung auf Grund des Zahlungsverzuges mit den Erhöhungsbeträgen erst zwei Monate nach Rechtskraft der Verurteilung des Mieters möglich.

---

[228] BVerfG v. 26.05.1993 - 1 BvR 208/93 - juris Rn. 21 - NJW 1993, 2035-2037.
[229] *Blank* in: Schmidt-Futterer, Mietrecht, 10. Aufl. 2011, § 569 Rn. 66.

- **Ausnahme** nach § 569 Abs. 3 Nr. 3 HS. 2 BGB:
  - Voraussetzungen der außerordentlichen fristlosen Kündigung schon wegen der bisher geschuldeten Miete erfüllt.

2. Kündigungsbeschränkung nach Absatz 3 Nr. 1
a. Wohnraummietverhältnis

Die Vorschrift findet schon nach ihrer systematischen Stellung unmittelbar **nur auf Wohnraummietverhältnisse** Anwendung, zur Abgrenzung von anderen Mietverhältnissen vgl. die Kommentierung zu § 549 BGB Rn. 8 ff. 122

Von der Verweisung des § 578 BGB für die Miete **anderer Räume** oder von **Grundstücke**n ist sie nicht erfasst. 123

Sofern die Kündigung Wohnräume betrifft, die **nur zum vorübergehenden Gebrauch vermietet** sind (§ 549 Abs. 2 Nr. 1 BGB, vgl. hierzu die Kommentierung zu § 549 BGB Rn. 19 ff.), greift § 569 Abs. 3 Nr. 1 Satz 1 BGB nicht (§ 569 Abs. 3 Nr. 1 Satz 2 BGB). Hier gilt vielmehr die allgemeine Regelung des § 543 Abs. 2 Satz 1 Nr. 3 lit. a BGB und das dort zur Erheblichkeit des Mietzinsrückstandes Gesagte, vgl. hierzu die Kommentierung zu § 543 BGB. Allerdings ist zu berücksichtigen, dass es sich nichts desto trotz um Wohnraummietverhältnisse handelt, weshalb gegebenenfalls ein erhöhtes Schutzbedürfnis des Mieters besteht (vgl. auch Schutzzweck, Rn. 118). 124

b. Kündigung nach § 543 Abs. 2 Satz 1 Nr. 3 lit. a BGB

§ 569 Abs. 3 Nr. 1 BGB enthält **keinen eigenständigen Kündigungstatbestand**, sondern kommt vielmehr nur zur Anwendung, wenn eine nach § 543 Abs. 2 Satz 1 Nr. 3 lit. a BGB zu beurteilende vermieterseitige Kündigung eines Mietverhältnisses wegen Zahlungsverzuges des Mieters für zwei aufeinander folgende Termine ausgesprochen worden ist. Zum Begriff der Miete, des Verzuges sowie des für den Rückstand maßgeblichen Zeitraumes vgl. daher die Kommentierung zu § 543 BGB. 125

c. Rechtsfolge: Legaldefinition des in § 543 Abs. 2 Satz 1 Nr. 3 lit. a BGB genannten Tatbestandsmerkmals des „nicht unerheblichen Teils der Miete"

Bei Vorliegen der genannten Voraussetzungen greift die **Legaldefinition** des § 569 Abs. 3 Nr. 1 Satz 1 BGB ein, wonach ein vorhandener Mietrückstand nur dann als nicht unerheblich anzusehen ist, wenn er die Miete für einen Monat übersteigt. 126

Zum Begriff der **Miete** vgl. zunächst die Kommentierung zu § 543 BGB. Ihre Höhe bestimmt sich nach dem zum Zeitpunkt des Ausspruchs der Kündigungserklärung geschuldeten Betrag.[230] 127

Der **Rückstand** für zwei aufeinander folgende Termine muss den monatlich geschuldeten Betrag um mindestens 0,01 € übersteigen. Dies ist notwendige, regelmäßig aber auch hinreichende Voraussetzung der Wirksamkeit der Kündigung. Zwar gibt der gesetzliche Wortlaut nur vor, dass ein geringerer Rückstand eine Kündigung nicht trägt, nicht aber zwingend[231], dass mit dem eine Monatsmiete übersteigenden Rückstand immer eine Erheblichkeit gegeben ist. Gleichwohl ist eine solche Auslegung schon im Interesse der Rechtssicherheit geboten (str.).[232] 128

Entscheidend ist der **gesamte** Rückstand für die zwei aufeinander folgenden Termine; auf die Höhe der einzelnen Rückstände anlässlich der zwei Termine kommt es dagegen nicht an.[233] 129

---

[230] LG Duisburg v. 24.03.2006 - 13 T 28/06 - juris Rn. 5 - WuM 2006, 257-258; LG Osnabrück v. 13.05.1988 - 11 S 102/88 - juris Rn. 11 - WuM 1988, 268; *Kinne* in: Kinne/Schach/Bieber, Miet- und Mietprozessrecht, 6. Aufl. 2011, § 569 Rn. 16 und *Blank* in: Schmidt-Futterer, Mietrecht, 10. Aufl. 2011, § 569 Rn. 33.

[231] Anders wohl *Both*, NJW 1970, 2197-2198, 2197.

[232] *Blank* in: Schmidt-Futterer, Mietrecht, 10. Aufl. 2011, § 569 Rn. 33 sowie *Grapentin* in: Bub/Treier, Handbuch der Geschäfts- und Wohnraummiete, 3. Aufl. 1999, Teil IV, Rn. 179; offen gelassen in BGH v. 15.04.1987 - VIII ZR 126/86 - juris Rn. 28 - LM Nr. 18 zu § 554 BGB.

[233] BGH v. 15.04.1987 - VIII ZR 126/86 - juris Rn. 28 - LM Nr. 18 zu § 554 BGB; LG Berlin v. 16.05.1995 - 64 S 403/94 - ZMR 1995, 353-356 und *Sternel*, Mietrecht aktuell, 4. Aufl. 2009, Teil XII Rn. 120 a.A. – Abwägung im Einzelfall zulässig – *Häublein* in: MünchKomm-BGB, § 569 Rn. 29.

130 Auch wenn – was allerdings bei Mietverhältnissen, die Wohnraum betreffen, der nicht nur zum vorübergehenden Gebrauch vermietet ist, kaum praktische Relevanz erlangt – die Miete in **kürzeren als monatlichen Zeitabschnitte**n zu entrichten ist, ist § 569 Abs. 3 Nr. 1 Satz 1 BGB entsprechend anzuwenden. D.h., auch hier ist nur ein eine Monatsmiete übersteigender Rückstand als erheblich anzusehen. Dies gebietet schon der Schutzzweck der Vorschrift (vgl. hierzu Schutzzweck, Rn. 118), damit der beabsichtigte Mieterschutz nicht durch die Vereinbarung kurzfristigerer Zahlungstermine umgangen werden kann.[234] Diese Auslegung führt indessen dazu, dass eine Kündigung nach § 569 Abs. 3 Nr. 1 Satz 1 BGB in solchen Fällen regelmäßig ausgeschlossen ist, da bei Entrichtung der Miete in mehreren (Teil-)Zahlungen während des Monats ein eine Monatsmiete übersteigender Rückstand anlässlich zweier aufeinanderfolgender Zahlungstermine nicht entstehen kann. Es ist dann nur eine Kündigung nach § 543 Abs. 2 Satz 1 Nr. 3 lit. b BGB möglich.

131 Sind **längere als monatliche Zeitabschnitte** für die Mietzinszahlungen vereinbart, findet die Legaldefinition des Gesetzes ohne weiteres direkt Anwendung. Das Erfordernis eines Rückstandes von mehr als der für einen Monat geschuldeten Miete wird hier regelmäßig unproblematisch erfüllt sein. Zu beachten ist allerdings, dass der Verzug anlässlich zweier Zahlungstermine bestanden haben muss.[235]

d. Abdingbarkeit

132 Vgl. hierzu Rn. 223.

3. Wegfall der Kündigungswirkung nach Absatz 3 Nr. 2

a. Wohnraummietverhältnis

133 Die Vorschrift findet gemäß § 549 Abs. 1 BGB **nur auf Wohnraummietverhältnisse** Anwendung.

134 Von der Verweisung des § 578 BGB für die Miete **anderer Räume** oder von **Grundstücke**n ist sie nicht erfasst.

b. Kündigung nach § 543 Abs. 2 Satz 1 Nr. 3 BGB

135 § 569 Abs. 3 Nr. 2 BGB enthält **keinen eigenständigen Kündigungstatbestand**, sondern kommt vielmehr nur zur Anwendung, wenn eine nach § 543 Abs. 2 Satz 1 Nr. 3 BGB zu beurteilende vermieterseitige Kündigung eines Mietverhältnisses wegen Zahlungsverzuges des Mieters ausgesprochen worden ist. Zum Begriff der Miete, des Verzuges sowie des für den Rückstand maßgeblichen Zeitraumes vgl. daher die Kommentierung zu § 543 BGB.

136 Eine **entsprechende Anwendung** auf andere Kündigungstatbestände (§§ 543 Abs. 1, 573 Abs. 2 Nr. 1 BGB) scheidet im Hinblick auf den Ausnahmecharakter der Vorschrift aus[236]; einer hilfsweise neben einer fristlosen erklärten ordentlichen Kündigung (§ 573 Abs. 2 Nr. 1 BGB) steht die Befriedigung des Vermieters folglich nicht entgegen[237]. Eine nachträgliche Zahlung des Mieters kann indessen im Rahmen des Verschuldens zu seinen Gunsten berücksichtigt werden, wenn sie ein etwaiges Fehlverhalten in einem milderen Licht erscheinen lässt.[238]

c. Befriedigung des Vermieters hinsichtlich der fälligen Miete/Nutzungsentschädigung

137 § 569 Abs. 3 Nr. 2 Satz 1 BGB ermöglicht es für Wohnraummietverhältnisse im Hinblick auf die besondere Schutzbedürftigkeit des Mieters (vgl. Schutzzweck, Rn. 118), die Wirkungen einer Kündigung

---

[234] *Blank* in: Schmidt-Futterer, Mietrecht, 10. Aufl. 2011, § 569 Rn. 36 und *Emmerich* in: Staudinger, § 569 Rn. 38.
[235] LG Wuppertal v. 16.07.1992 - 9 S 543/91 - juris Rn. 3 - WuM 1992, 668 sowie BVerfG v. 23.09.1992 - 1 BvR 1315/92 - juris Rn. 3 - WuM 1992, 668-669.
[236] BGH v. 14.07.2010 - VIII ZR 267/09 - juris Rn. 24 - NSW BGB § 573 (BGH-intern); BGH v. 16.02.2005 - VIII ZR 6/04 - juris Rn. 13 - MDR 2005, 680-681; OLG Karlsruhe v. 19.08.1992 - 3 REmiet 1/92 - juris Rn. 19 - NJW-RR 1993, 79-80; ebenso *Emmerich* in: Staudinger, § 569 Rn. 40; a.A. AG Pinneberg v. 02.05.2003 - 67 C 384/02 - ZMR 2003, 850-851 und *Blank* in: Schmidt-Futterer, Mietrecht, 10. Aufl. 2011, § 569 Rn. 65.
[237] BGH v. 11.01.2006 - VIII ZR 364/04 - juris Rn. 10 - WuM 2006, 193-196.
[238] BGH v. 16.02.2005 - VIII ZR 6/04 - juris Rn. 20 - MDR 2005, 680-681.

auch durch eine Befriedigung des Vermieters **nach Zugang der Kündigungserklärung** entfallen zu lassen („Nachholrecht").[239]

Zu den Voraussetzungen der **Befriedigung** des Vermieters vgl. zunächst die Kommentierung zu § 543 BGB Rn. 86 ff. Sofern eine Zahlung unter Vorbehalt geleistet wird, ist zu unterscheiden[240]: Ein sog. „**schlichter Vorbehalt**", der nur dem Ausschluss der Rückforderungssperre des § 814 BGB und damit der eventuellen Geltendmachung bereicherungsrechtlicher Rückzahlungsansprüche dient, lässt die Erfüllungswirkung nicht entfallen.[241] Bei einem sog. „**qualifizierten Vorbehalt**", bei dem unter der Bedingung geleistet wird, dass die Forderung besteht, tritt dagegen keine Erfüllungswirkung ein.[242] Ohne weitere Anhaltspunkte spricht im Regelfall (§ 133 BGB) bei der Zahlung eines gekündigten Mieters unter Vorbehalt mehr für einen „schlichten Vorbehalt", da nur dieser zur Befriedigung des Vermieters und damit der Unwirksamkeit der Kündigung nach § 569 Abs. 3 Nr. 2 BGB führen kann.[243] Allein aus dem Umstand, dass eine Zahlung durch den Mieter nach der fristlosen Kündigung des Mietverhältnisses erfolgt ist, lässt sich allerdings nicht ohne Weiteres ein **konkludenter Vorbehalt** der Rückforderung entnehmen.[244] Ein solcher wird aber regelmäßig bei Leistung auf ein vorläufig vollstreckbares (Zahlungs-)Urteil (nur) zur Abwendung der Zwangsvollstreckung hieraus anzunehmen sein.[245] Die Zahlung muss ferner **alle Rückstände** an Miete (§ 535 Abs. 2 BGB) oder Nutzungsentschädigung (§ 546a Abs. 1 BGB) einschließlich der vereinbarten periodischen Nebenkostenvorauszahlungen und/oder -pauschalen erfassen, die im Zeitpunkt der Befriedigung fällig sind – also auch solche, auf die die Kündigung nicht gestützt war.[246] **Nichtperiodische Zahlungsansprüche** auf anderer Grundlage, insbesondere Betriebskostennachzahlungen und Schadensersatzansprüche müssen indessen nicht erfüllt werden, um die Kündigungswirkung entfallen zu lassen. Außer Betracht bleiben ferner bereits verjährte oder verwirkte Mietzinsansprüche sowie Kleinbeträge, die der Vermieter nicht ausdrücklich angemahnt hatte (§ 242 BGB).[247]

Der Vermieter kann vom Mieter ausschließlich auf die Miete geleistete Zahlungen (§ 366 Abs. 1 BGB) auch nicht als unzulässige **Teilleistungen** (§ 266 BGB) zurückweisen.[248] Sofern neben den Mietzinsansprüchen noch zugehörige Zinsen und Kosten zu entrichten sind, kann der Vermieter zwar die Annahme einer nur auf die Mietzinsansprüche erfolgenden Leistung des Mieters ablehnen (§ 367 Abs. 2 BGB), seine Kündigung ist jedoch dennoch nach § 569 Abs. 3 Nr. 2 Satz 1 BGB unwirksam, wenn die angebotene Zahlung zur Begleichung des maßgeblichen Mietzinsrückstandes ausreichend war

138

139

---

[239] *Blank* in: Schmidt-Futterer, Mietrecht, 10. Aufl. 2011, § 569 Rn. 37.
[240] Zusammenfassend: BGH v. 24.11.2006 - LwZR 6/05 - juris Rn. 19 - NSW BGB § 410 (BGH-intern) und *Blank* in: Blank/Börstinghaus, Miete, 3. Aufl. 2008, § 556b Rn. 44 ff.
[241] LG Berlin v. 26.02.2010 - 63 S 236/09 - juris Rn. 21 - Grundeigentum 2010, 548-549; BGH v. 24.11.2006 - LwZR 6/05 - juris Rn. 19 - NSW BGB § 410 (BGH-intern).
[242] *Blank* in: Blank/Börstinghaus, Miete, 3. Aufl. 2008, § 556b Rn. 46; BGH v. 24.11.2006 - LwZR 6/05 - juris Rn. 19 - NSW BGB § 410 (BGH-intern).
[243] LG Berlin v. 26.02.2010 - 63 S 236/09 - juris Rn. 21 - Grundeigentum 2010, 548-549; *Sternel*, Mietrecht aktuell, 4. Aufl. 2009, Teil XII Rn. 155 und – noch zur Vorgängervorschrift § 554 Abs. 2 Nr. 2 BGB a.F. – *Nies*, NZM 1998, 398-400, 399.
[244] LG Karlsruhe v. 13.11.2009 - 9 S 513/08 - juris Rn. 10 - InfoM 2010, 8.
[245] BGH v. 24.11.2006 - LwZR 6/05 - juris Rn. 19 - NSW BGB § 410 (BGH-intern), vgl. dort auch zu weiteren Fällen; BGH v. 16.11.1993 - X ZR 7/92 - juris Rn. 12 - NJW 1994, 942-944; BGH v. 22.05.1990 - IX ZR 229/89 - juris Rn. 6 - NJW 1990, 2756; BGH v. 25.05.1976 - III ZB 4/76 - juris Rn. 15 ff. - WM 1976, 1069-1070; *Blank* in: Blank/Börstinghaus, Miete, 3. Aufl. 2008, § 556b Rn. 47 und *Grüneberg* in: Palandt, § 362 Rn. 15.
[246] LG München I v. 04.02.1987 - 14 S 17962/86 - juris Rn. 5 - WuM 1987, 153-154 und LG Berlin v. 23.07.1991 - 65 S 5/91 - juris Rn. 8 - WuM 1992, 607.
[247] LG Hamburg v. 30.06.2005 - 334 S 6/05 - juris Rn. 12 - WuM 2006, 220; LG Berlin v. 09.08.1994 - 65 S 125/94 - juris Rn. 9 - MM 1994, 361; im Ergebnis angesichts des geringfügigen Rückstands allerdings bedenklich AG Tempelhof-Kreuzberg v. 19.07.2007 - 15 C 553/06 - juris Rn. 13 - Grundeigentum 2007, 1323; *Blank* in: Schmidt-Futterer, Mietrecht, 10. Aufl. 2011, § 569 Rn. 40; *Emmerich* in: Staudinger, § 569 Rn. 42 und *Scholz*, WuM 1987, 135-137.
[248] *Kellendorfer* in: Müller/Walther, Miet- und Pachtrecht, § 569 Rn. 49 und *Emmerich* in: Staudinger, § 569 Rn. 42.

(§§ 162 Abs. 1, 242 BGB).[249] Die Unwirksamkeit einer Kündigung nach § 543 Abs. 2 Satz 1 Nr. 3 BGB folgt in diesen Fällen insbesondere aus der Überlegung, dass der Gesetzgeber diese gemäß § 569 Abs. 3 Nr. 2 Satz 1 BGB nur vom Ausgleich der Mietrückstände und der Zahlung der fälligen Nutzungsentschädigung, nicht aber darüber hinaus von der Bezahlung angefallener Verzugs- oder Prozesskosten abhängig gemacht hat. Dem Vermieter ist demnach die Fortsetzung des Mietverhältnisses auch dann zuzumuten, wenn seine im Zusammenhang mit dem Zahlungsverzug entstandenen sonstigen Forderungen nicht oder nicht in voller Höhe befriedigt werden.[250]

140 Wenn die vom Mieter erbrachte Zahlung nicht zur vollständigen Befriedigung des Vermieters ausreicht, für diesen anhand der Umstände aber klar erkennbar ist, dass der Mieter sämtliche Rückstände begleichen will, um eine Fortsetzung des Mietverhältnisses zu erreichen, verhält sich der Vermieter gegebenenfalls **treuwidrig**, wenn er den Mieter nicht auf seinen Irrtum hinweist, weshalb ihm die Berufung auf die Kündigung versagt sein kann (§§ 242, 162 Abs. 1 BGB).[251]

141 Auch im Rahmen des § 569 Abs. 3 Nr. 2 Satz 1 BGB kann der Mieter seinen Vermieter durch **Aufrechnung** befriedigen. Dabei ist unbeachtlich, ob hinsichtlich der zur Aufrechnung gestellten Forderung die Aufrechnungslage vor oder nach dem Zugang der Kündigungserklärung entstanden ist. Es genügt, dass sich die Ansprüche innerhalb der Schonfrist aufrechenbar gegenüberstehen und bis zu deren Ablauf dem Vermieter die Aufrechnungserklärung zugeht.[252] Im Gegensatz zu den allgemeinen Vorschriften (§ 543 Abs. 2 Satz 2, Satz 3 BGB) kann der Mieter von Wohnraum eine zum Wegfall der Kündigung führende Befriedigung innerhalb der Schonfrist auch durch die Verbindung einer **teilweisen Aufrechnung** mit einer Zahlung im Übrigen herbeiführen.[253]

142 Schließlich kann die Befriedigung des Vermieters auch durch **Hinterlegung mit Rücknahmeverzicht** erfolgen (§ 378 BGB).[254]

d. Verpflichtung einer öffentlichen Stelle zur Befriedigung des Vermieters hinsichtlich der fälligen Miete/Nutzungsentschädigung

143 Der Befriedigung des Vermieters durch den Mieter stellt es das Gesetz – wie schon vor der Mietrechtsreform in § 554 Abs. 2 Nr. 2 Satz 1 BGB a.F. – nach § 569 Abs. 3 Nr. 2 Satz 1 Alt. 2 BGB gleich, wenn eine öffentliche Stelle sich zu dessen Befriedigung verpflichtet („**Übernahmeerklärung**"). Diese nochmalige Erweiterung des Mieterschutzes findet ihre Rechtfertigung darin, dass es für den Vermieter grundsätzlich unerheblich ist, von wem er den rückständigen Mietzins erhält, sowie ferner darin, dass im Fall der Verpflichtungserklärung einer öffentlichen Stelle die Bezahlung gesichert ist und sich allenfalls kurzfristig verzögern kann.[255]

144 Die Verpflichtungserklärung einer öffentlichen Stelle muss dem Vermieter folglich einen so sicheren Anspruch auf Befriedigung verschaffen, dass die gesetzliche Gleichstellung mit der Erfüllung seiner Ansprüche gerechtfertigt ist. Dem Vermieter muss daher **ein eigener, von keiner Bedingung abhängiger Anspruch auf vollständige Tilgung des Rückstands** an Mietzins und Nutzungsentschädigung erwachsen.[256]

---

[249] *Emmerich* in: Staudinger, § 569 Rn. 42; *Weidenkaff* in: Palandt, § 569 Rn. 19 und *Wöstmann* in: Bamberger/Roth, § 569 Rn. 16; a.A. *Rave*, Grundeigentum 2007, 628-633, 630.

[250] BGH v. 14.07.2010 - VIII ZR 267/09 - juris Rn. 22 - NSW BGB § 573 (BGH-intern).

[251] LG Berlin v. 21.11.2006 - 64 S 193/06 - juris Rn. 29 - Grundeigentum 2007, 516-517 und AG Trier v. 14.11.2003 - 32 C 471/03 - juris Rn. 31 - WuM 2004, 30-32.

[252] *Grapentin* in: Bub/Treier, Handbuch der Geschäfts- und Wohnraummiete, 3. Aufl. 1999, Teil IV Rn. 184; *Wetekamp* in: Schmid, Miete und Mietprozess, 4. Aufl. 2004, Teil 14 Rn. 519 sowie *Blank* in: Schmidt-Futterer, Mietrecht, 10. Aufl. 2011, § 569 Rn. 43; a.A. – Aufrechnungslage muss nach Zugang der Kündigung entstanden sein – *Lammel*, Wohnraummietrecht, 3. Aufl. 2007, § 569 Rn. 34.

[253] *Sternel*, Mietrecht aktuell, 4. Aufl. 2009, Teil XII Rn. 148.

[254] *Weidenkaff* in: Palandt, § 569 Rn. 16 und *Blank* in: Schmidt-Futterer, Mietrecht, 10. Aufl. 2011, § 569 Rn. 37.

[255] BayObLG München v. 07.09.1994 - RE-Miet 1/94 - juris Rn. 12 - NJW 1995, 338-339.

[256] LG Bielefeld v. 09.02.1994 - 2 S 629/93 - juris Rn. 15 - WuM 1994, 206; LG Essen v. 12.06.1996 - 10 S 93/96 - juris Rn. 4 - NJW-RR 1997, 395 sowie BayObLG München v. 07.09.1994 - RE-Miet 1/94 - juris Rn. 13 - NJW 1995, 338-339.

Die Verpflichtung einer öffentlichen Stelle, den Vermieter wegen seiner fälligen Mietzinsansprüche und Nutzungsentschädigungsansprüche zu befriedigen, wird regelmäßig als **Schuldbeitritt** anzusehen sein (str.).[257] Ein Schuldbeitritt kommt indessen nicht allein durch einseitige Willenserklärung des Beitretenden zustande. Er setzt vielmehr eine vertragliche Vereinbarung entweder zwischen dem beitretenden Dritten – hier: öffentliche Stelle – und dem Gläubiger – hier: Vermieter – oder zwischen dem Beitretenden und dem ursprünglichen Schuldner – hier: Mieter – voraus. Dem Zweck der gesetzlichen Regelung, dem Vermieter einen sicheren Anspruch auf Befriedigung zu verschaffen, wird ein nur durch einen Vertrag zwischen der öffentlichen Stelle und dem Mieter vereinbarter Schuldbeitritt aber nicht gerecht. Denn der zwischen dem beitretenden Dritten und dem ursprünglichen Schuldner geschlossene Vertrag begründet im Zweifel keinen Forderungserwerb des Gläubigers (§ 329 BGB).[258] Auf solche Unsicherheiten bei der Auslegung der Übernahmeerklärung soll sich der Vermieter jedoch gerade nicht einlassen müssen. Dem Zweck der gesetzlichen Regelung entspricht daher nur der Schuldbeitritt durch Vertrag zwischen dem Vermieter und der öffentlichen Stelle, mit dem diese eine bindende Verpflichtung gegenüber dem Vermieter eingeht.[259] Ab dem Zugang eines entsprechenden Angebots der öffentlichen Stelle liegt das Zustandekommen des Schuldbeitritts allein in der Hand des Vermieters. Dieser hat somit eine mit der Befriedigung vergleichbare, sichere Rechtsposition erlangt, die es rechtfertigt, die Kündigung kraft Gesetzes unwirksam werden zu lassen.[260]

145

Demnach muss das auf den Schuldbeitritt gerichtete Vertragsangebot der öffentlichen Stelle **an den Vermieter gerichtet** sein und deren **Rechtsbindungswille**n hinsichtlich einer eigenen Verpflichtung diesem gegenüber zum Ausdruck bringen. Zusagen gegenüber dem Mieter reichen grundsätzlich nicht aus; etwas anderes kann nur dann gelten, wenn sie zumindest eine schlüssige Übernahmeerklärung gegenüber dem Vermieter enthalten und diesem fristgerecht (vgl. hierzu Schonfrist bei Übernahmeerklärung, Rn. 164) zugehen.[261] Nicht ausreichend ist ferner mangels eines Vertragsangebots gegenüber dem Vermieter die Bestätigung der Sozialbehörde, dass die Miete zum Bedarf im Rahmen der Sozialhilfe zählt[262], oder die ohne hinreichend deutlichen Rechtsbindungswillen erfolgte Anfrage des Sozialamtes, ob der Mieter die Wohnung nicht behalten könne, wenn die Mietrückstände übernommen werden würden.[263]

146

Fehler und Versehen **bei der Ausstellung** der Übernahmeerklärung gehen grundsätzlich zu Lasten des Mieters, nicht des Vermieters, da der fristgerechte Zugang einer formell und materiell ordnungsgemäßen Verpflichtungserklärung Voraussetzung für die Heilungswirkung ist.[264]

147

Die Übernahmeerklärung muss sich **auf den gesamten Rückstand** zum Zeitpunkt ihrer Abgabe beziehen, vgl. hierzu auch Rn. 138. Eine Übernahme zukünftiger Mietzinszahlungen ist dagegen nicht erforderlich.[265]

148

---

[257] *Blank* in: Schmidt-Futterer, Mietrecht, 10. Aufl. 2011, § 569 Rn. 45; a.A. – selbstschuldnerische Bürgschaft – *Lammel*, Wohnraummietrecht, 3. Aufl. 2007, § 569 Rn. 39.

[258] LG Hamburg v. 16.11.1976 - 16 S 149/76 - juris Rn. 25 - MDR 1977, 317.

[259] Vgl. auch die Begründung des Regierungsentwurfs zum Ersten Mietrechtsänderungsgesetz, BT-Drs. IV/806, S. 10.

[260] BayObLG München v. 07.09.1994 - RE-Miet 1/94 - juris Rn. 14 - NJW 1995, 338-339.

[261] *Blank* in: Schmidt-Futterer, Mietrecht, 10. Aufl. 2011, § 569 Rn. 46.

[262] *Blank* in: Schmidt-Futterer, Mietrecht, 10. Aufl. 2011, § 569 Rn. 47; a.A. – für den Fall, dass zugleich die Überweisung unmittelbar an den Vermieter veranlasst wird – LG Dortmund v. 21.05.1992 - 11 S 55/92 - juris Rn. 4 - ZMR 1993, 16-17.

[263] AG Neuss v. 20.03.1991 - 30 C 580/90 - juris Rn. 2 - WuM 1991, 688.

[264] *Blank* in: Blank/Börstinghaus, Miete, 3. Aufl. 2008, § 569 Rn. 59; *Emmerich* in: Staudinger, § 569 Rn. 48; AG Neuss v. 20.03.1991 - 30 C 580/90 - juris Rn. 5 - WuM 1991, 688; auf eine Zurechnung des Verhaltens des Sozialamts als Erfüllungsgehilfe des Mieters (§ 278 BGB) lässt sich dies dagegen nicht stützen, vgl. – zur Zahlung der Miete durch das Sozialamt – BGH v. 21.10.2009 - VIII ZR 64/09 - juris Rn. 30 - NSW BGB § 278 (BGH-intern); LG Mainz v. 18.06.2003 - 3 S 57/03 - juris Rn. 10 - WuM 2003, 629-630; a.A. *Herrlein* in: Herrlein/Kandelhard, ZAP-Praxiskommentar Mietrecht, 4. Aufl. 2010, § 569 Rn. 36; LG München I v. 16.04.2003 - 14 S 20598/02 - juris Rn. 12 - NJW-RR 2004, 83-84.

[265] *Blank* in: Schmidt-Futterer, Mietrecht, 10. Aufl. 2011, § 569 Rn. 47.

149 An **Bedingungen** darf die Wirksamkeit der Übernahmeerklärung nicht gebunden werden. Unzulässig ist es insbesondere, die Zahlungen von einer Klagerücknahme des Vermieters[266] oder dem Bestehen eines Leistungsanspruches des Mieters gegenüber der öffentlichen Stelle abhängig zu machen. Keine unzulässige Bedingung stellt dagegen die Aufnahme des **rechtlichen Hinweis**es dar, dass die Übernahmeerklärung nur gelte, wenn der Mieter dadurch im Besitz der Wohnung verbleiben kann. Denn damit soll regelmäßig nur klar gestellt werden, dass die Übernahme nicht erfolgen soll, wenn die Kündigung des Vermieters aus anderen Gründen durchgreift (**str.**).[267]

150 Die Übernahmeerklärung ist grundsätzlich **formfrei**. Deshalb reicht auch die Überlassung per **Telefax**[268] und **E-Mail**[269] oder **telefonische** Übermittlung[270] aus. Etwas anderes gilt allerdings dann, wenn die öffentliche Stelle eine – selbstschuldnerische – Bürgschaft übernimmt; insoweit greift die Formvorschrift des § 766 BGB, vgl. hierzu die Kommentierung zu § 766 BGB.

151 Eine **Annahmeerklärung** des Vermieters ist im Hinblick auf den lediglich vorteilhaften Charakter der Übernahmeerklärung regelmäßig nicht erforderlich.[271] Im Übrigen wäre dem Vermieter bei Vorliegen einer wirksamen Übernahmeerklärung trotz Verweigerung der Annahme die Berufung auf die Kündigung nach Treu und Glauben wegen rechtsmissbräuchlichen Verhaltens verwehrt (§§ 242, 162 Abs. 1 BGB).[272]

152 Ist der Schuldbeitritt durch die öffentliche Stelle wirksam erfolgt, haften sie und der Mieter dem Vermieter als **Gesamtschuldner** (§ 421 BGB).

153 Auch der Anspruch des Vermieters gegenüber der öffentlichen Stelle ist **zivilrechtlicher Natur** und deshalb vor den Zivil-, nicht den Verwaltungsgerichten geltend zu machen.[273]

154 Als **öffentliche Stelle** kommen alle juristischen Personen des öffentlichen Rechts (beispielsweise Sozialämter, Wohngeldbehörden u.a.) sowie die christlichen Kirchen[274] in Betracht. Nach Auffassung von *Sternel*[275] und *Blank*[276] zählen auch die karitativen Verbände hierzu. Dies erscheint im Hinblick auf das geschützte Vermieterinteresse an einer sicheren Erfüllung nur gerechtfertigt, sofern diese die gleiche Gewähr einer Bezahlung wie die staatlichen Stellen bieten.[277]

155 Ob die zusagende öffentliche Stelle für die Übernahme von Mietrückständen **intern zuständig** ist, spielt – solange ihre Erklärung nach außen rechtliche Wirkung entfaltet – keine Rolle.[278]

---

[266] AG Mannheim v. 27.06.1984 - 10 C 131/84 - juris Rn. 13 - DWW 1984, 290.

[267] LG Berlin v. 09.08.1994 - 65 S 125/94 - juris Rn. 17 - MM 1994, 361; AG Hamburg v. 04.08.1992 - 43b C 199/92 - juris Rn. 3 - WuM 1994, 206-207 sowie *Blank* in: Schmidt-Futterer, Mietrecht, 10. Aufl. 2011, § 569 Rn. 48 und *Lammel*, Wohnraummietrecht, 3. Aufl. 2007, § 569 Rn. 38; a.A. LG München I v. 16.04.2003 - 14 S 20598/02 - juris Rn. 9 - NJW-RR 2004, 83-84, LG Berlin v. 30.07.1996 - 65 S 71/96 - juris Rn. 16 - Grundeigentum 1996, 1111-1113; LG Bielefeld v. 09.02.1994 - 2 S 629/93 - juris Rn. 16 - WuM 1994, 206 sowie *Karl*, NJW 1991, 2125-2125, 2124.

[268] AG Hamburg v. 04.08.1992 - 43b C 199/92 - juris Rn. 3 - WuM 1994, 206-207 und *Grapentin* in: Bub/Treier, Handbuch der Geschäfts- und Wohnraummiete, 3. Aufl. 1999, Teil IV Rn. 184; *Häublein* in: MünchKomm-BGB, § 569 Rn. 31 sowie *Blank* in: Schmidt-Futterer, Mietrecht, 10. Aufl. 2011, § 569 Rn. 46; a.A. – Zugang des Originals erforderlich – *Lammel*, Wohnraummietrecht, 3. Aufl. 2007, § 569 Rn. 40.

[269] LG Dortmund v. 21.05.1992 - 11 S 55/92 - juris Rn. 4 - ZMR 1993,16-17 und *Kellendorfer* in: Müller/Walther, Miet- und Pachtrecht, § 569 Rn. 54; a.A. AG Charlottenburg v. 12.11.1993 - 13 C 51/93 - Grundeigentum 1994, 55.

[270] AG Hamburg v. 09.11.2007 - 46 C 60/07 - juris Rn. 11 und *Häublein* in: MünchKomm-BGB, § 569 Rn. 31.

[271] Vgl. hierzu BGH v. 12.10.1999 - XI ZR 24/99 - juris Rn. 15 - LM BGB § 151 Nr. 23 (4/2000).

[272] LG Hamburg v. 16.11.1976 - 16 S 149/76 - juris Rn. 26 - MDR 1977, 317 sowie BayObLG München v. 07.09.1994 - RE-Miet 1/94 - juris Rn. 17 - NJW 1995, 338-339.

[273] BVerwG v. 18.10.1993 - 5 B 26/93 - juris Rn. 2 - NJW 1994, 1169-1170.

[274] *Lammel*, Wohnraummietrecht, 3. Aufl. 2007, § 569 Rn. 34 und *Blank* in: Schmidt-Futterer, Mietrecht, 10. Aufl. 2011, § 569 Rn. 44.

[275] *Sternel*, Mietrecht, 3. Aufl. 1988, Teil IV Rn. 423.

[276] *Blank* in: Schmidt-Futterer, Mietrecht, 10. Aufl. 2011, § 569 Rn. 44.

[277] Gänzlich ablehnend, weil keine öffentlichen Stellen *Emmerich* in: Staudinger, § 569 Rn. 45.

[278] *Blank* in: Schmidt-Futterer, Mietrecht, 10. Aufl. 2011, § 569 Rn. 44 und *Emmerich* in: Staudinger, § 569 Rn. 45.

e. Innerhalb der Schonfrist

Sowohl die Befriedigung des Vermieters wie auch die Verpflichtung einer öffentlichen Stelle zu dessen Befriedigung müssen – spätestens – **bis zum Ablauf von zwei Monaten nach dem Eintritt der Rechtshängigkeit des Räumungsanspruchs** (§ 546 BGB) erfolgen. 156

Es handelt sich hierbei um eine materiell-rechtliche Frist. Eine **Wiedereinsetzung in den vorigen Stand** (§ 233 ZPO) ist deshalb nicht möglich.[279] 157

Rechtshängigkeit tritt mit Zustellung eines den Räumungsanspruch – prozessual ordnungsgemäß (vgl. insbesondere § 253 ZPO) – geltend machenden Schriftsatzes ein, sofern es sich hierbei um den verfahrenseinleitenden Schriftsatz handelt, somit mit Zustellung der Klageschrift, im Übrigen mit Zustellung des jeweiligen bestimmenden Schriftsatzes (§§ 261 Abs. 1, 253 Abs. 1 ZPO). Die Wirksamkeit und der Zeitpunkt der Zustellung richten sich nach den zivilprozessualen Vorschriften (§§ 166-213 ZPO). 158

Bei **mehreren Mietern** läuft die Schonfrist erst ab der Zustellung an den letzten von ihnen.[280] 159

Der Zeitpunkt der Rechtshängigkeit bestimmt lediglich den **Beginn** des Laufes der Schonfrist, eine vorherige Befriedigung des Vermieters wird hierdurch aber nicht ausgeschlossen.[281] 160

Die **Berechnung der Frist** bestimmt sich nach den allgemeinen Vorschriften über die Fristen im BGB, insbesondere die §§ 186, 187, 193 BGB, vgl. hierzu die Kommentierung zu § 186 BGB, die Kommentierung zu § 187 BGB und die Kommentierung zu § 193 BGB. 161

Zum **Zeitpunkt des Eintritts der Befriedigung** vgl. zunächst die Kommentierung zu § 543 BGB. Auch im Rahmen des § 569 Abs. 3 Nr. 2 Satz 1 BGB ist der Zeitpunkt der Vornahme der Leistungshandlung maßgeblich.[282] Dies gilt selbst dann, wenn eine „**Rechtzeitigkeitsklausel**" („Für die Rechtzeitigkeit ist maßgebend der Eingang des Geldes beim Vermieter oder bei der ermächtigten Person oder bei Zahlung auf ein Konto die Gutschrift") im Mietvertrag vorhanden ist, da diese sich regelmäßig nur auf die laufenden Mietzinszahlungen, nicht aber auf Zahlungen zur nachträglichen Erfüllung während der Schonfrist beziehen kann (§ 569 Abs. 5 Satz 1 BGB) und bezieht.[283] Eine Wiedereinsetzung in den vorigen Stand ist nicht möglich, vgl. Wiedereinsetzung (Rn. 157), allenfalls kann in krassen Ausnahmefällen das Festhalten an der Kündigung bei einer geringfügigen Überschreitung der Schonfrist, an der den Mieter kein Verschulden trifft, **rechtsmissbräuchlich** (§ 242 BGB) sein.[284] 162

Die Frist verlängert sich auch nicht deshalb, weil die vom Mieter zur **Aufrechnung** gestellten Forderungen erst während des Laufes der Schonfrist entstanden sind oder die Aufrechnungslage erst zu diesem Zeitpunkt eintrat.[285] 163

Durch eine **Übernahmeerklärung** einer öffentlichen Stelle wird die Schonfrist nur dann gewahrt, wenn diese – spätestens (vgl. Rn. 160) – innerhalb der zwei Monate entweder dem Vermieter[286] oder dessen Vertreter, insbesondere dessen Prozessbevollmächtigten (§ 164 Abs. 3 BGB)[287], zugeht, da sie 164

---

[279] LG München I v. 08.02.1983 - 14 T 1779/83 - juris Rn. 4 - WuM 1983, 141.

[280] AG Hamburg v. 06.04.1982 - 46 C 138/81 - juris Rn. 22 - WuM 1985, 263-264 sowie *Blank* in: Schmidt-Futterer, Mietrecht, 10. Aufl. 2011, § 569 Rn. 38 und *Emmerich* in: Staudinger, § 569 Rn. 41.

[281] AG Dortmund v. 31.03.2003 - 125 C 11799/02 - juris Rn. 17 - DWW 2003, 126-128; KG Berlin v. 05.03.1984 - 8 W RE-Miet 97/84 - juris Rn. 9 - WuM 1984, 93-94 und LG Stuttgart v. 11.04.1984 - 13 S 356/83 - juris Rn. 5 - ZMR 1985, 128-129.

[282] BGH v. 11.01.2006 - VIII ZR 364/04 - juris Rn. 10 - WuM 2006, 193-196; LG Oldenburg v. 06.07.1995 - 2 T 660/95 - juris Rn. 8 - WuM 1996, 471-472; LG Heidelberg v. 16.06.1995 - 5 S 68/95 - juris Rn. 3 - WuM 1995, 485 sowie LG Hamburg v. 26.10.1990 - 311 S 55/90 - juris Rn. 5 - WuM 1992, 124.

[283] LG Hamburg v. 26.10.1990 - 311 S 55/90 - juris Rn. 6 - WuM 1992, 124 und LG Berlin v. 03.04.1992 - 64 T 36/92, 64 T 38/92 - juris Rn. 8 - NJW-RR 1993, 144-145.

[284] Vgl. AG Nürnberg v. 17.10.1991 - 28 C 3233/91 - juris Rn. 11 - WuM 1992, 433-434 - langfristiges Mietverhältnis, erstmaliger Zahlungsverzug, Krankenhausaufenthalt.

[285] LG Aachen v. 29.03.1989 - 7 S 25/89 - juris Rn. 5 - ZMR 1989, 304-305.

[286] BayObLG München v. 07.09.1994 - RE-Miet 1/94 - juris Rn. 9 - NJW 1995, 338-339.

[287] LG Hamburg v. 06.07.1995 - 307 S 51/95 - ZMR 1996, 331; LG Dortmund v. 21.05.1992 - 11 S 55/92 - juris Rn. 4 - ZMR 1993,16-17 sowie *Sternel*, Mietrecht aktuell, 4. Aufl. 2009, Teil XII Rn. 158.

als empfangsbedürftige Willenserklärung (vgl. Schuldbeitritt, Rn. 145) erst mit ihrem Zugang Wirksamkeit erlangt (§ 130 Abs. 1 Satz 1 BGB). Nicht ausreichend ist dagegen der Eingang der Erklärung beim Mieter (vgl. ebenfalls Schuldbeitritt, Rn. 145) oder beim mit dem Räumungsrechtsstreit befassten Gericht. § 167 ZPO gilt schon deshalb nicht, weil eine Vermittlung des Gerichts überhaupt nicht erforderlich ist. Die abweichende Regelung des § 3 Abs. 3 Satz 1 MSchG, wonach die von der Fürsorgebehörde abzugebende Verpflichtungserklärung dem Gericht zugehen musste, ist vom Gesetzgeber gerade nicht übernommen worden.[288]

f. Rechtsfolge: Wegfall der Wirkungen der Kündigung

165 Sofern die vorstehenden Voraussetzungen erfüllt sind, **entfällt die (Gestaltungs-)Wirkung der vom Vermieter zunächst zu Recht ausgesprochenen Kündigung** kraft gesetzlicher Anordnung.[289] Dies wiederum hat zur Folge, dass das vormals durch die Kündigung beendete Mietverhältnis mit gleichem Inhalt wie zuvor wieder auflebt.[290]

166 Nicht beseitigt wird indessen der **Zahlungsverzug** des Mieters selbst; eventuell sich hieraus ergebende Schadensersatzverpflichtungen bleiben daher bestehen.[291]

167 Eine auf Grund von § 569 Abs. 3 Nr. 2 Satz 1 BGB in Wegfall geratene Kündigung lebt auch nicht deshalb wieder auf, weil der Mieter mit weiteren, nicht zum bereits beglichenen Rückstand zählenden Mieten **erneut während der Schonfrist** in Verzug gerät.[292]

168 Hat der Mieter die Wohnung **vor Erhebung der Räumungsklage schon zurückgegeben**, so greift § 569 Abs. 3 Nr. 2 Satz 1 BGB nicht ein, denn ohne Zustellung einer solchen Klage kann die Schonfrist schon nach dem Gesetz weder in Gang gesetzt werden noch enden.[293]

g. Ausnahme nach Absatz 3 Nr. 2 Satz 2

169 Soweit der Mieter durch Befriedigungshandlungen nach Zugang einer vermieterseitigen Kündigung diese gemäß § 569 Abs. 3 Nr. 2 Satz 1 BGB zu Fall gebracht hat, steht ihm diese Möglichkeit während der darauf folgenden **zwei Jahre** nicht mehr zu (§ 569 Abs. 3 Nr. 2 Satz 2 BGB). Dadurch soll vermieden werden, dass ein Mietverhältnis vom Vermieter trotz ständigen erheblichen Zahlungsverzuges des Mieters nicht gekündigt werden kann.

170 Dies gilt auch dann, wenn der Mieter den Vermieter **vor Rechtshängigkeit** der Räumungsklage (vgl. Befriedigung vor Rechtshängigkeit, Rn. 160) **befriedigt hat**.[294]

171 Voraussetzung ist aber die rechtliche **Wirkungslosigkeit der vorangegangenen Kündigung auf Grund der nachträglichen Erfüllung** – oder nach dem Gesetz gleichgestellter Sachverhalte – durch den Mieter. Dies trifft nicht zu, wenn das Mietverhältnis nach einer wirksamen Kündigung des Vermieters wegen Zahlungsverzuges von diesem freiwillig fortgesetzt wurde, ohne dass seine Kündigung durch Leistungshandlungen des Mieters ihre rechtliche Wirkung verloren hätte. Auch für eine entsprechende Anwendung von § 569 Abs. 3 Nr. 2 Satz 2 BGB ist in diesen Fällen angesichts des vom Vermieter in freier Willensentscheidung neu begründeten Mietverhältnisses kein Raum.[295] Ebenso wenig

---

[288] BayObLG München v. 07.09.1994 - RE-Miet 1/94 - juris Rn. 9 - NJW 1995, 338-339.
[289] BGH v. 30.06.1960 - VIII ZR 200/59 - juris Rn. 25 - NJW 1960, 2093 sowie LG Bochum v. 11.04.1989 - 5 T 6/89 - juris Rn. 4 - WuM 1989, 411.
[290] KG Berlin v. 05.03.1984 - 8 W RE-Miet 97/84 - juris Rn. 12 - WuM 1984, 93-94.
[291] AG Sinsheim v. 22.08.1986 - 1 C 286/86 - juris Rn. 6 - NJW-RR 1986, 1345-1346.
[292] LG Aachen v. 17.02.1993 - 7 S 487/92 - juris Rn. 5 - WuM 1993, 348-349; LG Hamburg v. 10.12.1976 - 11 S 119/76 - juris Rn. 5 - MDR 1977, 317 und – zu einer vorangegangenen Übernahmeerklärung – LG Berlin v. 09.08.1994 - 65 S 125/94 - juris Rn. 10 - MM 1994, 361.
[293] *Blank* in: Schmidt-Futterer, Mietrecht, 10. Aufl. 2011, § 569 Rn. 38 und *Emmerich* in: Staudinger, § 569 Rn. 40.
[294] KG Berlin v. 05.03.1984 - 8 W RE-Miet 97/84 - juris Rn. 16 - WuM 1984, 93-94 und LG Detmold v. 02.05.2005 - 2 T 16/05 - juris Rn. 3 - WuM 2006, 527.
[295] LG Berlin v. 23.07.1991 - 65 S 5/91 - juris Rn. 4 - WuM 1992, 607; LG Mannheim v. 13.12.1973 - 12 S 66/73 - MDR 1974, 935; LG Frankfurt v. 05.06.1990 - 2/11 S 41/90 - juris Rn. 8 - WuM 1991, 34 sowie – für vergleichsweise Einigung auf Ratenzahlung trotz wirksamer Kündigung – LG Bremen v. 24.08.1995 - 2 S 283/95 - juris Rn. 5 - WuM 1997, 265; a.A. LG Stuttgart v. 30.06.1995 - 10 T 428/94 - ZMR 1995, 470-471.

findet der Ausschluss des § 569 Abs. 3 Nr. 2 Satz 2 BGB dann Anwendung, wenn sich die Unwirksamkeit der vorausgegangenen Kündigung aus anderen Vorschriften als § 569 Abs. 3 Nr. 2 Satz 1 BGB ergibt, beispielsweise § 543 Abs. 2 Satz 2 oder Satz 3 BGB.[296]

Bei der **Berechnung** der Zwei-Jahres-Frist ist vom Zeitpunkt des Zuganges der zweiten – d.h. dann streitgegenständlichen – Kündigung zurückzurechnen. 172

Auch hier kommt es bei **mehreren Mieter**n auf den Zugang beim letzten Mieter an, vgl. mehrere Mieter (vgl. Rn. 159). 173

h. Abdingbarkeit

Vgl. hierzu Rn. 223. 174

III. Prozessuale Hinweise/Verfahrenshinweise

Die Darlegungs- und **Beweislast** für die Voraussetzungen des § 569 Abs. 3 Nr. 2 Satz 1 BGB – Befriedigung des Vermieters oder die Abgabe einer Übernahmeerklärung binnen der Schonfrist – trägt der Mieter. Für das Vorliegen des Ausnahmetatbestandes des § 569 Abs. 3 Nr. 2 Satz 2 BGB ist dagegen der Vermieter darlegungs- und beweisbelastet. 175

Das Gericht des Räumungsrechtsstreits ist nicht verpflichtet, auf § 569 Abs. 3 Nr. 2 Satz 1 BGB **hinzuweisen** (§ 139 ZPO).[297] Dem Schutzinteresse des Mieters wird schon durch die nach der Anordnung über Mitteilungen in Zivilsachen an den zuständigen Sozialhilfeträger erfolgende Mitteilung Genüge getan.[298] Ein dennoch erfolgender Hinweis trägt indessen keine Besorgnis einer Befangenheit (§ 42 ZPO).[299] 176

Der Umstand, dass die Schonfrist noch nicht abgelaufen ist, rechtfertigt schließlich **keine Aussetzung** des Räumungsrechtsstreits durch das Gericht bis zu deren Ablauf (**str.**).[300] Auch der Erlass eines **Versäumnisurteils** vor deren Verstreichen ist zulässig, da § 569 Abs. 3 Nr. 2 Satz 1 BGB nicht die schwebende Unwirksamkeit der Kündigung, sondern nur deren nachträgliches Unwirksamwerden anordnet (**str.**).[301] 177

Führt der Mieter die Wirkungen des § 569 Abs. 3 Nr. 2 Satz 1 BGB **nach Erlass eines Räumungsurteils** herbei, stehen ihm – sofern der Vermieter nicht auf alle Rechte aus dem schon vorhandenen Titel verzichtet – bei einem Versäumnisurteil ein Einspruch, bei einem streitigen Urteil die Berufung oder eine Vollstreckungsgegenklage als Rechtsbehelfe offen.[302] 178

Die Unwirksamkeit der Kündigung nach § 569 Abs. 3 Nr. 2 Satz 1 BGB bewirkt die **Erledigung** eines rechtshängigen Rechtsstreits.[303] Der Vermieter muss dem durch entsprechende Antragstellung Rechnung tragen. Im Falle des Unwirksamwerdens **zwischen Anhängigkeit und Rechtshängigkeit** findet 179

---

[296] LG Mannheim v. 08.05.1985 - 4 S 21/85 - juris Rn. 1 - WuM 1986, 250.
[297] *Emmerich* in: Staudinger, § 569 Rn. 73; *Kellendorfer* in: Müller/Walther, Miet- und Pachtrecht, § 569 Rn. 45 und – einschränkend: entspricht Gebot des „fairen Verfahrens" – *Blank* in: Schmidt-Futterer, Mietrecht, 10. Aufl. 2011, § 569 Rn. 56; a.A. *O'Sullivan*, ZMR 2002, 250-253, 253.
[298] Vgl. auch OLG Hamburg v. 23.02.1988 - 7 W 6/88 - juris Rn. 5 - ZMR 1988, 225-226.
[299] OLG Hamburg v. 23.02.1988 - 7 W 6/88 - juris Rn. 4 - ZMR 1988, 225-226.
[300] *O'Sullivan*, ZMR 2002, 250-253, 253; *Wetekamp* in: Schmid, Miete und Mietprozess, 4. Aufl. 2004, Teil 14 Rn. 535; *Emmerich* in: Staudinger, § 569 Rn. 73 sowie *Grapentin* in: Bub/Treier, Handbuch der Geschäfts- und Wohnraummiete, 3. Aufl. 1999, Teil IV Rn. 184; a.A. – auch „prozessuale Sperrfrist" – *Sternel*, Mietrecht, 3. Aufl. 1988, Teil IV Rn. 424 und – allerdings nur für den Fall streitiger Verhandlung und Einwand der Schonfrist durch den Mieter – *Blank* in: Schmidt-Futterer, Mietrecht, 10. Aufl. 2011, § 569 Rn. 58.
[301] LG Köln v. 21.10.2003 - 1 T 375/03 - NJW-RR 2004, 87; LG Köln v. 01.10.2003 - 12 T 199/03 - NZM 2004, 66; LG Hamburg v. 05.03.2003 - 311 T 16/03 - juris Rn. 9 - NJW-RR 2003, 1231; LG Kiel v. 09.01.2002 - 13 T 263/01 - juris Rn. 4 - SchlHA 2002, 94-95; *Emmerich* in: Staudinger, § 569 Rn. 72; *Blank* in: Schmidt-Futterer, Mietrecht, 10. Aufl. 2011, § 569 Rn. 55 und *Grapentin* in: Bub/Treier, Handbuch der Geschäfts- und Wohnraummiete, 3. Aufl. 1999, Teil IV Rn. 184; a.A. OLG Hamburg v. 23.02.1988 - 7 W 6/88 - juris Rn. 7 - ZMR 1988, 225-226 - obiter dictum.
[302] *Emmerich* in: Staudinger, § 569 Rn. 75.
[303] LG Bochum v. 11.04.1989 - 5 T 6/89 - juris Rn. 4 - WuM 1989, 411.

somit jetzt § 269 Abs. 3 Satz 3 ZPO Anwendung.[304] Die **Kosten** wird regelmäßig der Mieter zu tragen haben, da die Räumungsklage – ihre Schlüssigkeit im Übrigen vorausgesetzt – ohne das erledigende Ereignis erfolgreich gewesen wäre (§ 91 ZPO).[305] Etwas anderes kann gelten, wenn Kündigung und Räumungsklage gleichzeitig oder so kurzfristig hintereinander erfolgen, dass dem Mieter keine Möglichkeit zum Auszug bleibt.[306] Im Hinblick auf die Ermäßigung der Gerichtsgebühren (§ 3 Abs. 2 GKG n.F. i.V.m. Nummer 1211 Ziffer 1 oder § 11 Abs. 1 GKG a.F. i.V.m. Nummer 1211a) – vgl. die Übergangsvorschrift § 72 GKG n.F. – des Kostenverzeichnisses in der Anlage 1 zum GKG) kann sich im Falle der Erledigung vor Schluss der mündlichen Verhandlung und vor Urteilserlass bei Vermögenslosigkeit des Mieters auch eine **Klagerücknahme** anbieten.[307]

180 Auch bei Wegfall der Kündigungswirkung infolge einer Zahlung des Mieters **vor Anhängigkeit** ist eine Kostenentscheidung nach § 269 Abs. 3 Satz 3 ZPO zu Gunsten des Vermieters möglich, wenn dieser ohne Verschulden hiervon bei Erhebung der Klage keine Kenntnis hatte.[308] Zwar muss der Vermieter insoweit seine Kontoauszüge überprüfen, um einen Verschuldensvorwurf zu vermeiden.[309] Eine tägliche Kontrolle ist allerdings nicht erforderlich[310], drei Tage zwischen der Gutschrift der Miete auf dem Vermieterkonto und der Einreichung der Klage dürften indessen für eine schuldhafte Unkenntnis des Vermieters sprechen[311].

181 Eine **Klage auf Feststellung der Unwirksamkeit** der Kündigung infolge der Befriedigung des Vermieters kann der Mieter nicht erheben. Denn die Unwirksamkeit einer Kündigung kann nicht Gegenstand einer (negativen) Feststellungsklage sein (§ 256 Abs. 1 ZPO).[312]

1. Kündigungsbeschränkung nach Absatz 3 Nr. 3

a. Wohnraummietverhältnis

182 Die Vorschrift findet gemäß § 549 Abs. 1 BGB **nur auf Wohnraummietverhältnisse** Anwendung.

183 Von der Verweisung des § 578 BGB für die Miete **anderer** Räume oder von **Grundstücke**n ist sie nicht erfasst.

b. Kündigung nach § 543 Abs. 2 Satz 1 Nr. 3 BGB

184 § 569 Abs. 3 Nr. 3 BGB enthält **keinen eigenständigen Kündigungstatbestand**, sondern kommt vielmehr nur zur Anwendung, wenn eine nach § 543 Abs. 2 Satz 1 Nr. 3 BGB zu beurteilende vermieterseitige Kündigung eines Mietverhältnisses wegen Zahlungsverzuges des Mieters ausgesprochen worden ist. Vgl. daher zunächst die Kommentierung zu § 543 BGB.

185 Ihrem Wortlaut und ihrer Stellung nach gilt die Kündigungsbeschränkung des § 569 Abs. 3 Nr. 3 BGB nur für die außerordentliche fristlose Kündigung. Indessen ist ihre entsprechende Anwendung nach ihrem Sinn und Zweck auch dann geboten, wenn der Vermieter nach § 573 Abs. 2 Nr. 1 BGB auf Grund ausstehender Mieterhöhungsbeträge **ordentlich** befristet **kündigt (str.)**. Es stünde mit dem von

---

[304] BGH v. 18.11.2003 - VIII ZB 72/03 - juris Rn. 8 - NJW 2004, 1530-1531.
[305] AG Braunschweig v. 18.12.2003 - 117 C 3787/03 - ZMR 2004, 272-283; LG Hamburg v. 10.06.1997 - 316 S 24/97 - juris Rn. 2 - WuM 1998, 422 sowie LG Hamburg v. 10.12.1976 - 11 S 119/76 - juris Rn. 3 - MDR 1977, 317.
[306] AG Neuss v. 18.03.1987 - 30 C 376/86 - juris Rn. 5 - WuM 1987, 260 sowie AG Hamburg v. 03.07.1986 - 37b C 624/85 - juris Rn. 5 - WuM 1986, 337.
[307] *O'Sullivan*, ZMR 2002, 250-253, 253, 250.
[308] OLG München, Beschl. v. 12.03.2004 - 29 W 2840/03 - juris Rn. 15 - OLGR München 2004, 218; AG Berlin-Schöneberg v. 06.03.2006 - 6 C 28/06 - juris Rn. 2 - Grundeigentum 2006, 583 m.w.N.
[309] OLG Köln v. 10.09.2003 - 2 W 85/03 - juris Rn. 15 - OLGR 2004, 79-81.
[310] AG Berlin-Schöneberg v. 06.03.2006 - 6 C 28/06 - juris Rn. 3 - Grundeigentum 2006, 583.
[311] Vgl. - zu § 254 BGB – AG Spandau v. 20.11.2002 - 4 C 217/02 - juris Rn. 30 - ZMR 2003, 584-587 sowie *Flatow*, jurisPR-MietR 19/2006, Anm. 6.
[312] LG Hamburg v. 28.06.2005 - 334 T 27/05 - juris Rn. 4 - WuM 2005, 730-731; vgl. auch BGH v. 29.09.1999 - XII ZR 313/98 - juris Rn. 44 - NJW 2000, 354-359; a.A. LG Hamburg v. 30.05.2005 - 311 T 44/05 - juris Rn. 2 - WuM 2006, 527-528 und AG Hamburg v. 12.05.2005 - 48 C 655/04 - juris Rn. 5 - WuM 2006, 527-528.

der Norm bezweckten Mieterschutz nicht in Einklang, wenn der Mieter gegenüber einer ordentlichen befristeten Kündigung weniger geschützt wäre als gegenüber einer außerordentlichen fristlosen (**str.**).[313]

c. Verurteilung zur Zahlung einer erhöhten Miete nach den §§ 558-560 BGB

Der Mieter muss nach dem Wortlaut des Gesetzes auf Grund der Durchführung eines der in den §§ 558-560 BGB genannten **gerichtlichen Mieterhöhungsverfahren** zur Zahlung einer erhöhten Miete verurteilt worden sein. Entgegen dem Wortlaut der Vorschrift wird allerdings nicht nur die Zahlungsverpflichtung des Mieters auf Grund einer Verurteilung zur Zahlung (§§ 559, 560 BGB) einer erhöhten Miete erfasst, sondern auch infolge der **Verurteilung zur Zustimmung** zu einer Mieterhöhung (§ 558 BGB, vgl. hierzu die Kommentierung zu § 558b BGB).[314] Dies rechtfertigt sich daraus, dass dem Mieter auch schon auf Grund einer solchen Verurteilung eine Kündigung wegen Zahlungsverzuges mit den Erhöhungsbeträgen droht. Mit der Rechtskraft der Verurteilung wird nämlich die Zustimmung des Mieters zur Mieterhöhung fingiert (§ 894 Abs. 1 Satz 1 ZPO), weshalb er die erhöhte Miete ab diesem Moment schuldet und der Vermieter – bei Vorliegen eines Zahlungsverzuges[315] – ohne vorherige Zahlungsklage eine Kündigung aussprechen kann.[316]

186

Ebenfalls aus dem Schutzzweck des § 569 Abs. 3 Nr. 3 BGB (vgl. hierzu Schutzzweck, Rn. 118) folgt, dass die Kündigungsbeschränkung weder direkt noch entsprechend Anwendung finden kann, soweit es sich nicht um die vorgenannten einseitigen, sondern vielmehr **mit dem Einverständnis des Mieters durchgeführte Mieterhöhungen** handelt. Soweit nämlich der Mieter einer Mieterhöhung zustimmt, kann zum einen deren Berechtigung nicht mehr zweifelhaft sein, weshalb eine besondere Schutzbedürftigkeit nicht besteht. Zum anderen hat es der Mieter dabei selbst in der Hand, sich durch Aufnahme einer Ratenzahlung, Vereinbarung der entsprechenden Geltung des § 569 Abs. 3 Nr. 3 BGB oder einer Widerrufsfrist zur Überprüfung seiner finanziellen Möglichkeiten abzusichern.[317] Beruht die Mieterhöhung auf einer Vereinbarung nach den §§ 557, 557a, 557b BGB, einem im Hinblick auf ein Mieterhöhungsbegehren des Vermieters – gerichtlich oder außergerichtlich – abgeschlossenen Vergleich oder einem Anerkenntnis, so besteht die zeitweise Kündigungsbeschränkung folglich nicht.

187

Auf Anpassungen der **Kostenmiete bei preisgebundenem Wohnraum (§ 10 WoBindG)** ist § 569 Abs. 3 Nr. 3 BGB nicht entsprechend anzuwenden, da es an der erforderlichen Regelungslücke fehlt: Zum einen spricht der Ausnahmecharakter der Vorschrift im Gesamtzusammenhang der Kündigungsbestimmungen für ihre restriktive Handhabung und damit gegen eine Analogiefähigkeit, zum anderen macht die Entstehungsgeschichte der Norm deutlich, dass eine Analogie auszuscheiden hat.[318]

188

---

[313] *Blank* in: Schmidt-Futterer, Mietrecht, 10. Aufl. 2011, § 569 Rn. 64 und *Wetekamp* in: Schmid, Miete und Mietprozess, 4. Aufl. 2004, Teil 14 Rn. 407; a.A. – im Hinblick auf den Ausnahmecharakter der Regelung – *Weidenkaff* in: Palandt, § 569 Rn. 22; *Wöstmann* in: Bamberger/Roth, § 569 Rn. 20; *Gahn* in: Schmid, Fachanwaltskommentar Mietrecht, 3. Aufl. 2012, § 569 Rn. 21 und – allerdings im Ergebnis kritisch – *Emmerich* in: Staudinger, § 569 Rn. 53.

[314] BGH v. 04.05.2005 - VIII ZR 5/04 - juris Rn. 12 - NZM 2005, 582-583 m.w.N.

[315] BGH v. 04.05.2005 - VIII ZR 94/04 - juris Rn. 11 - NJW 2005, 2310-2313 m.w.N.

[316] BVerfG v. 15.03.1989 - 1 BvR 1428/88 - juris Rn. 14 - NJW 1989, 1917-1918; *Blank* in: Schmidt-Futterer, Mietrecht, 10. Aufl. 2011, § 569 Rn. 68 und *Emmerich* in: Staudinger, § 569 Rn. 52; zweifelnd *Wetekamp* in: Schmid, Miete und Mietprozess, 4. Aufl. 2004, Teil 14 Rn. 424.

[317] OLG Hamm v. 27.12.1991 - 30 REMiet 5/91 - juris Rn. 15 - NJW-RR 1992, 340-341.

[318] BGH v. 09.05.2012 - VIII ZR 327/11 - juris Rn. 16 ff. - NSW BGB § 569 (BGH-intern); *Lammel*, Wohnraummietrecht, 3. Aufl. 2007, § 569 Rn. 46 und *Wöstmann* in: Bamberger/Roth, § 569 Rn. 19; die abweichende – in den nachfolgend genannten Entscheidungen und bis zur Vorauflage auch hier vertretene – Auffassung ist damit überholt: AG Hamburg-Harburg v. 21.10.2010 - 650 C 275/09 - juris - ZMR 2011, 558; LG Köln v. 26.05.1994 - 6 S 381/93 - juris Rn. 3 - WuM 1995, 593; LG Berlin v. 13.04.1989 - 61 S 160/85 - juris Rn. 29 - MDR 1989, 822; LG Berlin v. 09.01.1989 - 61 S 216/88 - MM 1994, 20.

d. Rechtsfolge: Kündigung auf Grund Zahlungsverzuges mit den Erhöhungsbeträgen erst zwei Monate nach Rechtskraft der Verurteilung des Mieters möglich

189 Liegen die vorgenannten Voraussetzungen vor, ist eine **Kündigung wegen Zahlungsverzuges** für die Dauer von zwei Monaten ab der rechtskräftigen Verurteilung ausgeschlossen (§ 569 Abs. 3 Nr. 3 BGB).

190 Dies gilt – wie sich aus § 569 Abs. 3 Nr. 3 HS. 2 BGB ergibt – **aber nur, soweit der Zahlungsverzug auf der durch die Verurteilung ausgesprochenen Mieterhöhung beruht**. Sind die Voraussetzungen des § 543 Abs. 2 Satz 1 Nr. 3 BGB ohne Berücksichtigung der Erhöhungsbeträge, d.h. schon bei Zugrundelegung der vormals geschuldeten Miete erfüllt, greift die Kündigungsbeschränkung nicht ein.[319]

191 Die zweimonatige Frist **beginnt mit der Rechtskraft** der die Mieterhöhung aussprechenden Entscheidung zu laufen. (Formelle) Rechtskraft erlangen Endurteile, wenn sie mit einem ordentlichen Rechtsmittel nicht mehr angefochten werden können (§ 19 Abs. 1 EGZPO). **Ordentliche Rechtsmittel** in diesem Sinne sind solche, die an eine vom Tag der Verkündung oder Zustellung des Urteils laufende Notfrist gebunden sind (§ 19 Abs. 2 EGZPO). Hierzu zählen: Einspruch gegen ein Versäumnisurteil (§ 338 ZPO) und Vollstreckungsbescheid (§ 700 ZPO), Gehörsrüge (§ 321a ZPO), Rechtsbeschwerde gegen die Verwerfung der Berufung (§§ 574, 522 ZPO), Berufung (§ 511 ZPO) und Revision (§ 542 ZPO). Maßgeblich ist dabei der **Ablauf der Rechtsmittelfrist** gegen die letzte Entscheidung (§ 705 ZPO). Dies gilt nach der ZPO-Reform nunmehr auch für landgerichtliche Urteile, da auch gegen diese grundsätzlich die Revision und bei deren Nichtzulassung die Nichtzulassungsbeschwerde statthaft ist (§§ 542 Abs. 1, 544 ZPO).[320] Die eventuelle Unzulässigkeit eines statthaften Rechtsmittels hat auf den Eintritt der Rechtskraft keinen Einfluss.

192 Die Rechtsmittelfristen laufen für Vermieter (Kläger) und Mieter (Beklagter) getrennt; maßgeblich für den Beginn der zweimonatigen Schonfrist ist die **zeitlich zuletzt verstrichene Rechtsmittelfrist**. Dies folgt daraus, dass dem Mieter, auch wenn er selbst kein Rechtsmittel einlegt, grundsätzlich die Möglichkeit der Anschlussberufung offen steht.[321] Eine **Anschlussberufung** des Mieters ist seit der ZPO-Reform allerdings nur noch bis zum Ablauf der ihm als Berufungsbeklagten gesetzten Frist zur Berufungserwiderung zulässig (§ 524 Abs. 2 Satz 2 ZPO).

193 Für die **Berechnung der Schonfrist** gelten die §§ 187-193 BGB, vgl. hierzu insbesondere die Kommentierung zu § 186 BGB, die Kommentierung zu § 187 BGB und die Kommentierung zu § 193 BGB.

194 Da § 569 Abs. 3 Nr. 3 BGB ein gesetzliches Verbot (§ 134 BGB) enthält, ist eine vor Ablauf der Frist ausgesprochene Kündigung **unwirksam**.[322] Sie lebt daher auch nach Ablauf der Frist nicht wieder auf.[323]

e. Abdingbarkeit

195 Vgl. hierzu Rn. 223.

---

[319] LG Berlin v. 09.08.1996 - 64 S 256/96 - juris Rn. 11 - ZMR 1997, 143-144 und *Kellendorfer* in: Müller/Walther, Miet- und Pachtrecht, § 569 Rn. 63.

[320] *Stöber* in: Zöller, § 705 Rn. 6 sowie *Greger*, NJW 2002, 3049-3053, 3052; a.A. *Blank* in: Schmidt-Futterer, Mietrecht, 10. Aufl. 2011, § 569 Rn. 73.

[321] *Stöber* in: Zöller, § 705 Rn. 4 sowie *Börstinghaus* in: Schmidt-Futterer, Mietrecht, 7. Aufl. 1999, § 9 MHG Rn. 67.

[322] LG Berlin v. 13.04.1989 - 61 S 160/85 - juris Rn. 29 - MDR 1989, 822 und *Sternel*, Mietrecht aktuell, 4. Aufl. 2009, Teil XII Rn. 146.

[323] *Kellendorfer* in: Müller/Walther, Miet- und Pachtrecht, § 569 Rn. 63; *Sternel*, Mietrecht, 3. Aufl. 1988, Teil III Rn. 866.

2. Prozessuale Hinweise/Verfahrenshinweise

Da es sich bei § 569 Abs. 3 Nr. 3 HS. 1 BGB um eine von den allgemeinen Regelungen abweichende Beschränkung des Kündigungsrechts des Vermieters handelt, ist der **Mieter** dafür darlegungs- und **beweisbelastet**, dass der die Kündigung tragende Zahlungsrückstand nur auf der Mieterhöhung beruht und die Kündigung innerhalb der zweimonatigen Schonfrist erfolgt ist.

Im Anschluss kann der **Vermieter** darlegen und beweisen, dass die Sperrfrist dennoch wegen § 569 Abs. 3 Nr. 3 HS. 2 BGB nicht eingreift.

Praktische Hinweise: Es bleibt dem Mieter auch im Rahmen des § 569 Abs. 3 Nr. 3 BGB unbenommen, durch eine Befriedigung des Vermieters oder die Übernahmeerklärung einer öffentlichen Stelle nach Zugang einer fristgerechten Kündigung deren **Unwirksamkeit gemäß** § 569 Abs. 3 Nr. 2 BGB herbeizuführen.[324]

IV. Anwendungsfelder – Übergangsrecht

Zu § 569 Abs. 3 Nr. 1 und Nr. 3 BGB enthält das **Mietrechtsreformgesetz** vom 19.06.2001[325] **keine Übergangsvorschrift**. Diese sind folglich ohne zeitliche Beschränkung anwendbar.

Hinsichtlich § 569 Abs. 3 Nr. 2 BGB ordnet dagegen Art. 229 § 3 Abs. 1 Nr. 1 EGBGB die Anwendung der Vorgängerregelung des § 554 Abs. 2 Nr. 2 BGB mit der einmonatigen Schonfrist für **alle vor dem 01.09.2001 zugegangenen Kündigungen** an.[326]

D. Kommentierung zu Absatz 4

I. Grundlagen

1. Kurzcharakteristik

Die Bestimmung schreibt für sämtliche außerordentlichen fristlosen Kündigungen eines Wohnraummietverhältnisses die Angabe des die Kündigung tragenden wichtigen Grundes vor.

2. Gesetzgebungsgeschichte und -materialien

Zu § 569 BGB insgesamt vgl. Rn. 3. Der Begründungszwang für außerordentliche fristlose Kündigungen wurde durch das **Mietrechtsreformgesetz** vom 19.06.2001[327] auf die Stellungnahme des Bundesrates hin in der letzten Sitzung des Rechtsausschusses[328] neu eingeführt.

3. Regelungsprinzipien

Durch die Erstreckung des vor dem Mietrechtsreformgesetz nur für ordentliche Kündigungen vorgesehenen Begründungszwanges auf außerordentliche fristlose Kündigungen soll für den Mieter zum frühestmöglichen Zeitpunkt **Transparenz über die Motive des Vermieters** für die Vertragsauflösung geschaffen und dadurch auch eine unnötige gerichtliche Auseinandersetzung vermieden werden.[329] Die ordnungsgemäße Begründung der Kündigung liegt allerdings in erster Linie **im eigenen Interesse des Vermieters**, weil das Mietverhältnis anderenfalls auch bei Vorliegen eines materiellen Kündigungsgrundes nicht beendet wird (vgl. Rn. 214). Die Angabe des Kündigungsgrundes ist deshalb keine Nebenpflicht des Vermieters, auf deren Erfüllung der Mieter einen Anspruch hat, sondern eine Obliegenheit, die der Vermieter im eigenen Interesse zur Vermeidung von Rechtsnachteilen zu beachten hat.[330]

---

[324] *Weidenkaff* in: Palandt, § 569 Rn. 22.
[325] BGBl I 2001, 1149.
[326] *Blank* in: Blank/Börstinghaus, Neues Mietrecht, 2001, § 569 Rn. 20.
[327] BGBl I 2001, 1149.
[328] BT-Drs. 15/5663, S. 178.
[329] BGH v. 15.12.2010 - VIII ZR 9/10 - juris Rn. 10 - NSW BGB § 280 (BGH-intern).
[330] BGH v. 15.12.2010 - VIII ZR 9/10 - juris Rn. 11 - NSW BGB § 280 (BGH-intern).

II. Anwendungsvoraussetzungen

1. Normstruktur

204 Normstruktur:
- Tatbestandsmerkmale:
  - Wohnraummietverhältnis,
  - Kündigung aus wichtigem Grund.
- Rechtsfolge:
  - Verpflichtung zur Angabe des wichtigen Grundes im Kündigungsschreiben.

2. Wohnraummietverhältnis

205 Die Vorschrift findet gemäß § 549 Abs. 1 BGB **nur auf Wohnraummietverhältnisse** Anwendung.

206 Von der Verweisung des § 578 BGB für die Miete **anderer Räume** oder von **Grundstücke**n ist sie nicht erfasst.

3. Kündigung aus wichtigem Grund

207 Die Formvorschrift gilt für **alle** Kündigungen eines Wohnraummietverhältnisses aus wichtigem Grund. Insbesondere unterliegen ihr auch die ohne Rückgriff auf § 569 Abs. 1, Abs. 2 BGB nach § 543 Abs. 1, Abs. 2 BGB ausgesprochenen Kündigungen. Hierfür sprechen Wortlaut, Systematik und Zweck der Vorschrift, vgl. hierzu Zweck (vgl. Rn. 203).[331] Anhaltspunkte, gerade die Kündigung wegen Zahlungsverzuges gemäß § 543 Abs. 2 Nr. 3 BGB auszunehmen, gibt es nicht.[332]

208 Für das **Sonderkündigungsrecht nach einer Mieterhöhung** (§ 561 BGB) gilt der Begründungszwang nicht.[333]

209 Der Begründungszwang erfasst im vorgenannten Rahmen **Kündigungen des Vermieters und des Mieters**.[334]

4. Angabe des wichtigen Grundes

210 Durch die Begründung soll sichergestellt werden, dass der Mieter erkennen kann, welcher Umstand zur fristlosen Kündigung geführt hat und ob/wie er sich hiergegen verteidigen kann[335], vgl. hierzu auch Rn. 203. An diesem Zweck hat sich der **Inhalt** des Kündigungsschreibens messen zu lassen. Hierbei kann auf die zu § 573 Abs. 3 BGB (§ 564b Abs. 3 BGB a.F.) entwickelten Grundsätze zurückgegriffen werden[336], vgl. zu weiteren Einzelheiten daher die Kommentierung zu § 573 BGB. Demnach reicht es aus, wenn die der Kündigung zugrunde liegenden Tatsachen so ausführlich bezeichnet sind, dass der Kündigungsgrund **identifiziert** und von anderen Gründen unterschieden werden kann.[337] Durch die erforderliche Konkretisierung des Kündigungsgrundes wird zudem erreicht, dass die vom

---

[331] *Blank* in: Schmidt-Futterer, Mietrecht, 10. Aufl. 2011, § 569 Rn. 75 f., *Kellendorfer* in: Müller/Walther, Miet- und Pachtrecht, § 569 Rn. 67 und *Kinne* in: Kinne/Schach/Bieber, Miet- und Mietprozessrecht, 6. Aufl. 2011, § 569 Rn. 27.

[332] AG Dortmund v. 30.06.2003 - 125 C 3005/03 - DWW 2003, 229-231 und *Gellwitzki*, WuM 2003, 612-617, 613.

[333] AG Tempelhof-Kreuzberg v. 01.06.2006 - 13 C 50/06 - juris Rn. 11 - WuM 2006, 452 sowie zustimmend *Börstinghaus*, jurisPR-MietR 20/2006, Anm. 3.

[334] *Kellendorfer* in: Müller/Walther, Miet- und Pachtrecht, § 569 Rn. 67 und *Blank* in: Blank/Börstinghaus, Miete, 3. Aufl. 2008, § 569 Rn. 5.

[335] BGH v. 12.05.2010 - VIII ZR 96/09 - juris Rn. 26 - NSW BGB § 569 (BGH intern); BGH v. 11.01.2006 - VIII ZR 364/04 - juris Rn. 21 - NZM 2006, 1585-1588 und BGH v. 22.12.2003 - VIII ZB 94/03 - juris Rn. 14 - EBE/BGH 2004, 53-54.

[336] BGH v. 12.05.2010 - VIII ZR 96/09 - juris Rn. 36 - NSW BGB § 569 (BGH intern); *Emmerich* in: Staudinger, § 569 Rn. 59; *Blank* in: Blank/Börstinghaus, Miete, 3. Aufl. 2008, § 569 Rn. 100 sowie *Lützenkirchen* in: Lützenkirchen/Löfflad, Neue Mietrechtspraxis, 2001, Rn. 911.

[337] BGH v. 12.05.2010 - VIII ZR 96/09 - juris Rn. 36 - NSW BGB § 569 (BGH intern); BayObLG München v. 14.07.1981 - Allg Reg 32/81 - juris Rn. 39 - NJW 1981, 2197-2201 sowie BayObLG München v. 17.12.1984 - ReMiet 6/84 - juris Rn. 9 - WuM 1985, 50-51.

Schriftformerfordernis des § 568 Abs. 1 BGB (vgl. die Kommentierung zu § 573 BGB Rn. 15 ff.) erfasste Begründung nicht nachträglich ausgewechselt und die Kündigung, ohne dass sie mit neuer Begründung formgerecht wiederholt wird, auf andere oder weitere Gründe gestützt wird.[338] Zu hohe und **übertrieben formalistische Anforderungen** dürfen an die Begründung aber schon aus verfassungsrechtlichen Gründen (Art. 14 Abs. 1 GG) nicht gestellt werden.[339]

Stützt der Vermieter die Kündigung auf **Zahlungsverzug**, reicht es bei **einfacher Sachlage** – beispielsweise Verzug des Mieters (nur) für zwei aufeinander folgende Termine – aus, dass der Vermieter diesen Umstand als Kündigungsgrund angibt und den Gesamtbetrag der rückständigen Miete beziffert, da der Mieter in einem solchen Fall in der Regel ohne weiteres in der Lage ist, die Berechtigung der Kündigung anhand eines einfachen Vergleichs der geschuldeten mit der gezahlten Miete zu überprüfen.[340] Bei einem einfachen Sachverhalt schadet es auch nicht, wenn der im Kündigungsschreiben angegebene Rückstand vom Saldo eines zusätzlich beigefügten Kontoblattes abweicht, sofern die Abweichung unschwer nachvollziehbar ist und das Vorliegen eines zur Kündigung berechtigenden Rückstandes nicht in Frage stellt.[341] Das bloße Beifügen einer **Anlage**, in der die Rückstände enthalten sind, die aber weder im Kündigungsschreiben in Bezug genommen[342] noch mit diesem fest verbunden ist, genügt dem Schriftformerfordernis (§ 568 Abs. 1 BGB) dagegen auch bei einem einfachen Fall nicht (vgl. Rn. 216).[343] Wenn kein einfacher, sondern ein **„schwieriger" Fall** des Zahlungsverzuges – beispielsweise wenn der Vermieter die Kündigung nicht (nur) auf einen aktuellen, sondern auch auf frühere Rückstände stützt[344] oder weil sich der Rückstand erst durch umfangreiche Berechnungen aus einer Vielzahl unterschiedlicher Positionen ergibt[345] – vorliegt, ist nach dem Sinn und Zweck des § 569 Abs. 4 BGB (vgl. Rn. 210) ebenfalls nur erforderlich, dass der Mieter anhand der Begründung erkennen kann, von welchem Mietrückstand der Vermieter ausgeht und dass Letzterer diesen Rückstand als gesetzlichen Grund für die fristlose Kündigung wegen Zahlungsverzugs heranzieht; darüber hinausgehende Angaben sind nicht notwendig.[346] Es reicht daher in solchen Fällen grundsätzlich aus, wenn der Vermieter dem Mieter nachvollziehbar mitteilt, welche konkret – nach Höhe und Fälligkeit – dargestellten Zahlungsrückstände er seiner Kündigung zugrunde legt.[347] Zusätzliche Begründungserfordernisse – insbesondere die (ausdrückliche) Angabe der Verrechnung erfolgter Zahlungen – kommen lediglich dann in Betracht, wenn eine unklare Verrechnungslage besteht oder der Mieter als Kündi-

---

[338] BGH v. 12.05.2010 - VIII ZR 96/09 - juris Rn. 36 - NSW BGB § 569 (BGH intern).
[339] BGH v. 12.05.2010 - VIII ZR 96/09 - juris Rn. 35 - NSW BGB § 569 (BGH intern).
[340] BGH v. 12.05.2010 - VIII ZR 96/09 - juris Rn. 27 - NSW BGB § 569 (BGH intern); BGH v. 04.02.2009 - VIII ZR 66/08 - juris Rn. 16 - NSW BGB § 569 (BGH-intern); BGH v. 30.06.2004 - VIII ZB 31/04 - juris Rn. 3 - NZM 2004, 699; BGH v. 22.12.2003 - VIII ZB 94/03 - juris Rn. 15 - EBE/BGH 2004, 53-54; LG Berlin v. 15.05.2006 - 67 S 398/05 - juris Rn. 16 - Grundeigentum 2006, 1409; LG Duisburg v. 24.03.2006 - 13 T 28/06 - juris Rn. 9 - WuM 2006, 257-258; LG Dortmund v. 04.03.2004 - 1 T 5/04 - juris Rn. 8 - WuM 2004, 205; LG Berlin v. 05.02.2004 - 62 S 336/03 - juris Rn. 7 - ZMR 2004, 516-517; LG Berlin v. 18.08.2003 - 67 S 86/03 - juris Rn. 11 - WuM 2003, 628-629 und LG Berlin v. 21.01.2003 - 65 T 102/02 - juris Rn. 3 - NJW 2003, 3063-3064; a.A. – insbesondere rückständige Mietzinsen genau zu bezeichnen – AG Dortmund v. 30.06.2003 - 125 C 3005/03 - DWW 2003, 229-231; LG Hamburg v. 08.07.2003 - 316 S 43/03 - juris Rn. 5 - NJW 2003, 3064-3065; AG Dortmund v. 31.03.2003 - 125 C 11799/02 - juris Rn. 27 - DWW 2003, 126-128; *Gellwitzki*, WuM 2003, 612-617, 612 und *Lützenkirchen* in: Lützenkirchen/Löfflad, Neue Mietrechtspraxis, 2001, Rn. 884.
[341] BGH v. 30.06.2004 - VIII ZB 31/04 - juris Rn. 3 - NZM 2004, 699 und LG Berlin v. 05.02.2004 - 62 S 336/03 - juris Rn. 7 - ZMR 2004, 516-517.
[342] Vgl. hierzu LG Berlin v. 22.09.2005 - 67 T 131/05 - juris Rn. 5 - ZMR 2006, 209-210.
[343] LG Mannheim v. 23.02.2004 - 4 T 289/03 - juris Rn. 14 - NZM 2004, 255-256 sowie AG Dortmund v. 05.12.2003 - 125 C 10656/03 - ZMR 2004, 115-119.
[344] BGH v. 12.05.2010 - VIII ZR 96/09 - juris Rn. 29 - NSW BGB § 569 (BGH intern).
[345] BGH v. 22.12.2003 - VIII ZB 94/03 - juris Rn. 15 - EBE/BGH 2004, 53-54 unter Verweis auf AG Dortmund v. 01.04.2003 - 125 C 239/03 - NJW-RR 2003, 1095-1096; LG Dortmund v. 04.03.2004 - 1 T 104/03 - juris Rn. 12 - WuM 2004, 205-206 sowie LG Dortmund v. 05.01.2004 - 1 T 53/03 - juris Rn. 5 - NJW-RR 2004, 522-523.
[346] BGH v. 12.05.2010 - VIII ZR 96/09 - juris Rn. 37 - NSW BGB § 569 (BGH intern).
[347] BGH v. 12.05.2010 - VIII ZR 96/09 - juris Rn. 30 und 32 - NSW BGB § 569 (BGH intern).

gungsgegner nicht über die nötigen Informationen zu bestimmten Zahlungsvorgängen verfügt, während der kündigende Vermieter die benötigten Informationen unter Berücksichtigung der beiderseitigen Treuepflichten (§ 242 BGB) mit zumutbarem Aufwand geben kann.[348] Eine solche unklare Lage besteht aber nicht schon bei einem Streit über Berechtigung und Höhe einer vom Mieter vorgenommenen Minderung; denn schon anhand von in der Kündigung monatsweise aufgelisteten Zahlungsrückständen kann der Mieter erkennen, in welcher Höhe der Vermieter jeweils Zahlungseingänge auf die geschuldeten Mieten verbucht hat, und durch einfachen Abgleich mit den erbrachten Zahlungen weiter ermitteln, ob und in welcher Höhe aus Sicht des Vermieters Erfüllung eingetreten ist, insbesondere ob dieser auf Mängelrügen ganz oder zumindest teilweise eingegangen ist.[349] Da die Grenze zwischen „einfachen" und „schwierigen" Sachverhalten oftmals fließend ist und sich die Einordnung des jeweiligen Falles durch das Gericht bei einer streitigen Entscheidung im Grenzbereich kaum vorhersehen lässt[350], sollte zur Meidung unliebsamer Überraschungen **im Zweifel** eine nachvollziehbare Darstellung des Rückstands im Einzelnen in das Kündigungsschreiben aufgenommen werden.[351] Hat der Vermieter eine konkrete Darstellung über die seiner Auffassung nach zutreffende Berechnung des Rückstandes gegeben, fehlt es auch dann nicht an einer ausreichenden Begründung der Kündigung, wenn sich die Berechnung – beispielsweise wegen unklarer Tilgungsbestimmungen durch den Mieter (§§ 366, 367 BGB) – später, insbesondere im Rechtsstreit, **als falsch erweist**[352]; gegebenenfalls ist die Kündigung dann jedoch unbegründet, wenn bei richtiger Berechnung kein hinreichender Zahlungsverzug vorlag. Im Hinblick auf Sinn und Zweck des Begründungserfordernisses wird es an einer wirksamen Kündigung allerdings dann fehlen, wenn zwar zu einem vor dem **vom Vermieter** für die Rückstandsberechnung **gewählten Stichtag** liegenden Zeitpunkt ein Kündigungsrecht entstanden war, sich der Mieter aber zu dem vom Vermieter im Kündigungsschreiben genannten Moment seiner letzten Zahlung nicht mehr mit einem zur Kündigung berechtigenden Betrag im Verzug befand.[353]

212 Bei einer außerordentlichen fristlosen Kündigung **wegen wiederholter unpünktlicher Zahlung** der Miete muss der Vermieter in der Regel die Zahlungseingänge der maßgeblichen vergangenen Monate aufführen, damit der Mieter weiß, von welchem Sachverhalt der Vermieter ausgeht.[354] Handelt es sich allerdings um einen einfachen Sachverhalt – beispielsweise weil nur ein überschaubarer Zeitraum betroffen ist – und stehen die Daten der Zahlungseingänge – insbesondere die verspätete Leistung durch den Mieter – zwischen den Parteien nicht im Streit, sind nur geringe Anforderungen an die Begründung der Kündigung zu stellen, da der Mieter dann ohnehin in der Lage ist, alles zur Wahrung seiner Interessen Erforderliche zu veranlassen.[355]

213 Bei einer Kündigung, die die Feststellung der **Unzumutbarkeit der Fortsetzung des Mietverhältnisses** voraussetzt, müssen Ausführungen zu den wesentlichen Gesichtspunkten, die nach Auffassung des Kündigenden im Rahmen der Interessenabwägung zu berücksichtigen sein sollen, vorhanden sein.[356] Dies gilt auch für eine Kündigung wegen gesundheitsgefährdender Beschaffenheit der Mietsache gemäß § 569 Abs. 1 BGB.[357] Wenn der Kündigungsempfänger den Kündigungsgrund selbst gesetzt hat

---

[348] BGH v. 12.05.2010 - VIII ZR 96/09 - juris Rn. 30 - NSW BGB § 569 (BGH intern); *Blank* in: Blank/Börstinghaus, Miete, 3. Aufl. 2008, § 569 Rn. 101; *Flatow*, NZM 2004, 281-289, 287; a.A. noch LG Berlin v. 24.01.2006 - 64 S 379/05 - juris Rn. 14 - Grundeigentum 2006, 782-783.
[349] BGH v. 12.05.2010 - VIII ZR 96/09 - juris Rn. 39 - NSW BGB § 569 (BGH intern).
[350] *Börstinghaus*, LMK 2004, 57-58, 57 und *Flatow*, NZM 2004, 281-289, 287.
[351] *Flatow*, NZM 2004, 281-289, 287; *Gahn* in: Schmid, Fachanwaltskommentar Mietrecht, 3. Aufl. 2012, § 569 Rn. 25 und *Weidenkaff* in: Palandt, § 569 Rn. 24.
[352] BGH v. 12.05.2010 - VIII ZR 96/09 - juris Rn. 38 - NSW BGB § 569 (BGH intern); LG Berlin v. 24.01.2006 - 64 S 379/05 - juris Rn. 14 - Grundeigentum 2006, 782-783; LG Berlin v. 21.01.2003 - 65 T 102/02 - juris Rn. 3 - NJW 2003, 3063-3064; *Flatow*, NZM 2004, 281-289, 287 und *Gellwitzki*, WuM 2003, 612-617, 615.
[353] LG Duisburg v. 24.03.2006 - 13 T 28/06 - juris Rn. 8 - WuM 2006, 257-258.
[354] BGH v. 11.01.2006 - VIII ZR 364/04 - juris Rn. 21 - EBE/BGH 2006, 110-112.
[355] BGH v. 11.01.2006 - VIII ZR 364/04 - juris Rn. 21 - EBE/BGH 2006, 110-112.
[356] *Kinne* in: Kinne/Schach/Bieber, Miet- und Mietprozessrecht, 6. Aufl. 2011, § 569 Rn. 27.
[357] BGH v. 22.06.2005 - VIII ZR 326/04 - juris Rn. 22 - WuM 2005, 584-585.

und daher über eigene Kenntnis verfügt, sind die Anforderungen an die Begründung allerdings geringer.[358]

Die Angabe des Kündigungsgrundes ist **Wirksamkeitsvoraussetzung**. Fehlt sie, ist die Kündigung gemäß § 125 Satz 1 BGB unwirksam.[359] Da die Angabe des Kündigungsgrundes aber **keine Nebenpflicht des Vermieters** gegenüber dem Mieter ist, sondern eine Obliegenheit, die der Vermieter im eigenen Interesse zur Vermeidung von Rechtsnachteilen zu beachten hat (vgl. Rn. 203), ist die rechtliche Beurteilung, ob eine vom Vermieter ausgesprochene Kündigung dem gesetzlichen Begründungserfordernis genügt, dem eigenen Risikobereich des Mieters zuzuordnen. **Anwaltskosten**, die dem **Mieter** insoweit – außerhalb eines gerichtlichen Prozesses – durch die Inanspruchnahme anwaltlicher Hilfe zur Wahrnehmung seiner Interessen entstehen, sind deshalb grundsätzlich nicht erstattungsfähig.[360] Zum Schadensersatz bei einer materiell unberechtigten Kündigung vgl. die Kommentierung zu § 573 BGB Rn. 30 ff. Der **Vermieter** kann seinerseits Anwaltskosten für ein Kündigungsschreiben nur ersetzt verlangen, wenn sie zur Wahrung und Durchsetzung seiner Rechte erforderlich und zweckmäßig waren. So macht bei einer auf Zahlungsverzug gestützten Kündigung eines gewerblichen Großvermieters der Begründungszwang die Beauftragung eines Rechtsanwalts nicht erforderlich, da es – selbst wenn es sich nicht um eine klare und einfache Sachlage handelt – zur Wirksamkeit der Kündigung genügt, dass der Mieter anhand der Begründung des Kündigungsschreibens erkennen kann, von welchem Mietrückstand der Vermieter ausgeht und dass er diesen Rückstand als gesetzlichen Grund für die fristlose Kündigung wegen Zahlungsverzugs heranzieht.[361]

214

Das geschilderte Begründungserfordernis ergreift – selbstverständlich – auch Kündigungen, die im Rahmen **prozessualer Schriftsätze** abgegeben werden (vgl. hierzu die Kommentierung zu § 568 BGB Rn. 32 ff.).[362]

215

5. Im Kündigungsschreiben

Der zur Kündigung führende wichtige Grund ist **im Kündigungsschreiben** nach § 568 Abs. 1 BGB anzugeben. Bei einer Kündigung wegen Zahlungsverzuges genügt die **Bezugnahme** auf einen anliegenden (Miet-)Kontoauszug, sofern dieser selbst inhaltlich hinreichend ist (str.).[363] Das bloße Beifügen einer Anlage, in der die Rückstände enthalten sind, die aber weder im Kündigungsschreiben in Bezug genommen noch mit diesem fest verbunden ist, genügt dem Schriftformerfordernis dagegen nicht.[364]

216

Vorangegangene mündliche oder auch schriftliche **Erklärungen** reichen aus den vorgenannten Gründen ebenfalls grundsätzlich nicht aus.[365] Eine **Ausnahme** ist allerdings dann zu machen, wenn bei einer erneuten Kündigung eine Bezugnahme auf eine frühere Kündigung erfolgt, die erneute Kündigung auf die mit der zuvor erfolgten Kündigung bereits bekannt gegebenen Gründe gestützt wird und damit der erneuten Kündigung auch ohne wörtliche Wiederholung der in der früheren Kündigung aufgeführ-

217

---

[358] *Kellendorfer* in: Müller/Walther, Miet- und Pachtrecht, § 569 Rn. 69 und *Gahn* in: Schmid, Fachanwaltskommentar Mietrecht, 3. Aufl. 2012, § 569 Rn. 23.

[359] BGH v. 04.02.2009 - VIII ZR 66/08 - juris Rn. 16 - NSW BGB § 569 (BGH-intern); BGH v. 22.06.2005 - VIII ZR 326/04 - juris Rn. 22 - WuM 2005, 584-585; BGH v. 22.12.2003 - VIII ZB 94/03 - juris Rn. 12 - NJW 2004, 850-851; *Emmerich* in: Staudinger, § 569 Rn. 65; *Blank* in: Blank/Börstinghaus, Miete, 3. Aufl. 2008, § 569 Rn. 106; *Weidenkaff* in: Palandt, § 569 Rn. 23 sowie *Haas*, Das neue Mietrecht, 2001, § 569 Rn. 5.

[360] BGH v. 15.12.2010 - VIII ZR 9/10 - juris Rn. 11 - NSW BGB § 280 (BGH-intern).

[361] BGH v. 06.10.2010 - VIII ZR 271/09 - juris Rn. 10 - NSW BGB § 543 (BGH-intern).

[362] LG Dortmund v. 04.03.2004 - 1 T 104/03 - juris Rn. 12 - WuM 2004, 205-206 und LG Dortmund v. 05.01.2004 - 1 T 53/03 - juris Rn. 5 - WuM 2004, 99.

[363] LG Berlin v. 18.08.2003 - 67 S 86/03 - juris Rn. 9 - WuM 2003, 628-629; a.A. AG Dortmund v. 05.12.2003 - 125 C 10656/03 - Grundeigentum 2004, 52-53.

[364] LG Mannheim v. 23.02.2004 - 4 T 289/03 - juris Rn. 14 - NZM 2004, 255-256 sowie AG Dortmund v. 05.12.2003 - 125 C 10656/03 - ZMR 2004, 115-119.

[365] LG Stuttgart v. 07.06.2006 - 19 T 33/06 - juris Rn. 8 - WuM 2006, 523-524 und – zu § 564b BGB a.F. – BayObLG München v. 14.07.1981 - Allg Reg 32/81 - juris Rn. 27 - NJW 1981, 2197-2201.

ten Gründe eindeutig zu entnehmen ist, welche Kündigungsgründe für die erneute Kündigung maßgeblich sein sollen.³⁶⁶ Es wäre eine leere Förmelei, von einem Vermieter in derartigen Fällen zu verlangen, die in der vorangegangenen Kündigung dargelegten Kündigungsgründe nochmals in der neuen Kündigung zu wiederholen; erst recht gilt dies, wenn das vorangegangene Kündigungsschreiben der neuen Kündigung nochmals beigefügt ist.³⁶⁷ Entsprechendes soll nach dem Bundesgerichtshof für den Fall gelten, dass dem Mieter bestimmte für die Beurteilung einer Eigenbedarfskündigung bedeutsame Umstände – etwa die bisherige Wohnsituation der Eigenbedarfsperson – bereits bekannt sind.³⁶⁸ Erforderlich ist aber in jedem Fall eine klare und eindeutige, sprich konkrete Bezugnahme. Eine **generelle Bezugnahme**, beispielsweise auf „die bisherigen wechselseitigen Schreiben und die Rechtsstreitigkeiten vor dem Amtsgericht", genügt dagegen nicht, um dem Begründungserfordernis Rechnung zu tragen.³⁶⁹

218 Die **Heilung** einer infolge der Verletzung des Begründungserfordernisses unwirksamen Kündigung **durch** das **Nachschieben** anderer Kündigungsgründe ist nicht möglich; erforderlich ist vielmehr eine hierauf gestützte erneute Kündigung des Mietverhältnisses.³⁷⁰

219 Eine andere Frage ist es, ob im Rahmen einer wirksam begründeten Kündigung **weitere** – seien es bei deren Ausspruch bereits vorliegende oder seien es erst später entstandene – **Kündigungsgründe** im Räumungsrechtsstreit **nachgeschoben** werden können. Dafür spricht, dass eine § 573 Abs. 3 Satz 2 BGB entsprechende Regelung in § 569 BGB nicht vorhanden ist (**str.**).³⁷¹

6. Abdingbarkeit

220 Vgl. hierzu Rn. 223.

III. Anwendungsfelder

1. Übergangsrecht

221 Eine Übergangsregelung fehlt im **Mietrechtsreformgesetz** vom 19.06.2001³⁷². Gleichwohl ist die Regelung des § 569 Abs. 4 BGB **nicht auf vor dem 01.09.2001 ausgesprochene Kündigungen** anzuwenden.³⁷³ Zunächst spricht hier viel für ein Redaktionsversehen des Gesetzgebers, vgl. auch Rn. 229.³⁷⁴ Jedenfalls besteht eine ausfüllungsbedürftige Lücke, da ansonsten in verfassungsrechtlich

---

³⁶⁶ BGH v. 06.07.2011 - VIII ZR 317/10 - juris Rn. 10 - NSW BGB § 573 (BGH-intern); BGH v. 02.02.2011 - VIII ZR 74/10 - juris Rn. 14 - NSW BGB § 573 (BGH-intern); BVerfG v. 31.03.1992 - 1 BvR 1492/91 - juris Rn. 22 - NJW 1992, 1877-1878; BVerfG v. 10.07.1992 - 1 BvR 658/92 - juris Rn. 13 - NJW 1992, 2752 sowie LG Hamburg v. 09.10.1992 - 311 S 132/92 - juris Rn. 18 - NJW-RR 1993, 145-146; a.A. *Lammel*, Wohnraummietrecht, 3. Aufl. 2007, § 569 Rn. 55.

³⁶⁷ BGH v. 06.07.2011 - VIII ZR 317/10 - juris Rn. 10 - NSW BGB § 573 (BGH-intern) und BGH v. 02.02.2011 - VIII ZR 74/10 - juris Rn. 14 - NSW BGB § 573 (BGH-intern).

³⁶⁸ BGH v. 06.07.2011 - VIII ZR 317/10 - juris Rn. 10 - NSW BGB § 573 (BGH-intern); zu Recht einschränkend *Blank* in: jurisPR-MietR 18/2011 Anm. 3.

³⁶⁹ LG Itzehoe v. 12.10.2009 - 9 T 42/09 - juris Rn. 8 - ZMR 2010, 363-365 und *Blank* in: Schmidt-Futterer, Mietrecht, 10. Aufl. 2011, § 569 Rn. 83.

³⁷⁰ *Emmerich* in: Staudinger, § 569 Rn. 65; *Kellendorfer* in: Müller/Walther, Miet- und Pachtrecht, § 569 Rn. 71; *Lammel*, Wohnraummietrecht, 3. Aufl. 2007, § 569 Rn. 57 sowie *Weidenkaff* in: Palandt, § 569 Rn. 25.

³⁷¹ AG Berlin-Lichtenberg v. 20.01.2003 - 7 C 319/02 - juris Rn. 7 - NJW-RR 2003, 442-443; *Lammel*, Wohnraummietrecht, 3. Aufl. 2007, § 569 Rn. 57; *Häublein* in: MünchKomm-BGB, § 569 Rn. 37 und *Sternel*, ZMR 2002, 1-7, 4; einschränkend - jedenfalls für nachträglich entstandene Kündigungsgründe - *Emmerich* in: Staudinger, § 569 Rn. 66; a.A. LG Hildesheim v. 19.10.2001 - 7 S 173/01 - juris Rn. 7 - WuM 2007, 407; *Herrlein* in: Herrlein/Kandelhard, ZAP-Praxiskommentar Mietrecht, 4. Aufl. 2010, § 569 Rn. 39; *Wöstmann* in: Bamberger/Roth, § 569 Rn. 23 und *Blank* in: Schmidt-Futterer, Mietrecht, 10. Aufl. 2011, § 569 Rn. 76; offen gelassen, da nicht entscheidungserheblich, in BGH v. 04.02.2009 - VIII ZR 66/08 - juris Rn. 18 - NSW BGB § 569 (BGH-intern).

³⁷² BGBl I 2001, 1149.

³⁷³ *Emmerich* in: Staudinger, Bearbeitung 2003, § 569 Rn. 57.

³⁷⁴ So auch *Haas*, Das neue Mietrecht, 2001, § 569 Rn. 7.

unzulässiger Weise in abgeschlossene Sachverhalte eingegriffen würde.[375] Diese ist durch entsprechende Anwendung von Art. 229 § 3 Abs. 1 Nr. 1 EGBGB zu schließen.

2. Muster – Kündigung wegen Zahlungsverzuges („schwierige" Sachlage)

Sehr geehrter Herr [Mieter],

hiermit kündige ich den mit Ihnen am [Datum des Mietvertragsabschlusses] abgeschlossenen Mietvertrag über die Wohnung in der [...] - Straße in [...] fristlos wegen Zahlungsverzuges (§ 543 Abs. 2 Satz 1 Nr. 3 BGB).

Sie sind mit folgenden Zahlungen in Verzug:
- [Miete/Betriebskostenvorauszahlung für den Monat] € [Höhe des Rückstands]
- [Miete/Betriebskostenvorauszahlung für den Monat] € [Höhe des Rückstands]
- [...]Zahlungsverzug insgesamt € [Summe der Rückstände]

Die auf meinem Konto unter dem [...] eingegangene Zahlung in Höhe von € [...] habe ich auf die [konkrete Forderung, beispielsweise: Miete für Juni 2006 oder Betriebskostennachzahlung gemäß Abrechnung vom 01.06.2006] verrechnet.

- [im Fall der §§ 543 Abs. 2 Satz 1 Nr. 3 lit. a, 569 Abs. 3 Nr. 1 BGB]Sie befinden sich folglich für zwei aufeinander folgende Termine mit der Entrichtung eines Betrags, der die Miete für einen Monat übersteigt, in Verzug (§§ 543 Abs. 2 Satz 1 Nr. 3 lit. a, 569 Abs. 3 Nr. 1 BGB), da die jeweiligen Zahlungen spätestens zum dritten Werktag des Monats zu entrichten waren (§ 556b Abs. 1 BGB).
- [im Fall des § 543 Abs. 2 Satz 1 Nr. 3 lit. b BGB]Sie befinden sich folglich in einem Zeitraum, der sich über mehr als zwei Termine erstreckt, mit der Entrichtung der Miete in Höhe eines Betrags in Verzug, der die Miete für zwei Monate erreicht (§§ 543 Abs. 2 Satz 1 Nr. 3 lit. a, 569 Abs. 3 Nr. 1 BGB), da die jeweiligen Zahlungen spätestens zum dritten Werktag des Monats zu entrichten waren (§ 556b Abs. 1 BGB).

Ich bitte Sie daher, die gemieteten Räume bis zum [Datum] zu räumen und in vertragsgemäßem Zustand (vgl. § [...] des Mietvertrages) sowie einschließlich aller überlassenen Schlüssel an mich zurückzugeben. Erforderliche Schönheitsreparaturen (vgl. § [...] des Mietvertrages) sind ebenfalls bis zur Rückgabe durchzuführen; ansonsten werde ich diese auf Ihre Kosten durch einen von mir beauftragten Handwerker vornehmen lassen. Bis zur tatsächlichen Räumung haben Sie eine der vereinbarten Miete entsprechende Nutzungsentschädigung zu entrichten (§ 546a Abs. 1 BGB).

Einer stillschweigenden Verlängerung des Mietverhältnisses widerspreche ich schon jetzt ausdrücklich (§ 545 Satz 1 BGB).

Nach erfolglosem Verstreichen des Ihnen oben gesetzten Räumungstermins werde ich ohne weitere Ankündigung Klage erheben,

mit freundlichen Grüßen

[Vermieter]

E. Kommentierung zu Absatz 5

I. Grundlagen

1. Kurzcharakteristik

Die Vorschrift fasst die Beschränkungen für Parteivereinbarungen im Bereich der außerordentlichen fristlosen Kündigung von Wohnraummietverhältnissen zusammen.

---

[375] BVerfG v. 23.11.1999 - 1 BvF 1/94 - juris Rn. 97 - NJW 2000, 413-418 sowie *Weidenkaff* in: Palandt, § 569 Rn. 23.

§ 569

2. Gesetzgebungsgeschichte und -materialien

224 Zu § 569 BGB insgesamt vgl. Rn. 3. Durch das **Mietrechtsreformgesetz** vom 19.06.2001[376] wurden die zuvor in § 554 Abs. 2 Nr. 3 BGB a.F. (jetzt § 569 Abs. 5 Satz 1 BGB) und § 554b BGB a.F. (jetzt § 569 Abs. 5 Satz 2 BGB) enthaltenen Bestimmungen in § 569 Abs. 5 BGB zusammengefasst.

3. Regelungsprinzipien

225 Dadurch, dass die gesetzlichen Regelungen über die außerordentliche Kündigung im Wohnraummietrecht der Parteidisposition insoweit entzogen werden, als es um dem Mieter nachteilige Vereinbarungen geht, wird der **besonderen Schutzwürdigkeit der Wohnung** als Mittelpunkt der privaten Existenz des Einzelnen[377] Rechnung getragen und der Mieter davor geschützt, dass sich die regelmäßig vorhandene wirtschaftlich stärkere Verhandlungsposition des Vermieters insoweit niederschlägt.

II. Anwendungsvoraussetzungen

1. Absatz 5 Satz 1

a. Absatz 1, Absatz 2, Absatz 3

226 § 569 Abs. 5 Satz 1 BGB schließt zunächst **für den Mieter nachteilig** von § 569 Abs. 1, Abs. 2, Abs. 3 BGB abweichende Parteivereinbarungen aus. § 569 Abs. 1 BGB ist schon im Hinblick auf den mit der Vorschrift verfolgten Zweck zwingendes Recht, vgl. hierzu Rn. 4.

227 Darüber hinaus verbietet § 569 Abs. 5 Satz 1 BGB im Rahmen von Wohnraummietverhältnissen jegliche von den gesetzlichen Vorschriften über die **außerordentliche fristlose Kündigung** (§§ 543 Abs. 1-3, 569 BGB) zu Lasten des Mieters abweichende vertragliche Vereinbarung. Auch die gesetzlich zu Gunsten des Mieters vorgesehenen Heilungsmöglichkeiten nach § 569 Abs. 3 Nr. 2 BGB können nicht eingeschränkt werden.[378]

228 **Zu Gunsten des Mieters** sind dagegen abweichende Vereinbarungen zulässig.[379] Zu Lasten des Vermieters können somit insbesondere auch die Voraussetzungen für eine Kündigung wegen Zahlungsverzuges angehoben werden.[380]

b. Absatz 4

229 Auch der Begründungszwang für die außerordentliche fristlose Kündigung eines Wohnraummietverhältnisses ist, obwohl in § 569 Abs. 5 Satz 1 BGB nicht aufgeführt, **nicht abdingbar**.[381] Zunächst spricht vor dem Hintergrund des Gesetzgebungsverfahrens viel dafür, dass die unterbliebene Erwähnung in § 569 Abs. 5 Satz 1 BGB auf einem Redaktionsversehen beruht: Im ursprünglichen Regierungsentwurf war der Begründungszwang noch nicht vorgesehen, vielmehr enthielt Abs. 4 die nunmehr in § 569 Abs. 5 BGB befindlichen Regelungen über die Abdingbarkeit. § 569 Abs. 4 BGB mit der Verpflichtung zur Begründung der Kündigung wurde erst auf eine Stellungnahme des Bundesrates – dort noch Abs. 3a – aufgenommen, vgl. Rn. 202. Gegen eine Abdingbarkeit des Begründungserfordernisses spricht ferner sowohl das vom Gesetzgeber angestrebte Ziel, durch die Begründung unnötige

---

[376] BGBl I 2001, 1149.
[377] BVerfG v. 26.05.1993 - 1 BvR 208/93 - juris Rn. 21 - NJW 1993, 2035-2037.
[378] *Emmerich* in: Staudinger, § 569 Rn. 69.
[379] BGH v. 15.04.1987 - VIII ZR 126/86 - juris Rn. 32 - LM Nr. 18 zu § 554 BGB.
[380] BGH v. 25.03.1987 - VIII ZR 71/86 - juris Rn. 27 - LM Nr. 291 zu § 242 (Cd) BGB sowie BGH v. 21.06.1972 - VIII ZR 58/71 - juris Rn. 14 - LM Nr. 10 zu § 554 BGB.
[381] Eingehend befasst sich mit der Frage der Unabdingbarkeit des § 569 Abs. 4 BGB *Sternel* in: DMT-Bilanz 2011, 745-750.

c. Absatz 5

Sinn und Zweck der Vorschrift machen es darüber hinaus erforderlich **auch** § 569 Abs. 5 BGB **selbst** von der Abdingbarkeit durch Parteiabreden auszunehmen.[383]

230

2. Absatz 5 Satz 2
a. Wohnraummietverhältnis

Die Vorschrift findet gemäß § 549 Abs. 1 BGB **nur auf Wohnraummietverhältnisse** Anwendung. Dabei werden auch die Wohnräume erfasst, die ansonsten nach § 549 Abs. 2, Abs. 3 BGB vom Mieterschutz ausgenommen sind, vgl. hierzu die Kommentierung zu § 549 BGB.

231

Von der Verweisung des § 578 BGB für die Miete **anderer Räume** oder von **Grundstücke**n ist die Regelung dagegen nicht erfasst.

232

Bei einem Vertrag über „**betreutes Wohnen**", der sich als gemischter Vertrag aus Elementen des Miet-, Dienstvertrags- und Kaufrechts zusammensetzt und bei dem die mietrechtlichen Bestandteile nicht überwiegen, können die Parteien Kündigungsmöglichkeiten vereinbaren, die sich tatbestandlich an die Bestimmungen des Heimgesetzes anlehnen.[384]

233

b. Vereinbarung

Durch § 569 Abs. 5 Satz 2 BGB soll verhindert werden, dass der Vermieter insbesondere in **Formularmietverträgen** weitere Gründe festschreibt, die ihn zur außerordentlichen fristlosen Kündigung berechtigen.[385] Die Regelung steht aber gleichermaßen entsprechenden **Individualabreden** entgegen, sei es, dass sie im Mietvertrag enthalten sind, sei es, dass sie später isoliert getroffen wurden.[386]

234

c. Von weiteren Kündigungsgründen

Dem Wortlaut nach steht die Vorschrift lediglich Vereinbarungen über eine weitergehende als die gesetzliche Berechtigung zur Kündigung, d.h. zur Beendigung des Mietverhältnisses ex nunc durch einseitige Willenserklärung des Vermieters, entgegen.

235

Im Hinblick auf ihren Schutzzweck (vgl. hierzu Rn. 225) ist aber ferner ihre **entsprechende Anwendung** auf andere Sachverhalte angebracht, in denen sich der Vermieter das Recht ausbedingt, sich einseitig vom Vertrag lösen zu können, insbesondere wenn die Parteien Anfechtungsrechte außerhalb der gesetzlichen Voraussetzungen verabreden oder sonst eine vertragliche Herausgabpflicht vereinbart wird.[387] Ebenso ist einer Vereinbarung die Wirksamkeit zu versagen, wonach der Vermieter zunächst von der Durchsetzung eines bereits erwirkten Räumungstitels absieht, solange der Mieter seiner Verpflichtung zur Entrichtung des Mietzinses nachkommt, denn darin liegt letztlich eine Vereinbarung über die Fortsetzung des Mietverhältnisses, verbunden mit einer kündigungsunabhängigen Herausgabpflicht des Mieters bei Zahlungsverzug.[388] Die Unwirksamkeit einer Vereinbarung eines **Rück-**

236

---

[382] *Blank* in: Schmidt-Futterer, Mietrecht, 10. Aufl. 2011, § 569 Rn. 84; *Weidenkaff* in: Palandt, § 569 Rn. 4 und – ohne Begründung – *Gramlich* in: Gramlich, Mietrecht, 11. Aufl. 2011, § 569 Anm. 10; a.A. *Lützenkirchen* in: Lützenkirchen/Löfflad, Neue Mietrechtspraxis, 2001, Rn. 915 sowie – ohne über den Gesetzwortlaut hinausgehende Begründung – *Lammel*, Wohnraummietrecht, 3. Aufl. 2007, § 569 Rn. 56; vermittelnd – lediglich zu Lasten des Mieters nicht abdingbar – *Emmerich* in: Staudinger, § 569 Rn. 67.

[383] *Lammel*, Wohnraummietrecht, 3. Aufl. 2007, § 569 Rn. 58.

[384] BGH v. 21.04.2005 - III ZR 293/04 - juris Rn. 12 - NJW 2005, 2008-2010; auch eine Bindung des Servicevertrages an den Fortbestand des Mietvertrages im Rahmen eines betreuten Wohnens ist möglich, vgl. BGH v. 23.02.2006 - III ZR 167/05 - juris Rn. 14 - NJW 2006, 1276-1277.

[385] Vgl. hierzu auch LG München I v. 08.04.1993 - 7 O 15862/92 - WuM 1994, 370-374.

[386] AG Friedberg (Hessen) v. 16.01.1991 - C 1690/90 - juris Rn. 5 - WuM 1991, 686-687.

[387] *Blank* in: Schmidt-Futterer, Mietrecht, 10. Aufl. 2011, § 569 Rn. 90 und *Kellendorfer* in: Müller/Walther, Miet- und Pachtrecht, § 569 Rn. 74.

[388] LG Köln v. 18.04.1991 - 1 S 489/90 - juris Rn. 7 - WuM 1991, 673-674.

trittsrechts nach Überlassung des vermieteten Wohnraums ist nunmehr in § 572 Abs. 1 BGB eigenständig geregelt, vgl. hierzu die Kommentierung zu § 572 BGB.

237 Letztendlich lediglich dogmatische Bedeutung hat die Frage, ob die Vereinbarung dann wirksam ist, wenn sie sich inhaltlich **mit einer gesetzlichen Kündigungsbefugnis deckt** (str.).[389] Da der Vermieter im Rahmen einer wirksamen Kündigung ohnehin gehalten ist, die tatsächlichen Grundlagen seiner Kündigung mitzuteilen (vgl. hierzu Rn. 201) wirkt sich dies in der Rechtsfolge letztlich nicht aus. Ebenso ist der Streit darum, ob sich der Vorschrift der generelle Ausschluss einer Kündigung aus wichtigem Grund über die gesetzlichen Regelungen hinaus entnehmen lässt[390], durch die ausdrückliche Aufnahme der Generalklausel des § 543 Abs. 1 BGB im Rahmen der Mietrechtsreform vom 19.06.2001 hinfällig.

III. Rechtsfolge: Unwirksamkeit zugunsten des Vermieters vom Gesetz abweichender Regelungen

238 Durch § 569 Abs. 5 Satz 2 BGB sind nur die von den gesetzlichen Vorgaben zugunsten des Vermieters abweichenden Vereinbarungen betroffen. Dem Mieter vorteilhafte Abreden behalten dagegen ihre Gültigkeit. **Enthält eine vertragliche Vereinbarung sowohl den Mieter begünstigende als auch ihn belastende Elemente**, so ist sie nur hinsichtlich der letzteren unwirksam. Der Vermieter hingegen ist an die zu seinen Lasten getroffenen Abreden weiterhin gebunden.[391] Auch der **Mietvertrag im Übrigen** behält seine Geltung.

239 **Abdingbarkeit**: Vgl. hierzu Rn. 230.

IV. Anwendungsfelder – Übergangsrecht

240 Das **Mietrechtsreformgesetz** vom 19.06.2001[392] enthält **keine Übergangsvorschrift** zu § 569 Abs. 5 BGB. Dieser ist folglich ohne zeitliche Beschränkung anwendbar.

241 Zum Übergangsrecht betreffend § 569 Abs. 3 Nr. 2 BGB vgl. Rn. 200.

---

[389] Zutreffender Weise bejahend *Blank* in: Schmidt-Futterer, Mietrecht, 10. Aufl. 2011, § 569 Rn. 89; verneinend dagegen *Lammel*, Wohnraummietrecht, 3. Aufl. 2007, § 569 Rn. 65.
[390] LG Landau (Pfalz) v. 18.03.1986 - 1 S 4/86 - juris Rn. 9 - WuM 1986, 144-145.
[391] *Lammel*, Wohnraummietrecht, 3. Aufl. 2007, § 569 Rn. 66 sowie *Blank* in: Schmidt-Futterer, Mietrecht, 10. Aufl. 2011, § 569 Rn. 92.
[392] BGBl I 2001, 1149.

§ 570 BGB Ausschluss des Zurückbehaltungsrechts

(Fassung vom 02.01.2002, gültig ab 01.01.2002)

Dem Mieter steht kein Zurückbehaltungsrecht gegen den Rückgabeanspruch des Vermieters zu.

Gliederung

A. Grundlagen	1	II. Wohnraummietverhältnis	5
I. Kurzcharakteristik	1	III. Rückgabeanspruch des Vermieters nach § 546 Abs. 1 BGB	9
II. Gesetzgebungsgeschichte und -materialien	2		
III. Regelungsprinzipien	3	C. Ausschluss eines Zurückbehaltungsrechts des Mieters	12
B. Anwendungsvoraussetzungen	4		
I. Normstruktur	4	D. Anwendungsfelder	18

A. Grundlagen

I. Kurzcharakteristik

Die Vorschrift schließt die Geltendmachung von Zurückbehaltungsrechten des Mieters gegenüber dem Rückgabeanspruch des Vermieters im Rahmen der Wohnraummiete aus.   1

II. Gesetzgebungsgeschichte und -materialien

Die vormals in § 556 Abs. 2 BGB a.F. befindliche und seit In-Kraft-Treten des BGB vorhandene Regelung wurde durch das **Mietrechtsreformgesetz** vom 19.06.2001[1] inhaltlich unverändert übernommen. Infolge der Trennung vom vormals in § 556 Abs. 1 BGB a.F. enthaltenen Rückgabeanspruch des Vermieters musste der Wortlaut ergänzt werden, um klarzustellen, dass sich der Ausschluss nur auf diesen bezieht.[2]   2

III. Regelungsprinzipien

§ 570 BGB liegt der Gedanke zugrunde, dass ein dem Mieter hinsichtlich eventueller Gegenansprüche gewährtes Zurückbehaltungsrecht **regelmäßig außer Verhältnis** zum berechtigten Interesse des Vermieters an der Rückgabe der Mietsache nach Beendigung des Mietverhältnisses stehen würde und deshalb leicht dazu missbraucht werden könnte, ungerechtfertigte Ansprüche durchzusetzen.[3]   3

B. Anwendungsvoraussetzungen

I. Normstruktur

Normstruktur: 4
- Tatbestandsmerkmale:
  - Wohnraummietverhältnis,
  - Rückgabeanspruch des Vermieters nach § 546 Abs. 1 BGB.
- Rechtsfolge:
  - Ausschluss eines Zurückbehaltungsrechts des Mieters.

---

[1] BGBl I 2001, 1149.
[2] *Herrlein* in: Herrlein/Kandelhard, ZAP-Praxiskommentar Mietrecht, 3. Aufl. 2007, § 570 Rn. 1.
[3] RG v. 12.06.1914 - III 47/14 - RGZ 85, 133-138, 136; RG v. 26.03.1924 - III 814/23 - RGZ 108, 137-139, 138 sowie *Rolfs* in: Staudinger, § 570 Rn. 3.

II. Wohnraummietverhältnis

5 Die Bestimmung ist schon auf Grund ihrer systematischen Stellung unmittelbar nur auf die **Wohnraummiete** anwendbar. Zur Abgrenzung von anderen Mietverhältnissen vgl. die Kommentierung zu § 549 BGB.

6 § 570 BGB gilt grundsätzlich **nicht für Werkdienstwohnungen**, da hier die Überlassung des Wohnraums ihre Grundlage im Dienstvertrag und nicht in einem Mietverhältnis findet (**str.**).[4] Er greift allerdings auch für Werkdienstwohnungen ein, soweit nach § 576b BGB Mietrecht Anwendung findet (vgl. die Kommentierung zu § 576b BGB).[5]

7 Auf die Anmietung von **Grundstücken, andere**r **Räume**[6] (vgl. die Kommentierung zu § 578 BGB), und entsprechende **Pachtverhältnisse**[7] (vgl. hierzu die Kommentierung zu § 581 BGB) findet § 570 BGB entsprechende Anwendung. Für die **Landpacht** enthält § 596 Abs. 2 BGB eine entsprechende Regelung, vgl. die Kommentierung zu § 596 BGB.

8 Auf die **Miete beweglicher Sachen** ist § 570 BGB dagegen nicht anwendbar.

III. Rückgabeanspruch des Vermieters nach § 546 Abs. 1 BGB

9 Die Geltendmachung eines Zurückbehaltungsrechts des Mieters (§§ 273, 320 BGB) ist nur **gegenüber dem mietrechtlichen Rückgabeanspruch** des Vermieters nach § 546 Abs. 1 BGB ausgeschlossen, nicht aber gegenüber Herausgabeansprüchen, die sich aus anderen Rechtsgrundlagen, insbesondere im Falle der Nichtigkeit des Vertragsverhältnisses aus Eigentum (§ 985 BGB) oder Bereicherung (§ 812 BGB), ergeben.[8] Eine entsprechende Anwendung auf diese Herausgabeansprüche verbietet der Ausnahmecharakter der Vorschrift.[9]

10 Sofern dem **Vermieter als Eigentümer** nach Beendigung des Mietverhältnisses sowohl der mietvertragliche Rückgabeanspruch (§ 546 Abs. 1 BGB) wie auch ein dinglicher Herausgabeanspruch (§ 985 BGB) zustehen, greift § 570 BGB ein, da ansonsten der vermietende Eigentümer gegenüber dem Nichteigentümer entgegen Sinn und Zweck der Vorschrift (vgl. Rn. 3) benachteiligt würde. Der Mieter kann sich gegenüber dem Anspruch des vermietenden Eigentümers auch nicht auf ein **Recht zum Besitz** (§ 986 BGB) berufen.[10]

11 Der Ausschluss betrifft nur den mietrechtlichen Anspruch des Vermieters auf Besitzverschaffung nach Beendigung des Mietverhältnisses, nicht aber dessen Anspruch darauf, das Mietobjekt **in einen vertragsgemäßen Zustand zu versetzen**. Letzterem kann der Mieter ein Zurückbehaltungsrecht entgegenhalten.[11]

---

[4] BAG v. 24.01.1990 - 5 AZR 749/87 - juris Rn. 16 - DB 1991, 1839 und *Scheuer* in: Bub/Treier, Handbuch der Geschäfts- und Wohnraummiete, 3. Aufl. 1999, Teil V Rn. 25; a.A. wohl *Lammel*, Wohnraummietrecht, 3. Aufl. 2007, § 570 Rn. 1 und *Kellendorfer* in: Müller/Walther, Miet- und Pachtrecht, § 570 Rn. 2.

[5] *Streyl* in: Schmidt-Futterer, Mietrecht, 10. Aufl. 2011, § 570 Rn. 3 und *Stangl* in: Schmid, Fachanwaltskommentar Mietrecht, 3. Aufl. 2012, § 579 Rn. 1.

[6] OLG Düsseldorf v. 23.11.2007 - I-24 U 92/07, 24 U 92/07 - juris Rn. 4 - GuT 2008, 41.

[7] BGH v. 09.03.1960 - V ZR 168/58 - juris Rn. 15 - LM Nr. 1 zu § 556 BGB.

[8] OLG Brandenburg v. 15.02.2012 - 4 U 146/11 - juris Rn. 23; OLG Brandenburg v. 15.02.2012 - 4 U 146/11 - juris Rn. 23; OLG Düsseldorf v. 25.03.2003 - I-24 U 100/01 - juris Rn. 20 - WuM 2005, 194-199; BGH v. 22.10.1997 - XII ZR 142/95 - juris Rn. 17 - LM ApothG Nr. 8 (4/1998) sowie BGH v. 20.05.1964 - VIII ZR 56/63 - juris Rn. 18 - BGHZ 41, 341-350.

[9] RG v. 12.06.1914 - III 47/14 - RGZ 85, 133-138, 137 sowie *Scheuer* in: Bub/Treier, Handbuch der Geschäfts- und Wohnraummiete, 3. Aufl. 1999, Teil V Rn. 25.

[10] BGH v. 08.07.1998 - XII ZR 116/96 - juris Rn. 18 - LM BGB § 556 Nr. 24 (4/1999) sowie *Fittkau-Koch* in: Schmid, Miete und Mietprozess, 4. Aufl. 2004, Teil 17 Rn. 19.

[11] *Sternel*, Mietrecht, 3. Aufl. 1988, Teil IV Rn. 571.

C. Ausschluss eines Zurückbehaltungsrechts des Mieters

Der Ausschluss betrifft nur die gesetzlichen (§§ 273, 320 BGB), **nicht** aber **vertraglich vereinbarte Zurückbehaltungsrechte**, denn der Vermieter, der ein solches einvernehmlich einräumt und damit die gesetzlich vorgesehene Beschränkung abbedingt (vgl. Rn. 17), ist nicht schutzwürdig.[12] Dies betrifft insbesondere Vereinbarungen über eine Räumung Zug um Zug gegen eine „Umzugskostenbeihilfe" des Vermieters.[13]

Sofern der Vermieter von seinem Recht (§ 546 Abs. 2 BGB) Gebrauch macht, die vermietete Wohnung von einem Dritten zurückzufordern, dem der Mieter den Gebrauch überlassen hatte (**Untermieter**), so ist auch der Dritte mit eventuellen Zurückbehaltungsrechten gemäß § 570 BGB ausgeschlossen.[14]

Der Ausschluss erfasst die Geltendmachung eines Zurückbehaltungsrechtes hinsichtlich **sämtlicher Ansprüche des Mieters** gegenüber dem Vermieter, also insbesondere auch die mieterseitigen Ansprüche auf
- Rückzahlung der Kaution,[15]
- Aufwendungsersatz[16] und
- Schadensersatz wegen vorzeitiger Auflösung des Mietverhältnisses[17].

Der Ausschluss des Zurückbehaltungsrechts greift grundsätzlich **unabhängig von der Höhe** der Ansprüche des Mieters (**str.**).[18]

Stehen dem Mieter gegenüber dem Vermieter Schadensersatzansprüche auf Grund eines vorsätzlichen Verhaltens zu, so kann die Berufung auf den Ausschluss des Zurückbehaltungsrechts gegebenenfalls – insoweit ist auch die Höhe der Ansprüche des Mieters im Auge zu behalten – **rechtsmissbräuchlich** (§ 242 BGB) sein (h.M.).[19] Inwieweit ausnahmsweise auch ein grob fahrlässiges Verhalten des Vermieters unter dem Gesichtspunkt von Treu und Glauben geeignet ist, ihm die Berufung auf § 570 BGB abzuschneiden, kann nur im Einzelfall unter Berücksichtigung aller Umstände beurteilt werden; generell ausgeschlossen ist dies nach hier vertretener Auffassung nicht (**str.**).[20]

Abdingbarkeit: Der Ausschluss des Zurückbehaltungsrechts ist vertraglich abdingbar.[21]

D. Anwendungsfelder

Übergangsrecht: Das **Mietrechtsreformgesetz** vom 19.06.2001[22] enthält **keine Übergangsvorschrift** zu § 570 BGB. Dieser ist folglich ohne zeitliche Beschränkung anwendbar.

---

[12] *Scheuer* in: Bub/Treier, Handbuch der Geschäfts- und Wohnraummiete, 3. Aufl. 1999, Teil V Rn. 26.
[13] Insoweit a.A. *Lammel*, Wohnraummietrecht, 3. Aufl. 2007, § 570 Rn. 5.
[14] OLG Hamm v. 17.01.1992 - 30 U 36/91 - juris Rn. 48 - NJW-RR 1992, 783-785.
[15] *Kellendorfer* in: Müller/Walther, Miet- und Pachtrecht, § 570 Rn. 5.
[16] LG Wuppertal v. 30.01.1986 - 9 S 576/85 - juris Rn. 1 - WuM 1986, 316.
[17] RG v. 26.03.1924 - III 814/23 - RGZ 108, 137-139, 138.
[18] *Rolfs* in: Staudinger, § 570 Rn. 7 und *Kossmann*, Handbuch der Wohnraummiete, 6. Aufl. 2003, § 100 Rn. 2; a.A. *Kellendorfer* in: Müller/Walther, Miet- und Pachtrecht, § 570 Rn. 5.
[19] RG v. 30.03.1939 - IV 207/38 - RGZ 160, 88-92, 91 und *Weidenkaff* in: Palandt, § 570 Rn. 3; vgl. auch OLG Köln v. 08.04.1992 - 2 U 90/91 - juris Rn. 32 - NJW-RR 1992, 1162-1163 - Bestehen eines wirksamen Vorvertrags; a.A. *Lammel*, Wohnraummietrecht, 3. Aufl. 2007, § 570 Rn. 4.
[20] *Kossmann*, Handbuch der Wohnraummiete, 6. Aufl. 2003, § 100 Rn. 3 und *Sternel*, Mietrecht, 3. Aufl. 1988, Teil IV Rn. 571; zweifelnd *Rolfs* in: Staudinger, § 570 Rn. 7; stark einschränkend – nur in besonders gelagerten Einzelfällen – *Streyl* in: Schmidt-Futterer, Mietrecht, 10. Aufl. 2011, § 570 Rn. 7; ablehnend *Scheuer* in: Bub/Treier, Handbuch der Geschäfts- und Wohnraummiete, 3. Aufl. 1999, Teil V Rn. 26.
[21] OLG Düsseldorf v. 23.11.2007 - I-24 U 92/07, 24 U 92/07 - juris Rn. 4 - GuT 2008, 41 und – noch zur Vorgängerregelung – BGH v. 31.01.2003 - V ZR 333/01 - juris Rn. 9 - NJW 2003, 1317-1318; RG v. 30.03.1939 - IV 207/38 - RGZ 160, 88-92, 91; RG v. 24.11.1932 - VIII 331/32 - RGZ 139, 17-23, 19 sowie *Lützenkirchen* in: Lützenkirchen/Löfflad, Neue Mietrechtspraxis, 2001, Rn. 948.
[22] BGBl I 2001, 1149.

§ 571 BGB Weiterer Schadensersatz bei verspäteter Rückgabe von Wohnraum

(Fassung vom 02.01.2002, gültig ab 01.01.2002)

(1) ¹Gibt der Mieter den gemieteten Wohnraum nach Beendigung des Mietverhältnisses nicht zurück, so kann der Vermieter einen weiteren Schaden im Sinne des § 546a Abs. 2 nur geltend machen, wenn die Rückgabe infolge von Umständen unterblieben ist, die der Mieter zu vertreten hat. ²Der Schaden ist nur insoweit zu ersetzen, als die Billigkeit eine Schadloshaltung erfordert. ³Dies gilt nicht, wenn der Mieter gekündigt hat.

(2) Wird dem Mieter nach § 721 oder § 794a der Zivilprozessordnung eine Räumungsfrist gewährt, so ist er für die Zeit von der Beendigung des Mietverhältnisses bis zum Ablauf der Räumungsfrist zum Ersatz eines weiteren Schadens nicht verpflichtet.

(3) Eine zum Nachteil des Mieters abweichende Vereinbarung ist unwirksam.

Gliederung

A. Kommentierung zu Absatz 1	1
I. Grundlagen	1
1. Kurzcharakteristik	1
2. Gesetzgebungsgeschichte und -materialien	2
3. Regelungsprinzipien	3
II. Anwendungsvoraussetzungen	4
1. Normstruktur	4
2. Wohnraummietverhältnis	5
3. Beendigung des Mietverhältnisses	8
4. Vorenthalten der Wohnung durch den Mieter	9
5. Vertretenmüssen des Mieters	10
III. Rechtsfolge: Beschränkung des nach § 546a Abs. 2 BGB ersatzfähigen weiteren Schadens	16
IV. Prozessuale Hinweise/Verfahrenshinweise	24
V. Anwendungsfelder – Übergangsrecht	27
B. Kommentierung zu Absatz 2	28
I. Grundlagen	28
1. Kurzcharakteristik	28
2. Gesetzgebungsgeschichte und -materialien	29
3. Regelungsprinzipien	30
II. Anwendungsvoraussetzungen	31
1. Normstruktur	31
2. Wohnraummietverhältnis	32
3. Beendigung des Mietverhältnisses	33
4. Vorenthalten der Wohnung durch den Mieter	35
5. Vertretenmüssen des Mieters	36
6. Gewährung einer Räumungsfrist nach den §§ 721, 794a ZPO	37
III. Rechtsfolge: Wegfall der Verpflichtung zu weiterem Schadensersatz nach § 546a Abs. 2 BGB im Zeitraum zwischen Beendigung des Mietverhältnisses und Ablauf der Räumungsfrist	40
IV. Prozessuale Hinweise/Verfahrenshinweise	49
V. Anwendungsfelder – Übergangsrecht	50
C. Kommentierung zu Absatz 3	51
I. Grundlagen	51
1. Kurzcharakteristik	51
2. Gesetzgebungsgeschichte und -materialien	52
II. Unwirksamkeit zum Nachteil des Mieters von Absatz 1 und 2 abweichender Vereinbarungen	53
III. Anwendungsfelder – Übergangsrecht	57

A. Kommentierung zu Absatz 1

I. Grundlagen

1. Kurzcharakteristik

1 Die Vorschrift ergänzt die allgemeinen mietrechtlichen Regelungen über den Schadensersatz bei verspäteter Rückgabe der Mietsache (§ 546a Abs. 2 BGB) für den Bereich der Wohnraummiete.

2. Gesetzgebungsgeschichte und -materialien

2 Die vormals in § 557 Abs. 2 BGB a.F. befindliche Regelung wurde durch das **Mietrechtsreformgesetz** vom 19.06.2001[1] inhaltlich unverändert übernommen. Infolge der redaktionellen Trennung von den Regelungen über die Entschädigungsansprüche des Vermieters in § 546a BGB (vormals § 557 Abs. 1 BGB a.F.) wurden allerdings sprachliche Anpassungen notwendig.

---

[1] BGBl I 2001, 1149.

3. Regelungsprinzipien

Die ausdrückliche Beschränkung weiterer Schadensersatzansprüche nach Beendigung des Mietverhältnisses – neben der Nutzungsentschädigung nach § 546a Abs. 1 BGB – soll es dem Mieter ermöglichen, berechtigte Einwände gegen die anstehende Räumung erheben zu können, insbesondere eine Fortsetzung des Mietverhältnisses nach § 574 BGB zu verlangen, ohne hiervon durch eventuell drohende, verschuldensunabhängige hohe Schadensersatzansprüche abgehalten zu werden.[2]

II. Anwendungsvoraussetzungen

1. Normstruktur

Normstruktur:
- Tatbestandsmerkmale:
  - Wohnraummietverhältnis,
  - Beendigung des Mietverhältnisses,
  - Vorenthalten der Wohnung durch den Mieter,
  - Vertretenmüssen des Mieters.
- Rechtsfolge:
  - Beschränkung des nach § 546a Abs. 2 BGB ersatzfähigen weiteren Schadens des Vermieters auf die der Billigkeit nach erforderliche Schadloshaltung.
- Ausnahme:
  - Beendigung des Mietverhältnisses durch mieterseitige Kündigung.

2. Wohnraummietverhältnis

Die Bestimmung ist schon auf Grund ihrer systematischen Stellung unmittelbar nur auf die **Wohnraummiete** anwendbar. Zur Abgrenzung von anderen Mietverhältnissen vgl. die Kommentierung zu § 549 BGB.

Es sind **sämtliche Wohnraummietverhältnisse** erfasst, unabhängig von dem ihnen gewährten Bestandsschutz, also auch solche nach den §§ 549 Abs. 2, 3, 575 BGB, vgl. hierzu die Kommentierung zu § 549 BGB und die Kommentierung zu § 575 BGB.

Auf die Anmietung **anderer Räume** (§ 578 Abs. 2 BGB) oder von **Grundstücke**n (§ 578 Abs. 1 BGB) findet § 571 Abs. 1 BGB keine Anwendung, ebenso wenig auf die **Miete beweglicher Sachen**.

3. Beendigung des Mietverhältnisses

Aus welchem Grund die Beendigung eingetreten ist – wie auch im Rahmen der §§ 546, 546a BGB – grundsätzlich unbeachtlich. Eine Ausnahme gilt nur, soweit die Beendigung auf eine Kündigung des Mieters zurückgeht; dann findet § 571 Abs. 1 Satz 2 BGB keine Anwendung, vgl. Rn. 20.

4. Vorenthalten der Wohnung durch den Mieter

Vgl. hierzu die Kommentierung zu § 546a BGB.

5. Vertretenmüssen des Mieters

Soweit § 571 Abs. 1 Satz 1 BGB bestimmt, dass der Mieter nur dann zum Ersatz eines weiteren Schadens neben der Nutzungsentschädigung verpflichtet ist, wenn er das Unterbleiben der Rückgabe der Mietsache **zu vertreten** hat, und damit die Haftung **dem Grunde nach begrenzt**, hat dies im Wesentlichen klarstellende Bedeutung.[3] Auch nach der Schuldrechtsreform ist ein Vertretenmüssen ohnehin grundsätzlich Voraussetzung für Schadensersatzansprüche aller Art (vgl. u.a. die §§ 280 Abs. 1 Satz 2,

---

[2] *Herrlein* in: Herrlein/Kandelhard, ZAP-Praxiskommentar Mietrecht, 4. Aufl. 2010, § 571 Rn. 2 und *Lammel*, Wohnraummietrecht, 3. Aufl. 2007, § 571 Rn. 2.

[3] *Rolfs* in: Staudinger, § 571 Rn. 5 sowie *Kinne* in: Kinne/Schach/Bieber, Miet- und Mietprozessrecht, 6. Aufl. 2011, § 571 Rn. 2.

§ 571

286 Abs. 4 BGB).[4] Ebenso trifft den Mieter schon nach allgemeinen Grundsätzen die Darlegungs- und Beweislast dafür, dass er die verspätete Rückgabe nicht zu vertreten hat.[5] Eigenständige rechtliche Auswirkungen hat § 571 Abs. 1 Satz 1 BGB daher nur insoweit, als er in Verbindung mit § 571 Abs. 3 BGB **anderweitige Vereinbarungen** der Parteien ausschließt,[6] vgl. hierzu Rn. 51.

11 Was der Mieter zu vertreten hat, ergibt sich aus den §§ 276, 278 BGB. Der Mieter hat die unterbliebene Rückgabe regelmäßig **nicht zu vertreten**, wenn eine Härtesituation im Sinne von § 574 BGB gegeben ist (vgl. hierzu die Kommentierung zu § 574 BGB Rn. 1 sowie die Kommentierung zu § 574 BGB Rn. 47) oder Umstände vorliegen, die die Gewährung einer gerichtlichen Räumungsfrist (§ 721 ZPO) oder von Vollstreckungsschutz nach § 765a ZPO rechtfertigen würden.[7] Dies trifft insbesondere zu, wenn trotz nachhaltiger Bemühungen **kein angemessener Ersatzwohnraum** zu zumutbaren finanziellen Bedingungen zur Verfügung steht. Ebenso fehlt ein Verschulden, wenn dem Mieter auf Grund eigener **Krankheit** oder der Erkrankung einer mit ihm in der Wohnung lebenden Person ein Umzug nicht zumutbar ist.[8]

12 Sofern der Mieter sein fehlendes Verschulden mit einer Härte im Sinne von § 574 BGB begründet, müssen allerdings **auch die Formalien eines Widerspruches erfüllt** oder zumindest noch erfüllbar sein, insbesondere darf die Widerspruchsfrist des § 574b Abs. 2 BGB nicht ohne Erhebung des Widerspruchs verstrichen sein, denn nur so ist ein Gleichlauf von Sozialklausel und fehlendem Verschulden wegen unterbliebener Rückgabe zu erreichen (**str.**).[9] Die hier vertretene Auslegung korrespondiert mit Sinn und Zweck der Norm, durch die verhindert werden soll, dass der Mieter aus Angst vor Schadensersatzansprüchen darauf verzichtet, eine Fortsetzung des Mietverhältnisses zu verlangen.[10] Gleiches gilt daher, wenn Gründe vorliegen, die materiell die Gewährung einer Räumungsfrist nach § 721 ZPO oder § 794a ZPO rechtfertigen würden, aber ein entsprechender Antrag vom Mieter nicht fristgerecht (§§ 721 Abs. 1 Satz 2, Abs. 2 Satz 1, § 794a Abs. 1 Satz 2 ZPO) gestellt worden ist (**str.**).[11]

13 Auch ein **(Rechts-)Irrtum** des Mieters, insbesondere über die Wirksamkeit der vom Vermieter ausgesprochenen Kündigung oder die Rechtmäßigkeit der begehrten Räumung,[12] kann ausnahmsweise das Verschulden entfallen lassen, wenn der Mieter rechtskundig beraten eine Rechtsansicht vertritt, die sich in Einklang mit Rechtsprechung und Schrifttum befindet, und er nicht mit einer abweichenden Beurteilung durch das Gericht rechnen muss[13]. Letzteres kann beispielsweise der Fall sein, wenn sich ein nach Lage der Dinge Erfolg versprechendes Verlangen auf Fortsetzung des Mietverhältnisses erst im Prozess als unbegründet erweist.[14]

14 Ein fehlendes Verschulden kann sich ferner aus Umständen außerhalb des Anwendungsbereiches des § 574 BGB ergeben, beispielsweise einer **Stundung**, die auch in der vermieterseitigen Bewilligung einer Räumungsfrist liegen kann.[15] Insoweit ist allerdings Vorsicht geboten und durch Auslegung zu ermitteln, ob dem Mieter tatsächlich die Rückgabe der Mietsache bis zum Ablauf der Frist gestundet

---

[4] *Medicus* in: Haas/Medicus/Rolland u.a., Das neue Schuldrecht, 2002, Teil 3 Rn. 136.
[5] *Rolfs* in: Staudinger, § 571 Rn. 5.
[6] *Wöstmann* in: Bamberger/Roth, § 571 Rn. 5 und *Rolfs* in: Staudinger, § 571 Rn. 5.
[7] LG Hamburg v. 15.02.1996 - 333 S 117/95 - juris Rn. 2 - WuM 1996, 341.
[8] *Scheuer* in: Bub/Treier, Handbuch der Geschäfts- und Wohnraummiete, 3. Aufl. 1999, Teil V Rn. 132 und 136.
[9] *Kinne* in: Kinne/Schach/Bieber, Miet- und Mietprozessrecht, 6. Aufl. 2011, § 571 Rn. 2; *Lammel*, Wohnraummietrecht, 3. Aufl. 2007, § 571 Rn. 6; *Häublein* in: MünchKomm-BGB, § 571 Rn. 6 und – im Ergebnis weitgehend ebenso – *Streyl* in: Schmidt-Futterer, Mietrecht, 10. Aufl. 2011, § 571 Rn. 9; a.A. *Weidenkaff* in: Palandt, § 571 Rn. 3; *Rolfs* in: Staudinger, § 571 Rn. 6; *Kellendorfer* in: Müller/Walther, Miet- und Pachtrecht, § 571 Rn. 5; *Wöstmann* in: Bamberger/Roth, § 571 Rn. 5 und *Scheuer* in: Bub/Treier, Handbuch der Geschäfts- und Wohnraummiete, 3. Aufl. 1999, Teil V Rn. 139.
[10] *Herrlein/Schneider* in: Herrlein/Kandelhard, ZAP-Praxiskommentar Mietrecht, 4. Aufl. 2010, § 571 Rn. 2.
[11] A.A. *Blank* in: Blank/Börstinghaus, Miete, 3. Aufl. 2008, § 571, Rn. 3 und Bub/Treier *Scheuer* in: Bub/Treier, Handbuch der Geschäfts- und Wohnraummiete, 3. Aufl. 1999, Teil V Rn. 138.
[12] AG Schwäbisch Gmünd v. 18.04.1991 - 7 C 158/91 - 16 - juris Rn. 5 - WuM 1991, 347-348.
[13] LG Duisburg v. 27.02.1996 - 23 (7) S 270/95 - juris Rn. 45 - NJW-RR 1996, 718-719.
[14] *Rolfs* in: Staudinger, § 571 Rn. 8 und *Streyl* in: Schmidt-Futterer, Mietrecht, 10. Aufl. 2011, § 571 Rn. 9.
[15] BGH v. 29.04.1987 - VIII ZR 258/86 - juris Rn. 33 - LM Nr. 36 zu § 157 (Ge) BGB.

wird – wodurch die Fälligkeit und damit der Verzug des Mieters entfällt – oder ob der Vermieter nicht nur für die Dauer der Räumungsfrist auf die zwangsweise Durchsetzung seines Räumungsanspruches verzichtet, was einen eventuellen Anspruch auf Verzugsschaden unberührt lässt.[16]

Schließlich kann das Verschulden auch **nur für einen Teil der Dauer der Vorenthaltung** vorliegen, im Übrigen aber fehlen.[17]

III. Rechtsfolge: Beschränkung des nach § 546a Abs. 2 BGB ersatzfähigen weiteren Schadens

§ 571 Abs. 1 BGB stellt keine eigenständige Regelung dar, sondern kommt nur zur Anwendung, wenn der Vermieter einen unter § 546a Abs. 2 BGB fallenden Schadensersatzanspruch geltend macht, vgl. daher zunächst die Kommentierung zu § 546a BGB.

§ 571 Abs. 1 BGB erfasst als Ergänzung von § 546a Abs. 2 BGB **nur Schadensersatzansprüche wegen verspäteter Rückgabe**, nicht dagegen den Ersatz von Schäden, die keine unmittelbare Folge der Vorenthaltung der Mietsache sind, insbesondere solche wegen Mietausfalls auf Grund unterlassener Schönheitsreparaturen oder Beschädigungen der Mietsache.[18] Dies folgt schon aus dem Zweck der Norm, die nur verhindern soll, dass der Mieter aus Angst vor Schadensersatzansprüchen wegen Vorenthaltung der Mietsache davon Abstand nimmt, eine Verlängerung des Mietverhältnisses anzustreben, vgl. Schutzzweck (vgl. Rn. 3).

Hat der Mieter die unterbliebene Rückgabe zu vertreten und haftet folglich dem Grunde nach, ist im Rahmen eines Wohnraummietverhältnisses seine Haftung gemäß § 571 Abs. 1 Satz 2 BGB **der Höhe nach** auf das **begrenzt**, was eine billige Schadloshaltung erfordert. Ob und in welchem Umfang ein Schadensersatz des Mieters der **Billigkeit** entspricht, ist durch eine Abwägung sämtlicher Umstände des Einzelfalls festzustellen. Dabei sind insbesondere Art und Umfang des Verschuldens des Mieters, die Vorhersehbarkeit und Höhe des Schadens sowie die Vermögensverhältnisse der Parteien zu berücksichtigen. Insoweit kann sich auch ein zwar zu vertretender, aber nur einen geringen Verschuldensvorwurf rechtfertigender (Rechts-)Irrtum des Mieters über die Wirksamkeit der Kündigung oder der Verpflichtung zur Räumung zu seinen Gunsten auswirken.[19] Die Abwägung kann gegebenenfalls sogar **zum gänzlichen Ausschluss** der Schadensersatzpflicht des Mieters führen.[20] Eine Herabsetzung des Schadensersatzanspruches kommt dagegen nicht in Betracht, wenn dem Mieter die Notwendigkeit einer fristgerechten Räumung schon zu Beginn des Mietverhältnisses bekannt war.[21]

Ein **Mitverschulden des Vermieters** ist bereits bei der Feststellung des Schadensersatzanspruchs als solches zu berücksichtigen (§ 254 BGB) und darf deshalb bei der Abwägung im Rahmen von § 571 Abs. 1 Satz 2 BGB nicht nochmals eingestellt werden.[22]

Ausnahme – Beendigung des Mietverhältnisses durch mieterseitige Kündigung: Endete das Wohnraummietverhältnis auf Grund einer Kündigung des Mieters, ist der Vermieter **nicht auf die Geltendmachung eines billigen Schadensersatzes beschränkt** (§ 571 Abs. 1 Satz 3 BGB), da der Mieter grundsätzlich durch die von ihm ausgehende Auflösung des Mietverhältnisses das Risiko einer rechtzeitigen Rückgabe der Mietsache übernommen hat.[23] Ob die Kündigung des Mieters auf Gründen aus

---

[16] BGH v. 29.04.1987 - VIII ZR 258/86 - juris Rn. 33 - LM Nr. 36 zu § 157 (Ge) BGB und *Fittkau-Koch* in: Schmid, Miete und Mietprozess, 4. Aufl. 2004, Teil 17 Rn. 46.
[17] *Weidenkaff* in: Palandt, § 571 Rn. 3.
[18] *Streyl* in: Schmidt-Futterer, Mietrecht, 10. Aufl. 2011, § 571 Rn. 5 sowie *Scheuer* in: Bub/Treier, Handbuch der Geschäfts- und Wohnraummiete, 3. Aufl. 1999, Teil V Rn. 131.
[19] Vgl. – noch weiter gehend – *Scheuer* in: Bub/Treier, Handbuch der Geschäfts- und Wohnraummiete, 3. Aufl. 1999, Teil V Rn. 143.
[20] LG München II v. 16.12.1986 - 2 S 1542/86 - juris Rn. 5 - ZMR 1987, 96-97.
[21] LG Siegen v. 24.01.1990 - 3 S 293/89 - juris Rn. 7 - WuM 1990, 208-209.
[22] *Kellendorfer* in: Müller/Walther, Miet- und Pachtrecht, § 571 Rn. 7 sowie *Sternel*, Mietrecht, 3. Aufl. 1988, Teil IV Rn. 690.
[23] *Rolfs* in: Staudinger, § 571 Rn. 9.

§ 571

seiner eigenen Sphäre oder derjenigen des Vermieters beruht, ist dabei grundsätzlich unbeachtlich (str.).[24] Sofern der Vermieter den Kündigungsgrund allerdings in schuldhafter Weise selbst gesetzt hat, kann die Geltendmachung von Schadensersatz gegenüber dem Mieter infolge von dessen darauf hin erfolgter Kündigung **rechtsmissbräuchlich** sein.[25]

21 Die Regelung des § 571 Abs. 1 Satz 3 BGB („Dies gilt nicht") bezieht sich schließlich nur auf die Haftungsbeschränkung durch die Billigkeitsabwägung nach § 571 Abs. 1 Satz 2 BGB, nicht aber auf das in § 571 Abs. 1 Satz 1 BGB enthaltene Verschuldenserfordernis: D.h., auch weiterer Schadensersatz nach einer mieterseitigen Kündigung setzt ein Verschulden des Mieters an der Vorenthaltung voraus (**h.M.**).[26] Nennenswerte praktische Bedeutung hat dies indes nicht, da eine gesetzliche Haftung des Mieters ohnehin nur bei Verschulden besteht,[27] vgl. hierzu Rn. 10.

22 § 571 Abs. 1 Satz 3 BGB ist als Ausnahmevorschrift eng auszulegen. Auf eine **andere Beendigung des Mietverhältnisses** als durch eine mieterseitige Kündigung, insbesondere eine einvernehmliche Aufhebung, findet sie nach ihrem klaren Wortlaut daher keine Anwendung.

23 **Abdingbarkeit**: vgl. Rn. 51.

IV. Prozessuale Hinweise/Verfahrenshinweise

24 Die Darlegungs- und **Beweislast** für die ein Verschulden ausschließenden Umstände trifft den Mieter,[28] ebenso für die Tatsachen, die die Schadensersatzpflicht unter Billigkeitsgesichtspunkten beschränken oder ausschließen[29]. Wird ein **Mieter als Gesamtschuldner** mit anderen Mietern in Anspruch genommen, muss er den Beweis für alle Mieter führen.[30]

25 Die **Rechtskraft eines Räumungsurteils** bindet hinsichtlich der Feststellung der Verpflichtung zur Herausgabe der Mietsache auch im Rechtsstreit über Schadensersatzansprüche wegen Vorenthaltung der Mietsache.[31]

26 Die **Höhe des** zu ersetzenden **Schadens** muss der Vermieter beweisen.[32]

V. Anwendungsfelder – Übergangsrecht

27 Das **Mietrechtsreformgesetz** vom 19.06.2001[33] enthält **keine Übergangsvorschrift** zu § 571 Abs. 1 BGB. Dieser ist folglich ohne zeitliche Beschränkung anwendbar.

B. Kommentierung zu Absatz 2

I. Grundlagen

1. Kurzcharakteristik

28 Die Vorschrift ergänzt die allgemeinen mietrechtlichen Regelungen über den Schadensersatz bei verspäteter Rückgabe der Mietsache (§ 546a Abs. 2 BGB) für den Bereich der Wohnraummiete.

---

[24] *Blank* in: Blank/Börstinghaus, Miete, 3. Aufl. 2008, § 571 Rn. 5 sowie *Sternel*, Mietrecht aktuell, 4. Aufl. 2009, Teil XII Rn. 132; a.A. *Lammel*, Wohnraummietrecht, 3. Aufl. 2007, § 571 Rn. 10.

[25] *Sternel*, Mietrecht aktuell, 4. Aufl. 2009, Teil XII Rn. 132.

[26] AG Kassel v. 13.10.1970 - 57 C 160/70 - juris Rn. 9 sowie *Scheuer* in: Bub/Treier, Handbuch der Geschäfts- und Wohnraummiete, 3. Aufl. 1999, Teil V Rn. 145; a.A. *Burkhardt*, BB 1964, 771-779, 774.

[27] *Rolfs* in: Staudinger, § 571 Rn. 9 und *Kossmann*, Handbuch der Wohnraummiete, 6. Aufl. 2003, § 96 Rn. 26.

[28] *Rolfs* in: Staudinger, § 571 Rn. 5 und *Streyl* in: Schmidt-Futterer, Mietrecht, 10. Aufl. 2011, § 571 Rn. 18.

[29] *Rolfs* in: Staudinger, § 571 Rn. 7 und *Streyl* in: Schmidt-Futterer, Mietrecht, 10. Aufl. 2011, § 571 Rn. 18.

[30] *Wöstmann* in: Bamberger/Roth, § 571 Rn. 12 und *Häublein* in: MünchKomm-BGB, § 571 Rn. 10.

[31] *Scheuer* in: Bub/Treier, Handbuch der Geschäfts- und Wohnraummiete, 3. Aufl. 1999, Teil V Rn. 154.

[32] *Streyl* in: Schmidt-Futterer, Mietrecht, 10. Aufl. 2011, § 571 Rn. 18.

[33] BGBl I 2001, 1149.

2. Gesetzgebungsgeschichte und -materialien

Die vormals in § 557 Abs. 3 BGB a.F. befindliche Regelung wurde durch das **Mietrechtsreformgesetz** vom 19.06.2001[34] inhaltlich unverändert übernommen.

29

3. Regelungsprinzipien

Der Ausschluss des Anspruches auf weiteren Schadensersatz bei Gewährung einer gerichtlichen Räumungsfrist rechtfertigt sich daraus, dass damit festgestellt ist, dass dem Mieter kein Vorwurf hinsichtlich der Vorenthaltung gemacht werden kann.[35]

30

II. Anwendungsvoraussetzungen

1. Normstruktur

Normstruktur:
- Tatbestandsmerkmale:
  - Wohnraummietverhältnis,
  - Beendigung des Mietverhältnisses,
  - Vorenthalten der Wohnung durch den Mieter,
  - Vertretenmüssen des Mieters,
  - Gewährung einer Räumungsfrist nach den §§ 721, 794a ZPO.
- Rechtsfolge:
  - Wegfall der Verpflichtung zu weiterem Schadensersatz nach § 546a Abs. 2 BGB im Zeitraum zwischen Beendigung des Mietverhältnisses und Ablauf der Räumungsfrist.

31

2. Wohnraummietverhältnis

Vgl. Rn. 5.

32

3. Beendigung des Mietverhältnisses

Aus welchem Grund die Beendigung eingetreten und von welcher Vertragspartei sie ausgegangen ist, ist – wie auch im Rahmen der §§ 546, 546a BGB – grundsätzlich unbeachtlich.

33

Anders als § 571 Abs. 1 Satz 2 BGB findet § 571 Abs. 2 BGB auch dann Anwendung, wenn der **Mieter selbst gekündigt** hat. Dies folgt schon aus der Systematik des Gesetzes.[36]

34

4. Vorenthalten der Wohnung durch den Mieter

Vgl. hierzu die Kommentierung zu § 546a BGB Rn. 21 ff.

35

5. Vertretenmüssen des Mieters

Es gelten insoweit die zu § 571 Abs. 1 BGB gemachten Ausführungen entsprechend, vgl. dazu Rn. 10.

36

6. Gewährung einer Räumungsfrist nach den §§ 721, 794a ZPO

Es muss eine Räumungsfrist nach § 721 ZPO (beim Räumungsurteil) oder § 794a ZPO (beim Räumungsvergleich) gewährt worden sein. Wenn zwar Gründe vorliegen, die materiell die Bewilligung einer gerichtlichen Räumungsfrist rechtfertigen würden, ein entsprechender Antrag aber nicht fristgerecht (§ 721 Abs. 1 Satz 2, Abs. 2 Satz 1, 794a Abs. 1 Satz 2 ZPO) abgegeben wurde, erscheint es auch nicht angebracht, dem Mieter zumindest den Schutz des § 571 Abs. 1 BGB zu gewähren; hier-

37

---

[34] BGBl I 2001, 1149.
[35] *Lammel*, Wohnraummietrecht, 3. Aufl. 2007, § 571 Rn. 11.
[36] *Weidenkaff* in: Palandt, § 571 Rn. 4; *Scheuer* in: Bub/Treier, Handbuch der Geschäfts- und Wohnraummiete, 3. Aufl. 1999, Teil V Rn. 148 und *Rolfs* in: Staudinger, § 571 Rn. 12.

§ 571

gegen sprechen sowohl die Systematik des Gesetzes wie auch der Zweck dieser Vorschrift, vgl. hierzu Rn. 3.[37]

38 Bei einer **Aussetzung der Vollstreckung** nach anderen Vorschriften (insbesondere §§ 765a, 732 ZPO) findet § 571 Abs. 2 BGB keine Anwendung.[38] Insoweit kann indessen der Ausschluss nach § 571 Abs. 1 BGB greifen.[39]

39 Das Erfordernis einer gerichtlichen Räumungsfrist ist gleichfalls nicht erfüllt, wenn die Parteien des Mietvertrages vergleichsweise eine **Räumungsfrist vereinbaren** oder der Vermieter eine solche einseitig bewilligt.[40] In diesen Fällen kann es indessen an einer schuldhaften Vorenthaltung fehlen, was einen Schadensersatzanspruch des Vermieters ebenfalls ausschließt.[41]

III. Rechtsfolge: Wegfall der Verpflichtung zu weiterem Schadensersatz nach § 546a Abs. 2 BGB im Zeitraum zwischen Beendigung des Mietverhältnisses und Ablauf der Räumungsfrist

40 Liegen die vorgenannten Voraussetzungen vor, so sind über die Nutzungsentschädigung nach § 546a Abs. 1 BGB hinausgehende Schadensersatzansprüche des Vermieters gegenüber dem Mieter auf Grund der Vorenthaltung ausgeschlossen. Die Beschränkung weiteren Ersatzes nach § 571 Abs. 2 BGB betrifft aber – wie sich schon aus seiner Stellung im Gesetz ergibt – als Ergänzung von § 546a Abs. 2 BGB ebenso wie § 571 Abs. 1 BGB **nur Schadensersatzansprüche wegen verspäteter Rückgabe**, vgl. hierzu Rn. 17. Ansprüche auf Schadensersatz wegen eines anderweitigen schuldhaften Verhaltens des Mieters, beispielsweise wegen Beschädigungen der Mietsache, werden nicht ausgeschlossen.

41 Im Verhältnis **zwischen Hauptvermieter und Untermieter** ist § 571 Abs. 2 BGB im Hinblick auf die vergleichbare Interessenlage und den Schutzzweck der Vorschrift (vgl. hierzu Rn. 3) entsprechend anzuwenden (str.).[42]

42 Der Ausschluss des Anspruches auf weiteren Schadensersatz **beginnt mit der Beendigung des Mietverhältnisses**, unabhängig davon, wann die Räumungsfrist gewährt wird. Dies rechtfertigt sich daraus, dass die Gewährung einer solchen Frist nach den §§ 721, 794a ZPO stets – spätestens – zwei Wochen vor dem titulierten Räumungstermin beantragt werden muss, somit zwischen der festgestellten Beendigung des Mietverhältnisses und der Entscheidung über die Räumungsfrist regelmäßig keine nennenswerte Zeitspanne liegt.

43 Der Anspruch auf weiteren Schadensersatz bleibt auch während der **Verlängerung** einer gemäß den §§ 721, 794a ZPO gewährten Räumungsfrist ausgeschlossen.

44 Der Ausschluss weiteren Schadensersatzes **endet mit dem Ablauf der Räumungsfrist**.

45 Wird eine vom erstinstanzlichen Gericht zuerkannte Räumungsfrist **vom Rechtsmittelgericht aufgehoben**, endet sie jedenfalls im Sinne von § 571 Abs. 2 BGB erst mit Kenntnis des Mieters hiervon, regelmäßig folglich mit der Zustellung (str.).[43]

---

[37] A.A. wohl *Scheuer* in: Bub/Treier, Handbuch der Geschäfts- und Wohnraummiete, 3. Aufl. 1999, Teil V Rn. 138.

[38] LG Ellwangen v. 12.07.1991 - 1 S 163/91 - juris Rn. 6 - WuM 1992, 247 und *Rolfs* in: Staudinger, § 571 Rn. 10.

[39] LG Ellwangen v. 12.07.1991 - 1 S 163/91 - juris Rn. 7 - WuM 1992, 247 und *Rolfs* in: Staudinger, § 571 Rn. 10.

[40] *Blank* in: Blank/Börstinghaus, Miete, 3. Aufl. 2008, § 571 Rn. 6; *Rolfs* in: Staudinger, § 571 Rn. 10 und *Sternel*, Mietrecht, 3. Aufl. 1988, Teil IV Rn. 689.

[41] *Lammel*, Wohnraummietrecht, 3. Aufl. 2007, § 571 Rn. 13; *Sternel*, Mietrecht, 3. Aufl. 1988, Teil IV Rn. 689 und *Rolfs* in: Staudinger, § 571 Rn. 10.

[42] LG Stuttgart v. 08.02.1990 - 16 S 416/89 - juris Rn. 30 - NJW-RR 1990, 654-656 sowie *Sternel*, Mietrecht aktuell, 4. Aufl. 2009, Rn. 134; a.A. LG Kiel v. 28.07.1994 - 1 S 166/93 - juris Rn. 9 - WuM 1995, 540; *Scheuer* in: Bub/Treier, Handbuch der Geschäfts- und Wohnraummiete, 3. Aufl. 1999, Teil V Rn. 147 sowie – mangels einer Regelungslücke – *Rolfs* in: Staudinger, § 571 Rn. 10.

[43] LG Siegen v. 24.01.1990 - 3 S 293/89 - juris Rn. 5 - WuM 1990, 208-209; ebenso *Kellendorfer* in: Müller/Walther, Miet- und Pachtrecht, § 571 Rn. 10 und *Rolfs* in: Staudinger, § 571 Rn. 11; a.A. *Streyl* in: Schmidt-Futterer, Mietrecht, 10. Aufl. 2011, § 571 Rn. 15 und *Blank* in: Blank/Börstinghaus, Miete, 3. Aufl. 2008, § 571, Rn. 6.

Eine **Rückgabe** der Wohnung **vor Ablauf der Räumungsfrist** lässt den Ausschluss bis zum Fristablauf nicht entfallen. Hierfür sprechen sowohl der Wortlaut des § 571 Abs. 2 BGB wie auch dessen Anknüpfen an die rechtlich rein vollstreckungsrechtlich relevante Gewährung einer Räumungsfrist.[44] **46**

Nach Ablauf der Räumungsfrist kann der Vermieter auf Grund von § 571 Abs. 1 BGB gehindert sein, weiteren Schadensersatz geltend zu machen, sofern die dortigen Voraussetzungen vorliegen, vgl. hierzu Rn. 4 ff. **47**

Abdingbarkeit: vgl. hierzu Rn. 51. **48**

IV. Prozessuale Hinweise/Verfahrenshinweise

Die Darlegungs- und **Beweislast** hinsichtlich der den Ausschluss tragenden Umstände trifft den Mieter. **49**

V. Anwendungsfelder – Übergangsrecht

Das **Mietrechtsreformgesetz** vom 19.06.2001[45] enthält **keine Übergangsvorschrift** zu § 571 Abs. 2 BGB. Dieser ist folglich ohne zeitliche Beschränkung anwendbar. **50**

C. Kommentierung zu Absatz 3

I. Grundlagen

1. Kurzcharakteristik

Die Vorschrift schließt für den Mieter nachteilig von den Regelungen der § 571 Abs. 1 und Abs. 2 BGB abweichende Parteivereinbarungen aus. **51**

2. Gesetzgebungsgeschichte und -materialien

Die vormals in § 557 Abs. 4 BGB a.F. befindliche Regelung wurde durch das **Mietrechtsreformgesetz** vom 19.06.2001[46] inhaltlich unverändert übernommen. **52**

II. Unwirksamkeit zum Nachteil des Mieters von Absatz 1 und 2 abweichender Vereinbarungen

Zum Nachteil des Mieters von § 571 Abs. 1 und Abs. 2 BGB abweichende Vereinbarungen sind **im Rahmen der Wohnraummiete** **53**
- weder individuell vereinbart oder formularmäßig
- noch anlässlich des Abschlusses des Mietvertrages oder zu einem späteren Zeitpunkt – insbesondere im Rahmen eines Räumungsvergleiches – möglich.

Für den Mieter nachteilige und damit unwirksame Regelungen sind beispielsweise: **54**
- Vereinbarung einer verschuldensunabhängigen Haftung des Mieters bei Vorenthaltung der Mietsache,[47]
- Verzicht oder abstrakte Regelung der Billigkeitsabwägung nach § 571 Abs. 1 BGB,[48]
- Vereinbarung eines Schadensersatzanspruches des Vermieters bei Gewährung einer gerichtlichen Räumungsfrist[49].

---

[44] *Lammel*, Wohnraummietrecht, 3. Aufl. 2007, § 571 Rn. 12; *Sternel* in: Sternel, Mietrecht, 3. Aufl. 1988, Teil IV Rn. 685 sowie *Häublein* in: MünchKomm-BGB, § 571 Rn. 9; a.A. noch – unter Berufung auf Sinn und Zweck der Vorschrift und der Räumungsfrist – *Voelskow* in: MünchKomm-BGB, § 557 Rn. 15.

[45] BGBl I 2001, 1149.

[46] BGBl I 2001, 1149.

[47] *Lammel*, Wohnraummietrecht, 3. Aufl. 2007, § 571 Rn. 14 und *Rolfs* in: Staudinger, § 571 Rn. 13.

[48] *Streyl* in: Schmidt-Futterer, Mietrecht, 10. Aufl. 2011, § 571 Rn. 16 und *Lammel*, Wohnraummietrecht, 3. Aufl. 2007, § 571 Rn. 14.

[49] *Streyl* in: Schmidt-Futterer, Mietrecht, 10. Aufl. 2011, § 571 Rn. 16.

55　Eine **weitere Beschränkung** der Schadensersatzansprüche des Vermieters durch vertragliche Abreden ist dagegen zulässig.[50]

56　Im Rahmen der **Geschäftsraummiete** können – gegebenenfalls unter Beachtung der formularvertraglichen Grenzen (insbesondere die §§ 308 Nr. 7, 309 Nr. 5 und Nr. 7 BGB) – abweichende Vereinbarungen zum Nachteil beider Parteien getroffen werden.

III. Anwendungsfelder – Übergangsrecht

57　Das **Mietrechtsreformgesetz** vom 19.06.2001[51] enthält **keine Übergangsvorschrift** zu § 571 BGB. Dieser ist folglich ohne zeitliche Beschränkung anwendbar.

---

[50] *Lammel*, Wohnraummietrecht, 3. Aufl. 2007, § 571 Rn. 15.
[51] BGBl I 2001, 1149.

§ 572 BGB Vereinbartes Rücktrittsrecht; Mietverhältnis unter auflösender Bedingung

(Fassung vom 02.01.2002, gültig ab 01.01.2002)

(1) Auf eine Vereinbarung, nach der der Vermieter berechtigt sein soll, nach Überlassung des Wohnraums an den Mieter vom Vertrag zurückzutreten, kann der Vermieter sich nicht berufen.

(2) Ferner kann der Vermieter sich nicht auf eine Vereinbarung berufen, nach der das Mietverhältnis zum Nachteil des Mieters auflösend bedingt ist.

Gliederung

A. Kommentierung zu Absatz 1 1	**B. Kommentierung zu Absatz 2** 18
I. Grundlagen 1	I. Grundlagen 18
1. Kurzcharakteristik 1	1. Kurzcharakteristik 18
2. Gesetzgebungsgeschichte und -materialien 2	2. Gesetzgebungsgeschichte und -materialien 19
3. Regelungsprinzipien 3	3. Regelungsprinzipien 20
II. Anwendungsvoraussetzungen 4	II. Anwendungsvoraussetzungen 21
1. Normstruktur 4	1. Normstruktur 21
2. Wohnraummietverhältnis 5	2. Wohnraummietverhältnis 22
3. Vereinbarung eines Rücktrittsrechts 8	3. Vereinbarung einer auflösenden Bedingung 25
4. Überlassung des Wohnraums 10	4. Zum Nachteil des Mieters 30
III. Rechtsfolge: Relative Unwirksamkeit des Rücktrittsrechts zu Lasten des Vermieters 12	III. Rechtsfolge: Unwirksamkeit der Vereinbarung . 34
IV. Anwendungsfelder – Übergangsrecht 17	IV. Prozessuale Hinweise/Verfahrenshinweise 39
	V. Anwendungsfelder – Übergangsrecht............ 41

A. Kommentierung zu Absatz 1

I. Grundlagen

1. Kurzcharakteristik

Durch die Vorschrift wird die Ausübung eines Rücktrittsrechts des Vermieters nach Überlassung der Mietsache im Wohnraummietrecht ausgeschlossen. **1**

2. Gesetzgebungsgeschichte und -materialien

Der durch das **Mietrechtsreformgesetz** vom 19.06.2001[1] geschaffene § 572 Abs. 1 BGB führt unter Änderung der rechtlichen Ausgestaltung die vormals in § 570a BGB a.F. enthaltene Regelung, wonach für ein vereinbartes Rücktrittsrecht die Vorschriften über die Kündigung und ihre Folgen entsprechend galten, fort. **2**

3. Regelungsprinzipien

Die Vorschrift soll verhindern, dass die vom Gesetzgeber als zwingend vorgegebenen Regelungen über die Kündigung von Wohnraummietverhältnissen durch eine abweichende rechtliche Gestaltung der Beendigung umgangen werden. Da sich dies bereits aus der Unabdingbarkeit der Vorschriften über die Kündigung von Wohnraummietverhältnissen ergibt (§§ 569 Abs. 5, 573 Abs. 4 BGB), hat § 572 Abs. 1 BGB lediglich deklaratorische Bedeutung.[2] **3**

---

[1] BGBl I 2001, 1149.
[2] *Lammel*, Wohnraummietrecht, 3. Aufl. 2007, § 572 Rn. 2.

II. Anwendungsvoraussetzungen

1. Normstruktur

4 Normstruktur:
- Tatbestandsmerkmale:
  - Wohnraummietverhältnis,
  - Vereinbarung eines Rücktrittsrechts,
  - Überlassung des Wohnraums.
- Rechtsfolge:
  - relative Unwirksamkeit des Rücktrittsrechts zu Lasten des Vermieters.

2. Wohnraummietverhältnis

5 Die Bestimmung ist schon auf Grund ihrer systematischen Stellung unmittelbar nur auf die **Wohnraummiete** anwendbar. Zur Abgrenzung von anderen Mietverhältnissen vgl. die Kommentierung zu § 549 BGB.

6 Es sind **sämtliche Wohnraummietverhältnisse** erfasst, unabhängig von dem ihnen gewährten Bestandsschutz, also auch solche nach § 549 Abs. 2 und Abs. 3 BGB, vgl. hierzu die Kommentierung zu § 549 BGB.

7 Auf die Anmietung **anderer Räume** (§ 578 Abs. 2 BGB) oder von **Grundstücken** (§ 578 Abs. 1 BGB) findet § 572 Abs. 1 BGB keine Anwendung, ebenso wenig auf die **Miete beweglicher Sachen**.

3. Vereinbarung eines Rücktrittsrechts

8 § 572 Abs. 1 BGB erfasst sämtliche **vertraglich vereinbarten Rücktrittsrechte** (§ 346 Abs. 1 Alt. 1 BGB), gleich ob deren Ausübung ins Belieben einer Partei gestellt oder an bestimmte Voraussetzungen geknüpft ist. Die Vereinbarung kann auch **formularmäßig** getroffen werden (§ 308 Nr. 1 HS. 2 BGB).

9 Nicht in ihren Anwendungsbereich fallen dagegen nach dem klaren Wortlaut **gesetzliche Rücktrittsrechte**. Diese werden allerdings nach Invollzugsetzung des Mietverhältnisses durch Überlassung der Mietsache weitgehend durch die Kündigung aus wichtigem Grund verdrängt, vgl. hierzu die Kommentierung zu § 542 BGB.

4. Überlassung des Wohnraums

10 Die Rechtsfolge des § 572 Abs. 1 BGB tritt erst **nach Überlassung** des Wohnraums ein.[3] Überlassung bedeutet die Einräumung des unmittelbaren Besitzes an den Mieter oder dessen beauftragte Hilfsperson.

11 **Vor der Invollzugsetzung** des Mietvertrages durch die Überlassung kann sich der Vermieter dagegen auch auf ein vereinbartes Rücktrittsrecht berufen.

III. Rechtsfolge: Relative Unwirksamkeit des Rücktrittsrechts zu Lasten des Vermieters

12 Im Gegensatz zur Vorgängernorm, die für die Wirkungen eines vereinbarten Rücktrittsrechts im Falle seiner Ausübung nach Überlassung des Wohnraums auf die Kündigungsvorschriften verwies (vgl. hierzu Rn. 2), beschränkt sich § 572 Abs. 1 BGB darauf, dem Vermieter insoweit die Berufung auf das Rücktrittsrecht zu versagen.

13 Ein vom Vermieter dennoch erklärter Rücktritt kann aber gegebenenfalls in eine Kündigung **umgedeutet** werden, wenn die für eine Kündigung des Mietverhältnisses maßgeblichen materiellen und formellen Voraussetzungen vorliegen.[4]

---

[3] *Rolfs* in: Staudinger, § 572 Rn. 4.
[4] *Blank* in: Schmidt-Futterer, Mietrecht, 10. Aufl. 2011, § 572 Rn. 10.

Ist das Rücktrittsrecht dagegen auch **zu Gunsten des Mieters** vereinbart, bleibt es diesem unbenommen, es bei Vorliegen seiner Voraussetzungen auch nach der Überlassung der Wohnung auszuüben.[5] Der Rücktritt des Mieters wirkt aber, da die bereits erbrachte Überlassung nicht mehr rückabgewickelt werden kann, nur für die Zukunft.[6]

14

Unabhängig von der relativen Unwirksamkeit eines vereinbarten Rücktrittsrechts zu Lasten des Vermieters bleibt der **Vertrag im Übrigen** wirksam, ansonsten würde die zum Mieterschutz geschaffene Vorschrift ins Gegenteil verkehrt.

15

Abdingbarkeit: § 572 Abs. 1 BGB stellt im Hinblick auf den mit der Vorschrift verfolgten Zweck **zwingendes Recht** dar und ist zum Nachteil des Mieters nicht abdingbar,[7] vgl. auch Rn. 3.

16

IV. Anwendungsfelder – Übergangsrecht

Das **Mietrechtsreformgesetz** vom 19.06.2001[8] enthält **keine Übergangsvorschrift** zu § 572 Abs. 1 BGB. Dieser ist folglich ohne zeitliche Beschränkung anwendbar.

17

B. Kommentierung zu Absatz 2

I. Grundlagen

1. Kurzcharakteristik

Durch die Vorschrift wird der Vereinbarung von auflösenden Bedingungen zu Gunsten des Vermieters im Rahmen eines Wohnraummietverhältnisses die Wirksamkeit versagt und insoweit § 158 Abs. 2 BGB abgeändert.

18

2. Gesetzgebungsgeschichte und -materialien

Der durch das **Mietrechtsreformgesetz** vom 19.06.2001[9] geschaffene § 572 Abs. 2 BGB führt unter Änderung der rechtlichen Ausgestaltung die vormals in § 565a Abs. 2 BGB a.F. enthaltene Regelung fort, wonach sich bei Eintritt einer vereinbarten auflösenden Bedingung das Mietverhältnis mit einem eingeschränkten Widerspruchsrecht des Mieters auf unbestimmte Zeit verlängerte.

19

3. Regelungsprinzipien

Durch die Vorschrift soll – ebenso wie durch § 572 Abs. 1 BGB – eine Umgehung der vom Gesetzgeber als zwingend vorgegebenen Regelungen über die Kündigung von Wohnraummietverhältnissen durch eine abweichende rechtliche Gestaltung der Beendigung verhindert werden. Da sich dies bereits aus der Unabdingbarkeit der Vorschriften über die Vereinbarung einer zeitlichen Befristung von Wohnraummietverhältnissen ergibt (§ 575 Abs. 4 BGB), hat § 572 Abs. 2 BGB lediglich deklaratorische Bedeutung.[10]

20

II. Anwendungsvoraussetzungen

1. Normstruktur

Normstruktur:
- Tatbestandsmerkmale:
  - Wohnraummietverhältnis,

21

---

[5] *Blank* in: Schmidt-Futterer, Mietrecht, 10. Aufl. 2011, § 572 Rn. 11.
[6] *Blank* in: Schmidt-Futterer, Mietrecht, 9. Aufl. 2007, § 572 Rn. 9; *Lammel*, Wohnraummietrecht, 3. Aufl. 2007, § 572 Rn. 9 und *Kellendorfer* in: Müller/Walther, Miet- und Pachtrecht, § 572 Rn. 8.
[7] *Blank* in: Schmidt-Futterer, Mietrecht, 10. Aufl. 2011, § 572 Rn. 11 und *Kinne* in: Kinne/Schach/Bieber, Miet- und Mietprozessrecht, 6. Aufl. 2011, § 572 Rn. 7.
[8] BGBl I 2001, 1149.
[9] BGBl I 2001, 1149.
[10] *Lammel*, Wohnraummietrecht, 3. Aufl. 2007, § 572 Rn. 10.

§ 572

- Vereinbarung einer auflösenden Bedingung
- zum Nachteil des Mieters.
• Rechtsfolge:
- Unwirksamkeit der Vereinbarung.

2. Wohnraummietverhältnis

22 Die Bestimmung ist schon auf Grund ihrer systematischen Stellung unmittelbar nur auf die **Wohnraummiete** anwendbar. Zur Abgrenzung von anderen Mietverhältnissen vgl. die Kommentierung zu § 549 BGB Rn. 8 ff.

23 Es sind **sämtliche Wohnraummietverhältnisse** erfasst, unabhängig von dem ihnen gewährten Bestandsschutz, also auch solche nach § 549 Abs. 2 und Abs. 3 BGB, vgl. hierzu die Kommentierung zu § 549 BGB Rn. 15 ff.

24 Auf die Anmietung **anderer Räume** (§ 578 Abs. 2 BGB) oder von **Grundstücken** (§ 578 Abs. 1 BGB) findet § 572 Abs. 2 BGB keine Anwendung, ebenso wenig auf die **Miete beweglicher Sachen**.

3. Vereinbarung einer auflösenden Bedingung

25 Zum Begriff der **auflösenden Bedingung** vgl. die Kommentierung zu § 158 BGB.

26 Die Vereinbarung einer auflösenden Bedingung hätte im Rahmen eines Mietvertrages zur Folge, dass dessen Wirkung mit dem Eintritt des vereinbarten Ereignisses entfällt (§ 158 Abs. 2 BGB), ohne dass es einer gestaltenden Erklärung der Parteien bedürfte. Der einzige **Unterschied zum befristeten Mietvertrag** ist demnach, dass der Eintritt einer auflösenden Bedingung noch ungewiss, der Ablauf einer Befristung dagegen gewiss ist, vgl. auch § 163 BGB und die Kommentierung zu § 163 BGB. Nach diesen Kriterien ist auch die **Abgrenzung** zwischen befristeten und auflösend bedingten Mietverträgen vorzunehmen.

27 Demnach ist in folgenden Fällen ein auflösend **bedingtes** Mietverhältnis anzunehmen:
• an die Mitgliedschaft gebundenes Nutzungsverhältnis mit einer Wohnungsbaugenossenschaft,[11]
• an den Bestand des Hauptmietverhältnisses geknüpftes Untermietverhältnis,[12]
• an den Bestand eines Dienstvertrages gebundenes Mietverhältnis über eine Werkwohnung,[13]
• wenn das Mietverhältnis bei Auszug eines Mitmieters enden soll,[14]
• wenn das Mietverhältnis bei Versetzung des Mieters enden soll (vgl. hierzu aber auch Rn. 31),[15]
• wenn das Mietverhältnis mit Beendigung des Studiums enden soll[16].

28 Um ein **befristetes** Mietverhältnis handelt es sich dagegen bei einem Mietverhältnis auf Lebenszeit des Mieters.[17]

29 Zur Darlegungs- und **Beweislast** im Rahmen der Abgrenzung vgl. Rn. 39.

4. Zum Nachteil des Mieters

30 Zum Nachteil des Mieters sind solche auflösenden Bedingungen, die **im Interesse des Vermieters** an der Rückerlangung der Wohnung bei Eintritt eines bestimmten Ereignisses vereinbart worden sind.[18]

31 Ist eine auflösende Bedingung ausschließlich **zum Vorteil des Mieters** – beispielsweise Beendigung bei Versetzung des Mieters – vereinbart, findet § 572 Abs. 2 BGB keine Anwendung. Das Mietverhält-

---

[11] LG Berlin v. 17.07.1992 - 64 S 99/92 - juris Rn. 8 - MM 1992, 354-355.
[12] LG Osnabrück v. 15.12.1993 - 1 S 161/93 - juris Rn. 8 - WuM 1994, 24-25.
[13] LG Berlin v. 05.04.2004 - 67 S 239/03 - juris Rn. 17 - Grundeigentum 2004, 890-892; LG Düsseldorf v. 09.03.1982 - 24 S 361/81 - juris Rn. 3 - WuM 1985, 151-152 und LG Aachen v. 25.11.1983 - 5 S 337/83 - juris Rn. 11 - WuM 1985, 149-151.
[14] LG Göttingen v. 24.06.1983 - 5 T 65/83 - juris Rn. 6 - WuM 1989, 184.
[15] *Franke* in: Fischer-Dieskau/Pergande/Schwender, Wohnungsbaurecht, § 572 Anm. 7.
[16] *Blank* in: Schmidt-Futterer, Mietrecht, 10. Aufl. 2011, § 572 Rn. 12.
[17] BayObLG München v. 02.07.1993 - RE-Miet 5/92 - juris Rn. 9 - NJW-RR 1993, 1164-1165.
[18] *Blank* in: Schmidt-Futterer, Mietrecht, 10. Aufl. 2011, § 572 Rn. 16.

nis wird durch deren Eintritt gemäß § 158 Abs. 2 BGB ohne weiteres beendet.[19] Hierauf kann sich auch der Vermieter berufen, vgl. Rn. 34 (**str.**).[20]

Kann sich eine Bedingung dagegen **sowohl zum Vorteil wie auch zum Nachteil des Mieters** auswirken, greift § 572 Abs. 2 BGB ein.[21] 32

Maßgeblicher Zeitpunkt für die Beurteilung, im Interesse welcher Vertragspartei eine auflösende Bedingung in den Vertrag aufgenommen wurde, ist dessen Abschluss.[22] 33

III. Rechtsfolge: Unwirksamkeit der Vereinbarung

§ 572 Abs. 2 BGB regelt dem Wortlaut nach nur, dass der Vermieter sich auf den Bedingungseintritt zu Lasten des Mieters trotz der im Mietvertrag getroffenen Vereinbarung nicht berufen kann. Umstritten ist deshalb, ob § 572 Abs. 2 BGB die (**absolute**) **Unwirksamkeit** der zum Nachteil des Mieters getroffenen Vereinbarung zur Folge hat[23] oder diese zwar wirksam bleibt, aber (nur) der Vermieter sie nicht geltend machen kann (relative Unwirksamkeit)[24]. Die erstgenannte Meinung ist schon deshalb vorzuziehen, weil sie den Widerspruch vermeidet, dass das Mietverhältnis zwar nach Eintritt der vereinbarten auflösenden Bedingung beendet ist (§ 158 Abs. 2 BGB), aber dennoch fortgeführt wird, bis der Mieter sich auf die Beendigung beruft.[25] Infolge der Unwirksamkeit der zu Lasten des Mieters vereinbarten Bedingung ist das Mietverhältnis auf unbestimmte Zeit abgeschlossen.[26] 34

Auch vor **Überlassung der Mietsache** ist eine Berufung auf den Eintritt einer zum Nachteil des Mieters vereinbarten Bedingung demzufolge nicht möglich (**str.**).[27] 35

Dem **Vermieter** ist die Berufung auf den Eintritt einer vereinbarten Bedingung nach alledem unabhängig davon versagt, zu wessen Gunsten diese in den Mietvertrag aufgenommen wurde. Auch wenn eine auflösende Bedingung im Interesse beider Vertragsparteien aufgenommen wurde, kann der Vermieter sich nicht auf ihren Eintritt berufen.[28] 36

Der **Mieter** dagegen kann den Eintritt einer zu seinen Gunsten vereinbarten auflösenden Bedingung geltend machen. Folgt man der hier vertretenen Auffassung zur Unwirksamkeit gegen § 572 Abs. 2 BGB verstoßender Vereinbarungen, so kann sich aber auch der Mieter nicht auf auflösende Bedingungen berufen, die zumindest auch zu seinem Nachteil sind.[29] 37

Eine vom vorstehend Ausgeführten zu unterscheidende Frage ist, ob die Vereinbarung einer auflösenden Bedingung zugleich den **Ausschluss der ordentlichen Kündigung** des Mietverhältnisses vor Bedingungseintritt umfasst. Grundsätzlich sind unter einer auflösenden Bedingung geschlossene Mietver- 38

---

[19] *Weidenkaff* in: Palandt, § 572 Rn. 6 und *Kossmann*, Handbuch der Wohnraummiete, 6. Aufl. 2003, § 83 Rn. 5.
[20] *Kellendorfer* in: Müller/Walther, Miet- und Pachtrecht, § 572 Rn. 11 und *Blank* in: Schmidt-Futterer, Mietrecht, 10. Aufl. 2011, § 572 Rn. 16; a.A. *Lammel*, Wohnraummietrecht, 3. Aufl. 2007, § 572 Rn. 15.
[21] *Blank* in: Schmidt-Futterer, Mietrecht, 10. Aufl. 2011, § 572 Rn. 16 und *Häublein* in: MünchKomm-BGB, § 572 Rn. 5.
[22] *Kellendorfer* in: Müller/Walther, Miet- und Pachtrecht, § 572 Rn. 11 und *Kossmann*, Handbuch der Wohnraummiete, 6. Aufl. 2003, § 83 Rn. 5.
[23] *Blank* in: Schmidt-Futterer, Mietrecht, 10. Aufl. 2011, § 572 Rn. 4 und 19; *Kellendorfer* in: Müller/Walther, Miet- und Pachtrecht, § 572 Rn. 14 und *Haas*, Das neue Mietrecht, 2001, § 572 Rn. 2.
[24] *Rolfs* in: Staudinger, § 572 Rn. 9; *Lammel*, Wohnraummietrecht, 3. Aufl. 2007, § 572 Rn. 16 und *Kossmann*, Handbuch der Wohnraummiete, 6. Aufl. 2003, § 83 Rn. 4.
[25] Ebenso *Blank* in: Schmidt-Futterer, Mietrecht, 10. Aufl. 2011, § 572 Rn. 5; *Stangl* in: Schmid, Fachanwaltskommentar Mietrecht, 3. Aufl. 2012, § 572 Rn. 15 und *Kellendorfer* in: Müller/Walther, Miet- und Pachtrecht, § 572 Rn. 14.
[26] *Blank* in: Schmidt-Futterer, Mietrecht, 10. Aufl. 2011, § 572 Rn. 19; a.A. – erst ab Bedingungseintritt – *Weidenkaff* in: Palandt, § 572 Rn. 6.
[27] *Kellendorfer* in: Müller/Walther, Miet- und Pachtrecht, § 572 Rn. 15; a.A. – im Hinblick auf den Wortlaut der Vorschrift – *Rolfs* in: Staudinger, § 572 Rn. 13 und *Kandelhard* in: Herrlein/Kandelhard, ZAP-Praxiskommentar Mietrecht, 4. Aufl. 2010, § 572 Rn. 4.
[28] *Blank* in: Schmidt-Futterer, Mietrecht, 10. Aufl. 2011, § 572 Rn. 16.
[29] *Blank* in: Schmidt-Futterer, Mietrecht, 10. Aufl. 2011, § 572 Rn. 19 und *Kellendorfer* in: Müller/Walther, Miet- und Pachtrecht, § 572 Rn. 15; a.A. *Lammel*, Wohnraummietrecht, 3. Aufl. 2007, § 572 Rn. 16.

träge als unbefristete Verträge ordentlich kündbar.[30] Ob die Parteien dennoch die Möglichkeit einer ordentlichen Kündigung ausschließen, hängt von ihren Vereinbarungen ab und ist durch Auslegung zu ermitteln: Soll die auflösende Bedingung der alleinige Grund für die Vertragsbeendigung sein, ist das Mietverhältnis vor Eintritt der Bedingung grundsätzlich nicht ordentlich kündbar. Ist die auflösende Bedingung dagegen nur als spätestmöglicher Beendigungszeitpunkt bestimmt, kann das Nutzungsverhältnis auch schon vor Bedingungseintritt ordentlich gekündigt werden (str.).[31] Bei Vereinbarung der Beendigung eines Arbeitsverhältnisses mit dem Mieter als auflösende Bedingung wird beispielsweise die Annahme des Ausschlusses einer vorherigen ordentlichen Kündigung des Mietverhältnisses seitens des Vermieters daher nahe liegen[32], ebenso wenn bei Überlassung von Wohnraum in einem Studentenwohnheim als Beendigungszeitpunkt der Abschluss des Studiums vereinbart wird[33]. Bei Untermietverhältnissen, die auf die Auflösung des Hauptmietverhältnisses bedingt sind, ist dagegen regelmäßig keine Beschränkung des Kündigungsrechts vereinbart.[34] Sofern im Einzelfall ein Ausschluss des Kündigungsrechts des Mieters in Frage steht, sind indessen die durch § 573c Abs. 4 BGB gezogenen Grenzen (vgl. hierzu die Kommentierung zu § 573c BGB Rn. 65) zu beachten; die Annahme eines auf den Eintritt eines zeitlich unbestimmten Ereignisses bedingten Ausschlusses des Kündigungsrechts des Mieters dürfte danach unwirksam sein.[35]

IV. Prozessuale Hinweise/Verfahrenshinweise

39 Die **Darlegungs- und Beweislast** für das Vorliegen eines auflösend bedingten Mietverhältnisses einerseits oder eines Zeitmietvertrages andererseits trägt die Partei, die aus der behaupteten Vertragsgestaltung Rechte für sich herleiten will.[36] Das Gleiche gilt für die mit einer auflösenden Bedingung verbundene Vereinbarung eines Ausschlusses des ordentlichen Kündigungsrechts bis zu deren Eintritt.[37]

40 **Abdingbarkeit**: § 572 Abs. 1 BGB stellt im Hinblick auf den mit der Vorschrift verfolgten Zweck **zwingendes Recht** dar,[38] vgl. hierzu auch Regelungsprinzipien (vgl. Rn. 20).

V. Anwendungsfelder – Übergangsrecht

41 Die Vorschrift ist ab In-Kraft-Treten auf sämtliche Mietverhältnisse, unabhängig vom Zeitpunkt ihres Entstehens anwendbar. Eine Übergangsvorschrift ist im **Mietrechtsreformgesetz** vom 19.06.2001[39] nicht enthalten.

---

[30] BGH v. 01.04.2009 - XII ZR 95/07 - juris Rn. 14 - NSW BGB § 584 (BGH-intern) zum Pachtvertrag.
[31] BGH v. 01.04.2009 - XII ZR 95/07 - juris Rn. 13-14 - NSW BGB § 584 (BGH-intern) zum Pachtvertrag mit Anm. von *Blank*, LMK 2009, 284072; *Franke* in: Fischer-Dieskau/Pergande/Schwender, Wohnungsbaurecht, § 572 Anm. 9; *Blank* in: Schmidt-Futterer, Mietrecht, 10. Aufl. 2011, § 572 Rn. 17; *Kandelhard* in: Herrlein/Kandelhard, ZAP-Praxiskommentar Mietrecht, 4. Aufl. 2010, § 572 Rn. 3; *Rolfs* in: Staudinger, § 572 Rn. 12; *Stangl* in: Schmid, Fachanwaltskommentar Mietrecht, 3. Aufl. 2012, § 572 Rn. 16 und *Grapentin* in: Bub/Treier, Handbuch der Geschäfts- und Wohnraummiete, 3. Aufl. 1999, Teil IV Rn. 283; a.A. – regelmäßig keine vermieterseitige Kündigung möglich – *Kellendorfer* in: Müller/Walther, Miet- und Pachtrecht, § 572 Rn. 16; *Schneider* in: Hannemann/Wiegener, Münchener Anwaltshandbuch Mietrecht, 3. Aufl. 2010, § 29 Rn. 155; *Lammel*, Wohnraummietrecht, 3. Aufl. 2007, § 572 Rn. 13; *Sternel*, Mietrecht, 3. Aufl. 1988, Teil IV Rn. 334 sowie – gar keine ordentliche Kündigung möglich – *Gramlich* in: Gramlich, Mietrecht, 11. Aufl. 2011, § 572.
[32] *Blank* in: Schmidt-Futterer, Mietrecht, 10. Aufl. 2011, § 572 Rn. 17.
[33] *Blank* in: Schmidt-Futterer, Mietrecht, 10. Aufl. 2011, § 572 Rn. 17.
[34] *Blank* in: Schmidt-Futterer, Mietrecht, 10. Aufl. 2011, § 572 Rn. 17.
[35] *Kellendorfer* in: Müller/Walther, Miet- und Pachtrecht, § 572 Rn. 16.
[36] *Blank* in: Schmidt-Futterer, Mietrecht, 10. Aufl. 2011, § 572 Rn. 15 sowie *Kinne* in: Kinne/Schach/Bieber, Miet- und Mietprozessrecht, 6. Aufl. 2011, § 572 Rn. 6.
[37] BGH v. 01.04.2009 - XII ZR 95/07 - juris Rn. 14 - NSW BGB § 584 (BGH-intern).
[38] *Blank* in: Schmidt-Futterer, Mietrecht, 10. Aufl. 2011, § 572 Rn. 20; *Herrmann* in: Bamberger/Roth, § 572 Rn. 3 sowie *Kinne* in: Kinne/Schach/Bieber, Miet- und Mietprozessrecht, 6. Aufl. 2011, § 572 Rn. 7.
[39] BGBl I 2001, 1149.

Unterkapitel 2 - Mietverhältnisse auf unbestimmte Zeit

§ 573 BGB Ordentliche Kündigung des Vermieters

(Fassung vom 02.01.2002, gültig ab 01.01.2002)

(1) ¹Der Vermieter kann nur kündigen, wenn er ein berechtigtes Interesse an der Beendigung des Mietverhältnisses hat. ²Die Kündigung zum Zwecke der Mieterhöhung ist ausgeschlossen.

(2) Ein berechtigtes Interesse des Vermieters an der Beendigung des Mietverhältnisses liegt insbesondere vor, wenn

1. der Mieter seine vertraglichen Pflichten schuldhaft nicht unerheblich verletzt hat,
2. der Vermieter die Räume als Wohnung für sich, seine Familienangehörigen oder Angehörige seines Haushalts benötigt oder
3. der Vermieter durch die Fortsetzung des Mietverhältnisses an einer angemessenen wirtschaftlichen Verwertung des Grundstücks gehindert und dadurch erhebliche Nachteile erleiden würde; die Möglichkeit, durch eine anderweitige Vermietung als Wohnraum eine höhere Miete zu erzielen, bleibt außer Betracht; der Vermieter kann sich auch nicht darauf berufen, dass er die Mieträume im Zusammenhang mit einer beabsichtigten oder nach Überlassung an den Mieter erfolgten Begründung von Wohnungseigentum veräußern will.

(3) ¹Die Gründe für ein berechtigtes Interesse des Vermieters sind in dem Kündigungsschreiben anzugeben. ²Andere Gründe werden nur berücksichtigt, soweit sie nachträglich entstanden sind.

(4) Eine zum Nachteil des Mieters abweichende Vereinbarung ist unwirksam.

Gliederung

A. Kommentierung zu Absatz 1 1	a. Vertragliche Pflichten............................ 54
I. Grundlagen... 1	b. Nicht unerhebliche Pflichtverletzung............. 55
1. Kurzcharakteristik 1	c. Verschulden 62
2. Gesetzgebungsgeschichte und -materialien 2	d. Fallgruppen/Rechtsprechung 70
3. Regelungsprinzipien 4	3. Eigenbedarf des Vermieters (Absatz 2 Nr. 2) 78
II. Anwendungsvoraussetzungen 6	a. Allgemeines 78
1. Normstruktur 6	b. Bedarfspersonen.............................. 81
2. Wohnraummietverhältnis 7	c. Bedarfszweck................................ 101
III. Rechtsfolgen.................................... 15	d. Bedarfsgrund................................ 108
1. Befristete Kündigung nur bei berechtigtem Interesse des Vermieters 15	4. Angemessene wirtschaftliche Verwertung durch den Vermieter (Absatz 2 Nr. 3) 137
2. Ausschluss der Kündigung zum Zwecke der Mieterhöhung.................................. 25	a. Allgemeines 137
	b. Angemessene wirtschaftliche Verwertung....... 138
3. Schadensersatz bei unberechtigter Kündigung durch den Vermieter 30	c. Eines Grundstücks............................ 152
IV. Prozessuale Hinweise/Verfahrenshinweise 42	d. Hinderung der Verwertung durch Fortsetzung des Mietverhältnisses........................... 154
V. Anwendungsfelder – Übergangsrecht 49	e. Erhebliche Nachteile durch Fortsetzung des Mietverhältnisses................................. 159
B. Kommentierung zu Absatz 2 50	
I. Grundlagen... 50	f. Abdingbarkeit 175
1. Kurzcharakteristik 50	III. Prozessuale Hinweise/Verfahrenshinweise...... 176
2. Gesetzgebungsgeschichte und -materialien 51	1. Vertragspflichtverletzung (Absatz 2 Nr. 1) 177
3. Regelungsprinzipien 52	2. Eigenbedarf (Absatz 2 Nr. 2)................... 179
II. Anwendungsvoraussetzungen 53	3. Verwertungskündigung (Absatz 2 Nr. 3) 183
1. Normstruktur 53	IV. Anwendungsfelder – Übergangsrecht 185
2. Verletzung vertraglicher Pflichten durch den Mieter (Absatz 2 Nr. 1) 54	C. Kommentierung zu Absatz 3................... 187
	I. Grundlagen 187

§ 573

1. Kurzcharakteristik	187
2. Gesetzgebungsgeschichte und -materialien	188
3. Regelungsprinzipien	189
II. Anwendungsvoraussetzungen	190
1. Normstruktur	190
2. Wohnraummietverhältnis	191
3. Befristete Kündigung des Vermieters	192
4. Angabe der Gründe für ein berechtigtes Interesse (Absatz 3 Satz 1)	193
a. Kündigung wegen Vertragspflichtverletzungen (Absatz 2 Nr. 1)	197
b. Kündigung wegen Eigenbedarfs (Absatz 2 Nr. 2)	198
c. Kündigung wegen Hinderung angemessener Verwertung (Absatz 2 Nr. 3)	206
d. Kündigung wegen eines sonstigen berechtigten Interesses (Absatz 1 Satz 1)	213
5. Im Kündigungsschreiben	217
III. Nachschieben von Kündigungsgründen (Absatz 3 Satz 2)	218
IV. Prozessuale Hinweise/Verfahrenshinweise	227
V. Anwendungsfelder – Übergangsrecht	229
D. Kommentierung zu Absatz 4	**230**
I. Grundlagen	230
1. Kurzcharakteristik	230
2. Gesetzgebungsgeschichte und -materialien	231
II. Anwendungsvoraussetzungen – Abweichende Vereinbarungen zu den Absätzen 1-3	232
III. Rechtsfolge: Unwirksamkeit der getroffenen Vereinbarung	235
IV. Anwendungsfelder – Übergangsrecht	240

A. Kommentierung zu Absatz 1

I. Grundlagen

1. Kurzcharakteristik

1 § 573 Abs. 1 BGB enthält den allgemeinen Grundsatz des Wohnraummietrechts, dass der Vermieter das Mietverhältnis durch ordentliche oder außerordentliche befristete Kündigung nur bei Vorliegen berechtigter Interessen, wozu allein eine begehrte Mieterhöhung nicht ausreicht, beenden kann.

2. Gesetzgebungsgeschichte und -materialien

2 § 573 BGB führt die vor dem **Mietrechtsreformgesetz** vom 19.06.2001[1] in § 564b BGB a.F. enthaltene Regelung unter geringfügigen redaktionellen Änderungen fort. Die Bestimmungen zu vom Vermieter selbst bewohnten Gebäuden und zur Teilkündigung finden sich nunmehr in den §§ 573a, 573b BGB. § 573 Abs. 1 Satz 2 BGB übernimmt das bislang in § 1 Satz 1 MHG enthaltene Verbot einer Kündigung von Wohnraum zum Zwecke der Mieterhöhung.

3 Zur **historischen Entwicklung** vor dem Mietrechtsreformgesetz vgl. *Blank*[2] oder *Lammel*[3]. Ein vom Bundesrat beschlossener **Entwurf eines Gesetzes zur Änderung des § 573 Abs. 2 des Bürgerlichen Gesetzbuchs**[4] sah vor, ein berechtigtes Interesse auch dann anzunehmen, wenn ein Wohngebäude überwiegend leer steht und entsprechend einer von der Gemeinde beschlossenen sonstigen städtebaulichen Planung nach § 1 Abs. 5 Satz 2 Nr. 10 BauGB teilweise oder vollständig beseitigt werden soll und der Vermieter dem Mieter Wohnraum vergleichbarer Art, Größe und Ausstattung nachweist. Die Bundesregierung, die den Entwurf dem Bundestag zugeleitet hat, hielt indessen weder ein rechtliches noch ein praktisches Bedürfnis für die vorgeschlagene Regelung für gegeben.[5]

3. Regelungsprinzipien

4 § 573 BGB bildet das **Kernstück des sozialen Mietrechts**. In Abkehr von der nach dem allgemeinem Mietrecht grundsätzlich möglichen freien Kündigung des Mietverhältnisses durch den Vermieter gewährt die Vorschrift dem Mieter im Hinblick auf die besondere Schutzwürdigkeit der Wohnung als Mittelpunkt der privaten Existenz des einzelnen **Bestandsschutz** (Art. 14 Abs. 1 GG)[6], indem sie eine

---

[1] BGBl I 2001, 1149.
[2] *Blank* in: Schmidt-Futterer, Mietrecht, 10. Aufl. 2011, § 573 Rn. 1.
[3] *Lammel*, Wohnraummietrecht, 3. Aufl. 2007, § 573 Rn. 6.
[4] BT-Drs. 16/1029, S. 5.
[5] BT-Drs. 16/1029, S. 8.
[6] BVerfG v. 26.05.1993 - 1 BvR 208/93 - juris Rn. 21 - NJW 1993, 2035-2037.

Kündigung nur auf Grund eines berechtigten Interesses des Vermieters zulässt, das sich entweder aus dem Mieterverhalten oder dem geschützten Erlangungsinteresse des Vermieters ergeben muss. Die Regelung begrenzt damit als Ausprägung des **Sozialstaatsprinzips** (Art. 20 Abs. 1 GG) das ebenfalls grundrechtlich geschützte Eigentum (Art. 14 Abs. 1 GG) des Vermieters und ist Ausdruck von dessen Sozialpflichtigkeit (Art. 14 Abs. 2 GG)[7]. Diese widerstreitenden Grundrechtspositionen sind bei der Anwendung von § 573 BGB stets zu berücksichtigen.[8]

Durch den **Ausschluss der Änderungskündigung** nach § 573 Abs. 1 Satz 2 BGB soll verhindert werden, dass Mieterhöhungen unter dem Druck einer sonstigen Auflösung des Mietverhältnisses vom Vermieter erzwungen werden.

II. Anwendungsvoraussetzungen

1. Normstruktur

Normstruktur:
- Tatbestandsmerkmale:
  - Wohnraummietverhältnis.
- Rechtsfolge:
  - befristete Kündigung nur bei berechtigtem Interesse des Vermieters (§ 573 Abs. 1 Satz 1 BGB),
  - Ausschluss der Kündigung zum Zwecke der Mieterhöhung (§ 573 Abs. 1 Satz 2 BGB).

2. Wohnraummietverhältnis

Die Bestimmung ist auf Grund ihrer systematischen Stellung und ihres Schutzzweckes (vgl. hierzu Rn. 4) nur auf die **Wohnraummiete** anwendbar. Zur Abgrenzung von anderen Mietverhältnissen vgl. die Kommentierung zu § 549 BGB.

Der Bestandsschutz wird unabhängig davon gewährt, ob es sich um die Kündigung eines Mietverhältnisses für Wohnraum **auf unbestimmte oder bestimmte Zeit** (§ 575a Abs. 1 BGB) sowie über preisfreien oder preisgebundenen Wohnraum handelt.

Keine Anwendung findet § 573 BGB allerdings auf Mietverhältnisse
- über Wohnraum, der nur **zum vorübergehenden Gebrauch** vermietet ist (§ 549 Abs. 2 Nr. 1 BGB, vgl. hierzu auch die Kommentierung zu § 549 BGB),
- über Wohnraum, der Teil der vom Vermieter selbst bewohnten Wohnung ist und den der Vermieter überwiegend mit Einrichtungsgegenständen auszustatten hat, sofern der Wohnraum dem Mieter nicht zum dauernden Gebrauch mit seiner Familie oder Personen überlassen ist, mit denen er einen auf Dauer angelegten gemeinsamen Haushalt führt („**Einliegerwohnung**", § 549 Abs. 2 Nr. 2 BGB, vgl. hierzu auch die Kommentierung zu § 549 BGB),
- über Wohnraum, den eine juristische Person des öffentlichen Rechts oder ein anerkannter privater Träger der Wohlfahrtspflege angemietet hat, um ihn **Personen mit dringendem Wohnbedarf** zu überlassen, wenn bei Vertragsschluss hierauf hingewiesen wurde (§ 549 Abs. 2 Nr. 3 BGB, vgl. hierzu auch die Kommentierung zu § 549 BGB),
- über Wohnraum **in einem Studenten- oder Jugendwohnheim** (§ 549 Abs. 3 BGB, vgl. hierzu die Kommentierung zu § 549 BGB),
- über die Anmietung **anderer Räume**, insbesondere von Geschäftsräumen, (§ 578 Abs. 2 BGB, vgl. auch die Kommentierung zu § 578 BGB) oder **Grundstücke**n (§ 578 Abs. 1 BGB, vgl. auch die Kommentierung zu § 578 BGB) oder
- über **bewegliche Sachen**.

Seit der Mietrechtsreform vom 19.06.2001 wird aber Mietverhältnissen über Wohnraum in **Ferienwohnungen** in Ferienhausgebieten Bestandsschutz nach § 573 BGB gewährt.[9]

---

[7] BVerfG v. 08.01.1985 - 1 BvR 792/83, 1 BvR 501/83 - juris Rn. 15 - NJW 1985, 2633-2635.
[8] BVerfG v. 16.01.2004 - 1 BvR 2285/03 - juris Rn. 9 - NJW-RR 2004, 440-442.
[9] *Blank* in: Schmidt-Futterer, Mietrecht, 10. Aufl. 2011, § 573 Rn. 5.

11 § 573 BGB gilt im Rahmen eines Wohnraummietverhältnisses auch **zwischen Hauptmieter/Untervermieter und Untermieter**.[10] Dies schon deshalb, weil der Kündigungsschutz an die schuldrechtliche Beziehung der Vertragsparteien und nicht die dingliche Eigentümerstellung des Vermieters anknüpft.

12 An einem Wohnraummietverhältnis fehlt es aber **zwischen Hauptvermieter und einem Hauptmieter/Untervermieter**, der nach den mietvertraglichen Vereinbarungen nicht zur Eigennutzung, sondern zur Weitervermietung anmietet („Zwischenmiete").[11] Dies gilt unabhängig davon, ob die Überlassung durch den Hauptmieter an den Dritten mit oder ohne Gewinnerzielungsabsicht erfolgt[12], auch die namentliche Nennung des Untermieters ändert insoweit nichts[13]. Maßgeblich ist für die Beurteilung, ob zur Eigennutzung oder Weitervermietung angemietet wurde, nur der zwischen den Parteien vereinbarte vertragsgemäße Gebrauch, nicht die tatsächliche Nutzung.[14] Dass zwischen dem Hauptmieter/Untervermieter und dem Untermieter bestehende Wohnraummietverhältnis schlägt auf die Vertragsbeziehungen zwischen Hauptvermieter und Hauptmieter/Untervermieter nicht durch. Ein Wohnraummietverhältnis zwischen letzteren ist dagegen anzunehmen, wenn der **Hauptmieter/Untervermieter die Räumlichkeiten nach den vertraglichen Abreden zumindest teilweise selbst zu Wohnzwecken nutzt** und nur im Übrigen weitervermietet sowie nach dem übereinstimmenden Parteiwillen der vorherrschende Vertragszweck im Wohnen liegt.[15]

13 Im Verhältnis **zwischen Hauptvermieter und Untermieter** besteht ein Bestandsschutz nach § 573 BGB schon deshalb grundsätzlich nicht, weil zwischen diesen keine vertraglichen Beziehungen bestehen. Etwas anderes gilt im Rahmen der **gewerblichen Zwischenmiete**, wenn der Hauptvermieter nach dem Ende des Hauptmietverhältnisses kraft Gesetzes als Vermieter in das Untermietverhältnis eintritt (vgl. hierzu die Kommentierung zu § 565 BGB). Auch bei einem **nicht gewerblich**, d.h. ohne Gewinnerzielungsabsicht, handelnden Zwischenmieter finden die Kündigungsvorschriften des Wohnraummietrechts allerdings nach Beendigung des Hauptmietverhältnisses Anwendung, wenn dies nach dem verfassungsrechtlichen Gleichheitsgrundsatz (Art. 3 Abs. 1 GG) geboten ist, weil die Interessenlage der am betroffenen gestuften Mietverhältnis Beteiligten mit der bei der gewerblichen Zwischenvermietung vergleichbar ist.[16] Ist Letzteres nicht gegeben, kann sich der Untermieter bei der nicht gewerblichen Zwischenmiete gegenüber dem Herausgabeanspruch des Hauptvermieters (§ 546 Abs. 3 BGB) aber lediglich auf Rechtsmissbrauch berufen (§ 242 BGB).[17] Ein gegen Treu und Glauben verstoßendes Verhalten des Hauptvermieters kommt jedoch grundsätzlich nur dann in Betracht, wenn die Zwischenvermietung gerade auf dessen (insbesondere Vermögens-)Interessen beruht. Es wird sich dabei regelmäßig um Fälle handeln, die der gewerblichen Zwischenvermietung nahe stehen.[18] Beruht die Zwischenvermietung dagegen – zumindest auch – auf gleichgewichtigen Interessen des Zwischenvermieters und kann nicht angenommen werden, dass der Hauptvermieter einen Mietvertrag mit dem Untermieter ohne Einschaltung des Zwischenmieters überhaupt oder zumindest zu diesen Bedingungen ab-

---

[10] LG Berlin v. 05.12.1995 - 64 S 260/95 - juris Rn. 6 - Grundeigentum 1996, 739 sowie LG Lüneburg v. 21.09.1998 - 4 T 140/98 - juris Rn. 8 - DWW 1999, 296-297.

[11] BGH v. 13.02.1985 - VIII ZR 36/84 - juris Rn. 10 - BGHZ 94, 11-18 sowie BGH v. 03.07.1996 - VIII ZR 278/95 - juris Rn. 16 - BGHZ 133, 142-155.

[12] OLG Karlsruhe v. 24.10.1983 - 3 REMiet 4/83 - juris Rn. 15 - NJW 1984, 373-374 sowie OLG Braunschweig v. 27.06.1984 - 1 W 15/84 - juris Rn. 7 - WuM 1984, 237.

[13] AG Frankfurt v. 16.08.1989 - 33 C 1787/89 - 29 - juris Rn. 1 - WuM 1990, 335; a.A. *Sternel*, Mietrecht, 3. Aufl. 1988, Teil I Rn. 145.

[14] OLG Frankfurt v. 14.07.1986 - 20 REMiet 1/86 - juris Rn. 19 - MDR 1986, 938-939.

[15] OLG Stuttgart v. 07.11.1985 - 8 REMiet 3/84 - juris Rn. 22 - NJW 1986, 322-323.

[16] BGH v. 30.04.2003 - VIII ZR 162/02 - juris Rn. 9 - NJW 2003, 3054-3055.

[17] BGH v. 21.04.1982 - VIII ARZ 16/81 - juris Rn. 26 - BGHZ 84, 90-101, in der dortigen Konstellation allerdings durch § 565 Abs. 1 BGB überholt.

[18] Vgl. BayObLG München v. 30.08.1995 - RE-Miet 6/94 - juris Rn. 32 - NJW-RR 1996, 76-79 - Zwischenvermietung an Arbeitgeber bei Einfluss des Hauptvermieters auf Endmietverhältnis.

geschlossen hätte, liegt kein rechtsmissbräuchliches Verhalten des Hauptvermieters vor, wenn er die Wohnung vom Untermieter herausverlangt.[19]

Bei **Pachtverhältnissen** kann § 573 BGB über § 581 Abs. 2 BGB Anwendung finden, wenn die Pachträume auch als Wohnung verpachtet werden und – was eher selten sein wird – diese Nutzung den Schwerpunkt bildet.[20]

III. Rechtsfolgen

1. Befristete Kündigung nur bei berechtigtem Interesse des Vermieters

§ 573 BGB gilt im Rahmen der oben genannten Wohnraummietverhältnisse (vgl. hierzu Rn. 7 ff.) grundsätzlich für **alle ordentlichen und außerordentlichen befristeten Kündigungen** des Vermieters. Zum Begriff der Kündigung vgl. die Kommentierung zu § 542 BGB.

Ebenso werden Kündigungen erfasst, die noch **vor Überlassung** der Mietsache erfolgen. Denn auch insoweit ist der Mieter im Hinblick auf die regelmäßig schon veranlassten Dispositionen schutzwürdig.[21]

Keine Anwendung findet die Vorschrift dagegen auf **fristlose Kündigungen**[22] oder **andere Formen der Aufhebung** des Mietverhältnisses, insbesondere eine einvernehmliche vertragliche Beendigung[23]. Ein **Rücktritt** durch den Vermieter kommt nach Invollzugsetzung des Mietverhältnisses durch Überlassung der Mietsache ohnehin nicht in Betracht (vgl. hierzu die Kommentierung zu § 572 BGB).

Ebenso wenig greift § 573 BGB bei einer **Kündigung des Mieters** ein; dies folgt schon aus dem Schutzzweck der Vorschrift, vgl. hierzu Rn. 4.

Eine Definition des geforderten **berechtigten Interesses** gibt das Gesetz nicht. Bei der Ausfüllung dieses unbestimmten Rechtsbegriffs ist daher auf die geltende Rechts- und Sozialordnung abzustellen und insoweit in besonderem Maße die Wertordnung der Grundrechte zu berücksichtigen.[24] Hierbei ist einerseits insbesondere das grundrechtlich geschützte Eigentum des Vermieters, andererseits dessen Sozialpflichtigkeit zu bedenken, vgl. auch Rn. 4. So kann zwar die Eigentumsgarantie eine Nutzung nicht schützen, bei der die soziale Funktion der Wohnung missachtet wird, ebenso wenig rechtfertigt die Sozialpflichtigkeit des Eigentums aber eine Begrenzung der privatrechtlichen Befugnisse des Vermieters, die durch die soziale Funktion der Wohnung nicht geboten ist.[25] Da auch dem Besitzrecht des Mieters grundrechtlicher Eigentumsschutz zukommt[26], muss bei der Feststellung des berechtigten Interesses des Vermieters eine unverhältnismäßige Beschränkung des Eigentums auf beiden Seiten vermieden werden.[27] Bei gerichtlichen Entscheidungen ist daher die grundrechtliche **Konfliktlage des sowohl für Vermieter als auch für Mieter garantierten Eigentumsgrundrechts aus Art. 14 Abs. 1 Satz 1 GG** zu lösen, indem die beiderseitigen Interessen in einen Ausgleich gebracht werden, der dem Schutz des Privateigentums durch Art. 14 Abs. 1 Satz 1 GG und der verbindlichen Richtschnur des Art. 14 Abs. 2 GG gleichermaßen Rechnung trägt.[28] Dieser Interessenausgleich muss darüber hinaus aufgrund des **Gleichbehandlungsgebots aus Art. 3 Abs. 1 GG** vergleichbaren Personengruppen

---

[19] Vgl. BGH v. 03.07.1996 - VIII ZR 278/95 - juris Rn. 33 - BGHZ 133, 142-155 - Anmietung von Wohnraum durch karitativen Verein zur Überlassung im Rahmen seines Vereinszwecks sowie BayObLG München v. 30.08.1995 - RE-Miet 5/94 - juris Rn. 22 - NJW-RR 1996, 71-72 - Überlassung an einen Mitarbeiter des Vereins.

[20] *Rolfs* in: Staudinger, § 573 Rn. 12.

[21] BGH v. 21.02.1979 - VIII ZR 88/78 - juris Rn. 13 - NJW 1979, 1288-1289 und *Hannappel* in: Bamberger/Roth, § 573 Rn. 11.

[22] OLG Karlsruhe v. 08.06.1982 - 3 REMiet 1/82 - juris Rn. 26 - NJW 1982, 2004-2005.

[23] *Rolfs* in: Staudinger, § 573 Rn. 21.

[24] BGH v. 03.10.1984 - VIII ARZ 2/84 - juris Rn. 15 - BGHZ 92, 213-222.

[25] *Rolfs* in: Staudinger, § 573 Rn. 24.

[26] BVerfG v. 04.04.2011 - 1 BvR 1803/08 - juris Rn. 29 und ausführlich *Lange*, ZMR 2004, 881-892.

[27] BVerfG v. 04.04.2011 - 1 BvR 1803/08 - juris Rn. 30; BVerfG v. 16.01.2004 - 1 BvR 2285/03 - juris Rn. 9 - NJW-RR 2004, 440-442 und BVerfG v. 26.05.1993 - 1 BvR 208/93 - juris Rn. 30 - NJW 1993, 2035-2037.

[28] BVerfG v. 04.04.2011 - 1 BvR 1803/08 - juris Rn. 35.

grundsätzlich in gleicher Weise den Schutz ihres Eigentums zuteilwerden lassen. Eine Ungleichbehandlung unterschiedlicher Mietergruppen ist unzulässig, wenn für die verschiedenen Gruppen ein vergleichbares Schutzbedürfnis besteht und die Ungleichbehandlung nicht durch gewichtige Interessen des Eigentümers gerechtfertigt ist.[29] Schließlich ist zu berücksichtigen, dass § 573 Abs. 1 Satz 1 BGB einen **Auffangtatbestand** bereitstellt, der nur dann zur Geltung kommt, wenn keines der in § 573 Abs. 2 BGB gesondert aufgeführten berechtigten Interessen betroffen ist. Bei letzteren handelt es sich zwar um keine abschließende Aufzählung („insbesondere"[30]), es sind aber nur solche Interessen geeignet, eine vermieterseitige Kündigung zu rechtfertigen, die ein den dort genannten Belangen **vergleichbares Gewicht** haben.[31]

19.1 Seine Rechtsprechung zum **systematischen Verhältnis der Absätze 1 und 2 des § 573 BGB** hat der Bundesgerichtshof in einem Urteil vom 09.05.2012 erneut bestätigt: Da der generalklauselartige Kündigungstatbestand in § 573 Abs. 1 Satz 1 BGB gleichgewichtig ist mit den in § 573 Abs. 2 BGB genannten Kündigungsgründen, kommt es für die Frage, ob ein Interesse als berechtigt nach § 573 Abs. 1 Satz 1 BGB anzusehen ist, allein darauf an, ob es ebenso schwer wiegt wie die in § 573 Abs. 2 BGB beispielhaft aufgeführten Kündigungsgründe (vgl. BGH v. 09.05.2012 - VIII ZR 238/11 - juris Rn. 13 - NSW BGB § 573 (BGH-intern)). Die in § 573 Abs. 2 BGB normierten Kündigungsgründe können dabei auch zur Klärung der Frage herangezogen werden, inwieweit **Drittinteressen** bei einer Kündigung nach § 573 Abs. 1 Satz 1 BGB zu berücksichtigen sind. Da nach § 573 Abs. 2 Nr. 2 BGB der Wohnbedarf von Familienangehörigen oder Haushaltsangehörigen des Vermieters dem Bedarf des Vermieters gleichgesetzt wird, ist kein sachlicher Grund dafür ersichtlich, bei § 573 Abs. 1 Satz 1 BGB einen strengeren Maßstab anzulegen und Drittinteressen nur dann dem Vermieter als eigenes Interesse zuzuordnen, wenn dieser rechtlich verpflichtet ist, auch solche Fremdinteressen zu wahren. Die genannte Vorschrift verwehrt es dem Vermieter – auch juristischen Personen des öffentlichen Rechts – daher nicht, Umstände aus dem Interessenbereich dritter Personen insoweit zu berücksichtigen, als sich aus ihnen aufgrund eines **familiären, wirtschaftlichen oder rechtlichen Zusammenhangs** auch ein eigenes Interesse des Vermieters an der Beendigung des Mietverhältnisses ergibt (vgl. BGH v. 09.05.2012 - VIII ZR 238/11 - juris Rn. 14 - NSW BGB § 573 (BGH-intern) und Rn. 23.2).

20 Ein berechtigtes Interesse ist demnach grundsätzlich anzunehmen, wenn ein vernünftig denkender und seiner Sozialpflichtigkeit bewusster Vermieter das verfolgte Interesse als so erheblich ansehen kann, dass er zur Wahrung dieses Interesses die Vertragsbeendigung herbeiführen würde.[32] Nicht vorausgesetzt wird, dass die Fortsetzung des Mietverhältnisses dem Vermieter unzumutbar ist; das berechtigte Interesse ist weiter zu fassen als der wichtige Grund für eine Kündigung.[33] Berechtigt ist vielmehr schon jedes vernünftige, nachvollziehbare Interesse von nicht ganz unerheblichem Gewicht, das mit der geltenden Rechts- und Sozialordnung in Einklang steht.[34] Als berechtigte Interessen kommen aber auch Umstände in Betracht, die einen **wichtigen Grund** im Sinne von § 543 BGB darstellen. Denn sie können anstatt zur Begründung einer außerordentlichen fristlosen Kündigung ebenso für eine ordentliche befristete Kündigung herangezogen werden.[35]

---

[29] BVerfG v. 04.04.2011 - 1 BvR 1803/08 - juris Rn. 35.
[30] BayObLG München v. 21.11.1980 - Allg Reg 83/80 - juris Rn. 25 - NJW 1981, 580-583.
[31] BGH v. 23.05.2007 - VIII ZR 122/06 - juris Rn. 13 - NJW-RR 2007, 1460-1461; BGH v. 23.05.2007 - VIII ZR 113/06 - juris Rn. 13 - WuM 2007, 459-460; OLG Stuttgart v. 24.04.1991 - 8 REMiet 1/90 - juris Rn. 12 - NJW-RR 1991, 1294-1295; OLG Hamm v. 14.07.1982 - 4 REMiet 4/82 - juris Rn. 5 - NJW 1982, 2563-2564 sowie OLG Frankfurt v. 06.03.1981 - 20 REMiet 1/80 - juris Rn. 15 - NJW 1981, 1277-1278.
[32] *Gramlich*, Mietrecht, 11. Aufl. 2011, § 573 Ziffer 2.
[33] OLG Karlsruhe v. 23.12.1983 - 9 REMiet 4/83 - juris Rn. 19 - NJW 1984, 2584-2585; a.A. *Lammel*, Wohnraummietrecht, 3. Aufl. 2007, § 573 Rn. 19.
[34] BGH v. 03.10.1984 - VIII ARZ 2/84 - juris Rn. 15 - BGHZ 92, 213-222 sowie BGH v. 20.01.1988 - VIII ARZ 4/87 - juris Rn. 17 - BGHZ 103, 91-101; kritisch hierzu *Blank* in: Schmidt-Futterer, Mietrecht, 10. Aufl. 2011, § 573 Rn. 188.
[35] *Weidenkaff* in: Palandt, § 573 Rn. 40.

Im Rahmen des § 573 BGB findet **keine (!) Abwägung** des berechtigten Interesses des Vermieters mit entgegenstehenden – einfach rechtlichen – Belangen des Mieters statt, denn die Vorschrift stellt allein auf das Interesse des Vermieters an der Vertragsbeendigung ab. Die besonderen Belange des Mieters im Einzelfall sind nur auf dessen Widerspruch nach § 574 BGB zu beachten. Erst dann hat eine Abwägung der im Einzelfall gegebenen beiderseitigen Interessen stattzufinden. Wären die im Einzelfall vorliegenden besonderen Belange des Mieters bereits bei der Prüfung zu beachten, ob ein berechtigtes Interesse des Vermieters an der Kündigung anzunehmen ist, liefe dies darauf hinaus, dass der Vermieter zur Schlüssigkeit einer Räumungsklage die besondere Interessenlage des Mieters schildern muss. Dazu ist er häufig gar nicht in der Lage, weil sie ihm nicht bekannt ist. Andererseits wäre es nicht im Sinne des sozialen Mietrechts, den Vermieter zu Ermittlungen über die sozialen Verhältnisse des Mieters zu veranlassen.[36] Eine Abwägung findet in § 573 BGB nur insoweit statt, als die **verfassungsrechtlich geschützten Eigentumsrechte** von Mieter und Vermieter dahin überprüft werden, ob das Vermieterinteresse mit diesen und damit mit der Rechts- und Sozialordnung generell in Einklang steht, vgl. insoweit Rn. 19.[37]

21

Regelmäßig ist es erforderlich, aber auch ausreichend, wenn das berechtigte Interesse **zur Zeit der Kündigungserklärung** vorliegt. Sofern das berechtigte Interesse des Vermieters aber von einer gewissen Dauerhaftigkeit geprägt ist – wie beispielsweise beim Eigenbedarf –, kann ein **Wegfall bis zur Beendigung** des Mietverhältnisses den Vermieter verpflichten, sich zur Fortsetzung des Mietverhältnisses bereit zu erklären, vgl. hierzu auch Rn. 119.[38]

22

Neben den in § 573 Abs. 2 BGB ausdrücklich genannten Tatbeständen ist von der Rechtsprechung insbesondere in folgenden **Fallgruppen** ein berechtigtes Interesse des Vermieters **anerkannt** worden:

23

- Aufnahme einer **Pflegeperson für seine** auch im Gebäude wohnenden **Eltern** oder andere nach § 573 Abs. 2 Nr. 2 BGB privilegierte Angehörige,[39]
- **Abriss des Gebäudes** wegen Wohnungsleerstand,[40]
- endgültige **Aufgabe der dauernden regelmäßigen Nutzung** einer von einer Wohnungsgenossenschaft vermieteten Wohnung,[41]
- Beendigung eines **Ausbildungsverhältnisses** im Hinblick auf das die Wohnung überlassen wurde,[42]
- freiwilliger **Austritt oder Ausschluss aus** vermietender **Wohnungsgenossenschaft, wenn** die betroffene Wohnung zur Versorgung eines anderen Mitgliedes benötigt wird[43]; fehlt es dagegen an einem solchen konkreten Bedarf der Wohnungsgenossenschaft, liegt auch ein berechtigtes Interesse nicht vor (str.)[44]. Im Falle der **Kündigung der Mitgliedschaft** in einer Wohnungsgenossenschaft **durch einen Gläubiger des Mieters nach § 66 GenG** ist die Annahme eines berechtigten Interesses der Genossenschaft an der Kündigung des Mietverhältnisses dagegen nicht zwingend. Vielmehr sind die Umstände des Einzelfalls, etwa ein vom Mieter als Schuldner mit dem Ziel der Restschuldbefrei-

---

[36] BGH v. 20.01.1988 - VIII ARZ 4/87 - juris Rn. 25 - BGHZ 103, 91-101.

[37] *Schach* in: Kinne/Schach/Bieber, Miet- und Mietprozessrecht, 6. Aufl. 2011, § 573 Rn. 4 und *Grapentin* in: Bub/Treier, Handbuch der Geschäfts- und Wohnraummiete, 3. Aufl. 1999, Teil IV Rn. 60.

[38] OLG Karlsruhe v. 07.10.1981 - 3 REMiet 6/81 - juris Rn. 21 - NJW 1982, 54-56; weitergehend – Fortwirkung bis zum Kündigungszeitpunkt immer notwendig – *Hannappel* in: Bamberger/Roth, § 573 Rn. 121.

[39] LG Koblenz v. 24.08.2007 - 6 T 102/07 - WuM 2007, 637; LG Potsdam v. 03.11.2005 - 11 S 146/05 - juris Rn. 15 - WuM 2006, 44-45 und *Krenek* in: Müller/Walther, Miet- und Pachtrecht, § 573 Rn. 30; kritisch *Winning*, WuM 2007, 608-610.

[40] BGH v. 24.03.2004 - VIII ZR 188/03 - juris Rn. 16 - NJW 2004, 1736-1737 und LG Berlin v. 09.01.2007 - 63 T 132/06 - juris Rn. 2 - Grundeigentum 2007, 447; a.A. LG Berlin v. 27.05.2003 - 64 S 8/03 - ZMR 2003, 837-839. Mit Antrag vom 30.12.2005 (BR-Drs. 950/05) hatte das Land Sachsen einen Gesetzentwurf eingebracht, wonach die „Abrisskündigung" als eigenständiges berechtigtes Interesse in § 573 Abs. 2 Nr. 4 BGB aufgenommen werden soll; vgl. hierzu ausführlich *Hinz*, NZM 2005, 321-327.

[41] LG München I v. 03.07.1991 - 14 S 142/91 - juris Rn. 6 - NJW-RR 1992, 907-908.

[42] LG Mönchengladbach v. 07.08.1992 - 2 S 131/92 - juris Rn. 7 - ZMR 1993, 571-572.

[43] BGH v. 10.09.2003 - VIII ZR 22/03 - juris Rn. 9 - NJW-RR 2004, 12-13.

[44] BGH v. 10.09.2003 - VIII ZR 22/03 - juris Rn. 13 - NJW-RR 2004, 12-13 und LG Hamburg v. 31.05.1988 - 16 S 281/87 - juris Rn. 4 - WuM 1988, 430; a.A. *Roth*, NZM 2004, 129-132.

ung selbst gestellter Antrag auf Eröffnung des Verbraucherinsolvenzverfahrens und seine Bereitschaft, sich nach Beendigung des Insolvenzverfahrens nach Kräften um eine Wiedererlangung der Mitgliedschaft zu bemühen, bei der Prüfung eines berechtigten Interesses der Genossenschaft an der Kündigung, jedenfalls aber im Rahmen der Abwägung der beiderseitigen Interessen im Falle eines Fortsetzungsverlangens des ausgeschiedenen Mitglieds nach § 574 Abs. 1 BGB zu berücksichtigen[45], vgl. hierzu auch die Kommentierung zu § 574 BGB Rn. 39. Ob eine **Wohnungsgenossenschaft** grundsätzlich schon dann ein berechtigtes Interesse an der Beendigung des Mietverhältnisses hat, wenn die **Mitgliedschaft bei ihr durch Tod endet** und Nichtmitglieder die Wohnung mitgenutzt haben[46], hat der Bundesgerichtshof offen gelassen[47], in einem insoweit entschiedenen Einzelfall einen Kündigungsgrund allerdings im Hinblick auf die auch hier zu beachtenden konkreten Umstände[48] verneint, vgl. Rn. 24; zum Kündigungsrecht der Wohnungsgenossenschaften insgesamt vgl. den Überblick bei *Lützenkirchen*[49],

- **behördliche Verfügungen** an den Vermieter zu Abbruch, Instandsetzung oder Modernisierung,[50]
- **Eigenbedarf** des Vermieters **für überwiegend berufliche Zwecke** (beispielsweise Einrichtung eines Architekturbüros),[51]
- **Betriebsbedarf** des Vermieters an einer Werkswohnung nach Beendigung des **Arbeitsverhältnisses mit dem Mieter** und bei Bedarf für anderen Arbeitnehmer,[52]
- **Betriebsbedarf des Vermieters an einer an einen Betriebsfremden vermieteten Wohnung**, wenn die Benutzung der Wohnung durch den Arbeitnehmer betrieblich erforderlich ist[53], bei einem nebenberuflichen Hausmeister aber nur in Ausnahmefällen,[54]
- **Betriebsbedarf zur dringenden Erweiterung des Gewerbebetriebs** des Vermieters,[55] aber nicht zur bloßen Verbesserung des Betriebsablaufes,[56]
- anfänglich fehlende Wohnberechtigung des Mieters bei Sozialwohnungen („**anfängliche Fehlbelegung**", str.),[57]
- durch eine Grunddienstbarkeit und Vertragsstrafe abgesicherte **Belegungsbindung** einer öffentlich geförderten Eigentumswohnung **als „Studentenwohnung"** bei Wegfall des Studentenstatus des Mieters,[58]
- drohender Wegfall der **Grunderwerbsteuerbefreiung** wegen unterlassener Eigennutzung,[59]

---

[45] BGH v. 19.03.2009 - IX ZR 58/08 - juris Rn. 10 - NSW GenG § 66 (BGH-intern).
[46] Vgl. hierzu auch *Flaute* in: Hannemann/Wiegener, Münchener Anwaltshandbuch Mietrecht, 3. Aufl. 2010, § 33 Rn. 237 f.
[47] BGH v. 20.04.2010 - VIII ZR 254/09 - juris Rn. 3 - WuM 2010, 431; BGH v. 10.09.2003 - VIII ZR 22/03 - juris Rn. 9 - NJW-RR 2004, 12-13.
[48] *Blank* in: Schmidt-Futterer, Mietrecht, 10. Aufl. 2011, § 573 Rn. 213.
[49] *Lützenkirchen*, WuM 1994, 5-10, 6-10.
[50] LG Kiel v. 12.01.1983 - 1 S 200/82 - juris Rn. 18 - SchlHA 1983, 39-41.
[51] BGH v. 05.10.2005 - VIII ZR 127/05 - juris Rn. 4 - WuM 2005, 779-781; kritisch *Wiek*, WuM 2005, 781-782.
[52] OLG Stuttgart v. 24.04.1991 - 8 REMiet 1/90 - juris Rn. 12 - NJW-RR 1991, 1294-1295.
[53] BGH v. 15.12.2010 - VIII ZR 210/10 - juris Rn. 13 - NSW BGB § 573 (BGH-intern); BGH v. 23.05.2007 - VIII ZR 122/06 - juris Rn. 12 - NJW-RR 2007, 1460-1461; BGH v. 23.05.2007 - VIII ZR 113/06 - juris Rn. 12 - WuM 2007, 459-460 und LG Berlin v. 30.10.1995 - 67 S 176/95 - juris Rn. 7 - NJW-RR 1996, 907-908.
[54] LG Wiesbaden v. 05.07.1994 - 8 S 41/94 - juris Rn. 8 - WuM 1996, 543-544.
[55] AG Bruchsal v. 07.11.1991 - 1 C 22/91 - juris Rn. 19 - NJW-RR 1992, 844-845.
[56] LG Berlin v. 16.05.1997 - 64 S 520/96 - juris Rn. 4 - ZMR 1997, 472-473.
[57] BayObLG München v. 23.07.1985 - ReMiet 3/85 - juris Rn. 12 - MDR 1985, 1030; a.A. – erst wenn die zuständige Behörde die Beseitigung der Fehlbelegung verlangt – OLG Karlsruhe v. 23.12.1983 - 9 REMiet 4/83 - juris Rn. 17 - NJW 1984, 2584-2585.
[58] LG München I v. 17.09.2003 - 14 S 7422/03 - Info M 2004, Nr. 1, 11.
[59] BayObLG München v. 17.10.1983 - ReMiet 6/83 - juris Rn. 8 - NJW 1984, 1560-1562; einschränkend LG Frankfurt v. 29.07.1986 - 2/11 S 74/86 - juris Rn. 5 - WuM 1986, 317-318.

- Wegfall der dem Mieter bekannten Voraussetzungen für einen **Platz in einem Studentenwohnheim** (Rotationssystem) und Bedarf für einen anderen Berechtigten,[60]
- Bereitstellung von Räumen für **kommunale Pflichtaufgaben**,[61]
- erhebliche **Störung des Hausfriedens** durch geschäftsunfähige Mieter,[62]
- **Täuschungshandlungen** im Rahmen der Vertragsverhandlungen,[63] nicht das Verschweigen einer Entmündigung,[64]
- unverschuldete **Überbelegung** (str.),[65]
- Umbau bei **Vorliegen eines öffentlichen Interesses**, insbesondere im Rahmen der Daseinsfürsorge der öffentlichen Hand, sofern dem Vermieter die Wahrnehmung der öffentlichen Interessen obliegt,[66] was **bei privaten Vermietern** nur ausnahmsweise dann der Fall ist, wenn sie von einem Träger öffentlicher Aufgaben in einer Form verbindlich in Anspruch genommen werden, die die Beendigung des Mietverhältnisses erfordert,[67]
- Wegfall des Hauptmietverhältnisses bei gewerblicher **Zwischenvermietung**, sofern der Hauptvermieter ein berechtigtes Interesse an der Beendigung hat[68].

Ein berechtigtes Interesse an der Beendigung eines Mietverhältnisses kann bereits dann – und damit teilweise weitergehend als in der vorstehend zitierten Rechtsprechung – vorliegen, wenn eine **öffentlich-rechtliche Körperschaft** (vor allem eine Gemeinde) die von ihr vermietete Wohnung zur Umsetzung von Aufgaben benötigt, an deren Erfüllung ein **gewichtiges öffentliches Interesse** besteht (vgl. BGH v. 09.05.2012 - VIII ZR 238/11 - juris Rn. 12 - NSW BGB § 573 (BGH-intern)). Es ist **nicht erforderlich**, dass die juristische Person des öffentlichen Rechts die von ihr vermietete Wohnung zur Erfüllung eigener öffentlich-rechtlicher Aufgaben oder jedenfalls zur Wahrung solcher öffentlich-rechtlicher Drittinteressen benötigt, zu deren Durchsetzung sie **rechtlich verpflichtet** ist. Drittinteressen nur bei einer rechtlichen Verpflichtung des Vermieters zu deren Wahrnehmung zu berücksichtigen, verengt den Anwendungsbereich des § 573 Abs. 1 Satz 1 BGB unangemessen. Denn es bleibt dabei außer Acht, dass der generalklauselartige Kündigungstatbestand in § 573 Abs. 1 Satz 1 BGB gleichgewichtig ist mit den in § 573 Abs. 2 BGB genannten Kündigungsgründen. Für die Frage, ob ein Interesse als berechtigt nach § 573 Abs. 1 Satz 1 BGB anzusehen ist, kommt es allein darauf an, ob es ebenso schwer wiegt wie die in § 573 Abs. 2 BGB beispielhaft aufgeführten Kündigungsgründe (vgl. BGH v. 09.05.2012 - VIII ZR 238/11 - juris Rn. 13 - NSW BGB § 573 (BGH-intern) und Rn. 19). Wie der Tatbestand des § 573 Abs. 2 Nr. 2 BGB belegt, kann sich ein berechtigtes Interesse des Vermieters an der Auflösung des Mietverhältnisses ferner nicht nur aus rechtlichen Beziehungen zu anderen Personen, sondern **auch aus familiären oder wirtschaftlichen Beziehungen** ergeben. In dieser Regelung wird der Wohnbedarf von Familienangehörigen oder Haushaltsangehörigen des Vermieters dem Be-

23.1

---

[60] LG Aachen v. 29.01.1982 - 5 S 308/81 - juris Rn. 20 - MDR 1982, 494.
[61] BayObLG München v. 21.11.1980 - Allg Reg 83/80 - juris Rn. 35 - NJW 1981, 580-583; LG Kiel v. 07.10.1991 - 1 S 240/90 - juris Rn. 8 - WuM 1992, 129-130.
[62] AG Freiburg (Breisgau) v. 16.09.1992 - 4 C 1635/91 - juris Rn. 8 - WuM 1993, 125.
[63] Vgl. AG Hannover v. 18.06.1981 - 16a C 176/81 - juris Rn. 4 - WuM 1983, 142 - Vorspiegeln des Bestehens einer Ehe der Mieter auf entsprechende Nachfrage des Vermieters.
[64] BVerfG v. 11.06.1991 - 1 BvR 239/90 - juris Rn. 12 - NJW 1991, 2411-2412.
[65] OLG Hamm v. 06.10.1982 - 4 REMiet 13/81 - juris Rn. 6 - NJW 1983, 48-49; zur fristlosen Kündigung OLG Karlsruhe v. 16.03.1987 - 3 ReMiet 1/87 - juris Rn. 9 - NJW 1987, 1952-1953; a.A. – nur wenn die Überbelegung tatsächlich auch negative Auswirkungen hat – *Blank* in: Schmidt-Futterer, Mietrecht, 10. Aufl. 2011, § 573 Rn. 200.
[66] Vgl. LG Flensburg v. 02.02.2001 - 7 S 89/00 - juris Rn. 4 - ZMR 2001, 711 - Schaffung altengerechten Wohnraums; AG Neustadt (Rübenberg) v. 27.03.1995 - 27 C 2380/94 - juris Rn. 19 - NJW-RR 1996, 397 - Schaffung von Kindergartenplätzen; AG Göppingen v. 15.08.1978 - 1 C 598/78 - juris Rn. 12 - WuM 1979, 122-123 - Behebung eines konkreten Wohnungsnotstandes; LG Kiel v. 12.01.1983 - 1 S 66/82, 1 S 144/82 - juris Rn. 5 - SchlHA 1983, 38 - Stadtsanierung.
[67] LG Kiel v. 07.10.1991 - 1 S 240/90 - juris Rn. 7 - WuM 1992, 129-130 sowie LG Kiel v. 12.01.1983 - 1 S 200/82 - juris Rn. 17 - SchlHA 1983, 39-41.
[68] OLG Stuttgart v. 07.05.1993 - 8 REMiet 2/93 - juris Rn. 25 - Grundeigentum 1993, 745-747.

darf des Vermieters gleichgesetzt. Es ist kein sachlicher Grund dafür ersichtlich, bei § 573 Abs. 1 Satz 1 BGB einen strengeren Maßstab anzulegen und Drittinteressen nur dann dem Vermieter als eigenes Interesse zuzuordnen, wenn dieser rechtlich verpflichtet ist, auch solche Fremdinteressen zu wahren. Die genannte Vorschrift verwehrt es dem Vermieter daher nicht, auch **Umstände aus dem Interessenbereich dritter Personen** insoweit zu berücksichtigen, als sich aus ihnen aufgrund eines familiären, wirtschaftlichen oder rechtlichen Zusammenhangs auch ein eigenes Interesse des Vermieters an der Beendigung des Mietverhältnisses ergibt. Diese Grundsätze gelten nicht nur für private Vermieter, sondern auch für juristische Personen des öffentlichen Rechts. Auch bei diesen kann **ein dem Kündigungsgrund des § 573 Abs. 2 Nr. 2 BGB „artverwandtes" Interesse** vorhanden sein (vgl. BGH v. 09.05.2012 - VIII ZR 238/11 - juris Rn. 14 - NSW BGB § 573 (BGH-intern)). Im konkreten Fall reichte es aus, dass sowohl der Evangelische Kirchenkreis D. als Vermieter wie auch die Betreiberin der in der gekündigten Wohnung beabsichtigten Beratungsstelle, die Diakonie D. e.V., zum Gesamtkomplex der Evangelischen Kirche im R. gehören und im gleichen örtlichen Wirkungskreis, nämlich in D., kirchliche Aufgaben wahrnehmen.

24 **Abgelehnt** wurde ein berechtigtes Interesse dagegen in den folgenden Fallgestaltungen:
- aus **baurechtlichen Gründen** nicht zu Wohnzwecken geeignete Wohnung,[69]
- nachträglich fehlende Wohnberechtigung des Mieters bei Sozialwohnungen („**nachträgliche Fehlbelegung**"),[70]
- Wunsch einer **Wohnungsgenossenschaft**, die Hausgemeinschaft zu „verjüngen" und deshalb bei der Mieterstruktur **Familien mit Kindern zu bevorzugen**,[71]
- **Unterbelegung** und Interesse an der Beschaffung von Wohnraum für einkommensschwache, kinderreiche Familien durch **gemeinnützige Baugenossenschaft** (str.),[72]
- **Beendigung der Mitgliedschaft in einer Wohnungsgenossenschaft durch Tod des Mitglieds**, **wenn** der nach dem Tod des Mitglieds in der Wohnung verbliebene Nutzer gemäß § 563 BGB in das Mietverhältnis eingetreten ist, vergeblich um Aufnahme in die Wohnungsgenossenschaft gebeten hat und die zunächst im Wege der Erbfolge auf ihn übergegangene Mitgliedschaft aufgrund einer – auf § 77 Abs. 1 Satz 2 GenG basierenden – satzungsrechtlichen Regelung der Genossenschaft erloschen ist[73]; vgl. Rn. 23; eine andere Beurteilung kann gerechtfertigt sein, wenn dem Eintretenden die Mitgliedschaft vergeblich angeboten wurde und ein konkreter Bedarf der Genossenschaft besteht oder sie sonst – insbesondere steuerliche – Nachteile erleidet,[74]
- **Betriebsbedarf** des Vermieters, wenn der Mieter ein Betriebsfremder und das Bewohnen der Räume durch einen Arbeitnehmer für die ordnungsgemäße Führung des Betriebes nicht erforderlich ist,[75]
- Interesse einer Kommanditgesellschaft, ihrem **Geschäftsführer nach langer Arbeitszeit zu einem kurzen Heimweg zu verhelfen,** wenn ansonsten das Wohnen des Geschäftsführers auf dem Betriebsgelände weder aus betrieblichen Gründen geboten noch für den Betriebsablauf von nennenswertem Vorteil ist,[76]

---

[69] AG Hamburg-Blankenese v. 20.04.2007 - 509 C 325/06 - juris Rn. 17 - ZMR 2007, 789-790 und LG Stuttgart v. 16.01.1992 - 6 S 380/91 - juris Rn. 7 - WuM 1992, 487-488.
[70] AG Lüdenscheid v. 23.02.1990 - 8 C 1136/89 - juris Rn. 13 - WuM 1990, 553-554 und LG Tübingen v. 11.01.1996 - 1 S 311/95 - juris Rn. 24 - WuM 1996, 545-546.
[71] BGH v. 20.04.2010 - VIII ZR 254/09 - juris Rn. 8 - WuM 2010, 431.
[72] OLG Karlsruhe v. 23.12.1983 - 9 REMiet 4/83 - juris Rn. 18 - NJW 1984, 2584-2585; a.A. OLG Stuttgart v. 11.06.1991 - 8 REMiet 1/91 - juris Rn. 11 - NJW-RR 1991, 1226-1227.
[73] BGH v. 20.04.2010 - VIII ZR 254/09 - juris Rn. 8 - WuM 2010, 431.
[74] *Blank* in: Schmidt-Futterer, Mietrecht, 10. Aufl. 2011, § 573 Rn. 212; *Häublein* in: MünchKomm-BGB, § 573 Rn. 42 und *Lützenkirchen*, WuM 1994, 5-10, 5 und 7.
[75] OLG Stuttgart v. 24.04.1991 - 8 REMiet 1/90 - juris Rn. 12 - NJW-RR 1991, 1294-1295; a.A. LG Berlin v. 30.10.1995 - 67 S 176/95 - juris Rn. 4 - NJW-RR 1996, 907-908.
[76] BGH v. 23.05.2007 - VIII ZR 122/06 - juris Rn. 15 - NJW-RR 2007, 1460-1461 und BGH v. 23.05.2007 - VIII ZR 113/06 - juris Rn. 16 - WuM 2007, 459-460.

- allgemeines **städtebauliches Interesse** an der Durchführung eines Bauvorhabens[77] oder an der Beseitigung eines „städtebaulich unerwünschten Schandflecks",[78]
- Tätigkeit des Mieters als hauptamtlicher **Mitarbeiter des Ministeriums für Staatssicherheit** (Major bei der Kreisdirektion) mit Auswirkungen zu Lasten des Vermieters,[79]
- Wegfall des Hauptmietverhältnisses bei gewerblicher **Zwischenvermietung**, sofern der Hauptvermieter kein darüber hinausgehendes berechtigtes Interesse an der Beendigung hat,[80]
- Vermietung einer Eigentumswohnung unter **Verstoß gegen** ein in der **Teilungserklärung** enthaltenes Vermietungsverbot[81].

2. Ausschluss der Kündigung zum Zwecke der Mieterhöhung

§ 573 Abs. 1 Satz 2 BGB stellt zunächst klar, dass das Vermögensinteresse des Vermieters an einer Mieterhöhung allein **kein hinreichendes berechtigtes Interesse** im Sinne von § 573 Abs. 1 Satz 1 BGB ist, das eine befristete Kündigung trägt. 25

Soweit im Rahmen von Wohnraummietverhältnissen ein berechtigtes Interesse für die vermieterseitige Kündigung ausnahmsweise nicht vorgeschrieben ist (insbesondere im Rahmen von **§ 573a BGB**), enthält § 573 Abs. 1 Satz 2 BGB darüber hinaus einen eigenständigen Ausschlusstatbestand. 26

Die Vorschrift gilt **nur für die ordentliche Kündigung** eines Mietverhältnisses. Dies folgt daraus, dass einer außerordentlichen Kündigung schon begrifflich ein anderer Kündigungsgrund zugrunde liegen muss, der dem Vermieter die Beendigung des Mietverhältnisses ermöglicht. 27

Ausgeschlossen sind alle Kündigungen, die eine **Mieterhöhung** bezwecken. Entscheidend ist dabei der vom Vermieter verfolgte Zweck, unabhängig davon, ob dieser in der ausgesprochenen Kündigung auch wiedergegeben wird. Deshalb ist auch eine Kündigung, die formal auf ein berechtigtes Interesse gemäß § 573 Abs. 1 Satz 1 und Abs. 2 BGB gestützt wird, in Wahrheit aber nur zur Durchsetzung einer Mieterhöhung erfolgt, unwirksam[82] – denn der Vermieter handelt insoweit **rechtsmissbräuchlich**. Zur Beweislast vgl. Rn. 43. 28

Eine dennoch zum Zwecke der Mieterhöhung erklärte Kündigung ist gemäß § 134 BGB **nichtig**. Die Nichtigkeit ergreift nach § 139 BGB auch ein damit verbundenes Mieterhöhungsverlangen als einheitliches Rechtsgeschäft.[83] 29

3. Schadensersatz bei unberechtigter Kündigung durch den Vermieter

Der Vermieter macht sich schadensersatzpflichtig, wenn er schuldhaft **trotz fehlenden berechtigten Interesses** die Kündigung gegenüber dem Mieter erklärt.[84] Einer solchen – schuldhaft – materiell unberechtigten Kündigung ist allerdings die **Nichteinhaltung der formellen Kündigungsvoraussetzungen** – insbesondere die fehlende Angabe der Gründe für ein berechtigtes Interesse des Vermieters an der ordentlichen Kündigung (§ 573 Abs. 3 BGB) – nicht gleichzustellen. Es gibt keine vertragliche Nebenpflicht des Vermieters, eine aus formellen Gründen unwirksame Kündigung zu unterlassen (vgl. auch die Kommentierung zu § 569 BGB Rn. 203); der Vermieter macht dem Mieter den Besitz der 30

---

[77] OLG Frankfurt v. 06.03.1981 - 20 REMiet 1/80 - juris Rn. 17 - NJW 1981, 1277-1278.
[78] LG Görlitz v. 28.01.2005 - 2 S 99/04 - juris Rn. 3 - WuM 2006, 160.
[79] AG Meißen v. 14.09.1993 - 3 C 342/93 - juris Rn. 13 - WuM 1993, 664.
[80] BGH v. 28.02.1996 - XII ZR 123/93 - juris Rn. 17 - LM BGB § 286 Nr. 42 (7/1996).
[81] *Blank* in: Schmidt-Futterer, Mietrecht, 10. Aufl. 2011, § 573 Rn. 214.
[82] LG Mannheim v. 11.01.1989 - 4 S 148/88 - juris Rn. 20 - ZMR 1989, 381-383 sowie *Blank* in: Schmidt-Futterer, Mietrecht, 10. Aufl. 2011, § 573 Rn. 279.
[83] *Blank* in: Schmidt-Futterer, Mietrecht, 10. Aufl. 2011, § 573 Rn. 278.
[84] BGH v. 07.09.2011 - VIII ZR 343/10 - juris Rn. 3 - WuM 2011, 634 zur Vortäuschung von Eigenbedarf; BGH v. 15.12.2010 - VIII ZR 9/10 - juris Rn. 8 - NSW BGB § 280 (BGH-intern); BGH v. 16.12.2009 - VIII ZR 313/08 - juris Rn. 12 - NSW BGB § 249 I (BGH-intern) und BGH v. 18.05.2005 - VIII ZR 368/03 - juris Rn. 10 - NJW 2005, 2395-2398.

Mietsache auch nicht vorwerfbar streitig, wenn er einen materiell bestehenden Kündigungsgrund nicht oder nicht ausreichend in der Kündigung darlegt.[85]

31 Handelt er dabei **vorsätzlich**, d.h. täuscht er die berechtigten Interessen vor, liegt darin eine unerlaubte Handlung, die ihn
- nach § 823 Abs. 2 BGB in Verbindung mit § 573 BGB als Schutzgesetz (str.),[86]
- bei Vorliegen eines Betruges nach § 823 Abs. 2 BGB in Verbindung mit § 263 StGB[87] oder
- bei sittenwidrigem Verhalten nach § 826 BGB, insbesondere auch im Rahmen der Zwangsvollstreckung aus einem mit falschen Angaben erschlichenen Räumungstitel,[88]

zum Schadensersatz verpflichtet.

32 Handelt der Vermieter dagegen nur **fahrlässig**, folgt seine Verpflichtung zum Schadensersatz aus positiver Pflichtverletzung (§ 280 BGB).[89] Dabei ist grundsätzlich gleich, ob der Vermieter seine Kündigung fahrlässig auf überhaupt nicht bestehende Gründe oder auf tatsächlich bestehende, aber eine Kündigung nicht tragende Gründe stützt. Denn ein (Tatsachen- oder Rechts-[90])**Irrtum** über das Bestehen eines Kündigungsrechtes entlastet den Vermieter nur, wenn dieser unverschuldet war, wobei an die Feststellung eines unverschuldeten Rechtsirrtums hohe Anforderungen zu stellen sind.[91] Bei einem Irrtum über umstrittene rechtliche Fragen wird man allerdings nicht von einer Indikation des Verschuldens ausgehen können.[92] Ein eventuelles **Verschulden seines Rechtsanwaltes** muss sich der Vermieter zurechnen lassen (§ 278 BGB).[93] Auch eine „Vorratskündigung" in der Erwartung eines zukünftigen, aber noch ungewissen Bedarfs verpflichtet den Vermieter zum Schadensersatz.[94] Allein der Umstand, dass er sich nach dem Ausspruch der Kündigung bei der dort genannten Bedarfsperson nicht mehr über das Fortbestehen von deren Bedarf vergewissert, gereicht dem Vermieter dagegen regelmäßig nicht zum Verschulden.[95]

33 Die Pflichtverletzung des Vermieters kann aber nicht nur im Ausspruch einer unberechtigten Kündigung, sondern auch darin liegen, dass er dem Mieter einen **späteren Wegfall des Kündigungsgrundes nicht anzeigt**.[96] Dies betrifft insbesondere die Eigenbedarfs- (§ 573 Abs. 2 Nr. 2 BGB) und Ver-

---

[85] BGH v. 15.12.2010 - VIII ZR 9/10 - juris Rn. 9 - NSW BGB § 280 (BGH-intern).
[86] OLG Karlsruhe v. 02.09.1975 - 1 U 61/75 - juris Rn. 48 - ZMR 1977, 25-27; a.A. OLG Hamm v. 31.01.1984 - 4 REMiet 7/83 - juris Rn. 55 - NJW 1984, 1044-1048.
[87] LG Düsseldorf v. 14.09.1995 - XXVI 87/95 - 610 Js 249/94 - juris Rn. 4 - DWW 1996, 55-56.
[88] LG Mönchengladbach v. 18.06.1993 - 2 S 49/93 - juris Rn. 3 - WuM 1995, 186-188; LG Aachen v. 06.05.1987 - 7 S 558/86 - juris Rn. 8 - WuM 1987, 394 sowie OLG Celle v. 23.06.1978 - 2 U 3/78 - juris Rn. 7 - OLGZ 1979, 64-67.
[89] BGH v. 16.12.2009 - VIII ZR 313/08 - juris Rn. 12 - NSW BGB § 249 I (BGH-intern) und OLG Karlsruhe v. 07.10.1981 - 3 REMiet 6/81 - juris Rn. 16 - NJW 1982, 54-56.
[90] LG Duisburg v. 18.11.2009 - 11 S 106/09 - juris Rn. 5 f. - WuM 2010, 94 und *Hinz*, WuM 2009, 331-334, 332-333.
[91] BGH v. 11.01.1984 - VIII ZR 255/82 - juris Rn. 20 - BGHZ 89, 296-308; BGH v. 08.07.1998 - XII ZR 64/96 - juris Rn. 10 - NZM 1998, 718-720 sowie *Blank* in: Schmidt-Futterer, Mietrecht, 10. Aufl. 2011, § 573 Rn. 79; a. A. OLG Hamm v. 31.01.1984 - 4 REMiet 7/83 - juris Rn. 30 - NJW 1984, 1044-1048 sowie LG Kiel v. 21.12.1992 - 1 S 301/91 - juris Rn. 7 - WuM 1995, 169-170.
[92] *Lammel*, Wohnraummietrecht, 3. Aufl. 2007, § 573 Rn. 146 sowie *Schach* in: Kinne/Schach/Bieber, Miet- und Mietprozessrecht, 6. Aufl. 2011, § 573 Rn. 33.
[93] AG Dortmund v. 15.12.1998 - 125 C 9590/98 - juris Rn. 34 - NZM 1999, 120-121; vgl. auch AG Freiburg (Breisgau) v. 06.08.2004 - 10 C 617/04 - juris Rn. 2 - WuM 2004, 673-674.
[94] LG Essen v. 01.03.1991 - 1 S 627/90 - juris Rn. 2 - WuM 1991, 494-495 sowie AG Dortmund v. 15.12.1998 - 125 C 9590/98 - juris Rn. 32 - NZM 1999, 120-121.
[95] LG Münster v. 29.02.2000 - 8 S 383/99 - WuM 2000, 330 und LG Köln v. 02.12.1977 - 9 S 54/77 - WuM 1980, 48.
[96] BayObLG München v. 05.02.1987 - RReg 3 St 174/86 - juris Rn. 11 - NJW 1987, 1654-1656 sowie OLG Karlsruhe v. 07.10.1981 - 3 REMiet 6/81 - juris Rn. 36 - NJW 1982, 54-56.

wertungskündigung (§ 573 Abs. 2 Nr. 3 BGB). Die Verpflichtung zu einer entsprechenden Mitteilung für den Vermieter besteht allerdings grundsätzlich nur **bis zum Ablauf der Kündigungsfrist** (vgl. hierzu auch Rn. 119).[97] Die vormals überwiegend vertretene Auffassung, wonach dies regelmäßig bis zum Auszug des Mieters bzw. dessen Räumung[98] – und zwar unabhängig davon, ob zwischenzeitlich eine Aufhebungsvereinbarung geschlossen wurde,[99] die Kündigungsfrist verstrichen war (str.)[100] oder ein rechtskräftiger Räumungstitel geschaffen wurde (str.)[101] – der Fall war, ist überholt.

Sowohl bei vorsätzlichem als auch bei fahrlässigem Verhalten des Vermieters reicht es für die Entstehung des Schadensersatzanspruches aus, wenn der Mieter auf Grund der Kündigung vor Ablauf der Kündigungsfrist und ohne ein gegen ihn ergangenes Räumungsurteil **freiwillig auszieht**, denn dadurch wird die **Kausalität** nicht unterbrochen[102], und zwar selbst dann nicht, wenn der Vermieter später die Kündigung „zurücknimmt"[103]. Etwas anderes gilt nur dann, wenn feststeht, dass der Mieter völlig unabhängig und unbeeinflusst von der unberechtigten Kündigung aus anderen Gründen ausgezogen ist.[104] Auch eine **formelle Unwirksamkeit der Kündigung** – beispielsweise weil der Eigenbedarf entgegen § 573 Abs. 3 Satz 1 BGB nicht im Kündigungsschreiben des Vermieters angegeben wurde – steht Schadensersatzansprüchen wegen unberechtigter Kündigung nicht entgegen, wenn der Vermieter dem Mieter den Eigenbedarf anderweitig schlüssig dargetan hat, der Mieter keine Veranlassung hat, die Angaben des Vermieters in Zweifel zu ziehen, und hierdurch zum Auszug veranlasst worden ist.[105]

34

Ebenso wenig entfällt der Kausalzusammenhang zwischen einem vorgetäuschten Kündigungsgrund und dem hierdurch entstandenen Schaden allein auf Grund einer **einvernehmlichen Beendigung** des Mietverhältnisses durch den Abschluss eines Mietaufhebungsvertrages, wenn der Mieter die Wohnung nicht aus freien Stücken räumt, sondern in der irrigen Vorstellung, hierzu jedenfalls materiell verpflichtet zu sein.[106] Die Ursächlichkeit einer Täuschung des Vermieters für einen entstandenen Schaden wird dabei auch nicht dadurch gehindert, dass der Mieter zum Zeitpunkt des Abschlusses der Aufhebungsvereinbarung bereits eine **neue Wohnung angemietet** hat, sofern die Anmietung unter dem Eindruck der scheinbar materiell gerechtfertigten Kündigung erfolgte.[107] Wenn der Mieter allerdings – zumindest schlüssig – zum Ausdruck bringt, dass das Mietverhältnis durch die Vereinbarung trotz des Streits

35

---

[97] BGH v. 09.11.2005 - VIII ZR 339/04 - juris Rn. 11 - NJW 2006, 220-223 sowie – verfassungsrechtlich nicht zu beanstanden – BVerfG v. 18.04.2006 - 1 BvR 31/06 - juris Rn. 5 - NJW 2006, 2033; kritisch: *Eisenhardt*, BGHReport 2006, 146 und *Timme*, NZM 2006, 249-251.

[98] OLG Karlsruhe v. 07.10.1981 - 3 REMiet 6/81 - juris Rn. 35 - NJW 1982, 54-56 sowie BayObLG München v. 05.02.1987 - RReg 3 St 174/86 - juris Rn. 11 - NJW 1987, 1654-1656.

[99] OLG Karlsruhe v. 07.10.1981 - 3 REMiet 6/81 - juris Rn. 35 - NJW 1982, 54-56 sowie BayObLG München v. 05.02.1987 - RReg 3 St 174/86 - juris Rn. 11 - NJW 1987, 1654-1656.

[100] *Blank* in: Blank/Börstinghaus, Miete, 1. Aufl. 2000, § 564b Rn. 61; a.A. *Lammel*, Wohnraummietrecht, 2. Aufl. 2002, § 573 Rn. 101.

[101] LG Heidelberg v. 26.07.1991 - 5 S 142/90 - juris Rn. 8 - WuM 1992, 30-32 sowie *Blank* in: Blank/Börstinghaus, Miete, 1. Aufl. 2000, § 564b Rn. 61; a.A. – nur soweit Voraussetzungen des § 826 BGB vorliegen – LG Köln v. 09.12.1993 - 1 S 88/93 - juris Rn. 7 - WuM 1994, 212-213; LG Aachen v. 06.05.1987 - 7 S 558/86 - juris Rn. 7 - WuM 1987, 394 sowie *Schach* in: Kinne/Schach/Bieber, Miet- und Mietprozessrecht, 3. Aufl. 2002, § 573 Rn. 34.

[102] BGH v. 16.12.2009 - VIII ZR 313/08 - juris Rn. 18 - NSW BGB § 249 I (BGH-intern); LG Saarbrücken v. 19.12.1997 - 13 B S 135/97 - juris Rn. 6 - NJW-RR 1998, 945 sowie LG Mosbach v. 17.12.1991 - S 91/91 - juris Rn. 4 - WuM 1992, 192-193.

[103] LG Kassel v. 16.10.1986 - 1 S 245/85 - juris Rn. 3 - WuM 1987, 85-86.

[104] BayObLG München v. 25.05.1982 - ReMiet 2/82 - juris Rn. 12 - NJW 1982, 2003-2004.

[105] BGH v. 08.04.2009 - VIII ZR 231/07 - juris Rn. 13 - NSW BGB § 573 (BGH-intern).

[106] BGH v. 08.04.2009 - VIII ZR 231/07 - juris Rn. 14 - NSW BGB § 573 (BGH-intern); OLG Frankfurt v. 06.09.1994 - 20 REMiet 1/93 - juris Rn. 16 - NJW-RR 1995, 145-146 sowie OLG Karlsruhe v. 07.10.1981 - 3 REMiet 6/81 - juris Rn. 29 - NJW 1982, 54-56.

[107] BGH v. 16.12.2009 - VIII ZR 313/08 - juris Rn. 18 - NSW BGB § 249 I (BGH-intern) und BGH v. 08.04.2009 - VIII ZR 231/07 - juris Rn. 15 - NSW BGB § 573 (BGH-intern).

über die vom Vermieter geltend gemachten Kündigungsgründe beendet werden soll, liegt darin ein **Verzicht** auf eventuelle Schadensersatzansprüche.[108] Die Annahme eines solchen Verzichts wird deshalb nahe liegen (§§ 133, 157 BGB), wenn die Parteien bis zum Abschluss des Aufhebungsvertrags über die Berechtigung der Kündigung gestritten haben und/oder der Mieter ein eigenes Interesse an der Aufhebung des Mietverhältnisses hat, beispielsweise weil er eine viel günstigere Wohnung gefunden hat[109] oder weil er sich den Abschluss der Vereinbarung vom Vermieter entgelten lässt[110]. Nichts anderes gilt grundsätzlich, wenn die Aufhebungsvereinbarung im Rahmen eines – auch anwaltlichen – **Räumungsvergleich**es (§ 779 BGB) geschlossen wird.[111] Entscheidend ist auch hierbei, welche Streitpunkte durch den Vergleich beigelegt werden sollten, was wiederum durch Auslegung (§§ 133, 157 BGB) zu ermitteln ist.[112] Wenn also zuvor über die Berechtigung des – vom Mieter vorgerichtlich oder in dem angestrengten Räumungsverfahren ausdrücklich bestrittenen – Eigenbedarfs oder gar über eine fahrlässige oder vorsätzliche Pflichtverletzung des Vermieters wegen einer unbegründeten Kündigung gestritten wurde, kann auf die bekannten Streitpunkte, die vom gegenseitigen Nachgeben der Parteien umfasst sind, ein Schadensersatzanspruch nicht mehr gestützt werden.[113] Allerdings wird die Abgeltungswirkung des Vergleichs nach dem Parteiwillen regelmäßig nur die zu diesem Zeitpunkt bereits entstandenen, nicht aber auch zukünftige Schadensersatzforderungen – beispielsweise wegen eines Verstoßes des Vermieters gegen die Anbietpflicht (vgl. hierzu Rn. 128) – umfassen.[114]

36 Der **Umfang des vom Vermieter zu ersetzenden Schadens** bestimmt sich nach den allgemeinen Regeln und erfasst somit die gesamten dem Mieter infolge der unberechtigten Kündigung adäquat kausal entstandenen Vermögensnachteile (§§ 249, 250, 251, 252 BGB).

37 Der Anspruch richtet sich zunächst auf die Wiederherstellung des Mietverhältnisses („**Naturalrestitution**", § 249 Satz 1 BGB)[115] und kann gegebenenfalls durch einstweilige Verfügung gesichert werden (§ 935 ZPO)[116]. Die Verurteilung zur Naturalrestitution – d.h. der Wiedereinräumung der vertraglichen Rechte an der vermieteten Wohnung (§ 249 Abs. 1 BGB) – setzt allerdings voraus, dass **festgestellt wird, dass dies dem Vermieter nicht unmöglich ist**, da der Vermieter ansonsten nur Kompensation – d.h. Entschädigung in Geld (§ 251 Abs. 1 BGB) – schuldet.[117] Auf die strittige Frage, ob für die Verfolgung vertraglicher Erfüllungsansprüche im Rahmen der §§ 281, 283 BGB etwas anderes gilt[118], kommt es insoweit nicht an.[119] Für das Vorliegen einer Unmöglichkeit hinsichtlich der Naturalrestituti-

---

[108] OLG Karlsruhe v. 07.10.1981 - 3 REMiet 6/81 - juris Rn. 33 - NJW 1982, 54-56.
[109] Vgl. – allerdings unter dem Gesichtspunkt des Rechtsmissbrauchs – OLG Karlsruhe v. 07.10.1981 - 3 REMiet 6/81 - juris Rn. 38 - NJW 1982, 54-56.
[110] Vgl. – allerdings unter dem Gesichtspunkt des Rechtsmissbrauchs – AG Lechenich v. 09.09.1983 - 2 C 318/83 - juris Rn. 9 - WuM 1985, 119-120 sowie AG Hamburg-Harburg v. 09.05.1989 - 645 C 154/89 - juris Rn. 12 - WuM 1989, 391-392.
[111] Vgl. zum Anwaltsvergleich LG Tübingen v. 22.03.1993 - 1 S 428/92 - juris Rn. 6 - WuM 1993, 353; vgl. auch die – hinsichtlich der dort vom Verfasser selbst vertretenen Auffassung allerdings abzulehnende – instruktive Zusammenfassung von *Haase*, ZMR 2000, 653-661; offen gelassen: BGH v. 08.04.2009 - VIII ZR 231/07 - juris Rn. 14 - NSW BGB § 573 (BGH-intern).
[112] BGH v. 07.09.2011 - VIII ZR 343/10 - juris Rn. 3 - WuM 2011, 634.
[113] BGH v. 07.09.2011 - VIII ZR 343/10 - juris Rn. 3 - WuM 2011, 634; OLG Frankfurt v. 06.09.1994 - 20 REMiet 1/93 - juris Rn. 17 - NJW-RR 1995, 145-146; OLG Celle v. 24.11.1993 - 2 U 6/93 - juris Rn. 7 - MDR 1995, 252; LG Düsseldorf v. 17.08.2000 - 21 S 288/99 - WuM 2002, 115-116; LG Düsseldorf v. 14.09.1999 - 24 S 160/99 - ZMR 2000, 675; LG Gießen v. 17.05.1995 - 1 S 43/95 - juris Rn. 4 - NJW-RR 1996, 11-12; LG Gießen v. 30.11.1994 - 1 S 243/94 - juris Rn. 4 - MDR 1995, 253; LG Köln v. 03.05.1990 - 1 S 450/89 - ZMR 1990, 382 sowie LG Tübingen v. 22.03.1993 - 1 S 428/92 - juris Rn. 6 - WuM 1993, 353.
[114] LG Hamburg v. 21.06.1994 - 316 S 28/94 - juris Rn. 7 - WuM 1995, 168.
[115] LG Bonn v. 12.08.1988 - 6 T 169/88 - juris Rn. 3 - NJW-RR 1988, 1361.
[116] LG Hamburg v. 07.06.2007 - 307 S 34/07 - ZMR 2007, 787-789.
[117] BGH v. 16.12.2009 - VIII ZR 313/08 - juris Rn. 23 - NSW BGB § 249 I (BGH-intern).
[118] LG Hamburg v. 06.11.2008 - 307 S 72/08 - juris Rn. 57.
[119] BGH v. 16.12.2009 - VIII ZR 313/08 - juris Rn. 22 - NSW BGB § 249 I (BGH-intern).

on ist der Vermieter als Schuldner **darlegungs- und beweisbelastet**.[120] Ein **Eintritt des Erwerbers in das Mietverhältnis** gemäß § 566 Abs. 1 BGB und seine Bindung als Rechtsnachfolger des Vermieters nach § 325 Abs. 1 ZPO stehen der Annahme einer Unmöglichkeit der Wiedereinräumung der Besitz- und Mietrechte infolge der Veräußerung nur entgegen, wenn zum maßgeblichen Zeitpunkt des Eigentumswechsels nicht nur ein wirksames Mietverhältnis bestand, sondern sich der Mieter in diesem Moment auch noch im Besitz der Wohnung befand; denn nur dann findet § 566 Abs. 1 BGB überhaupt Anwendung.[121]

Soweit entsprechend dem vorstehend Ausgeführten die erneute Überlassung nicht (mehr) möglich, zur Entschädigung des Mieters nicht genügend oder für den Vermieter nur mit unverhältnismäßigen Aufwendungen möglich ist, besteht jedoch ein Anspruch auf entsprechenden Schadensersatz in Geld („**Kompensation**", § 251 BGB).[122] Der zu ersetzende Schaden[123] kann dabei einerseits im Hinblick auf die vom Vermieter **gekündigte Wohnung**, wie beispielsweise

- Kosten der außergerichtlichen[124] und gerichtlichen Rechtsverteidigung[125],
- Verlust noch nicht abgewohnter Verwendungen auf die Mietsache[126],
- Aufwendungen für nicht mehr verwendbare Einrichtungsgegenstände, soweit nicht der Schaden durch Veräußerung gemindert werden kann[127],
- Kosten für durchgeführte, aber ohne die Kündigung noch nicht fällige Renovierung[128],
- Doppelbelastung mit Mietzins für alte und neue Wohnung[129],

und andererseits hinsichtlich einer vom Mieter wegen der Kündigung angemieteten **neuen Wohnung** entstehen, wie beispielsweise

- Kosten der Wohnungssuche[130], beispielsweise Maklerkosten[131],
- Umzugs- und Transportkosten[132],
- Kosten der Anfangsrenovierung[133],
- Kosten notwendiger neuer Einrichtungsgegenstände[134],
- Kosten der Ummeldung des Telefonanschlusses[135],
- Zinsverluste hinsichtlich der im neuen Mietverhältnis zu leistenden Kaution[136],

---

[120] BGH v. 16.12.2009 - VIII ZR 313/08 - juris Rn. 23 - NSW BGB § 249 I (BGH-intern).
[121] BGH v. 16.12.2009 - VIII ZR 313/08 - juris Rn. 21 - NSW BGB § 249 I (BGH-intern).
[122] BGH v. 16.12.2009 - VIII ZR 313/08 - juris Rn. 23 - NSW BGB § 249 I (BGH-intern).
[123] Vgl. hierzu auch *Ostermann*, WuM 1992, 342-348, 346.
[124] AG Jülich v. 25.04.2006 - 11 C 19/06 - juris Rn. 15 - WuM 2006, 562-563; AG Wetzlar v. 10.03.2005 - 38 C 2354/04 (38), 38 C 2354/04 - juris Rn. 12 - WuM 2005, 277; AG Freiburg (Breisgau) v. 06.08.2004 - 10 C 617/04 - juris Rn. 2 - WuM 2004, 673-674, AG Freiburg (Breisgau) v. 26.07.2004 - 1 C 4284/03 - juris Rn. 3 - WuM 2004, 674; AG Berlin-Charlottenburg v. 26.11.2002 - 220 C 181/02 - juris Rn. 6 - MM 2003, 91 sowie LG Landau (Pfalz) v. 30.06.2000 - 1 S 269/99 - juris Rn. 6 - WuM 2004, 492.
[125] AG Waldbröl v. 15.03.1991 - 6 C 1/91 - juris Rn. 5 - NJW-RR 1991, 973-974 und LG Karlsruhe v. 25.08.1994 - 5 S 185/94 - DWW 1995, 144-145.
[126] OLG Karlsruhe v. 02.09.1975 - 1 U 61/75 - juris Rn. 51 - ZMR 1977, 25-27.
[127] AG Saarlouis v. 27.10.1993 - 24b C 893/91 - juris Rn. 27 - DWW 1995, 16-17. Zu den sich allerdings hinsichtlich der Schadenshöhe ergebenden Schwierigkeiten vgl. – zu frustrierten Aufwendungen eines Wohnungskäufers – BGH v. 08.07.2005 - IX ZR 230/01 - WuM 2005, 530.
[128] AG Hildesheim v. 14.07.1994 - 19 C 611/93 - juris Rn. 11 - WuM 1995, 178-180.
[129] LG Düsseldorf v. 10.01.1995 - 24 S 214/94 - juris Rn. 37 - DWW 1996, 280-281.
[130] LG Karlsruhe v. 25.08.1994 - 5 S 185/94 - DWW 1995, 144-145.
[131] BGH v. 16.12.2009 - VIII ZR 313/08 - juris Rn. 18 - NSW BGB § 249 I (BGH-intern).
[132] LG Karlsruhe v. 12.07.1991 - 9 S 530/90 - juris Rn. 10 - DWW 1992, 22-24.
[133] LG Düsseldorf v. 10.01.1995 - 24 S 214/94 - juris Rn. 39 - DWW 1996, 280-281.
[134] LG Düsseldorf v. 10.01.1995 - 24 S 214/94 - juris Rn. 42 - DWW 1996, 280-281; LG Karlsruhe v. 12.07.1991 - 9 S 530/90 - juris Rn. 12 und 13 - DWW 1992, 22-24.
[135] LG Karlsruhe v. 25.08.1994 - 5 S 185/94 - DWW 1995, 144-145.
[136] AG Saarlouis v. 27.10.1993 - 24b C 893/91 - juris Rn. 26 - DWW 1995, 16-17.

- Mehrbelastung durch höhere Mietzinsen und/oder Nebenkosten der neuen Wohnung[137] bis zur nächstmöglichen berechtigten Kündigung durch den Vermieter (**str.**)[138], wobei allerdings die Vergleichbarkeit der Wohnungen hinsichtlich Wohnwert und Ausstattung[139], die Entwicklung des Mietzinses für die gekündigte Wohnung[140] und die Fälligkeit der jeweiligen Mehrbeträge[141] zu berücksichtigen sind.

39 Ein dessen Schadensersatzanspruch minderndes oder gegebenenfalls ausschließendes **Mitverschulden** des Mieters (§ 254 BGB) kommt regelmäßig dann in Betracht, wenn er sich gegen eine **offensichtlich unbegründete Kündigung** nicht zur Wehr setzt.[142] Bei **begründeten** Zweifeln muss er sich gegebenenfalls Rechtsrat einholen, um den Vorwurf eines Mitverschuldens zu vermeiden. Auf einen **Rechtsstreit** muss sich der Mieter dagegen nur ausnahmsweise bei minimalem Prozessrisiko einlassen.[143] **Kein Mitverschulden** des Mieters trägt es, wenn die Kündigungsgründe zwar nicht in der vorgeschriebenen Schriftform mitgeteilt wurden, er aber auf die schlüssige sonstige Darlegung des Vermieters vertraut, an der zu zweifeln kein Anlass für ihn besteht[144], oder wenn er während des Räumungsrechtsstreites im Hinblick auf weitere absehbare Streitigkeiten resigniert[145].

40 **Rechtsmissbräuchlich** kann es sein, wenn der Mieter trotz Vorliegens entsprechender Gründe auf seiner Seite der Kündigung nicht gemäß § 574 BGB widerspricht.[146]

41 **Abdingbarkeit**: vgl. hierzu Rn. 230.

IV. Prozessuale Hinweise/Verfahrenshinweise

42 Die **Darlegungs- und Beweislast** für das Vorliegen eines **berechtigten Interesses** nach § 573 Abs. 1 Satz 1 BGB trifft den Vermieter.

43 Dass eine Kündigung gemäß § 573 Abs. 1 Satz 2 BGB zum Zweck der Mieterhöhung erfolgt, muss dagegen der Mieter dartun und beweisen, ebenso den Einwand eines Verstoßes gegen Treu und Glauben, insbesondere ein rechtsmissbräuchliches Verhalten des Vermieters. Eine Vermutung dafür, dass eine vermieterseitige **Kündigung zum Zwecke der Mieterhöhung** erfolgt und damit unwirksam ist, gibt es nicht. Allein eine der Kündigung vorangegangene Ablehnung eines Mieterhöhungsverlangens durch den Mieter bildet kein hinreichendes Indiz für das Eingreifen des Ausschlusstatbestandes des § 573 Abs. 1 Satz 2 BGB.[147]

---

[137] BGH v. 16.12.2009 - VIII ZR 313/08 - juris Rn. 18 - NSW BGB § 249 I (BGH-intern) und AG Saarlouis v. 27.10.1993 - 24b C 893/91 - juris Rn. 25 - DWW 1995, 16-17.

[138] Vgl. – wenn auch anschließend einschränkend – LG Köln v. 27.09.1991 - 10 T 230/91 - juris Rn. 3 - NJW-RR 1992, 77; a.A. LG Düsseldorf v. 10.01.1995 - 24 S 214/94 - juris Rn. 38 - DWW 1996, 280-281 - ein Jahr; AG Saarlouis v. 27.10.1993 - 24b C 893/91 - juris Rn. 25 - DWW 1995, 16-17 - drei Jahre; LG Hamburg v. 06.11.2008 - 307 S 72/08 - juris Rn. 62 und 63 - dreieinhalb Jahre in Anlehnung an § 9 ZPO, in der Revision nicht beanstandet: BGH v. 16.12.2009 - VIII ZR 313/08 - juris Rn. 18 - NSW BGB § 249 I (BGH-intern) sowie LG Darmstadt v. 08.10.1993 - 6 T 20/93 - juris Rn. 22 - ZMR 1994, 165-167 - vier Jahre; vgl. auch *Hinz*, WuM 2010, 207-211, 211.

[139] LG Berlin v. 15.07.1988 - 64 S 30/88 - juris Rn. 15 - ZMR 1988, 387-388; LG Düsseldorf v. 10.01.1995 - 24 S 214/94 - juris Rn. 38 - DWW 1996, 280-281.

[140] LG Darmstadt v. 08.10.1993 - 6 T 20/93 - juris Rn. 8 - ZMR 1994, 165-167.

[141] LG Saarbrücken v. 20.09.1991 - 13 B S 120/91 - juris Rn. 9 - WuM 1992, 20-21.

[142] *Lammel*, Wohnraummietrecht, 3. Aufl. 2007, § 573 Rn. 151.

[143] BGH v. 11.01.1984 - VIII ZR 255/82 - juris Rn. 32 - BGHZ 89, 296-308 sowie – wenn Unbegründetheit „auch für den Laien erkennbar" – LG Mannheim v. 08.11.1995 - 4 S 138/94 - juris Rn. 17 - WuM 1995, 711-712; a.A. – bei „konkreten Anhaltspunkten" für Unbegründetheit – LG Kassel v. 08.12.1987 - 1 S 58/87 - juris Rn. 19 - WuM 1989, 392-393.

[144] BGH v. 08.04.2009 - VIII ZR 231/07 - juris Rn. 13 - NSW BGB § 573 (BGH-intern) und LG Mannheim v. 08.11.1995 - 4 S 163/94 - juris Rn. 8 - WuM 1995, 710-711.

[145] LG Hamburg v. 06.11.1992 - 311 S 180/91 - juris Rn. 43 - NJW-RR 1993, 333-334.

[146] Vgl. – allerdings unter dem Gesichtspunkt der Begrenzung des zu ersetzenden Schadens infolge eines Mitverschuldens (§ 254 BGB) – *Rolfs* in: Staudinger, § 573 Rn. 238.

[147] *Lammel*, Wohnraummietrecht, 3. Aufl. 2007, § 573 Rn. 41.

Für die objektiven Voraussetzungen eines von ihm geltend gemachten **Anspruches auf Schadensersatz** wegen einer unberechtigten vermieterseitigen Kündigung ist grundsätzlich der Mieter darlegungs- und beweisbelastet.[148] Der Vermieter, der (noch) nicht in die gekündigte Wohnung eingezogen ist, kann sich allerdings nicht auf einfaches Bestreiten beschränken, ihn trifft vielmehr eine **sekundäre Darlegungslast** (§ 138 Abs. 2 ZPO).[149] Er muss also substantiiert darlegen, wann und warum ein zunächst bestehender Kündigungsgrund weggefallen ist;[150] die Anforderungen an das Vorbringen des Vermieters sind dabei umso höher, je mehr sein tatsächliches Verhalten im Widerspruch zum ursprünglich geltend gemachten Bedarf steht.[151] Ebenso trifft ihn insoweit die Darlegungslast für den Inhalt mündlich mitgeteilter Kündigungsgründe.[152] Ob darüber hinaus gegen den Vermieter, der die Wohnung nicht gemäß dem in der Kündigung genannten Zweck verwendet hat, zudem ein **erster Anschein** spricht, ist umstritten.[153] Angesichts der vom BGH – bislang nur obiter dictum – zutreffend angemeldeten Bedenken bezüglich der Annahme typischer Geschehensabläufe im Bereich individueller Willensentscheidungen wie dem Nutzungswunsch des Vermieters und dessen Realisierung[154], dürfte die Annahme eines ersten Anscheins zu Lasten des Vermieters nur noch in Ausnahmefällen möglich sein.

44

Im Rahmen der Haftung aus positiver Pflichtverletzung (§ 280 Abs. 1 Satz 2 BGB) **indiziert** eine feststehende objektive Pflichtverletzung des Vermieters sein **Verschulden** und er muss sich insoweit entlasten.[155]

45

Für den **Ursachenzusammenhang** zwischen unberechtigter Kündigung und Auszug spricht bei zeitlichem Zusammenhang regelmäßig ein erster Anschein.[156]

46

Die **haftungsausfüllende Kausalität** muss der Mieter darlegen und beweisen, ein **Mitverschulden** oder rechtsmissbräuchliches Verhalten des Mieters dagegen der Vermieter.

47

Schließlich steht dem Mieter, sofern der Vermieter den mit der Kündigung geltend gemachten Bedarf nicht verwirklicht, ein **Auskunftsanspruch** über die Gründe zu (str.).[157]

48

---

[148] BGH v. 18.05.2005 - VIII ZR 368/03 - juris Rn. 19 - NJW 2005, 2395-2398; LG Bonn v. 12.08.1988 - 6 T 169/88 - juris Rn. 5 - NJW-RR 1988, 1361; LG Köln v. 12.04.1994 - 12 S 321/93 - juris Rn. 9 - WuM 1995, 172-173 sowie LG Aachen v. 03.12.1993 - 5 S 232/93 - juris Rn. 4 - WuM 1995, 164; a.A. – für eine Kündigung wegen behaupteten Prozessbetruges durch den Mieter – LG Landau (Pfalz) v. 30.06.2000 - 1 S 269/99 - juris Rn. 5 - WuM 2004, 492 sowie LG Bochum v. 16.09.1996 - 9 S 148/96 - NJWE-MietR 1997, 50-52.

[149] BGH v. 18.05.2005 - VIII ZR 368/03 - juris Rn. 22 - NJW 2005, 2395-2398 m.w.N. und BVerfG v. 30.05.1997 - 1 BvR 1797/95 - juris Rn. 9 - LM GrundG Art 14 (Ba) Nr. 84a (2/1998).

[150] BGH v. 18.05.2005 - VIII ZR 368/03 - juris Rn. 23 - NJW 2005, 2395-2398 m.w.N.; LG Gießen v. 10.01.1996 - 1 S 319/95 - ZMR 1996, 327-330 sowie LG Hamburg v. 21.06.1994 - 316 S 28/94 - juris Rn. 5 - WuM 1995, 168.

[151] BVerfG v. 30.05.1997 - 1 BvR 1797/95 - juris Rn. 9 - LM GrundG Art 14 (Ba) Nr. 84a (2/1998) sowie BVerfG v. 26.09.2001 - 1 BvR 1185/01 - juris Rn. 12 - WuM 2002, 21-22.

[152] LG Mannheim v. 08.11.1995 - 4 S 163/94 - juris Rn. 8 - WuM 1995, 710-711.

[153] Zweifelnd BGH v. 18.05.2005 - VIII ZR 368/03 - juris Rn. 27 - NJW 2005, 2395-2398 sowie OLG Celle v. 08.11.1983 - 2 UH 1/83 - juris Rn. 19 - WuM 1984, 5-6; bejahend LG Berlin v. 05.09.1995 - 64 S 189/95 - Grundeigentum 1996, 1487-1489; LG Bonn v. 12.08.1988 - 6 T 169/88 - juris Rn. 5 - NJW-RR 1988, 1361; LG Aachen v. 03.12.1993 - 5 S 232/93 - juris Rn. 4 - WuM 1995, 164; *Häublein* in: MünchKomm-BGB, § 573 Rn. 112; *Rolfs* in: Staudinger, § 573 Rn. 239 und *Krenek* in: Müller/Walther, Miet- und Pachtrecht, § 573 Rn. 70; ablehnend LG Frankfurt v. 19.03.1993 - 2/17 S 301/91 - juris Rn. 4 - WuM 1995, 165 und – allerdings einschränkend: „Beweisführung erleichtert" – *Franke* in: Fischer-Dieskau/Pergande/Schwender, Wohnungsbaurecht, § 573 Anm. 50.3.2.

[154] BGH v. 18.05.2005 - VIII ZR 368/03 - juris Rn. 27 - NJW 2005, 2395-2398; ebenso schon LG Frankfurt v. 19.03.1993 – 2/17 S 301/91 - juris Rn. 4 - WuM 1995, 165.

[155] *Franke* in: Fischer-Dieskau/Pergande/Schwender, Wohnungsbaurecht, § 573 Anm. 50.3.5; *Krenek* in: Müller/Walther, Miet- und Pachtrecht, § 573 Rn. 70; a.A. *Lammel*, Wohnraummietrecht, 3. Aufl. 2007, § 573 Rn. 152.

[156] *Blank* in: Blank/Börstinghaus, Miete, 3. Aufl. 2008, § 573 Rn. 83.

[157] LG München I v. 06.06.1984 - 15 S 22853/83 - juris Rn. 2 - WuM 1986, 219-220; a.A. LG München II v. 09.01.1986 - 8 S 1733/85 - juris Rn. 5 - WuM 1986, 220-221.

V. Anwendungsfelder – Übergangsrecht

49 Das **Mietrechtsreformgesetz** vom 19.06.2001[158] enthält **keine Übergangsvorschrift** zu § 573 Abs. 1 BGB. Dieser ist folglich ohne zeitliche Beschränkung auf alle Kündigungen anwendbar.

B. Kommentierung zu Absatz 2

I. Grundlagen

1. Kurzcharakteristik

50 § 573 Abs. 2 BGB ergänzt die in § 573 Abs. 1 Satz 1 BGB enthaltene Generalklausel und gibt Fallgruppen für das Vorliegen eines berechtigten Interesses des Vermieters an der Beendigung eines Wohnraummietverhältnisses vor.

2. Gesetzgebungsgeschichte und -materialien

51 Vgl. hierzu zunächst Rn. 2. Soweit der Wortlaut nach dem **Mietrechtsreformgesetz** vom 19.06.2001[159] von den Vorgängerregelungen in § 564b Abs. 2 Satz 1 Nr. 1, Nr. 2, Nr. 3 BGB a.F. abweicht, beruht dies auf sprachlichen Erwägungen, inhaltliche Änderungen sind nicht beabsichtigt gewesen.[160] Zum Entwurf eines Gesetzes zur Änderung des § 573 Abs. 2 des Bürgerlichen Gesetzbuchs vgl. Rn. 3.

3. Regelungsprinzipien

52 Vgl. hierzu Rn. 4.

II. Anwendungsvoraussetzungen

1. Normstruktur

53 Normstruktur:
- Tatbestandsmerkmale:
  - der Mieter verletzt seine vertraglichen Verpflichtungen schuldhaft nicht unerheblich (§ 573 Abs. 2 Nr. 1 BGB) **oder**
  - der Vermieter benötigt die Räume als Wohnung für sich, seine Familienangehörigen oder Angehörige seines Haushalts (§ 573 Abs. 2 Nr. 2 BGB) **oder**
  - der Vermieter wird durch die Fortsetzung des Mietverhältnisses an einer angemessenen wirtschaftlichen Verwertung des Grundstücks gehindert und erleidet dadurch erhebliche Nachteile (§ 573 Abs. 2 Nr. 3 BGB).
- Rechtsfolge:
  - Vorliegen eines zur ordentlichen Kündigung berechtigenden berechtigten Interesses des Vermieters.

2. Verletzung vertraglicher Pflichten durch den Mieter (Absatz 2 Nr. 1)

a. Vertragliche Pflichten

54 Unter den vertraglichen Pflichten in § 573 Abs. 2 Nr. 1 BGB sind **sämtliche** sich aus dem Mietverhältnis ergebenden vertraglichen Verpflichtungen des Mieters zu verstehen. Hauptpflichten werden ebenso erfasst wie Nebenpflichten[161], auf vertraglichen Abreden beruhende ebenso wie sich aus dem Gesetz ergebende. Insbesondere zählen hierzu

---

[158] BGBl I 2001, 1149.
[159] BGBl I 2001, 1149.
[160] *Rolfs* in: Staudinger, § 573 Rn. 3 und *Blank* in: Blank/Börstinghaus, Neues Mietrecht, 2001, § 573 Rn. 6, 7 und 9.
[161] LG Oldenburg (Oldenburg) v. 30.06.1995 - 2 S 415/95 - juris Rn. 4 - ZMR 1995, 597-599 sowie LG Hamburg v. 02.03.1982 - 16 S 287/81 - juris Rn. 2 - ZMR 1984, 90-91.

- die mieterseitigen Verpflichtungen zur Entrichtung des Mietzinses (§ 535 Abs. 2 BGB),
- zum – nur – vertragsgemäßen Gebrauch (vgl. hierzu die Kommentierung zu § 541 BGB)[162] und
- zur Wahrung des Hausfriedens (vgl. hierzu die Kommentierung zu § 569 BGB Rn. 57).

b. Nicht unerhebliche Pflichtverletzung

Der Verstoß gegen die vertraglichen Pflichten, der auch auf einem vertragswidrigen Unterlassen beruhen kann, darf nicht unerheblich sein. Ihm muss vielmehr ein **gewisses Gewicht** zukommen. Andererseits muss die Pflichtverletzung nicht so schwer sein, dass sie zu einer Unzumutbarkeit der Fortsetzung des Mietverhältnisses führt und damit eine fristlose Kündigung rechtfertigen würde, vgl. Rn. 20.[163] Ausreichend ist grundsätzlich vielmehr, wenn die Pflichtverletzung die Belange des Vermieters in einem solchen Maße beeinträchtigt, dass die **Kündigung als angemessene Reaktion erscheint**.[164] Eine konkrete und allgemeingültige Regel, wann eine Pflichtverletzung solche hinreichende Bedeutung hat, um eine ordentliche Kündigung zu tragen, kann indessen nicht aufgestellt werden. Dies ist vielmehr im jeweiligen Einzelfall unter Berücksichtigung der gegebenen Umstände zu ermitteln. So kann gegebenenfalls auch ein längeres Zuwarten des Vermieters gegen eine Erheblichkeit sprechen.[165] Eine nähere Ausgestaltung kann durch die Bildung von Fallgruppen erreicht werden, vgl. daher die unten angeführten, von der Rechtsprechung ausgestalteten Fallgruppen (vgl. Rn. 70).

55

Liegen allerdings Pflichtverletzungen vor, die schon **eine außerordentliche fristlose Kündigung rechtfertigen**, kann der Vermieter stattdessen deswegen auch ordentlich nach § 573 Abs. 2 Nr. 1 BGB kündigen.[166] Insoweit ist zu beachten, dass eine ordentliche, im Gegensatz zur außerordentlichen Kündigung immer nur dann in Betracht kommt, wenn es sich um die Verletzung vertragsbezogener Pflichten handelt, vgl. hierzu Rn. 54.[167]

56

Die **Erheblichkeit** muss sich **aus der objektiven Pflichtverletzung**, nicht erst aus deren Auswirkungen[168] oder dem Verschulden ergeben. Denn das Verschulden ist schon nach dem Wortlaut des § 573 Abs. 2 Nr. 1 BGB gesondert zu prüfen (str.).[169]

57

Auch eine **Häufung** jeweils für sich genommen unerheblicher Pflichtverletzungen kann auf Grund des eintretenden **Summierungseffekt**es zur Überschreitung der Erheblichkeitsgrenze führen.[170]

58

Eventuelle **Beseitigungs- oder Unterlassungsansprüche** des Vermieters (insbesondere § 541 BGB) sind im Falle einer nicht unerheblichen Pflichtverletzung nicht vorrangig.[171]

59

Ebenso wenig ist eine **Abmahnung** zwingende Voraussetzung für die ordentliche Kündigung.[172] Dies gilt selbst dann, wenn Pflichtverletzungen vorliegen, die im Falle einer außerordentlichen fristlosen Kündigung eine solche erfordern (§ 543 Abs. 3 Satz 1 BGB). Vielmehr ist im Rahmen einer ordentlichen Kündigung allein maßgeblich, ob das vertragswidrige Mieterverhalten hinreichend erheblich ist.[173] Allerdings kann der Abmahnung für die Kündigung nach § 573 Abs. 1, Abs. 2 Nr. 1 BGB aus-

60

---

[162] *Eisenschmid* in: Schmidt-Futterer, Mietrecht, 10. Aufl. 2011, § 535 Rn. 194 und *Blank* in: Schmidt-Futterer, Mietrecht, 10. Aufl. 2011, § 573 Rn. 21.
[163] OLG Oldenburg (Oldenburg) v. 18.07.1991 - 5 UH 2/91 - juris Rn. 9 - NJW-RR 1992, 79-80.
[164] *Grapentin* in: Bub/Treier, Handbuch der Geschäfts- und Wohnraummiete, 3. Aufl. 1999, Teil IV Rn. 61.
[165] LG Berlin v. 23.06.2009 - 63 S 476/08 - juris Rn. 8 - Grundeigentum 2009, 1316-1317.
[166] *Krenek* in: Müller/Walther, Miet- und Pachtrecht, § 573 Rn. 14.
[167] Vgl. LG Kiel v. 12.02.1986 - 1 S 173/85 - juris Rn. 10 - WuM 1986, 218-219 - Verpflichtung aus selbständigem Dienstvertrag sowie *Lammel*, Wohnraummietrecht, 3. Aufl. 2007, § 573 Rn. 47.
[168] LG Hagen v. 19.12.2007 - 10 S 163/07 - juris Rn. 6 - ZMR 2008, 972-973; *Weidenkaff* in: Palandt, § 573 Rn. 18.
[169] *Rolfs* in: Staudinger, § 573 Rn. 39 und *Weidenkaff* in: Palandt, § 573 Rn. 15; a.A. wohl *Blank* in: Schmidt-Futterer, Mietrecht, 10. Aufl. 2011, § 573 Rn. 19.
[170] LG Hamburg v. 23.06.2005 - 307 S 32/05 - ZMR 2005, 867-868.
[171] LG Hildesheim v. 28.02.2006 - 7 S 4/06 - juris Rn. 2 - WuM 2006, 525 und *Lammel*, Wohnraummietrecht, 3. Aufl. 2007, § 573 Rn. 59.
[172] BGH v. 28.11.2007 - VIII ZR 145/07 - juris Rn. 22 - NJW 2008, 508-511.
[173] *Rolfs* in: Staudinger, § 573 Rn. 31 und *Grapentin* in: Bub/Treier, Handbuch der Geschäfts- und Wohnraummiete, 3. Aufl. 1999, Teil IV Rn. 62; a.A. – Abmahnung erforderlich, wenn die Wirksamkeit einer fristlosen Kündigung davon abhängt – *Blank* in: Schmidt-Futterer, Mietrecht, 10. Aufl. 2011, § 573 Rn. 13.

nahmsweise insofern Bedeutung zukommen, als erst ihre Missachtung durch den Mieter dessen Pflichtverletzung das erforderliche Gewicht verleiht, etwa weil vorher nur ein schlichtes Versehen des Mieters vorgelegen hat oder eine Duldung des Vermieters zu vermuten war.[174] Gerade bei „einfachem" vertragswidrigem Gebrauch der Mietsache wird man daher oftmals eine Abmahnung des Vermieters fordern müssen und erst in der danach folgenden Fortsetzung des vertragswidrigen Verhaltens eine hinreichend erhebliche Pflichtverletzung sehen können. Die Frage der generellen Erforderlichkeit oder Entbehrlichkeit einer Abmahnung hat damit mehr theoretische als praktische Bedeutung. Dem Vermieter ist in **Zweifelsfällen** allerdings eine vorherige Abmahnung stets anzuraten, um das Prozessrisiko zu verringern.[175]

61 Besteht das Mietverhältnis mit **mehreren Mieter**n, ist eine schuldhafte, nicht unerhebliche Pflichtverletzung eines Mieters ausreichend.[176] Allerdings kann die Kündigung, sofern der allein vertragswidrig handelnde Mieter ausgezogen ist, **rechtsmissbräuchlich** sein (§ 242 BGB), insoweit gelten die Ausführungen in der Kommentierung zu § 569 BGB Rn. 60 entsprechend.

c. Verschulden

62 Eine ordentliche Kündigung nach § 573 Abs. 2 Nr. 1 BGB setzt ein **Verschulden des Mieters** hinsichtlich der Pflichtverletzung voraus. Dies ist zunächst bei einem vorsätzlichen oder fahrlässigen vertragswidrigen Verhalten des Mieters zu bejahen (§ 276 Abs. 1 Satz 1 BGB).

63 Ein eigenes Verschulden des Mieters kann sich auch daraus ergeben, dass er **schuldunfähigen Personen den (Mit-)Gebrauch überlässt**, ohne diese hinreichend zu beaufsichtigen oder sonstige Vorkehrungen zu treffen[177], vgl. hierzu auch die Kommentierung zu § 569 BGB Rn. 68. An einer schuldhaften Vertragsverletzung fehlt es aber beispielsweise, wenn Eltern Erfolg versprechende Maßnahmen ergriffen haben, um über das hinzunehmende Maß hinausgehende Lärmbelästigungen durch ihre Kinder zu vermeiden.[178]

64 Ebenfalls kein Verschulden liegt vor, wenn die Vertragswidrigkeit eines bestimmten Verhaltens zweifelhaft oder umstritten ist – wie beispielsweise bei der Anbringung von Parabolantennen – und der Mieter nach Einholung von zutreffendem **fachkundigem Rat** zwar letztlich irrig, aber in noch vertretbarer Weise von einer entsprechenden Befugnis ausging.[179] Zum für die Annahme eines unverschuldeten Rechtsirrtums geltenden strengen Maßstab vgl. allerdings Rn. 66.

65 Nimmt der Mieter eine **unerlaubte Untervermietung** vor, entfällt weder die darin liegende objektive Pflichtverletzung noch sein Verschulden schon deshalb, weil ihm ein Anspruch gemäß § 553 BGB auf die Gestattung durch den Vermieter zusteht.[180] Ob in einem derartigen Fall der Vertragsverletzung ein die ordentliche Kündigung rechtfertigendes Gewicht zukommt, d.h. eine **nicht unerhebliche Pflichtverletzung** vorliegt, ist indes anhand einer Würdigung der Umstände des Einzelfalls zu beurteilen[181]; vgl. hierzu Rn. 55 und Rn. 72.

66 Eine Besonderheit ergibt sich hinsichtlich des **Zahlungsverzuges**. Auch nach In-Kraft-Treten des Gesetzes zur Modernisierung des Schuldrechts vom 26.11.2001[182] hat der Schuldner zwar eine unverschuldete **finanzielle Leistungsunfähigkeit** regelmäßig zu vertreten.[183] Da darin aber kein Verschul-

---

[174] BGH v. 28.11.2007 - VIII ZR 145/07 - juris Rn. 28 - NJW 2008, 508-511.
[175] *Schach* in: Kinne/Schach/Bieber, Miet- und Mietprozessrecht, 6. Aufl. 2011, § 573 Rn. 15.
[176] LG Darmstadt v. 27.08.1982 - 17 S 67/82 - juris Rn. 1 - NJW 1983, 52.
[177] BGH v. 24.11.2009 - VIII ZR 174/09 - WuM 2009, 762 sowie LG Bonn v. 04.06.2009 - 6 S 9/09 - juris Rn. 14.
[178] LG Regensburg v. 12.01.1999 - 2 S 229/98 - juris Rn. 7 - NZM 1999, 220-221.
[179] LG Berlin v. 14.07.2009 - 65 S 114/06 - juris Rn. 10 - Grundeigentum 2009, 1126; LG Hagen (Westfalen) v. 19.10.1987 - 10 S 217/87 - juris Rn. 5 - WuM 1988, 58 und *Blank* in: Schmidt-Futterer, Mietrecht, 10. Aufl. 2011, § 573 Rn. 16.
[180] BGH v. 02.02.2011 - VIII ZR 74/10 - juris Rn. 20 - NSW BGB § 573 (BGH-intern) und BayObLG München v. 26.04.1995 - RE-Miet 3/94 - juris Rn. 17 - NJW-RR 1995, 969-971.
[181] BGH v. 02.02.2011 - VIII ZR 74/10 - juris Rn. 20 - NSW BGB § 573 (BGH-intern).
[182] BGBl I 2001, 3138.
[183] *Grüneberg* in: Palandt, § 276 Rn. 28 m.w.N.

densvorwurf liegt, kann hierauf eine ordentliche Kündigung nach § 573 Abs. 2 Nr. 1 BGB nicht gestützt werden (h.M.).[184] Allerdings muss der Mieter beweisen, dass er unverschuldet finanziell leistungsunfähig ist, vgl. Rn. 178. Kommt es – beispielsweise wegen eines Erbfalls – zu einem **Wechsel auf Vermieterseite** als Gläubiger des Mietzinses, ist es grundsätzlich nicht Sache des Mieters als Schuldner, den/die Rechtsnachfolger des Gläubigers zu ermitteln, um an diese/n Zahlungen leisten zu können. Er darf vielmehr abwarten, bis die Rechtsnachfolger an ihn herantreten. Solange dies nicht geschieht und der Mieter nicht auf andere Weise Sicherheit darüber gewinnt, wer Rechtsnachfolger seines Gläubigers geworden ist, unterbleibt die Zahlung des Mietzinses infolge eines Umstandes, den der Mieter nicht zu vertreten hat; eine Kündigung kann folglich hierauf grundsätzlich nicht gestützt werden.[185] Auch die **persönlichen Verhältnisse des Mieters** – insbesondere Erkrankungen – können sein Verhalten in einem milderen Licht erscheinen lassen und damit ein geringeres Verschulden nahelegen.[186] Ein **unverschuldeter Rechtsirrtum** infolge einer schwierigen und unübersichtlichen Rechtslage kann gegeben sein, wenn der Mieter ohne Schuld eine von ihm geltend gemachte **Minderung zu hoch** ansetzt; dafür kann sprechen, dass zur Minderungsquote inhaltlich abweichende gerichtliche Entscheidungen vorliegen.[187] An das Vorliegen eines unverschuldeten Rechtsirrtums sind allerdings **strenge Maßstäbe** anzulegen: Der Schuldner muss die Rechtslage unter Einbeziehung der höchstrichterlichen Rechtsprechung sorgfältig prüfen.[188] Entschuldigt ist ein Rechtsirrtum nur dann, wenn der Irrende bei Anwendung der im Verkehr erforderlichen Sorgfalt mit einer anderen Beurteilung durch die Gerichte nicht zu rechnen brauchte. Bei einer **zweifelhaften Rechtsfrage** handelt bereits fahrlässig, wer sich erkennbar in einem Grenzbereich des rechtlich Zulässigen bewegt, in dem er eine von der eigenen Einschätzung abweichende Beurteilung der rechtlichen Zulässigkeit des fraglichen Verhaltens in Betracht ziehen muss. Der Schuldner darf nicht das Risiko einer zweifelhaften Rechtslage dem Gläubiger zuschieben.[189]

Für das Verschulden seiner **gesetzlichen Vertreter oder Erfüllungsgehilfen** hat der Mieter nach § 278 Satz 1 BGB in gleichem Umfang einzustehen wie für eigenes Verschulden.[190] Die vormals unter Berufung auf den Wortlaut („schuldhaft") vom Kammergericht vertretene Auffassung[191], wonach immer ein eigenes Verschulden des Mieters erforderlich sei, übersieht, dass der Begriff des Verschuldens in § 573 Abs. 2 Nr. 1 BGB an die allgemeinen Regelungen in den §§ 276, 278 BGB anknüpft und daher auch das Vertretenmüssen für Verhalten von gesetzlichen Vertretern und Erfüllungsgehilfen ein-

67

---

[184] BGH v. 16.02.2005 - VIII ZR 6/04 - juris Rn. 20 - NZM 2005, 334-335; KG v. 24.07.2008 - 8 U 26/08 - juris Rn. 20 - KGR Berlin 2008, 935-937; OLG Stuttgart v. 28.08.1991 - 8 REMiet 2/91 - juris Rn. 8 - NJW-RR 1991, 1487-1488; LG Wiesbaden v. 14.02.2003 - 3 S 94/02 - juris Rn. 22 - NJW-RR 2003, 1096-1097; *Lammel*, Wohnraummietrecht, 3. Aufl. 2007, § 573 Rn. 58 sowie *Grapentin* in: Bub/Treier, Handbuch der Geschäfts- und Wohnraummiete, 3. Aufl. 1999, Teil IV Rn. 64.

[185] BGH v. 07.09.2005 - VIII ZR 24/05 - juris Rn. 11 - NJW 2006, 51-52.

[186] LG Hamburg v. 12.07.2007 - 334 S 97/06 - juris Rn. 5 - WuM 2007, 709-710 und LG Hamburg v. 12.10.2006 - 307 S 99/06 - juris Rn. 3 - WuM 2007, 74.

[187] LG Berlin v. 17.03.2009 - 65 S 54/08 - juris Rn. 21 - MM 2009, 226-227.

[188] BGH v. 01.06.2011 - VIII ZR 91/10 - juris Rn. 13 und 25 - NSW BGB § 543 (BGH-intern).

[189] BGH v. 01.06.2011 - VIII ZR 91/10 - juris Rn. 25 - NSW BGB § 543 (BGH-intern).

[190] BGH v. 25.10.2006 - VIII ZR 102/06 - juris Rn. 15 - NJW 2007, 428-431; BGH v. 28.11.2007 - VIII ZR 145/07 - juris Rn. 18 - NJW 2008, 508-511; *Rolfs* in: Staudinger, § 573 Rn. 33; *Blank* in: Schmidt-Futterer, Mietrecht, 10. Aufl. 2011, § 573 Rn. 20; *Lammel*, Wohnraummietrecht, 3. Aufl. 2007, § 573 Rn. 58; *Weidenkaff* in: Palandt, § 573 Rn. 13; *Krenek* in: Müller/Walther, Miet- und Pachtrecht, § 573 Rn. 20; *Wetekamp* in: Schmid, Miete und Mietprozess, 4. Aufl. 2004, Teil 14 Rn. 64; *Schach* in: Kinne/Schach/Bieber, Miet- und Mietprozessrecht, 6. Aufl. 2011, § 573 Rn. 8 und *Hannappel* in: Bamberger/Roth, § 573 Rn. 23; vgl. auch LG Berlin v. 20.08.1999 - 64 S 159/99 - juris Rn. 21 - Grundeigentum 2000, 126-127.

[191] KG Berlin v. 15.06.2000 - 16 RE-Miet 10611/99 - juris Rn. 6 - NJW-RR 2000, 1397-1398, dem Rechtsentscheid kommt keine Bindungswirkung mehr zu, vgl. *Schach* in: Kinne/Schach/Bieber, Miet- und Mietprozessrecht, 6. Aufl. 2011, § 573 Rn. 8.

schließt. Dementsprechend muss der Mieter sich eine falsche rechtliche Beratung – auch durch Mietervereinigungen oder sonstige Beratungsstellen – zurechnen lassen.[192] Kein Erfüllungsgehilfe des Mieters ist ein Journalist, der eigenverantwortlich über dessen angespanntes Mietverhältnis berichtet.[193] Auch das **Sozialamt** (Jobcenter), das für einen hilfebedürftigen Wohnungsmieter die Kosten der Unterkunft dergestalt übernimmt, dass es die Miete direkt an dessen Vermieter überweist, ist kein Erfüllungsgehilfe des Mieters, da es insoweit hoheitliche Aufgaben wahrnimmt.[194]

68 Bei **mehreren Mieter**n reicht es aus, wenn einen von ihnen ein Verschuldensvorwurf trifft.[195]

69 **Fehlt es an einem Verschulden des Mieters** scheidet eine Kündigung nach § 573 Abs. 2 Nr. 1 BGB aus. Es ist dann nur eine außerordentliche fristlose Kündigung möglich, wenn dem Vermieter die Fortsetzung des Mietverhältnisses nicht mehr zumutbar ist (§ 543 Abs. 1 BGB).[196]

d. Fallgruppen/Rechtsprechung

70 Zur Strukturierung des Tatbestandes des § 573 Abs. 2 Nr. 1 BGB bietet sich die Bildung folgender Fallgruppen an:

aa. Vertragswidriger Gebrauch

71 Hierzu zählen insbesondere
- Störungen des Hausfriedens,
- Verhaltensweisen, die die Mietsache gefährden,
- Verstöße gegen die Hausordnung,
- Unterlassung vertraglich geschuldeter Verrichtungen.

72 Die Rechtsprechung hat ein berechtigtes Interesse an einer Beendigung des Mietverhältnisse insbesondere **anerkannt,** wenn
- der Mieter die Wohnung **auch zu geschäftlichen Zwecken nutzt und damit nach außen hin in Erscheinung tritt**[197], etwa indem er die Wohnung als seine Geschäftsadresse angibt, dort Kunden empfängt oder Mitarbeiter beschäftigt[198]. Eine solche Nutzung muss der Vermieter – im Gegensatz zu einer nach außen nicht in Erscheinung tretenden beruflichen Tätigkeit[199] – ohne entsprechende Vereinbarung grundsätzlich nicht dulden. Der Vermieter kann aber im Einzelfall nach Treu und Glauben verpflichtet sein, eine **Erlaubnis zur teilgewerblichen Nutzung** zu erteilen. Dies kommt insbesondere dann in Betracht, wenn es sich nur um eine Tätigkeit ohne Mitarbeiter und ohne ins Gewicht fallenden Kundenverkehr – beispielsweise in der Existenzgründungsphase einer selbständigen Tätigkeit – handelt.[200] Ein Anspruch auf Gestattung scheidet dagegen regelmäßig aus, wenn für

---

[192] BGH v. 25.10.2006 - VIII ZR 102/06 - juris Rn. 22 - NJW 2007, 428-431 und LG Berlin v. 06.02.1998 - 64 S 412/97 - juris Rn. 8 - ZMR 1998, 231-232; ablehnend *Blank*, WuM 2007, 655-662, 661-662.
[193] AG Hamburg-Wandsbek v. 23.09.2005 - 716B C 46/05 - juris Rn. 18 - WuM 2006, 526-527.
[194] BGH v. 21.10.2009 - VIII ZR 64/09 - juris Rn. 30 - NSW BGB § 278 (BGH-intern); LG Mainz v. 18.06.2003 - 3 S 57/03 - juris Rn. 10 - WuM 2003, 629-630; a.A. LG Karlsruhe v. 14.07.1989 - 9 S 57/89 - juris Rn. 5 - WuM 1989, 629-630.
[195] AG Regensburg v. 22.03.1989 - 5 C 4177/88 - juris Rn. 14 - WuM 1989, 381-382; LG Darmstadt v. 27.08.1982 - 17 S 67/82 - juris Rn. 1 - NJW 1983, 52-52; *Hannappel* in: Bamberger/Roth, § 573 Rn. 25; *Rolfs* in: Staudinger, § 573 Rn. 41 und *Weidenkaff* in: Palandt, § 573 Rn. 13.
[196] LG Hamburg v. 11.08.1995 - 311 S 63/95 - juris Rn. 5 - NJW-RR 1996, 139-140.
[197] BGH v. 14.07.2009 - VIII ZR 165/08 - juris Rn. 9 - NSW BGB § 573 (BGH intern); überholt ist damit die Entscheidung des LG München II v. 25.07.2006 - 12 S 2128/06 - juris Rn. 5 - ZMR 2007, 278-279, die allein darauf abstellt, dass der Mieter die gesamte Bürotätigkeit seines gewerblichen Unternehmens in der Wohnung betreibt; vgl. auch die zusammenfassende Darstellung zu geschäftlichen Aktivitäten in der Wohnung bei *Schmid*, MDR 2009, 1263-1265.
[198] BGH v. 14.07.2009 - VIII ZR 165/08 - juris Rn. 13 - NSW BGB § 573 (BGH intern).
[199] BGH v. 14.07.2009 - VIII ZR 165/08 - juris Rn. 14 - NSW BGB § 573 (BGH intern).
[200] BGH v. 14.07.2009 - VIII ZR 165/08 - juris Rn. 15 - NSW BGB § 573 (BGH intern).

die geschäftliche Tätigkeit Mitarbeiter des Mieters in der Wohnung beschäftigt werden.[201] Für die Voraussetzungen des Gestattungsanspruchs trägt der Mieter die **Darlegungs- und Beweislast**[202];
- die gemietete Wohnung trotz mehrfacher Abmahnung **länger nicht beheizt wird**[203];
- der **Treppenhausreinigungspflicht** trotz entsprechender Verurteilung nicht genügt wird[204];
- eine **unerlaubte Tierhaltung** (Katze) trotz Abmahnung fortgesetzt wird[205];
- eine **Untervermietung ohne vorherige Gestattung** durch den Vermieter erfolgt.[206] Ob der Pflichtverletzung eines Mieters, der eine Untervermietung vornimmt, ohne die erforderliche Erlaubnis seines Vermieters einzuholen, ein die ordentliche Kündigung rechtfertigendes Gewicht auch dann zukommt, wenn der Mieter letztlich einen Anspruch auf Erteilung der Erlaubnis hat (vgl. auch Rn. 65), ist anhand einer **Würdigung der Umstände des Einzelfalls** zu beurteilen. Hierbei kommt es auch auf die Gründe an, die den Mieter dazu bestimmen, einem Dritten ohne die Genehmigung des Vermieters den Gebrauch der Mietsache zu überlassen; insbesondere eine bewusste Missachtung der Belange oder der Person des Vermieters kann der Vertragsverletzung Gewicht verleihen.[207] Die Einholung der Genehmigung hat den Zweck, dem Vermieter Gelegenheit zu geben, seine Einwände gegen die Untervermietung geltend zu machen, bevor dem Untermieter die Räume überlassen werden.[208] Dem ist genügt, wenn der Mieter rechtzeitig um die Erlaubnis zur Untervermietung ersucht, so dass der Vermieter etwaige Bedenken vorbringen kann. Versagt der Vermieter hierauf dem Mieter in vertragswidriger Weise die Erlaubnis, ist es – sofern überhaupt noch ein vertragswidriges Verhalten des Mieters von einem gewissen Gewicht angenommen werden kann[209] – dem Vermieter jedenfalls wegen des **Verbots rechtsmissbräuchlichen Verhaltens** (§ 242 BGB) verwehrt, sich bei einer Kündigung auf das Fehlen der Erlaubnis zu berufen, die er hätte erteilen müssen, wenn er sich selbst vertragsgemäß verhalten hätte[210];
- der Mieter gegenüber dem Vermieter[211] oder Mitmietern[212] **Beleidigungen** ausspricht;
- **Eltern eines behinderten Kindes** es in zurechenbarer Weise **zulassen**, dass dieses wiederholt in eine im selben Anwesen befindliche, **anderweitig vermiete Wohnung eindringt**. Denn dies stellt auch unter Berücksichtigung des grundgesetzlich verankerten (Art. 3 Abs. 3 Satz 2 GG) besonderen Schutzes behinderter Menschen im Rahmen der Abwägung der Belange des Vermieters, des Mieters und der anderen Mieter eine mehr als nur unerhebliche Pflichtverletzung dar[213];
- der Mieter **durch Flugblätter zum Kampf gegen den Vermieter aufruft** oder nicht verhindert, dass solche Flugblätter aus dem Fenster seiner Wohnung geworfen werden[214];

---

[201] BGH v. 14.07.2009 - VIII ZR 165/08 - juris Rn. 16 - NSW BGB § 573 (BGH intern).
[202] BGH v. 14.07.2009 - VIII ZR 165/08 - juris Rn. 17 - NSW BGB § 573 (BGH intern).
[203] LG Hagen v. 19.12.2007 - 10 S 163/07 - juris Rn. 6 - ZMR 2008, 972-973.
[204] AG Hamburg-Blankenese v. 18.12.1996 - 508 C 345/96 - juris Rn. 2 - WuM 1998, 286; soweit das AG Wiesbaden v. 01.07.1999 - 91 C 2213/99 - 19 - juris Rn. 8 - WuM 2000, 190 seine a.A. in einem Fall ohne vorausgegangene Verurteilung damit begründet, dass dem Vermieter die Durchsetzung seiner Ansprüche gegebenenfalls im Wege der Ersatzvornahme zuzumuten sei, ist dies fraglich, da er hierauf bei einer nicht nur unerheblichen Pflichtverletzung nicht verwiesen werden kann, vgl. Rn. 59.
[205] LG Hildesheim v. 28.02.2006 - 7 S 4/06 - juris Rn. 2 - WuM 2006, 525 und LG Berlin v. 13.07.1998 - 62 S 91/98 - juris Rn. 4 - ZMR 1999, 28-29.
[206] BayObLG München v. 26.04.1995 - RE-Miet 3/94 - juris Rn. 13 - NJW-RR 1995, 969-971.
[207] BGH v. 02.02.2011 - VIII ZR 74/10 - juris Rn. 20 - NSW BGB § 573 (BGH-intern).
[208] BGH v. 02.02.2011 - VIII ZR 74/10 - juris Rn. 21 - NSW BGB § 573 (BGH-intern).
[209] BGH v. 02.02.2011 - VIII ZR 74/10 - juris Rn. 23 - NSW BGB § 573 (BGH-intern).
[210] BGH v. 02.02.2011 - VIII ZR 74/10 - juris Rn. 22 - NSW BGB § 573 (BGH-intern).
[211] LG Hamburg v. 08.01.1998 - 307 S 192/97 - NZM 1999, 304-305.
[212] AG Coburg v. 25.09.2008 - 11 C 1036/08 - juris Rn. 18 - NZM 1999, 304-305.
[213] BGH v. 24.11.2009 - VIII ZR 174/09 - WuM 2009, 762 sowie LG Bonn v. 04.06.2009 - 6 S 9/09 - juris Rn. 11.
[214] AG Berlin-Schöneberg v. 01.03.2005 - 11 C 165/04 - juris Rn. 24 - Grundeigentum 2005, 437-439.

§ 573

- trotz entgegenstehender Vereinbarung mehr als sechs Personen in die ca. 60 qm große Wohnung aufgenommen werden (**Überbelegung**)[215]; grundsätzlich ist aber auch bei Vorliegen einer Überbelegung Zurückhaltung geboten, solange keine für den Vermieter benachteiligenden Auswirkungen konkret zu befürchten sind[216];
- täglich, auch an Sonn- und Feiertagen, von einer Musikstudentin 1 ½ bis 2 Stunden **Klavier gespielt und Gesang geübt** wird[217];
- während der Mietzeit aufgetretene **Feuchtigkeitsschäden nicht unverzüglich angezeigt** werden[218];
- ein **Mauerdurchbruch** zwischen zwei Wohnungen ohne Zustimmung des Vermieters ausgeführt wird[219];
- eine mietvertraglich wöchentlich geschuldete **Gartenpflege** unterlassen wird[220];
- im Treppenhaus **übel riechende Pökelbrühe verspritzt** wird, um die Nachbarn zu ärgern[221];
- erheblich **geraucht** wird, trotz vereinbarten Rauchverbots[222].

73 **Abgelehnt** wurde ein hinreichendes berechtigtes Interesse dagegen dann, wenn
- **Schönheitsreparaturen** trotz mehrfacher Abmahnung nicht ausgeführt werden[223], etwas anderes gilt aber dann, wenn hierdurch die **Mietsache gefährdet** wird[224];
- einmalig eine **gesundheitsgefährdende, aber freiverkäufliche Chemikalie** vom Mieter verwendet wird[225];
- einmalig einem vom Vermieter beauftragten Handwerker zum vereinbarten Termin der **Zutritt verweigert** wird[226];
- dem Vermieter oder dessen Beauftragten der **Zutritt zusammen mit Kaufinteressenten verweigert** wird[227];
- der Mieter einer Genossenschaftswohnung diese **nur gelegentlich nutzt**[228];
- der Mieter im Garten **Cannabis** pflanzt und dieses später in der Wohnung konsumiert[229];
- der Mieter in der Wohnung ein „**stilles Gewerbe**" aus(ge)übt (hat)[230];

---

[215] LG Köln v. 13.09.1979 - 1 S 113/79 - juris Rn. 2 - WuM 1981, 161; a.A. für vier Personen auf 33 qm, LG Darmstadt v. 30.01.1987 - 17 S 447/86 - juris Rn. 3 - WuM 1987, 393-394.
[216] LG München I v. 22.09.1982 - 14 S 7977/82 Vi - juris Rn. 2 - WuM 1983, 22-23; LG Mönchengladbach v. 07.12.1990 - 2 S 254/90 - juris Rn. 3 - NJW-RR 1991, 1113; vgl. auch die zur fristlosen Kündigung ergangene Entscheidung BGH v. 14.07.1993 - VIII ARZ 1/93 - juris Rn. 21 - BGHZ 123, 233-242.
[217] LG Düsseldorf v. 18.07.1989 - 24 S 597/88 - juris Rn. 3 - DWW 1989, 393.
[218] LG Düsseldorf v. 15.12.1987 - 24 S 124/87 - juris Rn. 3 - DWW 1988, 117-118.
[219] LG Berlin v. 17.09.1987 - 61 S 50/87 - juris Rn. 5 - MDR 1988, 146.
[220] LG Oldenburg (Oldenburg) v. 30.06.1995 - 2 S 415/95 - juris Rn. 4 - ZMR 1995, 597-599.
[221] LG Köln v. 12.01.1984 - 1 S 171/83 - juris Rn. 2 - WuM 1984, 55.
[222] AG Rastatt v. 26.04.2005 - 3 C 341/04 - 70 - juris Rn. 11 - DWW 2005, 331.
[223] LG Hamburg v. 02.03.1982 - 16 S 287/81 - juris Rn. 2 - ZMR 1984, 90-91; LG Münster v. 30.10.1990 - 8 S 363/90 - juris Rn. 2 - WuM 1991, 33-34.
[224] AG Düsseldorf v. 08.12.1989 - 28 C 568/88 - juris Rn. 8 - WuM 1990, 149.
[225] AG Unna v. 18.05.1988 - 4 C 163/88 - 70 - juris Rn. 40 - DWW 1990, 53-54.
[226] LG Mannheim v. 14.01.1987 - 4 S 134/86 - juris Rn. 2 - WuM 1987, 320.
[227] BVerfG v. 16.01.2004 - 1 BvR 2285/03 - juris Rn. 13 - NJW-RR 2004, 440-442 und AG Erkelenz v. 04.01.1985 - 8 C 461/84 - juris Rn. 4 - WuM 1986, 251, in der Begründung allerdings fraglich, da der Vermieter zu der ihm angesonnenen gerichtlichen Durchsetzung des Mitwirkungsanspruches des Mieters vor einer Kündigung gerade nicht verpflichtet ist, vgl. Rn. 59.
[228] LG München I v. 12.04.1989 - 14 S 24252/88 - juris Rn. 9 - NJW-RR 1989, 915-916.
[229] AG Köln v. 28.03.2003 - 208 C 141/02 - juris Rn. 30 - WuM 2006, 220 und LG Lüneburg v. 15.12.1994 - 6 S 104/94 - juris Rn. 4 - WuM 1995, 708-709.
[230] LG Stuttgart v. 20.02.1992 - 16 S 327/91 - juris Rn. 4 - WuM 1992, 250; AG Regensburg v. 18.04.1991 - 8 C 42/91 - juris Rn. 4 - WuM 1991, 678-679.

- es zwischen dem Vermieter und dem Mieter zu einer **Vielzahl von gerichtlichen Verfahren** gekommen ist[231];
- der Mieter ungenehmigt eine „**Katzenklappe**" eingebaut hat[232].

bb. Pflichtverletzungen in Verbindung mit Zahlungsverpflichtungen des Mieters

Im Gegensatz zu § 543 Abs. 2 Satz 1 Nr. 3 BGB kann die ordentliche Kündigung nach § 573 Abs. 2 Nr. 1 BGB nicht nur auf einen Verzug mit der Miete (vgl. insoweit die Kommentierung zu § 543 BGB Rn. 86 ff.), sondern auf verschuldete Rückstände mit **sämtlichen Zahlungsverpflichtungen** aus dem Mietverhältnis gestützt werden, insbesondere auch aus Nebenkostenabrechnungen[233] oder einer Kautionsvereinbarung[234]. 74

Umstritten ist, welche **Höhe** die Rückstände erreichen **und** für welche **Dauer** sie ausstehen müssen, um eine ordentliche Kündigung nach § 573 Abs. 2 Nr. 1 BGB zu tragen.[235] Da die Vorschrift im Gegensatz zu den §§ 543 Abs. 2 Satz 1 Nr. 3, 569 Abs. 3 Nr. 1 BGB nicht auf bestimmte Zahlungsrückstände abstellt, sondern lediglich verlangt, dass der Mieter seine vertraglichen (Zahlungs-)Verpflichtungen schuldhaft nicht unerheblich verletzt,[236] kann grundsätzlich auch ein geringerer Rückstand als eine Monatsmiete, der in einem kürzeren Zeitraum als einem Monat aufgetreten ist, für eine ordentliche Kündigung ausreichen (str.)[237]. Indessen darf auch hier die praktische Bedeutung des Meinungsstreits nicht überbewertet werden. Zwar finden die Voraussetzungen der §§ 543 Abs. 2 Satz 1 Nr. 3, 569 Abs. 3 Nr. 1 BGB nach hier vertretener Auffassung keine unmittelbare Anwendung und stehen daher einer ordentlichen Kündigung nach § 573 Abs. 2 Nr. 1 BGB bei geringeren Rückständen für einen kürzeren Zeitraum nicht grundsätzlich entgegen. Dennoch geben diese Vorschriften auch für die ordentliche Kündigung einen **Anhaltspunkt**, wann von einer nicht nur unerheblichen Pflichtverletzung auszugehen ist.[238] Je weiter die dort genannten Voraussetzungen unterschritten werden, desto mehr muss dies durch andere Umstände ausgeglichen werden, damit die Schwelle der Unerheblichkeit überschritten wird. Werden vom Vermieter bereits in gerichtlichen Verfahren titulierte Zahlungsansprüche aus dem Mietverhältnis nicht befriedigt, liegt die Annahme einer Erheblichkeit nahe.[239] Dies gilt allerdings nicht, wenn der ausstehende Betrag aus den vom Mieter zu erstattenden **Verfahrenskosten eines Räumungsrechtsstreits** resultiert, der infolge des Ausgleichs des damals offenen Zahlungsrückstands durch eine öffentliche Stelle (§ 569 Abs. 3 Nr. 2 Satz 1 BGB) übereinstimmend für erledigt erklärt wurde; einer hierauf gestützten Kündigung steht der Schutzzweck der Schonfristregelung entgegen.[240] 75

Die Wirkung einer auf Grund eines Zahlungsverzuges wirksam ausgesprochenen ordentlichen Kündigung kann der Mieter **nicht dadurch in Wegfall bringen**, dass er nach deren Ausspruch innerhalb der 76

---

[231] LG Hamburg v. 23.06.2005 - 307 S 32/05 - ZMR 2005, 867-868.
[232] AG Berlin-Schöneberg v. 19.02.2004 - 9 C 619/03 - Grundeigentum 2004, 756.
[233] LG Kleve v. 25.05.1994 - 6 S 48/94 - juris Rn. 4 - WuM 1996, 37-38 sowie AG Geldern v. 21.12.1993 - 3 C 469/93 - juris Rn. 4 - WuM 1996, 37.
[234] AG Iserlohn v. 01.07.2004 - 45 C 49/04 - juris Rn. 10 - WuM 2004, 544-545; *Weidenkaff* in: Palandt, § 573 Rn. 16 und *Blank* in: Schmidt-Futterer, Mietrecht, 10. Aufl. 2011, § 573 Rn. 29.
[235] Vgl. auch den Überblick bei *Blank* in: Schmidt-Futterer, Mietrecht, 10. Aufl. 2011, § 573 Rn. 26.
[236] OLG Karlsruhe v. 19.08.1992 - 3 REMiet 1/92 - juris Rn. 23 - NJW-RR 1993, 79-80.
[237] *Grapentin* in: Bub/Treier, Handbuch der Geschäfts- und Wohnraummiete, 3. Aufl. 1999, Teil IV Rn. 64 und *Lammel*, Wohnraummietrecht, 3. Aufl. 2007, § 573 Rn. 52; a.A. – bei monatlicher Zahlungsweise jedenfalls gleiche Anforderungen wie die §§ 543 Abs. 2 Satz 1 Nr. 3, 569 Abs. 3 Nr. 1 BGB – *Rolfs* in: Staudinger, § 573 Rn. 47; grundsätzlich gleiche Anforderungen wie die §§ 543 Abs. 2 Satz 1 Nr. 3, 569 Abs. 3 Nr. 1 BGB: *Blank* in: Schmidt-Futterer, Mietrecht, 10. Aufl. 2011, § 573 Rn. 27; nicht geringer als eine Monatsmiete, nicht kürzer als ein halber Monat: *Weidenkaff* in: Palandt, § 573 Rn. 16 sowie – mindestens eine Monatsmiete – *Schach* in: Kinne/Schach/Bieber, Miet- und Mietprozessrecht, 6. Aufl. 2011, § 573 Rn. 10.
[238] BGH v. 14.07.2010 - VIII ZR 267/09 - juris Rn. 15 - NSW BGB § 573 (BGH-intern) und LG Berlin v. 07.12.2006 - 67 S 137/06 - juris Rn. 19 - Grundeigentum 2007, 847-849.
[239] LG Wiesbaden v. 14.02.2003 - 3 S 94/02 - juris Rn. 18 - NJW-RR 2003, 1096-1097.
[240] BGH v. 14.07.2010 - VIII ZR 267/09 - juris Rn. 16 und 21 ff. - NSW BGB § 573 (BGH-intern).

Schonfrist den Vermieter befriedigt oder die Übernahmeerklärung einer öffentlichen Stelle beibringt (§ 569 Abs. 3 Nr. 2 BGB).[241] Der spätere Ausgleich von Rückständen kann aber gegebenenfalls bei der Beurteilung der Erheblichkeit der Vertragsverletzung berücksichtigt werden.[242] Sofern der Vermieter auf ein und dieselben Rückstände **primär eine außerordentliche fristlose und nur hilfsweise eine ordentliche Kündigung** gestützt hat, ergreift die Heilungswirkung bei nachträglicher Befriedigung gemäß § 569 Abs. 3 Nr. 2 BGB nur die außerordentliche fristlose Kündigung; die ordentliche Kündigung bleibt dagegen unabhängig davon wirksam.[243]

77 Nicht nur das Ausbleiben von Zahlungen, sondern auch deren **ständig unpünktliche Vornahme** kann eine ordentliche Kündigung nach § 573 Abs. 2 Nr. 1 BGB rechtfertigen[244], gegebenenfalls auch ohne dass dieser zwingend eine **Abmahnung** vorausgegangen sein muss.[245] Regelmäßig wird hier indessen eine Abmahnung zu verlangen sein, damit die Schwelle der Nichterheblichkeit überschritten wird.[246] Nach einer erfolgten Abmahnung kann unter Würdigung der Interessen der Parteien im Einzelfall grundsätzlich eine erneute einmalige unpünktliche Zahlung des Mieters ein berechtigtes Interesse des Vermieters an der Beendigung des Mietverhältnisses begründen.[247] Die Hinnahme der unpünktlichen Zahlungsweise durch einen **Rechtsvorgänger des kündigenden Vermieters** ist nicht geeignet, einen Vertrauenstatbestand dafür zu begründen, dass das vertragswidrige Verhalten des Mieters nach einem Vermieterwechsel weiterhin nicht beanstandet werden wird.[248] Der Umstand, dass dem Mieter hinsichtlich der – im entschiedenen Sachverhalt über deutlich mehr als ein Jahr und trotz Abmahnung erfolgten – unpünktlichen Zahlungen infolge eines **vermeidbaren Rechtsirrtums** „nur" Fahrlässigkeit zur Last fällt, lässt dessen Pflichtverletzung ebenfalls nicht in einem wesentlich milderen Licht erscheinen: Für die Beeinträchtigung der Interessen des Vermieters ist es ohne Bedeutung, ob die verspätete Zahlung auf einem verschuldeten Rechtsirrtum oder auf einer sonstigen Nachlässigkeit des Mieters beruht.[249]

3. Eigenbedarf des Vermieters (Absatz 2 Nr. 2)[250]

a. Allgemeines

78 Ein berechtigtes Interesse des Vermieters an der Beendigung des Mietverhältnisses besteht nach § 573 Abs. 2 Nr. 2 BGB ferner dann, wenn er die Räume als Wohnung für sich, seine Familienangehörigen oder Angehörige seines Haushalts benötigt.

---

[241] BGH v. 16.02.2005 - VIII ZR 6/04 - juris Rn. 13 - MDR 2005, 680-681; OLG Karlsruhe v. 19.08.1992 - 3 RE-Miet 1/92 - juris Rn. 24 - NJW-RR 1993, 79-80; OLG Stuttgart v. 28.08.1991 - 8 REMiet 2/91 - juris Rn. 8 - NJW-RR 1991, 1487-1488 sowie BayObLG München v. 26.04.1995 - RE-Miet 3/94 - juris Rn. 8 - NJW-RR 1995, 969-1488 sowie *Rolfs* in: Staudinger, § 573 Rn. 51; a.A. *Blank* in: Schmidt-Futterer, Mietrecht, 10. Aufl. 2011, § 569 Rn. 65 und *Scholl*, WuM 1993, 99-101, 99.

[242] BGH v. 16.02.2005 - VIII ZR 6/04 - juris Rn. 20 - MDR 2005, 680-681; KG v. 24.07.2008 - 8 U 26/08 - juris Rn. 20 - KGR Berlin 2008, 935-937; LG Darmstadt v. 05.05.2004 - 7 S 141/03 - WuM 2004, 367-368 sowie *Schach* in: Kinne/Schach/Bieber, Miet- und Mietprozessrecht, 6. Aufl. 2011, § 573 Rn. 11.

[243] BGH v. 11.01.2006 - VIII ZR 364/04 - juris Rn. 10 - WuM 2006, 193-196 und *Lammel*, Wohnraummietrecht, 3. Aufl. 2007, § 573 Rn. 52; a.A. wohl *Wetekamp* in: Schmid, Miete und Mietprozess, 4. Aufl. 2004, Teil 14 Rn. 67.

[244] BGH v. 04.02.2009 - VIII ZR 66/08 - juris Rn. 21 - NSW BGB § 543 (BGH-intern); BGH v. 11.01.2006 - VIII ZR 364/04 - juris Rn. 20 - NJW 2006, 1585-1588 sowie – allerdings einschränkend: „wiederholt und aus Absicht oder Nachlässigkeit" – Brandenburgisches Oberlandesgericht v. 18.04.2007 - 3 U 188/06 - juris Rn. 17.

[245] OLG Oldenburg (Oldenburg) v. 18.07.1991 - 5 UH 2/91 - juris Rn. 9 - NJW-RR 1992, 79-80; offen gelassen BGH v. 11.01.2006 - VIII ZR 364/04 - juris Rn. 20 - NJW 2006, 1585-1588.

[246] *Grapentin* in: Bub/Treier, Handbuch der Geschäfts- und Wohnraummiete, 3. Aufl. 1999, Teil IV Rn. 64.

[247] BGH v. 14.09.2011 - VIII ZR 301/10 - juris Rn. 15 - NZM 2012, 22-23 und BGH v. 11.01.2006 - VIII ZR 364/04 - juris Rn. 20 - NJW 2006, 1585-1588.

[248] BGH v. 14.09.2011 - VIII ZR 301/10 - juris Rn. 20 - NZM 2012, 22-23.

[249] BGH v. 01.06.2011 - VIII ZR 91/10 - juris Rn. 17 - NSW BGB § 543 (BGH-intern).

[250] Vgl. auch die Übersicht bei *Schumacher*, ZAP 2005, 953-970.

Eine Kündigung ist nach § 573 Abs. 2 Nr. 2 BGB folglich berechtigt, wenn 79
- für eine der vom Gesetz erfassten Personen (vgl. Rn. 81)
- ein Wohnbedarf (vgl. Rn. 101)
- aus Sicht des Vermieters hinreichend begründet (vgl. Rn. 108) ist.[251]

Auch insoweit sind die **Interessen des Mieters** zunächst unbeachtlich und erst im Rahmen des Widerspruches gemäß § 574 BGB zu prüfen, vgl. Rn. 21.[252] 80

b. Bedarfspersonen

Für sich benötigt der Vermieter die Wohnung, wenn er selbst darin wohnen will. Dass der Vermieter in die Wohnung **weitere Personen aufnehmen** will, die nicht zu dem in § 573 Abs. 2 Nr. 1 BGB genannten Personenkreis gehören, ist hierbei unbeachtlich.[253] 81

Bei einer **Mehrheit von Vermietern** reicht es aus, wenn der Eigenbedarf für einen von ihnen besteht.[254] Sofern durch eine Personengesellschaft vermietet wird, ist dabei allerdings Folgendes zu beachten: Einer **Gesellschaft bürgerlichen Rechts** ist der Eigenbedarf eines Gesellschafters zuzurechnen, weil es im Ergebnis nicht gerechtfertigt wäre, Gesellschafter einer bürgerlich-rechtlichen Gesellschaft insoweit schlechter zu stellen als die Mitglieder einer einfachen Vermietermehrheit. Sind mehrere natürliche Personen Vermieter, berechtigt der Eigenbedarf eines Vermieters die Gemeinschaft zur Kündigung des Mietvertrages; dies kann nicht anders zu beurteilen sein, wenn diese Personen auf gesellschaftsrechtlicher Grundlage einen gemeinsamen Zweck verfolgen und damit eine Gesellschaft bürgerlichen Rechts bilden, zumal es häufig nur vom Zufall abhängen wird, ob eine Personenmehrheit dem Mieter eine Wohnung als Gemeinschaft oder als Gesellschaft bürgerlichen Rechts vermietet.[255] Das Kündigungsrecht der Gesellschaft ist daher auch unabhängig davon, ob diese personalistisch auftritt – also der Gesellschafterbestand überschaubar und dem Mieter namentlich bekannt ist – oder nicht (str.).[256] Für die Wirksamkeit der Eigenbedarfskündigung einer Gesellschaft bürgerlichen Rechts ist allerdings erforderlich, dass der zugrunde liegende ernsthafte Nutzungswunsch – selbst wenn er die Nutzung durch nur einen der Gesellschafter betrifft – von der Gesellschaft als Vermieterin insgesamt getragen wird, d.h. der Gesamtheit oder zumindest Mehrheit der Gesellschafter.[257] Ein gemeinsames Vorgehen der Gesellschafter mit dem Ziel der Räumung der vermieteten Wohnung ist dabei noch kein hinreichendes Indiz für einen ernsthaften Eigennutzungswunsch der Gesellschaft als Ganzes.[258] Eine Gesellschaft bürgerlichen Rechts kann sich schließlich auf einen in der Person eines Gesellschafters bestehenden Eigenbedarf auch dann berufen, wenn dieser der Gesellschaft bei Abschluss des Mietvertrags oder bei Eintritt der Gesellschaft in einen bestehenden Mietvertrag noch nicht angehörte.[259] Eine 82

---

[251] *Lammel*, Wohnraummietrecht, 3. Aufl. 2007, § 573 Rn. 62.
[252] BGH v. 20.01.1988 - VIII ARZ 4/87 - juris Rn. 25 - BGHZ 103, 91-101.
[253] *Blank* in: Schmidt-Futterer, Mietrecht, 10. Aufl. 2011, § 573 Rn. 44.
[254] LG Hamburg v. 26.04.1991 - 311 S 250/90 - DWW 1991, 189-190.
[255] BGH v. 23.11.2011 - VIII ZR 74/11 - juris Rn. 23 - NSW BGB § 573 (BGH-intern); BGH v. 15.12.2010 - VIII ZR 210/10 - juris Rn. 12 - NSW BGB § 573 (BGH-intern); BGH v. 16.07.2009 - VIII ZR 231/08 - juris Rn. 13 - NSW BGB § 573 (BGH intern); BGH v. 27.06.2007 - VIII ZR 271/06 - juris Rn. 12 und 15 - NJW 2007, 2845-2847; OLG Köln v. 10.03.2003 - 16 U 72/02 - juris Rn. 19 - JMBl NW 2004, 55-57; OLG Karlsruhe v. 22.05.1990 - 9 ReMiet 1/90 - juris Rn. 14 - NJW 1990, 3278-3279 und *Weidenkaff* in: Palandt, § 573 Rn. 26; a.A. noch *Blank* in: Blank/Börstinghaus, Miete, 3. Aufl. 2008, § 573 Rn. 40 und *Grunewald*, NJW 2009, 3486-3487, 3487.
[256] Vgl. BGH v. 16.07.2009 - VIII ZR 231/08 - juris Rn. 14 - NSW BGB § 573 (BGH intern) und BGH v. 27.06.2007 - VIII ZR 271/06 - juris Rn. 16 - NJW 2007, 2845-2847; a.A. – nur Personengesellschaft mit überschaubarem Gesellschafterkreis – *Häublein* in: MünchKomm-BGB, § 573 Rn. 67.
[257] BGH v. 16.12.2009 - VIII ZR 313/08 - juris Rn. 16 - NSW BGB § 249 I (BGH-intern).
[258] BGH v. 16.12.2009 - VIII ZR 313/08 - juris Rn. 17 - NSW BGB § 249 I (BGH-intern).
[259] BGH v. 23.11.2011 - VIII ZR 74/11 - juris Rn. 22 f. - NSW BGB § 573 (BGH-intern) und auch – Eigenbedarf eines nach § 566 Abs. 1 BGB in den Mietvertrag eingetretenen Gesellschafters – BGH v. 16.12.2009 - VIII ZR 313/08 - juris Rn. 13 - NSW BGB § 248 I (BGH intern) und BGH v. 16.07.2009 - VIII ZR 231/08 - juris Rn. 13 - NSW BGB § 573 (BGH intern); die zuvor vom Bundesgerichtshof vertretene gegenteilige Auffassung (BGH v. 16.07.2009 - VIII ZR 231/08 - juris Rn. 15 - NSW BGB § 573 (BGH intern)) ist damit überholt.

Personenhandelsgesellschaft (oHG, KG) kann ein Wohnraummietverhältnis dagegen nicht wegen Eigenbedarfs ihrer Gesellschafter kündigen.[260] Denn bei ihr besteht keine einer Personengesellschaft vergleichbare Situation. Während eine unterschiedliche Behandlung der Vermietung durch eine Bruchteilsgemeinschaft oder Erbengemeinschaft einerseits und durch eine Gesellschaft bürgerlichen Rechts andererseits in vielen Konstellationen „willkürlich" erscheint, weil es häufig vom Zufall abhängt, in welcher Rechtsform die Vermietung vorgenommen wird (s.o.), setzt die Gründung einer Kommanditgesellschaft oder offenen Handelsgesellschaft regelmäßig eine umfangreiche organisatorische und rechtsgeschäftliche Tätigkeit bis hin zur Eintragung in das Handelsregister voraus. Die Vermietung einer Wohnung durch eine offene Handelsgesellschaft oder Kommanditgesellschaft statt durch eine schlichte Gemeinschaft erfolgt deshalb von vornherein nicht „zufällig", sondern beruht auf einer bewussten Entscheidung aufgrund wirtschaftlicher, steuerrechtlicher und/oder haftungsrechtlicher Überlegungen.[261] Zum Betriebsbedarf bei Personenhandelsgesellschaften vgl. Rn. 23.

83 Zur Kündigung **juristischer Personen** wegen Eigenbedarfs vgl. Rn. 108.

84 Nicht ausreichend ist dagegen ein Bedarf des **vom Vermieter personenverschiedenen (Mit-)Eigentümers**,[262] auch wenn der Eigentümer die Wohnung einem Dritten zur weiteren Vermietung überlassen hat[263].

85 Ebenso wenig genügt regelmäßig ein Eigenbedarf des **noch nicht eingetragenen Erwerbers** der Wohnung; diesen kann der Vermieter nicht geltend machen.[264] Umgekehrt kommt es selbst dann, wenn der Vermieter den Erwerber einer Wohnung zum Ausspruch der Kündigung ermächtigt,[265] für den Bestand und das Fortbestehen der Kündigungsgründe allein auf die Person des Vermieters als Vertragspartei und nicht auf die des Ermächtigten an.[266] Davon zu unterscheiden ist der Fall, in dem der Vermieter zulässigerweise einen Bedarf für eine der nach § 573 Abs. 2 Nr. 2 BGB **privilegierten Person**en geltend macht und diese nach Ausspruch der Kündigung die Wohnung erwirbt. Dann bleibt die vom vormaligen Vermieter erklärte Kündigung wirksam und ihr steht nicht der Einwand des Rechtsmissbrauchs entgegen.[267]

86 Ein **Nießbraucher** ist als Vermieter zur Kündigung wegen Eigenbedarfs berechtigt,[268] nicht aber ein Dritter, dem der Nießbraucher die Ausübung des Nießbrauchs auf schuldrechtlicher Grundlage überlässt, da er nicht Vermieter wird[269]. Bei mehreren Nutzungsberechtigten reicht der Eigenbedarf eines davon aus.[270]

87 Eine Definition des Begriffes **Familienangehörige** enthält das Gesetz nicht. Die Vorschriften über die Verwandt- und Schwägerschaft (§§ 1589, 1590 BGB) sind zu konturlos, um eine Abgrenzung der beiderseitigen Interessen im konkreten Mietverhältnis zu ermöglichen. Die generalisierende Betrachtungsweise des § 8 Abs. 2 II. WoBauG kann ebenfalls nicht herangezogen werden, da dieses Gesetz mit der Förderung des sozialen Wohnungsbaus einen gänzlich anderen Zweck als § 573 Abs. 2 Nr. 2 BGB verfolgt.[271] Im Rahmen des einzelnen Mietverhältnisses ist vielmehr eine **individualisierende Betrachtung** erforderlich.[272] Hierzu ist zunächst zwischen engen (privilegierten) Familienangehörigen sowie denjenigen, die mit dem Vermieter nur weitläufig verwandt oder verschwägert sind, zu unter-

---

[260] BGH v. 15.12.2010 - VIII ZR 210/10 - juris Rn. 9 - NSW BGB § 573 (BGH-intern).
[261] BGH v. 15.12.2010 - VIII ZR 210/10 - juris Rn. 11 - NSW BGB § 573 (BGH-intern).
[262] LG Karlsruhe v. 09.03.1989 - 5 S 521/88 - juris Rn. 3 - WuM 1989, 241.
[263] *Blank* in: Schmidt-Futterer, Mietrecht, 10. Aufl. 2011, § 573 Rn. 50.
[264] OLG Hamm v. 21.07.1992 - 30 REMiet 1/92 - juris Rn. 22 - NJW-RR 1992, 1164-1165 sowie LG Essen v. 28.07.1989 - 1 S 257/89 - juris Rn. 27.
[265] BGH v. 11.09.2002 - XII ZR 187/00 - juris Rn. 22 - NJW 2002, 3389-3391.
[266] *Rolfs* in: Staudinger, § 573 Rn. 69.
[267] OLG Hamm v. 21.07.1992 - 30 REMiet 1/92 - juris Rn. 12 - NJW-RR 1992, 1164-1165 sowie LG Karlsruhe v. 06.04.1990 - 9 S 612/89 - juris Rn. 2 - WuM 1990, 353.
[268] AG Kaiserslautern v. 29.05.1980 - 5 C 1825/79 - juris Rn. 25 - WuM 1980, 255.
[269] AG Waiblingen v. 16.11.1990 - 8 C 1896/90 - juris Rn. 14 - WuM 1991, 20.
[270] LG Hamburg v. 17.11.2005 - 307 S 104/05 - juris Rn. 7 - ZMR 2006, 285-287.
[271] Zur historischen Entwicklung des Begriffs des Familienangehörigen vgl. *Wiek*, WuM 2010, 119-122, 119-120.
[272] BGH v. 27.01.2010 - VIII ZR 159/09 - juris Rn. 20 - NSW BGB § 573 (BGH-intern) und OLG Braunschweig v. 01.11.1993 - 1 W 26/93 - juris Rn. 12 - NJW-RR 1994, 597-598.

scheiden. Maßgeblich für diese Unterscheidung sind grundsätzlich die **gesellschaftlichen Anschauungen** zum Zeitpunkt der Kündigung. Die engen Familienangehörigen sind dabei per se zulässige Bedarfspersonen[273], denn regelmäßig ist die persönliche Verbundenheit umso größer je näher die Verwandt-/Schwägerschaft ist[274]. Eine Widerlegung dieses Anscheins durch den Mieter ist aber nicht grundsätzlich ausgeschlossen.[275] Einen Anknüpfungspunkt dafür, wie weit der Kreis der engen Familienangehörigen zu ziehen ist, bieten nach höchstrichterlicher Rechtsprechung[276] ferner die **Regelungen über das Zeugnisverweigerungsrecht aus persönlichen Gründen** (§ 383 ZPO, § 52 StPO), in denen der Kreis der privilegierten Familienangehörigen – insoweit unabhängig vom tatsächlichen Bestehen enger persönlicher Bindungen – konkretisiert wird.[277]

Zu den **engen Familienangehörigen** („Kernfamilie"[278]) des Vermieters gehören demnach: **88**

- (auch getrennt lebender) Ehegatte[279],
- Lebenspartner nach § 1 LPartG[280],
- Kinder[281],
- Stiefkinder[282],
- Enkel[283],
- Eltern[284],
- Großeltern[285],
- Geschwister[286],
- (im dritten Grad verwandte, nicht verschwägerte) Neffen/Nichten[287],
- Schwiegereltern[288], aber nicht nach Scheidung der Ehe[289].

---

[273] BGH v. 09.07.2003 - VIII ZR 276/02 - juris Rn. 5 - NJW 2003, 2604 und BayObLG München v. 24.11.1983 - ReMiet 5/82 - juris Rn. 11 - MDR 1984, 316-317.

[274] LG Wiesbaden v. 26.02.1991 - 8 S 490/90 - juris Rn. 4 - WuM 1991, 491-492 und *Blank*, jurisPR-MietR 6/2010, Anm. 6.

[275] *Lammel*, Wohnraummietrecht, 3. Aufl. 2007, § 573 Rn. 69.

[276] Zu Recht kritisch insoweit *Wiek*, WuM 2010, 119-122, 121-122, der auf die gänzlich unterschiedlichen Wertungen hinweist, die Eigenbedarf und Zeugnisverweigerungsrecht (Gewissenskonflikt) zugrunde liegen.

[277] BGH v. 27.01.2010 - VIII ZR 159/09 - juris Rn. 22 - NSW BGB § 573 (BGH-intern).

[278] *Lammel*, Wohnraummietrecht, 3. Aufl. 2007, § 573 Rn. 67; anders *Wiek*, WuM 2010, 119-122, 120, wonach zur „Kernfamilie" lediglich Ehegatte, Kinder und Eltern zählen.

[279] LG Frankfurt v. 30.05.1995 - 2/11 S 388/94 - juris Rn. 16 - NJW-RR 1996, 396; LG Köln v. 22.08.1996 - 1 S 27/96 - juris Rn. 3 - WuM 1997, 48.

[280] *Lammel*, Wohnraummietrecht, 3. Aufl. 2007, § 573 Rn. 67.

[281] LG Gießen v. 20.04.1994 - 1 S 29/94 - juris Rn. 19 - ZMR 1994, 565-568; LG Hannover v. 05.03.1990 - 20 S 171/89 - juris Rn. 3 - WuM 1990, 305-306.

[282] LG Hamburg v. 12.12.1996 - 307 S 206/96 - juris Rn. 3 - NJW-RR 1997, 1440; LG Stuttgart v. 26.03.1993 - 16 S 357/92 - juris Rn. 4 - WuM 1993, 352.

[283] AG Nürnberg v. 13.08.1990 - 25 C 3185/90 - juris Rn. 8 - WuM 1991, 39-40; AG München v. 15.06.1990 - 237 C 12944/90 - juris Rn. 2 - WuM 1990, 511-512.

[284] LG Kaiserslautern v. 11.08.1981 - 1 S 133/81 - juris Rn. 3 - MDR 1982, 56.

[285] LG Berlin v. 23.06.1989 - 64 S 160/89 - juris Rn. 6 - NJW-RR 1989, 1358-1359 und AG München v. 15.06.1990 - 237 C 12944/90 - juris Rn. 2 - WuM 1990, 511-512.

[286] BGH v. 09.07.2003 - VIII ZR 276/02 - juris Rn. 5 - NJW 2003, 2604 und BayObLG München v. 24.11.1983 - ReMiet 5/82 - juris Rn. 11 - MDR 1984, 316-317.

[287] BGH v. 27.01.2010 - VIII ZR 159/09 - juris Rn. 22 - NSW BGB § 573 (BGH-intern) unter Hinweis auf die Regelungen über das Zeugnisverweigerungsrecht aus persönlichen Gründen (§ 383 Abs. 1 Nr. 3 ZPO, § 52 Abs. 1 Nr. 3 StPO) sowie AG Ludwigsburg v. 08.09.1989 - 1 C 1612/89 - juris Rn. 6 - WuM 1990, 391; die nachfolgende, abweichende instanzgerichtliche Rechtsprechung ist damit überholt: AG Leonberg v. 23.05.2003 - 8 C 1269/02 - juris Rn. 5 - WuM 2007, 91; LG Münster v. 22.11.1990 - 8 S 334/90 - juris Rn. 2 - NJW-RR 1991, 1356; LG Wiesbaden v. 26.02.1991 - 8 S 490/90 - juris Rn. 3 - WuM 1991, 491-492; AG Merzig v. 05.08.2005 - 23 C 1282/04 - juris Rn. 13 - ZMR 2005, 727-730.

[288] LG Köln v. 19.05.1992 - 12 S 395/91 - juris Rn. 1 - WuM 1994, 541; LG Mainz v. 26.03.1991 - 3 S 305/90 - juris Rn. 5 - WuM 1991, 554-555.

[289] LG Frankfurt v. 09.06.1987 - 2/11 S 532/86 - DWW 1987, 232-233.

Im Hinblick auf die vorgenannte höchstrichterliche Rechtsprechung wird man zukünftig auch **Onkel** und **Tanten** des Vermieters[290] sowie dessen **Schwager** und **Schwägerinnen**[291] als privilegierte enge Familienangehörige ansehen müssen. Eine Ausdehnung auf Verlobte oder beendete eheliche, lebenspartnerschaftliche und schwägerliche Verhältnisse erscheint trotz der Anlehnung an die Regelungen über die persönlichen Zeugnisverweigerungsrechte (§ 383 ZPO, § 52 StPO) dagegen wegen der erforderlichen engen persönlichen Bindung zwischen Vermieter und Bedarfsperson (vgl. Rn. 87) sowie deren schon begriffsnotwendiger Familienangehörigkeit nicht angebracht.[292]

89 **Keine enge Familienangehörigkeit** ist demnach regelmäßig bei folgenden Personen mehr anzunehmen:
- geschiedener Ehegatte[293], dieser ist auf Grund der Scheidung schon nicht mehr Familienangehöriger, vgl. aber auch Rn. 88 und Rn. 100,
- Cousin/Cousine[294],
- Großneffe/Großnichte[295],
- Großcousin/Großcousine[296],
- Eltern des/der Lebensgefährten/in[297], diese sind schon keine Familienangehörigen des Vermieters.

90 Bei den **weiter entfernten Angehörigen** muss eine rechtliche oder zumindest moralische Verpflichtung des Vermieters zur Gewährung von Unterhalt oder sonstiger Fürsorge ihnen gegenüber hinzukommen, um ein berechtigtes Interesse an der Kündigung zu tragen.[298] Es wird regelmäßig nur dann vorhanden sein, wenn die sozialen Kontakte denen gleichen, die grundsätzlich auch im Rahmen der persönlichen Beziehung zwischen den engen Familienangehörigen bestehen.[299] Ein entsprechendes Näheverhältnis ist auch unter Berücksichtigung der Gepflogenheiten in **anderen Kulturkreis**en erforderlich.[300] Wann es vorliegt, kann nur im Einzelfall unter Berücksichtigung sämtlicher Umstände gesagt werden.[301] Als Faustregel kann angenommen werden, dass dafür der über die bloße Verwandt-

---

[290] *Blank*, jurisPR-MietR 6/2010, Anm. 6; offen *Wiek*, WuM 2010, 119-122, 122; a.A. – überholt – AG Dortmund v. 06.07.1993 - 123 C 4951/93 - juris Rn. 3 - WuM 1993, 615 und AG Frankfurt v. 08.11.1990 - 33 C 2911/90 - 26 - juris Rn. 3 - WuM 1991, 108.

[291] *Blank*, jurisPR-MietR 6/2010, Anm. 6; LG Freiburg (Breisgau) v. 01.09.1992 - 3 S 93/92 - juris Rn. 10 - WuM 1993, 126-127; LG Hamburg v. 27.05.1993 - 334 S 6/93 - juris Rn. 3 - WuM 1994, 210-211; offen *Wiek*, WuM 2010, 119-122, 122; a.A. - überholt - OLG Oldenburg (Oldenburg) v. 16.12.1992 - 5 UH 1/92 - juris Rn. 7 - NJW-RR 1993, 526; AG Solingen v. 01.04.1993 - 10 C 592/92 - juris Rn. 2 - WuM 1994, 685. Die Entscheidung des Bundesgerichtshofs (BGH v. 03.03.2009 - VIII ZR 247/08 - juris Rn. 5 - WuM 2009, 714-715), wonach der Wohnbedarf eines Schwagers des Vermieters Eigenbedarf „zumindest dann" begründen kann, wenn ein besonders enger Kontakt besteht (vgl. hierzu auch Rn. 90), steht dem nicht entgegen.

[292] *Blank*, jurisPR-MietR 6/2010, Anm. 6.

[293] AG Hamburg v. 21.07.1995 - 43b C 250/95 - juris Rn. 6 - WuM 1996, 39.

[294] LG Frankfurt v. 08.05.2002 - 2/17 S 196/01, 2-17 S 196/01- juris Rn. 3 - WuM 2004, 209-210; OLG Braunschweig v. 01.11.1993 - 1 W 26/93 - juris Rn. 26 - NJW-RR 1994, 597-598; LG Berlin v. 18.03.1993 - 62 S 430/92 - juris Rn. 7 - MM 1993, 251 und *Wiek*, WuM 2010, 119-122, 122.

[295] LG Wiesbaden v. 01.11.1994 - 8 S 130/94 - juris Rn. 3 - NJW-RR 1995, 782; AG Warstein v. 08.09.1993 - 3 C 319/93 - juris Rn. 10 - WuM 1996, 547.

[296] LG Stuttgart v. 26.02.1998 - 6 S 404/97 - juris Rn. 4 - WuM 1998, 598-599.

[297] LG Lübeck v. 08.03.1999 - 14 S 386/98 - juris Rn. 3 - WuM 1999, 336.

[298] BGH v. 27.01.2010 - VIII ZR 159/09 - juris Rn. 20 - NSW BGB § 573 (BGH-intern); BGH v. 03.03.2009 - VIII ZR 247/08 - juris Rn. 5 - WuM 2009, 714-715; BGH v. 09.07.2003 - VIII ZR 276/02 - juris Rn. 5 - NJW 2003, 2604; LG Frankfurt v. 08.05.2002 - 2/17 S 196/01, 2-17 S 196/01- juris Rn. 3 - WuM 2004, 209-210; BayObLG München v. 24.11.1983 - ReMiet 5/82 - juris Rn. 10 - MDR 1984, 316-317; *Rolfs* in: Staudinger, § 573 Rn. 85 und *Blank* in: Schmidt-Futterer, Mietrecht, 10. Aufl. 2011, § 573 Rn. 54 sowie *Lammel*, Wohnraummietrecht, 3. Aufl. 2007, § 573 Rn. 68.

[299] OLG Braunschweig v. 01.11.1993 - 1 W 26/93 - juris Rn. 26 - NJW-RR 1994, 597-598; LG Berlin v. 24.10.2003 - 65 S 240/03 - MM 2004, 123-124 sowie *Lammel*, Wohnraummietrecht, 3. Aufl. 2007, § 573 Rn. 68.

[300] LG Wiesbaden v. 01.11.1994 - 8 S 130/94 - juris Rn. 3 - NJW-RR 1995, 782.

[301] BGH v. 27.01.2010 - VIII ZR 159/09 - juris Rn. 20 - NSW BGB § 573 (BGH-intern).

schaft oder Schwägerschaft hinausgehende soziale Kontakt umso enger sein muss, je entfernter der Grad der Verwandtschaft oder Schwägerschaft ist.[302]

Als **ausreichend** wurde von der Rechtsprechung angesehen: 91
- besonders enger persönlicher Kontakt zum Schwager durch regelmäßiges wöchentliches Spielen der Kinder der Familien, deren wechselseitige Beaufsichtigung und regelmäßige gemeinschaftliche Freizeitaktivitäten der Familien.[303]

Als **nicht ausreichend** wurden von der Rechtsprechung betrachtet: 92
- zehn Besuche im Jahr und gemeinsamer Urlaub bei Nichte der Vermieter[304],
- Patenschaft für Kind[305].

Ebenso wie beim eigenen Bedarf des Vermieters reicht es aus, wenn bei einer **Mehrheit von Vermietern** die Bedarfsperson Familienangehöriger eines von ihnen ist. 93

Die Frage nach der Familienangehörigkeit stellt sich nicht, wenn die betroffene Person **zusammen mit dem Vermieter** in die Wohnung einziehen soll, denn dann liegt ein Bedarf des Vermieters selbst vor, oder wenn sie **schon als Hausstandsangehörige** privilegiert ist. 94

Der Vermieter kann auch das Mietverhältnis mit einem Familienangehörigen **zu Gunsten eines anderen Familienangehörigen** kündigen.[306] 95

Angehörige des Haushalts des Vermieters sind Personen, die in diesen bereits auf Dauer aufgenommen sind und in enger Hausgemeinschaft mit dem Vermieter leben.[307] Bei Vorliegen der gemeinsamen Haushaltsführung zum Zeitpunkt der Kündigung zählen hierzu insbesondere: 96
- Ehegatten,
- nichteheliche Lebensgefährten,
- Kinder,
- sonstige im Haushalt lebende Familienangehörige,
- Haushaltshilfen/-personal,
- Pflegepersonen,
- Auszubildende.

Die **Mitglieder einer Wohngemeinschaft** sind dagegen regelmäßig keine Haushaltsangehörigen, da sie keinen gemeinsamen Haushalt führen.[308] 97

Auf einen **Bedarf anderer** als der im Gesetz genannten Bedarf**spersonen** (Vermieter, Familien- oder Haushaltsangehörige) kann der Vermieter eine Kündigung nach § 573 Abs. 2 Nr. 2 BGB nicht stützen. Dass die Wohnung für **enge Freunde** oder **Verlobte** benötigt wird, trägt demnach eine Kündigung nicht.[309] Insoweit kommt allenfalls – ausnahmsweise – eine Kündigung nach der Generalklausel des § 573 Abs. 1 BGB oder, wenn der Vermieter selbst ebenfalls in die gekündigte Wohnung einziehen will, wegen dessen Eigenbedarfs in Betracht. Ausreichend ist es allerdings, wenn die gekündigte Wohnung zwar an eine nicht privilegierte Person vermietet werden soll (geschiedener Ehegatte, getrennt lebender nichtehelicher Elternteil), diese dort aber eine vom Gesetz genannte Bedarfsperson (insbesondere Kinder) betreuen soll.[310] 98

---

[302] BGH v. 27.01.2010 - VIII ZR 159/09 - juris Rn. 20 - NSW BGB § 573 (BGH-intern) und *Rolfs* in: Staudinger, § 573 Rn. 85.
[303] BGH v. 03.03.2009 - VIII ZR 247/08 - juris Rn. 5 - WuM 2009, 714-715 und LG Hagen (Westfalen) v. 13.08.2008 - 10 S 93/08 - juris Rn. 15, hinsichtlich von Schwager und Schwägerin allerdings bereits überholt, vgl. Rn. 88.
[304] LG Wiesbaden v. 26.02.1991 - 8 S 490/90 - juris Rn. 5 - WuM 1991, 491-492.
[305] AG Waiblingen v. 09.12.1993 - 8 C 2083/93 - juris Rn. 5 - WuM 1994, 542 und AG Merzig v. 05.08.2005 - 23 C 1282/04 - juris Rn. 13 - ZMR 2005, 727-730.
[306] *Rolfs* in: Staudinger, § 573 Rn. 93.
[307] *Weidenkaff* in: Palandt, § 573 Rn. 27 und § 549 Rn. 9.
[308] AG Wuppertal v. 24.01.1992 - 95 C 635/91 - juris Rn. 13 - WuM 1994, 543-545.
[309] *Blank* in: Schmidt-Futterer, Mietrecht, 10. Aufl. 2011, § 573 Rn. 59.
[310] LG Aachen v. 24.06.1992 - 7 S 209/92 - juris Rn. 3 - WuM 1992, 613 sowie LG Berlin v. 19.04.1991 - 64 S 388/90 - juris Rn. 10 - Grundeigentum 1992, 101.

99 Der **Austausch der Bedarfsperson** ist auch noch während des Räumungsrechtsstreits möglich, sofern zunächst der Eigenbedarf hinsichtlich der zuerst benannten Person bestanden hat und später in der zweiten Person gegeben ist[311], vgl. Rn. 218 ff.

100 Wenn der gekündigte Wohnraum **der Wohnungsbindung unterliegt**, muss die Bedarfsperson zum nach den Regelungen des WoBindG begünstigten Personenkreis gehören (§ 27 Abs. 1 bis 5 WoFG, § 5 WoBindG)[312] oder eine Freistellung von der Belegungsbindung vorliegen (§§ 30, 27 Abs. 7 WoFG, § 7 WoBindG)[313]. Ausreichend ist auch, wenn im Zeitpunkt der Kündigungserklärung zwar die erforderliche Genehmigung noch nicht erteilt ist, aber zumindest eine Bescheinigung der zuständigen Behörde vorliegt, wonach die Aussprache der Genehmigung auf Grund der geltenden Bestimmungen zugesagt wird.[314]

c. Bedarfszweck

101 Der Vermieter muss die gekündigten Räume für sich oder die im Gesetz genannten Bedarfspersonen (vgl. Rn. 81) **als Wohnung** benötigen. Unerheblich ist, ob die Wohnung an die Bedarfsperson vermietet oder ihr unentgeltlich überlassen werden soll.[315]

102 Eine Kündigung nach § 573 Abs. 2 Nr. 2 BGB ist nur möglich bei einem Bedarf an der gesamten gekündigten Wohnung, ein **Teilbedarf reicht nicht** aus.[316] In Ausnahmefällen kann eine Kündigung gemäß § 573 Abs. 1 BGB möglich sein.[317]

103 Unerheblich für die Beurteilung des Bedarfszwecks ist es, ob der Vermieter die Wohnung nur **vorübergehend** oder **als Zweitwohnung** nutzen möchte, dies wirkt sich aber im Rahmen der Prüfung des Bedarfsgrundes aus.

104 Ebenso wenig steht dem Eigenbedarf entgegen, dass die gekündigten Räume vor der Nutzung durch die Bedarfsperson **erst umgebaut** oder saniert werden.[318] Das Vorliegen einer entsprechenden Baugenehmigung ist ebenfalls nicht erforderlich, allerdings kann die fehlende Genehmigungsfähigkeit zum Wegfall des Bedarfsgrundes führen.[319]

105 Soll die gekündigte Wohnung **daneben zu anderen als Wohnzwecken** genutzt werden, so kommt eine Kündigung nach § 573 Abs. 2 Nr. 2 BGB nur in Betracht, wenn die Wohnnutzung überwiegt und lediglich ein untergeordneter Teil anders, beispielsweise gewerblich oder durch Überlassung an Dritte, genutzt werden soll.[320] Die Absicht, ein Arbeitszimmer in der Wohnung einzurichten, steht folglich der Annahme eines Eigenbedarfs zu Wohnzwecken nicht entgegen.[321] Überwiegt dagegen die Nutzung zu anderen als Wohnzwecken, kommt nur eine Kündigung nach § 573 Abs. 2 Nr. 3 oder Abs. 1 BGB in Betracht.

---

[311] LG Limburg v. 10.06.1998 - 3 S 223/97 - juris Rn. 7 - NJW-RR 1998, 1626-1627.

[312] LG Hannover v. 27.07.1983 - 11 S 86/83 - juris Rn. 2 - WuM 1984, 330.

[313] LG Essen v. 05.03.1993 - 1 S 587/92 - juris Rn. 4 - WuM 1993, 676.

[314] LG München II v. 27.04.2004 - 12 S 669/04 - NZM 2004, 907; *Blank* in: Schmidt-Futterer, Mietrecht, 10. Aufl. 2011, § 573 Rn. 67.

[315] LG Berlin v. 21.09.1999 - 64 S 113/99 - juris Rn. 8 - NJW-RR 2000, 305-306.

[316] OLG Karlsruhe v. 03.03.1997 - 3 REMiet 1/97 - NJW-RR 1997, 711-712 sowie BVerfG v. 19.10.1993 - 1 BvR 25/93, 1 BvR 1620/92 - juris Rn. 22 - NJW 1994, 308-309.

[317] OLG Karlsruhe v. 03.03.1997 - 3 REMiet 1/97 - juris Rn. 17 - NJW-RR 1997, 711-712; einschränkend LG Bochum v. 16.03.1999 - 9 S 206/98 - juris Rn. 30 - NZM 1999, 902-906.

[318] BGH v. 18.05.2005 - VIII ZR 368/03 - juris Rn. 15 - NJW 2005, 2395-2398 m.w.N.

[319] OLG Frankfurt v. 25.06.1992 - 20 REMiet 7/91 - juris Rn. 18 - NJW 1992, 2300-2302.

[320] LG Stuttgart v. 15.07.1992 - 13 S 105/92 - juris Rn. 6 - WuM 1993, 740; BVerfG v. 30.06.1994 - 1 BvR 2048/93 - juris Rn. 16 - NJW 1994, 2605-2606 sowie *Blank* in: Schmidt-Futterer, Mietrecht, 10. Aufl. 2011, § 573 Rn. 44.

[321] LG Berlin v. 08.01.1991 - 67 S 133/90 - juris Rn. 11 - Grundeigentum 1991, 683; AG Dortmund v. 03.07.1990 - 130 C 731/89 - DWW 1990, 278 und LG Hagen (Westfalen) v. 17.09.1990 - 10 S 418/89 - juris Rn. 7 - WuM 1991, 103-104.

Juristischen Personen (GmbH, AG, eingetragener Verein u.a.) kann ein Kündigungsrecht nach § 573 Abs. 2 Nr. 2 BGB von vornherein nicht zustehen, weil sie selbst keinen Wohnbedarf zu befriedigen haben.[322] Da sie rechtlich verselbständigt sind, können sie sich auch auf einen Wohnbedarf ihrer Organe oder Angestellten nicht berufen.[323]

106

Die vorstehenden Grundsätze finden auf **rechtsfähige Personengesellschaften** insoweit Anwendung, als diese **für sich selbst** ebenfalls keinen Wohnbedarf geltend machen können.[324] Zur Geltendmachung eines Eigenbedarfs eines Gesellschafters durch die Gesellschaft vgl. Rn. 82.

107

d. Bedarfsgrund

Für den geltend gemachten Eigenbedarf muss ein hinreichender Grund vorhanden sein. Dies bringt das Gesetz mit dem Erfordernis zum Ausdruck, dass die Räume vom Vermieter „**benötigt**" werden müssen.

108

Im Hinblick auf das verfassungsrechtlich gewährleistete Eigentum des Vermieters (Art. 14 GG) ist dabei zunächst zu beachten, dass **Entscheidungen des Vermieters** über seinen Wohnbedarf und dessen angemessene Deckung durch die Gerichte grundsätzlich zu respektieren und bei der Rechtsfindung zugrunde zu legen sind.[325]. Demnach sind **vernünftige, nachvollziehbare Gründe** für die Inanspruchnahme des Wohnraums („Nutzungsinteresse") erforderlich, aber auch ausreichend.[326] Auch wenn der Vermieter die gekündigte Wohnung an eine andere Bedarfsperson überlassen will, ist diesbezüglich auf die Interessenlage **beim Vermieter selbst** („Überlassungsinteresse"), nicht aber bei einer von ihm personenverschiedenen Bedarfsperson abzustellen. Ein bei der Bedarfsperson vorliegender eigener Wohnbedarf ist zwar ein wichtiger, aber nicht der einzige Gesichtspunkt, der ein Überlassungsinteresse des Vermieters rechtfertigen kann.[327]

109

Die **Belange des Mieters** sind für die Feststellung des berechtigten Interesses des Vermieters zunächst unbeachtlich und erst im Rahmen des Widerspruches gemäß § 574 BGB zu prüfen, vgl. insoweit auch Rn. 21.[328]

110

Für einen hinreichenden Bedarfsgrund des Vermieters spricht es – wobei die nachfolgend dargestellten **Fallgruppen** keinen Anspruch auf Vollständigkeit erheben –, wenn

111

- er und sein Haushalt selbst **unzureichend untergebracht** sind[329],
- ihm selbst vom Vermieter seiner bisherigen **Wohnung gekündigt** wird[330],

---

[322] BGH v. 27.06.2007 - VIII ZR 271/06 - juris Rn. 18 - NJW 2007, 2845-2847; LG Duisburg v. 18.11.2009 - 11 S 106/09 - juris Rn. 5 - WuM 2010, 94 und *Lammel*, Wohnraummietrecht, 3. Aufl. 2007, § 573 Rn. 65.
[323] LG Wuppertal v. 23.04.1993 - 10 S 48/93 - juris Rn. 4 - WuM 1994, 686 sowie AG Bergheim v. 29.02.1980 - 22 (16) C 374/79 - juris Rn. 4 - WuM 1985, 147.
[324] BGH v. 27.06.2007 - VIII ZR 271/06 - juris Rn. 18 - NJW 2007, 2845-2847; BGH v. 23.05.2007 - VIII ZR 122/06 - juris Rn. 10 - NJW-RR 2007, 1460-1461 und BGH v. 23.05.2007 - VIII ZR 113/06 - juris Rn. 10 - WuM 2007, 459-460.
[325] BVerfG v. 20.05.1999 - 1 BvR 29/99 - juris Rn. 15 - LM BGB § 564b Nr. 8b (1/2000); BVerfG v. 14.02.1989 - 1 BvR 308/88, 1 BvR 336/88, 1 BvR 356/88, 1 BvR 308, 336, 356/88- juris Rn. 31 - NJW 1989, 970-972 sowie BVerfG v. 18.01.1988 - 1 BvR 787/87 - NJW 1988, 1075-1076.
[326] BGH v. 13.10.2010 - VIII ZR 78/10 - juris Rn. 11 und 12; BGH v. 20.01.1988 - VIII ARZ 4/87 - juris Rn. 17 - NJW-RR 1988, 459-459 und BVerfG v. 14.09.1989 - 1 BvR 674/89 - juris Rn. 13 - NJW 1989, 3007-3008.
[327] BayObLG München v. 12.06.1986 - Re-Miet 1/86 - juris Rn. 14 - NJW-RR 1986, 1145-1146 sowie OLG Hamburg v. 10.12.1985 - 4 U 88/85 - juris Rn. 25 - NJW 1986, 852-853.
[328] BGH v. 20.01.1988 - VIII ARZ 4/87 - juris Rn. 25 - BGHZ 103, 91-101.
[329] LG Gießen v. 01.06.1994 - 1 S 146/94 - juris Rn. 10 - NJW-RR 1994, 1290-1291; LG Köln v. 29.06.1992 - 1 S 381/91 - juris Rn. 6 - WuM 1992, 542-544.
[330] LG Stuttgart v. 12.06.1995 - 10 T 263/95 - juris Rn. 12 - NJW-RR 1996, 1036-1037 und LG München I v. 08.02.1995 - 14 S 18546/94 - juris Rn. 4 - WuM 1996, 770.

- sich seine **persönlichen Verhältnisse** – und dadurch auch sein Wohnbedarf – ändern, beispielsweise durch
  - Geburt/Adoption von Kindern/Enkelkindern[331], auch schon ernsthafter Kinderwunsch[332],
  - Heranwachsen von Kindern[333],
  - Auszug von Kindern/Familienangehörigen[334],
  - Heirat/Lebenspartnerschaft[335],
  - Trennung vom Ehegatten/Lebenspartner[336],
  - Trennung von Eltern/Schwiegereltern/anderen Familienangehörigen[337],
  - Verlegung des Arbeitsplatzes[338], auch schon konkrete Aussicht auf neuen Arbeitsplatz an anderem Ort[339],
  - Krankheit[340],
- sich seine **wirtschaftlichen Verhältnisse** – und dadurch sein Wohnbedarf – ändern, beispielsweise durch
  - Arbeitslosigkeit/Pensionierung[341],
  - Krankheit,
- eine **Bedarfsperson erkrankt**[342] oder **pflegebedürftig ist**[343],
- **Kinder des Vermieters** einen eigenen Hausstand gründen wollen[344], auch wenn zugleich ein nichtehelicher Lebensgefährte einziehen soll[345]. Den Eltern/Vermietern kann dabei nicht entgegengehalten werden, das Kind sei im elterlichen Haus ausreichend untergebracht[346],
- dadurch der **Weg zur Arbeitsstätte** verkürzt/erleichtert wird[347],
- der Mietzins für die vom Vermieter selbst gemietete Wohnung höher ist als die **Mieteinnahmen** aus der gekündigten Wohnung[348],

---

[331] AG Mannheim v. 24.10.1995 - 3 C 10658/95 - juris Rn. 31 - DWW 1997, 76; LG Mannheim v. 27.10.1993 - 4 S 135/93 - juris Rn. 4 - DWW 1994, 51; LG Hamburg v. 17.06.1994 - 311 S 93/93 - juris Rn. 2 - WuM 1994, 683-684.

[332] BVerfG v. 03.02.2003 - 1 BvR 619/02 - juris Rn. 17 - NJW-RR 2003, 1164-1165; LG Mainz v. 06.02.1996 - 3 S 248/95 - juris Rn. 5 - NJWE-MietR 1996, 152-153; BVerfG v. 20.02.1995 - 1 BvR 665/94 - juris Rn. 11 - NJW 1995, 1480-1481.

[333] LG Hamburg v. 25.10.1990 - 307 S 231/90 - juris Rn. 4 - NJW-RR 1991, 1355-1356.

[334] LG Braunschweig v. 14.10.1992 - 9 S 119/92 - NJW-RR 1993, 400-401.

[335] LG Berlin v. 07.07.1994 - 67 S 136/93 - juris Rn- 7 - MM 1994, 327-328.

[336] AG Bad Homburg v. 14.08.1992 - 2 C 247/92 - juris Rn. 11 - NJW-RR 1993, 525-526; LG Köln v. 22.08.1996 - 1 S 27/96 - juris Rn. 3 - WuM 1997, 48.

[337] AG Ludwigsburg v. 29.05.1989 - 5 C 3710/88 - juris Rn. 6 - WuM 1989, 417-418; LG Düsseldorf v. 04.07.1989 - 24 S 3/89 - juris Rn. 4 - WuM 1989, 414.

[338] BVerfG v. 30.06.1994 - 1 BvR 2048/93 - juris Rn. 16 - NJW 1994, 2605-2606; LG Berlin v. 10.02.1994 - 61 S 333/93 - juris Rn. 5 - NJW-RR 1995, 783.

[339] LG Bonn v. 25.03.1993 - 6 S 436/92 - juris Rn. 6 - WuM 1994, 209.

[340] LG Karlsruhe v. 25.08.1994 - 5 S 185/94 - juris Rn. 3 - DWW 1995, 144-145; LG Berlin v. 13.08.1990 - 61 S 339/89 - juris Rn. 2 - NJW-RR 1991, 650-651; LG Wuppertal v. 09.06.1989 - 10 S 33/89 - juris Rn. 5 - WuM 1989, 386-387.

[341] OLG Düsseldorf v. 11.06.1992 - 10 U 168/91 - juris Rn. 4 - NJW-RR 1992, 1489-1490.

[342] LG Berlin v. 16.02.1995 - 61 S 278/94 - juris Rn. 4 - MM 1995, 225-227.

[343] AG Dortmund v. 07.10.2003 - 125 C 6414/03 - juris Rn. 8 - WuM 2004, 210-211.

[344] BGH v. 13.10.2010 - VIII ZR 78/10 - juris Rn. 12 - NJW 2010, 3775-3776 und BGH v. 20.01.1988 - VIII ARZ 4/87 - juris Rn. 24 - BGHZ 103, 91-101.

[345] OLG Karlsruhe v. 14.01.1982 - 9 REMiet 3/81 - juris Rn. 10 - NJW 1982, 889-890; LG Gießen v. 20.04.1994 - 1 S 29/94 - juris Rn. 12 - ZMR 1994, 565-568.

[346] BGH v. 13.10.2010 - VIII ZR 78/10 - juris Rn. 12 - NJW 2010, 3775-3776.

[347] AG Gelsenkirchen v. 14.08.2007 - 3b C 337/07 - juris Rn. 21 - ZMR 2008, 294-295; LG Hamburg v. 26.10.1993 - 316 S 31/92 - juris Rn. 4 - NJW-RR 1994, 204-205; LG Stuttgart v. 30.05.1990 - 13 S 84/90 - juris Rn. 2 - WuM 1991, 106.

[348] BVerfG v. 23.11.1993 - 1 BvR 697/93 - juris Rn. 14 - NJW 1994, 310-312; LG Düsseldorf v. 16.06.1989 - 21 S 32/89 - juris Rn. 7 - WuM 1989, 387.

- er seine **bisherige Wohnung gewinnbringend vermieten** kann und deshalb die billigere gekündigte Wohnung beziehen will[349],
- er von der gekündigten Wohnung aus das in seinem Eigentum stehende **Gebäude verwalten will**, auch wenn er anderweitig über Büroräume verfügt[350],
- er eine **Pflegeperson** aufnimmt, auch wenn er zwar noch nicht hilfsbedürftig ist, aber auf Grund konkreter äußerer Umstände (insbesondere seines fortgeschrittenen Alters) mit einiger Sicherheit damit gerechnet werden kann, dass er deren Dienste in naher Zukunft für seine Lebensführung benötigt[351],
- durch den Bezug der gekündigten Wohnung eine **Verbesserung der Wohnverhältnisse** erreicht wird (Lage/Größe/Ruhe u.a.)[352],
- der Vermieter nunmehr „**in den eigenen vier Wänden**" wohnen möchte, unabhängig davon, wie er bisher untergebracht war[353].

Die letztgenannte Fallgruppe zeigt, dass an das Tatbestandsmerkmal der vernünftigen, nachvollziehbaren Gründe im Hinblick auf die Rechtsprechung des Bundesverfassungsgerichts nur geringe Anforderungen gestellt werden können. Die Ablehnung eines Bedarfsgrundes als „**unvernünftig**" und nicht mehr nachvollziehbar kommt im Hinblick auf die vorrangige Entscheidungsmacht des Vermieters nur in Ausnahmefällen in Betracht, nämlich wenn seine Nutzungsabsicht auf **unrealistischen Vorstellungen** beruht und seine Nutzungswünsche durch die Kündigung **überhaupt nicht befriedigt werden können**[354]. Allerdings tritt insoweit eine Wechselwirkung ein: **Je weniger nachvollziehbar** der geltend gemachte Bedarfsgrund bei objektiver Betrachtung ist, **desto schwieriger wird dessen Nachweis** durch den Vermieter sein, zu dessen Beweislast vgl. Rn. 179. Denn den Beweis des letztlich eine innere Tatsache darstellenden Bedarfsgrundes vermag der Vermieter als Kläger nur über entsprechende, überzeugende Indizien zu führen. In den meisten der betroffenen Fälle wird daher mangels Beweises des Bedarfsgrundes dessen „Unvernünftigkeit" dahinstehen können.

112

Ein vernünftiger, nachvollziehbarer Bedarfsgrund wurde – u.a. – **verneint**, wenn der Vermieter

113

- seinem allein stehenden, noch in der Berufsausbildung befindlichen Sohn eine Wohnung von 117 qm, für die bislang DM 1.800,00 Miete bezahlt wurden, überlassen will[355],
- seine einkommenslosen 14- bis 16-jährigen Kinder allein oder mit deren Verlobten in der Wohnung zur Gründung eines getrennten Haushaltes unterbringen will[356],

---

[349] BVerfG v. 08.01.1991 - 1 BvR 1324/90 - juris Rn. 20 - NJW 1992, 105-106.
[350] LG Berlin v. 27.02.1989 - 62 S 458/88 - juris Rn. 4 - WuM 1989, 300.
[351] BayObLG München v. 02.03.1982 - Allg Reg 115/81 - juris Rn. 8 - NJW 1982, 1159-1160; allerdings offen zur Anspruchsgrundlage: OLG Hamm v. 24.07.1986 - 4 REMiet 1/86 - juris Rn. 27 - NJW-RR 1986, 1212-1214; AG Miesbach v. 13.07.1993 - 3 C 446/93 - juris Rn. 6 - WuM 1993, 615; a.A. – Kündigung nur nach § 573 Abs. 1 BGB möglich – LG Potsdam v. 03.11.2005 - 11 S 146/05 - juris Rn. 14 - WuM 2006, 44-45 sowie *Blank* in: Schmidt-Futterer, Mietrecht, 10. Aufl. 2011, § 573 Rn. 53.
[352] AG Hamburg-Barmbek v. 30.01.2004 - 819 C 277/03 - juris Rn. 9 - WuM 2004, 614; LG Landau (Pfalz) v. 17.03.1992 - 1 S 243/91 - juris Rn. 3 - NJW-RR 1993, 81; AG Stuttgart v. 12.04.1989 - 34 C 1128/89 - juris Rn. 9 - WuM 1989, 414-415.
[353] BVerfG v. 23.11.1993 - 1 BvR 697/93 - juris Rn. 14 - NJW 1994, 310-312; OLG Hamburg v. 10.12.1985 - 4 U 88/85 - juris Rn. 21 - NJW 1986, 852-853; LG Berlin v. 10.11.2003 - 62 S 254/03 - juris Rn. 14 - Grundeigentum 2004, 235-236; LG Mainz v. 06.02.1996 - 3 S 248/95 - juris Rn. 4 - NJWE-MietR 1996, 152-153; kritisch *Blank* in: Schmidt-Futterer, Mietrecht, 10. Aufl. 2011, § 573 Rn. 93.
[354] BVerfG v. 14.02.1989 - 1 BvR 308/88, 1 BvR 336/88, 1 BvR 356/88, 1 BvR 308, 336, 356/88- juris Rn. 33 - NJW 1989, 970-972; BVerfG v. 23.11.1993 - 1 BvR 697/93 - juris Rn. 11 - NJW 1994, 310-312 sowie *Blank* in: Schmidt-Futterer, Mietrecht, 10. Aufl. 2011, § 573 Rn. 68.
[355] LG München I v. 23.05.1990 - 14 S 25530/89 - juris Rn. 6 - WuM 1990, 352-353; vgl. – ebenfalls zutreffend – andererseits LG Potsdam v. 23.12.2004 - 11 S 125/04 - Grundeigentum 2005, 187: Eine Vier-Zimmer-Wohnung mit 92 qm für den studierenden Sohn, vormals vermietet für brutto 334,09 €, stellt noch einen vernünftigen Eigenbedarf dar.
[356] AG Köln v. 15.07.1993 - 222 C 168/93 - juris Rn. 3 - WuM 1994, 209-210 und LG Hannover v. 17.04.1991 - 11 S 224/90 - juris Rn. 3 - WuM 1991, 491.

- die gekündigte Wohnung nur vorübergehend für kurze Zeit (wenige Monate) nutzen möchte[357],
- eine 4½-Zimmer-Wohnung mit 132 qm als Zweitwohnung etwa einmal wöchentlich zur Übernachtung nutzen will[358],
- sich allein auf eine abstrakte Brandgefahr und darauf beruft, dass seine bisherige Wohnung im 16. Stock sei[359],
- in die gekündigte Wohnung im vierten Obergeschoss ziehen will, obwohl kein Aufzug vorhanden ist und er die Räume wegen seines angegriffenen Gesundheitszustandes nicht oder nur mit größter Anstrengung ohne fremde Hilfe erreichen kann[360],
- schon bei Ausspruch der Kündigung eine andere freie oder alsbald freiwerdende Wohnung zur Verfügung hat, mit der der von ihm bestimmte Wohnbedarf ohne wesentliche Abstriche befriedigt werden kann[361], zur Rechtslage, wenn dies **nach Ausspruch der Kündigung** eintritt, vgl. Rn. 122.

114 Als **nicht hinreichend belegt** angesehen worden ist ein Bedarfsgrund – u.a. – dann, wenn der Vermieter
- wegen des Bedarfs für eine Pflegeperson kündigt, aber keinerlei Anstalten zu deren Auswahl getroffen hat[362],
- wegen des Bedarfs eines Familienangehörigen kündigt, dieser sich die Wohnung aber nicht einmal angesehen hat[363],
- trotz guten Einkommens kündigt, weil er durch den Umzug DM 67,00 im Monat sparen kann[364].

115 Hat der Vermieter **mehrere Wohnungen** vermietet und kommen mehrere hiervon für den Eigenbedarf in Betracht, so kann er grundsätzlich frei wählen, welchem Mieter er kündigt. Zu einer Berücksichtigung der Interessen der Mieter ist er von sich aus nicht verpflichtet.[365] Im Hinblick darauf, dass jedoch im Räumungsrechtsstreit diese Interessen auf den Widerspruch des jeweiligen Mieters nach § 574 BGB hin Eingang finden, empfiehlt es sich für den Vermieter, hierauf schon im Rahmen der Auswahl des zu kündigenden Mietverhältnisses Rücksicht zu nehmen, um der Kündigung größtmögliche Erfolgschancen zu geben.

116 Der vom Vermieter geltend gemachte Bedarfsgrund muss grundsätzlich **gegenwärtig** sein, d.h. zum Zeitpunkt der Erklärung der Kündigung bestehen. Eine so genannte „**Vorratskündigung**" im Hinblick auf einen erst in der Zukunft entstehenden Bedarf ist dagegen nach § 573 Abs. 2 Nr. 2 BGB nicht möglich.[366] Allerdings liegt ein gegenwärtiger Bedarfsgrund auch schon dann vor, wenn die maßgeblichen Umstände im Moment der Kündigung schon konkretisierbar und ihr Eintritt **mit hinreichender Sicherheit absehbar** ist.[367]

117 Unerheblich ist regelmäßig, ob der Vermieter den Bedarfsgrund **willentlich herbeigeführt** hat. Eine Versagung des Kündigungsrechts aus diesem Grund würde die verfassungsrechtlich geschützte Befugnis des Eigentümers missachten, sein Leben unter dem Gebrauch seines Eigentums so einzurichten,

---

[357] BayObLG München v. 23.03.1993 - RE-Miet 6/92 - juris Rn. 14 - NJW-RR 1993, 979-981; LG Landau (Pfalz) v. 17.03.1992 - 1 S 243/91 - juris Rn. 4 - NJW-RR 1993, 81; LG Nürnberg-Fürth v. 16.11.1990 - 7 S 7203/90 - juris Rn. 9 - WuM 1991, 40-41.

[358] LG Berlin v. 04.06.1996 - 65 S 48/96 - juris Rn. 6 - NJW-RR 1997, 74-75.

[359] LG Köln v. 16.06.1994 - 1 S 298/93 - juris Rn. 2 - WuM 1995, 110.

[360] OLG Karlsruhe v. 26.10.1982 - 3 REMiet 4/82 - juris Rn. 4 - Grundeigentum 1983, 29-31.

[361] BVerfG v. 13.11.1990 - 1 BvR 275/90 - juris Rn. 14 - NJW 1991, 157-158; AG Kiel v. 11.12.2001 - 25 IN 197/01 - NZM 2002, 289-290; *Blank* in: Schmidt-Futterer, Mietrecht, 10. Aufl. 2011, § 573 Rn. 111 sowie *Rolfs* in: Staudinger, § 573 Rn. 125 und 126.

[362] LG Kiel v. 02.11.1989 - 1 S 86/89 - juris Rn. 9 - WuM 1990, 22.

[363] AG Rheinberg v. 31.05.1990 - 11 C 701/89 - juris Rn. 4 - WuM 1990, 434.

[364] LG Hamburg v. 03.10.1989 - 16 S 38/89 - juris Rn. 2 - WuM 1990, 27.

[365] BayObLG München v. 02.03.1982 - Allg Reg 115/81 - juris Rn. 7 - NJW 1982, 1159-1160.

[366] BGH v. 18.05.2005 - VIII ZR 368/03 - juris Rn. 14 - NJW 2005, 2395-2398 m.w.N.

[367] Vgl. BayObLG München v. 02.03.1982 - Allg Reg 115/81 - juris Rn. 10 - NJW 1982, 1159-1160 - Pflegebedürftigkeit bei fortgeschrittenem Alter des allein stehenden Vermieters; OLG Hamm v. 24.07.1986 - 4 REMiet 1/86 - juris Rn. 27 - NJW-RR 1986, 1212-1214. sowie OLG Düsseldorf v. 11.06.1992 - 10 U 168/91 - juris Rn. 4 - NJW-RR 1992, 1489-1490 - anstehende Versetzung in den vorzeitigen Ruhestand.

wie er es für richtig hält.[368] Dies gilt insbesondere auch, wenn der Vermieter die Wohnung in Kenntnis der bestehenden Vermietung gekauft hat, um sie dann selbst zu nutzen.[369] Ebenso wenig spielt es grundsätzlich eine Rolle, ob der Vermieter den Bedarfsgrund **verschuldet** hat.[370] Etwas anderes gilt nur dann, wenn der Vermieter gerade den Bedarfsgrund **treuwidrig** herbeigeführt hat (§§ 242, 162 BGB entsprechend). Dies setzt regelmäßig ein entsprechendes subjektives Element voraus.

Einer Kündigung wegen Eigenbedarfs kann indessen unter verschiedenen Gesichtspunkten[371] der Einwand des treuwidrigen Verhaltens in Form des **Rechtsmissbrauchs** (§ 242 BGB) vom Mieter entgegengehalten werden: **118**

aa. Wegfall des Eigenbedarfs nach Ausspruch der Kündigung

Fällt der Eigenbedarf nach Ausspruch der Kündigung weg, lässt dies zwar ihre Wirksamkeit unberührt.[372] Nach Treu und Glauben (§ 242 BGB) ist der Vermieter in diesem Fall aber verpflichtet, den Mieter auf die Veränderung der Sachlage hinzuweisen und sich **zur Fortsetzung des Mietverhältnisses bereit zu erklären**.[373] Die vormals überwiegend vertretene Auffassung, wonach dies regelmäßig bis zum Auszug des Mieters bzw. dessen Räumung[374] – und zwar unabhängig davon, ob zwischenzeitlich eine Aufhebungsvereinbarung geschlossen wurde,[375] die Kündigungsfrist verstrichen war (str.)[376] oder ein rechtskräftiger Räumungstitel geschaffen wurde (str.)[377] – der Fall war, ist überholt. Der Vermieter ist vielmehr – längstens – **bis zum Ablauf der Kündigungsfrist** verpflichtet, den Wegfall des Eigenbedarfs mitzuteilen.[378] Insoweit gilt nichts anderes als bei Freiwerden einer Alternativwohnung (vgl. hierzu Rn. 130): Der trotz wirksamer Kündigung zu Unrecht in den Mieträumen verharrende Mieter würde ansonsten unangemessen privilegiert und der Vermieter in seinem grundrechtlich geschützten Eigentumsrecht durch nachvertragliche Treuepflichten unverhältnismäßig eingeschränkt.[379] Man wird allerdings weiterhin davon ausgehen können, dass die Mitteilungspflicht bereits **mit der Räumung** der Wohnung durch den Mieter entfällt, auch wenn diese vor Ablauf der Kündigungsfrist erfolgt, da der Vermieter jedenfalls ab dem Zeitpunkt des Auszuges regelmäßig davon ausgehen darf, **119**

---

[368] BVerfG v. 14.02.1989 - 1 BvR 308/88, 1 BvR 336/88, 1 BvR 356/88, 1 BvR 308, 336, 356/88 - juris Rn. 31 - NJW 1989, 970-972 sowie BVerfG v. 17.07.1992 - 1 BvR 179/92 - juris Rn. 16 - NJW 1992, 3032-3033.

[369] BayObLG München v. 14.07.1981 - Allg Reg 32/81 - juris Rn. 44 - NJW 1981, 2197-2201.

[370] Vgl. – durch übermäßiges finanzielles Engagement – BVerfG v. 18.01.1988 - 1 BvR 787/87 - NJW 1988, 1075-1076 sowie – bei Kündigung der vom Vermieter bewohnten Wohnung – BayObLG München v. 14.07.1981 - Allg Reg 32/81 - juris Rn. 52 - NJW 1981, 2197-2201.

[371] LG Kiel v. 26.03.2008 - 1 S 48/08 - juris Rn. 5 - Info M 2009, 10 im Ergebnis zutreffend zu dem Sonderfall, dass der Eigentümer die Wohnung an seine Lebensgefährtin vermietet und bei Trennung von ihr einen Eigenbedarf geltend macht.

[372] *Blank* in: Schmidt-Futterer, Mietrecht, 10. Aufl. 2011, § 573 Rn. 73; a.A. – bei Wegfall des Eigenbedarfs bis zum Ablauf der Kündigungsfrist wird die Kündigung unbegründet und der ursprüngliche Mietvertrag fortgesetzt – *Lammel*, Wohnraummietrecht, 3. Aufl. 2007, § 573 Rn. 98.

[373] OLG Karlsruhe v. 07.10.1981 - 3 REMiet 6/81 - juris Rn. 22 - NJW 1982, 54-56.

[374] OLG Karlsruhe v. 07.10.1981 - 3 REMiet 6/81 - juris Rn. 35 - NJW 1982, 54-56 sowie BayObLG München v. 05.02.1987 - RReg 3 St 174/86 - juris Rn. 11 - NJW 1987, 1654-1656.

[375] OLG Karlsruhe v. 07.10.1981 - 3 REMiet 6/81 - juris Rn. 35 - NJW 1982, 54-56 sowie BayObLG München v. 05.02.1987 - RReg 3 St 174/86 - juris Rn. 11 - NJW 1987, 1654-1656.

[376] *Blank* in: Blank/Börstinghaus, Miete, 1. Aufl. 2000, § 564b Rn. 61; a.A. *Lammel*, Wohnraummietrecht, 2. Aufl. 2002, § 573 Rn. 101.

[377] LG Hamburg v. 02.12.2004 - 334 S 50/04 - juris Rn. 17 - WuM 2005, 134-136; LG Heidelberg v. 26.07.1991 - 5 S 142/90 - juris Rn. 8 - WuM 1992, 30-32 sowie *Blank* in: Blank/Börstinghaus, Miete, 1. Aufl. 2000, § 564b Rn. 61; a.A. – nur soweit Voraussetzungen des § 826 BGB vorliegen – LG Köln v. 09.12.1993 - 1 S 88/93 - juris Rn. 7 - WuM 1994, 212-213; LG Aachen v. 06.05.1987 - 7 S 558/86 - juris Rn. 7 - WuM 1987, 394 sowie *Schach* in: Kinne/Schach/Bieber, Miet- und Mietprozessrecht, 3. Aufl. 2002, § 573 Rn. 34.

[378] BGH v. 09.11.2005 - VIII ZR 339/04 - juris Rn. 11 - NJW 2006, 220-223; kritisch: *Eisenhardt*, BGHReport 2006, 146 und *Timme*, NZM 2006, 249-251.

[379] BGH v. 09.11.2005 - VIII ZR 339/04 - juris Rn. 20 - NJW 2006, 220-223 unter Verweis auf BGH v. 09.07.2003 - VIII ZR 311/02 - juris Rn. 12 - NJW 2003, 2604-2605 sowie – verfassungsrechtlich nicht zu beanstanden – BVerfG v. 18.04.2006 - 1 BvR 31/06 - juris Rn. 5 - NJW 2006, 2033.

dass der Mieter an einem erneuten Einzug in die Wohnung nicht mehr interessiert ist.[380] Entfällt der Eigenbedarf des Vermieters erst nach der Räumung, so besteht folglich keine Verpflichtung zur Mitteilung mehr. Allein die Anmietung der Folgewohnung durch den Mieter lässt diese Verpflichtung dagegen nicht entfallen, da ihm immer noch am Verbleib in der alten Wohnung gelegen sein kann.[381] Unterlässt der Vermieter eine danach gebotene Mitteilung, macht er sich ferner schadensersatzpflichtig[382] (vgl. hierzu Rn. 33) und gegebenenfalls strafbar[383].

120 Allerdings kann an die Stelle eines weggefallenen Eigenbedarfs möglicherweise ein **anderer Eigenbedarf** treten, vgl. hierzu Rn. 218.[384]

121 Liegt **bereits ein Räumungstitel** vor, muss der Mieter zur Geltendmachung des Wegfalls des Eigenbedarfs Vollstreckungsgegenklage (§ 767 ZPO) erheben oder sich im Rahmen einer Klage nach § 826 BGB gegen die Vollstreckung richten.[385]

bb. Freistehende/freiwerdende Alternativwohnung

122 Die Geltendmachung eines Eigenbedarfs an der gekündigten Wohnung stellt sich ferner als rechtsmissbräuchlich dar, wenn **nach Ausspruch der Kündigung** eine andere Wohnung des Vermieters frei geworden ist oder alsbald frei wird und der von ihm bestimmte Wohnbedarf in den Alternativobjekten ohne wesentliche Abstriche befriedigt werden kann.[386]

123 Dem steht es gleich, wenn eine solche Alternativwohnung **bereits vor der Kündigung** zur Verfügung stand und der Vermieter diese dennoch weitervermietet hat.[387]

124 Stand das gleichwertige Alternativobjekt dagegen schon und noch **bei Ausspruch der Kündigung** zur Verfügung, ist die Kündigung regelmäßig mangels eines vernünftigen, nachvollziehbaren Bedarfsgrundes unwirksam, vgl. Rn. 113.

125 Voraussetzung ist allerdings in allen Varianten, dass das Alternativobjekt vom Vermieter **überhaupt als Mietwohnung dem Markt** zur Verfügung gestellt wird, d.h. an Dritte zu Wohnzwecken vermietet werden soll. Daran fehlt es, wenn der Vermieter sich entschlossen hatte, weitere Immobilien nicht dem allgemeinen Wohnungsmarkt zur Verfügung zu stellen, sondern gewerblich zu nutzen und so die finanzielle Grundlage für seine eigenverantwortliche Lebensgestaltung zu schaffen, und er bei Auftreten des Eigenbedarfs an diesem Entschluss festhält.[388] Das Gleiche muss gelten, wenn der Vermieter die Alternativwohnung nicht einem Dritten, sondern einer anderen Bedarfsperson nach § 573 Abs. 2 Nr. 2 BGB überlässt oder überlassen will, denn auch dann steht sie dem freien Wohnungsmarkt nicht zur Verfügung.[389]

126 Sofern die Alternativwohnung **für die Befriedigung des Eigenbedarfs des Vermieters nicht ausreichend** ist, ist dieser nach Treu und Glauben verpflichtet, die frei gewordene oder frei werdende Woh-

---

[380] OLG Karlsruhe v. 07.10.1981 - 3 REMiet 6/81 - juris Rn. 23 - NJW 1982, 54-56 sowie BayObLG München v. 05.02.1987 - RReg 3 St 174/86 - juris Rn. 11 - NJW 1987, 1654-1656.
[381] LG Stuttgart v. 04.10.1990 - 13 S 148/90 - juris Rn. 3 - WuM 1991, 41-42.
[382] LG Berlin v. 04.05.1993 - 64 S 454/92 - juris Rn. 7 - Grundeigentum 1993, 805.
[383] BayObLG München v. 05.02.1987 - RReg 3 St 174/86 - juris Rn. 12 - NJW 1987, 1654-1656.
[384] LG Heidelberg v. 26.07.1991 - 5 S 142/90 - juris Rn. 10 - WuM 1992, 30-32.
[385] OLG Karlsruhe v. 22.04.1993 - 11 U 60/92 - juris Rn. 4 - NJW-RR 1994, 80-81.
[386] BVerfG v. 14.02.1989 - 1 BvR 308/88, 1 BvR 336/88, 1 BvR 356/88, 1 BvR 308, 336, 356/88 - juris Rn. 33 - NJW 1989, 970-972; BVerfG v. 01.03.1991 - 1 BvR 1100/90 - juris Rn. 7 - NJW 1991, 2273-2274; BGH v. 25.10.2005 - VIII ZR 158/04 - MietPrax-AK § 573 BGB Nr. 7 sowie OLG Düsseldorf v. 11.06.1992 - 10 U 168/91 - juris Rn. 6 - NJW-RR 1992, 1489-1490.
[387] BVerfG v. 13.11.1990 - 1 BvR 275/90 - juris Rn. 14 - NJW 1991, 157-158.
[388] BVerfG v. 03.10.1989 - 1 BvR 558/89 - juris Rn. 11 - NJW 1990, 309-311 sowie BVerfG v. 23.11.1993 - 1 BvR 904/93 - juris Rn. 20 - NJW 1994, 435-436; fraglich OLG Düsseldorf v. 02.04.2009 - I-10 U 149/08, 10 U 149/08 - juris Rn. 21 - NJW-RR 2010, 176-177, das mit dieser Überlegung eine Anbietpflicht auch dann verneinen will, wenn die Wohnung zwar vermietet werden soll, aber dies nur möbliert und ein Interesse des Mieters an einer möblierten Wohnung nicht erkennbar ist – insoweit wäre die Entscheidung dem Mieter zu überlassen, vgl. Rn. 128 und Rn. 130.
[389] *Blank* in: Schmidt-Futterer, Mietrecht, 10. Aufl. 2011, § 573 Rn. 115 und 125.

nung dem gekündigten Mieter anzubieten, um die mit dem Verlust der angestammten Wohnung für den Mieter verbundenen Nachteile im Rahmen des Möglichen zu mindern und so die sozial unerwünschten Folgen der allein aus der Sphäre des Vermieters herrührenden Lösung des Vertrags gering zu halten („**Anbietpflicht**").[390] Darauf, ob der Vermieter die Wohnung für den Mieter als geeignet und gleichwertig ansieht, kommt es grundsätzlich nicht an, weil es – im Rahmen eines vertragsgemäßen Gebrauchs der Wohnung – Sache des Mieters ist zu entscheiden, inwieweit er damit verbundene Nachteile in Kauf nehmen will.[391] Um eine verantwortliche Entscheidung hierüber treffen zu können, muss der Mieter über die wesentlichen Bedingungen einer Anmietung informiert sein. Hierzu gehören neben der Größe und Ausstattung der Wohnung jedenfalls auch die Mietkonditionen (Miete/Nebenkosten). Vor Erhalt dieser Informationen eine rechtsverbindliche Erklärung über die Anmietung abzugeben, ist dem Mieter regelmäßig unzumutbar. Der Vermieter erfüllt seine Anbietpflicht daher grundsätzlich nur dann ordnungsgemäß, wenn er den gekündigten Mieter über die genannten **wesentlichen Vertragsbedingungen** der Anmietung einer während der Kündigungsfrist frei werdenden Wohnung in Kenntnis setzt.[392] Unterlässt der Vermieter das Angebot, so kann der Mieter der ausgesprochenen Kündigung den Einwand des Rechtsmissbrauchs entgegenhalten.[393]

Dabei versteht es sich von selbst, dass das Angebot zum Abschluss eines Mietvertrages über die frei werdende Drittwohnung **zu angemessenen Bedingungen** erfolgen muss. Überzogene Forderungen darf der Vermieter mit seinem Angebot nicht stellen. Andererseits wird er im Hinblick auf Treu und Glauben nicht gehindert sein, dem Mieter einen Vertragsschluss zu den bisher für die Vermietung der Alternativwohnung geltenden Bedingungen anzubieten. Gleiches wird im Regelfall gelten für das Begehren der ortsüblichen oder der im betreffenden Wohnanwesen üblichen Miete.[394] Bietet der Vermieter zu unangemessenen Bedingungen an, handelt er ebenfalls treuwidrig.   127

Allerdings kann sich der Mieter auf das unterbliebene Angebot der Alternativwohnung zu angemessenen Bedingungen immer nur berufen, wenn er **selbst überhaupt bereit** war, dieses **Angebot anzunehmen**. Lehnt er dies oder auch nur Verhandlungen hierüber – gleich aus welchem Grund – von vornherein ab, ist der Vermieter zur weiteren Vorhaltung der Alternativwohnung nicht verpflichtet und handelt bei einer Weitervermietung nicht treuwidrig. Überlegt es sich der Mieter allerdings später anders und ist die Wohnung noch nicht vermietet, ist der Vermieter weiterhin an sein Angebot gebunden.   128

In räumlicher Hinsicht besteht nach Auffassung des Bundesgerichtshofes eine Anbietpflicht nur dann, wenn dem Vermieter eine andere, zur Vermietung vorgesehene Wohnung **im selben Haus oder in derselben Wohnanlage** zur Verfügung steht.[395] Sie erstreckt sich dagegen nicht darüber hinaus auf jede andere für den Vermieter verfügbare Wohnung, denn sie dient dem Ziel, es dem Mieter zu ermöglichen, eine Wohnung in seiner vertrauten häuslichen Umgebung zu beziehen, soll dem Mieter nach einer berechtigten Kündigung aber nicht die ihn belastende Wohnungssuche abnehmen. Dem ist im Grundsatz zuzustimmen, allerdings begegnet die formelle Anknüpfung daran, dass dem Gesetzeszweck nur durch das Angebot einer Wohnung im selben Haus oder in derselben Wohnanlage genügt werde, erheblichen Zweifeln. Zum einen beschränkt sich die „vertraute häusliche Umgebung" regelmäßig nicht auf ein Haus oder eine Wohnanlage, zum anderen erscheint eine derart statische Begren-   129

---

[390] BGH v. 13.10.2010 - VIII ZR 78/10 - juris Rn. 14 - NJW 2010, 3775-3776.
[391] BGH v. 13.10.2010 - VIII ZR 78/10 - juris Rn. 15 - NJW 2010, 3775-3776; LG Berlin v. 03.02.2009 - 65 S 303/08 - MM 2009, 146 unter Hinweis auf das Recht des Mieters auf freie Entfaltung der Persönlichkeit (BVerfG v. 28.01.1992 - 1 BvR 1054/91 - juris Rn. 15 - NJW 1992, 1220-1221) und AG Mainz v. 20.10.2006 - 87 C 288/05 - juris Rn. 5 - WuM 2007, 74-75.
[392] BGH v. 13.10.2010 - VIII ZR 78/10 - juris Rn. 15 - NJW 2010, 3775-3776.
[393] BGH v. 13.10.2010 - VIII ZR 78/10 - juris Rn. 15 - NJW 2010, 3775-3776; OLG Karlsruhe v. 27.01.1993 - 3 REMiet 2/92 - juris Rn. 19 - NJW-RR 1993, 660-661; kritisch *Lammel*, Wohnraummietrecht, 3. Aufl. 2007, § 573 Rn. 95.
[394] OLG Karlsruhe v. 27.01.1993 - 3 REMiet 2/92 - juris Rn. 21 - NJW-RR 1993, 660-661.
[395] BGH v. 09.07.2003 - VIII ZR 276/02 - juris Rn. 5 - NJW 2003, 2604.

§ 573

zung – von deren begrifflicher Unschärfe abgesehen – der letztlich auf Treu und Glauben (§ 242 BGB) beruhenden Anbietpflicht wenig sinnvoll.[396]

130 Die Anbietpflicht besteht **in zeitlicher Hinsicht bis zum Ablauf der Kündigungsfrist,** da durch die Annahme einer weitergehenden nachvertraglichen Pflicht des Vermieters zum einen dieser in seinem grundrechtlich geschützten Eigentumsrecht (Art. 14 Abs. 1 GG) unverhältnismäßig eingeschränkt wird und zum anderen der trotz wirksamer Kündigung zu Unrecht in den Mieträumen verharrende Mieter ungerechtfertigter Weise privilegiert wird.[397] Die vormals überwiegend vertretene Auffassung, wonach die Anbietpflicht regelmäßig bis zum Auszug des Mieters bzw. dessen Räumung[398] – und zwar unabhängig davon, ob zwischenzeitlich eine Aufhebungsvereinbarung geschlossen wurde,[399] die Kündigungsfrist verstrichen war (str.)[400] oder ein rechtskräftiger Räumungstitel geschaffen wurde (str.)[401] – bestand, ist überholt. Man wird allerdings weiterhin davon ausgehen können, dass die Anbietpflicht schon **mit der Räumung** der Wohnung durch den Mieter entfällt, auch wenn diese vor Ablauf der Kündigungsfrist erfolgt, da der Vermieter jedenfalls ab dem Zeitpunkt des Auszuges regelmäßig davon ausgehen darf, dass der Mieter an dem Bezug einer von ihm angebotenen Alternativwohnung nicht mehr interessiert ist.[402] Allein die Anmietung der Folgewohnung durch den Mieter lässt die Verpflichtung dagegen nicht entfallen, da ihm immer noch am Verbleib in der alten Umgebung gelegen sein kann.[403] Die Anbietpflicht betrifft schließlich nur Wohnungen, die dem Vermieter **bis zum Ablauf der Kündigungsfrist zur Verfügung stehen**; eine Wohnung, die zwar vor Ablauf der Kündigungsfrist für die wegen Eigenbedarfs gekündigte Wohnung gekündigt worden ist, aber erst zu einem späteren Zeitpunkt frei werden soll, wird daher nicht erfasst.[404]

131 Schließlich kann der Mieter den Einwand des Rechtsmissbrauchs nur dann geltend machen, wenn er im Rahmen des Mietverhältnisses **selbst vertragstreu** war, er insbesondere keine vertraglichen Verpflichtungen verletzt hat.[405]

132 Da der Mieter in den Wohnungsbestand des Vermieters regelmäßig keinen Einblick hat, steht ihm gegenüber dem Vermieter ein **Anspruch auf Auskunft** über in Frage kommende Alternativwohnungen zu.[406] Ebenso hat er ein berechtigtes Interesse im Sinne von § 12 GBO an der **Einsicht in das Grund-**

---

[396] So zutreffend *Kappus*, NZM 2003, 657-659, 657-658.
[397] BGH v. 09.07.2003 - VIII ZR 311/02 - juris Rn. 12 - NJW 2003, 2604-2605; BGH v. 04.06.2008 - VIII ZR 292/07 - juris Rn. 12 - NSW BGB § 573 (BGH-intern) und *Lammel*, Wohnraummietrecht, 3. Aufl. 2007, § 573 Rn. 101; kritisch hierzu *Kappus*, NZM 2003, 657-659.
[398] LG Wuppertal v. 24.04.1998 - 10 S 430/97 - juris Rn. 6 - WuM 1998, 599 sowie – zur vergleichbaren Situation bei nachträglichem Wegfall des Eigenbedarfs – OLG Karlsruhe v. 07.10.1981 - 3 REMiet 6/81 - juris Rn. 35 - NJW 1982, 54-56 und BayObLG München v. 05.02.1987 - RReg 3 St 174/86 - juris Rn. 11 - NJW 1987, 1654-1656.
[399] Vgl. zur vergleichbaren Situation bei nachträglichem Wegfall des Eigenbedarfs OLG Karlsruhe v. 07.10.1981 - 3 REMiet 6/81 - juris Rn. 35 - NJW 1982, 54-56 sowie BayObLG München v. 05.02.1987 - RReg 3 St 174/86 - juris Rn. 11 - NJW 1987, 1654-1656.
[400] *Blank* in: Blank/Börstinghaus, Miete, 1. Aufl. 2000, § 564b Rn. 61; a.A. *Lammel*, Wohnraummietrecht, 2. Aufl. 2002, § 573 Rn. 101.
[401] Vgl. zur vergleichbaren Situation bei nachträglichem Wegfall des Eigenbedarfs LG Heidelberg v. 26.07.1991 - 5 S 142/90 - juris Rn. 8 - WuM 1992, 30-32 sowie *Blank* in: Blank/Börstinghaus, Miete, 1. Aufl. 2000, § 564b Rn. 61; a.A. – nur soweit Voraussetzungen des § 826 BGB vorliegen – LG Köln v. 09.12.1993 - 1 S 88/93 - juris Rn. 7 - WuM 1994, 212-213; LG Aachen v. 06.05.1987 - S 558/86 - juris Rn. 7 - WuM 1987, 394 sowie *Schach* in: Kinne/Schach/Bieber, Miet- und Mietprozessrecht, 3. Aufl. 2002, § 573 Rn. 34.
[402] Vgl. zur Situation bei nachträglichem Wegfall des Eigenbedarfs OLG Karlsruhe v. 07.10.1981 - 3 REMiet 6/81 - juris Rn. 23 - NJW 1982, 54-56 sowie BayObLG München v. 05.02.1987 - RReg 3 St 174/86 - juris Rn. 11 - NJW 1987, 1654-1656.
[403] Vgl. zur Situation bei nachträglichem Wegfall des Eigenbedarfs LG Stuttgart v. 04.10.1990 - 13 S 148/90 - WuM 1991, 41-42.
[404] BGH v. 04.06.2008 - VIII ZR 292/07 - juris Rn. 13 - NSW BGB § 573 (BGH-intern).
[405] OLG Karlsruhe v. 27.01.1993 - 3 REMiet 2/92 - juris Rn. 22 - NJW-RR 1993, 660-661 sowie *Lammel*, Wohnraummietrecht, 3. Aufl. 2007, § 573 Rn. 97.
[406] *Blank* in: Schmidt-Futterer, Mietrecht, 10. Aufl. 2011, § 573 Rn. 136.

buch, soweit der Wohnungsbestand des Vermieters betroffen ist, d.h. in die Erste Abteilung des Grundbuches und das dort in Bezug genommene Bestandsverzeichnis.[407]

cc. Bestehen/Vorhersehbarkeit des Eigenbedarfs schon bei Abschluss des Mietvertrages

Der Vermieter handelt ferner treuwidrig, wenn er sich zur Begründung des geltend gemachten Eigenbedarfs auf Umstände beruft, die schon **bei Abschluss des Mietvertrages vorhanden** waren und auf die er den Mieter nicht hingewiesen hatte.[408] Dies folgt schon daraus, dass der Kündigungsgrund des § 573 Abs. 2 Nr. 2 BGB Ausdruck der „clausula rebus sic stantibus" ist, die dem Vermieter eine Loslösung vom Vertrag gerade bei veränderten Umständen ermöglichen soll.[409] Der Vermieter setzt sich zu seinem eigenen Verhalten in Widerspruch, wenn er eine Wohnung auf unbestimmte Zeit vermietet, obwohl er entweder entschlossen ist oder zumindest erwägt, sie alsbald selbst in Gebrauch zu nehmen. Er darf dem Mieter, der mit einer längeren Mietdauer rechnet, die mit jedem Umzug verbundenen Belastungen dann nicht zumuten, wenn er ihn über die Absicht oder zumindest die Aussicht begrenzter Mietdauer nicht aufklärt.[410] Denn für den Mieter ist ein sich abzeichnender Eigenbedarf des Vermieters gerade für die Entscheidung von Bedeutung, ob eine Wohnung überhaupt anmieten und damit das Risiko eines Umzugs nach verhältnismäßig kurzer Mietzeit eingehen will.[411]

133

Vorstehendes gilt entsprechend, wenn das Entstehen des Eigenbedarfs auf Grund hinreichend konkreter tatsächlicher Anhaltspunkte zum Zeitpunkt des Vertragsschlusses schon **absehbar** war.[412] Dafür reicht es aus, wenn der Vermieter in diesem Moment bei verständiger Würdigung und umsichtiger Vorschau den späteren Eigenbedarf hätte vorhersehen können.[413] Die bloße Möglichkeit eines entsprechenden Bedarfs ohne konkrete tatsächliche Anhaltspunkte genügt dagegen nicht.[414] Die tatrichterliche Würdigung, dass ein Vermieter, der seinen Eigenbedarf nur drei Monate nach Abschluss des Mietvertrags mit dem Wunsch des Zusammenziehens mit seiner – schon zum Zeitpunkt der Begründung des Mietverhältnisses vorhandenen – Lebensgefährtin begründet, nicht ernsthaft behaupten könne, er und seine Lebensgefährtin hätten dies nicht schon bei Vertragsschluss in Erwägung gezogen, ist indes nicht zu beanstanden.[415] Sind die Umstände, auf die sich die Kündigung stützt, in unvorhersehbarer Weise erst nach Abschluss des Mietvertrages aufgetreten, so spielt es keine Rolle, ob deren Ursache in ungeschickten oder riskanten geschäftlichen Entscheidungen des Vermieters zu sehen ist. Allerdings kann bei kurzer Vertragsdauer und hinreichender objektiver Erkennbarkeit ein **Anschein** gegen den Vermieter sprechen, was dazu führt, dass er sich dann insoweit entlasten muss[416]; vgl. insoweit aber auch Rn. 44. Ob den Mieter eine **Erkundigungspflicht** trifft, die ein rechtsmissbräuchliches Verhalten des Vermieters ausschließt, beurteilt sich ebenfalls nach den Umständen des Einzelfalls. Ein Grundsatz dahin gehend, dass ein Mieter, wenn er Kenntnis vom Vorhandensein zum Beispiel von Kindern oder Lebensgefährten des Vermieters hat, stets mit der Möglichkeit eines Eigenbedarfs rechnen und sich

134

---

[407] LG Mannheim v. 22.01.1992 - 6 T 26/91 - juris Rn. 5 - NJW 1992, 2492.
[408] BVerfG v. 14.02.1989 - 1 BvR 308/88, 1 BvR 336/88, 1 BvR 356/88, 1 BvR 308, 336, 356/88 - juris Rn. 43 - NJW 1989, 970-972 sowie LG Karlsruhe v. 25.03.1988 - 9 S 609/87 - juris Rn. 2 - WuM 1988, 276; stark einschränkend BVerfG v. 04.06.1998 - 1 BvR 1575/94 - juris Rn. 11 - LM BGB § 564b Nr. 8a (12/1998).
[409] *Lammel*, Wohnraummietrecht, 3. Aufl. 2007, § 573 Rn. 61.
[410] BGH v. 21.01.2009 - VIII ZR 62/08 - juris Rn. 17 - NSW BGB § 573 (BGH-intern).
[411] BGH v. 21.01.2009 - VIII ZR 62/08 - juris Rn. 19 - NSW BGB § 573 (BGH-intern).
[412] BGH v. 06.07.2010 - VIII ZR 180/09 - juris Rn. 3 - WuM 2010, 512-513.
[413] OLG München v. 05.03.2009 - 32 U 1751/09 - juris Rn. 3 - WuM 2009, 358-359; LG Frankfurt v. 05.10.2007 - 2-11 S 317/06, 2/11 S 317/06 - juris Rn. 22 - WuM 2007, 635-637 und LG Berlin v. 28.11.1997 - 63 S 237/97 - juris Rn. 8 - NJW-RR 1998, 1093-1094; offen gelassen: BGH v. 21.01.2009 - VIII ZR 62/08 - juris Rn. 18 - NSW BGB § 573 (BGH-intern).
[414] BVerfG v. 28.05.1993 - 1 BvR 1515/92 - juris Rn. 19 - NJW 1993, 2166-2167; BVerfG v. 19.07.1993 - 1 BvR 501/93 - juris Rn. 16 - NJW-RR 1993, 1357-1358 und AG Bremen v. 04.02.2004 - 23 C 0363/03, 23 C 363/03 - juris Rn. 16; zu weitgehend daher AG Winsen v. 25.01.2006 - 23 C 70/06 - juris Rn. 5 - WuM 2006, 622-623 und AG Gießen v. 01.07.2004 - 48 M C 318/04 - juris Rn. 9 - WuM 2004, 490.
[415] BGH v. 06.07.2010 - VIII ZR 180/09 - juris Rn. 4 - WuM 2010, 512-513.
[416] Vgl. zu § 573 Abs. 2 Nr. 3 BGB LG Mannheim v. 26.04.1995 - 4 S 272/94 - ZMR 1995, 315-317.

deshalb beim Vermieter erkundigen muss, besteht aber nicht.[417] Schutzbedürftig ist der Mieter schließlich hinsichtlich eines absehbaren zukünftigen Eigenbedarfs nur beim erstmaligen Abschluss eines Mietvertrags, nicht dagegen der **Novation eines bereits bestehenden Mietverhältnisses**. Lebt der Mieter schon geraume Zeit in der gekündigten Wohnung, besteht nämlich keine zum Neuabschluss eines Mietverhältnisses vergleichbare Interessenlage (vgl. Rn. 133), die einen Hinweis des Vermieters auf einen künftigen Eigenbedarf gebietet.[418]

135 Ein Ausschluss des Vermieters mit den bereits bei Vertragsschluss vorhandenen oder absehbaren Eigenbedarfsgründen kann schließlich **nicht zeitlich unbegrenzt** wirken. Die bisherige Rechtsprechung knüpfte insoweit an die in § 564c Abs. 2 Satz 1 Nr. 1 BGB a.F. genannte Frist von fünf Jahren an und versagte dem Mieter den Einwand des Rechtsmissbrauchs, wenn zwischen dem Zeitpunkt, zu dem der für Vermieter maßgebliche Sachverhalt eingetreten ist, und der Kündigungserklärung ein längerer Zeitraum als fünf Jahre verstrichen war.[419] Auch nach dem Wegfall dieser Vorschrift auf Grund des **Mietrechtsreformgesetzes** vom 19.06.2001[420] ist hieran festzuhalten.[421]

dd. Geltendmachung eines weit überhöhten Wohnbedarfs

136 Missbräuchlich kann nach der verfassungsgerichtlichen Rechtsprechung ferner die Geltendmachung eines „**weit überhöhten Wohnbedarfes**" sein.[422] Nach hiesiger Auffassung fehlt in einem solchen Fall schon ein vernünftiger, nachvollziehbarer Bedarfsgrund, weshalb es des Rückgriffs auf den Einwand der Treuwidrigkeit nicht bedarf. Jedenfalls kann sich der Mieter, der die Wohnung allein bewohnt, nicht darauf berufen, dass der ebenfalls allein stehende Vermieter eine für ihn zu große Wohnung beanspruche.[423]

4. Angemessene wirtschaftliche Verwertung durch den Vermieter (Absatz 2 Nr. 3)[424]

a. Allgemeines

137 Ein berechtigtes Interesse des Vermieters an der Beendigung des Mietverhältnisses besteht nach § 573 Abs. 2 Nr. 3 BGB auch dann, wenn er durch die Fortsetzung des Mietverhältnisses an einer angemessenen wirtschaftlichen Verwertung des Grundstücks gehindert und dadurch erhebliche Nachteile erleiden würde. Zur verfassungsrechtlich gewährleisteten Privatnützigkeit und Verfügungsbefugnis als **Kern des Eigentumsrechts** (Art. 14 Abs. 1 Satz 1 GG) gehört grundsätzlich die Freiheit, das Eigentum durch Veräußerung zu verwerten. Allerdings wird diese verfassungsrechtliche Bestandsgarantie nicht schon dadurch in Frage gestellt, dass dem Eigentümer nicht gerade die Nutzungsmöglichkeit eingeräumt wird, die ihm den größtmöglichen wirtschaftlichen Vorteil verspricht. So wenig der Eigentümer als Vermieter einen Anspruch darauf hat, aus der Mietwohnung die höchstmögliche Rendite zu erzielen, so wenig hat er bei jedwedem wirtschaftlichen Nachteil einen Anspruch auf Räumung.[425] Andererseits muss es für § 573 Abs. 2 Nr. 3 BGB vor dem Hintergrund der Eigentumsgarantie ausrei-

---

[417] BGH v. 06.07.2010 - VIII ZR 180/09 - juris Rn. 5 und 9 - WuM 2010, 512-513.
[418] BGH v. 21.01.2009 - VIII ZR 62/08 - juris Rn. 19 - NSW BGB § 573 (BGH-intern): Sofern es dabei um Eigenbedarf für heranwachsende Kinder des Vermieters geht und der Mieter Kenntnis von deren Vorhandensein hat, liegt es nämlich nahe, dass sich der Mieter seinerseits anlässlich der Novation des Mietvertrags nach einem noch zu erwartenden Eigenbedarf erkundigt oder gegebenenfalls auf einen vertraglichen Ausschluss einer Eigenbedarfskündigung im neuen Mietvertrag hinwirkt.
[419] BVerfG v. 14.02.1989 - 1 BvR 308/88, 1 BvR 336/88, 1 BvR 356/88, 1 BvR 308, 336, 356/88 - juris Rn. 46 - NJW 1989, 970-972; LG Kiel v. 26.03.2008 - 1 S 48/08 - juris Rn. 5 - Info M 2009, 10 sowie LG Gießen v. 18.10.1995 - 1 S 296/95 - juris Rn. 3 - WuM 1996, 416-417.
[420] BGBl I 2001, 1149.
[421] *Lammel*, Wohnraummietrecht, 3. Aufl. 2007, § 573 Rn. 86; offen gelassen: BGH v. 21.01.2009 - VIII ZR 62/08 - juris Rn. 19 - NSW BGB § 573 (BGH-intern).
[422] BVerfG v. 14.02.1989 - 1 BvR 308/88, 1 BvR 336/88, 1 BvR 356/88, 1 BvR 308, 336, 356/88 - juris Rn. 33 - NJW 1989, 970-972.
[423] LG Hamburg v. 20.07.1989 - 7 S 76/89 - juris Rn. 2 - WuM 1990, 23.
[424] Vgl. auch die Übersicht bei *Schumacher*, ZAP Fach 4, 971-980.
[425] BVerfG v. 09.10.1991 - 1 BvR 227/91 - juris Rn. 11 - NJW 1992, 361-362.

chen, wenn ein bestehendes Mietverhältnis sich als **faktisches Verwertungshindernis** darstellt, weil der Verkauf ohne dessen Kündigung als wirtschaftlich sinnlos erscheinen muss. Dies ist insbesondere der Fall, wenn der in vermietetem Zustand erzielbare Erlös nicht nur ganz erheblich unter dem in unvermietetem Zustand erreichbaren Verkaufspreis liegt, sondern auch wesentlich unter den für die Wohnung erbrachten Aufwendungen.[426] Ein andernfalls drohender Existenzverlust darf dagegen nicht verlangt werden.[427]

b. Angemessene wirtschaftliche Verwertung

Unter **wirtschaftlicher Verwertung** ist jede Einbringung des Grundstücks, auf dem sich das Mietobjekt befindet, in den Wirtschaftskreislauf zu verstehen. Dies kann durch

- Änderung der dinglichen Rechtslage (Veräußerung oder Belastung mit dinglichen Nutzungsrechten),
- Änderung der Nutzungsart (von Wohnraum- zu gewerblicher Nutzung) oder
- Änderung der Nutzungsform (Komplettsanierung oder Umbau in marktgerechte größere/kleinere Wohnungen)geschehen.[428]

Ausgeschlossen ist kraft Gesetzes eine Verwertung,

- die sich auf eine **Neuvermietung zu einem höheren Mietzins** beschränkt (§ 573 Abs. 2 Nr. 3 HS. 2 BGB); dies wiederholt das Verbot der Änderungskündigung aus § 573 Abs. 1 Satz 2 BGB und gilt daher **nur, soweit die erneute Vermietung im Wesentlichen unverändert** erfolgen soll, nicht aber für eine Neuvermietung nach einer baulichen Umgestaltung (Änderung der Nutzungsform) oder zu gewerblichen Zwecken (Änderung der Nutzungsart),[429]
- in deren Rahmen **nach der Überlassung an den Mieter geschaffenes oder noch zu schaffendes Wohnungseigentum** veräußert werden soll (§ 573 Abs. 2 Nr. 3 HS. 3 BGB). Hierdurch soll eine Umgehung der nach § 577a BGB für die Veräußerung solchen Wohneigentums durch dessen Erwerber geltenden Sperrfristen (vgl. hierzu die Kommentierung zu § 577a BGB) verhindert werden. Im Hinblick auf Entstehungsgeschichte sowie Sinn und Zweck der Vorschrift greift sie allerdings nur ein, wenn zwischen der Aufteilung in Wohnungseigentum und der Veräußerung bzw. Veräußerungsabsicht **ein Zusammenhang** dergestalt besteht, dass die Aufteilung gerade zu dem Zweck erfolgt, die Wohnung anschließend mit Gewinn veräußern zu können. Davon kann nicht mehr ausgegangen werden, wenn zwischen der Schaffung des Wohnungseigentums und der Kündigung ein längerer Zeitraum liegt.[430] Eine **analoge Anwendung von § 543 Abs. 2 Nr. 3 HS. 3 BGB** auf eine Kündigung wegen des Abrisses des vermieteten Gebäudes mit anschließender Neubebauung ist mangels planwidriger Regelungslücke auch dann nicht möglich, wenn nach dem Abriss eine Wohnanlage mit Eigentumswohnungen errichtet werden soll.[431]

Der Vermieter muss eine der genannten Verwertungen **ernsthaft beabsichtigen**.[432] Von einer solchen ernsthaften Verwertungsabsicht kann nur ausgegangen werden, wenn die beabsichtigte Verwertungsart (vgl. hierzu auch Rn. 138) **tatsächlich und rechtlich überhaupt möglich** ist.[433] Deshalb müssen insbesondere erforderliche **behördliche Genehmigungen** bei Ausspruch der Kündigung vorliegen (**str.**)[434];

138

139

140

---

[426] BVerfG v. 12.11.2003 - 1 BvR 1424/02 - juris Rn. 14 - NJW-RR 2004, 371-372.
[427] BVerfG v. 20.09.1991 - 1 BvR 539/91 - juris Rn. 12 - NJW 1991, 3270-3271.
[428] *Lammel*, Wohnraummietrecht, 3. Aufl. 2007, § 573 Rn. 106 ff.
[429] *Grapentin* in: Bub/Treier, Handbuch der Geschäfts- und Wohnraummiete, 3. Aufl. 1999, Teil IV Rn. 80 und 83 und AG Köln v. 23.01.1990 - 214 C 555/89 - juris Rn. 7 - WuM 1991, 170.
[430] LG Stuttgart v. 21.02.1990 - 13 S 426/89 - juris Rn. 5 - WuM 1991, 201-202.
[431] BGH v. 28.01.2009 - VIII ZR 8/08 - juris Rn. 24 - NSW BGB § 573 (BGH-intern).
[432] *Blank* in: Schmidt-Futterer, Mietrecht, 10. Aufl. 2011, § 573 Rn. 153.
[433] BayObLG München v. 31.08.1993 - RE-Miet 2/93 - juris Rn. 22 - NJW-RR 1994, 78-80.
[434] Vgl. zur Zweckentfremdungsgenehmigung LG München II v. 29.09.1994 - 8 S 2264/94 - juris Rn. 4 - WuM 1997, 115; a.A. LG Mannheim v. 16.01.2004 - 4 S 100/03 - juris Rn. 24 - WuM 2004, 99-101 sowie *Schach* in: Kinne/Schach/Bieber, Miet- und Mietprozessrecht, 6. Aufl. 2011, § 573 Rn. 53.

§ 573

eine spätere Erteilung heilt nicht[435]. Dies gilt allerdings nicht für behördliche Genehmigungen, deren Erteilung der Vermieter durch entsprechendes eigenes Verhalten erreichen kann, insbesondere einer Baugenehmigung (str.).[436] Jedoch kann es einer Kündigung nach § 573 Abs. 2 Nr. 3 BGB entgegenstehen, wenn ausnahmsweise schon feststeht, dass eine erforderliche **baurechtliche Genehmigung** der beabsichtigten Arbeiten **nicht erlangt werden kann**.[437] Um eine Abgrenzung zur unzulässigen **Vorratskündigung** (vgl. hierzu auch Rn. 118) zu ermöglichen, setzt eine ernsthafte Verwertungsabsicht ferner auch ein schon konkretes Verwertungsinteresse und damit eine **hinreichend konkretisierte Bauplanung** voraus.[438]

141 Ein Hauptmieter/**Untervermieter, der nicht selbst Eigentümer** der Wohnung ist, kann nach dem vorstehend Gesagten keine Kündigung auf eine ihm rechtlich nicht mögliche Veräußerung der Mietsache stützen.[439] Die Kündigung wegen einer beabsichtigten gewerblichen Vermietung ist ihm – sofern der Hauptmietvertrag Entsprechendes zulässt – dagegen möglich.

142 Es ist allein die **Verwertungsabsicht des Vermieters** maßgeblich, nicht die des personenverschiedenen Eigentümers,[440] des noch nicht eingetragenen Grundstückserwerbers[441] oder anderer Personen. Der Vermieter kann eine Kündigung des noch nicht eingetragenen Erwerbers auch nicht genehmigen.[442] Ebenso wenig kann der Erwerber, nachdem er eingetragen wurde, eine vom vorherigen Vermieter erklärte Kündigung nach § 573 Abs. 2 Nr. 3 BGB weiterverfolgen.[443] Soll die Verwertung durch eine andere Person erfolgen, kommt allenfalls in Ausnahmefällen eine Kündigung nach § 573 Abs. 1 BGB in Betracht. Vgl. hierzu auch Rn. 84.

143 Die vom Vermieter beabsichtigte wirtschaftliche Verwertung muss schließlich **angemessen** sein. Hier gilt zunächst das zum Bedarfsgrund (vgl. Rn. 109) bei der Eigenbedarfskündigung Gesagte entsprechend.[444] Angemessen ist folglich jede mit der Rechts- und Sozialordnung vereinbare, wirtschaftlich sinnvolle Verwertung, die von vernünftigen, nachvollziehbaren Gründen des Vermieters getragen ist.[445] Auch hier sind die **Belange des Mieters** unbeachtlich und erst auf dessen Widerspruch nach § 574 BGB zu prüfen, vgl. hierzu Rn. 21.[446]

144 Die Ausübung des Kündigungsrechts ist insbesondere nicht schon deshalb unangemessen, weil der Vermieter das Grundstück bereits **in vermietetem Zustand erworben** hat; dies ist vielmehr bei der

---

[435] Vgl. zu Art. 6 MRVerbG OLG Hamburg v. 25.03.1981 - 4 U 201/80 - juris Rn. 30 - NJW 1981, 2308-2309 sowie LG Berlin v. 01.02.1991 - 64 S 257/90 - juris Rn. 7 - Grundeigentum 1991, 627.
[436] OLG Frankfurt v. 25.06.1992 - 20 REMiet 7/91 - juris Rn. 18 - NJW 1992, 2300-2302 sowie LG Itzehoe v. 12.10.1982 - 1 S 306/81 - juris Rn. 8 - WuM 1983, 143-144; a.A. LG Berlin v. 01.02.1991 - 64 S 257/90 - juris Rn. 7 - Grundeigentum 1991, 627.
[437] BayObLG München v. 31.08.1993 - RE-Miet 2/93 - juris Rn. 26 - NJW-RR 1994, 78-80.
[438] LG Berlin v. 19.06.2009 - 63 S 10/08 - juris Rn. 22f. - Grundeigentum 2009, 1497-1499; *Häublein* in: MünchKomm-BGB, § 573 Rn. 85 und ähnlich *Blank* in: Schmidt-Futterer, Mietrecht, 10. Aufl. 2011, § 573 Rn. 185.
[439] LG Stuttgart v. 17.10.1990 - 13 S 206/90 - juris Rn. 5 - WuM 1991, 199.
[440] LG Ellwangen v. 12.03.1991 - 1 S 34/91 - juris Rn. 3 - WuM 1991, 273.
[441] LG Freiburg (Breisgau) v. 11.05.1989 - 3 S 294/88 - juris Rn. 14 - WuM 1991, 172-175.
[442] LG Osnabrück v. 18.10.1989 - 1 S 248/89 - juris Rn. 13 - WuM 1990, 81-82.
[443] LG Aachen v. 28.04.1989 - 3 T 137/89 - juris Rn. 2 - WuM 1990, 27-28.
[444] BVerfG v. 14.02.1989 - 1 BvR 1131/87 - juris Rn. 20 - NJW 1989, 972-973.
[445] BGH v. 09.02.2011 - VIII ZR 155/10 - juris Rn. 17 - NSW BGB § 573 (BGH-intern); BGH v. 28.01.2009 - VIII ZR 8/08 - juris Rn. 12 - NSW BGB § 573 (BGH-intern); LG Stuttgart v. 27.12.1994 - 10 T 593/94 - juris Rn. 7 - DWW 1995, 143-144; *Schach* in: Kinne/Schach/Bieber, Miet- und Mietprozessrecht, 6. Aufl. 2011, § 573 Rn. 44 sowie *Grapentin* in: Bub/Treier, Handbuch der Geschäfts- und Wohnraummiete, 3. Aufl. 1999, Teil IV Rn. 79; ähnlich *Rolfs* in: Staudinger, § 573 Rn. 142 f.; enger – Überprüfung von Nachvollziehbarkeit und Vernünftigkeit in gewissem Umfang – *Blank* in: Schmidt-Futterer, Mietrecht, 10. Aufl. 2011, § 573 Rn. 158; a. A. – nur wenn beabsichtigte Umgestaltung wirtschaftlich sinnvoller erscheint als der Fortbestand des Mietverhältnisses – *Lammel*, Wohnraummietrecht, 3. Aufl. 2007, § 573 Rn. 115 f.; ablehnend auch LG Berlin v. 07.11.1994 - 67 S 278/94 - juris Rn. 8 - NJW-RR 1995, 332-333.
[446] OLG Koblenz v. 01.03.1989 - 4 W - RE - 695/88 - juris Rn. 27 - NJW-RR 1989, 595-596.

Berechnung des Nachteils zu berücksichtigen, vgl. hierzu auch Rn. 165.[447] Anderes gilt allerdings dann, wenn die Verwertung einen mit der Sozialordnung nicht mehr vereinbaren **spekulativen Charakter** hat, d.h., das Grundstück gerade zielgerichtet als vermietet und damit billiger erworben wurde, um es dann nach Kündigung unvermietet zu einem höheren Preis zu verwerten.[448] Indizien für eine Spekulationsabsicht sind insbesondere eine kurze Zeitspanne zwischen Erwerb und Kündigung sowie eine 100%ige Fremdfinanzierung.[449] Eine Kündigung zum Zwecke des Abrisses der vorhandenen sanierungsbedürftigen Bebauung und Errichtung eines neuen Gebäudes ist aber nicht schon deshalb ein von der Rechtsordnung missbilligtes oder außerhalb der Eigentumsgarantie liegendes spekulatives Geschäft, weil der Kündigende das Grundstück angesichts der objektiv bestehenden Sanierungsbedürftigkeit des vorhandenen Gebäudes **von vornherein zum Zweck eines Neubaus erworben** und für das Grundstück einen Preis gezahlt hat, der durch die Erwartung beeinflusst worden ist, dass er mit einem Neubau und anschließendem Verkauf – auch wegen der besseren Ausnutzung der bebaubaren Fläche – voraussichtlich einen erheblichen Gewinn realisieren kann.[450]

Soweit vertreten wird, dass es unangemessen sei, wenn ein **dinglich gesicherter Gläubiger** das vermietete Grundstück in der Zwangsvollstreckung erwirbt, um das Mietobjekt sodann nach einer **Sonderkündigung gemäß § 57a ZVG, § 573d BGB** zur weitgehenden Abdeckung seiner Außenstände möglichst gewinnbringend unvermietet zu verkaufen,[451] trifft dies jedenfalls dann nicht zu, wenn der Mietvertrag wegen Gläubigerbenachteiligung zum Zeitpunkt des Eigentumserwerbs des Grundpfandgläubigers von diesem nach § 3 Abs. 1 AnfG angefochten werden konnte. Es fehlt dann an einem Schutzbedürfnis des Mieters, weil er seine Rechtsposition nicht in einer Weise erlangt hat, die ein Bestandsinteresse an dem Mietverhältnis begründen kann. Das steht auch im Einklang mit dem Schutzzweck der Kündigungsvorschriften, die den vertragstreuen Mieter vor dem Verlust seiner Wohnung schützen sollen, nicht aber denjenigen, der schon in anfechtbarer Weise einen Mietvertrag erhalten hat.[452]

145

Führt eine Kündigung nach § 573 Abs. 2 Nr. 3 BGB zu einer **Zweckentfremdung** von Wohnraum, ist sie nur dann mit der Rechtsordnung vereinbar und somit angemessen, wenn eine erforderliche Zweckentfremdungsgenehmigung vorliegt, vgl. auch Rn. 140.

146

Die Verwertung eines Grundstücks im Wege des **Verkaufs** ist regelmäßig angemessen.[453] Der Verkauf muss nicht zwingend erforderlich sein, es reicht vor dem Hintergrund der verfassungsrechtlich geschützten Dispositionsfreiheit des Vermieters vielmehr jeder billigenswerte, nachvollziehbare Grund für die Veräußerung.[454] Gänzlich unerheblich ist es, wofür der Vermieter den Erlös aus dem Verkauf

147

---

[447] OLG Koblenz v. 01.03.1989 - 4 W - RE - 695/88 - juris Rn. 22 - NJW-RR 1989, 595-596; LG Berlin v. 29.03.1996 - 63 S 425/95 - juris Rn. 6 - NJW-RR 1997, 10.

[448] LG Berlin v. 07.11.1994 - 67 S 278/94 - juris Rn. 6 - NJW-RR 1995, 332-333; LG Augsburg v. 28.04.1992 - 4 S 16/92 - juris Rn. 17 - WuM 1992, 614-615; LG Wiesbaden v. 26.01.1993 - 8 S 359/92 - juris Rn. 3 - WuM 1993, 195; *Blank* in: Schmidt-Futterer, Mietrecht, 10. Aufl. 2011, § 573 Rn. 160 sowie *Sternel*, Mietrecht aktuell, 4. Aufl. 2009, Teil XI Rn. 201; a.A. *Grapentin* in: Bub/Treier, Handbuch der Geschäfts- und Wohnraummiete, 3. Aufl. 1999, Teil IV Rn. 80, der dies allerdings wohl im Rahmen des Tatbestandsmerkmals „erheblicher Nachteil" berücksichtigen will.

[449] *Lammel*, Wohnraummietrecht, 3. Aufl. 2007, § 573 Rn. 125.

[450] BGH v. 28.01.2009 - VIII ZR 8/08 - juris Rn. 20 - NSW BGB § 573 (BGH-intern).

[451] LG Wiesbaden v. 02.06.1992 - 8 S 41/92 - juris Rn. 7 - NJW-RR 1993, 1292-1293 sowie LG Dortmund v. 13.03.1991 - 21 S 231/90 - juris Rn. 6 - WuM 1992, 23-24 - Rechtsmissbrauch; a.A. – angemessene Verwertung – *Grapentin* in: Bub/Treier, Handbuch der Geschäfts- und Wohnraummiete, 3. Aufl. 1999, Teil IV Rn. 82 sowie – obiter dictum – OLG Hamm v. 22.08.1994 - 30 REMiet 2/94 - juris Rn. 13 - NJW-RR 1994, 1496-1497.

[452] BGH v. 16.01.2008 - VIII ZR 254/06 - juris Rn. 14 - NZM 2008, 281-283 und *Blank* in: Schmidt-Futterer, Mietrecht, 10. Aufl. 2011, § 573 Rn. 162.

[453] BVerfG v. 14.02.1989 - 1 BvR 1131/87 - juris Rn. 23 - NJW 1989, 972-973.

[454] AG Hamburg v. 24.05.2005 - 48 C 493/03 - juris Rn. 30 - ZMR 2005, 796-798 sowie *Blank* in: Schmidt-Futterer, Mietrecht, 10. Aufl. 2011, § 573 Rn. 159.

einsetzen will, denn auch die Bestimmung der Verwendung des erlangten Betrages obliegt allein dem Vermieter als Eigentümer.[455]

148 Der **Umbau** eines Gebäudes in marktgerechtere größere oder kleinere Wohnungen ist regelmäßig dann angemessen, wenn trotz der dadurch entstehenden Kosten auf absehbare Zeit eine höhere Rentabilität erreicht wird.[456] Insoweit kann es indessen dennoch an einem erheblichen Nachteil fehlen, wenn im Moment der Kündigung kein Verlust, sondern ein angemessener Gewinn vorhanden ist und lediglich die Rentabilität erhöht werden soll.[457]

149 Die **Sanierung/Modernisierung** eines Gebäudes ist in der Regel angemessen, wenn dadurch Wohnverhältnisse geschaffen werden sollen, wie sie allgemein üblich sind.[458] Luxussanierungen berechtigen dagegen grundsätzlich nicht zur Kündigung nach § 573 Abs. 2 Nr. 3 BGB.[459] Soweit das Erfordernis der Sanierung auf zurückliegende **Versäumnisse des Vermieters** zurückgeht, kann ihm die Berufung hierauf nach Treu und Glauben versagt sein (§ 162 Abs. 2 BGB).[460] Allein der Umstand, dass der zur Kündigung herangezogene sanierungsbedürftige Zustand des Gebäudes bei nachhaltigen Investitionen durch Voreigentümer des Kündigenden hätte vermieden werden können, macht allerdings eine wegen der erforderlichen baulichen Maßnahmen erklärte Kündigung des Mietverhältnisses noch nicht treuwidrig. Es bedarf hierfür vielmehr Anhaltspunkte dafür, dass das Gebäude bewusst „**heruntergewirtschaftet**" wurde, um später die Beendigung des Mietverhältnisses leichter durchsetzen zu können.[461] Sofern der Mieter zur **Duldung** entsprechender Modernisierungsmaßnahmen verpflichtet (§ 554 BGB) oder bereit ist, wird die Verwertung hierdurch nicht gehindert, weshalb kein Kündigungsrecht besteht.[462] Dies gilt allerdings nicht, wenn eine Wohnung im Rahmen der Sanierung **wegfällt**.[463]

150 Der **ersatzlose Abriss** eines Gebäudes ist keine wirtschaftliche Verwertung im Sinne von § 573 Abs. 2 Nr. 3 BGB, denn dies stellt keine Realisierung eines dem Grundstück innewohnenden Wertes dar.[464] Anders liegt es, wenn ein auf dem Grundstück stehendes Gebäude mit einer Mietwohnung abgerissen und **durch einen Neubau ersetzt** werden soll.[465] Hier sind jedoch strenge Anforderungen an den vom Vermieter darzulegenden Nachteil, der nur durch die Neuerrichtung abgewendet werden kann, zu stellen.[466] Die Verwertung eines Grundstücks durch den Abriss des bestehenden und die baurechtlich zulässige Errichtung eines neuen Gebäudes ist **angemessen**, wenn gegen Investitionen in die vorhandene sanierungsbedürftige Bebauung eine verhältnismäßig geringe Restnutzungsdauer und der für eine unter Beibehaltung des gekündigten Mietverhältnisses nur mögliche „Minimalsanierung" hohe Kosten-

---

[455] *Rolfs* in: Staudinger, § 573 Rn. 152.
[456] LG Arnsberg v. 03.09.1991 - 5 S 120/91 - juris Rn. 3 - WuM 1992, 21-22.
[457] LG Hamburg v. 30.06.1989 - 11 S 450/88 - juris Rn. 4 - WuM 1989, 393.
[458] BayObLG München v. 17.11.1983 - ReMiet 1/83 - juris Rn. 22 - NJW 1984, 372-373.
[459] *Blank* in: Schmidt-Futterer, Mietrecht, 10. Aufl. 2011, § 573 Rn. 164.
[460] LG Frankfurt v. 14.02.1995 - 2/11 S 365/94, 2-11 S 365/94- juris Rn. 6 - NJW-RR 1996, 266; LG Stade v. 23.04.1975 - 2 S 144/74 - WuM 1976, 124-125; zur Gewerberaummiete OLG Dresden v. 03.12.2002 - 5 U 1270/02 - juris Rn. 28 - NJW 2003, 1819-1820; *Hannappel* in: Bamberger/Roth, § 573 Rn. 91 sowie *Sternel*, Mietrecht, 4. Aufl. 2009, Teil XI Rn. 231.
[461] BGH v. 28.01.2009 - VIII ZR 8/08 - juris Rn. 22 - NSW BGB § 573 (BGH-intern) und LG Berlin v. 19.06.2009 - 63 S 10/08 - juris Rn. 21 - Grundeigentum 2009, 1497-1499.
[462] *Grapentin* in: Bub/Treier, Handbuch der Geschäfts- und Wohnraummiete, 3. Aufl. 1999, Teil IV Rn. 80 f.
[463] BayObLG München v. 17.11.1983 - ReMiet 1/83 - juris Rn. 14 - NJW 1984, 372-373.
[464] BGH v. 24.03.2004 - VIII ZR 188/03 - juris Rn. 12 - NJW 2004, 1736-1737; a.A. – ausführlich – *Taubenek*, ZMR 2003, 633-643, 638 und *Sternel*, WuM 2003, 243-249, 243-245.
[465] BGH v. 09.02.2011 - VIII ZR 155/10 - juris Rn. 17 - NSW BGB § 573 (BGH-intern); BGH v. 28.01.2009 - VIII ZR 8/08 - juris Rn. 11 - NSW BGB § 573 (BGH-intern); BGH v. 24.03.2004 - VIII ZR 188/03 - juris Rn. 12 - NJW 2004, 1736-1737; BayObLG München v. 31.08.1993 - RE-Miet 2/93 - juris Rn. 19 - NJW-RR 1994, 78-80 und LG Mannheim v. 16.01.2004 - 4 S 100/03 - juris Rn. 20 - WuM 2004, 99-101.
[466] LG Wiesbaden v. 22.07.1997 - 8 S 352/96 - juris Rn. 4 - WuM 1997, 496 und LG Berlin v. 10.01.1989 - 63 S 170/88 - juris Rn. 5 - WuM 1989, 254-255.

aufwand sprechen.[467] Ein erheblicher Nachteil kann unabhängig vom Unterschied der Erträge im Falle einer Sanierung einerseits und bei Abriss und Neuerrichtung des Gebäudes andererseits auch darin liegen, dass der Vermieter bei einer Fortsetzung des Mietverhältnisses mit dem Mieter den Wohnblock, in dem sich die vermietete Wohnung befindet, nicht durch einen Neubau ersetzen und somit das von ihm **mit einem Abriss und Neubau verfolgte städtebauliche Konzept** nur unvollständig verwirklichen kann, insbesondere wenn durch bloße Sanierungsmaßnahmen der alten Bausubstanz unter Erhalt der vermieteten Wohnung ein baulicher Zustand, der einer angemessenen Wohnraumversorgung entspricht, nicht erreicht werden kann.[468]

Die Änderung der Nutzungsart **in eine gewerbliche Nutzung** ist – auch wenn kein Zweckentfremdungsverbot besteht – nur ausnahmsweise angemessen. Dies folgt aus der Systematik des Gesetzes, das nach § 573 Abs. 2 Nr. 2 BGB eine vermieterseitige Kündigung grundsätzlich nur bei familiärem Wohnbedarf zulässt.[469] Eine **Zweckentfremdung** von Wohnraum ist daher regelmäßig nur angemessen, wenn örtlich ein ausreichendes Wohnungsangebot besteht.[470] Soweit das Vorliegen einer entsprechenden behördlichen Genehmigung bei Ausspruch der Kündigung für deren Wirksamkeit erforderlich ist, vgl. auch Rn. 140, kommt diesem Erfordernis im Hinblick auf die Tatbestandswirkung des Verwaltungsaktes im Räumungsrechtsstreit allerdings keine große praktische Bedeutung zu.[471] 151

c. Eines Grundstücks

Aus dem Wortlaut des § 573 Abs. 2 Nr. 3 HS. 1 BGB folgt, dass sich die beabsichtigte Verwertung grundsätzlich auf das **gesamte Grundstück**, nicht nur die gekündigte Wohnung beziehen muss (**str.**).[472] Davon ist die Frage zu trennen, ob für das Vorliegen eines erheblichen Nachteils im Sinne des § 573 Abs. 2 Nr. 3 BGB bei einem dem Vermieter gehörenden Mehrfamilienhaus die gesamten Grundstücksverhältnisse entscheidend sind oder ob auch die Verhinderung einer sich nur auf einzelne Wohnungen beziehenden Verwertungsabsicht mit entsprechenden Nachteilen verbunden sein kann; vgl. hierzu Rn. 162. 152

Sofern der Vermieter nur Eigentümer einer vermieteten **Eigentumswohnung** ist, steht diese dem Grundstück gleich. 153

d. Hinderung der Verwertung durch Fortsetzung des Mietverhältnisses

Zur Erfüllung dieses Tatbestandsmerkmals muss die Verwertung auf Grund der Fortsetzung des Mietverhältnisses gehindert, d.h. **unmöglich** sein. Es reicht nicht aus, dass diese nur erschwert wird. 154

Die Unmöglichkeit kann 155
- tatsächlicher (absoluter) oder
- wirtschaftlicher (relativer)

Natur sein.[473]

Eine **tatsächliche** Unmöglichkeit liegt vor, wenn sich die Verwertung mit dem Fortbestand des Mietverhältnisses an sich nicht in Einklang bringen lässt, beispielsweise 156

---

[467] BGH v. 28.01.2009 - VIII ZR 8/08 - juris Rn. 12 - NSW BGB § 573 (BGH-intern), dort Restnutzungsdauer von 15-20 Jahren und Kostenaufwand von 70.000 € für eine Minimalsanierung bei fortbestehendem Mietverhältnis.
[468] BGH v. 09.02.2011 - VIII ZR 155/10 - juris Rn. 21 - NSW BGB § 573 (BGH-intern).
[469] *Blank* in: Schmidt-Futterer, Mietrecht, 10. Aufl. 2011, § 573 Rn. 163; einschränkend auch – wenn nach Lage und Beschaffenheit prädestiniert – *Rolfs* in: Staudinger, § 573 Rn. 143.
[470] *Rolfs* in: Staudinger, § 573 Rn. 155 sowie AG Völklingen v. 12.07.1972 - 5 C 217/72 - MDR 1973, 677.
[471] Vgl. auch – zu Art. 6 MRVerbG – OLG Hamburg v. 25.03.1981 - 4 U 201/80 - juris Rn. 32 - NJW 1981, 2308-2309; a.A. *Blank* in: Schmidt-Futterer, Mietrecht, 10. Aufl. 2011, § 573 Rn. 187.
[472] LG Augsburg v. 28.04.1992 - 4 S 16/92 - juris Rn. 14 - WuM 1992, 614-615 ebenso *Lammel*, Wohnraummietrecht, 3. Aufl. 2007, § 573 Rn. 104 und *Sternel*, Mietrecht, 3. Aufl. 1988, Teil IV Rn. 148; a.A. *Rolfs* in: Staudinger, § 573 Rn. 149 sowie *Weidenkaff* in: Palandt, § 573 Rn. 35; offen gelassen in BGH v. 13.09.2011 - VIII ZR 84/11 - juris Rn. 5 - WuM 2011, 690 und BVerfG v. 08.10.1991 - 1 BvR 1324/90 - juris Rn. 19 - NJW 1992, 105-106.
[473] *Lammel*, Wohnraummietrecht, 3. Aufl. 2007, § 573 Rn. 117.

- weil die beabsichtigte Verwertung eine **Gebrauchsüberlassung an Dritte erfordert**, wie die Belastung des Grundstücks mit dinglichen Nutzungsrechten oder die einem Umbau nachfolgende Vermietung an einen Personenkreis, zu dem der Mieter nicht zählt, wie Gewerberaummieter, Altenheim[474] oder Personen mit deutlich höherem Einkommen[475]. Hierzu ist auch der – eher theoretische – Fall zu rechnen, dass ein Verkauf im vermieteten Zustand überhaupt nicht und nicht nur zu wirtschaftlich unzumutbaren Bedingungen möglich ist,[476]
- weil die **Gebrauchsüberlassung an den Mieter** auf Grund der Verwertung **unmöglich wird**, wie bei umfassenden Umbau- oder Sanierungsmaßnahmen, die das Mietobjekt entfallen lassen oder bis zur Unkenntlichkeit verändern. Sind Umbau- oder Sanierungsarbeiten dagegen unter Aufrechterhaltung des Mietverhältnisses möglich und hat der Vermieter einen entsprechenden Duldungsanspruch gegenüber dem Mieter, so fehlt es an einer Unmöglichkeit, vgl. hierzu Rn. 149.[477] Auch die Notwendigkeit einer vorübergehenden Räumung der Wohnung und anderweitigen Unterbringung führt nicht ohne weiteres zur Unmöglichkeit der beabsichtigten Umbau- oder Sanierungsarbeiten. Dadurch können aber unzumutbar hohe Kosten für den Vermieter entstehen, die im Sinne einer wirtschaftlichen Unmöglichkeit die Durchführung der Arbeiten im vermieteten Gebäude hindern.[478]

157 Eine – „nur" – **wirtschaftliche** Unmöglichkeit ist dagegen gegeben, wenn das Grundstück in vermietetem Zustand nur zu unzumutbaren Bedingungen verwertet werden könnte. Dazu zählt insbesondere, wenn ein Verkauf in vermietetem Zustand letztlich wirtschaftlich sinnlos wäre oder die Arbeiten am Grundstück im vermieteten Zustand mit unzumutbar hohen Kosten verbunden wären, vgl. Rn. 156. Eine solche Unmöglichkeit bei Fortbestehen des Mietverhältnisses ist jedenfalls dann anzunehmen, wenn an einem zu veräußernden Einfamilienhaus ein möglicher Erwerber nach § 566 Abs. 1 BGB bindender Mietvertrag besteht, der zudem **langfristig** infolge einer Verrechnungsvereinbarung **keine Mietzahlungen** vorsieht.[479] Ein weiteres Indiz für eine wirtschaftliche Hinderung der Verwertung durch das Bestehen des Mietverhältnisses kann es sein, wenn in vorangegangenen **Zwangsversteigerungsterminen keine Gebote** abgegeben wurden.[480] Eine **vermietete Eigentumswohnung** kann ferner gegebenenfalls unter den örtlichen Bedingungen des Immobilienmarkts durch das fortbestehende Mietverhältnis als Anlageobjekt entwertet oder an Selbstnutzer praktisch unverkäuflich sein[481]; ebenso im Einzelfall ein wegen seines **gehobenen Standards** grundsätzlich nur für Eigennutzer in Betracht kommendes Einfamilienhaus[482].

158 Die tatsächliche oder wirtschaftliche Unmöglichkeit einer Verwertung bei Fortbestand des Mietverhältnisses allein reicht für dessen Kündigung nach § 573 Abs. 2 Nr. 3 BGB nicht aus. Vielmehr müssen dem Vermieter dadurch erhebliche Nachteile entstehen, vgl. nachfolgend Rn. 159 ff.

e. Erhebliche Nachteile durch Fortsetzung des Mietverhältnisses

159 Unter einem **Nachteil** ist
- sowohl die Beeinträchtigung bestehender Rechtspositionen
- wie auch das Entgehen realistischer Gewinnchancen

zu verstehen.[483]

---

[474] LG Freiburg (Breisgau) v. 11.05.1989 - 3 S 294/88 - juris Rn. 20 - WuM 1991, 172-175.
[475] LG Frankenthal v. 11.10.1989 - 2 S 183/89 - juris Rn. 9 - WuM 1991, 171-172 sowie LG Freiburg (Breisgau) v. 11.05.1989 - 3 S 294/88 - juris Rn. 25 - WuM 1991, 172-175.
[476] LG Berlin v. 07.11.1994 - 67 S 278/94 - juris Rn. 8 - NJW-RR 1995, 332-333.
[477] LG Frankfurt v. 14.02.1995 - 2/11 S 365/94, 2-11 S 365/94- juris Rn. 7 - NJW-RR 1996, 266; LG Frankenthal v. 11.10.1989 - 2 S 183/89 - juris Rn. 8 - WuM 1991, 171-172; LG Freiburg (Breisgau) v. 11.05.1989 - 3 S 294/88 - juris Rn. 20 - WuM 1991, 172-175.
[478] Vgl. LG Stuttgart v. 28.09.1989 - 16 S 134/89 - juris Rn. 10 - WuM 1991, 178 - Notwendigkeit einer vier- bis fünfmonatigen Unterbringung des Mieters im Hotel.
[479] BGH v. 16.01.2008 - VIII ZR 254/06 - juris Rn. 22 - NZM 2008, 281-283.
[480] BGH v. 16.01.2008 - VIII ZR 254/06 - juris Rn. 22 - NZM 2008, 281-283.
[481] LG Wiesbaden v. 22.02.2007 - 2 S 80/06 - juris Rn. 17 - WuM 2007, 201-202.
[482] LG Krefeld v. 10.03.2010 - 2 S 66/09 - juris Rn. 24 - WuM 2010, 302-305.
[483] *Lammel*, Wohnraummietrecht, 3. Aufl. 2007, § 573 Rn. 123.

Eine **Beeinträchtigung von bestehenden Rechtspositionen** liegt zunächst vor, wenn sich die Unterlassung der Verwertung unter Fortsetzung des Mietverhältnisses als unrentabel erweist, beispielsweise wenn hierdurch Verluste entstehen. Es kommen ferner nicht nur wirtschaftliche, sondern **auch persönliche Nachteile** in Betracht, die der Vermieter durch die verhinderte Verwertung erleidet.[484] 160

Gewinnchancen entgehen dem Vermieter, wenn die Fortsetzung des Mietverhältnisses eine rentablere Nutzung des Grundstückes hindert. 161

Die durch die gehinderte Verwertung entstehenden Nachteile müssen ferner **erheblich** sein. Ob dem Eigentümer durch den Fortbestand eines Mietvertrages ein erheblicher Nachteil entsteht, ist vor dem Hintergrund der **Sozialpflichtigkeit des Eigentums** (Art. 14 Abs. 2 GG) und damit des grundsätzlichen Bestandsinteresses des Mieters, in der bisherigen Wohnung als seinem Lebensmittelpunkt zu verbleiben, zu beurteilen. Das Eigentum gewährt dem Vermieter vor diesem Hintergrund keinen Anspruch auf Gewinnoptimierung oder auf Einräumung gerade der Nutzungsmöglichkeiten, die den größtmöglichen wirtschaftlichen Vorteil versprechen.[485] Auch das Besitzrecht des Mieters an der gemieteten Wohnung ist Eigentum im Sinne von Art. 14 Abs. 1 Satz 1 GG und deshalb grundgesetzlich geschützt.[486] Auf der anderen Seite dürfen die dem Vermieter entstehenden Nachteile jedoch keinen Umfang annehmen, welcher die Nachteile weit übersteigt, die dem Mieter im Falle des Verlustes der Wohnung erwachsen.[487] Die im Rahmen des § 573 Abs. 2 Nr. 3 BGB **erforderliche Abwägung** zwischen dem grundsätzlichen Bestandsinteresse des Mieters und dem Verwertungsinteresse des Eigentümers **entzieht sich einer generalisierenden Betrachtung**; sie lässt sich nur im Einzelfall unter Berücksichtigung aller Umstände des Einzelfalls und der konkreten Situation des Vermieters, insbesondere vor dem Hintergrund seiner Einkommens- und Vermögenssituation[488], treffen.[489] Dabei handelt es sich um eine **tatrichterliche Frage**, die vom Revisionsgericht nur eingeschränkt dahin überprüft werden kann, ob die Tatsacheninstanz die Wertungsgrenzen erkannt, die tatsächliche Wertungsgrundlage ausgeschöpft und die Denk- und Erfahrungssätze beachtet hat.[490] Diese Grundsätze gelten auch hinsichtlich der Entscheidung, ob für das Vorliegen eines erheblichen Nachteils im Sinne des § 573 Abs. 2 Nr. 3 BGB bei einem dem Vermieter gehörenden **Mehrfamilienhaus** die gesamten Grundstücksverhältnisse entscheidend sind oder ob auch die Verhinderung einer sich nur auf einzelne Wohnungen beziehenden Verwertungsabsicht mit entsprechenden Nachteilen verbunden sein kann.[491] Zur davon zu trennenden Frage[492] der Verhinderung der Verwertung „des Grundstücks" durch die Fortsetzung des Mietverhältnisses vgl. Rn. 152 f. 162

---

[484] LG Trier v. 05.02.1991 - 1 S 161/90 - juris Rn. 16 - NJW-RR 1991, 1414-1416 sowie *Blank* in: Schmidt-Futterer, Mietrecht, 10. Aufl. 2011, § 573 Rn. 170.

[485] BGH v. 08.06.2011 - VIII ZR 226/09 - juris Rn. 11 - NSW BGB § 573 (BGH-intern); BGH v. 28.01.2009 - VIII ZR 8/08 - juris Rn. 14 - NSW BGB § 573 (BGH-intern) und BVerfG v. 09.10.1991 - 1 BvR 227/91 - juris Rn. 12 - NJW 1992, 361-362.

[486] BGH v. 08.06.2011 - VIII ZR 226/09 - juris Rn. 11 - NSW BGB § 573 (BGH-intern); BGH v. 28.01.2009 - VIII ZR 8/08 - juris Rn. 14 - NSW BGB § 573 (BGH-intern) und BVerfG v. 26.05.1993 - 1 BvR 208/93 - juris Rn. 19 - NJW 1993, 2035-2037.

[487] BGH v. 08.06.2011 - VIII ZR 226/09 - juris Rn. 11 - NSW BGB § 573 (BGH-intern); BGH v. 28.01.2009 - VIII ZR 8/08 - juris Rn. 14 - NSW BGB § 573 (BGH-intern) und BVerfG v. 14.02.1989 - 1 BvR 1131/87 - juris Rn. 21 - NJW 1989, 972-973.

[488] LG Hamburg v. 22.02.1991 - 311 S 224/90 - juris Rn. 3 - NJW-RR 1991, 1166-1167 sowie – Chefarzt einer Kurklinik – LG Freiburg (Breisgau) v. 17.05.1990 - 3 S 378/89 - juris Rn. 12 - WuM 1991, 183-184.

[489] BGH v. 13.09.2011 - VIII ZR 84/11 - juris Rn. 7 - WuM 2011, 690 und BGH v. 09.02.2011 - VIII ZR 155/10 - juris Rn. 19 - NSW BGB § 573 (BGH-intern).

[490] BGH v. 13.09.2011 - VIII ZR 84/11 - juris Rn. 10 - WuM 2011, 690; BGH v. 08.06.2011 - VIII ZR 226/09 - juris Rn. 11 - NSW BGB § 573 (BGH-intern); BGH v. 28.01.2009 - VIII ZR 8/08 - juris Rn. 15 - NSW BGB § 573 (BGH-intern).

[491] BGH v. 13.09.2011 - VIII ZR 84/11 - juris Rn. 5 - WuM 2011, 690.

[492] BGH v. 13.09.2011 - VIII ZR 84/11 - juris Rn. 5 - WuM 2011, 690.

163 Schließlich muss es sich um **bestehende oder** zumindest auf Grund konkreter Tatsachen mit hoher Wahrscheinlichkeit **alsbald eintretende Nachteile** handeln; eine ungewisse zukünftige Entwicklung reicht dagegen nicht aus.[493]

164 Bei einer Verwertung durch den **Verkauf** des Grundstücks liegt ein erheblicher wirtschaftlicher Nachteil regelmäßig dann vor, wenn dem Vermieter durch die unterbleibende Veräußerung ein Verlust entsteht, weil sich das Grundstück nicht hinreichend rentabel bewirtschaften lässt oder die Aufwendungen für das Grundstück sogar höher sind als die Einnahmen.[494] Dabei ist auch zu berücksichtigen, ob dem Vermieter eine Anhebung der Mieterlöse möglich ist, etwa durch Mieterhöhungen oder Beseitigung von Mängeln.[495] Letzteres gilt aber nur dann, wenn sich die Aufwendungen für Reparaturen in einem vertretbaren und die Rentabilität nicht beseitigenden Umfang halten, denn auch hohe Reparaturkosten können die Annahme eines erheblichen Nachteils rechtfertigen.[496] Zur **hinreichend konkreten Darlegung** solcher Nachteile wird es regelmäßig der Vorlage von Wirtschaftlichkeitsberechnungen bedürfen.[497]

165 Ein erheblicher Nachteil bei der Verwertung durch die Veräußerung des Grundstücks kann sich auch allein daraus ergeben, dass beim beabsichtigten Verkauf des Grundstücks in vermietetem Zustand mit einem erheblich **geringeren Kaufpreis** als in unvermietetem Zustand zu rechnen ist.[498] Dabei reicht indessen der Umstand, dass überhaupt ein Mindererlös erzielt wird, für sich genommen regelmäßig nicht aus.[499] Die Fortsetzung des Mietverhältnisses muss vielmehr zu einem solch krassen Missverhältnis führen, dass sich dessen Aufrechterhaltung als **faktisches Verkaufshindernis** darstellt.[500] Ausgangspunkt für die Ermittlung dieses Missverhältnisses ist regelmäßig der Vergleich zwischen den Erlösen bei Veräußerung im vermieteten und im unvermieteten Zustand. Ferner sind die persönlichen und wirtschaftlichen Verhältnisse des Vermieters und seine vernünftigen, nachvollziehbaren Gründe für die Verwertung mit einzubeziehen. So ist auch die bei bestehendem Mietverhältnis erwirtschaftete Rendite bei der Beurteilung des durch den Mindererlös definierten erheblichen Nachteils zu berücksichtigen.[501] Dies gilt allerdings dann nicht, wenn der Vermieter – aus welchem Grund auch immer – einen akuten Finanzierungsbedarf hat und deshalb auf die alsbaldige Erlangung des Kaufpreises angewiesen ist.[502] Auch gesundheitliche Beeinträchtigungen des Vermieters sind zu berücksichtigen.[503] Der Umstand, dass der im vermieteten Zustand zu erzielende Erlös den Wert des Grundstückes bei dessen Erwerb durch den Vermieter nicht oder nicht nennenswert unterschreitet, spricht dagegen regelmäßig gegen das Vorliegen eines erheblichen Nachteils,[504] zwingend ist dies aber nicht (str.)[505]. Infol-

---

[493] LG Hannover v. 28.12.1990 - 20 S 162/90 - juris Rn. 5 - WuM 1991, 189-190.

[494] *Grapentin* in: Bub/Treier, Handbuch der Geschäfts- und Wohnraummiete, 3. Aufl. 1999, Teil IV Rn. 82.

[495] LG Kleve v. 05.07.1988 - 6 S 385/87 - juris Rn. 6 - WuM 1988, 276-277 sowie LG Hamburg v. 22.02.1991 - 311 S 224/90 - juris Rn. 3 - NJW-RR 1991, 1166-1167.

[496] AG Duisburg v. 12.12.1988 - 27 C 593/87 - juris Rn. 14 - ZMR 1989, 343.

[497] LG Hamburg v. 22.02.1991 - 311 S 224/90 - juris Rn. 3 - NJW-RR 1991, 1166-1167; LG Aachen v. 16.08.1991 - 5 S 156/91 - juris Rn. 12 - WuM 1991, 495-497 und *Schach* in: Kinne/Schach/Bieber, Miet- und Mietprozessrecht, 6. Aufl. 2011, § 573 Rn. 46.

[498] OLG Koblenz v. 01.03.1989 - 4 W - RE - 695/88 - juris Rn. 17 - NJW-RR 1989, 595-596.

[499] BVerfG v. 09.10.1991 - 1 BvR 227/91 - juris Rn. 12 - NJW 1992, 361-362.

[500] OLG Stuttgart v. 26.09.2005 - 5 U 73/05 - juris Rn. 12 - WuM 2005, 658-660 und LG Dortmund v. 13.03.1991 - 21 S 231/90 - juris Rn. 4 - WuM 1992, 23-24.

[501] LG Hamburg v. 22.02.1991 - 311 S 224/90 - juris Rn. 3 - NJW-RR 1991, 1166-1167.

[502] BVerfG v. 15.04.1992 - 1 BvR 1549/91 - juris Rn. 10 - NJW 1992, 2752-2753 sowie LG Mannheim v. 26.04.1995 - 4 S 272/94 - ZMR 1995, 315-317.

[503] LG Trier v. 05.02.1991 - 1 S 161/90 - juris Rn. 16 - NJW-RR 1991, 1414-1614.

[504] BVerfG v. 09.10.1991 - 1 BvR 227/91 - juris Rn. 14 - NJW 1992, 361-362.

[505] Vgl. – „kann" – BGH v. 16.01.2008 - VIII ZR 254/06 - juris Rn. 23 - NSW BGH § 573 (BGH-intern); *Grapentin* in: Bub/Treier, Handbuch der Geschäfts- und Wohnraummiete, 3. Aufl. 1999, Teil IV Rn. 82; a.A. *Blank* in: Blank/Börstinghaus, Miete, 3. Aufl. 2008, § 573 Rn. 142; *Lammel*, Wohnraummietrecht, 3. Aufl. 2007, § 573 Rn. 130 sowie LG Hamburg v. 20.07.2000 - 334 S 37/00 - juris Rn. 3 - WuM 2001, 196-197 und LG Gießen v. 27.07.1994 - 1 S 233/94 - juris Rn. 5 - NJW-RR 1995, 331-332.

ge schwieriger wirtschaftlicher Verhältnisse des Vermieters kann auch bei einem nur geringen Mindererlös die Annahme eines erheblichen Nachteils in Frage kommen.[506] Dabei spielt es grundsätzlich – zu treuwidrigen Ausnahmen vgl. Rn. 172 – keine Rolle, ob die wirtschaftlichen Schwierigkeiten auf ungeschicktem oder riskantem geschäftlichen Verhalten des Vermieters selbst beruhen.[507] Ein Verkaufshindernis kann schließlich auch daraus folgen, dass als Käufer für ein vermietetes Einfamilienhaus von seinem Zuschnitt her **nur ein „Normalverdiener" in Betracht kommt, der es selbst nutzen will**, und ein solcher Kaufinteressent vom Kauf Abstand nehmen wird, weil er für die Verwirklichung einer Eigenbedarfskündigung mehrere Jahre einkalkulieren muss, so dass das Objekt – jedenfalls auf absehbare Zeit – praktisch unverkäuflich ist.[508]

Hat der Vermieter das Grundstück bereits **in vermietetem Zustand erworben**, ist schließlich bei der Berechnung des Nachteils zu seinen Lasten zu berücksichtigen, was er sich hierdurch damals an finanziellen Mitteln erspart hat[509]: Wenn der Vermieter die in vermietetem Zustand – sei es entgeltlich oder unentgeltlich[510] – erworbene Wohnung mindestens zum Erwerbswert, gegebenenfalls zuzüglich getätigter Investitionen[511], in vermietetem Zustand wieder verkaufen kann, fehlt es daher regelmäßig an einem erheblichen Nachteil selbst dann, wenn der durch einen Verkauf in unvermietetem Zustand erzielbare Gewinn noch erheblich höher liegt.[512] Die für die Feststellung eines erheblichen Nachteils erforderliche Abwägung und Berücksichtigung sämtlicher Umstände des Einzelfalls (vgl. Rn. 162) darf allerdings **nicht sachwidrig auf den singulären Aspekt verkürzt** werden, ob seit dem Erwerb des Objekts durch den jetzigen Vermieter eine Verschlechterung des Verkehrswertes oder der Rentabilität eingetreten ist. Obwohl beispielsweise ein Vermieter das vermietete Grundstück im Erbgang erworben hat und sich der Verkehrswert des Objekts seither nicht verschlechtert hat, kann ausnahmsweise dennoch ein erheblicher Nachteil im Sinne des § 573 Abs. 2 Nr. 3 BGB gegeben sein.[513] Der Umstand, dass das Mietverhältnis bereits beim Erwerb des Grundstücks durch den nunmehrigen Vermieter bestand, muss ferner außer Betracht bleiben, wenn kein rechtlich geschütztes Bestandsinteresse des Mieters am Mietverhältnis gegeben ist; dies ist insbesondere anzunehmen, wenn der zugrunde liegende Mietvertrag für den Erwerber wegen Gläubigerbenachteiligung nach § 3 Abs. 1 AnfG anfechtbar ist.[514] Allein darauf, dass **andere Kapitalanlagen** eine höhere Rendite versprechen, kann der Vermieter das Vorliegen eines Nachteiles nicht stützen.[515]

166

Für die Verwertung durch **Änderung der Nutzungsart**, d.h. eine zukünftige gewerbliche Vermietung, gelten die vorstehend zur Verwertung durch Veräußerung aufgezeigten Grundsätze entsprechend. Der Nachteil kann damit einmal in einer deutlich geringeren Rendite bei der weiteren Vermietung als Wohnraum bestehen.[516] Insoweit ist aber insbesondere zu prüfen, ob die erheblichen Nachteile nicht durch Mieterhöhungen vermieden bzw. beseitigt und ob die im Rahmen der gewerblichen Nutzung

167

---

[506] LG Düsseldorf v. 20.11.1990 - 24 S 490/90 - juris Rn. 5 - NJW-RR 1991, 1166 sowie *Grapentin* in: Bub/Treier, Handbuch der Geschäfts- und Wohnraummiete, 3. Aufl. 1999, Teil IV Rn. 82.

[507] LG Mannheim v. 26.04.1995 - 4 S 272/94 - ZMR 1995, 315-317 und *Sternel*, Mietrecht aktuell, 4. Aufl. 2009, Teil XI Rn. 217.

[508] BGH v. 08.06.2011 - VIII ZR 226/09 - juris Rn. 17 - NSW BGB § 573 (BGH-intern).

[509] OLG Stuttgart v. 26.09.2005 - 5 U 73/05 - juris Rn. 20 - WuM 2005, 658-660 und LG Berlin v. 29.03.1996 - 63 S 425/95 - juris Rn. 6 - NJW-RR 1997, 10.

[510] OLG Koblenz v. 01.03.1989 - 4 W - RE - 695/88 - juris Rn. 22 - NJW-RR 1989, 595-596; LG Potsdam v. 23.07.2009 - 11 S 230/08 - juris Rn. 7 - WuM 2009, 521-524 und AG Kerpen v. 31.03.2006 - 20 C 314/05 - juris Rn. 18 - AIZ 2007, Nr. 4, 65.

[511] LG Köln v. 16.02.1995 - 1 S 283/94 - juris Rn. 5 - WuM 1996, 30-40.

[512] OLG Stuttgart v. 26.09.2005 - 5 U 73/05 - juris Rn. 20 - WuM 2005, 658-660; LG Berlin v. 29.03.1996 - 63 S 425/95 - juris Rn. 8 - NJW-RR 1997, 10 sowie LG Mannheim v. 27.04.1994 - 4 S 228/93 - juris Rn. 5 - ZMR 1994, 568-569.

[513] BGH v. 08.06.2011 - VIII ZR 226/09 - juris Rn. 14 - NSW BGB § 573 (BGH-intern) zur Vermietung durch einen volkseigenen Betrieb der ehemaligen DDR während der Zeit der staatlichen Verwaltung des Grundstücks.

[514] BGH v. 16.01.2008 - VIII ZR 254/06 - juris Rn. 23 - NZM 2008, 281-283.

[515] LG Hannover v. 25.11.1993 - 3 S 249/93 - juris Rn. 3 - WuM 1994, 432-433.

[516] LG Osnabrück v. 02.02.1994 - 1 S 179/93 - juris Rn. 10 - WuM 1994, 214-215.

angestrebten Änderungen nicht auch auf anderem, schonenderem Weg erreicht werden können.[517] Ein eine Verwertung im Wege der Änderung der Nutzungsart rechtfertigender erheblicher Nachteil kann sich jedoch auch aus einem **Betriebsbedarf** des Vermieters ergeben, wenn sein Betrieb ohne die Umnutzung der Räume Einbußen erleidet.[518]

168 Bei einer Verwertung in Form des **Umbaus** oder der **Sanierung** kommt ein erheblicher Nachteil unter Berücksichtigung der vorstehend dargestellten Grundsätze insbesondere in Betracht, wenn entweder ohne deren Durchführung Verluste erwirtschaftet werden oder mit deren Durchführung wesentlich höhere Gewinne erreicht werden können.[519] Es reicht auch aus, wenn durch die Arbeiten die vorhandenen Verluste zwar nicht gänzlich beseitigt, aber zumindest nicht unbeträchtlich verringert werden.[520] Erhebliche Nachteile können sich schließlich auch ergeben, wenn durch eine Fortführung des Mietverhältnisses während der erforderlichen Arbeiten unverhältnismäßige Kosten entstehen, etwa infolge der Notwendigkeit einer längerfristigen anderweitigen Unterbringung der Mieter. Auch in all diesen Fällen ist regelmäßig die Vorlage einer Wirtschaftlichkeitsberechnung von Nöten, um den Kündigungsgrund nachvollziehbar darzustellen.[521] Schließlich ist ein erheblicher Nachteil bei einem sanierungsbedürftigen Gebäude auch dann gegeben, wenn dessen **schlechter Zustand eine umfassende und nachhaltige** („Voll-")**Sanierung oder einen Abriss mit anschließendem Neubau gebietet** und bei Fortbestehen des gekündigten Mietverhältnisses nur eine bloße „Minimalsanierung" möglich ist, die die Nutzungsdauer des Gebäudes nicht verlängert.[522] Denn ansonsten würde dem Vermieter das kaum kalkulierbare Risiko aufgebürdet, dass trotz der „Minimalsanierung" alsbald die Notwendigkeit weiterer, in keinem angemessenen Verhältnis zur Restnutzungsdauer des Gebäudes stehender Instandsetzungsmaßnahmen zu Tage tritt. Dem Vermieter ist ferner ein anerkennenswertes Interesse daran nicht abzusprechen, eine gebotene nachhaltige Verbesserung oder dauerhafte Erneuerung des Gebäudes alsbald und nicht erst bei vollständigem Verbrauch der bisherigen Bausubstanz zu realisieren.[523]

169 Die erheblichen Nachteile müssen schließlich **ursächlich** auf die infolge des bestehenden Mietverhältnisses verhinderte Verwertung zurückgehen. Andere negative Einflüsse auf den Wert des Grundstücks, insbesondere eine ungünstige Entwicklung der Preise auf dem Markt, können dagegen eine Kündigung nach § 573 Abs. 2 Nr. 3 BGB nicht tragen.[524] Nicht ausreichend ist daher auch eine sich daraus ergebende Unrentabilität, dass als Vermieter eine weitläufige Erbengemeinschaft mit zahlreichen Beteiligten im Ausland vorhanden ist, weshalb für die Verwaltung erhebliche Kosten anfallen.[525] Handelt es sich um Nachteile, die schon seit dem Erwerb des Grundstücks durch den Vermieter vorhanden waren, beruht deren weiteres Vorhandensein ohne Verwertung zwar auf der Verhinderung der Verwertung[526], der Vermieter handelt aber regelmäßig rechtsmissbräuchlich, wenn er sich hierauf beruft, vgl. hierzu Rn. 172.

170 Der Kündigung nach § 573 Abs. 2 Nr. 3 BGB kann – ebenso wie die Kündigung wegen Eigenbedarfs nach § 573 Abs. 2 Nr. 3 BGB (vgl. Rn. 118) – vom Mieter der **Einwand des Rechtsmissbrauchs** unter verschiedenen Gesichtspunkten entgegengehalten werden:

---

[517] *Blank* in: Schmidt-Futterer, Mietrecht, 10. Aufl. 2011, § 573 Rn. 173.
[518] LG Berlin v. 09.04.1992 - 62 S 31/92 - juris Rn. 6 - NJW-RR 1992, 1231.
[519] *Blank* in: Schmidt-Futterer, Mietrecht, 10. Aufl. 2011, § 573 Rn. 174; a.A. LG Frankfurt v. 14.02.1995 - 2/11 S 365/94, 2-11 S 365/94- juris Rn. 8 - NJW-RR 1996, 266.
[520] LG München I v. 25.06.1980 - 14 S 430/80 - juris Rn. 5 - WuM 1981, 234-235.
[521] LG München I v. 25.06.1980 - 14 S 430/80 - juris Rn. 5 - WuM 1981, 234-235.
[522] BGH v. 28.01.2009 - VIII ZR 8/08 - juris Rn. 16 - NSW BGB § 573 (BGH-intern).
[523] BGH v. 28.01.2009 - VIII ZR 8/08 - juris Rn. 18 - NSW BGB § 573 (BGH-intern).
[524] LG Mannheim v. 27.04.1994 - 4 S 228/93 - juris Rn. 5 - ZMR 1994, 568-569 sowie LG Berlin v. 07.11.1994 - 67 S 278/94 - juris Rn. 10 - NJW-RR 1995, 332-333.
[525] OLG Stuttgart v. 26.09.2005 - 5 U 73/05 - juris Rn. 13 - WuM 2005, 658-660.
[526] *Rolfs* in: Staudinger, § 573 Rn. 162; a.A. *Lammel*, Wohnraummietrecht, 3. Aufl. 2007, § 573 Rn. 122.

aa. Wegfall der Verwertungsabsicht nach Ausspruch der Kündigung

Fällt die Verwertungsabsicht des Vermieters nach Ausspruch der Kündigung und bis zum Ablauf der Kündigungsfrist weg, lässt dies deren Wirksamkeit zwar ebenso unberührt wie eine Veräußerung des Grundstücks im vermieteten Zustand. Nach Treu und Glauben (§ 242 BGB) ist der Vermieter – in diese Verpflichtung tritt der Erwerber nach § 566 BGB ein[527] – aber verpflichtet, den Mieter auf die Veränderung der Sachlage hinzuweisen und sich **zur Fortsetzung des Mietverhältnisses bereit zu erklären**, vgl. hierzu Rn. 119. Dies gilt indessen nicht, wenn der Vermieter sich gegenüber dem Erwerber zur Übergabe des unvermieteten Grundstückes verpflichtet hatte, denn dann ist sein Interesse an der Kündigung nicht entfallen.[528]

171

bb. Bestehen/Vorhersehbarkeit der Verwertungsabsicht schon bei Abschluss des Mietvertrages

Der Vermieter handelt ferner treuwidrig (§ 242 BGB), wenn er sich zur Begründung der Notwendigkeit der beabsichtigten Verwertung auf Umstände beruft, die schon **bei Abschluss des Mietvertrages vorhanden oder zumindest** für ihn auf Grund konkreter Anhaltspunkte bei vernünftiger Vorausschau **absehbar** waren und er dem Mieter dennoch nicht hierüber informiert hatte.[529] Dies betrifft insbesondere den Fall der erkennbaren Fehlkalkulation oder des Risikogeschäfts, bei denen die Unrentabilität des erworbenen Grundstückes vom Vermieter entweder nicht erkannt oder wider besseres Wissen im Wunsch auf die Verwirklichung eines unsicheren Ereignisses in Kauf genommen wird, vgl. auch Rn. 133.[530] Handelt der Vermieter in Kenntnis der Unrentabilität, gerade um durch eine Kündigung eine gewinnbringende Verwertung zu erreichen, ist diese Verwertung schon nicht angemessen, vgl. hierzu Rn. 144. Zum Erwerb des vermieteten Grundstücks durch einen **dinglich gesicherten Gläubiger** und anschließender Sonderkündigung nach § 57a ZVG, § 573d BGB vgl. Rn. 145.

172

Sind dagegen die Umstände, auf die sich die Kündigung stützt, in unvorhersehbarer Weise erst nach Abschluss des Mietvertrages aufgetreten, so spielt es keine Rolle, ob deren Ursache in ungeschickten oder riskanten geschäftlichen Entscheidungen des Vermieters zu sehen ist.[531] Allerdings kann bei kurzer Vertragsdauer und hinreichender objektiver Erkennbarkeit ein **Anschein** gegen den Vermieter sprechen, was dazu führt, dass er sich dann insoweit entlasten muss[532]; vgl. insoweit aber auch Rn. 44.

173

cc. Selbst verursachter Renovierungs-/Sanierungsbedarf

Auch die Berufung auf die Notwendigkeit einer **Renovierung/Sanierung** ist rechtsmissbräuchlich, wenn sie auf zurückliegende Versäumnisse des Vermieters zurückgeht.[533] Allerdings macht allein der Umstand, dass der zur Kündigung herangezogene sanierungsbedürftige Zustand des Gebäudes **bei nachhaltigen Investitionen durch Voreigentümer des Kündigenden hätte vermieden werden können**, eine wegen der zuletzt erforderlichen baulichen Maßnahmen erklärte Kündigung des Mietverhältnisses noch nicht treuwidrig. Hierfür bedarf es vielmehr Anhaltspunkte dafür, dass das Gebäude be-

174

---

[527] *Grapentin* in: Bub/Treier, Handbuch der Geschäfts- und Wohnraummiete, 3. Aufl. 1999, Teil IV Rn. 82b.
[528] OLG Stuttgart v. 26.09.2005 - 5 U 73/05 - juris Rn. 14 - WuM 2005, 658-660; LG Frankenthal v. 13.03.1991 - 2 S 390/90 - juris Rn. 2 - WuM 1991, 350-351 und *Rolfs* in: Staudinger, § 573 Rn. 173.
[529] LG Krefeld v. 10.03.2010 - 2 S 66/09 - juris Rn. 20 - WuM 2010, 302-305; LG Mannheim v. 26.04.1995 - 4 S 272/94 - ZMR 1995, 315-317 sowie AG Münster v. 25.08.1993 - 7 C 219/93 - juris Rn. 3 - WuM 1993, 616.
[530] LG Wiesbaden v. 26.01.1993 - 8 S 359/92 - juris Rn. 3 - WuM 1993, 195; LG München I v. 18.12.1991 - 14 S 7785/91 - juris Rn. 8 - NJW-RR 1992, 520-521; AG Lübeck v. 07.01.1994 - 20 C 4086/93 - juris Rn. 4 - WuM 1994, 542.
[531] LG Krefeld v. 10.03.2010 - 2 S 66/09 - juris Rn. 20 - WuM 2010, 302-305.
[532] Vgl. LG Mannheim v. 26.04.1995 - 4 S 272/94 - ZMR 1995, 315-317 - einjährige Vertragsdauer.
[533] LG Frankfurt v. 14.02.1995 - 2/11 S 365/94, 2-11 S 365/94- juris Rn. 6 - NJW-RR 1996, 266; LG Stade v. 23.04.1975 - 2 S 144/74 - WuM 1976, 124-125; zur Gewerberaummiete OLG Dresden v. 03.12.2002 - 5 U 1270/02 - juris Rn. 28 - NJW 2003, 1819-1820; *Rolfs* in: Staudinger, § 573 Rn. 171 sowie *Sternel*, Mietrecht, 4. Aufl. 2009, Teil XI Rn. 231.

wusst „heruntergewirtschaftet" wurde, um später die Beendigung des Mietverhältnisses leichter durchsetzen zu können[534], vgl. Rn. 149.

f. Abdingbarkeit

175 Vgl. hierzu Rn. 230.

III. Prozessuale Hinweise/Verfahrenshinweise

176 Die für die Wirksamkeit der Kündigung erforderlichen Tatsachen, insbesondere auch die vernünftigen, nachvollziehbaren Gründe, muss der **Vermieter dartun und beweisen**.[535] Dies gilt für die behaupteten Vertragsverletzungen des Mieters[536] ebenso wie für den geltend gemachten Eigenbedarf[537] oder die Voraussetzungen einer Verwertungskündigung[538].

1. Vertragspflichtverletzung (Absatz 2 Nr. 1)

177 Der Vermieter muss sowohl die objektive Verletzungshandlung wie auch deren für die Kündigung erforderliche Erheblichkeit nachweisen.

178 Hinsichtlich des Verschuldens gelten die allgemeinen Regeln, d.h. die Beweislast ist nach Gefahren- oder Verantwortlichkeitsbereichen zu verteilen.[539] Dies hat insbesondere Bedeutung für Verletzungen von Zahlungspflichten durch den Mieter. Zwar erfüllt insoweit ein Vertretenmüssen einer unverschuldeten finanziellen Leistungsunfähigkeit noch nicht den Tatbestand einer schuldhaften Vertragspflichtverletzung, vgl. Rn. 66. Es ist aber nach vorstehend Ausgeführtem Sache des Mieters sich insoweit zu entlasten und sein mangelndes Verschulden darzutun (§ 286 Abs. 4 BGB).[540]

2. Eigenbedarf (Absatz 2 Nr. 2)

179 Der **Vermieter** muss den behaupteten Eigenbedarf (Bedarfsperson, Bedarfszweck und Bedarfsgrund) konkret dartun und beweisen.[541]

180 Bei den dem Eigenbedarf zugrunde liegenden Umständen wird es sich in vielen Fällen um **innere Tatsachen** handeln. Diese sind regelmäßig einem direkten Beweis nicht zugänglich und können nur durch Indizien belegt werden. Nach hiesiger Auffassung sind deshalb zumindest nahe liegende Hilfstatsachen, soweit vorhanden, auch vorzutragen (**str.**).[542] Die Durchführung von Renovierungsarbeiten, die sowohl bei einer späteren Eigennutzung wie bei einer späteren Veräußerung der Wohnung erforderlich werden, ist insoweit kein hinreichendes Indiz für den Selbstnutzungswunsch.[543] Allerdings führt der fehlende Vortrag solcher Indizien bei einem Bestreiten des Eigenbedarfs durch den Mieter nicht automatisch zur Abweisung der Klage, sondern dies ist vielmehr im Rahmen der Würdigung des Ergebnisses der Verhandlung zu berücksichtigen (§ 286 Abs. 1 ZPO).[544] Die Beantwortung der Frage, ob ein ernsthafter Selbstnutzungs- oder Überlassungswunsch als gegeben anzusehen ist, erfordert dabei

---

[534] BGH v. 28.01.2009 - VIII ZR 8/08 - juris Rn. 22 - NSW BGB § 573 (BGH-intern) und LG Berlin v. 19.06.2009 - 63 S 10/08 - juris Rn. 21 - Grundeigentum 2009, 1497-1499.
[535] BVerfG v. 13.01.1995 - 1 BvR 1420/94 - juris Rn. 14 - NJW-RR 1995, 392-393.
[536] LG Aachen v. 01.03.1991 - 5 S 468/90 - juris Rn. 5 - DWW 1991, 116.
[537] LG Karlsruhe v. 28.07.1989 - 9 S 3/89 - juris Rn. 5 - ZMR 1989, 427-428.
[538] LG Freiburg (Breisgau) v. 11.05.1989 - 3 S 294/88 - juris Rn. 22 - WuM 1991, 172-175.
[539] *Weidenkaff* in: Palandt, § 573 Rn. 22.
[540] KG v. 24.07.2008 - 8 U 26/08 - juris Rn. 20 - KGR Berlin 2008, 935-937; LG Berlin v. 07.12.2006 - 67 S 137/06 - juris Rn. 19 - Grundeigentum 2007, 847-849; LG Wiesbaden v. 14.02.2003 - 3 S 94/02 - juris Rn. 22 - NJW-RR 2003, 1096-1097 und *Schach* in: Kinne/Schach/Bieber, Miet- und Mietprozessrecht, 6. Aufl. 2011, § 573 Rn. 10.
[541] LG Gießen v. 01.06.1994 - 1 S 146/94 - juris Rn. 4 - NJW-RR 1994, 1290-1291.
[542] Ähnlich BVerfG v. 13.01.1995 - 1 BvR 1420/94 - juris Rn. 17 - NJW-RR 1995, 392-393; a.A. BVerfG v. 03.02.2003 - 1 BvR 619/02 - juris Rn. 16 - NJW-RR 2003, 1164-1165 und BVerfG v. 20.02.1995 - 1 BvR 665/94 - juris Rn. 12 - NJW 1995, 1480-1481.
[543] BGH v. 16.12.2009 - VIII ZR 313/08 - juris Rn. 16 - NSW BGB § 249 I (BGH-intern).
[544] (Nur) im Ergebnis ebenso BVerfG v. 20.02.1995 - 1 BvR 665/94 - juris Rn. 12 - NJW 1995, 1480-1481.

eine **umfassende Würdigung aller Umstände des Einzelfalls**.[545] Ebenfalls im Rahmen der Beweiswürdigung (§ 286 Abs. 1 ZPO) ist ein der Annahme des Eigenbedarfes entgegenstehendes Vorverhalten des Vermieters zu berücksichtigen. So können kurze Zeit zuvor erfolgte erfolglose Mieterhöhungsverlangen oder Kündigungen mit anderer Begründung gegen eine Ernsthaftigkeit des zuletzt geltend gemachten Eigenbedarfs sprechen;[546] zwingend ist dies allerdings nicht: Der Vermieter kann auch Streitigkeiten mit dem Mieter zum Anlass nehmen, einen tatsächlich bestehenden Eigenbedarf zu realisieren.[547] Zur Feststellung des Eigenbedarfes kommt ferner auch eine **Anhörung des Vermieters** als Bedarfsperson oder – bei entsprechendem Antrag – auch die **Vernehmung einer anderen Bedarfsperson** als Zeuge zu den maßgeblichen inneren Tatsachen in Betracht.[548] Bestreitet der Mieter die (Hilfs-)Tatsachen, auf die der Eigenbedarf gestützt wird, hat das Gericht dies unter Berücksichtigung der vermieterseits vorgetragenen inneren Tatsachen umfassend zu würdigen und regelmäßig entsprechenden Beweisangeboten nachzugehen.[549] Fehlt es dagegen an konkreten Einwänden des Mieters gegen den Eigenbedarf des Vermieters, so ist dieser als unstreitig anzusehen.[550] Je geringer allerdings die Substantiierung des Vortrags des Vermieters ist, desto pauschaler darf schon nach **allgemeinen zivilprozessualen Grundsätzen** (§ 138 Abs. 1 und Abs. 2 ZPO) auch das Bestreiten des Mieters sein.[551] Soweit sich die vermieterseits behaupteten Eigenbedarfsgründe außerhalb der Wahrnehmung des Mieters im Bereich des Vermieters befinden, beispielsweise bei persönlichen Verhältnissen der Bedarfsperson, kann sich der Mieter grundsätzlich auf ein Bestreiten mit Nichtwissen (§ 138 Abs. 4 ZPO) beschränken.[552]

Dem **Mieter** obliegt es dagegen, die Tatsachen vorzutragen und zu beweisen, die einen von ihm behaupteten Rechtsmissbrauch des Vermieters tragen.[553] Der Mieter muss aber nicht nachweisen, dass der Eigenbedarf nur vorgeschoben ist und in Wahrheit gar nicht besteht. Dies stellt lediglich ein Bestreiten des vom Vermieter nachzuweisenden Bestehens des Eigenbedarfs dar. **181**

Den Mieter trifft dagegen die Darlegungs- und Beweislast für das vom ihm behauptete Vorhandensein einer freistehenden **Alternativwohnung**. Wendet der Vermieter demgegenüber wieder ein, dass er diese dem Mieter angeboten und letzterer sie ausgeschlagen habe, muss der Vermieter dies beweisen.[554] Auch den Einwand, dass der **Eigenbedarf bereits bei Abschluss des Mietvertrages** bestand, muss der Mieter dartun und beweisen. Da es sich insoweit allerdings um innere Tatsachen seitens des Vermieters handelt, von denen der beweisbelastete Mieter keine Kenntnis haben kann, darf er sich zunächst auf ein entsprechendes pauschales Behaupten beschränken. Es ist dann am Vermieter seiner sekundären prozessualen Darlegungslast (§ 138 Abs. 2 ZPO) nachzukommen und konkret dartun, wann und wieso der Eigenbedarf entstanden ist. Unterlässt er dies, gilt der entsprechende Vortrag des Mieters als unstreitig. Einer Umkehr der Beweislast zu Gunsten des Mieters bedarf es daher insoweit nicht.[555] Die **Rechtskraft eines Urteils**, mit dem eine auf Eigenbedarf gestützte Kündigung des Vermieters mit der Begründung abgewiesen wird, die Kündigung sei im Hinblick darauf, dass der Mieter bei Abschluss des Mietvertrags nicht auf den bereits absehbaren Eigenbedarf hingewiesen worden sei, „jedenfalls zum fraglichen Zeitpunkt rechtsmissbräuchlich", steht einer **erneuten Eigenbedarfskündigung** nicht entgegen. Denn darin liegt – unabhängig davon, ob dies auch im Tenor der Entscheidung zum Ausdruck kommt – keine Abweisung der Klage als (schlechthin) unbegründet, sondern nur als **182**

---

[545] BGH v. 16.12.2009 - VIII ZR 313/08 - juris Rn. 14 - NSW BGB § 249 I (BGH-intern).
[546] LG Köln v. 02.06.1993 - 10 S 204/92 - juris Rn. 2 - WuM 1995, 109-110.
[547] AG Hamburg-Barmbek v. 30.01.2004 - 819 C 277/03 - juris Rn. 9 - WuM 2004, 614.
[548] BVerfG v. 25.10.1990 - 1 BvR 953/90 - juris Rn. 17 - NJW 1990, 3259-3260.
[549] *Rolfs* in: Staudinger, § 573 Rn. 70.
[550] *Rolfs* in: Staudinger, § 573 Rn. 58.
[551] BVerfG v. 13.01.1995 - 1 BvR 1420/94 - juris Rn. 17 - NJW-RR 1995, 392-393.
[552] VerfGH Berlin v. 14.02.2005 - 186/04 - juris Rn. 17 - Grundeigentum 2005, 542-543.
[553] LG Gießen v. 01.06.1994 - 1 S 146/94 - juris Rn. 4 - NJW-RR 1994, 1290-1291.
[554] *Blank* in: Schmidt-Futterer, Mietrecht, 10. Aufl. 2011, § 573 Rn. 136.
[555] Nur im Ergebnis ebenso: *Blank* in: Schmidt-Futterer, Mietrecht, 10. Aufl. 2011, § 573 Rn. 144.

§ 573

derzeit unbegründet.[556] Mit der rechtskräftigen Abweisung einer auf Eigenbedarf gestützten Räumungsklage im Vorprozess steht lediglich fest, dass dem Kläger im Zeitpunkt der letzten mündlichen Verhandlung jenes Rechtsstreits kein Räumungsanspruch zustand.[557]

3. Verwertungskündigung (Absatz 2 Nr. 3)

183 Auch insoweit trägt der Vermieter die Beweislast für die Kündigungsvoraussetzungen[558], der Mieter diejenige für den Einwand des Rechtsmissbrauchs. Es gilt insoweit das zur Eigenbedarfskündigung Gesagte entsprechend, vgl. Rn. 179.

184 Gerade bei der Verwertungskündigung muss der Vermieter darauf achten, dass **sämtliche Tatbestandsmerkmale** von seinem Vortrag erfasst werden, damit dieser nicht unschlüssig ist. Dies setzt insbesondere auch Vorbringen zur Angemessenheit der beabsichtigten Verwertung und den entstehenden erheblichen Nachteilen voraus, wobei regelmäßig die hierzu maßgeblichen Umstände aus den persönlichen und wirtschaftlichen Verhältnissen des Vermieters darzutun sind, vgl. Rn. 162. Im Hinblick auf die Vielzahl der möglichen Lebenssachverhalte ist hier eine abschließende Darstellung weder sinnvoll noch möglich. Wesentlich ist immer, dass sich anhand des Vortrages die konkrete Entscheidung des Vermieters nachvollziehen lässt. Soweit es um finanzielle Nachteile geht, wird in der Regel eine nachvollziehbare **Wirtschaftlichkeitsberechnung** erforderlich sein.[559] Einen entsprechenden konkreten Tatsachenvortrag ersetzenden allgemeingültigen Erfahrungssatz, wonach eine vermietete Wohnung weniger Verkaufserlös erzielt als eine nicht vermietete oder, sofern als Renditeobjekt nicht geeignet, gar gänzlich unveräußerlich ist, gibt es nicht.[560] Behauptet der Vermieter die – tatsächliche oder wirtschaftliche – **Unmöglichkeit eines Verkaufs** des Grundstücks, so kann er dies entweder durch die Mitteilung entsprechender Verkaufsbemühungen oder eine anderweitige Erlangung konkreter Marktkenntnisse (über Sachverständige, Makler o.Ä.) belegen.[561]

IV. Anwendungsfelder – Übergangsrecht

185 Das **Mietrechtsreformgesetz** vom 19.06.2001[562] enthält **keine Übergangsvorschrift** zu § 573 Abs. 2 Nr. 1 und 2 BGB. Diese sind folglich ohne zeitliche Beschränkung auf alle Kündigungen anwendbar.

186 **Verwertungskündigungen** gemäß § 573 Abs. 2 Nr. 3 BGB waren bei Mietverträgen aus den neuen Bundesländern nach Art. 232 Abs. 2 EGBGB, die vor dem Beitritt (03.10.1990) geschlossen wurden, **bis zum 30.04.2004** nicht zulässig. Gegen die Vorschrift bestanden allerdings erhebliche verfassungsrechtliche Bedenken, da sie den Vermieter im Beitrittsgebiet auf Dauer mit Verwertungskündigung ausschloss und für eine entsprechende Einschränkung seines grundrechtlich geschützten Eigentumsrechtes (Art. 14 Abs. 1 GG) mehr als zehn Jahre nach dem Beitritt keine hinreichenden Gründe mehr ersichtlich waren.[563] Mit Wirkung zum **01.05.2004** wurde die Vorschrift **aufgehoben**.[564] Die umstrittene – im Ergebnis zu bejahende, vgl. auch Rn. 23 – Frage, ob bei Wohnungsleerstand eine Kündigung

---

[556] BGH v. 21.01.2009 - VIII ZR 62/08 - juris Rn. 12 - NSW BGB § 573 (BGH-intern).
[557] BGH v. 17.01.2012 - VIII ZR 171/11 - juris Rn. 4 - WuM 2012, 152.
[558] BayObLG München v. 17.11.1983 - ReMiet 1/83 - juris Rn. 21 - NJW 1984, 372-373.
[559] LG Berlin v. 27.05.2003 - 64 S 8/03 - juris Rn. 10 - ZMR 2003, 837-839 und zur „Abrisskündigung" LG Berlin v. 24.11.2006 - 63 S 48/06 - juris Rn. 4 - Grundeigentum 2007, 659.
[560] *Blank* in: Schmidt-Futterer, Mietrecht, 10. Aufl. 2011, § 573 Rn. 182 und LG Potsdam v. 23.07.2009 - 11 S 230/08 - juris Rn. 8 - WuM 2009, 521-524.
[561] BVerfG v. 04.06.1998 - 1 BvR 1575/94 - juris Rn. 15 - NJW 1998, 2662-2663; LG Wiesbaden v. 22.02.2007 - 2 S 80/06 - juris Rn. 12 - WuM 2007, 201-202; LG Hamburg v. 02.10.1990 - 316 S 99/90 - juris Rn. 13 - WuM 1991, 186-187 sowie *Blank* in: Schmidt-Futterer, Mietrecht, 10. Aufl. 2011, § 573 Rn. 181; a.A. – Beweisantritt durch Sachverständigengutachten nicht ausreichend – OLG Stuttgart v. 26.09.2005 - 5 U 73/05 - juris Rn. 22 - WuM 2005, 658-660.
[562] BGBl I 2001, 1149.
[563] BGH v. 24.03.2004 - VIII ZR 188/03 - juris Rn. 15 - NJW 2004, 1736-1737.
[564] BGBl I 2004, 478.

über § 573 Abs. 1 BGB möglich ist,[565] hat für nach diesem Zeitpunkt erfolgte Kündigungen daher keine Bedeutung mehr.

C. Kommentierung zu Absatz 3

I. Grundlagen

1. Kurzcharakteristik

§ 573 Abs. 3 Satz 1 BGB schreibt die Angabe der für die Beurteilung der berechtigten Interessen des Vermieters an der Beendigung des Mietverhältnisses maßgeblichen Gründe in der Kündigung vor. § 573 Abs. 3 Satz 2 BGB lässt als Ausnahme von den allgemeinen Regeln die Begründung einer Kündigung auch mit erst nachträglich entstandenen berechtigten Interessen zu. 187

2. Gesetzgebungsgeschichte und -materialien

Vgl. hierzu Rn. 2. Soweit der Wortlaut nach dem **Mietrechtsreformgesetz** vom 19.06.2001[566] von der Vorgängerregelung in § 564b Abs. 3 BGB a.F. abweicht, beruht dies auf sprachlichen Erwägungen, inhaltliche Änderungen sind nicht beabsichtigt gewesen.[567] 188

3. Regelungsprinzipien

Vgl. Rn. 4. Vgl. ergänzend auch die Kommentierung zu § 569 BGB Rn. 203. 189

II. Anwendungsvoraussetzungen

1. Normstruktur

Normstruktur: 190
- Tatbestandsmerkmale:
  - Wohnraummietverhältnis,
  - befristete Kündigung des Vermieters.
- Rechtsfolge:
  - Verpflichtung zur Angabe der Gründe für ein berechtigtes Interesse an der Beendigung des Mietverhältnisses (§ 573 Abs. 3 Satz 1 BGB),
  - Eröffnung der Möglichkeit des Nachschiebens nachträglich entstandener Gründe (§ 573 Abs. 3 Satz 2 BGB).

2. Wohnraummietverhältnis

Vgl. hierzu Rn. 7. 191

3. Befristete Kündigung des Vermieters

Vgl. hierzu Rn. 15. Auf eine außerordentliche fristlose Kündigung findet § 573 Abs. 3 BGB keine Anwendung, vgl. hierzu die Kommentierung zu § 569 BGB Rn. 201. 192

4. Angabe der Gründe für ein berechtigtes Interesse (Absatz 3 Satz 1)

Das Gesetz selbst enthält keinen ausdrücklichen und konkreten Maßstab, wie ausführlich die Gründe für das berechtigte Interesse des Vermieters an der Beendigung des Mietverhältnisses von diesem darzutun sind. Ausgehend vom Zweck der Vorschrift, dem Mieter zum frühestmöglichen Zeitpunkt **hinreichende Transparenz** über die Gründe des Vermieters für die Kündigung zu verschaffen, um ihm 193

---

[565] BGH v. 24.03.2004 - VIII ZR 188/03 - juris Rn. 16 - NJW 2004, 1736-1737.
[566] BGBl I 2001, 1149.
[567] *Blank* in: Blank/Börstinghaus, Neues Mietrecht, 2001, § 573 Rn. 12 und 13.

§ 573

eine angemessene Reaktion zur Wahrung seiner Interessen zu ermöglichen[568], müssen diese so ausführlich geschildert werden, dass der die Kündigung auslösende Sachverhalt identifiziert und von anderen unterschieden werden kann[569]. Grundsätzlich muss also der Vermieter die zur Kündigung führenden Umstände konkret und für den Mieter nachvollziehbar darlegen.[570] Insbesondere darf der Vermieter sich nicht auf formelhafte Begründungen oder die Wiedergabe des Gesetzestextes beschränken.[571] Der Vermieter hat vielmehr alle Angaben zu machen, für die zur Beurteilung der Begründetheit der Kündigung ein berechtigtes Informationsinteresse des Mieters besteht.[572] Insoweit hat der Vermieter auch persönliche Lebenssachverhalte zu offenbaren.[573] Andererseits ist allerdings bei der Prüfung, ob das Kündigungsschreiben formell wirksam ist, der Einfluss des Grundrechts aus Art. 14 Abs. 1 Satz 1 GG und der damit eng verzahnte Anspruch auf Gewährung effektiven Rechtsschutzes zu beachten. Die mietrechtlichen Verfahrensvorschriften dürfen daher **nicht** in einer Weise ausgelegt werden, die die Verfolgung der Vermieterinteressen **unzumutbar erschwert**.[574] Es dürfen an die formellen Voraussetzungen der Angabe der Gründe im Kündigungsschreiben folglich nicht die gleichen Anforderungen wie an eine schlüssige Darlegung im Kündigungsrechtsstreit gelegt werden.[575] Vielmehr können Tatsachen, die nur der näheren Erläuterung, Ergänzung, Ausfüllung sowie dem Beweis des geltend gemachten Kündigungsgrundes dienen, nachgeschoben werden.[576] Ein fester Katalog, welche Angaben jeweils im Einzelnen zwingend erforderlich sind, lässt sich im Hinblick auf die Vielgestaltigkeit der Sachverhalte nicht aufstellen.[577]

194 Auf eventuell mögliche **Einwendungen des Mieters**, insbesondere den Einwand des Rechtsmissbrauchs, braucht der Vermieter im Kündigungsschreiben grundsätzlich noch nicht einzugehen.[578] Etwas anderes muss allerdings gelten, soweit es sich lediglich um ein dem Vermieter schon bekanntes Bestreiten des Bedarfsgrundes an sich dreht. Hierzu wird er sich in der Kündigung regelmäßig erklären müssen.

195 Die Angabe hinreichender Gründe ist – wie auch schon vor der Mietrechtsreform – **Wirksamkeitsvoraussetzung** für die ausgesprochene Kündigung.[579] **Unrichtige Angaben** zum Kündigungsgrund –

---

[568] BGH v. 06.07.2011 - VIII ZR 317/10 - juris Rn. 8 - NSW BGB § 573 (BGH-intern); BGH v. 09.02.2011 - VIII ZR 155/10 - juris Rn. 13 - NSW BGB § 573 (BGH-intern); BGH v. 13.10.2010 - VIII ZR 78/10 - juris Rn. 10; BGH v. 17.03.2010 - VIII ZR 70/09 - juris Rn. 8 - NSW BGB § 573 (BGH-intern); BGH v. 22.12.2003 - VIII ZB 94/03 - juris Rn. 14 - EBE/BGH 2004, 53-54 und BVerfG v. 08.04.1994 - 1 BvR 2149/93 - juris Rn. 2 - ZMR 1994, 252.

[569] BGH v. 06.07.2011 - VIII ZR 317/10 - juris Rn. 8 - NSW BGB § 573 (BGH-intern); BGH v. 09.02.2011 - VIII ZR 155/10 - juris Rn. 13 - NSW BGB § 573 (BGH-intern); BGH v. 13.10.2010 - VIII ZR 78/10 - juris Rn. 10; BGH v. 17.03.2010 - VIII ZR 70/09 - juris Rn. 8 - NSW BGB § 573 (BGH-intern).

[570] BVerfG v. 17.07.1992 - 1 BvR 179/92 - juris Rn. 14 - NJW 1992, 3032-3033; BVerfG v. 20.10.1988 - 1 BvR 1247/88 - juris Rn. 2 - WuM 1989, 483; *Rolfs* in: Staudinger, § 573 Rn. 202 und LG Hamburg v. 17.05.1988 - 16 S 291/87 - juris Rn. 2 - WuM 1988, 275-276.

[571] BVerfG v. 28.01.1992 - 1 BvR 1319/91 - juris Rn. 17 - NJW 1992, 1379.

[572] *Rolfs* in: Staudinger, § 573 Rn. 202 und – im Ergebnis verneintes Informationsinteresse – BVerfG v. 23.11.1993 - 1 BvR 697/93 - juris Rn. 13 - NJW 1994, 310-312.

[573] BVerfG v. 28.01.1992 - 1 BvR 1319/91 - juris Rn. 17 - NJW 1992, 1379.

[574] BVerfG v. 15.06.1992 - 1 BvR 1725/91 - juris Rn. 13 - NJW 1992, 2411-2412 sowie BVerfG v. 23.11.1993 - 1 BvR 697/93 - juris Rn. 10 - NJW 1994, 310-312.

[575] BVerfG v. 03.02.2003 - 1 BvR 619/02 - juris Rn. 11 - NJW-RR 2003, 1164-1165; a.A. *Lammel*, Wohnraummietrecht, 3. Aufl. 2007, § 573 Rn. 134.

[576] BVerfG v. 01.07.1988 - 1 BvR 1390/87 - juris Rn. 10 - NJW 1988, 2725-2726 sowie BayObLG München v. 14.07.1981 - Allg Reg 32/81 - juris Rn. 40 - NJW 1981, 2197-2201.

[577] BayObLG München v. 17.12.1984 - ReMiet 6/84 - juris Rn. 10 - WuM 1985, 50-51 sowie OLG Karlsruhe v. 08.02.1989 - 3 ReMiet 1/88 - juris Rn. 18 - NJW-RR 1989, 456-458.

[578] Vgl. zum Problem der Alternativwohnung LG München I v. 29.03.1995 - 14 S 14170/94 - juris Rn. 2 - WuM 1996, 38-39.

[579] Vgl. zur Rechtslage nach der Mietrechtsreform *Blank* in: Schmidt-Futterer, Mietrecht, 10. Aufl. 2011, § 573 Rn. 215 und zur Rechtslage vor der Mietrechtsreform *Blank* in: Schmidt-Futterer, Mietrecht, 7. Aufl. 1999, § 564b Rn. 249.

beispielsweise ein „Dramatisieren" der Eigenbedarfssituation – haben nicht zur Folge, dass die Kündigung bereits aus formellen Gründen unwirksam ist, sondern führen allenfalls dazu, dass sie materiell unbegründet ist, oder können im Einzelfall ein Indiz gegen die Ernsthaftigkeit des vom Vermieter angeführten berechtigten Interesses sein.[580] Da die Angabe des Kündigungsgrundes keine Nebenpflicht des Vermieters gegenüber dem Mieter ist, sondern eine Obliegenheit, die der Vermieter im eigenen Interesse zur Vermeidung von Rechtsnachteilen zu beachten hat, ist die rechtliche Beurteilung, ob eine vom Vermieter ausgesprochene Kündigung dem gesetzlichen Begründungserfordernis genügt, dem eigenen Risikobereich des Mieters zuzuordnen. **Anwaltskosten**, die dem Mieter insoweit – außerhalb eines gerichtlichen Prozesses – durch die Inanspruchnahme anwaltlicher Hilfe zur Wahrnehmung seiner Interessen entstehen, sind deshalb grundsätzlich nicht erstattungsfähig.[581] Zum Schadensersatz bei einer materiell unberechtigten Kündigung vgl. Rn. 30 ff.

Hinsichtlich der einzelnen Kündigungstatbestände gilt Folgendes: 196

a. Kündigung wegen Vertragspflichtverletzungen (Absatz 2 Nr. 1)

Die zur Kündigung führenden Vertragspflichtverletzungen müssen im Einzelnen **substantiiert** dargetan werden (str.).[582] Lediglich pauschale Behauptungen reichen nicht aus. Aus dem Tatsachenvortrag des Vermieters muss sich auch die Erheblichkeit der Pflichtverletzungen entnehmen lassen. Sofern eine Abmahnung erfolgt ist, ist auch das Verhalten des Mieters **nach der Abmahnung** zu schildern, denn gerade darauf stützt sich regelmäßig die Kündigung.[583] Bei einer ordentlichen Kündigung wegen **wiederholter unpünktlicher Zahlung** der Miete muss der Vermieter in der Regel die Zahlungseingänge der maßgeblichen vergangenen Monate aufführen, damit der Mieter weiß, von welchem Sachverhalt der Vermieter ausgeht.[584] Handelt es sich allerdings um einen einfachen Sachverhalt – beispielsweise weil nur ein überschaubarer Zeitraum betroffen ist – und stehen die Daten der Zahlungseingänge – insbesondere die verspätete Leistung durch den Mieter – zwischen den Parteien nicht im Streit, sind nur geringe Anforderungen an die Begründung der Kündigung zu stellen, da der Mieter dann ohnehin in der Lage ist, alles zur Wahrung seiner Interessen Erforderliche zu veranlassen.[585] 197

b. Kündigung wegen Eigenbedarfs (Absatz 2 Nr. 2)

Das Kündigungsschreiben muss nachvollziehbare Angaben zu **Bedarfsperson(en), Bedarfszweck und Bedarfsgrund** enthalten. Zur formell ordnungsgemäßen Begründung einer Kündigung wegen Eigenbedarfs sind daher grundsätzlich die Angabe der Personen, für die die Wohnung benötigt wird, und die Darlegung des Interesses, das diese Personen an der Erlangung der Wohnung haben, erforderlich, aber auch ausreichend.[586] 198

Die **Bedarfsperson** muss im Kündigungsschreiben **individualisiert** werden. Dies geschieht regelmäßig durch namentliche Benennung. Eine solche ist indessen nicht zwingend erforderlich. Im Hinblick auf den Schutzzweck des § 573 Abs. 3 BGB ist es vielmehr ausreichend, wenn dem Mieter nach der allgemeinen Bezeichnung („Tochter", „Sohn" o.a.) auf Grund eigener Kenntnisse aus seiner Sicht die Individualisierung der Bedarfsperson möglich ist.[587] Die allgemeine Bezeichnung eines Verwandt- 199

---

[580] BGH v. 17.03.2010 - VIII ZR 70/09 - juris Rn. 10 - NSW BGB § 573 (BGH-intern).
[581] BGH v. 15.12.2010 - VIII ZR 9/10 - juris Rn. 11 - NSW BGB § 280 (BGH-intern).
[582] *Blank* in: Schmidt-Futterer, Mietrecht, 10. Aufl. 2011, § 573 Rn. 222; a.A. – lediglich Bezeichnung der Verstöße nach ihrer Art – *Rolfs* in: Staudinger, § 573 Rn. 206.
[583] LG Bonn v. 02.09.1991 - 6 S 167/91 - WuM 1992, 18.
[584] BGH v. 11.01.2006 - VIII ZR 364/04 - juris Rn. 21 - NJW 2006, 1585-1588 und LG Hamburg v. 11.10.2007 - 307 S 31/07 - juris Rn. 7 - WuM 2007, 710.
[585] BGH v. 11.01.2006 - VIII ZR 364/04 - juris Rn. 21 - NJW 2006, 1585-1588.
[586] BGH v. 06.07.2011 - VIII ZR 317/10 - juris Rn. 8 - NSW BGB § 573 (BGH-intern) und BGH v. 17.03.2010 - VIII ZR 70/09 - juris Rn. 8 - NSW BGB § 573 (BGH-intern).
[587] BVerfG v. 03.02.2003 - 1 BvR 619/02 - juris Rn. 15 - NJW-RR 2003, 1164-1165 und LG Bochum v. 18.05.1993 - 9 S 15/93 - juris Rn. 4 - WuM 1993, 540 sowie LG München II v. 31.01.1990 - 2 T 1858/89 - juris Rn. 2 - WuM 1990, 213.

§ 573

schaftsgrads allein ermöglicht dies dem Mieter allerdings dann nicht, wenn mehrere solche Verwandte (Söhne, Töchter o.a.) vorhanden sind.[588] Eine **alternative Angabe** von Personen genügt dem Begründungserfordernis schon deshalb nicht, weil dem Mieter eine sichere Beurteilung, wessen Bedarf denn nun entscheidend sein soll, nicht möglich ist (str.).[589] Ein späteres **Auswechseln** der Bedarfsperson ist zulässig, soweit nach § 573 Abs. 3 Satz 2 BGB nachträglich entstandene Kündigungsgründe berücksichtigt werden können, vgl. hierzu Rn. 218.[590] Dies gilt indessen nur für die Bedarfsperson im eigentlichen Sinne. Macht der Vermieter einen Bedarf für sich selbst geltend mit der Begründung, er benötige die Wohnung, um eine Pflegeperson aufzunehmen, so ist nur er selbst Bedarfsperson. Die – bloße – Pflegeperson kann dagegen ausgetauscht werden, da dadurch die Interessenlage nicht verändert wird.[591] Etwas anderes gilt jedoch, wenn der Bedarf sich gerade aus der spezifischen Beziehung des Dritten zur Bedarfsperson ergibt, wenn beispielsweise die als Bedarfsperson genannte Tochter des Vermieters mit ihrem Verlobten zusammenziehen will. Auch insoweit ist allerdings die Individualisierbarkeit des Dritten durch den Mieter ausreichend.[592] Sofern der gekündigte Wohnraum der **Wohnungsbindung** unterliegt, muss die Kündigung sich auch dazu verhalten, weshalb die Bedarfsperson zum wohnberechtigten Personenkreis (vgl. hierzu Rn. 100) gehört.[593]

200 Im Hinblick auf die Vielgestaltigkeit der betroffenen Lebenssachverhalte können zum **Bedarfsgrund** lediglich allgemeine Anhaltspunkte für eine ausreichende Konkretisierung gegeben werden. Die notwendigen Angaben haben sich immer am jeweils geltend gemachten Bedarfsgrund zu orientieren.[594] Je ungewöhnlicher der Bedarfsgrund ist, desto höhere Anforderungen sind an seine nachvollziehbare Darlegung zu stellen.[595]

201 Macht der Vermieter eine bisher **unzureichende Unterbringung** der Bedarfsperson geltend, müssen konkrete und nachvollziehbare Angaben zu deren bestehender Wohnsituation gemacht werden.[596] Allein der Umstand, dass der Vermieter den – unzutreffenden – Eindruck erweckt, dass sich bei dem bisher von ihm bewohnten Anwesen Wohnung und Büro nicht unter einem Dach befänden und er deshalb besonders auf den gekündigten Wohnraum angewiesen sei, macht eine Kündigung wegen Eigenbedarfs aber nicht mangels ausreichender Begründung formell unwirksam.[597] Bei Geltendmachung des Bedarfs eines volljährigen oder demnächst volljährigen Kindes des Vermieters reicht die bloße Angabe aus, dass dieses einen **eigenen Hausstand** gründen will.[598] Einer darüber hinausgehenden Begründung in Gestalt von Angaben zu den bisherigen Wohnverhältnissen bedarf es in diesen Fällen

---

[588] AG Neuss v. 27.03.1992 - 36 C 545/91 - DWW 1992, 245.
[589] LG Berlin v. 03.07.2009 - 63 S 425/08 - juris Rn. 9 - Grundeigentum 2009, 1437; LG München I v. 27.03.1991 - 14 S 20307/90 - juris Rn. 4 - WuM 1991, 490-491 sowie AG Frankfurt v. 26.10.1990 - 33 C 2305/90 - 31 - juris Rn. 2 - WuM 1991, 39; a.A. LG Neuruppin v. 12.05.2000 - 4 S 306/99 - juris Rn. 7 - Grundeigentum 2000, 894.
[590] LG Limburg v. 10.06.1998 - 3 S 223/97 - juris Rn. 7 - NJW-RR 1998, 1626-1627; *Lammel*, Wohnraummietrecht, 3. Aufl. 2007, § 573 Rn. 135; a.A. LG Düsseldorf v. 10.01.1992 - 21 S 534/90 - juris Rn. 2 - WuM 1992, 130.
[591] LG Ellwangen v. 06.12.1995 - 1 S 270/95 - juris Rn. 8 - NJWE-MietR 1996, 124-125.
[592] LG Oldenburg (Oldenburg) v. 22.09.1995 - 2 S 514/95 - juris Rn. 13 - NJW-RR 1996, 653-654; a.A. – namentliche Nennung erforderlich – LG Hamburg v. 24.07.1992 - 311 S 66/92 - juris Rn. 5 - NJW-RR 1992, 1364-1365.
[593] *Blank* in: Schmidt-Futterer, Mietrecht, 10. Aufl. 2011, § 573 Rn. 67.
[594] LG Oldenburg (Oldenburg) v. 22.09.1995 - 2 S 514/95 - juris Rn. 14 - NJW-RR 1996, 653-654.
[595] LG Frankfurt v. 26.11.1991 - 2/11 S 311/91 - juris Rn. 16 - NJW-RR 1992, 335-336 sowie AG Hamburg v. 21.07.1995 - 43b C 250/95 - juris Rn. 7 - WuM 1996, 39.
[596] LG Hamburg v. 24.04.2003 - 307 S 127/02 - ZMR 2004, 39-40; LG Berlin v. 23.07.1998 - 61 S 342/97 - juris Rn. 4 - MM 1998, 389; LG Mannheim v. 24.11.1993 - S 194/93 - NJW-RR 1994, 656-657; *Rolfs* in: Staudinger, § 573 Rn. 210; vgl. auch BVerfG v. 28.01.1992 - 1 BvR 1319/91 - juris Rn. 18 - NJW 1992, 1379; a.A. OLG Köln v. 10.03.2003 - 16 U 72/02 - juris Rn. 26 - WuM 2003, 465-467, ablehnend hierzu *Schuhmacher*, WuM 2003, 554-556, 555.
[597] BGH v. 17.03.2010 - VIII ZR 70/09 - juris Rn. 10 - NSW BGB § 573 (BGH-intern).
[598] BGH v. 13.10.2010 - VIII ZR 78/10 - juris Rn. 11 - NJW 2010, 3775-3776; LG Bonn v. 18.03.2010 - 6 S 5/10 - juris Rn. 6; a.A. LG Hamburg v. 15.12.2006 - 316 S 122/06 - juris Rn. 4 - WuM 2007, 457 und LG Göttingen v. 07.02.1990 - 5 S 129/89 - juris Rn. 9 f. - NJW-RR 1990, 592.

grundsätzlich nicht.[599] Angaben zur früheren Wohnsituation der Bedarfsperson sind, wenn ein volljähriges Kind **nach einem längeren Auslandsaufenthalt** – beispielsweise einem Auslandsstudienjahr – zurückkehrt und nunmehr eine Wohnung benötigt, schon deshalb nicht notwendig, weil die Wohnsituation des Kindes vor dem Auslandsaufenthalt für den Erlangungswunsch, dass das Kind nach seiner Rückkehr zur Fortsetzung des Studiums in einem eigenen Hausstand leben will, offensichtlich ohne Bedeutung ist.[600]

Macht der Vermieter einen Bedarf geltend, weil das **bisherige Mietverhältnis der Bedarfsperson gekündigt** wurde, ist die Darlegung der Begründung und Wirksamkeit dieser Kündigung erforderlich.[601] 202

Wird die Kündigung auf eine **Krankheit** der Bedarfsperson gestützt, so muss deren Art konkret bezeichnet werden.[602] Stützt der Vermieter seinen Eigenbedarf an einer Erdgeschosswohnung darauf, dass er **infolge einer schweren Erkrankung nicht mehr in der Lage sei, seine im gleichen Haus gelegene Dachwohnung auf Dauer zu nutzen**, ist es im Rahmen des Kündigungsschreibens jedenfalls dann nicht erforderlich, darüber hinaus anzugeben, unter welchen gesundheitlichen Aspekten die Dachwohnung nicht mehr genutzt werden kann, wenn die näheren Umstände dem Mieter bereits bekannt sind. Die entsprechenden Tatsachen, die nur der näheren Erläuterung, Ergänzung, Ausfüllung sowie dem Beweis des geltend gemachten Kündigungsgrundes dienen, können hier auch noch im Prozess nachgeschoben werden.[603] 203

Ist ein **Arbeitsplatzwechsel** Grund der Kündigung, ist zum Antritt des neuen Arbeitsplatzes und dessen Lage konkret vorzutragen.[604] Gleiches gilt bei einem beabsichtigten **Schulwechsel** von Kindern einer Bedarfsperson.[605] 204

Stützt der Vermieter seinen Eigenbedarf darauf, dass er mit der Vermietung der gekündigten Wohnung **weniger Einnahmen erzielt** als er für seine selbst genutzte Mietwohnung an Mietzins zu entrichten hat, sind betragsmäßige Angaben hierzu bereits im Kündigungsschreiben nicht notwendig.[606] 205

c. Kündigung wegen Hinderung angemessener Verwertung (Absatz 2 Nr. 3)

Die Kündigung muss konkrete und nachvollziehbare Angaben zur Art der beabsichtigen Verwertung und zur Ernsthaftigkeit der Verwertungsabsicht enthalten sowie darstellen, warum der Fortbestand des Mietverhältnisses dieser Verwertung entgegensteht und welche erheblichen Nachteile hierdurch entstehen. Zwar ist im Hinblick auf die Komplexität gerade dieses Kündigungstatbestandes eine umfassende Darlegung der Gründe bereits im Kündigungsschreiben für den Vermieter besonders schwer. Dennoch muss auch die Begründung einer Kündigung wegen Hinderung einer angemessenen Verwertung dem Gesetzeszweck einer hinreichenden Information des Mieters genügen. Regelmäßig bedarf es, um den Mieter in die Lage zu versetzen, seine Erfolgsaussichten gegenüber der Kündigung beurteilen zu können, auch nachvollziehbarer und weitergehender Erklärungen zu den wirtschaftlichen Verhältnissen des Vermieters.[607] 206

Wird bei einem **Verkauf** des Grundstückes ein geringerer Erlös infolge des bestehenden Mietverhältnisses behauptet, müssen insbesondere die im vermieteten und unvermieteten Zustand erzielbaren Er- 207

---

[599] BGH v. 13.10.2010 - VIII ZR 78/10 - juris Rn. 11 - NJW 2010, 3775-3776.
[600] BGH v. 06.07.2011 - VIII ZR 317/10 - juris Rn. 9 - NSW BGB § 573 (BGH-intern).
[601] LG München I v. 08.02.1995 - 14 S 18546/94 - juris Rn. 4 - WuM 1996, 770 sowie LG Stuttgart v. 12.06.1995 - 10 T 263/95 - juris Rn. 12 - NJW-RR 1996, 1036-1037.
[602] LG Berlin v. 16.02.1995 - 61 S 278/94 - juris Rn. 5 - MM 1995, 225-227.
[603] BGH v. 27.06.2007 - VIII ZR 271/06 - juris Rn. 25 - NSW BGB § 573 (BGH-intern).
[604] LG Arnsberg v. 25.01.1994 - 5 S 222/93 - juris Rn. 6 - MDR 1994, 578 sowie LG Bonn v. 25.03.1993 - 6 S 436/92 - juris Rn. 6 - WuM 1994, 209.
[605] LG Bonn v. 28.03.1991 - 6 S 381/90 - juris Rn. 10 - WuM 1991, 270.
[606] BVerfG v. 03.02.2003 - 1 BvR 619/02 - juris Rn. 13 - NJW-RR 2003, 1164-1165; bedenklich daher – Mitteilung konkreter Mehrkosten bei Nichtüberlassung an studierendes Kind erforderlich – AG Hamburg v. 30.09.2004 - 49 C 222/04 - juris Rn. 19.
[607] LG Kempten v. 27.03.1991 - S 2415/90 - juris Rn. 7 - WuM 1991, 350.

löse mitgeteilt werden[608] und, sofern der Vermieter es bereits in vermietetem Zustand erworben hat, auch der damalige Preis[609]. Es muss dargelegt werden, dass die Erzielung des höheren Erlöses wegen des Fortbestandes des Mietverhältnisses scheitert. Dies kann zunächst durch die Darlegung konkreter **Verkaufsbemühungen** geschehen, was aber nicht zwingend ist.[610] Denn die Kenntnis über die Aussichtslosigkeit solcher Bemühungen kann auch durch Maklerauskunft oder Privatgutachten erlangt werden.[611] Entsprechende Auskünfte oder Gutachten müssen im Kündigungsschreiben allerdings entweder nachvollziehbar wiedergegeben oder ihm beigefügt werden (str.).[612] Damit die Angemessenheit der beabsichtigen Verwertung festgestellt werden kann, muss der Vermieter ferner – soweit vorhanden – auch eine über die rein finanziellen Gründe hinausgehende Motivation angeben.

208 Wird die Verwertung mit anfallenden Verlusten oder **mangelnder Rendite** begründet, so müssen grundsätzlich bereits die Angaben im Kündigungsschreiben einen Vergleich zwischen der Rendite mit und ohne die beabsichtigte Verwertung ermöglichen.[613] Dabei dürfen keine überzogenen Anforderungen gestellt werden, aber die Darlegungen müssen für den Mieter nachvollziehbar und überprüfbar sein sowie ihm die überschlägige Einschätzung seiner Rechtsverteidigung erlauben.[614] Allein der Umstand, dass die Finanzierungskosten höher sind als die Mieteinnahmen, genügt dabei nicht, da auch die steuerlichen Auswirkungen und eine eventuelle Steigerung des Wertes des Grundstücks zu berücksichtigen sind.[615] Durch das berechtigte Informationsbedürfnis des Mieters ist es allerdings nicht geboten, dass bereits das Kündigungsschreiben selbst die gerichtliche Feststellung des Vorliegens der Kündigungsvoraussetzungen erlauben müsste, die materielle Berechtigung der Kündigung ist vielmehr – sofern es im Einzelfall darauf ankommt – im Prozess durch Beweisaufnahme zu klären.[616] Die **Vorlage von Wirtschaftlichkeitsberechnungen**[617] ist daher ebenso wenig erforderlich – aus anwaltlicher Vorsicht indes dennoch ratsam[618] – wie eine bis in alle Einzelheiten gehende Kalkulation[619]. Etwaige Fehler einer solchen vom Vermieter gleichwohl vorgelegten Berechnung oder die Bezugnahme des Vermieters auf eine nicht mehr aktuelle Berechnung führen ebenfalls nicht dazu, dass die Kündigung aus formellen Gründen unwirksam ist.[620] Das Vorstehende gilt auch, wenn die höhere Rendite nach der Beendigung des Mietverhältnisses durch eine **gewerbliche Vermietung** erzielt werden soll.[621]

209 An den **Angaben**, die der Vermieter **im Kündigungsschreiben** zum entstehenden wirtschaftlichen Nachteil gemacht hat, muss er sich – im Hinblick auf Sinn und Zweck des Begründungserfordernisses, vgl. Rn. 193 – festhalten lassen. Ergibt ein im Prozess vom Gericht eingeholtes Gutachten, dass der

---

[608] LG Stuttgart v. 27.12.1994 - 10 T 593/94 - juris Rn. 9 - DWW 1995, 143-144.
[609] LG Berlin v. 29.03.1996 - 63 S 425/95 - juris Rn. 7 - NJW-RR 1997, 10.
[610] LG Wiesbaden v. 22.02.2007 - 2 S 80/06 - juris Rn. 12 - WuM 2007, 201-202; a.A. *Lammel*, Wohnraummietrecht, 3. Aufl. 2007, § 573 Rn. 136.
[611] BVerfG v. 04.06.1998 - 1 BvR 1575/94 - juris Rn. 15 - LM BGB § 564b Nr. 8a (12/1998) sowie BVerfG v. 04.06.1998 - 1 BvR 74/98 - juris Rn. 6 - NJW-RR 1998, 1231-1232.
[612] *Blank* in: Schmidt-Futterer, Mietrecht, 10. Aufl. 2011, § 573 Rn. 233; a.A. *Rolfs* in: Staudinger, § 573 Rn. 214.
[613] *Rolfs* in: Staudinger, § 573 Rn. 213 und LG Kempten Zivilkammer v. 09.12.1992 - S 2008/92 - juris Rn. 7 - WuM 1994, 687-688.
[614] LG Berlin v. 19.06.2009 - 63 S 12/08 - juris Rn. 15 - WuM 2009, 466-469 und LG Kempten Zivilkammer v. 09.12.1992 - S 2008/92 - juris Rn. 7 - WuM 1994, 687-688.
[615] LG Kempten v. 27.03.1991 - S 2415/90 - juris Rn. 7 - WuM 1991, 350.
[616] BGH v. 09.02.2011 - VIII ZR 155/10 - juris Rn. 15 - NSW BGB § 573 (BGH-intern) und LG Berlin v. 19.06.2009 - 63 S 12/08 - juris Rn. 15 - WuM 2009, 466-469.
[617] BGH v. 09.02.2011 - VIII ZR 155/10 - juris Rn. 15 - NSW BGB § 573 (BGH-intern); anders noch LG Aachen v. 16.08.1991 - 5 S 156/91 - juris Rn. 12 - WuM 1991, 495-497 sowie AG Bergisch Gladbach v. 04.09.1989 - 22 C 339/89 - juris Rn. 7 - WuM 1991, 181 und *Blank* in: Schmidt-Futterer, Mietrecht, 10. Aufl. 2011, § 573 Rn. 237.
[618] *Gahn* in: Schmid, Fachanwaltskommentar Mietrecht, 3. Aufl. 2012, § 573 Rn. 62 und *Hannappel* in: Bamberger/Roth, § 573 Rn. 130.
[619] *Rolfs* in: Staudinger, § 573 Rn. 213.
[620] BGH v. 09.02.2011 - VIII ZR 155/10 - juris Rn. 15 - NSW BGB § 573 (BGH-intern).
[621] Weitgehend – ausreichend, wenn der gekündigte Mieter die erzielbare Miete „überschlägig" schätzen könne – LG Osnabrück v. 02.02.1994 - 1 S 179/93 - juris Rn. 10 - WuM 1994, 214-215.

vom Vermieter in der Kündigung für den Verkauf in unvermietetem Zustand geltend gemachte Kaufpreis auch in vermietetem Zustand erzielt werden kann, ist die Kündigung daher unabhängig von einem höheren auf dem Markt erzielbaren Erlös unbegründet.[622]

Im Falle der Verwertung des Grundstückes durch **Renovierungs-/Sanierungsarbeiten** sowie durch dessen Neubebauung nach Abriss des vorhandenen Bestands ist dem Begründungserfordernis des § 573 Abs. 3 BGB Genüge getan, wenn dem Mieter mitgeteilt wird, aus welchen Gründen der Vermieter die vorhandene Bausubstanz nicht für erhaltenswert hält und welche baulichen Maßnahmen[623] er stattdessen plant. Damit erhält der Mieter eine ausreichende Grundlage für die von ihm zu treffende Entscheidung, ob er der Kündigung widersprechen oder sie hinnehmen will.[624] Der Vorlage von Wirtschaftlichkeitsberechnungen, etwa zu einer „Sanierungsalternative", bedarf es auch hier (vgl. zur Kündigung wegen mangelnder Rendite Rn. 208) nicht.[625] Noch geringer sind die Anforderungen, wenn die Renovierung zur Substanzerhaltung oder Herstellung heutzutage üblicher Wohnverhältnisse offensichtlich erforderlich ist.[626] Sofern nicht ohne Weiteres ersichtlich muss mitgeteilt werden, dass – und warum – gerade ein Verbleib des gekündigten Mieters während der Durchführung der Renovierung/Sanierung nicht möglich ist.[627] Erforderliche baurechtliche Genehmigungen müssen dagegen in der Kündigung nicht erwähnt werden.[628]

210

Stützt der Vermieter die Kündigung nach § 573 Abs. 2 Nr. 3 BGB auf einen **Betriebsbedarf**, so muss er substantiiert darlegen, warum für seinen Betrieb größere oder weitere Räume erforderlich sind und welche erheblichen Nachteile ihm ohne die Kündigung entstehen.[629]

211

Soweit durch die beabsichtigte Verwertung Wohnraum zweckentfremdet wird, muss das Vorliegen der entsprechenden **Zweckentfremdungsgenehmigung** mitgeteilt oder diese in Ablichtung beigefügt werden (str.).[630]

212

d. Kündigung wegen eines sonstigen berechtigten Interesses (Absatz 1 Satz 1)

Auch insoweit ist der allgemeine Grundsatz voranzustellen, dass die Begründung Tatsachen in dem Umfang enthalten muss, dass dem Mieter eine nachvollziehbare Überprüfung des jeweiligen berechtigten Interesses möglich wird.

213

Macht der Vermieter einen **Betriebsbedarf** geltend, muss dieser bereits im Kündigungsschreiben konkret und unverwechselbar geschildert werden. Dies gilt selbst dann, wenn die Wohnung für den Dienstnachfolger des gekündigten Mieters benötigt wird.[631]

214

---

[622] LG Berlin v. 20.01.2006 - 64 S 427/04 - juris Rn. 17 f. - Grundeigentum 2006, 389-391.
[623] LG Berlin v. 19.06.2009 - 63 S 10/08 - juris Rn. 18 - Grundeigentum 2009, 1497-1499 sowie LG Düsseldorf v. 30.04.1991 - 24 S 788/90 - juris Rn. 5 - ZMR 1991, 438-439.
[624] BGH v. 09.02.2011 - VIII ZR 155/10 - juris Rn. 15 - NSW BGB § 573 (BGH-intern).
[625] BGH v. 09.02.2011 - VIII ZR 155/10 - juris Rn. 15 - NSW BGB § 573 (BGH-intern) und ähnlich schon LG Düsseldorf v. 30.04.1991 - 24 S 788/90 - juris Rn. 5 ZMR 1991, 438-439; a.A. noch LG Berlin v. 08.01.2010 - 63 S 297/09 - MM 2010, 145; LG Berlin v. 19.06.2009 - 63 S 10/08 - juris Rn. 17 f. - Grundeigentum 2009, 1497-1499; LG Hamburg v. 03.11.2008 - 333 S 31/08 - juris Rn. 2 - ZMR 2009, 366-369; LG Bonn v. 30.09.1991 - 6 S 132/91 - juris Rn. 4 - ZMR 1992, 114-115 und *Sternel*, Mietrecht aktuell, 4. Aufl. 2009, Teil XI Rn. 245.
[626] *Blank* in: Schmidt-Futterer, Mietrecht, 10. Aufl. 2011, § 573 Rn. 241.
[627] LG Freiburg (Breisgau) v. 16.11.1989 - 3 S 209/89 - juris Rn. 8 - WuM 1991, 175-176.
[628] *Schach* in: Kinne/Schach/Bieber, Miet- und Mietprozessrecht, 6. Aufl. 2011, § 573 Rn. 53; *Rolfs* in: Staudinger, § 573 Rn. 215 sowie – anders auch für eine erforderliche Zweckentfremdungsgenehmigung – *Blank* in: Schmidt-Futterer, Mietrecht, 10. Aufl. 2011, § 573 Rn. 67.
[629] LG Berlin v. 09.04.1992 - 62 S 31/92 - juris Rn. 6 - NJW-RR 1992, 1231 sowie – sehr weitgehend – AG Bergheim v. 09.08.1990 - 21 C 68/90 - juris Rn. 8 - WuM 1991, 164-165.
[630] AG Hamburg v. 07.02.2007 - 46 C 109/06 - WuM 2007, 710-711; Hanseatisches Oberlandesgericht Hamburg v. 25.03.1981 - 4 U 201/80 - juris Rn. 30 - WuM 1981, 155-157; *Blank* in: Schmidt-Futterer, Mietrecht, 10. Aufl. 2011, § 573 Rn. 240; a.A. LG Mannheim v. 16.01.2004 - 4 S 100/03 - juris Rn. 23 - WuM 2004, 99-101 und BezirksG Cottbus v. 02.04.1992 - 4 S 107/91 - juris Rn. 27 - WuM 1992, 301-304.
[631] LG Berlin v. 18.04.1991 - 62 S 445/90 - juris Rn. 9 - WuM 1991, 697-698.

215 Sofern die Wohnung auch schon zuvor als **Werkmietwohnung** genutzt wurde, bedarf es regelmäßig keiner näheren Angaben zur Person des potentiellen Mieters, da ohne gegenteilige Anhaltspunkte davon ausgegangen werden kann, dass auch weiterhin Bedarf seitens der Arbeitnehmer des Vermieters besteht,[632] insbesondere wenn eine Warteliste o.Ä. geführt wird.[633]

216 Handelt es sich beim gekündigten Mieter dagegen um einen **Betriebsfremden**, sind höhere Anforderungen an die Darlegung des nunmehr entstandenen Bedarfs zu stellen.[634]

5. Im Kündigungsschreiben

217 Die Mitteilung der Gründe muss regelmäßig im Kündigungsschreiben erfolgen. Bezugnahmen sind allerdings nicht ausgeschlossen. Hier gilt das Gleiche wie bei § 569 Abs. 4 BGB, vgl. daher die Kommentierung zu § 569 BGB Rn. 216 f.

III. Nachschieben von Kündigungsgründen (Absatz 3 Satz 2)

218 Grundsätzlich können nur die Gründe der Kündigung zur Wirksamkeit verhelfen, die im Kündigungsschreiben individualisiert sind.[635] Dies folgt schon aus der **allgemeinen Regel**, dass die eine Kündigung tragenden Umstände im Zeitpunkt ihrer Erklärung vorliegen müssen.[636] Andere als die im Kündigungsschreiben genannten Gründe müssen regelmäßig mit einer eigenen Kündigungserklärung verfolgt werden.

219 Als **Ausnahme** hiervon bestimmt § 573 Abs. 3 Satz 2 BGB, dass auch nachträglich entstandene Gründe bei einer Kündigung nach § 573 BGB für die Beurteilung von deren Wirksamkeit Berücksichtigung finden können. Dabei setzt das Nachschieben von Kündigungsgründen **immer eine schon wirksame Kündigung** voraus. Denn die nachgeschobenen Gründe können nur entweder bei Fortbestehen der ursprünglichen Kündigungsgründe die Kündigung kumulativ tragen[637] oder bei Wegfall dieser an deren Stelle treten.

220 Sofern der nachgeschobene Grund die weggefallene ursprüngliche Begründung ersetzt, ist eine **Gleichartigkeit** der beiden Kündigungsgründe **nicht erforderlich** (str.),[638] d.h., auch wenn zunächst beispielsweise wegen Eigenbedarfs gekündigt wurde, können erhebliche schuldhafte Vertragspflichtverletzungen nachgeschoben werden.

221 **Nachträglich** entstanden im Sinne von § 573 Abs. 3 Satz 2 BGB sind zunächst solche Gründe, die erst nach Abgabe der Kündigungserklärung zur Entstehung gelangt sind. Dem Zeitpunkt des Zugangs der Kündigung kommt insoweit keine Bedeutung zu, denn der Vermieter kann ohnehin nur solche Kündigungsgründe in seine Erklärung aufnehmen, die zum Zeitpunkt von deren Abgabe vorliegen. Bereits bei Abgabe der Kündigungserklärung entstandene, nur **dem Vermieter noch nicht bekannte Kündigungsgründe** können daher nicht nachgeschoben werden (str.).[639]

---

[632] LG Köln v. 27.03.1996 - 10 S 431/95 - juris Rn. 21 - ZMR 1996, 666-668.
[633] LG München I v. 06.12.1989 - 14 S 14920/89 - juris Rn. 9 - WuM 1990, 153-154; a.A. LG Stuttgart v. 01.08.1991 - 6 S 80/91 - juris Rn. 3 - WuM 1992, 25.
[634] LG Hamburg v. 12.11.1993 - 311 S 124/93 - juris Rn. 4 - WuM 1994, 208-209.
[635] LG Hamburg v. 09.07.1993 - 311 S 40/93 - juris Rn. 5 - WuM 1993, 679-680.
[636] *Weidenkaff* in: Palandt, § 573 Rn. 50.
[637] LG Berlin v. 10.11.2003 - 62 S 254/03 - juris Rn. 14 - Grundeigentum 2004, 235-236.
[638] LG Hamburg v. 19.01.1989 - 7 S 173/88 - juris Rn. 4 f. - WuM 1989, 256; *Rolfs* in: Staudinger, § 573 Rn. 225; *Weidenkaff* in: Palandt, § 573 Rn. 51; *Blank* in: Schmidt-Futterer, Mietrecht, 10. Aufl. 2011, § 573 Rn. 266 sowie *Franke* in: Fischer-Dieskau/Pergande/Schwender, Wohnungsbaurecht, § 573 Anm. 46.1.1; a.A. – ohne Begründung – LG Heidelberg v. 26.07.1991 - 5 S 142/90 - juris Rn. 10 - WuM 1992, 30-32.
[639] *Weidenkaff* in: Palandt, § 573 Rn. 51; *Hannappel* in: Bamberger/Roth, § 573 Rn. 134; *Krenek* in: Müller/Walther, Miet- und Pachtrecht, § 573 Rn. 67; einschränkend – anders nach Treu und Glauben gegebenenfalls, wenn die Kündigungsgründe aus der Sphäre des Mieters kommen – *Blank* in: Schmidt-Futterer, Mietrecht, 10. Aufl. 2011, § 573 Rn. 271 sowie – keine allgemeine Ausnahme nach Treu und Glauben, aber Geltendmachung des § 573 Abs. 3 Satz 2 BGB durch den Mieter kann im Einzelfall arglistig sein – *Sternel*, Mietrecht aktuell, 4. Aufl. 2009, Teil X Rn. 72; a.A. LG Heidelberg v. 26.07.1991 - 5 S 142/90 - juris Rn. 10 - WuM 1992, 30-32 und *Grapentin* in: Bub/Treier, Handbuch der Geschäfts- und Wohnraummiete, 3. Aufl. 1999, Teil IV Rn. 92.

Entstanden ist ein Kündigungsgrund, wenn der Lebenssachverhalt abgeschlossen ist, aus dem der Vermieter seine Kündigungsbefugnis ableitet. Dabei ist regelmäßig eine objektive Sicht angebracht: Ob der Vermieter sich trotz des objektiven Bestehens eines eine Kündigung tragenden Sachverhaltes erst später zur Geltendmachung seiner Kündigungsbefugnis entschließt, ist dagegen für deren Entstehungszeitpunkt unerheblich.[640]

222

Die nachgeschobenen Kündigungsgründe müssen grundsätzlich **nicht vor Wegfall des Grundes**, auf den die Kündigung zuerst gestützt worden war, entstanden sein. Es reicht vielmehr regelmäßig aus, wenn ein wirksam nachgeschobener Grund zum Zeitpunkt der letzten mündlichen Verhandlung vorliegt. Abweichendes hat allerdings zu gelten, wenn der Kündigungsgrund einen **Fortbestand des Kündigungsinteresses** auch noch nach Abgabe der Kündigungserklärung voraussetzt, wie beispielsweise bei Eigenbedarfs- (§ 573 Abs. 2 Nr. 2 BGB) und Verwertungskündigung (§ 573 Abs. 2 Nr. 3 BGB). Hier muss der Vermieter den Mieter nämlich bis zum Ablauf der Kündigungsfrist über den späteren Wegfall des Kündigungsgrundes informieren und eine Vertragsfortsetzung anbieten, vgl. hierzu Rn. 119 (Wegfall des Eigenbedarfs) und Rn. 171 (Wegfall der Verwertungsabsicht). Verhält sich der Vermieter insoweit vertragsgemäß entfällt demnach die Wirkung der zunächst erklärten Kündigung. Kommt der Vermieter seiner Mitteilungspflicht vertragswidrig nicht nach, darf er aber nicht besser stehen (str.).[641]

223

Die **Schriftform** muss beim Nachschieben von Gründen **nicht** eingehalten werden.[642]

224

Allerdings müssen auch die nachgeschobenen Gründe **hinreichend konkret und nachvollziehbar** dargestellt werden, damit dem Mieter eine Beurteilung der Erfolgsaussicht einer Verteidigung hiergegen möglich wird, vgl. hierzu Rn. 193.

225

Abdingbarkeit: vgl. hierzu Rn. 230.

226

IV. Prozessuale Hinweise/Verfahrenshinweise

Die Darlegungs- und **Beweislast** für die schriftliche Mitteilung der Kündigungsgründe trifft den Vermieter. Ebenso trägt er die Darlegungs- und Beweislast dafür, dass Kündigungsgründe erst nach der Abgabe der Kündigungserklärung entstanden sind und deshalb nachgeschoben werden können.[643]

227

Genügt das Kündigungsschreiben den formellen Anforderungen, so sind im Rechtsstreit über die Kündigung auch die **zu deren Ergänzung nachgeschobenen Tatsachen** zu berücksichtigen.[644] Fehlt es dagegen infolge mangelhafter Begründung schon von vornherein an einer wirksamen Kündigung, wird dies auch durch eine spätere Konkretisierung nicht geheilt.[645]

228

V. Anwendungsfelder – Übergangsrecht

Das **Mietrechtsreformgesetz** vom 19.06.2001[646] enthält **keine Übergangsvorschrift** zu § 573 Abs. 3 BGB. Dieser ist folglich ohne zeitliche Beschränkung auf alle Kündigungen anwendbar.

229

---

[640] *Rolfs* in: Staudinger, § 573 Rn. 224.
[641] AG Hamburg v. 19.04.2005 - 48 C 558/04 - juris Rn. 5 - WuM 2006, 160-161; *Blank* in: Schmidt-Futterer, Mietrecht, 10. Aufl. 2011, § 573 Rn. 265 und – allerdings unzutreffenderweise für alle Kündigungsgründe – *Krenek* in: Müller/Walther, Miet- und Pachtrecht, § 573 Rn. 66; a.A. *Hannappel* in: Bamberger/Roth, § 573 Rn. 136 und *Grapentin* in: Bub/Treier, Handbuch der Geschäfts- und Wohnraummiete, 3. Aufl. 1999, Teil IV Rn. 92; offen *Weidenkaff* in: Palandt, § 573 Rn. 51.
[642] *Rolfs* in: Staudinger, § 573 Rn. 226 und *Grapentin* in: Bub/Treier, Handbuch der Geschäfts- und Wohnraummiete, 3. Aufl. 1999, Teil IV Rn. 92.
[643] *Blank* in: Schmidt-Futterer, Mietrecht, 10. Aufl. 2011, § 573 Rn. 272.
[644] BVerfG v. 01.07.1988 - 1 BvR 1390/87 - juris Rn. 10 - NJW 1988, 2725-2726.
[645] LG Hamburg v. 09.07.1993 - 311 S 40/93 - juris Rn. 5 - WuM 1993, 679-680.
[646] BGBl I 2001, 1149.

D. Kommentierung zu Absatz 4

I. Grundlagen

1. Kurzcharakteristik

230 Die Vorschrift schließt für den Mieter nachteilig von den Regelungen der § 573 Abs. 1, Abs. 2, Abs. 3 BGB abweichende Parteivereinbarungen aus.

2. Gesetzgebungsgeschichte und -materialien

231 Die vormals in § 564b Abs. 6 BGB a.F. befindliche Regelung wurde durch das **Mietrechtsreformgesetz** vom 19.06.2001[647] inhaltlich unverändert übernommen.

II. Anwendungsvoraussetzungen – Abweichende Vereinbarungen zu den Absätzen 1-3

232 Durch § 573 Abs. 4 BGB werden nur abweichende Vereinbarungen zu Lasten des Mieters hinsichtlich der in den vorstehenden Paragraphen geregelten Voraussetzungen einer ordentlichen und außerordentlichen befristeten **Kündigung**, d.h. der einseitigen Vertragsauflösung durch den Vermieter, untersagt.

233 Bei einem Vertrag über „**betreutes Wohnen**", der sich als gemischter Vertrag aus Elementen des Miet-, Dienstvertrags- und Kaufrechts zusammensetzt und bei dem die mietrechtlichen Bestandteile nicht überwiegen, können die Parteien Kündigungsmöglichkeiten vereinbaren, die sich tatbestandlich an die Bestimmungen des Heimgesetzes anlehnen.[648]

234 Für **Mietaufhebungsverträge** gilt § 573 Abs. 4 BGB ohnehin regelmäßig nicht,[649] denn es steht dem Mieter frei, auf den gesetzlich gewährten Schutz zu verzichten.

III. Rechtsfolge: Unwirksamkeit der getroffenen Vereinbarung

235 Untersagt und damit unwirksam sind sämtliche Abreden, die den in § 573 BGB bestimmten **Kündigungsschutz eines Wohnraummieters verkürzen** oder entfallen lassen. Dazu zählen auch Vereinbarungen,
- die bei einem Mischmietverhältnis mit untergeordneter gewerblicher Nutzung dennoch dessen Zuordnung zur Gewerberaummiete vorsehen,[650]
- durch die dem gesetzlichen Leitbild nicht entsprechende Kündigungsgründe geregelt werden,[651]
- die den Kreis der Bedarfspersonen oder Bedarfsgründe erweitern[652] oder
- die das schriftliche Begründungserfordernis abbedingen[653].

236 Zulässig sind dagegen vertragliche Absprachen, die die **vermieterseitige Kündigung zu Gunsten des Mieters erschweren**. So können die gesetzlich vorgesehenen Kündigungsgründe weiter eingeschränkt und für bestimmte Gründe ganz ausgeschlossen werden.[654]

237 Der **Verzicht des Vermieters** auf das Recht, ein Wohnraummietverhältnis wegen Eigenbedarfs zu kündigen, **bedarf** – wie der gesamte Mietvertrag – **der Schriftform**, wenn der Verzicht für mehr als

---

[647] BGBl I 2001, 1149.
[648] BGH v. 21.04.2005 - III ZR 293/04 - juris Rn. 12 - NJW 2005, 2008-2010; auch eine Bindung des Servicevertrages an den Fortbestand des Mietvertrages im Rahmen eines betreuten Wohnens ist möglich, vgl. BGH v. 23.02.2006 - III ZR 167/05 - juris Rn. 14 - NJW 2006, 1276-1277.
[649] *Blank* in: Schmidt-Futterer, Mietrecht, 10. Aufl. 2011, § 573 Rn. 287.
[650] LG Hamburg v. 14.06.1988 - 16 O 230/87 - juris Rn. 3 - WuM 1988, 406-407.
[651] *Blank* in: Schmidt-Futterer, Mietrecht, 10. Aufl. 2011, § 573 Rn. 284.
[652] *Rolfs* in: Staudinger, § 573 Rn. 240.
[653] *Rolfs* in: Staudinger, § 573 Rn. 240.
[654] OLG Karlsruhe v. 21.01.1985 - 3 REMiet 8/84 - juris Rn. 25 - NJW-RR 1986, 89-91; LG Lübeck v. 15.02.1990 - 14 S 340/89 - juris Rn. 3 - WuM 1990, 300 sowie LG Darmstadt v. 26.03.1987 - 6 S 288/86 - juris Rn. 8 - WuM 1988, 22-23.

ein Jahr gelten soll (§ 550 Satz 1 BGB).[655] Dies folgt aus dem Schutzzweck der Formvorschrift, die dem Informationsinteresse eines potentiellen Grundstückserwerbers dient. Wird die Schriftform nicht eingehalten, so ist das Mietverhältnis ohne Beachtung der Kündigungsbeschränkung, frühestens zum Ablauf eines Jahres nach Überlassung des Wohnraums, kündbar (§ 550 Satz 2 BGB).[656]

Auch ein späterer Erwerber der Wohnung ist nach § 566 Abs. 1 BGB an einen solchen Verzicht gebunden.[657]

Abdingbarkeit: Auch § 573 Abs. 4 BGB selbst ist nach seinem Sinn und Zweck unabdingbar.

IV. Anwendungsfelder – Übergangsrecht

Das **Mietrechtsreformgesetz** vom 19.06.2001[658] enthält **keine Übergangsvorschrift** zu § 573 Abs. 4 BGB. Dieser ist folglich ohne zeitliche Beschränkung auf alle Kündigungen anwendbar.

---

[655] BGH v. 04.04.2007 - VIII ZR 223/06 - juris Rn. 13 - NSW BGB § 573 (BGH-intern); a.A. LG Lübeck v. 15.02.1990 - 14 S 340/89 - juris Rn. 3 - WuM 1990, 300 sowie AG Freiburg (Breisgau) v. 09.02.1990 - 5 C 4033/89 - juris Rn. 5 - WuM 1990, 433.
[656] BGH v. 04.04.2007 - VIII ZR 223/06 - juris Rn. 13 - NSW BGB § 573 (BGH-intern).
[657] LG Frankenthal v. 27.07.2005 - 2 S 119/05 - juris Rn. 5 - Info M 2006, 124; OLG Karlsruhe v. 21.01.1985 - 3 REMiet 8/84 - juris Rn. 26 - NJW-RR 1986, 89-91 sowie für vom Zwangsverwalter abgegebenen Verzicht LG Berlin v. 25.04.1996 - 62 S 242/95 - juris Rn. 13 - MM 1996, 289-292.
[658] BGBl I 2001, 1149.

§ 573a BGB Erleichterte Kündigung des Vermieters

(Fassung vom 02.01.2002, gültig ab 01.01.2002)

(1) ¹Ein Mietverhältnis über eine Wohnung in einem vom Vermieter selbst bewohnten Gebäude mit nicht mehr als zwei Wohnungen kann der Vermieter auch kündigen, ohne dass es eines berechtigten Interesses im Sinne des § 573 bedarf. ²Die Kündigungsfrist verlängert sich in diesem Fall um drei Monate.

(2) Absatz 1 gilt entsprechend für Wohnraum innerhalb der vom Vermieter selbst bewohnten Wohnung, sofern der Wohnraum nicht nach § 549 Abs. 2 Nr. 2 vom Mieterschutz ausgenommen ist.

(3) In dem Kündigungsschreiben ist anzugeben, dass die Kündigung auf die Voraussetzungen des Absatzes 1 oder 2 gestützt wird.

(4) Eine zum Nachteil des Mieters abweichende Vereinbarung ist unwirksam.

Gliederung

A. Kommentierung zu Absatz 1	1
I. Grundlagen	1
1. Kurzcharakteristik	1
2. Gesetzgebungsgeschichte und -materialien	2
3. Regelungsprinzipien	3
II. Anwendungsvoraussetzungen	4
1. Normstruktur	4
2. Mietverhältnis über eine Wohnung	5
3. In einem vom Vermieter selbst bewohnten Gebäude	6
4. Mit nicht mehr als zwei Wohnungen	18
III. Rechtsfolgen	24
1. Recht zur ordentlichen Kündigung ohne berechtigtes Interesse (Absatz 1 Satz 1)	24
2. Verlängerung der Kündigungsfrist (Absatz 1 Satz 2)	31
IV. Prozessuale Hinweise/Verfahrenshinweise	34
V. Anwendungsfelder – Übergangsrecht	36
B. Kommentierung zu Absatz 2	38
I. Grundlagen	38
1. Kurzcharakteristik	38
2. Gesetzgebungsgeschichte und -materialien	39
3. Regelungsprinzipien	40
II. Anwendungsvoraussetzungen	41
1. Normstruktur	41
2. Mietverhältnis über Wohnraum	42
3. Innerhalb der vom Vermieter selbst bewohnten Wohnung	46
III. Rechtsfolgen	51
IV. Prozessuale Hinweise/Verfahrenshinweise	54
V. Anwendungsfelder – Übergangsrecht	55
C. Kommentierung zu Absatz 3	56
I. Grundlagen	56
1. Kurzcharakteristik	56
2. Gesetzgebungsgeschichte und -materialien	57
3. Regelungsprinzipien	58
II. Anwendungsvoraussetzungen	59
III. Rechtsfolge: Verpflichtung zur Angabe des Kündigungstatbestandes	60
1. Abdingbarkeit	66
2. Praktische Hinweise	67
IV. Prozessuale Hinweise/Verfahrenshinweise	68
V. Anwendungsfelder – Übergangsrecht	69
D. Kommentierung zu Absatz 4	70
I. Grundlagen	70
1. Kurzcharakteristik	70
2. Gesetzgebungsgeschichte und -materialien	71
II. Unwirksamkeit zum Nachteil des Mieters von Absatz 1, Absatz 2, Absatz 3 abweichender Vereinbarungen	72
III. Anwendungsfelder – Übergangsrecht	75

A. Kommentierung zu Absatz 1

I. Grundlagen

1. Kurzcharakteristik

1 § 573a Abs. 1 BGB erleichtert die ordentliche Kündigung für den Vermieter bei von ihm selbst mitbewohnten Gebäuden mit nicht mehr als zwei Wohnungen.

2. Gesetzgebungsgeschichte und -materialien

2 § 573a Abs. 1 BGB führt die vor dem **Mietrechtsreformgesetz** vom 19.06.2001[1] in § 564b Abs. 4 Satz 1 Nr. 1, Satz 2 BGB a.F. enthaltenen Regelungen unter geringfügigen Änderungen fort. Die in

---

[1] BGBl I 2001, 1149.

§ 564b Abs. 4 Satz 1 Nr. 2 BGB a.F. getroffene Bestimmung für Wohngebäude mit drei Wohnungen, von denen mindestens eine durch Ausbau oder Erweiterung des vom Vermieter selbst bewohnten Gebäudes nach dem 31.05.1990 und vor dem 01.06.1999 fertig gestellt wurde, ist aus Vereinfachungsgründen weggefallen, zur diesbezüglichen Übergangsregelung vgl. Rn. 36.

3. Regelungsprinzipien

Die Vorschriften beruhen auf der – allerdings im Wortlaut der Regelungen ohne Niederschlag gebliebenen – gesetzgeberischen Überlegung, dass das enge Zusammenleben von Mieter und Vermieter in einem Zweifamilienhaus ein **Mindestmaß an Harmonie** voraussetzt. Im Hinblick auf die bei einem solchen Zusammenleben unter einem Dach erhöhte Gefahr von Spannungen zwischen den Mietvertragsparteien soll der Vermieter sich, auch ohne ein berechtigtes Interesse nachweisen zu müssen, vom Mietverhältnis lösen können.[2]

II. Anwendungsvoraussetzungen

1. Normstruktur

Normstruktur:
- Tatbestandsmerkmale:
  - Mietverhältnis über eine Wohnung,
  - in einem vom Vermieter selbst bewohnten Gebäude,
  - mit nicht mehr als zwei Wohnungen.
- Rechtsfolge:
  - Recht zur ordentlichen Kündigung ohne berechtigtes Interesse (§ 573a Abs. 1 Satz 1 BGB),
  - Verlängerung der Kündigungsfrist (§ 573a Abs. 1 Satz 2 BGB).

2. Mietverhältnis über eine Wohnung

Die Bestimmung ist nur auf die **Miete einer Wohnung** anwendbar. Vgl. hierzu zunächst die Erläuterungen zu § 573 BGB in der Kommentierung zu § 573 BGB Rn. 7. § 573a BGB ist allerdings insoweit **enger gefasst** als § 573 BGB, als die Vorschrift nur auf Mietverhältnisse für eine **Wohnung** und nicht allgemein über Wohnraum Anwendung findet. Unter einer Wohnung ist eine selbständige, räumlich und wirtschaftlich gesonderte Wohneinheit, die eine selbständige Haushaltsführung ermöglicht, zu verstehen.[3] Ausreichend ist hierzu, dass die Räumlichkeiten wenigstens über eine Kochgelegenheit, eine Wasserversorgung, einen Ausguss und eine Toilette verfügen.[4] Es genügt ferner sogar, wenn zumindest die entsprechenden Anschlüsse vorhanden sind, die eine Anbringung der erforderlichen Einrichtungen unschwer ermöglichen.[5] Eine in sich abgeschlossene Wohneinheit ist dagegen, sofern dem Mieter alle zur Haushaltsführung notwendigen Einrichtungen zur ausschließlichen und nicht nur Mitbenutzung[6] zur Verfügung stehen, nicht erforderlich.[7] Maßgebend für die Bewertung von Räumen als Wohnung ist letztlich die Verkehrsanschauung.[8] Die steuerrechtliche Einordnung ist für die mietrechtliche Beurteilung dagegen unerheblich.[9]

---

[2] BGH v. 23.06.2010 - VIII ZR 325/09 - juris Rn. 19 - NSW BGB § 573a (BGH-intern); BGH v. 25.06.2008 - VIII ZR 307/07 - juris Rn. 18 - NSW BGB § 573a (BGH-intern) und *Blank* in: Schmidt-Futterer, Mietrecht, 10. Aufl. 2011, § 573a Rn. 1.

[3] BGH v. 17.11.2010 - VIII ZR 90/10 - juris Rn. 8 und 9 - NSW BGB § 573a (BGH-intern); AG Miesbach v. 09.01.2003 - 2 C 1026/02 - juris Rn. 19 - WuM 2003, 91-92 und – insoweit zutreffend – AG Aschaffenburg v. 22.03.2007 - 15 C 2582/06 - juris Rn. 19 - WuM 2007, 460-462.

[4] LG Aachen v. 29.07.1993 - 6 S 106/93 - juris Rn. 3 - WuM 1993, 616-617.

[5] LG Braunschweig v. 24.05.1983 - 6 S 53/83 - juris Rn. 3 - WuM 1985, 64.

[6] *Krenek* in: Müller/Walther, Miet- und Pachtrecht, § 573a Rn. 3 und *Sternel*, Mietrecht, 3. Aufl. 1988, Teil IV Rn. 240.

[7] LG Köln v. 01.12.1998 - 12 S 188/98 - juris Rn. 6 - ZMR 1999, 560-561 sowie LG Bonn v. 19.09.1991 - 6 S 112/91 - juris Rn. 7 - WuM 1992, 24.

[8] LG Hamburg v. 23.02.1993 - 316 S 139/91 - juris Rn. 2 - WuM 1994, 215-216.

[9] LG Hildesheim v. 24.06.1992 - 7 S 71/92 - juris Rn. 5 - NJW-RR 1993, 585-586.

3. In einem vom Vermieter selbst bewohnten Gebäude

6 Der Vermieter, d.h. der **Vertragspartner des Mieters** aus dem Mietvertrag, muss das Gebäude bewohnen. Dies gilt unabhängig davon, ob dieser auch Eigentümer desselben ist. Dem **Eigentümer** des Gebäudes, der nicht dessen Vermieter ist, steht das Kündigungsrecht selbst dann nicht zu, wenn er dort wohnt.[10]

7 Sind am Vertrag **mehrere** natürliche **Personen** als Vermieter beteiligt, so reicht es aus, wenn einer von ihnen in dem Gebäude wohnt.[11]

8 **Juristische Personen** können sich dagegen auf das Sonderkündigungsrecht nach § 573a BGB schon deshalb nicht berufen, weil sie selbst kein Gebäude bewohnen können.

9 Die Vorschrift gilt auch im Verhältnis zwischen Hauptmieter/**Untervermieter** und Untermieter.

10 (Einer) Der Vermieter muss das Gebäude **bewohnen**, d.h. die andere Wohnung (str.)[12] zu Wohnzwecken nutzen. Nach Sinn und Zweck der Vorschrift muss er dabei die Räume so intensiv nutzen, dass er in seinem Lebensbereich durch den Mieter berührt und im Konfliktfall beeinträchtigt wird, was regelmäßig voraussetzt, dass er in dem Gebäude seinen **Lebensmittelpunkt** hat.[13] Eine Nutzung für wenige Tage im Monat ist dafür nicht ausreichend.[14] Nach hier vertretener Auffassung kann allerdings ein hinreichender Wohnsitz im Einzelfall bei entsprechend regelmäßiger Nutzung zweier Wohnungen an beiden Orten begründet werden, insbesondere bei Wochenendwohnungen.[15] Ob der Vermieter in der Wohnung polizeilich gemeldet ist oder nicht, spielt keine Rolle.[16]

11 Aus dem Schutzzweck (vgl. hierzu Rn. 3) des § 573a Abs. 1 BGB ergibt sich, dass eine Kündigung, die vom Vermieter lediglich mit dem Ziel ausgesprochen wird, das **Gebäude abzureißen** und einen Neubau zu errichten, von der Vorschrift nicht erfasst wird.[17] Ebenso wenig kann sich der Vermieter auf die Regelung berufen, wenn er in der Absicht kündigt, nach dem Auszug des Mieters **auch die eigene Wohnung im Gebäude aufzugeben**, um dieses sodann freistehend verkaufen zu können.[18]

12 Es reicht aus, wenn der Vermieter **zum Zeitpunkt des Zugangs der Kündigung** eine Wohnung im Gebäude bewohnt, dies muss nicht bereits bei Vertragsschluss der Fall gewesen sein.[19]

13 Wie bei der Eigenbedarfs- (§ 573 Abs. 2 Nr. 3 BGB) und Verwertungskündigung (§ 573 Abs. 2 Nr. 3 BGB) ist auch bei der Kündigung nach § 573a Abs. 1 BGB erforderlich, dass der Kündigungsgrund **bis zur Räumung** des Mieters andauert, d.h. der Vermieter – zumindest – bis zu diesem Zeitpunkt im Gebäude wohnt.[20] Zieht der Vermieter vorher aus, ist er verpflichtet, den Mieter nach dem Grundsatz des § 242 BGB auf die Veränderung der Sachlage hinzuweisen und sich zur Fortsetzung des Mietverhältnisses bereit zu erklären.[21] Diese **Hinweispflicht** des Vermieters besteht allerdings nicht mehr, wenn er seine Wohnung in dem Gebäude erst nach Ablauf der Kündigungsfrist – oder im Falle der vorherigen Räumung durch den Mieter in diesem Zeitpunkt – aufgibt, vgl. hierzu die Kommentierung

---

[10] LG Karlsruhe v. 09.03.1989 - 5 S 521/88 - juris Rn. 3 - WuM 1989, 241.
[11] *Blank* in: Schmidt-Futterer, Mietrecht, 10. Aufl. 2011, § 573a Rn. 16.
[12] *Lammel*, Wohnraummietrecht, 3. Aufl. 2007, § 573a Rn. 14; a.A. – „Bewohnen" eines Zimmers ausreichend – *Blank* in: Schmidt-Futterer, Mietrecht, 10. Aufl. 2011, § 573a Rn. 15.
[13] LG Berlin v. 14.03.1991 - 62 S 481/90 - juris Rn. 4 - NJW-RR 1991, 1227-1228.
[14] LG Berlin v. 14.03.1991 - 62 S 481/90 - juris Rn. 5 - NJW-RR 1991, 1227-1228.
[15] AG Halle-Saalkreis v. 11.08.1994 - 92 C 103/94 - juris Rn. 4 - WuM 1995, 43.
[16] LG Wuppertal v. 10.11.1989 - 10 S 395/89 - juris Rn. 4 - WuM 1990, 156.
[17] LG Mannheim v. 16.01.2004 - 4 S 100/03 - juris Rn. 18 - WuM 2004, 99-101.
[18] LG Stuttgart v. 25.01.2006 - 13 S 357/05 - juris Rn. 4 - WuM 2007, 75-76 und LG Duisburg v. 18.01.2005 - 13 S 333/04 - juris Rn. 5 - ZMR 2005, 366.
[19] BayObLG München v. 31.01.1991 - RE-Miet 3/90 - juris Rn. 15 - NJW-RR 1991, 1036-1037; OLG Karlsruhe v. 25.11.1991 - 9 REMiet 1/91 - juris Rn. 18 - NJW-RR 1992, 336-338 sowie OLG Koblenz v. 25.05.1981 - 4 W-RE 277/81 - juris Rn. 5 - OLGZ 1981, 455-456.
[20] OLG Karlsruhe v. 22.04.1993 - 11 U 60/92 - juris Rn. 1 - NJW-RR 1994, 80-81; LG Stuttgart v. 25.01.2006 - juris Rn. 5 - WuM 2007, 75-76 und LG Duisburg v. 18.01.2005 - 13 S 333/04 - juris Rn. 5 - ZMR 2005, 366.
[21] LG Duisburg v. 18.01.2005 - 13 S 333/04 - juris Rn. 12 - ZMR 2005, 366, die dort zur zeitlichen Dauer der Hinweispflicht vertretene Auffassung ist indessen überholt; *Krenek* in: Müller/Walther, Miet- und Pachtrecht, § 573a Rn. 10 und – zur Vorgängervorschrift – LG Braunschweig v. 14.10.1988 - 6 S 117/88 - juris Rn. 4 - WuM 1991, 202-203.

zu § 573 BGB Rn. 119. Bei Unterlassen entsprechender Hinweise macht sich der Vermieter gegebenenfalls schadensersatzpflichtig, vgl. hierzu die Kommentierung zu § 573 BGB Rn. 30.

Da das Kündigungsrecht nach § 573a Abs. 1 BGB an die Person des Vermieters gebunden ist, können sich dessen **Rechtsnachfolger** (Erben, Erwerber u.a.) auf eine von diesem ausgesprochene Kündigung regelmäßig nicht berufen.[22] Etwas anderes gilt nur dann, wenn der Rechtsnachfolger ebenfalls schon die Wohnung in dem Gebäude – zusammen mit dem vormaligen Vermieter – bewohnt hatte und auch weiterhin bewohnt.[23]

Nur sofern der Vermieter einen abweichenden Vertrauenstatbestand geschaffen hat, kann ihm die Berufung auf die Verhältnisse im Zeitpunkt der Kündigung nach **Treu und Glauben** (§ 242 BGB) versagt sein.[24] Ohne besondere Anhaltspunkte darf der Mieter aber nicht darauf vertrauen, dass der Vermieter nicht selbst in ein von ihm zuvor gänzlich vermietetes Gebäude einzieht, denn diese Änderung der persönlichen Wohnverhältnisse ist vorhersehbar, sie entspricht dem normalen Verlauf der Dinge.[25]

Nicht mehr erforderlich ist nach dem Wortlaut von § 573a Abs. 1 Satz 1 BGB, dass die Wohnungen in einem **Wohngebäude** gelegen sind. Es ist vielmehr ausreichend, dass diese sich in **einem** Gebäude befinden, auch wenn dieses daneben gewerblich genutzt wird.[26]

Ob **ein Gebäude** oder „zwei (selbständige) Gebäude unter einem Dach" vorliegen, bei denen kein Sonderkündigungsrecht besteht, ist auf Grund der baulichen Situation nach der Verkehrsauffassung und nicht nach der Ausweisung im Grundbuch als einheitliches Gebäude zu entscheiden.[27] Eine Bewertung dahingehend, dass die Wohneinheiten kein einheitliches Gebäude bilden, setzt eine weitgehende bauliche Trennung voraus: Es muss, wenn schon nicht äußerlich erkennbar, zumindest eine bauliche Situation gegeben sein wie bei zwei voneinander getrennten Gebäuden, beispielsweise durch Trennung mittels einer Brandschutzmauer.[28] Allein das Fehlen eines gemeinsamen Treppenhauses, eines gemeinsamen Hauseinganges oder sonstiger gemeinschaftlich zu nutzender Räume oder Flächen reicht hierfür nicht aus.[29] Eine hinreichende bauliche Trennung kommt insbesondere bei Reihenhäusern, Doppelhaushälften u.Ä. in Betracht.[30]

4. Mit nicht mehr als zwei Wohnungen

Zum Begriff der Wohnung vgl. Rn. 5. Die – auch dauerhafte – Benutzung von **weiteren Einzelräume**n, die selbst jeweils keine Führung eines eigenen Haushaltes ermöglichen, durch Dritte[31]

---

[22] OLG Karlsruhe v. 22.04.1993 - 11 U 60/92 - juris Rn. 4 - NJW-RR 1994, 80-81; a.A. AG Aschaffenburg v. 22.03.2007 - 15 C 2582/06 - juris Rn. 24 - WuM 2007, 460-462.

[23] *Blank* in: Schmidt-Futterer, Mietrecht, 10. Aufl. 2011, § 573a Rn. 20; weitergehend – Erbe / Erwerber bereits dann, wenn er die Wohnung nach dem Tod des Vermieters / Erwerb bezieht – *Krenek* in: Müller/Walther, Miet- und Pachtrecht, § 573a Rn. 10.

[24] BayObLG München v. 31.01.1991 - RE-Miet 3/90 - juris Rn. 18 - NJW-RR 1991, 1036-1037; OLG Karlsruhe v. 25.11.1991 - 9 REMiet 1/91 - juris Rn. 21 - NJW-RR 1992, 336-338 sowie OLG Koblenz v. 25.05.1981 - 4 W-RE 277/81 - juris Rn. 6 - OLGZ 1981, 455-456.

[25] OLG Hamburg v. 07.04.1982 - 4 U 167/81 - juris Rn. 21 - NJW 1983, 182-84; OLG Karlsruhe v. 25.11.1991 - 9 REMiet 1/91 - juris Rn. 21 - NJW-RR 1992, 336-338 sowie BayObLG München v. 31.01.1991 - RE-Miet 3/90 - juris Rn. 16 - NJW-RR 1991, 1036-1037.

[26] BGH v. 25.06.2008 - VIII ZR 307/07 - juris Rn. 19 - NSW BGB § 573a (BGH-intern) und *Blank* in: Schmidt-Futterer, Mietrecht, 10. Aufl. 2011, § 573a Rn. 14; kritisch hierzu *Lammel*, Wohnraummietrecht, 3. Aufl. 2007, § 573a Rn. 6.

[27] BGH v. 23.06.2010 - VIII ZR 325/09 - juris Rn. 12 - NSW BGB § 573a (BGH-intern) und LG Köln v. 04.12.2002 - 9 S 150/02 - juris Rn. 5 - WuM 2003, 278-279.

[28] BGH v. 25.06.2008 - VIII ZR 307/07 - juris Rn. 18 - NSW BGB § 573a (BGH-intern).

[29] BGH v. 25.06.2008 - VIII ZR 307/07 - juris Rn. 18 - NSW BGB § 573a (BGH-intern).

[30] BGH v. 23.06.2010 - VIII ZR 325/09 - juris Rn. 12 - NSW BGB § 573a (BGH-intern); BGH v. 25.06.2008 - VIII ZR 307/07 - juris Rn. 18 - NSW BGB § 573a (BGH-intern); OLG Saarbrücken v. 02.07.1992 - 5 RE-Miet 1/92 - juris Rn. 26 - NJW-RR 1993, 20-24; AG Hamburg-Altona v. 31.10.2003 - 315B C 176/03 - juris Rn. 33 - WuM 2007, 91 sowie AG Haßfurt v. 09.07.1998 - 1 C 176/98 - juris Rn. 8 - WuM 1999, 119-120.

[31] *Sternel*, Mietrecht aktuell, 4. Aufl. 2009, Teil XI Rn. 392 sowie *Lammel*, Wohnraummietrecht, 3. Aufl. 2007, § 573a Rn. 8.

§ 573a

oder den Vermieter[32] neben zwei vorhandenen Wohnungen steht der Anwendung von § 573a Abs. 1 BGB nicht entgegen. Die sich ergänzenden Räume einer Wohnung können auch auf **verschiedene Stockwerke** verteilt sein.[33]

19 Ausgangspunkt sind die objektiven baulichen Gegebenheiten unter Beachtung der **Verkehrsanschauung**[34], d.h., ob vorhandene Räumlichkeiten zu einer Nutzung als Wohnung geeignet sind. Ob eine solche Nutzung tatsächlich stattfindet, ist dagegen unerheblich.[35]

20 Eine Ausnahme hiervon gilt insoweit, als der Vermieter auch zu Wohnzwecken geeignete Räumlichkeiten **gewerblich nutzt** oder durch Dritte nutzen lässt: Diese stellen, solange die gewerbliche Nutzung andauert, keine Wohnung im Sinne von § 573a Abs. 1 Satz 1 BGB dar.[36]

21 Eine vorhandene Wohnung – im Sinne eines selbständigen, räumlich und wirtschaftlich abgegrenzten Bereichs, der eine eigenständige Haushaltsführung ermöglicht (vgl. Rn. 5) – fällt nicht dadurch weg, dass der Vermieter diese **in seinen Wohnbereich integriert**. Denn durch eine solche Erweiterung des Wohnbereichs des Vermieters reduziert sich der gegebene Wohnungsbestand nicht.[37]

22 Unerheblich ist es dagegen für die Beurteilung der Eignung als Wohnung im Rahmen des § 573a Abs. 1 Satz 1 BGB, ob **bauordnungsrechtliche Vorschriften** einer solchen Nutzung entgegenstehen, weil trotz der Baurechtswidrigkeit die für die Verkehrsanschauung (vgl. Rn. 19) maßgebliche tatsächliche Wohnungsnutzung erfolgen kann.[38] Belanglos ist schließlich, ob **ausbaufähige Räumlichkeiten** (Dach-, Kellergeschoss u.a.) vorhanden sind[39], auch wenn der Vermieter die Einrichtung weiterer Wohnungen dort plant[40].

23 Auch für den Wohnungsbestand kommt es grundsätzlich auf den Zustand **bei Zugang der Kündigung** an (str.).[41] Allerdings wird man dem Vermieter grundsätzlich die Berufung auf eine von ihm geschaffene **Veränderung** des Wohnungsbestandes des Gebäudes unter dem Gesichtspunkt von Treu und Glauben (§§ 242, 162 Abs. 2 BGB) versagen müssen, wenn der Mieter – wie regelmäßig – mangels anderweitiger Anhaltspunkte darauf vertrauen durfte, dass der Wohnungsbestand unverändert bleibt.[42]

---

[32] AG Karlsruhe v. 06.04.1990 - 6 C 86/90 - juris Rn. 18 - DWW 1990, 212.

[33] BGH v. 25.06.2008 - VIII ZR 307/07 - juris Rn. 20 - NSW BGB § 573a (BGH-intern).

[34] BGH v. 17.11.2010 - VIII ZR 90/10 - juris Rn. 8 - NSW BGB § 573a (BGH-intern) und auch BGH v. 25.06.2008 - VIII ZR 307/07 - juris Rn. 18 - NSW BGB § 573a (BGH-intern).

[35] LG Essen v. 05.06.1992 - 1 S 91/92 - juris Rn. 9 - WuM 1993, 54-55 sowie LG Essen v. 29.07.1976 - 10 S 324/76 - juris Rn. 26 - WuM 1977, 206.

[36] BGH v. 25.06.2008 - VIII ZR 307/07 - juris Rn. 19 - NSW BGB § 573a (BGH-intern) und *Blank* in: Schmidt-Futterer, Mietrecht, 10. Aufl. 2011, § 573a Rn. 25.

[37] BGH v. 17.11.2010 - VIII ZR 90/10 - juris Rn. 10 - NSW BGB § 573a (BGH-intern); a.A. noch LG Saarbrücken v. 31.03.2006 - 13 B S 112/05 - juris Rn. 23 - ZMR 2007, 540-543 und *Blank* in: Schmidt-Futterer, Mietrecht, 10. Aufl. 2011, § 573a Rn. 28.

[38] BGH v. 17.11.2010 - VIII ZR 90/10 - juris Rn. 8 - NSW BGB § 573a (BGH-intern); LG Aachen v. 29.07.1993 - 6 S 106/93 - juris Rn. 4 - WuM 1993, 616-617 sowie LG Bochum v. 07.01.1983 - 5 S 333/82 - juris Rn. 4 - WuM 1984, 133-134.

[39] LG Wiesbaden v. 13.10.1980 - 1 S 270/80 - juris Rn. 3 - WuM 1981, 162.

[40] LG Mannheim v. 14.01.1981 - 4 S 105/80 - juris Rn. 2 - WuM 1981, 234, allerdings sehr weitgehend, nämlich auch schon bei Beginn der Ausbauarbeiten. In solchen Fällen wird gegebenenfalls ein treuwidriges Verhalten des Vermieters in Betracht kommen.

[41] *Blank* in: Schmidt-Futterer, Mietrecht, 10. Aufl. 2011, § 573a Rn. 25; *Rolfs* in: Staudinger, BGB, § 573a Rn. 16; *Krenek* in: Müller/Walther, Miet- und Pachtrecht, § 573a Rn. 9; *Franke* in: Fischer-Dieskau/Pergande/Schwender, Wohnungsbaurecht, § 573a Anm. 10.4 sowie LG Berlin v. 23.10.1998 - 64 S 161/98 - juris Rn. 8 - Grundeigentum 1999, 507-509; a.A. OLG Hamburg v. 07.04.1982 - 4 U 167/81 - juris Rn. 18 - NJW 1983, 182-84 - maßgeblich Zustand bei Begründung des Mietverhältnisses; BayObLG München v. 31.01.1991 - RE-Miet 3/90 - juris Rn. 15 - NJW-RR 1991, 1036-1037 sowie *Sternel*, Mietrecht aktuell, 4. Aufl. 2009, Teil XI Rn. 402; offen gelassen in BGH v. 17.11.2010 - VIII ZR 90/10 - juris Rn. 12 - NSW BGB § 573a (BGH-intern).

[42] *Blank* in: Schmidt-Futterer, Mietrecht, 10. Aufl. 2011, § 573a Rn. 26; *Rolfs* in: Staudinger, BGB, § 573a Rn. 16; *Hannappel* in: Bamberger/Roth, § 573a Rn. 23; *Franke* in: Fischer-Dieskau/Pergande/Schwender, Wohnungsbaurecht, § 573a Anm. 10.4 sowie *Grapentin* in: Bub/Treier, Handbuch der Geschäfts- und Wohnraummiete, 3. Aufl. 1999, Teil IV Rn. 97 und – zur generell fehlenden Vorhersehbarkeit für den Mieter – OLG Hamburg v. 07.04.1982 - 4 U 167/81 - juris Rn. 21 - NJW 1983, 182-84.

Es besteht allerdings **kein schutzwürdiges Vertrauen** des Mieters, wenn der Vermieter eine entsprechende Absicht bei Vertragsschluss mitgeteilt hatte[43] oder wenn diese aus den objektiven Umständen erkennbar war[44]. Ebenso genießt der Mieter keinen Vertrauensschutz, wenn die Veränderung des Wohnungsbestandes einvernehmlich erfolgt[45] oder durch den Mieter selbst herbeigeführt wird[46].

III. Rechtsfolgen

1. Recht zur ordentlichen Kündigung ohne berechtigtes Interesse (Absatz 1 Satz 1)

Sind die vorliegenden Voraussetzungen gegeben, kann der Vermieter das Mietverhältnis durch eine ordentliche Kündigung beenden, ohne dass er ein besonderes berechtigtes Interesse nach § 573 BGB geltend machen muss. Es ist auch nicht erforderlich, dass der Vermieter dem gesetzgeberischen Motiv entsprechende Spannungen zwischen den Vertragsparteien dartut oder gar nachweist.[47]   24

Eine Kündigung **zum Zwecke der Mieterhöhung** (§ 573 Abs. 1 Satz 2 BGB) ist aber auch nach § 573a Abs. 1 BGB nicht zulässig.[48]   25

Das Kündigungsrecht nach § 573a Abs. 1 BGB steht selbständig neben dem aus § 573 BGB. Dem Vermieter kommt, sofern er ein berechtigtes Interesse an der Beendigung des Mietverhältnisses hat, insoweit ein **Wahlrecht** zu.[49] Dies besagt aber lediglich, dass er auch beim Bestehen eines berechtigten Interesses frei zwischen den beiden Kündigungstatbeständen wählen kann („elektive Konkurrenz"). Weder bindet ihn die Ausübung der Wahl in der Weise, dass er das Recht zur Kündigung nach der anderen Regelung verliert, noch ist es ihm verboten, die Beendigung des Mietverhältnisses nach beiden Vorschriften zu verfolgen. Da die Kündigungstatbestände unterschiedliche Voraussetzungen haben, muss für den Mieter aber stets erkennbar sein, auf Grund welcher Regelung das Mietverhältnis beendet werden soll. Deshalb muss der Vermieter, wenn er seine Kündigung auf beide Tatbestände stützt, diese in ein Rangverhältnis setzen und entweder die Kündigung nach § 573a Abs. 1 BGB **hilfsweise** zu der nach § 573 BGB oder umgekehrt erklären.[50] Dies gilt auch, wenn eine der Kündigungen zeitlich nach der anderen erfolgt; in diesem Fall wird die seit der ersten Kündigung verstrichene Kündigungsfrist nicht angerechnet.[51]   26

Nicht möglich ist dagegen das „**Nachschieben**" des jeweils anderen Kündigungstatbestandes nach Erklärung einer Kündigung, da die Rechtswirkungen der erklärten Kündigung nachträglich nicht abgeändert werden können.[52] Eine erneute Kündigung nach dem jeweils anderen Kündigungstatbestand ist aber – unabhängig von der Wirksamkeit der zuerst erklärten Kündigung – möglich (str.).[53]   27

Zu den **formell**en **Voraussetzungen** des Kündigungsschreibens vgl. Rn. 56.   28

---

[43] LG Memmingen v. 15.01.1992 - 1 S 1964/91 - juris Rn. 7 - NJW-RR 1992, 523-524.
[44] Vgl. AG Marl v. 26.02.1997 - 9 C 726/96 - juris Rn. 2 - WuM 1998, 221 - bereits begonnener Ausbau des Dachgeschosses.
[45] OLG Karlsruhe v. 10.06.1983 - 9 REMiet 1/83 - juris Rn. 19 - NJW 1984, 2953-2954 sowie BayObLG München v. 31.01.1991 - RE-Miet 3/90 - juris Rn. 17 - NJW-RR 1991, 1036-1037.
[46] OLG Karlsruhe v. 10.06.1983 - 9 REMiet 1/83 - juris Rn. 19 - NJW 1984, 2953-2954 und *Blank* in: Schmidt-Futterer, Mietrecht, 10. Aufl. 2011, § 573a Rn. 26.
[47] OLG Koblenz v. 25.05.1981 - 4 W-RE 277/81 - juris Rn. 6 - OLGZ 1981, 455-456.
[48] *Blank* in: Schmidt-Futterer, Mietrecht, 9. Aufl. 2007, § 573a Rn. 7.
[49] OLG Hamburg v. 07.04.1982 - 4 U 167/81 - juris Rn. 11 - NJW 1983, 182-84.
[50] LG Mannheim v. 16.01.2004 - 4 S 100/03 - juris Rn. 19 - WuM 2004, 99-101; BayObLG München v. 31.01.1991 - RE-Miet 3/90 - juris Rn. 9 - NJW-RR 1991, 1036-1037 sowie OLG Hamburg v. 07.04.1982 - 4 U 167/81 - juris Rn. 13 - NJW 1983, 182-84.
[51] *Lammel*, Wohnraummietrecht, 3. Aufl. 2007, § 573a Rn. 25.
[52] AG Rostock v. 03.03.1993 - 1 C 28/92 - juris Rn. 11 - DWW 1993, 142.
[53] OLG Karlsruhe v. 02.11.1981 - 3 REMiet 10/81 - juris Rn. 17 - WuM 1982, 14-15 und *Rolfs* in: Staudinger, BGB, § 573a Rn. 25; *Blank* in: Schmidt-Futterer, Mietrecht, 10. Aufl. 2011, § 573a Rn. 40; a.A. LG Stuttgart v. 25.01.2006 - juris Rn. 5 - WuM 2007, 75-76; *Hannappel* in Bamberger/Roth, § 573a Rn. 6 und noch *Blank* in: Schmidt-Futterer, Mietrecht, 7. Aufl. 1999, § 564b Rn. 355.

29 Soweit eine **ordentliche Kündigung** – insbesondere auf Grund vertraglicher Vereinbarungen – **ausgeschlossen** ist, wird hiervon auch eine ordentliche Kündigung nach § 573a Abs. 1 Satz 1 BGB erfasst.

30 Die **sonstigen Mieterschutzbestimmungen** – insbesondere das Widerspruchsrecht (§ 574 BGB), die Kündigungsfristen (§ 573c BGB, vgl. hierzu aber auch Rn. 31) und die Möglichkeit der Gewährung von Räumungsfristen (§§ 721, 794a ZPO) – **bleiben unberührt**.[54]

2. Verlängerung der Kündigungsfrist (Absatz 1 Satz 2)

31 Wenn der Vermieter nach § 573a Abs. 1 Satz 1 BGB kündigt, verlängert sich die ansonsten bei der ordentlichen Kündigung maßgebliche Kündigungsfrist um drei Monate. Die ursprüngliche Kündigungsfrist ergibt sich entweder aus den – wirksamen – vertraglichen Vereinbarungen der Parteien hierzu oder den gesetzlichen Vorschriften (§ 573c BGB), vgl. hierzu die Kommentierung zu § 573c BGB.

32 Die **Verlängerung tritt nicht ein**, wenn es sich um eine außerordentliche Kündigung mit gesetzlicher Frist nach § 573d BGB handelt (§ 573d Abs. 2 Satz 2 BGB, vgl. die Kommentierung zu § 573d BGB Rn. 23).

33 **Abdingbarkeit**: Vgl. hierzu Rn. 70.

IV. Prozessuale Hinweise/Verfahrenshinweise

34 Die **Darlegungs- und Beweislast** für die Voraussetzungen des Sonderkündigungsrechts nach § 573a Abs. 1 BGB trägt der **Vermieter**.[55]

35 Für den Einwand eines rechtsmissbräuchlichen Verhaltens des Vermieters ist dagegen der **Mieter** darlegungs- und beweisbelastet, wobei ihm gegebenenfalls der Beweis des ersten Anscheins zugute kommen kann.[56]

V. Anwendungsfelder – Übergangsrecht

36 Ein am 01.09.2001 bestehendes Mietverhältnis über eine Wohnung in einem **Wohngebäude mit drei Wohnungen**, von denen mindestens eine durch Ausbau oder Erweiterung des vom Vermieter selbst bewohnten Gebäudes nach dem 31.05.1990 und vor dem 01.06.1999 fertig gestellt wurde (§ 564b Abs. 4 Nr. 2 BGB a.F.), konnte bis zum 31.08.2006 nach altem Recht gekündigt werden (Art. 229 § 3 Abs. 2 EGBGB).

37 Im Übrigen enthält das **Mietrechtsreformgesetz** vom 19.06.2001[57] **keine Übergangsvorschrift** zu § 573a Abs. 1 BGB. Dieser ist folglich ohne zeitliche Beschränkung auf alle anderen Kündigungen anwendbar.

B. Kommentierung zu Absatz 2

I. Grundlagen

1. Kurzcharakteristik

38 § 573a Abs. 2 BGB erleichtert die ordentliche Kündigung von Wohnraum für den Vermieter, wenn sich das Mietobjekt in der von ihm selbst bewohnten Wohnung befindet.

2. Gesetzgebungsgeschichte und -materialien

39 § 573a Abs. 2 BGB führt die vor dem **Mietrechtsreformgesetz** vom 19.06.2001[58] in § 564b Abs. 4 Satz 3 BGB a.F. enthaltene Regelung unter geringfügigen Änderungen fort.

---

[54] OLG Karlsruhe v. 25.11.1991 - 9 REMiet 1/91 - juris Rn. 20 - NJW-RR 1992, 336-338 sowie – zur Rechtslage nach der Mietrechtsreform – *Lammel*, Wohnraummietrecht, 3. Aufl. 2007, § 573a Rn. 2.
[55] *Grapentin* in: Bub/Treier, Handbuch der Geschäfts- und Wohnraummiete, 3. Aufl. 1999, Teil IV Rn. 103.
[56] *Blank* in: Schmidt-Futterer, Mietrecht, 10. Aufl. 2011, § 573a Rn. 42.
[57] BGBl I 2001, 1149.
[58] BGBl I 2001, 1149.

3. Regelungsprinzipien

Vgl. zunächst Rn. 3. Das dort genannte gesetzgeberische Motiv gilt umso mehr, wenn die Mietvertragsparteien dieselbe Wohnung nutzen. **40**

II. Anwendungsvoraussetzungen

1. Normstruktur

Normstruktur: **41**
- Tatbestandsmerkmale:
  - Mietverhältnis über Wohnraum,
  - innerhalb der vom Vermieter selbst bewohnten Wohnung.
- Rechtsfolge:
  - Recht zur ordentlichen Kündigung ohne berechtigtes Interesse (§ 573a Abs. 2 BGB i.V.m. § 573a Abs. 1 Satz 1 BGB),
  - Verlängerung der Kündigungsfrist (§ 573a Abs. 2 BGB i.V.m. § 573a Abs. 1 Satz 2 BGB).

2. Mietverhältnis über Wohnraum

Vgl. hierzu zunächst die Kommentierung zu § 573 BGB Rn. 7. Wie § 573a Abs. 2 HS. 2 BGB klarstellend wiedergibt, findet das Sonderkündigungsrecht nach § 573a Abs. 2 HS. 1 BGB dann **keine Anwendung**, wenn es sich um Wohnraummietverhältnisse handelt, die gemäß § 549 Abs. 2 Nr. 2 BGB ohnehin vom Mieterschutz ausgenommen sind, d.h., wenn es sich um **Wohnraum innerhalb der Vermieterwohnung** handelt, den der Vermieter überwiegend mit Einrichtungsgegenständen ausgestattet hat und der dem Mieter **nicht** zum dauernden Gebrauch mit dessen Familie oder Personen überlassen wurde, mit denen der Mieter einen auf Dauer angelegten Haushalt führt. Denn in diesen Fällen bedarf es für die Wirksamkeit einer ordentlichen Kündigung ohnehin keines berechtigten Interesses des Vermieters, vgl. hierzu die Kommentierung zu § 549 BGB. Gleiches gilt, wenn die Anwendung der Mieterschutzvorschriften deshalb ausgeschlossen ist, weil der Wohnraum nach § 549 Abs. 2 Nr. 1 BGB nur zum vorübergehenden Gebrauch vermietet worden ist. **42**

Der **Anwendungsbereich** des Sonderkündigungsrechtes beschränkt sich daher auf nicht zum vorübergehenden Gebrauch vermieteten Wohnraum innerhalb der Vermieterwohnung, den **43**
- der Vermieter **nicht** überwiegend mit Einrichtungsgegenständen ausgestattet hat oder
- der Vermieter zwar überwiegend mit Einrichtungsgegenständen ausgestattet, dem Mieter aber **zum dauernden Gebrauch mit dessen Familie** oder Personen überlassen hat, mit denen der Mieter einen auf Dauer angelegten Haushalt führt.

Keine Anwendung findet § 573a BGB allerdings auf Mietverhältnisse über Wohnraum **in einem Studenten- oder Jugendwohnheim** (§ 549 Abs. 3 BGB), vgl. hierzu die Kommentierung zu § 549 BGB. **44**

Der erfasste **Wohnraum** ist solcher, dem das Merkmal einer eigenständigen Wohnung gemäß § 573a Abs. 1 Satz 1 BGB (vgl. hierzu Rn. 5) fehlt.[59] **45**

3. Innerhalb der vom Vermieter selbst bewohnten Wohnung

Der Vermieter muss die Wohnung ebenfalls **selbst bewohnen**, vgl. hierzu Rn. 5, Rn. 6 sowie Rn. 10. **46**

Weitere Voraussetzung für die Anwendung des § 573a Abs. 2 BGB ist, dass sich der vermietete Wohnraum **innerhalb** der vom Vermieter bewohnten Wohnung befindet. Dies ist gegeben, wenn ein so enger Zusammenhang zwischen den beiden Wohnbereichen besteht, dass der vermietete Wohnraum objektiv als Teil der Vermieterwohnung erscheint und deshalb ein besonders enges räumliches Zusammenleben der Vertragsparteien die Folge ist.[60] Dies setzt regelmäßig voraus, dass **gemeinsam genutzte Räume in der Wohnung** vorhanden sind. Es genügt die beidseitige Nutzung von Küche oder Bad[61], **47**

---

[59] *Gramlich*, Mietrecht, 11. Aufl. 2011, § 573a.
[60] *Rolfs* in: Staudinger, BGB, § 573a Rn. 19.
[61] *Gramlich*, Mietrecht, 11. Aufl. 2011, § 573a.

§ 573a

nicht dagegen die gemeinschaftliche Nutzung von Zubehör- und Nebenräumen (Treppenaufgänge, Keller, Waschküche, Garten o.a.).[62] Kein Kündigungsrecht nach § 573a Abs. 2 BGB besteht daher, wenn getrennte Hauseingänge und auch sonst keine beidseits genutzten Räumlichkeiten vorhanden sind.[63]

48 In einem **Einfamilienhaus** wird unabhängig von der gemeinschaftlichen Nutzung der Räume stets anzunehmen sein, dass sich der vermietete Wohnraum innerhalb der Wohnung des Vermieters befindet, da dieser ansonsten entgegen dem Sinn der gesetzlichen Regelung schlechter stünde, als wenn er eine selbständige Wohnung vermietet hätte.[64]

49 Auf Einfamilienhäuser ist der Anwendungsbereich des § 573a Abs. 2 BGB indessen nicht beschränkt, er gilt ebenso auch für Wohnungen in **Zwei- und Mehrfamilienhäusern**.[65]

50 § 573a Abs. 2 BGB ergreift schließlich bei Vorliegen der vorstehenden Voraussetzungen insbesondere auch **Wohngemeinschaften**, bei denen nur ein Mitglied Hauptmieter/Untervermieter und die übrigen Untermieter sind.[66]

III. Rechtsfolgen

51 Zum Recht zur ordentlichen Kündigung ohne berechtigtes Interesse (§ 573a Abs. 2 BGB i.V.m. § 573a Abs. 1 Satz 1 BGB) vgl. Rn. 24.

52 Zur Verlängerung der Kündigungsfrist (§ 573a Abs. 2 BGB i.V.m. § 573a Abs. 1 Satz 2 BGB) vgl. Rn. 31.

53 Zur Abdingbarkeit vgl. Rn. 70.

IV. Prozessuale Hinweise/Verfahrenshinweise

54 Vgl. hierzu Rn. 34.

V. Anwendungsfelder – Übergangsrecht

55 Das **Mietrechtsreformgesetz** vom 19.06.2001[67] enthält **keine Übergangsvorschrift** zu § 573a Abs. 2 BGB. Dieser ist folglich ohne zeitliche Beschränkung auf alle Kündigungen anwendbar.

C. Kommentierung zu Absatz 3

I. Grundlagen

1. Kurzcharakteristik

56 § 573a Abs. 3 BGB schreibt vor, dass der Vermieter die Geltendmachung der Kündigungsgründe nach § 573a Abs. 1, Abs. 2 BGB bereits im Kündigungsschreiben offen legen muss.

2. Gesetzgebungsgeschichte und -materialien

57 § 573a Abs. 3 BGB führt die vor dem Mietrechtsreformgesetz vom 19.06.2001[68] in § 564b Abs. 4 Satz 4 BGB a.F. enthaltene Regelung unter geringfügigen sprachlichen Änderungen fort.

3. Regelungsprinzipien

58 Vgl. zunächst die Rn. 3. Die vorgeschriebene Angabe der Ausübung des Sonderkündigungsrechts nach § 573a BGB im Kündigungsschreiben dient – wie überhaupt der für die Kündigung eines Wohn-

---

[62] *Sternel*, Mietrecht aktuell, 4. Aufl. 2009, Teil XI Rn. 400.
[63] LG Bochum v. 18.02.1987 - 10 S 8/87 - juris Rn. 2 - WuM 1987, 158; LG Detmold v. 22.06.1990 - 1 S 55/90 - juris Rn. 3 - NJW-RR 1991, 77-78.
[64] *Rolfs* in: Staudinger, BGB, § 573a Rn. 19 sowie *Wetekamp* in: Schmid, Miete und Mietprozess, 4. Aufl. 2004, Teil 14 Rn. 296; a.A. AG Königswinter v. 18.05.1994 - 3 C 134/94 - juris Rn. 5 - WuM 1994, 689-690.
[65] KG Berlin v. 21.04.1981 - 8 W RE-Miet 1397/81 - juris Rn. 2 - NJW 1981, 2470-2471.
[66] *Blank* in: Schmidt-Futterer, Mietrecht, 10. Aufl. 2011, § 573a Rn. 31.
[67] BGBl I 2001, 1149.
[68] BGBl I 2001, 1149.

raummietverhältnisses bestehende allgemeine Begründungszwang, vgl. hierzu die Erläuterungen in der Kommentierung zu § 569 BGB Rn. 203 – dem Ziel, den Mieter in die Lage zu versetzen, die Berechtigung der Kündigung und damit die Erfolgsaussichten einer eventuellen Rechtsverteidigung möglichst früh und zuverlässig beurteilen zu können.

II. Anwendungsvoraussetzungen

Normstruktur:
- Tatbestandsmerkmale:
  - Kündigung nach § 573a Abs. 1 Satz 1 BGB (vgl. hierzu Rn. 1) oder
  - Kündigung nach § 573a Abs. 2 BGB i.V.m. § 573a Abs. 1 Satz 1 BGB (vgl. hierzu Rn. 38).
- Rechtsfolge:
  - Verpflichtung zur Angabe des Kündigungstatbestandes.

III. Rechtsfolge: Verpflichtung zur Angabe des Kündigungstatbestandes

Der Vermieter muss klar zum Ausdruck bringen, dass er seine Kündigung auf das Sonderkündigungsrecht nach § 573a BGB stützt und nicht eine ordentliche Kündigung gemäß § 573 BGB verfolgt. Dies kann **ausdrücklich oder in schlüssiger Weise** geschehen. Eine Wiederholung des Gesetzeswortlauts ist dafür nicht zwingend erforderlich, eine bloße Bezugnahme auf die gesetzliche Vorschrift des § 573a BGB (str.)[69] reicht andererseits jedenfalls nach der Mietrechtsreform ebenso wie allein die Angabe der verlängerten Kündigungsfrist[70] nicht mehr aus, da nunmehr vorgeschrieben ist, dass der Vermieter angibt, dass die Kündigung auf die – damit darzulegenden – **Voraussetzungen** des § 573a Abs. 1, Abs. 2 BGB gestützt wird. Auch die unterbliebene Angabe von berechtigten Interessen stellt folglich keinen hinreichenden schlüssigen Hinweis dar.[71]

Die Berufung auf das Sonderkündigungsrecht muss **im Kündigungsschreiben** erfolgen. Sie ist regelmäßig auch dann nicht entbehrlich, wenn der Mieter auf Grund vorangegangener mündlicher Erklärungen oder Korrespondenz weiß, dass der Vermieter eine Kündigung nach § 573a BGB aussprechen will.[72]

Eine Ausnahme ist nur dann zu machen, wenn bei der Kündigung eine **Bezugnahme** auf ein früheres Schreiben erfolgt, die Kündigung auf das mit dem zuvor erfolgten Schreiben bereits bekannt gegebene Sonderkündigungsrecht gestützt wird und damit der Kündigung auch ohne wörtliche Wiederholung der in dem früheren Schreiben aufgeführten Gründe eindeutig zu entnehmen ist, dass das Sonderkündigungsrecht geltend gemacht wird, vgl. hierzu auch die Kommentierung zu § 569 BGB Rn. 217.[73]

Eine **Nachholung** ist nicht möglich, nur ein erneuter Ausspruch der Kündigung.[74]

Die Angabe des Kündigungstatbestandes ist **Wirksamkeitsvoraussetzung**.[75]

Sofern der Vermieter neben der Kündigung aus § 573a BGB auch eine solche aus § 573 BGB verfolgt, muss sich der Kündigung ferner entnehmen lassen, in welcher **Rangfolge** er diese geltend macht, vgl. hierzu die Rn. 26.

---

[69] *Hannappel* in: Bamberger/Roth, § 573a Rn. 25; jedenfalls gegenüber dem rechtsunkundigen und nicht rechtskundig vertretenen Mieter *Blank* in: Schmidt-Futterer, Mietrecht, 10. Aufl. 2011, § 573a Rn. 36; *Weidenkaff* in: Palandt, § 573a Rn. 9 sowie – zur Rechtslage vor der Mietrechtsreform – LG Osnabrück v. 09.05.1990 - 1 S 369/89 - juris Rn. 2 - WuM 1990, 307 und LG Kiel v. 02.12.1992 - 5 S 165/92 - juris Rn. 2 - WuM 1994, 542-543.

[70] *Franke* in: Fischer-Dieskau/Pergande/Schwender, Wohnungsbaurecht, § 573a Anm. 14.2 und *Gahn* in: Schmid, Fachanwaltskommentar Mietrecht, 3. Aufl. 2012, § 573a Rn. 18.

[71] *Krenek* in: Müller/Walther, Miet- und Pachtrecht, § 573a Rn. 15 und schon zur Rechtslage vor der Mietrechtsreform *Grapentin* in: Bub/Treier, Handbuch der Geschäfts- und Wohnraummiete, 3. Aufl. 1999, Teil IV Rn. 100.

[72] *Blank* in: Schmidt-Futterer, Mietrecht, 10. Aufl. 2011, § 573a Rn. 34.

[73] LG Berlin v. 10.07.1980 - 62 S 34/80 - juris Rn. 4 - ZMR 1980, 319-320; weitergehend – auch ohne ausdrückliche Bezugnahme – LG Kiel v. 02.12.1992 - 5 S 165/92 - juris Rn. 2 - WuM 1994, 542-543.

[74] *Blank* in: Schmidt-Futterer, Mietrecht, 10. Aufl. 2011, § 573a Rn. 34.

[75] *Weidenkaff* in: Palandt, § 573a Rn. 9.

§ 573a

65 Lässt sich der Kündigungserklärung dagegen nicht entnehmen, auf welchen der beiden Kündigungstatbestände die ausgesprochene Kündigung gestützt wird, ist sie nur wirksam, wenn sie insgesamt den Voraussetzungen einer Kündigung nach § 573 BGB entspricht.[76]

1. Abdingbarkeit

66 Vgl. hierzu Rn. 70.

2. Praktische Hinweise

67 Eine Verpflichtung des Vermieters zur **Angabe** eventuell bestehender **berechtigter Interessen** an der Beendigung des Mietverhältnisses folgt auch nicht daraus, dass diese im Falle eines Widerspruchs des Mieters gemäß § 574 Abs. 1 Satz 1 BGB mit in die Abwägung einbezogen werden. Denn nach der Mietrechtsreform vom 19.06.2001[77] ist der Vermieter auf einen Widerspruch des Mieters gegen eine Kündigung nach § 573a BGB nicht auf die Geltendmachung der im Kündigungsschreiben genannten berechtigten Interessen beschränkt, da § 574 Abs. 3 BGB nur auf § 573 Abs. 3 BGB Bezug nimmt.[78] Gleichwohl ist die Angabe der berechtigten Interessen des Vermieters bereits im Kündigungsschreiben im Hinblick auf eine schnellere Durchsetzung des Räumungsanspruches grundsätzlich angezeigt.[79]

IV. Prozessuale Hinweise/Verfahrenshinweise

68 Der Vermieter trägt die **Darlegungs- und Beweislast** dafür, dass die ausgesprochene Kündigung die Voraussetzungen des § 573a Abs. 3 BGB erfüllt.

V. Anwendungsfelder – Übergangsrecht

69 Das **Mietrechtsreformgesetz** vom 19.06.2001[80] enthält **keine Übergangsvorschrift** zu § 573a Abs. 3 BGB. Dieser ist folglich ohne zeitliche Beschränkung auf alle Kündigungen anwendbar.

D. Kommentierung zu Absatz 4

I. Grundlagen

1. Kurzcharakteristik

70 Die Vorschrift schließt für den Mieter nachteilig von den Regelungen der § 573a Abs. 1, Abs. 2, Abs. 3 BGB abweichende Parteivereinbarungen aus.

2. Gesetzgebungsgeschichte und -materialien

71 Die vormals in § 564b Abs. 6 BGB a.F. befindliche Regelung wurde durch das **Mietrechtsreformgesetz** vom 19.06.2001[81] inhaltlich unverändert übernommen.

II. Unwirksamkeit zum Nachteil des Mieters von Absatz 1, Absatz 2, Absatz 3 abweichender Vereinbarungen

72 Zum **Nachteil des Mieters** weichen Vereinbarungen ab, durch die
- das Sonderkündigungsrecht auf gesetzlich nicht vorgesehene Fälle erstreckt wird,
- die verlängerte Kündigungsfrist des § 573a Abs. 1 Satz 2 BGB verkürzt wird,
- die Kennzeichnung der Sonderkündigung nach § 573a Abs. 3 BGB abbedungen wird.

---

[76] *Blank* in: Schmidt-Futterer, Mietrecht, 10. Aufl. 2011, § 573a Rn. 41.
[77] BGBl I 2001, 1149.
[78] *Lammel*, Wohnraummietrecht, 3. Aufl. 2007, § 573a Rn. 27 und *Blank* in: Schmidt-Futterer, Mietrecht, 10. Aufl. 2011, § 573a Rn. 37 und *Rolfs* in: Staudinger, § 573a Rn. 26; zur abweichenden Rechtslage vor der Mietrechtsreform vom 19.06.2001 vgl. OLG Hamm v. 16.03.1992 - 30 REMiet 6/91 - juris Rn. 18 - NJW 1992, 1969-1971.
[79] *Weidenkaff* in: Palandt, § 573a Rn. 9.
[80] BGBl I 2001, 1149.
[81] BGBl I 2001, 1149.

Zu Gunsten des Mieters von § 573a Abs. 1, Abs. 2, Abs. 3 BGB abweichende und damit wirksame Vereinbarungen sind: 73
- der Verzicht des Vermieters auf die Sonderkündigungsrechte,
- die weitere Verlängerung der Kündigungsfrist nach § 573a Abs. 1 Satz 2 BGB.

Es gilt im Übrigen auch das zu § 573 Abs. 4 BGB Gesagte entsprechend, vgl. daher auch die Kommentierung zu § 573 BGB Rn. 235. 74

III. Anwendungsfelder – Übergangsrecht

Das **Mietrechtsreformgesetz** vom 19.06.2001[82] enthält **keine Übergangsvorschrift** zu § 573a Abs. 4 BGB. Dieser ist folglich ohne zeitliche Beschränkung auf alle Kündigungen anwendbar. 75

---

[82] BGBl I 2001, 1149.

§ 573b BGB Teilkündigung des Vermieters

(Fassung vom 02.01.2002, gültig ab 01.01.2002)

(1) Der Vermieter kann nicht zum Wohnen bestimmte Nebenräume oder Teile eines Grundstücks ohne ein berechtigtes Interesse im Sinne des § 573 kündigen, wenn er die Kündigung auf diese Räume oder Grundstücksteile beschränkt und sie dazu verwenden will,
1. Wohnraum zum Zwecke der Vermietung zu schaffen oder
2. den neu zu schaffenden und den vorhandenen Wohnraum mit Nebenräumen oder Grundstücksteilen auszustatten.

(2) Die Kündigung ist spätestens am dritten Werktag eines Kalendermonats zum Ablauf des übernächsten Monats zulässig.

(3) Verzögert sich der Beginn der Bauarbeiten, so kann der Mieter eine Verlängerung des Mietverhältnisses um einen entsprechenden Zeitraum verlangen.

(4) Der Mieter kann eine angemessene Senkung der Miete verlangen.

(5) Eine zum Nachteil des Mieters abweichende Vereinbarung ist unwirksam.

Gliederung

A. Kommentierung zu Absatz 1 1	V. Anwendungsfelder – Übergangsrecht 45
I. Grundlagen 1	**C. Kommentierung zu Absatz 3** 46
1. Kurzcharakteristik 1	I. Grundlagen 46
2. Gesetzgebungsgeschichte und -materialien 2	1. Kurzcharakteristik 46
3. Regelungsprinzipien 4	2. Gesetzgebungsgeschichte und -materialien 47
II. Anwendungsvoraussetzungen 5	3. Regelungsprinzipien 48
1. Normstruktur 5	II. Anwendungsvoraussetzungen 49
2. Wohnraummietverhältnis 6	1. Normstruktur 49
3. Nicht zum Wohnen bestimmte Nebenräume oder Teile eines Grundstücks 9	2. Teilkündigung nach Absatz 1 50
4. Verwendung der gekündigten Flächen zur Schaffung von Wohnraum zum Zwecke der Vermietung 14	3. Verzögerung des Beginns der Bauarbeiten 51
	III. Rechtsfolge: Anspruch des Mieters auf Verlängerung des Mietverhältnisses um einen entsprechenden Zeitraum 54
5. Verwendung der gekündigten Flächen zur Ausstattung neuen und vorhandenen Wohnraums mit Nebenräumen oder Grundstücksteilen 19	IV. Prozessuale Hinweise/Verfahrenshinweise 59
	V. Anwendungsfelder – Übergangsrecht 60
III. Rechtsfolge: Recht des Vermieters zur ordentlichen Teilkündigung der Nebenräume oder Teile des Grundstücks ohne – weiteres – berechtigtes Interesse 21	**D. Kommentierung zu Absatz 4** 61
	I. Grundlagen 61
	1. Kurzcharakteristik 61
	2. Gesetzgebungsgeschichte und -materialien 62
1. Praktische Hinweise 26	3. Regelungsprinzipien 63
2. Abdingbarkeit 31	II. Anwendungsvoraussetzungen 64
IV. Prozessuale Hinweise/Verfahrenshinweise 32	1. Normstruktur 64
V. Anwendungsfelder – Übergangsrecht 34	2. Teilkündigung nach Absatz 1 65
B. Kommentierung zu Absatz 2 36	III. Rechtsfolge: Anspruch des Mieters auf angemessene Senkung der Miete 66
I. Grundlagen 36	
1. Kurzcharakteristik 36	IV. Prozessuale Hinweise/Verfahrenshinweise 70
2. Gesetzgebungsgeschichte und -materialien 37	V. Anwendungsfelder – Übergangsrecht 71
3. Regelungsprinzipien 38	**E. Kommentierung zu Absatz 5** 72
II. Anwendungsvoraussetzungen 39	I. Grundlagen 72
1. Normstruktur 39	1. Kurzcharakteristik 72
2. Teilkündigung nach Absatz 1 40	2. Gesetzgebungsgeschichte und -materialien 73
III. Rechtsfolge: Kündigung spätestens am dritten Werktag eines Kalendermonats zum Ablauf des übernächsten Monats 41	II. Rechtsfolge: Unwirksamkeit zum Nachteil des Mieters von Absatz 1, Absatz 2, Absatz 3, Absatz 4 abweichender Vereinbarungen 74
IV. Prozessuale Hinweise/Verfahrenshinweise 44	III. Anwendungsfelder – Übergangsrecht 76

A. Kommentierung zu Absatz 1

I. Grundlagen

1. Kurzcharakteristik

§ 573b Abs. 1 BGB ermöglicht es dem Vermieter, ein Wohnraummietverhältnis hinsichtlich nicht zum Wohnen bestimmter Nebenräume oder sonstiger Grundstücksteile des Mietobjektes ordentlich ohne berechtigtes Interesse zu kündigen, wenn er unter deren Einbeziehung neuen Wohnraum schaffen will.

2. Gesetzgebungsgeschichte und -materialien

Die Regelungen wurden durch das Wohnungsbau-Erleichterungsgesetz vom 17.05.1990[1] und das Vierte Mietrechtsänderungsgesetz vom 21.07.1993[2] in das Bürgerliche Gesetzbuch eingefügt. Die zunächst bis 01.06.1995 vorhandene Befristung ist auf Grund des Gesetzes zur Übernahme befristeter Kündigungsmöglichkeiten als Dauerrecht vom 21.01.1996[3] mit Wirkung vom 01.03.1996 entfallen.

§ 573b Abs. 1 BGB führt die vor dem **Mietrechtsreformgesetz** vom 19.06.2001[4] in § 564b Abs. 2 Nr. 4 Satz 1 BGB a.F. enthaltenen Regelungen unter geringfügigen systematischen Änderungen fort. Im Gegensatz zur vorherigen Regelung, die die Absicht zur Schaffung neuen Wohnraums unter Einbeziehung von bislang vermieteten untergeordneten Nebenräumen und Grundstücksteilen als berechtigtes Interesse anerkannte, gibt § 573b Abs. 1 BGB nunmehr ein selbständiges Sonderkündigungsrecht.[5]

3. Regelungsprinzipien

Die Vorschrift soll sicherstellen, dass ein **wohnungsbaupolitisch erwünschter Ausbau** von Dachgeschossen, die Aufstockung, der Ausbau von Gebäuden und die Schließung von Baulücken nicht am Widerstand des Mieters scheitert[6] und erlaubt insoweit eine Ausnahme von der grundsätzlichen Unzulässigkeit von Teilkündigungen. Die Frage einer zulässigen **Teilkündigung** stellt sich aber nur, wenn die Nebenräume oder Teile des Grundstücks im Rahmen eines einheitlichen (Wohnraum-)Mietvertrags mit dem Wohnraum überlassen wurden. Bei einem schriftlichen Wohnungsmietvertrag und einem separat abgeschlossenen Mietvertrag über eine **Garage** spricht dagegen eine tatsächliche Vermutung für die rechtliche Selbständigkeit der beiden Vereinbarungen.[7] Es bedarf dann der Widerlegung dieser Vermutung durch besondere Umstände, welche die Annahme rechtfertigen, dass die Mietverhältnisse über die Wohnung und die Garage nach dem Willen der Beteiligten eine rechtliche Einheit bilden sollen. Das wiederum ist im Regelfall dann anzunehmen, wenn Wohnung und Garage auf demselben Grundstück liegen.[8]

II. Anwendungsvoraussetzungen

1. Normstruktur

Normstruktur:
- Tatbestandsmerkmale:
  - Wohnraummietverhältnis,
  - nicht zum Wohnen bestimmte Nebenräume oder Teile eines Grundstücks,
  - Verwendung der gekündigten Flächen

---

[1] BGBl I 1990, 926.
[2] BGBl I 1993, 1257.
[3] BGBl I 1996, 222.
[4] BGBl I 2001, 1149.
[5] *Lammel*, Wohnraummietrecht, 3. Aufl. 2007, § 573b Rn. 2.
[6] *Blank* in: Schmidt-Futterer, Mietrecht, 10. Aufl. 2011, § 573b Rn. 2.
[7] BGH v. 12.10.2011 - VIII ZR 251/10 - juris Rn. 13 - NSW BGB § 535 (BGH-intern).
[8] BGH v. 12.10.2011 - VIII ZR 251/10 - juris Rn. 16 - NSW BGB § 535 (BGH-intern).

- zur Schaffung von Wohnraum zum Zwecke der Vermietung **oder**
- zur Ausstattung neuen und vorhandenen Wohnraums mit Nebenräumen oder Grundstücksteilen.

• Rechtsfolge:
- Recht des Vermieters zur ordentlichen Teilkündigung der Nebenräume oder Teile des Grundstücks ohne – weiteres – berechtigtes Interesse.

2. Wohnraummietverhältnis

6 Die Bestimmung ist schon auf Grund ihrer systematischen Stellung nur auf die **Wohnraummiete** anwendbar. Zur Abgrenzung von anderen Mietverhältnissen vgl. die Kommentierung zu § 549 BGB.

7 Erforderlich ist stets, dass die Nebenräume oder -flächen im Rahmen eines – einheitlichen (vgl. Rn. 4) – Vertragsverhältnisses vom Vermieter überlassen wurden, d.h. mit vertraglichem Bindungswillen und nicht auf Grund bloßer Gefälligkeit.[9] Eine **gefälligkeitshalber erfolgte Gestattung** der Nutzung von Nebenräumen oder -flächen kann der Vermieter grundsätzlich jederzeit ohne Kündigungsgrund widerrufen, sofern sich nichts anderes aus Treu und Glauben ergibt (§ 242 BGB).[10]

8 Auf ein Mietverhältnis über **Gewerberaum** ist § 573b BGB daher selbst dann nicht anwendbar, wenn in dessen Rahmen überlassene Nebenräume oder Grundstücksteile zu Wohnraum umgewandelt werden sollen.[11]

3. Nicht zum Wohnen bestimmte Nebenräume oder Teile eines Grundstücks

9 Nebenräume sind nur solche Räumlichkeiten, die nicht in engem Zusammenhang mit der vertraglich vereinbarten Nutzung der Mietsache stehen.[12] Insbesondere kommen Dach-, Trocken-, Abstell- und Kellerräume (vgl. auch § 42 Abs. 4 Nr. 1 II. BV) in Betracht.

10 Dabei kann es sich auch um **von mehreren Mietern** gemeinschaftlich genutzte Räume handeln[13]; die Kündigung muss dann natürlich gegenüber allen erfolgen.

11 Die Nebenräume müssen sich nicht im gleichen Gebäude wie die Wohnung des Mieters befinden, es können auch **ausbaufähige Nebengebäude** sein[14], wie Schuppen, Garagen o.Ä. Sofern man dem nicht folgt, greift insoweit aber jedenfalls die zweite Variante des § 573b BGB ein, da – bebaute – Grundstücksteile vorliegen.[15]

12 Zu den nach § 573b BGB kündbaren Teilen eines Grundstücks **zählen insbesondere** mitvermietete Pkw-Stellplätze, Gartenflächen und Spielplätze. Eine mitvermietete Terrasse oder ein Wintergarten stehen dagegen regelmäßig in einem so engen Verhältnis zur vereinbarten Nutzung der Mietsache als Wohnung, dass eine Teilkündigung ausscheidet.[16]

13 Ob die Nebenräume oder anderen Teile des Grundstücks **zum Wohnen bestimmt** sind oder nicht, ergibt sich – wie stets – nicht aus der tatsächlichen Nutzung der Flächen, sondern den von den Parteien getroffenen vertraglichen Bestimmungen.

---

[9] KG v. 14.12.2006 - 8 U 83/06 - juris Rn. 3 - WuM 2007, 68.
[10] KG v. 14.12.2006 - 8 U 83/06 - juris Rn. 4 - WuM 2007, 68.
[11] *Blank* in: Schmidt-Futterer, Mietrecht, 10. Aufl. 2011, § 573b Rn. 1 und 7; *Sternel*, Mietrecht aktuell, 4. Aufl. 2009, Teil X Rn. 102; *Krenek* in: Müller/Walther, Miet- und Pachtrecht, § 573b Rn. 3 und *Grapentin* in: Bub/Treier, Handbuch der Geschäfts- und Wohnraummiete, 3. Aufl. 1999, Teil IV Rn. 84a; die u.a. von *Sonnenschein* in: Staudinger, 13. Bearb. 1997, § 564b Rn. 139 zur Rechtslage vor dem Mietrechtsreformgesetz vertretene entsprechende Anwendung der Vorgängervorschrift auf Geschäftsraummietverhältnisse dürfte im Hinblick darauf, dass der Reformgesetzgeber von einer Verweisung in § 578 BGB abgesehen hat, nicht mehr vertretbar sein.
[12] *Lammel*, Wohnraummietrecht, 3. Aufl. 2007, § 573b Rn. 4.
[13] *Wetekamp* in: Schmid, Miete und Mietprozess, 4. Aufl. 2004, Teil 14 Rn. 306.
[14] *Rolfs* in: Staudinger, § 573b Rn. 9.
[15] *Grapentin* in: Bub/Treier, Handbuch der Geschäfts- und Wohnraummiete, 3. Aufl. 1999, Teil IV Rn. 84a.
[16] *Rolfs* in: Staudinger, § 573b Rn. 10.

4. Verwendung der gekündigten Flächen zur Schaffung von Wohnraum zum Zwecke der Vermietung

Ebenso wie die in § 573 Abs. 2 BGB geregelte Eigenbedarfs- und Verwertungskündigung erfordert das Sonderkündigungsrecht nach § 573b Abs. 1 Nr. 1 BGB eine bestimmte **Verwendungsabsicht** des Vermieters hinsichtlich der gekündigten Flächen. Diese muss auf die Schaffung von Wohnraum zum Zwecke der Vermietung unter Einbeziehung der gekündigten Teile der Mietsache gerichtet sein. Ebenso wie dort muss es sich um eine **hinreichend konkrete** Absicht handeln (vgl. hierzu die Kommentierung zu § 573 BGB Rn. 118)[17] und die beabsichtigte Schaffung von Wohnraum (bau-)rechtlich zulässig sein. Das Vorliegen der **Baugenehmigung** zum Zeitpunkt der Kündigung ist allerdings ebenso wenig wie bei der Verwertungskündigung nach § 573 Abs. 2 Nr. 3 BGB erforderlich, vgl. insoweit die Kommentierung zu § 573 BGB Rn. 140. Es reicht vielmehr aus, wenn eine hinreichende Wahrscheinlichkeit besteht, dass die Baugenehmigung bis zum Ablauf der Kündigungsfrist erteilt wird.[18]

14

Nur eine Verwendungsabsicht **des Vermieters**, nicht anderer Personen ist maßgeblich, vgl. hierzu die Kommentierung zu § 573 BGB Rn. 144. Die Kündigung wirkt allerdings zu Gunsten eines **Rechtsnachfolger**s fort, der an der Durchführung der beabsichtigten Bauarbeiten festhält.[19]

15

Schließlich handelt der Vermieter auch hier **rechtsmissbräuchlich** (vgl. hierzu die Kommentierung zu § 573 BGB Rn. 118) und macht sich schadensersatzpflichtig (vgl. dazu die Kommentierung zu § 573 BGB Rn. 30), wenn er die Kündigung weiterverfolgt, obwohl er die Verwendungsabsicht nach der Erklärung der Kündigung aufgegeben hat.

16

Durch die beabsichtigten Maßnahmen muss – zusätzlicher – **Wohnraum** geschaffen werden. Dafür reicht auch die vorgesehene Vergrößerung einer bereits vorhandenen Wohnung aus, da der Wortlaut der Vorschrift die Schaffung einer neuen eigenständigen oder gar abgeschlossenen Wohnung (vgl. hierzu die Kommentierung zu § 573a BGB Rn. 5) gerade nicht verlangt (str.).[20]

17

Der zu schaffende Wohnraum muss **zur Vermietung** bestimmt sein. An wen (Dritte oder Angehörige des Vermieters) vermietet wird, ist grundsätzlich ebenso unbeachtlich, wie ob der Vermieter selbst oder über einen gewerblichen Zwischenvermieter vermietet.[21] Die geplante unentgeltliche Überlassung an Dritte reicht dagegen ebenso wenig aus wie eine beabsichtigte **Eigennutzung** durch den Vermieter.[22] Umstritten ist, ob § 573b Abs. 1 Nr. 1 BGB – zumindest entsprechend – Anwendung findet, wenn der Vermieter zwar den neu geschaffenen Wohnraum selbst beziehen, dafür aber seine **bisherige Wohnung vermieten will**. Dem steht der Wortlaut der Vorschrift entgegen, eine entsprechende Regelungslücke erscheint im Hinblick auf die Beibehaltung der Regelung durch den Gesetzgeber der Mietrechtsreform in Kenntnis der Streitfrage zweifelhaft.[23] Nach hiesiger Auffassung findet § 573b Abs. 1 Nr. 1 BGB folglich in diesen Fällen keine Anwendung[24], jedoch war auch die gegenteilige Ansicht[25] vor der Mietrechtsreform verfassungsrechtlich nicht zu beanstanden[26]. Nicht ausreichend ist es jedenfalls,

18

---

[17] LG Berlin v. 14.04.1997 - 61 S 319/96 - juris Rn. 13 - NJW-RR 1998, 1543-1544.
[18] *Blank* in: Schmidt-Futterer, Mietrecht, 10. Aufl. 2011, § 573b Rn. 12; einschränkend AG Berlin-Pankow-Weißensee v. 06.06.1994 - 6 C 368/93 - MM 1994, 399-400 - zumindest Bauvorbescheid.
[19] *Grapentin* in: Bub/Treier, Handbuch der Geschäfts- und Wohnraummiete, 3. Aufl. 1999, Teil IV Rn. 84a.
[20] *Blank* in: Schmidt-Futterer, Mietrecht, 10. Aufl. 2011, § 573b Rn. 10; *Grapentin* in: Bub/Treier, Handbuch der Geschäfts- und Wohnraummiete, 3. Aufl. 1999, Teil IV Rn. 84a sowie *Rolfs* in: Staudinger, § 573b Rn. 13; a.A. *Lammel*, Wohnraummietrecht, 3. Aufl. 2007, § 573b Rn. 8.
[21] *Blank* in: Schmidt-Futterer, Mietrecht, 10. Aufl. 2011, § 573b Rn. 11.
[22] BayObLG München v. 12.12.1990 - RE-Miet 2/90 - juris Rn. 10 - NJW-RR 1991, 651-652.
[23] *Rolfs* in: Staudinger, § 573b Rn. 14 und 15.
[24] So auch LG Stuttgart v. 01.08.1991 - 6 S 255/91 - juris Rn. 4 - NJW-RR 1992, 206-207; BVerfG v. 21.11.1991 - 1 BvR 1494/91 - juris Rn. 5 - NJW 1992, 494-495.
[25] LG Marburg v. 27.11.1991 - 5 S 114/91 - juris Rn. 3 - DWW 1992, 116-117; *Lammel*, Wohnraummietrecht, 3. Aufl. 2007, § 573b Rn. 8 sowie *Weidenkaff* in: Palandt, § 573b Rn. 4.
[26] BVerfG v. 11.03.1992 - 1 BvR 303/92 - juris Rn. 5 - NJW 1992, 1498-1499.

§ 573b

wenn der Vermieter seine bisherige Wohnung verkaufen will.[27] Auch die beabsichtigte **Schaffung von Eigentumswohnungen** genügt nicht.[28]

5. Verwendung der gekündigten Flächen zur Ausstattung neuen und vorhandenen Wohnraums mit Nebenräumen oder Grundstücksteilen

19 Hierdurch soll die im Rahmen der Schaffung von neuem Wohnraum gegebenenfalls **erforderliche Neuverteilung** der vorhandenen Nebenflächen wie beispielsweise Keller, Stellplätze o.Ä. ermöglicht und zugleich sichergestellt werden, dass dabei **sowohl die alten wie auch die neu geschaffenen Wohnräume** nach billigem Ermessen (§ 315 BGB) Berücksichtigung finden; der Vermieter darf sich bei der beabsichtigten erneuten Vergabe der gekündigten Nebenräume daher nicht auf die Mieter des neu geschaffenen Wohnraums beschränken (str.).[29] Auch die Auffassung, wonach der Vermieter **nach Treu und Glauben (§ 242 BGB) gehindert** sein kann, sein Teilkündigungsrecht nach § 573b Abs. 1 Nr. 2 BGB geltend zu machen, um im Zuge der Schaffung neuen Wohnraums bisher von allen Mietern gemeinschaftlich genutzte und gemietete Gartenflächen künftig nur bestimmten Mietern zur Verfügung zu stellen, ist demnach mit dem Wortlaut sowie dem gesetzgeberischen Anliegen des § 573b Abs. 1 Nr. 2 BGB vereinbar und verstößt nicht gegen das verfassungsrechtliche Willkürverbot.[30]

20 Daraus, dass ausdrücklich eine Verwendung der gekündigten Flächen zur Ausstattung des **neu zu schaffenden und** des vorhandenen Wohnraums mit Nebenräumen oder Grundstücksteilen gefordert ist, ergibt sich ferner, dass die Vorschrift dagegen eine **bloße Umverteilung** von Nebenflächen ohne eine entsprechendes Erfordernis im Zusammenhang mit der Schaffung neuen Wohnraums nicht ermöglicht.[31]

III. Rechtsfolge: Recht des Vermieters zur ordentlichen Teilkündigung der Nebenräume oder Teile des Grundstücks ohne – weiteres – berechtigtes Interesse

21 § 573b Abs. 1 BGB erlaubt **nur dem Vermieter** die Teilkündigung der genannten Nebenteile der Mietsache. Der Mieter kann sich auf das Sonderkündigungsrecht nicht berufen. Ebenso wenig ein **Eigentümer**, der nicht Vermieter ist.

22 Es wird nur das Recht zu einer ordentlichen befristeten Kündigung gewährt. Soweit eine **ordentliche Kündigung ausgeschlossen** ist, wird hiervon auch eine ordentliche Kündigung nach § 573b Abs. 1 BGB erfasst. Deshalb besteht kein Recht zur Teilkündigung im Rahmen von Zeitmietverträgen.[32] Inwieweit ein vertraglicher **Kündigungsverzicht** sich auch auf das Recht zur Teilkündigung erstreckt, ist durch Auslegung der Vereinbarung (§§ 133, 157 BGB) zu ermitteln.[33]

23 Die Kündigung kann auch auf **Teile der Nebenflächen** beschränkt werden, so wenn beispielsweise aus einem großen Kellerraum mehrere kleine geschaffen werden sollen.[34]

24 Ebenso können in einer Erklärung **Nebenräume und Grundstücksteile** gekündigt werden, wenn beide für die beabsichtigten Maßnahmen benötigt werden.[35]

---

[27] LG Duisburg v. 27.02.1996 - 23 (7) S 270/95 - juris Rn. 18 - NJW-RR 1996, 718-719.
[28] LG Berlin v. 14.04.1997 - 61 S 319/96 - juris Rn. 7 - NJW-RR 1998, 1543-1544.
[29] VerfGH Berlin v. 22.09.2009 - 170/07 - juris Rn. 22 - ZMR 2010, 173-175; *Rolfs* in: Staudinger, § 573b Rn. 16; *Häublein* in: MünchKomm-BGB, § 573b Rn. 6 sowie *Schach* in: Kinne/Schach/Bieber, Miet- und Mietprozessrecht, 6. Aufl. 2011, § 573b; a.A. *Hannappel* in: Bamberger/Roth, § 573b Rn. 14 und *Sternel*, Mietrecht aktuell, 4. Aufl. 2009, Teil X Rn. 101.
[30] VerfGH Berlin v. 22.09.2009 - 170/07 - juris Rn. 20 ff.
[31] *Rolfs* in: Staudinger, § 573b Rn. 16; *Häublein* in: MünchKomm-BGB, § 573b Rn. 6.
[32] *Krenek* in: Müller/Walther, Miet- und Pachtrecht, § 573b Rn. 3 und *Blank* in: Schmidt-Futterer, Mietrecht, 10. Aufl. 2011, § 573b Rn. 4.
[33] LG Hamburg v. 15.12.2005 - 307 S 116/05 - juris Rn. 7 - ZMR 2006, 696-697 und *Blank* in: Schmidt-Futterer, Mietrecht, 10. Aufl. 2011, § 573b Rn. 4.
[34] *Blank* in: Schmidt-Futterer, Mietrecht, 10. Aufl. 2011, § 573b Rn. 15.
[35] *Rolfs* in: Staudinger, § 573b Rn. 17.

Die **sonstigen Mieterschutzbestimmungen** – insbesondere das Widerspruchsrecht (§ 574 BGB) und die Möglichkeit der Gewährung von Räumungsfristen (§§ 721, 794a ZPO) – **bleiben unberührt**.[36]

1. Praktische Hinweise

Auch nach der Mietrechtsreform ist bereits nach allgemeinen Grundsätzen weiterhin davon auszugehen, dass die Kündigung nach § 573b Abs. 1 BGB gegenüber dem Mieter **zu begründen** ist, um ihn in die Lage zu versetzen, die Berechtigung der Kündigung und damit die Erfolgsaussichten einer eventuellen Rechtsverteidigung möglichst früh und zuverlässig beurteilen zu können, vgl. hierzu die Kommentierung zu § 569 BGB Rn. 203.[37] Im Kündigungsschreiben muss der Kündigungsgegenstand daher hinreichend bestimmt werden.[38] Das nach § 568 Abs. 1 BGB erforderliche **Kündigungsschreiben** muss demnach hinreichend zum Ausdruck bringen, dass es sich nur um eine **Teilkündigung** bestimmter Nebenräume oder Grundstücksteile handelt. Die Begründung der Kündigung muss ferner, um dem Mieter die Prüfung ihrer Begründetheit zu erlauben, die tatsächlichen Umstände der beabsichtigten Schaffung von Wohnraum **zum Zwecke der Vermietung** (nicht für Eigentumswohnungen, vgl. Rn. 18)[39] nachvollziehbar und konkret mitteilen und sich insbesondere auch zur (bau-)rechtlichen Zulässigkeit der geplanten Maßnahmen verhalten (**str.**),[40] vgl. hierzu auch Rn. 14. Die konkrete Art und Weise der beabsichtigten Neuverteilung braucht im Kündigungsschreiben aber noch nicht angegeben zu werden (**str.**).[41]

Erforderlich ist auch der **Hinweis** nach § 568 Abs. 2 BGB **auf** die Möglichkeit, Form und Frist des **Widerspruch**es nach den §§ 574, 574a, 574b BGB, vgl. hierzu die Kommentierung zu § 568 BGB Rn. 46 ff.

Überhaupt ist es zur **Beschleunigung der Durchsetzung** des Räumungsanspruchs regelmäßig sinnvoll und angebracht, vorhandene berechtigte Interessen in jedem Fall so früh wie möglich darzutun, vgl. insoweit die Kommentierung zu § 573a BGB Rn. 67.

Mehrere Vermieter eines einheitlichen Mietverhältnisses müssen – wie auch sonst – gemeinschaftlich kündigen, auch dann, wenn nur einem von ihnen das Sondereigentum an der gekündigten Nebenfläche zusteht.[42]

Zur Wirksamkeit der Teilkündigung bedarf es darin keines Angebots des Vermieters auf eine **angemessene Senkung der Miete** nach § 573b Abs. 4 BGB.

2. Abdingbarkeit

Vgl. hierzu Rn. 72.

IV. Prozessuale Hinweise/Verfahrenshinweise

Die **Darlegungs- und Beweislast** für die Voraussetzungen des Sonderkündigungsrechts nach § 573b Abs. 1 BGB trägt der **Vermieter**.

---

[36] *Blank* in: Schmidt-Futterer, Mietrecht, 10. Aufl. 2011, § 573b Rn. 3.
[37] Vgl. ausführlich und überzeugend *Sonnentag*, ZMR 2006, 19-21.
[38] AG Frankfurt v. 18.03.2005 - 33 C 4170/04 - DWW 2005, 23 in entsprechender Anwendung des § 573 Abs. 3 BGB; *Sonnentag*, ZMR 2006, 19-21; *Lammel*, Wohnraummietrecht, 3. Aufl. 2007, § 573b Rn. 12 sowie im Ergebnis ebenfalls *Weidenkaff* in: Palandt, § 573b Rn. 7; *Häublein* in: MünchKomm-BGB, § 573b Rn. 14; *Haas*, Das neue Mietrecht, 2001, § 573b Rn. 2 und *Rolfs* in: Staudinger, § 573b Rn. 24.
[39] LG Berlin v. 14.04.1997 - juris Rn. 7 - 61 S 319/96 - NJW-RR 1998, 1543-1544 und *Franke* in: Fischer-Dieskau/Pergande/Schwender, Wohnungsbaurecht, § 573b Anm. 5.
[40] LG Berlin v. 14.04.1997 - juris Rn. 13 - 61 S 319/96 - NJW-RR 1998, 1543-1544; AG Hamburg v. 09.03.1994 - 40b C 2079/93 - juris Rn. 4 - WuM 1994, 433 sowie *Blank* in: Schmidt-Futterer, Mietrecht, 10. Aufl. 2011, § 573b Rn. 18; noch weitergehend – Analogie zu § 573 Abs. 3 BGB – *Häublein* in: MünchKomm-BGB, § 573b Rn. 14; a.A. – keine Ausführungen zur Zulässigkeit der baulichen Maßnahmen notwendig – *Rolfs* in: Staudinger, § 573b Rn. 24 und *Franke* in: Fischer-Dieskau/Pergande/Schwender, Wohnungsbaurecht, § 573b Anm. 5.
[41] *Rolfs* in: Staudinger, § 573b Rn. 24; a.A. *Häublein* in: MünchKomm-BGB, § 573b Rn. 14.
[42] OLG Celle v. 11.10.1995 - 2 U 124/94 - juris Rn. 9 - OLGR Celle 1996, 37-40.

33 Für den Einwand eines rechtsmissbräuchlichen Verhaltens des Vermieters ist dagegen der **Mieter** darlegungs- und beweisbelastet, wobei ihm gegebenenfalls der Beweis des ersten Anscheins zugutekommen kann.

V. Anwendungsfelder – Übergangsrecht

34 Die Vorschrift ist auf sämtliche Teilkündigungen, unabhängig vom Zeitpunkt ihrer Erklärung, anwendbar. Eine Übergangsvorschrift ist im **Mietrechtsreformgesetz** vom 19.06.2001[43] nicht enthalten.

35 Eine – praktisch wenig relevante – Ausnahme gilt für Kündigungen, die in der Zeit zwischen dem 01.06.1995 und dem 29.02.1996 zugegangen sind, da die Vorgängerregelung in diesem Zeitraum infolge ihrer zunächst vorhandenen Befristung (vgl. hierzu die Anmerkungen unter Gesetzgebungsgeschichte, Rn. 2) nicht in Kraft war.[44]

B. Kommentierung zu Absatz 2

I. Grundlagen

1. Kurzcharakteristik

36 § 573b Abs. 2 BGB regelt Kündigungstermin und Kündigungsfrist des Rechts zur Teilkündigung von Nebenflächen nach § 573b Abs. 1 BGB.

2. Gesetzgebungsgeschichte und -materialien

37 Vgl. hierzu zunächst Rn. 2. § 573b Abs. 2 BGB führt die vor dem **Mietrechtsreformgesetz** vom 19.06.2001[45] in § 564b Abs. 2 Nr. 4 Satz 2 BGB enthaltene Regelung fort.

3. Regelungsprinzipien

38 Vgl. hierzu zunächst Rn. 4. Durch das Festschreiben der kürzesten gesetzlichen Kündigungsfrist für Mietverhältnisse auch für den Vermieter wird dessen im Rahmen von § 573b BGB gesetzlich anerkanntem Interesse an schneller Schaffung neuen Wohnraums Rechnung getragen.

II. Anwendungsvoraussetzungen

1. Normstruktur

39 Normstruktur:
- Tatbestandsmerkmale:
  - Teilkündigung nach § 573b Abs. 1 BGB.
- Rechtsfolge:
  - Kündigung spätestens am dritten Werktag eines Kalendermonats zum Ablauf des übernächsten Monats.

2. Teilkündigung nach Absatz 1

40 Vgl. hierzu die Erläuterungen in Rn. 1.

III. Rechtsfolge: Kündigung spätestens am dritten Werktag eines Kalendermonats zum Ablauf des übernächsten Monats

41 § 573b Abs. 2 BGB regelt die Kündigungsfrist für die Teilkündigung nach § 573b Abs. 1 BGB abweichend von den allgemeinen Bestimmungen gemäß § 573c BGB. Die Kündigungsfrist beträgt einheitlich **drei Monate abzüglich der drei Karenz-(Werk-)tage**. Damit entfällt zu Gunsten des Vermieters

---

[43] BGBl I 2001, 1149.
[44] *Grapentin* in: Bub/Treier, Handbuch der Geschäfts- und Wohnraummiete, 3. Aufl. 1999, Teil IV Rn. 84a.
[45] BGBl I 2001, 1149.

bei längeren Mietverhältnissen die stufenweise Verlängerung der Kündigungsfristen nach § 573c Abs. 1 Satz 2 BGB.

Soweit überwiegend angenommen wird, dass der Vermieter an **im Mietvertrag** allgemein **vereinbarte längere** (Grund-)**Kündigungsfristen** auch bei einer Teilkündigung nach § 573b Abs. 1 BGB gebunden sei[46], erscheint dies im Hinblick auf den Gesetzeszweck (Beschleunigung der Schaffung neuen Wohnraums[47]), sofern die Parteien nicht gerade auch die Fristen für eine Teilkündigung nach § 573b Abs. 2 BGB geregelt haben, schon deshalb fraglich, weil dann regelmäßig gar keine von § 573b Abs. 2 BGB abweichende Vereinbarung vorhanden sein dürfte. 42

Abdingbarkeit: vgl. hierzu Rn. 72. 43

IV. Prozessuale Hinweise/Verfahrenshinweise

Die **Darlegungs- und Beweislast** für die Einhaltung der Kündigungsfrist nach § 573b Abs. 2 BGB trägt der Vermieter. 44

V. Anwendungsfelder – Übergangsrecht

Die Vorschrift ist auf sämtliche Teilkündigungen, unabhängig vom Zeitpunkt ihrer Erklärung, anwendbar. Eine Übergangsvorschrift ist im **Mietrechtsreformgesetz** vom 19.06.2001[48] nicht enthalten. 45

C. Kommentierung zu Absatz 3

I. Grundlagen

1. Kurzcharakteristik

§ 573b Abs. 3 BGB gibt dem Mieter einen Anspruch auf Verlängerung des Mietverhältnisses, wenn es zu Verzögerungen bei den vom Vermieter nach § 573b Abs. 1 BGB beabsichtigten Bauarbeiten kommt. 46

2. Gesetzgebungsgeschichte und -materialien

Vgl. hierzu zunächst Rn. 2. § 573b Abs. 3 BGB führt die vor dem **Mietrechtsreformgesetz** vom 19.06.2001[49] in § 564b Abs. 2 Nr. 4 Satz 4 BGB a.F. enthaltene Regelung fort. 47

3. Regelungsprinzipien

Vgl. hierzu zunächst Rn. 4. § 573b Abs. 3 BGB ist Ausfluss dessen, dass der Vermieter zur Teilkündigung nach § 573b Abs. 1 BGB einer konkreten und zeitnah realisierbaren Verwendungsabsicht bedarf, die Bauarbeiten also regelmäßig zeitnah zur Beendigung des Mietverhältnisses beginnen sollen. Allerdings findet die Vorschrift nur dann Anwendung, wenn der Vermieter einer stillschweigenden Verlängerung des Mietverhältnisses nach § 545 BGB widersprochen hat oder die Verlängerung vertraglich abbedungen war. 48

II. Anwendungsvoraussetzungen

1. Normstruktur

Normstruktur: 49
- Tatbestandsmerkmale:
  - Teilkündigung nach § 573b Abs. 1 BGB,
  - Verzögerung des Beginns der Bauarbeiten.

---

[46] So *Kossmann*, Handbuch der Wohnraummiete, 6. Aufl. 2003, § 119 Rn. 6 und *Lammel*, Wohnraummietrecht, 3. Aufl. 2007, § 573b Rn. 14.
[47] *Häublein* in: MünchKomm-BGB, § 573b Rn. 13.
[48] BGBl I 2001, 1149.
[49] BGBl I 2001, 1149.

- Rechtsfolge:
  - Anspruch des Mieters auf Verlängerung des Mietverhältnisses um einen entsprechenden Zeitraum.

2. Teilkündigung nach Absatz 1

50 Vgl. hierzu Rn. 1.

3. Verzögerung des Beginns der Bauarbeiten

51 Es reicht jede zeitliche Verzögerung der vom Vermieter beabsichtigten Bauarbeiten aus.

52 Unerheblich ist, ob der Vermieter die Verzögerung der Bauarbeiten **zu vertreten hat** oder nicht.[50]

53 **Praktische Hinweise**: Zunächst ist zu prüfen, ob nicht mangels eines Widerspruches eine stillschweigende Verlängerung des Mietverhältnisses nach § 545 BGB eingetreten ist, vgl. insoweit die Kommentierung zu § 545 BGB. Diese Vorschrift ist allerdings im Regelfall formularvertraglich abbedungen.

III. Rechtsfolge: Anspruch des Mieters auf Verlängerung des Mietverhältnisses um einen entsprechenden Zeitraum

54 Die gesetzliche Regelung geht davon aus, dass der Vermieter die beabsichtigten Baumaßnahmen unmittelbar nach der Beendigung des Mietverhältnisses über die Nebenräume und/oder Grundstücksteile in die Wege leitet.[51] Dementsprechend gewährt sie dem Mieter einen Anspruch auf Verlängerung und nicht Neubegründung des Mietverhältnisses. Daraus folgt zum einen, dass die Verlängerung **nicht kraft Gesetzes**, sondern erst auf Grund der Geltendmachung durch den Mieter eintritt. Zum anderen muss der Verlängerungsanspruch denknotwendig **vor Beendigung des Mietverhältnisses** geltend gemacht werden.[52]

55 Dies ist allerdings nur möglich, wenn der Vermieter den Mieter über eine absehbare Verzögerung **informiert**. Hierzu ist er indessen nach Treu und Glauben (§ 242 BGB) verpflichtet, denn insoweit kann nichts anderes gelten als im Falle des endgültigen Wegfalls der Verwendungsabsicht.[53] Unterlässt der Vermieter die Information des Mieters über eine Verzögerung der Bauarbeiten, so ist ihm die Berufung auf die erklärte Kündigung während dieses Zeitraums unter dem Gesichtspunkt des **Rechtsmissbrauchs** versagt.[54]

56 Macht der Mieter seinen **Verlängerungsanspruch** geltend, so besteht eine – einklagbare – Verpflichtung des Vermieters, der Verlängerung des Mietverhältnisses um einen der voraussichtlichen Verzögerung entsprechenden Zeitraum zuzustimmen. Die Verlängerung erfolgt durch Abschluss eines entsprechenden Vertrages.[55]

57 Da sich die Verlängerung immer nur auf einen der voraussichtlichen Verzögerung entsprechenden Zeitraum erstreckt, d.h. **befristet** ist, bedarf es nach Ablauf des befristet fortgesetzten Mietverhältnisses keiner erneuten Kündigung.[56] In dem – praktisch wenig relevanten – Fall, dass sich die Arbeiten trotz ernsthafter Verwendungsabsicht des Vermieters auf unbestimmte Zeit verzögern, soll der Mieter nach *Sternel* allerdings einen Anspruch auf Fortsetzung des Mietverhältnisses auf unbestimmte Zeit haben.[57]

58 **Abdingbarkeit**: vgl. hierzu Rn. 72.

---

[50] *Grapentin* in: Bub/Treier, Handbuch der Geschäfts- und Wohnraummiete, 3. Aufl. 1999, Teil IV Rn. 84a.

[51] *Grapentin* in: Bub/Treier, Handbuch der Geschäfts- und Wohnraummiete, 3. Aufl. 1999, Teil IV Rn. 84a.

[52] *Häublein* in: MünchKomm-BGB, § 573b Rn. 16 sowie *Hannappel* in: Bamberger/Roth, § 573b Rn. 27.

[53] *Hannappel* in: Bamberger/Roth, § 573b Rn. 20; *Krenek* in: Müller/Walther, Miet- und Pachtrecht, § 573b Rn. 10 und *Lammel*, Wohnraummietrecht, 3. Aufl. 2007, § 573b Rn. 17.

[54] Im Ergebnis ebenso, aber a.A. hinsichtlich der rechtlichen Konstruktion – keine Beendigung des Mietverhältnisses durch die „verfrühte" Kündigung – *Wetekamp* in: Schmid, Miete und Mietprozess, 4. Aufl. 2004, Teil 14 Rn. 314 und – Verpflichtung zur Fortsetzung des Mietverhältnisses – *Krenek* in: Müller/Walther, Miet- und Pachtrecht, § 573b Rn. 10.

[55] *Rolfs* in: Staudinger, § 573b Rn. 20.

[56] *Gramlich*, NJW 1990, 2611-2613, 2612 und *Krenek* in: Müller/Walther, Miet- und Pachtrecht, § 573b Rn. 10.

[57] *Sternel*, Mietrecht aktuell, 3. Aufl. 1996, Rn. A 33.

IV. Prozessuale Hinweise/Verfahrenshinweise

Die **Darlegungs- und Beweislast** für die Voraussetzungen seines Anspruches auf Verlängerung trägt zwar grundsätzlich der Mieter. Soweit es sich aber um ausschließlich im Wahrnehmungsbereich des Vermieters befindliche Umstände handelt, trifft diesen eine sekundäre prozessuale Darlegungslast (§ 138 Abs. 2 ZPO). Der Mieter kann sich insoweit – zunächst – auf die pauschale Behauptung der Tatbestandsvoraussetzungen beschränken. 59

V. Anwendungsfelder – Übergangsrecht

Die Vorschrift ist auf sämtliche Teilkündigungen, unabhängig vom Zeitpunkt ihrer Erklärung, anwendbar. Eine Übergangsvorschrift ist im **Mietrechtsreformgesetz** vom 19.06.2001[58] nicht enthalten. 60

D. Kommentierung zu Absatz 4

I. Grundlagen

1. Kurzcharakteristik

§ 573b Abs. 4 BGB gibt dem Mieter einen Anspruch auf eine angemessene Senkung der Miete nach einer Teilkündigung von Nebenflächen gemäß § 573b Abs. 1 BGB. 61

2. Gesetzgebungsgeschichte und -materialien

Vgl. hierzu zunächst Rn. 2. § 573b Abs. 4 BGB führt die vor dem **Mietrechtsreformgesetz** vom 19.06.2001[59] in § 564b Abs. 2 Nr. 4 Satz 3 BGB a.F. enthaltene Regelung fort. 62

3. Regelungsprinzipien

Vgl. hierzu zunächst Rn. 4. Durch § 573b Abs. 4 BGB wird verhindert, dass sich infolge der Teilkündigung von Nebenflächen das Äquivalenzverhältnis von Leistung und Gegenleistung unangemessen zu Lasten des Mieters verändert. 63

II. Anwendungsvoraussetzungen

1. Normstruktur

Normstruktur: 64
- Tatbestandsmerkmale:
  - Teilkündigung nach § 573b Abs. 1 BGB.
- Rechtsfolge:
  - Anspruch des Mieters auf angemessene Senkung der Miete.

2. Teilkündigung nach Absatz 1

Vgl. hierzu die Erläuterungen in Rn. 1. 65

III. Rechtsfolge: Anspruch des Mieters auf angemessene Senkung der Miete

Das Gesetz gewährt dem Mieter einen Anspruch auf angemessene Anpassung der Miete infolge des Wegfalls der teilgekündigten Nebenflächen. Die Herabsetzung der Miete tritt folglich **nicht kraft Gesetzes** ein, sondern erst auf Grund eines entsprechenden **Abänderungsvertrags** mit dem Vermieter, auf dessen Abschluss der dem Mieter nach § 573b Abs. 4 BGB zuerkannte und von ihm geltend zu machende Anspruch gerichtet ist.[60] 66

---

[58] BGBl I 2001, 1149.
[59] BGBl I 2001, 1149.
[60] AG Hamburg v. 24.02.1993 - 37a C 2333/92 - juris Rn. 2 - WuM 1993, 616 und *Rolfs* in: Staudinger, § 573b Rn. 21.

§ 573b

67 Der Mieter kann dabei unabhängig vom Zeitpunkt des Vertragsschlusses eine angemessene Senkung der Miete **ab Herausgabe**[61] der gekündigten Nebenflächen beanspruchen, gegebenenfalls muss dies – worauf der Mieter einen Anspruch hat[62] – rückwirkend vereinbart werden[63]. Wird eine rückwirkende Vereinbarung getroffen, können dem Mieter hinsichtlich der schon in voller Höhe erbrachten Zahlungen bereicherungsrechtliche Rückforderungsansprüche (§ 812 Abs. 1 Satz 2 Alt. 1 BGB) zustehen.[64]

68 Der **Umfang** der angemessenen Senkung der Miete bestimmt sich nach dem zu schätzenden objektiven Nutzwert der gekündigten Nebenflächen.[65] Gegebenenfalls kann auf die im Rahmen der Minderung der Miete geltenden Grundsätze (§ 536 BGB) zurückgegriffen werden, vgl. hierzu die Anmerkungen in der Kommentierung zu § 536 BGB.[66] Die Anpassung der Miete erfasst dabei nicht nur den Mietzins, sondern **auch Nebenkosten**, sofern diese den gekündigten Nebenflächen zugeordnet werden können.[67]

69 Abdingbarkeit: vgl. hierzu Rn. 72.

IV. Prozessuale Hinweise/Verfahrenshinweise

70 Die **Darlegungs- und Beweislast** für die Angemessenheit der begehrten Herabsetzung der Miete trägt der Mieter.

V. Anwendungsfelder – Übergangsrecht

71 Die Vorschrift ist auf sämtliche Teilkündigungen, unabhängig vom Zeitpunkt ihrer Erklärung, anwendbar. Eine Übergangsvorschrift ist im **Mietrechtsreformgesetz** vom 19.06.2001[68] nicht enthalten.

E. Kommentierung zu Absatz 5

I. Grundlagen

1. Kurzcharakteristik

72 § 573b Abs. 5 BGB schließt zum Nachteil des Mieters von § 573b Abs. 1, Abs. 2, Abs. 3, Abs. 4 BGB abweichende vertragliche Vereinbarungen aus.

2. Gesetzgebungsgeschichte und -materialien

73 Vgl. hierzu zunächst Rn. 2. § 573b Abs. 5 BGB entspricht der vor dem **Mietrechtsreformgesetz** vom 19.06.2001[69] in § 564b Abs. 6 BGB a.F. enthaltenen Regelung.

II. Rechtsfolge: Unwirksamkeit zum Nachteil des Mieters von Absatz 1, Absatz 2, Absatz 3, Absatz 4 abweichender Vereinbarungen

74 Abweichende Vereinbarungen zum Nachteil des Mieters sind unwirksam. Eine Abweichung **zu Lasten des Vermieters**, wie beispielsweise die Beschränkung oder der Ausschluss seines Rechts zur Teilkündigung, ist dagegen vertraglich möglich. Es gilt im Übrigen das zu § 573 Abs. 4 BGB Gesagte entsprechend, vgl. daher auch die Erläuterungen in der Kommentierung zu § 573 BGB Rn. 235.

---

[61] *Hannappel* in: Bamberger/Roth, § 573b Rn. 26 und *Wetekamp* in: Schmid, Miete und Mietprozess, 4. Aufl. 2004, Teil 14 Rn. 315; a.A. – Anspruch auf Änderung unabhängig von Herausgabe, aber Mieter schuldet dann Nutzungsentschädigung für den gekündigten Teil – *Krenek* in: Müller/Walther, Miet- und Pachtrecht, § 573b Rn. 12.

[62] *Blank* in: Schmidt-Futterer, Mietrecht, 10. Aufl. 2011, § 573b Rn. 21.

[63] *Rolfs* in: Staudinger, § 573b Rn. 21 und *Krenek* in: Müller/Walther, Miet- und Pachtrecht, § 573b Rn. 12.

[64] *Rolfs* in: Staudinger, § 573b Rn. 21.

[65] AG Hamburg v. 24.02.1993 - 37a C 2333/92 - juris Rn. 5 - WuM 1993, 616 sowie AG Walsrode v. 02.01.1992 - 7 C 525/91 - juris Rn. 4 - WuM 1992, 616.

[66] *Weidenkaff* in: Palandt, § 573b Rn. 10 und *Rolfs* in: Staudinger, BGB, § 573b Rn. 21; a.A. – stets abstrakter Nutzungswert maßgeblich – *Lammel*, Wohnraummietrecht, 3. Aufl. 2007, § 573b Rn. 19.

[67] *Krenek* in: Müller/Walther, Miet- und Pachtrecht, § 573b Rn. 13 und *Johann*, NJW 1991, 1100-1101, 1101.

[68] BGBl I 2001, 1149.

[69] BGBl I 2001, 1149.

Abdingbarkeit: § 573b Abs. 5 BGB ist nach seinem Sinn und Zweck selbst ebenfalls unabdingbar. 75

III. Anwendungsfelder – Übergangsrecht

Die Vorschrift ist auf sämtliche Teilkündigungen, unabhängig vom Zeitpunkt ihrer Erklärung, anwendbar. Eine Übergangsvorschrift ist im **Mietrechtsreformgesetz** vom 19.06.2001[70] nicht enthalten. 76

---

[70] BGBl I 2001, 1149.

§ 573c BGB Fristen der ordentlichen Kündigung

(Fassung vom 02.01.2002, gültig ab 01.01.2002)

(1) ¹Die Kündigung ist spätestens am dritten Werktag eines Kalendermonats zum Ablauf des übernächsten Monats zulässig. ²Die Kündigungsfrist für den Vermieter verlängert sich nach fünf und acht Jahren seit der Überlassung des Wohnraums um jeweils drei Monate.

(2) Bei Wohnraum, der nur zum vorübergehenden Gebrauch vermietet worden ist, kann eine kürzere Kündigungsfrist vereinbart werden.

(3) Bei Wohnraum nach § 549 Abs. 2 Nr. 2 ist die Kündigung spätestens am 15. eines Monats zum Ablauf dieses Monats zulässig.

(4) Eine zum Nachteil des Mieters von Absatz 1 oder 3 abweichende Vereinbarung ist unwirksam.

Gliederung

A. Kommentierung zu Absatz 1	1
I. Grundlagen	1
1. Kurzcharakteristik	1
2. Gesetzgebungsgeschichte und -materialien	2
3. Regelungsprinzipien	3
II. Anwendungsvoraussetzungen	6
1. Normstruktur	6
2. Wohnraummietverhältnis	7
3. Ordentliche Kündigung	8
III. Rechtsfolgen	10
1. Kündigung spätestens am dritten Werktag eines Kalendermonats zum Ablauf des übernächsten Monats (Absatz 1 Satz 1)	10
2. Verlängerung der Kündigungsfrist des Vermieters (Absatz 1 Satz 2)	17
a. Praktische Hinweise	24
b. Abdingbarkeit	27
IV. Prozessuale Hinweise/Verfahrenshinweise	28
V. Anwendungsfelder – Übergangsrecht	29
B. Kommentierung zu Absatz 2	31
I. Grundlagen	31
1. Kurzcharakteristik	31
2. Gesetzgebungsgeschichte und -materialien	32
3. Regelungsprinzipien	33
II. Anwendungsvoraussetzungen	34
1. Normstruktur	34
2. Wohnraummietverhältnis	35
3. Überlassung nur zum vorübergehenden Gebrauch	36
4. Ordentliche Kündigung	37
III. Rechtsfolge: Zulässigkeit der Vereinbarung von zu Lasten des Mieters von Absatz 1 abweichenden kürzeren Kündigungsfristen	39
IV. Prozessuale Hinweise/Verfahrenshinweise	40
V. Anwendungsfelder – Übergangsrecht	41
C. Kommentierung zu Absatz 3	42
I. Grundlagen	42
1. Kurzcharakteristik	42
2. Gesetzgebungsgeschichte und -materialien	43
3. Regelungsprinzipien	44
II. Anwendungsvoraussetzungen	45
1. Normstruktur	45
2. Mietverhältnis über Wohnraum nach § 549 Abs. 2 Nr. 2 BGB	46
3. Ordentliche Kündigung	47
III. Rechtsfolge: Kündigung spätestens zum 15. eines Monats zum Ablauf dieses Monats	49
IV. Prozessuale Hinweise/Verfahrenshinweise	53
V. Anwendungsfelder – Übergangsrecht	54
D. Kommentierung zu Absatz 4	55
I. Grundlagen	55
1. Kurzcharakteristik	55
2. Gesetzgebungsgeschichte und -materialien	56
3. Regelungsprinzipien	59
II. Anwendungsvoraussetzungen	60
1. Normstruktur	60
2. Zu Lasten des Mieters von den in Absatz 1 oder Absatz 3 geregelten Kündigungsfristen abweichende Vereinbarung	61
III. Rechtsfolge: Unwirksamkeit der getroffenen Vereinbarung	72
1. Abdingbarkeit	74
2. Praktische Hinweise	75
IV. Anwendungsfelder – Übergangsrecht	76
1. Kündigungen, die vor dem 01.06.2005 zugegangen sind	76
2. Kündigungen, die ab dem 01.06.2005 zugehen	84
3. Verlängerungsklauseln	85

A. Kommentierung zu Absatz 1

I. Grundlagen

1. Kurzcharakteristik

§ 573c Abs. 1 BGB regelt die bei einer ordentlichen Kündigung zu beachtenden Kündigungsfristen im Rahmen eines Wohnraummietverhältnisses. 1

2. Gesetzgebungsgeschichte und -materialien

§ 573c Abs. 1 BGB führt die vor dem **Mietrechtsreformgesetz** vom 19.06.2001[1] in § 565 Abs. 2 Satz 1 und Satz 2 BGB a.F. enthaltenen Regelungen fort, wobei die stufenweise Verlängerung der Kündigungsfristen mit zunehmender Laufzeit des Mietvertrages nach § 573c Abs. 1 Satz 2 BGB nun nicht mehr Kündigungen beider Vertragsparteien, sondern nur noch solche des Vermieters betrifft. Die Kündigungsfristen anderer als Wohnraummietverhältnisse finden sich nun in § 580a BGB, vgl. hierzu die Kommentierung zu § 580a BGB. 2

3. Regelungsprinzipien

Durch die Festschreibung bestimmter gesetzlicher Mindestfristen für die Kündigung von Wohnraummietverhältnissen auf unbestimmte Zeit soll insbesondere dem Mieter eine angemessene Zeitspanne gewährt werden, in der er sich auf die Beendigung des Mietverhältnisses einstellen kann. Andererseits soll dem Vermieter die Möglichkeit gegeben werden, einen neuen Mieter zu suchen. 3

Die **Verlängerung der Kündigungsfrist des Vermieters** zu Gunsten des Mieters mit der zunehmenden Laufzeit des Vertragsverhältnisses erfolgte, um gerade dem Mieter, der durch ein langes Mietverhältnis mit seiner Wohnung besonderes verwachsen ist, einen kurzfristigen Wechsel zu ersparen und ihm Gelegenheit zu geben, sich in Ruhe um eine andere Wohnung zu bemühen.[2] 4

Die dazu nunmehr asymmetrisch, unabhängig von der Laufzeit des Mietverhältnisses bei drei Monaten bleibende Kündigungsfrist des Mieters hat der Gesetzgeber des **Mietrechtsreformgesetzes** vom 19.06.2001[3] mit dem Interesse des Mieters an der Verwirklichung seiner Mobilität begründet.[4] Der verfassungsrechtlich verankerte Gleichheitsgrundsatz (Art. 3 GG) steht dem nicht entgegen.[5] 5

II. Anwendungsvoraussetzungen

1. Normstruktur

Normstruktur: 6
- Tatbestandsmerkmale:
  - Wohnraummietverhältnis,
  - ordentliche Kündigung.
- Rechtsfolge:
  - Kündigung spätestens am dritten Werktag eines Kalendermonats zum Ablauf des übernächsten Monats (§ 573c Abs. 1 Satz 1 BGB),
  - Verlängerung der Kündigungsfrist des Vermieters (§ 573c Abs. 1 Satz 2 BGB).

---

[1] BGBl I 2001, 1149.
[2] *Rolfs* in: Staudinger, § 573c Rn. 6 und – schon zur Rechtslage vor der Mietrechtsreform – *Sonnenschein* in: Staudinger, 13. Bearb. 1997, § 565 Rn. 5.
[3] BGBl I 2001, 1149.
[4] BT-Drs. 14/5663, S. 179; *Rolfs* in: Staudinger, § 573c Rn. 5; kritisch *Lammel*, Wohnraummietrecht, 3. Aufl. 2007, § 573c Rn. 6; zustimmend *Blank* in: Schmidt-Futterer, Mietrecht, 10. Aufl. 2011, § 573c Rn. 5.
[5] *Rolfs* in: Staudinger, § 573c Rn. 6, vgl. auch – zur formularmäßigen Vereinbarung asymmetrischer Kündigungsfristen in einem gewerblichen Mietvertrag – BGH v. 30.05.2001 - XII ZR 273/98 - juris Rn. 30 - LM AGBG § 9 (Bb) Nr. 46 (6/2002).

2. Wohnraummietverhältnis

7   Die Bestimmung ist schon auf Grund ihrer systematischen Stellung nur auf die **Wohnraummiete** anwendbar. Zur Abgrenzung von anderen Mietverhältnissen vgl. die Kommentierung zu § 549 BGB.

3. Ordentliche Kündigung

8   Vgl. hierzu die Kommentierung zu § 542 BGB. Soweit eine ordentliche Kündigung gesetzlich oder vertraglich **ausgeschlossen** ist, finden auch die in § 573c BGB bestimmten Kündigungsfristen keine Anwendung.

9   Gleiches gilt, soweit **besondere Regelungen** vorhanden sind, wie beispielsweise bei der Teilkündigung nach § 573b BGB in § 573b Abs. 2 BGB, vgl. hierzu auch die Erläuterungen in der Kommentierung zu § 573b BGB Rn. 36.

III. Rechtsfolgen

1. Kündigung spätestens am dritten Werktag eines Kalendermonats zum Ablauf des übernächsten Monats (Absatz 1 Satz 1)

10   Es sind zunächst folgende **Begriffe** zu unterscheiden:
- Kündigung(serklärung): gestaltende Willenserklärung der Partei.
- Kündigungstag: Tag, an dem die Kündigung spätestens zugehen muss.
- Kündigungstermin: Zeitpunkt, an dem das Mietverhältnis endet.
- Kündigungsfrist: Zeitraum zwischen Kündigungstag und Kündigungstermin.Vgl. hierzu auch das in der Online-Ausgabe enthaltene Berechnungsprogramm zur Ermittlung der Kündigungsfrist für Wohnraummietverhältnisse.

11   Die regelmäßige **Kündigungsfrist** beträgt für Wohnraummietverhältnisse **drei Monate** abzüglich der drei Karenz-(werk-)tage. Für ihre Berechnung gelten die §§ 187-193 BGB.

12   Spätester **Kündigungstag**, d.h. Zeitpunkt für den Zugang der Kündigungserklärung (§ 130 Abs. 1 Satz 1 BGB)[6], ist der **dritte Werktag des ersten Monats** der dreimonatigen Kündigungsfrist. Hierdurch wird nur der spätestmögliche Zeitpunkt festgelegt, eine frühere Erklärung ist zulässig.[7]

13   Die Kündigungserklärung ist **zugegangen**, sobald sie nach der Verkehrsanschauung derart in den Machtbereich des Adressaten gelangt ist, dass bei Annahme gewöhnlicher Verhältnisse damit zu rechnen ist, er könne von ihrem Inhalt Kenntnis erlangen, vgl. hierzu die Kommentierung zu § 130 BGB. Auch bei **Niederlegung eines eingeschriebenen Briefs** beim Postamt unter Hinterlassung eines Benachrichtigungszettels tritt Zugang daher regelmäßig erst ein, wenn der Empfänger das Einschreiben abholt.[8] Zur Abholung ist der Empfänger grundsätzlich ohne das Vorliegen besonderer Umstände nicht verpflichtet.[9] Etwas anderes gilt nur dann, wenn sich das Berufen auf den fehlenden Zugang als **treuwidrig** (§ 242 BGB) darstellt. Dies ist zum einen der Fall, wenn der Kündigungsempfänger von der Niederlegung Kenntnis erlangt hat und nach der Sachlage mit rechtsgeschäftlichen Mitteilungen des Absenders rechnen musste[10], also insbesondere beim in Zahlungsverzug befindlichen oder wegen an-

---

[6] BGH v. 27.04.2005 - VIII ZR 206/04 - juris Rn. 15 - NJW 2005, 2154-2156.

[7] Vgl. zur mieterseitigen Kündigung auch BGH v. 16.11.2005 - VIII ZR 218/04 - juris Rn. 17 - NJW-RR 2006, 229-232.

[8] BGH v. 26.11.1997 - VIII ZR 22/97 - juris Rn. 14 - NJW 1998, 976-977; BGH v. 03.11.1976 - VIII ZR 140/75 - juris Rn. 14 - NJW 1977, 194-195; BGH v. 18.12.1970 - IV ZR 52/69 - VersR 1971, 262; LG Göttingen v. 19.02.1986 - 5 S 122/85 - juris Rn. 4 - WuM 1989, 183-184; *Blank* in: Schmidt-Futterer, Mietrecht, 10. Aufl. 2011, § 542 Rn. 71 und *Müller* in: Müller/Walther, Miet- und Pachtrecht, § 542 Rn. 11.

[9] BGH v. 03.11.1976 - VIII ZR 140/75 - juris Rn. 18 - NJW 1977, 194-195; a.A. wohl LG Freiburg (Breisgau) v. 01.07.2004 - 3 S 317/03 - juris Rn. 4 - WuM 2004, 490-491.

[10] BGH v. 26.11.1997 - VIII ZR 22/97 - juris Rn. 16 - NJW 1998, 976-977; BGH v. 03.11.1976 - VIII ZR 140/75 - juris Rn. 19 - NJW 1977, 194-195 und LG Göttingen v. 19.02.1986 - 5 S 122/85 - juris Rn. 8 - WuM 1989, 183-184.

haltender Vertragsverletzungen bereits abgemahnten Mieter[11] sowie beim gewerbsmäßigen Vermieter mit einer großen Anzahl abgeschlossener Mietverhältnisse[12]. Zum anderen kann ein Kündigungsempfänger sich nicht auf den fehlenden Zugang berufen, wenn er die Annahme der Sendung ohne hinreichenden Grund – gegebenenfalls trotz erneutem Zustellversuch seitens des Kündigenden – verweigert[13], vgl. hierzu die Kommentierung zu § 130 BGB.

Die gesetzliche Regelung gilt – sofern die Parteien nichts Abweichendes vereinbart haben – auch für **noch nicht in Vollzug gesetzte** Mietverhältnisse.[14] Die Kündigungsfrist beginnt dann regelmäßig – ebenfalls sofern keine abweichenden Vereinbarungen vorhanden sind – bereits mit dem Zugang der Kündigungserklärung und nicht erst mit der Überlassung der Mietsache.[15] 14

Zu den im Rahmen der Karenzzeit zu berücksichtigenden Werktagen zählt mangels abweichender gesetzlicher Regelung grundsätzlich auch der **Sonnabend/Samstag**.[16] Fällt allerdings **der letzte Werktag der Karenzzeit auf einen Sonnabend/Samstag**, ist die Erklärung der Kündigung gemäß § 193 BGB auch noch am nächsten Werktag möglich (**str.**)[17]. 15

Auf den **Kündigungstermin** findet § 193 BGB dagegen keine Anwendung. Das Mietverhältnis endet auch dann mit Ablauf des übernächsten Monats, wenn dessen letzter Tag auf einen Sonntag, staatlich anerkannten Feiertag oder Sonnabend/Samstag fällt. Die Erfüllung der Rückgabeverpflichtung des Mieters nach § 546 BGB wird jedoch in diesem Falle – sofern die Parteien nicht ausdrücklich oder konkludent etwas anderes vereinbart haben – gemäß § 193 BGB erst am nächsten Werktag geschuldet.[18] 16

2. Verlängerung der Kündigungsfrist des Vermieters (Absatz 1 Satz 2)

Die Kündigungsfrist des Vermieters verlängert sich in Abhängigkeit von der Dauer der Überlassung der Mietsache nach 17

---

[11] BGH v. 03.11.1976 - VIII ZR 140/75 - juris Rn. 19 - NJW 1977, 194-195 und *Blank* in: Schmidt-Futterer, Mietrecht, 10. Aufl. 2011, § 542 Rn. 71.

[12] LG Göttingen v. 19.02.1986 - 5 S 122/85 - juris Rn. 9 - WuM 1989, 183-184; weitgehend insoweit LG Freiburg (Breisgau) v. 01.07.2004 - 3 S 317/03 - juris Rn. 5 - WuM 2004, 490-491 – „weitere Mietverhältnisse".

[13] BGH v. 26.11.1997 - VIII ZR 22/97 - juris Rn. 18 - NJW 1998, 976-977.

[14] BGH v. 21.02.1979 - VIII ZR 88/78 - juris Rn. 14 - BGHZ 73, 350-355.

[15] *Blank* in: Schmidt-Futterer, Mietrecht, 10. Aufl. 2011, § 573c Rn. 7 und *Rolfs* in: Staudinger, § 573c Rn. 8.

[16] BGH v. 27.04.2005 - VIII ZR 206/04 - juris Rn. 16 - NJW 2005, 2154-2156; LG Aachen v. 22.10.2003 - 6 T 67/03 - juris Rn. 4 - WuM 2004, 32; LG Wuppertal v. 06.07.1993 - 16 S 42/93 - juris Rn. 2 - NJW-RR 1993, 1232-1233; *Weidenkaff* in: Palandt, § 573c Rn. 10; *Hannappel* in: Bamberger/Roth, § 573c Rn. 9; *Lammel*, Wohnraummietrecht, 3. Aufl. 2007, § 573c Rn. 19; *Vielitz* in: Hannemann/Wiegner, Münchener Anwaltshandbuch Mietrecht, 3. Aufl. 2010, § 28 Rn. 348; *Gahn* in: Schmid/Harz, Fachanwaltskommentar Mietrecht, 3. Aufl. 2012, § 573c Rn. 4 sowie *Schach* in: Kinne/Schach/Bieber, Miet- und Mietprozessrecht, 6. Aufl. 2011, § 573c Rn. 5; offen *Rolfs* in: Staudinger, § 573c Rn. 11; a.A. *Häublein* in: MünchKomm-BGB, § 573c Rn. 13; *Krenek* in: Müller/Walther, Miet- und Pachtrecht, § 573c Rn. 7; vor der vorbezeichneten Entscheidung des BGH datieren AG Berlin-Mitte v. 13.11.2003 - 12 C 219/03 - juris Rn. 20 - MM 2004, 80-81 und *Grapentin* in: Bub/Treier, Handbuch der Geschäfts- und Wohnraummiete, 3. Aufl. 1999, Teil IV Rn. 50.

[17] bejahend LG Kiel v. 02.12.1992 - 5 S 165/92 - juris Rn. 4 - WuM 1994, 542-543; LG Wuppertal v. 06.07.1993 - 16 S 42/93 - juris Rn. 4 - NJW-RR 1993, 1232-1233; *Weidenkaff* in: Palandt, § 573c Rn. 10; *Gahn* in: Schmid, Fachanwaltskommentar Mietrecht, 3. Aufl. 2012, § 573c Rn. 4; *Lammel*, Wohnraummietrecht, 3. Aufl. 2007, § 573c Rn. 20 sowie - begrenzt auf die Wohnraummiete - *Vielitz* in: Hannemann/Wiegner, Münchener Anwaltshandbuch Mietrecht, 3. Aufl. 2010, § 28 Rn. 348 und *Oprée* in: Lindner-Figura/Oprée/Stellmann, Geschäftsraummiete, 2. Aufl. 2008, Kap. 15 Rn. 86 sowie; offen gelassen BGH v. 27.04.2005 - VIII ZR 206/04 - juris Rn. 17 - NJW 2005, 2154-2156 sowie *Eckert* in: Wolf/Eckert/Ball, Handbuch des gewerblichen Miet-, Pacht- und Leasingrechts, 10. Aufl. 2009, Rn. 940; verneinend bei einem Sponsoringvertrag BGH v. 17.02.2005 - III ZR 172/04 - juris Rn. 8 - NJW 2005, 1354-1356; zum Handelsvertretervertrag BGH v. 28.09.1972 - VII ZR 186/71 - juris Rn. 10 - NJW 1972, 2083-2084 sowie *Franke* in: Fischer-Dieskau/Pergande/Schwender, Wohnungsbaurecht, § 573c Anm. 6.1.

[18] LG Hamburg v. 05.02.1990 - 307 T 13/90 - juris Rn. 2 - NJW-RR 1990, 657; *Krenek* in: Müller/Walther, Miet- und Pachtrecht, § 573c Rn. 8; *Blank* in: Schmidt-Futterer, Mietrecht, 10. Aufl. 2011, § 573c Rn. 10 sowie *Lammel*, Wohnraummietrecht, 3. Aufl. 2007, § 573c Rn. 21.

§ 573c

- fünf Jahren auf sechs Monate,
- acht Jahren auf neun Monate.Vgl. hierzu auch das in der Online-Ausgabe enthaltene Berechnungsprogramm zur Ermittlung der Kündigungsfrist für Wohnraummietverhältnisse.

18 Die für die Verlängerung maßgebliche **Überlassung beginnt** mit der Übertragung des Besitzes auf den Mieter.[19] Keine Rolle spielt dagegen der Zeitpunkt des Abschlusses des Mietvertrages[20] oder ob der Mieter bereits mit Besitzerlangung die Wohnung bezieht (str.)[21] oder sonst seinen Besitz nach außen kenntlich macht. Unerheblich ist ebenso, aus welchem Rechtsgrund die Überlassung erfolgte, dies muss nicht notwendigerweise ein Mietvertrag sein, wenn ein solcher nur zum Zeitpunkt der Kündigung vorliegt.[22]

19 Auch der spätere **Abschluss eines neuen Mietvertrages** zwischen den Parteien über dieselbe Wohnung ändert nichts am Beginn der Überlassung.[23] Dem ist nach Sinn und Zweck der Vorschrift (vgl. hierzu die obigen Anmerkungen unter Rn. 3) der **Wechsel des Mieters im gleichen Haus** unter Beibehaltung der Vertragspartner – unabhängig davon, ob dieser auf Veranlassung des Vermieters oder mit dessen Billigung geschieht – gleich zu stellen (**str.**).[24] **Veränderungen des Mietgegenstandes**, die dessen Identität nicht in Frage stellen, beeinflussen die Dauer der Überlassung ebenfalls nicht.[25]

20 Bei einem **Personenwechsel** ist dagegen zu differenzieren. Ein Wechsel auf **Vermieterseite** ist im Hinblick auf den Schutzzweck der Vorschrift stets unbeachtlich, egal ob dieser kraft Gesetzes gemäß den §§ 565, 566, 1922 Abs. 1 BGB oder durch Vertragsübernahme in das Mietverhältnis eintritt. Ein Wechsel auf **Mieterseite** ist nur dann unerheblich, wenn das Vertragsverhältnis dasselbe bleibt.[26] Dies ist der Fall beim gesetzlichen Eintritt des überlebenden Ehegatten, Familienangehörigen oder Mitmieters nach den §§ 563, 563a BGB (str.)[27] und bei rechtsgeschäftlicher Vertragsübernahme durch den neuen Mieter (str.).[28] Aus dem gleichen Grund hat auch ein Austausch des Vertragspartners des Vermieters nach § 1568a Abs. 3 BGB keinen Einfluss auf die Berechnung der Überlassungszeit.[29]

---

[19] BGH v. 22.10.1975 - VIII ZR 122/74 - juris Rn. 20 - BGHZ 65, 137-141.

[20] LG Zwickau v. 12.12.1997 - 6 S 202/97 - juris Rn. 4 - WuM 1998, 158-159 sowie LG Bonn v. 23.07.1987 - 6 S 133/87 - juris Rn. 4 - WuM 1987, 322.

[21] BGH v. 22.10.1975 - VIII ZR 122/74 - BGHZ 65, 137-141 sowie *Blank* in: Schmidt-Futterer, Mietrecht, 10. Aufl. 2011, § 573c Rn. 12; a.A. – „Mietnutzung", nicht nur Vorbereitung – *Lammel*, Wohnraummietrecht, 3. Aufl. 2007, § 573c Rn. 25.

[22] OLG Stuttgart v. 30.12.1983 - 8 REMiet 3/83 - juris Rn. 5 - NJW 1984, 875.

[23] LG Zwickau v. 12.12.1997 - 6 S 202/97 - juris Rn. 3 - WuM 1998, 158-159 und LG Göttingen v. 23.01.1991 - 5 S 109/90 - juris Rn. 3 - WuM 1991, 266.

[24] LG Bonn v. 23.07.1987 - 6 S 133/87 - juris Rn. 4 - WuM 1987, 322; *Rolfs* in: Staudinger, § 573c Rn. 31; *Blank* in: Schmidt-Futterer, Mietrecht, 10. Aufl. 2011, § 573c Rn. 14 und *Weidenkaff* in: Palandt, § 573 Rn. 11; a.A. *Hannappel* in: Bamberger/Roth, § 573c Rn. 16; differenzierend *Lammel*, Wohnraummietrecht, 3. Aufl. 2007, § 573c Rn. 32 und 33.

[25] *Häublein* in: MünchKomm-BGB, § 573c Rn. 8 und *Grapentin* in: Bub/Treier, Handbuch der Geschäfts- und Wohnraummiete, 3. Aufl. 1999, Teil IV Rn. 59.

[26] LG Göttingen v. 23.01.1991 - 5 S 109/90 - juris Rn. 3 - WuM 1991, 266.

[27] OLG Stuttgart v. 30.12.1983 - 8 REMiet 3/83 - juris Rn. 6 - NJW 1984, 875; a.A. – unabhängig von der Identität des Mietverhältnisses erst ab dem Zeitpunkt des Einzugs des Eintretenden – *Lammel*, Wohnraummietrecht, 3. Aufl. 2007, § 573c Rn. 30.

[28] *Krenek* in: Müller/Walther, Miet- und Pachtrecht, § 573c Rn. 12; *Grapentin* in: Bub/Treier, Handbuch der Geschäfts- und Wohnraummiete, 3. Aufl. 1999, Teil IV Rn. 59; *Kandelhard* in: Herrlein/Kandelhard, ZAP-Praxiskommentar Mietrecht, 4. Aufl. 2010, § 573c Rn. 7; *Rolfs* in: Staudinger, § 573c Rn. 24 und *Blank* in: Schmidt-Futterer, Mietrecht, 10. Aufl. 2011, § 573c Rn. 12; a.A. für objektfremden Mieter *Lammel*, Wohnraummietrecht, 3. Aufl. 2007, § 573c Rn. 32; vermittelnd – durch Auslegung zu ermitteln, im Zweifel keine Anrechnung – *Häublein* in: MünchKomm-BGB, § 573c Rn. 8.

[29] *Blank* in: Schmidt-Futterer, Mietrecht, 10. Aufl. 2011, § 573c Rn. 12 und auch *Leis* in: jurisPK-BGB, 5. Aufl. 2010, § 1568a Rn. 59.

Die Besitzübertragung muss in jedem Falle **mit Zustimmung des Vermieters** von diesem erfolgt sein.[30] Eine Besitzerlangung durch öffentlich-rechtliche Zwangsmaßnahmen ist deshalb nicht ausreichend (str.).[31]

21

Ebenso wenig ist folglich regelmäßig die Überlassung durch den Hauptmieter/Untervermieter im Verhältnis des **Untermieter**s zum Hauptvermieter anzurechnen und zwar selbst dann nicht, wenn der Hauptvermieter eine entsprechende Erlaubnis erteilt hat, da auch dann der Untermieter sein Besitzrecht nicht vom Hauptvermieter ableitet (**str.**).[32] Etwas anderes gilt, soweit der Vermieter in das Mietverhältnis mit dem Untermieter eintritt, vgl. hierzu auch die Erläuterungen unter Rn. 20.[33] Sofern der Vermieter zu einem späteren Zeitpunkt mit dem Mieter, der die Wohnung ohne seine Zustimmung erlangt hatte, einen Mietvertrag abschließt, rechnet die Überlassung ab dem Zeitpunkt des Vertragsschlusses an, da darin zugleich ein einvernehmlicher Besitzerwerb durch den Mieter zu sehen ist (§ 854 Abs. 2 BGB).[34]

22

Das für die Berechnung der Überlassungszeit maßgebliche **Enddatum** bestimmt sich nach dem Moment des Zugangs der Kündigung (§ 130 Abs. 1 Satz 1 BGB, vgl. auch Rn. 13), nicht dem Zeitpunkt des Ablaufes der Kündigungsfrist.[35]

23

a. Praktische Hinweise

Die **Wiedergabe des Kündigungstermins**, d.h. des Zeitpunktes, in dem das Mietverhältnis durch die Kündigung beendet wird, ist in der Kündigungserklärung nicht erforderlich. Daher schadet auch die Angabe eines zu frühen Termins nicht, sondern führt vielmehr zur **Umdeutung** (§ 140 BGB) einer Kündigung zum nächst möglichen Termin, wenn sich aus der Kündigungserklärung für den Kündigungsempfänger eindeutig entnehmen lässt, dass der Kündigende das Mietverhältnis in jedem Fall beenden will (str.).[36]

24

Sofern dem Vermieter der für die Berechnung der gemäß § 573c Abs. 1 Satz 2 BGB verlängerten Kündigungsfrist maßgebliche Zeitpunkt der Überlassung der Wohnung nicht bekannt ist und er diesen auch nicht anderweitig in zumutbarer Weise in Erfahrung bringen kann, hat er einen entsprechenden **Auskunftsanspruch** gegen den Mieter.[37]

25

Durch die stets dreimonatige Kündigungsfrist des Mieters hat die Frage der Zulässigkeit der **Gestellung von Nachmietern** ohne entsprechende vertragliche Vereinbarung (vgl. hierzu die Kommentierung zu § 542 BGB) ihre Bedeutung bei Geltung der gesetzlichen Kündigungsfristen weitgehend verloren, denn eine Fortsetzung des Mietverhältnisses bis zur Mindestkündigungsfrist ist dem Mieter regelmäßig nicht unzumutbar.[38]

26

---

[30] OLG Stuttgart v. 30.12.1983 - 8 REMiet 3/83 - juris Rn. 5 - NJW 1984, 875.
[31] *Hannappel* in: Bamberger/Roth, § 573c Rn. 15; *Grapentin* in: Bub/Treier, Handbuch der Geschäfts- und Wohnraummiete, 3. Aufl. 1999, Teil IV Rn. 58; a.A. *Sternel*, Mietrecht, 3. Aufl. 1988, Teil IV Rn. 54.
[32] *Blank* in: Schmidt-Futterer, Mietrecht, 10. Aufl. 2011, § 573c Rn. 13; *Gahn* in: Schmid/Harz, Fachanwaltskommentar Mietrecht, 3. Aufl. 2012, § 573c Rn. 9; *Hannappel* in: Bamberger/Roth, § 573c Rn. 15 sowie *Weidenkaff* in: Palandt, § 573c Rn. 11; a.A. *Häublein* in: MünchKomm-BGB, § 573c Rn. 8 und *Rolfs* in: Staudinger, § 573c Rn. 27-29; *Krenek* in: Müller/Walther, Miet- und Pachtrecht, § 573c Rn. 11; *Franke* in: Fischer-Dieskau/Pergande/Schwender, Wohnungsbaurecht, § 573c Anm. 8.2.2 und *Sternel*, Mietrecht aktuell, 4. Aufl. 2009, Teil X Rn. 84.
[33] *Hannappel* in: Bamberger/Roth, § 573c Rn. 13 und *Voelskow* in: MünchKomm-BGB, 3. Aufl. 1995, § 565 Rn. 14.
[34] *Rolfs* in: Staudinger, § 573c Rn. 21.
[35] *Häublein* in: MünchKomm-BGB, § 573c Rn. 7 und *Blank* in: Schmidt-Futterer, Mietrecht, 10. Aufl. 2011, § 573c Rn. 11.
[36] LG Köln v. 24.10.1992 - 12 T 7/92 - juris Rn. 5 - WuM 1993, 541-542 sowie OLG Hamm v. 28.09.1993 - 7 U 41/93 - juris Rn. 28 - MDR 1994, 56-57; einschränkend – nur bei verhältnismäßig geringfügiger Verschiebung des Endzeitpunktes – OLG Frankfurt v. 23.01.1990 - 5 U 61/89 - juris Rn. 3 - NJW-RR 1990, 337-338; a.A. LG Göttingen v. 23.01.1991 - 5 S 109/90 - juris Rn. 4 - WuM 1991, 266.
[37] *Blank* in: Schmidt-Futterer, Mietrecht, 7. Aufl. 1999, § 565 Rn. 29.
[38] *Blank* in: Schmidt-Futterer, Mietrecht, 10. Aufl. 2011, nach § 542 Rn. 14.

b. Abdingbarkeit

27 Vgl. hierzu Rn. 55.

IV. Prozessuale Hinweise/Verfahrenshinweise

28 Die **Darlegungs- und Beweislast** für die Einhaltung der Kündigungsfrist trägt die Partei, die sich auf die Beendigung durch die zugrunde liegende Kündigungserklärung beruft.

V. Anwendungsfelder – Übergangsrecht

29 Nach Art. 229 § 3 Abs. 1 Nr. 1 EGBGB ist auf eine **vor dem 01.09.2001 zugegangene Kündigung** § 565 BGB a.F. in der bis zu diesem Zeitpunkt geltenden Fassung anzuwenden.

30 Ist die danach geltende längere Kündigungsfrist noch nicht abgelaufen, so kann der Mieter ab dem 01.09.2001 eine **neue Kündigung** aussprechen, um in den Genuss der nunmehr kürzeren Fristen zu kommen.[39] Gleiches gilt auch für den Vermieter.

B. Kommentierung zu Absatz 2

I. Grundlagen

1. Kurzcharakteristik

31 § 573c Abs. 2 BGB lässt abweichend von § 573c Abs. 4 BGB die Vereinbarung kürzerer Kündigungsfristen auch zu Lasten des Mieters bei Wohnraum, der nur zum vorübergehenden Gebrauch vermietet worden ist, zu.

2. Gesetzgebungsgeschichte und -materialien

32 § 573c Abs. 2 BGB führt die vor dem **Mietrechtsreformgesetz** vom 19.06.2001[40] in § 565 Abs. 2 Satz 3 BGB a.F. enthaltene Regelung fort.

3. Regelungsprinzipien

33 Vgl. hierzu zunächst Rn. 3. Bei einer nur vorübergehenden Überlassung von Wohnraum kann sich schon aus der zeitlichen Beschränkung des Mietverhältnisses die berechtigte Notwendigkeit der Vereinbarung kürzerer als der gesetzlichen Kündigungsfristen nach § 573c Abs. 1 BGB ergeben.

II. Anwendungsvoraussetzungen

1. Normstruktur

34 Normstruktur:
- Tatbestandsmerkmale:
  - Wohnraummietverhältnis,
  - Überlassung nur zum vorübergehenden Gebrauch,
  - ordentliche Kündigung.
- Rechtsfolge:
  - Zulässigkeit der Vereinbarung von zu Lasten des Mieters von § 573c Abs. 1 BGB abweichenden kürzeren Kündigungsfristen.

2. Wohnraummietverhältnis

35 Die Bestimmung ist schon auf Grund ihrer systematischen Stellung nur auf die **Wohnraummiete** anwendbar. Zur Abgrenzung von anderen Mietverhältnissen vgl. die Kommentierung zu § 549 BGB.

---

[39] *Blank* in: Blank/Börstinghaus, Neues Mietrecht, 2001, § 573c Rn. 15.
[40] BGBl I 2001, 1149.

3. Überlassung nur zum vorübergehenden Gebrauch

Vgl. hierzu die Kommentierung zu § 549 BGB.

4. Ordentliche Kündigung

Vgl. hierzu zunächst die Kommentierung zu § 542 BGB. Soweit eine ordentliche Kündigung gesetzlich oder vertraglich **ausgeschlossen** ist, finden auch die in § 573c BGB bestimmten Kündigungsfristen keine Anwendung.

Ebenso wenig greift § 573c BGB, soweit **besondere Regelungen** vorhanden sind, wie beispielsweise bei der Teilkündigung nach § 573b BGB in § 573b Abs. 2 BGB, vgl. hierzu die Kommentierung zu § 573b BGB Rn. 36.

III. Rechtsfolge: Zulässigkeit der Vereinbarung von zu Lasten des Mieters von Absatz 1 abweichenden kürzeren Kündigungsfristen

Die Vorschrift nimmt Vereinbarungen von kürzeren Kündigungsfristen zu Lasten des Mieters von der grundsätzlichen Unabdingbarkeit der gesetzlichen Kündigungsfristen nach § 573c Abs. 4 BGB (vgl. hierzu Rn. 55) aus.

IV. Prozessuale Hinweise/Verfahrenshinweise

Die **Darlegungs- und Beweislast** für die wirksame Vereinbarung kürzerer Kündigungsfristen zu Lasten des Mieters und deren Einhaltung trägt der Vermieter.

V. Anwendungsfelder – Übergangsrecht

Nach Art. 229 § 3 Abs. 1 Nr. 1 EGBGB ist zwar auf eine **vor dem 01.09.2001 zugegangene Kündigung** § 565 BGB a.F. in der bis zu diesem Zeitpunkt geltenden Fassung anzuwenden. Da das **Mietrechtsreformgesetz** vom 19.06.2001[41] die entsprechenden Regelungen aber inhaltlich unverändert in § 573c Abs. 2 BGB übernommen hat (vgl. hierzu Rn. 32), kommt dem nur geringe praktische Bedeutung zu.

C. Kommentierung zu Absatz 3

I. Grundlagen

1. Kurzcharakteristik

Auf Grund der Vorschrift unterliegen Mietverhältnisse über möblierten Wohnraum in der vom Vermieter selbst bewohnten Wohnung, der dem Mieter nicht zum dauernden Gebrauch mit seiner Familie oder mit Personen überlassen ist, mit denen er einen auf Dauer angelegten gemeinsamen Haushalt führt, einer kurzen Kündigungsfrist von zwei Wochen.

2. Gesetzgebungsgeschichte und -materialien

§ 573c Abs. 3 BGB führt die vor dem **Mietrechtsreformgesetz** vom 19.06.2001[42] in § 565 Abs. 3 Nr. 3 BGB a.F. enthaltene Regelung fort. Die nach § 565 Abs. 3 Nr. 1 und Nr. 2 BGB a.F. vorgesehenen, noch kürzeren Kündigungsfristen bei Mietverhältnissen, bei denen der **Mietzins nach Tagen oder Wochen** bemessen ist, sind ersatzlos entfallen.

3. Regelungsprinzipien

Vgl. hierzu zunächst Rn. 3. Im Hinblick auf die sich aus dem engen Zusammenleben der Parteien ergebenden besonderen Beeinträchtigungen bei einem gestörten Mietverhältnis (vgl. hierzu die Kommentierung zu § 573a BGB Rn. 40) soll dieses auch durch eine ordentliche Kündigung schneller als nach den allgemeinen Kündigungsfristen beendet werden können.

---

[41] BGBl I 2001, 1149.
[42] BGBl I 2001, 1149.

II. Anwendungsvoraussetzungen

1. Normstruktur

45 Normstruktur:
- Tatbestandsmerkmale:
  - Mietverhältnis über Wohnraum nach § 549 Abs. 2 Nr. 2 BGB,
  - ordentliche Kündigung.
- Rechtsfolge:
  - Kündigung spätestens zum 15. eines Monats zum Ablauf dieses Monats.

2. Mietverhältnis über Wohnraum nach § 549 Abs. 2 Nr. 2 BGB

46 Vgl. hierzu die Kommentierung zu § 549 BGB Rn. 15 ff.

3. Ordentliche Kündigung

47 Vgl. hierzu die Kommentierung zu § 542 BGB Rn. 8 ff. Soweit eine ordentliche Kündigung gesetzlich oder vertraglich **ausgeschlossen** ist, finden auch die in § 573c BGB bestimmten Kündigungsfristen keine Anwendung.

48 Ebenso wenig greift § 573c BGB, soweit **besondere Regelungen** vorhanden sind, wie beispielsweise bei der Teilkündigung nach § 573b BGB in § 573b Abs. 2 BGB, vgl. insoweit die Kommentierung zu § 573b BGB Rn. 36.

III. Rechtsfolge: Kündigung spätestens zum 15. eines Monats zum Ablauf dieses Monats

49 § 573c Abs. 3 BGB regelt
- Kündigungstag und
- Kündigungstermin (vgl. zu diesen Begriffen Rn. 10) für Mietverhältnisse über möblierten Wohnraum in der vom Vermieter selbst bewohnten Wohnung, der dem Mieter nicht zum dauernden Gebrauch mit seiner Familie oder mit Personen überlassen ist, mit denen er einen auf Dauer angelegten gemeinsamen Haushalt führt (§ 549 Abs. 2 Nr. 2 BGB), abweichend von den allgemeinen Kündigungsfristen für Wohnraum nach § 573c Abs. 1 BGB.

50 Die Kündigung (vgl. zu diesem Begriff Rn. 10) muss danach bis spätestens zum 15. eines Monats erklärt werden (letzter **Kündigungstag**). Eine frühere Erklärung ist möglich. Fällt der 15. eines Monats auf einen **Samstag, Sonn- oder Feiertag**, gilt hier – anders als bei § 573c Abs. 1 Satz 1 BGB (vgl. Rn. 15) – § 193 BGB nicht, so dass die Kündigung tatsächlich spätestens an diesem Tag und nicht erst am nächsten Werktag zugehen muss.[43]

51 Frühester **Kündigungstermin** ist der Ablauf des Monats, in dem die Kündigung erklärt wurde. Zum Ablauf der Frist an einem Sonntag, staatlich anerkannten **Feiertag** oder Sonnabend/Samstag vgl. Rn. 16.

52 **Abdingbarkeit**: Vgl. hierzu Rn. 55.

IV. Prozessuale Hinweise/Verfahrenshinweise

53 Zur Darlegungs- und Beweislast vgl. Rn. 28.

V. Anwendungsfelder – Übergangsrecht

54 Nach Art. 229 § 3 Abs. 1 Nr. 1 EGBGB ist auf eine **vor dem 01.09.2001 zugegangene Kündigung** § 565 BGB a.F. in der bis zu diesem Zeitpunkt geltenden Fassung anzuwenden.

---

[43] *Gahn* in: Schmid/Harz, Fachanwaltskommentar Mietrecht, 3. Aufl. 2012, § 573c Rn. 4; *Weidenkaff* in: Palandt, § 573c Rn. 13 sowie *Krenek* in: Müller/Walther, Miet- und Pachtrecht, § 573c Rn. 16.

D. Kommentierung zu Absatz 4

I. Grundlagen

1. Kurzcharakteristik

§ 573c Abs. 4 BGB schließt zum Nachteil des Mieters von § 573c Abs. 1 und Abs. 3 BGB abweichende vertragliche Vereinbarungen aus.

55

2. Gesetzgebungsgeschichte und -materialien

§ 573c Abs. 4 BGB führt zunächst die vor dem **Mietrechtsreformgesetz** vom 19.06.2001[44] in § 565 Abs. 2 Satz 2 BGB a.F. enthaltene Regelung fort, ändert sie allerdings sprachlich dahin gehend ab, dass nunmehr nicht nur Vereinbarungen kürzerer Kündigungsfristen zu Gunsten des Vermieters regelmäßig ausgeschlossen sind, sondern alle dem Mieter nachteiligen Abweichungen von den gesetzlichen Regeln.

56

Soweit § 573c Abs. 4 BGB nunmehr auch abweichende Vereinbarungen von der gesetzlichen Kündigungsfrist zu Lasten des Mieters im Rahmen von Mietverhältnissen über möblierten Wohnraum in der vom Vermieter selbst bewohnten Wohnung für unwirksam erklärt, ist dies neu.

57

Entfallen ist dagegen das Verbot von Vereinbarungen, wonach die Kündigung nur für den Schluss bestimmter Kalendermonate zulässig sein soll (vormals § 565 Abs. 2 Satz 4 BGB a.F.).

58

3. Regelungsprinzipien

Vgl. hierzu zunächst Rn. 3. Dadurch, dass die gesetzlichen Regelungen über die Fristen für die ordentliche Kündigung im Wohnraummietrecht der Parteidisposition insoweit entzogen werden, als es um für den Mieter nachteilige Vereinbarungen geht, wird der **besonderen Schutzwürdigkeit der Wohnung** als Mittelpunkt der privaten Existenz des Einzelnen[45] Rechnung getragen.

59

II. Anwendungsvoraussetzungen

1. Normstruktur

Normstruktur:
- Tatbestandsmerkmale:
  - Vereinbarung, die zu Lasten des Mieters von den § 573c Abs. 1 oder Abs. 3 BGB geregelten Kündigungsfristen abweicht.
- Rechtsfolge:
  - Unwirksamkeit der getroffenen Vereinbarung.

60

2. Zu Lasten des Mieters von den in Absatz 1 oder Absatz 3 geregelten Kündigungsfristen abweichende Vereinbarung

Von § 573c Abs. 4 BGB werden nur zu Lasten des Mieters vom Regelungsgehalt der § 573c Abs. 1 BGB und § 573c Abs. 3 BGB abweichende Vereinbarungen erfasst, dies sind alle Abreden die
- zu einer Verkürzung der vom Vermieter einzuhaltenden Kündigungsfrist oder
- zu einer Verlängerung der für den Mieter geltenden Kündigungsfrist[46] führen.[47]

61

---

[44] BGBl I 2001, 1149.
[45] BVerfG v. 26.05.1993 - 1 BvR 208/93 - juris Rn. 21 - NJW 1993, 2035-2037.
[46] BGH v. 18.06.2003 - VIII ZR 240/02 - juris Rn. 19 - BGHZ 155, 178-189.
[47] *Lammel*, Wohnraummietrecht, 3. Aufl. 2007, § 573c Rn. 37f. sowie *Vielitz* in: Hannemann/Wiegner, Münchener Anwaltshandbuch Mietrecht, 3. Aufl. 2010, § 28 Rn. 369.

§ 573c

62 Die Vereinbarung **anderer Kündigungstage** (vgl. zu diesem Begriff Rn. 10) ist, sofern sie nicht zugleich zu Veränderungen der Kündigungsfrist zu Lasten des Mieters führt, zulässig (**str.**).[48]

63 Unzulässig ist dagegen eine Vereinbarung, die entgegen der gesetzlichen Regelung als **Kündigungstermin** nicht das Ende eines beliebigen, sondern nur eines bestimmten Kalendermonats vorsieht.[49] Der Abschluss eines befristeten Mietvertrages mit **Verlängerungsklausel** ist daher seit dem Inkrafttreten des Mietrechtsreformgesetzes am 01.09.2001 grundsätzlich nicht mehr möglich[50]; zu vor diesem Zeitpunkt getroffenen Vereinbarungen vgl. unten Rn. 85.

64 Vereinbarungen, die die Kündigungsfristen **zu Lasten des Vermieters** bei einer mieterseitigen Kündigung verkürzen oder vermieterseitigen Kündigung verlängern, fallen nicht in den Anwendungsbereich des § 573c Abs. 4 BGB. Es können daher

- für den Mieter ein späterer Kündigungstag (vgl. hierzu Rn. 10) oder eine kürzere Kündigungsfrist und
- für den Vermieter ein früherer Kündigungstag oder eine längere Kündigungsfrist

vereinbart werden.

65 Der **individualvertraglichen** Vereinbarung eines befristeten Ausschlusses des Kündigungsrechts des Mieters steht § 573c Abs. 4 BGB nicht entgegen.[51] Denn dieser verhält sich schon seiner – amtlichen – Überschrift nach nur zu Kündigungsfristen, nicht zur Beschränkung der Kündigungsmöglichkeit. Durch einen Kündigungsausschluss werden aber die einzuhaltenden Kündigungsfristen nicht verändert. Die Frage, mit welcher Frist das Mietverhältnis gekündigt werden kann, stellt sich vielmehr erst, wenn dem Kündigenden überhaupt ein Kündigungsrecht zusteht.[52] Der Bundesgerichtshof hat daher einen individualvertraglich vereinbarten Kündigungsverzicht seitens des Mieters für fünf Jahre unbeanstandet gelassen.[53] Eine individualvertragliche Vereinbarung liegt allerdings nicht schon deswegen vor, weil die Dauer des Kündigungsverzichts im Mietvertrag nicht formularvertraglich vorgegeben ist, sondern entsprechende **Leerstellen noch handschriftlich ergänzt** werden müssen. Eine Individualvereinbarung ist in einem solchen Fall vielmehr nur gegeben, wenn die Ergänzung von den Vertragsparteien individuell ausgehandelt oder vom Mieter selbst nach seiner freien Entscheidung vorgenommen worden ist.[54] Das Ausfüllen der Leerfelder durch den Vermieter führt auch dann zu einer

---

[48] *Weidenkaff* in: Palandt, § 573c Rn. 3 sowie – unter zutreffendem Hinweis auf die Gefahren entsprechender Regelungen in der Praxis – *Vielitz* in: Hannemann/Wiegner, Münchener Anwaltshandbuch Mietrecht, 3. Aufl. 2010, § 28 Rn. 373; a.A. – gänzlich ausgeschlossen – *Lammel*, Wohnraummietrecht, 3. Aufl. 2007, § 573c Rn. 39; *Blank* in: Schmidt-Futterer, Mietrecht, 10. Aufl. 2011, § 573c Rn. 24 sowie *Franke* in: Fischer-Dieskau/Pergande/Schwender, Wohnungsbaurecht, § 573c Anm. 11.1.

[49] BGH v. 27.04.2005 - VIII ZR 206/04 - juris Rn. 9 - WuM 2005, 465-467; BGH v. 06.04.2005 - VIII ZR 155/04 - juris Rn. 14 - WuM 2005, 342-345; vgl. insoweit auch *Eisenhardt*, WuM 2005, 487-491, 490 und *Blank*, NZM 2005, 401, 401.

[50] *Blank* in: Schmidt-Futterer, Mietrecht, 10. Aufl. 2011, § 542 Rn. 179 sowie *Barthelmess*, ZMR 2005, 913-920, 919.

[51] BGH v. 19.11.2008 - VIII ZR 30/08 - juris Rn. 15 - WuM 2009, 47-48; zur Abgrenzung der Vereinbarung eines (wirksamen) befristeten Kündigungsausschlusses von einem (mangels Befristungsgrund unwirksamen) Zeitmietvertrag (§ 575 Abs. 1 Satz 1 BGB) im Wege der Auslegung siehe BGH v. 13.10.2010 - VIII ZR 98/10 - juris Rn. 25 - NSW BGB § 551 (BGH-intern) und die Kommentierung zu § 575 BGB Rn. 106.

[52] BGH v. 06.04.2005 - VIII ZR 27/04 - juris Rn. 11 - WuM 2005, 346-348; BGH v. 23.11.2005 - VIII ZR 154/04 - juris Rn. 12 - WuM 2006, 97-100; BGH v. 22.12.2003 - VIII ZR 81/03 - juris Rn. 12 - MM 2004, 119-120; so auch BT-Drs. 14/4553, S. 69; zustimmend *Horst*, MDR 2004, 437-438, 437; ebenso *Blank* in: Schmidt-Futterer, Mietrecht, 10. Aufl. 2011, § 575 Rn. 66; *Rolfs* in: Staudinger, § 575 Rn. 15; *Weidenkaff* in: Palandt, § 573c Rn. 3; *Lützenkirchen*, MDR 2001, 1385-1392, 1388 f.; *Lammel*, Wohnraummietrecht, 3. Aufl. 2007, § 573c Rn. 40; *Schach* in: Kinne/Schach/Bieber, Miet- und Mietprozessrecht, 6. Aufl. 2011, § 542 Rn. 24a sowie *Eisenhardt*, WuM 2002, 412-413, 412; a.A. LG Braunschweig v. 23.12.2003 - 6 S 296/03 (092), 6 S 296/03 - juris Rn. 8 - WuM 2004, 158 sowie *Börstinghaus*, WuM 2003, 487-490, 490; kritisch auch *Derleder*, NZM 2004, 247-249, 247 und derselbe einschränkend – nur wenn im Interesse des Mieters in langfristigen Mietvertrag aufgenommen – *Derleder*, NZM 2001, 649-657, 653 f.

[53] BGH v. 22.12.2003 - VIII ZR 81/03 - juris Rn. 2 - MM 2004, 119-120.

[54] BGH v. 06.04.2005 - VIII ZR 27/04 - juris Rn. 15 - WuM 2005, 346-348.

formularvertraglichen Vereinbarung, wenn dieser den Mietvertrag im Anschluss mit dem Mieter durchgeht und der Mieter Gelegenheit erhält, die einzelnen Vertragsbestimmungen zu prüfen.[55]

Bei Vereinbarung eines Kündigungsverzichts in Verbindung mit einer **Staffelmiete** ist die hierfür angeordnete Höchstgrenze von vier Jahren seit Abschluss der Staffelmietvereinbarung zu beachten (§ 557a Abs. 3 Satz 1 BGB).[56] Diese Höchstfrist ist auch dann maßgeblich, wenn ihr Ende – entgegen dem durch § 573c Abs. 1 Satz 1 BGB vorgegebenen Kündigungstermin zum Ablauf eines Kalendermonats (vgl. Rn. 10) – auf einen Kalendertag vor dem Ende eines Monats fällt. Dem kann der Vermieter nur dadurch Rechnung tragen, dass er die gesetzliche Höchstfrist nicht voll ausschöpft, sondern mit dem Mieter vereinbart, dass die Frist mit dem letzten Tag des vorhergehenden Monats endet.[57] Die Vierjahresfrist beginnt nach dem eindeutigen Gesetzeswortlaut bereits mit dem Abschluss des Mietvertrages und der gleichzeitig vereinbarten Staffelmietvereinbarung, nicht erst mit dem Bezug der Wohnung durch den Mieter.[58] Ein die Vierjahresfrist übersteigender Kündigungsverzicht ist nur insoweit unwirksam, als seine Dauer vier Jahre seit Abschluss der Staffelmietvereinbarung überschreitet.[59]

66

Ein befristeter Kündigungsausschluss kann grundsätzlich auch **formularvertraglich** vereinbart werden. Weder § 573c Abs. 4 BGB noch § 575 Abs. 4 BGB gebieten es, die Vereinbarung eines formularmäßigen Kündigungsausschlusses schon für sich allein als **unangemessene Benachteiligung** des Mieters im Sinne von § 307 Abs. 2 BGB zu werten.[60] Gleichwohl kann ein formularmäßiger Kündigungsverzicht gemäß 307 Abs. 1 Satz 1 BGB unwirksam sein, wenn er den Mieter entgegen den Geboten von Treu und Glauben unangemessen benachteiligt.[61] Um dies zu vermeiden, müssen folgende Voraussetzungen erfüllt sein:

67

- **Sachlicher Umfang**: Es darf **nur das ordentliche Kündigungsrecht** ausgeschlossen werden.[62] Dafür reicht es allerdings aus, wenn die Klausel aus der Sicht eines verständigen, juristisch nicht vorgebildeten Mieters so verstanden wird, wovon beispielsweise bei der Formulierung „Die Parteien sind sich einig, dass in Abänderung des Mietvertrages eine Kündigung auf Dauer von [...] Jahren ausgeschlossen wird" regelmäßig auszugehen ist.[63] Wenn der Mietvertrag auch eine Staffelmietvereinbarung enthält, ist ein dortiger Kündigungsausschluss im Sinne der gesetzlichen Bestimmung des § 557a Abs. 3 BGB auszulegen: Diese gesetzliche Regelung bezieht sich – trotz ihrer weiten sprachlichen Formulierung – unzweifelhaft nur auf die ordentliche Kündigung, weshalb auch ein mitvereinbarter Kündigungsausschluss so auszulegen ist.[64] Ob und inwieweit im Einzelfall erkennbar sein muss, dass die im Bereich des preisgebundenen Wohnraums bestehende Kündigungsmöglichkeit nach § 11 Abs. 1 WoBindG nicht von dem Kündigungsverzicht erfasst wird, damit eine hinreichende Transparenz des formularvertraglichen Kündigungsausschlusses gegeben ist, hat der Bundes-

---

[55] BGH v. 06.04.2005 - VIII ZR 27/04 - juris Rn. 15 - WuM 2005, 346-348.
[56] BGH v. 08.12.2010 - VIII ZR 86/10 - juris Rn. 14 - NSW BGB § 307 Bb (BGH-intern) und BGH v. 03.05.2006 - VIII ZR 243/05 - juris Rn. 12 - WuM 2006, 385-387.
[57] BGH v. 03.05.2006 - VIII ZR 243/05 - juris Rn. 16 - WuM 2006, 385-387.
[58] BGH v. 08.12.2010 - VIII ZR 86/10 - juris Rn. 14 - NSW BGB § 307 Bb (BGH-intern); BGH v. 14.06.2006 - VIII ZR 257/04 - juris Rn. 17 - NSW BGB § 557a (BGH-intern) und zur gleichlautenden Vorgängervorschrift § 10 Abs. 2 Satz 6 MHG BGH v. 29.06.2005 - VIII ZR 344/04 - juris Rn. 24 - WuM 2005, 519-520.
[59] BGH v. 14.06.2006 - VIII ZR 257/04 - juris Rn. 18 - NSW BGB § 557a (BGH-intern) und zur gleichlautenden Vorgängervorschrift § 10 Abs. 2 Satz 6 MHG BGH v. 29.06.2005 - VIII ZR 344/04 - juris Rn. 23 - WuM 2005, 519-520.
[60] BGH v. 08.12.2010 - VIII ZR 86/10 - juris Rn. 11 - NSW BGB § 307 Bb (BGH-intern) und BGH v. 06.04.2005 - VIII ZR 27/04 - juris Rn. 12 - NSW BGB § 307 Bb (BGH-intern).
[61] BGH v. 08.12.2010 - VIII ZR 86/10 - juris Rn. 12 - NSW BGB § 307 Bb (BGH-intern).
[62] *Horst*, DWW 2004, 140-142, 141.
[63] BGH v. 25.01.2006 - VIII ZR 3/05 - juris Rn. 16 - WuM 2006, 152-154 und BGH v. 23.11.2005 - VIII ZR 154/04 - juris Rn. 10 - WuM 2006, 97-100.
[64] BGH v. 23.11.2011 - VIII ZR 120/11 - juris Rn. 14 - NSW BGB § 573c (BGH-intern).

gerichtshof offen gelassen.[65] Der Ausschluss aller oder einzelner außerordentlicher Kündigungstatbestände führt zur Unwirksamkeit des Kündigungsausschlusses insgesamt.[66]
- **Persönlicher Umfang**: Das Kündigungsrecht wird **für beide Vertragsparteien** gleichermaßen ausgeschlossen.[67] Aus der europarechtskonformen Auslegung des nationalen Verbraucherschutzrechts unter Berücksichtigung von Art. 3 Abs. 1 RL 93/13/EWG folgt keine weitergehende Einschränkung, da der befristete Ausschluss eines Kündigungsrechts in einem Formularmietvertrag jedenfalls dann kein erhebliches und ungerechtfertigtes Missverhältnis der vertraglichen Rechte und Pflichten der Vertragspartner entgegen dem Gebot von Treu und Glauben verursacht, wenn die Klausel für beide Vertragspartner gleichermaßen gilt.[68] Ein **einseitiger Kündigungsverzicht des Mieters** ist ebenfalls zulässig, wenn er zusammen mit einer **Staffelmiete** (§ 557a BGB) vereinbart wird[69], vgl. hierzu auch oben Rn. 66. Dies ist deshalb gerechtfertigt, weil die Vereinbarung einer Staffelmiete beiden Parteien Kalkulationssicherheit bietet und auch für den Mieter insoweit vorteilhaft ist, als Mieterhöhungen nach den §§ 558-559b BGB für deren Dauer ausgeschlossen sind.[70] Ein einseitiger formularvertraglicher Verzicht des Mieters **ohne Gewährung eines ausgleichenden Vorteils** ist dagegen unwirksam.[71] Ob andere Kompensationsmöglichkeiten anstelle einer Staffelmiete in Betracht kommen, erscheint im Hinblick auf die höchstrichterliche Rechtsprechung fraglich: Zwar hat der Bundesgerichtshof dies einerseits theoretisch in den Raum gestellt[72], andererseits allerdings darauf hingewiesen, dass sich seine Rechtsprechung im Einklang mit der einhelligen Auffassung der instanzgerichtlichen Rechtsprechung und des Schrifttums befinde, wonach ein einseitiger, formularvertraglicher Kündigungsverzicht des Mieters außerhalb einer wirksamen Staffelmietvereinbarung oder eines wirksamen Zeitmietvertrags nicht vereinbart werden könne.[73]
- **Zeitlicher Umfang**: Die **Dauer** des formularvertraglichen Kündigungsausschlusses darf in Anlehnung an die gesetzgeberische Wertung des § 557a Abs. 3 Satz 1 BGB **vier Jahre** – gerechnet vom Zeitpunkt des Vertragsschlusses bis zu dem Zeitpunkt, zu dem der Mieter den Vertrag erstmals beenden kann – nicht überschreiten.[74] Ob unter Berücksichtigung der Interessen der Vertragsparteien

---

[65] BGH v. 02.03.2011 - VIII ZR 163/10 - juris Rn. 10 - WuM 2011, 294-295.
[66] *Börstinghaus*, jurisPR-BGHZivilR 3/2009, Anm. 4.
[67] BGH v. 25.01.2006 - VIII ZR 3/05 - juris Rn. 19 - WuM 2006, 152-154; BGH v. 23.11.2005 - VIII ZR 154/04 - juris Rn. 12 - WuM 2006, 97-100; BGH v. 06.04.2005 - VIII ZR 27/04 - juris Rn. 12 - WuM 2005, 346-348; BGH v. 06.10.2004 - VIII ZR 2/04 - juris Rn. 10 - WuM 2004, 672-673; BGH v. 14.07.2004 - VIII ZR 294/03 - juris Rn. 9 - WuM 2004, 543-544; BGH v. 30.06.2004 - VIII ZR 379/03 - juris Rn. 13 - WuM 2004, 542-543; Brandenburgisches Oberlandesgericht v. 21.04.2004 - 7 U 165/03 - juris Rn. 41 - WuM 2004, 597-600; *Horst*, MDR 2004, 437-438, 438 und *Häublein*, ZMR 2004, 252-254, 254.
[68] BGH v. 14.07.2004 - VIII ZR 294/03 - juris Rn. 11 - WuM 2004, 543-544.
[69] BGH v. 12.11.2008 - VIII ZR 270/07 - juris Rn. 15 - NSW BGB § 577 (BGH-intern); BGH v. 21.02.2006 - VIII ZA 14/05 - juris Rn. 1 - WuM 2006, 220 und BGH v. 23.11.2005 - VIII ZR 154/04 - juris Rn. 12 - WuM 2006, 97-100.
[70] BGH v. 12.11.2008 - VIII ZR 270/07 - juris Rn. 16 - NSW BGB § 577 (BGH-intern); kritisch insoweit *Börstinghaus*, jurisPR-BGHZivilR 3/2009, Anm. 4.
[71] BGH v. 19.11.2008 - VIII ZR 30/08 - juris Rn. 11 - WuM 2009, 47-48.
[72] BGH v. 19.11.2008 - VIII ZR 30/08 - juris Rn. 11 - WuM 2009, 47-48; offen gelassen noch in BGH v. 23.11.2005 - VIII ZR 154/04 - juris Rn. 13 - WuM 2006, 97-100.
[73] BGH v. 19.11.2008 - VIII ZR 30/08 - juris Rn. 16 - WuM 2009, 47-48; vgl. auch – noch zu § 9 AGBGB – LG Duisburg v. 16.04.2002 - 13 S 417/01 - juris Rn. 11 - NZM 2003, 354 sowie *Wiek*, WuM 2005, 369-371, 369.
[74] BGH v. 02.03.2011 - VIII ZR 163/10 - juris Rn. 11 - WuM 2011, 294-295; BGH v. 08.12.2010 - VIII ZR 86/10 - juris Rn. 15 - NSW BGB § 307 Bb (BGH-intern); *Gahn* in: Schmid, Fachanwaltskommentar Mietrecht, 3. Aufl. 2012, § 573c Rn. 11 und *Weidenkaff* in: Palandt, § 573c Rn. 3; offener noch – nur in der Regel bei längerer Dauer unwirksam – BGH v. 12.11.2008 - VIII ZR 270/07 - juris Rn. 15 - NSW BGB § 577 (BGH-intern); BGH v. 21.02.2006 - VIII ZA 14/05 - juris Rn. 1 - WuM 2006, 220; BGH v. 25.01.2006 - VIII ZR 3/05 - juris Rn. 19 - WuM 2006, 152-154; BGH v. 23.11.2005 - VIII ZR 154/04 - juris Rn. 12 - WuM 2006, 97-100 sowie BGH v. 06.04.2005 - VIII ZR 27/04 - juris Rn. 19 - WuM 2005, 346-348.

im Einzelfall eine längere Dauer zulässig, ist fraglich.[75] Die erhebliche Beeinträchtigung der Dispositionsfreiheit des Mieters durch einen formularmäßigen Kündigungsverzicht für mehr als vier Jahre kann jedenfalls nicht durch eine ihm eingeräumte, aber unsichere Möglichkeit, einen geeigneten **Nachmieter zu stellen**, ausgeglichen werden.[76] Die **geltungserhaltende Reduktion** eines längeren Kündigungsverzichts auf die zulässige Dauer ist ebenfalls nicht möglich.[77]

Die formularvertragliche **Beschränkung des ordentlichen Kündigungsrechts** im **Dauernutzungsvertrag einer Wohnungsbaugenossenschaft**, wonach während des Fortbestehens der Mitgliedschaft die Genossenschaft von sich aus das Nutzungsverhältnis grundsätzlich nicht auflösen wird, sie jedoch in besonderen Ausnahmefällen das Nutzungsverhältnis schriftlich unter Einhaltung der gesetzlichen Fristen kündigen kann, wenn wichtige berechtigte Interessen der Genossenschaft eine Beendigung des Nutzungsverhältnisses notwendig machen, zielt lediglich darauf ab, das **Recht des Vermieters zur ordentlichen Kündigung nach § 573 BGB** (beziehungsweise § 564b BGB a.F.) einzuschränken. Die genannte Vertragsbestimmung ist nicht zugleich dahin zu verstehen, dass sie auch Kündigungen ausschließt, für die etwa aufgrund eines vertragsverletzenden Verhaltens des Mieters nach den gesetzlichen Voraussetzungen ein **wichtiger Grund im Sinne von § 543 BGB** besteht; eine hierauf gestützte Kündigung ist vielmehr von einem auf berechtigte **wichtige** Interessen beschränkten Kündigungsrecht als mit umfasst anzusehen (vgl. BGH v. 09.05.2012 - VIII ZR 327/11 - juris Rn. 24 - NSW BGB § 569 (BGH-intern)). 67.1

Bei der Beurteilung, ob eine **unangemessene Benachteiligung** des Mieters (§ 307 BGB) vorliegt, ist im jeweiligen Einzelfall eine umfassende Würdigung aller Umstände erforderlich, in die die Interessen beider Parteien, die Anschauungen der beteiligten Verkehrskreise und die sich aus der Gesamtheit der Rechtsordnung ergebenden Kriterien einzubeziehen sind.[78] Bei der **Anmietung eines Zimmers durch einen Studenten** am Studienort überwiegt im Rahmen der Interessenabwägung das ausbildungsbedingt gesteigerte Interesse des Studenten an der Wahrung seiner Flexibilität das Interesse des Vermieters an einer gewissen Kontinuität des Mietverhältnisses und einer Weitervermietbarkeit des Zimmers zu einem ihm günstigen Nachfragezeitpunkt.[79] Dies folgt insbesondere aus dem hohen Stellenwert, der dem Einzelnen an der Wahl des für ihn richtigen Berufs und der dafür geeigneten Ausbildungsstätte sowie daran zuzubilligen ist, etwaige Fehlentscheidungen ohne gravierende, insbesondere ohne wirtschaftlich vielfach nicht mehr tragbare Belastungen korrigieren zu können. Formularmäßig fest vorgegebene Vertragslaufzeiten benachteiligen die andere Seite deshalb angesichts der besonderen Schutzwürdigkeit dieser Interessen und dem solchen Verträgen vertragstypisch anhaftenden Risiko einer geänderten beruflichen Orientierung unangemessen, wenn der Verwender seine eigenen Interessen an einer langfristigen Vertragsdauer einseitig durchsetzt und dem für ihn erkennbaren Interesse des 68

---

[75] Einerseits gibt BGH v. 08.12.2010 - VIII ZR 86/10 - juris Rn. 12 - NSW BGB § 307 Bb (BGH-intern) vor, dass „ein Zeitraum von vier Jahren nicht überschritten werden darf", andererseits hält BGH v. 23.11.2011 - VIII ZR 120/11 - juris Rn. 10 - NSW BGB § 573c (BGH-intern) erneut eine längere Dauer nur „in der Regel [für] unwirksam"; im letzteren Sinne ebenfalls noch BGH v. 06.04.2005 - VIII ZR 27/04 - juris Rn. 19 - WuM 2005, 346-348; vgl. auch *Kandelhard*, WuM 2004, 129-133, 132-133 und *Derleder*, NZM 2004, 247-249, 249.

[76] BGH v. 08.12.2010 - VIII ZR 86/10 - juris Rn. 12 - NSW BGB § 307 Bb (BGH-intern).

[77] BGH v. 08.12.2010 - VIII ZR 86/10 - juris Rn. 16 - NSW BGB § 307 Bb (BGH-intern); BGH v. 14.06.2006 - VIII ZR 257/04 - juris Rn. 18 - NSW BGB § 557a (BGH-intern); BGH v. 25.01.2006 - VIII ZR 3/05 - juris Rn. 20 - WuM 2006, 152-154; BGH v. 06.04.2005 - VIII ZR 27/04 - juris Rn. 20 - WuM 2005, 346-348; LG Berlin v. 12.09.2005 - 62 S 230/05 - juris Rn. 27 - Grundeigentum 2005, 1435; anders für eine Staffelmietvereinbarung nach § 10 Abs. 2 Satz 6 MHG wegen der dortigen abweichenden Regelung BGH v. 29.06.2005 - VIII ZR 344/04 - juris Rn. 23 - WuM 2005, 519-520.

[78] *Grüneberg* in: Palandt, § 307 Rn. 12 und AG Mönchengladbach-Rheydt v. 21.06.2007 - 20 C 104/07 - juris Rn. 26 - zweijähriger Kündigungsverzicht eines Berufsfußballspielers nicht unangemessen.

[79] BGH v. 15.07.2009 - VIII ZR 307/08 - juris Rn. 18 und 20 - NSW BGB § 573c (BGH-Intern).

69 Bei **Wohnraum, der Teil der vom Vermieter selbst bewohnten Wohnung ist** und den der Vermieter selbst überwiegend mit Einrichtungsgegenständen auszustatten hat (§ 549 Abs. 2 Satz 2 BGB), stellt auch ein beiderseitiger befristeter **formularmäßiger Kündigungsausschluss** im Hinblick auf das Näheverhältnis der Vertragsparteien eine unangemessene Benachteiligung (§ 307 Abs. 2 BGB) des Mieters dar, die zu dessen Unwirksamkeit führt.[81]

70 Auf den in einem Nutzungsvertrag mit einer Genossenschaft vereinbarten Ausschluss der Eigenbedarfskündigung kann sich das Mitglied (Mieter) auch gegenüber einem **Erwerber der Genossenschaftswohnung** berufen. Der Erwerber einer Genossenschaftswohnung ist an den im Mietvertrag vereinbarten Ausschluss der ordentlichen Kündigung selbst dann gebunden, wenn die im Nutzungsvertrag vorausgesetzte Mitgliedschaft des Mieters in der Genossenschaft infolge der Insolvenz der Genossenschaft erloschen ist.[82]

71 Da nach § 550 BGB ein Mietvertrag, der eine längere Laufzeit als ein Jahr aufweist, zum Ablauf des ersten Jahres nach der Überlassung für beide Vertragsparteien kündbar ist, wenn er nicht in **schriftlicher Form** abgeschlossen wird, muss ein Ausschluss der ordentlichen Kündigung für länger als ein Jahr in die Mietvertragsurkunde aufgenommen werden.[83]

III. Rechtsfolge: Unwirksamkeit der getroffenen Vereinbarung

72 Die Abweichung der Vereinbarung zu Lasten des Mieters führt zu deren Unwirksamkeit insoweit. Sind die Kündigungsfristen nach den vertraglichen Vereinbarungen **für beide Parteien verkürzt oder verlängert**, so ist nur die zu Lasten des Mieters getroffene Abrede unwirksam.

73 Der **Vermieter** bleibt an die zu seinen Lasten wirkende Vereinbarung dagegen regelmäßig gebunden.[84] § 139 BGB steht dem nicht entgegen, da dieser angesichts des mieterschützenden Gesetzeszweckes des § 573c Abs. 4 BGB keine Anwendung findet.[85]

1. Abdingbarkeit

74 § 573c Abs. 4 BGB ist nach seinem Sinn und Zweck selbst ebenfalls unabdingbar.

2. Praktische Hinweise

75 Soweit **formularvertragliche Vereinbarungen** vorliegen, sind die Voraussetzungen der
- § 305 BGB (vgl. hierzu die Kommentierung zu § 305 BGB),
- § 305c BGB (vgl. hierzu die Kommentierung zu § 305c BGB),
- § 307 BGB (vgl. hierzu die Kommentierung zu § 307 BGB) zu beachten.

---

[80] BGH v. 15.07.2009 - VIII ZR 307/08 - juris Rn. 19 - NSW BGB § 573c (BGH-Intern).
[81] AG Hamburg v. 01.09.2006 - 46 C 95/06 - juris Rn. 13 und zustimmend *Blank*, jurisPR-MietR 22/2006, Anm. 4.
[82] BGH v. 21.02.2012 - VIII ZR 250/11 - juris Rn. 2 - GuT 2012, 45 und – vorausgehend – LG Freiburg (Breisgau) v. 21.07.2011 - 3 S 103/11 - juris Rn. 31 ff.
[83] *Lammel*, Wohnraummietrecht, 3. Aufl. 2007, § 550 Rn. 14 und *Ormanschick/Riecke*, MDR 2002, 247-249, 247.
[84] *Blank* in: Blank/Börstinghaus, Miete, 3. Aufl. 2008, § 573c Rn. 20; LG München v. 20.11.1997 - 32 S 10402/97 - NZM 1998, 153-154; LG Karlsruhe v. 27.07.1988 - 9 S 170/88 - juris Rn. 9 f. - WuM 1988, 403-404 sowie zu formularmäßigen Vereinbarungen BGH v. 12.03.2008 - VIII ZR 71/07 - juris Rn. 23 - NSW BGB § 573c (BGH-intern) und OLG Zweibrücken v. 23.11.1989 - 3 W 35/89 RE - juris Rn. 12 - WuM 1990, 8-9; a.A. LG Köln v. 02.06.1987 - 12 S 533/86 - juris Rn. 5 - WuM 1988, 404.
[85] LG Karlsruhe v. 27.07.1988 - 9 S 170/88 - juris Rn. 10 - WuM 1988, 403-404 sowie *Ellenberger* in: Palandt, § 139 Rn. 18.

IV. Anwendungsfelder – Übergangsrecht

1. Kündigungen, die vor dem 01.06.2005 zugegangen sind

Nach Art. 229 § 3 Abs. 10 EGBGB in der Fassung des Mietrechtsreformgesetzes vom 19.06.2001[86] – heute Art. 229 § 3 Abs. 10 Satz 1 EGBGB – findet § 573c Abs. 4 BGB keine Anwendung auf Kündigungsfristen, die **vor dem 01.09.2001** wirksam **durch Vertrag vereinbart** worden sind.

Haben die Parteien eines Mietvertrags vor dem In-Kraft-Treten des Mietrechtsreformgesetzes am 01.09.2001 Kündigungsfristen wirksam vereinbart, so ist diese Vereinbarung auch für eine **später in den Mietvertrag eintretende** weitere **Partei** maßgeblich.[87] Etwas anderes gilt nur dann, wenn die dadurch bedingte Änderung des Vertrags diesen in seinem Kern zu einem neuen Geschäft macht, was allein durch den Beitritt eines weiteren Mieters regelmäßig nicht der Fall ist.[88]

Soweit die vereinbarten Kündigungsfristen der damaligen dispositiven **gesetzlichen Regelung nach § 565 BGB** entsprachen, ist es für die Annahme einer entsprechenden vertraglichen Vereinbarung notwendig, aber auch ausreichend, wenn sie Gegenstand der Parteivereinbarung wurden und damit einen von der gesetzlichen Regelung losgelösten, vertraglichen Geltungsgrund erlangt haben.[89]

Eine solche vertragliche Einbeziehung ist zum einen bei der ausdrücklichen Wiedergabe der gesetzlichen Regelung im Mietvertrag, zum anderen bei einer so genannten **statischen Verweisung** (beispielsweise: „Es gilt BGB § 565 in der zum Zeitpunkt des Vertragsabschlusses geltenden Fassung.") anzunehmen. Dabei spielt es für Kündigungen, die vor dem 01.06.2005 zugegangen sind, keine Rolle, ob diese Vereinbarungen individualvertraglich oder durch Formularmietvertrag erfolgt sind. Eine vertragliche Vereinbarung im Sinne des für vor dem 01.06.2005 zugegangene Kündigungen maßgeblichen Übergangsrechts (Art. 229 § 3 Abs. 10 Satz 1 EGBGB) stellt es auch dar, wenn in einem **Formularmietvertrag** lediglich die vor dem 01.09.2001 einschlägigen gesetzlichen Kündigungsfristen wiedergegeben waren[90] und sei es lediglich in einer im Text in Bezug genommenen Fußnote.[91] Etwas anderes lässt sich dem Wortlaut der genannten Übergangsvorschrift nicht entnehmen. Die im Rahmen des Gesetzgebungsverfahrens vom Rechtsausschuss vertretene andere Auffassung[92] kann schon deshalb bei der Auslegung nicht berücksichtigt werden, da sie im Gesetz keinen hinreichenden Niederschlag gefunden hat.[93]

Keine Vereinbarung im Sinne des Art. 229 § 3 Abs. 10 EGBGB liegt dagegen vor, wenn es sich bei der vertraglichen Regelung lediglich um eine so genannte **dynamische Verweisung** auf das jeweils aktuelle Gesetzesrecht handelt (beispielsweise: „Kündigungsfristen: Es gelten die gesetzlichen Vorschriften." oder „Die gesetzlich vorgesehenen Kündigungsfristen betragen für Wohnraum zurzeit:" und wohl auch „Es gilt § 565 BGB.").[94]

Kann im Wege der Auslegung nicht hinreichend sicher entschieden werden, ob eine statische oder eine dynamische Verweisung vorliegt, kommt bei einer formularvertraglichen Vereinbarung auch die An-

---

[86] BGBl I 2001, 1149.
[87] BGH v. 07.02.2007 - VIII ZR 145/06 - juris Rn. 15 - NSW BGB § 573c (BGH-intern).
[88] BGH v. 07.02.2007 - VIII ZR 145/06 - juris Rn. 16 - NSW BGB § 573c (BGH-intern).
[89] BGH v. 18.06.2003 - VIII ZR 240/02 - juris Rn. 22 - BGHZ 155, 178-189.
[90] BGH v. 22.06.2005 - VIII ZR 326/04 - juris Rn. 17 - WuM 2005, 584-585; BGH v. 18.06.2003 - VIII ZR 240/02 - juris Rn. 21 - BGHZ 155, 178-189; BGH v. 18.06.2003 - VIII ZR 324/02 - juris Rn. 19 - WuM 2003, 462; BGH v. 12.11.2003 - VIII ZR 31/03 - juris Rn. 7 - WuM 2004, 101-102; BGH v. 18.06.2003 - VIII ZR 339/02 - juris Rn. 10 - ZGS 2003, 243-244 und BGH v. 18.06.2003 - VIII ZR 355/02 - juris Rn. 17 - ZGS 2003, 243-244.
[91] BGH v. 10.03.2004 - VIII ZR 64/03 - juris Rn. 13 - NJW 2004, 1447-1448 und BGH v. 10.03.2004 - VIII ZR 34/03 - juris Rn. 17 - WuM 2004, 275-276; a.A. *Wiek*, WuM 2004, 102-103, 102.
[92] Vgl. BT-Drs. 14/5663, S. 180 f.
[93] *Lammel*, ZMR 2002, 671-673, 672; insoweit – grundsätzlich und ausführlich – ablehnend *Koch*, NZM 2004, 1-6, 6.
[94] BGH v. 15.03.2006 - VIII ZR 134/05 - juris Rn. 16 - WuM 2006, 258-260; BGH v. 16.11.2005 - VIII ZR 218/04 - juris Rn. 28 - NJW-RR 2006, 229-232; vgl. auch insoweit *Wiek*, WuM 2004, 102-103, 102 und – ebenfalls nur insoweit zutreffend – LG Berlin v. 16.09.2002 - 61 S 57/02 - juris Rn. 20 - Grundeigentum 2002, 1337-1339.

wendung der **Unklarheitenregelung** des § 305c Abs. 2 BGB zu Lasten des Verwenders der Klausel in Betracht.[95]

82 Die **Beweislast** für eine wirksame Altvereinbarung trägt der Vermieter.[96]

83 Die entsprechend dem vorstehend Ausgeführten vertraglich vereinbarten Kündigungsfristen in Altmietverträgen sind auch durch das **Schuldrechtsmodernisierungsgesetz** nicht entfallen. Dies schon deshalb, weil Art. 229 § 5 Satz 2 EGBGB, wonach auf Dauerschuldverhältnisse wie Mietverträge vom 01.01.2003 an das BGB in der dann geltenden Fassung anzuwenden ist, hinter die speziellere Vorschrift des Art. 229 § 3 Abs. 10 EGBGB zurücktritt, die die Fortgeltung der vertraglich vereinbarten Kündigungsvorschriften regelt.[97]

2. Kündigungen, die ab dem 01.06.2005 zugehen

84 Mit Art. 1 des Gesetzes zur Änderung des Einführungsgesetzes zum Bürgerlichen Gesetzbuche vom 26.05.2005[98] ist auf die Initiative der Bundesregierung Art. 229 § 3 Abs. 10 EGBGB ein zweiter Satz angefügt worden, wonach eine vertragliche Vereinbarung von Kündigungsfristen im Sinne von Art. 229 § 3 Abs. 10 Satz 1 EGBGB **für Kündigungen, die ab dem 01.06.2005 zugehen**[99], nicht vorliegt, wenn die vor der Mietrechtsreform gemäß § 565 Abs. 2 Satz 1 BGB a.F. und § 565 Abs. 2 Satz 2 BGB a.F. geltenden Fristen lediglich **formularvertraglich** vereinbart wurden.[100] Damit korrigiert der Reformgesetzgeber das – seiner Auffassung nach – falsche Verständnis der ursprünglichen Fassung der Übergangsvorschrift in Art. 229 § 3 Abs. 10 Satz 1 EGBGB und die daran anknüpfende – unter der vorstehenden Rn. 79 geschilderte – gerichtliche Praxis. Die Regelung tritt gemäß Art. 2 des Gesetzes zur Änderung des Einführungsgesetzes zum Bürgerlichen Gesetzbuche vom 26.05.2005[101] am ersten Tag des auf die Verkündung folgenden Kalendermonates in Kraft, d.h. zum 01.06.2005.

3. Verlängerungsklauseln

85 Auch die Vereinbarung eines Mietvertrages mit Verlängerungsklausel, also eines zunächst auf bestimmte Zeit abgeschlossenen Vertrages, der sich automatisch einmal oder mehrfach auf bestimmte oder unbestimmte Zeit verlängert, wenn nicht eine der beiden Vertragsparteien vor Ablauf der Laufzeit die weitere Fortsetzung des Mietverhältnisses ablehnt, enthält eine von § 573c Abs. 4 BGB abweichende Regelung über Kündigungsfristen, weil sie das Kündigungsrecht in der Weise beschränkt, dass das Mietverhältnis nur zu einem bestimmten Zeitpunkt gekündigt werden kann.[102]

---

[95] Vgl. insoweit *Wiek*, WuM 2004, 102-103, 103.

[96] Vgl. BGH v. 18.06.2003 - VIII ZR 240/02 - juris Rn. 18 - BGHZ 155, 178-189 - Geltung des § 573c Abs. 4 BGB die Regel.

[97] BGH v. 04.02.2009 - VIII ZR 66/08 - juris Rn. 14 - NSW EGBGB Art. 229 § 3 F.: 2005-05-26 (BGH-intern); BGH v. 07.02.2007 - VIII ZR 145/06 - juris Rn. 14 - NSW BGB § 573c (BGH-intern); BGH v. 15.03.2006 - VIII ZR 134/05 - juris Rn. 9 - WuM 2006, 258-260; BGH v. 22.06.2005 - VIII ZR 367/04 - juris Rn. 17 - WuM 2005, 583-584; BGH v. 22.06.2005 - VIII ZR 326/04 - juris Rn. 19 - WuM 2005, 584-585; BGH v. 21.06.2005 - VIII ZB 83/04 - juris Rn. 3 - WuM 2005, 520-521; BGH v. 06.04.2005 - VIII ZR 155/04 - juris Rn. 22 - WuM 2005, 342-345; LG Berlin v. 06.02.2006 - 67 S 363/05 - juris Rn. 9 - Grundeigentum 2006, 451-453; LG Duisburg v. 31.08.2004 - 13 S 190/04 - juris Rn. 41 - NJW 2004, 3125-3126; *Wiek*, WuM 2004, 102-103, 103; *Hinz*, JR 2004, 152-154, 154 und *Schimmel/Meyer*, NJW 2004, 1633-1635, 1635; a.A. LG Ravensburg v. 29.07.2004 - 4 T 36/04 - juris Rn. 5 - NJW 2004, 1807; *Schmidt-Kessel*, NJW 2003, 3748-3750, 3749; *Lützenkirchen*, WuM 2004, 58-78, 72; *Löwisch* in: Staudinger, EGBGB, Art 229 § 5 Rn. 41 und *Claas*, WuM 2004, 86.

[98] BGBl I 2005, 1425.

[99] BGH v. 15.03.2006 - VIII ZR 134/05 - juris Rn. 10 - WuM 2006, 258-260; BGH v. 22.06.2005 - VIII ZR 367/04 - juris Rn. 16 - WuM 2005, 583-584 und LG Freiburg (Breisgau) v. 07.07.2005 - 3 S 12/05 - juris Rn. 37 - WuM 2005, 650-653.

[100] Vgl. auch *Börstinghaus*, NJW 2005, 1900-1902.

[101] BGBl I 2005, 1425.

[102] BGH v. 27.04.2005 - VIII ZR 206/04 - juris Rn. 10 - WuM 2005, 465-467; a.A. *Eisenhardt*, WuM 2005, 487-491, 487 sowie *Blank*, NZM 2005, 401.

Auf **vor dem 01.09.2001 vereinbarte Verlängerungsklauseln** findet § 573c Abs. 4 BGB nach Maßgabe der vorstehenden Ausführungen daher keine Anwendung (Art. 229 § 3 Abs. 10 EGBGB).[103] Dass eine Verlängerungsklausel nicht nach § 573c Abs. 4 BGB unwirksam ist, ergibt sich auch aus Art. 229 § 3 Abs. 3 EGBGB. Nach dieser Übergangsregelung ist auf ein am 01.09.2001 bestehendes Mietverhältnis auf bestimmte Zeit § 565a Abs. 1 BGB a.F. in der bis zu diesem Zeitpunkt geltenden Fassung anzuwenden. § 565a Abs. 1 BGB a.F. bestimmt, dass – wenn ein Mietverhältnis über Wohnraum auf bestimmte Zeit eingegangen und vereinbart ist, dass es sich mangels Kündigung verlängert – die Verlängerung eintritt, wenn es nicht nach den Vorschriften des § 565 BGB a.F. gekündigt wird. § 565a Abs. 1 BGB a.F. setzt also voraus, dass Mietverträge auf bestimmte Zeit mit Verlängerungsklausel zulässig sind.[104] Hiermit wäre es nicht zu vereinbaren, wenn mietvertragliche Befristungen mit Verlängerungsklauseln, die vor dem 01.09.2001 vereinbart worden sind und deren Bestand nach Art. 229 § 3 Abs. 3 EGBGB über den 01.09.2001 hinaus geschützt ist, gemäß § 573c Abs. 4 BGB unwirksam wären.[105]

---

[103] BGH v. 27.04.2005 - VIII ZR 206/04 - juris Rn. 9 - WuM 2005, 465-467 und BGH v. 06.04.2005 - VIII ZR 155/04 - juris Rn. 17 - WuM 2005, 342-345.

[104] BGH v. 12.03.2008 - VIII ZR 71/07 - juris Rn. 16 f. - NSW BGB § 573c (BGH-intern) und BGH v. 07.02.2007 - VIII ZR 145/06 - juris Rn. 10 - NSW BGB § 573c (BGH-intern).

[105] BGH v. 27.04.2005 - VIII ZR 206/04 - juris Rn. 11 - WuM 2005, 465-467; BGH v. 06.04.2005 - VIII ZR 155/04 - juris Rn. 17 - WuM 2005, 342-345 und LG Berlin v. 29.06.2006 - 62 S 64/06 - juris Rn. 17 - Grundeigentum 2006, 1039-1041.

§ 573d BGB Außerordentliche Kündigung mit gesetzlicher Frist

(Fassung vom 02.01.2002, gültig ab 01.01.2002)

(1) Kann ein Mietverhältnis außerordentlich mit der gesetzlichen Frist gekündigt werden, so gelten mit Ausnahme der Kündigung gegenüber Erben des Mieters nach § 564 die §§ 573 und 573a entsprechend.

(2) ¹Die Kündigung ist spätestens am dritten Werktag eines Kalendermonats zum Ablauf des übernächsten Monats zulässig, bei Wohnraum nach § 549 Abs. 2 Nr. 2 spätestens am 15. eines Monats zum Ablauf dieses Monats (gesetzliche Frist). ²§ 573a Abs. 1 Satz 2 findet keine Anwendung.

(3) Eine zum Nachteil des Mieters abweichende Vereinbarung ist unwirksam.

Gliederung

A. Kommentierung zu Absatz 1 1	1. Grundsatz: Kündigung spätestens am dritten Werktag eines Kalendermonats zum Ablauf des übernächsten Monats 31
I. Grundlagen 1	
1. Kurzcharakteristik 1	
2. Gesetzgebungsgeschichte und -materialien 2	2. Bei Wohnraum nach § 549 Abs. 2 Nr. 2 BGB Kündigung spätestens am 15. eines Monats zum Ablauf dieses Monats 34
3. Regelungsprinzipien 3	
II. Anwendungsvoraussetzungen 4	
1. Normstruktur 4	3. Bei Kündigung des Vermieters nach § 573a Abs. 1 Satz 1 und Abs. 2 BGB keine Verlängerung der Kündigungsfrist nach § 573a Abs. 1 Satz 1 BGB 35
2. (Unbefristetes) Wohnraummietverhältnis 5	
3. Recht zur außerordentlichen Kündigung mit gesetzlicher Frist 8	
4. Kündigung des Vermieters 11	a. Abdingbarkeit 36
III. Rechtsfolge: Geltung der §§ 573, 573a BGB ... 13	b. Praktische Hinweise 37
1. Abdingbarkeit 20	IV. Anwendungsfelder – Übergangsrecht 38
2. Praktische Hinweise 21	**C. Kommentierung zu Absatz 3** 39
IV. Anwendungsfelder – Übergangsrecht 22	I. Grundlagen 39
B. Kommentierung zu Absatz 2 23	1. Kurzcharakteristik 39
I. Grundlagen 23	2. Gesetzgebungsgeschichte und -materialien 40
1. Kurzcharakteristik 23	3. Regelungsprinzipien 41
2. Gesetzgebungsgeschichte und -materialien 24	II. Anwendungsvoraussetzungen 42
3. Regelungsprinzipien 25	1. Normstruktur 42
II. Anwendungsvoraussetzungen 26	2. Zu Lasten des Mieters von Absatz 1 abweichende Vereinbarung 43
1. Normstruktur 26	
2. (Unbefristetes) Wohnraummietverhältnis 27	3. Zu Lasten des Mieters von Absatz 2 abweichende Vereinbarung 44
3. Recht zur außerordentlichen Kündigung mit gesetzlicher Frist 29	
4. Kündigung des Vermieters oder Mieters 30	III. Rechtsfolge: Unwirksamkeit der getroffenen Vereinbarung 45
III. Rechtsfolgen 31	IV. Praktische Hinweise 47
	V. Anwendungsfelder – Übergangsrecht 48

A. Kommentierung zu Absatz 1

I. Grundlagen

1. Kurzcharakteristik

1 § 573d Abs. 1 BGB stellt klar, dass die Vorschriften zur Erforderlichkeit (§ 573 BGB) und Entbehrlichkeit (§ 573a BGB) eines berechtigten Interesses des Vermieters auch im Rahmen der außerordentlichen befristeten Kündigung gelten.

2. Gesetzgebungsgeschichte und -materialien

§ 573d Abs. 1 BGB wurde durch das **Mietrechtsreformgesetz** vom 19.06.2001[1] eingefügt und gibt die insoweit auch schon vor der Mietrechtsreform zur außerordentlichen befristeten Kündigung vertretene herrschende Meinung wieder.[2] Anders als nach der damaligen Rechtslage werden nunmehr aber auch Mietverhältnisse über Wohnraum in Ferienwohnungen in Ferienhausgebieten (§ 564b Abs. 7 Nr. 4 BGB a.F.) erfasst.[3]

3. Regelungsprinzipien

Die gesetzlich vorgesehenen Befugnisse zur außerordentlichen befristeten Kündigung gewähren ein von den ansonsten vorgesehenen Kündigungsfristen unabhängiges Kündigungsrecht. In der Gewährung dieses zeitlichen Vorteils erschöpft sich aber deren Wirkung. Das mit ihnen gewährte zusätzliche Kündigungsrecht steht daher unter dem Vorbehalt der Gesetzgebung zum Kündigungsschutz des Mieters. Deren Zweck, nämlich der Schutz des vertragstreuen Mieters vor einer Kündigung, erfordert es, auch die außerordentliche befristete Kündigung von den Voraussetzungen der §§ 573, 573a BGB abhängig zu machen.

II. Anwendungsvoraussetzungen

1. Normstruktur

Normstruktur:
- Tatbestandsmerkmale:
  - (unbefristetes) Wohnraummietverhältnis,
  - Recht zur außerordentlichen Kündigung mit gesetzlicher Frist,
  - Kündigung des Vermieters.
- Rechtsfolge:
  - Geltung der §§ 573, 573a BGB.
- Ausnahme:
  - Kündigung nach § 564 BGB.

2. (Unbefristetes) Wohnraummietverhältnis

Die Bestimmung ist schon auf Grund ihrer systematischen Stellung nur auf unbefristete **Wohnraummietverhältnisse** anwendbar. Zur Abgrenzung von anderen Mietverhältnissen vgl. die Kommentierung zu § 549 BGB.

Auf Mietverhältnisse nach § 549 Abs. 2 und Abs. 3 BGB ist § 573d Abs. 1 BGB nicht anwendbar.

Für **Zeitmietverträge** vgl. die Erläuterungen zur entsprechenden Vorschrift § 575a Abs. 1 BGB in der Kommentierung zu § 575a BGB.

3. Recht zur außerordentlichen Kündigung mit gesetzlicher Frist

Das Gesetz räumt den Mietvertragsparteien bzw. deren Rechtsnachfolgern ein Recht zur außerordentlichen Kündigung mit gesetzlicher Frist insbesondere in folgenden Fällen ein:
- § 540 Abs. 1 BGB: Kündigung des Mieters wegen Verweigerung der Erlaubnis zur Gebrauchsüberlassung an Dritte,
- § 544 BGB: Kündigung beider Parteien bei einem für längere Zeit als 30 Jahre geschlossenen Mietvertrag nach Ablauf von 30 Jahren,

---

[1] BGBl I 2001, 1149.
[2] BGH v. 21.04.1982 - VIII ARZ 16/81 - juris Rn. 37 - BGHZ 84, 90-101; BayObLG München v. 04.12.1984 - ReMiet 2/84 - juris Rn. 8 - BayObLGZ 1985, 279-283; OLG Hamburg v. 21.09.1983 - 4 U 42/83 - juris Rn. 21 - NJW 1984, 60-62; LG Münster v. 09.03.1995 - 8 S 500/94 - juris Rn. 4 - WuM 1996, 37; *Blank* in: Schmidt-Futterer, Mietrecht, 7. Aufl. 1999, § 564b Rn. 9 sowie *Grapentin* in: Bub/Treier, Handbuch der Geschäfts- und Wohnraummiete, 3. Aufl. 1999, Teil IV Rn. 204.
[3] *Blank* in: Schmidt-Futterer, Mietrecht, 10. Aufl. 2011, § 573d Rn. 3.

§ 573d   jurisPK-BGB / Mössner

- § 554 Abs. 3 BGB: Kündigung des Mieters nach Mieterhöhung wegen Modernisierung,
- § 563 Abs. 4 BGB: Kündigung des Vermieters nach Eintritt des Ehegatten oder anderer Familienangehöriger des verstorbenen Mieters in den Mietvertrag,
- § 563a Abs. 2 BGB: Kündigung des überlebenden Mieters nach Fortsetzung des Mieterverhältnisses mit ihm,
- § 564 BGB: Kündigung beider Parteien nach Fortsetzung des Mietverhältnisses mit dem Erben des verstorbenen Mieters,
- § 1056 Abs. 2 BGB: Kündigung des Eigentümers nach Beendigung des Nießbrauchs,
- § 2135 BGB: Kündigung des Nacherben nach Eintritt der Nacherbfolge,
- § 30 Abs. 2. ErbbauRG: Kündigung des Eigentümers nach Erlöschen des Erbbaurechts durch Zeitablauf,
- § 109 Abs. 1 InsO: Kündigung des Insolvenzverwalters,
- § 57a ZVG: Kündigungsrecht des Erstehers im Wege der Zwangsversteigerung,
- § 37 Abs. 3 WEG: Kündigungsrecht des Erwerbers eines Dauerwohnrechts im Wege der Zwangsvollstreckung.

9   Soweit eine außerordentliche befristete Kündigung auch nach § 580 BGB nach dem Tod des Mieters vorgesehen ist, spielt dies hier keine Rolle, da diese Vorschrift im Gegensatz zu § 573d Abs. 1 BGB nicht für Wohnraummietverhältnisse gilt.

10 Beim **Sonderkündigungsrecht nach einer Mieterhöhung** (§ 561 BGB) handelt es sich nicht um eine außerordentliche Kündigung mit gesetzlicher Frist, die §§ 573, 573a BGB – insbesondere das in § 573 Abs. 3 BGB enthaltene Begründungserfordernis – finden daher keine Anwendung.[4]

4. Kündigung des Vermieters

11 § 573d Abs. 1 BGB hat nur für die außerordentliche befristete Kündigung des **Vermieter**s Bedeutung, da die §§ 573 und 573a BGB, deren Geltung er anordnet, lediglich Anforderungen an die vermieterseitige Kündigung festschreiben.

12 Der **Mieter** bedarf auch im Rahmen der außerordentlichen befristeten Kündigung keines berechtigten Interesses, um sich vom Mietverhältnis lösen zu können.

III. Rechtsfolge: Geltung der §§ 573, 573a BGB

13 Auch im Rahmen einer außerordentlichen Kündigung bedarf der Vermieter – oder der nach den jeweiligen Vorschriften an seiner Stelle Kündigungsbefugte – **eines berechtigten Interesses** an der Beendigung des Mietverhältnisses gemäß § 573 BGB, vgl. hierzu die Kommentierung zu § 573 BGB Rn. 1 ff. und die Kommentierung zu § 573 BGB Rn. 50 ff. Allein die Umstände, die zur Gewährung des außerordentlichen Kündigungsrechts geführt haben, reichen dafür nicht aus.

14 Beim Kündigungsrecht des Erstehers im Wege der **Zwangsversteigerung (§ 57a ZVG)** bedarf es keines berechtigten Interesses, wenn der Mieter – trotz Vereinbarung der Geltung von Wohnraummietrecht – von Anfang an die Wohnung nicht selbst nutzt, sondern sie vertragsgemäß an Dritte weitervermietet; denn insoweit fehlt es an dessen schutzwürdigen dortigen Lebensmittelpunkt.[5]

15 Vom Erfordernis eines berechtigten Interesses ist der Vermieter – wie sonst auch – dann befreit, wenn ihm das **Sonderkündigungsrecht nach § 573a** BGB zusteht, vgl. hierzu die Kommentierung zu § 573a BGB Rn. 1 ff. und die Kommentierung zu § 573a BGB Rn. 38 ff.

16 Die Verweisung auf die §§ 573, 573a BGB bezieht sich nicht nur auf die materiellen Voraussetzungen für die Wirksamkeit einer vermieterseitigen Kündigung, sondern schließt vielmehr **auch die formellen Anforderungen**, insbesondere die Notwendigkeit einer hinreichenden Begründung der Kündigung, mit ein.[6]

---

[4] AG Tempelhof-Kreuzberg v. 01.06.2006 - 13 C 50/06 - juris Rn. 12 - WuM 2006, 452 sowie *Börstinghaus*, jurisPR-MietR 20/2006, Anm. 3.

[5] LG Berlin v. 30.10.2007 - 65 S 354/06 - juris Rn. 20 - Grundeigentum 2008, 481.

[6] *Blank* in: Schmidt-Futterer, Mietrecht, 10. Aufl. 2011, § 573d Rn. 7.

Obwohl in § 573d BGB nicht ausdrücklich ausgesprochen, finden auch die Regelungen über den **Sozialwiderspruch** des Mieters (§§ 574, 574a, 574b BGB) im Rahmen einer außerordentlichen Kündigung mit gesetzlicher Frist Anwendung. Dies folgt schon aus der Stellung der Vorschrift.[7] Daher ist auch der Hinweis nach § 568 Abs. 2 BGB hierauf notwendig, vgl. hierzu auch die Kommentierung zu § 568 BGB. 17

Zu den **Kündigungsfristen** vgl. Rn. 23. 18

Kraft ausdrücklicher gesetzlicher Regelung gilt die Verweisung auf die § 573, § 573a BGB **nicht** für die oben genannte Kündigung des Vermieters gemäß § 564 BGB **nach Fortsetzung des Mietverhältnisses mit den Erben** des verstorbenen Mieters (§ 573d Abs. 1 BGB). Dies ist auf Grund der geringeren Schutzbedürftigkeit des nicht im Haushalt des verstorbenen Mieters lebenden Erben gerechtfertigt.[8] 19

1. Abdingbarkeit

Vgl. hierzu Rn. 39. 20

2. Praktische Hinweise

Soweit die das Recht zur außerordentlichen befristeten Kündigung gewährenden Vorschriften für deren Ausübung **weitere formelle oder materielle Voraussetzungen** vorsehen, müssen auch diese natürlich erfüllt sein. Hierzu zählen insbesondere die dort in Bezug auf das zur Kündigung berechtigende Ereignis vorgesehenen Befristungen des Kündigungsrechts. 21

IV. Anwendungsfelder – Übergangsrecht

Nach Art. 229 § 3 Abs. 1 Nr. 5 HS. 2 EGBGB bedarf der Vermieter für außerordentliche befristete Kündigungen gegenüber dem/den Erben des Mieters nach § 569 BGB a.F., die vor dem 01.09.2001 zugegangen sind, entgegen § 573d Abs. 1 BGB eines berechtigten Interesses. Im Übrigen ist § 573d Abs. 1 BGB ohne zeitliche Beschränkung auf alle Kündigungen anwendbar. 22

B. Kommentierung zu Absatz 2

I. Grundlagen

1. Kurzcharakteristik

§ 573d Abs. 2 BGB regelt die im Falle einer außerordentlichen befristeten Kündigung durch die kündigende Vertragspartei einzuhaltende Kündigungsfrist. 23

2. Gesetzgebungsgeschichte und -materialien

§ 573d Abs. 2 Satz 1 HS. 1 BGB gibt die vor dem **Mietrechtsreformgesetz** vom 19.06.2001[9] in § 565 Abs. 2 Satz 1 BGB a.F. enthaltene allgemeine Regelung für Wohnraummietverhältnisse wieder. In § 573d Abs. 2 Satz 1 HS. 2 BGB findet sich die vormals in § 565 Abs. 3 Nr. 3 BGB a.F. geregelte kürzere Kündigungsfrist für möblierten Wohnraum in der vom Vermieter selbst bewohnten Wohnung, der dem Mieter nicht zum dauernden Gebrauch mit seiner Familie oder mit Personen überlassen wurde, mit denen er einen auf Dauer angelegten Haushalt führt (§ 549 Abs. 2 Nr. 2 BGB). Ebenso wie bei den Fristen zur ordentlichen Kündigung in § 573c Abs. 2 BGB sind die vormals für solche Räumlichkeiten bei einem nach Tagen oder Wochen bemessenen Mietzins vorgesehenen noch kürzeren Kündigungsfristen entfallen. 24

---

[7] *Rolfs* in: Staudinger, § 573d Rn. 9.
[8] *Lammel*, Wohnraummietrecht, 3. Aufl. 2007, § 573 Rn. 8.
[9] BGBl I 2001, 1149.

3. Regelungsprinzipien

25 Die den gesetzlich vorgesehenen Fällen zur außerordentlichen befristeten Kündigung zugrunde liegenden Sachverhalte (vgl. die Auflistung in der Rn. 8) rechtfertigen es, dem jeweils Kündigungsberechtigten eine auf die gesetzliche (Mindest-)Frist abgekürzte Kündigungsfrist einzuräumen.

II. Anwendungsvoraussetzungen

1. Normstruktur

26 Normstruktur:
- Tatbestandsmerkmale:
  - (unbefristetes) Wohnraummietverhältnis,
  - Recht zur außerordentlichen Kündigung mit gesetzlicher Frist,
  - Kündigung des Vermieters oder Mieters.
- Rechtsfolge:
  - Grundsatz: Kündigung spätestens am dritten Werktag eines Kalendermonats zum Ablauf des übernächsten Monats (§ 573d Abs. 2 Satz 1 HS. 1 BGB),
  - bei Wohnraum nach § 549 Abs. 2 Nr. 2 BGB Kündigung spätestens am 15. eines Monats zum Ablauf dieses Monats (§ 573d Abs. 2 Satz 1 HS. 2 BGB),
  - bei Kündigung des Vermieters nach § 573a Abs. 1 Satz 1, § 573a Abs. 2 BGB keine Verlängerung der Kündigungsfrist nach § 573a Abs. 1 Satz 1 BGB (§ 573d Abs. 2 Satz 2 BGB).

2. (Unbefristetes) Wohnraummietverhältnis

27 Die Bestimmung ist schon auf Grund ihrer systematischen Stellung nur auf unbefristete **Wohnraummietverhältnisse** anwendbar. Zur Abgrenzung von anderen Mietverhältnissen vgl. die Kommentierung zu § 549 BGB.

28 Für **Zeitmietverträge** vgl. die Erläuterungen zur entsprechenden Vorschrift § 575a Abs. 3 BGB in der Kommentierung zu § 575a BGB.

3. Recht zur außerordentlichen Kündigung mit gesetzlicher Frist

29 Vgl. hierzu die Erläuterungen in Rn. 8.

4. Kündigung des Vermieters oder Mieters

30 Die in § 573d Abs. 2 BGB angeordneten Kündigungsfristen geltend sowohl für eine außerordentliche befristete Kündigung des Vermieters wie auch für eine solche des Mieters.

III. Rechtsfolgen

1. Grundsatz: Kündigung spätestens am dritten Werktag eines Kalendermonats zum Ablauf des übernächsten Monats

31 Nach dem in § 573d Abs. 2 Satz 1 HS. 1 BGB aufgestellten Grundsatz hat eine außerordentliche befristete Kündigung regelmäßig in der – dort legaldefinierten – gesetzlichen Kündigungsfrist von drei Monaten abzüglich der drei Karenz-(werk-)tage zu erfolgen.

32 Zu Einzelheiten zur Berechnung dieser Frist vgl. die Anmerkungen in der Kommentierung zu § 573c BGB Rn. 11.

33 Da die gesetzliche Frist nach dem **Mietrechtsreformgesetz** vom 19.06.2001[10] der Kündigungsfrist des Mieters für ordentliche Kündigungen entspricht, kommt der Regelung für mieterseitige Kündigungen nur geringe Bedeutung zu.

---

[10] BGBl I 2001, 1149.

2. Bei Wohnraum nach § 549 Abs. 2 Nr. 2 BGB Kündigung spätestens am 15. eines Monats zum Ablauf dieses Monats

Nach § 573d Abs. 2 Satz 1 HS. 2 BGB ist eine Kündigung von **möbliertem Wohnraum in der vom Vermieter selbst bewohnten Wohnung**, der dem Mieter nicht zum dauernden Gebrauch mit seiner Familie oder mit Personen überlassen wurde, mit denen er einen auf Dauer angelegten Haushalt führt (§ 549 Abs. 2 Nr. 2 BGB), mit einer zweiwöchigen Kündigungsfrist von beiden Vertragsparteien auszusprechen. Auch hier entspricht die in § 573d Abs. 2 Satz 1 HS. 2 BGB enthaltene gesetzliche Frist der für beide Parteien in § 573c Abs. 3 BGB geregelten Frist für ordentliche Kündigungen.

34

3. Bei Kündigung des Vermieters nach § 573a Abs. 1 Satz 1 und Abs. 2 BGB keine Verlängerung der Kündigungsfrist nach § 573a Abs. 1 Satz 1 BGB

Durch § 573d Abs. 2 Satz 2 BGB wird eine vermieterseitige außerordentliche befristete Kündigung nach § 573a BGB von der **laufzeitabhängigen Verlängerung** der Kündigungsfristen nach § 573a Abs. 1 Satz 2 BGB ausgenommen. Auch für den Vermieter beträgt die gesetzliche Frist bei der außerordentlichen befristeten Kündigung deshalb immer drei Monate abzüglich der drei Karenz-(werk-)tage.

35

a. Abdingbarkeit

Vgl. Rn. 39.

36

b. Praktische Hinweise

Soweit die das Recht zur außerordentlichen befristeten Kündigung gewährenden Vorschriften für deren Ausübung **weitere formelle oder materielle Voraussetzungen** vorsehen, müssen auch diese natürlich erfüllt sein. Hierzu zählen insbesondere die dort in Bezug auf das zur Kündigung berechtigende Ereignis vorgesehenen Befristungen des Kündigungsrechts.

37

IV. Anwendungsfelder – Übergangsrecht

Das **Mietrechtsreformgesetz** vom 19.06.2001[11] enthält **keine Übergangsvorschrift** zu § 573d Abs. 2 BGB. Dieser ist folglich ohne zeitliche Beschränkung auf alle Kündigungen anwendbar.

38

C. Kommentierung zu Absatz 3

I. Grundlagen

1. Kurzcharakteristik

Die Vorschrift schließt für den Mieter nachteilig von den Regelungen der § 573d Abs. 1 und Abs. 2 BGB abweichende Parteivereinbarungen aus.

39

2. Gesetzgebungsgeschichte und -materialien

§ 573d Abs. 3 BGB ist durch das **Mietrechtsreformgesetz** vom 19.06.2001[12] eingefügt worden und entspricht im Wesentlichen der bisherigen Rechtslage. § 565 BGB a.F. enthielt allerdings keine Regelung zur Unabdingbarkeit der Kündigungsfristen einer außerordentlichen befristeten Kündigung.

40

3. Regelungsprinzipien

Vgl. hierzu zunächst die Rn. 3. Dadurch, dass die gesetzlichen Regelungen über die Fristen für die außerordentliche befristete Kündigung im Wohnraummietrecht der Parteidisposition insoweit entzogen werden, als es um für den Mieter nachteilige Vereinbarungen geht, wird der trotz des Anlasses für die

41

---

[11] BGBl I 2001, 1149.
[12] BGBl I 2001, 1149.

§ 573d

außerordentliche Kündigung bestehenden **besonderen Schutzwürdigkeit der Wohnung** als Mittelpunkt der privaten Existenz des Einzelnen[13] Rechnung getragen.

II. Anwendungsvoraussetzungen

1. Normstruktur

42 Normstruktur:
- Tatbestandsmerkmale:
  - Vereinbarung, die zu Lasten des Mieters von § 573d Abs. 1 oder Abs. 2 BGB abweicht.
- Rechtsfolge:
  - Unwirksamkeit der getroffenen Vereinbarung.

2. Zu Lasten des Mieters von Absatz 1 abweichende Vereinbarung

43 Es gilt das zu § 573 Abs. 4 BGB Gesagte entsprechend, vgl. daher die dortigen Anmerkungen in der Kommentierung zu § 573 BGB Rn. 232.

3. Zu Lasten des Mieters von Absatz 2 abweichende Vereinbarung

44 Es gilt das zu § 573c Abs. 4 BGB Gesagte entsprechend, vgl. daher die dortigen Anmerkungen in der Kommentierung zu § 573c BGB Rn. 61.

III. Rechtsfolge: Unwirksamkeit der getroffenen Vereinbarung

45 Auch hier gilt das zu § 573 Abs. 4 BGB und zu § 573c Abs. 4 BGB Gesagte entsprechend, vgl. daher die
- Kommentierung zu § 573 BGB Rn. 235 und die
- Kommentierung zu § 573c BGB Rn. 72.

46 **Abdingbarkeit**: § 573d Abs. 3 BGB ist nach seinem Sinn und Zweck selbst ebenfalls unabdingbar.

IV. Praktische Hinweise

47 Soweit **formularvertragliche Vereinbarungen** vorliegen, sind die Voraussetzungen der
- § 305 BGB (vgl. hierzu die Kommentierung zu § 305 BGB),
- § 305c BGB (vgl. hierzu die Kommentierung zu § 305c BGB),
- § 307 BGB (vgl. die Kommentierung zu § 307 BGB)zu beachten.

V. Anwendungsfelder – Übergangsrecht

48 Das **Mietrechtsreformgesetz** vom 19.06.2001[14] enthält **keine Übergangsvorschrift** zu § 573d Abs. 3 BGB. Dieser ist folglich ohne zeitliche Beschränkung auf alle Kündigungen anwendbar.

---

[13] BVerfG v. 26.05.1993 - 1 BvR 208/93 - juris Rn. 21 - NJW 1993, 2035-2037.
[14] BGBl I 2001, 1149.

§ 574 BGB Widerspruch des Mieters gegen die Kündigung

(Fassung vom 02.01.2002, gültig ab 01.01.2002)

(1) ¹Der Mieter kann der Kündigung des Vermieters widersprechen und von ihm die Fortsetzung des Mietverhältnisses verlangen, wenn die Beendigung des Mietverhältnisses für den Mieter, seine Familie oder einen anderen Angehörigen seines Haushalts eine Härte bedeuten würde, die auch unter Würdigung der berechtigten Interessen des Vermieters nicht zu rechtfertigen ist. ²Dies gilt nicht, wenn ein Grund vorliegt, der den Vermieter zur außerordentlichen fristlosen Kündigung berechtigt.

(2) Eine Härte liegt auch vor, wenn angemessener Ersatzwohnraum zu zumutbaren Bedingungen nicht beschafft werden kann.

(3) Bei der Würdigung der berechtigten Interessen des Vermieters werden nur die in dem Kündigungsschreiben nach § 573 Abs. 3 angegebenen Gründe berücksichtigt, außer wenn die Gründe nachträglich entstanden sind.

(4) Eine zum Nachteil des Mieters abweichende Vereinbarung ist unwirksam.

Gliederung

A. Kommentierung zu Absatz 1	1
I. Grundlagen	1
1. Kurzcharakteristik	1
2. Gesetzgebungsgeschichte und -materialien	2
3. Regelungsprinzipien	4
II. Anwendungsvoraussetzungen	5
1. Normstruktur	5
2. Wohnraummietverhältnis	6
3. Mietverhältnis auf unbestimmte Zeit	7
4. Ordentliche oder außerordentliche befristete Kündigung des Vermieters	9
5. Nicht zu rechtfertigende Härte für den Mieter oder einen seiner Haushaltsangehörigen	13
a. Bezugsperson	14
b. Härtegründe	23
III. Rechtsfolge: Recht des Mieters zum Widerspruch und Anspruch auf die Fortsetzung des Mietverhältnisses (Absatz 1 Satz 1)	40
1. Ausnahme: Vorliegen eines Grundes, der den Vermieter zur außerordentlichen fristlosen Kündigung berechtigt (Absatz 1 Satz 2)	42
2. Abdingbarkeit	43
IV. Prozessuale Hinweise/Verfahrenshinweise	44
V. Anwendungsfelder – Übergangsrecht	46
B. Kommentierung zu Absatz 2	47
I. Grundlagen	47
1. Kurzcharakteristik	47
2. Gesetzgebungsgeschichte und -materialien	48
3. Regelungsprinzipien	50
II. Anwendungsvoraussetzungen	51
1. Normstruktur	51
2. Keine Möglichkeit zur Beschaffung von angemessenem Ersatzwohnraum zu zumutbaren Bedingungen	52
a. Angemessener Ersatzwohnraum	52
b. Zu zumutbaren Bedingungen	54
c. Keine Möglichkeit zur Beschaffung	59
III. Rechtsfolge: Recht des Mieters zum Widerspruch und Anspruch auf die Fortsetzung des Mietverhältnisses	65
IV. Prozessuale Hinweise/Verfahrenshinweise	66
V. Anwendungsfelder – Übergangsrecht	68
C. Kommentierung zu Absatz 3	69
I. Grundlagen	69
1. Kurzcharakteristik	69
2. Gesetzgebungsgeschichte und -materialien	70
3. Regelungsprinzipien	72
II. Anwendungsvoraussetzungen	73
1. Normstruktur	73
2. Wohnraummietverhältnis	74
3. Mietverhältnis auf unbestimmte Zeit	75
4. Ordentliche oder außerordentliche befristete Kündigung des Vermieters	77
III. Obliegenheit zur Angabe der berechtigten Interessen	79
1. Abdingbarkeit	83
2. Praktische Hinweise	84
IV. Anwendungsfelder – Übergangsrecht	85
D. Kommentierung zu Absatz 4	86
I. Grundlagen	86
1. Kurzcharakteristik	86
2. Gesetzgebungsgeschichte und -materialien	87
II. Anwendungsvoraussetzungen	88
1. Normstruktur	88
2. Zu Lasten des Mieters von Absatz 1 und Absatz 2 abweichende Vereinbarung	89
3. Zu Lasten des Mieters von Absatz 3 abweichende Vereinbarung	91
III. Rechtsfolge: Unwirksamkeit der getroffenen Vereinbarung	92
IV. Anwendungsfelder – Übergangsrecht	94

§ 574

A. Kommentierung zu Absatz 1

I. Grundlagen

1. Kurzcharakteristik

1 § 574 BGB ermöglicht es dem ordentlich oder außerordentlich befristet gekündigten Mieter, gegenüber der Kündigung Widerspruch zu erheben und die Fortsetzung des Mietverhältnisses vom Vermieter zu verlangen, sofern ihm oder einem seiner Haushaltsangehörigen dessen Beendigung nicht zumutbar ist.

2. Gesetzgebungsgeschichte und -materialien

2 Die Regelung wurde durch das Gesetz über den Abbau der Wohnungszwangswirtschaft und über ein soziales Miet- und Wohnrecht vom 23.06.1960[1] in das BGB aufgenommen. Ihre heutige Fassung hat die Vorschrift durch das Dritte Gesetz zur Änderung mietrechtlicher Vorschriften vom 21.12.1967[2] und das nachfolgende Gesetz zur Verbesserung des Mietrechts und zur Begrenzung des Mietanstiegs sowie zur Regelung von Ingenieur- und Architektenleistungen vom 04.11.1971[3] erhalten.

3 Das **Mietrechtsreformgesetz** vom 19.06.2001[4] hat die vormals in § 556a Abs. 1 BGB a.F. enthaltene Bestimmung inhaltlich unverändert in § 574 BGB übernommen. Der Ausschluss des Widerspruchsrechts bei einer Kündigung des Mieters (§ 556a Abs. 4 Nr. 2 BGB a.F.) findet nunmehr dadurch Ausdruck, dass die Vorschrift ausschließlich auf vermieterseitige Kündigungen anwendbar ist. Die nach altem Recht in § 556a Abs. 7 BGB a.F. bestimmte Unabdingbarkeit der Sozialklausel findet sich nun in § 574 Abs. 4 BGB. Die vormals ebenfalls in § 556a BGB a.F. enthaltenen Regelungen zur Geltendmachung des Fortsetzungsanspruches wurden zur besseren Übersichtlichkeit in eigene Vorschriften (§§ 574a, 574b BGB) aufgenommen.

3. Regelungsprinzipien

4 Die als „**Sozialklausel**" bezeichnete Regelung des § 574 BGB ist neben § 573 BGB elementarer Bestandteil des sozialen Mietrechts. Hierdurch wird dem Mieter ein Verbleib in der angemieteten Wohnung trotz berechtigter Interessen und wirksamer Kündigung des Vermieters ermöglicht, wenn die Beendigung des Mietverhältnisses für den Mieter oder einen seiner Haushaltsangehörigen eine unzumutbare Härte darstellen würde. Sie dient damit der Geltendmachung und **Durchsetzung der Bestandsinteressen** des Mieters gegenüber dem Erlangungsinteresse des Vermieters.[5]

II. Anwendungsvoraussetzungen

1. Normstruktur

5 Normstruktur:
- Tatbestandsmerkmale:
  - Wohnraummietverhältnis,
  - Mietverhältnis auf unbestimmte Zeit,
  - ordentliche oder außerordentliche befristete Kündigung des Vermieters,
  - nicht zu rechtfertigende Härte für den Mieter oder einen seiner Haushaltsangehörigen.
- Rechtsfolge:
  - Recht des Mieters zum Widerspruch und Anspruch auf die Fortsetzung des Mietverhältnisses (§ 574 Abs. 1 Satz 1 BGB).

---

[1] BGBl I 1960, 389.
[2] BGBl I 1967, 1248.
[3] BGBl I 1971, 1745.
[4] BGBl I 2001, 1149.
[5] *Lammel*, Wohnraummietrecht, 3. Aufl. 2007, § 574 Rn. 5.

- Ausnahme:
  - Recht des Vermieters zur außerordentlichen fristlosen Kündigung (§ 574 Abs. 1 Satz 2 BGB).

2. Wohnraummietverhältnis

Die Bestimmung ist auf Grund ihrer systematischen Stellung und ihres Schutzzweckes (vgl. hierzu Rn. 4) nur auf die **Wohnraummiete** anwendbar. Zur Abgrenzung von anderen Mietverhältnissen vgl. die Kommentierung zu § 549 BGB.

3. Mietverhältnis auf unbestimmte Zeit

§ 574 BGB gilt nach seiner Stellung im Unterkapitel 2 nur für die dort geregelten „Mietverhältnisse auf unbestimmte Zeit".

Eine Anwendung auf „**Mietverhältnisse auf bestimmte Zeit**" (Unterkapitel 3) ist nur im Rahmen außerordentlicher befristeter Kündigungen auf Grund der Verweisung des § 575a Abs. 2 BGB möglich, vgl. hierzu die Kommentierung zu § 575a BGB Rn. 13 ff.

4. Ordentliche oder außerordentliche befristete Kündigung des Vermieters

§ 574 BGB erfasst sowohl eine ordentliche (§§ 573, 573a, 573b BGB) wie auch eine außerordentliche befristete (vgl. hierzu die Kommentierung zu § 573d BGB Rn. 8) Kündigung des Vermieters.[6]

Voraussetzung ist in jedem Fall eine **wirksame** Kündigung des Vermieters, die – soweit erforderlich – von hinreichenden berechtigten Interessen getragen wird. Denn bei einer unwirksamen Kündigung bedarf es mangels Beendigung des Mietverhältnisses keines Widerspruchs und Fortsetzungsverlangens des Mieters.

Bei der Beendigung des Mietverhältnisses auf Grund einer **eigenen Kündigung des Mieters** kann dieser sich – wie schon vor der Mietrechtsreform (§ 556a Abs. 4 Nr. 2 BGB a.F.) – nicht nachträglich auf den Schutz der Sozialklausel berufen. Dem stünde nicht nur der Wortlaut des § 574 Abs. 1 Satz 1 BGB, sondern auch der Einwand des widersprüchlichen Verhaltens entgegen. Der Ausschluss des Widerspruchsrechts bei Vorliegen einer mieterseitigen Kündigung gilt unabhängig davon, ob die Kündigung des Vermieters oder die des Mieters letztlich durchgreift.[7]

Ebenso wenig ist nach dem Wortlaut des § 574 Abs. 1 Satz 1 BGB eine entsprechende Anwendung auf **andere Beendigungsgründe** als eine Kündigung (Aufhebungsvereinbarungen, Anfechtung des Mietvertrages u.a.) möglich.[8]

5. Nicht zu rechtfertigende Härte für den Mieter oder einen seiner Haushaltsangehörigen

Es müssen Umstände (**Härtegründe**) gegeben sein, die die Beendigung des Mietverhältnisses für den Mieter, seine Familie oder einen anderen Angehörigen seines Haushalts (**Bezugsperson**) auch unter Würdigung der berechtigten Interessen des Vermieters zu einer nicht zu rechtfertigenden Härte machen.

a. Bezugsperson

Die Härte infolge der Beendigung des Mietverhältnisses muss entweder für den Mieter oder einen anderen Angehörigen seines in der Wohnung geführten Haushalts eintreten.

Mieter ist der Vertragspartner des Vermieters. Die Vorschrift gilt daher ohne weiteres auch im Verhältnis zwischen Hauptmieter/Untervermieter und **Untermieter**, regelmäßig nicht dagegen zwischen Untermieter und Hauptvermieter. Allerdings kann der Untermieter dann eine eigene Härte gegenüber dem Hauptvermieter geltend machen, wenn er zudem Haushaltsangehöriger des Hauptmieters ist; dies ist

---

[6] BGH v. 21.04.1982 - VIII ARZ 16/81 - juris Rn. 40 - BGHZ 84, 90-101; *Blank* in: Schmidt-Futterer, Mietrecht, 10. Aufl. 2011, § 574 Rn. 14 sowie die Begründung zum Regierungsentwurf des Mietrechtsreformgesetzes vom 19.06.2001, vgl. BT-Drs. 14/4553, S. 68.

[7] *Lammel*, Wohnraummietrecht, 3. Aufl. 2007, § 574 Rn. 49.

[8] *Blank* in: Schmidt-Futterer, Mietrecht, 10. Aufl. 2011, § 574 Rn. 15 und 19.

§ 574

bei Wohngemeinschaften allerdings in der Regel nicht der Fall, da diese regelmäßig keinen gemeinschaftlichen Haushalt führen.[9]

16 Sind **mehrere Mieter** vorhanden, reicht es aus, wenn die Härte für einen von ihnen besteht. Dieser Mieter kann auch allein Widerspruch gegen die Kündigung erheben (vgl. auch die Kommentierung zu § 574a BGB Rn. 9).[10] Allerdings kann er nur die Fortsetzung des Mietverhältnisses mit allen Mietern verlangen (§ 432 BGB).[11]

17 In Erweiterung der Vorgängervorschrift § 556a Abs. 1 Satz 1 BGB a.F. ist nunmehr neben einer Härte für den Mieter nicht nur eine solche seiner mit ihm in der Wohnung lebenden Familie ausreichend, sondern auch eine Unzumutbarkeit für familienfremde Angehörige seines dort geführten Haushalts.

18 Der Begriff der **Familie** ist hier weit zu verstehen und erfasst Ehegatten, Kinder und alle sonst mit dem Mieter verwandten oder verschwägerten Personen, ohne Rücksicht auf den Verwandtschaftsgrad.[12] Allerdings ist es nach Sinn und Zweck des § 574 Abs. 1 Satz 1 BGB erforderlich, dass die Familienangehörigen mit dem Mieter in der gekündigten Wohnung zusammenleben.[13] Die – auch schon zum Rechtszustand vor dem Mietrechtsreformgesetz vom 19.06.2001[14] vertretene – herrschende Auffassung[15], dass es darüber hinaus nicht erforderlich sei, dass die Bezugsperson einen gemeinsamen Haushalt mit dem Mieter führe, erscheint angesichts des Wortlautes von § 574 Abs. 1 Satz 1 BGB, wonach es sich um eine Härte für „seine Familie oder einen *anderen* Angehörigen seines Haushalts" handeln muss, fraglich.[16]

19 Bei **familienfremden Haushaltsangehörige**n – Lebenspartner, Kinder des Lebenspartners, Stiefkinder o.a. – ist allein die Zugehörigkeit zum Haushalt des Mieters entscheidend. Der früher insoweit bestehende Streit um die entsprechende Anwendung der Sozialklausel ist damit infolge der Mietrechtsreform hinfällig. Notwendig ist, dass die Wohnung den Mittelpunkt einer gemeinsamen auf gewisse Dauer angelegten Lebens- und Wirtschaftsführung bildet[17], denn geschützt wird gerade die Erhaltung dieses **sozialen Mittelpunkt**s.[18]

20 Ein **lediglich vorübergehender Aufenthalt** der Bezugsperson in den betroffenen Räumen ist nicht ausreichend, um eine Berücksichtigung ihrer Interessen zu rechtfertigen.[19] Nicht erforderlich ist andererseits nach § 574 Abs. 1 Satz 1 BGB, dass die genannten Personen ständig im Haushalt des Mieters leben.[20]

21 Die Berücksichtigung einer Härte in einer anderen Person als der des Mieters kommt ferner immer nur in Betracht, wenn diese sich **berechtigterweise** in der Wohnung aufhält, d.h. der vertragsgemäße Gebrauch hierdurch nicht überschritten wird.

---

[9] *Rolfs* in: Staudinger, § 574 Rn. 28.
[10] *Blank* in: Schmidt-Futterer, Mietrecht, 10. Aufl. 2011, § 574 Rn. 21.
[11] *Rolfs* in: Staudinger, § 574 Rn. 27.
[12] *Blank* in: Schmidt-Futterer, Mietrecht, 10. Aufl. 2011, § 574 Rn. 21.
[13] LG Koblenz v. 14.01.1991 - 12 S 385/89 - juris Rn. 11 - NJW-RR 1991, 1165; *Blank* in: Schmidt-Futterer, Mietrecht, 10. Aufl. 2011, § 574 Rn. 22 und *Rolfs* in: Staudinger, § 574 Rn. 26; a.A. *Hannappel* in: Bamberger/Roth, § 574 Rn. 22.
[14] BGBl I 2001, 1149.
[15] *Blank* in: Schmidt-Futterer, Mietrecht, 10. Aufl. 2011, § 574 Rn. 22; *Rolfs* in: Staudinger, § 574 Rn. 26 und *Franke* in: Fischer-Dieskau/Pergande/Schwender, Wohnungsbaurecht, § 574 Anm. 8.1.
[16] Vgl. auch *Häublein* in: MünchKomm-BGB, § 574 Rn. 21 unter Hinweis auf *Sternel*, Mietrecht, 3. Aufl. 1988, Teil IV Rn. 199.
[17] *Häublein* in: MünchKomm-BGB, § 574 Rn. 20 und *Krenek* in: Müller/Walther, Miet- und Pachtrecht, § 574 Rn. 11; noch enger – Lebensgemeinschaft, die keine andere gleicher Art daneben zulässt – *Blank* in: Schmidt-Futterer, Mietrecht, 10. Aufl. 2011, § 574 Rn. 23.
[18] *Lammel*, Wohnraummietrecht, 3. Aufl. 2007, § 574 Rn. 16.
[19] *Haas*, Das neue Mietrecht, 2001, § 554 Rn. 4; *Franke* in: Fischer-Dieskau/Pergande/Schwender, Wohnungsbaurecht, § 574 Anm. 8.1 und *Krenek* in: Müller/Walther, Miet- und Pachtrecht, § 574 Rn. 11.
[20] *Blank* in: Schmidt-Futterer, Mietrecht, 10. Aufl. 2011, § 574 Rn. 22.

Liegen Härtegründe bei einer der vorstehend genannten Personen vor, sind diese in gleicher Weise beachtlich, wie wenn sie in der Person des Mieters selbst vorlägen.[21]

b. Härtegründe

Ob unter Berücksichtigung der berechtigten Interessen des Vermieters die Beendigung des Mietverhältnisses für den Mieter oder einen seiner Haushaltsangehörigen eine nicht zu rechtfertigende Härte darstellt, kann grundsätzlich nur im Einzelfall auf Grund einer alle konkreten Umstände einbeziehenden **Abwägung** festgestellt werden. Grundsätzlich müssen die dem Mieter oder seinem Haushaltsangehörigen entstehenden Nachteile von einigem Gewicht sein. Die kündigungstypischen Belastungen im Zusammenhang mit der Räumung der alten und dem Bezug einer neuen Wohnung reichen dafür regelmäßig nicht aus. Die Unzumutbarkeit kann sich aber auch erst aus der Gesamtschau der einzeln für sich genommen nicht ausreichenden Umstände ergeben.[22]

Nicht zu rechtfertigen ist die Härte folglich, wenn die Härtegründe des Mieters die berechtigten Interessen des Vermieters an der Beendigung des Mietverhältnisses überwiegen. Eine sittenwidrige Härte ist dabei nicht erforderlich.[23] Zu den in die Abwägung einzustellenden berechtigten **Vermieterinteressen** vgl. Rn. 69. Stehen sich das Bestandsinteresse des Mieters und das Erlangungsinteresse des Vermieters **gleichwertig** gegenüber, so geht das auf dem grundrechtlich geschützten Eigentum (Art. 14 Abs. 1 GG) beruhende Erlangungsinteresse des Vermieters vor (str.).[24] Bei der Interessenabwägung ist auch zu beachten, dass die Miete dem Mieter grundsätzlich nur ein **Nutzungsrecht auf** – unbestimmte – **Zeit** einräumt und kein Dauerwohnrecht.[25]

Die Frage einer unzumutbaren Härte ist unabhängig davon, ob der Mieter gegebenenfalls auch Anspruch auf Gewährung einer **Räumungsfrist** nach den §§ 721, 794a ZPO hätte, da § 574 BGB einen materiell-rechtlichen Anspruch auf Fortsetzung des Mietverhältnisses und nicht bloßen Vollstreckungsschutz gewährt (str.).[26]

Die Umstände, aus denen sich die unzumutbare Härte ergibt, müssen grundsätzlich im **Zeitpunkt des Zugangs des Widerspruchs** vorliegen und **bis zur beabsichtigten Beendigung** des Mietverhältnisses durch die Kündigung fortbestehen. Der Mieter kann sich dabei regelmäßig auch auf Härtegründe berufen, die **bereits bei Vertragsschluss** vorlagen.[27] Sofern der Mieter sich während eines Räumungsrechtsstreits noch nach der Beendigung des Mietverhältnisses in der Wohnung befindet, ist der Zeitpunkt der **letzten mündlichen** (Tatsachen-)**Verhandlung** entscheidend.[28] Bis zu diesem Zeitpunkt kann der Mieter – im Gegensatz zum Vermieter (vgl. insoweit Rn. 81) – Härtegründe nachschieben.[29]

Die Härtegründe lassen sich zunächst regelmäßig **drei Entstehungsbereich**en zuordnen:

- Umstände, die die gekündigte Wohnung betreffen,
- Umstände, die die Beschaffung neuen Wohnraums betreffen (ausdrücklich genannt in § 574 Abs. 2 BGB, vgl. hierzu Rn. 47),
- Umstände, die die persönlichen Verhältnisse des Mieters betreffen.

---

[21] LG Koblenz v. 14.01.1991 - 12 S 385/89 - juris Rn. 11 - NJW-RR 1991, 1165.
[22] LG Lübeck v. 24.06.1993 - 14 S 45/93 - juris Rn. 10 - NJW-RR 1993, 1359-1360.
[23] *Blank* in: Schmidt-Futterer, Mietrecht, 10. Aufl. 2011, § 574 Rn. 26.
[24] LG Berlin v. 08.04.1991 - 62 S 498/90 - juris Rn. 17 - MM 1992, 387; LG Hannover v. 05.09.1991 - 16 S 180/91 - juris Rn. 2 - WuM 1992, 609 sowie LG Kaiserslautern v. 29.05.1990 - 1 S 70/90 - juris Rn. 11 - WuM 1990, 446-447; kritisch *Sternel*, Mietrecht aktuell, 4. Aufl. 2009, Teil XI Rn. 349 sowie *derselbe* – Vorrang des Kündigungsschutzes, wenn nicht die Interessenabwägung ein Übergewicht zu Gunsten der Vermieterbelange ergibt – *Sternel*, Mietrecht, 3. Aufl. 1988, Teil IV Rn. 219.
[25] *Lammel*, Wohnraummietrecht, 3. Aufl. 2007, § 574 Rn. 14.
[26] LG Stuttgart v. 06.12.1990 - 16 S 378/90 - juris Rn. 2 - WuM 1991, 347 sowie *Blank* in: Schmidt-Futterer, Mietrecht, 10. Aufl. 2011, § 574 Rn. 56; a.A. – Gewährung eines materiellen Rechts nicht erforderlich, wenn ein formeller Aufschub der Räumungspflicht ausreicht – *Lammel*, Wohnraummietrecht, 3. Aufl. 2007, § 574 Rn. 45 und im Ergebnis AG Hamburg v. 05.10.2007 - 46 C 24/07 - juris Rn. 21 - WuM 2008, 14-15.
[27] *Blank* in: Schmidt-Futterer, Mietrecht, 10. Aufl. 2011, § 574 Rn. 27.
[28] LG Oldenburg v. 17.10.1990 - 9 S 1307/89 - NJW-RR 1991, 650.
[29] LG Wiesbaden v. 21.06.1988 - 8 S 32/88 - juris Rn. 6 - WuM 1988, 269-2170.

§ 574

28 Im Hinblick auf die **gekündigte Wohnung** kann der ersatzlose Verlust über das Übliche hinausgehender **finanzieller Aufwendungen** für deren Herrichtung eine nicht zu rechtfertigende Härte darstellen, wenn die bisherige Mietzeit in keinem angemessenen Verhältnis zur Höhe der mit – gegebenenfalls stillschweigendem – Einverständnis des Vermieters gemachten Aufwendungen steht und diese weder vom Vermieter erstattet wurden/werden noch ohne erhebliche Wertminderung wieder entfernt werden können.[30] Dies gilt aber nur dann, wenn der Mieter aus berechtigtem Anlass auf ein längerfristiges Mietverhältnis vertrauen durfte,[31] dann aber unabhängig davon, ob es sich um notwendige, nützliche oder überflüssige Aufwendungen handelt[32]. **Schönheitsreparaturen** tragen, insbesondere bei Überlassung einer unrenovierten Wohnung, eine unzumutbare Härte regelmäßig nur, wenn das Mietverhältnis lediglich von kurzer Dauer war.[33]

29 Die Verletzung einer – formunwirksamen (§ 550 BGB) – **Zusage eines langfristigen Mietverhältnisses** durch den Vermieter begründet allein keine besondere Härte.[34]

30 Eine unzumutbar kurze Mietzeit mag im Ausnahmefall gegebenenfalls einen Widerspruch tragen[35], allein aus dem Ausspruch einer vermieterseitigen **Kündigung nach erst kurzem Bestehen** des Mietverhältnisses und der damit verbundenen erneuten Belastung mit Umzugskosten folgt aber regelmäßig noch keine unzumutbare Härte für den Mieter[36].

31 Eine besondere **Bindung an die Umgebung** der gekündigten Wohnung reicht allein für die Annahme einer Härte grundsätzlich nicht aus. Es müssen vielmehr weitere Umstände – insbesondere im persönlichen Bereich des Mieters (beispielsweise Alter, Krankheit oder Kinder) – hinzutreten, um einen Widerspruch zu rechtfertigen.[37] Gleiches gilt für eine **lange Wohndauer** in der gekündigten Wohnung.[38]

32 Der **Wegfall von Einnahmen** infolge des Verlustes der gekündigten Wohnung, insbesondere auch durch Untervermietung, stellt regelmäßig keine Härte dar, da Auswirkungen auf die – berechtigte[39] – Nutzung der Wohnung zur Erwirtschaftung finanzieller Gewinne vom Schutzzweck des § 574 BGB, dem Mieter die Wohnung als Mittelpunkt seiner Lebensgestaltung zu erhalten, nicht erfasst werden.[40] Etwas anderes kann gelten, wenn dem Mieter durch den Verlust der Wohnung die dort berechtigterweise erwirtschaftete **Lebensgrundlage** entzogen wird.[41]

33 Ebenso wenig reichen grundsätzlich Beschränkungen der **Freizeitaktivitäten** des Mieters zur Begründung einer unzumutbaren Härte aus.[42]

---

[30] Ablehnend bei Erwerb einer Einbauküche, allerdings ohne konkrete Angaben zu den Aufwendungen hierfür und deren weitere Verwendbarkeit: AG Steinfurt v. 15.12.2005 - 4 C 514/05 - juris Rn. 9 - WuM 2006, 43-44.

[31] OLG Karlsruhe v. 31.03.1971 - 1 ReMiet 2/70 - juris Rn. 7 sowie OLG Frankfurt v. 23.06.1971 - 14 W 14/71 - WuM 1971, 168-170.

[32] OLG Frankfurt v. 23.06.1971 - 14 W 14/71 - WuM 1971, 168-170; vgl. aber auch – keine Härte bei Erwerb von Einbauküche für 5.000 € einige Monate vor Kündigung – AG Dortmund v. 07.03.1990 - 136 C 708/89 - juris Rn. 19 - DWW 1991, 28-29.

[33] LG Mannheim v. 17.10.1984 - 4 S 104/84 - DWW 1985, 182; LG Kiel v. 18.10.1990 - 1 S 146/90 - juris Rn. 2 - WuM 1992, 690.

[34] OLG Karlsruhe v. 31.03.1971 - 1 ReMiet 2/70 - juris Rn. 3 sowie OLG Hamm v. 16.03.1992 - 30 REMiet 6/91 - juris Rn. 11 - NJW 1992, 1969-1971.

[35] BGH v. 27.01.2010 - VIII ZR 159/09 - juris Rn. 25 - NSW BGB § 573 (BGH-intern), dort allerdings bei fünfjähriger Dauer des Mietverhältnisses im Ergebnis verneint.

[36] *Blank* in: Schmidt-Futterer, Mietrecht, 10. Aufl. 2011, § 574 Rn. 58.

[37] LG Bremen v. 22.05.2003 - 2 S 315/02 - juris Rn. 24 - WuM 2003, 333-335 und *Lammel*, Wohnraummietrecht, 3. Aufl. 2007, § 574 Rn. 29.

[38] KG Berlin v. 06.05.2004 - 8 U 288/03 - juris Rn. 5 - DWW 2004, 189-190; OLG Karlsruhe v. 03.07.1970 - 1 REMiet 1/70 - juris Rn. 29; LG Berlin v. 27.07.2004 - 63 S 160/04 - MM 2004, 410 sowie LG Hamburg v. 26.10.1993 - 316 S 31/92 - juris Rn. 9 - NJW-RR 1994, 204-205.

[39] LG Frankenthal v. 11.10.1989 - 2 S 203/89 - juris Rn. 5 - WuM 1990, 79-80.

[40] *Lammel*, Wohnraummietrecht, 3. Aufl. 2007, § 574 Rn. 20.

[41] Vgl. OLG Köln v. 28.06.1968 - 2 W 103/58 - NJW 1968, 1834 - Verlust des Kundenstammes sowie *Rolfs* in: Staudinger, § 574 Rn. 35.

[42] Vgl. LG Bremen v. 22.05.2003 - 2 S 315/02 - juris Rn. 25 - WuM 2003, 333-335 - Engagement in Bürgerinitiative; LG Bonn v. 19.03.1992 - 6 S 418/91 - juris Rn. 12 - WuM 1992, 610-611 - Spitzensportler.

Ein **Zwischenumzug** ist dann unzumutbar, wenn der Mieter die gekündigte Wohnung ohnehin in absehbarer Zeit geräumt hätte und der weitere Umzug ihn deshalb persönlich oder finanziell unverhältnismäßig belastet.[43] Dies gilt aber nur, wenn der Ersatzwohnraum mit hinreichender Sicherheit in absehbarer Zeit zur Verfügung steht. Ein längerer Zeitraum als ein bis – allenfalls – zwei Jahre wird hierbei regelmäßig nicht in Betracht kommen.[44] 34

Aus dem **persönlichen Lebensbereich** des Mieters kann insbesondere eine **Erkrankung** oder **Behinderung** zu den Umständen zählen, die den Umzug – auch unter Zuhilfenahme entsprechender Hilfeleistungen – unzumutbar machen[45], sei es, weil dadurch die Wohnungssuche erschwert wird[46], sei es, weil der Umzug die Krankheit verschlimmert oder die Genesung beeinträchtigt[47] oder sei es, weil die Erkrankung potentielle Vermieter vom Abschluss eines Vertrags abhält[48]. Auch ein durch einen eventuellen Umzug bedingter **Wegfall einer vorhandenen Pflege** in der gekündigten Wohnung kann zu Gunsten des Mieters zu berücksichtigen sein.[49] Allerdings ist vom Mieter jedes **zumutbare Bemühen um eine Verringerung des Krankheitsrisikos** zu erwarten,[50] unterlässt er dies, so kann das zum gänzlichen Wegfall des Fortsetzungsanspruches oder dessen zeitlicher Beschneidung führen[51]. Ausnahmsweise kann das Bestandsinteresse eines kranken Mieters **unbeachtlich** sein, wenn ein Verbleib in der Wohnung krankheitsbedingt ausgeschlossen ist.[52] 35

Eine **Schwangerschaft** der Mieterin oder einer anderen Bezugsperson rechtfertigt regelmäßig die Fortsetzung des Mietverhältnisses für eine angemessene Dauer über den Zeitpunkt der Entbindung hinaus.[53] 36

Ein **hohes Alter** der Bezugsperson(en) allein trägt regelmäßig nicht die Feststellung einer unzumutbaren Härte[54], es müssen vielmehr weitere Umstände hinzutreten.[55] Hier kommen Erkrankungen oder bei langer Wohndauer eine besondere Verwurzelung in der gewohnten Umgebung in Betracht, insbesondere wenn sich ein betagter Mieter deshalb nicht mehr auf ein neues Umfeld einstellen kann.[56] 37

---

[43] AG Dortmund v. 07.10.2003 - 125 C 6414/03 - juris Rn. 12 - WuM 2004, 210-211 und *Blank* in: Schmidt-Futterer, Mietrecht, 10. Aufl. 2011, § 574 Rn. 56.

[44] *Grapentin* in: Bub/Treier, Handbuch der Geschäfts- und Wohnraummiete, 3. Aufl. 1999, Teil IV Rn. 108.

[45] AG Witten v. 20.10.2006 - 2 C 768/06 - juris Rn. 22 - ZMR 2007, 43-45; LG Aachen v. 28.09.2005 - 7 S 66/05 - juris Rn. 17 - WuM 2006, 692-694 und die Übersicht bei LG Bremen v. 22.05.2003 - 2 S 315/02 - juris Rn. 28 - WuM 2003, 333-335.

[46] LG Saarbrücken v. 31.07.1992 - 13 B S 95/92 - juris Rn. 5 - WuM 1992, 690-691.

[47] Vgl. KG Berlin v. 06.05.2004 - 8 U 288/03 - juris Rn. 6 - DWW 2004, 189-190 - Erblindung; LG Bochum v. 16.02.2007 - 10 S 68/06 - ZMR 2007, 452-455 - Erblindung und schwere Krankheit; LG Aurich v. 29.11.1991 - 1 S 512/90 - juris Rn. 3 - WuM 1992, 609-610 - Depression; LG Braunschweig v. 19.01.1990 - 6 S 199/89 - juris Rn. 4 - WuM 1990, 152-153 - parkinsonsche Krankheit sowie LG Bonn v. 01.02.1990 - 6 S 203/89 - juris Rn. 4 - NJW-RR 1990, 973-974 - schlechter Gesamtzustand in fortgeschrittenem Alter.

[48] LG Kassel v. 19.04.1989 - 1 S 9/89 - juris Rn. 8 - WuM 1989, 416-417.

[49] LG Stuttgart v. 10.06.1992 - 5 S 48/92 - juris Rn. 6 - WuM 1993, 46.

[50] BVerfG v. 12.02.1993 - 2 BvR 2077/92 - juris Rn. 22 - NJW-RR 1993, 463-464.

[51] *Blank* in: Schmidt-Futterer, Mietrecht, 10. Aufl. 2011, § 574 Rn. 48.

[52] LG Kempten Zivilkammer v. 27.10.1993 - S 544/93 - juris Rn. 30 - WuM 1994, 254-257.

[53] LG Stuttgart v. 06.12.1990 - 16 S 378/90 - juris Rn. 3 - WuM 1991, 347.

[54] KG Berlin v. 06.05.2004 - 8 U 288/03 - juris Rn. 5 - DWW 2004, 189-190 und LG Köln v. 18.07.1996 - 6 S 474/95 - juris Rn. 8 - NJW-RR 1997, 1098; a.A. – mit der unzutreffenden Begründung, dass eine Zwangsumsiedlung in hohem Alter immer körperliche und psychische Beeinträchtigungen hervorrufe und die staatliche Jurisdiktion der Durchsetzung dieses Ausdrucks sozialer Kälte nicht die Hand leihen dürfe – AG Schöneberg v. 23.03.2004 - 15 C 602/03 - juris Rn. 12 - MM 2004, 267.

[55] LG Berlin v. 27.07.2004 - 63 S 160/04 - MM 2004, 410; LG Essen v. 23.03.1999 - 15 S 448/98 - juris Rn. 4 - ZMR 1999, 713 sowie LG Koblenz v. 14.01.1991 - 12 S 385/89 - juris Rn. 12 - NJW-RR 1991, 1165.

[56] KG Berlin v. 06.05.2004 - 8 U 288/03 - juris Rn. 6 - DWW 2004, 189-190; LG Bochum v. 16.02.2007 - 10 S 68/06 - ZMR 2007, 452-455; LG Bremen v. 22.05.2003 - 2 S 315/02 - juris Rn. 24 - WuM 2003, 333-335; LG Hamburg v. 26.04.1991 - 311 S 250/90 - DWW 1991, 189-190; LG Bonn v. 01.02.1990 - 6 S 203/89 - juris Rn. 4 - NJW-RR 1990, 973-974; AG Kerpen v. 12.04.1991 - 22 (6) C 482/90 - juris Rn. 6 - WuM 1992, 247 sowie LG Düsseldorf v. 26.06.1990 - 24 S 77/90 - juris Rn. 15 - WuM 1991, 36-37.

Jüngeren Mietern kann generell eher ein Umzug zugemutet werden als älteren.[57] Auf die Unterbringung in einem Alterswohnheim braucht sich der Mieter regelmäßig nicht verweisen zu lassen,[58] außer ein Verbleib in der Wohnung ist krankheitsbedingt ausgeschlossen, vgl. hierzu auch die Erläuterungen in Rn. 35.

38 Auch negative Auswirkungen auf die **Ausbildung** oder **Berufsausübung** des Mieters oder einer Bezugsperson können die Annahme einer Härte rechtfertigen.[59] Eine andauernde starke berufliche Belastung reicht hierfür zwar nicht aus, wohl aber eine ausnahmsweise bestehende außergewöhnliche Belastung im Moment der beabsichtigten Beendigung des Mietverhältnisses.[60] Ein **Schulwechsel** ist ohne das Hinzutreten weiterer Umstände dagegen regelmäßig nicht ausreichend (str.)[61], ebenso wenig die Erlangung oder der Verlust eines **Kindergartenplatzes** (str.)[62]. Auch der **Verlust eines politischen Mandates** infolge eines Umzuges in einen anderen Stadtteil reicht für die Feststellung einer Härte nicht aus.[63]

39 Dauerhaft **schlechte Vermögensverhältnisse**, **Kinderreichtum** oder der Umstand, dass der Mieter **allein erziehender Elternteil** ist, sind gegebenenfalls im Rahmen der Beschaffbarkeit von Ersatzwohnraum zu berücksichtigen, vgl. hierzu Rn. 47. Sofern – was nicht zwingend ist (vgl. hierzu die Kommentierung zu § 573 BGB) – im Falle der Kündigung der **Mitgliedschaft in einer Wohnungsgenossenschaft** durch einen Gläubiger des Mieters nach § 66 GenG ein berechtigtes Interesses der Genossenschaft an der Kündigung des Mietverhältnisses gemäß § 573 Abs. 1 BGB angenommen wird, kann ein gegebenenfalls vom Mieter als Schuldner mit dem Ziel der Restschuldbefreiung selbst gestellter **Antrag auf Eröffnung des Verbraucherinsolvenzverfahrens** und seine Bereitschaft, sich nach Beendigung des Insolvenzverfahrens nach Kräften um eine Wiedererlangung der Mitgliedschaft zu bemühen, nach § 574 Abs. 1 BGB berücksichtigt werden.[64]

III. Rechtsfolge: Recht des Mieters zum Widerspruch und Anspruch auf die Fortsetzung des Mietverhältnisses (Absatz 1 Satz 1)

40 Bei Vorliegen einer unzumutbaren Härte im oben genannten Sinne steht dem Mieter nach § 574 Abs. 1 Satz 1 BGB ein Anspruch auf die Fortsetzung des Mietverhältnisses gegenüber dem Vermieter zu.

41 Zu dessen **Inhalt** vgl. die Kommentierung zu § 574a BGB, zu den **Formalien** der Geltendmachung vgl. die Kommentierung zu § 574b BGB.

1. Ausnahme: Vorliegen eines Grundes, der den Vermieter zur außerordentlichen fristlosen Kündigung berechtigt (Absatz 1 Satz 2)

42 Der Anspruch des Mieters auf Fortsetzung des Mietverhältnisses ist allerdings **ausgeschlossen**, wenn Umstände vorliegen, die den Vermieter – auch – zu einer außerordentlichen Kündigung berechtigen (§ 574 Abs. 1 Satz 2 BGB), denn in diesen Fällen ist der Mieter nicht schutzwürdig. Dabei ist unbeachtlich, ob der Vermieter tatsächlich eine außerordentliche fristlose oder nur eine befristete Kündigung ausgesprochen hat. Das Vorliegen der Gründe für eine außerordentliche fristlose Kündigung

---

[57] AG Castrop-Rauxel v. 13.04.1988 - 9 C 521/86 - juris Rn. 2 - DWW 1988, 215.
[58] OLG Karlsruhe v. 03.07.1970 - 1 REMiet 1/70 - juris Rn. 39.
[59] LG Aachen v. 27.02.1985 - 7 S 182/84 - juris Rn. 4 - NJW-RR 1986, 313 sowie *Lammel*, Wohnraummietrecht, 3. Aufl. 2007, § 574 Rn. 28.
[60] *Blank* in: Schmidt-Futterer, Mietrecht, 10. Aufl. 2011, § 574 Rn. 54.
[61] LG Saarbrücken v. 31.07.1992 - 13 B S 95/92 - juris Rn. 5 - WuM 1992, 690-691 sowie LG Hamburg v. 25.10.1990 - 307 S 231/90 - juris Rn. 5 - NJW-RR 1991, 1355-1356; a.A. LG München II v. 14.11.1991 - 8 S 983/91 - juris Rn. 13 - WuM 1993, 331-332 sowie – kein Umzug mit schulpflichtigen Kindern außerhalb der Schulferien – *Blank* in: Schmidt-Futterer, Mietrecht, 10. Aufl. 2011, § 574 Rn. 55.
[62] AG Neumünster v. 28.04.1989 - 9 C 1717/88 - juris - WuM 1989, 298 und *Rolfs* in: Staudinger, § 574 Rn. 46; a. A. *Lammel*, Wohnraummietrecht, 3. Aufl. 2007, § 574 Rn. 30.
[63] LG Hamburg v. 12.12.1989 - 16 S 98/89 - juris Rn. 6 - WuM 1990, 118-119.
[64] BGH v. 19.03.2009 - IX ZR 58/08 - juris Rn. 10 - NSW GenG § 66 (BGH-intern).

reicht in beiden Fällen aus, um den Ausschluss des Widerspruchsrechts des Mieters zu bewirken.[65] Allerdings muss nach Sinn und Zweck der Vorschrift ein **hinreichender zeitlicher Zusammenhang** zwischen den Umständen, die die Fortsetzung des Vertragsverhältnisses für den Vermieter unzumutbar machen, und der ausgesprochenen Kündigung bestehen (arg. § 314 Abs. 3 BGB, str.).[66] Die entsprechenden Umstände müssen aber nicht bereits im Moment der Kündigung vorliegen, es reicht vielmehr aus, wenn sie später entstehen, aber **zur Zeit des Widerspruches des Mieters** gegeben sind; eine erneute Kündigung ist dann nicht erforderlich.[67]

2. Abdingbarkeit

Vgl. hierzu Rn. 86. 43

IV. Prozessuale Hinweise/Verfahrenshinweise

Die **Darlegungs- und Beweislast** für das Vorliegen einer unzumutbaren Härte trägt der **Mieter**. Verweigert er eine zu deren gerichtlicher Feststellung erforderliche Begutachtung, so bleibt er beweisfällig.[68] 44

Die zu seinen Gunsten im Rahmen der Abwägung zu berücksichtigenden berechtigten Interessen muss dagegen der **Vermieter** ebenso darlegen und beweisen wie einen Ausschluss des Widerspruchsrechts nach § 574 Abs. 1 Satz 2 BGB.[69] 45

V. Anwendungsfelder – Übergangsrecht

Das **Mietrechtsreformgesetz** vom 19.06.2001[70] enthält **keine Übergangsvorschrift** zu § 574 Abs. 1 BGB. Dieser ist folglich ohne zeitliche Beschränkung anwendbar. 46

B. Kommentierung zu Absatz 2

I. Grundlagen

1. Kurzcharakteristik

§ 574 Abs. 2 BGB regelt einen besonderen Härtegrund zu Gunsten des Mieters im Sinne von § 574 Abs. 1 BGB ausdrücklich. 47

2. Gesetzgebungsgeschichte und -materialien

Vgl. zunächst Rn. 2. Nachdem Schwierigkeiten bei der Beschaffung von Ersatzwohnraum zunächst von der Rechtsprechung nicht als Härte anerkannt worden waren, hat der Gesetzgeber seine gegenteilige Auffassung durch die Aufnahme der Vorgängerregelung (§ 556a Abs. 1 Satz 2 BGB a.F.) mit dem Gesetz zur Verbesserung des Mietrechts und zur Begrenzung des Mietanstiegs sowie zur Regelung von Ingenieur- und Architektenleistungen vom 04.11.1971[71] ausdrücklich klargestellt. 48

Das **Mietrechtsreformgesetz** vom 19.06.2001[72] hat die vormals in § 556a Abs. 1 Satz 2 BGB a.F. enthaltene Bestimmung inhaltlich unverändert in § 574 Abs. 2 BGB übernommen. 49

---

[65] *Blank* in: Schmidt-Futterer, Mietrecht, 10. Aufl. 2011, § 574 Rn. 12; a.A. – Rechtsgedanke des § 314 Abs. 3 BGB verbietet Berücksichtigung grundsätzlich – *Sternel*, Mietrecht aktuell, 4. Aufl. 2009, Teil XI Rn. 312.
[66] *Blank* in: Schmidt-Futterer, Mietrecht, 10. Aufl. 2011, § 574 Rn. 12; a.A. – allein objektives Vorliegen entscheidend – *Lammel*, Wohnraummietrecht, 3. Aufl. 2007, § 574 Rn. 51.
[67] *Rolfs* in: Staudinger, § 574 Rn. 20.
[68] LG Hamburg v. 26.10.1993 - 316 S 31/92 - NJW-RR 1994, 204-205.
[69] *Blank* in: Schmidt-Futterer, Mietrecht, 10. Aufl. 2011, § 574 Rn. 65.
[70] BGBl I 2001, 1149.
[71] BGBl I 1971, 1745.
[72] BGBl I 2001, 1149.

3. Regelungsprinzipien

50 Vgl. hierzu Rn. 4.

II. Anwendungsvoraussetzungen

1. Normstruktur

51 Vgl. hierzu Rn. 5.

2. Keine Möglichkeit zur Beschaffung von angemessenem Ersatzwohnraum zu zumutbaren Bedingungen

a. Angemessener Ersatzwohnraum

52 Eine Ersatzwohnung ist **angemessen**, wenn sie im Vergleich zur bisherigen Wohnung den Bedürfnissen des Mieters entspricht.[73]

53 Eine weitgehende **Identität** der räumlichen Gestaltung oder vollständige Gleichwertigkeit der Wohnqualität ist für die Angemessenheit nicht erforderlich. Geringe Einbußen an Wohnqualität muss der Mieter– im Gegensatz zu einer wesentlichen Verschlechterung seiner Wohnverhältnisse – vielmehr hinnehmen.[74] Die teilweise Nichtunterbringung vorhandener Möbel ist daher regelmäßig kein Hinderungsgrund.[75] Auf berechtigte spezielle persönliche, insbesondere krankheits- oder behinderungsbedingte Bedürfnisse eines Mieters, die durch die bisherige Wohnung befriedigt wurden[76], ist dagegen Rücksicht zu nehmen.[77]

b. Zu zumutbaren Bedingungen

54 Unter Bedingungen im Sinne von § 574 Abs. 2 BGB sind insbesondere die Voraussetzungen zu verstehen, unter denen das neue Mietverhältnis eingegangen werden soll.

55 Zentrales Kriterium für die Zumutbarkeit ist dabei die Höhe des für den Ersatzwohnraum zu entrichtenden **Mietzinses**. Ein Mietzins ist zumutbar, wenn er dem (Markt-)Wert der Wohnung entspricht und der Mieter in der Lage ist, ihn auf Grund seiner finanziellen Verhältnisse zu zahlen.[78] Dabei sind grundsätzlich auch Wohnungen mit höherem Mietzins als dem bisherigen bis zur ortsüblichen Vergleichsmiete zu berücksichtigen.[79] Inwieweit ein höherer als der bisherige Mietzins für den Mieter noch tragbar ist, kann dabei nur im Einzelfall unter Berücksichtigung seiner wirtschaftlichen Leistungsfähigkeit gesagt werden.[80] Eine feste Belastungsgrenze gibt es nicht (str.).[81]

56 Ebenso wie zu Gunsten des Mieters bei der Ermittlung der Härte andere zu seinem Haushalt gehörige **Bezugspersonen** berücksichtigt werden, ist auch deren Einkommen, sofern es nicht nur noch auf absehbare Zeit zur Verfügung steht[82], bei der Ermittlung der finanziellen Möglichkeiten des Mieters grundsätzlich mit zu berücksichtigen („**Haushaltseinkommen**").[83]

---

[73] *Rolfs* in: Staudinger, § 574 Rn. 49.
[74] Vgl. LG Freiburg (Breisgau) v. 21.12.1989 - 3 S 274/89 - juris Rn. 3 - WuM 1990, 152 - kleinere Wohnung sowie *Grapentin* in: Bub/Treier, Handbuch der Geschäfts- und Wohnraummiete, 3. Aufl. 1999, Teil IV Rn. 108.
[75] *Lammel*, Wohnraummietrecht, 3. Aufl. 2007, § 574 Rn. 36.
[76] AG Dortmund v. 27.05.1992 - 124 C 2808/92 - juris Rn. 23 - DWW 1993, 238-239.
[77] Vgl. LG Hannover v. 26.10.1990 - 9 S 107/90 - juris Rn. 3 - WuM 1991, 346-347 - nur Erdgeschosswohnungen wegen Behinderung; OLG Karlsruhe v. 03.07.1970 - 1 REMiet 1/70 - juris Rn. 35 - altersbedingte vermehrte Bedürfnisse sowie *Blank* in: Schmidt-Futterer, Mietrecht, 10. Aufl. 2011, § 574 Rn. 33.
[78] *Blank* in: Schmidt-Futterer, Mietrecht, 10. Aufl. 2011, § 574 Rn. 35.
[79] LG Bremen v. 22.05.2003 - 2 S 315/02 - juris Rn. 21 - WuM 2003, 333-335 und *Weidenkaff* in: Palandt, § 574 Rn. 9.
[80] *Grapentin* in: Bub/Treier, Handbuch der Geschäfts- und Wohnraummiete, 3. Aufl. 1999, Teil IV Rn. 108.
[81] *Blank* in: Schmidt-Futterer, Mietrecht, 10. Aufl. 2011, § 574 Rn. 35; a.A. – Anhaltspunkt: 25% des (Haushalts-)Einkommens – *Lammel*, Wohnraummietrecht, 3. Aufl. 2007, § 574 Rn. 37.
[82] LG Itzehoe v. 31.10.1967 - 1 T 139/67 - WuM 1968, 34-35.
[83] LG Stuttgart v. 11.10.1989 - 13 S 269/89 - juris Rn. 9 - WuM 1990, 20-21.

Wenn dem Mieter ein Anspruch auf Wohngeld oder sonstige **Sozialleistungen** zusteht, muss er ihn grundsätzlich geltend machen, wenn dadurch die Wohnung für ihn erschwinglich wird. 57

Auch die **sonstigen Bedingungen** eines angebotenen (Ersatz-)Mietvertrages können für den Mieter unzumutbar sein, insbesondere kurze Laufzeiten oder von ihm zu erbringende belastende Nebenleistungen.[84] 58

c. Keine Möglichkeit zur Beschaffung

Die geforderte Unmöglichkeit der Beschaffung von angemessenem Ersatzwohnraum ist nur gegeben, wenn der **konkrete Mieter außerstande** ist, sich bis zum Ablauf der Kündigungsfrist eine Wohnung zu beschaffen.[85] Allein eine allgemein schwierige Lage auf dem Wohnungsmarkt in der betreffenden Gemeinde reicht dagegen nicht aus.[86] 59

Die Feststellung, dass die Beschaffung von Ersatzwohnraum nicht möglich ist, setzt denknotwendig regelmäßig entsprechende ernsthafte **Bemühungen seitens des Mieters** voraus. Deshalb trifft den Mieter **nach Zugang der Kündigung** grundsätzlich eine Obliegenheit zur Suche nach angemessenem Ersatzwohnraum zu zumutbaren Bedingungen.[87] Etwas anderes gilt nur dann, wenn der Mieter auf Grund konkreter Umstände auf die Unwirksamkeit der Kündigung oder den Erfolg seines auf andere Gründe gestützten Widerspruches vertrauen darf.[88] Hieran sind nach hiesiger Auffassung strenge Anforderungen zu stellen, da es sich dabei regelmäßig um Fälle eines Rechtsirrtums handeln wird. 60

Der Mieter muss alle ihm persönlich und wirtschaftlich zumutbaren Schritte unternehmen, um eine geeignete Ersatzwohnung zu beschaffen. Der konkrete **Umfang der erforderlichen Bemühungen** hängt von den Umständen des Einzelfalles ab. Regelmäßig wird hierzu zunächst die Beachtung der Wohnungsinserate in den örtlichen Zeitschriften erforderlich sein sowie ein „Umhören" im Bekanntenkreis[89] und Nachfragen bei bekannten örtlichen Wohnungsunternehmen[90]. Die Einschaltung eines **Makler**s kann – insbesondere bei gehobenen Einkommensverhältnissen[91] – ergänzend hinzutreten, eigene Bemühungen aber grundsätzlich nicht ersetzen[92]; etwas anderes gilt allenfalls dann, wenn der Mieter auf Grund gesundheitlicher oder beruflicher Belastung zu eigenen weiteren Maßnahmen nicht in der Lage ist (str.)[93]. Ausnahmsweise kann auch eine Meldung bei den zuständigen **Wohnungsbehörden** ausreichend sein, wenn der Mieter angesichts in seiner Person liegender Umstände auf dem freien Wohnungsmarkt keine reelle Chance auf Beschaffung von Ersatzwohnraum hat (str.)[94]. Allein eine finanziell schlechte Situation des Mieters[95] trägt allerdings die Feststellung, dass Ersatzwohnraum 61

---

[84] *Blank* in: Schmidt-Futterer, Mietrecht, 10. Aufl. 2011, § 574 Rn. 36.
[85] *Blank* in: Schmidt-Futterer, Mietrecht, 10. Aufl. 2011, § 574 Rn. 30.
[86] *Lammel*, Wohnraummietrecht, 3. Aufl. 2007, § 574 Rn. 35.
[87] LG Karlsruhe v. 09.02.1990 - 9 S 306/89 - juris Rn. 10 - DWW 1990, 238-239; LG Stuttgart v. 11.10.1989 - 13 S 269/89 - juris Rn. 10 - WuM 1990, 20-21; *Lammel*, Wohnraummietrecht, 3. Aufl. 2007, § 574 Rn. 38 sowie *Rolfs* in: Staudinger, § 574 Rn. 52.
[88] *Blank* in: Schmidt-Futterer, Mietrecht, 10. Aufl. 2011, § 574 Rn. 31; a.A. — erst wenn für Mieter erkennbar wird, dass Rechtsverteidigung nicht Erfolg versprechend – *Sternel*, Mietrecht aktuell, 4. Aufl. 2009, Teil XI Rn. 342.
[89] *Lammel*, Wohnraummietrecht, 3. Aufl. 2007, § 574 Rn. 38.
[90] AG Dortmund v. 07.03.1990 - 136 C 708/89 - juris Rn. 20 - DWW 1991, 28-29.
[91] LG Karlsruhe v. 09.02.1990 - 9 S 306/89 - juris Rn. 10 - DWW 1990, 238-239.
[92] *Lammel*, Wohnraummietrecht, 3. Aufl. 2007, § 574 Rn. 38.
[93] *Blank* in: Schmidt-Futterer, Mietrecht, 10. Aufl. 2011, § 574 Rn. 32; a.A. — berufliche Belastung rechtfertigt keine Einschränkung der Obliegenheit – *Rolfs* in: Staudinger, § 574 Rn. 54 und im Ergebnis ebenso LG Bonn v. 19.03.1992 - 6 S 418/91 - juris Rn. 10 - WuM 1992, 610-611.
[94] Vgl. – so gut wie keine Chance für fünfköpfige, ausländische, farbige Familie auf dem freien Wohnungsmarkt – AG Stuttgart v. 11.07.2003 - 30 C 600/03 - juris Rn. 38 - WuM 2007, 91-93 sowie – von Sozialhilfe lebende ausländische Mieterin mit zwei Kleinkindern – LG Mannheim v. 26.11.1992 - 4 T 314/92 - juris Rn. 9 - NJW-RR 1993, 713-714; a.A. – auch dann eigene Bemühungen – *Lammel*, Wohnraummietrecht, 3. Aufl. 2007, § 574 Rn. 38.
[95] LG Karlsruhe v. 09.02.1990 - 9 S 306/89 - juris Rn. 10 - DWW 1990, 238-239.

nicht zu beschaffen ist, regelmäßig ebenso wenig wie eine allgemein schwierige Lage am Wohnungsmarkt[96].

62 Die Suche nach Ersatzwohnraum muss sich grundsätzlich auf das **gesamte Gemeindegebiet** erstrecken.[97] Etwas anderes gilt nur, wenn der Mieter auf Grund seiner persönlichen Umstände – beispielsweise berufs-, krankheits- oder altersbedingt – auf den Verbleib in einem bestimmten Stadtteil angewiesen ist.[98] Um dies annehmen zu können, müssen stets gewichtige Interessen des Mieters durch den Umzug in einen anderen Stadtteil betroffen sein, deren Nichtberücksichtigung regelmäßig schon zu einer unzumutbaren Härte im Sinne von § 574 Abs. 1 BGB führen würde, vgl. deshalb auch Rn. 27.

63 Der Mieter ist nach Treu und Glauben mit dem Härtegrund des § 574 Abs. 2 BGB ausgeschlossen, wenn er zu zumutbaren Bedingungen **vom Vermieter angebotenen angemessenen Ersatzwohnraum** ablehnt.[99]

64 Auch der Härtegrund der Unmöglichkeit der Beschaffung angemessenen Ersatzwohnraumes zu zumutbaren Bedingungen besteht unabhängig davon, ob dem auch durch die Gewährung einer **Räumungsfrist** nach den §§ 721, 794a ZPO Rechnung zu tragen wäre, vgl. hierzu Rn. 25.

III. Rechtsfolge: Recht des Mieters zum Widerspruch und Anspruch auf die Fortsetzung des Mietverhältnisses

65 Vgl. hierzu Rn. 40. Sofern ein Grund vorliegt, der den Vermieter zur außerordentlichen fristlosen Kündigung berechtigt, ist der Mieter auch mit dem Härtegrund nach § 574 Abs. 2 BGB ausgeschlossen (§ 574 Abs. 1 Satz 2 BGB, vgl. hierzu auch Rn. 42).

IV. Prozessuale Hinweise/Verfahrenshinweise

66 Vgl. zunächst Rn. 44. Die **Darlegungs- und Beweislast** für die Unmöglichkeit der Beschaffung angemessenen Ersatzwohnraumes zu zumutbaren Bedingungen trägt der Mieter. Dabei muss er auch substantiiert dartun und gegebenenfalls beweisen, wie er seiner **Obliegenheit zur Ersatzraumbeschaffung** nachgekommen ist.[100] Aus dem diesbezüglichen Vortrag des Mieters muss sich ergeben, welche konkreten Wohnungsangebote er zur Kenntnis genommen hat, auf welche Weise er auf diese Angebote reagiert hat und warum die Anmietung gescheitert ist.[101] Auch bislang erfolglos verlaufene Bemühungen binden allerdings das Gericht nicht dahingehend, dass die Unmöglichkeit der Beschaffung angemessenen Ersatzwohnraumes zu zumutbaren Bedingungen damit feststeht; vielmehr kann im Hinblick auf die gerichtsbekannte Lage am Wohnungsmarkt eine solche dennoch fehlen.[102]

67 **Abdingbarkeit**: Vgl. hierzu Rn. 86.

V. Anwendungsfelder – Übergangsrecht

68 Das **Mietrechtsreformgesetz** vom 19.06.2001[103] enthält **keine Übergangsvorschrift** zu § 574 Abs. 2 BGB. Dieser ist folglich ohne zeitliche Beschränkung anwendbar.

---

[96] LG Mannheim v. 13.11.1991 - 4 S 135/91 - juris Rn. 24 - DWW 1993, 140-141 sowie LG Karlsruhe v. 18.04.1991 - 5 S 47/91 - juris Rn. 6 - DWW 1992, 22.
[97] *Blank* in: Schmidt-Futterer, Mietrecht, 10. Aufl. 2011, § 574 Rn. 34.
[98] OLG Karlsruhe v. 03.07.1970 - 1 REMiet 1/70 - juris Rn. 35.
[99] LG Waldshut-Tiengen v. 11.03.1993 - 1 S 38/92 - juris Rn. 5 - WuM 1993, 349-350.
[100] LG Mannheim v. 13.11.1991 - 4 S 135/91 - juris Rn. 24 - DWW 1993, 140-141 sowie LG Karlsruhe v. 09.02.1990 - 9 S 306/89 - juris Rn. 10 - DWW 1990, 238-239.
[101] AG Ansbach v. 23.05.2006 - 3 C 798/05 - juris Rn. 23 - ZMR 2006, 938-939 und LG Mannheim v. 26.11.1992 - 4 T 318/92 - juris Rn. 6 - WuM 1993, 62.
[102] AG Stuttgart v. 12.04.1989 - 34 C 1128/89 - juris Rn. 22 - WuM 1989, 414-415.
[103] BGBl I 2001, 1149.

C. Kommentierung zu Absatz 3

I. Grundlagen

1. Kurzcharakteristik

§ 574 Abs. 3 BGB begründet eine Obliegenheit des Vermieters, seine bestehenden berechtigten Interessen an der Beendigung des Mietverhältnisses bereits im Kündigungsschreiben anzugeben. 69

2. Gesetzgebungsgeschichte und -materialien

Vgl. zunächst Rn. 2. 70

Das **Mietrechtsreformgesetz** vom 19.06.2001[104] hat die vormals in § 556a Abs. 1 Satz 3 BGB a.F. enthaltene Bestimmung inhaltlich unverändert in § 574 Abs. 3 BGB übernommen. 71

3. Regelungsprinzipien

Vgl. hierzu Rn. 4. 72

II. Anwendungsvoraussetzungen

1. Normstruktur

Normstruktur: 73
- Tatbestandsmerkmale:
  - Wohnraummietverhältnis,
  - Mietverhältnis auf unbestimmte Zeit,
  - ordentliche oder außerordentliche befristete Kündigung des Vermieters.
- Rechtsfolge:
  - berechtigte Interessen des Vermieters werden im Rahmen der Abwägung auf Grund eines Widerspruchs des Mieters nur berücksichtigt, wenn sie bereits im Kündigungsschreiben angegeben wurden.
- Ausnahme:
  - die berechtigten Interessen sind erst nach Ausspruch der Kündigung entstanden.

2. Wohnraummietverhältnis

Die Bestimmung ist auf Grund ihrer systematischen Stellung und ihres Schutzzweckes (vgl. hierzu Rn. 4) nur auf die **Wohnraummiete** anwendbar. Zur Abgrenzung von anderen Mietverhältnissen vgl. die Kommentierung zu § 549 BGB. 74

3. Mietverhältnis auf unbestimmte Zeit

§ 574 BGB gilt nach seiner Stellung im Unterkapitel 2 nur für die dort geregelten „Mietverhältnisse auf unbestimmte Zeit". 75

Eine Anwendung auf „**Mietverhältnisse auf bestimmte Zeit**" (Unterkapitel 3) ist nur im Rahmen außerordentlicher befristeter Kündigungen auf Grund der Verweisung des § 575a Abs. 2 BGB möglich, vgl. hierzu die Kommentierung zu § 575a BGB. 76

4. Ordentliche oder außerordentliche befristete Kündigung des Vermieters

Die Obliegenheit gilt grundsätzlich für die Beendigung des Mietverhältnisses durch ordentliche und außerordentliche befristete Kündigungen des Vermieters. 77

Sie greift jedoch – anders als vor der Mietrechtsreform[105] – **nicht**, soweit der Vermieter von seinen **erleichterten Kündigungsrechten** nach den §§ 573a und 573b BGB Gebrauch macht.[106] Allerdings 78

---

[104] BGBl I 2001, 1149.
[105] OLG Hamm v. 16.03.1992 - 30 REMiet 6/91 - juris Rn. 18 - NJW 1992, 1969-1971.
[106] *Haas*, Das neue Mietrecht, 2001, § 574 Rn. 4.

sind auch dort ohnehin die zur erleichterten Kündigung berechtigenden Umstände (vgl. hierzu die Kommentierung zu § 573a BGB und die Kommentierung zu § 573b BGB) regelmäßig konkret im Kündigungsschreiben anzugeben, vgl. insoweit die Kommentierung zu § 573a BGB Rn. 60 sowie die Kommentierung zu § 573b BGB Rn. 26. Diese sind im Rahmen der Abwägung nach § 574 BGB mit einzubeziehen, auch wenn sie nach der Systematik des Mietrechtsreformgesetzes keine berechtigten Interessen im Sinne von § 573 BGB mehr sind.[107]

III. Obliegenheit zur Angabe der berechtigten Interessen

79 Bei Vorliegen der vorgenannten Voraussetzungen trifft den Vermieter die Obliegenheit, seine berechtigten Interessen an der Beendigung des Mietverhältnisses bereits im Kündigungsschreiben mitzuteilen. Die berechtigten Interessen des Vermieters, die auf einen Widerspruch des Mieters im Rahmen der Abwägung nach § 574 BGB zu berücksichtigen und deshalb im Kündigungsschreiben anzugeben sind, sind dieselben, die den Vermieter zur befristeten Kündigung berechtigen, vgl. daher hierzu die Kommentierung zu § 573 BGB. Ebenso wie dort muss der Vermieter nach § 574 Abs. 3 BGB die jeweiligen Umstände **hinreichend konkret und für den Mieter nachvollziehbar** darlegen, um diesem eine angemessene Reaktion auf die Kündigung zu ermöglichen, vgl. hierzu die Kommentierung zu § 573 BGB Rn. 193.

80 Die Mitteilung der Gründe muss **im Kündigungsschreiben** erfolgen, vgl. hierzu die Kommentierung zu § 569 BGB Rn. 216.

81 **Ein Verstoß** des Vermieters gegen die Obliegenheit nach § 574 Abs. 3 BGB führt dazu, dass er mit der Geltendmachung der zum Zeitpunkt der Abgabe der Kündigungserklärung bereits vorhandenen berechtigten Interessen **ausgeschlossen** ist.

82 Eine Ausnahme gilt für **nachträglich entstandene Umstände** (vgl. hierzu die Kommentierung zu § 573 BGB Rn. 221), die ein berechtigtes Interesse des Vermieters an der Beendigung des Mietverhältnisses tragen (§ 574 Abs. 3 HS. 2 BGB). Diese kann der Vermieter auch noch zu einem späteren Zeitpunkt und ohne Einhaltung der Schriftform (vgl. insoweit die Kommentierung zu § 573 BGB Rn. 224) geltend machen.

1. Abdingbarkeit

83 Vgl. hierzu Rn. 86.

2. Praktische Hinweise

84 Auch soweit eine Angabe vorhandener berechtigter Interessen gesetzlich nicht zwingend vorgeschrieben ist, ist sie im Hinblick auf die möglichst schnelle Durchsetzung des Räumungsanspruches doch regelmäßig sinnvoll und angebracht, vgl. insoweit die Kommentierung zu § 573a BGB Rn. 67.

IV. Anwendungsfelder – Übergangsrecht

85 Das **Mietrechtsreformgesetz** vom 19.06.2001[108] enthält **keine Übergangsvorschrift** zu § 574 Abs. 3 BGB. Dieser ist folglich ohne zeitliche Beschränkung anwendbar.

D. Kommentierung zu Absatz 4

I. Grundlagen

1. Kurzcharakteristik

86 Die Vorschrift schließt für den Mieter nachteilig von den Regelungen der § 574 Abs. 1, Abs. 2 und Abs. 3 BGB abweichende Parteivereinbarungen aus.

---

[107] *Lammel*, Wohnraummietrecht, 3. Aufl. 2007, § 574 Rn. 41; *Lützenkirchen* in: Lützenkirchen/Löfflad, Neue Mietrechtspraxis, 2001, Rn. 789 sowie *Sonnenschein*, WuM 2000, 387-406, 397.
[108] BGBl I 2001, 1149.

2. Gesetzgebungsgeschichte und -materialien

§ 574 Abs. 4 BGB ist durch das **Mietrechtsreformgesetz** vom 19.06.2001[109] eingefügt worden und führt die zuvor in § 556a Abs. 7 BGB a.F. enthaltene Regelung fort.

II. Anwendungsvoraussetzungen

1. Normstruktur

Normstruktur:
- Tatbestandsmerkmale:
  - Vereinbarung, die zu Lasten des Mieters von § 574 Abs. 1 BGB oder § 574 Abs. 2 BGB oder § 574 Abs. 3 BGB abweicht.
- Rechtsfolge:
  - Unwirksamkeit der getroffenen Vereinbarung.

2. Zu Lasten des Mieters von Absatz 1 und Absatz 2 abweichende Vereinbarung

Das Recht des Mieters zum Kündigungswiderspruch kann weder vertraglich abbedungen noch erschwert werden.

Vor Erhalt einer Kündigung kann der Mieter folglich auch nicht wirksam auf den Widerspruch verzichten. Nach Zugang der Kündigung ist dagegen ein **Verzicht** möglich, da die Parteien stattdessen auch einen entsprechenden Mietaufhebungsvertrag schließen könnten.[110]

3. Zu Lasten des Mieters von Absatz 3 abweichende Vereinbarung

Hier gilt das zu § 573 Abs. 4 BGB Gesagte entsprechend, vgl. daher die Kommentierung zu § 573 BGB Rn. 232.

III. Rechtsfolge: Unwirksamkeit der getroffenen Vereinbarung

Zu Lasten des Mieters von der gesetzlichen Regelung der § 574 Abs. 1, Abs. 2 und Abs. 3 BGB abweichende Vereinbarungen sind unwirksam.

Abdingbarkeit: § 574 Abs. 4 BGB ist nach seinem Sinn und Zweck selbst ebenfalls unabdingbar.

IV. Anwendungsfelder – Übergangsrecht

Das **Mietrechtsreformgesetz** vom 19.06.2001[111] enthält **keine Übergangsvorschrift** zu § 574 Abs. 4 BGB. Dieser ist folglich ohne zeitliche Beschränkung auf alle Kündigungen anwendbar.

---

[109] BGBl I 2001, 1149.
[110] *Blank* in: Schmidt-Futterer, Mietrecht, 10. Aufl. 2011, § 574 Rn. 66 und *Rolfs* in: Staudinger, § 574 Rn. 81.
[111] BGBl I 2001, 1149.

§ 574a BGB Fortsetzung des Mietverhältnisses nach Widerspruch

(Fassung vom 02.01.2002, gültig ab 01.01.2002)

(1) ¹Im Falle des § 574 kann der Mieter verlangen, dass das Mietverhältnis so lange fortgesetzt wird, wie dies unter Berücksichtigung aller Umstände angemessen ist. ²Ist dem Vermieter nicht zuzumuten, das Mietverhältnis zu den bisherigen Vertragsbedingungen fortzusetzen, so kann der Mieter nur verlangen, dass es unter einer angemessenen Änderung der Bedingungen fortgesetzt wird.

(2) ¹Kommt keine Einigung zustande, so werden die Fortsetzung des Mietverhältnisses, deren Dauer sowie die Bedingungen, zu denen es fortgesetzt wird, durch Urteil bestimmt. ²Ist ungewiss, wann voraussichtlich die Umstände wegfallen, auf Grund deren die Beendigung des Mietverhältnisses eine Härte bedeutet, so kann bestimmt werden, dass das Mietverhältnis auf unbestimmte Zeit fortgesetzt wird.

(3) Eine zum Nachteil des Mieters abweichende Vereinbarung ist unwirksam.

Gliederung

A. Kommentierung zu Absatz 1 1	3. Keine Einigung der Parteien nach Absatz 1 27
I. Grundlagen 1	III. Rechtsfolge: Bestimmung der Fortsetzung
1. Kurzcharakteristik 1	des Mietverhältnisses durch Urteil 28
2. Gesetzgebungsgeschichte und -materialien 2	1. Fortsetzungsklage des Mieters 29
3. Regelungsprinzipien 3	2. Räumungsklage des Vermieters 31
II. Anwendungsvoraussetzungen 4	3. Wirkung und Inhalt des Urteils 33
1. Normstruktur 4	IV. Prozessuale Hinweise/Verfahrenshinweise 36
2. Wirksames Fortsetzungsverlangen des Mieters	V. Anwendungsfelder – Übergangsrecht 41
nach den §§ 574, 574b BGB 5	**C. Kommentierung zu Absatz 3** 42
III. Rechtsfolge: Anspruch auf angemessene Fort-	I. Grundlagen 42
setzung des Mietverhältnisses 6	1. Kurzcharakteristik 42
IV. Abdingbarkeit 19	2. Gesetzgebungsgeschichte und -materialien 43
V. Prozessuale Hinweise/Verfahrenshinweise 20	II. Anwendungsvoraussetzungen 44
VI. Anwendungsfelder – Übergangsrecht 23	1. Normstruktur 44
B. Kommentierung zu Absatz 2 24	2. Zu Lasten des Mieters von Absatz 1 und
I. Grundlagen 24	Absatz 2 abweichende Vereinbarung 45
II. Anwendungsvoraussetzungen 25	III. Rechtsfolge: Unwirksamkeit der getroffenen
1. Normstruktur 25	Vereinbarung 46
2. Wirksames Fortsetzungsverlangen des Mieters	IV. Anwendungsfelder – Übergangsrecht 48
nach den §§ 574, 574b BGB 26	

A. Kommentierung zu Absatz 1

I. Grundlagen

1. Kurzcharakteristik

1   Die Vorschrift regelt den Inhalt des Fortsetzungsanspruches des Mieters nach § 574 Abs. 1 BGB und die Möglichkeiten von dessen außergerichtlicher und gerichtlicher Durchsetzung.

2. Gesetzgebungsgeschichte und -materialien

2   Vgl. zunächst die Kommentierung zu § 574 BGB Rn. 2. Das **Mietrechtsreformgesetz** vom 19.06.2001[1] hat die vormals in § 556a Abs. 2 und Abs. 3 BGB a.F. enthaltenen Bestimmungen inhaltlich unverändert in § 574a Abs. 1 und Abs. 2 BGB übernommen. Die nach altem Recht in § 556a Abs. 7 BGB a.F. bestimmte Unabdingbarkeit findet sich nun in § 574a Abs. 3 BGB.

---

[1] BGBl I 2001, 1149.

3. Regelungsprinzipien

Vgl. zunächst die Kommentierung zu § 574 BGB Rn. 4. Nach der gesetzlichen Konstruktion ist das Fortsetzungsverlangen ein Angebot des Mieters auf Abschluss eines Verlängerungsvertrages gegenüber dem Vermieter, über das die Parteien verhandeln[2] und sich schließlich einigen sollen (§ 574a Abs. 1 BGB). Scheitert eine solche einvernehmliche Lösung, wird über den Inhalt des Fortsetzungsanspruches auf Antrag des Mieters durch ein Gericht entschieden (§ 574a Abs. 2 BGB).

II. Anwendungsvoraussetzungen

1. Normstruktur

Normstruktur:
- Tatbestandsmerkmale:
  - wirksames Fortsetzungsverlangen des Mieters nach den §§ 574, 574b BGB.
- Rechtsfolge:
  - Anspruch auf angemessene Fortsetzung des Mietverhältnisses, gegebenenfalls unter angemessener Änderung der Vertragsbedingungen, wenn die Fortsetzung unter den bisherigen Bedingungen dem Vermieter nicht zumutbar ist.

2. Wirksames Fortsetzungsverlangen des Mieters nach den §§ 574, 574b BGB

Vgl. hierzu
- die Kommentierung zu § 574 BGB Rn. 1 ff.,
- die Kommentierung zu § 574 BGB Rn. 47 ff.,
- die Kommentierung zu § 574b BGB Rn. 1 ff. und
- die Kommentierung zu § 574b BGB Rn. 14 ff.

III. Rechtsfolge: Anspruch auf angemessene Fortsetzung des Mietverhältnisses

Der Widerspruch und das Fortsetzungsverlangen des Mieters – es handelt sich dabei trotz des irreführenden gesetzlichen Wortlautes um eine einheitliche und untrennbare Willenserklärung des Mieters[3] – haben **keine rechtsgestaltende Wirkung**, insbesondere führen sie nicht zur Unwirksamkeit, auch nicht nur einer schwebenden, der vermieterseitigen Kündigung (str.).[4] Die gesetzliche Regelung gibt dem Mieter vielmehr „nur" einen Anspruch auf Abschluss eines Verlängerungsvertrages mit dem Vermieter.

Aus der Erklärung des Mieters muss **hinreichend klar werden, dass er eine Fortsetzung des Mietverhältnisses verlangt**. Dafür ist zwar die Verwendung der Begriffe „Widerspruch" und „Fortsetzungsverlangen" nicht notwendig. Es muss aber deutlich werden, dass der Mieter am Mietvertrag festhalten will und nicht nur eine Räumungsfrist begehrt. Eine Umdeutung des einen in das andere ist nicht möglich.[5]

Aus der gesetzlichen Konstruktion des Fortsetzungsverlangens als **Vertragsangebot** gegenüber dem Vermieter (vgl. hierzu die Erläuterungen oben unter Regelungsprinzipien, Rn. 3) folgt ferner, dass dieses hinreichend konkret sein muss, um dem Vermieter dessen Annahme durch bloße Zustimmung zu ermöglichen (§ 150 Abs. 2 BGB), also insbesondere sich auch zum vom Mieter begehrten **Fortsetzungszeitraum** verhalten muss (str., a.A. die h.M.).[6] Bei fehlender – auch schlüssiger – Angabe einer

---

[2] *Blank* in: Schmidt-Futterer, Mietrecht, 10. Aufl. 2011, § 574a Rn. 2.
[3] *Weidenkaff* in: Palandt, § 574b Rn. 2; *Rolfs* in: Staudinger, § 574 Rn. 80 und *Blank* in: Schmidt-Futterer, Mietrecht, 10. Aufl. 2011, § 574a Rn. 2.
[4] *Rolfs* in: Staudinger, § 574a Rn. 4; a.A. *Fittkau-Koch* in: Schmid, Miete und Mietprozess, 4. Aufl. 2004, Teil 15 Rn. 32.
[5] *Lammel*, Wohnraummietrecht, 3. Aufl. 2007, § 574b Rn. 8.
[6] *Lammel*, Wohnraummietrecht, 3. Aufl. 2007, § 574a Rn. 6; a.A. – h.M. – *Blank* in: Schmidt-Futterer, Mietrecht, 10. Aufl. 2011, § 574a Rn. 2; *Grapentin* in: Bub/Treier, Handbuch der Geschäfts- und Wohnraummiete, 3. Aufl. 1999, Teil IV Rn. 115 sowie – da im gerichtlichen Verfahren eine solche Angabe nach § 308a Abs. 1 Satz 1 ZPO ebenfalls nicht erforderlich sei – *Rolfs* in: Staudinger, § 574b Rn. 6.

bestimmten Verlängerungszeit wird indessen regelmäßig davon auszugehen sein, dass der Mieter eine Verlängerung auf unbestimmte Zeit begehrt.

9   Bei **mehreren Mietern** muss der Widerspruch/das Fortsetzungsverlangen zwar grundsätzlich von allen Mietern ausgehen. Etwas anderes gilt jedoch dann, wenn nur bei einem Mieter Härtegründe vorliegen: Dieser kann allein widersprechen, allerdings die Fortsetzung nur mit allen Mietern verlangen (**str.**).[7] Unterschreibt nur einer von mehreren Mietern, führt dies ebenfalls nicht zur Unwirksamkeit des Widerspruchs/Fortsetzungsverlangens, sondern nur dazu, dass nur der unterzeichnende Mieter Härtegründe geltend machen kann.[8] Eine **Bevollmächtigung** ist möglich, wobei § 174 BGB zu beachten ist.

10 Sofern **auf Vermieterseite mehrere Personen** beteiligt sind, muss sich die Willenserklärung des/der Mieter ebenfalls an alle richten.[9]

11 Welche Fortsetzungsdauer **angemessen** ist, hängt vom Einzelfall ab. Das Gesetz geht dabei grundsätzlich davon aus, dass das Mietverhältnis **regelmäßig um eine bestimmte Zeitspanne** fortgesetzt wird und eine Verlängerung auf unbestimmte Zeit nur ausnahmsweise in Betracht kommt (§ 574a Abs. 2 Satz 2 BGB).

12 Wesentlicher Gesichtspunkt für die Bestimmung der Dauer der Fortsetzung ist, **wann die Härtegründe voraussichtlich wegfallen** oder zumindest unter das Maß sinken, das die Beendigung des Mietverhältnisses für den Mieter auch unter Berücksichtigung der berechtigten Interessen des Vermieters unzumutbar macht. Bei der insoweit anzustellenden Prognose genügt schon eine überwiegende Wahrscheinlichkeit, dass der Härtegrund binnen der Fortsetzungszeit entfällt.[10] Lediglich wenn eine solche **Prognose nicht möglich** ist – sei es, weil ein möglicher Wegfall überhaupt nicht erkennbar ist, sei es, weil zwar der zukünftige Wegfall feststeht, aber nicht dessen Zeitpunkt –, hat der Mieter Anspruch auf Fortsetzung des Mietverhältnisses auf unbestimmte Zeit (§ 574a Abs. 2 Satz 2 BGB).[11] Die Regelung des § 574a Abs. 2 Satz 2 BGB gilt trotz ihrer – verunglückten – gesetzlichen Stellung sowohl für die **einvernehmliche wie die gerichtliche Fortsetzung** des Mietverhältnisses. Eine Verlängerung des Mietverhältnisses um unbestimmte Zeit kann schließlich zwar im Einzelfall – insbesondere bei älteren Mietern – dazu führen, dass das Mietverhältnis bis zum Tode des Mieters fortgesetzt wird,[12] eine ausdrückliche Befristung auf diesen Zeitpunkt ist aber nicht zulässig (**str.**)[13].

13 **Nimmt der Vermieter das Vertragsangebot des Mieters an**, so endet das Mietverhältnis bei Verlängerung um eine bestimmte Zeit automatisch mit deren Ablauf; eine erneute Kündigung ist nicht erforderlich. Eine erneute ordentliche oder außerordentliche befristete Kündigung während der Verlängerungszeit ist ausgeschlossen. Vereinbaren die Parteien dagegen eine Verlängerung auf unbestimmte Zeit, muss zur Beendigung des Mietverhältnisses erneut vom Vermieter gekündigt werden.[14] Im Hinblick auf die Parteiautonomie ist unerheblich, ob der Vertrag vor oder – rückwirkend – nach Ablauf der Kündigungsfrist abgeschlossen wird.[15] Die Identität des Mietverhältnisses bleibt in jedem Fall gewahrt, es handelt sich nicht um einen neuen Mietvertrag.[16]

---

[7] *Rolfs* in: Staudinger, § 574 Rn. 27, *Franke* in: Fischer-Dieskau/Pergande/Schwender, Wohnungsbaurecht, § 574 Anm. 8.4 und *Blank* in: Schmidt-Futterer, Mietrecht, 10. Aufl. 2011, § 574 Rn. 21; a.A. *Schmid* in: Schmid/Harz, Fachanwaltskommentar Mietrecht, 3. Aufl. 2012, § 574b Rn. 3; *Lammel*, Wohnraummietrecht, 3. Aufl. 2007, § 574b Rn. 3; *Schach* in: Kinne/Schach/Bieber, Miet- und Mietprozessrecht, 6. Aufl. 2011, § 574b Rn. 1; *Weidenkaff* in: Palandt, § 574b Rn. 2; *Sternel*, Mietrecht aktuell, 4. Aufl. 2009, Teil XI Rn. 313 und *Grapentin* in: Bub/Treier, Handbuch der Geschäfts- und Wohnraummiete, 3. Aufl. 1999, Teil IV Rn. 113.

[8] *Blank* in: Schmidt-Futterer, Mietrecht, 10. Aufl. 2011, § 574 Rn. 2.

[9] *Lammel*, Wohnraummietrecht, 3. Aufl. 2007, § 574b Rn. 3.

[10] *Blank* in: Schmidt-Futterer, Mietrecht, 10. Aufl. 2011, § 574a Rn. 11.

[11] Vgl. – seit über 40 Jahren in der gemieteten Wohnung befindliches hochbetagtes und schwer erkranktes Mieterehepaar (81 bzw. 85 Jahre) – AG Witten v. 20.10.2006 - 2 C 768/06 - juris Rn. 24 - ZMR 2007, 43-45.

[12] AG Bergheim v. 27.05.1994 - 27 C 134/94 - juris Rn. 6 - WuM 1996, 415-416.

[13] LG Lübeck v. 07.09.1993 - 6 S 325/92 - juris Rn. 3 - WuM 1994, 22; a.A. *Lammel*, Wohnraummietrecht, 3. Aufl. 2007, § 574a Rn. 15.

[14] *Lammel*, Wohnraummietrecht, 3. Aufl. 2007, § 574a Rn. 8.

[15] *Blank* in: Schmidt-Futterer, Mietrecht, 10. Aufl. 2011, § 574a Rn. 6.

[16] *Weidenkaff* in: Palandt, § 574a Rn. 4.

Der Verlängerungsvertrag bedarf der **Schriftform**, wenn die vereinbarte Verlängerung mehr als ein Jahr beträgt (§ 550 BGB).[17]

Im Rahmen des Verlängerungsvertrages kann der Vermieter eine **angemessene Änderung der bisherigen Vertragsbedingungen** verlangen, wenn ihm diese zukünftig nicht mehr zumutbar sind (§ 574a Abs. 1 Satz 2 BGB). Wie sich schon aus dem Wortlaut der Vorschrift ergibt, kann **nur der Vermieter**, nicht aber der Mieter eine Anpassung der Vertragsbedingungen verlangen. Der Begriff der **Vertragsbedingungen** ist dabei umfassend zu verstehen.[18] Er erfasst also alle das Vertragsverhältnis ausmachenden Abreden, insbesondere auch über den Mietzins und das Mietobjekt. Es kann vom Vermieter folglich auch eine teilweise Rückgabe der Mietsache (insbesondere Neben- oder gewerblich genutzte Räumlichkeiten) unter entsprechender Anpassung des Mietzinses verlangt werden, sofern hierdurch die Eignung der beim Mieter verbleibenden Räume als Wohnung nicht beeinträchtigt wird.[19]

Ob eine Fortsetzung zu den bisherigen Vertragsbedingungen für den Vermieter **unzumutbar** ist, ist auf Grund einer Abwägung der beiderseitigen Interessen zu entscheiden. Als unzumutbar ist die Fortsetzung zu beurteilen, wenn unter Berücksichtigung aller Umstände, insbesondere der Entwicklung der ortsüblichen Mieten und Vertragspflichten sowie des bisherigen Verhaltens der Parteien das vertragliche Gleichgewicht erheblich gestört ist und deshalb ein Neuabschluss zu den bisherigen Vertragsbedingungen nicht in Betracht käme.[20]

Angemessen ist die begehrte Änderung, wenn die neuen Vertragsbedingungen in der betreffenden Gemeinde üblich sind.[21]

Soweit eine Anpassung des Mietzinses erfolgt, ist diese weder abhängig von den gesetzlichen Voraussetzungen einer allgemeinen **Mieterhöhung** nach den §§ 558, 558a, 558b, 559, 559a, 559b, 560 BGB noch muss eine solche vorrangig vom Vermieter ausgeübt werden (str.).[22] Eine Kündigung, die sich als Umgehung des Verbots der Beendigung des Mietverhältnisses zum Zwecke der Mieterhöhung darstellt, ist allerdings unwirksam (§ 573 Abs. 1 Satz 2 BGB).

IV. Abdingbarkeit
Vgl. hierzu Rn. 42.

V. Prozessuale Hinweise/Verfahrenshinweise

Der **Mieter** muss die Umstände, aus denen sich die Angemessenheit einer von ihm begehrten Fortsetzungszeit sowie, sofern er sich hierauf beruft, den bereits erfolgten Abschluss eines Verlängerungsvertrages dartun und beweisen.

Dagegen trägt der **Vermieter** die Darlegungs- und Beweislast für die Unzumutbarkeit der Fortsetzung des Mietverhältnisses zu den bisherigen Bedingungen und die Angemessenheit der von ihm begehrten neuen Bedingungen.

Die vom Tatrichter vorgenommene Subsumtion des Sachverhaltes unter die unbestimmten Rechtsbegriffe des § 574 BGB kann vom **Revisionsgericht** nur daraufhin überprüft werden, ob Rechtsbegriffe verkannt wurden oder gerügte Verfahrensverstöße vorliegen, etwa wesentliche Tatumstände übersehen oder nicht vollständig gewürdigt oder Erfahrungssätze verletzt worden sind.[23]

---

[17] *Blank* in: Schmidt-Futterer, Mietrecht, 10. Aufl. 2011, § 574a Rn. 5 sowie *Lammel*, Wohnraummietrecht, 3. Aufl. 2007, § 574a Rn. 7.
[18] *Blank* in: Schmidt-Futterer, Mietrecht, 10. Aufl. 2011, § 574a Rn. 14.
[19] *Rolfs* in: Staudinger, § 574a Rn. 29.
[20] *Rolfs* in: Staudinger, § 574a Rn. 25.
[21] LG Hagen (Westfalen) v. 17.09.1990 - 10 S 418/89 - juris Rn. 20 - WuM 1991, 103-104.
[22] *Weidenkaff* in: Palandt, § 574a Rn. 3; *Häublein* in: MünchKomm-BGB, § 574a, Rn. 7 sowie *Blank* in: Schmidt-Futterer, Mietrecht, 10. Aufl. 2011, § 574a Rn. 15; a.A. AG Heidenheim v. 20.03.1992 - 2 C 1117/90 - juris Rn. 5 - WuM 1992, 436-437 sowie *Lammel*, Wohnraummietrecht, 3. Aufl. 2007, § 574a Rn. 17.
[23] BGH v. 20.10.2004 - VIII ZR 246/03 - juris Rn. 11 - WuM 2005, 136-137.

§ 574a

VI. Anwendungsfelder – Übergangsrecht

23 Das **Mietrechtsreformgesetz** vom 19.06.2001[24] enthält **keine Übergangsvorschrift** zu § 574a Abs. 1 BGB. Dieser ist folglich ohne zeitliche Beschränkung anwendbar.

B. Kommentierung zu Absatz 2

I. Grundlagen

24 Die Vorschrift regelt die gerichtliche Entscheidung über das Fortsetzungsverlangen des Mieters, wenn eine außergerichtliche Einigung der Parteien hierüber gescheitert ist. Zu Gesetzgebungsgeschichte und -materialien vgl. die Rn. 2. Zu den Regelungsprinzipien vgl. Rn. 3.

II. Anwendungsvoraussetzungen

1. Normstruktur

25 Normstruktur:
- Tatbestandsmerkmale:
  - wirksames Fortsetzungsverlangen des Mieters nach § 574 BGB,
  - keine Einigung der Parteien nach § 574a Abs. 1 BGB.
- Rechtsfolge:
  - Bestimmung der Fortsetzung des Mietverhältnisses durch Urteil.

2. Wirksames Fortsetzungsverlangen des Mieters nach den §§ 574, 574b BGB

26 Vgl. hierzu
- die Kommentierung zu § 574 BGB Rn. 1 ff.,
- die Kommentierung zu § 574 BGB Rn. 47 ff.,
- die Kommentierung zu § 574b BGB Rn. 1 ff. und
- die Kommentierung zu § 574b BGB Rn. 14 ff.

3. Keine Einigung der Parteien nach Absatz 1

27 Vgl. hierzu die Erläuterungen in Rn. 3.

III. Rechtsfolge: Bestimmung der Fortsetzung des Mietverhältnisses durch Urteil

28 Eine Bestimmung durch Urteil kommt, im Hinblick auf das Erfordernis eines rechtshängigen Gerichtsverfahrens, in folgenden Fällen in Betracht:

1. Fortsetzungsklage des Mieters

29 Sofern der Vermieter eine ordentliche oder außerordentliche befristete Kündigung ausgesprochen, aber selbst keine Räumungsklage erhoben hat, steht dem Mieter regelmäßig die Möglichkeit der Erhebung einer Klage auf Fortsetzung des Mietverhältnisses auf Grund seines Widerspruches zu.

30 Erhebt der Vermieter allerdings im Anschluss selbst **Räumungswiderklage**, so entfällt das Rechtsschutzbedürfnis des Mieters, da er sich auf die Geltendmachung seines Fortsetzungsverlangens im Rahmen der Räumungsklage beschränken kann (**str.**).[25] Der Mieter muss daher – wenn man der hier vertretenen Auffassung folgt – seine Fortsetzungsklage für erledigt erklären (§ 91a ZPO).

2. Räumungsklage des Vermieters

31 Hat der Vermieter selbst Räumungsklage erhoben, so erfolgt eine gerichtliche Fortsetzung des Mietverhältnisses beim Vorliegen der erforderlichen Voraussetzungen **unabhängig davon, ob der Mieter die-**

---

[24] BGBl I 2001, 1149.
[25] *Lammel*, Wohnraummietrecht, 3. Aufl. 2007, § 574a Rn. 29; *Franke* in: Fischer-Dieskau/Pergande/Schwender, Wohnungsbaurecht, § 574a Anm. 5.5 sowie *Sternel*, Mietrecht, 3. Aufl. 1988, Teil IV Rn. 233; a.A. *Blank* in: Schmidt-Futterer, Mietrecht, 10. Aufl. 2011, § 574a Rn. 19 sowie *Rolfs* in: Staudinger, § 574a Rn. 10.

se beantragt oder nicht (§ 308a Abs. 1 Satz 1 ZPO). Ein entsprechender Antrag ist folglich entbehrlich, es genügt vielmehr, wenn der Mieter für eine Fortsetzung sprechende Tatsachen vorträgt.[26]
Für eine **Widerklage des Mieters** auf Fortsetzung des Mietverhältnisses besteht demnach kein Rechtsschutzbedürfnis (**str.**).[27]

32

3. Wirkung und Inhalt des Urteils

Egal ob die Fortsetzung in einem vom Mieter angestrengten Rechtsstreit über die Fortsetzung des Mietverhältnisses oder in der Räumungssache des Vermieters ausgesprochen wird, es handelt sich schon nach dem Wortlaut des § 574a Abs. 2 Satz 1 BGB stets um ein **Gestaltungsurteil**, durch das die Fortsetzung des Mietverhältnisses bereits bewirkt wird, und nicht nur ein Leistungsurteil auf Abgabe der entsprechenden Annahmeerklärung des Vermieters.[28]

33

Die Dauer der Verlängerung und die Abänderung der Vertragsbedingungen erfolgt nach den gleichen **Kriterien** wie bei einer einvernehmlichen Einigung der Parteien nach § 574a Abs. 1 BGB, vgl. daher Rn. 11 und Rn. 15. Zur Möglichkeit einer **Fortsetzung auf unbestimmte Zeit** (§ 574a Abs. 2 Satz 2 BGB) vgl. Rn. 12.

34

Abdingbarkeit: vgl. hierzu Rn. 42.

35

IV. Prozessuale Hinweise/Verfahrenshinweise

Der Mieter trägt die **Darlegungs- und Beweislast** für seine Interessen, der Vermieter muss die zu seinen Gunsten im Rahmen der Abwägung zu berücksichtigenden Interessen dartun und beweisen.

36

Maßgeblich sind die tatsächlichen Verhältnisse **im Zeitpunkt der letzten mündlichen (Tatsachen-) Verhandlung**.[29]

37

Eine **Klage** des Vermieters **auf zukünftige Räumung** ist grundsätzlich vor Ablauf der Widerspruchsfrist (vgl. hierzu die Kommentierung zu § 574b BGB Rn. 14) nur zulässig, sofern den Umständen nach die Besorgnis gerechtfertigt ist, dass der Mieter sich der rechtzeitigen Räumung entziehen wird (§ 259 ZPO).[30] Dafür reicht es nicht aus, dass der Mieter bis zum Ablauf der Widerspruchsfrist (§ 574b Abs. 2 Satz 1 BGB) auf eine Kündigung des Vermieters schweigt, da er vorher sogar auf Anfrage des Vermieters nicht zu einer Erklärung verpflichtet ist (§ 574 Abs. 1 Satz 2 BGB).[31] Es ist vielmehr erforderlich, dass der Mieter der Kündigung ernsthaft entgegengetreten ist und zu erkennen gegeben hat, dass er nicht rechtzeitig räumen wird.[32] Wird der Mieter vor Ablauf der Widerspruchsfrist auf zukünftige Räumung verurteilt und entstehen dann Widerspruchsgründe, so kann er diese im Wege der Vollstreckungsgegenklage geltend machen (§ 767 ZPO).[33] Anstelle der Klage auf zukünftige Räumung ist

38

---

[26] LG Hannover v. 18.02.1994 - 9 S 201/93 - juris Rn. 7 - WuM 1994, 430-431 sowie *Weidenkaff* in: Palandt, § 574a Rn. 6.
[27] *Hannappel* in: Bamberger/Roth, § 574a Rn. 17 und *Musielak* in: Musielak, ZPO, 9. Aufl. 2012, § 308a Rn. 8; a.A. LG Berlin v. 10.11.2003 - 62 S 254/03 - juris Rn. 23 - Grundeigentum 2004, 235-236 und *Blank* in: Schmidt-Futterer, Mietrecht, 10. Aufl. 2011, § 574a Rn. 19; *Schach* in: Kinne/Schach/Bieber, Miet- und Mietprozessrecht, 6. Aufl. 2011, § 574a Rn. 5 und *Rolfs* in: Staudinger, § 574a Rn. 10.
[28] *Rolfs* in: Staudinger, § 574a Rn. 11; *Lammel*, Wohnraummietrecht, 3. Aufl. 2007, § 574a Rn. 29 und *Franke* in: Fischer-Dieskau/Pergande/Schwender, Wohnungsbaurecht, § 574a Anm. 5.1.
[29] *Weidenkaff* in: Palandt, § 574a Rn. 8.
[30] OLG Karlsruhe v. 10.06.1983 - 9 REMiet 1/83 - juris Rn. 15 - NJW 1984, 2953-2954; LG Berlin v. 09.09.2003 - 65 S 185/02 - juris Rn. 13 - MM 2003, 474-475; LG Berlin v. 23.08.2002 - 65 S 244/01 - juris Rn. 9 - Grundeigentum 2002, 1431-1433; LG Kempten Zivilkammer v. 03.06.1992 - S 790/92 - juris Rn. 4 - NJW-RR 1993, 1101-1102; LG Berlin v. 17.12.1991 - 64 S 283/91 - ZMR 1992, 346-347 und LG Berlin v. 18.07.1989 - 29 S 21/89 - MM 1991, 28.
[31] LG Berlin v. 23.08.2002 - 65 S 244/01 - juris Rn. 9 - Grundeigentum 2002, 1431-1433.
[32] LG Kempten Zivilkammer v. 03.06.1992 - S 790/92 - juris Rn. 4 - NJW-RR 1993, 1101-1102 sowie OLG Karlsruhe v. 10.06.1983 - 9 REMiet 1/83 - juris Rn. 16 - NJW 1984, 2953-2954.
[33] OLG Karlsruhe v. 10.06.1983 - 9 REMiet 1/83 - juris Rn. 17 - NJW 1984, 2953-2954.

§ 574a

auch eine **Klage auf Feststellung der Beendigung des Mietverhältnisses** zu einem bestimmten Zeitpunkt – nicht Feststellung der Wirksamkeit einer bestimmten Kündigung[34] – möglich.[35]

39 Die Entscheidung über das Fortsetzungsverlangen ist mit dem gegen die Hauptsacheentscheidung statthaften Rechtsmittel **selbständig anfechtbar** (§ 308a Abs. 2 ZPO). Die **Beschwer** bei einem solchen, nur das Fortsetzungsverlangen betreffenden Streit berechnet sich nach dem auf die begehrte oder angegriffene Fortsetzungszeit entfallenden Mietzins.[36]

40 Für den **Gebührenstreitwert** gelten § 16 Abs. 3 und Abs. 4 GKG a.F. oder § 41 Abs. 3 und Abs. 4 GKG n.F., zur Übergangsregelung vgl. § 72 GKG n.F. Hinsichtlich der **Kostenentscheidung** ist § 93b ZPO und die zugehörige Übergangsvorschrift § 24 EGZPO zu beachten.

V. Anwendungsfelder – Übergangsrecht

41 Das **Mietrechtsreformgesetz** vom 19.06.2001[37] enthält **keine Übergangsvorschrift** zu § 574a Abs. 2 BGB. Dieser ist folglich ohne zeitliche Beschränkung anwendbar.

C. Kommentierung zu Absatz 3

I. Grundlagen

1. Kurzcharakteristik

42 § 574a Abs. 3 BGB schließt zum Nachteil des Mieters von § 574a Abs. 1 und Abs. 2 BGB abweichende vertragliche Vereinbarungen aus.

2. Gesetzgebungsgeschichte und -materialien

43 § 574a Abs. 3 BGB führt die vor dem **Mietrechtsreformgesetz** vom 19.06.2001[38] in § 556a Abs. 7 BGB a.F. enthaltene Regelung fort.

II. Anwendungsvoraussetzungen

1. Normstruktur

44 Normstruktur:
- Tatbestandsmerkmale:
  - Vereinbarung, die zu Lasten des Mieters von § 574a Abs. 1 oder Abs. 2 BGB abweicht.
- Rechtsfolge:
  - Unwirksamkeit der getroffenen Vereinbarung.

2. Zu Lasten des Mieters von Absatz 1 und Absatz 2 abweichende Vereinbarung

45 Zu Lasten des Mieters wirken sämtliche Vereinbarungen, die den Umfang des gesetzlich gewährten Fortsetzungsanspruches beschränken oder dessen Durchsetzung erschweren.

III. Rechtsfolge: Unwirksamkeit der getroffenen Vereinbarung

46 Die Abweichung der Vereinbarung von § 574a Abs. 1 und Abs. 2 BGB führt zur Unwirksamkeit der Abreden, soweit diese für den Mieter nachteilig sind.

47 **Abdingbarkeit**: § 574a Abs. 3 BGB ist nach seinem Sinn und Zweck selbst ebenfalls unabdingbar.

---

[34] BGH v. 29.09.1999 - XII ZR 313/98 - juris Rn. 44 - NJW 2000, 354-359.
[35] LG Berlin v. 09.09.2003 - 65 S 185/02 - juris Rn. 12 - MM 2003, 474-475; vgl. allgemein zum Verhältnis von Feststellungsklage und Klage auf zukünftige Leistung *Foerste* in: Musielak, ZPO, 9. Aufl. 2012, § 256 Rn. 15.
[36] BGH v. 01.04.1992 - XII ZR 200/91 - juris Rn. 7 - LM EGBGB 1986 Art 232 Nr. 1 (3/1993).
[37] BGBl I 2001, 1149.
[38] BGBl I 2001, 1149.

IV. Anwendungsfelder – Übergangsrecht

Das **Mietrechtsreformgesetz** vom 19.06.2001[39] enthält **keine Übergangsvorschrift** zu § 574a Abs. 3 BGB. Dieser ist folglich ohne zeitliche Beschränkung anwendbar.

48

---

[39] BGBl I 2001, 1149.

§ 574b BGB Form und Frist des Widerspruchs

(Fassung vom 02.01.2002, gültig ab 01.01.2002)

(1) ¹Der Widerspruch des Mieters gegen die Kündigung ist schriftlich zu erklären. ²Auf Verlangen des Vermieters soll der Mieter über die Gründe des Widerspruchs unverzüglich Auskunft erteilen.

(2) ¹Der Vermieter kann die Fortsetzung des Mietverhältnisses ablehnen, wenn der Mieter ihm den Widerspruch nicht spätestens zwei Monate vor der Beendigung des Mietverhältnisses erklärt hat. ²Hat der Vermieter nicht rechtzeitig vor Ablauf der Widerspruchsfrist auf die Möglichkeit des Widerspruchs sowie auf dessen Form und Frist hingewiesen, so kann der Mieter den Widerspruch noch im ersten Termin des Räumungsrechtsstreits erklären.

(3) Eine zum Nachteil des Mieters abweichende Vereinbarung ist unwirksam.

Gliederung

A. Kommentierung zu Absatz 1 1	2. Gesetzgebungsgeschichte und -materialien 15
I. Grundlagen............................ 1	3. Regelungsprinzipien 16
1. Kurzcharakteristik 1	II. Anwendungsvoraussetzungen 17
2. Gesetzgebungsgeschichte und -materialien 2	1. Normstruktur............................ 17
3. Regelungsprinzipien 3	2. Widerspruchsfrist......................... 18
II. Anwendungsvoraussetzungen 4	III. Rechtsfolge: Recht des Vermieters zur Ablehnung der Fortsetzung (Absatz 2 Satz 1) 20
1. Normstruktur............................ 4	IV. Prozessuale Hinweise/Verfahrenshinweise 24
2. Fortsetzungsverlangen des Mieters nach den §§ 574, 574a Abs. 1 BGB 5	V. Anwendungsfelder – Übergangsrecht 25
III. Rechtsfolgen............................ 6	**C. Kommentierung zu Absatz 3**.................. 26
1. Einhaltung der Schriftform (Absatz 1 Satz 1).... 6	I. Grundlagen 26
2. Auskunft über die Gründe des Widerspruchs auf Verlangen des Vermieters (Absatz 1 Satz 2) . 9	1. Kurzcharakteristik......................... 26
	2. Gesetzgebungsgeschichte und -materialien 27
a. Abdingbarkeit.......................... 10	II. Anwendungsvoraussetzungen 28
b. Praktische Hinweise 11	1. Normstruktur............................ 28
IV. Prozessuale Hinweise/Verfahrenshinweise 12	2. Zu Lasten des Mieters von den Absätzen 1 und 2 abweichende Vereinbarung 29
V. Anwendungsfelder – Übergangsrecht 13	
B. Kommentierung zu Absatz 2 14	III. Rechtsfolge: Unwirksamkeit der getroffenen Vereinbarung............................ 30
I. Grundlagen............................. 14	
1. Kurzcharakteristik........................ 14	IV. Anwendungsfelder – Übergangsrecht 32

A. Kommentierung zu Absatz 1

I. Grundlagen

1. Kurzcharakteristik

1 Die Vorschrift regelt die vom Mieter einzuhaltenden Formalien des Widerspruchs gegen eine vermieterseitige Kündigung und begründet für ihn die Obliegenheit auf Verlangen des Vermieters die Gründe des Widerspruchs mitzuteilen.

2. Gesetzgebungsgeschichte und -materialien

2 Vgl. hierzu zunächst die Kommentierung zu § 574 BGB Rn. 2. Das **Mietrechtsreformgesetz** vom 19.06.2001[1] hat die vormals in § 556a Abs. 5 Sätze 1 und 2 BGB a.F. enthaltenen Bestimmungen inhaltlich unverändert in § 574b Abs. 1 Sätze 1 und 2 BGB übernommen.

3. Regelungsprinzipien

3 Vgl. hierzu die Kommentierung zu § 574 BGB Rn. 4 sowie die Kommentierung zu § 574a BGB Rn. 3.

---

[1] BGBl I 2001, 1149.

II. Anwendungsvoraussetzungen

1. Normstruktur

Normstruktur: 4
- Tatbestandsmerkmale:
  - Fortsetzungsverlangen des Mieters nach den §§ 574, 574a Abs. 1 BGB.
- Rechtsfolge:
  - Einhaltung der Schriftform (§ 574b Abs. 1 Satz 1 BGB),
  - Auskunft über die Gründe des Widerspruchs auf Verlangen des Vermieters (§ 574b Abs. 1 Satz 2 BGB).

2. Fortsetzungsverlangen des Mieters nach den §§ 574, 574a Abs. 1 BGB

Vgl. hierzu 5
- die Kommentierung zu § 574 BGB Rn. 1 ff.,
- die Kommentierung zu § 574 BGB Rn. 47 ff.,
- die Kommentierung zu § 574a BGB Rn. 1 ff.

III. Rechtsfolgen

1. Einhaltung der Schriftform (Absatz 1 Satz 1)

Der Widerspruch/das Fortsetzungsverlangen des Mieters bedarf der **Schriftform** (§ 126 BGB), vgl. 6
hierzu die Kommentierung zu § 126 BGB. Es reicht auch die Einhaltung einer der nach dem Gesetz der Schriftform gleichgestellten Formen (§ 126 Abs. 3 und Abs. 4 BGB), also elektronischen Form (§ 126a BGB), notarieller Beurkundung (§ 128 BGB) oder der Erklärung zu Protokoll in Form eines gerichtlichen Vergleichs (§ 127 BGB entsprechend)[2]. Eine **telegraphische Übermittlung** reicht dagegen nicht aus.[3] Auch die Überlassung des Widerspruchs/Fortsetzungsverlangens **per Telefax** sowie Computerfax genügt nicht. Die für Prozesshandlungen gegenüber den Gerichten entwickelten Grundsätze sind auf die materiell-rechtliche Willenserklärung des Mieters nicht übertragbar.[4]

Ein Widerspruch/Fortsetzungsverlangen ohne Einhaltung der vorgeschriebenen Schriftform ist **nichtig** 7
(§ 125 BGB).

Sofern **auf Mieterseite mehrere Personen** am Vertrag beteiligt sind, müssen zwar grundsätzlich alle 8
schriftlich widersprechen. Liegen die Härtegründe aber nur bei einem von ihnen vor, so genügt dessen Widerspruch (str.), vgl. hierzu die Kommentierung zu § 574a BGB Rn. 9.

2. Auskunft über die Gründe des Widerspruchs auf Verlangen des Vermieters (Absatz 1 Satz 2)

Einer **Begründung** bedarf der Widerspruch/das Fortsetzungsverlangen des Mieters grundsätzlich 9
nicht. Ihn trifft nur auf Verlangen des Vermieters eine Obliegenheit, über die maßgeblichen Gründe **unverzüglich Auskunft zu erteilen** (§ 574b Abs. 1 Satz 2 BGB). Unterbleibt diese Auskunft wird der Widerspruch dadurch aber nicht unwirksam; dies kann sich vielmehr nur im Rahmen der Kostentragung für den Mieter negativ auswirken (§ 93b Abs. 2 ZPO).

a. Abdingbarkeit

Vgl. hierzu Rn. 26. 10

---

[2] Vgl. – ohne dies weiter zu begründen – OLG Hamm v. 26.07.1991 - 30 REMiet 7/90 - juris Rn. 3 - NJW-RR 1991, 1485-1487.
[3] OLG Karlsruhe v. 16.02.1973 - 5 ReMiet 1/72 - juris Rn. 16 - NJW 1973, 1001-1002.
[4] Vgl. zur Bürgschaft BGH v. 28.01.1993 - IX ZR 259/91 - juris Rn. 36 - BGHZ 121, 224-236 sowie *Grapentin* in: Bub/Treier, Handbuch der Geschäfts- und Wohnraummiete, 3. Aufl. 1999, Teil IV, Rn. 113; a.A. AG Berlin-Schöneberg v. 11.02.1983 - 12 C 666/82 - juris Rn. 2 - WuM 1985, 286-287.

§ 574b

b. Praktische Hinweise

11 Nicht zuletzt im Hinblick auf die Kostenfolge (§ 93b Abs. 2 ZPO) ist es stets angezeigt, die Gründe für den Widerspruch bereits im Widerspruchsschreiben mitzuteilen.

IV. Prozessuale Hinweise/Verfahrenshinweise

12 Unterbleibt die unverzügliche Auskunft über die Gründe für den Widerspruch/das Fortsetzungsverlangen auf entsprechende Anfrage des Vermieters, so können dem Mieter die hieraus entstehenden Kosten auferlegt werden (§ 93b Abs. 2 ZPO).

V. Anwendungsfelder – Übergangsrecht

13 Das **Mietrechtsreformgesetz** vom 19.06.2001[5] enthält **keine Übergangsvorschrift** zu § 574b Abs. 1 BGB. Dieser ist folglich ohne zeitliche Beschränkung anwendbar.

B. Kommentierung zu Absatz 2

I. Grundlagen

1. Kurzcharakteristik

14 Die Vorschrift regelt die vom Mieter einzuhaltende Widerspruchsfrist gegen eine vermieterseitige Kündigung sowie die Rechtsfolgen bei deren Versäumung.

2. Gesetzgebungsgeschichte und -materialien

15 Vgl. hierzu zunächst die Kommentierung zu § 574 BGB Rn. 2. Das **Mietrechtsreformgesetz** vom 19.06.2001[6] hat die vormals in § 556a Abs. 6 Satz 1 und Satz 2 BGB a.F. enthaltenen Bestimmungen inhaltlich unverändert in den §§ 574b Abs. 2 Satz 1, 574 Abs. 2 Satz 2 BGB übernommen.

3. Regelungsprinzipien

16 Vgl. hierzu die Kommentierung zu § 574 BGB Rn. 4 sowie die Kommentierung zu § 574a BGB Rn. 3.

II. Anwendungsvoraussetzungen

1. Normstruktur

17 Normstruktur:
- Tatbestandsmerkmale:
  - Fortsetzungsverlangen des Mieters nach den §§ 574, 574a Abs. 1 BGB,
  - Erklärung des Fortsetzungsverlangens später als zwei Monate vor Beendigung des Mietverhältnisses (Widerspruchsfrist).
- Rechtsfolge:
  - Recht des Vermieters zur Ablehnung der Fortsetzung (§ 574b Abs. 2 Satz 1 BGB).
- Ausnahme:
  - kein Hinweis des Vermieters auf Möglichkeit, Form und Frist des Widerspruchs rechtzeitig vor Ablauf der Widerspruchsfrist.
- Rechtsfolge:
  - Widerspruch noch im ersten Termin des Räumungsrechtsstreits möglich (§ 574b Abs. 2 Satz 2 BGB).

2. Widerspruchsfrist

18 Der Mieter muss den Widerspruch/das Fortsetzungsverlangen grundsätzlich **spätestens zwei Monate vor Beendigung des Mietverhältnisses** auf Grund der vermieterseitigen Kündigung, d.h. spätestens

---
[5] BGBl I 2001, 1149.
[6] BGBl I 2001, 1149.

zwei Monate vor Ablauf der Kündigungsfrist, erheben (§ 574b Abs. 2 Satz 1 BGB). Die Frist ist durch Rückwärtsrechnung vom Kündigungstermin ohne Berücksichtigung von Karenztagen zu ermitteln. Es gelten die §§ 186 bis 193 BGB. Maßgebend ist der **Zugang** der Erklärung beim Vermieter (§ 130 BGB). Fällt der letzte Tag der Frist auf einen Sonntag, gesetzlichen Feiertag oder Samstag/Sonnabend, so genügt der Zugang am nächsten Werktag.[7]

Diese Frist gilt aber nur, wenn der Vermieter den Mieter über die Möglichkeit sowie Form und Frist eines Widerspruchs/Fortsetzungsverlangens rechtzeitig aufgeklärt hatte, vgl. hierzu die Kommentierung zu § 568 BGB. Ist ein solcher **Hinweis unterblieben**, so kann der Mieter entgegen § 574b Abs. 2 Satz 1 BGB den Widerspruch/das Fortsetzungsverlangen noch im ersten Termin des Räumungsrechtsstreits erklären (§ 574b Abs. 2 Satz 2 BGB). Dass der Widerspruch/das Fortsetzungsverlangen in einem gegebenenfalls vorangegangenen schriftlichen Vorverfahren (§ 276 ZPO) unterblieben ist, schadet dagegen schon nach dem Wortlaut der Vorschrift nicht.

19

III. Rechtsfolge: Recht des Vermieters zur Ablehnung der Fortsetzung (Absatz 2 Satz 1)

Versäumt der Mieter die Frist zur Erklärung des Widerspruchs/Fortsetzungsverlangens nach § 574b Abs. 2 Satz 1 BGB oder erklärt er diesen trotz unterbliebenen Hinweises des Vermieters nach § 574b Abs. 2 Satz 2 BGB nicht im ersten Termin des Räumungsrechtsstreits, so kann der Vermieter die begehrte Fortsetzung des Mietverhältnisses trotz Vorliegens einer unzumutbaren Härte beim Mieter ablehnen.

20

Schon aus dem Wortlaut des § 574b Abs. 2 Satz 1 BGB folgt, dass die Fristversäumung **nur auf entsprechende Einrede des Vermieters** berücksichtigt wird („Der Vermieter kann [...] ablehnen"). Es handelt sich also nicht um eine Ausschlussfrist.[8]

21

Erhebt der Vermieter die Einrede des verspäteten Widerspruches/Fortsetzungsverlangens, so ist der Mieter mit der Geltendmachung eventueller Härtegründe ausgeschlossen. Unbenommen bleibt es ihm, auf Grund derselben Umstände die Gewährung einer **Räumungsfrist** (§§ 721, 794a ZPO) oder von Vollstreckungsschutz (§ 765a ZPO) zu begehren.

22

Abdingbarkeit: Vgl. hierzu Rn. 26.

23

IV. Prozessuale Hinweise/Verfahrenshinweise

Die **Darlegungs- und Beweislast** für den rechtzeitigen Zugang des Widerspruchs/Fortsetzungsverlangens trägt der Mieter, diejenige für die rechtzeitige Erteilung des Hinweises nach § 574b Abs. 2 Satz 2 BGB der Vermieter.[9]

24

V. Anwendungsfelder – Übergangsrecht

Das **Mietrechtsreformgesetz** vom 19.06.2001[10] enthält **keine Übergangsvorschrift** zu § 574b Abs. 2 BGB. Dieser ist folglich ohne zeitliche Beschränkung anwendbar.

25

C. Kommentierung zu Absatz 3

I. Grundlagen

1. Kurzcharakteristik

§ 574b Abs. 3 BGB schließt zum Nachteil des Mieters von § 574b Abs. 1 und Abs. 2 BGB abweichende vertragliche Vereinbarungen aus.

26

---

[7] *Franke* in: Fischer-Dieskau/Pergande/Schwender, Wohnungsbaurecht, § 574b Anm. 4.2 und *Grapentin* in: Bub/Treier, Handbuch der Geschäfts- und Wohnraummiete, 3. Aufl. 1999, Teil IV Rn. 114.
[8] *Weidenkaff* in: Palandt, § 574b Rn. 4.
[9] *Blank* in: Schmidt-Futterer, Mietrecht, 10. Aufl. 2011, § 574 Rn. 65.
[10] BGBl I 2001, 1149.

§ 574b

2. Gesetzgebungsgeschichte und -materialien

27 § 574b Abs. 3 BGB führt die vor dem **Mietrechtsreformgesetz** vom 19.06.2001[11] in § 556a Abs. 7 BGB a.F. enthaltene Regelung fort.

II. Anwendungsvoraussetzungen

1. Normstruktur

28 Normstruktur:
- Tatbestandsmerkmale:
  - Vereinbarung, die zu Lasten des Mieters von § 574b Abs. 1 BGB oder § 574b Abs. 2 BGB abweicht.
- Rechtsfolge:
  - Unwirksamkeit der getroffenen Vereinbarung.

2. Zu Lasten des Mieters von den Absätzen 1 und 2 abweichende Vereinbarung

29 Zu Lasten des Mieters wirken sämtliche Vereinbarungen, die die Erhebung des Kündigungswiderspruchs beschränken oder dessen Durchsetzung erschweren.

III. Rechtsfolge: Unwirksamkeit der getroffenen Vereinbarung

30 Die Abweichung der Vereinbarung von § 574b Abs. 1 und Abs. 2 BGB führt zur Unwirksamkeit der Abreden, soweit diese für den Mieter nachteilig sind.

31 **Abdingbarkeit**: § 574b Abs. 3 BGB ist nach seinem Sinn und Zweck selbst ebenfalls unabdingbar.

IV. Anwendungsfelder – Übergangsrecht

32 Das **Mietrechtsreformgesetz** vom 19.06.2001[12] enthält **keine Übergangsvorschrift** zu § 574b Abs. 3 BGB. Dieser ist folglich ohne zeitliche Beschränkung anwendbar.

---

[11] BGBl I 2001, 1149.
[12] BGBl I 2001, 1149.

§ 574c BGB Weitere Fortsetzung des Mietverhältnisses bei unvorhergesehenen Umständen

(Fassung vom 02.01.2002, gültig ab 01.01.2002)

(1) Ist auf Grund der §§ 574 bis 574b durch Einigung oder Urteil bestimmt worden, dass das Mietverhältnis auf bestimmte Zeit fortgesetzt wird, so kann der Mieter dessen weitere Fortsetzung nur verlangen, wenn dies durch eine wesentliche Änderung der Umstände gerechtfertigt ist oder wenn Umstände nicht eingetreten sind, deren vorgesehener Eintritt für die Zeitdauer der Fortsetzung bestimmend gewesen war.

(2) ¹Kündigt der Vermieter ein Mietverhältnis, dessen Fortsetzung auf unbestimmte Zeit durch Urteil bestimmt worden ist, so kann der Mieter der Kündigung widersprechen und vom Vermieter verlangen, das Mietverhältnis auf unbestimmte Zeit fortzusetzen. ²Haben sich die Umstände verändert, die für die Fortsetzung bestimmend gewesen waren, so kann der Mieter eine Fortsetzung des Mietverhältnisses nur nach § 574 verlangen; unerhebliche Veränderungen bleiben außer Betracht.

(3) Eine zum Nachteil des Mieters abweichende Vereinbarung ist unwirksam.

Gliederung

A. Kommentierung zu Absatz 1 1	II. Anwendungsvoraussetzungen 30
I. Grundlagen 1	1. Normstruktur 30
1. Kurzcharakteristik 1	2. Fortsetzung des Mietverhältnisses auf Grund
2. Gesetzgebungsgeschichte und -materialien 2	eines Widerspruchs/Fortsetzungsverlangens
3. Regelungsprinzipien 4	des Mieters durch Urteil auf unbestimmte Zeit... 31
II. Anwendungsvoraussetzungen 5	3. Erneute ordentliche oder außerordentliche
1. Normstruktur 5	befristete Kündigung des Vermieters 33
2. Fortsetzung des Mietverhältnisses auf Grund	III. Rechtsfolgen 34
eines Widerspruchs/Fortsetzungsverlangens	1. Grundsatz: Widerspruchsrecht/Fortsetzungs-
des Mieters auf bestimmte Zeit 6	anspruch des Mieters ohne erneute Interessen-
3. Erneutes Fortsetzungsverlangen des Mieters	abwägung (Absatz 2 Satz 1) 34
nach den §§ 574, 574a, 574b BGB 8	2. Ausnahme: nur Widerspruchsrecht/Fortset-
4. Besonderes Fortsetzungsinteresse 11	zungsanspruch des Mieters nach § 574 BGB
a. Wesentliche Änderung der Umstände 12	bei erheblicher Änderung der Umstände seit
b. Ausbleiben von Umständen, deren vorge-	der vorangegangenen Fortsetzung (Absatz 2
sehener Eintritt für die Zeitdauer der voran-	Satz 2) 38
gegangenen Fortsetzung bestimmend war 15	IV. Prozessuale Hinweise/Verfahrenshinweise 44
c. Ausschluss der Berufung auf die geänderten	V. Anwendungsfelder – Übergangsrecht 46
oder nicht eingetretenen Umstände 17	**C. Kommentierung zu Absatz 3** 47
III. Rechtsfolge: Anspruch des Mieters auf	I. Grundlagen 47
weitere Fortsetzung 18	1. Kurzcharakteristik 47
IV. Abdingbarkeit 22	2. Gesetzgebungsgeschichte und -materialien 48
V. Prozessuale Hinweise/Verfahrenshinweise 23	II. Anwendungsvoraussetzungen 49
VI. Anwendungsfelder – Übergangsrecht 25	1. Normstruktur 49
B. Kommentierung zu Absatz 2 26	2. Zu Lasten des Mieters von Absatz 1 und
I. Grundlagen 26	Absatz 2 abweichende Vereinbarung 50
1. Kurzcharakteristik 26	III. Rechtsfolge: Unwirksamkeit der getroffenen
2. Gesetzgebungsgeschichte und -materialien 27	Vereinbarung 51
3. Regelungsprinzipien 29	IV. Anwendungsfelder – Übergangsrecht 53

§ 574c

A. Kommentierung zu Absatz 1

I. Grundlagen

1. Kurzcharakteristik

1 Die Vorschrift regelt die Voraussetzungen einer nochmaligen Fortsetzung des Mietverhältnisses auf ein weiteres Fortsetzungsverlangen des Mieters hin, wenn bereits eine Fortsetzung auf bestimmte Zeit vorangegangen war.

2. Gesetzgebungsgeschichte und -materialien

2 Nachdem das Gesetz zunächst eine weitere Fortsetzung des Mietverhältnisses auf den Widerspruch/das Fortsetzungsverlangen des Mieters hin ausgeschlossen hatte, wenn bereits einmal eine solche erfolgt war, wurde diese Beschränkung mit dem Zweiten Gesetz zur Änderung mietrechtlicher Vorschriften vom 14.07.1964[1] gestrichen. Ihren heutigen Inhalt erhielt die Vorgängervorschrift des § 556c Abs. 1 BGB a.F. mit dem Dritten Gesetz zur Änderung mietrechtlicher Vorschriften vom 21.12.1967.[2]

3 Das **Mietrechtsreformgesetz** vom 19.06.2001[3] hat diese Bestimmung unverändert in § 574c Abs. 1 BGB übernommen.

3. Regelungsprinzipien

4 Die Vorschrift dient einerseits dem Schutz des Mieters und soll sicherstellen, dass diesem auch nach Ablauf eines befristet fortgesetzten Mietverhältnisses die Wohnung bei Vorhandensein von Härtegründen weiter erhalten bleibt. Andererseits beschränkt sie seinen Anspruch auf eine wiederholte Fortsetzung im Hinblick auf das Erlangungsinteresse des Vermieters auf Fälle, in denen ein besonderes Fortsetzungsinteresse besteht.

II. Anwendungsvoraussetzungen

1. Normstruktur

5 Normstruktur:
- Tatbestandsmerkmale:
  - Fortsetzung des Mietverhältnisses auf Grund eines Widerspruchs/Fortsetzungsverlangens des Mieters auf bestimmte Zeit,
  - erneutes Fortsetzungsverlangen des Mieters nach den §§ 574, 574a, 574b BGB,
  - besonderes Fortsetzungsinteresse infolge
  - einer wesentlichen Änderung der Umstände **oder**
  - des Ausbleibens von Umständen, deren vorhergesehener Eintritt für die Zeitdauer der vorangegangenen Fortsetzung bestimmend war.
- Rechtsfolge:
  - Anspruch des Mieters auf weitere Fortsetzung.

2. Fortsetzung des Mietverhältnisses auf Grund eines Widerspruchs/Fortsetzungsverlangens des Mieters auf bestimmte Zeit

6 Das ursprüngliche Mietverhältnis muss auf Grund einer einvernehmlichen Regelung nach § 574a Abs. 1 BGB oder eines gerichtlichen Urteils nach § 574a Abs. 2 BGB **auf bestimmte Zeit** fortgesetzt worden sein. § 574c Abs. 1 BGB greift nur ein, wenn eine solche Befristung abläuft und der Mieter deshalb eine erneute Fortsetzung begehrt, nicht aber, wenn das Mietverhältnis – zuletzt – auf Grund anderer Umstände fortgesetzt wurde und nun aus anderen Gründen endet, beispielsweise nach einer stillschweigenden Verlängerung gemäß § 545 BGB.[4]

---

[1] BGBl I 1964, 457.
[2] BGBl I 1967, 1248.
[3] BGBl I 2001, 1149.
[4] *Blank* in: Schmidt-Futterer, Mietrecht, 10. Aufl. 2011, § 574c Rn. 3.

Sofern das Mietverhältnis auf Grund des vorangegangenen Fortsetzungsverlangens des Mieters **auf unbestimmte Zeit verlängert** wurde, gilt § 574c Abs. 2 BGB, vgl. hierzu Rn. 26.

3. Erneutes Fortsetzungsverlangen des Mieters nach den §§ 574, 574a, 574b BGB

Für Inhalt, Form und Frist des erneuten Fortsetzungsverlangens gelten zunächst die in den §§ 574, 574a, 574b BGB normierten Voraussetzungen für ein erstmaliges Fortsetzungsverlangen gleichermaßen (**str.**).[5]

Den **Vermieter** trifft erneut gemäß § 574b Abs. 2 Satz 2 BGB die Pflicht, den Mieter rechtzeitig vor Ablauf der Fortsetzungsfrist auf die Möglichkeit, Frist und Form eines erneuten Fortsetzungsverlangens hinzuweisen (str.).[6] Zu den Folgen eines unterbliebenen Hinweises vgl. die Kommentierung zu § 574b BGB Rn. 19.

Vgl. ferner auch die Anmerkungen
- zu Art und Umfang der Fortsetzung in der Kommentierung zu § 574a BGB Rn. 1 ff. und in der Kommentierung zu § 574a BGB Rn. 24 ff. sowie
- zu Formalien und Frist des Widerspruches in der Kommentierung zu § 574b BGB Rn. 1 ff. und in der Kommentierung zu § 574b BGB Rn. 14 ff.

4. Besonderes Fortsetzungsinteresse

Zu den allgemeinen Voraussetzungen des Fortsetzungsanspruchs – vgl. insoweit oben unter Voraussetzungen der Fortsetzung (Rn. 8) – muss im Falle eines wiederholten Fortsetzungsverlangens des Mieters ein besonderes Interesse an der Fortsetzung treten. Dadurch soll verhindert werden, dass ein bereits schon einmal fortgesetztes Mietverhältnis infolge derselben Umstände nochmals fortgesetzt wird.

a. Wesentliche Änderung der Umstände

Ein besonderes Fortsetzungsinteresse kann sich zunächst daraus ergeben, dass sich die Umstände seit der letzten Fortsetzung wesentlich geändert haben (§ 574c Abs. 1 Variante 1 BGB). Ob sich die **Umstände geändert** haben, ist durch einen Vergleich der zum Zeitpunkt der letzten Fortsetzung gegebenen Umstände mit den jetzt gegebenen zu ermitteln. Dabei kommt es lediglich darauf an, ob bestimmte Sachverhalte zum damaligen Zeitpunkt bereits bestanden. Umstände, die im Moment der vorangegangenen Fortsetzung schon vorlagen, sind folglich auch nicht deshalb neu, weil sie bei der damaligen Abwägung unberücksichtigt geblieben waren (**str.**).[7] Dem entspricht, dass allein das **Bedürfnis zur Korrektur** einer vorausgegangenen fehlerhaften Entscheidung über ein Fortsetzungsverlangen ein besonderes Fortsetzungsinteresse nicht trägt.[8]

Unerheblich ist schließlich, ob sich die Veränderung **auf Seiten des Mieters oder des Vermieters** ergeben hat.[9]

---

[5] *Rolfs* in: Staudinger, § 574c Rn. 18 und 19; *Lammel*, Wohnraummietrecht, 3. Aufl. 2007, § 574c Rn. 21; *Schach* in: Kinne/Schach/Bieber, Miet- und Mietprozessrecht, 6. Aufl. 2011, § 574c Rn. 5 und *Häublein* in: MünchKomm-BGB, § 574c Rn. 7; a.A. *Blank* in: Schmidt-Futterer, Mietrecht, 10. Aufl. 2011, § 574c Rn. 10 und *Weidenkaff* in: Palandt, § 574c Rn. 10.

[6] *Lammel*, Wohnraummietrecht, 3. Aufl. 2007, § 574c Rn. 22 und *Franke* in: Fischer-Dieskau/Pergande/Schwender, Wohnungsbaurecht, § 574c Anm. 4.5; a.A. *Häublein* in: MünchKomm-BGB, § 574c Rn. 7.

[7] *Lammel*, Wohnraummietrecht, 3. Aufl. 2007, § 574c Rn. 16; *Franke* in: Fischer-Dieskau/Pergande/Schwender, Wohnungsbaurecht, § 574c Anm. 2.4; *Herrlein* in: Herrlein/Kandelhard, ZAP-Praxiskommentar Mietrecht, 4. Aufl. 2010, § 574c Rn. 2; *Grapentin* in: Bub/Treier, Handbuch der Geschäfts- und Wohnraummiete, 3. Aufl. 1999, Teil IV Rn. 121 sowie *Sternel*, Mietrecht, 3. Aufl. 1988, Teil IV Rn. 226; a.A. *Blank* in: Schmidt-Futterer, Mietrecht, 10. Aufl. 2011, § 574c Rn. 6; *Rolfs* in: Staudinger, § 574c Rn. 9; – auch wenn keine Verwirklichung des Prognoserisikos – *Häublein* in: MünchKomm-BGB, § 574c Rn. 5; *Krenek* in: Müller/Walther, Miet- und Pachtrecht, § 574c Rn. 3; *Weidenkaff* in: Palandt, § 574c Rn. 5 sowie *Schmid* in: Schmid/Harz, Fachanwaltskommentar Mietrecht, 3. Aufl. 2012, § 574c Rn. 3.

[8] Insoweit zutreffend *Blank* in: Schmidt-Futterer, Mietrecht, 10. Aufl. 2011, § 574c Rn. 6.

[9] *Häublein* in: MünchKomm-BGB, § 574c Rn. 5; *Lammel*, Wohnraummietrecht, 3. Aufl. 2007, § 574c Rn. 14 und *Franke* in: Fischer-Dieskau/Pergande/Schwender, Wohnungsbaurecht, § 574c Anm. 2.2.

14 Eine **wesentliche** Änderung liegt vor, wenn der nunmehr eingetretene Sachverhalt Anlass für eine neue Interessenabwägung gibt.[10]

b. Ausbleiben von Umständen, deren vorhergesehener Eintritt für die Zeitdauer der vorangegangenen Fortsetzung bestimmend war

15 Fehlt es an einer wesentlichen Änderung der der vorangegangenen Fortsetzung zugrunde liegenden Umstände (vgl. hierzu die Anmerkungen oben unter wesentliche Änderung der Umstände (Rn. 12)), so ist dennoch eine weitere Fortsetzung möglich, wenn die zunächst vorgenommene Interessenabwägung ihre Grundlage dadurch verloren hat, dass die angestellte Prognose sich als unzutreffend erwiesen hat.

16 Auch hier ist unbeachtlich, ob es sich um das Ausbleiben von Umständen im **Bereich des Mieters** (insbesondere Gesundung und Fertigstellung des zu beziehenden Eigenheimes) **oder des Vermieters** handelt.[11]

c. Ausschluss der Berufung auf die geänderten oder nicht eingetretenen Umstände

17 Schon aus allgemeinen Grundsätzen folgt, dass sich der Mieter auf den Eintritt oder das Ausbleiben von Umständen nicht berufen kann, wenn er deren Eintritt oder Ausbleiben **treuwidrig herbeigeführt** hat (§§ 242, 162 BGB).[12] Dies betrifft vor allem auch den Fall, wenn der Mieter trotz entsprechender Möglichkeit keine hinreichenden Anstrengungen zur Beseitigung eines vorhandenen Härtegrundes, insbesondere bei der Suche nach Ersatzwohnraum oder der Behandlung von Krankheiten, unternimmt.[13]

III. Rechtsfolge: Anspruch des Mieters auf weitere Fortsetzung

18 Ob und inwieweit ein Anspruch des Mieters auf befristete oder unbefristete Fortsetzung des Mietverhältnisses besteht, richtet sich nach denselben Kriterien wie im Rahmen eines erstmaligen Fortsetzungsverlangens.

19 Vgl. daher insoweit die Erläuterungen
  • zu den Härtegründen in der Kommentierung zu § 574 BGB Rn. 1 ff. und in der Kommentierung zu § 574 BGB Rn. 47 ff.,
  • zu den zu berücksichtigenden Vermieterinteressen in der Kommentierung zu § 574 BGB Rn. 69 ff.

20 Maßgeblich für die neu vorzunehmende Interessenabwägung[14] sind die Umstände zum **Zeitpunkt** der Einigung oder gerichtlichen Entscheidung über das erneute Fortsetzungsverlangen. Dies gilt sowohl für Mieter- wie Vermieterinteressen.[15] Es kommt demnach bei entsprechenden Härtegründen **auch eine Fortsetzung auf unbestimmte Zeit** in Betracht. Vgl. insoweit auch die Kommentierung zu § 574a BGB Rn. 11.

21 Der Anspruch des Mieters auf erneute Fortsetzung kann bei Vorliegen der vorstehend genannten Voraussetzungen auch **mehrfach wiederholt** werden.[16]

IV. Abdingbarkeit

22 Vgl. hierzu Rn. 47.

V. Prozessuale Hinweise/Verfahrenshinweise

23 Die **Darlegungs- und Beweislast** für die Formalien des Fortsetzungsverlangens sowie das Vorliegen von Härtegründen und des besonderen Fortsetzungsinteresses trägt der **Mieter**; sofern er geltend

---

[10] *Blank* in: Schmidt-Futterer, Mietrecht, 10. Aufl. 2011, § 574c Rn. 6.
[11] *Rolfs* in: Staudinger, § 574c Rn. 13.
[12] *Rolfs* in: Staudinger, § 574c Rn. 15.
[13] *Blank* in: Schmidt-Futterer, Mietrecht, 10. Aufl. 2011, § 574c Rn. 7.
[14] LG München I v. 31.05.1995 - 14 S 21837/94 - juris Rn. 15 - WuM 1996, 94.
[15] *Blank* in: Schmidt-Futterer, Mietrecht, 10. Aufl. 2011, § 574c Rn. 9.
[16] *Weidenkaff* in: Palandt, § 574c Rn. 2.

macht, dass bestimmte Umstände nicht eingetreten sind, muss er auch deren Maßgeblichkeit für die ursprüngliche Befristung nachweisen.[17] Der **Vermieter** muss andererseits die zu seinen Gunsten in der Abwägung zu berücksichtigenden berechtigten Interessen dartun und beweisen. Der Vermieter hat – sofern dies streitig ist – auch darzulegen und zu beweisen, dass bereits eine Verlängerung gemäß den §§ 574, 574a, 574b BGB erfolgte und das Mietverhältnis nicht nur gemäß § 545 Satz 1 BGB fortgesetzt wurde.[18]

Die Möglichkeiten der **gerichtlichen Geltendmachung** eines wiederholten Fortsetzungsverlangens durch den Mieter sind dieselben wie beim erstmaligen Widerspruch/Fortsetzungsverlangen, vgl. daher hierzu die Kommentierung zu § 574a BGB Rn. 28.

VI. Anwendungsfelder – Übergangsrecht

Das **Mietrechtsreformgesetz** vom 19.06.2001[19] enthält **keine Übergangsvorschrift** zu § 574c Abs. 1 BGB. Dieser ist folglich ohne zeitliche Beschränkung anwendbar.

B. Kommentierung zu Absatz 2

I. Grundlagen

1. Kurzcharakteristik

Die Vorschrift regelt die Voraussetzungen einer nochmaligen Fortsetzung des Mietverhältnisses auf den Widerspruch/das Fortsetzungsverlangen des Mieters, wenn bereits eine Fortsetzung auf unbestimmte Zeit durch gerichtliches Urteil vorangegangen war.

2. Gesetzgebungsgeschichte und -materialien

Die Vorgängervorschrift des § 556c Abs. 2 BGB a.F. wurde mit dem Dritten Gesetz zur Änderung mietrechtlicher Vorschriften vom 21.12.1967[20] eingefügt.

Das **Mietrechtsreformgesetz** vom 19.06.2001[21] hat diese Bestimmung unverändert in § 574c Abs. 2 BGB übernommen.

3. Regelungsprinzipien

Durch § 574c Abs. 2 BGB soll sichergestellt werden, dass ein auf unbestimmte Zeit fortgesetztes Mietverhältnis nicht endet, bevor sich die Verhältnisse in erheblicher Weise geändert haben. Der Mieter soll daher einer erneuten Kündigung des Vermieters ohne die nochmalige Darlegung, dass die Beendigung des Mietverhältnisses für ihn eine unzumutbare Härte bedeutet, solange widersprechen können, wie sich die maßgeblichen Umstände nicht geändert haben.

II. Anwendungsvoraussetzungen

1. Normstruktur

Normstruktur:
- Tatbestandsmerkmale:
  - Fortsetzung des Mietverhältnisses auf Grund eines Widerspruchs/Fortsetzungsverlangens des Mieters durch Urteil auf unbestimmte Zeit,
  - erneute ordentliche oder außerordentliche befristete Kündigung des Vermieters.

---

[17] *Häublein* in: MünchKomm-BGB, § 574c Rn. 8.
[18] *Häublein* in: MünchKomm-BGB, § 574c Rn. 8 und *Blank* in: Schmidt-Futterer, Mietrecht, 10. Aufl. 2011, § 574c Rn. 13.
[19] BGBl I 2001, 1149.
[20] BGBl I 1967, 1248.
[21] BGBl I 2001, 1149.

- Rechtsfolge:
  - Widerspruchsrecht/Fortsetzungsanspruch des Mieters ohne erneute Interessenabwägung (§ 574c Abs. 2 Satz 1 BGB).
- Ausnahme:
  - erhebliche Änderung der Umstände seit der vorangegangenen Fortsetzung (§ 574c Abs. 2 Satz 2 BGB).
- Rechtsfolge:
  - nur Widerspruchsrecht/Fortsetzungsanspruch des Mieters nach § 574 BGB.

2. Fortsetzung des Mietverhältnisses auf Grund eines Widerspruchs/Fortsetzungsverlangens des Mieters durch Urteil auf unbestimmte Zeit

31 Die erleichterten Voraussetzungen für ein Fortsetzungsverlangen des Mieters gelten nur, wenn die vorangegangene Fortsetzung auf unbestimmte Zeit **durch gerichtliches Urteil** (§ 574a Abs. 2 BGB) erfolgt ist, nicht dagegen, wenn diese einvernehmlich (§ 574a Abs. 1 BGB) – sei es außergerichtlich oder im Rahmen eines gerichtlichen Vergleichs – vorgenommen wurde.[22]

32 Im Falle einer einvernehmlichen Fortsetzung des Mietverhältnisses auf unbestimmte Zeit gelten für den wiederholten Widerspruch vielmehr die allgemeinen Regeln gemäß den §§ 574, 574a, 574b BGB.[23] Die unterschiedliche Behandlung rechtfertigt sich daraus, dass hier kein gerichtliches Verfahren mit entsprechender Prüfung vorausgegangen ist.

3. Erneute ordentliche oder außerordentliche befristete Kündigung des Vermieters

33 § 574c BGB betrifft ebenso wie § 574 BGB nur die Beendigung des Mietverhältnisses durch die – erneute – ordentliche oder außerordentliche befristete vermieterseitige Kündigung. Vgl. daher insoweit auch die Kommentierung zu § 574 BGB Rn. 9.

III. Rechtsfolgen

1. Grundsatz: Widerspruchsrecht/Fortsetzungsanspruch des Mieters ohne erneute Interessenabwägung (Absatz 2 Satz 1)

34 Bei Vorliegen der vorstehend genannten Voraussetzungen kann der Mieter der Kündigung des Vermieters grundsätzlich form- und fristlos sowie ohne die Nennung von Gründen widersprechen und die weitere Fortsetzung des Mietverhältnisses auf unbestimmte Zeit verlangen (§ 574c Abs. 2 Satz 1 BGB).

35 Wie auch beim erstmaligen Widerspruch/Fortsetzungsverlangen reicht es für das Fortsetzungsverlangen nach § 574c BGB aus, wenn der Mieter **hinreichend zum Ausdruck bringt**, dass er eine Verlängerung des Mietverhältnisses will. Im Antrag auf Abweisung der Räumungsklage wird regelmäßig ein schlüssiges Fortsetzungsverlangen zu sehen sein.[24] Allein das Begehren einer Räumungsfrist reicht dagegen nicht aus, vgl. insoweit auch die Kommentierung zu § 574a BGB Rn. 7.

36 **Im gerichtlichen Verfahren** findet weder eine erneute Prüfung der Härtegründe statt noch bedarf es eines besonderen Fortsetzungsinteresses des Mieters. Dem Begehren des Mieters ist vielmehr ohne weiteres stattzugeben. Nachdem der Widerspruch/das Fortsetzungsverlangen nach § 574c Abs. 2 Satz 1 BGB an keine Frist gebunden ist, kann der entsprechende Antrag in der letzten mündlichen (Tatsachen-)Verhandlung gestellt werden.

37 Eine **Änderung von Vertragsbedingungen** ist im Rahmen der Fortsetzung nach § 574c Abs. 2 Satz 1 BGB nicht möglich.[25]

---

[22] *Blank* in: Schmidt-Futterer, Mietrecht, 10. Aufl. 2011, § 574c Rn. 14.
[23] *Rolfs* in: Staudinger, § 574c Rn. 21.
[24] *Blank* in: Schmidt-Futterer, Mietrecht, 10. Aufl. 2011, § 574c Rn. 17.
[25] *Blank* in: Schmidt-Futterer, Mietrecht, 10. Aufl. 2011, § 574c Rn. 18 und *Rolfs* in: Staudinger, § 574c Rn. 33.

2. Ausnahme: nur Widerspruchsrecht/Fortsetzungsanspruch des Mieters nach § 574 BGB bei erheblicher Änderung der Umstände seit der vorangegangenen Fortsetzung (Absatz 2 Satz 2)

Hier gilt zunächst das zur entsprechenden Regelung in § 574c Abs. 1 BGB Gesagte, vgl. daher Rn. 12. Allerdings ist der Anwendungsbereich der Vorschrift im Hinblick auf ihren Sinn und Zweck dahingehend einzuschränken, dass eine sich **zu Gunsten des Mieters auswirkende Veränderung** der Umstände, sei es, weil die Härtegründe zugenommen haben, oder sei es, weil die berechtigten Interessen des Vermieters geringer geworden sind, nicht zum Wegfall seines vereinfachten Widerspruchsrechts führt.[26] 38

Wenn sich der **Vermieter** auf eine wesentliche Änderung der Umstände seit der vorangegangenen Fortsetzung beruft, muss sich dies **bereits aus dem Kündigungsschreiben** ergeben und dort müssen seine im Rahmen der Abwägung zu berücksichtigenden berechtigten Interessen bezeichnet sein (§ 574 Abs. 3 BGB).[27] Ebenso obliegt es dem Vermieter, den Mieter rechtzeitig auf die Möglichkeit, Form und Frist eines Widerspruchs/Fortsetzungsverlangens hinzuweisen, wenn er sich auf die kurze Widerspruchsfrist berufen will (§ 574b Satz 2 BGB). 39

Soweit die Ausnahme des § 574c Abs. 2 Satz 2 BGB greift, richten sich formelle und materielle Voraussetzungen für beide Mietvertragsparteien nach den §§ 574, 574a, 574b BGB. 40

Der **Mieter** muss den Widerspruch/das Fortsetzungsverlangen insbesondere form- und fristgerecht (§ 574b BGB) anbringen. 41

Sofern eine Fortsetzung nach § 574c Abs. 2 Satz 2 BGB in Verbindung mit § 574 BGB erfolgt, kann der Vermieter auch – gegebenenfalls erneut – eine **Anpassung der Vertragsbedingungen** verlangen (§ 574a Abs. 1 Satz 2 BGB, str.).[28] 42

Abdingbarkeit: Vgl. hierzu Rn. 47. 43

IV. Prozessuale Hinweise/Verfahrenshinweise

Im Rahmen des § 574c Abs. 2 Satz 2 BGB trägt der Vermieter die **Darlegungs- und Beweislast** für eine wesentliche Änderung der Umstände zu seinen Gunsten, dies gilt auch, soweit er den Wegfall von Härtegründen auf Seiten des Mieters geltend macht.[29] 44

Gelingt dem Vermieter dieser Beweis, muss der Mieter dartun und beweisen, dass die Beendigung des Mietverhältnisses trotz der wesentlichen Änderung der Umstände noch eine unzumutbare Härte gemäß § 574 BGB darstellt.[30] 45

V. Anwendungsfelder – Übergangsrecht

Das **Mietrechtsreformgesetz** vom 19.06.2001[31] enthält **keine Übergangsvorschrift** zu § 574c Abs. 2 BGB. Dieser ist folglich ohne zeitliche Beschränkung anwendbar. 46

C. Kommentierung zu Absatz 3

I. Grundlagen

1. Kurzcharakteristik

§ 574c Abs. 3 BGB schließt zum Nachteil des Mieters von § 574c Abs. 1 und Abs. 2 BGB abweichende vertragliche Vereinbarungen aus. 47

---

[26] *Blank* in: Schmidt-Futterer, Mietrecht, 10. Aufl. 2011, § 574c Rn. 19 und *Krenek* in: Müller/Walther, Miet- und Pachtrecht, § 574c Rn. 10.
[27] *Blank* in: Schmidt-Futterer, Mietrecht, 10. Aufl. 2011, § 574c Rn. 21.
[28] *Rolfs* in: Staudinger, § 574c Rn. 33 und *Hannappel* in: Bamberger/Roth, § 574c Rn. 14; zweifelnd *Weidenkaff* in: Palandt, § 574c Rn. 9.
[29] *Rolfs* in: Staudinger, § 574c Rn. 30.
[30] *Blank* in: Schmidt-Futterer, Mietrecht, 10. Aufl. 2011, § 574c Rn. 22.
[31] BGBl I 2001, 1149.

2. Gesetzgebungsgeschichte und -materialien

48 § 574c Abs. 3 BGB wurde durch das **Mietrechtsreformgesetz** vom 19.06.2001[32] neu in das BGB aufgenommen. Allerdings war die Unwirksamkeit zu Lasten des Mieters von der gesetzlichen Vorgängerregelung über den wiederholten Sozialwiderspruch § 556c BGB a.F. abweichender Vereinbarungen zwar nicht ausdrücklich angeordnet. Sie wurde im Hinblick auf Sinn und Zweck der Bestimmung sowie ihren engen Zusammenhang mit § 556a BGB a.F. und die dort in § 556a Abs. 7 BGB a.F. enthaltene Regelung aber ebenfalls schon nach dem damaligen Rechtszustand angenommen.[33]

II. Anwendungsvoraussetzungen

1. Normstruktur

49 Normstruktur:
- Tatbestandsmerkmale:
  - Vereinbarung, die zu Lasten des Mieters von § 574c Abs. 1 BGB oder § 574c Abs. 2 BGB abweicht.
- Rechtsfolge:
  - Unwirksamkeit der getroffenen Vereinbarung.

2. Zu Lasten des Mieters von Absatz 1 und Absatz 2 abweichende Vereinbarung

50 Zu Lasten des Mieters wirken sämtliche Vereinbarungen, die dessen Widerspruch im Falle einer wiederholten Verlängerung beschränken oder dessen Durchsetzung erschweren.

III. Rechtsfolge: Unwirksamkeit der getroffenen Vereinbarung

51 Die Abweichung der Vereinbarung von § 574c Abs. 1 und Abs. 2 BGB führt zur Unwirksamkeit der Abreden, soweit diese dem Mieter nachteilig sind.

52 **Abdingbarkeit**: § 574c Abs. 3 BGB ist nach seinem Sinn und Zweck selbst ebenfalls unabdingbar.

IV. Anwendungsfelder – Übergangsrecht

53 Das **Mietrechtsreformgesetz** vom 19.06.2001[34] enthält **keine Übergangsvorschrift** zu § 574c Abs. 3 BGB. Dieser ist folglich ohne zeitliche Beschränkung anwendbar.

---

[32] BGBl I 2001, 1149.
[33] *Blank* in: Schmidt-Futterer, Mietrecht, 7. Aufl. 1999, § 556c Rn. 23.
[34] BGBl I 2001, 1149.

Unterkapitel 3 - Mietverhältnisse auf bestimmte Zeit

§ 575 BGB Zeitmietvertrag

(Fassung vom 02.01.2002, gültig ab 01.01.2002)

(1) ¹Ein Mietverhältnis kann auf bestimmte Zeit eingegangen werden, wenn der Vermieter nach Ablauf der Mietzeit
1. die Räume als Wohnung für sich, seine Familienangehörigen oder Angehörige seines Haushalts nutzen will,
2. in zulässiger Weise die Räume beseitigen oder so wesentlich verändern oder instand setzen will, dass die Maßnahmen durch eine Fortsetzung des Mietverhältnisses erheblich erschwert würden, oder
3. die Räume an einen zur Dienstleistung Verpflichteten vermieten will

und er dem Mieter den Grund der Befristung bei Vertragsschluss schriftlich mitteilt. ²Anderenfalls gilt das Mietverhältnis als auf unbestimmte Zeit abgeschlossen.

(2) ¹Der Mieter kann vom Vermieter frühestens vier Monate vor Ablauf der Befristung verlangen, dass dieser ihm binnen eines Monats mitteilt, ob der Befristungsgrund noch besteht. ²Erfolgt die Mitteilung später, so kann der Mieter eine Verlängerung des Mietverhältnisses um den Zeitraum der Verspätung verlangen.

(3) ¹Tritt der Grund der Befristung erst später ein, so kann der Mieter eine Verlängerung des Mietverhältnisses um einen entsprechenden Zeitraum verlangen. ²Entfällt der Grund, so kann der Mieter eine Verlängerung auf unbestimmte Zeit verlangen. ³Die Beweislast für den Eintritt des Befristungsgrundes und die Dauer der Verzögerung trifft den Vermieter.

(4) Eine zum Nachteil des Mieters abweichende Vereinbarung ist unwirksam.

Gliederung

A. Kommentierung zu Absatz 1 1	V. Anwendungsfelder – Übergangsrecht 50
I. Grundlagen 1	**B. Kommentierung zu Absatz 2** 53
1. Kurzcharakteristik 1	I. Grundlagen 53
2. Gesetzgebungsgeschichte und -materialien 2	1. Kurzcharakteristik 53
3. Regelungsprinzipien 4	2. Gesetzgebungsgeschichte und -materialien 54
II. Anwendungsvoraussetzungen 5	3. Regelungsprinzipien 55
1. Normstruktur 5	II. Anwendungsvoraussetzungen 56
2. Wohnraummietverhältnis 6	1. Normstruktur 56
3. Befristungsgründe 7	2. Zeitmietvertrag nach Absatz 1 Satz 1 58
a. Eigennutzung (Absatz 1 Satz 1 Nr. 1) 10	3. Nur noch vier Monate oder weniger bis zum Ablauf der Befristung 59
b. Baumaßnahmen (Absatz 1 Satz 1 Nr. 2) 13	III. Rechtsfolgen 61
c. Dienstwohnung (Absatz 1 Satz 1 Nr. 3) 20	1. Anspruch des Mieters gegen den Vermieter auf Auskunft binnen eines Monats, ob der
d. Vermieterwechsel 23	Befristungsgrund noch besteht (Absatz 2 Satz 1) 61
4. Schriftliche Mitteilung des/der Befristungsgrundes/-gründe bei Vertragsschluss 24	2. Anspruch des Mieters, vom Vermieter die Verlängerung des Mietverhältnisses um den
a. Eigennutzung (Absatz 1 Satz 1 Nr. 1) 31	Zeitraum der Verspätung zu verlangen
b. Baumaßnahmen (Absatz 1 Satz 1 Nr. 2) 32	(Absatz 2 Satz 2) 69
c. Dienstwohnung (Absatz 1 Satz 1 Nr. 3) 33	a. Abdingbarkeit 72
d. Eingehen eines Mietverhältnisses auf bestimmte Zeit 34	b. Praktische Hinweise 73
III. Rechtsfolge: wirksame Befristung des Mietverhältnisses 41	IV. Prozessuale Hinweise/Verfahrenshinweise 75
1. Abdingbarkeit 44	V. Anwendungsfelder – Übergangsrecht 76
2. Praktische Hinweise 45	**C. Kommentierung zu Absatz 3** 77
IV. Prozessuale Hinweise/Verfahrenshinweise 49	I. Grundlagen 77

§ 575

1. Kurzcharakteristik	77	a. Abdingbarkeit	97
2. Gesetzgebungsgeschichte und -materialien	78	b. Praktische Hinweise	98
3. Regelungsprinzipien	80	IV. Prozessuale Hinweise/Verfahrenshinweise	99
II. Anwendungsvoraussetzungen	81	V. Anwendungsfelder – Übergangsrecht	101
1. Normstruktur	81	**D. Kommentierung zu Absatz 4**	**102**
2. Zeitmietvertrag nach Absatz 1	83	I. Grundlagen	102
3. Verzögerung des Eintritts des Grundes der Befristung	84	1. Kurzcharakteristik	102
		2. Gesetzgebungsgeschichte und -materialien	103
4. Entfallen des Grundes der Befristung	86	II. Anwendungsvoraussetzungen	104
III. Rechtsfolgen	87	1. Normstruktur	104
1. Bei Verzögerung des Befristungsgrundes: Recht des Mieters, eine Verlängerung des Mietverhältnisses um einen entsprechenden Zeitraum zu verlangen (Absatz 3 Satz 1)	87	2. Zu Lasten des Mieters von Absatz 1, 2, 3 abweichende Vereinbarung	105
		III. Rechtsfolge: Unwirksamkeit der getroffenen Vereinbarung	108
2. Bei Entfallen des Befristungsgrundes: Recht des Mieters, eine Verlängerung des Mietverhältnisses auf unbestimmte Zeit zu verlangen (Absatz 3 Satz 2)	92	IV. Anwendungsfelder – Übergangsrecht	110

A. Kommentierung zu Absatz 1

I. Grundlagen

1. Kurzcharakteristik

1 § 575 Abs. 1 BGB regelt abschließend die Voraussetzungen für eine zulässige Befristung eines Wohnraummietvertrages.

2. Gesetzgebungsgeschichte und -materialien

2 Nach der durch das Gesetz zur Erhöhung des Angebots an Mietwohnungen vom 20.12.1982[1] in das BGB eingefügten Vorschrift des § 564c BGB a.F. bestand die Möglichkeit entweder („einfache") befristete Mietverträge abzuschließen, bei denen allerdings dem Mieter die Möglichkeit eines Widerspruchs/Fortsetzungsverlangens bei Ablauf der Befristung offen stand (§ 564c Abs. 1 BGB a.F.), oder „qualifizierte" befristete Mietverträge, bei denen ein Widerspruch/Fortsetzungsverlangen ausgeschlossen war, die jedoch das Vorliegen bestimmter Interessen des Vermieters an der Befristung sowie deren Mitteilung bei Vertragsschluss voraussetzten (§ 564c Abs. 2 BGB a.F.).

3 Nach In-Kraft-Treten des **Mietrechtsreformgesetzes** vom 19.06.2001[2] gibt es gemäß § 575 Abs. 1 BGB nunmehr nur noch „echte" Zeitmietverträge, d.h. regelmäßig ohne die Möglichkeit eines Widerspruchs/Fortsetzungsverlangens bei Ablauf der Befristung. Auch diese setzen für ihre Wirksamkeit aber das Vorliegen und die Mitteilung bestimmter Interessen des Vermieters voraus, die den in § 564c Abs. 2 Satz 1 Nr. 2 BGB a.F. enthaltenen im Wesentlichen entsprechen. Entfallen ist die Beschränkung der rechtlich möglichen zeitlichen Befristung auf fünf Jahre (§ 564c Abs. 2 Satz 1 Nr. 1 BGB a.F.).

3. Regelungsprinzipien

4 Die Beschränkung der Zulässigkeit von Zeitmietverträgen dient zum einen dem Schutz des Mieters. Es soll eine Umgehung der Kündigungsschutzvorschriften durch den Abschluss von Zeitmietverträgen verhindert werden. Zum anderen soll dem Vermieter eine (rechts-)sichere Methode an die Hand gegeben werden, die ihm den Abschluss eines zeitlich begrenzten Mietverhältnisses ermöglicht.[3]

---

[1] BGBl I 1982, 1912.
[2] BGBl I 2001, 1149.
[3] *Rolfs* in: Staudinger, § 575 Rn. 5; a.A. – nur noch Wahrung der Interessen des Vermieters an der fristgerechten Beendigung des Mietverhältnisses, allenfalls „in abgeleiteter Form" den Bestandsinteressen des Mieters – *Lammel*, Wohnraummietrecht, 3. Aufl. 2007, § 575 Rn. 5.

II. Anwendungsvoraussetzungen

1. Normstruktur

Normstruktur:
- Tatbestandsmerkmale:
  - Wohnraummietverhältnis.
  - Befristungsgrund: Vermieter will die Räume nach Ablauf der Befristung als Wohnung für sich, seine Familienangehörigen oder Angehörige seines Haushalts nutzen (§ 575 Abs. 1 Satz 1 Nr. 1 BGB) **oder** in zulässiger Weise beseitigen oder so wesentlich verändern oder instand setzen, dass die Maßnahmen durch eine Fortsetzung des Mietverhältnisses erheblich erschwert würden (§ 575 Abs. 1 Satz 1 Nr. 2 BGB) **oder** an einen zur Dienstleistung Verpflichteten vermieten (§ 575 Abs. 1 Satz 1 Nr. 3 BGB).
  - Schriftliche Mitteilung des Befristungsgrundes bei Vertragsschluss durch den Vermieter.
- Rechtsfolge:
  - wirksame Befristung des Mietverhältnisses.

2. Wohnraummietverhältnis

Es gilt das zu § 573 BGB Gesagte entsprechend, vgl. daher die Kommentierung zu § 573 BGB Rn. 7.

3. Befristungsgründe

Der Abschluss eines Zeitmietvertrages ist nach § 575 BGB nur möglich, wenn der Vermieter nach Ablauf der Befristung einen der abschließend aufgeführten gesetzlichen **Nutzungszwecke** verfolgen will. Dabei ist eine hilfsweise oder auch alternative Angabe mehrerer der gesetzlich genannten Verwendungsinteressen möglich.[4]

Der Befristungsgrund, d.h. die entsprechende konkrete Verwendungsabsicht des Vermieters, muss **bei Vertragsschluss** vorliegen.[5] Zu den Folgen **schuldhaft falscher Angaben** des Vermieters über sein(e) Befristungsinteresse(n) vgl. die Anmerkungen unter schuldhaft falsche Angaben (vgl. Rn. 48). Hinsichtlich der einzelnen Befristungsgründe gilt Folgendes:

a. Eigennutzung (Absatz 1 Satz 1 Nr. 1)

Eine Befristung ist zulässig, wenn der Vermieter nach deren Ablauf die Räume für sich, seine Familienangehörigen oder Angehörige seines Haushalts als Wohnung nutzen will.

Die Regelung knüpft an die Bestimmungen zur Eigenbedarfskündigung (§ 573 Abs. 2 Nr. 2 BGB) an, unterscheidet sich aber davon dadurch, dass ein entsprechender Bedarf nicht erforderlich ist, sondern vielmehr der **ernsthafte und** – ex ante – **realisierbare Wille** des Vermieters zu einer Eigennutzung oder Überlassung an einen Familien- oder Haushaltsangehörigen ausreicht.[6]

Im Übrigen decken sich die Voraussetzungen mit denen der Eigenbedarfskündigung, vgl. daher auch
- zum begünstigten Personenkreis die Kommentierung zu § 573 BGB Rn. 81 sowie
- zur Nutzung als Wohnung die Kommentierung zu § 573 BGB Rn. 101.

b. Baumaßnahmen (Absatz 1 Satz 1 Nr. 2)

Eine Befristung ist ferner zulässig, wenn der Vermieter nach deren Ablauf die Räume in zulässiger Weise beseitigen oder so wesentlich verändern oder instand setzen will, dass die Maßnahmen durch eine Fortsetzung des Mietverhältnisses erheblich erschwert würden.

---

[4] LG Stuttgart v. 19.11.1992 - 6 S 192/92 - juris Rn. 12 - WuM 1994, 690; *Blank* in: Schmidt-Futterer, Mietrecht, 10. Aufl. 2011, § 575 Rn. 7 und *Rolfs* in: Staudinger, § 575 Rn. 18; einschränkend – nur wenn sich die alternativ genannten Verwendungsarten ergänzen, nicht aber wenn sie sich ausschließen – *Lammel*, Wohnraummietrecht, 3. Aufl. 2007, § 575 Rn. 29 und 30.

[5] *Hannappel* in: Bamberger/Roth, § 575 Rn. 19.

[6] *Blank* in: Schmidt-Futterer, Mietrecht, 10. Aufl. 2011, § 575 Rn. 9.

14	Auch hier ist ein entsprechender Bedarf – im Gegensatz zur Verwertungskündigung (§ 573 Abs. 2 Nr. 3 BGB) – nicht erforderlich, sondern ein hinreichend konkretisierter und – ex ante – realisierbarer und ernsthafter[7] **Wille des Vermieters** ausreichend. Eine Befristung ist daher auch möglich, wenn eine Luxussanierung vorgesehen ist.
15	Gegebenenfalls für die Durchführung der Arbeiten erforderliche **öffentlich-rechtliche Genehmigungen** müssen bei Vertragsschluss noch nicht vorliegen. Die beabsichtigten Bauarbeiten müssen aber zumindest genehmigungsfähig sein.[8]
16	Eine **Beseitigung** liegt vor, wenn die Mietsache nach den Bauarbeiten nicht mehr in ihrer räumlichen Gestalt vorhanden ist (str.).[9]
17	Eine **wesentliche Veränderung** ist demgegenüber gegeben, wenn die Mietsache unter Erhaltung ihrer räumlichen Gestalt verbessert oder umgestaltet wird (str.).[10]
18	**Instandsetzung** ist die Behebung von baulichen Mängeln, insbesondere Mängeln, die infolge Abnutzung, Alterung, Witterungseinflüssen oder Einwirkungen Dritter entstanden sind, durch Maßnahmen, die in der Wohnung den zum bestimmungsgemäßen Gebrauch geeigneten Zustand wieder herstellen.[11] Auf eine erforderliche Instandsetzung kann sich der Vermieter aber nach Treu und Glauben (§§ 242, 162 BGB) nicht berufen, wenn deren Notwendigkeit durch eine vertragswidrige Unterlassung der Instandhaltung eingetreten ist. Aus dem gleichen Grund können erforderliche **Instandhaltung**smaßnahmen nicht für eine Befristung herangezogen werden.[12]
19	Es reicht aus, wenn durch das Fortbestehen des Mietverhältnisses die beabsichtigten Bauarbeiten **erheblich erschwert** werden, sie müssen dadurch nicht tatsächlich oder wirtschaftlich verhindert werden. Anhaltspunkt hierfür kann sein, ob der Mieter die Arbeiten gemäß § 554 Abs. 2 BGB zu dulden hat oder nicht.[13] Besteht keine **Duldungspflicht**, ist eine Befristung regelmäßig berechtigt, da der Vermieter die Bauarbeiten ansonsten nicht durchführen könnte. Gleiches gilt, wenn das Bestehen einer Duldungspflicht im Hinblick auf die Art der durchzuführenden Arbeiten zumindest zweifelhaft ist.[14] Besteht ganz offensichtlich eine Duldungspflicht, liegt dagegen kein hinreichender Befristungsgrund vor, außer wenn sich durch die Fortsetzung des Mietverhältnisses während der Arbeiten erhebliche **finanzielle Belastungen** für den Vermieter ergeben würden.[15]

c. Dienstwohnung (Absatz 1 Satz 1 Nr. 3)

20	Schließlich ist eine Befristung zulässig, wenn der Vermieter nach deren Ablauf die Räume an einen zur Dienstleistung Verpflichteten vermieten will.
21	Auch hier ist ein entsprechender **Nutzungswille des Vermieters**, unabhängig davon, ob schon ein solcher Bedarf besteht, ausreichend.
22	Erfasst werden sowohl im Eigentum des Dienstherren stehende Wohnungen wie auch solche, die der Dienstherr von Dritten angemietet oder hinsichtlich derer er auf Grund vertraglicher Vereinbarungen ein Mieterbenennungsrecht hat.[16] Entgegen dem Rechtszustand vor dem **Mietrechtsreformgesetz** vom 19.06.2001[17] ist es nicht mehr erforderlich, dass es sich bereits bei dem Zeitmietvertrag um ein

---

[7] BGH v. 18.04.2007 - VIII ZR 182/06 - juris Rn. 24 - WuM 2007, 319-322.
[8] *Weidenkaff* in: Palandt, § 575 Rn. 7 und *Grapentin* in: Bub/Treier, Handbuch der Geschäfts- und Wohnraummiete, 3. Aufl. 1999, Teil IV Rn. 270.
[9] *Blank* in: Schmidt-Futterer, Mietrecht, 10. Aufl. 2011, § 575 Rn. 14; a.A. – nur gänzlicher Abriss ist Beseitigung, ansonsten liegt Veränderung vor – *Rolfs* in: Staudinger, § 575 Rn. 25 und 26.
[10] *Blank* in: Schmidt-Futterer, Mietrecht, 10. Aufl. 2011, § 575 Rn. 14; a.A. – auch teilweiser Abriss – *Rolfs* in: Staudinger, § 575 Rn. 25 und 26.
[11] *Blank* in: Schmidt-Futterer, Mietrecht, 10. Aufl. 2011, § 575 Rn. 14.
[12] *Lammel*, Wohnraummietrecht, 3. Aufl. 2007, § 575 Rn. 37.
[13] *Blank* in: Schmidt-Futterer, Mietrecht, 10. Aufl. 2011, § 575 Rn. 15.
[14] *Rolfs* in: Staudinger, § 575 Rn. 30.
[15] *Blank* in: Blank/Börstinghaus, Miete, 3. Aufl. 2008, § 575 Rn. 17 und *Grapentin* in: Bub/Treier, Handbuch der Geschäfts- und Wohnraummiete, 3. Aufl. 1999, Teil IV Rn. 270.
[16] *Lammel*, Wohnraummietrecht, 3. Aufl. 2007, § 575 Rn. 39.
[17] BGBl I 2001, 1149.

Mietverhältnis über eine Werkwohnung handelt. Es reicht vielmehr aus, wenn das nach Ablauf der Befristung anvisierte Mietverhältnis ein solches ist.[18]

d. Vermieterwechsel

Kommt es während des Mietverhältnisses zu einem **Vermieterwechsel** – sei es im Wege der Gesamtrechtsnachfolge (u.a. § 1922 Abs. 1 BGB) oder sei es im Wege der Einzelrechtsnachfolge (u.a. § 566 BGB) –, so ist hinsichtlich der Frage, ob der neue Vermieter das ursprüngliche Befristungsinteresse geltend machen kann, zwischen personen- und grundstücksbezogenen Befristungsgründen zu unterscheiden.[19]

- Der Befristungsgrund der **Eigennutzung** (§ 575 Abs. 1 Satz 1 Nr. 1 BGB) ist personenbezogen, d.h. dessen Fortbestehen hängt davon ab, ob die begünstigte/n Person/en auch zum neuen Vermieter in dem geforderten Näheverhältnis steht/stehen. Nur dann kann sich der neue Vermieter ebenfalls auf den Ausschluss des Bestandsschutzes berufen.[20]
- Ähnliches gilt hinsichtlich der beabsichtigten Nutzung als **Dienstwohnung** (§ 575 Abs. 1 Satz 1 Nr. 3 BGB). Hier bleibt dem neuen Vermieter die Berufung auf die Befristung nur möglich, wenn er entweder zugleich auch Betriebsinhaber ist oder in das Mietverhältnis mit dem Dritten, von dem die Wohnung angemietet ist, oder ein entsprechendes Mieterbenennungsrecht eingetreten ist.[21]
- Auf eine Befristung wegen der beabsichtigten Durchführung von **Baumaßnahmen** (§ 575 Abs. 1 Satz 1 Nr. 2 BGB) kann sich dagegen der neue Vermieter bei Fortbestehen der entsprechenden Absicht regelmäßig berufen, da diese grundstücksbezogen ist.[22] Kann der neue Vermieter das ursprüngliche Befristungsinteresse nach dem vorstehend Ausgeführten nicht geltend machen, steht dem Mieter die Möglichkeit offen, eine Verlängerung des Mietverhältnisses auf unbestimmte Zeit gemäß § 575 Abs. 3 Satz 2 BGB zu begehren. Unterlässt der Mieter dies, endet das Mietverhältnis mit Ablauf der Befristung. Zu einem Hinweis hierauf ist der neue Vermieter nicht verpflichtet.[23]

4. Schriftliche Mitteilung des/der Befristungsgrundes/-gründe bei Vertragsschluss

Die Befristung ist nach § 575 Abs. 1 Satz 1 HS. 2 BGB nur wirksam, wenn der Vermieter den/die vorliegenden Befristungsgrund/-gründe dem Mieter bei Vertragsschluss schriftlich mitteilt. Die **Mitteilung** stellt eine rechtsgeschäftsähnliche Handlung dar, für die die Vorschriften über die einseitigen, empfangsbedürftigen Willenserklärungen entsprechend gelten.[24]

Die Mitteilung muss spätestens **bei Vertragsschluss** erfolgen, eine nach diesem Zeitpunkt erfolgte Erklärung reicht nicht aus. Ist die Mitteilung schon **vor Vertragsschluss** – formgerecht – erfolgt, muss nach dem Sinn und Zweck des § 575 Abs. 1 Satz 1 HS. 2 BGB zumindest ein hinreichend enger zeitlicher Zusammenhang mit dem Abschluss des Mietvertrages gewahrt sein, um dem Mieter das Fortbestehen des Befristungsgrundes zu verdeutlichen.[25] Die **Aufnahme in den Mietvertrag** ist zwar nach § 575 Abs. 1 Satz 1 HS. 2 BGB nicht zwingend erforderlich[26]; die Vorschrift des § 550 BGB bleibt indessen unberührt: Weist der Zeitmietvertrag eine längere Laufzeit als ein Jahr auf, muss die Mittei-

---

[18] *Blank* in: Schmidt-Futterer, Mietrecht, 10. Aufl. 2011, § 575 Rn. 16 sowie *Haas*, Das neue Mietrecht, 2001, § 575 Rn. 6.
[19] *Blank* in: Schmidt-Futterer, Mietrecht, 10. Aufl. 2011, § 575 Rn. 64a und *Lammel*, Wohnraummietrecht, 3. Aufl. 2007, § 575 Rn. 24 und 25.
[20] *Rolfs* in: Staudinger, § 575 Rn. 60.
[21] *Rolfs* in: Staudinger, § 575 Rn. 61.
[22] *Grapentin* in: Bub/Treier, Handbuch der Geschäfts- und Wohnraummiete, 3. Aufl. 1999, Teil IV Rn. 274.
[23] *Blank* in: Schmidt-Futterer, Mietrecht, 10. Aufl. 2011, § 575 Rn. 65.
[24] *Blank* in: Schmidt-Futterer, Mietrecht, 10. Aufl. 2011, § 575 Rn. 19.
[25] *Riecke* in: Schmid/Harz, Fachanwaltskommentar Mietrecht, 3. Aufl. 2012, § 575 Rn. 23; noch enger – nochmalige ausdrückliche und formgerechte Bezugnahme bei Vertragsschluss – *Lammel*, Wohnraummietrecht, 3. Aufl. 2007, § 575 Rn. 45.
[26] *Häublein* in: MünchKomm-BGB, § 575 Rn. 24.

lung des Befristungsinteresses in der Vertragsurkunde erfolgen, ansonsten ist das Mietverhältnis zum Ablauf des ersten Jahres nach der Überlassung für beide Vertragsparteien kündbar.[27]

26 Ein späteres **Auswechseln des Grundes** ist jedenfalls dann unzulässig, wenn damit ein Wechsel zwischen den verschiedenen im Gesetz alternativ aufgezählten Befristungsinteressen verbunden ist.[28] Umstritten ist, ob eine bloße Veränderung des Sachverhalts im Rahmen der gleichen gesetzlichen Alternative die Wirksamkeit der vereinbarten Befristung weiter trägt („gleichwertiges Befristungsinteresse", beispielsweise Überlassung an einen anderen als den ursprünglich benannten Familienangehörigen oder grundlegende Instandsetzung statt ursprünglich geplantem Abriss).[29] Im Hinblick darauf, dass der Vermieter dem Mieter nach § 575 Abs. 1 HS. 2 BGB den maßgeblichen Befristungsgrund mitzuteilen hat und den Mieter so in die Lage versetzen soll, dessen Berechtigung zu überprüfen, spricht nach hiesiger Auffassung mehr dafür, auch solche Sachverhaltsänderungen als unzulässigen Austausch der Begründung zu betrachten.[30] Dies umso mehr, als hierfür keine echte Notwendigkeit besteht, da es dem Vermieter, der seinen Befristungsgrund noch nicht hinreichend sicher dartun kann, frei steht, sich die verschiedenen Varianten schon in der Mitteilung offen zu halten.[31]

27 Die Mitteilung des Befristungsgrundes bedarf der **Schriftform** (§ 126 BGB, vgl. hierzu die Kommentierung zu § 126 BGB) oder einer der nach dem Gesetz dieser gleichgestellten Formen (§ 126 Abs. 3 und 4 BGB), also der elektronischen Form (§ 126a BGB), der notariellen Beurkundung (§ 128 BGB) oder der Erklärung zu Protokoll in Form eines gerichtlichen Vergleichs (§ 127a BGB entsprechend). Eine **telegraphische Übermittlung** reicht dementsprechend ebenso wenig aus wie die Überlassung **per Telefax**, vgl. insoweit auch die entsprechenden Ausführungen in der Kommentierung zu § 574b BGB Rn. 6.

28 Bei **Personenmehrheiten** auf Vermieter- oder Mieterseite muss die Mitteilung von allen unterschrieben und an alle gerichtet sein.[32] **Stellvertretung** ist aber möglich.[33]

29 Durch die Mitteilung soll dem Mieter verdeutlicht werden, worauf er sich mit dem befristeten Mietverhältnis einlässt und ihm zugleich die Möglichkeit einer Überprüfung des Befristungsinteresses ermöglicht werden.[34] Deshalb muss der Vermieter **konkrete Angaben** zum vorgebrachten Befristungsgrund machen, jedenfalls soweit dies bei Abschluss des Mietvertrages schon möglich ist, damit der geltend gemachte Grund von anderen unterschieden werden kann.[35] Eine bloße Wiederholung des Gesetzes-

---

[27] *Blank* in: Schmidt-Futterer, Mietrecht, 10. Aufl. 2011, § 575 Rn. 19; *Häublein* in: MünchKomm-BGB, § 575 Rn. 24 und *Lammel*, Wohnraummietrecht, 3. Aufl. 2007, § 550 Rn. 12; vgl. zur Problematik der Schriftform nach § 550 BGB auch *Ormanschick/Riecke*, MDR 2002, 247-249, 248 und *Leo*, ZMR 2003, 389-395, 390.

[28] *Blank* in: Schmidt-Futterer, Mietrecht, 10. Aufl. 2011, § 575 Rn. 42; *Rolfs* in: Staudinger, § 575 Rn. 43; *Schach* in: Kinne/Schach/Bieber, Miet- und Mietprozessrecht, 6. Aufl. 2011, § 575 Rn. 6; *Häublein* in: MünchKomm-BGB, § 575 Rn. 25 und *Weidenkaff* in: Palandt, § 575 Rn. 16; a.A. – jeglicher nachträglicher Wechsel möglich, da Mieter insoweit nicht schutzwürdig – *Kossmann*, Handbuch der Wohnraummiete, 6. Aufl. 2003, § 82 Rn. 43.

[29] Bejahend *Blank* in: Schmidt-Futterer, Mietrecht, 10. Aufl. 2011, § 575 Rn. 42; *Kellendorfer* in: Müller/Walther, Miet- und Pachtrecht, § 575 Rn. 45; etwas enger – Anwendung der Grundsätze über die prozessuale Klageänderung – *Schach* in: Kinne/Schach/Bieber, Miet- und Mietprozessrecht, 6. Aufl. 2011, § 575 Rn. 6; *Franke* in: Fischer-Dieskau/Pergande/Schwender, Wohnungsbaurecht, § 575 Anm. 8.2 und *Lammel*, Wohnraummietrecht, 3. Aufl. 2007, § 575 Rn. 60; offen *Weidenkaff* in: Palandt, § 575 Rn. 16; ablehnend *Hannappel* in: Bamberger/Roth, § 575 Rn. 37 und wohl auch *Rolfs* in: Staudinger, § 575 Rn. 58; *Häublein* in: MünchKomm-BGB, § 575 Rn. 25 sowie *Kandelhard* in: Herrlein/Kandelhard, ZAP-Praxiskommentar Mietrecht, 4. Aufl. 2010, § 575 Rn. 28.

[30] Ähnlich *Häublein* in: MünchKomm-BGB, § 575 Rn. 25 und *Hannappel* in: Bamberger/Roth, § 575 Rn. 37.

[31] LG Stuttgart v. 19.11.1992 - 6 S 192/92 - juris Rn. 12 - WuM 1994, 690; *Rolfs* in: Staudinger, § 575 Rn. 58; *Häublein* in: MünchKomm-BGB, § 575 Rn. 25 und – insoweit – *Kellendorfer* in: Müller/Walther, Miet- und Pachtrecht, § 575 Rn. 45.

[32] *Lammel*, Wohnraummietrecht, 3. Aufl. 2007, § 575 Rn. 47.

[33] *Rolfs* in: Staudinger, § 575 Rn. 44.

[34] *Kossmann*, Handbuch der Wohnraummiete, 6. Aufl. 2003, § 82 Rn. 20 und *Rolfs* in: Staudinger, § 575 Rn. 37.

[35] LG München I v. 13.01.1993 - 14 T 20454/92 - juris Rn. 3 - WuM 1994, 543 sowie LG Stuttgart v. 19.11.1992 - 6 S 192/92 - juris Rn. 7 - WuM 1994, 690.

textes ist regelmäßig nicht ausreichend.[36] Eine **Belehrung** des Mieters über die Rechtsfolgen der Befristung durch den Vermieter ist aber ebenfalls nicht erforderlich.

Hinsichtlich der Anforderungen ist für die einzelnen gesetzlich genannten Befristungsgründe wie folgt zu differenzieren[37]: 30

a. Eigennutzung (Absatz 1 Satz 1 Nr. 1)

Sofern der Vermieter die Räume nach Ablauf der Mietzeit als Wohnung **für sich (selbst) nutzen** will, ist eine entsprechende Angabe ausreichend; einer weiteren Konkretisierung der Eigennutzungsabsicht bedarf es dann nicht.[38] Sollen die Räume dagegen durch **andere Bedarfspersonen** genutzt werden, muss der Vermieter angeben, welche konkrete(n), identifizierbare(n) Person(en) einziehen soll(en).[39] Dabei kann er aber hinsichtlich der Person, der letztlich der Wohnraum überlassen werden soll, mehrere Möglichkeiten offen lassen, sofern alle in Betracht kommenden Personen zum nach § 575 Abs. 1 Satz 1 Nr. 1 BGB begünstigten Personenkreis zählen (Beispiel: „eines meiner Kinder").[40] Überhaupt muss dem Mieter auf Grund der Mitteilung die Beurteilung der verwandtschaftlichen Beziehung oder Haushaltszugehörigkeit der Bedarfspersonen zum Vermieter möglich sein.[41] Eine namentliche Nennung der begünstigten Person(en) ist dagegen, sofern eine hinreichende Bestimmung gemäß den vorgenannten Kriterien auch ohne dies möglich ist, nicht zwingend notwendig (str.).[42] 31

b. Baumaßnahmen (Absatz 1 Satz 1 Nr. 2)

Hier muss insbesondere die **Art und** der **Umfang der Bauarbeiten** nachvollziehbar wiedergegeben werden, da ansonsten schon die Beurteilung von deren Zulässigkeit nicht möglich ist[43]; eine konkrete und genehmigungsfähige Bauplanung muss allerdings nicht mitgeteilt werden[44]. Sofern Räume beseitigt werden sollen, reicht die Mitteilung der **Beseitigung** aus[45]; das Abrissdatum muss nicht genau bezeichnet werden[46]. Sofern dies – wie etwa bei einer gänzlichen Beseitigung – nicht offensichtlich ist, muss sich der Mitteilung auch entnehmen lassen, warum die beabsichtigten Baumaßnahmen auf Grund des Fortbestandes des Mietverhältnisses **erheblich erschwert** werden.[47] 32

c. Dienstwohnung (Absatz 1 Satz 1 Nr. 3)

Da der Vermieter hier regelmäßig über die Person des zukünftigen Mieters noch keine Kenntnis haben kann, reicht es aus, wenn er lediglich mitteilt, dass nach Ablauf der Befristung die Vermietung an einen Arbeitnehmer oder anderen zur Dienstleistung Verpflichteten beabsichtigt ist.[48] Eine namentliche Be- 33

---

[36] AG Berlin v. 16.12.2004 - 7 C 265/04 - juris Rn. 13 - MM 2005, 147 und AG Augsburg v. 04.08.2004 - 16 C 2510/04 - juris Rn. 9 - WuM 2004, 541-542.
[37] LG Berlin v. 08.10.1990 - 62 S 299/90 - juris Rn. 5 - MM 1991, 129.
[38] BGH v. 19.11.2008 - VIII ZR 112/08 - juris Rn. 1 unter Bezugnahme auf den Hinweisbeschluss des BGH v. 16.09.2008 - VIII ZR 112/08 - juris Rn. 2 - WuM 2009, 48.
[39] LG Berlin v. 06.03.1992 - 65 S 271/91 - juris Rn. 3 - MM 1992, 356-357; *Lammel*, Wohnraummietrecht, 3. Aufl. 2007, § 575 Rn. 52 und *Kandelhard* in: Herrlein/Kandelhard, ZAP-Praxiskommentar Mietrecht, 4. Aufl. 2010, § 575 Rn. 20; im Ergebnis auch *Rolfs* in: Staudinger, § 575 Rn. 38.
[40] *Kellendorfer* in: Müller/Walther, Miet- und Pachtrecht, § 575 Rn. 26; *Lammel*, Wohnraummietrecht, 3. Aufl. 2007, § 575 Rn. 52 und *Rolfs* in: Staudinger, § 575 Rn. 38.
[41] AG Potsdam v. 21.06.2004 - 24 C 583/03 - juris Rn. 12 - WuM 2004, 491 und *Blank* in: Schmidt-Futterer, Mietrecht, 10. Aufl. 2011, § 575 Rn. 24.
[42] *Blank* in: Schmidt-Futterer, Mietrecht, 10. Aufl. 2011, § 575 Rn. 24 und *Kellendorfer* in: Müller/Walther, Miet- und Pachtrecht, § 575 Rn. 26; a.A. – namentliche Nennung notwendig – *Harsch* in: Schmid, Miete und Mietprozess, 4. Aufl. 2004, Teil 13 Rn. 4.
[43] *Blank* in: Schmidt-Futterer, Mietrecht, 10. Aufl. 2011, § 575 Rn. 25 und *Rolfs* in: Staudinger, § 575 Rn. 41.
[44] BGH v. 18.04.2007 - VIII ZR 182/06 - juris Rn. 21 - WuM 2007, 319-322.
[45] BGH v. 18.04.2007 - VIII ZR 182/06 - juris Rn. 22 - WuM 2007, 319-322 und *Rolfs* in: Staudinger, § 575 Rn. 40.
[46] BGH v. 18.04.2007 - VIII ZR 182/06 - juris Rn. 21 - WuM 2007, 319-322.
[47] LG Hamburg v. 19.05.1992 - 316 S 333/91 - juris Rn. 7 - NJW-RR 1993, 201.
[48] *Blank* in: Schmidt-Futterer, Mietrecht, 10. Aufl. 2011, § 575 Rn. 26.

nennung des zukünftigen Mieters ist nicht notwendig, dies gilt selbst dann, wenn dieser bereits bekannt ist.[49]

d. Eingehen eines Mietverhältnisses auf bestimmte Zeit

34 Ein **Mietverhältnis auf bestimmte Zeit** (befristetes Mietverhältnis) liegt vor, wenn es nach Ablauf der vertraglich bestimmten Mietdauer ohne Kündigung enden soll. Dazu gehört auch ein **auf Lebenszeit** eingegangenes Mietverhältnis, da es sich zwar um den Eintritt eines zukünftigen, aber sicheren Ereignisses handelt.[50]

35 Ebenso unterfallen **Kettenmietverträge**, d.h. mehrfach hintereinander abgeschlossene kurzfristig befristete Mietverträge, § 575 BGB und sind insoweit regelmäßig unzulässig, da es sich um eine Umgehung der Fortsetzungsbestimmungen handelt.[51] Zulässig sind Kettenmietverträge für Wohnraum daher nur noch, soweit die Regelungen des § 575 BGB infolge § 549 Abs. 2 und 3 BGB keine Anwendung finden.[52]

36 Nicht erfasst sind dagegen Mietverhältnisse, bei denen sich die Befristung nicht aus einer Vereinbarung der Parteien, sondern einem **hoheitlichen Gestaltungsakt** ergibt, wie beispielsweise bei der Fortsetzung des Mietverhältnisses durch Urteil gemäß § 574a Abs. 2 BGB nach Widerspruch des Mieters auf bestimmte Zeit[53] oder dessen Begründung im Hausratsverfahren (§ 5 Abs. 2 HausratsVO, str. und seit dem 01.09.2009 außer Kraft)[54]. Seit dem 01.09.2009 unterliegt die Regelung der Nutzung einer – vormals – **ehelichen Wohnung** allerdings keiner eigenständigen richterlichen Gestaltungsbefugnis mehr, sondern es bestehen allenfalls entsprechende Ansprüche eines Ehegatten (§ 1568a BGB)[55] und der Vermieter kann bei Vorliegen der Voraussetzungen des § 575 Abs. 1 BGB oder wenn die Begründung eines unbefristeten Mietverhältnisses unter Würdigung seiner berechtigten Interessen unbillig ist, eine angemessene Befristung eines von ihm einzugehenden Mietverhältnisses verlangen (§ 1568a Abs. 5 Satz 2 BGB).[56]

37 Eine **zeitliche Begrenzung der Befristung** nach dem Mietrechtsreformgesetz vom 19.06.2001[57] ist nicht mehr vorgesehen.[58] Die Befristung kann daher grundsätzlich auf beliebige Dauer erfolgen.[59] Einer allzu langen Befristungsdauer steht indessen das Erfordernis des Bestehens einer hinreichend konkreten Verwendungsabsicht des Vermieters bereits im Zeitpunkt des Vertragsschlusses entgegen. **Formularmäßig vorformulierte Laufzeiten** unterliegen der Inhaltskontrolle nach § 307 Abs. 1 und 2 BGB.[60] Ob formularvertraglich eine längere Befristung als fünf Jahre möglich ist, erscheint im Hinblick auf damit verbundene Bindung des Mieters und Einschränkung seiner Dispositionsbefugnis bei

---

[49] *Kellendorfer* in: Müller/Walther, Miet- und Pachtrecht, § 575 Rn. 32.

[50] BayObLG München v. 02.07.1993 - RE-Miet 5/92 - juris Rn. 10 - NJW-RR 1993, 1164-1165 und AG Worms v. 18.02.2005 - 2 C 253/04 - juris Rn. 17.

[51] *Blank* in: Schmidt-Futterer, Mietrecht, 10. Aufl. 2011, § 575 Rn. 75; *Hannemann* in: Hannemann/Wiegner, Münchener Anwaltshandbuch Mietrecht, 3. Aufl. 2010, § 29 Rn. 25 und *Lammel*, Wohnraummietrecht, 3. Aufl. 2007, § 575 Rn. 9.

[52] *Weidenkaff* in: Palandt, vor § 535 Rn. 13 sowie *Riecke* in: Schmid/Harz, Fachanwaltskommentar Mietrecht, 3. Aufl. 2012, § 575 Rn. 7.

[53] LG Siegen v. 28.11.1990 - 3 S 323/90 - juris Rn. 8 - NJW-RR 1991, 1113-1114.

[54] BayObLG München v. 13.08.1973 - BReg 3 Z 9/73 - NJW 1973, 2295-2299, *Hannappel* in: Bamberger/Roth, § 575 Rn. 4; *Lammel*, Wohnraummietrecht, 3. Aufl. 2007, § 575 Rn. 10 sowie *Rolfs* in: Staudinger, § 575 Rn. 9.

[55] *Wellenhofer* in: MünchKomm-BGB, § 1568a Rn. 5 und 9.

[56] Vgl. ausführlich zur Zuweisung der Ehewohnung anlässlich der Scheidung *Blank*, WuM 2009, 555-558, 555 ff. und *Götz/Brudermüller*, NJW 2008, 3025-3031, 3027 ff.

[57] BGBl I 2001, 1149.

[58] *Blank* in: Schmidt-Futterer, Mietrecht, 10. Aufl. 2011, § 575 Rn. 6.

[59] *Hannemann* in: Hannemann/Wiegner, Münchener Anwaltshandbuch Mietrecht, 3. Aufl. 2010, § 29 Rn. 28.

[60] BGH v. 06.04.2005 - VIII ZR 27/04 - juris Rn. 16 - NJW 2005, 1575-1576 und – betreffend eine Reparaturkostenversicherung – BGH v. 28.06.1995 - IV ZR 19/94 - juris Rn. 19 - NJW 1995, 2710-2712; *Riecke* in: Schmid/Harz, Fachanwaltskommentar Mietrecht, 3. Aufl. 2012, § 575 Rn. 35; *Kandelhard* in: Herrlein/Kandelhard, ZAP-Praxiskommentar Mietrecht, 4. Aufl. 2010, § 544 Rn. 12 und *Hinz*, NZM 2003, 659-666, 660.

sinkenden Mietpreisen oder unvorhergesehenen Veränderungen seiner persönlichen und wirtschaftlichen Verhältnisse fraglich.[61]

Während der Dauer der vereinbarten Laufzeit eines befristeten Mietverhältnisses sind beide Vertragsparteien **mit einer ordentlichen Kündigung ausgeschlossen** (§ 542 Abs. 2 BGB). Zulässig sind nur außerordentliche – befristete oder fristlose – Kündigungen. 38

Die **Vereinbarung eines befristeten Ausschlusses des Kündigungsrechts** ist auch ohne Befristungsgrund möglich. Denn hier endet das Mietverhältnis nicht auf Grund Zeitablaufes, sondern erst durch eine nach Ablauf der Ausschlussfrist erklärte Kündigung. Die Regelung des § 575 BGB soll den Mieter darüber hinaus vor dem Verlust der Wohnung, nicht aber vor einer längeren Bindung an den Vertrag schützen, wie sie durch die Vereinbarung eines befristeten Kündigungsausschlusses beabsichtigt ist. Die Vereinbarung eines befristeten Kündigungsausschlusses ist daher nicht einem unzulässigen Zeitmietvertrag im Sinne des § 575 Abs. 1 und 4 BGB gleichzusetzen.[62] Vgl. hierzu und zum zulässigen Umfang eines Kündigungsausschlusses auch die Anmerkungen und Nachweise in der Kommentierung zu § 573c BGB Rn. 65 ff. 39

Ebenso ist deshalb unabhängig von einem Befristungsgrund die Befristung des Mietverhältnisses zulässig, wenn zugleich vereinbart wird, dass dieses sich bei Ablauf der vertraglich vereinbarten Laufzeit auf unbestimmte Zeit verlängert ("**Verlängerungsklausel**"), denn auch hier endet das Vertragsverhältnis nicht auf Grund der Befristung (str.).[63] Nicht mehr zulässig ist seit In-Kraft-Treten des Mietrechtsreformgesetzes zum 01.09.2001[64] dagegen die Vereinbarung einer wiederholten Verlängerung um eine bestimmte Dauer[65], beispielsweise jeweils ein Jahr; vgl. hierzu die Kommentierung zu § 573c BGB Rn. 85. 40

III. Rechtsfolge: wirksame Befristung des Mietverhältnisses

Sind die vorstehenden Voraussetzungen erfüllt, ist der abgeschlossene Mietvertrag in wirksamer Weise befristet. Das Mietverhältnis endet mit Ablauf der vertraglich festgelegten Dauer; eine vorherige ordentliche Kündigung ist nicht möglich (§ 542 Abs. 2 BGB).[66] 41

Liegt dagegen bei Vertragsschluss kein hinreichender gesetzlicher Befristungsgrund vor, oder teilt der Vermieter diesen dem Mieter nicht formgerecht mit, **entfaltet die Befristung keine Wirkung** und der Mietvertrag gilt als auf unbestimmte Zeit abgeschlossen (§ 575 Abs. 1 Satz 2 BGB). 42

Ob eine **Umdeutung** (§ 140 BGB) einer unwirksamen Befristung in einen befristeten beiderseitigen Kündigungsausschluss möglich ist, ist im Wege der Auslegung zu ermitteln (str.)[67]: Haben die Parteien 43

---

[61] *Riecke* in: Schmid/Harz, Fachanwaltskommentar Mietrecht, 3. Aufl. 2012, § 575 Rn. 38; *Kandelhard* in: Herrlein/Kandelhard, ZAP-Praxiskommentar Mietrecht, 4. Aufl. 2010, § 544 Rn. 19; *Derleder*, NZM 2001, 649-657, 655; jedenfalls mehr als zehn Jahre unzulässig *Hinz*, NZM 2003, 659-666, 661; a.A. – zu einem Kündigungsausschluss von zehn Jahren – LG Berlin v. 15.01.2002 - 65 S 559/00 - juris Rn. 15 - MM 2002, 141-142; im Hinblick auf § 544 BGB (30 Jahre) *Blank*, ZMR 2002, 797-802, 801.

[62] BGH v. 23.11.2005 - VIII ZR 154/04 - juris Rn. 12 - WuM 2006, 97-100; BGH v. 06.04.2005 - VIII ZR 27/04 - juris Rn. 11 - NJW 2005, 1575-1576; BGH v. 06.10.2004 - VIII ZR 2/04 - juris Rn. 9 - WuM 2004, 672-673; BGH v. 14.07.2004 - VIII ZR 294/03 - juris Rn. 8 - WuM 2004, 543-544; BGH v. 30.06.2004 - VIII ZR 379/03 - juris Rn. 12 - WuM 2004, 542-543; BGH v. 22.12.2003 - VIII ZR 81/03 - juris Rn. 17 - MM 2004, 119-120; *Blank* in: Schmidt-Futterer, Mietrecht, 10. Aufl. 2011, § 575 Rn. 67; *Rolfs* in: Staudinger, § 575 Rn. 15 und – insoweit auch – *Derleder* in: *Derleder*, NZM 2004, 247-249, 247; a.A. *Kandelhard* in: Kandelhard, WuM 2004, 129-133, 130.

[63] *Rolfs* in: Staudinger, § 575 Rn. 11 und *Blank* in: Schmidt-Futterer, Mietrecht, 10. Aufl. 2011, § 575 Rn. 79; offen BGH v. 06.04.2005 - VIII ZR 155/04 - juris Rn. 17 - NJW 2005, 1572-1574 m.w.N.

[64] BGBl I 2001, 1149.

[65] LG Nürnberg-Fürth v. 24.06.2005 - 7 S 1557/05 - juris Rn. 7 - WuM 2005, 789-790.

[66] BGH v. 16.09.2008 - VIII ZR 112/08 - juris Rn. 2 - WuM 2009, 48 und BGH v. 18.04.2007 - VIII ZR 182/06 - juris Rn. 19 - WuM 2007, 319-322.

[67] LG Nürnberg-Fürth v. 24.06.2005 - 7 S 1557/05 - juris Rn. 7 - WuM 2005, 789-790; *Weidenkaff* in: Palandt, § 575 Rn. 12; *Blank* in: Schmidt-Futterer, Mietrecht, 10. Aufl. 2011, § 575 Rn. 29 und wohl auch *Kandelhard* in: Herrlein/Kandelhard, ZAP-Praxiskommentar Mietrecht, 4. Aufl. 2010, § 575 Rn. 38; a.A. – Umdeutung grundsätzlich ausgeschlossen – *Kellendorfer* in: Müller/Walther, Miet- und Pachtrecht, § 575 Rn. 38.

§ 575

— wie regelmäßig[68] — die zeitliche Begrenzung nur auf Grund konkreter Interessen des Vermieters vereinbart, so scheidet eine Umdeutung aus.[69] Ergeben die Umstände dagegen ausnahmsweise, dass sich beide Parteien durch die Vereinbarung für gewisse Zeit an das Vertragsverhältnis binden wollten, spricht dies für die Umdeutung in einen befristeten Kündigungsausschluss.[70]

1. Abdingbarkeit

44 Vgl. hierzu Rn. 102.

2. Praktische Hinweise

45 Nach Ablauf der Befristung kann eine **stillschweigende Verlängerung** des Mietverhältnisses in Betracht kommen (§ 545 BGB), sofern dies nicht vertraglich ausgeschlossen ist.

46 Die Gewährung einer **Räumungsfrist** kommt bei Beendigung eines befristeten Mietverhältnisses nach § 575 BGB infolge des Ablaufes der Befristung nicht in Betracht (§§ 721 Abs. 7, 794a Abs. 5 ZPO), allenfalls Vollstreckungsschutz nach § 765a ZPO.

47 Eine **Belehrung** des Mieters über die Rechtsfolgen der Befristung durch den Vermieter ist nicht erforderlich.

48 Macht der Vermieter **schuldhaft falsche Angaben** zum Befristungsgrund, sei es, dass ein solcher überhaupt nicht besteht, oder sei es, dass der genannte zulässige Befristungsgrund nur vorgeschoben ist, um aus anderen, unzulässigen Gründen eine Befristung zu erreichen, liegt darin eine Pflichtverletzung, die ihn zum Schadensersatz verpflichtet (§ 280 BGB). Dieser kann zwar im Wege der **Naturalrestitution** (§ 249 Satz 1 BGB) grundsätzlich auch auf eine Wiedereinräumung des Besitzes gerichtet sein, was aber oftmals an der zwischenzeitlich erfolgten anderweitigen Verwendung scheitern wird.[71]

IV. Prozessuale Hinweise/Verfahrenshinweise

49 Der Vermieter, der sich im Rahmen des Räumungsrechtsstreits auf die Beendigung des Mietverhältnisses infolge des Ablaufes der Befristung beruft, muss **darlegen und beweisen**, dass ein wirksamer befristeter Mietvertrag zustande gekommen ist, also auch das Vorliegen der materiellen und formellen Voraussetzungen hierfür.

V. Anwendungsfelder — Übergangsrecht

50 Auf ein **am 01.09.2001 bestehendes Mietverhältnis auf bestimmte Zeit** sind § 564c BGB a.F. in Verbindung mit § 564b BGB a.F. sowie die §§ 556a, 556c, 565a Abs. 1, 570 BGB a.F. in der bis zu diesem Zeitpunkt geltenden Fassung anzuwenden (Art. 229 § 3 Abs. 3 EGBGB).

51 Die Neuregelung durch das **Mietrechtsreformgesetz** vom 19.06.2001[72] findet dagegen auf alle Mietverträge Anwendung, die nach dem 31.08.2001 abgeschlossen wurden.

52 Für das Greifen der Übergangsregelung ist **allein maßgeblich ist, ob der Mietvertrag vor dem 01.09.2001 abgeschlossen wurde**. Unerheblich ist dagegen, ob das Mietverhältnis zu diesem Zeitpunkt bereits in Vollzug gesetzt wurde, sprich die vereinbarte Mietzeit schon begonnen hatte.[73]

---

[68] *Weidenkaff* in: Palandt, § 575 Rn. 12.
[69] LG Nürnberg-Fürth v. 24.06.2005 - 7 S 1557/05 - juris Rn. 7 - WuM 2005, 789-790 und AG Augsburg v. 04.08.2004 - 16 C 2510/04 - juris Rn. 10 - WuM 2004, 541-542.
[70] *Blank* in: Schmidt-Futterer, Mietrecht, 10. Aufl. 2011, § 575 Rn. 29 und *Derleder*, NZM 2001, 649-657, 653.
[71] *Lammel*, Wohnraummietrecht, 3. Aufl. 2007, § 575 Rn. 82.
[72] BGBl I 2001, 1149.
[73] BGH v. 19.09.2006 - VIII ZR 336/04 - juris Rn. 6 - NSW EGBGB Art. 229 § 3 (BGH-intern) und *Häublein* in: MünchKomm-BGB, § 575 Rn. 14; a.A. *Lammel*, Wohnraummietrecht, 3. Aufl. 2007, § 575 Rn. 82.

B. Kommentierung zu Absatz 2

I. Grundlagen

1. Kurzcharakteristik

§ 575 Abs. 2 BGB gibt dem Mieter einen Anspruch auf Auskunft des Vermieters über das Fortbestehen des vertraglich vereinbarten Befristungsgrundes sowie, im Falle von dessen verspäteter Erfüllung, einen Anspruch auf entsprechende Verlängerung des Mietverhältnisses.

53

2. Gesetzgebungsgeschichte und -materialien

Vgl. hierzu zunächst Rn. 2. § 575 Abs. 2 BGB wurde durch das **Mietrechtsreformgesetz** vom 19.06.2001[74] neu in das Gesetz eingefügt. Zuvor sah § 564c Abs. 2 Satz 2 BGB a.F. eine Mitteilungspflicht des Vermieters über das Fortbestehen von dessen Verwendungsabsicht vor, deren Nichterfüllung dem Mieter einen Anspruch auf entsprechende Verlängerung des Mietverhältnisses gab.

54

3. Regelungsprinzipien

Der Auskunftsanspruch des Mieters dient dazu, ihm Klarheit über die Möglichkeiten einer Verlängerung des Mietverhältnisses wegen späteren Eintritts des Befristungsgrundes oder dessen Wegfall nach § 575 Abs. 3 BGB zu verschaffen.

55

II. Anwendungsvoraussetzungen

1. Normstruktur

Absatz 2 Satz 1:
- Tatbestandsmerkmale:
  - Zeitmietvertrag nach § 575 Abs. 1 Satz 1 BGB,
  - nur noch vier Monate oder weniger bis zum Ablauf der Befristung.
- Rechtsfolge:
  - Anspruch des Mieters gegen den Vermieter auf Auskunft binnen eines Monats, ob der Befristungsgrund noch besteht.

56

Absatz 2 Satz 2:
- Tatbestandsmerkmale:
  - verspätete Erfüllung des Auskunftsanspruchs nach § 575 Abs. 2 Satz 1 BGB.
- Rechtsfolge:
  - Anspruch des Mieters, vom Vermieter die Verlängerung des Mietverhältnisses um den Zeitraum der Verspätung zu verlangen.

57

2. Zeitmietvertrag nach Absatz 1 Satz 1

Vgl. hierzu Rn. 1.

58

3. Nur noch vier Monate oder weniger bis zum Ablauf der Befristung

Der Mieter kann seinen Auskunftsanspruch nach § 575 Abs. 2 Satz 1 BGB **frühestens vier Monate vor Ablauf der vertraglich vereinbarten Befristung** geltend machen. Ein **verfrühtes** Auskunftsverlangen kann in ein Auskunftsverlangen zum zulässigen Termin umgedeutet werden, sofern ein hinreichender zeitlicher Zusammenhang zum vereinbarten Ablauf der Befristung gewahrt bleibt.[75]

59

Das Auskunftsverlangen muss **spätestens** einen Monat vor Ablauf der Befristung geltend gemacht werden. Dies folgt daraus, dass der Vermieter erst einen Monat nach Zugang des Auskunftsverlangens zur Auskunft verpflichtet ist (§ 575 Abs. 2 Satz 1 BGB), eine solche Verpflichtung aber nach Beendi-

60

---

[74] BGBl I 2001, 1149.
[75] *Blank* in: Schmidt-Futterer, Mietrecht, 10. Aufl. 2011, § 575 Rn. 32.

gung des Mietvertrages durch den Ablauf der Befristung mangels vertraglicher Bindung nicht mehr besteht.[76]

III. Rechtsfolgen

1. Anspruch des Mieters gegen den Vermieter auf Auskunft binnen eines Monats, ob der Befristungsgrund noch besteht (Absatz 2 Satz 1)

61 Eine bestimmte **Form** ist für die Geltendmachung des Auskunftsanspruches nicht vorgeschrieben, eine schriftliche Erhebung aber schon im Hinblick auf den eventuell erforderlichen Nachweis empfehlenswert.

62 Dem **Vermieter** obliegt es, sich gegenüber dem Mieter **binnen eines Monats** ab Zugang von dessen Auskunftsbegehren zu erklären. Auch für die Erklärung des Vermieters ist eine bestimmte **Form** nicht vorgeschrieben. Auch hier ist aber eine schriftliche Erteilung der Auskunft schon im Hinblick auf einen später eventuell erforderlichen Nachweis sinnvoll.

63 Die Mitteilung des Vermieters muss **Angaben dazu beinhalten**, ob der mietvertragliche vereinbarte Befristungsgrund fortbesteht und wann genau er realisiert wird. Hat der Vermieter zulässigerweise im Mietvertrag mehrere **Befristungsgründe alternativ oder hilfsweise** geltend gemacht (vgl. insoweit Rn. 7), so muss er dies auf das Auskunftsverlangen des Mieters nun konkretisieren.[77]

64 Ein **Auswechseln** des bei Abschluss des Mietvertrages genannten Befristungsgrundes ist – wie nach bisherigem Recht – nicht zulässig (str.)[78], vgl. hierzu Rn. 26.

65 **Wird die Auskunft fristgerecht erteilt und besteht der Befristungsgrund fort**, endet das Mietverhältnis mit Ablauf der vereinbarten Befristung. Für das (Nicht-)Bestehen des Befristungsgrundes ist dabei allein der Zeitraum von vier Monaten vor dem Ablauf der Befristung maßgeblich. Unerheblich ist, ob in der Zeit davor der Befristungsgrund durchgängig bestand.[79]

66 **Verspätete Erfüllung des Auskunftsanspruchs nach Absatz 2 Satz 1**: Vgl. zur vom Vermieter zu erteilenden Auskunft zunächst Rn. 62.

67 **Verspätet** ist diese Auskunft, wenn sie dem Mieter später als einen Monat nach Zugang seiner Anfrage beim Vermieter zugeht.[80]

68 Erfolgt bis zum Ablauf der Befristung trotz rechtzeitiger Anfrage (vgl. hierzu die Anmerkungen unter rechtzeitiges Auskunftsverlangen, Rn. 60) **überhaupt keine Mitteilung** des Vermieters, so tritt nach Auffassung des Rechtsausschusses des Bundestages eine stillschweigende Verlängerung des Mietverhältnisses auf unbestimmte Zeit gemäß § 545 BGB ein.[81] Ist diese Vorschrift – wie häufig – mietvertraglich ausgeschlossen, so kann der Mieter die Verlängerung nach § 575 Abs. 2 Satz 2 BGB auch noch nach dem infolge des Ablaufes der Befristung eingetretenen Ende des Mietvertrages verlangen, da dem Vermieter die Berufung hierauf nach Treu und Glauben versagt ist (§§ 242, 162 BGB).[82]

---

[76] *Rolfs* in: Staudinger, § 575 Rn. 55; *Kellendorfer* in: Müller/Walther, Miet- und Pachtrecht, § 575 Rn. 41 und *Blank* in: Blank/Börstinghaus, Miete, 3. Aufl. 2008, § 575 Rn. 35.

[77] LG Hamburg v. 30.04.1992 - 334 S 155/91 - juris Rn. 2 - WuM 1992, 375.

[78] *Rolfs* in: Staudinger, § 575 Rn. 57 und *Häublein* in: MünchKomm-BGB, § 575 Rn. 28; a.A. – Auswechseln bei „gleichwertigem Befristungsinteresse" zulässig – *Blank* in: Blank/Börstinghaus, Miete, 3. Aufl. 2008, § 575 Rn. 45 f.

[79] *Rolfs* in: Staudinger, § 575 Rn. 53; *Lützenkirchen* in: Lützenkirchen/Löfflad, Neue Mietrechtspraxis, 2001, Rn. 411 und – im Ergebnis ebenso – *Blank* in: Schmidt-Futterer, Mietrecht, 10. Aufl. 2011, § 575 Rn. 48.

[80] *Weidenkaff* in: Palandt, § 575 Rn. 13.

[81] Vgl. BT-Drs. 14/5663, S. 83.

[82] Im Ergebnis ebenso – Fortsetzungsverlangen nach § 575 Abs. 3 Satz 2 BGB (analog) – *Blank* in: Schmidt-Futterer, Mietrecht, 10. Aufl. 2011, § 575 Rn. 45 und *Lammel*, Wohnraummietrecht, 3. Aufl. 2007, § 575 Rn. 58; a.A. – keine Verlängerung, sondern nur Schadensersatz wegen Verletzung einer Nebenpflicht gemäß § 280 BGB – *Schach* in: Kinne/Schach/Bieber, Miet- und Mietprozessrecht, 6. Aufl. 2011, § 575 Rn. 4.

2. Anspruch des Mieters, vom Vermieter die Verlängerung des Mietverhältnisses um den Zeitraum der Verspätung zu verlangen (Absatz 2 Satz 2)

Der Mieter kann bei einer verspäteten Auskunft des Vermieters über das Fortbestehen des Befristungsgrundes die Verlängerung des Mietverhältnisses um einen entsprechenden Zeitraum verlangen. Dabei handelt es sich nicht um ein – einseitiges – Gestaltungsrecht des Mieters, dessen Ausübung zur Verlängerung des Mietverhältnisses führt, sondern vielmehr um einen **Anspruch auf Abschluss eines entsprechenden Vertrages** mit dem Vermieter. 69

Das Mietverhältnis **endet nach Ablauf der Verlängerung**, ohne dass eine Kündigung erforderlich wäre. 70

Ohne ein Fortsetzungsverlangen des Mieters endet das Mietverhältnis mit Ablauf der Befristung.[83] 71

a. Abdingbarkeit

Vgl. hierzu Rn. 102. 72

b. Praktische Hinweise

Eine gesetzliche Verpflichtung des Vermieters zum **Hinweis auf den Auskunftsanspruch** besteht nicht.[84] 73

Macht der Vermieter auf die Anfrage des Mieters nach § 575 Abs. 2 Satz 1 BGB **schuldhaft falsche Angaben**, so verpflichtet ihn dies zum Schadensersatz. Vgl. hierzu auch die Erläuterungen zur Haftung des Vermieters bei falschen Angaben bereits bei Vertragsschluss in Rn. 48. Der Mieter muss allerdings, sofern er vor Beendigung des Mietverhältnisses von der Pflichtverletzung des Vermieters Kenntnis erlangt hat, von seiner Möglichkeit Gebrauch machen, eine Verlängerung des Mietverhältnisses nach § 575 Abs. 3 Satz 1 und Satz 2 BGB zu begehren, um sich nicht dem Vorwurf des **Mitverschuldens** (§ 254 BGB) auszusetzen.[85] 74

IV. Prozessuale Hinweise/Verfahrenshinweise

Die **Darlegungs- und Beweislast** für den Zugang des Auskunftsverlangens und den bis zum Eingang der Auskunft verstrichenen Zeitraum, um den das Mietverhältnis verlängert werden soll, trifft den Mieter. 75

V. Anwendungsfelder – Übergangsrecht

Vgl. hierzu Rn. 50. 76

C. Kommentierung zu Absatz 3

I. Grundlagen

1. Kurzcharakteristik

§ 575 Abs. 3 BGB gibt dem Mieter die Möglichkeit, bei einer Verzögerung des Eintritts des Befristungsgrundes eine entsprechende Verlängerung des befristeten Mietverhältnisses und bei dessen Wegfall eine Verlängerung auf unbestimmte Zeit zu verlangen. 77

2. Gesetzgebungsgeschichte und -materialien

Die Vorgängerregelung § 564c Abs. 2 Satz 2 BGB a.F. wurde durch das Gesetz zur Erhöhung des Angebots an Mietwohnungen vom 20.12.1982[86] in das BGB eingefügt. 78

---

[83] *Lammel*, Wohnraummietrecht, 3. Aufl. 2007, § 575 Rn. 58.
[84] *Weidenkaff* in: Palandt, § 575 Rn. 10.
[85] *Lammel*, Wohnraummietrecht, 3. Aufl. 2007, § 575 Rn. 82.
[86] BGBl I 1982, 1912.

79 Das **Mietrechtsreformgesetz** vom 19.06.2001[87] knüpft mit § 575 Abs. 3 BGB hieran an. Im Unterschied zum bisherigen Recht ist es allerdings unbeachtlich, ob die Verzögerung auf ein Verschulden des Vermieters zurückgeht oder nicht.[88] Ferner kann der Mieter bei endgültigem Wegfall des Befristungsgrundes eine Verlängerung des Mietverhältnisses auf unbestimmte Zeit verlangen.

3. Regelungsprinzipien

80 § 575 Abs. 3 BGB soll einerseits dem Mieter die Wohnung erhalten, solange der Vermieter diese wegen einer Verzögerung der nach der Befristung angestrebten Verwendung noch nicht benötigt, und andererseits dem Vermieter den Vorteil der Befristung des Mietvertrages solange erhalten, wie sein berechtigtes Befristungsinteresse besteht.

II. Anwendungsvoraussetzungen

1. Normstruktur

81 Absatz 3 Satz 1:
- Tatbestandsmerkmale:
  - Zeitmietvertrag nach § 575 Abs. 1 BGB,
  - Verzögerung des Eintritts des Grundes der Befristung.
- Rechtsfolge:
  - Recht des Mieters, eine Verlängerung des Mietverhältnisses um einen entsprechenden Zeitraum zu verlangen.

82 Absatz 3 Satz 2:
- Tatbestandsmerkmale:
  - Zeitmietvertrag nach § 575 Abs. 1 BGB
  - Entfallen des Grundes der Befristung
- Rechtsfolge:
  - Recht des Mieters, eine Verlängerung des Mietverhältnisses auf unbestimmte Zeit zu verlangen

2. Zeitmietvertrag nach Absatz 1

83 Vgl. hierzu Rn. 1.

3. Verzögerung des Eintritts des Grundes der Befristung

84 Eine **Verzögerung** der beabsichtigten Verwendung liegt vor, wenn der Vermieter seine Verwendungsabsicht nicht unmittelbar nach dem Ende der Befristung realisiert. Keine Verzögerung liegt vor, soweit der Vermieter die Zeit nur zur Vorbereitung der beabsichtigen Verwendung benötigt.[89]

85 Aus welchem Grund sich die Verzögerung ergibt, ist unerheblich. Ebenso hängt der Anspruch des Mieters auf Verlängerung des Mietverhältnisses – entgegen der Rechtslage vor dem **Mietrechtsreformgesetz** vom 19.06.2001[90] – nicht davon ab, ob den Vermieter an der Verzögerung ein Verschulden trifft oder nicht.[91]

4. Entfallen des Grundes der Befristung

86 Es ist notwendig, aber auch ausreichend, dass der **im Mietvertrag genannte Befristungsgrund** entfallen ist. Ein **Auswechseln** des dort bezeichneten Grundes ist grundsätzlich nicht zulässig, vgl. hierzu Rn. 26.

---

[87] BGBl I 2001, 1149.
[88] *Blank* in: Schmidt-Futterer, Mietrecht, 10. Aufl. 2011, § 575 Rn. 47.
[89] *Rolfs* in: Staudinger, § 575 Rn. 72.
[90] BGBl I 2001, 1149.
[91] *Blank* in: Schmidt-Futterer, Mietrecht, 10. Aufl. 2011, § 575 Rn. 47.

III. Rechtsfolgen

1. Bei Verzögerung des Befristungsgrundes: Recht des Mieters, eine Verlängerung des Mietverhältnisses um einen entsprechenden Zeitraum zu verlangen (Absatz 3 Satz 1)

Der Mieter kann bei einer Verzögerung der Realisierung des Befristungsgrundes durch den Vermieter die Verlängerung des Mietverhältnisses um einen entsprechenden Zeitraum verlangen. Dabei handelt es sich nicht um ein – einseitiges – Gestaltungsrecht des Mieters, dessen Ausübung zur Verlängerung des Mietverhältnisses führt, sondern vielmehr um einen **Anspruch auf Abschluss eines entsprechenden Vertrages** mit dem Vermieter (str.).[92]

Der Verlängerungsanspruch muss **vor dem Ende des Mietverhältnisses**, d.h. vor Ablauf von dessen Befristung, geltend gemacht werden, da ein beendetes Mietverhältnis nicht mehr verlängert werden kann.[93] Die Geltendmachung ist auch dann nicht entbehrlich, wenn der Vermieter eine Fortsetzung des Mietverhältnisses von vornehrein ablehnt.[94]

Eine Geltendmachung des Verlängerungsanspruches **nach Ablauf der Befristung** ist nur möglich, wenn der Vermieter unter Verstoß gegen seine vertraglichen Pflichten nach § 575 Abs. 2 Satz 1 BGB auf eine rechtzeitige Anfrage des Mieters unrichtig oder erst nach Beendigung des Mietverhältnisses geantwortet hat,[95] vgl. hierzu auch Rn. 68.

Die **Annahme** des Angebots durch den Vermieter kann – nach allgemeinen Grundsätzen – auch stillschweigend erfolgen. Allein ein Schweigen auf das Verlangen des Mieters hin reicht demnach aber regelmäßig nicht aus.

Durch die Annahme des Angebots des Mieters wird **der ursprüngliche Mietvertrag** zu den dort vereinbarten Bedingungen um die Dauer der Verzögerung fortgesetzt. Eine Abänderung der Vertragsbedingungen ist nur einvernehmlich, aber nicht auf einseitiges Verlangen einer der Parteien möglich.

2. Bei Entfallen des Befristungsgrundes: Recht des Mieters, eine Verlängerung des Mietverhältnisses auf unbestimmte Zeit zu verlangen (Absatz 3 Satz 2)

Der spätere Wegfall des Befristungsgrundes wird dessen ursprünglichem Fehlen gleichgestellt und gibt deshalb dem Mieter das Recht, eine Verlängerung des Mietverhältnisses auf unbestimmte Zeit zu verlangen. Auch hierbei handelt es sich nicht um ein – einseitiges – Gestaltungsrecht des Mieters, dessen Ausübung zur Verlängerung des Mietverhältnisses führt, sondern vielmehr um einen **Anspruch auf Abschluss eines entsprechenden Vertrages** mit dem Vermieter, vgl. insoweit die Anmerkungen oben unter Verlängerungsanspruch (vgl. Rn. 87).

Der Mieter kann nach dem Gesetz nur eine Verlängerung des Mietvertrages **auf unbestimmte Zeit** verlangen, eine Beschränkung auf eine befristete Verlängerung ist nicht möglich. Denn dadurch würde abweichend von der Intention des Gesetzgebers, Zeitmietverträge nur bei Vorliegen der vermieterseitigen Befristungsgründe nach § 575 Abs. 1 BGB zuzulassen, die Möglichkeit geschaffen, durch eine mieterseitige Willenserklärung ein befristetes Mietverhältnis zu begründen.[96]

Der Verlängerungsanspruch muss **vor dem Ende des Mietverhältnisses**, d.h. vor Ablauf von dessen Befristung, geltend gemacht werden, da ein beendetes Mietverhältnis nicht mehr verlängert werden kann.[97] Die Geltendmachung ist auch dann nicht entbehrlich, wenn der Vermieter eine Fortsetzung des

---

[92] LG Köln v. 30.01.1997 - 1 S 183/96 - juris Rn. 13 - WuM 1999, 218-219; *Lützenkirchen* in: Lützenkirchen/Löfflad, Neue Mietrechtspraxis, 2001 Rn. 414 sowie *Weidenkaff* in: Palandt, § 575 Rn. 18; a.A. – Gestaltungsrecht – *Lammel*, Wohnraummietrecht, 3. Aufl. 2007, § 575 Rn. 69.

[93] *Blank* in: Blank/Börstinghaus, Miete, 3. Aufl. 2008, § 575 Rn. 35 und *Rolfs* in: Staudinger, § 575 Rn. 75.

[94] LG Karlsruhe v. 09.03.1990 - 9 S 526/89 - juris Rn. 5 - DWW 1990, 178-179.

[95] *Weidenkaff* in: Palandt, § 575 Rn. 17 und im Ergebnis ebenso – Verlangen auf Fortsetzung aus § 280 Abs. 1 BGB als Schadensersatz – *Rolfs* in: Staudinger, § 575 Rn. 75.

[96] *Lammel*, Wohnraummietrecht, 3. Aufl. 2007, § 575 Rn. 73.

[97] *Blank* in: Blank/Börstinghaus, Miete, 3. Aufl. 2008, § 575 Rn. 35.

§ 575

Mietverhältnisses von vorneherein ablehnt.[98] Eine Geltendmachung des Verlängerungsanspruches **nach Ablauf der Befristung** ist nur möglich, wenn der Vermieter unter Verstoß gegen seine vertraglichen Pflichten nach § 575 Abs. 2 Satz 1 BGB auf eine rechtzeitige Anfrage des Mieters unrichtig oder erst nach Beendigung des Mietverhältnisses geantwortet hat[99], vgl. hierzu auch Rn. 68.

95 Die **Annahme** des Angebots durch den Vermieter kann – nach allgemeinen Grundsätzen – auch stillschweigend erfolgen. Allein ein Schweigen auf das Verlangen des Mieters reicht demnach aber nicht aus.

96 Durch die Annahme des Angebots des Mieters wird **der ursprüngliche Mietvertrag** zu den dort vereinbarten Bedingungen auf unbestimmte Zeit fortgesetzt. Eine Abänderung der Vertragsbedingungen ist nur einvernehmlich, aber nicht auf einseitiges Verlangen einer der Parteien möglich.

a. Abdingbarkeit

97 Vgl. hierzu Rn. 102.

b. Praktische Hinweise

98 Der **Vermieter ist nicht verpflichtet**, den Mieter über eine Verzögerung oder den Wegfall des Befristungsgrundes von sich aus zu informieren. Es ist vielmehr am Mieter, bei einem Interesse an der Verlängerung des Mietverhältnisses seinen Auskunftsanspruch gemäß § 575 Abs. 2 BGB geltend zu machen.[100]

IV. Prozessuale Hinweise/Verfahrenshinweise

99 Die **Darlegungs- und Beweislast** für den Eintritt des Befristungsgrundes oder die Dauer der Verzögerung bis zu dessen Realisierung trifft den Vermieter (§ 575 Abs. 3 Satz 3 BGB). Daraus folgt, dass der Vermieter einen vom Mieter behaupteten Wegfall des Befristungsgrundes widerlegen muss.[101]

100 Die Verlängerungsansprüche des Mieters müssen im Wege der **Leistungsklage** auf Abgabe einer entsprechenden Annahmeerklärung gegenüber dem Vermieter (§ 894 ZPO) geltend gemacht werden.[102] Im Rahmen des Räumungsprozesses des Vermieters hat dies im Wege einer entsprechenden Widerklage zu geschehen, die einredeweise Geltendmachung reicht nicht aus.[103]

V. Anwendungsfelder – Übergangsrecht

101 Vgl. hierzu Rn. 50.

D. Kommentierung zu Absatz 4

I. Grundlagen

1. Kurzcharakteristik

102 § 575 Abs. 4 BGB schließt zum Nachteil des Mieters von § 575 Abs. 1, 2, 3 BGB abweichende vertragliche Vereinbarungen aus.

2. Gesetzgebungsgeschichte und -materialien

103 § 575 Abs. 4 BGB wurde durch das **Mietrechtsreformgesetz** vom 19.06.2001[104] in das BGB aufgenommen. Die Unabdingbarkeit zu Lasten des Mieters von der gesetzlichen Vorgängerregelung

---

[98] LG Karlsruhe v. 09.03.1990 - 9 S 526/89 - juris Rn. 5 - DWW 1990, 178-179.
[99] *Weidenkaff* in: Palandt, § 575 Rn. 17.
[100] *Blank* in: Schmidt-Futterer, Mietrecht, 10. Aufl. 2011, § 575 Rn. 49 und *Haas*, Das neue Mietrecht, 2001, § 575 Rn. 8.
[101] *Lammel*, Wohnraummietrecht, 3. Aufl. 2007, § 575 Rn. 78.
[102] *Rolfs* in: Staudinger, § 575 Rn. 79 und *Blank* in: Blank/Börstinghaus, Miete, 3. Aufl. 2008, § 575 Rn. 65.
[103] LG Berlin v. 13.04.1999 - 64 T 14/99 - juris Rn. 5 - MDR 1999, 1436; LG Regensburg v. 28.08.1991 - 2 T 243/91 - juris Rn. 2 - WuM 1992, 194 sowie *Weidenkaff* in: Palandt, § 575 Rn. 22; ablehnend *Derleder*, NZM 2001, 649-657, 657.
[104] BGBl I 2001, 1149.

§ 564c BGB a.F. abweichender Vereinbarungen war nicht ausdrücklich angeordnet. Sie wurde im Hinblick auf Sinn und Zweck der Bestimmung sowie ihren engen Zusammenhang mit § 564b BGB a.F. und die dort in § 564b Abs. 6 BGB a.F. enthaltene Regelung aber ebenfalls angenommen.[105]

II. Anwendungsvoraussetzungen

1. Normstruktur

Normstruktur: 104
- Tatbestandsmerkmale:
  - Vereinbarung, die zu Lasten des Mieters von § 575 Abs. 1 BGB oder § 575 Abs. 2 BGB oder § 575 Abs. 3 BGB abweicht.
- Rechtsfolge:
  - Unwirksamkeit der getroffenen Vereinbarung.

2. Zu Lasten des Mieters von Absatz 1, 2, 3 abweichende Vereinbarung

Zu Lasten des Mieters wirken sämtliche Vereinbarungen, die eine Befristung des Mietverhältnisses außerhalb der gesetzlich geregelten Befristungsgründe vorsehen sowie die Auskunfts- und Verlängerungsansprüche des Mieters beschränken oder ausschließen. 105

Ein **befristeter Kündigungsausschluss** verstößt weder gegen § 575 Abs. 4 BGB, vgl. insoweit Rn. 39, noch gegen § 573c Abs. 4 BGB, vgl. hierzu die Kommentierung zu § 573c BGB Rn. 65. Bei der Auslegung, ob die Parteien einen (unwirksamen) Zeitmietvertrag nach § 575 BGB oder einen (wirksamen) zeitlich begrenzten Ausschluss der ordentlichen Kündigung vereinbart haben, ist die **Auslegungsregel** zu berücksichtigen, dass die Parteien im Zweifel dasjenige wollen, was nach den Maßstäben der Rechtsordnung wirksam ist und der wohlverstandenen Interessenlage der Parteien entspricht.[106] Sofern die Parteien eine **beiderseitige langfristige Bindung erstreben**, spricht dies bei einem fehlenden Befristungsgrund i.S.v. § 575 Abs. 1 Satz 1 BGB für die Annahme eines bloßen Kündigungsausschlusses, da ansonsten das angestrebte Ziel nicht erreicht würde.[107] Sofern eine solche Interessenlage festgestellt werden kann, steht ferner weder der Umstand, dass einer von den Parteien vereinbarten Verlängerungsoption nur bei einem Zeitmietvertrag eine Bedeutung zukommt, noch die Verwendung der Formulierung „fest vereinbarte Mietzeit" der Annahme eines Vertrages auf unbestimmte Zeit mit vereinbartem Kündigungsausschluss entgegen.[108] Schließlich ist eine solche Auslegung auch **keine unzulässige Umgehung von § 575 Abs. 4 BGB**. Denn die Neuregelung des Zeitmietvertrages in § 575 BGB durch das Mietrechtsreformgesetz sollte lediglich verhindern, dass das Wohnraummietverhältnis allein durch Zeitablauf endet, ohne dass der Mieter Kündigungsschutz genießt; der Mieter sollte somit vor dem Verlust der Wohnung, nicht aber vor einer längeren Bindung an den Vertrag geschützt werden.[109] 106

Zum **Kettenmietvertrag** vgl. Rn. 35. 107

III. Rechtsfolge: Unwirksamkeit der getroffenen Vereinbarung

Die Abweichung der Vereinbarung von § 575 Abs. 1, 2, 3 BGB führt zur Unwirksamkeit der Abreden, soweit diese für den Mieter nachteilig sind. 108

Abdingbarkeit: § 575 Abs. 4 BGB ist nach seinem Sinn und Zweck selbst ebenfalls unabdingbar. 109

IV. Anwendungsfelder – Übergangsrecht

Vgl. hierzu Rn. 50. 110

---

[105] *Blank* in: Schmidt-Futterer, Mietrecht, 7. Aufl. 1999, § 564c Rn. 66.
[106] BGH v. 13.10.2010 - VIII ZR 98/10 - juris Rn. 24 - NSW BGB § 551 (BGH-intern).
[107] BGH v. 13.10.2010 - VIII ZR 98/10 - juris Rn. 25 - NSW BGB § 551 (BGH-intern).
[108] BGH v. 13.10.2010 - VIII ZR 98/10 - juris Rn. 25 - NSW BGB § 551 (BGH-intern).
[109] BGH v. 13.10.2010 - VIII ZR 98/10 - juris Rn. 25 - NSW BGB § 551 (BGH-intern).

§ 575a BGB Außerordentliche Kündigung mit gesetzlicher Frist

(Fassung vom 02.01.2002, gültig ab 01.01.2002)

(1) Kann ein Mietverhältnis, das auf bestimmte Zeit eingegangen ist, außerordentlich mit der gesetzlichen Frist gekündigt werden, so gelten mit Ausnahme der Kündigung gegenüber Erben des Mieters nach § 564 die §§ 573 und 573a entsprechend.

(2) Die §§ 574 bis 574c gelten entsprechend mit der Maßgabe, dass die Fortsetzung des Mietverhältnisses höchstens bis zum vertraglich bestimmten Zeitpunkt der Beendigung verlangt werden kann.

(3) ¹Die Kündigung ist spätestens am dritten Werktag eines Kalendermonats zum Ablauf des übernächsten Monats zulässig, bei Wohnraum nach § 549 Abs. 2 Nr. 2 spätestens am 15. eines Monats zum Ablauf dieses Monats (gesetzliche Frist). ²§ 573a Abs. 1 Satz 2 findet keine Anwendung.

(4) Eine zum Nachteil des Mieters abweichende Vereinbarung ist unwirksam.

Gliederung

A. Kommentierung zu Absatz 1	1
I. Grundlagen	1
1. Kurzcharakteristik	1
2. Gesetzgebungsgeschichte und -materialien	2
3. Regelungsprinzipien	3
II. Anwendungsvoraussetzungen	4
1. Normstruktur	4
2. Zeitmietvertrag nach § 575 BGB	5
3. Recht zur außerordentlichen Kündigung mit gesetzlicher Frist	6
4. Kündigung des Vermieters	8
III. Rechtsfolge: Geltung der §§ 573, 573a BGB	9
IV. Anwendungsfelder – Übergangsrecht	12
B. Kommentierung zu Absatz 2	13
I. Grundlagen	13
1. Kurzcharakteristik	13
2. Gesetzgebungsgeschichte und -materialien	14
3. Regelungsprinzipien	15
II. Anwendungsvoraussetzungen	16
1. Normstruktur	16
2. Zeitmietvertrag nach § 575 BGB	17
3. Recht zur außerordentlichen Kündigung mit gesetzlicher Frist	18
4. Kündigung des Vermieters	19
III. Rechtsfolge: Geltung der §§ 574, 574a, 574b, 574c BGB	20
1. Abdingbarkeit	23
2. Praktische Hinweise	24
IV. Anwendungsfelder – Übergangsrecht	25
C. Kommentierung zu Absatz 3	26
I. Grundlagen	26
1. Kurzcharakteristik	26
2. Gesetzgebungsgeschichte und -materialien	27
3. Regelungsprinzipien	28
II. Anwendungsvoraussetzungen	29
1. Normstruktur	29
2. Zeitmietvertrag nach BGB § 575	30
3. Recht zur außerordentlichen Kündigung mit gesetzlicher Frist	31
4. Kündigung des Vermieters	32
III. Rechtsfolgen	33
1. Grundsatz: Kündigung spätestens am dritten Werktag eines Kalendermonats zum Ablauf des übernächsten Monats	33
2. Bei Wohnraum nach § 549 Abs. 2 Nr. 2 BGB Kündigung spätestens am 15. eines Monats zum Ablauf dieses Monats	34
3. Bei Kündigung des Vermieters nach den §§ 573a Abs. 1 Satz 1, 573a Abs. 2 BGB keine Verlängerung der Kündigungsfrist nach § 573a Abs. 1 Satz 1 BGB	35
4. Abdingbarkeit	36
IV. Anwendungsfelder – Übergangsrecht	37
D. Kommentierung zu Absatz 4	38
I. Grundlagen	38
1. Kurzcharakteristik	38
2. Gesetzgebungsgeschichte und -materialien	39
II. Anwendungsvoraussetzungen	40
1. Normstruktur	40
2. Zu Lasten des Mieters von Absatz 1 abweichende Vereinbarung	41
3. Zu Lasten des Mieters von Absatz 2 abweichende Vereinbarung	42
4. Zu Lasten des Mieters von Absatz 3 abweichende Vereinbarung	43
III. Rechtsfolge: Unwirksamkeit der getroffenen Vereinbarung	44
IV. Anwendungsfelder – Übergangsrecht	46

A. Kommentierung zu Absatz 1

I. Grundlagen

1. Kurzcharakteristik

§ 575a Abs. 1 BGB regelt die Voraussetzungen der außerordentlichen befristeten Kündigung eines Zeitmietvertrages nach § 575 BGB. 1

2. Gesetzgebungsgeschichte und -materialien

Die Vorschrift wurde durch das **Mietrechtsreformgesetz** vom 19.06.2001[1] in das BGB aufgenommen. Der Regelungsgehalt entspricht der auch bislang ohne ausdrückliche gesetzliche Regelung vertretenen herrschenden Auffassung.[2] 2

3. Regelungsprinzipien

§ 575a BGB stellt einerseits klar, dass auch Zeitmietverträge nach § 575 BGB außerordentlich mit gesetzlicher Frist gekündigt werden können, und regelt andererseits die Voraussetzungen einer solchen Kündigung. Diese Wiederholung der bereits in § 573d BGB enthaltenen Regelungen ist erforderlich, weil dieser auf Grund seiner Stellung im Gesetz nur für Mietverhältnisse auf unbestimmte Zeit gilt.[3] 3

II. Anwendungsvoraussetzungen

1. Normstruktur

Normstruktur: 4
- Tatbestandsmerkmale:
  - Zeitmietvertrag nach § 575 BGB,
  - Recht zur außerordentlichen Kündigung mit gesetzlicher Frist,
  - Kündigung des Vermieters.
- Rechtsfolge:
  - Geltung der §§ 573, 573a BGB.
- Ausnahme:
  - Kündigung nach § 564 BGB.

2. Zeitmietvertrag nach § 575 BGB

Vgl. hierzu die Kommentierung zu § 575 BGB Rn. 1 ff. 5

3. Recht zur außerordentlichen Kündigung mit gesetzlicher Frist

Zu den Vorschriften, die ein Recht zur außerordentlichen Kündigung mit gesetzlicher Frist einräumen, vgl. die Kommentierung zu § 573d BGB Rn. 8. 6

Auf die **Gründe, die zur Befristung des Mietverhältnisses geführt haben**, kann der Vermieter eine außerordentliche Kündigung mit gesetzlicher Frist im Hinblick darauf, dass diese ihm von Anfang an bekannt waren, nicht stützen. Dies gilt auch für einen **Rechtsnachfolger** des Vermieters.[4] 7

4. Kündigung des Vermieters

Vgl. hierzu die Kommentierung zu § 573d BGB Rn. 11. 8

---

[1] BGBl I 2001, 1149.
[2] Vgl. zu dieser *Blank* in: Schmidt-Futterer, Mietrecht, 7. Aufl. 1999, § 564b Rn. 9.
[3] *Lammel*, Wohnraummietrecht, 3. Aufl. 2007, § 575a Rn. 1.
[4] *Lammel*, Wohnraummietrecht, 3. Aufl. 2007, § 575a Rn. 6.

§ 575a

III. Rechtsfolge: Geltung der §§ 573, 573a BGB

9 § 575a Abs. 1 BGB lässt die außerordentliche befristete Kündigung eines Zeitmietvertrages nur bei Vorliegen der Voraussetzungen der §§ 573, 573a BGB zu und schreibt somit den sozialen Kündigungsschutz fest, vgl. hierzu die Kommentierung zu § 573d BGB Rn. 13.

10 Zur **Ausnahme** bei der Fortsetzung des Mietverhältnisses mit den Erben vgl. die Kommentierung zu § 564 BGB sowie die Kommentierung zu § 573d BGB Rn. 19.

11 **Abdingbarkeit**: Vgl. hierzu Rn. 38.

IV. Anwendungsfelder – Übergangsrecht

12 Die durch das **Mietrechtsreformgesetz** vom 19.06.2001[5] eingefügte Übergangsvorschrift des Art. 229 § 3 Abs. 3 EGBGB schließt die Anwendung des § 575a BGB für vor dem 01.09.2001 abgeschlossene Mietverträge aus. Da insoweit aber lediglich die auch schon zuvor herrschende Auffassung ins Gesetz aufgenommen wurde (vgl. hierzu die Anmerkungen oben unter Regelungsprinzipien, Rn. 3), ergeben sich hierdurch keine wesentlichen Unterschiede.

B. Kommentierung zu Absatz 2

I. Grundlagen

1. Kurzcharakteristik

13 § 575a Abs. 2 BGB ordnet die grundsätzliche Geltung der Vorschriften über den Widerspruch des Mieters gegenüber der vermieterseitigen Kündigung eines Zeitmietvertrages im Falle einer außerordentlichen befristeten Kündigung an und modifiziert diese zugleich hinsichtlich der zulässigen Dauer der Fortsetzung des Mietverhältnisses.

2. Gesetzgebungsgeschichte und -materialien

14 Die Vorschrift wurde durch das **Mietrechtsreformgesetz** vom 19.06.2001[6] in das BGB aufgenommen. Sie entspricht § 556b Abs. 1 BGB a.F.

3. Regelungsprinzipien

15 Vgl. hierzu zunächst die Rn. 3. § 575a Abs. 2 BGB stellt klar, dass die Sozialklausel (§§ 574, 574a, 574b, 574c BGB) auch für die außerordentliche Kündigung eines Zeitmietvertrages mit gesetzlicher Frist gilt. Dieser Verweis ist notwendig, da sich die genannten Vorschriften im zweiten Unterkapitel „Mietverhältnisse auf unbestimmte Zeit" befinden und deshalb nicht direkt anwendbar sind.

II. Anwendungsvoraussetzungen

1. Normstruktur

16 Normstruktur:
- Tatbestandsmerkmale:
  - Zeitmietvertrag nach § 575 BGB,
  - Recht zur außerordentlichen Kündigung mit gesetzlicher Frist,
  - Kündigung des Vermieters.
- Rechtsfolge:
  - Geltung der §§ 574, 574a, 574b, 574c BGB.

2. Zeitmietvertrag nach § 575 BGB

17 Vgl. hierzu die Kommentierung zu § 575 BGB Rn. 1 ff.

---

[5] BGBl I 2001, 1149.
[6] BGBl I 2001, 1149.

3. Recht zur außerordentlichen Kündigung mit gesetzlicher Frist

Zu den Vorschriften, die ein Recht zur außerordentlichen Kündigung mit gesetzlicher Frist einräumen, vgl. die Kommentierung zu § 573d BGB Rn. 8. 18

4. Kündigung des Vermieters

Vgl. hierzu die Kommentierung zu § 573d BGB Rn. 11. 19

III. Rechtsfolge: Geltung der §§ 574, 574a, 574b, 574c BGB

§ 575a Abs. 2 BGB gibt dem Mieter die Möglichkeit eines Fortsetzungsverlangens/Widerspruchs auch gegenüber der außerordentlichen befristeten Kündigung eines Zeitmietvertrages, vgl. hierzu auch die Anmerkungen oben unter Regelungsprinzipien, Rn. 15. 20

Es gelten daher die Ausführungen zu den 21
- **materiellen Voraussetzungen** des Widerspruchsrechts in der
  - Kommentierung zu § 574 BGB Rn. 1 ff.,
  - Kommentierung zu § 574 BGB Rn. 47 ff. sowie
  - Kommentierung zu § 574 BGB Rn. 69 ff.,
- **Rechtsfolgen und** der **Durchsetzung** des Fortsetzungsverlangens in der
  - Kommentierung zu § 574a BGB Rn. 1 ff. sowie
  - Kommentierung zu § 574a BGB Rn. 24 ff.,
- **formellen Vorausaussetzungen** der Geltendmachung des Widerspruchsrechts in der
  - Kommentierung zu § 574b BGB Rn. 1 ff. sowie
  - Kommentierung zu § 574b BGB Rn. 14 ff. und den
- Möglichkeiten eines **weiteren Fortsetzungsverlangens** in der
  - Kommentierung zu § 574c BGB Rn. 1 ff. sowie
  - Kommentierung zu § 574c BGB Rn. 26 ff.,entsprechend.

Allerdings ist nach § 575a Abs. 2 BGB die **Dauer der zulässigen Fortsetzung** des Mietverhältnisses auf den Zeitpunkt des Ablaufes der vertraglich vereinbarten Befristung **begrenzt**. Dies gilt unabhängig davon, ob die Härtegründe seitens des Mieters auch danach fortbestehen. Denn der Bestandsschutz des Mieters kann im Rahmen eines in zulässiger Weise abgeschlossenen Zeitmietvertrages nicht über die vereinbarte Befristung hinaus andauern.[7] 22

1. Abdingbarkeit

Vgl. hierzu Rn. 38. 23

2. Praktische Hinweise

Im Falle der außerordentlichen befristeten Kündigung kann auch eine **Räumungsfrist** über den Zeitpunkt der vertraglich bestimmten Befristung hinaus nicht gewährt werden (§§ 721 Abs. 7 Satz 2, 794a Abs. 5 Satz 2 ZPO). 24

IV. Anwendungsfelder – Übergangsrecht

Vgl. hierzu Rn. 12. 25

C. Kommentierung zu Absatz 3

I. Grundlagen

1. Kurzcharakteristik

§ 575a Abs. 3 BGB regelt die im Falle einer außerordentlichen befristeten Kündigung eines Zeitmietvertrages durch beide Vertragsparteien einzuhaltenden Kündigungsfristen. 26

---

[7] Vgl. BT-Drs. 14/4553, S. 71.

§ 575a

2. Gesetzgebungsgeschichte und -materialien

27 Die Vorschrift wurde durch das **Mietrechtsreformgesetz** vom 19.06.2001[8] in das BGB aufgenommen. Sie entspricht § 565 Abs. 5 BGB a.F., soweit dieser befristete Wohnraummietverhältnisse betraf.

3. Regelungsprinzipien

28 Die den gesetzlich vorgesehenen Fällen zur außerordentlichen befristeten Kündigung zugrunde liegenden Sachverhalte (vgl. hierzu die Kommentierung zu § 573d BGB Rn. 8) rechtfertigen es, dem jeweils Kündigungsberechtigten eine auf die gesetzliche (Mindest-)Frist abgekürzte Kündigungsfrist einzuräumen.

II. Anwendungsvoraussetzungen

1. Normstruktur

29 Normstruktur:
- Tatbestandsmerkmale:
  - Zeitmietvertrag nach § 575 BGB,
  - Recht zur außerordentlichen Kündigung mit gesetzlicher Frist,
  - Kündigung des Vermieters.
- Rechtsfolge:
  - Grundsatz: Kündigung spätestens am dritten Werktag eines Kalendermonats zum Ablauf des übernächsten Monats (§ 575a Abs. 3 Satz 1 HS. 1 BGB),
  - bei Wohnraum nach § 549 Abs. 2 Nr. 2 BGB Kündigung spätestens am 15. eines Monats zum Ablauf dieses Monats (§ 575a Abs. 3 Satz 1 HS. 2 BGB),
  - bei Kündigung des Vermieters nach den §§ 573a Abs. 1 Satz 1, 573a Abs. 2 BGB keine Verlängerung der Kündigungsfrist nach § 573a Abs. 1 Satz 1 BGB (§ 575a Abs. 3 Satz 2 BGB).

2. Zeitmietvertrag nach BGB § 575

30 Vgl. hierzu die Kommentierung zu § 575 BGB Rn. 1 ff.

3. Recht zur außerordentlichen Kündigung mit gesetzlicher Frist

31 Zu den Vorschriften, die ein Recht zur außerordentlichen Kündigung mit gesetzlicher Frist einräumen, vgl. die Kommentierung zu § 573d BGB Rn. 8.

4. Kündigung des Vermieters

32 Vgl. hierzu die Kommentierung zu § 573d BGB Rn. 11.

III. Rechtsfolgen

1. Grundsatz: Kündigung spätestens am dritten Werktag eines Kalendermonats zum Ablauf des übernächsten Monats

33 Vgl. hierzu die Kommentierung zu § 573d BGB Rn. 31.

2. Bei Wohnraum nach § 549 Abs. 2 Nr. 2 BGB Kündigung spätestens am 15. eines Monats zum Ablauf dieses Monats

34 Vgl. hierzu die Kommentierung zu § 573d BGB Rn. 34.

3. Bei Kündigung des Vermieters nach den §§ 573a Abs. 1 Satz 1, 573a Abs. 2 BGB keine Verlängerung der Kündigungsfrist nach § 573a Abs. 1 Satz 1 BGB

35 Vgl. hierzu die Kommentierung zu § 573d BGB Rn. 35.

---

[8] BGBl I 2001, 1149.

4. Abdingbarkeit
Vgl. hierzu Rn. 38.   36

IV. Anwendungsfelder – Übergangsrecht
Vgl. hierzu Rn. 12.   37

D. Kommentierung zu Absatz 4
I. Grundlagen
1. Kurzcharakteristik
§ 575a Abs. 4 BGB schließt zum Nachteil des Mieters von § 575a Abs. 1, § 575a Abs. 2, § 575a Abs. 3   38
BGB abweichende vertragliche Vereinbarungen aus.

2. Gesetzgebungsgeschichte und -materialien
§ 575a Abs. 4 BGB wurde durch das **Mietrechtsreformgesetz** vom 19.06.2001[9] in das BGB auf-   39
genommen und entspricht im Wesentlichen der bisherigen Rechtslage. § 565 BGB a.F. enthielt allerdings keine Regelung zur Unabdingbarkeit der Kündigungsfristen einer außerordentlichen befristeten
Kündigung.

II. Anwendungsvoraussetzungen
1. Normstruktur
Normstruktur: 40
- Tatbestandsmerkmale:
  - Vereinbarung, die zu Lasten des Mieters von § 575a Abs. 1 BGB oder § 575a Abs. 2 BGB oder
    § 575a Abs. 3 BGB abweicht.
- Rechtsfolge:
  - Unwirksamkeit der getroffenen Vereinbarung.

2. Zu Lasten des Mieters von Absatz 1 abweichende Vereinbarung
Es gilt das zu § 573 Abs. 4 BGB Gesagte entsprechend, vgl. daher die Kommentierung zu § 573 BGB   41
Rn. 232.

3. Zu Lasten des Mieters von Absatz 2 abweichende Vereinbarung
Es gilt das zu § 574 Abs. 4 BGB Gesagte entsprechend, vgl. daher die Kommentierung zu § 574 BGB   42
Rn. 89.

4. Zu Lasten des Mieters von Absatz 3 abweichende Vereinbarung
Es gilt das zu § 573c Abs. 4 BGB Gesagte entsprechend, vgl. daher die Kommentierung zu § 573c   43
BGB Rn. 61.

III. Rechtsfolge: Unwirksamkeit der getroffenen Vereinbarung
Die Abweichung der Vereinbarung von den §§ 575a Abs. 1, 575a Abs. 2, 575a Abs. 3 BGB führt zur   44
Unwirksamkeit der Abreden, soweit diese für den Mieter nachteilig sind.
Abdingbarkeit: § 575a Abs. 4 BGB ist nach seinem Sinn und Zweck selbst ebenfalls unabdingbar.   45

IV. Anwendungsfelder – Übergangsrecht
Vgl. hierzu Rn. 12.   46

---

[9] BGBl I 2001, 1149.

§ 576

Unterkapitel 4 - Werkwohnungen

§ 576 BGB Fristen der ordentlichen Kündigung bei Werkmietwohnungen

(Fassung vom 02.01.2002, gültig ab 01.01.2002)

(1) Ist Wohnraum mit Rücksicht auf das Bestehen eines Dienstverhältnisses vermietet, so kann der Vermieter nach Beendigung des Dienstverhältnisses abweichend von § 573c Abs. 1 Satz 2 ist mit folgenden Fristen kündigen:
1. bei Wohnraum, der dem Mieter weniger als zehn Jahre überlassen war, spätestens am dritten Werktag eines Kalendermonats zum Ablauf des übernächsten Monats, wenn der Wohnraum für einen anderen zur Dienstleistung Verpflichteten benötigt wird;
2. spätestens am dritten Werktag eines Kalendermonats zum Ablauf dieses Monats, wenn das Dienstverhältnis seiner Art nach die Überlassung von Wohnraum erfordert hat, der in unmittelbarer Beziehung oder Nähe zur Arbeitsstätte steht, und der Wohnraum aus dem gleichen Grund für einen anderen zur Dienstleistung Verpflichteten benötigt wird.

(2) Eine zum Nachteil des Mieters abweichende Vereinbarung ist unwirksam.

Gliederung

A. Kommentierung zu Absatz 1 1	1. Bei gewöhnlichen Werkmietwohnungen: Kündigung spätestens am dritten Werktag eines Kalendermonats zum Ablauf des übernächsten Monats (Absatz 1 Nr. 1) 34
I. Grundlagen 1	
1. Kurzcharakteristik 1	
2. Gesetzgebungsgeschichte und -materialien 2	2. Bei funktionsgebundenen Werkmietwohnungen: Kündigung spätestens am dritten Werktag eines Kalendermonats zum Ablauf dieses Monats (Absatz 1 Nr. 2) 36
3. Regelungsprinzipien 4	
II. Anwendungsvoraussetzungen 5	
1. Normstruktur 5	
2. Wohnraum 6	a. Abdingbarkeit 39
3. Vermietung mit Rücksicht auf das Bestehen eines Dienstverhältnisses 8	b. Praktische Hinweise........................ 40
	III. Prozessuale Hinweise/Verfahrenshinweise 41
4. Beendigung des Dienstverhältnisses 17	V. Anwendungsfelder – Übergangsrecht.......... 45
5. Kündigung des Vermieters.................... 21	B. Kommentierung zu Absatz 2.................. 46
6. Dauer der Überlassung weniger als zehn Jahre .. 27	I. Grundlagen 46
7. Der Wohnraum wird für einen anderen zur Dienstleistung Verpflichteten benötigt........... 29	1. Kurzcharakteristik 46
	2. Gesetzgebungsgeschichte und -materialien 47
8. Beendetes Dienstverhältnis hat seiner Art nach die Überlassung von Wohnraum erfordert, der in unmittelbarer Beziehung oder Nähe zur Arbeitsstätte steht 31	II. Anwendungsvoraussetzungen 48
	1. Normstruktur 48
	2. Zu Lasten des Mieters von Absatz 1 abweichende Vereinbarung 49
9. Der Wohnraum in unmittelbarer Beziehung oder Nähe zur Arbeitsstätte wird aus diesem Grund für einen anderen zur Dienstleistung Verpflichteten benötigt......................... 32	III. Rechtsfolge: Unwirksamkeit der getroffenen Vereinbarung................................ 52
	IV. Anwendungsfelder – Übergangsrecht.......... 54
III. Rechtsfolgen................................ 34	

A. Kommentierung zu Absatz 1

I. Grundlagen

1. Kurzcharakteristik

1 § 576 Abs. 1 BGB regelt die bei der ordentlichen Kündigung einer Werkwohnung einzuhaltende Kündigungsfrist in Abweichung von § 573c Abs. 1 Satz 2 BGB.

2. Gesetzgebungsgeschichte und -materialien

Erste Regelungen zum Bestandsschutz von Werkwohnungen wurden mit den Mieterschutzgesetzen vom 01.06.1923[1] und 15.12.1942[2] geschaffen. Mit dem Zweiten Gesetz zur Änderung mietrechtlicher Vorschriften vom 14.07.1964[3] wurden diese Regelungen in den §§ 565b, 565c, 565d, 565e BGB a.F. übernommen. Durch das Vierte Gesetz zur Änderung mietrechtlicher Vorschriften vom 21.07.1993[4] wurde § 565c Satz 1 Nr. 1 BGB a.F. neu gefasst.

Das **Mietrechtsreformgesetz** vom 19.06.2001[5] führen die §§ 565b BGB, 565c BGB a.F. in § 576 Abs. 1 BGB fort.

3. Regelungsprinzipien

Im Hinblick auf den sachlichen Zusammenhang zwischen Dienst- und Mietverhältnis bei Werkwohnungen soll dem Vermieter die Beendigung des Mietverhältnisses nach Auflösung des Dienstverhältnisses erleichtert werden. Insoweit werden deshalb abweichend von den allgemeinen Regelungen für die ordentliche Kündigung des Vermieters kürzere Kündigungsfristen vorgesehen. Andere den Bestandsschutz des Mieters betreffende Regelungen (insbesondere § 573 BGB) werden durch § 576 BGB nicht ausgeschlossen. Zum Widerspruch/Fortsetzungsverlangen (§§ 574, 574a BGB) vgl. die Kommentierung zu § 576a BGB und die Kommentierung zu § 576a BGB Rn. 13.

II. Anwendungsvoraussetzungen

1. Normstruktur

Tatbestandsmerkmale:
- Wohnraum,
- Vermietung mit Rücksicht auf das Bestehen eines Dienstverhältnisses,
- Beendigung des Dienstverhältnisses,
- Kündigung des Vermieters.
- § 576 Abs. 1 Nr. 1 BGB (gewöhnliche Werkmietwohnungen)
  - Dauer der Überlassung weniger als zehn Jahre,
  - der Wohnraum wird für einen anderen zur Dienstleistung Verpflichteten benötigt.
  - Rechtsfolge: Kündigung spätestens am dritten Werktag eines Kalendermonats zum Ablauf des übernächsten Monats.
- § 576 Abs. 1 Nr. 2 BGB (funktionsgebundene Werkmietwohnungen)
  - beendetes Dienstverhältnis hat seiner Art nach die Überlassung von Wohnraum erfordert, der in unmittelbarer Beziehung oder Nähe zur Arbeitsstätte steht und
  - der Wohnraum wird aus gleichem Grund für einen anderen zur Dienstleistung Verpflichteten benötigt.
  - Rechtsfolge: Kündigung spätestens am dritten Werktag eines Kalendermonats zum Ablauf dieses Monats.

2. Wohnraum

Die Bestimmung ist auf Grund ihrer systematischen Stellung und ihres Schutzzweckes (vgl. hierzu Rn. 4) nur auf die **Wohnraummiete** anwendbar. Zur Abgrenzung von anderen Mietverhältnissen vgl. die Kommentierung zu § 549 BGB.

Eine vollständige **Wohnung** (vgl. zum Begriff die Kommentierung zu § 573a BGB Rn. 5) muss nicht überlassen sein.

---

[1] RGBl I 1923, 353.
[2] RGBl I 1942, 712.
[3] BGBl I 1964, 457.
[4] BGBl I 1993, 1257.
[5] BGBl I 2001, 1149.

3. Vermietung mit Rücksicht auf das Bestehen eines Dienstverhältnisses

8 § 576 Abs. 1 BGB erfasst die so genannte **Werkmietwohnung**, bei der zwei rechtlich voneinander getrennte Verträge über einerseits das Mietverhältnis und andererseits das Dienstverhältnis bestehen. Zur **Werkdienstwohnung** vgl. die Kommentierung zu § 576b BGB. Für die **Abgrenzung** von Werkdienstwohnungen (§ 576b BGB) und Werkmietwohnungen (§ 576 BGB) kommt es nicht auf die Bezeichnung durch die Parteien oder deren rechtliche Beurteilung, sondern auf den materiellen Gehalt des Vereinbarten an. Dieser ist durch Auslegung des Vertrags (§§ 133, 157 BGB) zu ermitteln. Ergibt die Auslegung ein gesondertes Mietverhältnis neben dem Dienstvertrag, kann das zwingende Mietrecht einschließlich der amtsgerichtlichen Zuständigkeit für die Geltendmachung der Ansprüche auch nicht dadurch abbedungen werden, dass die Parteien eine Dienstwohnung als Vertragsgegenstand und damit die Anwendung von Arbeitsrecht vereinbaren; denn durch das Arbeitsrecht wird der Arbeitnehmer nicht besser gestellt als durch das Mietrecht.[6]

9 Aus dem Regelungszweck des § 576 Abs. 1 BGB (vgl. hierzu die Anmerkungen oben unter Rn. 4) folgt, dass das Bestehen eines **Dienstverhältnis**ses mit dem Mieter **Geschäftsgrundlage** des Mietvertrages sein muss. Dies muss nicht ausdrücklich im Mietvertrag festgehalten werden[7], es reicht sogar aus, wenn der Zusammenhang zwischen Dienst- und Mietvertrag für den Mieter auf Grund der Gesamtumstände hinreichend erkennbar ist[8]. Das Dienstverhältnis muss dabei zwar einerseits maßgebenden Einfluss auf den Abschluss des Mietvertrages ausgeübt haben, es muss aber andererseits nicht das einzige Motiv für dessen Abschluss gewesen sein.[9]

10 Besteht zudem zwischen der Überlassung der Wohnung und den betrieblichen Erfordernissen eine unmittelbare räumliche und sachliche Beziehung (§ 576 Abs. 1 Nr. 2 BGB), so liegt eine **funktionsgebundene** Werkmietwohnung vor. Dies ist typischerweise bei Wohnungen für Hausmeister, Pförtner, Wächter sowie Angehörigen von Not- und Bereitschaftsdiensten der Fall, die in der Nähe der Betriebsstätte wohnen müssen, um ihre Aufgaben sinnvoll erfüllen zu können.[10]

11 Im Rahmen des § 576 Abs. 1 BGB sind im Gegensatz zu § 611 BGB nur Dienstverhältnisse über solche Dienstleistungen erfasst, die in Unterordnung unter den Willen des Dienstherrn erbracht werden, d.h. **unselbständige, weisungsgebundene Dienstleistungen**, nicht aber selbständige, weisungsfreie Tätigkeiten.[11] Auf die **Art der Dienstleistung** kommt es dabei allerdings nicht an. Auch Dienste höherer Art können in einem Abhängigkeitsverhältnis erbracht werden.[12] Ebenso wenig ist – sofern ein selbständiges Dienstverhältnis neben dem Mietvertrag besteht und es sich nicht nur um mietvertragliche Nebenpflichten handelt[13] – der **Umfang der Dienstleistung** für die Anwendbarkeit von § 576 Abs. 1 BGB von Bedeutung, insbesondere reicht auch eine **nebenberufliche Tätigkeit** als Geschäftsgrundlage aus (str.).[14]

12 Auf Dienstwohnungen von **Beamten**, Angestellten oder Arbeitern des öffentlichen Dienstes finden die Vorschriften über die Werkwohnungen nur dann Anwendung, wenn die Vermietung des Wohnraumes

---

[6] BAG v. 28.11.2007 - 5 AZB 44/07 - juris Rn. 9 - NJW 2008, 1020-1021.
[7] *Lammel*, Wohnraummietrecht, 3. Aufl. 2007, § 576 Rn. 3.
[8] LG Aachen v. 25.11.1983 - 5 S 337/83 - juris Rn. 10 - WuM 1985, 149-151 sowie *Rolfs* in: Staudinger, § 576 Rn. 13.
[9] *Blank* in: Schmidt-Futterer, Mietrecht, 10. Aufl. 2011, vor § 576 Rn. 5.
[10] *Blank* in: Schmidt-Futterer, Mietrecht, 10. Aufl. 2011, § 576 Rn. 14.
[11] *Rolfs* in: Staudinger, § 576 Rn. 6.
[12] *Rolfs* in: Staudinger, § 576 Rn. 8 und *Blank* in: Schmidt-Futterer, Mietrecht, 10. Aufl. 2011, vor § 576 Rn. 3.
[13] LG Aachen v. 13.01.1989 - 3 S 271/88 - juris Rn. 13 - WuM 1989, 382-383.
[14] LG Köln v. 27.03.1996 - 10 S 431/95 - juris Rn. 15 - ZMR 1996, 666-668; LG Berlin v. 18.04.1991 - 62 S 445/90 - juris Rn. 6 - WuM 1991, 697-698; *Blank* in: Schmidt-Futterer, Mietrecht, 10. Aufl. 2011, vor § 576 Rn. 3, *Weidenkaff* in: Palandt, vor § 576 Rn. 1 sowie *Rolfs* in: Staudinger, § 576 Rn. 9; a.A. – nur bei hauptberuflicher Tätigkeit – *Lammel*, Wohnraummietrecht, 3. Aufl. 2007, § 576 Rn. 21.

auf privatrechtlicher Grundlage erfolgt ist (str.).[15] Auf **Bergarbeiterwohnungen** ist § 576 BGB gemäß § 7a BergarbWoBauG grundsätzlich anwendbar.

Unerheblich ist grundsätzlich, in welcher **Reihenfolge** das Miet- und das Dienstverhältnis begründet werden. Wird das Dienstverhältnis allerdings erst nach längerem Bestehen des Mietvertrages eingegangen, so wird es nicht automatisch zur Geschäftsgrundlage der Überlassung des Wohnraumes. Es bedarf hierzu vielmehr besonderer vertraglicher Vereinbarungen (str.).[16]   13

Die **Beendigung des Dienstverhältnisses** lässt die Eigenschaft als Werkmietwohnung nicht entfallen.   14

Der **Mieter** muss immer auch der aus dem Dienstverhältnis zur Dienstleistung Verpflichtete sein. Bei einer **Mehrheit von Mietern** reicht es aus, wenn das Dienstverhältnis mit einem von ihnen besteht.[17]   15

Der **Vermieter** muss dagegen nicht notwendigerweise der aus dem Dienstverhältnis Dienstberechtigte sein. Es reicht vielmehr aus, dass der Vermieter gegenüber dem Dienstberechtigten auf Grund vertraglicher Absprachen hinsichtlich der Vermietung der Wohnung in der Weise gebunden ist, dass der Dienstberechtigte das Belegungsrecht ausüben kann (**„werkgeförderte" Wohnung**).[18] Ist der Vermieter zugleich Dienstberechtigter, spricht man von werkseigenen Werkwohnungen, ansonsten von werksfremden.   16

4. Beendigung des Dienstverhältnisses

Aus dem Regelungszweck des § 576 Abs. 1 BGB (vgl. hierzu Rn. 4) folgt, dass die kürzeren Kündigungsfristen nur dann zur Anwendung gelangen, wenn im Zeitpunkt des Zugangs[19] der Kündigung des Mietverhältnisses das dem Mietvertrag zugrunde liegende **Dienstverhältnis beendet** ist. Erforderlich ist die **rechtliche Beendigung** des Dienstverhältnisses, eine tatsächliche Aufgabe der Dienstleistungen reicht nicht aus.[20] Für Kündigungen vor Beendigung des Dienstverhältnisses gelten dagegen die allgemeinen Regelungen über die Kündigungsfristen.[21] Im Hinblick auf den Gesetzeswortlaut („nach Beendigung des Dienstverhältnisses") ist eine **zeitgleiche Kündigung** des Dienst- und des Mietvertrages ebenso wenig möglich wie eine Kündigung des Mietverhältnisses während des Laufes der Kündigungsfrist für das Dienstverhältnis oder eine Kündigung des Mietvertrages vor Beendigung des Dienstverhältnisses mit der Maßgabe, dass die Kündigungsfristen des § 576 BGB erst ab dem Ende des Dienstverhältnisses zu laufen beginnen sollen (str.).[22] Allerdings ist eine ausdrücklich auf § 576 BGB gestützte und vor Beendigung des Dienstverhältnisses zugegangene Kündigung nicht unwirksam, sie wirkt vielmehr nach den allgemeinen Regeln (§ 573c BGB) auf den nächstmöglichen Zeitpunkt, wenn der Vermieter das Mietverhältnis erkennbar auf jeden Fall beenden wollte.[23]   17

Eine Erklärung der Kündigung des Mietverhältnisses in **engem zeitlichem Zusammenhang** mit der Beendigung des Dienstverhältnisses ist dagegen nicht erforderlich. Nach dem Regelungszweck des § 576 BGB (vgl. hierzu Rn. 4) soll die Vorschrift nämlich den betrieblichen Bedürfnissen des Dienst-   18

---

[15] *Weidenkaff* in: Palandt, vor § 576 Rn. 1 sowie *Blank* in: Schmidt-Futterer, Mietrecht, 10. Aufl. 2011, vor § 576 Rn. 3; a.A. – keine Anwendung, wenn nicht auch privatrechtliches Dienstverhältnis – *Rolfs* in: Staudinger, § 576 Rn. 7.

[16] *Lammel*, Wohnraummietrecht, 3. Aufl. 2007, § 576, Rn. 23 sowie *Sternel*, Mietrecht aktuell, 4. Aufl. 2009, Teil XI, Rn. 411; a.A. – spätere Vereinbarung eines Werkmietverhältnisses im Hinblick auf § 573c Abs. 4, § 574 Abs. 4, § 574a Abs. 3 BGB überhaupt nicht möglich – *Rolfs* in: Staudinger, § 576 Rn. 14.

[17] LG Köln v. 27.03.1996 - 10 S 431/95 - juris Rn. 14 - ZMR 1996, 666-668 sowie *Blank* in: Blank/Börstinghaus, Miete, 3. Aufl. 2009, vor § 576 Rn. 5.

[18] LG Aachen v. 15.04.1983 - 5 S 45/83 - juris Rn. 23 - ZMR 1984, 280-281.

[19] LG Kiel v. 23.10.1976 - 1 S 197/76 - juris Rn. 23 - WuM 1978, 32.

[20] *Blank* in: Blank/Börstinghaus, Miete, 3. Aufl. 2009, § 576 Rn. 4 und *Sternel*, Mietrecht, 3. Aufl. 1988, Teil IV, Rn. 259.

[21] *Lammel*, Wohnraummietrecht, 3. Aufl. 2007, § 576 Rn. 7 und 8.

[22] *Lammel*, Wohnraummietrecht, 3. Aufl. 2007, § 576 Rn. 31 und 32; *Rolfs* in: Staudinger, § 576 Rn. 32 sowie *Grapentin* in: Bub/Treier, Handbuch der Geschäfts- und Wohnraummiete, 3. Aufl. 1999, Teil IV, Rn. 128.

[23] LG Köln v. 27.03.1996 - 10 S 431/95 - juris Rn. 16 - ZMR 1996, 666-668 sowie *Grapentin* in: Bub/Treier, Handbuch der Geschäfts- und Wohnraummiete, 3. Aufl. 1999, Teil IV, Rn. 128; a.A. LG Kiel v. 23.10.1976 - 1 S 197/76 - juris Rn. 23 - WuM 1978, 32.

berechtigten des Mieters Geltung verschaffen. Deren Entstehung ist aber nicht notwendigerweise an das Ende des Dienstverhältnisses mit dem Mieter gebunden (str.).[24]

19 Bestehen bei einer **Mehrheit von Mietern** Dienstverhältnisse mit mehreren und sind diese alle Geschäftsgrundlage des Mietverhältnisses, so müssen alle Dienstverhältnisse beendet sein, um § 576 BGB zur Anwendung zu bringen.[25]

20 Wird die Kündigung des Mietvertrages erst nach dem Ende des Dienstverhältnisses ausgesprochen, so besteht kein **Mitbestimmungsrecht des Betriebs- bzw. Personalrates** nach § 87 Abs. 1 Nr. 9 BetrVG, § 75 Abs. 2 Nr. 2 BPersVG (str.).[26] Erfolgt die Kündigung dagegen noch während des Bestehens des Dienstverhältnisses, unterliegt sie dem Mitbestimmungsrecht. Fehlt die danach erforderliche Zustimmung, ist die Kündigung wirkungslos; die nachträgliche Erteilung der Zustimmung heilt die zuvor ausgesprochene Kündigung nicht.[27]

5. Kündigung des Vermieters

21 § 576 Abs. 1 BGB gilt nur für die **ordentliche Kündigung des Vermieters**, nicht dagegen für dessen fristlose außerordentliche Kündigung. Auf die Kündigung des Mieters oder andere Arten der Vertragsbeendigung findet die Vorschrift ebenfalls keine Anwendung.

22 Da der Vermieter die **Wahl** zwischen einer ordentlichen Kündigung mit allgemeiner Kündigungsfrist nach § 573c BGB und der mit den verkürzten Kündigungsfristen nach den §§ 576 Abs. 1 Nr. 1, 576 Abs. 1 Nr. 2 BGB hat, muss er in der Kündigung hinreichend zum Ausdruck bringen, worauf er seine Kündigung stützt. Hierfür wird die Angabe der entsprechenden Kündigungstermine regelmäßig ausreichen.

23 In der Überlassung des Wohnraumes mit Rücksicht auf das Bestehen eines Dienstverhältnisses kann (nicht muss) die schlüssige Vereinbarung eines **Ausschluss**es **der ordentlichen Kündigung** des Mietverhältnisses für die Dauer des Bestehens des Dienstverhältnisses liegen (str.).[28] Nach hiesiger Auffassung ist dies im Einzelfall durch Auslegung der Parteivereinbarungen zu ermitteln (§§ 133, 157 BGB).[29]

24 Anwendung findet § 576 Abs. 1 BGB nur bei der Kündigung von Mietverhältnissen **auf unbestimmte Zeit**. Im Rahmen von Zeitmietverträgen gilt die dortige Regelung des § 575 Abs. 1 Satz 1 Nr. 3 BGB, vgl. hierzu die Kommentierung zu § 575 BGB Rn. 20.

25 Bei einem **Vermieterwechsel** verliert eine Werkmietwohnung regelmäßig ihren Charakter als Werkwohnung, es bleibt lediglich ein normales Wohnraummietverhältnis, auf das § 576 Abs. 1 BGB keine Anwendung findet. Etwas anderes gilt nur, wenn der Dienstberechtigte als Veräußerer sich oder der vom Dienstberechtigten personenverschiedene Vermieter diesem gegenüber dem Erwerber vertraglich ein betriebsbezogenes Belegungsrecht vorbehält[30] oder wenn der Erwerber der Wohnung auch das Dienstverhältnis übernimmt[31].

---

[24] LG Stuttgart v. 12.12.1990 - 13 S 366/90 - juris Rn. 3 - DWW 1991, 112; einschränkend – jedenfalls bei funktionsgebundener Werkmietwohnung notwendig, weil diese Bindung ansonsten entfällt – *Lammel*, Wohnraummietrecht, 3. Aufl. 2007, § 576 Rn. 34; a.A. LG Bochum v. 08.04.1992 - 9 T 14/92 - juris Rn. 4 - WuM 1992, 438 sowie LG Aachen v. 25.11.1983 - 5 S 337/83 - juris Rn. 12 - WuM 1985, 149-151.

[25] LG Ulm v. 22.08.1979 - 1 S 55/79 - juris Rn. 24 - WuM 1979, 244-246.

[26] OLG Frankfurt v. 14.08.1992 - 20 REMiet 1/92 - juris Rn. 19 - NJW-RR 1992, 1294-1296; a.A. – objektbezogenes Mitbestimmungsrecht – *Rolfs* in: Staudinger, § 576 Rn. 23-25.

[27] LG Aachen v. 15.04.1983 - 5 S 45/83 - juris Rn. 26 - ZMR 1984, 280-281.

[28] Vgl. – grundsätzlich allein wegen Bestehen des Dienstverhältnisses kein Kündigungsausschluss – *Blank* in: Schmidt-Futterer, Mietrecht, 10. Aufl. 2011, § 576 Rn. 2; *Lammel*, Wohnraummietrecht, 3. Aufl. 2007, § 576 Rn. 9; nur bei Bestehen besonderer Anhaltspunkte *Weidenkaff* in: Palandt, vor § 576 Rn. 1 sowie *Sternel*, Mietrecht aktuell, 4. Aufl. 2009, Teil XI, Rn. 414; *Buch*, NZM 2000, 167-169, 168; a.A. – regelmäßig Kündigungsausschluss – noch *Sternel*, Mietrecht, 3. Aufl. 1988, Teil IV, Rn. 260.

[29] Ebenso *Rolfs* in: Staudinger, § 576 Rn. 19.

[30] *Lammel*, Wohnraummietrecht, 3. Aufl. 2007, § 576 Rn. 17.

[31] LG Köln v. 27.03.1996 - 10 S 431/95 - juris Rn. 13 - ZMR 1996, 666-668.

Auch für die Kündigung eines Werkmietvertrages bedarf der Vermieter **berechtigter Interessen** nach § 573 BGB, vgl. hierzu auch Rn. 4. Allein die Beendigung des Dienstverhältnisses und damit der Wegfall der Geschäftsgrundlage des Mietvertrages reichen hierfür nicht aus.[32] Ebenso müssen die formellen Anforderungen gewahrt sein.[33] Insbesondere müssen die berechtigten Interessen – regelmäßig der Betriebsbedarf und gegebenenfalls die Funktionsgebundenheit der Wohnung – im Kündigungsschreiben konkret und nachvollziehbar dargetan werden.[34]

26

6. Dauer der Überlassung weniger als zehn Jahre

Es handelt sich um eine **negative Tatbestandsvoraussetzung** für die Anwendung der kürzeren Kündigungsfristen nach § 576 Abs. 1 Nr. 1 BGB. Sofern der Wohnraum vor mehr als zehn Jahren überlassen wurde, greifen die allgemeinen Regelungen über die Kündigungsfristen (§ 573c BGB) ein, d.h. die von den Parteien ursprünglich vorgenommene Verbindung zwischen Dienst- und Mietverhältnis wird kraft Gesetzes insoweit gelöst.

27

Zur **Berechnung der Dauer** der Überlassung gilt das zu § 573c Abs. 1 Satz 2 BGB Gesagte entsprechend, vgl. daher hierzu die Kommentierung zu § 573c BGB Rn. 18.

28

7. Der Wohnraum wird für einen anderen zur Dienstleistung Verpflichteten benötigt

Es muss ein – einfacher – **Betriebsbedarf** bestehen, d.h. der Wohnraum für einen anderen zur Dienstleistung Verpflichteten benötigt werden. Hierfür reicht – wie auch im Rahmen des § 573 BGB – aus, wenn der Dienstberechtigte vernünftige und nachvollziehbare Gründe dafür hat, den Wohnraum nunmehr einem anderen Dienstverpflichteten oder Bewerber um ein Dienstverhältnis zu überlassen.[35] Insoweit laufen die Voraussetzungen für den Kündigungsgrund und die Verkürzung der Kündigungsfristen gleich. Allerdings muss nach dem Wortlaut des Gesetzes ein **personaler Betriebsbedarf** bestehen, da der Wohnraum für einen anderen zur Dienstleistung Verpflichteten benötigt werden muss. Andere betriebliche Interessen sind nicht ausreichend.[36] Es muss sich ferner um einen **Wohnbedarf** für den Dienstverpflichteten handeln.[37]

29

Es muss ein **konkreter Bedarf** vorhanden sein.[38] Allerdings ist es weder erforderlich, die Person des neuen Dienstverpflichteten im Kündigungsschreiben anzugeben, noch, dass bereits ein Nachfolger eingestellt ist.[39]

30

8. Beendetes Dienstverhältnis hat seiner Art nach die Überlassung von Wohnraum erfordert, der in unmittelbarer Beziehung oder Nähe zur Arbeitsstätte steht

Es muss eine **funktionale Bindung** zwischen dem Miet- und dem Dienstverhältnis bestehen, vgl. Rn. 10.

31

9. Der Wohnraum in unmittelbarer Beziehung oder Nähe zur Arbeitsstätte wird aus diesem Grund für einen anderen zur Dienstleistung Verpflichteten benötigt

Der Wohnraum muss **gerade im Hinblick auf die funktionale Bindung** (vgl. hierzu Rn. 10) für einen anderen zur Dienstleistung Verpflichteten benötigt werden, d.h. es wird sich regelmäßig um den Nach-

32

---

[32] KreisG Görlitz v. 30.10.1992 - 7 C 384/92 - juris Rn. 8 - WuM 1992, 684-685 und LG Düsseldorf v. 09.03.1982 - 24 S 361/81 - juris Rn. 4 - WuM 1985, 151-152.
[33] OLG Celle v. 04.02.1985 - 2 UH 3/84 - juris Rn. 30 - NdsRpfl 1985, 120-122.
[34] OLG Celle v. 04.02.1985 - 2 UH 3/84 - juris Rn. 31 - NdsRpfl 1985, 120-122; OLG Stuttgart v. 22.11.1985 - 8 REMiet 1/85 - juris Rn. 17 - NJW-RR 1986, 567-568 sowie LG Bochum v. 08.04.1992 - 9 T 14/92 - juris Rn. 2 - WuM 1992, 438.
[35] *Rolfs* in: Staudinger, § 576 Rn. 36.
[36] KreisG Cottbus v. 19.04.1993 - 40 C 652/92 - juris Rn. 6 - WuM 1994, 68-69.
[37] *Lammel*, Wohnraummietrecht, 3. Aufl. 2007, § 576 Rn. 38.
[38] LG Itzehoe v. 10.03.1982 - 1 T 110/81 - juris Rn. 4 - WuM 1985, 152-153.
[39] LG Berlin v. 17.12.1991 - 64 S 283/91 - ZMR 1992, 346-347 sowie *Kinne* in: Kinne/Schach/Bieber, Miet- und Mietprozessrecht, 6. Aufl. 2011, § 576 Rn. 13.

folger des Mieters in dieser Funktion handeln.⁴⁰ Dies ist aber nicht zwingend erforderlich, auch die nunmehrige Bindung an eine andere betriebliche Funktion ist möglich.⁴¹

33 Der Vermieter muss insoweit einen **konkreten Bedarf** nachvollziehbar dartun, ein bloß abstrakter Bedarf reicht nicht aus.⁴² Andererseits braucht der Name des zukünftigen Mieters noch nicht benannt zu werden.⁴³

III. Rechtsfolgen

1. Bei gewöhnlichen Werkmietwohnungen: Kündigung spätestens am dritten Werktag eines Kalendermonats zum Ablauf des übernächsten Monats (Absatz 1 Nr. 1)

34 Bei einfachem Betriebsbedarf und nicht längerer Überlassung des Wohnraums als zehn Jahre kann der Vermieter das Mietverhältnis spätestens am dritten Werktag eines Kalendermonats zum Ablauf des übernächsten Monats kündigen (§ 576 Abs. 1 Nr. 1 BGB).

35 Zur **Berechnung der Kündigungsfrist** vgl. die entsprechenden Ausführungen zur Kündigungsfrist nach § 573c Abs. 1 Satz 1 BGB unter der Kommentierung zu § 573c BGB Rn. 10.

2. Bei funktionsgebundenen Werkmietwohnungen: Kündigung spätestens am dritten Werktag eines Kalendermonats zum Ablauf dieses Monats (Absatz 1 Nr. 2)

36 Im Hinblick auf die besondere Dringlichkeit des Betriebsbedarfes bei einer funktionsgebundenen Werkmietwohnung ist die Kündigungsfrist dort nochmals weiter verkürzt und die Kündigung kann spätestens am dritten Werktag eines Kalendermonats zum Ablauf dieses Monats erfolgen.

37 Zur grundsätzlichen **Berechnung** der Kündigungsfrist vgl. ebenfalls die Kommentierung zu § 573c BGB Rn. 10.

38 Die Verkürzung ist – im Gegensatz zu Regelung des § 576 Abs. 1 Nr. 1 BGB – **unabhängig von der Dauer der Überlassung** des betroffenen Wohnraums.

a. Abdingbarkeit

39 Vgl. hierzu Rn. 46.

b. Praktische Hinweise

40 Der Vermieter, der eine Werkmietwohnung ordentlich kündigt, muss grundsätzlich dem Mieter bis zum Ablauf der Kündigungsfrist eine vergleichbare frei stehende **Ersatzwohnung** anbieten.⁴⁴ Zu Umfang der Anbietpflicht vgl. die Kommentierung zu § 573 BGB Rn. 129 f. Solange über die Beendigung des Dienstverhältnisses im arbeitsgerichtlichen Verfahren noch nicht rechtskräftig entschieden ist, muss der Vermieter aber regelmäßig noch keine frei stehenden Ersatzwohnungen anbieten.⁴⁵

IV. Prozessuale Hinweise/Verfahrenshinweise

41 Die **Darlegungs- und Beweislast** für den Charakter der Werkmietwohnung, den Betriebsbedarf und gegebenenfalls das Vorliegen einer funktionalen Bindung trägt der Vermieter.⁴⁶

42 Zur Entscheidung über Streitigkeiten über Werkmietwohnungen sind die Amtsgerichte – und **nicht die Arbeitsgerichte** – berufen (§ 23 Nr. 2 lit. a) GVG, § 29a Abs. 1 ZPO).⁴⁷ Zur Werkdienstwohnung vgl.

---

⁴⁰ *Lammel*, Wohnraummietrecht, 3. Aufl. 2007, § 576 Rn. 42.
⁴¹ *Blank* in: Schmidt-Futterer, Mietrecht, 10. Aufl. 2011, § 576 Rn. 14 und *Kinne* in: Kinne/Schach/Bieber, Miet- und Mietprozessrecht, 6. Aufl. 2011, § 576 Rn. 15.
⁴² LG Itzehoe v. 10.03.1982 - 1 T 110/81 - juris Rn. 4 - WuM 1985, 152-153.
⁴³ *Kinne* in: Kinne/Schach/Bieber, Miet- und Mietprozessrecht, 6. Aufl. 2011, § 576 Rn. 15.
⁴⁴ LG Berlin v. 28.10.2004 - 62 S 219/04 - MM 2005, 74-75.
⁴⁵ LG Berlin v. 28.10.2004 - 62 S 219/04 - MM 2005, 74-75.
⁴⁶ *Blank* in: Schmidt-Futterer, Mietrecht, 10. Aufl. 2011, § 576 Rn. 15.
⁴⁷ BAG v. 24.01.1990 - 5 AZR 749/87 - juris Rn. 14 - DB 1991, 1839; LG Augsburg v. 20.01.1994 - 4 T 3861/93 - ZMR 1994, 333 sowie *Weidenkaff* in: Palandt, vor § 576 Rn. 7.

insoweit die Kommentierung zu § 576b BGB. Die Gerichte für Arbeitssachen sind allerdings zuständig bei einer Klage auf (Nach-)Zahlung von Arbeitsvergütung des Arbeitnehmers, auch wenn der Arbeitgeber gegen diese wegen der Versteuerung des in der Überlassung einer verbilligten Werkmietwohnung liegenden geldwerten Vorteils/Sachbezuges aufgerechnet hat.[48]

Sofern zwischen Vermieter und Mieter streitig ist, ob das dem Mietverhältnis zugrunde liegende Dienstverhältnis rechtswirksam beendet ist, ist der Räumungsrechtsstreit bis zur Entscheidung eines anhängigen Verfahrens hierüber **auszusetzen** (§ 148 ZPO).[49] 43

Im Rahmen eines Verfahrens nach der **Hausratsverordnung** ist § 4 HausratsVO zu beachten, wonach eine Werkwohnung dem Ehegatten, mit dem das Dienstverhältnis nicht besteht, nur überlassen werden soll, wenn der Dienstberechtigte des anderen Ehegatten einverstanden ist. 44

V. Anwendungsfelder – Übergangsrecht

Auf **vor dem 01.09.2001 zugegangene Kündigungen** ist die Vorgängerregelung § 565c Abs. 1b BGB a.F. in der bis zu diesem Zeitpunkt geltenden Fassung anzuwenden (Art. 229 § 3 Abs. 1 Nr. 1 EGBGB). 45

B. Kommentierung zu Absatz 2

I. Grundlagen

1. Kurzcharakteristik

§ 576 Abs. 2 BGB schließt zum Nachteil des Mieters von § 576 Abs. 1 BGB abweichende vertragliche Vereinbarungen aus. 46

2. Gesetzgebungsgeschichte und -materialien

§ 576 Abs. 2 BGB wurde durch das **Mietrechtsreformgesetz** vom 19.06.2001[50] in das BGB aufgenommen. Die Unwirksamkeit zu Lasten des Mieters von den gesetzlichen Vorgängerregelungen §§ 565b BGB, 565c BGB a.F. abweichender Vereinbarungen war zuvor nicht ausdrücklich angeordnet. Sie wurde aber, soweit diese bereits zu Lasten des Mieters von den allgemeinen, unabdingbaren Vorschriften zu den Kündigungsfristen abwichen, auch nach dem damaligen Rechtsstand angenommen.[51] 47

II. Anwendungsvoraussetzungen

1. Normstruktur

Normstruktur: 48
- Tatbestandsmerkmale:
  - Vereinbarung, die zu Lasten des Mieters von § 576 Abs. 1 BGB abweicht.
- Rechtsfolge:
  - Unwirksamkeit der getroffenen Vereinbarung.

2. Zu Lasten des Mieters von Absatz 1 abweichende Vereinbarung

Insoweit gilt hinsichtlich der Vereinbarung **abweichender Kündigungsfristen** zunächst das zu § 573c BGB Gesagte entsprechend, vgl. daher die Kommentierung zu § 573c BGB Rn. 61. 49

Eine **dem Mieter günstige Regelung** dergestalt, dass die Eigenschaft der vermieteten Räume als Werkmietwohnung zeitlich befristet wird und nach Ablauf der Frist die allgemeinen Vorschriften auf das Mietverhältnis Anwendung finden, ist dagegen wirksam[52]; die Geltendmachung eines Betriebs- 50

---

[48] LArbG München v. 19.09.2005 - 4 Ta 281/05 - juris Rn. 15 - Bibliothek BAG.
[49] LG Mannheim v. 14.11.1977 - 4 T 331/77 - juris Rn. 6 - ZMR 1978, 85-86.
[50] BGBl I 2001, 1149.
[51] Vgl. hierzu *Sonnenschein* in: Staudinger, 13. Bearb. 1997, §§ 565b-565e Rn. 88.
[52] LG Darmstadt v. 31.01.1991 - 6 S 543/90 - juris Rn. 8 - WuM 1991, 268 und LG Darmstadt v. 26.03.1987 - 6 S 288/86 - juris Rn. 8 - WuM 1988, 22-23.

§ 576

bedarfs als berechtigtes Interesse durch den Vermieter auch nach Fristablauf schließt eine solche Vereinbarung allerdings nicht aus (str.)[53].

51 Auf eine vertragliche Vereinbarung, wonach die Beendigung des Dienstverhältnisses automatisch die Beendigung des Mietvertrages zur Folge hat (**auflösende Bedingung**), kann sich der Vermieter bereits nach § 572 Abs. 2 BGB nicht berufen[54], vgl. hierzu auch die Kommentierung zu § 572 BGB Rn. 34.

III. Rechtsfolge: Unwirksamkeit der getroffenen Vereinbarung

52 Die Abweichung der Vereinbarung von § 576 Abs. 1 BGB führt zur Unwirksamkeit der Abreden, soweit diese für den Mieter nachteilig sind. Auch hier gilt das zu § 573c BGB Gesagte entsprechend, vgl. daher die Kommentierung zu § 573c BGB Rn. 72.

53 **Abdingbarkeit**: § 576 Abs. 2 BGB ist nach seinem Sinn und Zweck selbst ebenfalls unabdingbar.

IV. Anwendungsfelder – Übergangsrecht

54 Vgl. hierzu Rn. 45.

---

[53] LG Darmstadt v. 31.01.1991 - 6 S 543/90 - juris Rn. 9 - WuM 1991, 268; a.A. LG Darmstadt v. 26.03.1987 - 6 S 288/86 - juris Rn. 8 - WuM 1988, 22-23.

[54] LG Berlin v. 05.04.2004 - 67 S 239/03 - Grundeigentum 2004, 890-892; KreisG Görlitz v. 30.10.1992 - 7 C 384/92 - juris Rn. 13 - WuM 1992, 684-685 und LG Düsseldorf v. 09.03.1982 - 24 S 361/81 - juris Rn. 3 - WuM 1985, 151-152.

§ 576a BGB Besonderheiten des Widerspruchsrechts bei Werkmietwohnungen

(Fassung vom 02.01.2002, gültig ab 01.01.2002)

(1) Bei der Anwendung der §§ 574 bis 574c auf Werkmietwohnungen sind auch die Belange des Dienstberechtigten zu berücksichtigen.

(2) Die §§ 574 bis 574c gelten nicht, wenn
1. der Vermieter nach § 576 Abs. 1 Nr. 2 gekündigt hat;
2. der Mieter das Dienstverhältnis gelöst hat, ohne dass ihm von dem Dienstberechtigten gesetzlich begründeter Anlass dazu gegeben war, oder der Mieter durch sein Verhalten dem Dienstberechtigten gesetzlich begründeten Anlass zur Auflösung des Dienstverhältnisses gegeben hat.

(3) Eine zum Nachteil des Mieters abweichende Vereinbarung ist unwirksam.

Gliederung

A. Kommentierung zu Absatz 1	1
I. Grundlagen	1
1. Kurzcharakteristik	1
2. Gesetzgebungsgeschichte und -materialien	2
3. Regelungsprinzipien	3
II. Anwendungsvoraussetzungen	4
1. Normstruktur	4
2. Werkmietwohnung nach § 576 BGB	5
3. Beendigung des Dienstverhältnisses	6
4. Kündigung des Vermieters	7
III. Rechtsfolge: Berücksichtigung der Belange des Dienstberechtigten bei der Anwendung der §§ 574, 574a, 574b, 574c BGB	9
IV. Prozessuale Hinweise/Verfahrenshinweise	11
V. Anwendungsfelder – Übergangsrecht	12
B. Kommentierung zu Absatz 2	13
I. Grundlagen	13
1. Kurzcharakteristik	13
2. Gesetzgebungsgeschichte und -materialien	14
3. Regelungsprinzipien	15
II. Anwendungsvoraussetzungen	16
1. Normstruktur	16
2. Werkmietwohnung nach § 576 BGB	17
3. Beendigung des Dienstverhältnisses	18
4. Kündigung des Vermieters	19
5. Kündigung nach § 576 Abs. 1 Nr. 2 BGB (Absatz 2 Nr. 1)	20
6. Lösung des Dienstverhältnisses durch den Mieter ohne einen durch den Dienstberechtigten gegebenen gesetzlich begründeten Anlass (Absatz 2 Nr. 2 Halbsatz 1)	22
7. Auflösung des Dienstverhältnisses durch den Dienstberechtigten auf Grund eines durch den Mieter gegebenen gesetzlich begründeten Anlasses (Absatz 2 Nr. 2 Halbsatz 2)	26
III. Rechtsfolge: Ausschluss der Geltung der §§ 574, 574a, 574b, 574c BGB	30
IV. Prozessuale Hinweise/Verfahrenshinweise	32
V. Anwendungsfelder – Übergangsrecht	35
C. Kommentierung zu Absatz 3	36
I. Grundlagen	36
1. Kurzcharakteristik	36
2. Gesetzgebungsgeschichte und -materialien	37
II. Anwendungsvoraussetzungen	38
1. Normstruktur	38
2. Zu Lasten des Mieters von Absatz 1, Absatz 2 abweichende Vereinbarung	39
III. Rechtsfolge: Unwirksamkeit der getroffenen Vereinbarung	40
IV. Anwendungsfelder – Übergangsrecht	42

A. Kommentierung zu Absatz 1

I. Grundlagen

1. Kurzcharakteristik

§ 576a Abs. 1 BGB erweitert die bei der Kündigung einer Werkmietwohnung im Rahmen der Interessenabwägung auf den Widerspruch des Mieters nach § 574 BGB zu berücksichtigenden Belange um die des Dienstberechtigten. 1

§ 576a

2. Gesetzgebungsgeschichte und -materialien

2   Vgl. hierzu zunächst die Kommentierung zu § 576 BGB Rn. 2. Das **Mietrechtsreformgesetz** vom 19.06.2001[1] führt § 565d Abs. 1 BGB a.F. in § 576a Abs. 1 BGB fort.

3. Regelungsprinzipien

3   Im Hinblick auf den Zweck der Vorschriften über die Werkwohnungen, die vermieterseitige Kündigung auf Grund des sachlichen Zusammenhangs zwischen Dienst- und Mietverhältnis zu erleichtern (vgl. insoweit die Kommentierung zu § 576 BGB Rn. 4), sollen im Rahmen der Interessenabwägung nach § 574 BGB nicht nur die Belange des Vermieters, sondern auch die des Dienstberechtigten berücksichtigt werden. Dies erlangt insbesondere Bedeutung, wenn Vermieter und Dienstberechtigter nicht personengleich sind.

II. Anwendungsvoraussetzungen

1. Normstruktur

4   Normstruktur:
- Tatbestandsmerkmale:
  - Werkmietwohnung nach § 576 BGB,
  - Beendigung des Dienstverhältnisses,
  - Kündigung des Vermieters.
- Rechtsfolge:
  - Berücksichtigung der Belange des Dienstberechtigten bei der Anwendung der §§ 574, 574a, 574b, 574c BGB.

2. Werkmietwohnung nach § 576 BGB

5   Vgl. hierzu die Kommentierung zu § 576 BGB Rn. 8.

3. Beendigung des Dienstverhältnisses

6   Vgl. hierzu die Kommentierung zu § 576 BGB Rn. 17.

4. Kündigung des Vermieters

7   § 576a Abs. 1 BGB findet – im Gegensatz zu § 576a Abs. 2 BGB – bei der ordentlichen Kündigung einer Werkwohnung auch dann Anwendung, wenn der Vermieter seine Kündigung nicht auf § 576 Abs. 1 Nr. 1 BGB, sondern die **allgemeinen Vorschriften** (§ 573c BGB) stützt, sofern die Kündigung mit einem Betriebsbedarf begründet wird.[2]

8   Die **Hinweispflicht** des Vermieters auf Form und Frist eines Widerspruchs/Fortsetzungsverlangens des Mieters im Rahmen des Kündigungsschreibens gemäß § 568 Abs. 2 BGB besteht auch bei der ordentlichen Kündigung einer Werkmietwohnung nach § 576 Abs. 1 Nr. 1 BGB.

III. Rechtsfolge: Berücksichtigung der Belange des Dienstberechtigten bei der Anwendung der §§ 574, 574a, 574b, 574c BGB

9   § 576a Abs. 1 BGB erweitert die im Rahmen der Abwägung nach den §§ 574, 574a BGB zu berücksichtigenden Interessen um die des Dienstberechtigten des Mieters. Dies hat insbesondere Bedeutung, wenn Vermieter und Dienstberechtigter nicht personengleich sind, vgl. hierzu auch die Kommentierung zu § 576 BGB Rn. 16. Aber auch dann, wenn Vermieter und Dienstberechtigter identisch sind, können über § 576a Abs. 1 BGB weitere, gerade aus dem Dienstverhältnis herrührende Interessen berücksichtigt werden.[3]

10 **Abdingbarkeit**: Vgl. hierzu Rn. 36.

---

[1] BGBl I 2001, 1149.
[2] *Lammel*, Wohnraummietrecht, 3. Aufl. 2007, § 576a Rn. 5 und 10.
[3] *Kinne* in: Kinne/Schach/Bieber, Miet- und Mietprozessrecht, 6. Aufl. 2011, § 576a Rn. 3.

IV. Prozessuale Hinweise/Verfahrenshinweise

Zur Darlegungs- und Beweislast vgl. die Kommentierung zu § 573 BGB Rn. 42.   11

V. Anwendungsfelder – Übergangsrecht

Auf **vor dem 01.09.2001** zugegangene Kündigungen ist die Vorgängerregelung § 565d Abs. 2 BGB a.F. in der bis zu diesem Zeitpunkt geltenden Fassung anzuwenden (Art. 229 § 3 Abs. 1 Nr. 1 EGBGB).   12

B. Kommentierung zu Absatz 2

I. Grundlagen

1. Kurzcharakteristik

§ 576a Abs. 2 BGB schließt im Hinblick auf den engen Zusammenhang zwischen Miet- und Dienstverhältnis in besonderen Fällen das Widerspruchsrecht des Mieters gegenüber einer ordentlichen Kündigung der Werkmietwohnung aus.   13

2. Gesetzgebungsgeschichte und -materialien

Vgl. hierzu zunächst die Kommentierung zu § 576 BGB Rn. 2. Das **Mietrechtsreformgesetz** vom 19.06.2001[4] führt § 565d Abs. 3 BGB a.F. in § 576a Abs. 2 BGB fort.   14

3. Regelungsprinzipien

Im Hinblick auf den Zweck der Vorschriften über die Werkwohnungen, die vermieterseitige Kündigung auf Grund des sachlichen Zusammenhangs zwischen Dienst- und Mietverhältnis zu erleichtern (vgl. insoweit die Kommentierung zu § 576 BGB Rn. 4), soll einerseits das betriebsbedingte besondere Erlangungsinteresse des Vermieters nach § 576 Abs. 1 Nr. 2 BGB nicht dadurch beeinträchtigt werden, dass dem Mieter die unbeschränkte Berufung auf den Bestandsschutz nach den §§ 574, 574a, 574b, 574c BGB möglich ist.[5] Andererseits wird dem Mieter die Berufung auf den Bestandsschutz versagt, wenn er das als Geschäftsgrundlage betrachtete Dienstverhältnis durch eigenes Verhalten zerstört hat.[6]   15

II. Anwendungsvoraussetzungen

1. Normstruktur

Normstruktur: 16
- Tatbestandsmerkmale:
  - Werkmietwohnung nach § 576 BGB,
  - Beendigung des Dienstverhältnisses,
  - Kündigung des Vermieters,
  - Kündigung nach § 576 Abs. 1 Nr. 2 BGB (§ 576a Abs. 2 Nr. 1 BGB) **oder**
  - Lösung des Dienstverhältnisses durch den Mieter ohne einen durch den Dienstberechtigten gegebenen gesetzlich begründeten Anlass (§ 576a Abs. 2 Nr. 2 HS. 1 BGB) **oder**
  - Auflösung des Dienstverhältnisses durch den Dienstberechtigten auf Grund eines durch den Mieter gegebenen gesetzlich begründeten Anlasses (§ 576a Abs. 2 Nr. 2 HS. 2 BGB).
- Rechtsfolge:
  - Ausschluss der Geltung der §§ 574, 574a, 574b, 574c BGB.

2. Werkmietwohnung nach § 576 BGB

Vgl. hierzu die Kommentierung zu § 576 BGB Rn. 8.   17

---

[4] BGBl I 2001, 1149.
[5] *Lammel*, Wohnraummietrecht, 3. Aufl. 2007, § 576a Rn. 2.
[6] *Lammel*, Wohnraummietrecht, 3. Aufl. 2007, § 576a Rn. 19.

§ 576a

3. Beendigung des Dienstverhältnisses

18 Vgl. hierzu die Kommentierung zu § 576 BGB Rn. 17.

4. Kündigung des Vermieters

19 Vgl. hierzu zunächst die Kommentierung zu § 576 BGB Rn. 21. Die **Hinweispflicht** des Vermieters auf Form und Frist eines Widerspruchs/Fortsetzungsverlangens des Mieters im Rahmen des Kündigungsschreibens gemäß § 568 Abs. 2 BGB besteht auch bei der ordentlichen Kündigung einer Werkmietwohnung nach § 576 Abs. 1 Nr. 1 BGB.

5. Kündigung nach § 576 Abs. 1 Nr. 2 BGB (Absatz 2 Nr. 1)

20 Es muss sich um die Kündigung einer funktionsgebundenen Werkmietwohnung wegen funktionsbezogenem Bedarf handeln, vgl. hierzu die Kommentierung zu § 576 BGB Rn. 31.

21 § 576a Abs. 2 Nr. 1 BGB findet nur dann Anwendung, wenn der Vermieter seine Kündigung auf § 576 Abs. 1 Nr. 2 BGB stützt. Bei einer Kündigung nach den **allgemeinen Vorschriften** (§ 573c BGB) greift der Ausschluss dagegen nicht.[7]

6. Lösung des Dienstverhältnisses durch den Mieter ohne einen durch den Dienstberechtigten gegebenen gesetzlich begründeten Anlass (Absatz 2 Nr. 2 Halbsatz 1)

22 Der Mieter, der das dem Mietverhältnis zugrunde liegende Dienstverhältnis selbst auflöst, ist regelmäßig nicht schutzbedürftig.

23 Auf welche **Art** die Auflösung des Dienstverhältnisses erfolgt (Kündigung, Anfechtung oder Aufhebungsvertrag) ist unerheblich, sofern sie auf die Veranlassung des Mieters zurückgeht.[8] Dies gilt auch dann, wenn der Dienstberechtigte den eigentlichen Anlass für die Beendigung gesetzt hat.

24 Der Ausschluss des Mieters mit dem Widerspruch/Fortsetzungsverlangen, weil er selbst das Dienstverhältnis ohne Anlass beendet hat, greift sowohl bei einer Kündigung des Vermieters nach § 576 BGB als **auch einer Kündigung nach den allgemeinen Vorschriften** (§ 573c BGB).[9]

25 Etwas anderes gilt nur dann, wenn der **Dienstberechtigte den Anlass für die Beendigung des Dienstverhältnisses gesetzt hat**, also insbesondere Umstände vorliegen, die den Mieter zur fristlosen Kündigung (§ 626 BGB) oder Anfechtung wegen arglistiger Täuschung (§ 123 BGB) berechtigen. Es ist ein schuldhaftes und rechtswidriges Verhalten des Dienstberechtigten erforderlich.[10] Für die Erhaltung des Widerspruchsrechts reicht es aus, wenn solche Umstände vorliegen. Ob der Mieter die entsprechenden rechtlichen Konsequenzen gezogen hat, ist dagegen unbeachtlich.

7. Auflösung des Dienstverhältnisses durch den Dienstberechtigten auf Grund eines durch den Mieter gegebenen gesetzlich begründeten Anlasses (Absatz 2 Nr. 2 Halbsatz 2)

26 Der Mieter, der einen gesetzlich begründeten Anlass für die Beendigung des dem Mietverhältnis zugrunde liegenden Dienstverhältnisses gesetzt hat, ist regelmäßig nicht schutzwürdig.

27 Ein **gesetzlich begründeter Anlass** für den Dienstberechtigten das Dienstverhältnis aufzulösen, liegt immer schon dann vor, wenn in der Person des Mieters Umstände gegeben sind, die die Kündigung des Dienstverhältnisses nicht als sozial ungerechtfertigt im Sinne von § 1 Abs. 2 KSchG erscheinen lassen.[11]

---

[7] *Kinne* in: Kinne/Schach/Bieber, Miet- und Mietprozessrecht, 6. Aufl. 2011, § 576a Rn. 5 und 6 sowie *Lammel*, Wohnraummietrecht, 3. Aufl. 2007, § 576a Rn. 6 und 18.

[8] *Grapentin* in: Bub/Treier, Handbuch der Geschäfts- und Wohnraummiete, 3. Aufl. 1999, Teil IV Rn. 131.

[9] *Grapentin* in: Bub/Treier, Handbuch der Geschäfts- und Wohnraummiete, 3. Aufl. 1999, Teil IV Rn. 131 sowie *Lammel*, Wohnraummietrecht, 3. Aufl. 2007, § 576a Rn. 20.

[10] *Krenek* in: Müller/Walther, Miet- und Pachtrecht, § 576a Rn. 8 und *Kinne* in: Kinne/Schach/Bieber, Miet- und Mietprozessrecht, 6. Aufl. 2011, § 576a Rn. 8.

[11] *Weidenkaff* in: Palandt, § 576a Rn. 5 sowie *Kinne* in: Kinne/Schach/Bieber, Miet- und Mietprozessrecht, 6. Aufl. 2011, § 576a Rn. 9.

Grundsätzlich wird ein schuldhaftes Verhalten des Mieters erforderlich sein.[12] Sofern die Voraussetzungen einer **verhaltensbedingten Kündigung** vorliegen wird dies regelmäßig – allerdings nicht zwingend – der Fall sein.[13] **Personenbedingte Kündigungs**gründe reichen demnach nur aus, wenn sie sich aus einem Fehlverhalten des Dienstverpflichteten ergeben.[14] **Betriebsbedingte Ursachen** rechtfertigen den Ausschluss der Sozialklausel dagegen nicht.[15] Ein Sachverhalt, der eine fristlose Kündigung des Dienstverhältnisses tragen würde, muss noch nicht vorliegen.[16] Nicht ausreichend ist die unterbliebene Übernahme eines in einem **Probearbeitsverhältnis** stehenden Dienstverpflichteten wegen mangelnder Eignung.[17]

Auch hier reicht es aus, dass solche Umstände vorliegen. Eine hierauf gestützte Beendigung des Dienstverhältnisses, insbesondere Kündigung, ist dagegen nicht erforderlich.[18] Die **Art der Auflösung** des Dienstverhältnisses (Kündigung, Anfechtung oder Aufhebungsvertrag) ist unerheblich.[19] 28

Der Ausschluss des Mieters mit dem Widerspruch/Fortsetzungsverlangen, weil er selbst begründeten Anlass zur Beendigung des Dienstverhältnisses gegeben hat, greift schließlich ebenfalls sowohl bei einer Kündigung des Vermieters nach § 576 BGB als **auch einer Kündigung nach den allgemeinen Vorschriften** (§ 573c BGB).[20] 29

III. Rechtsfolge: Ausschluss der Geltung der §§ 574, 574a, 574b, 574c BGB

Bei Vorliegen der vorstehenden Voraussetzungen ist der Mieter mit seinem Widerspruchsrecht nach den §§ 574, 574a, 574b, 574c BGB ausgeschlossen. 30

Abdingbarkeit: Vgl. hierzu Rn. 36. 31

IV. Prozessuale Hinweise/Verfahrenshinweise

Die **Darlegungs- und Beweislast** für die ihm günstigen Voraussetzungen des § 576a Abs. 2 BGB trägt der Vermieter.[21] Soweit es sich um den Nachweis **negativer Tatsachen**, nämlich das Fehlen eines durch ihn gesetzten Anlasses für die Beendigung des Dienstverhältnisses (§ 576a Abs. 2 Nr. 2 HS. 1 BGB), dreht, trifft allerdings den Mieter eine sekundäre Darlegungslast. 32

Das besondere Erlangungsinteresse des Dienstberechtigten ist auch im Rahmen der Entscheidung über die Gewährung einer **Räumungsfrist** nach den §§ 721, 794a, 765a ZPO zu berücksichtigen.[22] 33

Sofern zwischen den Parteien Streit über das Bestehen eines gesetzlich begründeten Anlasses für die Beendigung des Mietverhältnisses besteht, ist dies vom zuständigen **Zivilgericht** als Vorfrage unabhängig von der dafür bestehenden Zuständigkeit der Arbeitsgerichte zu entscheiden, sofern nicht bei einem bereits anhängigen arbeitsgerichtlichen Verfahren eine **Aussetzung** nach § 148 ZPO in Betracht kommt.[23] 34

---

[12] *Franke* in: Fischer-Dieskau/Pergande/Schwender, Wohnungsbaurecht, § 576a Anm. 4.3; *Rolfs* in: Staudinger, § 576a Rn. 15 und *Knops* in: Herrlein/Kandelhard, ZAP-Praxiskommentar Mietrecht, 4. Aufl. 2010, § 576a Rn. 6.
[13] *Rolfs* in: Staudinger, § 576a Rn. 15.
[14] *Kinne* in: Kinne/Schach/Bieber, Miet- und Mietprozessrecht, 6. Aufl. 2011, § 576a Rn. 9 und *Rolfs* in: Staudinger, § 576a Rn. 15.
[15] *Franke* in: Fischer-Dieskau/Pergande/Schwender, Wohnungsbaurecht, § 576a Anm. 4.3; *Kinne* in: Kinne/Schach/Bieber, Miet- und Mietprozessrecht, 6. Aufl. 2011, § 576a Rn. 9 und *Rolfs* in: Staudinger, § 576a Rn. 15.
[16] *Blank* in: Schmidt-Futterer, Mietrecht, 10. Aufl. 2011, § 576a Rn. 7.
[17] *Blank* in: Blank/Börstinghaus, Miete, 3. Aufl. 2008, § 576a Rn. 7 sowie *Grapentin* in: Bub/Treier, Handbuch der Geschäfts- und Wohnraummiete, 3. Aufl. 1999, Teil IV Rn. 131.
[18] *Blank* in: Schmidt-Futterer, Mietrecht, 10. Aufl. 2011, § 576a Rn. 7 und *Knops* in: Herrlein/Kandelhard, ZAP-Praxiskommentar Mietrecht, 4. Aufl. 2010, § 576a Rn. 6.
[19] *Kinne* in: Kinne/Schach/Bieber, Miet- und Mietprozessrecht, 6. Aufl. 2011, § 576a Rn. 9.
[20] *Lammel*, Wohnraummietrecht, 3. Aufl. 2007, § 576a Rn. 20 sowie *Grapentin* in: Bub/Treier, Handbuch der Geschäfts- und Wohnraummiete, 3. Aufl. 1999, Teil IV Rn. 131.
[21] *Blank* in: Schmidt-Futterer, Mietrecht, 10. Aufl. 2011, § 576a Rn. 9.
[22] *Lammel*, Wohnraummietrecht, 3. Aufl. 2007, § 576a Rn. 17.
[23] LG Kiel v. 18.12.1965 - 1 T 321/65 - BB 1966, 127.

V. Anwendungsfelder – Übergangsrecht

35 Vgl. hierzu Rn. 12.

C. Kommentierung zu Absatz 3

I. Grundlagen

1. Kurzcharakteristik

36 § 576a Abs. 3 BGB schließt zum Nachteil des Mieters von § 576a Abs. 1, Abs. 2 BGB abweichende vertragliche Vereinbarungen aus.

2. Gesetzgebungsgeschichte und -materialien

37 § 576a Abs. 3 BGB wurde durch das **Mietrechtsreformgesetz** vom 19.06.2001[24] in das BGB aufgenommen. Zwar war die Unwirksamkeit zu Lasten des Mieters von den gesetzlichen Vorgängerregelungen § 565d Abs. 3 BGB a.F. abweichender Vereinbarungen zuvor nicht ausdrücklich angeordnet. Sie wurde aber, soweit diese bereits zu Lasten des Mieters von den allgemeinen, unabdingbaren Vorschriften zu den Kündigungsfristen abwichen, auch nach dem damaligen Rechtsstand angenommen.[25]

II. Anwendungsvoraussetzungen

1. Normstruktur

38 Normstruktur:
- Tatbestandsmerkmale:
  - Vereinbarung, die zu Lasten des Mieters von § 576a Abs. 1 BGB oder § 576a Abs. 2 BGB abweicht.
- Rechtsfolge:
  - Unwirksamkeit der getroffenen Vereinbarung.

2. Zu Lasten des Mieters von Absatz 1, Absatz 2 abweichende Vereinbarung

39 Zu Lasten des Mieters weichen alle Vereinbarungen von der gesetzlichen Regelung ab, die zur Berücksichtigung weiterer als der gesetzlich genannten Belange als berechtigte Interessen des Vermieters im Rahmen von § 574 BGB führen oder die Anwendung der Sozialklausel für weitere als die genannten Fälle ausschließen.

III. Rechtsfolge: Unwirksamkeit der getroffenen Vereinbarung

40 Die Abweichung der Vereinbarung von § 576a Abs. 1, Abs. 2 BGB führt zur Unwirksamkeit der Abreden, soweit diese für den Mieter nachteilig sind.

41 **Abdingbarkeit**: § 576a Abs. 3 BGB ist nach seinem Sinn und Zweck selbst ebenfalls unabdingbar.

IV. Anwendungsfelder – Übergangsrecht

42 Vgl. hierzu Rn. 12.

---

[24] BGBl I 2001, 1149.
[25] Vgl. hierzu *Sonnenschein* in: Staudinger, 13. Bearb. 1997, §§ 565b-565e, Rn. 88.

§ 576b BGB Entsprechende Geltung des Mietrechts bei Werkdienstwohnungen

(Fassung vom 02.01.2002, gültig ab 01.01.2002)

(1) Ist Wohnraum im Rahmen eines Dienstverhältnisses überlassen, so gelten für die Beendigung des Rechtsverhältnisses hinsichtlich des Wohnraums die Vorschriften über Mietverhältnisse entsprechend, wenn der zur Dienstleistung Verpflichtete den Wohnraum überwiegend mit Einrichtungsgegenständen ausgestattet hat oder in dem Wohnraum mit seiner Familie oder Personen lebt, mit denen er einen auf Dauer angelegten gemeinsamen Haushalt führt.

(2) Eine zum Nachteil des Mieters abweichende Vereinbarung ist unwirksam.

Gliederung

A. Kommentierung zu Absatz 1	1
I. Grundlagen	1
1. Kurzcharakteristik	1
2. Gesetzgebungsgeschichte und -materialien	2
3. Regelungsprinzipien	3
II. Anwendungsvoraussetzungen	4
1. Normstruktur	4
2. Werkdienstwohnung	5
3. Überwiegende Ausstattung des Wohnraums mit Einrichtungsgegenständen durch den zur Dienstleistung Verpflichteten (Absatz 1 Alternative 1)	10
4. Zusammenleben des zur Dienstleistung Verpflichteten in dem Wohnraum mit seiner Familie (Absatz 1 Alternative 2)	12
5. Zusammenleben des zur Dienstleistung Verpflichteten in dem Wohnraum mit Personen, mit denen er einen auf Dauer angelegten gemeinsamen Haushalt führt (Absatz 1 Alternative 3)	13
III. Rechtsfolge: entsprechende Geltung der Vorschriften über Mietverhältnisse für die Beendigung des Rechtsverhältnisses hinsichtlich des Wohnraums	14
IV. Prozessuale Hinweise/Verfahrenshinweise	19
V. Anwendungsfelder – Übergangsrecht	21
B. Kommentierung zu Absatz 2	22
I. Grundlagen	22
1. Kurzcharakteristik	22
2. Gesetzgebungsgeschichte und -materialien	23
II. Anwendungsvoraussetzungen	24
1. Normstruktur	24
2. Zu Lasten des Mieters von § 576b BGB abweichende Vereinbarung	25
III. Rechtsfolge: Unwirksamkeit der getroffenen Vereinbarung	26
IV. Anwendungsfelder – Übergangsrecht	28

A. Kommentierung zu Absatz 1

I. Grundlagen

1. Kurzcharakteristik

§ 576b Abs. 1 BGB regelt die Anwendbarkeit der Vorschriften über die Werkmietwohnung auf Werkdienstwohnungen.   **1**

2. Gesetzgebungsgeschichte und -materialien

Vgl. hierzu zunächst die Kommentierung zu § 576 BGB Rn. 2. Das **Mietrechtsreformgesetz** vom 19.06.2001[1] führt § 565e Abs. 3 BGB a.F. unter leichten inhaltlichen Änderungen in § 576b Abs. 1 BGB fort.   **2**

3. Regelungsprinzipien

Bei einer Werkdienstwohnung besteht zwar kein gesonderter Mietvertrag, auf dem die Überlassung des Wohnraums beruht. Dennoch ist der Mieter auch hier besonders schutzbedürftig, wenn er den Wohnraum dadurch zu seinem Lebensmittelpunkt gemacht hat, dass er ihn überwiegend mit Einrich-   **3**

---

[1] BGBl I 2001, 1149.

tungsgegenständen ausgestattet hat oder darin mit seiner Familie oder Personen lebt, mit denen er einen auf Dauer angelegten Haushalt führt. In diesen Fällen soll er deshalb zumindest in den Genuss des auch für Werkmietwohnungen geltenden beschränkten sozialen Bestandsschutzes kommen.

II. Anwendungsvoraussetzungen

1. Normstruktur

4   Normstruktur:
- Tatbestandsmerkmale:
  - Werkdienstwohnung,
  - überwiegende Ausstattung des Wohnraums mit Einrichtungsgegenständen durch den zur Dienstleistung Verpflichteten (§ 576b Abs. 1 Alt. 1 BGB) **oder**
  - Zusammenleben des zur Dienstleistung Verpflichteten in dem Wohnraum mit seiner Familie (§ 576b Abs. 1 Alt. 2 BGB) **oder** Personen, mit denen er einen auf Dauer angelegten gemeinsamen Haushalt führt (§ 576b Abs. 1 Alt. 2 BGB).
- Rechtsfolge:
  - entsprechende Geltung der Vorschriften über Mietverhältnisse für die Beendigung des Rechtsverhältnisses hinsichtlich des Wohnraums.

2. Werkdienstwohnung

5   Bei einer Werkdienstwohnung erfolgt die Überlassung des Wohnraums **im Rahmen des Dienstvertrages**, ein gesonderter Mietvertrag besteht – im Gegensatz zu den vertraglichen Verhältnissen bei der Werkmietwohnung, vgl. hierzu die Kommentierung zu § 576 BGB Rn. 8 – nicht.[2] Die Überlassung des Wohnraums stellt vielmehr einen Teil der Vergütung für die geleisteten Dienste dar.[3]

6   Für die **Abgrenzung** von Werkdienstwohnungen (§ 576b BGB) und Werkmietwohnungen (§ 576 BGB) kommt es nicht auf die Bezeichnung durch die Parteien oder deren rechtliche Beurteilung, sondern auf den materiellen Gehalt des Vereinbarten an. Dieser ist durch Auslegung des Vertrags (§§ 133, 157 BGB) zu ermitteln. Ergibt die Auslegung ein gesondertes Mietverhältnis neben dem Dienstvertrag, kann das zwingende Mietrecht einschließlich der amtsgerichtlichen Zuständigkeit für die Geltendmachung der Ansprüche auch nicht dadurch abbedungen werden, dass die Parteien eine Dienstwohnung als Vertragsgegenstand und damit die Anwendung von Arbeitsrecht vereinbaren; denn durch das Arbeitsrecht wird der Arbeitnehmer nicht besser gestellt als durch das Mietrecht.[4]

7   Daher ist zwar **während des Bestehens** des typengemischten Vertragsverhältnisses die entsprechende Anwendung der mietvertraglichen Vorschriften auf die Überlassung des Wohnraums möglich und bei fehlender vertraglicher Regelung hierzu – mit Ausnahme der Regelungen über die Mieterhöhungen (§§ 557-561 BGB)[5] – auch grundsätzlich angebracht[6], die Beendigung richtet sich jedoch grundsätzlich nach Dienstvertragsrecht. Die Vorschriften über die Minderung können allerdings durch einbezogene tarifvertragliche Bestimmungen verdrängt sein.[7] Eine **Teilkündigung** des Mietverhältnisses ist nicht zulässig, da die mietrechtliche Komponente einen unselbständigen Bestandteil des Vertragsverhältnisses darstellt.[8]

---

[2] ArbG Bielefeld v. 15.11.2004 - 3 Ca 1448/04 - juris Rn. 51.

[3] BAG v. 24.01.1990 - 5 AZR 749/87 - juris Rn. 16 - DB 1991, 1839 und ArbG Bielefeld v. 15.11.2004 - 3 Ca 1448/04 - juris Rn. 58.

[4] BAG v. 28.11.2007 - 5 AZB 44/07 - juris Rn. 9 - NJW 2008, 1020-1021.

[5] BAG v. 15.12.1992- 1 AZR 308/92 - juris Rn. 40 - WuM 1993, 353-356; *Lammel*, Wohnraummietrecht, 3. Aufl. 2007, § 576b Rn. 2 und *Blank* in: Schmidt-Futterer, Mietrecht, 10. Aufl. 2011, § 576b Rn. 10.

[6] BAG v. 18.09.2007- 9 AZR 822/06 - juris Rn. 37 - EzA-SD 2008, Nr. 8, 11-12; BAG v. 02.11.1999 - 5 AZB 18/99 - juris Rn. 26 - NZA 2000, 277-279; *Lammel*, Wohnraummietrecht, 3. Aufl. 2007, § 576b Rn. 2 und *Blank* in: Schmidt-Futterer, Mietrecht, 10. Aufl. 2011, § 576b Rn. 10.

[7] BAG v. 18.09.2007- 9 AZR 822/06 - juris Rn. 54 - EzA-SD 2008, Nr. 8, 11-12.

[8] BAG v. 24.01.1990 - 5 AZR 749/87 - juris Rn. 16 - DB 1991, 1839 und ArbG Bielefeld v. 15.11.2004 - 3 Ca 1448/04 - juris Rn. 60.

Zum **Dienstverhältnis** vgl. auch die Kommentierung zu § 576 BGB Rn. 11.

Auch im Rahmen eines Mietverhältnisses bereits überlassener Wohnraum kann von den Parteien einvernehmlich **nachträglich** in eine Werkdienstwohnung umgewandelt werden. Dies setzt den Willen zur Begründung eines entsprechenden Dienstvertrages voraus. Allein der Abschluss eines Dienstvertrages über die Ausübung einer Hausmeistertätigkeit reicht hierfür regelmäßig nicht aus und zwar auch dann nicht, wenn die Miete nunmehr durch die Erbringung der entsprechenden Dienste abgegolten wird.[9]

3. Überwiegende Ausstattung des Wohnraums mit Einrichtungsgegenständen durch den zur Dienstleistung Verpflichteten (Absatz 1 Alternative 1)

Überwiegend ist die Ausstattung des Wohnraums mit Einrichtungsgegenständen durch den zur Dienstleistung Verpflichteten, wenn die von ihm eingebrachten Gegenstände nach Zahl und insbesondere wirtschaftlicher Bedeutung mehr als die Hälfte der bei voller Möblierung benötigten Einrichtungsgegenstände ausmachen. Der Wert der eingebrachten Gegenstände ist dagegen unerheblich.[10] Die Einrichtungsgegenstände müssen auch nicht im Eigentum des zur Dienstleistung Verpflichteten stehen.[11] **Maßstab** für die „volle" Möblierung ist dabei die für eine normale Lebensführung erforderliche Ausstattung einschließlich fest eingebauter Einrichtungen.[12]

Entscheidend sind die Umstände **zum Zeitpunkt der Beendigung des Dienstverhältnisses**.[13]

4. Zusammenleben des zur Dienstleistung Verpflichteten in dem Wohnraum mit seiner Familie (Absatz 1 Alternative 2)

Der Begriff der **Familie** entspricht dem in § 549 Abs. 2 Nr. 2 BGB, vgl. daher hierzu die Kommentierung zu § 549 BGB. Das **Zusammenleben** setzt auch hier, obwohl im Gegensatz zu § 576b Abs. 1 Alt. 3 BGB nicht ausdrücklich aufgeführt, eine auf Dauer angelegte gemeinschaftliche Haushaltsführung voraus.[14]

5. Zusammenleben des zur Dienstleistung Verpflichteten in dem Wohnraum mit Personen, mit denen er einen auf Dauer angelegten gemeinsamen Haushalt führt (Absatz 1 Alternative 3)

Diese Tatbestandsvoraussetzung entspricht derjenigen des § 549 Abs. 2 Nr. 2 Alt. 2 BGB, vgl. daher hierzu die Kommentierung zu § 549 BGB.

III. Rechtsfolge: entsprechende Geltung der Vorschriften über Mietverhältnisse für die Beendigung des Rechtsverhältnisses hinsichtlich des Wohnraums

Indem § 576b Abs. 1 BGB die entsprechende Geltung der Vorschriften über Mietverhältnisse für die Beendigung des Rechtsverhältnisses hinsichtlich des Wohnraums anordnet, bewirkt er **bei Beendigung des Dienstverhältnisses** eine Aufspaltung in zwei getrennte Vertragsverhältnisse.[15] Denn durch eine wirksame Kündigung des Dienstverhältnisses wird eine Beendigung seines mietrechtlichen Teils infolge der Geltung des Wohnraummietrechts nicht automatisch bewirkt. Es bedarf vielmehr einer **gesonderten Kündigung der Wohnraumüberlassung**[16], die allerdings bei Einhaltung der formellen und sachlichen Voraussetzungen in einem Schreiben mit der Kündigung des Dienstverhältnisses erfol-

---

[9] AG Hamburg v. 07.11.1975 - 43 C 231/75 - juris Rn. 8 - WuM 1985, 152.
[10] *Kinne* in: Kinne/Schach/Bieber, Miet- und Mietprozessrecht, 6. Aufl. 2011, § 576b Rn. 4.
[11] *Weidenkaff* in: Palandt, § 576b Rn. 2.
[12] *Rolfs* in: Staudinger, § 576b Rn. 10.
[13] *Rolfs* in: Staudinger, § 576b Rn. 10.
[14] *Kinne* in: Kinne/Schach/Bieber, Miet- und Mietprozessrecht, 6. Aufl. 2011, § 576b Rn. 5 und *Krenek* in: Müller/Walther, Miet- und Pachtrecht, § 576b Rn. 8.
[15] *Lammel*, Wohnraummietrecht, 3. Aufl. 2007, § 576b Rn. 5.
[16] *Kinne* in: Kinne/Schach/Bieber, Miet- und Mietprozessrecht, 6. Aufl. 2011, § 576b Rn. 8.

gen kann[17]. Die Kündigung unterliegt nicht dem **Mitbestimmungsrecht des Betriebs- oder Personalrates**.[18]

15 **Erfolgt keine gesonderte Kündigung** hinsichtlich des Wohnraums, so besteht dieser Vertragsteil nunmehr als selbständiges, gesetzliches Schuldverhältnis fort, dessen Rechtscharakter im Einzelnen indessen streitig ist.[19]

16 Einigkeit besteht darüber, dass der vormalige Dienstverpflichtete für die Überlassung des Wohnraums ein **Nutzungsentgelt** an den vormaligen Dienstberechtigten zu entrichten hat, da eine Verrechnung mit den geschuldeten Dienstleistungen nicht mehr möglich ist. Die **Höhe** dieses Entgelts bestimmt sich grundsätzlich nach dem Teil der früheren Vergütung des vormaligen Dienstverpflichteten, der auf die Überlassung des Wohnraums angerechnet wurde (str.).[20] Lässt sich ein solcher Anteil nicht feststellen, so richtet sich die Nutzungsentschädigung in entsprechender Anwendung des § 546a Abs. 1 BGB nach der Miete, die für vergleichbare Mietobjekte ortsüblich ist[21], vgl. hierzu die Kommentierung zu § 546a BGB. Dem vormaligen Dienstberechtigten steht bis zu dieser Höhe ein Bestimmungsrecht gemäß §§ 315, 316 BGB zu.[22] Eine Mieterhöhung nach den §§ 558, 559 BGB kann dagegen bei Beendigung des Dienstverhältnisses nicht verlangt werden (str.).[23] **Spätere Erhöhungen** des Nutzungsentgelts nach den §§ 557 ff. BGB sind ebenfalls nicht möglich (str.).[24]

17 Auch für die **sonstigen Rechte und Pflichten** der Vertragsparteien gilt das Gleiche wie bei einem Abwicklungsverhältnis nach § 546a BGB (str.).[25]

18 **Abdingbarkeit**: Vgl. hierzu Rn. 22.

---

[17] *Blank* in: Schmidt-Futterer, Mietrecht, 10. Aufl. 2011, § 576b Rn. 18.

[18] BAG v. 15.12.1992 - 1 AZR 308/92 - juris Rn. 53 - WuM 1993, 353-356.

[19] Vgl. - gesetzliches Schuldverhältnis mit Inhalt nach § 242 BGB - *Blank* in: Schmidt-Futterer, Mietrecht, 10. Aufl. 2011, § 576b Rn. 22; - voll gültiges (gesetzliches) Mietverhältnis - *Lammel*, Wohnraummietrecht, 3. Aufl. 2007, § 576b Rn. 9; - fortbestehendes Mietverhältnis - *Kinne* in: Kinne/Schach/Bieber, Miet- und Mietprozessrecht, 6. Aufl. 2011, § 576b Rn. 8 sowie - Abwicklungs-(schuld-)verhältnis - *Krenek* in: Müller/Walther, Miet- und Pachtrecht, § 576b Rn. 11; *Artz* in: MünchKomm-BGB, § 576b Rn. 5 und *Sternel*, Mietrecht aktuell, 4. Aufl. 2009, Teil XI Rn. 427.

[20] LG Berlin v. 04.08.2009 - 65 S 423/08 - juris Rn. 17 - Grundeigentum 2009, 1190-1191; LG Hamburg v. 27.06.1991 - 334 S 166/90 - juris Rn. 9 - WuM 1991, 550; *Krenek* in: Müller/Walther, Miet- und Pachtrecht, § 576b Rn. 11 und *Kinne* in: Kinne/Schach/Bieber, Miet- und Mietprozessrecht, 6. Aufl. 2011, § 576b Rn. 8; a.A. - stets in Höhe der ortsüblichen Miete - *Lammel*, Wohnraummietrecht, 3. Aufl. 2007, § 576b Rn. 10 und - stets Bestimmungsrecht des Vermieters bis zur ortsüblichen Miete - *Blank* in: Blank/Börstinghaus, Miete, 3. Aufl. 2008, § 576b Rn. 17.

[21] *Krenek* in: Müller/Walther, Miet- und Pachtrecht, § 576b Rn. 11 und *Grapentin* in: Bub/Treier, Handbuch der Geschäfts- und Wohnraummiete, 3. Aufl. 1999, Teil IV Rn. 132; nur im Ergebnis ebenso *Lammel*, Wohnraummietrecht, 3. Aufl. 2007, § 576b Rn. 10 und *Blank* in: Blank/Börstinghaus, Miete, 3. Aufl. 2008, § 576b Rn. 17, nach denen eine Bemessung des Entgelts an den während der Dienstverpflichtung geltenden Vereinbarungen schon daran scheitert, dass der Dienstvertrag nicht mehr besteht.

[22] LG Hamburg v. 27.06.1991 - 334 S 166/90 - juris Rn. 9 - WuM 1991, 550; *Blank* in: Schmidt-Futterer, Mietrecht, 10. Aufl. 2011, § 576b Rn. 22 und *Krenek* in: Müller/Walther, Miet- und Pachtrecht, § 576b Rn. 11.

[23] LG Hamburg v. 27.06.1991 - 334 S 166/90 - juris Rn. 9 - WuM 1991, 550; *Artz* in: MünchKomm-BGB, § 576b Rn. 7; *Blank* in: Schmidt-Futterer, Mietrecht, 10. Aufl. 2011, § 576b Rn. 22; *Krenek* in: Müller/Walther, Miet- und Pachtrecht, § 576b Rn. 11; *Kinne* in: Kinne/Schach/Bieber, Miet- und Mietprozessrecht, 6. Aufl. 2011, § 576b Rn. 8 sowie *Rolfs* in: Staudinger, § 576b Rn. 18; a.A. BAG v. 15.12.1992 - 1 AZR 308/92 - juris Rn. 24 - WuM 1993, 353-356 - Geltung der §§ 558 ff. BGB sowie *Lammel*, Wohnraummietrecht, 3. Aufl. 2007, § 576b Rn. 10.

[24] *Krenek* in: Müller/Walther, Miet- und Pachtrecht, § 576b Rn. 11 und *Rolfs* in: Staudinger, § 576b Rn. 18; a.A. AG Dortmund v. 19.03.1973 - 35 C 355/72 - juris Rn. 6 - WuM 1985, 155-156; *Kinne* in: Kinne/Schach/Bieber, Miet- und Mietprozessrecht, 6. Aufl. 2011, § 576b Rn. 8; *Blank* in: Schmidt-Futterer, Mietrecht, 10. Aufl. 2011, § 576b Rn. 22.

[25] *Artz* in: MünchKomm-BGB, § 576b Rn. 7 und *Rolfs* in: Staudinger, § 576b Rn. 18; a.A. - Anwendung der mietvertraglichen Vorschriften über § 242 BGB - *Blank* in: Blank/Börstinghaus, Miete, 3. Aufl. 2008, § 576b Rn. 17 sowie - Fortgeltung der mietvertraglichen Vereinbarungen - *Kinne* in: Kinne/Schach/Bieber, Miet- und Mietprozessrecht, 6. Aufl. 2011, § 576b Rn. 8.

IV. Prozessuale Hinweise/Verfahrenshinweise

Die **Darlegungs- und Beweislast** für die Anwendbarkeit des Wohnraummietrechts trägt die Partei, die hieraus für sich günstige Rechtsfolgen ableitet.

Die gerichtliche **Zuständigkeit** bestimmt sich danach, ob der Rechtsstreit vor oder nach Beendigung des Dienstverhältnisses geführt wird:
- **Vor Beendigung des Dienstverhältnisses** beruht das gesamte Vertragsverhältnis auf den dienstvertraglichen Vereinbarungen, weshalb die Arbeitsgerichte zuständig sind (§ 2 Abs. 1 Nr. 4 a) ArbGG, str.).[26]
- **Nach Beendigung des Dienstverhältnisses** beruht die Überlassung des Wohnraums auf einem gesetzlichen Mietverhältnis (vgl. hierzu die Erläuterungen unter Rn. 15), weshalb die Amtsgerichte ausschließlich zuständig sind (§ 23 Nr. 2 a) GVG).

V. Anwendungsfelder – Übergangsrecht

Das **Mietrechtsreformgesetz** vom 19.06.2001[27] enthält **keine Übergangsvorschrift** zu § 576b Abs. 1 BGB. Dieser ist folglich ohne zeitliche Beschränkung anwendbar.

B. Kommentierung zu Absatz 2

I. Grundlagen

1. Kurzcharakteristik

§ 576b Abs. 2 BGB schließt zum Nachteil des Mieters von § 576b Abs. 1 BGB abweichende vertragliche Vereinbarungen aus.

2. Gesetzgebungsgeschichte und -materialien

§ 576b Abs. 2 BGB wurde durch das **Mietrechtsreformgesetz** vom 19.06.2001[28] in das BGB aufgenommen. Zwar war die Unwirksamkeit zu Lasten des Mieters von den gesetzlichen Vorgängerregelungen § 565e BGB a.F. abweichender Vereinbarungen zuvor nicht ausdrücklich angeordnet. Sie wurde aber, soweit diese zu Lasten des Mieters von den allgemeinen, unabdingbaren Vorschriften zu den Kündigungsfristen abwichen, auch nach dem damaligen Rechtsstand angenommen.[29]

II. Anwendungsvoraussetzungen

1. Normstruktur

Normstruktur:
- Tatbestandsmerkmale:
  - Vereinbarung, die zu Lasten des Mieters von § 576b Abs. 1 BGB abweicht.
- Rechtsfolge:
  - Unwirksamkeit der getroffenen Vereinbarung.

2. Zu Lasten des Mieters von § 576b BGB abweichende Vereinbarung

Zu Lasten den Mieters weichen alle Vereinbarungen von der gesetzlichen Regelung ab, die den ohnehin begrenzten Kündigungsschutz für Werkmietwohnungen, der auf die in § 576b Abs. 1 BGB genannten Werkdienstwohnungen entsprechende Anwendung findet, weiter einschränken.

---

[26] BAG v. 02.11.1999 - 5 AZB 18/99 - juris Rn. 19 - DB 2000, 628; a.A. LG Augsburg v. 20.01.1994 - 4 T 3861/93 - ZMR 1994, 333.
[27] BGBl I 2001, 1149.
[28] BGBl I 2001, 1149.
[29] Vgl. hierzu *Sonnenschein* in: Staudinger, 13. Bearb. 1997, §§ 565b-565e, Rn. 88.

III. Rechtsfolge: Unwirksamkeit der getroffenen Vereinbarung

26 Die Abweichung der Vereinbarung von § 576b Abs. 1 BGB führt zur Unwirksamkeit der Abreden, soweit diese für den Mieter nachteilig sind.

27 **Abdingbarkeit**: § 576b Abs. 2 BGB ist nach seinem Sinn und Zweck selbst ebenfalls unabdingbar.

IV. Anwendungsfelder – Übergangsrecht

28 Das **Mietrechtsreformgesetz** vom 19.06.2001[30] enthält **keine Übergangsvorschrift** zu § 576b Abs. 1 BGB. Dieser ist folglich ohne zeitliche Beschränkung anwendbar.

---

[30] BGBl I 2001, 1149.

Kapitel 6 - Besonderheiten bei der Bildung von Wohnungseigentum an vermieteten Wohnungen

§ 577 BGB Vorkaufsrecht des Mieters

(Fassung vom 02.01.2002, gültig ab 01.01.2002)

(1) ¹Werden vermietete Wohnräume, an denen nach der Überlassung an den Mieter Wohnungseigentum begründet worden ist oder begründet werden soll, an einen Dritten verkauft, so ist der Mieter zum Vorkauf berechtigt. ²Dies gilt nicht, wenn der Vermieter die Wohnräume an einen Familienangehörigen oder an einen Angehörigen seines Haushalts verkauft. ³Soweit sich nicht aus den nachfolgenden Absätzen etwas anderes ergibt, finden auf das Vorkaufsrecht die Vorschriften über den Vorkauf Anwendung.

(2) Die Mitteilung des Verkäufers oder des Dritten über den Inhalt des Kaufvertrags ist mit einer Unterrichtung des Mieters über sein Vorkaufsrecht zu verbinden.

(3) Die Ausübung des Vorkaufsrechts erfolgt durch schriftliche Erklärung des Mieters gegenüber dem Verkäufer.

(4) Stirbt der Mieter, so geht das Vorkaufsrecht auf diejenigen über, die in das Mietverhältnis nach § 563 Abs. 1 oder 2 eintreten.

(5) Eine zum Nachteil des Mieters abweichende Vereinbarung ist unwirksam.

Gliederung

A. Kommentierung zu Absatz 1 1	3. Regelungsprinzipien 56
I. Grundlagen.............................. 1	II. Anwendungsvoraussetzungen 57
1. Kurzcharakteristik 1	1. Normstruktur...................................... 57
2. Gesetzgebungsgeschichte und -materialien 2	2. Mitteilung des Vermieters oder Dritten nach den
3. Regelungsprinzipien 4	§§ 577 Abs. 1 Satz 3, 469 Abs. 1 BGB 58
II. Anwendungsvoraussetzungen 5	III. Rechtsfolge: Unterrichtung des Mieters über
1. Normstruktur....................................... 5	sein Vorkaufsrecht nach Absatz 1 64
2. Wohnräume 6	1. Abdingbarkeit 67
3. Vermietung 11	2. Praktische Hinweise........................... 68
4. Überlassung..................................... 15	IV. Prozessuale Hinweise/Verfahrenshinweise 70
5. Begründung von Wohnungseigentum 19	V. Anwendungsfelder – Übergangsrecht............ 72
6. Absicht zur Begründung von Wohnungs-	C. Kommentierung zu Absatz 3.................... 73
eigentum..................................... 21	I. Grundlagen....................................... 73
7. Verkauf an einen Dritten 24	1. Kurzcharakteristik 73
III. Rechtsfolge: Vorkaufsrecht des Mieters 36	2. Gesetzgebungsgeschichte und -materialien 74
1. Vermietung – Überlassung – Begründung von	3. Regelungsprinzipien 75
Wohnungseigentum.............................. 37	II. Anwendungsvoraussetzungen 76
2. Überlassung – Begründung von Wohnungs-	1. Normstruktur...................................... 76
eigentum – Vermietung........................ 38	2. Ausübung des Vorkaufsrechts nach Absatz 1
3. Vermietung – Begründung von Wohnungs-	durch den Mieter (§ 464 Abs. 1 BGB) 77
eigentum – Überlassung........................ 39	III. Rechtsfolge: Schriftformerfordernis für die
4. Schuldrechtliches Vorkaufsrecht 40	Ausübungserklärung des Mieters (Absatz 3).... 81
5. Vorkaufsberechtigter........................... 45	1. Abdingbarkeit 82
6. Abdingbarkeit................................... 48	2. Praktische Hinweise........................... 83
7. Praktische Hinweise 49	IV. Prozessuale Hinweise/Verfahrenshinweise 93
IV. Prozessuale Hinweise/Verfahrenshinweise 51	V. Anwendungsfelder – Übergangsrecht............ 94
V. Anwendungsfelder – Übergangsrecht 52	D. Kommentierung zu Absatz 4.................... 95
B. Kommentierung zu Absatz 2 54	I. Grundlagen....................................... 95
I. Grundlagen....................................... 54	1. Kurzcharakteristik 95
1. Kurzcharakteristik 54	2. Gesetzgebungsgeschichte und -materialien 96
2. Gesetzgebungsgeschichte und -materialien 55	3. Regelungsprinzipien 97

§ 577

II. Anwendungsvoraussetzungen 98	I. Grundlagen 109
1. Normstruktur 98	1. Kurzcharakteristik 109
2. Entstehung des Vorkaufsrechts gemäß Absatz 1 . 99	2. Gesetzgebungsgeschichte und -materialien 110
3. Tod des Mieters 100	II. Anwendungsvoraussetzungen 112
4. Eintritt von Familienangehörigen gemäß § 563 Abs. 1, 2 BGB 102	1. Normstruktur 112
	2. Zu Lasten des Mieters von Absatz 1 bis Absatz 4 abweichende Vereinbarung 113
III. Rechtsfolge: Erhaltung des Vorkaufsrechts nach Absatz 1 für die eingetretenen Mieter..... 104	III. Rechtsfolge: Unwirksamkeit der getroffenen Vereinbarung 119
IV. Prozessuale Hinweise/Verfahrenshinweise 107	IV. Anwendungsfelder – Übergangsrecht 121
V. Anwendungsfelder – Übergangsrecht 108	
E. Kommentierung zu Absatz 5 109	

A. Kommentierung zu Absatz 1

I. Grundlagen

1. Kurzcharakteristik

1 § 577 Abs. 1 BGB gibt dem Mieter ein Vorkaufsrecht, wenn der ihm vermietete Wohnraum nach der Überlassung in Wohnungseigentum umgewandelt wird oder werden soll.

2. Gesetzgebungsgeschichte und -materialien

2 Die Vorgängervorschrift des § 570b BGB a.F. wurde auf Vorschlag des Bundesrates durch das Vierte Mietrechtsänderungsgesetz vom 21.07.1993[1] in das BGB aufgenommen.

3 Das **Mietrechtsreformgesetz** vom 19.06.2001[2] führt diese Regelung im Wesentlichen unverändert in § 577 BGB fort. **Neu** ist das in § 577 Abs. 3 BGB angeordnete Schriftformerfordernis für die Ausübung des Vorkaufsrechts durch den Mieter.

3. Regelungsprinzipien

4 Durch das Vorkaufsrecht[3] soll der Mieter vor den Folgen einer Umwandlung von Miet- in Eigentumswohnungen geschützt werden, insbesondere den in diesem Zusammenhang häufig erfolgenden Eigenbedarfskündigungen durch den Erwerber der Eigentumswohnung.[4] Der Gesetzgeber hat deshalb mit dem Vorkaufsrecht in § 577 BGB die Dispositionsbefugnis des Eigentümers über sein Eigentum eingeschränkt; die Einräumung eines Vorkaufsrechts zugunsten des Mieters dient einem sachgerechten Ausgleich der beiderseitigen Grundrechtspositionen: Dem Vermieter bleibt die Möglichkeit, sein Eigentum zu veräußern; der Mieter kann sich durch die Ausübung des Vorkaufsrechts vor einer Verschlechterung seiner kündigungsrechtlichen Position durch die Veräußerung schützen, ohne dass er die Veräußerung selbst verhindern könnte.[5] Das Interesse des Vermieters wird allerdings als vorrangig beurteilt, wenn die Wohnung an eine Person verkauft wird, zu deren Gunsten auch eine Kündigung wegen Eigenbedarfs möglich wäre.[6]

II. Anwendungsvoraussetzungen

1. Normstruktur

5 Normstruktur:
- Tatbestandsmerkmale:
  - Wohnräume,
  - Vermietung,

---

[1] BGBl I 1993, 1257.
[2] BGBl I 2001, 1149.
[3] Vgl. auch den Überblick bei *Bachmayer*, BWNotZ 2004, 25-33.
[4] *Blank* in: Schmidt-Futterer, Mietrecht, 10. Aufl. 2011, § 577 Rn. 2.
[5] BVerfG v. 04.04.2011 - 1 BvR 1803/08 - juris Rn. 32.
[6] *Rolfs* in: Staudinger, § 577 Rn. 6.

- Überlassung an Mieter,
- danach Begründung von Wohnungseigentum **oder** Absicht zur Begründung von Wohnungseigentum,
- Verkauf an einen Dritten.
• Rechtsfolge:
- Vorkaufsrecht des Mieters.
• Ausnahme:
- Verkauf an Familienangehörige des Vermieters **oder** Angehörige des Haushalts des Vermieters.

2. Wohnräume

Die Bestimmung ist auf Grund ihres Wortlautes, ihrer systematischen Stellung und ihres Schutzzweckes (vgl. hierzu Rn. 4) nur auf die **Wohnraummiete** anwendbar. Zur Abgrenzung von anderen Mietverhältnissen vgl. die Kommentierung zu § 549 BGB.

Keine Anwendung findet § 577 BGB allerdings auf Mietverhältnisse über Wohnraum,
- der nur **zum vorübergehenden Gebrauch** vermietet ist (§ 549 Abs. 2 Nr. 1 BGB, vgl. hierzu auch die Kommentierung zu § 549 BGB),
- der Teil der vom Vermieter selbst bewohnten Wohnung ist und den der Vermieter überwiegend mit Einrichtungsgegenständen auszustatten hat, sofern der Wohnraum dem Mieter nicht zum dauernden Gebrauch mit seiner Familie oder Personen überlassen ist, mit denen er einen auf Dauer angelegten gemeinsamen Haushalt führt („**Einliegerwohnung**", § 549 Abs. 2 Nr. 2 BGB, vgl. hierzu auch die Kommentierung zu § 549 BGB),
- den eine juristische Person des öffentlichen Rechts oder ein anerkannter privater Träger der Wohlfahrtspflege angemietet hat, um ihn **Personen mit dringendem Wohnbedarf** zu überlassen, wenn bei Vertragsschluss hierauf hingewiesen wurde (§ 549 Abs. 2 Nr. 3 BGB, vgl. hierzu auch die Kommentierung zu § 549 BGB),
- **in einem Studenten- oder Jugendwohnheim** (§ 549 Abs. 3 BGB, vgl. hierzu die Kommentierung zu § 549 BGB).

Ebenso wenig ist § 577 BGB anwendbar auf Mietverhältnisse
- über die Anmietung **anderer Räume**, insbesondere von Geschäftsräumen (§ 578 Abs. 2 BGB, vgl. auch die Kommentierung zu § 578 BGB),
- **Grundstücke** (§ 578 Abs. 1 BGB, vgl. auch die Kommentierung zu § 578 BGB) oder
- über **bewegliche Sachen**.

Das für **öffentlich geförderten** Wohnraum vormals in § 2b WoBindG gesondert geregelte Vorkaufsrecht[7] ist mit dem In-Kraft-Treten des Gesetzes über die soziale Wohnraumförderung vom 13.09.2001 (WoFG)[8] am 01.01.2002 ersatzlos entfallen. § 577 BGB findet daher jetzt auch insoweit Anwendung.[9] § 32 Abs. 3 WoFG bestimmt für öffentlich geförderten Wohnraum darüber hinaus, dass der Vermieter der zuständigen Stelle die Veräußerung von belegungs- oder mietgebundenen Wohnungen und die Begründung von Wohnungseigentum an solchen Wohnungen unverzüglich schriftlich mitzuteilen hat.

Im **Beitrittsgebiet** gelten darüber hinaus die vorrangigen Sonderregelungen des § 20 VermG und § 57 SchuldRAnpG.[10]

---

[7] Vgl. hierzu *Sonnenschein* in: Staudinger, 13. Bearb. 1997, § 570b Rn. 8.
[8] BGBl I 2001, 2376.
[9] *Weidenkaff* in: Palandt, § 577 Rn. 1; *Krenek* in: Müller/Walther, Miet- und Pachtrecht, § 577 Rn. 5 und *Rolfs* in: Staudinger, § 577 Rn. 2.
[10] LG Magdeburg v. 09.05.1997 - 1 S 761/96 - VIZ 1997, 547-548; *Kinne* in: Kinne/Schach/Bieber, Miet- und Mietprozessrecht, 6. Aufl. 2011, § 577 Rn. 27; *Kinne*, ZOV 1994, 449-452; *Kinne*, ZOV 1992, 352-352 und *Reinstorf* in: Bub/Treier, Handbuch der Geschäfts- und Wohnraummiete, 1989, Teil II Rn. 896d.

3. Vermietung

11 Der Wohnraum muss dem Mieter zum Zeitpunkt des Abschlusses des Kaufvertrages, vgl. hierzu die Erläuterungen unter Kaufvertrag (vgl. Rn. 24), wirksam **vermietet** sein. Eine Gebrauchsüberlassung im Rahmen eines anderen Rechtsverhältnisses (Leihe, Pacht o.a.) oder auf Grund der Gewährung einer Räumungsfrist sowie von Vollstreckungsschutz steht dem – im Gegensatz zu einer gerichtlichen Verlängerung des Mietverhältnisses nach den §§ 574a, 574c BGB – nicht gleich.[11] Sofern sich das Mietverhältnis infolge einer Fortsetzung des Gebrauchs der Wohnräume durch den Mieter stillschweigend verlängert hat (§ 545 BGB), steht dem Mieter das Vorkaufsrecht auch dann zu, wenn im Zeitpunkt des Verkaufs an den Dritten die zweiwöchige Frist, innerhalb der ein entgegenstehender Wille erklärt werden kann, noch nicht abgelaufen war.[12]

12 Im Rahmen der **Untermiete** steht das Vorkaufsrecht nur dem Hauptmieter – unabhängig davon, ob dieser selbst die Räume ebenfalls nutzt – zu, wenn zwischen ihm und dem Vermieter nach den vertraglichen Vereinbarungen ein Wohnraummietverhältnis vorliegt.[13] Ist das Hauptmietverhältnis dagegen nach den vertraglichen Vereinbarungen auf eine **gewerbliche Miete** gerichtet, so fällt dieses nicht in den Anwendungsbereich des § 577 Abs. 1 BGB. Auch in diesem Fall erlangt der Untermieter grundsätzlich selbst dann kein Vorkaufsrecht, wenn zwischen ihm und dem Hauptmieter/Untervermieter ein Wohnraummietverhältnis besteht, da er nicht Vertragspartei des Hauptmietverhältnisses ist.[14]

13 Etwas anderes gilt im Rahmen der **gewerblichen Zwischenvermietung**, wenn der Wohnraum vom mit Gewinnerzielungsabsicht handelnden Zwischenmieter bereits zum Zweck der Weitervermietung der Räume als Wohnung an Dritte als Untermieter angemietet wird (§ 565 BGB). Hier ist der Untermieter entsprechend dem Gedanken der gesetzlichen Regelung des § 565 BGB dem Zwischenmieter gleichzustellen (str.).[15] Im Hinblick auf die vergleichbare Interessenlage der an einer „**schlichten**" **Zwischenmiete**, d.h. bei nichtgewerblichem Handeln des Zwischenmieters, beteiligten Personen spricht vor dem Hintergrund des verfassungsrechtlichen Gleichheitsgrundsatzes (Art. 3 Abs. 1 GG) viel dafür, auch dem dortigen Untermieter ein Vorkaufsrecht nach § 577 BGB zuzuerkennen (**str.**).[16] Kommt es zum Erwerb der Wohnung durch den Untermieter, so hat dies keinen unmittelbaren Einfluss auf dessen (Unter-)Mietvertrag mit dem Zwischenmieter.[17] Regelmäßig wird allerdings eine auf einen Wegfall der Geschäftsgrundlage (§ 313 BGB) gestützte außerordentliche Kündigung des Untermietverhältnisses durch den Untermieter zulässig sein.[18]

14 Das Mietverhältnis muss sowohl **zum Zeitpunkt** des Verkaufs an den Dritten als auch der Ausübung des Vorkaufsrechts durch den Mieter bestehen. Dies ist nicht der Fall, sofern das Mietverhältnis auf Grund einer **Kündigung des Vermieters** vor der Ausübung des Vorkaufsrechts durch den Mieter be-

---

[11] *Rolfs* in: Staudinger, § 577 Rn. 10.
[12] *Blank* in: Schmidt-Futterer, Mietrecht, 10. Aufl. 2011, § 577 Rn. 27.
[13] *Blank* in: Schmidt-Futterer, Mietrecht, 10. Aufl. 2011, § 577 Rn. 32; *Rolfs* in: Staudinger, § 577 Rn. 12 und *Krenek* in: Müller/Walther, Miet- und Pachtrecht, § 577 Rn. 6; a.A. – jedenfalls dann Vorkaufsrecht des Untermieters, wenn Hauptmieter damit und künftiger Vermietung durch vormaligen Untermieter einverstanden – *Kandelhard* in: Herrlein/Kandelhard, ZAP-Praxiskommentar Mietrecht, 4. Aufl. 2010, § 577 Rn. 4.
[14] *Blank* in: Schmidt-Futterer, Mietrecht, 10. Aufl. 2011, § 577 Rn. 33.
[15] *Blank* in: Schmidt-Futterer, Mietrecht, 10. Aufl. 2011, § 577 Rn. 35; *Krenek* in: Müller/Walther, Miet- und Pachtrecht, § 577 Rn. 6 und *Kinne* in: Kinne/Schach/Bieber, Miet- und Mietprozessrecht, 6. Aufl. 2011, § 577 Rn. 4; a.A. *Lammel*, Wohnraummietrecht, 3. Aufl. 2007, § 577 Rn. 11.
[16] *Häublein* in: MünchKomm-BGB, § 577 Rn. 3 sowie im Ergebnis auch *Sternel*, Mietrecht aktuell, 4. Aufl. 2009, Teil XI Rn. 268 und noch *Rolfs* in: Staudinger [2003], § 577 Rn. 12; vgl. zur Anwendbarkeit von § 573 BGB in solchen Fällen auch BGH v. 30.04.2003 - VIII ZR 162/02 - juris Rn. 9 - NJW 2003, 3054-3055; a.A. *Blank* in: Schmidt-Futterer, Mietrecht, 10. Aufl. 2011, § 577 Rn. 33 sowie nunmehr auch *Rolfs* in: Staudinger, § 577 Rn. 13.
[17] *Blank* in: Schmidt-Futterer, Mietrecht, 10. Aufl. 2011, § 577 Rn. 34, *Krenek* in: Müller/Walther, Miet- und Pachtrecht, § 577 Rn. 6.
[18] *Rolfs* in: Staudinger, § 577 Rn. 15; *Krenek* in: Müller/Walther, Miet- und Pachtrecht, § 577 Rn. 6 und *Blank* in: Schmidt-Futterer, Mietrecht, 10. Aufl. 2011, § 577 Rn. 34.

endet wurde. Dazu bedarf es bei einer ordentlichen oder außerordentlichen befristeten Kündigung des vorherigen Ablaufes der Kündigungsfrist.[19] Eine nach Ausübung des Vorkaufsrechts erklärte Kündigung des Vermieters kann den bereits entstandenen Anspruch des Mieters auf Eigentumsübertragung dagegen nicht mehr beseitigen.[20] Die gleichen Grundsätze gelten regelmäßig auch bei einer **mieterseitigen Kündigung**. Auch hier ist für die Entstehung eines Vorkaufsrechts entscheidend und ausreichend, dass das Mietverhältnis zum Zeitpunkt des Verkaufs an den Dritten noch nicht beendet ist. Das Gesetz gibt keinen Anhaltspunkt dafür, mieterseitige Kündigungen anders als vermieterseitige zu behandeln. Soweit darüber hinaus teilweise danach differenziert wird, ob der Mieter im Moment seiner Kündigung Kenntnis von der beabsichtigten oder schon vollzogenen Umwandlung hatte, findet dies im Gesetz gleichfalls keine hinreichende Stütze (**str.**).[21]

4. Überlassung

Die Entstehung eines Vorkaufsrechts nach § 577 BGB setzt weiter voraus, dass das Wohnungseigentum an den vermieteten Wohnräumen nach deren Überlassung an den Mieter begründet wird oder werden soll.   15

Die **Überlassung** beginnt mit der Übertragung des Besitzes auf den Mieter.[22] Insoweit gilt das zu § 573c Abs. 1 Satz 2 BGB Gesagte entsprechend, vgl. daher die Kommentierung zu § 573c BGB Rn. 18. Darauf, ob der Mieter die Räume bereits bezogen hat, kommt es auch im Rahmen von § 577 Abs. 1 BGB nicht an.   16

Zum zeitlichen Verhältnis zwischen Vermietung, Überlassung und Begründung von Wohnungseigentum vgl. Rn. 36.   17

Nicht erforderlich ist, dass der Mieter die überlassenen Wohnräume **zum Zeitpunkt des Abschlusses des Kaufvertrages** noch selbst tatsächlich nutzt.[23]   18

5. Begründung von Wohnungseigentum

Die Begründung von Wohnungseigentum regelt § 2 WEG. Demnach setzt eine vollzogene Begründung von Wohnungseigentum voraus, dass dieses entweder   19

- durch die **vertragliche Einräumung von Sondereigentum** nach § 3 WEG durch Einigung der Miteigentümer und entsprechende Eintragung im Grundbuch gemäß § 4 Abs. 1 WEG oder
- durch eine **Teilungserklärung des Eigentümers** des Grundstücks gegenüber dem Grundbuchamt nach § 8 WEG und entsprechende Eintragung, d.h. Anlegung der Wohnungsgrundbücher gemäß § 8 Abs. 2 WEG,geschaffen wurde. Maßgeblicher Zeitpunkt für die Begründung ist folglich bei vertraglicher Einräumung nach § 3 WEG der Zeitpunkt der Eintragung im Grundbuch, bei einer Teilung nach § 8 WEG derjenige der Anlegung der Wohnungsgrundbücher.[24]

Auf die **Realteilung** eines Grundstücks, das mit zu Wohnzwecken vermieteten (Reihen-)Einfamilienhäusern[25] oder (Reihen-)Zweifamilienhäusern[26] bebaut ist, findet § 577 BGB entsprechende Anwen-   20

---

[19] *Blank* in: Schmidt-Futterer, Mietrecht, 10. Aufl. 2011, § 577 Rn. 27.
[20] *Lammel*, Wohnraummietrecht, 3. Aufl. 2007, § 577 Rn. 11.
[21] *Blank* in: Schmidt-Futterer, Mietrecht, 10. Aufl. 2011, § 577 Rn. 28, *Rolfs* in: Staudinger, § 577 Rn. 40; *Krenek* in: Müller/Walther, Miet- und Pachtrecht, § 577 Rn. 15; *Hannappel* in: Bamberger/Roth, § 577 Rn. 17 und *Häublein* in: MünchKomm-BGB, § 577 Rn. 6; a.A. *Weidenkaff* in: Palandt, § 577 Rn. 3; *Commichau*, NJW 1995, 1010-1011, 1011; *Lammel*, Wohnraummietrecht, 3. Aufl. 2007, § 577 Rn. 10 und *Reinstorf* in: Bub/Treier, Handbuch der Geschäfts- und Wohnraummiete, 1989, Teil II Rn. 896c; offen *Riecke* in: Schmid/Harz, Fachanwaltskommentar Mietrecht, 3. Aufl. 2012, § 577 Rn. 70 f.
[22] Vgl. zur Frage des Beginns der Überlassung bei § 573c Abs. 1 Satz 2 BGB BGH v. 22.10.1975 - VIII ZR 122/74 - BGHZ 65, 137-141.
[23] LG Köln v. 12.07.1995 - 4 O 173/95 - juris Rn. 27 - NJW-RR 1995, 1354.
[24] *Krenek* in: Müller/Walther, Miet- und Pachtrecht, § 577 Rn. 8 sowie *Blank* in: Schmidt-Futterer, Mietrecht, 10. Aufl. 2011, § 577 Rn. 14.
[25] BGH v. 28.05.2008 - VIII ZR 126/07 - juris Rn. 6 - NSW BGB § 577 (BGH-intern).
[26] BGH v. 23.06.2010 - VIII ZR 325/09 - juris Rn. 14 - NSW BGB § 577 (BGH-intern).

dung, ebenso auf die Begründung eines **Wohnungserbbaurechts** nach § 30 WEG (str.)[27]. Dafür spricht der Schutzzweck der Vorschrift (vgl. Rn. 4), da sich in diesen Fällen die Gefahr eines Erwerbs (auch) der vermieteten Wohnung zur Befriedigung eines eigenen Wohnbedarfs des Erwerbers erhöht. Die analoge Anwendung der §§ 577, 577a BGB auf den Mieter eines Reihenhauses nach Realteilung eines mit mehreren Reihenhäusern bebauten Gesamtgrundstücks stellt daher eine der Bedeutung der durch Art. 14 Abs. 1 Satz 1 GG geschützten Eigentumspositionen des Vermieters und des Mieters (vgl. Rn. 4) sowie dem Gebot der Gleichbehandlung gleichermaßen schutzwürdiger Personen aus Art. 3 Abs. 1 GG Rechnung tragende, zulässige richterliche Rechtsfortbildung dar.[28]

6. Absicht zur Begründung von Wohnungseigentum

21 Das Vorkaufsrecht nach § 577 Abs. 1 BGB entsteht auch dann, wenn die Umwandlung der Wohnräume in eine Eigentumswohnung zwar noch nicht vollzogen ist, die Mietwohnung aber **als im Anschluss umzuwandelnde Eigentumswohnung verkauft wird**.[29]

22 Rein subjektiv gebliebene Überlegungen des bisherigen Eigentümers oder des Erwerbers reichen hierfür allerdings nicht aus. Die **Umwandlungsabsicht** muss sich vielmehr nach außen hin hinreichend konkretisiert haben. Dies ist im Falle einer beurkundeten Teilungsvereinbarung (§ 3 WEG) oder beurkundeten/beglaubigten Begründungserklärung (§ 8 WEG) zu bejahen.[30] Die unverbindliche Bekundung der Umwandlungsabsicht seitens des Vermieters gegenüber dem Erwerber[31] reicht hierfür dagegen ebenso wenig aus wie die bloße Einholung einer **Abgeschlossenheitsbescheinigung** nach § 7 Abs. 4 Nr. 2 WEG, § 3 Abs. 2 WEG (**str.**).[32] Etwas anderes gilt allerdings, wenn zur Einholung der Abgeschlossenheitsbescheinigung weitere Umstände treten, die eine – wenn auch zeitlich spätere – Umwandlung bereits absichern, beispielsweise wenn mehrere Personen ein Grundstück in Bruchteilseigentum erwerben, den einzelnen Eigentümern eine bestimmte Wohnung zur ausschließlichen Nutzung zuweisen, diese Nutzungsregelung sowie der Ausschluss des Verlangens der Aufhebung der Bruchteilsgemeinschaft grundbuchrechtlich gesichert werden und innerhalb von drei Jahren Wohnungseigentum gebildet werden soll („**Erwerbermodelle**", **str.**).[33] Allein **schuldrechtliche Vereinbarungen über die Nutzung** eines von mehreren – sei es gesamthänderisch oder als Bruchteilsgemeinschaft – erworbenen Grundstücks rechtfertigen dagegen die Anwendung des § 577 BGB grundsätzlich nicht.[34]

23 Bei einer grundbuchrechtlich noch nicht vollzogenen Begründung des Wohnungseigentums ist zudem stets erforderlich, dass die betroffene Wohnung **selbständiger Gegenstand des Kaufvertrages** ist, vgl. hierzu Rn. 31.

---

[27] *Kinne* in: Kinne/Schach/Bieber, Miet- und Mietprozessrecht, 6. Aufl. 2011, § 577 Rn. 7 sowie *Blank* in: Schmidt-Futterer, Mietrecht, 10. Aufl. 2011, § 577 Rn. 15; a.A. *Rolfs* in: Staudinger, § 577 Rn. 27.

[28] BVerfG v. 04.04.2011 - 1 BvR 1803/08 - juris Rn. 27.

[29] *Blank* in: Schmidt-Futterer, Mietrecht, 10. Aufl. 2011, § 577 Rn. 16.

[30] *Krenek* in: Müller/Walther, Miet- und Pachtrecht, § 577 Rn. 9; *Kinne* in: Kinne/Schach/Bieber, Miet- und Mietprozessrecht, 6. Aufl. 2011, § 577 Rn. 7 und *Blank* in: Schmidt-Futterer, Mietrecht, 10. Aufl. 2011, § 577 Rn. 17.

[31] *Blank* in: Schmidt-Futterer, Mietrecht, 10. Aufl. 2011, § 577 Rn. 17.

[32] *Riecke* in: Schmid/Harz, Fachanwaltskommentar Mietrecht, 3. Aufl. 2012, § 577 Rn. 34; *Krenek* in: Müller/Walther, Miet- und Pachtrecht, § 577 Rn. 9, *Lammel*, Wohnraummietrecht, 3. Aufl. 2007, § 577 Rn. 16; offen *Kinne* in: Kinne/Schach/Bieber, Miet- und Mietprozessrecht, 6. Aufl. 2011, § 577 Rn. 7; a.A. *Kandelhard* in: Herrlein/Kandelhard, ZAP-Praxiskommentar Mietrecht, 4. Aufl. 2010, § 577 Rn. 8; *Reinstorf* in: Bub/Treier, Handbuch der Geschäfts- und Wohnraummiete, 3. Aufl. 1999, Teil II Rn. 896c sowie *Sternel*, Mietrecht aktuell, 4. Aufl. 2009, Teil XI Rn. 262.

[33] *Rolfs* in: Staudinger, § 577 Rn. 32; *Sternel*, Mietrecht aktuell, 4. Aufl. 2009, Teil XI Rn. 266; *Franke* in: Fischer-Dieskau/Pergande/Schwender, Wohnungsbaurecht, § 577 Anm. 13.2 sowie OLG Karlsruhe v. 10.07.1992 - 9 REMiet 1/92 - juris Rn. 18 - NJW 1993, 405-406; a.A. *Blank* in: Schmidt-Futterer, Mietrecht, 10. Aufl. 2011 § 577 Rn. 20.

[34] OLG Karlsruhe v. 22.05.1990 - 9 ReMiet 1/90 - juris Rn. 13 - NJW 1990, 3278-3279 sowie *Lammel*, Wohnraummietrecht, 3. Aufl. 2007, § 577 Rn. 19.

7. Verkauf an einen Dritten

Über das an den vermieteten Wohnräumen bestehende oder noch zu begründende Wohnungseigentum muss ein formell und materiell **wirksamer Kaufvertrag** (§§ 433, 313 BGB) mit einem Dritten abgeschlossen worden sein.

24

Es müssen alle erforderlichen öffentlich-rechtlichen und privatrechtlichen **Genehmigungen** vorliegen[35], insbesondere eine gegebenenfalls notwendige Zustimmung des Verwalters (§ 12 Abs. 3 WEG) oder anderer Wohnungseigentümer[36]. Der Mieter kann allerdings seine Ausübungserklärung bereits vor der Erteilung einer für die Wirksamkeit des Kaufvertrages erforderlichen Genehmigung abgeben; diese wird dann im Zeitpunkt der Erteilung der Genehmigung wirksam.[37]

25

Ist der Kaufvertrag unter einer **aufschiebenden Bedingung** geschlossen, entsteht das Vorkaufsrecht erst mit deren Eintritt.[38]

26

Eine Veräußerung des Wohnungseigentums auf anderer als kaufvertraglicher Grundlage löst kein Vorkaufsrecht aus, insbesondere nicht der Erwerb im Rahmen von Tausch oder **Schenkung**.[39] Etwas anderes gilt, wenn die abweichende vertragliche Gestaltung einem Kauf im Sinne des Vorkaufsrechts so nahe kommt, dass sie ihm unter Berücksichtigung der Interessen des Vorkaufsberechtigten und des Vorkaufsverpflichteten gleichzustellen ist und durch sie lediglich das Vorkaufsrecht des Mieters umgangen werden soll.[40] Ein solches **Umgehungsgeschäft** und damit ein Vorkaufsfall liegt beispielsweise vor, wenn der Grundstückseigentümer im Rahmen eines einheitlichen Geschäfts eine BGB-Gesellschaft gründet, der er das belastete Grundstück als einziges Gesellschaftsvermögen gegen Zahlung eines einmaligen Kaufpreises und einer monatlichen Rentenzahlung übereignet.[41]

27

Das Vorkaufsrecht ist im Interesse des staatlichen Gläubigerschutzes ausgeschlossen, wenn der Verkauf im Wege der **Zwangsversteigerung**[42], Zwangsvollstreckung oder aus einer Insolvenzmasse erfolgt (§ 471 BGB; anders bei § 577a BGB, vgl. die Kommentierung zu § 577a BGB).[43] Dies gilt – schon wegen des Schutzzwecks – aber nicht für die Zwangsversteigerung auf Antrag eines Erben nach § 175 ZVG sowie zum Zwecke der Aufhebung einer Gemeinschaft nach § 180 ZVG.[44]

28

Das Vorkaufsrecht entsteht nicht bei einem Verkauf, der mit Rücksicht auf ein zukünftiges Erbrecht an einen **gesetzlichen Erben** erfolgt (§ 470 BGB, str.).[45]

29

Für den nachträglichen **Wegfall des Kaufvertrages** gelten grundsätzlich die zum Vorkaufsrecht allgemein entwickelten Grundsätze:

30

- Die Ausübung eines vertraglich vorbehaltenen **Rücktrittsrecht**s beseitigt das Vorkaufsrecht nach § 577 BGB auch dann nicht, wenn der Mieter von Letzterem zum Zeitpunkt des Rücktritts noch keinen Gebrauch gemacht hatte, da das einmal entstandene Gestaltungsrecht vom Fortbestand des Kaufvertrages zwischen Verkäufer und Drittem unabhängig ist.[46]

---

[35] Vgl. zum Vorkaufsrecht nach dem WoBindG BayObLG München v. 17.02.1994 - 3 ObOWi 13/94 - juris Rn. 10 - BayObLGSt 1994, 36-41.
[36] *Blank* in: Schmidt-Futterer, Mietrecht, 10. Aufl. 2011, § 577 Rn. 23a.
[37] BGH v. 15.05.1998 - V ZR 89/97 - juris Rn. 8 - BGHZ 139, 29-35.
[38] *Kinne* in: Kinne/Schach/Bieber, Miet- und Mietprozessrecht, 6. Aufl. 2011, § 577 Rn. 9.
[39] *Reinstorf* in: Bub/Treier, Handbuch der Geschäfts- und Wohnraummiete, 3. Aufl. 1999, Teil II Rn. 896c.
[40] BGH v. 20.03.1998 - V ZR 25/97 - juris Rn. 7 - LM BGB § 504 Nr. 16 (1/1999).
[41] OLG Nürnberg v. 27.09.1990 - 2 U 950/90 - juris Rn. 31 - NJW-RR 1992, 461-462.
[42] AG Frankfurt v. 22.09.1994 - 33 C 2338/94 - 26 - juris Rn. 25 - NJW 1995, 1034-1035.
[43] *Sternel*, Mietrecht aktuell, 4. Aufl. 2009, Teil XI Rn. 263 sowie *Hannemann* in: Hannemann/Wiegener, Münchener Anwaltshandbuch Mietrecht, 3. Aufl., 2010, § 33 Rn. 43, dieser allerdings unter Hinweis auf die Vorgängervorschrift § 512 BGB.
[44] *Rolfs* in: Staudinger, § 577 Rn. 34.
[45] *Blank* in: Schmidt-Futterer, Mietrecht, 10. Aufl. 2011, § 577 Rn. 23 und *Lammel*, Wohnraummietrecht, 3. Aufl. 2007, § 577 Rn. 30; a.A. *Rolfs* in: Staudinger, § 577 Rn. 33; *Kinne* in: Kinne/Schach/Bieber, Miet- und Mietprozessrecht, 6. Aufl. 2011, § 577 Rn. 10 und *Sternel*, Mietrecht aktuell, 4. Aufl. 2009, Rn. 264.
[46] BGH v. 11.02.1977 - V ZR 40/75 - juris Rn. 8 - BGHZ 67, 395-399.

- Gleiches gilt, wenn die Parteien des Kaufvertrages diesen einvernehmlich aufheben, bevor der Mieter sein Vorkaufsrecht ausgeübt hat, da die Wirkungen des **Aufhebungsvertrages** sich auf die rechtlichen Beziehungen zwischen dessen Vertragsparteien beschränken.[47]
- Die **Anfechtung** des Kaufvertrages lässt dagegen infolge ihrer Rückwirkung (§ 142 Abs. 1 BGB) ein noch nicht ausgeübtes Vorkaufsrecht des Mieters entfallen. Hat der Mieter von seinem Vorkaufsrecht **vor der Erklärung der Anfechtung** Gebrauch gemacht, fällt sein Anspruch auf Übertragung des Eigentums allerdings nur dann weg, wenn die Anfechtung durch den Verkäufer erfolgte. Bei einer Anfechtung durch den Dritten ist der Verkäufer dagegen nicht schutzbedürftig, da ihm der Mieter als Käufer unabhängig von der Anfechtung erhalten bleibt (§ 464 Abs. 2 BGB).[48]

31 Sofern die Umwandlung in Wohnungseigentum noch nicht grundbuchrechtlich vollzogen ist (vgl. hierzu Rn. 21), ist es zudem erforderlich, dass die umzuwandelnde Wohnung den rechtlich bestimmten oder zumindest bestimmbaren **selbständigen Gegenstand** des Kaufvertrages mit dem Dritten bildet[49], wozu es regelmäßig entsprechender Teilungsvereinbarungen (§ 3 WEG) oder Begründungserklärungen (§ 8 WEG) bedarf; eine Abgeschlossenheitsbescheinigung (§ 7 Abs. 4 Nr. 2 WEG) reicht auch hier grundsätzlich nicht aus (str.)[50], vgl. hierzu auch Rn. 22. Kein Vorkaufsrecht entsteht ferner, wenn das **Grundstück insgesamt verkauft** wird und erst der Erwerber das Wohnungseigentum begründen will.[51] Davon zu unterscheiden ist indessen die Veräußerung aller bereits an einem Grundstück geschaffenen **Sondereigentumsanteile „en bloc"**, die ein Vorkaufsrecht des Mieters begründet.[52] Letzterem ist der Fall gleichzustellen, wenn durch eine bloß vorübergehende Aufhebung der Sondereigentumsanteile und die Schließung der Wohnungsgrundbücher nach § 9 WEG das Vorkaufsrecht des Mieters umgangen werden soll.[53]

32 Das Vorkaufsrecht besteht **nur beim erstmaligen Verkauf** nach der Umwandlung der Wohnung in eine Eigentumswohnung.[54] Dies gilt auch dann, wenn der erste Verkauf vor dem In-Kraft-Treten der Vorgängerregelung am 01.09.1993 erfolgte.[55] Das gesetzliche Vorkaufsrecht erstreckt sich selbst dann nicht auf dem ersten nachfolgende Verkäufe, wenn die Möglichkeit zur Ausübung des Vorkaufsrechts **beim ersten Verkauf nicht bestand**, weil die Wohnung – gemäß § 577 Abs. 1 Satz 2 BGB – an einen Familien- oder Haushaltsangehörigen verkauft wurde oder wenn die Ermittlung des anteiligen Preises, der für die dem Vorkaufsrecht unterfallende Eigentumswohnung bei einem „en bloc"-Verkauf (vgl. hierzu Rn. 31) zu zahlen war, für den Mieter schwierig war.[56] Dem **rechtsmissbräuchlichen** Erstverkauf an Familien- und Haushaltsangehörige zur **Umgehung** des Vorkaufsrechts des Mieters kann durch die im Rahmen von Treu und Glauben (§ 242 BGB) entwickelten Fallgruppen hinreichend begegnet werden.[57]

---

[47] RG v. 17.01.1920 - V 323/19 - RGZ 98, 44-52.
[48] *Blank* in: Schmidt-Futterer, Mietrecht, 10. Aufl. 2011, § 577 Rn. 23a sowie *Rolfs* in: Staudinger, § 577 Rn. 36.
[49] BayObLG München v. 16.04.1992 - RE-Miet 4/91 - juris Rn. 24 - NJW-RR 1992, 1039-1042.
[50] *Hannappel* in: Bamberger/Roth, § 577 Rn. 9; a.A. – Bewirken der Abgeschlossenheit ausreichend – *Sternel*, Mietrecht aktuell, 4. Aufl. 2009, Teil XI Rn. 262.
[51] *Kinne* in: Kinne/Schach/Bieber, Miet- und Mietprozessrecht, 6. Aufl. 2011, § 577 Rn. 10.
[52] BGH v. 22.06.2007 - V ZR 269/06 - juris Rn. 11 - NSW BGB § 577 (BGH-intern); *Lammel*, Wohnraummietrecht, 3. Aufl. 2007, § 577 Rn. 23 sowie *Blank* in: Schmidt-Futterer, Mietrecht, 10. Aufl. 2011, § 577 Rn. 18.
[53] *Lammel*, Wohnraummietrecht, 3. Aufl. 2007, § 577 Rn. 24 sowie *Blank* in: Schmidt-Futterer, Mietrecht, 10. Aufl. 2011, § 577 Rn. 18.
[54] BGH v. 29.03.2006 - VIII ZR 250/05 - juris Rn. 12 - WuM 2006, 260-261; *Sternel*, Mietrecht aktuell, 3. Aufl. 2009, Teil XI Rn. 271 sowie *Kinne* in: Kinne/Schach/Bieber, Miet- und Mietprozessrecht, 6. Aufl. 2011, § 577 Rn. 12 und 18.
[55] BGH v. 29.03.2006 - VIII ZR 250/05 - juris Rn. 12 - WuM 2006, 260-261; *Lammel*, Wohnraummietrecht, 3. Aufl. 2007, § 577, Rn. 5 sowie *Kinne* in: Kinne/Schach/Bieber, Miet- und Mietprozessrecht, 6. Aufl. 2011, § 577 Rn. 19; a.A. LG Oldenburg (Oldenburg) v. 26.06.1997 - 16 S 259/97 - juris Rn. 13 - WuM 1997, 436-437; AG Berlin-Charlottenburg v. 10.09.1998 - 18 C 261/98 - juris Rn. 14 - NZM 1999, 22-23 sowie *Sternel*, Mietrecht aktuell, 4. Aufl. 2009, Teil XI Rn. 272.
[56] BGH v. 22.06.2007 - V ZR 269/06 - juris Rn. 8 und 11 - NSW BGB § 577 (BGH-intern).
[57] BGH v. 22.06.2007 - V ZR 269/06 - juris Rn. 12 - NSW BGB § 577 (BGH-intern).

Der **Verkäufer** muss nicht zugleich Vermieter sein.[58] Ebenso wenig muss der Vermieter derjenige sein, der die Umwandlung in Wohnungseigentum vorgenommen hat.[59]

Käufer muss ein Dritter sein, d.h., er darf an der Eigentumswohnung nicht bereits als Miteigentümer oder Gesamthänder mitberechtigt sein.[60]

Zählt der Käufer indessen zum nach § 577 Abs. 1 Satz 2 BGB privilegierten Personenkreis der **Familien- oder Haushaltsangehörigen des Vermieters**, so erlangt der Mieter kein Vorkaufsrecht. Es handelt sich hierbei um die auch im Rahmen der Eigenbedarfskündigung des Vermieters nach § 573 Abs. 2 Nr. 2 BGB zu berücksichtigenden Bedarfspersonen[61], vgl. daher hierzu insbesondere die

- Kommentierung zu § 573 BGB Rn. 87 sowie die
- Kommentierung zu § 573 BGB Rn. 98. Da § 577 BGB aber nicht ausdrücklich auf § 573 Abs. 2 Nr. 2 BGB Bezug nimmt, müssen die weiteren Voraussetzungen für eine wirksame Kündigung wegen Eigenbedarfs nicht vorliegen, um das Vorkaufsrecht des Mieters entfallen zu lassen. Insbesondere ist ein Bedarf für die begünstigte Person oder eine Absicht der Eigennutzung der Eigentumswohnung durch diese nicht erforderlich.[62] Wenn **Vermieter, Eigentümer** und – gegebenenfalls – Verkäufer **nicht personengleich** sind, so reicht es aus, wenn der Käufer im Verhältnis zum Eigentümer oder Verkäufer zu den privilegierten Personen zählt, um das Vorkaufsrecht auszuschließen (str.).[63]

III. Rechtsfolge: Vorkaufsrecht des Mieters

Von entscheidender Bedeutung für die Entstehung des Vorkaufsrechts des Mieters nach § 577 Abs. 1 BGB ist die **Reihenfolge der Verwirklichung der Tatbestandsmerkmale**

- Vermietung,
- Überlassung und
- Begründung von Wohnungseigentum. Hierbei sind folgende Konstellationen zu unterscheiden:

1. Vermietung – Überlassung – Begründung von Wohnungseigentum

Hierbei handelt es sich nach der gesetzlichen Vorstellung um den Regelfall, der zur Entstehung des Vorkaufsrechts des Mieters führt.[64] Dass die **Absicht zur Begründung von Wohnungseigentum bereits vor Vermietung und Überlassung** der Wohnung bestand und gegebenenfalls dem Mieter sogar bekannt war, steht dem Vorkaufsrecht nicht entgegen.[65]

2. Überlassung – Begründung von Wohnungseigentum – Vermietung

Auch bei dieser Abfolge entsteht das Vorkaufsrecht zu Gunsten des Mieters, da die Umwandlung nach der Überlassung der Wohnräume an den Mieter erfolgt.[66] Dass § 577 Abs. 1 Satz 1 BGB von „vermietete[n] Wohnräume[n]" spricht, steht dem nicht entgegen, denn dies bezieht sich schon grammatikalisch auf den Zeitpunkt des Abschlusses des Kaufvertrages, nicht auf den der Überlassung. Im Übrigen spricht hierfür auch Sinn und Zweck der Vorschrift, da durch die gesetzliche Bezugnahme auf die Vermietung – nur – klargestellt werden soll, dass ein Vorkaufsrecht nicht zur Entstehung gelangt, wenn der im Vorkaufsfall bestehende Besitz nicht auf einem Mietvertrag beruht.[67]

---

[58] *Blank* in: Schmidt-Futterer, Mietrecht, 10. Aufl. 2011, § 577 Rn. 23a.
[59] *Rolfs* in: Staudinger, § 577 Rn. 17.
[60] *Lammel*, Wohnraummietrecht, 3. Aufl. 2007, § 577 Rn. 28.
[61] *Blank* in: Schmidt-Futterer, Mietrecht, 10. Aufl. 2011, § 577 Rn. 25.
[62] *Rolfs* in: Staudinger, § 577 Rn. 49 f.; offengelassen in BGH v. 22.06.2007 - V ZR 269/06 - juris Rn. 10 - NSW BGB § 577 (BGH-intern).
[63] *Blank* in: Schmidt-Futterer, Mietrecht, 10. Aufl. 2011, § 577 Rn. 25 sowie *Rolfs* in: Staudinger, § 577 Rn. 51; a.A. – Identität zwischen Verkäufer/Eigentümer und Vermieter erforderlich, um das Vorkaufsrecht auszuschließen – *Lammel*, Wohnraummietrecht, 3. Aufl. 2007, § 577 Rn. 29.
[64] BGH v. 29.03.2006 - VIII ZR 250/05 - juris Rn. 8 - WuM 2006, 260-261.
[65] AG Frankfurt v. 22.09.1994 - 33 C 2338/94 - 26 - juris Rn. 24 - NJW 1995, 1034-1035 sowie *Blank* in: Schmidt-Futterer, Mietrecht, 10. Aufl. 2011, § 577 Rn. 8; a.A. *Commichau*, NJW 1995, 1010-1011, 1010.
[66] BGH v. 29.03.2006 - VIII ZR 250/05 - juris Rn. 8 - WuM 2006, 260-261.
[67] *Blank* in: Schmidt-Futterer, Mietrecht, 10. Aufl. 2011, § 577 Rn. 10.

3. Vermietung – Begründung von Wohnungseigentum – Überlassung

39 Nach dem klaren Wortlaut der gesetzlichen Regelung erlangt der Mieter hier kein Vorkaufsrecht, da das Wohnungseigentum vor der Überlassung an ihn begründet wurde.[68] Dass die Umwandlung nach Abschluss des Mietvertrages erfolgte, ändert daran nichts.

4. Schuldrechtliches Vorkaufsrecht

40 Sind die vorliegend geschilderten Tatbestandsvoraussetzungen erfüllt, erwirbt der Mieter kraft Gesetzes ein persönliches, **schuldrechtliches Vorkaufsrecht**. Auf dieses sind grundsätzlich die Vorschriften über das vertragliche Vorkaufsrecht (§§ 463-473 BGB) anzuwenden (§ 577 Abs. 1 Satz 3 BGB).

41 Das Vorkaufsrecht gelangt **erst mit dem Abschluss des Kaufvertrages** zwischen dem Verkäufer und dem Dritten zur Entstehung.[69] Es ist daher zuvor auch nicht grundbuchrechtlich absicherbar, vgl. hierzu Rn. 50.

42 Ein entstandenes Vorkaufsrecht ist **nicht übertragbar** und geht grundsätzlich nicht auf die Erben des Mieters über (§ 473 BGB), zur Ausnahmeregelung des § 577 Abs. 4 BGB vgl. Rn. 109.

43 Der **Umfang des Vorkaufsrechts** bestimmt sich nach den mietvertraglichen Vereinbarungen, entscheidend ist daher, welche Räume und Flächen vermietet sind.[70] Obwohl das Gesetz insoweit nur von den vermieteten Wohnräumen spricht, werden vom Vorkaufsrecht alle im Rahmen eines einheitlichen Wohnraummietverhältnisses überlassenen Räumlichkeiten – insbesondere auch **Nebenräume** – erfasst.[71] Liegt ein **Mischmietverhältnis** vor, bei dem die Wohnraumnutzung überwiegt, besteht das Vorkaufsrecht für das gesamte Mietobjekt.[72] Unerheblich für den Umfang des Vorkaufsrechts ist dagegen die im Rahmen der Begründung des Wohnungseigentums vorgenommene **Abgrenzung des Sondereigentums**. Der übereinstimmende Wille der Vertragsparteien geht bei der Ausübung des Vorkaufsrechts (vgl. hierzu Rn. 77 ff.) grundsätzlich dahin, die Wohnung in ihren tatsächlichen Grenzen zu verkaufen und aufzulassen. Da der Inhalt der Auflassung vom übereinstimmenden Willen und nicht vom Grundbuchstand bestimmt wird, steht es dem Eigentumserwerb des Vorkaufsberechtigten nicht entgegen, wenn der **Aufteilungsplan (§ 7 Abs. 4 WEG)** die tatsächlichen Grenzen nicht zutreffend wiedergibt, beispielsweise weil er einen Raum der Wohnung als Bestandteil der Nachbarwohnung ausweist. In diesem Fall ist vielmehr ein Grundbuchberichtigungsanspruch nach § 894 BGB gegeben.[73] Weichen Mietobjekt und Gegenstand des Kaufvertrages mit dem Dritten voneinander ab, ist allerdings der Kaufpreis unter Berücksichtigung von Treu und Glauben (§ 242 BGB) anzupassen. Dies gilt sowohl, wenn das Mietobjekt einen geringeren Umfang hat als der Gegenstand des Kaufvertrages, als auch im umgekehrten Fall.[74]

44 Zu den **(Rechts-)Wirkungen** der Ausübung des Vorkaufsrechts vgl. Rn. 83.

5. Vorkaufsberechtigter

45 **Vorkaufsberechtigt** ist derjenige, der vor der Umwandlung, d.h. der Anlegung des Wohnungsgrundbuchs, Mieter war und zum Zeitpunkt des Verkaufs, d.h. der Protokollierung des Kaufvertrages, noch Mieter ist.[75]

---

[68] BGH v. 29.03.2006 - VIII ZR 250/05 - juris Rn. 8 - WuM 2006, 260-261.
[69] *Rolfs* in: Staudinger, § 577 Rn. 52.
[70] *Blank* in: Schmidt-Futterer, Mietrecht, 10. Aufl. 2011, § 577 Rn. 12.
[71] *Rolfs* in: Staudinger, § 577 Rn. 8.
[72] *Blank* in: Schmidt-Futterer, Mietrecht, 10. Aufl. 2011, § 577 Rn. 11.
[73] KG v. 01.02.2010 - 8 W 6/10 - juris Rn. 18 - MietRB 2010, 130-131 unter Hinweis auf die einen Grundstückskauf betreffende Entscheidung des BGH v. 18.01.2008 - V ZR 174/06 - juris Rn. 10 und 12 - NSW BGB § 133 (BGH intern).
[74] *Blank* in: Schmidt-Futterer, Mietrecht, 10. Aufl. 2011, § 577 Rn. 12 und 13.
[75] *Blank* in: Schmidt-Futterer, Mietrecht, 10. Aufl. 2011, § 577 Rn. 26 sowie *Lammel*, Wohnraummietrecht, 3. Aufl. 2007, § 577 Rn. 12.

Zur Person des Vorkaufsberechtigten bei der
- **Untermiete** vgl. Rn. 12,
- **Zwischenmiete** vgl. Rn. 13.

Besteht das Mietverhältnis mit einer **Mehrheit von Mietern**, so steht ihnen allen das Vorkaufsrecht zu.[76] Sie können dieses grundsätzlich nur alle zusammen ausüben (§ 472 Satz 1 BGB).[77] Sofern allerdings einer der Berechtigten von seinem Recht keinen Gebrauch macht oder auf es verzichtet, sind die übrigen berechtigt, das Vorkaufsrecht im Ganzen auszuüben (§ 472 Satz 2 BGB).[78]

6. Abdingbarkeit

Vgl. hierzu Rn. 109.

7. Praktische Hinweise

Übt bei einer **gewerblichen Zwischenvermietung** der Untermieter das Vorkaufsrecht aus, führt dies dazu, dass er nunmehr zugleich Eigentümer und Hauptvermieter (§ 566 Abs. 1 BGB) sowie Untermieter ist. Das Hauptmietverhältnis bleibt hiervon grundsätzlich unberührt. Allerdings kommt insoweit eine Aufhebung des Vertragsverhältnisses nach den Grundsätzen über den Wegfall der Geschäftsgrundlage (§ 313 BGB) in Betracht.[79]

Vor dem Eintritt des Vorkaufsfalles, d.h. dem Abschluss des Kaufvertrages mit dem Dritten, und der damit verbundenen Entstehung des Vorkaufsrechts des Mieters ist die Eintragung einer **Vormerkung** (§ 883 BGB) zu Gunsten des Mieters nicht möglich. Einen durch eine Auflassungsvormerkung sicherbaren Anspruch auf Einräumung des Eigentums erlangt der Mieter vielmehr erst durch die Ausübung seines gesetzlichen Vorkaufsrechtes.[80] Dieser kann dann auch im Wege der **einstweiligen Verfügung** gesichert werden.[81] Bei kollusivem Zusammenwirken von Vermieter/Verkäufer und Drittkäufer kann vom Mieter auch ein deliktischer **Unterlassungsanspruch** (§ 826 BGB) im Wege des einstweiligen Rechtsschutzes geltend gemacht werden.[82]

IV. Prozessuale Hinweise/Verfahrenshinweise

Die Darlegungs- und **Beweislast** für das Bestehen des Vorkaufsrechts trägt der Mieter.

V. Anwendungsfelder – Übergangsrecht

§ 577 BGB ist wie sein Vorgänger § 570b BGB a.F. nicht anzuwenden, wenn der **Kaufvertrag mit dem Dritten vor dem 01.09.1993** abgeschlossen worden ist (Art. 6 Abs. 4 4. MietRÄndG).[83]

Das **Mietrechtsreformgesetz** vom 19.06.2001[84] enthält **keine Übergangsvorschrift** zu § 577 Abs. 1 BGB. Dieser ist folglich ohne weitere zeitliche Beschränkung anwendbar.

---

[76] *Sternel*, Mietrecht aktuell, 4. Aufl. 2009, Teil XI Rn. 277.

[77] *Kinne* in: Kinne/Schach/Bieber, Miet- und Mietprozessrecht, 6. Aufl. 2011, § 577 Rn. 21a sowie *Sternel*, Mietrecht aktuell, 4. Aufl. 2009, Teil XI Rn. 277.

[78] OLG München v. 15.01.1999 - 23 U 6670/98 - juris Rn. 22 - WuM 2000, 120-124; *Sternel*, Mietrecht aktuell, 4. Aufl. 2009, Teil XI Rn. 277 und *Wetekamp* in: Schmid, Miete und Mietprozess, 4. Aufl. 2004, Teil 22 Rn. 169.

[79] *Blank* in: Schmidt-Futterer, Mietrecht, 10. Aufl. 2011, § 577 Rn. 34.

[80] OLG München v. 21.02.2005 - 10 W 672/05 - MittBayNot 2005, 306-307 und *Sternel*, Mietrecht aktuell, 4. Aufl. 2009, Teil XI Rn. 282.

[81] OLG München v. 21.02.2005 - 10 W 672/05 - MittBayNot 2005, 306-307; LG Köln v. 12.07.1995 - 4 O 173/95 - juris Rn. 33 - NJW-RR 1995, 1354 sowie AG Frankfurt v. 22.09.1994 - 33 C 2338/94 - 26 - juris Rn. 21 - NJW 1995, 1034-1035.

[82] OLG München v. 15.01.1999 - 23 U 6670/98 - juris Rn. 29 - WuM 2000, 120-124.

[83] *Lammel*, Wohnraummietrecht, 3. Aufl. 2007, § 577 Rn. 4.

[84] BGBl I 2001, 1149.

B. Kommentierung zu Absatz 2

I. Grundlagen

1. Kurzcharakteristik

54 § 577 Abs. 2 BGB enthält zusätzliche inhaltliche Anforderungen für die Mitteilung gemäß § 469 Abs. 1 BGB.

2. Gesetzgebungsgeschichte und -materialien

55 Vgl. hierzu zunächst Rn. 2. § 577 Abs. 2 BGB führt die vor dem **Mietrechtsreformgesetz** vom 19.06.2001[85] in § 570b Abs. 2 BGB a.F. enthaltene Regelung fort.

3. Regelungsprinzipien

56 Da das Vorkaufsrecht nach § 577 BGB im Gegensatz zu dem in den §§ 463-473 BGB geregelten kraft Gesetzes und nicht auf Grund vertraglicher Vereinbarung entsteht, soll der Mieter zusätzlich auf dessen Bestehen hingewiesen werden, damit die Wahrnehmung des Vorkaufsrechts nicht aus Rechtsunkenntnis scheitert.

II. Anwendungsvoraussetzungen

1. Normstruktur

57 Normstruktur:
- Tatbestandsmerkmale:
  - Mitteilung des Vermieters oder Dritten nach den §§ 577 Abs. 1 Satz 3, 469 Abs. 1 BGB.
- Rechtsfolge:
  - Unterrichtung des Mieters über sein Vorkaufsrecht nach § 577 Abs. 1 BGB.

2. Mitteilung des Vermieters oder Dritten nach den §§ 577 Abs. 1 Satz 3, 469 Abs. 1 BGB

58 Mit Abschluss des Kaufvertrages hat der Verkäufer/Vermieter (vgl. hierzu Rn. 33) dem Mieter den Inhalt des mit dem Dritten geschlossenen Kaufvertrages mitzuteilen („**Mitteilungspflicht**", § 469 Abs. 1 Satz 1 BGB). Nach dem Wortlaut des Gesetzes muss dem Mieter der gesamte Inhalt des Kaufvertrages bekannt gegeben werden, allein die Mitteilung des Vertragsschlusses an sich genügt nicht.[86] Es bietet sich daher an, dem Mieter eine Abschrift des Kaufvertrages zukommen zu lassen. Keine Auskunftspflicht des Vermieters (oder Dritten) besteht darüber, ob der Erwerber die Eigentumswohnung selbst nutzen will.[87] Die Mitteilungspflicht – und damit ebenso die Pflicht zur Unterrichtung über das Vorkaufsrecht gemäß § 577 Abs. 2 BGB – entsteht erneut, wenn der ursprünglich zwischen dem Verkäufer und dem Dritten abgeschlossene Kaufvertrag später **abgeändert** wird.[88]

59 Schaltet der Verkäufer zur Erfüllung seiner Mitteilungspflicht Dritte – beispielsweise den beurkundenden Notar – als **Erfüllungsgehilfen** ein, so wird ihm eine Schlechterfüllung der Informationspflichten durch diese zugerechnet (§ 278 BGB).[89]

60 An eine bestimmte **Form** ist die (Wissens-)Erklärung des Vermieters nicht gebunden, im Hinblick auf einen später gegebenenfalls erforderlichen Nachweis ist jedoch schriftliche Erteilung angebracht.[90]

---

[85] BGBl I 2001, 1149.
[86] Vgl. zur inhaltsgleichen Vorgängervorschrift des § 469 BGB BGH v. 17.01.2003 - V ZR 137/02 - juris Rn. 21 - WuM 2003, 281-284.
[87] *Blank* in: Schmidt-Futterer, Mietrecht, 10. Aufl. 2011, § 577 Rn. 44.
[88] *Blank* in: Schmidt-Futterer, Mietrecht, 10. Aufl. 2011, § 577 Rn. 41 und 64.
[89] BGH v. 17.01.2003 - V ZR 137/02 - juris Rn. 24 - WuM 2003, 281-284.
[90] *Rolfs* in: Staudinger, § 577 Rn. 57.

Die Mitteilung muss **unverzüglich**, d.h. ohne schuldhaftes Zögern (§ 121 Abs. 1 Satz 1 BGB), erfolgen (§ 469 Abs. 1 Satz 1 BGB). Maßgeblicher Zeitpunkt, ab dem sie erfolgen muss, ist das rechtswirksame Zustandekommen des Kaufvertrages mit dem Dritten. Erfolgt die Mitteilung vorher, ist sie unwirksam und muss nach Eintritt des Vorkaufsfalles wiederholt werden, um die Ausübungsfrist des § 469 Abs. 2 BGB in Gang zu setzen.[91] 61

Die Mitteilungspflicht trifft nach dem Gesetz zwar nur den Verkäufer/Vermieter, wird jedoch durch eine **entsprechende Erklärung des Käufers** ebenfalls erfüllt (§ 469 Abs. 1 Satz 2 BGB). Auch dessen Mitteilung muss dann aber die zusätzliche Unterrichtung des Mieters über sein Vorkaufsrecht nach § 577 Abs. 2 BGB enthalten.[92] 62

Bei **mehreren Mieter**n muss die Mitteilung gegenüber allen Vorkaufsberechtigten erfolgen und diesen zugehen.[93] 63

III. Rechtsfolge: Unterrichtung des Mieters über sein Vorkaufsrecht nach Absatz 1

Die Unterrichtung des Mieters nach § 577 Abs. 2 BGB kann – ebenso wie die Mitteilung nach § 469 Abs. 1 BGB – **formlos** erfolgen.[94] Ebenso wie dort ist im Hinblick auf einen später gegebenenfalls erforderlichen Nachweis jedoch eine schriftliche Erteilung angebracht. 64

Die Unterrichtung des Mieters muss **inhaltlich** so konkret sein, dass er erkennen kann, dass ihm ein Vorkaufsrecht zusteht und wie es auszuüben ist. Deshalb genügt weder die reine Verweisung auf die gesetzliche Bestimmung des § 577 BGB noch der bloße Hinweis auf das Bestehen eines Vorkaufsrechts (str.).[95] Vielmehr muss zumindest 65

- der Adressat der Erklärung des Mieters über die Ausübung des Vorkaufsrechts (§ 577 Abs. 3 BGB),
- die vom Mieter einzuhaltende Frist (§ 469 Abs. 2 Satz 1 BGB)[96] und Form (§ 577 Abs. 3 BGB)[97] sowie
- die Belehrung über die Rechtsfolge, dass mit der Erklärung ein Kaufvertrag zwischen ihm und dem Verkäufer unter den Bedingungen zustande kommt, welche dieser mit dem Dritten vereinbart hat (§ 464 Abs. 2 BGB),[98] angegeben sein.

Die Unterrichtung über das Vorkaufsrecht nach § 577 Abs. 1 BGB muss nicht notwendigerweise in einem Schreiben mit der Mitteilung nach § 469 Abs. 1 BGB erfolgen. Im Hinblick darauf, dass die beiden Erklärungen nach dem Gesetzeswortlaut **miteinander zu verbinden** sind, muss aber ein hinreichender zeitlicher Zusammenhang zwischen ihnen gewahrt sein.[99] 66

1. Abdingbarkeit

Vgl. hierzu Rn. 109. 67

2. Praktische Hinweise

Weder die Mitteilung nach § 469 Abs. 1 Satz 1 BGB noch die Unterrichtung nach § 577 Abs. 2 BGB ist notwendige Voraussetzung für die Ausübung des Vorkaufsrechts durch den Mieter. Dieser kann es vielmehr auch dann geltend machen, wenn er **in anderer Weise vom Abschluss des Kaufvertrages Kenntnis erlangt** hat.[100] 68

---

[91] *Blank* in: Schmidt-Futterer, Mietrecht, 10. Aufl. 2011, § 577 Rn. 42.
[92] *Blank* in: Schmidt-Futterer, Mietrecht, 10. Aufl. 2011, § 577 Rn. 38.
[93] *Lammel*, Wohnraummietrecht, 3. Aufl. 2007, § 577 Rn. 39 sowie *Blank* in: Schmidt-Futterer, Mietrecht, 10. Aufl. 2011, § 577 Rn. 42.
[94] *Krenek* in: Müller/Walther, Miet- und Pachtrecht, § 577 Rn. 23.
[95] *Blank* in: Schmidt-Futterer, Mietrecht, 10. Aufl. 2011, § 577 Rn. 39 sowie *Rolfs* in: Staudinger, § 577 Rn. 59; a. A. *Lammel*, Wohnraummietrecht, 3. Aufl. 2007, § 577 Rn. 37 sowie *Langhein*, DNotZ 1993, 650-669, 657.
[96] *Blank* in: Schmidt-Futterer, Mietrecht, 10. Aufl. 2011, § 577 Rn. 39.
[97] *Rolfs* in: Staudinger, § 577 Rn. 59.
[98] *Rolfs* in: Staudinger, § 577 Rn. 59.
[99] *Lammel*, Wohnraummietrecht, 3. Aufl. 2007, § 577 Rn. 37 sowie *Blank* in: Schmidt-Futterer, Mietrecht, 10. Aufl. 2011, § 577 Rn. 38.
[100] *Lammel*, Wohnraummietrecht, 3. Aufl. 2007, § 577 Rn. 44.

§ 577

69 Unterlässt der Vermieter die Mitteilung nach § 469 Abs. 1 Satz 1 BGB oder die Unterrichtung nach § 577 Abs. 2 BGB, hat der Mieter **Anspruch auf Schadensersatz**, wenn hierdurch die Verwirklichung seines Vorkaufsrechtes verhindert worden[101] oder ein inhaltlich für ihn vom Ursprungsvertrag negativ abweichender Kaufvertrag zustande gekommen ist.[102] Die Pflichtverletzung des Vermieters war aber nur dann **kausal** für den Schaden, wenn der Mieter finanziell überhaupt in der Lage gewesen wäre, einen in Ausübung des Vorkaufsrechts mit ihm zustande gekommenen Kaufvertrag zu erfüllen.[103] Hat der Vermieter durch sein Verhalten die Realisierung des Vorkaufsrechts des Mieters vereitelt (vgl. hierzu Rn. 90), steht dem Mieter ein Anspruch auf **Schadensersatz statt der Leistung** in Höhe des Erfüllungsinteresses zu (§§ 280 Abs. 1, 283 BGB); davon wird auch die Differenz zwischen dem Verkehrswert der Wohnung und dem im Rahmen des erfolgten Verkaufs tatsächlich auf diese entfallenen Kaufpreis erfasst (str.).[104] Ob in das zu ersetzende Erfüllungsinteresse auch **bloße Verzögerungsschäden** infolge nicht unverzüglicher Mitteilung durch den Vermieter fallen, wenn der Mieter letztlich sein Vorkaufsrecht doch noch ausübt, ist umstritten; dafür spricht, dass dem Mieter in diesem Fall eine Mahnung gar nicht möglich war und die Abwägung der beiderseitigen Interessen den sofortigen Eintritt des Verzugs regelmäßig rechtfertigen dürfte (§ 286 Abs. 2 Nr. 4 BGB).[105]

IV. Prozessuale Hinweise/Verfahrenshinweise

70 Soweit sich der Vermieter auf die **Verfristung des Vorkaufsrechts** nach § 469 Abs. 2 BGB beruft, trägt er die Darlegungs- und Beweislast für den Zugang der Mitteilung nach § 469 Abs. 1 Satz 1 BGB und Unterrichtung nach § 577 Abs. 2 BGB.

71 Im Rahmen eines **Schadensersatzanspruch**es des Mieters wegen unterlassener Mitteilung nach § 469 Abs. 1 Satz 1 BGB oder Unterrichtung nach § 577 Abs. 2 BGB trägt der Mieter die Darlegungs- und Beweislast für das Unterbleiben der Erklärungen, wobei den Vermieter allerdings eine sekundäre Darlegungslast trifft. Macht der Mieter einen Schadensersatzanspruch geltend, weil dem Vermieter die Übereignung der Mietsache infolge der Veräußerung an den Dritten unmöglich geworden ist (§§ 280 Abs. 1, 283 BGB), zählt zwar grundsätzlich zu den von ihm vorzubringenden und beweisenden Tatbestandsmerkmalen, dass dem Vermieter die erneute Verschaffung des Eigentums nicht möglich ist, denn nur dann liegt **Unmöglichkeit** (§ 275 Abs. 1 BGB) vor. Der Mieter kann sich indessen insoweit auf die pauschale Behauptung der Unmöglichkeit beschränken, da den Vermieter auch hier eine sekundäre Darlegungslast trifft.[106]

V. Anwendungsfelder – Übergangsrecht

72 Vgl. hierzu Rn. 52.

---

[101] AG München v. 19.12.2003 - 432 C 27953/01 - juris Rn. 20 - WuM 2004, 616-618; *Sternel*, Mietrecht aktuell, 4. Aufl. 2009, Teil XI Rn. 283.

[102] BGH v. 17.01.2003 - V ZR 137/02 - juris Rn. 26 - WuM 2003, 281-284.

[103] *Lammel*, Wohnraummietrecht, 3. Aufl. 2007, § 577 Rn. 40; a.A. wohl AG München v. 19.12.2003 - 432 C 27953/01 - juris Rn. 30 - WuM 2004, 616-618.

[104] BGH v. 15.06.2005 - VIII ZR 271/04 - juris Rn. 20 - WuM 2005, 660-662; AG München v. 19.12.2003 - 432 C 27953/01 - juris Rn. 20 - WuM 2004, 616-618; AG Berlin-Charlottenburg v. 10.09.1998 - 18 C 261/98 - juris Rn. 15 - NZM 1999, 22-23 sowie *Kinne* in: Kinne/Schach/Bieber, Miet- und Mietprozessrecht, 4. Aufl. 2011, § 577 Rn. 24; a.A. AG Hamburg v. 26.03.1996 - 43b C 1893/95 - juris Rn. 6 - WuM 1996, 477-478, *Blank* in: Schmidt-Futterer, Mietrecht, 10. Aufl. 2011, § 577 Rn. 45; Differenz nur bei Erwerb einer anderen, vergleichbaren Wohnung – *Krenek* in: Müller/Walther, Miet- und Pachtrecht, § 577 Rn. 24 und *Riecke/Schmidt* in: Schmid, Miete und Mietprozess, 4. Aufl. 2004, Teil 22 Rn. 196.

[105] Vgl. ablehnend OLG Celle v. 01.11.2007 - 2 U 139/07 - juris Rn. 6 - WuM 2008, 292-294; bejahend *Häublein* in: jurisPR-MietR 8/2008, Anm. 5.

[106] BGH v. 15.06.2005 - VIII ZR 271/04 - juris Rn. 17 - WuM 2005, 660-662.

C. Kommentierung zu Absatz 3

I. Grundlagen

1. Kurzcharakteristik

§ 577 Abs. 3 BGB schreibt für die Ausübung des Vorkaufsrechts des Mieters nach § 577 Abs. 1 BGB abweichend von den allgemeinen Regeln die Schriftform vor.

73

2. Gesetzgebungsgeschichte und -materialien

Vgl. hierzu zunächst Rn. 2. Abweichend von der bisherigen Rechtslage, wonach die Ausübung des Vorkaufsrechts des Mieters nach Umwandlung der überlassenen Wohnräume entsprechend der allgemeinen Vorschriften (§ 464 BGB) nicht an eine bestimmte Form gebunden war,[107] ist durch das **Mietrechtsreformgesetz** vom 19.06.2001[108] mit § 577 Abs. 3 BGB die Schriftform vorgeschrieben.

74

3. Regelungsprinzipien

Durch die Einführung der Schriftform soll der Mieter nach dem Willen des Gesetzgebers vor übereilten und unüberlegten Entscheidungen geschützt werden. Eine weiterreichende Einführung einer notariellen Beurkundungspflicht wurde dagegen nicht für erforderlich gehalten.[109] Der Gesetzgeber kam damit der im Schrifttum geäußerten Kritik an der zuvor bestehenden Rechtslage zumindest teilweise nach.[110]

75

II. Anwendungsvoraussetzungen

1. Normstruktur

Normstruktur:
- Tatbestandsmerkmale:
  - Ausübung des Vorkaufsrechts nach § 577 Abs. 1 BGB durch den Mieter (§ 464 Abs. 1 BGB).
- Rechtsfolge:
  - Schriftformerfordernis für die Ausübungserklärung des Mieters (§ 577 Abs. 3 BGB).

76

2. Ausübung des Vorkaufsrechts nach Absatz 1 durch den Mieter (§ 464 Abs. 1 BGB)

Die Ausübung des Vorkaufsrechts erfolgt durch eine einseitige, empfangsbedürftige und bedingungsfeindliche **Willenserklärung** des Mieters gegenüber dem Vorkaufsverpflichteten (§ 464 Abs. 1 Satz 1 BGB), d.h. dem mit dem Vermieter nicht notwendigerweise personengleichen Verkäufer.[111] Verbindet der Mieter seine Erklärung mit der Bedingung einer Abänderung der Vertragsbedingungen, ist sie folglich unwirksam.[112]

77

Das Vorkaufsrecht muss binnen einer (Ausschluss-)**Frist** von zwei Monaten nach dem Empfang der Mitteilung gemäß § 469 Abs. 1 Satz 1 BGB und der Unterrichtung nach § 577 Abs. 2 BGB erfolgen (§§ 577 Abs. 1 Satz 3, 469 Abs. 2 Satz 1 Alt. 1 BGB). Erfolgen die Mitteilung gemäß § 469 Abs. 1 Satz 1 BGB und die Unterrichtung nach § 577 Abs. 2 BGB getrennt, ist der Zeitpunkt des Zuganges der letzten Erklärung maßgeblich. Bei mehreren Mietern beginnt die Frist erst ab dem Zugang beider Erklärungen an den letzten Vorkaufsberechtigten zu laufen.[113] Wird infolge der Abänderung des Kauf-

78

---

[107] OLG Düsseldorf v. 29.06.1998 - 9 U 267/97 - juris Rn. 22 - MDR 1998, 1404-1405.
[108] BGBl I 2001, 1149.
[109] BGH v. 07.06.2000 - VIII ZR 268/99 - juris Rn. 13 - BGHZ 144, 357-364.
[110] Vgl. *Rolfs* in: Staudinger, § 577 Rn. 63; *Sonnenschein* in: Staudinger, 13. Bearb. 1997, § 570b Rn. 46 sowie kritisch *Blank* in: Schmidt-Futterer, Mietrecht, 10. Aufl. 2011, § 577 Rn. 48, der darauf hinweist, dass die Regelung mit § 311b Abs. 1 BGB kollidiere.
[111] *Blank* in: Schmidt-Futterer, Mietrecht, 10. Aufl. 2011, § 577 Rn. 47.
[112] *Blank* in: Schmidt-Futterer, Mietrecht, 10. Aufl. 2011, § 577 Rn. 47 und *Kinne* in: Kinne/Schach/Bieber, Miet- und Mietprozessrecht, 6. Aufl. 2011, § 577 Rn. 21.
[113] *Lammel*, Wohnraummietrecht, 3. Aufl. 2007, § 577 Rn. 43.

vertrages mit dem Dritten eine erneute Mitteilung an den Mieter erforderlich, so läuft die Frist erst ab deren Zugang.[114]

79 **Mehrere Mieter** müssen das Vorkaufsrecht gemeinschaftlich ausüben (§§ 577 Abs. 1 Satz 3, 472 Satz 1 BGB). Übt ein Mieter sein Recht nicht aus oder ist es erloschen, können die übrigen Mieter das Vorkaufsrecht im Ganzen ausüben (§§ 577 Abs. 1 Satz 3, 472 Satz 2 BGB). Welche Mieter das Vorkaufsrecht wahrnehmen und welche nicht, muss sich aus den mieterseitigen Erklärungen klar ergeben.

80 Sind auf **Verkäuferseite mehrere Personen** beteiligt, so muss die Geltendmachung des Vorkaufsrechts gegenüber allen erklärt werden, es sei denn, es bestehen Empfangsvollmachten.[115]

III. Rechtsfolge: Schriftformerfordernis für die Ausübungserklärung des Mieters (Absatz 3)

81 Die Ausübung des Vorkaufsrechts nach § 577 Abs. 1 BGB bedarf, abweichend von § 464 Abs. 1 Satz 2 BGB, der Schriftform gemäß § 126 Abs. 1 BGB. Diese kann durch die elektronische Form (§§ 126 Abs. 3, 126a Abs. 1 BGB) oder notarielle Beurkundung (§§ 126 Abs. 4, 128 BGB) ersetzt werden.

1. Abdingbarkeit

82 Vgl. hierzu Rn. 109.

2. Praktische Hinweise

83 Die Ausübung des Vorkaufsrechts durch den Mieter führt dazu, dass kraft Gesetzes ein **Kaufvertrag zwischen dem Mieter und dem Verkäufer** unter den Bedingungen zustande kommt, welche der Verkäufer mit dem Dritten vereinbart hat (§ 464 Abs. 2 BGB).[116] Zu den Bedingungen zählen grundsätzlich **sämtliche Vereinbarungen** des Verkäufers mit dem Dritten, insbesondere auch Abreden über die Tragung von Vertragskosten oder Maklerlohn (**str.**).[117]

84 Eine Ausnahme gilt nach Treu und Glauben hinsichtlich solcher Abreden, die nur dazu getroffen wurden, um den Mieter von der Ausübung seines Vorkaufsrechtes abzuhalten, insbesondere wenn für die betroffene Eigentumswohnung ein mit dem objektiven Wert nicht in Einklang stehender besonders hoher Kaufpreis[118] oder für Kaufverträge unübliche Verpflichtungen vereinbart werden („**Abschreckungsvereinbarungen**")[119]. Ob die Sittenwidrigkeit solcher Teilabreden zur Gesamtnichtigkeit des Kaufvertrages führt, hängt davon ab, ob die Parteien das teilnichtige Geschäft als Ganzes verworfen hätten oder aber den Rest hätten gelten lassen (§ 139 BGB). Enthält der Kaufvertrag eine **salvatorische Erhaltens- und Ersetzungsklausel**, trifft denjenigen, der von einer Gesamtnichtigkeit ausgeht, die Darlegungs- und Beweislast hierfür; fehlt eine solche Klausel, muss die Partei, die das Geschäft aufrechterhalten will, entsprechende Umstände dartun und beweisen.[120]

85 Auf eine zwischen Verkäufer und Dritten vereinbarte **Stundung** kann sich der Mieter dagegen grundsätzlich nur berufen, wenn er hinsichtlich des gestundeten Betrages Sicherheit leistet, gegebenenfalls durch Bestellung oder Übernahme einer Hypothek (§ 468 BGB).

---

[114] OLG Karlsruhe v. 17.05.1995 - 13 U 125/93 - juris Rn. 28 - NJW-RR 1996, 916-918.
[115] *Blank* in: Schmidt-Futterer, Mietrecht, 10. Aufl. 2011, § 577 Rn. 47.
[116] BGH v. 15.06.2005 - VIII ZR 271/04 - juris Rn. 15 - WuM 2005, 660-662.
[117] BGH v. 14.12.1995 - III ZR 34/95 - juris Rn. 19 - BGHZ 131, 318-325; OLG Düsseldorf v. 16.11.1998 - 9 U 103/98 - juris Rn. 10 - MDR 1999, 800, und *Rolfs* in: Staudinger, § 577 Rn. 68; a.A. – hinsichtlich des Maklerlohns, wenn sich aus den Umständen des Falles ergibt, dass eine Provisionspflicht nur für den Fall des Verkaufs an einen Erstkäufer entstehen soll – OLG Celle v. 08.03.1995 - 11 U 9/94 - juris Rn. 4 - NJW-RR 1996, 629.
[118] BGH v. 15.06.2005 - VIII ZR 271/04 - juris Rn. 15 - WuM 2005, 660-662; OLG Karlsruhe v. 17.05.1995 - 13 U 125/93 - juris Rn. 30 - NJW-RR 1996, 916-918 sowie OLG Düsseldorf v. 29.06.1998 - 9 U 267/97 - juris Rn. 33 - MDR 1998, 1404-1405.
[119] OLG Stuttgart v. 20.07.1998 - 5 U 16/98 - juris Rn. 45 - ZMR 1998, 771-773 sowie *Riecke/Schmidt* in: Schmid, Miete und Mietprozess, 4. Aufl. 2004, Teil 22 Rn. 194b.
[120] BGH v. 15.06.2005 - VIII ZR 271/04 - juris Rn. 16 - WuM 2005, 660-662.

Hat der zwischen Verkäufer und Drittem abgeschlossene Kaufvertrag nicht nur das Mietobjekt, sondern **weitere Grundstücksteile** zum Gegenstand, so ist vom Mieter nur ein – auf objektiver Basis zu ermittelnder – verhältnismäßiger Teil des Gesamtpreises zu entrichten (§ 467 BGB).[121] In Betracht kommt eine Berechnung nach den jeweiligen Flächenanteilen,[122] es sind allerdings auch die anderen, den Wert der Wohnung beeinflussenden Merkmale, insbesondere deren Lage, zu berücksichtigen[123]. Anhaltspunkt kann folgende Formel[124] sein: 86

Vorkaufspreis = Gesamtkaufpreis : Gesamtwert aller verkauften Wohnungen x Wert des Vorkaufsobjekts

Dadurch wird gewährleistet, dass, wenn der Gesamtwert aller verkauften Wohnungen den Gesamtkaufpreis übersteigt, dies nicht dazu führt, dass der Mieter als Vorkaufsberechtigter einen im Verhältnis zum Gesamtkaufwert überhöhten Kaufpreis entrichten muss. Vielmehr kommt auch ihm der dem ursprünglichen Erwerber im Rahmen des Kaufs mehrerer Wohnungen eingeräumte Preisvorteil anteilig zugute.[125] 87

Besteht für die Wohnung nach § 12 Abs. 1 WEG ein **Zustimmungserfordernis**, so gilt dies auch für den zwischen dem Mieter und dem Verkäufer kraft Gesetzes zustande gekommenen Kaufvertrag. Eine für den Kaufvertrag zwischen Verkäufer und Drittem bereits erteilte Zustimmung reicht insoweit nicht aus.[126] 88

Einer **notariellen Beurkundung** bedarf der kraft Gesetzes zwischen dem Mieter und dem Verkäufer zustande gekommene Kaufvertrag nicht. 89

Da § 577 Abs. 1 BGB dem Mieter lediglich ein schuldrechtliches Vorkaufsrecht gibt, kann dieses nicht mehr durchgesetzt werden, wenn der **ursprüngliche Käufer bereits im Grundbuch eingetragen** ist. Dem Mieter bleibt dann regelmäßig nur die Geltendmachung von Schadensersatzansprüchen gegenüber dem Verkäufer,[127] hierzu vgl. Rn. 69. Etwas anderes gilt allerdings dann, wenn der Käufer sich gegenüber dem Verkäufer verpflichtet hatte, dem Mieter Gelegenheit zur Ausübung des Vorkaufsrechts zu geben, denn darin liegt ein **Vertrag zu Gunsten des Mieters**, der diesem einen Anspruch auf Übertragung des Eigentums auch gegenüber dem Käufer gewährt.[128] 90

Die Ausübung des Vorkaufsrechts durch den Mieter kann **rechtsmissbräuchlich** (§ 242 BGB) sein, wenn er ersichtlich nicht in der Lage ist, den Kaufvertrag zu erfüllen.[129] Im Hinblick auf die durch die Ausübung des Vorkaufsrechts betroffenen bedeutenden Vermögensinteressen des Verkäufers ist ihm insoweit nach Treu und Glauben ein Auskunftsanspruch gegenüber dem Mieter zuzubilligen (**str.**).[130] 91

Tritt der Mieter in Ausübung seines Vorkaufsrechts in den vom Vermieter geschlossenen Kaufvertrag über ein **unter Zwangsverwaltung stehendes Mietobjekt** ein, so richtet sich sein Eigentumsverschaffungsanspruch aus diesem Kaufvertrag gegen den Vermieter und nicht gegen den Zwangsverwalter.[131] Dem Mieter steht folglich schon mangels Gegenseitigkeit gegenüber dem Anspruch des Zwangsverwalters auf Zahlung der Miete (§ 535 Abs. 2 BGB, § 152 ZVG) **kein Zurückbehaltungsrecht** (§ 273 92

---

[121] OLG Karlsruhe v. 17.05.1995 - 13 U 125/93 - juris Rn. 30 - NJW-RR 1996, 916-918.
[122] *Lammel*, Wohnraummietrecht, 3. Aufl. 2007, § 577 Rn. 50.
[123] *Rolfs* in: Staudinger, § 577 Rn. 69.
[124] *Riecke/Schmidt* in: Schmid, Miete und Mietprozess, 4. Aufl. 2004, Teil 22 Rn. 186.
[125] *Rolfs* in: Staudinger, § 577 Rn. 69; *Kossmann*, Handbuch der Wohnraummiete, 6. Aufl. 2003, § 120, Rn. 10 und *Riecke/Schmidt* in: Schmid, Miete und Mietprozess, 4. Aufl. 2004, Teil 22 Rn. 186; a.A. *Langhein*, DNotZ 1993, 650-669, 661.
[126] *Blank* in: Schmidt-Futterer, Mietrecht, 10. Aufl. 2011, § 577 Rn. 57.
[127] *Sternel*, Mietrecht aktuell, 4. Aufl. 2009, Teil XI Rn. 283.
[128] LG Köln v. 12.07.1995 - 4 O 173/95 - juris Rn. 29 - NJW-RR 1995, 1354.
[129] *Sternel*, Mietrecht aktuell, 4. Aufl. 2009, Teil XI Rn. 281 sowie *Blank* in: Schmidt-Futterer, Mietrecht, 10. Aufl. 2011, § 577 Rn. 59.
[130] *Blank* in: Schmidt-Futterer, Mietrecht, 10. Aufl. 2011, § 577 Rn. 59; a.A. *Rolfs* in: Staudinger, § 577 Rn. 68 sowie *Sternel*, Mietrecht aktuell, 4. Aufl. 2009, Teil XI Rn. 281; offen *Kinne* in: Kinne/Schach/Bieber, Miet- und Mietprozessrecht, 6. Aufl. 2011, § 577 Rn. 23.
[131] BGH v. 17.12.2008 - VIII ZR 13/08 - juris Rn. 11 - NSW BGB § 577 (BGH-Intern).

BGB) wegen des gegen den Vermieter gerichteten Anspruchs auf Verschaffung des Eigentums an der Mietwohnung zu.[132] Ob ein kaufvertraglicher Auflassungsanspruch nach einem Eintritt des Mieters überhaupt – d.h. selbst bei bestehender Gegenseitigkeit – ein Zurückbehaltungsrecht gegenüber dem Anspruch des Vermieters auf Miete zu tragen vermag, hat der Bundesgerichtshof offengelassen.[133]

IV. Prozessuale Hinweise/Verfahrenshinweise

93 Die Darlegungs- und **Beweislast** für die wirksame Ausübung des Vorkaufsrechts trifft den Mieter.

V. Anwendungsfelder – Übergangsrecht

94 Vgl. hierzu zunächst Rn. 52. Da das **Mietrechtsreformgesetz** vom 19.06.2001[134] **keine Übergangsvorschrift** zu § 577 Abs. 3 BGB enthält, ist dieser ab dessen In-Kraft-Treten am 01.09.2001 anzuwenden, weshalb die Ausübung eines Vorkaufsrechts, auch wenn es bereits bis zum 31.08.2001 entstanden war, von diesem Tag an der Schriftform bedarf.[135]

D. Kommentierung zu Absatz 4

I. Grundlagen

1. Kurzcharakteristik

95 Abweichend von den allgemeinen Bestimmungen lässt § 577 Abs. 4 BGB den Übergang eines bereits entstandenen Vorkaufsrechts nach § 577 Abs. 1 BGB auf bestimmte Rechtsnachfolger des Mieters zu.

2. Gesetzgebungsgeschichte und -materialien

96 Vgl. hierzu zunächst Rn. 2. § 577 Abs. 4 BGB führt die vor dem **Mietrechtsreformgesetz** vom 19.06.2001[136] in § 570b Abs. 3 BGB a.F. enthaltene Regelung fort.

3. Regelungsprinzipien

97 Zur Erreichung des Schutzzwecks des Vorkaufsrechts gemäß § 577 BGB, vgl. hierzu Rn. 4, wird nahen Familienangehörigen des Mieters, die nach dessen Tod in das Mietverhältnis eingetreten sind (§§ 563 Abs. 1, 563 Abs. 2 BGB), ein bereits entstandenes Vorkaufsrecht erhalten.[137]

II. Anwendungsvoraussetzungen

1. Normstruktur

98 Normstruktur:
- Tatbestandsmerkmale:
  - Entstehung des Vorkaufsrechts gemäß § 577 Abs. 1 BGB,
  - Tod des Mieters,
  - Eintritt von Familienangehörigen gemäß §§ 563 Abs. 1, 563 Abs. 2 BGB.
- Rechtsfolge:
  - Erhaltung des Vorkaufsrechts nach § 577 Abs. 1 BGB für die eingetretenen Mieter.

2. Entstehung des Vorkaufsrechts gemäß Absatz 1

99 Vgl. hierzu Rn. 1.

---

[132] BGH v. 17.12.2008 - VIII ZR 13/08 - juris Rn. 12 - NSW BGB § 577 (BGH-Intern).
[133] BGH v. 17.12.2008 - VIII ZR 13/08 - juris Rn. 12 - NSW BGB § 577 (BGH-Intern).
[134] BGBl I 2001, 1149.
[135] *Rolfs* in: Staudinger [2006], § 577 Rn. 88 und *Häublein* in: MünchKomm-BGB, § 577 Rn. 4.
[136] BGBl I 2001, 1149.
[137] *Lammel*, Wohnraummietrecht, 3. Aufl. 2007, § 577 Rn. 53 sowie *Rolfs* in: Staudinger, § 577 Rn. 74.

3. Tod des Mieters

§ 577 Abs. 4 BGB greift nur ein, wenn im Zeitpunkt des Versterbens des Mieters die **Umwandlung in Wohnungseigentum** bereits vollzogen oder zumindest i.S.v. § 577 Abs. 1 BGB beabsichtigt (vgl. hierzu Rn. 21 ff.) war. Darauf, ob auch der Vorkaufsfall – d.h. der Abschluss eines Kaufvertrags mit einem Dritten (vgl. hierzu Rn. 24 ff.) – im Moment des Todes des Mieters bereits vorliegt, kommt es nicht an (str.).[138] Durch die **Ablehnung des Eintritts** in das Mietverhältnis (§ 563 Abs. 3 Satz 1 BGB) entfällt das Vorkaufsrecht des zunächst eingetretenen Mieters wieder.[139]

100

Verstirbt der Mieter **vor der Begründung des Wohnungseigentums**, bedarf es keines Übergangs des Vorkaufsrechts, da es bei Eintritt der in § 563 Abs. 1, 2 BGB genannten Personen in das Mietverhältnis in deren Person selbst entsteht, wenn die Umwandlung nach ihrem Eintritt erfolgt.[140]

101

4. Eintritt von Familienangehörigen gemäß § 563 Abs. 1, 2 BGB

Zu den **Eintrittsberechtigt**en vgl. die Kommentierung zu § 563 BGB. Das Vorkaufsrecht steht einem Eintrittsberechtigten aber nur dann zu, wenn er von seinem Eintrittsrecht auch **Gebrauch gemacht** hat.[141]

102

Macht keine der gemäß § 563 Abs. 1, 2 BGB eintrittsberechtigten Personen von ihrem Eintrittsrecht Gebrauch, fällt das Vorkaufsrecht nicht ersatzweise an den **Erben des Mieters**. Für den Erben, mit dem gemäß § 564 BGB das Mietverhältnis fortgesetzt wird, gilt § 577 Abs. 4 BGB nicht.[142]

103

III. Rechtsfolge: Erhaltung des Vorkaufsrechts nach Absatz 1 für die eingetretenen Mieter

In Abweichung von den allgemeinen Bestimmungen (§ 473 BGB) können die in § 563 Abs. 1, 2 BGB genannten Personen nach ihrem Eintritt in das Mietverhältnis ein bereits in der Person des verstorbenen Mieters entstandenes Vorkaufsrecht selbst geltend machen. Es wird für diese Fälle somit von der Voraussetzung des § 577 Abs. 1 Satz 1 BGB abgesehen, dass die Begründung von Wohnungseigentum nach der Überlassung an den vorkaufsberechtigten Mieter erfolgen muss.

104

Dies gilt allerdings nicht, wenn zum Zeitpunkt des Todes des Mieters die zweimonatige **Ausschlussfrist** des § 469 Abs. 2 Satz 1 BGB bereits verstrichen war, da das Vorkaufsrecht dann untergegangen ist und infolge des Eintritts nicht wieder auflebt.[143]

105

Abdingbarkeit: vgl. hierzu Rn. 109.

106

IV. Prozessuale Hinweise/Verfahrenshinweise

Die Darlegungs- und **Beweislast** für die Erhaltung des Vorkaufsrechts tragen die sich darauf berufenden Mieter.

107

V. Anwendungsfelder – Übergangsrecht

Vgl. hierzu zunächst Rn. 52. Soweit die durch das **Mietrechtsreformgesetz** vom 19.06.2001[144] geschaffene **Übergangsvorschrift** des Art. 229 § 3 Abs. 1 Nr. 5 EGBGB anordnet, dass im Falle des Todes des Mieters vor dem 01.09.2001 § 570b Abs. 3 BGB a.F. in der bis zu diesem Zeitpunkt geltenden Fassung zur Anwendung gelangt, hat dies für § 577 Abs. 4 BGB praktisch keine Bedeutung, da

108

---

[138] *Rolfs* in: Staudinger, § 577 Rn. 77; *Blank* in: Schmidt-Futterer, Mietrecht, 10. Aufl. 2011, § 577 Rn. 31; *Krenek* in: Müller/Walther, Miet- und Pachtrecht, § 577 Rn. 32 und *Kinne* in: Kinne/Schach/Bieber, Miet- und Mietprozessrecht, 6. Aufl. 2011, § 577 Rn. 15; a.A. *Lammel*, Wohnraummietrecht, 3. Aufl. 2007, § 577 Rn. 52.
[139] *Kinne* in: Kinne/Schach/Bieber, Miet- und Mietprozessrecht, 6. Aufl. 2011, § 577 Rn. 15.
[140] *Blank* in: Schmidt-Futterer, Mietrecht, 10. Aufl. 2011, § 577, Rn. 30 und *Rolfs* in: Staudinger, § 577 Rn. 78.
[141] *Rolfs* in: Staudinger, § 577 Rn. 76.
[142] *Kinne* in: Kinne/Schach/Bieber, Miet- und Mietprozessrecht, 6. Aufl. 2011, § 577 Rn. 17 und *Franke* in: Fischer-Dieskau/Pergande/Schwender, Wohnungsbaurecht, § 577 Anm. 12.2.
[143] *Rolfs* in: Staudinger, § 577 Rn. 78.
[144] BGBl I 2001, 1149.

die Ausweitung des fortsetzungsberechtigten Personenkreises schon auf Grund des Gesetzes zur Beendigung der Diskriminierung gleichgeschlechtlicher Gemeinschaften[145] und damit bereits zum 01.08.2001 erfolgte.[146]

E. Kommentierung zu Absatz 5

I. Grundlagen

1. Kurzcharakteristik

109 § 577 Abs. 5 BGB schließt zum Nachteil des Mieters von den § 577 Abs. 1, 2, 3, 4 BGB abweichende vertragliche Vereinbarungen aus.

2. Gesetzgebungsgeschichte und -materialien

110 Vgl. hierzu zunächst Rn. 2.

111 § 577 Abs. 5 BGB entspricht dem bisherigen § 570b Abs. 4 BGB a.F.

II. Anwendungsvoraussetzungen

1. Normstruktur

112 Normstruktur:
- Tatbestandsmerkmale:
  - Vereinbarung, die zu Lasten des Mieters abweicht von § 577 Abs. 1 BGB (einschließlich der dort in Bezug genommenen Vorschriften über den Vorkauf, §§ 463-473 BGB) **oder** Absatz 2 **oder** Absatz 3 **oder** Absatz 4.
- Rechtsfolge:
  - Unwirksamkeit der getroffenen Vereinbarung.

2. Zu Lasten des Mieters von Absatz 1 bis Absatz 4 abweichende Vereinbarung

113 Zu Lasten des Mieters wirken Vereinbarungen, die sein Vorkaufsrecht über die gesetzlichen Bestimmungen hinaus einschränken, erschweren oder ausschließen. Ein **vertraglicher Verzicht** auf das Vorkaufsrecht ist unwirksam, wenn er **vor dem Abschluss des Kaufvertrages** mit dem Dritten und dessen Mitteilung an den Mieter gemäß §§ 469 Abs. 1, 577 Abs. 2 BGB erfolgt. Dies gilt unabhängig davon, ob der Verzicht vom Mieter gegenüber dem Verkäufer/Vermieter oder dem Käufer erklärt wird.[147]

114 Dem gleichzustellen ist ein **Mietaufhebungsvertrag**, der im Hinblick auf den beabsichtigten Verkauf erfolgt, da dieser ebenfalls zum Wegfall des Vorkaufsrechts führt.[148]

115 **Nach Abschluss des Kaufvertrages** mit dem Dritten und dessen Mitteilung an den Mieter ist dagegen ein wirksamer vertraglicher Verzicht auf das Vorkaufsrecht oder ein entsprechender Mietaufhebungsvertrag zulässig.[149]

116 Ein **einseitiger Verzicht** des Mieters vermag eine unmittelbare rechtliche Wirkung ohnehin nicht zu entfalten (§ 397 BGB). Allerdings kann er einer späteren Ausübung des Vorkaufsrechts unter dem Gesichtspunkt des widersprüchlichen Verhaltens (§ 242 BGB) entgegenstehen.[150]

---

[145] BGBl I 2001, 266.
[146] Vgl. auch *Rolfs* in: Staudinger [2006], § 577 Rn. 88, der insoweit ein Redaktionsversehen vermutet.
[147] *Kinne* in: Kinne/Schach/Bieber, Miet- und Mietprozessrecht, 6. Aufl. 2011, § 577 Rn. 26 und *Rolfs* in: Staudinger, § 577 Rn. 82.
[148] *Blank* in: Schmidt-Futterer, Mietrecht, 10. Aufl. 2011, § 577 Rn. 77; einschränkend – nur wenn das Mietverhältnis nach Abschluss des Kaufvertrages endet – *Rolfs* in: Staudinger, § 577 Rn. 87 f.
[149] *Blank* in: Schmidt-Futterer, Mietrecht, 10. Aufl. 2011, § 577 Rn. 75 und 78.
[150] *Blank* in: Schmidt-Futterer, Mietrecht, 10. Aufl. 2011, § 577 Rn. 73.

Unzulässig ist schließlich grundsätzlich die **Vereinbarung unterschiedlicher Preise** für den Verkauf an den Dritten und den Verkauf an den Mieter auf Grund des Vorkaufsrechts. Etwas anderes gilt allerdings, wenn die Parteien des Kaufvertrags eine **differenzierte Preisabrede** dahin treffen, dass ein niedrigerer Preis für die vermietete Wohnung – gilt also für den Erwerber bei unterbliebener Ausübung des Vorkaufsrechts durch den Mieter – und ein höherer Preis für die unvermietete Wohnung – gilt demnach für den Mieter nach Ausübung seines Vorkaufsrechts – vereinbart werden; diese Gestaltung ist wirksam, wenn die Preisdifferenz den tatsächlichen Gegebenheiten am Markt entspricht (**str.**).[151] 117

Die Erklärung des Mieters, mit der das Vorkaufsrecht ausgeübt wird, kann nicht an eine **strengere Form** als die gesetzlich vorgesehene Schriftform (§ 577 Abs. 3 BGB) gebunden werden. 118

III. Rechtsfolge: Unwirksamkeit der getroffenen Vereinbarung

Die Abweichung der Vereinbarung von § 577 Abs. 1, 2, 3, 4 BGB führt zur Unwirksamkeit der Abreden, soweit diese für den Mieter nachteilig sind. 119

Abdingbarkeit: § 577 Abs. 5 BGB ist nach seinem Sinn und Zweck selbst ebenfalls unabdingbar. 120

IV. Anwendungsfelder – Übergangsrecht

Vgl. hierzu Rn. 52. 121

---

[151] OLG München v. 21.02.2005 - 10 W 672/05 - MittBayNot 2005, 306-307; LG München I v. 27.07.2005 - 10 O 6287/05 - juris Rn. 55 - Info M 2006, 230; *Derleder*, NJW 1996, 2817-2822, 2819 und *Blank* in: Schmidt-Futterer, Mietrecht, 10. Aufl. 2011, § 577 Rn. 79; a.A. *Rolfs* in: Staudinger, § 577 Rn. 83; *Häublein* in: Münch-Komm-BGB, § 577 Rn. 19 und *Krenek* in: Müller/Walther, Miet- und Pachtrecht, § 577 Rn. 33.

§ 577a BGB Kündigungsbeschränkung bei Wohnungsumwandlung

(Fassung vom 02.01.2002, gültig ab 01.01.2002)

(1) Ist an vermieteten Wohnräumen nach der Überlassung an den Mieter Wohnungseigentum begründet und das Wohnungseigentum veräußert worden, so kann sich ein Erwerber auf berechtigte Interessen im Sinne des § 573 Abs. 2 Nr. 2 oder 3 erst nach Ablauf von drei Jahren seit der Veräußerung berufen.

(2) ¹Die Frist nach Absatz 1 beträgt bis zu zehn Jahre, wenn die ausreichende Versorgung der Bevölkerung mit Mietwohnungen zu angemessenen Bedingungen in einer Gemeinde oder einem Teil einer Gemeinde besonders gefährdet ist und diese Gebiete nach Satz 2 bestimmt sind. ²Die Landesregierungen werden ermächtigt, diese Gebiete und die Frist nach Satz 1 durch Rechtsverordnung für die Dauer von jeweils höchstens zehn Jahren zu bestimmen.

(3) Eine zum Nachteil des Mieters abweichende Vereinbarung ist unwirksam.

Gliederung

A. Kommentierung zu Absatz 1 1	4. Überlassung 31
I. Grundlagen.. 1	5. Begründung von Wohnungseigentum 32
1. Kurzcharakteristik 1	6. Veräußerung des Wohnungseigentums 33
2. Gesetzgebungsgeschichte und -materialien 2	7. Besondere Gefährdung der ausreichenden Versorgung der Bevölkerung mit Mietwohnungen zu angemessenen Bedingungen in der Gemeinde oder einem Teil der Gemeinde, in der/dem sich das Wohnungseigentum befindet................ 34
3. Regelungsprinzipien............................. 3	
II. Anwendungsvoraussetzungen................... 4	
1. Normstruktur 4	
2. Wohnräume..................................... 5	
3. Vermietung 6	
4. Überlassung..................................... 7	8. Bestimmung eines solchen Gemeindegebiets durch Rechtsverordnung der Landesregierung ... 35
5. Begründung von Wohnungseigentum 8	III. Rechtsfolge: Befristung der Eigenbedarfs- und Verwertungskündigung des Erwerbers 37
6. Veräußerung des Wohnungseigentums 9	
7. Zeitliche Abfolge von Vermietung, Begründung von Wohnungseigentum und Veräußerung 15	IV. Anwendungsfelder – Übergangsrecht 40
	C. Kommentierung zu Absatz 3.................... 41
III. Rechtsfolge: Befristung der Eigenbedarfs- und Verwertungskündigung des Erwerbers 17	I. Grundlagen 41
	1. Kurzcharakteristik 41
IV. Anwendungsfelder – Übergangsrecht 22	2. Gesetzgebungsgeschichte und -materialien 42
B. Kommentierung zu Absatz 2 24	II. Anwendungsvoraussetzungen 43
I. Grundlagen.. 24	1. Normstruktur 43
1. Kurzcharakteristik 24	2. Zu Lasten des Mieters von Absatz 1, Absatz 2 abweichende Vereinbarung...................... 44
2. Gesetzgebungsgeschichte und -materialien 25	
3. Regelungsprinzipien............................. 26	III. Rechtsfolge: Unwirksamkeit der getroffenen Vereinbarung.. 45
II. Anwendungsvoraussetzungen................... 28	
1. Normstruktur 28	IV. Anwendungsfelder 47
2. Wohnräume..................................... 29	1. Übergangsrecht.................................. 47
3. Vermietung 30	2. Arbeitshilfen 48

A. Kommentierung zu Absatz 1

I. Grundlagen

1. Kurzcharakteristik

1 § 577a Abs. 1 BGB beschränkt die Eigenbedarfs- und Verwertungskündigung gemäß § 573 Abs. 2 Nr. 2, Nr. 3 BGB im Falle der Umwandlung bereits überlassener Wohnräume in Wohnungseigentum.

2. Gesetzgebungsgeschichte und -materialien

Die durch das **Mietrechtsreformgesetz** vom 19.06.2001[1] geschaffene Regelung führt hinsichtlich der zeitlichen Beschränkung der Eigenbedarfskündigung die in § 564b Abs. 2 Satz 1 Nr. 2 Satz 2 BGB a. F. enthaltenen Bestimmungen fort. Abweichend von der bisherigen Rechtslage ist allerdings eine Verwertungskündigung im Falle der Umwandlung in Wohnungseigentum ebenfalls nach Ablauf der dreijährigen Sperrfrist möglich.

3. Regelungsprinzipien

Im Falle der Umwandlung von Wohnräumen in Wohnungseigentum steigt für den Mieter die Gefahr einer Eigenbedarfs- und Verwertungskündigung, vgl. insoweit auch die Kommentierung zu § 577 BGB Rn. 4. Die zeitliche Beschränkung dieser Kündigungen dient dem Schutz des Mieters vor diesen Gefahren.[2]

II. Anwendungsvoraussetzungen

1. Normstruktur

Normstruktur:
- Tatbestandsmerkmale:
  - Wohnräume,
  - Vermietung,
  - Überlassung,
  - Begründung von Wohnungseigentum,
  - Veräußerung des Wohnungseigentums.
- Rechtsfolge:
  - Erwerber kann sich auf berechtigte Interessen gemäß § 573 Abs. 2 Nr. 2, Nr. 3 BGB erst nach Ablauf von drei Jahren nach der Veräußerung berufen.

2. Wohnräume

Vgl. hierzu die Kommentierung zu § 577 BGB Rn. 6.

3. Vermietung

Vgl. hierzu die Kommentierung zu § 577 BGB Rn. 11.

4. Überlassung

Vgl. hierzu die Kommentierung zu § 577 BGB Rn. 16.

5. Begründung von Wohnungseigentum

Vgl. hierzu die Kommentierung zu § 577 BGB Rn. 19 f.

6. Veräußerung des Wohnungseigentums

Zur Begründung des Wohnungseigentums muss dessen **Veräußerung** treten. Veräußerung im Sinne von § 577a BGB ist – wie auch in § 566 Abs. 1 BGB – das dingliche Verfügungsgeschäft, das regelmäßig nach den §§ 873, 925 BGB, d.h. durch Auflassung und Eintragung im Grundbuch, erfolgt.[3] Der Eigentumswechsel kann dabei auch auf einem gutgläubigen Erwerb nach § 892 BGB beruhen.[4]

Erfasst werden zunächst alle Veräußerungen, denen ein freiwilliges schuldrechtliches Verpflichtungsgeschäft – gleich welcher Art – zugrunde liegt[5], wie beispielsweise Kaufvertrag, Tausch, Schenkung,

---

[1] BGBl I 2001, 1149.
[2] *Lammel*, Wohnraummietrecht, 3. Aufl. 2007, § 577a Rn. 4.
[3] *Krenek* in: Müller/Walther, Miet- und Pachtrecht, § 577a Rn. 3.
[4] *Rolfs* in: Staudinger, § 577a Rn. 12.
[5] *Krenek* in: Müller/Walther, Miet- und Pachtrecht, § 577a Rn. 13 und *Rolfs* in: Staudinger, § 577a Rn. 12.

§ 577a

Einbringung in eine Gesellschaft bürgerlichen Rechts oder ein Vermächtnis[6]. Eine Veräußerung liegt auch dann vor, wenn der Vermieter das Eigentum an einen Dritten überträgt, sich dabei aber einen **Nießbrauch** vorbehält, der ihn nach den §§ 567, 566 BGB sogleich wieder in die Vermieterstellung einrücken lässt.[7]

11 Da die von § 577a BGB geforderte Veräußerung selbst nicht rechtsgeschäftlich erfolgen muss, fällt hierunter ferner auch der **Erwerb im Rahmen der Zwangsvollstreckung**; die Sperrfrist greift hier auch dann ein, wenn der Erwerber das Sonderkündigungsrecht nach § 57a ZVG geltend macht.[8]

12 Die Annahme einer Veräußerung im Sinne von § 577a BGB setzt einen **tatsächlichen Wechsel in der Person des Eigentümers** des Wohnungseigentums voraus.[9] Allein die Begründung von Wohnungseigentum nach § 3 WEG oder § 8 WEG stellt daher noch keine Veräußerung dar.[10] Deshalb fehlt es schon am erforderlichen Eigentümerwechsel, wenn die **Bruchteilseigentümer eines Grundstücks**, die zugleich dessen Vermieter sind, das Eigentum durch Begründung von Wohnungseigentum teilen und im Anschluss daran den einzelnen Miteigentümern im Wege der Auflassung und Eintragung im Wohnungsgrundbuch das alleinige Eigentum an bestimmten Wohnungen übertragen (str.).[11]

13 Von § 577a BGB wird **nur der erstmalige Eigentumswechsel** nach der Begründung des Wohnungseigentums erfasst[12], vgl. auch die Erläuterungen unten unter Anrechnung der Frist (Rn. 18).

14 Die **Person des Veräußernden** ist für § 577a BGB unerheblich, es kommen daher auch Veräußerungen durch einen Testamentsvollstrecker oder Insolvenzverwalter in Betracht (anders bei § 577 BGB, vgl. die Kommentierung zu § 577 BGB).[13]

7. Zeitliche Abfolge von Vermietung, Begründung von Wohnungseigentum und Veräußerung

15 Auch bei § 577a BGB ist – wie bei § 577 Abs. 1 BGB – die **Reihenfolge** der Verwirklichung der Tatbestandsmerkmale von wesentlicher Bedeutung.[14] § 577a BGB setzt ebenso wie § 577 BGB voraus, dass das Wohnungseigentum erst **nach Überlassung der Wohnung** an den Mieter begründet worden ist. Zu den unterschiedlichen zeitlichen Abläufen gilt das in der Kommentierung zu § 577 BGB Rn. 36 Gesagte entsprechend. § 577a BGB findet auch dann Anwendung, wenn das Verfahren zur Begründung des Wohnungseigentums bereits vor Überlassung der Wohnung eingeleitet worden war, aber erst später durch die Grundbucheintragung abgeschlossen wurde.[15]

---

[6] BayObLG München v. 29.06.2001 - 1Z RE-Miet 1/01 - juris Rn. 22 - WuM 2001, 390.
[7] LG Berlin v. 06.04.1992 - 66 S 6/92 - juris Rn. 8 - NJW-RR 1992, 1165-1166.
[8] BayObLG München v. 10.06.1992 - RE-Miet 2/92 - juris Rn. 34 - NJW-RR 1992, 1166-1168.
[9] *Lammel*, Wohnraummietrecht, 3. Aufl. 2007, § 577a Rn. 8.
[10] BGH v. 06.07.1994 - VIII ARZ 2/94 - juris Rn. 22 - BGHZ 126, 357-368, LG Berlin v. 10.11.2003 - 62 S 254/03 - juris Rn. 17 - Grundeigentum 2004, 235-236; AG Hamburg v. 12.10.1990 - 43 b C 70/90 - juris Rn. 3 - WuM 1991, 349-350, *Rolfs* in: Staudinger, § 577a Rn. 12.
[11] BGH v. 06.07.1994 - VIII ARZ 2/94 - juris Rn. 24 - BGHZ 126, 357-368; LG Berlin v. 10.11.2003 - 62 S 254/03 - juris Rn. 17 - Grundeigentum 2004, 235-236; *Blank* in: Schmidt-Futterer, Mietrecht, 10. Aufl. 2011, § 577a Rn. 12; *Herrlein* in: Herrlein/Kandelhard, ZAP-Praxiskommentar Mietrecht, 4. Aufl. 2010, § 577a Rn. 3 und *Weidenkaff* in: Palandt, § 577a Rn. 3; a.A. – für den Fall, dass nach erfolgter Begründung von Wohnungseigentum die Miteigentümer das Eigentum an einer bestimmten Wohnung im Wege der Auflassung und Eintragung auf einen von ihnen übertragen – BayObLG München v. 24.11.1981 - Allg Reg 64/81 - juris Rn. 14 - NJW 1982, 451-452; *Krenek* in: Müller/Walther, Miet- und Pachtrecht, § 577a Rn. 12; *Kinne* in: Kinne/Schach/Bieber, Miet- und Mietprozessrecht, 6. Aufl. 2011, § 577a Rn. 3 und *Lammel*, Wohnraummietrecht, 3. Aufl. 2007, § 577a Rn. 8.
[12] *Lammel*, Wohnraummietrecht, 3. Aufl. 2007, § 577a Rn. 9.
[13] *Häublein* in: MünchKomm-BGB, § 577a Rn. 6; *Krenek* in: Müller/Walther, Miet- und Pachtrecht, § 577a Rn. 15 und *Rolfs* in: Staudinger, § 577a Rn. 12.
[14] *Kinne* in: Kinne/Schach/Bieber, Miet- und Mietprozessrecht, 6. Aufl. 2011, § 577a Rn. 2 und *Blank* in: Schmidt-Futterer, Mietrecht, 10. Aufl. 2011, § 577a Rn. 6 bis 10.
[15] AG Hamburg v. 12.10.1990 - 43 b C 70/90 - juris Rn. 4 - WuM 1991, 349-350, LG Duisburg v. 15.08.1989 - 7 S 196/89 - juris Rn. 6 - NJW-RR 1989, 1166-1167, *Rolfs* in: Staudinger, § 577a Rn. 14 und *Krenek* in: Müller/Walther, Miet- und Pachtrecht, § 577a Rn. 16.

Wohnungseigentum ist schließlich auch dann „nach der Überlassung an den Mieter" im Sinne des § 577a BGB begründet worden, wenn der Mieter, dem gekündigt wurde, zur Zeit der Begründung des Wohnungseigentums als Angehöriger in der Wohnung lebte und mit dem Tode des damaligen Mieters kraft Gesetzes gemäß § 563 Abs. 1, Abs. 2 BGB **in das Mietverhältnis eingetreten** ist. Der Angehörige rückt auch bezüglich der bei Kündigungen nach § 577a BGB zu beachtenden Wartefrist in die Rechtsposition des verstorbenen Mieters ein.[16]

III. Rechtsfolge: Befristung der Eigenbedarfs- und Verwertungskündigung des Erwerbers

Liegen die vorstehend genannten Tatbestandsmerkmale vor, kann sich der Erwerber auf Eigenbedarf (§ 573 Abs. 2 Nr. 2 BGB) oder die Verhinderung einer angemessenen wirtschaftlichen Verwertung (§ 573 Abs. 2 Nr. 3 BGB) erst nach Ablauf von drei Jahren seit der Veräußerung berufen. Eine **analoge Anwendung** der Kündigungsbeschränkung des § 577a BGB auf andere Kündigungsgründe im Sinne von § 573 Abs.1 Satz 1 BGB ist mangels planwidriger Gesetzeslücke nicht möglich.[17] Denn § 573 Abs. 1 Satz 1 BGB erfasst – auch unabhängig von Kündigungen wegen schuldhafter Pflichtverletzungen durch den Mieter – eine Vielzahl möglicher Kündigungstatbestände, die angesichts der getroffenen Regelung nach Auffassung des Gesetzgebers nicht dieselbe naheliegende Gefahr einer Verdrängung des Mieters nach Umwandlung in Wohnungseigentum bergen wie die Eigenbedarfs- und die Verwertungskündigung.[18] Etwas anderes ergibt sich auch nicht daraus, dass die von § 577a BGB in Bezug genommenen Regelungen in § 573 Abs. 2 Nr. 2 und 3 BGB nur konkretisierende Regelbeispiele der Generalklausel des § 573 Abs. 1 BGB sind.[19] Auch auf die Kündigung eines Wohnraummietverhältnisses **durch eine Gesellschaft bürgerlichen Rechts** wegen Eigenbedarfs eines Gesellschafters findet die Kündigungsbeschränkung des § 577a BGB weder direkt noch analog Anwendung, wenn nach der Kündigung Wohnungseigentum der Gesellschafter begründet wird.[20] Das gilt selbst dann, wenn die Gesellschaft das Wohnanwesen zu dem Zweck erworben hat, die vorhandenen Wohnungen in Wohnungseigentum der Gesellschafter umzuwandeln; eine unzulässige Umgehung von § 577a BGB liegt darin nicht.[21] Auf eine **erleichterte Kündigung nach § 573a BGB** ist die Kündigungssperre des § 577a BGB schließlich ebenfalls nicht analog anzuwenden[22], insbesondere weil die Gefahr, dass es durch eine auf § 573a BGB gestützte Kündigung zu einer Verdrängung des Mieters kommt, bereits deshalb wesentlich geringer ist, weil diese voraussetzt (vgl. hierzu Kommentierung zu § 573a BGB Rn. 10), dass der Vermieter selbst eine der beiden Wohnungen bewohnt[23].

Erwerber ist derjenige, der an die Stelle des bisherigen Vermieters in das Mietverhältnis eintritt.[24] Ist die Eigentumswohnung nach der Begründung des Wohnungseigentums **mehrfach veräußert** worden, ist dem kündigenden Erwerber die in der Person seiner Rechtsvorgänger bereits abgelaufene Zeitspanne anzurechnen.[25]

---

[16] Vgl. zur inhaltlich gleichen Vorgängervorschrift § 564b Abs. 2 Nr. 2 Satz 2 BGB a.F. BGH v. 09.07.2003 - VIII ZR 26/03 - juris Rn. 11 - NJW 2003, 3265-3267.
[17] BGH v. 11.03.2009 - VIII ZR 127/08 - juris Rn. 12 und 16 - NSW BGB § 577a (BGH-intern).
[18] BGH v. 11.03.2009 - VIII ZR 127/08 - juris Rn. 16 - NSW BGB § 577a (BGH-intern).
[19] BGH v. 11.03.2009 - VIII ZR 127/08 - juris Rn. 17 - NSW BGB § 577a (BGH-intern).
[20] BGH v. 23.11.2012 - VIII ZR 74/11 - juris Rn. 21 und 24 - NJW-RR 2012, 237-239 und BGH v. 16.07.2009 - VIII ZR 231/08 - juris Rn. 17 ff. - NSW BGB § 577a (BGH intern).
[21] BGH v. 23.11.2012 - VIII ZR 74/11 - juris Rn. 24 - NJW-RR 2012, 237-239 und BGH v. 16.07.2009 - VIII ZR 231/08 - juris Rn. 22 - NSW BGB § 577a (BGH-intern).
[22] BGH v. 23.06.2010 - VIII ZR 325/09 - juris Rn. 15 - NSW BGB § 577a (BGH-intern).
[23] BGH v. 23.06.2010 - VIII ZR 325/09 - juris Rn. 18 - NSW BGB § 577a (BGH-intern).
[24] *Blank* in: Schmidt-Futterer, Mietrecht, 10. Aufl. 2011, § 577a Rn. 14.
[25] BayObLG München v. 24.11.1981 - Allg Reg 64/81 - juris Rn. 24 - NJW 1982, 451-452, *Kinne* in: Kinne/Schach/Bieber, Miet- und Mietprozessrecht, 6. Aufl. 2011, § 577a Rn. 2 sowie *Lammel*, Wohnraummietrecht, 3. Aufl. 2007, § 577a Rn. 10.

§ 577a

19 Der **Lauf der Drei-Jahres-Frist beginnt** mit der Vollendung des ersten Eigentumserwerbs nach der Begründung des Wohnungseigentums.[26] Maßgeblich ist die Eintragung des Erwerbers im Grundbuch oder – bei § 8 WEG – die Anlegung der Wohnungsgrundbücher.[27] Das **Ende** der Frist ist nach § 188 Abs. 2 BGB zu bestimmen.

20 Eine **vor Ablauf der Frist erklärte Kündigung** ist unwirksam, unabhängig davon, ob ihre Wirkungen vor oder nach deren Verstreichen eintreten sollen.[28] Für die **nach Ablauf der Wartefrist** ausgesprochene Kündigung gelten die Fristen des § 573c BGB.[29]

21 **Abdingbarkeit**: Vgl. hierzu Rn. 41.

IV. Anwendungsfelder – Übergangsrecht

22 Für vermieteten Wohnraum, der sich in einem Gebiet befindet, das
- auf Grund des § 564b Abs. 2 Nr. 2, Nr. 3 BGB a.F. oder
- auf Grund des Sozialklauselgesetzes vom 22.04.1993[30] bestimmt ist, sind die am 31.08.2001 geltenden Beschränkungen des Kündigungsrechts des Vermieters bis zum 31.08.2004 weiter anzuwenden (Art. 229 § 3 Abs. 6 Satz 1 EGBGB). Ein am 01.09.2001 bereits verstrichener Teil der dort genannten Fristen wird auf die Frist nach § 577a BGB angerechnet (Art. 229 § 3 Abs. 6 Satz 2 EGBGB).

23 § 577a BGB ist unanwendbar im Falle einer Kündigung des Erwerbers nach § 573 Abs. 2 Nr. 3 BGB (**Verwertungskündigung**), wenn die Veräußerung vor dem 01.09.2001 erfolgt ist und sich die Wohnung nicht in einem Gebiet befindet, das auf Grund des § 564b Abs. 2 Nr. 2, Nr. 3 BGB a.F. oder auf Grund des Sozialklauselgesetzes bestimmt ist (Art. 229 § 3 Abs. 6 Satz 3 EGBGB).

B. Kommentierung zu Absatz 2

I. Grundlagen

1. Kurzcharakteristik

24 § 577a Abs. 2 BGB lässt die Verlängerung der Frist, für die dem Erwerber einer Eigentumswohnung die Berufung auf Eigenbedarf oder die Hinderung einer angemessenen wirtschaftlichen Verwertung nach § 573 Abs. 2 Nr. 2, Nr. 3 BGB versagt ist, in Gebieten, in denen die Versorgung der Bevölkerung mit Mietwohnungen zu angemessenen Bedingungen besonders gefährdet ist, abweichend von der allgemeinen gesetzlichen Regelung des § 577a Abs. 1 BGB bis zu zehn Jahren zu.

2. Gesetzgebungsgeschichte und -materialien

25 Die durch das **Mietrechtsreformgesetz** vom 19.06.2001[31] geschaffene Regelung führt hinsichtlich der zeitlichen Beschränkung der Eigenbedarfskündigung die in § 564b Abs. 2 Satz 1 Nr. 2, Satz 3, Satz 4, Nr. 3, Satz 4 BGB a.F. und dem Gesetz über eine Sozialklausel in Gebieten mit gefährdeter Wohnversorgung vom 22.04.1993[32] enthaltenen Bestimmungen unter inhaltlicher Abänderung fort. Die in Ziffer 2 des Gesetzes über eine Sozialklausel in Gebieten mit gefährdeter Wohnversorgung vom 22.04.1993[33] enthaltene Härteklausel wurde nicht übernommen.

---

[26] *Blank* in: Schmidt-Futterer, Mietrecht, 10. Aufl. 2011, § 577a Rn. 15.
[27] *Lammel*, Wohnraummietrecht, 3. Aufl. 2007, § 577a Rn. 10.
[28] Vgl. zur inhaltlich gleichen Vorgängervorschrift § 564b Abs. 2 Nr. 2 Satz 2 BGB a.F. BGH v. 09.07.2003 - VIII ZR 26/03 - juris Rn. 20 - NJW 2003, 3265-3267, und OLG Hamm v. 03.12.1980 - 4 ReMiet 3/80 - juris Rn. 13 - NJW 1981, 584.
[29] OLG Hamm v. 03.12.1980 - 4 ReMiet 3/80 - juris Rn. 9 - NJW 1981, 584.
[30] BGBl I 1993, 466, 487.
[31] BGBl I 2001, 1149.
[32] BGBl I 1993, 487.
[33] BGBl I 1993, 487.

3. Regelungsprinzipien

Vgl. hierzu zunächst Rn. 3.

In Gebieten mit gefährdeter Wohnversorgung ist der Mieter in besonderem Maße schutzwürdig, was die zeitlich verlängerte Beschränkung der Eigenbedarfs- und Verwertungskündigungen zu Lasten des Erwerbers rechtfertigt.

II. Anwendungsvoraussetzungen

1. Normstruktur

Normstruktur:
- Tatbestandsmerkmale:
  - Wohnräume,
  - Vermietung,
  - Überlassung,
  - Begründung von Wohnungseigentum,
  - Veräußerung des Wohnungseigentums,
  - besondere Gefährdung der ausreichenden Versorgung der Bevölkerung mit Mietwohnungen zu angemessenen Bedingungen in der Gemeinde oder einem Teil der Gemeinde, in dem sich das Wohnungseigentum befindet,
  - Bestimmung eines solchen Gemeindegebiets durch Rechtsverordnung der Landesregierung.
- Rechtsfolge:
  - Erwerber kann sich auf berechtigte Interessen gemäß § 573 Abs. 2 Nr. 2, Nr. 3 BGB erst nach Ablauf der in der Rechtsverordnung genannten Frist berufen.

2. Wohnräume

Vgl. hierzu die Kommentierung zu § 577 BGB Rn. 6.

3. Vermietung

Vgl. hierzu die Kommentierung zu § 577 BGB Rn. 11.

4. Überlassung

Vgl. hierzu die Kommentierung zu § 577 BGB Rn. 16.

5. Begründung von Wohnungseigentum

Vgl. hierzu die Kommentierung zu § 577 BGB Rn. 19.

6. Veräußerung des Wohnungseigentums

Vgl. hierzu Rn. 9 ff.

7. Besondere Gefährdung der ausreichenden Versorgung der Bevölkerung mit Mietwohnungen zu angemessenen Bedingungen in der Gemeinde oder einem Teil der Gemeinde, in der/dem sich das Wohnungseigentum befindet

Das Vorliegen der besonderen Gefährdung der ausreichenden Versorgung der Bevölkerung mit Mietwohnungen zu angemessenen Bedingungen in der Gemeinde oder einem Teil der Gemeinde, in der/dem sich das Wohnungseigentum befindet, ist **im Räumungsrechtsstreit nicht zu überprüfen**, sondern vielmehr nur vom landesrechtlichen Verordnungsgeber vor dem Erlass der Rechtsverordnung nach § 577a Abs. 2 Satz 2 BGB. Der Erlass entsprechender Rechtsverordnungen steht im Ermessen der Landesregierungen.[34] Eine gerichtliche Überprüfung des Vorliegens der Voraussetzungen für den

---

[34] *Kinne* in: Kinne/Schach/Bieber, Miet- und Mietprozessrecht, 6. Aufl. 2011, § 577a Rn. 6.

§ 577a

Erlass der Rechtsverordnung kann nur im **verwaltungsgerichtlichen Verfahren** erfolgen.[35] Zur Überprüfung der Verfassungsmäßigkeit der Verordnungen vgl. die nachfolgende Rn. 35.

8. Bestimmung eines solchen Gemeindegebiets durch Rechtsverordnung der Landesregierung

35 Die jeweilige Landesregierung bestimmt durch die Rechtsverordnung abweichend von bisherigem Recht nicht nur den örtlichen Anwendungsbereich der Kündigungsbeschränkung, sondern auch deren zeitliche Dauer bis zu zehn Jahren. Dadurch soll der Eingriff in das Eigentumsrecht des Vermieters auf das zwingend erforderliche Maß begrenzt werden.[36] Die Zivilgerichte können diesbezüglich auch die **Verfassungsmäßigkeit** der erlassenen Rechtsverordnungen überprüfen.[37] So hat das AG Mannheim die Zweite Verordnung der Landesregierung über einen erweiterten Kündigungsschutz bei umgewandelten Mietwohnungen vom 11.12.2001[38] für das dort ausgewiesene Gebiet **Mannheim** für verfassungswidrig erachtet, weil das gesamte Stadtgebiet ohne Differenzierung einbezogen und die Sperrfrist ohne hinreichende Prognose auf das gesetzlich zugelassene Höchstmaß von zehn Jahren ausgedehnt wurde, was gegen den Verhältnismäßigkeitsgrundsatz verstoße.[39] Die Wirksamkeit der genannten Rechtsverordnung bezüglich der übrigen dort aufgeführten Gebiete dürfte hiervon unberührt bleiben.[40] Die Verfassungswidrigkeit einer Verordnung gemäß § 577a Abs. 2 BGB führt dazu, dass lediglich die gesetzliche Sperrfrist von drei Jahren nach § 577a Abs. 1 BGB zur Anwendung kommt.[41]

36 Nach Ablauf ihrer Geltungsdauer tritt eine entsprechende Rechtsverordnung außer Kraft.[42]

III. Rechtsfolge: Befristung der Eigenbedarfs- und Verwertungskündigung des Erwerbers

37 Dem Erwerber ist bei Vorliegen einer einschlägigen Rechtsverordnung nach § 577a Abs. 2 Satz 2 BGB die Berufung auf berechtigte Interessen gemäß § 573 Abs. 2 Nr. 2, Nr. 3 BGB bis zum Ablauf der dort genannten Frist versagt. Eine **analoge Anwendung** der Kündigungsbeschränkung des § 577a BGB auf andere Kündigungsgründe im Sinne von § 573 Abs. 1 Satz 1 BGB ist mangels planwidriger Gesetzeslücke nicht möglich[43], vgl. hierzu auch Rn. 17.

38 Auch die Frist nach § 577a Abs. 1 BGB **beginnt stets mit der ersten Veräußerung** zu laufen, späteren Erwerbern wird die bereits verstrichene Frist angerechnet[44], vgl. hierzu auch Rn. 18. Zum **Fristlauf** gilt das zu § 577a Abs. 1 BGB Gesagte entsprechend, vgl. daher hierzu Rn. 19.

39 **Abdingbarkeit**: Vgl. hierzu Rn. 41.

IV. Anwendungsfelder – Übergangsrecht

40 Vgl. hierzu Rn. 22.

---

[35] *Riecke* in: Schmid, Fachanwaltskommentar Mietrecht, 3. Aufl. 2012, § 577a Rn. 22; *Lammel*, Wohnraummietrecht, 3. Aufl. 2007, § 577a Rn. 18.

[36] *Kinne* in: Kinne/Schach/Bieber, Miet- und Mietprozessrecht, 6. Aufl. 2011, § 577a Rn. 1.

[37] BGH v. 15.01.2004 - IX ZB 96/03 - juris Rn. 67 - NJW 2004, 941-946; AG Mannheim v. 18.03.2005 - 4 C 94/04 - juris Rn. 22 - WuM 2005, 467-470; *Krenek* in: Müller/Walther, Miet- und Pachtrecht, § 577a Rn. 27 sowie noch zu Verordnungen gemäß § 564b Abs. 2 Satz 1 Nr. 2 Satz 3 BGB a.F. und dem Gesetz über eine Sozialklausel in Gebieten mit gefährdeter Wohnungsversorgung (BGBl I 1993, 466) LG Berlin v. 10.11.2003 - 62 S 254/03 - juris Rn. 16 - Grundeigentum 2004, 235-236 und LG Berlin v. 23.08.2002 - 65 S 244/01 - juris Rn. 8 - Grundeigentum 2002, 1431-1433.

[38] GBl BW 2001, 686.

[39] AG Mannheim v. 18.03.2005 - 4 C 94/04 - juris Rn. 23 - WuM 2005, 467-470.

[40] *Krenek* in: Müller/Walther, Miet- und Pachtrecht, § 577a Rn. 27.

[41] AG Mannheim v. 18.03.2005 - 4 C 94/04 - juris Rn. 16 - WuM 2005, 467-470 und *Hannemann* in: Hannemann/Wiegener, Münchener Anwaltshandbuch Mietrecht, 3. Aufl. 2010, § 33 Rn. 51.

[42] *Lammel*, Wohnraummietrecht, 3. Aufl. 2007, § 577a Rn. 20.

[43] BGH v. 11.03.2009 - VIII ZR 127/08 - juris Rn. 12 und 16 - NSW BGB § 577a (BGH-intern).

[44] *Lammel*, Wohnraummietrecht, 3. Aufl. 2007, § 577a Rn. 24.

C. Kommentierung zu Absatz 3

I. Grundlagen

1. Kurzcharakteristik

§ 577a Abs. 3 BGB schließt zum Nachteil des Mieters von § 577a Abs. 1, Abs. 2 BGB abweichende vertragliche Vereinbarungen aus.   41

2. Gesetzgebungsgeschichte und -materialien

Vgl. hierzu zunächst Rn. 2. § 577a Abs. 3 BGB führt die vor dem **Mietrechtsreformgesetz** vom 19.06.2001[45] in § 564b Abs. 6 BGB a.F. enthaltene Regelung fort.   42

II. Anwendungsvoraussetzungen

1. Normstruktur

Normstruktur: 43
- Tatbestandsmerkmale:
  - Vereinbarung, die zu Lasten des Mieters abweicht von § 577a Abs. 1 BGB **oder** Absatz 2.
- Rechtsfolge:
  - Unwirksamkeit der getroffenen Vereinbarung.

2. Zu Lasten des Mieters von Absatz 1, Absatz 2 abweichende Vereinbarung

Zu Lasten des Mieters weicht eine Vereinbarung von § 577a Abs. 1, Abs. 2 BGB ab, wenn die dort genannten Kündigungsbeschränkungen für den Vermieter gelockert werden, etwa durch Ausschluss der Anwendung der Sperrfristen oder deren Verkürzung. Eine vertragliche Verlängerung der Sperrfristen ist dagegen möglich.   44

III. Rechtsfolge: Unwirksamkeit der getroffenen Vereinbarung

Die Abweichung der Vereinbarung von § 577a Abs. 1, Abs. 2 BGB führt zur Unwirksamkeit der Abreden, soweit diese für den Mieter nachteilig sind.   45

Abdingbarkeit: § 577a Abs. 3 BGB ist nach seinem Sinn und Zweck selbst ebenfalls unabdingbar.   46

IV. Anwendungsfelder

1. Übergangsrecht

Vgl. hierzu Rn. 22.   47

2. Arbeitshilfen

Von der Verordnungsermächtigung des § 577a Abs. 2 BGB haben derzeit[46] folgende Länder Gebrauch gemacht: 48

---

[45] BGBl I 2001, 1149.

[46] Baden-Württemberg hat die dort vom 01.01.2002 bis 31.12.2006 geltende Zweite Verordnung der Landesregierung über einen erweiterten Kündigungsschutz bei umgewandelten Mietwohnungen (MietWoKSchV BW 2) vom 11.12.2001 (GBl 2001, 686) nicht erneuert; zu den Gründen vgl. die Drucksache 14/575 des Landtages von Baden-Württemberg vom 17.11.2006.

Bundesland	Verordnung (Fundstelle)	Geltungsdauer	Gebiete	Sperrfrist
Bayern	Verordnung über die Gebiete mit gefährdeter Wohnungsversorgung (Wohnungsgebieteverordnung - WoGeV) vom 15.05.2012 (GVBl 2012, 189)	01.07.2012 bis 30.06.2022	147 Städte und Gemeinden	10 Jahre
Berlin	Verordnung im Sinne des § 577a Absatz 2 BGB über den verlängerten Kündigungsschutz bei Umwandlung einer Mietwohnung in eine Eigentumswohnung (Kündigungsschutzklausel-Verordnung – KSchKlV BE 2011) vom 16.08.2011 (GVBl 2011, 422 und 466)	01.09.2011 bis 31.08.2018	Charlottenburg-Wilmersdorf, Friedrichshain-Kreuzberg, Mitte, Pankow, Steglitz-Zehlendorf, Tempelhof-Schöneberg	7 Jahre
Hamburg	Verordnung zur Verlängerung der Kündigungsschutzfrist für Wohnraum (WKSchVerlV HA) vom 27.01.2004 (GVBl 2004, 30)	01.02.2004 bis 31.01.2014	Stadt Hamburg	10 Jahre
Hessen	Hessische Verordnung zur Bestimmung von Gebieten mit verlängerter Kündigungsbeschränkung (KündBGebV HE) vom 21.07.2004 (GVBl 2004, 262 geändert GVBl. 2009, 768)	01.09.2004 bis 31.12.2014	Darmstadt, Frankfurt/Main, Wiesbaden, Kelsterbach, Rüsselsheim, Kronberg im Taunus, Oberursel/Taunus, Maintal, Kelkheim/Taunus, Schwalbach am Taunus	grds. 5 Jahre 10 Jahre bei Veräußerung vor dem 31.12.2009
Nordrhein-Westfalen	Verordnung zur Bestimmung der Gebiete mit verlängerter Kündigungssperrfrist bei der Begründung und Veräußerung von Wohnungseigentum an vermieteten Wohnungen (Kündigungssperrfristverordnung - KSpVO NRW) vom 24.01.2012 (GV NRW 2012, 82)	10.02.2012 bis 31.12.2021	33 Gemeinden 4 Gemeinden	5 Jahre 8 Jahre

§ 578 BGB Mietverhältnisse über Grundstücke und Räume

Untertitel 3 - Mietverhältnisse über andere Sachen

(Fassung vom 02.01.2002, gültig ab 01.01.2002)

(1) Auf Mietverhältnisse über Grundstücke sind die Vorschriften der §§ 550, 562 bis 562d, 566 bis 567b sowie 570 entsprechend anzuwenden.

(2) ¹Auf Mietverhältnisse über Räume, die keine Wohnräume sind, sind die in Absatz 1 genannten Vorschriften sowie § 552 Abs. 1, § 554 Abs. 1 bis 4 und § 569 Abs. 2 entsprechend anzuwenden. ²Sind die Räume zum Aufenthalt von Menschen bestimmt, so gilt außerdem § 569 Abs. 1 entsprechend.

Gliederung

A. Grundlagen 1	IV. Besonderheiten des Gewerberaummietrechts ... 18
I. Kurzcharakteristik 1	1. Allgemeine Merkmale 18
II. Systematik 2	2. Mietdauer und Form 20
B. Praktische Bedeutung 4	3. Miethöhe und Mietanpassung 28
C. Anwendungsvoraussetzungen 5	4. Gewährleistung 47
I. Normstruktur 5	5. Rechtsnachfolge 52
II. Mietverhältnisse über Grundstücke (Absatz 1) .. 8	6. Vorzeitige Vertragsbeendigung 55
1. Definition 8	D. Arbeitshilfen 68
2. Verweisungen 10	I. Checkliste: gewerbliche Mietverträge nach neuem Recht 68
III. Mietverhältnisse über andere Räume als Wohnräume (Absatz 2) 11	II. Musterverträge 69
1. Definition 11	1. Gewerbemietvertrag 69
2. Abdingbarkeit 17	2. Aufhebungsvereinbarung 70

A. Grundlagen

I. Kurzcharakteristik

Die Vorschrift § 578 BGB ist die **Eingangsvorschrift** des dritten Untertitels und leitet die Regelungen für Mietverhältnisse über andere Sachen in den §§ 578-580a BGB ein. Systematisch gelten für diese Mietverhältnisse außerdem die Vorschriften des allgemeinen Mietrechts im ersten Untertitel (§ 535-548 BGB; vgl. die Kommentierung zu § 535 BGB-Kommentierung zu § 548 BGB). Daneben verweist § 578 BGB noch auf bestimmte Vorschriften im zweiten Untertitel über Wohnraummietverhältnisse. 1

II. Systematik

Die Regelung ist somit die zentrale Vorschrift für Mietverhältnisse über Grundstücke und Geschäftsräume und entspricht mit Ausnahme ihrer **systematischen Stellung** und Verweisung der bisherigen Regelung in § 580 BGB a.F., der für diese Mietverhältnisse auf die früheren Bestimmungen über Wohnräume verwies, soweit nicht ein anderes bestimmt war. 2

Über § 581 Abs. 2 BGB findet die Verweisungsnorm des § 578 BGB auch auf Pachtverträge Anwendung. § 556 BGB wird von § 578 BGB nicht erwähnt. Diese gesetzgeberische Wertung kann auch nicht im Wege einer analogen Anwendung des § 556 BGB auf Pachtverträge umgangen werden.[1] 3

B. Praktische Bedeutung

Die Bedeutung des § 578 BGB erschöpft sich im Wesentlichen in der systematischen Funktion als Eingangsvorschrift des dritten Untertitels und den angeordneten **Verweisungen**. Die Regelung betrifft die 4

---

[1] BGH v. 17.11.2010 - XII ZR 124/09 - NJW 2011, 445-447.

§ 578

Grundstücksmiete und die Geschäftsraummiete. Letztere wird mit dem Begriff des Mietverhältnisses über Räume, die keine Wohnräume sind, umschrieben.

C. Anwendungsvoraussetzungen

I. Normstruktur

5 Der § 578 BGB besteht aus **zwei Absätzen**, in denen nach Mietverhältnissen über Grundstücke (Absatz 1) und Mietverhältnissen über Räume, die keine Wohnräume sind (Absatz 2), unterschieden wird.

6 Für **Mietverhältnisse über Grundstücke** wird gemäß Absatz 1 im Wesentlichen auf die Vorschriften des Wohnraummietrechts über die Schriftform, das Vermieterpfandrecht, Verfügungen und Übertragung des Mietgegenstandes, die Kaution und das Zurückbehaltungsrecht des Mieters verwiesen.

7 Für **Mietverhältnisse über Geschäftsräume** wird gemäß Absatz 1 zunächst auf die in Absatz 1 genannten Zielnormen und zusätzlich auf die Vorschriften des Wohnraummietrechts über die Abwendungsbefugnis des Vermieters gegenüber dem Wegnahmerecht des Mieters, die Duldungspflicht des Mieters hinsichtlich Instandhaltung und Modernisierung sowie bestimmte Sonderkündigungsrechte verwiesen.

II. Mietverhältnisse über Grundstücke (Absatz 1)

1. Definition

8 Der **Begriff des Grundstücks** ist im BGB nicht legal definiert. Grundstücke sind zunächst unbewegliche Sachen im Sinne der §§ 90-97 BGB (vgl. die Kommentierung zu § 90 BGB-Kommentierung zu § 97 BGB). Allgemein definiert man den Begriff des Grundstücks im Rechtssinne als räumlich abgegrenzten, das heißt katastermäßig vermessenen und bezeichneten Teil der Erdoberfläche, der im Grundbuch gemäß § 3 Abs. 1 GBO entweder unter einem eigenen Blatt oder unter einer eigenen Nummer auf einem Blatt unter der Bezeichnung „Grundstück" geführt wird. Grundstücke der öffentlich rechtlichen Gebietskörperschaften müssen gemäß § 3 Abs. 2 GBO grundsätzlich nicht im Grundbuch geführt werden.

9 Unter **Mietverhältnissen über Grundstücke** sind Mietverhältnisse im Sinne des § 535 BGB (vgl. die Kommentierung zu § 535 BGB) zu verstehen, die ein Grundstück im vorgeschriebenen Sinne zum Gegenstand haben, das dem Mieter vom Vermieter auf Zeit zum Gebrauch gegen Entgelt überlassen wird. Unter Grundstücksmiete fallen daher alle Mietverhältnisse über bebaute oder unbebaute Grundstücke und Grundstücksteile, auch von Gebäudeteilen, soweit der Gebrauch überlassen wird.[2]

2. Verweisungen

10 Für Mietverhältnisse über Grundstücke ordnet § 578 BGB folgende Verweisungen an:
- § 550 BGB (Form des Mietvertrages),
- § 562 BGB (Umfang des Vermieterpfandrechts),
- § 562a BGB (Erlöschen des Vermieterpfandrechts),
- § 562b BGB (Selbsthilferecht, Herausgabeanspruch),
- § 562c BGB (Abwendung des Pfandrechts durch Sicherheitsleistung),
- § 562d BGB (Pfändung durch Dritte),
- § 566 BGB (Kauf bricht nicht Miete),
- § 567 BGB (Belastung des Wohnraums durch den Vermieter),
- § 567a BGB (Veräußerung oder Belastung vor der Überlassung),
- § 567b BGB (Weiterveräußerung oder Belastung durch Erwerber),
- § 570 BGB (Ausschluss des Zurückbehaltungsrechts).

---

[2] OLG München v. 14.02.1972 - 21 U 2941/71 - NJW 1972, 1995-1996.

III. Mietverhältnisse über andere Räume als Wohnräume (Absatz 2)

1. Definition

Unter dem **Begriff** des Mietverhältnisses über Räume, die keine Wohnräume sind, hat der Gesetzgeber etwas umständlich die geschäftlichen Mietverhältnisse oder kurz die **Geschäftsraummiete** verstanden.[3] Der häufig synonym verwandte Begriff des gewerblichen Mietverhältnisses greift je nachdem, welche Definition des Gewerbes verwandt wird, zu kurz, da beispielsweise freiberufliche Tätigkeit nicht erfasst würde.

Entscheidendes Kriterium der **Abgrenzung** von Wohn- und Geschäftsraum ist die Zweckbestimmung der Parteien hinsichtlich der Nutzung des Mietgegenstands. Haben die Parteien bestimmt, dass der Gebrauch des Mietgegenstands nicht zu Wohnzwecken, sondern zu geschäftlichen Zwecken überlassen wird, so liegt Geschäftsraummiete vor. Auf die richtige Bezeichnung des Vertrages als Wohnraum- oder Geschäftsraummietvertrag kommt es nicht an.[4]

Liegt danach eine Nutzung zu geschäftlichen Zwecken vor, so ist weiter abzugrenzen, ob die geschäftliche Nutzung nach dem Willen der Parteien im Rahmen eines **Miet- oder Pachtverhältnisses** stattfinden soll. Die Unterscheidung ist erheblich, denn der geschäftliche Mieter steht besser als der Pächter. Er ist bei der Kündigung nicht an das Ende des Pachtjahres, sondern nur an das Quartalsende gebunden (§ 580a Abs. 2 BGB bzw. § 584 Abs. 1 BGB) und darf bei verweigerter Zustimmung zur Untervermietung kündigen (§ 540 BGB bzw. § 584a Abs. 1 BGB).

Ein Pachtvertrag ist dann anzunehmen, wenn nicht nur Räume zur Verfügung gestellt werden, sondern auch andere Leistungen Gegenstand des Vertrages sind, die geeignet sind, das Geschäft des Pächters zu fördern. In Betracht kommt daher ein Pachtvertrag typischerweise dann, wenn Räume einschließlich darin enthaltenen Inventars, das für den Betrieb des Geschäfts des Mieters erforderlich ist, zur Verfügung gestellt werden. Klassisches Beispiel ist eine vollständig betriebsbereit eingerichtete Gaststätte oder Werkstatt. Das Kriterium der Förderung des Geschäfts des Pächters wird von der Rechtsprechung weit ausgelegt.[5]

Bei gemischt privater und geschäftlicher Nutzung wendet die Rechtsprechung die so genannte **Übergewichtstheorie** an, wonach die überwiegende Nutzungsart über die Behandlung des Nutzungsverhältnisses als Geschäftsraummiete oder Wohnraummiete entscheidet.[6]

Die Eignung von Räumen als Wohnräume genügt dagegen nicht. Es kommt darauf an, zu welchem Zweck sie nach dem Willen der Parteien vermietet wurden.[7] Im **Zweifel** genießt der Mieter jedoch den Schutz des Wohnraummieters.[8]

2. Abdingbarkeit

Die Vorschrift ist als reine Verweisungsnorm nicht abdingbar. Die Parteien des Mietvertrages können jedoch von den Normen, auf die verwiesen wird, abweichen, wenn diese dispositiv sind. Dies ist regelmäßig dann der Fall, wenn der Grund für die Unabdingbarkeit der Zielnorm in dem besonderen Schutzbedürfnis des Mieters eines Wohnraummietverhältnisses liegt, da der gewerbliche Mieter regelmäßig dieses Schutzes nicht bedarf.

---

[3] BT-Drs. 14/4553, S. 43.
[4] KG Berlin v. 03.05.1999 - 8 U 5702/97 - KGR Berlin 1999, 346-347; OLG Celle v. 18.12.2002 - 2 U 141/02.
[5] BGH v. 27.03.1991 - XII ZR 136/90 - juris Rn. 16 - LM BGB § 535 Nr. 134 (2/1992).
[6] OLG München v. 02.07.1993 - 21 U 6514/92 - OLGR München 1995, 109-110.
[7] BGH v. 15.11.1978 - VIII ZR 14/78 - juris Rn. 12 - LM Nr. 1 zu § 564b BGB; BGH v. 16.04.1986 - VIII ZR 60/85 - NJW-RR 1986, 877-879.
[8] LG Frankfurt v. 19.03.1991 - 2/11 S 349/90 - WuM 1992, 112-113.

IV. Besonderheiten des Gewerberaummietrechts

1. Allgemeine Merkmale

18 Die Besonderheiten des Geschäftsraummietvertrages liegen in der **Struktur** gewerblicher Mietverträge und deren gewerblicher Ausprägung. Strukturell handelt es sich bei Geschäftsraummietverträgen regelmäßig um umfangreiche Vertragswerke, die beginnend mit der Beschreibung der wirtschaftlichen Eckdaten in der Präambel auch allgemeine und besondere Vertragsbestimmungen wie etwa Mieterbaubeschreibungen enthalten.

19 Die einem gewerblichen Mietvertrag über Miträume in einem Einkaufszentrum vorgestellte **Präambel** ist auch dann nicht Vertragsinhalt, wenn sie das Umfeld des Mietobjekts sowie die vorgesehenen anderen Vermietungen beschreibt. Demgemäß sichert der Vermieter mit der Präambel keine Eigenschaften des Mietobjekts zu. Die Präambel stellt auch nicht die Geschäftsgrundlage des Vertrages dar. Die Präambel legt die Zielrichtung des Vertrages dar, erläutert diese und ist insbesondere für die Auslegung des Vertrages von Bedeutung.[9]

2. Mietdauer und Form

20 Die häufig vorzufindende Ausgestaltung als **langfristiger Zeitmietvertrag** führt in der Praxis zu erheblichen Problemen bei der vorzeitigen Beendigung gewerblicher Mietverträge.

21 Eine Vertragslaufzeit von 15 Jahren kann bei der Vermietung von Telekommunikationsanlagen auch dann wirksam vereinbart werden, wenn dies im Rahmen der allgemeinen Geschäftsbedingungen erfolgt. Von einem Wirtschaftsunternehmen kann insoweit erwartet werden, dass es seinen Bedarf langfristig plant und auch mit einbezieht, dass die Entwicklung im Telekommunikationsbereich rasch fortschreiten wird.[10]

22 Enthalten die Allgemeinen Geschäftsbedingungen eines auf 12 Monate befristeten Mietvertrags über ein Ladenlokal **eine Verlängerungsfrist und ein Optionsrecht**, können beide Klauseln mit dem im Wege der Auslegung ermittelten Sinn nebeneinander bestehen ohne zu konkurrieren. Die Klausel über eine Verlängerungsfrist, die wirksam wird, falls keine Partei bis spätestens 6 Monate vor Ablauf der Kündigung erklärt, und die Klausel über das Optionsrecht des Mieters, dass spätestens 6 Monate vor Ablauf der Kündigungsfrist auszuüben ist, sollten so ausgelegt werden, dass sich beide Fristen auf das vereinbarte Vertragsende beziehen.[11]

23 Wenn eine Vertragsverlängerung für einen Gewerberaummietvertrag infolge unwirksamer Optionsausübung nicht zustande kommt, das Mietverhältnis aber zu den bisherigen Bedingungen stillschweigend fortgesetzt wird, verlängert sich das Mietverhältnis auf unbestimmte Zeit und kann mit ordentlicher Frist gekündigt werden.[12]

24 Die **Schriftform** eines langfristigen Mietvertrages ist gewahrt, wenn der Vermieter mit dem Altmieter schriftlich vereinbart, dass der Neumieter in den Vertrag eintritt und dieser der Vertragsübernahme formlos zustimmt.[13]

25 Bei Abschluss einer Mietübernahmevereinbarung durch einen vollmachtlosen Vertreter liegt eine konkludente Genehmigung des Vertrages durch den Vertretenen vor, wenn der Vertretene das Mietobjekt bezieht und Firmenbriefpapier mit der neuen Anschrift verwendet.[14]

26 Bei einem für längere Zeit als ein Jahr geschlossenen Mietvertrag bedarf die nachträgliche Vereinbarung der – auch unbefristeten – Herabsetzung der Miete nicht der Schriftform, wenn der Vermieter

---

[9] OLG Rostock v. 03.02.2003 - 3 U 116/02 - juris Rn. 78 - NZM 2003, 282-284.
[10] OLG Düsseldorf v. 05.09.2002 - 10 U 129/01 - WuM 2002, 666.
[11] OLG Düsseldorf v. 27.05.2004 - I-24 U 270/03, 24 U 270/03 - GuT 2004, 227-228.
[12] KG Berlin v. 06.02.2006 - 22 U 134/05 - Grundeigentum 2006, 1036-1037.
[13] BGH v. 20.04.2005 - XII ZR 29/02 - NJW-RR 2005, 958-960.
[14] OLG Düsseldorf v. 01.04.2004 - I-10 U 166/03, 10 U 166/03 - ZMR 2004, 575-576.

sie jederzeit zumindest mit Wirkung für die Zukunft widerrufen darf. Diese Entscheidung wird von *Wüstefeld* besprochen.[15]

Für die Annahme einer Allgemeinen Geschäftsbedingung reicht die zweimalige Verwendung auch dann nicht aus, wenn der Untermietvertrag eine vorformulierte Regelung des Hauptmietvertrages übernimmt. Erst wenn ihre dreimalige Verwendung beabsichtigt ist, sind Vertragsbedingungen im Sinne des § 1 Abs. 1 AGBG dann für eine Vielzahl von Verträgen vorformuliert.[16]   27

3. Miethöhe und Mietanpassung

Die **Miethöhe** kann einvernehmlich für einen bestimmten Zeitraum als unveränderlich festgelegt werden. Nach Ablauf einer solchen Mietbindung ist die Miete dann erneut zu vereinbaren. Haben die Parteien die der Mietberechnung zugrunde liegende Mietfläche wegen „ca."-Angaben nur ungenau ermittelt und ergibt sich aus dem Mietvertrag die korrekte Fläche, so genießt der Mieter keinen Vertrauensschutz. Die Miete ist daher auf der Grundlage der korrekten Fläche für die Zukunft festzulegen.[17]   28

Vereinbaren die Parteien eine Gewerberaummiete inklusive **Umsatzsteuer** kommt dadurch die Absicht des Vermieters zum Ausdruck, dass er von der ihm gemäß § 9 UStG eingeräumten Möglichkeit zur Optierung für Umsatzsteuer Gebrauch machen wird und dem Mieter Rechnungen in der nach § 14 Abs. 1 Satz 1 Nr. 6 UStG aufstellen wird. Geschieht dies nicht, macht sich der Vermieter wegen Vertragsverletzung gegenüber dem Mieter schadensersatzpflichtig.[18]   29

Schuldet ein Gewerberaummieter nach dem Mietvertrag die auf den Mietzins entfallende Umsatzsteuer, so gilt dies nach ergänzender Vertragsauslegung auch für die Pflicht des Mieters zur Zahlung abgerechneter Nebenkosten, wenn und soweit der Vermieter selbst Umsatzsteuer auf die Nebenkostenpositionen hat zahlen müssen.[19]   30

Ohne ausdrückliche Vereinbarung im Mietvertrag ist ein Gewerberaummieter weder bei Mietbeginn zur Erbringung der **Mietsicherheit** durch Bankbürgschaft, noch zur Ersetzung der bereits geleisteten Barkaution durch eine solche berechtigt. Hat der Mieter einen solchen Anspruch auf Austausch der Barkaution gegen eine Bankbürgschaft, steht ihm jedoch gegenüber dem durch die Kaution gesicherten Anspruch auf Mietzahlung kein Zurückbehaltungsrecht zu.[20]   31

Eine Mietbürgschaft sichert den Vermieter bis zum vereinbarten Vertragsende auch dann, wenn dem Mietvertrag nachträglich ein zweiter Mieter beigetreten ist, für sich der Bürge nicht verbürgt hat Dies gilt auch dann, wenn über das Vermögen des ersten Mieters – einer GmbH – das Insolvenzverfahren eröffnet, dieses abgeschlossen ist und die GmbH im Handelsregister gelöscht wurde. Ist in einem solchen Fall zwischen den Parteien des Mietvertrags vereinbart, dass dann, wenn der erste Mieter aus dem Mietvertrag ausscheiden sollte, der zweite Mieter an Stelle des ersten Mieters eine Mietsicherheit zu stellen hat, so ist dies dahin auszulegen, dass diese Sicherheit nur dann zu stellen ist, wenn damit der Verlust der vom ersten Mieter gestellten Sicherheit verbunden ist oder eine Lücke in der Absicherung besteht.[21]   32

Eine Kaution in Höhe von sechs Monatsmieten kann auch formularmäßig vereinbart werden.[22]   33

Der Vermieter von Gewerberäumen ist auch bei Fehlen einer entsprechenden Regelung im Mietvertrag verpflichtet, eine Barkaution getrennt von seinem übrigen Vermögen anzulegen. Kommt der Vermieter dieser Verpflichtung nicht nach, so kann der Mieter an der noch zu bezahlenden Restkaution ein Zurückbehaltungsrecht geltend machen.[23]   34

---

[15] *Wüstefeld*, jurisPR-MietR 18/2005, Anm. 5; BGH v. 20.04.2005 - XII ZR 192/01 - juris Rn. 19 - NJW 2005, 1861-1862.
[16] OLG Düsseldorf v. 03.06.2004 - I-10 U 10/04, 10 U 10/04 - GuT 2004, 118-119.
[17] LG Hamburg v. 16.05.2002 - 334 O 154/01 - ZMR 2003, 117-118.
[18] OLG Hamm v. 03.09.2003 - 30 U 80/03 - NJW-RR 2003, 1593-1594.
[19] Schleswig-Holsteinisches Oberlandesgericht v. 17.11.2000 - 4 U 146/99 - Grundeigentum 2001, 851.
[20] OLG Celle v. 07.04.2003 - 2 W 42/03 - OLGR Celle 2003, 221-222.
[21] OLG Stuttgart v. 30.11.2009 - 5 U 86/09 - ZfIR 2010, 152-153.
[22] OLG Düsseldorf v. 28.05.2009 - I-10 U 2/09, 10 U 2/09 - Grundeigentum 2009, 1043-1044.
[23] OLG Nürnberg v. 23.02.2006 - 13 U 2489/05 - MDR 2006, 1100-1101.

35 Ist in einem Mietvertrag vereinbart, dass für die Zeit nach Ablauf der Vertragszeit über die Miete neu verhandelt werden muss, sofern der Mieter von seinem **Optionsrecht** Gebrauch macht, ist der Vermieter berechtigt, die Miete nach Maßgabe der §§ 315, 316 BGB festzusetzen, falls eine Einigung der Parteien nicht zustande kommt.[24]

36 Bei der Vereinbarung einer **Staffelmiete** baut der Geschäftswille der Parteien grundsätzlich nicht auf der Vorstellung auf, dass die Gewerberaummieten weiter steigen. Eine sichere Vorstellung über die Entwicklung der Mietpreise kann keine Partei haben. Die Mietstaffelung ist vielmehr die Gegenleistung für eine lange Vertragsbindung des Vermieters. Selbst wenn der Geschäftswille beider Parteien auf der Vorstellung aufbaut, wäre eine Herabsetzung der vereinbarten Miete im Wege der Vertragsanpassung aufgrund Wegfalls der Geschäftsgrundlage durch den Mieter nicht möglich. Denn auch wesentliche Änderungen der Geschäftsgrundlage führen dann nicht zur Anpassung des Vertrages, wenn sich durch die Störung ein Risiko verwirklicht, welches von der einen Partei zu tragen ist.

37 Vereinbaren die Parteien eine Staffelmiete, so besteht regelmäßig die Möglichkeit, dass die vereinbarte Miete im Laufe der Zeit von der marktüblichen Miete abweicht. Dieses typische Vertragsrisiko trägt dann grundsätzlich die benachteiligte Partei, sofern keine abweichende Regelung getroffen wird.

38 Eine Staffelmietvereinbarung ist auch nicht aus Gründen der Äquivalenzstörung abzuändern. Danach ist bei gegenseitigen Verträgen, bei denen sich nach Vertragsschluss die Gleichwertigkeit von Leistung und Gegenleistung durch unvorhergesehene Veränderungen so schwer ändert, dass das von einer Partei normalerweise zu tragende Risiko in unzumutbarer Weise überschritten wird, der Vertrag an die veränderten Umstände anzupassen. Dazu reicht es aber nicht, dass der Mieter vergleichbare Geschäftsräume zu einem wesentlich günstigeren Preis anmieten kann. Vielmehr ist eine Äquivalenzstörung nur in Ausnahmefällen anzunehmen, so wenn das Festhalten am Vertrag für eine Partei Existenz gefährdend wäre.[25]

39 Ein objektiv sittenwidriges Rechtsgeschäft im Sinne von § 138 Abs. 1 BGB ist bei einem Gewerberaummietvertrag grundsätzlich dann anzunehmen, wenn der Mietzins die Marktmiete um 100% übersteigt. Bei Vorliegen der objektiven Umstände (Überschreitung um 100%) kann bereits auf eine verwerfliche Gesinnung des Begünstigten geschlossen werden. Dies gilt im Gewerberaummietrecht aber nur dann, wenn für den Vermieter die Höhe des marktüblichen Mietzinses ohne weiteres erkennbar war.[26]

40 Wenn zum Mietobjekt ein selbstständig bewirtschaftetes **Parkhaus** gehört, dürfen die Betriebskosten, hier die Zuordnung der Energiekosten, die für dieses Parkhaus entstehen, nicht allein auf die Mieter des angrenzenden Einkaufszentrums umgelegt werden.[27]

41 Ist im formularmäßigen Gewerberaummietvertrag ausdrücklich geregelt worden, dass der Vermieter eine ausreichende **Gebäudeversicherung** abzuschließen und die Kosten dafür zu tragen hat, so können die Versicherungskosten nicht in die Betriebskostenabrechnung (mit-) abgerechnet werden. Dies gilt auch bei Aufführung der Versicherungskosten an anderer Stelle des Mietvertrages in einer Umlagevereinbarung.[28]

42 Haben die Parteien eine **Betriebspflicht** im Gaststättenpachtvertrag des Pächters vereinbart, muss der Pächter sich im Falle seiner Verhinderung eines Dritten bedienen, auch wenn er den Gaststättenbetrieb aus gesundheitlichen Gründen nicht aufrechterhalten kann. Werden durch die Fortführung des Betriebes nur Verluste erwirtschaftet, entfällt die Betriebspflicht ebenfalls nicht, obwohl es vorteilhafter wäre, das Objekt zu schließen.[29]

---

[24] LG Mainz v. 14.05.2002 - 1 O 311/01.
[25] BGH v. 08.05.2002 - XII ZR 8/00 - LM BGB § 535 Nr. 171 (10/2002).
[26] KG Berlin v. 06.10.2003 - 8 U 289/02 - KGR Berlin 2004, 128-129.
[27] KG Berlin v. 04.12.2003 - 22 U 86/02 - MietRB 2004, 101.
[28] KG Berlin v. 04.12.2003 - 22 U 86/02 - MietRB 2004, 101.
[29] OLG Düsseldorf v. 18.12.2003 - I-10 U 69/03, 10 U 69/03 - Grundeigentum 2004, 296.

Mangels anderweitiger Mietvertragsvereinbarung beginnt die **Mietzahlungspflicht** mit der Übergabe des Mietobjekts (hier: Restaurant) in vertragsgemäßem Zustand und nicht erst mit dessen für einen späteren Zeitpunkt geplanten Eröffnung.[30]

Der Vermieter von Geschäftsräumen ist zur Abrechnung über die **Nebenkosten**, auf die der Mieter Vorauszahlungen geleistet hat, innerhalb einer angemessenen Frist verpflichtet. Diese Frist endet regelmäßig zum Ablauf eines Jahres nach Ende des Abrechnungszeitraums. Die Abrechnungsfrist ist keine Ausschlussfrist. § 556 Abs. 3 Satz 3 BGB ist auf die Geschäftsraummiete analog nicht anwendbar. Für die Annahme einer konkludenten Änderung des Umfangs der vereinbarten Nebenkosten reicht es nicht aus, dass der Vermieter einzelne vereinbarte Nebenkostenpositionen über längere Zeit nicht abgerechnet hat. Vielmehr bedarf es hierfür weiterer Anhaltspunkte.[31]

Auf Gewerbemietverhältnisse ist die Regelausschlussfrist für Einwendungen gegen die Betriebskostenabrechnung des § 556 Abs. 3 Satz 5 BGB jedenfalls dann nicht analog anwendbar, wenn der Sachverhalt zahlreiche Unterschiede zu der einem Wohnungsmieter typischerweise eröffneten Kontrollsituation aufweist.[32] Deshalb sollte im Interesse des Mieters im gewerblichen Mietverhältnis eine entsprechende Bestimmung in den Mietvertrag aufgenommen werden.

Bei Vereinbarung einer **Umsatzmiete** kann ein Vermieter nicht bloß Auskunft über die Umsätze verlangen, sondern hat darüber hinaus ein Recht auf Einsicht in die Geschäftsbücher und auf Rechnungslegung gemäß § 259 BGB. Eine vertragliche Klausel, nach der die Nettoumsätze des Mieters durch die Übergabe einer betriebswirtschaftlichen Auswertung mitgeteilt und belegt werden sollen, kann nicht einschränkend dahingehend ausgelegt werden, dass die bloße Mitteilung der Umsätze durch ein Steuerbüro genügt. Denn betriebswirtschaftliche Auswertungen beinhalten mehr als bloße Umsatzübersichten, nämlich insbesondere auch Angaben über die Höhe der Kosten.[33]

4. Gewährleistung

Der Vermieter ist grundsätzlich nicht gemäß § 535 Abs. 1 Satz 2 BGB verpflichtet, den **Sicherheitsstandard** eines vermieteten Bürogebäudes veränderten Sicherungserkenntnissen anzupassen. Eine Einbruchserie von vier Einbrüchen innerhalb von zwei Jahren begründet noch keinen Mangel im Sinne von § 536 Abs. 1 BGB, wenn dadurch der Mietgebrauch nicht unmittelbar beeinträchtigt wird. Dies ist dann der Fall, wenn die Mieträume weiterhin zum vertraglich vereinbarten Zweck, z.B. als Büroräume, geeignet sind.[34]

Der Betreiber eines **Lebensmittelgeschäftes** hat, wenn er es durch Individualvertrag übernimmt, neu hinzugemietete Räume auf eigene Kosten mit den bereits bestehenden Räumen seiner Filiale zu verbinden, während der laufenden Vertragszeit keinen Anspruch auf Ersatz der für die Reparaturzeiten aufgewendeten Kosten, selbst wenn es sich bei der Be- und Entlüftungsanlage um einen wesentlichen Bestandteil des Grundstücks handelt. Die Erhaltungspflicht des Vermieters für eine Be- und Entlüftungsanlage, die aufgrund des Umbaus notwendig geworden ist, wird durch den Individualvertrag abbedungen.[35]

Die Abwälzung von **Schönheitsreparaturen** auf den Gewerberaummieter in Allgemeinen Geschäftsbedingungen ist auch wirksam, wenn der Mieter die Räume in unrenoviertem Zustand übernommen hat, sofern der Fristenplan für die Renovierung mit dem Beginn des Mietverhältnisses zu laufen beginnt. Auf die bestrittene Behauptung des Mieters, er habe die Räume nicht renoviert übernommen, kommt es daher nicht an, zumal er nach dem Mietvertrag für die ersten 1,5 Monate keine Miete zu zahlen hatte. Im Falle der fiktiven Berechnung des Schadensersatzes wegen unterlassener Schönheits-

---

[30] OLG Düsseldorf v. 17.02.2005 - 10 U 111/04 - GuT 2005, 124.
[31] BGH v. 27.01.2010 - XII ZR 22/07 - BGHZ 184, 117-128.
[32] Brandenburgisches Oberlandesgericht v. 24.05.2006 - 3 U 189/05 - juris Rn. 24 - AIZ 2006, Nr. 10, 69.
[33] Brandenburgisches Oberlandesgericht v. 13.06.2007 - 3 U 181/06 - juris Rn. 31 - ZMR 2007, 778-780.
[34] OLG Düsseldorf v. 06.06.2002 - 10 U 12/01 - Grundeigentum 2002, 1058-1059.
[35] OLG Düsseldorf v. 23.11.2000 - 10 U 172/98 - OLGR Düsseldorf 2005, 6-9.

reparaturen auf der Grundlage eines Sachverständigengutachtens kann der Vermieter gemäß § 249 Abs. 2 Satz 2 BGB die Mehrwertsteuer nicht verlangen, da diese tatsächlich nicht angefallen ist.[36]

50 Die Rechtsprechung zum Fristenplan bei Schönheitsreparaturen, wonach eine Formularklausel, die den Mieter zur zeitanteiligen Abgeltung von Renovierungskosten nach einer „starren" Berechnungsgrundlage verpflichtet, die an einem Fristenplan von fünf Jahren ausgerichtet ist, gemäß § 307 Abs. 1 Satz 1, Abs. 2 Nr. 1 BGB unwirksam ist, gilt auch für das Gewerberaummietrecht.[37]

51 Sind in einem Pachtvertrag die Instandhaltungsarbeiten mit Ausnahme der Schäden „an Dach und Fach" dem Pächter auferlegt, so fällt ein Rohrleitungsschaden in den Verantwortungsbereich des Verpächters.[38]

5. Rechtsnachfolge

52 Über § 578 BGB gelten wohnraumspezifische Vorschriften, insbesondere die § 566 ff. BGB, auch im gewerblichen Mietrecht.

53 Dazu hat der BGH entschieden, dass gemäß § 566a BGB der Käufer und gemäß § 57 ZVG in Verbindung mit § 566a BGB der Ersteher eines gewerblich vermieteten Grundstücks auch dann für die Rückzahlung der Kaution einzustehen hat, wenn der ursprüngliche Eigentümer die Kaution nicht insolvenzfest angelegt hat oder sie auch sonst nicht mehr zu erlangen ist. Damit übernimmt der Käufer oder der Ersteher nach der gesetzlichen Wertung des § 566a BGB das Insolvenzrisiko des früheren Vermieters.[39]

54 Die wortgetreue **Fortführung** einer insolventen Firma bedeutet nicht zwingend die Übernahme des unter dieser Firma bisher geführten Unternehmens. Entscheidend ist, ob der Handelsverkehr trotz erkennbarer Änderungen der Firma von der Kontinuität des Unternehmers ausgehen darf. Bei der Fortsetzung der Geschäftstätigkeit in den ehemals von der insolventen Firma gemieteten Räumen haftet der Firmenfortführer für deren Mietrückstände.[40]

6. Vorzeitige Vertragsbeendigung

55 Die vorzeitige Beendigung eines gewerblichen Zeitmietvertrages durch Kündigung des Vermieters wegen eines vom Mieter zu vertretenden Umstandes führt gemäß § 280 BGB zu einem Schadensersatzanspruch des Vermieters in Höhe der für die Restlaufzeit vereinbarten Miete, sog. **Auflösungsverschulden**.

56 Den Vermieter trifft allerdings eine **Schadensminderungspflicht**, die darauf gerichtet ist, dass er die Mietsache zu einer marktfähigen Miete weitervermietet. Macht der Vermieter hierzu keine Angaben, kann vermutet werden, dass der Vermieter im Jahr nach Rückgabe der Mietsache diese mindestens zur Hälfte der ursprünglich vereinbarten Miete hätte weitervermieten können, so dass dies dann bei der Berechnung des Schadensersatzanspruchs des Vermieters in Ansatz zu bringen ist.[41]

57 Grundsätzlich ist der Vermieter nicht verpflichtet, den Mieter vorzeitig aus dem Mietvertrag zu entlassen, wenn dieser einen Nachfolger beibringt. Ausnahmsweise kann sich ein Anspruch des Mieters auf vorzeitige Entlassung nach Treu und Glauben dann ergeben, wenn dies im dringenden Interesse des Mieters liegt. Dies ist anzunehmen, sofern ihm ein Festhalten am Vertrag aus Umständen, die er nicht bewusst herbeigeführt hat, unzumutbar und der gestellte **Nachmieter** dem Vermieter zumutbar ist. Nicht ausreichend ist danach, dass dem Mieter die Geschäftsaufgabe aus wirtschaftlichen Gründen unabweisbar ist, insbesondere bei bestehender Möglichkeit der Untervermietung.[42]

---

[36] KG Berlin v. 10.05.2004 - 12 U 122/03 - KGR Berlin 2004, 452-453.
[37] OLG Düsseldorf v. 14.12.2006 - I-24 U 113/06, 24 U 113/06 - juris Rn. 5 - Grundeigentum 2007, 1119-1121.
[38] OLG Hamm v. 27.04.1988 - 30 U 16/88 - ZMR 1988, 260-261.
[39] BGH v. 07.03.2012 – XII ZR 13/10 - NJW 2012, 1353-1354.
[40] OLG Düsseldorf v. 24.05.2004 - I-24 U 34/04, 24 U 34/04 - Grundeigentum 2004, 1589-1590.
[41] LG Berlin v. 05.08.2002 - 12 O 220/02 - Grundeigentum 2003, 191.
[42] OLG Naumburg v. 18.06.2002 - 9 U 8/02 - juris Rn. 5 - WuM 2002, 537.

Ist bezüglich eines Gewerberaummietvertrages für eine Gaststätte mit Galtsräumen vereinbart, dass eine Brauerei berechtigt sein soll, einen solventen Mietnachfolger zu benennen, der mit allen Rechten und Pflichten das mit den bisherigen Mietern abgeschlossene Mietverhältnis zu den gleichen Bedingungen fortsetzen oder neu begründen könnte, ergibt sich aus dieser Vereinbarung kein **Belegungsrecht** der Brauerei in dem Sinne, dass letztlich jeder Mietvertragsschluss nur mit ihrer Zustimmung erfolgen dürfte. Ein solches Belegungsrecht kann zwar auch einem Privaten eingeräumt werden. In der Regel handelt es sich dann um einen Werkförderungsvertrag, durch den sich die eine Vertragspartei zu einer Darlehensgewährung an den Vermieter verpflichtet und dieser im Gegenzug ein Belegungsrecht gewährt. Ein solches Vertragsverhältnis ist aber hier zwischen den Parteien gerade nicht vereinbart worden. Ein mit der Vereinbarung eingeräumtes (bloßes) Recht zur Stellung eines Nachfolgemieters, mit dem der Vermieter dann einen Vertrag schließen muss, kann nur dann verletzt sein, wenn ein Mietnachfolger auch rechtzeitig benannt wird.[43]

58

Der Mietvertrag über ein Fitnessstudio kann vom Mieter nicht wegen arglistiger Täuschung oder Irrtums angefochten werden, wenn der Vermieter unrichtige Angaben zur **Kundenzahl**, aber zugleich deutlich gemacht hat, für diese Angaben nicht einstehen zu können. Es liegt dann auch kein Mangel der Mietsache vor.[44]

59

Die Kunden eines Fitnessstudios haben wegen eines Inhaberwechsels kein Recht zur Kündigung, wenn der Vorinhaber gegenüber den Kunden selbst gar nicht in Erscheinung getreten ist und die Kunden das Fitnessstudio wie bisher nutzen können. Den Nutzern eines Fitnessstudios sind das Geräteangebot sowie die angebotenen Kurse wichtig, nicht jedoch die Person des Inhabers.[45]

60

Der Erlass einer einstweiligen Verfügung zur Durchsetzung der in einem Geschäftsraummietvertrag über ein Ladenlokal vereinbarten **Betriebspflicht** gegenüber einem Mieter, der seinen Geschäftsbetrieb eingestellt hat, ist zulässig und stellt keine Vorwegnahme der Hauptsache dar. Der Sinn und Zweck einer Ladenbetriebspflicht, der darin liegt, ein Einkaufszentrum durch ein großes und vielfältiges Angebot an Geschäften für Kunden attraktiv zu halten und weiteren Leerstand durch Abwanderung benachbarter Geschäfte zu verhindern, wird unterlaufen, wenn der Vermieter mit der Durchsetzung bis zum Abschluss eines Hauptsacheverfahrens zuwarten müsste.[46]

61

Besteht nach der übereinstimmenden, aber unzutreffenden Vorstellung der Parteien bei Abschluss eines langfristigen Mietvertrags ein **gesondertes Gebäudeeigentum** an dem auf der vermieteten Grundstücksteilfläche befindlichen Gebäude, das der Mieter nach ihrer Vorstellung erwerben werde, und vereinbaren sie, dass „das unbeschränkte Eigentum und Nutzungsrecht am Gebäude ... auf jeden Fall gewährleistet" wird, kann dies bei einer interessengerechten Auslegung des Mietvertrags nur dahin verstanden werden, dass der Mieter auch dann, wenn er kein Eigentum an dem Gebäude erwirbt, dieses jedenfalls langfristig nutzen darf.[47]

62

Ist das – nach einer solchen irrigen Vorstellung der Parteien vom Mieter zu erwerbende – Wirtschaftsgebäude erheblich renovierungsbedürftig, ergibt eine ergänzende Auslegung des Vertrags zur **Korrektur dieser falschen Rechtsvorstellung**, dass der Vermieter für die Nutzung des Gebäudes jedenfalls kein höheres Entgelt verlangen kann, der Mieter dafür aber die Instandsetzungs- und Instandhaltungslast übernimmt.[48]

63

Die Regelung eines Sonderkündigungsrechts in einem Gewerberaummietvertrag (hier: eines Reisebüros) bei Überschreitung der „Opfergrenze" überschritten sein soll, ist der Auslegung zugänglich, wobei insbesondere zu berücksichtigen ist, wann ist Nutzung als für den Mieter wirtschaftlich unrentabel angesehen werden muss. Eine Berücksichtigung der Interessen des Vermieters findet dabei dadurch statt,

64

---

[43] KG Berlin v. 02.12.2002 - 8 U 310/01 - juris Rn. 3 - KGR Berlin 2003, 137-138.
[44] OLG Düsseldorf v. 17.09.2002 - 24 U 1/02 - juris Rn. 19 - WuM 2003, 138-142.
[45] LG Stuttgart v. 13.02.2007 - 5 S 199/06 - juris Rn. 6.
[46] KG Berlin v. 17.07.2003 - 22 U 149/03 - MDR 2004, 84.
[47] BGH v. 27.08.2003 - XII ZR 277/00 - juris Rn. 17 - GuT 2003, 210-212.
[48] BGH v. 27.08.2003 - XII ZR 277/00 - juris Rn. 26 - GuT 2003, 210-212.

dass nur die Umstände berücksichtigt werden können, die den Vermieter bekannt oder erkennbar gewesen sind.[49]

65 Vereinbaren die Vertragsparteien im gewerblichen Mietvertrag ein **umsatzabhängiges** Sonderkündigungsrecht, gehört zur Wirksamkeit der Kündigungserklärung wenigstens die schlüssige Darlegung der beiden zu vergleichenden Jahresumsätze, aus deren Differenz sich der Umsatzrückgang (hier von mindestens 15%) ergeben soll (formelle Wirksamkeit). Ohne diese Mindestangaben ist die Vermieterin nicht in der Lage, wenigstens den Eintritt des äußeren Tatbestands des vereinbarten Sonderkündigungsrechts und damit die Relevanz der Kündigungserklärung zu überprüfen. Gerade wegen seines Ausnahmecharakters hinsichtlich der Voraussetzungen gebietet es keine erweiternde, sondern – im Gegenteil – eine enge Auslegung.[50]

66 Selbst wenn ein wichtiger Grund vorliegt, der den Mieter zur außerordentlichen fristlosen Kündigung berechtigt, fällt die Frage, ob und wann er geeigneten Ersatz findet, allein in seine Risikosphäre. Er kann sich weder auf eine nachvertragliche noch nach Treu und Glauben bestehende Duldungspflicht berufen.[51]

67 Der Mieter trägt grundsätzlich das Verwendungsrisiko bezüglich der Mietsache, vor allem das Risiko, mit dem Mietobjekt Gewinne erzielen zu können. Es fällt danach in den Verantwortungsbereich des Mieters, als Unternehmer die Erfolgsaussichten eines Geschäfts in der gewählten Lage abzuschätzen, so auch das Risiko einer Veränderung der Mieterstruktur im Umfeld des Mietobjekts. Eine Verpflichtung der Vermieterin zur Anpassung des Mietvertrages wegen Wegfalls der Geschäftsgrundlage besteht nicht.[52]

D. Arbeitshilfen

I. Checkliste: gewerbliche Mietverträge nach neuem Recht

68 (1) Allgemeine Vorschriften

§ 551 BGB	Kaution max. 3 Nettomonatsmieten in drei Raten zahlbar; anstelle Barkaution auch andere Möglichkeiten vereinbar.
§ 554a BGB	Sicherheit für behindertengerechten Ein- und Umbau.

(2) Miete

§ 556 BGB	Brutto-, Netto- oder Teilinklusivmiete (BVO 2); Ausschlussfrist 12 Monate nach Abrechnungszeitraum.
§ 556b Abs. 1 BGB	Vorverlegung der Fälligkeit der Miete.
§ 556a BGB	Zusammenfassung der Betriebskostenregelung; Umlagemaßstab gemäß Vereinbarung, falls (-) gesetzlicher Maßstab: Wohnfläche.
§§ 557 ff. BGB	Staffelmiete auch länger als 10 Jahre möglich; Indexmiete nur noch Preisindex des Statistischen Bundesamts vereinbar – keine Mindestlaufzeit mehr.

Beachte: Durch das Preisangaben- und Preisklauselgesetz wurde die Vorschrift des § 3 WährungsG aufgehoben und für **Wertsicherungsklauseln** in Wohnraummietverträgen § 10a MHRG eingeführt. Mit dem Mietrechtsreformgesetz wurde das Miethöheregulierungsgesetz aufgehoben und teilweise in das Bürgerliche Gesetzbuch aufgenommen. An die Stelle von § 10a MHRG ist nun § 557b BGB getreten. Danach ist die Indexmiete nach wie vor bei Wohnraummietverträgen genehmigungsfrei und zulässig vereinbar.

Bei gewerblichen Mietverträgen sind die **Preisgleitklauseln** nach wie vor grundsätzlich genehmigungspflichtig. Ausnahme: mehr als 10 Jahren Vertragslaufzeit; PreisklauselVO.

---

[49] KG Berlin v. 14.07.2003 - 8 U 238/02 - KGR Berlin 2004, 100-102.
[50] OLG Düsseldorf v. 17.11.2008 - I-24 U 39/08, 24 U 39/08 - ZMR 2009, 844-845.
[51] Brandenburgisches Oberlandesgericht v. 12.08.2009 - 3 U 2/07.
[52] BGH v. 17.03.2010 - XII ZR 108/08 - NSW BGB § 546.

	§ 558 ff. BGB	Vergleichsmietenverfahren; Anspruch des Vermieters auf Zustimmung zur Erhöhung bis zur ortsüblichen Vergleichsmiete nach 15 Monaten Laufzeit; Absenkung der Kappungsgrenze auf 20%. Bei Überschreiten OWi-Grenze gemäß § 5 WiStrG, aber Kostendeckungsgrundsatz nun auch auf Altbeuten erstreckt.
	§ 558 BGB	Form und Begründung der Mieterhöhung (Mietspiegel, SV-Gutachten, drei Vergleichsmieten). Qualifizierter Mietspiegel muss soweit vorhanden immer angegeben werden; Zustimmungsfrist 2 Monate; Klagefrist 3 Monate.
	§ 559 Abs. 1 BGB	Modernisierungsumlage wie bisher 11% p.a. Neu: Umlagefähig sind alle baulichen Maßnahmen, die zur nachhaltigen Einsparung von Energie oder Wasser führen (Frist für Mieterhöhung: 3 Monate, § 559b BGB); Kapitalkostenumlage des § 5 MHRG ersatzlos entfallen.
	§ 560 BGB	Anpassung bei Veränderung von Betriebskosten; keine einseitige Umstellung auf Direktabrechnung mit Versorger.
(3)	Vermieterpfandrecht	
	keine wesentlichen Änderungen	
(4)	Wechsel der Vertragsparteien	
	§ 563 BGB	Eintrittsrecht bei Tod des Mieters steht nun allen Lebenspartnern zu, unabhängig von sexueller Orientierung.
	§ 566a BGB	Der Mieter kann die Kaution in jedem Fall vom Erwerber der Wohnung zurückverlangen (anders noch § 570 BGB, wobei BGH subsidiäre Haftung anerkannt hatte).

Keine Regelung zu Schönheitsreparaturen; das bisherige gesetzliche Leitbild bleibt unverändert bestehen: Der Vermieter muss die Sache dem Mieter in vertragsgemäßem Zustand überlassen und der Mieter hat sie in diesem Zustand zu erhalten.

(5)	Beendigung des Mietverhältnisses	
	§ 573 BGB	Ordentliche Kündigung; Kündigungsgrund des Vermieters (berechtigtes Interesse). Terminologisch werden neben der ordentlichen nunmehr zwei Arten von außerordentlichen Kündigungen unterschieden: die außerordentliche fristlose Kündigung (§§ 543, 569 BGB) und die außerordentliche Kündigung mit gesetzlicher Kündigungsfrist (z.B. die §§ 563 Abs. 4, 573 BGB).
	§ 573c BGB	Asymmetrische Änderung der Kündigungsfristen für den Mieter unabhängig von LZ: 3 Monate; für den Vermieter 3, 6 oder 9 Monate je nach LZ.

Beachte: Übergangsvorschriften (abgedruckt in der Kommentierung zu § 535 BGB), bei Vereinbarung der „alten" Kündigungsfristen vor dem 01.09.2001 gelten diese fort. Voraussetzung: echte Vereinbarung. Der bloße Verweis auf die alten gesetzlichen Kündigungsbestimmungen genügt nicht.

(6)	Besonderheiten bei der Bildung von Wohnungseigentum an vermieteten Wohnungen	
	Die bisherige gesetzliche Sperrfrist von drei Jahren konnte je nach anzuwendender Rechtsverordnung auf 5 oder 10 Jahre verlängert werden.	
	§ 577 BGB	Vereinfachung der bisherigen Regelung.
	§ 575 BGB	Der einfache Zeitmietvertrag entfällt. An die Stelle des bisherigen qualifizierten Zeitmietvertrages tritt der so genannte echte Zeitmietvertrag, nach dessen Ablauf das MV ohne Verlängerungsoption, ohne Sozialklausel und ohne Räumungsschutz endet. Um Kettenzeitmietverträge zu verhindern, bedarf es eines Grundes für die Befristung des MV, die Gründe sind in § 575 BGB abschließend aufgezählt.

(a) Anwendbarkeit des alten und des neuen BGB-Mietrechts

Grundsatz: Das neue Mietrecht gilt sofort und für alle Mietverträge, das heißt, es erfasst ab Inkrafttreten am 01.09.2001 alle Mietverträge.

§ 578

Ausnahmen: um Schutz des Vertrauens auf erworbene Rechtspositionen und zur Gewährleistung der Rechtssicherheit.

(b) Wesentliche Kriterien für den abzuschließenden Mietvertrag

Vermieter, Mieter, Mietgegenstand, Mietzins und Erhöhungen (Wertsicherung), Mietdauer, Sicherheiten (Kaution), Zulässigkeit Untervermietung/Gebrauchsüberlassung, Zahlung, Vereinbarung bzgl. des Zustandes des Mietgegenstandes bei Beginn des MV und Übergabe nach Beendigung des MV (Schönheitsreparaturen/Rückbau).

II. Musterverträge

1. Gewerbemietvertrag

Zwischen

Name

_____

Straße u. Hausnummer

_____

PLZ   Ort

_____

- nachfolgend **Vermieter** genannt - und

Name

_____

Straße u. Hausnummer

_____

PLZ   Ort

_____

- nachfolgend **Mieter** genannt -

- Vermieter und Mieter nachfolgend auch **Parteien** genannt -

wird folgender Gewerberaum-Mietvertrag geschlossen:

§ 1 Mietgegenstand und Mietzweck

(1) Der Vermieter vermietet an den Mieter die Geschäftsräume in:

Straße u. Hausnummer

_____

PLZ   Ort

_____

Stockwerk

_____

(nachfolgend **Mietgegenstand** oder **Miträume** genannt).

(2) Der Mietgegenstand wird dem Mieter zum Zweck des Betriebes _____

_____

vermietet. Eine Änderung dieses Zwecks bedarf der vorherigen schriftlichen Genehmigung des Vermieters, die dieser nur aus wichtigem Grund versagen darf.

(3) Die Lage, die Größe und die Beschaffenheit der Miträume sind dem Mieter bekannt und ergeben sich aus den als Anlage 1 zu diesem Vertrag beigefügten Planunterlagen. Der Mieter hat den Mietgegenstand vor Abschluss des Mietvertrages besichtigt und sich vom Zustand und der Geeignetheit der Miträume für die Nutzung zu dem vorgenannten Mietzweck überzeugt.

(4) Der Mietgegenstand darf nur für gesetzlich, behördlich und vertraglich zulässige Zwecke genutzt werden. Der Mieter ist verpflichtet, die für die Nutzung einschlägigen gesetzlichen, behördlichen und sonstigen, insbesondere bautechnischen Vorschriften einzuhalten und etwa erforderliche Genehmigungen auf eigene Kosten einzuholen. Der Vermieter kann dem Mieter für die Erfüllung der vorstehenden Verpflichtung eine angemessene Frist setzen. Nach ergebnislosem Ablauf kann der Vermieter erforderliche Maßnahmen auf Kosten des Mieters durchführen lassen.

§ 2 Mietbeginn und Mietdauer

(1) Das Mietverhältnis wird auf _____ Jahre abgeschlossen (Grundmietzeit).
Es beginnt am _____ und endet am _____.

(2) Der Mieter ist berechtigt, das Mietverhältnis zweimal für jeweils fünf Jahre zu verlängern. Die Ausübung dieser Verlängerungsoption ist dem Vermieter schriftlich mindestens 12 Monate zum Ablauf der Grundmietzeit beziehungsweise – bei Ausübung der zweiten Option – zum Ablauf des ersten Verlängerungszeitraums zu erklären.

(3) Macht der Mieter von beiden Verlängerungsoptionen Gebrauch, verlängert sich das Mietverhältnis nach Ablauf des zweiten Verlängerungszeitraums auf unbestimmte Zeit, wenn es nicht 12 Monate zum Ablauf dieses Zeitraums gekündigt wird.

(4) Der Mieter hat ein einmaliges Sonderkündigungsrecht zum Ablauf des _____ Jahres der Grundmietzeit. Dieses Sonderkündigungsrecht muss bis spätestens _____ ausgeübt werden.

§ 3 Miete

(1) Die Miete beträgt monatlich

_____ €

(in Worten: _____ €)

netto kalt zuzüglich Nebenkosten, Betriebskosten und Umsatzsteuer.

(2) Verändert sich der vom Statistischen Bundesamt für die Bundesrepublik amtlich festgestellte und veröffentlichte Preisindex für die Gesamtlebenshaltung aller privaten Haushalte in Deutschland (Basis 2005 = 100) um mehr als 10% gegenüber dem Stand _____, so verändert sich die Mindestmiete im gleichen prozentualen Verhältnis mit Wirkung zu dem auf den Monat der Änderung des Indexes folgenden Monat.

(3) Ändert sich dieser Index um mehr als 10% gegenüber dem Stand, auf den sich die jeweils vorausgegangene Anpassung bezog, ist die Miete erneut auf der Grundlage der jeweils letzten Miethöhe anzupassen. Diese Anpassungen werden jeweils zu dem auf die Änderung des Indexes folgenden Monat wirksam.

(4) Im Falle der Erhöhung der Miete hat der Vermieter, im Falle einer Ermäßigung der Miete der Mieter dem anderen Vertragsteil diese Änderung unter Vorlage einer Abrechnung mitzuteilen. Erfolgt diese Abrechnung nicht unverzüglich, so bedeutet das keinen Verzicht auf die Anpassung. Die vom Mieter geschuldeten Erhöhungsbeträge und die vom Vermieter geschuldeten Ermäßigungsbeträge werden erst mit dem Eingang der jeweiligen Abrechnung fällig. Nachforderungen sind höchstens für einen Zeitraum von sechs Monaten zulässig.

(5) Die Miete ist monatlich im Voraus bis zum dritten Werktag eines jeden Monats an den Vermieter auf dessen Konto zu entrichten:

Bank

_____

Konto-Nr.

_____

BLZ

_____

Für die Rechtzeitigkeit der Zahlung ist die Wertstellung auf dem Konto des Vermieters maßgebend.

(6) Bei Zahlungsverzug ist der Vermieter berechtigt, Verzugszinsen in Höhe von 5% p.a. über dem Basiszins gemäß § 247 BGB geltend zu machen.

§ 4 Nebenkosten und Betriebskosten

(1) Der Mieter trägt die Betriebs- und Nebenkosten gemäß Anlage 2 zu diesem Vertrag.

(2) Betriebskosten sind alle in der Anlage zu § 27 der Zweiten Berechnungsverordnung aufgeführten Kosten, namentlich die Kosten für Instandhaltung, Instandsetzung, Wartung und Betreiben der haustechnischen Anlagen (Be- und Entlüftung, Heizungs- und Klimaanlage, Brandschutzeinrichtungen, Aufzugsanlagen etc., jeweils einschließlich Wartung) sowie alle künftig etwa entstehenden Betriebskosten und alle auf Gesetz, Verordnung oder Ortsatzung beruhenden Gebühren, Steuern und Abgaben, die etwa künftig neu für das Mietgrundstück eingeführt werden.

(3) Nebenkosten sind die in Anlage 2 zu diesem Vertrag abschließend aufgeführten Kosten, namentlich für die Außenbeleuchtung und _____.

(4) Der Mieter hat, soweit die Betriebs- und Nebenkosten nicht von ihm selbst getragen werden, eine angemessene, vom Vermieter festzulegende Vorauszahlung einschließlich Umsatzsteuer zu leisten, die monatlich im Voraus mit der Miete fällig wird. Der Vermieter ist berechtigt und verpflichtet, die Vorauszahlungen auf die Betriebs- und Nebenkosten den tatsächlichen Gegebenheiten anzupassen. Im Übrigen gilt § 3 dieses Vertrages entsprechend.

(5) Der Vermieter ist verpflichtet, über die Betriebs- und Nebenkosten spätestens zum 31.12. des Folgejahres Rechnung zu legen. Die Vorschrift des § 556 BGB gilt entsprechend.

§ 5 Sicherheit

(1) Der Mieter ist verpflichtet, dem Vermieter innerhalb eines Monats nach Abschluss dieses Vertrages, spätestens jedoch eine Woche vor Übergabe des Mietgegenstandes, eine Sicherheit für die Erfüllung aller Verpflichtungen aus diesem Vertrag durch selbstschuldnerische Bürgschaft einer Großbank, eines öffentlich-rechtlichen Kreditinstitutes oder eines Versicherungsunternehmens mit Sitz in der Europäischen Union gemäß dem als Anlage 3 beigefügten Formblatt zu leisten.

(2) Die Höhe der Sicherheit beläuft sich auf die dreifache Monatsnettokaltmiete zuzüglich der dreifachen Vorauszahlung auf die Betriebs- und Nebenkosten jeweils zuzüglich Umsatzsteuer.

(3) Der Vermieter ist berechtigt, sich aus dieser Mietsicherheit wegen seiner Ansprüche aufgrund dieses Vertrages zu befriedigen, wenn der Mieter seinen Verpflichtungen nicht, unvollständig oder nicht rechtzeitig nachkommt. Die Mietsicherheit dient auch solchen Schadensersatzansprüchen des Vermieters, die im Zusammenhang mit der Beendigung des Mietverhältnisses entstehen.

(4) Macht der Vermieter von seinem Recht aus der Sicherheit Gebrauch, ist der Mieter verpflichtet, unverzüglich eine neue Sicherheit zu stellen.

(5) Die Mietsicherheit ist nach Beendigung des Mietverhältnisses herauszugeben, sobald und soweit festgestellt ist, dass der Vermieter gegen den Mieter keine Ansprüche mehr hat.

§ 6 Kündigung aus wichtigem Grund

(1) Für die Kündigung des Mietverhältnisses aus wichtigem Grund, insbesondere auch wegen Zahlungsverzugs des Mieters, gelten die gesetzlichen Bestimmungen.

(2) Ein wichtiger Grund zur Kündigung durch den Vermieter liegt insbesondere dann vor, wenn der Mieter die Miethäume zu einem anderen als dem nach diesem Vertrag zulässigen Zweck nutzt, der Mieter die Miethäume ganz oder teilweise ohne Zustimmung des Vermieters Dritten überlässt, oder der Mieter gegen die Betriebspflicht verstößt.

§ 7 Übergabe und Mietereinbauten

(1) Der Vermieter übergibt dem Mieter den Mietgegenstand am _____. Die Parteien fertigen über die Übergabe ein gemeinsames und von beiden Parteien zu unterzeichnendes Protokoll gemäß Anlage 4 an.

(2) Der Mieter ist berechtigt, die für die vertraglich vereinbarte Nutzung erforderlichen Mietereinbauten auf eigene Kosten vorzunehmen. Die Mietereinbauten ergeben sich aus der Mieterausbaubeschreibung gemäß Anlage 5 zu diesem Vertrag.

(3) Der Mieter ist berechtigt und verpflichtet, diese Einbauten einschließlich vom Vormieter übernommener Einrichtungen nach Beendigung des Mietverhältnisses zu entfernen.

§ 8 Bauliche Veränderungen durch den Mieter

(1) Bauliche Veränderungen durch den Mieter, insbesondere Um- und Einbauten, Installationen dürfen nur mit schriftlicher Zustimmung des Vermieters vorgenommen werden. Diese Zustimmung darf nur aus wichtigem Grund versagt werden, insbesondere, wenn durch die geplante Maßnahme eine nachhaltige Beeinträchtigung des Mietgegenstandes eintreten würde. Erteilt der Vermieter seine Zustimmung, ist der Mieter für die Einholung etwa erforderlicher behördlicher Genehmigungen auf eigene Kosten verantwortlich.

(2) Der Mieter haftet für alle Schäden im Zusammenhang mit den von ihm durchgeführten baulichen Veränderungen. Der Mieter ist verpflichtet, den Vermieter von allen Ansprüchen, insbesondere Ansprüchen Dritter, freizustellen, die gegen diesen im Zusammenhang mit den baulichen Veränderungen des Mieters erhoben werden.

(3) Der Vermieter kann bei Beendigung des Mietverhältnisses den Rückbau der baulichen Maßnahmen des Mieters verlangen. Macht der Vermieter hiervon keinen Gebrauch, gehen die mit den baulichen Maßnahmen verbundenen Einrichtungen des Mieters entschädigungslos in das Eigentum des Vermieters über.

§ 9 Bauliche Veränderungen durch den Vermieter

(1) Der Vermieter darf bauliche Veränderungen, die zur Erhaltung, Unterhaltung oder Modernisierung des Mietgegenstandes oder zur Abwendung drohender Gefahren oder zur Beseitigung von Schäden notwendig oder zweckmäßig sind, auch ohne Zustimmung des Mieters vornehmen. Der Mieter ist verpflichtet, die Maßnahmen zu dulden und den Mietgegenstand zugänglich zu machen.

(2) Der Vermieter ist verpflichtet, bei baulichen Maßnahmen die Interessen des Mieters angemessen zu berücksichtigen, insbesondere alle zumutbaren Vorkehrungen zu treffen, damit der Betrieb des Mieters möglichst nicht beeinträchtigt wird. Der Vermieter ist verpflichtet, die baulichen Maßnahmen innerhalb angemessener Fristen anzukündigen und mit dem Mieter abzustimmen. Das gilt nicht bei Gefahr im Verzug.

§ 10 Werbemaßnahmen

(1) Der Mieter ist zur Anbringung von Namens- und Werbeschildern gemäß Anlage 6 zu diesem Vertrag berechtigt.

(2) Die Werbemaßnahmen erfolgen auf eigene Kosten und Gefahr des Mieters. Sie sind wie bauliche Maßnahmen des Mieters gem. §§ 7, 8 dieses Mietvertrages zu behandeln.

§ 11 Gebrauchsüberlassung und Untervermietung

(1) Der Mieter ist ohne vorherige schriftliche Zustimmung des Vermieters nicht berechtigt, den Mietgegenstand ganz oder teilweise Dritten zu überlassen, insbesondere zu vermieten. Die Zustimmung darf nur aus wichtigem Grund verweigert werden.

(2) Eine erteilte Zustimmung kann widerrufen werden, wenn die Nutzung durch den Dritten den Vermieter zur fristlosen Kündigung des Hauptmietverhältnisses berechtigen würde, falls diese Gründe beim Mieter dieses Vertrages vorlägen.

(3) Der Vermieter erteilt seine Zustimmung zu einer Gebrauchsüberlassung oder Untervermietung an Unternehmen, die mit dem Mieter konzernrechtlich verbunden sind, mit Abschluss dieses Vertrages.

(4) Im Falle der Untervermietung oder sonstigen Gebrauchsüberlassung haftet der Mieter für alle Handlungen oder Unterlassungen des Dritten unabhängig von dessen Verschulden.

(5) Im Falle der Untervermietung tritt der Mieter dem Vermieter schon jetzt die ihm gegenüber dem Untermieter zustehenden Forderungen mit Pfandrecht bis zur Höhe der Forderung des Vermieters sicherungshalber ab. Der Vermieter nimmt diese Abtretung an.

(6) Die Übertragung des Mietvertrages von einer der Parteien dieses Mietvertrages auf einen Dritten bedarf der jeweiligen schriftlichen Zustimmung der jeweils anderen Partei. Sie darf nur aus wichtigem Grund verweigert werden, insbesondere dann, wenn Bedenken gegen die Bonität des Dritten bestehen oder der Geschäftszweck des Dritten den Interessen einer der Parteien dieses Vertrages widerspricht. Dies gilt entsprechend bei der Veräußerung des Betriebes oder von Betriebsteilen.

(7) Die Parteien dieses Mietvertrages sind verpflichtet, der jeweils anderen Partei unverzüglich eine Änderung der Rechtsform mitzuteilen.

§ 12 Instandhaltung und Instandsetzung

(1) Der Vermieter ist verpflichtet, die Instandhaltung und Instandsetzung an Dach und Fach auf eigene Kosten durchzuführen.

(2) Der Mieter ist verpflichtet, die Instandhaltung und Instandsetzung, Schönheitsreparaturen und Wartung einschließlich Reinigung und Pflege an und in den Mieträumen auf eigene Kosten vorzunehmen.

(3) Die Aufgaben, Fristen und Verantwortlichkeiten für die Instandsetzungs- und Instandhaltungsmaßnahmen einschließlich Schönheitsreparaturen und Wartungsaufgaben sind in Anlage 7 zu diesem Vertrag festgelegt.

§ 13 Wartung der technischen Anlagen

(1) Der Mieter ist verpflichtet, die laufende fachmännische Wartung aller technischen Anlagen gemäß Anlage 8 zu diesem Vertrag auf eigene Kosten durchzuführen oder zu veranlassen.

(2) Der Mieter ist verpflichtet, für den laufenden Betrieb und die Durchführung der Wartung die technischen Vorgaben der technischen Anlagen einzuhalten. Der Vermieter übergibt dem Mieter zu diesem Zweck bei der Übergabe des Mietgegenstandes die technische Dokumentation.

§ 14 Schönheitsreparaturen

(1) Der Vermieter ist nicht zur Durchführung regelmäßiger Schönheitsreparaturen verpflichtet.

(2) Der Mieter verpflichtet sich, regelmäßig Schönheitsreparaturen durchzuführen.

(3) Der Mieter verpflichtet sich, sich entsprechend seiner Nutzungsdauer und des Abnutzungsgrades anteilig an den erforderlichen Renovierungskosten zu beteiligen, wenn diese bei Mietende noch nicht fällig sind. Dabei sind die Schönheitsreparaturen zu berücksichtigen, die der Mieter während der Mietzeit nachweislich ausgeführt hat.

(4) Den Umfang der erforderlichen Arbeiten beziehungsweise Kosten kann der Vermieter durch Kostenvoranschlag einer Fachfirma ermitteln lassen. Kommt eine Einigung über den Umfang der vom Mieter geschuldeten Arbeit oder Kosten nicht zu Stande, kann jede Partei einen von der zuständigen Industrie- und Handelskammer zu bestimmenden Sachverständigen mit der für beide Vertragsparteien verbindlichen Feststellung beauftragen. Die Kosten des Sachverständigen sind entsprechend dem Ergebnis seiner Entscheidung von beiden Parteien verhältnismäßig zu tragen.

(5) Die Schönheitsreparaturen umfassen insbesondere: _____ (z.B. Wand- und Deckenanstriche, Lackieren von Versorgungsleitungen, Überarbeiten der Fußböden etc.).

§ 15 Haftung des Vermieters und des Mieters

(1) Die Haftung von Vermieter und Mieter richtet sich, soweit in diesem Vertrag nichts anderes bestimmt ist, nach den gesetzlichen Vorschriften.

(2) Der Vermieter haftet für den ordnungsgemäßen Zustand des Mietgegenstandes an Dach und Fach. Der Vermieter haftet nicht wegen anfänglicher Mängel des Mietgegenstandes.

(3) Der Vermieter haftet nicht für Mietereinbauten und vom Mieter eingebrachte Gegenstände, es sei denn, dass der Vermieter den Schaden vorsätzlich oder grob fahrlässig herbeigeführt hat oder der Schaden durch eine entsprechende Versicherung des Vermieters abgedeckt ist. Im Übrigen ist die Haftung des Vermieters auf Höhe und Umfang der abgeschlossenen Versicherung begrenzt.

(4) Der Mieter verpflichtet sich zum Abschluss einer Betriebshaftpflichtversicherung mit folgenden Deckungssummen[1] _____
_____.

(5) Der Vermieter unterhält für die Dauer des Mietverhältnisses auf seine Kosten eine ausreichende Gebäudebrand-, Leitungswasser- und Sturm- und Gewitterschadenversicherung. Der Vermieter verpflichtet sich, den Versicherungsanspruch – nach dessen Feststellung – an den Mieter abzutreten, wenn sich ein oder mehrere versicherte Risiken beim Mieter realisieren.

§ 16 Betriebspflicht und Konkurrenzschutz

(1) Der Mieter ist verpflichtet, seinen Geschäftsbetrieb im Rahmen des vertraglich vereinbarten Zwecks zu den üblichen Geschäftszeiten während der gesamten Mietzeit aufrechtzuerhalten.

(2) Der Vermieter gewährt dem Mieter umfassenden Konkurrenzschutz für vergleichbare Nutzungen in den angrenzenden Mieträumen, die nicht Gegenstand dieses Mietvertrages sind und im Eigentum des Vermieters stehen.

§ 17 Aufrechnung, Abtretung und Zurückbehaltung

(1) Der Mieter kann nur mit solchen Forderungen gegenüber den Forderungen des Vermieters aus diesem Vertrag aufrechnen, die entweder rechtskräftig festgestellt, vom Vermieter nicht bestritten oder von ihm anerkannt worden sind.

(2) Dies gilt entsprechend für die Ausübung von Zurückbehaltungs- und Leistungsverweigerungsrechten.

(3) Die Parteien sind nicht berechtigt, ihre jeweiligen Forderungen aus diesem Mietvertrag gegen die jeweils andere Partei ohne deren vorherige, ausdrückliche und schriftliche Zustimmung abzutreten.

§ 18 Vermieterpfandrecht

(1) Der Mieter erklärt, dass die bei Einzug in die Mieträume eingebrachten Gegenstände sein Eigentum und mit Ausnahme folgender Gegenstände _____ weder verpfändet, gepfändet noch zur Sicherheit übereignet sind.

Der Mieter ist verpflichtet, dem Vermieter unverzüglich über jede tatsächliche oder rechtliche Änderung der vom Vermieterpfandrecht erfassten Gegenstände zu unterrichten.

Der Vermieter ist berechtigt, das Mietverhältnis fristlos zu kündigen, wenn der Mieter insoweit unrichtige Erklärung abgibt oder den Vermieter über nachteilige Veränderungen nicht unterrichtet.

---

[1] Ergänzen unter genauer Angabe der Deckungssummen für Personen- und Sachschäden.

§ 19 Betreten der Mieträume durch den Vermieter

(1) Der Vermieter ist berechtigt, die Mieträume während der Geschäftszeiten nach Voranmeldung jederzeit zu betreten. Der Mieter ist verpflichtet, den Zugang zu gewähren.

(2) Dies gilt auch, wenn der Vermieter den Mietgegenstand zum Zweck der Weitervermietung oder Veräußerung zusammen mit Interessenten betreten will.

§ 20 Beendigung des Mietverhältnisses

(1) Der Mieter ist verpflichtet, den Mietgegenstand bei Mietbeendigung in dem Zustand fachgerecht gereinigt und geräumt zurückzugeben, in dem er den Mietgegenstand angemietet hat. Kommt der Mieter dieser Verpflichtung nicht oder nicht rechtzeitig nach, so kann der Vermieter die Mietsache auf seine Kosten reinigen und in den vertragsgemäßen Zustand bringen lassen.

(2) Die Räumungspflicht des Mieters erstreckt sich auf alle von ihm eingebrachten Gegenstände, sofern der Vermieter nicht mit einem Verbleib einverstanden ist. Kommt der Mieter der Räumungspflicht nach Aufforderung nicht nach, so ist der Vermieter berechtigt, diese Gegenstände auf Kosten des Mieters entfernen zu lassen. Eine Aufbewahrungspflicht für den Vermieter besteht nicht.

(3) Der Mieter ist verpflichtet, sämtliche Schlüssel zum Mietgegenstand nach Beendigung des Mietverhältnisses dem Vermieter auszuhändigen.

§ 21 Hausordnung und Verkehrssicherungspflicht

(1) Der Mieter ist verpflichtet, die Hausordnung gemäß Anlage 9 zu diesem Vertrag einzuhalten und die vertragliche Nutzung so zu gestalten, dass weitere Mieter oder Grundstücksnachbarn nicht gestört werden.

(2) Der Mieter ist verantwortlich für den Betrieb der gemieteten Flächen, einschließlich Reinigung, Müllentsorgung, Lüftung, Beheizung und Beleuchtung.

(3) Der Mieter trägt die Verkehrssicherungspflicht für den Mietgegenstand einschließlich der Zugänge auf dem Grundstück und den öffentlichen Wegen vor dem Grundstück. Insbesondere ist der Mieter verpflichtet, die Wege auf eigene Kosten im Winter jederzeit von Eis und Schnee freizuhalten.

(4) Soweit der Mieter die Verkehrssicherungspflicht nach diesem Vertrag übernommen hat, stellt der Mieter den Vermieter von Ansprüchen Dritter aus Verletzungen dieser Verkehrssicherungspflicht frei.

§ 22 Schlussbestimmungen

(1) Änderungen und Ergänzungen dieses Vertrages bedürfen der Schriftform. Auf die Schriftform kann nur schriftlich verzichtet werden. Das Gleiche gilt für alle Erklärungen, für welche in diesem Vertrag Schriftform vorgesehen ist.

(2) Den Parteien sind die besonderen gesetzlichen Schriftformerfordernisse der §§ 550, 126 BGB bekannt. Sie verpflichten sich gegenseitig, auf jederzeitiges Verlangen einer Partei alle Handlungen vorzunehmen und Erklärungen abzugeben, die erforderlich sind, um dem gesetzlichen Schriftformerfordernis, insbesondere im Zusammenhang mit dem Abschluss dieses Ursprungsvertrages sowie für Nachtrags- (Änderungs- und Ergänzungs-) Verträge, Genüge zu tun und bis zu diesem

Zeitpunkt den Mietvertrag nicht unter Berufung auf die Nichteinhaltung der gesetzlichen Schriftform vorzeitig zu kündigen.

(3) Der Vertrag bleibt auch bei Ungültigkeit einzelner Vertragsbestimmungen im Übrigen wirksam. Ungültige Vertragsbestimmungen sind durch solche Regelungen zu ersetzen, die dem wirtschaftlichen Sinn und Zweck der ungültigen Regelung am nächsten kommen. Das gilt auch für Vertragslücken.

(4) Erfüllungsort und Gerichtsstand sind – soweit gesetzlich zulässig: _____

(5) Folgende Anlagen sind Bestandteil dieses Vertrages:

Anlage Nr.	Inhalt
1	Planunterlagen
2	Betriebs- und Nebenkosten
3	Mietsicherheit
4	Übergabeprotokoll
5	Mieterausbaubeschreibung
6	Werbemaßnahmen
7	Instandhaltung und Instandsetzung
8	Wartung
9	Hausordnung

(6) Etwaige vorher geschlossene Vereinbarungen über den Gegenstand dieses Vertrages verlieren mit dem Abschluss dieses Vertrages ihre Wirkung. Nebenvereinbarungen wurden nicht getroffen.

Ort, Datum   Ort, Datum

_____   _____

Vermieter   Mieter

Muster 2 zu § 578

2. Aufhebungsvereinbarung

70 Das nachstehende Muster einer Aufhebungsvereinbarung (Stand 03/2004) wurde für den Fall der vom (Unter-)Vermieter gewünschten Aufhebung entwickelt. Im Falle einer Aufhebung auf Wunsch des (Unter-)Mieters wird dieser den Vermieter wegen des Mietausfalls abfinden müssen.

Vereinbarung über die Aufhebung des Geschäftsraummietvertrages vom _____,
geändert durch die Nachträge _____,
in der Fassung vom _____,
zwischen

Name _____

Straße u. Hausnummer _____

PLZ _____ Ort _____

- nachfolgend **Vermieter** genannt - und

Name _____

Straße u. Hausnummer _____

PLZ _____ Ort _____

- nachfolgend **Mieter** genannt -

sowie

Name _____

Straße u. Hausnummer _____

PLZ _____ Ort _____

als Privatperson.

§ 1 Mietvertrag

Mit Mietvertrag für gewerbliche Räume vom _____ haben der Vermieter und der Mieter einen Mietvertrag über die Nutzung von gewerblichen Räumen in der

Straße u. Hausnummer _____

PLZ _____ Ort _____

Stockwerk _____

abgeschlossen (im Folgenden: Mietvertrag; Anlage _____).

- ☐ Der Vermieter hat die Räume zur Untermiete überlassen.
- ☐ Der (Unter-)Vermieter hat im selben Gebäudekomplex benachbarte Räume gemietet.
- ☐ Dieses Mietverhältnis wurde zwischenzeitlich jedoch mit Aufhebungsvertrag vom _____ aufgehoben (Anlage _____). Der (Unter-)Vermieter hat diese Räume zum _____ verlassen.

Vor diesem Hintergrund schließen die Parteien die nachstehende Vereinbarung:

§ 2 Aufhebungsgründe

Das Mietverhältnis wird aus einem der folgenden Gründe aufgehoben:

- ☐ Wichtiger Grund

  _____

  _____

- ☐ Nichtgewährung des vertragsgemäßen Gebrauchs

  _____

  _____

- ☐ Beendigung des Hauptmietvertrages

  _____

  _____

- ☐ Wirtschaftliche Gründe

  _____

  _____

- ☐ Sonstige Gründe

  _____

  _____

§ 3 Aufhebung des Mietvertrages

Die Parteien sind sich daher darüber einig, dass die mit Schreiben vom _____ erklärte Kündigung des Mieters berechtigt ist (Anlage _____).

Die Parteien stellen daher fest, dass auf Grund der ausgesprochenen Kündigung vom _____ das Mietverhältnis über die in § 1 genannten gewerblichen Miträume ordnungsgemäß beendet worden ist, ohne dass es der Einhaltung einer Frist bedurft hätte.

Für den Fall, dass – gleich aus welchem Grund – die fristlose Kündigung rechtlich keinen Bestand haben sollte, vereinbaren die Parteien hilfsweise hiermit die einvernehmliche Aufhebung zu denselben Bedingungen der fristlosen Kündigung und zu den Bedingungen dieses Aufhebungsvertrages.

§ 4 Zeitpunkt des Auszuges

Die Parteien legen als Zeitpunkt für den Auszug des Mieters aus den vertragsgegenständlichen gewerblichen Räumen folgendes Auszugsdatum fest: _____.

Der Mieter ist unter Ausschluss der stillschweigenden Verlängerung des Mietverhältnisses nicht berechtigt, die Miträume darüber hinaus zu nutzen.

Nutzt der Mieter die Geschäftsräume gleichwohl über dieses verbindliche Auszugsdatum hinaus, so haftet er dem Vermieter hierfür auf Schadensersatz und ist zur Zahlung einer angemessenen Entschädigung verpflichtet, die jedoch die Höhe der bisherigen Mietzahlungen nicht übersteigen darf. Darüber hinausgehende Schadensersatzansprüche des Vermieters werden ausgeschlossen.

§ 5 Mietzahlungen/Kaution

☐ Es handelt sich um einen Untermietvertrag. Die Zahlung der Miete des Mieters erfolgt gemäß Schreiben des Vermieters vom _____ direkt auf das Konto des Grundstückseigentümers und Hauptvermieters

_____
Name

_____
Straße u. Hausnummer

_____
PLZ   Ort

(Anlage _____).

☐ Der (Unter-)Mieter verpflichtet sich, die Mietzahlungen bis zu seinem Auszug weiterhin an das von dem (Unter-)Vermieter benannte Konto des Grundstückseigentümers und Hauptvermieters zu zahlen.

☐ Es bestehen über die bis zum Auszug laufenden Forderungen hinaus keine offenen Miet- oder Betriebskostenforderungen aus dem (Unter-)Mietvertrag vom _____ zwischen den Parteien.

Die Kaution aus dem Mietvertrag wurde dem (Unter-)Mieter ausgezahlt.

§ 6 Schadensersatz

Die Parteien sind sich darüber einig, dass dem Mieter durch die Vertragsbeendigung ein Schaden in Höhe der Kosten für den Auszug (insbesondere Schönheitsreparaturen), die Suche geeigneter Ersatzräume (insbesondere Maklergebühren) sowie der Kosten des Umzuges (Kosten für eine Umzugsfirma, Kosten für die Herrichtung der neuen Geschäftsräume, Neuanfertigung von Firmenschildern und Briefpapier etc.) entstehen kann.
Der Vermieter verpflichtet sich daher, an den Mieter eine Abfindung in Höhe von _____ € zu zahlen.
Dieser Abfindungsanspruch wird zu dem in § 4 festgesetzten Auszugsdatum fällig.

§ 7 Schlussbestimmungen

Alle Änderungen oder Ergänzungen dieser Aufhebungsvereinbarung bedürfen zu ihrer Wirksamkeit der Schriftform. Dieses Schriftformerfordernis kann seinerseits nur schriftlich abbedungen werden.
Der Vertrag bleibt auch bei Ungültigkeit einzelner Vertragsbestimmungen im Übrigen wirksam. Ungültige Vertragsbestimmungen sind durch solche Regelungen zu ersetzen, die dem wirtschaftlichen Sinn und Zweck der ungültigen Regelung am nächsten kommen. Das gilt auch für Vertragslücken.

Der Erfüllungsort für die vertraglich geschuldeten Leistungen ist der Ort der Mietsache. Der Gerichtsstand für alle Streitigkeiten im Zusammenhang mit diesem Vertrag ist, soweit gesetzlich zulässig, _____.

Die Parteien versichern, dass über den in § 1 genannten aufzuhebenden Mietvertrag vom _____ und diesen Aufhebungsvertrag und die darin in Bezug genommenen Schriftstücke hinaus keine weiteren mündlichen oder schriftlichen Nebenabreden in Bezug auf die Vertragsbeendigung getroffen wurden.

Im Übrigen gelten die gesetzlichen Bestimmungen.

Ort, Datum	Ort, Datum
_____	_____
Vermieter	Mieter
_____	_____

§ 578a BGB Mietverhältnisse über eingetragene Schiffe

(Fassung vom 02.01.2002, gültig ab 01.01.2002)

(1) Die Vorschriften der §§ 566, 566a, 566e bis 567b gelten im Falle der Veräußerung oder Belastung eines im Schiffsregister eingetragenen Schiffs entsprechend.

(2) ¹Eine Verfügung, die der Vermieter vor dem Übergang des Eigentums über die Miete getroffen hat, die auf die Zeit der Berechtigung des Erwerbers entfällt, ist dem Erwerber gegenüber wirksam. ²Das Gleiche gilt für ein Rechtsgeschäft, das zwischen dem Mieter und dem Vermieter über die Mietforderung vorgenommen wird, insbesondere die Entrichtung der Miete; ein Rechtsgeschäft, das nach dem Übergang des Eigentums vorgenommen wird, ist jedoch unwirksam, wenn der Mieter bei der Vornahme des Rechtsgeschäfts von dem Übergang des Eigentums Kenntnis hat. ³§ 566d gilt entsprechend.

Gliederung

A. Grundlagen.. 1	II. Mietverhältnisse über eingetragene Schiffe
I. Kurzcharakteristik................................. 1	(Absatz 1).. 5
II. Systematik.. 2	1. Definition 5
B. Praktische Bedeutung.......................... 3	2. Verweisungen 7
C. Anwendungsvoraussetzungen 4	III. Verfügungen über die Miete (Absatz 2)......... 8
I. Normstruktur..................................... 4	**D. Abdingbarkeit** 10
	E. Arbeitshilfen – Mustervertrag 11

A. Grundlagen

I. Kurzcharakteristik

1 Die Vorschrift § 578a BGB gilt für **eingetragene Schiffe**. Sie steht der neuen Systematik folgend deshalb im dritten Untertitel für Mietverhältnisse über andere Sachen. Die Regelung in § 578a BGB entspricht der bisherigen Bestimmung über die Schiffsmiete in § 580a BGB a.F.

II. Systematik

2 Für die **Schiffsmiete** gelten grundsätzlich die Vorschriften des allgemeinen Mietrechts im ersten Untertitel, soweit in den §§ 578-580a BGB nichts Abweichendes bestimmt ist. Ähnlich wie in § 578 BGB verweist § 578a BGB außerdem auf bestimmte Vorschriften im zweiten Untertitel über das Wohnraummietrecht.

B. Praktische Bedeutung

3 Ähnlich wie bei § 578 BGB liegt die Bedeutung des § 578a BGB im Wesentlichen in den **Verweisungen**.

C. Anwendungsvoraussetzungen

I. Normstruktur

4 Der § 578a BGB besteht aus zwei Absätzen. **Absatz 1** verweist auf die Vorschriften, die für die Schiffsmiete entsprechend anwendbar sind. Dabei handelt es sich um Regelungen bezüglich des Grundsatzes Kauf bricht nicht Miete, Übergang der Kaution sowie Belastungen eines Schiffes durch den Veräußerer. **Absatz 2** betrifft Verfügungen über den Mietzins.

II. Mietverhältnisse über eingetragene Schiffe (Absatz 1)

1. Definition

Voraussetzung für die **Anwendbarkeit** des § 578a BGB und der Zielnormen, auf die § 578a BGB verweist, ist, dass das Mietverhältnis über ein im See- oder Binnenschifffahrtsregister eingetragenes Schiff abgeschlossen wurde.

Die Vorschriften, die für Mietverhältnisse über eingetragene Schiffe gemäß § 578a BGB gelten, sind entsprechend auch auf Mietverhältnisse über gemäß § 98 LuftFzgG eingetragene **Luftfahrzeuge** anwendbar.[1]

2. Verweisungen

Für Mietverhältnisse über Schiffe ordnet § 578a BGB folgende Verweisungen an:
- § 566 BGB (Kauf bricht nicht Miete),
- § 566a BGB (Mietsicherheit),
- § 566e BGB (Mitteilung des Eigentumsübergangs durch den Vermieter),
- § 567 BGB (Belastung des Wohnraums durch den Vermieter),
- § 567a BGB (Veräußerung oder Belastung vor der Überlassung),
- § 567b BGB (Weiterveräußerung oder Belastung durch Erwerber).

III. Verfügungen über die Miete (Absatz 2)

Anders als bei Mietverhältnissen über Grundstücke, bei denen § 566b BGB den Mieter gegenüber **Vorausverfügungen** des Vermieters über die Miete zeitlich begrenzt schützt, ist gemäß Absatz 2 eine Vorausverfügung des Vermieters eines Schiffes oder Luftfahrzeugs zeitlich unbegrenzt, das heißt immer gegenüber dem Erwerber wirksam.

Der Mieter hat, da Absatz 2 Satz 3 die entsprechende Anwendung von § 566d BGB anordnet, die Möglichkeit der Aufrechnung seiner Forderung gegen den Vermieter gegenüber dem Mietanspruch des Erwerbers.

D. Abdingbarkeit

Abweichende Vereinbarungen sind grundsätzlich möglich.

---

[1] *Weidenkaff* in: Palandt, § 578a Rn. 1.

Muster zu § 578a

E. Arbeitshilfen – Mustervertrag

Chartervertrag

Vertrags-Nr.___/2006

zwischen

Firma/Name (Vorname) _____
Anschrift _____
 _____

Telefon/Fax _____
ggf. Vertretungsberechtigter

                    Steuernummer _____
                    Umsatzsteuer-ID _____

- im folgenden Vercharterer -

und

Firma/Name (Vorname) _____
Anschrift _____
 _____

Telefon/Fax _____
ggf. Vertretungsberechtigter

- im folgenden Charterer -

§ 1 Vertragsgegenstand

Chartergegenstand ist die Segelyacht *[Name und ausführliche Beschreibung einfügen und Beschreibung als **Anlage 1** zum Vertrag nehmen]*.

Der Chartergegenstand ist unter Nr. _____ im Schiffsregister eingetragen und steht im Eigentum des Vercharterers.

Die Verwendung des Chartergegenstandes ist nur in folgenden Gewässern zulässig:

[genau aufführen]

§ 2 Vertragsdauer

Der Chartergegenstand wird für die Zeit vom _____ *[Datumsangabe TTMMJJJJ]* bis _____ *[Datumsangabe TTMMJJJJ]* vermietet.

§ 3 Charter

Die Charter für die Gebrauchsüberlassung des Chartergegenstandes während der vorstehend vereinbarten Vertragsdauer beträgt:

Grundcharter	EUR
zzgl. 16 % Umsatzsteuer	EUR
Zwischensumme 1	EUR

Zu der Grundcharter kommen die Nebenkosten und Betriebskosten für den Betrieb, die Unterhaltung, Wartung, Versicherung und die Endreinigung wie folgt:

[Aufstellung der Kosten ergänzen]

NK	EUR
BK	EUR
Endreinigung	EUR
Zwischensumme 2	EUR
Gesamtcharter	EUR

Der Charterpreis schließt das Entgelt für die Nutzung des Chartergegenstandes und seiner Ausrüstung sowie die Versicherung (Haftpflicht- und Kaskoversicherung) des Chartergegenstandes mit einer Selbstbeteiligung je Schadenfall von _____ EUR, die im Erlebensfall durch den Charterer zu tragen sind.

Der Charterer wird darauf hingewiesen, daß er sich durch Abschluß einer entsprechenden Zusatzversicherung gegen den Ausfall und seine Selbstbeteiligung gesondert versichern kann.

Brennstoffe, Einklarierung, Hafengebühren, Hafenhandbücher, Wasserstraßenverzeichnisse, Seekarten usw. gehen zu Lasten des Charterers.

§ 4 Zahlung

Der Charterer ist verpflichtet, eine Anzahlung auf die Gesamtcharter in Höhe von 30 % innerhalb von vier Wochen und 70 % bis spätestens eine Woche vor Charterbeginn gemäß § 2 dieses Vertrages auf folgendes Konto des Vercharterers spesenfrei zu überweisen:

Bank	_____
Bankleitzahl	_____
Kontonummer	_____
(ggf. IBAN	_____)

Für die Rechtzeitigkeit der Zahlung ist die Wertstellung auf dem Konto des Vercharterers maßgeblich.

§ 5 Kaution

Der Charterer ist verpflichtet, vor Übernahme des Chartergegenstandes eine Barkaution in Höhe von _____ EUR zur Sicherung der Ansprüche des Vercharterers aus diesem Vertrag, beispielsweise bei Beschädigungen, verspäteter Rückgabe oder nicht durchgeführter Endreinigung, zu stellen.

Diese Kaution ist vom Vercharterer dem Charterer spätestens 14 Tage nach ordnungsgemäßer Rückgabe des Chartergegenstandes zurückzuzahlen. Der Vercharterer darf die Kaution seinen Ansprüchen gegen den Charterer verrechnen.

§ 6 Rücktrittsrechte

Der Vercharterer hat das Recht, von diesem Vertrag zurückzutreten, wenn er im Falle einer Havarie, Seeuntüchtigkeit infolge Unfall bei der Vorcharter oder in vergleichbaren Fällen, den Chartergegenstand nicht zur Verfügung stellen kann. Im Falle des Rücktritts kann der Charterer nur Rückzahlung in Höhe der bereits vorausgezahlten Charter und Nebenkosten sowie Rückgabe der Kaution verlangen. Der Anspruch auf Erfüllung und Schadensersatz ist – soweit gesetzlich zulässig – ausgeschlossen.

Tritt der Charterer vier Wochen vor Vertragsbeginn zurück und teilt er dies dem Vercharterer bis spätestens vier Wochen vor Vertragsbeginn mit, so behält der Vercharterer den Anspruch auf die vereinbarte Vorauszahlung in Höhe von 30 % der Gesamtcharter.

Leistet der Charterer die vereinbarten Vorauszahlungen oder stellt er die Kaution nicht oder nicht fristgerecht oder tritt er die Charter nicht an, ohne dies dem Vercharterer bis spätestens vier Wochen vor Vertragsbeginn mitzuteilen, schuldet der Charterer dem Vercharterer die vereinbarte Gesamtcharter. Kann der Vercharterer den Chartergegenstand anderweitig verchartern, muß er sich dies anrechnen lassen. Er hat gleichwohl Anspruch auf eine etwaige Differenz sowie 20 % der vereinbarten Gesamtcharter als pauschalen Aufwandsersatz für die anderweitige Vercharterung.

Der Charterer wird darauf hingewiesen, daß er sich gegen dieses Risiko über eine Reiserücktrittsversicherung absichern kann, die in diesem Vertrag nicht enthalten und gesondert abzuschließen ist.

§ 7 Pflichten des Vercharterers

Der Chartergegenstand wird dem Charterer sauber, segelklar, seetüchtig und voll getankt übergeben. Die Übergabe wird anhand einer Checkliste überprüft (**Anlage 2**).

Die Übergabe des Chartergegenstandes erfolgt am ersten Chartertag um _____ Uhr im vereinbarten Ausgangshafen. Der Zeitpunkt der Übernahme des Chartergegenstandes durch den Charterer kann sich auf Grund von Reparatur- oder sonstigen Arbeiten verschieben, eine Zeitdifferenz von bis zu vier Stunden gilt hierbei als Toleranzgrenze. Die Rückgabe des Chartergegenstandes erfolgt am letzten Chartertag bis _____ Uhr.

§ 8 Pflichten des Charterer

Der Charterer muß eine gültige und auf ihn lautende Berechtigung vorlegen, den Chartergegenstand führen zu dürfen. Die Berechtigung wird in Kopie als **Anlage 3** zu diesem Vertrag genommen wird. Der Charterer ist ferner verpflichtet:

- die Grundsätze der guten Seemannschaft einzuhalten;
- die Seemannschaft zu beherrschen und ausreichende Erfahrungen in der Führung eines Schiffes zu besitzen bzw. einen verantwortlichen Skipper mit diesen Eigenschaften zu stellen und dem Vercharterer namentlich mitzuteilen. Ist der Charterer oder sein Skipper nicht im Besitz des erforderlichen amtlichen Führerscheins oder Befähigungsnachweises (SBF-See oder höher) für das Führen des Schiffes in der vereinbarten Bootsklasse, behält sich der Vercharterer vor, die Übergabe das Schiff bei Einbehalt des Charterpreises zu verweigern oder einen Skipper im Namen und auf Kosten des Charterers zu stellen;
- die gesetzlichen Bestimmungen des Gastlandes zu beachten und An- und Abmeldungen beim Hafenmeister oder der zuständigen Behörde vorzunehmen;
- das Schiff ohne schriftliche Genehmigung des Vercharterers keinem Dritten zu überlassen oder zu vermieten und keine gefährlichen Güter oder Stoffe zu transportieren;
- das jeweilige Seegebiet des Vercharterers nur mit vorheriger schriftlicher Zustimmung des Vercharterers zu verlassen;
- keine Veränderungen am Schiff oder an der Ausrüstung vorzunehmen;
- Schiff und Ausrüstung pfleglich zu behandeln, das Schiff nur mit Bootsschuhen zu betreten, das Logbuch in einfacher Form zu führen, sich vor Törnbeginn über die Gegebenheiten des Fahrgebiets eingehend zu informieren, wie z. B. über Strömungen und veränderte Wasserstände bei starken Winden, etc.;
- bei angesagten Windstärken ab 7 Bft. den schützenden Hafen nicht zu verlassen;

- das Schiff am letzten Chartertag bis spätestens 9.00 Uhr im Ausgangshafen in einwandfreiem, gereinigtem, aufgeklartem und voll getanktem Zustand zur Rücknahme bereit zu halten;
- bei Schäden, Kollisionen und Havarien oder sonstigen außergewöhnlichen Vorkommnissen (Diebstahl, Beschlagnahme etc.) unverzüglich telefonisch oder telegrafisch den Vercharterer zu benachrichtigen. Bei Schaden am Schiff oder an Personen eine Niederschrift anzufertigen und für eine Gegenbestätigung des Hafenmeisters, Arztes oder der Polizei zu sorgen;
- im Falle der Havarie oder ähnlichen Fällen das Schiff immer mit der eigenen Leine abschleppen zu lassen und keine Vereinbarungen über Abschlepp- oder Bergungskosten zu treffen;
- gegebenenfalls zum Stützpunkt zurückzukehren, um eine Reparatur zu ermöglichen.
- alle Betriebsstoffe wie Öl, Diesel, Benzin, Gas, Petroleum, Spiritus, Batterien etc. auf eigene Rechnung aufzufüllen;
- Schiffszustand und Vollständigkeit von Ausrüstung und Inventar jeweils bei Übergabe und Rückgabe zu überprüfen (vgl. Checkliste – Anlage 2) und dies mit seiner Unterschrift zu bestätigen;
- Beanstandungen des Schiffes unverzüglich bei dem Stützpunkt des Schiffes anzuzeigen und im Übergabe- oder Rückgabeprotokoll zu vermerken. Später angezeigte Reklamationen werden ausgeschlossen;
- Schwimmwesten und weitere Sicherheitsausrüstungen, welche in ausreichender Zahl zum Schiff gehören, während des Segelns zu tragen.

Reparaturen bedürfen grundsätzlich der Genehmigung durch den Vercharterer. Ausgetauschte Teile sind in jedem Fall aufzubewahren. Auslagen für Reparaturen welche infolge von Materialverschleiß notwendig wurden, werden vom Vercharterer bei Vorlage der quittierten Rechnung zurückerstattet.

Der Ölstand, der Kühlwasserstand und die Bilgen sind täglich, der Austritt des Kühlwassers laufend durch den Charterer zu überprüfen. Schäden, die durch Trockenlaufen des Motors entstehen, sind in keinem Fall versichert und gehen zu Lasten des Charterers. Ebenso kann der Motor bei Schräglage unter Segeln von über 10 Grad Kränkung nicht benutzt werden, da der Motor dann kein Wasser und Öl bekommt.

§ 9 Gewährleistung und Haftung

Die Gewährleistung richtet sich nach den gesetzlichen Bestimmungen. Sie ist abweichend davon wegen geringfügiger Beeinträchtigung der Gebrauchstauglichkeit des Chartergegenstandes und seiner Ausrüstung oder der Vercharterer die Beeinträchtigungen nicht zu vertreten hat, ausgeschlossen.

Der Vercharterer haftet dem Charterer und seiner Crew nur für Schäden, welche infolge von Vorsatz und grober Fahrlässigkeit des Vercharterers entstehen. Der Vercharterer haftet nicht für solche Schäden, die aus Ungenauigkeiten, Veränderungen und Fehlern des zur Verfügung gestellten nautischen Hilfsmaterials und elektronischer Instrumente wie z. B. Seekarten, Handbücher, Kompaß, Funkpeiler usw. verursacht werden.

Für Handlungen und Unterlassungen des Charterers, für die der Vercharterer von dritter Seite haftbar gemacht wird, stellt der Charterer den Vercharterer von allen privat- und strafrechtlichen Folgen, auch von allen Kosten der Rechtsverfolgung im In- und Ausland frei. Der Charterer übernimmt den Chartergegenstand auf eigene Verantwortung.

Verläßt der Charterer den Chartergegenstand an einem anderen als den vereinbarten Ort, gleich aus welchem Grund, so trägt der Charterer alle Kosten für die Rückführung des Chartergegenstandes zu Wasser oder Land. Sollte die Rückführung den Charterzeitraum überschreiten, gilt der Chartergegenstand erst mit Eintreffen im vereinbarten Rückgabehafen als vom Charterer zurückgegeben.

Der Vercharterer kann bei verspäteter Rückgabe des Chartergegenstandes aus vom Charterer zu vertretenden Gründen Schadensersatz einschließlich Ersatz für den eingetretenen Nutzungsausfall verlangen.

Es wird darauf hingewiesen, daß der Abschluß einer Kasko-Versicherung durch den Vercharterer zu keiner Haftungsfreistellung des Charterers für diejenigen Schäden führt, die von der Versicherung nicht übernommen werden oder hinsichtlich derer die Versicherung sich ausdrücklich eine In-

Regreßnahme des Charterer vorbehalten hat. Dies gilt insbesondere für Schäden infolge grober Fahrlässigkeit, Vorsatz oder Nichtbeachtung der Vertragsbedingungen sowie für etwaige Folgeschäden.

Der Charterer wird darauf hingewiesen, daß er sich insoweit gesondert versichern kann.

§ 10 Versicherung

Der Chartergegenstand ist wie folgt versichert:

[nachstehende Angaben müssen vor Vertragsschluß mit den tatsächlichen Versicherungsbedingungen abgeglichen werden]

Haftpflicht	Deckungssumme Personenschäden	_____ Mio. EUR
	Deckungssumme Sachschäden	_____ Mio. EUR
Vollkasko	Deckungssumme Sachschäden	_____ Mio. EUR

Versicherungsschutz besteht innerhalb Europas auf allen Flüssen und sonstigen Binnengewässern mit Erweiterung für 6 Wochen im Jahr auf Nord- und Ostsee, gesamtes Mittelmeer und Atlantik (35°-60° N, 12° W).

Für Fahrten im Erweiterten Fahrgebiet verdoppelt sich die Selbstbeteiligung.

Mitgeführte persönliche Gegenstände sind nicht versichert. Die Versicherung haftet nicht für Unfallschäden die den mit dem Mietgegenstand reisenden Personen entstehen.

Der Charterer haftet für Schäden und Verlust des Chartergegenstandes, sofern der Schaden nicht von der Versicherung abgedeckt ist. Unter Schäden werden auch Folgeschäden verstanden. Der Vercharterer kann bis zur Schadensbehebung die bezahlte Kaution einbehalten.

Der Charterer wird darauf hingewiesen, daß er sich insoweit gesondert versichern kann.

§ 11 Schlußbestimmungen

Eine stillschweigende Verlängerung des Chartervertrages wird ausgeschlossen. Verlängerungen sind ausschließlich mit ausdrücklicher und schriftlicher Zustimmung des Vercharterers möglich.

Für diesen Vertrag gilt das Schriftformerfordernis, das seinerseits nur schriftlich abbedungen werden kann.

Mündliche Nebenabreden wurden nicht getroffen.

Im Falle einer lückenhaften Regelung oder unwirksamen Bestimmung bleibt der Vertrags im übrigen gültig. Die Parteien verpflichten sich, unwirksame oder fehlende Regelungen durch diesen möglichst nahe kommende wirksame Regelungen zu ersetzen bzw. zu ergänzen.

Gerichtsstand Erfüllungsort ist – soweit gesetzlich zulässig – der Standort des Chartergegenstandes.

Der Vertrag unterliegt deutschem Recht.

Folgende Anlagen sind Bestandteil dieses Vertrages:

Anlage 1 – Bootsbeschreibung
Anlage 2 – Bootsschein des Charterers
Anlage 3 – Versicherungsschein
Anlage 4 – Merkblatt

Ort, Datum

Unterschrift Charterer　　　　　　　　　　　Unterschrift Vercharterer

§ 579 BGB Fälligkeit der Miete

(Fassung vom 02.01.2002, gültig ab 01.01.2002)

(1) ¹Die Miete für ein Grundstück, ein im Schiffsregister eingetragenes Schiff und für bewegliche Sachen ist am Ende der Mietzeit zu entrichten. ²Ist die Miete nach Zeitabschnitten bemessen, so ist sie nach Ablauf der einzelnen Zeitabschnitte zu entrichten. ³Die Miete für ein Grundstück ist, sofern sie nicht nach kürzeren Zeitabschnitten bemessen ist, jeweils nach Ablauf eines Kalendervierteljahrs am ersten Werktag des folgenden Monats zu entrichten.

(2) Für Mietverhältnisse über Räume gilt § 556b Abs. 1 entsprechend.

Gliederung

A. Grundlagen...........................	1	**C. Anwendungsvoraussetzungen**	5
I. Kurzcharakteristik........................	1	I. Fälligkeit der Miete (Absatz 1)	5
II. Systematik...............................	2	II. Vorleistungspflicht des Mieters (Absatz 2)......	9
B. Praktische Bedeutung..................	3	**D. Abdingbarkeit**	10

A. Grundlagen

I. Kurzcharakteristik

Die Vorschrift § 579 BGB entspricht der bisherigen Regelung in § 551 BGB a.F.   1

II. Systematik

Die Regelung gilt aufgrund ihrer **systematischen Stellung** im besonderen Teil des Mietrechts für alle Mietverhältnisse über andere Sachen, namentlich für Geschäftsraummiete, Grundstücksmiete und Schiffsmiete.   2

B. Praktische Bedeutung

Der **Grundsatz der Endfälligkeit** der Miete, der in Absatz 1 aufgestellt wird, wird durch die Verweisung in Absatz 2 auf § 556b Abs. 1 BGB und die darin niedergelegte Vorleistungspflicht des Mieters relativiert.   3

Dadurch hat der Gesetzgeber eine Anpassung des Mietrechts an die Praxis nachvollzogen, in der die **Vorleistungspflicht** des Mieters in Bezug auf seine Mietzahlungsverpflichtung regelmäßig abweichend von der früheren Rechtslage gemäß § 551 Abs. 1 Satz 1 BGB a.F. vereinbart wurde.   4

C. Anwendungsvoraussetzungen

I. Fälligkeit der Miete (Absatz 1)

Für die Fälligkeit der Miete in Mietverhältnissen des dritten Unterabschnitts wird danach differenziert, ob die Mietzeit nach **Zeitabschnitten** bemessen wurde.   5

Grundsätzlich wird die Miete gemäß Absatz 1 Satz 1 am **Ende der Mietzeit** fällig. Haben die Parteien jedoch eine Bemessung nach Zeitabschnitten vorgenommen, so wird die Miete am Ende des jeweils vereinbarten Zeitabschnitts gemäß Absatz 1 Satz 2 fällig.   6

Die Miete ist am Ende des jeweiligen Zeitabschnitts gemäß § 188 BGB (vgl. die Kommentierung zu § 188 BGB) fällig. Fällt das **Fristende** auf einen Samstag, Sonntag oder Feiertag, gilt gemäß § 193 BGB (vgl. die Kommentierung zu § 193 BGB) der nächste Werktag als Fristende.[1]   7

---

[1] Einzelheiten vgl. *Meist*, ZMR 1999, 801-803.

§ 579

8   Die Mietschuld ist als Geldzahlungspflicht gemäß § 270 BGB (vgl. die Kommentierung zu § 270 BGB) **Schickschuld**.

II. Vorleistungspflicht des Mieters (Absatz 2)

9   Durch die Verweisung auf § 556b Abs. 1 BGB (vgl. die Kommentierung zu § 556b BGB) wurde auch für die Mietverhältnisse des dritten Unterabschnitts der gängigen Praxis folgend die Vorleistungspflicht des Mieters gesetzlich nachvollzogen.

D. Abdingbarkeit

10 Die **Fälligkeitsregelung** in Absatz 1 ist grundsätzlich auch formularmäßig abdingbar.[2]

11 Die **Vorleistungspflicht** gemäß Absatz 2 ist ebenfalls abdingbar, obgleich dies in der Praxis kaum vorkommen dürfte. Der umgekehrte Fall der abweichenden Vereinbarung der Vorleistungspflicht wurde in der alten Rechtslage als zulässig angesehen.[3]

12 Die Vereinbarung einer so genannten **Rechtzeitigkeitsklausel** wurde von der Rechtsprechung zur Rechtslage vor der Miet- und Schuldrechtsreform ebenfalls als wirksam angesehen.[4]

13 Die formularmäßige Verpflichtung des Mieters, eine Aufrechnung zeitlich vor der Fälligkeit mitzuteilen, ist zulässig.[5] Das gilt auch für die Ausübung eines **Zurückbehaltungsrechts** durch den vorleistungsverpflichteten Mieter eines Geschäftsraummietverhältnisses.[6]

14 Die Verpflichtung, **Gestaltungsrechte** wie Minderung, Aufrechnung oder Zurückbehaltung rechtzeitig anzuzeigen, ist auch bei vereinbarter Vorleistungspflicht zulässig.[7] Selbst der Ausschluss von Gestaltungsrechten in Verbindung mit der Vorleistungspflicht wurde als zulässig angesehen.[8]

---

[2] OLG München v. 24.01.1996 - 7 U 4907/95 - ZMR 1996, 376-379.
[3] BGH v. 26.10.1994 - VIII ARZ 3/94 - juris Rn. 13 - BGHZ 127, 245-254.
[4] BGH v. 24.06.1998 - XII ZR 195/96 - juris Rn. 14 - BGHZ 139, 123-131.
[5] OLG Rostock v. 05.03.1999 - 3 U 80/98 - NZM 1999, 1006.
[6] OLG Hamburg v. 01.10.1997 - 4 U 229/96 - NJW-RR 1998, 586-587.
[7] OLG Köln v. 30.10.1997 - 12 U 29/97 - WuM 1998, 23-24.
[8] BGH v. 27.01.1993 - XII ZR 141/91 - NJW-RR 1993, 519-521.

§ 580 BGB Außerordentliche Kündigung bei Tod des Mieters

(Fassung vom 02.01.2002, gültig ab 01.01.2002)

Stirbt der Mieter, so ist sowohl der Erbe als auch der Vermieter berechtigt, das Mietverhältnis innerhalb eines Monats, nachdem sie vom Tod des Mieters Kenntnis erlangt haben, außerordentlich mit der gesetzlichen Frist zu kündigen.

Gliederung

A. Grundlagen	1	I. Mietverhältnis	4
I. Kurzcharakteristik	1	II. Tod des Mieters	5
II. Systematik	2	III. Kündigung	9
B. Praktische Bedeutung	3	D. Abdingbarkeit	12
C. Anwendungsvoraussetzungen	4		

A. Grundlagen

I. Kurzcharakteristik

Die Vorschrift § 580 BGB entspricht der bisherigen Regelung in § 569 Abs. 1 BGB a.F., wobei die Monatsfrist schon durch Gesetz vom 16.02.2001[1] eingeführt worden war. **1**

II. Systematik

Die Regelung gilt aufgrund ihrer **systematischen Stellung** im besonderen Teil des Mietrechts für alle Mietverhältnisse über andere Sachen, namentlich für Geschäftsraummiete, Grundstücksmiete und Schiffsmiete. **2**

B. Praktische Bedeutung

Die praktische Bedeutung der Vorschrift liegt darin, dass auch in Mietverhältnissen des dritten Unterabschnitts Mieter natürliche Personen sein können und damit eine Regelung für den **Todesfall** getroffen werden muss. Der kraft Gesetz gemäß §§ 1922, 1967 BGB in das Mietverhältnis eintretende Erbe, aber auch der Vermieter sollen sich von dem Mietverhältnis des Erblassers grundsätzlich lösen können. **3**

C. Anwendungsvoraussetzungen

I. Mietverhältnis

Die Vorschrift des § 580 BGB setzt zunächst ein bestehendes Mietverhältnis voraus. Insbesondere bei Zeitmietverträgen ist daher der Ablauf der Mietzeit zu prüfen. **4**

II. Tod des Mieters

Die Vorschrift § 580 BGB setzt neben einem bestehenden Mietverhältnis den Tod des Mieters voraus. Die Regelung ist schon von ihrem Wortlaut auf natürliche Personen beschränkt. Eine analoge Anwendung auf juristische Personen wird mangels systemwidriger Regelungslücke abgelehnt. Für Gesellschafter und mehrere Personen als Mieter ist die Anwendung von § 580 BGB umstritten.[2] **5**

Auf die Art des Todes kommt es nicht an. Die Regelung in § 580 BGB kommt daher auch bei Selbsttötung zur Anwendung.[3] **6**

---

[1] BGBl I 2001, 266.
[2] *Weidenkaff* in: Palandt, § 580 Rn. 6; vgl. zur Außengesellschaft bürgerlichen Rechts: *Jacoby*, ZMR 2001, 409-417.
[3] BGH v. 06.07.1990 - LwZR 8/89 - juris Rn. 14 - LM Nr. 71 zu § 133 (C) BGB.

§ 580

7 Stirbt einer von mehreren Mietern, so sind die überlebenden Mieter nicht berechtigt, das Mietverhältnis gemäß § 580 BGB zu kündigen. Dies wurde vom OLG Naumburg für den Fall einer Rechtsanwaltssozietät entschieden.[4]

8 Für den umgekehrten Fall des Todes des Vermieters hat der Gesetzgeber dagegen kein Kündigungsrecht vorgesehen, da der oder die Erben in diesem Fall nicht schutzwürdig sind.

III. Kündigung

9 Nach § 580 BGB sind sowohl der Erbe als auch der Vermieter berechtigt, den Mietvertrag innerhalb der Monatsfrist zu kündigen. Die Regelung gewährt also ein außerordentliches Kündigungsrecht, ohne den Vertrag schon mit dem Tod des Mieters kraft Gesetzes zu beenden. Das Kündigungsrecht muss durch den kündigungsberechtigten Erben oder Vermieter ausgeübt, die Kündigung also erklärt werden.

10 Die Kündigungsfrist beginnt erst mit dem Zeitpunkt der Kenntnis des Kündigungsberechtigten vom Tod des Mieters. Hat der Erbe keine Kenntnis vom Erbfall, kann er die Kündigung nach § 580 BGB nicht unterlassen und dadurch auch keine Eigenverbindlichkeit gegenüber dem Vermieter begründen.[5]

11 Der Vermieter darf nicht darauf vertrauen, dass ihm irgendwann ohne eigenes Zutun nach dem Tod des Mieters der richtige Erbe bekannt gegeben wird. Er muss sich in zumutbarer Weise selbst darum kümmern, den richtigen Erben festzustellen, um rechtzeitig die Kündigung nach § 580 BGB auszuüben.[6]

D. Abdingbarkeit

12 Die Vorschrift ist grundsätzlich abdingbar.

---

[4] OLG Naumburg v. 19.04.2000 - 6 U 202/99 - juris Rn. 19 - NJW-RR 2002, 298-299.
[5] OLG Düsseldorf v. 28.10.1993 - 10 U 12/93 - DWW 1994, 48-50.
[6] OLG Hamm v. 08.01.1981 - 4 U 203/80 - juris Rn. 7 - MDR 1981, 499; vgl. zur Zumutbarkeit der Aufklärungspflicht: *Alexander*, NZM 1998, 253-255 und zur Möglichkeit die Kündigung auch schon vorher zu erklären: *Stellwaag*, ZMR 1989, 407-408.

§ 580a BGB Kündigungsfristen

(Fassung vom 02.01.2002, gültig ab 01.01.2002)

(1) Bei einem Mietverhältnis über Grundstücke, über Räume, die keine Geschäftsräume sind, oder über im Schiffsregister eingetragene Schiffe ist die ordentliche Kündigung zulässig,

1. **wenn die Miete nach Tagen bemessen ist, an jedem Tag zum Ablauf des folgenden Tages;**
2. **wenn die Miete nach Wochen bemessen ist, spätestens am ersten Werktag einer Woche zum Ablauf des folgenden Sonnabends;**
3. **wenn die Miete nach Monaten oder längeren Zeitabschnitten bemessen ist, spätestens am dritten Werktag eines Kalendermonats zum Ablauf des übernächsten Monats, bei einem Mietverhältnis über gewerblich genutzte unbebaute Grundstücke oder im Schiffsregister eingetragene Schiffe jedoch nur zum Ablauf eines Kalendervierteljahrs.**

(2) Bei einem Mietverhältnis über Geschäftsräume ist die ordentliche Kündigung spätestens am dritten Werktag eines Kalendervierteljahres zum Ablauf des nächsten Kalendervierteljahrs zulässig.

(3) Bei einem Mietverhältnis über bewegliche Sachen ist die ordentliche Kündigung zulässig,

1. **wenn die Miete nach Tagen bemessen ist, an jedem Tag zum Ablauf des folgenden Tages;**
2. **wenn die Miete nach längeren Zeitabschnitten bemessen ist, spätestens am dritten Tag vor dem Tag, mit dessen Ablauf das Mietverhältnis enden soll.**

(4) Absatz 1 Nr. 3, Absatz 2 und 3 Nr. 2 sind auch anzuwenden, wenn ein Mietverhältnis außerordentlich mit der gesetzlichen Frist gekündigt werden kann.

Gliederung

A. Grundlagen	1	II. Kündigung	5
I. Kurzcharakteristik	1	III. Kündigungsgründe	7
II. Regelungsprinzipien	3	IV. Kündigungsfristen	12
B. Anwendungsvoraussetzungen	4	V. Abdingbarkeit	15
I. Normstruktur	4		

A. Grundlagen

I. Kurzcharakteristik

Mit § 580a BGB endet der dritte Unterabschnitt des Mietrechts im BGB zu den Mietverhältnissen über andere Sachen. Die Vorschrift enthält abweichende Kündigungsbestimmungen für die besonderen Mietverhältnisse der §§ 578, 578a BGB. 1

Die Regelungen in § 580a BGB entsprechen den bisherigen Bestimmungen in § 565 Abs. 1, 1a, 4 BGB, § 565 Abs. 5 BGB a.F. mit der Abweichung, dass die Neuregelung in Absatz 4 klarstellt, dass die Kündigungsfristen des § 580a BGB auch bei der außerordentlichen Kündigung mit gesetzlicher Frist eingreifen. 2

II. Regelungsprinzipien

Die Kündigungsfristen des § 580a BGB sind grundsätzlich auf alle Mietverhältnisse des dritten Unterabschnitts anwendbar und dienen dem Zweck, dass zwischen der Erklärung der Kündigung und der 3

Beendigung des Mietverhältnisses für beide Parteien eine angemessene Zeit liegen soll. Für die Angemessenheit dieser Zeit knüpft § 580a BGB an den vereinbarten Zeitabschnitt der Gebrauchsüberlassung an und differenziert teilweise nach der Art der Mietsache.

B. Anwendungsvoraussetzungen

I. Normstruktur

4 Übersicht über die Kündigungsfristen in § 580a BGB:
- **Absatz 1** betrifft: Grundstücksmiete; Räume, die keine Geschäftsräume sind; eingetragene Schiffe und bestimmt:
  - Nr. 1: bei **tageweiser** Vermietung Kündigung spätestens zum Ablauf des Folgetages,
  - Nr. 2: bei **wochenweiser** Vermietung Kündigung spätestens am ersten Werktag nach Ablauf des folgenden Samstags,
  - Nr. 3: bei **monatsweiser** oder **längerer** Vermietung Kündigung spätestens am dritten Werktag nach Ablauf des übernächsten Monats und bei gewerblich genutzten unbebauten Grundstücken und eingetragenen Schiffen zum **Quartalsende**.
- **Absatz 2** betrifft: die **Geschäftsraummiete** und bestimmt, dass die ordentliche Kündigung spätestens am dritten Werktag eines Quartals zum nächsten Quartalsende möglich ist.
- **Absatz 3** betrifft die ordentliche Kündigung bei Mietverhältnissen über bewegliche Sachen und bestimmt
  - Nr. 1: bei **tageweiser** Vermietung Kündigung spätestens zum Ablauf des Folgetages,
  - Nr. 2: bei **längerfristiger** Vermietung Kündigung spätestens am dritten Tag nach Tag, an dem das Mietverhältnis enden soll.
- **Absatz 4** stellt klar, dass Absatz 1 Nr. 3, Absatz 2 und Absatz 3 Nr. 2 auch bei außerordentlicher fristgebundener Kündigung gelten.

II. Kündigung

5 Die Kündigung ist ein Gestaltungsrecht, das durch Erklärung gegenüber dem anderen Vertragsteil ausgeübt wird. Die fristgebundene ordentliche oder außerordentliche Kündigung muss spätestens bis zum Ablauf der Kündigungsfrist ausgeübt werden.

6 Wurde ein Mietverhältnis begründet, aber noch nicht vollzogen, so ist die Kündigung auch schon vor Beginn des Mietverhältnisses möglich.[1]

III. Kündigungsgründe

7 Die Kündigung gemäß Absatz 1 ist die **ordentliche** Kündigung des Mieters oder des Vermieters bei Mietverhältnissen auf unbestimmte Zeit im Sinne von § 542 Abs. 1 BGB.

8 Wenn eine Vertragsverlängerung für einen Gewerberaummietvertrag infolge unwirksamer Optionsausübung nicht zustande kommt, das Mietverhältnis aber zu den bisherigen Bedingungen stillschweigend fortgesetzt wird, verlängert sich das Mietverhältnis auf unbestimmte Zeit und kann mit ordentlicher Frist gekündigt werden.[2]

9 Die Kündigung gemäß Absatz 4 betrifft die **außerordentliche** fristgebundene Kündigung einer der beiden Parteien.

10 Der **Vermieter** kann nach folgenden Vorschriften außerordentlich fristgebunden kündigen:
- § 542 Abs. 1, Abs. 2 Nr. 1 BGB bei Mietverhältnissen auf bestimmte oder unbestimmte Zeit,
- § 544 Satz 1 BGB nach Ablauf von 30 Jahren,
- § 580 BGB bei Mietverhältnissen über andere Sachen,
- § 1056 Abs. 2 BGB bei Beendigung des Nießbrauchs,

---

[1] BGH v. 21.02.1979 - VIII ZR 88/78 - juris Rn. 13 - BGHZ 73, 350-355.
[2] KG Berlin v. 06.02.2006 - 22 U 134/05 - Grundeigentum 2006, 1036-1037.

- § 2135 BGB bei Nacherbfolge,
- §§ 109 Abs. 1, 111 InsO in der Insolvenz,
- § 57a ZVG bei Zwangsversteigerung,
- §§ 37 Abs. 3 Satz 2, 31 Abs. 3 WEG bei Veräußerung des Dauernutzungsrechts,
- § 30 Abs. 2 ErbbRVO bei Erlöschen des Erbbaurechts.

Der **Mieter** kann nach folgenden Vorschriften außerordentlich fristgebunden kündigen: 11
- § 540 Abs. 1 Satz 2 BGB bei verweigerter Zustimmung zur Untervermietung,
- § 542 Abs. 1, Abs. 2 Nr. 1 BGB bei Mietverhältnissen auf bestimmte oder unbestimmte Zeit,
- § 544 Satz 1 BGB nach Ablauf von 30 Jahren,
- § 580 BGB bei Mietverhältnissen über andere Sachen.

IV. Kündigungsfristen

Für die Berechnung der Kündigungsfristen ist der Zeitpunkt der tatsächlichen Überlassung der Mietsache maßgeblich und nicht der regelmäßig zeitlich frühere Zeitpunkt des Vertragsschlusses.[3] 12

Auf die Berechnung der Kündigungsfristen ist es ohne Einfluss, ob die Parteien einen neuen Mietvertrag über dieselbe Mietsache abschließen, ein weiterer Raum hinzugemietet wird oder es in Fällen der Personenmehrheit auf der Seite des Mieters oder des Vermieters zu Personenwechseln kommt. 13

Die Nichteinhaltung des Schriftformerfordernisses gemäß § 550 Satz 1 BGB führt hinsichtlich der Kündigungsfrist zur Anwendung des § 580a Abs. 2 BGB. Dies ist der Fall, wenn der Vermieter zur Durchführung von Bauarbeiten verpflichtet sein soll, deren Umfang aus einer nicht beigefügten Baugenehmigung folgt.[4] 14

V. Abdingbarkeit

Die Kündigungsfristen sind grundsätzlich abdingbar. Die Parteien können daher kürzere oder längere Kündigungsfristen und auch verschiedene Kündigungsfristen für Mieter und Vermieter vereinbaren.[5] 15

Der grundlegende Ausschluss der ordentlichen Kündigung für den Mieter entspricht nicht dem gesetzlichen Leitbild und verstößt daher in Formularverträgen gegen das Benachteiligungsverbot des früheren § 9 AGBGB, heute geregelt in § 307 BGB (vgl. die Kommentierung zu § 307 BGB).[6] 16

Die Klausel in einem Mietvertrag über einen Wasserliegeplatz für ein Segelboot, der Vertragslaufzeiten für eine Sommersaison, eine Wintersaison, ein Gesamtjahr oder länger vorsieht, mit folgendem Inhalt: „Der Vertrag verlängert sich jeweils um eine Sommer- bzw. Wintersaison oder um ein Gesamtjahr, wenn der Vertrag nicht vom Mieter oder Vermieter 60 Tage vor Vertragsende schriftlich gekündigt wird." benachteiligt den Mieter entgegen den Geboten von Treu und Glauben unangemessen und ist deshalb gemäß § 307 BGB unwirksam.[7] 17

---

[3] LG Zwickau v. 12.12.1997 - 6 S 202/97 - juris Rn. 3 - WuM 1998, 158-159.
[4] KG Berlin v. 06.11.2006 - 8 U 110/06 - juris Rn. 14 - Grundeigentum 2007, 149-150.
[5] *Weidenkaff* in: Palandt, § 580a Rn. 3.
[6] OLG Celle v. 16.08.1989 - 2 U 219/88 - MDR 1990, 154.
[7] LG Kiel v. 31.01.2005 - 1 S 266/04.

Untertitel 4 - Pachtvertrag

§ 581 BGB Vertragstypische Pflichten beim Pachtvertrag

(Fassung vom 02.01.2002, gültig ab 01.01.2002)

(1) ¹Durch den Pachtvertrag wird der Verpächter verpflichtet, dem Pächter den Gebrauch des verpachteten Gegenstands und den Genuss der Früchte, soweit sie nach den Regeln einer ordnungsmäßigen Wirtschaft als Ertrag anzusehen sind, während der Pachtzeit zu gewähren. ²Der Pächter ist verpflichtet, dem Verpächter die vereinbarte Pacht zu entrichten.

(2) Auf den Pachtvertrag mit Ausnahme des Landpachtvertrags sind, soweit sich nicht aus den §§ 582 bis 584b etwas anderes ergibt, die Vorschriften über den Mietvertrag entsprechend anzuwenden.

Gliederung

A. Kommentierung zu Absatz 1 1	c. Pachtverträge über Grundstücke 83
I. Grundlagen 1	d. Pachtverträge über Rechte 84
1. Kurzcharakteristik 1	e. Landpachtverträge 85
2. Regelungsprinzipien 3	f. §§ 536-536d BGB n.F. (§ 537 BGB a.F.) 86
3. Abgrenzung zur Miete 4	g. § 554 BGB n.F. (§§ 541a-541b BGB a.F.) 102
4. Abgrenzung zu anderen Verträgen 10	h. § 569 BGB n.F. (§ 544 BGB a.F.) 104
5. Besondere Pachtverhältnisse 16	i. § 535 Abs. 1 Satz 3 BGB, § 569 BGB n.F.
6. Grundlagen 23	(§ 546 BGB a.F.) 106
II. Anwendungsvoraussetzungen 32	j. § 539 BGB n.F. (§§ 547-547a BGB a.F.) 107
1. Normstruktur 32	k. § 538 BGB n.F. (§ 548 BGB a.F.) 108
2. Pflichten des Verpächters 33	l. § 540 Abs. 1 BGB n.F. (§ 549 Abs. 1 BGB a.F.) . 109
a. Gebrauchsüberlassung 34	m. § 541 BGB n.F. (§ 550 BGB a.F.) 111
b. Fruchtziehungsgewährung 39	n. § 579 Abs. 1 Satz 3 BGB n.F. (§ 551 Abs. 2
c. Nebenpflichten 44	BGB a.F.) 112
3. Pflichten des Pächters 45	o. § 537 BGB n.F. (§ 552 BGB a.F.) 113
a. Pachtentrichtung 46	p. §§ 543, 569 BGB n.F. (§§ 553, 554, 554a
b. Herausgabe der Übermaßfrüchte 56	BGB a.F.) 115
c. Betriebspflicht 57	q. §§ 546, 570 BGB n.F. (§ 556 BGB a.F.) 125
d. Nebenpflichten 58	r. §§ 546a, 547, 548 BGB n.F. (§§ 557, 557a
III. Anwendungsfelder 71	Abs. 1, 558 BGB a.F.) 129
1. Gegenstand von Pachtverträgen 71	s. § 556 BGB n.F. 135
2. Abdingbarkeit 76	t. §§ 562-562d BGB n.F. (§§ 559-563 BGB a.F.) .. 140
IV. Arbeitshilfen 77	u. §§ 542, 573d BGB n.F. (§§ 564-565 BGB a.F.) .. 140
1. Checkliste 77	v. § 550 BGB n.F. (§ 566 BGB a.F.) 143
2. Muster eines Pachtvertrages 78	w. § 544 BGB n.F. (§ 567 BGB a.F.) 149
B. Kommentierung zu Absatz 2 79	x. § 545 BGB n.F. (§ 568 BGB a.F.) 150
I. Grundlagen 79	y. § 564 BGB n.F. (§ 569 Abs. 1 BGB a.F.) 151
1. Kurzcharakteristik 79	z. §§ 566-567b BGB n.F. (§§ 571-579 BGB a.F.) .. 153
2. Regelungsprinzipien 80	II. Anwendungsvoraussetzungen 156
3. Anwendbarkeit der Vorschriften über den	1. Normstruktur 156
Mietvertrag 81	2. Vorliegen eines Pachtvertrages 157
a. Wohnraummietrecht 81	III. Arbeitshilfen 159
b. Pachtverträge über bewegliche Sachen 82	

A. Kommentierung zu Absatz 1

I. Grundlagen

1. Kurzcharakteristik

Als **Eingangsvorschrift des Pachtrechts** leitet § 581 BGB im 2. Buch, 8. Abschnitt und 5. Titel des BGB den 4. Untertitel mit den Regeln über das Pachtrecht ein. Die Vorschriften zum Pachtrecht befinden sich nach der Mietrechtsreform vom 01.09.2001 in den Untertiteln 4 und 5 des 5. Titels im 8. Abschnitt des 2. Buches des BGB. § 581 BGB leitet das gesamte Pachtrecht ein. § 585 BGB leitet das Landpachtrecht im Untertitel 5 ein. 1

Im Pachtrecht beschränken sich die Änderungen durch die **Mietrechtsreform** vom 01.09.2001 auf redaktionelle Änderungen. So ist in § 581 BGB die Pacht in Pachtvertrag und die Miete in Mietvertrag umbenannt worden. Im weiteren Verlauf wurden nur noch § 584 Abs. 2 BGB als auch die §§ 584a und 584b BGB geändert. 2

2. Regelungsprinzipien

Absatz 1 enthält eine **Legaldefinition** des Pachtvertrages. Diese enthält die **Hauptpflichten** der Vertragsparteien des Pachtvertrages. 3

3. Abgrenzung zur Miete

In Abgrenzung zur Miete gewährt die Pacht dem Pächter nicht nur den Gebrauch der Sache, sondern auch den **Genuss der Früchte** des Pachtgegenstandes. Weiterhin ist Miete nur an Gegenständen möglich. Der Pachtvertrag kann sich demgegenüber auch auf Rechte oder Rechtsgesamtheiten, so z.B. bei der Unternehmenspacht (vgl. Rn. 74), beziehen. Bedeutung erlangt das Pachtrecht auch beim Frequenzhandel (Spektrumspacht).[1] Bei der Abgrenzung von Pacht und Miete ist auf den jeweiligen Vertragsinhalt und den gewollten Vertragszweck abzustellen, nicht auf die Bezeichnung des Vertrages (§ 133 BGB). 4

In Zweifelsfällen kommt es bei der Abgrenzung auf den **Hauptgegenstand des Vertrages** sowie auf den wesentlichen Vertragszweck an, wie er von den Parteien gewollt ist. Diese Abgrenzung kann insbesondere dann Schwierigkeiten bereiten, wenn in einem einheitlichen, von den Parteien als Pachtvertrag bezeichneten Vertrag Gewerberäume mit angeschlossenen Wohnräumen zur Nutzung überlassen werden. In einem solchen Fall sind die Gesamtumstände zu berücksichtigen, so dass das Vertragsverhältnis auch dann als Pachtvertrag anzusehen sein kann, wenn der auf die Wohnräume entfallende Teil des Bruttonutzungsentgelts überwiegt.[2] 5

Nach der Rechtsprechung des Reichsgerichts und des BGH ist jedoch entscheidend, dass bei Vertragsabschluss die überlassene Sache nach ihrer Art oder Beschaffenheit oder **nach ihrer Einrichtung oder Ausstattung überhaupt geeignet** ist, als mittelbare Quelle für Erträge zu dienen. Bei der Überlassung von Räumen wurde darauf abgestellt, ob diese mit einer Einrichtung oder Ausstattung versehen sein sollten, da sie sonst nicht zur Fruchtziehung geeignet seien.[3] 6

Diese Ansicht verkennt jedoch, dass die Überlassung einer Gastwirtschaft, eines Tanzlokals oder auch eines Geschäftsraumes, sei sie auch ohne Inventar erfolgt, dem zur Nutzung Berechtigten durchaus auch zur Fruchtziehung überlassen werden kann. Daher stellt sich eine Abgrenzung allein anhand des objektiven Kriteriums, ob z.B. der Raum Inventar besitzt, mit dem Erträge möglicherweise erzielt werden können, nicht als sachgerecht dar. Vielmehr ist zu fragen, ob der Vertrag von seiner **wirtschaftlichen Zielrichtung** daraufhin ausgerichtet ist, dass der Nutzer zur Fruchtziehung, sprich zur Ertragserzielung mit dem überlassenen Gegenstand, berechtigt sein soll.[4] 7

---

[1] Vgl. *Spies*, MMR 2003, 230-234.
[2] OLG Köln v. 10.10.2006 - 22 U 74/06 - ZMR 2007, 114-115.
[3] BGH v. 04.04.1979 - VIII ZR 118/78 - LM Nr. 20 zu § 138 BGB.
[4] *Voelskow* in: MünchKomm-BGB, vor § 535 Rn. 6; zur Problematik des für einen Minderjährigen lediglich rechtlich vorteilhaften Geschäftes auch im Rahmen des Abschlusses eines Pachtvertrages vgl. *Preuß*, JuS 2006, 305-309.

§ 581

8 So stellt nach der Rechtsprechung auch die Überlassung eines unter seinem Namen im Rechtsverkehr eingeführten und teilweise eingerichteten Hotels zur Nutzung einen Pachtvertrag dar, auch wenn die Parteien diesen als Mietvertrag bezeichnen.[5] Dies erklärt sich daraus, dass die mit der Nutzungsüberlassung eines eingeführten Hotels verbundenen spezifischen Gebrauchsvorteile nach Auffassung des Gerichts Früchte im Sinne des § 100 BGB darstellen. Dies steht mit der allgemeinen Auffassung in Einklang, die Überlassung von Räumen regelmäßig als Pacht zu qualifizieren, wenn die Überlassung als solche die Fruchtziehung ermöglicht und der Sinn und Zweck des Vertrages gemäß einer Auslegung des Parteiwillens auch hierauf gerichtet ist.[6] Insoweit qualifiziert die Rechtsprechung auch einen Vertrag über die Reinigung und Kontrolle von Sanitäranlagen eines Einkaufszentrums gegen Zahlung eines monatlichen Betrages für die Nutzung der Räumlichkeiten bei gleichem Einbehalt des Trinkgeldes als Pachtvertrag.[7] Auch in diesem Fall ist aus der Überlassung der Räume eine Fruchtziehung möglich und die vertragliche Festlegung des Einbehaltsrechts am Trinkgeld drückt den Parteiwillen aus, dass Fruchtziehung auch der Zweck des Vertrages ist.

9 Zur Abgrenzung zwischen Miete und Pacht bei der Überlassung eines vom Vermieter einzurichtenden Theaters vgl. OLG Düsseldorf v. 27.05.2010.[8]

4. Abgrenzung zu anderen Verträgen

10 Der Werkvertrag ist gerichtet auf die Herbeiführung eines bestimmten Erfolges. Geschuldet ist demnach nicht die Gebrauchsüberlassung mit der Berechtigung zur Fruchtziehung, sondern im Vordergrund steht, ob der Berechtigte mit Hilfe des Überlassers oder an dessen Sache eine Produktion für diesen auszuführen hat, ihm also den Erfolg selbst zu verschaffen hat. Bei der Überlassung von ganzen Betrieben oder Betriebsabteilungen liegt regelmäßig Pacht vor, wenn dem Berechtigten der Ertrag aus dem Betrieb zur eigenen Verfügung zustehen soll. Ein Werkvertrag ist dann anzunehmen, wenn der Berechtigte nur dazu berechtigt ist, den Betrieb für den Überlasser fortzuführen.

11 Bei der Abgrenzung zum **Dienstvertrag** ist im Wesentlichen danach zu fragen, ob die der dienstverpflichteten Person überlassenen Gegenstände zur eigenen Gestaltung überlassen worden sind, oder ob dies der Weisungsbefugnis des Überlassers unterliegt. Steht der Berechtigte in einem Abhängigkeitsverhältnis zum Überlasser und wirtschaftet für diesen, so liegt ein Dienstvertrag vor. Ist der Berechtigte jedoch zur **eigenständigen Bewirtschaftung** berechtigt, liegt regelmäßig **Pacht** vor.[9]

12 Steht bei einem Vertrag beispielsweise das vereinbarte Nutzungsrecht diverser Räume und bei einem ausschließlichen Nutzungsrecht einer Golfanlage die Durchführung des Spielbetriebs im Vordergrund, so stellt dies, eine vereinbarte Pachtzahlung vorausgesetzt, eine entgeltliche Gebrauchsüberlassung von Räumen bzw. Grundstücken dar.[10] Es liegt dann ein Pachtvertrag und kein Dienstvertrag vor.

13 Vom Bestehen eines **Gesellschaftsvertrages** ist dann auszugehen, wenn die Mitwirkungsrechte des Überlassers und die gemeinsame Beteiligung an Gewinn oder Verlust der Forderung einem gemeinsamen Zweck – dem Gesellschaftszweck – dienen. Ein Pachtverhältnis ist im Gegensatz dazu anzunehmen, wenn der Übernehmer in seiner wirtschaftlichen Betätigungsfreiheit weitgehend frei ist. Schwierigkeiten bereitet eine Abgrenzung in den Fällen, in denen eine Verlustbeteiligung des Übernehmers als auch besondere Mitwirkungsrechte des Überlassers eine Rolle spielen, und die Wahrung dieser Rechte und Beteiligungen dem Gesellschaftszweck entsprechen, so dass bei Vorliegen dieser Voraussetzung von einer Gesellschaft auszugehen ist. Die reine Gewinnbeteiligung allerdings kann auch als Umsatzpacht ausgestaltet sein und schließt somit das Vorliegen einer Pacht nicht aus.

---

[5] OLG Düsseldorf v. 08.07.2008 - I-24 U 151/07 - ZMR 2009, 443-444.
[6] *Sonnenschein/Veit* in: Staudinger, 2005, § 581 BGB Rn. 28 m.w.N.
[7] OLG Frankfurt v. 30.05.2008 - 2 U 26/08 - NZM 2009, 334-335.
[8] OLG Düsseldorf v. 27.05.2010 - I-10 U 147/09 - ZMR 2011, 544-547.
[9] Zur Abgrenzung von Pachtvertrag und Arbeitsvertrag bei Tätigkeiten in einem Lokal vgl. LArbG Berlin v. 19.04.2002 - 2 Sa 1627/01 - Bibliothek BAG.
[10] OLG Hamm v. 06.05.2011 - 30 U 15/10.

Abzugrenzen ist der Pachtvertrag auch von **Mischverträgen** mit Pachtelementen. Zu nennen ist hier der **Franchisevertrag**. Hierbei wird der Franchisenehmer in das Vertriebs- oder Dienstleistungssystem des Franchisegebers einbezogen. Dabei wird seine wirtschaftliche Selbständigkeit bewahrt, der Franchisegeber überlässt dem Franchisenehmer Marken ggf. in Verbindung mit Warenzeichen und Lizenzen zur Nutzung und stellt sein Know-how zur Verfügung.[11] Weitere typengemischte Verträge, die Pachtelemente enthalten, sind der Bühnenaufführungsvertrag, der Filmverwertungsvertrag sowie der Filmverleihvertrag.

14

Ebenso kann in Einzelfällen eine Abgrenzung zum Rechtskauf notwendig werden. So ist *Heydn*[12] der Ansicht, dass im Falle zeitlich begrenzter Überlassung von Software ein Pachtvertrag zustande kommen kann.

15

5. Besondere Pachtverhältnisse

Im Bereich der Landwirtschaft spielt die Pacht eine übergeordnete wirtschaftliche Rolle und ist insbesondere in den neuen Bundesländern aufgrund der dort vorherrschenden speziellen Agrarstrukturen von besonderer Relevanz.[13] Neben den Vorschriften im Landpachtverkehrsgesetz wird der **Landpachtvertrag** näher ausgestaltet in den §§ 585-597 BGB.[14]

16

Auf die **Kleingartenpachtverträge** sind die Vorschriften des Bundeskleingartengesetzes (BKleingG) anzuwenden. Dieses stellt ein privatrechtliches Sondergesetz zum Pachtrecht des BGB dar. Der Kleingarten ist ein Garten, der dem Nutzer zur nicht erwerbsmäßigen gärtnerischen Nutzung und Erholung dient und in einer Anlage liegt, in der mehrere Einzelgärten mit gemeinschaftlichen Einrichtungen zusammengefasst sind. In den neuen Bundesländern beurteilt sich dies nicht nach der der Gartennutzung zugrunde liegenden Vertragslage, sondern nach den tatsächlichen Verhältnissen und der im Zeitpunkt des Beitritts am 03.10.1990 tatsächlich ausgeübten Nutzung.[15] Für die Berechnung des Pachtzinses gibt es auch nach dem Änderungsgesetz vom 08.04.1999 weiterhin die Preisbindung, die Pacht ist auf einen Höchstbetrag festgelegt. Kleinkartenpachtverträge über Dauerkleingärten dürfen nur auf unbestimmte Zeit abgeschlossen werden (§ 6 BKleingG). Für die Kündigung gilt das Schriftformerfordernis des § 126 BGB. Eine ordentliche Kündigung durch den Verpächter ist nur im Ausnahmefall möglich. Gründe dafür ergeben sich aus § 8 BKleingG. Die außerordentliche Kündigung ist in § 9 BKleingG geregelt und setzt einen schwerwiegenden Pflichtverstoß oder Zahlungsverzug voraus. Zum Anspruch gegen ausgeschiedene Mitglieder eines Dauerkleingartenvereins auf Zahlungen für Gemeinschaftszahlungen hat das OLG Hamm entschieden, dass dieser nur bei besonderer Vereinbarung besteht.[16] Eine Klausel, wonach der Pächter verpflichtet ist, an Gemeinschaftsarbeiten teilzunehmen bzw. als Ersatz ein Entgelt zu entrichten hat oder sich durch einen Dritten vertreten lassen kann, verstößt nach der Rechtsprechung nicht gegen § 307 BGB.[17]

17

Das ApG sieht einen **Apothekenpachtvertrag** vor. Die Zulässigkeit für die Verpachtung einer Apotheke ergibt sich grundsätzlich nur in Ausnahmefällen, da aus § 9 ApG ein generelles Pachtverbot folgt. Solche Ausnahmen im Sinne des ApG liegen vor, wenn der Verpächter die Apotheke aus einem

18

---

[11] Zur Anwendung des Pachtrechts auf Franchiseverträge vgl. *Möller*, AcP 203, 319-347; weiterhin *Giesler*, ZIP 2003, 1025-1032.
[12] *Heydn*, CR 2010, 765-776.
[13] Zur Ausgestaltung der dort neu zu verhandelnden Pachtverträge vgl. *Puls*, NL-BzAR 2003, 50-58.
[14] Zum Umfang des Pachtgegenstandes bei der Verpachtung eines Weinberges (gesamte Parzelle, nicht nur bestockte Fläche) vgl. OLG Koblenz v. 30.03.2004 - 3 U 1552/03, Lw 3 U 1552/03 - Lw- RdL 2004, 148-149.
[15] KG Berlin v. 18.02.2002 - 20 U 6044/00 - ZOV 2002, 279-280.
[16] OLG Hamm v. 10.09.2003 - 30 U 47/03 - NZM 2004, 158; zur Frage, wann Nutzungsverhältnisse nach dem BKleinG oder nach dem SchuldRAnpG i.V.m. der NutzEV zu beurteilen sind: AG Potsdam v. 30.10.1996 - 20 C 314/96 - Grundeigentum 1997, 319-321; LG Potsdam v. 25.11.1996 - 6 S 60/96 - Grundeigentum 1997, 305; zu den Voraussetzungen für die Rechtsnachfolge eines Vereins der Garten- und Siedlerfreunde in die Zwischenpächterposition eines Kreisverbandes des Verbandes der Kleingärtner, Siedler und Kleintierzüchter im Beitrittsgebiet vgl. BGH v. 16.12.2004 - III ZR 179/04 - EBE/BGH BGH-Ls 85/05.
[17] AG Hannover v. 18.11.2008 - 414 C 11005/08 - WuM 2009, 449-450.

in seiner Person liegenden wichtigen Grund nicht selbst betreiben kann, wenn ihm die Erlaubnis widerrufen wurde oder wenn der Erlaubnisinhaber gestorben ist.

19 Das **Jagdpachtrecht** ist in den §§ 11-14 BjagdG geregelt. Die Regelungen des BjagdG werden durch landesrechtliche Regelungen ergänzt. Gegenstand des Pachtvertrages ist das Jagdausübungsrecht, so dass die Jagdpacht eine Rechtspacht ist. Daher begründet die Jagdpacht kein Besitzrecht an den zum Jagdbezirk gehörenden Flächen.[18] Die Vorschriften des BGB für die Grundstückspacht finden keine Anwendung mit Ausnahme der §§ 571-579 BGB und § 57 ZVG, die gemäß § 14 BjagdG für entsprechend anwendbar erklärt werden. Aus § 11 Abs. 4 Satz 1 BjagdG folgt ein Schriftformerfordernis für den Abschluss von Jagdpachtverträgen und auch für Änderungen, etwa für die Erweiterung des Jagdreviers.[19] Zudem ist der Vertrag bei der zuständigen Behörde anzuzeigen. Bezüglich Abschluss und Aufhebung eines Jagdpachtvertrages kann die Vertretungsmacht des Jagdvorstandes im Interesse der Rechtssicherheit im Außenverhältnis nur durch eindeutige Satzungsregelung erfolgen.[20]

20 Wird ein laufender **Jagdpachtvertrag** gem. § 11 Abs. 5 BJagdG verlängert, so können auch unwesentliche Abänderungen der bisherigen Vereinbarungen ergehen. Bei dem Ausscheiden eines Mitpächters von mehreren Mitpächtern sowie bei dem Anwachsen des Jagdpachtrechtes zum Alleinpächter bei dem anderen Mitpächter handelt es sich um solche unwesentlichen Abänderungen. Zur Verlängerung des Jagdpachtvertrages ist eine Zustimmung des ausgeschiedenen Mitpächters nicht mehr erforderlich.[21]

21 Der **Jagdpachtvertrag** unterliegt regelmäßig der Mehrwertsteuerpflicht.[22] Wenn vertraglich vereinbart wurde, dass eine ggf. bestehende Mehrwertsteuer vom Pächter zu tragen ist, so ist der Pächter verpflichtet, die Steuer an den Verpächter zu zahlen. Die Verjährung der Ansprüche auf Zahlung einer Mehrwertsteuer auf den bei einer Jagdpacht anfallenden Pachtzins beginnt nach Ansicht der Rechtsprechung erst mit Kenntnis von einer Entscheidung des Bundesfinanzhofes (BFH)[23], wenn sich erst aus dieser Entscheidung ergibt, dass Einnahmen aus der Verpachtung von Eigenjagden mehrwertsteuerpflichtig sind.[24]

22 Für die **Fischereipacht** gelten die landesrechtlichen Vorschriften, in der Regel die Fischereigesetze der Länder. Pachtgegenstand ist das Fischereirecht und nicht das Gewässer, es sei denn, die Pacht bezieht sich ausdrücklich auch auf das Grundstück, auf dem sich das Gewässer befindet.

6. Grundlagen

23 Historisch betrachtet hat sich die Miete als selbständiges Rechtsinstitut aus der Pacht entwickelt. Die Rechtsfigur der Pacht lässt sich herleiten aus dem römischen Recht. Dabei wurden die Rechtsverhältnisse der Miete und der Pacht unter dem Oberbegriff der **Conductio rei** zusammengefasst. Zwar existierte der Begriff der Pacht explizit nicht, der Sache aber nach unterschied auch schon das römische Recht danach, ob der Konduktor nur zum Gebrauch einer Sache oder auch zur Fruchtziehung berechtigt war. In **Deutschland** setzte sich die Pacht erst ab 1300 durch, bedingt durch die Praxis der Kirchen

---

[18] AG Walsrode v. 20.09.2005 - 7 C 713/05 - Jagdrechtliche Entscheidungen III Nr. 176.
[19] Vgl. OLG Düsseldorf v. 16.01.2003 - 10 U 22/02 - ZMR 2003, 737-738.
[20] Vgl. LG Bonn v. 10.10.2003 - 2 O 572/02 - Jagdrechtliche Entscheidungen III Nr. 159; zur nur geringfügigen und daher unbeachtlichen Beeinträchtigung des Jagdausübungsrechtes vgl. AG Hattingen v. 31.07.2002 - 16 C 4/02 - Jagdrechtliche Entscheidungen III Nr. 155; zur Mitteilungspflicht einer Jagdgenossenschaft gegenüber dem Interessenten über Umstände der Planung von Windkraftanlagen auf dem betroffenen Gebiet und einem daraus resultierenden Schadensersatzanspruch wegen unterlassener Aufklärung vgl. LG Neuruppin v. 08.04.2008 - 2 O 286/07 - GuT 2008, 327-330.
[21] LG Nürnberg-Fürth v. 05.06.2009 - 14 O 1543/09.
[22] LG Paderborn v. 02.11.2007 - 3 O 246/07.
[23] Beim BFH handelt es sich um die letzte Instanz der deutschen Finanzgerichtsbarkeit. Er entscheidet im Wesentlichen über die Rechtmäßigkeit von Steuerbescheiden und sonstigen Bescheiden der Finanzämter oder Zollbehörden.
[24] LG Paderborn v. 02.11.2007 - 3 O 246/07; zur Besteuerung der Jagdpachtzins sowie Wildschadensvergütungspauschalen nach allgemeinem Umsatzsteuerrecht vgl. OLG Hamm v. 23.05.2008 - 30 U 206/07.

und Klöster, die vermehrt ihren Grundbesitz bewirtschaften ließen und, anstatt ihn zu veräußern, verpachteten. Die Rechtsstellung des Pächters erfuhr im Laufe der Jahre eine stetige Verbesserung und entwickelte sich in den meisten Teilen Deutschlands zu einem dinglichen Recht. Aus dem **Allgemeinen Preußischen Landrecht** ergibt sich ausdrücklich, dass die Pacht, sobald der Pächter den Besitz innehatte, ein dingliches Recht ist.[25]

Als Eingangsvorschrift zum Pachtrecht hat § 581 BGB drei wesentliche Bedeutungen: 24
- die **Abgrenzung** des Pachtvertrages vom Mietvertrag,
- die **Definition** des Pachtvertrages,
- die **Festlegung** der Hauptpflichten der Parteien des Pachtvertrages.

Beim Pachtvertrag handelt es sich um die Gebrauchsüberlassung auf Zeit unter der Berechtigung zur Fruchtziehung aus der verpachteten Sache.[26] Diese beiden vertraglichen Rechte des Pächters stehen im Gegenseitigkeitsverhältnis (Synallagma) zu seiner eigenen vertraglichen Pflicht, dem Verpächter den vereinbarten Pachtzins zu zahlen.[27] 25

Sind mehrere Grundstücke mit verschiedenen Vermietern einheitlich als ein Gesamtgrundstück verpachtet, so können die Vermieter ihre Rechte und Pflichten aus dem Vertrag nur einheitlich wahrnehmen.[28] In dem entschiedenen Fall erstreckte sich eine Golfanlage funktionseinheitlich über mehrere Grundstücke mit verschiedenen Verpächtern, ohne dass eine katastermäßige Zuordnung einzelner Teile der Golfanlage möglich gewesen ist. 26

Der Pachtvertrag ist ein **schuldrechtlicher Vertrag**. Er kommt durch Angebot und Annahme gemäß § 145 BGB zustande. Da es sich bei der Pacht um die Gebrauchsgewährung für eine bestimmte Zeit handelt, ist auch der Pachtvertrag wie die Miete als **Dauerschuldverhältnis** zu qualifizieren (§ 314 BGB).[29] 27

Die **Vertragsparteien** ergeben sich aus dem Pachtvertrag.[30] Eine Bestimmung der Parteien kann sich nach der Rechtsprechung auch aus den Umständen des Einzelfalls ergeben.[31] Insoweit erachtet es das Gericht als unschädlich, wenn der Pachtvertrag nicht schriftlich fixiert wurde, selbst dann, wenn die 28

---

[25] *Veit* in: Staudinger, vor § 581 Rn. 1.
[26] Zu dem Recht zum Besitz an einem in der DDR gepachteten Grundstück, das mit Billigung der staatlichen Stellen bebaut worden war, und zu dem Anspruch auf Begrenzung des Besitzanspruches nach dem Sachenrechtsbereinigungsgesetz vgl. OLG Brandenburg v. 26.04.2007 - 5 U 110/06.
[27] Zur formularmäßigen Risikoverteilung bei der Gewerbeflächenvermietung bzw. Verpachtung im Einkaufszentrum vgl. *Joachim*, NZM 2006, 368; zur Unwirksamkeit einer formularmäßigen Verpflichtung des Mieters in einem Einkaufszentrum, einer Werbegemeinschaft in Form einer GbR beizutreten, vgl. BGH v. 12.07.2006 - XII ZR 39/04 - NJW 2006, 3057-3058 mit Anm. *Joachim*; zur Frage, ob eine Vollvermietung und eine bestimmte Mieterstruktur als zugesichert anzusehen sind, wenn die Parteien einen bestimmten Vermietungszustand in die Präambel des Mietvertrages aufgenommen haben, und zur Anwendung der Grundsätze über den Wegfall der Geschäftsgrundlage nach Anmietung einer Teilfläche in einem erst zu erstellenden Zentrum für Handel und Dienstleistungen, wenn dieses nach der Eröffnung nicht in der erwarteten Weise von den Kunden angenommen wird, vgl. BGH v. 21.09.2005 - XII ZR 66/03 - NZM 2006, 54; zum wirtschaftlichen Risiko und zu Äquivalenzstörungen sowie zum Wegfall der Geschäftsgrundlage bei langfristigen Gewerberaumpacht- bzw. Mietverträgen vgl. *Kluth/Freigang*, NZM 2006, 41.
[28] OLG Hamm v. 06.05.2011 - 30 U 15/10.
[29] Zur Problematik, die aus einem bestehenden Pachtverhältnis im Zusammenhang mit der Übertragung eines Grundstücks an einen Minderjährigen entstehen kann, vgl. BGH v. 25.11.2004 - V ZB 13/04 - JZ 2006, 147-149 mit Anm. *Müßig* und BGH v. 03.02.2005 - V ZB 44/04 - NJW 2005, 1430-1431; zur Problematik von Pachtverträgen im Zusammenhang mit Bergwerkseigentum vgl. *Ring*, NotBZ 2006, 37-45.
[30] Bezüglich der Abgrenzung zwischen einem Strohmanngeschäft und einem nichtigen Scheingeschäft im Rahmen eines Gaststättenpachtvertrages vgl. OLG Naumburg v. 19.10.2004 - 9 U 62/04 - MDR 2005, 741-742.
[31] LG Neuruppin v. 21.05.2008 - 4 S 194/07. Wichtig für die Entscheidung des LG Neuruppin war vor allem § 23a des Schuldrechtsanpassungsgesetzes. Diese Vorschrift findet auf vor dem 02.10.1990 geschlossene Pachtverträge im Rechtsgebiet der ehemaligen DDR Anwendung, und sieht für großflächige Erholungsgrundstücke eine Teilkündigungsmöglichkeit vor. Gerade im Hinblick auf Pachtverträge, bei denen eine lange Laufzeit typisch ist, ist der Anwendungsbereich der Vorschriften des Schuldrechtsanpassungsgesetzes nach wie vor nicht zu unterschätzen.

Einzelheiten des Vertrages noch nicht einmal Gegenstand von Vertragsverhandlungen waren. Nach allgemeinen Grundsätzen sind an den Abschluss eines Pachtvertrages keine strengen Anforderungen zu stellen. Für einen Vertragsschluss genügt es, wenn der Vertragsinhalt bestimmbar ist, was eine ausdrückliche Einigung der Vertragsparteien in der Regel nicht erfordert.[32] Damit muss auch eine Bestimmung der Vertragsparteien nicht ausdrücklich bestehen, sondern kann sich auch aus den Umständen ergeben.

29 Die Sittenwidrigkeit eines Pachtvertrages kann zur Nichtigkeit eines Grundstückskaufvertrages führen, wenn die Verträge ein einheitliches Rechtsgeschäft gem. § 139 BGB bilden.[33]

30 Eine Klausel im Gaststättenpachtvertrag, die ein nachträgliches Wettbewerbsverbot von über 2 Jahren anordnet, ist nach neuer Ansicht unwirksam.[34] Das LG Berlin folgt damit nicht der alten BGH-Rechtsprechung aus den Jahren 1978 und 1990, die 3 Jahre für zulässig hielt. Als Grund führt es die zunehmende Dynamisierung der Lebensverhältnisse auf.

31 Wenn der Abschluss eines schriftlichen Pachtvertrages mit einer Vertragslaufzeit von mehr als einem Jahr beabsichtigt und zur Absicherung der beiderseitigen Interessen gesetzlich auch geboten ist, so kommt der Vertrag nicht durch Nutzungsbeginn und formlose Einigung über einen Teil des Vertragsinhalts zustande.[35]

II. Anwendungsvoraussetzungen

1. Normstruktur

32 Der Inhalt des Vertragstyps Pachtvertrag wird durch die **Vertragspflichten** der Parteien umschrieben.[36]
   (1)   Pflichten des Verpächters:
         (a)   Gebrauchsüberlassung auf Zeit (vgl. Rn. 34),
         (b)   Fruchtziehungsgewährung (vgl. Rn. 39).
   (2)   Pflichten des Pächters:
         Pachtentrichtung (vgl. Rn. 46).

2. Pflichten des Verpächters

33 Nach Absatz 1 ist der Verpächter dem Pächter zur **Gebrauchsüberlassung** der verpachteten Sache, Rechte oder Rechtsgesamtheiten auf Zeit verpflichtet. Darüber hinaus hat er dem Pächter den Fruchtgenuss aus dem Pachtgegenstand zu gewähren.[37]

a. Gebrauchsüberlassung

34 Wie der Vermieter (vgl. § 535 BGB) ist auch der Verpächter dem Vertragspartner zur Gebrauchsgewährung verpflichtet. Die Gebrauchsgewährung beinhaltet die **Bereitstellung und Überlassung der Sache, des Rechts oder der Rechtsgesamtheit**, die den Pächter in die Lage versetzt, die Sache in der üblichen oder vertraglich bestimmten Art und Weise zu gebrauchen. Enthält der Pachtvertrag keine Einzelauflistung der vom Verpächter zur Verfügung zu stellenden Innenausstattung, schuldet dieser eine handelsübliche Innenausstattung, die dem vertraglichen Zweck entspricht.[38] Neben dem Überlassen

---

[32] *Sonnenschein/Veit* in: Staudinger, 2005, § 581 Rn. 131.
[33] Vgl. BFH v. 27.04.2005 - II R 4/04 - BFHReport 2005, 698-702; zur Formunwirksamkeit eines langfristigen Pachtvertrages, der durch einen Bevollmächtigten ohne Vertretungszusatz unterzeichnet worden ist, und zur treuwidrigen Berufung auf diesen Schriftformmangel vgl. LG Berlin v. 21.12.2006 - 25 O 254/06 - WE 2007, 202.
[34] LG Berlin v. 22.09.2009 - 65 S 52/09 - Grundeigentum 2009, 1437.
[35] OLG Düsseldorf v. 30.11.2009 - 24 U 139/09 - ZMR 2010, 677-679.
[36] Zu den Ansprüchen des Verpächters und des Pächters eines gewerblichen Objekts nach Beendigung des Pachtvertrages vgl. OLG Brandenburg v. 01.10.2007 - 3 U 28/06.
[37] Zur Berechnung und Darlegung entgangenen Pächter-/Mietergewinns bei Vorenthalten des Geschäftslokals vgl. BGH v. 31.08.2005 - XII ZR 63/03 - NZM 2005, 823.
[38] OLG Düsseldorf v. 27.05.2010 - I-10 U 147/09 - ZMR 2011, 544-547.

des Pachtgegenstandes ist der Verpächter auch dazu verpflichtet, eigene Störungen für den Gebrauch durch den Pächter zu unterlassen. Die Gebrauchsgewährung ist nicht nur als bloße Duldungspflicht des Verpächters zu verstehen, sie kann auch in der Verpflichtung des Verpächters zu einem positiven Tun bestehen.[39]

Liegt eine wirksame Doppelverpachtung vor, so konkurrieren zwei Gebrauchsüberlassungsansprüche, die aus zwei wirksam abgeschlossenen Pachtverträgen resultieren. Von diesen kann der Verpächter in der Regel nur einen erfüllen. In diesem Fall ist der nichtbesitzende Pächter auf einen Schadensersatzanspruch gegen seinen Verpächter angewiesen, wenn sich der andere Pächter im rechtmäßigen Besitz der Pachtsache befindet.[40] Der Schadensersatzanspruch lässt sich in diesem Fall mit einem bestehenden Rechtmangel gemäß §§ 581 Abs. 2, 536 Abs. 3 BGB begründen, denn als solcher ist die grundsätzlich wirksame Doppelverpachtung regelmäßig zu qualifizieren.[41] In Zusammenhang mit der Bestimmung des Rechtsmangels ist es unerheblich, ob das Besitzrecht des Dritten an der Pachtsache von Anfang an besteht, oder aber erst nach Abschluss des Vertrages und Überlassung des Pachtgegenstandes begründet wird.[42] Liegt ein Fall der Doppelverpachtung vor, und möchte der nichtbesitzende Pächter die Einräumung des Besitzes an der Pachtsache durch eine entsprechende Verurteilung des Verpächters erreichen, so muss der nichtbesitzende Pächter sein schutzwürdiges Interesse an der Verurteilung des nichtbesitzenden Verpächters zur Einräumung des Pachtrechtes dartun. Dieses Interesse kann gegeben sein, wenn damit zu rechnen ist, dass der Verpächter zur Einräumung des Pachtbesitzes in der Lage ist. 35

Bei der Überlassung eines Weinberges kann die verpachtete Sache die gesamte Parzelle umfassen, auch wenn nur ein Teil bestockt ist und zwischen der bestockten und der nicht bestockten Fläche ein Zaun besteht.[43] 36

Zur Gewährung des Gebrauchs eines verpachteten Gewerbebetriebes gehört es ohne einen hinreichend deutlichen vertraglichen Ausschluss auch, dass der Verpächter keinen Konkurrenzbetrieb zulässt. Allerdings können diesbezügliche Minderungsansprüche des Pächters verwirkt sein, wenn er die Pacht in Kenntnis der bestehenden Wettbewerbssituation jahrelang ohne Vorbehalt weiterzahlt.[44] 37

Der Jagdpächter hat gem. § 242 BGB gegen den Verpächter ein Einsichtsrecht in das Jagdkataster, vor allem in Hinblick auf Vertragsanpassungs- und Minderungsrechte, die sich aus der Gewissheit über die Größe der gepachteten Fläche ergeben können.[45] 38

b. Fruchtziehungsgewährung

Aus dem Wesen des Pachtvertrages heraus wird der Verpächter dem Pächter gegenüber verpflichtet, diesem den Genuss der Früchte, soweit sie nach den Regeln einer ordnungsgemäßen Wirtschaft als **Ertrag** anzusehen sind, aus dem Gebrauch des verpachteten Gegenstandes zu gewähren. Zu den Früchten einer Sache oder eines verpachteten Rechtes zählen bereits nach § 99 BGB nur solche Früchte, die aus der Sache oder dem Recht der Bestimmung nach gewonnen werden können. Hierzu gehören gemäß § 100 BGB auch Gebrauchsvorteile, die mit der Überlassung eines voll eingerichteten und betriebsfertigen Hauses unter seinem eingeführten Namen verbunden sind.[46] In dem konkreten Fall wurde neben dem Grundstück auch das Haus komplett eingerichtet zur Nutzung als Altenwohn- und Pflegeheim überlassen. In Verbindung mit der Einschränkung des § 581 BGB auf den Ertrag aus dem verpachteten Gegenstand, der den Regeln einer ordnungsmäßigen Wirtschaft entspricht, ist zu folgern, 39

---

[39] BGH v. 18.11.1955 - V ZR 162/54 - BGHZ 19, 85-94.
[40] BGH v. 11.12.1961 - VIII ZR 46/61 - LM Nr. 4 zu § 541 BGB.
[41] *Sonnenschein/Veit* in: Staudinger, 2005, § 581 BGB Rn. 314.
[42] BGH v. 30.10.1974 - VIII ZR 69/73 - BGHZ 63, 132-140.
[43] Vgl. OLG Koblenz v. 30.03.2004 - 3 U 1552/03.Lw, 3 U 1552/03 - Lw - RdL 2004, 148-149.
[44] Vgl. OLG Frankfurt v. 11.05.2004 - 11 U 27/03 (Kart) - GRUR-RR 2004, 276-279.
[45] Vgl. LG Siegen v. 09.12.2003 - 1 O 44/03 - Jagdrechtliche Entscheidungen III Nr. 171.
[46] OLG Düsseldorf v. 09.11.2010 - I-24 U 223/09 - NZM 2011, 550-551.

§ 581

40 dass der Pächter nicht zur Substanzminderung berechtigt ist. Der Eigentumserwerb an den ordnungsgemäß erwirtschafteten oder gezogenen Früchten erfolgt nach den §§ 956-957 BGB.

40 Der Verpächter haftet auch dafür, dass der Pachtgegenstand allgemein zur Fruchtziehung tauglich ist. Er trägt jedoch nicht das Risiko, dass der Pachtgegenstand dem Pächter tatsächlich Gewinne einbringt. Ein **Mangel der Pachtsache** liegt dann vor, wenn aus einem vom Pächter nicht zu vertretenden Umstand die Fruchtziehungsmöglichkeit ganz oder zu einem wesentlichen Teil wegfällt oder sie von Anfang an nicht bestanden hat. In einem solchen Fall ist der Pächter gegebenenfalls zur Minderung des Pachtzinses nach den §§ 581 Abs. 2, 536 BGB oder sogar zur außerordentlichen fristlosen Kündigung aus wichtigem Grund gemäß §§ 581 Abs. 2, 543 BGB berechtigt.

41 Bei dem Bestehen öffentlich-rechtlicher Gebrauchshindernisse ist ein Mangel zu verneinen, wenn die Sache dennoch tatsächlich (behördlicherseits geduldet) wie bei Vertragsschluss beabsichtigt genutzt wurde.[47]

42 Der Pächter ist jedoch nicht zur Minderung oder gar zur Kündigung berechtigt, sofern der Pachtgegenstand einen schlechteren als den vorhergesehenen Ertrag bringt. Dies führt nicht zum **Wegfall der Geschäftsgrundlage**, auch dann nicht, wenn Äquivalenzstörungen eintreten, sofern die Entwicklung nicht vom Verpächter zu vertreten ist.[48]

43 Ein Wegfall der Geschäftsgrundlage mit der Folge einer Vertragsauflösung kann allerdings auch dann vorliegen, wenn zwar der Pächter grundsätzlich das Verwendungsrisiko der Pachtsache trägt, sich jedoch aus dem Vertrag ergibt, dass diese alleinige Risikotragung nur bis zum Ablauf einer bestimmten Frist gelten soll (hier: Abschluss eines Nutzungsänderungsgenehmigungsverfahrens bezüglich des verpachteten Gebäudes – Ablehnung der von beiden Parteien erwarteten Nutzungsänderungsgenehmigung).[49]

c. Nebenpflichten

44 Die Nebenpflichten des Verpächters sind im Wesentlichen ähnlich denjenigen des Vermieters gemäß § 535 BGB. Sie bestehen im Wesentlichen aus **Schutzpflichten** für den vertragsgemäßen Gebrauch, insbesondere an allgemeine Erhaltungs- und Instandhaltungspflichten,[50] und die Fruchtziehung sowie aus **Verkehrssicherungspflichten**.

3. Pflichten des Pächters

45 Nach § 581 Abs. 1 Satz 2 BGB ist der Pächter verpflichtet, dem Verpächter die vereinbarte Pacht zu entrichten. In der Regel ist der Pächter auch zur Betriebspflicht verpflichtet.

a. Pachtentrichtung

46 Hauptpflicht des Pächters, die im Gegenseitigkeitsverhältnis (Synallagma) steht, ist die Zahlung der Pacht. Diese kann in einer regelmäßigen Pachtzahlung wie bei der Miete liegen, sie kann jedoch auch in einer einmaligen Zahlung und der Übernahme bestimmter Leistungen liegen. Der Leistung muss dann allerdings zumindest Geldwert zukommen.[51]

47 Pachtzinsforderungen entstehen hierbei nicht bereits bei Vertragsschluss, sondern erst mit Beginn der jeweiligen Periode und somit abschnittsweise immer wieder neu. Somit entsteht nach Meinung der

---

[47] Vgl. *Bieber*, jurisPR-MietR 22/2005, Anm. 2 zu OLG München v. 04.07.2005 - 21 U 1607/05.
[48] Vgl. AG Wittlich v. 15.09.2006 - 4 C 109/06 - AUR 2007, 91-92.
[49] Vgl. OLG Schleswig v. 13.02.2004 - 4 U 67/03 - OLGR Schleswig 2004, 247-249.
[50] Dass den Verpächter die Erhaltungs- und Instandhaltungspflicht trifft, ergibt sich auch aus dem Umkehrschluss zu § 582 Abs. 1 BGB, wonach der Pächter nur dann die Pachtgegenstände instand setzen und erhalten muss, wenn es sich um eine Grundstücksverpachtung handelt, BFH v. 23.01.2008 - I B 136/07 - BFH/NV 2008, 1197-1198.
[51] BayObLG München v. 27.02.2003 - Verg 1/03 - BayObLGZ 2003, 38-44 - Überlassung einer bestimmten Menge Abfalls.

Rechtsprechung eine Aufrechnungslage gemäß § 387 BGB ebenfalls erst zu Beginn der jeweiligen Periode.[52]

Zu der Pachtzinsforderung kommen die vertraglich vereinbarten Nebenkosten, die zumeist gemäß der Betriebskostenverordnung (BetrVO) vereinbart werden, hinzu.[53] Betriebskosten sind nach der Betriebskostenverordnung „laufend entstehende" Kosten. Dazu gehören auch wiederkehrende Kosten, die dem Vermieter zur Prüfung der Betriebssicherheit einer technischen Anlage entstehen.[54] Nach Auffassung der Rechtsprechung fallen die Grundsteuern für das verpachtete Grundstück nicht zwingend unter den Begriff „Betriebs- und Nebenkosten", wenn es dafür keine konkrete Regelung im Pachtvertrag gibt. Insbesondere deutet die Nichtberücksichtigung der Grundsteuern in einer von den Vertragsparteien angefertigten Wirtschaftlichkeitsprognose darauf hin, dass sie nicht von den Betriebs- und Nebenkosten erfasst werden sollen.[55]

48

Als zu entrichtende Pacht ist auch die Beteiligung an einem Bruchteil oder Prozentsatz des Umsatzes (Umsatzpacht) möglich. Hier ist dann allerdings eine Abgrenzung zur Gesellschaft (vgl. Rn. 13) vorzunehmen. Eine solche Umsatzpacht kann z.B. bei einem Pachtvertrag in Form eines Domain-Überlassungsvertrages vereinbart werden, so dass der Pachtzins eine Gewinnbeteiligung an den auf der überlassenen Domain erzielten Umsätzen darstellt. Nach Ansicht der Rechtsprechung folgt aus der Vereinbarung einer solchen Umsatzpacht aber nur dann die Verpflichtung zur Erzielung bestimmter Mindestumsätze, wenn dies vertraglich ausdrücklich festgelegt ist. Auch lässt sich der Vereinbarung einer Umsatzpacht auch nicht eine konkludent enthaltene Vereinbarung entnehmen, dass der Pächter möglichst hohe Umsätze zu erzielen hat.[56] Welche Einnahmen zum Umsatz gehören, ist eine Frage des Einzelfalls und durch Auslegung zu bestimmen.[57] Allgemein ist den Parteien bei den durch sie vorzunehmenden Vereinbarungen über Umsatzpacht ein weiter Spielraum einzuräumen. Insoweit können z.B. steuerrechtliche Kriterien zu Grunde gelegt, oder aber vereinbarte statt tatsächlich gezahlter Entgelte angesetzt werden.

49

Für die Vereinbarung der Pachthöhe gilt grundsätzlich die Vertragsinhaltsfreiheit. Allerdings kommt bei der Vereinbarung einer Pacht, welche um 100% über der ortsüblichen Pacht liegt, nach der Recht-

50

---

[52] OLG Nürnberg v. 19.11.2008 - 12 U 101/08: dies steht mit der Vorschrift des § 587 Satz 2 BGB in Einklang; zur steuerrechtlichen Behandlung eines zwischen GmbH-Gesellschaftern abgeschlossenen Vertrages über die Verpachtung eines noch zu errichtenden Ferienhauses, wenn auf die Geltendmachung der fest vereinbarten Pachtzinserhöhung verzichtet wird und auch die eigentlich vereinbarte Übernahme der Nebenkosten nicht geltend gemacht wird, vgl. Finanzgericht Berlin-Brandenburg v. 07.05.2008 - 12 K 8229/05 B - DStRE 2008, 1336-1338.

[53] Zur Abwälzung von nicht im (Pacht-)Mietvertrag genannten Nebenkosten vgl. OLG Naumburg v. 18.10.2005 - 9 U 8/05, 9 U 8/05 (Hs) - GuT 2006, 131-132. Danach kommt die Abwälzung von Nebenkosten, die nicht nur im (Pacht-)Mietvertrag genannt werden, nur in Betracht, wenn es sich um objektbezogen neu entstandene Nebenkosten handelt, die bei der Bemessung des Mietzinses und/oder der Nebenkosten nicht berücksichtigt werden konnten. Sofern die Nebenkostenart (hier: Niederschlagswassergebühr) bei Abschluss des Hauptmietvertrages nicht bestand, wohl aber bei Abschluss eines späteren Untermietvertrages, der hinsichtlich der Nebenkosten auf die Regelung aus dem Hauptmietvertrag Bezug nimmt, so kommt es im Verhältnis Hauptmieter/Untermieter auf den Zeitpunkt des Abschlusses des Untermietvertrages an, vgl. auch *Both*, jurisPR-MietR 11/2006, Anm. 2; zur Überraschungswirkung (§ 305c BGB) des formularmäßigen Überwälzens exorbitanter Hausverwaltungskosten unter „sonstige Betriebskosten" vgl. OLG Köln v. 04.07.2006 - 22 U 40/06 - NJW 2006, 3358-3359; zu den Betriebs- und Instandhaltungskosten insgesamt vgl. *Derckx*, NZM 2005, 807; zur Nachvollziehbarkeit erheblicher Betriebskostensteigerungen sowie den Folgen eines Verstoßes gegen das Wirtschaftlichkeitsgebot vgl. KG Berlin v. 12.01.2006 - 12 U 216/04 - NZM 2006, 294; zum Grundsatz der Wirtschaftlichkeit in der Betriebskostenabrechnung vgl. *Streyl*, NZM 2006, 125; hat der Verpächter/Vermieter die Entwässerung auf eine neue Abwassergrube umgestellt, darf er die dadurch entstandenen dreifach höheren Kosten nicht auf die Mieter umlegen, wenn ihm die Wiederherstellung des bei Vertragsschluss bestehenden Anschlusses nicht unzumutbar war, vgl. LG Berlin v. 16.12.2005 - 76 S 433/05.

[54] BGH v. 14.02.2007 - VIII ZR 123/06 - ZMR 2007, 361-363.

[55] OLG Hamm v. 02.12.2009 - 30 U 93/09 - MietRB 2010, 137-138.

[56] LG Nürnberg-Fürth v. 16.10.2008 - 6 O 9057/07 - NJW-RR 2009, 622-623.

[57] *Sonnenschein/Veit* in: Staudinger, 2005, § 581 Rn. 192.

§ 581

sprechung eine Nichtigkeit nach § 138 BGB wegen Sittenwidrigkeit in Betracht. Bei einer Überschreitung um 88% ist dies jedoch nicht der Fall.[58]

51 Die Bestimmung eines auffälligen Missverhältnisses zwischen Leistung und Gegenleistung im Sinne von § 138 Abs. 1 BGB erforderliche Bewertung der Gaststättenpacht darf nach der Rechtsprechung nicht anhand der sog. EOP-Methode (an der Ertragskraft orientierte Pachtwertfindung) erfolgen. Eine an betriebswirtschaftlichen Rentabilitätserwägungen orientierte Preisrahmennominierung würde nicht nur in die freie Preisbildung des Marktes regulierend eingreifen und damit den Regelungsbereich des § 138 Abs. 1 BGB überschreiten, sondern im Übrigen auch die im Gesetz vorgesehene Risikoverteilung zwischen Pächter und Verpächter zu Lasten des Verpächters verschieben.[59]

Das Entgelt für die Gebrauchsüberlassung kann bei einem Pachtvertrag auch in der Übernahme der laufenden Unterhaltungskosten des Grundstücks liegen.[60]

52 Die ortsübliche Pacht ist anhand vergleichbarer Pachtobjekte zu ermitteln. Bei der Frage, ob bei einem gewerblichen Miet- oder Pachtverhältnis von einer – gegenüber der ortsüblichen – auffällig erhöhten Pacht auf eine verwerfliche Gesinnung des Begünstigten zu schließen ist, kommt es maßgeblich darauf an, ob das auffällige Missverhältnis für den Begünstigten erkennbar war.[61]

53 Bei einer in einer Mietvertragsurkunde vereinbarten Pachtfreiheit für den Zeitraum von zwei Jahren spricht nach der Rechtsprechung die Vermutung der Vollständigkeit und Richtigkeit der Urkunde gegen eine vom Pächter behauptete mündliche Erlassvereinbarung über ein drittes Jahr Pachtfreiheit.[62] Des Weiteren wurde entschieden, dass ein Pächter, der den Pachtzins hinterlegt hat, obwohl die Hinterlegung unrechtmäßig war, sich nicht darauf berufen kann, den Pachtzins bei Fälligkeit bezahlt zu haben.[63] Außerdem konkretisiert eine Preisanpassungsklausel, in der die Parteien vereinbart haben, bei Nichtzustandekommen einer Erhöhungsvereinbarung den Streit nicht selbst, sondern durch einen Dritten beilegen zu lassen, den Leistungsinhalt verbindlich.[64] Nach Ansicht des Gerichts hat bei einer solchen Schiedsgutachtervereinbarung das Landwirtschaftsgericht im ZPO-Verfahren zu entscheiden. Wenn im Rahmen dieses Verfahrens der mit der Ermittlung eines marktüblichen Pachtzinses beauftragte Gutachter seinerseits ohne Auftrag einen weiteren Gutachter beauftragt, stellt dies einen gravierenden Verfahrensfehler dar. Sofern die Parteien im Rahmen der Preisanpassungsklausel vereinbart haben, Entwicklungen des Marktwertes bei der Bestimmung der Pachthöhe zu berücksichtigen, ist eine Bestimmung des Pachtzinses ohne Berücksichtigung des Marktwertes unbillig.

54 Auch bei einem für längere Zeit als ein Jahr geschlossenen Miet(oder Pacht)vertrag bedarf die nachträgliche Vereinbarung der – auch unbefristeten – Herabsetzung der Miet(oder Pacht)zins nicht der Schriftform, wenn der Vermieter sie jederzeit zumindest mit Wirkung für die Zukunft widerrufen darf.[65]

---

[58] Vgl. *Bühler*, EWiR 2003, 453-454.
[59] BGH v. 28.04.1999 - XII ZR 150/97 - BGHZ 141, 257-267.
[60] OLG Brandenburg v. 20.11.2002 - 3 U 128/01.
[61] Vgl. BGH v. 30.06.2004 - XII ZR 11/01 - NJW-RR 2004, 1454-1455; BGH v. 14.07.2004 - XII ZR 352/00 - NJW 2004, 3553-3555; zu der Frage, ob bei einem gewerblichen Miet- oder Pachtverhältnis allein aus dem auffälligen Missverhältnis zwischen der vereinbarten und der marktüblichen Miete oder Pacht auf eine verwerfliche Gesinnung des Begünstigten geschlossen werden kann vgl. auch *Bühler*, EWiR 2005, 243-244; zur Sittenwidrigkeit einer Mitverpflichtung der Ehefrau des Pächters im gewerblichen Pachtvertrag vgl. BGH v. 29.09.2004 - XII ZR 22/02 - GuT 2005, 6-8. Danach kommt es für die Beurteilung der Sittenwidrigkeit auf den Grad des Missverhältnisses zwischen dem Verpflichtungsumfang und der finanziellen Leistungsfähigkeit des Mitverpflichteten zum Zeitpunkt der Übernahme der Mitverpflichtung an; zum Nutzungsentschädigungsanspruch des Verpächters bei Unwirksamkeit des Vertrages vgl. entsprechend *Pfeifer*, jurisPR-MietR 21/2005, Anm. 4 zu KG Berlin v. 07.03.2005 - 8 U 166/03 - Grundeigentum 2005, 482-483. Hiernach kann gemäß § 812 Abs. 1 BGB Nutzungsentschädigung in Höhe des ortsüblichen Mietzinses verlangt werden.
[62] OLG Brandenburg v. 04.03.2009 - 3 U 33/08 - ZMR 2009, 599.
[63] OLG Brandenburg v. 20.03.2008 - 5 U (Lw) 33/07.
[64] OLG Brandenburg v. 20.03.2008 - 5 U (Lw) 32/07; vgl. auch OLG Brandenburg v. 20.03.2008 - 5 U (Lw) 34/07.
[65] Vgl. BGH v. 20.04.2005 - XII ZR 192/01 - NJW 2005, 1861-1862.

Zu der Problematik der unwirksamen Schönheitsreparaturklauseln ist ergänzend noch auszuführen, dass zu den Werten des örtlichen Mietspiegels ein Zuschlag gem. § 28 Abs. 4 II. BV hinzugerechnet werden kann, wenn dem Mietspiegel Mietverhältnisse zu Grunde liegen, bei denen die Schönheitsreparaturen wirksam abgewälzt worden sind.[66]

b. Herausgabe der Übermaßfrüchte

Gemäß Absatz 1 Satz 1 ist der Pächter zum Genuss der Früchte nur soweit berechtigt, als sie nach den Regeln einer ordnungsmäßigen Wirtschaft als **Ertrag** anzusehen sind. Im Gegensatz zum Nießbraucher gemäß § 1039 BGB ist der Pächter nicht berechtigt, Übermaßfrüchte zu ziehen. Daher gebühren dem Pächter weder durch Raubbau, Windbruch oder Substanzverletzung gezogene Früchte noch auf dem Pachtgegenstand gefundene Schätze (§ 1040 BGB).

c. Betriebspflicht

Den Pächter trifft im Gegensatz zum Mieter in der Regel eine Betriebspflicht. Dies folgt allein schon daraus, dass in Abgrenzung zur Miete, bei der dem Mieter die Sache lediglich zum Gebrauch überlassen worden ist, der Pachtgegenstand bei Nichtnutzung regelmäßig verschlechtert oder gar entwertet wird. Eine solche Betriebspflicht kann entweder ausdrücklich zwischen den Parteien vereinbart worden sein, sie kann sich jedoch auch aus den Umständen des Pachtvertrages ergeben. Solche Umstände liegen zum Beispiel dann vor, wenn die Parteien eine Umsatzpacht (vgl. Rn. 49) vereinbart haben oder eine Betriebspflicht des Pächters aus dem für ihn resultierenden besonderen Erhaltungsinteresse des Verpächters resultiert. Da die Geschäftsentwicklung dem unternehmerischen Risiko des Mieters bzw. Pächters zuzuordnen ist, entfällt eine vertraglich vereinbarte Betriebspflicht nicht schon deshalb, weil die Fortführung des Betriebs unwirtschaftlich wäre oder der Mieter bzw. der Pächter leistungsunfähig ist.[67]

d. Nebenpflichten

Auch den Pächter treffen im Verhältnis zum Verpächter regelmäßig Nebenpflichten, die bestehen können aus der grundsätzlichen Pflicht zum vertragsgemäßen Verbrauch des Pachtgegenstandes. Daneben sind auch solche Nebenpflichten, die allgemein zu den vertraglichen Nebenpflichten gehören, wie Obhut und Verkehrssicherungspflichten zu nennen.

Hierzu gehört auch die Verpflichtung, keine wesentlichen Veränderungen an der Pachtsache vorzunehmen. Keine wesentliche Veränderung von Teilen einer Pachtsache liegt vor, wenn Tierunterstände erweitert oder errichtet werden, sofern diese für die Bewirtschaftung der Pachtsache betriebsnotwendig sind. Dies gilt selbst dann, wenn diese Errichtungen oder Erweiterungen möglicherweise baurechtlich unzulässig sind.[68]

Weitere Nebenpflichten können sich aus dem Pachtvertrag ergeben.[69] Danach führt die Kombination einer Endrenovierungsklausel mit einer solchen über turnusmäßig vorzunehmende Schönheitsreparaturen wegen des dabei auftretenden Summierungseffektes zur Unwirksamkeit beider Klauseln.

---

[66] Vgl. *Börstinghaus*, jurisPR-MietR 23/2005, Anm. 1 zu AG Bretten v. 08.03.2005 - 1 C 526/04 - DWW 2005, 293.
[67] OLG Celle v. 03.07.2007 - 2 W 56/07 - NJW-RR 2008, 168-169.
[68] OLG Düsseldorf v. 04.05.2010 - I-24 U 170/09 - ZMR 2011, 282-284.
[69] Die formularmäßige Verpflichtung eines Tankstellenpächters, bei Beendigung des Tankstellenvertrags die mit Familienmitgliedern eingegangenen Arbeitsverhältnisse „auf seine Kosten" zu beenden, anderenfalls den Verpächter oder den Nachfolgebetreiber „von allen daraus entstehenden Kosten freizuhalten bzw. entstandene Kosten zu erstatten", ist unangemessen benachteiligend und daher unwirksam, vgl. BGH v. 23.03.2006 - III ZR 102/05 - NZA 2006, 551-552. Zum Summierungseffekt von Renovierungsklauseln vgl. *Bieber*, jurisPR-MietR 16/2005, Anm. 1 zu BGH v. 06.04.2005 - XII ZR 308/02 - NJW 2005, 2006-2008. Zu den Renovierungspflichten vgl. außerdem *Lehmann-Richter*, NZM 2005, 691.

61 Die Vereinbarung von Schönheitsreparaturen nach starrem Fristenplan ist im Übrigen auch bei Altverträgen unwirksam.[70] Die in einem Wohnraummietvertrag enthaltene Klausel, nach der Schönheitsreparaturen „in der Regel in Küchen, Bädern und Toiletten spätestens nach drei Jahren, in Wohnräumen, Schlafräumen, Dielen … spätestens nach fünf Jahren und in sonstigen Räumlichkeiten … spätestens nach sieben Jahren" durchzuführen sind, enthält keinen starren Fristenplan; sie ist deshalb nicht wegen unangemessener Benachteiligung des Mieters unwirksam.[71] Nach der Rechtsprechung ist ein formularmäßiger Fristenplan für die vom Mieter vorzunehmenden Schönheitsreparaturen auch dann starr und benachteiligt einen Mieter unangemessen im Sinne des § 307 BGB, wenn die Fristen allein durch die Angabe eines nach Jahren bemessenen Zeitraumes ohne jeden Zusatz bezeichnet sind. Darüber hinausgehend verliert eine Klausel über die quotenmäßige Abgeltung angefangener Renovierungsintervalle ihre Grundlage, wenn die vertragliche Regelung über die Abwälzung der Schönheitsreparaturverpflichtung auf den Mieter unwirksam ist. Somit „kippt" ein unwirksamer starrer Fristenplan auch eine wirksame Quotenklausel.[72]

62 Auch die formularmäßige Klausel „Der Mieter ist verpflichtet, Schönheitsreparaturen laufend auf eigene Kosten fachgerecht durchführen zu lassen, sobald der Grad der Abnutzung dies nach der Art des Gewerbebetriebes bzw. der vertraglichen Nutzung erfordert" in einem Gaststättenpachtvertrag ist nach dem OLG Düsseldorf[73] wegen Verstoßes gegen § 307 BGB unwirksam, weil in ihr eine Selbstvornahme der Schönheitsreparaturen durch den Mieter ausgeschlossen wird.

63 Die vorstehenden Entscheidungen können auch im Rahmen von Pachtverträgen, die Wohnräume (mit-)umfassen, von Bedeutung sein.

64 Zur Problematik der Schönheitsreparaturklauseln hat das OLG München[74] entschieden, dass eine Klausel, dass das Pachtobjekt „im frisch ausgemalten Zustand" zurückzugeben ist, keine Endrenovierungsklausel darstellt, die in Verbindung mit der Klausel, die turnusmäßige Durchführung von Schönheitsreparaturen vorsieht, zur Unwirksamkeit beider Klauseln führt, da nicht die Durchführung einer kompletten Schönheitsreparatur für die Rückgabe des Pachtobjekts verlangt wird. Es seien vielmehr nur die Malerarbeiten durchzuführen, die notwendig sind, um den Zustand „frisch ausgemalt" zu erreichen. Dies sei nicht unbillig, da eine Verschmutzung der Wände und Decken in den Restaurationsräumen und in der Küche durch Zigarettenrauch und Küchendünste sehr schnell erfolgt, so dass auch nach einer gerade durchgeführten Schönheitsreparatur bald wieder leichte Verschmutzungen auftreten, die aber durch ein einfaches Übertünchen beseitigt werden können.

65 Auch eine vorformulierte „Rückgabeklausel", nach der der Mieter verpflichtet ist, bei seinem Auszug unabhängig von der Dauer des Mietverhältnisses und dem Zeitpunkt der letzten Schönheitsreparaturen alle von ihm angebrachten oder vom Vormieter übernommenen Tapeten zu beseitigen, ist wegen unangemessener Benachteiligung des Mieters unwirksam.[75]

66 Unwirksam wegen unangemessener Benachteiligung des Mieters ist nach der Rechtsprechung des BGH auch eine in allgemeinen Geschäftsbedingungen eines Wohnraummietvertrages enthaltene Regelung, die dem Mieter die Verpflichtung zur Ausführung der Schönheitsreparaturen auferlegt und be-

---

[70] Vgl. AG Dortmund v. 13.12.2005 - 125 C 10175/05 - WuM 2005, 764-765, vgl. auch *Lammel*, jurisPR-MietR 7/2006, Anm. 2; zur Unwirksamkeit eines „starren" Fristenplans in einem gewerblichen Mietvertrag vgl. OLG Düsseldorf v. 04.05.2006 - 10 U 174/05 - NJW 2006, 2047-2049; zur Betriebskostenabrechnung für Wohnraum im gemischt genutzten Gebäude (das heißt durch gewerbliche und private Mieter, wobei eine Übertragung auf Pachtverträge ohne weiteres möglich ist) vgl. AG Leipzig v. 03.01.2006 - 161 C 6725/05 - WuM 2006, 96 sowie *Wall*, jurisPR-MietR 7/2006, Anm. 3.

[71] Vgl. *Schach*, jurisPR-MietR 24/2005, Anm. 2 zu BGH v. 13.07.2005 - VIII ZR 351/04 - NJW 2005, 3416.

[72] Vgl. BGH v. 05.04.2006 - VIII ZR 178/05 - NJW 2006, 1728-1729, sowie *Schach*, jurisPR-MietR 11/2006, Anm. 3.

[73] OLG Düsseldorf v. 09.12.2010 - I-10 U 66/10; in dem streitgegenständlichen Vertrag war von „Mieter" die Rede, obwohl es sich eigentlich um einen Pachtvertrag handelte.

[74] OLG München v. 28.07.2005 - 19 U 5139/04 - GuT 2005, 215-217.

[75] Vgl. hierzu: *Krapf*, jurisPR-MietR 16/2006, Anm. 2 zu BGH v. 05.04.2006 - VIII ZR 152/05 - NJW 2006, 2115-2116.

stimmt, dass der Mieter nur mit Zustimmung des Vermieters von der „bisherigen Ausführungsart" abweichen darf. Die Regelung ist auch dann insgesamt unwirksam, wenn die Verpflichtung als solche und ihre inhaltliche Ausgestaltung in zwei verschiedenen Klauseln enthalten sind.[76] Die vorstehenden Grundsätze lassen sich ohne weiteres auch auf Pachtverträge übertragen.

Nach der Rechtsprechung begründet die Unwirksamkeit der formularmietvertraglichen Schönheitsreparaturverpflichtung des Mieters keinen Mieterhöhungsanspruch über die Grenzwerte des Mietspiegels hinaus, wenn der Vermieter nicht konkret zu befürchten hat, dass ihm gegenüber nunmehr die laufende Instandhaltung der Wohnung beansprucht wird.[77] Die Mieterhöhung bei Unwirksamkeit der Überbürdung der Schönheitsreparaturlast kann sich daneben auch an einem Mittelwert orientieren, den das Gericht zu schätzen hat.[78] Daneben gibt es auch Stimmen, die davon ausgehen, dass bei Unwirksamkeit der Überbürdung der Schönheitsreparaturlast keine Mieterhöhung möglich ist. Dies soll dann gelten, wenn der Pächter/Mieter zu erkennen gibt, dass er trotz Unwirksamkeit der Überbürdung der Schönheitsreparaturlast auch in Zukunft für den Erhalt seiner Wohnung selbst zu sorgen bereit ist.[79]

67

Zu den Schadensersatzansprüchen eines Vermieters wegen nicht fachgerecht durchgeführter Schönheitsreparaturen vgl. AG Hamburg[80]. Hierin wird ausgeführt, dass der Vermieter auch beim nachfolgenden Verkauf der Wohnung bei nicht fachgerecht durchgeführten Schönheitsreparaturen Geldersatz fordern kann. Der Schadensersatzanspruch des Vermieters wegen unterlassener Schönheitsreparaturen bedarf in nicht verjährter Zeit der Fristsetzung des Vermieters zur Leistung oder Nacherfüllung.[81]

68

Nach der Rechtsprechung ist ein Pachtvertrag über eine Gaststätte, deren Inventar im Eigentum des Dritten steht, ein echter Vertrag mit Schutzwirkung zugunsten Dritter, wenn der Pächter zur Ersatzbeschaffung zerstörter Gegenstände verpflichtet ist und zugunsten des Anspruchs des Inventareigentümers eine Kaution leisten muss. Eine Verletzung dieser Schutzpflichten liegt nach Auffassung des LG Köln insbesondere dann vor, wenn im Falle eines Brandes die Ursache für den Gaststättenbrand in die Verantwortungssphäre des Pächters der Gaststättenräume fällt.[82] Diese Einschätzung des Gerichtes überzeugt, wenn man sich in diesem Fall die Schutzwürdigkeit des Verpächters vor Augen führt. Dieser ist im Hinblick auf die Einhaltung von Sorgfaltspflichten auf die Sorgfältigkeit des Pächters angewiesen. Der Pächter wird nicht unbillig benachteiligt, denn er musste aufgrund der vertraglichen Vereinbarung von Ersatzbeschaffungspflichten wissen, dass er mit den nicht in seinem Eigentum stehenden sich in der Pachtsache befindenden Gegenständen sorgsam umzugehen hat.

69

Die formularmäßige Auferlegung der Instandhaltung und Instandsetzung gemeinschaftlich genutzter Flächen und Anlagen ohne Beschränkung der Höhe nach verstößt gegen § 9 AGBG, § 307 Abs. 1, 2 BGB.[83] Die formularmäßige Verpflichtung eines Pächters, bei Beendigung des Pachtvertrags die mit seinen Familienangehörigen eingegangenen Arbeitsverhältnisse auf seine Kosten zu beenden, anderen-

70

---

[76] BGH v. 28.03.2007 - VIII ZR 199/06 - ZMR 2007, 528–529.
[77] Vgl. LG Nürnberg-Fürth v. 18.11.2005 - 7 S 7698/05 - NJW 2006, 450-451, vgl. hierzu auch *Hinnerk*, jurisPR-MietR 6/2006, Anm. 3; zur Problematik der Mieterhöhung bei unwirksamen Schönheitsreparaturklauseln vgl. insgesamt *Börstinghaus*, NZM 2005, 931.
[78] Vgl. AG Langenfeld v. 12.10.2005 - 11 C 123/05 - NZM 2006, 178.
[79] Vgl. LG Nürnberg-Fürth v. 18.11.2005 - 7 S 7698/05 - NZM 2006, 53.
[80] AG Hamburg v. 11.05.2005 - 46 C 238/03 sowie *Gies*, jurisPR-MietR 4/2006, Anm. 3.
[81] Vgl. hierzu: *Bieber*, jurisPR-MietR 13/2006, Anm. 1 zu AG Bergisch Gladbach v. 04.08.2005 - 61 C 14/05 - WuM 2006, 93-94.
[82] LG Köln v. 16.04.2009 - 2 O 343/08.
[83] Vgl. BGH v. 06.04.2005 - XII ZR 158/01 - ZfIR 2005, 692-694; zur Instandhaltungs- und Verkehrssicherungspflicht des Pächters bei DDR-Pachtverträgen und der Kostentragungslast bei Sturmschäden vgl. AG Bernau v. 27.04.2004 - 14 C 428/03 - NJW 2005, 41-42. Zur Überraschungswirkung des formularmäßigen Überwälzens exorbitanter Hausverwaltungskosten unter „sonstige Betriebskosten" vgl. OLG Köln v. 04.07.2006 - 22 U 40/06 - NJW 2006, 3358-3359. Ist ein schwerbehinderter Wohnungsmieter von der mietvertraglichen Winterdienstpflicht freigestellt, und wurde dies auch gerichtlich festgestellt, entbindet ihn dies jedoch nicht von der Bezahlung eines Dritten, den der Vermieter zur Übernahme der Winterdienstpflicht gewonnen hat, vgl. *Börstinghaus*, jurisPR-MietR 25/2005, Anm. 1 zu AG Münster v. 03.08.2005 - 5 C 805/05 - WuM 2005, 648-649 (eine Übertragung auf Pachtverträge ist ohne weiteres möglich).

§ 581

falls den Verpächter oder den Nachpächter von allen daraus entstehenden Kosten freizuhalten, verstößt gegen § 307 Abs. 1 Satz 1 BGB.[84]

III. Anwendungsfelder

1. Gegenstand von Pachtverträgen

71 Gegenstand von Pachtverträgen können neben Grundstücken auch sonstige Sachen, Rechte und Rechtsgesamtheiten sein, die geeignet sind, unmittelbare oder mittelbare Sach- oder Rechtsfrüchte abzuwerfen. Auch ein Inbegriff von Sachen und Rechten, zum Beispiel ein **Handelsgeschäft**, ein Betrieb oder ein **Betriebsteil**, kann Gegenstand von Pachtverträgen sein, sofern die Ertragserzielung im Sinne des Absatzes 1 Satzes 1 aus dieser Sach- und Rechtsgesamtheit möglich ist.

72 Gegenwärtig gewinnt auch die Verpachtung von **Internetdomains** zunehmend an Bedeutung.[85] Von aktueller Bedeutung ist auch die Verpachtung von Stromnetzen im Zuge der nach dem EnWG gebotenen Entflechtung von vertikal integrierten Energieversorgungsunternehmen.[86]

73 Die **Verpachtung beweglicher Sachen** ist selten, jedoch möglich, sofern es sich um die Überlassung von beweglichen Sachen auf Zeit mit der Übereinkunft handelt, dass der Übernehmer zur Fruchtziehung berechtigt sein soll. Dies kommt dann in Betracht, wenn mit der beweglichen Sache Erträge erwirtschaftet werden können, die dem Pächter zustehen sollen.

74 Neben der Verpachtung von Grundstücken zur land- oder forstwirtschaftlichen Nutzung ist vor allem die **Unternehmenspacht** als Pacht von Sach- und Rechtsgesamtheiten von Bedeutung. Diese ist von der Raumpacht abzugrenzen. Nach dem maßgeblichen Parteiwillen ist danach zu fragen, ob das Schwergewicht des Vertrages in der Überlassung des Unternehmens als Inbegriff von beweglichen und unbeweglichen Sachen, Rechten, immateriellen Werten wie Marken, Kunden- und Lieferantenbeziehung liegt oder ob es sich lediglich um die Überlassung von Räumen handelt[87]. Bei der Unternehmenspacht kann es sich auch um kleine Betriebsteile, wie eine Garderobe, eine Kantine oder sogar Toiletten in einem Gaststättenbetrieb handeln.

75 Bei der **Veräußerung von Pachtgrundstücken** ist die Entscheidung des OLG Stuttgart[88] zu beachten: Sofern ein Pächter ein unbebautes Grundstück pachtet und er dieses unter Vereinbarung einer Ausgleichspflicht des Verpächters beim Heimfall bebaut, so geht diese Verpflichtung nicht auf den Erwerber des Grundstücks über, wenn diese Last bei der Grundstücksbewertung im Rahmen des Mindestgebots nicht berücksichtigt wird. Wird dem entgegen eine Ausgleichspflicht des Erwerbers bejaht, so verjährt der Anspruch des Pächters in der sechsmonatigen Verjährungsfrist des § 548 Abs. 2 BGB.

2. Abdingbarkeit

76 Absatz 1 ist abdingbar. Abweichende Vereinbarungen sind stets zulässig, soweit der Wesensgehalt der Pacht erhalten bleibt.[89]

IV. Arbeitshilfen

1. Checkliste

77 Checkliste zu § 581:
(1) Zustandekommen eines Pachtvertrages
    (a) Inhalt eines Pachtvertrages
        (aa) Sachen, Rechte, Sach- oder Rechtsgesamtheiten
            - Grundstücke, Räume, Kleingärten

---

[84] BGH v. 23.03.2006 - III ZR 102/05 - NJW 2006, 1792-1794.
[85] Vgl. hierzu *Dingeldey*, GuT 2004, 205-207.
[86] Vgl. hierzu *Fenzl*, RdE 2006, 224-230.
[87] *Voelskow* in: MünchKomm-BGB, § 581 Rn. 5.
[88] OLG Stuttgart v. 13.03.2006 - 5 U 242/05.
[89] *Voelskow* in: MünchKomm-BGB, § 581 Rn. 23.

- Jagd- und Fischereiausübungsrecht
- Apotheken, Gaststätten
- Patente, Marken, Gebrauchsmuster, Know-how (Fertigungs- und Vertriebsverfahren)
- Gesellschaften
    (bb) Gewährung des Gebrauchs (wie bei Miete) und des Genusses der Früchte
- Abgrenzung zu anderen Vertragstypen (Miete, Kauf)
- ggf. Vorliegen eines gemischttypischen Vertrages (z.B. Franchisevertrag)
  (b) Wirksamer Vertragsschluss
    (aa) Einhaltung der allgemeinen Regeln (§§ 104-185 BGB, insb. §§ 145-157 BGB)
    (bb) Mündlicher oder schriftlicher Vertragsschluss
    (cc) Formerfordernisse (z.B. evtl. Beurkundung nach § 311b BGB)

(2) Pflichten aus dem Vertrag
  (a) Hauptleistungspflichten des Verpächters
    (aa) Gewährung des Gebrauchs und der Fruchtziehungsmöglichkeit (§ 99 BGB)
    (bb) Abwendung von Beeinträchtigungen (Zufahrtswege, Einhaltung von öffentlich-rechtlichen Sicherheitsvorgaben)
  (b) Nebenpflichten des Verpächters
    (aa) Konkurrenz-/Wettbewerbsschutz
    (bb) Vereinbarungen nach Vertrag
  (c) Hauptleistungspflicht des Pächters:
    Entrichtung der Pacht
- wiederkehrende Leistungen (nicht unbedingt in Geld)
- einmalige Entrichtung
- Umsatzpacht, Mindestpacht
  (d) Nebenpflichten des Pächters
    (aa) Obhutspflicht (vgl. z.B. § 582 BGB)
    (bb) Gebrauchspflicht (sofern vereinbart, z.B. bei Umsatzpacht, vgl. Rn. 49)
    (cc) Treuepflicht
    (dd) weitere Nebenpflichten möglich

(4) Zusatzvereinbarungen
  (a) Regelungen der Erhaltungs- und Instandhaltungspflichten
  (b) Nebenkosten
  (c) Kautionsvereinbarungen
  (d) Wettbewerbliche Beschränkungen

(5) Anwendbarkeit der mietvertraglichen Regelungen, insbesondere Gewährleistungs- und Kündigungsrecht (§§ 536-536d, §§ 542, 543 BGB)

2. Muster eines Pachtvertrages

Pachtvertrag

zwischen

Name, Vorname

_____

Straße u. Hausnummer

_____

PLZ   Ort

_____

- nachfolgend **Verpächter** genannt - und

Name

_____

Straße u. Hausnummer

_____

PLZ   Ort

_____

- nachfolgend **Pächter** genannt -

§ 1 Pachtgegenstand

(1) Der Verpächter verpachtet an den Pächter die in dem Gebäude

Straße u. Hausnummer

_____

PLZ   Ort

_____

Stockwerk

_____

gelegenen Miettäume zum Betrieb eines _____. Die genaue Aufteilung der Räumlichkeiten ergibt sich aus dem als Anlage _____ beigefügten Plan, welcher Bestandteil des Vertrages ist, worüber sich die Parteien einig sind. Flächen außerhalb dieser Räumlichkeiten sind nicht mitvermietet.

(2) Das in den in Abs. 1 beschriebenen Räumlichkeiten befindliche Inventar gehört zum Pachtgegenstand. Das dem Vertrag als Anlage _____ beiliegende Inventarverzeichnis ist ebenfalls Bestandteil des Vertrages, worüber sich die Parteien einig sind.

(3) Der Pächter verpflichtet sich, den Pachtgegenstand ausschließlich zur Erzielung umsatzsteuerpflichtiger Umsätze zu verwenden und in den Pachträumen keine umsatzsteuerfreien Geschäfte durchzuführen. Der Pächter hat dem Verpächter sämtliche Schäden zu ersetzen, die diesem infolge eines Verstoßes des Pächters gegen diese Verpflichtung aufgrund einer Korrektur des Steuerabzuges des Verpächters entstehen. Der Pächter hat dem Verpächter jährlich durch Vorlage einer entsprechenden Bescheinigung eines Steuerberaters nachzuweisen, dass in den Pachträumen ausschließlich steuerpflichtige Umsätze getätigt wurden. Der Verpächter ist zur außerordentlichen

Kündigung des Pachtverhältnisses berechtigt, wenn der Pächter den Pachtgegenstand nicht nur ausschließlich für die Erzielung umsatzsteuerpflichtiger Umsätze verwendet.

§ 2 Pachtdauer

(1) Das Pachtverhältnis beginnt am _____. Es wird auf die Dauer von _____ Jahren fest abgeschlossen und endet am _____.

(2) Nach Ablauf der Pachtzeit verlängert sich das Pachtverhältnis um jeweils zwei Jahre, wenn es nicht von einer der Vertragsparteien unter Einhaltung einer Frist von sechs Monaten vor Ablauf der Pachtzeit gekündigt wird.

(3) Die Kündigung bedarf der Schriftform und ist mit Einschreiben/Rückschein zu erklären.

§ 3 Pacht, Betriebskosten

(1) Der monatliche Pachtzins beträgt _____ € zuzüglich der jeweils geltenden gesetzlichen Mehrwertsteuer, derzeit in Höhe von 16%, so dass der Pächter insgesamt eine Pacht in Höhe von

_____ €

(in Worten: _____ €)

zu entrichten hat.

(2) Darüber hinaus trägt der Pächter sämtliche Betriebskosten, die in der Betriebskostenverordnung (BetrKV) aufgeführt sind. Die Betriebskosten sind darüber hinausgehend in Anlage _____ aufgeführt, die ebenfalls Bestandteil des Vertrages ist. Als monatliche Betriebskostenvorauszahlung hat der Pächter einen Betrag in Höhe von _____ € zuzüglich der jeweils geltenden gesetzlichen Mehrwertsteuer, d.h. einen Betrag in Höhe von derzeit

_____ €

(in Worten: _____ €)

zu leisten. Sollten sich die Betriebskosten erhöhen, ist der Verpächter berechtigt, die Höhe der Vorauszahlung entsprechend anzupassen. Die Abrechnung der Betriebskosten erfolgt jährlich jeweils zum 31. Dezember. Sollte der Pächter während einer Abrechnungsperiode ausziehen, wird die Kostenverteilung bei der nächsten Abrechnung vorgenommen.

(3) Der Pachtzins ist monatlich im Voraus, spätestens am 3. Werktag des jeweiligen Monats zur Zahlung fällig.

(4) Die Pacht ist auf das Konto des Verpächters bei der _____ Bank, Konto-Nr. _____, BLZ _____, zu zahlen.

§ 4 Übergabe des Pachtgegenstandes

(1) Der Verpächter wird dem Pächter den Pachtgegenstand in dem Zustand übergeben, in dem er sich bei der gemeinsam durchgeführten Begehung befand. Diesen Zustand erkennt der Pächter als vertragsgemäß an.

(2) Der Verpächter haftet nicht, wenn zum Betrieb des Pachtgegenstandes erforderliche behördliche Genehmigungen nicht erteilt werden, so lange diese nicht in der Beschaffenheit des Pachtgegenstandes ihre Ursache haben.

§ 5 Wertsicherung

(1) Ändert sich der vom Statistischen Bundesamt ermittelte Verbraucherpreisindex für die Bundesrepublik Deutschland, der im Basisjahr 2000 mit 100 Punkten bewertet worden ist, gegenüber dem Stand bei Vertragsbeginn bzw. der letzten Neufestsetzung um 5 Punkte oder mehr, so verändert sich der Mietzins im gleichen prozentualen Verhältnis von dem Monat an, in dem die Grenze überschritten wird. Der veränderte Mietzins ist ab Beginn des ersten Kalendermonats ab Überschreiten dieser Grenze geschuldet, ohne dass es einer Erklärung durch die Vertragsparteien bedarf.

(2) In jedem Fall einer erneuten Änderung des Indexes um 5% und mehr gegenüber dem Stand, auf dem die vorangegangene Fassung beruhte, ist eine erneute Anpassung auf der Grundlage der jeweils letzten Pacht vorzunehmen. Abs. 1 Satz 2 gilt entsprechend.

§ 6 Instandhaltung und Instandsetzung

(1) Die Kosten der Instandhaltung sowie der Instandsetzung trägt der Pächter bis zu einem Betrag in Höhe von _____ €.

(2) Die Instandsetzungspflicht des Pächters besteht nicht bezüglich solcher Schäden, gegen welche der Verpächter eine Versicherung abgeschlossen hat und auch nicht für Arbeiten, die nach einer Substanzbeschädigung des Pachtgegenstandes durch Dritte, die nicht dem Risikobereich des Pächters zuzuordnen sind, vorgenommen werden.

§ 7 Schönheitsreparaturen

(1) Die Schönheitsreparaturen hat der Pächter auf seine Kosten auszuführen. Zu den Schönheitsreparaturen gehören das Tapezieren, das Anstreichen oder Kalken der Wände und Decken, die sachgemäße Pflege der Fußböden, das Streichen der Heizkörper einschließlich der Heizrohre, der Innentüren sowie der Fenster und Außentüren von innen.

(2) Schönheitsreparaturen sind spätestens alle 3 Jahre fachgerecht auszuführen.

§ 8 Rechte am Inventar

(1) Der Pächter ist verpflichtet, das Inventar in dem Zustand zu erhalten und in dem Umfang zu ersetzen, wie dies im Rahmen einer ordnungsgemäßen Bewirtschaftung notwendig ist. Der Pächter ist befugt, im Rahmen der ordnungsgemäßen Bewirtschaftung über einzelne Inventarstücke zu verfügen.

(2) Im Falle des Untergangs einzelner Inventarstücke hat der Pächter diese zu ersetzen. In diesem Falle werden die Inventarstücke Eigentum des Verpächters.

§ 9 Kaution

(1) Der Pächter ist verpflichtet, an den Verpächter zur Sicherung der Erfüllung seiner Verpflichtungen aus dem Pachtverhältnis vor Vertragsbeginn eine Kaution in Höhe von _____ € zu zahlen.

(2) Der Verpächter wird die Kautionssumme bei einer Bank auf einem Sonderkonto zu dem für Spareinlagen mit gesetzlicher Kündigungsfrist üblichen Zinssatz anlegen.

(3) Der Verpächter kann sich wegen seiner fälligen Ansprüche aus der Kaution befriedigen. Der Mieter ist in diesem Fall verpflichtet, die Kautionssumme unverzüglich wieder auf den ursprünglichen Betrag zu erhöhen. Nach Beendigung der Pachtdauer hat der Verpächter über die Kaution abzurechnen. Die verbleibende Kautionssumme einschließlich der Zinsen ist an den Pächter auszubezahlen. Der Rückzahlungsanspruch wird drei Monate nach Beendigung des Pachtverhältnisses und Rückgabe des Pachtgegenstandes zur Zahlung fällig.

§ 10 Minderung der Pacht und Schadensersatz

(1) Der Verpächter haftet nicht auf Schadensersatz für Mängel am Pachtgegenstand oder wegen Vollzuges bei der Beseitigung derartiger Mängel, wenn der Mangel vom Verpächter nicht vorsätzlich oder grob fahrlässig verschuldet worden ist. Der Anspruch des Pächters auf Mängelbeseitigung bleibt hiervon unberührt.

(2) Die Minderung der Pacht und die Aufrechnung gegenüber dem Anspruch auf Pachtzahlung des Verpächters sind ausgeschlossen, soweit die Forderungen des Pächters nicht rechtskräftig festgestellt oder unbestritten sind.

§ 11 Beschilderung, Werbeanlagen

(1) Die Beschilderung (z.B. Firmenschilder, Hinweisschilder) kann in Abstimmung mit dem Verpächter in üblicher Weise im Eingangsbereich des Hauses und der Pachträume angebracht werden. Sie ist vom Pächter nach Pachtende auf eigene Kosten zu entfernen.

(2) Behördliche Genehmigung hat der Pächter selbst und auf eigene Kosten zu beschaffen.

§ 12 Konkurrenzschutz

(1) Der Pächter ist nur berechtigt, Leistungen im Pachtgegenstand anzubieten, die im Zusammenhang mit dem Betreiben eines _____ stehen. Insoweit genießt der Pächter Konkurrenzschutz gegenüber anderen Pächtern, der ihm seitens des Verpächters gewährt und zugesichert wird.

(2) Für jeden Fall der Zuwiderhandlung gegen diese Bestimmung hat der Verpächter eine Vertragsstrafe in Höhe von _____ €, der Pächter eine solche in Höhe von _____ € zu zahlen.

§ 13 Verkehrssicherungspflicht

(1) Der Pächter stellt den Verpächter von Ansprüchen aus der Verletzung der Verkehrssicherungspflicht in Bezug auf den Pachtgegenstand im Innenverhältnis frei.

(2) Der Pächter ist verpflichtet, auf und vor dem Pachtgegenstand die Gehwege regelmäßig zu reinigen und gegebenenfalls von Eis und Schnee freizuhalten beziehungsweise zu streuen.

§ 14 Unterverpachtung

(1) Eine Unterverpachtung ist mit vorheriger schriftlicher Einwilligung des Verpächters gestattet. Die Einwilligung des Verpächters soll nur versagt werden, wenn schwerwiegende Gründe in der Person des Unterpächters einer Unterverpachtung entgegenstehen.

(2) Der Pächter hat dasjenige Verschulden, das ein Dritter im Rahmen des Gebrauchs des Pachtgegenstandes zu verantworten hat, zu vertreten.

§ 15 Betreten des Pachtgegenstandes

(1) Der Verpächter und von ihm beauftragte Personen dürfen zur Ausübung des gesetzlichen Pfandrechts unter den Voraussetzungen des § 562b BGB zur Prüfung des baulichen Zustandes des Pachtgegenstandes sowie der Funktionsfähigkeit und der Sicherheit von technischen Anlagen im Pachtgegenstand, zur Weiterverpachtung oder Veräußerung des Pachtgegenstandes sowie in anderen ähnlichen Fällen den Pachtgegenstand mit Beteiligten, Sachverständigen oder Zeugen während der üblichen Geschäftszeiten und erst nach Vorankündigung betreten.

(2) In Fällen dringender Gefahr kann der Verpächter den Pachtgegenstand auch ohne Ankündigung sowie in Abwesenheit des Pächters betreten.

§ 16 Rückgabe des Pachtgegenstandes

(1) Nach Beendigung des Pachtverhältnisses hat der Pächter den Pachtgegenstand vollständig geräumt und besenrein zurückzugeben.

(2) Der Pächter ist berechtigt, Einrichtungen, mit denen er den Pachtgegenstand versehen hat, wegzunehmen. Die Ausübung des Wegnahmerechts durch den Pächter kann der Verpächter durch Zahlung einer angemessenen Entschädigung abwenden, wenn nicht der Pächter ein berechtigtes Interesse an der Wegnahme hat.

(3) Eine stillschweigende Verlängerung des Pachtverhältnisses gemäß §§ 581 Abs. 2, 545 BGB wird ausgeschlossen.

§ 17 Salvatorische Klausel

Sollte eine Bestimmung dieses Vertrages unwirksam oder undurchführbar sein oder werden, so berührt dies die Wirksamkeit des Vertrages im Übrigen nicht. Die Vertragsparteien verpflichten sich vielmehr, die unwirksame oder undurchführbare Bestimmung durch eine wirksame oder durchführbare Bestimmung zu ersetzen, welche den wirtschaftlichen und ideellen Vorstellungen der Parteien am nächsten kommt.

§ 18 Schriftform

Andere als die in diesem Vertrag getroffenen Vereinbarungen bestehen nicht. Änderungen und Ergänzungen des Vertrages bedürfen zu ihrer Wirksamkeit der Schriftform. Entsprechendes gilt für die Aufhebung des Vertrages sowie das Schriftformerfordernis.

Ort, Datum   Ort, Datum

_____   _____
Verpächter   Pächter

B. Kommentierung zu Absatz 2

I. Grundlagen

1. Kurzcharakteristik

79 In Ergänzung zu Absatz 1 bestimmt Absatz 2, dass **auf den Pachtvertrag die Regelungen über den Mietvertrag entsprechend anwendbar sind**. Ausnahmen ergeben sich dann, wenn es sich um einen Landpachtvertrag handelt oder aber die §§ 582-584b BGB abweichende Regelungen enthalten.

2. Regelungsprinzipien

80 Wie bereits ausgeführt, sind gemäß Absatz 2 auf die Pacht nicht landwirtschaftlicher Grundstücke die Vorschriften über die Miete entsprechend anzuwenden, sofern die §§ 582-584b BGB keine Abweichungen enthalten. Besondere Bedeutung haben im Rahmen von Pachtverhältnissen Vereinbarungen zur **Wertsicherung**,[90] über Kautionen,[91] über **Wettbewerbsverbote** und über **Vertragsstrafen**[92].

3. Anwendbarkeit der Vorschriften über den Mietvertrag

a. Wohnraummietrecht

81 Von Bedeutung ist, dass die **Vorschriften des Wohnraummietrechts überwiegend nicht zu den entsprechend anwendbaren Vorschriften des Mietrechts gehören**, auch wenn zur Pachtsache Wohnräume gehören, die der Pächter mit seiner Familie bewohnt.[93]

b. Pachtverträge über bewegliche Sachen

82 Bei der **Pacht beweglicher Sachen** gelten insbesondere die Vorschriften über die Mängelgewährleistung (§§ 536-536d BGB) und über die Kündigung (insbesondere §§ 542-543 BGB). Dabei werden insbesondere die Lasten des Pachtgegenstandes (§ 535 Abs. 1 Satz 3 BGB) häufig abbedungen. Eine Unterverpachtung ist gemäß § 540 BGB nur mit Zustimmung des Verpächters zulässig, demgegenüber besteht kein Anspruch auf Gestattung der Unterverpachtung, wenn sie nicht im Pachtvertrag ausdrücklich erlaubt wurde. Für die Rückgabe gilt einerseits § 546 BGB, außerdem § 584b BGB.[94]

c. Pachtverträge über Grundstücke

83 Bei der **Pacht von Grundstücken** gelten ebenfalls grundsätzlich die mietrechtlichen Vorschriften, mit Ausnahme des hier unanwendbaren Wohnraummietrechts. Jedoch gehen die Sonderregelungen der §§ 582-584b BGB vor. Für den Übergang bei einer Veräußerung gelten die §§ 566-567b BGB (vgl. diesbezüglich auch § 578 Abs. 1 BGB), wobei auch die Pacht grundstücksgleicher Rechte (zum Beispiel das Fischereirecht) umfasst ist.[95]

d. Pachtverträge über Rechte

84 Bei der **Pacht von Rechten** ist zu beachten, dass die auf Sachen zugeschnittenen Mietrechtsvorschriften auf Rechte nur beschränkt angewendet werden können. Für die Kündigung gilt insbesondere § 584 BGB als Sonderregelung.[96]

---

[90] BGH v. 10.10.1979 - VIII ZR 277/78 - LM Nr. 32 zu § 157 (Ge) BGB.
[91] BGH v. 05.12.1980 - V ZR 160/78 - LM Nr. 7 zu § 276 (Cb) BGB.
[92] BGH v. 18.04.1984 - VIII ZR 50/83 - LM Nr. 2 zu § 9 (Ch) AGBG.
[93] *Voelskow* in: MünchKomm-BGB, § 581 Rn. 13; zur Abwälzung der Instandhaltungspflicht bei der Raumpacht: BGH v. 30.10.1984 - VIII ARZ 1/84 - BGHZ 92, 363-373; BGH v. 25.06.1980 - VIII ZR 260/79 - BGHZ 77, 301-306 sowie BGH v. 22.05.1985 - VIII ZR 220/84 - LM Nr. 17 zu § 249 (Fa) BGB.
[94] Vgl. *Weidenkaff* in: Palandt, § 581 Rn. 14.
[95] *Weidenkaff* in: Palandt, § 581 Rn. 15.
[96] *Weidenkaff* in: Palandt, § 581 Rn. 16.

e. Landpachtverträge

Auf Landpachtverträge sind mietrechtliche Vorschriften nur aufgrund der Verweisungen in den §§ 586 Abs. 2, 587 Abs. 2 Satz 2, 592 Satz 4, 539 und 594e Abs. 1 BGB anwendbar.[97] Zur Anwendbarkeit einzelner Regelungen des Mietvertragsrechts des BGB auf Pachtverträge:

85

f. §§ 536-536d BGB n.F. (§ 537 BGB a.F.)

Die Regelungen über Mängel der Mietsache bzw. des Pachtgegenstands gemäß §§ 536-536d BGB sind auch auf den Pachtvertrag entsprechend anzuwenden.[98] Als **Mangel des Pachtgegenstands** ist es zum Beispiel anzusehen, wenn eine Nutzung ganz oder teilweise unmöglich wird und dies vom Pächter nicht zu vertreten ist. Als Beispiel kann herangezogen werden ein Kantinenpachtvertrag, in dem das Pachtentgelt nicht als monatlich zu entrichtender Pachtzins, sondern in der Weise vereinbart ist, dass der Pächter verpflichtet ist, den Betriebsangehörigen Essen, Getränke und andere Kantinenleistungen zu Preisen anzubieten, die vom Verpächter genehmigt werden müssen. Sofern sodann Mängel der Pachtsache auftreten (zum Beispiel infolge von Umbaumaßnahmen durch den Verpächter), so kann der Verpächter nach Treu und Glauben verpflichtet sein, dem Pächter die durch die Mängel entstandenen Nachteile, ggf. durch entsprechende Geldleistungen, auszugleichen, sofern seinerseits ein Interesse daran besteht, dass der Pächter seine Vertragsleistungen nicht mindert, zum Beispiel durch Einschränkung des Angebots oder Erhöhung der Preise.[99]

86

Nach Ansicht der Rechtsprechung führt die nicht unverzüglich erfolgte Anzeige von Mängeln nur dann zur Haftung des Pächters, wenn der Verpächter andernfalls die Mängel sofort beseitigt hätte. Im verhandelten Fall hat sich der Verpächter erst 2 Jahre, nachdem er Kenntnis über die Feuchtigkeitsbildung in einer Gaststätte erlangt hat, um die Beseitigung bemüht. Eine frühere Kenntnis hätte folglich keine schnellere Beseitigung bewirkt. Darüber hinaus stellen Feuchtigkeitsschäden (und die damit verbundene Schimmelpilzbildung) eine enorme Beeinträchtigung des Betriebes einer Gaststätte dar und rechtfertigen somit eine Pachtminderung um 50%.[100]

87

Ist im Vertrag vereinbart, dass der Pächter selbst zur Instandsetzung der gerügten Mängel verpflichtet ist, so hat er kein Recht auf Minderung des Pachtzinses.[101]

88

Als ein (unbeachtlicher) geringfügiger Mangel der Jagdpacht (Rechtspacht) ist es anzusehen, wenn auf 5% der bejagbaren Fläche Pferdehaltung betrieben wird, diese Fläche am Wochenende von Reitern benutzt wird und sich im Jagdrevier die Reste eines nicht mehr genutzten Baumhauses befinden.[102] Einen Mangel der Jagdpacht begründet dagegen der Fortfall der Eigenschaft des Jagdreviers als Hochwildrevier. Bei einem als Hochwildrevier verpachteten Jagdrevier muss in Bayern Rotwild als Standwild vorkommen. Fehlt es daran, liegt ein Sachmangel der Jagdpacht vor.[103] Nach der Rechtsprechung kann ein Jagdpächter sich nicht auf einen zu geringen Wildbestand berufen, wenn im Rahmen des Pachtvertrages die Gewähr des Verpächters für Größe, Eignung und Ergiebigkeit der Jagd ausgeschlos-

89

---

[97] Vgl. auch *Weidenkaff* in: Palandt, § 581 Rn. 17.
[98] Vgl. OLG Düsseldorf v. 16.01.2003 - 10 U 22/02 - ZMR 2003, 737-738, kein Minderungsrecht bei nur unwesentlicher Gebrauchsbeeinträchtigung des Pachtgegenstandes.
[99] BGH v. 19.04.1978 - VIII ZR 182/76 - LM Nr. 92 zu § 242 (Bb) BGB. Zur „Einbruchsgeneigtheit" als Mietmangel bei einer unzureichend vermauerten Wandöffnung, die den Einbruch in ein vermietetes Ladenlokal erleichtert, vgl. BGH v. 07.06.2006 - XII ZR 34/04 - NJW-RR 2006, 1157-1158.
[100] OLG Düsseldorf v. 24.07.2009 - I-24 U 6/09 - GuT 2010, 355-356.
[101] OLG Düsseldorf v. 28.10.2010 - I-10 U 22/10 - GuT 2011, 309.
[102] AG Hattingen v. 31.07.2002 - 16 C 4/02 - Jagdrechtliche Entscheidungen III Nr. 155; zu den Anforderungen an Hochwildreviere und der Höhe sich daraus ergebender Minderungsansprüche bei Mängeln AG Frankenberg-Eder v. 16.09.2004 - 6 C 410/02 (2), 6 C 410/02 - Jagdrechtliche Entscheidungen III Nr. 170 und LG Marburg v. 17.01.2007 - 5 S 148/04 - Jagdrechtliche Entscheidungen III Nr. 182; zu den Voraussetzungen eines Pacht-/Mietmangels bei Raumluftbelastung durch Pilzsporen und giftige Holzschutzmittel vgl. *Flatow*, jurisPR-MietR 3/2006, Anm. 1.
[103] BGH v. 21.02.2008 - III ZR 200/07 - MDR 2008, 615-617.

§ 581

sen ist. Die Anzahl der im Revier angetroffenen Tiere kann grundsätzlich einen Mangel des Pachtrechtes begründen, jedoch ist ein Gewährleistungsausschluss möglich.[104]

90 Laut Rechtsprechung stellt eine angeordnete Zwangsvollstreckung weder einen Sach- oder Rechtsmangel dar, noch wird hierdurch der vertragsgemäße Gebrauch des Pachtobjektes beeinträchtigt.[105]

91 Zur Rechtsprechung des BGH von (Wohn-)Flächenabweichungen ist auf die folgenden Grundsätze hinzuweisen: Wird eine nach Mieterwunsch vergrößerte Wohnung vor Abschluss des Mietverhältnisses nicht neu vermessen, ist die genaue Festlegung der Wohnfläche im Mietvertrag ein Anhaltspunkt für eine Auslegung dahin gehend, dass die Parteien eine bestimmte Wohnungsgröße verbindlich festlegen wollten. Die Wohnfläche, die 10% unter der im Mietvertrag angegebenen Fläche liegt, stellt daher auch einen Mangel i.S.d. § 536 Abs. 1 Satz 1 BGB dar. Übersteigt dagegen die tatsächliche Wohnfläche die im Mietvertrag vereinbarte Wohnfläche, so ist einem Mieterhöhungsverlangen des Vermieters die vertraglich vereinbarte Wohnfläche zugrunde zu legen, wenn die Flächenüberschreitung nicht mehr als 10% beträgt.[106] Entsprechendes muss daher auch für die Größenangabe in einem Pachtvertrag gelten.[107]

92 Eine Mietfläche, die 10% unter der im Mietvertrag vereinbarten Fläche liegt, stellt auch bei der Miete von Geschäftsräumen einen nicht unerheblichen Mangel dar. Die für die Minderung aufgestellten Grundsätze der Erheblichkeit der Beeinträchtigung des vertragsgemäßen Gebrauchs können auch für die fristlose Kündigung gemäß § 542 BGB a.F. BGB herangezogen werden.[108] Diese Grundsätze lassen sich auch auf Pachtverträge übertragen.

93 Die mit dem Zusatz „ca." versehene Flächenangabe in einem Wohnraummietvertrag ist objektiv dahin gehend auszulegen, dass die Geschoss- und nicht die Wohnfläche gemeint ist. Die Beschreibung ist daher als Vereinbarung einer Wohnfläche entsprechend der Vorgaben der II. BV bzw. der WoFlV zu verstehen.[109] Diese Grundsätze lassen sich auch auf Pachtverträge übertragen.

94 Behördliche Nutzungsbeschränkungen sind ein zur Minderung des Pachtzinses berechtigender Mangel, wenn die konkrete Androhung einer behördlichen Maßnahme vorliegt oder ein Untersagungsbescheid ergangen ist. Eine Minderung wegen öffentlich-rechtlicher Beschränkung scheidet aber dort aus, wo der Pächter bei der Nutzung der Pachtsache tatsächlich nicht beeinträchtigt worden ist.[110]

95 Dürfen beispielsweise von 160 vertraglich vorausgesetzten Wohnheimplätzen 22 aufgrund einer Anordnung der Heimaufsicht nicht mehr belegt werden, so liegt ein Mangel vor, aufgrund dessen dem

---

[104] LG Bonn v. 30.09.2008 - 7 O 233/08, auch ein Rückgriff auf die Grundsätze der Störung der Geschäftsgrundlage gemäß § 313 BGB ist im vorliegenden Fall nicht möglich, da ein solcher im Anwendungsbereich der miet- und pachtrechtlichen Gewährleistungsvorschriften grundsätzlich ausgeschlossen sei, es sei denn, das Festhalten an der sich aus den Gewährleistungsvorschriften ergebenden Lösung führe zu untragbaren Ergebnissen. Der BGH geht allerdings auch dann von der Unanwendbarkeit der Grundsätze des § 313 BGB aus, wenn die Mängelgewährleistung vertraglich abbedungen ist, vgl. BGH v. 06.06.1986 - V ZR 67/85 - BGHZ 98, 100-109.
[105] AG Krefeld v. 11.09.2008 - 10 C 295/08.
[106] BGH v. 23.05.2007 - VIII ZR 138/06 - NZM 2007, 594-595; zur Frage der Anwendbarkeit der DIN 283 bei einer konkludenten Vereinbarung über eine Wohnflächenberechnung nach Gesetz vgl. BGH v. 23.05.2007 - VIII ZR 231/06 - NZM 2007, 595-597.
[107] Vgl. BGH v. 28.09.2005 - VIII ZR 101/04 - WuM 2005, 712-713; zur Auslegungsbedürftigkeit des Begriffes der „Wohnfläche" vgl. BGH v. 22.02.2006 - VIII ZR 219/04 - NZM 2006, 375; zur Wirksamkeit der mietvertraglich zugrunde gelegten Berechnungsmethode bei abweichender Wohnfläche vgl. AG Trier v. 19.09.2005 - 7 C 76/05 - WuM 2006, 90-91. Danach bleibt die der mietvertraglichen Wohnflächenvereinbarung zugrunde gelegte Berechnungsmethode auch dann als Größenangabe maßgeblich, wenn durch wohnungswirtschaftliche Berechnungsmethoden eine andere Flächengröße berechenbar wäre. Zu dieser Entscheidung wird durch *Eisenschmid*, jurisPR-MietR 8/2006, Anm. 1 ausgeführt, dass es sinnvoll ist, neben der Wohnflächenvereinbarung im Miet-/Pachtvertrag auch auf die Berechnungsgrundlagen hinzuweisen, was insbesondere für den Vermieter zu mehr Rechtssicherheit führt.
[108] Vgl. BGH v. 04.05.2005 - XII ZR 254/01 - NJW 2005, 2152-2154.
[109] Vgl. hierzu *Warnecke*, jurisPR-MietR 20/2006, Anm. 2 zu LG Landshut v. 17.05.2006 - 12 S 393/06 - WuM 2006, 377.
[110] Vgl. OLG Koblenz v. 08.11.2004 - 12 U 244/03.

Pächter ein Minderungsrecht zustehen kann. Bei 13,75% weggefallenen Heimplätzen kann die Minderung (mindestens) 13,75% betragen.[111]

Das OLG Koblenz hat entschieden, dass die Auslegung (auch ohne explizite Regelung) des Pachtvertrages ergeben kann, dass die **Gaststätte** auch **Rauchern** zur Benutzung freistehen muss, wenn dies zum Zeitpunkt des Vertragsschlusses unter branchenüblichen Gesichtspunkten von der vertragsgemäßen Nutzung umfasst war.[112] Dies stellt vor dem Hintergrund der Entwicklung des Nichtraucherschutzgesetzes Rheinland-Pfalz keinen Mangel in der Pachtsache dar, so dass der Pächter das Verwendungsrisiko trägt. Diese Rechtsprechung des OLG Koblenz hat der BGH nunmehr in nächster Instanz bestätigt.[113] Zur Begründung führt der BGH aus, dass der Verpächter von Gewerberäumen gemäß §§ 581 Abs. 2, 535 Abs. 1 Satz 1 BGB lediglich verpflichtet ist, den Pachtgegenstand während der Vertragslaufzeit in einem Zustand zu erhalten, der dem Pächter die vertragliche Nutzung ermöglicht. Das Verwendungsrisiko der Pachtsache trägt grundsätzlich der Pächter. Zustimmung hat diese Entscheidung von *Eisenschmid*[114] erfahren. Er unterscheidet jedoch zwischen den Einschränkungen, die ihre Ursache in der Beschaffenheit der Pachtsache und ihrer Beziehung zur Umwelt haben, und solchen, die sich aus dem Gebrauch der Pachtsache ergeben. Nur für die erstgenannten Beschränkungen soll der Vermieter das Risiko tragen, nicht jedoch für enttäuschte Gewinn- bzw. Verkaufserwartungen. 96

Nach Entscheidung des OLG München ist ein Pächter in einem Altenheim nicht zur Errichtung separater Raucherräume verpflichtet. Das Vorhandensein eines Raucherraumes ist keine Voraussetzung für den Betrieb eines Alten- und Pflegeheimes. Somit kann in der Einführung des Raucherschutzgesetzes kein Mangel der Pachtsache infolge behördlicher Beschränkung vorliegen und der Pächter kann keine Pachtminderung verlangen, weil ihm durch die Umgestaltung von Wohn- zu Raucherräumen Einnahmen entgehen.[115] 97

Die Voraussetzungen für den von einem Pächter/Mieter wegen des so genannten Fogging (schwärzlicher Niederschlag) gegen den Verpächter/Vermieter geltend gemachten Schadensersatzanspruch aus § 536a Abs. 1 Alt. 2 BGB einschließlich des Verschuldens des Verpächters/Vermieters sind vom Pächter/Mieter darzulegen und zu beweisen. Es gilt nur dann etwas anderes, wenn feststeht, dass die Schadensursache im Herrschafts- und Einflussbereich des Verpächters/Vermieters gesetzt worden ist.[116] 98

Das OLG Düsseldorf hat entschieden, dass in einem Mietvertrag über Gewerberäume ein formularmäßiger Ausschluss eines Minderungsrechts, eines Zurückbehaltungsrechts und einer Aufrechnung zulässig ist, wenn dem Gewerbemieter ein Rückgriff auf § 812 BGB nicht verwehrt wird.[117] 99

Eine formularmäßige Klausel, die den Ausschluss der Minderung für verdeckte Mängel festlegt, ist hingegen unwirksam, da sie den Pächter i.S.d. § 9 Abs. 2 Nr. 1 AGBG, § 307 BGB unangemessen benachteiligt.[118] Die Minderung ist Ausdruck des das Schuldrecht prägenden Äquivalenzprinzips und 100

---

[111] OLG Düsseldorf v. 09.11.2010 - I-24 U 223/09 - NZM 2011, 550-551.
[112] OLG Koblenz v. 18.11.2009 - 1 U 579/09 - NZM 2010, 83-84.
[113] BGH v. 13.07.2011 - XII ZR 189/09 - GuT 2011, 149-150.
[114] Eisenschmid, LMK 2011, 324591
[115] OLG München v. 23.09.2009 - 32 U 3956/09 - NZM 2010, 201.
[116] Vgl. BGH v. 25.01.2006 - VIII ZR 223/04 - NZM 2006, 258; zur Minderung im Gewerberaummietrecht vgl. *Schmitz*, NZM 2005, 858; zur Mietminderung wegen Feuchtigkeitsmängeln vgl. *Isenmann/Mersson*, NZM 2005, 881; zum Umfang der Mietminderung bei Feuchtigkeitsmängeln vgl. Tabelle 1: Rechtsprechung zur Mietminderung bei Feuchtigkeitsmängeln in Mietminderungstabelle, NZM 2005, 881, 883.
[117] Vgl. hierzu kritisch *Gies*, jurisPR-MietR 20/2006, Anm. 1 zu OLG Düsseldorf v. 02.03.2006 - I-10 U 120/05, 10 U 120/05 - Grundeigentum 2006, 647-649; zur Wirksamkeit von Gewerbemietvertragsklauseln, die auch in Pachtverträgen Anwendung finden können, und welche die Minderungsbefugnis von der vorherigen Ankündigung der Minderungsabsicht abhängig machen und außerdem eine Mietminderung nur dann zulassen, wenn der Mieter sich mit seinen Zahlungsverpflichtungen nicht im Rückstand befindet, vgl. *Borzutzki-Pasing*, jurisPR-MietR 17/2006, Anm. 4 zu OLG Koblenz v. 08.12.2005 - 2 U 163/05; zur Minderung der Geschäftsraummiete wegen Schimmelbefalls, insbesondere zu den Anforderungen an die Lüftung und Beheizung der Räume, und zur Geltendmachung von Minderungsansprüchen nach dem Ablauf einer erheblichen Zeit vgl. *Dittert*, jurisPR-MietR 21/2006, Anm. 4 zu LG Berlin v. 04.05.2006 - 32 O 281/05 - Grundeigentum 2006, 913-915.
[118] OLG Düsseldorf v. 09.11.2010 - I-24 U 223/09 - NZM 2011, 550-551.

hat daher die Aufgabe, die Gleichwertigkeit der beiderseitigen Leistungen sicherzustellen.[119] Deshalb verletzt ein vollständiger Ausschluss der Minderung durch formularvertragliche Regelung den wesentlichen Grundgedanken des zum Schuldrecht gehörenden Prinzips der Äquivalenz von Leistung und Gegenleistung.[120]

101 Mit der Angemessenheit der Minderung des Pachtzinses bei der **Umsatzpacht** beschäftigt sich ein Aufsatz von *Falk/Schneider*.[121] Die Verfasser sehen eine Minderung bei der Umsatzpacht dann nicht mehr als angemessen an, wenn der Pächter durch die Minderung wirtschaftlich besser gestellt wird, als wenn die Pachtsache mangelfrei geblieben wäre.

g. § 554 BGB n.F. (§§ 541a-541b BGB a.F.)

102 Die Vorschrift des § 554 BGB, die sich zur **Duldung von Erhaltungs- und Modernisierungsmaßnahmen** verhält, ist auch für die Raumpacht entsprechend anwendbar. Dies gilt insbesondere für die Regelung des § 554 Abs. 1 BGB, die Maßnahmen zur Erhaltung des Pachtobjekts beinhaltet. In Zweifel zu ziehen ist hingegen die Anwendbarkeit der Vorschrift des § 554 Abs. 2-4 BGB. Die Vorschrift ist zwar nicht nur für Wohnraummietverhältnisse anwendbar, jedoch passt sie nur teilweise für die Anpachtung von Räumen, wie insbesondere auch die Sonderregelungen für die Landpacht in § 588 Abs. 2-4 BGB aufzeigen.[122]

103 Nach der Rechtsprechung besteht das Sonderkündigungsrecht des Mieters gem. § 554 Abs. 3 Satz 2 BGB auch dann, wenn Modernisierungsmaßnahmen im Außenbereich des Gebäudes (Dach, Fassade) zwecks Energieeinsparung erfolgen und damit die Mieträume nicht unmittelbar betreffen. Eine das Sonderkündigungsrecht gem. § 554 Abs. 3 Satz 3 BGB ausschließende Bagatellmaßnahme liegt bei einer angekündigten Mieterhöhung um 16,88% nicht mehr vor.[123] Ein Sonderkündigungsrecht des Mieters gem. § 554 Abs. 3 Satz 2 BGB besteht nach der Rechtsprechung nicht bei solchen Modernisierungsmaßnahmen, die nur mit einer unerheblichen Einwirkung auf die Mietsache verbunden sind und nur zu einer unerheblichen Mieterhöhung führen. Dies ist bei Außenarbeiten (Dach, Fassade) und einer Mieterhöhung nicht über 5% der Fall. Dabei handelt es sich um eine das Sonderkündigungsrecht ausschließende Bagatellmaßnahme i.S.v. § 554 Abs. 3 Satz 3 BGB.[124]

h. § 569 BGB n.F. (§ 544 BGB a.F.)

104 Die Regelung des § 569 BGB ist bei der Raumpacht entsprechend anwendbar.[125] Dabei ist zu beachten, dass die Regelung des § 544 BGB a.F., die eine fristlose Kündigungsmöglichkeit bei Gesundheitsgefährdung beinhaltete, im Rahmen der Modernisierung des Mietrechts in die Regelung des § 569 BGB eingeflossen ist, welche nunmehr im Unterabschnitt II. (Mietverhältnisse über Wohnraum) enthalten ist. Insofern kommt darüber hinausgehend die im Unterabschnitt I. (Allgemeine Vorschriften für Mietverhältnisse) enthaltene Kündigungsregelung des § 543 BGB n.F. zur Anwendung. Hinsichtlich der Anwendbarkeit der beiden vorgenannten Vorschriften ist in besonderem Maße auf die Zweckbestimmung des Raumes Rücksicht zu nehmen. So werden verpachtete Räume oftmals notwendigerweise für längeren Aufenthalt von Menschen und für einen Aufenthalt ohne besondere Schutzmaßnahmen gesundheitsgefährdend sein, wenn zum Beispiel Kühlhäuser oder Silos verpachtet werden. Solange dabei die Maßnahmen zum Schutz der Personen, die die Räume betreten müssen, beachtet werden, dürfte eine Kündigung nach § 569 BGB oder § 543 BGB nicht zulässig sein.[126]

---

[119] BGH v. 06.04.2005 - XII ZR 225/03 - BGHZ 163, 1, 6.
[120] BGH v. 23.04.2008 - XII ZR 62/06 - BGHZ 176, 191-198.
[121] *Falk/Schneider*, ZMR 2011, 697-699.
[122] *Voelskow* in: MünchKomm-BGB, § 581 Rn. 13.
[123] Vgl. LG Köln v. 05.10.2004 - 5 O 200/04 - NZM 2005, 741-742.
[124] Vgl. LG Köln v. 28.10.2004 - 2 O 113/04 - NZM 2005, 742.
[125] Vgl. z.B. OLG Koblenz v. 12.05.1992 - 3 U 1765/91 - NJW-RR 1992, 1228-1229.
[126] *Voelskow* in: MünchKomm-BGB, § 581 Rn. 14.

Bei einer fristlosen Kündigung des Mieters wegen Gesundheitsgefährdung nach § 569 Abs. 1 BGB ist die Kündigung erst nach erfolglosem Ablauf einer zur Abhilfe bestimmten angemessenen Frist oder nach erfolgloser Abmahnung zulässig (§ 543 Abs. 3 Satz 1 BGB), es sei denn, einer der Ausnahmetatbestände des § 543 Abs. 3 Satz 2 BGB liegt vor, was vom Mieter darzulegen oder zu beweisen ist.[127]

i. § 535 Abs. 1 Satz 3 BGB, § 569 BGB n.F. (§ 546 BGB a.F.)

Zwar ist die Vorschrift des § 535 Abs. 1 Satz 3 BGB auch auf Pachtverträge anwendbar, jedoch werden in Pachtverträgen die **Lasten des Pachtobjekts** überwiegend dem Pächter aufgebürdet.

j. § 539 BGB n.F. (§§ 547-547a BGB a.F.)

Die Anwendbarkeit des § 539 Abs. 1 BGB wird für die Pacht von Grundstücken mit Inventar durch die Vorschriften der §§ 582-582a BGB eingeschränkt, bei Landpachtverträgen gilt die Sonderregelung der §§ 590b-591 BGB. Zur **Wegnahme von Einrichtungen** gemäß § 539 Abs. 2 BGB ist auch der Pächter berechtigt, wobei hinsichtlich von Landpachtverträgen die Sonderregelung des § 591a BGB gilt.[128]

k. § 538 BGB n.F. (§ 548 BGB a.F.)

Die Anwendbarkeit des § 538 BGB wird bei der Verpachtung von Grundstücken mit Inventar durch die §§ 582-582a BGB eingeschränkt, insofern gehen **Abnutzungen durch vertragsgemäßen Gebrauch** zu Lasten des Pächters. Bei Landpachtverträgen ist der Pächter gemäß § 590 BGB zu Nutzungsänderungen berechtigt.

l. § 540 Abs. 1 BGB n.F. (§ 549 Abs. 1 BGB a.F.)

Gemäß § 584a BGB steht dem Pächter das in § 540 Abs. 1 Satz 2 BGB bestimmte Kündigungsrecht wegen verweigerter Erlaubnis der Unterverpachtung nicht zu.

Wurde im Pachtvertrag die grundsätzliche Erlaubnis zur Unterverpachtung erteilt, so ist der Verpächter nicht berechtigt, die Zustimmung zur Unterverpachtung zu verweigern, wenn er keine Gründe nennt, die gegen die Person des Unterpachtverhältnisses sprechen.[129]

m. § 541 BGB n.F. (§ 550 BGB a.F.)

Der Verpächter kann gemäß § 541 BGB **auf Unterlassung klagen**, sofern der Pächter einen vertragswidrigen Gebrauch des Pachtobjekts trotz einer Abmahnung des Verpächters fortsetzt. Dieses Recht besteht für den Verpächter auch dann, wenn der Pächter seine Rechte zur Fruchtziehung missbraucht, also zum Beispiel Raubbau betreibt oder die Grenzen einer zulässigerweise vereinbarten Einschränkung des Fruchtziehungsrechts überschreitet.[130]

n. § 579 Abs. 1 Satz 3 BGB n.F. (§ 551 Abs. 2 BGB a.F.)

Anstelle der Vorschrift des § 579 Abs. 1 Satz 3 BGB (Fälligkeit der Miete), welche für Pachtverträge anwendbar ist, gilt bei Landpachtverträgen § 587 Abs. 1 BGB.

o. § 537 BGB n.F. (§ 552 BGB a.F.)

Die Vorschrift des § 537 BGB, die die **Entrichtung der Miete bei persönlicher Verhinderung des Mieters** umfasst, gilt auch bei der Pacht. Zu beachten ist, dass Pachtverträge jedoch meist längerfristig vereinbart werden, so dass die Regelung für den Pächter bei unverschuldeter Nutzungshinderung zu

---

[127] Vgl. LG Stendal v. 24.03.2005 - 22 S 140/04 - ZMR 2005, 624-625.
[128] Wird dem Pächter landwirtschaftlicher Flächen durch Ordnungsverfügung die Wegnahme von Einrichtungen aufgegeben, verletzt eine Anordnung, die den Grundstückseigentümer zur Duldung der Maßnahme verpflichtet, diesen nicht in seinen Rechten, vgl. VGH München v. 24.10.2005 - 9 CS 05.1840 - NJW-RR 2006, 807-809.
[129] OLG Düsseldorf v. 04.05.2010 - I-24 U 170/09 - ZMR 2011, 282-284.
[130] *Voelskow* in: MünchKomm-BGB, § 581 Rn. 1.

Härten führen kann, wobei außerdem zu bedenken ist, dass die Pächter regelmäßig nicht nur eine Obhuts- sondern darüber hinaus eine Betriebspflicht trifft. Trotz alledem besteht ein Sonderkündigungsrecht zum Beispiel bei Berufsunfähigkeit (vgl. diesbezüglich § 594c BGB), welches jedoch nicht für alle Pachtverträge gilt.

114 Besteht ein Pachtverhältnis fort, so muss sich der Verpächter anderweitige Einnahmen aus der Überlassung an Dritte anrechnen lassen. Nach Beendigung des Pachtverhältnisses muss sich der Verpächter um eine anderweitige Nutzung der Pachtsache bemühen, damit der Pachtausfallschaden gering bleibt.[131]

p. §§ 543, 569 BGB n.F. (§§ 553, 554, 554a BGB a.F.)

115 Das **außerordentliche Kündigungsrecht** gemäß § 543 BGB gilt auch im Pachtrecht, bei der Raumpacht ist darüber hinaus die Kündigungsmöglichkeit des § 569 Abs. 2 BGB heranzuziehen. So hat das OLG Celle[132] entschieden, dass eine Kündigung gemäß §§ 581 Abs. 2, 543 BGB (das OLG Celle noch zur alten Vorschrift des § 554a BGB a.F.) auch bereits vor Beginn des Pachtverhältnisses wegen Nichtzahlung der Pachtkaution zulässig ist.[133] Zwar genüge die Nichtzahlung der vereinbarten Pachtkaution für sich allein regelmäßig nicht, die Fortsetzung des Pachtverhältnisses für den Verpächter als unzumutbar erscheinen zu lassen. Jedoch kann die Nichterfüllung der Pachtsicherheit unter Berücksichtigung der Umstände des Einzelfalles eine aus diesem Grunde erklärte fristlose Kündigung, jedenfalls nach vorheriger Abmahnung des Pächters durch den Verpächter, begründen. Maßgeblich sei dabei, ob die Weigerung des Pächters, die vereinbarte Kaution zu erbringen, das Sicherungsbedürfnis des Verpächters erheblich tangiere. § 543 Abs. 2 Nr. 3b BGB kann jedoch nur in den Fällen Anwendung finden, in denen der Pachtzins monatlich zu entrichten ist.[134] Darüber hinausgehend können andere außerordentliche Kündigungsrechte vereinbart werden, dies geschieht im Rahmen von Pachtverträgen häufig. Dabei ist eine in einem formularmäßigen Pachtvertrag über gewerbliche Räume enthaltene Klausel, die den Verpächter zur fristlosen Kündigung berechtigt, wenn der Pächter mit der Zahlung einer Pachtzinsrate ganz oder teilweise länger als einen Monat nach Zahlungsaufforderung trotz schriftlicher Mahnung im Rückstand ist, unwirksam, wirksam dagegen und bei einer Kündigung wegen Zahlungsverzugs einzuhalten ist aber das in der Klausel vorgesehene Verfahren.[135]

116 Zu den Voraussetzungen einer Kündigung nach § 543 Abs. 2 Satz 1 Nr. 2 BGB vgl. OLG Düsseldorf v. 27.05.2010.[136]

117 Die Wirksamkeit einer fristlosen Kündigung wegen Zahlungsverzuges (§ 543 Abs. 2 Nr. 3 lit. a, Abs. 3 Nr. 3 BGB) setzt ausnahmsweise eine Abmahnung gegenüber dem säumigen Pächter voraus, wenn sich dem Verpächter der Schluss aufdrängen muss, dass die Nichtzahlung der Miete nicht auf Zahlungsunfähigkeit oder -unwilligkeit beruht.[137] Einmalbeträge, die per Zahlungsbescheid gegenüber dem jeweiligen Grundstückseigentümer geltend gemacht werden (z.B. Trinkwasseranschlusskosten), kann dieser auf vertraglicher Grundlage als Nebenkosten auf den Pächter abwälzen. Die Nichtzahlung eines solchen Einmalbetrages kann den Verpächter berechtigen, das Pachtverhältnis aus einem sonstigen wichtigen Grund (§ 543 Abs. 1 Satz 2 BGB) fristlos zu kündigen.[138]

118 Ein außerordentliches Kündigungsrecht nach den §§ 543, 569 BGB steht dem Pächter nicht zu, wenn er erst mehr als eineinhalb Jahre nach letztmaliger Mängelanzeige von seinem Kündigungsrecht Ge-

---

[131] OLG Düsseldorf v. 09.11.2010 - I-24 U 169/09 - ZMR 2011, 718-720.
[132] OLG Celle v. 20.02.2002 - 2 U 183/01 - NJW-RR 2003, 155-156.
[133] Ebenso bezogen auf die Geschäftsraummiete BGH v. 21.03.2007 - XII ZR 255/04 - ZMR 2007, 444-446. Allgemein zum Kündigungsrecht des Vermieters bei Nichtzahlung der Kaution durch den Mieter von Gewerberaum vgl. BGH v. 21.03.2007 - XII ZR 36/05 - ZMR 2007, 525-528.
[134] Anders wird dies zum Teil hinsichtlich § 543 Abs. 2 Nr. 3a BGB gesehen, vgl. LG Verden v. 16.12.2005 - 1 S 142/05 - Jagdrechtliche Entscheidungen III Nr. 177.
[135] Vgl. BGH v. 25.03.1987 - VIII ZR 71/86 - LM Nr. 291 zu § 242 (Cd) BGB.
[136] OLG Düsseldorf v. 27.05.2010 - I-10 U 147/09 - ZMR 2011, 544-547.
[137] Vgl. OLG Düsseldorf v. 25.03.2004 - I-10 U 109/03, 10 U 109/03 - MDR 2004, 1234.
[138] OLG Brandenburg v. 14.11.2007 - 3 U 86/07 - ZMR 2008, 116-119.

brauch macht. In diesem Falle ist dem Pächter die Fortsetzung des Vertragsverhältnisses nicht unzumutbar.[139]

Nach dem OLG Düsseldorf[140] muss eine Kündigung aufgrund von vertragswidrigem Verhalten innerhalb einer angemessenen Frist zum letzten vertragswidrigen Verhalten erfolgen. Den Verpächter trifft die Darlegungs- und Beweislast, dass das Verhalten des Pächters bei Ausspruch der Kündigung noch vorgelegen hat. Auch längere Zeit zurückliegende Vorfälle können zur Rechtfertigung einer fristlosen Kündigung wegen schuldhafter schwerer Pflichtverletzungen herangezogen werden, wenn neue Verstöße hinzutreten. Eine kündigungsrelevante Zerrüttung kann nicht daraus abgeleitet werden, dass zwischen den Parteien seit Vertragsbeginn insgesamt vier Prozesse geführt worden sind. 119

Zur Frage der Verwirkung des Rechts zur fristlosen Kündigung nach § 543 Abs. 2 Nr. 3 BGB bei zunächst hingenommenem, aber weiter auflaufendem Rückstand mit einem Teil des Mietzinses hat der BGH Stellung genommen.[141] Danach tritt Verwirkung nicht ein, wenn auf Grund des Verhaltens des Vermieters (hier: mehrfache Zahlungsaufforderung) der Mieter nicht darauf vertrauen durfte, der Vermieter werde von seinem Recht nicht Gebrauch machen.[142] Für die Ausübung des Kündigungsrechts ist auch im Miet- und Pachtrecht die angemessene Frist im Sinne von § 314 Abs. 3 BGB zu beachten. Hat der Pächter durch die Verletzung des Pachtvertrages einen pflichtwidrigen Dauerzustand geschaffen, beginnt die Frist nicht vor der Beendigung dieses Zustandes, da bei andauernden Pflichtverletzungen auch der Kündigungsgrund als solcher fortbesteht.[143] 120

Nach Ansicht der Rechtsprechung ist eine außerordentliche Kündigung eines Franchisevertrages und der damit verbundenen Pachtverträge der Betriebsgesellschaften bei Vorliegen des Verdachts einer schweren Straftat möglich.[144] 121

Das LG Bielefeld[145] hat entschieden, dass eine fristlose Kündigung wegen neu eingetretener Streitpunkte, die für sich gesehen nicht so schwerwiegend sind, dass es dem Verpächter unzumutbar ist, an dem Pachtverhältnis festzuhalten, unwirksam ist, wenn sich die Parteien in der Vergangenheit immer wieder über wesentliche Streitpunkte geeinigt und diese beigelegt hatten. 122

Die Bezeichnung „Lügenbold" ist keine schwerwiegende Beleidigung, die eine fristlose Kündigung eines lebenslangen Pachtverhältnisses rechtfertigen könnte.[146] Nur schwerwiegende Beleidigungen können eine fristlose Kündigung rechtfertigen.[147] Bei der Frage, ob eine Beleidigung als „schwerwiegend" oder „nicht schwerwiegend" i.S.d. Paragraphen zu bewerten ist, ist zu berücksichtigen, dass beleidigende Äußerungen sich als weniger verletzend darstellen, wenn sie aus einer Provokation heraus oder im Zusammenhang einer bereits vorgegebenen streitigen Atmosphäre erfolgen oder wenn sie als eine momentane und vereinzelt gebliebene Unbeherrschtheit zu bewerten sind.[148] 123

---

[139] Vgl. OLG Düsseldorf v. 26.02.2004 - I-10 U 124/03, 10 U 124/03 - OLGR Düsseldorf 2004, 180-181.
[140] OLG Düsseldorf v. 27.05.2010 - I-10 U 147/09 - ZMR 2011, 544-547.
[141] Vgl. BGH v. 15.06.2005 - XII ZR 291/01 - NJW 2005, 2775.
[142] Zur Verwirkung des Rechts zur fristlosen Kündigung bei Kenntnis des Vermieters von der Vernachlässigung der Wohnung (Lagern von Unrat und damit einhergehende Geruchsbelästigungen im Treppenhaus) vgl. LG Siegen v. 10.01.2006 - 1 S 117/05 - WuM 2006, 158-160.
[143] OLG Brandenburg v. 16.08.2006 - 3 U 30/05 - NJW 2007, 27.
[144] OLG Frankfurt v. 13.11.2009 - 2 U 76/09 - MittdtschPatAnw 2010, 590; in seiner Entscheidung führt das Gericht aus, dass die Klägerin zum Ausspruch einer sog. „Verdachtskündigung" berechtigt gewesen sei, nachdem es über Jahre hinweg zu Unregelmäßigkeiten bei der Weiterleitung von Spendengeldern gekommen sei. So seien von den Beklagten zwar „Spendenhäuschen" bestellt und in ihren Lokalen aufgestellt worden, seit November 2003 seien aber keine Spendengelder mehr abgeführt worden. Die Klägerin habe aufgrund der von ihr ermittelten Umstände davon ausgehen dürfen, dass die Beklagten bzw. der für sie zuständige Geschäftsführer insoweit einer Straftat dringend verdächtig erscheint. Hierdurch sei das Vertrauensverhältnis zerstört worden, so dass der Klägerin eine Fortsetzung der Vertragsverhältnisse nicht zumutbar gewesen sei.
[145] LG Bielefeld v. 21.11.2008 - 3 O 365/06.
[146] OLG Düsseldorf v. 04.05.2010 - I-24 U 170/09 - ZMR 2011, 282-284.
[147] Vgl. LG Stuttgart v. 10.07.1997 - 6 S 144/97 - WuM 1997, 492; LG Köln v. 21.01.1993 - 1 S 365/92 - WM 1993, 349.
[148] LG Köln v. 21.01.1993 - 1 S 365/92 - WM 1993, 349.

124 Der BGH hat entschieden, dass die unberechtigte, fristlose Kündigung des Verpächters grundsätzlich nicht in ein Angebot auf Aufhebung des Pachtvertrages umgedeutet werden kann.[149]

q. §§ 546, 570 BGB n.F. (§ 556 BGB a.F.)

125 Bei einer Verpachtung eines Grundstücks mit Inventar werden die §§ 546, 570 BGB bezüglich des Inventars durch § 582a Abs. 3 BGB ergänzt, bei Landpachtverträgen hinsichtlich des Zustands des Grundstücks bei Rückgabe durch § 596 BGB, bezüglich der Zurücklassung landwirtschaftlicher Erzeugnisse durch § 596b BGB. Wie den Mieter trifft auch den Pächter eine **Wegnahmepflicht** bezüglich aller Sachen, insbesondere von Inventarstücken, die nicht Eigentum des Verpächters sind und die der Verpächter weder übernehmen will oder muss.

126 Der Pächter hat seine ihm gemäß § 546 Abs. 1 BGB obliegende Rückgabepflicht nicht in von ihm zu vertretener Weise verletzt, wenn er den Pachtgegenstand zwar nur in verschlechtertem Zustand oder wegen Untergangs gar nicht zurückgeben kann, er diesen Umstand aber durch einen vertragsgemäßen Gebrauch herbeigeführt hat.[150]

127 Der Streitgegenstand des Rechtsmittelverfahrens zur Verteidigung gegen einen Räumungs- und Herausgabeanspruch erledigt sich nur dann mit der Zwangsräumung, wenn Erfüllung dieser Ansprüche aufgrund einer entsprechenden Leistungsbestimmung des Mieters im Sinne von § 362 BGB eintritt.[151]

128 Hat der Verpächter einen Schadensersatzanspruch wegen Schlechterfüllung der Räumungspflicht, so ist dieser auf den Ersatz der für die Räumung erforderlichen Kosten gerichtet. Der Verpächter kann diesen auch abstrakt berechnen. Berücksichtigungsfähig sind jedoch nur die Kosten, die nach Aufmaß und Masse hinreichend zu spezifizieren sind. Der Pächter kann einen Bereicherungsausgleich für werterhöhende Maßnahmen bei vorzeitigem Vertragsende nur in Höhe der Erhöhung des Ertragswertes des Grundstücks geltend machen.[152]

r. §§ 546a, 547, 548 BGB n.F. (§§ 557, 557a Abs. 1, 558 BGB a.F.)

129 Anstelle des § 546a BGB gilt bei verspäteter Rückgabe des Pachtobjekts § 584b BGB, bei Landpachtverträgen gilt § 597 BGB. Bei landwirtschaftlichen Pachtverhältnissen sind die Vorschriften der §§ 546a, 547 BGB entsprechend anwendbar. Für Landpachtverträge gibt es keine dem § 547 BGB entsprechende Vorschrift, anstelle des § 548 BGB gilt hier § 591a BGB (vgl. die Kommentierung zu § 591a BGB), das Verpächterpfandrecht ist in § 592 BGB geregelt.

130 Gibt der Pächter den Pachtgegenstand nach Beendigung des Pachtverhältnisses nicht zurück, so kann der Verpächter für die Dauer der Vorenthaltung eine Entschädigung in Höhe der vereinbarten oder ortsüblichen Miete verlangen. Das OLG Brandenburg[153] hat entschieden, dass dem Verpächter kraft Gesetzes bis zum Tag der tatsächlichen Rückgabe das vereinbarte Nutzungsentgelt als Mindestentschädigung zusteht, wenn die Miet- oder Pachtsache nach Ablauf der Vertragslaufzeit nicht rechtzeitig zurückgegeben wird. Für die Bestimmung der Ersatzwertbestimmung sei auf den Zeitpunkt der Beendigung des Pachtverhältnisses abzustellen. Nicht ersatzwerterhöhend würden hingegen Kosten für den Rückbau von vom Pächter vorgenommenen Veränderungen wirken, wenn der Verpächter die Veränderungen hinnimmt, indem er sie selbst auf Dauer angelegt nutzt.

131 Nach Ansicht der Rechtsprechung fällt eine Rückgabe der Pachtsache in nichtvertragsgemäßem Zustand weder in den Anwendungsbereich des § 546a BGB noch des § 584b BGB.[154] Vielmehr sind Ersatzansprüche im Falle einer Schlechterfüllung der Rückgabeverpflichtung als Schadensersatzanspruch geltend zu machen. In diesem Zusammenhang führt das Gericht aus, dass ein Schadensersatzanspruch voraussetzt, dass das Pachtobjekt überhaupt wieder zu verpachten war und bei Rück-

---

[149] BGH v. 07.12.1983 - VIII ZR 206/82 - WM 1984, 171-172.
[150] OLG Köln v. 27.04.2010 - 3 U 3/09 - MDR 2010, 1054-1055.
[151] OLG Düsseldorf v. 30.11.2009 - 24 U 139/09 - ZMR 2010, 677-679.
[152] OLG Brandenburg v. 15.12.2010 - 3 U 58/10.
[153] OLG Brandenburg v. 09.09.2009 - 3 U 84/05.
[154] OLG Köln v. 17.10.2006 - 22 U 78/06.

gabe in vertragsgemäßem Zustand hätte weitervermietet werden können. Hierfür trägt der Verpächter die Darlegungs- und Beweislast. Für die Praxis bietet es sich an, im Rahmen des Pachtvertrages ausdrückliche Vereinbarungen darüber zu treffen, in welchem Zustand sich die Pachtsache bei der Rückgabe zu befinden hat. Weil das Gesetz keine ausdrückliche Regelung über den Zustand der Sache bei Rückgabe trifft, braucht der Pächter die Sache grundsätzlich nur in dem Zustand zurückzugeben, in dem sie sich zur Zeit der Beendigung des Pachtverhältnisses befindet.[155] Diese für den Verpächter ungünstige Rechtslage würde im Falle einer vertraglichen Vereinbarung über den Zustand der Sache entfallen. Außerdem erleichtert eine vertraglich vereinbarte Zustandsvereinbarung im Streitfalle die Darlegungslast des Verpächters.

Ersatzansprüche des Verpächters wegen Veränderungen oder Verschlechterungen der Pachtsache gegen den vollmachtlosen Vertreter des Verpächters (§ 179 Abs. 1 BGB) verjähren in der kurzen Verjährungsfrist des § 548 Abs. 1 BGB; dabei setzt die „Rückgabe" grundsätzlich einen vollständigen Besitzverlust des Pächters sowie die Kenntnis des Verpächters hiervon voraus.[156] 132

Der Anspruch des Vermieters auf Nutzungsentschädigung nach § 546a Abs. 1 BGB endet mit der (verspäteten) Rückgabe der Mietsache, auch wenn das „zur Unzeit" (mitten im Monat) geschieht.[157] 133

Auch auf einen Schadensersatzanspruch aus culpa in contrahendo wegen Um- und Rückbaukosten ist die sechsmonatige Verjährungsfrist des § 548 BGB analog anzuwenden, wenn es nicht wie vorgesehen zum Abschluss des Mietvertrages gekommen ist.[158] 134

s. § 556 BGB n.F.

Hinsichtlich Gewerberaumpacht- bzw. Mietverhältnissen gilt im Übrigen die Ausschlussfrist für Betriebskostennachforderungen gemäß § 556 Abs. 3 BGB entsprechend. Danach ist auch im Rahmen des Kautionsrückzahlungsanspruchs des Pächters/Mieters, der erst nach Ablauf einer angemessenen Frist zur Prüfung etwaiger Ansprüche fällig ist, bei dieser Frist die Jahresfrist des § 556 Abs. 3 BGB zu berücksichtigen.[159] 135

Der BGH hat entschieden, dass der sich aus § 812 Abs. 1 Satz 1 Alt. 1 BGB ergebende Bereicherungsanspruch eines Pächters/Mieters, der die wegen Versäumung der Abrechnungsfrist des § 556 Abs. 3 Satz 2 BGB nach § 556 Abs. 3 Satz 3 BGB ausgeschlossene Betriebskostennachforderung des Verpächters/Vermieters bezahlt hat, nicht in entsprechender Anwendung des § 214 Abs. 2 Satz 1 BGB ausgeschlossen ist.[160] 136

Das AG Trier hatte einen Fall zu entscheiden, in dem Gaststättenräume inklusive einer Wirtewohnung an eine Brauerei verpachtet wurden. Die Brauerei untervermietete die Wohnung an den die Gaststätte betreibenden Wirt. In Zusammenhang mit einer Schadensersatzklage, welche auf Zahlung eines Betrages gemäß einer Betriebskostenrechnung gerichtet war, nachdem die Betriebskostenrechnung zurückgewiesen worden ist, hat das Gericht in Abweichung von den zuvor dargestellten Grundsätzen festgestellt, dass der für Wohnraummietverhältnisse geltende Ausschluss einer verspäteten Betriebskostennachforderung gemäß § 556 Abs. 3 BGB auf diese Konstellation keine Anwendung findet.[161] Das Gericht begründet seine Entscheidung damit, dass § 556 Abs. 3 BGB grundsätzlich nur für Wohnraummietverhältnisse gelte. Vorliegend sei jedoch ein Mischvertrag gegeben, bei dem das Schwergewicht nicht auf einer Wohnraummiete, sondern vielmehr auf einer Gewerberaumpacht liege. Diesbezüglich verweist das Gericht auf die im Vergleich zur Gaststätte deutlich geringere Quadratmeterzahl der Wohnung. In diesem Zusammenhang sei angemerkt, dass es für eine Beurteilung der Frage, ob überwiegend Wohnraummiete oder aber Gewerberaummiete vorliegt, die jeweiligen Quadratmeterzahlen zwar 137

---

[155] Vgl. BGH v. 10.01.1983 - VIII ZR 304/81 - BGHZ 86, 204-211.
[156] Vgl. BGH v. 19.11.2003 - XII ZR 68/00 - NJW 2004, 774-775.
[157] Vgl. Schach, jurisPR-MietR 26/2005, Anm. 2 zu BGH v. 05.10.2005 - VIII ZR 57/05 - EBE/BGH 2005, 379.
[158] Vgl. BGH v. 22.02.2006 - XII ZR 48/03 - BGHReport 2006, 763-764.
[159] Vgl. AG Wiesbaden v. 10.10.2005 - 93 C 349/05 - NZM 2006, 140.
[160] Vgl. BGH v. 18.01.2006 - VIII ZR 94/05 - NZM 2006, 222.
[161] AG Trier v. 25.05.2007 - 7 C 522/06 - GuT 2007, 235.

138 ein Indiz bedeuten, jedoch keinesfalls als alleinige Begründung herangezogen werden sollten. Für die Beurteilung der Frage, wo der Schwerpunkt der Nutzung liegt, ist eine Einzelfallprüfung vorzunehmen, bei der insbesondere auf den Parteiwillen abzustellen ist.[162]

138 Das KG Berlin hat entschieden, dass bei einer über 10%igen Erhöhung der Betriebskosten gegenüber dem Vorjahr der Vermieter die entsprechenden Gründe der Preissteigerung und deren Unvermeidbarkeit im Einzelnen darlegen muss. Andernfalls kann er – wegen Verstoßes gegen den Grundsatz der Wirtschaftlichkeit – diese Nebenkosten nur in Höhe der im Vorjahr angefallenen Beträge auf die Mieter umlegen.[163]

t. §§ 562-562d BGB n.F. (§§ 559-563 BGB a.F.)

139 Auch die Regelungen über das **Vermieterpfandrecht** gemäß §§ 562-562d BGB sind bei nichtlandwirtschaftlichen Pachtverhältnissen entsprechend anwendbar.[164]

u. §§ 542, 573d BGB n.F. (§§ 564-565 BGB a.F.)

140 Die Regelung des § 542 BGB gilt für die Pacht beweglicher Sachen, bei der Pacht landwirtschaftlicher Grundstücke ist § 584 BGB anstelle des §§ 573d BGB anwendbar. Für Landpachtverträge gelten darüber hinausgehend die §§ 594, 594a BGB.

141 Nach der Rechtsprechung kann ein prozessualer Schriftsatz, der den Parteiwillen zur Beendigung des Pachtverhältnisses hinreichend deutlich zum Ausdruck bringt, eine rechtswirksame Kündigung des Pachtvertrages darstellen.[165]

142 Gemäß einer Entscheidung des OLG Düsseldorf liegt in der Erhebung der Räumungsklage regelmäßig die Wiederholung einer verfrühten und deshalb unwirksamen Kündigungserklärung.[166]

v. § 550 BGB n.F. (§ 566 BGB a.F.)

143 Da Pachtverträge zumeist längerfristig und auf eine bestimmte Zeit abgeschlossen werden, hat die Formvorschrift des § 550 BGB bei der Pacht von Grundstücken besondere Bedeutung.[167] Für Landpachtverträge ist die Sonderregelung in § 585a BGB zu beachten.

144 Nach der Rechtsprechung wahrt auch ein schriftlich abgeschlossener Mietvertrag, der widersprüchliche Regelungen enthält, die Schriftform des § 126 BGB. Nicht jede nachträgliche, zeitlich nicht beschränkte Änderung der schriftlich nicht vereinbarten Miethöhe ist „wesentlich" mit der Folge, dass die Schriftform des § 550 Satz 1 BGB in jedem Fall nicht mehr gewahrt ist. Begründet ist dies in der Tatsache, dass § 550 BGB vorrangig dem Schutz des in ein bestehendes Mietverhältnis eintretenden Grundstückserwerbers dient.[168]

145 Das OLG Düsseldorf stellt fest, dass ein Pachtvertrag, dessen Kündigung die Vertragspartner für länger als ein Jahr ausgeschlossen haben, auf unbestimmte Dauer geschlossen und innerhalb der gesetzlichen Frist kündbar ist, wenn er nicht der gesetzlichen Schriftform genügt.[169]

146 Bei einem vor dem 03.10.1990 geschlossenen Pachtvertrag über ein im Volkseigentum stehendes Grundstück, der mangels Zustimmung des damals zuständigen Organs schwebend unwirksam war, tritt dann eine konkludente Genehmigung ein, wenn das Bundesvermögensamt die Verwaltung der gesamten Liegenschaft dem bisherigen Rechtsträger überträgt. In diesen Pachtvertrag tritt der Rückübertra-

---

[162] *Lindner-Figura/Stellmann* in: Lindner-Figura/Oprée/Stellmann, Geschäftsraummiete, 2008, Kap. 1, Rn. 64.
[163] Vgl. hierzu *Dittert*, jurisPR-MietR 19/2006, Anm. 2 zu KG Berlin v. 12.01.2006 - 12 U 216/04 - Grundeigentum 2006, 382-383.
[164] Hierzu z.B. OLG München v. 25.07.2002 - 19 U 1819/02 - WuM 2002, 492-493; zur Behandlung des Vermieterpfandrechts in der Insolvenz des Mieters vgl. BGH v. 14.12.2006 - IX ZR 102/03 - ZMR 2007, 190-193.
[165] OLG Brandenburg v. 01.07.2009 - 3 U 145/08.
[166] OLG Düsseldorf v. 08.01.2009 - I-24 U 97/08 - Grundeigentum 2009, 841-842.
[167] Vgl. zur Schriftform für Unterpachtverträge z.B. BGH v. 15.06.1981 - VIII ZR 166/80 - BGHZ 81, 46-52.
[168] Vgl. *Ingendoh*, jurisPR-MietR 23/2005, Anm. 5 zu KG Berlin v. 28.02.2005 - 12 U 74/03 - MDR 2005, 982-983.
[169] OLG Düsseldorf v. 08.01.2009 - I-24 U 97/08 - Grundeigentum 2009, 841-842.

gungsberechtigte an dem Grundstück gem. §§ 1 Abs. 6, 2, 16, 17 VermG mit Rechtskraft des Rück-
übertragungsbescheides auf Verpächterseite ein.[170]

Zur ausreichenden Bezeichnung im Sinne des § 550 BGB bei Übernahme des noch zu errichtenden kompletten Gebäudes – in dem Fall eines Theaters – durch den Pächter vgl. OLG Düsseldorf v. 27.05.2010.[171]   **147**

Zur Wahrung der Schriftform, wenn die vorgesehene Inventarisierung nicht nachgeholt wurde, vgl. OLG Düsseldorf v. 27.05.2010.[172]   **148**

w. § 544 BGB n.F. (§ 567 BGB a.F.)

Es ist erneut darauf zu verweisen, dass Pachtverträge zumeist über längere Zeiträume hinweg abgeschlossen werden, weil nur so regelmäßig eine wirtschaftliche Nutzung sinnvoll ist. Jedoch ist eine „Erbpacht" von Gesetzes wegen ausgeschlossen, vgl. § 544 BGB in Verbindung mit § 581 Abs. 2 BGB und § 594b BGB.   **149**

x. § 545 BGB n.F. (§ 568 BGB a.F.)

Die Vorschrift des § 545 BGB über eine **stillschweigende Verlängerung des Mietverhältnisses** findet auch auf Pachtverträge Anwendung. Wegen der kurzen Widerspruchsfristen kann die Regelung insbesondere bei Pachtverträgen zu Härten führen, wenn unter Umständen eine lange Kündigungsfrist zwischen den Vertragsparteien vereinbart wurde. Für Landpachtverträge gibt es keine entsprechenden Vorschriften. Insofern kann es ratsam sein, die Regelung des § 545 BGB vertraglich abzubedingen.   **150**

y. § 564 BGB n.F. (§ 569 Abs. 1 BGB a.F.)

Die Anwendbarkeit des § 564 BGB wird für nicht landwirtschaftliche Pachtverhältnisse gemäß § 584a Abs. 2 BGB eingeschränkt. Danach können bei **Tod des Pächters** nur dessen Erben, nicht aber der Verpächter kündigen. Bei Landpachtverträgen gilt die Vorschrift des § 594 d BGB.   **151**

Für Jagdpachtverträge enthält das BJagdG keine Vorschriften darüber, was nach dem Tod des Jagdpächters mit dem Jagdpachtvertrag geschehen soll. In den Landesjagdpachtgesetzen ist teilweise das Erlöschen des Pachtvertrages im Falle des Todes des Pächters geregelt, teilweise ist auch die Fortsetzung des Pachtverhältnisses mit dem Erben angeordnet.[173]   **152**

z. §§ 566-567b BGB n.F. (§§ 571-579 BGB a.F.)

Die Regelungen in den §§ 565-567b BGB („Kauf bricht nicht Miete") sind auf Pachtverhältnisse über Räume und Grundstücke entsprechend anwendbar.[174] Jedoch gelten die Vorschriften für die Rechtspacht grundsätzlich nicht. Bei Landpachtverträgen gilt demgegenüber § 593a BGB.[175] Zu einer im Zusammenhang mit dem Pachtvertrag getroffenen Vereinbarung zwischen dem Verpächter und einer Gesellschaft bürgerlichen Rechts als Pächterin dahin gehend, dass die Haftung der Gesellschafter auf das Gesellschaftsvermögen beschränkt ist, hat der BGH entschieden, dass dieses keine Vorausverfügung über den Pachtzins im Sinne von § 574 BGB a.F., § 1124 Abs. 2 BGB darstellt.[176]   **153**

Die Wirkungen des § 566 BGB („Kauf bricht nicht Miete") erstrecken sich bei der Veräußerung der Pachtsache im Zweifel nicht auf ein zwischen dem Pächter und dem ursprünglichen Verpächter verein-   **154**

---

[170] Vgl. OLG Brandenburg v. 25.09.2000 - 3 U 195/99 - ZMR 2004, 176-179; zur Bestimmbarkeit der Person des Mieters und des Mietgegenstandes bei langfristigen Miet- oder Pachtverhältnissen vgl. *Schott*, jurisPR-BGHZivilR 4/2006, Anm. 2.
[171] OLG Düsseldorf v. 27.05.2010 - I-10 U 147/09 - ZMR 2011, 544-547.
[172] OLG Düsseldorf v. 27.05.2010 - I-10 U 147/09 - ZMR 2011, 544-547.
[173] Vgl. hierzu *Winkler*, ZErb 2010, 218-225.
[174] Zur Abwicklung eines Mietverhältnisses bei einem Grundstückserwerb nach der Beendigung des Mietverhältnisses und dem Auszug des Mieters vgl. BGH v. 04.04.2007 - VIII ZR 219/06 - ZMR 2007, 529-531.
[175] Zum Begriff der „Überlassung" i.S.d. §§ 566, 593b BGB (Einräumung des unmittelbaren Besitzes, tatsächliche Sachherrschaft): OLG Koblenz v. 30.03.2004 - 3 U 1552/03.Lw, 3 U 1552/03 - Lw- RdL 2004, 148-149.
[176] BGH v. 23.07.2003 - XII ZR 16/00 - WM 2003, 2194-2197.

bartes Kündigungsrecht des Verpächters für den Fall, dass er oder ein Familienangehöriger beabsichtigt, die Pachtfläche selbst zu bewirtschaften.[177]

155 Der über eine Wohnung und eine Garage geschlossene einheitliche Mietvertrag wird durch die Veräußerung der Wohnung und der Garage an unterschiedliche Erwerber nach der Rechtsprechung nicht in mehrere Mietverhältnisse aufgespalten; vielmehr treten die Erwerber in den einheitlichen Mietvertrag ein. Ihr Verhältnis bestimmt sich nach den Regelungen über die Bruchteilsgemeinschaft.[178] Diese Grundsätze sind ohne weiteres auch auf Pachtverträge übertragbar.

II. Anwendungsvoraussetzungen

1. Normstruktur

156 Für die Anwendbarkeit der Vorschriften des Absatzes 2 (und damit inzident die Anwendbarkeit der mietrechtlichen Vorschriften) kommt es darauf an, ob zwischen den Parteien ein Pachtvertrag abgeschlossen wurde.

2. Vorliegen eines Pachtvertrages

157 Zur Überprüfung des Vorliegens eines Pachtvertrages darf auf das im Rahmen der Kommentierung des Absatzes 1 angegebene Prüfschema verwiesen werden.

158 **Abdingbarkeit**: Absatz 2 ist abdingbar. Danach sind abweichende Vereinbarungen stets zulässig, soweit der Wesensgehalt der Pacht nicht negiert oder in Frage gestellt wird (vgl. hierzu Absatz 1). Wird also zum Beispiel das Recht zum Fruchtgenuss generell ausgeschlossen, kann kein Pachtvertrag mehr vorliegen, der Vertrag kann ggf. als Mietvertrag anzusehen sein.[179]

III. Arbeitshilfen

159 **Schemata**: Nach dem zuvor Gesagten sind die folgenden mietrechtlichen Vorschriften (aus dem Untertitel 1. Allgemeine Vorschriften für Mietverhältnisse und dem Untertitel 3. Mietverhältnisse über andere Sachen) stets auf Pachtverhältnisse gemäß Absatz 2 anwendbar. Für die Vorschriften des Untertitels 2. Mietverhältnisse über Wohnraum kommt es hingegen sowohl auf den Pachtgegenstand als auch die Ausgestaltung des Pachtvertrages im Einzelnen an:

(1) Allgemeine Vorschriften für Mietverhältnisse

§ 535 BGB	Inhalt und Hauptpflichten des Mietvertrages
§ 536 BGB	Mietminderung bei Sach- und Rechtsmängeln
§ 536a BGB	Schadens- und Aufwendungsersatzanspruch des Mieters wegen eines Mangels
§ 536b BGB	Kenntnis des Mieters vom Mangel bei Vertragsschluss oder Annahme
§ 536c BGB	während der Mietzeit auftretende Mängel; Mängelanzeige durch den Mieter
§ 536d BGB	vertraglicher Ausschluss von Rechten des Mieters wegen eines Mangels
§ 537 BGB	Entrichtung der Miete per persönlicher Verhinderung des Mieters
§ 538 BGB	Abnutzung der Mietsache durch vertragsgemäßen Gebrauch
§ 539 BGB	Ersatz sonstiger Aufwendungen und Wegnahmerecht des Mieters
§ 540 BGB	Gebrauchsüberlassung an Dritte (§ 540 Abs. 1 Satz 2 BGB, vgl. die Kommentierung zu § 540 BGB, ist nicht anwendbar)
§ 541 BGB	Unterlassungsklage bei vertragswidrigem Gebrauch
§ 542 BGB	Ende des Mietverhältnisses
§ 543 BGB	außerordentliche fristlose Kündigung aus wichtigem Grund
§ 544 BGB	Vertrag über mehr als 30 Jahre
§ 545 BGB	stillschweigende Verlängerung des Mietverhältnisses

---

[177] Vgl. OLG Naumburg v. 08.01.2004 - 2 U (Lw) 9/03 - NL-BzAR 2004, 246-249; zur Anwendbarkeit von § 566 BGB bei einer Vermietung durch den Nichteigentümer vgl. *Grooterhorst/Burbulla*, NZM 2006, 246.
[178] Vgl. *Flatow*, jurisPR-MietR 26/2005, Anm. 1 zu BGH v. 28.09.2005 - VIII ZR 399/03 - EBE/BGH 2005, 371.
[179] *Voelskow* in: MünchKomm-BGB, § 581 Rn. 23.

§ 546 BGB	Rückgabepflicht des Mieters
§ 546a BGB	Entschädigung des Vermieters bei verspäteter Rückgabe
§ 547 BGB	Erstattung von im Voraus entrichteter Miete
§ 548 BGB	Verjährung der Ersatzansprüche und des Wegnahmerechts

(2) Mietverhältnisse über andere Sachen

§ 578 BGB	Mietverhältnisse über Grundstücke und Räume
§ 578a BGB	Mietverhältnisse über eingetragene Schiffe
§ 579 BGB	Fälligkeit der Miete
§ 580 BGB	außerordentliche Kündigung bei Tod des Mieters
§ 580a BGB	Kündigungsfristen

§ 582 BGB Erhaltung des Inventars

(Fassung vom 02.01.2002, gültig ab 01.01.2002)

(1) Wird ein Grundstück mit Inventar verpachtet, so obliegt dem Pächter die Erhaltung der einzelnen Inventarstücke.

(2) [1]Der Verpächter ist verpflichtet, Inventarstücke zu ersetzen, die infolge eines vom Pächter nicht zu vertretenden Umstands in Abgang kommen. [2]Der Pächter hat jedoch den gewöhnlichen Abgang der zum Inventar gehörenden Tiere insoweit zu ersetzen, als dies einer ordnungsmäßigen Wirtschaft entspricht.

Gliederung

A. Grundlagen 1	1. Pflichten des Pächters 5
B. Anwendungsvoraussetzungen 3	2. Pflichten des Verpächters 6
I. Normstruktur 3	3. Abdingbarkeit 7
II. Abschluss eines Pachtvertrages 4	

A. Grundlagen

1 § 582 BGB bestimmt die Rechte und Pflichten bei der so genannten „schlichten Mitverpachtung" des Inventars im Rahmen eines Pachtvertrages.

2 Die Vorschrift des § 582 BGB regelt die Verpachtung eines Grundstücks mit Inventar, die in der Praxis nicht allzu häufig vorkommt. Die Vorschrift ist zusätzlich auch für Landpachtverträge gemäß § 585 Abs. 2 BGB anwendbar. Bei der Unternehmenspacht auf mitverpachtetes Inventar ist sie ebenfalls entsprechend anzuwenden. Als Inventar ist die Gesamtheit der beweglichen Sachen, die in einem entsprechenden räumlichen Verhältnis zum Grundstück stehen und dazu bestimmt sind, das Grundstück entsprechend seinem wirtschaftlichen Zweck durch Betrieb zu nutzen, anzusehen (siehe § 98 BGB). Umfasst sind das Zubehör (siehe § 97 BGB) und darüber hinaus nach der Verkehrsauffassung weitere Sachen. Für die Inventareigenschaft ist die Eigentumslage an der betreffenden Sache bedeutungslos. Nicht zum Inventar gehört aber zum Beispiel der Fernsprechanschluss.[1] Zusammengefasst kann daher werden, dass als Inventar die Gesamtheit der beweglichen Sachen anzusehen ist, die der Nutzung des Grundstücks dienen und zu diesem in einem entsprechenden räumlichen Verhältnis stehen.[2] Bei Eigentumserwerb des Pächters an den Inventarstücken ist § 583a BGB anzuwenden.

B. Anwendungsvoraussetzungen

I. Normstruktur

3 Über § 582 BGB wird festgelegt, welche Pflichten den Pächter und den Verpächter innerhalb der so genannten „schlichten Mitverpachtung" treffen. Die Pflichten sind:
- Erhaltungspflicht der einzelnen Inventarstücke durch den Pächter;
- Pflicht des Pächters, den gewöhnlichen Abgang beim lebenden Inventar zu ersetzen;
- notwendige Erneuerungspflicht des Inventars durch den Verpächter, solange der Pächter den „Abgang" nicht zu vertreten hat;
- Verpächter trägt die Gefahr des zufälligen Untergangs;
- Verpächter bleibt Eigentümer der Inventarstücke.

---

[1] LG Konstanz v. 26.06.1970 - 1 S 45/70 - NJW 1971, 515-516.
[2] *Emmerich* in: Staudinger, vor § 586 Rn. 4.

II. Abschluss eines Pachtvertrages

Voraussetzung für die Anwendung der Vorschrift des § 582 BGB ist stets der Abschluss eines Pachtvertrages, der die Verpachtung des Inventars beinhaltet.

1. Pflichten des Pächters

Dem Pächter obliegt die Erhaltungspflicht der einzelnen Inventarstücke. Unter die Erhaltungspflicht fallen die Beseitigung von Abnutzungs- und Verschleißerscheinungen, das Füttern und „wenn nötig" die veterinäre Versorgung des Viehs. Weiterhin gehört es zu den Pflichten des Pächters, den gewöhnlichen Abgang beim lebenden Inventar zu ersetzen, soweit dies den Regeln einer ordnungsgemäßen Wirtschaft nicht zuwider läuft. Der Tierersatz muss gegenläufig zur alten Rechtsprechung nicht aus eigenem Jungtierersatz bestehen. Ein Zukauf von Tieren von einem auf Aufzucht spezialisierten Betrieb ist möglich. Die Erhaltungspflicht ist jedoch nicht dahingehend aufzufassen, dass für jedes Inventarstück Ersatz beschafft werden muss. Der Gesamtbestand ist zu schützen und zu erhalten, wobei nach dem Prinzip von Treu und Glauben sowohl die wirtschaftliche als auch die technische Entwicklung als Grundlage heranzuziehen ist.[3]

2. Pflichten des Verpächters

Seitens des Verpächters besteht die notwendige Erneuerungspflicht des Inventars, sofern der Pächter den Abgang nicht zu vertreten hat. Im Falle des zufälligen Untergangs und der zufälligen Verschlechterung des Pachtinventars muss sich der Verpächter die Gefahr zurechnen lassen. Daher ist es Sache des Verpächters, sofern keine anderen Vereinbarungen getroffen wurden, die Versicherung des Inventars zu übernehmen. Das Eigentum der Inventarstücke verbleibt auf der Seite des Verpächters. Im Bestand hinzugefügte neue Jungtiere werden Eigentum des Verpächters durch vorweggenommenes Besitzkonstitut, welches im Zuge der „schlichten Mitverpachtung" als konkludent vereinbart zu vermuten ist. Allerdings obliegt dem Verpächter die Beweislast über sein Eigentum an den Inventarstücken.[4]

3. Abdingbarkeit

Die Vorschrift ist abdingbar.[5]

---

[3] *Voelskow* in: MünchKomm-BGB, § 582 Rn. 2.
[4] *Voelskow* in: MünchKomm-BGB, § 582 Rn. 3-4.
[5] *Weidenkaff* in: Palandt, § 582 Rn. 4.

§ 582a BGB Inventarübernahme zum Schätzwert

(Fassung vom 02.01.2002, gültig ab 01.01.2002)

(1) ¹Übernimmt der Pächter eines Grundstücks das Inventar zum Schätzwert mit der Verpflichtung, es bei Beendigung des Pachtverhältnisses zum Schätzwert zurückzugewähren, so trägt er die Gefahr des zufälligen Untergangs und der zufälligen Verschlechterung des Inventars. ²Innerhalb der Grenzen einer ordnungsmäßigen Wirtschaft kann er über die einzelnen Inventarstücke verfügen.

(2) ¹Der Pächter hat das Inventar in dem Zustand zu erhalten und in dem Umfang laufend zu ersetzen, der den Regeln einer ordnungsmäßigen Wirtschaft entspricht. ²Die von ihm angeschafften Stücke werden mit der Einverleibung in das Inventar Eigentum des Verpächters.

(3) ¹Bei Beendigung des Pachtverhältnisses hat der Pächter das vorhandene Inventar dem Verpächter zurückzugewähren. ²Der Verpächter kann die Übernahme derjenigen von dem Pächter angeschafften Inventarstücke ablehnen, welche nach den Regeln einer ordnungsmäßigen Wirtschaft für das Grundstück überflüssig oder zu wertvoll sind; mit der Ablehnung geht das Eigentum an den abgelehnten Stücken auf den Pächter über. ³Besteht zwischen dem Gesamtschätzwert des übernommenen und dem des zurückzugewährenden Inventars ein Unterschied, so ist dieser in Geld auszugleichen. ⁴Den Schätzwerten sind die Preise im Zeitpunkt der Beendigung des Pachtverhältnisses zugrunde zu legen.

Gliederung

A. Grundlagen 1	V. Rückgewährpflicht des Pächters (bei Beendigung des Pachtverhältnisses) 10
B. Anwendungsvoraussetzungen 3	VI. Ablehnungsrecht des Verpächters (bei Beendigung des Pachtverhältnisses) 12
I. Normstruktur 6	VII. Wertausgleich (bei Beendigung des Pachtverhältnisses) 13
II. Gefahrtragung des Pächters (Rechtsfolge während des Pachtverhältnisses) 7	VIII. Eintritt des Erwerbers in Verpächterpflichten (bei Beendigung des Pachtverhältnisses) 14
III. Eigentum des Verpächters am Inventar und Verfügungsbefugnis des Pächters (Rechtsfolge während des Pachtverhältnisses) 8	1. Gesetzgebungsgeschichte 15
IV. Erhaltungspflicht des Pächters (Rechtsfolge während des Pachtverhältnisses) 9	2. Abdingbarkeit 16

A. Grundlagen

1 § 582a BGB regelt die Übernahme des Inventars zum Schätzwert. Voraussetzung ist, dass der Pächter eines Grundstücks das Inventar zum Schätzwert zunächst übernommen hat mit der Verpflichtung es an den Verpächter bei Beendigung der Pacht zum Schätzwert zurückzugewähren.

2 Sofern der Pächter aufgrund der pachtvertraglichen Regelungen das Inventar zum Schätzwert mit der Rückgabeverpflichtung bei Beendigung der Pacht übernommen hat, so ist diese **Rückgabe des Inventars zum Schätzwert** von wesentlicher Bedeutung für den gesamten Pachtvertrag sowie dessen Beendigung: Der Verpächter soll nach Vertragsende einen voll funktionsfähigen Betrieb zurückerhalten. Soll demgegenüber das Inventar am Ende der Pachtzeit dem Pächter verbleiben, ggf. gegen Geldausgleich, liegt ein Kauf des Inventars vor, so dass § 582a BGB nicht anzuwenden ist. In Betracht kommt demgegenüber die Anwendung des § 583a BGB. Ein Pachtvertrag mit vorstehendem Inhalt wird auch als Eisern-Inventar-Vertrag bezeichnet. Zurückzuführen ist dies darauf, dass die Regelung des § 582a BGB sich nur auf das so genannte „eiserne Inventar" erstreckt (vgl. hierzu Rn. 3 ff.). Der Eisern-Inventar-Vertrag hat in der Landwirtschaft an Bedeutung verloren, da es für einen Verpächter zwar vorteilhaft sein kann, dass er nach Vertragsende einen voll funktionsfähigen Betrieb zurückerhält, dies für

den Pächter eines landwirtschaftlichen Betriebes aber kaum reizvoll sein dürfte, da er das Inventar auf eigenes Risiko, nicht aber im eigenen Interesse verwaltet. Der Pächter ist verpflichtet, für den Verpächter das Inventar zu erhalten und muss sogar nach den Regeln einer ordnungsgemäßen Wirtschaft dieses modernisieren.[1]

B. Anwendungsvoraussetzungen

Voraussetzung für die Anwendbarkeit des § 582a BGB ist der **Abschluss eines Pachtvertrages**, welcher die **Übernahme** des Grundstücks **nebst Inventar** zum Schätzwert durch den Pächter sowie die **Rückgabeverpflichtung bei Beendigung** der Pacht zum Schätzwert an den Verpächter beinhaltet. Die Regelung ist ausschließlich anwendbar auf das so genannte „eiserne Inventar", welches wie folgt umschreibbar ist:

Zur Definition des Begriffs **Inventar** ist auf § 582 BGB zu verweisen; so genanntes „eisernes Inventar" liegt vor, wenn die folgenden Voraussetzungen gegeben sind: Das Inventar muss bei Pachtbeginn übernommen worden sein
- durch Verpachtung, also nicht durch Kauf;
- zum Schätzwert, wobei es zweckmäßig ist, eine sorgfältige Pachtbeschreibung vorzunehmen (der Schätzwert ist maßgebend für den Ausgleich);
- wobei eine Rückgewährpflicht zum Schätzwert im Pachtvertrag vereinbart worden sein muss.

Auch auf die Verpachtung von Viehherden findet § 582a BGB Anwendung.[2] Die Regelung des § 582a BGB ist entsprechend auf die Unternehmenspacht anwendbar, wenn dabei die Firma einschließlich „good will" und Urheberrechten verpachtet wird.[3]

I. Normstruktur

§ 582a BGB legt die folgenden Rechte und Pflichten des Verpächters und des Pächters während der Laufzeit und bei Beendigung des Pachtvertrages fest:
- Gefahrtragung des Pächters (Rechtsfolge während des Pachtverhältnisses);
- Eigentum des Verpächters am Inventar und Verfügungsbefugnis des Pächters (Rechtsfolge während des Pachtverhältnisses);
- Erhaltungspflicht des Pächters (Rechtsfolge während des Pachtverhältnisses);
- Rückgewährpflicht des Pächters (bei Beendigung des Pachtverhältnisses);
- Ablehnungsrecht des Verpächters (bei Beendigung des Pachtverhältnisses);
- Wertausgleich (bei Beendigung des Pachtverhältnisses);
- Eintritt des Erwerbers in Verpächterpflichten (bei Beendigung des Pachtverhältnisses).

II. Gefahrtragung des Pächters (Rechtsfolge während des Pachtverhältnisses)

Im Gegensatz zu § 582 BGB **trägt der Pächter** gemäß § 582a BGB **sowohl die Gefahr des zufälligen Untergangs als auch der zufälligen Verschlechterung** und dies gemäß Absatz 1 Satz 1 bis zur Rückgabe des Inventars. Eine Berufung des Pächters auf Pachtzinsminderung ist insoweit nicht möglich (§ 581 Abs. 2 BGB, bei Landpachtverträgen § 586 Abs. 2 BGB (vgl. die Kommentierung zu § 585 BGB) in Verbindung mit § 537 BGB).

---

[1] *Voelskow* in: MünchKomm-BGB, § 582a Rn. 2; zur steuerlichen Behandlung der eisernen Verpachtung bei der Verpachtung landwirtschaftlicher Betriebe: *Ostmeyer*, Information StW 2002, 357-361.
[2] *Voelskow* in: MünchKomm-BGB, § 582a Rn. 3.
[3] Die Behandlung der Wertänderung von Pachtgegenständen im Betriebspachtvertrag, NJW 1963, 990-994, 990; *Jendrek* in: Erman, § 588 Rn. 4; *Kummer* in: Soergel, §§ 568-590 Rn. 17.

III. Eigentum des Verpächters am Inventar und Verfügungsbefugnis des Pächters (Rechtsfolge während des Pachtverhältnisses)

8   **Eigentümer** der vom Pächter übernommenen Inventarstücke **bleibt der Verpächter**. Jungtiere sowie neu angeschafftes Inventar (auch Überinventar genannt) gehen mit der Einverleibung in das Inventar in das Eigentum des Verpächters über. Bei einer solchen Einverleibung handelt es sich um einen so genannten Realakt, für welchen Geschäftsfähigkeit zu fordern ist. Gemäß Absatz 2 Satz 2 vollzieht sich der Eigentumserwerb kraft Gesetzes. Zu fordern ist jedoch ein Eigentumserwerb des Pächters, unmöglich ist hingegen ein gutgläubiger Erwerb des Verpächters (allgemeine Meinung). Dem Verpächter steht ein Anwartschaftsrecht zu, wenn der Pächter eine Sache, an der ihm ein Anwartschaftsrecht zusteht, dem Inventar einverleibt. Obwohl hier eine genaue sachenrechtliche Zuordnung vorliegt, ist es dem Pächter möglich, innerhalb der Grenzen einer ordnungsgemäßen Wirtschaft über die einzelnen Inventarstücke zu verfügen, denn nur so ist eine effektive Nutzung des Inventars möglich.[4]

IV. Erhaltungspflicht des Pächters (Rechtsfolge während des Pachtverhältnisses)

9   Nach den alten gesetzlichen Regelungen hatte der Pächter die Pflicht, das Inventar in dem Zustand zu erhalten, wie es ihm übergeben worden war, wobei der technische und wirtschaftliche Fortschritt mitbestimmend sein soll. Absatz 2 Satz 1 bezieht sich nicht mehr auf den Zustand des Inventars bei Pachtbeginn, allein **maßgebend sollen die Regeln einer ordnungsgemäßen Wirtschaft sein**. Demnach muss der Pächter das Inventar im jeweiligen Umfang ersetzen, der den Regeln einer ordnungsgemäßen Wirtschaft entspricht. Eine sachgerechte Pflege und Wartung des Inventars ist somit nicht mehr ausreichend. Vielmehr müssen Inventarstücke, die nicht mehr den aktuellen technischen Erfordernissen entsprechen, modernisiert werden bzw. durch moderne ersetzt werden. Es besteht somit die Pflicht des Pächters zur Modernisierung des Inventars. Selbst bei Pachtbeginn – sollte es nicht anders vereinbart sein – ist veraltetes Inventar nach den Regeln einer ordnungsgemäßen Wirtschaft zu ersetzen.[5]

V. Rückgewährpflicht des Pächters (bei Beendigung des Pachtverhältnisses)

10 Des Weiteren hat der Pächter eine **Rückgewährpflicht über das gesamte Inventar**, welches im Eigentum des Verpächters steht (vgl. Absatz 3 Satz 1). Zu diesem Eigentum gehören das bei Pachtbeginn übernommene und das während der Pachtzeit angeschaffte Inventar auch soweit eine solche Anschaffung aus wirtschaftlichen Kriterien nicht notwendig war (vgl. Absatz 2 Satz 1). Der Wortlaut „zurückgewähren" macht deutlich, dass eine schlichte Rückgabe seitens des Pächters nicht ausreicht, es muss hingegen eine Rückgabe nach den sich aus Absatz 2 Satz 1 ergebenden Kriterien vorliegen.

11 Die Rückgewährpflicht ist an dem Ort zu vollziehen, an dem sich die Stücke befinden.[6]

VI. Ablehnungsrecht des Verpächters (bei Beendigung des Pachtverhältnisses)

12 Dem Verpächter steht ein so genanntes **Ablehnungsrecht** zu. Demnach braucht sich der Verpächter kein Inventar aufdrängen lassen, was für eine ordnungsgemäße Bewirtschaftung nicht notwendig ist. Er kann somit gemäß Absatz 3 Satz 2 eine Übernahme nicht notwendiger bzw. zu wertvoller Inventarstücke ablehnen, was wiederum durch ihn nachzuweisen ist. Grundlage hierfür ist ein sachlicher Maßstab, welcher sich aus den Worten „nach den Regeln einer ordnungsmäßigen Wirtschaft für das Grundstück" ergibt. Indem dem Pächter die Ablehnung des Verpächters zugeht (bei der Ablehnung handelt es sich um eine empfangsbedürftige Willenserklärung) geht das Inventarstück in das Eigentum des Pächters über. Kraft Gesetzes erfolgt der Eigentumserwerb (Absatz 3 Satz 2 HS. 2).[7]

---

[4] *Voelskow* in: MünchKomm-BGB, § 582a Rn. 5.
[5] *Voelskow* in: MünchKomm-BGB, § 582a Rn. 6.
[6] *Voelskow* in: MünchKomm-BGB, § 582a Rn. 4.
[7] *Voelskow* in: MünchKomm-BGB, § 582a Rn. 8.

VII. Wertausgleich (bei Beendigung des Pachtverhältnisses)

Ist der Umfang des übernommenen Inventars ermittelt, wird ein **Wertausgleich** gemäß Absatz 3 Satz 3 vorgenommen: Die Differenz zwischen dem Schätzwert des vom Pächter übernommenen und dem Schätzwert des vom Verpächter bei Pachtende zu übernehmenden Inventars ist demjenigen auszugleichen, zu dessen Lasten sich ein Saldo ergibt. Absatz 3 Satz 4 stellt klar, dass beim Wertausgleich vom Preisniveau bei Pachtende auszugehen ist. Das heißt, die Schätzwerte bei Beginn des Pachtverhältnisses müssen auf die Preisverhältnisse bei Pachtende umgerechnet werden. Der Ausschussbericht des Rechtsausschusses des Bundestages[8] verweist ausdrücklich auf die vom Verband der Landwirtschaftskammern beschlossene Schätzungsordnung für das landwirtschaftliche Pachtwesen in der Form vom 10./11.11.1982. Die Schätzungsordnung wird bei Landpachtverträgen häufig zum Vertragsinhalt gemacht, sie ist dann als AGB anzusehen. Die wesentlichen Bestimmungen der Schätzungsordnung sind: Schätzungsordnung Art. 17, 18, 21, 24.[9]

13

VIII. Eintritt des Erwerbers in Verpächterpflichten (bei Beendigung des Pachtverhältnisses)

Der **Eintritt des Erwerbers in die Verpächterpflichten** vollzieht sich gemäß § 581 Abs. 2 BGB i.V. m. § 566 BGB. Demzufolge geht auch eine vertragliche Pflicht des Verpächters zur Inventarübernahme bei Pachtende auf den Erwerber über.[10]

14

1. Gesetzgebungsgeschichte

Das BGB hatte die §§ 587-589 BGB a.F. an den „Eisernviehvertrag" des gemeinen Rechts angeknüpft, die Regelung aber auf das gesamte Inventar und auf alle (nicht nur landwirtschaftliche) Grundstücke ausgedehnt.[11] Das Neuordnungsgesetz des landwirtschaftlichen Pachtrechts hat diese Vorschriften in § 582a BGB zusammengefasst. Wesentliche inhaltliche Änderungen wurden dabei nicht vorgenommen.

15

2. Abdingbarkeit

Die Abdingbarkeit der Vorschrift ist im Rahmen der §§ 138, 242 BGB zu bejahen.[12]

16

---

[8] BT-Drs. 10/3830, S. 28.
[9] Vgl. auch *Voelskow* in: MünchKomm-BGB, § 582a Rn. 10.
[10] BGH v. 21.09.1965 - V ZR 65/63 - LM Nr. 9 zu § 571 BGB.
[11] *Voelskow* in: MünchKomm-BGB, § 582a Rn. 1.
[12] *Weidenkaff* in: Palandt, § 582a Rn. 4.

§ 583 BGB Pächterpfandrecht am Inventar

(Fassung vom 02.01.2002, gültig ab 01.01.2002)

(1) Dem Pächter eines Grundstücks steht für die Forderungen gegen den Verpächter, die sich auf das mitgepachtete Inventar beziehen, ein Pfandrecht an den in seinen Besitz gelangten Inventarstücken zu.

(2) ¹Der Verpächter kann die Geltendmachung des Pfandrechts des Pächters durch Sicherheitsleistung abwenden. ²Er kann jedes einzelne Inventarstück dadurch von dem Pfandrecht befreien, dass er in Höhe des Wertes Sicherheit leistet.

Gliederung

A. Grundlagen 1	IV. Abwendung der Sicherheitsleistung durch den Verpächter 4
I. Kurzcharakteristik 1	**B. Anwendungsvoraussetzungen** 5
II. Gesetzliches Pfandrecht 2	I. Normstruktur 5
III. Besitzpfandrecht 3	II. Abdingbarkeit 6

A. Grundlagen

I. Kurzcharakteristik

1   Absatz 1 regelt, dass dem Pächter eines Grundstücks für Forderungen gegen den Verpächter, die sich auf das mitgepachtete Inventar beziehen, ein Pfandrecht an den in seinen Besitz gelangten Inventarstücken zusteht. Dem Verpächter steht es gemäß Absatz 2 frei, die Geltendmachung des Pfandrechts des Pächters durch Sicherheitsleistung abzuwenden. Für ihn besteht die Möglichkeit, jedes einzelne Inventarstück dadurch von dem Pfandrecht zu befreien, dass er in Höhe des Wertes Sicherheit leistet. Forderungen des Pächters können sich aus den §§ 582 Abs. 2 Satz 1, 582a Abs. 3 Satz 3 BGB und ggf. dem Pachtvertrag ergeben, sofern sich aus diesem der Anspruch auf Rückgabe einer für das Inventar gestellten Kaution ergibt.[1]

II. Gesetzliches Pfandrecht

2   Der Pächter besitzt an allen Inventarstücken für solche Forderungen ein gesetzliches Pfandrecht gegen den Verpächter, die sich auf das Inventar beziehen. Hierzu gehören

- die Forderung des Verpächters auf Ergänzung des Inventars nach § 582 Abs. 2 BGB innerhalb einer schlichten Mitverpachtung,
- die Forderung auf Wertausgleich nach § 582 Abs. 3 Satz 3-4 BGB bei einer Verpachtung zum Schätzwert sowie
- innerhalb beider Fälle die Forderung auf Rückzahlung der Kaution, die der Sicherung für Ansprüche des Verpächters bezüglich des Inventars gegeben worden ist[2]. Das Pfandrecht dient dem Schutze des Pächters während der Pachtzeit davor, in der Nutzungsmöglichkeit und Verfügung über das Pachtinventar (soweit er dazu befugt ist) durch Herausgabeansprüche Dritter oder Pfändungen durch Gläubiger des Verpächters beeinträchtigt zu werden. Der Schutz erstreckt sich auf alle in den Besitz des Pächters gelangten Inventarstücke, auch wenn sie im Eigentum Dritter stehen.[3]

III. Besitzpfandrecht

3   Im Gegensatz zum Verpächterpfandrecht handelt es sich beim Pfandrecht des Pächters an den Inventarstücken um ein Besitzpfandrecht. Ein gutgläubiger Erwerb ist gemäß § 1207 BGB möglich, was für

---

[1] *Weidenkaff* in: Palandt, § 583 Rn. 1.
[2] *Voelskow* in: MünchKomm-BGB, § 583 Rn. 2.
[3] BGH v. 21.12.1960 - VIII ZR 146/59 - BGHZ 34, 153-158.

das Verpächterpfandrecht ausscheidet. Über § 1257 BGB gelten die Pfandrechtsvorschriften entsprechend.[4]

IV. Abwendung der Sicherheitsleistung durch den Verpächter

Entsprechend der Regelung des § 562c BGB (in umgekehrter Parteistellung) kann der Verpächter die Geltendmachung des Pfandrechts abwenden.   4

B. Anwendungsvoraussetzungen

I. Normstruktur

Für die Anwendbarkeit des § 583 BGB ist auf die Anwendungsvoraussetzungen des § 582 BGB zu verweisen. Die Vorschrift des § 583 BGB gilt auch für Landpachtverträge, vgl. § 585 Abs. 2 BGB.   5

II. Abdingbarkeit

§ 583 BGB ist abdingbar.[5]   6

---

[4] *Weidenkaff* in: Palandt, § 583 Rn. 2.
[5] *Voelskow* in: MünchKomm-BGB, § 583 Rn. 1.

§ 583a BGB Verfügungsbeschränkungen bei Inventar

(Fassung vom 02.01.2002, gültig ab 01.01.2002)

Vertragsbestimmungen, die den Pächter eines Betriebs verpflichten, nicht oder nicht ohne Einwilligung des Verpächters über Inventarstücke zu verfügen oder Inventar an den Verpächter zu veräußern, sind nur wirksam, wenn sich der Verpächter verpflichtet, das Inventar bei der Beendigung des Pachtverhältnisses zum Schätzwert zu erwerben.

Gliederung

A. Grundlagen.. 1	C. Rechtsfolgen 4
B. Anwendungsvoraussetzungen – Vorliegen eines Pachtvertrags 3	I. Nichtigkeit der Vertragsbestimmung............. 4
	II. Abdingbarkeit... 5

A. Grundlagen

1 § 583a BGB beinhaltet, dass Vertragsbestimmungen, die den Pächter eines Betriebes verpflichten, nicht oder nicht ohne Einwilligung des Verpächters über Inventarstücke zu verfügen oder Inventar an den Verpächter zu veräußern, nur wirksam sind, wenn sich der Verpächter verpflichtet, das Inventar bei der Beendigung des Pachtverhältnisses zum Schätzwert zu erwerben. Die Regelung ist nur bei Pacht von Betrieben, also einer organisierten Zusammenfassung von Sachen und Rechten, die es ermöglicht, eine gewerbliche, freiberufliche oder künstlerische Tätigkeit auszuüben, anwendbar.[1] Es werden ausdrücklich auch landwirtschaftliche Betriebe umfasst (vgl. § 585 Abs. 2 BGB). § 583a BGB ist durch das Gesetz zur Neuordnung des landwirtschaftlichen Pachtrechts eingeführt worden und gilt für die Fälle, in denen der Pächter das Inventar **kauft oder eigenes Inventar mitbringt**. Über die Vorschrift soll der Pächter vor unangemessenen Vertragsabreden über Inventar geschützt werden, das zu seinem Eigentum gehört. Dabei wird vielfach zulässigerweise in Pachtverträgen vereinbart, dass der Pächter das gesamte Inventar (oder Teile) gegen Entgelt zu Eigentum erwirbt, zudem soll auch das von ihm später angeschaffte Inventar in sein Eigentum fallen. Oftmals werden weitere Pflichten in Bezug auf das Inventar vereinbart. Zum Schutz des Pächters vor unbilligen Nachteilen darf daher die Verfügungsbefugnis des Pächters über Inventarstücke nicht von der Einwilligung des Verpächters abhängig gemacht werden.[2]

2 Daher werden derartige Vertragsbedingungen nur als ausgewogen angesehen, wenn der Verpächter sich gleichzeitig verpflichtet, das Inventar bei Pachtende zum Schätzwert zu erwerben. Der Vorschrift wird zum Beispiel dann Genüge getan, wenn der Pächter das Recht erhält, vom Verpächter die Übernahme des Inventars zum Schätzwert zu verlangen. Die Vorschrift ist hingegen nicht anwendbar auf Vertragsbestimmungen, die den Pächter verpflichten, das vorhandene Inventar bei Pachtende einem Pachtnachfolger gegen Vergütung des Wertes zu überlassen, solange der Pächter dem Verpächter keine Umgehungsabsicht nachweisen kann.[3]

B. Anwendungsvoraussetzungen – Vorliegen eines Pachtvertrags

3 Als erste Voraussetzung zu nennen ist das Vorliegen eines Pachtvertrages (siehe § 581 Abs. 1 BGB). Für die Anwendbarkeit der Vorschrift ist außerdem unerheblich, ob das Inventarstück dem Pächter oder einem Dritten gehört. Der Pachtvertrag muss den Pächter ausdrücklich oder stillschweigend verpflichten, entweder

---

[1] *Weidenkaff* in: Palandt, § 583a Rn. 1.
[2] *Weidenkaff* in: Palandt, § 583a Rn. 2.
[3] *Voelskow* in: MünchKomm-BGB, § 583a Rn. 2f.

- die Veräußerung des Inventars (insbesondere auch einzelner Stücke) zu unterlassen oder nur mit Einwilligung gemäß § 185 Abs. 1 BGB des Verpächters vorzunehmen oder
- Inventar an den Verpächter zu veräußern, so dass es in dessen Belieben stünde, angeschafftes Inventar zu übernehmen.[4]

C. Rechtsfolgen

I. Nichtigkeit der Vertragsbestimmung

Liegen die vorstehend bezeichneten Voraussetzungen vor, so ist die Vertragsbestimmung grundsätzlich gemäß § 134 BGB nichtig, dies führt gemäß § 139 BGB jedoch in der Praxis nur zur Teilnichtigkeit des Vertrages. Eine Ausnahme kann sich dann ergeben, wenn sich der Verpächter verpflichtet, das Inventar zum Schätzwert zu übernehmen, siehe § 583a BGB. Bei einer Nichtigkeit wegen fehlender Übernahmeverpflichtung des Verpächters gelten die allgemeinen gesetzlichen Regelungen. Sämtliche Verfügungen des Pächters sind wirksam ohne Ausgleichs- oder Schadensersatzpflicht, bei Pachtvertragsende ist das mitverpachtete Inventar zurückzugeben. Der Pächter kann die ihm gehörenden Inventarstücke mitnehmen.[5] 4

II. Abdingbarkeit

Die Regelung des § 583a BGB ist zwingend, eine Abdingbarkeit ist nicht gegeben. 5

---

[4] *Weidenkaff* in: Palandt, § 583a Rn. 3.
[5] *Weidenkaff* in: Palandt, § 583a Rn. 4.

§ 584 BGB Kündigungsfrist

(Fassung vom 02.01.2002, gültig ab 01.01.2002)

(1) Ist bei dem Pachtverhältnis über ein Grundstück oder ein Recht die Pachtzeit nicht bestimmt, so ist die Kündigung nur für den Schluss eines Pachtjahrs zulässig; sie hat spätestens am dritten Werktag des halben Jahres zu erfolgen, mit dessen Ablauf die Pacht enden soll.

(2) Dies gilt auch, wenn das Pachtverhältnis außerordentlich mit der gesetzlichen Frist gekündigt werden kann.

Gliederung

A. Grundlagen.. 1	1. Abdingbarkeit.. 9
B. Anwendungsvoraussetzungen 2	2. Schemata... 10
I. Anwendungsbereich......................... 2	**C. Arbeitshilfen – Prüfschemata**................ 11
II. Form... 3	
III. Frist... 6	

A. Grundlagen

1 § 584 BGB regelt die **Kündigungsfrist** bei Pachtverträgen über Grundstücke oder Rechte. Die Vorschrift gilt nicht für Landpachtverträge, für die § 594a BGB eine Sonderregelung enthält. Das Gesetz zur Neuordnung des landwirtschaftlichen Pachtrechts hat den Kündigungstermin entsprechend der Regelung für Landpachtverträge vom ersten auf den dritten Werktag verlegt.[1] Bei einem auf unbestimmte Zeit abgeschlossenen Pachtvertrag über Grundstücke oder Rechte ist die Kündigung nur für den Schluss eines Pachtjahres zulässig, auch dann, wenn das Pachtverhältnis außerordentlich mit der gesetzlichen Frist gekündigt werden kann. Im Pachtvertragsrecht ist zu unterscheiden zwischen dem Pachtjahr und dem Kalenderjahr, die nicht identisch sein müssen. Soweit nichts anderes bestimmt ist, entspricht das Pachtjahr nicht dem Kalenderjahr, es gilt das im Pachtvertrag festgelegte Jahr, welches mit dem Abschluss des Pachtvertrages beginnt.[2] Bei Pachtverträgen tritt § 584 BGB an die Stelle des § 565 BGB. Die gesetzliche Kündigungsfrist ist bei der Pacht länger als bei der Miete, weil entsprechende Verträge meist auf längere Dauer angelegt sind. Anzumerken ist, dass die Kündigungsfrist auch für eine Pächterwohnung gilt, wenn ein einheitlicher Vertrag vorliegt. Der Pächter genießt keinen Bestandsschutz.[3]

B. Anwendungsvoraussetzungen

I. Anwendungsbereich

2 Anders als das Mietrecht unterscheidet das Pachtrecht nicht zwischen Grundstücken und Räumen, so dass die Vorschrift des § 584 BGB für die Kündigung von Pachtverhältnissen über Grundstücke, Räume und Rechte gilt. Für den Fall, dass ein Grundstück einheitlich mit Wohnraum verpachtet ist, findet auch für den Wohnraum Pachtrecht und damit § 584 BGB Anwendung. Im Gegensatz dazu ist für die Kündigung von Pachtverträgen über bewegliche Sachen und über Rechte an beweglichen Sachen die Vorschrift des § 580a Abs. 3 BGB heranzuziehen. Die Angabe eines bestimmten Kündigungstermins ist nicht notwendig, und ein falsch angegebener Termin macht die Kündigung grundsätzlich nicht unwirksam.[4]

---

[1] *Voelskow* in: MünchKomm-BGB, § 584 Rn. 1.
[2] *Voelskow* in: MünchKomm-BGB, § 584 Rn. 3.
[3] *Voelskow* in: MünchKomm-BGB, § 584 Rn. 2.
[4] BGH v. 25.10.1995 - XII ZR 245/94 - NJW-RR 1996, 144.

II. Form

Die Kündigung von Pachtverträgen bedarf im Gegensatz zu der Kündigung von Landpachtverträgen keiner bestimmten Form, sofern die Parteien nicht einen vertraglichen Formzwang vereinbart haben. Hiervon wird in der Praxis durch Vereinbarung der schriftlichen Kündigung oder der Kündigung durch einen eingeschriebenen Brief häufig Gebrauch gemacht. Dies ist aus Gründen der Rechtssicherheit für beide Parteien empfehlenswert. Bei der Vereinbarung durch Formularpachtverträge ist zu beachten, dass die Kündigung nicht an eine strengere Form als die Schriftform oder an besondere Zugangserfordernisse gebunden werden kann. Die Kündigung durch eingeschriebenen Brief kann nur im Wege der Individualabrede vereinbart werden.[5]

Haben die Parteien im Rahmen einer solchen Individualabrede ein umfassendes Schriftformerfordernis vereinbart, welches nicht nur für Änderungen und Ergänzungen des Vertrages, sondern auch für dessen Kündigung gelten soll, so ist nach Ansicht des OLG Düsseldorf[6] auch eine einverständliche Beendigung nur bei Wahrung der Schriftform gültig, da die Vertragsaufhebung als weitest gehende Form der Vertragsänderung aufgefasst werden kann.

Zu der Frage, ob ein auflösend bedingtes Pachtverhältnis vor Eintritt der Bedingung im Wege der ordentlichen Kündigung beendet werden kann, hat der BGH entschieden, dass es darauf ankommen soll, ob die auflösende Bedingung nach den Vorstellungen der Parteien der einzige Grund der Vertragsbeendigung sein soll, oder durch die auflösende Bedingung lediglich der späteste Beendigungszeitpunkt bestimmt wird.[7] In seinem Urteil führt der BGH aus, dass eine Vereinbarung über den Ausschluss des ordentlichen Kündigungsrechtes bereits in der Vereinbarung einer auflösenden Bedingung zu finden sein könne. Ein solcher Inhalt der auflösenden Bedingung sei im Streitfall von der Partei zu beweisen, die sich hierauf beruft. In der Praxis bietet es sich an, in Pachtverträge, die unter einer auflösenden Bedingung stehen, klare Regelungen über das Recht der ordentlichen Kündigung aufzunehmen. Nur so kann es gelingen, vollständige Rechtssicherheit zur Bestimmung des Willens der Parteien herbeizuführen und Rechtsunsicherheiten bei der Auslegung vertraglicher Beziehungen zu vermeiden. Zu bedenken ist in diesem Zusammenhang die Konsequenz des Ausschlusses der ordentlichen Kündigung, die im Pachtrecht zu einer dreißigjährigen Vertragsbindung bei gleichbleibender Jahrespacht führt.[8]

III. Frist

Die Kündigung ist nur für den Schluss eines Pachtjahres zulässig, und sie hat spätestens am dritten Werktag des halben Jahres zu erfolgen, mit dessen Ablauf die Pacht enden soll.[9] Für die Fristberechnung gelten die Vorschriften der §§ 181 und 189 BGB. Die Kündigungsfrist ist nicht nach einem festen Zeitabschnitt bemessen. Sie liegt zwischen Kündigungstag und Kündigungstermin und ergibt sich nur mittelbar aus diesem zeitlichen Abstand. Sie beträgt ein knappes halbes Jahr und kann jeweils nach Lage der Sonn- oder Feiertage variieren.[10]

Pachtverträge, die nicht der gesetzlichen Schriftform genügen, sind gemäß der Rechtsprechung auf unbestimmte Dauer geschlossen und können innerhalb der gesetzlichen Frist gekündigt werden, auch wenn die Vertragsparteien einen Kündigungsausschluss für eine bestimmte Zeit beschlossen haben.[11]

Eine vorzeitige Kündigung gemäß Absatz 2 ist insbesondere in den Fällen der §§ 544, 580 BGB, § 109 InsO, § 57a ZVG möglich.

---

[5] *Sonnenschein* in: Staudinger, § 584 Rn. 18.
[6] OLG Düsseldorf v. 12.04.2011 - I-24 U 195/10.
[7] BGH v. 01.04.2009 - XII ZR 95/07; vgl. hierzu auch *Blank*, LMK 2009, 284072.
[8] Vgl. *Blank*, LMK 2009, 284072.
[9] Zur Bestimmung der Kündigungsfrist, wenn eine genaue Pachtzeit nicht bestimmt wurde vgl. VG Gelsenkirchen v. 03.12.2008 - 7 K 2689/08.
[10] *Sonnenschein* in: Staudinger, § 584b Rn. 21.
[11] OLG Düsseldorf v. 08.01.2009 - 24 U 97/08.

1. Abdingbarkeit

9   Die Vorschrift des § 584 BGB ist abdingbar, was daraus resultiert, dass bei Pachtverträgen in einer Vielzahl von Fällen über die gesetzlichen Regelungen hinausgehend weitere Vereinbarungen getroffen werden, die zur Kündigung ohne Einhaltung einer Kündigungsfrist oder zur vorzeitigen Kündigung unter Einhaltung der gesetzlichen Frist berechtigen.[12]

2. Schemata

10 Für eine wirksame Kündigung muss zunächst ein **wirksamer Pachtvertrag** über ein Grundstück, über Räume oder ein Recht vorliegen. Dabei ist zu unterscheiden zwischen Pachtverträgen, die auf unbestimmte und bestimmte Zeit abgeschlossen wurden. Zu beachten ist das **vertraglich vereinbarte Pachtjahr**, welches nicht mit dem Kalenderjahr übereinstimmen muss. Des Weiteren darf die Vorschrift des § 584 BGB **nicht abgedungen sein**.

C. Arbeitshilfen – Prüfschemata

11 (1) Vorliegen eines wirksamen Pachtvertrages über
    (a) ein Grundstück, Räume oder
    (b) ein Recht.
(2) Das vertraglich vereinbarte Pachtjahr ist zu beachten.
(3) Die Vorschrift des § 584 BGB darf nicht abgedungen sein.
(4) Ausnahmsweise ist eine vorzeitige Kündigung nach den Vorschriften der §§ 544, 580 BGB möglich, wobei ein Ausschluss bestimmter mietrechtlicher Vorschriften nach § 584a BGB zu beachten ist.

---

[12] *Voelskow* in: MünchKomm-BGB, § 584a Rn. 4.

§ 584a BGB Ausschluss bestimmter mietrechtlicher Kündigungsrechte

(Fassung vom 02.01.2002, gültig ab 01.01.2002)

(1) Dem Pächter steht das in § 540 Abs. 1 bestimmte Kündigungsrecht nicht zu.
(2) Der Verpächter ist nicht berechtigt, das Pachtverhältnis nach § 580 zu kündigen.

Gliederung

A. Grundlagen.................................... 1	II. Anwendungsbereich des Absatzes 2............. 3
B. Anwendungsvoraussetzungen 2	III. Abdingbarkeit................................. 4
I. Anwendungsbereich des Absatzes 1 2	

A. Grundlagen

Die Vorschrift des § 584a BGB enthält Sonderregeln für bestimmte vorzeitige Kündigungsrechte und ist nur auf Grundstücke und Räume, die nicht Wohnraum sind, anwendbar. Absatz 2 ist auch auf die Rechtspacht anwendbar. Sie gilt demgegenüber nicht für Landpachtverträge (vgl. die §§ 585 Abs. 2, 589, 594d BGB) und ist nicht zwingend. Die Vorschrift enthält bezüglich der Kündigungsmöglichkeit des Pächters im Falle einer Unterverpachtung spezielle Regelungen. **1**

B. Anwendungsvoraussetzungen

I. Anwendungsbereich des Absatzes 1

Absatz 1 **schließt** das Recht des Pächters zur **vorzeitigen Kündigung** für den Fall **aus**, dass der Verpächter die Erlaubnis zur Überlassung an einen Dritten zur Nutzung, insbesondere zur Unterverpachtung, **verweigert**. Aus dem Ausschluss des Kündigungsrechts folgt, dass der Pächter keinen Anspruch auf die Erlaubnis nach § 549 Abs. 1 BGB hat. Begründet wird die daraus resultierende grundsätzliche Unzulässigkeit der Unterverpachtung damit, dass der Persönlichkeit des Pächters für den Verpächter eine für den Abschluss eines Pachtvertrages entscheidende Bedeutung zukommt, zumal der Pächter regelmäßig verpflichtet ist, den Pachtgegenstand während der Pachtzeit ordnungsgemäß zu bewirtschaften.[1] **2**

II. Anwendungsbereich des Absatzes 2

Absatz 2 **schließt das Kündigungsrecht des Verpächters bei Tod des Pächters aus**. Lediglich die Erben des Pächters sind zur vorzeitigen Kündigung nach den §§ 581 Abs. 2, 580 BGB berechtigt. Aufgrund dessen, dass es dem Verpächter bei dem Abschluss eines Pachtvertrages auf die bestimmten Eigenschaften seines Pächters ankommen wird, ist in der Praxis im Regelfall davon auszugehen, dass der Pachtvertrag dahin gehend eine Vereinbarung enthält, die es dem Verpächter bei Tod des Pächters möglich macht, ein außerordentliches Kündigungsrecht auszuüben.[2] **3**

III. Abdingbarkeit

Die Regelung des § 584a BGB ist in vollem Umfang abdingbar.[3] So können die Parteien dem Pächter ein Recht zur außerordentlichen befristeten Kündigung einräumen, falls der Verpächter die notwendige Erlaubnis zur Unterverpachtung verweigert. Sie können das Kündigungsrecht beim Tod des Pächters neben dessen Erben auch dem Verpächter zugestehen. Andererseits kann das außerordentliche Kündigungsrecht der Erben ausgeschlossen werden. Wird ein solcher Kündigungsausschluss allerdings in einem Formularpachtvertrag vereinbart, ist im Zweifel eine unangemessene Benachteiligung der Erben anzunehmen, die zur Unwirksamkeit der Klausel führt.[4] **4**

---

[1] *Voelskow* in: MünchKomm-BGB, § 584a Rn. 2.
[2] *Voelskow* in: MünchKomm-BGB, § 584a Rn. 3.
[3] *Weidenkaff* in: Palandt, § 584a Rn. 1.
[4] *Sonnenschein* in: Staudinger, § 584a Rn. 18.

§ 584b BGB Verspätete Rückgabe

(Fassung vom 02.01.2002, gültig ab 01.01.2002)

¹Gibt der Pächter den gepachteten Gegenstand nach der Beendigung des Pachtverhältnisses nicht zurück, so kann der Verpächter für die Dauer der Vorenthaltung als Entschädigung die vereinbarte Pacht nach dem Verhältnis verlangen, in dem die Nutzungen, die der Pächter während dieser Zeit gezogen hat oder hätte ziehen können, zu den Nutzungen des ganzen Pachtjahrs stehen. ²Die Geltendmachung eines weiteren Schadens ist nicht ausgeschlossen.

Gliederung

A. Grundlagen	1	I. Nutzungsentschädigung gemäß Satz 2	8
B. Anwendungsbereich	2	II. Geltendmachung eines weiteren Schadens gemäß Satz 2	10
I. Wirksamer Pachtvertrag	3	III. Abdingbarkeit der Vorschrift	11
II. Beendigung der Pacht	4	**D. Arbeitshilfen – Prüfschemata**	12
III. Vorenthaltung des Pachtgegenstandes	5		
C. Rechtsfolgen	8		

A. Grundlagen

1 Die Vorschrift des § 584b BGB gilt nicht für Landpachtverträge und tritt bei Beendigung des Pachtverhältnisses an die Stelle der mietrechtlichen Vorschrift des § 546a BGB. Sie ist nicht zwingend.[1] Die Vorschrift regelt die Ansprüche des Verpächters für den Fall, dass der Pächter den Pachtgegenstand nach der Beendigung des Pachtverhältnisses nicht oder nicht rechtzeitig zurückgibt. Bezweckt wird, dem Verpächter auf einfache Art und Weise eine Mindestentschädigung einzuräumen, sofern der Pächter ihm den Pachtgegenstand nach der Beendigung des Pachtverhältnisses vorenthält und die Voraussetzungen für eine stillschweigende Verlängerung nicht gegeben sind.[2]

B. Anwendungsbereich

2 Die Vorschrift ist anwendbar auf Grundstücke und Räume, die nicht Wohnraum sind. Soweit eine Rückgabe in Betracht kommt, ist auch eine Anwendung auf bewegliche Sachen und Rechtspachtverträge nicht ausgeschlossen. Keine Anwendung findet die Vorschrift, wenn der Pachtvertrag nach den §§ 545 Abs. 2, 581 Abs. 2 BGB verlängert wird, wenn der Pächter kündigt und der Verpächter die Fortsetzung des Pachtverhältnisses fordert.[3]

I. Wirksamer Pachtvertrag

3 Zwischen den Parteien muss ein wirksames Pachtverhältnis bestanden haben. Die Vorschrift gilt nicht zwischen Hauptverpächter und Unterpächter und ist auch nicht anwendbar auf die Rückabwicklung fehlgeschlagener Verträge.[4]

II. Beendigung der Pacht

4 Unabhängig davon, ob das Pachtverhältnis aufgrund Zeitablaufs einer Kündigung oder eines Aufhebungsvertrages beendet wurde, muss das Pachtverhältnis beendet sein und auch beendet bleiben, was eine Anwendung der Vorschrift auf eine stillschweigende Verlängerung des Pachtverhältnisses ausschließt.[5]

---

[1] *Voelskow* in: MünchKomm-BGB, § 584b Rn. 1; *Weidenkaff* in: Palandt, § 584b Rn. 1.
[2] *Sonnenschein* in: Staudinger, § 584b Rn. 4.
[3] BGH v. 22.03.1960 - VIII ZR 177/59 - LM Nr. 2 zu § 557 BGB.
[4] *Sonnenschein* in: Staudinger, § 584b Rn. 5.
[5] *Weidenkaff* in: Palandt, § 584b Rn. 3.

III. Vorenthaltung des Pachtgegenstandes

Der Pachtgegenstand muss dem Verpächter gegen seinen Willen vorenthalten werden. Eine Vorenthaltung liegt nur dann vor, wenn der Pächter den Pachtgegenstand nicht zurückgibt, obwohl ihm dies möglich ist, und wenn dieses Verhalten dem Willen des Verpächters widerspricht.[6] Da der Pächter grundsätzlich verpflichtet ist, dem Verpächter den unmittelbaren Besitz an dem Pachtgegenstand zu verschaffen, setzt der Begriff der Vorenthaltung zudem voraus, dass der Pächter dem Verpächter nicht nach § 854 BGB die tatsächliche Gewalt über den Pachtgegenstand einräumt, unabhängig davon, ob ein Verschulden vorliegt oder der Pachtgegenstand weiterhin genutzt wird. Im Gegensatz dazu liegt dann **keine Vorenthaltung** vor, wenn der Pächter den Pachtgegenstand zwar zurückgibt, aber seine weiteren Pflichten nicht erfüllt, die sich aus seiner Rückgabepflicht ergeben, wie zum Beispiel die Durchführung von Schönheitsreparaturen oder die Beseitigung von Schäden[7]. Wie bei der Miete ergeben sich aus dem Abwicklungsschuldverhältnis während der Zeit der Vorenthaltung über § 584b BGB hinaus weitere Rechte und Pflichten der früheren Vertragspartner. Der Pächter bleibt zur Erhaltung der Pachtsache und etwa mit überlassenen Inventars nach den §§ 582 Abs. 1, 582a Abs. 2 BGB verpflichtet. Regelmäßig gehört dazu auch die Pflicht, die Sache weiter ordnungsgemäß zu bewirtschaften.[8]

Die Rückgabe von Räumen an den Verpächter setzt regelmäßig die Rückgabe der Schlüssel und die Entfernung der vom Pächter in den Räumen untergebrachten Möbel voraus. Bleiben erhebliche Teile des Mobiliars zurück, ist eine Rückgabe nicht vollzogen. Dies kann jedoch nur gelten, wenn der Verpächter auch tatsächlich wünscht, dass die zurückgebliebenen Sachen fortgeschafft werden. Diesem Anspruch aus § 584b BGB kann der Einwand treuwidrigen Verhaltens dann entgegenstehen, wenn der Pächter den Grund zu der Annahme hatte, der Verpächter werde zu gegebener Zeit von sich aus initiativ werden, um eine endgültige Räumung zu veranlassen.[9]

Lagern noch zahlreiche Gegenstände auf der Grundstücksfläche, so liegt eine Nutzungsaufgabe des Grundstücks durch den Pächter nicht vor. Wem die Gegenstände gehören, ist dabei unerheblich, wenn Dritte sie im Einvernehmen oder zumindest mit Kenntnis des Pächters auf dem Grundstück gelagert haben.[10]

C. Rechtsfolgen

I. Nutzungsentschädigung gemäß Satz 2

Nach der Beendigung des Pachtverhältnisses entsteht für die Dauer der Vorenthaltung zwischen den früheren Vertragsparteien ein gesetzliches Schuldverhältnis, aus dem sich der Anspruch des Verpächters auf Nutzungsentschädigung nach § 584b BGB ergibt. Die Entschädigung, die der Verpächter verlangen kann, entspricht aber nicht immer dem Pachtzins, der für die Zeit der Vorenthaltung zu entrichten wäre. Sie bemisst sich vielmehr nach dem Verhältnis der Nutzungen, die der Pächter während der Zeit der Vorenthaltung gezogen hat oder die er bei ordnungsgemäßer Bewirtschaftung hätte ziehen können, zu den Nutzungen des ganzen Pachtjahrs.[11] Sollte im Zeitpunkt des Vertragsendes ein geminderter Pachtzins bestehen, so bleibt er für die Dauer der Vorenthaltung maßgebend, solange der Fehler des Pachtgegenstandes nicht beseitigt wurde.[12] Weiterhin scheidet nach dem Vertragsende eine Erhöhung der Nutzungsentschädigung aufgrund solcher Abreden aus, die von den Parteien in dem früheren Vertrag getroffen wurden, zum Beispiel Wertsicherungsklauseln. Solche Vertragsklauseln enden mit Vertragsende.

---

[6] BGH v. 10.11.1999 - XII ZR 24/97 - LM BGB § 584b Nr. 3 (8/2000); BGH v. 22.03.1960 - VIII ZR 177/59 - LM Nr. 2 zu § 557 BGB; OLG München v. 02.04.1993 - 21 U 4750/92 - ZMR 1993, 466-469.
[7] LG Köln, MDR 1966, 239.
[8] *Voelskow* in: MünchKomm-BGB, § 585 Rn. 5.
[9] Vgl. OLG Koblenz v. 02.06.2005 - 5 U 266/05 - DWW 2005, 291-293.
[10] OLG Brandenburg v. 11.08.2010 - 3 U 150/09.
[11] *Voelskow* in: MünchKomm-BGB, § 584b Rn. 2.
[12] Vgl. OLG Düsseldorf v. 28.06.1990 - 10 U 183/89 - DWW 1991, 16.

9 Die Verjährung der Ersatzansprüche des Pächters beginnt gemäß §§ 548 Abs. 1 Satz 2, 200 Satz 1 BGB auch dann zu dem Zeitpunkt, in dem er den Pachtgegenstand zurückerhält, wenn die Ansprüche erst zu einem späteren Zeitpunkt entstehen.[13]

II. Geltendmachung eines weiteren Schadens gemäß Satz 2

10 Gemäß Satz 2 kann auch ein weiterer Schaden durch den Verpächter geltend gemacht werden. In Betracht kommen ein Anspruch auf **Schadensersatz wegen Verzugs oder Ansprüche aus positiver Vertragsverletzung (§ 280 BGB) und unerlaubter Handlung** nach den §§ 823-853 BGB. Derartige Ansprüche setzen im Gegensatz zur Nutzungsentschädigung des Satzes 1 voraus, dass der Pächter den Pachtgegenstand schuldhaft nicht zurückgegeben hat.[14] Der Schadensersatzumfang richtet sich nach den Vorschriften der §§ 249-254 BGB. Erfasst wird somit auch ein nach § 252 BGB entgangener Gewinn, der sich insbesondere daraus ergeben kann, dass es dem Verpächter bei ordnungsgemäßer Rückgabe des Pachtgegenstandes gelungen wäre, einen für ihn günstigeren Vertrag abzuschließen.[15] Im Gegensatz zu der Mindestentschädigung gemäß Satz 1 ist **der weitergehende Schadensersatzanspruch nicht an die Dauer der Vorenthaltung gebunden**, und der Verpächter kann auch einen Anspruch auf Ersatz des entgangenen Gewinns für eine Zeit nach der verzögerten Rückgabe geltend machen, sofern es ihm nicht gelingt, den Pachtgegenstand alsbald neu zu verpachten. **Beweispflichtig** ist in dem Fall der Verpächter, der einen weitergehenden Schaden darlegen und im Streitfall beweisen muss.[16]

III. Abdingbarkeit der Vorschrift

11 Die Vorschrift ist anders als § 546a BGB in vollem Umfang abdingbar.[17] Daraus folgt, dass die Parteien die Vorenthaltung zum Beispiel an ein Verschulden des Pächters binden, die Entschädigung unabhängig von dem Verhältnis der Nutzungen nur nach der Dauer der Vorenthaltung bemessen oder eine Mindestentschädigung für die Dauer der Vorenthaltung vertraglich vereinbaren können.

D. Arbeitshilfen – Prüfschemata

12 (1) **Tatbestandsvoraussetzungen**
   Voraussetzungen für die Anwendbarkeit des § 584b BGB sind:
   (a) ein wirksamer Pachtvertrag zwischen Verpächter und Hauptpächter,
   (b) die Beendigung der Pacht durch Kündigung, Aufhebungsvertrag oder Zeitablauf,
   (c) wobei die Pacht beendet bleiben muss,
       (diese Tatbestandsvoraussetzung liegt dann nicht vor, wenn die Parteien den Vertrag unmittelbar vom Zeitpunkt der Beendigung durch ausdrückliche oder stillschweigende Vereinbarung verlängern) sowie
   (d) die Vorenthaltung des Pachtgegenstandes
       (dies muss gegen den Willen des Verpächters geschehen, außerdem darf kein unmittelbarer Besitz verschafft worden sein).

(2) **Rechtsfolgen**
   Die Rechtsfolgen sind:
   (a) gemäß Satz 1 der Vorschrift
       die Verpflichtung zur Gewährung einer Nutzungsentschädigung (wobei der Mindestschaden dem vereinbarten Pachtzins entspricht) sowie
   (b) gemäß Satz 2 der Vorschrift
       die Verpflichtung zum Ersatz eines weitergehenden Schadens, wobei der Verzugsschaden, ein Schadensersatz aus unerlaubter Handlung oder aus pVV (§ 280 BGB) zu nennen sind.

---

[13] Vgl. BGH v. 19.01.2005 - VIII ZR 114/04 - BGHZ 162, 30-39.
[14] *Sonnenschein* in: Staudinger, § 584b Rn. 24.
[15] *Sonnenschein* in: Staudinger, § 584b Rn. 25; *Voelskow* in: MünchKomm-BGB, § 584b Rn. 3.
[16] *Sonnenschein* in: Staudinger, § 584b Rn. 25.
[17] *Weidenkaff* in: Palandt, § 584b Rn. 1.

Untertitel 5 - Landpachtvertrag

§ 585 BGB Begriff des Landpachtvertrags

(Fassung vom 02.01.2002, gültig ab 01.01.2002)

(1) ¹Durch den Landpachtvertrag wird ein Grundstück mit den seiner Bewirtschaftung dienenden Wohn- oder Wirtschaftsgebäuden (Betrieb) oder ein Grundstück ohne solche Gebäude überwiegend zur Landwirtschaft verpachtet. ²Landwirtschaft sind die Bodenbewirtschaftung und die mit der Bodennutzung verbundene Tierhaltung, um pflanzliche oder tierische Erzeugnisse zu gewinnen, sowie die gartenbauliche Erzeugung.

(2) Für Landpachtverträge gelten § 581 Abs. 1 und die §§ 582 bis 583a sowie die nachfolgenden besonderen Vorschriften.

(3) Die Vorschriften über Landpachtverträge gelten auch für Pachtverhältnisse über forstwirtschaftliche Grundstücke, wenn die Grundstücke zur Nutzung in einem überwiegend landwirtschaftlichen Betrieb verpachtet werden.

Gliederung

A. Grundlagen	1	VIII. Pfandrecht	25
I. Kurzcharakteristik	1	B. Anwendungsvoraussetzungen	26
II. Gesetzgebungsmaterialien	2	I. Normstruktur	26
III. Abgrenzungsfragen	3	II. Grundstück	27
IV. Arten der Landpacht	18	III. Landwirtschaft	28
V. Vertragsschluss	20	C. Prozessuale Hinweise	31
VI. Anzeigepflicht	23	D. Anwendungsfelder – Übergangsrecht	34
VII. Abdingbarkeit	24	E. Arbeitshilfen – Musterverträge	35

A. Grundlagen

I. Kurzcharakteristik

Der Landpachtvertrag ist ein schuldrechtlicher, entgeltlicher zweiseitiger Vertrag, der auf die landwirtschaftliche Nutzung eines Grundstückes gerichtet ist. Nach Absatz 2 gelten die Vorschriften über das Inventar (vgl. die Kommentierung zu § 582 BGB, die Kommentierung zu § 582a BGB, die Kommentierung zu § 583 BGB und die Kommentierung zu § 583a BGB) und über das Pächterpfandrecht (vgl. die Kommentierung zu § 583 BGB) entsprechend. Die anderen Vorschriften des allgemeinen Pachtrechts sind nicht anwendbar. Vorschriften des **Mietrecht**s sind nur dann anwendbar, soweit in den Vorschriften über die Landpacht auf die Vorschriften über den Mietvertrag verwiesen wird.   1

II. Gesetzgebungsmaterialien

Das Landpachtrecht wurde 1986 durch das Gesetz zur Neuordnung des landwirtschaftlichen Pachtrechts vom 08.11.1985[1] nach Reformbestrebungen, die bereits Mitte der 70er Jahre begonnen hatten[2], reformiert, indem die zivilrechtlichen Vorschriften des früheren Landpachtgesetzes in das BGB übernommen wurden. Gleichzeitig wurde im neuen Landpachtverkehrsgesetz (LPachtVG)[3] die zuvor ebenfalls im Landpachtgesetz geregelte Anzeigepflicht für die meisten Landpachtverträge und das Beanstandungsrecht der zuständigen Behörde geregelt.   2

---

[1] BGBl I 1985, 2065.
[2] Zur Gesetzentwicklung vgl.: BR-Drs. 677/76, BT-Drs. 8/141, BT-Drs. 8/2615, BT-Drs. 9/2299, BT-Drs. 9/2300, BT-Drs. 10/509, BT-Drs. 10/508, BT-Drs. 10/3830, BT-Drs. 10/3498.
[3] BGBl I 1985, 2075.

III. Abgrenzungsfragen

3 **Mietvertrag**: Bei einer entgeltlichen Gebrauchsüberlassung eines Grundstückes, welche jedoch nicht das Fruchtziehungsrecht umfasst, liegt ein Mietvertrag vor.[4] Miete ist ebenfalls bei der Nutzungsüberlassung eines landwirtschaftlichen Grundstückes zur Deponie von Abfällen anzunehmen.[5]

4 **Anbauvertrag**: Verpflichtet sich der Grundstückseigentümer oder Grundstücksbesitzer, bestimmte landwirtschaftliche Produkte anzubauen und bei Reife an den Vertragspartner gegen Zahlung eines Entgeltes zu liefern, liegt ein Anbauvertrag vor, der als Kaufvertrag zu qualifizieren ist, da hier die Hauptpflicht der Vertrages die Besitz- und Eigentumsverschaffung an den Früchten ist.[6]

5 **Ausbeutungsvertrag**: Wird der eine Vertragsteil zum Abbau von Bodenbestandteilen wie Sand, Kies, Öl, Kohle, Bims oder Kali gegen Zahlung einer Vergütung berechtigt, kann der Vertrag als Kauf der zukünftigen Ausbeute oder als Pacht des Grundstücks, u.U. auch als Kauf des Rechts auf Gewinnung der Bodenbestandteile oder als Pacht dieses Rechts qualifiziert werden. Ausbeutungsverträge sind regelmäßig dann als Pachtverträge zu qualifizieren, wenn das Schwergewicht auf der Fruchtgewinnung liegt.[7]

6 **Aberntungsvertrag**: Wird dem Berechtigten gegen Entgelt gestattet, Grundstückserträge zu ernten und sich anzueignen, liegt ein Aberntungsvertrag vor. Eine Abgrenzung zum Kaufvertrag hat hier grundsätzlich nach den gleichen Maßstäben wie beim Ausbeutungsvertrag zu erfolgen.[8] Kauf und nicht Pacht liegt i.d.R. vor, wenn der Ertrag eines gesamten Jahres zur Aberntung veräußert wird.[9]

7 **Werkvertrag**: Ein Werkvertrag liegt vor, wenn es den Parteien in erster Linie auf die Verschaffung der Erzeugnisse selbst ankommt, während Pacht anzunehmen ist, wenn der Verpflichtete in den überlassenen Räumen selbständig wirtschaften kann und die Höhe der von ihm geschuldeten Gegenleistung unabhängig von der von ihm erzielten Produktion ist.[10] Bei dem Aufbau oder der Reparatur von Wirtschaftsgebäuden oder der Urbarmachung von Land handelt es sich um erfolgsbezogene Leistungen.[11] Ein Vertrag, der sich auf derartige Leistungen bezieht, ist daher als Werkvertrag zu qualifizieren. Ein Vertrag, in dem sich ein Landwirt ohne Eigenland gegenüber einem Bundesland verpflichtet, gegen Entgelt („Pflegegeld") Deich- und Uferflächen zum Zwecke der **Instandhaltung** im Rahmen des Naturschutzes durch Schafbeweidung zu pflegen, ist dagegen kein Landpachtvertrag, sondern hat ganz überwiegend dienst- oder werkvertraglichen Charakter[12].

8 **Dienstland**: Wird Land einem Beamten oder Angestellten zur landwirtschaftlichen Nutzung überlassen, ist dieses Teil des für die Dienste entrichteten Entgeltes, folglich liegt kein Pachtvertrag vor.[13] Bei einer Weiterverpachtung ist dies allerdings durch einen Landpachtvertrag möglich, der jedoch bei Beendigung des Dienstverhältnisses erlischt.[14]

---

[4] *Lüdtke-Handjery*, Landpachtrecht, 4. Aufl. 1997, § 585 Rn. 5.
[5] BGH v. 08.12.1982 - VIII ZR 219/81 - juris Rn. 16 - BGHZ 86, 71-82.
[6] *Lüdtke-Handjery*, Landpachtrecht, 4. Aufl. 1997, § 585 Rn. 7, vgl. hierzu auch BGH v. 15.12.1950 - I ZR 60/50 - BGHZ 1, 23-28.
[7] BGH v. 07.12.1984 - V ZR 189/83 - juris Rn. 12 - BGHZ 93, 142-146, für die Qualifikation von Ausbeutungsverträgen als Pacht auch BGH v. 07.03.1983 - VIII ZR 333/81 - WM 1983, 531-532. Ein Anhaltspunkt für die Einordnung des Vertrages kann sich aus der Bestimmung der Gegenleistung und den Pflichten der Parteien ergeben: Ist die Gegenleistung abhängig von der im Voraus festgelegten Höhe der Ausbeute, so dürfte häufig Kauf vorliegen, wird dem Erwerber, das Grundstück überlassen und treffen diesen Obhutspflichten hinsichtlich des Grundstücks, liegt die Annahme von Pacht besonders nahe *Emmerich/Veit* in: Staudinger, Vorbem. § 581 Rn. 29 f.
[8] *Emmerich/Veit* in: Staudinger, Vorbem. § 581 Rn. 36; OLG Naumburg, JW 1930, 845 ff., Nr. 12.
[9] *Lüdtke-Handjery*, Landpachtrecht, 4. Aufl. 1997, § 585 Rn. 8.
[10] *Emmerich/Veit* in: Staudinger, Vorbem. § 581 Rn. 45.
[11] *Lüdtke-Handjery*, Landpachtrecht, 4. Aufl. 1997, § 585 Rn. 8.
[12] OLG Oldenburg v. 29.01.2004 - 10 W 22/03 - RdL 2004, 111-112.
[13] *Lüdtke-Handjery*, Landpachtrecht, 4. Aufl. 1997, § 585 Rn. 13.
[14] *Lüdtke-Handjery*, Landpachtrecht, 4. Aufl. 1997, § 585 Rn. 13.

Administrator: Bei der Einsetzung eines Administrators, der im Namen und für Rechnung des Eigentümers oder Besitzers einen landwirtschaftlichen Betrieb leitet, handelt es sich um keinen Landpachtvertrag.[15]

Gesellschaft bürgerlichen Rechts: Die Abgrenzung zwischen Gesellschafts- und Pachtvertrag erfolgt durch eine Charakterisierung des Verhältnisses der Vertragsparteien untereinander: Während Pachtverträge Austauschverträge mit entgegengesetzten Interessen der Parteien sind, verfolgen die Parteien eines Gesellschaftsvertrages einen gemeinsamen Zweck.[16] Eine Absicht einer gemeinsamen Zweckverfolgung und somit eine Gesellschaft ist insbesondere dann anzunehmen, wenn den Beteiligten gewisse Einwirkungs- und Kontrollrechte eingeräumt werden.[17]

Altenteil: Die Übergabe von Land aufgrund einer Altenteilsvereinbarung an einen Altenteiler vom Hofübernehmer zur Bewirtschaftung und Nutzung ist keine Landpacht.[18]

Kleingartenpacht: Die Kleingartenpacht unterscheidet sich von der Landpacht dadurch, dass dem Pächter zur nichtgewerbsmäßigen Nutzung ein nur kleines Grundstück zu Erholungszwecken und zur Gewinnung von Gartenbauerzeugnissen überlassen wird. Es gelten hier die allgemeinen Vorschriften der Pacht sowie das BKleingG.[19]

Pflugtausch: Hierunter wird in der Praxis die Bewirtschaftung einer fremden Bodenparzelle durch einen Landwirt verstanden, der seinerseits ein eigenes landwirtschaftliches Grundstück dem Eigentümer der fremden Parzelle zur Bewirtschaftung übergibt.[20] Soweit Flächen derart von einem Pächter vergeben werden, bedarf dies der Erlaubnis durch den Verpächter gem. § 589 BGB.[21] Die §§ 585 ff. BGB finden auf die Vereinbarung eines Pflugtausches entsprechende Anwendung, soweit die Ausgestaltung der Gegenleistungsverpflichtung als Verpflichtung zur Besitzüberlassung keine Modifikation gegenüber der Zahlungsverpflichtung eines Pächters bedingt.[22]

Grabeland: Eine Vereinbarung, durch die ein Grundstück als Grabeland entgeltlich zu einer vorübergehenden gärtnerischen Nutzung überlassen wird, ist keine Landpacht, da eine landwirtschaftliche Nutzung, wie sie § 585 BGB voraussetzt, nicht gegeben ist.[23]

Grunddienstbarkeit: Grundsätzlich können nur in Ausnahmefällen eine Grunddienstbarkeit als dingliches Nutzungsrecht und die Pacht als ein schuldrechtliches Nutzungsrecht nebeneinander bestehen, vorausgesetzt es besteht eine zweifelsfreie und ausdrückliche Regelung.[24]

Nießbrauch: Der Nießbraucher ist wie der Pächter berechtigt die Sache zu besitzen und zu benutzen (vgl. die Kommentierung zu § 1030 BGB und die Kommentierung zu § 1036 BGB). Neben ihrer Natur als rein obligatorisches und nicht, wie der Nießbrauch, dingliches Rechtsverhältnis unterscheidet sich die Pacht vom Nießbrauch dadurch, dass sie lediglich zur Fruchtziehung i.S.v. § 99 BGB (vgl. die Kommentierung zu § 99 BGB) berechtigt und nicht, wie der Nießbrauch, alle Nutzungen i.S.v. § 100 BGB (vgl. die Kommentierung zu § 100 BGB) erfasst.[25] Während eine „Verdinglichung" der Pacht durch gleichzeitige Bestellung eines Nießbrauches nicht möglich ist, kann jedoch im Rahmen eines Nießbrauchs ein Hof dem Hofübernehmer schuldrechtlich, i.d.R. im Wege der Pacht, überlassen werden.[26]

---

[15] *Lüdtke-Handjery*, Landpachtrecht, 4. Aufl. 1997, § 585 Rn. 15, BGH v. 11.12.1951 - V BLw 48/51 - LM Nr. 4 zu § 3 RPO.
[16] Vgl. die Kommentierung zu § 705 BGB, *Emmerich/Veit* in: Staudinger, Vorbem. § 581 Rn. 46.
[17] BGH v. 10.10.1994 - II ZR 32/94 - juris Rn. 8 - BGHZ 127, 176-186.
[18] *Lüdtke-Handjery*, Landpachtrecht, 4. Aufl. 1997, § 585 Rn. 19.
[19] Vertiefend zum Bundeskleingartengesetz *Mainczyk* in: Mainczyk, Bundeskleingartengesetz, 9. Aufl. 2006.
[20] *Lüdtke-Handjery*, Landpachtrecht, 4. Aufl. 1997, § 585 Rn. 24.
[21] BGH v. 05.03.1999 - LwZR 7/98 - juris Rn. 7 - LM BGB § 589 Nr. 2 (10/1999).
[22] BGH v. 13.07.2007 - V ZR 189/06 - juris Rn. 10 - WM 2007, 1299-1300.
[23] *Lüdtke-Handjery*, Landpachtrecht, 4. Aufl. 1997, § 585 Rn. 25.
[24] BGH v. 20.09.1974 - V ZR 44/73 - LM Nr. 22 zu § 1018 BGB.
[25] *Faßbender/Hötzel/Lukanow*, Landpachtrecht, 3. Aufl. 2005, § 585 Rn. 59.
[26] *Lüdtke-Handjery*, Landpachtrecht, 4. Aufl. 1997, § 585 Rn. 27.

17 **Pensionsviehverträge**: Werden Stallungen gepachtet, um darin Vieh unterzubringen, das angekauft und zum Weiterverkauf bestimmt ist, ist gewerbliche Nutzung anzunehmen, auch wenn das Vieh darin zeitweise gefüttert und versorgt wird. Eine mit der Bodennutzung verbundene Tierhaltung im Sinne des § 585 Abs. 1 Satz 2 BGB ist aber nur gegeben, wenn die Futterversorgung der Tiere überwiegend aus eigenem Anbau stammt. Werden Stallungen gepachtet, um darin Vieh unterzubringen, das angekauft und zum Weiterverkauf bestimmt ist, ist gewerbliche Nutzung anzunehmen, auch wenn das Vieh darin zeitweise gefüttert und versorgt wird.[27]

IV. Arten der Landpacht

18 **Grundstücks- und Betriebspacht**: Wie sich bereits aus Absatz 1 ergibt, handelt es sich um eine Betriebspacht, wenn gemeinsam mit dem Grundstück die zu seiner Bewirtschaftung dienenden Wohn- und Wirtschaftsgebäude verpachtet werden. Bedeutung erlangt diese Unterscheidung insbesondere bei der Fortsetzung des Pachtverhältnisses gem. § 595 BGB (vgl. die Kommentierung zu § 595 BGB) und im Zusammenhang mit der Zurücklassung vorhandener landwirtschaftlicher Erzeugnisse gem. § 596b BGB.[28]

19 **Unterpacht**: Werden ein oder mehrere landwirtschaftliche Grundstücke von einem Pächter an einen anderen verpachtet, liegt Unterpacht vor. Gem. § 589 Abs. 1 Nr. 1 BGB (vgl. die Kommentierung zu § 589 BGB – Erlaubnis) benötigt der Pächter hierzu die Erlaubnis des Verpächters.

V. Vertragsschluss

20 Im Vorfeld des Vertragsabschlusses kommt ein **Pachtvorvertrag**, in dem sich die Parteien binden, in der Zukunft einen Pachtvertrag abzuschließen, in Betracht. Dieser ist vom **Vorpachtvertrag** zu unterscheiden, durch den dem Berechtigten das Recht eingeräumt wird, durch einseitige Erklärung in einen vom Verpächter mit einem Dritten abgeschlossenen Pachtvertrag einzutreten.[29]

21 Durch den **Pachtoptionsvertrag** wird der einen Vertragspartei unter einer aufschiebenden Bedingung das Recht eingeräumt, durch einseitige Erklärung (Optionserklärung) den Pachtvertrag zustande zu bringen oder eine auslaufende Vereinbarung zu verlängern.[30]

22 Durch die **Vorhand** verpflichtet sich der Verpächter, die Pachtsache zunächst einem bestimmten Interessenten anzubieten.

VI. Anzeigepflicht

23 Die in § 585 BGB enthaltene Begriffsbestimmung des Landpachtvertrages ist auch für staatliche Kontrollmaßnahmen von Bedeutung, da auf Landpachtverträge i.S.v. § 585 BGB nach § 1 LPachtVG das Landpachtverkehrsgesetz Anwendung findet. Gem. § 2 Abs. 2 LPachtVG hat der Verpächter den Abschluss eines Landpachtvertrages und Vertragsänderungen binnen eines Monats nach ihrer Vereinbarung der zuständigen Landwirtschaftsbehörde anzuzeigen. Nicht anzeigepflichtig sind gem. § 3 Abs. 1 LPachtVG Landpachtverträge, die im Rahmen eines behördlich geleisteten Verfahrens abgeschlossen wurden und Landpachtverträge zwischen Ehegatten oder Personen, die in gerader Linie verwandt oder bis zum dritten Grad in der Seitenlinie verwandt oder bis zum zweiten Grad verschwägert sind. Die Anzeige eines Landpachtvertrages oder seiner Änderung setzt das Beanstandungsverfahren in Gang, in welchem geprüft wird, ob ein anzeigepflichtiger Landpachtvertrag vorliegt, ob eine offenbare dauernde Unwirksamkeit oder Nichtigkeit des Landpachtvertrages gegeben ist und ob einer der Beanstandungsgründe des § 4 LPachtVG gegeben ist.[31]

---

[27] OLG Düsseldorf v. 22.01.2002 - 24 U 111/01 - juris Rn. 35 - GuT 2002, 82-84.
[28] Vgl. die Kommentierung zu § 596 BGB, vgl. hierzu auch *von Jeinsen* in: Staudinger, § 585 Rn. 8.
[29] Näher zum Vorpachtrecht BGH v. 02.12.1970 - VIII ZR 77/69 - BGHZ 55, 71-77.
[30] Zur Ausübungsfrist einer Verlängerungsoption vgl. BGH v. 20.03.1985 - VIII ZR 64/84 - juris Rn. 30 - LM Nr. 8 zu § 157 (Gg) BGB, zum Erlöschen des Optionsrechts vgl. BGH v. 14.07.1982 - VIII ZR 196/81 - juris Rn. 28 - LM Nr. 78 zu § 535 BGB.
[31] Näher hierzu vgl. Kommentar zum LPachtVG in *Lüdtke-Handjery*, Landpachtrecht, 4. Aufl. 1997.

VII. Abdingbarkeit

Soweit die charakteristischen Wesensmerkmale der Landpacht erhalten bleiben, ist die Vorschrift des § 585 BGB abdingbar[32] und der rechtsgeschäftlichen Gestaltungsfreiheit der Parteien nur durch andere Regelungen, insbesondere den Nichtigkeitsnormen des BGB, Grenzen gesetzt.

24

VIII. Pfandrecht

Gem. § 1 PKrG kann der Pächter eines landwirtschaftlichen Grundstückes an dem ihm gehörenden Inventar einem Kreditinstitut zur Sicherung eines ihm gewährten Darlehens ein Pfandrecht gem. § 1204 Abs. 1 BGB (vgl. die Kommentierung zu § 1204 BGB) ohne Besitzübertragung bestellen. Dabei ist gem. § 2 Abs. 1 PKrG zur Bestellung des Pfandrechts die Einigung des Pächters und Gläubigers darüber, dass dem Gläubiger das Pfandrecht zustehen soll, und die Niederlegung des Verpfändungsvertrages, der der Schriftform bedarf, bei dem Amtsgericht, in dessen Bezirk der Sitz des Betriebes liegt, erforderlich.

25

B. Anwendungsvoraussetzungen

I. Normstruktur

§ 585 Abs. 1 Satz 1 BGB enthält die Definition des Landpachtvertrages. Danach fällt unter den Landpachtvertrag die Pacht von Grundstücken und Betrieben, wenn die Pacht überwiegend zur Landwirtschaft erfolgt. Satz 2 definiert den Begriff der Landwirtschaft. Absatz 2 bestimmt, dass die allgemeine Vorschrift über die Pacht in § 581 Abs. 1 BGB, die Vorschriften über das Inventar (vgl. die Kommentierung zu § 582 BGB, die Kommentierung zu § 582a BGB, und die Kommentierung zu § 583a BGB), die Vorschrift über das Pächterpfandrecht (vgl. die Kommentierung zu § 583 BGB) und die nachfolgenden besonderen Vorschriften auf Landpachtverträge Anwendung finden. Absatz 3 unterstellt forstwirtschaftliche Grundstücke den Vorschriften der Landpacht, wenn die Grundstücke zur Nutzung in einem überwiegend landwirtschaftlichen Betrieb verpachtet werden.

26

II. Grundstück

Grundstücke im Sinne des Landpachtrechts sind abgegrenzte Teile der Erdoberfläche, die im Grundbuch eingetragen sind oder reale Grundstücksteile, deren Umfang und Grenzen bestimmt sind, wie z. B. eine Teilfläche aus einer einheitlichen Grundstücksparzelle.[33]

27

III. Landwirtschaft

In § 585 Abs. 1 Satz 2 BGB findet sich eine Legaldefinition des Begriffes Landwirtschaft, die aus § 1 Abs. 3 LPG übernommen wurde. Danach ist Landwirtschaft die Bodenbewirtschaftung und die mit der Bodennutzung verbundene Tierhaltung, um pflanzliche oder tierische Erzeugnisse zu gewinnen, sowie die gartenbauliche Erzeugung. Zur Landwirtschaft gehören insbesondere der Ackerbau, die Wiesen- und Weidewirtschaft, der Erwerbsgartenbau, der Erwerbsobstbau, der Weinbau, die Gärtnerei und Imkerei.[34] Obst- und **Gartenbau** gehören nur dann zur Landwirtschaft, wenn sie erwerbsmäßig, d.h. in der Absicht betrieben werden, aus dieser Tätigkeit eine Einnahmequelle zu schaffen.[35] Gärtnereien betreiben Landwirtschaft, auch wenn sie in Gewächs- und Treibhäusern ziehen.[36] Gartenbauliche Erzeugung ist auch dann Landwirtschaft, wenn sie nicht durch Bodenbewirtschaftung sondern bodenunabhängig in Pflanzenbehältnissen betrieben wird, also unabhängig von der Bodenbewirtschaftung ist.[37] Allerdings liegt mangels „Erzeugung" keine Landwirtschaft bei Handelsgärtnereien vor, die sich

28

---

[32] *von Jeinsen* in: Staudinger, § 585 Rn. 46.
[33] *Lüdtke-Handjery*, Landpachtrecht, 4. Aufl. 1997, § 585 Rn. 49.
[34] BT-Drs. 10/509, S. 16.
[35] BGH v. 27.04.1960 - V ZR 165/58 - LM Nr. 3 zu VO PR 75/52.
[36] OLG Köln v. 01.02.1990 - 1 U 58/89 - AgrarR 1990, 319-320.
[37] Bericht des RA des Bundestages, BT-Drs. 10/3830, S. 29.

nur mit dem An- und Verkauf von Pflanzen befassen.[38] Auch das Betreiben einer **Baumschule** ist Landwirtschaft, wenn die Urerzeugung, also die Aufzucht von Bäumen und Sträuchern, gegenüber dem Handel, also dem Ankauf und Weiterverkauf von aus fremden Betrieben stammenden Erzeugnissen, überwiegt.[39] Landwirtschaft ist auch die mit der Bodennutzung verbundene **Tierhaltung**, um pflanzliche oder tierische Erzeugnisse zu gewinnen. Tierhaltung zählt daher nicht zur Landwirtschaft, wenn die Bodennutzung nur eine ganz untergeordnete Rolle spielt und die Zucht oder Aufzucht hauptsächlich mit gekauftem und nicht im eigenen Betrieb erzeugtem Futter erfolgt,[40] wie es insbesondere bei der Massentierzucht, also der Schweinemast, Schafszucht, Gänsemast, Käfighaltung von Legehennen und Pelztierfarm vorkommen kann. Keine landwirtschaftliche Produktion ist daher z.B. die Erzeugung von Agrarprodukten in einer gewerblichen Hühnerfarm.[41] **Imkerei** und Bienenzucht ist Landwirtschaft.[42] Ebenso ist die **Fischerei** in Binnenseen und Teichen Landwirtschaft.[43] Die von einem **Hobbylandwirt** vorgenommene Bodennutzung durch Pflanzenanbau oder Tierhaltung ist keine Landwirtschaft, da sie nicht erwerbsmäßig oder wirtschaftsmäßig erfolgt. Kein Landpachtvertrag liegt vor bei der Verpachtung eines Reitstalles, in dem Pensions- und Schulpferde gehalten werden.[44] Werden ausschließlich oder überwiegend **forstwirtschaftlich** genutzte Flächen überlassen, liegt keine Landwirtschaft und somit keine Landpacht vor. Nur bei der Zupacht zu einem landwirtschaftlichen Betrieb liegt gem. § 585 Abs. 3 BGB Landpacht vor.

29 **Überwiegend** wird eine landwirtschaftliche Nutzung dann verfolgt, wenn die Art der Nutzung des Pachtgegenstandes überwiegend landwirtschaftlichen Zwecken dient.[45] Entscheidend ist, ob die in Satz 2 der Vorschrift näher umschriebene Nutzungsart im Vordergrund steht und dem Vertrag das Gepräge gibt. Bei einer Gesamtschau können das Verhältnis der Flächen und das Verhältnis der Grundstückserträge, nicht aber das Wertverhältnis der Grundstücke zueinander maßgebende Indikatoren sein.[46] Als Landpachtverträge gelten auch Pachtverträge über **Mischbetriebe**, z.B. bei der Mitverpachtung forstwirtschaftlicher Grundstücke, wenn die landwirtschaftliche Nutzung überwiegt.[47] Auch die Alleinpacht von landwirtschaftlichen Betriebsgebäuden, fällt unter die Regelungen für Landpachtverträge, wenn die Pacht vorwiegend der landwirtschaftlichen und nicht der gewerbsmäßigen Nutzung dient.[48]

30 **Literatur:** *Pikalo*, NJW 1986, 1472-1478; *Steffen*, RdL 1986, 29-32; *Steffen*, RdL 1986, 60-62.

C. Prozessuale Hinweise

31 **Örtlich zuständig** ist das Gericht, in dessen Bezirk die Hofstelle liegt. Ist eine Hofstelle nicht vorhanden, so ist das Gericht örtlich zuständig, in dessen Bezirk die Grundstücke ganz oder zum größten Teil liegen oder die Rechte im Wesentlichen ausgeübt werden (§ 10 LwVfG i.V.m. § 48 Abs. 2 Satz 1 LwVfG). Im zweiten **Rechtszug** ist das OLG, im dritten Rechtszug der BGH zuständig (§ 2 Abs. 2 Satz 3 LwVfG).

32 Das Amtsgericht als Landwirtschaftsgericht ist für alle Streitigkeiten aus Landpachtverträgen im Sinne des § 585 BGB **ausschließlich zuständig** (§ 1 Nr. 1 LwVfG und § 1 Nr. 1a LwVfG i.V.m. § 2 Abs. 1 Satz 1 LwVfG); hierbei ist jeweils zu prüfen, ob es sich um eine Angelegenheit der freiwilligen Gerichtsbarkeit oder aber um eine bürgerlich-rechtliche Rechtsstreitigkeit handelt, über die nach den Vor-

---

[38] Bericht des RA des Bundestages, BT-Drs. 10/3830, S. 29.
[39] BGH v. 03.05.1957 - V BLw 50/56 - LM Nr. 5 zu § 16 HöfeO.
[40] *Lüdtke-Handjery*, Landpachtrecht, 4. Aufl. 1997, § 585 Rn. 60.
[41] OLG Karlsruhe v. 07.08.1989 - 13 WLw 168/88 - AgrarR 1990, 50-51.
[42] BT-Drs. 10/509, S. 16.
[43] BT-Drs. 10/509, S. 16.
[44] OLG Düsseldorf v. 22.01.2002 - 24 U 111/01 - NJW-RR 2002, 1139-1140.
[45] BT-Drs. 8/141, S. 32, OLG Karlsruhe v. 07.08.1989 - 13 WLw 168/88 - AgrarR 1990, 50-51.
[46] BT-Drs. 8/141, S. 32.
[47] BT-Drs. 10/509, S. 16.
[48] BT-Drs. 10/509, S. 16.

schriften der ZPO zu befinden ist.[49] In den Fällen des § 585b Abs. 2 BGB, der §§ 588, 590 Abs. 2 BGB, des § 591 Abs. 2, Abs. 3 BGB, der §§ 593, 594d Abs. 2 BGB und der §§ 595, 595a Abs. 2, Abs. 3 BGB entscheiden die Gerichte im Verfahren der **freiwilligen Gerichtsbarkeit** (§ 9 LwVfG i.V. m. § 1 Nr. 1 LwVfG). Es gelten daher grundsätzlich die Vorschriften des FGG und somit auch der Grundsatz der Amtsermittlung (§ 12 FGG). Ein Antrag ist sowohl für die Einleitung des Verfahrens erforderlich (§ 14 Abs. 1 LwVfG), als auch für die Anordnung einer mündlichen Verhandlung durch das Gericht (§ 15 Abs. 1 LwVfG). Das Gericht entscheidet durch begründeten Beschluss (§ 21 Abs. 1 LwVfG). Gegen die in der Hauptsache erlassenen Beschlüsse des Amtsgerichts findet die sofortige Beschwerde an das OLG statt (§ 22 Abs. 1 LwVfG). Gegen die in der Hauptsache erlassenen Beschlüsse des OLG findet unter den Einschränkungen der §§ 24 ff. LwVfG die Rechtsbeschwerde an den BGH statt. Das LwVfG enthält Spezialregelungen zu der im Übrigen geltenden KostO. Das Gericht entscheidet nach billigem Ermessen über die Verteilung der Gerichtskosten (§ 44 Abs. 1 LwVfG) und der außergerichtlichen Kosten (§ 44 Abs. 1 LwVfG). Dabei sind die außergerichtlichen Kosten ganz oder teilweise von einem unterlegenen Beteiligten zu erstatten, wenn der Beteiligte die Kosten durch ein unbegründetes Rechtsmittel oder durch grobes Verschulden veranlasst hat (§ 44 Abs. 1 LwVfG).

Für das **streitige Verfahren** gilt die Besonderheit der Pflicht zur Rechtsmittelbelehrung (§ 48 Abs. 2 Satz 2 LwVfG i.V.m. § 21 Abs. 2 Sätze 2 und 3 LwVfG). **33**

D. Anwendungsfelder – Übergangsrecht

Vor In-Kraft-Treten des Gesetzes zur Neuordnung des landwirtschaftlichen Pachtrechts am 01.07.1986 begründete Pachtverhältnisse richten sich nach dem durch dieses Gesetz eingefügten fünften Abschnitt des EGBGB. Nach Art. 219 EGBGB richten sich Pachtverhältnisse auf Grund von Verträgen, die vor dem 01.07.1986 geschlossen worden sind, von da an nach der neuen Fassung der §§ 581-597 BGB. Beruhen vertragliche Bestimmungen über das Inventar auf bis dahin geltendem Recht, so hatte jeder Vertragsteil das Recht, bis zum 30.06.1986 zu erklären, dass für den Pachtvertrag insoweit das alte Recht fortgelten soll. Gem. Art. 232 § 3 Abs. 1 EGBGB richten sich Pachtverhältnisse aufgrund von Verträgen, die vor dem Wirksamwerden des Beitritts geschlossen worden sind, nach den Vorschriften des BGB.[50] In den neuen Bundesländern sind aufgrund des Landwirtschaftsanpassungsgesetz-DDR (§ 51 LanpG) vom 29.06.1990[51] die Rechtsverhältnisse am Boden zwischen LPG und Rat des Kreises sowie zwischen ihm und dem Eigentümer aufgelöst. Nach der Umwandlung dieser Nutzungsverhältnisse in Pachtverträge gelten die Vorschriften des BGB, auch wenn die Umwandlung vor dem 03.10.1990 erfolgte. Pachtverhältnisse, die nach dem 02.10.1990 begründet worden sind, richten sich ausschließlich nach dem BGB. Ansprüche aus Kreispachtverträgen sind nicht gegen den Rat des Kreises zu richten, sondern gegen den Rechtsnachfolger der LPG geltend zu machen.[52] Für Streitigkeiten aus einem von einem (ehemaligen) Rat des Kreises und einem Grundstückseigentümer geschlossenen Nutzungsvertrag ist der Rechtsweg zu den Landwirtschaftsgerichten und nicht der Rechtsweg zu den Verwaltungsgerichten eröffnet, wenn Gegenstand des Vertrages ein landwirtschaftlicher Betrieb ist.[53] **34**

E. Arbeitshilfen – Musterverträge

Ein Einheitsvertrag für Pachtgrundstücke ist erhältlich unter www.thueringen.de/lwa-ru/fo/pachtver. doc. **35**

---

[49] OLG Hamm v. 08.10.1987 - 10 WLw 43/87 - Rbeistand 1988, 28-29.
[50] Vgl. KreisG Strausberg v. 29.05.1991 - C 114/91 - IFLA 1992, 44-45.
[51] GBl-DDR I, S. 642 in der Bekanntmachung vom 03.07.1991, BGBl I 1991, 1418.
[52] OLG Celle v. 19.03.1998 - 7 W (L) 14/98 - OLGR Celle 1998, 154.
[53] OLG Rostock v. 06.12.1993 - 12 W (Lw) 3/93 - RdL 1994, 73-75.

36 Die folgenden Vertragsmuster und Merkblätter finden sich bei Lüdtke-Handjery, Landpachtrecht, 4. Aufl. 1997, Anhang F:
- Landpachtvertrag für einen landwirtschaftlichen Betrieb,
- Merkblatt für die Beschreibung der landwirtschaftlichen Pachtsache bei Betrieben,
- Landpachtvertrag für landwirtschaftliche Einzelgrundstücke,
- Merkblatt für die Beschreibung der landwirtschaftlichen Pachtsache bei Einzelgrundstücken,
- Langfristige Verpachtung eines landwirtschaftlichen Betriebes (Betriebspachtvertrag),
- Langfristige Verpachtung von Flächen zur Landwirtschaft mit Anlagen,
- Erläuterungen und Merkblatt zur Beschreibung einer Pachtsache (Anlage 3 zum LPachtVG).

Weitere Vertragsmuster in: *Faßbender/Hötzel/Lukanow*, Landpachtrecht, 3. Aufl. 2005, Anhang 9-12.

§ 585a BGB Form des Landpachtvertrags

(Fassung vom 02.01.2002, gültig ab 01.01.2002)

Wird der Landpachtvertrag für längere Zeit als zwei Jahre nicht in schriftlicher Form geschlossen, so gilt er für unbestimmte Zeit.

Gliederung

A. Grundlagen.. 1	B. Anwendungsvoraussetzungen................. 6
I. Kurzcharakteristik............................... 1	I. Landpachtvertrag über zwei Jahre............ 6
II. Gesetzgebungsmaterialien.................... 2	II. Schriftform....................................... 8
III. Normzweck...................................... 3	C. Rechtsfolge...................................... 11
IV. Abdingbarkeit................................... 4	D. Prozessuale Hinweise........................ 12
V. Anwendungsbereich............................ 5	

A. Grundlagen

I. Kurzcharakteristik

§ 585a BGB modifiziert § 550 BGB dahin gehend, dass nur Landpachtverträge mit einer vorgesehenen Laufzeit von mehr als zwei Jahren der **Schriftform** bedürfen.[1] Wird die Schriftform nicht eingehalten, ist Rechtsfolge nicht nach § 125 Satz 1 BGB die Nichtigkeit des Vertrages, sondern dass das Pachtverhältnis für unbestimmte Zeit gilt.[2]   **1**

II. Gesetzgebungsmaterialien

Die Vorschrift wurde durch das Mietrechtsreformgesetz Art. 1 Nr. 12[3] redaktionell so geändert, dass nur noch der rechtlich erhebliche Tatbestand, nämlich eine Pachtdauer von mehr als zwei Jahren, formuliert ist. Rechtsfolge ist nach wie vor eine Geltung des Vertrages für unbestimmte Zeit.   **2**

III. Normzweck

Die Vorschrift dient erstens dem **Informationsinteresse** des Grundstückserwerbers, der gem. der §§ 566, 578, 593b BGB in den bestehenden Landpachtvertrag eintritt[4] und zweitens der **Beweiserleichterung** in Bezug auf die Vereinbarungen langfristiger Landpachtverträge.[5] Die Vorschrift dient **nicht** dem **Schutz** des Pächters oder Verpächters vor der Eingehung langfristiger Bindungen.[6]   **3**

IV. Abdingbarkeit

Das Schriftformerfordernis des § 585a BGB ist **nicht abdingbar**.[7]   **4**

V. Anwendungsbereich

Von der Vorschrift werden nur diejenigen Landpachtverträge erfasst, die für länger als zwei Jahre geschlossen werden. Aufgrund des Normzwecks werden Vereinbarungen, die im Vorfeld eines Pachtvertrages geschlossen werden, wie z.B. ein **Pachtvorvertrag** (vgl. die Kommentierung zu § 585 BGB und die Kommentierung zu § 550 BGB), nicht erfasst, da der Erwerber nicht an solche Vereinbarungen gebunden ist.[8] Auch die im Rahmen eines Nutzungstauschverfahrens (**Pflugtausch**) getroffenen Vereinbarungen bedürfen nicht der Schriftform.[9] Sog. **Gemischte Pachtverträge**, in denen neben der Landpacht   **5**

---

[1] *Ebert* in: Hk-BGB, § 585a Rn. 1.
[2] BGH v. 22.02.1994 - LwZR 4/93 - juris Rn. 23 - BGHZ 125, 175-182.
[3] BT-Drs. 14/4553.
[4] AG Passau v. 13.12.1989 - 1 XV 4/89 - ESLR 1, ZR 37.
[5] *Heintzmann* in: Soergel, § 585a Rn. 1.
[6] OLG Karlsruhe v. 12.12.1995 - 3 U 38/95 Lw - NJWE-MietR 1996, 157-158.
[7] *Weidenkaff* in: Palandt, § 585a Rn. 1.
[8] *von Jeinsen* in: Staudinger, § 585a Rn. 6.
[9] OLG Koblenz v. 24.04.2007 - 3 U 1340/05 Lw - juris Rn. 41 - AUR 2008, 105-106.

gleichzeitig ein anderes Rechtsgeschäft geregelt wird, unterliegen ebenfalls der Schriftform des § 585a BGB.[10] Wird innerhalb eines Vertrages neben der Landpacht eine den strengeren Formvorschriften des § 311b Abs. 1 BGB (vgl. die Kommentierung zu § 311b BGB) unterliegende Vereinbarung getroffen, so führt die Nichteinhaltung der strengen Form der notariellen Beurkundung zur Nichtigkeit des gesamten Vertrages, also auch des schriftlich abgeschlossenen Pachtvertrages.[11] Eine spätere Heilung, etwa durch Erfüllung, ist nicht möglich.[12] Zum Ganzen vgl. die Kommentierung zu § 550 BGB.

B. Anwendungsvoraussetzungen

I. Landpachtvertrag über zwei Jahre

6 Nur wenn ein Landpachtvertrag über mehr als zwei Jahre abgeschlossen wird, bedarf er der Schriftform. Die Frist beginnt mit dem Beginn des Pachtverhältnisses, nicht mit dem Zeitpunkt des Vertragsabschlusses.[13]

7 Demnach unterliegen dem Formerfordernis Verträge,
- bei denen sich die Vertragsparteien für einen bestimmten Zeitraum von mehr als zwei Jahren gebunden haben,
- bei denen die Vertragsdauer unbestimmt ist und die Kündigung nicht erstmals vor dem Ablauf des zweiten Jahres erfolgen kann,
- die sich nach Ablauf von zwei Jahren verlängern, wenn sie nicht vorher gekündigt werden,
- deren Laufzeit von einem zukünftigen ungewissen Ereignis abhängt, das nach der Vorstellung der Parteien frühestens nach zwei Jahren eintreten kann oder soll
- bei denen einer Vertragspartei das Recht zusteht, durch einseitige Erklärung das auf bestimmte Zeit eingegangene Pachtverhältnis zu verlängern.[14]

II. Schriftform

8 Aus § 126 BGB ergibt sich, dass der Landpachtvertrag in einer von beiden Vertragsparteien unterzeichneten **Vertragsurkunde** niedergelegt sein muss.[15] Besteht die Vereinbarung aus mehreren Blättern, muss erkennbar sein, dass sie zusammengehören.[16] Der Vertrag genügt nur dann der Schriftform, wenn sich alle wesentlichen Vertragsbedingungen, insbesondere der Pachtgegenstand, der Pachtzins sowie die Dauer und die Parteien des Pachtverhältnisses aus der Urkunde ergeben,[17] damit es für einen späteren Erwerber möglich ist, sich vollständig über die auf ihn übergehenden Rechte und Pflichten des Pachtvertrages zu unterrichten[18]. Der Pachtgegenstand ist nicht bestimmt, wenn im Rahmen einer Verlängerungsvereinbarung lediglich auf „den zur Zeit bestehenden Pachtvertrag" Bezug genommen wird, ohne die Haupturkunde genauer zu bezeichnen und wenn der Verlängerungsvertrag mit einem anderem Pächter als dem ursprünglichen geschlossen worden ist.[19] Ebenfalls nicht ausreichend ist eine im Pachtvertrag enthaltene Regelung, dass das „in der Gemarkung G. belegene Grundstück 10,00 ha" verpachtet werde, da jedenfalls für Dritte zum Zeitpunkt des Abschlusses des Pachtvertrages nicht klar ist, aus welchen Flurstücken sich der Pachtgegenstand zusammensetzt.[20] Genau zu bezeichnen sind ferner die Vertragspar-

---

[10] *Lüdtke-Handjery*, Landpachtrecht, 4. Aufl. 1997, § 585a Rn. 5.
[11] *Lüdtke-Handjery*, Landpachtrecht, 4. Aufl. 1997, § 585a Rn. 5, vgl. die Kommentierung zu § 139 BGB.
[12] Hk-BGB, § 585a Rn. 4.
[13] Vgl. BT-Drs. 14/4553, S. 47 für § 550 BGB, vgl. die Kommentierung zu § 550 BGB.
[14] *von Jeinsen* in: Staudinger, § 585a Rn. 7, vgl. die Kommentierung zu § 550 BGB.
[15] Näher zur Form gem. § 126 BGB die Kommentierung zu § 126 BGB.
[16] AG Passau v. 13.12.1989 - 1 XV 4/89 - ESLR 1, ZR 37; vgl. auch BGH v. 22.02.1994 - LwZR 4/93 - juris Rn. 14 - BGHZ 125, 175-182.
[17] BGH v. 05.11.2004 - LwZR 2/04 - juris Rn. 19 - NJW 2005, 173-174.
[18] OLG des Landes Sachsen-Anhalt v. 03.05.2007 - 2 U 169/06 (Lw)- juris Rn. 24 - AUR 2008, 169-171; OLG des Landes Sachsen-Anhalt v. 29.01.2009 - 2 U 108/08 (Lw) - juris Rn. 43 - NL-BzAR 2009, 152-156.
[19] OLG des Landes Sachsen-Anhalt v. 31.08.2006 - 2 U 48/06 (Lw) - juris Rn. 6 - OLGR Naumburg 2007, 362-363.
[20] OLG des Landes Sachsen-Anhalt v. 29.01.2009 - 2 U 108/08 (Lw) - juris Rn. 43 - NL-BzAR 2009, 152-156.

teien, da der Beweisfunktion, der das Schriftformerfordernis unter anderem dient, nur dann genügt ist, wenn die genaue Bezeichnung des Verpächters aus der Vertragsurkunde ersichtlich ist.[21]

Sind zwei **Ehegatten** Partei eines Pachtvertrages und unterschreibt nur einer von ihnen, so ist der Vertrag insgesamt formunwirksam, also auch nicht nur mit dem einen Ehegatten formwirksam zustande gekommen.[22]

9

Der Formzwang des § 585a BGB erstreckt sich auf alle Vereinbarungen, aus denen sich nach dem Willen und der Vorstellung der Parteien der Landpachtvertrag zusammensetzt, folglich werden nicht nur die wesentlichen Vertragselemente, sondern der ganze Vertragsinhalt erfasst.[23] Auch nachträgliche Änderungen und Ergänzungen unterliegen dem Schriftformerfordernis, dabei genügt eine nachträgliche Änderung des Landpachtvertrages durch Einfügen im Vertragstext oberhalb der bisherigen Unterschriften dem Schriftformerfordernis der §§ 585a, 126 BGB auch ohne erneute Unterzeichnung beider Vertragsteile, wenn die Änderung oder Ergänzung dem übereinstimmenden Willen der Vertragschließenden entspricht.[24] Die **Aufhebung** eines Landpachtvertrages mit einer Laufzeit von mehr als zwei Jahren ist hingegen formfrei möglich.[25] Näher zum Schriftformerfordernis vgl. die Kommentierung zu § 550 BGB m.w.N.

10

C. Rechtsfolge

Wird das Schriftformerfordernis verletzt, gilt der Landpachtvertrag kraft gesetzlicher Fiktion als auf **unbestimmte Zeit** geschlossen und kann dann gem. § 594a BGB mit gesetzlicher Frist gekündigt werden. Dies gilt sogar dann, wenn die Parteien den Pachtvertrag nicht auf unbestimmte Zeit geschlossen hätten, wenn ihnen die Folgen des Formverstoßes zum Zeitpunkt des Vertragsabschlusses bekannt gewesen wären.[26] Jeder Vertragsteil kann das Pachtverhältnis spätestens am dritten Werktag eines Pachtjahres für den Schluss des nächsten Pachtjahres kündigen, wobei im Zweifel das Kalenderjahr als Pachtjahr gilt.[27] Dabei ist die Kündigung des Pachtvertrages unter Berufung auf den Formmangel grundsätzlich nicht rechtsmissbräuchlich, und zwar selbst dann nicht, wenn der Pächter sich auf eine lange Pachtdauer eingerichtet hat.[28] Besondere Umstände können jedoch ausnahmsweise dazu führen, dass die Vertragsparteien sich an der vereinbarten Zeit trotz mangelnder Schriftform festhalten lassen müssen, wenn etwa jedes andere Ergebnis untragbar wäre.[29] Das ist beispielsweise dann der Fall, wenn eine der Parteien absichtlich von der Einhaltung der Schriftform abgehalten wurde.[30] Nicht ausreichend für eine vorzeitige Kündigung ist hingegen schon der Umstand, dass der Pächter wegen der vereinbarten langfristigen Dauer Aufwendungen gemacht hat oder einen höheren Pachtzins vereinbart hat.[31]

11

D. Prozessuale Hinweise

Wird über den Landpachtvertrag eine formnichtige Urkunde erstellt, so hat die Vertragsurkunde die widerlegbare Vermutung der Richtigkeit und Vollständigkeit für sich,[32] mit der Folge, dass derjenige, der behauptet, dass die Urkunde den Vertrag nicht vollständig wiedergebe, hierfür **beweispflichtig** ist.[33]

12

---

[21] BGH v. 05.11.2004 - LwZR 2/04 - juris Rn. 19 - NJ 2005, 173-174.
[22] BGH v. 22.02.1994 - LwZR 4/93 - juris Rn. 18 - BGHZ 125, 175-182.
[23] *Lüdtke-Handjery*, Landpachtrecht, 4. Aufl. 1997, § 585a Rn. 8.
[24] OLG Dresden v. 21.05.1999 - LwU 3626/98 - AgrarR 2000, 332-333.
[25] *Lüdtke-Handjery*, Landpachtrecht, 4. Aufl. 1997, § 585a Rn. 6, 9.
[26] *Lüdtke-Handjery*, Landpachtrecht, 4. Aufl. 1997, § 585a Rn. 16.
[27] BGH v. 02.10.2003 - III ZR 114/02 - juris Rn. 17 - NJW 2004, 281-284.
[28] BGH v. 02.10.2003 - III ZR 114/02 - juris Rn. 17 - NJW 2004, 281-284.
[29] BGH v. 02.10.2003 - III ZR 114/02 - juris Rn. 17 - NJW 2004, 281-284.
[30] BGH v. 02.10.2003 - III ZR 114/02 - juris Rn. 17 - NJW 2004, 281-284.
[31] BGH v. 02.10.2003 - III ZR 114/02 - juris Rn. 17 - NJW 2004, 281-284.
[32] *von Jeinsen* in: Staudinger, § 585a Rn. 22, vgl. die Kommentierung zu § 125 BGB.
[33] OLG Köln v. 29.10.1975 - 2 U 33/75 - WM 1976, 362, näher zum Verfahren in Landwirtschaftssachen vgl. die Kommentierung zu § 585 BGB Rn. 31.

§ 585b BGB Beschreibung der Pachtsache

(Fassung vom 02.01.2002, gültig ab 01.01.2002)

(1) ¹Der Verpächter und der Pächter sollen bei Beginn des Pachtverhältnisses gemeinsam eine Beschreibung der Pachtsache anfertigen, in der ihr Umfang sowie der Zustand, in dem sie sich bei der Überlassung befindet, festgestellt werden. ²Dies gilt für die Beendigung des Pachtverhältnisses entsprechend. ³Die Beschreibung soll mit der Angabe des Tages der Anfertigung versehen werden und ist von beiden Teilen zu unterschreiben.

(2) ¹Weigert sich ein Vertragsteil, bei der Anfertigung einer Beschreibung mitzuwirken, oder ergeben sich bei der Anfertigung Meinungsverschiedenheiten tatsächlicher Art, so kann jeder Vertragsteil verlangen, dass eine Beschreibung durch einen Sachverständigen angefertigt wird, es sei denn, dass seit der Überlassung der Pachtsache mehr als neun Monate oder seit der Beendigung des Pachtverhältnisses mehr als drei Monate verstrichen sind; der Sachverständige wird auf Antrag durch das Landwirtschaftsgericht ernannt. ²Die insoweit entstehenden Kosten trägt jeder Vertragsteil zur Hälfte.

(3) Ist eine Beschreibung der genannten Art angefertigt, so wird im Verhältnis der Vertragsteile zueinander vermutet, dass sie richtig ist.

Gliederung

A. Grundlagen 1	II. Form der Beschreibung 7
I. Kurzcharakteristik 1	III. Inhalt der Beschreibung 8
II. Gesetzgebungsmaterialien 2	IV. Zeitpunkt der Beschreibung 9
III. Normzweck 3	V. Gemeinsame Anfertigung der Beschreibung 11
IV. Abdingbarkeit 4	VI. Beschreibung durch Sachverständigen 13
B. Anwendungsvoraussetzungen 6	VII. Vermutungswirkung 15
I. Normstruktur 6	

A. Grundlagen

I. Kurzcharakteristik

1　§ 585b BGB beinhaltet Regelungen zur Anfertigung der Pachtbeschreibung.

II. Gesetzgebungsmaterialien

2　Die Vorschrift wurde durch das Gesetz zur Neuordnung des landwirtschaftlichen Pachtrechts vom 08.11.1985, welches am 01.07.1986 in Kraft trat,[1] ohne vergleichbares Vorbild neu eingefügt.

III. Normzweck

3　Der Gesetzgeber hat § 585b BGB eingefügt, um **Pachtstreitigkeiten vorzubeugen**, die häufig daraus entstehen, dass bei Vertragsschluss oder bei der Überlassung der Pachtsache deren Zustand nicht sorgfältig genug festgestellt und im Vertrag entweder nicht oder nur ungenau und mit allgemeinen Redewendungen angegeben wird.[2] Die Beschreibung ermöglicht dabei u.a. eine bessere Abgrenzung der Erhaltungspflicht des Verpächters gem. § 586 Abs. 1 Satz 1 BGB von der Pflicht des Pächters zur Durchführung der gewöhnlichen Ausbesserungen gem. § 586 Abs. 1 Satz 2 BGB.[3] Daneben gestattet

---

[1] BGBl I 1985, 2065.
[2] BT-Drs. 10/509, S. 17.
[3] BT-Drs. 10/509, S. 17.

sie eine sachgerechte Bemessung einer Pachtzinskürzung bei der Herausnahme eines Pachtgrundstückes durch den Verpächter oder aufgrund hoheitlichen Eingriffs.[4]

IV. Abdingbarkeit

Aus der Formulierung der Norm als **Sollvorschrift** wird bereits deutlich, dass die Regelung dispositiv ist. Der Gesetzgeber hat davon abgesehen, die Anfertigung einer Beschreibung zwingend vorzusehen, da die Beschreibung nur dann ihren Zweck erfüllen kann, wenn zugleich bestimmt wird, welche Angaben die Beschreibung im Einzelnen enthalten muss, was jedoch schon an der unübersehbaren Unterschiedlichkeit der Pachtverhältnisse gescheitert wäre.[5] Das Fehlen einer Beschreibung der Pachtsache hat deshalb weder die Unwirksamkeit des Landpachtvertrags noch andere Sanktionen zur Folge. Die Nachteile einer fehlenden Beschreibung sind somit rein tatsächlicher Art (vgl. Rn. 3).

Den Vertragsparteien steht es offen, die Verpflichtung zur Anfertigung einer Beschreibung ganz oder teilweise **auszuschließen** oder durch andere Vereinbarungen zu **ersetzen**. So können sie vorsehen, die Beschreibung innerhalb einer bestimmten Frist von einem **Schätzungsausschuss** vornehmen zu lassen, die Vermutungsregelung des Absatzes 3 ganz oder für Teile der Pachtsache aufheben,[6] die Einschaltung eines **Sachverständigen abbedingen** oder das **Formerfordernis** durch eine Pflicht zur Beifügung von Karten, Skizzen, Fotos und Bescheinigungen **erweitern**.[7]

B. Anwendungsvoraussetzungen

I. Normstruktur

Nach § 585b Abs. 1 BGB sollen der Verpächter und der Pächter gemeinsam zu Beginn und am Ende des Pachtverhältnisses eine **Beschreibung** der Pachtsache anfertigen. Verweigert ein Vertragsteil seine Mitwirkung bei der Erstellung der Beschreibung, kann gem. Absatz 2 eine Beschreibung durch einen **Sachverständigen** verlangt werden. Nach Absatz 3 hat die Beschreibung die **Vermutung** der Vollständigkeit und Richtigkeit für sich.

II. Form der Beschreibung

Die Beschreibung soll **schriftlich** erfolgen. Gem. § 585b Abs. 1 Satz 3 BGB soll sie mit der Angabe des Tages der Anfertigung versehen werden und ist von beiden Vertragsparteien zu unterschreiben. Enthält die Beschreibung Datum und Unterschrift, so folgt daraus die Vollständigkeits- und Richtigkeitsvermutung des Absatzes 3. Enthält die Beschreibung nicht die **Unterschrift** der Parteien, handelt es sich um keine Beschreibung im Sinne von Absatz 1 mit der Folge, dass die Vermutungswirkung des Absatzes 3 entfällt. Die fehlende **Datumsangabe** führt hingegen nicht dazu, dass die Beschreibung unwirksam ist, da Absatz 1 Satz 3 insoweit als bloße Sollvorschrift ausgestaltet ist. Jedoch wird der Beweiswert der Beschreibung, wenn der Zeitpunkt der Erstellung der Beschreibung nicht feststeht, stark eingeschränkt.[8]

III. Inhalt der Beschreibung

Im Hinblick auf den Inhalt der Beschreibung hat der Gesetzgeber bewusst von einer weitergehenden Konkretisierung der Merkmale der Pachtbeschreibung abgesehen (vgl. Rn. 4). Die Beschreibung soll

---

[4] BT-Drs. 10/509, S. 17.
[5] BT-Drs. 10/509, S. 17.
[6] Zur Frage, ob Absätze 2 und 3 durch Parteivereinbarung abbedungen bzw. modifiziert werden können bejahend *Faßbender/Hötzel/Lukanow*, Landpachtrecht, 3. Aufl. 2005, § 585b Rn. 28, *Lüdtke-Handjery*, Landpachtrecht, 4. Aufl. 1997, § 585b Rn. 5; *Weidenkaff* in: Palandt, § 585b Rn. 2; a.A. *Heintzmann* in: Soergel, § 585b Rn. 27; *Voelskow* in: MünchKomm-BGB, § 585b Rn. 9, der ein über die Interessen der Parteien hinausgehendes öffentliches Interesse annimmt; *Ebert* in: Hk-BGB, § 585b Rn. 5.
[7] *Lüdtke-Handjery*, Landpachtrecht, 4. Aufl. 1997, § 585b Rn. 5.
[8] *von Jeinsen* in: Staudinger, § 585b Rn. 10.

daher nach Absatz 1 Satz 1 den **Umfang** sowie den **Zustand** feststellen, in dem sich die Pachtsache befindet.[9]

IV. Zeitpunkt der Beschreibung

9 Die **Anfangsbeschreibung** soll den Umfang und Zustand der Pachtsache bei der Überlassung enthalten. Aufgrund des dispositiven Charakters der Norm liegt es im Belieben der Parteien, wann sie die Beschreibung anfertigen. Erforderlich ist lediglich, dass sich die Parteien einig sind, dass die Beschreibung den Zustand der Pachtsache bei Übergabe beschreiben soll.[10]

10 Für die **Endbeschreibung** ist der Zeitpunkt des rechtlichen Endes des Pachtverhältnisses maßgeblich, unabhängig davon, wann die Pachtsache tatsächlich zurückgegeben wird, da Zweck der Endbeschreibung die Feststellung ist, in welchem Umfang der Pächter verpflichtet ist die Pachtsache zurückzugeben.[11]

V. Gemeinsame Anfertigung der Beschreibung

11 Die Beschreibung muss gemeinsam durch den Verpächter und Pächter angefertigt werden. Sie ist eine **geschäftsähnliche Maßnahme**, auf die die Regeln über Willenserklärungen und ihre Anfechtung Anwendung finden und kann auch durch einen Stellvertreter vorgenommen werden, da ihr kein höchstpersönlicher Charakter zukommt.[12]

12 Für eine **gemeinsame** Beschreibung ist ausreichend, wenn beide Parteien die Beschreibung gemeinsam festlegen, jeder ein schriftliches Exemplar unterschreibt und diese ausgetauscht werden, dabei trägt die **Kosten** der gemeinsamen Anfertigung in entsprechender Anwendung von Absatz 2 Satz 2 jede Partei zur Hälfte.[13]

VI. Beschreibung durch Sachverständigen

13 **Jede Partei** kann beim Landwirtschaftsgericht die Beauftragung eines Sachverständigen mit der Anfertigung der Beschreibung beantragen, wenn sich die Vertragspartner nicht einigen können oder eine Partei die Verpflichtung zur gemeinsamen Erstellung der Beschreibung nicht erfüllt (§ 585b Abs. 2 BGB). Von einer Verpflichtung der Vertragsparteien zur Mitwirkung bei der Anfertigung der Beschreibung, wie sie etwa bei der Erstellung des Sachverzeichnisses beim Nießbrauch vorgesehen ist (vgl. die Kommentierung zu § 1035 BGB), hat der Gesetzgeber bewusst abgesehen, da bis zu einer Verurteilung auf Mitwirkung regelmäßig ein zu langer Zeitraum verstrichen sein würde.[14]

14 Die **Bestellung** des **Sachverständigen** erfordert einen **Antrag** an das Landwirtschaftsgericht (§ 585b Satz 1 HS. 2 BGB). **Zuständig** ist gem. §§ 1 Nr. 1, 9 LwVfG, § 11 FGG das **Amtsgericht** (näher zum Verfahren in Landwirtschaftssachen vgl. die Kommentierung zu § 585 BGB Rn. 31). Antragsberechtigt ist jede Partei des Vertrages bzw. deren Stellvertreter oder Rechtsnachfolger. Ferner muss der Antrag innerhalb der in Abs. 2 genannten Fristen, also innerhalb von neun Monaten nach Überlassung der Pachtsache oder drei Monaten seit der Beendigung des Pachtverhältnisses, gestellt werden. Ob die gesetzlichen Voraussetzungen für eine Ernennung vorliegen, hat das Landwirtschaftsgericht **von Amts**

---

[9] Eine Auflistung von Punkten, deren Prüfung für die Aufnahme in eine Pachtbeschreibung sinnvoll sein kann, sowie Musterbeschreibungen finden sich in *Lüdtke-Handjery*, Landpachtrecht, 4. Aufl. 1997, § 585b Rn. 10 ff. und Anhang F und bei *Faßbender/Hötzel/Lukanow*, Landpachtrecht, 3. Aufl. 2005, in Anhang 11.

[10] *Heintzmann* in: Soergel, § 585b Rn. 5; a.A. *Lüdtke-Handjery*, Landpachtrecht, 4. Aufl. 1997, § 585b Rn. 26, der eine Beschreibung nach Absatz 1 jedenfalls dann nicht mehr für möglich hält, wenn die zeitlichen Grenzen, die durch Absatz 2 für das Verlangen auf Pachtbeschreibung durch einen Sachverständigen gezogen sind, überschritten werden, mit der Folge, dass einer gleichwohl angefertigten Beschreibung nicht die in § 585b Abs. 3 BGB vorgesehene Vermutungswirkung zukommt, da es sich nicht um eine Beschreibung „der genannten Art" handelt.

[11] *Heintzmann* in: Soergel, § 585b Rn. 5; a.A. *Lüdtke-Handjery*, Landpachtrecht, 4. Aufl. 1997, § 585b Rn. 25, der auf den Zeitpunkt der Rücküberlassung abstellt.

[12] *Heintzmann* in: Soergel, § 585b Rn. 4.

[13] *Heintzmann* in: Soergel, § 585b Rn. 9.

[14] BT-Drs. 10/509, S. 18.

§ 586 BGB Vertragstypische Pflichten beim Landpachtvertrag

(Fassung vom 02.01.2002, gültig ab 01.01.2002)

(1) ¹Der Verpächter hat die Pachtsache dem Pächter in einem zu der vertragsmäßigen Nutzung geeigneten Zustand zu überlassen und sie während der Pachtzeit in diesem Zustand zu erhalten. ²Der Pächter hat jedoch die gewöhnlichen Ausbesserungen der Pachtsache, insbesondere die der Wohn- und Wirtschaftsgebäude, der Wege, Gräben, Dränungen und Einfriedigungen, auf seine Kosten durchzuführen. ³Er ist zur ordnungsmäßigen Bewirtschaftung der Pachtsache verpflichtet.

(2) Für die Haftung des Verpächters für Sach- und Rechtsmängel der Pachtsache sowie für die Rechte und Pflichten des Pächters wegen solcher Mängel gelten die Vorschriften des § 536 Abs. 1 bis 3 und der §§ 536a bis 536d entsprechend.

Gliederung

A. Grundlagen... 1	I. Pflichten des Verpächters 5
I. Kurzcharakteristik................................. 1	II. Pflichten des Pächters............................ 19
II. Gesetzgebungsmaterialien.................... 2	III. Haftung für Sach- und Rechtsmängel 21
III. Normzweck... 3	C. Prozessuale Hinweise........................... 23
IV. Abdingbarkeit...................................... 4	D. Anwendungsfelder – Übergangsrecht 24
B. Anwendungsvoraussetzungen 5	

A. Grundlagen

I. Kurzcharakteristik

1 § 586 BGB legt in Absatz 1 die **vertraglichen Pflichten** der Parteien eines Landpachtvertrages fest. Dabei kommt durch das Abstellen auf die vertragsmäßige und nicht etwa gewöhnliche oder übliche Nutzung dem Willen der Vertragsparteien eine herausragende Bedeutung zu.[1] Abweichend von § 535 BGB obliegt dem Pächter die Vornahme **gewöhnlicher Ausbesserungsarbeiten**. Absatz 2 enthält für die Haftung des Verpächters für Sach- und Rechtsmängel sowie für die Rechte und Pflichten des Pächters wegen solcher Mängel einen Verweis auf die entsprechenden Vorschriften des **Mietrecht**s (vgl. die Kommentierung zu § 536 BGB, die Kommentierung zu § 536a BGB, die Kommentierung zu § 536b BGB, die Kommentierung zu § 536c BGB und die Kommentierung zu § 536d BGB).

II. Gesetzgebungsmaterialien

2 Die Vorschrift wurde durch das **Gesetz zur Neuordnung des landwirtschaftlichen Pachtrechts** vom 08.11.1985 neu eingefügt, welches am 01.07.1986 in Kraft trat.[2] Sie entspricht in Absatz 1 Satz 1 dem § 581 Abs. 2 BGB a.F. i.V.m. § 536 BGB a.F. und in Satz 2 dem § 582 BGB a.F. Die auch schon zuvor ganz überwiegend bejahte Pflicht des Pächters zur Ausbesserung der **Dränungen** wurde neu eingefügt und wird damit nun ausdrücklich vom Gesetz erwähnt. Redaktionell wurde Absatz 2 durch Art. 1 Nr. 13 **Mietrechtsreformgesetz**[3], welches am 01.09.2001 in Kraft trat, geändert, indem die entsprechenden Verweisungsnormen des Mietrechts angepasst wurden.

III. Normzweck

3 *Die Pflichten* des Verpächters und Pächters wurden in Absatz 1 eigenständig, ohne Verweisung auf das Mietrecht, geregelt. Anders als bei der Miete ist der Pächter zur Durchführung von Ausbesserungsarbeiten und zur Bewirtschaftung der ihm überlassenen Pachtsache verpflichtet. Hierdurch hat der Ge-

---

[1] *von Jeinsen* in: Staudinger, § 586 Rn. 7.
[2] BGBl I 1985, 2065.
[3] BGBl I 2001, 1149.

wegen festzustellen (§ 9 LwVfG, § 12 FGG). Dabei ist es für die Bestellung des Sachverständigen unerheblich, ob die Mitwirkung bei der Pachtbeschreibung von einer Partei oder beiden Vertragspartnern zu Recht oder Unrecht, schuldhaft oder nicht unterblieben ist; ausreichend ist allein die fehlende Einigung der Vertragsparteien.[15] Gem. § 21 LwVfG erfolgt die Ernennung des Sachverständigen durch **Beschluss**, der gem. § 22 Abs. 1 LwVfG mit der sofortigen Beschwerde angefochten werden kann. Der Sachverständige wird dabei auch bei Ernennung durch das Gericht im Auftrag der Vertragsparteien tätig, so dass sich der **Vergütungsanspruch** des Sachverständigen direkt gegen die Parteien richtet.[16] Von der von dem Sachverständigen angefertigten Beschreibung erhält jeder Vertragsteil eine Ausfertigung.[17] Hält eine Partei die durch den Sachverständigen angefertigte Beschreibung für unzutreffend, so kann sie dagegen auf Feststellung klagen.[18]

VII. Vermutungswirkung

§ 585b Abs. 3 BGB enthält die Vermutung der **Vollständigkeit** und **Richtigkeit** für die von den Parteien bzw. von dem vom Gericht bestellten Sachverständigen angefertigte Pachtbeschreibung.

15

---

[15] *Lüdtke-Handjery*, Landpachtrecht, 4. Aufl. 1997, § 585b Rn. 31.
[16] OLG Jena v. 08.04.1997 - LW W 550/96 - OLG-NL 1997, 187; a.A. noch *von Jeinsen* in: Staudinger, § 585b Rn. 19 und *Heintzmann* in: Soergel, § 585b Rn. 24.
[17] *von Jeinsen* in: Staudinger, § 585b Rn. 17.
[18] BT-Drs. 10/509, S. 18.

setzgeber dem Interesse des Verpächters an einer Fortführung der landwirtschaftlichen Nutzung auch nach Ende der Pachtzeit Rechnung getragen.[4]

IV. Abdingbarkeit

Die gesamte Regelung des § 586 BGB ist **dispositiv**.[5] Wenn ein für den Pachtvertrag wesentliches und kennzeichnendes Merkmal fehlt, fehlt es bereits am Vorliegen eines Pachtvertrages; so kann etwa die Fruchtziehung in einem Pachtvertrag zwar vertraglich eingeschränkt aber nicht völlig ausgeschlossen werden.[6] Benutzen die Parteien einen **Formularvertrag**, so sind die Schranken der §§ 305-310 BGB (vgl. die Kommentierung zu § 305 BGB) zu beachten. So kann eine Abwälzung aller Instandhaltungs- und Instandsetzungs- sowie der Ausbesserungspflichten auf den Pächter ohne Gegenleistung zu einer unbilligen Verschiebung des Leistungsgefüges des Pachtvertrages führen, die gegen § 307 BGB verstößt.[7] Für die Haftung des Verpächters gem. § 586 Abs. 2 BGB können sich bei vorsätzlichem oder grob fahrlässigem Handeln Einschränkungen gem. § 309 Nr. 7 BGB ergeben. Daneben finden Parteivereinbarungen ihre allgemeinen Schranken in § 138 BGB (vgl. die Kommentierung zu § 138 BGB), § 242 BGB (vgl. die Kommentierung zu § 242 BGB) sowie in § 540 BGB (vgl. die Kommentierung zu § 540 BGB) bei arglistigem Verschweigen eines Mangels der Pachtsache.

B. Anwendungsvoraussetzungen

I. Pflichten des Verpächters

Den Verpächter treffen gem. § 586 Abs. 1 BGB **zwei Hauptleistungspflichten**, die über die in § 585 Abs. 2 BGB i.V.m. § 581 BGB geregelte Pflicht hinausgehen; demnach hat der Pächter einen eigenständigen Anspruch auf **Überlassung** und **Erhaltung** der Pachtsache in einem zur vertragsmäßigen Nutzung geeigneten Zustand.[8]

Um seiner **Überlassungspflicht** nachzukommen, hat der Verpächter durch die Übergabe von Sachen und Einräumung von Rechten – frei von Mängeln und Rechten Dritter – alles Erforderliche zu tun, um dem Pächter die Bewirtschaftung der Pachtsache in dem vereinbarten Zustand zu ermöglichen.[9] Zur **Übergabe von Sachen** wird vom Verpächter in aller Regel eine Besitzverschaffung geschuldet, d.h. eine Tätigkeit, die darauf gerichtet ist, den Pächter zum unmittelbaren Besitzer (§ 854 BGB (vgl. die Kommentierung zu § 854 BGB)) und den Verpächter zum mittelbaren Besitzer (§ 868 BGB (vgl. die Kommentierung zu § 868 BGB)) zu machen, ein bloßes Dulden des Gebrauchs ist hingegen nicht ausreichend.[10] Die Pflicht zur Besitzeinräumung umfasst bei der Landpacht die Pachtgrundstücke, die Gebäude und, soweit mitverpachtet, das Zubehör und Inventar.[11] Die **Einräumung von Rechten** kann durch die Erteilung einer Ausübungsermächtigung, die Übergabe einer Abtretungserklärung oder die Anzeige gegenüber dem Schuldner erfolgen.

Die Überlassung der Pachtsache muss in einem zur vertragsmäßigen Nutzung geeigneten Zustand erfolgen. Insofern wird die Überlassungspflicht durch die Parteivereinbarung und den Vertragszweck konkretisiert.

Die Pachtsache muss zu dem von den Parteien vereinbarten **Zeitpunkt** überlassen werden. Falls keine ausdrückliche Vereinbarung vorliegt, entspricht der Zeitpunkt, an dem die Pachtsache übergeben werden muss, dem vereinbarten Beginn des Pachtverhältnisses.[12]

---

[4] *Heintzmann* in: Soergel, § 586 Rn. 1.
[5] *von Jeinsen* in: Staudinger, § 586 Rn. 52.
[6] Vgl. *Weidenkaff* in: Palandt, § 581 Rn. 3.
[7] Für die Miete *Sonnenschein*, NJW 1980, 1713-1720, 1719.
[8] *von Jeinsen* in: Staudinger, § 586 Rn. 2.
[9] Vgl. BGH v. 20.11.1967 - VIII ZR 92/65 - LM Nr. 31 zu § 581 BGB.
[10] *Sonnenschein/Veit* in: Staudinger, § 581 Rn. 148.
[11] *Lüdtke-Handjery*, Landpachtrecht, 4. Aufl. 1997, § 586 Rn. 6.
[12] *von Jeinsen* in: Staudinger, § 586 Rn. 13.

9 Als **Folge** der Besitzüberlassung hat der Pächter neben den Besitzschutzrechten der §§ 859-869 BGB auch ein Pfandrecht an dem mitverpachteten Inventar für die Forderungen gegen den Verpächter gem. § 585 Abs. 2 BGB i.V.m. § 583 BGB. Daneben erwirbt der Pächter gem. § 956 Abs. 1 Satz 1 BGB bereits mit der Überlassung und nicht erst mit der Besitzergreifung das Eigentum an den Sachfrüchten (§ 99 BGB) mit der Trennung von der Muttersache. Dabei ist allerdings einschränkend zu beachten, dass nur die Früchte, die gem. § 581 Abs. 1 BGB nach den Regeln einer ordnungsmäßigen Wirtschaft als Ertrag anzusehen sind, und nicht die übermäßige Fruchtziehung von § 956 BGB erfasst wird.

10 Verletzt der Verpächter seine Pflicht zur Überlassung, so ist der Pächter **zur Zurückhaltung der Pacht** berechtigt und zwar auch dann, wenn er in Abweichung von der gesetzlichen Regelung (§ 587 Abs. 1 BGB) den Pachtzins im Voraus zu entrichten hat.[13] Daneben stehen ihm Ansprüche auf Erfüllung bzw. Schadensersatz statt der Leistung gem. § 280 Abs. 1 BGB i.V.m. § 281 BGB oder, im Falle teilweiser Überlassung, Pachtzinsminderung gem. § 586 Abs. 2 BGB i.V.m. § 536 BGB zu.

11 Der Verpächter ist während der Dauer des Pachtverhältnisses grundsätzlich zur Erhaltung der Pachtsache in einem vertragsmäßigen Zustand verpflichtet. Aus der umfassenden **Erhaltungspflicht** hat der Gesetzgeber jedoch die Pflicht zur Vornahme gewöhnlicher Ausbesserungen herausgenommen und sie dem Pächter auferlegt. Unter die dem Verpächter obliegende Pflicht zur Erhaltung fällt daher alles, was zur Instandsetzung zwecks Mängelbeseitigung nötig ist, um die Sache in einem zum vertragsgemäßen Gebrauch geeigneten Zustand zu erhalten, und über die den Pächter treffenden gewöhnlichen Ausbesserungsarbeiten hinausgeht.[14]

12 Die **Abgrenzung** zwischen Erhaltungsaufwendungen, zu denen der Verpächter verpflichtet ist, und gewöhnlichen Ausbesserungsarbeiten, zu denen der Pächter verpflichtet ist, ist fließend; sie wird im Einzelfall unter Berücksichtigung aller Umstände im Wesentlichen danach erfolgen können, ob es sich um eine notwendige Maßnahme der regelmäßigen Wartung, Pflege oder Ausbesserung zum Schutz vor natürlicher Alterung und Abnutzung oder um die Reparatur eines Schadens handelt, der in das Betriebsrisiko des Pächters fällt.[15]

13 Zur Erhaltungspflicht des Verpächters gehört es, den **störungsfreien Gebrauch** der Pachtsache zu ermöglichen, also etwa alle nach § 906 BGB unzulässigen Einwirkungen zu verhindern.[16] **Außergewöhnliche Ausbesserungen** sind vom Verpächter auf seine Kosten vorzunehmen. Hierunter fallen insbesondere Maßnahmen infolge Brand, Überschwemmung, Erdbeben etc.[17]

14 Im Zusammenhang mit der Instandhaltungs-, Instandsetzungs- und Ausbesserungspflicht steht die **Verkehrssicherungspflicht**, die teilweise dem Verpächter und teilweise dem Pächter obliegt. Wird die Erfüllung der Verkehrssicherungspflicht durch notwendige Ausbesserungen der Pachtsache erreicht, liegt sie im Verantwortungsbereich des Pächters.[18] Der Verpächter muss hingegen dafür Sorge tragen, dass die verpachteten Gebäude den Vorschriften über die Bauausführung, dem Betriebs-, Feuer- und Umweltschutz entsprechen, dass die vorhandenen Wege ordnungsgemäß angelegt, Brücken stabil, Zuleitungen und Anlagen betriebssicher sind und dass Gefahrenstellen (z.B. Gruben, Schächte, Brunnen) mit einer Abdeckung oder Einfriedung versehen sind; ebenso gehört dazu die Prüfungspflicht dahingehend, dass Pachtobjekt auf mögliche Gefahren für den Pächter, seine Familie und seine Mitarbeiter zu untersuchen.[19]

15 **Verbesserungen** der Pachtsache werden grundsätzlich nicht von der Erhaltungspflicht des Verpächters erfasst, können aber ausnahmsweise Folge einer Änderung von Gesetzen, Bauordnungen, Betriebsordnungen oder der Ausübung des Anschluss- und Benutzungszwangs sein.

---

[13] *Lüdtke-Handjery*, Landpachtrecht, 4. Aufl. 1997, § 586 Rn. 17.
[14] BGH v. 04.12.1992 - LwZR 10/91 - juris Rn. 6 - LM BGB § 586 Nr. 3 (7/1993).
[15] BGH v. 04.12.1992 - LwZR 10/91 - juris Rn. 6 - LM BGB § 586 Nr. 3 (7/1993).
[16] *von Jeinsen* in: Staudinger, § 586 Rn. 27.
[17] *von Jeinsen* in: Staudinger, § 586 Rn. 29.
[18] *von Jeinsen* in: Staudinger, § 586 Rn. 25.
[19] *Lüdtke-Handjery*, Landpachtrecht, 4. Aufl. 1997, § 586 Rn. 21.

Bei einer Zerstörung der Pachtsache ist zu differenzieren, ob der **Untergang** von einer der Parteien 16
oder von keiner Partei zu vertreten ist. Ist der Untergang von keiner der Parteien zu vertreten, erlischt
die Erhaltungspflicht des Verpächters und die Vergütungspflicht des Pächters (vgl. die Kommentierung
zu § 275 BGB), eine Wiederherstellungspflicht besteht dann nicht.[20] Hat eine der Parteien den Untergang zu vertreten, ist Maßstab für den Umfang der Wiederherstellungspflicht stets die vertragsmäßige
Nutzung. So trifft den Verpächter keine Pflicht zum Wiederaufbau, wenn Gebäude eines verpachteten
landwirtschaftlichen Anwesens zerstört werden und die Nutzung des landwirtschaftlichen Anwesens
gleichwohl möglich ist.[21] Hat eine der Vertragsparteien den Untergang zu vertreten, so trifft sie neben
der Wiederherstellungs- auch eine Schadensersatzpflicht.[22]

Der Verpächter ist verpflichtet, auftretende Schäden am Pachtobjekt sofort nach dem **Zeitpunkt** der 17
Entstehung zu beheben, soweit dies im Rahmen des Grundsatzes von Treu und Glauben (vgl. die
Kommentierung zu § 242 BGB) zumutbar ist.[23]

Der Verpächter hat die **Kosten** der ihm obliegenden Erhaltungsmaßnahmen zu tragen; allerdings kann 18
er gegebenenfalls bei einer Verbesserung der Pachtsache die entstandenen Kosten über eine Pachterhöhung gem. § 588 Abs. 3 BGB auf den Pächter abwälzen.[24]

II. Pflichten des Pächters

Gem. § 586 Abs. 1 Satz 2 BGB hat der Pächter die **gewöhnlichen Ausbesserungen** der Pachtsache 19
durchzuführen. Für eine Abgrenzung der von dem Pächter durchzuführenden gewöhnlichen Ausbesserungen von den vom Verpächter durchzuführenden außergewöhnlichen Ausbesserungen kann auf
die Grundsätze im Nießbrauchrecht zurückgegriffen werden.[25] Gewöhnliche Ausbesserungen sind danach solche Maßnahmen, die als Folge des üblichen Gebrauchs des Pachtgegenstandes nach dem gewöhnlichen Lauf der Dinge von Zeit zu Zeit regelmäßig in kürzeren oder längeren Abständen zur Erhaltung bzw. Wiederherstellung seiner Gebrauchsfähigkeit erforderlich werden; hierzu zählen in erster
Linie laufende Wartungs- und Pflegearbeiten, Schönheitsreparaturen sowie Maßnahmen, die wegen
üblicher Witterungseinflüsse oder häufiger und typischer Betriebsrisiken geboten sind, die der Erhaltung des Pachtgegenstandes dienen und die durch normale Abnutzung, üblichen Gebrauch und Einwirkung im Laufe der Pachtzeit notwendig werden.[26] So ist ein Pächter von Grünland, das zu Beginn der
Pachtzeit eingezäunt war, verpflichtet, die Einzäunung während des Pachtverhältnisses in einem funktionstüchtigen Zustand zu halten und bei Pachtende funktionstüchtig zurückzugeben.[27]

Daneben obliegt dem Pächter eine **Bewirtschaftungspflicht**.[28] Die Bewirtschaftung muss ordnungs- 20
gemäß erfolgen, d.h. den Regeln der landwirtschaftlichen Nutzung entsprechen. Das ist dann der Fall,
wenn die Bewirtschaftung nach den einschlägigen technischen und wirtschaftlichen Regeln substanzschonend und -erhaltend durchgeführt wird.[29] Darunter sind solche Maßnahmen zu verstehen, die nach
allgemeiner Auffassung unter Landwirten geeignet sind, einen ordentlichen, durchschnittlichen Anforderungen genügenden Bewirtschaftungszustand zu erreichen oder zu erhalten.[30] Zur ordnungsgemäßen
Bewirtschaftung einer landwirtschaftlichen Nutzfläche gehört dabei neben dem Bestellen, Düngen und

---

[20] *Lüdtke-Handjery*, Landpachtrecht, 4. Aufl. 1997, § 586 Rn. 21.
[21] BGH v. 13.12.1991 - LwZR 5/91 - BGHZ 116, 334-339.
[22] *von Jeinsen* in: Staudinger, § 586 Rn. 31; vgl. auch BGH v. 13.12.1991 - LwZR 5/91 - BGHZ 116, 334-339.
[23] *Lüdtke-Handjery*, Landpachtrecht, 4. Aufl. 1997, § 586 Rn. 27.
[24] *Lüdtke-Handjery*, Landpachtrecht, 4. Aufl. 1997, § 586 Rn. 30.
[25] Vgl. die Kommentierung zu § 1041 BGB; *Lüdtke-Handjery*, Landpachtrecht, 4. Aufl. 1997, § 586 Rn. 31.
[26] BGH v. 04.12.1992 - LwZR 10/91 - juris Rn. 6 - LM BGB § 586 Nr. 3 (7/1993).
[27] OLG Celle v. 05.09.2001 - 7 U 159/00 7, U 159/00 (L) - juris Rn. 4 - OLGR Celle 2003, 255-256.
[28] Dies gilt auch beim sog. Pflugtausch (zum Begriff vgl. die Kommentierung zu § 585 BGB), OLG Naumburg v. 29.08.2002 - 2 U (Lw) 24/00 - NL-BzAR 2003, 168-174.
[29] BGH v. 16.06.2000 - LwZR 22/99 - juris Rn. 12 - LM BGB § 591 Nr. 2 (5/2001).
[30] Brandenburgisches Oberlandesgericht Senat für Landwirtschaftssachen v. 17.01.2008 - 5 U (Lw) 138/07 - juris Rn. 25 - NJW 2008, 486-487.

Abernten auch die technisch ordnungsgemäße Einbringung von Schutzmitteln.[31] Der Anbau von gentechnisch verändertem Mais auf der Pachtfläche widerspricht nicht einer ordnungsgemäßen Bewirtschaftung.[32] Eine ordnungsgemäße Bewirtschaftung von Ackerflächen liegt hingegen nicht mehr vor, wenn sie als Raubbau am Boden angesehen werden muss oder das Gesamtkonzept der Bewirtschaftung zu einer Erschöpfung der Böden bzw. zu einer nachhaltigen Minderung der Ertragsmöglichkeiten führt; eine Bewirtschaftung nach Idealmaßstäben ist jedoch nicht geschuldet.[33] Die Pflicht zur ordnungsgemäßen Bewirtschaftung einer landwirtschaftlichen Pachtfläche aus § 586 Abs. 1 BGB erfasst dagegen nicht das Bemühen um den Erwerb von Zahlungsansprüchen aus Beihilfen der Europäischen Agrarreform und gewährt dementsprechend keinen Anspruch des Verpächters nach § 596 Abs. 1 BGB auf deren Übertragung nach Beendigung des Pachtvertrages.[34] Im Gegensatz zu Milchreferenzmengen oder Rübenlieferungsrechten soll nämlich durch die Beihilfen nicht die Produktion bestimmter Erzeugnisse gesteuert sondern dem einzelnen Betriebsinhaber eine von der Erzeugung unabhängige Einkommensbeihilfe zur Stabilisierung des Einkommens gewährt werden.[35]

III. Haftung für Sach- und Rechtsmängel

21 Gem. § 586 Abs. 2 BGB gelten für die Haftung des Verpächters für Sach- und Rechtsmängel der Pachtsache sowie für die Rechte und Pflichten des Pächters wegen solcher Mängel die Vorschriften des **Mietrecht**s entsprechend, insofern wird hier auf die Kommentierung der entsprechend anzuwendenden § 536 Abs. 1-3 BGB und der §§ 536a-536d BGB verwiesen (vgl. die Kommentierung zu § 536 BGB, die Kommentierung zu § 536a BGB, die Kommentierung zu § 536b BGB, die Kommentierung zu § 536c BGB und die Kommentierung zu § 536d BGB). Das in § 536 Abs. 4 BGB für den Mieter von Wohnraum eingeräumte Privileg gilt für den Pächter nicht, somit sind zum Nachteil des Pächters abweichende Vereinbarungen bzgl. Minderungen der Pacht nicht unwirksam. Ist der Verpächter wegen eines **Rechtsmangel**s nicht in der Lage, dem Pächter die Nutzung der Pachtsache zu gewähren, richten sich die Schadensersatzansprüche des Pächters nicht nach den Regeln über die Unmöglichkeit, sondern nach § 538 Abs. 1 BGB.[36]

22 Der Verpächter haftet dem Pächter auch ohne Verschulden für Schäden, die aufgrund vertragstypischer Fehler der Pachtsache entstehen. So ist der Ursachenzusammenhang und der Zurechnungszusammenhang zwischen einem Schaden des Pächters, der aufgrund einer im Acker in geringer Bodentiefe liegenden und als Gefahrenquelle nicht erkennbaren Betonplatte entstanden ist, und der **Garantiehaftung des Verpächters** zu bejahen, weil die Betonplatte einen vertragstypischen Fehler des verpachteten Ackers darstellt.[37]

C. Prozessuale Hinweise

23 Für Streitigkeiten, die sich aus § 586 BGB ergeben, ist das Amtsgericht als Landwirtschaftsgericht gem. § 1 Nr. 1a LwVfG zuständig, welches gem. § 48 LwVfG im **streitigen Verfahren** entscheidet (näher zum Verfahren in Landwirtschaftssachen vgl. die Kommentierung zu § 585 BGB Rn. 31).

---

[31] OLG Naumburg v. 29.08.2002 - 2 U (Lw) 24/00 - NL-BzAR 2003, 168-174.
[32] Brandenburgisches Oberlandesgericht Senat für Landwirtschaftssachen v. 17.01.2008 - 5 U (Lw) 138/07 - juris Rn. 24 - NJW 2008, 486-487.
[33] OLG Naumburg v. 29.08.2002 - 2 U (Lw) 24/00 - NL-BzAR 2003, 168-174.
[34] BGH v. 24.11.2006 - LwZR 4/06 - NL-BzAR 2007, 48-55; OLG des Landes Sachsen-Anhalt v. 30.03.2006 - 2 U 127/05 (Lw) - AUR 2006, 252-253; AG Neubrandenburg v. 19.07.2005 - Lw 2/05 - AUR 2005, 367-368; OLG Rostock v. 07.03.2006 - 12 U 7/05 - OLGR Rostock 2006, 447-450; ausführlich zu der Problematik: *Krüger/Schmitte*, AUR 2005, 84-87.
[35] OLG Rostock v. 07.03.2006 - 12 U 7/05 - OLGR Rostock 2006, 447-450.
[36] BGH v. 05.07.1991 - V ZR 115/90 - LM BGB § 325 Nr. 27 (2/1992).
[37] OLG München v. 26.03.1990 - Lw U 2024/90 - NJW-RR 1990, 1099-1100.

D. Anwendungsfelder – Übergangsrecht

Nach § 585 Abs. 2 BGB gilt die Vorschrift für Landpachtverträge. Für Landpachtverhältnisse, die bereits zum Zeitpunkt des In-Kraft-Tretens des Gesetzes zur Neuordnung des landwirtschaftlichen Pachtrechts am 01.07.1986 bestanden, gilt § 586 BGB aufgrund des durch Art. 2 Nr. 2 des Gesetzes zur Neuordnung des landwirtschaftlichen Pachtrechts eingefügten Art. 219 Abs. 1 EGBGB. Aus Art. 7 des Gesetzes zur Neuordnung des landwirtschaftlichen Pachtrechts ergibt sich die **Geltung** für Landpachtverhältnisse, die am oder ab dem 01.07.1986 begründet wurden.

24

§ 586a BGB Lasten der Pachtsache

(Fassung vom 02.01.2002, gültig ab 01.01.2002)

Der Verpächter hat die auf der Pachtsache ruhenden Lasten zu tragen.

Gliederung

A. Grundlagen.................................... 1
   I. Kurzcharakteristik............................ 1
   II. Gesetzgebungsmaterialien..................... 2
   III. Normzweck................................. 3
   IV. Abdingbarkeit 4
B. Anwendungsvoraussetzungen.................. 5
C. Prozessuale Hinweise......................... 6
D. Anwendungsfelder............................ 7
E. Arbeitshilfen 8

A. Grundlagen

I. Kurzcharakteristik

1   § 586a BGB regelt, wer die auf der Pachtsache ruhenden Lasten zu tragen hat und entspricht dabei dem für das Mietrecht geltenden § 535 Abs. 1 Satz 3 BGB (vgl. die Kommentierung zu § 535 BGB).

II. Gesetzgebungsmaterialien

2   Die Vorschrift wurde durch das **Gesetz zur Neuordnung des landwirtschaftlichen Pachtrechts** vom 08.11.1985 neu eingefügt, welches am 01.07.1986 in Kraft trat.[1] Sie ersetzt den bis dahin geltenden Verweis von § 546 BGB a.F. auf § 581 Abs. 2 BGB, ohne dabei jedoch eine inhaltliche Änderung vorzunehmen.

III. Normzweck

3   Die grundsätzliche Pflicht des Verpächters, die Lasten der Pachtsache zu tragen, beruht auf der Erwägung, dass er es ist, der die Pachtsache durch Verpachtung nutzt und dabei in der Lage ist, die Lasten des Pachtobjektes in den Pachtpreis einzukalkulieren oder eine Lastenübernahme mit dem Pächter zu vereinbaren.[2]

IV. Abdingbarkeit

4   § 586a BGB ist **abdingbar**, den Parteien soll es nach dem Willen des Gesetzgebers unbenommen sein, die Lastenverteilung anders zu regeln.[3] Im Hinblick auf Einzelfragen zur wirksamen Lastenweitergabe an den Pächter vgl. die Kommentierung zu § 535 BGB. Eine in der Praxis durchaus übliche, abweichende Vereinbarung, wonach die Lasten weitgehend auf den Pächter abgewälzt werden, entspricht der bereits in der Vergangenheit im Bereich der Landwirtschaft weitgehend geübten Handhabung und ist damit grundsätzlich auch unter Berücksichtigung der §§ 307-309 BGB wirksam.[4] Dabei entfaltet eine Abwälzung öffentlicher Lasten auf den Pächter nur Rechtswirkung im **Innenverhältnis**, Schuldner gegenüber dem öffentlichen Leistungsberechtigten bleibt der Verpächter; den Pächter trifft daher lediglich eine Erstattungs- aber keine Freistellungspflicht.[5]

B. Anwendungsvoraussetzungen

5   **Lasten**: Lasten im Sinne von § 586a BGB umfassen die Pflichten, die auf der Sache selbst ruhen oder die den Eigentümer, Besitzer oder Rechtsinhaber als solchen treffen. **Nicht** zu den Lasten im Sinne

---

[1] BGBl I 1986, 2065.
[2] *Lüdtke-Handjery*, Landpachtrecht, 4. Aufl. 1997, § 586a Rn. 1.
[3] BT-Drs. 10/508, S. 17.
[4] *von Jeinsen* in: Staudinger, § 586a Rn. 10.
[5] *von Jeinsen* in: Staudinger, § 586a Rn. 11.

von § 586a BGB zählen **persönliche Lasten**. Lasten der Sache und persönliche Sachen sind danach abzugrenzen, ob die geschuldete Leistung aus dem Grundstück zu erbringen ist oder danach ob ein innerer Zusammenhang zwischen dem Grundstück und der zu erfüllenden Schuldverpflichtung besteht.[6] Bei den Lasten der Sache ist zwischen den privaten und öffentlichen Lasten zu unterscheiden, die beide gleichermaßen von § 586a BGB erfasst werden.[7] **Private Lasten** sind im Wesentlichen die durch das Grundstück gesicherten dinglichen Rechte, wie Dienstbarkeiten, Reallasten, Hypotheken- und Grundschuldzinsen.[8] Zu den **öffentlichen Lasten** zählen Grundsteuern, Kanalisationsabgaben, Müllabfuhrgebühren, Straßenreinigungskosten, Kehr- und Schornsteinfegergebühren, Anliegerbeiträge, sowie Reinigungs- und Streupflichten.[9] Zu den persönlichen, nicht von der Vorschrift erfassten Lasten zählen öffentliche Abgaben, die nach der Person des Verpächters erhoben werden, wie z.B. die Vermögenssteuer, die Lastenausgleichs- und Soforthilfeabgabe und nach h.M. auch die Prämien für die Feuerversicherung.

C. Prozessuale Hinweise

Für Streitigkeiten, die sich aus § 586a BGB ergeben, ist das Amtsgericht als Landwirtschaftsgericht gem. § 1 Nr. 1a LwVfG zuständig, welches gem. § 48 LwVfG im **streitigen Verfahren** entscheidet (näher zum Verfahren in Landwirtschaftssachen vgl. die Kommentierung zu § 585 BGB Rn. 31).

6

D. Anwendungsfelder

Übergangsrecht: Für Landpachtverhältnisse, die bereits zum Zeitpunkt des In-Kraft-Tretens des Gesetzes zur Neuordnung des landwirtschaftlichen Pachtrechts am 01.07.1986 bestanden, gilt § 586a BGB aufgrund des durch Art. 2 Nr. 2 des Gesetzes zur Neuordnung des landwirtschaftlichen Pachtrechts eingefügten Art. 219 Abs. 1 EGBGB. Aus Art. 7 des Gesetzes zur Neuordnung des landwirtschaftlichen Pachtrechts ergibt sich die **Geltung** für Landpachtverhältnisse, die am oder ab dem 01.07.1986 begründet wurden.

7

E. Arbeitshilfen

Was man nicht vergessen darf: Die vertragliche Vereinbarung, wonach der Verpächter nicht die auf der Pachtsache ruhenden Lasten zu tragen hat, bedarf der **Anzeige** gem. § 2 Abs. 1 LPachtVG (näher zur Anzeigepflicht nach dem LPachtVG vgl. die Kommentierung zu § 585 BGB Rn. 31).

8

---

[6] *Lüdtke-Handjery*, Landpachtrecht, 4. Aufl. 1997, § 586a Rn. 6.
[7] BT-Drs. 10/508, S. 17.
[8] *Faßbender/Hötzel/Lukanow*, Landpachtrecht, 3. Aufl. 2005, § 586a Rn. 32.
[9] *Faßbender/Hötzel/Lukanow*, Landpachtrecht, 3. Aufl. 2005, § 586a Rn. 31; vgl. hierzu auch die Kommentierung zu § 535 BGB.

§ 587 BGB Fälligkeit der Pacht; Entrichtung der Pacht bei persönlicher Verhinderung des Pächters

(Fassung vom 02.01.2002, gültig ab 01.01.2002)

(1) ¹Die Pacht ist am Ende der Pachtzeit zu entrichten. ²Ist die Pacht nach Zeitabschnitten bemessen, so ist sie am ersten Werktag nach dem Ablauf der einzelnen Zeitabschnitte zu entrichten.

(2) ¹Der Pächter wird von der Entrichtung der Pacht nicht dadurch befreit, dass er durch einen in seiner Person liegenden Grund an der Ausübung des ihm zustehenden Nutzungsrechts verhindert ist. ²§ 537 Abs. 1 Satz 2 und Abs. 2 gilt entsprechend.

Gliederung

A. Grundlagen 1	II. Pacht 5
I. Kurzcharakteristik 1	III. Fälligkeit 7
II. Gesetzgebungsmaterialien 2	IV. Nutzungsverhinderung 8
III. Abdingbarkeit 3	V. Anrechnungspflicht des Verpächters 9
B. Anwendungsvoraussetzungen 4	**C. Prozessuale Hinweise** 10
I. Normstruktur 4	**D. Anwendungsfelder** 12

A. Grundlagen

I. Kurzcharakteristik

1 § 587 BGB bestimmt in Absatz 1 den Zeitpunkt der Fälligkeit des Pachtzinses. Absatz 2 steckt den Risikobereich des Pächters ab, indem bestimmt wird, dass in der persönlichen Sphäre des Pächters liegende Verhinderungen zur Ausübung seines Nutzungsrechts ihn nicht von der Pachtzinszahlungspflicht befreien.

II. Gesetzgebungsmaterialien

2 Die Vorschrift wurde durch das **Gesetz zur Neuordnung des landwirtschaftlichen Pachtrechts** vom 08.11.1985 neu eingefügt, welches am 01.07.1986 in Kraft trat.[1] Sie entspricht in Absatz 1 dem § 551 BGB a.F. i.V.m. §§ 581 Abs. 2, 584 BGB a.F. und in Absatz 2 dem § 552 BGB a.F. i.V.m. § 581 Abs. 2 BGB a.F. Redaktionell wurde die Vorschrift durch Art. 1 Nr. 14 **Mietrechtsreformgesetz**[2], welches am 01.09.2001 in Kraft trat, geändert, indem die entsprechenden Verweisungsnormen des Mietrechts angepasst wurden.

III. Abdingbarkeit

3 § 587 BGB kann durch Parteivereinbarung ganz oder teilweise abbedungen werden. Bei Formularverträgen ist jedoch darauf zu achten, dass die getroffenen Absprachen nicht gegen die §§ 307, 308, 309 BGB verstoßen (vgl. die Kommentierung zu § 307 BGB, die Kommentierung zu § 308 BGB und die Kommentierung zu § 309 BGB).

B. Anwendungsvoraussetzungen

I. Normstruktur

4 § 587 Abs. 1 BGB regelt, dass die Pacht am Ende der Pachtzeit bzw. nach dem Ablauf der einzelnen Zeitabschnitte zu bemessen ist und weicht damit von der mietrechtlichen Regelung gem. § 556b BGB ab. Nach Absatz 2 Satz 1 wird der Pächter von der Entrichtung der Pacht nicht dadurch befreit, dass er

---

[1] BGBl I 1985, 2065.
[2] BGBl I 2001, 1149.

an der Ausübung des Nutzungsrechts verhindert ist. Absatz 2 Satz 2 enthält einen Verweis auf die entsprechend anwendbaren Normen des Mietrechts.

II. Pacht

Pacht sind das vereinbarte Entgelt und die sonstigen vereinbarten Leistungen, die nicht in Geld bemessen sein müssen, für die vom Verpächter zu gewährende Nutzungs- und Gebrauchsbefugnis am Pachtgegenstand.[3]

Die **Höhe** des Pachtzinses ist dabei grundsätzlich von den Parteien frei vereinbar. Zu beachten ist jedoch § 4 Absatz 1 Nr. 3 LPachtVG, wonach die zuständige Landwirtschaftsbehörde einen anzuzeigenden Landpachtvertrag oder eine anzuzeigende Vertragsänderung beanstanden kann, wenn der Pachtzins nicht in einem angemessenen Verhältnis zu dem Ertrag steht, der bei ordnungsgemäßer Bewirtschaftung nachhaltig zu erzielen ist (zum LPachtVG vgl. die Kommentierung zu § 585 BGB m.w.N.).

III. Fälligkeit

Im Gegensatz zum Mietrecht besteht eine grundsätzliche **Vorleistungspflicht** des **Verpächters**, so dass ihm die Pacht erst nachträglich gebührt. Die Pacht wird sofort fällig, wenn der Pachtvertrag bzw. der Zeitabschnitt, nach dem die Pacht bemessen wird, endet. Bei einem vorzeitigen Ende[4] wird die der vorzeitigen Beendigung entsprechende anteilige Pacht sofort fällig.

IV. Nutzungsverhinderung

Ist es dem Pächter aufgrund eines in seinem Risikobereich liegenden Umstandes nicht möglich den Pachtgegenstand zu nutzen, so ist er dennoch gem. § 587 Abs. 2 Satz 1 BGB zur Zahlung der Pacht verpflichtet. Dabei ist es unerheblich, ob der Verhinderungsfall vor oder nach der Überlassung eingetreten ist oder ob der Pächter den Verhinderungsfall verschuldet hat.[5] Umstände, die im **Risikobereich des Pächters** liegen sind z.B. witterungsbedingte Nutzungsbeeinträchtigungen, eine verschlechterte Ertragslage durch Fehlbewirtschaftung, Auswirkungen von die Nutzung einschränkenden Umweltschutzbestimmungen, staatlich verfügte Bewirtschaftungsverbote oder -gebote.[6] Ferner sind Gründe, die in den Risikobereich des Pächters fallen, die Teilnahme am Wehrdienst oder einem Lehrgang, eine Versetzung, eine Urlaubsreise, der Tod eines Angehörigen oder Erkrankung des Pächters.[7] **Härten**, die sich nach der Vorschrift für den Pächter ergeben können, wird durch das Sonderkündigungsrecht bei Berufsunfähigkeit des Pächters nach § 594c BGB Rechnung getragen.[8]

V. Anrechnungspflicht des Verpächters

Mit dem Verweis auf § 537 Abs. 1 Satz 2 BGB und § 537 Abs. 2 BGB in § 587 Abs. 2 Satz 2 BGB soll verhindert werden, dass der Verpächter aus der persönlichen Nutzungsverhinderung Vorteil zieht. Sobald jedoch dem Verpächter die Gebrauchsgewährung unmöglich wird, entfällt gem. § 326 Abs. 1 Satz 1 HS. 1 BGB der Anspruch auf Pachtzahlung. Für den Fall, dass die **Gebrauchsüberlassung** unmöglich ist, weil der Verpächter die Pachtsache an einen **Dritten** überlassen hat, greift § 587 Abs. 2 Satz 2 BGB i.V.m. § 537 Abs. 2 BGB als lex specialis. Gleiches gilt, wenn der Verpächter die Pachtsache vorübergehend selbst nutzt.[9]

---

[3] BT-Drs. 10/509, S. 17.
[4] §§ 594c, 553, 554a BGB.
[5] *von Jeinsen* in: Staudinger, § 587 Rn. 20.
[6] *von Jeinsen* in: Staudinger, § 587 Rn. 20.
[7] *Lüdtke-Handjery*, Landpachtrecht, 4. Aufl. 1997, § 587 Rn. 12.
[8] BT-Drs. 10/509, S. 17.
[9] *Lüdtke-Handjery*, Landpachtrecht, 4. Aufl. 1997, § 587 Rn. 18 m.w.N.; vgl. auch die Kommentierung zu § 537 BGB.

C. Prozessuale Hinweise

10 Für Streitigkeiten, die sich aus § 587 BGB ergeben, ist das Amtsgericht als Landwirtschaftsgericht gem. § 1 Nr. 1a LwVfG zuständig, welches gem. § 48 LwVfG im **streitigen Verfahren** entscheidet.[10]

11 In Bezug auf die Beweislast gilt Folgendes: Im Bereich des Absatzes 1 obliegt dem Verpächter die **Beweislast** für abweichende Fälligkeitsvoraussetzungen des Pachtzinses, während der Pächter für die Erfüllung bzw. für das Vorliegen eines von der Erfüllung befreienden Sachverhalts beweispflichtig ist.[11] Im Bereich des Absatzes 2 i.V.m. § 537 Abs. 1 Satz 2 und Abs. 2 BGB gilt, dass der Pächter beweispflichtig ist für die in seiner Sphäre liegende Nutzungsverhinderung und die Aufwendungsersparnisse des Verpächters bzw. anderweitige Nutzung.[12]

D. Anwendungsfelder

12 **Übergangsrecht**: § 587 BGB gilt gem. § 585 Abs. 2 BGB für Landpachtverträge. Für Landpachtverhältnisse, die bereits zum Zeitpunkt des In-Kraft-Tretens des Gesetzes zur Neuordnung des landwirtschaftlichen Pachtrechts am 01.07.1986 bestanden, gilt § 587 BGB aufgrund des durch Art. 2 Nr. 2 des Gesetzes zur Neuordnung des landwirtschaftlichen Pachtrechts eingefügten Art. 219 Abs. 1 EGBGB. Aus Art. 7 des Gesetzes zur Neuordnung des landwirtschaftlichen Pachtrechts ergibt sich die **Geltung** für Landpachtverhältnisse, die am oder ab dem 01.07.1986 begründet wurden.

---

[10] Näher zum Verfahren in Landwirtschaftssachen vgl. die Kommentierung zu § 585 BGB.
[11] *von Jeinsen* in: Staudinger, § 587 Rn. 32.
[12] *Lüdtke-Handjery*, Landpachtrecht, 4. Aufl. 1997, § 587 Rn. 18 m.w.N.; vgl. auch die Kommentierung zu § 537 BGB.

§ 588 BGB Maßnahmen zur Erhaltung oder Verbesserung

(Fassung vom 02.01.2002, gültig ab 01.01.2002)

(1) Der Pächter hat Einwirkungen auf die Pachtsache zu dulden, die zu ihrer Erhaltung erforderlich sind.

(2) ¹Maßnahmen zur Verbesserung der Pachtsache hat der Pächter zu dulden, es sei denn, dass die Maßnahme für ihn eine Härte bedeuten würde, die auch unter Würdigung der berechtigten Interessen des Verpächters nicht zu rechtfertigen ist. ²Der Verpächter hat die dem Pächter durch die Maßnahme entstandenen Aufwendungen und entgangenen Erträge in einem den Umständen nach angemessenen Umfang zu ersetzen. ³Auf Verlangen hat der Verpächter Vorschuss zu leisten.

(3) Soweit der Pächter infolge von Maßnahmen nach Absatz 2 Satz 1 höhere Erträge erzielt oder bei ordnungsmäßiger Bewirtschaftung erzielen könnte, kann der Verpächter verlangen, dass der Pächter in eine angemessene Erhöhung der Pacht einwilligt, es sei denn, dass dem Pächter eine Erhöhung der Pacht nach den Verhältnissen des Betriebs nicht zugemutet werden kann.

(4) ¹Über Streitigkeiten nach den Absätzen 1 und 2 entscheidet auf Antrag das Landwirtschaftsgericht. ²Verweigert der Pächter in den Fällen des Absatzes 3 seine Einwilligung, so kann sie das Landwirtschaftsgericht auf Antrag des Verpächters ersetzen.

Gliederung

A. Grundlagen	1	II. Verbesserungsmaßnahmen (Absatz 2 Satz 1)	6
I. Kurzcharakteristik	1	III. Ersatzanspruch des Pächters	7
II. Gesetzgebungsmaterialien	2	IV. Vorschusspflicht (Absatz 2 Satz 3)	9
III. Abdingbarkeit	3	V. Pachterhöhungsanspruch (Absatz 3)	10
IV. Normzweck	4	**C. Prozessuale Hinweise**	11
B. Anwendungsvoraussetzungen	5	**D. Anwendungsfelder**	12
I. Erhaltungsmaßnahmen (Absatz 1)	5		

A. Grundlagen

I. Kurzcharakteristik

Die Vorschrift erfasst sowohl die Betriebs- als auch die Stücklandpacht und ist Rechtsgrundlage für alle Verpächtermaßnahmen zur Erhaltung und Verbesserung der Pachtsache.   **1**

II. Gesetzgebungsmaterialien

§ 588 BGB wurde durch das **Gesetz zur Neuordnung des landwirtschaftlichen Pachtrechts** vom 08.11.1985 neu eingefügt, welches am 01.07.1986 in Kraft trat.[1] Die Regelung entspricht der über die Verweisung in § 581 Abs. 2 BGB a.F. geltenden mietrechtlichen Vorschrift des § 554 BGB (§§ 541a, 541b BGB a.F.), vgl. die Kommentierung zu § 554 BGB, und wurde redaktionell durch Art. 1 Nr. 15 des **Mietrechtsreformgesetzes**,[2] welches am 01.09.2001 in Kraft trat, geändert.   **2**

III. Abdingbarkeit

§ 588 BGB ist abdingbar. Dies gilt auch für das Recht des Verpächters, die Pacht zu erhöhen, gem. Absatz 3 und die Beweislastregeln. Jede von dem gesetzlichen Leitbild des § 588 BGB abweichende Regelung findet jedoch ihre **Grenzen** in den Vorschriften der §§ 138, 242 BGB (vgl. die Kommentierung zu § 138 BGB und die Kommentierung zu § 242 BGB). Bei Formularverträgen ist insbesondere   **3**

---

[1] BGBl I 1985, 2065.
[2] BGBl I 2001, 1149.

darauf zu achten, dass die getroffenen Absprachen nicht gegen §§ 307, 308, 309 BGB verstoßen (vgl. die Kommentierung zu § 307 BGB, die Kommentierung zu § 308 BGB und die Kommentierung zu § 309 BGB). Bezüglich Absatz 4 ist der Umfang der möglichen Parteivereinbarung insofern weiter eingeschränkt, als dass die Parteien keine Vereinbarung dahingehend treffen können, dass anstelle des Landwirtschaftsgerichts ein bestimmtes Prozessgericht zu entscheiden hat, weil die Regelungen über die Vereinbarung der Zuständigkeit der Gerichte in der ZPO im Verfahren der Freiwilligen Gerichtsbarkeit keine Gültigkeit haben und im Übrigen **Gerichtsstandsvereinbarungen** gem. § 40 Abs. 2 Satz 1 Nr. 2 ZPO wegen der ausschließlichen Zuständigkeit des Landwirtschaftsgerichts unzulässig wären.[3] Da eine Vereinbarung **schiedsgerichtlicher** Entscheidung zulässig ist und die Vorschriften der freiwilligen Gerichtsbarkeit nicht entgegenstehen, können die Parteien hierdurch die Entscheidungszuständigkeit des Landwirtschaftsgerichts weitgehend verdrängen.[4] Die Vorschriften der ZPO über das schiedsrichterliche Verfahren finden dabei zwar nicht kraft gesetzlicher Verweisung aber entsprechend Anwendung.[5]

IV. Normzweck

4   Durch die Vorschrift sollen dem Verpächter entsprechend der Regelung für die Miete von Räumen (vgl. die Kommentierung zu § 554 BGB) die notwendigen Maßnahmen zur Erhaltung der Pachtsache, soweit er dazu verpflichtet ist, und zu ihrer Verbesserung ermöglicht werden.[6] Dieser zulässige Eingriff des Verpächters soll die Bereitschaft, **langfristige Landpachtverträge** abzuschließen, fördern, da sich notwendige Anpassungen an Entwicklungen der Landwirtschaft oft nicht vorhersehen lassen und langfristige Landpachtverträge agrarpolitisch grundsätzlich erwünscht sind.[7]

B. Anwendungsvoraussetzungen

I. Erhaltungsmaßnahmen (Absatz 1)

5   Nach § 588 Abs. 1 BGB hat der Pächter Einwirkungen auf die Pachtsache zu dulden, die zu ihrer Erhaltung erforderlich sind. Die Duldungspflicht des Pächters knüpft somit an die **Erhaltungspflicht** des Verpächters gem. § 586 Abs. 1 Satz 1 BGB an (vgl. auch die Kommentierung zu § 586 BGB Rn. 11). Da jedoch **gewöhnliche Ausbesserungen**, die in der Regel ebenfalls Erhaltungsmaßnahmen darstellen, nach § 586 Abs. 1 Satz 2 BGB dem Pächter obliegen, beginnt auch erst hier die Duldungspflicht des Pächters. Die Vornahme von gewöhnlichen Ausbesserungen durch den Verpächter muss der Pächter daher nicht dulden, weil es ihm möglich sein soll, diese nach eigenen Zweckmäßigkeitsgesichtspunkten auszuführen.[8] Zur **Abgrenzung** der gewöhnlichen Ausbesserungen zu Erhaltungsmaßnahmen, die dem Verpächter obliegen, vgl. § 586 BGB (vgl. die Kommentierung zu § 586 BGB Rn. 11). Zur Erhaltung erforderliche Einwirkungen sind alle Eingriffe und Handlungen des Verpächters, die sich auf die Pachtsache, d.h. z.B. den Grund und Boden, die Gebäude, die Zugänge, Leitungen, mitgepachtete Einrichtungen und Anlagen auswirken und hierdurch den Pachtgebrauch und die Pachtnutzung beeinträchtigen oder aufheben.[9] Vgl. im Einzelnen die Kommentierung zu dem für das Mietrecht geltenden § 554 BGB (vgl. die Kommentierung zu § 554 BGB).

II. Verbesserungsmaßnahmen (Absatz 2 Satz 1)

6   Verbesserungsmaßnahmen sind solche Handlungen, die der Verpächter vornimmt, um den Zustand der verpachteten Flächen, der Gebäude, Wege, Einrichtungen und Anlagen in ihrem Substanzwert oder

---

[3] *Lüdtke-Handjery*, Landpachtrecht, 4. Aufl. 1997, § 588 Rn. 5.
[4] BGH v. 17.06.1952 - V BLw 5/52 - BGHZ 6, 248-263.
[5] BGH v. 17.06.1952 - V BLw 5/52 - BGHZ 6, 248-263.
[6] BT-Drs. 10/509, S. 18.
[7] *Voelskow* in: MünchKomm-BGB, § 588 Rn. 4.
[8] *Lüdtke-Handjery*, Landpachtrecht, 4. Aufl. 1997, § 588 Rn. 13.
[9] *Lüdtke-Handjery*, Landpachtrecht, 4. Aufl. 1997, § 588 Rn. 11.

Gebrauchs- und/oder Nutzungswert zu steigern.[10] Im Gegensatz zu den Verbesserungsmaßnahmen beinhalten Erhaltungsmaßnahmen in aller Regel keine Substanzwertsteigerung und keine Steigerung des Gebrauchs- oder Nutzungswerts.[11] Grundsätzlich ist die **Duldungspflicht** des Pächters zugunsten desselben **eng auszulegen**, da ihm nicht wie dem Mieter gem. § 554 Abs. 3 Satz 2 BGB ein Sonderkündigungsrecht eingeräumt wird.[12] Den Pächter trifft keine Duldungspflicht, wenn die Durchführung der Verbesserungsmaßnahme für ihn eine **unzumutbare Härte** bedeuten würde. Obwohl anders als bei dem für die Miete geltenden § 554 BGB keine Beispiele für Härtefälle, die bei der Interessenabwägung zugunsten des Pächters zu berücksichtigen sind, aufgeführt werden, ist ein Umkehrschluss nicht erlaubt.[13] **Pachterhöhungen** bleiben angesichts der Regelung des § 588 Abs. 3 BGB bei der Beurteilung, ob ein Härtefall vorliegt, **außer Betracht**. Härtefälle können sich demnach insbesondere daraus ergeben, dass der Verpächter nach Beginn eines längerfristigen Pachtverhältnisses Verbesserungen vornimmt, die eine die Wirtschaftskraft des Pächters übersteigende Belastung mit Unterhaltungs-, Verbrauchs- oder Betriebskosten zur Folge haben, dass die Maßnahmen zu einer Zeit ausgeführt werden, in der sie den Betrieb des Pächters erheblich stören, dass die Maßnahmen eine teilweise Betriebs- oder Nutzungsänderung bedingen, auf die sich der Pächter nicht oder nur schwer einstellen kann, oder, dass der Verpächter kurze Zeit vor Ablauf des Pachtvertrages Umbauten am verpachteten Wohngebäude vornimmt, obwohl sie den Pächter oder seine Familienangehörigen wegen Krankheit oder Alters im Vergleich mit Dritten besonders hart treffen.[14] Genügt der Pächter seiner Duldungspflicht gem. Absatz 1 oder Absatz 2 nicht und wird der Verpächter hierdurch geschädigt, so kann sich eine **Schadensersatzpflicht** des Pächters aus § 280 BGB i.V.m. § 281 BGB ergeben. Die **Beweislast** für das Vorliegen der Härte trägt der Pächter, während der Verpächter sein berechtigtes Interesse nachweisen muss.[15]

III. Ersatzanspruch des Pächters

Nach Absatz 2 Satz 2 kann der Pächter vom Verpächter zum einen die Aufwendungen, die er im Zuge der Duldung der Verbesserungsmaßnahmen hatte, und zum anderen die Erträge, die ihm durch seine Duldungspflicht entgangen sind, ersetzt verlangen. Zu den **ersatzfähigen Erträgen**, die dem Pächter entgangen sind, gehören allerdings nur diejenigen, die sich nicht in Ertragsverbesserungen niederschlagen. Dies ergibt sich aus Absatz 3, da hiernach Ertragsverbesserungen grundsätzlich dadurch auszugleichen sind, dass der Pächter auf Verlangen des Verpächters in eine Pachterhöhung einwilligen muss. **Beispiele** für zu erstattende Aufwendungen sind: die Kosten, die für die Räumung von Wohn- und Wirtschaftsgebäuden oder für die Umquartierung von Vieh entstehen[16], Auslagen für die kurzfristige Anmietung eines Schuppens sowie Kosten für die Auslagerung von Gerät und Produkten.[17] Ertragseinbußen durch Ernteverluste, da Maschinen nicht optimal eingesetzt werden konnten, oder durch den vorzeitigen Verkauf von Vieh wegen unmittelbar bevorstehender Verbesserungsarbeiten zählen zu den gem. Absatz 2 Satz 2 **ersatzfähigen Ertragseinbußen**.[18]

7

Für **Erhaltungsmaßnahmen** gem. Absatz 1 fehlt es hingegen an einer entsprechenden Regelung. Hier kommen für den Pächter lediglich Ansprüche auf Pachtkürzung gem. §§ 536, 586 Abs. 2 BGB in Betracht, falls die Pachtsache mangelhaft ist. **Schadensersatzansprüche des Pächters** gem. §§ 536a, 586 Abs. 2 BGB scheiden grundsätzlich bereits aus, da die Einwirkung keine schuldhafte Verursachung

8

---

[10] *Weidenkaff* in: Palandt, § 554 Rn. 11.
[11] *Lüdtke-Handjery*, Landpachtrecht, 4. Aufl. 1997, § 588 Rn. 24.
[12] *Voelskow* in: MünchKomm-BGB, § 588 Rn. 4.
[13] *Voelskow* in: MünchKomm-BGB, § 588 Rn. 6.
[14] *Lüdtke-Handjery*, Landpachtrecht, 4. Aufl. 1997, § 588 Rn. 27.
[15] *Faßbender/Hötzel/Lukanow*, Landpachtrecht, 3. Aufl. 2005, § 588 Rn. 22.
[16] BT-Drs. 10/509, S. 19.
[17] *Lüdtke-Handjery*, Landpachtrecht, 4. Aufl. 1997, § 588 Rn. 35.
[18] *Lüdtke-Handjery*, Landpachtrecht, 4. Aufl. 1997, § 588 Rn. 35.

eines Mangels der Pachtsache darstellt.[19] Sie kommen nur in Betracht, wenn der Mangel bereits bei Abschluss des Pachtvertrages bestanden hat oder dessen späteres Auftreten vom Verpächter verschuldet wurde oder wenn der Verpächter mit dessen Beseitigung im Verzug war.[20]

IV. Vorschusspflicht (Absatz 2 Satz 3)

9   Der Verpächter hat auf Verlangen des Pächters vor Ausführung der beabsichtigten Verbesserungsmaßnahmen einen Vorschuss für die zu erwartenden erstattungsfähigen Aufwendungen und Ertragseinbußen zu leisten. **Weigert** sich der **Verpächter** einen den Umständen nach angemessenen Vorschuss zu leisten, so braucht der Pächter die Vornahme der Verbesserungsmaßnahmen bis zur Vorschussleistung nicht zu dulden.[21]

V. Pachterhöhungsanspruch (Absatz 3)

10 Absatz 3 sieht eine Pflicht des Pächters zur Einwilligung in eine Pachterhöhung vor, soweit er infolge der Verbesserungsmaßnahmen höhere Erträge erzielt oder bei ordnungsgemäßer Bewirtschaftung erzielen könnte. Die Ertragssteigerung ergibt sich aus einem Vergleich der tatsächlichen bzw. bei ordnungsgemäßer Bewirtschaftung möglichen Ertragslage vor und nach der Verbesserungsmaßnahme, wobei andere Faktoren, die die Ertragslage ebenfalls beeinflussen, wie z.B. Witterungseinflüsse, unberücksichtigt bleiben.[22] Die **Ertragsaussichten** bei ordnungsgemäßer Bewirtschaftung sind dabei **pächterbezogen** und nicht objektiv zu beurteilen.[23] Das **Einwilligungsverlangen** kann nach Abschluss der Verbesserungsmaßnahmen und nach Eintritt der ersten, dadurch bedingten Ertragssteigerungen für die Zukunft ausgesprochen werden.[24] Der Anspruch auf Pachterhöhung erfordert neben einer Verbesserungsmaßnahme durch den Verpächter, einer hierdurch kausalen (möglichen) Ertragssteigerung und der Angemessenheit des Pachterhöhungsbegehrens auch, dass dem Pächter die Pachterhöhung **zumutbar** ist. Unzumutbar ist eine Pachterhöhung etwa dann, wenn die Pachtzeit sich dem Ende nähert oder wenn der Pächter sich wegen einer ungünstigen Betriebsstruktur oder ungünstiger Marktbedingungen in einer wirtschaftlich angespannten Situation befindet.[25] Nach der gesetzlichen Wertung des § 590 Abs. 2 Satz 4 BGB und § 591 Abs. 2 Satz 2 BGB ist ein Zeitraum von **bis zu drei Jahren** als nur noch kurze Pachtzeit zu bewerten.[26]

C. Prozessuale Hinweise

11 Bei Streitigkeiten nach Absatz 1 und Absatz 2 entscheidet das Landwirtschaftsgericht gem. § 1 Nr. 1 LwVfG im **FGG-Verfahren** auf Antrag einer der Parteien. Bei anderen Streitigkeiten entscheidet das Amtsgericht als Landwirtschaftsgericht gem. § 1 Nr. 1a LwVfG i.V.m. gem. § 48 LwVfG im **streitigen Verfahren**.[27] **Anspruchsberechtigt** ist der jeweils die Leistung bzw. Zustimmung Beanspruchende, eine **Frist** besteht nicht.[28]

---

[19] *Lüdtke-Handjery*, Landpachtrecht, 4. Aufl. 1997, § 588 Rn. 32 m.w.N.
[20] *Lüdtke-Handjery*, Landpachtrecht, 4. Aufl. 1997, § 588 Rn. 32.
[21] *Lüdtke-Handjery*, Landpachtrecht, 4. Aufl. 1997, § 588 Rn. 40.
[22] *von Jeinsen* in: Staudinger, § 588 Rn. 20.
[23] *Lüdtke-Handjery*, Landpachtrecht, 4. Aufl. 1997, § 588 Rn. 53.
[24] *Lüdtke-Handjery*, Landpachtrecht, 4. Aufl. 1997, § 588 Rn. 46.
[25] BT-Drs. 10/509, S. 19.
[26] *Voelskow* in: MünchKomm-BGB, § 588 Rn. 9.
[27] Vgl. hierzu OLG Stuttgart v. 27.11.1990 - 10 W(Lw) 13/90 - RdL 1991, 54.
[28] *von Jeinsen* in: Staudinger, § 588 Rn. 28; näher zum Verfahren in Landwirtschaftssachen vgl. die Kommentierung zu § 585 BGB Rn. 31.

§ 589 BGB Nutzungsüberlassung an Dritte

(Fassung vom 02.01.2002, gültig ab 01.01.2002)

(1) Der Pächter ist ohne Erlaubnis des Verpächters nicht berechtigt,
1. die Nutzung der Pachtsache einem Dritten zu überlassen, insbesondere die Sache weiter zu verpachten,
2. die Pachtsache ganz oder teilweise einem landwirtschaftlichen Zusammenschluss zum Zwecke der gemeinsamen Nutzung zu überlassen.

(2) Überlässt der Pächter die Nutzung der Pachtsache einem Dritten, so hat er ein Verschulden, dass dem Dritten bei der Nutzung zur Last fällt, zu vertreten, auch wenn der Verpächter die Erlaubnis zur Überlassung erteilt hat.

Gliederung

A. Grundlagen... 1	II. Nutzungsüberlassung an landwirtschaftlichen Zusammenschluss (Absatz 1 Nr. 2)............. 6
I. Kurzcharakteristik............................. 1	III. Erlaubnis des Verpächters..................... 7
II. Gesetzgebungsmaterialien.................... 2	IV. Haftung des Pächters für Dritte (Absatz 2)...... 8
III. Normzweck...................................... 3	C. Prozessuale Hinweise............................ 9
IV. Abdingbarkeit 4	D. Anwendungsfelder – Übergangsrecht 10
B. Anwendungsvoraussetzungen 5	
I. Nutzungsüberlassung an Dritte (Absatz 1 Nr. 1) . 5	

A. Grundlagen

I. Kurzcharakteristik

§ 589 Abs. 1 BGB knüpft in Anlehnung an die mietrechtliche Bestimmung in § 540 Abs. 1 BGB das Recht des Pächters, die Pachtsache einem Dritten zu überlassen, an die Erlaubnis des Verpächters. Absatz 2 entspricht dem für das Mietrecht geltenden § 540 Abs. 2 BGB (vgl. daher auch die Kommentierung zu § 540 BGB) und regelt das Einstehenmüssen des Pächters für ein Drittverschulden. **1**

II. Gesetzgebungsmaterialien

§ 589 BGB wurde durch das **Gesetz zur Neuordnung des landwirtschaftlichen Pachtrechts** vom 08.11.1985 neu eingefügt, welches am 01.07.1986 in Kraft trat.[1] Die Vorschrift entspricht weitgehend den bis dahin geltenden Regelungen, neu eingefügt wurde Absatz 1 Nr. 2 zur Klarstellung. **2**

III. Normzweck

Zweck des Verbotes in § 589 Abs. 1 BGB ist es, dass die Herrschaft und Obhut über die Pachtsache grundsätzlich bei der Person verbleibt, der sie der Verpächter vertragsgemäß anvertraut hat.[2] Somit soll das besondere Vertrauensverhältnis zwischen den Parteien des Pachtvertrages geschützt werden.[3] **3**

IV. Abdingbarkeit

Die Vorschrift ist **dispositiv**. Es gelten die allgemeinen Schranken der § 138 BGB und § 242 BGB, daneben sind bei Formularverträgen die §§ 307-309 BGB zu beachten. **4**

---

[1] BGBl I 1985, 2065.
[2] OLG Naumburg v. 31.05.2001 - 2 U (Lw) 22/00 - juris Rn. 28 - NL-BzAR 2001, 408-413.
[3] *Ebert* in: Hk-BGB, § 589 Rn. 1.

B. Anwendungsvoraussetzungen

I. Nutzungsüberlassung an Dritte (Absatz 1 Nr. 1)

5 Die Überlassung an einen Dritten im Sinne von Absatz 1 Nr. 1 setzt eine Überlassung an den Dritten zur **selbständigen Nutzung** voraus.[4] Die Nutzung einer Sache besteht gem. § 100 BGB in der Fruchtziehung oder dem Genuss der Vorteile, die der Gebrauch der Sache gewährt. Die Einräumung einer **tatsächlichen Position**, die es dem Dritten ermöglicht, die Pachtsache zu nutzen, ist ausreichend.[5] Auch der **Pflugtausch** (zum Begriff vgl. die Kommentierung zu § 585 BGB Rn. 13) ist regelmäßig eine Überlassung der Pachtsache, die der Erlaubnis des Verpächters bedarf.[6] Dies gilt auch für die neuen Bundesländer, in denen nach dem Ende der Zwangskollektivierung der Landwirtschaft der Pflugtausch weithin eine Notwendigkeit ist. Jedoch will das Gesetz gewährleisten, dass Verpächter auch in der Zukunft bereit sind, ihre landwirtschaftlichen Flächen anderen zu verpachten; dies wird insbesondere an der in den § 594e BGB i.V.m. § 543 BGB zum Ausdruck kommenden Wertung deutlich, nach der dem Verpächter bei einem vertragswidrigen Gebrauch der Pachtsache, wozu insbesondere die unbefugte Überlassung an Dritte zählt, ein außerordentliches Kündigungsrecht zusteht.[7] Die Erlaubnispflicht besteht nicht im Rahmen der Übergabe des Eigenbetriebes des Pächters im Wege **vorweggenommener Erbfolge** gem. § 593a BGB, da es sich auch hier um eine gesetzliche Nachfolge handelt. Eine Überlassung der Pachtsache an Dritte liegt ebenfalls nicht vor, wenn ein **Pächterwechsel kraft Gesetzes** infolge einer Umwandlung durch Verschmelzung gem. § 2 UmwG eintritt.[8] Die BGH-Rechtsprechung zur Rechts- und Parteifähigkeit der GbR, wonach ein Wechsel im Mitgliederbestand keinen Einfluss auf den Fortbestand der mit der Gesellschaft bestehenden Rechtsverhältnisse hat, kann nicht uneingeschränkt auf Landpachtverträge mit einer GbR übertragen werden.[9] Maßgeblich ist hier vielmehr der Parteiwille: Kam es dem Pächter vereinbarungsgemäß gerade darauf an, mit den Gesellschaftern zum Zeitpunkt des Vertragsschlusses als Pächter verbunden zu sein, ist der Vertrag dahin auszulegen, dass der Personenbestand der Gesellschaft nur mit Erlaubnis des Verpächters geändert werden darf.[10] Keine Überlassung an einen Dritten liegt dagegen vor, wenn eine Gesellschaft bürgerlichen Rechts identitätswahrend zunächst in eine offene Handelsgesellschaft und danach in eine Gesellschaft mit beschränkter Haftung umgewandelt wird.[11]

II. Nutzungsüberlassung an landwirtschaftlichen Zusammenschluss (Absatz 1 Nr. 2)

6 Auch eine Nutzungsüberlassung an einen **landwirtschaftlichen Zusammenschluss** durch den Pächter bedarf nach Absatz 1 Nr. 2 der Erlaubnis durch den Verpächter. Der in Nr. 2 enthaltenen Regelung kommt kein über Nr. 1 der Norm hinausgehender Regelungsgehalt zu, da sie ebenfalls von einer Überlassung der Pachtsache durch den Pächter an Dritte ausgeht und nur nochmals klar stellt, dass der Dritte auch in einem landwirtschaftlichen Zusammenschluss bestehen kann.[12] Der Pächter muss dabei, wie sich aus den Worten „zur gemeinsamen Nutzung" ergibt, an dem landwirtschaftlichen Zusammenschluss beteiligt sein und nach der Überlassung an diesen die Pachtsache gemeinsam mit den übrigen Mitgliedern des Zusammenschlusses nutzen.[13] Landwirtschaftliche Zusammenschlüsse im Sinne der Vorschrift sind insbesondere Maschinenringe, Maschinengemeinschaften, Betriebszweiggemeinschaf-

---

[4] *Lüdtke-Handjery*, Landpachtrecht, 4. Aufl. 1997, § 589 Rn. 9.
[5] *Lüdtke-Handjery*, Landpachtrecht, 4. Aufl. 1997, § 589 Rn. 9.
[6] BGH v. 05.03.1999 - LwZR 7/98 - LM BGB § 589 Nr. 2 (10/1999); OLG Naumburg v. 31.05.2001 - 2 U (Lw) 22/00 - juris Rn. 28 - NL-BzAR 2001, 408-413.
[7] OLG Naumburg v. 18.06.1998 - 2 U (Lw) 15/98 - juris Rn. 8 - NJW-RR 2000, 93-94.
[8] OLG Jena v. 21.06.2001 - Lw U 72/01 - OLG-NL 2001, 185-187; BGH v. 26.04.2002 - LwZR 20/01 - juris Rn. 7 - BGHZ 150, 365-372; vgl. allgemein zum Agrargesellschaftsrecht *von Jeinsen/Keller*, AUR 2003, 272, 198.
[9] OLG Rostock v. 02.03.2004 - 12 U 6/02 - juris Orientierungssatz 2 - AUR 2004, 403-404.
[10] OLG Rostock v. 02.03.2004 - 12 U 6/02 - juris Orientierungssatz 3 - AUR 2004, 403-404.
[11] BGH Senat für Landwirtschaftssachen v. 27.11.2009 - LwZR 15/09 - juris Leitsatz - WM 2010, 819-822.
[12] BGH v. 26.04.2002 - LwZR 20/01 - juris Rn. 8 - BGHZ 150, 365-372.
[13] BT-Drs. 10/509, S. 19.

ten, Betriebsgemeinschaften und Erzeugergemeinschaften in den Rechtsformen des bürgerlichen Rechts und des Handelsrechts.[14] Allerdings werden Maßnahmen des Pächters, die nicht zu einer gemeinsamen Nutzung der Pachtsache nach einer entsprechenden gesellschaftsrechtlichen Einbringung überlassen werden, nicht erfasst; so kann sich der Pächter ohne Erlaubnis des Verpächters an Maschinen- und Betriebsgemeinschaften beteiligen, solange er nicht verpächtereigenes Inventar einbringt.[15]

III. Erlaubnis des Verpächters

Die Erlaubnis ist eine einseitige **empfangsbedürftige Willenserklärung** i.S.v. § 130 BGB und keine Zustimmung i.S.v. § 182 BGB.[16] Die Erteilung der Erlaubnis unterliegt keinen besonderen **Form**erfordernissen. Sie kann auch nachträglich oder durch **konkludent**es Verhalten erteilt werden, so reicht etwa die langfristige widerspruchslose Duldung der Überlassung eines Grundstücks zur Bewirtschaftung an einen Dritten, wenn weitere Umstände hinzutreten, aus denen der Pächter schließen durfte, dass der Verpächter die Überlassung dulde.[17] Schweigt der Verpächter auf eine Anfrage des Pächters, die Überlassung zu gestatten, reicht dies für eine Erlaubniserteilung hingegen nicht aus.[18] Wie bei der Miete auch kann die Erlaubnis – sofern kein wirksamer Vorbehalt besteht – nicht ohne weiteres **widerrufen** werden, sondern nur bei Vorliegen eines wichtigen Grundes; mit der Überlassung der Pachtsache an den Dritten wird sie unwiderruflich, da insoweit die Belange des Pächters und Unterpächters, der möglicherweise schon in die Pachtsache investiert hat, sie jedenfalls aber in seine wirtschaftliche Betriebsplanung einbezogen hat, besonderen Schutz verdienen.[19] Gemäß § 593b BGB i.V.m. § 566 BGB bindet die Erlaubnis des Verpächters auch den **Grundstückserwerber**.[20]

7

IV. Haftung des Pächters für Dritte (Absatz 2)

Nach Absatz 2 hat der Pächter ein Verschulden, das dem Dritten bei der Nutzung der Pachtsache zur Last fällt, zu vertreten. Der Pächter haftet dabei analog § 287 Satz 2 BGB auch für **Zufall**, wenn die Pachtsache ohne die Erlaubnis des Verpächters an einen Dritten überlassen wurde und er nicht nachweisen kann, dass der Schaden auch ohne die Gebrauchsüberlassung entstanden wäre.[21]

8

C. Prozessuale Hinweise

Für Streitigkeiten, die sich aus § 589 BGB ergeben, ist das Amtsgericht als Landwirtschaftsgericht gem. § 1 Nr. 1a LwVfG zuständig, welches gem. § 48 LwVfG im **streitigen Verfahren** entscheidet (näher zum Verfahren in Landwirtschaftssachen vgl. die Kommentierung zu § 585 BGB Rn. 31).

9

D. Anwendungsfelder – Übergangsrecht

§ 589 BGB gilt für Landpachtverträge i.S.v. § 585 BGB. Für Verträge, die vor dem In-Kraft-Treten des **Gesetzes zur Neuordnung des landwirtschaftlichen Pachtrechts** am 01.07.1986 geschlossen worden sind, gilt § 589 BGB nach Maßgabe von Art. 219 EGBGB. Gem. Art. 232 § 3 Abs. 1 EGBGB richten sich Pachtverhältnisse aufgrund von Verträgen, die vor dem Wirksamwerden des Beitritts geschlossen worden sind, nach den Vorschriften des BGB.

10

---

[14] BT-Drs. 10/509, S. 19.
[15] *von Jeinsen* in: Staudinger, § 589 Rn. 7.
[16] *von Jeinsen* in: Staudinger, § 589 Rn. 11.
[17] OLG Naumburg v. 26.04.2001 - 2 U (Lw) 8/01 - juris Rn. 10 - NL-BzAR 2001, 342-344.
[18] *Lüdtke-Handjery*, Landpachtrecht, 4. Aufl. 1997, § 589 Rn. 18; vgl. auch die Kommentierung zu § 540 BGB und die Kommentierung zu § 553 BGB.
[19] OLG Naumburg v. 31.05.2001 - 2 U (Lw) 22/00 - juris Rn. 37 - NL-BzAR 2001, 408-413.
[20] OLG Naumburg v. 31.05.2001 - 2 U (Lw) 22/00 - juris Rn. 37 - NL-BzAR 2001, 408-413.
[21] *Ebert* in: Hk-BGB, § 589 Rn. 6; vgl. auch zu dem entsprechend für das Mietrecht geltenden § 540 BGB die Kommentierung zu § 540 BGB.

§ 590 BGB Änderung der landwirtschaftlichen Bestimmung oder der bisherigen Nutzung

(Fassung vom 02.01.2002, gültig ab 01.01.2002)

(1) Der Pächter darf die landwirtschaftliche Bestimmung der Pachtsache nur mit vorheriger Erlaubnis des Verpächters ändern.

(2) ¹Zur Änderung der bisherigen Nutzung der Pachtsache ist die vorherige Erlaubnis des Verpächters nur dann erforderlich, wenn durch die Änderung die Art der Nutzung über die Pachtzeit hinaus beeinflusst wird. ²Der Pächter darf Gebäude nur mit vorheriger Erlaubnis des Verpächters errichten. ³Verweigert der Verpächter die Erlaubnis, so kann sie auf Antrag des Pächters durch das Landwirtschaftsgericht ersetzt werden, soweit die Änderung zur Erhaltung oder nachhaltigen Verbesserung der Rentabilität des Betriebs geeignet erscheint und dem Verpächter bei Berücksichtigung seiner berechtigten Interessen zugemutet werden kann. ⁴Dies gilt nicht, wenn der Pachtvertrag gekündigt ist oder das Pachtverhältnis in weniger als drei Jahren endet. ⁵Das Landwirtschaftsgericht kann die Erlaubnis unter Bedingungen und Auflagen ersetzen, insbesondere eine Sicherheitsleistung anordnen sowie Art und Umfang der Sicherheit bestimmen. ⁶Ist die Veranlassung für die Sicherheitsleistung weggefallen, so entscheidet auf Antrag das Landwirtschaftsgericht über die Rückgabe der Sicherheit; § 109 der Zivilprozessordnung gilt entsprechend.

(3) Hat der Pächter das nach § 582a zum Schätzwert übernommene Inventar im Zusammenhang mit einer Änderung der Nutzung der Pachtsache wesentlich vermindert, so kann der Verpächter schon während der Pachtzeit einen Geldausgleich in entsprechender Anwendung des § 582a Abs. 3 verlangen, es sei denn, dass der Erlös der veräußerten Inventarstücke zu einer zur Höhe des Erlöses in angemessenem Verhältnis stehenden Verbesserung der Pachtsache nach § 591 verwendet worden ist.

Gliederung

A. Grundlagen 1	III. Nutzungsänderung 7
I. Gesetzgebungsmaterialien 1	IV. Errichtung von Gebäuden 8
II. Normzweck 2	V. Ersetzung der Zustimmung 9
III. Abdingbarkeit 3	VI. Bedingung und Auflage 13
B. Anwendungsvoraussetzungen 4	VII. Ausgleichsanspruch bei Inventarminderung ... 18
I. Normstruktur 4	**C. Prozessuale Hinweise** 21
II. Veränderung der landwirtschaftlichen Bestimmung (Absatz 1) 5	

A. Grundlagen

I. Gesetzgebungsmaterialien

1 § 590 BGB wurde durch das **Gesetz zur Neuordnung des landwirtschaftlichen Pachtrechts** vom 08.11.1985 neu eingefügt, welches am 01.07.1986 in Kraft trat.[1]

II. Normzweck

2 Die Vorschrift des § 590 BGB verfolgt einerseits das Ziel, dem Pächter während der Pachtzeit eine flexible **Anpassung der Bewirtschaftung** der Pachtsache an die Bedürfnisse des Marktes zu ermöglichen und andererseits den Verpächter vor risikoreichen Änderungen und für ihn nicht rentablen Investitionen des Pächters zu schützen.[2] Daneben sollen Streitfragen zwischen Pächter und Verpächter über

---

[1] BGBl I 1986, 2065.
[2] *Ebert* in: Hk-BGB, § 590 Rn. 1; vgl. auch BT-Drs. 10/509, S. 20.

die Zulässigkeit bestimmter Maßnahmen in Bezug auf die Pachtsache bereits in dem Zeitpunkt gerichtlich geklärt werden, in dem die Maßnahme vorgenommen wird, da die gerichtliche Auseinandersetzung über die Zulässigkeit einer Nutzungsänderung am Ende der Pachtzeit nicht zweckmäßig ist. Sie birgt nämlich die Gefahr für den Pächter, dass nachträglich aus dem wirtschaftlichen Erfolg oder Misserfolg der Maßnahme auf ihrer rechtliche Zulässigkeit geschlossen wird.[3]

III. Abdingbarkeit

§ 590 BGB ist kein zwingendes Recht und kann daher durch Parteivereinbarung ganz oder teilweise abbedungen werden.[4]

B. Anwendungsvoraussetzungen

I. Normstruktur

Nach Absatz 1 ist eine **Änderung der landwirtschaftlichen Bestimmung** nur mit der vorherigen **Erlaubnis des Verpächters** zulässig. Nach Absatz 2 Satz 1 ist zur Änderung der bisherigen Nutzung die Erlaubnis des Verpächters dann erforderlich, wenn durch die Änderung die Art der Nutzung über die Pachtzeit hinaus beeinflusst wird. Absatz 2 Satz 2 bestimmt, dass die Gebäudeerrichtung durch den Pächter der vorherigen Erlaubnis durch den Verpächter bedarf. Die Sätze 3-6 des Absatzes 2 beinhalten die Voraussetzungen und die Verfahrensweise bei einer Ersetzung der Erlaubnis durch das Landwirtschaftsgericht. Absatz 3 regelt die Ausgleichspflicht des Pächters bei Verminderung des vom Verpächter übernommenen Inventars.

II. Veränderung der landwirtschaftlichen Bestimmung (Absatz 1)

Die landwirtschaftliche Bestimmung der Pachtsache ist die der Pachtsache von sich aus anhaftende und/oder von den Vertragsparteien durch ausdrückliche oder stillschweigende Vereinbarung dem Rechtsverhältnis zugrunde gelegte Widmung zu Zwecken der landwirtschaftlichen Nutzung, also der Erzeugung pflanzlicher oder tierischer Produkte aufgrund von Bodenbewirtschaftung oder mit Bodennutzung verbundener Tierhaltung bzw. der Gartenbau.[5] Eine **Änderung** der landwirtschaftlichen Bestimmung liegt dann vor, wenn die Pachtsache anders als in diesem Sinne genutzt wird. Eine Veränderung der landwirtschaftlichen Bestimmung ist z.B. anzunehmen, wenn der Pächter auf dem zu Zwecken der Landwirtschaft verpachteten Grundstück einen Camping-, Lager- oder Parkplatz einrichtet[6] oder das Grundstück gewerblich genutzt wird, etwa zur Gewinnung von Sand, Kies oder Ton.[7] Ebenso handelt es sich um eine zustimmungsbedürftige Veränderung, wenn der Pächter Milchreferenzmengen an der Milchbörse veräußert, da hierdurch der Wert der Pachtfläche erheblich gemindert wird.[8]

Die Erlaubnis ist, wie bei der Nutzungsüberlassung an Dritte gem. § 589 BGB auch (vgl. die Kommentierung zu § 589 BGB Rn. 7), eine **empfangsbedürftige Willenserklärung**, die keiner Form bedarf. Ein Anspruch des Pächters auf Erteilung der Erlaubnis gegenüber dem Verpächter besteht nicht, ebenso wenig begründet die Verweigerung der Erlaubniserteilung Ansprüche auf Schadensersatz, Pachtzinsminderung oder -anpassung oder ein Recht des Pächters zur fristlosen Kündigung.[9] Eine Ersetzung der vorherigen Erlaubnis durch das Landwirtschaftsgericht ist daher nicht vorgesehen.[10] Die Erlaubnis muss vor der Änderung erteilt werden; eine nachträgliche Erlaubnis macht nur das künftige, nicht aber das vergangene Verhalten des Pächters rechtmäßig, allerdings ist sie in der Regel dahin-

---

[3] BT-Drs. 10/509, S. 20.
[4] *Weidenkaff* in: Palandt, § 590 Rn. 1.
[5] *von Jeinsen* in: Staudinger, § 590 Rn. 4.
[6] BT-Drs. 10/509, S. 21.
[7] *Lüdtke-Handjery*, Landpachtrecht, 4. Aufl. 1997, § 590 Rn. 9.
[8] AG Erkelenz v. 07.08.2006 - 11 Lw 4/06 - juris Orientierungssatz 1 - AUR 2007, 132-133.
[9] *von Jeinsen* in: Staudinger, § 590 Rn. 10.
[10] BT-Drs. 10/509, S. 21.

gehend auszulegen, dass der Verpächter auf bereits entstandene Schadensersatzansprüche verzichtet. Ändert der Pächter die landwirtschaftliche Bestimmung der Pachtsache ohne die Erlaubnis des Verpächters, hat der Verpächter einen Anspruch auf Unterlassung bzw. Beseitigung sowie ggf. auf Schadensersatz. Daneben stellt der regelmäßig darin liegende Vertrauensbruch einen Grund zur fristlosen Kündigung dar.[11]

III. Nutzungsänderung

7 Absatz 2 regelt die Fälle, in denen ebenfalls eine Nutzungsänderung vorliegt, diese aber nicht die landwirtschaftliche Bestimmung der Pachtsache ändert. Hier ist zu differenzieren, ob die Änderung die Art der Nutzung über die Pachtzeit hinaus beeinflusst oder nicht. Eine **Änderung der Nutzung** liegt überhaupt erst dann vor, wenn der Pächter sich nicht mehr innerhalb des durch den Pachtvertrag gesetzten Rahmens bewegt.[12] Bei einer Nutzungsänderung gem. Absatz 2 kommt es auf jeden Teil der Pachtsache, und nicht wie bei Absatz 1 auf die Pachtsache insgesamt an.[13] Maßnahmen, die zwar den vertraglichen Rahmen überschreiten, aber sich nur innerhalb der Pachtzeit auswirken und zum Ende der Pachtzeit rückgängig zu machen sind, bedürfen ebenfalls nicht der Erlaubnis des Verpächters. Der Pächter kann daher vom Ackerbau zur Vieh- und Weidewirtschaft übergehen, wenn er bis zum Ablauf der Pachtzeit das Weideland wieder in den Zustand ordnungsgemäß bewirtschafteten Ackerlandes zurückversetzen kann.[14] Wird die **Nutzung von Gebäuden** geändert, so ist eine Wirkung über die Pachtzeit hinaus insbesondere dann anzunehmen, wenn das Mauerwerk oder die Sohle durch die Ausscheidungen nachhaltig beeinträchtigt wird, wie etwa bei der Lagerung von Silage und der Nutzung als Viehstall.[15]

IV. Errichtung von Gebäuden

8 In § 590 Abs. 2 Satz 2 BGB wird die Errichtung von Gebäuden auf dem gepachteten Grundstück einer Nutzungsänderung gem. Absatz 2 Satz 1, die über die Pachtzeit hinaus wirkt, gleichgestellt. Gebäude i.S.v. Absatz 2 Satz 2 sind mit dem Boden fest verbundene Bauwerke, also Häuser, Ställe, Scheunen, Silos, Betonplatten, Mauern und Brücken, und zwar unabhängig davon, ob sie nur zu vorübergehenden Zwecken errichtet worden sind und bei Pachtende abgerissen werden sollen und ob die benutzte Fläche wieder kultiviert werden wird.[16] Zu beachten ist hierbei die Unterscheidung zwischen der **Errichtung** und dem Um- oder Ausbau eines Gebäudes, da dieser nur dann erlaubnispflichtig ist, wenn eine Rückgängigmachung zum Zeitpunkt des Pachtendes nicht möglich ist, während die Errichtung eines Gebäudes unabhängig davon immer der Erlaubnis des Verpächters bedarf.[17] Nicht entscheidend ist dabei, ob die Grundfläche eines Gebäudes insgesamt vergrößert wird, vielmehr müssen für eine Errichtung abgrenzbare neue Teile dem alten Gebäude hinzugefügt werden, die regelmäßig selbstständig auf dem Boden stehen.[18]

V. Ersetzung der Zustimmung

9 Die Ersetzung der Zustimmung des Verpächters durch das Landwirtschaftsgericht setzt voraus, dass eine vorherige Erlaubnis des Verpächters gem. Absatz 2 Satz 1 oder Satz 2 erforderlich ist, der Verpächter die Erteilung dieser Erlaubnis verweigert, die Änderung zur Erhaltung oder nachhaltigen Verbesserung der Rentabilität des Betriebes geeignet erscheint und für den Verpächter zumutbar ist. Das Wort „kann" in der Formulierung des Absatzes 2 Satz 3 bedeutet nicht, dass es sich um eine Ermessensentscheidung des Gerichts handelt.[19]

---

[11] *von Jeinsen* in: Staudinger, § 590 Rn. 10.
[12] *Heintzmann* in: Soergel, § 590 Rn. 2.
[13] *von Jeinsen* in: Staudinger, § 590 Rn. 15.
[14] *Lüdtke-Handjery*, Landpachtrecht, 4. Aufl. 1997, § 590 Rn. 16.
[15] *Heintzmann* in: Soergel, § 590 Rn. 2.
[16] *Lüdtke-Handjery*, Landpachtrecht, 4. Aufl. 1997, § 590 Rn. 20; vgl. auch die Kommentierung zu § 94 BGB.
[17] *Heintzmann* in: Soergel, § 590 Rn. 3.
[18] *Heintzmann* in: Soergel, § 590 Rn. 3.
[19] *Steffen*, RdL 1986, 29-32, 31.

Die **Verweigerung** kann ausdrücklich oder konkludent erfolgen; so ist von einer konkludenten Verweigerung der Zustimmung auszugehen, wenn der Verpächter nicht innerhalb einer angemessenen Frist auf ein entsprechendes Ersuchen des Pächters antwortet oder die Zustimmung an unzumutbare Bedingungen knüpft.[20] 10

Ferner muss die Maßnahme zur **Erhaltung** oder nachhaltigen **Verbesserung der Rentabilität** des Betriebes geeignet erscheinen. 11

Die Maßnahme muss daneben für den Verpächter **zumutbar** sein. Das Gericht hat eine Interessenabwägung vorzunehmen. Die Maßnahme ist jedenfalls dann für den Verpächter nicht zumutbar, wenn der Pachtvertrag gekündigt ist oder das Pachtverhältnis in weniger als drei Jahren endet, da hier ein überwiegendes Interesse des Verpächters gem. § 590 Abs. 2 Satz 4 BGB kraft Gesetzes unwiderleglich vermutet wird. Daneben können bei der Interessenabwägung Gesichtspunkte wie die Höhe des Risikos einer späteren Weiterverwendung in der geänderten Art, erforderliche Verwendungen, mögliche Ausgleichspflichten des Verpächters, Folgekosten wie z.B. öffentlich-rechtliche Beiträge, eine Erweiterung der Verkehrssicherungspflicht und die Unterhaltungskosten neuer Bauten berücksichtigt werden.[21] 12

VI. Bedingung und Auflage

Sind die in Absatz 2 Sätze 1-3 genannten Voraussetzungen erfüllt, so ist die Erlaubnis des Verpächters zur Nutzungsänderung durch das Landwirtschaftsgericht zu ersetzen. Allerdings kann das Landwirtschaftsgericht hierbei gem. Absatz 2 Satz 5 Bedingungen und Auflagen bestimmen. 13

Im Falle einer **Bedingung** wird die Wirksamkeit der Ersetzung vom Eintritt eines zukünftigen ungewissen Ereignisses abhängig gemacht. Bedingungen können z.B. Nachweise über eine bestimmte Bodenbeschaffenheit, die Ablegung von Prüfungen oder der Nachweis von Qualifikationen oder die Einrichtung eines der geplanten Veränderung entsprechenden Maschinenparks sein.[22] Bezieht sich die zu ersetzende Erlaubnis auf ein zu errichtendes Gebäude, so kommt als Bedingung der Nachweis der Baugenehmigung oder der öffentlich-rechtlichen Bebaubarkeit oder der Nachweis der gesicherten Finanzierung in Betracht.[23] 14

Bestimmt das Gericht eine **Auflage**, so wird die Wirksamkeit der Ersetzung der Erlaubnis hiervon nicht berührt. Auflagen sind z.B. der Einsatz einer bestimmten Anzahl von Fachkräften, die Verwendung bestimmter Produktionsmittel, die Durchführung von Kontrollen, Umwelt- oder Entsorgungsmaßnahmen, der Abschluss einer Versicherung, die Verpflichtung, ein errichtetes Gebäude bei Beendigung des Pachtverhältnisses zu entfernen und die Grundfläche zu rekultivieren oder die Pflicht, eine Kaution zu leisten.[24] Der Verpächter kann den Inhalt der Auflage isoliert zwangsweise durchsetzen vorausgesetzt der Pächter macht von der Nutzungsänderung oder Gebäudeerrichtung Gebrauch.[25] 15

Die Anordnung einer **Sicherheitsleistung** durch das Landwirtschaftsgericht kann sowohl als Bedingung als auch als Auflage ausgestaltet sein. Sie ist dann zweckmäßig, wenn eine Interessenabwägung zugunsten des Verpächters ausfällt. Bei der Bewertung ist einerseits das Risiko des Verpächters, von der Nutzungsänderung oder der Gebäudeerrichtung nachteilig betroffen zu werden und der Umfang möglicher Schäden und andererseits das Interesse des Pächters, eigenverantwortlich zu wirtschaften und nicht durch die zusätzliche Bindung von Kapital eingeschränkt zu werden, gegenüberzustellen.[26] Das Landwirtschaftsgericht entscheidet gem. Absatz 2 Satz 5 nicht nur über das „Ob" der Sicherheitsleistung, sondern auch über deren Art und Umfang, so dass es über die in § 232 BGB (vgl. die Kommentierung zu § 232 BGB) genannten Sicherheitsleistungen hinausgehen kann. 16

---

[20] *von Jeinsen* in: Staudinger, § 590 Rn. 22.
[21] *Heintzmann* in: Soergel, § 590 Rn. 6.
[22] *Heintzmann* in: Soergel, § 590 Rn. 7.
[23] *Lüdtke-Handjery*, Landpachtrecht, 4. Aufl. 1997, § 590 Rn. 30.
[24] *Lüdtke-Handjery*, Landpachtrecht, 4. Aufl. 1997, § 590 Rn. 31.
[25] *Heintzmann* in: Soergel, § 590 Rn. 7.
[26] *Lüdtke-Handjery*, Landpachtrecht, 4. Aufl. 1997, § 590 Rn. 36.

17 Auf Antrag entscheidet das Landwirtschaftsgericht gem. Absatz 2 Satz 6 über die **Rückgabe** der Sicherheit, wenn die Veranlassung für ihre Anordnung weggefallen ist, im Übrigen gilt kraft gesetzlicher Verweisung § 109 ZPO entsprechend.

VII. Ausgleichsanspruch bei Inventarminderung

18 Hat der Pächter Inventar zum Schätzwert nach § 582a BGB (vgl. die Kommentierung zu § 582a BGB) übernommen und dieses Inventar im Zusammenhang mit einer Nutzungsänderung wesentlich vermindert, so kann der Verpächter gem. Absatz 3 bereits während der Pachtzeit einen **Geldausgleich** gem. § 582a Abs. 3 BGB verlangen. Dabei ist unbeachtlich, ob die Nutzungsänderung einer Erlaubnis bedarf oder ob eine erforderliche Erlaubnis vom Verpächter erteilt oder durch das Landwirtschaftsgericht ersetzt wurde.[27] Zweifelhaft ist hingegen, ob der Ausgleichsanspruch gem. Absatz 3 auch bei **unerlaubten** aber erlaubnispflichtigen **Nutzungsänderungen** greift. Dafür spricht einerseits der Wortlaut der Vorschrift, der lediglich an „eine Änderung der Nutzung der Pachtsache" anknüpft und dass der gesetzeswidrig handelnde Pächter nicht besser gestellt werden soll als der gesetzestreue[28]. Dagegen spricht andererseits, dass die unerlaubte Nutzungsänderung nicht nachträglich zu einer erlaubten gemacht werden kann und der Pächter nicht gleichzeitig ersatzpflichtig nach § 582a Abs. 2 BGB und ausgleichspflichtig nach Absatz 3 sein kann.[29] Dieser Konflikt kann jedoch dadurch gelöst werden, dass das Recht des Verpächters zur Ausübung des Rechtes aus § 582a Abs. 2 BGB entfällt, sobald der Verpächter die Alternative des Absatzes 3 gewählt hat, so dass ein Wahlrecht des Verpächters anzunehmen ist.

19 Wird das Inventar insgesamt einer neuen erlaubten Nutzung angepasst, so liegt hierin allein keine **wesentliche Verminderung**; entscheidend ist allein der Vergleich zwischen dem Wert des bisher vorhandenen Inventars mit dem des neuen Inventars.[30] **Fällig** wird der Anspruch mit der Verminderung des Schätzwertinventars; in entsprechender Anwendung von § 582a Abs. 3 Satz 4 BGB sind die Preise im Zeitpunkt der Inventarverringerung an Stelle der Preise bei Beendigung der Pacht zugrunde zu legen.[31]

20 Der Ausgleichsanspruch des Verpächters ist **ausgeschlossen**, wenn der Erlös der Veräußerung reinvestiert und so wertverbessernd nach § 591 BGB verwendet wurde. Es ist nicht notwendig, dass der Erlös aus der Veräußerung der Werterhöhung entspricht, ausreichend ist vielmehr, dass das Wertverhältnis zwischen Erlös und Verbesserung angemessen ist.[32]

C. Prozessuale Hinweise

21 Streitigkeiten nach Absatz 1 und 3 sind gem. § 1 Nr. 1a LwVfG im **streitigen Verfahren** nach der ZPO, solche nach Absatz 2 nach § 1 Nr. 1 LwVfG i.V.m. § 9 LwVfG im **FGG-Verfahren** zu entscheiden. Das Landwirtschaftsgericht ist stets, auch für Unterlassungs- und Schadensersatzansprüche zuständig.[33]

22 Den Verpächter trifft die **Beweis- und Darlegungslast** für ein gekündigtes Pachtverhältnis oder dessen Beendigung innerhalb von drei Jahren, eine Inventarminderung nach Absatz 3, eine Änderung der Nutzung, falls der Pächter dies bestreitet; den Pächter trifft die Beweis- und Darlegungslast für eine Wiederherstellung der ursprünglichen Nutzung innerhalb der Pachtzeit, die Erlaubnisverweigerung durch den Verpächter, die Notwendigkeit einer Veränderung für die Rentabilität des Betriebes und ein angemessenes Verhältnis von Erlös zu Reinvestition i.S.v. Absatz 3.[34]

---

[27] *Lüdtke-Handjery*, Landpachtrecht, 4. Aufl. 1997, § 590 Rn. 40.
[28] So *von Jeinsen* in: Staudinger, § 590 Rn. 33, der sich für ein Wahlrecht des Verpächters zwischen der Ausübung seines Rechts aus § 582a Abs. 2 BGB und § 590 Abs. 3 BGB ausspricht.
[29] So *Lüdtke-Handjery*, Landpachtrecht, 4. Aufl. 1997, § 590 Rn. 40.
[30] *Heintzmann* in: Soergel, § 590 Rn. 8.
[31] *Lüdtke-Handjery*, Landpachtrecht, 4. Aufl. 1997, § 590 Rn. 41.
[32] *von Jeinsen* in: Staudinger, § 590 Rn. 35.
[33] *von Jeinsen* in: Staudinger, § 590 Rn. 40.
[34] *von Jeinsen* in: Staudinger, § 590 Rn. 41, 42.

§ 590a BGB Vertragswidriger Gebrauch

(Fassung vom 02.01.2002, gültig ab 01.01.2002)

Macht der Pächter von der Pachtsache einen vertragswidrigen Gebrauch und setzt er den Gebrauch ungeachtet einer Abmahnung des Verpächters fort, so kann der Verpächter auf Unterlassung klagen.

Gliederung

A. Grundlagen...	1	I. Vertragswidriger Gebrauch	5
I. Kurzcharakteristik................................	1	II. Abmahnung...	6
II. Gesetzgebungsmaterialien......................	3	III. Gebrauchsfortsetzung...........................	7
III. Abdingbarkeit	4	C. Prozessuale Hinweise............................	8
B. Anwendungsvoraussetzungen	5	D. Anwendungsfelder.................................	9

A. Grundlagen

I. Kurzcharakteristik

Der Umfang des Gebrauchsrechts des Pächters ist durch den Landpachtvertrag bestimmt. Überschreitet er die hieraus folgenden Grenzen, so kann der Verpächter nach vorangegangener Mahnung Unterlassung verlangen. Daneben steht dem Verpächter bei Vorliegen der entsprechenden Voraussetzungen ein Anspruch auf außerordentliche **Kündigung** gem. §§ 594e, 553 BGB und bei Verschulden **Schadensersatz** wegen positiver Vertragsverletzung oder bei Beschädigung der Pachtsache Schadensersatz nach den Grundsätzen der unerlaubten Handlung zu. Dagegen ist die Anwendung von § 1004 BGB neben § 590a BGB aufgrund der Warnfunktion, die der Abmahnung zukommt, zu verneinen.[1] Gegenüber Dritten besteht jedoch der Anspruch aus § 1004 BGB, da es sich bei § 590a BGB um einen vertraglichen Erfüllungsanspruch handelt.[2]

Die Vorschrift entspricht § 541 BGB (vgl. die Kommentierung zu § 541 BGB).

II. Gesetzgebungsmaterialien

§ 590a BGB wurde durch das **Gesetz zur Neuordnung des landwirtschaftlichen Pachtrechts** vom 08.11.1985 neu eingefügt, welches am 01.07.1986 in Kraft trat.[3]

III. Abdingbarkeit

§ 590a BGB ist dispositiv, dabei ist bei Formularverträgen § 307 BGB und bei einem formularmäßig vereinbarten Ausschluss der Abmahnung insbesondere § 309 Nr. 4 BGB (vgl. die Kommentierung zu § 309 BGB) zu beachten.

B. Anwendungsvoraussetzungen

I. Vertragswidriger Gebrauch

Verstößt der Pächter gegen vertragliche oder gesetzliche Nutzungspflichten und -beschränkungen, so stellt dies einen vertragswidrigen Gebrauch i.S.v. § 590a BGB dar, der dem Verpächter einen Anspruch auf Unterlassung gibt. Grundsätzlich ergeben sich Inhalt, Umfang und Grenzen des Gebrauchsrechts aus der ausdrücklichen Festlegung im Pachtvertrag sowie aus dem Vertragszweck.[4] Allerdings können Änderungen des Gebrauchsrechts etwa darauf beruhen, dass der Pächter die Nutzung in einer nach

---

[1] *Lüdtke-Handjery*, Landpachtrecht, 4. Aufl. 1997, § 590a Rn. 1; *von Jeinsen* in: Staudinger, § 590a Rn. 2.
[2] *von Jeinsen* in: Staudinger, § 590a Rn. 1.
[3] BGBl I 1985, 2065.
[4] OLG Nürnberg v. 15.02.1990 - 2 U 3240/89 - juris Rn. 15 - AgrarR 1991, 106.

§ 590 BGB erlaubten Weise ändert und so Einfluss auf das Gebrauchsrecht nimmt.[5] Ein vertragswidriger Gebrauch kann sowohl in einem Tun als auch in einem Unterlassen bestehen.[6] Das **Verhalten Dritter**, die mit der Einwilligung des Pächters von der Pachtsache Gebrauch machen, muss sich der Pächter zurechnen lassen, zu ihnen gehören insbesondere Familienangehörige, Mitarbeiter und Gäste des Pächters. Die Überlassung der Pachtsache an einen unbefugten Dritten gehört ebenfalls zum vertragswidrigen Gebrauch. Vertragswidrig gebraucht der Pächter die Pachtsache auch dann, wenn er Dritte in ihren Rechten verletzt und der Verpächter hierdurch Ansprüchen dieses Personenkreises ausgesetzt ist, wie dies etwa bei der Überschreitung nachbarrechtlicher Vorschriften (§ 906 BGB) der Fall sein kann, wenn ein anderer Pächter des Verpächters betroffen ist oder Verkehrssicherungspflichten, für die der Verpächter einzustehen hat, nicht eingehalten werden.[7] Ein **Verschulden** des Pächters ist nicht erforderlich, ausreichend ist vielmehr allein die objektive Pflichtwidrigkeit seines Verhaltens, auch muss das Ausmaß des vertragswidrigen Gebrauchs nicht von besonderer Schwere sein, so bedarf es weder einer Gefährdung des Rückgabeanspruchs noch einer Gefährdung des Pachtobjektes.[8]

II. Abmahnung

6   Die Abmahnung im Sinne von § 590a BGB entspricht der Mahnung als Verzugsvoraussetzung gem. § 286 BGB (vgl. die Kommentierung zu § 286 BGB). Unabhängig von der Frage der rechtlichen Einordnung der Abmahnung handelt es sich jedenfalls um eine empfangsbedürftige Erklärung, die dem Pächter, und zwar auch bei einer Gebrauchsüberlassung an Dritte, zugehen muss.[9] Sie muss den beanstandeten Gebrauch der Pachtsache, den der Pächter unterlassen soll, genau bezeichnen, da nur die Unterlassung des abgemahnten Verhaltens verlangt werden kann. Einer bestimmten Form bedarf die Abmahnung nicht.[10] Entbehrlich ist die Abmahnung, wenn der Pächter zu erkennen gibt, dass er trotz Abmahnung den vertragswidrigen Gebrauch fortsetzen wird; die Beweispflicht hierfür trifft den Verpächter.[11]

III. Gebrauchsfortsetzung

7   Der Unterlassungsanspruch setzt ferner voraus, dass der Pächter den vertragswidrigen Gebrauch nicht unverzüglich aufgibt, nachdem er von der Abmahnung Kenntnis erlangt hat. Allerdings kann der Verpächter schon dann Klage auf Unterlassung vertragswidrigen Gebrauchs, insbesondere auf Unterlassung nicht ordnungsgemäßer Bewirtschaftung, erheben, wenn der Pächter von der Pachtsache zwar noch keinen vertragswidrigen Gebrauch gemacht, diesen aber unzweideutig angekündigt hat.[12]

C. Prozessuale Hinweise

8   Wie bei dem entsprechenden mietrechtlichen Anspruch auf Unterlassung gem. § 541 BGB kann der Anspruch mit der Klage oder einer einstweiligen Verfügung durchgesetzt werden, wobei Wiederholungsgefahr nicht erforderlich ist (vgl. die Kommentierung zu § 541 BGB). Gem. § 1 Nr. 1a LwVfG finden auf das Verfahren als „übriges" Landpachtverfahren die Vorschriften der ZPO mit den Einschränkungen des § 48 LwVfG Anwendung (näher zum Verfahren in Landwirtschaftssachen vgl. die Kommentierung zu § 585 BGB Rn. 31).

---

[5] *Lüdtke-Handjery*, Landpachtrecht, 4. Aufl. 1997, § 590a Rn. 6.
[6] *von Jeinsen* in: Staudinger, § 590a Rn. 5.
[7] *Lüdtke-Handjery*, Landpachtrecht, 4. Aufl. 1997, § 590a Rn. 7.
[8] *von Jeinsen* in: Staudinger, § 590a Rn. 5.
[9] *Lüdtke-Handjery*, Landpachtrecht, 4. Aufl. 1997, § 590a Rn. 9; vgl. hierzu auch die Kommentierung zu § 541 BGB.
[10] *von Jeinsen* in: Staudinger, § 590a Rn. 6.
[11] *von Jeinsen* in: Staudinger, § 590a Rn. 6.
[12] OLG Koblenz v. 21.09.1999 - 3 U 1400/98 - OLGR Koblenz 2000, 172-176.

D. Anwendungsfelder

Übergangsrecht: § 590a BGB gilt für Landpachtverträge i.S.v. § 585 BGB. Für Verträge, die vor dem In-Kraft-Treten des **Gesetzes zur Neuordnung des landwirtschaftlichen Pachtrechts** am 01.07.1986 geschlossen worden sind, gilt § 590a BGB nach Maßgabe von Art. 219 EGBGB. Gem. Art. 232 § 3 Abs. 1 EGBGB richten sich Pachtverhältnisse aufgrund von Verträgen, die vor dem Wirksamwerden des Beitritts geschlossen worden sind, nach den Vorschriften des BGB.

§ 590b BGB Notwendige Verwendungen

(Fassung vom 02.01.2002, gültig ab 01.01.2002)

Der Verpächter ist verpflichtet, dem Pächter die notwendigen Verwendungen auf die Pachtsache zu ersetzen.

Gliederung

A. Grundlagen... 1	I. Verwendungen..................................... 5
I. Kurzcharakteristik................................. 1	II. Notwendige Verwendungen.................. 6
II. Gesetzgebungsmaterialien..................... 2	C. Rechtsfolgen 7
III. Abdingbarkeit 3	D. Prozessuale Hinweise........................... 9
IV. Anspruchskonkurrenzen 4	E. Anwendungsfelder................................ 10
B. Anwendungsvoraussetzungen 5	

A. Grundlagen

I. Kurzcharakteristik

1   Nach § 590b BGB ist der Verpächter verpflichtet, dem Pächter die notwendigen Verwendungen auf die Pachtsache zu ersetzen. Die Vorschrift steht damit in engem Zusammenhang mit § 586 Abs. 1 BGB, wonach der Verpächter die Pachtsache in einem zu der vertragsmäßigen Nutzung geeigneten Zustand zu erhalten hat. Kommt der Verpächter dieser Erhaltungspflicht nicht nach und führt der Pächter die erforderlichen Erhaltungsmaßnahmen durch, so ist der Verpächter verpflichtet, dem Pächter die gemachten Aufwendungen in notwendigem Umfang zu ersetzen.[1] Aus § 586 Abs. 1 BGB folgt, dass den Verpächter bei Erhaltungsaufwendungen für gewöhnliche Ausbesserungen der Pachtsache keine Ersatzpflicht trifft.

II. Gesetzgebungsmaterialien

2   Die Vorschrift wurde durch das **Gesetz zur Neuordnung des landwirtschaftlichen Pachtrechts** vom 08.11.1985 neu eingefügt, welches am 01.07.1986 in Kraft trat.[2] Sie löste den bis dahin geltenden § 581 Abs. 2 BGB a.F. ab, der auf den für das Mietrecht geltenden, fast identischen § 547 Abs. 1 Satz 1 BGB a.F. verwies. Folglich sind mit der Gesetzesänderung in der Sache keine wesentlichen Änderungen eingetreten.[3]

III. Abdingbarkeit

3   § 590b BGB ist im Rahmen der Grundsätze der Vertragsfreiheit dispositiv.[4]

IV. Anspruchskonkurrenzen

4   Solange der Pächter aufgrund des Pachtvertrages rechtmäßiger Besitzer ist, besteht mit dem Verwendungsersatzanspruch aus § 994 BGB keine Anspruchskonkurrenz. Für den Pächter können sich Bereicherungsansprüche ergeben, wenn der Verwendungsersatz ausgeschlossen wurde und er auf seine Kosten erhebliche Verwendungsmaßnahmen im Hinblick auf einen langfristigen Pachtvertrag ausgeführt hat und der Pachtvertrag vorzeitig endet.[5]

---

[1] *Lüdtke-Handjery*, Landpachtrecht, 4. Aufl. 1997, § 590b Rn. 1.
[2] BGBl I 1985, 2065.
[3] Vgl. BT-Drs. 10/509, S. 17.
[4] *Heintzmann* in: Soergel, § 590b Rn. 4.
[5] *Lüdtke-Handjery*, Landpachtrecht, 4. Aufl. 1997, § 590b Rn. 13.

B. Anwendungsvoraussetzungen

I. Verwendungen

Verwendungen sind Aufwendungen für die Sache, die objektiv zur Erhaltung, Wiederherstellung oder Verbesserung der Pachtsache führen und subjektiv mit dieser Zielsetzung erbracht werden.[6] Verwendungen können dabei geldwerte Leistungen aller Art sein, insbesondere Kapital-, Geld- und Sachwerte sowie Arbeitsleistungen.[7] **Aufwendungen** des Pächters zur Herstellung eines vertragsgemäßen Zustands der Pachtsache gehören jedoch **nicht** zu den notwendigen Verwendungen im Sinne des § 590b BGB, vielmehr kommt insoweit nur ein Ersatzanspruch nach § 586 Abs. 2 BGB i.V.m. § 538 Abs. 2 BGB in Betracht.[8]

II. Notwendige Verwendungen

Die Verwendungen sind dann notwendig, wenn sie der Erhaltung des Pachtobjektes im vertragsmäßigen Zustand oder zu seiner ordnungsgemäßen Bewirtschaftung entsprechend dem vorausgesetzten Nutzungszweck oder zur ordnungsgemäßen Bewirtschaftung notwendig sind und sie bei Nichtvornahme dem Eigentümer zur Last gefallen wären.[9] Hierzu zählen insbesondere diejenigen Maßnahmen, die das Pachtobjekt vor einer unmittelbar bevorstehenden Gefahr der Verschlechterung bewahren sollen.[10] Hierunter fallen demnach z.B. die Errichtung eines Deiches zum Schutze überschwemmungsbedrohter landwirtschaftlicher Grundstücke, der Bau einer Stützmauer um das Abrutschen des Erdreichs zu verhindern, die Errichtung eines Wirtschaftsgebäudes, der Wiederaufbau durch Feuer oder Überschwemmung teilweise beschädigter, gepachteter Gebäude.[11] Eine Verwendung kann zugleich teils eine notwendige Verwendung, die die Ersatzpflicht nach § 590b BGB auslöst, als auch eine nützliche Verwendung mit den Rechtsfolgen des § 591 BGB sein.[12] **Nicht** zu den notwendigen Verwendungen gehören die Verwendungen, die der Pächter im Rahmen einer ordnungsgemäßen Bewirtschaftung der Pachtsache macht und die er daher grundsätzlich selbst zu tragen hat, sowie die Aufwendungen, die außerhalb einer ordnungsgemäßen Bewirtschaftung der Pachtsache und ohne Erlaubnis des Verpächters vorgenommen wurden.[13] Aufwendungen, durch die der Pächter erst das Pachtobjekt in vertragsgemäßen Zustand setzt, sind ebenfalls keine notwendigen Verwendungen.[14] Auch Verwendungen, die nicht landwirtschaftlichen, sondern z.B. gewerblichen Zwecken dienen, sind keine notwendigen Verwendungen im Sinne von § 590b BGB. Keine notwendige Verwendung ist ferner die Erlangung von Produktionskontingenten und Referenzmengen, sowie das Fortbestehen einer staatlichen Vergünstigung nach Pachtende beim Verpächter.[15]

C. Rechtsfolgen

Die Entstehung des Anspruchs richtet sich zunächst nach der Parteivereinbarung, falls eine solche nicht besteht, nach dem Zeitpunkt, in dem die Verwendung erbracht worden ist.[16] Gläubiger des Anspruchs ist dabei der die Verwendungen vornehmende Pächter, Schuldner ist der Verpächter.[17] Näher

---

[6] *von Jeinsen* in: Staudinger, § 590b Rn. 7.
[7] *von Jeinsen* in: Staudinger, § 590b Rn. 7.
[8] BGH v. 06.07.1990 - LwZR 8/89 - juris Rn. 19 - LM Nr. 71 zu § 133 (C) BGB.
[9] *von Jeinsen* in: Staudinger, § 590b Rn. 8.
[10] *von Jeinsen* in: Staudinger, § 590b Rn. 8; BGH v. 06.07.1990 - LwZR 8/89 - juris Rn. 20 - LM Nr. 71 zu § 133 (C) BGB.
[11] BGH v. 10.07.1953 - V ZR 22/52 - juris Rn. 47 - BGHZ 10, 171-181.
[12] *von Jeinsen* in: Staudinger, § 590b Rn. 10.
[13] *Lüdtke-Handjery*, Landpachtrecht, 4. Aufl. 1997, § 590b Rn. 5.
[14] BGH v. 30.03.1983 - VIII ZR 3/82 - NJW 1984, 1552-1555.
[15] AG Magdeburg v. 09.11.1999 - 12 Lw 24/99 - AgrarR 2000, 370-371.
[16] BGH v. 27.02.1952 - II ZR 191/51 - juris Rn. 17 - BGHZ 5, 197-202.
[17] *Lüdtke-Handjery*, Landpachtrecht, 4. Aufl. 1997, § 590b Rn. 11.

§ 590b

bestimmt wird der Inhalt des Anspruches durch die §§ 256, 257 BGB.[18] Der Pächter hat gegenüber dem Verpächter außerdem einen Anspruch auf Vorschusszahlung.[19]

8   Ist Gefahr im Verzug, kann der Pächter verpflichtet sein, die notwendigen Verwendungen auch ohne Anmahnung des Verpächters vorzunehmen.[20] Die Verjährung des Anspruchs aus § 590b BGB richtet sich nach § 591b BGB.

D. Prozessuale Hinweise

9   Gem. § 1 Nr. 1a LwVfG ist der Anspruch aus § 590b BGB vor dem Landwirtschaftsgericht geltend zu machen. Hierbei finden die Vorschriften der ZPO mit den Besonderheiten gem. § 48 LwVfG Anwendung (näher zum Verfahren vgl. die Kommentierung zu § 585 BGB Rn. 31).

E. Anwendungsfelder

10 **Übergangsrecht**: Nach § 585 Abs. 2 BGB gilt die Vorschrift für Landpachtverträge. Für Landpachtverhältnisse, die bereits zum Zeitpunkt des In-Kraft-Tretens des Gesetzes zur Neuordnung des landwirtschaftlichen Pachtrechts am 01.07.1986 bestanden, gilt § 590b BGB aufgrund des durch Art. 2 Nr. 2 des Gesetzes zur Neuordnung des landwirtschaftlichen Pachtrechts eingefügten Art. 219 Abs. 1 EGBGB. Aus Art. 7 des Gesetzes zur Neuordnung des landwirtschaftlichen Pachtrechts ergibt sich die **Geltung** für Landpachtverhältnisse, die am oder ab dem 01.07.1986 begründet wurden.

---

[18] *Lüdtke-Handjery*, Landpachtrecht, 4. Aufl. 1997, § 590b Rn. 11.
[19] BGH v. 07.05.1971 - V ZR 94/70 - BGHZ 56, 136-141.
[20] Für den Werkvertrag: BGH v. 04.07.1963 - II ZR 174/81 - LM Nr. 1 zu § 636 BGB.

§ 591 BGB Wertverbessernde Verwendungen

(Fassung vom 02.01.2002, gültig ab 01.01.2002)

(1) Andere als notwendige Verwendungen, denen der Verpächter zugestimmt hat, hat er dem Pächter bei Beendigung des Pachtverhältnisses zu ersetzen, soweit die Verwendungen den Wert der Pachtsache über die Pachtzeit hinaus erhöhen (Mehrwert).
(2) [1]Weigert sich der Verpächter, den Verwendungen zuzustimmen, so kann die Zustimmung auf Antrag des Pächters durch das Landwirtschaftsgericht ersetzt werden, soweit die Verwendungen zur Erhaltung oder nachhaltigen Verbesserung der Rentabilität des Betriebs geeignet sind und dem Verpächter bei Berücksichtigung seiner berechtigten Interessen zugemutet werden können. [2]Dies gilt nicht, wenn der Pachtvertrag gekündigt ist oder das Pachtverhältnis in weniger als drei Jahren endet. [3]Das Landwirtschaftsgericht kann die Zustimmung unter Bedingungen und Auflagen ersetzen.
(3) [1]Das Landwirtschaftsgericht kann auf Antrag auch über den Mehrwert Bestimmungen treffen und ihn festsetzen. [2]Es kann bestimmen, dass der Verpächter den Mehrwert nur in Teilbeträgen zu ersetzen hat, und kann Bedingungen für die Bewilligung solcher Teilzahlungen festsetzen. [3]Ist dem Verpächter ein Ersatz des Mehrwerts bei Beendigung des Pachtverhältnisses auch in Teilbeträgen nicht zuzumuten, so kann der Pächter nur verlangen, dass das Pachtverhältnis zu den bisherigen Bedingungen so lange fortgesetzt wird, bis der Mehrwert der Pachtsache abgegolten ist. [4]Kommt keine Einigung zustande, so entscheidet auf Antrag das Landwirtschaftsgericht über eine Fortsetzung des Pachtverhältnisses.

Gliederung

A. Grundlagen 1	VI. Verjährung 13
I. Kurzcharakteristik 1	VII. Ersetzung der Verpächterzustimmung (Absatz 2) 14
II. Gesetzgebungsmaterialien 2	VIII. Gerichtliche Mehrwertbestimmung (Absatz 3 Sätze 1 und 2) 16
III. Normzweck 3	
IV. Abdingbarkeit 4	IX. Mehrwertersatz durch Pachtfortsetzung (Absatz 3 Sätze 3 und 4) 17
B. Anwendungsvoraussetzungen 5	
I. Normstruktur 5	X. Antrag des Verpächters 18
II. Andere als notwendige Verwendungen 6	**C. Prozessuale Hinweise/Verfahrenshinweise** 19
III. Zustimmung 9	**D. Anwendungsfelder – Übergangsrecht** 20
IV. Beendigung des Pachtverhältnisses 11	
V. Mehrwert 12	

A. Grundlagen

I. Kurzcharakteristik

Nach § 591 BGB hat der Verpächter dem Pächter den in der Pachtsache bei Beendigung der Pacht enthaltenen Mehrwert zu ersetzen, der auf eine nicht notwendige Verwendung des Pächters zurückzuführen ist, vorausgesetzt, dass der Verpächter der Verwendung zugestimmt hat oder diese durch das Landwirtschaftsgericht ersetzt wurde. Die Vorschrift regelt ferner, unter welchen Voraussetzungen eine Ersetzung der Zustimmung durch das Landwirtschaftsgericht erfolgen kann und den Umfang der Entscheidungskompetenz des Landwirtschaftsgerichtes.

1

II. Gesetzgebungsmaterialien

Bis zur Änderung der Vorschrift durch das **Gesetz zur Neuordnung des landwirtschaftlichen Pachtrechts** vom 08.11.1985, welches am 01.07.1986 in Kraft trat,[1] richtete sich die Ersatzpflicht des Ver-

2

---

[1] BGBl I 1986, 2065.

pächters für wertverbessernde Verwendungen nach den Regeln der Geschäftsführung ohne Auftrag. Intention der Änderung war es, dem Pächter für den Ersatz wertverbessernder Verwendungen eine günstigere Stellung einzuräumen, da die vorherige Regelung den Verwendungsersatzanspruch des Pächters an Tatsachen knüpfte, die er im Einzelfall oft schwer beweisen konnte.[2]

III. Normzweck

3   Ziel der Vorschrift ist es, dem Pächter Investitionen zu erleichtern, die insbesondere bei langfristigen Pachtverträgen häufig notwendig werden, und damit die Rentabilität landwirtschaftlicher Betriebe zu erhöhen.[3] Daneben soll vermieden werden, dass dem Verpächter übertriebene, risikobehaftete Investitionen aufgedrängt werden.[4]

IV. Abdingbarkeit

4   § 591 BGB ist im Rahmen der §§ 138, 242 BGB sowie bei Formularverträgen im Rahmen der §§ 305-310 BGB (vgl. die Kommentierung zu § 305 BGB) **dispositiv**.[5] Auch der völlige Ausschluss des Ersatzanspruches ist für sich allein nicht sittenwidrig.[6] Allerdings kann ein Ausgleichsanspruch des Pächters nach bereicherungsrechtlichen Grundsätzen in Betracht kommen, wenn angesichts der Langfristigkeit des Pachtvertrages der Ersatzanspruch ausgeschlossen wurde und der Vertrag frühzeitig endet.[7] Falls der Mehrwert-Ersatzanspruch für gewisse Fälle, wie etwa für ein vorzeitiges Vertragsende, ausgeschlossen wird und dies als Vertragsstrafe anzusehen ist, so ergibt sich bei Formularverträgen die Unwirksamkeit der Vereinbarung aus § 309 Nr. 6 BGB (vgl. die Kommentierung zu § 309 BGB).

B. Anwendungsvoraussetzungen

I. Normstruktur

5   Absatz 1 der Vorschrift regelt den Verwendungsersatzanspruch des Pächters gegenüber dem Verpächter für den Fall, dass der Verpächter den Verwendungen zugestimmt hat. Absatz 2 regelt die Ersetzung der Verpächterzustimmung durch das Landwirtschaftsgericht, Absatz 3 regelt die Befugnis des Landwirtschaftsgerichts, Bestimmungen über den Mehrwert zu treffen und dessen Höhe festzusetzen.

II. Andere als notwendige Verwendungen

6   Der Verwendungsbegriff entspricht dem Begriff in § 590b BGB (vgl. die Kommentierung zu § 590b BGB Rn. 5). Danach sind Verwendungen Aufwendungen für die Sache, die objektiv zur Erhaltung, Wiederherstellung oder Verbesserung der Pachtsache führen und subjektiv mit dieser Zielsetzung erbracht werden.[8]

7   Macht der Pächter Verwendungen, kommt eine Ersatzpflicht nach § 591 BGB nur für diejenigen Verwendungen in Betracht, welche nicht
- nach § 586 Abs. 1 Satz 2 BGB oder vereinbarungsgemäß dem Pächter obliegen,
- notwendige Verwendungen und daher gem. § 590b BGB ersatzpflichtig sind oder
- nach objektiven Maßstäben der nachhaltigen Betriebsverbesserung nicht gerecht werden, wie etwa Luxusaufwendungen.[9]

8   Daher kommen in erster Linie nützliche oder vorteilhafte Verwendungen in Betracht, wie etwa die Neuverlegung von Leitungen und Rohren, die Erneuerung von Mauern und Fenstern, ein nicht drin-

---

[2] BT-Drs. 10/509, S. 22.
[3] *Voelskow* in: MünchKomm-BGB, § 591 Rn. 1.
[4] *Weidenkaff* in: Palandt, § 591 Rn. 1.
[5] *Weidenkaff* in: Palandt, § 591 Rn. 2.
[6] BGH v. 03.02.1967 - V ZR 59/64 - LM Nr. 9 zu § 547 BGB.
[7] *Lüdtke-Handjery*, Landpachtrecht, 4. Aufl. 1997, § 591 Rn. 2.
[8] *von Jeinsen* in: Staudinger, § 590b Rn. 7.
[9] *von Jeinsen* in: Staudinger, § 591 Rn. 12.

gend erforderlicher Schutzanstrich, oder die Neueindeckung eines Daches, sofern die Verwendungen nicht zu den gewöhnlichen Ausbesserungen gehören.[10] Ein auf öffentlich-rechtlichen Vorschriften beruhendes und auf den Verpächter nach Pachtende übergegangenes Recht, wie etwa eine Produktionsquote für Zucker oder Milch, oder ein weinbauliches Wiederbepflanzungsrecht ist keine nach § 591 BGB ersatzfähige Verwendung.[11] Nicht zu den Verwendungen gehören ferner grundlegende Veränderungen, es sei denn, es handelt sich um eine Verwendung, die zwar nach der bisherigen Nutzung als grundlegende Änderungsmaßnahme zu werten war, aber nunmehr nach einer Bestimmungs- und Nutzungsänderung nach § 590 Abs. 2 BGB im Rahmen des neuen Nutzungszweckes liegt.[12] So kann die Herstellung einer Spargelanlage durch den Pächter auf gepachtetem Ackerland oder die Umwandlung von Ackerland in eine Weinbaufläche eine nützliche Verwendung im Sinne des § 591 Abs. 1 BGB darstellen.[13] Aufwendungen zum Erwerb von Aktien zur Erlangung von Zuckerrübenlieferrechten, die der Pächter bei Pachtende auf den Verpächter übertragen muss, sind ebenfalls als Verwendungen auf die Pachtsache zu erstatten.[14]

III. Zustimmung

Der Verpächter hat dem Pächter für wertverbessernde Verwendungen Ersatz zu leisten, wenn er den Verwendungen zugestimmt hat, dabei kann die Zustimmung nach allgemeinen Grundsätzen (vgl. die Kommentierung zu § 184 BGB) auch nachträglich erteilt werden.[15] Sie kann außerdem bereits, für bestimmte Fälle oder generell, im Pachtvertrag erfolgen.[16] Bei der Zustimmung handelt es sich um eine empfangsbedürftige Willenserklärung,[17] die ausdrücklich oder konkludent erfolgen kann.[18] Die Zustimmung bedarf **keiner** bestimmten **Form**. Sie kann widerruflich oder unwiderruflich erteilt werden, wobei jedoch eine widerrufliche Zustimmung unwiderruflich wird, wenn die Verwendung auf die Pachtsache, auf die sie sich bezog, vom Pächter getätigt worden ist.[19]

9

Es besteht **kein Anspruch** des Pächters gegenüber dem Verpächter **auf Erteilung** der Zustimmung, vielmehr kann er nur beim Landwirtschaftsgericht die Ersetzung der Zustimmung beantragen. Folglich führt die Verweigerung der Zustimmung durch den Verpächter auch bei einer späteren Ersetzung der Zustimmung durch das Landwirtschaftsgericht nicht zu einer Schadensersatzpflicht des Verpächters.[20]

10

IV. Beendigung des Pachtverhältnisses

Der Verwendungsersatzanspruch des Pächters entsteht nach Grund und Höhe bereits mit der Ausführung der Verwendung, wird aber erst fällig mit der rechtlichen Beendigung des Pachtverhältnisses. Dabei entspricht der Beendigungsbegriff dem auch sonst im Pachtrecht üblichen (vgl. die Kommentierung zu § 584b BGB), wobei der **Grund** der Beendigung **unerheblich** ist.[21] Die Veräußerung des Pachtgegenstandes stellt eine Beendigung des Pachtverhältnisses hinsichtlich der Ansprüche des Pächters auf Ersatz von Verwendungen dar.[22] Liegt der Rückgabezeitpunkt vor dem Ende des Vertragsver-

11

---

[10] *Lüdtke-Handjery*, Landpachtrecht, 4. Aufl. 1997, § 591 Rn. 5.
[11] BGH v. 19.07.1991 - LwZR 3/90 - BGHZ 115, 162-169; BGH v. 16.06.2000 - LwZR 22/99 - juris Rn. 8 - LM BGB § 591 Nr. 2 (5/2001).
[12] *Lüdtke-Handjery*, Landpachtrecht, 4. Aufl. 1997, § 590 Rn. 6.
[13] BGH v. 16.03.2006 - III ZR 129/05 - juris Rn. - NJW 2006, 1729-1731; BGH v.16.06.2000 - LwZR 22/99 - juris Rn. 12 - NJW-RR 2001, 272-274
[14] OLG Naumburg v. 27.04.2000 - 2 U (Lw) 28/99 - RdL 2000, 261-264.
[15] BT-Drs. 10/509, S. 22.
[16] *Lüdtke-Handjery*, Landpachtrecht, 4. Aufl. 1997, § 591 Rn. 8.
[17] Wie der Bezug auf § 184 BGB in BT-Drs. 10/509, S. 22 zeigt, dagegen für die Einordnung als rechtsgeschäftsähnliche Handlung *Heintzmann* in: Soergel, § 591 Rn. 4.
[18] OLG Stuttgart v. 15.11.1994 - 10 W(Lw) 15/94 - RdL 1995, 9-10.
[19] *Lüdtke-Handjery*, Landpachtrecht, 4. Aufl. 1997, § 591 Rn. 8.
[20] *von Jeinsen* in: Staudinger, § 591 Rn. 22.
[21] *von Jeinsen* in: Staudinger, § 591 Rn. 28.
[22] BGH v. 19.03.1965 - V ZR 268/62 - LM Nr. 8 zu § 558 BGB; differenzierend m.w.N.; *von Jeinsen* in: Staudinger, § 591 Rn. 29.

§ 591

hältnisses, so kann der Pächter dennoch erst bei Ende des Pachtverhältnisses Erstattung des Mehrwertes verlangen, es sei denn in der Rückgabe liegt eine Vereinbarung, das Vertragsverhältnis zu beenden oder den Mehrwert bereits bei der Rückgabe abzurechnen.[23] Bei einer Rückgabe durch den Pächter nach Beendigung des Pachtverhältnisses, entsteht der Ersatzanspruch gleichwohl mit der Beendigung, jedoch kann diesem ein Gegenanspruch des Verpächters auf Schadensersatz wegen verspäteter Rückgabe der Pachtsache gegenüberstehen, mit dem der Verpächter aufrechnen kann.

V. Mehrwert

12 Der Mehrwert ist der Wert, um den die vom Pächter mit Verpächter-Zustimmung getätigten nützlichen Verwendungen an der Pachtsache den Wert der Pachtsache bei Beendigung des Pachtverhältnisses über die Pachtzeit hinaus erhöhen.[24] Obergrenze des Ersatzanspruchs ist wie beim Anspruch des Besitzers gegen den Eigentümer auf Ersatz nützlicher Verwendungen nach § 996 BGB der Betrag der tatsächlich getätigten Aufwendungen.[25]

VI. Verjährung

13 Der Anspruch verjährt gem. § 591b BGB in sechs Monaten.

VII. Ersetzung der Verpächterzustimmung (Absatz 2)

14 Die Ersetzung der Zustimmung des Verpächters für wertverbessernde Verwendungen entspricht der Regelung von § 590 Abs. 2 Satz 3 BGB (vgl. die Kommentierung zu § 590 BGB Rn. 9). Der Antrag auf Ersetzung der Verpächterzustimmung gem. § 591 Abs. 2 BGB muss vom Pächter unter konkreter Aufführung der Verwendungsmaßnahmen beim Landwirtschaftsgericht gestellt werden. Die Anordnung von Bedingungen und Auflagen bedarf keines besonderen Antrages, da das Gericht hierüber von Amts wegen entscheidet.[26] Der Antrag ist an **keine Frist** gebunden und muss eine **sachliche Begründung** enthalten, aus der sich das Vorliegen der Voraussetzungen nach Absatz 2 Satz 1 für die Ersetzung der Verpächterzustimmung ergibt.[27]

15 Durch die Erteilung von **Bedingungen** und **Auflagen** kann das Landwirtschaftsgericht bei der vorzunehmenden Interessenabwägung zwischen Pächter und Verpächter Korrekturen vornehmen, um so zu einem sachgerechten Ergebnis zu gelangen.[28] Während dabei die Bedingung die Wirksamkeit der Zustimmung bis zum Eintritt der Bedingung hinausschiebt, zwingt die Auflage den Pächter zu dem festgelegten Handeln, suspendiert jedoch nicht die Wirksamkeit der Zustimmung.

VIII. Gerichtliche Mehrwertbestimmung (Absatz 3 Sätze 1 und 2)

16 Bereits bei seiner Entscheidung zum Zustimmungsersatz kann das Landwirtschaftsgericht die Höhe des zu erstattenden Mehrwertes bestimmen und auch festsetzen und damit selbst einen zur Zwangsvollstreckung geeigneten Titel über den Mehrwert schaffen.[29] Auch dieser Antrag kann, wie der Antrag nach Absatz 2, ohne Einhaltung einer Frist und noch vor Ausführung der Verwendungen gestellt werden, muss allerdings spätestens zusammen mit dem Antrag auf Zustimmungsersetzung und kann mit diesem gemeinsam gestellt werden.[30] Bei der Bestimmung des wirtschaftlichen Wertes des Betrie-

---

[23] *Lüdtke-Handjery*, Landpachtrecht, 4. Aufl. 1997, § 591 Rn. 12; a.A. *von Jeinsen* in: Staudinger, § 591 Rn. 30, die einen fälligen Ersatzanspruch bei vorzeitiger Rückgabe annehmen.
[24] *von Jeinsen* in: Staudinger, § 591 Rn. 26.
[25] BGH v. 16.03.2006 - III ZR 129/05 - juris Rn. 9 - NJW 2006, 1729-1731; a.A. *Lüdtke-Handjery*, Landpachtrecht, 4. Aufl. 1997, § 591 Rn. 17, wonach keine Beschränkung gilt, da der Verpächter den Verwendungen in Kenntnis seiner Ersatzpflicht zugestimmt habe bzw. Absatz 3 Satz 3 ein ausreichendes Korrektiv für die Fälle bilde, in denen dem Verpächter eine Ersatzpflicht nicht zuzumuten sei.
[26] *von Jeinsen* in: Staudinger, § 591 Rn. 37.
[27] *von Jeinsen* in: Staudinger, § 591 Rn. 37.
[28] *von Jeinsen* in: Staudinger, § 591 Rn. 44.
[29] BT-Drs. 10/509, S. 22.
[30] *von Jeinsen* in: Staudinger, § 591 Rn. 53.

bes ist der Betrag der Werterhöhung nach dem wirtschaftlichen Gebrauchswert in Geld zu schätzen, wie sich aus Art. 25 der Schätzungsordnung für das landwirtschaftliche Pachtwesen ergibt.[31]

IX. Mehrwertersatz durch Pachtfortsetzung (Absatz 3 Sätze 3 und 4)

Ist dem Verpächter ein Ersatz des Mehrwerts bei Beendigung des Pachtverhältnisses auch in Teilbeträgen nicht zuzumuten, so kann der Pächter nur verlangen, dass das Pachtverhältnis zu den bisherigen Bedingungen so lange fortgesetzt wird, bis der Mehrwert der Pachtsache abgegolten ist.

X. Antrag des Verpächters

Es ist allgemein anerkannt, dass der Verpächter, obwohl ihm ausdrücklich keine besondere Antragsbefugnis eingeräumt ist, berechtigt ist, im Wege einer negativen Feststellungsverfahrens zu beantragen, dass es sich z.B. nicht um nützliche der Erhaltung oder Steigerung der Rentabilität dienende Verwendungen handelt, sondern um notwendige oder Luxus-Verwendungen oder, dass es sich um eine erlaubnispflichtige Nutzungsänderung handelt.[32] Auch im Rahmen des Absatzes 3 steht dem Verpächter eine Antragsbefugnis auf negative Feststellung, dass ein Mehrwert bei Pachtende nicht besteht, zu.[33]

C. Prozessuale Hinweise/Verfahrenshinweise

Entscheidungen, die das Landwirtschaftsgericht nach den Absätzen 2 und 3 trifft, sind Landpachtsachen i.S.v. § 1 Nr. 1 LwVfG im Verfahren gem. § 9 LwVfG nach den Grundsätzen der freiwilligen Gerichtsbarkeit (näher zum Verfahren in Landwirtschaftssachen vgl. die Kommentierung zu § 585 BGB Rn. 31).

D. Anwendungsfelder – Übergangsrecht

§ 591 BGB gilt für Landpachtverträge. Für Landpachtverhältnisse, die bereits zum Zeitpunkt des In-Kraft-Tretens des Gesetzes zur Neuordnung des landwirtschaftlichen Pachtrechts am 01.07.1986 bestanden, gilt § 586 BGB aufgrund des durch Art. 2 Nr. 2 des Gesetzes zur Neuordnung des landwirtschaftlichen Pachtrechts eingefügten Art. 219 Abs. 1 EGBGB. Aus Art. 7 des Gesetzes zur Neuordnung des landwirtschaftlichen Pachtrechts ergibt sich die **Geltung** für Landpachtverhältnisse, die am oder ab dem 01.07.1986 begründet wurden.

---

[31] Abgedruckt in: *Lüdtke-Handjery*, Landpachtrecht, 4. Aufl. 1997, Anhang E.
[32] *von Jeinsen* in: Staudinger, § 591 Rn. 49.
[33] *von Jeinsen* in: Staudinger, § 591 Rn. 51.

§ 591a BGB Wegnahme von Einrichtungen

(Fassung vom 02.01.2002, gültig ab 01.01.2002)

¹Der Pächter ist berechtigt, eine Einrichtung, mit der er die Sache versehen hat, wegzunehmen. ²Der Verpächter kann die Ausübung des Wegnahmerechts durch Zahlung einer angemessenen Entschädigung abwenden, es sei denn, dass der Pächter ein berechtigtes Interesse an der Wegnahme hat. ³Eine Vereinbarung, durch die das Wegnahmerecht des Pächters ausgeschlossen wird, ist nur wirksam, wenn ein angemessener Ausgleich vorgesehen ist.

Gliederung

A. Grundlagen 1	II. Wegnahmerecht des Pächters 7
I. Kurzcharakteristik 1	III. Abwendungsrecht des Verpächters 9
II. Gesetzgebungsmaterialien 2	IV. Anzeigepflicht des Pächters 11
III. Normzweck 3	V. Verjährung 12
IV. Abdingbarkeit 4	C. Prozessuale Hinweise 13
B. Anwendungsvoraussetzungen 5	D. Anwendungsfelder 14
I. Einrichtungen 5	

A. Grundlagen

I. Kurzcharakteristik

1 Die Vorschrift regelt das Recht des Pächters, Einrichtungen, mit der er die Pachtsache versehen hat, wegzunehmen. § 591a BGB entspricht somit dem für das Mietrecht geltenden § 539 Abs. 2 BGB (vgl. die Kommentierung zu § 539 BGB).

II. Gesetzgebungsmaterialien

2 § 591a BGB wurde durch das **Gesetz zur Neuordnung des landwirtschaftlichen Pachtrechts** vom 08.11.1985, welches am 01.07.1986 in Kraft trat, neu eingefügt.[1]

III. Normzweck

3 Bis zum In-Kraft-Treten des **Gesetzes zur Neuordnung des landwirtschaftlichen Pachtrechts** vom 08.11.1985 am 01.07.1986 war die Regelung, wonach der Pächter zur Wegnahme von Einrichtungen, mit denen er die Pachtsache versehen hatte, berechtigt war, abdingbar. Folge war, dass das Wegnahmerecht des Pächters nicht selten eingeschränkt oder ganz ausgeschlossen wurde.[2] Um die Rechte des Pächters zu stärken wurde daher Satz 3 der Vorschrift eingefügt, wodurch Vereinbarungen entgegengewirkt werden sollte, die den Pächter nötigen, eine Einrichtung bei Beendigung der Pachtzeit ohne Anspruch auf Wertersatz zurückzulassen.[3] Die Norm sucht somit einen Ausgleich zwischen dem Pächterinteresse an Investitionen während der Pachtzeit und Kompensation am Ende der Pachtzeit einerseits und dem Verpächterinteresse an der Erhaltung des weiter entwickelten Betriebes andererseits.[4]

IV. Abdingbarkeit

4 Das Wegnahmerecht des Pächters kann gem. § 591a Satz 3 BGB nur dann wirksam ausgeschlossen werden, wenn ein angemessener Ausgleich vorgesehen ist. Satz 3 greift nicht, wenn die Wegnahme nicht ausgeschlossen, sondern nur eingeschränkt wird.[5] Allerdings sind dabei die Grundsätze aus

---

[1] BGBl I 1985, 2065.
[2] BT-Drs. 10/509, S. 22.
[3] BT-Drs. 10/509, S. 22.
[4] *von Jeinsen* in: Staudinger, § 591a Rn. 2.
[5] *Lüdtke-Handjery*, Landpachtrecht, 4. Aufl. 1997, § 591a Rn. 3.

§ 138 BGB, sowie bei Formularverträgen § 309 Nr. 6 BGB zu beachten.[6] Ein angemessener Ausgleich kann z.B. durch eine Herabsetzung der Pacht oder eine Verlängerung der Pachtzeit erreicht werden.[7] Dabei muss die Art des Ausgleiches nicht in der Vereinbarung festgelegt werden.[8] Zur Angemessenheit des Ausgleichs vgl. Abwendungsrecht (vgl. Rn. 9) des Verpächters.

B. Anwendungsvoraussetzungen

I. Einrichtungen

Unter Einrichtungen sind alle beweglichen Sachen zu verstehen, die mit der Sache verbunden und ferner dazu bestimmt sind, deren Zweck zu dienen.[9] Es ist unerheblich, ob die Einrichtung durch die Verbindung mit der Pachtsache zu deren wesentlichem Bestandteil geworden ist (vgl. die Kommentierung zu § 93 BGB, die Kommentierung zu § 94 BGB, die Kommentierung zu § 946 BGB und die Kommentierung zu § 947 BGB), ob der Pächter weiterhin Eigentümer ist oder sie in das Eigentum des Verpächters übergegangen ist.[10] Kein Wegnahmerecht besteht für Sachen, die der Ausbesserung der Pachtsache nach § 586 Abs. 1 Satz 2 BGB dienen, da sie zur Erhaltung der Sache erforderlich sind und der Pächter hierfür die Kosten zu tragen hat.[11] Gleiches gilt für vom Pächter eingefügte Sachen, die notwendige Verwendungen sind, da sie ebenfalls zur Erhaltung des vertragsgemäßen Zustandes der Pachtsache erforderlich sind und der Pächter hier bereits nach § 586 Abs. 2 Satz 1 BGB einen Ausgleich in Form des Verwendungsersatzanspruches gegenüber dem Verpächter erhält.[12] Damit beschränkt sich das Wegnahmerecht des Pächters auf Einrichtungen, die keine notwendigen Verwendungen, also nützliche Verwendungen oder Luxusverwendungen, sind.[13] Es besteht dabei jedoch kein Wahlschuldverhältnis zwischen dem Verwendungsersatzanspruch gem. § 591 BGB und der Wegnahme, denn der Vergütungsanspruch geht erst mit der Wegnahme unter.[14] **Beispiele** für **Einrichtungen** sind Beregnungsanlagen, Melkstände, Ölfeuerungsanlagen, Entmistungsanlagen, installierte Apparate, Maschinen, Beleuchtungsanlagen und dergleichen.[15] Keine Einrichtung ist die Milchquote, die der Pächter während der Pachtzeit erworben hat.[16]

Daneben kann der Pächter unabhängig davon, ob es sich um eine Einrichtung handelt oder nicht, einen Herausgabeanspruch gem. §§ 985, 258, 95 BGB haben, wenn es sich um einen Scheinbestandteil der Pachtsache i.S.d. § 95 BGB handelt, da dann das Eigentum an der Sache nicht gemäß § 946 BGB auf den Grundstückseigentümer übergeht. Ein Scheinbestandteil liegt vor, wenn die Verbindung oder Einfügung nur zu vorübergehendem Zweck erfolgt, wobei der Wille des Errichtenden zum Zeitpunkt der Errichtung entscheidend ist. So kann eine Maschinenhalle mit dem Pachtgrundstück lediglich zu einem vorübergehenden Zweck verbunden und folglich Scheinbestandteil sein, wenn die Lebensdauer der vom Pächter errichteten Halle eindeutig über die Dauer des Pachtverhältnisses hinausgeht.[17]

---

[6] *von Jeinsen* in: Staudinger, § 591a Rn. 17; differenzierend in Bezug auf § 309 Nr. 6 BGB *Lüdtke-Handjery*, Landpachtrecht, 4. Aufl. 1997, § 591a Rn. 3, der die Anwendung des § 309 Nr. 6 BGB nur für die Fälle bejaht, in denen der Pächter das Vertragsverhältnis beendet und sein Wegnahmerecht beschränkt ist.
[7] *Jendrek* in: Erman, Handkommentar BGB, 12. Aufl. 2008, § 591a Rn. 4.
[8] *Weidenkaff* in: Palandt, § 591a Rn. 2.
[9] Vgl. für die Pacht m.w.N. BGH v. 13.05.1987 - VIII ZR 136/86 - juris Rn. 17 - BGHZ 101, 37-48.
[10] *Heintzmann* in: Soergel, § 539 Rn. 19.
[11] BT-Drs. 10/509, S. 22.
[12] BT-Drs. 10/509, S. 22.
[13] BT-Drs. 10/509, S. 22.
[14] BGH v. 23.10.1953 - V ZR 38/52 - LM Nr. 6 zu § 946 BGB.
[15] *Lüdtke-Handjery*, Landpachtrecht, 4. Aufl. 1997, § 591a Rn. 7.
[16] OLG Schleswig v. 12.06.1990 - 3 U 8/89 - SchlHA 1990, 156-157.
[17] OLG Celle v. 01.09.2004 - 7 U 71/04 (L) - RdL 2005, 37-38.

II. Wegnahmerecht des Pächters

7 Der Pächter ist – gleichgültig, ob die Einrichtung in seinem oder durch Verbindung im Eigentum des Verpächters steht – zur Wegnahme einer solchen Einrichtung befugt. Nach der Wegnahme muss der Pächter auf seine Kosten die Pachtsache gem. § 258 BGB in den vorherigen bzw. vertraglich vereinbarten Zustand versetzen. Der Pächter kann sein Wegnahmerecht **jederzeit**, also sowohl während der Dauer des Vertragsverhältnisses als auch aus Anlass seiner Beendigung, ausüben; nach der Rückgabe der Pachtsache gewährt das Wegnahmerecht einen Anspruch auf Duldung der Trennung und Herausgabe und, falls die Einrichtung durch Verbindung in das Eigentum des Verpächters übergegangen war, auf Duldung der Aneignung gegenüber dem Verpächter.[18]

8 Das Wegnahmerecht ist **ausgeschlossen**, wenn:
- das Wegnahmerecht wirksam abbedungen wurde,
- der Verpächter insoweit ein Verpächterpfandrecht geltend gemacht hat (vgl. die Kommentierung zu § 592 BGB),
- es sich um eine notwendige Verwendung gem. § 590b BGB handelt,
- der Pächter auf das Wegnahmerecht, etwa durch die Geltendmachung von Mehrwert-Ansprüchen nach § 591 Abs. 2 BGB, konkludent verzichtet hat,
- die Wiederherstellung des ursprünglichen Zustandes nach der Wegnahme der Einrichtung unmöglich ist oder
- die Abwendungsbefugnis des Verpächters gem. § 591a Satz 2 BGB greift.[19]

III. Abwendungsrecht des Verpächters

9 Der Verpächter kann die Wegnahme von Einrichtungen durch den Pächter durch die Zahlung einer Entschädigung abwenden, solange der Pächter kein berechtigtes Interesse an der Wegnahme hat. Dies setzt voraus, dass der Verpächter dem Pächter eindeutig seine Übernahme- und Zahlungsbereitschaft erklärt.[20] Bei der Beurteilung der Angemessenheit der Zahlung ist der Verkehrswert der Einrichtung zum Zeitpunkt der beabsichtigten Wegnahme maßgeblich, wobei die Kosten für den Ausbau und die Wiederherstellung des ursprünglichen Zustandes abzusetzen sind.[21] Sobald der Pächter sein Wegnahmerecht ausgeübt hat, erlischt das Abwendungsrecht des Verpächters.[22]

10 Hat der Pächter ein berechtigtes Interesse an der Wegnahme der Einrichtung, so kann der Verpächter die Wegnahme nicht abwenden. Dabei reicht bereits jedes rechtlich erlaubte Interesse aus, welches nicht das Interesse des Verpächters zu überwiegen braucht, da keine Abwägung stattfindet.[23] Berechtigt ist das Interesse des Pächters z.B. bei niedrigen Demontage- und Wiederherstellungskosten bei einem hohen Nutz- und Wiederveräußerungswert der Einrichtung oder bei der Möglichkeit, die Einrichtung im eigenen Betrieb noch längerfristig nutzen zu können oder einem begründeten Affektionsinteresse.[24]

IV. Anzeigepflicht des Pächters

11 Grundsätzlich besteht keine generelle Anzeigepflicht des Pächters gegenüber dem Verpächter und zwar weder für den Zeitpunkt der Schaffung der Einrichtung noch für den Zeitpunkt der Wegnahme. Jedoch kann sich aus Treu und Glauben sowie einer Hinzuziehung des Rechtsgedankens aus § 469

---

[18] *von Jeinsen* in: Staudinger, § 591a Rn. 7.
[19] *Lüdtke-Handjery*, Landpachtrecht, 4. Aufl. 1997, § 591a Rn. 12.
[20] *von Jeinsen* in: Staudinger, § 591a Rn. 12.
[21] BGH v. 14.07.1969 - VIII ZR 5/68 - LM Nr. 2 zu Mietvertrag, Deutscher Einheitsmietvertrag.
[22] *Lüdtke-Handjery*, Landpachtrecht, 4. Aufl. 1997, § 591a Rn. 14.
[23] *Heintzmann* in: Soergel, § 552 Rn. 4.
[24] *Lüdtke-Handjery*, Landpachtrecht, 4. Aufl. 1997, § 591a Rn. 15.

BGB und § 593a Satz 2 BGB eine Anzeigepflicht ergeben, da ansonsten das Abwendungsrecht des Verpächters praktisch nicht mehr durchsetzbar ist.[25]

V. Verjährung

Das Wegnahmerecht unterliegt der kurzen Verjährung des § 591b BGB. 12

C. Prozessuale Hinweise

Für Streitigkeiten, die sich aus § 591a BGB ergeben, ist das Amtsgericht als Landwirtschaftsgericht gem. § 1 Nr. 1a LwVfG zuständig, welches gem. § 48 LwVfG im **streitigen Verfahren** entscheidet (näher zum Verfahren in Landwirtschaftssachen vgl. die Kommentierung zu § 585 BGB Rn. 31). 13

D. Anwendungsfelder

Übergangsrecht: § 591a BGB gilt für Landpachtverträge i.S.v. § 585 BGB. Für Verträge, die vor dem In-Kraft-Treten des **Gesetzes zur Neuordnung des landwirtschaftlichen Pachtrechts** am 01.07.1986 geschlossen worden sind, gilt § 591a BGB nach Maßgabe von Art. 219 EGBGB. 14

---

[25] Für eine generelle Anzeigepflicht mit der Konsequenz eines Schadensersatzanspruches aus § 280 BGB im Falle der Nichtbeachtung *von Jeinsen* in: Staudinger, § 591a Rn. 8; für eine Anzeigepflicht nur unter besonderen Umständen *Lüdtke-Handjery*, Landpachtrecht, 4. Aufl. 1997, § 591a Rn. 18; gegen eine Anzeigepflicht *Heintzmann* in: Soergel, § 591a Rn. 12.

§ 591b BGB Verjährung von Ersatzansprüchen

(Fassung vom 02.01.2002, gültig ab 01.01.2002)

(1) Die Ersatzansprüche des Verpächters wegen Veränderung oder Verschlechterung der verpachteten Sache sowie die Ansprüche des Pächters auf Ersatz von Verwendungen oder auf Gestattung der Wegnahme einer Einrichtung verjähren in sechs Monaten.

(2) ¹Die Verjährung der Ersatzansprüche des Verpächters beginnt mit dem Zeitpunkt, in welchem er die Sache zurückerhält. ²Die Verjährung der Ansprüche des Pächters beginnt mit der Beendigung des Pachtverhältnisses.

(3) Mit der Verjährung des Anspruchs des Verpächters auf Rückgabe der Sache verjähren auch die Ersatzansprüche des Verpächters.

Gliederung

A. Grundlagen	1	B. Anwendungsvoraussetzungen	5
I. Kurzcharakteristik	1	I. Verjährung der Verpächteransprüche	5
II. Gesetzgebungsmaterialien	2	II. Verjährung der Pächteransprüche	8
III. Normzweck	3	C. Prozessuale Hinweise	9
IV. Abdingbarkeit	4	D. Anwendungsfelder	10

A. Grundlagen

I. Kurzcharakteristik

1 § 591b BGB enthält die für die Landpacht geltende Verjährungsregelung. Sie ist inhaltsgleich mit der entsprechenden Vorschrift für die Miete, § 548 BGB (vgl. die Kommentierung zu § 548 BGB). Entsprechend ihrer Zwecksetzung (vgl. Rn. 3) ist die Vorschrift weit auszulegen, sie gilt daher nicht nur für die vertraglichen Ansprüche, sondern für alle Ansprüche wegen Veränderung und Verschlechterung der verpachteten Sache sowie den Ersatz von Verwendungen und Gestattung der Wegnahme einer Einrichtung.[1]

II. Gesetzgebungsmaterialien

2 § 591b BGB wurde durch das **Gesetz zur Neuordnung des landwirtschaftlichen Pachtrechts** vom 08.11.1985, welches am 01.07.1986 in Kraft trat, neu eingefügt.[2]

III. Normzweck

3 Zweck der in § 591b BGB bestimmten kurzen Verjährungsfrist ist es, zu gewährleisten, dass die Parteien eines Landpachtvertrages sich nach der Beendigung des Vertragsverhältnisses rasch auseinandersetzen und insbesondere die Ansprüche wegen des Zustandes der überlassenen Sache bei ihrer Rückgabe beschleunigt geklärt werden können.[3]

IV. Abdingbarkeit

4 § 591b BGB unterliegt der Disposition der Parteien innerhalb des durch § 202 BGB (vgl. die Kommentierung zu § 202 BGB) gesteckten Rahmens. Danach sind vertragliche Verjährungserleichterungen grundsätzlich zulässig. Bei formularmäßig abgeschlossenen Verträgen sind die Besonderheiten der § 307 BGB und § 309 Nr. 8 lit. b sublit. ee und ff BGB zu beachten (vgl. die Kommentierung zu § 307

---

[1] *Lüdtke-Handjery*, Landpachtrecht, 4. Aufl. 1997, § 591b Rn. 5.
[2] BGBl I 1985, 2065.
[3] BT-Drs. 10/509, S. 23; BGH v. 28.04.1995 - LwZR 9/94 - juris Rn. 15 - BGHZ 129, 282-290 m.w.N.; BGH v. 27.04.2001 - LwZR 6/00 - juris Rn. 11 - LM BGB § 591b Nr. 6 (3/2002).

BGB und die Kommentierung zu § 309 BGB). Unzulässig ist dagegen die rechtsgeschäftliche Erleichterung der Verjährung im Voraus bei einer Haftung wegen Vorsatzes und die Erschwerung der Verjährung über eine Verjährungsfrist von dreißig Jahren hinaus.

B. Anwendungsvoraussetzungen

I. Verjährung der Verpächteransprüche

Die Vorschrift greift nur für diejenigen Verpächteransprüche, die ihren Grund in einer Veränderung oder Verschlechterung der Pachtsache haben. Dies umfasst sowohl vertragliche als auch deliktische Ansprüche unabhängig davon, ob sie auf Zahlung oder Wiederherstellung gerichtet sind; Gleiches gilt für Ersatzansprüche wegen Unterlassung der vertraglich übernommenen Wiederherstellung des früheren Zustandes der Pachtsache.[4] Ansprüche, die auf einer Verletzung der Verpflichtung des Pächters aus den §§ 582, 582a, 586 Abs. 1 Satz 2, 590, 596a, 596b BGB beruhen, sowie Ansprüche des Verpächters wegen Verletzung der Obhuts- und Anzeigepflichten durch den Pächter und aus sonstigen Nebenpflichtverletzungen unterfallen ebenfalls der kurzen Verjährungsfrist.[5] **Nicht** innerhalb der kurzen Verjährungsfrist gem. § 591b BGB sondern gem. § 852 BGB verjähren Ansprüche aus § 826 BGB, da Haftungsgrund hier nicht eine Beschädigung der Pachtsache, sondern eine vorsätzliche sittenwidrige Schädigung ist und somit der Normzweck von § 591b BGB eine Erfassung nicht gebietet.[6] Ebenfalls nicht der kurzen Verjährung des § 591b BGB unterliegt der Anspruch auf Herausgabe des aufgrund von Milchreferenzmengen erlangten Subventionsvorteils aus § 812 Abs. 1 Satz 1 BGB, während der Schadensersatzanspruch des Verpächters, der darauf beruht, dass der Pächter die Milchreferenzmenge veräußert hat, nach § 591b BGB verjährt.[7]

Die Verjährung der Ansprüche **beginnt** in dem Zeitpunkt, in welchem der Verpächter die Pachtsache zurückerhalten hat. „Zurückerhalten" hat der Verpächter die Pachtsache, sobald er freien Zutritt zu ihr erlangt hat, um sie auf Veränderungen oder Mängel untersuchen zu können.[8] Es ist dabei gleichgültig, ob zur Zeit der Rückgabe das Vertragsverhältnis bereits beendet ist. Die Verjährung beginnt auch dann mit der Rückgabe der Pachtsache, wenn im Vertrag vereinbart ist, der Pächter habe den früheren Zustand nur auf Verlangen des Verpächters wiederherzustellen, auch wenn der Verpächter noch nicht erklärt hat, ob er die Wiederherstellung des früheren Zustandes verlangen oder die von der Beklagten errichteten Anlagen gegen Entschädigung behalten will.[9]

Die Verjährung der Ersatzansprüche des Verpächters erfolgt gem. Absatz 3 jedenfalls mit der Verjährung des Anspruchs auf Rückgabe der Pachtsache, welcher der regelmäßigen Verjährungsfrist von drei Jahren unterliegt (vgl. die Kommentierung zu § 195 BGB).

II. Verjährung der Pächteransprüche

Nach § 591b BGB verjähren in erster Linie die Ansprüche des Pächters auf Verwendungsersatz nach §§ 590b, 591 Abs. 1 BGB sowie auf Gestattung der Wegnahme von Einrichtungen. Für den Beginn der Verjährung ist die rechtliche und nicht die tatsächliche Beendigung des Pachtverhältnisses maßgeblich.[10]

C. Prozessuale Hinweise

Die Art des Verfahrens bei Streitigkeiten über die Verjährungsfrage richtet sich nach der Art des jeweils geltend gemachten Anspruches und kann sich daher entweder nach der ZPO oder dem Verfahren

---

[4] BGH v. 07.11.1979 - VIII ZR 291/78 - juris Rn. 13 - LM Nr. 41 zu § 581 BGB.
[5] *Lüdtke-Handjery*, Landpachtrecht, 4. Aufl. 1997, § 591b Rn. 9.
[6] BGH v. 27.04.2001 - LwZR 6/00 - juris Rn. 11 - LM BGB § 591b Nr. 6 (3/2002).
[7] OLG Celle v. 30.06.2004 - 7 U 27/04 (L) - juris Rn. 41 - OLGR Celle 2005, 178-180.
[8] BGH v. 07.11.1979 - VIII ZR 291/78 - juris Rn. 17 - LM Nr. 41 zu § 581 BGB.
[9] BGH v. 07.11.1979 - VIII ZR 291/78 - LM Nr. 41 zu § 581 BGB.
[10] *Heintzmann* in: Soergel, § 548 Rn. 17.

der freiwilligen Gerichtsbarkeit richten (näher zum Verfahren in Landwirtschaftssachen vgl. die Kommentierung zu § 585 BGB Rn. 31).

D. Anwendungsfelder

10 **Übergangsrecht**: § 591b BGB gilt für Landpachtverträge i.S.v. § 585 BGB. Für Verträge, die vor dem In-Kraft-Treten des **Gesetzes zur Neuordnung des landwirtschaftlichen Pachtrechts** am 01.07.1986 geschlossen worden sind, gilt § 591b BGB nach Maßgabe von Art. 219 EGBGB. Gem. Art. 232 § 3 Abs. 1 EGBGB richten sich Pachtverhältnisse aufgrund von Verträgen, die vor dem Wirksamwerden des Beitritts geschlossen worden sind, nach den Vorschriften des BGB.

§ 592 BGB Verpächterpfandrecht

(Fassung vom 02.01.2002, gültig ab 01.01.2002)

¹Der Verpächter hat für seine Forderungen aus dem Pachtverhältnis ein Pfandrecht an den eingebrachten Sachen des Pächters sowie an den Früchten der Pachtsache. ²Für künftige Entschädigungsforderungen kann das Pfandrecht nicht geltend gemacht werden. ³Mit Ausnahme der in § 811 Abs. 1 Nr. 4 der Zivilprozessordnung genannten Sachen erstreckt sich das Pfandrecht nicht auf Sachen, die der Pfändung nicht unterworfen sind. ⁴Die Vorschriften der §§ 562a bis 562c gelten entsprechend.

Gliederung

A. Grundlagen... 1	2. Früchte 10
I. Kurzcharakteristik................................. 1	3. Gesicherte Forderungen...................... 11
II. Gesetzgebungsmaterialien...................... 2	4. Künftige Entschädigungsforderungen............ 12
III. Normzweck.. 3	II. Konkurrenzen..................................... 13
IV. Abdingbarkeit 4	III. Selbsthilfe, Sicherheitsleistung................. 14
B. Anwendungsvoraussetzungen 6	C. Prozessuale Hinweise........................... 15
I. Pächterpfandrecht 6	D. Anwendungsfelder............................... 17
1. Eingebrachte Sachen............................. 7	

A. Grundlagen

I. Kurzcharakteristik

§ 592 BGB räumt dem Verpächter landwirtschaftlicher Grundstücke ein gesetzliches Pfandrecht zur Sicherung seiner Forderungen gegen den Pächter in den von den §§ 562a-562c BGB gesetzten Grenzen (vgl. die Kommentierung zu § 562a BGB, die Kommentierung zu § 562b BGB und die Kommentierung zu § 562c BGB) ein. Grundsätzlich sind alle Forderungen des Verpächters gegenüber dem Pächter aus dem Landpachtverhältnis pfandrechtsbewehrt. Ausgenommen sind lediglich künftige Forderungen und die nicht der Pfändung unterworfenen Sachen mit Ausnahme der nach § 811 Abs. 1 Nr. 4 ZPO unpfändbaren Gegenstände. Anders als beim Mietvertrag gem. § 562 Abs. 2 BGB oder allgemeinen Pachtvertrag gem. § 581 Abs. 2 BGB i.V.m. § 562 Abs. 2 BGB kann das Verpächterpfandrecht gem. § 592 BGB auch für eine spätere Zeit als das laufende und das folgende Pachtjahr geltend gemacht werden.

1

II. Gesetzgebungsmaterialien

§ 592 BGB entspricht der bis zum Erlass des **Gesetzes zur Neuordnung des landwirtschaftlichen Pachtrechts** vom 08.11.1985,[1] welches am 01.07.1986 in Kraft trat, geltenden Regelung, die sich bis dahin aus §§ 559-562 BGB a.F. i.V.m. § 581 Abs. 2 BGB a.F. und § 585 BGB a.F. ergab.[2]

2

III. Normzweck

Zweck des § 592 BGB ist es, den **Verpächter** landwirtschaftlicher Grundstücke wegen seiner Forderungen gegen den Pächter aus dem Pachtverhältnis durch ein Pfandrecht an den eingebrachten Sachen und den Früchten der Pachtsache **abzusichern**.

3

IV. Abdingbarkeit

Die Vorschrift kann grundsätzlich von den Vertragsparteien abbedungen werden. Zwingend ist jedoch der in § 592 Satz 3 BGB enthaltene Pfandrechtsausschluss.[3] Da Satz 3 dem Schutz der Pächterinteres-

4

---

[1] BGBl I 1985, 2065.
[2] Vgl. BT-Drs. 10/509, S. 23.
[3] *Lüdtke-Handjery*, Landpachtrecht, 4. Aufl. 1997, § 592 Rn. 2; *Weidenkaff* in: Palandt, § 592 Rn. 1; *Heintzmann* in: Soergel, § 592 Rn. 15; *Ebert* in: Hk-BGB, § 592 Rn. 5; für den dispositiven Charakter jedoch *von Jeinsen* in: Staudinger, § 592 Rn. 37.

§ 592

sen dient, ist es jedoch zulässig, die in § 811 Abs. 1 Nr. 4 ZPO genannten Gegenstände durch Parteivereinbarung der Pfändung zu entziehen.[4]

5 Der Pächter kann allerdings einzelne unpfändbare Gegenstände unter Übergabe der Pfandsache an den Verpächter nach § 1204 BGB verpfänden. Ein solches vertragliches Pfandrecht kann auch formularmäßig wirksam vereinbart werden.[5]

B. Anwendungsvoraussetzungen

I. Pächterpfandrecht

6 Über § 1257 BGB finden die Vorschriften über das durch Rechtsgeschäft bestellte Pfandrecht auf das kraft Gesetzes entstandene Verpächterpfandrecht entsprechende Anwendung (vgl. die Kommentierung zu § 1257 BGB). Da die Bestimmungen, die den Besitz des Pfandobjektes voraussetzen, naturgemäß nicht anwendbar sind, ist der gutgläubige Erwerb des gesetzlichen Verpächterpfandrechts ausgeschlossen.[6]

1. Eingebrachte Sachen

7 Aufgrund von § 592 Satz 3 BGB ist das Verpächterpfandrecht bei der Landpacht gegenüber dem gesetzlichen Pfandrecht des Vermieters oder sonstigen Verpächters erweitert, da auch an den in § 811 Abs. 1 Nr. 4 ZPO genannten Gegenständen, nämlich das zum Wirtschaftsbetrieb erforderliche Gerät und Vieh nebst dem nötigen Dünger sowie den landwirtschaftlichen Erzeugnissen, die zur Betriebsfortführung oder zur Unterhaltssicherung des Pächters, seiner Familie und seiner Arbeitnehmer oder zur Fortführung der Wirtschaft bis zur nächsten Ernte gleicher oder ähnlicher Erzeugnisse erforderlich sind, ein Pfandrecht besteht.

8 **Sachen** sind alle körperlichen Gegenstände i.S.v. § 90 BGB (vgl. die Kommentierung zu § 90 BGB). Gegenstand des Pfandrechts sind nicht solche Sachen, die bestimmungswidrig auf der Pachtsache sind, wobei für das Bestimmtsein nicht ein Willensakt des Pächters sondern allein die Verkehrsanschauung maßgeblich ist.[7] Dem Verpächterpfandrecht unterfallen ferner auch alle Urkunden mit einem eigenen Vermögenswert, wie etwa Inhaberpapiere, Schecks, Wechsel und Banknoten, nicht dagegen bloße Legitimationspapiere oder Beweisurkunden wie Sparkassenbücher, Hypothekenbriefe oder Versicherungspolicen.[8] Nicht vom Verpächterpfandrecht erfasst sind ferner Ansprüche oder Forderungen des Pächters, und zwar auch dann nicht, wenn sie diesem wegen Verlust oder Untergang von eingebrachten Sachen gegenüber einem Dritten zustehen.[9] Das Verpächterpfandrecht berechtigt ferner nicht zur Nutzung des gepfändeten Inventars; bei unberechtigter Nutzung steht dem Pächter ein Anspruch auf Nutzungsentschädigung zu.[10]

9 Eingebracht im rechtlichen Sinne ist eine Sache dann, wenn der Pächter sie in den durch das Pachtverhältnis vermittelten Machtbereich des Verpächters gebracht hat.[11] Die Einbringung muss auf eine gewisse Dauer angelegt sein, willentlich erfolgen, nicht nur zu einem vorübergehenden Zweck und während der Vertragsdauer erfolgen.[12]

2. Früchte

10 Auch die Früchte der Pachtsache – zum Begriff vgl. die Kommentierung zu § 99 BGB – erfasst das Verpächterpfandrecht. Da dem Verpächter nach h.M. auch schon vor der Trennung der Früchte ein

---

[4] *Lüdtke-Handjery*, Landpachtrecht, 4. Aufl. 1997, § 592 Rn. 2.
[5] BGH v. 04.05.1977 - VIII ZR 3/76 - juris Rn. 12 - BGHZ 68, 323-331.
[6] Vgl. BGH v. 21.12.1960 - VIII ZR 146/59 - BGHZ 34, 153-158.
[7] RG v. 16.03.1931 - VIII 632/30 - RGZ 132, 116-122.
[8] *Lüdtke-Handjery*, Landpachtrecht, 4. Aufl. 1997, § 592 Rn. 10.
[9] *von Jeinsen* in: Staudinger, § 592 Rn. 9.
[10] LG Münster v. 10.02.2004 - 4 O 119/03 - MietRB 2004, 232.
[11] *von Jeinsen* in: Staudinger, § 592 Rn. 10.
[12] *von Jeinsen* in: Staudinger, § 592 Rn. 10; vgl. näher hierzu auch die Kommentierung zu § 562 BGB.

Pfandrecht zukommt, hat der Verpächter Vorrang vor jedem anderen Pfändungsgläubiger, der in die Früchte gem. § 810 ZPO nicht früher als einen Monat vor der gewöhnlichen Zeit der Reife vollstrecken darf[13] und kann daher auf vorzugsweise Befriedigung klagen.

3. Gesicherte Forderungen

Das Verpächterpfandrecht entsteht für alle gegenwärtigen und zukünftigen Forderungen aus dem Pachtverhältnis. Nicht nur Pachtzinsforderungen sondern auch die sog. Nebenkosten, die der Pächter entweder kraft Gesetzes oder aufgrund einer vertraglichen Vereinbarung tragen muss, sowie der Zahlungsanspruch des Verpächters aufgrund einer Inventarübernahme durch den Pächter werden vom Verpächterpfandrecht erfasst.[14] Ferner sind Entschädigungsansprüche aus § 596 BGB erfasst, aus vorzeitiger Vertragsauflösung, aus der Nichteinhaltung von Anzeige- und Meldepflichten, aus der Beschädigung der Pachtsache aufgrund vertragswidrigen Gebrauchs sowie die Kosten der entsprechenden Rechtsverfolgung.[15] Gewährt der Verpächter dem Pächter ein Darlehen zur Durchführung von Umbauten, zu denen sich der Pächter vertraglich verpflichtet hat, so ist sein Anspruch auf Rückerstattung durch das Verpächterpfandrecht gesichert.[16]

11

4. Künftige Entschädigungsforderungen

Nicht durch das Verpächterpfandrecht gesichert sind gem. Satz 2 künftige Entschädigungsforderungen. Dabei ist auf den Zeitpunkt der Geltendmachung des Pfandrechts abzustellen, wobei eine gerichtliche Geltendmachung nicht erforderlich ist.[17] Steht die Forderung zu diesem Zeitpunkt zwar dem Grunde nicht aber der Höhe nach fest, weil offen ist, welcher Schaden dem Verpächter tatsächlich entstehen wird, so handelt es sich um eine künftige, vom Verpächterpfandrecht nicht erfasste Forderung.[18]

12

II. Konkurrenzen

Das Verpächterpfandrecht kann mit einem rechtsgeschäftlich bestellten Pfandrecht oder dem Pfändungspfandrecht des Verpächters selbst oder eines Dritten in Konkurrenz stehen.[19] Zu beachten ist, dass nach dem DüngMSaatG vom 19.01.1949[20] Lieferanten von Düngemitteln und Saatgut für ihre Ansprüche aus Lieferung ein gesetzliches Pfandrecht an der Pfändung unterliegenden Grundstücksfrüchten zusteht, welches allen anderen dinglichen Rechten, und damit auch dem Verpächterpfandrecht vorgeht. Allerdings werden durch dieses Pfandrecht nicht erfasst die nach § 811 Abs. 1 Nr. 4 ZPO erfassten so genannten Wirtschaftsfrüchte i.S.v. § 98 Abs. 2 BGB, die dem Verpächterpfandrecht unterliegen.[21]

13

III. Selbsthilfe, Sicherheitsleistung

Die Vorschriften über die Selbsthilfe und die Sicherheitsleistung gelten nach Satz 4 entsprechend für das Verpächterpfandrecht (vgl. die Kommentierung zu § 562b BGB und die Kommentierung zu § 562c BGB).

14

C. Prozessuale Hinweise

Der Verpächter muss die Voraussetzungen seines Verpächterpfandrechts beweisen, und zwar insbesondere auch, dass der Pächter Eigentümer der eingebrachten Sache ist, wobei nicht gem. § 1006 BGB die Eigentumsvermutung beim Verpächter liegt.[22]

15

---

[13] von *Jeinsen* in: Staudinger, § 592 Rn. 12.
[14] von *Jeinsen* in: Staudinger, § 592 Rn. 6.
[15] *Lüdtke-Handjery*, Landpachtrecht, 4. Aufl. 1997, § 592 Rn. 16.
[16] BGH v. 06.12.1972 - VIII ZR 179/71 - BGHZ 60, 22-28.
[17] Vgl. für das Mietrecht BGH v. 08.03.1972 - VIII ZR 183/70 - LM Nr. 51 zu § 525 BGB.
[18] *Lüdtke-Handjery*, Landpachtrecht, 4. Aufl. 1997, § 592 Rn. 17.
[19] *Lüdtke-Handjery*, Landpachtrecht, 4. Aufl. 1997, § 592 Rn. 24.
[20] BGBl III 1949, 11 i.d.F. des Gesetzes vom 30.07.1951; BGBl I, 476.
[21] von *Jeinsen* in: Staudinger, § 592 Rn. 14.
[22] *Lüdtke-Handjery*, Landpachtrecht, 4. Aufl. 1997, § 592 Rn. 26, RG v. 21.01.1935 - IV 261/34 - RGZ 146, 334-340.

16 Für Streitigkeiten, die sich aus § 592 BGB ergeben, ist das Amtsgericht als Landwirtschaftsgericht gem. § 1 Nr. 1a LwVfG, welches gem. § 48 LwVfG im **streitigen Verfahren** entscheidet, zuständig (näher zum Verfahren in Landwirtschaftssachen vgl. die Kommentierung zu § 585 BGB Rn. 31).

D. Anwendungsfelder

17 **Übergangsrecht**: § 592 BGB gilt für Landpachtverträge i.S.v. § 585 BGB. Für Verträge, die vor dem In-Kraft-Treten des **Gesetzes zur Neuordnung des landwirtschaftlichen Pachtrechts** am 01.07.1986 geschlossen worden sind, gilt § 592 BGB nach Maßgabe von Art. 219 EGBGB. Gem. Art. 232 § 3 Abs. 1 EGBGB richten sich Pachtverhältnisse aufgrund von Verträgen, die vor dem Wirksamwerden des Beitritts geschlossen worden sind, nach den Vorschriften des BGB.

§ 593 BGB Änderung von Landpachtverträgen

(Fassung vom 02.01.2002, gültig ab 01.01.2002)

(1) ¹Haben sich nach Abschluss des Pachtvertrags die Verhältnisse, die für die Festsetzung der Vertragsleistungen maßgebend waren, nachhaltig so geändert, dass die gegenseitigen Verpflichtungen in ein grobes Missverhältnis zueinander geraten sind, so kann jeder Vertragsteil eine Änderung des Vertrags mit Ausnahme der Pachtdauer verlangen. ²Verbessert oder verschlechtert sich infolge der Bewirtschaftung der Pachtsache durch den Pächter deren Ertrag, so kann, soweit nichts anderes vereinbart ist, eine Änderung der Pacht nicht verlangt werden.

(2) ¹Eine Änderung kann frühestens zwei Jahre nach Beginn des Pachtverhältnisses oder nach dem Wirksamwerden der letzten Änderung der Vertragsleistungen verlangt werden. ²Dies gilt nicht, wenn verwüstende Naturereignisse, gegen die ein Versicherungsschutz nicht üblich ist, das Verhältnis der Vertragsleistungen grundlegend und nachhaltig verändert haben.

(3) Die Änderung kann nicht für eine frühere Zeit als für das Pachtjahr verlangt werden, in dem das Änderungsverlangen erklärt wird.

(4) Weigert sich ein Vertragsteil, in eine Änderung des Vertrags einzuwilligen, so kann der andere Teil die Entscheidung des Landwirtschaftsgerichts beantragen.

(5) ¹Auf das Recht, eine Änderung des Vertrags nach den Absätzen 1 bis 4 zu verlangen, kann nicht verzichtet werden. ²Eine Vereinbarung, dass einem Vertragsteil besondere Nachteile oder Vorteile erwachsen sollen, wenn er die Rechte nach den Absätzen 1 bis 4 ausübt oder nicht ausübt, ist unwirksam.

Gliederung

A. Grundlagen	1	I. Wesentliche und nachhaltige Änderung der Verhältnisse	5
I. Kurzcharakteristik	1	II. Grobes Missverhältnis	7
II. Gesetzgebungsmaterialien	2	III. Zwei-Jahres-Frist	8
III. Normzweck	3	IV. Wirkung (Absatz 3)	9
IV. Abdingbarkeit	4	**C. Prozessuale Hinweise**	10
B. Anwendungsvoraussetzungen	5	**D. Anwendungsfelder**	12

A. Grundlagen

I. Kurzcharakteristik

§ 593 BGB regelt die Anpassung der vertraglichen Leistungen, wenn geänderte Verhältnisse dies erfordern. Es handelt sich somit um eine spezielle Regelung für Fälle der Störung der Geschäftsgrundlage (vgl. die Kommentierung zu § 313 BGB). 1

II. Gesetzgebungsmaterialien

§ 593 BGB wurde durch das **Gesetz zur Neuordnung des landwirtschaftlichen Pachtrechts** vom 08.11.1985, welches am 01.07.1986 in Kraft trat, neu eingefügt,[1] und übernimmt – in teilweise abgeänderter Form – die bis dahin geltende Regelung des § 7 LPachtG. Abweichend von § 7 LPachtG ist seitdem für die Beurteilung des groben Missverhältnisses nicht mehr die Vertragsdauer, sondern vielmehr die Nachhaltigkeit zu berücksichtigen.[2] Ferner brachte die Änderung, dass eine Anrufung 2

---

[1] BGBl I 1985, 2065.
[2] Vgl. BT-Drs. 10/509, S. 23.

des Landwirtschaftsgerichtes erst nach einem erfolglosen Änderungsverlangen des einen Vertragsteiles möglich ist.[3]

III. Normzweck

Als Dauerschuldverhältnisse sind Landpachtverträge besonders anfällig für Änderungen des Vertragsgegenstandes oder den Wegfall der Geschäftsgrundlage. § 593 BGB enthält eine besondere Konkretisierung und Ausprägung des allgemeinen Grundsatzes über die Vertragsanpassung bei Wegfall oder Änderung der Geschäftsgrundlage und schafft so einen gerechten **Interessenausgleich** zwischen Pächter und Verpächter.[4] Zweck der Regelung ist es, den an einer längerfristigen Bindung durch einen Landpachtvertrag Interessierten, die Scheu vor einer agrarpolitisch wünschenswerten langfristigen Bindung zu nehmen. Daneben soll jedoch der Pächter nach wie vor das Risiko einer schlechten Bewirtschaftung tragen.[5] Schließlich sollen dadurch, dass für die Inanspruchnahme der Gerichte zunächst ein erfolgloses Änderungsverlangen einer Vertragspartei erforderlich ist, die Gerichte entlastet werden.[6] Die Vorschrift ist gem. Absatz 5 unabdingbar, um den oft wirtschaftlich schwächeren Pächter im öffentlichen Interesse vor den ihm drohenden typischen Beeinträchtigungen seiner Existenzgrundlage abzuschirmen.[7]

IV. Abdingbarkeit

Nach Absatz 5 ist § 593 BGB grundsätzlich **unabdingbar**. Zulässig ist jedoch eine Vereinbarung, wonach der Pachtzins in Anlehnung an den Preisindex des Statistischen Bundesamtes angepasst wird und daneben alle zehn Jahre der Pachtzins durch einen Schiedsgutachter bestimmt werden kann.[8]

B. Anwendungsvoraussetzungen

I. Wesentliche und nachhaltige Änderung der Verhältnisse

Verhältnisse sind die wirtschaftlichen Rahmenbedingungen, unter denen das Vertragsverhältnis begonnen wurde.[9] Diese Verhältnisse, die für die Verpflichtungen der Vertragsparteien maßgeblich waren, müssen sich durch äußere, von ihrem Willen unabhängige Ereignisse erheblich geändert haben, und zwar derart, dass Leistung und Gegenleistung aus dem ursprünglichen Vertrag nachhaltig in ein Ungleichgewicht geraten sind.[10] Für die Überprüfung der Nachhaltigkeit der Änderung bedarf es eines Vergleiches der allgemeinen Pachthöhe, wie sie bei Abschluss des Pachtvertrages von den Parteien zugrunde gelegt wurde, mit der begehrten Pacht unter Berücksichtigung der Entwicklung der allgemeinen wirtschaftlichen Verhältnisse sowie der speziellen Gegebenheiten auf dem Pachtsektor in dem betroffenen räumlichen Bereich.[11] Den Rahmen für den Umfang der Neufestsetzung bilden dabei die für das Beanstandungsverfahren nach § 4 LPachtVG entwickelten Grundsätze, da nach § 2 Abs. 1 Satz 2 LPachtVG eine Möglichkeit der Beanstandung auch bei vereinbarten Änderungen der Vertragsleistung besteht und somit im Falle einer Anpassung des Pachtpreises nach § 593 BGB nichts anderes gelten kann.[12] Zu berücksichtigen sind nur Änderungen der Verhältnisse, die nach Vertragsschluss eingetreten

---

[3] BT-Drs. 10/509, S. 23.
[4] BGH v. 29.11.1996 - BLw 48/95 - juris Rn. 10 - BGHZ 134, 158-165.
[5] OLG Celle v. 16.07.1973 - 7 WLw 38/72.
[6] BT-Drs. 10/509, S. 23.
[7] *von Jeinsen* in: Staudinger, § 593 Rn. 1.
[8] OLG Stuttgart v. 11.12.1990 - 10 U 131/90 - RdL 1991, 205-207.
[9] *von Jeinsen* in: Staudinger, § 593 Rn. 11.
[10] OLG Oldenburg v. 20.07.1989 - 10 WLw 3/89 - juris Rn. 10 - RdL 1989, 301-302.
[11] OLG Koblenz v. 09.01.1990 - 3 W 196/89 - RdL 1990, 93-94; OLG Oldenburg v. 20.07.1989 - 10 WLw 3/89 - juris Rn. 10 - RdL 1989, 301-302.
[12] BGH v. 29.11.1996 - BLw 48/95 - BGHZ 134, 158-165; OLG Oldenburg v. 20.07.1989 - 10 WLw 3/89 - juris Rn. 12 - RdL 1989, 301-302; BGH v. 05.03.1999 - BLw 53/98 - juris Rn. 4 - LM BGB § 593 Nr. 3 (10/1999); BGH v. 29.11.1996 - BLw 48/95 - BGHZ 134, 158-165; anders noch OLG Koblenz v. 09.01.1990 - 3 W 196/89 - RdL 1990, 93-94 und OLG Oldenburg v. 20.07.1989 - 10 WLw 3/89 - juris Rn. 12 - RdL 1989, 301-302, die auf den aus dem Pachtgrundstück zu erzielenden Ertrag abstellen.

sind, damit der Abschluss eines für eine Partei ungünstigen Pachtvertrages allein nicht zur Korrektur der vereinbarten Leistungspflichten gem. Absatz 1 führen kann.[13]

Ergeben sich **Ertragsänderungen** aus der Bewirtschaftung der Pachtsache durch den Pächter, sollen diese nach Absatz 1 Satz 2 nicht zur Vertragsanpassung berechtigen, da der Pächter grundsätzlich das Risiko für das Betriebsergebnis trägt.[14] Dementsprechend können persönliche Verhältnisse und ihre Veränderung eine Änderung des Pachtvertrages nicht rechtfertigen.[15] Ebenso wenig rechtfertigen Nachteile, die auf einem Systemwechsel der Agrarförderung beruhen, durch den die Förderung von der Bewirtschaftung konkreter Flächen entkoppelt wird, die Anwendung von § 593 Abs. 1 Satz 1 BGB.[16]

II. Grobes Missverhältnis

Neben einer nachhaltigen Änderung der Verhältnisse ist ein grobes Missverhältnis der gegenseitigen Leistungen Voraussetzung für eine Anpassung des Pachtvertrages nach § 593 BGB. Ein solches grobes Missverhältnis liegt nicht schon bei jedem Ungleichgewicht zwischen Leistung und Gegenleistung vor. Vielmehr müssen sich die Vertragsgrundlagen derart verschoben haben, dass die Vereinbarung in ihrem Kernbereich berührt wird, dass also einem Vertragsteil das Festhalten an der ursprünglichen Vereinbarung schlechthin **nicht** mehr **zugemutet** werden kann.[17] Wurde beim Abschluss eines langfristigen Pachtvertrages ein Pachtzins vereinbart, der erheblich unter dem marktüblichen Pachtniveau lag, so muss der Vorteil des geringen Pachtzinses nicht in jedem Fall unabänderlich im gleichen Verhältnis berücksichtigt bleiben, so dass der bisherige Differenzbetrag nicht fortzuschreiben ist.[18]

III. Zwei-Jahres-Frist

Eine Anpassung ist gem. Absatz 2 Satz 1 frühestens zwei Jahre nach Pachtbeginn erstmals möglich. Dieselbe Frist gilt nach einer durchgeführten Anpassung vor einem neuen Anpassungsverlangen. Hierdurch soll erreicht werden, dass Fehlüberlegungen einer Vertragsseite bei Abschluss des Pachtvertrages nicht auf diese Art korrigiert und laufende, kurzfristige Änderungsverlangen ausgeschlossen werden und so eine kontinuierliche betriebswirtschaftliche Planung möglich wird.[19]

IV. Wirkung (Absatz 3)

Die Vertragsänderung wirkt gem. Absatz 3 bereits für das Pachtjahr, in dem das berechtigte Änderungsverlangen zugeht.

C. Prozessuale Hinweise

Hat eine der Vertragsparteien die Änderung des Landpachtvertrages verlangt und die andere ihre Einwilligung verweigert, so kann die Entscheidung des Landwirtschaftsgerichtes von der Vertragspartei beantragt werden, die die Änderung begehrt hat (Absatz 4). Hier entscheidet das Landwirtschaftsgericht im Verfahren der freiwilligen Gerichtsbarkeit gem. § 1 Nr. 1, 9 ff. LwVfG.[20]

Bei Pachtzinsstreitigkeiten oder Streitigkeiten im Hinblick auf die Verpflichtung einer Vertragspartei, bestimmte Leistungen entsprechend dem Pachtvertrag erbringen zu müssen, entscheidet das Landwirt-

---

[13] *Lüdtke-Handjery*, Landpachtrecht, 4. Aufl. 1997, § 593 Rn. 9.
[14] *Lüdtke-Handjery*, Landpachtrecht, 4. Aufl. 1997, § 593 Rn. 11.
[15] *Heintzmann* in: Soergel, § 593 Rn. 2.
[16] BGH v. 27.04.2007 - BLw 25/06 - juris Rn. 13 - MDR 2007, 878; OLG Hamm v. 11.03.2008 - 10 U 114/07 - juris Rn. 19.
[17] *Heintzmann* in: Soergel, § 593 Rn. 4; vgl. auch die Kommentierung zu § 313 BGB.
[18] OLG Köln v. 15.06.1993 - 23 WLw 3/93 - AgrarR 1994, 106-107.
[19] *von Jeinsen* in: Staudinger, § 593 Rn. 17.
[20] OLG Hamm v. 11.03.2008 - 10 U 114/07 - juris Rn. 19; OLG Koblenz v. 04.02.2003 - 3 U 1407/02 - Lw, 3 U 1407/02 - RdL 2003, 127-129.

§ 593

schaftsgericht gem. § 48 LwVfG i.V.m. § 1 Nr. 1a LwVfG im **streitigen Verfahren**. Eine förmliche Verbindung beider Verfahren ist nicht möglich.[21]

D. Anwendungsfelder

12 **Übergangsrecht**: § 593 BGB gilt für Landpachtverträge i.S.v. § 585 BGB. Für Verträge, die vor dem In-Kraft-Treten des **Gesetzes zur Neuordnung des landwirtschaftlichen Pachtrechts** am 01.07.1986 geschlossen worden sind, gilt § 593 BGB nach Maßgabe von Art. 219 EGBGB. Gem. Art. 232 § 3 Abs. 1 EGBGB richten sich Pachtverhältnisse aufgrund von Verträgen, die vor dem Wirksamwerden des Beitritts geschlossen worden sind, nach den Vorschriften des BGB.

---

[21] OLG Stuttgart v. 27.11.1990 - 10 W(Lw) 13/90 - RdL 1991, 54.

§ 593a BGB Betriebsübergabe

(Fassung vom 02.01.2002, gültig ab 01.01.2002)

¹Wird bei der Übergabe eines Betriebs im Wege der vorweggenommenen Erbfolge ein zugepachtetes Grundstück, das der Landwirtschaft dient, mit übergeben, so tritt der Übernehmer anstelle des Pächters in den Pachtvertrag ein. ²Der Verpächter ist von der Betriebsübergabe jedoch unverzüglich zu benachrichtigen. ³Ist die ordnungsmäßige Bewirtschaftung der Pachtsache durch den Übernehmer nicht gewährleistet, so ist der Verpächter berechtigt, das Pachtverhältnis außerordentlich mit der gesetzlichen Frist zu kündigen.

Gliederung

A. Grundlagen	1	I. Betriebsübergabe in Vorwegnahme der Erbfolge	5
I. Kurzcharakteristik	1	II. Übergabe eines Zupachtgrundstückes	8
II. Gesetzgebungsmaterialien	2	III. Benachrichtigung des Verpächters	9
III. Normzweck	3	IV. Kündigungsrecht des Verpächters	10
IV. Abdingbarkeit	4	**C. Prozessuale Hinweise**	12
B. Anwendungsvoraussetzungen	5	**D. Anwendungsfelder**	14

A. Grundlagen

I. Kurzcharakteristik

Die Vorschrift regelt den Verbleib eines Zupachtgrundstückes bei der Übergabe eines Betriebes im Wege der vorweggenommenen Erbfolge. Dabei tritt der Übernehmer durch einen gesetzlichen Eintritt als Pächter in das laufende Pachtverhältnis anstelle des Übergebers ein, ohne dass es einer Zustimmung des Verpächters bedarf. Der Verpächter ist jedoch zur Kündigung des Pachtvertrages berechtigt, wenn eine ordnungsgemäße Bewirtschaftung der Pachtsache durch den Übernehmer nicht gewährleistet ist.   1

II. Gesetzgebungsmaterialien

§ 593a BGB wurde durch das **Gesetz zur Neuordnung des landwirtschaftlichen Pachtrechts** vom 08.11.1985, welches am 01.07.1986 in Kraft trat, neu eingefügt.[1]   2

III. Normzweck

Durch die Vorschrift soll die Bewirtschaftungseinheit eines landwirtschaftlichen Betriebes mit seinen Zupachtländereien erhalten werden.[2] Die Durchbrechung schuldrechtlicher Grundsätze aufgrund des gesetzlichen Eintritts des Übernehmers in den Pachtvertrag ist dem Verpächter zuzumuten, da der Übernehmer vom Übergeber in aller Regel gut ausgewählt sein wird und die Belange des Verpächters ausreichend durch die Anzeigepflicht gem. Satz 2 und das Kündigungsrecht gem. Satz 3 geschützt werden.[3]   3

IV. Abdingbarkeit

§ 593a BGB ist **dispositiv**.[4] Es steht den Parteien frei, die Vorschrift zu erweitern, einzuengen oder die Übergabe des zugepachteten Grundstücks von der Erlaubnis des Verpächters abhängig zu machen.[5]   4

---

[1] BGBl I 1985, 2065.
[2] *von Jeinsen* in: Staudinger, § 593a Rn. 1.
[3] *Lüdtke-Handjery*, Landpachtrecht, 4. Aufl. 1997, § 593a Rn. 1.
[4] BGH v. 26.04.2002 - LwZR 10/01 - NJW-RR 2002, 1205-1206.
[5] *Heintzmann* in: Soergel, § 593a Rn. 9; ebenso *Lüdtke-Handjery*, Landpachtrecht, 4. Aufl. 1997, § 593a Rn. 2; gegen die Zulässigkeit eines Verzichts auf die Benachrichtigungspflicht gem. Satz 2 *Weidenkaff* in: Palandt, § 593a Rn. 1; *von Jeinsen* in: Staudinger, § 593a Rn. 26; *Jendrek* in: Erman, Handkommentar BGB, 12. Aufl. 2008, § 593a Rn. 1.

Dies gilt auch, wenn die Parteien vor dem In-Kraft-Treten der Norm eine anderweitige Regelung getroffen haben.[6]

B. Anwendungsvoraussetzungen

I. Betriebsübergabe in Vorwegnahme der Erbfolge

5   Eine Betriebsübergabe in Vorwegnahme der Erbfolge liegt vor, wenn der Betrieb durch den (künftigen) Erblasser auf einen oder mehrere als Erben in Aussicht genommene Empfänger übertragen wird; sie richtet sich im Grundsatz nicht nach Erbrecht, sondern nach den Regeln über Rechtsgeschäfte unter Lebenden.[7] Der Betrieb wird übertragen durch die Übertragung des Eigentums an Grund und Boden und der betriebsbezogenen Rechte auf einen Übernehmer, wobei die Wirtschaftseinheit geschlossen übergehen muss.[8]

6   In folgenden Fällen wird ein **analoge Anwendung** der Vorschrift angenommen:
- bei der Zuweisung eines im erbengemeinschaftlichen Eigentum kraft gesetzlicher Erbfolge stehenden landwirtschaftlichen Betriebes an einen Miterben auf dessen Antrag nach § 13 GrdstVG,[9]
- bei einer Hoferbfolge, wenn zum Nachlass des Erblassers ein Anerbengut mit Zupachtgrundstück gehört, das nur dem Erben zufällt,[10]
- bei einem Betriebsübergang infolge Teilungsanordnung gem. den §§ 2049, 2312 BGB,
- bei der sog. gleitenden Hofübergabe[11].

7   Ein Pächterwechsel gemäß § 593a BGB findet hingegen nicht statt, wenn der landwirtschaftliche Betrieb nicht an den künftigen Erben, sondern an eine BGB-Gesellschaft übergeben wird, der der künftige Erbe als Gesellschafter angehört.[12]

II. Übergabe eines Zupachtgrundstückes

8   Bei dem zugepachteten Grundstück im Sinne der Vorschrift kann es sich um ein oder mehrere Grundstücke handeln, wobei es gleichgültig ist, ob sie von einem oder verschiedenen Verpächtern angepachtet sind.[13] Stellt das zugepachtete Grundstück einen selbstständigen Betrieb mit Wirtschaftsgebäuden dar, das der Pächter zusammen mit seinem Eigenbetrieb bewirtschaftet, so liegt keine Zupacht i.S.v. § 593a BGB vor, wenn eine Trennung in selbstständige Betriebe weiterhin möglich ist,[14] da ein solcher Fall vom Normzweck, nämlich der Erhaltung einer Wirtschaftseinheit, nicht erfasst ist. Der Landwirtschaft dienen nicht nur Flächen, auf denen Bodenbewirtschaftung oder eine mit der Bodennutzung verbundene Tierhaltung mit dem Ziel betrieben wird, pflanzliche oder tierische Erzeugnisse zu gewinnen, sondern auch Flächen, auf denen selbst zwar keine Landwirtschaft betrieben wird, die aber dem landwirtschaftlichen Betrieb zu dessen Bewirtschaftung dienlich sind, wie etwa ein Wasserlauf, eine Sandgrube, Kläranlage oder Scheune.[15]

III. Benachrichtigung des Verpächters

9   Die Pflicht des Pächters gem. Satz 2, den Verpächter rechtzeitig vom Betriebsübergang zu benachrichtigen, ist nicht Voraussetzung für den Eintritt des Betriebsübernehmers in den Pachtvertrag.[16] Die Be-

---

[6] BGH v. 26.04.2002 - LwZR 10/01 - juris Rn. 13 - NJW-RR 2002, 1205-1206.
[7] Vgl. BGH v. 01.02.1995 - IV ZR 36/94 - juris Rn. 11 - LM BGB § 516 Nr. 25 (7/1995).
[8] *Lüdtke-Handjery*, Landpachtrecht, 4. Aufl. 1997, § 593a Rn. 5.
[9] *von Jeinsen* in: Staudinger, § 593a Rn. 29.
[10] *von Jeinsen* in: Staudinger, § 593a Rn. 30.
[11] OLG Celle v. 17.01.1991 - 7 U (Lp) 182/90 - AgrarR 1991, 350-351; OLG Celle v. 05.09.2001 - 7 U 144/00 (L) - juris Rn. 5 - NdsRpfl 2004, 73-74.
[12] OLG Koblenz v. 05.08.2003 - 3 U 864/99 Lw - AUR 2004, 337-339.
[13] *von Jeinsen* in: Staudinger, § 593a Rn. 8.
[14] *Heintzmann* in: Soergel, § 593a Rn. 4; a.A. *Lüdtke-Handjery*, Landpachtrecht, 4. Aufl. 1997, § 593a Rn. 8.
[15] *Heintzmann* in: Soergel, § 585 Rn. 2.
[16] OLG Hamm v. 07.01.1997 - 10 U 9/97 - AgrarR 1997, 440-441; OLG Koblenz v. 19.02.2002 - 3 U 856/01 - Lw, 3 U 856/01 - OLGR Koblenz 2002, 205-206.

nachrichtigungspflicht dient lediglich der **Rechtssicherheit** und **Rechtsklarheit**, um eine Klärung der Vertragspartnerschaft und Rechte für den Verpächter zu ermöglichen.[17] Ausreichend ist daher für die Erfüllung der Benachrichtigungspflicht die Kundgabe durch den Altpächter oder seinen Nachfolger, solange dem Verpächter die notwendige Klarheit verschafft wird.[18] Das Unterbleiben der Benachrichtigung von der Übergabe des Zupachtgrundstückes aufgrund eines Wirtschaftsüberlassungsvertrages ohne die Benachrichtigung des Verpächters führt weder zu einem Fall der unerlaubten Unterpacht, noch stellt dies einen Vertragsverstoß dar, der den Verpächter zur fristlosen Kündigung berechtigen würde, hierfür ist vielmehr maßgeblich, in welchem Umfang die Verpächterinteressen berührt worden sind.[19] Eine schuldhafte Verletzung der Benachrichtigungspflicht kann zu einem Schadensersatzanspruch gem. § 280 Abs. 1 BGB (vgl. die Kommentierung zu § 280 BGB) führen, wenn der Verpächter etwa mangels Kenntnis nicht früher hat kündigen und dadurch eine Verwahrlosung nicht rechtzeitig hat verhindern können, oder ihm aufgrund der Ermittlung des neuen Pächters zusätzliche Kosten entstanden sind.

IV. Kündigungsrecht des Verpächters

Voraussetzung für das Kündigungsrecht des Verpächters gem. § 593a Satz 3 BGB ist, dass die ordnungsgemäße Bewirtschaftung des Pachtobjektes durch den Übernehmer nicht gewährleistet ist. Die praktische Bedeutung der Regelung ist gering, da einerseits der Übergeber bereits aus Eigeninteresse seinen Nachfolger sorgfältig auswählen wird und andererseits die genehmigungsrechtlichen Kontrollen etwa nach den §§ 16, 17 HöfeO, denen der Übergabevertrag unterliegt, die erforderliche Qualifikation des Übernehmers gewähren.

10

Die Kündigung muss gem. § 594f BGB schriftlich erfolgen und bedarf grundsätzlich keiner Begründung.[20] Neben dem Kündigungsrecht gem. § 593a Satz 3 BGB steht dem Verpächter ein Kündigungsrecht aus allgemeinem wichtigen Grund gem. § 594 BGB zu, etwa, wenn die Beziehung zum Pächter so schwer belastet ist, dass dem Verpächter eine Fortsetzung des Vertrages nicht zuzumuten ist.

11

C. Prozessuale Hinweise

Die Beweislast dafür, dass eine ordnungsgemäße Bewirtschaftung nicht gewährleistet ist, liegt beim Verpächter.[21]

12

Das Landwirtschaftsgericht entscheidet über Streitigkeiten aus § 593a BGB gem. § 48 LwVfG i.V.m. § 1 Nr. 1a LwVfG im **streitigen Verfahren** (näher zum Verfahren in Landwirtschaftssachen vgl. die Kommentierung zu § 585 BGB Rn. 31).

13

D. Anwendungsfelder

Übergangsrecht: § 593 BGB gilt für Landpachtverträge i.S.v. § 585 BGB. Für Verträge, die vor dem In-Kraft-Treten des **Gesetzes zur Neuordnung des landwirtschaftlichen Pachtrechts** am 01.07.1986 geschlossen worden sind, gilt § 593 BGB nach Maßgabe von Art. 219 EGBGB. Gem. Art. 232 § 3 Abs. 1 EGBGB richten sich Pachtverhältnisse aufgrund von Verträgen, die vor dem Wirksamwerden des Beitritts geschlossen worden sind, nach den Vorschriften des BGB.

14

---

[17] *von Jeinsen* in: Staudinger, § 593a Rn. 18.
[18] *Heintzmann* in: Soergel, § 593a Rn. 7.
[19] OLG Celle v. 17.01.1991 - 7 U (Lp) 182/90 - AgrarR 1991, 350-351.
[20] *Lüdtke-Handjery*, Landpachtrecht, 4. Aufl. 1997, § 593a Rn. 18.
[21] BT-Drs. 10/509, S. 20.

§ 593b BGB Veräußerung oder Belastung des verpachteten Grundstücks

(Fassung vom 02.01.2002, gültig ab 01.01.2002)

Wird das verpachtete Grundstück veräußert oder mit dem Recht eines Dritten belastet, so gelten die §§ 566 bis 567b entsprechend.

Gliederung

A. Grundlagen.. 1	B. Anwendungsvoraussetzungen................. 5
I. Kurzcharakteristik............................... 1	I. Grundstücksveräußerung 5
II. Gesetzgebungsmaterialien.................... 2	II. Grundstücksbelastung 6
III. Normzweck...................................... 3	C. Prozessuale Hinweise/Verfahrenshinweise 7
IV. Abdingbarkeit 4	D. Anwendungsbereich............................. 9

A. Grundlagen

I. Kurzcharakteristik

1 § 593b BGB verweist auf die entsprechenden mietrechtlichen Vorschriften für den Fall der Veräußerung des Grundstücks oder dessen Belastung mit dem Recht eines Dritten.

II. Gesetzgebungsmaterialien

2 § 593b BGB wurde durch das **Gesetz zur Neuordnung des landwirtschaftlichen Pachtrechts** vom 08.11.1985, welches am 01.07.1986 in Kraft trat, neu eingefügt[1] und entspricht der bis dahin geltenden Rechtslage.

III. Normzweck

3 Der Verweis auf die mietrechtlichen Vorschriften soll dem **Fortbestand des Pachtverhältnisses**, welcher anderenfalls durch einen Eigentümerwechsel gefährdet wäre, dienen.

IV. Abdingbarkeit

4 § 593b BGB ist, wie die §§ 566-567b BGB auch, abdingbar.

B. Anwendungsvoraussetzungen

I. Grundstücksveräußerung

5 Voraussetzung für die entsprechende Anwendbarkeit der §§ 566-567b BGB ist die Veräußerung eines Pachtgrundstückes (zum Begriff des Pachtgrundstückes vgl. die Kommentierung zu § 585 BGB). Eine Veräußerung liegt vor, wenn das Eigentum an dem Pachtgrundstück auf den Erwerber übergegangen ist, wobei das zugrunde liegende Kausalgeschäft unerheblich ist. Eine bloße Grundbuchberichtigung nach § 894 BGB stellt jedoch kein Veräußerungsgeschäft dar, durch das der Eigentümer anstelle des Bucheigentümers in ein von diesem abgeschlossenes Pachtverhältnis eintreten könnte.[2]

II. Grundstücksbelastung

6 Auch die Grundstücksbelastung führt zu einer entsprechenden Anwendbarkeit der §§ 566-567b BGB. Hierunter fallen etwa ein Erbbaurecht, ein Dauerwohnrecht und der Nießbrauch. Ein in einem Landpachtvertrag vereinbartes Kündigungsrecht des Verpächters für den Fall des Eigenbedarfes geht im

---

[1] BGBl I 1985, 2065.
[2] OLG Naumburg v. 09.12.2004 - 2 U 101/04 (Lw) - ZfIR 2005, 436.

Falle des Eintritts des Grundstückserwerbers in den Landpachtvertrag ebenfalls nach den §§ 566, 593b BGB grundsätzlich auf diesen über.[3]

C. Prozessuale Hinweise/Verfahrenshinweise

Tritt der Erwerber in das Vertragsverhältnis ein, so muss dieser Vorgang nicht gem. § 2 LPachtG angezeigt werden.

Bei Streitigkeiten im Hinblick auf § 593b BGB entscheidet das Landwirtschaftsgericht gem. § 48 LwVfG i.V.m. § 1 Nr. 1a LwVfG im **streitigen Verfahren** (näher zum Verfahren in Landwirtschaftssachen vgl. die Kommentierung zu § 585 BGB Rn. 31).

D. Anwendungsbereich

Geltung: § 593b BGB gilt für Landpachtverträge. Die Vorschrift ist **nicht entsprechend** anwendbar auf Pachtvor- oder Unterpachtverträge, sowie dingliche Rechte.[4] Für Landpachtverhältnisse, die bereits zum Zeitpunkt des In-Kraft-Tretens des Gesetzes zur Neuordnung des landwirtschaftlichen Pachtrechts am 01.07.1986 bestanden, gilt § 593b BGB aufgrund des durch Art. 2 Nr. 2 des Gesetzes zur Neuordnung des landwirtschaftlichen Pachtrechts eingefügten Art. 219 Abs. 1 EGBGB. Aus Art. 7 des Gesetzes zur Neuordnung des landwirtschaftlichen Pachtrechts ergibt sich die **Geltung** für Landpachtverhältnisse, die am oder ab dem 01.07.1986 begründet wurden.

---

[3] OLG Dresden v. 28.10.2004 - U XV 1284/04 - AUR 2005, 23-24; a.A. OLG Naumburg v. 21.12.2000 - 2 U (Lw) 12/00 - NL-BzAR 2001, 341-342, das die Geltung der Kündigungsklausel für den neuen Verpächter bejaht aber im Ergebnis für einen Verpächter, der bereits bei Eintritt in den Vertrag Landwirt war, verneint.

[4] *von Jeinsen* in: Staudinger, § 593b Rn. 3.

§ 594 BGB Ende und Verlängerung des Pachtverhältnisses

(Fassung vom 02.01.2002, gültig ab 01.01.2002)

¹Das Pachtverhältnis endet mit dem Ablauf der Zeit, für die es eingegangen ist. ²Es verlängert sich bei Pachtverträgen, die auf mindestens drei Jahre geschlossen worden sind, auf unbestimmte Zeit, wenn auf die Anfrage eines Vertragsteils, ob der andere Teil zur Fortsetzung des Pachtverhältnisses bereit ist, dieser nicht binnen einer Frist von drei Monaten die Fortsetzung ablehnt. ³Die Anfrage und die Ablehnung bedürfen der schriftlichen Form. ⁴Die Anfrage ist ohne Wirkung, wenn in ihr nicht auf die Folge der Nichtbeachtung ausdrücklich hingewiesen wird und wenn sie nicht innerhalb des drittletzten Pachtjahrs gestellt wird.

Gliederung

A. Grundlagen...................................... 1	II. Verlängerung des Pachtverhältnisses
I. Kurzcharakteristik............................. 1	(Sätze 2-4) 6
II. Gesetzgebungsmaterialien................ 2	1. Mindestlaufzeit............................. 8
III. Normzweck..................................... 3	2. Anfrage....................................... 9
IV. Abdingbarkeit 4	3. Keine Ablehnung der Anfrage 10
B. Anwendungsvoraussetzungen 5	C. Rechtsfolgen 11
I. Beendigung von Pachtverhältnissen auf bestimmte Zeit (Satz 1) 5	D. Prozessuale Hinweise/Verfahrenshinweise 12
	E. Übergangsrecht................................ 14

A. Grundlagen

I. Kurzcharakteristik

1 § 594 BGB regelt die Beendigung von Landpachtverträgen, die auf bestimmte Zeit abgeschlossen wurden. Daneben wird die Möglichkeit einer Verlängerung des Pachtvertrages durch eine stillschweigende Vertragsverlängerung auf unbestimmte Zeit für Pachtverträge, die für einen längeren Zeitraum als drei Jahre geschlossen wurden, eröffnet.

II. Gesetzgebungsmaterialien

2 § 594 BGB wurde durch das **Gesetz zur Neuordnung des landwirtschaftlichen Pachtrechts** vom 08.11.1985, welches am 01.07.1986 in Kraft trat, neu eingefügt.[1] Satz 1 entspricht der bis dahin geltenden Regelung in § 564 Abs. 1 BGB a.F. i.V.m. § 581 Abs. 2 BGB a.F., die Regelungen in den Sätzen 2-4 über die stillschweigende Verlängerung des Pachtverhältnisses wurden neu eingefügt.

III. Normzweck

3 Die Vorschrift soll diejenige Vertragspartei, die an einer Fortsetzung des Pachtverhältnisses interessiert ist, davor schützen, von der anderen Vertragspartei bis kurz vor dem Ende der Pachtzeit im Unklaren gelassen zu werden, ob sie mit einer Vertragsverlängerung rechnen kann oder nicht.[2] Mit der Vorschrift soll daher eine langfristige agrarwirtschaftliche Planung ermöglicht werden. Die in Satz 3 festgelegte Schriftform für die Anfrage und deren Ablehnung dient Beweiszwecken.[3]

IV. Abdingbarkeit

4 Die Vorschrift kann von den Vertragsparteien abbedungen werden.[4] Dies kann auch durch die Vereinbarung eines Kündigungsrechts im Eigenbedarfsfall bei einem befristeten Pachtvertrag geschehen.[5] Ei-

---

[1] BGBl I 1985, 2065.
[2] BT-Drs. 10/509, S. 24.
[3] BT-Drs. 10/509, S. 24.
[4] *Lüdtke-Handjery*, Landpachtrecht, 4. Aufl. 1997, § 594 Rn. 4.
[5] OLG Dresden v. 25.01.2002 - LwU 349/01 - juris Rn. 45 - RdL 2005, 38-39.

ne in einem langfristigen Pachtvertrag enthaltene Eigenbedarfsklausel ist dabei im Zweifel dahin auszulegen, dass das Kündigungsrecht nur dem ursprünglichen Verpächter, nicht aber demjenigen zusteht, der bei Veräußerung der Pachtsache in das Pachtverhältnis eintritt, denn andernfalls verlöre die Vereinbarung einer festen Vertragslaufzeit – ungewollt – erheblich an Bedeutung.[6]

B. Anwendungsvoraussetzungen

I. Beendigung von Pachtverhältnissen auf bestimmte Zeit (Satz 1)

Die im Satz 1 getroffene allgemeine Regelung über die Beendigung von Pachtverhältnissen findet nur auf Landpachtverträge Anwendung, die auf bestimmte Zeit eingegangen wurden. Die Zeitbestimmung kann dabei nicht nur durch die Festlegung eines Datums oder von Zeitabschnitten, sondern auch durch den Eintritt eines bestimmten zukünftigen Ereignisses festgelegt werden, wie etwa bei einem Pachtvertrag auf Lebenszeit.[7] Bestimmt der Pachtvertrag, dass das Ende des Pachtverhältnisses vom Eintritt eines zukünftigen ungewissen Ereignisses i.S.v. § 158 Abs. 2 BGB abhängt, so handelt es sich lediglich um einen auflösend bedingten Pachtvertrag und nicht um ein Pachtverhältnis auf bestimmte Zeit i.S.v. § 594 Satz 1 BGB.

II. Verlängerung des Pachtverhältnisses (Sätze 2-4)

Neben der in § 594 Sätze 2-4 BGB geregelten Möglichkeit einer stillschweigenden Pachtverlängerung ist auch eine ausdrückliche Verlängerung des Landpachtvertrags möglich. Eine solche ausdrückliche Verlängerung kann einerseits durch eine Vereinbarung der Vertragsparteien zustande kommen. Hierbei ist bei Verträgen für längere Zeit als zwei Jahre die Formvorschrift des § 585a BGB zu beachten. Auch eine stillschweigende Verlängerung etwa durch Gewährung des Gebrauchs und Entgegennahme des Pachtzinses durch den Verpächter ist denkbar.[8] Jedoch ist eine stillschweigende Verlängerung ausgeschlossen, wenn der Verpächter sich zuvor mit einer Fortsetzung des befristeten Pachtverhältnisses nicht einverstanden erklärt hat.[9]

Das Vertragsverhältnis kann andererseits auch durch eine Entscheidung des Landwirtschaftsgerichts nach § 595 BGB verlängert werden.

1. Mindestlaufzeit

Eine Pachtverlängerung nach § 594 Sätze 2-4 BGB ist nur für Verträge mit einer Laufzeit von mehr als drei Jahren möglich. Ist ein Pachtvertrag auf mehr als 30 Jahre abgeschlossen, ist eine Anfrage nach § 594 Sätze 2-4 BGB aufgrund der Regelung in § 594b BGB entbehrlich.

2. Anfrage

Bei dem Fortsetzungsverlangen handelt es sich um eine empfangsbedürftige Willenserklärung i.S.v. § 130 BGB,[10] die nur innerhalb des drittletzten Pachtjahres wirksam abgegeben werden kann (Satz 4). Nach § 594 Satz 3 BGB muss das Fortsetzungsverlangen in schriftlicher Form dem Vertragspartner zugehen. Ein Verstoß gegen die Schriftform hat die Nichtigkeit der Erklärung gem. § 125 BGB zur Folge (vgl. die Kommentierung zu § 125 BGB). Die Erklärung muss einerseits die Anfrage, ob der andere Vertragsteil zur Fortsetzung des Pachtverhältnisses bereit ist, und andererseits den Hinweis enthalten, dass die Nichtbeachtung die Verlängerung des Pachtverhältnisses zur Folge hat. Dabei muss

---

[6] Oberlandesgericht des Landes Sachsen-Anhalt v. 30.03.2006 - 2 U 127/05 (Lw)- juris Rn. 15 - AUR 2006, 252-253.
[7] *von Jeinsen* in: Staudinger, § 594 Rn. 4.
[8] OLG Koblenz v. 11.12.2007 - 3 U 570/07 Lw, 3 U 570/07 Lw- juris Rn. 10 - ZMR 2008, 369 ff.
[9] OLG Köln v. 11.01.1990 - 23 U 9/89 - AgrarR 1990, 263-264.
[10] *Lüdtke-Handjery*, Landpachtrecht, 4. Aufl. 1997, § 594 Rn. 11; *Weidenkaff* in: Palandt, § 594 Rn. 4, für die Einordnung als geschäftsähnliche Handlung *Heintzmann* in: Soergel, § 591 Rn. 9, für die Einordnung als Vertragsantrag i.S.v. § 145 BGB, der nach § 594 Satz 2 BGB innerhalb von drei Monaten angenommen werden kann; *von Jeinsen* in: Staudinger, § 594 Rn. 12.

die an der Fortsetzung des Pachtverhältnisses interessierte Partei auch darauf hinweisen, dass für die Ablehnung eine Frist von drei Monaten gilt.[11] Kein Hinweis ist erforderlich auf die Art und Weise der Fristberechnung oder deren Beginn, die Verlängerung „auf unbestimmte Zeit", sowie das Schriftformerfordernis der Ablehnung des Fortsetzungsverlangens.[12] Für die Dauer der Ablehnungsfrist ist der an einer Verlängerung des Pachtverhältnisses Interessierte an sein Fortsetzungsverlangen gebunden, wobei er die gesetzliche Dreimonats-Frist durch einen Widerrufsvorbehalt oder eine Fristsetzung für die Annahme oder Ablehnung verkürzen kann, jedoch mit der Folge, dass dann das Schweigen auf das Fortsetzungsverlangen nicht zu einer Vertragsverlängerung gem. Satz 2 führt.[13]

3. Keine Ablehnung der Anfrage

10   Eine Ablehnung der Anfrage liegt nicht vor, wenn diese überhaupt nicht, nicht eindeutig, nicht frist- oder nicht formgerecht erfolgt. Die Ablehnung muss innerhalb von **drei Monaten** erfolgen. Die Frist, innerhalb derer die Anfrage wirksam abgelehnt werden kann, beginnt mit dem Zugang der Anfrage. Die Dauer der Frist berechnet sich nach den allgemeinen Vorschriften (vgl. die Kommentierung zu § 188 BGB und die Kommentierung zu § 187 BGB). Sie muss nach Satz 3 **schriftlich** erfolgen. Eine Ablehnung liegt nur dann vor, wenn eindeutig zum Ausdruck kommt, dass eine Fortsetzung des Pachtverhältnisses abgelehnt wird. Wird dagegen bei der Anfrage eine Fortsetzung auf eine bestimmte Zeit verlangt und beinhaltet die Antwort der anderen Partei lediglich ihr Einverständnis zur Fortsetzung auf einen kürzeren Zeitraum, so ist zwar keine ausdrückliche Verlängerungsvereinbarung zwischen den Parteien zustande gekommen, jedoch greift die Rechtsfolge des Satzes 2 gleichwohl, da der andere Teil sich grundsätzlich mit einer Verlängerung einverstanden erklärt hat.[14] Auch kann die gesetzliche Dreimonats-Frist durch die Annahme einer Bitte um Bedenkzeit von den Parteien verlängert werden.[15]

C. Rechtsfolgen

11   Beantwortet der Anfrageempfänger die Anfrage nicht, nicht frist- oder formgerecht, so verlängert sich das Pachtverhältnis automatisch auf unbestimmte Zeit und zwar, ähnlich wie im Mietrecht nach § 545 BGB (vgl. die Kommentierung zu § 545 BGB), kraft Gesetzes mit demselben Inhalt.[16] Wurde ein Verlängerungsvertrag konkludent abgeschlossen, sind jedoch die gesetzlichen Regelungen anwendbar.[17]

D. Prozessuale Hinweise/Verfahrenshinweise

12   Nach § 2 LPachtVG ist die Vertragsfortsetzung gem. § 594 BGB bei der zuständigen Behörde anzeigepflichtig.

13   Für Streitigkeiten, die sich aus § 594 BGB ergeben, ist das Amtsgericht als Landwirtschaftsgericht gem. § 1 Nr. 1a LwVfG, welches gem. § 48 LwVfG im **streitigen Verfahren** entscheidet, zuständig (näher zum Verfahren in Landwirtschaftssachen vgl. die Kommentierung zu § 585 BGB Rn. 31).

E. Übergangsrecht

14   § 594 BGB gilt für Landpachtverträge i.S.v. § 585 BGB. Für Verträge, die vor dem In-Kraft-Treten des **Gesetzes zur Neuordnung des landwirtschaftlichen Pachtrechts** am 01.07.1986 geschlossen worden sind, gilt § 594 BGB nach Maßgabe von Art. 219 EGBGB.

---

[11] *Lüdtke-Handjery*, Landpachtrecht, 4. Aufl. 1997, § 594 Rn. 12.
[12] *Heintzmann* in: Soergel, § 594 Rn. 3.
[13] *Lüdtke-Handjery*, Landpachtrecht, 4. Aufl. 1997, § 594 Rn. 12.
[14] *Heintzmann* in: Soergel, § 594 Rn. 5.
[15] *Heintzmann* in: Soergel, § 594 Rn. 5.
[16] *Lüdtke-Handjery*, Landpachtrecht, 4. Aufl. 1997, § 594 Rn. 14.
[17] OLG Koblenz v. 11.12.2007 - 3 U 570/07 Lw, 3 U 570/07 Lw - juris Rn. 15 - ZMR 2008, 369 ff.

§ 594a BGB Kündigungsfristen

(Fassung vom 02.01.2002, gültig ab 01.01.2002)

(1) ¹Ist die Pachtzeit nicht bestimmt, so kann jeder Vertragsteil das Pachtverhältnis spätestens am dritten Werktag eines Pachtjahrs für den Schluss des nächsten Pachtjahrs kündigen. ²Im Zweifel gilt das Kalenderjahr als Pachtjahr. ³Die Vereinbarung einer kürzeren Frist bedarf der Schriftform.

(2) Für die Fälle, in denen das Pachtverhältnis außerordentlich mit der gesetzlichen Frist vorzeitig gekündigt werden kann, ist die Kündigung nur für den Schluss eines Pachtjahrs zulässig; sie hat spätestens am dritten Werktag des halben Jahres zu erfolgen, mit dessen Ablauf die Pacht enden soll.

Gliederung

A. Grundlagen 1	II. Pachtjahr 7
I. Kurzcharakteristik 1	III. Kündigungserklärung 8
II. Gesetzgebungsmaterialien 2	IV. Form 9
III. Normzweck 3	V. Kündigungsfrist 10
IV. Abdingbarkeit 4	VI. Vorzeitige Kündigung (Absatz 2) .. 11
B. Anwendungsvoraussetzungen 5	C. Prozessuale Hinweise/Verfahrenshinweise 14
I. Pacht auf unbestimmte Zeit 5	D. Anwendungsfelder 16

A. Grundlagen

I. Kurzcharakteristik

§ 594a BGB regelt in Absatz 1 die **Kündigungsfristen** für auf unbestimmte Zeit abgeschlossene Pachtverhältnisse und entspricht dem für das allgemeine Pachtrecht geltenden § 584 BGB (vgl. die Kommentierung zu § 584 BGB). In Absatz 2 wird die Kündigungsfrist für eine vorzeitige Kündigung mit gesetzlicher Frist festgelegt.

1

II. Gesetzgebungsmaterialien

§ 594a BGB wurde durch das **Gesetz zur Neuordnung des landwirtschaftlichen Pachtrechts** vom 08.11.1985, welches am 01.07.1986 in Kraft trat, neu eingefügt[1] und ersetzt den bis dahin geltenden § 595 BGB a.F. Die in Absatz 1 geregelte Kündigungsfrist für Pachtverhältnisse, in denen die Pachtzeit nicht bestimmt ist, wurde von einem halben Jahr auf fast zwei Jahre vervierfacht. Im Falle der vorzeitigen Kündigung wurde jedoch an einer halbjährigen Kündigungsfrist festgehalten. Die Vorschrift wurde redaktionell durch Art. 1 Nr. 20 des **Mietrechtsreformgesetz**,[2] welches am 01.09.2001 in Kraft trat, geändert.

2

III. Normzweck

Die Verlängerung der Kündigungsfrist soll insbesondere eine **Stärkung der Pächterrechte** bewirken. Es soll den Parteien so ermöglicht werden, den Pachtvertrag ordnungsgemäß und ohne größere Verluste abzuwickeln[3] und sich in der Bewirtschaftung rechtzeitig auf einen Ablauf des Pachtvertrages einzustellen.[4]

3

---

[1] BGBl I 1985, 2065.
[2] BGBl I 2001, 1149.
[3] BT-Drs. 10/509, S. 14.
[4] *Heintzmann* in: Soergel, § 594a Rn. 1.

IV. Abdingbarkeit

4 § 594a BGB ist grundsätzlich **abdingbar**, wie sich bereits aus dem Grundsatz der Vertragsfreiheit, der Funktion als Nachfolgevorschrift des jedenfalls dispositiven § 595 BGB a.F. und Absatz 1 Satz 3 ergibt, der ausdrücklich die Möglichkeit vorsieht, eine kürzere Kündigungsfrist bei Einhaltung der Schriftform zu vereinbaren. Eine solche Vereinbarung ist auch dann maßgebend, wenn das Grundstück während der Pachtzeit veräußert wird.[5]

B. Anwendungsvoraussetzungen

I. Pacht auf unbestimmte Zeit

5 Die Vorschrift gilt nur für Pachtverträge, die auf unbestimmte Zeit geschlossen wurden. Zur Bestimmtheit der Pachtdauer vgl. die Kommentierung zu § 594 BGB. Auf unbestimmte Zeit geschlossen sind insbesondere diejenigen Landpachtverträge, die für eine längere Zeit als zwei Jahre ohne Einhaltung der gem. § 585a BGB (vgl. die Kommentierung zu § 585a BGB Rn. 1) erforderlichen Schriftform geschlossen wurden oder aufgrund der Fiktion in § 594 BGB (vgl. die Kommentierung zu § 594 BGB Rn. 11) als auf unbestimmte Zeit geschlossen gelten.

6 Die Kündigungsfrist des § 594a BGB ist auch auf Pflugtauschverträge anwendbar.[6]

II. Pachtjahr

7 Das Pachtjahr ist vom Vertragsjahr zu unterscheiden, gleichwohl es vielmals mit diesem identisch ist. Das Pachtjahr wird durch die Vereinbarung der Parteien festgelegt. Indizien für ein stillschweigend vereinbartes Pachtjahr können örtliche Bräuche, die Nutzungsart oder die Pachtzahlung sein.[7] Häufig liegt dabei das Ende des Pachtjahres an Martini (11.11.).[8] Im Zweifel gilt gem. Absatz 1 Satz 2 das Kalenderjahr als Pachtjahr.

III. Kündigungserklärung

8 Aus der Kündigungserklärung muss der Kündigungswille eindeutig und unbedingt hervorgehen. Zur Wirksamkeit der Kündigungserklärung muss der Kündigende weder einen Kündigungsgrund noch einen Kündigungstermin nennen.[9]

IV. Form

9 Gem. § 594f BGB bedarf die Kündigung der Schriftform (vgl. die Kommentierung zu § 594f BGB Rn. 5).

V. Kündigungsfrist

10 Die Kündigungserklärung muss dem Empfänger am dritten Werktag eines Pachtjahres wirksam zugegangen sein (zu Fristberechnung und -ablauf vgl. die Kommentierung zu § 187 BGB und die Kommentierung zu § 188 BGB). Bei einer Versäumung der Frist, kann die Erklärung in eine Kündigung zum Ende des nächsten zulässigen Zeitpunkts oder in einen Antrag auf Vertragsaufhebung umgedeutet werden.[10]

---

[5] AG Bergheim v. 02.11.1988 - 16 LwP 4/86 - AgrarR 1989, 221-222.
[6] Brandenburgisches Oberlandesgericht v. 19.02.2009 - 5 U (Lw) 183/06 - juris Orientierungssatz; a.A. OLG des Landes Sachsen-Anhalt v. 30.08.2005 - 2 U 46/05 (Lw)- juris Rn. 36 - AUR 2006, 323-326.
[7] *Lüdtke-Handjery*, Landpachtrecht, 4. Aufl. 1997, § 594a Rn. 6.
[8] *Weidenkaff* in: Palandt, § 594a Rn. 2.
[9] *von Jeinsen* in: Staudinger, § 594a Rn. 5.
[10] *Heintzmann* in: Soergel, § 591 Rn. 6.

VI. Vorzeitige Kündigung (Absatz 2)

Nach § 594a Abs. 2 BGB kann ein Landpachtvertrag vorzeitig unter Einhaltung der gesetzlichen Frist für den Schluss des Pachtjahres gekündigt werden. Dabei muss die Kündigung spätestens am dritten Werktag des halben Jahres erfolgen, mit dessen Ende die Pacht enden soll (vgl. die Kommentierung zu § 584 BGB). Von der Regelung nicht erfasst sind diejenigen Fälle, in denen das Gesetz nicht auf die gesetzliche Frist verweist, sondern vielmehr eine eigene Frist bestimmt.

Folgende Vorschriften verweisen auf die gesetzliche Kündigungsfrist gem. § 594a Absatz 2 BGB:
- § 593a Satz 3 BGB,
- § 593b BGB,
- § 594c BGB,
- § 1056 BGB,
- § 2135 BGB i.V.m. § 1056 BGB,
- § 30 Abs. 2 ErbbauRVO,
- § 111 InsO,
- § 57a ZVG.

Ferner kann die Wertung in § 594 Abs. 2 BGB zum Zwecke der ergänzenden Vertragsauslegung gem. § 157 BGB herangezogen werden: Enthält ein Pachtvertrag keine ausdrückliche Vereinbarung zu einer Kündigungsfrist im Falle der Eigenbedarfskündigung des Verpächters, entspricht ein an bestimmte inhaltliche Voraussetzungen geknüpftes Kündigungsrecht in einem befristeten Pachtvertrag von der Interessenlage der Parteien her dem in § 594a Abs. 2 BGB für den unbefristeten Pachtvertrag geregelten Fall der außerordentlichen vorzeitigen Kündigung.[11]

C. Prozessuale Hinweise/Verfahrenshinweise

Beruft sich eine der Parteien darauf, dass die Bestimmung des Pachtjahres vom Kalenderjahr abweicht, so hat sie dies zu beweisen.

Für Streitigkeiten, die sich aus § 594a BGB ergeben, ist das Amtsgericht als Landwirtschaftsgericht gem. § 1 Nr. 1a LwVfG, welches gem. § 48 LwVfG im **streitigen Verfahren** entscheidet, zuständig (näher zum Verfahren in Landwirtschaftssachen vgl. die Kommentierung zu § 585 BGB Rn. 31).

D. Anwendungsfelder

Übergangsrecht: § 594a BGB gilt für Landpachtverträge i.S.v. § 585 BGB. Für Verträge, die vor dem In-Kraft-Treten des **Gesetzes zur Neuordnung des landwirtschaftlichen Pachtrechts** am 01.07.1986 geschlossen worden sind, gilt § 594 BGB nach Maßgabe von Art. 219 EGBGB. Für das Pachtschutzverfahren nach § 8 LPachtG gilt Art. 219 Abs. 3 EGBGB.

---

[11] OLG Dresden v. 25.01.2002 - LwU 349/01 - RdL 2005, 38-39.

§ 594b BGB Vertrag über mehr als 30 Jahre

(Fassung vom 02.01.2002, gültig ab 01.01.2002)

¹Wird ein Pachtvertrag für eine längere Zeit als 30 Jahre geschlossen, so kann nach 30 Jahren jeder Vertragsteil das Pachtverhältnis spätestens am dritten Werktag eines Pachtjahrs für den Schluss des nächsten Pachtjahrs kündigen. ²Die Kündigung ist nicht zulässig, wenn der Vertrag für die Lebenszeit des Verpächters oder des Pächters geschlossen ist.

Gliederung

A. Grundlagen... 1	I. Pachtvertrag über mehr als 30 Jahre 5
I. Kurzcharakteristik................................ 1	II. Kündigungsfrist................................ 6
II. Gesetzgebungsmaterialien...................... 2	III. Vertrag für die Lebenszeit (Satz 2)............. 7
III. Normzweck.................................... 3	**C. Rechtsfolgen** 8
IV. Abdingbarkeit 4	**D. Prozessuale Hinweise/Verfahrenshinweise** 9
B. Anwendungsvoraussetzungen 5	**E. Anwendungsfelder**........................... 10

A. Grundlagen

I. Kurzcharakteristik

1 § 594b BGB enthält die Kündigungsfrist für Landpachtverträge, die für einen längeren Zeitraum als dreißig Jahre geschlossen wurden. Die Ausnahmeregelung in Satz 2 bestimmt die Nichtanwendbarkeit von Satz 1 bei Verträgen auf Lebenszeit des Verpächters oder Pächters. Die Vorschrift entspricht dem für das Mietrecht geltenden § 544 BGB (vgl. die Kommentierung zu § 544 BGB).

II. Gesetzgebungsmaterialien

2 § 594b BGB wurde durch das **Gesetz zur Neuordnung des landwirtschaftlichen Pachtrechts** vom 08.11.1985, welches am 01.07.1986 in Kraft trat, neu eingefügt,[1] und übernimmt – in teilweise abgeänderter Form – die bis dahin geltende Regelung des § 567 BGB a.F. i.V.m. § 581 Abs. 2 BGB a.F.

III. Normzweck

3 Zweck der Vorschrift ist es, eine Art **Erbpacht auszuschließen** und die Parteien dazu zu zwingen, wenn sie eine längere als 30jährige Besitzüberlassung wünschen, eine entsprechende dingliche Veränderung herbeizuführen.[2]

IV. Abdingbarkeit

4 Entsprechend dem Normzweck ist § 594b BGB **nicht dispositiv**. Da eine Erbpacht ausgeschlossen werden soll, können die Parteien das Kündigungsrecht nach Ablauf von 30 Jahren nicht ausschließen; die Vereinbarung einer kürzeren Kündigungsfrist ist hingegen möglich.[3]

B. Anwendungsvoraussetzungen

I. Pachtvertrag über mehr als 30 Jahre

5 Zu den Landpachtverträgen, die für eine längere Zeit als dreißig Jahre geschlossen sind und damit von § 594b BGB erfasst werden, gehören Pachtverhältnisse,

---

[1] BGBl I 1985, 2065.
[2] BT-Drs. 10/509, S. 24.
[3] *von Jeinsen* in: Staudinger, § 594b Rn. 3, vgl. aber Satz 2 für Verträge auf Lebenszeit.

- die die Pachtzeit ausdrücklich auf einen längeren Zeitraum als dreißig Jahre festlegen,
- die zwar für einen kürzeren Zeitraum als dreißig Jahre abgeschlossen wurden, aber aufgrund einer Option auf einen längeren Zeitraum als dreißig Jahre verlängert werden können,
- die auf unbestimmte Zeit geschlossen wurden, bei denen die Kündigung jedoch frühestens nach dreißig Jahren oder gar nicht erfolgen kann,
- bei denen die Kündigung rechtlich oder wirtschaftlich so erschwert wird, dass hierin eine Umgehung von § 594b Satz 2 BGB zu sehen ist,
- die mit dem Eintritt eines künftigen ungewissen Ereignisses enden, falls die Möglichkeit besteht, dass das Ereignis bis zum Ablauf von dreißig Jahren nicht eintritt.[4]

II. Kündigungsfrist

Die Kündigung kann erst mit dem Ablauf des dreißigsten Jahres seit der Überlassung der Pachtsache und nicht seit dem Vertragsschluss erfolgen. Der Beginn der Kündigungsfrist knüpft dagegen an das Ende des Pachtjahres an.

6

III. Vertrag für die Lebenszeit (Satz 2)

Für Pachtverträge, die für die Lebenszeit des Pächters oder Verpächters geschlossen wurden, gilt Satz 2 nicht. Gleiches gilt für Vereinbarungen, wonach der Vertrag bis zu einem bestimmten Lebensalter oder einem anderen bestimmten personenbezogenen Ereignis, wie etwa der Erreichung des Rentenalters, bestehen soll.[5] Auf juristische Personen ist die Vorschrift nicht anwendbar.[6]

7

C. Rechtsfolgen

Eine gegen § 594b BGB verstoßende Vereinbarung hat nicht automatisch die Nichtigkeit des gesamten Landpachtvertrages zur Folge, vielmehr tritt an die Stelle der unwirksamen Bestimmung die Kündigungsfrist des § 594b BGB.

8

D. Prozessuale Hinweise/Verfahrenshinweise

Für Streitigkeiten, die sich aus § 594b BGB ergeben, ist das Amtsgericht als Landwirtschaftsgericht gem. § 1 Nr. 1a LwVfG, welches gem. § 48 LwVfG im **streitigen Verfahren** entscheidet, zuständig (näher zum Verfahren in Landwirtschaftssachen vgl. die Kommentierung zu § 585 BGB Rn. 31).

9

E. Anwendungsfelder

Übergangsrecht: § 594b BGB gilt für Landpachtverträge i.S.v. § 585 BGB. Für Verträge, die vor dem In-Kraft-Treten des **Gesetzes zur Neuordnung des landwirtschaftlichen Pachtrechts** am 01.07.1986 geschlossen worden sind, gilt § 593 BGB nach Maßgabe von Art. 219 EGBGB. Gem. Art. 232 § 3 Abs. 1 EGBGB richten sich Pachtverhältnisse aufgrund von Verträgen, die vor dem Wirksamwerden des Beitritts geschlossen worden sind, nach den Vorschriften des BGB.

10

---

[4] *von Jeinsen* in: Staudinger, § 594b Rn. 4; vgl. auch die Kommentierung zu § 544 BGB.
[5] *Lüdtke-Handjery*, Landpachtrecht, 4. Aufl. 1997, § 594b Rn. 9.
[6] *von Jeinsen* in: Staudinger, § 594b Rn. 9.

§ 594c BGB Kündigung bei Berufsunfähigkeit des Pächters

(Fassung vom 02.01.2002, gültig ab 01.01.2002)

¹Ist der Pächter berufsunfähig im Sinne der Vorschriften der gesetzlichen Rentenversicherung geworden, so kann er das Pachtverhältnis außerordentlich mit der gesetzlichen Frist kündigen, wenn der Verpächter der Überlassung der Pachtsache zur Nutzung an einen Dritten, der eine ordnungsmäßige Bewirtschaftung gewährleistet, widerspricht. ²Eine abweichende Vereinbarung ist unwirksam.

Gliederung

A. Grundlagen.................................... 1	I. Berufsunfähigkeit............................. 5
I. Kurzcharakteristik............................ 1	II. Anfrage zur Überlassung an einen Dritten....... 7
II. Gesetzgebungsmaterialien.................... 2	III. Widerspruch des Verpächters................ 8
III. Normzweck................................ 3	IV. Kündigung................................. 9
IV. Abdingbarkeit.............................. 4	C. Prozessuale Hinweise/Verfahrenshinweise.... 10
B. Anwendungsvoraussetzungen................ 5	D. Anwendungsfelder......................... 12

A. Grundlagen

I. Kurzcharakteristik

1 § 594c BGB gibt dem Pächter ein außerordentliches Kündigungsrecht für den Fall seiner Berufsunfähigkeit bei einem Widerspruch des Verpächters gegen die Überlassung der Pachtsache zur Nutzung an einen Dritten.

II. Gesetzgebungsmaterialien

2 § 594c BGB wurde durch das **Gesetz zur Neuordnung des landwirtschaftlichen Pachtrechts** vom 08.11.1985, welches am 01.07.1986 in Kraft trat, aus Gründen der sozialen Gerechtigkeit neu eingefügt[1] und schränkt den bis dahin in § 596 Abs. 1 BGB a.F. geregelten Kündigungsausschluss ein. Die Vorschrift wurde redaktionell durch Art. 1 Nr. 20 des **Mietrechtsreformgesetz**,[2] welches am 01.09.2001 in Kraft trat, geändert.

III. Normzweck

3 Grundsätzlich wird der Pächter nicht von seiner Pflicht zur Zahlung des Pachtzinses befreit, wenn er aufgrund in seiner Person liegender Umstände nicht in der Lage ist, die Pachtsache ordnungsgemäß zu bewirtschaften.[3] Er ist auch nicht befugt, ohne das Einverständnis des Verpächters die Pachtsache einem Dritten zur ordnungsgemäßen Bewirtschaftung zu überlassen. Der Gesetzgeber hielt es für unbillig, einen Pächter an seinen vertraglichen Verpflichtungen auch dann festzuhalten, wenn er wegen Berufsunfähigkeit die Pachtsache nicht mehr selber bewirtschaften kann, vom Verpächter aber daran gehindert wird, die Bewirtschaftung einem Dritten zu überlassen, der eine ordnungsmäßige Bewirtschaftung und damit die Erfüllung der Pächterpflichten gewährleistet.[4]

IV. Abdingbarkeit

4 § 594c Satz 1 BGB ist im Interesse des sozialen Schutzes des Pächters gem. Satz 2 **unabdingbar**.[5]

---

[1] BGBl I 1985, 2065; BT-Drs. 10/509, S. 24.
[2] BGBl I 2001, 1149.
[3] Vgl. § 587 Abs. 2 BGB.
[4] BT-Drs. 10/509, S. 24.
[5] BT-Drs. 10/509, S. 24.

B. Anwendungsvoraussetzungen

I. Berufsunfähigkeit

Satz 1 der Vorschrift knüpft den Begriff der Berufsunfähigkeit an die Vorschriften der gesetzlichen Rentenversicherung. Maßgeblich ist der Begriff der vollen Erwerbsminderung gem. § 43 Abs. 2 SGB VI. Danach ist voll erwerbsgemindert, wer wegen Krankheit oder Behinderung auf nicht absehbare Zeit außerstande sind, unter den üblichen Bedingungen des allgemeinen Arbeitsmarktes mindestens drei Stunden täglich erwerbstätig zu sein. Voll erwerbsgemindert ist auch, wer nach § 1 Satz 1 Nr. 2 SGB VI, wegen Art oder Schwere der Behinderung nicht auf dem allgemeinen Arbeitsmarkt tätig sein kann und wer bereits vor Erfüllung der allgemeinen Wartezeit voll erwerbsgemindert war, in der Zeit einer nicht erfolgreichen Eingliederung in den allgemeinen Arbeitsmarkt. Für den Begriff der Berufsunfähigkeit i.S.v. § 594c BGB ist dabei jedoch allein die Erwerbsunfähigkeit als Landwirt maßgeblich, eine anderweitige Erwerbsunfähigkeit des Pächters ist unerheblich.

Ist zwischen den Parteien keine höchstpersönliche Bewirtschaftung der Pachtsache durch den Pächter vereinbart worden, ist die Berufsunfähigkeit des Pächters solange unerheblich, wie die ordnungsgemäße Bewirtschaftung durch seinen Erfüllungsgehilfen sichergestellt ist.[6]

II. Anfrage zur Überlassung an einen Dritten

Ungeschriebene Voraussetzung des § 594c Satz 1 BGB ist, dass der Pächter bei dem Verpächter anfragt, ob er die Pachtsache an einen Dritten, der eine ordnungsgemäße Bewirtschaftung gewährleistet, zur Nutzung überlassen kann. Dabei muss der Pächter den Verpächter zwar nicht ausdrücklich auf die Folgen eines Widerspruches nach § 594c BGB hinweisen, jedoch muss er ihm die Möglichkeit geben, zu erkennen, dass der Hintergrund der Anfrage die Berufsunfähigkeit des Pächters ist und dem Verpächter das Risiko der Kündigung droht.[7] Ferner muss der Pächter Angaben zur Person des Dritten machen, so dass sich der Verpächter davon überzeugen kann, dass der Dritte eine ordnungsgemäße Bewirtschaftung der Pachtsache gewährleisten kann.[8] Die Anfrage ist weder an eine Form noch an eine Frist nach Eintritt der Berufsunfähigkeit gebunden.[9]

III. Widerspruch des Verpächters

Der Widerspruch des Verpächters führt nur dann zu einem Kündigungsrecht des Pächters, wenn der Pächter berufsunfähig ist und der Dritte eine ordnungsgemäße Bewirtschaftung der Pachtsache gewährleistet. Die Pflicht des Verpächters, auf eine Anfrage des Pächters in angemessener Zeit ohne Einhaltung einer besonderen Form zu antworten, ist eine vertragliche Nebenpflicht aus dem Pachtvertrag.[10]

IV. Kündigung

Liegen die Voraussetzungen des Satzes 1 vor, so kann der Pächter gem. § 594a Abs. 2 BGB spätestens am dritten Werktag des halben Jahres, mit dessen Ablauf das Pachtverhältnis enden soll, den Pachtvertrag kündigen. Dabei muss die Kündigungserklärung keine Angabe von Gründen erhalten.[11] Die Frist, innerhalb derer die Kündigung erklärt werden kann, ist nicht auf das Pachtjahr beschränkt, in dem der Verpächter der Pächteranfrage widersprochen hat, sondern gilt grundsätzlich innerhalb der Schranken des § 242 BGB (Verwirkung) auch darüber hinaus.[12]

---

[6] *von Jeinsen* in: Staudinger, § 594c Rn. 2.
[7] *Heintzmann* in: Soergel, § 594c Rn. 3.
[8] *Heintzmann* in: Soergel, § 594c Rn. 3.
[9] *Heintzmann* in: Soergel, § 594c Rn. 3.
[10] *Lüdtke-Handjery*, Landpachtrecht, 4. Aufl. 1997, § 594c Rn. 13.
[11] OLG Frankfurt v. 19.01.1990 - 20 U 3/89 - AgrarR 1991, 107.
[12] *von Jeinsen* in: Staudinger, § 594c Rn. 5; *Lüdtke-Handjery*, Landpachtrecht, 4. Aufl. 1997, § 594c Rn. 14.

C. Prozessuale Hinweise/Verfahrenshinweise

10 Der Pächter hat das Vorliegen der Berufsunfähigkeit sowie die Gewährleistung einer ordnungsgemäßen Bewirtschaftung durch den Dritten zu beweisen.

11 Für Streitigkeiten, die sich aus § 594c BGB ergeben, ist das Amtsgericht als Landwirtschaftsgericht gem. § 1 Nr. 1a LwVfG, welches gem. § 48 LwVfG im **streitigen Verfahren** entscheidet, zuständig (näher zum Verfahren in Landwirtschaftssachen vgl. die Kommentierung zu § 585 BGB Rn. 31).

D. Anwendungsfelder

12 **Übergangsrecht**: § 594c BGB gilt für Landpachtverträge i.S.v. § 585 BGB. Für Verträge, die vor dem In-Kraft-Treten des **Gesetzes zur Neuordnung des landwirtschaftlichen Pachtrechts** am 01.07.1986 geschlossen worden sind, gilt § 594c BGB nach Maßgabe von Art. 219 EGBGB. Analog ist § 594c BGB auf die flächenlose Pacht einer Anlieferungs-Referenzmenge anwendbar, da beim Inkrafttreten der Vorschrift Milchquoten nicht selbständiger Gegenstand eines Pachtvertrages sein und nur akzessorisch zur Landpacht vom Verpächter auf den Pächter übergehen konnten.[13] Die spätere gesetzliche Zulassung der flächenlosen Übertragung von Milchquoten durch die EU hat an dem Schutzgedanken, den der nationale Gesetzgeber mit der Vorschrift verfolgte, nichts geändert.[14]

---

[13] BGH v. 20.09.2009 - XII ZR 39/08 - juris Rn. 15 - NJW-RR 2010, 198-200.
[14] BGH v. 20.09.2009 - XII ZR 39/08 - juris Rn. 16 - NJW-RR 2010, 198-200.

§ 594d BGB Tod des Pächters

(Fassung vom 02.01.2002, gültig ab 01.01.2002)

(1) Stirbt der Pächter, so sind sowohl seine Erben als auch der Verpächter innerhalb eines Monats, nachdem sie vom Tod des Pächters Kenntnis erlangt haben, berechtigt, das Pachtverhältnis mit einer Frist von sechs Monaten zum Ende eines Kalendervierteljahrs zu kündigen.

(2) ¹Die Erben können der Kündigung des Verpächters widersprechen und die Fortsetzung des Pachtverhältnisses verlangen, wenn die ordnungsmäßige Bewirtschaftung der Pachtsache durch sie oder durch einen von ihnen beauftragten Miterben oder Dritten gewährleistet erscheint. ²Der Verpächter kann die Fortsetzung des Pachtverhältnisses ablehnen, wenn die Erben den Widerspruch nicht spätestens drei Monate vor Ablauf des Pachtverhältnisses erklärt und die Umstände mitgeteilt haben, nach denen die weitere ordnungsmäßige Bewirtschaftung der Pachtsache gewährleistet erscheint. ³Die Widerspruchserklärung und die Mitteilung bedürfen der schriftlichen Form. ⁴Kommt keine Einigung zustande, so entscheidet auf Antrag das Landwirtschaftsgericht.

(3) Gegenüber einer Kündigung des Verpächters nach Absatz 1 ist ein Fortsetzungsverlangen des Erben nach § 595 ausgeschlossen.

Gliederung

A. Grundlagen	1	1. Berechtigung	7
I. Kurzcharakteristik	1	2. Frist	8
II. Gesetzgebungsmaterialien	2	3. Form	10
III. Normzweck	3	III. Widerspruchsrecht der Erben (Absatz 2)	11
IV. Abdingbarkeit	4	IV. Ablehnungsrecht des Verpächters	12
B. Anwendungsvoraussetzungen	5	V. Entscheidung des Landwirtschaftsgerichts	13
I. Tod des Pächters	5	**C. Prozessuale Hinweise/Verfahrenshinweise**	14
II. Kündigung	6	**D. Anwendungsfelder**	15

A. Grundlagen

I. Kurzcharakteristik

§ 594d BGB gewährt beim Tod des Pächters sowohl den Erben als auch dem Verpächter ein Kündigungsrecht, welches mit einer Frist von sechs Monaten zum Ende des Kalenderjahres ausgeübt werden kann. Die Vorschrift entspricht dem für das Mietrecht geltenden § 563a BGB, auf dessen Kommentierung zusätzlich verwiesen wird (vgl. die Kommentierung zu § 563a BGB). 1

II. Gesetzgebungsmaterialien

§ 594d BGB wurde durch das **Gesetz zur Neuordnung des landwirtschaftlichen Pachtrechts** vom 08.11.1985, welches am 01.07.1986 in Kraft trat, neu eingefügt.[1] Nach der bis dahin geltenden Regelung war beim Tode des Pächters lediglich der Erbe des Pächters zur Kündigung des Pachtverhältnisses berechtigt. Die Vorschrift wurde erneut geändert durch Art. 1 Nr. 21 des **Mietrechtsreformgesetz**,[2] welches am 01.09.2001 in Kraft trat, indem das Kündigungsrecht auf einen Monat nach Kenntnis des Todes des Pächters beschränkt und die Regelung, nach der die Kündigung nur für den ersten Termin erfolgen kann, für den sie zulässig ist, gestrichen wurde. 2

---

[1] BGBl I 1985, 2065, BT-Drs. 10/509, S. 24.
[2] BGBl I 2001, 1149.

III. Normzweck

3 § 594d BGB soll die Rechtsstellung der Erben des Pächters und des Verpächters für den Fall des Todes des Pächters regeln und dabei dem persönlichen Charakter des Landpachtverhältnisses Rechnung tragen. Da oftmals keiner der Erben dazu bereit oder in der Lage ist, den landwirtschaftlichen Betrieb fortzuführen, hat der Gesetzgeber es für notwendig erachtet, auch dem Verpächter die Möglichkeit einzuräumen, das Pachtverhältnis zu kündigen.[3] Ist jedoch eine ordnungsgemäße Bewirtschaftung durch die Erben gewährleistet, besteht keine Veranlassung, dem Verpächter eine uneingeschränkte Kündigungsmöglichkeit einzuräumen.[4] Durch Absatz 3 soll klargestellt werden, dass die Erben sich nicht zusätzlich auf die Härteklausel des § 595 BGB berufen können sollen, da sie ausreichend durch das Widerspruchsrecht nach Absatz 2 geschützt sind.[5]

IV. Abdingbarkeit

4 § 594d BGB ist **abdingbar**.[6] Die Vorschrift dient den Interessen beider Parteien und ist daher, wie die entsprechende Vorschrift im Mietrecht auch (vgl. die Kommentierung zu § 580 BGB), abdingbar. Für die Abdingbarkeit der Norm spricht ferner, dass ein ausdrückliches Änderungsverbot, wie etwa in § 594c Satz 2 BGB, fehlt. Die in Absatz 2 Satz 3 enthaltene Formvorschrift kann jedoch aufgrund ihrer Zwecksetzung isoliert nicht abbedungen werden.[7] Bei Formularverträgen ist insbesondere § 307 BGB zu beachten (vgl. die Kommentierung zu § 307 BGB).

B. Anwendungsvoraussetzungen

I. Tod des Pächters

5 Voraussetzung für das Kündigungsrecht gem. § 594d BGB ist der Tod des Pächters bei einem bestehenden Pachtverhältnis. Bei juristischen Personen ist die Vorschrift nicht analog bei deren Beendigung durch Liquidation anwendbar (vgl. die Kommentierung zu § 569 BGB).

II. Kündigung

6 Die Kündigung ist eine empfangsbedürftige Willenserklärung, die mit ihrem Zugang gem. § 130 BGB wirksam wird (vgl. die Kommentierung zu § 130 BGB).

1. Berechtigung

7 Berechtigt, die Kündigung nach dem Tod des Pächters auszusprechen, sind die **Erben** des Pächters und der Verpächter. Bei einer Kündigung durch eine Erbengemeinschaft, kann der Verpächter die Wirksamkeit der Kündigung nicht von einem Nachweis der Erbengemeinschaft abhängig machen, wobei jedoch den nicht hinreichend berechtigten Pächtererben eine Schadensersatzpflicht gem. § 280 BGB trifft.[8] Bei einer Pächtermehrheit kann das Pachtverhältnis nur von allen Pächtern gemeinsam gekündigt werden; folglich kann den Erben eines von mehreren Pächtern das Kündigungsrecht gem. § 594d BGB nicht gewährt werden.[9]

---

[3] BT-Drs. 10/509, S. 24.
[4] BT-Drs. 10/509, S. 25.
[5] BT-Drs. 10/509, S. 25.
[6] *Lüdtke-Handjery*, Landpachtrecht, 4. Aufl. 1997, § 594d Rn. 4; *von Jeinsen* in: Staudinger, § 594d Rn. 24; *Heintzmann* in: Soergel, § 594d Rn. 14; *Weidenkaff* in: Palandt, § 594d Rn. 1; a.A. aber *Putzo* in: Palandt, BGB, 61. Aufl. 2002, § 594d Rn. 1; LSG Celle v. 21.05.1992 - L 10 Lw 1/91 - RdL 1992, 262-263.
[7] *Lüdtke-Handjery*, Landpachtrecht, 4. Aufl. 1997, § 594d Rn. 6.
[8] *von Jeinsen* in: Staudinger, § 594d Rn. 9.
[9] *von Jeinsen* in: Staudinger, § 594d Rn. 11; vgl. für das Mietrecht die Kommentierung zu § 580 BGB.

2. Frist

§ 594d BGB bestimmt, dass das Pachtverhältnis mit einer Frist von sechs Monaten zum Ende des Kalendervierteljahres zu kündigen ist. Eine verspätete Kündigung ist unwirksam.

Die Kündigung kann nur innerhalb eines Monats ab Kenntnis des Todes des Pächters erfolgen.

3. Form

Die Kündigung bedarf gem. § 594f BGB (vgl. die Kommentierung zu § 594f BGB Rn. 5) der Schriftform.

III. Widerspruchsrecht der Erben (Absatz 2)

Der Widerspruch ist eine empfangsbedürftige Willenserklärung, die gem. Absatz 2 Satz 2 spätestens drei Monate vor Ablauf des Pachtverhältnisses in schriftlicher Form erklärt werden muss. Die form- und fristgerechte Erklärung des Widerspruchs gegen die wirksame Kündigung des Verpächters alleine führt nicht zur Unwirksamkeit der Kündigung. Vielmehr bedarf es außerdem einer form- und fristgerechten Mitteilung der Umstände, die eine Gewähr für eine ordnungsgemäße Bewirtschaftung der Pachtsache bieten und daneben der tatsächlichen Gewährleistung einer ordnungsgemäßen Bewirtschaftung.[10]

IV. Ablehnungsrecht des Verpächters

Der Verpächter kann trotz des Widerspruchs des Pächters die Fortsetzung des Pachtverhältnisses verlangen, wenn der Widerspruch an formellen Mängeln, namentlich der Nichteinhaltung der Widerspruchsfrist oder der Schriftform oder unterlassener fristgerechter Mitteilung der Umstände, nach denen eine ordnungsgemäße Bewirtschaftung der Pachtsache gewährleistet erscheint, oder dem materiellen Mangel leidet, dass eine Gewähr für die ordnungsgemäße Bewirtschaftung der Pachtsache nicht besteht. Die Ablehnungserklärung ist weder form- noch fristgebunden.

V. Entscheidung des Landwirtschaftsgerichts

Nach Absatz 2 Satz 4 kann jede der Parteien bei mangelnder Einigung die Entscheidung des Landwirtschaftsgerichts beantragen. Der Antrag ist nicht fristgebunden.[11]

C. Prozessuale Hinweise/Verfahrenshinweise

Beim Verfahren darüber, ob die Kündigung i.S.v. Absatz 1 wirksam ist, entscheidet das Landwirtschaftsgericht gem. § 48 LwVfG i.V.m. § 1 Nr. 1a LwVfG im **streitigen Verfahren**. Die rechtsgestaltende Entscheidung darüber, ob ein Fortsetzungsanspruch besteht, ergeht gem. § 1 Nr. 1 LwVfG im Verfahren der freiwilligen Gerichtsbarkeit (näher zum Verfahren in Landwirtschaftssachen vgl. die Kommentierung zu § 585 BGB Rn. 31).

D. Anwendungsfelder

Übergangsrecht: § 594d BGB gilt für Landpachtverträge i.S.v. § 585 BGB. Für Verträge, die vor dem In-Kraft-Treten des **Gesetzes zur Neuordnung des landwirtschaftlichen Pachtrechts** am 01.07.1986 geschlossen worden sind, gilt § 594d BGB nach Maßgabe von Art. 219 EGBGB.

---

[10] *Lüdtke-Handjery*, Landpachtrecht, 4. Aufl. 1997, § 594d Rn. 19.
[11] *von Jeinsen* in: Staudinger, § 594d Rn. 26.

§ 594e BGB Außerordentliche fristlose Kündigung aus wichtigem Grund

(Fassung vom 02.01.2002, gültig ab 01.01.2002)

(1) Die außerordentliche fristlose Kündigung des Pachtverhältnisses ist in entsprechender Anwendung der §§ 543, 569 Abs. 1 und 2 zulässig.

(2) [1]**Abweichend von § 543 Abs. 2 Nr. 3 Buchstabe a und b liegt ein wichtiger Grund insbesondere vor, wenn der Pächter mit der Entrichtung der Pacht oder eines nicht unerheblichen Teils der Pacht länger als drei Monate in Verzug ist.** [2]**Ist die Pacht nach Zeitabschnitten von weniger als einem Jahr bemessen, so ist die Kündigung erst zulässig, wenn der Pächter für zwei aufeinander folgende Termine mit der Entrichtung der Pacht oder eines nicht unerheblichen Teils der Pacht in Verzug ist.**

Gliederung

A. Grundlagen 1	I. Normstruktur 5
I. Kurzcharakteristik 1	II. Außerordentliche fristlose Kündigung 7
II. Gesetzgebungsmaterialien 2	III. Kündigung wegen Zahlungsverzugs 10
III. Normzweck 3	C. Prozessuale Hinweise/Verfahrenshinweise 14
IV. Abdingbarkeit 4	D. Anwendungsfelder 15
B. Anwendungsvoraussetzungen 5	

A. Grundlagen

I. Kurzcharakteristik

1 § 594e BGB regelt das Recht zur fristlosen Kündigung durch einen Verweis auf die mietrechtlichen Vorschriften §§ 543, 569 Abs. 1 und 2 BGB. Für die fristlose Kündigung bei Zahlungsverzug enthält § 595 Abs. 2 BGB eine Sondervorschrift.

II. Gesetzgebungsmaterialien

2 § 594e BGB wurde durch das **Gesetz zur Neuordnung des landwirtschaftlichen Pachtrechts** vom 08.11.1985,[1] welches am 01.07.1986 in Kraft trat, eingefügt und die bis dahin geltende Regelung nur im Hinblick auf die in Absatz 2 enthaltene Sondervorschrift modifiziert. Die Vorschrift wurde erneut durch Art. 1 Nr. 22 **Mietrechtsreformgesetz**,[2] welches am 01.09.2001 in Kraft trat, geändert.

III. Normzweck

3 Aufgrund der vergleichbaren Situation bei einem Mietverhältnis, insbesondere im Hinblick auf einen Interessenausgleich zwischen den Parteien, verweist § 594e BGB auf die entsprechenden Vorschriften des Mietrechts.[3] Wegen der gegenüber dem Mietrecht regelmäßig erheblich längeren Zahlungstermine ist für die fristlose Kündigung bei Zahlungsverzug mit Absatz 2 eine Sondervorschrift für das Landpachtrecht geschaffen worden.[4]

IV. Abdingbarkeit

4 Die Vorschrift ist nur insofern abdingbar, soweit die in Bezug genommenen mietrechtlichen Vorschriften abdingbar sind (vgl. die Kommentierung zu § 543 BGB und die Kommentierung zu § 569 BGB).

---

[1] BGBl I 1985, 2065.
[2] BGBl I 2001, 1149.
[3] *von Jeinsen* in: Staudinger, § 594e Rn. 1.
[4] BT-Drs. 10/509, S. 25.

Weitere Kündigungsgründe oder Erweiterungen des Kündigungsrechts können von den Parteien vereinbart werden.

B. Anwendungsvoraussetzungen

I. Normstruktur

Absatz 1 der Vorschrift verweist für die außerordentliche fristlose Kündigung auf die entsprechenden Vorschriften des Mietrechts.

Absatz 2 enthält eine Sondervorschrift für die fristlose Kündigung wegen Zahlungsverzuges.

II. Außerordentliche fristlose Kündigung

Das Recht zur fristlosen Kündigung regelt § 594e BGB durch einen Verweis auf die mietrechtlichen Vorschriften §§ 543, 569 Abs. 1 und 2 BGB (vgl. die Kommentierung zu § 543 BGB und die Kommentierung zu § 569 BGB).

Neben den für das Pachtrecht entsprechend geltenden Fällen des Mietrechts liegt ein zur fristlosen Kündigung berechtigender Umstand bei der Landpacht insbesondere in folgenden Fällen vor:

- Überlässt der Pächter die Pachtsache unerlaubt an einen Dritten zur Nutzung, etwa im Wege des sog. **Pflugtausch**es, so liegt hierin ein erheblicher Vertragsverstoß, der den Verpächter zur Kündigung berechtigt.[5]
- Bei wiederholtem **Zahlungsverzug** mit geringen Beträgen kann dies zur fristlosen Kündigung nach § 594 Abs. 1 BGB i.V.m. § 543 Abs. 1 BGB führen, selbst wenn die Voraussetzungen einer schweren Pflichtverletzung im Sinne des § 594 Abs. 2 BGB nicht vorliegen.[6] Dabei kann sich der Pächter nicht darauf berufen, er habe den Pachtzins bei Fälligkeit gezahlt, wenn er den Pachtzins hinterlegt hat und die Hinterlegung unrechtmäßig war.[7] Vor einem Eigentumswechsel entstandene und fällig gewordene Zahlungsansprüche bleiben bei dem bisherigen Verpächter, so dass ein Zahlungsverzug vor dem Eigentumswechsel den neuen Verpächter nicht zur Kündigung berechtigt.[8]
- Der Verpächter ist zur fristlosen Kündigung berechtigt, wenn der Pächter sich entgegen der Parteivereinbarung weigert, aufgebrachten Klärschlamm in den Boden einzuarbeiten.[9]
- Ist das wechselseitige **Vertrauensverhältnis** der Vertragsparteien **zerrüttet**, so stellt dies auch bei einem Unterpachtverhältnis einen zur fristlosen Kündigung berechtigenden Grund dar.[10]
- Verstößt der Pächter gegen die vertragliche Vereinbarung, Klärschlamm auf das Pachtland nur nach vorheriger Zustimmung des Verpächters aufzubringen, ist der Verpächter zur fristlosen Kündigung des Pachtverhältnisses berechtigt.[11]
- Sind die Parteien vollständig zerstritten und ist ein Zusammenleben auf dem Anwesen nicht mehr möglich und gescheitert, so ist dies ein Grund zur fristlosen Kündigung.[12]
- Bringt der Pächter fremde Tiere unter, obwohl nur Tierhaltung ohne nähere Konkretisierung vereinbart wurde, kann der Verpächter den Vertrag nach Abmahnung wegen vertragswidrigen Gebrauchs fristlos kündigen.[13]

---

[5] OLG Naumburg v. 31.05.2001 - 2 U (Lw) 22/00 - juris Rn. 29 - NL-BzAR 2001, 408-413; BGH v. 05.03.1999 - LwZR 7/98 - LM BGB § 589 Nr. 2 (10/1999); OLG Jena v. 21.06.2001 - Lw U 72/01 - OLG-NL 2001, 185-187; OLG Naumburg v. 02.12.1999 - 2 U (Lw) 21/99 - AgrarR 2002, 94-95; OLG Naumburg v. 26.04.2001 - 2 U (Lw) 8/01 - juris Rn. 16 - NL-BzAR 2001, 342-344.

[6] OLG Naumburg v. 11.10.2001 - 2 U (Lw) 14/01 - juris Rn. 8 - NL-BzAR 2002, 210-212; Oberlandesgericht des Landes Sachsen-Anhalt v. 25.08.2005 - 2 U 32/05 - juris Rn. 55.

[7] Brandenburgisches Oberlandesgericht v. 20.03.2008 - 5 U (Lw) 33/07 - juris Rn. 24.

[8] Brandenburgisches Oberlandesgericht v. 12.03.2009 - 5 U (Lw) 63/08 - juris Rn. 26.

[9] OLG Koblenz v. 15.06.1999 - 3 U 1036/98 - NJW-RR 2000, 277-278.

[10] OLG Rostock v. 08.06.1999 - 12 U (Lw) 26/97 - OLGR Rostock 1999, 386-388.

[11] OLG Celle v. 12.09.1996 - 7 U 171/95 - AgrarR 1997, 259-260.

[12] OLG Bamberg v. 25.04.1996 - 1 U 109/95 - ESLR 4, ZR 21.

[13] OLG Nürnberg v. 15.02.1990 - 2 U 3240/89 - AgrarR 1991, 106.

9 Kein Kündigungsgrund liegt vor, wenn der Pächter kurz nach Abschluss des Pachtvertrages in einen 200 km entfernten Ort umzieht, ohne sich mit dem Verpächter über eine eventuelle Weiterbewirtschaftung des Pachtlandes zu verständigen.[14] Kein Kündigungsgrund liegt ferner vor, wenn der Pächter mit Klärschlamm oder Klärkalk düngt, da dies eine ordnungsgemäße Bewirtschaftungsmaßnahme darstellt, es sei denn die Parteien haben etwas anderes vereinbart.[15]

III. Kündigung wegen Zahlungsverzugs

10 Absatz 2 regelt zwei Fälle des Kündigungsrechts wegen Zahlungsverzugs. Eine Kündigung ist danach zulässig, wenn:
- der Pächter mit der Entrichtung der Pacht oder eines nicht unerheblichen Teils der Pacht länger als drei Monate in Verzug ist und
- die Pacht nach Zeitabschnitten von weniger als einem Jahr bemessen ist und der Pächter für zwei aufeinanderfolgende Termine mit der Entrichtung der Pacht oder eines erheblichen Teils der Pacht in Verzug ist.

11 Ähnlich wie bei der Miete ist unter Pacht nicht nur das Nutzungsentgelt zu verstehen, sondern auch die Nebenkosten, pauschale Umlagen und vertraglich übernommene Abgaben.[16] Ein nicht unerheblicher Teil des Pachtzinses ist jedenfalls anzunehmen, wenn die Hälfte oder mehr als die Hälfte des Pachtzinses nicht bezahlt worden ist.[17]

12 Auch ein Dritter kann zur Ausübung der Kündigung des Pachtvertrages wegen eines Pachtrückstandes ermächtigt sein, wenn der bisherige Verpächter mit der Vertragsübernahme durch den Dritten einverstanden ist, der Dritte statt seiner die Rechte aus dem Pachtverhältnis geltend machen darf und die Pachtansprüche abgetreten erhält.[18]

13 Der Pächter hat einen Zahlungsverzug nur dann zu vertreten, wenn für ihn ersichtlich ist, wer in welchem Umfang Gläubiger der Pacht ist.[19] Wird das von ihm gepachtete Grundstück verkauft, muss dem Pächter der Zeitpunkt der Eintragung des Erwerbers in das Grundbuch ersichtlich sein, da erst mit diesem Zeitpunkt der Pachtvertrag auf den Erwerber übergeht.[20]

C. Prozessuale Hinweise/Verfahrenshinweise

14 Für Streitigkeiten über die Wirksamkeit der Kündigung ist das Amtsgericht als Landwirtschaftsgericht gem. § 1 Nr. 1a LwVfG zuständig, welches gem. § 48 LwVfG im **streitigen Verfahren** entscheidet (näher zum Verfahren in Landwirtschaftssachen vgl. die Kommentierung zu § 585 BGB Rn. 31).

D. Anwendungsfelder

15 **Übergangsrecht**: Für Landpachtverhältnisse, die bereits zum Zeitpunkt des In-Kraft-Tretens des Gesetzes zur Neuordnung des landwirtschaftlichen Pachtrechts am 01.07.1986 bestanden, gilt § 594e BGB aufgrund des durch Art. 2 Nr. 2 des Gesetzes zur Neuordnung des landwirtschaftlichen Pachtrechts eingefügten Art. 219 Abs. 1 EGBGB. Aus Art. 7 des Gesetzes zur Neuordnung des landwirtschaftlichen Pachtrechts ergibt sich die **Geltung** für Landpachtverhältnisse, die am oder ab dem 01.07.1986 begründet wurden.

---

[14] OLG Stuttgart v. 14.12.1993 - 10 U(Lw) 179/93 - RdL 1995, 153-156.
[15] OLG Celle v. 12.10.1989 - 7 U (Lp) 5/89 - AgrarR 1997, 258-259.
[16] *Lüdtke-Handjery*, Landpachtrecht, 4. Aufl. 1997, § 594e Rn. 36.
[17] *von Jeinsen* in: Staudinger, § 594e Rn. 21.
[18] BGH v. 08.11.2002 - V ZR 244/01 - ZfIR 2003, 121-122.
[19] Brandenburgisches Oberlandesgericht v. 15.03.2007 - 5 U (Lw) 117/06 - juris Rn. 23.
[20] Brandenburgisches Oberlandesgericht v. 15.03.2007 - 5 U (Lw) 117/06 - juris Rn. 23.

§ 594f BGB Schriftform der Kündigung

(Fassung vom 02.01.2002, gültig ab 01.01.2002)

Die Kündigung bedarf der schriftlichen Form.

Gliederung

A. Grundlagen.............................	1	IV. Abdingbarkeit...................		4
I. Kurzcharakteristik......................	1	B. Anwendungsvoraussetzungen..................		5
II. Gesetzgebungsmaterialien.....................	2	C. Prozessuale Hinweise/Verfahrenshinweise		9
III. Normzweck...............................	3	D. Anwendungsfelder....................		10

A. Grundlagen

I. Kurzcharakteristik

Nach § 594f BGB bedarf die Kündigung eines Landpachtvertrages der Schriftform. 1

II. Gesetzgebungsmaterialien

§ 594f BGB wurde durch das **Gesetz zur Neuordnung des landwirtschaftlichen Pachtrechts** vom 08.11.1985,[1] welches am 01.07.1986 in Kraft trat, neu eingefügt. 2

III. Normzweck

Die Vorschrift dient der **Rechtssicherheit** sowie der **Erleichterung** der **Fristberechnung** bei § 595 Abs. 7 BGB.[2] 3

IV. Abdingbarkeit

§ 594f BGB ist **nicht abdingbar**. Die Parteien können jedoch eine qualifizierte Schriftform für die Kündigung, wie etwa eine notarielle Beglaubigung, oder das Versenden per eingeschriebenen Briefs vereinbaren.[3] 4

B. Anwendungsvoraussetzungen

Die Kündigung eines Landpachtvertrages muss, unabhängig davon, ob der Vertrag schriftlich oder mündlich geschlossen wurde, **schriftlich** erfolgen. Gem. § 126 BGB muss, sofern durch Gesetz die schriftliche Form vorgeschrieben ist, die Urkunde von dem Aussteller eigenhändig durch Namensunterschrift oder mittels notariell beglaubigten Handzeichens unterzeichnet werden (vgl. die Kommentierung zu § 126 BGB). 5

Formlos kann dagegen, auch bei Vereinbarung der Schriftform für den Abschluss des Pachtvertrages, erfolgen: 6
- die vertragliche Aufhebung des Landpachtvertrages,
- die vertragliche Aufhebung der Kündigung vor Beendigung des Pachtvertrages,
- die Erklärung des Rücktritts vom Vertrag,
- die Erklärung der Anfechtung wegen Irrtums (vgl. die Kommentierung zu § 119 BGB) oder arglistiger Täuschung (vgl. die Kommentierung zu § 123 BGB), welche jedoch nur bis zur Überlassung des Pachtobjektes zulässig ist, da danach das außerordentliche Kündigungsrecht greift.[4]

---

[1] BGBl I 1985, 2065.
[2] *von Jeinsen* in: Staudinger, § 594f Rn. 2.
[3] *Lüdtke-Handjery*, Landpachtrecht, 4. Aufl. 1997, § 594f Rn. 2.
[4] *von Jeinsen* in: Staudinger, § 594f Rn. 6.

7 Der **Inhalt** der Kündigung muss den eindeutigen und unbedingten Kündigungswillen der kündigenden Vertragspartei zum Ausdruck bringen. Nicht erforderlich ist die Angabe eines Kündigungsgrundes oder -termins.[5]

8 Ein **Formverstoß** hat zur Folge, dass die ausgesprochene Kündigung gem. § 125 Satz 1 BGB nichtig ist. Jedoch kann eine Berufung auf die Formnichtigkeit mit den Grundsätzen von Treu und Glauben (vgl. die Kommentierung zu § 242 BGB) unvereinbar sein. Lässt sich der Kündigungsempfänger durch die Rückgabe der Pachtsache oder ein dem Kündigenden erklärtes Einverständnis auf die formfehlerhafte Kündigung ein, so ist hierin ein formlos wirksamer Aufhebungsvertrag zu sehen.

C. Prozessuale Hinweise/Verfahrenshinweise

9 Für Streitigkeiten über die Formgültigkeit der Kündigung ist das Amtsgericht als Landwirtschaftsgericht gem. § 1 Nr. 1a LwVfG zuständig, welches gem. § 48 LwVfG im **streitigen Verfahren** entscheidet (näher zum Verfahren in Landwirtschaftssachen vgl. die Kommentierung zu § 585 BGB Rn. 31).

D. Anwendungsfelder

10 **Übergangsrecht**: § 594f BGB gilt für Landpachtverträge i.S.v. § 585 BGB. Für Verträge, die vor dem In-Kraft-Treten des **Gesetzes zur Neuordnung des landwirtschaftlichen Pachtrechts** am 01.07.1986 geschlossen worden sind, gilt § 594f BGB nach Maßgabe von Art. 219 EGBGB. Gem. Art. 232 § 3 Abs. 1 EGBGB richten sich Pachtverhältnisse aufgrund von Verträgen, die vor dem Wirksamwerden des Beitritts geschlossen worden sind, nach den Vorschriften des BGB.

---

[5] *von Jeinsen* in: Staudinger, § 594f Rn. 7.

§ 595 BGB Fortsetzung des Pachtverhältnisses

(Fassung vom 02.01.2002, gültig ab 01.01.2002)

(1) ¹Der Pächter kann vom Verpächter die Fortsetzung des Pachtverhältnisses verlangen, wenn

1. bei einem Betriebspachtverhältnis der Betrieb seine wirtschaftliche Lebensgrundlage bildet,
2. bei dem Pachtverhältnis über ein Grundstück der Pächter auf dieses Grundstück zur Aufrechterhaltung seines Betriebs, der seine wirtschaftliche Lebensgrundlage bildet, angewiesen ist

und die vertragsmäßige Beendigung des Pachtverhältnisses für den Pächter oder seine Familie eine Härte bedeuten würde, die auch unter Würdigung der berechtigten Interessen des Verpächters nicht zu rechtfertigen ist. ²Die Fortsetzung kann unter diesen Voraussetzungen wiederholt verlangt werden.

(2) ¹Im Falle des Absatzes 1 kann der Pächter verlangen, dass das Pachtverhältnis so lange fortgesetzt wird, wie dies unter Berücksichtigung aller Umstände angemessen ist. ²Ist dem Verpächter nicht zuzumuten, das Pachtverhältnis nach den bisher geltenden Vertragsbedingungen fortzusetzen, so kann der Pächter nur verlangen, dass es unter einer angemessenen Änderung der Bedingungen fortgesetzt wird.

(3) Der Pächter kann die Fortsetzung des Pachtverhältnisses nicht verlangen, wenn

1. er das Pachtverhältnis gekündigt hat,
2. der Verpächter zur außerordentlichen fristlosen Kündigung oder im Falle des § 593a zur außerordentlichen Kündigung mit der gesetzlichen Frist berechtigt ist,
3. die Laufzeit des Vertrags bei einem Pachtverhältnis über einen Betrieb, der Zupachtung von Grundstücken, durch die ein Betrieb entsteht, oder bei einem Pachtverhältnis über Moor- und Ödland, das vom Pächter kultiviert worden ist, auf mindestens 18 Jahre, bei der Pacht anderer Grundstücke auf mindestens zwölf Jahre vereinbart ist,
4. der Verpächter die nur vorübergehend verpachtete Sache in eigene Nutzung nehmen oder zur Erfüllung gesetzlicher oder sonstiger öffentlicher Aufgaben verwenden will.

(4) ¹Die Erklärung des Pächters, mit der er die Fortsetzung des Pachtverhältnisses verlangt, bedarf der schriftlichen Form. ²Auf Verlangen des Verpächters soll der Pächter über die Gründe des Fortsetzungsverlangens unverzüglich Auskunft erteilen.

(5) ¹Der Verpächter kann die Fortsetzung des Pachtverhältnisses ablehnen, wenn der Pächter die Fortsetzung nicht mindestens ein Jahr vor Beendigung des Pachtverhältnisses vom Verpächter verlangt oder auf eine Anfrage des Verpächters nach § 594 die Fortsetzung abgelehnt hat. ²Ist eine zwölfmonatige oder kürzere Kündigungsfrist vereinbart, so genügt es, wenn das Verlangen innerhalb eines Monats nach Zugang der Kündigung erklärt wird.

(6) ¹Kommt keine Einigung zustande, so entscheidet auf Antrag das Landwirtschaftsgericht über eine Fortsetzung und über die Dauer des Pachtverhältnisses sowie über die Bedingungen, zu denen es fortgesetzt wird. ²Das Gericht kann die Fortsetzung des Pachtverhältnisses jedoch nur bis zu einem Zeitpunkt anordnen, der die in Absatz 3 Nr. 3 genannten Fristen, ausgehend vom Beginn des laufenden Pachtverhältnisses, nicht übersteigt. ³Die Fortsetzung kann auch auf einen Teil der Pachtsache beschränkt werden.

§ 595

(7) ¹Der Pächter hat den Antrag auf gerichtliche Entscheidung spätestens neun Monate vor Beendigung des Pachtverhältnisses und im Falle einer zwölfmonatigen oder kürzeren Kündigungsfrist zwei Monate nach Zugang der Kündigung bei dem Landwirtschaftsgericht zu stellen. ²Das Gericht kann den Antrag nachträglich zulassen, wenn es zur Vermeidung einer unbilligen Härte geboten erscheint und der Pachtvertrag noch nicht abgelaufen ist.

(8) ¹Auf das Recht, die Verlängerung eines Pachtverhältnisses nach den Absätzen 1 bis 7 zu verlangen, kann nur verzichtet werden, wenn der Verzicht zur Beilegung eines Pachtstreits vor Gericht oder vor einer berufsständischen Pachtschlichtungsstelle erklärt wird. ²Eine Vereinbarung, dass einem Vertragsteil besondere Nachteile oder besondere Vorteile erwachsen sollen, wenn er die Rechte nach den Absätzen 1 bis 7 ausübt oder nicht ausübt, ist unwirksam.

Gliederung

A. Grundlagen 1	6. Würdigung der Verpächterinteressen 19
I. Kurzcharakteristik 1	III. Fortsetzungsdauer und Vertragsänderung
II. Gesetzgebungsmaterialien 2	(Absatz 2) 21
III. Normzweck 3	IV. Ausschluss des Fortsetzungsanspruches
IV. Abdingbarkeit 4	(Absatz 3) 23
B. Anwendungsvoraussetzungen 9	1. Pächterkündigung (Nr. 1) 24
I. Normstruktur 9	2. Mögliche Verpächterkündigung (Nr. 2) 25
II. Fortsetzungsanspruch des Pächters (Absatz 1) .. 10	3. Höchstdauer (Nr. 3) 26
1. Pachtvertrag 11	4. Eigennutzung durch den Verpächter (Nr. 4) 29
2. Fortsetzungsverlangen 12	V. Fortsetzungsverlangen (Absatz 4) 34
3. Betriebspacht als wirtschaftliche Lebensgrundlage 13	VI. Ablehnung des Fortsetzungsverlangens (Absatz 5) 36
4. Grundstückspacht als Teil der wirtschaftlichen Lebensgrundlage 14	C. Prozessuale Hinweise/Verfahrenshinweise 38
5. Härte 16	D. Anwendungsfelder – Übergangsrecht 46

A. Grundlagen

I. Kurzcharakteristik

1 § 595 BGB enthält für Betriebs- und Grundstückspächter einen Anspruch auf Fortsetzung des Landpachtvertrages aus sozialen Gründen. Die Vorschrift weist Parallelen zu den in den §§ 574-574c BGB enthaltenen Schutzvorschriften für den Mieter auf (vgl. die Kommentierung zu § 574 BGB, die Kommentierung zu § 574a BGB, die Kommentierung zu § 574b BGB und die Kommentierung zu § 574c BGB).

II. Gesetzgebungsmaterialien

2 Die Sozialklausel geht zurück auf die Reichspachtschutzordnung vom 30.07.1940, welche die Möglichkeit einer Verlängerung des Landpachtvertrages zur Sicherung der Volksernährung und zu einer gesunden Verteilung der Bodennutzung ermöglichte. Weiter ausgeweitet wurde der Pachtschutz dann durch die Verordnung vom 11.10.1944, durch die eine gesetzliche Verlängerung von Pachtverträgen angeordnet wurde. Hiervon geprägt, war es auch in der Nachkriegszeit üblich, Pachtverträge regelmäßig zu verlängern. Aufgrund der in der Folge eintretenden Erstarrung des Pachtmarktes wurde der Pachtschutz durch das Landpachtgesetz vom 25.06.1952[1] erstmalig gelockert und von einer Interessenabwägung abhängig gemacht. Eine weitere Lockerung erfuhr der Pachtschutz dann durch § 595 BGB, welcher durch das **Gesetz zur Neuordnung des landwirtschaftlichen Pachtrechts** vom 08.11.1985,[2] das am

---

[1] BGBl I 1952, 343.
[2] BGBl I 1985, 2065.

01.07.1986 in Kraft trat, eingeführt wurde und § 8 LPachtG ersetzte. Insbesondere kann der Pachtschutz nur noch von Seiten des Pächters verlangt werden. Ein Verlängerungsanspruch des Verpächters ist seitdem allenfalls im Rahmen des § 242 BGB möglich. Die Vorschrift wurde redaktionell durch Art. 1 Nr. 23 des **Mietrechtsreformgesetzes**,[3] welches am 01.09.2001 in Kraft trat, in Absatz 1 und Absatz 3 geändert.

III. Normzweck

Die Vorschrift dient dem **Schutz** der **Existenzgrundlage** des Pächters und seine Familie. Der ursprüngliche Normzweck der Reichspachtschutzordnung vom 30.07.1940, auf den die Norm zurückgeht, nämlich die Sicherung der Volksernährung und gesunde Verteilung der Bodennutzung, dürfte heute keine Rolle mehr spielen.[4]

IV. Abdingbarkeit

§ 595 Abs. 1-7 BGB ist als Schutzvorschrift **unabdingbar**.[5] **Unzulässig** sind insbesondere
- sowohl Verzichte auf den materiellen Fortsetzungsanspruch als auch auf seine formelle Durchsetzbarkeit,
- Teilverzichte, die etwa Antragsfristen abbedingen oder in einer für den Pächter ungünstigen Art und Weise festschreiben,
- die Einräumung eines Rücktrittsrechtes, dessen Ausübung den Vertrag rückwirkend auflöst,
- die Vereinbarung der Zuständigkeit eines Schiedsgerichtes.[6]

Unwirksam sind ferner die in § 595 Abs. 8 Satz 2 BGB genannten **Umgehungsgeschäfte**. Hierunter fallen etwa
- die Vereinbarung einer Vertragsstrafe,
- die Erhöhung des Pachtzinses oder
- die Einschränkung im Gebrauch des Pachtlandes für den Fall des Pachtschutzbegehrens oder
- eine Pachtzinsermäßigung oder Pachtzeitverlängerung für den Fall, dass das Pachtschutzbegehren nicht gestellt wird.

Nicht unzulässig i.S.v. § 595 Abs. 8 Satz 2 BGB sind Regelungen, wonach
- der Fortsetzungsanspruch des Pächters erleichtert oder erweitert oder
- das Ablehnungsrecht des Verpächters gem. Absatz 5 erschwert wird.[7]

Nach § 595 Abs. 8 Satz 1 BGB ist ein **Verzicht** auf das Recht zur Verlängerung des Pachtverhältnisses jedoch ausnahmsweise und nur dann **wirksam**, wenn der Verzicht zur Beilegung eines Pachtstreites vor Gericht oder vor einer berufsständischen Pachtschlichtungsstelle erklärt wird.

Ein **Pachtstreit** liegt nicht erst vor, wenn dieser bereits vor Gericht anhängig ist.[8] Auch muss es sich nicht um einen Streit aus § 595 BGB handeln, ausreichend ist vielmehr, dass zwischen den Parteien ein wirksamer Landpachtvertrag besteht und der Pächter als Beitrag zu einem beiderseitigen Nachgeben auf seine Rechte aus § 595 BGB verzichtet.[9] Der Verzicht kann vor jedem deutschen Gericht, d. h. zu Protokoll des Gerichts, erklärt werden, wobei beide Parteien oder ihre Vertreter anwesend sein müssen.[10]

---

[3] BGBl I 2001, 1149.
[4] *von Jeinsen* in: Staudinger, § 595 Rn. 3.
[5] BT-Drs. 10/509, S. 26.
[6] *von Jeinsen* in: Staudinger, § 595 Rn. 82.
[7] *Lüdtke-Handjery*, Landpachtrecht, 4. Aufl. 1997, § 595 Rn. 15.
[8] *Lüdtke-Handjery*, Landpachtrecht, 4. Aufl. 1997, § 595 Rn. 11.
[9] *von Jeinsen* in: Staudinger, § 595 Rn. 88.
[10] *Heintzmann* in: Soergel, § 595 Rn. 22.

B. Anwendungsvoraussetzungen

I. Normstruktur

9 § 595 BGB beinhaltet folgende Regelungen:
- Absatz 1 regelt den materiellen Fortsetzungsanspruch des Pächters.
- Absatz 2 regelt die Dauer der Fortsetzung und die Möglichkeit einer angemessenen Änderung des Pachtvertrages, falls dem Verpächter die Fortsetzung nach bisherigen Vertragsbedingungen nicht zumutbar ist.
- Absatz 3 regelt die Ausnahmetatbestände, bei deren Vorliegen, eine Fortsetzung nicht verlangt werden kann.
- Absatz 4 regelt die Form des Fortsetzungsverlangens.
- Absatz 5 regelt das Recht des Verpächters, die Fortsetzung abzulehnen, falls die Fristen für die Erklärung des Fortsetzungsverlangens nicht eingehalten werden.
- Absatz 6 regelt die Zuständigkeit des Landwirtschaftsgerichts, falls keine Einigung zustande kommt.
- Absatz 7 regelt die Frist für den Antrag beim Landwirtschaftsgericht.
- Absatz 8 regelt den Verzicht auf die Rechte aus den Absätzen 1-7.

II. Fortsetzungsanspruch des Pächters (Absatz 1)

10 Der Fortsetzungsanspruch des Pächters soll der Verhinderung der vertragsmäßigen Beendigung des Pachtverhältnisses dienen. Daher werden die Rechte des Verpächters bei Vorliegen der Voraussetzungen, die ihn zu einer außerordentlichen Kündigung berechtigen, nicht berührt.[11]

1. Pachtvertrag

11 Zwischen den Parteien muss ein wirksamer Landpachtvertrag bestehen (vgl. die Kommentierung zu § 585 BGB).

2. Fortsetzungsverlangen

12 Der Pächter muss seinen Anspruch gegenüber dem Verpächter schriftlich (Absatz 4) geltend machen.

3. Betriebspacht als wirtschaftliche Lebensgrundlage

13 Ein Anspruch auf Fortsetzung besteht, wenn Gegenstand des Pachtvertrages ein landwirtschaftlicher Betrieb ist. Das ist dann der Fall, wenn landwirtschaftliche Grundstücke von einem Mittelpunkt aus bewirtschaftet werden.[12] Bei der Betriebspacht muss der Betrieb die wirtschaftliche Lebensgrundlage des Verpächters und seiner Familie bilden, so dass der Wegfall des Betriebes die Existenzgrundlage des Pächters bedrohen würde.[13] Dabei ist nicht erforderlich, dass der Pachtbetrieb die einzige Einnahmequelle des Pächters ist, ausreichend ist bereits, dass der Betrieb im wesentlichen Umfang die Lebensgrundlage bildet.[14] Maßgeblich sind jeweils die tatsächlichen, individuellen Einzelumstände. Die betriebliche Rentabilität muss durch den Wegfall so stark beeinträchtigt sein, dass ein vernünftig wirtschaftender Landwirt seinen Betrieb nicht weiterführen würde, weil ein zum Lebenserhalt für sich und seine Familie ausreichender Gewinn nicht mehr zu erwarten ist.[15] Ein Pachtbetrieb wird i.d.R. dann die wesentliche Lebensgrundlage bilden, wenn seine Erträge drei Viertel oder mehr der Gesamteinkünfte des Pächters ausmachen.[16] Zur Lebensgrundlage gehört das Einkommen, das zur Befriedigung der täglichen Bedürfnisse einschließlich Wohnen, Urlaub, Freizeit und Ausbildung erforderlich ist und der Vorsorgeunterhalt, d.h. die Aufwendungen für die Kranken- und Altersvorsorge, einschließlich der

---

[11] *von Jeinsen* in: Staudinger, § 595 Rn. 19.
[12] OLG Celle v. 15.06.1987 - 7 WLw 27/87 - AgrarR 1988, 169-170.
[13] OLG Stuttgart v. 27.02.1996 - 10 W(Lw) 15/95 - RdL 1996, 230-231.
[14] *von Jeinsen* in: Staudinger, § 595 Rn. 26.
[15] BGH v. 05.03.1999 - BLw 55/98 - LM BGB § 595 Nr. 4 (10/1999).
[16] OLG Köln v. 26.10.1993 - 23 WLw 11/93 - AgrarR 1994, 135-136.

Pflegeversicherung, aber auch die Aufwendungen für den sonstigen notwendigen Versicherungsschutz.[17] Nicht berücksichtigt werden Einkünfte von Familienmitgliedern, wenn sie nicht in das Familieneinkommen einfließen, sondern von dem Familienmitglied selbst verbraucht werden.[18]

4. Grundstückspacht als Teil der wirtschaftlichen Lebensgrundlage

Hat der Pächter zu seinem bereits bestehenden Betrieb ein Grundstück zugepachtet, so besteht ein **Fortsetzungsanspruch** nur dann, wenn
- das Pachtgrundstück in den Betrieb des Pächters, welcher seine Lebensgrundlage bildet, integriert ist und
- der Pächter zur Aufrechterhaltung des Betriebes auf das Grundstück angewiesen ist.

Der Pächter ist dann auf das Grundstück zur Aufrechterhaltung seines Betriebes **angewiesen**, wenn
- das Pachtgrundstück die wesentliche Wirtschaftsfläche darstellt oder
- eine gewinnbringende Weiterbewirtschaftung des Betriebes nicht mehr möglich oder zu erwarten ist oder
- der Pachtbetrieb vorübergehend nur mit erheblichen Verlusten weitergeführt werden kann.[19]

5. Härte

Sind die Voraussetzungen des § 595 Abs. 1 Satz 1 Nr. 1 BGB oder § 595 Abs. 1 Satz 1 Nr. 2 BGB erfüllt, so muss die Beendigung des Pachtverhältnisses für den Pächter oder seine Familie außerdem eine Härte darstellen, die auch unter Würdigung der berechtigten Interessen des Verpächters nicht zu rechtfertigen ist. Die Vorschrift ist insofern der Formulierung der Sozialklausel im Wohnraummietrecht nachgebildet.[20] Eine Härte liegt vor, wenn die Beendigung des Pachtverhältnisses für den Pächter mit erheblichen Schwierigkeiten verbunden ist, die über bloße Unbequemlichkeiten und normale Mühe, wie sie mit einem Pachtwechsel normalerweise verbunden sind, erheblich hinausgehen, auch wenn der Betrieb oder das zugepachtete Grundstück für den Pächter die Lebensgrundlage bilden.[21] Der Begriff der Härte bestimmt sich aus einer Gesamtschau aller im Einzelfall auftretenden Umstände.[22] Erforderlich ist der Nachweis, dass sich der Pächter rechtzeitig und intensiv genug um eine andere Existenz bemüht hat, wobei er seine Bemühungen nicht auf Ersatzbetriebe in der engeren Region oder solche mit nur gleicher Größe und Qualität beschränken kann.[23] Dabei sind an den Nachweis der entsprechenden Bemühungen des Zupächters um Ersatzpachtland oder um eine entsprechende Betriebsumstellung strenge Anforderungen zu stellen.[24] Bei Prüfung der Härtegründe, die ein Fortsetzungsverlangen rechtfertigen, müssen die gesamten wirtschaftlichen Verhältnisse beim Pächter berücksichtigt werden.[25]

Eine **Härte** kann vorliegen:
- wegen Alters oder Krankheit des Pächters,
- bei der Möglichkeit in ein bis zwei Jahren einen Ersatzbetrieb zu übernehmen,
- bei einem Anspruch auf Altersgeld oder Rente bei einer kurzfristigen Fortsetzung des Vertrags.[26]

Eine **Härte** liegt **nicht** vor:
- wenn ein schutzwürdiges Vertrauen des Antragstellers, es werde zu einer längerfristigen Verpachtung kommen, weder bei Vertragsabschluss noch später bestand,[27]

---

[17] *Heintzmann* in: Soergel, § 595 Rn. 2.
[18] *Heintzmann* in: Soergel, § 595 Rn. 2.
[19] *Lüdtke-Handjery*, Landpachtrecht, 4. Aufl. 1997, § 595 Rn. 28.
[20] BT-Drs. 10/509, S. 25, vgl. die Kommentierung zu § 574 BGB.
[21] *Jendrek* in: Erman, Handkommentar BGB, 12. Aufl. 2008, § 595 Rn. 3.
[22] Für die Miete: OLG Karlsruhe v. 03.07.1970 - 1 REMiet 1/70.
[23] Oberlandesgericht des Landes Sachsen-Anhalt v. 27.07.2005 - 2 Ww 6/05 - juris Rn. 27.
[24] Oberlandesgericht des Landes Sachsen-Anhalt v. 27.07.2005 - 2 Ww 6/05 - juris Rn. 27.
[25] *Fassbender/Hötzel/Lukanow*, Landpachtrecht, 3. Aufl. 2005, § 595 Rn. 31.
[26] *Fassbender/Hötzel/Lukanow*, Landpachtrecht, 3. Aufl. 2005, § 595 Rn. 30.
[27] OLG Jena v. 05.09.1996 - LW U 548/96 - NJ 1997, 32-33.

- wenn ein auf 12 bis 15 Jahre geschlossener Pachtvertrag beendet wird, da der Pächter bei Vertragsschluss diese Pachtzeit einkalkulieren musste,[28]
- wenn der Pächter bei Vertragsende eine Milchreferenzmenge einbüßt.[29]

6. Würdigung der Verpächterinteressen

19 Der Fortsetzungsanspruch besteht nur dann, wenn die Härte nicht durch berechtigte Interessen des Verpächters gerechtfertigt werden kann. Bei der Abwägung der Pächterinteressen einerseits und der Verpächterinteressen andererseits sind alle Umstände, also auch solche, die außerhalb des Pachtbetriebs oder Grundstückes liegen, zu beachten.[30]

20 Ein berechtigtes, überwiegendes Interesse des Verpächters kann sich insbesondere ergeben, wenn
- dem Pächter die Absicht der Eigenbewirtschaftung durch den Verpächter seit mehreren Jahren bekannt ist,[31]
- der Verpächter das Pachtobjekt ganz oder teilweise lastenfrei veräußern kann und will,
- die Nutzungsart (z.B. in Bauland) umgestuft wurde oder
- eine öffentlich-rechtliche Maßnahme, wie etwa die Verwendung als Straßenbauland, zu erwarten ist.[32]

III. Fortsetzungsdauer und Vertragsänderung (Absatz 2)

21 Liegen die Voraussetzungen des Absatzes 1 Satz 1 vor, so kann gem. Absatz 2 eine Verlängerung des Pachtverhältnisses nur erfolgen, soweit dies unter Berücksichtigung aller Umstände möglich ist. Die Bedingungen und Dauer des Fortsetzungsanspruches müssen dabei von den Parteien ausgehandelt bzw., wenn es zu keiner Einigung kommt, vom Landwirtschaftsgericht festgelegt werden. Bei der Bestimmung der Angemessenheit des Zeitraums kommt es auf die Umstände des Einzelfalles und dabei insbesondere auf den Grund der Fortsetzung des Pachtverhältnisses an. Hat der Verpächter den Pächter bindend zu seinem Hofnachfolger bestimmt, so kommt diesem Umstand bei der Prüfung des Verlängerungszeitraumes entscheidendes Gewicht zu.[33]

22 Unter Umständen kann dem Verpächter eine Fortsetzung des Pachtverhältnisses nur unter veränderten Bedingungen zumutbar sein. **Mögliche Änderungen** können sein:
- eine Erhöhung des Pachtzinses, wenn der ortsübliche Pachtzins inzwischen angestiegen ist,
- die Übernahme von Erhaltungskosten durch den Pächter,
- die Herausnahme einzelner, bestimmter Flächen, auf die der Verpächter angewiesen ist und auf die der Pächter ohne größere Gewinneinbußen verzichten kann.[34]

IV. Ausschluss des Fortsetzungsanspruches (Absatz 3)

23 Selbst wenn die Abwägung gem. Absatz 1 ergibt, dass dem Pächter ein Fortsetzungsanspruch dem Grunde nach zusteht, ist der Anspruch bei Vorliegen der in Absatz 3 genannten Gründe ausgeschlossen. Absatz 3 Nr. 2 entspricht dabei dem für das Mietrecht geltenden § 574 Abs. 1 Satz 2 BGB (vgl. die Kommentierung zu § 574 BGB).

1. Pächterkündigung (Nr. 1)

24 Hat der Pächter das Pachtverhältnis gekündigt, so ist der Fortsetzungsanspruch ausgeschlossen. Dabei ist unerheblich, ob die Kündigung ordentlich oder außerordentlich, befristet oder fristlos erfolgte.[35] Bei einem Zusammentreffen von einer Kündigung seitens des Pächters und des Verpächters ist Nr. 1

---

[28] OLG Stuttgart v. 27.02.1996 - 10 W(Lw) 15/95 - RdL 1996, 230-231.
[29] OLG Köln v. 26.10.1993 - 23 WLw 11/93 - AgrarR 1994, 135-136.
[30] *Heintzmann* in: Soergel, § 595 Rn. 9.
[31] OLG Köln v. 10.03.1988 - 23 WLw 20/87 - AgrarR 1989, 51.
[32] *Lüdtke-Handjery*, Landpachtrecht, 4. Aufl. 1997, § 595 Rn. 31.
[33] OLG Hamm v. 04.10.1990 - 10 W 137/89 - AgrarR 1991, 322-323.
[34] *Heintzmann* in: Soergel, § 595 Rn. 19.
[35] *Lüdtke-Handjery*, Landpachtrecht, 4. Aufl. 1997, § 595 Rn. 45.

jedenfalls dann anwendbar, wenn die Pächterkündigung das Ende der Pachtzeit vor oder zeitgleich mit der Verpächterkündigung bewirkt; beendet die Verpächterkündigung das Pachtverhältnis vor der Pächterkündigung, so ist ein Pachtschutz ausnahmsweise nur dann möglich, wenn der Zeitpunkt der wirklichen und vom Pächter gewollten Beendigung des Pachtvertrages weit auseinander liegen.[36] Entsprechend anwendbar ist Absatz 3 Nr. 1, wenn die Parteien den Landpachtvertrag einverständlich aufgehoben haben.[37]

2. Mögliche Verpächterkündigung (Nr. 2)

Der Fortsetzungsanspruch ist ausgeschlossen, wenn der Verpächter zur fristlosen Kündigung oder zur Kündigung gem. § 593a BGB (vgl. die Kommentierung zu § 593a BGB Rn. 10) berechtigt ist. Maßgeblich ist allein das Vorliegen der Gründe, die den Verpächter zu einer fristlosen Kündigung oder Kündigung nach § 593 BGB berechtigen. Da bei einer Erklärung der fristlosen Kündigung durch den Verpächter der Fortsetzungsanspruch mangels vertragsmäßiger Beendigung nicht besteht, soll es dem Verpächter nicht zum Nachteil gereichen, wenn er stattdessen fristgerecht kündigt oder den Vertrag auslaufen lässt. Folglich müssen die Gründe, die den Verpächter zu einer fristlosen Kündigung bzw. Kündigung gem. § 593 BGB berechtigen, zu dem Zeitpunkt vorliegen, in dem er die fristgerechte Kündigung ausspricht oder der Vertrag ausläuft.[38]

25

3. Höchstdauer (Nr. 3)

Gem. § 595 Abs. 3 Nr. 3 BGB können langfristige Pachtverhältnisse nicht gem. § 595 Abs. 1 BGB fortgesetzt werden.

26

Demnach wird die Möglichkeit einer Pachtfortsetzung ausgeschlossen bei einer mindestens 18-jährigen Laufzeit bei
- Betriebspachten,
- der Zupacht von Grundstücken, durch die ein Betrieb entsteht und
- bei einem Pachtverhältnis über Moor- und Ödland, das vom Pächter kultiviert worden ist. Alle anderen Pachtverträge unterliegen einer Maximalfrist von zwölf Jahren.

27

Maßgeblich ist die tatsächliche Laufzeit des Vertrages, unabhängig davon, ob die Laufzeit auf einer ausdrücklichen Vereinbarung, einer mehrfachen Fortsetzung oder einer Verlängerung auf unbestimmte Zeit beruht,[39] da es Zweck der Norm ist, eine langfristige Bindung der Vertragspartner und die damit einhergehende Erstarrung des Pachtmarktes zu verhindern. Auch wenn dem Pachtvertrag später eine dritte Person beitritt, kommt kein neuer Pachtvertrag zustande, der die Laufzeit erneut in Gang setzt.[40]

28

4. Eigennutzung durch den Verpächter (Nr. 4)

Voraussetzung für einen Ausschluss des Fortsetzungsanspruches nach Absatz 3 Nr. 4 ist, dass der Verpächter die Pachtsache nur vorübergehend verpachtet hat und er sie nun in eigene Nutzung nehmen will.

29

Vorübergehend ist die Verpachtung dann, wenn der Verpächter zur Zeit des Vertragsschlusses die Absicht gehabt hat, dem Pächter die Pachtsache nur für einen bestimmten Zeitraum zu überlassen, um danach die Pachtsache selbst zu nutzen.[41] Dieser Verpächterwille muss objektiv aus den Umständen

30

---

[36] *Heintzmann* in: Soergel, § 595 Rn. 11; *Lüdtke-Handjery*, Landpachtrecht, 4. Aufl. 1997, § 595 Rn. 46.
[37] *Lüdtke-Handjery*, Landpachtrecht, 4. Aufl. 1997, § 595 Rn. 47.
[38] *Heintzmann* in: Soergel, § 595 Rn. 12.
[39] OLG Köln v. 08.08.2000 - 23 Wlw 4/00 - AgrarR 2002, 92-94; OLG Schleswig v. 21.08.1987 - 3 WLw 18/87 - AgrarR 1988, 167-168; OLG Celle v. 20.02.1989 - 7 WLw 52/88 - AgrarR 1990, 22-23; OLG Karlsruhe v. 28.10.1997 - 3 W 52/97 Lw - RdL 1998, 65-66; *von Jeinsen* in: Staudinger, § 595 Rn. 44; a.A. *Lüdtke-Handjery*, Landpachtrecht, 4. Aufl. 1997, § 595 Rn. 50.
[40] OLG Köln v. 08.08.2000 - 23 Wlw 4/00 - AgrarR 2002, 92-94.
[41] *von Jeinsen* in: Staudinger, § 595 Rn. 45.

oder ausdrücklich erkennbar sein.[42] Die **Beweislast** für eine vorübergehende Verpachtung obliegt dem Verpächter.[43]

31 Eine **vorübergehende Verpachtung** liegt beispielsweise vor, wenn:
- die Pachtsache wegen Alters oder Krankheit des Verpächters an den Pächter überlassen wird und ein Verwandter des Verpächters die Pachtsache bald übernehmen wird,
- die Pachtsache bis zur Erlangung eines landwirtschaftlichen Ausbildungsabschnittes eines Abkömmlings des Verpächters überlassen wird,
- der Betrieb in Zukunft im Erbwege übergehen soll oder
- die Pachtsache für die Dauer des Wehrdienstes des Verpächters überlassen wird.[44]

32 Eine Eigennutzung durch den Verpächter liegt bei jeder Art von Nutzung, sei sie landwirtschaftlicher, gewerblicher oder baulicher Art, vor.[45]

33 Ebenfalls ausgeschlossen ist der Fortsetzungsanspruch, wenn der Verpächter die Pachtsache zur Erfüllung gesetzlicher oder öffentlicher Aufgaben verwenden will. Geschützt werden hierdurch in erster Linie die als Verpächter auftretenden Träger öffentlicher Aufgaben, wie etwa Bund, Länder und Gemeinden oder Landgesellschaften.

V. Fortsetzungsverlangen (Absatz 4)

34 Der Pächter muss gem. Absatz 4 Satz 1 in schriftlicher Form die Fortsetzung des Pachtverhältnisses verlangen. Ein Verstoß gegen die vorgeschriebene Form hat die Nichtigkeit der Erklärung gem. § 125 Satz 1 BGB zur Folge.[46]

35 Während das Gesetz in Absatz 4 Satz 2 dem Verpächter ausdrücklich ein Auskunftsrecht hinsichtlich der Gründe des Fortsetzungsverlangens zugesteht, fehlt eine Regelung in Bezug auf Auskunftspflichten des Verpächters. Jedoch wird eine entsprechende Nebenpflicht des Verpächters zur Auskunft aus § 242 BGB hergeleitet.[47]

VI. Ablehnung des Fortsetzungsverlangens (Absatz 5)

36 Der Verpächter kann das unter Umständen zwar begründete Fortsetzungsverlangen des Pächters aus formellen Gründen ablehnen. Die Regelung entspricht damit dem für das Mietrecht geltenden § 574b Abs. 2 Satz 1 BGB (vgl. die Kommentierung zu § 574b BGB). Es handelt sich, wie im Mietrecht auch, um ein Einrederecht, welches nur beachtlich ist, wenn es vom Verpächter geltend gemacht wird. Der Verpächter hat ein Ablehnungsrecht, wenn das Fortsetzungsverlangen nicht fristgerecht nach Absatz 5 gestellt wurde oder der Pächter zuvor eine Fortsetzung des Pachtverhältnisses gem. § 594 BGB abgelehnt hat.

37 Bei der Ablehnung handelt es sich um eine empfangsbedürftige Willenserklärung, die weder an Form noch Frist gebunden ist. Allerdings muss die Ablehnung spätestens im Pachtschutzverfahren erklärt werden.[48] Auch muss der Verpächter weder Gründe für die Ablehnung angeben noch haben.[49]

C. Prozessuale Hinweise/Verfahrenshinweise

38 Gem. § 48 LwVfG i.V.m. § 1 Nr. 1 LwVfG i.V.m. § 9 LwVfG entscheidet das Landwirtschaftsgericht über die Fortsetzung des Pachtverhältnis im FGG-Verfahren.[50] Wird der Anspruch auf Fortsetzung des Pachtverhältnisses allerdings auf § 242 BGB gestützt, so handelt es sich um eine die Landpacht im

---

[42] *Heintzmann* in: Soergel, § 595 Rn. 46.
[43] *von Jeinsen* in: Staudinger, § 595 Rn. 45.
[44] *Lüdtke-Handjery*, Landpachtrecht, 4. Aufl. 1997, § 595 Rn. 58.
[45] *von Jeinsen* in: Staudinger, § 595 Rn. 47.
[46] OLG Stuttgart v. 04.05.1999 - 10 W (Lw) 13/98 - AgrarR 1999, 351-352.
[47] *von Jeinsen* in: Staudinger, § 595 Rn. 57; *Heintzmann* in: Soergel, § 595 Rn. 58.
[48] *Lüdtke-Handjery*, Landpachtrecht, 4. Aufl. 1997, § 595 Rn. 68.
[49] OLG Stuttgart v. 04.05.1999 - 10 W (Lw) 13/98 - AgrarR 1999, 351-352.
[50] So auch: OLG Hamm v. 31.01.2003 - 10 U 38/01 - AUR 2003, 264.

Übrigen betreffende Rechtsstreitigkeit, auf die die ZPO Anwendung findet.[51] Das Verfahren ist zulässig, wenn der Pächter innerhalb der Antragsfrist einen Antrag stellt, in dem er schlüssig darlegt, dass eine Einigung über die Pachtfortsetzung nicht erzielt wurde und dass er einen entsprechenden Antrag auf gerichtliche Entscheidung stellt.

Die **Frist** für den Antrag auf Fortsetzung des Pachtverhältnisses ist nach Absatz 7 abhängig von der Vertragszeit:

- bei Verträgen, in denen eine zwölfmonatige oder kürzere Kündigungsfrist vereinbart wurde, beträgt sie zwei Monate nach Zugang der Kündigung,
- ansonsten ist der Antrag spätestens neun Monate vor Beendigung des Pachtverhältnisses zu stellen.

Absatz 7 garantiert jedoch nicht, dass alle Veränderungen, die bis zu dem hier genannten Zeitpunkt eintreten können, bei einer gerichtlichen Entscheidung über die Pachtverlängerung Berücksichtigung finden müssen; vielmehr muss binnen der Frist des Absatzes 7 der Antrag gestellt werden.[52]

Gemäß Absatz 7 Satz 2 ist eine **nachträgliche Zulassung** bei Fristversäumung möglich, wenn es zur Vermeidung einer unbilligen Härte geboten erscheint und der Pachtvertrag noch nicht abgelaufen ist. Die unbillige Härte i.S.v. Absatz 7 Satz 2 ist nicht gleichzusetzen mit der für den materiell-rechtlichen Anspruch erforderlichen Härte gem. Absatz 1. Es ist daher nicht zu prüfen, ob die Nichtverlängerung der Pachtzeit, sondern ob die Zurückweisung des verspäteten Antrags eine Härte darstellt.[53] Es ist daher in erster Linie, wie bei den Regelungen zur Wiedereinsetzung in den vorigen Stand gem. § 233 ZPO auch, zu prüfen, ob Umstände vorliegen, aus denen sich ergibt, dass den Pächter an der Fristversäumung kein Verschulden trifft.[54] Eine Härte ist jedenfalls dann nicht gegeben, wenn ein schutzwürdiges Vertrauen des Pächters, es werde zu einer längerfristigen Verpachtung kommen, weder bei Vertragsschluss noch später bestand.[55] Härten i.S.v. Absatz 7 liegen z.B. vor, wenn ohne das Verschulden des Pächters der Verpächter durch sein Verhalten mit dazu beigetragen hat, dass der Pächter die Frist versäumt hat,[56] oder der Pächter irrig das weitere Schweben der Einigungsverhandlungen angenommen hat.

Da sich das Verfahren nach dem FGG richtet, bedarf es keines bestimmten Antrages gem. § 253 ZPO. Für den Inhalt des Antrages ist ausreichend, wenn der Pächter die Fortsetzung des Pachtverhältnisses für eine angemessene Zeit zu angemessenen Bedingungen begehrt.[57]

Auch der Verpächter ist nach Absatz 7 antragsberechtigt; er kann mittels eines negativen Feststellungsantrages frühzeitig Klarheit darüber erlangen, ob der Pächter berechtigt ist, eine Fortsetzung des Pachtverhältnisses zu verlangen.[58]

Es gilt der Grundsatz der **Amtsermittlung** gem. § 9 LwVfG i.V.m. § 12 FGG. Mängel in der Beweisbarkeit der Voraussetzungen des Fortsetzungsanspruchs gehen zu Lasten des Pächters, Mängel in der Beweisbarkeit der Einschränkungsgründe gem. Absatz 2 Satz 2, der Ausschlussgründe gem. Absatz 3 und der Ablehnungsgründe gem. Absatz 5 gehen zu Lasten des Verpächters.[59]

Die Fortsetzungsentscheidung des Landwirtschaftsgerichts ist ein rechtsgestaltender Beschluss, der eine dem Beschlussinhalt entsprechende Änderung des Vertragsinhaltes bewirkt.[60] Der Fortsetzungsbeschluss muss nicht nach § 2 LPachtVG angezeigt werden; bei einer Beendigung des Verfahrens durch einen Vergleich ist dieser jedoch als vertragliche Einigung anzeigepflichtig.[61]

---

[51] OLG Frankfurt v. 04.04.2003 - 20 U 3/02 - RdL 2003, 182-184.
[52] OLG Köln v. 10.03.1988 - 23 WLw 20/87 - AgrarR 1989, 51.
[53] OLG Bamberg v. 25.11.1990 - 1 W XV 2/90 - ESLR 1, ZR 35.
[54] OLG Bamberg v. 25.11.1990 - 1 W XV 2/90 - ESLR 1, ZR 35.
[55] OLG Jena v. 05.09.1996 - LW U 548/96 - NJ 1997, 32-33.
[56] *Heintzmann* in: Soergel, § 595 Rn. 72.
[57] *Heintzmann* in: Soergel, § 595 Rn. 20.
[58] OLG Köln v. 10.03.1988 - 23 WLw 6/87 - AgrarR 1989, 50-51.
[59] *Lüdtke-Handjery*, Landpachtrecht, 4. Aufl. 1997, § 595 Rn. 97.
[60] *von Jeinsen* in: Staudinger, § 595 Rn. 79.
[61] *von Jeinsen* in: Staudinger, § 595 Rn. 80.

D. Anwendungsfelder – Übergangsrecht

46 § 595 BGB gilt für Landpachtverträge i.S.v. § 585 BGB. Für Verträge, die vor dem In-Kraft-Treten des **Gesetzes zur Neuordnung des landwirtschaftlichen Pachtrechts** am 01.07.1986 geschlossen worden sind, gilt § 592 BGB nach Maßgabe von Art. 219 EGBGB. Gem. Art. 232 § 3 Abs. 1 EGBGB richten sich Pachtverhältnisse aufgrund von Verträgen, die vor dem Wirksamwerden des Beitritts geschlossen worden sind, nach den Vorschriften des BGB.

§ 595a BGB Vorzeitige Kündigung von Landpachtverträgen

(Fassung vom 02.01.2002, gültig ab 01.01.2002)

(1) Soweit die Vertragsteile zur außerordentliche Kündigung eines Landpachtverhältnisses mit der gesetzlichen Frist berechtigt sind, steht ihnen dieses Recht auch nach Verlängerung des Landpachtverhältnisses oder Änderung des Landpachtvertrags zu.

(2) ¹Auf Antrag eines Vertragsteils kann das Landwirtschaftsgericht Anordnungen über die Abwicklung eines vorzeitig beendeten oder eines teilweise beendeten Landpachtvertrags treffen. ²Wird die Verlängerung eines Landpachtvertrags auf einen Teil der Pachtsache beschränkt, kann das Landwirtschaftsgericht die Pacht für diesen Teil festsetzen.

(3) ¹Der Inhalt von Anordnungen des Landwirtschaftsgerichts gilt unter den Vertragsteilen als Vertragsinhalt. ²Über Streitigkeiten, die diesen Vertragsinhalt betreffen, entscheidet auf Antrag das Landwirtschaftsgericht.

Gliederung

A. Grundlagen 1	I. Vorzeitige Kündigung nach Änderung oder Verlängerung (Absatz 1) 5
I. Kurzcharakteristik 1	II. Abwicklungsanordnung (Absatz 2) 8
II. Gesetzgebungsmaterialien 2	III. Wirkung der Anordnung (Absatz 3) 10
III. Normzweck 3	**C. Prozessuale Hinweise/Verfahrenshinweise** 11
IV. Abdingbarkeit 4	**D. Anwendungsfelder** 12
B. Anwendungsvoraussetzungen 5	

A. Grundlagen

I. Kurzcharakteristik

§ 595a BGB stellt in Absatz 1 klar, dass eine vorzeitige Kündigung des Landpachtvertrages auch nach einer Verlängerung oder Änderung des Landpachtvertrages zulässig ist. Die Absätze 2 und 3 regeln die richterliche Vertragshilfe und deren Wirkung bei der Abwicklung eines vorzeitig beendeten Landpachtvertrages. 1

II. Gesetzgebungsmaterialien

§ 595a BGB wurde durch das **Gesetz zur Neuordnung des landwirtschaftlichen Pachtrechts** vom 08.11.1985,[1] das am 01.07.1986 in Kraft trat, eingeführt. Er ersetzt in Absatz 1 den bis dahin geltenden § 9 LPachtG und entspricht in den Absätzen 2 und 3 weitgehend der in § 11 LPachtG getroffenen Regelung. Die Vorschrift wurde redaktionell durch Art. 1 Nr. 24 des **Mietrechtsreformgesetz**,[2] welches am 01.09.2001 in Kraft trat, geändert. 2

III. Normzweck

Die Vorschrift dient in Absatz 1 und Absatz 3 der **Klarstellung**.[3] Absatz 2 hat den Zweck, die regelmäßige Kündigungsfrist nach § 594 Abs. 1 BGB zu verkürzen, wenn ein Recht zur vorzeitigen Kündigung besteht.[4] 3

IV. Abdingbarkeit

Die Abdingbarkeit von Absatz 1 hängt von der jeweiligen Norm ab, die das Kündigungsrecht regelt. Die Absätze 2 und 3 sind, da sie die Regeln hinsichtlich der Befugnis und des Verfahrens des Land- 4

---

[1] BGBl I 1985, 2065.
[2] BGBl I 2001, 1149.
[3] BT-Drs. 10/509, S. 26.
[4] *von Jeinsen* in: Staudinger, § 595a Rn. 2.

wirtschaftsgerichts gem. §§ 593, 595 BGB ergänzen, unabdingbar. Die Parteien können jedoch eine schiedsgerichtliche Entscheidung vereinbaren.[5]

B. Anwendungsvoraussetzungen

I. Vorzeitige Kündigung nach Änderung oder Verlängerung (Absatz 1)

5   Eine vorzeitige Kündigung i.S.v. § 595a Abs. 1 BGB kann sich sowohl aus einer vertraglichen Vereinbarung als auch aus Gesetz ergeben.

6   Die vorzeitige Kündigung erfolgt auch dann nach der Änderung des Pachtvertrages bzw. Verlängerung des Pachtverhältnisses, wenn die Entwicklung des Kündigungsrechts schon vor der Pachtänderung begonnen hat aber erst nach der Änderung des Pachtverhältnisses zum Abschluss gekommen ist.

7   Eine Teilkündigung des Landpachtvertrages ist grundsätzlich unzulässig und nur ausnahmsweise dann zulässig, wenn ein Teilkündigungsrecht vereinbart wurde oder nur einzelne Gegenstände betrifft, die ohne wesentliche Nachteile für den Pächter aus dem Gesamtpachtverhältnis herausgelöst werden können.[6]

II. Abwicklungsanordnung (Absatz 2)

8   Das Landwirtschaftsgericht hat nach Absatz 2 die Befugnis, auf Antrag über die Abwicklung eines Landpachtvertrages zu entscheiden, wenn dieser vorzeitig oder teilweise beendet wurde. **Vorzeitig beendet** ist der Landpachtvertrag jedenfalls dann, wenn er wirksam fristlos oder vorzeitig gekündigt wurde. Wie sich aus dem Wortlaut der Norm und der Vergleichbarkeit der Interessenlage ergibt, ist auch eine vereinbarte Vertragsbeendigung eine vorzeitige Beendigung i.S.v. Absatz 2.[7]

9   Das Landwirtschaftsgericht gestaltet den Inhalt der Anordnung so, dass eine ordnungsgemäße Bewirtschaftung gewährleistet bleibt.[8]

III. Wirkung der Anordnung (Absatz 3)

10 Die Anordnung wirkt vertragsgestaltend und gilt für die Parteien als Vertragsinhalt.[9]

C. Prozessuale Hinweise/Verfahrenshinweise

11 Die Entscheidungen und Anordnungen des Landwirtschaftsgerichts ergehen gem. § 1 Nr. 1 LwVfG i.V.m. § 9 LwVfG im FGG-Verfahren (näher zum Verfahren in Landwirtschaftssachen vgl. die Kommentierung zu § 585 BGB Rn. 31).

D. Anwendungsfelder

12 **Übergangsrecht**: § 595a BGB gilt für Landpachtverträge i.S.v. § 585 BGB. Für Verträge, die vor dem In-Kraft-Treten des **Gesetzes zur Neuordnung des landwirtschaftlichen Pachtrechts** am 01.07.1986 geschlossen worden sind, gilt § 594f BGB nach Maßgabe von Art. 219 EGBGB. Gem. Art. 232 § 3 Abs. 1 EGBGB richten sich Pachtverhältnisse aufgrund von Verträgen, die vor dem Wirksamwerden des Beitritts geschlossen worden sind, nach den Vorschriften des BGB.

---

[5] BGH v. 17.06.1952 - V BLw 5/52 - BGHZ 6, 248-263.
[6] OLG Dresden v. 12.12.2002 - U XV 1763/02 - NL-BzAR 2003, 364-366.
[7] *von Jeinsen* in: Staudinger, § 595a Rn. 8; *Heintzmann* in: Soergel, § 595a Rn. 7; *Voelskow* in: MünchKomm-BGB, § 595a Rn. 3; a.A. *Lüdtke-Handjery*, Landpachtrecht, 4. Aufl. 1997, § 595a Rn. 13, der darauf abstellt, dass die Vertragspartner nur in verringertem Maße schutzbedürftig sind, wenn die Beendigung auf einem Konsens beruht, ferner bestehe keine Notwendigkeit für eine gerichtliche Anordnung, da im Streitfall die Landwirtschaftsgerichte aufgrund materiell-rechtlicher Anspruchsnormen in Anspruch genommen werden können.
[8] *Heintzmann* in: Soergel, § 595a Rn. 9.
[9] *Lüdtke-Handjery*, Landpachtrecht, 4. Aufl. 1997, § 595a Rn. 20.

§ 596 BGB Rückgabe der Pachtsache

(Fassung vom 02.01.2002, gültig ab 01.01.2002)

(1) Der Pächter ist verpflichtet, die Pachtsache nach Beendigung des Pachtverhältnisses in dem Zustand zurückzugeben, der einer bis zur Rückgabe fortgesetzten ordnungsmäßigen Bewirtschaftung entspricht.

(2) Dem Pächter steht wegen seiner Ansprüche gegen den Verpächter ein Zurückbehaltungsrecht am Grundstück nicht zu.

(3) Hat der Pächter die Nutzung der Pachtsache einem Dritten überlassen, so kann der Verpächter die Sache nach Beendigung des Pachtverhältnisses auch von dem Dritten zurückfordern.

Gliederung

A. Grundlagen 1	1. Rückgabe 6
I. Kurzcharakteristik 1	2. Zustand der Pachtsache 7
II. Gesetzgebungsmaterialien 2	II. Zurückbehaltungsrecht (Absatz 2) 12
III. Normzweck 3	III. Rückgabeanspruch gegenüber Dritten
IV. Abdingbarkeit 4	(Absatz 3) 13
B. Anwendungsvoraussetzungen 5	C. Prozessuale Hinweise/Verfahrenshinweise ... 15
I. Rückgabeanspruch gegenüber dem Pächter	D. Anwendungsfelder 16
(Absatz 1) 5	

A. Grundlagen

I. Kurzcharakteristik

§ 596 BGB verpflichtet den Pächter, die Pachtsache nach Beendigung der Pachtzeit an den Verpächter zurückzugeben. Absatz 2 der Vorschrift schließt ein Zurückbehaltungsrecht des Pächters aus.   **1**

II. Gesetzgebungsmaterialien

§ 596 BGB wurde durch das **Gesetz zur Neuordnung des landwirtschaftlichen Pachtrechts** vom 08.11.1985,[1] das am 01.07.1986 in Kraft trat, eingeführt. Er entspricht der bis dahin geltenden Rechtslage.[2]   **2**

III. Normzweck

Die Regelung des § 596 BGB ist Ausfluss der in § 586 Abs. 1 Satz 3 BGB geregelten Pflicht des Pächters, die Pachtsache ordnungsgemäß zu bewirtschaften. Folglich ist der Pächter nach Beendigung des Pachtverhältnisses verpflichtet, die Pachtsache in einem Zustand zurückzugeben, der einer bis zur Rückgabe fortgesetzten ordnungsgemäßen Bewirtschaftung entspricht. Die Vorschrift soll es dem Verpächter ermöglichen, die Pachtsache unmittelbar nach Beendigung des Pachtverhältnisses erneut zu verpachten oder selbst nutzen zu können.[3]   **3**

IV. Abdingbarkeit

§ 596 BGB ist **dispositiv**er Natur. Die Parteien können Regelungen hinsichtlich des Zustandes, in dem sich die Pachtsache bei der Rückgabe befinden soll, der Rückgabemodalitäten und des Rückgabezeitpunktes treffen. Das Zurückbehaltungsrecht und der Herausgabeanspruch gegenüber dem Unterpächter können ganz oder teilweise ausgeschlossen oder modifiziert werden. Ferner können die Parteien Schadensersatz- oder Beweislastregeln für den Fall der Pflichtverletzung vereinbaren.[4] Die Parteien können eine Vereinbarung dahingehend treffen, dass erforderliche Maßnahmen zur Instandsetzung des Pacht-   **4**

---

[1] BGBl I 1985, 2065.
[2] Vgl. BT-Drs. 10/509, S. 26.
[3] *Heintzmann* in: Soergel, § 596 Rn. 1.
[4] *Lüdtke-Handjery*, Landpachtrecht, 4. Aufl. 1997, § 596 Rn. 6.

objektes, die hierfür aufzuwendenden Kosten und deren Zuordnung zum jeweiligen Verantwortungsbereich durch ein Sachverständigengutachten bestimmt werden sollen.[5]

B. Anwendungsvoraussetzungen

I. Rückgabeanspruch gegenüber dem Pächter (Absatz 1)

5 Der Rückgabeanspruch des Verpächters setzt zunächst die **Beendigung** eines wirksamen **Pachtverhältnisses** voraus. Dabei ist es unerheblich, wodurch die Beendigung der Pacht eingetreten ist.

1. Rückgabe

6 Eine Rückgabe liegt vor, wenn der Pächter dem Verpächter den unmittelbaren Besitz an der Pachtsache samt aller Einrichtungen und Anlagen verschafft, und zwar auch, wenn nicht er, sondern ein Dritter unmittelbarer Besitzer der Pachtsache ist.[6] Außerdem muss der Pächter dem Verpächter die Möglichkeit verschaffen, sich vom ordnungsgemäßen Zustand der Pachtfläche zu überzeugen.[7] Es ist daher nicht ausreichend, einfach die Bewirtschaftung einzustellen.[8]

2. Zustand der Pachtsache

7 Der Pächter muss die Sache in dem Zustand zurückgeben, der einer ordnungsgemäßen Bewirtschaftung entspricht. Dabei ist es ausreichend, wenn sich die Pachtsache in einem nach landwirtschaftlich fachlichen Kriterien ordnungsmäßigen Zustand befindet, selbst wenn dieser Zustand weniger gut ist als bei Vertragsbeginn.[9] Der geschuldete Zustand richtet sich zunächst nach dem Pachtvertrag. Enthält dieser keine besonderen Vereinbarungen, muss der Bewirtschaftungszustand nach objektiven Kriterien beurteilt werden.[10]

8 Zu den Bewirtschaftungs- und Ausbesserungspflichten des Pächters können insbesondere gehören:
- das Roden von im Boden verbliebenen Baumstümpfen auf einer abgeholzten Fläche einer Baumschule,[11]
- das Lagern von beim Kartoffelsortieren anfallenden Steinen an geeigneter Stelle,
- das Ersetzen von verloren gegangenen Grenzsteinen,[12]
- die notwendige Verjüngung des Viehbestandes,
- die Vornahme gewöhnlicher Ausbesserungen, soweit diese fällig sind,
- die Bemühung um Zuteilung von Lieferquoten,[13]
- die Erwirtschaftung und Ausnutzung von betriebsbezogenen Rübenlieferrechten,[14]
- die Übertragung von auf den Pachtflächen ruhenden **Lieferrechten** auf den Verpächter, und zwar auch dann, wenn zum Zeitpunkt des Abschlusses des Pachtvertrages kein Lieferrecht vom Verpächter auf den Pächter übergegangen ist,[15]

---

[5] OLG Köln v. 07.07.1992 - 23 U 14/91 - AgrarR 1993, 150-151 mit weiteren Ausführungen zu den rechtlichen Folgen.
[6] Brandenburgisches Oberlandesgericht v. 28.05.2009 - 5 U (Lw) 19/08 - juris Rn. 36; *von Jeinsen* in: Staudinger, § 596 Rn. 7.
[7] Oberlandesgericht des Landes Sachsen-Anhalt v. 04.04.2008 - 2 U 13/08 (Lw) - juris Rn 16 - OLGR Naumburg 2009, 99.
[8] Oberlandesgericht des Landes Sachsen-Anhalt v. 04.04.2008 - 2 U 13/08 (Lw) - juris Rn 16 - OLGR Naumburg 2009, 99.
[9] BGH v. 24.04.2009 - LwZR 3/08 - juris Rn. 14 - GuT 2010, 110-111.
[10] *von Jeinsen* in: Staudinger, § 596 Rn. 10.
[11] OLG Hamm v. 03.10.1989 - 10 WLW 59/89 - AgrarR 1990, 201-202.
[12] OLG Koblenz v. 12.10.1993 - 3 U 331/93 - NJW-RR 1994, 86-87.
[13] OLG Celle v. 09.05.2001 - 7 U 219/99 (L)- OLGR Celle 2002, 45-46; OLG Celle v. 09.05.2001 - 7 U 219/99 (L)- RdL 2002, 74-75.
[14] BGH v. 27.04.2001 - LwZR 10/00 - NL-BzAR 2001, 333-335.
[15] OLG Celle v. 09.05.2001 - 7 U 219/99 (L)- OLGR Celle 2002, 45-46; OLG Celle v. 09.05.2001 - 7 U 219/99 (L) - RdL 2002, 74-75; bei einem Verkauf einer Teilfläche von Ackerland umfasst der Kaufvertrag Rübenlieferrechte des Hofeigentümers nur, sofern die Vertragsparteien dies vereinbart haben: OLG Brandenburg v. 08.01.2004 - 5 U (Lw) 34/03 - NL-BzAR 2004, 294-295.

- die Rückgabe eines Weinberges in bestocktem Zustand, selbst wenn dem Pächter nach dem Pachtvertrag freigestellt war, auf dem Grundstück Acker- oder Weinbau zu betreiben oder die Weinstöcke vom Pächter während der Pachtzeit eingebaut wurden,[16]
- die Rückgabe des Grundstücks mitsamt Rosenstöcken, selbst wenn die ordnungsgemäße Bewirtschaftung während der Pachtzeit zu einer Verbesserung der Pachtsache gegenüber dem ursprünglichen Zustand geführt hat.[17]

Nicht anwendbar ist § 596 Abs. 1 BGB auf Beihilfen, die dem Pächter zur Verbesserung der Wirtschaftlichkeit des landwirtschaftlichen Betriebes oder zur Stärkung der Einkommenssituation des Pächters.[18] Anders als bei der Rückgabe von Milchreferenzmengen und Rübenlieferungsrechten handelt es sich hierbei nicht um betriebsbezogene Rechte, deren Inhaberschaft zur ordnungsgemäßen Bewirtschaftung der zur Milchviehhaltung bzw. zum Zuckerrübenbau genutzten Flächen erforderlich ist. Durch die GAP-Reform wurden die konkrete Nutzung der landwirtschaftlichen Flächen und die Zahlung von Direktbeihilfen entkoppelt.[19] Daher fehlt es bei ihnen an einem die Produktion lenkenden Element.[20]

9

Das in Deutschland unmittelbar geltende EG-Recht nach den Verordnungen (EG 1782/2003, EG 795/2004 und EG 796/2004) schließt im Zusammenhang mit dem Deutschen Prämiendurchführungsgesetz und der Prämiendurchführungsverordnung eine Flächenbezogenheit der Zahlungsansprüche aus.[21] Eine Übertragung dieser Zahlungsansprüche aufgrund des nationalen Landpachtrechts gem. § 596 Abs. 1 BGB i.V.m. § 586 Abs. 1 Satz 3 BGB ist daher nicht möglich.[22] Die während der Pacht von dem Pächter erworbenen Zahlungsansprüche gehören nicht zu dem Zustand, der einer bis zur Rückgabe fortgesetzten ordnungsgemäßen Bewirtschaftung entspricht.[23]

10

Jedoch ist eine Allgemeine Geschäftsbedingung in einem im Jahre 2006 geschlossenen Pachtvertrag über landwirtschaftlich genutzte Flächen, welche eine Verpflichtung des Pächters zur unentgeltlichen Übertragung der Betriebsprämienrechte bei Beendigung des Pachtvertrages an den Nachfolgepächter beinhaltet, wirksam.[24]

11

II. Zurückbehaltungsrecht (Absatz 2)

Da die Gegenansprüche des Pächters regelmäßig außer Verhältnis zum Wert des Pachtgegenstandes stehen, steht dem Pächter wegen aller Gegenansprüche, die sich auf den Grundbesitz beziehen, kein Zurückbehaltungsrecht zu. Die Regelung entspricht dem für das Mietrecht geltenden § 570 BGB (vgl. die Kommentierung zu § 570 BGB).

12

III. Rückgabeanspruch gegenüber Dritten (Absatz 3)

Absatz 3 gewährt dem Verpächter einen **vertraglichen Rückgabeanspruch** gegenüber einem Dritten, dem die Pachtsache vom Pächter überlassen wurde. Die Regelung entspricht dem für das Mietrecht geltenden § 546 Abs. 2 BGB (vgl. die Kommentierung zu § 546 BGB). Hauptpächter und Dritter

13

---

[16] OLG Koblenz v. 21.09.1999 - 3 U 1400/98 - OLGR Koblenz 2000, 172-176; OLG Koblenz v. 22.09.1997 - 3 W 577/97 - AgrarR 1998, 95-96; fortgeführt durch OLG Koblenz v. 18.08.1998 - 3 U 858/98 - NJW-RR 2000, 276-277.

[17] OLG Bamberg v. 18.03.2010 - 1 U 142/09 - juris Rn. 35.

[18] BGH v. 24.11.2006 - LwZR 1/06 - juris Rn. 12 - NJW-RR 2007, 1279-1282; OLG München v. 30.06.2006 - 1 Lw U 5104/05 - juris Rn. 29 - RdL 2007, 337-340; OLG Celle v. 04.04.2007 - juris Rn. 10 - AUR 2008, 105-106; OLG Oldenburg v. 21.09.2006 - 10 U 4/06 - juris Leitsatz - AUR 2007, 13-16.

[19] OLG Rostock v. 07.03.2006 - 12 U 7/05 - juris Rn. 128 - RdL 2006, 153-156.

[20] BGH v. 24.11.2006 - LwZR 1/06 - juris Rn. 16 - NJW-RR 2007, 1279-1282.

[21] OLG München v. 30.06.2006 - 1 Lw U 5104/05 - juris Rn. 37 - RdL 2007, 337-340.

[22] OLG München v. 30.06.2006 - 1 Lw U 5104/05 - juris Rn. 37 - RdL 2007, 337-340.

[23] OLG München v. 30.06.2006 - 1 Lw U 5104/05 - juris Rn. 37 - RdL 2007, 337-340; OLG Rostock v. 07.03.2006 - 12 U 7/05 - juris Rn. 122 f. - RdL 2006, 153-156.

[24] OLG des Landes Sachsen-Anhalt v. 26.11.2009 - 2 U 90/09 - juris Rn. 24 - RdL 2010, 6-64.

schulden die Rückgabe der Pachtsache als **Gesamtschuldner**;[25] es empfiehlt sich daher, den Pächter und den Dritten gemeinsam zu verklagen.[26]

14 Der Anspruch des Pächters gegenüber dem Dritten ist nur dann gegeben, wenn der Dritte zum Zeitpunkt der Anspruchsstellung unmittelbarer Besitzer war; wurde die Pachtsache zuvor vom Pächter zurückgegeben, ist ein Anspruch aus § 596 Abs. 3 BGB gegenüber dem Dritten ausgeschlossen.[27]

C. Prozessuale Hinweise/Verfahrenshinweise

15 Bei Streitigkeiten über die Verpächteransprüche aus Absatz 1 und Absatz 3 ist das Amtsgericht als Landwirtschaftsgericht gem. § 1 Nr. 1a LwVfG zuständig, welches gem. § 48 LwVfG im **streitigen Verfahren** entscheidet. Das Landwirtschaftsgericht ist dabei auch für die Durchsetzung des Herausgabeanspruchs nach § 985 BGB zuständig.[28]

D. Anwendungsfelder

16 **Übergangsrecht**: § 596 BGB gilt für Landpachtverträge i.S.v. § 585 BGB. Für Verträge, die vor dem In-Kraft-Treten des **Gesetzes zur Neuordnung des landwirtschaftlichen Pachtrechts** am 01.07.1986 geschlossen worden sind, gilt § 596 BGB nach Maßgabe von Art. 219 EGBGB. Gem. Art. 232 § 3 Abs. 1 EGBGB richten sich Pachtverhältnisse aufgrund von Verträgen, die vor dem Wirksamwerden des Beitritts geschlossen worden sind, nach den Vorschriften des BGB.

---

[25] Brandenburgisches Oberlandesgericht v. 28.05.2009 - 5 U (Lw) 19/08 - juris Rn. 36; OLG Celle v. 27.11.1952 - 4 W 364/52 - NJW 1953, 1474-1475.
[26] *von Jeinsen* in: Staudinger, § 596 Rn. 38.
[27] KreisG Neuruppin v. 11.06.1992 - 2 Lw 47/91 - AgrarR 1993, 287.
[28] OLG Köln v. 11.01.1990 - 23 U 9/89 - AgrarR 1990, 263-264, näher zum Verfahren in Landwirtschaftssachen vgl. die Kommentierung zu § 585 BGB Rn. 31.

§ 596a BGB Ersatzpflicht bei vorzeitigem Pachtende

(Fassung vom 02.01.2002, gültig ab 01.01.2002)

(1) ¹Endet das Pachtverhältnis im Laufe eines Pachtjahrs, so hat der Verpächter dem Pächter den Wert der noch nicht getrennten, jedoch nach den Regeln einer ordnungsmäßigen Bewirtschaftung vor dem Ende des Pachtjahrs zu trennenden Früchte zu ersetzen. ²Dabei ist das Ernterisiko angemessen zu berücksichtigen.

(2) Lässt sich der in Absatz 1 bezeichnete Wert aus jahreszeitlich bedingten Gründen nicht feststellen, so hat der Verpächter dem Pächter die Aufwendungen auf diese Früchte insoweit zu ersetzen, als sie einer ordnungsmäßigen Bewirtschaftung entsprechen.

(3) ¹Absatz 1 gilt auch für das zum Einschlag vorgesehene, aber noch nicht eingeschlagene Holz. ²Hat der Pächter mehr Holz eingeschlagen, als bei ordnungsmäßiger Nutzung zulässig war, so hat er dem Verpächter den Wert der die normale Nutzung übersteigenden Holzmenge zu ersetzen. ³Die Geltendmachung eines weiteren Schadens ist nicht ausgeschlossen.

Gliederung

A. Grundlagen.. 1	1. Vorzeitige Beendigung 6
I. Kurzcharakteristik...................................... 1	2. Früchte 9
II. Gesetzgebungsmaterialien..................... 2	3. Umfang des Anspruchs......................... 10
III. Normzweck.. 3	III. Aufwendungsersatz (Absatz 2)............... 11
IV. Abdingbarkeit 4	IV. Forstwirtschaftlich genutzte Grundstücke
B. Anwendungsvoraussetzungen 5	(Absatz 3)... 14
I. Normstruktur... 5	C. Prozessuale Hinweise/Verfahrenshinweise 15
II. Wertersatz (Absatz 1).............................. 6	D. Anwendungsfelder................................... 16

A. Grundlagen

I. Kurzcharakteristik

Nach § 596a BGB soll der Pächter einen angemessenen Ausgleich dafür erhalten, dass er verpflichtet ist, die Pachtsache bis zur Rückgabe ordnungsgemäß zu bewirtschaften, ohne zur Trennung an den heranreifenden Früchten vor dem Ende der Pachtzeit berechtigt zu sein (sog. Halmtaxe). **1**

II. Gesetzgebungsmaterialien

§ 596a BGB wurde durch das **Gesetz zur Neuordnung des landwirtschaftlichen Pachtrechts** vom 08.11.1985,[1] das am 01.07.1986 in Kraft trat, neu eingeführt und ersetzt mit Abweichungen die bis dahin geltende Regelung des § 596a BGB a.F. **2**

III. Normzweck

Durch die Vorschrift soll ein Ausgleich dafür geschaffen werden, dass der Pächter einerseits bei vorzeitiger Beendigung des Pachtverhältnisses zur Rückgabe der Pachtsache in einem einer ordnungsgemäßen Bewirtschaftung entsprechenden Zustand verpflichtet ist und andererseits noch nicht getrennte Früchte zurückzulassen hat. Dem Pächter steht daher ein Ersatzanspruch in Höhe des Wertes der noch nicht getrennten Früchte zu, wodurch sichergestellt wird, dass sich der Produktionsaufwand des Pächters nicht in den Bestellungskosten erschöpft.[2] **3**

---

[1] BGBl I 1985, 2065.
[2] BT-Drs. 10/509, S. 26.

IV. Abdingbarkeit

4 Die Vorschrift ist **dispositiv**er Natur. Lässt sich bei einer vorzeitigen Beendigung des Pachtverhältnisses aufgrund Parteivereinbarung durch Vertragsauslegung nicht eindeutig ermitteln, ob auch der Wertersatzanspruch des Pächters ausgeschlossen oder eingeschränkt ist, so bleibt es bei der gesetzlichen Regelung des § 596a BGB.

B. Anwendungsvoraussetzungen

I. Normstruktur

5 Durch Absatz 1 wird dem Pächter ein Anspruch nach der sog. Halmtaxe zugebilligt. Der Pächter hat nach Absatz 2 nur einen Anspruch auf Ersatz seiner Aufwendungen für die Bestellung, wenn der Wert der Früchte aus jahreszeitlichen Gründen nicht festgestellt werden kann. Absatz 3 sieht eine entsprechende Regelung für forstwirtschaftliche Betriebe vor.

II. Wertersatz (Absatz 1)

1. Vorzeitige Beendigung

6 Der Anspruch setzt eine vorzeitige Beendigung eines wirksam geschlossenen Landpachtvertrages voraus. Es ist unerheblich, aus welchen Gründen der Pachtvertrag beendet wurde oder ob der Pächter die Beendigung zu vertreten hat, da der Ersatzanspruch unabhängig davon besteht, ob der Pächter sich vertragsgerecht verhält.[3]

7 Der Pachtvertrag muss ferner **im Laufe des Pachtjahres**, d.h. vor dem Schluss des in der Regel im Pachtvertrag vereinbarten Pachtjahres, enden. Falls eine vertragliche Bestimmung des Pachtjahres fehlt, gilt § 594 Abs. 2 BGB, wonach das Pachtjahr im Zweifel das Kalenderjahr ist.

8 Eine vorzeitige Beendigung kann erfolgen bei
- Eintritt einer Bedingung,
- außerordentlicher oder vereinbarter ordentlicher Kündigung,
- Erreichen eines Endtermins,
- Untergang des Pachtobjektes oder
- Vertragsaufhebung zu einem anderen Zeitpunkt als dem Ende des Pachtjahres.[4]

2. Früchte

9 Früchte sind alle unmittelbaren Sachfrüchte gem. §§ 101 Nr. 1, 99 BGB (vgl. die Kommentierung zu § 101 BGB und die Kommentierung zu § 99 BGB). Nicht erfasst werden hingegen mittelbare Sach- und Rechtsfrüchte, also die Erträge, die eine Sache oder ein Recht gewähren, da diese nicht abtrennbar sind.[5]

3. Umfang des Anspruchs

10 Die Ermittlung des Wertes der noch nicht getrennten Früchte erfolgt regelmäßig durch **Schätzung**. Dabei ist der zu erwartende Ertrag an Früchten der Menge nach preislich für den Zeitpunkt der Beendigung der Pacht zu veranschlagen, da der Ersatzanspruch zu diesem Zeitpunkt fällig wird.[6]

---

[3] *von Jeinsen* in: Staudinger, § 596a Rn. 7.
[4] *Lüdtke-Handjery*, Landpachtrecht, 4. Aufl. 1997, § 596a Rn. 6.
[5] *von Jeinsen* in: Staudinger, § 596a Rn. 10.
[6] *Lüdtke-Handjery*, Landpachtrecht, 4. Aufl. 1997, § 596a Rn. 11; *Heintzmann* in: Soergel, § 596a Rn. 25; für die Fälligkeit des Anspruchs mit der Rückgabe des Pachtobjektes *von Jeinsen* in: Staudinger, § 596a Rn. 22.

III. Aufwendungsersatz (Absatz 2)

Lässt sich der Wert der noch ungetrennten Früchte nicht feststellen, hat der Pächter gem. § 595 Abs. 2 BGB einen Aufwendungsersatzanspruch gegenüber dem Verpächter. Der Verpächter hat die Aufwendungen auf die Früchte zu ersetzen, wobei das Ernterisiko unbeachtlich ist.[7]

Zu den **Aufwendungen** zählen Kosten für:
- Saatgut,
- Düngung,
- Treibstoff für den Einsatz von Maschinen,
- Lohnkosten für Leistungen Dritter und
- fiktive Lohnkosten bei Eigenleistung des Pächters und seiner Familie.[8]

Keine Aufwendungen sind:
- Pachtzinsen[9] und
- Abschreibungen auf Maschinen[10].

IV. Forstwirtschaftlich genutzte Grundstücke (Absatz 3)

Absatz 3 trifft eine Spezialregelung für die Pacht forstwirtschaftlicher Grundstücke. Da der Einschlag von Holz eine Minderung des zukünftigen Ertrages zur Folge haben kann, die größer ist als der Wert des vorzeitig eingeschlagenen Holzes, stellt Satz 3 klar, dass der Verpächter daneben diesen weiteren Schaden geltend machen kann.[11]

C. Prozessuale Hinweise/Verfahrenshinweise

Bei Streitigkeiten über die Pächteransprüche nach Absatz 1, Absatz 2 und Absatz 3 Satz 1 und den Schadensersatzanspruch des Verpächters nach Absatz 3 Satz 2 ist das Amtsgericht als Landwirtschaftsgericht gem. § 1 Nr. 1a LwVfG zuständig, welches gem. § 48 LwVfG im **streitigen Verfahren** entscheidet (näher zum Verfahren in Landwirtschaftssachen vgl. die Kommentierung zu § 585 BGB Rn. 31).

D. Anwendungsfelder

Kraft ausdrücklicher Verweisung ist § 596a BGB auch auf die Rückgabepflicht des Nießbrauchers gem. § 1055 Abs. 2 BGB (vgl. die Kommentierung zu § 1055 BGB) und die Herausgabepflicht des Vorerben im Nacherbfall gem. § 2130 Abs. 1 Satz 2 BGB (vgl. die Kommentierung zu § 2130 BGB) **entsprechend** anzuwenden.

Übergangsrecht: § 596a BGB gilt für Landpachtverträge i.S.v. § 585 BGB. Für Verträge, die vor dem In-Kraft-Treten des **Gesetzes zur Neuordnung des landwirtschaftlichen Pachtrechts** am 01.07.1986 geschlossen worden sind, gilt § 596a BGB nach Maßgabe von Art. 219 EGBGB. Gem. Art. 232 § 3 Abs. 1 EGBGB richten sich Pachtverhältnisse aufgrund von Verträgen, die vor dem Wirksamwerden des Beitritts geschlossen worden sind, nach den Vorschriften des BGB.

---

[7] *Heintzmann* in: Soergel, § 596a Rn. 20.
[8] *Heintzmann* in: Soergel, § 596a Rn. 20.
[9] OLG Oldenburg v. 29.12.1992 - 10 U 10/92 - juris Rn. 7 - NdsRpfl 1993, 156-157.
[10] *Lüdtke-Handjery*, Landpachtrecht, 4. Aufl. 1997, § 596a Rn. 15.
[11] BT-Drs. 10/509, S. 26.

§ 596b BGB Rücklassungspflicht

(Fassung vom 02.01.2002, gültig ab 01.01.2002)

(1) Der Pächter eines Betriebs hat von den bei Beendigung des Pachtverhältnisses vorhandenen landwirtschaftlichen Erzeugnissen so viel zurückzulassen, wie zur Fortführung der Wirtschaft bis zur nächsten Ernte nötig ist, auch wenn er bei Beginn des Pachtverhältnisses solche Erzeugnisse nicht übernommen hat.

(2) Soweit der Pächter nach Absatz 1 Erzeugnisse in größerer Menge oder besserer Beschaffenheit zurückzulassen verpflichtet ist, als er bei Beginn des Pachtverhältnisses übernommen hat, kann er vom Verpächter Ersatz des Wertes verlangen.

Gliederung

A. Grundlagen 1	1. Landwirtschaftliche Erzeugnisse 6
I. Kurzcharakteristik 1	2. Vorhandene Erzeugnisse 8
II. Gesetzgebungsmaterialien 2	3. Erforderlichkeit zur Betriebsfortführung ... 9
III. Normzweck 3	4. Zurücklassung 10
IV. Abdingbarkeit 4	II. Wertersatz (Absatz 2) 11
B. Anwendungsvoraussetzungen 5	**C. Prozessuale Hinweise/Verfahrenshinweise** 12
I. Zurücklassung landwirtschaftlicher Erzeugnisse . 5	**D. Anwendungsfelder** 13

A. Grundlagen

I. Kurzcharakteristik

1 § 596b BGB ist Ausfluss der Pflicht des Pächters zu einer ordnungsgemäßen Bewirtschaftung gem. § 586 Abs. 1 Satz 2 BGB und zur Rückgabe in einem Zustand, der einer ordnungsgemäßen Bewirtschaftung entspricht, gem. § 596 Abs. 1 BGB. Nach § 596b BGB ist der Pächter daher verpflichtet, von den vorhandenen landwirtschaftlichen Erzeugnissen bei Pachtende so viel zurückzulassen, wie zur Fortführung der Wirtschaft bis zur nächsten Ernte nötig ist.

II. Gesetzgebungsmaterialien

2 § 596b BGB wurde durch das **Gesetz zur Neuordnung des landwirtschaftlichen Pachtrechts** vom 08.11.1985, das am 01.07.1986 in Kraft trat, neu eingeführt und entspricht mit sprachlichen Änderungen den Absätzen 1 und 2 des § 593 BGB a.F. Von einer Übernahme des § 593 Abs. 3 BGB a.F., wonach der Pächter auch den in dem Betrieb gewonnenen Dünger zurücklassen musste, wurde abgesehen, da es bei einer modernen Wirtschaftsführung nicht als unbedingt erforderlich angesehen wurde, Düngemittel einzusetzen.[1]

III. Normzweck

3 Zweck der Vorschrift ist es, dem Verpächter die Möglichkeit zu geben, den Betrieb unmittelbar nach Pachtende erneut zu verpachten oder selber zu nutzen und sicherzustellen, dass die landwirtschaftliche Nutzung bis zur nächsten Ernte fortgesetzt werden kann.[2]

IV. Abdingbarkeit

4 Die Vorschrift ist **dispositiv**. Dabei unterliegen sowohl die Voraussetzungen einer Entschädigungspflicht des Pächters als auch die Folgen eines Pflichtverstoßes sowie die Verteilung der Beweislast der Parteivereinbarung.[3] Bei formularmäßig abgeschlossenen Verträgen sind insbesondere § 309 Nr. 5

---

[1] BT-Drs. 10/509, S. 26.
[2] *Heintzmann* in: Soergel, § 596b Rn. 2.
[3] *Lüdtke-Handjery*, Landpachtrecht, 4. Aufl. 1997, § 596b Rn. 2.

BGB (Pauschalierung von Schadensersatzansprüchen) und § 309 Nr. 12 BGB (Beweislast) zu beachten (vgl. die Kommentierung zu § 309 BGB).

B. Anwendungsvoraussetzungen

I. Zurücklassung landwirtschaftlicher Erzeugnisse

Bei Beendigung eines Landpachtvertrages, der einen landwirtschaftlichen Betrieb zum Gegenstand hat, ist der Pächter verpflichtet, die landwirtschaftlichen Erzeugnisse zurückzulassen.

1. Landwirtschaftliche Erzeugnisse

Der weit auszulegende Begriff der landwirtschaftlichen Erzeugnisse umfasst alles, was infolge der Bewirtschaftung von Grund und Boden und/oder Viehbestand vorhanden ist, gleichgültig, ob die Produkte zum Verkauf oder zur weiteren Veredelung (z.B. Futter) gedacht oder geeignet sind.[4] Es ist nicht erforderlich, dass die Erzeugnisse nach den Regeln einer ordnungsgemäßen Bewirtschaftung oder im Betrieb des Pächters erzeugt wurden.[5]

Keine Erzeugnisse i.S.v. § 596b BGB sind:
- diejenigen Erzeugnisse, die nicht von der Pachtsache getrennt und daher keine selbständigen Sachen sind,[6]
- Betriebsmittel, wie etwa Treibstoffe, Werkzeuge, Ersatzteile oder Pflanzenschutzmittel,
- Dünger,[7]
- Produktionsquoten.

2. Vorhandene Erzeugnisse

Der Pächter muss lediglich die vorhandenen Erzeugnisse zurücklassen und ist nicht verpflichtet, weitere für die Fortführung einer ordnungsgemäßen Bewirtschaftung erforderliche Erzeugnisse anzuschaffen. Vorhanden sind die Erzeugnisse bereits dann, wenn sie dem Pächterbetrieb nach der Verkehrsanschauung zuzuordnen sind, so dass auch außerhalb des Betriebs befindliche Erzeugnisse von der Zurücklassungspflicht erfasst werden können.[8]

3. Erforderlichkeit zur Betriebsfortführung

Der Umfang der zurückzulassenden Erzeugnisse bestimmt sich danach, wie viel zur Weiterbewirtschaftung des Betriebes bis zur nächsten Ernte erforderlich ist. Der Pächter muss so viele Erzeugnisse zurücklassen, wie zur Fortführung nötig sind.[9] Dies richtet sich nach den objektiven Erfordernissen und den Belangen einer ordnungsgemäßen Bewirtschaftung.[10]

4. Zurücklassung

Der Anspruch gem. § 596b Abs. 1 BGB richtet sich auf Zurücklassung der Erzeugnisse im Betrieb und Übereignung an den Verpächter.[11] Der Pächter hat die Erzeugnisse ordnungsgemäß zu lagern und frei von Rechten Dritter zu übereignen.[12]

---

[4] *von Jeinsen* in: Staudinger, § 596b Rn. 3.
[5] *Lüdtke-Handjery*, Landpachtrecht, 4. Aufl. 1997, § 596b Rn. 7.
[6] *Heintzmann* in: Soergel, § 596b Rn. 6.
[7] BT-Drs. 10/509, S 26.
[8] *Heintzmann* in: Soergel, § 596b Rn. 7.
[9] *Heintzmann* in: Soergel, § 596b Rn. 9.
[10] *Heintzmann* in: Soergel, § 596b Rn. 9.
[11] *Lüdtke-Handjery*, Landpachtrecht, 4. Aufl. 1997, § 596b Rn. 10.
[12] *von Jeinsen* in: Staudinger, § 596b Rn. 5.

II. Wertersatz (Absatz 2)

11 Nach § 596b Abs. 2 BGB kann der Pächter Wertersatz verlangen, wenn er verpflichtet ist, Erzeugnisse in größerer Menge oder besserer Beschaffenheit zurückzulassen, als er bei Beginn des Pachtverhältnisses übernommen hat. Die Höhe des Wertausgleiches bestimmt sich nach der objektiven Verkehrswertdifferenz der Erzeugnisse am Ort des Betriebes.[13] Gestiegene Preise werden nicht ausgeglichen.[14]

C. Prozessuale Hinweise/Verfahrenshinweise

12 Bei Streitigkeiten über den Verpächteranspruch nach Absatz 1 oder den Anspruch des Pächters nach Absatz 2 ist das Amtsgericht als Landwirtschaftsgericht gem. § 1 Nr. 1a LwVfG zuständig, welches gem. § 48 LwVfG im **streitigen Verfahren** entscheidet (näher zum Verfahren in Landwirtschaftssachen vgl. die Kommentierung zu § 585 BGB Rn. 31).

D. Anwendungsfelder

13 **Übergangsrecht**: § 596b BGB gilt für Landpachtverträge i.S.v. § 585 BGB und hierbei nur für die Betriebspacht. Bei der **Zupacht** von Grundstücken ist die Vorschrift **nicht analog** anwendbar.[15]

14 Für Verträge, die vor dem In-Kraft-Treten des **Gesetzes zur Neuordnung des landwirtschaftlichen Pachtrechts** am 01.07.1986 geschlossen worden sind, gilt § 596b BGB nach Maßgabe von Art. 219 EGBGB. Gem. Art. 232 § 3 Abs. 1 EGBGB richten sich Pachtverhältnisse aufgrund von Verträgen, die vor dem Wirksamwerden des Beitritts geschlossen worden sind, nach den Vorschriften des BGB.

---

[13] *Lüdtke-Handjery*, Landpachtrecht, 4. Aufl. 1997, § 596b Rn. 14.
[14] *Heintzmann* in: Soergel, § 596b Rn. 20.
[15] *Heintzmann* in: Soergel, § 596b Rn. 3.

§ 597 BGB Verspätete Rückgabe

(Fassung vom 02.01.2002, gültig ab 01.01.2002)

¹Gibt der Pächter die Pachtsache nach Beendigung des Pachtverhältnisses nicht zurück, so kann der Verpächter für die Dauer der Vorenthaltung als Entschädigung die vereinbarte Pacht verlangen. ²Die Geltendmachung eines weiteren Schadens ist nicht ausgeschlossen.

Gliederung

A. Grundlagen	1	I. Beendigung des Pachtverhältnisses	5
I. Kurzcharakteristik	1	II. Vorenthaltung	6
II. Gesetzgebungsmaterialien	2	C. Rechtsfolgen	7
III. Normzweck	3	D. Prozessuale Hinweise/Verfahrenshinweise	9
IV. Abdingbarkeit	4	E. Anwendungsfelder	10
B. Anwendungsvoraussetzungen	5		

A. Grundlagen

I. Kurzcharakteristik

§ 597 BGB gewährt dem Verpächter neben gegebenenfalls bestehenden weiteren Ansprüchen nach den allgemeinen Regeln einen Anspruch auf eine pauschalierte Nutzungsentschädigung in Höhe der vereinbarten Pacht, wenn der Pächter die Pachtsache nach Beendigung des Pachtverhältnisses nicht zurückgibt. 1

II. Gesetzgebungsmaterialien

§ 597 BGB wurde durch das **Gesetz zur Neuordnung des landwirtschaftlichen Pachtrechts** vom 08.11.1985,[1] das am 01.07.1986 in Kraft trat, neu eingeführt und entspricht weitgehend dem für die Miete geltenden § 546a BGB (vgl. die Kommentierung zu § 546a BGB). 2

III. Normzweck

Der Verpächter soll, unabhängig von den Gründen einer verspäteten Rückgabe der Pachtsache, eine Mindestentschädigung in Höhe des vertraglich vereinbarten Pachtzinses erhalten.[2] Der Gesetzgeber hielt es bei den landwirtschaftlichen Verhältnissen für angemessen, die mietrechtliche Regelung entsprechend zu übernehmen, nachdem bis zum In-Kraft-Treten des **Gesetzes zur Neuordnung des landwirtschaftlichen Pachtrechts** vom 08.11.1985 § 597 BGB a.F. eine dem § 584b BGB entsprechende Regelung vorsah.[3] 3

IV. Abdingbarkeit

§ 597 BGB ist **abdingbar**. Zu beachten sind jedoch bei Formularverträgen insbesondere § 309 Nr. 3 BGB (Aufrechnungsverbot), § 309 Nr. 5 BGB (Pauschalierung von Schadensersatzansprüchen), § 309 Nr. 6 BGB (Vertragsstrafe) und § 309 Nr. 12 BGB (Beweislast, vgl. die Kommentierung zu § 309 BGB). 4

B. Anwendungsvoraussetzungen

I. Beendigung des Pachtverhältnisses

Der Ersatzanspruch des Verpächters gem. § 597 BGB setzt die Beendigung eines wirksamen Landpachtverhältnisses voraus. Worauf die Beendigung beruht oder ob sie vom Pächter zu vertre- 5

---

[1] BGBl I 1985, 2065.
[2] *Heintzmann* in: Soergel, § 597 Rn. 2.
[3] BT-Drs. 10/509, S. 26.

ten ist, ist unerheblich.⁴ Mit dem Ende des Pachtverhältnisses wandelt sich dieses in ein vertragliches Rückgewährschuldverhältnis, so dass damit zusammenhängende Ansprüche vertraglicher Natur sind. Den Pächter treffen daher während der Dauer der Vorenthaltung nachvertragliche Obhutspflichten, wodurch der Pächter insbesondere verpflichtet ist, die Pachtsache bis zur tatsächlichen Rückgabe ordnungsgemäß zu bewirtschaften.⁵

II. Vorenthaltung

6   Neben der bloßen Nichtrückgabe ist für die Vorenthaltung i.S.v. § 597 BGB ein **Rücknahmewille** und die **Rücknahmebereitschaft** des Verpächters erforderlich.⁶

C. Rechtsfolgen

7   § 597 BGB gewährt dem Verpächter für die Dauer der Vorenthaltung einen Anspruch auf Zahlung der vereinbarten Pacht als Nutzungsentschädigung. Hierbei handelt es sich nicht um einen Schadensersatzanspruch, vielmehr stimmt die zu zahlende Entschädigung in der Höhe mit dem vertraglich geschuldeten Pachtzins überein, so dass etwa für den Fall, dass für die Zeit der Vorenthaltung aufgrund einer Anpassungsklausel ein erhöhter Pachtzins gilt, der Pächter diesen zu zahlen hat.⁷ Da die vertraglich vereinbarten Gegenleistungen grundsätzlich die Vermutung der Äquivalenz in sich tragen, ist es gerechtfertigt, die Höhe des Anspruchs auf Nutzungsentschädigung an der vertraglich vorgesehenen Höhe des Pachtzinses zu orientieren.⁸ Auch die Fälligkeit des Entschädigungsanspruches richtet sich nach der für den Pachtanspruch vertraglich vereinbarten Regelung.

8   § 597 Satz 2 BGB stellt ausdrücklich klar, dass der Verpächter daneben auch weitergehende Ersatzansprüche geltend machen kann.

D. Prozessuale Hinweise/Verfahrenshinweise

9   Über die Ersatzansprüche des Verpächters gem. § 597 BGB entscheidet das Amtsgericht als Landwirtschaftsgericht gem. § 1 Nr. 1a LwVfG i.V.m. § 48 LwVfG im **streitigen Verfahren** (näher zum Verfahren in Landwirtschaftssachen vgl. die Kommentierung zu § 585 BGB Rn. 31).

E. Anwendungsfelder

10 **Übergangsrecht**: § 597 BGB gilt für Landpachtverträge i.S.v. § 585 BGB. Für Verträge, die vor dem In-Kraft-Treten des **Gesetzes zur Neuordnung des landwirtschaftlichen Pachtrechts** am 01.07.1986 geschlossen worden sind, gilt § 597 BGB nach Maßgabe von Art. 219 EGBGB. Gem. Art. 232 § 3 Abs. 1 EGBGB richten sich Pachtverhältnisse aufgrund von Verträgen, die vor dem Wirksamwerden des Beitritts geschlossen worden sind, nach den Vorschriften des BGB.

---

⁴ *von Jeinsen* in: Staudinger, § 597 Rn. 4.
⁵ *von Jeinsen* in: Staudinger, § 597 Rn. 11.
⁶ BGH v. 13.10.1982 - VIII ZR 197/81 - juris Rn. 19 - LM Nr. 9 zu § 556 BGB; *Heintzmann* in: Soergel, § 597 Rn. 5; vgl. die Kommentierung zu § 546a BGB.
⁷ *von Jeinsen* in: Staudinger, § 597 Rn. 9.
⁸ OLG München v. 06.12.2006 - 20 U 4077/06 - juris Rn. 22.

Titel 6 - Leihe

§ 598 BGB Vertragstypische Pflichten bei der Leihe

(Fassung vom 02.01.2002, gültig ab 01.01.2002)

Durch den Leihvertrag wird der Verleiher einer Sache verpflichtet, dem Entleiher den Gebrauch der Sache unentgeltlich zu gestatten.

Gliederung

A. Grundlagen... 1	b. Gebrauchsüberlassungen im Rahmen bestehender Kaufverträge 36
I. Kurzcharakteristik................................ 1	c. Besonderheiten bei Gebrauchsüberlassungen im Rahmen von Arbeitsverhältnissen 37
II. Rechtsnatur des Leihvertrags.................... 3	4. Besonderheiten der Rechtsverhältnisse zwischen Ehegatten/Familienmitgliedern 38
III. Arten der Leihe................................. 5	5. Die einseitige Nutzungsgestattung 39
B. Praktische Bedeutung........................... 6	II. Gegenstand der Leihe........................... 43
C. Anwendungsvoraussetzungen 7	**D. Rechtsfolgen** 48
I. Leihvertrag – Abgrenzungsfragen................ 7	I. Gestattung des Gebrauchs...................... 48
1. Der Rechtsbindungswille 7	1. Gebrauchsrecht des Entleihers 48
a. Rechtsprechung und Literatur.................. 10	2. Gestattung durch den Verleiher................. 51
b. Auffassung des Autors........................... 13	II. Unentgeltlichkeit............................... 52
c. Anwendbarkeit der Vorschriften über den Leihvertrag auf das Gefälligkeitsverhältnis 16	III. Eigentums- und Besitzverhältnisse am Vertragsgegenstand; Rechte des Entleihers nach Veräußerung der Leihsache; Haltereigenschaft bei Kraftfahrzeugen und Tieren 53
d. Anordnung einer Haftung im Gefälligkeitsverhältnis durch § 311 Abs. 2 Nr. 3 BGB?....... 20	**E. Einzelfragen** 59
2. Unterscheidung gegenüber anderen Vertragstypen... 22	I. Das Problem der Mehrwegverpackungen......... 59
a. Schenkung....................................... 22	1. Literatur und Rechtsprechung 59
b. Miete.. 28	2. Auffassung des Autors 63
c. Pacht.. 29	II. Die Wertpapierleihe............................. 65
d. Verwahrung..................................... 30	III. Die „Leihe" eines Fahrzeugs mit Bedienungspersonal 67
e. Auftrag.. 32	
f. Darlehen.. 33	
3. Gebrauchsüberlassung als „Nebenprodukt" im Rahmen anderer Verträge..................... 34	
a. Gebrauchsüberlassungen im Zusammenhang mit Vertragsverhandlungen 35	

A. Grundlagen

I. Kurzcharakteristik

Leihe ist die unentgeltliche Überlassung des Gebrauchs einer körperlichen Sache. Im allgemeinen Sprachgebrauch wird der Begriff der Leihe häufig untechnisch gebraucht. So ist ein „Leihwagen" in Wahrheit meist ein Mietwagen, und auch in einem Kostümverleih muss man regelmäßig zahlen. Nach den allgemeinen Regeln können Dritte in den Schutzbereich des Leihvertrags einbezogen sein. Kommen diese zu Schaden, stellt sich die Frage, ob und inwieweit die Haftungsmilderung des § 599 BGB zu ihren Lasten gilt und ob dies auch deliktische Schadensersatzansprüche betrifft (vgl. die Kommentierung zu § 599 BGB Rn. 26). Der Vertragsschluss ist grundsätzlich formfrei und daher auch durch schlüssiges Verhalten möglich,[1] was mangels Verfügungsverpflichtung i.S.v. § 311b Abs. 1 BGB selbst dann gilt, wenn ein Grundstück Gegenstand der Vereinbarung ist.[2]

§ 598 BGB legt die vertragstypischen Pflichten bei der Leihe fest. Die §§ 599, 600 BGB regeln gemilderte Haftungsmaßstäbe zu Gunsten des Verleihers. § 601 BGB betrifft den Verwendungsersatz, die

1

2

---

[1] *Reuter* in: Staudinger, Vorbem. zu §§ 598 ff. Rn. 6; *Heintzmann* in: Soergel, § 598 Rn. 2.
[2] *Häublein* in: MünchKomm-BGB, § 598 Rn. 14;

§§ 602, 603 BGB beziehen sich auf den vertragsmäßigen bzw. vertragswidrigen Gebrauch. Die Rückgabepflicht des Entleihers ist in § 604 BGB geregelt, das außerordentliche Kündigungsrecht des Verleihers in § 605 BGB. Schließlich ordnet § 606 BGB eine kurze Verjährung für Ersatzansprüche des Verleihers an.

II. Rechtsnatur des Leihvertrags

3   Inzwischen ist wohl anerkannt, dass es sich bei der Leihe um einen so genannten **Konsensualvertrag** handelt.[3] Dieser kommt bereits durch das Wirksamwerden der übereinstimmenden Willenserklärungen von Verleiher und Entleiher zu Stande. Kein konstitutives Element des Zustandekommens ist die Übergabe der Sache (so aber die überholte Theorie des **Realvertrags**).[4] Wie auch sonst bleibt es den Beteiligten, die sich über die endgültige Gestaltung ihres Vertrags noch nicht im Klaren sind, unbenommen, einen Leih-Vorvertrag abzuschließen.[5]

4   Der typischerweise uneigennützig handelnde Verleiher ist verpflichtet, dem Entleiher den Gebrauch der Sache zu überlassen. Da er hierfür keine Gegenleistung des Entleihers erstrebt, ist die Leihe nicht synallagmatisch. Dennoch hat auch der Entleiher nach Überlassung der Sache vertragliche Pflichten – etwa in Bezug auf die Tragung der Erhaltungskosten (§ 601 BGB), den pfleglichen Umgang mit der Sache (§ 603 BGB) oder die Rückgabe (§ 604 BGB) –, so dass die Leihe nach allgemeiner Meinung ein **unvollkommen zweiseitig verpflichtender Vertrag** ist,[6] wonach das Verleihen einer Sache an einen beschränkt Geschäftsfähigen deshalb nicht lediglich rechtlich vorteilhaft im Sinne des § 107 BGB ist.[7] Die §§ 320-326 BGB gelten nicht.[8] Bezüglich etwaiger Gegenansprüche des Entleihers kommt ein Zurückbehaltungsrecht gemäß § 273 BGB in Betracht.

III. Arten der Leihe

5   Als Konsequenz der Lehre vom Konsensualvertrag gibt es neben der **Handleihe**, bei welcher Vertragsschluss und Aushändigung der Sache zeitlich zusammenfallen, auch die **Versprechensleihe**. Hier wird die Leihsache erst nach Abschluss des Vertrags übergeben.

B. Praktische Bedeutung

6   Da es nicht mehr viel „umsonst" gibt, ist die praktische Bedeutung des Leihvertrags nicht besonders groß.[9] Was im allgemeinen Sprachgebrauch Leihe genannt wird, ist meist keine, da der „Entleiher" bezahlen muss (vgl. Rn. 1). Wohl vor allem unter steuerlichen Gesichtspunkten kommt es häufiger zur unentgeltlichen Überlassung einer Wohnung auf Lebenszeit[10] (die damit zusammenhängenden Abgrenzungsfragen – Leihe oder Schenkung? – werden an späterer Stelle (vgl. Rn. 22) erörtert).

C. Anwendungsvoraussetzungen

I. Leihvertrag – Abgrenzungsfragen

1. Der Rechtsbindungswille

7   Die **Leihe** ist ein **Gefälligkeitsvertrag** (vgl. zum – von der reinen Gefälligkeit zu unterscheidenden – Schuldverhältnis u.a. die Kommentierung zu § 241 BGB). Der Verleiher handelt zwar uneigennützig,

---

[3] *Häublein* in: MünchKomm-BGB, § 598 Rn. 1; *Heintzmann* in: Soergel, § 598 Rn. 1. Der historische Gesetzgeber hat die Frage offen gelassen, *Mugdan*, Motive, Band 2, S. 444.
[4] Eine Übersicht zu dieser Frage findet sich bei *Reuter* in: Staudinger, Vorbem. zu §§ 598 ff. Rn. 6 f.
[5] *Heintzmann* in: Soergel, § 598 Rn. 1.
[6] *Weidenkaff* in: Palandt, Einf. v. § 598 Rn. 1.
[7] *Arnold/Bayreuther*, JuS 2003, 769-774, 770.
[8] Vgl. nur *Weidenkaff* in: Palandt, Einf. v. 598 Rn. 1.
[9] *Gitter*, Gebrauchsüberlassungsverträge, 1988, S. 145.
[10] Zur praktischen Bedeutung der Leihe vgl. *Heintzmann* in: Soergel, vor § 598 Rn. 2.

dennoch bestehen zwischen ihm und dem Entleiher vertragliche Bindungen. Damit sind über die im allgemeinen Rechtsverkehr zu wahrenden Pflichten hinausgehende besondere Pflichten verbunden, deren Verletzung zu vertraglichen Ansprüchen mit all ihren Konsequenzen (insbesondere im Hinblick auf die Beweislast beim Vertretenmüssen, vgl. etwa § 280 Abs. 1 Satz 2 BGB) führt. Demgegenüber stehen derjenige, der eine Gefälligkeit erbringt, und der Nutznießer derselben nicht in einer rechtlichen Sonderbeziehung. Wenn eine Partei hier die andere schädigt, ist Letztere zunächst einmal auf Ansprüche aus dem Recht der unerlaubten Handlung beschränkt. Zur Feststellung einer im unverbindlichen Bereich bleibenden Beziehung genügen allein die Uneigennützigkeit des Handelnden und die Unentgeltlichkeit der Leistung nicht, denn diese ist ja gerade auch der Leihe und anderen Gefälligkeitsverträgen zu Eigen.[11]

Unter dem Gesichtspunkt der Privatautonomie wird für gewöhnlich in erster Linie nach dem **Willen der Beteiligten** gefragt. Ist dieser auf Rechtserfolge gerichtet (**Rechtsbindungswille**), wurde ein Vertrag geschlossen.[12] Beschränkt er sich auf die gesellschaftliche Kommunikation, ist dies nicht der Fall.[13] Die Entscheidung fällt leicht, wenn der Wille der Beteiligten eindeutig zu Tage getreten ist. Fehlt es an dieser Eindeutigkeit, ist nicht primär der innere Wille des Handelnden relevant, sondern dessen Verhalten aus der Sicht des Leistungsempfängers nach Treu und Glauben mit Rücksicht auf die Verkehrssitte auszulegen (§ 133 BGB und § 157 BGB).[14] Die Abgrenzung ist schwierig und soll „den Umständen zu entnehmen" sein.[15]

8

Sie ist auch mit Blick auf das Recht der Haftpflichtversicherung von durchaus nicht unerheblicher Bedeutung: Die Deckungsausschlussklausel in Ziff. 7.6 der Allgemeinen Bedingungen für die Haftpflichtversicherung AHB 2008[16] soll für eine bloße Gefälligkeitsüberlassung nicht gelten.[17] Im Regressverhältnis zwischen dem Schädiger einer geliehenen Sache und dem Sachversicherer des Verleihers kann sich der Schädiger demzufolge auf die Vorschriften der Leihe und somit auf die kurze Verjährungsfrist berufen, wenn ein Leihvertrag vorlag und der Verleiher bzw. Versicherungsnehmer die Sache beschädigt zurückerhalten hat.[18]

9

a. Rechtsprechung und Literatur

Ein instruktiver Überblick über die Rechtsprechung zum Gefälligkeitshandeln im Allgemeinen (bis 1985) findet sich bei *Willoweit*[19]. „Gefälligkeiten des täglichen Lebens" und solche des reinen gesellschaftlichen Verkehrs sollen keine vertraglichen Bindungen begründen."[20]

10

Als **Indizien** für einen die bloße soziale Sphäre verlassenden **Rechtsbindungswillen** werden in der **Rechtsprechung** u.a. genannt: die Art der Gefälligkeit, ihr Grund und Zweck, ihre wirtschaftliche und rechtliche Bedeutung, insbesondere für den Empfänger[21], aber auch ein rechtliches oder wirtschaftliches Interesse des Leistenden selbst, der Wert einer anvertrauten Sache, die jedenfalls dem Leistenden

11

---

[11] BGH v. 22.06.1956 - I ZR 198/54 - juris Rn. 12 - BGHZ 21, 102-112.
[12] Vgl. exemplarisch BGH v. 10.10.1984 - VIII ZR 152/83 - juris Rn. 12 - LM Nr. 5 zu § 598 BGB.
[13] *Reuter* in: Staudinger, Vorbem. zu §§ 598 ff. Rn. 8.
[14] *Häublein* in: MünchKomm-BGB, § 598 Rn. 5; *Heintzmann* in: Soergel, vor § 598 Rn. 10; OLG Köln v. 23.09.1992 - 11 U 213/92 - juris Rn. 13 - NJW-RR 1992, 1497; BGH v. 22.06.1956 - I ZR 198/54 - juris Rn. 14 - BGHZ 21, 102-112.
[15] Vgl. statt vieler *Grüneberg* in: Palandt, Einl. vor 241 Rn. 7.
[16] „Falls im Versicherungsschein oder seinen Nachträgen nicht ausdrücklich etwas anderes bestimmt ist, sind von der Versicherung ausgeschlossen: Haftpflichtansprüche wegen Schäden an fremden Sachen und allen sich daraus ergebenden Vermögensschäden, wenn der Versicherungsnehmer diese Sachen gemietet, geleast, gepachtet, geliehen, durch verbotene Eigenmacht erlangt hat oder sie Gegenstand eines besonderen Verwahrungsvertrages sind."
[17] *Littbarski*, AHB-Kommentar, 2001, § 4 AHB 1999 Rn. 204.
[18] OLG Koblenz v. 09.04.2011 - 10 U 1219/10 - juris Rn. 5 f.
[19] *Willoweit*, JuS 1986, 96-107.
[20] BGH v. 13.11.1973 - VI ZR 152/72 - juris Rn. 13 - LM Nr. 7 zu § 833 BGB für das Überlassen eines Pferdes – auf Bitte des „Entleihers" – im „sportskameradschaftlichen Verkehr".
[21] Vgl. z.B. BGH v. 14.11.2002 - III ZR 87/02 - juris Rn. 8 - NJW 2003, 578-580.

erkennbare Gefahr, in die der Empfänger durch eine fehlerhafte Leistung geraten kann[22]. Auch das Interesse einer Partei an der Beachtung von Obhutspflichten durch die andere Partei soll für einen verbindlichen Leihvertrag sprechen können.[23] Während der Umstand, dass die Gebrauchszeit nicht willkürlich abgekürzt werden kann, eine Leihe nahe legen soll,[24] soll die ganz kurzfristige und jederzeit widerrufliche Gebrauchsüberlassung vor den Augen des Hingebenden eher gefälligkeitshalber erfolgen. „Klassisches" Beispiel ist das Auslegen von Zeitschriften und Zeitschriften in den Warte- und Geschäftsräumen für Besucher.[25] Nach Rechtsprechung[26] und der wohl überwiegenden Auffassung in der Literatur[27] liefern die Besitzverhältnisse keine tauglichen Abgrenzungskriterien zwischen Leihe und bloßer Gefälligkeit, da der Leihvertrag die Besitzverschaffung gerade nicht konstitutiv voraussetze.

12 Die **Rechtsprechung** hat daher bloße **Gefälligkeiten** beispielsweise in folgenden Fällen angenommen:
- für die Überlassung eines Ferienhauses an den Sohn und dessen Freundin;[28]
- für das Zur-Verfügung-Stellen eines Fahrzeugs, wobei „der Kläger dem Beklagten [keinen] rechtlichen Anspruch auf Überlassung des Fahrzeugs einräumen [wollte]";[29]
- für das kurzfristige Übergeben eines Reitpferds „im sportskameradschaftlichen Verkehr", weil der Reiter seine bessere Reitkunst beweisen wollte;[30] der BGH[31] trat der Auffassung der Vorinstanz, wonach die Halterin eines Reitpferdes, die gerade keine Lust zum Reiten hatte und es deshalb einer anderen Reiterin, deren Pferd krank war, zur Verfügung stellte, aus reiner Gefälligkeit gehandelt habe, nicht entgegen.

Demgegenüber hat das OLG Düsseldorf[32] die Überlassung eines Reitpferds, um es vor einem eventuellen Kauf während eines nicht unerheblichen Zeitraums auf seine Eignung zu erproben, § 598 BGB zugeordnet. Entsprechendes hat das LArbG Düsseldorf[33] vertreten für die Überlassung des Privat-Pkws eines Arbeitnehmers an einen Kollegen, weil der an sich hierfür vorgesehene Firmen-Pkw nicht einsatzbereit war. Und nach LArbG Tübingen[34] kann es für eine Leihe sprechen, wenn der Arbeitgeber dem Arbeitnehmer zur Verrichtung von privaten Bauarbeiten einen Lastkraftwagen überlässt. Für Leihe auch LG Paderborn[35] bei Überlassung eines Sattelschleppers.

b. Auffassung des Autors

13 Die obigen Ausführungen offenbaren, wie schwierig handhabbar und nahezu willkürlich die in Literatur und Rechtsprechung herangezogenen Kriterien erscheinen. Die gesetzlichen Vorschriften über den

---

[22] OLG Koblenz v. 11.01.2008 - 10 U 1705/06 - juris Rn. 28; BGH v. 22.06.1956 - I ZR 198/54 - juris Rn. 15 - BGHZ 21, 102-112; BGH v. 17.05.1971 - VII ZR 146/69 - BGHZ 56, 204-214; *Weidenkaff* in: Palandt, Einf. v. § 598 Rn. 7.
[23] Vgl. die Hinweise bei *Willoweit*, JuS 1986, 96-107, 103.
[24] Vgl. für die Überlassung von Wohnraum, die – selbst im Rahmen verwandtschaftlicher Beziehungen – stets als vertraglich vereinbart anzusehen sein soll, BGH v. 10.10.1984 - VIII ZR 152/83 - juris Rn. 12 - LM Nr. 5 zu § 598 BGB; OLG Köln v. 13.12.1994 - 22 U 32/94 - juris Rn. 23 - NJW-RR 1995, 751-752; *Weidenkaff* in: Palandt, Einf. v. § 598 Rn. 7.
[25] *Heintzmann* in: Soergel, vor § 598 Rn. 11; BVerfG v. 04.11.1987 - 1 BvR 1611/84, 1 BvR 1669/84 - juris Rn. 27.
[26] BGH v. 28.07.2004 - XII ZR 153/03 - juris Rn. 17.
[27] *Reuter* in: Staudinger, Vorbem. zu §§ 598 ff. Rn. 10; *Häublein* in: MünchKomm-BGB, § 598 Rn. 6; *Heintzmann* in: Soergel, vor § 598 Rn. 18.
[28] OLG München v. 03.12.1991 - 18 U 4746/91 - juris Rn. 14 - NJW-RR 1993, 215-216.
[29] OLG Stuttgart v. 17.04.1970 - 10 U 7/70 - juris Rn. 20 - NJW 1971, 660-661.
[30] BGH v. 13.11.1973 - VI ZR 152/72 - juris Rn. 13 - LM Nr. 7 zu § 833 BGB.
[31] BGH v. 09.06.1992 - VI ZR 49/91 - juris Rn. 3 - LM BGB § 833 Nr. 23 (11/1992).
[32] OLG Düsseldorf v. 12.06.1997 - 8 U 206/96 - MDR 1998, 409.
[33] LArbG Düsseldorf v. 25.09.1996 - 11 Sa 967/96 - juris Rn. 31 - Bibliothek BAG.
[34] LArbG Tübingen v. 06.03.1969 - 4 Sa 10/69 - BB 1969, 581.
[35] LG Paderborn v. 06.12.1996 - 2 O 429/96 - juris Rn. 20 - ZfSch 1997, 447-448.

Leihvertrag unterscheiden nicht danach, in welchem sozialen Rahmen die Gebrauchsüberlassung erfolgt, welche Bedeutung sie für die Beteiligten hat, wie stark das Interesse des Empfängers an der Leistung ist oder dergleichen. In der Regel sollte man deshalb dann, wenn jemand einem anderen eine Sache übergibt, damit dieser sie gebrauchen könne, von einem Leihvertrag ausgehen und den Parteien grundsätzlich nicht die Möglichkeit geben, „ihre Vereinbarungen en bloc, ohne Rücksicht auf die mit ihnen verfolgten Zwecke" – denen es in aller Regel entsprechen dürfte, aus dem Gebrauch einer zur Verfügung gestellten Sache resultierende Gefahren durch notwendige Sorgfalt abzuwenden – „aus der Rechtsordnung in einen rechtsfreien Raum" zu transponieren.[36] Der Uneigennützigkeit des Verhaltens des Verleihers wird durch die sachgerechte Regelung des Gesetzes, insbesondere § 599 BGB, hinreichend Rechnung getragen. Anderes sollte nur dort gelten, wo die Gebrauchsüberlassung keinerlei Vermögenswert hat, also typischerweise nicht gegen Entgelt zu haben ist, sodass die Beteiligten ihre Ziele auch ohne die Inanspruchnahme rechtlicher Mittel erreichen können.[37] *Reuter*[38] geht (wohl zu Recht) so weit, dass etwa auch die als klassisches Beispiel für eine Gefälligkeit angeführte Überlassung eines Opernglases als vertragliche Leihe betrachtet werden könne, da es um eine im Rechtsverkehr gegen Bezahlung erhältliche Leistung gehe.

Diese „weitgehende Unentrinnbarkeit der (Hand-)Leihe auf rechtsgeschäftlicher Grundlage" entzieht dem Meinungsstreit über die Geltung spezieller Schutzpflichten im Gefälligkeitsverhältnis praktisch die Grundlage[39] (vgl. die nachfolgenden Ausführungen zum „gesetzlichen Schuldverhältnis", Rn. 17). 14

Bezüglich der gefälligkeitshalber erfolgten **Mitnahme von Personen in Kraftfahrzeugen** kommt das Vorliegen eines Leihvertrags in aller Regel schon deshalb nicht in Betracht, weil es hier in erster Linie um die Beförderung geht und nicht darum, einen Autositz zur Verfügung zu stellen.[40] 15

c. Anwendbarkeit der Vorschriften über den Leihvertrag auf das Gefälligkeitsverhältnis

Obwohl nach der hier vertretenen Auffassung die Gefälligkeitsleihe auf wenige Ausnahmefälle zu beschränken ist, soll die Frage der **Anwendbarkeit des Leihvertragsrechts auf die Gefälligkeitsleihe** untersucht werden. Es wird vertreten, die Beteiligten einer Gefälligkeitsleihe seien mit Personen vergleichbar, die miteinander in Vertragsverhandlungen stünden (vgl. § 280 Abs. 1 BGB i.V.m. § 311 Abs. 2 BGB).[41] Zwischen ihnen bestehe eine vertragsähnliche Sonderbeziehung, ein „gesetzliches Schuldverhältnis", in welchem ein schutzwürdiges Vertrauen wie bei Vertragsverhandlungen gegeben sei. Um jedoch den Gefälligen nicht schlechter zu stellen als den auf vertraglicher Grundlage Agierenden, seien die Vorschriften des Leihvertragsrechts, insbesondere die §§ 599, 606 BGB, auf das Gefälligkeitsverhältnis analog anzuwenden.[42] 16

Dem wird teilweise entgegengehalten, dass den Gefälligen im Unterschied zur echten Leihe gerade keine Pflicht zur Gebrauchsgestattung treffe, wonach die analoge Anwendung der §§ 599, 606 BGB ausscheide.[43] 17

Nach hier vertretener Auffassung ist die Begründung anhand eines „gesetzlichen Schuldverhältnisses" in diesem Sinne als Fiktion zu verwerfen. Der soziale Kontakt als solcher kann nicht dazu führen, dass zwischen den Beteiligten andere Rechte und Pflichten begründet werden, als das geltende Recht 18

---

[36] So die Formulierung von *Willoweit*, JR 1984, 909-107, 103 für den nicht nur „flüchtigen" Sachgebrauch, der des „ausbalancierenden Normengefüges" des Gesetzes bedürfe; zustimmend BGH v. 18.10.2011 - X ZR 45/10 - juris Rn. 26 - NJW 2012, 605-607.
[37] So überzeugend *Reuter* in: Staudinger, Vorbem. zu §§ 598 ff. Rn. 9.
[38] *Reuter* in: Staudinger, Vorbem. zu §§ 598 ff. Rn. 10.
[39] *Reuter* in: Staudinger, Vorbem. zu §§ 598 ff. Rn. 11.
[40] *Heintzmann* in: Soergel, § 598 Rn. 11.
[41] *Heintzmann* in: Soergel, § 598 Rn. 15.
[42] *Kollhosser* in: MünchKomm-BGB, 4. Aufl. 2004, § 598 Rn. 16.
[43] *Heintzmann* in: Soergel, § 598 Rn. 15.

sie vorsieht.⁴⁴ Damit würde man „an sich" allenfalls unter das Recht der unerlaubten Handlung fallende Sachverhalte entgegen dem Willen der Beteiligten dem vertraglichen Schuldrecht zuschlagen. Der Auffassung, die eine Anwendung des Leihvertragsrechts auf reine Gefälligkeitsverhältnisse auf der Grundlage eines gesetzlichen Schuldverhältnisses ablehnt⁴⁵, ist im Grundsatz zuzustimmen.

19 Die weitere Frage ist die nach dem speziellen Problem des **Haftungsmaßstabs im Rahmen der deliktischen Haftung**. Richtigerweise sollte man – entgegen der Rechtsprechung des BGH – auch in Gefälligkeitsverhältnissen, welche eine rechtsgeschäftliche Entsprechung in einem gesetzlich geregelten (Gefälligkeits-)Vertragstypus haben, wie es bei der Gefälligkeitsleihe der Fall ist, eine Haftungsprivilegierung durch eine analoge Anwendung des § 599 BGB erreichen, um Wertungswidersprüche zu vermeiden (vgl. ausführlich hierzu die Kommentierung zu § 599 BGB Rn. 19).⁴⁶

d. Anordnung einer Haftung im Gefälligkeitsverhältnis durch § 311 Abs. 2 Nr. 3 BGB?

20 Soweit in § 311 Abs. 2 Nr. 3 BGB angeordnet ist, ein Schuldverhältnis mit Pflichten nach § 241 Abs. 2 BGB entstehe auch durch „ähnliche geschäftliche Kontakte", wird z.T. offenbar angenommen, damit solle eine Haftung im (reinen) Gefälligkeitsverhältnis angeordnet werden.⁴⁷ Dem ist für die (wenigen) auf der sozialen Ebene verbleibenden unverbindlichen Kontakte nicht zu folgen. Es geht bei der „dunkel" formulierten Norm des § 311 Abs. 2 Nr. 3 BGB allenfalls darum, durch die „generalklauselartige Formulierung die Möglichkeit zu einer Weiterentwicklung" offen zu halten.⁴⁸ Eine Haftung nach § 311 Abs. 2 Nr. 3 BGB innerhalb vertragsähnlicher Sonderverbindungen ist denkbar, wenn es etwa um Beziehungen ohne primäre Leistungspflichten geht⁴⁹, in denen aber dennoch Schutzpflichten im Sinne des § 311 Abs. 2 Nr. 3 BGB bestehen können. Insoweit kann beim Rechtsbindungswillen durchaus differenziert werden. Es ist denkbar, dass die Parteien sich zwar nicht zu einer (primären) Leistung verpflichten wollen, dennoch aber bei normativer Auslegung nach dem Empfängerhorizont ein Rechtsbindungswille im Hinblick auf Schutzpflichten gegeben sein kann.⁵⁰

21 Geht es um ein echtes Gefälligkeitsverhältnis in dem Sinne, dass rechtliche Bindungen weder auf der primären noch auf der sekundären Ebene gewollt sind, was – wie oben ausgeführt – im Bereich des „Verleihens" von Gegenständen selten genug vorkommt, dann scheidet eine Haftung nach den Grundsätzen der rechtsgeschäftlichen Sonderverbindungen aus.⁵¹

2. Unterscheidung gegenüber anderen Vertragstypen

a. Schenkung

22 Das Abgrenzungskriterium erscheint auf den ersten Blick eindeutig: Bei der Schenkung geht der Vertragsgegenstand aus dem Vermögen des Schenkers in das Vermögen des Beschenkten über (§ 516

---

⁴⁴ *Reuter* in: Staudinger, Vorbem. zu §§ 598 ff. Rn. 11; vgl. auch *Gernhuber*, Das Schuldverhältnis, 1989, S. 127 f. Allerdings ist im Auge zu behalten, dass die Existenz eines zur Obhut verpflichtenden Sonderrechtsverhältnisses richtigerweise auch dort denkbar ist, wo die Parteien keine primären Leistungspflichten begründet haben und deshalb auch das Leistungsinteresse nicht absichern wollten. Bestehen nach dem Willen der Beteiligten demnach gleichsam isolierte Schutzpflichten, führt deren Verletzung auch zu Schadensersatzansprüchen aus Sonderrechtsbeziehung; vgl. *Willoweit*, JR 1984, 909-916, 914; *Schmidt*, JuS 1977, 722-727.
⁴⁵ *Maier*, JuS 2001, 746-751, 749.
⁴⁶ *Reuter* in: Staudinger, Vorbem. zu Rn. §§ 598 ff. Rn. 13 f.
⁴⁷ So etwa *Blenske* in: Schimmel/Buhlmann, Frankfurter Handbuch zum neuen Schuldrecht, 2002, C. Rn. 49, der beispielsweise eine Haftung im Rahmen einer „Gefälligkeitsfahrt" für möglich hält; *Reischl*, JuS 2003, 40-48, 44.
⁴⁸ So *Canaris*, JZ 2001, 499-528, 520.
⁴⁹ *Canaris*, JZ 2001, 499-528, 520 nennt „Gefälligkeitsverhältnisse mit rechtsgeschäftsähnlichem Charakter" und exemplarisch „bestimmte Auskunftsfälle". Das dürften richtigerweise nur solche von wesentlicher wirtschaftlicher Bedeutung für den Empfänger sein, vgl. *Gehrlein/Sutschet* in: Bamberger/Roth, § 311 Rn. 49 f.
⁵⁰ Vgl. hierzu die differenzierten Ausführungen von *Maier*, JuS 2001, 746-751, 747, 748.
⁵¹ Vgl. dazu, dass der Kontakt im Bereich rechtsgeschäftlicher Beziehungen liegen muss und die rein soziale Ebene ausgeklammert bleibt, die Kommentierung zu § 311 BGB. Gegen eine Geltung des § 311 Abs. 2 Nr. 3 BGB für „bloße soziale Kontakte" auch *Grüneberg* in: Palandt, § 311 Rn. 24.

BGB), während er bei der als vorübergehend gedachten Leihe im Vermögen des Verleihers verbleibt.[52] Ist die Leihzeit so lang, dass der Wert der Sache bei Rückgabe aufgezehrt ist, macht das die Leihe noch nicht zur Schenkung, denn bei der Abgrenzung kommt es auf den vereinbarten Zweck an, und allein der Umstand des bei Rückgabe weggefallenen wirtschaftlichen Werts ist unerheblich.[53]

Zweifelhaft sind die Fälle einer sehr lang andauernden, vielleicht sogar lebenslangen unentgeltlichen Gebrauchsüberlassung[54]. Mit Unterschieden im Detail werden Auffassungen vertreten, die das Recht der Schenkung auf die **unentgeltliche Wohnungsüberlassung (auf Lebenszeit)** jedenfalls zum Teil – insbesondere dann, wenn das Rückforderungsrecht des Verleihers wegen Eigenbedarfs ausgeschlossen ist – anwenden wollen.[55] Dann wird vor allem § 518 BGB[56] analog herangezogen.[57] Auch der BGH[58] hatte für ein lebenslanges unentgeltliches Wohnrecht noch angenommen, es seien Besitz und Nutzung der Wohnung verschenkt worden.[59]

Später ist der BGH von dieser Rechtsprechung abgerückt und unterwirft nun auch langfristige Gebrauchsüberlassungsverträge nicht mehr dem Erfordernis der notariellen Beurkundung gem. § 518 BGB.[60] Das trifft schon deshalb zu, weil die Sache nach dem Tod des Berechtigten zurückzugeben ist.[61] Richtigerweise kann auch für andere, die Schenkung betreffende Vorschriften nichts anderes gelten. Die Einschränkung des Rechts des Leihvertrags für Fälle der unentgeltlichen Wohnungsüberlassung auf Lebenszeit ist abzulehnen.[62] Auch sonst ist eine noch so langfristige unentgeltliche Gebrauchsüberlassung nach dem Willen des BGB eben keine Schenkung und unterliegt deshalb auch nicht dessen rechtlichen Regeln. Das BGB hat „Verträge über die unentgeltliche Gestattung des Gebrauchs einer Sache, ungeachtet eines etwa hierdurch dem Eigentümer entstehenden wirtschaftlichen Nachteils, generell und ohne jede Einschränkung in der Rechtsform der Leihe geregelt".[63]

Auch wenn das Wohnrecht über den Tod des die Wohnung Überlassenden hinaus bestehen bleiben soll, ändert dies am Charakter des Rechtsverhältnisses als Leihe nichts, denn dieses hängt nicht von der Lebensdauer des Verpflichteten ab.[64] Will der Verleiher die Sache zurückhaben, steht ihm gegebenenfalls § 605 BGB oder auch eine Kündigung aus einem sonstigen wichtigen Grund zu Gebote.[65] Diese Möglichkeiten schützen den Verleiher hinreichend, sodass er nicht einer zusätzlichen Warnung

---

[52] OLG Hamm v. 05.02.1996 - 2 U 139/95 - NJW-RR 1996, 717-718: Die gegenwärtige Vermögenssubstanz des Schenkers müsse sich auf Dauer vermindern.
[53] *Heintzmann* in: Soergel, vor § 598 Rn. 6.
[54] Zum Problem vgl. – differenziert und ausführlich – *Nehlsen-von Stryk*, AcP 187, 552-602.
[55] In diesem Sinne *Nehlsen-von Stryk*, AcP 187, 552-602, 590, für die unentgeltliche Wohnungsüberlassung auf Lebenszeit, wenn die Eigenbedarfskündigung nach § 605 Nr. 1 BGB ausgeschlossen wurde; ebenso *Häublein* in: MünchKomm-BGB, § 598 Rn. 9.
[56] Auch die Anwendung anderer, auf die Schenkung bezogener Vorschriften des BGB, wie der §§ 1641, 1804, 2227, 2301 BGB, wird erwogen.
[57] Vgl. zu alldem *Reuter* in: Staudinger, § 598 Rn. 7 f.
[58] BGH v. 06.03.1970 - V ZR 57/67 - LM Nr. 7 zu § 518 BGB.
[59] Ebenso LG Köln v. 10.05.1973 - 2 O 44/71 - NJW 1973, 1880-1881.
[60] BGH v. 11.12.1981 - V ZR 247/80 - juris Rn. 11 - BGHZ 82, 354-360. Ihm folgend z.B. OLG Koblenz v. 16.01.1996 - 3 W 693/95 - juris Rn. 16 - NJW-RR 1996, 843-844; OLG Hamm v. 05.02.1996 - 2 U 139/95 - NJW-RR 1996, 717-718; auch OLG Köln v. 13.12.1994 - 22 U 32/94 - juris Rn. 23 - NJW-RR 1995, 751-752; OLG Köln v. 23.04.1999 - 19 U 13/96 - juris Rn. 23 - NJW-RR 2000, 152-153.
[61] *Slapnicar*, JZ 1983, 325-331, 326.
[62] So in der Literatur etwa auch *Weidenkaff* in: Palandt, Einf. v. § 598 Rn. 4; *Gitter*, Gebrauchsüberlassungsverträge, 1988, S. 151 f.
[63] BGH v. 11.12.1981 - V ZR 247/80 - BGHZ 82, 354-360 (vgl. auch *Slapnicar*, JZ 1983, 325-331, 326).
[64] BGH v. 20.06.1984 - IVa ZR 34/83 - juris Rn. 10 - LM Nr. 4 zu § 598 BGB, wo die Grundsätze zur generellen Geltung des Rechts des Leihvertrags wieder etwas aufgeweicht werden durch die Andeutung, eine Schenkung komme womöglich in Betracht, wenn die langfristige unentgeltliche Überlassung zum Gebrauch wirtschaftlich einer Weggabe von Substanz nahe komme. *Langen* hat die Entscheidung in Bezug auf die Thesen zur generellen Nichtgeltung des § 2301 BGB im Rahmen einer Wohnungsleihe kritisch besprochen, vgl. *Langen*, ZMR 1986, 150-156.
[65] *Heintzmann* in: Soergel, vor § 598 Rn. 6.

26 Eine Schenkung lässt sich schließlich nicht unter dem Aspekt bejahen, dass der Leistende während der Gebrauchszeit der Wohnung auf deren anderweitigen Ertrag bringenden Einsatz verzichtet. Wollte man das anders sehen, wäre praktisch in jeder Leihe eines im Rechtsverkehr auch entgeltlich zum Gebrauch zu überlassenden Gegenstands eine Schenkung enthalten.[67]

27 Entgegen einer teilweise vertretenen Auffassung wird aus einer **Leihe nicht erst dann eine Schenkung, wenn der Begünstigte Eigentümer der Sache wird**, denn auch ohne dies kann es an einer für die Leihe typischen vorübergehenden Gebrauchsüberlassung fehlen. Und immer dann, wenn eine Sache nur vorübergehend gegeben wurde, scheidet eine Schenkung aus, gleichviel, ob die Gebrauchsmöglichkeit einen Geldwert hat oder nicht.[68] Gibt der Eigentümer seine Sache weg bis zu einem noch ungewissen Zeitpunkt, an dem er sie günstig weiterveräußern kann, ist dies Leihe und nicht Schenkung.[69]

b. Miete

28 Die Leihe ist unentgeltlich, der Mieter muss für die Überlassung der Mietsache zahlen (§ 535 BGB). Den Beweis, dass die Zahlung eines Entgelts vereinbart worden ist, hat diejenige Partei zu führen, die einen Mietzins verlangt.[70] Dieser muss nicht periodisch zu zahlen sein, er kann auch als Übernahme der Betriebskosten oder Zahlung eines einmaligen Betrags geschuldet sein.[71] Der BGH hat für einen Fall, in dem der „nicht abgewohnte" Teil eines zur Errichtung eines Wohngebäudes zur Verfügung gestellten Betrags dem Zahlenden beim Auszug zu erstatten sein sollte, – entgegen der Vorinstanz – eine entgeltliche Vereinbarung angenommen, bei welcher die Höhe des nicht festgelegten Mietzinses durch das Gericht in ergänzender Vertragsauslegung oder analog §§ 612 Abs. 2, 632 Abs. 2 BGB zu bestimmen sei.[72] Zahlt der Vertragspartner wenig, können sich Abgrenzungsprobleme stellen. Dann muss differenziert werden zwischen einer bloßen Dankbarkeitsgeste (dann Leihe) und einer besonders günstigen „Gefälligkeitsmiete".[73] Eine gemischte Leihe – vergleichbar der gemischten Schenkung – gibt es nicht. Je nach Gestaltung des Vertragsverhältnisses ist der Vertrag entweder vollständig als Leihe oder vollständig als Miete zu beurteilen (vgl. hierzu Rn. 52). Wird eine Sache für eine Probezeit unentgeltlich überlassen und schließt sich dann ein Mietvertrag an, liegt im Zweifel wohl insgesamt eine Miete vor.[74] Neben der fehlenden Gegenleistungspflicht des Entleihers unterscheidet sich die Leihe auch dadurch von der Miete, dass der Vermieter den Gebrauch zu gewähren und nicht bloß zu gestatten (vgl. Rn. 52) hat.

c. Pacht

29 Hier gilt Entsprechendes wie bei der Miete: Der Pächter hat ein Entgelt zu entrichten, außerdem ist er – anders als grundsätzlich der Entleiher (vgl. Rn. 48) – zur Fruchtziehung berechtigt (vgl. § 581 Abs. 1 BGB).

d. Verwahrung

30 Der Verwahrer hat kein Gebrauchsrecht. Er ist verpflichtet, die ihm vom Hinterleger übergebene Sache in dessen Interesse aufzubewahren (§ 688 BGB). Werden Räume zur Unterbringung von Möbeln zur

---

[66] *Slapnicar*, JZ 1983, 325-331, 329 f.; *Heintzmann* in: Soergel, vor § 598 Rn. 6.
[67] So OLG Hamm v. 05.02.1996 - 2 U 139/95 - NJW-RR 1996, 717-718.
[68] *Reuter* in: Staudinger, Vorbem. zu §§ 598 ff. Rn. 2.
[69] *Reuter* in: Staudinger, Vorbem. zu §§ 598 ff. Rn. 2.
[70] *Ehlert* in: Bamberger/Roth, § 535 Rn. 20.
[71] AG Pasewalk v. 31.01.2001 - 7 C 284/00 - WuM 2002, 232, auch zur Übernahme der Instandhaltungskosten und Grundstückslasten als Mietzahlung.
[72] BGH v. 31.01.2003 - V ZR 333/01 - juris Rn. 8 - NJW 2003, 1317-1318.
[73] BGH v. 04.05.1970 - VIII ZR 179/68 - LM Nr. 45 zu § 535 BGB.
[74] *Reuter* in: Staudinger, § 598 Rn. 4.

In aller Regel dürfte es nicht der allgemeinen Lebensauffassung entsprechen, die **Gestattung** des Ei- 41
gentümers, sein **Grundstück zu betreten**, als verbindliches Angebot auf Abschluss eines Leihvertrags, das der Betretende stillschweigend annähme, zu betrachten.[93] Erlaubt ein Vermieter seinem Mieter, eine vom Mietvertrag nicht erfasste Gartenfläche zu nutzen, so bedürfte die Annahme einer Leihe
besonderer auf einen vertraglichen Bindungswillen hindeutender Anhaltspunkte. Fehlt es an solchen,
ist der Vermieter zum jederzeitigen Widerruf der Gestattung berechtigt.[94] Das OLG Sachsen-Anhalt
hat in einer Entscheidung vom 21.12.2006[95] eine stillschweigende Duldung, zusammengenommen mit
dem Schaffen eines Vertrauenstatbestands dahin, dass Einverständnis mit einer unentgeltlichen Nutzung bestehe, als Willenserklärung zum Abschluss eines Leihvertrags gedeutet. Das ist zweifelhaft,
weil die Duldung einer unentgeltlichen Nutzung eben gerade noch keinen Erklärungswert hat und das
Konstruieren eines Vertragsschlusses nach den Grundsätzen von Treu und Glauben mit größter Vorsicht zu genießen ist.

Wenn keine Leihe, sondern eine bloße einseitige Gestattung gegeben ist, fehlt es zwischen den Betei- 42
ligten an einer schuldrechtlichen Sonderbeziehung, sodass die Grundsätze der außervertraglichen Haftung gelten und auch kein Raum für eine Begrenzung der Haftung auf grobe Fahrlässigkeit zu sein
scheint. Richtigerweise sollte aber § 599 BGB analog gelten, wenn jemand die eigene Sphäre unentgeltlich und freiwillig für andere öffnet (streitig).[96]

II. Gegenstand der Leihe

Verliehen werden können **Sachen** (wegen § 90a BGB also auch Tiere), und zwar sowohl bewegliche 43
als auch unbewegliche, Teile einer Sache ebenso wie als einheitliche Sache erscheinende Sachgesamtheiten.[97]

Ein Leihvertrag kann etwa gegeben sein, wenn ein Grundstückseigentümer die Anbringung einer 44
Stromleitung auf seinem Dach oder in sonstiger Weise die Benutzung seines Grundstücks gestattet.[98]
Allerdings kann in solchen Fällen auch eine bloße unentgeltliche einseitige Nutzungsgestattung (vgl.
Rn. 39) gegeben sein. Der BGH hat mit Urteil vom 24.01.2003 die Auffassung vertreten, das Zur-Verfügung-Stellen eines Grundstücksteils für dort verlegte Fernwärmeleitungen bedeute keine Gebrauchsüberlassung im Sinne eines Leihvertrags, sondern lediglich die Duldung der Inanspruchnahme des
Grundstücks.[99] Brauchbare Unterscheidungskriterien werden in diesem Zusammenhang nicht geliefert.[100] Im Übrigen ist stets zu bedenken, ob das öffentliche Recht diesbezügliche Duldungspflichten
anordnet.[101]

Vorschriften über die **„Leihe" von Rechten** – beispielsweise Wegerechten oder sonstigen Nutzungs- 45
rechten – enthalten die §§ 598-606 BGB nicht. Wohl aber kennt das Bürgerliche Gesetzbuch, das in
§ 581 BGB ausdrücklich vom verpachteten „Gegenstand" (also auch dem unkörperlichen) spricht, die

---

[93] *Heintzmann* in: Soergel, vor § 598 Rn. 13; so wohl auch *Gitter*, Gebrauchsüberlassungsverträge, 1988, S. 156.
[94] KG v. 14.12.2006 - 8 U 83/06 - WuM 2007, 68.
[95] OLG Sachsen-Anhalt v. 21.12.2006 - 2 U 99/06 - juris Rn. 21 ff. - OLGR Naumburg 2007, 729-729.
[96] Im diesem Sinne *Reuter* in: Staudinger, Vorbem zu §§ 598 ff. Rn. 17, mit Nachweisen zum Meinungsstand.
[97] *Heintzmann* in: Soergel, § 598 Rn. 4.
[98] *Heintzmann* in: Soergel, § 598 Rn. 4; BGH v. 03.03.1994 - III ZR 183/92 - juris Rn. 26 - LM BGB § 638 Nr. 82 (8/1994); OLG Köln v. 23.09.1992 - 11 U 213/92 - juris Rn. 8 - NJW-RR 1992, 1497 betrifft den Fall der widerspruchslosen Hinnahme des Befahrens eines Grundstücksteils durch seinen Nachbarn, woraus das Gericht auf ei-
nen konkludent zustande gekommenen Leihvertrag geschlossen hat. Ebenso OLG Saarbrücken v. 24.07.2002
- 1 U 81/02 - 19, 1 U 81/02 - juris Rn. 7 - NJW-RR 2002, 1385. Das OLG München hat in der Duldung der
Unterhaltung eines Gleisanschlusses auf dem Grundstück des Verleihers einen Leihvertrag gesehen, OLG München v. 12.07.1984 - 24 U 871/83 - WM 1984, 1397-1399.
[99] BGH v. 24.01.2003 - V ZR 175/02 - juris Rn. 11 - NJW-RR 2003, 953-955.
[100] Auch die im Urteil zitierte Entscheidung BGH v. 04.07.1997 - V ZR 405/96 - juris Rn. 11 - LM AGBG § 9 (Bm)
Nr. 29 (2/1998) zu in Mehrfamilienhäusern eingerichteten Telekommunikationsanlagen enthält lediglich die Behauptung, es handele sich um die Duldung der Inanspruchnahme von Grund und Boden und deshalb nicht um
einen Mietvertrag.
[101] *Reuter* in: Staudinger, § 598 Rn. 6.

Rechtspacht. Daraus wird teilweise geschlossen, deren Vorschriften seien für die unentgeltliche Überlassung von Rechten analog heranzuziehen (wobei § 599 BGB und § 600 BGB als der Unentgeltlichkeit Rechnung tragende Vorschriften ergänzend anwendbar sein sollen).[102] Dem ist zu widersprechen. Prägendes Merkmal einer derartigen Rechtsbeziehung ist die Unentgeltlichkeit. Ihre Besonderheiten werden durch das Recht des Leihvertrags am ehesten berücksichtigt.[103] Die §§ 598-606 BGB gelten deshalb entsprechend auch für die **Leihe von Rechten und Forderungen**,[104] die im BGB wohl nur deshalb nicht in das Recht des Leihvertrags aufgenommen wurde, weil der Gesetzgeber dafür kein praktisches Bedürfnis sah[105].

46 Auch auf die unentgeltliche Überlassung von Software sind die §§ 598-606 BGB anzuwenden.[106]

47 Das Überlassen einer **verbrauchbaren Sache** kann Leihe sein, wenn eben diese Sache wieder zurückgegeben werden soll[107] (Beispiel: das Verleihen von Lebensmitteln zu Dekorationszwecken)[108].

D. Rechtsfolgen

I. Gestattung des Gebrauchs

1. Gebrauchsrecht des Entleihers

48 Der Entleiher darf die Sache **gebrauchen**, sie also verwenden. Eingriffe in die Sachsubstanz sind davon ebenso wenig erfasst wie das Recht, über die Sache zu verfügen. Im Einzelnen ergibt sich der Umfang des Gebrauchsrechts aus der getroffenen Vereinbarung. So darf der Entleiher beispielsweise (aber auch nur dann) **Früchte** ziehen, wenn ihm dies im Vertrag **gestattet** wurde. Dann liegt ein gemischter Vertrag aus Leihe und – bezüglich der Früchte – Schenkung vor.[109] Der BGH hat in einer Entscheidung vom 28.07.2004 klargestellt, dass die körperliche Zugriffsmöglichkeit des Entleihers auf die Leihsache kein konstitutives Merkmal des Leihvertrags ist: Sei der Entleiher auf eine unmittelbare Zugriffsmöglichkeit nicht angewiesen, weil die beabsichtigte Nutzung von ihm anderweitig sichergestellt werde, so schließe die mangelnde sachenrechtliche Beziehung die Annahme eines Leihvertrags nicht aus.[110]

49 Wird eine Sache weggegeben, damit der Empfänger sie **verpfänden** könne, steht das Verwertungsrecht des Pfandgläubigers einer Leihe noch nicht zwingend entgegen,[111] wenn Verleiher und Entleiher davon ausgehen, der Pfandgegenstand werde rechtzeitig ausgelöst. Gelingt dies nicht, ist der Entleiher nach allgemeinen Grundsätzen zum Schadensersatz verpflichtet. Rechnen die Beteiligten ernsthaft mit der Verwertung, ist der Leihvertrag auflösend bedingt durch die Verwertung der Sache. Je nachdem, ob der Entleiher zum Wertersatz verpflichtet ist oder nicht, ist dieser verbunden mit einem aufschiebend bedingten Kauf oder einer aufschiebend bedingten Schenkung.[112]

50 Ob der Entleiher die Sache benutzt oder nicht, steht in seinem Belieben. Anderes kann gelten, wenn Entsprechendes vereinbart wurde oder wenn der Gebrauch notwendig ist, um die Leihsache zu erhalten

---

[102] *Weidenkaff* in: Palandt, § 598 Rn. 3; *Gitter*, Gebrauchsüberlassungsverträge, 1988, S. 147.
[103] *Reuter* in: Staudinger, § 598 Rn. 9.
[104] *Heintzmann* in: Soergel, § 598 Rn. 4; *Häublein* in: MünchKomm-BGB, § 598 Rn. 4.
[105] Vgl. *Mugdan*, Motive, Band 2, S. 444.
[106] Ebenso wie es eine – entgeltliche – Miete von Computerprogrammen gibt; zur Qualifizierung entgeltlich überlassener Software als Miet-„Sache" *Weidenkaff* in: Palandt, § 535 Rn. 2.
[107] *Häublein* in: MünchKomm-BGB, § 598 Rn. 3; vgl. auch *Mugdan*, Motive, Band 2, S. 443.
[108] *Heintzmann* in: Soergel, § 598 Rn. 8.
[109] *Gitter*, Gebrauchsüberlassungsverträge, 1988, S. 148. In diesen Fällen geht es nicht um das Problem des – ansonsten abzulehnenden – gemischten Leihvertrags (vgl. Rn. 52), der zu erwägen sein könnte, wenn für eine Gebrauchsüberlassung ein geringes Entgelt geschuldet wird.
[110] BGH v. 28.07.2004 - XII ZR 153/03 - juris Rn. 19 - NJW-RR 2004, 1566; vgl. die Anmerkung hierzu von *Geisler*, jurisPR-BGHZivilR 40/2004, Anm. 5.
[111] Vgl. *Weidenkaff* in: Palandt, § 598 Rn. 5; *Gitter*, Gebrauchsüberlassungsverträge, 1988, S. 147.
[112] *Reuter* in: Staudinger, § 598 Rn. 11; *Gitter*, Gebrauchsüberlassungsverträge, 1988, S. 147. A.A. *Kollhosser*, der in der 4. Aufl. des MünchKomm-BGB, § 598 Rn. 10, in Fällen dieser Art einen Vertrag sui generis annahm.

Verfügung gestellt, ohne dass zugleich die Obhut über diese übernommen wird, ist das Leihe, nicht Verwahrung.[75]

Bei der Überlassung von Kunstgegenständen an einen Aussteller kommt es darauf an, ob der von Letzterem verfolgte Zweck des Ausstellens im Vordergrund steht (dann Leihe) – oder aber die Aufbewahrung (dann Verwahrung, selbst wenn eine gelegentliche Ausstellung abgesprochen ist).[76]

e. Auftrag

Der Beauftragte ist verpflichtet, ein ihm vom Auftraggeber übertragenes Geschäft unentgeltlich zu besorgen (§ 662 BGB). Wurde ihm zur Ausführung ein Gegenstand überlassen, so ist er verpflichtet, diesen im Interesse des Auftraggebers einzusetzen. Der Entleiher hingegen hat nur ein Gebrauchsrecht und – jedenfalls grundsätzlich – keine Gebrauchspflicht.[77] Wenn er gebraucht, tut er das im eigenen Interesse.[78]

f. Darlehen

Beim **Sachdarlehen** darf der Darlehensnehmer die ihm überlassenen Sachen **verbrauchen**. Er hat bei Fälligkeit Sachen gleicher Art, Güte und Menge zurückzuerstatten (§ 607 Abs. 1 BGB). Der Verleiher hingegen erhält die verliehene Sache wieder zurück. Zum Teil wird ein **Flaschendarlehen** angenommen, wenn etwa ein Bierverleger dem Käufer Einheitsflaschen überlässt und dieser verpflichtet sein soll, Flaschen gleicher Art, Güte und Menge zurückzugeben.[79] Die Frage ist jedoch umstritten (vgl. Rn. 59).

3. Gebrauchsüberlassung als „Nebenprodukt" im Rahmen anderer Verträge

Es gibt eine Reihe von Gebrauchsüberlassungen im Zusammenhang mit anderen Verträgen, deren Hauptzweck ein anderer ist.

a. Gebrauchsüberlassungen im Zusammenhang mit Vertragsverhandlungen

Praktisch relevant ist besonders die **Probefahrt des Kaufinteressenten** mit einem Pkw. Der Autohändler hat ein erhebliches Interesse an der Benutzung des Fahrzeugs durch den Kunden und verleiht den Wagen nicht uneigennützig. Vielmehr ist das Rechtsverhältnis zwischen den Beteiligten im Vorfeld eines späteren Kaufvertrags anzusiedeln (vgl. § 311 Abs. 2 BGB).[80] Die Vorschriften der Leihe gelten grundsätzlich nicht (vgl. zur analogen Anwendbarkeit des gemilderten Haftungsmaßstabs von § 599 BGB bei einer Probefahrt die Kommentierung zu § 602 BGB Rn. 7). Allerdings sollte § 606 BGB dem potenziellen Käufer zugutekommen[81] (vgl. hierzu die Kommentierung zu § 606 BGB Rn. 15) und der Umfang des Gebrauchsrechts sich wegen der Nähe zur Leihe nach § 603 BGB richten[82]. Die **Überlassung von Proben oder Warenmustern** im Zusammenhang mit Vertragsverhandlungen ist keine Leihe. Auch hier geht es um rechtliche Beziehungen im Vorfeld von Verträgen, für

---

[75] *Heintzmann* in: Soergel, vor § 598 Rn. 7.
[76] OLG Rostock v. 05.03.2007 - 3 U 103/06 - juris Rn. 27 - OLGR Rostock 2007, 583, auch dazu, dass bei der Ausstellung eines wirtschaftlich völlig unbedeutenden Gegenstands ein bloßes Gefälligkeitsverhältnis gegeben sein könne.
[77] Von diesem Grundsatz sind auch Ausnahmen (vgl. Rn. 51) denkbar.
[78] *Heintzmann* in: Soergel, vor § 598 Rn. 7. Nach OLG Düsseldorf v. 02.08.1988 - 7 U 268/87 - juris Rn. 45 - NJW 1990, 2000-2002 sind einem Museum zu Ausstellungszwecken überlassene Gemälde auch dann verliehen, wenn das Museum die Verpflichtung übernommen hat, die Werke aufzulisten und für die vorgesehene Ausstellung vorzubereiten.
[79] *Gelhaar* in: BGB-RGRK, vor § 598 Rn. 3.
[80] *Heintzmann* in: Soergel, vor § 598 Rn. 3.; *Häublein* in: MünchKomm-BGB, § 598 Rn. 11; *Weidenkaff* in: Palandt, § 598 Rn. 5.
[81] BGH v. 18.02.1964 - VI ZR 260/62 - LM Nr. 21 zu § 852 BGB; BGH v. 21.05.1968 - VI ZR 131/67 - NJW 1968, 1472; vgl. auch *Häublein* in: MünchKomm-BGB, § 606 Rn. 5.
[82] *Heintzmann* in: Soergel, vor § 598 Rn. 14.

welche die insoweit einschlägigen Regeln gelten. Allerdings können die §§ 601-606 BGB entsprechend angewandt werden.[83]

b. Gebrauchsüberlassungen im Rahmen bestehender Kaufverträge

36 Belässt der Käufer die gekaufte, ihm bereits übereignete Ware bei dem Verkäufer bis zur Abnahme, so können die §§ 688 ff. BGB herangezogen werden, wenn Obhutspflichten übernommen wurden. Wenn nicht, können Grundsätze der Leihe gelten.[84]

c. Besonderheiten bei Gebrauchsüberlassungen im Rahmen von Arbeitsverhältnissen

37 Überlässt der Arbeitgeber dem Arbeitnehmer einen **Firmenwagen**, soll nach der Rechtsprechung des BAG eine analoge Geltung der kurzen Verjährung des § 606 BGB nicht in Betracht kommen, da das Arbeitsverhältnis primär von der Arbeitspflicht des Arbeitnehmers und der Vergütungspflicht des Arbeitgebers geprägt sei und auch nach Rückgabe einer dem Arbeitnehmer überlassenen Sache die Haupt- und sonstigen Nebenpflichten in der Regel weiter liefen[85] (vgl. zu dieser – wohl zu Recht vom Arbeitsgericht Eisenach[86] kritisierten und abgelehnten – Rechtsprechung die Kommentierung zu § 606 BGB Rn. 19).

4. Besonderheiten der Rechtsverhältnisse zwischen Ehegatten/Familienmitgliedern

38 Richtigerweise bestimmen sich die Rechtsverhältnisse zwischen Ehegatten und Familienangehörigen vorrangig auf der Grundlage des Familienrechts. Zweifelhaft ist daher, ob ein Ehegatte dem anderen seine Wohnung „ausleiht", wenn er ihm die (Mit-)Benutzung gestattet.[87] Eher dürfte er auf diesem Wege Unterhalt gewähren.[88] Zwischen Eltern und Kindern kann es um eine Ausstattung im Sinne des § 1624 BGB gehen.[89] Dessen ungeachtet wird es zwischen Familienangehörigen und Ehegatten durchaus häufiger als sonst am Rechtsbindungswillen fehlen, sodass die Beziehungen auf der Ebene der bloßen Gefälligkeit verbleiben.

5. Die einseitige Nutzungsgestattung

39 Wird eine **Anlage** durch eine öffentliche Bekanntgabe zur **öffentlichen Benutzung** zur Verfügung gestellt, bietet der Berechtigte damit nicht in jedem Fall den Abschluss eines Leihvertrags an, der durch Benutzung angenommen würde (§ 151 BGB). Hier dient die öffentliche Bekanntgabe eher dazu, die Benutzung zu rechtfertigen.[90] Vorrangig ist in solchen Fällen stets zu prüfen, ob die Rechtsbeziehungen öffentlichem Recht unterliegen (Widmung einer öffentlichen Sache zum Gemeingebrauch o.Ä.).[91]

40 Beim **Überspannen privater Grundstücke mit Leitungen** ist durch Auslegung zu ermitteln, ob die rechtlichen Bindungen eines Leihvertrags gewollt sind. Die Einschränkung der Sachherrschaft des Eigentümers kann eine Leihe indizieren.[92]

---

[83] *Gitter*, Gebrauchsüberlassungsverträge, 1988, S. 157; *Heintzmann* in: Soergel, vor § 598 Rn. 3.
[84] *Gitter*, Gebrauchsüberlassungsverträge, 1988, S. 156.
[85] BAG v. 11.04.1984 - 7 AZR 115/81 - juris Rn. 13 - NJW 1985, 759-760.
[86] ArbG Eisenach v. 15.08.2002 - 2 Ca 1563/01 - juris Rn. 32 - Bibliothek BAG.
[87] *Gitter*, Gebrauchsüberlassungsverträge, 1988, S. 157; *Häublein* in: MünchKomm-BGB, § 598 Rn. 10 (keine Leihe, sondern familienrechtlich begründetes Gebrauchsverhältnis).
[88] BGH v. 29.04.1964 - IV ZR 93/63 - BGHZ 42, 7-16: unentgeltliche Wohnungsüberlassung als Unterhaltsvereinbarung.
[89] Vgl. LG Mannheim v. 18.03.1970 - 5 S 139/69 - NJW 1970, 2111 f.
[90] *Häublein* in: MünchKomm-BGB, § 598 Rn. 12; *Reuter* in: Staudinger, Vorbem. § 598 Rn. 15 ff.
[91] Dann gilt nicht das BGB, sondern beispielsweise die nach öffentlichem Recht zu beurteilende Benutzungsordnung einer öffentlichen Einrichtung oder dergleichen, vgl. *Reuter* in: Staudinger, Vorbem. zu §§ 598 ff. Rn. 15 ff.; OVG Bremen v. 21.11.1989 - 1 BA 22/89 - juris Rn. 39 - NJW 1990, 931-933.
[92] Vgl. aber – im verneinenden Sinne – auch BGH v. 24.01.2003 - V ZR 172/02 - juris Rn. 10 - IBR 2003, 276, wo unterschieden wird zwischen der Gebrauchsgewährung von Grund und Boden (dann Leihe) und der bloßen Duldung der Inanspruchnahme (zweifelhaft).

(etwa das Ausreiten mit einem Pferd).[113] Dann besteht neben einem Gebrauchsrecht ausnahmsweise auch eine **Gebrauchspflicht**.

2. Gestattung durch den Verleiher

Der Verleiher muss nur den Besitz an der Sache **gestatten**, **nicht** aber den Gebrauch, wie § 535 BGB für die Miete formuliert, „gewähren". Das bedeutet, dass er die Sachnutzung zwar nicht behindern darf, andererseits aber, anders als bei der Miete, die Sache nicht in Stand halten muss, um ihre Gebrauchsfähigkeit zu erhalten.[114] Das ändert nichts daran, dass der Verleiher die Gefahr des zufälligen Untergangs trägt, es sei denn, etwas anderes wurde ausdrücklich vereinbart oder ergibt sich aus der Vertragsauslegung unter Heranziehung der Grundsätze von Treu und Glauben. Der Entleiher muss, wenn nichts anderes abgesprochen ist, die Sache – im Zweifel auf eigene Kosten – beim Verleiher abholen (**Holschuld** nach § 269 BGB).[115] Versendet der Verleiher den Leihgegenstand, hat der hiervon profitierende Entleiher die Kosten zu tragen.[116]

II. Unentgeltlichkeit

Der Entleiher schuldet objektiv kein Entgelt, und darüber müssen sich die Beteiligten subjektiv auch geeinigt haben.[117] Sobald er – und sei es noch so wenig – zu zahlen oder eine sonstige Leistung zu erbringen verpflichtet ist, liegt keine Leihe mehr vor.[118] Unschädlich ist es, wenn sich der Entleiher vereinbarungsgemäß durch eine eher symbolisch gedachte Geste dankbar zeigt.[119] Wenn beispielsweise ein Vermieter auf die Entrichtung des Mietzinses verzichtet, entsteht dadurch nicht ohne weiteres ein Leihvertrag, es sei denn, die Beteiligten sind sich darüber einig, dass der Verzicht endgültig sein soll.[120] Ob eine Miete oder eine Leihe gegeben ist, entscheidet sich für den Vertrag einheitlich, eine „**gemischte Leihe**" ist in diesem Zusammenhang – vgl. Rn. 28 – **nicht anzuerkennen** (streitig),[121] schon weil der Haftungsmaßstab nur in Bezug auf die gesamte Sache bestimmt werden kann.

III. Eigentums- und Besitzverhältnisse am Vertragsgegenstand; Rechte des Entleihers nach Veräußerung der Leihsache; Haltereigenschaft bei Kraftfahrzeugen und Tieren

Der Verleiher muss mit dem Eigentümer der Sache nicht identisch sein. Führt das fehlende Eigentum allerdings dazu, dass die Gestattung des Gebrauchs nicht ermöglicht werden kann, kann der Verleiher zum Schadensersatz verpflichtet sein.

Die Veräußerung der Sache lässt den Leihvertrag als solchen unberührt.[122] Übereignet der Verleiher die Sache durch Abtretung des Herausgabeanspruchs gem. § 931 BGB i.V.m. § 929 BGB, wirkt das Besitzrecht des Entleihers wegen § 986 Abs. 2 BGB auch gegenüber dem neuen Eigentümer.[123] § 566

---

[113] *Reuter* in: Staudinger, § 598 Rn. 13; *Häublein* in: MünchKomm-BGB, § 598 Rn. 17.
[114] *Heintzmann* in: Soergel, § 598 Rn. 7; *Häublein* in: MünchKomm-BGB, § 598 Rn. 20.
[115] Allgemeine Ansicht, vgl. nur *Weidenkaff* in: Palandt, § 598 Rn. 6.
[116] *Gitter*, Gebrauchsüberlassungsverträge, 1988, S. 148.
[117] *Gitter*, Gebrauchsüberlassungsverträge, 1988, S. 146.
[118] *Weidenkaff* in: Palandt, § 598 Rn. 4.
[119] *Reuter* in: Staudinger, § 598 Rn. 2.
[120] Dann ist wohl vom konkludenten Abschluss eines Änderungsvertrags auszugehen, vgl. *Reuter* in: Staudinger, § 598 Rn. 2.
[121] *Kollhosser* in: MünchKomm-BGB, 4. Aufl., § 598 Rn. 13; anders *Reuter* in: Staudinger, § 598 Rn. 3, der Fälle für denkbar hält, in denen für einen unentgeltlichen Vertragsteil die Vorschriften der Leihe gelten können, für einen entgeltlichen Vertragsteil diejenigen der Miete; in diesem Sinne – beiläufig – wohl auch BGH v. 14.12.2006 - I ZR 34/04 - NJW-RR 2007, 1530-1532, 1532 (Überlassung von Fotos durch einen Fotografen an einen Verlag gegen Zahlung einer „Archivgebühr").
[122] *Häublein* in: MünchKomm-BGB, § 598 Rn. 23.
[123] *Heintzmann* in: Soergel, § 598 Rn. 10; *Reuter* in: Staudinger, § 598 Rn. 13.

§ 598

55 BGB gilt jedoch nicht analog, so dass das schuldrechtliche Nutzungsrecht des Entleihers mit der Veräußerung des verliehenen Gegenstands endet.[124]

55 Allerdings hat das OLG Schleswig demjenigen, dem vom vormaligen Eigentümer ein lebenslanges unentgeltliches Wohnrecht vermacht worden war, gegenüber dem Eigentumsherausgabeanspruch des Erstehers in der Zwangsversteigerung den Einwand der unzulässigen Rechtsausübung §§ 242, 826 BGB wegen Eigentumsmissbrauchs des neuen Eigentümers zugebilligt, wenn der Erbe und der Ersteher – als Strohmann – kollusiv zu seinem Nachteil zusammengewirkt haben, um sich des unliebsamen Wohnrechts zu entledigen.[125]

56 Übereignet der Verleiher die Sache dem Entleiher, wird dadurch – unter Verzicht auf den vertraglichen Rückgabeanspruch – zugleich das Leihverhältnis aufgehoben, es sei denn, es handelte sich um eine lediglich treuhänderische Eigentumsübertragung, die den Vertrag unbeeinflusst lassen sollte.[126]

57 **Besitzrechtlich** betrachtet, wird der **Entleiher** regelmäßig **unmittelbarer Besitzer** der ihm überlassenen Sache und vermittelt dem **Verleiher** den **mittelbaren Besitz**.[127] Etwas anderes gilt in den Fällen der ganz kurzfristigen Gebrauchsüberlassung, die nach der hier vertretenen Ansicht prinzipiell als Vertragsleihe zu werten sein könne. Der Verleiher eines Opernglases (vgl. Rn. 13) bleibt dessen unmittelbarer Besitzer. Bei der Gefälligkeitsüberlassung (vgl. hierzu Rn. 7) hingegen wird der Begünstigte allenfalls Besitzdiener,[128] vorausgesetzt, es besteht zwischen den Beteiligten ein soziales Abhängigkeitsverhältnis, wie es § 855 BGB verlangt[129]. Denkbar ist auch eine Leihe ohne Besitz, etwa wenn die Überfahrt über ein Grundstück gestattet wird.[130]

58 Der **Verleiher eines Kraftfahrzeugs oder eines Tieres** bleibt in aller Regel dessen **Halter**, sodass ihn die Halterhaftung nach § 7 StVG bzw. § 833 BGB trifft.[131] Ausnahmsweise kann aber bei langer Vertragsdauer auch der Entleiher Halter werden,[132] insbesondere wenn der Bezug zur Wirtschaftssphäre des Verleihers praktisch aufgehoben wird.

E. Einzelfragen

I. Das Problem der Mehrwegverpackungen

1. Literatur und Rechtsprechung

59 Zur rechtlichen Einordnung der Beziehungen beim Kauf von Ware in Mehrwegverpackungen wird in Literatur und Rechtsprechung eine Vielzahl von Auffassungen vertreten. Während *Berger*[133] mit einem Teil der Rechtsprechung[134] bei der Überlassung von Einheitsflaschen mit der Verpflichtung, sol-

---

[124] OLG Schleswig v. 03.06.2004 - 16 U 39/04 - juris Rn. 18 - OLGR Schleswig 2005, 52; BGH v. 17.03.1994 - III ZR 10/93 - juris Rn. 46 - BGHZ 125, 293-302 für § 571 BGB a.F.; *Heintzmann* in: Soergel, § 598 Rn. 10; *Häublein* in: MünchKomm-BGB, § 598 Rn. 23.
[125] OLG Schleswig v. 03.06.2004 - 16 U 39/04 - juris Rn. 19 - OLGR Schleswig 2005, 52; hierzu Anmerkung *Rips*, jurisPR-MietR 7/2005, Anm. 2.
[126] *Gitter*, Gebrauchsüberlassungsverträge, 1988, S. 149.
[127] *Häublein* in: MünchKomm-BGB, § 598 Rn. 23.
[128] *Weidenkaff* in: Palandt, Einf. v. § 598 Rn. 7.
[129] Unter diesen Gesichtspunkt lehnt *Reuter* in: Staudinger, Vorbem zu §§ 598 ff. Rn. 19, in aller Regel eine Besitzdienerschaft in diesen Fällen ab. In diesem Sinne auch *Heintzmann* in: Soergel, vor § 598 Rn. 18; a.A. offenbar *Weidenkaff* in: Palandt, Einf. v. § 598 Rn. 7, und *Gitter*, Gebrauchsüberlassungsverträge, 1988, S. 150.
[130] *Häublein* in: MünchKomm-BGB, § 598 Rn. 16.
[131] *Häublein* in: MünchKomm-BGB, § 598 Rn. 23, zu 7 StVG; LG Braunschweig v. 09.04.1997 - 9 O 443/96 - juris Rn. 26 - MDR 1997, 942-943.
[132] *Häublein* in: MünchKomm-BGB, § 598 Rn. 23.
[133] *Berger* in: MünchKomm-BGB, § 607 Rn. 11.
[134] BGH v. 09.07.2007 - II ZR 233/05 - juris Rn. 10; BGH v. 05.10.1955 - IV ZR 302/54 - LM Nr. 6 zu § 50 ZPO; ähnlich OLG Karlsruhe v. 10.04.1987 - 14 U 5/85 - juris Rn. 37 - MDR 1988, 233 (darlehensähnliche Gattungsschuld); offen lassend, ob „Flaschendarlehen" oder „leiheähnliches Geschäft" OLG Köln v. 13.11.1987 - 20 U 54/87 - juris Rn. 57 - NJW-RR 1988, 373-376.

che gleicher Art, Güte und Menge zurückzugeben, ein Sachdarlehensvertrag annimmt, differenziert *Kollhosser*[135] wie folgt: Stehe der Hersteller unmittelbar mit dem Endverbraucher in Geschäftsbeziehungen, werde ein modifizierter Leihvertrag geschlossen, für den § 599 BGB nicht gelte und in dessen Rahmen der Entleiher für jede Nichtrückgabe – auf das „Pfandgeld" beschränkten – Schadensersatz leisten müsse. Trete zwischen Hersteller und Endverbraucher noch ein Händler, bleibe der Hersteller Eigentümer der Verpackung, wenn diese ihm eindeutig zugeordnet werden könne (z.B. durch Gravuren in den Flaschen), und auf allen Stufen seien leiheähnliche Gebrauchsüberlassungsverträge sui generis gegeben. Bei nicht eindeutig individualisierten Verpackungen werde auf jeder Stufe Eigentum an der Verpackung übertragen und es liege ein darlehensähnlicher Vertrag sui generis vor. Die „Pfandgelder" dienten zur Sicherung der schuldrechtlichen Rückgabeansprüche und bei Nichtrückgabe werde das „Pfandgeld" auf den vereinbarten Schadensersatzanspruch verrechnet.[136] *Reuter* nimmt je nach Gestaltung im Einzelnen leiheähnliche oder darlehensähnliche Gebrauchsüberlassungsverträge an, wobei eine Beschaffungspflicht für den Rückgabeschuldner nicht bestehe und er, wenn er die empfangene Menge nicht zurückgebe, gegen Verfall des Pfandgelds frei werde.[137] *Berger* qualifiziert den auf den Kaufpreis zu zahlenden Aufschlag für die Verpackung als Barkaution zur Sicherung des Rückerstattungsanspruchs aus dem Sachdarlehensvertrag, auf welche die Vorschriften über das Sachpfandrecht entsprechende Anwendung fänden; bei Nichtrückgabe könne der Lieferant die gezahlte Barkaution auf einen etwaigen Schadensersatzbetrag – im Sinne einer aufschiebend bedingten Schadenspauschale oder Vertragsstrafe – anrechnen.[138]

Der Bundesgerichtshof[139] hat in einer von zwei Entscheidungen zum Flaschenpfand vom 09.07.2007 ein Vertragsangebot desjenigen angenommen, der Flaschen in den Handel brachte, die mit einer Banderole mit dem Aufdruck „Pfand" – unter Angabe eines bestimmten Geldbetrags – und einem Hinweis auf sein Unternehmen als Vertreiber der Flaschen versehen waren. Dieses Vertragsangebot sei dahingehend auszulegen, dass der angegebene Pfandbetrag gegen Rückgabe einer solchen Flasche ausgezahlt werde. Jeder beliebige Dritte könne es annehmen; der in Betracht kommende Personenkreis sei nicht etwa auf Endabnehmer begrenzt. Ob der Flaschenvertreiber ein subjektives wirtschaftliches Interesse an der Rücknahme der Flaschen habe, erachtete der Bundesgerichtshof für die nach objektiven Maßstäben vorzunehmende Auslegung als unerheblich. Zur Natur der rechtlichen Beziehungen zwischen den Beteiligten äußerte sich das Gericht in diesem Urteil nicht. **60**

Anders in der zweiten Entscheidung zum Flaschenpfand vom selben Tag.[140] Dort hat der Bundesgerichtshof unter bestimmten Voraussetzungen einen Eigentumsherausgabeanspruch des Herstellers/Vertreibers von Flaschen angenommen. Er hat mit Blick auf die Eigentumsverhältnisse hervorgehoben, bei einer nicht individualisierbaren Einheitsflasche gehe – und zwar auf allen Vertriebsstufen und selbst dann, wenn der Hersteller/Vertreiber in seinen AGB einen Eigentumserwerb an der Flasche ausdrücklich ausgeschlossen habe – das Eigentum an der Flasche mit dem Eigentum an deren Inhalt über. Demgegenüber verbleibe das Eigentum an eindeutig einem bestimmten Hersteller/Vertreiber – und sei es auch nur anhand eines leicht ablösbaren Etiketts – zuzuordnenden Flaschen bei diesem.[141] Schuldrechtlich qualifiziert der Bundesgerichtshof die Vertragsbeziehung zwischen dem Vertreiber und dem Abnehmer als leiheähnliche Gebrauchsüberlassung.[142] Da belieferte Zwischenhändler aber nicht im- **61**

---

[135] *Kollhosser* in: MünchKomm-BGB, 4. Aufl., § 598 Rn. 22.
[136] Der BGH hielt es in der Entscheidung BGH v. 28.10.1963 - VII ZR 96/62 - LM Nr. 10 zu § 339 BGB mit der Vorinstanz für denkbar, eine Zusage, wonach ein Getränkehändler bei Nichtrückgabe von Leergut an den Lieferanten einen bestimmten Betrag zu zahlen haben sollte, als Vertragsstrafe zu werten.
[137] Hierzu *Reuter* in: Staudinger, § 598 Rn. 15.
[138] *Berger* in: MünchKomm-BGB, § 607 Rn. 12.
[139] BGH v. 09.07.2007 - II ZR 232/05 - NJW 2007, 2912-2913.
[140] BGH v. 09.07.2007 - II ZR 233/05 - NJW 2007, 2913-2916.
[141] Die Frage, was bei der Zuordnung von Flaschen zu einer Herstellergruppe gelten soll, hat der BGH unter Hinweis auf die hierzu vertretenen Auffassungen offen gelassen; vgl. etwa OLG Köln v. 13.11.1987 - 20 U 54/87 - NJW-RR 1988, 373-376 (kein Eigentumsübergang).
[142] BGH v. 09.07.2007 - II ZR 233/05 - juris Rn. 15 und juris Rn. 19 - NJW 2007, 2913-2916.

mer in der Lage seien, genau die ihnen überlassenen Flaschen zurückzugeben, seien sie vertraglich nur verpflichtet, eine gewisse Anzahl im Eigentum des Lieferanten stehender Exemplare zurückzugeben. Gegenüber dem Vindikationsanspruch des Eigentümers aus § 985 BGB soll ein Besitzrecht dessen, in dessen Gewahrsam sich solche Pfandflaschen befinden, nicht bestehen. Diesem stehe nicht etwa frei, ob er die Flaschen herausgebe oder aber den Pfandbetrag verfallen lasse. Das Pfand solle bei individualisierten Mehrwegflaschen gerade die Rückgabe an den Eigentümer sicherstellen. Dass der Endverbraucher, wenn er eine Mehrwegflasche nicht in das Vertriebssystem des Eigentümers zurückführe, nicht befürchten müsse, auf Herausgabe in Anspruch genommen zu werden, beruhe de facto auf dem Charakter des Getränkevertriebs als Massengeschäft, führe aber nicht zu einer rechtlich relevanten „Ersetzungsbefugnis" des Endverbrauchers.

62 Im Ergebnis hat der Bundesgerichtshof den ihm zur Entscheidung gestellten, auf die Verletzung des Eigentums gestützten Schadensersatzanspruch wegen Vernichtung von Pfandflaschen verneint. Dieses Ergebnis begründete er damit, dass der Wert der Flaschen deutlich geringer gewesen sei als der für jede Flasche gezahlte Pfandbetrag, der im Fall der Rückgabe hätte erstattet werden müssen.[143]

2. Auffassung des Autors

63 Ein **selbstständiger Leihvertrag** dürfte in Bezug auf Pfandflaschen schon wegen des engen Zusammenhangs mit dem Kauf des Verpackungsinhalts **abzulehnen** sein. Näher liegend ist die Annahme, es handele sich bei allem, was irgendwie mit Hilfen für den Transport einer gekauften Sache zusammenhängt, um **kaufrechtliche Nebenpflichten**.[144] Besteht ein besonderes Interesse des Verkäufers daran, dieselbe Verpackung zurückzuerhalten, können – wenn dies vereinbart ist – zwei miteinander verbundene, ansonsten jedoch selbstständige Kauf- und Leihverträge angenommen werden, wobei § 599 BGB wegen der fehlenden Eigennützigkeit des Händlers nicht gilt.[145] Wird die Sache nicht zurückgegeben, verfällt ein als „Pfand" gezahlter Betrag zu Gunsten des Verkäufers und Verleihers, der damit – im Ergebnis im Einklang mit der vorstehend dargestellten Entscheidung des Bundesgerichtshofs vom 09.07.2007[146], vgl. Rn. 61 – eine Art pauschalen Schadensersatz erhält. Die Beteiligten können auch vereinbart haben, dass bei Nichtrückgabe der Wiederbeschaffungspreis für neues Leergut zu zahlen sein soll.[147] Darin kann dann eine mit dem Schadensersatz zu verrechnende Vertragsstrafe gesehen werden.

64 Überzeugend und unkompliziert erscheint die Annahme, in aller Regel bestehe für den „normalen" Erwerber von Pfandflaschen keine Veranlassung für die Annahme, der Hersteller/Vertreiber sei an der Rückgabe dieser Flaschen interessiert. Nach seinem Empfängerhorizont darf er – für seinen Vertragspartner erkennbar und gemäß den allgemeinen Regeln des Vertragsschlusses konsentiert (§§ 145 ff. BGB) – davon ausgehen, er habe die Verpackung schlicht und einfach (mit-)**gekauft**. Macht er von der Rückgabemöglichkeit Gebrauch, kann der **Händler** die **Verpackung zurückkaufen**, und zwar zu dem dem „Pfandgeld" entsprechenden Betrag.[148]

---

[143] BGH v. 09.07.2007 - II ZR 233/05 - juris Rn. 24 - NJW 2007, 2913-2916.
[144] *Wagner* in: Bamberger/Roth, § 598 Rn. 9.
[145] *Heintzmann* in: Soergel, vor § 598 Rn. 4.
[146] BGH v. 09.07.2007 - II ZR 233/05 - NJW 2007, 2913-2916; fraglich sind die Konsequenzen der vom BGH vertretenen Rechtsauffassung, wenn nicht der Eigentümer gegen den vormaligen Besitzer vernichteter Pfandflaschen klagt, sondern dieser vielleicht auf die Idee kommt, den „überzahlten" Pfandbetrag, der den Wert der Flaschen übersteigt, zurückzuverlangen.
[147] OLG Köln v. 13.11.1987 - 20 U 54/87 - juris Rn. 70 - NJW-RR 1988, 373-376, das im Hinblick auf die angenommene Schadenspauschalierung von einer unwirksamen AGB ausging.
[148] So etwa *Reuter* in: Staudinger, § 598 Rn. 16; *Heintzmann* in: Soergel, vor § 598 Rn. 4; *Martinek*, JuS 1987, 514-522, 521; *Berger* in: MünchKomm-BGB, § 607 Rn. 13 (für das Verhältnis zwischen Einzelhändler und Endverbraucher).

II. Die Wertpapierleihe

Eine echte Leihe von Wertpapieren liegt dann vor, wenn der Entleiher mit ihnen z.B. eine Kaution stellen oder eine Schuld sichern können soll.[149]

Anderes gilt, wenn Wertpapiere entgeltlich (beispielsweise im Sinne des Wertpapier-Leihsystems der Deutschen Kassen-Verein AG) für eine gewisse Zeit überlassen werden.[150] Hier ist der – schon wegen des zu zahlenden Entgelts nicht als Entleiher zu betrachtende – Empfänger berechtigt, die ihm überlassenen Papiere zu veräußern. Das kann den Hintergrund haben, dass der „Entleiher" verkaufen will, um die Papiere später zu einem günstigeren Kurs selbst zu erwerben, oder dass er Lieferverzögerungen überbrücken möchte.[151] Zwischen den Beteiligten besteht ein Sachdarlehensvertrag, welcher zur Rückerstattung in gleicher Art und Menge verpflichtet.[152] Allerdings wird der „Verleiher" vertraglich so gestellt, als ob er über die Wertpapiere einen Leihvertrag geschlossen hätte und deren Eigentümer geblieben wäre; insbesondere muss ihm der „Entleiher" während der Leihzeit fällig werdende Zinsen, Dividenden und Bezugsrechte zur Verfügung stellen[153] (zur diesbezüglichen Rechtsstellung des „echten" Verleihers vgl. die Kommentierung zu § 604 BGB Rn. 24).

65

66

III. Die „Leihe" eines Fahrzeugs mit Bedienungspersonal

Die unentgeltliche Überlassung eines Fahrzeugs nebst Bedienungspersonal ist Leihe verbunden mit Dienstverschaffung. Das Bedienungspersonal ist nicht Erfüllungsgehilfe des Verleihers.[154]

67

---

[149] *Reuter* in: Staudinger, § 598 Rn. 10.
[150] Ausführlich zu dieser Form der „Wertpapier-Leihe": *Kümpel*, WM 1990, 909-916.
[151] *Kollhosser* in: MünchKomm-BGB, 4. Aufl., § 598 Rn. 23 (auch zu den steuerrechtlichen Besonderheiten solcher Gestaltungen).
[152] *Reuter* in: Staudinger, § 598 Rn. 10. Entsprechendes gilt für die Überlassung in gleicher Art und Menge zurückzugewährender Fremdwährungsbestände. Ausführlich zur „Wertpapierleihe" *Berger* in: MünchKomm-BGB, § 607 Rn. 6; zustimmend *Häublein* in: MünchKomm-BGB, § 598 Rn. 3.
[153] *Kümpel*, WM 1990, 909-916, 910.
[154] BGH v. 14.07.1970 - VI ZR 203/68 - juris Rn. 17 - VersR 1970, 934.

§ 599 BGB Haftung des Verleihers

(Fassung vom 02.01.2002, gültig ab 01.01.2002)

Der Verleiher hat nur Vorsatz und grobe Fahrlässigkeit zu vertreten.

Gliederung

A. Grundlagen	1	E. Anwendungsfelder	13
B. Praktische Bedeutung	2	I. Die Geltung des § 599 BGB für deliktische Ansprüche	13
C. Anwendungsvoraussetzungen	3	II. Die Geltung des § 599 BGB im Rahmen von Gefälligkeitsverhältnissen	19
I. Die von der Vorschrift erfassten Pflichten des Verleihers	3	1. Die ablehnende Auffassung	20
1. Die enge Auslegung	4	2. Die befürwortende Auffassung	21
2. Die weite Auslegung	5	3. Die Auffassung des Autors	22
3. Die vermittelnde Ansicht	6	III. § 599 BGB und der Erfüllungsgehilfe	23
4. Die Auffassung des Autors	7	IV. Die Geltung des § 599 BGB zu Lasten eines in den Schutzbereich des Leihvertrags einbezogenen Dritten	26
II. Haftung des Verleihers für Vorsatz und grobe Fahrlässigkeit	9	V. Die Haftung des Entleihers	27
1. Definition des Vorsatzes	9	VI. Das Verhältnis des § 599 BGB zu § 600 BGB	28
2. Definition der groben Fahrlässigkeit	10		
D. Beweislast	12		

A. Grundlagen

1 Die Vorschrift trägt dem uneigennützigen Verhalten des Verleihers[1] Rechnung, dass es nicht gerechtfertigt wäre, ihn für jede Fahrlässigkeit haften zu lassen. Zweifelhaft und äußerst umstritten ist freilich, welche Reichweite diese Privilegierung hat (vgl. hierzu die Ausführungen zu dem von der Haftungsmilderung erfassten Pflichtenbereich, Rn. 3). § 599 BGB entsprechende Vorschriften finden sich für den Schenker in § 521 BGB, für den zum Zweck der Gefahrenabwehr tätig werdenden Geschäftsführer ohne Auftrag in § 680 BGB und für den Finder in § 968 BGB.

B. Praktische Bedeutung

2 Der Leihvertrag gehört nicht zu den Vertragstypen, welche die gerichtliche Praxis besonders oft beschäftigen (vgl. die Kommentierung zu § 598 BGB Rn. 6). Bedeutsamer als die unmittelbare Anwendung des § 599 BGB dürfte die umstrittene Analogie im Rahmen von Gefälligkeitsverhältnissen (vgl. Rn. 19) sein.

C. Anwendungsvoraussetzungen

I. Die von der Vorschrift erfassten Pflichten des Verleihers

3 Die Reichweite der Vorschrift ist höchst umstritten. Fest steht allein, dass sie zumindest in Bezug auf das Interesse an der vereinbarten Gebrauchsüberlassung (das **Erfüllungsinteresse**) gilt, jedenfalls dann, wenn die Leistung nicht oder nicht rechtzeitig erbracht wird (Unmöglichkeit oder Verzug).[2] Leistet der Verleiher zu spät, so gilt § 599 BGB sowohl für das Vertretenmüssen des Verzugseintritts als auch für die Haftung nach diesem Zeitpunkt. Insoweit geht § 599 BGB der verschärften Verzugshaftung i.S.d. § 287 BGB vor: § 599 BGB soll den Verleiher für leicht fahrlässig verursachte Verzögerungen in Bezug auf jede Situation freistellen, die auf seiner Säumigkeit beruht. Folgerichtig trifft den

---

[1] Dass der Verleiher gegebenenfalls auch ein eigenes Interesse an der vorübergehenden Weggabe der Sache haben kann, ändert an dieser Uneigennützigkeit noch nichts, vgl. *Weidenkaff* in: Palandt, § 599 Rn. 1.

[2] In den Motiven zum BGB ist davon die Rede, dass ohne die Haftungsprivilegierung der Verleiher „dem Entleiher wegen Nichterfüllung seiner Verbindlichkeiten auch dann haften" würde, wenn die ihm zur Last fallende Fahrlässigkeit nicht eine grobe ist; vgl. *Mugdan*, Motive, Bd. 2, S. 446.

Verleiher auch nicht die Zufallshaftung nach § 287 Satz 2 BGB.[3] Uneinigkeit herrscht in Bezug auf die Frage, was bei der Verletzung von **Nebenpflichten** gelten soll: Greift auch hierfür § 599 BGB ein – so die traditionelle Ansicht – oder bleibt es beim allgemeinen Maßstab des § 599 BGB?[4]

1. Die enge Auslegung

Nach einer vor allem in der Literatur stärker werdenden Meinung soll § 599 BGB überhaupt nur das Erfüllungsinteresse betreffen.[5] Die Norm wäre also streng genommen auf die Fälle der Unmöglichkeit (§§ 275, 283, 280 BGB, bei anfänglicher subjektiver oder objektiver Unmöglichkeit jeweils i.V.m. § 311a BGB) und des Verzugs (§§ 286, 280 BGB) beschränkt.[6] Erwachsen aus einer Schlechterfüllung Mangelfolgeschäden oder verletzt der Verleiher im Vorfeld des Vertrags oder im Zusammenhang mit diesem sog. Schutzpflichten – also solche, die nicht unmittelbar die Pflicht zur Gebrauchsüberlassung betreffen –, so soll es für das Vertretenmüssen des Verleihers bei § 276 BGB bleiben. Auch in der Rechtsprechung wird dieser Standpunkt mitunter vertreten.[7] Schutzpflichtverletzungen in diesem Sinne sind diejenigen Fallgestaltungen, die bis zum 31.12.2001 den gewohnheitsrechtlich anerkannten Anspruchsgrundlagen der culpa in contrahendo und der positiven Forderungsverletzung zuzuordnen waren und die nunmehr im Leistungsstörungsrecht des BGB (§§ 241 Abs. 2, 280, 282 BGB – positive Forderungsverletzung – und §§ 241 Abs. 2, 280, 311 BGB – culpa in contrahendo) kodifiziert sind. Zur Begründung wird u.a. vorgetragen, die Unentgeltlichkeit sei nicht Grund genug, den Verleiher von seinen allgemeinen Pflichten zur Rücksichtnahme auf die Rechtsgüter seines Vertragspartners in dem von § 599 BGB vorgesehenen Umfang zu befreien.[8]

2. Die weite Auslegung

Nach anderer Ansicht erfasst § 599 BGB die Verletzung sämtlicher Haupt- und Nebenpflichten des Verleihers.[9]

3. Die vermittelnde Ansicht

Eine weitere Auffassung beschränkt die Haftungsprivilegierung des § 599 BGB zwar nicht auf das Interesse an der Leistung und ihrer rechtzeitigen Erbringung, bezieht allerdings **Nebenpflichten** nur insoweit in ihren Geltungsbereich ein, als sie einen gewissen **inneren Zusammenhang mit der Leihe** aufweisen[10] (*Reuter*[11] spricht von Auswirkungen der „spezifischen Verleiherrolle"). In diesem Sinne hat insbesondere auch der BGH für die § 599 BGB im Schenkungsrecht entsprechende Norm des § 521 BGB entschieden.[12] Dieser Rechtsprechung hat sich das OLG Stuttgart[13] angeschlossen und sie auf die Leihe übertragen. Das Gericht hielt im konkreten Fall § 599 BGB für einschlägig, weil Informationspflichten über dem Entleiher durch den Leihgegenstand drohende Gefahren in Rede standen.

---

[3] So *Häublein* in: MünchKomm-BGB, § 599 Rn. 2; a.A. *Heintzmann* in: Soergel, § 599 Rn. 5.
[4] Zum Problem und den Auffassungen insbesondere in Bezug auf die Haftung für Mangelfolgeschäden vgl. *Grundmann*, AcP 198, 457-488, 461.
[5] *Häublein* in: MünchKomm-BGB, § 599 Rn. 2; *Weidenkaff* in: Palandt, § 599 Rn. 2; *Klein*, JZ 1997, 390-397, 396; *Stoll*, JZ 1985, 384-386, 386, für die §§ 521, 524 BGB.
[6] Zu beachten ist allerdings, dass unter den in Fn. 5 Genannten die nähere Konkretisierung des für § 599 BGB relevanten Erfüllungsinteresses differiert. Zum Teil wird § 599 BGB auf Unmöglichkeit und Verzug beschränkt, zum Teil werden auch die Schlechterfüllung und/oder die Verletzung vorvertraglicher Pflichten in begrenztem Umfang miteinbezogen (im letzteren Sinne etwa *Weidenkaff* in: Palandt, § 599 Rn. 2).
[7] In diesem Sinne z.B. OLG Hamm v. 02.02.1994 - 11 U 103/93 - juris Rn. 17 - NJW-RR 1994, 1370-1372.
[8] So *Kollhosser* in: MünchKomm-BGB, 4. Aufl., § 599 Rn. 3, der dieses Ergebnis allerdings wieder dadurch relativiert, dass er die Besonderheiten der Leihe bei der Formulierung der Sorgfaltspflichten berücksichtigt.
[9] Vgl. *Wagner* in: Bamberger/Roth, § 599 Rn. 2.
[10] So beispielsweise *Heintzmann* in: Soergel, § 599 Rn. 7; *Reuter* in: Staudinger, § 599 Rn. 2; in diesem Sinne jetzt auch *Häublein* in: MünchKomm-BGB, § 599 Rn. 3 (anders als *Kollhosser* in der Vorauflage).
[11] *Reuter* in: Staudinger, § 599 Rn. 2.
[12] BGH v. 20.11.1984 - IVa ZR 104/83 - juris Rn. 17 - BGHZ 93, 23-29.
[13] OLG Stuttgart v. 29.05.1991 - 4 U 125/90 - juris Rn. 51 - VRS 83, 109-113 (1992).

Auch einschlägige Entscheidungen des OLG Celle[14] sind dieser vermittelnden Auffassung zuzuordnen.

4. Die Auffassung des Autors

7   Allein der Umstand, dass culpa in contrahendo und positive Forderungsverletzung seit der Schuldrechtsreform zu den gesetzlich geregelten Leistungsstörungen gehören, besagt nichts darüber, ob der Verleiher nach dem Sinn und Zweck der Regelung für alle diese Leistungsstörungen nur beschränkt haften oder ob das lediglich in Bezug auf das Interesse des Entleihers an der Gebrauchsüberlassung als solcher der Fall sein soll.

8   Zu sachgerechten Ergebnissen führt die oben dargestellte vermittelnde Auffassung (vgl. Rn. 6). Die Annahme, § 599 BGB beziehe sich auf die Verletzung sämtlicher Haupt- und Nebenpflichten, geht zu weit. Das Haftungsprivileg für den Verleiher ist vor dem Hintergrund dessen uneigennützigen Verhaltens zu sehen. Von demjenigen, der eine Sache einem anderen unentgeltlich zur Verfügung stellt, kann Letzterer zwar nicht erwarten, dass seine Interessen mit derselben Sorgfalt gewahrt werden, als habe er für die ihm zugutekommende Leistung bezahlt. Allerdings kann die die Haftungsmilderung begründende Großzügigkeit des Verleihers richtigerweise nur zu den Vertragserwartungen des Begünstigten in Beziehung gesetzt werden.[15] Der Uneigennützigkeit wird hinreichend dadurch Rechnung getragen, dass der Verleiher nicht für leicht fahrlässige Verletzungen der mit der Gebrauchsüberlassung als solcher im Zusammenhang stehenden Pflichten einzustehen hat; damit ist auch eine Haftung für leicht fahrlässige Pflichtverletzungen ausgeschlossen, soweit diese mangelbedingte Folgeschäden hervorgerufen haben.[16] Wurde hingegen gegen Schutzpflichten verstoßen und geschah dies gleichsam bei Gelegenheit der Leihe, sollte – unabhängig von der Entgeltlichkeit oder Unentgeltlichkeit eines Vertrags – jeder Vertragspartner damit rechnen können, dass seine Rechtsgüter nicht schuldhaft vom Verleiher verletzt werden, sei es aufgrund fahrlässigen, grob fahrlässigen oder vorsätzlichen Verhaltens, sodass die Haftungsmilderung des § 599 BGB hier nicht gilt (*Reuter*[17] führt das klassische Beispiel des Entleihers an, welcher die Leihsache zurückgeben will und vor der Haustür des Verleihers auf einer Bananenschale ausrutscht). Andererseits ist die Auffassung (vgl. Rn. 4), die den Verleiher nur in Bezug auf die Erfüllung der Gebrauchsüberlassungspflicht als solcher privilegiert haften lassen will, zu eng. Jedes Handeln des Verleihers, das wertungsmäßig in unmittelbarer Nähe der uneigennützig erfüllten Vertragspflichten anzusiedeln ist, bei dem er also „als Verleiher" tätig wird (oder auch untätig bleibt), rechtfertigt eine gemilderte Haftung „des Verleihers" im Sinne des § 599 BGB. In diesen Fällen der Verletzung von Schutzpflichten oder auch der Schlechtleistung muss sich richtigerweise die geminderte Verantwortlichkeit auch auf die weiteren Folgen der Pflichtverletzung erstrecken (Mangelfolgeschäden).[18]

II. Haftung des Verleihers für Vorsatz und grobe Fahrlässigkeit

1. Definition des Vorsatzes

9   Vorsatz bedeutet das Wissen und Wollen des rechtswidrigen Erfolgs im Bewusstsein der Rechts-(Pflicht-)Widrigkeit. Im letztgenannten Erfordernis unterscheidet sich nach der ständigen Rechtsprechung des BGH die zivilrechtliche von der strafrechtlichen Definition, welche das Bewusstsein der Rechts-(Pflicht-)Widrigkeit der Schuld zuordnet.[19]

---

[14] OLG Celle v. 14.07.2005 - 14 U 17/05 - juris Rn. 22 - VersR 2006, 1085-1086; OLG Celle v. 12.01.1994 - 9 U 136/92 - juris Rn. 8 - VersR 1995, 547-548.
[15] Vgl. die in Rn. 6 zitierte Entscheidung BGH v. 20.11.1984 - IVa ZR 104/83 - BGHZ 93, 23-29 für § 521 BGB.
[16] A.A. *Grundmann*, AcP 198, 457-488, 470, 471.
[17] *Reuter* in: Staudinger, § 599 Rn. 2.
[18] So *Reuter* in: Staudinger, § 599 Rn. 2; anders *Kollhosser* in: MünchKomm-BGB, 4. Aufl., § 599 Rn. 5, der die Haftung für Mangelfolgeschäden stets dem allgemeinen Maßstab des § 276 BGB zuordnet; so für die Mangelfolgeschäden auch *Weidenkaff* in: Palandt, § 599 Rn. 2.
[19] Vgl. für die Rechtsprechung des BGH exemplarisch BGH v. 27.03.1995 - II ZR 30/94 - juris Rn. 7 - LM GmbHG § 30 Nr. 49 (8/1995).

2. Definition der groben Fahrlässigkeit

Grob fahrlässig handelt, wer die erforderliche Sorgfalt in ungewöhnlichem Maße verletzt und das unbeachtet lässt, was im gegebenen Fall jedem hätte einleuchten müssen.[20]

Mit der groben Fahrlässigkeit im Rahmen eines Leihvertrags hatte sich das OLG Celle[21] zu befassen und verneinte eine Haftung des Verleihers, dem nicht vorgeworfen werden konnte, elementare Vorsichtsmaßnahmen oder selbstverständliche Instruktionen unterlassen zu haben.[22] Ebenso versagte das OLG Düsseldorf[23] mangels groben Verschuldens Schadensersatzansprüche gegen die (Gefälligkeits-)Verleiherin eines Reitpferdes, welche das Pferd einer mit dessen Charakter vertrauten, erfahrenen Hobbyreiterin für eine Reitstunde überlassen hatte, die dann nach einem Gerteneinsatz von dem buckelnden Pferd abgeworfen und dadurch verletzt wurde.[24] Näheres zu diesem letztinstanzlich vom BGH entschiedenen Fall findet sich in den Ausführungen zur Übertragbarkeit des Haftungsmaßstabs des § 599 BGB auf Tatbestände der Gefährdungshaftung (vgl. Rn. 16).

D. Beweislast

Die **Beweislast** für das Fehlen von Vorsatz oder grober Fahrlässigkeit trägt entsprechend den allgemeinen Regeln der Verleiher[25] (vgl. für alle Arten von Pflichtverletzungen im Schuldverhältnis § 280 Abs. 1 Satz 2 BGB und für den Eintritt des Verzuges § 286 Abs. 4 BGB).

E. Anwendungsfelder

I. Die Geltung des § 599 BGB für deliktische Ansprüche

Um das Privileg des § 599 BGB nicht leer laufen zu lassen, scheint es auf den ersten Blick unerlässlich, dieses auf in Betracht kommende deliktische Ansprüche – natürlich nur, soweit die in Rede stehende Pflichtverletzung in den Anwendungsbereich des § 599 BGB fällt – zu übertragen. Auch dies ist indessen umstritten.

Die herrschende Meinung lässt § 599 BGB zur Konkretisierung des Verschuldensmaßstabs in das Recht der unerlaubten Handlungen hineinwirken.[26] Die Gegenansicht[27] hält demgegenüber das deliktsrechtliche Verschulden von § 599 BGB für unbeeinflusst und qualifiziert damit den Schutzzweck des § 599 BGB für die außervertragliche Haftungsordnung des Deliktsrechts als unerheblich.

Richtigerweise wird allein die herrschende Ansicht dem Sinn der Haftungsprivilegierung des Verleihers gerecht. Soweit diese reicht (zum von § 599 BGB erfassten Pflichtenbereich vgl. Rn. 3), kann der Verleiher sinnvollerweise nicht aus Delikt in Anspruch genommen werden.[28] Ansonsten würde der

---

[20] Z.B. BGH v. 13.04.1994 - II ZR 196/93 - juris Rn. 16 - LM BGB § 932 Nr. 43 (9/1994).
[21] OLG Celle v. 12.01.1994 - 9 U 136/92 - juris Rn. 10 - VersR 1995, 547-548.
[22] Diese Entscheidung befasst sich auch mit der noch zu erörternden Frage, ob § 599 BGB zu Lasten eines in den Schutzbereich eines Vertrags einbezogenen Dritten (vgl. Rn. 26) wirkt.
[23] OLG Düsseldorf v. 18.10.1990 - 10 U 32/90 - juris Rn. 30 - OLGZ 1991, 84-88.
[24] Das Gericht ging allerdings im konkreten Fall von einem Gefälligkeitsverhältnis aus, prüfte die Haftung aus Leihvertrag nur hilfsweise und verwarf sie mangels grober Fahrlässigkeit (zum Problem der Anwendung von § 599 BGB im Rahmen von Gefälligkeitsverhältnissen Rn. 19). Das Urteil wurde – allerdings nicht wegen einer rechtsfehlerhaften Anwendung des Begriffs der groben Fahrlässigkeit – durch BGH v. 09.06.1992 - VI ZR 49/91 - LM BGB § 833 Nr. 23 (11/1992) aufgehoben.
[25] Vgl. *Wagner* in: Bamberger/Roth, § 599 Rn. 5.
[26] Vgl. für viele OLG Köln v. 04.06.1986 - 13 U 270/85 - NJW-RR 1988, 157-158; OLG Celle v. 12.01.1994 - 9 U 136/92 - juris Rn. 10 - VersR 1995, 547-548; OLG Düsseldorf v. 12.06.1997 - 8 U 206/96 - MDR 1998, 409; *Weidenkaff* in: Palandt, § 599 Rn. 2; *Reuter* in: Staudinger, § 599 Rn. 3; auch *Kollhosser* in: MünchKomm-BGB, 4. Aufl., § 599 Rn. 4, der allerdings wegen seiner restriktiven Auslegung des § 599 BGB keine praktische Relevanz für diese Frage sieht; gegen ein Durchschlagen der vertraglichen Haftungsprivilegierung auf das Deliktsrecht nunmehr explizit *Häublein* in: MünchKomm-BGB, § 599 Rn. 4.
[27] *Esser*, Schuldrecht, 1991, Bd. 2 Besonderer Teil, S. 209; *Mansel* in: Jauernig, § 599 Rn. 2.
[28] *Reuter* in: Staudinger, § 599 Rn. 3.

ihm durch § 599 BGB zugebilligte Vorteil mit dem Zugriff auf die Anspruchsgrundlagen des Deliktsrechts sogleich wieder aus den Angeln gehoben.

16 **Die Sonderfälle der Gefährdungshaftung**: Praktisch relevant wird das Verhältnis des § 599 BGB zu deliktischen Ansprüchen offenbar des Öfteren im Rahmen der **Gefährdungshaftung des Tierhalters** aus § 833 Satz 1 BGB (vgl. zu dieser Vorschrift im Einzelnen die Kommentierung zu § 833 BGB). Da insbesondere die Rechtsprechung davon ausgeht, ein milderer vertraglicher Haftungsmaßstab schlage auf das Deliktsrecht durch, gilt dies konsequenterweise auch für den Gefährdungshaftungstatbestand des § 833 Satz 1 BGB.[29] Dem ist zuzustimmen. Unterstellen die Parteien nämlich ihre Rechtsbeziehungen dem Regime des Vertragsrechts, indem sie diese – soweit zulässig – per Vereinbarung gestalten, so muss dieses Regime als vorrangig betrachtet werden. Dem Leihvertrag eigen ist aber gerade auch die beschränkte Haftung des Verleihers. Wer sich eine Sache ausleiht, muss als Konsequenz seines privatautonom geschlossenen Vertrags, wenn nicht anders vereinbart, mit diesem Privileg seines Vertragspartners leben. Daran sollte sich nichts ändern, nur weil für die verliehene Sache außerhalb des vertraglichen Bereichs eine gesetzlich angeordnete Gefährdungshaftung besteht.

17 Zu beachten ist in den Fällen der Tierleihe überdies, dass **Fallgestaltungen denkbar** sind, in denen der **Entleiher selbst Tierhalter** wird, weil sich der Schwerpunkt der Nutzung des Tieres – insbesondere auch unter dem Aspekt der Kostentragung und des Verlustrisikos – auf ihn verlagert (vgl. hierzu auch die Kommentierung zu § 598 BGB Rn. 59).[30]

18 Entsprechendes muss beim vorübergehenden **Verleihen eines Fahrzeugs** gelten, welches in aller Regel die Haltereigenschaft des Verleihers und damit dessen Haftung nach § 7 StVG unberührt lässt.[31] Gebraucht der nicht zum Halter gewordene Entleiher das Fahrzeug vertragswidrig, so ist die Geltendmachung von Schadensersatzansprüchen unter dem Gesichtspunkt der Halterhaftung nach § 7 StVG gegen den Verleiher als unzulässige Rechtsausübung im Sinne des § 242 BGB zu betrachten.[32]

II. Die Geltung des § 599 BGB im Rahmen von Gefälligkeitsverhältnissen

19 Umstritten ist die Übertragbarkeit der Haftungsprivilegierung des § 599 BGB auf Gefälligkeitsverhältnisse.[33] Hatten die Beteiligten nach einer entsprechenden Auslegung ihres Verhaltens keinen erkennbaren Rechtsbindungswillen, so gelten die Vorschriften über den Leihvertrag zunächst einmal nicht (zu den damit zusammenhängenden schwierigen Abgrenzungsfragen vgl. die Kommentierung zu § 598 BGB Rn. 7). Wenn nun derjenige, der einem anderen aus Gefälligkeit eine Sache zum Gebrauch überlassen hat, diesen leicht fahrlässig in seinen Rechtsgütern verletzt, stellt sich – insbesondere für Ansprüche aus unerlaubter Handlung (zur Geltung des Haftungsmaßstabs des § 599 BGB im Rahmen deliktsrechtlicher Ansprüche vgl. Rn. 13) – die Frage einer analogen Anwendung des § 599 BGB.

---

[29] BGH v. 09.06.1992 - VI ZR 49/91 - juris Rn. 18 - LM BGB § 833 Nr. 23 (11/1992). In diesem Punkt stimmt das BGH-Urteil mit der vorinstanzlichen Entscheidung des OLG Düsseldorf v. 18.10.1990 - 10 U 32/90 - juris Rn. 30 - OLGZ 1991, 84-88 überein.
[30] Hierzu BGH v. 19.01.1988 - VI ZR 188/87 - juris Rn. 14 - MDR 1988, 571-572.
[31] BGH v. 03.12.1991 - VI ZR 378/90 - juris Rn. 7 - BGHZ 116, 200-209 für die Fahrzeugmiete.
[32] BGH v. 03.12.1991 - VI ZR 378/90 - juris Rn. 10 - BGHZ 116, 200-209.
[33] Allgemein mit den Problemen sozialversicherungsrechtlicher Ansprüche „gefälliger Helfer" befasst sich *Heimbücher*, VW 2005, 288-292. In der Entscheidung BGH v. 13.07.1993 - VI ZR 278/92 - juris Rn. 15 - NJW 1993, 3067, geht es um die Frage der stillschweigenden Vereinbarung eines Haftungsausschlusses zu Gunsten des Gefälligen, den der BGH im Besonderen für den Fall verwirft, dass für den Gefälligen ein Haftpflichtversicherer einzustehen hat: Dieser solle durch fingierte Verzichtsabreden nicht entlastet werden. Zur „Interdependenz zwischen Gefälligkeit, Haftung und Haftpflichtversicherung" *Littbarski*, VersR 2004, 950-958, der sich der Rechtsansicht des BGH entgegenstellt und Erwägungen aus dem Haftpflichtversicherungsrecht für ungeeignet hält, den Haftungsmaßstab des Gefälligen zu beeinflussen.

1. Die ablehnende Auffassung

Der BGH hält in ständiger Rechtsprechung eine generelle Haftungsmilderung zugunsten des Gefälligen nicht für gerechtfertigt[34] und lehnt auch eine analoge Anwendung des § 599 BGB auf die Gefälligkeitsleihe ab[35]. Diese Rechtsauffassung wird auch sonst in der Rechtsprechung sowie von Teilen der Literatur vertreten.[36]

2. Die befürwortende Auffassung

Andere wollen auch den „Gefälligkeitsverleiher" in den Anwendungsbereich von § 599 BGB einbeziehen.[37] In leiheähnlichen Verhältnissen könne die Wahrung des so genannten Integritätsinteresses nicht anders behandelt werden, als wenn tatsächlich eine vertragliche Bindung gegeben sei. Der unverbindlich Gefällige dürfe nicht schlechter stehen als der vertraglich Gebundene.[38]

3. Die Auffassung des Autors

Eine analoge Anwendung des § 599 BGB scheitert nicht schon an der uneinheitlichen Haltung des BGB zur Frage der Haftung im Rahmen von Gefälligkeitsverträgen. So haben zwar der Schenker (§ 521 BGB), der Verleiher (§ 599 BGB), der „Notgeschäftsführer" (§ 680 BGB) und der Finder (§ 968 BGB) nur für Vorsatz und grobe Fahrlässigkeit einzustehen, während der Beauftragte Schadensersatzansprüchen des Auftraggebers schon bei einfacher Fahrlässigkeit ausgesetzt ist und der unentgeltlich handelnde Verwahrer mit den ihm zur Aufbewahrung überlassenen Gegenständen nur so pfleglich umgehen muss wie mit seinen eigenen (§ 690 BGB). Ein allgemeiner Rechtsgedanke lässt sich dem also nicht entnehmen, und es erschiene willkürlich, irgendeinen der gemilderten Haftungsmaßstäbe auf Gefälligkeitsverhältnisse im Allgemeinen zu übertragen. Hat man es jedoch mit einem Gefälligkeitsverhältnis zu tun, für das ein Pendant in Gestalt eines gesetzlich geregelten (Gefälligkeits-)Vertrags existiert, so erschiene es wertungswidersprüchlich, den aufgrund bloßen sozialen Kontakts Gefälligen schlechter zu stellen als den vertraglich Gebundenen[39] (vgl. hierzu auch die Kommentierung zu § 598 BGB Rn. 17). Das bedeutet für den Gefälligkeitsverleiher: Er haftet dem Gefälligkeitsempfänger nur dann (aus Delikt), wenn ihm – analog § 599 BGB – grobe Fahrlässigkeit oder Vorsatz zur Last fällt.

III. § 599 BGB und der Erfüllungsgehilfe

§ 599 BGB begrenzt auch das Einstehenmüssen des Verleihers für einen Erfüllungsgehilfen gem. § 278 BGB.[40]

Außerdem privilegiert die vertragsrechtliche Haftungsbeschränkung umgekehrt den Erfüllungsgehilfen als Anspruchsgegner deliktsrechtlicher Ansprüche (zur haftungsmildernden Wirkung des § 599 BGB

---

[34] Die an dieser Stelle nicht allgemein zu behandelnde Frage der Haftung in Gefälligkeitsverhältnissen ist kein leihespezifisches Problem.
[35] BGH v. 09.06.1992 - VI ZR 49/91 - juris Rn. 12 - LM BGB § 833 Nr. 23 (11/1992), wobei allerdings Fälle einer stillschweigend vereinbarten, aus einer ergänzenden Vertragsauslegung hergeleiteten Haftungsbeschränkung für denkbar gehalten werden.
[36] Vgl. etwa OLG Celle v. 09.11.2006 - 20 U 19/06 - juris Rn. 38 - VersR 2007, 1661-1664; LG Braunschweig v. 09.04.1997 - 9 O 443/96 - juris Rn. 36 - MDR 1997, 942-943 (das Problem beiläufig erwähnend); LG Mainz v. 12.01.1988 - 3 S 71/87 - juris Rn. 5 - NJW 1988, 2116-2117; *Kollhosser* in: MünchKomm-BGB, 4. Aufl., § 599 Rn. 6 (anders nunmehr *Häublein* in: MünchKomm-BGB, § 599 Rn. 6).
[37] *Häublein* in: MünchKomm-BGB, § 599 Rn. 6; *Reuter* in: Staudinger, Vorbem zu Rn. §§ 598 ff. Rn. 13; OLG Bamberg v. 29.06.1998 - 4 U 235/97 - juris Rn. 27 - OLGR Bamberg 1999, 202-203, mit der Annahme eines konkludenten Haftungsverzichts.
[38] *Reuter* in: Staudinger, Vorbem. zu §§ 598 ff. Rn. 13.; *Häublein* in: MünchKomm-BGB, § 599 Rn. 6.
[39] So *Gernhuber*, Das Schuldverhältnis, 1989, S. 128 f. *Maier*, JuS 2001, 746-751, 750, 751, meint, die unbegrenzte Haftung passe nicht bei „Gefälligkeiten des täglichen Lebens ohne Treuhandelement", wie es dem Recht des Auftrags im Sinne des § 662 BGB, das – anders als u.a. das Recht der Leihe – keinen gemilderten Haftungsmaßstab kennt, eigen sei.
[40] Allgemeine Meinung, vgl. *Häublein* in: MünchKomm-BGB, § 599 Rn. 1; *Weidenkaff* in: Palandt, § 599 Rn. 3; *Heintzmann* in: Soergel, § 599 Rn. 8.

auch im Recht der unerlaubten Handlungen vgl. Rn. 13), so dass der leicht fahrlässig Rechtsgüter des Entleihers verletzende Erfüllungsgehilfe des Verleihers jenem nicht aus unerlaubter Handlung haftet.[41] In einer ihrem Grundgedanken nach auf die in Rede stehende Fallgestaltung übertragbaren Entscheidung hat der BGH dem Erfüllungsgehilfen eines Mieters gegen einen Schadensersatzanspruch des Vermieters aus § 823 BGB die Berufung auf die kurze Verjährungsfrist des § 548 Abs. 1 BGB ebenso zugebilligt, wie sie dem Mieter selbst zugutegekommen wäre.[42]

25 Der Vertragsgläubiger soll bei Einschaltung eines Dritten in die Vertragserfüllung nicht schlechter stehen als bei Tätigwerden des Schuldners selbst (§ 278 BGB). Es gibt umgekehrt aber auch keinen Grund, ihn in Bezug auf den für Schadensersatzansprüche heranzuziehenden Haftungsmaßstab nur deshalb besser zu stellen, weil ein Erfüllungsgehilfe anstelle des Vertragspartners gehandelt hat.[43]

IV. Die Geltung des § 599 BGB zu Lasten eines in den Schutzbereich des Leihvertrags einbezogenen Dritten

26 Problematisch ist der – durch die Schuldrechtsreform in § 311 Abs. 3 BGB auf eine gesetzliche Grundlage gestellte[44] – **Vertrag mit Schutzwirkung zu Gunsten Dritter**.[45] Hier wird in Literatur und Rechtsprechung vertreten, dass § 599 BGB auch zu Lasten desjenigen wirken solle, der in die Schutzwirkung eines Leihvertrags einbezogen sei.[46] Teilweise wird diese Annahme auf die Fälle beschränkt, in denen der geschädigte Dritte von der Leihe weiß.[47] Der Haftungsbeschränkung zum Nachteil des nicht unmittelbar am Vertrag Beteiligten ist zuzustimmen, soweit es um vertragliche Ansprüche geht, denn hier kann der durch den Vertrag mitgeschützte Dritte nicht besser stehen als der eigentliche Vertragspartner des Anspruchsgegners. Fragwürdig erscheint indessen die Versagung auch deliktsrechtlicher Ansprüche. Soweit der Dritte „in gläubigerähnlicher Weise an der Entgegennahme der vertraglich geschuldeten Leistung teilnimmt" (Beispiel: Die Ehefrau des Entleihers fährt auf dem entliehenen Motorrad mit und kommt dabei zu Schaden), sollte er nicht anders als der Gläubiger behandelt werden, was die Geltendmachung von (deliktischen) Schadensersatzansprüchen gegen den Schuldner angeht.[48] Warum er aber auch in anderen Fällen, wenn er gleichsam ohne sein Zutun in den Schutzbereich einer Vereinbarung hineingezogen wird, ein Minus in Bezug auf seinen allgemeinen Rechtsgüterschutz in Kauf nehmen soll, ist wegen der grundsätzlichen Unzulässigkeit von Verträgen zu Lasten Dritter schwerlich nachzuvollziehen und daher abzulehnen.[49]

V. Die Haftung des Entleihers

27 § 599 BGB gilt für den Entleiher nicht. Dieser haftet grundsätzlich für Vorsatz und jede Fahrlässigkeit (§ 276 BGB), auch des Erfüllungsgehilfen (§ 278 BGB).[50] Die Parteien können vertraglich auch eine Zufallshaftung vereinbaren.[51] Darüber hinaus hat der Entleiher auch dann für Zufall einzustehen, wenn

---

[41] *Reuter* in: Staudinger, § 599 Rn. 3.
[42] BGH v. 29.03.1978 - VIII ZR 220/76 - juris Rn. 16 - BGHZ 71, 175-180.
[43] Vgl. *Klein*, JZ 1997, 390-397, 391.
[44] Vgl. hierzu *Schwab*, JuS 2002, 872-878, 872, 873.
[45] Vgl. allgemein zu Haftungsbeschränkungen zu Lasten Dritter *Klein*, JZ 1997, 390-397.
[46] So *Heintzmann* in: Soergel, § 599 Rn. 8; OLG Celle v. 12.01.1994 - 9 U 136/92 - juris Rn. 10 - VersR 1995, 547-548.
[47] OLG Köln v. 04.06.1986 - 13 U 270/85 - NJW-RR 1988, 157-158.
[48] So überzeugend *Klein*, JZ 1997, 390-397, 396; über den zitierten Beispielsfall hatte OLG Köln v. 04.06.1986 - 13 U 270/85 - NJW-RR 1988, 157-158 zu entscheiden; ein Anspruch der Ehefrau wurde im Ergebnis verneint.
[49] *Klein*, JZ 1997, 390-397, 396; AG Grevenbroich v. 10.01.1990 - 11 C 196/89 - juris Rn. 17 - NJW-RR 1990, 794-795, legt sich nicht fest, da der Geschädigte von der Leihe nichts gewusst habe, wird aber häufig im Sinne der hier vertretenen Ansicht zitiert.
[50] *Heintzmann* in: Soergel, § 599 Rn. 11; *Häublein* in: MünchKomm-BGB, § 599 Rn. 7; *Weidenkaff* in: Palandt, § 599 Rn. 5.
[51] *Reuter* in: Staudinger, § 599 Rn. 4; *Häublein* in: MünchKomm-BGB, § 599 Rn. 7. U.U. kann sich eine solche Vereinbarung aus den Gesamtumständen ergeben, wenn die Leihe ausschließlich dem besonderen Vorteil des Entleihers dienen sollte.

er die Leihsache vertragswidrig gebraucht (insoweit ist die Zufallshaftung umstritten[52]; vgl. die Kommentierung zu § 602 BGB Rn. 6) oder sich mit der Rückgabe im Verzug befindet (§ 287 BGB, für den Fall des vertragswidrigen Gebrauchs analog).[53] Ohne gesetzliche Anordnung oder vertragliche Vereinbarung kommt eine Zufallshaftung des Entleihers nicht in Betracht, selbst wenn die Lebensanschauung für den Untergang oder die Verschlechterung der Sache während der Besitzzeit des Entleihers das Gegenteil nahe legen mag.[54] Die Einzelheiten sind in der Kommentierung zu § 602 BGB Rn. 4 dargestellt.

VI. Das Verhältnis des § 599 BGB zu § 600 BGB

§ 600 BGB schränkt die Haftung des Verleihers für Sachmängel und Rechtsmängel der Sache weiter ein.[55] Für Mangelfolgeschäden gilt diese Vorschrift indessen nach zutreffender Auffassung nicht (vgl. im Einzelnen die Kommentierung zu § 600 BGB Rn. 9).

Abdingbarkeit: Die Haftungsbeschränkung auf Vorsatz und grobe Fahrlässigkeit ist grundsätzlich abdingbar. Die Beteiligten können vereinbaren, dass der Verleiher schärfer haftet als in § 599 BGB vorgesehen oder dass seine Haftung sogar noch weiter – wegen § 276 Abs. 3 BGB allerdings nur bis zur Grenze des Vorsatzes – gemildert wird.[56]

28

29

---

[52] Wie hier *Reuter* in: Staudinger, § 602 Rn. 3.
[53] *Reuter* in: Staudinger, § 599 Rn. 3.
[54] *Larenz*, Schuldrecht, Band II/1: Besonderer Teil, 13. Aufl. 1986, S. 295.
[55] *Ebert* in: Hk-BGB, § 599 Rn. 2.
[56] *Häublein* in: MünchKomm-BGB, § 599 Rn. 1; *Heintzmann* in: Soergel, § 599 Rn. 10.

§ 600 BGB Mängelhaftung

(Fassung vom 02.01.2002, gültig ab 01.01.2002)

Verschweigt der Verleiher arglistig einen Mangel im Recht oder einen Fehler der verliehenen Sache, so ist er verpflichtet, dem Entleiher den daraus entstehenden Schaden zu ersetzen.

Gliederung

A. Grundlagen 1	E. Beweislast 11
B. Praktische Bedeutung 2	F. Anwendungsfelder 12
C. Anwendungsvoraussetzungen 3	I. Das Verhältnis des § 600 BGB zu deliktischen Ansprüchen 12
I. Mangel im Recht 3	
II. Fehler der Sache 4	II. Das Verhältnis des § 600 BGB zur Gefährdungshaftung nach dem Produkthaftungsgesetz 13
III. Arglistiges Verschweigen 5	
1. Begriff 5	
2. Maßgeblicher Zeitpunkt 7	III. Die Geltung des § 600 BGB bei vorvertraglichen Pflichtverletzungen (§ 311 Abs. 2 BGB i.V.m. § 241 Abs. 2 BGB) 14
D. Rechtsfolgen 8	
I. Schaden im Sinne des § 600 BGB 9	
II. Abdingbarkeit 10	IV. Verhältnis des § 600 BGB zu § 599 BGB 15

A. Grundlagen

1 Die Leihsache ist so verliehen, wie sie ist. Ansprüche wegen Sach- oder Rechtsmängeln hat der Entleiher im Grundsatz nicht. Lediglich wenn ein Mangel arglistig verschwiegen wird, hat der Verleiher ihm den „daraus" entstehenden Schaden zu ersetzen. Damit ist § 600 BGB hinsichtlich des relevanten Verschuldensmaßstabs noch enger als § 599 BGB. § 600 BGB entspricht den schenkungsrechtlichen Vorschriften in § 523 Abs. 1 BGB und § 524 Abs. 1 BGB (vgl. die Kommentierung zu § 523 BGB und die Kommentierung zu § 524 BGB). Da die §§ 598-606 BGB das Leihversprechen nicht eigens berücksichtigen,[1] können für dessen Nicht- oder Schlechterfüllung § 523 Abs. 2 BGB und § 524 Abs. 2 BGB entsprechend angewandt werden, wenn der Verleiher die Gebrauchsüberlassung einer von ihm erst zu beschaffenden Sache versprochen hat[2].

B. Praktische Bedeutung

2 Die Norm hat in der Praxis offenbar keine Bedeutung. Das dürfte u.a. daran liegen, dass der uneigennützig handelnde Verleiher kaum einem „Grund" haben dürfte, arglistig Mängel zu verschweigen.

C. Anwendungsvoraussetzungen

I. Mangel im Recht

3 Ein Rechtsmangel liegt dann vor, wenn ein Dritter in Bezug auf die Sache Rechte gegen den Entleiher geltend machen kann, die diesen in der Ausübung des Gebrauchs, wie er vertraglich vereinbart oder vorausgesetzt wurde, beeinträchtigen. Die Grundsätze des Kauf-, Miet- und Werkvertragsrechts gelten entsprechend[3] (vgl. die Kommentierung zu § 435 BGB, die Kommentierung zu § 536 BGB und die Kommentierung zu § 633 BGB).

---

[1] Zu der inzwischen überholten Auseinandersetzung um die Rechtsnatur des Leihvertrags als Konsensual- oder Realvertrag sowie zu den Arten des Leihvertrags – Handleihe und Versprechensleihe – vgl. die Kommentierung zu § 598 BGB Rn. 3 und Rn. 5.

[2] *Heintzmann* in: Soergel, § 600 Rn. 3; *Reuter* in: Staudinger, § 600 Rn. 1; *Grundmann*, AcP 198, 457-488, 462.

[3] *Reuter* in: Staudinger, § 600 Rn. 4.; *Heintzmann* in: Soergel, § 600 Rn. 2; *Häublein* in: MünchKomm-BGB, § 600 Rn. 2.

II. Fehler der Sache

Ein Sachmangel bedeutet – entsprechend § 434 BGB –, dass die Sache nicht die vereinbarte Beschaffenheit hat oder – wenn die Beschaffenheit nicht vereinbart wurde – wenn sie sich nicht für die nach dem Vertrag vorausgesetzte Verwendung geeignet, sonst wenn sie sich nicht für die gewöhnliche Verwendung geeignet und nicht die Beschaffenheit aufweist, die bei Sachen dieser Art üblich ist und die der Entleiher nach der Art der Sache erwarten kann. Auch hier kann auf die Kommentierung zu § 434 BGB, die Kommentierung zu § 536 BGB und die Kommentierung zu § 633 BGB verwiesen werden.

III. Arglistiges Verschweigen

1. Begriff

Arglistiges Verschweigen ist genauso zu verstehen wie im Rahmen der kaufrechtlichen Mängelgewährleistung.[4] Das Verschweigen ist nur dort relevant, wo der Verleiher zur Offenbarung verpflichtet war. Eine allgemeine Aufklärungspflicht besteht nicht[5], allerdings kann sich aus Treu und Glauben eine Verpflichtung ergeben, auf solche Umstände hinzuweisen, die für den Entleiher offensichtlich bedeutsam sind und deren Mitteilung nach der Verkehrsauffassung erwartet werden kann. Solche Umstände können u.a. sein: besondere Sachkunde des Verleihers („Informationsgefälle"); fehlende Erkennbarkeit des Fehlers für den Entleiher; Gefährdung des Vertragszwecks durch den Mangel; besonderes Vertrauensverhältnis zwischen den Beteiligten[6] (vgl. zu den Aufklärungspflichten im Einzelnen die Kommentierung zu § 123 BGB).

Arglistig verschweigt, wer einen Fehler mindestens für möglich hält und weiß oder damit rechnet und billigend in Kauf nimmt, dass der Vertragsgegner den Fehler nicht kennt und bei Offenbarung den Vertrag nicht oder nicht mit dem vereinbarten Inhalt geschlossen hätte.[7] **Bedingter Vorsatz** im Sinne eines Für-Möglich-Haltens und In-Kauf-Nehmens **genügt** also. Für die **Zurechnung** des **Wissens von Hilfspersonen** gelten die §§ 31, 89, 166, BGB und § 278 BGB.[8]

2. Maßgeblicher Zeitpunkt

Der Verleiher muss zum **Zeitpunkt des Vertragsschlusses** – der bei der Handleihe mit der Übergabe der Sache zusammenfällt (zu den Arten der Leihe vgl. die Kommentierung zu § 598 BGB Rn. 5) – arglistig geschwiegen haben.[9] Für später verschuldete Mängel gilt § 280 BGB.

D. Rechtsfolgen

Der Verleiher hat dem Entleiher den aus dem arglistig verschwiegenen Mangel entstehenden Schaden zu ersetzen. Er haftet nicht, wenn der Entleiher den Mangel bei Vertragsschluss kannte. Das entspricht zum einen dem in § 442 Abs. 1 Satz 1 BGB und § 536b Satz 1 BGB zum Ausdruck kommenden Rechtsgedanken[10], folgt zum anderen aber auch daraus, dass in solchen Fällen das arglistige Verschweigen nicht kausal für den eingetretenen Schaden gewesen sein dürfte.

I. Schaden im Sinne des § 600 BGB

Welche Schäden von § 600 BGB erfasst sind, ist fraglich und umstritten. Einigkeit besteht darüber, dass es – vorbehaltlich einer analogen Anwendung von § 523 Abs. 2 BGB und § 524 Abs. 2 BGB – nur um den **Vertrauensschaden** gehen kann, der aus dem Vertrauen des Entleihers in die Mangelfrei-

---

[4] Arglistiges Verschweigen spielt im neuen Kaufrecht eine Rolle in § 438 Abs. 3 BGB, § 442 Abs. 1 Satz 2 BGB und § 444 BGB.
[5] Vgl. für § 463 BGB a.F. BGH v. 12.01.2001 - V ZR 322/99 - juris Rn. 9 - BGHReport 2001, 362-363.
[6] Vgl. z.B. *Ellenberger* in: Palandt, § 123 Rn. 5c.
[7] BGH v. 22.11.1996 - V ZR 196/95 - juris Rn. 7 - NJW-RR 1997, 270-271 für § 463 BGB a.F.
[8] *Westermann* in: MünchKomm, § 444 Rn 12.
[9] *Heintzmann* in: Soergel, § 600 Rn. 3; *Häublein* in: MünchKomm-BGB, § 600 Rn. 2.
[10] *Häublein* in: MünchKomm-BGB, § 600 Rn. 1.

heit der Sache erwächst.[11] Problematisch und **umstritten** ist aber, ob nur das Vertrauen in die Mangelfreiheit als solche geschützt ist, sodass der Verleiher nur für **Mangelschäden** im engeren Sinne einzustehen hätte, oder ob § 600 BGB auch **Mangelfolgeschäden** betrifft. Die weit überwiegende Ansicht beschränkt die Geltung der Vorschrift auf die Mangelschäden[12]; Mangelfolgeschäden sollen nach den allgemeinen Vorschriften (§ 280 BGB) zu ersetzen sein. Dem ist beizupflichten. Der Entleiher wird vom Gesetz als nicht besonders schutzwürdig angesehen, soweit es um sein Interesse an einer besonderen Qualität des Leihgegenstandes geht. Schließlich hat der Verleiher typischerweise keinen Nutzen aus dem Leihvertrag, und der Entleiher muss auch nichts bezahlen. Der Entleiher muss sich mit der Sache in der Beschaffenheit zufrieden geben, die sie hat. § 600 BGB soll den uneigennützig handelnden Verleiher deshalb möglichst weitgehend vor einer Haftung für die Fehlerfreiheit des Vertragsgegenstandes schützen. Gehen von der Sache indessen Gefahren für andere Rechtsgüter aus, hat das mit der von § 600 BGB verfolgten Zielsetzung nichts zu tun. Zusammenfassend ist zu konstatieren, dass der Verleiher unter den Voraussetzungen des § 600 BGB nur den Schaden zu ersetzen hat, der daraus entsteht, dass der Entleiher auf die Beständigkeit des Besitzrechts an der Sache oder auf ihre Brauchbarkeit vertraut und deshalb nutzlose Dispositionen getroffen oder notwendige Dispositionen unterlassen hat.[13]

II. Abdingbarkeit

10 § 600 BGB ist grundsätzlich abdingbar, allerdings kann die Arglisthaftung des Verleihers vertraglich nicht ausgeschlossen werden (§ 276 Abs. 3 BGB; auch arg. e § 444 BGB).[14] Die Vereinbarung einer erweiterten Haftung des Verleihers ist unproblematisch möglich.[15]

E. Beweislast

11 Der Entleiher hat den Mangel und die die Arglist des Verleihers begründenden Umstände zu beweisen. Der Verleiher trägt die Beweislast dafür, dass der Entleiher den Vertrag auch in Kenntnis des verschwiegenen Mangels geschlossen hätte.[16]

F. Anwendungsfelder

I. Das Verhältnis des § 600 BGB zu deliktischen Ansprüchen

12 § 600 BGB kommt im Verhältnis zu § 823 Abs. 1 BGB keine Bedeutung zu[17], da die erstgenannte Vorschrift nach der hier vertretenen Auffassung allein das auf reine Mangelschäden bezogene Vertrauensinteresse im engeren Sinne betrifft. Eine Verletzung des Integritätsinteresses bzgl. anderer Rechtsgüter kommt in diesen Fällen nicht in Betracht. Schützt das Deliktsrecht das Vermögen als solches – etwa in § 826 BGB oder gegebenenfalls im Rahmen des § 823 Abs. 2 BGB –, besteht Anspruchskonkurrenz. Neben vertraglichen Ansprüchen wegen des arglistigen Verschweigens von Mängeln kommen dann also auch deliktische Ansprüche in Frage. Allerdings ist dabei zu beachten, dass der vertrags-

---

[11] *Reuter* in: Staudinger, § 600 Rn. 5; *Heintzmann* in: Soergel, § 600 Rn. 4; *Häublein* in: MünchKomm-BGB, § 600 Rn. 3; *Weidenkaff* in: Palandt, § 600 Rn. 3.
[12] So etwa *Reuter* in: Staudinger, § 600 Rn. 3; *Heintzmann* in: Soergel, § 600 Rn. 4; *Weidenkaff* in: Palandt, § 600 Rn. 4; *Häublein* in: MünchKomm-BGB, § 600 Rn. 3.
[13] *Reuter* in: Staudinger, § 600 Rn. 5.
[14] *Heintzmann* in: Soergel, § 600 Rn. 5.
[15] So betraf etwa die Entscheidung BGH v. 02.10.1981 - V ZR 134/80 - juris Rn. 16 - LM Nr. 1 zu § 526 BGB einen Fall, in dem die Vertragsparteien einer Grundstücksschenkung die eingeschränkte Gewährleistung des § 523 Abs. 1 BGB auf eine volle Haftung für den Rechtsmangel aus einer Grundschuldbelastung erweitert haben.
[16] Vgl. für § 463 BGB a.F. *Putzo* in: Palandt, BGB, 61. Aufl. 2002, § 463 Rn. 28, 29.
[17] *Wagner* in: Bamberger/Roth, § 600 Rn. 4.

rechtliche Haftungsmaßstab – in Bezug auf die von ihm erfassten Schäden – auf das Deliktsrecht durchschlägt (vgl. dazu die Kommentierung zu § 599 BGB Rn. 13).

II. Das Verhältnis des § 600 BGB zur Gefährdungshaftung nach dem Produkthaftungsgesetz

Der Verleiher einer mangelhaften Sache haftet unter den Voraussetzungen des § 4 ProdHaftG und § 1 ProdHaftG auch nach dem Produkthaftungsgesetz. Die Haftung ist jedenfalls dann nicht nach § 1 Abs. 2 Nr. 3 ProdHaftG ausgeschlossen, wenn der Verleiher unmittelbar oder auch nur mittelbar wirtschaftliche Zwecke verfolgt, etwa beim Verleihen von Ausstellungsstücken oder der unentgeltlichen Überlassung einer Maschine bis zur Lieferung einer neuen, vom Kunden bestellten.[18]

III. Die Geltung des § 600 BGB bei vorvertraglichen Pflichtverletzungen (§ 311 Abs. 2 BGB i.V.m. § 241 Abs. 2 BGB)

§ 600 BGB gilt auch, wenn die (potenziellen) Vertragsparteien über den Abschluss eines Leihvertrags verhandeln und dem Entleiher wegen seines Vertrauens auf die Mangelfreiheit der auszuleihenden Sache ein Schaden entsteht.[19]

IV. Verhältnis des § 600 BGB zu § 599 BGB

§ 600 BGB engt die Haftung des Verleihers noch weiter ein als § 599 BGB und geht diesem im Hinblick auf Vertrauensschäden infolge von Sach- und Rechtsmängeln vor.[20]

---

[18] *Foerste/Westphalen*, Produkthaftungshandbuch Bd. 2, 2. Aufl. 1999, § 72 Rn. 56; *Rolland*, Produkthaftungsrecht, 1990, § 1 Rn. 121.
[19] *von Westphalen* in: Erman, § 600 Rn. 1.
[20] *Weidenkaff* in: Palandt, § 600 Rn. 1.

§ 601 BGB Verwendungsersatz

(Fassung vom 02.01.2002, gültig ab 01.01.2002)

(1) Der Entleiher hat die gewöhnlichen Kosten der Erhaltung der geliehenen Sache, bei der Leihe eines Tieres insbesondere die Fütterungskosten, zu tragen.

(2) ¹Die Verpflichtung des Verleihers zum Ersatz anderer Verwendungen bestimmt sich nach den Vorschriften über die Geschäftsführung ohne Auftrag. ²Der Entleiher ist berechtigt, eine Einrichtung, mit der er die Sache versehen hat, wegzunehmen.

Gliederung

A. Grundlagen... 1	2. Bedeutung der Verweisung auf das Recht der Geschäftsführung ohne Auftrag.............. 15
B. Anwendungsvoraussetzungen 3	3. Abdingbarkeit 16
I. Gewöhnliche Kosten der Erhaltung 3	III. Das Wegnahmerecht des Entleihers nach Absatz 2 Satz 2... 17
1. Begriff der gewöhnlichen Erhaltungsmaßnahmen.. 4	1. Wegnahmerecht 17
2. Beispiele 10	2. „Einrichtung" im Sinne des Absatzes 2 Satz 2 ... 18
3. Abdingbarkeit.. 12	3. Abdingbarkeit.. 19
II. „Andere Verwendungen" im Sinne des Absatzes 2 Satz 1....................................... 13	C. Rechtsfolgen 20
1. Definition 13	D. Prozessuale Hinweise............................... 22

A. Grundlagen

1 In dieser Vorschrift ist geregelt, wie die Kosten für Verwendungen auf die Leihsache verteilt werden. Sie trägt dem Umstand Rechnung, dass der Verleiher – anders als der Vermieter – nur zur Gestattung des Gebrauchs und nicht zu dessen Gewährung verpflichtet ist (vgl. die Kommentierung zu § 598 BGB Rn. 52) und der Entleiher deshalb ausschließlich im eigenen Interesse handelt, wenn er gewöhnliche Erhaltungsmaßnahmen trifft.

2 Umstritten ist, ob sich aus § 601 Abs. 1 BGB auch eine **Pflicht** des Entleihers zur **Tätigung der gewöhnlichen Erhaltungsmaßnahmen** entnehmen lässt (so die ganz herrschende Meinung).[1] Der dies ablehnenden Meinung *Reuters*[2] ist zu folgen. § 601 Abs. 1 BGB ist eine Kostentragungsregel für den Fall, dass Verwendungen getätigt wurden. Sie besagt nichts darüber, wann welcher der Beteiligten in dieser Weise aktiv werden muss. Richtigerweise ergibt sich die Pflicht zur Erhaltung der Leihsache mittelbar aus der Pflicht zur Rückgabe der Sache im gebrauchsfähigen Zustand gem. § 604 BGB i.V. m. der Regelung des § 602 BGB, wonach der Entleiher nur Veränderungen und Verschlechterungen infolge vertragsmäßigen Gebrauchs nicht zu vertreten hat.

B. Anwendungsvoraussetzungen

I. Gewöhnliche Kosten der Erhaltung

3 Wenn der Entleiher gewöhnliche Erhaltungsmaßnahmen trifft, trägt er die dadurch entstehenden Kosten selbst. Der Begriff der gewöhnlichen Erhaltungskosten spielt auch im Eigentümer-Besitzer-Verhältnis eine Rolle (vgl. § 994 Abs. 1 Satz 2 BGB) und kann in § 601 Abs. 1 BGB grundsätzlich wie dort ausgelegt werden (vgl. die Kommentierung zu § 994 BGB), abgesehen davon, dass § 994 Abs. 1 Satz 2 BGB anders als § 601 Abs. 1 BGB den Ersatz für normalen Verschleiß und die Beseitigung von Schäden infolge bestimmungsgemäßen Gebrauchs miterfasst[3] (vgl. dazu die Ausführungen zum Begriff der gewöhnlichen Erhaltungsmaßnahmen, Rn. 6).

---

[1] *Heintzmann* in: Soergel, § 601 Rn. 1; *Häublein* in: MünchKomm-BGB, § 601 Rn. 1; *Weidenkaff* in: Palandt, § 601 Rn. 1.

[2] *Reuter* in: Staudinger, § 601 Rn. 1.

[3] *Bassenge* in: Palandt, § 994 Rn. 7.

1. Begriff der gewöhnlichen Erhaltungsmaßnahmen

Gewöhnliche Erhaltungsmaßnahmen sind regelmäßig wiederkehrende, laufende Vermögensaufwendungen, die erforderlich sind, um die Sache in ihrem bisherigen Zustand zu erhalten.[4] Eine Verbesserung der Sache ist davon ebenso wenig erfasst wie eine grundlegende Veränderung derselben.[5]

Die Definition impliziert den allgemeinen Begriff der Verwendungen als freiwilliger Vermögensaufwendungen, die der Sache zugute kommen sollen.[6] Das ergibt sich aus § 601 Abs. 2 BGB, der ausdrücklich von „anderen" Verwendungen – als denen des § 601 Abs. 1 BGB – spricht.

Aus § 602 BGB, wonach der Entleiher durch den vertragsgemäßen Gebrauch herbeigeführte Veränderungen oder Verschlechterungen der geliehenen Sache nicht zu vertreten hat, folgt, dass er die Folgen des **normalen Verschleißes** nicht auf seine Kosten beseitigen muss (streitig).[7]

Da die Freiwilligkeit der Vermögensaufwendung dem Verwendungsbegriff immanent ist, dient die Beseitigung von Schäden nicht der „gewöhnlichen" Erhaltung und fällt auch nicht unter § 601 Abs. 2 Satz 1 BGB.[8] Der Entleiher muss sie nur tragen, wenn er etwa wegen vertragswidrigen Gebrauchs oder sonstiger Pflichtverletzungen zum Schadensersatz verpflichtet ist.[9]

Aufwendungen, welche erforderlich sind, um den Gebrauch erst zu ermöglichen – etwa das Betanken eines Fahrzeuges – fallen nicht unter § 601 BGB. Sie wirken sich auf die Erhaltung der Sache nicht aus. Der Entleiher kann frei entscheiden, ob er sie tätigen will.[10]

Was im Einzelnen unter gewöhnlichen Erhaltungsmaßnahmen zu verstehen ist, bestimmt sich nach der **Verkehrsanschauung**.[11]

2. Beispiele

§ 601 Abs. 1 BGB selbst benennt exemplarisch die **Fütterungskosten** für ein entliehenes Tier. Krankheitsbedingte Kosten werden hingegen regelmäßig nicht zu den gewöhnlichen Erhaltungskosten gehören. Etwas anderes gilt für routinemäßige Schutzimpfungen oder dergleichen.

Die **Inspektionskosten für ein Kraftfahrzeug** sind als verkehrsübliche Wartungskosten wiederkehrende laufende Ausgaben im Sinne der obigen Definition.[12] Nicht zu den gewöhnlichen Erhaltungsmaßnahmen zählt der Ersatz eines langlebigen Teils der Leihsache wie etwa der sicher nicht mit Regelmäßigkeit wiederkehrende **Einbau eines Austauschmotors** in einen Pkw.[13] Ebenso wenig sind Steuern und Versicherungen für ein entliehenes Fahrzeug als Verwendungen im Sinne des § 601 BGB anzusehen, da diese Aufwendungen nicht der Erhaltung der Sachsubstanz dienen.[14]

3. Abdingbarkeit

Von § 601 Abs. 1 BGB abweichende Vereinbarungen sind uneingeschränkt zulässig.[15]

---

[4] *Reuter* in: Staudinger, § 601 Rn. 2; *Weidenkaff* in: Palandt, § 601 Rn. 1.
[5] Vgl. LG Gießen v. 30.11.1994 - 1 S 486/94 - juris Rn. 3 - NJW-RR 1995, 532 für die Pflasterung eines unbebauten Grundstücksteils, die eine grundlegende Umgestaltung, nicht aber eine Verwendung auf das Grundstück bedeute.
[6] Vgl. hierzu etwa BGH v. 24.11.1995 - V ZR 88/95 - juris Rn. 7 - BGHZ 131, 220-227.
[7] Vgl. *Reuter* in: Staudinger, § 601 Rn. 2; *Kummer* in: Soergel, 12. Aufl., § 601 Rn. 2, der allerdings den Entleiher für verpflichtet hält, auf den weiteren Sachgebrauch zu verzichten oder die Erhaltungskosten zu tragen, wenn die weitere Nutzung zu einem unverhältnismäßigen oder unbehebbaren Schaden führen würde.
[8] Vgl. *Wagner* in: Bamberger/Roth, § 601 Rn. 2.
[9] *Häublein* in: MünchKomm-BGB, § 601 Rn. 3.
[10] *Reuter* in: Staudinger, § 601 Rn. 3.
[11] *Reuter* in: Staudinger, § 601 Rn. 2.
[12] *Reuter* in: Staudinger, § 601 Rn. 2.
[13] *Heintzmann* in: Soergel, § 601 Rn. 1.
[14] *Reuter* in: Staudinger, § 601 Rn. 3; *Heintzmann* in: Soergel, § 601 Rn. 2.
[15] Vgl. nur *Weidenkaff* in: Palandt, § 601 Rn. 3.

II. „Andere Verwendungen" im Sinne des Absatzes 2 Satz 1

1. Definition

13 Unter den Begriff der „anderen Verwendungen" fallen alle Aufwendungen, die der Sache zwar zugute kommen, die aber nicht zu den regelmäßig wiederkehrenden Aufwendungen gehören, sondern den außergewöhnlichen Erhaltungsmaßnahmen zuzurechnen sind. Erfasst sind zunächst die notwendigen Verwendungen als diejenigen, die zur Erhaltung oder zur ordnungsgemäßen Bewirtschaftung der Sache objektiv erforderlich sind,[16] die also nicht Sonderzwecken des Entleihers dienen und die anstelle des Entleihers auch der Verleiher gehabt hätte. Zudem fallen alle sonstigen Verwendungen unter § 601 Abs. 2 Satz 1 BGB.

14 Der Entleiher hat anerkanntermaßen keine Pflicht, solche Maßnahmen durchzuführen. Allerdings muss er – wie es § 536c BGB für den Mieter ausdrücklich anordnet – den Verleiher über die Notwendigkeit der Erhaltung der Sache unterrichten, sodass dieser die Möglichkeit hat, die erforderlichen Maßnahmen zu treffen (vgl. § 241 Abs. 2 BGB).[17] Ob der Verleiher das dann auch tut, bleibt ihm überlassen, denn ihn trifft gegenüber dem Entleiher lediglich eine Gebrauchsgestattungs-, keine Gebrauchsgewährungspflicht (vgl. hierzu die Kommentierung zu § 598 BGB Rn. 52).

2. Bedeutung der Verweisung auf das Recht der Geschäftsführung ohne Auftrag

15 § 601 Abs. 2 BGB ist eine **Rechtsgrundverweisung**, sodass die einzelnen tatbestandlichen Voraussetzungen der §§ 677-686 BGB zu prüfen sind. Insbesondere ist auf den Fremdgeschäftsführungswillen zu achten.[18] Hatte der Entleiher von vornherein nicht vor, Verwendungsersatz zu verlangen, schließt dies wegen § 685 BGB den Anspruch aus § 601 Abs. 2 BGB aus.[19]

3. Abdingbarkeit

16 Auch § 601 Abs. 2 BGB ist uneingeschränkt abdingbar.[20]

III. Das Wegnahmerecht des Entleihers nach Absatz 2 Satz 2

1. Wegnahmerecht

17 Das Wegnahmerecht entspricht dem Recht des Mieters aus § 539 Abs. 2 BGB.[21] Wegen der Einzelheiten vgl. die Kommentierung zu § 539 BGB. Das Recht auf Wegnahme bedeutet keinen Anspruch auf Herausgabe. Der Verleiher ist, wenn der Entleiher ihm den unmittelbaren Besitz am Leihgegenstand wieder eingeräumt hat, nur zur Duldung der Wegnahme von Einrichtungen verpflichtet. Das Wegnahmerecht geht mit Rückgabe der Sache in einen Anspruch auf Gestattung der Wegnahme über. Sofern der Entleiher Eigentümer der Einrichtung geblieben ist, ist ein Herausgabeanspruch nach § 985 BGB nicht gegeben, weil der Verleiher bis zur Ausübung des Wegnahmerechts auch dem Entleiher

---

[16] Vgl. – zu § 994 BGB – z.B. BGH v. 24.11.1995 - V ZR 88/95 - juris Rn. 7 - BGHZ 131, 220-227.
[17] *Reuter* in: Staudinger, § 601 Rn. 4.
[18] *Heintzmann* in: Soergel, § 601 Rn. 3; *Reuter* in: Staudinger, § 601 Rn. 4; vgl. auch BGH v. 10.10.1984 - VIII ZR 152/83 - juris Rn. 13 - LM Nr. 5 zu § 598 BGB.
[19] So für einen Fall, in dem der Kläger im Hause seiner Schwiegermutter eine Wohnung ausgebaut hatte und nach der Trennung von seiner Familie Ersatz für seine Aufwendungen verlangte, BGH v. 10.10.1984 - VIII ZR 152/83 - juris Rn. 17 - LM Nr. 5 zu § 598 BGB; ebenso OLG Frankfurt v. 03.11.2006 - 25 U 30/06 - juris Rn. 19 - FamRZ 2007, 641-643. Die Anwendung des § 601 Abs. 2 BGB i.V.m. § 685 BGB wird kritisiert von *Reuter*, EWiR 1990, 1081-1082, da die Prämisse des BGH, das unentgeltliche Wohnrecht habe Ausgleich für die Aufwendungen des Klägers sein sollen, zur Annahme eines gemischttypischen Vertrages (Wohnungsüberlassung gegen Werkleistung) hätte führen müssen. Vgl. auch OLG Hamm v. 16.01.2001 - 29 U 54/00 - juris Rn. 33 - OLGR Hamm 2001, 315-317. Wenn beide Ehegatten ausgezogen sind, ist das Leihverhältnis beendet, und es kommen Bereicherungsansprüche gemäß § 812 Abs. 1 Satz 2 Alt. 1 BGB in Betracht, vgl. *Schulz*, FamRB 2006, 84-87, 87.
[20] *Weidenkaff* in: Palandt, § 601 Rn. 3; *Heintzmann* in: Soergel, § 601 Rn. 5;
[21] *Reuter* in: Staudinger, § 601 Rn. 5; *Heintzmann* in: Soergel, § 601 Rn. 4.

gegenüber als Eigentümer zum Besitz berechtigt ist.[22] Dieser muss die Sache auf seine Kosten von der Leihsache lösen und in Besitz nehmen. Es gilt § 258 BGB, sodass insbesondere durch die Ablösung an der Leihsache entstandene Schäden vom Entleiher auf seine Kosten zu beseitigen sind (vgl. im Einzelnen die Kommentierung zu § 258 BGB). Eine Wegnahmepflicht kann sich aus § 604 BGB ergeben.

2. „Einrichtung" im Sinne des Absatzes 2 Satz 2

Einrichtung ist eine Sache, die mit der Leihsache körperlich verbunden und dazu bestimmt ist, deren Zweck zu dienen, gleichgültig, ob sie zum wesentlichen Bestandteil geworden ist oder nicht.[23]   18

3. Abdingbarkeit

Das Wegnahmerecht des Entleihers ist ohne weiteres abdingbar.[24]   19

C. Rechtsfolgen

Einen Ersatzanspruch nach § 601 Abs. 2 BGB kann der Entleiher auch im Wege einer **Einrede** gem. § 273 Abs. 2 BGB gegenüber dem Rückgabeanspruch des Verleihers aus § 604 BGB geltend machen.[25]   20

Bezüglich der **Verjährung** der Ansprüche des Entleihers auf Ersatz von Verwendungen oder auf Gestattung der Wegnahme einer Einrichtung ist § 606 BGB zu beachten.   21

D. Prozessuale Hinweise

Verstößt der Entleiher gegen seine aus § 241 Abs. 2 BGB folgende Pflicht zum sorgsamen Umgang mit der Leihsache, kann der Verleiher – unabhängig von seinem außerordentlichen Kündigungsrecht gemäß § 605 Nr. 2 BGB – nach § 541 BGB analog auf Unterlassung klagen.[26]   22

---

[22] BGH v. 08.07.1981 - VIII ZR 326/80 - juris Rn. 24 - BGHZ 81, 146-152 für das Wegnahmerecht des Pächters aus § 581 Abs. 2 BGB i.V.m. § 547a a.F.; zur Begründung *Schnelle*, JuS 2001, 1010-1013, 1010, 1011.
[23] Vgl. – für § 539 BGB – *Weidenkaff* in: Palandt, § 539 Rn. 9. Vgl. zur Irrelevanz des Eigentumsverlustes nach § 94 BGB an der Einrichtung auch BGH v. 08.07.1981 - VIII ZR 326/80 - juris Rn. 24 - BGHZ 81, 146-152.
[24] Vgl. nur *Weidenkaff* in: Palandt, § 601 Rn. 3; *Heintzmann* in: Soergel, § 601 Rn. 5.
[25] *Reuter* in: Staudinger, § 601 Rn. 4.
[26] *Reuter* in: Staudinger, § 601 Rn. 1.

§ 602 BGB Abnutzung der Sache

(Fassung vom 02.01.2002, gültig ab 01.01.2002)

Veränderungen oder Verschlechterungen der geliehenen Sache, die durch den vertragsmäßigen Gebrauch herbeigeführt werden, hat der Entleiher nicht zu vertreten.

Gliederung

A. Grundlagen...	1
B. Anwendungsvoraussetzungen	2
I. Veränderungen oder Verschlechterungen der Leihsache...	2
II. Der vertragsgemäße Gebrauch	3
III. Die Haftung des Entleihers	4
1. Haftungsmaßstab	4
2. Einzelfragen der Haftung des Entleihers.........	6
a. Haftung bei vertragswidrigem Gebrauch.........	6
b. Haftung des Kaufinteressenten bei einer Probefahrt...	7
c. Haftung für Schäden an einem Ersatzwagen während einer Garantiereparatur	8
d. Haftung des Arbeitnehmers bei der Leihe des privaten Pkws eines Kollegen für eine betrieblich veranlasste Fahrt.............................	9
e. Haftung des Ausstellers eines Kunstobjekts......	10
f. Haftung des Entleihers bei Personenverschiedenheit von Verleiher und Eigentümer............	11
g. Vertragliche Haftung Minderjähriger.............	13
3. Abdingbarkeit	14
C. Rechtsfolgen	15
D. Beweislast..	16

A. Grundlagen

1 Der Entleiher hat Veränderungen oder Verschlechterungen der Leihsache, die eingetreten sind, obwohl er sie vertragsgemäß gebrauchte, nicht zu vertreten. Damit wird der allgemeine Haftungsmaßstab des § 276 BGB ebenso konkretisiert wie der Inhalt der Rückgabepflicht aus § 604 BGB. Für die Miete enthält § 538 BGB eine entsprechende Regelung (vgl. die Kommentierung zu § 538 BGB).

B. Anwendungsvoraussetzungen

I. Veränderungen oder Verschlechterungen der Leihsache

2 Keine Veränderung oder Verschlechterung und damit von § 602 BGB nicht erfasst ist der Untergang im Sinne der vollständigen Zerstörung oder auch eines „wirtschaftlichen Totalschadens" (anders bzgl. des wirtschaftlichen Totalschadens: vgl. die Kommentierung zu § 606 BGB Rn. 6) oder der Verlust der Leihsache. Hier bleibt es bei der Geltung der allgemeinen Vorschriften (vgl. Rn. 15).

II. Der vertragsgemäße Gebrauch

3 Welchen Gebrauch der Entleiher nach dem Leihvertrag von der Sache machen darf, bestimmt sich vorrangig nach den ausdrücklichen und stillschweigend getroffenen Vereinbarungen der Parteien, des Weiteren nach den sich aus § 241 BGB und § 242 BGB ergebenden leihvertraglichen Nebenpflichten.[1] Maßgeblich ist insbesondere, von welchem Gebrauch der Verleiher nach den ihm bekannten Verhältnissen des Entleihers ausgehen konnte[2] oder welche Nutzung die Natur der Leihsache nahe legt. Der Entleiher hat die Leihsache zu verwahren, ordnungsgemäß zu behandeln und, soweit möglich und zumutbar, vor Schäden zu bewahren.[3] Die Folgen **normalen Verschleißes** muss er **nicht beseitigen** (vgl. hierzu auch die Kommentierung zu § 601 BGB Rn. 6). Ist die Leihzeit abgelaufen, endet damit auto-

---

[1] LAG Düsseldorf v. 21.07.1958 - 6 Sa 103/58 - juris Rn. 27 - DB 1958, 1330 hat beispielsweise angenommen, der Entleiher eines Kfz, der bei Dunkelheit auf einer verkehrsreichen Straße mit Gegenverkehr mit einer Geschwindigkeit von 90 bis 100 Stundenkilometern fahre, verletze seine vertraglichen Obhutspflichten, da sein Verhalten zu einer über den normalen Verschleiß durch normales Fahren hinausgehende Wertminderung zu führen geeignet sei.

[2] *Gitter*, Gebrauchsüberlassungsverträge, 1988, S. 158: Die Teilnahme des als „ruhig" bekannten Nachbarn des Verleihers mit dem geliehenen Fahrzeug an einer Rallye ist nicht vertragsgemäß.

[3] *Gitter*, Gebrauchsüberlassungsverträge, 1988, S. 158.

matisch der vertragsgemäße Gebrauch. Auch die unerlaubte Weitergabe der Leihsache an einen Dritten (vgl. § 603 Satz 2 BGB) ist nie vertragsgemäß im Sinne von § 602 BGB.

III. Die Haftung des Entleihers

1. Haftungsmaßstab

Überschreitet der Umgang des Entleihers mit dem Leihobjekt die Grenzen des § 602 BGB, stellt sich die Frage nach dem für ihn geltenden Haftungsmaßstab. § 599 BGB gilt für den Entleiher nicht. Verletzt er seine Pflichten in Bezug auf die Leihsache, haftet er mindestens für Vorsatz und jede Fahrlässigkeit (§ 276 BGB), auch des Erfüllungsgehilfen (§ 278 BGB).[4]

Problematisch ist, ob der Entleiher in bestimmten Fällen auch für **Zufall** einstehen muss. Die Parteien können vertraglich ohne weiteres eine Zufallshaftung vereinbaren.[5] Die stillschweigende Vereinbarung einer Zufallshaftung kann sich auch aus den Gesamtumständen ergeben, etwa wenn die Leihsache einem besonderen Risiko ausgesetzt werden sollte oder wenn der Vertrag ausschließlich dem besonderen Vorteil des Entleihers dienen sollte[6]. Da bei der Leihe stets die Interessen des Entleihers im Vordergrund stehen, sollte man sich hier jedoch vor „unkontrollierten Billigkeitserwägungen" hüten.[7] Nach § 287 Satz 2 BGB hat der Entleiher auch dann für Zufall einzustehen, wenn er sich mit der Rückgabe der Leihsache im **Verzug** befindet (zur umstrittenen analogen Geltung der Norm für den Fall des vertragswidrigen Gebrauchs vgl. Rn. 6). In allen anderen Fällen kommt eine Zufallshaftung des Entleihers grundsätzlich jedenfalls nicht in Betracht, selbst wenn die Lebensanschauung für den Untergang oder die Verschlechterung der Sache während der Besitzzeit des Entleihers das Gegenteil nahe legen mag.[8]

2. Einzelfragen der Haftung des Entleihers

a. Haftung bei vertragswidrigem Gebrauch

Wenn der Entleiher die Sache nicht vertragsgemäß nutzt, ist der Haftungsmaßstab für Schadensersatzansprüche des Verleihers (etwa aus § 280 BGB) streitig. Teilweise wird angenommen, der Entleiher habe auch bei Überschreitung seines vertraglichen Gebrauchsrechts nur schuldhaft verursachte Schäden zu ersetzen.[9] Nach der Gegenansicht soll der Entleiher in der Situation des vertragswidrigen Gebrauchs – unter bestimmten Voraussetzungen – auch für **Zufall** haften.[10] Bei der Entscheidung dieser Frage ist zu beachten, dass sich das Verschulden nicht auf die Unmöglichkeit der Rückgabe im ordnungsgemäßen Zustand zu beziehen hat, sondern auf das vertragswidrige Verhalten. Eine Zufallshaftung kommt deshalb allenfalls in dem Sinne in Betracht, dass das schuldhaft vertragswidrige Verhalten als condicio sine qua non zur Beschädigung geführt haben muss, ohne dass es darauf ankäme, ob die eingetretene Zerstörung oder Verschlechterung der Sache aus der Sicht eines objektiven Betrachters völlig überraschend kam und damit nach einem „adäquaten" Verlauf der Dinge nicht zu erwarten gewesen wäre. Die dergestalt erwogene Analogie zu § 287 Satz 2 BGB ist für den vertragswidrigen Ge-

---

[4] *Heintzmann* in: Soergel, § 599 Rn. 11; *Häublein* in: MünchKomm-BGB, § 599 Rn. 7; *Weidenkaff* in: Palandt, § 599 Rn. 5.
[5] *Reuter* in: Staudinger, § 599 Rn. 4; *Häublein* in: MünchKomm-BGB, § 599 Rn. 7.
[6] Vgl. *Heintzmann* in: Soergel, § 602 Rn. 5.
[7] *Häublein* in: MünchKomm-BGB, § 603 Rn. 5.
[8] *Larenz*, Schuldrecht, Band II/1: Besonderer Teil, 13. Aufl. 1986, S. 295.
[9] *Larenz*, Schuldrecht, Band II/1: Besonderer Teil, 13. Aufl. 1986, S. 295.
[10] *Reuter* in: Staudinger, § 602 Rn. 3. (mit der Beschränkung auf die Fälle eines „Dauerzustands des Unrechts"); *Weidenkaff* in: Palandt, § 603 Rn. 2 (wenn der vertragswidrige Gebrauch als solcher vom Entleiher zu vertreten war); *Heintzmann* in: Soergel, § 602 Rn. 2; („gegebenenfalls auch dann, wenn die Sache im weiteren Verlauf durch Zufall untergeht"). Aus der Rechtsprechung des BGH vgl. BGH v. 03.07.1962 - VI ZR 88/61, VI ZR 160/61 - juris Rn. 13 - BGHZ 37, 306-310, wonach der Entleiher den Schaden zu ersetzen habe, der durch die unbefugte Benutzung des Wagens durch einen Dritten verursacht worden sei, es sei denn, der Schaden wäre auch ohne die Weitergabe des Wagens entstanden.

brauch einer geliehenen Sache unter folgender Prämisse zu befürworten:[11] Hat der Entleiher durch vertragswidrigen Gebrauch gleichsam einen „unrechtmäßigen Dauerzustand" begründet und ist es, hierdurch begünstigt, zu einem Schaden gekommen, so ist die Situation wertungsmäßig der von § 287 Satz 2 BGB gemeinten zu vergleichen, in welcher der Schuldner sich im Verzug – also ebenfalls in einem „unrechtmäßigen Dauerzustand" – befindet und die Leistung währenddessen unmöglich wird.[12]

b. Haftung des Kaufinteressenten bei einer Probefahrt

7 Praktisch relevant ist die Haftung des **Kaufinteressenten**, der mit einem Kraftfahrzeug eine **Probefahrt** macht. Gleichviel ob hier von einen selbstständigen Leihvertrag auszugehen ist oder ob es sich – so die vorzugswürdige Ansicht – um den unselbstständigen Bestandteil eines Vertragsanbahnungsverhältnisses handelt[13] (vgl. hierzu die Kommentierung zu § 598 BGB Rn. 35), muss man mit dem BGH wohl eine **Haftungsbeschränkung** des Kaufwilligen auf Vorsatz und grobe Fahrlässigkeit annehmen, wenn der Autohändler für das Fahrzeug keine Vollkaskoversicherung abgeschlossen und einen diesbezüglichen Hinweis an den Kunden, der grundsätzlich darauf vertrauen darf, für leicht fahrlässig verursachte Schäden am Fahrzeug nicht haften zu müssen, unterlassen hat.[14] Nach Ansicht des BGH lässt sich dies aus einem stillschweigend vereinbarten Haftungsausschluss herleiten.[15] Insoweit sind die Rechtsbeziehungen der Parteien, für welche die einfache Möglichkeit des Händlers, das Risiko durch eine Versicherung abzudecken, und dessen Interesse an absatzfördernden Probefahrten charakteristisch sind, einer ergänzenden Vertragsauslegung zugänglich.[16] Eine Haftungsbeschränkung des „Probefahrers" gilt im Hinblick auf die unterschiedliche Interessenlage allerdings **nicht**, wenn es sich um einen **Privatverkauf** handelt.[17]

c. Haftung für Schäden an einem Ersatzwagen während einer Garantiereparatur

8 Eine **Haftungsbeschränkung** auf Vorsatz und grobe Fahrlässigkeit ist nach der Rechtsprechung des BGH auch für die **Überlassung eines Ersatzwagens** zu befürworten, wenn sich ein **vollkaskoversichertes Fahrzeug wegen einer Garantiereparatur in der Werkstatt** befindet und der Werkstattinhaber von der Vollkaskoversicherung des Kundenfahrzeugs weiß.[18] Das dieser Rechtsprechung fol-

---

[11] Vgl. auch die Motive (*Mugdan*, Motive, Bd. 2, S. 450), wo es heißt: „Daß der Entleiher, wenn er von der geliehenen Sache schuldvoller Weise einen vertragswidrigen Gebrauch macht, auch wegen des Zufalles haftet, welcher die Folge dieses vertragswidrigen Gebrauches ist [...], braucht nicht besonders hervorgehoben zu werden, da es sich aus den allgemeinen Grundsätzen über Schadensersatz wegen verschuldeter Nichterfüllung ergibt [...]". Dementsprechend hält *Kollhosser* in der 4. Aufl. des MünchKomm-BGB, § 603 Rn. 3, eine Analogie zu § 287 Satz 2 BGB für überflüssig, da die Zurechnung jedes auf vertragswidrigem Verhalten beruhenden Schadens in diesen Fällen bereits aus den allgemeinen Vorschriften in §§ 276, 280 BGB folge; gegebenenfalls seien „normzweckwidrige Ergebnisse" durch die Anwendung etwa der Schutzzwecklehre zu vermeiden. Vgl. nunmehr auch *Häublein* in: MünchKomm-BGB, § 603 Rn. 4: Keine analoge Anwendung des § 287 Satz 2 BGB auf andere Nutzungsexzesse als den Rückgabeverzug; es sei nach allgemeinen Grundsätzen nach einem adäquaten Kausalzusammenhang zwischen Pflichtverletzung und Schaden – unter Berücksichtigung der Schutzzwecklehre – zu fragen.

[12] So die Argumentation von *Reuter* in: Staudinger, § 602 Rn. 3.

[13] So für viele *Häublein* in: MünchKomm-BGB, § 598 Rn. 11; vgl. zum Problem auch *Jox*, NZV 1990, 53-57.

[14] BGH v. 08.01.1986 - VIII ZR 8/85 - juris Rn. 14 - LM Nr. 38 zu BGB § 305; vgl. hierzu *Heintzmann* in: Soergel, Vorbem. § 598 Rn. 14 und § 599 Rn. 11; *Häublein* in: MünchKomm-BGB, § 598 Rn. 11, Fn. 45; ablehnend – ohne Begründung – *Weidenkaff* in: Palandt, § 599 Rn. 5.

[15] So beispielsweise auch OLG Düsseldorf v. 17.09.1993 - 22 W 30/93 - OLGR Düsseldorf 1994, 148-149; OLG Köln v. 26.06.1991 - 13 U 2/91 - juris Rn. 2 - NJW-RR 1992, 415; a.A. *Ströfer*, NJW 1979, 2553-2555, S. 2554, der auf diese Fälle § 254 BGB anwendet.

[16] Eine Übersicht zu den verschiedenen Begründungsansätzen für die Haftungsbeschränkung des „Probefahrers" findet sich bei *Jox*, NZV 1990, 53-57, S. 54; allerdings geht auch das dort für eine vom BGH abweichende Argumentation zitierte OLG Düsseldorf inzwischen von einem stillschweigend vereinbarten Haftungsausschluss aus (OLG Düsseldorf v. 17.09.1993 - 22 W 30/93 - OLGR Düsseldorf 1994, 148-149).

[17] OLG Köln v. 20.11.1995 - 16 U 32/95 - juris Rn. 11 - NJW 1996, 1288-1289; in diesem Sinne auch *Jox*, NZV 1990, 53-57, S. 55; *Heintzmann* in: Soergel, Vorbem. § 598 Rn. 14.

[18] BGH v. 29.11.1978 - VIII ZR 7/78 - juris Rn. 8 - LM Nr. 8 zu § 157 BGB.

gende OLG Hamm stützte dieses Ergebnis zunächst auf die stillschweigende Vereinbarung einer Haftungsbeschränkung,[19] später dann auf ein weit überwiegendes Eigenverschulden des Werkstattbetreibers unter dem Aspekt unterlassener Schadensabwendung[20]. Im Ergebnis ist der Rechtsprechung des BGH zuzustimmen. Dass der Kunde in solchen Fällen ein erhebliches Interesse an einem dem eigenen Fahrzeug entsprechenden Vollversicherungsschutz hat, liegt auf der Hand. Ist dieser nicht gegeben, so muss der Vertragspartner auf diesen Umstand hinweisen, will er sich die Geltendmachung von Schadensersatzansprüchen für leicht fahrlässig verursachte Schäden vorbehalten.

d. Haftung des Arbeitnehmers bei der Leihe des privaten Pkws eines Kollegen für eine betrieblich veranlasste Fahrt

Hier kann die ergänzende Vertragsauslegung ergeben, dass der Entleiher für einen schuldhaft verursachten Schaden nur nach den Grundsätzen der Haftungsbeschränkung bei betrieblicher Tätigkeit haftet.[21]

9

e. Haftung des Ausstellers eines Kunstobjekts

Der regelmäßig als Entleiher anzusehende Aussteller eines Kunstobjekts hat dafür einzustehen, dass dieses bei Auf- und Ausstellung und Repräsentation vor Beschädigungen von außen und durch Dritte zumindest insoweit geschützt wird, wie es mit dem Zweck der Präsentation gegenüber der Öffentlichkeit oder zumindest eines bestimmten Personenkreises vereinbar ist.[22]

10

f. Haftung des Entleihers bei Personenverschiedenheit von Verleiher und Eigentümer

Ist der Verleiher nicht gleichzeitig der Eigentümer der Leihsache, ist er diesem gegenüber aber seinerseits schadensersatzpflichtig, so hat er einen eigenen, ersatzfähigen (Haftungs-)Schaden, wenn der Entleiher die Sache beschädigt. Aber selbst wenn der Verleiher im Verhältnis zum Eigentümer von Schadensersatzansprüchen freigestellt ist oder aus anderen Gründen der Schaden und die formalen Anspruchsvoraussetzungen sich nicht in einer Person verwirklichen, soll dies dem Entleiher nicht zugutekommen.[23] Der Verleiher kann dann den Schaden des Eigentümers gleichsam zu seiner vertraglichen Anspruchsgrundlage ziehen und den Schaden des Eigentümers im Wege der **Drittschadensliquidation** geltend machen[24] oder seinen Anspruch an den Eigentümer abtreten.

11

Der Eigentümer kann gegebenenfalls auch in den Schutzbereich des Leihvertrages einbezogen sein und auf dieser Grundlage eigene vertragliche Schadensersatzansprüche haben (vgl. auch § 311 Abs. 3 BGB).

12

g. Vertragliche Haftung Minderjähriger

Minderjährige haften nicht auf vertraglicher Grundlage, wenn ihr gesetzlicher Vertreter dem Leihvertrag nicht zugestimmt hat, denn dieser ist wegen der auch dem Entleiher obliegenden Pflichten nicht lediglich rechtlich vorteilhaft im Sinne von § 107 BGB. Allein in der Zustimmung der Eltern zum Erwerb des Führerscheins liegt noch nicht die generelle Erlaubnis, ein Fahrzeug auszuleihen oder zu mieten.[25]

13

---

[19] OLG Hamm v. 03.02.1993 - 32 U 281/91 - juris Rn. 2 - NJW-RR 1993, 672.
[20] OLG Hamm v. 17.12.1999 - 29 U 54/99 - juris Rn. 11 - NJW-RR 2000, 1047-1048.
[21] LAG Düsseldorf v. 25.09.1996 - 11 Sa 967/96 - juris Rn. 42.
[22] OLG Rostock v. 05.03.2007 - 3 U 103/06 - juris Rn. 31 - OLGR Rostock 2007, 583; das beklagte Land hatte ein werthaltiges und beschädigungsanfälliges Kunstwerk in einen ungesicherten und unbewachten Baustellenbereich verbracht.
[23] *Müller*, Schuldrecht – Besonderer Teil, 1990, Rn. 936; *Heintzmann* in: Soergel, § 602 Rn. 3.
[24] *Reuter* in: Staudinger, § 602 Rn. 4.
[25] BGH v. 19.06.1973 - VI ZR 95/71 - juris Rn. 6 - LM Nr. 63 zu § 242 (D) BGB.

3. Abdingbarkeit

14 § 602 BGB ist uneingeschränkt abdingbar.[26] Es kann vereinbart werden, dass der Entleiher auch Schäden infolge vertragsgemäßen Gebrauchs zu ersetzen haben soll oder für Zufallsschäden aufkommen muss (zur Zufallshaftung vgl. Rn. 5). Umgekehrt kann seine Haftung beispielsweise auf grobe Fahrlässigkeit beschränkt werden.[27]

C. Rechtsfolgen

15 Gebraucht der Entleiher die Leihsache im Rahmen dessen, was ihm der Leihvertrag erlaubt, haftet er für eventuell an ihr entstandene Schäden nicht (Konkretisierung des Haftungsmaßstabs des § 276 BGB) und ist auch nicht zu ihrer Instandsetzung verpflichtet. Seine Rückgabepflicht aus § 604 BGB bezieht sich auf die Sache in ihrem tatsächlichen Zustand nach vertragsgemäßem Gebrauch. Ist sie gänzlich zerstört oder kommt sie abhanden, worin nach dem oben Gesagten (vgl. Rn. 2) keine Veränderung oder Verschlechterung zu sehen ist, wird der vertragsgemäß handelnde Entleiher von seiner Rückgabepflicht nach § 275 BGB frei und braucht mangels Vertretenmüssens gemäß § 276 BGB keinen Schadensersatz an den Verleiher zu leisten.[28]

D. Beweislast

16 Der Verleiher hat zu beweisen, dass die Leihsache während der Gebrauchszeit beschädigt wurde. Außerdem trägt er die Beweislast dafür, dass die Schadensursache dem Obhutsbereich des Entleihers entstammt; eine in seinen eigenen Verantwortungsbereich fallende Schadensursache muss er ausräumen.[29] Der Entleiher muss hingegen beweisen, dass der Schaden auf vertragsgemäßem Gebrauch beruht.[30] Wurde die Sache bei einem Dritten beschädigt, dem der Entleiher die Sache ohne Erlaubnis des Verleihers überlassen hatte, muss – entsprechend § 287 Satz 2 HS. 2 BGB – der Entleiher beweisen, dass der Schaden auch ohne den Verstoß gegen § 603 Satz 2 BGB entstanden wäre.[31]

---

[26] Vgl. *Heintzmann* in: Soergel, § 602 Rn. 5.
[27] *Häublein* in: MünchKomm-BGB, § 603 Rn. 5.
[28] *Wagner* in: Bamberger/Roth, § 602 Rn. 2.
[29] Hierzu – für die Miete (jetzt § 538 BGB) – BGH v. 18.05.1994 - XII ZR 188/92 - juris Rn. 11 - BGHZ 126, 124-131.
[30] Allgemeine Meinung, vgl. *Reuter* in: Staudinger, § 602 Rn. 5; *Heintzmann* in: Soergel, § 602 Rn. 4, und – für die Miete – BGH v. 10.07.2002 - XII ZR 107/99 - juris Rn. 24 - NJW 2002, 3234-3237.
[31] *Heintzmann* in: Soergel, § 602 Rn. 4.

§ 603 BGB Vertragsmäßiger Gebrauch

(Fassung vom 02.01.2002, gültig ab 01.01.2002)

[1]Der Entleiher darf von der geliehenen Sache keinen anderen als den vertragsmäßigen Gebrauch machen. [2]Er ist ohne die Erlaubnis des Verleihers nicht berechtigt, den Gebrauch der Sache einem Dritten zu überlassen.

Gliederung

A. Anwendungsvoraussetzungen	1	B. Rechtsfolgen des vertragswidrigen	
I. Der vertragswidrige Gebrauch der Leihsache	1	Gebrauchs	9
II. Unberechtigte Überlassung der Leihsache an einen Dritten	2		

A. Anwendungsvoraussetzungen

I. Der vertragswidrige Gebrauch der Leihsache

Definition: Vertragswidrig ist alles, was nicht vertragsgemäß ist, wobei die Vertragswidrigkeit sich auf Art und Zeit der Nutzung oder die Person des Nutzenden beziehen kann.[1] Wo die Grenze zwischen dem vertragsmäßigen und dem vertragswidrigen Gebrauch liegt, entscheidet primär die Vereinbarung zwischen den Beteiligten, daneben sind § 241 BGB und § 242 BGB, die Natur der Leihsache etc. heranzuziehen. Haben die Beteiligten entgegen den für die Leihe geltenden Grundsätzen eine Gebrauchspflicht des Entleihers (vgl. die Kommentierung zu § 598 BGB Rn. 51) vereinbart (ggf. auch stillschweigend: denkbar etwa bei der Leihe eines Reitpferdes), ist auch der Nichtgebrauch ein vertragswidriger Gebrauch[2] (vgl. zum Inhalt des vertragsmäßigen Gebrauchs im Einzelnen die Kommentierung zu § 602 BGB Rn. 3).   1

II. Unberechtigte Überlassung der Leihsache an einen Dritten

Der Entleiher, der die Leihsache ohne Erlaubnis des Verleihers einem Dritten überlässt, handelt stets vertragswidrig (vgl. die Formulierung des § 605 Nr. 2 BGB: „insbesondere unbefugt den Gebrauch einem Dritten überlässt").   2

Derjenige, der sein Gebrauchsrecht aus der testamentarischen Anordnung eines schuldrechtlichen Wohnrechts herleitet, ist regelmäßig nicht berechtigt, die Wohnung auf eigene Rechnung an einen Dritten zu vermieten, wenn er selbst gesundheitsbedingt in ein Heim übersiedeln musste.[3]   3

Die **Erlaubnis** des Verleihers zur Gebrauchsüberlassung an Dritte ist nach der – in der Literatur umstrittenen – Rechtsprechung des BGH (für die mietrechtliche Parallelvorschrift in § 540 Abs. 1 Satz 1 BGB) eine **einseitige empfangsbedürftige Willenserklärung**[4], die im Hinblick auf das Interesse des Entleihers an Dispositionssicherheit nur aus **wichtigem Grund**, also insbesondere dann, wenn nach § 605 BGB gekündigt werden könnte, **widerruflich** ist.[5] Allerdings sollte die Gestattung dann frei   4

---

[1] *Häublein* in: MünchKomm-BGB, § 603 Rn. 3.
[2] *Reuter* in: Staudinger, § 598 Rn. 13.
[3] OLG Celle v. 25.03.2004 - 11 U 201/03 - juris Rn. 20 - NJW-RR 2004, 1595.
[4] BGH v. 15.05.1991 - VIII ZR 38/90 - juris Rn. 36 - LM Nr. 4 zu § 9 (Ca) AGBG. So auch *Ebert* in: Hk-BGB, § 603 Rn. 3; *Heintzmann* in: Soergel, § 603 Rn. 2. *Häublein* in: MünchKomm-BGB, § 603 Rn. 7. Kritisch zu dieser dogmatischen Einordnung *Reuter* in: Staudinger, § 603 Rn. 2, der die Erlaubnis im Sinne einer geschäftsähnlichen Handlung als gesetzliches Tatbestandsmerkmal des dispositiven Rechts des Entleihers zur Unterleihe deutet und eine Anfechtung wegen Irrtums über die grundsätzliche Unwiderruflichkeit der Erlaubnis deshalb nicht zulässt.
[5] *Heintzmann* in: Soergel, § 603 Rn. 2; für grundsätzliche Unwiderruflichkeit auch *Gitter*, Gebrauchsüberlassungsverträge, 1988, S. 159; zur Widerruflichkeit der Erlaubnis zur Untervermietung aus wichtigem Grund BGH v. 11.02.1987 - VIII ZR 56/86 - juris Rn. 11 - NJW 1987, 1692-1694.

widerrufen werden können, wenn der Entleiher kein schutzwürdiges Vertrauen in ihren Fortbestand hat.[6] Dem Einwand gegen die rechtliche Qualifikation als einseitige Willenserklärung, einseitige Vertragsänderungen seien nur nach entsprechender Vereinbarung im Ursprungsvertrag möglich,[7] lässt sich entgegenhalten, dass der Rechtsordnung auch sonst einseitige Gestattungen nicht fremd sind[8].

5   Für die Auslegung der Erlaubnis gelten die allgemeinen Regeln. Im Verleihen eines Pkws für eine bestimmte Fahrt kann selbst dann nicht das stillschweigende Einverständnis mit der Privatfahrt eines Dritten gesehen werden, wenn der Verleiher den Pkw sonst stets großzügig anderen zum Gebrauch überließ.[9]

6   Die Erlaubnis kann ein unselbstständiges Mitgebrauchsrecht (etwa der Familienangehörigen des Entleihers) begründen[10]; dann ist der Dritte regelmäßig in den Schutzbereich des Leihvertrags einbezogen. Darf er die Sache selbstständig nutzen, liegt darin eine Unterleihe. Der Dritte kann auch im Wege einer mit Verleiher und Entleiher vereinbarten Vertragsübernahme anstelle des Letzteren in dessen volle Rechts- und Pflichtenstellung eintreten.[11]

7   Die Erlaubnis des Verleihers zur Gebrauchsüberlassung ist keine Zustimmung im Sinne von § 182 BGB. Ihr Fehlen berührt die Wirksamkeit eines Vertrags zwischen Entleiher und Drittem nicht.[12]

8   **Abdingbarkeit:** Von § 603 BGB abweichende Vereinbarungen, etwa im Sinne einer Haftungsbeschränkung zu Gunsten des die Sache fahrlässig vertragswidrig gebrauchenden Entleihers, sind zulässig.[13]

B. Rechtsfolgen des vertragswidrigen Gebrauchs

9   Der Verleiher kann dem vertragswidrig handelnden Entleiher nach § 605 Nr. 2 BGB kündigen und dann die Sache gem. § 604 BGB zurückfordern.

10 Möglich ist auch eine **Unterlassungsklage analog** § 541 BGB. Zuvor muss der Verleiher abmahnen und dabei das beanstandete Verhalten so genau bezeichnen, dass der Entleiher sich danach richten kann.[14] Das Erfordernis der von § 541 BGB geforderten vorherigen Abmahnung ist zwar umstritten, aber zu befürworten: Bei der Leihe sollten die Gerichte ebenso wenig unnötig belastet werden wie bei der Miete.[15] Eine Abmahnung ist entbehrlich, wenn das Fehlverhalten des Entleihers die Vertrauensgrundlage so schwer erschüttert hat, dass diese auch durch eine erfolgreiche Abmahnung nicht wieder hergestellt werden kann, oder wenn im Hinblick auf die endgültige und ernsthafte Weigerung, sich vertragsgemäß zu verhalten, feststeht, dass der Entleiher den vertragswidrigen Gebrauch trotz einer Abmahnung fortsetzen würde.[16] Die Unterlassungsklage ist im Hinblick auf die Möglichkeit der Kündigung nach § 605 Nr. 2 BGB bzw. das Recht zur sofortigen Rückforderung gem. § 604 Abs. 3 BGB bei der unbefristeten Leihe praktisch wenig bedeutsam.[17]

---

[6] Vgl. *Häublein* in: MünchKomm-BGB, § 603 Rn. 7: Ob die Erlaubnis frei oder nur aus wichtigem Grund widerrufen werden könne, hänge in erster Linie vom Bestehen eines entsprechenden Vorbehalts ab und sei im Übrigen unter Berücksichtigung der schutzwürdigen Belange des Entleihers durch Auslegung zu ermitteln.

[7] *Reuter* in: Staudinger, § 603 Rn. 2.

[8] Hierauf verweist *Kollhosser* in der 4. Aufl. des MünchKomm-BGB, § 603 Rn. 6.

[9] BGH v. 03.07.1962 - VI ZR 88/61, VI ZR 160/61 - juris Rn. 13 - BGHZ 37, 306-310.

[10] *Gitter*, Gebrauchsüberlassungsverträge, 1988, S. 159, will solche Fälle gar nicht unter § 603 BGB fallen lassen. Dem steht entgegen, dass auch ein unerlaubter Mitgebrauch vertragswidrig im Sinne der Vorschrift ist (hier wird jedoch häufig eine stillschweigende Erlaubnis zu erwägen sein).

[11] Zu den verschiedenen Fallgestaltungen vgl. *Häublein* in: MünchKomm-BGB, § 603 Rn. 6.

[12] *Gitter*, Gebrauchsüberlassungsverträge, 1988, S. 159.

[13] *Häublein* in: MünchKomm-BGB, § 603 Rn. 5.

[14] Vgl. zu den inhaltlichen Anforderungen an eine Abmahnung (als Voraussetzung einer fristlosen Kündigung gegenüber dem Pächter/Mieter) BGH v. 18.11.1999 - III ZR 168/98 - juris Rn. 21 - LM BJagdG Nr. 24 (7/2000).

[15] So *Reuter* in: Staudinger, § 603 Rn. 1; ebenso *Heintzmann* in: Soergel, § 603 Rn. 1; *Häublein* in: MünchKomm-BGB, § 603 Rn. 4, Fn. 3; a.A. *Kollhosser* in der 4. Aufl. des: MünchKomm-BGB, § 603 Rn. 2.

[16] BGH v. 18.11.1999 - III ZR 168/98 - juris Rn. 23 - LM BJagdG Nr. 24 (7/2000).

[17] *Reuter* in: Staudinger, § 603 Rn. 1.

Bei schuldhafter Beschädigung oder Zerstörung der Sache hat der Verleiher einen Schadensersatzanspruch aus § 280 BGB. Wird die Sache im Rahmen eines schuldhaft vertragswidrigen Gebrauchs – also auch bei schuldhaft unerlaubter „Unterleihe" – **zufällig** zerstört oder beschädigt, hat der Entleiher den Schaden zu ersetzen, wenn der Gebrauch conditio sine qua non für die Zerstörung/Beschädigung war (zur derart definierten – umstrittenen – Zufallshaftung des Entleihers bei vertragswidrigem Gebrauch vgl. die Kommentierung zu § 602 BGB Rn. 5). 11

War der Entleiher zur Weitergabe der Leihsache an einen Dritten berechtigt und kommt die Sache bei diesem zu Schaden, so haftet der Entleiher für eigenes **Auswahlverschulden** und darüber hinaus, soweit die Auslegung des Verhaltens von Verleiher, Entleiher und Drittem keine Vertragsübernahme mit der Folge eines vollständigen Eintretens des Dritten in die Rechtsstellung des Entleihers ergibt[18], für ein Verschulden des als **Erfüllungsgehilfe** zu betrachtenden Dritten nach § 278 BGB[19]. 12

Wenn der Leihvertrag beendet ist, hat der Verleiher nach § 604 Abs. 4 BGB einen **Rückgabeanspruch** auf die Leihsache auch gegenüber einem Dritten, dem der Gebrauch – erlaubt oder unerlaubt – überlassen wurde. 13

Schadensersatzansprüche des Verleihers **verjähren** gem. § 606 BGB. 14

---

[18] Vgl. *Kollhosser* in der 4. Aufl. des MünchKomm-BGB, § 603 Rn. 5.
[19] *Reuter* in: Staudinger, § 603 Rn. 3. Das Fehlen einer § 540 Abs. 2 BGB entsprechenden Vorschrift steht dieser Annahme nicht entgegen, da § 540 Abs. 2 BGB nur das konkretisiert, was aus § 278 BGB ohnehin folgt und deshalb deklaratorischen Charakter hat.

§ 604 BGB Rückgabepflicht

(Fassung vom 02.01.2002, gültig ab 01.01.2002)

(1) Der Entleiher ist verpflichtet, die geliehene Sache nach dem Ablauf der für die Leihe bestimmten Zeit zurückzugeben.

(2) ¹Ist eine Zeit nicht bestimmt, so ist die Sache zurückzugeben, nachdem der Entleiher den sich aus dem Zweck der Leihe ergebenden Gebrauch gemacht hat. ²Der Verleiher kann die Sache schon vorher zurückfordern, wenn so viel Zeit verstrichen ist, dass der Entleiher den Gebrauch hätte machen können.

(3) Ist die Dauer der Leihe weder bestimmt noch aus dem Zweck zu entnehmen, so kann der Verleiher die Sache jederzeit zurückfordern.

(4) Überlässt der Entleiher den Gebrauch der Sache einem Dritten, so kann der Verleiher sie nach der Beendigung der Leihe auch von dem Dritten zurückfordern.

(5) Die Verjährung des Anspruchs auf Rückgabe der Sache beginnt mit der Beendigung der Leihe.

Gliederung

A. Grundlagen	1
B. Anwendungsvoraussetzungen	2
I. Entstehung der Rückgabepflicht	2
1. Überblick	2
2. Beendigung des Leihvertrages als Voraussetzung der Rückgabepflicht	4
a. Beendigung der Leihe ohne Kündigung	4
b. Beendigung der Leihe mit Kündigung	8
c. Die Rückgabepflicht eines Dritten, dem der Entleiher den Gebrauch der Leihsache überlassen hat (Absatz 4)	12
d. Die Rückgabepflicht gegenüber dem mit dem Eigentümer nicht identischen Verleiher	15
e. Erste Auffassung: Rückgabeanspruch vom Eigentum eines Dritten unabhängig	17
f. Gegenansicht: Berücksichtigung der Interessen des Entleihers	18
g. Die Auffassung des Autors	19
h. Einwendungen gegen die Rückgabepflicht	20
II. Die Verjährung des Rückgabeanspruchs nach Absatz 5	21
C. Rechtsfolgen	23
I. Definition der Rückgabe	23
II. Inhalt und Umfang der Rückgabepflicht	24
D. Beweislast	28

A. Grundlagen

1 Die Leihe ist vorübergehende Gebrauchsüberlassung. Den Entleiher trifft deshalb eine Rückgabepflicht nach Beendigung der Leihe. Da die Leihe kein synallagmatischer Vertrag ist, gelten die §§ 320-326 BGB für Leistungsstörungen im Zusammenhang mit der Rückgabeverpflichtung nicht.

B. Anwendungsvoraussetzungen

I. Entstehung der Rückgabepflicht

1. Überblick

2 Der Leihvertrag endet durch **Zeitablauf oder** durch **Kündigung** (wobei das Gesetz das Erfordernis der Kündigung durch die Formulierung „kann [...] zurückfordern" zum Ausdruck bringt, vgl. § 604 Abs. 2 Satz 2, Abs. 3 BGB; in § 605 BGB ist hingegen ausdrücklich von Kündigung die Rede). Ist der Vertrag in diesem Sinne beendet worden, muss der Entleiher bzw. ein Dritter, dem der Entleiher den Gebrauch der Sache überlassen hat (§ 604 Abs. 4 BGB), die Leihsache zurückgeben. § 604 Abs. 1 BGB betrifft den Ablauf einer vereinbarten Vertragsdauer, § 604 Abs. 2 Satz 1 BGB das Vertragsende infolge des zur Erfüllung des Vertragszwecks führenden Gebrauchs. § 604 Abs. 2 Satz 2 BGB gibt bei der zweckgebundenen Leihe schon vorher einen Rückgabeanspruch, wenn der Entleiher den Gebrauch zwar noch nicht gemacht hat, wohl aber hätte machen können. Fehlen sowohl Befristung als auch

Zweckbestimmung, kann der Verleiher die Sache jederzeit zurückverlangen (§ 604 Abs. 4 BGB). § 605 BGB regelt exemplarisch Gründe für ein außerordentliches Kündigungsrecht des Verleihers. Mit der Beendigung der Leihe – also gegebenenfalls nach Zugang einer Kündigungserklärung (vgl. § 130 BGB) oder nach Ablauf einer in ihr genannten Frist – wird der Rückgabeanspruch **fällig** und beginnt der Anspruch auf Rückgabe der Sache zu **verjähren** (§ 604 Abs. 5 BGB).

2. Beendigung des Leihvertrages als Voraussetzung der Rückgabepflicht
a. Beendigung der Leihe ohne Kündigung

Unproblematisch sind die Fälle, in denen für den Leihvertrag eine **bestimmte Dauer** vereinbart worden ist, mit deren Ablauf der Vertrag gemäß § 604 Abs. 1 BGB automatisch endet, ohne dass eine Kündigung erforderlich wäre. Liegt keine Befristung vor, muss gefragt werden, ob die Leihe einem bestimmten **Zweck** diente. Dann endet sie nach § 604 Abs. 2 Satz 1 BGB – ebenfalls ohne Kündigung durch den Verleiher –, wenn der Entleiher den sich aus diesem Zweck ergebenden Gebrauch gemacht hat, was u.U. ein ganzes Leben lang andauern kann.[1]

Haben Eltern ihrem Kind und dem Schwiegerkind eine **Wohnung** zum unentgeltlichen Gebrauch überlassen und zieht das eigene Kind nach der Trennung vom Ehegatten aus, so bleibt das Leihverhältnis zunächst einmal bestehen. Das Schwiegerkind schuldet die sich aus dem Gebrauch der Wohnung ergebenden Kosten gemäß § 601 Abs. 1 BGB. Die Leihe kann bei Vorliegen eines Kündigungsgrunds (§ 605 BGB oder auch § 314 BGB, wobei der Auszug eines Ehegatten als solcher noch keinen wichtigen Grund darstellen dürfte[2]) gekündigt werden. Fehlt es an einem solchen, gilt es die „für die Leihe bestimmte Zeit" zu ermitteln, wobei gegenüber dem Interesse der Schwiegereltern an einer Räumung zu berücksichtigen ist, ob auch Enkelkinder in der Wohnung leben, inwieweit größere Investitionen für die Wohnung erbracht wurden etc.[3]

Ein verliehener Hypothekenbrief, mit dem der Entleiher einem Dritten Sicherheit leisten können sollte, kann erst dann nach § 604 Abs. 2 Satz 1 BGB zurückgefordert werden, wenn der **Sicherungszweck** weggefallen ist.[4] Das leihweise Zur-Verfügung-Stellen von Grundstücksteilen für **Versorgungsleistungen** oder Ähnliches dauert nach dem Zweck der Leihe so lange an, wie die Leitung besteht und das Grundstück für den vorgesehenen Gebrauch benötigt wird.[5] Werden Maschinen zur Erstellung eines Werks ausgeliehen, ist der Vertragszweck mit dessen Fertigstellung erreicht.[6] Für eine öffentliche Ausstellung im Sinne einer „Dauerleihgabe" verliehene Kunstgegenstände sind bis zum Ende der Ausstellung beim Entleiher zu belassen.[7] Der Zweck der Überlassung eines Gebäudes, welches vom Entleiher aufwändig zu Wohnzwecken ausgebaut und anschließend genutzt werden soll, ist so lange noch nicht beendet, wie der Entleiher das Gebäude zum Wohnen benötigt. Das kann lebenslang sein, wenn sich der Entleiher im Einvernehmen mit dem Verleiher ein neues Zuhause geschaffen hat, um dort seinen Lebensabend zu verbringen.[8]

---

[1] Vgl. hierzu *Blank* in: Schmidt-Futterer, Mietrecht, Vorbem. zu § 535 Rn. 124.

[2] Vgl. BGH v. 10.10.1984 - VIII ZR 152/83 - juris Rn. 26 - NJW 1985, 313-315 (für den Auszug des Schwiegerkindes).

[3] Zu diesen Fragen vgl. *Schulz*, FamRB 2006, 84-87, 86 (allerdings betrifft die dort in Fn. 19 zitierte Entscheidung BGH v. 10.10.1984 - VIII ZR 152/83 - MDR 1985, 666, nicht den Auszug des Kindes, sondern den des Schwiegerkindes).

[4] Vgl. *Weidenkaff* in: Palandt, § 604 Rn. 5.

[5] BGH v. 17.03.1994 - III ZR 10/93 - juris Rn. 41 - BGHZ 125, 293-302, OLG München v. 12.07.1984 - 24 U 871/83 - WM 1984, 1397-1399 für einen auf fremdem Grundstück unterhaltenen Gleisanschluss; LG Freiburg (Breisgau) v. 21.09.1994 - 9 S 174/93 - juris Rn. 3 - MDR 1994, 1218 für eine Abwasserleitung. Vgl. aber auch BGH v. 24.01.2003 - V ZR 172/02 - juris Rn. 10 - IBR 2003, 276, wo unterschieden wird zwischen der Gebrauchsgewährung von Grund und Boden (dann Leihe) und der bloßen Duldung der Inanspruchnahme (zweifelhaft).

[6] *Gitter*, Gebrauchsüberlassungsverträge, 1988, S. 161.

[7] OLG Celle v. 29.06.1994 - 20 U 9/94 - juris Rn. 3 - NJW-RR 1994, 1473-1474.

[8] LG Göttingen v. 20.05.1992 - 5 S 5/92 - juris Rn. 4 - WuM 1992, 440.

§ 604

b. Beendigung der Leihe mit Kündigung

7 § 604 Abs. 2 Satz 1 BGB gilt **analog**, wenn der Zweck der Leihe etwa wegen Zweckfortfalls nicht mehr erreicht werden kann.[9]

8 Außerhalb der in § 604 Abs. 1 BGB und nach § 604 Abs. 2 Satz 1 BGB genannten Fälle bringt § 604 BGB durch die Formulierung, der Verleiher könne die Sache „zurückfordern", zum Ausdruck, dass der Leihvertrag durch eine **Kündigung** des Verleihers beendet wird (streitig).[10] Diese kann konkludent im Rückforderungsbegehren gesehen werden. Damit die Vertragsdauer nicht über Gebühr ausgeweitet wird, ist ein solches Kündigungsrecht nach § 604 Abs. 2 Satz 2 BGB gegeben, wenn der Vertragszweck zwar noch nicht erreicht ist, der Entleiher den vereinbarten Gebrauch aber hätte machen können. Auf ein Verschulden des Entleihers kommt es dabei nicht an; es geht nur darum, dass nach den Vorstellungen der Parteien der Vertragszweck innerhalb eines ungefähren Zeitraums erledigt sein sollte.[11]

9 Ist die Leihe weder befristet noch zweckbestimmt, kann der Verleiher gem. § 604 Abs. 3 BGB **jederzeit kündigen**.[12] Dieses Recht hängt zwar nicht davon ab, ob dem Entleiher die Kündigung gelegen kommt, allerdings unterliegt der Verleiher den sich aus § 241 Abs. 2 BGB und § 242 BGB ergebenden Rücksichtnahmepflichten, sodass eine Kündigung „zur Unzeit" ohne erhebliches Eigeninteresse richtigerweise nicht in Betracht kommt.[13]

10 Auch der **Entleiher** kann den Leihvertrag, der ja primär seinem eigenen Vorteil dient, **kündigen** (vgl. den Gedanken des § 271 Abs. 2 BGB), wobei das Erfordernis der Kündigung umstritten ist und teilweise die bloße Rückgabe als zur Vertragsbeendigung ausreichend erachtet wird.[14] Gegen die letztgenannte Ansicht spricht, dass das Faktum der Rückgabe allein das vereinbarte Gebrauchsrecht des Entleihers nicht in Wegfall bringen kann.[15] Der Entleiher hat die schutzwürdigen Interessen des Verleihers zu berücksichtigen.[16] In der vorzeitigen Rückgabe kann eine konkludente Kündigung gesehen werden, wenn sich aus den Umständen ergibt, dass nicht etwa eine spätere erneute Gebrauchsüberlassung auf Grund des bestehenden Vertrages gewollt ist.[17]

11 In den Fällen des § 604 Abs. 1 BGB und des § 604 Abs. 2 Satz 1 BGB kann eine **außerordentliche Kündigung** des Verleihers in Betracht kommen (vgl. § 605 BGB). Für Gebrauchsüberlassungen, welche die Dauer von 30 Jahren überschreiten, ist ein Kündigungsrecht entsprechend § 544 BGB denkbar.[18]

---

[9] *Heintzmann* in: Soergel, § 605 Rn. 1 und § 604 Rn. 3; *Häublein* in: MünchKomm-BGB, § 604 Rn. 2.

[10] Im Sinne der hier vertretenen Auffassung: *Häublein* in: MünchKomm-BGB, § 604 Rn. 1 (vor allem aus § 604 Abs. 3 BGB folge, dass das Rückgabeverlangen die Kündigung im Zweifel enthalte); *Heintzmann* in: Soergel, § 605 Rn. 1; a.A. *Weidenkaff* in: Palandt, § 605 Rn. 2, der in der Rückforderung nach § 604 Abs. 2 Satz 2 und § 604 Abs. 3 BGB keine Kündigung sieht. In den Gesetzesmaterialien zur Schuldrechtsreform wird das jederzeitige Rückforderungsrecht des § 604 Abs. 3 BGB als nicht von einer Kündigung abhängig betrachtet, vgl. BT-Drs. 14/6040, S. 258; vgl. die Auswirkungen dieses Standpunkts auf die den Verjährungsbeginn regelnde neue Regelung in § 604 Abs. 5 BGB (vgl. Rn. 21).

[11] Allgemeine Ansicht; vgl. statt aller *Gitter*, Gebrauchsüberlassungsverträge, 1988, S. 161.

[12] Vgl. zur jederzeit kündbaren Gestattung, ein Grundstück unentgeltlich als Zufahrt zu benutzen OLG Saarbrücken v. 24.07.2002 - 1 U 81/02 - 19, 1 U 81/02- juris Rn. 7 - NJW-RR 2002, 1385.

[13] *Reuter* in: Staudinger, § 604 Rn. 9; *Weidenkaff* in: Palandt, § 604 Rn. 6; OLG Köln v. 23.09.1992 - 11 U 213/92 - juris Rn. 16 - NJW-RR 1992, 1497 für einen Fall, in dem nach Auffassung des Gerichts gegen das nachbarschaftliche Rücksichtnahmegebot verstoßen wurde.

[14] Für Kündigungserfordernis z.B.: *Reuter* in: Staudinger, § 604 Rn. 3; *Müller*, Schuldrecht – Besonderer Teil, 1990, Rn. 950. A.A. wohl *Weidenkaff* in: Palandt, § 604 Rn. 4, der nur von einem Rückgaberecht ohne Kündigung spricht; so wohl auch *Häublein* in: MünchKomm-BGB, § 605 Rn. 1.

[15] *Gitter*, Gebrauchsüberlassungsverträge, 1988, S. 161.

[16] *Weidenkaff* in: Palandt, § 604 Rn. 4; *Gitter*, Gebrauchsüberlassungsverträge, 1988, S. 161.

[17] *Kummer* in: Soergel, 12. Aufl., § 604 Rn. 4.

[18] *Häublein* in: MünchKomm-BGB, § 604 Rn. 2.

c. Die Rückgabepflicht eines Dritten, dem der Entleiher den Gebrauch der Leihsache überlassen hat (Absatz 4)

§ 604 Abs. 4 BGB entspricht der mietrechtlichen Regelung in § 546 Abs. 2 BGB (vgl. die Kommentierung zu § 546 BGB). Ob die Gebrauchsüberlassung erlaubt oder unerlaubt erfolgte, ist im Rahmen des § 604 Abs. 4 BGB unerheblich. Auch der Rückgabeanspruch gegenüber dem Dritten ist gem. § 604 Abs. 4 BGB von der Beendigung des Leihverhältnisses abhängig. Es müssen also zunächst die in Rn. 4 erörterten Voraussetzungen für das Vertragsende – gegebenenfalls also auch eine Kündigung z.B. nach § 605 Nr. 2 BGB – gegeben sein. Darüber hinaus muss der Verleiher von dem Dritten die **Rückgabe verlangen**, damit dieser Kenntnis von seiner Verpflichtung erhält.[19] Die Rückforderung gegenüber dem Entleiher genügt dann, wenn für den Dritten hieraus ersichtlich wird, dass der Verleiher die Sache auch von ihm zurückhaben möchte. Der Anspruch besteht – wie sich schon aus der Formulierung des § 604 Abs. 4 BGB ergibt („auch von dem Dritten") – neben dem Rückgabeanspruch gegen den Entleiher[20] (gesetzlicher Schuldbeitritt). „Hauptentleiher" und Dritter sind gegenüber dem „Hauptverleiher" Gesamtschuldner (§ 431 BGB).[21]

12

Problematisch ist die Lage, wenn das Leihverhältnis beispielsweise durch Anfechtung in Wegfall gerät. Dann entfällt sowohl der leihvertragliche Rückgabeanspruch gegen den Entleiher als auch der Anspruch aus § 604 Abs. 4 BGB gegen den Dritten.[22]

13

Neben § 604 Abs. 4 BGB steht dem Eigentümer der Leihsache nach herrschender Meinung auch § 985 BGB als Anspruchsgrundlage zur Verfügung.[23]

14

d. Die Rückgabepflicht gegenüber dem mit dem Eigentümer nicht identischen Verleiher

Ist der **Entleiher selbst Eigentümer** der Sache, so ist es ihm als Entleiher unbenommen, das Leihverhältnis vorzeitig zu kündigen (vgl. Rn. 10), sofern dadurch der Verleiher in seinen Interessen nicht erheblich beeinträchtigt wird. Nach Rückgabe der Sache an den Verleiher könnte er sogleich nach § 985 BGB vindizieren, so dass dem Anspruch des Verleihers aus § 604 BGB der Einwand aus § 242 BGB entgegensteht (dolo facit qui petit quod statim redditurus est).[24]

15

Wie sich ansonsten das Eigentum eines mit dem Verleiher nicht identischen Dritten auf den Rückgabeanspruch gegen den Entleiher auswirkt, ist umstritten.

16

e. Erste Auffassung: Rückgabeanspruch vom Eigentum eines Dritten unabhängig

Nach dieser Ansicht soll der Umstand, dass der Verleiher nicht zugleich Eigentümer der verliehenen Sache ist, dessen Rückgabeanspruch unberührt lassen. Der Entleiher soll dem Rückgabeanspruch des Verleihers das Dritteigentum nicht entgegenhalten können.[25]

17

f. Gegenansicht: Berücksichtigung der Interessen des Entleihers

Dieser Meinung wird entgegengehalten, dass sie die schutzwürdigen Interessen des Entleihers in den Hintergrund stelle. Drohten diesem Schadensersatzansprüche des Eigentümers, so sei der Verleiher nach Treu und Glauben auf einen Anspruch auf Rückgabe an den Eigentümer beschränkt. Berühme sich ein Dritter des Eigentums an der Sache und verlange sie vom Entleiher heraus, sei die Sach- und Rechtslage aber unklar, so müsse der Verleiher informiert und seine Stellungnahme abgewartet werden.[26]

18

---

[19] *Reuter* in: Staudinger, § 604 Rn. 10; *Kollhosser* in der 4. Aufl. des MünchKomm-BGB, § 604 Rn. 7; *Häublein* in: MünchKomm-BGB, § 604 Rn. 7, lehnt es hingegen ab, die Anspruchsentstehung von dem Herausgabeverlangen gegenüber dem Dritten abhängig zu machen.

[20] *Reuter* in: Staudinger, § 604 Rn. 11.

[21] Vgl. – für § 546 Abs. 2 BGB – nur *Weidenkaff* in: Palandt, § 546 Rn. 21.

[22] *Heintzmann* in: Soergel, § 604 Rn. 5.

[23] *Reuter* in: Staudinger, § 604 Rn. 11; *Heintzmann* in: Soergel, § 604 Rn. 5; *Häublein* in: MünchKomm-BGB, § 604 Rn. 7.

[24] *Reuter* in: Staudinger, § 604 Rn. 6; *Häublein* in: MünchKomm-BGB, § 604 Rn. 9.

[25] *Weidenkaff* in: Palandt, § 604 Rn. 3; BGH v. 14.02.1979 - VIII ZR 284/78 - juris Rn. 19 - BGHZ 73, 317-323.

[26] *Kollhosser* in: MünchKomm-BGB, 4. Aufl., § 604 Rn. 8; in diesem Sinne auch *Häublein* in: MünchKomm-BGB, 5. Auf., § 604 Rn. 8.

g. Die Auffassung des Autors

19 Grundsätzlich besteht der leihvertragliche Rückgabeanspruch unabhängig vom Herausgabeanspruch des Eigentümers aus § 985 BGB. Dem Entleiher ist keine Überprüfung einer möglicherweise komplizierten Rechtslage zuzumuten.[27] Er sollte deshalb die Sache grundsätzlich an denjenigen herausgeben dürfen, von dem er sie erhalten hat. Lediglich wenn er weiß oder ohne weiteres erkennen kann, dass der Verleiher die Sache im Verhältnis zum Eigentümer – etwa wegen auf sie getätigter Verwendungen im Sinne von § 1000 BGB – (noch) behalten darf[28] oder umgekehrt, dass der Verleiher gegenüber dem Eigentümer nicht zum Besitz berechtigt ist, muss er den Beteiligten mit dem „besseren" (Besitz-)Recht bedienen, wenn er Schadensersatzansprüchen aus der Verletzung leihvertraglicher Pflichten bzw. solchen aus einem zwischen ihm und dem Eigentümer bestehenden Eigentümer-Besitzer-Verhältnis (§ 990 BGB i.V.m. § 989 BGB) entgehen will.[29]

h. Einwendungen gegen die Rückgabepflicht

20 Der Entleiher kann gegenüber dem Rückgabeanspruch des Verleihers etwa wegen auf die Sache getätigter Verwendungen ein Zurückbehaltungsrecht nach § 273 Abs. 2 BGB geltend machen[30] (vgl. hierzu auch die Kommentierung zu § 601 BGB Rn. 20); § 570 BGB ist nicht analog anwendbar.

II. Die Verjährung des Rückgabeanspruchs nach Absatz 5

21 Der mit der Schuldrechtsreform in § 604 BGB angefügte Absatz 5 bestimmt als maßgeblichen Zeitpunkt für den Beginn der Verjährung des Rückgabeanspruchs die Beendigung der Leihe (vgl. Rn. 4). Der Gesetzgeber wollte damit Unzuträglichkeiten vermeiden, die sich aus der Annahme ergeben, im Falle des § 604 Abs. 3 BGB sei der Rückgabeanspruch ein „verhaltener" Anspruch, der bereits mit der Hingabe der Sache zu verjähren beginne.[31] Während dies unter Geltung der früheren, dreißigjährigen Verjährungsfrist für hinnehmbar gehalten wurde, hätte die Abkürzung der Verjährung auf drei Jahre zur Folge, dass auf unbestimmte Zeit verliehene Sachen nach Ablauf der drei Jahre nicht mehr zurückverlangt werden könnten. Aus diesem Grund wurde § 604 BGB um einen Absatz 5 ergänzt, nach welchem der vertragliche Anspruch auf Rückgewähr erst mit seiner Geltendmachung zu verjähren beginnt.[32] Nach der hier vertretenen Auffassung wäre dies nicht erforderlich gewesen: Gemäß § 199 BGB in der jetzigen Fassung beginnt die regelmäßige dreijährige Verjährungsfrist des § 195 BGB mit dem Schluss des Jahres, in welchem der Anspruch entstanden ist. Hängt der Anspruch von einer Kündigung ab, läuft die Verjährung nicht, bevor diese wirksam wird.[33] Da richtigerweise auch im Falle des BGB § 604 Abs. 3 der Vertrag durch eine Kündigung beendet wird (vgl. Rn. 8), sind auch im Falle zeitlich unbegrenzter Leihverträge bezogen auf die Verjährung keine unangemessenen Ergebnisse zu gewärtigen.

22 Problematisch ist die Übergangsregelung in Art. 229 § 6 EGBGB. Gemäß Art. 229 § 6 Abs. 1 Satz 1 EGBGB gelten für die Verjährung grundsätzlich die neuen Regelungen in § 604 Abs. 5 BGB und § 195 BGB, wenn der Anspruch am 01.01.2002 bestand und noch nicht verjährt war. Nach der Ausnahmevorschrift des Art. 229 § 6 Abs. 1 Satz 2 EGBGB richtet sich allerdings der Verjährungsbeginn nach altem Recht. Demnach hätte die Verjährung des Rückgabeanspruchs aus einem am 31.12.2001 bestehenden Vertrag bereits mit der Hingabe der Sache begonnen, die Frist betrüge aber nur drei Jahre,

---

[27] So *Gitter*, Gebrauchsüberlassungsverträge, 1988, S. 164.
[28] Hierzu etwa *Reuter* in: Staudinger, § 604 Rn. 5.
[29] In diesem Sinne *Heintzmann* in: Soergel, § 604 Rn. 6.
[30] *Häublein* in: MünchKomm-BGB, § 604 Rn. 6; *Mugdan*, Motive, Band 2, S. 449.
[31] Zur Verjährung verhaltener Ansprüche, also solcher, bei denen der Schuldner nicht von sich aus leisten darf, der Gläubiger aber jederzeit die Leistung verlangen kann; vgl. etwa BGH v. 17.12.1999 - V ZR 448/98 - juris Rn. 8 - LM BGB § 198 Nr. 28 (8/2000).
[32] Vgl. hierzu die Gesetzesbegründung, BT-Drs. 14/6040, S. 258.
[33] Die Regelung des § 199 BGB a.F., wonach die Verjährung bereits ab Zulässigkeit der Kündigung lief, wurde durch das Schuldrechtsmodernisierungsgesetz aufgehoben.

gerechnet ab dem 01.01.2002 (Art. 229 § 6 Abs. 4 EGBGB), so dass eine Rückforderung nach diesem Zeitpunkt bei einem auf unbestimmte Zeit geschlossenen Leihvertrag nicht mehr möglich wäre.[34] Das sollte durch § 604 Abs. 5 BGB eigentlich vermieden werden. Insoweit vermag auch die Annahme, wonach auch im Rahmen des § 604 Abs. 3 BGB eine Kündigung erforderlich ist, nicht weiter zu helfen, da § 199 BGB a.F. die Verjährung bereits ab der Zulässigkeit der Kündigung laufen ließ.

C. Rechtsfolgen

I. Definition der Rückgabe

Rückgabe bedeutet grundsätzlich Wiederverschaffung des unmittelbaren Besitzes gemäß § 854 Abs. 1 BGB. Die Abtretung eines Herausgabeanspruchs genügt nicht.[35] Die tatsächliche Sachherrschaft im Sinne des § 854 Abs. 1 BGB erlangt der Verleiher auch dann, wenn die Sache tatsächlich in den von seinem „generellen Besitzwillen" getragenen Herrschaftsbereich gelangt ist. Deshalb kann eine von einem Geschäftsmann zur Ansicht überlassene Sache auch zurückgegeben werden, indem sie ohne dessen Wissen in seinen Geschäftsräumen abgestellt wird.[36]

23

II. Inhalt und Umfang der Rückgabepflicht

Neben der im vertragsgemäßen Zustand[37] befindlichen Sache – mit den aus dem vertragsgemäßen Gebrauch entstandenen, dem normalen Verschleiß entsprechenden Abnutzungen – sind auch ihr Zubehör, Zuwachs und die erlaubtermaßen während der Gebrauchsdauer gezogenen Früchte an den Verleiher herauszugeben[38].

24

Kann die Sache nur in beschädigtem Zustand oder verspätet bzw. gar nicht zurückgegeben werden, gilt das allgemeine Leistungsstörungsrecht (zu den Fragen der Haftung des Entleihers vgl. die Kommentierung zu § 602 BGB Rn. 4).

25

Hat der Entleiher **unerlaubt Früchte gezogen**, also beispielsweise die Sache ohne Erlaubnis des Verleihers an einen Dritten vermietet, so erfasst der Rückgabeanspruch des Verleihers nicht den aus der Vermietung gezogenen Gewinn, da dieser nicht aus der vertraglich vereinbarten Gebrauchsüberlassung resultiert.[39] Auch ein Anspruch aus anderen Anspruchsgrundlagen, insbesondere § 816 Abs. 1 Satz 1 BGB (analog) oder § 687 Abs. 2 BGB, wird insbesondere von der Rechtsprechung abgelehnt. Weder ist die unberechtigte Weitervermietung eine dingliche Verfügung über die Sache im Sinne von § 816 Abs. 1 Satz 1 BGB, noch hatte der Eigentümer, welcher sich des Besitzes an der Sache durch die Leihe begeben hatte, eine Befugnis, sie seinerseits zu vermieten, sodass der Entleiher bei der unberechtigten Vermietung kein Geschäft des Verleihers führte bzw. nicht in den Zuweisungsgehalt eines dem Verleiher zustehenden Rechts im Sinne einer Eingriffskondiktion eingriff.[40] Einer analogen Anwendung des § 816 Abs. 1 Satz 1 BGB steht entgegen, dass diese Vorschrift eine wirksame Verfügung verlangt, der Eigentümer die Leihsache vom Dritten jedoch ohne

26

---

[34] Vgl. *Putzo* in: Palandt, Ergänzungsband BGB, 61. Aufl. 2002, § 604 Rn. 2.
[35] *Weidenkaff* in: Palandt, § 604 Rn. 1; *Heintzmann* in: Soergel, § 604 Rn. 1; OLG Hamburg v. 02.06.1983 - 6 U 23/83 - juris Rn. 3 - VersR 1984, 48; BGH v. 30.06.1971 - VIII ZR 147/69 - juris Rn. 15 - BGHZ 56, 308-312 für die mietrechtliche Parallelregelung (jetzt in § 546 BGB).
[36] KG Berlin v. 05.06.1986 - 12 U 6006/85 - juris Rn. 29 - MDR 1986, 933.
[37] Zum den vertragsgemäßen Zustand bedingenden vertragsgemäßen Gebrauch vgl. die Kommentierung zu § 602 BGB Rn. 3.
[38] *Weidenkaff* in: Palandt, § 604 Rn. 1; in den Motiven wird dies als „selbstverständlich" erachtet, vgl. *Mugdan*, Motive, Band 2, S. 448, 449.
[39] *Reuter* in: Staudinger, § 604 Rn. 1.
[40] Vgl. auch *Häublein* in: MünchKomm-BGB, § 604 Rn. 5.

§ 604

27 weiteres hätte vindizieren können[41] (vgl. zum Problem im Einzelnen die Kommentierung zu § 816 BGB).

27 Anerkanntermaßen handelt es sich bei der Verpflichtung des Entleihers nach der „Natur des Schuldverhältnisses" im Sinne von § 269 BGB um eine **Bringschuld**. Der uneigennützig handelnde Verleiher soll nicht auch noch den Aufwand, die Gefahr und die Kosten für die Wiedererlangung der Leihsache tragen.[42] Aus den Absprachen der Parteien oder auch aus der Natur der Sache kann sich aber etwas anderes ergeben[43].

D. Beweislast

28 Die Beweislast dafür, dass das Leihverhältnis für einen bestimmten Zeitraum bestehen sollte, sodass kein Recht zur jederzeitigen Rückforderung nach § 604 Abs. 3 BGB besteht, liegt beim Entleiher.[44]

---

[41] *Reuter* in: Staudinger, § 604 Rn. 1; aus der höchstrichterlichen Rechtsprechung (unberechtigte Untervermietung durch den Mieter) BGH v. 13.12.1995 - XII ZR 194/93 - juris Rn. 37 - BGHZ 131, 297-307. Für eine analoge Anwendung des § 816 Abs. 1 Satz 1 BGB z.B. *Gitter*, Gebrauchsüberlassungsverträge, 1988, S. 160; *Kollhosser* in: MünchKomm-BGB, 4. Aufl., § 604 Rn. 5, vertritt eine Anwendung des § 687 Abs. 2 BGB i.V.m. §§ 681 Satz 2, 677 BGB jedenfalls für den Fall, dass der Verleiher zugleich Eigentümer der Sache ist.

[42] Vgl. für viele *Reuter* in: Staudinger, § 604 Rn. 2; BGH v. 19.09.2001 - I ZR 343/98 - juris Rn. 33 - LM BGB § 269 Nr. 13 (7/2002).

[43] *Häublein* in: MünchKomm-BGB, § 604 Rn. 6: Ein Grundstück kann nicht zurückgebracht werden.

[44] LG Göttingen v. 09.12.1993 - 8 O 314/93 - juris Rn. 18 - MDR 1994, 248; *Weidenkaff* in: Palandt, § 604 Rn. 3.

§ 605 BGB Kündigungsrecht

(Fassung vom 02.01.2002, gültig ab 01.01.2002)

Der Verleiher kann die Leihe kündigen:
1. wenn er infolge eines nicht vorhergesehenen Umstandes der verliehenen Sache bedarf,
2. wenn der Entleiher einen vertragswidrigen Gebrauch von der Sache macht, insbesondere unbefugt den Gebrauch einem Dritten überlässt, oder die Sache durch Vernachlässigung der ihm obliegenden Sorgfalt erheblich gefährdet,
3. wenn der Entleiher stirbt.

Gliederung

A. Grundlagen 1	III. Die Kündigung wegen Todes des Entleihers nach Nr. 3 9
B. Anwendungsvoraussetzungen 3	IV. Abdingbarkeit des Kündigungsrechts nach § 605 BGB 11
I. Die Kündigung wegen unvorhergesehenen Eigenbedarfs nach Nr. 1 3	C. Rechtsfolgen der Kündigung 12
II. Die Kündigung wegen vertragswidrigen Verhaltens nach Nr. 2 7	D. Beweislast 13

A. Grundlagen

Die Vorschrift ist Ausdruck des anerkannten Rechtsgrundsatzes, wonach Dauerschuldverhältnisse außerordentlich gekündigt werden können.[1] Deshalb ist die Aufzählung der Kündigungsgründe in § 605 BGB nur exemplarisch. Es kommt außerhalb der Reichweite der Vorschrift auch eine Kündigung aus einem sonstigen wichtigen Grund gemäß § 314 BGB in Betracht,[2] wobei die Erfordernisse des § 314 Abs. 2 BGB – Abmahnung und Abhilfefrist – im Hinblick auf die Unentgeltlichkeit der Leihe wohl nicht gewahrt werden müssen[3]. Haben Eltern ihrem Kind und dessen Ehegatten eine Wohnung zum unentgeltlichen Gebrauch überlassen und zieht das Schwiegerkind aus, lässt sich daraus allein kein Recht zur Kündigung des Leihvertrags aus wichtigem Grund herleiten.[4]

Mit dem Wirksamwerden der Kündigung (§ 130 BGB) endet der Leihvertrag.

B. Anwendungsvoraussetzungen

I. Die Kündigung wegen unvorhergesehenen Eigenbedarfs nach Nr. 1

Da der Verleiher nach der Natur des Leihvertrags uneigennützig handelt, räumt das Gesetz in § 605 Nr. 1 BGB die Möglichkeit ein, die Sache zurückzuerhalten, wenn er ihrer infolge eines nicht vorhergesehenen Umstandes selber bedarf. Ob dieser nicht vorhergesehene Umstand hätte vorhergesehen werden können, ist unerheblich.[5] Eine besondere Dringlichkeit des Eigenbedarfs verlangt § 605 Nr. 1 BGB zwar nicht, doch muss der Verleiher die Sache wirklich brauchen, sein Bedarf ein gewisses Gewicht haben.[6] Ein relevanter Eigenbedarf kann bei einer Wohnungsleihe darin liegen, dass der Verlei-

---

[1] Vgl. z.B. BGH v. 29.04.1997 - X ZR 127/95 - juris Rn. 26 - LM PatG 1981 § 15 Nr. 6 (10/1997); für einen Fall der Grundstücksleihe: BGH v. 17.03.1994 - III ZR 10/93 - juris Rn. 43 - BGHZ 125, 293-302.
[2] BGH v. 11.12.1981 - V ZR 247/80 - juris Rn. 14 - BGHZ 82, 354-360; *Gitter*, Gebrauchsüberlassungsverträge, 1988, S. 163, weist zu Recht darauf hin, dass praktisch kaum wichtige Kündigungsgründe außerhalb der in § 605 BGB erwähnten Fallgruppen denkbar sein dürften.
[3] *Häublein* in: MünchKomm-BGB, § 605 Rn. 7.
[4] BGH v. 10.10.1984 - VIII ZR 152/83 - juris Rn. 26 - NJW 1985, 313-315; vgl. zu den in diesen Fällen auftretenden Problemen auch *Schulz*, FamRB 2006, 84-87, 86.
[5] . *Häublein* in: MünchKomm-BGB, § 605 Rn. 4.
[6] BGH v. 17.03.1994 - III ZR 10/93 - juris Rn. 44 - BGHZ 125, 293-302; *Heintzmann* in: Soergel, § 605 Rn. 2.

her die Wohnung zwar nicht selber benutzen will, ihrer jedoch zum Zwecke der notwendigen wirtschaftlichen Verwertung der Immobilie bedarf.[7] Demgegenüber soll die bloße Möglichkeit, ein verliehenes Grundstück günstig zu veräußern, nicht als unvorhergesehener Eigenbedarf anzuerkennen sein[8] (zweifelhaft). Ebenso wenig der Wunsch, ein ausgeliehenes Kunstwerk nunmehr im eigenen Haus aufzuhängen.[9] Auch eine bloße Laune des Verleihers rechtfertigt keine Kündigung nach § 605 Nr. 1 BGB. Andererseits dürfen die Anforderungen im Hinblick auf den Gefälligkeitscharakter der Leihe aber nicht zu hoch gesteckt werden.[10]

4 Wegen der in § 605 Nr. 1 BGB getroffenen gesetzlichen Grundentscheidung muss der Verleiher zwar in billiger Weise auf die Interessen seines Vertragspartners Rücksicht nehmen, eine darüber hinausgehende Beschränkung des Kündigungsrechts nach den Grundsätzen von Treu und Glauben ist indessen nicht angezeigt. Insbesondere muss der Verleiher seine Interessen denen des Entleihers nicht unterordnen.[11] Ausnahmsweise kann sich aus schwerwiegenden Interessen des Entleihers aber auch anderes ergeben.[12] Wird beispielsweise dem Entleiher eine Wohnung auf Lebenszeit überlassen und ist dieser – etwa wegen seines Alters oder seiner schlechten wirtschaftlichen Lage – besonders schutzbedürftig oder hat er im Vertrauen auf die Wohnmöglichkeit weitreichende Dispositionen getroffen[13] und besteht vor diesem Hintergrund ein Missverhältnis zwischen dem Eigenbedarf des Verleihers und den Interessen des Wohnberechtigten, kann in der Kündigung eine **unzulässige Rechtsausübung** liegen.[14] Der Eigenbedarf muss für eine berechtigte Kündigung umso stärker sein, je mehr sich der Entleiher auf die Dauer der Leihe verlassen und entsprechende Investitionen getätigt hat.[15] So sollen im Falle der Geltendmachung von Eigenbedarf zu Gunsten eines Familienangehörigen an das Vorliegen der Voraussetzungen erhöhte Anforderungen zu stellen sein[16]

5 Der Eigenbedarf muss zum Zeitpunkt der Kündigung vorliegen und dem Entleiher mitgeteilt werden.[17] Die Leihe ist ein Konsensualvertrag (vgl. zur Rechtsnatur der Leihe unter der Kommentierung zu § 598 BGB Rn. 3). Deshalb kommt eine Kündigung nach § 605 Nr. 1 BGB auch in Betracht, wenn der Vertrag bereits geschlossen, die Leihsache aber noch nicht übergeben wurde.[18]

6 § 605 Nr. 1 BGB gilt analog für unentgeltliche Freundschaftsdarlehen.[19]

II. Die Kündigung wegen vertragswidrigen Verhaltens nach Nr. 2

7 Verstößt der Entleiher gegen seine Verpflichtung, von der Sache nur den vertragsgemäßen Gebrauch zu machen (vgl. zum vertragsgemäßen und vertragswidrigen Gebrauch im Einzelnen die Kommentierung zu § 602 BGB Rn. 3 und die Kommentierung zu § 603 BGB Rn. 1), kann der Verleiher das Leihverhältnis nach § 605 Nr. 2 BGB kündigen. Eine vorherige Abmahnung entsprechend § 543 Abs. 3

---

[7] BGH v. 11.11.2011 - V ZR 231/10 - juris Rn. 33 - NJW 2012, 778-780; OLG Koblenz v. 16.01.1996 - 3 W 693/95 - juris Rn. 16 - NJW-RR 1996, 843-844. Vgl. auch – kritisch zum Eigenbedarf im Hinblick auf die Veräußerung des verliehenen Grundstücks – LG Göttingen v. 20.05.1992 - 5 S 5/92 - juris Rn. 6 - WuM 1992, 440.

[8] OLG München v. 12.07.1984 - 24 U 871/83 - WM 1984, 1397-1399.

[9] OLG Celle v. 29.06.1994 - 20 U 9/94 - juris Rn. 5 - NJW-RR 1994, 1473-1474.

[10] *Heintzmann* in: Soergel, § 605 Rn. 2.

[11] BGH v. 17.03.1994 - III ZR 10/93 - juris Rn. 44 - BGHZ 125, 293-302; OLG München v. 12.07.1984 - 24 U 871/83 - WM 1984, 1397-1399.

[12] OLG Koblenz v. 16.01.1996 - 3 W 693/95 - juris Rn. 16 - NJW-RR 1996, 843-844; *Reuter* in: Staudinger, § 605 Rn. 2.

[13] OLG Düsseldorf v. 09.03.2001 - 3 Wx 12/01 - juris Rn. 12 - OLGR Düsseldorf 2001, 479-480.

[14] *Nehlsen-von Stryk*, AcP 187, 552-602, 586, 587.

[15] OLG Düsseldorf v. 09.03.2001 - 3 Wx 12/01 - juris Rn. 12 - OLGR Düsseldorf 2001, 479-480; *Häublein* in: MünchKomm-BGB, § 605 Rn. 5.

[16] AG Erfurt v. 26.01.2011 - 5 C 530/10 - juris Rn. 10 - NJW-RR 2011, 879-880.

[17] *Häublein* in: MünchKomm-BGB, § 605 Rn. 4.

[18] *Mugdan*, Motive Band 2, S. 453; *Reuter* in: Staudinger, § 605 Rn. 4.

[19] OLG Koblenz v. 24.01.2000 - 13 U 819/99 - juris Rn. 10 - KTS 2001, 637-640; *Reuter* in: Staudinger, § 605 Rn. 5.

BGB ist in diesem Zusammenhang nicht erforderlich[20] (anderes gilt vor Erhebung einer Unterlassungsklage analog § 541 BGB, da es dort um die Vermeidung einer unnötigen Inanspruchnahme der Gerichte geht, vgl. die Ausführungen unter der Kommentierung zu § 603 BGB Rn. 10); die Schutzbedürftigkeit des Mieters ist mit der des Entleihers nicht zu vergleichen.

Nach § 605 Nr. 2 BGB kann auch gekündigt werden, wenn der Entleiher die ihm obliegende Sorgfalt vernachlässigt und dadurch die Sache erheblich gefährdet. **8**

III. Die Kündigung wegen Todes des Entleihers nach Nr. 3

In aller Regel ist die Person des Entleihers für den Verleiher so wesentlich, dass ein außerordentliches Kündigungsrecht angezeigt ist, wenn Ersterer verstirbt.[21] Auch hier kann zwischen Vertragsschluss und Übergabe der Sache gekündigt werden (vgl. oben zu Nr. 1, Rn. 3). **9**

Der Tod des Verleihers ist für das Fortbestehen des Vertrags zunächst einmal irrelevant. Dennoch kann beispielsweise eine Eigenbedarfskündigung der Erben in Betracht kommen, allerdings nur, wenn alle Miterben der Sache bedürfen.[22] **10**

IV. Abdingbarkeit des Kündigungsrechts nach § 605 BGB

Das Recht auf Kündigung wegen Eigenbedarfs kann vertraglich ausgeschlossen werden. Teilweise wird in den Fällen der unentgeltlichen Wohnungsüberlassung auf Lebenszeit wegen der dann gegebenen Nähe zur Schenkung § 518 BGB analog für anwendbar gehalten[23] (vgl. zur lebenslangen Wohnungsleihe die Kommentierung zu § 598 BGB Rn. 23). Im Übrigen können die Parteien die Kündigungsrechte des Verleihers beschränken, soweit eine Fortsetzung des Vertrags nicht als unzumutbar anzusehen ist.[24] **11**

C. Rechtsfolgen der Kündigung

Sobald die Kündigung ausgesprochen wird und dem Entleiher zugeht, wird sie nach allgemeinen Grundsätzen wirksam (§ 130 BGB). Fällt nach Wirksamwerden einer Kündigung gemäß § 605 Nr. 1 BGB der Eigenbedarf weg, so ist dies rechtlich unerheblich.[25] Aus den §§ 241 Abs. 2, 242 BGB kann sich die Verpflichtung des Verleihers ergeben, dem Entleiher noch die ordnungsgemäße Abwicklung des Leihverhältnisses zu ermöglichen.[26] Das Risiko des Entzugs der Leihsache aufgrund einer Kündigung nach § 605 BGB ist der Leihe immanent, so dass der Verleiher dem Entleiher weder die Kosten der Rückgabe erstatten noch Schadensersatz leisten muss.[27] **12**

D. Beweislast

Die Darlegungs- und Beweislast für die Voraussetzungen eines Kündigungsrechts folgt den allgemeinen Regeln. Im Rechtsstreit um die Herausgabe obliegt es dem Verleiher, die das Kündigungsrecht begründenden Tatsachen darzulegen und im Streitfalle zu beweisen.[28] **13**

---

[20] *Mugdan*, Motive Band 2, S. 452; *Reuter* in: Staudinger, § 605 Rn. 6; BGH v. 09.10.1991 - XII ZR 122/90 - juris Rn. 13 - NJW 1992, 496-497.

[21] OLG Koblenz v. 21.12.2006 - 5 U 908/06 - NZM 2007, 342-343 (grundsätzlich keine Einschränkung des Kündigungsrechts selbst bei langer Dauer des Leihverhältnisses).

[22] OLG Köln v. 23.04.1999 - 19 U 13/96 - juris Rn. 24 - NJW-RR 2000, 152-153; *Weidenkaff* in: Palandt, § 605 Rn. 3.

[23] So *Nehlsen-von Stryk*, AcP 187, 552-602, S. 590.

[24] *Reuter* in: Staudinger, § 605 Rn. 1.

[25] *Heintzmann* in: Soergel, § 605 Rn. 2.

[26] *Reuter* in: Staudinger, § 605 Rn. 1; *Häublein* in: MünchKomm-BGB, § 605 Rn. 2.

[27] BGH v. 17.03.1994 - III ZR 10/93 - juris Rn. 44 - BGHZ 125, 293-302.

[28] *Häublein* in: MünchKomm-BGB, § 605 Rn. 2.

§ 606 BGB Kurze Verjährung

(Fassung vom 02.01.2002, gültig ab 01.01.2002)

¹Die Ersatzansprüche des Verleihers wegen Veränderungen oder Verschlechterungen der verliehenen Sache sowie die Ansprüche des Entleihers auf Ersatz von Verwendungen oder auf Gestattung der Wegnahme einer Einrichtung verjähren in sechs Monaten. ²Die Vorschriften des § 548 Abs. 1 Satz 2 und 3, Abs. 2 finden entsprechende Anwendung.

Gliederung

A. Grundlagen... 1	I. Analoge Anwendung des § 606 BGB 14
B. Praktische Bedeutung........................... 3	1. Verjährung im Rahmen leiheähnlicher Rechtsverhältnisse... 14
C. Anwendungsvoraussetzungen 4	2. Anwendbarkeit des § 606 BGB auf andere Anspruchsgrundlagen............................. 16
I. Die Verjährung der Ersatzansprüche des Verleihers nach § 606 BGB 4	
1. Ersatzansprüche wegen Veränderungen oder Verschlechterungen der verliehenen Sache 4	II. Geltung des § 606 BGB zu Gunsten eines in den Schutzbereich des Vertrags einbezogenen Dritten 18
2. Verjährungsbeginn für die Ansprüche des Verleihers 7	
II. Die Verjährung der Ersatzansprüche des Entleihers nach § 606 BGB 12	III. Anwendbarkeit des § 606 BGB auf Gebrauchsüberlassungen im Rahmen von Arbeitsverhältnissen 19
D. Anwendungsfelder 13	

A. Grundlagen

1   Eine Sache kann möglicherweise innerhalb recht kurzer Zeit mehreren Personen nacheinander zum Gebrauch überlassen werden. Deshalb ist es sinnvoll, wenn der Verleiher gezwungen ist, Schadensersatzansprüche gegen den Entleiher wegen einer Veränderung oder Verschlechterung des Leihgegenstandes frühzeitig geltend zu machen. Je mehr Zeit verstreicht, desto schwerer lässt sich klären, wer die Sache beschädigt hat und ob der Schaden vielleicht auf einem nicht zum Ersatz verpflichtenden vertragsgemäßen Gebrauch des Entleihers beruht (vgl. § 602 BGB). Um Beweisschwierigkeiten zu vermeiden, sollten beendete Gebrauchsüberlassungsverträge möglichst kurzfristig abgewickelt werden[1] (vgl. für das Mietrecht § 548 BGB und die Kommentierung zu § 548 BGB sowie für den Nießbrauch § 1057 BGB). § 606 BGB beruht auf einem dieser Erwägung Rechnung tragenden allgemeinen Rechtsgedanken. Zu beachten ist, dass es nicht darauf ankommt, ob ein Besitzwechsel tatsächlich stattfand; schon die theoretische Möglichkeit einer raschen Besitzerfolge genügt für die Anwendbarkeit des § 606 BGB.[2]

2   Die Verjährungsfrist für die Ansprüche des Entleihers auf Verwendungsersatz oder auf Gestattung der Wegnahme einer Einrichtung beträgt ebenfalls sechs Monate, weil diese Ansprüche zu den Ersatzansprüchen des Verleihers im Verhältnis der Konnexität stehen.[3]

B. Praktische Bedeutung

3   Die Vorschrift ist durchaus praktisch bedeutsam, allerdings wohl weniger in ihrem unmittelbaren Anwendungsbereich als infolge ihrer analogen Anwendung (vgl. Rn. 14) auf eine Reihe sonstiger, leiheähnlicher Rechtsverhältnisse sowie auf Ansprüche auf gesetzlicher Grundlage.

---

[1] BGH v. 19.12.2001 - XII ZR 233/99 - juris Rn. 21 - LM BGB § 558 Nr. 58 (11/2002).
[2] Kritisch insoweit *Medicus*, EWiR 1992, 1175-1176, 1176, in seiner Anmerkung zu BGH v. 24.06.1992 - VIII ZR 203/91 - BGHZ 119, 35-41, der es für nicht ganz fernliegend hält, in Fällen ohne echte Beweisschwierigkeiten die Verjährungseinrede als rechtsmissbräuchlich zurückzuweisen.
[3] *Reuter* in: Staudinger, § 606 Rn. 1.

C. Anwendungsvoraussetzungen

I. Die Verjährung der Ersatzansprüche des Verleihers nach § 606 BGB

1. Ersatzansprüche wegen Veränderungen oder Verschlechterungen der verliehenen Sache

Der Begriff der Veränderungen und Verschlechterungen ist im Hinblick auf die von § 606 BGB verfolgte Zielsetzung (vgl. Rn. 1) weit auszulegen. Primär geht es um Verstöße gegen die Pflicht zum vertragsgemäßen Umgang mit der Sache (vgl. hierzu die Kommentierung zu § 602 BGB Rn. 3 und die Kommentierung zu § 603 BGB Rn. 1). Auch wenn der Entleiher die Sache zwar nicht vertragswidrig gebrauchte, wohl aber sonstige vertragliche Nebenpflichten mit dem Ziel der Vermeidung oder Beseitigung von Beschädigungen der Leihsache verletzte, kann zweifelhaft sein, wessen Verantwortungssphäre der eingetretene Zustand der Sache zuzuordnen ist[4], so dass unerwünschte Beweisschwierigkeiten auftreten können. Haben die Parteien vertraglich vereinbart, dass der Entleiher die Sache in Stand zu halten und gegebenenfalls bei Vertragsbeendigung den früheren Zustand wieder herzustellen hat, gilt § 606 BGB auch für diesbezügliche Ansprüche des Verleihers.[5] Zu weit dürfte es indes gehen, auch die Verletzung der Pflicht einzubeziehen, für die Sache eine Feuerversicherung abzuschließen. Diese Pflicht hat mit der Behandlung der Sachsubstanz nichts zu tun.[6]

Nach der Rechtsprechung des BGH (für die kurze Verjährung von Schadensersatzansprüchen des Vermieters) sollen sogar Ersatzansprüche wegen Schäden an Gegenständen, die zusammen mit dem Vertragsobjekt beschädigt werden und im Vergleich zu dem Schaden an diesem schwerer wiegen, in sechs Monaten verjähren.[7]

Nicht von der Vorschrift erfasst sind **Schadensersatzansprüche wegen Abhandenkommens oder vollständiger Zerstörung der Sache.**[8] Dann dürfte nämlich ein zu Unklarheiten führender Wechsel der Verantwortungssphären nicht mehr in Betracht kommen. Die Verjährungsfrist beträgt nach den §§ 195, 199 BGB drei Jahre. Anderes soll für den „wirtschaftlichen Totalschaden" gelten, bei dem die Reparaturkosten höher wären als der Wert der unbeschädigten Sache[9] oder dann, wenn die Sache körperlich zwar zurückgegeben werden kann, durch eine Reparatur jedoch der ursprüngliche Zustand nicht mehr vollständig wiederherstellbar ist. Es wird argumentiert, § 606 BGB stelle nicht auf eine wirtschaftliche Betrachtungsweise ab, sondern – anders als der ebenfalls den Begriff der Veränderung und Verschlechterung gebrauchende § 602 BGB (vgl. die Kommentierung zu § 602 BGB Rn. 2) – darauf, ob die Sache noch körperlich vorhanden sei und zurückgegeben werden könne.[10] Dann könne sie als Untersuchungsgegenstand bei der Schadensermittlung dienen und verliere als Beweismittel für den Schadensumfang möglicherweise an Beweiswert. Das soll die kurze Verjährung der Ersatzansprüche rechtfertigen.[11]

2. Verjährungsbeginn für die Ansprüche des Verleihers

Nach § 606 Abs. 1 Satz 2 BGB i.V.m. § 548 Abs. 1 Satz 2 BGB beginnen die Ersatzansprüche des Verleihers mit der Rückgewähr der Leihsache zu verjähren.

---

[4] *Reuter* in: Staudinger, § 606 Rn. 5, mit dem zutreffenden Hinweis darauf, dass die Verletzung anderer Pflichten als solcher mit Auswirkung auf die verschiedenen Verantwortungssphären für § 606 BGB irrelevant ist.
[5] So für die Pacht BGH v. 04.02.1987 - VIII ZR 355/85 - juris Rn. 17 - NJW 1987, 2072-2073.
[6] Anders aber BGH v. 18.12.1963 - VIII ZR 193/62 - LM Nr. 5 zu § 558 BGB; ablehnend *Reuter* in: Staudinger, § 606 Rn. 5.
[7] BGH v. 19.09.1973 - VIII ZR 175/72 - juris Rn. 12 - BGHZ 61, 227-235.
[8] Vgl. z.B. OLG Düsseldorf v. 30.07.1992 - 13 U 268/91 - juris Rn. 3 - OLGR Düsseldorf 1993, 19.
[9] LG Paderborn v. 06.12.1996 - 2 O 429/96 - juris Rn. 26 - ZfSch 1997, 447-448.
[10] OLG Köln v. 14.03.1995 - 22 U 202/94 - juris Rn. 33 - NJW 1997, 1157-1160; LG Itzehoe v. 24.04.2003 - 7 O 119/01 - juris Rn. 15 - DAR 2003, 421; *Heintzmann* in: Soergel, § 606 Rn. 2; *Häublein* in: MünchKomm-BGB, § 606 Rn. 2.
[11] OLG Köln v. 28.07.1993 - 11 U 34/93 - VRS 86, 15-17 (1994).

§ 606

8 Die Voraussetzungen der Rückgewähr sind dann gegeben, wenn der Verleiher die Sache tatsächlich zurückerhalten und dadurch die Möglichkeit erworben hat, Mängel festzustellen.[12] Freier Zugang zur Leihsache genügt.[13] Hat der Verleiher den Schlüssel für die dem Entleiher überlassenen Räumlichkeiten und damit die Möglichkeit erhalten, sich in den Besitz des Leihobjekts zu setzen und sich ungestört ein umfassendes Bild von Veränderungen oder Verschlechterungen zu machen, so beginnen damit seine Ansprüche zu verjähren.[14]

9 Hat der Verleiher zwar den Besitz an der Sache erlangt, ist aber dennoch aus außerhalb seiner Person liegenden Gründen gehindert, sie auf Veränderungen oder Verschlechterungen zu untersuchen, ist nicht von einer Rückgewähr im Sinne der Verjährungsvorschriften auszugehen. Umgekehrt kann eine Rückgewähr auch ohne Besitzerlangung anzunehmen sein, wenn der Verleiher den Entleiher bittet, die Sache unmittelbar an einen Dritten weiterzugeben.[15] Kann sich der Entleiher wegen des Rückgabeanspruchs des Verleihers auf Verjährung berufen, so sind damit gem. § 606 Satz 2 BGB i.V.m. § 548 Abs. 1 Satz 3 BGB stets auch etwaige Ersatzansprüche des Verleihers verjährt.

10 § 606 BGB gilt auch dann, wenn die Ersatzansprüche des Verleihers zwar vor der Rückgabe der Leihsache, allerdings erst nach der Beendigung des Leihverhältnisses entstanden sind.[16]

11 Sind Sachgesamtheiten zurückzugeben, beginnt die Verjährung, wenn die letzte Sache zurückgewährt wurde.[17]

II. Die Verjährung der Ersatzansprüche des Entleihers nach § 606 BGB

12 Hier geht es um die Ansprüche auf Verwendungsersatz und Gestattung der Wegnahme einer Einrichtung gemäß § 601 BGB (vgl. die Kommentierung zu § 601 BGB). Da deren Verjährung mit Beendigung der Leihe beginnt (vgl. zur Beendigung des Leihvertrags die Kommentierung zu § 604 BGB Rn. 4 und die Kommentierung zu § 605 BGB), gilt § 606 BGB insoweit nur für während des Leihverhältnisses entstandene Ansprüche.[18]

D. Anwendungsfelder

13 Die kurze Verjährung im Zusammenhang mit Schadens- und Verwendungsersatzansprüchen aus Gebrauchsüberlassungsverträgen entspringt einem allgemeinen Rechtsgedanken. § 606 BGB ist demzufolge weit auszulegen[19], um alle Fälle zu erfassen, in denen der Normzweck – Ermöglichen einer raschen Abwicklung zur Vermeidung von Beweisproblemen – berührt ist.

I. Analoge Anwendung des § 606 BGB

1. Verjährung im Rahmen leiheähnlicher Rechtsverhältnisse

14 In leiheähnlichen Rechtsverhältnissen – z.B. unentgeltliche Gebrauchsüberlassungen als Nebenpflichten im Rahmen anderer Verträge – verjähren die Ansprüche der Beteiligten entsprechend § 606 BGB, da auch hier der „Leihgegenstand" mehrmals den unmittelbaren Besitzer wechseln kann und die späte Geltendmachung von Schäden zu Unsicherheiten und Erschwernissen des Rechtsverkehrs führen würde.

---

[12] OLG Düsseldorf v. 02.08.1988 - 7 U 268/87 - juris Rn. 51 - NJW 1990, 2000-2002.
[13] *Häublein* in: MünchKomm-BGB, § 606 Rn. 3.
[14] BGH v. 04.02.1987 - VIII ZR 355/85 - juris Rn. 18 - NJW 1987, 2072-2073 für die Verjährung von Ansprüchen des Verpächters.
[15] *Heintzmann* in: Soergel, § 606 Rn. 4.
[16] So BGH v. 29.04.1970 - VIII ZR 29/69 - juris Rn. 11 - BGHZ 54, 34-38, für die sechsmonatige Verjährungsfrist der Ersatzansprüche des Vermieters.
[17] *Reuter* in: Staudinger, § 606 Rn. 2.
[18] *Reuter* in: Staudinger, § 606 Rn. 3.
[19] Allgemeine Ansicht; vgl. nur *Reuter* in: Staudinger, § 606 Rn. 4.

Beispiele aus der Rechtsprechung für die Verjährung in leihvertragsähnlichen Rechtsbeziehungen: 15
- Die Ersatzansprüche des Werkbestellers wegen der Beschädigung eines dem Werkunternehmer zur Herstellung des Werkes überlassenen Arbeitsgeräts verjähren analog § 606 BGB.[20]
- Ebenso gilt die sechsmonatige Verjährungsfrist für die Schadensersatzansprüche des Eigentümers eines Rennwagens gegenüber dem Schädiger, dem er den Wagen für eine so genannte Einstellfahrt auf der Rennstrecke zur Verfügung gestellt hatte.[21]
- Der Kaufinteressent, der ein Kraftfahrzeug im Vorstadium eines etwaigen Kaufvertrags Probe fährt, kann den Ansprüchen des Verleihers nach Ablauf von sechs Monaten nach Rückgabe die Verjährungseinrede entgegenhalten, wobei es irrelevant ist, ob das gefahrene Fahrzeug das konkret für den Kauf in Aussicht Genommene war oder nicht.[22]
- Stellt in anderen Fällen der (potentielle) Verkäufer dem Kaufinteressenten/Käufer eine Sache zur Probe vorübergehend zur Verfügung, so verjähren Schadensersatzansprüche wegen deren Beschädigung nach § 606 BGB, gleichviel ob es sich um einen echten Kauf auf Probe im Sinne von § 454 BGB (§ 495 BGB a.F.) handelt oder ob die Beteiligten vereinbart haben, dass die Entscheidung über den Abschluss eines Kaufvertrags erst nach Erprobung des Kaufgegenstandes fallen solle.[23]

2. Anwendbarkeit des § 606 BGB auf andere Anspruchsgrundlagen

Es ist weitestgehend anerkannt, dass die kurze Verjährung des § 606 BGB auch für konkurrierende deliktische Ansprüche wegen der Beschädigung der Leihsache gilt, da in diesen Fällen typischerweise zugleich eine Verletzung des Eigentums gegeben ist und die Vorschrift ansonsten leer liefe.[24] Sogar wenn Eigentümer und Verleiher nicht identisch sind, soll sich der Entleiher jedenfalls dann auf § 606 BGB berufen können, wenn dem Verleiher Ansprüche aus § 823 Abs. 1 BGB durch den Eigentümer abgetreten wurden. Andernfalls würde der Zweck der Vorschrift vereitelt.[25] Auch sonst sollte sich die Verjährung zu Gunsten des Entleihers, der den Verleiher für den Eigentümer gehalten oder zumindest an die Gebrauchsüberlassungsbefugnis geglaubt hat, nach dem Sinn des § 991 Abs. 2 BGB nach § 606 BGB richten.[26] 16

§ 606 BGB begrenzt auch die Durchsetzbarkeit von Ansprüchen aus Gefährdungshaftung, insbesondere § 7 StVG, sowie solcher aus Geschäftsführung ohne Auftrag und ungerechtfertigter Bereicherung,[27] wobei die beiden letztgenannten Anspruchsgrundlagen mangels wirksamen Vertrags naturgemäß nicht mit leihvertraglichen Ansprüchen konkurrieren. Es geht in diesen Fällen also nicht um Fragen der Konkurrenz, sondern der Reichweite des § 606 BGB.[28] Wegen dessen Zielsetzung, Unsicherheiten bei Benutzerwechsel zu vermeiden, schadet es nicht, wenn die „vertragliche Grundlage fehlgegangen" ist.[29] 17

---

[20] BGH v. 19.12.2001 - XII ZR 233/99 - juris Rn. 21 - LM BGB § 558 Nr. 58 (11/2002).
[21] OLG Koblenz v. 30.12.1999 - 12 U 718/99 - juris Rn. 38 - VRS 100, 85-87 (2001).
[22] BGH v. 21.05.1968 - VI ZR 131/67 - NJW 1968, 1472.
[23] BGH v. 24.06.1992 - VIII ZR 203/91 - juris Rn. 22 - BGHZ 119, 35-41.
[24] Vgl. z.B. BGH v. 24.06.1992 - VIII ZR 203/91 - juris Rn. 30 - BGHZ 119, 35-41; OLG Koblenz v. 28.04.1999 - 1 U 713/96 - juris Rn. 27 - OLGR Koblenz 1999, 498-500; OLG Düsseldorf v. 02.08.1988 - 7 U 268/87 - juris Rn. 50 - NJW 1990, 2000-2002; LG Paderborn v. 06.12.1996 - 2 O 429/96 - juris Rn. 25 - ZfSch 1997, 447-448; für die mietrechtliche Vorschrift des § 558 a.F. (jetzt § 548 BGB) BGH v. 07.02.2001 - XII ZR 118/98 - juris Rn. 10 - NJ 2001, 535-536; *Häublein* in: MünchKomm-BGB, § 606 Rn. 4 (im Unterschied zu dem in der Kommentierung zu § 599 BGB Rn. 4 für das Verhältnis des § 599 BGB zum Deliktsrecht vertretenen Standpunkt); *Weidenkaff* in: Palandt, § 606 Rn. 3; *Reuter* in: Staudinger, § 606 Rn. 9.
[25] BGH v. 14.07.1970 - VIII ZR 1/69 - juris Rn. 12 - BGHZ 54, 264-268. *Reuter* in: Staudinger, § 606 Rn. 11 tritt dem für den Fall entgegen, dass der Eigentümer von der Gebrauchsüberlassung nichts wusste, der Entleiher hingegen bösgläubig war und verweist insoweit auf § 991 Abs. 2 BGB einerseits und die §§ 990, 989 BGB andererseits.
[26] *Gitter*, Gebrauchsüberlassungsverträge, 1988, S. 171.
[27] *Gitter*, Gebrauchsüberlassungsverträge, 1988, S. 170; *Reuter* in: Staudinger, § 606 Rn. 9.
[28] Vgl. *Reuter* in: Staudinger, § 606 Rn. 10.
[29] BGH v. 31.01.1967 - VI ZR 105/65 - juris Rn. 15 - BGHZ 47, 53-58, für einen unwirksamen Mietvertrag; OLG Köln v. 14.03.1995 - 22 U 202/94 - juris Rn. 32 - NJW 1997, 1157-1160, für die Leihe.

Allerdings sollte im Einzelfall entschieden werden, ob der Entleiher stets das Privileg der kurzen Verjährung verdient. Das dürfte etwa nach Anfechtung des Vertrags durch den arglistig getäuschten Verleiher, der die Sache beschädigt zurückerhält, nicht der Fall sein.[30]

II. Geltung des § 606 BGB zu Gunsten eines in den Schutzbereich des Vertrags einbezogenen Dritten

18   Ist der Entleiher befugt, die Leihsache einem Dritten zu überlassen, und ist dieser in den Schutzbereich des Leihvertrags einbezogen, so kann sich auch der Dritte auf § 606 BGB berufen, denn auch hier gilt es, Beweisproblemen vorzubeugen, die nicht davon abhängen, ob der Vertragspartner selbst die Sache gebraucht hat oder ein Dritter, der vereinbarungsgemäß mit ihr in Berührung kam.[31]

III. Anwendbarkeit des § 606 BGB auf Gebrauchsüberlassungen im Rahmen von Arbeitsverhältnissen

19   Zwar anerkennt das Bundesarbeitsgericht grundsätzlich die weite Auslegung des § 606 BGB in Bezug auf leiheähnliche Gebrauchsüberlassungen. Wegen der Besonderheiten des Arbeitsverhältnisses lehnt es aber die kurze Verjährung ab für Schadensersatzansprüche gegen den Arbeitnehmer, der einen ihm auch zur privaten Nutzung unentgeltlich überlassenen Firmenwagen beschädigt hat. Das Arbeitsverhältnis werde von der Arbeitspflicht des Arbeitnehmers und der Vergütungspflicht des Arbeitgebers geprägt. Hinter diesen Hauptpflichten hätten Gebrauchsüberlassungen in ihrer Bedeutung zurückzutreten, zumal mit der Rückgabe der Sache die Haupt- und sonstigen Nebenpflichten in der Regel weiterliefen. Ein leiheähnliches Verhältnis, welches die Geltung des § 606 BGB rechtfertige, liege daher nicht vor.[32] Das Arbeitsgericht Eisenach ist dem mit überzeugender Begründung entgegengetreten.[33] Die Anwendbarkeit der kurzen Verjährung werde im Hinblick auf den hinter ihr stehenden Rechtsgedanken auf eine Reihe der Leihe vergleichbarer Gebrauchsüberlassungen angewandt, da es stets darum gehe, deren schnelle und endgültige Abwicklung zu gewährleisten, um mit fortschreitender Zeit zunehmende Beweisschwierigkeiten im Hinblick auf den Zustand der Sache zu verhindern. Das gelte auch für einen vom Arbeitnehmer an den Arbeitgeber zurückgegebenen Gegenstand, den Letzterer zügig auf eventuelle Mängel zu untersuchen habe. Allein der Umstand, dass eine Gebrauchsüberlassung im Zusammenhang mit einem Arbeitsverhältnis stehe, hindere die Anwendung des § 606 BGB nicht. Auch sonst würden im Arbeitsverhältnis unterschiedliche Verjährungsfristen auf die jeweils in Rede stehenden Verpflichtungen angewandt.

---

[30] Vgl. *Reuter* in: Staudinger, § 606 Rn. 7.

[31] Nach OLG München v. 14.01.2000 - 10 U 2990/99 - juris Rn. 4 - ZfSch 2000, 258-259 kann sich auf die kurze Verjährung berufen, wer im Interesse des aus dem Gebrauchsüberlassungsverhältnis Berechtigten ein Fahrzeug fährt, da er in den Schutzbereich des Gebrauchsbefugten gelangt sei; vgl. auch *Reuter* in: Staudinger, § 606 Rn. 10.

[32] BAG v. 11.04.1984 - 7 AZR 115/81 - juris Rn. 13 - NJW 1985, 759-760. Anders im Ergebnis LArbG Stuttgart v. 03.02.1978 - 7 Sa 150/77 - ARST 1978, 92; LG Stuttgart v. 26.09.1990 - 5 S 135/90 - juris Rn. 3 - ZfSch 1990, 387, allerdings für einen Fall, in dem das Arbeitsverhältnis durch Vergleich beendet worden war, so dass der Verjährungsbeginn nach Auffassung des Gerichts auf diesen Zeitpunkt festgelegt werden konnte. Kritisch zur Rechtsprechung des BAG *Kollhosser* in der 4. Aufl. des MünchKomm-BGB, § 606 Rn. 5.

[33] ArbG Eisenach v. 15.08.2002 - 2 Ca 1563/01 - juris Rn. 32 - Bibliothek BAG.

Titel 7 - Sachdarlehensvertrag

§ 607 BGB Vertragstypische Pflichten beim Sachdarlehensvertrag

(Fassung vom 02.01.2002, gültig ab 01.01.2002)

(1) ¹Durch den Sachdarlehensvertrag wird der Darlehensgeber verpflichtet, dem Darlehensnehmer eine vereinbarte vertretbare Sache zu überlassen. ²Der Darlehensnehmer ist zur Zahlung eines Darlehensentgelts und bei Fälligkeit zur Rückerstattung von Sachen gleicher Art, Güte und Menge verpflichtet.
(2) Die Vorschriften dieses Titels finden keine Anwendung auf die Überlassung von Geld.

A. Grundlagen

Durch das Schuldrechtsmodernisierungsgesetz ist das Darlehensrecht, das bisher einheitlich durch die §§ 607-610 BGB geregelt war, in das Gelddarlehen (§§ 488-505 BGB) und das Sachdarlehen (§§ 607-609 BGB) getrennt worden. Im Rechtsverkehr kommen Sachdarlehensverträge nur noch sehr selten vor. Die §§ 607 ff. BGB sind abdingbar, vorausgesetzt, die vertragstypischen Pflichten bleiben erhalten.[1]

B. Anwendungsvoraussetzungen

Durch den Sachdarlehensvertrag wird der Darlehensgeber verpflichtet, dem Darlehensnehmer eine vereinbarte vertretbare Sache zu überlassen. Der Darlehensnehmer ist zur Zahlung eines Darlehensentgelts und bei Fälligkeit zur Rückerstattung von Sachen gleicher Art, Güte und Menge verpflichtet. Es wird ausdrücklich darauf hingewiesen, dass diese Vorschriften keine Anwendung auf die Überlassung von Geld finden (§ 607 Abs. 2 BGB).

Auch das Sachdarlehen ist, wie der Wortlaut klarstellt, nicht mehr Realkontrakt, sondern ein Verpflichtungsgeschäft. Es handelt sich um einen gegenseitigen Vertrag (§§ 320-326 BGB), bei dem die Überlassung mit dem Darlehensentgelt im Gegenseitigkeitsverhältnis steht. Der praktisch wichtigste Anwendungsfall des Sachdarlehens ist das **Wertpapierdarlehen**,[2] bei dem der Vertragsinhalt weitgehend durch die AGB der Banken geregelt wird. Die Wertpapiere, die Gegenstand von Wertpapierdarlehen sind, sind Sachen.[3] Die Tatsache, dass sie sich im Normalfall in der Girosammelverwahrung befinden, folglich nicht durch Übergabe, sondern durch Abtretung übertragen werden, ändert hieran nichts.[4] Darlehenshalber überlassene Aktien werden von dem Darlehensnehmer nur dann „für Rechnung" (§§ 28, 22 Abs. 1 WpHG) des Darlehensgebers gehalten, wenn dieser nach der vertraglichen Regelung weiterhin Einfluss auf die Stimmrechtsausübung nehmen kann.[5] Ob und inwieweit im Rahmen von Wertpapierdarlehen **Leerverkäufe** zulässig sind, ist eine praktisch wichtige und schwierige Frage.[6]

Ein Sachdarlehen liegt auch dann vor, wenn Goldmünzen (z.B. Krügerrand) zur Verwertung überlassen werden und in gleicher Art, Güte und Menge zurückzuerstatten sind.[7] Bei der Verwendung von Flaschen, Paletten oder Containern kann ein Sachdarlehen vorliegen oder auch eine Leihe, Miete oder

---

[1] *Weidenkaff* in: Palandt, § 607 Rn. 2.
[2] Vgl. OLG München v. 23.11.2006 - 23 U 2306/06 - ZIP 2006, 2370-2375.
[3] BGH v. 16.03.2009 - II ZR 302/06 - NJW-RR 2009, 528.
[4] *Weidenkaff* in: Palandt, § 607 Rn. 5.
[5] BGH v. 16.03.2009 - II ZR 302/06 - NJW-RR 2009, 528.
[6] *Trüg*, NJW 2009, 3202; *Kienle* in: Bankrechtshandbuch, § 105 Rn. 54 ff.
[7] *Weidenkaff* in: Palandt, vor § 607 Rn. 2.

ein Rückkauf.[8] Der Begriff „Pfand" auf einer individualisierten, dauerhaft von den Produkten anderer Hersteller/Vertreiber unterscheidbaren Getränkeflasche beinhaltet das Angebot des dort namentlich genannten Getränkeherstellers/Vertreibers an jedermann, die Flasche gegen Zahlung des Pfandbetrags zurückzunehmen.[9] Der auf eine Flaschenbanderole aufgedruckte Begriff „Pfand" enthält die verbindliche Zusage, die Flasche gegen Erstattung des Pfandbetrags zurückzunehmen.[10] In diesen Fällen sind im Normalfall nicht die ursprünglich überlassenen Verpackungen, sondern nur Verpackungen gleicher Art und Güte zurückzuerstatten, sodass in der Regel ein Sachdarlehen anzunehmen ist.[11]

5 Der Darlehensgeber ist verpflichtet, dem Darlehensnehmer die Sache **zu überlassen**. Damit ist nicht nur der Besitz (§ 854 BGB), sondern das Eigentum gemeint, weil der Zweck des Darlehensvertrages darin besteht, dem Darlehensnehmer die Sachen zur wirtschaftlichen Verwendung und Verwertung ihrer Substanz, auch zur Veräußerung, zuzuweisen. Wird bloße Besitzübertragung und daneben die Rückgabe derselben Sache vereinbart, so spricht dies eher für eine Leihe oder für eine Miete.[12]

6 Der Darlehensnehmer ist zur Zahlung eines Darlehensentgelts verpflichtet. Die Entgeltlichkeit kann abbedungen werden. Der Umfang des Entgelts ist in der Regel vertraglich festzulegen.

7 Bei Fälligkeit ist der Darlehensnehmer zur Rückerstattung von Sachen gleicher Art, Güte und Menge verpflichtet. Diese Pflicht steht nicht im Gegenseitigkeitsverhältnis nach § 320 BGB. Der Darlehensnehmer muss Besitz und Eigentum an den Sachen gleicher Art, Güte und Menge verschaffen. Da die Sachen in gleicher Güte zu erstatten sind, müssen sie frei von Sach- und Rechtsmängeln (§ 433 Abs. 1 Satz 2 BGB) sein. Daraus folgt, dass die §§ 434-442 BGB ebenso wie § 377 HGB entsprechend anwendbar sind.[13] Dieses Ergebnis ist bisher über den ersatzlos aufgehobenen § 493 BGB (kaufähnliche Verträge) erzielt worden. Im kaufmännischen Geschäftsverkehr halten sog. Wiederbeschaffungspreisklauseln (Verpflichtung des Entleihers von Leergut, im Falle der Nichtrückgabe den jeweiligen vollen Wiederbeschaffungspreis ersetzen zu müssen) der Inhaltskontrolle nach § 307 Abs. 2 Nr. 1 BGB nicht stand.[14]

---

[8] *Eckert* in: Soergel, vor § 607 Rn. 8.
[9] BGH v. 09.07.2007 - II ZR 232/05 - NJW 2007, 2912.
[10] BGH v. 13.11.2009 - V ZR 255/08 - NJW-RR 2010, 1432.
[11] *Eckert* in: Soergel, § 607 Rn. 8; für eine eher sachenrechtliche Rechtsnatur des Flaschenpfands: *Weber*, NJW 2008, 948 ff.
[12] *Eckert* in: Soergel, § 607 Rn. 8.
[13] *Weidenkaff* in: Palandt, § 607 Rn. 9.
[14] OLG Karlsruhe v. 10.04.1987 - 14 U 5/85 - NJW-RR 1988, 370.

§ 608 BGB Kündigung

(Fassung vom 02.01.2002, gültig ab 01.01.2002)

(1) Ist für die Rückerstattung der überlassenen Sache eine Zeit nicht bestimmt, hängt die Fälligkeit davon ab, dass der Darlehensgeber oder der Darlehensnehmer kündigt.
(2) Ein auf unbestimmte Zeit abgeschlossener Sachdarlehensvertrag kann, soweit nicht ein anderes vereinbart ist, jederzeit vom Darlehensgeber oder Darlehensnehmer ganz oder teilweise gekündigt werden.

Gliederung

A. Grundlagen...	1	I. Absatz 1	2
B. Anwendungsvoraussetzungen	2	II. Absatz 2..	3

A. Grundlagen

Bei Sachdarlehen kommt es häufig darauf an, dass die Sachen kurzfristig rückerstattet werden können.   1

B. Anwendungsvoraussetzungen

I. Absatz 1

Ist für die Rückerstattung der überlassenen Sache eine Zeit nicht bestimmt, hängt die Fälligkeit davon ab, dass der Darlehensgeber oder der Darlehensnehmer kündigt (§ 608 Abs. 1 BGB). Dagegen kann ein auf unbestimmte Zeit abgeschlossener Sachdarlehensvertrag, soweit nicht ein anderes vereinbart ist, jederzeit vom Darlehensgeber oder Darlehensnehmer ganz oder teilweise gekündigt werden.   2

II. Absatz 2

Der Wortlaut der Norm setzt Abdingbarkeit und volle Dispositionsbefugnis der Parteien voraus. Die Parteien können eine **bestimmte Laufzeit** vereinbaren. Eine Änderung durch Vertrag ist jederzeit möglich (§ 311 Abs. 1 BGB). Ist die Laufzeit **unbestimmt**, so kann die Fälligkeit des Rückerstattungsanspruchs jederzeit durch Kündigung des Darlehensgebers oder Darlehensnehmers herbeigeführt werden. Das Darlehen kann ganz oder teilweise gekündigt werden. Die Kündigung ist an keine Laufzeit und an keine Frist gebunden; der Kündigungstermin ist frei. Es handelt sich um ein ordentliches Kündigungsrecht. Die Kündigung wird mit Zugang (§ 130 BGB) wirksam, im Zweifel also sofort. Eine außerordentliche Kündigung ist bei bestimmter Laufzeit nach § 314 BGB möglich. Die Teilkündigung kann im Einzelfall einen Rechtsmissbrauch darstellen, wenn die Rückerstattung eines Teils unverhältnismäßigen Aufwand erfordert oder schädliche Folgen hat.[1]   3

---

[1] *Weidenkaff* in: Palandt, § 608 Rn. 3.

§ 609 BGB Entgelt

(Fassung vom 02.01.2002, gültig ab 01.01.2002)

Ein Entgelt hat der Darlehensnehmer spätestens bei Rückerstattung der überlassenen Sache zu bezahlen.

A. Grundlagen

1 Ein Entgelt hat der Darlehensnehmer spätestens bei Rückerstattung der überlassenen Sache zu bezahlen. Funktional entspricht die Vorschrift dem § 608 BGB a.F. Die Norm ist abdingbar, setzt aber eine entsprechende Unentgeltlichkeitsvereinbarung voraus.

B. Anwendungsvoraussetzungen

2 Der gesetzliche Regelfall ist heute **Entgeltlichkeit**. Die Fälligkeit wird nach § 271 BGB bestimmt und kann von den Parteien jederzeit vertraglich verändert werden. Die Parteien können auch vereinbaren, dass der Rückerstattungsanspruch erst nach Rückerstattung der überlassenen Sache fällig wird. Die Fälligkeit des § 609 BGB ist maßgebend, wenn nichts anderes vereinbart wurde. Haben die Parteien die Höhe des Entgelts nicht bestimmt, so ist § 316 BGB anzuwenden.

§ 610 BGB (weggefallen)

(Fassung vom 01.01.1964, gültig ab 01.01.1980)

Wer die Hingabe eines Darlehens verspricht, kann im Zweifel das Versprechen widerrufen, wenn in den Vermögensverhältnissen des anderen Teiles eine wesentliche Verschlechterung eintritt, durch die der Anspruch auf die Rückerstattung gefährdet wird.

§ 610 BGB in der Fassung vom 26.11.2001 ist durch Art. 1 Abs. 1 Nr. 35 des Gesetzes vom 26.11.2011 – BGBl I 2001, 3138 – mit Wirkung vom 01.01.2002 weggefallen. [1]

§ 611 BGB Vertragstypische Pflichten beim Dienstvertrag

Titel 8 - Dienstvertrag *)

(Fassung vom 02.01.2002, gültig ab 01.01.2002)

(1) Durch den Dienstvertrag wird derjenige, welcher Dienste zusagt, zur Leistung der versprochenen Dienste, der andere Teil zur Gewährung der vereinbarten Vergütung verpflichtet.

(2) Gegenstand des Dienstvertrags können Dienste jeder Art sein.

*) *Amtlicher Hinweis:*
  Dieser Titel dient der Umsetzung
  1. der Richtlinie 76/207/EWG des Rates vom 9. Februar 1976 zur Verwirklichung des Grundsatzes der Gleichbehandlung von Männern und Frauen hinsichtlich des Zugangs zur Beschäftigung, zur Berufsbildung und zum beruflichen Aufstieg sowie in Bezug auf die Arbeitsbedingungen (ABl. EG Nr. L 39 S. 40) und
  2. der Richtlinie 77/187/EWG des Rates vom 14. Februar 1977 zur Angleichung der Rechtsvorschriften der Mitgliedstaaten über die Wahrung von Ansprüchen der Arbeitnehmer beim Übergang von Unternehmen, Betrieben oder Betriebsteilen (ABl. EG Nr. L 61 S. 26).

Gliederung

A. Grundlagen 1	5. Zustimmung des Betriebsrats 186
I. Kurzcharakteristik 1	**C. Rechtsfolgen** 187
II. Arbeitsvertrag 2	I. Pflichten des Dienstberechtigten 188
1. Arbeitsvertrag als Unterfall des Dienstvertrages . 2	1. Vergütungspflicht 188
2. Abgrenzung Arbeitsvertrag/freier Dienstvertrag . 3	a. Grundlagen 188
3. Arbeitnehmerähnliche Personen/Heimarbeiter... 20	b. Formen der Vergütung 194
4. Scheinselbstständige 26	c. Sonderzahlungen 205
5. Statusklage 27	d. Aus-/Fortbildungskosten 218
6. Rechtsquellen im Arbeitsrecht 31	e. Vermögensbildung 228
a. Rechtsnormen 31	f. Betriebliche Altersversorgung 229
b. Richterrecht 38	g. Abtretung 233
c. Vertragliche Rechtsquellen 39	h. Widerrufsvorbehalte 234
d. Arbeitsrechtlicher Gleichbehandlungsgrundsatz . 60	i. Verzicht 235
e. Betriebliche Übung 83	j. Leistungsstörungen 236
f. Günstigkeitsprinzip 104	k. Ausschlussfristen 238
III. Abgrenzung des Dienstvertrages zu anderen Vertragstypen 109	l. Einstweilige Verfügung 242
1. Werkvertrag 110	2. Nebenpflichten des Dienstberechtigten 243
2. Gesellschaftsvertrag 114	a. Aufwendungsersatz 243
3. Vereinsmitgliedschaft 115	b. Pflicht zur Rücksichtnahme („Fürsorgepflicht") . 245
4. Arbeitnehmerüberlassung/Dienstverschaffungsvertrag 118	c. Auskunfts-/Unterrichtungspflicht 248
IV. Einzelfälle 121	d. Beschäftigungspflicht 253
B. Anwendungsvoraussetzungen 163	3. Haftung 263
I. Begründung einer Dienstleistungspflicht 163	II. Pflichten des Dienstverpflichteten 265
II. Vergütung vereinbart oder den Umständen nach zu erwarten 165	1. Dienstleistungspflicht 265
III. Wirksamkeit des Dienstvertrags 166	a. Pflicht zur persönlichen Leistung der versprochenen Dienste 265
1. Nichtigkeitsgründe 166	b. Inhalt der Dienstleistungspflicht im Arbeitsverhältnis 266
2. Form des Dienstvertrags 172	c. Weisungsrecht des Arbeitgebers im Arbeitsverhältnis 273
3. Stellvertretung 175	d. Freistellung 281
4. Anfechtung 178	e. Erholungsurlaub 282

f. Leistungsstörungen ... 286	c. Verschwiegenheitspflicht ... 299
g. Zwangsvollstreckung ... 289	d. Nebentätigkeiten/Wettbewerbsverbot ... 300
h. Vertragsstrafe ... 290	3. Haftung ... 308
2. Nebenpflicht zur Rücksichtnahme („Treuepflicht") ... 293	a. Haftung für Schäden an Leib und Leben anderer Arbeitnehmer ... 308
a. Verhaltenspflichten ... 295	b. Haftung für sonstige Schäden ... 313
b. Herausgabepflicht ... 298	c. Mankohaftung ... 328

A. Grundlagen

I. Kurzcharakteristik

§ 611 Abs. 1 BGB legt die **Verpflichtungen der Vertragspartner eines Dienstvertrages** fest. Diese bestehen für den Dienstverpflichteten in der Leistung der versprochenen Dienste, für den Dienstberechtigten in der Gewährung der vereinbarten Vergütung. § 611 Abs. 2 BGB bestimmt, dass jede Art von Diensten Gegenstand eines Dienstvertrages sein kann.

II. Arbeitsvertrag

1. Arbeitsvertrag als Unterfall des Dienstvertrages

Der Gesetzgeber befand es zunächst nicht für notwendig, die mit der abhängigen Arbeit von Angestellten und Arbeitern zusammenhängenden Rechtsprobleme gesondert im BGB zu regeln; die Regelungen für gewerbliche Arbeitnehmer in der GewO, für Handlungsgehilfen im HGB und für andere Berufe in weiteren Gesetzen erschienen ihm genügend.[1] Schon bald nach In-Kraft-Treten des BGB zerfiel aber der Typus des Dienstvertrages praktisch in zwei Unterfälle: den Dienstvertrag des Selbstständigen (sog. „freier" Dienstvertrag) und den Arbeitsvertrag des abhängige Dienste leistenden Arbeitnehmers. Diese Unterscheidung hat erst später Eingang in den Text des BGB (etwa in den §§ 612a, 613a, 619a, 622, 623 BGB) gefunden.

2. Abgrenzung Arbeitsvertrag/freier Dienstvertrag

Die Abgrenzung zwischen Arbeitsverträgen und freien Dienstverträgen hat eine **immense praktische Bedeutung**, da auf erstere Verträge eine Vielzahl von speziellen Normen (vgl. Rn. 34) Anwendung findet und für Rechtsstreitigkeiten aus Arbeitsverträgen nicht die Zivilgerichte, sondern die Arbeitsgerichte zuständig sind (§ 2 Abs. 1 Nr. 3 ArbGG).

Beim Arbeitsvertrag verpflichtet sich der Arbeitnehmer zur Leistung „fremdbestimmter", „abhängiger" bzw. „unselbstständiger" Arbeit, d.h. zur Arbeit unter Leitung und nach Weisung des Arbeitgebers.[2] Die vertragliche Leistung des Arbeitnehmers besteht darin, seine Arbeitskraft zur Verfügung zu stellen. Freie Dienstverträge liegen hingegen vor, wenn die Dienste in persönlicher, wirtschaftlicher und sozialer Selbstständigkeit und Unabhängigkeit geleistet werden. Dies trifft insbesondere zu, wenn der Dienstverpflichtete selbst ein Gewerbe betreibt oder einen freien Beruf ausübt. Unter den Begriff des freien Dienstvertrages werden herkömmlicherweise[3] jedoch auch Anstellungsverträge gefasst, die solchen dauerhaften Beschäftigungsverhältnissen zugrunde liegen, bei denen die Merkmale des Arbeitsverhältnisses nicht erfüllt sind, bei denen der Dienstleistende aber nicht selbstständig am Markt auftritt (so etwa bei Organmitgliedern vgl. hierzu Rn. 147).

Die Abgrenzung zwischen Arbeits- und freien Dienstverträgen wird von der rechtlichen Stellung des Dienstverpflichteten her vorgenommen. Sofern der Dienstverpflichtete als Arbeitnehmer einzustufen ist, handelt es sich rechtlich um einen Arbeitsvertrag. Es mangelt indes an einer hinreichenden gesetz-

---

[1] *Müller-Glöge* in: MünchKomm-BGB, § 611 Rn. 5.
[2] Vgl. BAG v. 20.05.2009 - 5 AZR 31/08 - juris Rn. 19 - EzA § 611 BGB 2002 Arbeitnehmerbegriff Nr. 15; BAG v. 14.03.2007 - 5 AZR 499/06 - juris Rn. 13 - NZA-RR 2007, 424-428.
[3] Vgl. BAG v. 24.11.2005 - 2 AZR 614/04 - juris Rn. 18 - NZA 2006, 366-370; vgl. BGH v. 10.01.2000 - II ZR 251/98 - juris Rn. 6 - LM BGB § 611 Nr. 100 (6/2000); vgl. BAG v. 21.02.1994 - 2 AZB 28/93 - juris Rn. 17 - NJW 1995, 675-677.

lichen Definition des Begriffs des Arbeitnehmers. Lediglich wird in § 622 Abs. 1 BGB der Begriff insoweit definiert, als von diesem Arbeiter und Angestellte umfasst werden.

6 Nach dem für die Bestimmung der Eigenschaft als Handelsvertreter geltenden § 84 Abs. 1 Satz 2 HGB ist selbstständig, wer **im Wesentlichen frei seine Tätigkeit gestalten und seine Arbeitszeit bestimmen kann**. Wer das nicht kann, ist Angestellter und damit Arbeitnehmer (§ 84 Abs. 2 HGB). Diese Vorschriften enthalten dem Bundesarbeitsgericht[4] zufolge eine über ihren unmittelbaren Anwendungsbereich hinausgehende gesetzliche Wertung.

7 Im Einzelnen gelten für die Abgrenzung folgende Grundsätze: Arbeitnehmer ist derjenige Dienstverpflichtete, der seine Dienstleistung im Rahmen einer von Dritten bestimmten Arbeitsorganisation erbringt.[5] Für die Abgrenzung selbstständiger von unselbstständigen Dienstleistungen von Bedeutung sind die Umstände, unter denen die Dienstleistung zu erbringen ist, nicht hingegen die Modalitäten der Zahlung oder die steuer- und sozialversicherungsrechtliche Behandlung.[6]

8 Der jeweilige Vertragstyp ergibt sich dabei aus dem **tatsächlichen Geschäftsinhalt**. Widersprechen sich Vereinbarung und tatsächliche Durchführung, so ist Letztere maßgebend.[7] Die Einordnung eines Arbeitsverhältnisses als freies Dienstverhältnis kraft Bezeichnung durch die Vertragsparteien ist damit ausgeschlossen. Haben die Parteien ihr Rechtsverhältnis allerdings bewusst als Arbeitsverhältnis bezeichnet, wird dieses in aller Regel auch als Arbeitsverhältnis einzuordnen sein.[8] Wenn die vertraglich vereinbarte Tätigkeit typologisch sowohl in einem Arbeitsverhältnis als auch selbstständig erbracht werden kann und die tatsächliche Handhabung der Vertragsbeziehung nicht zwingend für ein Arbeitsverhältnis spricht, müssen sich die Vertragsparteien grundsätzlich an dem von ihnen gewählten Vertragstypus festhalten lassen.[9]

9 Die Eingliederung in die fremde Arbeitsorganisation zeigt sich insbesondere darin, dass der Beschäftigte einem **Weisungsrecht** seines Vertragspartners hinsichtlich Inhalt, Durchführung, Zeit, Dauer und Ort der Ausführung der versprochenen Dienste unterliegt.[10]

10 In eine derartige Weisungsabhängigkeit begibt sich auch ein Dienstverpflichteter, der die Teilnahme an einem bestimmten Vorhaben und den dazu erforderlichen Einzeldiensten zusagt, ohne dass diese nach Anzahl, Dauer und zeitlicher Lage bereits abschließend feststehen.[11] Dagegen genügt es für den Ar-

---

[4] BAG v. 13.03.2008 - 2 AZR 1037/06 - juris Rn. 18 - NZA 2008, 878-880; BAG v. 14.03.2007 - 5 AZR 499/06 - juris Rn. 13 - NZA-RR 2007, 424-428; BAG v. 25.05.2005 - 5 AZR 347/04 - juris Rn. 15 - EzA § 611 BGB 2002 Arbeitnehmerbegriff Nr. 6; BAG v. 09.03.2005 - 5 AZR 493/04 - juris Rn. 12 - EzA § 611 BGB 2002 Arbeitnehmerbegriff Nr. 3; vgl. BAG v. 20.08.2003 - 5 AZR 610/02 - juris Rn. 16 - NJW 2004, 461-462; BAG v. 29.05.2002 - 5 AZR 161/01 - juris Rn. 17 - AP Nr. 152 zu § 611 BGB Lehrer, Dozenten.

[5] BAG v. 09.03.2005 - 5 AZR 493/04 - juris Rn. 12 - EzA § 611 BGB 2002 Arbeitnehmerbegriff Nr. 3; BAG v. 20.08.2003 - 5 AZR 610/02 - juris Rn. 16 - NJW 2004, 461-462; BAG v. 13.02.2003 - 8 AZR 59/02 - juris Rn. 34 - NJW 2003, 2930-2932.

[6] BAG v. 12.12.2001 - 5 AZR 253/00 - juris Rn. 27 - NJW 2002, 2411-2413.

[7] BAG v. 15.02.2012 - 10 AZR 111/11 - juris Rn. 14 - nv; BAG v. 20.01.2010 - 5 AZR 106/09 - juris Rn. 18 - ZTR 2010, 424-426; BAG v. 20.05.2009 - 5 AZR 31/08 - juris Rn. 19 - EzA § 611 BGB 2002 Arbeitnehmerbegriff Nr. 15; BAG v. 13.03.2008 - 2 AZR 1037/06 - juris Rn. 19 - NZA 2008, 878-880; BAG v. 14.03.2007 - 5 AZR 499/06 - juris Rn. 13 - NZA-RR 2007, 424-428; BAG v. 25.05.2005 - 5 AZR 347/04 - juris Rn. 15 - EzA § 611 BGB 2002 Arbeitnehmerbegriff Nr. 6; BAG v. 21.04.2005 - 2 AZR 125/04 - juris Rn. 27 - EzA § 626 BGB 2002 Nr. 8; BAG v. 20.08.2003 - 5 AZR 610/02 - juris Rn. 16 - NJW 2004, 461-462; BAG v. 12.12.2001 - 5 AZR 253/00 - juris Rn. 27 - NJW 2002, 2411-2413.

[8] BAG v. 21.04.2005 - 2 AZR 125/04 - juris Rn. 27 - EzA § 626 BGB 2002 Nr. 8.

[9] BAG v. 09.06.2010 - 5 AZR 332/09 - juris Rn. 33 - NJW 2010, 2455-2458.

[10] BAG v. 15.02.2012 - 10 AZR 111/11 - juris Rn. 14 - nv; BAG v. 20.01.2010 - 5 AZR 106/09 - juris Rn. 18 - ZTR 2010, 424-426; BAG v. 13.03.2008 - 2 AZR 1037/06 - juris Rn. 18 - NZA 2008, 878-880; BAG v. 14.03.2007 - 5 AZR 499/06 - juris Rn. 13 - NZA-RR 2007, 424-428; BAG v. 25.05.2005 - 5 AZR 347/04 - juris Rn. 15 - EzA § 611 BGB 2002 Arbeitnehmerbegriff Nr. 6; BAG v. 09.03.2005 - 5 AZR 493/04 - juris Rn. 12 - EzA § 611 BGB 2002 Arbeitnehmerbegriff Nr. 3; BAG v. 20.08.2003 - 5 AZR 610/02 - juris Rn. 16 - NJW 2004, 461-462; BAG v. 29.05.2002 - 5 AZR 161/01 - juris Rn. 17 - AP Nr. 152 zu § 611 BGB Lehrer, Dozenten.

[11] Vgl. BAG v. 09.10.2002 - 5 AZR 405/01 - juris Rn. 24 - AP Nr. 114 zu § 611 BGB Abhängigkeit.

beitnehmerstatus in der Regel nicht, dass der Dienstverpflichtete die Teilnahme an bestimmten Vorhaben zugesagt hat, die zeitlich bereits im Vorhinein feststanden.[12]

Das Aufstellen von Dienstplänen kann für ein Arbeitsverhältnis sprechen. Dies gilt jedoch nur dann, wenn die Dienstpläne vom Dienstberechtigten einseitig und ohne vorherige Absprache aufgestellt werden.[13] Beruht die Dienstplangestaltung hingegen auf den Vorgaben der Mitarbeiter und können Mitarbeiter Dienste tauschen, liegt keine für ein Arbeitsverhältnis typische zeitliche Weisungsabhängigkeit vor.[14]

Das Weisungsrecht muss sich nicht auf sämtliche der genannten Faktoren erstrecken; so kann ein Arbeitsverhältnis etwa auch vorliegen, wenn sich das Weisungsrecht nur auf den Inhalt und die Durchführung der geschuldeten Tätigkeit, nicht aber auf die Arbeitszeit erstreckt.[15] Auch eine notwendige Freiheit von Weisungen in Bezug auf die Art und Weise der Ausübung der Tätigkeit, wie sie etwa bei einem Chefarzt an einem Krankenhaus besteht, steht der Annahme eines Arbeitsverhältnisses nicht entgegen.[16]

Aus der Verpflichtung, Auflagen einer Aufsichtsbehörde zu erfüllen, ergibt sich keine arbeitsrechtliche Weisungsabhängigkeit; die Pflicht, öffentlich-rechtlichen Anordnungen nachzukommen, trifft jedermann und ist deshalb kein Merkmal arbeitsvertraglicher Weisungsgebundenheit.[17]

Der Arbeitnehmerstatus ändert sich nicht dadurch, dass der Arbeitgeber sein Weisungsrecht längere Zeit nicht ausübt.[18]

Eine auf eine unselbstständige Tätigkeit hindeutende Eingliederung in eine fremde Arbeitsorganisation zeigt sich auch dadurch, dass der Dienstleistende dieselben Arbeitsaufträge ausführt, die auch von anderen Personen verrichtet werden, die in einem festen Arbeitsverhältnis zum Dienstberechtigten stehen.

Grundsätzlich ist bei untergeordneten, einfachen Arbeiten eher eine Eingliederung in die fremde Arbeitsorganisation anzunehmen als bei gehobenen Tätigkeiten.[19] Bei einfachen Arbeiten können schon wenige organisatorische Weisungen den Beschäftigten in der Ausübung der Arbeit so festlegen, dass von einer im Wesentlichen freien Gestaltung der Tätigkeit nicht mehr die Rede sein kann.[20]

Allein aus einer wirtschaftlichen Abhängigkeit des Dienstleistenden folgt nicht, dass dieser Arbeitnehmer ist.[21] Es kann sich in diesen Fällen aber um eine sog. arbeitnehmerähnliche Person (vgl. Rn. 20) handeln.

Die Möglichkeit des Dienstverpflichteten, zur Erbringung der Dienstleistung **Hilfskräfte** heranzuziehen, ist ein Indiz für das Vorliegen einer selbstständigen Tätigkeit.[22] Allerdings ist es nicht in jedem Fall gerechtfertigt, wegen der bloßen Berechtigung des Vertragspartners, die vertraglich geschuldete Leistung durch Dritte erbringen zu lassen, ein Arbeitsverhältnis von vornherein auszuschließen; dies gilt zumindest dann, wenn die **persönliche Leistungserbringung** die Regel und die Leistungserbringung durch einen Dritten eine seltene Ausnahme darstellt, die das Gesamtbild der Tätigkeit nicht nennenswert verändert.[23] Ebenso spricht es für die Selbstständigkeit des Dienstverpflichteten, wenn dieser berechtigt ist, **andere berufliche und gewerbliche Aktivitäten** zu entfalten.[24]

---

[12] Vgl. BAG v. 09.10.2002 - 5 AZR 405/01 - juris Rn. 24 - AP Nr. 114 zu § 611 BGB Abhängigkeit.
[13] BAG v. 26.08.2009 - 5 AZN 503/09 - juris Rn. 6 - AP Nr. 65 zu § 72a ArbGG 1979.
[14] BAG v. 26.08.2009 - 5 AZN 503/09 - juris Rn. 10 - AP Nr. 65 zu § 72a ArbGG 1979.
[15] BAG v. 06.05.1998 - 5 AZR 347/97 - juris Rn. 64 - BB 1998, 1849-1850; BAG v. 20.10.1993 - 7 AZR 657/92 - juris Rn. 15 - AfP 1994, 72-74.
[16] BAG v. 27.07.1961 - 2 AZR 255/60 - juris Rn. 12 - NJW 1961, 2085.
[17] Vgl. BAG v. 25.05.2005 - 5 AZR 347/04 - juris Rn. 19 - EzA § 611 BGB 2002 Arbeitnehmerbegriff Nr. 6.
[18] BAG v. 12.09.1996 - 5 AZR 1066/94 - juris Rn. 26 - BB 1996, 2690-2691.
[19] BAG v. 16.07.1997 - 5 AZR 312/96 - juris Rn. 22 - BB 1997, 2377.
[20] BAG v. 16.07.1997 - 5 AZR 312/96 - juris Rn. 22 - BB 1997, 2377.
[21] BAG v. 15.02.2012 - 10 AZR 111/11 - juris Rn. 20 - nv.
[22] Vgl. BAG v. 13.03.2008 - 2 AZR 1037/06 - juris Rn. 25 - NZA 2008, 878-880; vgl. BAG v. 12.12.2001 - 5 AZR 253/00 - juris Rn. 30 - NJW 2002, 2411-2413.
[23] BAG v. 04.12.2002 - 5 AZR 667/01 - juris Rn. 61 - AP Nr. 115 zu § 611 BGB Abhängigkeit.
[24] Vgl. BAG v. 20.01.2010 - 5 AZR 99/09 - juris Rn. 16 - DB 2010, 788-789; vgl. BAG v. 13.03.2008 - 2 AZR 1037/06 - juris Rn. 26 - NZA 2008, 878-880; vgl. BAG v. 12.12.2001 - 5 AZR 253/00 - juris Rn. 32 - NJW 2002, 2411-2413.

19　Hat der Dienstverpflichtete verschiedene Tätigkeiten auszuüben, die nur teilweise die Voraussetzungen eines Arbeitsverhältnisses erfüllen, ist im Rahmen einer Gesamtbetrachtung darauf abzustellen, welche Einzeltätigkeiten der Gesamttätigkeit des Dienstverpflichteten – insbesondere auch in zeitlicher Hinsicht – ihr **Gepräge** geben.[25] Allerdings können die Tätigkeiten auch im Rahmen zweier getrennter Vertragsverhältnisse ausgeübt werden, von denen eines ein Arbeitsverhältnis ist.[26]

3. Arbeitnehmerähnliche Personen/Heimarbeiter

20　Arbeitnehmerähnliche Personen sind Selbstständige, auf die mangels persönlicher Abhängigkeit die Merkmale des Arbeitnehmerbegriffs nicht zutreffen, die aber aufgrund einer wirtschaftlichen Abhängigkeit und ihrer gesamten sozialen Stellung nach einem Arbeitnehmer vergleichbar sozial schutzbedürftig sind (vgl. § 12a Abs. 1 Nr. 1 TVG).[27]

21　Die **wirtschaftliche Abhängigkeit** ist gegeben, wenn der Betreffende auf die Verwertung seiner Arbeitskraft und die Einkünfte aus der Dienstleistung als Existenzgrundlage angewiesen ist.[28] Dies kann insbesondere bei der Tätigkeit für nur einen Auftraggeber der Fall sein, wobei diesbezüglich eine gewisse Dauerbeziehung vorausgesetzt wird.[29]

22　Der Beschäftigte ist **einem Arbeitnehmer vergleichbar sozial schutzbedürftig**, wenn das Maß der Abhängigkeit nach der Verkehrsanschauung einen solchen Grad erreicht, wie er im Allgemeinen nur in einem Arbeitsverhältnis vorkommt und die geleisteten Dienste nach ihrer soziologischen Typik mit denen eines Arbeitnehmers vergleichbar sind.[30]

23　Die in § 12a TVG aufgeführten Zeit- und Verdienstrelationen bestimmen zwar unmittelbar nur den Anwendungsbereich des TVG, doch schließt dies nicht aus, diese Relationen auch außerhalb des TVG entsprechend heranzuziehen.[31]

24　In verschiedenen arbeitsrechtlichen Gesetzen (etwa in § 2 Satz 2 BUrlG) werden arbeitnehmerähnliche Personen den Arbeitnehmern gleichgestellt. Insbesondere gilt auch für die arbeitnehmerähnlichen Personen gemäß § 5 Abs. 1 Satz 2 ArbGG der Rechtsweg zu den Arbeitsgerichten.

25　Für Heimarbeiter finden sich Sonderregelungen im HAG, in § 5 Abs. 1 Satz 2 BetrVG sowie in den §§ 10, 11 EntgFG. Auch für Heimarbeiter ist der Rechtsweg zu den Arbeitsgerichten eröffnet (§ 5 Abs. 1 Satz 2 ArbGG).

4. Scheinselbstständige

26　Scheinselbstständige sind Personen, die für einen oder mehrere Auftraggeber andauernd Dienst- oder Werkleistungen erbringen und dabei wie ein Arbeitnehmer weisungsgebunden oder wie eine arbeitnehmerähnliche Person (vgl. Rn. 20) in wirtschaftlicher Abhängigkeit von dem bzw. einem der Auftraggeber tätig werden, obwohl die Vertragsparteien ausdrücklich freie Dienst- oder Werkverträge abgeschlossen haben. Da es für die rechtliche Einordnung nicht darauf ankommt, wie ein Rechtsverhältnis bezeichnet wird, sondern welches sein tatsächlicher Geschäftsinhalt ist,[32] ist eine scheinselbstständige Person entgegen der vertraglichen Bezeichnung als Arbeitnehmer oder als arbeitnehmerähnliche Person zu behandeln.

---

[25] Vgl. BAG v. 08.11.2006 - 5 AZR 706/05 - juris Rn. 19 - NZA 2007, 321-325.
[26] Vgl. BAG v. 08.11.2006 - 5 AZR 706/05 - juris Rn. 18 - NZA 2007, 321-325.
[27] BAG v. 08.05.2007 - 9 AZR 777/06 - juris Rn. 27 - BB 2007, 2298-2300; BAG v. 17.01.2006 - 9 AZR 61/05 - juris Rn. 14 - EzA Nr. 6 zu § 2 BUrlG; BAG v. 26.09.2002 - 5 AZB 19/01 - juris Rn. 83 - NJW 2003, 161-163.
[28] BAG v. 17.01.2006 - 9 AZR 61/05 - juris Rn. 14 - EzA Nr. 6 zu § 2 BUrlG; BAG v. 26.09.2002 - 5 AZB 19/01 - juris Rn. 83 - NJW 2003, 161-163.
[29] BAG v. 17.01.2006 - 9 AZR 61/05 - juris Rn. 13 - EzA Nr. 6 zu § 2 BUrlG.
[30] BAG v. 17.01.2006 - 9 AZR 61/05 - juris Rn. 13 - EzA Nr. 6 zu § 2 BUrlG.
[31] BAG v. 17.01.2006 - 9 AZR 61/05 - juris Rn. 13 - EzA Nr. 6 zu § 2 BUrlG.
[32] BAG v. 16.07.1997 - 5 AZB 29/96 - juris Rn. 23 - NJW 1997, 2973-2974.

5. Statusklage

Dem Bundesarbeitsgericht[33] zufolge ist eine **gegenwartsbezogene** Klage von Beschäftigten auf Feststellung des Bestehens eines Arbeitsverhältnisses zulässig. Das Feststellungsinteresse ergebe sich daraus, dass bei einem Erfolg der Klage die zwingenden arbeitsrechtlichen Vorschriften auf das Vertragsverhältnis der Parteien unabhängig von den getroffenen Vereinbarungen anzuwenden sind. Darauf, ob über einzelne Bedingungen des Vertragsverhältnisses Streit besteht, komme es nicht an. Solange das Rechtsverhältnis nicht wirksam beendet sei, könne die Statusfrage jederzeit zur gerichtlichen Entscheidung gestellt werden.

27

Eine **vergangenheitsbezogene** Statusklage von Beschäftigten auf Feststellung des Bestehens eines Arbeitsverhältnisses ist hingegen nur zulässig, wenn sich gerade aus dieser Feststellung Rechtsfolgen für Gegenwart oder Zukunft ergeben, weil mit der Feststellung des Arbeitsverhältnisses zugleich feststeht, dass eigene Ansprüche des Beschäftigten gerade aus dem Arbeitsverhältnis zumindest dem Grunde nach noch bestehen oder gegnerische Ansprüche zumindest in bestimmtem Umfang nicht mehr gegeben sind.[34] Die bloße Möglichkeit des Eintritts solcher Folgen genügt nicht.[35]

28

Das rechtliche Interesse an der arbeitsgerichtlichen Feststellung ergibt sich zudem nicht bereits dann, wenn ein Sozialversicherungsträger ausdrücklich erklärt hat, die Entscheidung des Arbeitsgerichts de facto respektieren zu wollen.[36] Die Sozialversicherungsträger sind nicht dazu berechtigt, Entscheidungen der Arbeitsgerichte zur alleinigen Grundlage eigener Entscheidungen zu machen.[37]

29

Wird rückwirkend festgestellt, dass es sich bei dem Rechtsverhältnis um ein Arbeitsverhältnis gehandelt hat, kann der Arbeitgeber vom Arbeitnehmer die Rückzahlung der **Differenz** zwischen den gezahlten **Honoraren** und dem verlangen, was als **Arbeitsentgelt** hätte gezahlt werden müssen, sofern Letzteres geringer gewesen wäre.[38] Legen die Parteien ihrer Vergütungsvereinbarung eine unrichtige rechtliche Beurteilung darüber zugrunde, ob die Dienste abhängig oder selbständig erbracht werden, bedarf es einer (ergänzenden) Auslegung, ob die Vergütung unabhängig von der rechtlichen Einordnung des bestehenden Vertrags gewollt oder gerade an diese geknüpft sein sollte.[39] Bestehen – wie etwa im öffentlichen Dienst – unterschiedliche Vergütungsordnungen für Arbeitnehmer und freie Mitarbeiter, ist regelmäßig anzunehmen, dass die Parteien die Vergütung der ihrer Auffassung nach zutreffenden Vergütungsordnung entnehmen wollten.[40] Es fehlt dann an einer Vergütungsvereinbarung für das in Wahrheit vorliegende Rechtsverhältnis; die Vergütung richtet sich in diesem Fall nach § 612 Abs. 2 BGB.

30

6. Rechtsquellen im Arbeitsrecht

a. Rechtsnormen

Beim Arbeitsrecht handelt es sich um eine Rechtsmaterie, für welche es bislang an einer einheitlichen und umfänglichen Kodifikation mangelt. Für das Arbeitsverhältnis relevante Vorschriften finden sich über eine **Vielzahl von Rechtsnormen** verteilt.

31

---

[33] BAG v. 09.07.2003 - 5 AZR 595/02 - juris Rn. 25 - AP Nr. 158 zu § 611 BGB Lehrer, Dozenten; BAG v. 06.11.2002 - 5 AZR 364/01 - juris Rn. 13 - AP Nr. 78 zu § 256 ZPO 1977.
[34] BAG v. 09.07.2003 - 5 AZR 595/02 - juris Rn. 26 - AP Nr. 158 zu § 611 BGB Lehrer, Dozenten; BAG v. 06.11.2002 - 5 AZR 364/01 - juris Rn. 14 - AP Nr. 78 zu § 256 ZPO 1977; BAG v. 17.04.2002 - 5 AZR 458/00 - juris Rn. 16 - EzA § 256 ZPO Nr. 63.
[35] BAG v. 09.07.2003 - 5 AZR 595/02 - juris Rn. 26 - AP Nr. 158 zu § 611 BGB Lehrer, Dozenten; BAG v. 17.04.2002 - 5 AZR 458/00 - juris Rn. 16 - EzA § 256 ZPO Nr. 63.
[36] BAG v. 17.04.2002 - 5 AZR 458/00 - juris Rn. 18 - EzA § 256 ZPO Nr. 63.
[37] BAG v. 17.04.2002 - 5 AZR 458/00 - juris Rn. 18 - EzA § 256 ZPO Nr. 63.
[38] BAG v. 29.05.2002 - 5 AZR 680/00 - juris Rn. 17 - NJW 2003, 457-460.
[39] BAG v. 12.01.2005 - 5 AZR 144/04 - juris Rn. 26 - AP Nr. 69 zu § 612 BGB.
[40] BAG v. 12.01.2005 - 5 AZR 144/04 - juris Rn. 26 - AP Nr. 69 zu § 612 BGB.

32 Neben Normen internationaler Rechtssetzung[41] sind insoweit zunächst die supranationalen Vorschriften im **EG-Vertrag** (insbesondere die Art. 39-42, 141 EGV) zu nennen. Von zunehmender Relevanz sind auch die auf europäischer Ebene erlassenen Verordnungen und Richtlinien.[42] Umsetzungen europäischer Richtlinien finden sich etwa in § 613a BGB sowie im AGG.

33 Die Normen im **GG** finden mit Ausnahme des Art. 9 Abs. 3 Satz 2 GG im Arbeitsverhältnis keine unmittelbare Anwendung. Die Wertungen des GG fließen indes insbesondere bei der Ausfüllung der (etwa in den §§ 138, 242 BGB enthaltenen) unbestimmten Rechtsbegriffe mit ein. Sie können auch Nebenpflichten der Vertragsparteien begründen (z.B. die Pflicht zur Gewährung von Gebetspausen[43]). Zur Pflicht des Arbeitgebers, den Arbeitnehmer tatsächlich zu beschäftigen, vgl. Rn. 253.

34 Auf gesetzlicher Ebene gibt es eine Vielzahl von Normen, welche speziell auf Arbeitsverträge Anwendung finden. Hierzu zählen vor allem die Vorschriften im **KSchG**, im **TzBfG** sowie im **BetrVG**. Die **GewO** enthält ebenso einige speziell für Arbeitsverträge geltende Vorschriften; die arbeitsrechtlichen Vorschriften in der GewO sind seit dem 01.01.2003 nicht mehr nur für gewerbliche Arbeitnehmer anwendbar (vgl. § 6 Abs. 2 GewO). Für das Arbeitsrecht relevante Regelungen enthält zudem das **AGG**.

35 Auch innerhalb des **BGB** finden sich für Arbeitsverträge spezielle Vorschriften (vgl. Rn. 2). Daneben sind auf den Arbeitsvertrag die (allgemeinen) Vorschriften über den Dienstvertrag (§§ 611-630 BGB) anwendbar, sofern keine Spezialregelungen eingreifen (so wird etwa § 630 BGB beim Arbeitsvertrag durch § 109 GewO verdrängt). Auf den Dienst- und somit auch den Arbeitsvertrag finden zudem die Vorschriften des Allgemeinen Teils des BGB (§§ 1-240 BGB) sowie die Vorschriften des Allgemeinen Teils des Rechts der Schuldverhältnisse (§§ 241-432 BGB) einschließlich der Vorschriften über gegenseitige, d.h. im Synallagma stehende Verträge (§§ 320-326 BGB) Anwendung.

36 Gegenstand von **Rechtsverordnungen** im Arbeitsrecht sind etwa das Arbeitsschutzrecht sowie die Durchführung des TVG, des BetrVG sowie des BPersVG.

37 Im Arbeitsrecht relevante **Satzungen** stellen insbesondere die von den Berufsgenossenschaften erlassenen Unfallverhütungsvorschriften dar.

b. Richterrecht

38 Im Arbeitsrecht finden zudem vielfältige von der Rechtsprechung entwickelte Rechtsgrundsätze Anwendung, welche gemeinhin als Richterrecht bezeichnet werden. Dem Richterrecht kommt keine Gesetzeskraft zu. Eine bedeutende Funktion haben in ständiger Rechtsprechung vertretene Rechtsgrundsätze aber für die arbeitsgerichtliche Praxis. Mitunter werden richterrechtlich entwickelte Rechtsgrundsätze später vom Gesetzgeber ins geschriebene Recht übernommen (so etwa das richterrechtlich[44] entwickelte Erfordernis eines sachlichen Grundes für Befristungsabreden in § 14 Abs. 1 TzBfG).

c. Vertragliche Rechtsquellen

39 Die konkreten Arbeitsbedingungen eines Arbeitsverhältnisses werden insbesondere durch Kollektiv- und Individualvereinbarungen geregelt.

aa. Tarifvertrag

40 Normative Regelungen in einem Tarifvertrag wirken sich unmittelbar auf die dem Tarifvertrag unterfallenden Arbeitsverhältnisse aus (§ 4 Abs. 1 TVG). Ein Arbeitsverhältnis unterfällt einem Tarifvertrag unmittelbar, wenn der Arbeitgeber und der Arbeitnehmer tarifgebunden sind (vgl. § 3 Abs. 1 TVG) oder der Tarifvertrag gemäß § 5 TVG für allgemeinverbindlich erklärt worden ist.

---

[41] Vgl. hierzu *Müller-Glöge* in: MünchKomm-BGB, § 611 Rn. 260.

[42] Vgl. hier z.B. die Vorlageverfahren an den EuGH zur Überprüfung der Vereinbarkeit deutscher Normen mit Gemeinschaftsrecht: BAG v. 17.06.2009 - 7 AZR 112/08 (A) - RIW 2010, 76-86 - tarifliche Altersgrenzen von 60 Jahren für Piloten und BAG v. 16.10.2008 - 7 AZR 253/07 (A) - DB 2009, 850-853 - Altersgrenze für Flugbegleiter.

[43] LArbG Hamm v. 18.01.2002 - 5 Sa 1782/01 - juris Rn. 21 - NJW 2002, 1970-1972.

[44] Vgl. BAG v. 12.10.1960 - GS 1/59 - juris Rn. 29 - NJW 1961, 798.

Die **Auslegung** des normativen Teils eines Tarifvertrags folgt nach der Rechtsprechung des Bundes- 41
arbeitsgerichts[45] den für die Auslegung von Gesetzen geltenden Regeln. Danach ist zunächst vom Tarifwortlaut auszugehen, wobei der maßgebliche Sinn der Erklärung zu erforschen ist. Bei einem nicht eindeutigen Tarifwortlaut ist der wirkliche Wille der Tarifvertragsparteien mit zu berücksichtigen, soweit er in den tariflichen Normen seinen Niederschlag gefunden hat. Ist hiernach ein zweifelsfreies Auslegungsergebnis nicht zu gewinnen, können – ohne Bindung an eine Reihenfolge – weitere Kriterien (etwa die Entstehungsgeschichte des Tarifvertrags, ggf. auch die praktische Tarifübung) ergänzend herangezogen werden. Auch die Praktikabilität denkbarer Auslegungsergebnisse ist zu berücksichtigen; im Zweifel gebührt derjenigen Tarifauslegung der Vorzug, die zu einer vernünftigen, sachgerechten, zweckorientierten und praktisch brauchbaren Regelung führt.[46]

bb. Betriebsvereinbarung

Normative Regelungen in einer Betriebsvereinbarung wirken sich ebenfalls unmittelbar auf die dieser 42
Kollektivvereinbarung unterfallenden Arbeitsverhältnisse aus (§ 77 Abs. 4 Satz 1 BetrVG). Die Auslegung normativer Regelungen in einer Betriebsvereinbarung folgt den – vorstehend aufgeführten – für die Auslegung von normativen Regelungen in Tarifverträgen geltenden Grundsätzen.[47]

cc. Arbeitsvertrag

Regelungen in einem Arbeitsvertrag gelten alleine im Verhältnis zwischen den Parteien dieses Ver- 43
trags. Der Arbeitsvertrag erlaubt es den Parteien insbesondere, die bestehenden gesetzlichen Vorgaben zu Arbeitsverhältnissen – soweit rechtlich zulässig – individuell umzugestalten oder zu ergänzen.[48]

Greift der Arbeitgeber beim Abschluss von Arbeitsverträgen auf **vorformulierte Vertragsbedingun-** 44
gen zurück, sind seit dem 01.01.2002 die Vorschriften zur Kontrolle Allgemeiner Geschäftsbedingungen in den §§ 305-310 BGB zu berücksichtigen.[49] Die im zuvor geltenden AGBG enthaltene Bereichsausnahme für das Arbeitsrecht ist in den neuen Vorschriften nicht mehr enthalten. § 310 Abs. 4 Satz 2 BGB bestimmt lediglich, dass bei der Anwendung der AGB-Vorschriften auf Arbeitsverträge „die im Arbeitsrecht geltenden Besonderheiten" angemessen zu berücksichtigen sind.[50]

Das Bundesarbeitsgericht[51] hat zu § 310 Abs. 4 Satz 2 BGB entschieden, dass sich die für das Arbeits- 45
recht vorgesehene angemessene Berücksichtigung der **im Arbeitsrecht geltenden Besonderheiten** nicht auf spezielle Gegebenheiten innerhalb des Arbeitsrechts oder Sonderarbeitsrechtsbeziehungen wie Arbeitsverträge im kirchlichen Bereich, befristete Verträge, Tendenzunternehmen etc. beschränkt.

---

[45] BAG v. 15.12.2009 - 9 AZR 887/08 - juris Rn. 22 - AP Nr. 66 zu § 11 BUrlG; BAG v. 15.10.2003 - 4 AZR 594/02 - juris Rn. 69 - EzA § 4 TVG Stahlindustrie Nr. 2; BAG v. 19.01.2000 - 4 AZR 814/98 - juris Rn. 26 - BB 2000, 1889-1891.

[46] BAG v. 15.12.2009 - 9 AZR 887/08 - juris Rn. 22 - AP Nr. 66 zu § 11 BUrlG; BAG v. 15.10.2003 - 4 AZR 594/02 - juris Rn. 69 - EzA § 4 TVG Stahlindustrie Nr. 2; BAG v. 19.01.2000 - 4 AZR 814/98 - juris Rn. 26 - BB 2000, 1889-1891.

[47] BAG v. 18.01.1990 - 6 AZR 484/88 - juris Rn. 19 - nv.

[48] Vgl. BAG v. 18.10.2011 - 9 AZR 303/10 - juris Rn. 21 - NZA 2012, 143-145.

[49] Vgl. hierzu etwa: BAG v. 14.08.2007 - 8 AZR 973/06 - juris Rn. 19 - NJW 2008, 458-461, BAG v. 28.06.2007 - 6 AZR 750/06 - juris Rn. 16 - NZA 2007, 1049-1054; BAG v. 13.06.2007 - 5 AZR 564/06 - juris Rn. 29 - NZA 2007, 974-976; BAG v. 25.04.2007 - 5 AZR 627/06 - juris Rn. 14 - NZA 2007, 853-855; BAG v. 15.02.2007 - 6 AZR 286/06 - juris Rn. 21 - NZA 2007, 614-617; BAG v. 23.01.2007 - 9 AZR 482/06 - juris Rn. 18 - NZA 2007, 748-751; BAG v. 19.12.2006 - 9 AZR 294/06 - juris Rn. 20 - NZA 2007, 809-813; BAG v. 11.10.2006 - 5 AZR 721/05 - juris Rn. 13 - NZA 2007, 87-91; BAG v. 11.04.2006 - 9 AZR 610/05 - juris Rn. 15 - NZA 2006, 1042-1046, BAG v. 11.04.2006 - 9 AZR 557/05 - juris Rn. 27 - NZA 2006, 1149-1154; BAG v. 01.03.2006 - 5 AZR 363/05 - juris Rn. 20 - NZA 2006, 746-749; BAG v. 07.12.2005 - 5 AZR 535/04 - juris Rn. 32 - NZA 2006, 423-429; BAG v. 31.08.2005 - 5 AZR 545/04 - juris Rn. 21 - NZA 2006, 324-329; BAG v. 12.01.2005 - 5 AZR 364/04 - juris Rn. 14 - NZA 2005, 465-469.

[50] Zu den „im Arbeitsrecht geltenden Besonderheiten" vgl. *Birnbaum*, NZA 2003, 944-950.

[51] BAG v. 04.03.2004 - 8 AZR 196/03 - juris Rn. 43 - ZIP 2004, 1277-1285; BAG v. 04.03.2004 - 8 AZR 328/03 - juris Rn. 43 - EzA-SD 2004, Nr. 6, 3-4; BAG v. 04.03.2004 - 8 AZR 344/03 - juris Rn. 55 - EzA-SD 2004, Nr. 6, 3-4.

Die Besonderheiten des Arbeitsrechts sind vielmehr bei jeder Form von Arbeitsverhältnissen zu berücksichtigen. Ob eine im Arbeitsrecht geltende Besonderheit vorliegt, ist nicht daran zu messen, dass eine Norm ausschließlich auf Arbeitsverhältnisse Anwendung findet, sondern daran, ob es sich im Vergleich zu den Grundsätzen des Bürgerlichen Rechts und Prozessrechts um eine abweichende Regelung handelt. So bildet etwa die fehlende Vollstreckbarkeit der Arbeitsleistung gemäß § 888 Abs. 3 ZPO eine im Arbeitsrecht geltende Besonderheit, obgleich diese Regelung generell für Dienstverträge Anwendung findet.

46 Allgemeine Geschäftsbedingungen sind der Rechtsprechung des Bundesarbeitsgerichts[52] zufolge nach ihrem objektiven Inhalt und typischen Sinn einheitlich so auszulegen, wie sie von verständigen und redlichen Vertragspartnern unter Abwägung der Interessen der normalerweise beteiligten Verkehrskreise verstanden werden, wobei die Verständnismöglichkeiten des durchschnittlichen Vertragspartners des Verwenders zugrunde zu legen sind. Ansatzpunkt für die Auslegung ist in erster Linie der Vertragswortlaut. Ist dieser nicht eindeutig, kommt es entscheidend darauf an, wie der Vertragstext aus Sicht der typischerweise an Geschäften dieser Art beteiligten Verkehrskreise zu verstehen ist, wobei der Vertragswille verständiger und redlicher Vertragspartner beachtet werden muss. Soweit auch der mit dem Vertrag verfolgte Zweck einzubeziehen ist, kann das nur in Bezug auf typische und von redlichen Geschäftspartnern verfolgte Ziele gelten. Bleibt nach Ausschöpfung der Auslegungsmethoden ein nicht behebbarer Zweifel, geht dies nach § 305c Abs. 2 BGB zu Lasten des Verwenders. Widersprechen sich hingegen mehrere Klauseln inhaltlich, ist § 305c Abs. 2 BGB unanwendbar und das Transparenzgebot des § 307 Abs. 1 Satz 2 BGB greift.[53]

47 Die Parteien des Arbeitsvertrages können in diesem auch auf einen Tarifvertrag Bezug nehmen.[54] Die **Bezugnahme auf den Tarifvertrag** kann **statisch** auf eine bestimmte Fassung oder – wovon im Zweifel auszugehen ist[55] – **dynamisch** auf die jeweils gültige Fassung des Tarifvertrags erfolgen. Eine arbeitsvertragliche Klausel, die ihrem Wortlaut nach ohne Einschränkung auf bestimmte Tarifverträge eines konkret bezeichneten Gewerbes in ihrer jeweiligen Fassung verweist, ist im Regelfall dahin auszulegen, dass die Anwendung der Tarifverträge nicht von Faktoren abhängt, die nicht im Vertrag genannt oder sonst für beide Parteien in vergleichbarer Weise ersichtlich zur Voraussetzung gemacht worden sind.[56] Als **große dynamische Verweisung**, d.h. als Bezugnahme auf den jeweils für den Betrieb fachlich/betrieblich einschlägigen Tarifvertrag kann die Bezugnahme auf das Tarifwerk einer bestimmten Branche nur dann ausgelegt werden, wenn sich dies aus besonderen Umständen ergibt; ein dahingehender Wille muss im Wortlaut des Vertrages einen hinreichend deutlichen Niederschlag gefunden haben oder sich aus den Begleitumständen bei Vertragsschluss ergeben.[57] Die Bezugnahme auf einen Tarifvertrag kann sich auch aufgrund einer betrieblichen Übung ergeben.[58]

48 Voraussetzung für eine wirksame Einbeziehung ist, dass die arbeitsvertragliche Bezugnahme insoweit konkret und bestimmbar ist, als für die Vertragspartner erkennbar sein muss, ob überhaupt ein Tarifvertrag, welcher Tarifvertrag und in welchem Umfang dieser Inhalt des Individualarbeitsvertrags werden soll.[59] Ist die Tragweite der Verweisung auf Tarifnormen in einem Formulararbeitsvertrag zweifelhaft, geht dies nach § 305c Abs. 2 BGB zu Lasten des Arbeitgebers.[60]

49 Verweist ein tarifgebundener Arbeitgeber in einem vorformulierten Arbeitsvertrag im Wege einer dynamischen Bezugnahme auf einen einschlägigen Tarifvertrag[61], handelte es sich hierbei der **früheren**

---

[52] BAG v. 20.01.2010 - 10 AZR 914/08 - juris Rn. 12 - NZA 2010, 445-446 m.w.N.
[53] BAG v. 20.01.2010 - 10 AZR 914/08 - juris Rn. 17 - NZA 2010, 445-446 m.w.N.
[54] Zur arbeitsvertraglichen Bezugnahme auf Tarifnormen vgl. *Lambrich/Thüsing*, RdA 2002, 193-213, 193-213.
[55] BAG v. 27.10.2004 - 10 AZR 138/04 - juris Rn. 32 - EzA § 3 TVG Bezugnahme auf Tarifvertrag Nr. 28.
[56] BAG v. 22.09.2010 - 4 AZR 98/09 - juris Rn. 18 - AP Nr. 59 zu § 133 BGB.
[57] BAG v. 17.11.2010 - 4 AZR 391/09 - juris Rn. 17 - NZA 2011, 356-360.
[58] Vgl. BAG v. 03.11.2004 - 4 AZR 541/03 - juris Rn. 33 - nv.
[59] BAG v. 27.10.2004 - 10 AZR 138/04 - juris Rn. 24 - EzA § 3 TVG Bezugnahme auf Tarifvertrag Nr. 28.
[60] Vgl. BAG v. 09.11.2005 - 5 AZR 128/05 - juris Rn. 22 - NZA 2006, 202-204.
[61] Vgl. allgemein zur Zulässigkeit solcher Verweisungsklauseln: BAG v. 24.09.2008 - 6 AZR 76/07 - juris Rn. 27-33 - NZA 2009, 154-161.

Rechtsprechung des Bundesarbeitsgerichts[62] zufolge typischerweise um eine **Gleichstellungsabrede**. Diese Abrede hätte den Zweck verfolgt, die nicht tarifgebundenen Arbeitnehmer mit den tarifgebundenen Arbeitnehmern gleichzustellen. Die jeweils gültige Fassung eines Tarifvertrages wäre hiernach allerdings nur solange anwendbar gewesen, wie der Arbeitgeber selbst an den Tarifvertrag gebunden ist. Solche Tarifverträge bzw. deren Fassungen, die erst nach dem Ende der Tarifgebundenheit zustande gekommen sind, waren dem Bundesarbeitsgericht[63] zufolge grundsätzlich[64] nicht auf das Arbeitsverhältnis anzuwenden.

Diese Rechtsprechung des Bundesarbeitsgerichts war von einigen Landesarbeitsgerichten und Teilen der Literatur kritisiert worden.[65] Nach einer Ankündigung in einer Entscheidung[66] vom 14.12.2005 vollzog das Bundesarbeitsgericht mit Urteil[67] vom 18.04.2007 eine **Änderung der Rechtsprechung**. Eine einzelvertraglich vereinbarte dynamische Bezugnahme auf einen bestimmten Tarifvertrag sei jedenfalls dann, wenn eine Tarifgebundenheit des Arbeitgebers an den im Arbeitsvertrag genannten Tarifvertrag nicht in einer für den Arbeitnehmer erkennbaren Weise zur auflösenden Bedingung der Vereinbarung gemacht worden ist, als eine konstitutive Verweisungsklausel anzusehen, die durch einen Verbandsaustritt des Arbeitgebers oder einen sonstigen Wegfall seiner Tarifgebundenheit nicht berührt werde („unbedingte zeitdynamische Verweisung").[68] Wird hingegen ein Tarifwerk durch ein anderes ersetzt, ist die hierdurch lückenhaft gewordene Bezugnahmeklausel im Wege der ergänzenden Vertragsauslegung zu schließen. In der Regel dürfte in diesem Fall das ersetzende Tarifwerk an die Stelle des ersetzten Tarifwerks treten.[69]

50

Die neue Rechtsprechung gilt indes nur für Verträge, die nach dem 31.12.2001, d.h. nach Inkrafttreten der Schuldrechtsreform abgeschlossen worden sind. Für Verweisungsklauseln aus der Zeit zuvor ist hingegen dem Bundesarbeitsgericht[70] zufolge aus Gründen des Vertrauensschutzes die zuvor angewandte Auslegungsregel weiterhin anzuwenden, so dass diese als „Gleichstellungsabreden" im Sinne der früheren Rechtsprechung anzusehen sind. Auf den Zeitpunkt des Vertragsabschlusses kommt es auch dann an, wenn nach dem 01.01.2002 ein Betriebsübergang stattgefunden hat.[71] Kommt es bei

51

---

[62] Vgl. BAG v. 01.12.2004 - 4 AZR 50/04 - juris Rn. 15 - ZIP 2005, 679-680; BAG v. 19.03.2003 - 4 AZR 331/02 - juris Rn. 23 - ZIP 2003, 1906-1909; BAG v. 27.11.2002 - 4 AZR 661/01 - juris Rn. 29 - AP Nr. 28 zu § 1 TVG Bezugnahme auf Tarifvertrag; BAG v. 26.09.2001 - 4 AZR 544/00 - juris Rn. 26 - ZIP 2002, 999-1003.

[63] BAG v. 27.11.2002 - 4 AZR 661/01 - juris Rn. 25 - AP Nr. 28 zu § 1 TVG Bezugnahme auf Tarifvertrag.

[64] Eine abweichende Auslegung der Bezugnahmeklausel in dem Sinne, dass die Anwendbarkeit der Tarifverträge in der jeweiligen Fassung unabhängig von der Tarifgebundenheit des Arbeitgebers erfolgen soll, war dem Bundesarbeitsgericht (BAG v. 26.09.2001 - 4 AZR 544/00 - juris Rn. 26 - ZIP 2002, 999-1003) zufolge nur gerechtfertigt, wenn dies in der Vereinbarung seinen Ausdruck gefunden hatte oder sonstige Umstände dafür sprachen.

[65] Vgl. die Nachweise in der Entscheidung BAG v. 14.12.2005 - 4 AZR 536/04 - juris Rn. 17 - DB 2006, 1322-1325.

[66] BAG v. 14.12.2005 - 4 AZR 536/04 - juris Rn. 19 - DB 2006, 1322-1325.

[67] BAG v. 18.04.2007 - 4 AZR 652/05 - juris Rn. 26 - DB 2007, 1982-1985. Vgl. auch BAG v. 22.09.2010 - 4 AZR 98/09 - juris Rn. 18 - AP Nr. 59 zu § 133 BGB.

[68] BAG v. 24.02.2010 - 4 AZR 691/08 - juris Rn. 24 - DB 2010, 1593-1595; BAG v. 18.11.2009 - 4 AZR 514/08 - juris Rn. 22 - NZA 2010, 170-172; BAG v. 22.04.2009 - 4 ABR 14/08 - juris Rn. 18 - NZA 2009, 1286-1295; BAG v. 22.10.2008 - 4 AZR 793/07 - juris Rn. 21 - NZA 2009, 323-328; BAG v. 18.04.2007 - 4 AZR 652/05 - juris Rn. 26 - DB 2007, 1982-1985.

[69] Vgl. BAG v. 25.08.2010 - 4 AZR 14/09 - juris Rn. 25. - ZTR 2011, 152-155; BAG v. 16.06.2010 - 4 AZR 924/08 - juris Rn. 39 - ZTR 2010, 642-645; BAG v. 19.05.2010 - 4 AZR 796/08 - juris Rn. 30 - BAGE 134, 283-296.

[70] BAG v. 17.11.2010 - 4 AZR 127/09 - juris Rn. 31 - DB 2011, 825; BAG v. 19.10.2011 - 4 AZR 811/09 - juris Rn. 20 - DB 2011, 2783-2784; BAG v. 17.11.2010 - 4 AZR 391/09 - juris Rn. 17 - NZA 2011, 356-360; BAG v. 18.11.2009 - 4 AZR 514/08 - juris Rn. 18 - NZA 2010, 170-172; BAG v. 26.08.2009 - 4 AZR 285/08 - juris Rn. 49 - NZA 2010, 230-237; BAG v. 22.04.2009 - 4 ABR 14/08 - juris Rn. 18 - NZA 2009, 1286-1295; BAG v. 22.10.2008 - 4 AZR 793/07 - juris Rn. 21-23 - NZA 2009, 323-328; BAG v. 04.06.2008 - 4 AZR 316/07 - juris Rn. 17 - AP Nr. 37 zu § 3 TVG; BAG v. 18.04.2007 - 4 AZR 652/05 - juris Rn. 43 - DB 2007, 1982-1985.

[71] BAG v. 17.11.2010 - 4 AZR 127/09 - juris Rn. 34 - DB 2011, 825; BAG v. 17.11.2010 - 4 AZR 127/09 - juris Rn. 34 - NZA 2011, 457-460.

§ 611

einem Vertrag aus der Zeit vor dem 01.01.2002 zu einer Änderung, ist für die Beurteilung, ob es sich hinsichtlich der Auslegung einer dort bereits enthaltenen Verweisungsklausel um einen Neu- oder Altvertrag handelt, maßgeblich, ob die Klausel zum Gegenstand der rechtsgeschäftlichen Willensbildung der Vertragsparteien gemacht worden ist.[72]

52 Arbeitsvertragliche Bezugnahmeklauseln haben regelmäßig nur zum Ziel, die Anwendbarkeit bestimmter Tarifnormen im Arbeitsverhältnis herbeizuführen. Demgegenüber ist ihnen – jedenfalls ohne besondere Anhaltspunkte im Wortlaut – nicht zu entnehmen, dem Arbeitnehmer solle ein bestimmter Status verschafft oder dieser fingiert werden.[73] Dies gilt selbst dann, wenn man derartige Klauseln als Gleichstellungsabrede im Sinne der älteren Senatsrechtsprechung verstehen würde.[74] Ebenso wenig führt die Bezugnahme auf einen Tarifvertrag zu dessen tarifrechtlicher Geltung mit der Folge, dass seine Bestimmungen im Wege der Auflösung einer Tarifpluralität nach dem tarifrechtlichen Spezialitätsprinzip verdrängt werden könnten. Es handelt sich vielmehr allein um eine einzelvertragliche Regelung von Arbeitsbedingungen.[75]

dd. Gesamtzusage

53 Ebenfalls vertragliche Ansprüche begründet die sog. Gesamtzusage. Bei einer Gesamtzusage handelt es sich um eine einseitige Erklärung des Arbeitgebers an alle Arbeitnehmer oder einen nach abstrakten Merkmalen bestimmten Teil von ihnen in allgemeiner Form, bestimmte zusätzliche Leistungen erbringen zu wollen.[76] Für die Wirksamkeit einer Gesamtzusage genügt es, wenn diese gegenüber den Arbeitnehmern in einer Form verlautbart wird, die den einzelnen Arbeitnehmer typischerweise in die Lage versetzt, von der Erklärung Kenntnis zu nehmen.[77] Eine Gesamtzusage kann daher etwa in Form eines Aushangs am „Schwarzen Brett" erfolgen. Ebenso ist eine Gesamtzusage über das Intranet eines Unternehmens möglich.[78]

54 Ob eine Gesamtzusage vorliegt und welchen Inhalt sie hat, richtet sich gemäß §§ 133, 157 BGB nach den für Willenserklärungen geltenden Regeln. Gesamtzusagen sind als „typisierte Willenserklärungen" nach objektiven, vom Einzelfall unabhängigen Kriterien auszulegen; maßgeblich ist der objektive Erklärungsinhalt aus der Sicht des Empfängers.[79]

55 Dem Bundesarbeitsgericht[80] zufolge handelt es sich bei einer Gesamtzusage um ein Vertragsangebot des Arbeitgebers an die einzelnen Arbeitnehmer, welches diese annehmen können, ohne dass es hierzu einer ausdrücklichen Annahmeerklärung gegenüber dem Arbeitgeber bedarf (§ 151 BGB).

56 Gesamtzusagen werden bereits dann wirksam, wenn sie gegenüber den Arbeitnehmern in einer Form verlautbart werden, die den einzelnen Arbeitnehmer typischerweise in die Lage versetzt, von der Erklärung Kenntnis zu nehmen. Auf die konkrete Kenntnis eines einzelnen Arbeitnehmers kommt es dabei nicht an.[81]

---

[72] BAG v. 19.10.2011 - 4 AZR 811/09 - juris Rn. 25 - DB 2011, 2783-2784; BAG v. 24.02.2010 - 4 AZR 691/08 - juris Rn. 25 - DB 2010, 1593-1595; BAG v. 18.11.2009 - 4 AZR 514/08 - juris Rn. 23 - NZA 2010, 170-172.

[73] BAG v. 22.09.2010 - 4 AZR 117/09 - juris Rn. 25 - AP Nr. 144 zu Art. 9 GG.

[74] BAG v. 18.03.2009 - 4 AZR 64/08 - juris Rn. 27 - NZA 2009, 1028-1042.

[75] BAG v. 22.10.2008 - 4 AZR 784/07 - juris Rn. 34 - NZA 2009, 151-154. Vgl. speziell für die vertragliche Inbezugnahme eines Tarifvertrages im Falle eines Betriebsübergangs gemäß § 613a BGB: BAG v. 17.11.2010 - 4 AZR 391/09 - juris Rn. 19 - NZA 2011, 356-360.

[76] BAG v. 22.12.2009 - 3 AZR 136/08 - juris Rn. 22 - DB 2010, 1074-1076; BAG v. 28.06.2006 - 10 AZR 385/05 - juris Rn. 31 - NZA 2006, 1174-1178.

[77] BAG v. 22.12.2009 - 3 AZR 136/08 - juris Rn. 22 - DB 2010, 1074-1076.

[78] Vgl. BAG v. 22.01.2003 - 10 AZR 395/02 - juris Rn. 42 - ZIP 2003, 1858-1860.

[79] BAG v. 22.12.2009 - 3 AZR 136/08 - juris Rn. 23 - DB 2010, 1074-1076.

[80] BAG v. 28.06.2006 - 10 AZR 385/05 - juris Rn. 31 - NZA 2006, 1174-1178; vgl. BAG v. 22.01.2003 - 10 AZR 395/02 - juris Rn. 47 - ZIP 2003, 1858-1860; vgl. BAG v. 13.03.1975 - 3 AZR 446/74 - juris Rn. 26 - BB 1975, 1114-1115.

[81] BAG v. 28.06.2006 - 10 AZR 385/05 - juris Rn. 31 - NZA 2006, 1174-1178.

Das Entstehen vertraglicher Ansprüche für die Arbeitnehmer setzt einen **Verpflichtungswillen** des Arbeitgebers voraus. Allein aus der tatsächlichen Gewährung von Leistungen kann nicht auf einen solchen Verpflichtungswillen geschlossen werden, wenn die Leistungen erkennbar erbracht werden, um bereits bestehende Verpflichtungen – etwa aus einer Betriebsvereinbarung – zu erfüllen.[82] Die Durchführung einer vermeintlich wirksamen Betriebsvereinbarung dürfen die Arbeitnehmer nicht dahin verstehen, der Arbeitgeber wolle sich unabhängig von der Wirksamkeit und Fortgeltung rechtsgeschäftlich zur Erbringung der in der Betriebsvereinbarung vorgesehenen Leistungen verpflichten.

57

Eine Gesamtzusage kann auch dann vertragliche Anspruchsgrundlage sein, wenn im Arbeitsvertrag ein Schriftformerfordernis für Vertragsänderungen enthalten ist.[83] Bietet der Arbeitgeber ausschließlich für den Arbeitnehmer günstige Leistungen unter Verzicht auf die Schriftform an, macht er damit deutlich, dass er auf die Einhaltung der Schriftform keinen Wert legt.[84] Dies gilt zumindest für den Fall einer vereinbarten einfachen Schriftformklausel.[85] Anders kann es sich hingegen verhalten bei einer doppelten Schriftformklausel, die nicht nur für Vertragsänderungen die Schriftform vorschreibt, sondern auch Änderungen der Schriftformklausel ihrerseits der Schriftform unterstellt. Ein Verstoß führt hier regelmäßig nach § 125 Satz 2 BGB zur Nichtigkeit der Abrede.[86] Beruht die doppelte Schriftformklausel auf allgemeinen Geschäftsbedingungen, ist jedoch der Vorrang der Individualabrede gemäß § 305b BGB zu beachten.[87] Zudem kommt eine Unwirksamkeit der doppelten Schriftformklausel nach § 307 Abs. 1 Satz 1 BGB in Betracht.[88]

58

Eine Gesamtzusage kann auch mit einem Widerrufsvorbehalt verbunden werden. Zu den Grenzen der Zulässigkeit von Widerrufsvorbehalten vgl. Rn. 234.

59

d. Arbeitsrechtlicher Gleichbehandlungsgrundsatz

Der arbeitsrechtliche Gleichbehandlungsgrundsatz gebietet dem Arbeitgeber, seine **Arbeitnehmer oder Gruppen seiner Arbeitnehmer, die sich in vergleichbarer Lage befinden, gleich zu behandeln**.[89] Er untersagt eine sachfremde oder willkürliche Schlechterstellung einzelner Arbeitnehmer gegenüber anderen Arbeitnehmern in vergleichbarer Lage.[90] In vergleichbarer Lage sind dem Bundesarbeitsgericht[91] zufolge solche Arbeitnehmer, die von ihrer Tätigkeit her vergleichbar sind. Um die gleiche Tätigkeit handelt es sich, wenn Arbeitnehmer identische oder gleichartige Tätigkeiten ausüben. Gleichartige Tätigkeiten liegen vor, wenn sie im Hinblick auf Qualifikation, erworbene Fertigkeiten, Verantwortung und Belastbarkeit gleiche Anforderungen stellen und die mit ihnen befassten Arbeitnehmer wechselseitig ausgetauscht werden können. Dabei kommt es auf einen Gesamtvergleich der Tätigkeiten an.

60

Die dogmatische Herleitung des Gleichbehandlungsgrundsatzes ist strittig, doch kann er mittlerweile wohl als Gewohnheitsrecht angesehen werden.[92] Er ist im Ergebnis einer arbeitsrechtlichen Norm gleichzustellen.[93]

61

---

[82] BAG v. 28.06.2005 - 1 AZR 213/04 - juris Rn. 16 - AP Nr. 25 zu § 77 BetrVG 1972 Betriebsvereinbarung.
[83] Vgl. LArbG Hamm v. 11.03.2005 - 13 Sa 1948/04 - juris Rn. 58 - NZA 2005, 349-352.
[84] BAG v. 24.11.2004 - 10 AZR 202/04 - juris Rn. 41 - NZA 2005, 349-352.
[85] Vgl. BAG v. 20.05.2008 - 9 AZR 382/07 - juris Rn. 17 - AP § 307 BGB Nr. 35 = NZA 2008, 1233-1237.
[86] BAG v. 20.05.2008 - 9 AZR 382/07 - juris Rn. 18 - AP § 307 BGB Nr. 35 = NZA 2008, 1233-1237.
[87] BAG v. 20.05.2008 - 9 AZR 382/07 - juris Rn. 27 - AP § 307 BGB Nr. 35 = NZA 2008, 1233-1237.
[88] BAG v. 20.05.2008 - 9 AZR 382/07 - juris Rn. 32-40 - AP § 307 BGB Nr. 35 = NZA 2008, 1233-1237.
[89] BAG v. 21.10.2009 - 10 AZR 664/08 - juris Rn. 24 - BB 2010, 252-253; BAG v. 18.09.2007 - 9 AZR 788/06 - juris Rn. 10 - AP Nr. 29 zu § 307 BGB; BAG v. 14.03.2007 - 5 AZR 420/06 - juris Rn. 19 - NZA 2007, 862-865; BAG v. 11.04.2006 - 9 AZR 528/05 - juris Rn. 11 - NJW 2006, 2875-2878; BAG v. 15.02.2005 - 9 AZR 116/04 - juris Rn. 37 - NZA 2005, 1117-1122; BAG v. 18.11.2003 - 1 AZR 604/02 - juris Rn. 52 - NZA 2004, 803-807; BAG v. 19.08.1992 - 5 AZR 513/91 - juris Rn. 30 - NJW 1993, 679-680.
[90] BAG v. 16.06.2010 - 4 AZR 928/08 - juris Rn. 30 - NZA-RR 2011, 45-51; BAG v. 28.03.2007 - 10 AZR 261/06 - juris Rn. 14 - NZA 2007, 687-690; BAG v. 11.04.2006 - 9 AZR 528/05 - juris Rn. 11 - NJW 2006, 2875-2878.
[91] BAG v. 21.10.2009 - 10 AZR 664/08 - juris Rn. 31 - BB 2010, 252-253.
[92] *Müller-Glöge* in: MünchKomm-BGB, § 611 Rn. 1122 m.w.N.
[93] BAG v. 11.04.2006 - 9 AZR 528/05 - juris Rn. 18 - NJW 2006, 2875-2878.

62 Der Grundsatz der Gleichbehandlung betrifft insbesondere freiwillige Leistungen des Arbeitgebers.[94] Darüber hinaus bindet der Gleichbehandlungsgrundsatz den Arbeitgeber etwa bei der Ausübung von Gestaltungsrechten oder seines Weisungsrechts. Keine Anwendung findet er im Rahmen eines – auch nur vermeintlichen – Normvollzugs des Arbeitgebers.[95]

63 Der arbeitsrechtliche Gleichbehandlungsgrundsatz verbietet nicht nur die **willkürliche Schlechterstellung** einzelner Arbeitnehmer innerhalb einer Gruppe, sondern auch eine **sachfremde Gruppenbildung**.[96] Eine Gruppenbildung in diesem Sinne kann dabei auch in der Anknüpfung an bereits vom Arbeitgeber vorgefundene Gruppen liegen.[97] Die begünstigte Gruppe kann auch zahlenmäßig kleiner als die benachteiligte Gruppe sein.[98] Allein die Begünstigung einzelner Arbeitnehmer erlaubt indes noch nicht den Schluss, dass diese Arbeitnehmer eine Gruppe bildeten. Eine Gruppenbildung liegt nur vor, wenn die Besserstellung nach einem oder mehreren Kriterien vorgenommen wird, die bei allen Begünstigten vorliegen.[99]

64 Sachfremd ist eine Differenzierung, wenn es für die unterschiedliche Behandlung **keine billigenswerten Gründe** gibt.[100] Billigenswert sind Differenzierungsgründe, die unter Berücksichtigung der Besonderheiten der jeweiligen Leistung auf vernünftigen Erwägungen beruhen und die weder gegen verfassungsrechtliche noch gegen sonstige übergeordnete Wertentscheidungen verstoßen.[101] Die Beurteilung, ob eine Differenzierung sachlich berechtigt ist, richtet sich insbesondere nach dem Zweck der Leistung.[102] Dieser ist vom Arbeitgeber frei zu bestimmen, darf aber als solcher nicht sachwidrig sein, wenn er die Differenzierung rechtfertigen soll. Die Mittel zur Erreichung des Zwecks müssen dabei

---

[94] Vgl. BAG v. 12.10.2011 - 10 AZR 510/10 - juris Rn. 13 f. - ArbR 2012, 146; BAG v. 13.04.2011 - 10 AZR 88/10 - juris Rn. 13 - NZA 2011, 1047-1050; BAG v. 16.06.2010 - 4 AZR 928/08 - juris Rn. 30 - NZA-RR 2011, 45-51; BAG v. 05.08.2009 - 10 AZR 666/08 - juris Rn. 10 - NZA 2009, 1135-1136; BAG v. 10.12.2008 - 10 AZR 35/08 - juris Rn. 14 - NZA 2009, 258-260; BAG v. 15.02.2005 - 9 AZR 116/04 - juris Rn. 37 - NZA 2005, 1117-1122; BAG v. 21.05.2003 - 10 AZR 524/02 - juris Rn. 16 - NJW 2003, 3150-3151.

[95] BAG v. 06.12.2006 - 4 AZR 798/05 - juris Rn. 23 - NZA 2007, 821-825.

[96] BAG v. 21.10.2009 - 10 AZR 664/08 - juris Rn. 24 - BB 2010, 252-253; BAG v. 14.03.2007 - 5 AZR 420/06 - juris Rn. 19 - NZA 2007, 862-865; BAG v. 14.02.2007 - 10 AZR 181/06 - juris Rn. 15 - NZA 2007, 1548-1551; BAG v. 18.11.2003 - 1 AZR 604/02 - juris Rn. 52 - NZA 2004, 803-807; BAG v. 21.05.2003 - 10 AZR 524/02 - juris Rn. 16 - NJW 2003, 3150-3151; BAG v. 17.11.1998 - 1 AZR 147/98 - juris Rn. 35 - BB 1999, 692-693; BAG v. 15.11.1994 - 5 AZR 682/93 - juris Rn. 18 - NJW 1995, 1309-1310; BAG v. 19.08.1992 - 5 AZR 513/91 - juris Rn. 30 - NJW 1993, 679-680.

[97] Vgl. BAG v. 26.09.2007 - 10 AZR 569/06 - juris Rn. 18 - NJW 2007, 3801-3803; BAG v. 14.02.2007 - 10 AZR 181/06 - juris Rn. 15 - NJW 2007, 1548-1551; BAG v. 18.11.2003 - 1 AZR 604/02 - juris Rn. 52 - NZA 2004, 803-807; BAG v. 21.05.2003 - 10 AZR 524/02 - juris Rn. 16 - NJW 2003, 3150-3151; BAG v. 17.11.1998 - 1 AZR 147/98 - juris Rn. 35 - BB 1999, 692-693; BAG v. 15.11.1994 - 5 AZR 682/93 - juris Rn. 18 - NJW 1995, 1309-1310; BAG v. 19.08.1992 - 5 AZR 513/91 - juris Rn. 30 - NJW 1993, 679-680.

[98] BAG v. 21.10.2009 - 10 AZR 664/08 - juris Rn. 29 - BB 2010, 252-253.

[99] BAG v. 21.10.2009 - 10 AZR 664/08 - juris Rn. 24 - BB 2010, 252-253; BAG v. 29.09.2004 - 5 AZR 43/04 - juris Rn. 15 - AP Nr. 192 zu § 242 BGB Gleichbehandlung; BAG v. 13.02.2002 - 5 AZR 713/00 - juris Rn. 14 - DB 2002, 1381-1382.

[100] BAG v. 05.08.2009 - 10 AZR 666/08 - juris Rn. 10 - NZA 2009, 1135-1136; BAG v. 01.04.2009 - 10 AZR 353/08 - juris Rn. 14 - NZA 2009, 1409-1411; BAG v. 17.11.1998 - 1 AZR 147/98 - juris Rn. 35 - BB 1999, 692-693; BAG v. 15.11.1994 - 5 AZR 682/93 - juris Rn. 18 - NJW 1995, 1309-1310.

[101] BAG v. 16.06.2010 - 4 AZR 928/08 - juris Rn. 30 - NZA-RR 2011, 45-51; BAG v. 15.07.2009 - 5 AZR 486/08 - juris Rn. 13 - DB 2009, 2496-2497; BAG v. 21.05.2003 - 10 AZR 524/02 - juris Rn. 16 - NJW 2003, 3150-3151.

[102] BAG v. 12.10.2011 - 10 AZR 510/10 - juris Rn. 13 f. - ArbR 2012, 146; BAG v. 21.10.2009 - 10 AZR 664/08 - juris Rn. 24 - BB 2010, 252-253; BAG v. 05.08.2009 - 10 AZR 666/08 - juris Rn. 10 - NZA 2009, 1135-1136; BAG v. 01.04.2009 - 10 AZR 353/08 - juris Rn. 14 - NZA 2009, 1409-1411; BAG v. 26.09.2007 - 10 AZR 569/06 - juris Rn. 15 - NJW 2007, 3801-3803; BAG v. 14.03.2007 - 5 AZR 420/06 - juris Rn. 19 - NZA 2007, 862-865; BAG v. 14.02.2007 - 10 AZR 181/06 - juris Rn. 15 - NJW 2007, 1548-1551; BAG v. 11.10.2006 - 4 AZR 354/05 - juris Rn. 22 - AP Nr. 203 zu § 242 BGB Gleichbehandlung; BAG v. 21.05.2003 - 10 AZR 524/02 - juris Rn. 17 - NJW 2003, 3150-3151; BAG v. 19.03.2003 - 10 AZR 365/02 - juris Rn. 34 - NJW 2003, 2333-2335.

ihrerseits angemessen und erforderlich sein.[103] Auch der Zweck des Vertragsverhältnisses kann eine Unterscheidung rechtfertigen.[104]

So kann die Festlegung des Kreises der Begünstigten etwa auf bestimmte Hierarchieebenen beschränkt werden.[105] Möchte ein Arbeitgeber nur Führungskräften bestimmter Hierarchieebenen Vergünstigungen gewähren, muss sich die Gruppe der Begünstigten allerdings klar von den nicht Begünstigten abgrenzen lassen, damit eine willkürliche Auswahl der Begünstigten ausgeschlossen ist.[106] Eine Differenzierung anhand des Statusunterschiedes zwischen Arbeitern und Angestellten ist hingegen regelmäßig nicht zu billigen.[107] 65

Als Differenzierungskriterium kommt auch der Fortbestand des Arbeitsverhältnisses in Betracht.[108] Zweck der Leistung ist dann die zusätzliche Motivation dieser Arbeitnehmer. Eine Differenzierung ist somit etwa zulässig, wenn der Weggang einer bestimmten Arbeitnehmergruppe für den Arbeitgeber zu besonderen Belastungen führen würde und er diese Beschäftigungsgruppe mit einer besonderen Leistung stärker **an den Betrieb binden** möchte.[109] Begründet der Arbeitgeber die Begünstigung einer Arbeitnehmergruppe mit der Absicht, diese stärker an sich zu binden, hat er allerdings zugeschnitten auf seinen Betrieb darzulegen, aus welchen Gründen eine stärkere Bindung dieser Arbeitnehmergruppe einem objektiven, wirklichen Bedürfnis entspricht.[110] 66

Ebenfalls zulässig ist, dass ein Arbeitgeber bei Sonderzahlungen ohne Verstoß gegen den arbeitsrechtlichen Gleichbehandlungsgrundsatz unterschiedliche Arbeitsbedingungen berücksichtigen und eine **geringere laufende Arbeitsvergütung** einer Arbeitnehmergruppe durch eine Sonderzahlung teilweise oder vollständig **kompensieren** darf.[111] Eine derartige Situation kann sich z.B. dann ergeben, wenn im Rahmen eines Sanierungs- oder Standortsicherungskonzepts ein Teil der Belegschaft auf Arbeitsvergütung verzichtet hat, ein anderer Teil hingegen nicht. Die Sonderzahlung darf aber in solchen Fällen ohne Verstoß gegen den arbeitsrechtlichen Gleichbehandlungsgrundsatz nur dann der Gruppe von Arbeitnehmern vorenthalten werden, die die Vereinbarung ungünstigerer Arbeitsbedingungen abgelehnt hat, wenn die Sonderzahlung ausschließlich dem Ausgleich von Nachteilen der Gruppe von Arbeitnehmern dient, die bereit war, mit dem Arbeitgeber für sie ungünstigere Arbeitsbedingungen zu vereinbaren. Der Arbeitgeber kann die Leistung der Sonderzahlung dabei auch von weiteren Erfordernissen abhängig machen, z.B. dem Erreichen bestimmter Unternehmensziele.[112] Verfolgt der Arbeitgeber mit der Sonderzahlung hingegen noch andere Zwecke, die auch von der ausgenommenen Gruppe von Arbeitnehmern erfüllt werden können (z.B. Betriebstreue oder Anwesenheit), liegt keine gerechtfertigte Ungleichbehandlung mehr vor.[113] 67

Eine Differenzierung ist zudem dann zulässig, wenn durch den Ausschluss einer bestimmten Arbeitnehmergruppe von Zusagen bzw. Leistungen **wirtschaftliche Belastungen vermieden** werden, die bei den begünstigten Arbeitnehmern nicht entstehen.[114] Dies kann z.B. im Falle einer Fremdfinanzierung 68

---

[103] BAG v. 18.09.2007 - 9 AZR 788/06 - juris Rn. 18 - AP Nr. 29 zu § 307 BGB.
[104] BAG v. 11.10.2006 - 4 AZR 354/05 - juris Rn. 22 - AP Nr. 203 zu § 242 BGB Gleichbehandlung.
[105] Vgl. BAG v. 21.10.2009 - 10 AZR 664/08 - juris Rn. 33 - BB 2010, 252-253 (zu Aktienoptionsprogrammen).
[106] Vgl. BAG v. 21.10.2009 - 10 AZR 664/08 - juris Rn. 33 - BB 2010, 252-253 (zu Aktienoptionsprogrammen).
[107] BAG v. 16.02.2010 - 3 AZR 216/09 - juris Rn. 32 - BAGE 133, 158-180.
[108] BAG v. 14.02.2007 - 10 AZR 181/06 - juris Rn. 15 - NJW 2007, 1548-1551.
[109] Vgl. BAG v. 19.03.2003 - 10 AZR 365/02 - juris Rn. 36 - NJW 2003, 2333-2335.
[110] Vgl. BAG v. 12.10.2005 - 10 AZR 640/04 - juris Rn. 16 - NZA 2005, 1418-1420.
[111] BAG v. 12.10.2011 - 10 AZR 510/10 - juris Rn. 13 - ArbR 2012, 146; BAG v. 13.04.2011 - 10 AZR 88/10 - juris Rn. 17 und 22 - NZA 2011, 1047-1050; BAG v. 05.08.2009 - 10 AZR 666/08 - juris Rn. 14 - NZA 2009, 1135-1136; BAG v. 01.04.2009 - 10 AZR 353/08 - juris Rn. 18 - NZA 2009, 1409-1411; BAG v. 30.07.2008 - 10 AZR 497/07 - juris Rn. 27 - NZA 2008, 1412-1415. Bzgl. eines Ausgleichs durch Gehaltserhöhung vgl. BAG v. 15.07.2009 - 5 AZR 486/08 - juris Rn. 11 - DB 2009, 2496-2497.
[112] BAG v. 13.04.2011 - 10 AZR 88/10 - juris Rn. 18 - NZA 2011, 1047-1050
[113] BAG v. 05.08.2009 - 10 AZR 666/08 - juris Rn. 15 - NZA 2009, 1135-1136; BAG v. 01.04.2009 - 10 AZR 353/08 - juris Rn. 19-21 - NZA 2009, 1409-1411; BAG v. 30.07.2008 - 10 AZR 497/07 - juris Rn. 27 - NZA 2008, 1412-1415.
[114] Vgl. BAG v. 21.05.2003 - 10 AZR 524/02 - juris Rn. 19 - NJW 2003, 3150-3151.

69 Darüber hinaus kann eine Differenzierung dann zulässig sein, wenn sie auf der Anwendung einer Stichtagsregelung beruht. Entscheidend für die Zulässigkeit einer dadurch bewirkten Gruppenbildung sind dabei die hinter der Stichtagsregelung stehenden Sachgründe, die die Differenzierung rechtfertigen müssen. Das bloße Bestreben, eine über die Zeit entstehende Kostenbelastung zu reduzieren, rechtfertigt indes nicht jede beliebige zeitliche Differenzierung. Die Differenzierungsgründe, d.h. die Gründe für die Ungleichbehandlung, müssen auch hier auf vernünftigen einleuchtenden Erwägungen beruhen und dürfen nicht gegen verfassungsrechtliche oder sonstige übergeordnete Wertentscheidungen verstoßen. Die Grenze zur Willkür wird durch eine Regelung allerdings nicht schon dann überschritten, wenn die getroffene Lösung nicht die zweckmäßigste und vernünftigste ist, sondern erst dann, wenn sich ein sachgerechter Grund für die Regelung nicht finden lässt.[116]

Einleitend zum Rn. 68: ...der Zuwendung der Fall sein, wenn dem Arbeitgeber zugleich durch Gesetz oder den Drittmittelgeber vorgegeben ist, in welcher Weise die Zuwendung zu verwenden ist.[115]

70 Gewährt der Arbeitgeber nach einem **Betriebsübergang** den übernommenen Arbeitnehmern weiterhin die Arbeitsbedingungen, die sie bei ihrem früheren Arbeitgeber erhalten hatten, verstößt er nicht gegen den Gleichbehandlungsgrundsatz.[117] Dies gilt auch, wenn infolge einer Verschmelzung mehrerer Gesellschaften auf eine andere Gesellschaft die übernommenen Arbeitnehmer unterschiedslos in eine neue Betriebsorganisation eingegliedert worden sind.[118] Der übernehmende Arbeitgeber ist zudem nicht verpflichtet, nach längerer Zeit eine Angleichung der unterschiedlichen Arbeitsbedingungen herzustellen.[119] Allerdings kann eine Maßnahme, die zwei Gruppen von Arbeitnehmern unterschiedlich trifft, dadurch gerechtfertigt sein, dass sie der Angleichung bestehender unterschiedlicher Arbeitsbedingungen zwischen den Gruppen dient.[120] Das Bestehen verschiedener Vertragsmodelle in den einzelnen Gruppen stellt aber nicht für sich einen sachlichen Grund für eine Ungleichbehandlung dar.[121]

71 Im Bereich der **betrieblichen Altersversorgung** verbietet es der arbeitsrechtliche Gleichbehandlungsgrundsatz nicht ohne Weiteres, einzelne Arbeitnehmergruppen von den Leistungen der betrieblichen Altersversorgung auszuschließen. Allerdings muss der Arbeitgeber die Voraussetzungen, nach denen sich der Zugang zur betrieblichen Altersversorgung richten soll, in einer allgemeinen Ordnung festlegen.[122] Es steht dem Arbeitgeber insoweit frei, auf – typisiert – unterschiedliche Versorgungsinteressen der Arbeitnehmer abzustellen und dabei z.B. hinsichtlich einer Hinterbliebenenversorgung an ein Näheverhältnis zwischen dem Arbeitnehmer und der begünstigten Person anzuknüpfen.[123]

72 Ebenfalls ist es zulässig, wenn ein Arbeitgeber, der gegenüber mehreren Arbeitnehmern eine **Kündigung** ausgesprochen hat, die Zahlung einer freiwilligen Abfindung davon abhängig macht, dass die Arbeitnehmer gegen die Kündigung nicht gerichtlich vorgehen.[124] Auch eine unterschiedliche Behandlung von Prokuristen und Handlungsbevollmächtigten kann gerechtfertigt sein, da die Erteilung einer Prokura einen gesteigerten Vertrauensbeweis darstellt und der Arbeitgeber danach differenzieren darf, welche Bedeutung die Arbeitsleistung für ihn hat und welche Position der Arbeitnehmer im Betrieb einnimmt.[125]

---

[115] Vgl. BAG v. 21.05.2003 - 10 AZR 524/02 - juris Rn. 20 - NJW 2003, 3150-3151.
[116] BAG v. 16.06.2010 - 4 AZR 928/08 - juris Rn. 39 - NZA-RR 2011, 45-51.
[117] Vgl. BAG v. 31.08.2005 - 5 AZR 517/04 - juris Rn. 13 - NZA 2006, 265-266.
[118] BAG v. 31.08.2005 - 5 AZR 517/04 - juris Rn. 17 - NZA 2006, 265-266.
[119] BAG v. 31.08.2005 - 5 AZR 517/04 - juris Rn. 18 - NZA 2006, 265-266.
[120] BAG v. 14.03.2007 - 5 AZR 420/06 - juris Rn. 27 - NZA 2007, 862-865.
[121] BAG v. 14.03.2007 - 5 AZR 420/06 - juris Rn. 26 - NZA 2007, 862-865.
[122] BAG v. 19.08.2008 - 3 AZR 194/07 - juris Rn. 24 - DB 2009, 463-464.
[123] BAG v. 16.02.2010 - 3 AZR 216/09 - juris Rn. 37 - BAGE 133, 158-180; BAG v. 18.11.2008 - 3 AZR 277/07 - juris Rn. 37 - DB 2009, 294-296.
[124] Vgl. BAG v. 15.02.2005 - 9 AZR 116/04 - juris Rn. 36 - NZA 2005, 1117-1122.
[125] Vgl. BAG v. 25.05.2004 - 3 AZR 15/03 - juris Rn. 24 - AP Nr. 5 zu § 1b BetrAVG.

Der Arbeitgeber hat **nicht ohne Weiteres erkennbare Gründe** für die von ihm vorgenommene Differenzierung **offen zu legen** und jedenfalls im Rechtsstreit mit einem benachteiligten Arbeitnehmer so substantiiert darzutun, dass die Beurteilung möglich ist, ob die Gruppenbildung sachlichen Kriterien entsprach.[126] Gleichwohl bleibt die Verletzung des Gleichbehandlungsgrundsatzes allein davon abhängig, ob die Ungleichbehandlung in der Sache gerechtfertigt ist. Die Tatsacheninstanzen haben nach den Grundsätzen des § 286 Abs. 1 ZPO festzustellen, ob der vom Arbeitgeber im Prozess vorgetragene Differenzierungsgrund tatsächlich vorliegt. Eine zeitliche Grenze für die Offenlegung von Differenzierungsgründen und eine damit verbundene Präklusion ergibt sich dabei nur aus dem Revisionsrecht.[127]

73

Der arbeitsrechtliche Gleichbehandlungsgrundsatz gilt nicht nur betriebs-, sondern **unternehmensweit**;[128] in territorialer Hinsicht findet er bundesweite Anwendung.[129] Eine unterschiedliche Behandlung der Arbeitnehmer einzelner Betriebe eines Unternehmens ist nur zulässig, wenn es hierfür sachliche Gründe gibt.[130] Dabei sind die Besonderheiten des Unternehmens und der Betriebe zu berücksichtigen.[131] In Betracht kommt dies beispielsweise, wenn die Arbeitnehmer des einen Betriebs höheren quantitativen oder qualitativen Belastungen (z.B. erhöhten Anforderungen an die Konzentration) als diejenigen des anderen Betriebs unterliegen.[132] Ebenfalls anerkannt ist eine Differenzierung zwischen Betrieben unter Zugrundelegung ihrer jeweiligen wirtschaftlichen Leistung oder des in ihnen bereits bestehenden Lohnniveaus.[133]

74

Der Gleichbehandlungsgrundsatz ist auf einen Arbeitgeber bezogen; er kann keine Geltung beanspruchen, wenn die Arbeitnehmer zwar in einem **gemeinsamen Betrieb** tätig, aber bei verschiedenen Arbeitgebern angestellt sind.[134] Der Gleichbehandlungsgrundsatz verpflichtet einen Arbeitgeber nicht, die Arbeitsbedingungen seiner Arbeitnehmer denen für Arbeitnehmer eines anderen Arbeitgebers geltenden Arbeitsbedingungen anzupassen.

75

Der arbeitsrechtliche Gleichbehandlungsgrundsatz untersagt nicht die individuelle Besserstellung einzelner Arbeitnehmer im Rahmen der **Vergütung**; insofern hat der Grundsatz der Vertragsfreiheit Vorrang.[135] Insbesondere kann der arbeitsrechtliche Gleichbehandlungsgrundsatz nicht dazu herangezogen werden, die Ergebnisse individueller Verhandlungen zu korrigieren und ein unzureichendes Verhandlungsgeschick auszugleichen.[136]

76

Der Gleichbehandlungsgrundsatz findet allerdings auch im Rahmen der Vergütung Anwendung, wenn der Arbeitnehmer die Leistungen nach einem bestimmten **erkennbaren und generalisierenden Prin-**

77

---

[126] BAG v. 23.02.2011 - 5 AZR 84/10 - juris Rn. 16 - NZA 2011, 693-695; BAG v. 12.10.2005 - 10 AZR 640/04 - juris Rn. 11- NZA 2005, 1418-1420.
[127] BAG v. 23.02.2011 - 5 AZR 84/10 - juris Rn. 16 - NZA 2011, 693-695.
[128] BAG v. 22.12.2009 - 3 AZR 136/08 - juris Rn. 41 - DB 2010, 1074-1076; BAG v. 03.12.2008 - 5 AZR 74/08 - juris Rn. 16 - NZA 2009, 367-370; BAG v. 17.11.1998 - 1 AZR 147/98 - juris Rn. 41 - BB 1999, 692-693; *Müller-Glöge* in: MünchKomm-BGB, § 611 Rn. 1133.
[129] BAG v. 03.12.2008 - 5 AZR 74/08 - juris Rn. 24 - NZA 2009, 367-370.
[130] BAG v. 22.12.2009 - 3 AZR 136/08 - juris Rn. 41 - DB 2010, 1074-1076.
[131] BAG v. 03.12.2008 - 5 AZR 74/08 - juris Rn. 16 - NZA 2009, 367-370.
[132] Vgl. LArbG München v. 08.08.2002 - 4 Sa 1015/01 - juris Rn. 33 - Bibliothek BAG.
[133] BAG v. 03.12.2008 - 5 AZR 74/08 - juris Rn. 21 - NZA 2009, 367-370.
[134] BAG v. 19.11.1992 - 10 AZR 290/91 - juris Rn. 17 - NZA 1993, 405-406.
[135] BAG v. 03.12.2008 - 5 AZR 74/08 - juris Rn. 15 - NZA 2009, 367-370; BAG v. 07.05.2008 - 4 AZR 223/07 - juris Rn. 47 - ZTR 2009, 25-28; BAG v. 11.10.2006 - 4 AZR 354/05 - juris Rn. 21 - AP Nr. 203 zu § 242 BGB Gleichbehandlung; BAG v. 29.09.2004 - 5 AZR 43/04 - juris Rn. 15 - AP Nr. 192 zu § 242 BGB Gleichbehandlung; BAG v. 18.11.2003 - 1 AZR 604/02 - juris Rn. 52 - NZA 2004, 803-807; BAG v. 13.02.2002 - 5 AZR 713/00 - juris Rn. 14 - DB 2002, 1381-1382; BAG v. 19.08.1992 - 5 AZR 513/91 - juris Rn. 30 - NJW 1993, 679-680. Vgl. hierzu auch BAG v. 13.08.2008 - 7 AZR 513/07 - juris Rn. 20-23 - NZA 2009, 27-29 (kein Anspruch auf Verlängerung eines nach § 14 Abs. 2 TzBfG sachgrundlos befristeten Arbeitsverhältnisses).
[136] BAG v. 25.05.2004 - 3 AZR 15/03 - juris Rn. 32 - AP Nr. 5 zu § 1b BetrAVG.

zip gewährt, indem er bestimmte Voraussetzungen oder einen bestimmten Zweck festlegt.[137] So kann etwa in unterschiedlichen Lohn- oder Gehaltserhöhungen eine lineare Komponente enthalten sein.[138] In einem solchen Fall darf ein Arbeitnehmer nur unter Beachtung des arbeitsrechtlichen Gleichbehandlungsgrundsatzes von dem linearen Grundbetrag ausgeschlossen werden.[139] Ein Anspruch auf Gleichbehandlung kann sich aber auch dann ergeben, wenn Gehaltserhöhungen ausschließlich nach leistungsbezogenen Gesichtspunkten vorgenommen werden und keine lineare Komponente enthalten.[140] Im Rahmen der Vergütung sind Arbeitnehmer im Sinne des Gleichbehandlungsgrundsatzes dann in vergleichbarer Lage, wenn sie gleichwertige Arbeit leisten.[141]

78 Die **Darlegungs- und Beweislast** verteilt sich diesbezüglich wie folgt: Vergütet ein Arbeitgeber Arbeitnehmer mit ähnlicher Tätigkeit unterschiedlich, hat der Arbeitgeber darzulegen, wie groß der begünstigte Personenkreis ist, wie er sich zusammensetzt, wie er sich abgegrenzt ist und warum der klagende Arbeitnehmer nicht dazugehört. Kommt der Arbeitgeber seiner Darlegungs- und Beweislast nicht nach, kann die benachteiligte Arbeitnehmergruppe verlangen, nach Maßgabe der begünstigten Arbeitnehmergruppe behandelt zu werden.[142] Erfüllt der Arbeitgeber hingegen seine Obliegenheiten, hat der Arbeitnehmer seinerseits darzulegen, dass er die vom Arbeitgeber vorgegebenen Voraussetzungen der Leistung erfüllt.[143]

79 Ein Gebot zur einheitlichen Behandlung von Arbeitnehmergruppen in **unterschiedlichen Ordnungs- und Regelungsbereichen** ist dem arbeitsrechtlichen Gleichbehandlungsgrundsatz nicht zu entnehmen.[144] Ein Arbeitgeber, der Personen beschäftigt, die unterschiedlichen Ordnungs- und Regelungsbereichen unterfallen – wie dies etwa im Verhältnis von Beamten und Angestellten der Fall ist, darf diese daher trotz identischer Tätigkeit unterschiedlich vergüten.[145]

80 Ein Anspruch auf Gleichbehandlung im Falle einer **irrtümlichen Leistung** des Arbeitgebers, welche etwa auf einer irrtümlichen Auslegung einer Rechtsvorschrift beruhen kann, besteht nicht.[146] Ansprüche auf Gleichbehandlung können jedoch dann geltend gemacht werden, wenn der Arbeitgeber eine Leistung in Kenntnis seiner mangelnden Verpflichtung zur Leistung erbringt.[147] Darüber hinaus kann sich ein Anspruch auf Gleichbehandlung ergeben, wenn der Arbeitgeber es nach Kenntnis von seinem Irrtum unterlässt, rechtlich mögliche Rückforderungsansprüche geltend zu machen.[148]

---

[137] BAG v. 21.10.2009 - 10 AZR 664/08 - juris Rn. 24 - BB 2010, 252-253; BAG v. 15.07.2009 - 5 AZR 486/08 - juris Rn. 11 - DB 2009, 2496-2497; BAG v. 03.12.2008 - 5 AZR 74/08 - juris Rn. 15 - NZA 2009, 367-370; BAG v. 07.05.2008 - 4 AZR 223/07 - juris Rn. 47 - ZTR 2009, 25-28; BAG v. 14.03.2007 - 5 AZR 420/06 - juris Rn. 19 - NZA 2007, 862-865; BAG v. 11.10.2006 - 4 AZR 354/05 - juris Rn. 21 - AP Nr. 203 zu § 242 BGB Gleichbehandlung; BAG v. 01.12.2004 - 5 AZR 664/03 - juris Rn. 29 - NZA 2005, 289-292; BAG v. 29.09.2004 - 5 AZR 43/04 - juris Rn. 15 - AP Nr. 192 zu § 242 BGB Gleichbehandlung; BAG v. 13.02.2002 - 5 AZR 713/00 - juris Rn. 14 - DB 2002, 1381-1382; BAG v. 17.11.1998 - 1 AZR 147/98 - juris Rn. 35 - BB 1999, 692-693; BAG v. 19.08.1992 - 5 AZR 513/91 - juris Rn. 30 - NJW 1993, 679-680.

[138] BAG v. 01.12.2004 - 5 AZR 664/03 - juris Rn. 29 - NZA 2005, 289-292.

[139] BAG v. 15.11.1994 - 5 AZR 682/93 - juris Rn. 19 - NJW 1995, 1309-1310.

[140] BAG v. 01.12.2004 - 5 AZR 664/03 - juris Rn. 30 - NZA 2005, 289-292.

[141] BAG v. 21.10.2009 - 10 AZR 664/08 - juris Rn. 31 - BB 2010, 252-253.

[142] BAG v. 03.12.2008 - 5 AZR 74/08 - juris Rn. 17 - NZA 2009, 367-370.

[143] BAG v. 01.12.2004 - 5 AZR 664/03 - juris Rn. 32 - NZA 2005, 289-292; BAG v. 29.09.2004 - 5 AZR 43/04 - juris Rn. 21 - AP Nr. 192 zu § 242 BGB Gleichbehandlung.

[144] BAG v. 17.07.2003 - 8 AZR 319/02 - juris Rn. 48 - ZTR 2004, 155; BAG v. 03.12.1997 - 10 AZR 563/96 - juris Rn. 21 - DB 1998, 2614.

[145] BAG v. 17.07.2003 - 8 AZR 319/02 - juris Rn. 48 - ZTR 2004, 155.

[146] BAG v. 26.11.1998 - 6 AZR 335/97 - juris Rn. 37 - BB 1999, 2359-2360; BAG v. 13.08.1980 - 5 AZR 325/78 - juris Rn. 29 - BB 1981, 554-555. Vgl. auch BAG v. 18.03.2009 - 4 AZR 64/08 - juris Rn. 127 - NZA 2009, 1028-1042; BAG v. 07.05.2008 - 4 AZR 223/07 - juris Rn. 47 - ZTR 2009, 25-28.

[147] Vgl. BAG v. 14.03.2007 - 5 AZR 420/06 - juris Rn. 22 - NZA 2007, 862-865; BAG v. 26.11.1998 - 6 AZR 335/97 - juris Rn. 37 - BB 1999, 2359-2360; LArbG Berlin v. 24.01.2003 - 2 Sa 1807/02 - juris Rn. 22 - Bibliothek BAG.

[148] BAG v. 26.11.1998 - 6 AZR 335/97 - juris Rn. 37 - BB 1999, 2359-2360.

Liegt ein sachlicher Grund für die Differenzierung nicht vor, kann der übergangene Arbeitnehmer verlangen, nach Maßgabe der allgemeinen Regelung behandelt zu werden.[149] Wird allerdings nur eine außerordentlich kleine Gruppe der Belegschaft zu Unrecht begünstigt, ist der Arbeitgeber nicht verpflichtet, sämtlichen anderen Arbeitnehmern die Begünstigung ebenfalls zu gewähren.[150] 81

Spezielle Ausprägungen des Gleichbehandlungsgrundsatzes finden sich im AGG sowie in § 75 Abs. 1 Satz 1 BetrVG und § 67 Abs. 1 BPersVG. 82

e. Betriebliche Übung

Unter einer betrieblichen Übung versteht man die **regelmäßige Wiederholung eines bestimmten Verhaltens** des Arbeitgebers, aus welcher die Arbeitnehmer schließen können, dass ihnen die aufgrund dieser Verhaltensweise gewährten Leistungen auch in Zukunft dauerhaft gewährt werden sollen.[151] Dem tatsächlichen Verhalten des Arbeitgebers wird unter dem Rechtsinstitut der betrieblichen Übung eine **anspruchsbegründende Wirkung** beigemessen.[152] Rechtsdogmatisch geht das Bundesarbeitsgericht[153] von einer (konkludenten) Willenserklärung des Arbeitgebers aus, die von den Arbeitnehmern stillschweigend (vgl. § 151 BGB) angenommen wird. Eine betriebliche Übung ist für jeden Gegenstand vorstellbar, der arbeitsvertraglich in einer so allgemeinen Form geregelt werden kann.[154] 83

Entscheidend für die Entstehung eines Anspruchs aus betrieblicher Übung ist **nicht der Verpflichtungswille** des Arbeitgebers, sondern wie die Arbeitnehmer das Verhalten des Arbeitgebers nach Treu und Glauben unter Berücksichtigung aller Begleitumstände verstehen durften.[155] Im Wege der Auslegung des Verhaltens des Arbeitgebers ist zu ermitteln, ob die Arbeitnehmer davon ausgehen mussten, dass die Leistung nur unter bestimmten Voraussetzungen oder nur für bestimmte Zeit gewährt wird.[156] Eine betriebliche Übung kann auch durch Duldung des Arbeitgebers entstehen.[157] 84

---

[149] BAG v. 21.10.2009 - 10 AZR 664/08 - juris Rn. 24 - BB 2010, 252-253; BAG v. 30.07.2008 - 10 AZR 497/07 - juris Rn. 19 - NZA 2008, 1412-1415; BAG v. 26.09.2007 - 10 AZR 569/06 - juris Rn. 15 - NJW 2007, 3801-3803; BAG v. 18.09.2007 - 9 AZR 788/06 - juris Rn. 10 - AP Nr. 29 zu § 307 BGB; BAG v. 28.03.2007 - 10 AZR 261/06 - juris Rn. 15 - NZA 2007, 687-690; BAG v. 14.03.2007 - 5 AZR 420/06 - juris Rn. 19 - NZA 2007, 862-865; BAG v. 11.04.2006 - 9 AZR 528/05 - juris Rn. 11 - NJW 2006, 2875-2878; BAG v. 12.10.2005 - 10 AZR 640/04 - juris Rn. 11 - NZA 2005, 1418-1420; BAG v. 21.05.2003 - 10 AZR 524/02 - juris Rn. 16 - NJW 2003, 3150-3151; BAG v. 17.11.1998 - 1 AZR 147/98 - juris Rn. 35 - BB 1999, 692-693.

[150] BAG v. 13.02.2002 - 5 AZR 713/00 - juris Rn. 17 - DB 2002, 1381-1382.

[151] BAG v. 17.03.2010 - 5 AZR 317/09 - juris Rn. 20 - BAGE 133, 337-341; BAG v. 15.12.2009 - 9 AZR 887/08 - juris Rn. 39 - AP Nr. 66 zu § 11 BUrlG; BAG v. 28.06.2006 - 10 AZR 385/05 - juris Rn. 35 - NZA 2006, 1174-1178; BAG v. 11.04.2006 - 9 AZR 500/05 - juris Rn. 14 - NJW 2006, 3803-3805; BAG v. 28.07.2004 - 10 AZR 19/04 - juris Rn. 16 - NJW 2004, 3652-3654; BAG v. 13.03.2002 - 5 AZR 755/00 - juris Rn. 16 - EzA-SD 2002, Nr. 19, 14-15; BAG v. 16.01.2002 - 5 AZR 715/00 - juris Rn. 16 - BB 2002, 1155-1156; BAG v. 12.01.1994 - 5 AZR 41/93 - juris Rn. 20 - NJW 1994, 3372-3373.

[152] BAG v. 16.02.2010 - 3 AZR 118/08 - juris Rn. 11 - DB 2010, 1947-1948; BAG v. 11.04.2006 - 9 AZR 500/05 - juris Rn. 14 - NJW 2006, 3803-3805; BAG v. 28.07.2004 - 10 AZR 19/04 - juris Rn. 16 - NJW 2004, 3652-3654; BAG v. 13.03.2002 - 5 AZR 755/00 - juris Rn. 16 - EzA-SD 2002, Nr. 19, 14-15; BAG v. 16.01.2002 - 5 AZR 715/00 - juris Rn. 16 - BB 2002, 1155-1156; BAG v. 12.01.1994 - 5 AZR 41/93 - juris Rn. 20 - NJW 1994, 3372-3373.

[153] BAG v. 17.03.2010 - 5 AZR 317/09 - juris Rn. 20 - BAGE 133, 337-341; BAG v. 15.12.2009 - 9 AZR 887/08 - juris Rn. 39 - AP Nr. 66 zu §§ 11 BUrlG; BAG v. 28.06.2006 - 10 AZR 385/05 - juris Rn. 35 - NZA 2006, 1174-1178; BAG v. 11.04.2006 - 9 AZR 500/05 - juris Rn. 14 - NJW 2006, 3803-3805; BAG v. 28.07.2004 - 10 AZR 19/04 - juris Rn. 16 - NJW 2004, 3652-3654; BAG v. 13.03.2002 - 5 AZR 755/00 - juris Rn. 16 - EzA-SD 2002, Nr. 19, 14-15; BAG v. 14.08.1996 - 10 AZR 69/96 - juris Rn. 22 - NJW 1997, 212.

[154] BAG v. 15.12.2009 - 9 AZR 887/08 - juris Rn. 39 - AP Nr. 66 zu §§ 11 BUrlG; BAG v. 11.04.2006 - 9 AZR 500/05 - juris Rn. 14 - NJW 2006, 3803-3805.

[155] BAG v. 24.03.2010 - 10 AZR 43/09 - juris Rn. 17 - NZA 2010, 759-761; BAG v. 15.12.2009 - 9 AZR 887/08 - juris Rn. 39 - AP Nr. 66 zu § 11 BUrlG; BAG v. 28.06.2006 - 10 AZR 385/05 - juris Rn. 35 - NZA 2006, 1174-1178; BAG v. 11.04.2006 - 9 AZR 500/05 - juris Rn. 14 - NJW 2006, 3803-3805; BAG v. 16.01.2002 - 5 AZR 715/00 - juris Rn. 16 - BB 2002, 1155-1156; BAG v. 12.01.1994 - 5 AZR 41/93 - juris Rn. 20 - NJW 1994, 3372-3373.

[156] BAG v. 16.01.2002 - 5 AZR 715/00 - juris Rn. 16 - BB 2002, 1155-1156.

[157] BAG v. 11.04.2006 - 9 AZR 500/05 - juris Rn. 14 - NJW 2006, 3803-3805.

85 Erforderlich für das Zustandekommen einer betrieblichen Übung ist ein kollektiver Bezug. Allein die Leistung an einzelne Arbeitnehmer lässt noch nicht auf einen zurechenbaren objektiven Bindungswillen des Arbeitgebers schließen, er wolle allen Arbeitnehmern oder zumindest allen Arbeitnehmern einer abgrenzbaren Gruppe die Leistung zukommen lassen.[158]

86 Andererseits ist es unerheblich, ob der betreffende Arbeitnehmer, der sich auf die betriebliche Übung beruft, selbst bisher schon in die Übung einbezogen worden ist.[159] Ihm müssen auch die Leistungen an die anderen Mitarbeiter nicht zuvor mitgeteilt worden sein.[160]

87 Fehlt es gänzlich an einem kollektiven Bezug und kommt somit eine betriebliche Übung als Rechtsgrundlage für eine Leistung nicht in Betracht, bleibt gleichwohl zu prüfen, ob nicht eine konkludente individuelle Zusage des Arbeitgebers an einzelne Arbeitnehmer gegeben ist.[161]

88 Der Rechtsprechung des Bundesarbeitsgerichts[162] zufolge wird etwa durch eine **mindestens dreimalige** vorbehaltlose Gewährung einer **Weihnachtsgratifikation** ein Anspruch der Mitarbeiter auf Weihnachtsgratifikationen auch in der Zukunft begründet, wenn nicht die Umstände des Falles eine andere Auslegung bedingen. Allerdings hat das Bundesarbeitsgericht[163] ausdrücklich klargestellt, dass es **keine allgemein verbindliche Regel** gibt, ab welcher Anzahl von Leistungen der Arbeitnehmer auf die Fortgewährung einer Leistung auch an ihn schließen darf. Die Regel, dass eine dreimalige vorbehaltlose Gewährung zur Verbindlichkeit erstarkt, gelte nur für jährlich an die gesamte Belegschaft geleistete Gratifikationen.[164] Bei anderen Sozialleistungen ist jeweils auf Art, Dauer und Intensität der Leistungen abzustellen[165]; so ist beispielsweise bei Leistungen der betrieblichen Altersversorgung eher auf eine Gewährung über einen Zeitraum von fünf bis acht Jahren abzustellen.[166] Welcher Zeitraum des Bestehens der Übung notwendig ist, um auf eine berechtigte Erwartung der Fortsetzung der Übung bei den Arbeitnehmern und mithin auf den Willen zur zukünftigen Leistung beim Arbeitgeber schließen zu können, hängt von der Häufigkeit der erbrachten Leistungen ab. Dabei kommt es auf die Zahl der Anwendungsfälle im Verhältnis zur Belegschaftsstärke an.[167] Ferner sind in die Bewertung der Relation von Anzahl der Wiederholungen und Dauer der Übung auch Art und Inhalt der Leistung einzubeziehen. Bei für den Arbeitnehmer weniger wichtigen Leistungen sind an die Zahl der Wiederholungen höhere Anforderungen zu stellen als bei bedeutsameren Leistungsinhalten.[168]

---

[158] BAG v. 11.04.2006 - 9 AZR 500/05 - juris Rn. 15 - NJW 2006, 3803-3805.

[159] BAG v. 28.05.2008 - 10 AZR 274/07 - juris Rn. 30 - DB 2008, 1808-1809; BAG v. 28.06.2006 - 10 AZR 385/05 - juris Rn. 36 - NZA 2006, 1174-1178.

[160] BAG v. 28.06.2006 - 10 AZR 385/05 - juris Rn. 36 - NZA 2006, 1174-1178. Vgl. BAG v. 19.08.2008 - 3 AZR 194/07 - juris Rn. 26 - DB 2009, 463-464.

[161] Vgl. hierzu BAG v. 21.04.2010 - 10 AZR 163/09 - juris Rn. 11. - NZA 2010, 808-810.

[162] BAG v. 16.02.2010 - 3 AZR 118/08 - juris Rn. 10 - DB 2010, 1947-1948; BAG v. 05.08.2009 - 10 AZR 483/08 - Rn. 9 - NZA 2009, 1105-1107; BAG v. 01.04.2009 - 10 AZR 393/08 - Rn. 15 - ZTR 2009, 485-486; BAG v. 14.08.1996 - 10 AZR 69/96 - juris Rn. 23 - NJW 1997, 212.

[163] BAG v. 28.06.2006 - 10 AZR 385/05 - juris Rn. 36 - NZA 2006, 1174-1178; BAG v. 11.04.2006 - 9 AZR 500/05 - juris Rn. 16 - NJW 2006, 3803-3805; BAG v. 28.07.2004 - 10 AZR 19/04 - juris Rn. 21 - NJW 2004, 3652-3654.

[164] BAG v. 28.06.2006 - 10 AZR 385/05 - juris Rn. 36 - NZA 2006, 1174-1178; BAG v. 28.07.2004 - 10 AZR 19/04 - juris Rn. 21 - NJW 2004, 3652-3654.

[165] BAG v. 28.06.2006 - 10 AZR 385/05 - juris Rn. 36 - NZA 2006, 1174-1178; BAG v. 11.04.2006 - 9 AZR 500/05 - juris Rn. 16 - NJW 2006, 3803-3805; BAG v. 28.07.2004 - 10 AZR 19/04 - juris Rn. 21 - NJW 2004, 3652-3654.

[166] Vgl. BAG v. 19.08.2008 - 3 AZR 194/07 - juris Rn. 26 - DB 2009, 463-464.

[167] BAG v. 28.05.2008 - 10 AZR 274/07 - juris Rn. 18 - DB 2008, 1808-1809; BAG v. 28.06.2006 - 10 AZR 385/05 - juris Rn. 36 - NZA 2006, 1174-1178; BAG v. 11.04.2006 - 9 AZR 500/05 - juris Rn. 16 - NJW 2006, 3803-3805; BAG v. 28.07.2004 - 10 AZR 19/04 - juris Rn. 21 - NJW 2004, 3652-3654.

[168] BAG v. 28.06.2006 - 10 AZR 385/05 - juris Rn. 36 - NZA 2006, 1174-1178; BAG v. 28.07.2004 - 10 AZR 19/04 - juris Rn. 21 - NJW 2004, 3652-3654.

Eine betriebliche Übung kann nur dann entstehen, wenn es an einer entsprechenden **Rechtsgrundlage für die Gewährung fehlt**.[169] Besteht ein Anspruch etwa aus einer Betriebsvereinbarung, kann die Gewährung der Leistung eine betriebliche Übung nicht begründen.[170] Eine betriebliche Übung kann indes entstehen, wenn eine Betriebsvereinbarung für den Betriebsrat und die Belegschaft erkennbar von Anfang an unwirksam war und der Arbeitgeber entsprechende Leistungen aus diesem Grund auf einzelvertraglicher Grundlage gewährte.[171]

89

Das Entstehen einer betrieblichen Übung ist auch ausgeschlossen, wenn der Arbeitgeber erkennbar auf Grund einer lediglich **vermeintlichen Verpflichtung** aus einer anderen Rechtsgrundlage die Leistung erbringt.[172] In derartigen Fällen dürfen die Arbeitnehmer nicht auf eine auch zukünftige Gewährung der Leistung vertrauen. Ebenso wenig kann allein aus der Tatsache, dass der Arbeitgeber **irrtümlich** von einer kollektiven Regelung abweicht, geschlussfolgert werden, ein solcher Fehler könne nur mit Absicht, also mit vollem Erklärungsbewusstsein des Arbeitgebers herbeigeführt worden sein.[173] Dies gilt auch dann, wenn die Abweichung offensichtlich ist.[174] Eine betriebliche Übung kann in diesen Fällen allerdings dann entstehen, wenn der Arbeitgeber auf seinen Fehler hingewiesen wird und er gleichwohl an seiner Praxis festhält.[175]

90

Im Bereich des **öffentlichen Dienstes** gelten diesbezüglich besonders strenge Maßstäbe. Nach ständiger höchstrichterlicher Rechtsprechung[176] müssen Arbeitnehmer des öffentlichen Dienstes grundsätzlich davon ausgehen, dass die Arbeitgeber, die einer Bindung an die Vorgaben des Haushaltsrechts unterliegen, nur die Leistungen gewähren wollen, zu denen sie gesetzlich oder tariflich verpflichtet sind. Im Zweifel gilt Normvollzug. Ohne besondere Anhaltspunkte dürfen die Arbeitnehmer des öffentlichen Dienstes deshalb auch bei langjähriger Gewährung von Vergünstigungen, die den Rahmen rechtlicher, insbesondere tariflicher Verpflichtungen des Arbeitgebers überschreiten, nicht darauf vertrauen, die Übung sei Vertragsinhalt geworden und werde unbefristet fortgesetzt; sie müssen vielmehr damit rechnen, dass eine fehlerhafte Rechtsanwendung korrigiert wird.[177]

91

Aus einer betrieblichen Übung kann sich auch die Bezugnahme auf einen Tarifvertrag ergeben.[178] Hat ein nicht tarifgebundener Arbeitgeber in der Vergangenheit die **Vergütung entsprechend der Tarifentwicklung** erhöht, begründet dies indes allein keine entsprechende betriebliche Übung, da sich ein nicht tarifgebundener Arbeitgeber grundsätzlich gerade nicht für die Zukunft der Regelungsmacht der Verbände unterwerfen will; eine diesbezügliche betriebliche Übung kann daher nur angenommen werden, wenn es deutliche Anhaltspunkte im Verhalten des Arbeitgebers dafür gibt, dass er auf Dauer die von den Tarifvertragsparteien ausgehandelten Tariflohnerhöhungen übernehmen will.[179]

92

---

[169] BAG v. 17.11.2010 - 4 AZR 127/09 - juris Rn. 37 - NZA 2011, 457-460; BAG v. 15.12.2009 - 9 AZR 887/08 - juris Rn. 40 - AP Nr. 66 zu § 11 BUrlG; BAG v. 01.04.2009 - 10 AZR 393/08 - Rn. 15 - ZTR 2009, 485-486; BAG v. 18.11.2003 - 1 AZR 604/02 - juris Rn. 26 - BAGE 108, 299-310; BAG v. 27.06.1985 - 6 AZR 392/81 - juris Rn. 37 - DB 1986, 596-597.

[170] BAG v. 28.06.2005 - 1 AZR 213/04 - juris Rn. 16 - AP Nr. 25 zu § 77 BetrVG 1972 Betriebsvereinbarung; vgl. BAG v. 18.11.2003 - 1 AZR 604/02 - juris Rn. 26 - BAGE 108, 299-310; vgl. BAG v. 27.06.1985 - 6 AZR 392/81 - juris Rn. 37 - DB 1986, 596-597; vgl. BAG v. 13.08.1980 - 5 AZR 325/78 - juris Rn. 23 - BB 1981, 554-555.

[171] BAG v. 27.06.1985 - 6 AZR 392/81 - juris Rn. 37 - DB 1986, 596-597.

[172] BAG v. 17.03.2010 - 5 AZR 317/09 - juris Rn. 21 - BAGE 133, 337-341; BAG v. 15.12.2009 - 9 AZR 887/08 - juris Rn. 40 - AP Nr. 66 zu § 611 BUrlG; BAG v. 16.06.2004 - 4 AZR 417/03 - juris Rn. 34 - nv.

[173] BAG v. 23.04.2002 - 3 AZR 224/01 - juris Rn. 31 - DB 2002, 2603-2604; vgl. BAG v. 13.08.1980 - 5 AZR 325/78 - juris Rn. 23 - BB 1981, 554-555.

[174] BAG v. 23.04.2002 - 3 AZR 224/01 - juris Rn. 31 - DB 2002, 2603-2604.

[175] Vgl. BAG v. 23.04.2002 - 3 AZR 224/01 - juris Rn. 31 - DB 2002, 2603-2604.

[176] BAG v. 29.05.2002 - 5 AZR 370/01 - juris Rn. 13 - PersV 2002, 457-462; BAG v. 24.02.2000 - 6 AZR 466/98 - juris Rn. 37 - nv m.w.N.

[177] BAG v. 29.05.2002 - 5 AZR 370/01 - juris Rn. 13 - PersV 2002, 457-462.

[178] Vgl. BAG v. 03.11.2004 - 4 AZR 541/03 - juris Rn. 33 - nv.

[179] BAG v. 23.03.2011 - 4 AZR 268/09 - juris Rn. 61 - BB 2011, 2420; BAG v. 13.03.2002 - 5 AZR 755/00 - juris Rn. 17 - EzA-SD 2002, Nr. 19, 14-15; BAG v. 16.01.2002 - 5 AZR 715/00 - juris Rn. 17 - BB 2002, 1155-1156.

93 Im Bereich der **betrieblichen Altersversorgung** ist die betriebliche Übung als Rechtsquelle vom Gesetzgeber in § 1b Abs. 1 Satz 4 BetrAVG ausdrücklich anerkannt worden.[180] Eine betriebliche Übung kann auch noch nach Eintritt des Versorgungsfalles, d.h. zugunsten der Betriebsrentner zustande kommen.[181] Aus betrieblicher Übung können sich etwa Ansprüche auf eine bestimmte Berechnungsweise der Betriebsrente, auf Anpassung der Betriebsrente über § 16 BetrAVG hinaus oder auf ein 13. Ruhegehalt – etwa in Form eines Weihnachtsgelds[182] – ergeben.[183] Ansprüchen von Betriebsrentern aus betrieblicher Übung steht nicht entgegen, dass dem Arbeitgeber zur Abänderung oder Ablösung derartiger Ansprüche das Instrumentarium der Änderungskündigung oder der kollektivvertraglichen Abänderung regelmäßig nicht zur Verfügung steht.[184] Im Hinblick auf Leistungen der betrieblichen Altersversorgung (etwa der Zahlung eines „Rentnerweihnachtsgelds") tritt die verpflichtende Wirkung der betrieblichen Übung auch zugunsten derjenigen ein, die zwar die Leistungen als Betriebsrentner nicht selbst erhalten, als aktive Arbeitnehmer aber unter der Geltung der betrieblichen Übung im Betrieb gearbeitet haben.[185]

94 Der Arbeitgeber kann das Entstehen einer betrieblichen Übung insbesondere dadurch **verhindern**, dass er einen ausdrücklichen **Vorbehalt der Freiwilligkeit** der Leistung erklärt.[186] Er muss das Fehlen eines Rechtsbindungswillens bei diesem Verhalten aber zweifelsfrei deutlich machen.[187] Da ein vertraglicher Anspruch in diesem Fall von vornherein nicht begründet wird, ist ein solcher Freiwilligkeitsvorbehalt auch nicht nach dem Rechtsgedanken des § 308 Nr. 4 BGB unwirksam.[188]

95 Ein solcher Vorbehalt der Freiwilligkeit hält überdies einer Kontrolle nach § 307 Abs. 2 Nr. 1 BGB Stand. Er begründet keine Abweichung von wesentlichen Grundgedanken gesetzlicher Regelungen, und zwar weder im Hinblick auf § 611 Abs. 1 BGB noch auf § 4a Satz 1 EFZG.[189] Darüber hinaus spricht auch die beträchtliche Höhe einer Sonderzahlung nicht dagegen, einen künftigen Anspruch wirksam ausschließen zu können. Eine Abgrenzung nach Prozentsätzen der Jahresgesamtvergütung ist hier – anders als bei Widerrufsvorbehalten – nicht vorzunehmen. Während bei Widerrufsvorbehalten ein Anspruch zunächst entsteht, aber wieder beseitigt werden kann, ist er im Falle eines Freiwilligkeitsvorbehalts nie entstanden. Es wäre auch nicht interessengerecht, den Arbeitgeber daran zu hindern, Sonderzahlungen ab einer bestimmten Höhe unter Freiwilligkeitsvorbehalt stellen zu können. Die Folge wäre, dass er sie nicht oder höchstens zweimal erbringen würde.[190]

96 Das Entstehen einer betrieblichen Übung kann dem Bundesarbeitsgericht[191] zufolge auch durch die Vereinbarung einer **Schriftformklausel** vermieden werden. Zwar genüge hierfür eine einfache Schriftformklausel nicht, nach der lediglich Änderungen und Ergänzungen des Vertrags der Schriftform be-

---

[180] Vgl. hierzu auch: BAG v. 16.02.2010 - 3 AZR 118/08 - juris Rn. 10 - DB 2010, 1947-1948; BAG v. 19.08.2008 - 3 AZR 194/07 - juris Rn. 19 - DB 2009, 463-464.

[181] Vgl. BAG v. 19.05.2005 - 3 AZR 660/03 - juris Rn. 28 - NZA 2005, 889-892; BAG v. 29.04.2003 - 3 AZR 339/02 - juris Rn. 14.

[182] BAG v. 16.02.2010 - 3 AZR 118/08 - juris Rn. 11 - DB 2010, 1947-1948.

[183] BAG v. 29.04.2003 - 3 AZR 339/02 - juris Rn. 15 - nv; BAG v. 29.04.2003 - 3 AZR 247/02 - juris Rn. 13 - BAGReport 2004, 17-19.

[184] BAG v. 16.02.2010 - 3 AZR 118/08 - juris Rn. 13 - DB 2010, 1947-1948.

[185] Vgl. BAG v. 29.04.2003 - 3 AZR 339/02 - juris Rn. 20 - nv.

[186] BAG v. 21.01.2009 - 10 AZR 221/08 - juris Rn. 13-15 - nv; BAG v. 21.01.2009 - 10 AZR 219/08 - juris Rn. 13-15 - DB 2009, 907-909; BAG v. 30.07.2008 - 10 AZR 606/07 - juris Rn. 13-39 - DB 2008, 2194-2200; BAG v. 19.05.2005 - 3 AZR 660/03 - juris Rn. 29 - NZA 2005, 889-892; BAG v. 12.01.1994 - 5 AZR 41/93 - juris Rn. 21 - NJW 1994, 3372-3373.

[187] BAG v. 19.05.2005 - 3 AZR 660/03 - juris Rn. 29 - NZA 2005, 889-892.

[188] BAG v. 21.01.2009 - 10 AZR 221/08 - juris Rn. 15 - nv; BAG v. 21.01.2009 - 10 AZR 219/08 - juris Rn. 15 - DB 2009, 907-909; BAG v. 30.07.2008 - 10 AZR 606/07 - juris Rn. 12-21 - DB 2008, 2194-2200; LArbG Hamm v. 09.06.2005 - 8 Sa 2403/04 - juris Rn. 14 - NZA-RR 2005, 624-625.

[189] BAG v. 18.03.2009 - 10 AZR 289/08 - juris Rn. 21-29 - NZA 2009, 535-537; BAG v. 30.07.2008 - 10 AZR 606/07 - juris Rn. 22-28 - DB 2008, 2194-2200.

[190] BAG v. 18.03.2009 - 10 AZR 289/08 - juris Rn. 26 - NZA 2009, 535-537.

[191] BAG v. 24.06.2003 - 9 AZR 302/02 - juris Rn. 35 - NJW 2003, 3725-3727.

dürfen, da eine solche Schriftformklausel nach allgemeinen Grundsätzen mündlich abbedungen werden kann und das Verhalten des Arbeitgebers bei einer betrieblichen Übung dahin auszulegen ist, dass er auf die Schriftform keinen Wert legt.[192] Anders verhalte es sich dagegen bei einer Schriftformklausel, die nicht nur Vertragsänderungen von der Schriftform abhängig macht, sondern auch die Änderung der Schriftformklausel selbst einer besonderen Form unterstellt, indem sie die mündliche Aufhebung der Schriftformklausel ausdrücklich ausschließt (doppelte Schriftformklausel).[193]

Beschränkungen ergeben sich jedoch, falls die doppelte Schriftformklausel auf AGB beruht. Zwar scheitert eine solche Klausel im Hinblick auf eine betriebliche Übung nicht am Vorrang der Individualabrede gemäß § 305b BGB. Der Vorrang von Individualabreden gilt nicht für die betriebliche Übung. Sie ist keine Individualabrede. Durch das einseitige Verhalten gegenüber allen Arbeitnehmern entsteht zugunsten einer Vielzahl von Arbeitnehmern eine betriebliche Übung und damit keine individuell ausgehandelte Verpflichtung.[194] Allerdings kommt eine Unwirksamkeit der doppelten Schriftformklausel gemäß § 307 Abs. 1 Satz 1 BGB wegen unangemessener Benachteiligung des Arbeitnehmers in Betracht, wenn die verwendete Schriftformklausel sich in ihrem Anwendungsbereich nicht ausdrücklich auf die Fälle einer betrieblichen Übung beschränkt, sondern allgemein jedwede spätere Änderung umfassen soll.[195] Eine im Hinblick auf Individualvereinbarungen unwirksame allgemein gefasste Klausel wäre nicht bezüglich der betrieblichen Übung teilweise aufrechtzuerhalten.[196] **97**

Von einer einmal aufgrund betrieblicher Übung entstandenen Verpflichtung kann sich der Arbeitgeber nicht mehr einseitig durch einen **Widerruf** der Leistung lossagen.[197] **98**

Ebenso wenig lässt sich die betriebliche Übung ohne weiteres durch Abschluss einer **Betriebsvereinbarung** beseitigen, sofern die zum Inhalt des Arbeitsverhältnisses gewordenen Ansprüche für den Arbeitnehmer vorteilhafter sind und damit gemäß dem Günstigkeitsprinzip vorgehen. Ein durch betriebliche Übung begründeter Anspruch des Arbeitnehmers ist ohne entsprechende Abrede der Arbeitsvertragsparteien nicht grundsätzlich „betriebsvereinbarungsoffen".[198] Will der Arbeitgeber verhindern, dass im Verhältnis zu einer Betriebsvereinbarung das Günstigkeitsprinzip gilt und dem Arbeitnehmer günstigere einzelvertragliche Abreden über eine Leistung gegenüber den in einer Betriebsvereinbarung getroffenen Regelungen Vorrang haben, muss er die Leistung unter dem Vorbehalt einer ablösenden Betriebsvereinbarung gewähren. Dabei muss der Vorbehalt ebenso wie ein Widerrufs- oder Freiwilligkeitsvorbehalt dem Transparenzgebot des § 307 Abs. 1 Satz 2 BGB genügen.[199] **99**

Der Arbeitgeber ist hinsichtlich der Beseitigung von Ansprüchen aus betrieblicher Übung grundsätzlich auf das Gestaltungsmittel der **Änderungskündigung** beschränkt.[200] Die Parteien des Arbeitsvertrages können allerdings den aus betrieblicher Übung entstandenen Anspruch auch durch eine **einvernehmliche Änderung des Arbeitsvertrages** beseitigen.[201] Das bloße Schweigen des Arbeitnehmers auf eine arbeitgeberseitig angebotene Änderung kann indes in der Regel nicht als Annahme derselben gewertet werden.[202] Dies gilt erst recht, wenn der Arbeitgeber gegenüber anderen Arbeitnehmern die Übung einstellt und der Arbeitnehmer dazu schweigt.[203] **100**

---

[192] BAG v. 24.11.2004 - 10 AZR 202/04 - juris Rn. 41 - NZA 2005, 349-352; BAG v. 24.06.2003 - 9 AZR 302/02 - juris Rn. 36 - NJW 2003, 3725-3727.
[193] BAG v. 24.06.2003 - 9 AZR 302/02 - juris Rn. 37 - NJW 2003, 3725-3727.
[194] BAG v. 20.05.2008 - 9 AZR 382/07 - juris Rn. 30 - NZA 2008, 1233-1237.
[195] BAG v. 20.05.2008 - 9 AZR 382/07 - juris Rn. 33-40 - NZA 2008, 1233-1237.
[196] Vgl. BAG v. 20.05.2008 - 9 AZR 382/07 - juris Rn. 42 - NZA 2008, 1233-1237.
[197] Vgl. BAG v. 14.08.1996 - 10 AZR 69/96 - juris Rn. 23 - NJW 1997, 212.
[198] BAG v. 05.08.2009 - 10 AZR 483/08 - Rn. 12-15 - NZA 2009, 1105-1107.
[199] BAG v. 05.08.2009 - 10 AZR 483/08 - Rn. 12-15 - NZA 2009, 1105-1107.
[200] BAG v. 26.03.1997 - 10 AZR 612/96 - juris Rn. 24 - NJW 1998, 475-476.
[201] BAG v. 14.08.1996 - 10 AZR 69/96 - juris Rn. 27 - NJW 1997, 212.
[202] Vgl. BAG v. 14.08.1996 - 10 AZR 69/96 - juris Rn. 28 - NJW 1997, 212.
[203] BAG v. 28.05.2008 - 10 AZR 274/07 - juris Rn. 30 - DB 2008, 1808-1809.

101 Bis zu seinem abweichenden Urteil vom 18.03.2009 konnte dem Bundesarbeitsgericht[204] zufolge jedoch eine den Arbeitnehmer belastende, der bisherigen betrieblichen Übung entgegenstehende oder diese **abändernde gegenläufige betriebliche Übung** dadurch entstehen, dass sich der Arbeitgeber über einen längeren Zeitraum hinweg der bisherigen betrieblichen Übung widersprechend verhält und ein Arbeitnehmer dem nicht widerspricht. Voraussetzung dafür war, dass die neue betriebliche Übung zumindest stillschweigend Inhalt des Arbeitsvertrages geworden ist, d.h. dass der Arbeitgeber das Schweigen des Arbeitnehmers auf die geänderte betriebliche Übung nach Treu und Glauben und nach der Verkehrssitte als Akzeptierung der geänderten betrieblichen Übung ansehen durfte, weil er annehmen konnte, der Arbeitnehmer würde der Änderung widersprechen, wenn er mit dieser nicht einverstanden sein sollte.[205]

102 Die Rechtsprechung des Bundesarbeitsgerichts zur abändernden neuen betrieblichen Übung ist mitunter[206] als zu weitgehend kritisiert worden. Es sei unbillig, den Arbeitnehmer mit dem Risiko zu belasten, die abändernde neue betriebliche Übung überhaupt zu erkennen. Um eine abändernde neue betriebliche Übung einzuleiten, sei vom Arbeitgeber eine ausdrückliche und eindeutige Erklärung zu verlangen, welche den angestrebten vertragsändernden Charakter der Maßnahme verdeutliche.

103 An seiner Rechtsprechung zur gegenläufigen betrieblichen Übung hält das Bundesarbeitsgericht[207] nun ausdrücklich nicht mehr fest. Durch eine betriebliche Übung erwerben Arbeitnehmer vertragliche Ansprüche auf die üblich gewordenen Leistungen. Der so entstandene Rechtsanspruch sei kein vertraglicher Anspruch minderer Art. Der Arbeitgeber könne ihn daher genauso wenig wie einen durch ausdrückliche arbeitsvertragliche Abrede begründeten Anspruch des Arbeitnehmers unter erleichterten Voraussetzungen zu Fall bringen.[208] Eine widerspruchslose Fortsetzung der Tätigkeit durch den Arbeitnehmer nach einem Angebot des Arbeitgebers auf Vertragsänderung könne allenfalls dann als konkludentes Einverständnis zur Änderung gewertet werden, wenn sie sich unmittelbar im Arbeitsverhältnis auswirkt.[209] Ein bloßes Schweigen sei im Hinblick auf das Klauselverbot für fingierte Erklärungen gemäß § 308 Nr. 5 BGB jedenfalls nicht ausreichend.[210]

f. Günstigkeitsprinzip

104 Dem sog. Günstigkeitsprinzip zufolge findet auf das Arbeitsverhältnis im Falle kollidierender Rechtsquellen nicht die ranghöhere, sondern die für den Arbeitnehmer günstigere Regelung Anwendung. Für das Verhältnis zwischen tarif- und arbeitsvertraglichen Regelungen ist das Günstigkeitsprinzip in § 4 Abs. 3 TVG normiert. Das Günstigkeitsprinzip findet aber etwa auch im Verhältnis zwischen individualvertraglichen Regelungen und Inhaltsnormen einer Betriebsvereinbarung Anwendung.[211] Eine Regelung in einer Betriebsvereinbarung tritt deshalb hinter eine günstigere einzelvertragliche Regelung zurück.

105 Regelungen in einer Betriebsvereinbarung treten auch dann zurück, wenn ein einzelvertraglicher Anspruch aufgrund einer günstigeren vertraglichen Einheitsregelung, Gesamtzusage oder betrieblichen Übung besteht.[212] Der Rechtsprechung des Bundesarbeitsgerichts[213] zufolge können indes derartige

---

[204] BAG v. 04.05.1999 - 10 AZR 290/98 - juris Rn. 39 - NJW 2000, 308-310; BAG v. 26.03.1997 - 10 AZR 612/96 - juris Rn. 32 - NJW 1998, 475-476.
[205] BAG v. 26.03.1997 - 10 AZR 612/96 - juris Rn. 34 - NJW 1998, 475-476.
[206] Vgl. LArbG Hamm v. 11.12.2003 - 8 Sa 1204/03 - juris Rn. 24 - Bibliothek BAG.
[207] BAG v. 25.11.2009 - 10 AZR 779/08 - juris Rn. 22 - NZA 2010, 283-285; BAG v. 18.03.2009 - 10 AZR 281/08 - juris Rn. 12 - NZA 2009, 601-604.
[208] BAG v. 25.11.2009 - 10 AZR 779/08 - juris Rn. 22 - NZA 2010, 283-285; BAG v. 18.03.2009 - 10 AZR 281/08 - juris Rn. 13 - NZA 2009, 601-604.
[209] BAG v. 18.03.2009 - 10 AZR 281/08 - juris Rn. 15 - NZA 2009, 601-604.
[210] BAG v. 25.11.2009 - 10 AZR 779/08 - juris Rn. 28 - NZA 2010, 283-285; BAG v. 18.03.2009 - 10 AZR 281/08 - juris Rn. 17 - NZA 2009, 601-604.
[211] BAG v. 23.10.2001 - 3 AZR 74/01 - juris Rn. 56 - DB 2002, 1383-1384.
[212] BAG v. 23.10.2001 - 3 AZR 74/01 - juris Rn. 56 - DB 2002, 1383-1384.
[213] BAG v. 16.11.2011 - 10 AZR 60/11 - juris Rn. 15 - DB 2012, 237-238; BAG v. 28.03.2000 - 1 AZR 366/99 - juris Rn. 33 - ZIP 2000, 2216-2220; BAG v. 16.09.1986 - GS 1/82 - juris Rn. 74 - ZIP 1987, 251-264.

Ansprüche der Arbeitnehmer mit kollektivem Bezug durch Inhaltsnormen einer nachfolgenden Betriebsvereinbarung (sog. **ablösende Betriebsvereinbarung**) eingeschränkt werden, wenn die Neuregelung insgesamt bei kollektiver Betrachtung keine Nachteile für die Belegschaft zur Folge hat (sog. **kollektiver Günstigkeitsvergleich**). Bleiben die geplanten Aufwendungen des Arbeitgebers für eine Sozialleistung konstant oder sollen sie erweitert werden, steht das Günstigkeitsprinzip einer Neuregelung nicht entgegen, selbst wenn durch sie einzelne Arbeitnehmer schlechter gestellt werden.

Von einer insgesamt ungünstigeren Betriebsvereinbarung können kollektiv geltende Individualvereinbarungen nicht abgelöst werden. Abweichendes gilt allerdings, wenn eine vertragliche Einheitsregelung – Entsprechendes gilt im Hinblick auf eine Gesamtzusage – ausdrücklich oder stillschweigend den Vorbehalt erhält, dass eine spätere betriebliche Regelung den Vorrang haben soll (**Abänderungsvorbehalt**).[214]

106

In jedem Fall ist es erforderlich, dass die beabsichtigte Ablösung der bisherigen Regelung durch die Neuregelung erkennbar wird. Soll eine Betriebsvereinbarung z.B. vertragliche Ansprüche auf eine Sozialleistung ablösen, muss dieses Regelungsziel in jedem Falle ausdrücklich bestimmt sein oder sich der Betriebsvereinbarung durch Auslegung entnehmen lassen. Maßgeblich ist dabei der Leistungszweck der vereinbarten Sozialleistung. Entspricht der Leistungszweck einer nachfolgenden Betriebsvereinbarung dem durch Gesamtzusage, betrieblicher Einheitsregelung oder betriebliche Übung begründeten Anspruch, so kommt in diesem Leistungszweck der Wille zur Ablösung der bisherigen Leistung regelmäßig zum Ausdruck. Soll hingegen eine Sozialleistung abgelöst und durch eine grundlegend andere Sozialleistung ersetzt werden, kann dieses Regelungsziel dem Leistungszweck der neuen Sozialleistung in der Regel nicht ohne Weiteres nicht entnommen werden. Es bedarf dann einer ausdrücklichen Regelung in der neuen Betriebsvereinbarung.[215]

107

Auch innerhalb der Grenzen, die den Parteien einer Betriebsvereinbarung durch den kollektiven Günstigkeitsvergleich oder Vorgaben des Abänderungsvorbehalts gezogen sind, können sie nicht schrankenlos in Besitzstände der Arbeitnehmer eingreifen. Sie werden lediglich so gestellt, als lösten sie mit ihrer Betriebsvereinbarung eine andere Betriebsvereinbarung ab.[216] Die Eingriffe in Besitzstände müssen deshalb den Grundsatz der Verhältnismäßigkeit wahren; sie müssen am Zweck der Neuregelung gemessen geeignet, erforderlich und proportional sein.[217] Die Änderungsgründe sind gegen die Bestandsschutzinteressen der bisher begünstigten Arbeitnehmer abzuwägen.[218]

108

III. Abgrenzung des Dienstvertrages zu anderen Vertragstypen

Der Dienstvertrag ist von mehreren anderen Vertragstypen abzugrenzen:

109

1. Werkvertrag

Insbesondere ist in der Praxis häufig eine Abgrenzung des Dienstvertrages vom Werkvertrag (§§ 631-651 BGB) erforderlich. Der Werkvertrag zielt – anders als der Dienstvertrag[219] – auf ein „Werk", d.h. ein **bestimmtes Arbeitsergebnis** oder einen bestimmten Arbeitserfolg ab (vgl. § 631 Abs. 2 BGB). Der Kern der Unterscheidung zwischen einem Dienst- und einem Werkvertrag liegt darin, dass das Werkvertrags- im Gegensatz zum Dienstvertragsrecht Regelungen über die **verschuldensunabhängige Gewährleistung** bei Mangelhaftigkeit der geschuldeten Leistung (des „Werks") enthält.[220] Eine Minderung der vereinbarten Vergütung wegen qualitativer Schlechtleistung, wie sie im Recht des Werkvertrags vorgesehen ist (§ 638 Abs. 1 Satz 1 BGB), ist beim Dienstvertrag ausgeschlossen.[221]

110

---

[214] BAG v. 16.11.2011 - 10 AZR 60/11 - juris Rn. 15 - DB 2012, 237-238; BAG v. 23.10.2001 - 3 AZR 74/01 - juris Rn. 62 - DB 2002, 1383-1384; BAG v. 16.09.1986 - GS 1/82 - juris Rn. 53 - ZIP 1987, 251-264.
[215] BAG v. 16.11.2011 - 10 AZR 60/11 - juris Rn. 18 - DB 2012, 237-238.
[216] Vgl. hierzu BAG v. 16.07.1996 - 3 AZR 398/95 - juris Rn. 23 - ZIP 1997, 428-431.
[217] BAG v. 23.10.2001 - 3 AZR 74/01 - juris Rn. 64 - DB 2002, 1383-1384.
[218] BAG v. 23.10.2001 - 3 AZR 74/01 - juris Rn. 64 - DB 2002, 1383-1384.
[219] BAG v. 17.09.1998 - 8 AZR 175/97 - juris Rn. 49 - DB 1998, 2610-2612.
[220] BGH v. 07.03.2002 - III ZR 12/01 - juris Rn. 8 - LM BGB § 631 Nr. 107 (11/2002).
[221] BGH v. 07.03.2002 - III ZR 12/01 - juris Rn. 8 - LM BGB § 631 Nr. 107 (11/2002).

111 Bei der Abgrenzung, welchem Vertragstyp ein konkreter Vertrag zuzuordnen ist, kommt es darauf an, ob auf der Grundlage des Vertrags die Dienstleistung als solche oder als Arbeitsergebnis deren Erfolg geschuldet werden soll.[222] Für das Vorliegen eines Werkvertrags kann es sprechen, wenn die Parteien die zu erledigende Aufgabe und den Umfang der Arbeiten konkret festlegen oder eine erfolgsabhängige Vergütung vereinbaren.[223]

112 Für die Frage, ob der Auftragnehmer für den Eintritt eines Erfolgs einstehen will, kann auch von Bedeutung sein, mit welcher Wahrscheinlichkeit nach der Vorstellung der Parteien mit dem Eintritt eines Erfolgs gerechnet werden kann. Zwar ist es weder logisch noch rechtlich ausgeschlossen, dass der Werkunternehmer das Erfolgsrisiko auch dann übernimmt, wenn der Eintritt des Erfolgs ungewiss ist; je größer die mit der Tätigkeit erkennbar verbundenen Unwägbarkeiten sind, um so ferner kann es aber aus Sicht eines verständigen Bestellers liegen, dass der Unternehmer das Erfolgsrisiko dennoch übernehmen will.[224]

113 Die vertragliche Beschreibung eines Ziels ist allein kein hinreichendes Indiz für die Annahme eines Werkvertrags.[225] Auch bei einem Dienstvertrag kann die geschuldete Tätigkeit der Erreichung eines bestimmten Ziels dienen; die konkrete Beschreibung dieses Ziels im Vertragstext ist dann lediglich ein Mittel, um näher einzugrenzen, in welche Richtung die vom Dienstverpflichteten zu erbringende Tätigkeit gehen soll.

2. Gesellschaftsvertrag

114 Der Gesellschaftsvertrag (§§ 705-740 BGB) unterscheidet sich vom Dienstvertrag dadurch, dass sich die Vertragspartner bei Ersterem zur **Erreichung eines gemeinsamen Zwecks** zusammengeschlossen haben, während bei Letzterem der Dienstverpflichtete die Dienste für die alleinigen Zwecke des Dienstberechtigten leistet und lediglich von diesem für seine Dienste eine Vergütung erhält. Allein eine Beteiligung am Erfolg des Unternehmens lässt den dienstvertraglichen Charakter des Rechtsverhältnisses nicht entfallen. Arbeitnehmer ist aber grundsätzlich nicht mehr, wer am Gewinn und den stillen Reserven des Unternehmens beteiligt ist, gesellschaftsrechtlichen Bestandsschutz genießt und die Mitsprache- und Informationsrechte eines Gesellschafters hat.[226]

3. Vereinsmitgliedschaft

115 Als Rechtsgrundlage für die Leistung von Diensten kommt auch die Mitgliedschaft in einem Verein in Betracht.[227] Aus der Vereinsautonomie folgt, dass der Mitgliedsbeitrag (vgl. § 58 Nr. 2 BGB) in der Leistung von Diensten bestehen kann.[228]

116 Für die Abgrenzung, ob die Dienstleistungspflicht aus einer Vereinsmitgliedschaft resultiert oder auf einem Dienstvertrag beruht, ist von Folgendem auszugehen: Wesen des Dienstverhältnisses ist der schuldrechtliche Austausch von Dienstleistungen und Vergütung. Rechtsgrund der Beitragsleistung für einen Verein ist hingegen kein Austauschvertrag, sondern die Vereinssatzung mit der Beitragsabrede; die Beitragsleistung erfolgt, um den Vereinszweck zu fördern.[229] Anders als dies im Regelfall einem Dienstverpflichteten im Rahmen eines Dienstverhältnisses möglich ist, kann das Mitglied eines Vereins durch Ausübung der Mitgliedschaftsrechte auf die Leitung, die Organisation und die Entscheidungen des Vereins Einfluss nehmen.[230]

---

[222] BGH v. 16.07.2002 - X ZR 27/01 - juris Rn. 14 - BGHZ 151, 330-337.
[223] BGH v. 16.07.2002 - X ZR 27/01 - juris Rn. 16 - BGHZ 151, 330-337.
[224] BGH v. 16.07.2002 - X ZR 27/01 - juris Rn. 17 - BGHZ 151, 330-337.
[225] BGH v. 16.07.2002 - X ZR 27/01 - juris Rn. 26 - BGHZ 151, 330-337.
[226] *Müller-Glöge* in: MünchKomm-BGB, § 611 Rn. 28.
[227] BAG v. 26.09.2002 - 5 AZB 19/01 - juris Rn. 71 - NJW 2003, 161-163.
[228] BAG v. 26.09.2002 - 5 AZB 19/01 - juris Rn. 71 - NJW 2003, 161-163.
[229] BAG v. 26.09.2002 - 5 AZB 19/01 - juris Rn. 71 - NJW 2003, 161-163.
[230] BAG v. 26.09.2002 - 5 AZB 19/01 - juris Rn. 71 - NJW 2003, 161-163.

Die Begründung vereinsrechtlicher Arbeitspflichten darf nicht zu einer Umgehung zwingender arbeitsrechtlicher Schutzbestimmungen führen.[231]

4. Arbeitnehmerüberlassung/Dienstverschaffungsvertrag

Ein Dienstvertrag, bei dem sich der Dienstverpflichtete gegenüber dem Dienstberechtigten zur Leistung von Diensten verpflichtet, ist darüber hinaus von einer Arbeitnehmerüberlassung bzw. einem Dienstverschaffungsvertrag zu unterscheiden. Bei einer Arbeitnehmerüberlassung bzw. einer Dienstverschaffung überlässt bzw. verschafft der Leistende dem Leistungsempfänger eine Arbeitskraft, die Arbeits- bzw. Dienstleistungen für den Leistungsempfänger erbringt.

Der Abgrenzung bedarf es deshalb, weil auch der Dienstverpflichtete im Rahmen eines Dienstvertrages berechtigt sein kann, bei der Erbringung seiner Dienste Dritte einzuschalten (vgl. § 613 Satz 1 BGB, wonach der Dienstverpflichtete die Dienste nur „im Zweifel" in Person zu leisten hat).[232]

Für die Abgrenzung gilt Folgendes: Bei der Arbeitnehmerüberlassung/Dienstverschaffung werden dem Leistungsempfänger die Arbeitskräfte zur Verfügung gestellt. Dieser setzt sie nach seinen Vorstellungen und Zielen wie eigene Arbeitnehmer bzw. Dienstverpflichtete ein. Die Arbeitskräfte sind – sofern es sich nicht um die Verschaffung selbstständiger Dienste handelt – voll in den Betrieb des Leistungsempfängers eingegliedert und führen ihre Arbeiten allein nach dessen Weisungen aus.[233] Die Vertragspflicht des Leistenden gegenüber dem Leistungsempfänger endet, wenn er den Dienstleistenden ausgewählt und ihn dem Leistungsempfänger zur Arbeitsleistung zur Verfügung gestellt hat.[234] Bei einem Dienstvertrag organisiert der Unternehmer hingegen die zur Erreichung eines wirtschaftlichen Erfolgs notwendigen Handlungen nach eigenen betrieblichen Voraussetzungen und bleibt für die Erfüllung der im Vertrag vorgesehenen Dienste gegenüber dem Leistungsempfänger verantwortlich.[235] Die zur Ausführung eines Dienstvertrages eingesetzten Arbeitnehmer unterliegen der Weisung des Dienstverpflichteten und sind dessen Erfüllungsgehilfen.[236]

IV. Einzelfälle

Ein Vertrag über die Verschaffung des Zugangs zum Internet (sog. **Access-Provider**-Vertrag) stellt im Regelfall einen Dienstvertrag dar.[237]

Arbeitsgelegenheiten mit Mehraufwandsentschädigung, wie sie in § 16d SGB 2 geregelt sind, begründen kein Arbeitsverhältnis. Es handelt sich vielmehr um von Rechtssätzen des öffentlichen Rechts geprägte Rechtsverhältnisse.[238] An dieser Einordnung ändert auch die Einbeziehung eines privaten Dritten nichts, wie sie nach § 17 Abs. 1 Satz 1 SGB 2 die Regel sein soll.[239] Allerdings ist es nicht ausgeschlossen, dass der Hilfebedürftige sich mit dem Maßnahmeträger auf den Abschluss eines Arbeitsvertrages einigt.[240] Alleine, dass er reguläre und nicht nur zusätzliche Arbeiten verrichtet, genügt hierfür jedoch nicht.[241]

---

[231] BAG v. 26.09.2002 - 5 AZB 19/01 - juris Rn. 71 - NJW 2003, 161-163; BAG v. 06.07.1995 - 5 AZB 9/93 - juris Rn. 27 - DB 1995, 2612, 2613.
[232] Vgl. hierzu BAG v. 13.08.2008 - 7 AZR 269/07 - juris Rn. 14 - EzAÜG § 10 AÜG Fiktion Nr. 121.
[233] BAG v. 13.08.2008 - 7 AZR 269/07 - juris Rn. 14 - EzAÜG § 10 AÜG Fiktion Nr. 121.
[234] BAG v. 06.08.2003 - 7 AZR 180/03 - juris Rn. 38 - BB 2004, 669-672.
[235] BAG v. 13.08.2008 - 7 AZR 269/07 - juris Rn. 14 - EzAÜG § 10 AÜG Fiktion Nr. 121; BAG v. 06.08.2003 - 7 AZR 180/03 - juris Rn. 38 - BB 2004, 669-672.
[236] BAG v. 13.08.2008 - 7 AZR 269/07 - juris Rn. 14 - EzAÜG § 10 AÜG Fiktion Nr. 121; BAG v. 06.08.2003 - 7 AZR 180/03 - juris Rn. 38 - BB 2004, 669-672.
[237] BGH v. 23.03.2005 - III ZR 338/04 - juris Rn. 7 - NJW 2005, 2076-2077.
[238] BAG v. 20.02.2008 - 5 AZR 290/07 - juris Rn. 17 - DB 2008, 1159-1161; BAG v. 26.09.2007 - 5 AZR 857/06 - juris Rn. 9 - NZA 2007, 1422-1424; BAG v. 08.11.2006 - 5 AZB 36/06 - juris Rn. 11 - NJW 2007, 1227-1229.
[239] BAG v. 20.02.2008 - 5 AZR 290/07 - juris Rn. 18 - DB 2008, 1159-1161; BAG v. 26.09.2007 - 5 AZR 857/06 - juris Rn. 9 - NZA 2007, 1422-1424; BAG v. 08.11.2006 - 5 AZB 36/06 - juris Rn. 16 - NJW 2007, 1227-1229.
[240] BAG v. 20.02.2008 - 5 AZR 290/07 - juris Rn. 14 - DB 2008, 1159-1161.
[241] BAG v. 20.02.2008 - 5 AZR 290/07 - juris Rn. 14 - DB 2008, 1159-1161.

§ 611

123 Verträge mit **Architekten** sind in der Regel Werkverträge. Dies gilt auch für den auf Bauführung gerichteten Architektenvertrag.[242] Von einem Dienstvertrag ist hingegen auszugehen, wenn sich die Aufgabe des Architekten auf eine überwachende oder beratende Tätigkeit beschränkt.

124 Der Behandlungsvertrag zwischen einem **Arzt** – auch einem Zahnarzt[243] – und einem Patienten ist in aller Regel ein Dienstvertrag.[244] Ein Arzt verspricht regelmäßig nur die sachgerechte Behandlung des Kranken, also seine ärztliche Tätigkeit, nicht aber den gewünschten Erfolg, die Heilung des Kranken. Dem Behandlungsvertrag können indes – etwa bei der Herstellung von Prothesen – werkvertragliche Elemente innewohnen. Dann kommt eine Haftung wegen des hergestellten Werkes nach Werkvertragsrecht in Betracht. Soweit es um die ärztliche Behandlung als solche geht, kommt hingegen grundsätzlich keine verschuldensunabhängige Gewährleistung, sondern nur eine Haftung wegen verschuldeter Schlechtleistung in Betracht. Eine Gewährleistungshaftung kann allerdings vereinbart werden.

125 Ein Arzt kann seinerseits in einem Arbeitsverhältnis – etwa zu dem Betreiber einer Arztpraxis oder eines Krankenhauses – stehen. Dies ist in der Regel der Fall, wenn er in den Betriebsablauf dieser Organisationseinheit eingegliedert ist, sich an Schicht- und Urlaubspläne zu halten hat sowie ihm zugeteilte Aufgaben annehmen und ausführen muss.[245] Das gilt auch dann, wenn der Arzt im Hinblick auf die Art und Weise der Ausübung der Tätigkeit keinen Weisungen unterliegt.[246]

126 **Beamte** arbeiten in einem öffentlich-rechtlich begründeten und gestalteten Dienstverhältnis. Sie sind keine Arbeitnehmer. Arbeitnehmer sind hingegen die Arbeiter und Angestellten im öffentlichen Dienst (vgl. Rn. 146).

127 Verpflichtet sich ein **Berater** vertraglich, einem Unternehmen gegen Honorar seine Kenntnisse auf einem bestimmten Gebiet zur Verfügung zu stellen, handelt es sich typischerweise um einen freien Dienstvertrag.

128 Übernimmt eine Person auf einer von einem anderen durchgeführten Veranstaltung die **Bewirtung**, wird zwischen diesen Personen nicht bereits dadurch ein Arbeitsverhältnis begründet, dass der Veranstalter allgemeine Organisationsanweisungen vorgibt, die den Ablauf der Veranstaltung regeln.[247] Auch die Vorgabe wirtschaftlicher Rahmenbedingungen (etwa im Hinblick auf die Verkaufspreise der angebotenen Speisen und Getränke) durch den Veranstalter steht einer selbstständigen Tätigkeit des Bewirtenden nicht entgegen.[248]

129 Der mit einem gewerblichen Unternehmer geschlossene Vertrag über die Ausführung von konkreten **Buchhaltungsarbeiten** und den Entwurf der Jahresabschlüsse ist entweder ein Werkvertrag oder ein typengemischter Vertrag, bei dem die erfolgsbezogenen Leistungen deutlich im Vordergrund stehen.[249]

130 Bei einem Vertrag zwischen einem **Detektiv** und dem Auftraggeber handelt es sich im Regelfall um einen (freien) Dienstvertrag.[250] Dies gilt auch dann, wenn der Detektiv das Ergebnis seiner Tätigkeit in einem Bericht zusammenfassen und Psychogramme über die observierten Personen erstellen soll; die in diesen Leistungen enthaltenen werkvertraglichen Elemente treten hinter dem dienstvertraglichen Charakter des Gesamtvertrags zurück.[251]

131 Bewilligt ein zuständiger Träger einem Hilfebedürftigen als **Eingliederungsleistung** nach § 16 SGB II eine **betriebliche Praxiserprobung** bei einem privaten Unternehmen, so wird hierdurch kein Arbeits-

---

[242] BGH v. 22.10.1981 - VII ZR 310/79 - juris Rn. 22 - BGHZ 82, 100-110.
[243] BGH v. 09.12.1974 - VII ZR 182/73 - juris Rn. 16 - BGHZ 63, 306-313.
[244] BGH v. 18.03.1980 - VI ZR 247/78 - juris Rn. 22 - BGHZ 76, 259-273.
[245] Vgl. BAG v. 27.07.1961 - 2 AZR 255/60 - juris Rn. 14 - NJW 1961, 2085; vgl. LArbG Rheinland-Pfalz v. 12.05.2004 - 2 Ta 81/04 - ArbuR 2005, 161.
[246] BAG v. 27.07.1961 - 2 AZR 255/60 - juris Rn. 12 - NJW 1961, 2085.
[247] Vgl. BAG v. 12.12.2001 - 5 AZR 253/00 - juris Rn. 33 - NJW 2002, 2411-2413.
[248] Vgl. BAG v. 12.12.2001 - 5 AZR 253/00 - juris Rn. 35 - NJW 2002, 2411-2413.
[249] Vgl. BGH v. 07.03.2002 - III ZR 12/01 - juris Rn. 12 - LM BGB § 631 Nr. 107 (11/2002).
[250] Vgl. BGH v. 22.05.1990 - IX ZR 208/89 - juris Rn. 5 - LM Nr. 91 zu BGB § 611.
[251] Vgl. BGH v. 22.05.1990 - IX ZR 208/89 - juris Rn. 5 - LM Nr. 91 zu BGB § 611.

verhältnis, sondern ein von Rechtssätzen des öffentlichen Rechts geprägtes Rechtsverhältnis begründet.²⁵² Dies gilt auch im Falle des Fehlens einer Eingliederungsvereinbarung.²⁵³

Forschungs- und Entwicklungsleistungen können Gegenstand sowohl eines Dienst- als auch eines Werkvertrags sein. Im ersteren Fall schuldet der Auftragnehmer lediglich ein den Regeln der Wissenschaft und Technik entsprechendes Vorgehen, im letzteren Fall die Herbeiführung eines Erfolgs. Für das Vorliegen eines Werkvertrags kann es sprechen, wenn die Parteien die zu erledigende Aufgabe und den Umfang der Arbeiten konkret festlegen oder eine erfolgsabhängige Vergütung vereinbaren.²⁵⁴ Allein die vertragliche Beschreibung eines Ziels ist indes kein hinreichendes Indiz für die Annahme eines Werkvertrags.²⁵⁵ Für die Frage, ob der Auftragnehmer für den Eintritt eines Erfolgs einstehen will, kann auch von Bedeutung sein, mit welcher Wahrscheinlichkeit nach der Vorstellung der Parteien mit dem Eintritt des Erfolgs gerechnet werden kann.²⁵⁶

132

Der Gesetzgeber hat den **Frachtführer** als selbstständigen Gewerbetreibenden und damit nicht als Arbeitnehmer eingeordnet, obwohl der Frachtführer schon von Gesetzes wegen weitreichenden Weisungsrechten unterliegt (vgl. § 418 HGB). Der Frachtführer ist regelmäßig auch dann selbstständiger Gewerbetreibender, wenn die Zusammenarbeit mit dem Auftraggeber auf einem auf Dauer angelegten Rahmenvertrag beruht und das Fahrzeug – wie in der Branche geläufig – die Farben und das Firmenzeichen des Auftraggebers aufweist.²⁵⁷ Der Frachtführer ist auch nicht schon dann Arbeitnehmer, wenn er sich vertraglich dazu verpflichtet hat, sich in einer bestimmten Weise zu kleiden.²⁵⁸ Gegen ein Arbeitsverhältnis spricht es insbesondere, wenn der Frachtführer Beginn und Ende der täglichen Arbeitszeit sowie seinen Urlaub selbst festlegen kann, wenn er zur Ablehnung von Aufträgen berechtigt ist, wenn er die Möglichkeit hat, eigene Kunden zu bedienen, und wenn er eigene Personen als Fahrer einsetzen kann.²⁵⁹ Ein Arbeitsverhältnis kann aber dann zu bejahen sein, wenn Vereinbarungen getroffen und praktiziert werden, die zur Folge haben, dass der betreffende Fahrer in der Ausübung seiner Tätigkeit weit weniger frei ist als ein Frachtführer im Sinne des HGB, er also nicht mehr im Wesentlichen frei seine Tätigkeit gestalten und seine Arbeitszeit bestimmen kann.²⁶⁰

133

Ob im Falle eines **Franchise-Vertrags** der Franchisenehmer Arbeitnehmer ist, bestimmt sich nach den allgemeinen Grundsätzen.²⁶¹ Es kommt darauf an, ob der Franchisenehmer weisungsgebunden und abhängig ist oder ob er seine Chancen auf dem Markt selbstständig und im Wesentlichen weisungsfrei suchen kann.²⁶² Der Franchisenehmer ist nicht schon dann als Arbeitnehmer einzuordnen, wenn er vertraglich verpflichtet ist, sich in einer bestimmten Weise zu kleiden.²⁶³

134

In Bezug auf Mitarbeiter im Bereich **Funk und Fernsehen** ist der Rechtsprechung des Bundesarbeitsgerichts zufolge zwischen programmgestaltenden Tätigkeiten und solchen, bei denen der Zusammenhang mit der Programmgestaltung fehlt, zu unterscheiden. Zu den programmgestaltenden Mitarbeitern gehören diejenigen, die typischerweise ihre eigene Auffassung zu politischen, wirtschaftlichen, künstlerischen oder anderen Sachfragen, ihre Fachkenntnisse und Informationen, ihre individuelle künstlerische Befähigung und Aussagekraft in die Sendung einbringen, wie dies bei Regisseuren, Moderatoren, Kommentatoren, Wissenschaftlern und Künstlern der Fall ist.²⁶⁴ Zu den programmgestaltenden Mit-

135

---

[252] BAG v. 19.03.2008 - 5 AZR 435/07 - juris Rn. 9 - NZA 2008, 760-761.
[253] BAG v. 19.03.2008 - 5 AZR 435/07 - juris Rn. 9 - NZA 2008, 760-761.
[254] BGH v. 16.07.2002 - X ZR 27/01 - juris Rn. 16 - BGHZ 151, 330-337.
[255] BGH v. 16.07.2002 - X ZR 27/01 - juris Rn. 26 - BGHZ 151, 330-337.
[256] BGH v. 16.07.2002 - X ZR 27/01 - juris Rn. 17 - BGHZ 151, 330-337.
[257] Vgl. BAG v. 19.11.1997 - 5 AZR 653/96 - juris Rn. 123 - ZIP 1998, 612-617.
[258] BAG v. 30.09.1998 - 5 AZR 563/97 - juris Rn. 129 - ZIP 1999, 544-549.
[259] Vgl. BAG v. 30.09.1998 - 5 AZR 563/97 - juris Rn. 140 - ZIP 1999, 544-549.
[260] BAG v. 30.09.1998 - 5 AZR 563/97 - juris Rn. 130 - ZIP 1999, 544-549.
[261] BAG v. 30.09.1998 - 5 AZR 563/97 - juris Rn. 128 - ZIP 1999, 544-549.
[262] BAG v. 16.07.1997 - 5 AZB 29/96 - juris Rn. 23 - NJW 1997, 2973-2974.
[263] Vgl. BAG v. 30.09.1998 - 5 AZR 563/97 - juris Rn. 129 - ZIP 1999, 544-549.
[264] BAG v. 14.03.2007 - 5 AZR 499/06 - juris Rn. 15 - NZA-RR 2007, 424-428 m.w.N.

§ 611

arbeitern können auch solche gehören, die – wie etwa ein Live-Kommentator oder Berichterstatter – Sprecherleistungen ausüben, dabei jedoch eigene Kenntnisse und Bewertungen miteinbringen.[265]

136 Programmgestaltende Mitarbeit kann sowohl im Rahmen von Arbeitsverhältnissen als auch im Rahmen von freien Dienstverhältnissen erbracht werden.[266] Ein Arbeitsverhältnis liegt vor, wenn der Sender innerhalb eines bestimmten zeitlichen Rahmens über die Arbeitsleistung des Mitarbeiters verfügen kann.[267] Ein Arbeitsverhältnis kann auch dann vorliegen, wenn der Mitarbeiter zwar an dem Programm gestalterisch mitwirkt, dabei jedoch weitgehenden inhaltlichen Weisungen unterliegt, ihm also nur ein geringes Maß an Gestaltungsfreiheit, Eigeninitiative und Selbstständigkeit bleibt.[268] Im Falle der nicht programmgestaltenden Mitarbeit an Sendungen – etwa als Sprecher, Aufnahmeleiter oder Übersetzer – wird es sich bei dem zugrunde liegenden Rechtsverhältnis regelmäßig um ein Arbeitsverhältnis handeln.[269] Abweichendes gilt nur bei Vorliegen besonderer Umstände, etwa dem nur vereinzelten Tätigwerden des nicht programmgestaltenden Mitarbeiters für den Sender.[270]

137 Bei einem Vertrag über die **Gestellung von Maschinen nebst Bedienpersonal**, bei dem der Leistende nicht selbst die Durchführung der Arbeiten oder gar einen bestimmten Arbeitserfolg schuldet, handelt es sich um einen Miet- und Dienstverschaffungsvertrag.[271]

138 Ob eine als **Handelsvertreter** beschäftigte Person selbstständig oder Arbeitnehmer ist, bemisst sich nach den Umständen des Einzelfalls.[272]

139 An **Hochschulen** können neben Beamtenverhältnissen und Arbeitsverhältnissen auch öffentlich-rechtliche Dienstverhältnisse eigener Art begründet werden.[273]

140 Der Gesetzgeber hat den **Kommissionär** als selbstständigen Gewerbetreibenden und damit nicht als Arbeitnehmer eingeordnet. Ein Arbeitsverhältnis liegt nur dann vor, wenn Vereinbarungen getroffen und praktiziert werden, die zur Folge haben, dass der betreffende Kommissionär nicht mehr im Wesentlichen frei seine Tätigkeit gestalten und seine Arbeitszeit bestimmen kann.[274]

141 **Krankenschwestern** sind im Regelfall Arbeitnehmerinnen.[275]

142 Bei Verträgen mit **Künstlern**, die über eine Aufführung selbst geschlossen werden (so etwa bei Alleinunterhaltern), handelt es sich regelmäßig um Werkverträge. Um Werkverträge handelt es sich in der Regel auch bei Verträgen mit Künstlern, die ein Kunstwerk schaffen sollen (Malern, Bildhauern usw.). Bei Verträgen mit Künstlern, die auf eine bloße Mitwirkung an Aufführungen oder Aufzeichnungen sowie den entsprechenden Proben gerichtet sind (so etwa bei Bühnenschauspielern und Orchestermusikern), handelt es sich hingegen regelmäßig um Dienstverträge.[276] Abzugrenzen ist dabei, ob es sich um einen freien Dienstvertrag oder einen Arbeitsvertrag handelt. Ob der Künstler künstlerisch-interpretierenden Vorgaben unterworfen ist, ist dabei nicht entscheidend; diese Vorgaben können sowohl bei einem Arbeitsverhältnis als auch bei einem freien Dienstverhältnis gegeben sein.[277] Für die Statusabgrenzung ist vielmehr insbesondere darauf abzustellen, ob der betreffende Künstler im Rahmen seines übernommenen Engagements seine Arbeitszeit noch im Wesentlichen frei gestalten kann oder in-

---

[265] Vgl. BAG v. 14.03.2007 - 5 AZR 499/06 - juris Rn. 18 - NZA-RR 2007, 424-428.
[266] BAG v. 11.03.1998 - 5 AZR 522/96 - juris Rn. 15 - BB 1998, 1265-1266.
[267] BAG v. 20.09.2000 - 5 AZR 61/99 - juris Rn. 20 - BB 2001, 888-890; BAG v. 11.03.1998 - 5 AZR 522/96 - juris Rn. 15 - BB 1998, 1265-1266; BAG v. 30.11.1994 - 5 AZR 704/93 - juris Rn. 37 - DB 1995, 1767-1769.
[268] BAG v. 20.09.2000 - 5 AZR 61/99 - juris Rn. 20 - BB 2001, 888-890; BAG v. 30.11.1994 - 5 AZR 704/93 - juris Rn. 38 - DB 1995, 1767-1769.
[269] Vgl. BAG v. 08.11.2006 - 5 AZR 706/05 - juris Rn. 17 - NZA 2007, 321-325; BAG v. 11.03.1998 - 5 AZR 522/96 - juris Rn. 16 - BB 1998, 1265-1266.
[270] Vgl. BAG v. 11.03.1998 - 5 AZR 522/96 - juris Rn. 22 - BB 1998, 1265-1266.
[271] Vgl. BGH v. 26.03.1996 - X ZR 100/94 - juris Rn. 18 - WM 1996, 1785-1790.
[272] Vgl. BAG v. 20.08.2003 - 5 AZR 610/02 - juris Rn. 20 - NJW 2004, 461-462.
[273] BAG v. 18.07.2007 - 5 AZR 854/06 - juris Rn. 19 - NZA-RR 2008, 103-105.
[274] Vgl. BAG v. 04.12.2002 - 5 AZR 667/01 - juris Rn. 62 - AP Nr. 115 zu § 611 BGB Abhängigkeit.
[275] Vgl. BAG v. 06.07.1995 - 5 AZB 9/93 - juris Rn. 32 - DB 1995, 2612, 2613.
[276] Vgl. BAG v. 07.02.2007 - 5 AZR 270/06 - juris Rn. 11 - ZUM 2007, 507-509.
[277] Vgl. BAG v. 09.10.2002 - 5 AZR 405/01 - juris Rn. 21 - AP Nr. 114 zu § 611 BGB Abhängigkeit.

soweit einem umfassenden Weisungsrecht unterliegt.[278] Hat der Künstler die Teilnahme an einem Vorhaben und den dazu erforderlichen Einzeldiensten zugesagt, ohne dass diese nach Anzahl, Dauer und zeitlicher Lage bereits abschließend festgestanden hätten, hat er sich in eine entsprechende Weisungsabhängigkeit begeben.[279] Dagegen reicht es für den Arbeitnehmerstatus in der Regel nicht aus, dass ein Künstler die Teilnahme an bestimmten Proben und Aufführungen zugesagt hat, deren Zeitpunkte den Vertragsparteien bereits bei Vertragsschluss bekannt waren.[280] Selbst wenn nur die Termine für die Aufführungen vorab, die Termine für die Proben hingegen nach Weisung des Dienstberechtigten festgelegt werden, kann dies aufgrund des bloßen Nebenzwecks der Proben einer Einordnung des Rechtsverhältnisses als Arbeitsverhältnis entgegenstehen.[281] Es bedarf insoweit einer Gesamtwürdigung der einzelnen Umstände.[282]

Ein Vertrag über die Durchführung einer **Lebensberatung** ist als Dienstvertrag einzuordnen; dies gilt selbst dann, wenn die Beratung in Verbindung mit Kartenlegen erfolgt.[283]   143

Im Hinblick auf die Tätigkeiten von **Lehrkräften** ist entscheidend, wie intensiv diese in den Unterrichtsbetrieb eingebunden sind und in welchem Umfang sie den Unterrichtsinhalt, die Art und Weise seiner Erteilung, ihre Arbeitszeit und die sonstigen Umstände der Dienstleistung mitgestalten können.[284] Auch kommt es darauf an, inwieweit die Lehrkraft zu Nebenarbeiten herangezogen werden kann.[285]   144

Diejenigen, die an allgemeinbildenden Schulen unterrichten, sind regelmäßig Arbeitnehmer, selbst wenn sie diese Tätigkeit nur nebenberuflich ausüben.[286] Entsprechendes gilt für Lehrkräfte, die in schulischen Lehrgängen des zweiten Bildungswegs (etwa an Abendgymnasien) unterrichten.[287] Dagegen können Lehrkräfte, die nur Zusatzunterricht erteilen, auch als freie Mitarbeiter beschäftigt werden.[288] Entsprechendes gilt für Dozenten an Volkshochschulen, die außerhalb schulischer Lehrgänge unterrichten.[289] Dies gilt sogar dann, wenn es sich bei ihrem Unterricht um aufeinander abgestimmte Kurse mit einem vorher festgelegten Programm handelt.[290] Gleiches gilt für Lehrkräfte an Musikschulen.[291] Volkshochschuldozenten, die außerhalb schulischer Lehrgänge unterrichten, und Musikschullehrer sind nur dann Arbeitnehmer, wenn die Parteien dies vereinbart haben oder im Einzelfall festzustellende Umstände vorliegen, aus denen sich ergibt, dass der für das Bestehen eines Arbeitsverhält-   145

---

[278] Vgl. BAG v. 07.02.2007 - 5 AZR 270/06 - juris Rn. 12 - ZUM 2007, 507-509; vgl. BAG v. 09.10.2002 - 5 AZR 405/01 - juris Rn. 24 - AP Nr. 114 zu § 611 BGB Abhängigkeit.
[279] Vgl. BAG v. 09.10.2002 - 5 AZR 405/01 - juris Rn. 24 - AP Nr. 114 zu § 611 BGB Abhängigkeit.
[280] Vgl. BAG v. 07.02.2007 - 5 AZR 270/06 - juris Rn. 17 - ZUM 2007, 507-509; vgl. BAG v. 09.10.2002 - 5 AZR 405/01 - juris Rn. 24 - AP Nr. 114 zu § 611 BGB Abhängigkeit.
[281] Vgl. BAG v. 07.02.2007 - 5 AZR 270/06 - juris Rn. 14 - ZUM 2007, 507-509.
[282] Vgl. BAG v. 07.02.2007 - 5 AZR 270/06 - juris Rn. 23 - ZUM 2007, 507-509.
[283] Vgl. BGH v. 13.01.2011 - III ZR 87/10 - juris Rn. 6 - NJW 2011, 756-758.
[284] BAG v. 20.01.2010 - 5 AZR 106/09 - juris Rn. 19 - ZTR 2010, 424-426; BAG v. 09.03.2005 - 5 AZR 493/04 - juris Rn. 13 - EzA § 611 BGB 2002 Arbeitnehmerbegriff Nr. 3; BAG v. 09.07.2003 - 5 AZR 595/02 - juris Rn. 30 - AP Nr. 158 zu § 611 BGB Lehrer, Dozenten; BAG v. 29.05.2002 - 5 AZR 161/01 - juris Rn. 18 - AP Nr. 152 zu § 611 BGB Lehrer, Dozenten; BAG v. 11.10.2000 - 5 AZR 289/99 - juris Rn. 19 - EzS 130/497.
[285] BAG v. 09.03.2005 - 5 AZR 493/04 - juris Rn. 13 - EzA § 611 BGB 2002 Arbeitnehmerbegriff Nr. 3.
[286] BAG v. 20.01.2010 - 5 AZR 106/09 - juris Rn. 19 - ZTR 2010, 424-426 ; BAG v. 09.07.2003 - 5 AZR 595/02 - juris Rn. 30 - AP Nr. 158 zu § 611 BGB Lehrer, Dozenten; BAG v. 29.05.2002 - 5 AZR 161/01 - juris Rn. 18 - AP Nr. 152 zu § 611 BGB Lehrer, Dozenten.
[287] BAG v. 12.09.1996 - 5 AZR 104/95 - juris Rn. 47 - DB 1997, 1037.
[288] BAG v. 20.01.2010 - 5 AZR 106/09 - juris Rn. 19 - ZTR 2010, 424-426.
[289] BAG v. 20.01.2010 - 5 AZR 106/09 - juris Rn. 19 - ZTR 2010, 424-426; BAG v. 29.05.2002 - 5 AZR 161/01 - juris Rn. 18 - AP Nr. 152 zu § 611 BGB Lehrer, Dozenten; BAG v. 11.10.2000 - 5 AZR 289/99 - juris Rn. 19 - EzS 130/497; BAG v. 12.09.1996 - 5 AZR 104/95 - juris Rn. 43 - DB 1997, 1037.
[290] BAG v. 29.05.2002 - 5 AZR 161/01 - juris Rn. 18 - AP Nr. 152 zu § 611 BGB Lehrer, Dozenten; BAG v. 11.10.2000 - 5 AZR 289/99 - juris Rn. 19 - EzS 130/497; BAG v. 12.09.1996 - 5 AZR 104/95 - juris Rn. 43 - DB 1997, 1037.
[291] BAG v. 12.09.1996 - 5 AZR 104/95 - juris Rn. 43 - DB 1997, 1037.

nisses erforderliche Grad der persönlichen Abhängigkeit gegeben ist.[292] Solche Umstände können etwa im Recht des Schulträgers, die zeitliche Lage der Unterrichtsstunden einseitig zu bestimmen, den Unterrichtsgegenstand oder Art und Ausmaß der Nebenarbeiten einseitig festzulegen, eine intensivere Kontrolle nicht nur des jeweiligen Leistungsstandes der Schüler, sondern auch des Unterrichts selbst durchzuführen oder in der Möglichkeit der Inanspruchnahme sonstiger Weisungsrechte liegen.[293]

146 Für die Arbeiter und Angestellten im **öffentlichen Dienst** gilt das allgemeine Arbeitsrecht, allerdings modifiziert durch einige Sondervorschriften (etwa das BPersVG bzw. die entsprechenden landesrechtlichen Vorschriften). Abweichendes gilt für Beamte (vgl. Rn. 126).

147 Bei Anstellungsverträgen mit **Organen** bzw. Mitgliedern von Organen juristischer Personen (GmbH-Geschäftsführer, AG-Vorstand) handelt es sich der höchstrichterlichen Rechtsprechung[294] zufolge im Regelfall nicht um Arbeits-, sondern um freie Dienstverträge. Ein Arbeitsverhältnis kann nur im Falle einer starken internen Weisungsabhängigkeit vorliegen, was allenfalls in Ausnahmefällen anzunehmen sein wird.[295] Die Abgrenzungsproblematik ist insofern erheblich entschärft, als in verschiedenen arbeitsrechtlichen Vorschriften (etwa § 14 Abs. 1 Nr. 1 KSchG, § 5 Abs. 2 Nr. 1 BetrVG, § 5 Abs. 1 Satz 3 ArbGG) Organe und Organmitglieder ohnehin ausdrücklich vom Anwendungsbereich des jeweiligen Gesetzes bzw. vom Begriff des Arbeitnehmers ausgenommen werden. Im Übrigen können einzelne Bestimmungen aus dem Recht der abhängigen Arbeitnehmer auch auf Organe bzw. Organmitglieder angewendet werden, wenn das Bedürfnis der Sicherung der persönlichen oder wirtschaftlichen Existenz höher anzusiedeln ist als die Stellung als Unternehmensleiter.[296] Nicht entsprechend anwendbar auf Organe bzw. Organmitglieder juristischer Personen ist § 613a BGB.[297] Organmitglieder können jedoch als Verbraucher gemäß § 13 BGB gelten. Dies ist bei einem Geschäftsführer einer GmbH jedenfalls dann der Fall, wenn er nicht zugleich als Gesellschafter über zumindest eine Sperrminorität verfügt und Leitungsmacht über die Gesellschaft ausüben kann.[298]

148 Darüber hinaus ist es dem Bundesgerichtshof[299] zufolge möglich, die entsprechende Geltung arbeitsrechtlicher Normen ausdrücklich zu vereinbaren und auf diese Weise deren Regelungsgehalt zum Vertragsinhalt zu machen. Solche dienstvertraglichen Abreden dürften allerdings nicht in die gesetzliche oder statutarische Ausgestaltung des Organverhältnisses eingreifen. Der vertragliche Gestaltungsspielraum der Parteien werde daher durch die zwingenden Anforderungen begrenzt, welche sich im Interesse einer Gewährleistung der Funktionstüchtigkeit der Gesellschaft aus dem Organverhältnis ergeben. Die Vereinbarung einer entsprechenden Geltung materieller Vorschriften des Kündigungsschutzgesetzes befinde sich dabei innerhalb dieser Grenzen privatautonomer Gestaltung.

149 Dem Bundesarbeitsgericht[300] zufolge behält der Anstellungsvertrag auch nach der Abberufung des Organs bzw. Organmitglieds grundsätzlich seinen Charakter als freier Dienstvertrag. Entsprechendes gilt in sonstigen Fällen des Verlustes der Organstellung, etwa einer Verschmelzung der Gesellschaft auf eine andere.[301] Ausnahmsweise kann jedoch zwischen einem Organ(mitglied) und der Gesellschaft nach der Beendigung der Organstellung ein Arbeitsverhältnis bestehen, wenn das Organ(mitglied) vor seiner Bestellung Arbeitnehmer der Gesellschaft war und die Bestellung erfolgt ist, ohne dass sich an

---

[292] BAG v. 17.01.2006 - 9 AZR 61/05 - juris Rn. 11 - EzA § 2 BurlG Nr. 6; BAG v. 12.09.1996 - 5 AZR 104/95 - juris Rn. 43 - DB 1997, 1037.
[293] BAG v. 24.06.1992 - 5 AZR 384/91 - juris Rn. 32 - AP Nr. 61 zu § 611 BGB Abhängigkeit.
[294] BAG v. 24.11.2005 - 2 AZR 614/04 - juris Rn. 18 - NZA 2006, 366-370; vgl. BGH v. 10.01.2000 - II ZR 251/98 - juris Rn. 6 - LM BGB § 611 Nr. 100 (6/2000); vgl. BAG v. 06.05.1999 - 5 AZB 22/98 - juris Rn. 8 - NJW 1999, 3069-3070; vgl. BAG v. 21.02.1994 - 2 AZB 28/93 - juris Rn. 17 - NJW 1995, 675-677.
[295] BAG v. 24.11.2005 - 2 AZR 614/04 - juris Rn. 18 - NZA 2006, 366-370.
[296] BAG v. 13.02.2003 - 8 AZR 654/01 - juris Rn. 37 - NJW 2003, 2473-2477.
[297] BAG v. 13.02.2003 - 8 AZR 654/01 - juris Rn. 38 - NJW 2003, 2473-2477.
[298] BAG v. 19.05.2010 - 5 AZR 253/09 - juris Rn. 23 - NZA 2010, 939-942.
[299] BGH v. 10.05.2010 - II ZR 70/09 - juris Rn. 8 - NZA 2010, 889-891.
[300] BAG v. 06.05.1999 - 5 AZB 22/98 - juris Rn. 9 - NJW 1999, 3069-3070; BAG v. 21.02.1994 - 2 AZB 28/93 - juris Rn. 17 - NJW 1995, 675-677.
[301] BAG v. 21.02.1994 - 2 AZB 28/93 - juris Rn. 19 - NJW 1995, 675-677.

den Vertragsbedingungen etwas geändert hat.[302] Entsprechendes gilt, wenn zwar neue Bedingungen vereinbart wurden, der Arbeitsvertrag aber nicht aufgehoben worden ist, sondern neben dem neuen Vertrag weiter Bestand hatte. Das Arbeitsverhältnis hat dann während der Tätigkeit des Dienstverpflichteten als Organ(mitglied) lediglich geruht. Hatten die Parteien hingegen anlässlich der Bestellung zum Organ(mitglied) die Aufhebung des Arbeitsverhältnisses vereinbart, kommt es nicht zu einer derartigen Rückführung des Rechtsverhältnisses.[303]

Das Anstellungsverhältnis kann auch dadurch in ein Arbeitsverhältnis umgewandelt werden, dass die Parteien des Dienstvertrages nach dem Entfall der Organstellung eine Weiterbeschäftigung des ehemaligen Organs bzw. Organmitglieds auf einem anderen Dienstposten vereinbaren.[304] Dies gilt sogar dann, wenn dieser andere Dienstposten die Organstellung bei einer abhängigen Gesellschaft beinhaltet.[305] **150**

Die Tätigkeit des **Plakatanschlagens**, die außerhalb einer vorgeprägten, räumlich festgelegten betrieblichen Organisation erfolgt, lässt sich sowohl im Arbeitsverhältnis als auch in freier Mitarbeit praktizieren.[306] **151**

Ein **Praktikant** ist regelmäßig kein Arbeitnehmer, da im Vordergrund des Rechtsverhältnisses nicht die Erbringung von Arbeitsleistungen gegen Vergütung steht. Bei einem Praktikantenverhältnis steht vielmehr grundsätzlich der Ausbildungszweck im Vordergrund; eine etwaige Vergütung ist der Höhe nach eher eine Aufwandsentschädigung oder Beihilfe zum Lebensunterhalt.[307] Aus den konkreten Umständen kann sich allerdings ergeben, dass eine als „Praktikant" beschäftigte Person als Arbeitnehmer anzusehen ist.[308] **152**

Prokuristen eines Unternehmens sind in der Regel Arbeitnehmer.[309] Sie können leitende Angestellte sein (vgl. § 5 Abs. 3 Nr. 2 BetrVG). **153**

Beim Rechtsverhältnis zwischen einem **Rechtsanwalt** und seinem Mandanten handelt es sich im Regelfall um ein Dienstverhältnis, das eine Geschäftsbesorgung im Sinne von § 675 BGB zum Gegenstand hat.[310] Von einem Werkvertrag ist demgegenüber auszugehen, wenn der Anwalt ausschließlich einen Vertrag zu entwerfen oder ein Rechtsgutachten zu erstatten hat.[311] Ein Rechtsanwalt kann auch weisungsabhängiger Arbeitnehmer eines anderen Rechtsanwalts sein; die Stellung des Rechtsanwalts als unabhängiges Organ der Rechtspflege (§ 1 BRAO) steht dem nicht entgegen.[312] **154**

Richter arbeiten wie Beamte in einem öffentlich-rechtlich begründeten und gestalteten Dienstverhältnis. Sie sind keine Arbeitnehmer. **155**

Rote-Kreuz-Schwestern sind keine Arbeitnehmerinnen.[313] Sie erbringen ihre Arbeitsleistungen vielmehr aufgrund einer Vereinsmitgliedschaft. Ihnen stehen – anders als dies im Rahmen eines Arbeitsverhältnisses der Fall wäre – Mitgliedschaftsrechte zu, mit denen sie die Geschicke des Vereins und damit zugleich die Arbeitsorganisation beeinflussen können. Da sie aufgrund dieser Mitgliedschaftsrechte nicht wie ein Arbeitnehmer sozial schutzbedürftig sind, handelt es sich bei den Rote-Kreuz-Schwestern auch nicht um arbeitnehmerähnliche Personen (vgl. Rn. 20).[314] **156**

Soldaten arbeiten wie Beamte in einem öffentlich-rechtlich begründeten und gestalteten Dienstverhältnis und sind keine Arbeitnehmer. **157**

---

[302] Vgl. BAG v. 21.02.1994 - 2 AZB 28/93 - juris Rn. 17 - NJW 1995, 675-677.
[303] Vgl. BAG v. 21.02.1994 - 2 AZB 28/93 - juris Rn. 17 - NJW 1995, 675-677.
[304] Vgl. BAG v. 21.02.1994 - 2 AZB 28/93 - juris Rn. 23 - NJW 1995, 675-677.
[305] BAG v. 13.02.2003 - 8 AZR 654/01 - juris Rn. 50 - NJW 2003, 2473-2477.
[306] BAG v. 13.03.2008 - 2 AZR 1037/06 - juris Rn. 20 - NZA 2008, 878-880.
[307] BAG v. 13.03.2003 - 6 AZR 564/01 - juris Rn. 35 - EzB-VjA § 19 Nr. 33a.
[308] Vgl. BAG v. 13.03.2003 - 6 AZR 564/01 - juris Rn. 36 - EzB-VjA § 19 Nr. 33a.
[309] BAG v. 13.07.1995 - 5 AZB 37/94 - juris Rn. 16 - NJW 1995, 3338-3339.
[310] BGH v. 20.10.1964 - VI ZR 101/63 - LM Nr. 1 zur RAnwO v. 21.02.1936.
[311] BGH v. 20.10.1964 - VI ZR 101/63 - LM Nr. 1 zur RAnwO v. 21.02.1936.
[312] LArbG Düsseldorf v. 23.07.2002 - 16 Sa 162/02 - juris Rn. 36 - Bibliothek BAG.
[313] BAG v. 06.07.1995 - 5 AZB 9/93 - juris Rn. 28 - DB 1995, 2612, 2613.
[314] Vgl. BAG v. 06.07.1995 - 5 AZB 9/93 - juris Rn. 30 - DB 1995, 2612, 2613.

158 **Soziale Arbeit** kann sowohl im Rahmen von Arbeitsverhältnissen als auch in anderen Rechtsverhältnissen erbracht werden.[315] Von einem Arbeitsverhältnis wird im Regelfall auszugehen sein, wenn der die soziale Arbeit Leistende seine Dienste nicht unmittelbar den Betroffenen, sondern einem Dritten gegenüber anbietet, in dessen Arbeitsorganisation er eingegliedert ist und nach dessen Weisungen er die sozialen Arbeiten gegenüber den Betroffenen ausführt.[316]

159 Bei **Sportlern** bemisst sich die rechtliche Einordnung – so denn die Sportleistung überhaupt aufgrund eines Rechtsverhältnisses erbracht wird – nach den Umständen des Einzelfalls. Übt ein Sportler gegen Entgelt eine Mannschaftsportart aus, handelt es sich regelmäßig um ein Arbeitsverhältnis. Arbeitnehmer sind daher etwa die Berufsfußballspieler.[317]

160 Im Regelfall handelt es sich bei einem Vertrag mit einem **Steuerberater** – insbesondere bei einer Dauerberatung und Wahrnehmung aller steuerlichen Belange – um einen Dienstvertrag, welcher eine Geschäftsbesorgung im Sinne von § 675 BGB zum Gegenstand hat.[318] Ausnahmsweise – etwa bei konkreten Einzelaufträgen wie der Anfertigung bestimmter Bilanzen – kann indes auch ein Werkvertrag anzunehmen sein.[319]

161 In welchem Rechtsverhältnis ein **Wirtschaftsprüfer** seine Leistungen erbringt, bestimmt sich nach den Umständen des Einzelfalls. Besteht die Tätigkeit allein in der Prüfung konkreter Jahresabschlüsse, liegt in der Regel ein Werkvertrag vor.[320] Ein Werkvertrag kann etwa auch dann vorliegen, wenn ein Wirtschaftsprüfer im Rahmen eines Kapitalanlagemodells die Prüfung der Einzahlungen der Anleger und der Mittelverwendung übernimmt.[321]

162 **Zeitungszusteller** sind im Regelfall Arbeitnehmer.[322] Sie können allerdings auch aufgrund eines freien Dienst- oder Werkvertrags tätig sein. Dies ist etwa dann der Fall, wenn die Zustellung der Zeitungen so organisiert wird, dass dem Zusteller ein größerer Gestaltungsspielraum bei seiner Tätigkeit verbleibt.[323]

B. Anwendungsvoraussetzungen

I. Begründung einer Dienstleistungspflicht

163 Voraussetzung der Anwendung des § 611 Abs. 1 BGB ist die vertragliche Begründung einer Pflicht zur Erbringung einer Dienstleistung. Gegenstand eines Dienstvertrages können gemäß § 611 Abs. 2 BGB Dienste jeder Art – d.h. etwa auch ärztliche Behandlungsmaßnahmen – sein.

164 Eine **Rahmenvereinbarung**, welche nur die Bedingungen erst noch abzuschließender Dienstverträge beinhaltet, selbst aber noch keine Verpflichtung zur Arbeitsleistung begründet, ist kein Dienstvertrag.[324] Ob die Parteien bereits einen Dienstvertrag oder lediglich eine Rahmenvereinbarung abgeschlossen haben, in deren Anwendung jeweils noch einzelne Dienstverträge abzuschließen sind, richtet sich allein nach dem Parteiwillen.[325] Dies gilt auch dann, wenn Gegenstand der Arbeitsleistung un-

---

[315] BAG v. 06.05.1998 - 5 AZR 347/97 - juris Rn. 53 - BB 1998, 1849-1850.
[316] Vgl. BAG v. 06.05.1998 - 5 AZR 347/97 - juris Rn. 53 - BB 1998, 1849-1850.
[317] Vgl. BAG v. 06.12.1995 - 5 AZR 237/94 - juris Rn. 14 - NJW 1996, 2388-2389; vgl. BAG v. 22.08.1984 - 5 AZR 539/81 - juris Rn. 18 - NJW 1986, 2904-2905.
[318] BGH v. 11.05.2006 - IX ZR 63/05 - juris Rn. 4 - BB 2006, 1527-1528; vgl. BGH v. 21.11.1996 - IX ZR 159/95 - juris Rn. 5 - LM BGB § 196 Nr. 68 (3/1997); BGH v. 17.10.1991 - IX ZR 255/90 - juris Rn. 14 - BGHZ 115, 382-391; BGH v. 03.02.1988 - IVa ZR 196/86 - juris Rn. 9 - NJW-RR 1988, 1264-1265.
[319] BGH v. 11.05.2006 - IX ZR 63/05 - juris Rn. 4 - BB 2006, 1527-1528; BGH v. 17.10.1991 - IX ZR 255/90 - juris Rn. 14 - BGHZ 115, 382-391; BGH v. 03.02.1988 - IVa ZR 196/86 - juris Rn. 9 - NJW-RR 1988, 1264-1265.
[320] Vgl. BGH v. 01.02.2000 - X ZR 198/97 - juris Rn. 4 - LM BGB § 632 Nr. 21 (6/2000).
[321] Vgl. BGH v. 26.09.2000 - X ZR 94/98 - juris Rn. 16 - BGHZ 145, 187-202.
[322] BAG v. 16.07.1997 - 5 AZR 312/96 - juris Rn. 23 - BB 1997, 2377.
[323] BAG v. 16.07.1997 - 5 AZR 312/96 - juris Rn. 24 - BB 1997, 2377.
[324] BAG v. 31.07.2002 - 7 AZR 181/01 - juris Rn. 31 - BB 2003, 525-527.
[325] Vgl. BAG v. 31.07.2002 - 7 AZR 181/01 - juris Rn. 31 - BB 2003, 525-527.

selbstständige Dienste sind. Eine Rahmenvereinbarung, in deren Anwendung einzelne befristete Arbeitsverhältnisse eingegangen werden, stellt keine unzulässige, zu einem unbefristeten Dauerarbeitsverhältnis führende Vertragsgestaltung dar.[326] Die Wirksamkeit der jeweiligen Befristung ist allerdings an den Voraussetzungen des § 14 TzBfG zu messen.

II. Vergütung vereinbart oder den Umständen nach zu erwarten

Die Anwendung des § 611 BGB setzt weiter voraus, dass der Dienstberechtigte zur Zahlung einer Vergütung verpflichtet ist. Anders als die Pflicht zur Dienstleistung braucht die Vergütungspflicht allerdings nicht zwischen den Parteien vereinbart worden zu sein. Es genügt, dass die Dienstleistung den Umständen nach nur gegen Vergütung zu erwarten ist (vgl. § 612 Abs. 1 BGB). 165

III. Wirksamkeit des Dienstvertrags

1. Nichtigkeitsgründe

Eine Nichtigkeit des Dienstvertrages kann sich insbesondere aus den §§ 105, 125, 134, 138 BGB oder § 142 BGB ergeben. Im Falle der Nichtigkeit bestehen zwischen den Vertragsparteien keinerlei Rechte und Pflichten aus dem Dienstvertrag. Sofern eine Vertragspartei ihre vertraglich vereinbarte Leistung trotz der Nichtigkeit des Vertrags erbracht hat, kann sie Ansprüche wegen ungerechtfertigter Bereicherung gemäß den §§ 812-822 BGB geltend machen. 166

Besonderheiten gelten wegen der Schwierigkeit einer Rückabwicklung nach den Vorschriften des Bereicherungsrechts bei einem **bereits in Vollzug gesetzten Arbeitsverhältnis**. Das trotz Nichtigkeit des Arbeitsvertrages durchgeführte Arbeitsverhältnis (sog. **faktisches** oder **fehlerhaftes Arbeitsverhältnis**) wird mit allen Rechten und Pflichten wie ein Arbeitsverhältnis auf der Grundlage eines wirksamen Arbeitsvertrages behandelt.[327] Das faktische Arbeitsverhältnis kann allerdings für die Zukunft durch einseitige Erklärung fristlos beendet werden, ohne dass es hierzu einer weiteren Begründung bedarf.[328] 167

Eine Ausnahme vom Bestehen eines faktischen Arbeitsverhältnisses und somit eine rückwirkende Nichtigkeit ergibt sich in den Fällen eines besonders schweren Mangels.[329] Ein solcher liegt etwa vor, wenn die Arbeitsleistung selbst sittenwidrig oder strafbar war.[330] 168

Sofern einem Dienstvertrag, der nicht als Arbeitsvertrag einzuordnen ist, eine feste Anstellung zugrunde liegt (insbesondere Anstellungsverträge mit arbeitnehmerähnlichen Personen, Mitgliedern des Vorstands einer AG oder Geschäftsführern einer GmbH) finden die Grundsätze zum faktischen Arbeitsverhältnis entsprechende Anwendung.[331] 169

Verstoßen im Rahmen eines freien Dienstvertrages die Vertragsparteien einvernehmlich gegen das im SchwarzArbG 2004 enthaltene Verbot der **Schwarzarbeit**, ist der Vertrag gemäß § 134 BGB nichtig.[332] Demgegenüber führt die Abrede in einem Arbeitsvertrag, die Arbeitsvergütung ohne Berücksichtigung von Steuern und Sozialversicherungsbeiträgen („schwarz") auszuzahlen, regelmäßig nicht zur Nichtigkeit des Arbeitsvertrages. Soll die Abführung von Steuern und Beiträgen vereinbarungsgemäß unterbleiben, ist vielmehr nur diese Abrede nichtig.[333] 170

---

[326] Vgl. BAG v. 31.07.2002 - 7 AZR 181/01 - juris Rn. 34 - BB 2003, 525-527.
[327] BAG v. 03.11.2004 - 5 AZR 592/03 - juris Rn. 17 - NZA 2005, 1409-1411; vgl. BAG v. 15.11.1957 - 1 AZR 189/57 - juris Rn. 24 - BAGE 5, 58.
[328] BAG v. 07.12.1961 - 2 AZR 12/61 - juris Rn. 14 - NJW 1962, 555.
[329] BAG v. 03.11.2004 - 5 AZR 592/03 - juris Rn. 17 - NZA 2005, 1409-1411.
[330] Vgl. BAG v. 03.11.2004 - 5 AZR 592/03 - juris Rn. 18 - NZA 2005, 1409-1411.
[331] Vgl. BGH v. 03.07.2000 - II ZR 282/98 - juris Rn. 11 - LM GmbHG § 46 Nr. 38 (1/2001); vgl. BGH v. 06.04.1964 - II ZR 75/62 - juris Rn. 19 - BGHZ 41, 282-291.
[332] BAG v. 24.03.2004 - 5 AZR 233/03 - juris Rn. 47 - EzA § 134 BGB 2002 Nr. 2.
[333] BAG v. 24.03.2004 - 5 AZR 233/03 - juris Rn. 48 - EzA § 134 BGB 2002 Nr. 2; BAG v. 26.02.2003 - 5 AZR 690/01 - juris Rn. 19 - BAGE 105, 187-194.

171 Ist die versprochene **Dienstleistung objektiv unmöglich**, kann sie gemäß § 275 Abs. 1 BGB vom Dienstberechtigten nicht verlangt oder gar erzwungen werden. Objektiv unmöglich ist etwa das Versprechen einer Leistung durch Gebrauch übernatürlicher, magischer Kräfte und Fähigkeiten, wie dies z.B. im Falle einer Wahrsagerei durch Kartenlegen der Fall sein kann.[334] Ein Vertrag, der auf eine objektiv unmögliche Leistung gerichtet ist, ist nicht allein aus diesem Grund nichtig.[335] Es entfällt auch nicht zwingend der Anspruch des Dienstverpflichteten auf die Gegenleistung. Vielmehr kann die in § 326 Abs. 1 Satz 1 BGB geregelte Rechtsfolge durch Individualvereinbarung abbedungen werden. Daher können die Vertragsparteien wirksam vereinbaren, dass eine Partei sich – gegen Entgelt – dazu verpflichtet, Leistungen zu erbringen, deren Grundlage und Wirkungen nach den Erkenntnissen der Wissenschaft und Technik nicht erweislich sind, sondern nur einer inneren Überzeugung, einem dahingehenden Glauben oder einer irrationalen, für Dritte nicht nachvollziehbaren Handlung entsprechen.[336] Da solche Verträge häufig von Personen in einer schwierigen Lebenssituation oder von leichtgläubigen, unerfahrenen oder psychisch labilen Personen geschlossen werden, dürfen in solchen Fällen jedoch keine zu hohen Anforderungen an einen Verstoß gegen die guten Sitten und somit eine Nichtigkeit des Vertrags gegen § 138 BGB gestellt werden.[337]

2. Form des Dienstvertrags

172 Der Dienstvertrag kann **grundsätzlich formfrei** abgeschlossen werden. Möglich ist auch ein mündlicher oder stillschweigender Abschluss. Zwingend vorgeschrieben ist die Schriftform etwa in § 3 Abs. 1 FernUSG für die Erklärung des Dienstberechtigten bei einem Fernunterrichtsvertrag.

173 Ein **Verstoß** gegen ein gesetzliches Schriftformerfordernis hat gemäß § 125 Satz 1 BGB die Nichtigkeit des Rechtsgeschäfts zur Folge. Gleiches gilt im Zweifel für ein rechtsgeschäftliches Schriftformgebot (§ 125 Satz 2 BGB), zumindest wenn es sich um eine doppelte Schriftformklausel handelt. An der Verwendung gerade der doppelten Schriftformklausel wird deutlich, dass die Vertragsparteien auf die Wirksamkeit ihrer Schriftformklausel besonderen Wert legen.[338] Beruht die doppelte Schriftformklausel auf allgemeinen Geschäftsbedingungen, ist jedoch der Vorrang der Individualabrede gemäß § 305b BGB zu beachten[339]; zudem kommt eine Unwirksamkeit der doppelten Schriftformklausel nach § 307 Abs. 1 Satz 1 BGB in Betracht.[340] Bei Schriftformklauseln in Tarifverträgen ist danach zu differenzieren, ob der Einhaltung der Schriftform eine konstitutive Wirkung zukommen oder diese bloßen Beweiszwecken dienen soll.

174 Das **NachwG** verpflichtet den Arbeitgeber lediglich, spätestens einen Monat nach dem vereinbarten Beginn des Arbeitsverhältnisses die Arbeitsbedingungen in Schriftform niederzulegen und dem Arbeitnehmer die Niederschrift unterzeichnet auszuhändigen. Ein Schriftformerfordernis begründet das NachwG für Arbeitsverhältnisse hingegen nicht.

3. Stellvertretung

175 Der Dienstvertrag kann auch durch einen **Bevollmächtigten** abgeschlossen werden.[341] Es handelt sich nicht um ein sog. höchstpersönliches Rechtsgeschäft, bei dem eine Vertretung ausgeschlossen ist.

176 Ein **Minderjähriger** benötigt für die Wirksamkeit einer rechtsgeschäftlichen Erklärung gemäß den §§ 106-108 BGB regelmäßig die Einwilligung oder Genehmigung des gesetzlichen Vertreters. Eine

---

[334] BGH v. 13.01.2011 - III ZR 87/10 - juris Rn. 10 - NJW 2011, 756-758. Nicht hierunter fallen die Fälle, in denen von vornherein nur eine jahrmarktähnliche Unterhaltung erwartet und geschuldet wird; wobei die Vereinbarung zur Abgrenzung unter Berücksichtigung aller Umstände des Einzelfalls, insbesondere auch der Höhe der verabredeten Vergütung, auszulegen ist (BGH v. 13.01.2011 - III ZR 87/10 - juris Rn. 11 - NJW 2011, 756-758).
[335] BGH v. 13.01.2011 - III ZR 87/10 - juris Rn. 16 - NJW 2011, 756-758.
[336] BGH v. 13.01.2011 - III ZR 87/10 - juris Rn. 17 - NJW 2011, 756-758.
[337] BGH v. 13.01.2011 - III ZR 87/10 - juris Rn. 21 - NJW 2011, 756-758.
[338] BAG v. 20.05.2008 - 9 AZR 382/07 - juris Rn. 18 - NZA 2008, 1233-1237.
[339] BAG v. 20.05.2008 - 9 AZR 382/07 - juris Rn. 27 - NZA 2008, 1233-1237.
[340] BAG v. 20.05.2008 - 9 AZR 382/07 - juris Rn. 32 - NZA 2008, 1233-1237.
[341] *Weidenkaff* in: Palandt, § 611 Rn. 4.

Sondervorschrift für minderjährige Arbeitgeber findet sich in § 112 BGB. Ermächtigt der gesetzliche Vertreter den Minderjährigen mit Genehmigung des Vormundschaftsgerichts zum selbstständigen Betrieb eines Erwerbsgeschäfts, so ist der Minderjährige gemäß § 112 Abs. 1 Satz 1 BGB für solche Rechtsgeschäfte unbeschränkt geschäftsfähig, welche der Geschäftsbetrieb mit sich bringt. Hiervon ist auch der Abschluss von Arbeitsverträgen umfasst. Für minderjährige Dienstleistende findet sich eine Sondervorschrift in § 113 BGB. Ermächtigt der gesetzliche Vertreter den Minderjährigen, in Dienst oder in Arbeit zu treten, so ist der Minderjährige gemäß § 113 Abs. 1 Satz 1 BGB für solche Rechtsgeschäfte unbeschränkt geschäftsfähig, welche die Eingehung oder Aufhebung eines Dienst- oder Arbeitsverhältnisses der gestatteten Art oder die Erfüllung der sich aus einem solchen Verhältnis ergebenden Verpflichtungen betreffen.

Wird der Dienstvertrag auf Seiten des Dienstberechtigten von einem Betreuer abgeschlossen, stellt dies keine Verfügung oder Verpflichtung zu einer Verfügung im Sinne des § 1812 Abs. 1 BGB dar, die gemäß §§ 1812 Abs. 1, Abs. 3, 1908i Abs. 1 Satz 1 BGB der Genehmigung des Betreuungsgerichts bedürfte.[342]

4. Anfechtung

Wie jede Willenserklärung kann auch die Erklärung zum Abschluss eines Dienstvertrages bei Vorliegen eines **Anfechtungsgrunds** (§§ 119, 120, 123 BGB) angefochten werden.[343] In Betracht kommt insbesondere eine Anfechtung wegen **arglistiger Täuschung** gemäß § 123 Abs. 1 BGB.[344] Die arglistige Täuschung kann in einem Vorspiegeln unwahrer Tatsachen oder in einem Verschweigen von zu offenbarenden Tatsachen liegen. Eine Anfechtung wegen arglistiger Täuschung setzt allerdings voraus, dass durch die Täuschungshandlung ein Irrtum über den wahren Sachverhalt hervorgerufen wird.[345] Kennt derjenige, der getäuscht werden soll, die Wahrheit, fehlt es an einem Irrtum.

Ein arglistiges Vorspiegeln unwahrer Tatsachen ist in den Fällen anzunehmen, in denen ein Bewerber und späterer Arbeitnehmer dem Arbeitgeber beim Bewerbungsgespräch **auf eine zulässige Frage bewusst unwahr antwortet**. Wird der Bewerber nach dem Vorliegen einer bestimmten Tatsache befragt, so ist er, falls die Frage zulässig ist, zu deren wahrheitsgemäßen Beantwortung verpflichtet.[346]

Indes stellt nicht jede falsche Angabe eine arglistige Täuschung dar, sondern nur eine falsche Antwort auf eine zulässig gestellte Frage.[347] Ein **Fragerecht** ist dem Arbeitgeber dabei lediglich insoweit zuzugestehen, als er ein **berechtigtes, billigenswertes und schutzwürdiges Interesse** an der Beantwortung seiner Frage im Hinblick auf das Arbeitsverhältnis hat.[348]

Antwortet der Bewerber auf eine unzulässige Frage wahrheitswidrig, handelt er nicht rechtswidrig.[349] Im Falle einer unzulässigen Frage ist der Bewerber sogar zu einer Falschangabe berechtigt, da ihm ein bloßes Schweigen auf die Frage vom Arbeitgeber nachteilig ausgelegt werden könnte.

Von großer praktischer Relevanz ist daher, auf welche Fragen der Bewerber wahrheitsgemäß zu antworten hat.[350]

---

[342] Vgl. BGH v. 05.11.2009 - III ZR 6/09 - juris Rn. 14 - NJW 2010, 1456-1459.
[343] LArbG Hamm v. 09.11.2006 - 17 Sa 172/06 - juris Rn. 65 - nv.
[344] BAG v. 16.12.2004 - 2 AZR 148/04 - juris Rn. 23 - ZTR 2005, 379-382.
[345] BAG v. 18.10.2000 - 2 AZR 380/99 - juris Rn. 19 - NJW 2001, 1885-1887.
[346] BAG v. 18.10.2000 - 2 AZR 380/99 - juris Rn. 16 - NJW 2001, 1885-1887; BAG v. 11.11.1993 - 2 AZR 467/93 - juris Rn. 17 - NJW 1994, 1363-1365; BAG v. 21.02.1991 - 2 AZR 449/90 - juris Rn. 20 - NJW 1991, 2723-2727.
[347] BAG v. 06.02.2003 - 2 AZR 621/01 - juris Rn. 17 - BB 2003, 1734-1736; BAG v. 11.11.1993 - 2 AZR 467/93 - juris Rn. 17 - NJW 1994, 1363-1365; BAG v. 21.02.1991 - 2 AZR 449/90 - juris Rn. 21 - NJW 1991, 2723-2727.
[348] BAG v. 06.02.2003 - 2 AZR 621/01 - juris Rn. 17 - BB 2003, 1734-1736; BAG v. 18.10.2000 - 2 AZR 380/99 - juris Rn. 16 - NJW 2001, 1885-1887; BAG v. 11.11.1993 - 2 AZR 467/93 - juris Rn. 17 - NJW 1994, 1363-1365; BAG v. 21.02.1991 - 2 AZR 449/90 - juris Rn. 20 - NJW 1991, 2723-2727.
[349] BAG v. 06.02.2003 - 2 AZR 621/01 - juris Rn. 17 - BB 2003, 1734-1736.
[350] Ausführlich zum Umfang des Fragerechts des Arbeitgebers: *Ehrich*, DB 2000, 421-427; *Wisskirchen/Bissels*, NZA 2007, 169-174.

- Unzulässig ist die Frage nach einer **Schwangerschaft**, was unabhängig davon gilt, ob sich männliche und weibliche oder nur weibliche Personen auf die Arbeitsstelle bewerben.[351] Auf die Frage nach einer Schwangerschaft kann die Bewerberin auch dann wahrheitswidrig antworten, wenn sie sich auf eine unbefristete Stelle bewirbt, die sie zunächst wegen Eingreifens gesetzlicher Beschäftigungsverbote nicht antreten kann.[352]
- Die Frage nach einer **Behinderung** ist nur zulässig, wenn die Behinderung erfahrungsgemäß die Eignung des Stellenbewerbers für die vorgesehene Tätigkeit beeinträchtigt.[353]
- Nach einer **Schwerbehinderung** (vgl. § 2 Abs. 2 SGB IX) oder einer Gleichstellung (vgl. § 2 Abs. 3 SGB IX) darf der Arbeitgeber dem Bundesarbeitsgericht[354] zufolge demgegenüber auch dann fragen, wenn die Behinderung für die auszuübende Tätigkeit ohne Bedeutung ist. Nachdem in § 81 Abs. 2 SGB IX ein ausdrückliches Verbot der Diskriminierung Schwerbehinderter eingeführt worden ist, wird die Frage nach der Schwerbehinderung in Teilen der Literatur[355] jedoch nunmehr als unzulässig angesehen, wenn die Behinderung der angestrebten Tätigkeit nicht entgegensteht.
- Unzulässig ist darüber hinaus die Frage nach einer **Gewerkschaftszugehörigkeit**.[356]
- Die Frage nach einer früheren **Stasi-Tätigkeit** ist nur im öffentlichen Dienst oder bei Vorliegen eines besonderen betrieblichen Interesses zulässig.[357]
- Fragen nach **Vorstrafen** darf der Bewerber falsch beantworten, wenn seine Vorstrafen nicht in ein polizeiliches Führungszeugnis aufzunehmen sind oder die Art des zu besetzenden Arbeitsplatzes eine diesbezügliche Frage nicht erfordert.[358]

183 Ohne eine entsprechende Frage des Arbeitgebers muss der Bewerber von sich aus nur auf solche Tatsachen hinweisen, deren Mitteilung der Arbeitgeber nach Treu und Glauben erwarten darf.[359] Die **Offenbarungspflicht** des Bewerbers ist an die Voraussetzung gebunden, dass die verschwiegenen Umstände dem Bewerber die Erfüllung der arbeitsvertraglichen Leistungspflicht unmöglich machen würden oder sonst für den in Betracht kommenden Arbeitsplatz von ausschlaggebender Bedeutung sind.[360]

- Zu offenbaren hat der Bewerber etwa den bevorstehenden Antritt einer längeren **Freiheitsstrafe (ohne Freigängerstatus)**.[361] Dabei kommt es nicht darauf an, ob die abgeurteilte Straftat für das vorgesehene Arbeitsverhältnis „einschlägig" ist.[362]
- Auch über eine **ansteckende Krankheit**, die der Durchführung des Arbeitsverhältnisses entgegensteht, hat der Bewerber den Arbeitgeber ungefragt zu unterrichten.[363]
- Eine Behinderung muss ein Bewerber nur dann von sich aus offenbaren, wenn ihm die Tätigkeit hierdurch unmöglich gemacht wird.[364]

---

[351] BAG v. 15.10.1992 - 2 AZR 227/92 - juris Rn. 15 - NJW 1993, 1154-1156.
[352] BAG v. 06.02.2003 - 2 AZR 621/01 - juris Rn. 16 - BB 2003, 1734-1736.
[353] BAG v. 05.10.1995 - 2 AZR 923/94 - juris Rn. 20 - NJW 1996, 2323-2326.
[354] BAG v. 18.10.2000 - 2 AZR 380/99 - juris Rn. 17 - NJW 2001, 1885-1887; BAG v. 05.10.1995 - 2 AZR 923/94 - juris Rn. 19 - NJW 1996, 2323-2326.; BAG v. 11.11.1993 - 2 AZR 467/93 - juris Rn. 18 - NJW 1994, 1363-1365.
[355] *Joussen*, NJW 2003, 2857-2861, 2860-2861; *Messingschlager*, NZA 2003, 301-305, 301-305; a.A. *Schaub*, NZA 2003, 299-301, 300-301.
[356] Vgl. BAG v. 28.03.2000 - 1 ABR 16/99 - juris Rn. 33 - ZIP 2001, 209-213.
[357] Vgl. BAG v. 13.06.2002 - 2 AZR 234/01 - juris Rn. 24 - DB 2003, 396-397.
[358] BAG v. 21.02.1991 - 2 AZR 449/90 - juris Rn. 21 - NJW 1991, 2723-2727.
[359] BAG v. 21.02.1991 - 2 AZR 449/90 - juris Rn. 20 - NJW 1991, 2723-2727.
[360] BAG v. 21.02.1991 - 2 AZR 449/90 - juris Rn. 21 - NJW 1991, 2723-2727.
[361] LArbG Frankfurt v. 07.08.1986 - 12 Sa 361/86 - juris Rn. 31 - LAGE § 123 BGB Nr. 8.
[362] LArbG Frankfurt v. 07.08.1986 - 12 Sa 361/86 - juris Rn. 36 - LAGE § 123 BGB Nr. 8.
[363] LArbG Hamm v. 09.11.2006 - 17 Sa 172/06 - juris Rn. 70 - nv.
[364] BAG v. 18.10.2000 - 2 AZR 380/99 - juris Rn. 17 - NJW 2001, 1885-1887; BAG v. 05.10.1995 - 2 AZR 923/94 - juris Rn. 18 - NJW 1996, 2323-2326; BAG v. 11.11.1993 - 2 AZR 467/93 - juris Rn. 18 - NJW 1994, 1363-1365.

Eine Anfechtung wirkt gemäß § 142 Abs. 1 BGB grundsätzlich auf den Zeitpunkt der Abgabe der Willenserklärung zurück. Besonderheiten gelten allerdings bei einem bereits **in Vollzug gesetzten Arbeitsverhältnis**. Hier ist eine Anfechtung mit rückwirkender (ex-tunc) Wirkung im Regelfall ausgeschlossen.[365] Vielmehr entfaltet die **Anfechtung** insoweit **Wirkung erst ab dem Zeitpunkt ihrer Erklärung** (ex-nunc).[366] Wenngleich die Anfechtung in ihrer Wirkung somit einer fristlosen Kündigung gleichkommt, sind diese beiden Beendigungstatbestände streng zu unterscheiden. Insbesondere wird das Recht zur Anfechtung nicht durch das Recht zur außerordentlichen Kündigung verdrängt.[367] 184

Eine **rückwirkende Anfechtung** kommt allerdings bei einem Arbeitsverhältnis dann in Betracht, wenn dieses **noch nicht in Funktion gesetzt** war.[368] Gleiches gilt, wenn das Arbeitsverhältnis zwar zunächst aktualisiert, zu einem späteren Zeitpunkt aber wieder **außer Funktion gesetzt** wurde.[369] Eine Außerfunktionssetzung in diesem Sinne liegt auch im Falle einer Erkrankung des Arbeitnehmers vor; dass eine Erkrankung vom Willen der Vertragsparteien unabhängig ist, steht dem nicht entgegen.[370] 185

5. Zustimmung des Betriebsrats

Vor der Einstellung eines Arbeitnehmers ist gemäß § 99 BetrVG die **Zustimmung des Betriebsrats** einzuholen. Einstellung im Sinne dieser Vorschrift ist indes nicht schon der Abschluss des Arbeitsvertrags, sondern erst die tatsächliche Beschäftigung des Arbeitnehmers im Betrieb.[371] Der Abschluss eines Arbeitsvertrages bedarf für dessen Wirksamkeit daher keiner Zustimmung des Betriebsrats. Entsprechendes gilt im Hinblick auf das Erfordernis der Zustimmung des Personalrats zur Einstellung nach den §§ 75, 77 BPersVG bzw. den entsprechenden landesrechtlichen Vorschriften.[372] 186

C. Rechtsfolgen

§ 611 Abs. 1 BGB bestimmt, dass der Dienstverpflichtete zur Leistung der versprochenen Dienste, der Dienstberechtigte zur Gewährung der vereinbarten Vergütung verpflichtet ist. Diese beiden Pflichten stehen im Gegenseitigkeitsverhältnis im Sinne der §§ 320-326 BGB. Darüber hinaus treffen die Parteien des Dienstvertrages insbesondere im Falle eines dauernden Dienstverhältnisses umfangreiche Nebenpflichten. 187

I. Pflichten des Dienstberechtigten

1. Vergütungspflicht

a. Grundlagen

Hauptleistungspflicht des Dienstberechtigten aus dem Dienstverhältnis ist die Pflicht zur Zahlung der vereinbarten oder gemäß § 612 Abs. 1, Abs. 2 BGB zu gewährenden Vergütung. Je nach Art der Tätigkeit differiert die Bezeichnung der Vergütung, die etwa die Begriffe Lohn (bei Arbeitern), Gehalt (bei Angestellten), Gage (bei Künstlern), Gebühr (bei Abrechnung auf Grundlage einer Gebührenordnung) und Honorar (bei sonstigen selbstständigen Dienstverpflichteten) umfasst. 188

---

[365] BAG v. 16.09.1982 - 2 AZR 228/80 - juris Rn. 44 - NJW 1984, 446-447.
[366] Vgl. BAG v. 03.12.1998 - 2 AZR 754/97 - juris Rn. 15 - ZIP 1999, 458-461; BAG v. 29.08.1984 - 7 AZR 34/83 - juris Rn. 25 - NJW 1985, 646-647; BAG v. 16.09.1982 - 2 AZR 228/80 - juris Rn. 44 - NJW 1984, 446-447.
[367] BAG v. 18.10.2000 - 2 AZR 380/99 - juris Rn. 16 - NJW 2001, 1885-1887; BAG v. 11.11.1993 - 2 AZR 467/93 - juris Rn. 17 - NJW 1994, 1363-1365; BAG v. 21.02.1991 - 2 AZR 449/90 - juris Rn. 19 - NJW 1991, 2723-2727.
[368] BAG v. 29.08.1984 - 7 AZR 34/83 - juris Rn. 25 - NJW 1985, 646-647; BAG v. 16.09.1982 - 2 AZR 228/80 - juris Rn. 45 - NJW 1984, 446-447.
[369] BAG v. 29.08.1984 - 7 AZR 34/83 - juris Rn. 25 - NJW 1985, 646-647; BAG v. 16.09.1982 - 2 AZR 228/80 - juris Rn. 46 - NJW 1984, 446-447.
[370] BAG v. 03.12.1998 - 2 AZR 754/97 - juris Rn. 16 - ZIP 1999, 458-461.
[371] BAG v. 28.04.1992 - 1 ABR 73/91 - juris Rn. 20 . BAGE 70, 147-157 (str.).
[372] BAG v. 02.07.1980 - 5 AZR 1241/79 - juris Rn. 28 - NJW 1981, 703-704.

189 Die **Höhe der Vergütung** richtet sich nach der vertraglichen Vereinbarung der Parteien des Dienstvertrags, wobei grundsätzlich Vertragsfreiheit besteht. Eine Vergütungsvereinbarung kann allerdings wegen Lohnwuchers gemäß § 134 BGB i.V.m. § 291 Abs. 1 Satz 1 Nr. 3 StGB bzw. gemäß § 138 Abs. 2 BGB oder wegen Vorliegens eines wucherähnlichen Rechtsgeschäfts gemäß § 138 Abs. 1 BGB nichtig sein.[373] Auch andere Verstöße gegen Gesetzesrecht können eine Unwirksamkeit der Vergütungsabrede zur Folge haben.[374] Dies ist insbesondere mit Blick auf die **pauschalierte Vergütung von Mehrarbeit** zu beachten. Entsprechende Klauseln können wegen Verstoßes gegen das Transparenzgebot aus § 307 Abs. 1 Satz 2 BGB unwirksam sein. Eine die pauschale Vergütung von Mehrarbeit regelnde Klausel ist nur dann klar und verständlich, wenn sich aus dem Arbeitsvertrag selbst ergibt, welche Arbeitsleistungen von ihr erfasst werden sollen. Andernfalls ließe sich nicht erkennen, ab wann ein Anspruch auf zusätzliche Vergütung besteht. Der Umfang der Leistungspflicht muss so bestimmt oder zumindest durch die konkrete Begrenzung der Anordnungsbefugnis hinsichtlich des Umfangs der zu leistenden Überstunden so bestimmbar sein, dass der Arbeitnehmer bereits bei Vertragsschluss erkennen kann, was ggf. „auf ihn zukommt" und welche Leistung er für die vereinbarte Vergütung maximal erbringen muss. Aufgrund einer unklar abgefassten Pauschalierungsklausel besteht die Gefahr, dass der Arbeitnehmer in der Annahme, er habe keinen Rechtsanspruch auf eine gesonderte Überstundenvergütung, seinen Anspruch nicht geltend macht.[375] Entsprechendes kann für Klauseln gelten, die eine Pauschalabgeltung für Reisezeiten vorsehen.[376]

190 Bei Arbeitsverhältnissen bemisst sich die Lohn-/Gehaltshöhe bei beiderseitiger Tarifbindung nach dem jeweils einschlägigen **Tarifvertrag** (§ 4 Abs. 1 Satz 1 TVG). Sieht der Arbeitsvertrag eine höhere Vergütung vor als der Tarifvertrag, gilt die arbeitsvertragliche Vereinbarung (vgl. § 4 Abs. 3 TVG). In Betracht kommt auch die bloß individualvertragliche Inbezugnahme eines Tarifvertrags. Ob eine Tariflohnerhöhung individualrechtlich auf eine übertarifliche Vergütung angerechnet werden kann, hängt von der zugrunde liegenden Vergütungsabrede ab. Die Anrechnung ist grundsätzlich möglich, sofern dem Arbeitnehmer nicht vertraglich ein selbstständiger Entgeltbestandteil neben dem jeweiligen Tarifentgelt zugesagt worden ist.[377]

191 Fehlt eine Vereinbarung über die Höhe der Vergütung, findet § 612 Abs. 2 BGB Anwendung.

192 Der vereinbarte Lohn, auf den der Arbeitnehmer Anspruch hat, ist im Zweifel der **Bruttolohn**.[378] Dies gilt selbst für illegale Beschäftigungsverhältnisse, bei denen Steuern und Sozialversicherungsbeiträge nicht gezahlt worden sind und für die daher gemäß § 14 Abs. 2 Satz 2 SGB IV – aus sozialversicherungsrechtlicher Sicht – ein Nettoarbeitsentgelt als vereinbart gilt.[379] Auch Verzugszinsen kann der Arbeitnehmer aus dem Bruttobetrag geltend machen.[380] Die Vertragsparteien können indes auch ausdrücklich eine **Nettolohnvereinbarung** treffen. Bei einer solchen Vereinbarung gehen die gesetzlichen Abgaben und Beiträge – grundsätzlich unabhängig von ihrer Höhe – zu Lasten des Arbeitgebers.[381]

---

[373] Vgl. hierzu: BAG v. 22.04.2009 - 5 AZR 436/08 - juris Rn. 9, 17 - DB 2009, 1599-1601; BAG v. 26.04.2006 - 5 AZR 549/05 - juris Rn. 16 - BAGE 118, 66-75; BAG v. 24.03.2004 - 5 AZR 303/03 - juris Rn. 35 - BAGE 110, 79-89; BAG v. 23.05.2001 - 5 AZR 527/99 - juris Rn. 15 - AR-Blattei ES 1150 Nr. 3; LArbG Bremen v. 17.06.2008 - 1 Sa 29/08 - juris Rn. 81 - LAGE § 138 BGB 2002 Nr. 1; LArbG Berlin-Brandenburg v. 28.02.2007 - 15 Sa 1363/06 - juris Rn. 15 - Streit 2007, 168-169.

[374] BAG v. 05.08.2009 - 10 AZR 634/08 - juris Rn. 15 - ZTR 2009, 646-649.

[375] BAG v. 17.08.2011 - 5 AZR 406/10 - juris Rn. 12. - DB 2011, 2550-2551; BAG v. 01.09.2010 - 5 AZR 517/09 - juris Rn. 15 - DB 2011, 61-62; BAG v. 05.08.2009 - 10 AZR 483/08 - juris Rn. 14 - NZA 2009, 1105-1107.

[376] BAG v. 20.04.2011 - 5 AZR 200/10 - juris Rn. 21 - DB 2011, 1639-1640.

[377] BAG v. 23.09.2009 - 5 AZR 973/08 - juris Rn. 21 - EzA Nr. 50 zu § 4 TVG Tariflohnerhöhung m.w.N.; BAG v. 23.09.2009 - 5 AZR 941/08 - juris Rn. 18 - nv m.w.N.

[378] BAG v. 07.03.2001 - GS 1/00 - juris Rn. 13 - NJW 2001, 3570-3575. Vgl. auch BAG v. 17.03.2010 - 5 AZR 301/09 - juris Rn. 12 - BAGE 133, 332-336 (zur sog. Schwarzgeldabrede).

[379] BAG v. 21.09.2011 - 5 AZR 629/10 - juris Rn. 23 - NZA 2012, 145-148.

[380] BAG v. 07.03.2001 - GS 1/00 - juris Rn. 9 - NJW 2001, 3570-3575.

[381] BAG v. 26.08.2009 - 5 AZR 616/08 - juris Rn. 17 - USK 2009-71.

Die Nettolohnvereinbarung kann dabei ggf. auch dahin auszulegen sein, dass Beiträge zu einer freiwilligen Kranken- und Pflegeversicherung ebenfalls zu Lasten des Arbeitgebers gehen sollen.[382]

Der Arbeitgeber kann dem Arbeitnehmer auf seinen Vergütungsanspruch einen **Vorschuss** gewähren. Ein Vorschuss führt zu einer vorweggenommenen Vergütungstilgung. Den gewährten Vorschuss darf der Arbeitgeber später ohne Rücksicht auf die Pfändungsgrenzen im Wege der Verrechnung von der verdienten Vergütung in Abzug bringen; es bedarf hierzu keiner Aufrechnungserklärung gemäß § 388 BGB.[383] Entsteht die Forderung nicht oder nicht zeitgerecht, ist der Vorschussnehmer verpflichtet, dem Vorschussgeber den erhaltenen Vorschuss zurückzugewähren. 193

b. Formen der Vergütung

Die Vergütung eines Arbeitnehmers ist **in Euro zu berechnen und auszuzahlen** (§ 107 Abs. 1 GewO). Nicht erforderlich ist, dass das Geld in bar ausbezahlt wird; vielmehr kann die Zahlung auch im Wege einer Banküberweisung oder durch die Hingabe eines Schecks erfolgen. Die Pflicht zur Zahlung der Vergütung wird hierbei allerdings erst mit der Verrechnung auf dem Konto erfüllt. 194

Der Arbeitgeber darf dem Arbeitnehmer nach Vereinbarung Waren in Anrechnung auf das Arbeitsentgelt überlassen, wenn die Anrechnung zu den durchschnittlichen Selbstkosten erfolgt (§ 107 Abs. 2 Satz 3 GewO). Arbeitgeber und Arbeitnehmer können Sachbezüge auch unmittelbar als Teil des Arbeitsentgelts vereinbaren, wenn dies dem Interesse des Arbeitnehmers oder der Eigenart des Arbeitsverhältnisses entspricht (§ 107 Abs. 2 Satz 1 GewO). Unter diese sog. **Naturalvergütung** sind etwa die Gewährung von Waren oder von Kost sowie das Überlassen eines Fahrzeugs zur privaten Nutzung[384] zu fassen. Auch die Überlassung einer Wohnung an den Dienstverpflichteten ohne besonderes Entgelt unterfällt der Naturalvergütung. Sofern die Überlassung der Wohnung demgegenüber gegen die Entrichtung eines Mietzinses erfolgt, handelt es sich um eine Werkmietwohnung im Sinne des § 576 BGB. Der Wert der vereinbarten Sachbezüge oder die Anrechnung der überlassenen Waren auf das Arbeitsentgelt darf die Höhe des pfändbaren Teils des Arbeitsentgelts nicht übersteigen (§ 107 Abs. 2 Satz 5 GewO). Wird dem Arbeitgeber die Erbringung der Naturalvergütung unmöglich, hat er den Arbeitnehmer in Geld zu entschädigen.[385] 195

In Bezug auf die **Berechnung der Vergütung** sind vielfältige Ausgestaltungsformen denkbar. Im Arbeitsverhältnis besteht die Grundform der Vergütung in einem monatlich zu gewährenden fixen Lohn bzw. Gehalt. Diese sog. **Zeitvergütung** ist ebenso bei freien Dienstverträgen möglich, bei denen die Vergütung indes in der Regel nicht je Monat, sondern je Arbeitsstunde berechnet wird. Bei freien Dienstverträgen kann allerdings auch ein **Festpreis** für die Gesamtleistung vereinbart werden. In bestimmten Fällen (so etwa häufig bei Rechtsanwälten) ergibt sich die Höhe der Vergütung aus der Anwendung einer **Gebührenordnung**. 196

Wird für ein Arbeitsverhältnis ein **Arbeitszeitkonto** geführt, kann der Arbeitnehmer aus § 611 Abs. 1 BGB einen Anspruch auf korrekte Führung des Arbeitszeitkontos haben, wenn dieses nach der zugrunde liegenden Abrede der Vertragsparteien den Vergütungsanspruch verbindlich bestimmt. Denn ein Arbeitszeitkonto gibt den Umfang der vom Arbeitnehmer geleisteten Arbeit wieder und drückt damit nur in anderer Form seinen Vergütungsanspruch aus.[386] Eine **Gutschrift von Arbeitsstunden** setzt damit voraus, dass die gutzuschreibenden Stunden nicht vergütet wurden oder die dafür geleistete Vergütung vom Arbeitgeber wegen eines Entgeltfortzahlungstatbestands auch ohne tatsächliche Arbeitsleistung 197

---

[382] BAG v. 26.08.2009 - 5 AZR 616/08 - juris Rn. 17 - USK 2009-71.
[383] BAG v. 25.09.2002 - 10 AZR 7/02 - juris Rn. 31 - BB 2003, 261-263.
[384] Vgl. BAG v. 05.09.2002 - 8 AZR 702/01 - juris Rn. 38 - NZA 2003, 973-976; vgl. BAG v. 16.11.1995 - 8 AZR 240/95 - juris Rn. 23 - NJW 1996, 1771-1773.
[385] BAG v. 02.12.1999 - 8 AZR 849/98 - juris Rn. 19 - nv; vgl. BAG v. 27.05.1999 - 8 AZR 415/98 - juris Rn. 13 - NZA 1999, 1038-1039; vgl. BAG v. 16.11.1995 - 8 AZR 240/95 - juris Rn. 25 - NJW 1996, 1771-1773.
[386] BAG v. 17.11.2011 - 5 AZR 681/09 - juris Rn. 17 - nv; BAG v. 10.11.2010 - 5 AZR 766/09 - juris Rn. 16 - DB 2011, 306-307.

§ 611

hätte erbracht werden müssen[387]. Demgegenüber setzt die arbeitgeberseitige **Belastung eines Arbeitszeitkontos mit Minusstunden** voraus, dass der Arbeitgeber diese Stunden im Rahmen einer verstetigten Vergütung entlohnt hat und der Arbeitnehmer zur Nachleistung verpflichtet ist, weil er die in Minusstunden ausgedrückte Arbeitszeit vorschussweise vergütet erhalten hat. Dies ist insbesondere der Fall, wenn der Arbeitnehmer allein darüber entscheiden kann, ob eine Zeitschuld entsteht und er damit einen Vorschuss erhält.[388] Die vorbehaltlose Mitteilung eines Arbeitgebers an den Arbeitnehmer über den Stand des für ihn geführten Arbeitszeitkontos stellt dessen Saldo zudem ebenso streitlos wie eine Lohn- oder Gehaltsmitteilung die darin ausgewiesene Geldforderung. Dem steht nicht entgegen, dass Buchungen und Gutschriften auf einem Arbeitszeitkonto kein Anerkenntnis im Rechtssinne, d.h. keine rechtsgeschäftliche Erklärung, sondern lediglich Wissenserklärungen darstellen.[389]

198 Bei einer **Akkordvergütung** wird die Entlohnung nicht an die Arbeitszeit, sondern an die vom Arbeitnehmer geleistete Arbeitsmenge geknüpft.[390] Für die Einführung der Akkordvergütung ist eine besondere Vereinbarung (Tarifvertrag, Betriebsvereinbarung oder Arbeitsvertrag) erforderlich. Der Betriebsrat hat ein Mitbestimmungsrecht gemäß § 87 Abs. 1 Nr. 11 BetrVG im Hinblick auf die Akkordsätze. Ausgeschlossen ist die Einführung der Akkordvergütung grundsätzlich bei Schwangeren (§ 4 Abs. 3 Satz 1 Nr. 1 MuSchG) und Jugendlichen (§ 23 Abs. 1 JArbSchG). Entsprechendes gilt bei Fahrpersonal (§ 3 FPersG), wenn die Form der Vergütung geeignet ist, die Sicherheit im Straßenverkehr zu gefährden.

199 Der **Prämienlohn** soll die besondere Leistungshergabe des Arbeitnehmers vergüten. Er kann an alle betriebswirtschaftlich relevanten Bezugsgrößen geknüpft werden, z.B. an die Arbeitsmenge, die Arbeitsgüte oder die Ersparnis von Energie bzw. Rohstoffen.[391] Prämienlohnsysteme können durch Tarifvertrag, Betriebsvereinbarung oder Arbeitsvertrag vereinbart werden. Sofern die Prämien an die Arbeitsmenge anknüpfen, ergeben sich (wie bei der Akkordvergütung, vgl. Rn. 198) Beschränkungen der Zulässigkeit bei Schwangeren, Jugendlichen und bei Fahrpersonal. Auch die Prämiensätze unterliegen der Mitbestimmung des Betriebsrats (§ 87 Abs. 1 Nr. 11 BetrVG).

200 Bei der **Provision** handelt es sich um eine Beteiligung an dem Wert solcher Geschäfte, die durch den Provisionsberechtigten zustande gekommen sind (Vermittlungsprovision) oder die mit Kunden eines bestimmten Bezirks (Bezirksprovision) oder einem dem Provisionsberechtigten vorbehaltenen Kundenstamm abgeschlossen werden. Die Provision wird zumeist in Prozenten des Geschäftswerts ausgedrückt. Sie ist die typische Vergütung eines Handelsvertreters (vgl. § 87 HGB). Neben der Provision kann einem Handelsvertreter auch ein Festbetrag (Gehalt, Spesenzuschuss) zugesagt werden. Auch mit einem Handlungsgehilfen kann eine Provisionsvereinbarung geschlossen werden (vgl. § 65 HGB). Die ausschließliche Vergütung eines Handlungsgehilfen auf Provisionsbasis kann indes ggf. sittenwidrig sein.[392] Ist dem Handlungsgehilfen eine Provision zugesagt, so gelten die §§ 87 Abs. 1 und Abs. 3, 87a-87c HGB. Ein Ausgleichsanspruch gemäß § 89b HGB steht dem Handlungsgehilfen nicht zu. Für die übrigen Arbeitnehmer, denen eine Provision zugesagt worden ist, fehlt eine gesetzliche Regelung. Es bestehen jedoch keine rechtlichen Bedenken, die für Handlungsgehilfen geltenden Vorschriften und Grundsätze entsprechend anzuwenden.[393]

201 Arbeitnehmer die auf Provisionsbasis arbeiten, benötigen für die Ausübung ihrer Tätigkeit häufig Materialien des Arbeitgebers (etwa Adressmaterial). Die Art und Weise, wie der Arbeitgeber die Zuweisung von Arbeitsmaterial konkretisiert und damit Verdienstchancen eröffnet, unterliegt einer Überprü-

---

[387] BAG v. 17.11.2011 - 5 AZR 681/09 - juris Rn. 17 - nv; BAG v. 10.11.2010 - 5 AZR 766/09 - juris Rn. 16 - DB 2011, 306-307.
[388] BAG v. 26.01.2011 - 5 AZR 819/09 - juris Rn. 13 - DB 2011, 1227-1228.
[389] BAG v. 28.07.2011 - 5 AZR 521/09 - juris Rn. 19 - DB 2010, 2284.
[390] Ausführlich zur Akkordvergütung: *Gaul*, BB 1990, 1549-1556.
[391] *Müller-Glöge* in: MünchKomm-BGB, § 611 Rn. 736.
[392] LArbG Berlin v. 03.11.1986 - 9 Sa 65/86 - juris Rn. 57 - LAGE § 138 BGB Nr. 1.
[393] *Trinkhaus*, DB 1967, 859-864, 860.

fung auf die Einhaltung billigen Ermessens im Sinne des § 315 Abs. 1 BGB.[394] Eine Verdienstminderung des Arbeitnehmers von ca. 20% kann dafür sprechen, dass der Arbeitgeber bei seiner Leistungsbestimmung in Form der Zur-Verfügung-Stellung von Adressmaterial die Interessen des Arbeitnehmers nicht angemessen berücksichtigt hat.[395]

Mittels einer **Gewinnbeteiligung** kann der Dienstberechtigte die Beschäftigten am Erfolg des Unternehmens insgesamt partizipieren lassen. Der Dienstberechtigte kann die Bezugsbedingungen dabei grundsätzlich selbst festsetzen. In Ermangelung anderweitiger Bestimmungen wird die Gewinnbeteiligung im Regelfall in Prozenten des Jahresgewinns auf Grundlage der Handelsbilanz berechnet.[396] Knüpft die Erfolgsbeteiligung einer Aktiengesellschaft hingegen an die „Dividende" an, bemisst sich diese nicht unmittelbar nach dem Gewinn der Gesellschaft, sondern nach dem, was die Hauptversammlung als Dividende für die Aktionäre beschließt.[397]

202

Die Gewinnbeteiligungsvereinbarung schließt die Nebenverpflichtung (§§ 157, 242 BGB) des Dienstberechtigten ein, dem Anspruchsberechtigten die erforderliche Auskunft über Bestehen und Umfang seines Rechtes zu erteilen.

203

Der Anspruch auf die Gewinnbeteiligung wird fällig, sobald die Bilanz festgestellt ist oder bei ordnungsgemäßem Geschäftsgang hätte festgestellt werden können.[398] Scheidet ein Angestellter im Laufe eines Geschäftsjahres aus, so ist bei Fehlen entsprechender Vereinbarungen regelmäßig keine Zwischenbilanz aufzustellen.[399] Vielmehr ist auch in diesem Fall die Jahresbilanz maßgebend; der Anspruch auf die Gewinnbeteiligung ist indes ratierlich um den Zeitraum zu kürzen, in dem der Arbeitnehmer in dem betreffenden Geschäftsjahr nicht mehr für das Unternehmen tätig war.[400]

204

c. Sonderzahlungen

Sonderzahlungen sind Vergütungsleistungen, die ohne oder aus besonderem Anlass zusätzlich zu der sonstigen Vergütung erbracht werden. Sonderzahlungen können auf vertraglicher Grundlage (Tarifvertrag, Betriebsvereinbarung, Arbeitsvertrag) oder freiwillig erfolgen. Die wiederholte Gewährung freiwilliger Sonderzahlungen kann eine betriebliche Übung (vgl. Rn. 83) entstehen lassen.

205

Allein die Bezeichnung einer Sonderzahlung als „freiwillige" Leistung lässt noch nicht den Schluss zu, die Zusage erfolge ohne Rechtsbindungswillen oder sei bis zur Auszahlung frei widerruflich und damit auch entsprechend modifizierbar.[401] Eine solche Bezeichnung bringt für die Arbeitnehmer nicht unmissverständlich zum Ausdruck, dass sich der Arbeitgeber eine grundsätzlich freie Lösung von der gegebenen Zusage vorbehält, sondern kann auch so verstanden werden, dass sich der Arbeitgeber zur Erbringung der Leistung verpflichtet, ohne dazu durch Tarifvertrag, Betriebsvereinbarung oder Gesetz gezwungen zu sein.[402] Der Arbeitgeber muss gegenüber den Arbeitnehmern unmissverständlich deutlich machen, wenn er keine rechtliche Bindungen eingehen oder sich den Widerruf einer zugesagten Sozialleistung vorbehalten will. **Freiwilligkeitsvorbehalte**, die sich nicht in dem bloßen Hinweis erschöpfen, dass sich der Arbeitgeber „freiwillig" zur Erbringung einer Sonderzahlung verpflichtet, sondern die einen Anspruch des Arbeitnehmers auf die Sonderzahlung auch bei wiederholter Zahlung

206

---

[394] BAG v. 07.08.2002 - 10 AZR 282/01 - juris Rn. 43 - EzA-SD 2002, Nr. 23, 5-7.
[395] BAG v. 07.08.2002 - 10 AZR 282/01 - juris Rn. 44 - EzA-SD 2002, Nr. 23, 5-7.
[396] *Müller-Glöge* in: MünchKomm-BGB, § 611 Rn. 763.
[397] Vgl. BAG v. 12.02.2003 - 10 AZR 392/02 - juris Rn. 32 - ZIP 2003, 1363-1365.
[398] *Müller-Glöge* in: MünchKomm-BGB, § 611 Rn. 766.
[399] BAG v. 03.06.1958 - 2 AZR 406/55 - juris Rn. 21 - BAGE 5, 317; vgl. LArbG Halle/Saale v. 06.05.2003 - 11 Sa 560/02 - juris Rn. 31 - Bibliothek BAG.
[400] BAG v. 03.06.1958 - 2 AZR 406/55 - juris Rn. 21 - BAGE 5, 317.
[401] Vgl. BAG v. 08.12.2010 - 10 AZR 671/09 - juris Rn. 19 - DB 2011, 1279-1280; BAG v. 04.06.2008 - 4 AZR 421/07 - juris Rn. 31 - NZA 2008, 1360-1361; BAG v. 22.01.2003 - 10 AZR 395/02 - juris Rn. 46 - ZIP 2003, 1858-1860; vgl. BAG v. 23.10.2002 - 10 AZR 48/02 - juris Rn. 41 - NJW 2003, 2043-2044.
[402] BAG v. 30.07.2008 - 10 AZR 606/07 - juris Rn. 39 - DB 2008, 2194-2200; BAG v. 22.01.2003 - 10 AZR 395/02 - juris Rn. 46 - ZIP 2003, 1858-1860; vgl. BAG v. 23.10.2002 - 10 AZR 48/02 - juris Rn. 41 - NJW 2003, 2043-2044.

nicht entstehen lassen, sieht das Bundesarbeitsgericht[403] dabei auch in Allgemeinen Geschäftsbedingungen grundsätzlich als zulässig an. Wird allerdings in einem vorformulierten Arbeitsvertrag eine laufende Leistung (z.B. eine monatlich zahlbare Zulage) unter Ausschluss jeden Rechtsanspruchs zugesagt, kann dies unwirksam sein.[404] Ebenfalls unwirksam sind vorformulierte Vertragsbedingungen, die Leistungen des Arbeitgebers in Voraussetzungen und Höhe bereits präzise formulieren, diese dann aber zugleich oder in einer anderen Vertragsklausel wiederum unter Freiwilligkeitsvorbehalt stellen; derartige Klauseln sind gemäß § 307 Abs. 1 BGB wegen Widersprüchlichkeit unwirksam.[405] Entsprechendes gilt für Klauseln, in denen eine Leistung zugleich unter Freiwilligkeits- und Widerrufsvorbehalt gestellt wird.[406] Darüber hinaus enthebt auch die Freiwilligkeit einer Leistung unter Verwendung eines wirksamen Freiwilligkeitsvorbehalts nicht von der Beachtung des arbeitsrechtlichen Gleichbehandlungsgrundsatzes.[407] Zu den rechtlichen Beschränkungen für Widerrufsvorbehalte vgl. Rn. 234.

207 Dem Arbeitgeber ist es gestattet, bei freiwilligen Sonderzahlungen auch solche Zeiten ohne Arbeitsleistung anspruchsmindernd oder anspruchsausschließend zu berücksichtigen, für die ein gesetzlicher Anspruch auf Fortzahlung des Arbeitsentgelts besteht; freiwillige Sonderzahlungen haben zwar regelmäßig auch Entgeltcharakter, sie sind jedoch kein Arbeitsentgelt, welches kraft Gesetzes für Zeiten der **Arbeitsunfähigkeit** fortgezahlt werden muss.[408] Die Grenzen einer Differenzierung sind aus § 4a Satz 2 EntgFG abzuleiten. Eine Differenzierung ist in diesen Grenzen auch bei einer vergangenheitsbezogenen Regelung sachlich gerechtfertigt und zulässig.[409] Einer vorherigen Vereinbarung bedarf es nicht, weil auch die (freiwillige) Sonderzahlung nicht vereinbart ist und deshalb ein Anspruch der Arbeitnehmer bis zu einer Zusage oder der Zahlung ohnehin nicht besteht.

208 Ist die Sonderzahlung in das im Austauschverhältnis stehende Vergütungsgefüge eingebaut und hat sie ausschließlich die Entlohnung erbrachter Arbeitsleistungen zum Gegenstand (**Entgelt im engeren Sinne**), kann sie regelmäßig nicht an weitere rechtliche und tatsächliche Voraussetzungen als die Arbeitsleistung geknüpft werden.[410] Bei Sonderzahlungen mit Mischcharakter (**Entgelt im weiteren Sinne**), die dann vorliegen, wenn die Zahlungen sowohl Entgelt für erbrachte Arbeitsleistung als auch eine Belohnung für die in der Vergangenheit erwiesene und/oder die zukünftige Betriebstreue darstellen, ist es hingegen rechtlich möglich, daneben weitere anspruchsbegründende Voraussetzungen zu regeln.[411]

209 Insbesondere ist es dem Arbeitgeber gestattet, den Anspruch auf eine Bonuszahlung an das Bestehen des Arbeitsverhältnisses im Geschäftsjahr zu knüpfen. Hierdurch wird der am Bonussystem teilnehmende Arbeitnehmer nicht unangemessen benachteiligt im Sinne von § 307 Abs. 1 Satz 1 BGB.[412] Anderes gilt jedoch, wenn der Anspruch auf eine Bonuszahlung davon abhängig gemacht wird, dass das Arbeitsverhältnis zu einem Auszahlungstag außerhalb des Bezugszeitraums vom Arbeitnehmer nicht gekündigt wird. Eine solche Regelung ist mit der höherrangigen Freiheit der Arbeitsplatzwahl

---

[403] BAG v. 20.01.2010 - 10 AZR 914/08 - juris Rn. 14 - NZA 2010, 445-446; BAG v. 21.01.2009 - 10 AZR 221/08 - juris Rn. 13-15 - nv; BAG v. 21.01.2009 - 10 AZR 219/08 - juris Rn. 13-15 - DB 2009, 907-909; BAG v. 30.07.2008 - 10 AZR 606/07 - juris Rn. 12 - DB 2008, 2194-2200.

[404] BAG v. 25.04.2007 - 5 AZR 627/06 - juris Rn. 15 - NZA 2007, 853-855.

[405] BAG v. 10.12.2008 - 10 AZR 35/08 - juris Rn. 11 - NZA 2009, 258-260; BAG v. 10.12.2008 - 10 AZR 2/08 - juris Rn. 13-16 - AP Nr. 38 zu § 307 BGB; BAG v. 10.12.2008 - 10 AZR 1/08 - juris Rn. 13-16 - NZA 2009, 576-578; BAG v. 30.07.2008 - 10 AZR 606/07 - juris Rn. 39 - DB 2008, 2194-2200.

[406] Vgl. BAG v. 08.12.2010 - 10 AZR 671/09 - juris Rn. 20 - DB 2011, 1279-1280.

[407] BAG v. 05.08.2009 - 10 AZR 666/08 - juris Rn. 10 - NZA 2009, 1135-1136; BAG v. 10.12.2008 - 10 AZR 35/08 - juris Rn. 13 - NZA 2009, 258-260; BAG v. 10.12.2008 - 10 AZR 15/08 - juris Rn. 9 - DB 2009, 514-515.

[408] BAG v. 07.08.2002 - 10 AZR 709/01 - juris Rn. 20 - BB 2002, 2552-2554.

[409] BAG v. 07.08.2002 - 10 AZR 709/01 - juris Rn. 23 - BB 2002, 2552-2554.

[410] BAG v. 10.01.1991 - 6 AZR 205/89 - juris Rn. 19 - BB 1991, 1045-1047.

[411] BAG v. 28.03.2007 - 10 AZR 261/06 - juris Rn. 18 - NZA 2007, 687-690; BAG v. 10.01.1991 - 6 AZR 205/89 - juris Rn. 19 - BB 1991, 1045-1047.

[412] BAG v. 06.05.2009 - 10 AZR 443/08 - juris Rn. 12 - DB 2009, 1601-1602.

gemäß Art. 12 Abs. 1 GG nicht vereinbar und daher unwirksam.[413] Soll darüber hinaus gehend das Bestehen eines ungekündigten Arbeitsverhältnisses zur Voraussetzung gemacht werden, muss zugleich danach differenziert werden, von welchem Vertragspartner die Kündigung ausgeht und in wessen Verantwortungsbereich diese liegt. Andernfalls liegt eine unangemessene Benachteiligung vor.[414]

Ob eine Zahlung als reines Entgelt oder als Sonderzahlung mit Mischcharakter einzuordnen ist, ergibt sich aus dem Zweck und dem Motiv der Zahlung.[415] Die Zweckbestimmung einer Zahlung ergibt sich vorrangig aus den tatsächlichen und rechtlichen Voraussetzungen, von deren Vorliegen und Erfüllung die Leistung abhängig gemacht wird.[416] So handelt es sich bei einer Prämie für besondere Leistungen (etwa unfallfreies Fahren) um Entgelt im engeren Sinne, wenn diese allein die Leistung des Arbeitnehmers in einem zurückliegenden Zeitraum honoriert.[417] Wird eine solche Prämie indes an weitere Voraussetzungen (wie etwa das Bestehen des Arbeitsverhältnisses zu einem bestimmten Zeitpunkt) geknüpft, liegt eine Sonderzahlung mit Mischcharakter vor.[418] Die Bezeichnung ist nicht maßgeblich.[419] Bei einer als „Weihnachtsgeld" bezeichneten Leistung ist daher nicht notwendig zu folgern, dass der Fortbestand des Arbeitsverhältnisses am Jahresende Voraussetzung des Anspruchs ist; vielmehr kann dem Arbeitnehmer im Falle eines unterjährigen Ausscheidens ein ratierlicher Anspruch auf die Sonderzahlung zukommen.[420] **210**

Häufig werden bei Sonderzahlungen **Rückzahlungsklauseln** vereinbart, die den Arbeitnehmer zur Rückzahlung der Sondervergütung verpflichten, wenn er vor einem bestimmten Stichtag aus dem Unternehmen ausscheidet. **211**

Derartige Rückzahlungsklauseln sind dem Bundesarbeitsgericht[421] zufolge selbst dann zulässig, wenn der Grund für die Beendigung des Arbeitsverhältnisses vor Ablauf der Bindungsfrist nicht in der Sphäre des Arbeitnehmers liegt. Sie gelten daher etwa grundsätzlich auch bei einer betriebsbedingten Kündigung des Arbeitgebers.[422] **212**

Rückzahlungsklauseln dürfen einen Arbeitnehmer indes nicht in unzulässiger Weise in seiner Berufsfreiheit (Art. 12 Abs. 1 GG) behindern. Sie unterliegen insoweit einer Inhaltskontrolle durch die Arbeitsgerichte.[423] Insbesondere dürfen derartige Klauseln hiernach **nicht für eine unangemessen lange Zeit** vereinbart werden. Die potentielle Pflicht zur Rückzahlung muss für den Arbeitnehmer zumutbar und überschaubar sein. Das Bundesarbeitsgericht hat diesbezüglich folgende **Grundsätze** aufgestellt: **213**

- Kleine Sonderzahlungen dürfen überhaupt nicht mit einer Rückzahlungsklausel verbunden werden.[424] Das Bundesarbeitsgericht sieht dabei eine Zahlung in Höhe von 100 € noch als eine solche kleine Sonderzahlung an.[425]
- Bei Sonderzahlungen zum Jahresende, die diesen Betrag überschreiten, die Höhe eines Monatsverdienstes aber nicht erreichen, kann eine Bindung des Arbeitnehmers nur bis zum 31.03. des folgenden Jahres erfolgen.[426]

---

[413] BAG v. 12.04.2011 - 1 AZR 412/09 - juris Rn. 29 - NZA 2011, 989-992.
[414] BAG v. 06.05.2009 - 10 AZR 443/08 - juris Rn. 10 - DB 2009, 1601-1602.
[415] BAG v. 10.01.1991 - 6 AZR 205/89 - juris Rn. 20 - BB 1991, 1045-1047.
[416] BAG v. 21.05.2003 - 10 AZR 408/02 - juris Rn. 24 - EzA-SD 2003, Nr. 16, 5-6.
[417] Vgl. BAG v. 10.01.1991 - 6 AZR 205/89 - juris Rn. 21 - BB 1991, 1045-1047.
[418] Vgl. BAG v. 10.01.1991 - 6 AZR 205/89 - juris Rn. 22 - BB 1991, 1045-1047.
[419] BAG v. 21.05.2003 - 10 AZR 408/02 - juris Rn. 24 - EzA-SD 2003, Nr. 16, 5-6.
[420] Vgl. BAG v. 21.05.2003 - 10 AZR 408/02 - juris Rn. 22 - EzA-SD 2003, Nr. 16, 5-6.
[421] BAG v. 28.03.2007 - 10 AZR 261/06 - juris Rn. 18 - NZA 2007, 687-690.
[422] BAG v. 28.03.2007 - 10 AZR 261/06 - juris Rn. 18 - NZA 2007, 687-690.
[423] BAG v. 28.03.2007 - 10 AZR 261/06 - juris Rn. 25 - NZA 2007, 687-690. Vgl. auch BAG v. 12.04.2011 - 1 AZR 412/09 - juris Rn. 29 - NZA 2011, 989-992.
[424] Vgl. BAG v. 17.03.1982 - 5 AZR 1250/79 - juris Rn. 15 - NJW 1983, 67-68.
[425] Vgl. BAG v. 21.05.2003 - 10 AZR 390/02 - juris Rn. 25 - BB 2003, 1958-1959; vgl. BAG v. 09.06.1993 - 10 AZR 529/92 - juris Rn. 21 - NJW 1993, 3345; BAG v. 17.03.1982 - 5 AZR 1250/79 - juris Rn. 15 - NJW 1983, 67-68.
[426] BAG v. 25.04.2007 - 10 AZR 634/06 - juris Rn. 25 - NJW 2007, 2279-2281; BAG v. 21.05.2003 - 10 AZR 390/02 - juris Rn. 25 - BB 2003, 1958-1959; BAG v. 09.06.1993 - 10 AZR 529/92 - juris Rn. 21 - NJW 1993, 3345.

- Bei einem Betrag, der gleich oder höher als ein Monatsverdienst, aber geringer als ein zweifacher Monatsverdienst ist, kann – im Falle einer Quartalskündigungsfrist – eine Bindung bis zum 30.06. des Folgejahres, jedoch nicht über diesen Zeitpunkt hinaus erfolgen.[427] Sofern dem Arbeitnehmer eine Kündigung zum Monatsende möglich ist, kann er indes nur bis zum 30.04. des Folgejahres gebunden werden.[428]
- Bei einem Betrag von zwei Monatsgehältern kann eine längere Bindung jedenfalls dann zulässig sein, wenn die Rückzahlungsverpflichtung gestaffelt ist.[429]

214 Für die Frage, ob die Gratifikation ein Monatsgehalt erreicht oder überschreitet, ist auf das vertraglich geschuldete Monatsgehalt zum Zeitpunkt der Auszahlung abzustellen.[430]

215 Die vorbezeichneten zeitlichen Grenzen (31.03., 30.04., 30.06.) gelten auch dann, wenn die Sonderzahlung bereits im November zur Auszahlung kommt.[431]

216 Gewährt der Arbeitgeber dem Arbeitnehmer Sonderzahlungen in **Teilbeträgen**, gilt Folgendes: Für die Beurteilung der zulässigen Bindung ist nicht auf die zugesagte Gesamtsumme und den Auszahlungszeitpunkt des letzten Teilbetrags abzustellen, sondern auf die Höhe und die Fälligkeitszeitpunkte der einzelnen Teilleistungen; diese können nicht wie eine einheitliche Leistung behandelt werden.[432] Dies gilt auch dann, wenn die Aufteilung der Sonderzahlung in Teilleistungen – etwa aus steuerlichen Gründen – auch im Interesse des Arbeitnehmers liegt.[433] Für die Frage, ob die jeweilige (Teil-)Sonderzahlung ein Monatsgehalt erreicht oder überschreitet, ist auf das vertraglich geschuldete Monatsgehalt zum Zeitpunkt der jeweiligen Auszahlung abzustellen.[434]

217 Eine Sonderzahlung mit Rückzahlungsklausel ist nicht als ein Gehaltsvorschuss anzusehen, wenn der Anspruch auf die Zuwendung zunächst unbedingt entsteht.[435] Entfällt in einem solchen Fall durch das Ausscheiden des Arbeitnehmers auf eigenen Wunsch innerhalb der Bindungsfrist die Rechtsgrundlage für die Sonderzahlung, hat der Arbeitgeber – anders als bei der Verrechnung von Gehaltsvorschüssen (vgl. Rn. 193) – bei einer **Aufrechnung des Rückzahlungsanspruchs** mit dem Vergütungsanspruch des Arbeitnehmers die **Pfändungsgrenzen zu beachten**.[436]

d. Aus-/Fortbildungskosten

218 Aus- bzw. Fortbildungskosten, die der Arbeitgeber für einen Arbeitnehmer aufwendet, können als geldwerte Leistung des Arbeitgebers eine längerfristige, aber nicht unangemessen lange Bindung des Arbeitnehmers und die Vereinbarung einer **Rückzahlungsklausel** rechtfertigen.[437] An der grundsätzlichen Zulässigkeit derartiger Klauseln hat das Bundesarbeitsgericht[438] auch nach der Erweiterung der Anwendbarkeit der AGB-Kontrolle auf Arbeitsverträge ausdrücklich festgehalten. Die Rückzahlungsklausel muss dem Arbeitnehmer allerdings bei Abwägung aller Umstände zumutbar sein und, vom Standpunkt eines verständigen Betrachters aus, einem begründeten und zu billigenden Interesse des Arbeitgebers entsprechen.[439]

---

[427] BAG v. 27.10.1978 - 5 AZR 754/77 - juris Rn. 42 - BB 1979, 1350-1352.
[428] Vgl. BAG v. 28.04.2004 - 10 AZR 356/03 - juris Rn. 21 - NZA 2004, 924-925.
[429] Vgl. BAG v. 13.11.1969 - 5 AZR 232/69 - juris Rn. 12 - NJW 1970, 582.
[430] Vgl. BAG v. 28.04.2004 - 10 AZR 356/03 - juris Rn. 20 - NZA 2004, 924-925; BAG v. 21.05.2003 - 10 AZR 390/02 - juris Rn. 27 - BB 2003, 1958-1959.
[431] Vgl. BAG v. 21.05.2003 - 10 AZR 390/02 - juris Rn. 25 - BB 2003, 1958-1959.
[432] Vgl. BAG v. 21.05.2003 - 10 AZR 390/02 - juris Rn. 26 - BB 2003, 1958-1959.
[433] BAG v. 21.05.2003 - 10 AZR 390/02 - juris Rn. 39 - BB 2003, 1958-1959.
[434] BAG v. 21.05.2003 - 10 AZR 390/02 - juris Rn. 27 - BB 2003, 1958-1959.
[435] Vgl. BAG v. 25.09.2002 - 10 AZR 7/02 - juris Rn. 32 - BB 2003, 261-263.
[436] Vgl. BAG v. 25.09.2002 - 10 AZR 7/02 - juris Rn. 32 - BB 2003, 261-263. Vgl. zur Pfändbarkeit von Sonderzahlungen auch BAG v. 30.07.2008 - 10 AZR 459/07 - juris Rn. 22-25 - DB 2008, 2603-2604.
[437] Ausführlich zur Rückzahlung von Aus- und Fortbildungskosten *Hennige*, NZA-RR 2000, 617-625.
[438] BAG v. 11.04.2006 - 9 AZR 610/05 - juris Rn. 24 - NJW 2006, 3083-3086. Vgl. auch BGH v. 17.09.2009 - III ZR 207/08 - juris Rn. 19 - NJW 2010, 57-60.
[439] BAG v. 11.04.2006 - 9 AZR 610/05 - juris Rn. 24 - NJW 2006, 3083-3086; BAG v. 05.12.2002 - 6 AZR 216/01 - juris Rn. 40 - DB 2004, 141-142; BAG v. 16.03.1994 - 5 AZR 339/92 - juris Rn. 46 - DB 1994, 1726-1729.

Die Zulässigkeit einer Rückzahlungsklausel setzt zunächst voraus, dass die Bildungsmaßnahme dem Arbeitnehmer einen **geldwerten Vorteil** bringt.[440] Die Kostenbeteiligung ist dem Arbeitnehmer dabei umso eher zuzumuten, je größer der mit der Bildungsmaßnahme verbundene Vorteil für ihn ist.[441] Die Vereinbarung von Rückzahlungsklauseln kommt insbesondere dann in Betracht, wenn der Arbeitnehmer die erworbenen Kenntnisse und Fähigkeiten auch außerhalb des Betriebs seines Arbeitgebers verwerten kann.[442] So kann die Gegenleistung für die durch die Rückzahlungsklausel bewirkte Bindung im Erhalt einer Ausbildung liegen, die dem Arbeitnehmer auf dem allgemeinen Arbeitsmarkt berufliche Möglichkeiten eröffnet, die ihm zuvor verschlossen waren.[443] Eine Kostenbeteiligung des Arbeitnehmers scheidet hingegen in der Regel aus, wenn die Aus- oder Fortbildung nur innerbetrieblich von Nutzen ist oder es lediglich um die Auffrischung vorhandener Kenntnisse oder die Anpassung dieser Kenntnisse an vom Arbeitgeber veranlasste neuere betriebliche Gegebenheiten geht.[444] Der Arbeitnehmer erhält durch die Bildungsmaßnahme allerdings auch dann einen geldwerten Vorteil, der eine Bindung rechtfertigen kann, wenn dem Arbeitnehmer aufgrund dieser Maßnahme innerbetriebliche Möglichkeiten eröffnet werden, welche ihm zuvor verschlossen waren.[445] Entsprechendes gilt, wenn der Arbeitnehmer aufgrund der Bildungsmaßnahme bei seinem bisherigen Arbeitgeber die Voraussetzungen für eine höhere Vergütung – etwa die Voraussetzungen einer höheren Tarifgruppe[446] – erfüllt.[447]

219

Die **Darlegungs- und Beweislast** dafür, dass der Arbeitnehmer durch die Bildungsmaßnahme einen beruflichen Vorteil erlangt hat, liegt beim Arbeitgeber.[448] Ihm kommt allerdings dem Bundesarbeitsgericht[449] zufolge eine Beweiserleichterung zugute. Es genügt, wenn er Umstände darlegt und ggf. beweist, aus denen sich ergibt, dass im Zeitpunkt der Vereinbarung der Rückzahlungsklausel ein entsprechender beruflicher Vorteil für den Arbeitnehmer mit überwiegender Wahrscheinlichkeit erwartet werden konnte. Dem Arbeitnehmer obliegt es dann, Umstände darzulegen und ggf. zu beweisen, die dieses Wahrscheinlichkeitsurteil entkräften.

220

Bei der Interessenabwägung ist auch der die Rückzahlungspflicht auslösende Tatbestand zu berücksichtigen.[450] Es ist nicht zulässig, die Rückzahlungspflicht schlechthin an jedes Ausscheiden des Arbeitnehmers zu knüpfen, das innerhalb der in der Klausel vorgesehenen Bleibefrist stattfindet. Eine Rückzahlungsklausel stellt vielmehr nur dann eine ausgewogene Gesamtregelung dar, wenn es der Arbeitnehmer in der Hand hat, durch eigene Betriebstreue der Rückzahlungspflicht zu entgehen.[451] Die Rechtswirksamkeit einer Rückzahlungsklausel ist demzufolge in allen Fällen zu verneinen, in denen der Kündigungsgrund ausschließlich aus der Sphäre des Arbeitgebers stammt.[452] Nicht zumutbar ist dem Arbeitnehmer daher etwa die Rückzahlung von Aus- bzw. Fortbildungskosten im Falle

221

---

[440] BAG v. 15.09.2009 - 3 AZR 173/08 - juris Rn. 38 - NJW 2010, 550-554.
[441] BAG v. 21.11.2001 - 5 AZR 158/00 - juris Rn. 38 - BB 2002, 628-631. Vgl. auch BGH v. 17.09.2009 - III ZR 207/08 - juris Rn. 19-20 - NJW 2010, 57-60.
[442] BAG v. 21.11.2001 - 5 AZR 158/00 - juris Rn. 38 - BB 2002, 628-631.
[443] BAG v. 21.11.2001 - 5 AZR 158/00 - juris Rn. 38 - BB 2002, 628-631.
[444] BAG v. 21.11.2001 - 5 AZR 158/00 - juris Rn. 38 - BB 2002, 628-631.
[445] BAG v. 21.11.2001 - 5 AZR 158/00 - juris Rn. 38 - BB 2002, 628-631.
[446] BAG v. 21.11.2001 - 5 AZR 158/00 - juris Rn. 38 - BB 2002, 628-631.
[447] BAG v. 15.09.2009 - 3 AZR 173/08 - juris Rn. 38 - NJW 2010, 550-554.
[448] BAG v. 16.03.1994 - 5 AZR 339/92 - juris Rn. 70 - NZA 1994, 937-943.
[449] BAG v. 16.03.1994 - 5 AZR 339/92 - juris Rn. 79 - NZA 1994, 937-943.
[450] BAG v. 11.04.2006 - 9 AZR 610/05 - juris Rn. 27 - NJW 2006, 3083-3086. Vgl. auch BGH v. 17.09.2009 - III ZR 207/08 - juris Rn. 19 - NJW 2010, 57-60.
[451] BAG v. 11.04.2006 - 9 AZR 610/05 - juris Rn. 27 - NJW 2006, 3083-3086.
[452] BAG v. 11.04.2006 - 9 AZR 610/05 - juris Rn. 27 - NJW 2006, 3083-3086; vgl. BAG v. 24.06.2004 - 6 AZR 320/03 - juris Rn. 17 - EzA § 611 BGB 2002 Ausbildungsbeihilfe Nr. 7; BAG v. 06.05.1998 - 5 AZR 535/97 - juris Rn. 18 - NJW 1999, 443-444.

§ 611

einer **betriebsbedingten Kündigung** des Arbeitgebers.[453] Entsprechendes gilt für die Fälle einer Eigenkündigung des Arbeitgebers aufgrund eines Fehlverhaltens des Arbeitnehmers.[454]

222 Im Rahmen der Inhaltskontrolle nach § 307 BGB bei Formularvereinbarungen ist dem Bundesarbeitsgericht[455] zufolge – abweichend von der vorherigen Praxis – bei weit gefassten Rückzahlungsklauseln nicht mehr die Schutzwürdigkeit des Arbeitnehmers im konkreten Fall zu prüfen. Wirksamkeit und Anwendbarkeit einer Rückzahlungsklausel sind vielmehr allein anhand einer typisierenden Betrachtung zu bewerten. Zuvor hatte das Bundesarbeitsgericht[456] eine Schutzwürdigkeit des Arbeitnehmers etwa abgelehnt, wenn dieser selbst durch vertragswidriges Verhalten dem Arbeitgeber Anlass zu einer vorzeitigen Beendigung der arbeitsvertraglichen Beziehungen gegeben hat. Zulässig ist es aber nach wie vor, eine Rückzahlungspflicht für entsprechende Fallgestaltungen ausdrücklich vorzusehen. Eine aufgrund ihrer Unbeschränktheit unwirksame Klausel ist indes nicht auf diesen zulässigen Inhalt zu reduzieren.[457]

223 Selbst bei einer nach den vorstehenden Maßstäben grundsätzlich zulässigen Rückzahlungsklausel müssen **die Aus- bzw. Fortbildungs- und die Bindungsdauer in einem angemessenen Verhältnis** stehen.[458] Das Bundesarbeitsgericht hat hierzu folgende Grundsätze aufgestellt:

- Eine Fortbildung, die nicht länger als einen Monat dauert, rechtfertigt regelmäßig nur eine Bindung des Arbeitnehmers bis zu sechs Monaten.[459]
- Bei einer Dauer der Bildungsmaßnahme von bis zu zwei Monaten ohne Verpflichtung zur Arbeitsleistung kann im Regelfall höchstens eine einjährige Bindung vereinbart werden.[460] Etwas anderes kann nur bei Erwerb einer besonderen Qualifikation verbunden mit überdurchschnittlichen Vorteilen für den Arbeitnehmer oder einer besonderen Kostenintensität der Bildungsmaßnahme gelten.[461]
- Bei einer Dauer der Bildungsmaßnahme von drei bis (ausschließlich) sechs Monaten kann regelmäßig eine Bindung von bis zu zwei Jahren vereinbart werden.[462]
- Eine Aus-/Fortbildungsdauer von sechs Monaten bis zu einem Jahr ohne Arbeitsverpflichtung kann eine Bindung von bis zu drei Jahren, in der Regel aber nicht über diesen Zeitraum hinaus rechtfertigen.[463] Eine längere Bindungsdauer bei einer Dauer der Bildungsmaßnahme von bis zu einem Jahr kommt nur dann ausnahmsweise in Betracht, wenn durch die Teilnahme an der Bildungsmaßnahme eine besonders hohe Qualifikation verbunden mit überdurchschnittlichen Vorteilen für den Arbeitnehmer entsteht.[464]
- Eine Bindungsdauer von bis zu fünf Jahren kann gerechtfertigt sein, wenn dies der Dauer der Bildungsmaßnahme entspricht.[465]

---

[453] Vgl. BAG v. 11.04.2006 - 9 AZR 610/05 - juris Rn. 27 - NJW 2006, 3083-3086; BAG v. 06.05.1998 - 5 AZR 535/97 - juris Rn. 20 - NJW 1999, 443-444.
[454] Vgl. BAG v. 11.04.2006 - 9 AZR 610/05 - juris Rn. 27 - NJW 2006, 3083-3086.
[455] BAG v. 23.01.2007 - 9 AZR 482/06 - juris Rn. 27 - NZA 2007, 748-751; BAG v. 11.04.2006 - 9 AZR 610/05 - juris Rn. 28 - NJW 2006, 3083-3086.
[456] BAG v. 24.06.2004 - 6 AZR 320/03 - juris Rn. 18 - EzA § 611 BGB 2002 Ausbildungsbeihilfe Nr. 7.
[457] Vgl. BAG v. 11.04.2006 - 9 AZR 610/05 - juris Rn. 29 - NJW 2006, 3083-3086.
[458] BAG v. 21.11.2001 - 5 AZR 158/00 - juris Rn. 39 - BB 2002, 628-631.
[459] BAG v. 15.09.2009 - 3 AZR 173/08 - juris Rn. 38 - NJW 2010, 550-554; BAG v. 05.12.2002 - 6 AZR 539/01 - juris Rn. 17 - BAGE 104, 125-130.
[460] BAG v. 15.09.2009 - 3 AZR 173/08 - juris Rn. 38 - NJW 2010, 550-554; BAG v. 15.12.1993 - 5 AZR 279/93 - juris Rn. 42 - BB 1994, 433-434.
[461] BAG v. 15.12.1993 - 5 AZR 279/93 - juris Rn. 42 - BB 1994, 433-434.
[462] Vgl. BAG v. 06.09.1995 - 5 AZR 241/94 - juris Rn. 40 - NJW 1996, 1916-1918; vgl. BAG v. 30.11.1994 - 5 AZR 715/93 - juris Rn. 41 - BB 1995, 1191-1193.
[463] BAG v. 15.09.2009 - 3 AZR 173/08 - juris Rn. 38 - NJW 2010, 550-554; vgl. BAG v. 15.12.1993 - 5 AZR 279/93 - juris Rn. 40 - BB 1994, 433-434; BAG v. 11.04.1984 - 5 AZR 430/82 - juris Rn. 18 - BB 1985, 121-122; vgl. BAG v. 23.02.1983 - 5 AZR 531/80 - juris Rn. 36 - WM 1983, 691-692.
[464] BAG v. 11.04.1984 - 5 AZR 430/82 - juris Rn. 18 - BB 1985, 121-122.
[465] Vgl. BAG v. 12.12.1979 - 5 AZR 1056/77 - juris Rn. 33 - DB 1980, 1704.

Besteht eine Bildungsmaßnahme aus mehreren Unterrichtsabschnitten, so sind die dazwischen liegenden Zeiten bei der Berechnung der Dauer nicht mitzuberücksichtigen.[466]

224

Der Abhängigmachung der zulässigen Bindungsdauer von der Dauer der Bildungsmaßnahme liegt die Erwägung zugrunde, dass eine länger dauernde Bildungsmaßnahme zum einen zu höheren Aufwendungen des Arbeitgebers führt (Kosten der Maßnahme, Fortzahlung der Vergütung), zum anderen die Dauer der Bildungsmaßnahme ein starkes Indiz für die Qualität der vom Arbeitnehmer erworbenen Qualifikation bildet.[467] Das Bundesarbeitsgericht[468] hat indes ausdrücklich klargestellt, dass die Bemessung der Bindungsfrist nach der Dauer der jeweiligen Bildungsmaßnahme nicht auf rechnerischen Gesetzmäßigkeiten beruht, sondern auf richterrechtlich entwickelten Regelwerten, die einzelfallbezogenen Abweichungen zugänglich sind. So kann im Einzelfall auch bei kürzerer Dauer der Fortbildung eine verhältnismäßig lange Bindung gerechtfertigt sein, wenn etwa der Arbeitgeber erhebliche Mittel aufwendet oder die Teilnahme an der Fortbildung dem Arbeitnehmer besondere Vorteile bringt.[469] Umgekehrt kann auch bei längerer Dauer der Fortbildung eine nur verhältnismäßig kurze Bindung gerechtfertigt sein, wenn der Arbeitgeber nur verhältnismäßig wenig Mittel aufwendet und die Teilnahme an der Fortbildung dem Arbeitnehmer nur geringe Vorteile bringt.[470]

225

Eine hohe Rückzahlungsverpflichtung des Arbeitnehmers kann dadurch abgemildert werden, dass sich diese nach bestimmten Zeitabschnitten innerhalb des Bindungszeitraumes anteilig verringert.[471] Insofern stellt eine **Staffelung** des zurückgeforderten Betrags einen für die Zumutbarkeitsprüfung mitentscheidenden Gesichtspunkt dar.[472] Dies kann etwa eine insgesamt fünfjährige Bindung rechtfertigen, selbst wenn die Bildungsmaßnahme nur etwas mehr als zwei Jahre dauerte.[473]

226

Eine wegen einer zu langen Bindungsdauer unangemessene Rückzahlungsklausel kann jedenfalls dann nicht teilweise aufrechterhalten werden, wenn es sich um eine Formularvereinbarung handelt, auf die das AGB-Recht Anwendung findet.[474]

227

e. Vermögensbildung

Erhält der Arbeitnehmer vom Arbeitgeber finanzielle Mittel zum Zwecke der **Vermögensbildung** zur Verfügung gestellt, über die der Arbeitnehmer zunächst nicht frei verfügen kann, kann der Arbeitgeber eine Rückzahlungsverpflichtung für den Fall des Ausscheidens des Arbeitnehmers aus dem Unternehmen vorsehen; die zulässigen Bindungsfristen gehen dabei über diejenigen hinaus, die das Bundesarbeitsgericht für Sonderzahlungen sowie für Aus- und Fortbildungskosten entwickelt hat.[475]

228

f. Betriebliche Altersversorgung

Die betriebliche Altersversorgung kommt für Arbeitnehmer und für sonstige über einen längeren Zeitraum beschäftigte Dienstverpflichtete (etwa GmbH-Geschäftsführer) in Betracht. Regelungen zur betrieblichen Altersversorgung finden sich im BetrAVG.

229

---

[466] Vgl. BAG v. 15.09.2009 - 3 AZR 173/08 - juris Rn. 41 - NJW 2010, 550-554; vgl. BAG v. 06.09.1995 - 5 AZR 241/94 - juris Rn. 34 - NZA 1996, 314-317; vgl. BAG v. 15.12.1993 - 5 AZR 279/93 - juris Rn. 43 - NZA 1994, 835-837.

[467] BAG v. 06.09.1995 - 5 AZR 241/94 - juris Rn. 29 - NZA 1996, 314-317.

[468] BAG v. 15.09.2009 - 3 AZR 173/08 - juris Rn. 38 - NJW 2010, 550-554; BAG v. 21.07.2005 - 6 AZR 452/04 - juris Rn. 21 - AP Nr. 37 zu § 611 BGB Ausbildungsbeihilfe; BAG v. 05.12.2002 - 6 AZR 539/01 - juris Rn. 17 - BAGE 104, 125-130.

[469] BAG v. 15.09.2009 - 3 AZR 173/08 - juris Rn. 38 - NJW 2010, 550-554; BAG v. 06.09.1995 - 5 AZR 241/94 - juris Rn. 31 - NZA 1996, 314-317.

[470] BAG v. 06.09.1995 - 5 AZR 241/94 - juris Rn. 31 - NZA 1996, 314-317.

[471] BAG v. 23.04.1986 - 5 AZR 159/85 - juris Rn. 22 - DB 1986, 2135-2136.

[472] BAG v. 23.04.1986 - 5 AZR 159/85 - juris Rn. 22 - DB 1986, 2135-2136.

[473] Vgl. BAG v. 19.06.1974 - 5 AZR 299/73 - juris Rn. 16 - AP Nr. 1 zu § 611 BGB Ausbildungsbeihilfe.

[474] Vgl. BAG v. 15.09.2009 - 3 AZR 173/08 - juris Rn. 47 - NJW 2010, 550-554.

[475] Vgl. LArbG Köln v. 21.11.2002 - 5 Sa 818/02 - juris Rn. 8 - MDR 2003, 580-581.

§ 611

230 Ohne einen besonderen Rechtsgrund ist ein **Arbeitgeber nicht zur Einführung** einer betrieblichen Altersversorgung **verpflichtet**.[476] Insbesondere kann dem BetrAVG eine solche Verpflichtung nicht entnommen werden. Der Arbeitnehmer kann lediglich gemäß § 1a BetrAVG[477] von seinem Arbeitgeber verlangen, dass Teile seiner künftigen Entgeltansprüche umgewandelt und für Zwecke der betrieblichen Altersversorgung verwendet werden. Im Übrigen können Rechtsgrund einer betrieblichen Altersversorgung ein Tarifvertrag, eine Betriebsvereinbarung, eine Gesamtzusage, eine arbeitsrechtliche Einheitsregelung, eine Individualvereinbarung, eine betriebliche Übung sowie der arbeitsrechtliche Gleichbehandlungsgrundsatz sein.

231 Das BetrAVG gilt für Arbeiter und Angestellte. Ein Berufsausbildungsverhältnis steht insoweit einem Arbeitsverhältnis gleich (§ 17 Abs. 1 Satz 1 BetrAVG). Die §§ 1-16 BetrAVG gelten entsprechend für Personen, die nicht Arbeitnehmer sind, wenn ihnen Leistungen der Alters-, Invaliditäts- und Hinterbliebenenversorgung aus Anlass ihrer Tätigkeit für ein Unternehmen zugesagt worden sind (§ 17 Abs. 1 Satz 2 BetrAVG). Der Bundesgerichtshof[478] hat § 17 Abs. 1 Satz 2 BetrAVG restriktiv ausgelegt. Personen, die vermögens- und einflussmäßig mit dem Unternehmen, für das sie tätig sind, so stark verbunden seien, dass sie es wirtschaftlich als eigenes betrachten können, unterfallen dieser Vorschrift nicht.

232 Bevor der Versorgungsanspruch erwächst, besteht eine **Versorgungsanwartschaft**. Bei dieser handelt es sich um einen aufschiebend bedingten Anspruch. Die Versorgungsanwartschaft wird **unverfallbar**, wenn das Arbeitsverhältnis vor Eintritt des Versorgungsfalles endet, sofern in diesem Zeitpunkt der Arbeitnehmer mindestens das 30. Lebensjahr vollendet und die Versorgungszusage mindestens fünf Jahre bestanden hat (§ 1b Abs. 1 BetrAVG; zu vor dem 01.01.2001 erteilten Versorgungszusagen vgl. die Übergangsregelung in § 30f BetrAVG).

g. Abtretung

233 Der **Anspruch auf Vergütung ist abtretbar**, soweit er gepfändet werden kann (§ 400 BGB). Für Arbeitseinkommen sind die besonderen Pfändungsgrenzen der §§ 850a-850i ZPO zu beachten. Auch die Vorausabtretung der Vergütung ist zulässig.[479] Die Höhe des abgetretenen Teils der Forderung muss allerdings bestimmbar sein.[480] Die Abtretung kann durch Vereinbarung der Parteien des Dienstvertrages (vgl. § 399 BGB), aber auch durch Tarifvertrag oder Betriebsvereinbarung[481] ausgeschlossen werden.

h. Widerrufsvorbehalte

234 Widerrufsvorbehalte dürfen jedenfalls in Form Allgemeiner Geschäftsbedingungen nicht ohne Grund vorgesehen werden und unterliegen bestimmten Grenzen.[482] Relevant ist das Verhältnis des widerruflichen Teils der Vergütung zur Gesamtvergütung. Unwirksam können insbesondere Regelungen sein, nach denen der widerrufliche Teil der Vergütung einen Anteil von 25-30% an der Gesamtvergütung übersteigt.[483] Zudem unterliegt auch die Ausübung des Widerrufs im Einzelfall einer Kontrolle dahin, ob sie billigem Ermessen entspricht.[484]

---

[476] BAG v. 13.07.1956 - 1 AZR 492/54 - juris Rn. 15 - BAGE 4, 360.

[477] Zur Verfassungsmäßigkeit dieser Vorschrift vgl. BAG v. 12.06.2007 - 3 AZR 14/06 - juris Rn. 18 - DB 2007, 2722-2724.

[478] BGH v. 28.04.1980 - II ZR 254/78 - juris Rn. 18 - BGHZ 77, 94-106.

[479] BGH v. 24.11.1975 - III ZR 81/73 - WM 1976, 151-153.

[480] BGH v. 24.11.1975 - III ZR 81/73 - WM 1976, 151-153.

[481] Vgl. BAG v. 20.12.1957 - 1 AZR 237/56 - juris Rn. 17 - AP Nr. 1 zu § 399 BGB.

[482] Vgl. BAG v. 19.12.2006 - 9 AZR 294/06 - juris Rn. 26 - NZA 2007, 809-813; BAG v. 11.10.2006 - 5 AZR 721/05 - juris Rn. 20 - NZA 2007, 87-91; BAG v. 12.01.2005 - 5 AZR 364/04 - juris Rn. 19 - NZA 2005, 465-469.

[483] BAG v. 12.01.2005 - 5 AZR 364/04 - juris Rn. 23 - NZA 2005, 465-469.

[484] BAG v. 11.10.2006 - 5 AZR 721/05 - juris Rn. 37 - NZA 2007, 87-91; BAG v. 12.01.2005 - 5 AZR 364/04 - juris Rn. 37 - NZA 2005, 465-469.

i. Verzicht

Der Dienstverpflichtete kann grundsätzlich im Einvernehmen mit dem Dienstberechtigten auf die Gewährung der Vergütung **verzichten** (Erlassvertrag gemäß § 397 Abs. 1 BGB). Ein Verzicht auf entstandene tarifliche Vergütungsansprüche ist indes nur in einem von den Parteien des Tarifvertrags gebilligten Vergleich möglich (§ 4 Abs. 4 Satz 1 TVG). Durch Vgl. vor dem Arbeitsgericht wird zumeist nur der Streit über die tatsächlichen Voraussetzungen (etwa die Anzahl von Überstunden) von tariflichen Ansprüchen beigelegt. Hierbei handelt es sich nicht um einen Verzicht im Sinne des § 4 Abs. 4 Satz 1 TVG.

235

j. Leistungsstörungen

§ 326 Abs. 1 Satz 1 BGB (bei Unmöglichkeit der Dienstleistung) und § 320 Abs. 1 Satz 1 BGB (bei Nachholbarkeit der Dienstleistung) führen bei Dienstverträgen zu dem Grundsatz „**Ohne Arbeit kein Lohn**". Erfüllt der Dienstverpflichtete seine Pflicht zur Arbeitsleistung nicht, kann der Dienstberechtigte die Erfüllung der Vergütungspflicht nach den vorstehenden Vorschriften verweigern. Der Vergütungsanspruch des Dienstverpflichteten setzt daher voraus, dass dieser seinerseits die vertragsgemäße Leistung erbracht hat.

236

Der vorstehende Grundsatz wird indes durchbrochen durch die **Ausnahmeregelungen** in § 326 Abs. 2 Satz 1 BGB (Verantwortlichkeit des Dienstberechtigten), in § 615 Satz 1 BGB (Annahmeverzug des Dienstverpflichteten) und in § 616 BGB (vorübergehende Verhinderung des Dienstverpflichteten). Für Arbeitsverträge finden sich darüber hinaus Sonderregelungen in § 615 Satz 3 BGB (Betriebs- bzw. Wirtschaftsrisiko[485]), im EntgFZG (Fortzahlung des Arbeitsentgelts an Feiertagen und im Krankheitsfall), im BUrlG (bezahlte Urlaubsfreistellung) sowie im BetrVG, BPersVG sowie den entsprechenden landesrechtlichen Vorschriften (bezahlte Freistellung von Mitgliedern des Betriebs-/Personalrats).[486] Weitere Regelungen dieser Art finden sich häufig in Tarifverträgen.

237

k. Ausschlussfristen

Ausschlussfristen in Tarifverträgen, Betriebsvereinbarungen oder Arbeits- bzw. freien Dienstverträgen können zum Erlöschen dienstvertraglicher und mit dem Dienstverhältnis im Zusammenhang stehender Ansprüche führen. Von einer derartigen Ausschlussfrist ist auch der Anspruch auf Zahlung der vereinbarten Vergütung umfasst. Schranken für Ausschlussfristen ergeben sich aus § 4 Abs. 4 Satz 3 TVG, § 77 Abs. 4 Satz 4 BetrVG sowie den §§ 307, 138 BGB und § 242 BGB. Eine tarifvertragliche Ausschlussfrist von einem Monat ist vom Bundesarbeitsgericht[487] als zulässig angesehen worden.

238

Vor In-Kraft-Treten der Schuldrechtsreform hatte das Bundesarbeitsgericht[488] ebenso Ausschlussfristen in **vorformulierten Vertragsbedingungen** – etwa von zwei Monaten – als zulässig angesehen. Im Hinblick auf die nunmehr auch auf Arbeitsverträge erfolgende Anwendung des AGB-Rechts hat das Bundesarbeitsgericht[489] allerdings ausdrücklich klargestellt, dass es an seiner bisherigen Rechtsprechung zur Zulässigkeit von formularmäßig vereinbarten Ausschlussfristen nicht mehr festhält. Zwar können Ausschlussfristen auch zukünftig grundsätzlich in Formulararbeitsverträgen vereinbart werden. Eine Verfallklausel ist als solche nicht überraschend oder ungewöhnlich im Sinne des § 305c Abs. 1 BGB. Zu kurz bemessene Fristen enthalten indes die Gefahr einer nicht zu rechtfertigenden Beschneidung wohl erworbener Ansprüche und stellen deshalb eine unangemessene Benachteiligung dar, selbst wenn sie für beide Seiten gelten. Sie sind mit wesentlichen Grundgedanken des gesetzlichen Verjäh-

239

---

[485] Vgl. hierzu etwa BAG v. 22.10.2009 - 8 AZR 766/08 - juris Rn. 17 - NZA-RR 2010, 660-664.

[486] Vgl. BAG v. 07.05.2008 - 7 AZR 90/07 - juris Rn. 12 - DB 2008, 2659-2660 (zur Vergütungspflicht gemäß § 37 Abs. 2 BetrVG gegenüber einem für Schulungsmaßnahmen von der Arbeitspflicht befreiten Betriebsratsmitglied).

[487] Vgl. BAG v. 13.12.2000 - 10 AZR 168/00 - juris Rn. 46 - ZIP 2001, 801-806.

[488] Vgl. BAG v. 27.02.2002 - 9 AZR 543/00 - juris Rn. 39 - BB 2002, 2285-2287.

[489] BAG v. 28.09.2005 - 5 AZR 52/05 - juris Rn. 36 - BB 2006, 327-331; BAG v. 25.05.2005 - 5 AZR 572/04 - juris Rn. 31 - NJW 2005, 3305-3310.

rungsrechts nicht vereinbar (§ 307 Abs. 1 Nr. 1 BGB). Allerdings ist zu berücksichtigen, dass in arbeitsrechtlichen Gesetzen bevorzugt verhältnismäßig kurze Fristen zur Geltendmachung von Rechtspositionen vorgesehen werden. Solche Fristen wirken sich auf die in der Praxis des Arbeitslebens erwartete Dauer einer Ausschlussfrist aus. Sie sind in ihrer Gesamtheit als im Arbeitsrecht geltende Besonderheiten gemäß § 310 Abs. 4 Satz 2 BGB angemessen zu berücksichtigen. Ein Rückgriff auf die Rechtsprechung des Bundesgerichtshofs ist deshalb unzulässig. Als angemessen ist eine Frist von drei Monaten anzusehen. Dies gilt sowohl für Ausschlussfristen im Rahmen eines Erfordernisses zur schriftlichen Geltendmachung eines Anspruchs als auch für solche im Hinblick auf das Erfordernis einer gerichtlichen Geltendmachung. Nach dieser Maßgabe sind auch die sog. zweistufigen Ausschlussfristen zulässig, bei welchen der Anspruch zunächst innerhalb einer bestimmten Frist schriftlich beim Arbeitgeber und im Falle ihrer Ablehnung binnen einer weiteren Frist gerichtlich geltend zu machen ist.

240 Eine Klausel, die für den Beginn der Ausschlussfrist nicht die Fälligkeit der Ansprüche berücksichtigt, sondern allein auf die Beendigung des Arbeitsverhältnisses abstellt, benachteiligt den Arbeitnehmer unangemessen und ist deshalb gem. § 307 Abs. 1 Satz 1 BGB unwirksam.[490] Ein Anspruch ist regelmäßig erst dann im Sinne einer Ausschlussfrist fällig, wenn der Gläubiger ihn annähernd bezeichnen kann.[491]

241 Selbst wenn eine formularmäßige Ausschlussfrist einen Arbeitnehmer unangemessen benachteiligt, kann sich der die Klausel verwendende Arbeitgeber bei eigenen Ansprüchen gegen den Arbeitnehmer nicht auf eine Unwirksamkeit der Klausel berufen.[492] Die Inhaltskontrolle schafft lediglich einen Ausgleich für einseitige Inanspruchnahme der Vertragsfreiheit durch den Klauselverwender. Sie dient nicht dem Schutz des Klauselverwenders vor den von ihm selbst eingeführten Formularbestimmungen.

l. Einstweilige Verfügung

242 Unterlässt der Arbeitgeber die Zahlung der Vergütung, hat ein Antrag des Arbeitnehmers auf Erlass einer einstweiligen Verfügung zur Zahlung der Vergütung nur dann Aussicht auf Erfolg, wenn der Arbeitnehmer sich in einer finanziellen Notlage befindet.[493] Hat der Arbeitgeber das Arbeitsverhältnis gekündigt, muss der Arbeitnehmer nach Ablauf der Kündigungsfrist zudem glaubhaft machen, dass die Kündigung unwirksam ist und der Arbeitgeber sich im Annahmeverzug befindet.[494] Nach Ablauf der Kündigungsfrist ist dem Arbeitnehmer zudem zuzumuten, zur Abwendung einer finanziellen Notlage Leistungen der Bundesagentur für Arbeit in Anspruch zu nehmen.[495]

2. Nebenpflichten des Dienstberechtigten

a. Aufwendungsersatz

243 Obwohl das Dienstverhältnis entgeltlich ist, wird die Vorschrift des § 670 BGB aus dem Recht des unentgeltlichen Auftrags entweder über § 675 BGB oder im Wege der Analogie auch auf das Dienstverhältnis angewendet.[496] Danach sind **Aufwendungen ersatzfähig**, wenn sie im Rahmen eines Dienstverhältnisses entstehen und **durch die Vergütung nicht abgegolten** werden. Hierzu zählen etwa Fahrt- und Reisekosten für Dienstreisen, Umzugskosten, die aufgrund einer dienstlichen Versetzung entstehen,[497] sowie Kosten für die Anschaffung von Betriebs- und Arbeitsmitteln (etwa Schutzkleidung[498]) durch den Arbeitnehmer. Dem Arbeitgeber kann indes das alleinige Tragen der Aufwen-

---

[490] Vgl. BAG v. 01.03.2006 - 5 AZR 511/05 - juris Rn. 14.
[491] BAG v. 27.10.2005 - 8 AZR 3/05 - juris Rn. 19 - NZA 2006, 257-259.
[492] Vgl. BAG v. 27.10.2005 - 8 AZR 3/05 - juris Rn. 16 - NZA 2006, 257-259.
[493] Vgl. LArbG Köln v. 26.06.2002 - 8 Ta 221/02 - juris Rn. 21 - Bibliothek BAG.
[494] LArbG Köln v. 26.06.2002 - 8 Ta 221/02 - juris Rn. 15 - Bibliothek BAG.
[495] LArbG Köln v. 26.06.2002 - 8 Ta 221/02 - juris Rn. 22 - Bibliothek BAG.
[496] BAG v. 12.04.2011 - 9 AZR 14/10 - juris Rn. 25 - NZA 2012, 97-100; BAG v. 11.04.2006 - 9 AZR 500/05 - juris Rn. 21 - NJW 2006, 3803-3805.
[497] BAG v. 21.03.1973 - 4 AZR 187/72 - juris Rn. 20 - BB 1973, 983.
[498] BAG v. 19.05.1998 - 9 AZR 307/96 - juris Rn. 24 - BB 1998, 2527-2528.

dungen nur dann auferlegt werden, wenn sein Interesse an den Aufwendungen das Interesse des Arbeitnehmers an den Aufwendungen so weit überwiegt, dass das Interesse des Arbeitnehmers vernachlässigt werden kann.[499] Im Hinblick auf persönliche Aufwendungen des Arbeitnehmers (Kosten einer gewöhnlichen Arbeitskleidung,[500] Fahrtkosten zur Arbeitsstätte, Umzugskosten bei Dienstantritt) besteht überhaupt keine Ersatzpflicht des Arbeitgebers. Die Parteien des Dienstvertrages können allerdings abweichende Vereinbarungen treffen.

Zu den ersatzfähigen Aufwendungen gehören in entsprechender Anwendung des § 670 BGB auch Schäden am Eigentum des Arbeitnehmers, wenn er dieses mit Billigung des Arbeitgebers in dessen Betätigungsbereich einsetzt.[501] Voraussetzung der Ersatzfähigkeit ist, dass der Schaden nicht dem Lebensbereich des Arbeitnehmers, sondern dem Betätigungsbereich des Arbeitgebers zuzurechnen ist.[502] So muss ein Arbeitgeber dem Arbeitnehmer etwa an dessen Fahrzeug entstandene Unfallschäden ersetzen, wenn das Fahrzeug mit Billigung des Arbeitgebers in dessen Betätigungsbereich eingesetzt wurde.[503] Setzt ein Arbeitnehmer sein Fahrzeug hingegen lediglich für Fahrten zur Arbeit ein und erleidet er hierbei einen Schaden, hat er dieses nicht im Betätigungsbereich des Arbeitgebers eingesetzt, weshalb ein Aufwendungsersatz ausscheidet.[504] Eine Ersatzfähigkeit von Schäden scheidet auch aus, wenn der Arbeitnehmer diese selbst tragen muss, weil er dafür eine besondere Vergütung erhält.[505] Ebenso ist eine Ersatzpflicht ausgeschlossen für Sachschäden, mit denen nach Art und Natur des Betriebs oder der Arbeit zu rechnen ist, insbesondere für Schäden, die notwendig oder regelmäßig entstehen und arbeitsadäquat sind.[506] So begründet etwa die normale Abnutzung der Kleidung des Arbeitnehmers keinen Ersatzanspruch analog § 670 BGB.[507]

b. Pflicht zur Rücksichtnahme („Fürsorgepflicht")

Den Dienstberechtigten treffen gegenüber dem Dienstverpflichteten zudem besondere Verhaltenspflichten. Er hat auf die Rechte, Rechtsgüter und Interessen des Dienstberechtigten Rücksicht zu nehmen. Diese Verpflichtung ist für Arbeitsverhältnisse zunächst in Ermangelung einer gesetzlichen Regelung unter dem Begriff der Fürsorgepflicht als Korrelat zu der persönlichen Abhängigkeit des Arbeitnehmers aus dem Grundsatz von Treu und Glauben (§ 242 BGB) hergeleitet worden. Sie ergibt sich nunmehr aus § 241 Abs. 2 BGB, so dass es des Rückgriffs auf Treu und Glauben im Regelfall nicht mehr bedarf.[508]

Die Rücksichtnahmepflicht beeinflusst zum einen Umfang, Art und Weise der Pflichten aus dem Dienstverhältnis und begründet zum anderen Einzelpflichten zum Tun oder Unterlassen. Obgleich die Rücksichtnahmepflicht auch bei freien Dienstverhältnissen Anwendung findet, sind ihre Wirkungen insbesondere für den Bereich der Arbeitsverhältnisse zu entnehmen. Die Verletzung der Pflicht des Arbeitgebers zur Wahrung der Interessen des Arbeitnehmers kann Schadensersatzansprüche des Arbeitnehmers gemäß § 280 Abs. 1 Satz 1 BGB auslösen.[509]

Beispielhaft stellen folgende Einzelpflichten Ausprägungen der Rücksichtnahmepflicht des Arbeitgebers dar:

- Der Arbeitgeber ist verpflichtet, bei der Einrichtung und Unterhaltung des Betriebs, insbesondere bei der Regelung der betrieblichen Ordnung und der Arbeitsabläufe sowie bei der Gestaltung der Arbeitsmittel und -stoffe, die angemessenen Maßnahmen zum **Schutz des Lebens, der Gesundheit**

---

[499] BAG v. 12.04.2011 - 9 AZR 14/10 - juris Rn. 25 - NZA 2012, 97-100.
[500] Vgl. BAG v. 19.05.1998 - 9 AZR 307/96 - juris Rn. 27 - BB 1998, 2527-2528.
[501] BAG v. 25.05.2000 - 8 AZR 518/99 - juris Rn. 22 - NJW 2000, 3369-3372.
[502] BAG v. 22.06.2011 - 8 AZR 102/10 - juris Rn. 20 - NZA 2012, 91-94.
[503] BAG v. 22.06.2011 - 8 AZR 102/10 - juris Rn. 22 - NZA 2012, 91-94.
[504] Vgl. BAG v. 25.05.2000 - 8 AZR 518/99 - juris Rn. 23 - NJW 2000, 3369-3372.
[505] BAG v. 22.06.2011 - 8 AZR 102/10 - juris Rn. 20 - NZA 2012, 91-94.
[506] BAG v. 22.06.2011 - 8 AZR 102/10 - juris Rn. 21 - NZA 2012, 91-94.
[507] BAG v. 19.05.1998 - 9 AZR 307/96 - juris Rn. 27 - BB 1998, 2527-2528.
[508] BAG v. 04.10.2005 - 9 AZR 598/04 - juris Rn. 57 - ZIP 2006, 866-872.
[509] BAG v. 24.09.2009 - 8 AZR 444/08 - juris Rn. 14 - NZA 2010, 337-339.

und der Persönlichkeit der Arbeitnehmer zu treffen. Ausprägungen dieser Schutzpflicht finden sich im Hinblick auf den Schutz von Leben und Gesundheit des Dienstverpflichteten in den §§ 617, 618 BGB. Verstößt der Dienstberechtigte gegen Arbeitsschutzvorschriften oder gegen sonstige Schutzpflichten, steht dem Dienstverpflichteten gemäß § 273 Abs. 1 BGB ein Zurückbehaltungsrecht hinsichtlich der geschuldeten Dienste zu. Der Dienstberechtigte gerät in diesen Fällen gemäß § 298 BGB in Annahmeverzug, so dass die Vergütung gemäß § 615 BGB fortzuzahlen ist.

- Die Schutzpflicht in Bezug auf das Persönlichkeitsrecht des Arbeitnehmers schützt diesen etwa vor der Offenlegung personenbezogener Daten und zwar auch solcher, von denen der Arbeitgeber in zulässiger Weise Kenntnis erlangt hat.[510] Den schutzwürdigen Belangen des Arbeitnehmers können allerdings Grundrechte des Arbeitgebers gegenüberstehen. Zur Konkretisierung der Rechte und Pflichten bedarf es dann einer Güter- und Interessenabwägung.[511]
- Die Schutzpflicht des Arbeitgebers besteht auch im Hinblick auf **Gegenstände des Arbeitnehmers**, die dieser berechtigterweise zur Arbeit mitbringt.[512] Es kann sich hierbei sowohl um arbeitsdienliche als auch um für den Arbeitnehmer persönlich unentbehrliche Sachen handeln. Der Arbeitgeber hat dafür zu sorgen, dass diese Gegenstände vom Arbeitnehmer so aufbewahrt werden können, dass sie vor Verlust und Beschädigung geschützt sind. Allerdings besteht die Schutzpflicht des Arbeitgebers nur im Rahmen des Zumutbaren.[513] Parkplätze muss der Arbeitgeber nur in Ausnahmefällen zur Verfügung stellen.[514] Stellt er jedoch einen Parkplatz zur Verfügung, so hat er für dessen Verkehrssicherheit zu sorgen und die für die abgestellten Fahrzeuge drohenden Gefahren auf ein zumutbares Maß zu begrenzen.[515]
- Erst recht beinhaltet die Rücksichtnahmepflicht das Verbot, den Arbeitnehmer oder dessen Eigentum zu schädigen.[516] Der Arbeitgeber hat das Verschulden von Erfüllungsgehilfen in gleichem Umfang wie eigenes Verschulden zu vertreten (§ 278 BGB). Erfüllungsgehilfen sind in diesem Zusammenhang die Personen, welche der Arbeitgeber zur Erfüllung seiner Rücksichtnahmepflicht heranzieht, d.h. etwa hierfür eingesetzte Parkwächter, Pförtner oder Sicherheitsfachkräfte.[517]
- Den Arbeitgeber trifft eine Auskunftspflicht, wenn der Arbeitnehmer in entschuldbarer Weise über das Bestehen oder den Umfang seiner Rechte, die im Zusammenhang mit dem Arbeitsverhältnis stehen, im Ungewissen ist, während der Arbeitgeber unschwer Auskunft geben kann (vgl. hierzu Rn. 248).
- Den Arbeitgeber kann zudem eine Verpflichtung treffen, bei der Wahrung oder Entstehung von Ansprüchen seiner Arbeitnehmer mitzuwirken, die diese gegenüber Dritten erwerben können.[518] Dabei kommen insbesondere öffentlich-rechtliche, aber auch private Versicherungsträger in Betracht.[519]
- Der Arbeitgeber kann schließlich verpflichtet sein, auf den Wunsch des Arbeitnehmers nach **Vertragsanpassungen** als Reaktion auf unerwartete Änderungen der tatsächlichen Verhältnisse einzugehen, insbesondere wenn anderenfalls ein Unvermögen des Arbeitnehmers droht.[520]

---

[510] BAG v. 12.09.2006 - 9 AZR 271/06 - juris Rn. 20 - NJW 2007, 794-797.
[511] BAG v. 12.09.2006 - 9 AZR 271/06 - juris Rn. 20 - NJW 2007, 794-797.
[512] BAG v. 25.05.2000 - 8 AZR 518/99 - juris Rn. 14 - NJW 2000, 3369-3372.
[513] BAG v. 25.05.2000 - 8 AZR 518/99 - juris Rn. 14 - NJW 2000, 3369-3372.
[514] *Kreßel*, RdA 1992, 169-179, 171-172.
[515] BAG v. 25.05.2000 - 8 AZR 518/99 - juris Rn. 14 - NJW 2000, 3369-3372.
[516] BAG v. 25.05.2000 - 8 AZR 518/99 - juris Rn. 19 - NJW 2000, 3369-3372.
[517] BAG v. 25.05.2000 - 8 AZR 518/99 - juris Rn. 19 - NJW 2000, 3369-3372.
[518] BAG v. 24.09.2009 - 8 AZR 444/08 - juris Rn. 14 - NZA 2010, 337-339.
[519] BAG v. 24.09.2009 - 8 AZR 444/08 - juris Rn. 14 - NZA 2010, 337-339.
[520] BAG v. 19.05.2010 - 5 AZR 162/09 - juris Rn. 26 - BAGE 134, 296-307; BAG v. 13.08.2009 - 6 AZR 330/08 - juris Rn. 31 - ZTR 2010, 87-91.

c. Auskunfts-/Unterrichtungspflicht

Erteilt der Arbeitgeber dem Arbeitnehmer **Auskünfte**, so müssen diese richtig und vollständig sein.[521] Über Tatsachen, deren Kenntnis zur Wahrnehmung seiner Rechte aus dem Arbeitsverhältnis erforderlich ist, kann der Arbeitnehmer vom Arbeitgeber Auskunft verlangen, wenn er selbst in entschuldbarer Weise über das Bestehen oder den Umfang dieser Rechte im Ungewissen ist.[522] Dieses Auskunftsrecht findet seine Grenze, wo berechtigte Interessen des Arbeitgebers oder schützenswerte Interessen Dritter entgegenstehen.[523] Dies ist etwa der Fall, wenn die Auskunft für den Arbeitgeber eine unzumutbare Belastung darstellen würde.[524] Auch darf die Darlegungs- und Beweissituation der Vertragsparteien nicht durch die Gewährung materiellrechtlicher Auskunftsansprüche unzulässig verändert werden.[525]

248

Über besonders relevante Umstände (etwa besondere Gefahren) hat der Arbeitgeber den Arbeitnehmer sogar von sich aus zu **unterrichten**.[526] Zwar hat jeder Vertragspartner grundsätzlich selbst für die Wahrnehmung seiner Interessen zu sorgen;[527] der jeder Partei zuzubilligende Eigennutz findet seine Grenze jedoch an dem schutzwürdigen Lebensbereich des Vertragspartners.[528] Die Interessen des Arbeitgebers und die des Arbeitnehmers sind gegeneinander abzuwägen.[529] Dabei sind alle Umstände des Einzelfalls zu berücksichtigen.[530] Die erkennbaren Informationsbedürfnisse des Arbeitnehmers einerseits und die Beratungsmöglichkeiten des Arbeitgebers andererseits sind zu beachten.[531] Arbeitgebern des öffentlichen Dienstes obliegt etwa die vertragliche Nebenpflicht, über bestehende Zusatzversorgungsmöglichkeiten und die Mittel und Wege zu ihrer Ausschöpfung zu belehren.[532]

249

Der Arbeitgeber muss gegenüber einem Arbeitnehmer schon bei den **Einstellungsverhandlungen** besondere Rücksicht nehmen und ihn insbesondere über künftige Verhältnisse aufklären, wenn er erkennt, dass der Arbeitnehmer besondere Wünsche oder Erwartungen hat.[533] Umstände, die die vollständige Durchführung des Rechtsverhältnisses in Frage stellen können, darf er nicht verschweigen. Er darf gegenüber dem Arbeitnehmer insbesondere nicht fälschlich den Eindruck erwecken, dass dieser ohne größeres Risiko sein bisheriges Arbeitsverhältnis kündigen könne, um sich für die neue Tätigkeit freizumachen.

250

---

[521] BAG v. 12.12.2002 - 8 AZR 497/01 - juris Rn. 41 - AP Nr. 25 zu § 611 BGB Haftung des Arbeitgebers; BAG v. 17.10.2000 - 3 AZR 605/99 - juris Rn. 17 - ZIP 2001, 472-477.

[522] BAG v. 26.07.2007 - 8 AZR 707/06 - juris Rn. 28 - DB 2007, 2319-2321; BAG v. 01.12.2004 - 5 AZR 664/03 - juris Rn. 23 - NZA 2005, 289-292.

[523] Vgl. BAG v. 01.12.2004 - 5 AZR 664/03 - juris Rn. 23 - NZA 2005, 289-292; vgl. LArbG Rostock v. 18.06.2001 - 5 Sa 293/00 - juris Rn. 34 - Bibliothek BAG.

[524] BAG v. 22.01.2009 - 8 AZR 161/08 - Rn. 33 - NZA 2009, 608-611; BAG v. 01.12.2004 - 5 AZR 664/03 - juris Rn. 23 - NZA 2005, 289-292.

[525] BAG v. 01.12.2004 - 5 AZR 664/03 - juris Rn. 23 - NZA 2005, 289-292.

[526] BAG v. 22.01.2009 - 8 AZR 161/08 - Rn. 33 - NZA 2009, 608-611; BAG v. 26.07.2007 - 8 AZR 707/06 - juris Rn. 29 - DB 2007, 2319-2321; vgl. BAG v. 04.10.2005 - 9 AZR 598/04 - juris Rn. 57 - ZIP 2006, 866-872; BAG v. 14.07.2005 - 8 AZR 300/04 - juris Rn. 32 - NZA 2005, 1298-1302; vgl. BAG v. 13.11.2001 - 9 AZR 442/00 - juris Rn. 26 - AP Nr. 1 zu § 15b BAT; vgl. BAG v. 18.12.1984 - 3 AZR 168/82 - juris Rn. 14 - USK 84177.

[527] BAG v. 26.07.2007 - 8 AZR 707/06 - juris Rn. 30 - DB 2007, 2319-2321; vgl. BAG v. 04.10.2005 - 9 AZR 598/04 - juris Rn. 57 - ZIP 2006, 866-872.

[528] BAG v. 12.12.2002 - 8 AZR 497/01 - juris Rn. 41 - AP Nr. 25 zu § 611 BGB Haftung des Arbeitgebers.

[529] BAG v. 26.07.2007 - 8 AZR 707/06 - juris Rn. 29 - DB 2007, 2319-2321; BAG v. 04.10.2005 - 9 AZR 598/04 - juris Rn. 57 - ZIP 2006, 866-872; vgl. BAG v. 17.10.2000 - 3 AZR 605/99 - juris Rn. 19 - ZIP 2001, 472-477.

[530] BAG v. 17.10.2000 - 3 AZR 605/99 - juris Rn. 19 - ZIP 2001, 472-477.

[531] BAG v. 22.01.2009 - 8 AZR 161/08 - Rn. 33 - NZA 2009, 608-611; BAG v. 26.07.2007 - 8 AZR 707/06 - juris Rn. 30 - DB 2007, 2319-2321; BAG v. 12.12.2002 - 8 AZR 497/01 - juris Rn. 41 - AP Nr. 25 zu § 611 BGB Haftung des Arbeitgebers.

[532] BAG v. 18.12.1984 - 3 AZR 168/82 - juris Rn. 14 - USK 84177.

[533] BAG v. 14.07.2005 - 8 AZR 300/04 - juris Rn. 32 - NZA 2005, 1298-1302.

251 Hinweis- und Aufklärungspflichten können den Arbeitgeber auch bei einer einvernehmlichen **Auflösung des Arbeitsverhältnisses** treffen.[534] Ebenso können Aufklärungspflichten bei lediglich inhaltlichen Änderungen des Arbeitsvertrages bestehen.[535] Gesteigerte Hinweispflichten können den Arbeitgeber vor allem dann treffen, wenn ein Aufhebungsvertrag auf Initiative des Arbeitgebers hin und in seinem Interesse zustande kommt.[536] Ein besonderes Informationsbedürfnis hat der Arbeitnehmer dabei, wenn aufgrund der Beendigung des Arbeitsverhältnisses eine erhebliche **Versorgungseinbuße** droht.[537] Zwar ist der Arbeitgeber nicht ohne weiteres verpflichtet, Arbeitnehmer unaufgefordert über die Auswirkungen einer Beendigung ihres Arbeitsverhältnisses auf die betriebliche Altersversorgung zu unterrichten; den Arbeitgeber treffen indes umso eher und umso weitreichendere Informationspflichten, je atypischer und schwerer erkennbar die betriebsrentenrechtlichen Gefahren für den Arbeitnehmer sind.[538] Dabei steigt das Informationsbedürfnis des Arbeitnehmers, wenn die Beendigung des Arbeitsverhältnisses im zeitlichen oder sachlichen Zusammenhang mit dem Ruhestand steht.[539] Der Arbeitgeber muss dem Informationsbedürfnis allerdings nicht durch eine detaillierte eigene Auskunft Rechnung tragen; es genügt, wenn der Arbeitgeber beim Arbeitnehmer ein entsprechendes Problembewusstsein weckt, sofern der Arbeitnehmer eine eingehende Beratung von anderer Stelle erlangen kann.[540] Auf den **Verlust von Prämien**, welche im Falle einer Fortführung des Arbeitsverhältnisses in Kürze zur Auszahlung kämen – etwa Treueprämien wegen einer bestimmten Betriebszugehörigkeit –, braucht der Arbeitgeber den Arbeitnehmer hingegen im Regelfall nicht hinzuweisen.[541]

252 Spezielle Regelungen zu den Auskunfts- und Unterrichtspflichten finden sich in § 81 Abs. 1, Abs. 2, Abs. 4 BetrVG (Unterrichtung über Arbeitsaufgabe), § 82 Abs. 2 Satz 1 BetrVG (Erläuterung der Berechnung des Entgelts) sowie § 83 Abs. 1 Satz 1 BetrVG (Einsicht in die Personalakten). Eine allgemeine Belehrungs- oder gar Beratungspflicht des Arbeitgebers besteht hingegen nicht.[542]

d. Beschäftigungspflicht

253 Der Arbeitgeber ist grundsätzlich verpflichtet, den **Arbeitnehmer so zu beschäftigen, wie dies im Arbeitsvertrag vereinbart ist**.[543] Dies erfordert das zu schützende Persönlichkeitsrecht (Art. 1, 2 Abs. 1 GG) des Arbeitnehmers, das sich auf die Rechte und Pflichten im Arbeitsverhältnis auswirkt.[544] Für die Anerkennung eines Beschäftigungsanspruchs genügt schon das generelle ideelle Interesse des Arbeitnehmers, weshalb es nicht darauf ankommt, ob der Arbeitnehmer durch die Nichtbeschäftigung einen konkreten Schaden erleidet.[545]

254 Der allgemeine Beschäftigungsanspruch tritt dort zurück, wo überwiegende schützenswerte Interessen des Arbeitgebers entgegenstehen.[546] Eine Freistellung gegen den Willen des Arbeitnehmers (**Suspendierung**) kommt insbesondere dann in Betracht, wenn jede weitere Beschäftigung Schäden hervorrufen würde. Ebenso können auch der Wegfall der Vertrauensgrundlage sowie der Schutz von Betriebsgeheimnissen bei einem demnächst zur Konkurrenz abwandernden Arbeitnehmer dem Beschäfti-

---

[534] BAG v. 12.12.2002 - 8 AZR 497/01 - juris Rn. 41 - AP Nr. 25 zu § 611 BGB Haftung des Arbeitgebers; BAG v. 13.11.2001 - 9 AZR 442/00 - juris Rn. 26 - AP Nr. 1 zu § 15b BAT; BAG v. 17.10.2000 - 3 AZR 605/99 - juris Rn. 18 - ZIP 2001, 472-477.
[535] BAG v. 13.11.2001 - 9 AZR 442/00 - juris Rn. 26 - AP Nr. 1 zu § 15b BAT.
[536] BAG v. 12.12.2002 - 8 AZR 497/01 - juris Rn. 41 - AP Nr. 25 zu § 611 BGB Haftung des Arbeitgebers; BAG v. 13.11.2001 - 9 AZR 442/00 - juris Rn. 26 - AP Nr. 1 zu § 15b BAT; BAG v. 17.10.2000 - 3 AZR 605/99 - juris Rn. 19 - ZIP 2001, 472-477.
[537] Vgl. BAG v. 17.10.2000 - 3 AZR 605/99 - juris Rn. 18 - ZIP 2001, 472-477.
[538] BAG v. 12.06.2002 - 10 AZR 503/01 - ZTR 2002, 591-593.
[539] BAG v. 17.10.2000 - 3 AZR 605/99 - juris Rn. 26 - ZIP 2001, 472-477.
[540] Vgl. BAG v. 17.10.2000 - 3 AZR 605/99 - juris Rn. 29 - ZIP 2001, 472-477.
[541] Vgl. LArbG Hamm v. 30.06.2005 - 15 Sa 96/05 - juris Rn 88 - nv.
[542] BAG v. 26.08.1993 - 2 AZR 376/93 - juris Rn. 19 - MDR 1994, 925-926.
[543] BAG v. 27.02.1985 - GS 1/84 - juris Rn. 38 - NJW 1985, 2968-2974.
[544] BAG v. 27.02.1985 - GS 1/84 - juris Rn. 48 - NJW 1985, 2968-2974.
[545] BAG v. 27.02.1985 - GS 1/84 - juris Rn. 54 - NJW 1985, 2968-2974.
[546] BAG v. 27.02.1985 - GS 1/84 - juris Rn. 55 - NJW 1985, 2968-2974.

gungsanspruch des Arbeitnehmers entgegenstehen.[547] Auch der Verdacht einer strafbaren Handlung bzw. schwerwiegenden Pflichtverletzung seitens des Arbeitnehmers kann eine Suspendierung rechtfertigen.[548]

Sofern der Dienstverpflichtete den Dienstberechtigten einseitig von seiner Leistungspflicht freistellt, behält der Dienstverpflichtete regelmäßig gemäß § 615 Satz 1 BGB seinen **Anspruch auf Vergütung**. Er muss sich allerdings nach § 615 Satz 2 BGB einen anderweitigen Verdienst anrechnen lassen. Ist der Grund der Suspendierung so schwerwiegend, dass dem Arbeitgeber jede weitere Annahme der Arbeitsleistung unzumutbar wäre, kann die Vergütungspflicht auch entfallen.[549] Hierzu bedarf es indes besonders grober Vertragsverstöße des Arbeitnehmers, aus welchen die Gefahr resultiert, dass die weitere Annahme der Arbeitsleistung Rechtsgüter des Arbeitgebers, seiner Familienangehörigen oder anderer Arbeitnehmer verletzen könnte, deren Schutz Vorrang vor den Interessen des Arbeitnehmers an der Erhaltung seines Verdienstes hat.[550]

255

Kündigt der Arbeitgeber das Arbeitsverhältnis, kann der Arbeitnehmer unter den Voraussetzungen des § 102 Abs. 5 Satz 1 BetrVG bzw. des § 79 Abs. 2 Satz 1 i.V.m. Abs. 1 Satz 4 BPersVG (Widerspruch des Betriebsrats bzw. Einwendungen des Personalrats) verlangen, während eines **Kündigungsrechtsstreits** weiterbeschäftigt zu werden. Dieser Weiterbeschäftigungsanspruch ist auf tatsächliche Beschäftigung des Arbeitnehmers und nicht nur auf Aufrechterhaltung des Arbeitsverhältnisses unter Fortzahlung der Vergütung gerichtet.[551] Der Antrag des Arbeitnehmers ist spätestens bei Ablauf der Kündigungsfrist zu stellen.[552] In dem Antrag hat der Arbeitnehmer die Art und Weise sowie den Grund seines Anspruchs zu benennen.[553]

256

Das Bundesarbeitsgericht[554] wendet darüber hinaus in den Fällen eines Kündigungsrechtsstreits auch die **allgemeinen Grundsätze zur Beschäftigungspflicht** an. Der Anspruch auf Weiterbeschäftigung kann bereits während des Prozesses geltend gemacht werden.[555] Wird das Arbeitsverhältnis gekündigt und setzt sich der Arbeitnehmer gegen die Kündigung zur Wehr, verändert sich indes die Interessenlage der Arbeitsvertragsparteien.[556] Die Unsicherheit über die Wirksamkeit der Kündigung und damit die Ungewissheit des Prozessausgangs mit den daraus folgenden Risiken begründet ein schützenswertes Interesse des Arbeitgebers an der Nichtbeschäftigung des Arbeitnehmers.[557] Dieses überwiegt im Regelfall das Beschäftigungsinteresse des Arbeitnehmers.[558] Die Ungewissheit führt allerdings dann nicht zu einer Verschiebung der Interessenlage, wenn die umstrittene Kündigung offensichtlich unwirksam ist.[559] Entsprechendes gilt, wenn im Rechtsstreit ein die Instanz abschließendes Urteil ergeht, dass die Unwirksamkeit der Kündigung und damit den Fortbestand des Arbeitsverhältnisses feststellt.[560] Vom Zeitpunkt einer solchen Entscheidung an müssen zu der Ungewissheit des Prozessausgangs zusätzliche Umstände hinzukommen, aus denen sich im Einzelfall ein überwiegendes Interesse des Arbeitgebers an der Nichtbeschäftigung des Arbeitnehmers ergibt.[561]

257

---

[547] BAG v. 27.02.1985 - GS 1/84 - juris Rn. 55 - NJW 1985, 2968-2974.
[548] *Müller-Glöge* in: MünchKomm-BGB, § 611 Rn. 979.
[549] BAG v. 29.10.1987 - 2 AZR 144/87 - juris Rn. 17 - BB 1988, 914; *Müller-Glöge* in: MünchKomm-BGB, § 611 Rn. 979.
[550] BAG v. 29.10.1987 - 2 AZR 144/87 - juris Rn. 17 - BB 1988, 914.
[551] BAG v. 27.02.1985 - GS 1/84 - juris Rn. 51 - NJW 1985, 2968-2974.
[552] BAG v. 17.06.1999 - 2 AZR 608/98 - juris Rn. 22 - NJW 2000, 236-239.
[553] BAG v. 17.06.1999 - 2 AZR 608/98 - juris Rn. 23 - NJW 2000, 236-239.
[554] Vgl. BAG v. 19.08.1976 - 3 AZR 173/75 - juris Rn. 26 - NJW 1977, 215-216.
[555] BAG v. 27.02.1985 - GS 1/84 - juris Rn. 99 - NJW 1985, 2968-2974.
[556] BAG v. 27.02.1985 - GS 1/84 - juris Rn. 71 - NJW 1985, 2968-2974.
[557] BAG v. 27.02.1985 - GS 1/84 - juris Rn. 87 - NJW 1985, 2968-2974.
[558] BAG v. 27.02.1985 - GS 1/84 - juris Rn. 93 - NJW 1985, 2968-2974.
[559] BAG v. 27.02.1985 - GS 1/84 - juris Rn. 83 - NJW 1985, 2968-2974.
[560] BAG v. 27.02.1985 - GS 1/84 - juris Rn. 94 - NJW 1985, 2968-2974.
[561] BAG v. 27.02.1985 - GS 1/84 - juris Rn. 95 - NJW 1985, 2968-2974.

258 Hat der Arbeitnehmer nach den vorstehenden Grundsätzen einen Anspruch auf Weiterbeschäftigung, behält er diesen auch im Falle einer wiederholten Kündigung, wenn diese offensichtlich unwirksam ist.[562] Gleiches gilt auch für den Fall, dass die weitere Kündigung auf dieselben Gründe wie schon die erste Kündigung gestützt wird, wenn arbeitsgerichtlich die Unwirksamkeit der ersten Kündigung mangels ausreichender Kündigungsgründe festgestellt worden ist.[563]

259 Das etwaige Bestehen eines Beschäftigungsanspruchs während der Dauer des Kündigungsschutzprozesses vermag bei Wirksamkeit der Kündigung einen rechtlichen Fortbestand des Arbeitsverhältnisses über den in der Kündigung angegebenen Zeitpunkt hinaus nicht zu begründen.[564] Auch die Grundsätze über das sog. faktische/fehlerhafte Arbeitsverhältnis (vgl. Rn. 167) finden mangels einer Einvernehmlichkeit im Hinblick auf die weitere Beschäftigung keine Anwendung.[565] Der rechtliche Fortbestand des Arbeitsverhältnisses kann allerdings zwischen den Parteien auflösend bedingt durch die rechtskräftige Abweisung der Kündigungsschutzklage ausdrücklich oder konkludent vereinbart werden.[566] Für die Vereinbarung einer Fortsetzung des gekündigten Arbeitsverhältnisses trägt der Arbeitnehmer die Darlegungs- und Beweislast.[567]

260 Arbeitet der Arbeitnehmer ohne eine entsprechende Vereinbarung weiter, indem er die Beschäftigung auf gerichtlichem Wege erwirkt, ist die Abwicklung nach den bereicherungsrechtlichen Vorschriften vorzunehmen, so dass der Arbeitnehmer keinen Vergütungsanspruch, sondern gemäß den §§ 812 Abs. 1 Satz 1, 818 Abs. 2 BGB lediglich einen Anspruch auf Wertersatz für die geleistete Arbeit hat.[568] Der Anspruch richtet sich gemäß § 612 Abs. 2 BGB nach der üblichen Vergütung.[569] Er ist jedoch nach oben begrenzt durch die Vergütung, die der Arbeitnehmer im Falle des Bestehens eines Beschäftigungsverhältnisses erlangt hätte.[570]

261 Im Rechtsstreit über die Wirksamkeit einer **Änderungskündigung** hat der Arbeitnehmer keinen Anspruch auf Weiterbeschäftigung gemäß den bisherigen Arbeitsbedingungen; den Beschäftigungsinteressen des Arbeitnehmers ist vielmehr auch bei einer Beschäftigung zu den geänderten Arbeitsbedingungen gedient.[571]

262 Die Verpflichtung zur Beschäftigung stellt eine unvertretbare Handlung dar.[572] Die **Zwangsvollstreckung** eines Weiterbeschäftigungsurteils richtet sich daher nach § 888 ZPO. Die Zwangsvollstreckung aus einem auf Weiterbeschäftigung gerichteten Titel kommt wegen Unmöglichkeit der Leistung nicht in Betracht, wenn der entsprechende Arbeitsplatz ersatzlos weggefallen ist.[573] Dabei wird es allerdings in der Regel als rechtsmissbräuchlich anzusehen sein, wenn der Arbeitgeber sich einer Ausführung der titulierten Weiterbeschäftigungsverpflichtung dadurch entzieht, dass er die Vollstreckung durch eine Umorganisation unmöglich macht.[574]

---

[562] BAG v. 19.12.1985 - 2 AZR 190/85 - juris Rn. 27 - NJW 1986, 2965-2967.
[563] BAG v. 19.12.1985 - 2 AZR 190/85 - juris Rn. 31 - NJW 1986, 2965-2967.
[564] BAG v. 17.01.1991 - 8 AZR 483/89 - juris Rn. 23 - NJW 1991, 2589-2590; vgl. BAG v. 01.03.1990 - 6 AZR 649/88 - juris Rn. 16 - BB 1990, 1488-1489; BAG v. 10.03.1987 - 8 AZR 146/84 - juris Rn. 16 - NJW 1987, 2251-2253.
[565] BAG v. 10.03.1987 - 8 AZR 146/84 - juris Rn. 26 - NJW 1987, 2251-2253.
[566] BAG v. 17.01.1991 - 8 AZR 483/89 - juris Rn. 26 - NJW 1991, 2589-2590.
[567] BAG v. 17.01.1991 - 8 AZR 483/89 - juris Rn. 26 - NJW 1991, 2589-2590.
[568] Vgl. BAG v. 12.02.1992 - 5 AZR 297/90 - juris Rn. 19 - NJW 1993, 484-485; BAG v. 01.03.1990 - 6 AZR 649/88 - juris Rn. 17 - BB 1990, 1488-1489; BAG v. 10.03.1987 - 8 AZR 146/84 - juris Rn. 34 - NJW 1987, 2251-2253.
[569] Vgl. BAG v. 12.02.1992 - 5 AZR 297/90 - juris Rn. 28 - NJW 1993, 484-485.
[570] Vgl. BAG v. 12.02.1992 - 5 AZR 297/90 - juris Rn. 28 - NJW 1993, 484-485.
[571] BAG v. 18.01.1990 - 2 AZR 183/89 - juris Rn. 39 - BB 1990, 1843-1845; LArbG Berlin v. 01.11.2002 - 19 Sa 1498/02 - juris Rn. 27 - Bibliothek BAG.
[572] LArbG Kiel v. 11.12.2003 - 2 Ta 257/03 - juris Rn. 5 - Bibliothek BAG.
[573] LArbG Kiel v. 11.12.2003 - 2 Ta 257/03 - juris Rn. 6 - Bibliothek BAG; LArbG Köln v. 23.08.2001 - 7 (13) Ta 190/01 - juris Rn. 14 - Bibliothek BAG.
[574] LArbG Kiel v. 11.12.2003 - 2 Ta 257/03 - juris Rn. 6 - Bibliothek BAG; LArbG Köln v. 23.08.2001 - 7 (13) Ta 190/01 - juris Rn. 16 - Bibliothek BAG.

3. Haftung

Wegen eines **Personenschadens**, der durch einen **Arbeitsunfall** entstanden ist, den der Arbeitgeber nicht vorsätzlich verursacht hat, kann der betroffene Arbeitnehmer von seinem Arbeitgeber keinen Schadensersatz verlangen. Insofern tritt die gesetzliche Unfallversicherung mit schuldbefreiender Wirkung ein (§ 104 SGB VII). Ein Arbeitsunfall ist dabei vom Arbeitgeber nicht schon dann vorsätzlich herbeigeführt worden, wenn der Arbeitgeber die Unfallverhütungsvorschriften vorsätzlich missachtet hat und der Unfall hierauf beruht.[575] Der Arbeitgeber muss vielmehr auch im Hinblick auf den konkreten Unfall zumindest mit bedingtem Vorsatz gehandelt haben.[576] Ist der Schaden nicht durch einen Arbeitsunfall verursacht worden, haftet der Arbeitgeber ohne Privileg nach den allgemeinen Vorschriften.

263

Erleidet der Arbeitnehmer einen **Sachschaden**, kommt neben der verschuldensabhängigen Haftung des Arbeitgebers[577] ein Aufwendungsersatzanspruch des Arbeitnehmers analog § 670 BGB in Betracht.[578] Voraussetzung ist, dass der Gegenstand mit Billigung des Arbeitgebers in dessen Betätigungsbereich eingesetzt wurde.[579] Bei der Prüfung eines etwaigen Mitverschuldens des Arbeitnehmers sind die Grundsätze der beschränkten Arbeitnehmerhaftung (vgl. Rn. 313) anzuwenden.[580]

264

II. Pflichten des Dienstverpflichteten

1. Dienstleistungspflicht

a. Pflicht zur persönlichen Leistung der versprochenen Dienste

Die Hauptleistungspflicht des Dienstverpflichteten besteht in der Pflicht zur Leistung der versprochenen Dienste. Gemäß § 613 Satz 1 BGB hat er die Dienste im Zweifel in Person zu leisten, d.h. er kann sich nicht durch einen Ersatzmann vertreten lassen.

265

b. Inhalt der Dienstleistungspflicht im Arbeitsverhältnis

Auch der Inhalt der Arbeitspflicht eines Arbeitnehmers ergibt sich in erster Linie aus dem Arbeitsvertrag.[581] Dabei müssen entsprechende Regelungen insbesondere dem Transparenzgebot aus § 307 Abs. 1 Satz 2 BGB genügen[582]. Wird im Rahmen eines Arbeitsvertrages die Leistungspflicht des Arbeitnehmers jedoch – wie häufig der Fall – in Bezug auf Art, Zeit, Umfang und Ort der Arbeitsleistung nicht umfassend geregelt, gelten folgende Grundsätze:

266

Welche **Art von Arbeiten** ein Arbeitnehmer im Einzelnen zu verrichten hat, bestimmt sich in Ermangelung einer ausdrücklichen Bestimmung nach der Verkehrssitte. Es kommt darauf an, welche Arbeiten Arbeitnehmer in einer vergleichbaren Stellung üblicherweise verrichten.[583] Mangels näherer Festlegung sind das entsprechende Berufsbild und die bei Vertragsschluss für beide Seiten erkennbaren Umstände maßgebend.[584] So gehört etwa zu den arbeitsvertraglichen Pflichten eines Kraftfahrers ne-

267

---

[575] BAG v. 02.03.1989 - 8 AZR 416/87 - juris Rn. 13; LArbG Köln v. 30.01.2003 - 5 Sa 966/02 - juris Rn. 2 - Bibliothek BAG.

[576] Vgl. BAG v. 02.03.1989 - 8 AZR 416/87 - juris Rn. 12 - nv; vgl. LArbG Köln v. 30.01.2003 - 5 Sa 966/02 - juris Rn. 3 - Bibliothek BAG.

[577] Vgl. z.B. BAG v. 12.05.2010 - 10 AZR 390/09 - juris Rn. 11 - DB 2010, 1944-1945; BAG v. 10.12.2008 - 10 AZR 889/07 - Rn. 12 - DB 2009, 513-514 (jeweils Schadensersatzanspruch wegen unterbliebener Zielvereinbarung).

[578] Vgl. BAG v. 23.11.2006 - 8 AZR 701/05 - juris Rn. 13 - NJW 2007, 1486-1487.

[579] Vgl. BAG v. 23.11.2006 - 8 AZR 701/05 - juris Rn. 13 - NJW 2007, 1486-1487.

[580] Vgl. BAG v. 23.11.2006 - 8 AZR 701/05 - juris Rn. 19 - NJW 2007, 1486-1487.

[581] BAG v. 30.04.2008 - 5 AZR 502/07 - juris Rn. 25 - BAGE 126, 316-325.

[582] Zur mangelnden Transparenz einer Arbeitszeitregelung vgl. z.B. BAG v. 21.06.2011 - 9 AZR 236/10 - juris Rn. 37 - DB 2011, 2441-2443.

[583] Vgl. BAG v. 30.04.2008 - 5 AZR 502/07 - juris Rn. 26 - BAGE 126, 316-325; vgl. BAG v. 30.05.1984 - 4 AZR 146/82 - juris Rn. 14 - EzA § 242 Gleichbehandlung Nr. 37; vgl. BAG v. 03.12.1980 - 5 AZR 477/78 - juris Rn. 10 - ZIP 1981, 418-420.

[584] BAG v. 30.04.2008 - 5 AZR 502/07 - juris Rn. 26 - BAGE 126, 316-325.

ben dem eigentlichen Fahrdienst auch die Wartung und Pflege der ihm zugewiesenen Fahrzeuge sowie die Durchführung kleinerer Reparaturen.[585] Eine Lehrkraft an einer Ganztagsschule muss nach dem Berufsbild in angemessenem Umfang auch Lernstundenaufsicht übernehmen.[586] In Ausnahme- und Notsituationen kann der Arbeitnehmer auch zur Übernahme von vertraglich nicht geschuldeten – insbesondere auch geringerwertigen – Tätigkeiten verpflichtet sein.[587]

268 Bezüglich der Dauer und Lage der **Arbeitszeit** finden sich zwingende Vorgaben im ArbZG, von denen nur in Ausnahmefällen abgewichen werden kann. Vereinbarungen zur Flexibilisierung der Arbeitszeit unterliegen Beschränkungen, welche denjenigen entsprechen, die im Hinblick auf die Vereinbarung von Widerrufsvorbehalten (vgl. hierzu Rn. 234) bestehen.[588] So darf bei der Vereinbarung von Arbeit auf Abruf jedenfalls bei formularmäßiger Vereinbarung die vom Arbeitgeber zusätzlich abrufbare Arbeit nicht mehr als 25% der vereinbarten Mindestarbeitszeit betragen[589], bei einer Vereinbarung zur flexiblen Verringerung der vereinbarten Arbeitszeit beträgt das Volumen der reduzierbaren Zeit 20% der vertraglich vereinbarten Arbeitszeit.[590] Pflegt ein Arbeitgeber einen flexiblen Abruf zur Arbeit, indem er eine Vorgabe der Arbeitszeitverteilung unterlässt, kommt er mit Ablauf eines jeden Arbeitstags in Annahmeverzug, wenn und soweit er die sich aus Arbeits- oder Tarifvertrag ergebende Sollarbeitszeit nicht ausschöpft. Eines Angebots der Arbeitsleistung nach § 296 Satz 1 BGB durch den Arbeitnehmer bedarf es nicht. Der Arbeitgeber verliert in diesem Fall seinen Anspruch auf die Arbeitsleitung und schuldet dem Arbeitnehmer gleichwohl die Vergütung.[591] Fehlt es gänzlich an einer Arbeitszeitregelung oder ist eine solche mangels hinreichender Transparenz unwirksam, ist bei Fehlen einer Teilzeitvereinbarung im Zweifel ein Vollzeitarbeitsverhältnis begründet; der vom Arbeitnehmer geschuldete Beschäftigungsumfang ist in einem solchen Fall unter Rückgriff auf das Tarifrecht zu bestimmen.[592]

269 Die Tatsache, dass ein Arbeitnehmer vom Arbeitgeber – auch längere Zeit – unter Überschreitung der vertraglich vorgesehenen Arbeitszeit eingesetzt wird, beinhaltet für sich genommen noch keine einvernehmliche Vertragsänderung hin zu einer geänderten, erhöhten Arbeitszeit. Bei einem entsprechenden Arbeitseinsatz handelt es sich lediglich um ein tatsächliches Verhalten. Die Annahme einer dauerhaften Vertragsänderung mit einer erhöhten regelmäßigen Arbeitszeit setzt indes eine dahingehende Einigung aufgrund entsprechender Erklärungen seitens der Parteien voraus.[593]

270 Inwiefern Reisezeiten als Arbeitszeit zu qualifizieren sind, hängt vom Einzelfall ab. Allgemein ist in jedem Fall eine dem Arbeitgeber zugutekommende Arbeitsleistung dann anzunehmen, wenn der Arbeitnehmer bei An- und Abreise selbst tätig werden muss und die Fahrt vom Arbeitgeber kraft Direktionsrechts bestimmt wird.[594] Der Weg zur Arbeit gehört hierzu nicht, da keine Arbeit für den Arbeitgeber erbracht wird.[595] Abweichendes gilt bei Außendienstmitarbeitern, Vertretern, „Reisenden" o.Ä., da bei ihnen die Fahrt zum ersten Kunden und vom letzten Kunden zurück mit der als vertragliche Hauptleistungspflicht anzusehenden Reisetätigkeit zwischen den Kunden eine Einheit und damit insgesamt die Dienstleistung darstellt.[596] Darüber hinaus gilt als Arbeit i.S.d. § 611 Abs. 1 BGB auch eine vom Arbeitgeber veranlasste Untätigkeit, während derer der Arbeitnehmer am Arbeitsplatz anwe-

---

[585] BAG v. 30.05.1984 - 4 AZR 146/82 - juris Rn. 14 - EzA § 242 Gleichbehandlung Nr. 37.
[586] BAG v. 30.04.2008 - 5 AZR 502/07 - juris Rn. 27 - BAGE 126, 316-325.
[587] BAG v. 03.12.1980 - 5 AZR 477/78 - juris Rn. 11 - ZIP 1981, 418-420.
[588] BAG v. 07.12.2005 - 5 AZR 535/04 - juris Rn. 44 - NZA 2006, 423-429.
[589] BAG v. 07.12.2005 - 5 AZR 535/04 - juris Rn. 44 - NZA 2006, 423-429.
[590] BAG v. 07.12.2005 - 5 AZR 535/04 - juris Rn. 44 - NZA 2006, 423-429.
[591] BAG v. 26.01.2011 - 5 AZR 819/09 - juris Rn. 19 - DB 2011, 1227-1228.
[592] BAG v. 21.06.2011 - 9 AZR 236/10 - juris Rn. 52 - DB 2011, 2441-2443.
[593] BAG v. 21.06.2011 - 9 AZR 236/10 - juris Rn. 57 - DB 2011, 2441-2443; BAG v. 22.04.2009 - 5 AZR 133/08 - juris Rn. 13 - DB 2009, 1652.
[594] BAG v. 22.04.2009 - 5 AZR 292/08 - juris Rn. 15 - DB 2009, 1602-1603; BAG v. 16.01.2002 - 5 AZR 303/00 - juris Rn. 13 - DB 2002, 950.
[595] BAG v. 22.04.2009 - 5 AZR 292/08 - juris Rn. 15 - DB 2009, 1602-1603; BAG v. 21.12.2006 - 6 AZR 341/06 - juris Rn. 13 - BAGE 120, 361-372.
[596] BAG v. 22.04.2009 - 5 AZR 292/08 - juris Rn. 15 - DB 2009, 1602-1603.

send sein muss und nicht frei über die Nutzung des Zeitraums bestimmen kann, er also weder eine Pause i.S.d. ArbZG noch Freizeit hat. Insofern können z.B. Fernfahrer, die sich auf einer längeren Strecke mit anderen Kollegen beim Fahren abwechseln, eine Vergütung ihrer als Beifahrer verbrachten Zeiten verlangen.[597]

Im Hinblick auf den vom Arbeitnehmer innerhalb der Arbeitszeit zu erbringenden **Umfang an Arbeitsleistungen und deren Qualität** gilt der Grundsatz, dass der Arbeitnehmer diejenige Arbeit zu leisten hat, die er bei angemessener Anspannung seiner geistigen und körperlichen Kräfte dauerhaft ohne Gefährdung seiner Gesundheit zu leisten imstande ist (subjektiver Leistungsmaßstab).[598]

In Bezug auf den **Ort der Arbeitsleistung** ergibt sich aus den Umständen bzw. der Natur des Arbeitsvertrages (vgl. § 269 Abs. 1 BGB) bei Fehlen einer abweichenden Vereinbarung in der Regel, dass die Arbeit im Betrieb des Arbeitgebers zu leisten ist. Allerdings kann sich aus der Art der Tätigkeit (etwa bei Speditions- oder Kurierdiensten) eine stillschweigende anderweitige Vereinbarung ergeben. Durch sog. Versetzungsklauseln kann der Arbeitgeber sich vertraglich ausdrücklich die Befugnis zur Zuweisung eines anderen Arbeitsorts vorbehalten.[599]

c. Weisungsrecht des Arbeitgebers im Arbeitsverhältnis

Weitere Konkretisierungen der Arbeitspflicht ergeben sich in einem Arbeitsverhältnis aufgrund von Weisungen des Arbeitgebers. Das Weisungsrecht des Arbeitgebers ist in § 106 Satz 1 GewO (i.V.m. § 6 Abs. 2 GewO) ausdrücklich normiert. Der Arbeitgeber ist hiernach befugt, die nähere Ausgestaltung der Arbeitspflicht im Hinblick auf Inhalt, Ort und Zeit der Arbeitsleistung durch Weisungen gegenüber den Arbeitnehmern vorzunehmen. Mit der Ausübung des Direktionsrechts wird die hiernach bestimmte Arbeitsleistung bis zur – wirksamen – Neuausübung des Direktionsrechts die konkret geschuldete Leistung.[600] Durch die Ausübung des Weisungsrechts kann der Arbeitgeber die Arbeitsbedingungen indes nur soweit festlegen, als diese nicht bereits durch den Arbeitsvertrag, Bestimmungen einer Betriebsvereinbarung, eines anwendbaren Tarifvertrags oder gesetzliche Vorschriften festgelegt sind. Wird die Tätigkeit eines Arbeitnehmers bei dessen Einstellung fachlich umschrieben, können diesem grundsätzlich sämtliche Arbeiten zugewiesen werden, die diesem Berufsbild entsprechen.[601] Vom Arbeitsvertrag nicht umfasste Tätigkeiten kann der Arbeitgeber dem Arbeitnehmer hingegen nicht zuweisen.[602]

Der Arbeitgeber kann sich die entsprechenden Weisungsrechte auch explizit im Arbeitsvertrag – etwa durch Aufnahme einer Versetzungsklausel – vorbehalten. Eine solche Klausel muss jedoch ggf. den Vorgaben für Regelungen in Allgemeinen Geschäftsbedingungen gemäß §§ 305 ff. BGB gerecht werden. In einem solchen Fall sind dem Bundesarbeitsgericht[603] zufolge die folgenden Grundsätze zu beachten:

- Ergibt die Auslegung, dass der Versetzungsvorbehalt materiell (nur) dem Inhalt der gesetzlichen Regelung des § 106 GewO entspricht oder zugunsten des Arbeitnehmers davon abweicht, unterliegt diese Klausel keiner Angemessenheitskontrolle i.S.v. § 307 Abs. 1 Satz 1 BGB, sondern allein einer Transparenzkontrolle nach § 307 Abs. 1 Satz 2 BGB. Der Arbeitgeber, der sich lediglich die Konkretisierung des vertraglich vereinbarten Tätigkeitsinhalts, nicht aber eine Änderung des Vertragsinhalts vorbehält, weicht nicht zulasten des Arbeitnehmers von Rechtsvorschriften ab (§ 307 Abs. 3 Satz 1 BGB). Die Vertragsklausel muss dabei die Beschränkung auf den materiellen Gehalt des

---

[597] BAG v. 20.04.2011 - 5 AZR 200/10 - juris Rn. 21 - DB 2011, 1639-1640.
[598] BAG v. 11.12.2003 - 2 AZR 667/02 - juris Rn. 90 - NZA 2004, 784-788; *Weidenkaff* in: Palandt, § 611 Rn. 26.
[599] Vgl. hierzu BAG v. 11.04.2006 - 9 AZR 557/05 - juris Rn. 36 - NZA 2006, 1149-1154.
[600] BAG v. 19.05.2010 - 5 AZR 162/09 - juris Rn. 16 - BAGE 134, 296-307.
[601] Hessisches LArbG v. 03.06.2005 - 12 Sa 553/04 - juris Rn. 24 - nv; LArbG Rheinland-Pfalz v. 05.05.2004 - 10 Sa 33/04 - juris Rn. 24 - PERSONAL 2005, Nr. 3, 54.
[602] Vgl. hierzu auch BAG v. 19.01.2011 - 10 AZR 738/09 - juris Rn. 12 - DB 2011, 1056-1057.
[603] BAG v. 25.08.2010 - 10 AZR 275/09 - juris Rn. 23 - DB 2010, 2564-2566, m.w.N.

- § 106 GewO unter Berücksichtigung der oben dargestellten Auslegungsgrundsätze aus sich heraus erkennen lassen.
- Ergibt die Vertragsauslegung demgegenüber, dass sich der Arbeitgeber mit dem Versetzungsvorbehalt über § 106 GewO hinaus ein Recht zur Vertragsänderung vorbehält, so unterliegt die Regelung der Angemessenheitskontrolle nach § 307 Abs. 1 Satz 1 BGB. Nach § 307 Abs. 2 Nr. 1 BGB ist eine unangemessene Benachteiligung im Zweifel anzunehmen, wenn eine Bestimmung mit wesentlichen Grundgedanken der gesetzlichen Regelung, von der abgewichen wird, nicht zu vereinbaren ist. Dies wird regelmäßig der Fall sein, wenn sich der Arbeitgeber vorbehält, ohne den Ausspruch einer Änderungskündigung einseitig die vertraglich vereinbarte Tätigkeit unter Einbeziehung geringerwertiger Tätigkeiten zulasten des Arbeitnehmers ändern zu können.

275 Selbst bei Vorhandensein einer Versetzungsklausel kann der Arbeitgeber dem Arbeitnehmer im Rahmen des Direktionsrechts indes nur gleichwertige Tätigkeiten zuweisen.[604]

276 Die **Übertragung des Amtes als Beauftragten für den Datenschutz** gemäß § 4f Abs. 1 Satz 1 BDSG und der damit verbundenen Aufgaben ist gegenüber einem Arbeitnehmer regelmäßig nicht durch Ausübung des Direktionsrechts möglich. Es bedarf der Vereinbarung der Arbeitsvertragsparteien, dass die Wahrnehmung des Amtes und die damit verbundene Tätigkeit Teil der vertraglich geschuldeten Leistung sein sollen. Diese Vereinbarung kann konkludent erfolgen, indem der Arbeitnehmer das angetragene Amt annimmt. Damit erweitern sich die arbeitsvertraglichen Rechte und Pflichten des Arbeitnehmers um die entsprechende Tätigkeit.[605]

277 Im Übrigen hat der Arbeitgeber sein Weisungsrecht nach **billigem Ermessen** auszuüben. Die Billigkeit wird inhaltlich auch durch die Grundrechte – etwa die Glaubens- und Bekenntnisfreiheit (Art. 4 Abs. 1 GG) und die Gewährleistung der ungestörten Religionsausübung (Art. 4 Abs. 2 GG) – mitbestimmt.[606] Kollidiert das Recht des Arbeitgebers, im Rahmen seiner gleichfalls grundrechtlich geschützten unternehmerischen Betätigungsfreiheit (Art. 12 Abs. 1 GG) den Inhalt der Arbeitsverpflichtung des Arbeitnehmers näher zu konkretisieren, mit grundrechtlich geschützten Positionen des Arbeitnehmers, so ist das Spannungsverhältnis einem grundrechtskonformen Ausgleich der Rechtspositionen zuzuführen; dabei sind die kollidierenden Grundrechte in ihrer Wechselwirkung zu sehen und so zu begrenzen, dass die geschützten Rechtspositionen für alle Beteiligten möglichst weitgehend wirksam werden.[607] Eine Leistungsbestimmung entspricht im Ergebnis billigem Ermessen, wenn die wesentlichen Umstände des Falles unter Beachtung der Grundrechte und des Gleichbehandlungsgrundsatzes abgewogen und die beiderseitigen Interessen angemessen berücksichtigt worden sind.[608] Dabei sind auch die familiären Belange des Arbeitnehmers schutzwürdig.[609]

278 Ist der Arbeitnehmer aus in seiner Person liegenden Gründen nicht mehr in der Lage, die vom Arbeitgeber aufgrund seines Direktionsrechts näher bestimmte Leistung zu erbringen, kann es die Rücksichtnahmepflicht aus § 241 Abs. 2 BGB gebieten, dass der Arbeitgeber von seinem Direktionsrecht erneut Gebrauch macht und die Leistungspflicht des Arbeitnehmers dahin anderweitig konkretisiert, dass dem Arbeitnehmer die Leistungserbringung wieder möglich wird.[610]

279 Bei der Ausübung des Ermessens im Rahmen der Billigkeit muss der Arbeitgeber auch einen ihm offenbarten **Gewissenskonflikt des Arbeitnehmers** berücksichtigen.[611] Hierzu ist erforderlich, dass der

---

[604] BAG v. 19.05.2010 - 5 AZR 162/09 - juris Rn. 16 - BAGE 134, 296-307.
[605] BAG v. 29.09.2010 - 10 AZR 588/09 - juris Rn. 12 - DB 2011, 243-244.
[606] BAG v. 10.10.2002 - 2 AZR 472/01 - juris Rn. 40 - NZA 2003, 483-487.
[607] BAG v. 10.10.2002 - 2 AZR 472/01 - juris Rn. 40 - NZA 2003, 483-487.
[608] BAG v. 11.04.2006 - 9 AZR 557/05 - juris Rn. 50 - NZA 2006, 1149-1154; BAG v. 23.09.2004 - 6 AZR 567/03 - juris Rn. 19 - DB 2005, 559-561; BAG v. 05.06.2003 - 6 AZR 237/02 - juris Rn. 49 - nv; BAG v. 07.12.2000 - 6 AZR 444/99 - juris Rn. 26 - DB 2001, 2051-2052; BAG v. 17.12.1997 - 5 AZR 332/96 - juris Rn. 35 - MDR 1998, 603-604.
[609] Vgl. BAG v. 07.12.2000 - 6 AZR 444/99 - juris Rn. 20 - DB 2001, 2051-2052.
[610] BAG v. 19.05.2010 - 5 AZR 162/09 - juris Rn. 27 - BAGE 134, 296-307.
[611] BAG v. 22.05.2003 - 2 AZR 426/02 - juris Rn. 39 - AP Nr. 18 zu § 1 KSchG 1969 Wartezeit.

Arbeitnehmer darlegt, ihm sei wegen einer aus einer spezifischen Sachlage folgenden Gewissensnot heraus nicht zuzumuten, die an sich vertraglich geschuldete Leistung zu erbringen.[612] Für die Interessenabwägung ist grundsätzlich von Bedeutung, ob der Arbeitnehmer schon bei Vertragsabschluss damit rechnen musste, dass ihm eine derartige Tätigkeit zugewiesen werden könnte.[613] Weiter ist zu berücksichtigen, ob der Arbeitgeber aus betrieblichen Gründen darauf bestehen muss, dass gerade der sich auf den Gewissenskonflikt berufende Arbeitnehmer den Auftrag ausführt.[614] Schließlich kommt es darauf an, ob der Arbeitgeber in Zukunft mit zahlreichen weiteren Gewissenskonflikten rechnen muss.[615]

Aus der Pflicht zur Leistung der versprochenen Dienste resultiert, dass der Arbeitnehmer den Weisungen des Arbeitgebers Folge zu leisten hat, soweit dessen Weisungsrecht reicht. Eine Arbeit, die dem Arbeitnehmer unter Überschreitung des Weisungsrechts zugewiesen worden ist, kann der Arbeitnehmer ohne nachteilige Folgen ablehnen.[616] Reicht das Weisungsrecht nicht aus, weil der Arbeitgeber eine Bestimmung treffen möchte, die den Rahmen der vertraglichen Vereinbarungen überschreitet, kann der Arbeitgeber sein Begehren nur im Wege einer einvernehmlichen Änderung des Arbeitsvertrages oder durch eine Änderungskündigung durchsetzen. **280**

d. Freistellung

Eine Freistellung des Dienstverpflichteten lässt dessen Pflicht zur Erbringung der Dienste für den Zeitraum der Freistellung entfallen. Bei einer einvernehmlichen Freistellung ist es eine Frage der Auslegung der Freistellungsvereinbarung, ob anderweitige Einkünfte während der Freistellung anzurechnen sind. Ist bei einer Freistellung in einem Vergleich, der die Abwicklung des Arbeitsverhältnisses abschließend regeln soll, keine Anrechnungspflicht vereinbart, muss sich der Arbeitnehmer im Zweifel anderweitigen Verdienst nicht anrechnen lassen.[617] **281**

e. Erholungsurlaub

Ein Arbeitnehmer hat gemäß den §§ 1, 3 Abs. 1 BUrlG in jedem Kalenderjahr einen Anspruch auf Freistellung (Erholungsurlaub) von mindestens 24 Werktagen. Während dieser Zeit ist ihm die Vergütung weiter zu gewähren (sog. Urlaubsentgelt). Die Höhe des Anspruchs ergibt sich dabei aus dem Zeit- und dem Geldfaktor. Mit dem Zeitfaktor bestimmt sich die am jeweiligen Urlaubstag infolge der Freistellung ausfallende Arbeitszeit, für die das Urlaubsentgelt fortzuzahlen ist. Der Geldfaktor bemisst den für die Ausfallzeit zugrunde zu legenden Verdienst. Seine Bemessung ist in § 11 Abs. 1 BUrlG geregelt. Auf übergesetzlichen Urlaub sind die gesetzlichen Bestimmungen indes nur anwendbar, wenn arbeits- oder tarifvertragliche Regelungen fehlen oder es sich bei diesen um bloße deklaratorische Regelungen handelt.[618] **282**

Der Arbeitgeber erfüllt den Urlaubsanspruch in der Regel dadurch, dass er die konkrete Lage des Urlaubs gegenüber dem Arbeitnehmer bestimmt. Er kann den Urlaubsanspruch aber auch dadurch erfüllen, dass er dem Arbeitnehmer das Recht einräumt, die konkrete Lage des Urlaubs innerhalb eines bestimmten Zeitraums selbst zu bestimmen.[619] Hiervon ist regelmäßig auszugehen, wenn der Arbeitgeber den Arbeitnehmer bei Ausspruch einer Kündigung unter Anrechnung der Urlaubsansprüche von der Arbeitsleistung freistellt.[620] **283**

Der Anspruch auf Urlaub ist unabdingbar, unverzichtbar und auch durch Tarifvertrag nur zugunsten des Arbeitnehmers abänderbar (§ 13 Abs. 1 BUrlG). Den Tarifvertragsparteien steht es frei, eine von **284**

---

[612] BAG v. 22.05.2003 - 2 AZR 426/02 - juris Rn. 39 - AP Nr. 18 zu § 1 KSchG 1969 Wartezeit.
[613] BAG v. 22.05.2003 - 2 AZR 426/02 - juris Rn. 39 - AP Nr. 18 zu § 1 KSchG 1969 Wartezeit.
[614] BAG v. 22.05.2003 - 2 AZR 426/02 - juris Rn. 39 - AP Nr. 18 zu § 1 KSchG 1969 Wartezeit.
[615] BAG v. 22.05.2003 - 2 AZR 426/02 - juris Rn. 39 - AP Nr. 18 zu § 1 KSchG 1969 Wartezeit.
[616] BAG v. 03.12.1980 - 5 AZR 477/78 - juris Rn. 14 - ZIP 1981, 418-420.
[617] Vgl. LArbG Hamm v. 27.02.1991 - 2 Sa 1289/90 - juris Rn. 2 - DB 1991, 1577.
[618] BAG v. 15.12.2009 - 9 AZR 887/08 - juris Rn. 18 - AP Nr. 66 zu § 11 BUrlG.
[619] BAG v. 06.09.2006 - 5 AZR 703/05 - juris Rn. 19 - NJW 2007, 2796-2798.
[620] BAG v. 06.09.2006 - 5 AZR 703/05 - juris Rn. 18 - NJW 2007, 2796-2798.

§ 611

§ 11 Abs. 1 BUrlG abweichende Berechnungsmethode für das während des Urlaubs zu gewährende Entgelt festzulegen. So kann in einem Tarifvertrag etwa die Anwendung des Lohnausfallprinzips vereinbart werden, nach welchem sich das Urlaubsentgelt – ohne retrospektive Betrachtung – allein nach dem Arbeitsentgelt bemisst, welches der Arbeitnehmer ohne den Urlaub verdient hätte.[621]

285 Mit Beendigung des Arbeitsverhältnisses wandelt sich der noch nicht erfüllte Urlaubsanspruch gemäß § 7 Abs. 4 BurlG in einen Abgeltungsanspruch um. Weiterer Handlungen des Arbeitgebers oder Arbeitnehmers bedarf es hierfür nicht.[622] Der Urlaubsabgeltungsanspruch ist dabei nicht auf den gesetzlichen Mindesturlaub beschränkt, sofern für den darüber hinaus gehenden vertraglichen Urlaubsanspruch keine besonderen Vereinbarungen getroffen sind.[623]

f. Leistungsstörungen

286 Erfüllt der Dienstberechtigte seine Verpflichtung zur Zahlung der fälligen Vergütung nicht, kann der Dienstverpflichtete ein **Zurückbehaltungsrecht** an seiner Arbeitsleistung geltend machen. Dies gilt auch in einem Arbeitsverhältnis.[624] Der Grundsatz von Treu und Glauben verbietet es dem Arbeitnehmer allerdings, seine Arbeitsleistung wegen eines verhältnismäßig geringfügigen Lohnanspruchs zurückzuhalten; zudem kann die Ausübung des Zurückbehaltungsrechts rechtsmissbräuchlich sein, wenn nur eine kurzfristige Verzögerung der Lohnzahlung zu erwarten ist.[625]

287 Im Falle einer **Nichterbringung der Arbeitsleistung** durch den Dienstverpflichteten gilt Folgendes: An die Stelle der in den §§ 323 Abs. 1, 326 Abs. 5 BGB normierten Rücktrittsrechte tritt im Dienstverhältnis das **Kündigungsrecht** gemäß § 626 BGB. Ob der Dienstberechtigte bei verschuldeter Nichtleistung der versprochenen Dienste **Schadensersatz** statt der Leistung wegen Unmöglichkeit (§§ 280 Abs. 1 BGB, Abs. 3, 283 BGB) verlangen kann, hängt davon ab, ob die versäumte Dienstleistung nachholbar ist. In Arbeitsverhältnissen hat die Arbeitsleistung regelmäßig den Charakter einer nicht nachholbaren Fixschuld.[626] Im Falle einer nachholbaren Dienstleistung hat der Dienstberechtigte zunächst nur einen Anspruch auf Schadensersatz wegen Verzögerung der Leistung (§§ 280 Abs. 1 BGB, Abs. 2, 286 BGB). Einen Schadensersatz statt der Leistung kann er allerdings verlangen, sofern der Dienstverpflichtete auch nach Setzung einer Nachfrist seine Dienstleistung nicht erbringt (§§ 280, 281 BGB).

288 Das Dienstvertragsrecht sieht kein Recht des Dienstberechtigten zur Minderung der Vergütung bei **Mängeln der erbrachten Dienstleistung** vor.[627] Der Dienstberechtigte kann jedoch in diesen Fällen mit einem etwaigen Anspruch auf Schadensersatz wegen Schlechtleistung gegen den Vergütungsanspruch des Dienstberechtigten aufrechnen.

g. Zwangsvollstreckung

289 Der Anspruch auf Leistung der vertraglich versprochenen Dienste kann vom Dienstberechtigten eingeklagt werden. Der Anspruch kann allerdings gemäß § 888 Abs. 3 ZPO nicht vollstreckt werden, sofern – wie gemäß § 613 Satz 1 BGB regelmäßig der Fall – die Dienstleistung personengebunden ist und nicht nach § 887 Abs. 1 ZPO vollstreckt werden kann. Eine einstweilige Verfügung auf Rückkehr zum Arbeitsplatz ist unzulässig.[628]

---

[621] BAG v. 03.12.2002 - 9 AZR 535/01 - juris Rn. 20 - BB 2003, 1232-1235.
[622] BAG v. 22.10.2009 - 8 AZR 865/08 - juris Rn. 23 - DB 2010, 452-454 m.w.N.
[623] BAG v. 22.10.2009 - 8 AZR 865/08 - juris Rn. 24 - DB 2010, 452-454 m.w.N.
[624] BAG v. 25.10.1984 - 2 AZR 417/83 - juris Rn. 23 - DB 1985, 355-357.
[625] BAG v. 25.10.1984 - 2 AZR 417/83 - juris Rn. 29 - DB 1985, 355-357.
[626] Vgl. BAG v. 17.03.1988 - 2 AZR 576/87 - juris Rn. 47 - NJW 1989, 546-549.
[627] BAG v. 18.07.2007 - 5 AZN 610/07 - juris Rn. 3 - BB 2007, 1903-1904.
[628] *Müller-Glöge* in: MünchKomm-BGB, § 611 Rn. 1034.

h. Vertragsstrafe

Eine Sicherung der Arbeitspflicht kann durch die Vereinbarung einer Vertragsstrafe herbeigeführt werden (vgl. § 75c HGB).[629] Bestehende Kündigungsmöglichkeiten des Arbeitnehmers dürfen allerdings nicht erschwert werden.[630] Auch arbeitsvertragliche Nebenpflichten können durch die Vereinbarung einer Vertragsstrafe gesichert werden, wenn hierfür ein berechtigtes Interesse des Arbeitgebers anzuerkennen ist.[631] Elementare Voraussetzung für die Wirksamkeit einer Vertragsstrafe ist dabei die Wirksamkeit der zu sichernden Verbindlichkeit. Fehlt es hieran, ist das Vertragsstrafenversprechen bereits gemäß § 134 BGB unwirksam.[632] 290

Auf der Grundlage des vor der Schuldrechtsreform geltenden Rechts waren in Arbeitsverträgen auch **vorformulierte** Vertragsstrafen für den Fall eines „Vertragsbruchs" des Arbeitnehmers zulässig.[633] Derartige formularmäßige Vertragsstrafen sind dem Bundesarbeitsgericht[634] zufolge auch nach der Einbeziehung der AGB-Regelungen in das BGB aufgrund der im Arbeitsrecht geltenden Besonderheiten (vgl. § 310 Abs. 4 Satz 2 BGB) grundsätzlich zulässig. Die Besonderheiten des Arbeitsrechts liegen dabei in der fehlenden Vollstreckbarkeit der Arbeitsleistung gemäß § 888 Abs. 3 ZPO. Vor diesem Hintergrund ist insbesondere eine Unzulässigkeit nach § 309 Nr. 6 BGB grundsätzlich ausgeschlossen.[635] Eine formularmäßige Vertragsstrafe kann sich allerdings als unangemessene Benachteiligung darstellen und gemäß § 307 BGB unwirksam sein. Eine unangemessene Benachteiligung kann etwa aus der Höhe der Vertragsstrafe folgen. Insofern ist auf eine zur Dauer der Vertragsverletzung proportionale Vertragsstrafe nebst Obergrenze zu achten.[636] Bei der Beurteilung einer angemessenen Höhe der Vertragsstrafe ist zu berücksichtigen, ob typischerweise nur ein geringer Schaden zu erwarten ist. Generell ist ein Betrag in Höhe eines Bruttomonatsgehalts als geeigneter Maßstab anzusehen, wenngleich die konkret zulässige Höhe einer Vertragsstrafe stets anhand des jeweiligen Einzelfalls zu beurteilen ist.[637] Dabei ist auf das individuelle Gehalt des betroffenen Arbeitnehmers, nicht auf die Einkommen anderer Mitarbeiter in vergleichbarer Stellung abzustellen.[638] Könnte sich der Arbeitnehmer mit einer kürzeren Kündigungsfrist vom Vertrag lösen, benachteiligt den Arbeitnehmer eine Vertragsstrafe in Höhe eines Monatsgehalts allerdings unangemessen. 291

Vertragsstrafen wegen **sonstiger Pflichtverletzungen** des Arbeitnehmers unterfallen schon begrifflich nicht dem Verbot des § 309 Nr. 6 BGB.[639] Ihre Unwirksamkeit kann sich aber ebenfalls aus § 307 BGB ergeben. Dabei ist die Vertragsstrafenregelung wegen Unbestimmtheit unwirksam, wenn die strafbewehrten Pflichtverletzungen für den Arbeitnehmer nicht hinreichend erkennbar sind.[640] Dies kann insbesondere bei globalen Strafversprechen, die auf die Absicherung aller arbeitsvertraglicher Pflichten zielen, der Fall sein.[641] 292

---

[629] Vgl. BAG v. 18.09.1991 - 5 AZR 650/90 - juris Rn. 16 - DB 1992, 383-384.
[630] Vgl. BAG v. 11.03.1971 - 5 AZR 349/70 - juris Rn. 20 - AP Nr. 9 zu § 622 BGB.
[631] Vgl. BAG v. 04.09.1964 - 5 AZR 511/63 - juris Rn. 13 - DB 1964, 1666.
[632] BAG v. 25.09.2008 - 8 AZR 717/07 - juris Rn. 27 - DB 2009, 569-572.
[633] Vgl. BAG v. 18.09.1991 - 5 AZR 650/90 - juris Rn. 16 - DB 1992, 383-384.
[634] BAG v. 18.12.2008 - 8 AZR 81/08 - Rn. 38 - DB 2009, 2269-2272; BAG v. 04.03.2004 - 8 AZR 196/03 - juris Rn. 40 - ZIP 2004, 1277-1285; BAG v. 04.03.2004 - 8 AZR 328/03 - juris Rn. 40 - EzA-SD 2004, Nr. 6, 3-4; BAG v. 04.03.2004 - 8 AZR 344/03 - juris Rn. 52 - EzA-SD 2004, Nr. 6, 3-4.
[635] BAG v. 28.05.2009 - 8 AZR 896/07 - juris Rn. 34 - AP Nr. 6 zu § 306 BGB; BAG v. 25.09.2008 - 8 AZR 717/07 - juris Rn. 41 - DB 2009, 569-572.
[636] BAG v. 28.05.2009 - 8 AZR 896/07 - juris Rn. 45 - AP Nr. 6 zu § 306 BGB.
[637] BAG v. 28.05.2009 - 8 AZR 896/07 - juris Rn. 45 - AP Nr. 6 zu § 306 BGB. Vgl. auch BAG v. 25.09.2008 - 8 AZR 717/07 - juris Rn. 52 - DB 2009, 569-572 und BAG v. 18.12.2008 - 8 AZR 81/08 - Rn. 47 - DB 2009, 2269-2272 (Unangemessenheit einer Vertragsstrafe in Höhe von drei Monatsgehältern).
[638] Vgl. BAG v. 04.03.2004 - 8 AZR 344/03 - juris Rn. 72 - EzA-SD 2004, Nr. 6, 3-4.
[639] Vgl. BAG v. 18.08.2005 - 8 AZR 65/05 - juris Rn. 15 - NZA 2006, 720-722.
[640] Vgl. BAG v. 18.08.2005 - 8 AZR 65/05 - juris Rn. 15 - NZA 2006, 720-722; vgl. BAG v. 21.04.2005 - 8 AZR 425/04 - juris Rn. 31 - NZA 2005, 1053-1056.
[641] Vgl. BAG v. 18.08.2005 - 8 AZR 65/05 - juris Rn. 15 - NZA 2006, 720-722; vgl. BAG v. 21.04.2005 - 8 AZR 425/04 - juris Rn. 31 - NZA 2005, 1053-1056.

2. Nebenpflicht zur Rücksichtnahme („Treuepflicht")

293 Den Dienstverpflichteten treffen auch ohne eine ausdrückliche Vereinbarung über seine Pflicht zur Leistung der Dienste hinaus verschiedene Nebenpflichten zum Schutz des Dienstberechtigten. Diese Nebenpflichten haben **insbesondere im Arbeitsverhältnis** eine starke Ausprägung. Sie stehen mit der Pflicht des Dienstberechtigten zur Zahlung der Vergütung nicht in einem Gegenseitigkeitsverhältnis.

294 Der Arbeitnehmer ist verpflichtet, seine Verpflichtungen aus dem Arbeitsverhältnis so zu erfüllen, seine Rechte so auszuüben und die im Zusammenhang mit dem Arbeitsverhältnis stehenden Interessen des Arbeitgebers und des Betriebs so zu wahren, wie dies von ihm unter Berücksichtigung seiner Stellung im Betrieb, seiner eigenen Interessen und der Interessen der anderen Arbeitnehmer des Betriebs billigerweise erwartet werden kann. Diese zunächst aus dem Grundsatz von Treu und Glauben (§ 242 BGB) unter dem Begriff der Treuepflicht abgeleitete Pflicht ist nunmehr in § 241 Abs. 2 BGB gesetzlich anerkannt.

a. Verhaltenspflichten

295 Hat der Arbeitnehmer die Arbeit in einem Betrieb zu leisten, so hat er die **im Betrieb bestehende Ordnung zu beachten**. Er hat rechtmäßige Verhaltensanordnungen – etwa ein Rauchverbot – zu befolgen. Der Arbeitnehmer hat Arbeitsschutzkleidung zu tragen und Arbeitsschutzvorrichtungen und -mittel zu benutzen, soweit dies in einer Rechtsnorm vorgeschrieben oder vom Arbeitgeber zum Schutz und zur Sicherung von Personen oder Sachen angeordnet worden ist. Er muss sich Kontrollen unterwerfen, die der Aufrechterhaltung der betrieblichen Ordnung dienen.[642] Unzulässig sind allerdings heimliche und entwürdigende Kontrollen, da diese das Persönlichkeitsrecht des Arbeitnehmers verletzen.[643] Verstöße gegen die betriebliche Ordnung können als Verletzung des Arbeitsvertrages in schwerwiegenden Fällen eine verhaltensbedingte ordentliche oder gar eine außerordentliche Kündigung (§ 626 BGB) rechtfertigen.

296 Einen besonderen Bereich der betrieblichen Ordnung stellt das **Verhalten gegenüber den Mitarbeitern** dar. Der Arbeitnehmer ist diesbezüglich zur Kollegialität verpflichtet.[644] Insbesondere hat er gegenüber den Mitarbeitern jede Form des sog. „Mobbings" zu unterlassen. Sexuell belästigende Handlungen am Arbeitsplatz verletzen gemäß § 7 Abs. 1 und Abs. 3 i.V.m. §§ 3 Abs. 4, 1 AGG (vormals § 2 Abs. 3 BSchG) die arbeitsvertraglichen Pflichten.

297 Der Arbeitnehmer ist verpflichtet, mit den **Einrichtungen und Arbeitsmitteln des Betriebs**, den Arbeitsstoffen sowie den fertigen Waren des Arbeitgebers sorgfältig umzugehen. Ihn trifft darüber hinaus die Pflicht, diese Gegenstände aktiv vor Verlust und Beschädigung zu bewahren. Er muss den Arbeitgeber vor drohenden Schäden warnen (vgl. § 16 Abs. 1 ArbSchG) und im Falle einer gegenwärtigen Gefahr versuchen, einen Schaden abzuwenden. Bereits eingetretene Schäden hat der Arbeitnehmer im Rahmen der Zumutbarkeit zu beseitigen. Andererseits muss der Arbeitnehmer nicht seine eigenen schutzwürdigen Interessen hinter die des Arbeitgebers stellen. Insbesondere ist er nicht verpflichtet, sich gegenüber dem Arbeitgeber selbst zu bezichtigen.[645]

b. Herausgabepflicht

298 Der Arbeitnehmer soll regelmäßig neben der vereinbarten Arbeitsvergütung keine weiteren materiellen Vorteile aus seiner Arbeitsleistung erlangen. Er hat dem Arbeitgeber daher in entsprechender Anwendung des § 667 Alt. 2 BGB diejenigen Vorteile (etwa „Bonusmeilen" für vom Arbeitgeber bezahlte Flüge) herauszugeben, die er im Rahmen der Arbeitstätigkeit erlangt.[646] Allerdings kann sich aus den vertraglichen Vereinbarungen oder den Umständen des Einzelfalls ergeben, dass der Arbeitnehmer die materiellen Vorteile behalten können soll (so etwa häufig im Hinblick auf „Trinkgelder").

---

[642] *Müller-Glöge* in: MünchKomm-BGB, § 611 Rn. 1066.
[643] Vgl. BAG v. 07.10.1987 - 5 AZR 116/86 - juris Rn. 15 - JZ 1988, 108.
[644] *Müller-Glöge* in: MünchKomm-BGB, § 611 Rn. 1064.
[645] Vgl. BGH v. 23.02.1989 - IX ZR 236/86 - juris Rn. 24 - LM Nr. 89 zu § 611 BGB.
[646] BAG v. 11.04.2006 - 9 AZR 500/05 - juris Rn. 21 - NJW 2006, 3803-3805.

c. Verschwiegenheitspflicht

Der Arbeitnehmer hat gegenüber Dritten über **Betriebs- und Geschäftsgeheimnisse** zu schweigen. Dies gilt auch nach Beendigung des Arbeitsverhältnisses.[647] Über andere Tatsachen hat der Arbeitnehmer dann Stillschweigen zu bewahren, wenn er dies mit dem Arbeitgeber vereinbart hat oder die Tatsachen vom Arbeitgeber als geheimhaltungsbedürftig bezeichnet worden sind und wenn und soweit dies durch die Belange des Betriebs gerechtfertigt ist.[648] Die Verletzung der Verschwiegenheitspflicht kann – unbeschadet der Möglichkeit strafrechtlicher Sanktionen gemäß § 17 UWG – eine Pflicht zum Schadensersatz begründen.

299

d. Nebentätigkeiten/Wettbewerbsverbot

Durch den Dienstvertrag verpflichtet sich der Dienstverpflichtete lediglich zur Leistung der versprochenen Dienste. Dies gilt auch bei einem Arbeitsvertrag. Der Arbeitnehmer stellt dem Arbeitgeber mit dem Arbeitsvertrag nicht seine gesamte Arbeitskraft zur Verfügung.

300

Im Hinblick auf das Verhalten des Arbeitnehmers in der **Freizeit** ergeben sich daher aus der Rücksichtnahmepflicht nur dann Beschränkungen, wenn durch diese Tätigkeiten die Arbeitsaufgabe des Arbeitnehmers unmittelbar berührt wird.[649] So ist es selbstverständlich, dass etwa einem Kraftfahrer auch in seiner Freizeit der Genuss von Alkohol untersagt ist, wenn er noch während seiner Dienstzeit fahruntüchtig wäre. Auch ist etwa ein arbeitsunfähig krankgeschriebener Arbeitnehmer verpflichtet, sich so zu verhalten, dass er möglichst bald wieder gesund wird, und alles zu unterlassen, was seine Genesung verzögern könnte.[650]

301

Der Arbeitnehmer ist auch in der **Verwertung seiner Arbeitskraft außerhalb der Arbeitszeit grundsätzlich frei**.[651] Entsprechend hat der Arbeitgeber aufgrund des Arbeitsvertrages allein nicht das Recht, dem Arbeitnehmer während des rechtlichen Bestehens des Arbeitsverhältnisses jede Tätigkeit für einen Dritten oder in selbstständiger Stellung zu untersagen. Der Arbeitnehmer hat jedoch Nebentätigkeiten zu unterlassen, die ihm die Erfüllung seiner Arbeitspflicht ganz oder teilweise unmöglich machen.[652]

302

Einem Arbeitnehmer ist zudem während des rechtlichen Bestehens eines Arbeitsverhältnisses grundsätzlich jede Konkurrenztätigkeit zum Nachteil seines Arbeitgebers untersagt.[653] So darf der Arbeitnehmer insbesondere nicht ohne Zustimmung seines Arbeitgebers in dessen Marktbereich in eigenem Namen und Interesse Dritten Leistungen anbieten.[654] Für kaufmännische Handlungsgehilfen ist ein solches **Wettbewerbsverbot** während eines bestehenden Arbeitsverhältnisses in den §§ 60, 61 HGB normiert. Für sonstige Arbeitnehmer ergibt sich ein solches Verbot aus deren Pflicht zur Rücksichtnahme.[655] Dies gilt auch im Ausbildungsverhältnis.[656]

303

Die Reichweite des Wettbewerbsverbots kann sich bei Aufgabe eines Geschäftszweigs ebenso wie bei Neuaufnahme eines Geschäftszweigs durch den Arbeitgeber ändern.[657] Unabhängig von der Treuepflicht können Wettbewerbsverbote – auch für selbstständige Tätigkeiten – ausdrücklich vereinbart werden.

304

---

[647] BAG v. 15.12.1987 - 3 AZR 474/86 - juris Rn. 26 - NJW 1988, 1686-1687.
[648] LArbG Hamm v. 05.10.1988 - 15 Sa 1403/88 - juris Rn. 2 - DB 1989, 783-784.
[649] Vgl. BAG v. 24.03.2010 - 10 AZR 66/09 - juris Rn. 15 - BAGE 134, 43-50.
[650] BAG v. 26.08.1993 - 2 AZR 154/93 - juris Rn. 47 - BB 1994, 142-144.
[651] BAG v. 18.01.1996 - 6 AZR 314/95 - juris Rn. 20 - DB 1996, 2182-2183.
[652] BAG v. 18.01.1996 - 6 AZR 314/95 - juris Rn. 20 - DB 1996, 2182-2183; LArbG Frankfurt v. 19.08.2003 - 13/12 Sa 1476/02 - juris Rn. 34 - Bibliothek BAG.
[653] BAG v. 20.09.2006 - 10 AZR 439/05 - juris Rn. 16 - DB 2007, 346-348.
[654] BAG v. 26.01.1995 - 2 AZR 355/94 - juris Rn. 21 - EzA § 626 n.F. BGB Nr. 755.
[655] BAG v. 20.09.2006 - 10 AZR 439/05 - juris Rn. 16 - DB 2007, 346-348; BAG v. 26.01.1995 - 2 AZR 355/94 - juris Rn. 21 - EzA § 626 n.F. BGB Nr. 155.
[656] BAG v. 20.09.2006 - 10 AZR 439/05 - juris Rn. 17 - DB 2007, 346-348.
[657] LArbG Nürnberg v. 04.02.2003 - 6 (5) Sa 981/01 - juris Rn. 33 - Bibliothek BAG.

§ 611

305 Bloße Vorbereitungen für den Aufbau eines eigenen Konkurrenzunternehmens darf der Arbeitnehmer bereits während des bestehenden Arbeitsverhältnisses treffen.[658] Die Vorbereitung von Geschäften mit Kunden des Arbeitgebers oder das „Vorfühlen" der Möglichkeit späterer Geschäftsverbindungen bei den Kunden des Arbeitgebers verstößt demgegenüber gegen die Treuepflicht.[659]

306 Nach Beendigung des Arbeitsverhältnisses steht es dem Arbeitnehmer grundsätzlich frei, in Wettbewerb zu seinem bisherigen Arbeitgeber zu treten.[660] Gesetzliche Beschränkungen ergeben sich lediglich aus den §§ 823, 826 BGB sowie aus § 1 UWG. Allein aus der nachvertraglichen Pflicht zur Verschwiegenheit folgt noch kein weitergehendes Verbot, Kunden des ehemaligen Arbeitgebers abzuwerben.[661] Ein **nachvertragliches Wettbewerbsverbot** kommt nur aufgrund einer Parteivereinbarung in Betracht.[662] Gesetzlich geregelt ist das nachvertragliche Wettbewerbsverbot für Handlungsgehilfen in den §§ 74-75d HGB. Die Vorschriften finden gemäß den §§ 110, 6 Abs. 2 GewO auf sämtliche Arbeitsverhältnisse entsprechende Anwendung. Entsprechend anzuwenden sind vor allem die Regelungen im Hinblick auf die Höchstdauer des Verbots von zwei Jahren (§ 74a Abs. 1 Satz 3 HGB) sowie das Erfordernis einer Karenzentschädigung (§ 74 Abs. 2 HGB).[663] Eine Karenzentschädigung kann nicht in der Abfindung für den Verlust des Arbeitsplatzes gesehen werden.[664] Verweist allerdings eine vertragliche Wettbewerbsklausel für alle Einzelheiten auf die maßgebenden Vorschriften des HGB, so liegt darin im Zweifel die Zusage einer Karenzentschädigung in der gesetzlichen Mindesthöhe.[665]

307 Die Parteien eines Arbeitsvertrages können ein vereinbartes Wettbewerbsverbot jederzeit wieder **aufheben**.[666] Dies gilt auch im Rahmen eines Vergleichs. Eine Regelung, wonach „keine Ansprüche, gleich aus welchem Rechtsgrund, aus dem Arbeitsverhältnis sowie aus seiner Beendigung" mehr gegeneinander bestehen, deckt auch Ansprüche aus einem nachvertraglichen Wettbewerbsverbot ab.[667]

3. Haftung

a. Haftung für Schäden an Leib und Leben anderer Arbeitnehmer

308 Die Haftung des Arbeitnehmers für Schäden an Leib und Leben anderer Arbeitnehmer wird beschränkt durch § 105 Abs. 1 SGB VII. Nach dieser Vorschrift haftet der schädigende Arbeitnehmer einem geschädigten Arbeitnehmer **desselben Betriebs** bei einem durch eine betriebliche Tätigkeit verursachten Arbeitsunfall wegen eines erlittenen Personenschadens nur, wenn er den Schaden vorsätzlich oder auf einem nach § 8 Abs. 2 Nr. 1-4 SGB VII versicherten Weg herbeigeführt hat.

309 Vom Begriff des **Personenschadens** sind nicht nur immaterielle Schäden umfasst, sondern auch die Vermögensschäden, die – wie etwa Schäden wegen Lohnausfalls – durch die Verletzung bedingt sind.[668]

310 Entscheidend für das Vorliegen einer **betrieblichen Tätigkeit** ist die Verursachung des Schadens durch eine Tätigkeit des Schädigers, die ihm von dem Betrieb oder für den Betrieb übertragen war oder die

---

[658] BGH v. 16.11.1954 - I ZR 40/53 - LM Nr. 1 zu § 3 PatG.
[659] Vgl. BAG v. 24.04.1970 - 3 AZR 324/69 - juris Rn. 15 - AP Nr. 5 zu § 60 HGB.
[660] BAG v. 19.05.1998 - 9 AZR 394/97 - juris Rn. 51 - ZIP 1999, 295-299.
[661] BAG v. 15.12.1987 - 3 AZR 474/86 - juris Rn. 27 - NJW 1988, 1686-1687.
[662] BAG v. 19.05.1998 - 9 AZR 394/97 - juris Rn. 51 - ZIP 1999, 295-299.
[663] Zum Erfordernis einer Karenzentschädigung vgl. etwa BAG v. 28.06.2006 - 10 AZR 407/05 - juris Rn. 11 - NJW 2006, 3659-3661.
[664] Vgl. BAG v. 03.05.1994 - 9 AZR 606/92 - juris Rn. 23 - NJW 1995, 151.
[665] BAG v. 28.06.2006 - 10 AZR 407/05 - juris Rn. 14 - NJW 2006, 3659-3661.
[666] BAG v. 31.07.2002 - 10 AZR 558/01 - juris Rn. 40 - EzA § 74 HGB Nr. 64.
[667] BAG v. 31.07.2002 - 10 AZR 558/01 - juris Rn. 47 - EzA § 74 HGB Nr. 64; vgl. auch BAG v. 31.07.2002 - 10 AZR 513/01 - juris Rn. 35 - ZIP 2002, 2271-2275.
[668] BAG v. 22.04.2004 - 8 AZR 159/03 - juris Rn. 22 - NJW 2004, 3360-3364; BAG v. 10.10.2002 - 8 AZR 103/02 - juris Rn. 16 - NJW 2003, 1890-1891; BAG v. 12.12.2002 - 8 AZR 94/02 - juris Rn. 23 - NJW 2003, 1891-1894.

von ihm im Betriebsinteresse ausgeführt wurde.⁶⁶⁹ Dabei umfasst der Begriff der betrieblichen Tätigkeit nicht nur die Tätigkeiten, die in den engeren Rahmen des dem Arbeitnehmer zugewiesenen Aufgabenkreises fallen, sondern auch andere, sofern diese in nahem Zusammenhang mit dem Betrieb und seinem betrieblichen Wirkungskreis stehen.⁶⁷⁰

Die Haftungsbeschränkung entfällt wegen **Vorsatz** des Arbeitnehmers nur dann, wenn sich der Vorsatz sowohl auf die Herbeiführung des Unfalls als auch auf den konkreten Verletzungserfolg bezieht.⁶⁷¹ 311

Die vorstehende Haftungsbeschränkung gilt gemäß § 106 Abs. 3, Alt. 3 SGB VII zudem im Verhältnis von Arbeitnehmern verschiedener Unternehmen, wenn diese vorübergehend betriebliche Tätigkeiten auf einer **gemeinsamen Betriebsstätte** verrichten. Die Anwendung dieser Haftungsbeschränkung setzt ein bewusstes Miteinander der Arbeitnehmer im Arbeitsablauf voraus, das zwar nicht nach einer ausdrücklichen Vereinbarung oder rechtlichen Verfestigung verlangt, sich aber zumindest tatsächlich als ein aufeinander bezogenes betriebliches Zusammenwirken verschiedener Unternehmen darstellen muss.⁶⁷² Über die Fälle der Arbeitsgemeinschaft hinaus werden solche betrieblichen Aktivitäten von Arbeitnehmern verschiedener Unternehmen erfasst, die bewusst und gewollt bei einzelnen Maßnahmen ineinandergreifen, miteinander verknüpft sind, sich ergänzen oder unterstützen, wobei es ausreicht, dass die gegenseitige Verständigung stillschweigend durch bloßes Tun erfolgt.⁶⁷³ Das bewusste Miteinander muss dabei bei dem konkreten Unfallvorgang bestehen; ein gemeinsames Endziel der Tätigkeit beider Unternehmen genügt nicht.⁶⁷⁴ 312

b. Haftung für sonstige Schäden

Für sonstige vom Arbeitnehmer verursachte Schäden sieht das geschriebene Recht kein eigenständiges Haftungssystem vor. Auf Grundlage der Erwägung, dass § 254 BGB über den Wortlaut hinaus die Zurechnung einer vom Geschädigten zu vertretenden Sach- oder Betriebsgefahr rechtfertigt, hat allerdings das Bundesarbeitsgericht⁶⁷⁵ die entsprechende Anwendung der Vorschrift auf die **Zurechnung des Betriebsrisikos** erstreckt. Dem Arbeitgeber werden dabei die Gefahren der Produktionsanlagen, der Produktion selbst und der Produkte als anspruchsmindernde Größen zugerechnet. Darüber hinaus werden dem Arbeitgeber aber auch seine Verantwortung für die Organisation des Betriebs und die Gestaltung der Arbeitsbedingungen in rechtlicher und tatsächlicher Hinsicht zugerechnet.⁶⁷⁶ Die Privilegierung des Arbeitnehmers gilt daher für alle Tätigkeiten, die betrieblich veranlasst sind und aufgrund des Arbeitsverhältnisses geleistet werden.⁶⁷⁷ Eine Gefahrgeneigtheit der Arbeit, wie die Rechtsprechung⁶⁷⁸ sie früher verlangt hatte, ist für die Privilegierung des Arbeitnehmers im Rahmen der Haftung nicht mehr erforderlich. 313

Die Privilegierung genießen alle Arbeitnehmer einschließlich der leitenden Angestellten, deren besondere Stellung allerdings im Rahmen der Abwägung zu berücksichtigen ist. Die Grundsätze über die Einschränkung der Arbeitnehmerhaftung gelten darüber hinaus auch im Ausbildungsverhältnis.⁶⁷⁹ 314

---

⁶⁶⁹ BAG v. 22.04.2004 - 8 AZR 159/03 - juris Rn. 26 - NJW 2004, 3360-3364.
⁶⁷⁰ BAG v. 22.04.2004 - 8 AZR 159/03 - juris Rn. 27 - NJW 2004, 3360-3364.
⁶⁷¹ BAG v. 10.10.2002 - 8 AZR 103/02 - juris Rn. 21 - NJW 2003, 1890-1891.
⁶⁷² BGH v. 17.10.2000 - VI ZR 67/00 - juris Rn. 16 - NJW 2001, 443-444; zustimmend: BAG v. 12.12.2002 - 8 AZR 94/02 - juris Rn. 34 - NJW 2003, 1891-1894.
⁶⁷³ BGH v. 14.09.2004 - VI ZR 32/04 - juris Rn. 8 - NJW 2005, 288-290; BGH v. 17.10.2000 - VI ZR 67/00 - juris Rn. 16 - NJW 2001, 443-444; zustimmend: BAG v. 12.12.2002 - 8 AZR 94/02 - juris Rn. 34 - NJW 2003, 1891-1894.
⁶⁷⁴ BGH v. 14.09.2004 - VI ZR 32/04 - juris Rn. 9 - NJW 2005, 288-290; vgl. BGH v. 03.07.2001 - VI ZR 284/00 - juris Rn. 21 - NJW 2001, 3125-3127; zustimmend: BAG v. 12.12.2002 - 8 AZR 94/02 - juris Rn. 34 - NJW 2003, 1891-1894.
⁶⁷⁵ Vgl. BAG v. 17.09.1998 - 8 AZR 175/97 - juris Rn. 52 - DB 1998, 2610-2612; BAG v. 27.09.1994 - GS 1/89 (A) - juris Rn. 30 - NJW 1995, 210-213.
⁶⁷⁶ BAG v. 27.09.1994 - GS 1/89 (A) - juris Rn. 31 - NJW 1995, 210-213.
⁶⁷⁷ BAG v. 27.09.1994 - GS 1/89 (A) - juris Rn. 33 - NJW 1995, 210-213.
⁶⁷⁸ Vgl. BAG v. 25.09.1957 - GS 4/56 - NJW 1959, 2194.
⁶⁷⁹ BAG v. 18.04.2002 - 8 AZR 348/01 - juris Rn. 21 - NJW 2003, 377-381.

Mangels Eingliederung in einen organisierten Betrieb kommen arbeitnehmerähnliche Personen (vgl. Rn. 20) hingegen im Regelfall nicht in den Genuss der Haftungsprivilegierung; Abweichendes kann im Einzelfall nur gelten, wenn die arbeitnehmerähnliche Person über ihre wirtschaftliche Abhängigkeit hinaus vergleichbar einem Arbeitnehmer in einem organisierten Bereich tätig werden muss.[680]

315 Die Grundsätze über die Haftungsbeschränkung bei betrieblich veranlasster Tätigkeit sind durch die verfassungsrechtliche Gewährleistung der Berufsfreiheit (Art. 12 Abs. 1 GG) und der allgemeinen Handlungsfreiheit (Art. 2 Abs. 1 GG) geboten.[681] Sie sind einseitig **zwingendes Arbeitnehmerschutzrecht**; von ihnen kann weder einzel- noch kollektivvertraglich zu Lasten des Arbeitnehmers abgewichen werden.[682]

316 Dem Bundesarbeitsgericht[683] zufolge kann sich ein Arbeitnehmer allerdings dann nicht auf Haftungsbeschränkungen berufen, wenn zu seinen Gunsten eine gesetzlich **vorgeschriebene Haftpflichtversicherung** – etwa eine Kfz-Haftpflichtversicherung – eingreift. Der Gesetzgeber erachtet die Risiken hier als so gefahrträchtig, dass er den Handelnden im Hinblick auf mögliche Gefahren für andere ohne Versicherungsschutz nicht tätig sehen wollte. Dieser Grund für eine gesetzliche Pflichtversicherung überlagert gleichsam die Grundsätze der beschränkten Arbeitnehmerhaftung. Eine **freiwillig abgeschlossene Privathaftpflichtversicherung** wirkt sich dagegen grundsätzlich nicht auf die interne Betriebsrisikoverteilung aus. Etwas anderes jedoch kann dann gelten, wenn der Arbeitgeber vor Einstellung des Arbeitnehmers wegen der Risiken der gefahrgeneigten Tätigkeit den Abschluss einer solchen privaten Haftpflichtversicherung verlangt und zur Einstellungsbedingung gemacht hatte, vor allem, wenn dafür zusätzliche Vergütungsbestandteile vereinbart wurden.

317 **Betrieblich veranlasst** sind nur solche Tätigkeiten des Arbeitnehmers, die ihm arbeitsvertraglich übertragen worden sind oder die er im Interesse des Arbeitgebers für den Betrieb ausführt.[684] Es genügt nicht, darauf abzustellen, dass es deshalb zum Schadensereignis gekommen ist, weil der Schädiger im Betrieb anwesend war und diese Anwesenheit ihm erst die Gelegenheit gab, den Schaden zu verursachen.[685] Ebenso wenig ist die Benutzung eines Betriebsmittels für die Annahme einer betrieblichen Veranlassung ausreichend, wenn die Benutzung nicht zu betrieblichen Zwecken, sondern missbräuchlich erfolgt.[686] Andererseits geht der betriebliche Charakter einer Tätigkeit, die vom Arbeitnehmer im Betriebsinteresse übernommen worden ist, nicht dadurch verloren, dass der Arbeitnehmer bei Durchführung der Tätigkeit grob fahrlässig oder vorsätzlich seine Verhaltenspflichten verletzt.[687]

318 Von einer betrieblich veranlassten Tätigkeit ist nach der Rechtsprechung des Bundesarbeitsgerichts[688] auch auszugehen, wenn der Arbeitnehmer zwar außerhalb der Arbeitszeit und nicht in der direkten Verfolgung seiner Hauptleistungspflicht handelt, aber um seinen allgemeinen Sorgfalts- und Obhutspflichten als Nebenpflichten aus dem Arbeitsverhältnis nachzukommen, etwa um Schaden vom Arbeitgeber abzuwenden und damit zugleich den eigenen Arbeitsplatz zu erhalten.

319 Liegt eine **betrieblich veranlasste Tätigkeit** vor, haftet der Arbeitnehmer nach folgenden Grundsätzen:

320 **Vorsätzlich** verursachte Schäden hat der Arbeitnehmer in vollem Umfang zu tragen. Dabei ist zu berücksichtigen, dass sich in den Fällen der beschränkten Arbeitnehmerhaftung wegen betrieblich veranlasster Tätigkeit das Verschulden nicht nur auf die Pflichtverletzung, sondern auch auf den Eintritt

---

[680] LArbG Berlin v. 11.04.2003 – 6 Sa 2262/02 - juris Rn. 28 - Bibliothek BAG.
[681] BAG v. 27.09.1994 - GS 1/89 (A) - juris Rn. 34 - NJW 1995, 210-213.
[682] BAG v. 05.02.2004 - 8 AZR 91/03 - juris Rn. 31 - NJW 2004, 2469-2471; vgl. BAG v. 27.09.1994 - GS 1/89 (A) - juris Rn. 37 - NJW 1995, 210-213.
[683] BAG v. 28.10.2010 - 8 AZR 418/09 - juris Rn. 28, 29 - NZA 2011, 345-349 m.w.N.
[684] BAG v. 18.04.2002 - 8 AZR 348/01 - juris Rn. 17 - NJW 2003, 377-381.
[685] BAG v. 18.04.2002 - 8 AZR 348/01 - juris Rn. 18 - NJW 2003, 377-381.
[686] BAG v. 18.04.2002 - 8 AZR 348/01 - juris Rn. 18 - NJW 2003, 377-381.
[687] BAG v. 18.04.2002 - 8 AZR 348/01 - juris Rn. 19 - NJW 2003, 377-381.
[688] BAG v. 28.10.2010 - 8 AZR 418/09 - juris Rn. 15 - NZA 2011, 345-349.

eines Schadens beziehen muss.[689] Vorsatz ist daher nur dann anzunehmen, wenn der Arbeitnehmer auch den Schaden in seiner konkreten Höhe zumindest als möglich voraussieht und ihn für den Fall des Eintritts billigend in Kauf nimmt.[690]

Bei **grober Fahrlässigkeit** des Arbeitnehmers ist der Schaden in der Regel ebenfalls vom Arbeitnehmer alleine zu tragen.[691] Grob fahrlässig handelt, wer die im Verkehr erforderliche Sorgfalt nach den gesamten Umständen in ungewöhnlich hohem Maße verletzt und unbeachtet lässt, was im gegebenen Fall jedem hätte einleuchten müssen.[692] Im Gegensatz zum rein objektiven Maßstab bei einfacher Fahrlässigkeit sind bei grober Fahrlässigkeit auch subjektive Umstände zu berücksichtigen.[693] Abzustellen ist auch darauf, ob der Schädigende nach seinen individuellen Fähigkeiten die objektiv gebotene Sorgfalt erkennen und erbringen konnte.[694] Allein, dass der Handelnde lediglich für einen Augenblick versagte, lässt den Vorwurf der groben Fahrlässigkeit noch nicht entfallen.[695] 321

Grobe Fahrlässigkeit des Arbeitnehmers ist vom Bundesarbeitsgericht etwa in folgenden Fällen angenommen worden: Aufnahme der Arbeitstätigkeit durch einen Fahrzeugführer in stark alkoholisiertem Zustand[696], Missachten einer roten Ampel im Straßenverkehr[697], mangelnde Sicherung von als Kassierer eingenommenen Geldern des Arbeitgebers[698]. 322

Im Falle grober Fahrlässigkeit sind jedoch Haftungserleichterungen zu Gunsten des Arbeitnehmers nicht ausgeschlossen.[699] Hierzu sind alle Umstände des Einzelfalls abzuwägen; dabei kann es entscheidend darauf ankommen, dass der Verdienst des Arbeitnehmers in einem deutlichen Missverhältnis zum Schadensrisiko der Tätigkeit steht.[700] Zwar ist dem Bundesarbeitsgericht[701] zufolge eine Haftungsbegrenzung nicht schon gerechtfertigt, wenn der Schaden ein Bruttomonatsgehalt des Arbeitnehmers übersteigt, doch könne etwas anderes gelten, wenn sich der Schaden auf mehr als drei Bruttomonatsgehälter beläuft. 323

Bei **normaler Fahrlässigkeit** hat der Arbeitnehmer den Schaden anteilig zu tragen.[702] Ob und ggf. in welchem Umfang er zum Ersatz verpflichtet ist, richtet sich im Rahmen einer Abwägung der Gesamt- 324

---

[689] BAG v. 18.04.2002 - 8 AZR 348/01 - juris Rn. 27 - NJW 2003, 377-381.
[690] BAG v. 18.04.2002 - 8 AZR 348/01 - juris Rn. 24 - NJW 2003, 377-381.
[691] BAG v. 15.11.2001 - 8 AZR 95/01 - juris Rn. 22 - NJW 2002, 2900-2902; BAG v. 12.11.1998 - 8 AZR 221/97 - juris Rn. 26 - NJW 1999, 966-967; BAG v. 17.09.1998 - 8 AZR 175/97 - juris Rn. 52 - DB 1998, 2610-2612; BAG v. 23.01.1997 - 8 AZR 893/95 - juris Rn. 20 - BB 1998, 107-108; BAG v. 27.09.1994 - GS 1/89 (A) - juris Rn. 16 - NJW 1995, 210-213.
[692] BAG v. 04.05.2006 - 8 AZR 311/05 - juris Rn. 29 - NZA 2006, 1428-1430; BAG v. 15.11.2001 - 8 AZR 95/01 - juris Rn. 13 - NJW 2002, 2900-2902; BAG v. 12.11.1998 - 8 AZR 221/97 - juris Rn. 12 - NJW 1999, 966-967; BGH v. 18.12.1996 - IV ZR 321/95 - juris Rn. 17 - LM VVG § 63 Nr. 5 (4/1997).
[693] BAG v. 04.05.2006 - 8 AZR 311/05 - juris Rn. 29 - NZA 2006, 1428-1430; BAG v. 15.11.2001 - 8 AZR 95/01 - juris Rn. 14 - NJW 2002, 2900-2902; BAG v. 12.11.1998 - 8 AZR 221/97 - juris Rn. 13 - NJW 1999, 966-967; BGH v. 18.12.1996 - IV ZR 321/95 - juris Rn. 17 - LM VVG § 63 Nr. 5 (4/1997).
[694] BAG v. 04.05.2006 - 8 AZR 311/05 - juris Rn. 29 - NZA 2006, 1428-1430.
[695] BAG v. 15.11.2001 - 8 AZR 95/01 - juris Rn. 17 - NJW 2002, 2900-2902; BAG v. 12.11.1998 - 8 AZR 221/97 - juris Rn. 18 - NJW 1999, 966-967.
[696] Vgl. BAG v. 23.01.1997 - 8 AZR 893/95 - juris Rn. 13 - BB 1998, 107-108.
[697] BAG v. 12.11.1998 - 8 AZR 221/97 - juris Rn. 15 - NJW 1999, 966-967.
[698] Vgl. BAG v. 15.11.2001 - 8 AZR 95/01 - juris Rn. 16 - NJW 2002, 2900-2902.
[699] BAG v. 15.11.2001 - 8 AZR 95/01 - juris Rn. 22 - NJW 2002, 2900-2902; BAG v. 12.11.1998 - 8 AZR 221/97 - juris Rn. 26 - NJW 1999, 966-967; BAG v. 17.09.1998 - 8 AZR 175/97 - juris Rn. 52 - DB 1998, 2610-2612; BAG v. 23.01.1997 - 8 AZR 893/95 - juris Rn. 20 - BB 1998, 107-108; BAG v. 27.09.1994 - GS 1/89 (A) - juris Rn. 16 - NJW 1995, 210-213.
[700] BAG v. 15.11.2001 - 8 AZR 95/01 - juris Rn. 22 - NJW 2002, 2900-2902; BAG v. 12.11.1998 - 8 AZR 221/97 - juris Rn. 26 - NJW 1999, 966-967; BAG v. 17.09.1998 - 8 AZR 175/97 - juris Rn. 52 - DB 1998, 2610-2612; BAG v. 23.01.1997 - 8 AZR 893/95 - juris Rn. 20 - BB 1998, 107-108.
[701] Vgl. BAG v. 15.11.2001 - 8 AZR 95/01 - juris Rn. 22 - NJW 2002, 2900-2902; vgl. BAG v. 12.11.1998 - 8 AZR 221/97 - juris Rn. 27 - NJW 1999, 966-967.
[702] BAG v. 17.09.1998 - 8 AZR 175/97 - juris Rn. 52 - DB 1998, 2610-2612; BAG v. 27.09.1994 - GS 1/89 (A) - juris Rn. 16 - NJW 1995, 210-213.

umstände – insbesondere von Schadensanlass und Schadensfolgen – nach Billigkeits- und Zumutbarkeitsgesichtspunkten.[703] Primär ist auf den Grad des dem Arbeitnehmer zur Last fallenden Verschuldens, die Gefahrgeneigtheit der Arbeit, die Höhe des Schadens, die Versicherbarkeit des Risikos, die Stellung des Arbeitnehmers im Betrieb und die Höhe seines Arbeitsentgelts abzustellen.[704] Darüber hinaus kann ein für den Schaden mitursächliches Verschulden des Arbeitgebers (einschließlich ein ihm gemäß § 278 BGB zurechenbares Verschulden Dritter) oder eine weitere, über das allgemeine Betriebsrisiko hinausgehende Sachgefahr in unmittelbarer bzw. entsprechender Anwendung von § 254 BGB berücksichtigt werden.

325 Der – in Teilen der Literatur[705] kritisierten – Rechtsprechung des Bundesarbeitsgerichts[706] zufolge können auch die persönlichen Verhältnisse des Arbeitnehmers (wie die Dauer der Betriebszugehörigkeit, das Lebensalter und die Familienverhältnisse) und sein bisheriges Verhalten berücksichtigungsfähig sein.

326 Ist der Schaden auf **leichte Fahrlässigkeit** zurückzuführen, haftet der Arbeitnehmer gar nicht.[707]

327 Gemäß § 619a BGB hat der Arbeitnehmer dem Arbeitgeber Ersatz für den aus der Verletzung einer Pflicht aus dem Arbeitsverhältnis entstehenden Schaden nur zu leisten, wenn er den Schaden zu vertreten hat. § 619a BGB bewirkt, dass den Arbeitgeber als Geschädigtem im Hinblick auf das Verschulden des Arbeitnehmers – entgegen der allgemeinen Vorschrift in § 280 Abs. 1 BGB – die **Beweislast** trifft.[708] Die Darlegungs- und Beweislast für die betriebliche Veranlassung der schadensursächlichen Tätigkeit trägt nach den Grundregeln der Beweislastverteilung hingegen der Arbeitnehmer.[709]

c. Mankohaftung

328 Einen Sonderfall der Haftung des Arbeitnehmers stellt die sog. Mankohaftung, d.h. die Haftung für Fehlbeträge bzw. Fehlbestände dar. Die schuldhafte Verursachung eines Fehlbetrags oder Fehlbestands kann den Arbeitnehmer gemäß § 280 Abs. 1 BGB schadensersatzpflichtig machen. Der Arbeitnehmer haftet auch bei einem Fehlbetrag bzw. Fehlbestand grundsätzlich nur bei nachgewiesenem Verschulden (§ 619a BGB) und nur nach den vorstehend angeführten Grundsätzen der beschränkten Arbeitnehmerhaftung.[710]

329 Eine abweichende Beurteilung hat das Bundesarbeitsgericht[711] vorgenommen, wenn dem Arbeitnehmer **unmittelbarer Eigenbesitz** an den Gegenständen eingeräumt wurde. In diesen Fällen komme ein Verwahrungsvertrag (§§ 688-700 BGB) zustande, weshalb die gesetzliche Regelung des vermuteten Verschuldens (vgl. § 280 Abs. 1 BGB) ohne Einschränkungen eingreifen soll. Unmittelbarer Alleinbesitz des Arbeitnehmers setze dabei zumindest den alleinigen Zugang zu der Sache und deren selbstständige Verwaltung voraus. Dazu gehöre, dass der Arbeitnehmer wirtschaftliche Überlegungen anzustellen und Entscheidungen über die Verwendung der Sache zu treffen hat.

330 Eine Fortführung dieser Rechtsprechung ist auch auf der Grundlage des § 619a BGB nicht ausgeschlossen, da § 619a BGB für Pflichten „aus dem Arbeitsverhältnis" gilt, das Bundesarbeitsgericht in den bezeichneten Fällen aber gerade ein Verwahrungsverhältnis neben das Arbeitsverhältnis hat treten lassen.

---

[703] BAG v. 17.09.1998 - 8 AZR 175/97 - juris Rn. 52 - DB 1998, 2610-2612; BAG v. 27.09.1994 - GS 1/89 (A) - juris Rn. 16 - NJW 1995, 210-213.

[704] BAG v. 17.09.1998 - 8 AZR 175/97 - juris Rn. 52 - DB 1998, 2610-2612; BAG v. 27.09.1994 - GS 1/89 (A) - juris Rn. 41 - NJW 1995, 210-213.

[705] *Henssler* in: MünchKomm-BGB, § 619a Rn. 37 m.w.N.

[706] BAG v. 17.09.1998 - 8 AZR 175/97 - juris Rn. 52 - DB 1998, 2610-2612; BAG v. 27.09.1994 - GS 1/89 (A) - juris Rn. 41 - NJW 1995, 210-213.

[707] BAG v. 17.09.1998 - 8 AZR 175/97 - juris Rn. 52 - DB 1998, 2610-2612.

[708] BAG v. 18.07.2006 - 1 AZR 578/05 - juris Rn. 14 - NJW 2007, 1302-1304.

[709] BAG v. 18.04.2002 - 8 AZR 348/01 - juris Rn. 20 - NJW 2003, 377-381.

[710] BAG v. 02.12.1999 - 8 AZR 386/98 - juris Rn. 32 - BB 2000, 1146-1147.

[711] BAG v. 02.12.1999 - 8 AZR 386/98 - juris Rn. 29 - BB 2000, 1146-1147; BAG v. 17.09.1998 - 8 AZR 175/97 - juris Rn. 49 - DB 1998, 2610-2612.

Zulässig kann die Begründung einer Mankohaftung ferner dann sein, wenn der Arbeitnehmer eine besondere **Mankovergütung** erhält.[712] Sollen entsprechende Mankoabreden mit den Grundsätzen der privilegierten Arbeitnehmerhaftung vereinbar sein, müssen sie allerdings berechtigte Rechtspositionen der Arbeitgeberseite sichern und dürfen nicht zu einer ungerechtfertigten Verlagerung des dem Arbeitgeber zuzurechnenden Risikos führen.[713] Ein berechtigtes Interesse des Arbeitgebers ist in den Bereichen anzuerkennen, wo der Arbeitnehmer unbeobachteten Zugriff auf Geld oder andere Wertgegenstände des Arbeitgebers hat.[714] Eine unzulässige Verlagerung des Arbeitgeberrisikos liegt jedoch vor, wenn entweder eine Mankovereinbarung für Bereiche getroffen wird, auf die neben dem Arbeitnehmer noch andere Personen Zugriff haben, oder keine angemessene Ausgleichszahlung gewährleistet wird.[715]

331

Zulässig wird im Regelfall eine Abrede sein, nach der der Arbeitnehmer maximal in Höhe der ihm gewährten Mankovergütung haftet.[716] Letztlich handelt es sich hierbei aber nicht um den Fall einer Mankohaftung, sondern vielmehr um eine Prämie für das Verhindern eines Mankos.[717]

332

---

[712] BAG v. 05.02.2004 - 8 AZR 91/03 - juris Rn. 33 - BB 2000, 1146-1147; BAG v. 02.12.1999 - 8 AZR 386/98 - juris Rn. 23 - BB 2000, 1146-1147; BAG v. 17.09.1998 - 8 AZR 175/97 - juris Rn. 67 - DB 1998, 2610-2612.
[713] BAG v. 17.09.1998 - 8 AZR 175/97 - juris Rn. 67 - DB 1998, 2610-2612.
[714] BAG v. 17.09.1998 - 8 AZR 175/97 - juris Rn. 67 - DB 1998, 2610-2612.
[715] BAG v. 17.09.1998 - 8 AZR 175/97 - juris Rn. 67 - DB 1998, 2610-2612.
[716] BAG v. 05.02.2004 - 8 AZR 91/03 - juris Rn. 33 - BB 2000, 1146-1147; BAG v. 02.12.1999 - 8 AZR 386/98 - juris Rn. 23 - BB 2000, 1146-1147.
[717] Vgl. auch BAG v. 05.02.2004 - 8 AZR 91/03 - juris Rn. 33 - BB 2000, 1146-1147 („Chance einer zusätzlichen Vergütung für die erfolgreiche Verwaltung eines Waren- oder Kassenbestandes").

§ 611a BGB Geschlechtsbezogene Benachteiligung (weggefallen)

(Fassung vom 02.01.2002, gültig ab 01.01.2002)

(1) Der Arbeitgeber darf einen Arbeitnehmer bei einer Vereinbarung oder einer Maßnahme, insbesondere bei der Begründung des Arbeitsverhältnisses, beim beruflichen Aufstieg, bei einer Weisung oder einer Kündigung, nicht wegen seines Geschlechts benachteiligen. Eine unterschiedliche Behandlung wegen des Geschlechts ist jedoch zulässig, soweit eine Vereinbarung oder eine Maßnahme die Art der vom Arbeitnehmer auszuübenden Tätigkeit zum Gegenstand hat und ein bestimmtes Geschlecht unverzichtbare Voraussetzung für diese Tätigkeit ist. Wenn im Streitfall der Arbeitnehmer Tatsachen glaubhaft macht, die eine Benachteiligung wegen des Geschlechts vermuten lassen, trägt der Arbeitgeber die Beweislast dafür, dass nicht auf das Geschlecht bezogene, sachliche Gründe eine unterschiedliche Behandlung rechtfertigen oder das Geschlecht unverzichtbare Voraussetzung für die auszuübende Tätigkeit ist.

(2) Verstößt der Arbeitgeber gegen das in Absatz 1 geregelte Benachteiligungsverbot bei der Begründung eines Arbeitsverhältnisses, so kann der hierdurch benachteiligte Bewerber eine angemessene Entschädigung in Geld verlangen; ein Anspruch auf Begründung eines Arbeitsverhältnisses besteht nicht.

(3) Wäre der Bewerber auch bei benachteiligungsfreier Auswahl nicht eingestellt worden, so hat der Arbeitgeber eine angemessene Entschädigung in Höhe von höchstens drei Monatsverdiensten zu leisten. Als Monatsverdienst gilt, was dem Bewerber bei regelmäßiger Arbeitszeit in dem Monat, in dem das Arbeitsverhältnis hätte begründet werden sollen, an Geld- und Sachbezügen zugestanden hätte.

(4) Ein Anspruch nach den Absätzen 2 und 3 muss innerhalb einer Frist, die mit Zugang der Ablehnung der Bewerbung beginnt, schriftlich geltend gemacht werden. Die Länge der Frist bemißt sich nach einer für die Geltendmachung von Schadenersatzansprüchen im angestrebten Arbeitsverhältnis vorgesehenen Ausschlußfrist; sie beträgt mindestens zwei Monate. Ist eine solche Frist für das angestrebte Arbeitsverhältnis nicht bestimmt, so beträgt die Frist sechs Monate.

(5) Die Absätze 2 bis 4 gelten beim beruflichen Aufstieg entsprechend, wenn auf den Aufstieg kein Anspruch besteht.

1 § 611a BGB in der Fassung vom 14.08.2006 ist durch Art. 3 Abs. 14 des Gesetzes vom 14.08.2006 – BGBl I 2006, 1897 – mit Wirkung vom 18.08.2006 weggefallen.

§ 611b BGB Arbeitsplatzausschreibung (weggefallen)

(Fassung vom 02.01.2002, gültig ab 01.01.2002)

Der Arbeitgeber darf einen Arbeitsplatz weder öffentlich noch innerhalb des Betriebs nur für Männer oder nur für Frauen ausschreiben, es sei denn, dass ein Fall des § 611a Abs. 1 Satz 2 vorliegt.

§ 611b BGB in der Fassung vom 14.08.2006 ist durch Art. 3 Abs. 14 des Gesetzes vom 14.08.2006 – BGBl I 2006, 1897 – mit Wirkung vom 18.08.2006 weggefallen.

§ 612 BGB Vergütung

(Fassung vom 14.08.2006, gültig ab 18.08.2006)

(1) Eine Vergütung gilt als stillschweigend vereinbart, wenn die Dienstleistung den Umständen nach nur gegen eine Vergütung zu erwarten ist.

(2) Ist die Höhe der Vergütung nicht bestimmt, so ist bei dem Bestehen einer Taxe die taxmäßige Vergütung, in Ermangelung einer Taxe die übliche Vergütung als vereinbart anzusehen.

(3) (weggefallen)

Gliederung

A. Kommentierung zu Absatz 1 1	f. Familiärer Bereich 19
I. Grundlagen... 1	III. Rechtsfolgen 20
II. Anwendungsvoraussetzungen................... 2	IV. Prozessuale Hinweise/Verfahrenshinweise...... 21
1. Vereinbarung über die Erbringung einer Dienstleistung................................... 2	B. Kommentierung zu Absatz 2.................... 22
	I. Grundlagen 22
2. Fehlen einer Vergütungsvereinbarung 5	II. Anwendungsvoraussetzungen 23
3. Keine gesetzliche/kollektivvertragliche Vergütungsregelung................................. 8	1. Vereinbarung über Erbringung einer Dienstleistung 23
4. Dienstleistung den Umständen nach nur gegen Vergütung zu erwarten.......................... 9	2. Vergütungspflicht 24
	3. Unbestimmtheit der Höhe der Vergütung 25
a. Überstunden 10	III. Rechtsfolgen 26
b. Bereitschaftsdienst............................. 15	1. Taxen... 27
c. Reisezeiten..................................... 16	2. Übliche Vergütung 29
d. Höherwertige Dienste.......................... 17	3. Bestimmung nach billigem Ermessen 33
e. Sonderleistungen............................... 18	

A. Kommentierung zu Absatz 1

I. Grundlagen

1 Der Vorschrift zufolge hat derjenige, der aufgrund einer Vereinbarung eine Dienstleistung erbringt, auch ohne eine ausdrückliche Abrede einen **Anspruch auf Vergütung**, sofern die Dienstleistung den Umständen nach nur gegen Vergütung zu erwarten ist.

II. Anwendungsvoraussetzungen

1. Vereinbarung über die Erbringung einer Dienstleistung

2 Die Anwendung des § 612 Abs. 1 BGB setzt die Vereinbarung der Erbringung einer Dienstleistung voraus.

3 Die Vorschrift gilt **für alle Arten von Dienstleistungen**, d.h. sowohl für Dienstleistungen im Rahmen eines freien Dienstverhältnisses als auch für (unselbstständige) Dienstleistungen im Rahmen eines Arbeitsverhältnisses. § 612 Abs. 1 BGB findet auch Anwendung, wenn die Dienstleistung in einer Geschäftsbesorgung im Sinne des § 675 Abs. 1 BGB besteht.[1]

4 Zwischen den Parteien muss eine **Vereinbarung über die Erbringung der Dienstleistung** getroffen worden sein. Dies ergibt sich zwar nicht unmittelbar aus dem Wortlaut der Vorschrift, folgt indes daraus, dass die §§ 611-630 BGB den Dienstvertrag behandeln. Auf die einseitige Erbringung einer Dienstleistung ohne Kenntnis des anderen Teils findet § 612 Abs. 1 BGB keine Anwendung. Hier kann sich ein Anspruch des Dienstleistenden nur nach den Grundsätzen der Geschäftsführung ohne Auftrag (§§ 677-687 BGB) oder nach Bereicherungsrecht (§§ 812-822 BGB) ergeben. Selbst im Falle einer Annahme der Dienstleistung durch den Dienstempfänger kommt eine Anwendung des § 612

---

[1] *Weidenkaff* in: Palandt, § 612 Rn. 2.

Abs. 1 BGB nur in Betracht, wenn dem Verhalten der Beteiligten eine konkludente Vereinbarung über die Erbringung einer Dienstleistung entnommen werden kann.[2]

2. Fehlen einer Vergütungsvereinbarung

Die Anwendung des § 612 Abs. 1 BGB setzt weiter voraus, dass die Parteien weder ausdrücklich noch konkludent[3] eine Vereinbarung über die Entgeltlichkeit oder Unentgeltlichkeit[4] der Dienstleistung getroffen haben und sich eine solche Vereinbarung auch nicht durch Gesetz, Tarifvertrag oder auf sonstiger Grundlage – etwa aufgrund des arbeitsrechtlichen Gleichbehandlungsgrundsatzes oder aufgrund betrieblicher Übung – ergibt.[5]

An einer Vergütungsvereinbarung fehlt es insbesondere dann, wenn eine – und sei es auch nur konkludente – **Abrede über die Vergütung überhaupt nicht getroffen** worden ist.[6] Entsprechendes gilt, wenn eine getroffene Vergütungsvereinbarung – etwa gemäß § 134 BGB wegen Verstoßes gegen Gesetzesrecht oder gemäß § 138 BGB bei Vorliegen eines auffälligen Missverhältnisses zwischen Leistung und Gegenleistung (vgl. hierzu die Kommentierung zu § 611 BGB Rn. 189)[7] – **unwirksam** ist.[8] Eine (ggf. analoge) Anwendung kommt zudem in Betracht, wenn eine Abrede über die Vergütung zwar wirksam getroffen wurde, die **geleisteten Dienste** von dieser Abrede aber **nicht umfasst** werden.[9]

Darüber hinaus kann § 612 Abs. 1 BGB auch in den Fällen der sog. **„fehlgegangenen Vergütungserwartung"** Anwendung finden. Hiervon sind die Fälle umfasst, in denen jemand in Erwartung zukünftiger Vermögenszuwendungen (etwa einer zukünftigen Erbschaft) Dienste leistet, ohne dass diese Dienste während der Dauer ihrer Erbringung besonders oder zureichend vergütet werden. Es handelt sich um Fälle, in denen der Dienstempfänger die zukünftige Vermögenszuwendung nicht verbindlich zusagt, sondern nur in Aussicht stellt. Ein solcher Fall liegt auch dann vor, wenn der Dienstempfänger zugunsten des Dienstleistenden ein Testament errichtet hat, da dieses ungeachtet der geleisteten Dienste gemäß § 2253 BGB frei widerruflich ist. Scheitert der zunächst beabsichtigte und rechtlich nicht abgesicherte Vergütungsausgleich, kommt dem Dienstleistenden ein Vergütungsanspruch gemäß § 612 Abs. 1 BGB (analog) zu.[10] Die Grundsätze zur fehlgegangenen Vergütungserwartung können ggf. auch entsprechend in den Fällen heranziehbar sein, in denen der Dienstleistende in Erwartung einer sonstigen zukünftigen Handlung des Dienstempfängers, die dieser in Aussicht gestellt hat (etwa einer Adoption oder Heirat des Dienstleistenden), die Dienste vergütungsfrei erbringt.

---

[2] Vgl. BAG v. 19.07.1973 - 5 AZR 46/73 - juris Rn. 8 - AP Nr. 19 zu § 611 BGB Faktisches Arbeitsverhältnis.
[3] Vgl. LG Berlin v. 08.01.2004 - 5 O 320/02 - juris Rn. 16.
[4] Vgl. LG Berlin v. 08.01.2004 - 5 O 320/02 - juris Rn. 16.
[5] BAG v. 03.05.2006 - 10 AZR 310/05 - juris Rn. 32 - DB 2006, 582-588; vgl. BAG v. 21.04.2005 - 6 AZR 287/04 - juris Rn. 18 - nv.
[6] BAG v. 03.09.1997 - 5 AZR 428/96 - juris Rn. 16 - NJW 1998, 1581-1582.
[7] BAG v. 22.04.2009 - 5 AZR 436/08 - juris Rn. 9, 17 - DB 2009, 1599-1601; BAG v. 26.04.2006 - 5 AZR 549/05 - juris Rn. 16 - NZA 2006, 1354-1357; vgl. BAG v. 24.03.2004 - 5 AZR 303/03 - juris Rn. 35 - NZA 2004, 971-974.
[8] Vgl. BAG v. 05.08.2009 - 10 AZR 634/08 - juris Rn. 37 - ZTR 2009, 646-649; vgl. BAG v. 22.04.2009 - 5 AZR 436/08 - juris Rn. 9 - DB 2009, 1599, 1601; vgl. BAG v. 26.04.2006 - 5 AZR 549/05 - juris Rn. 26 - NZA 2006, 1354-1357; vgl. BAG v. 05.08.1963 - 5 AZR 79/63 - juris Rn. 9 - NJW 1963, 2188.
[9] BAG v. 01.09.2010 - 5 AZR 517/09 - juris Rn. 9 - DB 2011, 61-62; BAG v. 20.01.2010 - 5 AZR 986/08 - juris Rn. 16 - ZTR 2010, 273-273; BAG v. 03.05.2006 - 10 AZR 310/05 - juris Rn. 32 - DB 2006, 582-588; BAG v. 21.04.2005 - 6 AZR 287/04 - juris Rn. 18 - nv.; BAG v. 14.10.2004 - 6 AZR 564/03 - juris Rn. 37 - DB 2005, 834-837; BAG v. 29.01.2003 - 5 AZR 703/01 - juris Rn. 47 - DB 2003, 1333; BAG v. 03.09.1997 - 5 AZR 428/96 - juris Rn. 16 - NJW 1998, 1581-1582; BAG v. 17.03.1982 - 5 AZR 1047/79 - juris Rn. 23 - NJW 1982, 2139-2140.
[10] BAG v. 28.09.1977 - 5 AZR 303/76 - juris Rn. 14 - NJW 1978, 444.

3. Keine gesetzliche/kollektivvertragliche Vergütungsregelung

8 Es darf sich keine Regelung zur Vergütung aus dem Gesetz oder einer kollektivvertraglichen Vereinbarung, d.h. insbesondere aus einem Tarifvertrag ergeben.[11]

4. Dienstleistung den Umständen nach nur gegen Vergütung zu erwarten

9 Die Dienstleistung darf den Umständen nach nur gegen Vergütung zu erwarten sein. Hierzu ist es erforderlich, dass **objektiv** von Seiten dessen, für den die Dienste geleistet werden, eine **Entgeltlichkeit zu erwarten** ist.[12] Auf die persönliche Meinung des Dienstempfängers kommt es nicht an. Zu berücksichtigen sind alle Umstände des Einzelfalls. Maßgebend sind insbesondere die Art und der Umfang der Dienstleistung, die Verkehrssitte sowie die Stellung der Beteiligten zueinander.[13] Gehört die Dienstleistung zur beruflichen Tätigkeit des Dienstleistenden, so kann im Allgemeinen nicht von einer unentgeltlichen Dienstleistung ausgegangen werden.[14] Eine Unentgeltlichkeit kann allerdings auch in diesem Fall ausdrücklich vereinbart werden.

a. Überstunden

10 Eine gesonderte Vergütung ist objektiv regelmäßig zu erwarten, wenn ein Arbeitnehmer eine quantitative Mehrleistung gegenüber der vertraglich vereinbarten Leistung in Form von Überstunden erbringt, sofern die Mehrarbeit vom Arbeitgeber **angeordnet**, **gebilligt** oder **geduldet** wurde oder jedenfalls zur Erledigung der geschuldeten Arbeit **erforderlich** war.[15] Hingegen gibt es keinen allgemeinen Rechtsgrundsatz dahingehend, dass jede Mehrarbeitszeit oder jede dienstliche Anwesenheit über die vereinbarte Arbeitszeit hinaus zu vergüten ist.[16] Insbesondere bei zeitlicher Verschränkung arbeitszeitbezogen und arbeitszeitunabhängig vergüteter Arbeitsleistungen lässt sich das Bestehen einer objektiven Vergütungserwartung für Überstunden im arbeitszeitbezogen vergüteten Arbeitsbereich nicht ohne Hinzutreten besonderer Umstände oder einer entsprechenden Verkehrssitte begründen.[17]

11 Eine formularmäßige **pauschale Abgeltung** etwaiger Überstunden ohne Beschränkung ist im Regelfall wegen Verstoßes gegen das Transparenzgebot aus § 307 Abs. 1 Satz 2 BGB unwirksam.[18] Eine die pauschale Vergütung von Mehrarbeit regelnde Klausel ist nur dann klar und verständlich, wenn sich aus dem Arbeitsvertrag selbst ergibt, welche Arbeitsleistungen von ihr erfasst werden sollen. Andernfalls ließe sich nicht erkennen, ab wann ein Anspruch auf zusätzliche Vergütung besteht. Der Umfang der Leistungspflicht muss so bestimmt oder zumindest durch die konkrete Begrenzung der Anordnungsbefugnis hinsichtlich des Umfangs der zu leistenden Überstunden so bestimmbar sein, dass der Arbeitnehmer bereits bei Vertragsschluss erkennen kann, was ggf. „auf ihn zukommt" und welche Leistung er für die vereinbarte Vergütung maximal erbringen muss. Aufgrund einer unklar abgefassten Pauschalierungsklausel besteht die Gefahr, dass der Arbeitnehmer in der Annahme, er habe keinen Rechtsanspruch auf eine gesonderte Überstundenvergütung, seinen Anspruch nicht geltend macht.[19] Der Rechtsprechung des Bundesarbeitsgerichts zufolge wird die (fehlende) Transparenz einer solchen

---

[11] Vgl. BAG v. 21.04.2005 - 6 AZR 287/04 - juris Rn. 18 - nv; vgl. BAG v. 14.10.2004 - 6 AZR 564/03 - juris Rn. 37 - DB 2005, 834-837.
[12] *Weidenkaff* in: Palandt, § 612 Rn. 4.
[13] *Weidenkaff* in: Palandt, § 612 Rn. 4.
[14] *Weidenkaff* in: Palandt, § 612 Rn. 4.
[15] Vgl. BAG v. 03.11.2004 - 5 AZR 648/03 - juris Rn. 21 - AP Nr. 49 zu § 611 BGB Mehrarbeitsvergütung; vgl. BAG v. 29.05.2002 - 5 AZR 680/00 - juris Rn. 39 - NJW 2003, 457-460; vgl. BAG v. 16.11.1961 - 5 AZR 483/60 - juris Rn. 8 - BB 1962, 221; vgl. BAG v. 15.06.1961 - 2 AZR 436/60 - juris Rn. 8 - BB 1961, 976.
[16] BAG v. 21.09.2011 - 5 AZR 629/10 - juris Rn. 31 - NZA 2012, 145-148; BAG v. 17.08.2011 - 5 AZR 406/10 - juris Rn. 20 - DB 2011, 2550-2551.
[17] BAG v. 21.09.2011 - 5 AZR 629/10 - juris Rn. 32 - NZA 2012, 145-148.
[18] Vgl. BAG v. 17.08.2011 - 5 AZR 406/10 - juris Rn. 12 - DB 2011, 2550-2551; LArbG Köln v. 20.12.2001 - 6 Sa 965/01 - juris Rn. 22 - Bibliothek BAG.
[19] BAG v. 17.08.2011 - 5 AZR 406/10 - juris Rn. 12 - DB 2011, 2550-2551; BAG v. 01.09.2010 - 5 AZR 517/09 - juris Rn. 15 - DB 2011, 61-62; BAG v. 05.08.2009 - 10 AZR 483/08 - juris Rn. 14 - NZA 2009, 1105-1107.

Pauschalabgeltungsklausel auch nicht dadurch hergestellt, dass die Pauschalvergütung auf Überstunden bis zur gesetzlich zulässigen Höchstarbeitszeit nach § 3 ArbZG begrenzt und für darüber hinausgehende Überstunden wieder eine Vergütungspflicht angenommen wird. Ein entsprechender Parteiwille sei einer Pauschalabgeltungsklausel nämlich nicht per se zu entnehmen, sondern müsse sich hinreichend klar und präzise aus der Klausel selbst oder aus den arbeitsvertraglichen Bestimmungen im Übrigen ergeben.[20]

In einem etwaigen Rechtsstreit hat der Arbeitnehmer im Einzelnen **darzulegen**, an welchen Tagen und zu welchen Tageszeiten er Überstunden geleistet hat.[21] Er muss vortragen, von welcher Normalarbeitszeit er ausgeht, dass er tatsächlich gearbeitet und welche Tätigkeit er ausgeführt hat.[22] Dem Arbeitgeber obliegt, diesem Vortrag substantiiert entgegenzutreten.[23] Es ist dann wiederum Sache des Arbeitnehmers, im Einzelnen **Beweis** für die geleisteten Stunden anzutreten.[24] Der Arbeitnehmer hat darüber hinaus darzulegen, dass die Überstunden vom Arbeitgeber angeordnet, gebilligt oder geduldet worden sind oder jedenfalls zur Erledigung der geschuldeten Aufgaben erforderlich waren.[25] Die pauschale Behauptung des Arbeitnehmers, dass in der Branche, in der er beschäftigt ist, naturgemäß Überstunden anfielen, genügt diesen Anforderungen nicht.[26]

Die vorstehenden Grundsätze gelten im Regelfall nicht bei **leitenden Angestellten**, da bei diesem Personenkreis eine Vergütung regelmäßig unabhängig von der üblichen Arbeitszeit vereinbart wird.[27] Allerdings kann sich ein anderes aus der vertraglichen Vereinbarung oder den konkreten Umständen ergeben. Verlangt der Arbeitnehmer die Auszahlung des Zeitguthabens auf einem für ihn geführten **Arbeitszeitkonto**, finden die für Überstunden geltenden Darlegungs- und Beweislastgrundsätze keine Anwendung; vielmehr genügt für die Schlüssigkeit einer Klage die Darlegung des Arbeitnehmers der Vereinbarung eines Arbeitszeitkontos und des bestehenden Zeitguthabens.[28]

b. Bereitschaftsdienst

Auch Zeiten eines Bereitschaftsdienstes stellen vergütungspflichtige Arbeitszeit dar.[29] Bereitschaftsdienst liegt vor, wenn sich der Arbeitnehmer, ohne dass von ihm wache Aufmerksamkeit gefordert wird, für Zwecke des Betriebs an einer vom Arbeitgeber bestimmten Stelle innerhalb oder außerhalb des Betriebs aufzuhalten hat, damit er erforderlichenfalls seine volle Arbeitstätigkeit unverzüglich aufnehmen kann.[30] Bereitschaftsdienst ist danach keine volle Arbeitsleistung, sondern eine **Aufenthaltsbeschränkung**, die mit der Verpflichtung verbunden ist, bei Bedarf unverzüglich tätig zu werden.[31]

---

[20] BAG v. 01.09.2010 - 5 AZR 517/09 - juris Rn. 13 - DB 2011, 61-62.
[21] BAG v. 03.11.2004 - 5 AZR 648/03 - juris Rn. 21 - AP Nr. 49 zu § 611 BGB Mehrarbeitsvergütung; BAG v. 29.05.2002 - 5 AZR 680/00 - juris Rn. 39 - NJW 2003, 457-460; BAG v. 17.04.2002 - 5 AZR 644/00 - juris Rn. 82 - DB 2002, 1455-1457; BAG v. 25.11.1993 - 2 AZR 517/93 - juris Rn. 38 - DB 1994, 1931-1933.
[22] BAG v. 03.11.2004 - 5 AZR 648/03 - juris Rn. 21 - AP Nr. 49 zu § 611 BGB Mehrarbeitsvergütung.
[23] BAG v. 29.05.2002 - 5 AZR 680/00 - juris Rn. 39 - NJW 2003, 457-460; BAG v. 17.04.2002 - 5 AZR 644/00 - juris Rn. 82 - DB 2002, 1455-1457.
[24] BAG v. 29.05.2002 - 5 AZR 680/00 - juris Rn. 39 - NJW 2003, 457-460; BAG v. 17.04.2002 - 5 AZR 644/00 - juris Rn. 82 - DB 2002, 1455-1457.
[25] Vgl. BAG v. 03.11.2004 - 5 AZR 648/03 - juris Rn. 21 - AP Nr. 49 zu § 611 BGB Mehrarbeitsvergütung; vgl. BAG v. 29.05.2002 - 5 AZR 680/00 - juris Rn. 40 - NJW 2003, 457-460; vgl. BAG v. 25.11.1993 - 2 AZR 517/93 - juris Rn. 38 - DB 1994, 1931-1933; vgl. BAG v. 15.06.1961 - 2 AZR 436/60 - juris Rn. 8 - BB 1961, 976.
[26] Vgl. LArbG Mecklenburg-Vorpommern v. 29.11.2004 - 1 Sa 208/04.
[27] BAG v. 17.03.1982 - 5 AZR 1047/79 - juris Rn. 26 - NJW 1982, 2139-2140.
[28] Vgl. BAG v. 28.07.2011 - 5 AZR 521/09 - juris Rn. 19 - DB 2010, 2284; BAG v. 13.03.2002 - 5 AZR 43/01 - juris Rn. 11 - DB 2002, 2383-2384. Zum Anspruch auf korrekte Führung eines Arbeitszeitkontos sowie entsprechender Gutschriften bzw. Minusstunden hierauf vgl. BAG v. 17.11.2011 - 5 AZR 681/09 - juris Rn. 17 - nv; BAG v. 26.01.2011 - 5 AZR 819/09 - juris Rn. 13 - DB 2011, 1227-1228; BAG v. 10.11.2010 - 5 AZR 766/09 - juris Rn. 16 - DB 2011, 306-307.
[29] BAG v. 28.01.2004 - 5 AZR 530/02 - juris Rn. 42 - DB 2004, 2051-2053.
[30] BAG v. 28.01.2004 - 5 AZR 530/02 - juris Rn. 40 - DB 2004, 2051-2053.
[31] BAG v. 28.01.2004 - 5 AZR 530/02 - juris Rn. 40 - DB 2004, 2051-2053; BAG v. 05.06.2003 - 6 AZR 114/02 - juris Rn. 62 - DB 2004, 138-141.

Damit unterscheidet sich dieser Dienst seinem Wesen nach von der vollen Arbeitstätigkeit, die vom Arbeitnehmer eine ständige Aufmerksamkeit und Arbeitsleistung verlangt. Aufgrund dieses qualitativen Unterschiedes müssen Zeiten eines Bereitschaftsdienstes vergütungsrechtlich **nicht wie reguläre Arbeit** behandelt werden.[32] Die Arbeitsvertragsparteien können daher für Zeiten des Bereitschaftsdienstes eine niedrigere Vergütung vorsehen als für sonstige Arbeitszeiten.[33] Insbesondere können sie die Vergütung des Bereitschaftsdienstes auch nach dem voraussichtlichen Grad der Heranziehung zu Vollarbeit pauschalieren.[34]

c. Reisezeiten

16 Reisezeit kann vergütungspflichtige Arbeitszeit sein. Dies gilt nicht nur dann, wenn das Reisen – wie dies etwa bei Kraftfahrern[35] oder Außendienstmitarbeitern[36] der Fall ist – zur arbeitsvertraglichen Hauptleistung gehört oder während der Reise Arbeit im eigentlichen Sinne geleistet wird, sondern etwa auch dann, wenn ein Arbeitnehmer während der regulären Arbeitszeit eine Reise unternimmt, um einen Kunden des Arbeitgebers aufzusuchen.[37] Bei Reisen außerhalb der regulären Arbeitszeit ist in jedem Einzelfall zu prüfen, ob die Aufwendung der Reisezeit den Umständen nach nur gegen Vergütung zu erwarten war.[38] Ein allgemeingültiger Grundsatz, dass die vom Arbeitnehmer im Interesse des Arbeitgebers aufgewendeten Reisezeiten selbst dann in der Regel vergütungspflichtig sind, wenn sie außerhalb der regulären Arbeitszeit anfallen, besteht nicht.[39] Arbeitnehmer in einer leitenden oder zumindest gehobenen Stellung haben vielmehr nach der Verkehrsanschauung ein gewisses Kontingent an Reisezeiten unentgeltlich zu erbringen.[40]

d. Höherwertige Dienste

17 Eine gesonderte Vergütung kann objektiv weiter dann zu erwarten sein, wenn der Dienstverpflichtete auf Veranlassung oder mit Billigung des Dienstberechtigten eine qualitative Mehrleistung in Form höherwertiger Dienste gegenüber der vertraglich vereinbarten Leistung erbringt, sofern für diese Mehrleistung eine Vergütungsregelung fehlt.[41] Dies kommt etwa in den Fällen in Betracht, in denen ein Arbeitnehmer vorübergehend eine vakante Stelle einer höheren Wertigkeit übernimmt.[42] Allerdings kann sich aus den Umständen unter Berücksichtigung des Grundsatzes von Treu und Glauben auch ergeben, dass eine zusätzliche Vergütung für die zeitweilige Übernahme der höherwertigen Tätigkeit (etwa zur Urlaubs- oder Krankheitsvertretung) nicht geschuldet wird.[43] Insbesondere der Dauer der Übernahme der vakanten Stelle kommt dabei eine wesentliche Bedeutung zu.

e. Sonderleistungen

18 Die vorstehend zur Vergütung von Überstunden und höherwertigen Leistungen aufgeführten Grundsätze gelten grundsätzlich auch dann, wenn der Dienstleistende während der Arbeitszeit neben seiner ver-

---

[32] BAG v. 28.01.2004 - 5 AZR 530/02 - juris Rn. 40 - DB 2004, 2051-2053; BAG v. 05.06.2003 - 6 AZR 114/02 - juris Rn. 62 - DB 2004, 138-141.
[33] BAG v. 28.01.2004 - 5 AZR 530/02 - juris Rn. 41 - DB 2004, 2051-2053.
[34] BAG v. 28.01.2004 - 5 AZR 530/02 - juris Rn. 42 - DB 2004, 2051-2053.
[35] Vgl. BAG v. 20.04.2011 - 5 AZR 200/10 - juris Rn. 21 - DB 2011, 1639-1640, wonach etwa ein Vergütungsanspruch auch für Zeiten besteht, in denen sich ein Fernfahrer wegen der Länge der Strecke mit anderen Kollegen abwechselt und daher zeitweise nur als Beifahrer mitfährt.
[36] BAG v. 22.04.2009 - 5 AZR 292/08 - juris Rn. 15 - DB 2009, 1602-1603.
[37] Vgl. BAG v. 15.10.2003 - 4 AZR 594/02 - juris Rn. 81 - EzA § 4 TVG Stahlindustrie Nr. 2.
[38] BAG v. 03.09.1997 - 5 AZR 428/96 - juris Rn. 21 - NJW 1998, 1581-1582.
[39] BAG v. 03.09.1997 - 5 AZR 428/96 - juris Rn. 21 - NJW 1998, 1581-1582.
[40] Vgl. BAG v. 03.09.1997 - 5 AZR 428/96 - juris Rn. 22 - NJW 1998, 1581-1582.
[41] BAG v. 16.02.1978 - 3 AZR 723/76 - juris Rn. 18 - DB 1978, 1131-1132; vgl. BGH v. 11.11.1977 - I ZR 56/75 - juris Rn. 29 - LM Nr. 10 zu § 612 BGB; vgl. BAG v. 04.10.1972 - 4 AZR 475/71 - juris Rn. 20 - AP Nr. 2 zu § 24 BAT; vgl. hierzu auch *Olbrisch/Roth*, DB 1999, 2110-2111. Abgelehnt hingegen im Fall eines Rechtsanwalts: BAG v. 17.08.2011 - 5 AZR 406/10 - juris Rn. 20 - DB 2011, 2550-2551.
[42] Vgl. BAG v. 04.10.1972 - 4 AZR 475/71 - juris Rn. 20 - AP Nr. 2 zu § 24 BAT.
[43] BAG v. 16.02.1978 - 3 AZR 723/76 - juris Rn. 19 - DB 1978, 1131-1132.

traglich geschuldeten Tätigkeit zusätzliche Leistungen erbringt, welche sich im Verhältnis zur geschuldeten Tätigkeit nicht als höherwertig darstellen.[44] In diesen Fällen bedarf es allerdings einer besonders eingehenden Prüfung, ob die ausgeübte Tätigkeit nicht doch vertraglich geschuldet wird[45] oder nach den Grundsätzen von Treu und Glauben (§ 242 BGB) vergütungsfrei als Nebenleistung zu erbringen ist[46].

f. Familiärer Bereich

Zu einer Mitarbeit im familiären Bereich kann der Dienstleistende aufgrund der ehelichen Beistandspflicht (§ 1353 Abs. 1 Satz 2 BGB) gegenüber seinem Ehegatten oder gemäß § 1619 BGB gegenüber seinen Eltern verpflichtet sein. Die **familienrechtliche Pflicht zur Mitarbeit** schließt es indes nicht aus, dass daneben dienstrechtliche Beziehungen bestehen. Umgekehrt rechtfertigt das Fehlen einer gesetzlichen Mitarbeitspflicht – wie dies etwa im Verhältnis zwischen Verlobten oder zwischen Verwandten zweiten oder höheren Grades der Fall ist – nicht ohne Weiteres den Schluss, dass jegliche Dienstleistung zu vergüten ist. Auch ohne das Bestehen einer gesetzlichen Pflicht zur Mitarbeit stellt das Verlöbnis oder das verwandtschaftliche Verhältnis einen Umstand dar, der die Erwartung einer Entgeltlichkeit auf Seiten des Dienstempfängers objektiv entfallen lassen kann. Dies gilt auch für Dienstleistungen zwischen Partnern einer nichtehelichen Lebensgemeinschaft oder zwischen Freunden. Wird in diesen Fällen eine Vergütung erst nach einem späteren Zerwürfnis verlangt, indiziert dies, dass die Beteiligten zuvor von einer Unentgeltlichkeit ausgegangen waren.[47]

19

III. Rechtsfolgen

Gemäß § 612 Abs. 1 BGB gilt eine Vergütung als stillschweigend vereinbart. Ein Irrtum des Dienstberechtigten über die Vergütungspflicht berechtigt diesen nicht zur Anfechtung der Vereinbarung über die Erbringung der Dienstleistung.[48] Die Höhe der Vergütung bemisst sich gemäß § 612 Abs. 2 BGB. Die Fälligkeit folgt grundsätzlich den allgemeinen Regeln in § 614 BGB.

20

IV. Prozessuale Hinweise/Verfahrenshinweise

Die Beweislast für Umstände, nach denen die Dienstleistung nur gegen eine Vergütung zu erwarten war, trägt der Dienstleistende. Der Dienstempfänger trägt hingegen die Beweislast für die Vereinbarung einer Unentgeltlichkeit.

21

B. Kommentierung zu Absatz 2

I. Grundlagen

Die Vorschrift dient der **Bestimmung der dem Dienstverpflichteten zustehenden Vergütung**. Sie soll mögliche Lücken im Dienstvertrag schließen und verhindert, dass ein Dienstvertrag mangels einer ausreichenden Abrede über die Hauptleistungspflicht des Dienstberechtigten unwirksam ist.

22

II. Anwendungsvoraussetzungen

1. Vereinbarung über Erbringung einer Dienstleistung

Voraussetzung einer Anwendung des § 612 Abs. 2 BGB ist eine Vereinbarung über die Erbringung einer Dienstleistung. Die Vorschrift gilt sowohl für selbstständige als auch für unselbstständige Dienstleistungen.

23

---

[44] BAG v. 20.01.2010 - 5 AZR 986/08 - juris Rn. 16 - ZTR 2010, 273-274; BAG v. 05.06.2003 - 6 AZR 237/02 - juris Rn. 53.
[45] Vgl. BAG v. 05.06.2003 - 6 AZR 237/02 - juris Rn. 54.
[46] BAG v. 18.05.2011 - 5 AZR 181/10 - juris Rn. 17 - EzA Nr. 4 zu § 611 BGB 2002 Mehrarbeit.
[47] *Weidenkaff* in: Palandt, § 612 Rn. 4.
[48] *Müller-Glöge* in: MünchKomm-BGB, § 612 Rn. 5.

2. Vergütungspflicht

24 Weitere Voraussetzung ist, dass der Dienstempfänger zur Zahlung einer Vergütung verpflichtet ist. Die Vergütungspflicht braucht sich nicht aufgrund einer **ausdrücklichen oder konkludenten Abrede** ergeben. Es genügt gemäß § 612 Abs. 1 BGB, wenn die Dienstleistung **den Umständen nach** nur gegen eine Vergütung zu erwarten ist. Nicht zur Anwendung kommt § 612 Abs. 2 BGB indes dann, wenn die Beteiligten ausdrücklich eine Unentgeltlichkeit vereinbart haben oder sich eine solche Unentgeltlichkeit aus den Umständen – etwa wegen eines engen familiären Verhältnisses – ergibt.

3. Unbestimmtheit der Höhe der Vergütung

25 Die **Höhe** der dem Dienstleistenden zustehenden Vergütung darf von den Parteien **nicht ausdrücklich oder konkludent vereinbart** worden sein. § 612 Abs. 2 BGB findet allerdings auch dann Anwendung, wenn eine getroffene Vergütungsvereinbarung – etwa gemäß § 134 BGB oder § 138 BGB – unwirksam ist.[49]

III. Rechtsfolgen

26 Gemäß § 612 Abs. 2 BGB ist bei Bestehen einer Taxe die taxmäßige Vergütung, in Ermangelung einer Taxe die übliche Vergütung als vereinbart anzusehen.

1. Taxen

27 Taxen sind nach Bundes- oder Landesrecht festgesetzte Gebühren (Vergütungssätze), die feste, Höchst- oder Mindestsätze darstellen. Hierzu zählt etwa die Honorarordnung für Architekten und Ingenieure (HOAI).

28 Die **Vergütung von Ärzten** ist in der Gebührenordnung für Ärzte (GOÄ), die Vergütung von Zahnärzten in der Gebührenordnung für Zahnärzte (GOZ) geregelt. Die GOÄ und die GOZ finden Anwendung auf die beruflichen Leistungen der Ärzte und Zahnärzte, soweit nicht durch Bundesgesetz etwas anderes bestimmt ist (§ 1 Abs. 1 GOÄ, § 1 Abs. 1 GOZ). Anderweitige bundesgesetzliche Regelungen bestehen insbesondere im SGB 5 im Hinblick auf die gesetzliche Krankenversicherung. Von der GOÄ und der GOZ werden vor allem (zahn)ärztliche Leistungen an Privatpatienten erfasst. Die Einfachsätze des Gebührenverzeichnisses wurden dem Niveau der durchschnittlichen Vergütungen der gesetzlichen Krankenversicherung angepasst. Der Gebührenbemessungsrahmen wurde auf das 3,5-fache des Einfachsatzes begrenzt (§ 5 Abs. 1 Satz 1 GOÄ, § 5 Abs. 1 Satz 1 GOZ). In aller Regel liegt die Obergrenze sogar nur beim 2,3-fachen (§ 5 Abs. 2 Satz 4 GOZ, § 5 Abs. 2 Satz 4 GOZ).

2. Übliche Vergütung

29 Üblich im Sinne des § 612 Abs. 2 BGB ist eine Vergütung, die an dem betreffenden Ort in gleichen oder ähnlichen Gewerben oder Berufen für gleiche oder ähnliche Dienstleistungen unter Berücksichtigung der persönlichen Verhältnisse bezahlt zu werden pflegt.[50] Die Anerkennung der Üblichkeit setzt gleiche Verhältnisse in zahlreichen Einzelfällen voraus.[51] Sofern die **übliche Vergütung** nicht in einem festen Betrag, sondern in einer Bandbreite besteht, bestimmt der Dienstverpflichtete die Höhe der Vergütung innerhalb dieses Spielraums nach billigem Ermessen (§§ 316, 315 Abs. 1 BGB).[52]

---

[49] BAG v. 22.04.2009 - 5 AZR 436/08 - juris Rn. 9 - DB 2009, 1599-1601; BAG v. 03.05.2006 - 10 AZR 310/05 - juris Rn. 33 - DB 2006, 582-588; vgl. BAG v. 26.04.2006 - 5 AZR 549/05 - juris Rn. 26 - NZA 2006, 1354-1357; BAG v. 21.04.2005 - 6 AZR 287/04 - juris Rn. 19 - nv.; BAG v. 14.10.2004 - 6 AZR 564/03 - juris Rn. 37 - DB 2005, 834-837; vgl. BAG v. 17.04.2002 - 5 AZR 413/00 - juris Rn. 19 - NZA 2002, 1334-1335; vgl. BAG v. 05.08.1963 - 5 AZR 79/63 - juris Rn. 9 - NJW 1963, 2188.

[50] BAG v. 20.04.2011 - 5 AZR 171/10 - juris Rn, 16 - DB 2011, 2042-2043; BGH v. 24.10.1989 - X ZR 58/88 - juris Rn. 27 - LM Nr. 14 zu BGB § 612; OLG München v. 14.05.2003 - 21 U 3523/01 - OLGR München 2003, 245 OLG München v. 14.05.2003 - 21 U 3523/01 - juris Rn. 28 - OLGR München 2003, 245.

[51] BGH v. 26.10.2000 - VII ZR 239/98 - juris Rn. 14 - LM BGB § 632 Nr. 23 (8/2001).

[52] *Weidenkaff* in: Palandt, § 612 Rn. 10.

Die **übliche Vergütung eines Arbeitnehmers** wird man im Regelfall der einschlägigen tariflichen Vergütung entnehmen können.[53] Dies gilt jedenfalls dann, wenn in dem gegenständlichen und örtlichen Bereich üblicherweise in den Arbeitsverträgen ausdrücklich auf den Tarifvertrag Bezug genommen wird.[54] Die tarifliche Vergütung stellt aber nicht ausnahmslos die übliche Vergütung auch für die nicht dem Tarifvertrag unterfallenden Arbeitnehmer dar.[55] Es können sich durchaus Anhaltspunkte dafür finden lassen, dass in dem gegenständlichen und örtlichen Bereich die übliche Vergütung dieser Arbeitnehmer von der tariflichen Vergütung abweicht.[56] Sofern die tarifliche Vergütung auch für die nicht dem Tarifvertrag unterfallenden Arbeitnehmer als üblich anzusehen ist, gilt dies allein im Hinblick auf die Höhe der Vergütung. Die rein rechnerische Größe einer bestimmten Vergütung umfasst nicht gleichzeitig noch andere – rein rechtliche – Merkmale, die zum Wesen einer bestimmten tariflichen Vergütung gehören können (etwa Ausschlussfristen).[57]

30

Keine allgemeine Üblichkeit besteht dahin gehend, **Überstunden** stets mit Zuschlägen zu vergüten. Sieht allerdings etwa ein Tarifvertrag derartige Zuschläge vor, kann sich ein nicht tarifgebundener Arbeitnehmer ggf. auf eine allgemeine Üblichkeit berufen.

31

Auch im Bereich der **selbstständigen Dienstleistung** ist in Ermangelung einer Vereinbarung und einer Taxe auf die übliche Vergütung abzustellen. In Gebührenordnungen von Verbänden und privat erstellten Gebührenordnungen geregelte Gebühren können dabei nicht ohne weiteres als übliche Vergütung angesehen werden. In der Regel wird eine allgemeine Verkehrsgeltung bei den beteiligten Kreisen verlangt und festgestellt werden müssen.[58]

32

3. Bestimmung nach billigem Ermessen

Fehlt es an einer Vereinbarung sowie einer Taxe und lässt sich auch keine übliche Vergütung feststellen, hat dies nicht zur Folge, dass der Dienstleistende überhaupt keine Vergütung erhält. Vielmehr ist die Bestimmung der Höhe der Vergütung dann einseitig durch den Dienstverpflichteten nach billigem Ermessen vorzunehmen (§§ 316, 315 Abs. 1 BGB).[59] Ist die Bestimmung unbillig, wird gemäß § 315 Abs. 3 BGB eine Bestimmung durch gerichtliches Urteil getroffen.[60]

33

---

[53] BAG v. 20.04.2011 - 5 AZR 171/10 - juris Rn. 16 - DB 2011, 2042-2043; BAG v. 14.06.1994 - 9 AZR 89/93 - juris Rn. 28 - DB 1995, 231-232; vgl. BAG v. 26.05.1993 - 4 AZR 461/92 - juris Rn. 24 - DB 1993, 2288-2289; vgl. LArbG Düsseldorf v. 23.08.1977 - 11 Sa 466/77 - juris Rn. 22 - DB 1978, 165.
[54] Vgl. BAG v. 25.01.1989 - 5 AZR 161/88 - juris Rn. 27 - BB 1989, 1271-1272.
[55] Vgl. BAG v. 26.05.1993 - 4 AZR 461/92 - juris Rn. 24 - DB 1993, 2288-2289.
[56] BAG v. 14.06.1994 - 9 AZR 89/93 - juris Rn. 28 - DB 1995, 231-232.
[57] BAG v. 26.09.1990 - 5 AZR 112/90 - juris Rn. 14 - DB 1991, 391.
[58] Vgl. BGH v. 26.10.2000 - VII ZR 239/98 - juris Rn. 14 - LM BGB § 632 Nr. 23 (8/2001).
[59] Vgl. BAG v. 21.11.2001 - 5 AZR 87/00 - juris Rn. 37 - NZA 2002, 624-628; BGH v. 24.10.1989 - X ZR 58/88 - juris Rn. 27 - LM Nr. 14 zu BGB § 612.
[60] BGH v. 24.10.1989 - X ZR 58/88 - juris Rn. 27 - LM Nr. 14 zu BGB § 612.

§ 612a BGB Maßregelungsverbot

(Fassung vom 02.01.2002, gültig ab 01.01.2002)

Der Arbeitgeber darf einen Arbeitnehmer bei einer Vereinbarung oder einer Maßnahme nicht benachteiligen, weil der Arbeitnehmer in zulässiger Weise seine Rechte ausübt.

Gliederung

A. Grundlagen	1	C. Rechtsfolgen	10
I. Kurzcharakteristik	1	I. Benachteiligungsverbot	10
II. Europäischer Hintergrund	2	II. Beweislast	21
B. Anwendungsvoraussetzungen	3	III. Folgen eines Verstoßes gegen das Verbot	23
I. Arbeitgeber/Arbeitnehmer	3	IV. Streikbruchprämien	28
II. Ausübung von Rechten des Arbeitnehmers in zulässiger Weise	4	V. Anwesenheitsprämien/Prämienkürzungsregelungen	32
1. Rechtsausübung	4	VI. Sonderzahlungen nach Gehaltsverzicht	34
2. Zulässigkeit der Rechtsausübung	7		

A. Grundlagen

I. Kurzcharakteristik

1 Die Vorschrift enthält ein **Maßregelungsverbot**, welches verhindern soll, dass Arbeitnehmer ihre Rechte nur deshalb nicht wahrnehmen, weil sie bei ihrer Inanspruchnahme mit Benachteiligungen rechnen müssen. Sie erfasst einen Sonderfall der Sittenwidrigkeit.[1] Geschützt wird die Willensfreiheit der Arbeitnehmer darüber, ob sie ihnen zustehende Rechte ausüben oder nicht. § 612a BGB ist als Schutzvorschrift unabdingbar.[2]

II. Europäischer Hintergrund

2 Die Vorschrift ist im Rahmen der Umsetzung der EG-Richtlinie 75/117/EWG[3] sowie der EG-Richtlinie 76/207/EWG[4] durch das Arbeitsrechtliche EG-Anpassungsgesetz[5] vom 13.08.1980 in das BGB eingefügt worden und am 21.08.1980 in Kraft getreten. Der deutsche Gesetzgeber löste dabei das Maßregelungsverbot aus dem den Richtlinien zugrunde liegenden Kontext der Gleichbehandlung der Geschlechter und ging mit dem generellen Verbot einer Benachteiligung wegen der Geltendmachung von Rechten über den Regelungsauftrag der beiden Richtlinien hinaus.

B. Anwendungsvoraussetzungen

I. Arbeitgeber/Arbeitnehmer

3 § 612a BGB gilt nach seinem Wortlaut nur im Verhältnis zwischen einem Arbeitgeber und einem Arbeitnehmer. Auf arbeitnehmerähnliche Personen ist die Vorschrift dem Bundesarbeitsgericht[6] zufolge

---

[1] BAG v. 14.02.2007 - 7 AZR 95/06 - juris Rn. 21 - NZA 2007, 803-807; BAG v. 20.04.1989 - 2 AZR 498/88 - juris Rn. 28 - Gewerkschafter 1989, Nr. 10, 38; BAG v. 02.04.1987 - 2 AZR 227/86 - juris Rn. 24 - DB 1987, 2525-2526.

[2] *Müller-Glöge* in: MünchKomm-BGB, § 612a Rn. 2.

[3] Richtlinie 75/117/EWG des Rates vom 10.02.1975 zur Angleichung der Rechtsvorschriften der Mitgliedstaaten über die Anwendung gleichen Entgeltes für Männer und Frauen (Art. 5 RL 75/117/EWG).

[4] Richtlinie 76/207/EWG des Rates vom 09.02.1976 zur Verwirklichung des Grundsatzes der Gleichbehandlung von Männern und Frauen hinsichtlich des Zugangs zur Beschäftigung, zur Berufsbildung und zum beruflichen Aufstieg sowie in Bezug auf die Arbeitsbedingungen (Art. 7 RL 76/207/EWG).

[5] *Gesetz über die Gleichbehandlung von Männern und Frauen am Arbeitsplatz und über die Erhaltung von Ansprüchen bei Betriebsübergang*, BGBl I 1980, 1308.

[6] Vgl. BAG v. 14.12.2004 - 9 AZR 23/04 - juris Rn. 20 - NZA 2005, 637-639.

nicht entsprechend anwendbar. Dieser Personenkreis kann sich allerdings ggf. auf eine Unwirksamkeit der Maßnahme gemäß § 138 BGB berufen.[7]

II. Ausübung von Rechten des Arbeitnehmers in zulässiger Weise

1. Rechtsausübung

§ 612a BGB findet Anwendung, sofern ein Arbeitnehmer in zulässiger Weise seine Rechte ausübt. Fehlt es an einem Verhalten, welches als Wahrnehmung von Rechten aufgefasst werden könnte, findet die Vorschrift keine Anwendung.[8]

Nach einer Auffassung[9] erfasst § 612a BGB lediglich die Ausübung von Rechten im Rahmen des Arbeitsverhältnisses, während sich die Vorschrift der Gegenansicht[10] zufolge – was ihrem Wortlaut wohl eher entsprechen dürfte – auf jede Form der Ausübung von Rechten durch den Arbeitnehmer erstreckt. Selbst bei einer Nichtanwendbarkeit des § 612a BGB in den Fällen der Ausübung von Rechten außerhalb des Arbeitsverhältnisses würde es dem Arbeitgeber indes in aller Regel gemäß § 138 BGB oder aufgrund seiner Fürsorgepflicht untersagt sein, den Arbeitnehmer wegen der zulässigen Ausübung seiner Rechte zu maßregeln, weshalb die praktische Relevanz des Meinungsstreits insoweit entschärft ist.

Unter einer Rechtsausübung im Sinne des § 612a BGB sind zunächst die gerichtliche Geltendmachung von Ansprüchen[11] (z.B. die Erhebung einer Klage auf Zahlung rückständigen Gehalts[12]) sowie die Vollstreckung titulierter Ansprüche (z.B. die Vollstreckung des Weiterbeschäftigungsanspruchs aufgrund eines vorläufig vollstreckbaren Urteils[13]) zu verstehen. Die Anwendbarkeit der Vorschrift ist allerdings nicht auf Fälle der gerichtlichen Geltendmachung von Ansprüchen und deren Vollstreckung beschränkt.[14] So werden etwa auch der Ausspruch einer Kündigung durch den Arbeitnehmer,[15] das Stellen eines Antrags auf Gewährung von Vorruhestandsgeld,[16] die (außergerichtliche) Geltendmachung der Auszahlung des Weihnachtsgeldes[17] bzw. der Vergütung geleisteter Überstunden,[18] die Verweigerung der Herabsetzung der Vergütung[19] bzw. der Verlängerung der vertraglichen Arbeitszeit[20] sowie die Aufforderung zur Entfernung einer Abmahnung aus der Personalakte[21] im Falle ihrer Zulässigkeit durch diese Vorschrift geschützt. Eine Ausübung von Rechten des Arbeitnehmers stellen zudem die Teilnahme des Arbeitnehmers an einem Streik,[22] die Tätigkeit des Arbeitnehmers für seine Gewerkschaft im Betrieb des Arbeitgebers[23] sowie die von Art. 5 Abs. 1 GG geschützte freie Meinungsäußerung[24] dar. Darüber hinaus liegt eine derartige Rechtsausübung etwa dann vor, wenn ein Arbeit-

---

[7] Vgl. BAG v. 14.12.2004 - 9 AZR 23/04 - juris Rn. 22 - NZA 2005, 637-639.
[8] Vgl. BAG v. 25.04.2001 - 5 AZR 360/99 - juris Rn. 25 - NJW 2002, 532-534.
[9] So LArbG Kiel v. 17.11.1997 - 5 Sa 184/97 - juris Rn. 53 - Bibliothek BAG.
[10] LArbG Sachsen-Anhalt v. 14.02.2006 - 8 Sa 385/05 - juris Rn. 14 - LAGE § 612a BGB 2002 Nr. 2; *Preis*, NZA Sonderheft 1998, 39-53, 1265; *Thüsing*, NZA 1994, 728-732, 730.
[11] BAG v. 14.02.2007 - 7 AZR 95/06 - juris Rn. 21 - NZA 2007, 803-807.
[12] Vgl. BAG v. 09.02.1995 - 2 AZR 389/94 - juris Rn. 28 - NJW 1996, 1299-1301.
[13] Vgl. LArbG Düsseldorf v. 13.12.1988 - 8 Sa 663/88 - juris Rn. 57 - DB 1989, 685.
[14] Vgl. BAG v. 02.04.1987 - 2 AZR 227/86 - juris Rn. 19 - DB 1987, 2525-2526; LArbG Nürnberg v. 07.10.1988 - 6 Sa 44/87 - juris Rn. 21 - LAGE § 612a BGB Nr. 2; LArbG Hamm v. 15.01.1985 - 7 (5) Sa 1430/84 - juris Rn. 2 - LAGE § 20 BetrVG 1972 Nr. 5.
[15] LArbG Nürnberg v. 07.10.1988 - 6 Sa 44/87 - LAGE § 612a BGB Nr. 2.
[16] Vgl. BAG v. 02.04.1987 - 2 AZR 227/86 - juris Rn. 19 - DB 1987, 2525-2526.
[17] LArbG Hamm v. 15.01.1985 - 7 (5) Sa 1430/84 - juris Rn. 2 - LAGE § 20 BetrVG 1972 Nr. 5.
[18] LArbG Hamm v. 15.01.1985 - 7 (5) Sa 1430/84 - juris Rn. 2 - LAGE § 20 BetrVG 1972 Nr. 5.
[19] Vgl. LArbG Hamm v. 11.05.2006 - 8 Sa 2088/05 - juris Rn. 21 - nv.
[20] Vgl. LArbG Hamm v. 11.05.2006 - 8 Sa 2088/05 - juris Rn. 21 - nv; vgl. LArbG Hamm v. 14.04.2005 - 8 Sa 2196/04 - juris Rn. 32 - Bibliothek BAG.
[21] Vgl. ArbG Augsburg v. 07.10.1997 - 2 Ca 1431/96 N - juris Rn. 25 - Bibliothek BAG.
[22] BAG v. 03.08.1999 - 1 AZR 735/98 - juris Rn. 41 - ZIP 2000, 510-513.
[23] Vgl. BAG v. 21.09.2011 - 7 AZR 150/10 - juris Rn. 33 - DB 2012, 524-527; LArbG Hamm v. 18.12.1987 - 17 Sa 1225/87 - LAGE § 612a BGB Nr. 1.
[24] BAG v. 21.09.2011 - 7 AZR 150/10 - juris Rn. 33 - DB 2012, 524-527.

nehmer gemäß § 45 Abs. 3 Satz 1 SGB 5 wegen der Pflege seines kranken Kindes von der Arbeit fern bleibt.[25]

2. Zulässigkeit der Rechtsausübung

7 § 612a BGB untersagt eine Benachteiligung nur, wenn der Arbeitnehmer in zulässiger Weise seine Rechte ausübt. Der Arbeitnehmer darf sich daher nicht rechtswidrig verhalten oder gegen arbeitsvertragliche Haupt- oder Nebenpflichten verstoßen. Diesbezüglich kommt es auf die **objektive Rechtslage** und nicht darauf an, ob der Arbeitnehmer subjektiv von der Berechtigung seines Handelns ausgehen durfte.[26]

8 Eine zulässige Ausübung eines Rechts liegt dabei grundsätzlich auch dann vor, wenn ein Arbeitnehmer gegenüber seinem Arbeitgeber klageweise Ansprüche geltend macht. Das ausgeübte Recht besteht dabei in dem Recht zur Klage, nicht in dem der Klage zugrunde liegenden Anspruch. Eine zulässige Rechtsausübung kann daher auch dann vorliegen, wenn der klageweise geltend gemachte Anspruch tatsächlich nicht besteht.[27] Abweichendes gilt allerdings dann, wenn der Arbeitnehmer nicht einmal von der Möglichkeit des Bestehens des geltend gemachten Anspruchs ausgehen konnte bzw. dieser völlig indiskutabel war.[28] In diesem Fall macht der Arbeitnehmer sein Recht zur Klage nicht mehr in zulässiger Weise, sondern rechtsmissbräuchlich geltend.

9 Handelt ein Arbeitnehmer objektiv rechtswidrig, kann eine Maßregelung des Arbeitnehmers wegen dieses Verhaltens allerdings gegen die guten Sitten (§ 138 Abs. 1 BGB) oder gegen die Fürsorgepflicht des Arbeitgebers verstoßen, wenn der Arbeitnehmer für den Arbeitgeber erkennbar subjektiv von der Rechtmäßigkeit seines Verhaltens ausgehen durfte. In Zweifelsfällen wird der Arbeitgeber aufgrund seiner Pflicht zur Rücksichtnahme in der Regel vor der belastenden Maßnahme zu einer Anhörung des Arbeitnehmers verpflichtet sein.

C. Rechtsfolgen

I. Benachteiligungsverbot

10 Der Arbeitgeber darf den Arbeitnehmer gemäß § 612a BGB bei einer Vereinbarung oder einer Maßnahme nicht benachteiligen, weil der Arbeitnehmer in zulässiger Weise seine Rechte ausübt.

11 Eine **Vereinbarung** ist die übereinstimmende Willensbekundung zweier Parteien.[29] Eine **Maßnahme** im Sinne der Vorschrift ist ein Verhalten des Arbeitgebers, welches dieser – im Gegensatz zu einer Vereinbarung – einseitig bestimmt und verwirklicht.[30] Ein rechtsgeschäftliches oder geschäftsähnliches Verhalten kann ebenso dazu gehören wie ein rein tatsächliches.[31] Insoweit schränkt § 612a BGB die Vertrags- und Gestaltungsfreiheit des Arbeitgebers ein.[32]

12 Zu den Maßnahmen im Sinne des § 612a BGB kann insbesondere auch die **Kündigung** des Arbeitsverhältnisses durch den Arbeitgeber gehören.[33] Die Wirksamkeit einer Kündigung kann unabhängig davon nach § 612a BGB überprüft werden, ob das KSchG anwendbar ist.[34] Auch denkbar ist, dass die Nichtverlängerung eines befristeten Arbeitsverhältnisses eine Maßnahme im Sinne des § 612a BGB darstellt.[35]

---

[25] Vgl. LArbG Köln v. 10.11.1993 - 7 Sa 690/93 - juris Rn. 3 - MDR 1994, 1020-1021.
[26] *Müller-Glöge* in: MünchKomm-BGB, § 612a Rn. 10; a.A. *Knigge*, BB 1980, 1272-1276, 1276.
[27] Vgl. BAG v. 09.02.1995 - 2 AZR 389/94 - juris Rn. 28 - NJW 1996, 1299-1301.
[28] Vgl. BAG v. 09.02.1995 - 2 AZR 389/94 - juris Rn. 28 - NJW 1996, 1299-1301.
[29] *Thüsing*, NZA 1994, 728-732, 730.
[30] LArbG Köln v. 04.10.1990 - 10 Sa 629/90 - juris Rn. 59 - Bibliothek BAG.
[31] LArbG Köln v. 19.09.2006 - 9 (4) Sa 173/06 - juris Rn. 76 - BB 2207, 388; LArbG Köln v. 04.10.1990 - 10 Sa 629/90 - juris Rn. 59 - Bibliothek BAG; *Thüsing*, NZA 1994, 728-732, 730.
[32] BAG v. 14.02.2007 - 7 AZR 95/06 - juris Rn. 21 - NZA 2007, 803-807.
[33] BAG v. 23.04.2009 - 6 AZR 189/08 - juris Rn. 14-15 - DB 2009, 1936-1938; BAG v. 22.09.2005 - 6 AZR 607/04 - juris Rn. 25 - NZA 2006, 1612-1614; BAG v. 02.04.1987 - 2 AZR 227/86 - juris Rn. 25 - DB 1987, 2525-2526.
[34] BAG v. 20.04.1989 - 2 AZR 498/88 - juris Rn. 28 - Gewerkschafter 1989, Nr. 10, 38; BAG v. 02.04.1987 - 2 AZR 227/86 - juris Rn. 21 - DB 1987, 2525-2526.
[35] Vgl. BAG v. 21.09.2011 - 7 AZR 150/10 - juris Rn. 40 - DB 2012, 524-527.

Der Arbeitgeber darf den Arbeitnehmer bei der Vereinbarung oder Maßnahme nicht benachteiligen. Eine **Benachteiligung** setzt nicht notwendig einen konkreten Bezug zu anderen Arbeitnehmern voraus.[36] Eine Benachteiligung im Sinne des § 612a BGB ist vielmehr bereits dann anzunehmen, wenn der Arbeitgeber einer zulässigen Rechtsausübung eines Arbeitnehmers mit einer für den Arbeitnehmer nachteiligen Vereinbarung oder Maßnahme begegnet, die er ohne die Rechtsausübung nicht vorgenommen hätte.[37] Es genügt mithin, dass sich die bisherige Rechtsposition des Arbeitnehmers verschlechtert, seine Rechte also verkürzt werden.[38]

Ein Verstoß gegen § 612a BGB kann auch im Falle der **Vorenthaltung von Vorteilen** vorliegen.[39] Die Vorenthaltung von anderen Arbeitnehmern gewährten Vorteilen ist allerdings dann zulässig, wenn diese aus sachlichen Gründen erfolgt oder schon in der Rechtsordnung angelegt ist.[40] Die zulässige Ausübung der Rechte durch den Arbeitnehmer ist dann nicht kausal für die Benachteiligung.

Ob eine Benachteiligung wegen einer zulässigen Wahrnehmung von Rechten des Arbeitnehmers vorliegt (**Kausalität**), richtet sich nach der Rechtsprechung des Bundesarbeitsgerichts[41] nach den gleichen Grundsätzen, die es für das Verbot der Kündigung wegen eines Betriebsüberganges gemäß § 613a Abs. 4 BGB aufgestellt hat. Eine Maßregelung bzw. Benachteiligung wegen einer zulässigen Rechtsausübung liegt hiernach nicht schon dann vor, wenn die Rechtsausübung für die Maßregelung bzw. Benachteiligung in irgendeiner Weise auch ursächlich geworden ist oder den äußeren Anlass geboten hat.[42] Andererseits ist es nicht erforderlich, dass die Ausübung der Rechte der gänzlich alleinige Beweggrund des Arbeitgebers für die Benachteiligung des Arbeitnehmers gewesen ist. Erforderlich – aber auch hinreichend – ist, dass die Ausübung der Rechte den **tragenden Beweggrund**, d.h. das wesentliche Motiv für die Maßregelung bzw. Benachteiligung gebildet hat.[43]

Ist im Fall einer **Kündigung** der Kündigungsentschluss ausschließlich durch die zulässige Rechtsverfolgung des Arbeitnehmers bestimmt gewesen, ist es auch unerheblich, ob die Kündigung auf einen

---

[36] BAG v. 20.04.1989 - 2 AZR 498/88 - juris Rn. 29 - Gewerkschafter 1989, Nr. 10, 38; BAG v. 02.04.1987 - 2 AZR 227/86 - juris Rn. 26 - DB 1987, 2525-2526.

[37] BAG v. 20.04.1989 - 2 AZR 498/88 - juris Rn. 29 - Gewerkschafter 1989, Nr. 10, 38; BAG v. 02.04.1987 - 2 AZR 227/86 - juris Rn. 26 - DB 1987, 2525-2526.

[38] BAG v. 14.02.2007 - 7 AZR 95/06 - juris Rn. 21 - NZA 2007, 803-807.

[39] BAG v. 21.09.2011 - 7 AZR 150/10 - juris Rn. 33 - DB 2012, 524-527; BAG v. 17.03.2010 - 5 AZR 168/09 - juris Rn. 28 - NZA 2010, 696-698; BAG v. 15.09.2009 - 9 AZR 685/08 - juris Rn. 40 - EzA-SD 2010, Nr. 1, 5-7; BAG v. 15.07.2009 - 5 AZR 486/08 - juris Rn. 22 - DB 2009, 2496-2497; BAG v. 18.09.2007 - 3 AZR 639/06 - juris Rn. 27 - NZA 2008, 56-58; BAG v. 14.03.2007 - 5 AZR 420/06 - juris Rn. 34 - NZA 2007, 862-865; BAG v. 14.02.2007 - 7 AZR 95/06 - juris Rn. 21 - NZA 2007, 803-807; BAG v. 25.05.2004 - 3 AZR 15/03 - juris Rn. 34 - AP Nr. 5 zu § 1b BetrAVG; BAG v. 07.11.2002 - 2 AZR 742/00 - juris Rn. 51 - NJW 2003, 3219-3222; BAG v. 12.06.2002 - 10 AZR 340/01 - juris Rn. 50 - NJW 2003, 772-773; BAG v. 23.02.2000 - 10 AZR 1/99 - juris Rn. 80 - DB 2000, 1921-1922; BAG v. 26.10.1994 - 10 AZR 482/93 - juris Rn. 23 - ZIP 1995, 406-409; LArbG Frankfurt v. 24.04.2001 - 7 Sa 1672/00 - juris Rn. 56 - Bibliothek BAG.

[40] BAG v. 15.09.2009 - 9 AZR 685/08 - juris Rn. 40 - EzA-SD 2010, Nr. 1, 5-7; BAG v. 26.10.1994 - 10 AZR 482/93 - juris Rn. 23 - ZIP 1995, 406-409.

[41] BAG v. 02.04.1987 - 2 AZR 227/86 - juris Rn. 26 - DB 1987, 2525-2526.

[42] BAG v. 14.03.2007 - 5 AZR 420/06 - juris Rn. 34 - NZA 2007, 862-865; BAG v. 14.02.2007 - 7 AZR 95/06 - juris Rn. 22 - NZA 2007, 803-807; BAG v. 22.09.2005 - 6 AZR 607/04 - juris Rn. 25 - NZA 2006, 1612-1614; BAG v. 25.05.2004 - 3 AZR 15/03 - juris Rn. 35 - AP Nr. 5 zu § 1b BetrAVG; BAG v. 22.05.2003 - 2 AZR 426/02 - juris Rn. 50 - AP Nr. 18 zu § 1 KSchG 1969 Wartezeit; BAG v. 12.06.2002 - 10 AZR 340/01 - juris Rn. 52 - NJW 2003, 772-773; vgl. BAG v. 20.04.1989 - 2 AZR 498/88 - juris Rn. 31 - Gewerkschafter 1989, Nr. 10, 38; vgl. BAG v. 02.04.1987 - 2 AZR 227/86 - juris Rn. 26 - DB 1987, 2525-2526.

[43] BAG v. 21.09.2011 - 7 AZR 150/10 - juris Rn. 33 - DB 2012, 524-527; BAG v. 17.03.2010 - 5 AZR 168/09 - juris Rn. 28 - NZA 2010, 696-698; BAG v. 15.07.2009 - 5 AZR 486/08 - juris Rn. 22 - DB 2009, 2496-2497; BAG v. 14.03.2007 - 5 AZR 420/06 - juris Rn. 34 - NZA 2007, 862-865; BAG v. 14.02.2007 - 7 AZR 95/06 - juris Rn. 22 - NZA 2007, 803-807; BAG v. 22.09.2005 - 6 AZR 607/04 - juris Rn. 25 - NZA 2006, 1612-1614; BAG v. 25.05.2004 - 3 AZR 15/03 - juris Rn. 35 - AP Nr. 5 zu § 1b BetrAVG; BAG v. 22.05.2003 - 2 AZR 426/02 - juris Rn. 50 - AP Nr. 18 zu § 1 KSchG 1969 Wartezeit; BAG v. 12.06.2002 - 10 AZR 340/01 - juris Rn. 52 - NJW 2003, 772-773; BAG v. 20.04.1989 - 2 AZR 498/88 - juris Rn. 31 - Gewerkschafter 1989, Nr. 10, 38; vgl. BAG v. 02.04.1987 - 2 AZR 227/86 - juris Rn. 26 - DB 1987, 2525-2526.

§ 612a

anderen Kündigungssachverhalt hätte gestützt werden können.[44] Eine dem Maßregelungsverbot widersprechende Kündigung kann deshalb auch dann vorliegen, wenn an sich ein Sachverhalt gegeben ist, der eine Kündigung des Arbeitgebers gerechtfertigt hätte.[45] Während das KSchG auf die objektive Sachlage zum Zeitpunkt der Kündigung und nicht auf den Beweggrund der Kündigung durch den Arbeitgeber abstellt und deswegen das Nachschieben materieller Kündigungsgründe zulässig ist, schneidet § 612a BGB im Fall der Kündigung aus Gründen der Maßregelung die Kausalkette für andere Gründe ab, die den Kündigungsentschluss des Arbeitgebers nicht bestimmt haben.[46]

17 Zwar kann auch die auf die **Ablehnung eines Änderungsangebots** gestützte Kündigung eine Maßregelung im Sinne des § 612a BGB sein.[47] Dies kann jedoch vor dem Hintergrund, dass – wie § 2 KSchG zeigt – eine Kündigung wegen der Ablehnung eines Änderungsangebotes sogar sozial gerechtfertigt sein kann, nicht schlechthin, sondern nur unter besonderen Voraussetzungen gelten.[48] Von dem besonderen Unwerturteil des § 612a BGB kann eine Kündigung, die auf die Ablehnung eines Änderungsangebotes durch den Arbeitnehmer gestützt ist, nur dann betroffen sein, wenn die Ausgestaltung des Änderungsangebots selbst sich als unerlaubte Maßregelung, also gewissermaßen als „Racheakt" für eine zulässige Rechtsausübung durch den Arbeitnehmer darstellt.[49]

18 Eine Benachteiligung wegen der Rechtsausübung liegt auch dann vor, wenn bereits **vor der Rechtsausübung** entsprechende Vereinbarungen für den Fall der Ausübung der Rechte getroffen wurden.[50] Entsprechendes kann gelten, wenn mit den Arbeitnehmern vor der Rechtsausübung Vereinbarungen über Begünstigungen für den Fall der Nichtausübung der Rechte getroffen worden sind.[51]

19 Ein Verstoß gegen § 612a BGB liegt allerdings nicht vor, wenn die Arbeitsvertragsparteien lediglich von den anerkannt zulässigen Möglichkeiten zur Gestaltung der Arbeits- und Ausscheidensbedingungen Gebrauch machen.[52] Bietet der Arbeitgeber dem Arbeitnehmer etwa den Abschluss einer Vereinbarung (z.B. eines Anschlussvertrags nach Fristablauf) zu bestimmten Konditionen an, welche der Arbeitnehmer ablehnt, begründet die Ablehnung des Arbeitgebers eines Abschlusses der Vereinbarung zu anderen Konditionen keinen Verstoß gegen § 612a BGB.[53] Auch kann etwa ein Arbeitgeber ohne Verstoß gegen § 612a BGB dem Arbeitnehmer – unabhängig von der Regelung in § 1a KSchG – die Zahlung einer **freiwilligen Abfindung** allein für den Fall anbieten, dass dieser von der Erhebung einer Kündigungsschutzklage absieht.[54]

20 Ein besonderes Benachteiligungsverbot wegen der Geltendmachung von Rechten begründet § 84 Abs. 3 BetrVG. Diese Vorschrift untersagt die Benachteiligung von Arbeitnehmern, welche von ihrem Beschwerderecht nach § 84 Abs. 1 BetrVG Gebrauch machen, weil sie sich benachteiligt, ungerecht behandelt oder in sonstiger Weise beeinträchtigt fühlen.

---

[44] BAG v. 22.05.2003 - 2 AZR 426/02 - juris Rn. 50 - AP Nr. 18 zu § 1 KSchG 1969 Wartezeit; BAG v. 20.04.1989 - 2 AZR 498/88 - juris Rn. 31 - Gewerkschafter 1989, Nr. 10, 38; BAG v. 02.04.1987 - 2 AZR 227/86 - juris Rn. 26 - DB 1987, 2525-2526.

[45] BAG v. 22.05.2003 - 2 AZR 426/02 - juris Rn. 50 - AP Nr. 18 zu § 1 KSchG 1969 Wartezeit; BAG v. 20.04.1989 - 2 AZR 498/88 - juris Rn. 31 - Gewerkschafter 1989, Nr. 10, 38; BAG v. 02.04.1987 - 2 AZR 227/86 - juris Rn. 26 - DB 1987, 2525-2526.

[46] BAG v. 22.05.2003 - 2 AZR 426/02 - juris Rn. 50 - AP Nr. 18 zu § 1 KSchG 1969 Wartezeit; BAG v. 20.04.1989 - 2 AZR 498/88 - juris Rn. 31 - Gewerkschafter 1989, Nr. 10, 38; BAG v. 02.04.1987 - 2 AZR 227/86 - juris Rn. 26 - DB 1987, 2525-2526.

[47] BAG v. 22.05.2003 - 2 AZR 426/02 - juris Rn. 53 - AP Nr. 18 zu § 1 KSchG 1969 Wartezeit.

[48] BAG v. 22.05.2003 - 2 AZR 426/02 - juris Rn. 53 - AP Nr. 18 zu § 1 KSchG 1969 Wartezeit.

[49] BAG v. 22.05.2003 - 2 AZR 426/02 - juris Rn. 53 - AP Nr. 18 zu § 1 KSchG 1969 Wartezeit.

[50] A.A. *Thüsing*, NZA 1994, 728-732, 731.

[51] LArbG Köln v. 04.10.1990 - 10 Sa 629/90 - juris Rn. 59 - Bibliothek BAG.

[52] BAG v. 14.02.2007 - 7 AZR 95/06 - juris Rn. 22 - NZA 2007, 803-807; BAG v. 15.02.2005 - 9 AZR 116/04 - juris Rn. 52 - NZA 2005, 1117-1122.

[53] Vgl. BAG v. 14.02.2007 - 7 AZR 95/06 - juris Rn. 23 - NZA 2007, 803-807; BAG v. 15.02.2005 - 9 AZR 116/04 - juris Rn. 52 - NZA 2005, 1117-1122.

[54] BAG v. 15.02.2005 - 9 AZR 116/04 - juris Rn. 53 - NZA 2005, 1117-1122.

II. Beweislast

Den Arbeitnehmer trifft die Darlegungs- und Beweislast dafür, dass er wegen einer Rechtsausübung vom Arbeitgeber benachteiligt worden ist.[55] Er hat neben der Benachteiligung den Kausalzusammenhang zwischen Rechtsausübung und Benachteiligung darzulegen und ggf. zu beweisen.[56]

Im Rahmen des § 612a BGB sind dem Arbeitnehmer allerdings Beweiserleichterungen nach den **Grundsätzen des Anscheinsbeweises** zu gewähren.[57] Der Anscheinsbeweis ist geführt, wenn der Arbeitnehmer Tatsachen nachweist, die nach der Lebenserfahrung einen Schluss auf die Benachteiligung wegen der Rechtsausübung wahrscheinlich machen, sofern der Fall das Gepräge des Üblichen und Typischen trägt.[58] Eine derartige Tatsache stellt es etwa dar, wenn ein enger zeitlicher Zusammenhang zwischen der Ausübung des Rechts und der benachteiligenden Maßnahme besteht.[59] Eine einen Anscheinsbeweis begründende Tatsache kann es auch darstellen, dass sich der Arbeitgeber im Vorgriff zu der Benachteiligung über die Ausübung der Rechte durch den Arbeitnehmer erbost gezeigt hat.[60] Im Falle des Eingreifens eines derartigen Anscheinsbeweises obliegt es dem Arbeitgeber, diesen zu erschüttern.[61] Hierzu muss der Arbeitgeber Tatsachen vortragen, aus denen sich die ernsthafte Möglichkeit ergibt, dass andere Gründe als die Rechtsausübung ursächlich für die Benachteiligung waren.[62] Die Tatsachen, aus denen eine solche Möglichkeit abgeleitet werden soll, bedürfen im Bestreitensfall des vollen Beweises.[63]

III. Folgen eines Verstoßes gegen das Verbot

Maßnahmen des Arbeitgebers, die gegen das Maßregelungsverbot verstoßen, sind **rechtswidrig**. Sofern es sich um eine rechtsgeschäftliche Maßnahme handelt, ist diese gemäß § 134 BGB nichtig.[64] Der Arbeitnehmer ist so zu stellen, als wäre die verbotene Maßregelung nicht erfolgt.[65] Die rechtswidrige Benachteiligung des Arbeitnehmers ist zu beseitigen.[66] Bei Gefahr der Wiederholung kann der Arbeitnehmer Unterlassung verlangen.

Eine Beseitigung der in der Zuwendung an andere Arbeitnehmer, d.h. der in der **Vorenthaltung von Vorteilen** liegenden Maßregelung kann, sofern eine Rückforderung von den Begünstigten rechtlich

---

[55] Vgl. BAG v. 18.09.2007 - 3 AZR 639/06 - juris Rn. 30 - NZA 2008, 56-58; vgl. BAG v. 20.04.1989 - 2 AZR 498/88 - juris Rn. 32 - Gewerkschafter 1989, Nr. 10, 38; vgl. BAG v. 02.04.1987 - 2 AZR 227/86 - juris Rn. 27 - DB 1987, 2525-2526.

[56] Vgl. BAG v. 20.04.1989 - 2 AZR 498/88 - juris Rn. 32 - Gewerkschafter 1989, Nr. 10, 38.

[57] Vgl. BAG v. 11.08.1992 - 1 AZR 103/92 - juris Rn. 42 - NJW 1993, 218-221; LArbG Köln v. 19.09.2006 - 9 (4) Sa 173/06 - juris Rn. 58 - BB 2207, 388; vgl. LArbG Niedersachsen v. 12.09.2005 - 5 Sa 396/05 - juris Rn. 55 - NZA-RR 2006, 346-349; LArbG Kiel v. 25.07.1989 - 1 (3) Sa 557/88 - juris Rn. 13 - Bibliothek BAG; ArbG Augsburg v. 07.10.1997 - 2 Ca 1431/96 N - juris Rn. 33 - Bibliothek BAG.

[58] LArbG Kiel v. 25.07.1989 - 1 (3) Sa 557/88 - juris Rn. 13 - Bibliothek BAG; LArbG Hamm v. 15.01.1985 - 7 (5) Sa 1430/84 - juris Rn. 2 - LAGE § 20 BetrVG 1972 Nr. 5.

[59] BAG v. 23.04.2009 - 6 AZR 189/08 - juris Rn. 14-15 - DB 2009, 1936-1938; BAG v. 11.08.1992 - 1 AZR 103/92 - juris Rn. 42 - NJW 1993, 218-221; vgl. LArbG Sachsen-Anhalt v. 14.02.2006 - 8 Sa 385/05 - juris Rn. 18 - LAGE § 612a BGB 2002 Nr. 2; LArbG Köln v. 19.09.2006 - 9 (4) Sa 173/06 - juris Rn. 58 - BB 2207, 388; vgl. LArbG Niedersachsen v. 12.09.2005 - 5 Sa 396/05 - juris Rn. 55 - NZA-RR 2006, 346-349; LArbG Kiel v. 25.07.1989 - 1 (3) Sa 557/88 - juris Rn. 13 - Bibliothek BAG; vgl. ArbG Augsburg v. 07.10.1997 - 2 Ca 1431/96 N - juris Rn. 35 - Bibliothek BAG.

[60] Vgl. ArbG Augsburg v. 07.10.1997 - 2 Ca 1431/96 N - juris Rn. 38 - Bibliothek BAG.

[61] Vgl. LArbG Kiel v. 25.07.1989 - 1 (3) Sa 557/88 - juris Rn. 16 - Bibliothek BAG.

[62] Vgl. LArbG Kiel v. 25.07.1989 - 1 (3) Sa 557/88 - juris Rn. 16 - Bibliothek BAG.

[63] Vgl. Hessisches LArbG v. 21.08.2007 - 13 Sa 537/07 - juris Rn. 28 - nv.

[64] BAG v. 23.04.2009 - 6 AZR 189/08 - juris Rn. 14-15 - DB 2009, 1936-1938; BAG v. 02.04.1987 - 2 AZR 227/86 - juris Rn. 25 - DB 1987, 2525-2526.

[65] Vgl. BAG v. 12.06.2002 - 10 AZR 340/01 - juris Rn. 56 - NJW 2003, 772-773.

[66] Vgl. BAG v. 12.06.2002 - 10 AZR 340/01 - juris Rn. 56 - NJW 2003, 772-773.

oder tatsächlich nicht mehr möglich ist, nur dadurch erreicht werden, dass die Zuwendung auch dem benachteiligten Arbeitnehmer gewährt wird.[67]

25 Zudem kann sich eine **Schadensersatzpflicht** des maßregelnden Arbeitgebers ergeben, und zwar sowohl aus schuldhafter Vertragsverletzung (§ 280 Abs. 1 BGB) als auch aus unerlaubter Handlung gemäß § 823 Abs. 2 BGB i.V.m. § 612a BGB.[68] § 612a BGB ist ebenso wie § 84 BetrVG ein Schutzgesetz.

26 Auch eine **Kündigung** ist als rechtsgeschäftliche Maßnahme des Arbeitgebers bei einem Verstoß gegen § 612a BGB gemäß § 134 BGB nichtig. Die Nichtigkeit einer Kündigung wegen Verstoßes gegen § 612a BGB muss innerhalb der Klagefrist des § 4 Satz 1 KSchG geltend gemacht werden.[69] Ist eine Kündigung wegen eines Verstoßes gegen § 612a BGB nichtig, kann der Arbeitgeber keinen Auflösungsantrag gemäß § 9 Abs. 1 Satz 1 KSchG stellen.[70] Es handelt sich um eine Ausnahmeregelung, nach der trotz Unwirksamkeit einer Kündigung nach dem KSchG wegen deren Sozialwidrigkeit unter gewissen Voraussetzungen die Auflösung gegen Abfindung verlangt werden kann. Dies kann – wofür auch die Regelung in § 13 Abs. 3 KSchG spricht – für den Fall nicht gelten, dass der Arbeitgeber das Arbeitsverhältnis durch eine bereits nach den allgemeinen Vorschriften rechtsunwirksame Kündigung beenden will.[71]

27 Besteht die Maßregelung darin, dass einem befristet beschäftigten Arbeitnehmer kein Folgevertrag angeboten wird, weil der Arbeitnehmer ihm zustehende Rechte ausgeübt hat, kann der Arbeitnehmer Anspruch auf Schadensersatz haben. Er kann indes nicht den Abschluss eines entsprechenden Folgevertrages verlangen. Dies ist in entsprechender Anwendung von § 15 Abs. 6 AGG ausgeschlossen.[72]

IV. Streikbruchprämien

28 Häufig unter dem Gesichtspunkt des § 612a BGB erörtert wird die Gewährung von Streikbruchprämien während eines Arbeitskampfes oder in dessen unmittelbarem Anschluss.[73]

29 Mit einer **Streikbruchprämie während des Arbeitskampfes** (sog. echte Streikbruchprämie) versucht der Arbeitgeber, auf das Verhalten der Arbeitnehmer Einfluss zu nehmen und diese von der Teilnahme am Streik abzuhalten. Insofern stellt sich die echte Streikbruchprämie als eine Arbeitskampfmaßnahme des Arbeitgebers dar. Art. 9 Abs. 3 GG gewährleistet das Recht der Arbeitgeberseite, Arbeitskampfmaßnahmen zu ergreifen, wobei grundsätzlich auch Handlungen statthaft sind, die Belastungen für die Arbeitnehmerseite mit sich bringen.[74] Eine Beschränkung der zulässigen Mittel des Arbeitgebers im Arbeitskampf war mit der Einführung des § 612a BGB nicht beabsichtigt.[75] Ist eine Arbeitskampfmaßnahme als solche rechtens, fällt sie auch dann nicht unter das Maßregelungsverbot in § 612a BGB, wenn durch diese Maßnahme die Teilnehmer am rechtmäßigen Streik nur infolge ihrer Streikteilnahme benachteiligt werden.[76] Dies gilt jedenfalls dann, wenn die Maßnahme – wie dies bei einer Streikbruchprämie der Fall ist – nur bei Beschränkung auf die streikenden oder die nicht streikenden Arbeit-

---

[67] BAG v. 07.11.2002 - 2 AZR 742/00 - juris Rn. 51 - NJW 2003, 3219-3222; vgl. BAG v. 23.02.2000 - 10 AZR 1/99 - juris Rn. 84 - DB 2000, 1921-1922; BAG v. 11.08.1992 - 1 AZR 103/92 - juris Rn. 45 - NJW 1993, 218-221; vgl. BAG v. 28.07.1992 - 1 AZR 87/92 - juris Rn. 22 - BB 1993, 362-363; vgl. LArbG Köln v. 04.10.1990 - 10 Sa 629/90 - juris Rn. 75 - Bibliothek BAG.

[68] LArbG Hamburg v. 19.03.2002 - 3 Sa 76/00 - juris Rn. 71 - Bibliothek BAG; LArbG Hamm v. 18.12.1987 - 17 Sa 1225/87 - juris Rn. 142 - LAGE § 612a BGB Nr. 1.

[69] LArbG Kiel v. 25.07.1989 - 1 (3) Sa 557/88 - juris Rn. 18 - Bibliothek BAG.

[70] Vgl. LArbG Düsseldorf v. 13.12.1988 - 8 Sa 663/88 - juris Rn. 69 - DB 1989, 685.

[71] BAG v. 09.10.1979 - 6 AZR 1059/77 - juris Rn. 9 - NJW 1980, 1484.

[72] BAG v. 21.09.2011 - 7 AZR 150/10 - juris Rn. 44 - DB 2012, 524-527.

[73] Zu Streikbruchprämien vgl. *Gaul*, NJW 1994, 1025-1032; *Rolfs*, DB 1994, 1237-1242 und *Schwarze*, RdA 1993, 264-274.

[74] LArbG Hamm v. 14.11.2001 - 18 Sa 530/01 - juris Rn. 93 - Bibliothek BAG.

[75] LArbG Köln v. 04.10.1990 - 10 Sa 629/90 - juris Rn. 54 - Bibliothek BAG.

[76] LArbG Köln v. 04.10.1990 - 10 Sa 629/90 - juris Rn. 54 - Bibliothek BAG.

nehmer ihren zulässigen Zweck erfüllen kann.[77] Auch das Bundesarbeitsgericht[78] hat ausgeführt, dass es dazu neige, die Gewährung einer echten Streikbruchprämie während des Arbeitskampfes als ein grundsätzlich zulässiges Arbeitskampfmittel des Arbeitgebers anzusehen.

Sofern mit einer Prämie nicht unmittelbar Einfluss auf das Verhalten der Arbeitnehmer genommen, sondern lediglich die nicht am Streik teilnehmenden Arbeitnehmer mit der Prämie belohnt werden sollen, scheidet eine Rechtfertigung dieser Prämie unter arbeitskampfrechtlichen Gesichtspunkten aus. Es handelt sich bei einer solchen Prämie streng genommen nicht um eine Streikbruchprämie, sondern um eine **Prämierung der Streikbrecher**.[79] Um eine zulässige Maßnahme des Arbeitskampfes kann es sich insbesondere dann nicht mehr handeln, wenn die Zuwendung erst nach dem Ende des Streiks erfolgt.[80]

30

Die Unterscheidung nach der Streikbeteiligung bei der Zusage von freiwilligen Leistungen im Anschluss an einen Arbeitskampf verstößt jedoch dann nicht gegen das Maßregelungsverbot, wenn die Differenzierung durch einen **sachlichen Grund** gerechtfertigt ist.[81] Dem Bundesarbeitsgericht[82] zufolge genügt aber nicht jede zusätzliche Erschwerung der Arbeit während des Arbeitskampfes, um eine Prämierung der nicht am Streik teilnehmenden Arbeitnehmer zu rechtfertigen. Eine solche Rechtfertigung sei vielmehr nur dann anzunehmen, wenn die Arbeitnehmer während des Streiks **besonderen Belastungen** ausgesetzt waren oder **besondere Leistungen** erbracht haben.[83] Als eine solche besondere Belastung bzw. Leistung kann etwa die Ausübung einer Tätigkeit während des Streiks angesehen werden, die nach dem Arbeitsvertrag nicht geschuldet ist.[84] Keinen sachlichen Grund begründet es hingegen dem Bundesarbeitsgericht[85] zufolge, wenn die nicht am Streik teilnehmenden Arbeitnehmer durch Kritik der streikenden Arbeitnehmer und durch Streikposten, Streikgassen usw. psychischen Belastungen ausgesetzt waren.

31

V. Anwesenheitsprämien/Prämienkürzungsregelungen

Ebenfalls häufig unter dem Gesichtspunkt des § 612a BGB problematisiert wurden Anwesenheitsprämien bzw. Kürzungsregelungen, nach denen Prämien für Tage gekürzt worden sind, an denen der Arbeitnehmer tatsächlich keine Arbeitsleistung erbracht hat. Derartige Regelungen haben etwa bei einer krankheitsbedingten Abwesenheit des Arbeitnehmers zur Folge, dass dieser finanzielle Nachteile erleidet. Die grundsätzliche Zulässigkeit von Kürzungsregelungen auch für den Fall der Krankheit des Arbeitnehmers ergibt sich nunmehr aus § 4a EntgFZG. In den Anwendungsbereich dieser Regelung fällt auch die Gewährung einer Anwesenheitsprämie.[86]

32

Entsprechende Kürzungsregelungen sind aber auch in anderen Fällen der Nichtleistung der Arbeit durch den Arbeitnehmer – etwa aufgrund der Teilnahme an einem Streik – zulässig.[87] Das Bundesarbeitsgericht[88] geht zutreffend davon aus, dass es keine nach § 612a BGB unzulässige Benachteiligung begründet, wenn einem Arbeitnehmer Vorteile vorenthalten werden, sofern dies aus einem sachlichen Grund erfolgt oder sogar schon in der Rechtsordnung angelegt ist. Die Ausübung der Rechte

33

---

[77] Vgl. LArbG Hamm v. 14.11.2001 - 18 Sa 530/01 - juris Rn. 92 - Bibliothek BAG.
[78] BAG v. 13.07.1993 - 1 AZR 675/92 - juris Rn. 33 - DB 1993, 1479.
[79] Vgl. LArbG Köln v. 04.10.1990 - 10 Sa 629/90 - juris Rn. 73 - Bibliothek BAG.
[80] Vgl. BAG v. 11.08.1992 - 1 AZR 103/92 - juris Rn. 41 - NJW 1993, 218-221; BAG v. 28.07.1992 - 1 AZR 87/92 - juris Rn. 20 - BB 1993, 362-363.
[81] BAG v. 28.07.1992 - 1 AZR 87/92 - juris Rn. 21 - BB 1993, 362-363.
[82] BAG v. 28.07.1992 - 1 AZR 87/92 - juris Rn. 30 - BB 1993, 362-363; kritisch hierzu *Rolfs*, DB 1994, 1237-1242.
[83] Vgl. BAG v. 11.08.1992 - 1 AZR 103/92 - juris Rn. 43 - NJW 1993, 218-221; BAG v. 28.07.1992 - 1 AZR 87/92 - juris Rn. 30 - BB 1993, 362-363.
[84] BAG v. 28.07.1992 - 1 AZR 87/92 - juris Rn. 33 - BB 1993, 362-363.
[85] BAG v. 28.07.1992 - 1 AZR 87/92 - juris Rn. 29 - BB 1993, 362-363.
[86] Vgl. BAG v. 25.07.2001 - 10 AZR 502/00 - juris Rn. 13 - BB 2001, 2587-2588.
[87] Vgl. BAG v. 31.10.1995 - 1 AZR 217/95 - juris Rn. 37 - NJW 1996, 1844-1846.
[88] BAG v. 26.10.1994 - 10 AZR 482/93 - juris Rn. 23 - ZIP 1995, 406-409.

durch den Arbeitnehmer ist dann nicht kausal für die Benachteiligung. Es ist aber Inhalt der Arbeitsrechtsordnung, dass Arbeitsentgelt grundsätzlich nur für geleistete Arbeit gezahlt wird, soweit nicht gesetzliche Vorschriften eine Verpflichtung zur Fortzahlung des Arbeitsentgelts auch für Zeiten ohne Arbeitsleistung vorsehen.[89] Eine Regelung, die Ansprüche auf Arbeitsentgelt daran knüpft, dass der Arbeitnehmer tatsächlich gearbeitet hat, stellt daher keine nach § 612a BGB verbotene Maßregelung dar, und zwar auch dann nicht, wenn sie Ansprüche auf Arbeitsentgelt auch für solche Zeiten versagt, zu denen der Arbeitnehmer berechtigterweise und aufgrund eigener Entscheidung nicht gearbeitet hat.[90]

VI. Sonderzahlungen nach Gehaltsverzicht

34 Schließlich darf ein Arbeitgeber bei Sonderzahlungen unterschiedliche Arbeitsbedingungen berücksichtigen und eine geringere laufende Arbeitsvergütung einer Arbeitnehmergruppe durch eine Sonderzahlung teilweise oder vollständig kompensieren. Eine derartige Situation kann sich z.B. dann ergeben, wenn im Rahmen eines Sanierungs- oder Standortsicherungskonzepts ein Teil der Belegschaft auf Arbeitsvergütung verzichtet hat, ein anderer Teil hingegen nicht. Ein Verstoß gegen das Maßregelungsverbot aus § 612a BGB ist damit nicht verbunden.[91]

---

[89] BAG v. 26.10.1994 - 10 AZR 482/93 - juris Rn. 23 - ZIP 1995, 406-409.
[90] BAG v. 26.10.1994 - 10 AZR 482/93 - juris Rn. 23 - ZIP 1995, 406-409.
[91] BAG v. 05.08.2009 - 10 AZR 666/08 - juris Rn. 14 - NZA 2009, 1135-1136. Vgl. auch BAG v. 13.04.2011 - 10 AZR 88/10 - juris Rn. 26 f. - NZA 2011, 1047-1050.

§ 613 BGB Unübertragbarkeit

(Fassung vom 02.01.2002, gültig ab 01.01.2002)

[1]Der zur Dienstleistung Verpflichtete hat die Dienste im Zweifel in Person zu leisten. [2]Der Anspruch auf die Dienste ist im Zweifel nicht übertragbar.

Gliederung

A. Kommentierung zu Satz 1 1	B. Kommentierung zu Satz 2 18
I. Grundlagen............................ 1	I. Grundlagen............................ 18
II. Anwendungsvoraussetzungen 2	II. Anwendungsvoraussetzungen 19
1. Verpflichtung zu einer Dienstleistung..... 2	1. Verpflichtung zu einer Dienstleistung..... 19
2. Zweifel im Hinblick auf die Zulässigkeit der Einschaltung Dritter 3	2. Zweifel im Hinblick auf die Übertragbarkeit des Anspruchs................ 20
III. Rechtsfolgen......................... 8	III. Rechtsfolgen......................... 22
1. Heranziehung von Dritten 9	1. Tod des Dienstberechtigten............ 24
2. Tod des Dienstverpflichteten 13	2. Betriebsübergang..................... 26

A. Kommentierung zu Satz 1

I. Grundlagen

§ 613 Satz 1 BGB enthält eine **Regelung für den Fall des Zweifels**: Der Dienstleistende hat die Dienste in Person zu leisten, sofern sich nicht aus den Umständen ein anderes ergibt. Nicht jedoch begründet die Vorschrift ein Verbotsgesetz im Sinne des § 134 BGB.[1] Abweichende Vereinbarungen sind daher möglich.

II. Anwendungsvoraussetzungen

1. Verpflichtung zu einer Dienstleistung

Die Anwendung der Zweifelsregel setzt zunächst voraus, dass sich eine Person gegenüber einer anderen zur Leistung von Diensten im Sinne des § 611 BGB verpflichtet hat. Die Vorschrift findet auf alle Formen von Dienstverhältnissen, d.h. sowohl auf freie Dienstverhältnisse als auch auf Arbeitsverhältnisse Anwendung.[2]

2. Zweifel im Hinblick auf die Zulässigkeit der Einschaltung Dritter

§ 613 Satz 1 BGB findet nur in Fällen des Zweifels über die Zulässigkeit der Einschaltung Dritter durch den Dienstverpflichteten Anwendung. Nicht anwendbar ist die Vorschrift mithin, wenn sich bereits aus der vertraglichen Abrede oder den Begleitumständen eindeutig ergibt, ob der Verpflichtete seine Dienste persönlich zu leisten hat oder eine Übertragung auf Dritte zulässig ist.

Der Grundsatz der Vertragsfreiheit, der durch die in § 613 Satz 1 BGB enthaltene Zweifelsregel nicht eingeschränkt ist, lässt entsprechende **Vereinbarungen zwischen den Parteien** des Dienstvertrages zu. Es kann somit **ausdrücklich oder stillschweigend** vereinbart werden, dass der Dienstleistende berechtigt und/oder verpflichtet ist, zur Erbringung der Dienstleistung Dritte heranzuziehen. Eine stillschweigende Vereinbarung wird regelmäßig dann anzunehmen sein, wenn der Dienstverpflichtete zur Erbringung der Dienstleistung allein überhaupt nicht in der Lage ist und beide Parteien hiervon Kenntnis haben. Eine Berechtigung bzw. Verpflichtung zur Heranziehung Dritter kann sich ebenso **den Umständen nach** (§§ 133, 157, 242 BGB) ergeben. Ist die Hinzuziehung Dritter dem Dienstverpflichteten nicht grundsätzlich gestattet, kann der Dienstberechtigte dieser Hinzuziehung auch im Einzelfall ausdrücklich oder stillschweigend zustimmen.

---

[1] *Depping*, BB 1991, 1981, 1983.
[2] Vgl. BAG v. 11.03.1992 - 7 AZR 130/91 - juris Rn. 31.

5 Bei **Verträgen mit Ärzten** ergibt sich im Regelfall bereits aus der Interessenlage der Parteien, dass der Arzt die medizinischen Kerndienste in Person zu leisten hat. Die Pflicht zur persönlichen Dienstleistung gilt insbesondere bei den Arzt-Zusatzverträgen mit einem Chefarzt an einem Krankenhaus oder dem leitenden Arzt einer Fachabteilung.[3] Der Krankenhausarzt, der mit einem Patienten, dem der Krankenhausträger ohnehin bereits volle ärztliche Behandlung schuldet, einen zusätzlichen Behandlungsvertrag abschließt, kann das Verhalten des Patienten vernünftigerweise nur so verstehen, dass dieser erwartet, auch von dem von ihm gewählten Vertragspartner behandelt zu werden.[4] Eine Behandlung durch einen anderen Arzt kann aber ausnahmsweise dann zulässig sein, wenn der verpflichtete Arzt durch ein plötzliches, unvorhersehbares Ereignis verhindert ist und die Behandlung nicht verschoben werden kann.[5] Darüber hinaus ergibt sich bei einem ärztlichen Behandlungsvertrag regelmäßig aus der Verkehrssitte, dass der verpflichtete Arzt nicht jeden Behandlungsschritt persönlich auszuführen hat.[6] Vorbereitende, begleitende und nachbereitende Routinemaßnahmen darf er vielmehr auf andere Personen delegieren. Die Übertragung der Tätigkeit ist dabei umso eher zulässig, je geringer die mit der Maßnahme einhergehende Möglichkeit der Gefährdung des Behandelten ist.[7]

6 Bei **Verträgen mit Rechtsanwälten** in einer Sozietät ergibt sich aus der Interessenlage der Parteien regelmäßig, dass alle Rechtsanwälte Vertragspartner des Mandanten sind.[8] Nur bei Vorliegen besonderer Umstände kann ausnahmsweise von der Begründung eines Einzelmandats ausgegangen werden. Bestimmte Tätigkeiten (Zwangsvollstreckungsmaßnahmen, Abwicklungen mit Versicherungen usw.) kann ein Rechtsanwalt auf seine Angestellten übertragen. Aufgaben im Kernbereich anwaltlicher Beratungstätigkeit muss der Anwalt hingegen grundsätzlich persönlich ausüben.[9]

7 Bei **Arbeitsverhältnissen** spielt die Übertragung von Leistungspflichten nur eine geringe Rolle. Im Allgemeinen schließen schon die äußeren Umstände die Berechtigung des Arbeitnehmers zur Substituierung seiner Person durch Gehilfen oder Ersatzleute aus. Eine abweichende Vereinbarung kann sich indes in Ausnahmefällen, etwa im Rahmen einer Beschäftigung als Hausmeister ergeben. Hier ist, sofern dies nicht sogar ausdrücklich vereinbart worden ist, im Regelfall jedenfalls von einer stillschweigenden Vereinbarung dahin auszugehen, dass sich der Verpflichtete bei bestimmten Tätigkeiten (Reinigungsarbeiten usw.) von einem Dritten (insbesondere Familienangehörigen) vertreten lassen kann.[10]

III. Rechtsfolgen

8 Die Zweifelsregel wirkt sich in zweifacher Weise aus: Der zur Dienstleistung Verpflichtete hat die Dienste persönlich zu leisten. Er ist nicht berechtigt, die Dienstleistung durch eine dritte Person erbringen zu lassen. Andererseits ist der Dienstverpflichtete aber auch nicht verpflichtet, bei einer eigenen Verhinderung – etwa wegen Krankheit – für einen Ersatz zu sorgen.[11]

1. Heranziehung von Dritten

9 Ist der Dienstverpflichtete zur persönlichen Dienstleistung verpflichtet, erfüllt er bei der Heranziehung von Dritten seine vertragliche Verpflichtung nicht. Er erwirbt daher bei einer Leistung durch den Dritten auch **keinen Anspruch auf die Vergütung**.[12] Ebenso wenig entsteht ein Vertragsverhältnis zwischen dem Dienstberechtigten und dem Dritten, weshalb eine Lohnzahlungspflicht auch dem Dritten

---

[3] *Miebach/Patt*, NJW 2000, 3377-3385, 3378-3379.
[4] LG Fulda v. 11.06.1987 - 2 O 131/86 - NJW 1988, 1519-1521.
[5] OLG Karlsruhe v. 20.02.1987 - 15 U 160/86 - juris Rn. 12 - NJW 1987, 1489.
[6] OLG Hamm v. 26.04.1995 - 3 U 97/94 - NJW 1995, 2420-2421; *Hahn*, NJW 1981, 1977-1984, 1981; *Kubis*, NJW 1989, 1512-1515, 1513; *Kuhla*, NJW 2000, 841-846, 842.
[7] *Hahn*, NJW 1981, 1977-1984, 1981.
[8] BGH v. 05.11.1993 - V ZR 1/93 - juris Rn. 5 - BGHZ 124, 47-52.
[9] BGH v. 23.06.1981 - VI ZR 42/80 - juris Rn. 38 - LM Nr. 34 zu § 477 BGB.
[10] *Müller-Glöge* in: MünchKomm-BGB, § 613 Rn. 6.
[11] *Depping*, BB 1991, 1981, 1982.
[12] Vgl. *Kuhla*, NJW 2000, 841-846, 842.

gegenüber nicht besteht. Allein nach den Grundsätzen der ungerechtfertigten Bereicherung (§§ 812-822 BGB) kann sich hier eine Zahlungspflicht des Dienstberechtigten ergeben.

Erleidet der Dienstberechtigte durch einen in die Leistungserbringung eingeschalteten Dritten einen Schaden, ist dieser nach Maßgabe des § 823 Abs. 1 BGB zum **Schadensersatz** verpflichtet. Der Dienstverpflichtete haftet in einem solchen Fall nach Maßgabe des § 280 Abs. 1 BGB, da die unzulässige Einschaltung des Dritten eine Verletzung einer Pflicht aus dem Dienstverhältnis darstellt.

10

Innerhalb eines Arbeitsverhältnisses kann eine derartige Pflichtverletzung des Arbeitnehmers den Arbeitgeber nach den Umständen des Einzelfalls zu einer **ordentlichen Kündigung** aus verhaltensbedingten Gründen (§ 1 Abs. 2 KSchG) berechtigen. Je nach Schwere des Verstoßes kann eine solche Pflichtverletzung sogar ein Recht zu einer **außerordentlichen Kündigung** aus wichtigem Grund (§ 626 BGB) begründen.

11

Vom LArbG Hamm[13] ist aus der Zweifelsregelung in § 613 Satz 1 BGB gefolgert worden, dass ein Arbeitnehmer keinen Anspruch darauf habe, bei **Personalgesprächen** einen Anwalt mit heranzuziehen. Die Teilnahme an Personalgesprächen gehöre zum Pflichtenkreis des Arbeitnehmers, welcher die Kernpflicht der Erbringung der Arbeitsleistung umgibt. Dies gelte auch für solche Gespräche, in denen grundsätzliche Fragen des Arbeitsverhältnisses besprochen werden sollen. Allein dann, wenn der Arbeitgeber seinerseits betriebsfremde Personen zum Personalgespräch heranziehe, sei es unter dem Gesichtspunkt der „Waffen-" und Chancengleichheit denkbar, dass der Arbeitnehmer seinerseits einen Anspruch auf Mitwirkung einer Person seines Vertrauens habe.

12

2. Tod des Dienstverpflichteten

Aus der höchstpersönlichen Leistungspflicht folgt, dass der Tod des Dienstverpflichteten die Beendigung des Dienstverhältnisses zur Folge hat.[14] Die **Erben** des Dienstverpflichteten **treten nicht** im Wege der Gesamtrechtsnachfolge (§ 1922 BGB) **in die Rechtsstellung des Dienstverpflichteten aus dem Dienstvertrag ein**.[15] Die Erben sind zu einem Eintritt in das Dienstverhältnis auch weder berechtigt noch verpflichtet. Der Dienstberechtigte kann mit den Erben allerdings einvernehmlich ein eigenständiges Rechtsverhältnis begründen.

13

Die Erben erwerben gemäß § 1922 BGB die aus der Abwicklung des Dienstvertrages resultierenden **vermögensrechtlichen Forderungen**, die sich von der Verpflichtung zur höchstpersönlichen Leistungserbringung trennen lassen. Insbesondere geht der Anspruch auf die bereits erdiente und noch nicht ausgezahlte Vergütung auf die Erben über.[16] Stirbt ein Arbeitnehmer nach Erhebung der Kündigungsschutzklage und hängen Lohnansprüche bis zu seinem Tode vom Ausgang des Rechtsstreits ab, kann der Prozess durch die Erben fortgeführt werden.[17]

14

Mit dem Tod des Arbeitnehmers erlischt dessen Anspruch auf Urlaub, weshalb hier kein Übergang auf die Erben in Betracht kommt.[18] Mit dem Tod des Arbeitnehmers entsteht aber auch kein **Anspruch auf Urlaubsabgeltung** gemäß § 7 Abs. 4 BUrlG, der auf die Erben übergehen könnte.[19] Umstritten ist die Vererblichkeit von bereits entstandenen Urlaubsabgeltungsansprüchen. Während hier eine Ansicht darauf abstellt, dass der Abgeltungsanspruch ebenso wie der Urlaubsanspruch selbst zweckgebunden und höchstpersönlicher Natur, mithin nicht vererblich sei, verweist die vorzugswürdige Gegenansicht

15

---

[13] Vgl. LArbG Hamm v. 23.05.2001 - 14 Sa 497/01 - juris Rn. 28 - MDR 2001, 1361-1362.
[14] BAG v. 18.07.1989 - 8 AZR 44/88 - juris Rn. 12 - BB 1989, 2335-2336.
[15] Vgl. LArbG Hamm v. 19.09.1986 - 16 Sa 833/86 - juris Rn. 2 - NZA 1987, 669.
[16] LArbG Hamm v. 19.09.1986 - 16 Sa 833/86 - juris Rn. 2 - NZA 1987, 669.
[17] Vgl. LArbG Hamm v. 19.09.1986 - 16 Sa 833/86 - juris Rn. 2 - NZA 1987, 669.
[18] BAG v. 20.09.2011 - 9 AZR 416/10 - juris Rn. 16 - DB 2012, 235-237; BAG v. 23.06.1992 - 9 AZR 111/91 - juris Rn. 9 - BB 1992, 2004-2005; BAG v. 18.07.1989 - 8 AZR 44/88 - juris Rn. 12 - BB 1989, 2335-2336.
[19] Vgl. BAG v. 20.09.2011 - 9 AZR 416/10 - juris Rn. 16 - DB 2012, 235-237; BAG v. 27.05.2003 - 9 AZR 366/02 - juris Rn. 28 - EzA § 7 BUrlG Abgeltung Nr. 9; BAG v. 20.01.1998 - 9 AZR 601/96 - juris Rn. 17; BAG v. 23.06.1992 - 9 AZR 111/91 - juris Rn. 10 - BB 1992, 2004-2005.

auf den monetären Charakter des Anspruchs.[20] Das Bundesarbeitsgericht[21] geht in seiner Rechtsprechung von einer Unvererblichkeit des Anspruchs aus. Sei der Arbeitgeber allerdings mit der Zahlung der Urlaubsabgeltung in Verzug und versterbe der Arbeitnehmer während des Verzugs, entstehe ein Schadensersatzanspruch wegen Unmöglichkeit in Höhe des Anspruchs auf die Urlaubsabgeltung, der in den Nachlass falle und von den Erben geltend gemacht werden könne.[22]

16 Umstritten ist die Vererblichkeit eines Anspruchs auf **Abfindung aus einem Aufhebungsvertrag**, wenn der Arbeitnehmer zwischen dem Abschluss des Vertrages und dem vereinbarten Vertragsende verstirbt.[23] Primär geht es hierbei um die Frage, ob der Anspruch auf Abfindung in diesem Fall überhaupt entstanden ist. Das Bundesarbeitsgericht[24] hat im Hinblick auf Aufhebungsverträge, die als Ausgleich für den Verlust des Arbeitsplatzes eine Abfindung vorsahen, entschieden, dass Voraussetzung für den Abfindungsanspruch das Bestehen des Arbeitsverhältnisses zum vorgesehenen Beendigungstermin gewesen sei. Eine Auslegung des Aufhebungsvertrages kann allerdings ergeben, dass die Zahlung der Abfindung nicht unter der Voraussetzung des Überlebens bis zum vereinbarten Beendigungstermin stehen soll.

17 Gemäß der Erbenhaftung nach § 1967 BGB trifft die Erben des Dienstverpflichteten auf der anderen Seite die Verpflichtung, Ansprüche des Dienstberechtigten zu erfüllen, die nicht die Dienstleistung als solche betreffen. Hiervon sind etwa Ansprüche auf **Herausgabe von Arbeitsgeräten, Unterlagen usw.** umfasst.

B. Kommentierung zu Satz 2

I. Grundlagen

18 § 613 Satz 2 BGB enthält ebenfalls eine **Regelung für den Fall des Zweifels**: Der Anspruch auf die Dienstleistung kann nicht übertragen werden, sofern sich nicht aus den Umständen ein anderes ergibt. Nicht jedoch begründet die Vorschrift ein Verbotsgesetz im Sinne des § 134 BGB. Abweichende Vereinbarungen sind daher möglich.

II. Anwendungsvoraussetzungen

1. Verpflichtung zu einer Dienstleistung

19 Die Anwendung des § 613 Satz 2 BGB setzt zunächst voraus, dass sich eine Person gegenüber einer anderen zur Leistung von Diensten im Sinne des § 611 BGB verpflichtet hat. Die Vorschrift findet auf alle Formen von Dienstverhältnissen, d.h. sowohl auf freie Dienstverhältnisse als auch auf Arbeitsverhältnisse Anwendung.

2. Zweifel im Hinblick auf die Übertragbarkeit des Anspruchs

20 Die Vorschrift ist nur bei einem Zweifel im Hinblick auf die Übertragbarkeit des Anspruchs auf die Dienstleistung anzuwenden. Eine **Vereinbarung über die Übertragbarkeit** wird durch die Zweifelsregel nicht untersagt.[25] Die Dienstvertragsparteien können somit **ausdrücklich oder stillschweigend** eine diesbezügliche Vereinbarung treffen. Nicht anwendbar ist die Vorschrift zudem dann, wenn sich aus den **Begleitumständen** eindeutig ergibt, ob der Anspruch übertragbar ist oder nicht.

21 Von einer Vereinbarung über die Übertragbarkeit des Anspruchs auf die Dienstleistung ist die ausdrückliche oder konkludente Vereinbarung einer **Dienstleistungspflicht gegenüber Dritten** zu unterscheiden. Eine solche kann sich ebenfalls auch aus den Begleitumständen des Dienstvertrages ergeben.

---

[20] Zum Streitstand vgl. *Gallner* in: ErfKomm, § 7 BUrlG Rn. 81.
[21] BAG v. 18.07.1989 - 8 AZR 44/88 - juris Rn. 13 - BB 1989, 2335-2336.
[22] BAG v. 19.11.1996 - 9 AZR 376/95 - juris Rn. 27 - NJW 1997, 2343-2344.
[23] Zum Streitstand vgl. *Preis* in: ErfKomm, § 613 Rn. 7.
[24] Vgl. BAG v. 16.05.2000 - 9 AZR 277/99 - juris Rn. 18 - NJW 2001, 389-390; vgl. BAG v. 26.08.1997 - 9 AZR 227/96 - juris Rn. 22 - BB 1998, 700.
[25] BGH v. 12.11.1962 - VII ZR 223/61 - LM Nr. 1 zu § 84 HGB.

Ist der Dienstverpflichtete etwa in den Haushalt des Dienstberechtigten eingegliedert, so besteht die Dienstleistungspflicht regelmäßig auch gegenüber den Haus- und Familienmitgliedern des Dienstberechtigten. Der Dienstverpflichtete kann nach dem Inhalt des Dienstverhältnisses sogar gehalten sein, seine Dienstleistung im Unternehmen eines Dritten zu erbringen.[26] Der Dienstberechtigte behält hier in der Regel seine vollen dienstvertraglichen Rechte und Pflichten. Dem Dritten kommen insofern lediglich **begrenzte Weisungsrechte** zu. Weitergehende Weisungsrechte des Dritten können im Rahmen eines **Vertrages zugunsten Dritter** (§ 328 BGB) vereinbart werden. Insbesondere kann dabei auch dem Dritten ein eigener rechtlicher Anspruch auf die Dienstleistung gewährt werden. Die Zweifelsregel in § 613 Satz 2 BGB steht einer ausdrücklichen oder stillschweigenden Vereinbarung eigener Ansprüche Dritter nicht entgegen.

III. Rechtsfolgen

Gemäß § 613 Satz 2 BGB ist der Anspruch auf die Dienstleistung im Zweifel nicht übertragbar. Aus dieser Zweifelsregel folgt, dass der Dienstberechtigte dem Dienstverpflichteten gegen seinen Willen keinen anderen Dienstberechtigten aufzwingen kann. 22

Die Zweifelsregel in § 613 Satz 2 BGB steht indes einer einvernehmlichen Vereinbarung zwischen den Parteien des Dienstvertrages sowie einem Dritten, dass der Dritte in die Rechte und Pflichten des Dienstberechtigten aus dem Dienstvertrag eintritt (sog. **Vertragsübernahme**[27]), nicht entgegen. 23

1. Tod des Dienstberechtigten

Aus der Unübertragbarkeit des Anspruchs auf die Dienstleistung folgt nicht dessen Unvererblichkeit.[28] Einer früheren Entscheidung des Bundesarbeitsgerichts[29] zufolge endet das Dienstverhältnis jedoch in den Fällen, in denen die Dienstleistung (wie etwa bei einer Krankenpflege) ausschließlich oder überwiegend für die Person des Dienstberechtigten, d.h. **personengebunden** zu erbringen ist, mit dem Tod des Dienstberechtigten. Bei einem Arbeitsverhältnis wird man dies indes nur nach Maßgabe des TzBfG annehmen können, d.h. es bedarf hierzu einer schriftlichen Fixierung der auflösenden Bedingung „Tod des Arbeitgebers" (§§ 14 Abs. 4, 21 TzBfG). Das Arbeitsverhältnis endet in diesem Fall allerdings erst zwei Wochen nach Zugang einer Mitteilung an den Arbeitnehmer über den Eintritt der auflösenden Bedingung (§§ 15 Abs. 2, 21 TzBfG). 24

In den Fällen der **personenungebundenen** Dienstleistung treten die Erben stets in das Dienstverhältnis ein.[30] Den Erben kann jedoch ein Recht zur ordentlichen Kündigung zustehen, wenn für die Dienstleistung kein Bedarf mehr besteht. Das Bundesarbeitsgericht[31] hat den Erben sogar ein Recht zur außerordentlichen Kündigung zuerkannt, wenn der Betrieb des Dienstberechtigten (wie dies bei einem Notariat der Fall ist) bei dessen Tod überhaupt nicht auf die Erben übergehen kann. 25

2. Betriebsübergang

Im Falle eines Betriebs- oder Betriebsteilübergangs gehen die Arbeitsverhältnisse auf den Erwerber über, sofern die Arbeitnehmer dem nicht widersprechen (§ 613a Abs. 1 Satz 1, Abs. 6 BGB). Dies gilt auch dann, wenn der Übergang des Betriebs oder Betriebsteils im Wege der Verschmelzung, Spaltung oder Vermögensübertragung (§ 1 Abs. 1 Nr. 1-3 UmwG) erfolgt (§ 324 UmwG). Übt ein Arbeitnehmer bei Erlöschen des bisherigen Arbeitgebers als Rechtsträger sein Widerspruchsrecht aus, führt dies zur Beendigung des Arbeitsverhältnisses. 26

---

[26] Vgl. BAG v. 17.01.1979 - 5 AZR 248/78 - juris Rn. 70 - BAGE 31, 218-228 zum Einsatz von Personal der Deutschen Bundesbahn auf Linien einer regionalen Verkehrsgesellschaft.
[27] Hierzu *Grüneberg* in: Palandt, § 398 Rn. 41 ff.
[28] BAG v. 28.01.1966 - 3 AZR 374/65 - juris Rn. 24 - BB 1967, 958.
[29] Vgl. BAG v. 28.01.1966 - 3 AZR 374/65 - juris Rn. 24 - BB 1967, 958.
[30] Vgl. BAG v. 28.01.1966 - 3 AZR 374/65 - juris Rn. 24 - BB 1967, 958.
[31] BAG v. 02.05.1958 - 2 AZR 607/57 - juris Rn. 5 - BAGE 5, 256; a.A. *Müller-Glöge* in: ErfKomm, § 626 Rn. 136.

§ 613a BGB Rechte und Pflichten bei Betriebsübergang

(Fassung vom 23.03.2002, gültig ab 01.04.2002)

(1) ¹Geht ein Betrieb oder Betriebsteil durch Rechtsgeschäft auf einen anderen Inhaber über, so tritt dieser in die Rechte und Pflichten aus den im Zeitpunkt des Übergangs bestehenden Arbeitsverhältnissen ein. ²Sind diese Rechte und Pflichten durch Rechtsnormen eines Tarifvertrags oder durch eine Betriebsvereinbarung geregelt, so werden sie Inhalt des Arbeitsverhältnisses zwischen dem neuen Inhaber und dem Arbeitnehmer und dürfen nicht vor Ablauf eines Jahres nach dem Zeitpunkt des Übergangs zum Nachteil des Arbeitnehmers geändert werden. ³Satz 2 gilt nicht, wenn die Rechte und Pflichten bei dem neuen Inhaber durch Rechtsnormen eines anderen Tarifvertrags oder durch eine andere Betriebsvereinbarung geregelt werden. ⁴Vor Ablauf der Frist nach Satz 2 können die Rechte und Pflichten geändert werden, wenn der Tarifvertrag oder die Betriebsvereinbarung nicht mehr gilt oder bei fehlender beiderseitiger Tarifgebundenheit im Geltungsbereich eines anderen Tarifvertrags dessen Anwendung zwischen dem neuen Inhaber und dem Arbeitnehmer vereinbart wird.

(2) ¹Der bisherige Arbeitgeber haftet neben dem neuen Inhaber für Verpflichtungen nach Absatz 1, soweit sie vor dem Zeitpunkt des Übergangs entstanden sind und vor Ablauf von einem Jahr nach diesem Zeitpunkt fällig werden, als Gesamtschuldner. ²Werden solche Verpflichtungen nach dem Zeitpunkt des Übergangs fällig, so haftet der bisherige Arbeitgeber für sie jedoch nur in dem Umfang, der dem im Zeitpunkt des Übergangs abgelaufenen Teil ihres Bemessungszeitraums entspricht.

(3) Absatz 2 gilt nicht, wenn eine juristische Person oder eine Personenhandelsgesellschaft durch Umwandlung erlischt.

(4) ¹Die Kündigung des Arbeitsverhältnisses eines Arbeitnehmers durch den bisherigen Arbeitgeber oder durch den neuen Inhaber wegen des Übergangs eines Betriebs oder eines Betriebsteils ist unwirksam. ²Das Recht zur Kündigung des Arbeitsverhältnisses aus anderen Gründen bleibt unberührt.

(5) Der bisherige Arbeitgeber oder der neue Inhaber hat die von einem Übergang betroffenen Arbeitnehmer vor dem Übergang in Textform zu unterrichten über:

1. den Zeitpunkt oder den geplanten Zeitpunkt des Übergangs,
2. den Grund für den Übergang,
3. die rechtlichen, wirtschaftlichen und sozialen Folgen des Übergangs für die Arbeitnehmer und
4. die hinsichtlich der Arbeitnehmer in Aussicht genommenen Maßnahmen.

(6) ¹Der Arbeitnehmer kann dem Übergang des Arbeitsverhältnisses innerhalb eines Monats nach Zugang der Unterrichtung nach Absatz 5 schriftlich widersprechen. ²Der Widerspruch kann gegenüber dem bisherigen Arbeitgeber oder dem neuen Inhaber erklärt werden.

Gliederung

A. Kommentierung zu Absatz 1 1	2. Die sieben Hauptkriterien der wirtschaftlichen Einheit... 12
I. Grundlagen.. 1	a. Art des Unternehmens............................ 14
1. Kurzcharakteristik 1	b. Übergang oder Nichtübergang der materiellen
2. Gesetzgebungsmaterialien 2	Aktiva.. 17
3. Europäischer Hintergrund 3	c. Übertragung und Wert der immateriellen Aktiva . 27
II. Tatbestandsvoraussetzungen 4	
1. Betrieb oder Betriebsteil........................ 4	d. Übernahme eines Hauptteils der Belegschaft..... 29

e. Eintritt in Kundenbeziehungen................ 35
f. Ähnlichkeit der Tätigkeit vor und nach der Übernahme...................................... 37
g. Dauer der Unterbrechung der Geschäftstätigkeit 41
h. Rechtsprechungsüberblick..................... 43
3. Übergang.. 44
4. Rechtsgeschäft.................................. 54
a. Bedeutung und Inhalt des Tatbestandsmerkmals „Rechtsgeschäft"............................. 54
b. Unwirksamkeit des Rechtsgeschäftes........... 59
III. Rechtsfolgen................................... 61
1. Übergang der Arbeitsverhältnisse............... 61
a. Betroffene Rechtsverhältnisse.................. 61
b. Übergehende Rechte und Pflichten............. 68
c. Zuordnung der Arbeitsverhältnisse............. 77
d. Besonderheiten in der Insolvenz................ 79
2. Auswirkungen auf Tarifverträge und Betriebsvereinbarungen................................ 81
a. Überblick..................................... 81
b. Kollektivrechtliche Fortgeltung................. 82
c. Individualrechtliche Fortgeltung (Transformation).. 91
d. Ausschluss der individualrechtlichen Weitergeltung...................................... 102
e. Ablösung transformierter Normen durch kollektivrechtliche Regelungen..................... 112
f. Einjährige Veränderungssperre bei individualrechtlicher Fortgeltung........................ 118
g. Bezugnahmeklauseln.......................... 128
3. Betriebsverfassungsrechtliche Auswirkungen ... 137
a. Mitbestimmungsrechte des Betriebsrats......... 137
b. Kontinuität des Betriebsrats.................... 140
c. Rechtsstellung der Betriebsratsmitglieder....... 143
4. Abdingbarkeit.................................. 144
5. Verwirkung..................................... 146
IV. Prozessuale Hinweise........................... 147
B. Kommentierung zu Absatz 2.................. 153
I. Grundlagen..................................... 153
II. Anwendungsvoraussetzungen................... 154
III. Rechtsfolgen.................................... 155
IV. Abdingbarkeit................................... 160
V. Besondere Haftungstatbestände................. 161
C. Kommentierung zu Absatz 3.................. 163
I. Anwendungsvoraussetzungen................... 163
II. Ausschluss der gesamtschuldnerischen Haftung bei Umwandlung....................... 164
D. Kommentierung zu Absatz 4.................. 170
I. Grundlagen..................................... 170
1. Kurzcharakteristik.............................. 170
2. Europäischer Hintergrund...................... 171
II. Tatbestandsvoraussetzungen.................... 172
1. Kündigung wegen des Betriebsübergangs....... 172

2. Andere Kündigungsgründe..................... 175
a. Grundsatz..................................... 175
b. Missbrauchskontrolle.......................... 178
III. Rechtsfolgen.................................... 179
IV. „Umgehungen" des Kündigungsverbots........ 180
1. Befristungen und auflösende Bedingungen...... 180
2. Aufhebungsverträge............................ 181
V. Besondere Fallkonstellationen................... 184
1. Betriebsübernahme nach vorgesehener Stilllegung.. 184
2. Sanierende Betriebsübernahme................. 191
VI. Prozessuale Hinweise........................... 197
E. Kommentierung zu Absatz 5.................. 198
I. Grundlagen..................................... 198
1. Kurzcharakteristik.............................. 198
2. Europäischer Hintergrund...................... 199
II. Durchführung der Unterrichtung................ 200
1. Anlass der Unterrichtung....................... 200
2. Unterrichtungsverpflichteter.................... 201
3. Adressat der Unterrichtung..................... 202
4. Form und Zeitpunkt der Unterrichtung.......... 203
5. Inhalt der Unterrichtung........................ 208
a. Zeitpunkt oder geplanter Zeitpunkt des Übergangs (Nr. 1)................................... 210
b. Grund für den Übergang (Nr. 2)................ 212
c. Rechtliche, wirtschaftliche und soziale Folgen des Übergangs für die Arbeitnehmer (Nr. 3)...... 215
d. Hinsichtlich der Arbeitnehmer „in Aussicht genommene Maßnahmen" (Nr. 4).............. 234
III. Rechtsfolgen.................................... 237
F. Kommentierung zu Absatz 6.................. 242
I. Grundlagen..................................... 242
1. Kurzcharakteristik.............................. 242
2. Europäischer Hintergrund...................... 244
3. Entstehungsgeschichte.......................... 245
II. Ausübung des Widerspruchsrechts.............. 246
1. Adressat und Form des Widerspruchs........... 246
2. Inhalt und Begründung des Widerspruchs....... 249
3. Widerspruchsfrist............................... 255
a. Grundsatz..................................... 255
b. Ausschluss des Widerspruchsrechts durch Verwirkung..................................... 260
4. Verzicht auf das Widerspruchsrecht............. 266
III. Rechtsfolgen.................................... 270
1. Fortbestand des Arbeitsverhältnisses............ 270
2. Kündigungsrecht des Betriebsveräußerers nach dem KSchG.................................... 273
3. Verlust des Abfindungsanspruchs............... 280
4. Böswilliges Unterlassen des Erwerbs beim neuen Betriebsinhaber................................ 283
5. Sperrzeit....................................... 285

A. Kommentierung zu Absatz 1

I. Grundlagen

1. Kurzcharakteristik

1 § 613a BGB bestimmt einen **Vertragsübergang kraft Gesetzes**, der dem BGB grundsätzlich fremd ist. Das BGB regelt (Ausnahme: § 566 BGB) nur die Abtretung einzelner Forderungen (§§ 398-413 BGB) und die Übernahme einzelner Pflichten (§§ 414-418 BGB). Vor In-Kraft-Treten von § 613a BGB galten für den Übergang von Arbeitsverhältnissen daher die allgemeinen Grundsätze der rechtsgeschäftlichen Vertragsübernahme, die die Zustimmung aller Beteiligten[1] und damit auch des Betriebserwerbers voraussetzen. Dieser hatte die Möglichkeit, die Übernahme einzelner oder aller Arbeitsverhältnisse abzulehnen. Diese Möglichkeit will § 613a BGB ausschließen.[2] Die Vorschrift verfolgt vier **Schutzzwecke**: Sie ist vor allem Schutzgesetz zugunsten der Arbeitnehmer.[3] Mit dem Verlust des bisherigen Arbeitgebers soll der Arbeitnehmer nicht auch seinen Arbeitsplatz verlieren (Kündigungsschutz). Weitere Schutzzwecke sind daneben die Kontinuität des Betriebsrates[4] und die Aufrechterhaltung der kollektivrechtlich geregelten Arbeitsbedingungen sowie die Verteilung der Haftungsrisiken zwischen altem und neuem Betriebsinhaber.[5]

2. Gesetzgebungsmaterialien

2 § 613a BGB wurde durch § 122 BetrVG 1972[6] in das BGB eingefügt und ist seit dem 19.01.1972 in Kraft. Die Vorschrift wurde durch das am 21.08.1980 in Kraft getretene arbeitsrechtliche EG-Anpassungsgesetz um § 613a Abs. 1 Sätze 2-4 und Abs. 4 BGB ergänzt.[7] Die Änderung des § 613a Abs. 3 BGB beruht auf Art. 2 des UmwRBerG vom 28.10.1994.[8] Mit der Normierung der Unterrichtungspflichten des Veräußerers in § 613a Abs. 5 BGB und dem Widerspruchsrecht des Arbeitnehmers in § 613a Abs. 6 BGB hat der Gesetzgeber mit Wirkung zum 01.04.2002[9] weiterem europäischen Umsetzungsbedarf Rechnung getragen.

3. Europäischer Hintergrund

3 Mit § 613a BGB hat der deutsche Gesetzgeber die Richtlinie des Rates vom 14.02.1977 zur Angleichung von Rechtsvorschriften der Mitgliedstaaten über die Wahrung von Ansprüchen der Arbeitnehmer beim Übergang von Unternehmen, Betrieben oder Unternehmens- oder Betriebsteilen[10] umgesetzt. In Zweifelsfällen ist die Bestimmung europarechtskonform auszulegen.

---

[1] BAG v. 02.10.1974 - 5 AZR 504/73 - juris Rn. 22 - NJW 1975, 1378; *Grüneberg* in: Palandt, 71. Aufl. 2012, § 398 Rn. 42.

[2] EuGH v. 14.11.1996 - C-305/94 - DB 1996, 2546-2547.

[3] BAG v. 26.02.1987 - 2 AZR 768/85 - juris Rn. 28 - ZIP 1987, 731-734; BAG v. 12.05.1992 - 3 AZR 247/91 - juris Rn. 32 - ZIP 1992, 1408-1410; BAG v. 19.03.2009 - 8 AZR 722/07 - ZIP 2009, 1733-1736.

[4] BAG v. 03.07.1980 - 3 AZR 1077/78 - juris Rn. 11 - WM 1981, 393-394.

[5] BAG v. 17.01.1980 - 3 AZR 160/79 - juris Rn. 21 - NJW 1980, 1124-1126; BAG v. 03.07.1980 - 3 AZR 1077/78 - juris Rn. 11 - WM 1981, 393-394; BAG v. 11.11.1986 - 3 AZR 179/85 - juris Rn. 17 - NJW 1987, 3031.

[6] BT-Drs. 6/1786, S. 59; 2001/23/EG des Europäischen Parlaments und Rates, 22.03.2001; ABlEG L 82 v. 22.03.2001, S. 16; konsolidierte Fassung der RL 1977/187/EG des Europäischen Parlaments und Rates, 05.03.1977; ABlEG L 61 v. 05.03.1977, S. 26; geändert durch RL 1998/50/EG des Europäischen Parlaments und Rates, 29.06.1998; ABlEG Nr. L 201 v. 17.07.1998, S. 88; vgl. dazu *Franzen*, RdA 1999, 361-374, 361; *Gaul*, BB 1999, 526-530, 582; *Johanns/Waas*, EuZW 1999, 458-463, 458; *Annuß/Willemsen*, NJW 1999, 2073-2080, 2073.

[7] Gesetz über die Gleichbehandlung von Männern und Frauen am Arbeitsplatz und über die Erhaltung von Ansprüchen bei Betriebsübergang vom 13.08.1980, BGBl I 1980, 1308.

[8] BGBl I 1994, 3210.

[9] Gesetz zur Änderung des Seemannsgesetzes und anderer Gesetze, BGBl I v. 23.03.2002, 1163.

[10] RL 2001/23/EG des Europäischen Parlaments und Rates, 22.03.2001; ABlEG L 82 v. 22.03.2001, S. 16; konsolidierte Fassung der RL 1977/187/EG des Europäischen Parlaments und Rates, 05.03.1977; ABlEG L 61 v. 05.03.1977, S. 26; geändert durch RL 1998/50/EG des Europäischen Parlaments und Rates, 29.06.1998; ABlEG Nr. L 201 v. 17.07.1998, S. 88.

II. Tatbestandsvoraussetzungen

1. Betrieb oder Betriebsteil

Ein **Betriebsübergang** i.S.v. § 613a BGB liegt vor, wenn ein neuer Rechtsträger die wirtschaftliche Einheit unter Wahrung ihrer Identität fortführt.[11] Ob ein im Wesentlichen unveränderter Fortbestand der organisierten Gesamtheit „Betrieb" bei dem neuen Inhaber anzunehmen ist, richtet sich nach den Umständen des konkreten Falls.[12]

Bis 1997 ging die Rechtsprechung davon aus, der Betriebsbegriff des § 613a BGB stimme mit dem allgemeinen arbeits- bzw. betriebsverfassungsrechtlichen Betriebsbegriff überein.[13] Sie definierte den Betrieb als organisatorische Einheit, in der Personen mit Hilfe persönlicher, sächlicher oder immaterieller Mittel bestimmte arbeitstechnische Zwecke fortgesetzt verfolgen.[14] Im Anschluss an die Rechtsprechung des EuGH[15] stellt das BAG seit 1997 die **wirtschaftliche Einheit** in den Vordergrund.[16] Die als Gegenstand des Übergangs in Betracht kommende wirtschaftliche Einheit (Betrieb oder Betriebsteil i.S.d. § 613a BGB) wird – in Anlehnung an Art. 1 Abs. 1 lit. b Richtlinie 2001/23/EG – definiert als organisierte Gesamtheit von Personen und/oder Sachen zur auf Dauer angelegten Ausübung einer wirtschaftlichen Haupt- oder Nebentätigkeit mit eigener Zielsetzung.[17] Dabei darf eine Einheit nicht als bloße Tätigkeit verstanden werden. Die Identität der Einheit kann sich auch aus anderen Merkmalen, wie ihrem Personal, ihren Führungskräften, ihrer Arbeitsorganisation ergeben.

Auf der Grundlage dieser Definition verliert auch die eigenständige Interpretation des Begriffs Betriebsteil ihre Bedeutung.[18] Entscheidend ist, dass die wirtschaftliche Einheit ihre Identität wahrt.[19] **Betriebsteil** ist hiernach eine selbstständig abtrennbare organisatorische Einheit des gesamten Betriebs, in der innerhalb des betrieblichen Gesamtzwecks ein sächlich und organisatorisch abgrenzbarer Teilzweck verfolgt wird, auch wenn es sich nur um eine untergeordnete Hilfsfunktion handelt.[20]

Voraussetzung ist stets, dass der entsprechende Bereich bereits beim Veräußerer **organisatorisch verselbständigt** war.[21] Die sich in der Organisation äußernde Verknüpfung von Betriebsmitteln macht das

---

[11] BAG v. 14.08.2007 - 8 AZR 803/06 - NZA 2007, 1428, 1430; BAG v. 13.07.2006 - 8 AZR 331/05 - NZA 2006, 1357, 1358.

[12] St. Rspr. BAG im Anschluss an EuGH 11.03.1997 - Rs C-13/95 - [Ayse Süzen] EuGHE I 1997, 1259, zuletzt beispielsweise BAG v. 24.08.2006 - 8 AZR 556/05 - juris Rn. 21.

[13] BAG v. 22.05.1985 - 5 AZR 173/84 - juris Rn. 44 - NJW 1986, 448-450; BAG v. 03.07.1986 - 2 AZR 68/85 - juris Rn. 34 - ZIP 1986, 1595-1600; BAG v. 27.07.1994 - 7 ABR 37/93 - juris Rn. 14 - ZIP 1995, 235-239.

[14] BAG v. 21.01.1988 - 2 AZR 480/87 - juris Rn. 26 - DB 1988, 2155-2156; BAG v. 27.07.1994 - 7 ABR 37/93 - juris Rn. 13 - ZIP 1995, 235-239.

[15] EuGH v. 14.04.1994 - C-392/92 - NJW 1994, 2343-2344; klarstellend EuGH v. 11.03.1997 - C-13/95 - NJW 1997, 2039-2040; EuGH v. 02.12.1999 - C-234/98 - WM 2000, 569-573; EuGH v. 20.11.2003 - C-340/01 - NJW 2004, 45-47 (Abler).

[16] BAG v. 22.05.1997 - 8 AZR 101/96 - juris Rn. 32 - NJW 1997, 3188-3190; BAG v. 13.11.1997 - 8 AZR 295/95 - juris Rn. 17 - NJW 1998, 1885-1886; BAG v. 13.11.1997 - 8 AZR 375/96 - juris Rn. 38 - NJW 1998, 1883-1885.

[17] Ständige Rechtsprechung, vgl. zuletzt BAG v. 04.05.2006 - 8 AZR 299/05 - juris Rn. 30 - ZIP 2006, 1545-1550.

[18] *Steffan*, NZA 2000, 687-690, 687.

[19] Art. 1 Abs. 1 lit. b RL 2001/23/EG des Europäischen Parlaments und Rates, 22.03.2001; BAG v. 18.04.2002 - 8 AZR 346/01 - juris Rn. 24 - ZIP 2002, 2003-2008.

[20] BAG v. 09.02.1994 - 2 AZR 666/93 - juris Rn. 25 - NJW 1995, 75-77; BAG v. 26.08.1999 - 8 AZR 718/98 - NJW 2000, 1589-1591; BAG v. 18.04.2002 - 8 AZR 346/01 - ZIP 2002, 2003-2008; BAG v. 17.04.2003 - 8 AZR 253/02 - AP Nr. 253 zu § 613a BGB; BAG v. 24.08.2006 - 8 AZR 556/05 - DB 2006, 2818, 2819; BAG v. 13.07.2006 - 8 AZR 331/05 - NZA 2006, 1357, 1358; BAG v. 27.01.2011 - 8 AZR 326/09 - juris Rn. 23 - NZA 2011, 1162-1167; BAG v. 07.04.2011 - 8 AZR 730/09 - juris Rn. 14 - NZA 2011, 1231-1234.

[21] BAG v. 08.08.2002 - 8 AZR 583/01 - EzA § 613a BGB Nr. 209; BAG v. 18.12.2003 - 8 AZR 621/02 - ZIP 2004, 1068-1071; BAG v. 13.07.2006 - 8 AZR 331/05 - NZA 2006, 1357, 1359; BAG v. 24.08.2006 - 8 AZR 317/05 - NZA 2007, 1287, 1289 f.

Wesen des Betriebs bzw. Betriebsteils aus; die organisatorische Zusammenfassung von Ressourcen ist deshalb bei der Auslegung des Betriebsbegriffs von entscheidender Bedeutung.[22] Eine bloße Wahrnehmung der gleichen Funktion beim Erwerber mit dessen eigenem Personal reicht für einen Betriebs(teil)übergang hingegen nicht aus.[23] Für eine selbständige Teileinheit kann sprechen, dass Aufträge fest an bestimmte Betriebsmittel gebunden sind und die Arbeitnehmer bestimmte Arbeiten als Spezialisten arbeitsteilig ausführen. Gegen eine teilbetriebliche Organisation spricht eine mehr oder weniger beliebige Austauschmöglichkeit der Arbeitnehmer.[24]

8 Für den **Teilbetriebsübergang** setzt § 613a BGB voraus, dass die übernommenen Betriebsmittel bereits bei dem früheren Betriebsinhaber die Qualität eines Betriebsteils hatten.[25] Es reicht nicht aus, wenn der Erwerber mit einzelnen bislang nicht teilbetrieblich organisierten Betriebsmitteln einen Betrieb oder Betriebsteil gründet. Überdies ist erforderlich, dass der Erwerber gerade die prägenden (materiellen) Betriebsmittel des Teilbetriebs übernimmt.[26]

9 Auch **öffentlich-rechtlich organisierte Einheiten** zur Erfüllung öffentlicher Aufgaben können Betriebe i.S.v. § 613a BGB sein. So hat das BAG die Anwendbarkeit des § 613a BGB etwa beim öffentlich-rechtlichen Rundfunk[27], bei einer öffentlichen Schule[28], einer Erziehungshilfeeinrichtung eines Landkreises[29] oder der Übernahme militärischer Einrichtungen nicht von vornherein ausgeschlossen.[30]

10 Offen ist, inwieweit ein Betriebsübergang bei der Wahrnehmung **hoheitlicher Aufgaben** von vornherein ausgeschlossen ist. Nach der Rechtsprechung des BAG steht die Wahrnehmung hoheitlicher Aufgaben dem Begriff des Betriebs im Sinne von § 613a BGB nicht von vornherein entgegen.[31] Zum Teil wird in der Literatur hierin ein Widerspruch zur EuGH-Rechtsprechung sowie zur EG-Richtlinie gesehen, da diese nicht auf die Umstrukturierung von Verwaltungsbehörden anzuwenden ist.[32] Im Ergebnis hat das BAG jedoch, wenn es um hoheitliche Aufgaben ging (und nicht lediglich um Einrichtungen der öffentlichen Daseinsvorsorge[33]), einen Betriebsübergang verneint. Für Notariate wurde dies mit der höchstpersönlichen Natur des Amts begründet.[34]

11 § 613a BGB findet auch auf **Schiffe** Anwendung. Zwar hat die Europäische Betriebsübergangsrichtlinie (Richtlinie 2001/23/EG) – anders als § 613a BGB – Seeschiffe ausdrücklich aus dem Geltungsbereich ausgenommen (Artikel 1 Absatz 3). Dies beruht allerdings auf internationalrechtlichen Besonderheiten des Seeschifffahrtsrechts und bindet die nationale Rechtsordnung nicht. Da die Richtlinie

---

[22] *Willemsen* in: Henssler/Willemsen/Kalb, Arbeitsrecht Kommentar, 5. Aufl. 2012, § 613a Rn. 18 u. 106; *Pfeiffer* in: KR, 9. Aufl. 2009, § 613a Rn. 44.
[23] BAG v. 08.08.2002 - 8 AZR 583/01 - EzA § 613a BGB Nr. 209; BAG v. 25.09.2003 - 8 AZR 421/02 - NZA 2004, 316-319; BAG v. 17.04.2003 - 8 AZR 253/02 - AP Nr. 253 zu § 613a BGB.
[24] BAG v. 26.08.1999 - 8 AZR 718/98 - NJW 2000, 1589-1591.
[25] BAG v. 27.01.2011 - 8 AZR 326/09 - juris Rn. 23 - NZA 2011, 1162-1167.
[26] BAG v. 22.07.2004 - 8 AZR 350/03 - EzA § 613a BGB 2002 Nr. 27; BAG v. 18.12.2003 - 8 AZR 621/02 - EzA § 613a BGB 2002 Nr. 20; BAG v. 17.04.2003 - 8 AZR 253/02 - EzA § 613a BGB 2002 Nr. 11; BAG v. 27.10.2005 - 8 AZR 45/05 - juris Rn. 16 - NZA 2006, 263-265; BAG v. 16.02.2006 - 8 AZR 204/05 - juris Rn. 17 - NZA 2006, 793-798.
[27] BAG v. 20.03.1997 - 8 AZR 856/95 - BB 1997, 1743-1745.
[28] BAG v. 07.09.1995 - 8 AZR 928/93 - AP Nr. 131 zu § 613a BGB, zu B III der Gründe.
[29] BAG v. 23.09.1999 - 8 AZR 750/98 - RzK I 5e Nr. 120, zu 3 und 4a der Gründe.
[30] BAG v. 04.03.1993 - 2 AZR 507/92 - AP Nr. 101 zu § 613a BGB, zu C II der Gründe; BAG v. 27.04.2000 - 8 AZR 260/99 - RzK I 5e Nr. 135, zu II 1 b der Gründe; BAG v. 25.09.2003 - 8 AZR 421/02 - NZA 2004, 316-319.
[31] BAG v. 27.04.2000 - 8 AZR 260/99 - nv.; BAG v. 25.09.2003 - 8 AZR 421/02 - NZA 2004, 316-319.
[32] *Willemsen* in: Henssler/Willemsen/Kalb, Arbeitsrecht Kommentar, 5. Aufl. 2012, § 613a Rn. 23 ff. mit ausführlicher Darstellung der Problematik.
[33] Vgl. hierzu z. B. LArbG Niedersachsen v. 23.01.2004 - 16 Sa 592/03 - NZA-RR 2004, 499-501 (Sozialarbeiterin).
[34] BAG v. 26.08.1999 - 8 AZR 827/98 - NJW 2000, 1739-1741.

nach deren Artikel 8 nur Mindestbedingungen aufstellt, schränkt sie die Möglichkeit der Mitgliedstaaten nicht ein, für die Arbeitnehmer günstigere Rechtsvorschriften zu erlassen.[35]

2. Die sieben Hauptkriterien der wirtschaftlichen Einheit

Die Rechtsprechung nimmt zur Konkretisierung des Begriffs der „wirtschaftlichen Einheit" eine typologische Gesamtbetrachtung vor.[36] Dabei darf die wirtschaftliche Einheit nicht als bloße Tätigkeit verstanden werden.[37] Bei der Prüfung, ob die Voraussetzungen für den Übergang einer auf Dauer angelegten wirtschaftlichen Einheit erfüllt sind, müssen sämtliche den betreffenden Vorgang kennzeichnenden Tatsachen berücksichtigt werden. Hierzu stellt die Rechtsprechung auf die nachfolgenden **sieben Hauptkriterien** ab.[38] Hierzu zählen die Art des betreffenden Betriebes (vgl. nachfolgend Rn. 14 ff.), der Übergang der materiellen Betriebsmittel (vgl. Rn. 17 f.), die Übernahme immaterieller Betriebsmittel (vgl. Rn. 29 f.), die Übernahme bzw. Weiterbeschäftigung der Hauptbelegschaft (vgl. Rn. 29 ff.), der Eintritt in Kundenbeziehungen (vgl. Rn. 37 f.), die Ähnlichkeit der verrichteten Tätigkeit (vgl. Rn. 39 f.) und die Dauer einer eventuellen Unterbrechung der Betriebstätigkeit (vgl. Rn. 39 f.). Die Identität der Einheit kann sich auch aus anderen Merkmalen wie ihrem Personal, ihren Führungskräften, ihrer Arbeitsorganisation, ihren Betriebsmethoden und gegebenenfalls den ihr zur Verfügung stehenden Betriebsmitteln ergeben.

Diese Umstände haben allerdings nur indiziellen Charakter. Sie sind nur Teilaspekte der vorzunehmenden **Gesamtbewertung** und dürfen nicht isoliert betrachtet werden.[39] Den für das Vorliegen eines Betriebsübergangs maßgeblichen Kriterien kommt je nach der ausgeübten Tätigkeit und den Produktions- oder Betriebsmethoden, die in dem betroffenen Unternehmen, Betrieb oder Betriebsteil angewendet werden, unterschiedliches Gewicht zu. Im Einzelnen:

a. Art des Unternehmens

Die **Art des Unternehmens** bestimmt die Gewichtung der anderen maßgebenden Kriterien.[40] Im produzierenden Gewerbe kommt es typischerweise in stärkerem Maß auf die sächlichen Betriebsmittel an; die immateriellen Betriebsmittel gewinnen jedoch zunehmend an Bedeutung.[41] Demgegenüber können bei Handels- und Dienstleistungsbetrieben die materiellen Betriebsmittel zwar auch bedeutsam sein,[42] den **immateriellen Betriebsmitteln** kommt hier jedoch tendenziell ein stärkeres Gewicht zu.[43]

---

[35] BAG v. 02.03.2006 - 8 AZR 147/05 - juris Rn. 14 ff., ArbRB 2006, 66; BAG v. 18.03.1997 - 3 AZR 729/95 - EzA § 613a BGB Nr. 150, zu I 1 a bb (4) der Gründe zu der gleich lautenden Regelung in der Richtlinie 77/187/EWG.

[36] *Moll*, RdA 1999, 233-243, 233; *Preis* in: ErfKomm, § 613a Rn. 10; LArbG München v. 08.03.2006 - 9 Sa 926/05 - juris.

[37] BAG v. 14.08.2007 - 8 AZR 1043/06 - NZA 2007, 1431, 1433.

[38] EuGH v. 18.03.1986 - 24/85 - EuGHE 1986, 1119-1130; EuGH v. 25.01.2001 - C-172/99 - ZIP 2001, 258-262; EuGH v. 24.01.2002 - C-51/00 - NJW 2002, 811-813; EuGH v. 20.11.2003 - C-340/01 - NJW 2004, 45-47. Das BAG hat sich dem seit 1997 in ständiger Rspr. angeschlossen: BAG v. 22.05.1997 - 8 AZR 101/96 - juris Rn. 29 - NJW 1997, 3188-3190; BAG v. 13.11.1997 - 8 AZR 295/95 - juris Rn. 17 - NJW 1998, 1885-1886; BAG v. 13.11.1997 - 8 AZR 375/96 - juris Rn. 38 - NJW 1998, 1883-1885; BAG v. 14.05.1998 - 8 AZR 418/96 - NZA 1999, 483-486 BAG v. 03.09.1998 - 8 AZR 306/97 - juris Rn. 34 - NZA 1999, 147-149; BAG v. 18.04.2002 - 8 AZR 346/01 - juris Rn. 24 - ZIP 2002, 2003-2008; BAG v. 16.05.2002 - 8 AZR 320/01 - juris Rn. 61 - AP Nr. 9 zu § 113 InsO; BAG v. 24.08.2006 - 8 AZR 317/05 - NZA 2007, 1287, 1289.

[39] EuGH v. 18.03.1986 - 24/85 - EuGHE 1986, 1119-1130; EuGH v. 25.01.2001 - C-172/99 - ZIP 2001, 258-262; EuGH v. 24.01.2002 - C-51/00 - NJW 2002, 811-813.

[40] BAG v. 13.11.1997 - 8 AZR 375/96 - juris Rn. 38 - NJW 1998, 1883-1885; BAG v. 13.11.1997 - 8 AZR 435/95 - ZInsO 1998, 140-141; BAG v. 25.09.2003 - 8 AZR 421/02 - NZA 2004, 316-319; *Pfeiffer* in: KR, 9. Aufl. 2009, § 613a Rn. 30.

[41] BAG v. 14.07.1994 - 2 AZR 55/94 - juris Rn. 12 - ZIP 1995, 863-867.

[42] Etwa bei einem Linienbusunternehmen die Busse, vgl. EuGH v. 25.01.2001 - C-172/99 - ZIP 2001, 258-262.

[43] BAG v. 27.10.2005 - 8 AZR 568/04 - AP § 613a BGB Nr. 292; *Schiefer*, NZA 1998, 1095-1107, 1097.

15 Das Grobraster einer Einteilung in Produktions- und Dienstleistungsbetriebe kann nur eine erste Hilfestellung geben. Im Übrigen bedarf es einer umfassenden Bewertung.[44] Die einzelnen Indizien stellen sich nur als „Teilaspekte" einer Gesamtbewertung dar. Dabei kann es die Eigenart eines Betriebs auch gebieten, den von einem Auftraggeber zur Verfügung gestellten sächlichen Betriebsmitteln nur eine untergeordnete Rolle zuzumessen, z.B. dann, wenn diese Betriebsmittel leicht austauschbar und auf dem Markt unschwer zu erwerben sind.[45] Demgegenüber spielen sächliche Betriebsmittel eine erhebliche Rolle, wenn es sich um standortgebundene umfangreiche Anlagen und Maschinen handelt, die vom potentiellen Betriebsübernehmer weiterbenutzt werden.[46]

16 Nicht entscheidend ist, ob ein Unternehmen mit wirtschaftlicher oder ideeller Zielsetzung betrieben wird.[47] § 613a BGB findet auch Anwendung, wenn die öffentliche Hand einen privaten Betrieb übernimmt oder ein Betriebsinhaberwechsel zwischen öffentlich-rechtlichen Körperschaften stattfindet.[48] Maßgeblich ist aber auch hier die Übertragung einer wirtschaftlichen Einheit. Die bloße Übertragung von Verwaltungsaufgaben oder die Umstrukturierung von Verwaltungsbehörden genügt hingegen nicht.[49]

b. Übergang oder Nichtübergang der materiellen Aktiva

17 Der **Übergang oder Nichtübergang der materiellen Aktiva** bildet nach der mittlerweile einheitlichen Rechtsprechung des BAG und des EuGH lediglich ein Indiz für die Identitätswahrung des Betriebes.[50] Ob die Betriebsmittel identitätsprägend sind, ist danach zu entscheiden, ob der Einsatz der materiellen Betriebsmittel bei wertender Betrachtung den Kern des zur Wertschöpfung erforderlichen Funktionszusammenhanges darstellt.[51] Ist der Betrieb in diesem Sinne maßgeblich durch seine Betriebsmittel geprägt, so kann ein Betriebsübergang auch ohne die Übernahme von Personal vorliegen.[52] Hingegen kann im Dienstleistungsbereich eine wirtschaftliche Einheit auch ohne relevante materielle oder immaterielle Betriebsmittel vorliegen. Insoweit kann es demzufolge nicht auf die Übertragung der Betriebsmittel ankommen.[53]

18 Die Veräußerung einzelner bzw. einer Summe von Wirtschaftsgütern kann nur dann einen Betriebsübergang darstellen, wenn eine organisierte Gesamtheit von Personen und Sachen vorliegt. Einzelne – selbst wesentliche – Betriebsmittel (Anlagen, Maschinen, Kfz, Büroeinrichtung) sind regelmäßig kein Betriebsteil.[54] Etwas anderes gilt für ein Seeschiff.[55] Die Übernahme bzw. Weiternutzung des bisherigen Betriebsgebäudes kann maßgebliches Indiz sein, sofern keine grundlegenden Umbauten vorgenommen werden.[56] Die Weiterbenutzung der Räumlichkeiten ist für die Annahme eines Betriebsübergangs umgekehrt jedoch nicht zwingend erforderlich, so dass auch bei einem Ortswechsel ein Betriebsübergang denkbar ist.[57]

---

[44] EuGH v. 15.12.2005 - C-232, 233/04 - ZIP 2006, 95 mit zustimmender Anm. *Kock*.
[45] Vgl. *Schlachter*, NZA 2006, 80, 83.
[46] BAG v. 06.04.2006 - 8 AZR 222/04 - NZA 2006, 723-727, Orientierungssatz.
[47] EuGH v. 19.05.1992 - C-29/91 - ABl EG 1992, Nr. C 153, 14-15.
[48] EuGH v. 26.09.2000 - C-175/99 - EuGHE I 2000, 7755-7798; vgl. auch Art 1 lit. c RL 2001/23/EG des Europäischen Parlaments und Rates, 22.03.2002.
[49] Art 1 lit. c RL 2001/23/EG des Europäischen Parlaments und Rates, 22.03.2002.
[50] EuGH v. 14.04.1994 - C-392/92 - NJW 1994, 2343-2344; EuGH v. 02.12.1999 - C-234/98 - WM 2000, 569-573.
[51] BAG v. 26.07.2007 - 8 AZR 769/06 - NZA 2008, 112, 115.
[52] BAG v. 29.03.2007 - 8 AZR 474/06 - juris (Schlachthof).
[53] EuGH v. 10.12.1998 - C-127/96 C-74/97, C-229/96- ABl EG 1999, Nr. C 71, 1.
[54] BAG v. 24.04.1997 - 8 AZR 848/94 - CR 1997, 548-549; BAG v. 11.09.1997 - 8 AZR 555/95 - NJW 1998, 1253-1255; BAG v. 03.09.1998 - 8 AZR 306/97 - juris Rn. 34 - NZA 1999, 147-149; BAG v. 26.08.1999 - 8 AZR 718/98 - NJW 2000, 1589-1591; anders BAG v. 22.05.1985 - 5 AZR 30/84 - juris Rn. 26 - NJW 1986, 451-453.
[55] BAG v. 18.03.1997 - 3 AZR 729/95 - ZIP 1998, 79-84; BAG v. 02.03.2006 - 8 AZR 147/05 - juris Rn. 14, n.v.; *Steffan*, NZA 2000, 687-690, 689.
[56] BAG v. 04.05.2006 - 8 AZR 299/05 - juris Rn. 32 - ZIP 2006, 1545-1550 - Frauenhaus.
[57] *Willemsen* in: Henssler/Willemsen/Kalb, Arbeitsrecht Kommentar, 5. Aufl. 2012, § 613a Rn. 101, 113.

Der Übergang von Betriebsmitteln spielt dann keine Rolle, wenn mit den Mitteln eine **völlig andere Dienstleistung** oder eine vergleichbare Dienstleistung in einer **völlig andersartigen Arbeitsorganisation** erbracht wird, da sich der Übernehmer die Arbeitsorganisation des Vorgängers nicht zunutze macht.[58] 19

Nach der bisherigen Rechtsprechung des 8. Senates des BAG lag eine Übertragung materieller Aktiva nur dann vor, wenn sie dem Berechtigten zur **eigenwirtschaftlichen Nutzung** überlassen waren.[59] Dies wurde bei Veräußerungen oder Nutzungsvereinbarungen jeder Art bejaht, nicht aber, wenn im Rahmen einer Auftragsneuvergabe der neue Auftragnehmer nur eine Dienstleistung an fremden Geräten und Maschinen innerhalb fremder Räume erbringt. In diesem Fall erlange er die Arbeitsmittel nicht zur eigenwirtschaftlichen Nutzung. Sie wurden ihm deshalb nicht als eigene zugerechnet und wurden nicht in die Gesamtabwägung, ob ein Betriebsübergang stattgefunden hat, einbezogen. Bislang prüfte das BAG bei im Eigentum eines anderen stehenden Betriebsmitteln zunächst, ob nach wertender Betrachtung die jeweiligen Betriebsmittel des Auftraggebers der wirtschaftlichen Einheit des sie nutzenden Auftragnehmers überhaupt zuzurechnen sind. Maßgebliches Unterscheidungskriterium hierfür war die Art der vom Auftragnehmer am Markt angebotenen Leistung. Handelte es sich um eine Tätigkeit, für die regelmäßig Maschinen, Werkzeuge, sonstige Geräte oder Räume innerhalb eigener Verfügungsmacht und aufgrund eigener Kalkulation eingesetzt werden müssen, wurden auch nur zur Nutzung überlassene Arbeitsmittel dem Betrieb oder dem Betriebsteil des Auftragnehmers zugerechnet. Ob diese Betriebsmittel für die Identität des Betriebes wesentlich sind, war Gegenstand einer vom BAG sodann in einem zweiten Schritt vorgenommenen gesonderten Bewertung. Wurde dagegen vom Auftragnehmer eine Leistung angeboten, die er **an** den jeweiligen Einrichtungen des Auftraggebers zu erbringen bereit war, ohne dass er daraus einen zusätzlichen wirtschaftlichen Vorteil erzielen und ohne dass er typischerweise über Art und Umfang ihres Einsatzes bestimmen konnte, gehörten diese Einrichtungen nicht zu den Betriebsmitteln des Auftragnehmers.[60] 20

In der **Abler-Entscheidung** hat sich der EuGH[61] erstmals mit dem bislang vom BAG angewandten Kriterium der eigenwirtschaftlichen Nutzung und der Unterscheidung zwischen der Arbeit mit fremden Betriebsmitteln und der Arbeit an fremden Betriebsmitteln auseinander gesetzt. Der EuGH stellte fest, dass die Verpflegung von Patienten und Besuchern in einem Krankenhaus nicht als eine Tätigkeit angesehen werden kann, bei der es im Wesentlichen auf die menschliche Arbeitskraft ankommt, da hierfür Inventar in beträchtlichem Umfang erforderlich ist. Im konkreten Fall wurde der Übergang einer wirtschaftlichen Einheit mit der Begründung bejaht, der Auftragnehmer habe die unverzichtbaren Betriebsmittel übernommen. Hierzu zählten die Räumlichkeiten, Wasser, Energie und das Groß- und Kleininventar, insbesondere das zur Zubereitung der Speisen erforderliche unbewegliche Inventar und die Spülmaschinen. Außerdem habe die ausdrückliche und unabdingbare Verpflichtung des Auftragnehmers bestanden, die Speisen in der Küche des Krankenhauses zuzubereiten und diese Betriebsmittel zu nutzen. Schließlich seien die Kunden (Patienten) übernommen werden, da diese keine andere Verpflegungsmöglichkeit hätten. Dass der Auftragsnachfolger kein Personal vom Vorgänger übernommen habe, schließe in dieser Konstellation einen Betriebsübergang nicht aus. Der EuGH stellt damit maßgeblich darauf ab, welche Faktoren notwendig sind, um die mit der Tätigkeit verbundene Wert- 21

---

[58] *Willemsen/Hohenstatt/Schweibert/Seibt*, Umstrukturierung und Übertragung von Unternehmen, 4. Aufl. 2011, G Rn. 66.
[59] Caterer: BAG v. 11.12.1997 - 8 AZR 426/94 - NJW 1998, 2549-2550; Bewachungsunternehmen: BAG v. 22.01.1998 - 8 AZR 775/96 - ZIP 1998, 924-926; Betriebskantine: BAG v. 25.05.2000 - 8 AZR 337/99 - RzK I 5e Nr. 138; Benutzung von Schwimmhalle durch Schwimmtrainer: BAG v. 05.02.2004 - 8 AZR 639/02 - NZA 2004, 845-847.
[60] BAG v. 25.05.2000 - 8 AZR 337/99 - RzK I 5e Nr. 138 (Neuvergabe von Kantinenvertrag); BAG v. 11.12.1997 - 8 AZR 426/94 - NJW 1998, 2549-2550, zu B I der Gründe (Catering-Fall); BAG v. 22.01.1998 - 8 AZR 775/96 - ZIP 1998, 924-926, zu B I der Gründe (Bewachungsauftrag); BAG v. 05.02.2004 - 8 AZR 639/02 - NZA 2004, 845-847 (Schwimmtrainerin).
[61] EuGH v. 20.11.2003 - C-340/01 - NJW 2004, 45-47 (Abler).

§ 613a jurisPK-BGB / Kliemt/Teusch

schöpfung zu erzielen. Ist dies nur unter Zuhilfenahme bestimmter Betriebsmittel des Auftraggebers möglich, so wird mit ihnen, und nicht lediglich an ihnen gearbeitet – und zwar unabhängig von der Formulierung etwa im Kantinenbewirtschaftungsvertrag. Letztlich entscheidend ist damit eine objektive wertende Betrachtung und nicht eine vermeintlich „geschickte" Formulierung des Vertrages.[62]

22 Konsequenterweise hat der EuGH in der darauf folgenden **Güney-Görres-Entscheidung**[63] klargestellt, dass es bei der Prüfung eines möglichen Betriebsmittelübergangs nicht entscheidend darauf ankommt, ob ein Auftragnehmer eine eigenwirtschaftliche Nutzung der von ihm übernommenen Betriebsmittel fortführt. Ein derartiges Kriterium ergebe sich weder aus dem Wortlaut der Richtlinie 2001/23/EG noch aus ihren Zielen, nämlich dem Schutz der Arbeitnehmer bei einem Unternehmens- oder Betriebswechsel und der Verwirklichung des Binnenmarktes. Daher könne der Umstand, dass der neue Auftragnehmer die materiellen Betriebsmittel übernommen hat, ohne dass sie ihm zur eigenwirtschaftlichen Nutzung überlassen worden wären (im konkreten Fall ging es um die Durchführung von Fluggast- und Gepäckkontrollen), nicht zum Ausschluss des Übergangs der Betriebsmittel und zum Ausschluss des Betriebsübergangs führen. Die Betriebsmittel seien daher unabhängig davon, ob eine Überlassung zur eigenwirtschaftlichen Nutzung erfolgt sei, in die anzustellende Gesamtabwägung mit einzubeziehen.

23 Im Anschluss daran hat auch der 8. Senat in mehreren Entscheidungen **Abschied vom Kriterium der eigenwirtschaftlichen Nutzung** genommen.[64] Dieses Merkmal könne – so das BAG – hinsichtlich der materiellen Betriebsmittel, die im Eigentum eines Dritten stehen, nach der Auslegung des Europäischen Gerichtshofs in der Güney-Görres-Entscheidung für das Vorliegen eines Betriebsübergangs nach § 613a BGB nicht mehr herangezogen werden.

24 Damit im Einklang stehen die Entscheidungen des BAG, zur Personenkontrolle auf Flughäfen: Nutzt ein Auftragnehmer von der Bundesrepublik Deutschland zur Verfügung gestellte technische Geräte und Anlagen, um die Personenkontrolle am Flughafen durchzuführen, macht deren Einsatz den eigentlichen Kern des zur Wertschöpfung erforderlichen Funktionszusammenhangs aus. Das Bundesarbeitsgericht sieht darin die wirtschaftliche Einheit, deren Übergang einen Betriebsübergang zumindest dann auslöst, wenn die Kontrolltätigkeit unverändert und ohne zeitliche Unterbrechung fortgeführt wird, ohne dass es auf die Übernahme des Personals ankäme.[65]

25 Bei der vollständigen **Eingliederung** eines Betriebs oder Betriebsteils **in die Organisationsstruktur des Erwerberbetriebs** stellt sich die Frage, ob es sich um eine die Identität wahrende Übertragung handeln kann. Bisher verneinte die Rechtsprechung in solchen Fällen einen Fortbestand der Identität und damit auch das Vorliegen eines Betriebsübergangs gem. § 613a BGB.[66] Zur Begründung wurde darauf abgestellt, dass mit der Eingliederung die wirtschaftliche Einheit als solche aufgelöst werde und ihre Identität verliere. Denn ohne Übernahme der Organisationsstruktur übernehme der „Erwerber" keine wirtschaftliche Einheit, sondern nur einzelne, nicht in einem Organisationszusammenhang stehende Betriebsmittel der aufgelösten Einheit. Er führe die Aufgabe mit seiner eigenen wirtschaftlichen Einheit durch.[67] Der **EuGH** hatte sich mit der Frage im Jahr 2009 in der **Klarenberg-Entscheidung**[68] zu beschäftigen. Anlass war eine Vorlage des LArbG Düsseldorf. Im Ausgangsverfahren ging es darum, dass aus der Entwicklungsabteilung eines in der Stahlindustrie tätigen Unternehmens Entwick-

---

[62] Hierauf zutreffend hinweisend: *Kock/Hohner*, ArbRB 2005, 154-157; *Annuß/Willemsen*, DB 2004, 134-135. Vgl. auch bereits *Willemsen*, ZIP 1986, 477, 481.
[63] EuGH v. 15.12.2005 - C-232, 233/04 - ZIP 2006, 95-97 Güney-Görres mit Anm. *Kock*.
[64] BAG v. 16.05.2007 - 8 AZR 693/06 - NZA 2007, 1296, 1298 (Flugzeugabfertigung); BAG v. 02.03.2006 - 8 AZR 147/05 - juris Rn. 21 - ArbRB 2006, 66 (Forschungsschiff); BAG v. 06.04.2006 - 8 AZR 222/04 - juris Rn. 27 - NZA 2006, 723-727 (Druckereiweiterverarbeitung und -logistik); BAG v. 06.04.2006 - 8 AZR 249/04 - juris Rn. 17 ff. (Bistrobewirtschaftung der Bahn).
[65] BAG v. 13.06.2006 - 8 AZR 271/05 - NZA 2006, 1101-1105; vgl. für die Nutzung eines Schlachthofes: BAG v. 29.03.2007 - 8 AZR 474/06; BAG v. 15.02.2007 - 8 AZR 431/06 - NZA 2007, 793-798.
[66] BAG v. 30.10.2008 - 8 AZR 855/07 - NZA 2009, 723-727 m.w.N.
[67] BAG v. 24.04.2008 - 8 AZR 268/07 - NZA 2008, 1314-1318.
[68] EuGH v. 12.02.2009 - C-466/07 - DB 2009, 517-519.

lungs-Hardware, Produktmaterial-Inventar sowie darauf bezogene Lieferanten- und Kundenlisten erworben und ein Teil der Angestellten übernommen worden waren. Die Angestellten wurden in die Organisationsstruktur des Erwerberbetriebs eingegliedert und erledigten auch Aufgaben, die nicht im Zusammenhang mit den erworbenen Produkten standen. Der EuGH entschied, dass es sich auch bei Verlust der organisatorischen Selbstständigkeit eines Betriebsteils um eine identitätswahrende Übertragung handeln könne, sofern die **funktionelle Verknüpfung zwischen den übertragenen Produktionsfaktoren** beibehalten werde und sie es dem Erwerber erlaube, diese Faktoren zu nutzen, um derselben oder einer **gleichartigen wirtschaftlichen Tätigkeit** nachzugehen.[69] Der Arbeitnehmer dürfe durch die Entscheidung des Arbeitgebers, den Betrieb oder Betriebsteil in seine Strukturen einzugliedern, nicht schutzlos gestellt werden.[70] Das LArbG Düsseldorf bejahte daraufhin das Vorliegen eines Betriebsübergangs, da der Funktions- und Zweckzusammenhang zwischen den übertragenen Faktoren vom Erwerber beibehalten wurde.[71]

Im Anschluss an das Urteil des EuGH hat das **BAG** entschieden, dass es nicht Voraussetzung für die Identitätswahrung ist, dass der Übernehmer die konkrete Organisation der verschiedenen übertragenen Produktionsfaktoren beibehält. Es genüge, dass die funktionelle Verknüpfung der Wechselbeziehung und gegenseitigen Ergänzung der Produktionsfaktoren beibehalten werde.[72] Damit führt die Eingliederung in die Organisationsstruktur des Erwerbers nicht (mehr) notwendig dazu, dass die Identität der wirtschaftlichen Einheit entfällt. Vielmehr bleibt diese bestehen, wenn die übernommenen Produktionsfaktoren in der gleichen Funktion und ihrer spezifischen Wechselbeziehung untereinander weiter verwendet werden, um vom Erwerber für dieselbe oder eine gleichartige wirtschaftliche Tätigkeit genutzt zu werden.[73] Voraussetzung ist allerdings auch in diesem Fall, dass die übernommenen Betriebsmittel und/oder Beschäftigten bereits beim Veräußerer eine abgrenzbare organisatorische wirtschaftliche Einheit, d.h. einen Betriebsteil gebildet haben.[74]

c. Übertragung und Wert der immateriellen Aktiva

Der **Wert der immateriellen Aktiva** kann den der materiellen Aktiva weit übersteigen. Indiz für einen Betriebsübergang kann daher auch die Übertragung immaterieller Aktiva sein. Hierzu zählen Patent- und Gebrauchsmusterrechte,[75] Schutzrechte und Lizenzen,[76] Etablissementbezeichnungen,[77] Gütezeichen, Warenzeichen,[78] Firmennamen,[79] eingeführte Marken, „Know-how" und „Goodwill".[80] Im weiteren Sinne zählen gleichfalls zu den immateriellen Vermögenswerten die Geschäftsräume und

---

[69] EuGH v. 12.02.2009 - C-466/07 - DB 2009, 517-519.
[70] Ausführlich und kritisch zur Urteilsbegründung des EuGH *Willemsen/Sagan*, ZIP 2010, 1205-1214.
[71] LArbG Düsseldorf v. 29.01.2010 - 9 Sa 303/07 - ZIP 2010, 1258-1264.
[72] BAG v. 17.12.2009 - 8 AZR 1019/08 - ZIP 2010, 694-698; vgl. auch schon BAG v. 22.01.2009 - 8 AZR 158/07 - DB 2009, 1878-1880; erneut bestätigt durch BAG v. 27.01.2011 - 8 AZR 326/09 - juris Rn. 27 - NZA 2011, 1162-1167.
[73] BAG v. 17.12.2009 - 8 AZR 1019/08 - ZIP 2010, 694-698; BAG v. 22.01.2009 - 8 AZR 158/07 - DB 2009, 1878-1880; *Hauck* in: FS Bauer, S. 401, 406.
[74] BAG v. 13.10.2011 - 8 AZR 455/10 - juris Rn. 36 f. - NZA 2012, 504-508 (Folgeentscheidung zu EuGH v. 12.02.2009 - C-466/07 - DB 2009, 517-519 [Klarenberg]).
[75] BAG v. 13.11.1997 - 8 AZR 375/96 - juris Rn. 38 - NJW 1998, 1883-1885.
[76] BAG v. 15.05.1985 - 5 AZR 276/84 - juris Rn. 21 - NJW 1986, 454-455; BAG v. 16.02.1993 - 3 AZR 347/92 - juris Rn. 27 - NJW 1993, 2259-2261; LArbG Köln v. 04.02.1994 - 4 Sa 897/93 - Bibliothek BAG anders BAG v. 27.04.1988 - 5 AZR 358/87 - juris Rn. 20 - NJW 1988, 3035-3036.
[77] BAG v. 11.09.1997 - 8 AZR 555/95 - juris Rn. 24 - NJW 1998, 1253-1255.
[78] BAG v. 28.04.1988 - 2 AZR 623/87 - juris Rn. 38 - ZIP 1989, 326-332; BAG v. 16.02.1993 - 3 AZR 347/92 - juris Rn. 27 - NJW 1993, 2259-2261.
[79] BAG v. 16.02.1993 - 3 AZR 347/92 - juris Rn. 27 - NJW 1993, 2259-2261.
[80] BAG v. 25.06.1985 - 3 AZR 254/83 - NJW 1986, 450-451; BAG v. 29.09.1988 - 2 AZR 107/88 - DB 1989, 2176-2178.

§ 613a

28 die Geschäftslage,[81] Lieferungs- und Abnahmeverträge, öffentlich-rechtliche Konzessionen,[82] Geschäftspapiere, Kundenlisten[83], Organisations- und Betreiberkonzepte, Sicherheits- und Alarmpläne, Versorgungsverträge (z.B. über Energie, Telefon), Postschließfächer[84] usw. Auch bei Übernahme von Know-how-Trägern kann ein durch diese repräsentiertes immaterielles Betriebsmittel übergegangen sein.[85]

28 Wird nur eine Marke erworben, um die entsprechenden Produkte zukünftig selbst zu fertigen oder fertigen zu lassen, liegt insoweit kein Betriebsübergang vor.[86] Auch der umgekehrte Fall der Nichtverwendung einer bekannten und bedeutenden Marke kann gegen das Vorliegen eines Betriebsübergangs sprechen.[87] Die Firmenadresse für einen Betrieb ohne Laufkundschaft ist nicht prägend für seine Identität.[88]

d. Übernahme eines Hauptteils der Belegschaft

29 Der **Übernahme eines Hauptteils der Belegschaft** kommt ein gleichwertiger Rang neben den anderen Kriterien zu.[89] Maßgeblich ist die Übernahme der Arbeitsorganisation und der Betriebsmethoden,[90] auf die aber die Anzahl der übernommenen Arbeitnehmer Einfluss haben kann.[91] In Branchen, in denen es im Wesentlichen auf die **menschliche Arbeitskraft** ankommt (sog. „betriebsmittelarme Tätigkeiten", z.B. Reinigung, Bewachung, Unterricht, Beratung), kann auch eine Gesamtheit von Arbeitnehmern, die durch eine gemeinsame Tätigkeit dauerhaft verbunden sind, eine wirtschaftliche Einheit darstellen.

30 Eine Wahrung der Identität ist anzunehmen, wenn der neue Betriebsinhaber nicht nur die betreffende Tätigkeit weiterführt, sondern auch einen nach **Zahl** und **Sachkunde** wesentlichen Teil des Personals übernimmt, das sein Vorgänger gezielt bei dieser Tätigkeit eingesetzt hat.[92] Auf ein besonderes Fachwissen der übernommenen Belegschaft kommt es nicht an.[93] Hierbei besteht zwischen der Sachkunde und der Zahl der Arbeitnehmer eine Wechselwirkung: Setzt sich die Belegschaft überwiegend aus gering qualifizierten Arbeitnehmern zusammen, die leicht austauschbar sind (z.B. im Überwachungs- und Reinigungsbereich), muss zur Annahme des Fortbestandes der Arbeitsorganisation nahezu die komplette Belegschaft übernommen werden.[94] So reicht bei Reinigungskräften, an deren Sachkunde

---

[81] BAG v. 30.10.1986 - 2 AZR 696/85 - juris Rn. 33 - ZIP 1987, 734-737.
[82] BAG v. 15.05.1985 - 5 AZR 276/84 - juris Rn. 21 - NJW 1986, 454-455; BAG v. 16.02.1993 - 3 AZR 347/92 - juris Rn. 27 - NJW 1993, 2259-2261; LArbG Köln v. 04.02.1994 - 4 Sa 897/93 - Bibliothek BAG.
[83] Vgl. BAG v. 15.05.1985 - 5 AZR 276/84 - juris Rn. 21 - NJW 1986, 454-455; BAG v. 21.01.1988 - 2 AZR 480/87 - DB 1988, 2155-2156; BAG v. 27.04.1988 - 5 AZR 358/87 - juris Rn. 19 - NJW 1988, 3035-3036; BAG v. 28.04.1988 - 2 AZR 623/87 - juris Rn. 37 - ZIP 1989, 326-332; BAG v. 16.02.1993 - 3 AZR 347/92 - juris Rn. 27 - NJW 1993, 2259-2261.
[84] BAG v. 04.05.2006 - 8 AZR 299/05 - juris Rn. 32 - ZIP 2006, 1545-1550 - Frauenhaus.
[85] BAG v. 09.02.1994 - 2 AZR 781/93 - NJW 1995, 73-75.
[86] LAG Hamm v. 27.05.2004 - 8 Sa 204/04 - n.v.
[87] *Willemsen* in: Henssler/Willemsen/Kalb, Arbeitsrecht Kommentar, 5. Aufl. 2012, § 613a Rn. 131 u. 134.
[88] BAG v. 16.02.2006 - 8 AZR 211/05 - NZA 2006, 592-597 Orientierungssatz 3.
[89] EuGH v. 18.03.1986 - 24/85 - EuGHE 1986, 1119-1130; EuGH v. 11.03.1997 - C-13/95 - NJW 1997, 2039-2040; BAG v. 11.12.1997 - 8 AZR 729/96 - juris Rn. 25 - NJW 1998, 2306-2308.
[90] BAG v. 11.12.1997 - 8 AZR 729/96 - juris Rn. 20 - NJW 1998, 2306-2308.
[91] BAG v. 26.07.2007 - 8 AZR 796/06 - NZA 2008, 112, 115.
[92] EuGH v. 25.01.2001 - C-172/99 - ZIP 2001, 258-262; EuGH v. 24.01.2002 - C-51/00 - NJW 2002, 811-813; EuGH v. 11.03.1997 - C-13/95 - NJW 1997, 2039-2040; BAG v. 13.11.1997 - 8 AZR 295/95 - juris Rn. 18 - NJW 1998, 1885-1886; BAG v. 18.03.1999 - 8 AZR 196/98 - NJW 1999, 2459-2460; BAG v. 25.09.2003 - 8 AZR 421/02 - NZA 2004, 316-319; BAG v. 17.04.2003 - 8 AZR 253/02 - juris Rn. 11 - AP Nr. 253 zu § 613a BGB; BAG v. 16.05.2007 - 8 AZR 693/06 - NZA 2007, 1296, 1297.
[93] BAG v. 11.12.1997 - 8 AZR 729/96 - juris Rn. 26 - NJW 1998, 2306-2308.
[94] BAG v. 11.12.1997 - 8 AZR 729/96 - juris Rn. 24 - NJW 1998, 2306-2308; BAG v. 10.12.1998 - 8 AZR 676/97 - NJW 1999, 1884-1885; BAG v. 02.12.1999 - 8 AZR 796/98 - juris Rn. 28 - NJW 2000, 3226-3228; EuGH v. 24.01.2002 - C-51/00 - NJW 2002, 811-813; *Müller-Glöge*, NZA 1999, 449-457, 451; *Waas*, ZfA 2001, 377-395, 389.

keine besonderen Anforderungen zu stellen sind, die Übernahme von nur 75% der Mitarbeiter nicht zur Annahme der Hauptbelegschaft aus[95], während bei der Übernahme von 85% der Mitarbeiter ein Betriebsübergang angenommen worden ist.[96]

Bei hoch spezialisierten und qualifizierten Mitarbeitern – insbesondere qualifizierten **Führungskräften** bzw. Know-how-Trägern – kann dagegen im Extremfall die Übernahme eines Mitarbeiters ausreichen.[97] Bei einem betriebsmittelarmen Betrieb kann von Bedeutung sein, ob das Führungspersonal im Wesentlichen übernommen wird. Die Übernahme von Führungskräften, die lediglich wissen, wie man einen Betrieb aufbaut, allein genügt jedoch nicht, es sei denn, die gesamten strukturellen und inhaltlichen Informationen für die Fortführung desselben Betriebs sind in den Köpfen des tatsächlich übernommenen Personals enthalten.[98] In einem Produktionsbetrieb kann die Verringerung der Belegschaft auf 1/3 gegen das Vorliegen eines Betriebsübergangs sprechen.[99]

Hingegen stellt die bloße Fortführung der Tätigkeit durch einen anderen Auftragnehmer (**Auftrags- und Funktionsnachfolge**, Outsourcing) für sich allein noch keinen Betriebsübergang dar.[100] Insoweit ist allerdings eine Missbrauchskontrolle des Arbeitgebers geboten, vgl. hierzu Rn. 170. Ein Betriebsübergang liegt auch nicht vor, wenn das Personal eines betriebsmittelgeprägten Betriebs getrennt von den Betriebsmitteln übernommen und sodann im Wege der nicht gewerbsmäßigen Arbeitnehmerüberlassung ausschließlich an den Übernehmer der Betriebsmittel verliehen wird.[101]

Steht ein Betriebsübergang bereits auf Grund **anderer Kriterien** fest, ist der Übergang der Arbeitsverhältnisse der Arbeitnehmer Rechtsfolge und nicht zwingende Voraussetzung eines Betriebsübergangs. Wird kein Personal übernommen, so kann dies grundsätzlich nur bei betriebsmittelarmen Betrieben den Tatbestand des Betriebsübergangs ausschließende Bedeutung haben.[102] Umgekehrt kann in betriebsmittelgeprägten Betrieben ein Betriebsübergang auch ohne Übernahme von Mitarbeitern vorliegen.[103] So ist bei einem Forschungsschiff nicht die Schiffsbesatzung „identitätsprägend", sondern es sind die Betriebsmittel des Schiffes.[104]

Angesichts der Abhängigkeit von allen Umständen des Einzelfalls und des Zusammenspiels mit den anderen Kriterien lassen sich keine verlässlichen **Prozentzahlen** aufstellen, wie viele Arbeitnehmer übernommen werden müssen, damit es sich um einen Betriebsübergang handelt, so wünschenswert dies für die Praxis auch wäre. Je mehr sächliche Betriebsmittel bzw. Investitionsgüter übernommen werden oder je intensiver der Goodwill einer eingeführten Marke den Betrieb prägt, umso mehr tritt das Kriterium der Übernahme der Belegschaft in den Hintergrund.

---

[95] BAG v. 10.12.1998 - 8 AZR 676/97 - NJW 1999, 1884-1885.

[96] BAG v. 11.12.1997 - 8 AZR 729/96 - NJW 1998, 2306-2308; 60% nicht ausreichend: BAG v. 24.05.2005 - 8 AZR 333/04 - juris Rn. 21 - NZA 2006, 31-34.

[97] BAG v. 09.02.1994 - 2 AZR 781/93 - NJW 1995, 73-75; BAG v. 11.09.1997 - 8 AZR 555/95 - NJW 1998, 1253-1255 (Koch eines Spezialitätenrestaurants); BAG v. 11.12.1997 - 8 AZR 729/96 - juris Rn. 26 - NJW 1998, 2306-2308; BAG v. 14.05.1998 - 8 AZR 418/96 - juris Rn. 27 - NZA 1999, 483-486.

[98] *Willemsen* in: Henssler/Willemsen/Kalb, Arbeitsrecht Kommentar, 5. Aufl. 2012, § 613a Rn. 144 u. 148.

[99] BAG v. 13.05.2004 - 8 AZR 331/03 - AP Nr. 273 zu § 613a BGB.

[100] BAG v. 13.11.1997 - 8 AZR 295/95 - juris Rn. 17 - NJW 1998, 1885-1886; zur Übernahme eines Schießplatzes durch die Bundeswehr vgl. BAG v. 25.09.2003 - 8 AZR 421/02 - NZA 2004, 316-319; BAG v. 04.05.2006 - 8 AZR 299/05 - juris Rn. 30 - ZIP 2006, 1545-1550 *Preis* in: ErfKomm, § 613a Rn. 37; *Waas*, ZfA 2001, 377-395, 377.

[101] BAG v. 28.04.2011 - 8 AZR 709/09 - juris.

[102] BAG v. 22.07.2004 - 8 AZR 350/03 - NZA 2004, 1383-1389.

[103] BAG v. 04.05.2006 - 8 AZR 299/05 - juris Rn. 30 - ZIP 2006, 1545-1550; EuGH v. 20.11.2003 - Rd. C-340/01 - EzA § 613a BGB 2002 Nr. 13 - Abler; BAG v. 22.07.2004 - 8 AZR 350/03 - NZA 2004, 1383-1389 - Gefahrstofflager.

[104] BAG v. 02.03.2006 - 8 AZR 147/05 - juris Rn. 18 ff., ArbRB 2006, 66 für ein Forschungsschiff.

e. Eintritt in Kundenbeziehungen

35 Der **Eintritt in Kundenbeziehungen** ist ein bedeutsamer Aspekt des Übergangs immaterieller Betriebsmittel; er ist zugleich relevant für die „Ähnlichkeit der Tätigkeit".[105] Erforderlich ist, dass der Erwerber eine ähnliche Tätigkeit am gleichen Ort bzw. in unmittelbarer Nähe bezogen auf den gleichen Kundenkreis ausübt.[106] Beispiele bilden die Übertragung einer Kundenkartei oder die Übertragung einer Vertriebsberechtigung für ein bestimmtes Gebiet.[107] Von praktischer Bedeutung ist der Eintritt in Kundenbeziehungen insbesondere im Reinigungs- und Bewachungsgewerbe sowie bei Handelsbetrieben und unter Umständen auch bei freiberuflichen Tätigkeiten.

36 Allein in der Übernahme des Kundenstammes liegt aber kein Betriebsübergang, wenn der Veräußerer seine bisherige Tätigkeit weiterhin selbständig, nunmehr im Auftrag des Erwerbers fortführt.[108] Einem Betriebsübergang steht auch entgegen, wenn anstelle des allgemeinen Marktes nur noch ein Unternehmen, nämlich die Konzernmutter, beliefert wird.[109]

f. Ähnlichkeit der Tätigkeit vor und nach der Übernahme

37 Das Kriterium der **Ähnlichkeit der Tätigkeit** hat vor allem Bedeutung als negatives Ausschlussmerkmal. Es kann jedoch für sich allein nicht das Vorliegen eines Betriebsübergangs begründen,[110] da anderenfalls jede Funktionsnachfolge und jede Outsourcing-Maßnahme zwangsläufig zu einem Betriebsübergang führen würde.

38 Die Ähnlichkeit der Tätigkeit vor und nach der Übernahme ist dann gegeben, wenn der Erwerber dieselbe oder eine **gleichwertige Geschäftstätigkeit** an den **gleichen Kundenkreis** gerichtet tatsächlich weiterführt oder wieder aufnimmt.[111] Hierbei kommt es nicht darauf an, ob die Tätigkeit gleich ist, maßgeblich ist vielmehr die Weiterverfolgung eines zumindest ähnlichen Konzepts.[112]

39 Gegen einen Betriebsübergang spricht die Umstellung der Produktion von großen Mengen für den allgemeinen Markt auf die mehr handwerklich ausgerichtete Entwicklung von Kollektionen bis zur Produktionsreife sowie die Fertigung von Prototypen.[113] Gleiches gilt für die Umstellung eines Möbelhauses von einem Vollsortimenter mit Beratung auf einen Discounthandel mit eingeschränktem Sortiment und eingeschränkter Beratung[114] oder die Umstellung eines gutbürgerlichen Restaurants auf ein arabisches Spezialitätenrestaurant mit Bauchtanzdarbietung.[115] Entscheidend ist, ob eine im Vergleich zum bisherigen Inhaber „im Wesentlichen andere Tätigkeit" ausgeübt wird.[116]

40 Für die Erfüllung des Kriteriums der Ähnlichkeit der Tätigkeit reicht es aus, wenn die bisherige Tätigkeit nur in einem notwendigen **Durchgangsstadium** der Umstellung des Betriebes fortgeführt wird; denn § 613a BGB verlangt nicht, dass der Erwerber die von ihm übernommene Organisation auf unbestimmte Dauer nutzt.[117]

---

[105] EuGH v. 02.12.1999 - C-234/98 - WM 2000, 569-573.

[106] BAG v. 30.10.1986 - 2 AZR 696/85 - juris Rn. 33 - ZIP 1987, 734-737; BAG v. 02.12.1999 - 8 AZR 796/98 - juris Rn. 26 - NJW 2000, 3226-3228.

[107] EuGH v. 07.03.1996 - C-171/94 C-172/94 - NJW 1996, 1199-1201; zur Übernahme einer Arztpraxis mit Patientenkartei vgl. LArbG Düsseldorf v. 29.02.2000 - 3 Sa 1896/99 - Bibliothek BAG.

[108] Vgl. BAG v. 14.08.2007 - 8 AZR 803/06 - NZA 2007 1428, 1431.

[109] BAG v. 13.05.2004 - 8 AZR 331/03 - AP Nr. 273 zu § 613a BGB.

[110] EuGH v. 20.01.2011 - C-463/09 - NZA 2011, 148-150 [CLECE]; *Pfeiffer* in: KR, 9. Aufl. 2009, § 613a Rn. 50.

[111] EuGH v. 14.04.1994 - C-392/92 - NJW 1994, 2343-2344; BAG v. 30.10.1986 - 2 AZR 696/85 - ZIP 1987, 734-737.

[112] BAG v. 11.09.1997 - 8 AZR 555/95 - juris Rn. 23 - NJW 1998, 1253-1255; BAG v. 16.07.1998 - 8 AZR 81/97 - juris Rn. 22 - NZA 1998, 1233-1234; BAG v. 04.05.2006 - 8 AZR 299/05 - NZA 2006, 1096, 1100; BAG v. 13.07.2006 - NZA 2006, 1357, 1359.

[113] BAG v. 13.05.2004 - 8 AZR 331/03 - AP Nr. 273 zu § 613a BGB; BAG v. 12.07.2007 - 2 AZR 722/05.

[114] BAG v. 13.07.2006 - 8 AZR 331/05 - NZA 2006, 1357, 1359.

[115] BAG v. 11.09.1997 - 8 AZR 555/95 - NJW 1998, 1253-1255.

[116] BAG v. 16.05.2002 - 8 AZR 320/01 - AP Nr. 9 zu § 113 InsO.

[117] *Willemsen* in: Henssler/Willemsen/Kalb, Arbeitsrecht Kommentar, 5. Aufl. 2012, § 613a Rn. 170.

g. Dauer der Unterbrechung der Geschäftstätigkeit

Bei erheblicher **Dauer der Unterbrechung der Geschäftstätigkeit** fehlt es an einem Betriebsübergang, wenn die Unterbrechung ursächlich für die Zerschlagung einer funktionsfähigen wirtschaftlichen Einheit ist.[118] Erheblich ist die Unterbrechung dann, wenn sich die Kunden zwischenzeitlich neu orientieren.[119]

41

Es muss sich um eine wirtschaftlich erhebliche Zeitspanne handeln. Eine Festlegung allgemeingültiger Mindest- oder Höchstfristen kommt jedoch nicht in Betracht.[120] Orientierungspunkt kann eine Zeitspanne sein, die länger dauert, als die längste vom ursprünglichen Betriebsinhaber bei einer Stilllegung einzuhaltende Kündigungsfrist. In Einzelfällen sind bei Einzelhändlern und Gaststätten Unterbrechungszeiträume von fünf bis zehn Monaten als wirtschaftlich erheblich, bei Großhändlern und Produktionsunternehmen von zehn bis 14 Tage für unerheblich beurteilt worden.[121] Bei einem Kino waren zehn Monate Unterbrechung erheblich, bei einer Bowlingbahn vier Monate nicht.[122]

42

h. Rechtsprechungsüberblick

Ohne Anspruch auf Vollständigkeit wird nachfolgend die aktuelle Rechtsprechung zum Betriebsübergang stichwortartig in alphabetischer Reihenfolge beispielhaft aufgezeigt:

43

- **Anzeigenblatt**: nein, BAG v. 03.09.1998 - 8 AZR 439/97;
- **Apotheke**: ja, BAG v. 19.03.1998 - 8 AZR 139/97 - NJW 1998, 3138-3140;
- **Armaturenherstellung**: nein, BAG v. 25.05.2000 - 8 AZR 335/99 - juris Rn. 57 - RzK I 5e Nr. 137;
- **Arztpraxis mit Patientenkartei**: ja, LArbG Düsseldorf v. 29.02.2000 - 3 Sa 1896/99 - Bibliothek BAG; nein, BAG v. 22.06.2011 - 8 AZR 107/10 - juris Rn. 37 f. - DB 2011, 2553-2555;
- **Auftragsnachfolge**: nein, BAG v. 28.05.2009 - 8 AZR 273/08 - NZA 2009, 1968-1974; nein, BAG v. 25.09.2008 - 8 AZR 607/07 - NZA-RR 2009, 469-475;
- **Auslieferungslager**: ja, BAG v. 18.12.2003 - 8 AZR 621/02 - NZA 2004, 791-794;
- **Autohaus**: nein, LArbG Hamm v. 10.03.2010 - 2 Sa 1323/09 - juris Rn. 34 - ZInsO 2011, 193-197;
- **Bauunternehmen**: ja, BAG v. 19.12.2000 - 3 AZR 451/99 - juris Rn. 36 - ZIP 2001, 1690-1693;
- **Betriebsteil kaufmännische Verwaltung**: nein, BAG v. 24.08.2006 - 8 AZR 556/05 - DB 2006, 2818-2820;
- **Bewachung**: nein, BAG v. 22.01.1998 - 8 AZR 775/96 - ZIP 1998, 924-926; nein, BAG v. 22.01.1998 - 8 ABR 83/96 - ZAP ERW 1998, 141; Zurückverweisung, BAG v. 14.05.1998 - 8 AZR 418/96 - NZA 1999, 483-486; nein, BAG v. 14.05.1998 - 8 AZR 328/96 - juris Rn. 22; nein, BAG v. 17.09.1998 - 8 AZR 276/97 - juris Rn. 17 - RzK I 5e Nr. 93; nein, BAG v. 25.09.2008 - 8 AZR 607/07 - NZA-RR 2009, 469-475; nein, BAG v. 15.12.2011 - 8 AZR 197/11 - juris Rn. 45 ff.;
- **Bewirtschaftung einer Krankenhausküche**: ja, EuGH v. 20.11.2003 - C-340/01 - NJW 2004, 45-47 („Abler");

---

[118] EuGH v. 15.06.1988 - C-101/87 - EuGHE 1988, 3057-3079; BAG v. 22.05.1997 - 8 AZR 101/96 - NJW 1997, 3188-3190.
[119] Saisonbetrieb: EuGH v. 17.12.1987 - 287/86 - EuGHE 1987, 5465-5487; Modegeschäft: BAG v. 22.05.1997 - 8 AZR 101/96 - juris Rn. 29 - NJW 1997, 3188-3190; Restaurant: BAG v. 11.09.1997 - 8 AZR 555/95 - juris Rn. 22 - NJW 1998, 1253-1255; Kindertagesstätte: LArbG Köln v. 02.10.1997 - 10 Sa 643/97 - juris Rn. 50 - Bibliothek BAG.
[120] BAG v. 11.09.1997 - 8 AZR 555/95 - NJW 1998, 1253-1255; *Willemsen* in: Henssler/Willemsen/Kalb, Arbeitsrecht Kommentar, 5. Aufl. 2012, § 613a Rn. 182 spricht von einer Tendenz, Zeiträume von mehr als sechs Monaten als erheblich und von weniger als 3 Monaten als unerheblich anzusehen.
[121] BAG v. 22.05.1997 - 8 AZR 101/96 - NJW 1997, 3188-3190 (Modegeschäft); BAG v. 11.09.1997 - 8 AZR 555/95 - NJW 1998, 1253-1255. (Restaurant); LAG Thüringen v. 14.11.2000 - 5 Sa 55/99 - NZA-RR 2001, 121 (Großhandel); BAG v. 22.05.1985 - 5 AZR 173/84 - NJW 1986, 448-450 (Produktion).
[122] LArbG Köln v. 17.11.1986 - 9 Sa 77/86 - LAGE § 1 KSchG - Betriebsbedingte Kündigung Nr. 9 (Kino); BAG v. 03.07.1986 - 2 AZR 68/85 - AP Nr. 53 zu § 613a BGB.

- **Bistrobewirtschaftung bei der Bahn**: nein, BAG v. 06.04.2006 - 8 AZR 249/04 - juris;
- **Brauerei**: nein, BAG v. 22.01.1998 - 8 AZR 358/95 - ZAP ERW 1998, 190;
- **Buchhaltung**: nein, BAG v. 11.12.1997 - 8 AZR 699/96 - juris Rn. 36 - ArbuR 1998, 202;
- **Callcenter**: ja, BAG v. 25.06.2009 - 8 AZR 258/08 - NZA 2009, 1412-1416;
- **Catering**: nein, BAG v. 11.12.1997 - 8 AZR 426/94 - NJW 1998, 2549-2550;
- **Druckerei**: ja, BAG v. 18.03.1999 - 8 AZR 306/98 - juris Rn. 10 - ZIP 1999, 1223-1225; Zurückverweisung, BAG v. 15.12.2005 - 8 AZR 202/05 - NZA 2006, 597-605; ja, BAG v. 23.06.2010 - 7 ABR 3/09 - juris Rn. 14 - DB 2010, 2511-2512;
- **Druckserviceunternehmen**: ja, BAG v. 06.04.2006 - 8 AZR 222/04 - NZA 2006, 723-727;
- **Druckweiterverarbeitung**: Zurückverweisung, BAG v. 26.08.1999 - 8 AZR 588/98 - juris Rn. 17;
- **Einzelhandel**: nein, BAG v. 30.10.1986 - 2 AZR 696/85 - ZIP 1987, 734-737; Zurückverweisung, BAG v. 02.12.1999 - 8 AZR 796/98 - juris Rn. 26 - NJW 2000, 3226-3228; ja, BAG v. 06.04.2006 - 8 AZR 222/04 - NZA 2006, 723-727;
- **Erwachsenenbildung**: nein, BAG v. 22.10.1998 - 8 AZR 752/96 - juris Rn. 22 - EzB BGB § 613a Nr. 1; Zurückverweisung, BAG v. 18.02.1999 - 8 AZR 485/97 - juris Rn. 18 - NJW 2000, 92-94; nein, BAG v. 23.09.1999 - 8 AZR 614/98 - ZInsO 2000, 351;
- **Facility-Management**: nein, BAG v. 14.08.2007 - 8 AZR 1043/06 - NZA 2007, 1431-1436;
- **Ferienzentrum**: nein, BAG v. 16.07.1998 - 8 AZR 81/97 - juris Rn. 20 - NZA 1998, 1233-1234;
- **Fleischereigeschäft**: ja, BAG v. 18.02.1999 - 8 AZR 732/97 - juris Rn. 3;
- **Flugabfertigung**: nein, BAG v. 16.05.2007 - 8 AZR 693/06 - NZA 2007, 1296-1301;
- **Forschungsschiff**: ja, BAG v. 02.03.2006 - 8 AZR 147/05 - juris Rn. 14 ff., ArbRB 2006, 66;
- **Frauenhaus**: nein, BAG v. 04.05.2006 - 8 AZR 299/05 - ZIP 2006, 1545-1550;
- **Frischelager**: nein, BAG v. 14.08.2007 - 8 AZR 803/06 - NZA 2007, 1428-1431;
- **Gaststätte**: nein, BAG v. 11.09.1997 - 8 AZR 555/95 - NJW 1998, 1253-1255 wg. Neuausrichtung; nein, LArbG Chemnitz v. 07.03.2002 - 8 Sa 742/01 - juris Rn. 38 - Bibliothek BAG; nein, LArbG Köln v. 05.10.2010 - 12 Sa 480/10 - juris Rn. 53 - AuA 2011, 370-371;
- **Gebäudereinigung**: ja, BAG v. 13.11.1997 - 8 AZR 295/95 - NJW 1998, 1885-1886; ja, BAG v. 11.12.1997 - 8 AZR 729/96 - juris Rn. 20 - NJW 1998, 2306-2308; Zurückverweisung, BAG v. 11.12.1997 - 8 AZR 156/95 - juris Rn. 16 - NZA 1999, 486-487; nein, BAG v. 22.01.1998 - 8 AZR 197/95 - juris Rn. 15 - ZAP ERW 1998, 141-142; nein, BAG v. 19.03.1998 - 8 AZR 737/96 - juris Rn. 21; nein, BAG v. 18.02.1999 - 8 AZR 500/97 - ZInsO 1999, 420-421; ja, BAG v. 02.12.1999 - 8 AZR 774/98 - juris Rn. 30 - ZIP 2000, 714-715; ja, EuGH v. 24.01.2002 - C-51/00 - NJW 2002, 811-813; nein, BAG v. 05.12.2002 - 2 AZR 522/01 - AP Nr. 126 zu § 1 KSchG 1969 Betriebsbedingte Kündigung; nein, BAG v. 24.05.2005 - 8 AZR 333/04 - NZA 2006, 31-34: Übernahme von 40% der Reinigungskräfte nicht ausreichend; ja, BAG 21.05.2008 - 8 AZR 481/07 - NZA 2009, 144-148;
- **Gebäudetechnik**: Zurückverweisung, BAG v. 27.01.2000 - 8 AZR 106/99 - juris Rn. 38 - ZInsO 2000, 411;
- **Getränkehandel**: nein, BAG v. 14.12.2000 - 8 AZR 220/00 - juris Rn. 22 - RzK I 5e Nr. 154;
- **Grundstücksverwaltung**: nein, BAG v. 18.03.1999 - 8 AZR 196/98 - juris Rn. 14 - NJW 1999, 2459-2460;
- **Handwerksbetrieb**: nein, BAG v. 16.02.2006 - 8 AZR 204/05 - NZA 2006, 794-798; nein, BAG v. 16.02.2006 - 8 AZR 211/05 - NZA 2006, 592-597;
- **Hol- und Bringdienst**: nein, BAG v. 10.12.1998 - 8 AZR 676/97 - juris Rn. 20 - NJW 1999, 1884-1885;
- **Hotelbetrieb**: nein, BAG v. 14.12.2000 - 8 AZR 694/99 - juris Rn. 16 - RzK I 5e Nr. 153;
- **Instandhaltung**: Zurückverweisung, BAG v. 13.11.1997 - 8 AZR 82/95 - juris Rn. 18 - FA 1998, 225;
- **Installateur**: nein, BAG v. 16.02.2006 - 8 AZR 211/05 - NZA 2006, 592-597;

- **Jugendwohnheim**: nein, BAG v. 23.09.1999 - 8 AZR 750/98 - RzK I 5e Nr. 120;
- **Kantine**: ja, BAG v. 25.05.2000 - 8 AZR 337/99 - juris; nein, BAG v. 17.12.2009 - 8 AZR 1019/08 - ZIP 2010, 694-698;
- **Kasernengelände**: ja, BAG v. 02.12.1998 - 7 AZR 579/97 - juris Rn. 11 - ZIP 1999, 1321-1323;
- **Kassenarztpraxis**: ja, LArbG Hamm v. 21.09.2000 - 16 Sa 553/00 - juris Rn. 29 - Bibliothek BAG;
- **Kindertagesstätte**: nein, LArbG Köln v. 02.10.1997 - 10 Sa 643/97 - juris Rn. 50 - Bibliothek BAG;
- **Kino**: ja, LArbG Köln v. 26.03.2004 - 4 Sa 1115/03 - NZA-RR 2004, 464-468;
- **Kommissionsbetrieb**: nein, BAG v. 29.06.2000 - 8 AZR 520/99 - juris Rn. 28;
- **Krankenhaus**: nein, BAG v. 04.06.1998 - 8 AZR 644/96 - juris Rn. 27 - RzK I 5e Nr. 88; ja, BAG v. 25.05.2000 - 8 AZR 416/99 - juris Rn. 60 - ZIP 2000, 1630-1635;
- **Kundendienst**: nein, BAG v. 22.01.1998 - 8 AZR 243/95 - juris Rn. 24 - NJW 1998, 2994-2996;
- **Lager von Gefahrstoffen**: ja, BAG v. 22.07.2004 - 8 AZR 350/03 - NZA 2004, 1383-1389;
- **Lagerbetrieb**: ja, BAG v. 13.12.2007 - 8 AZR 937/06 - NZA 2008, 1021-1025;
- **Linienbusverkehr**: nein, EuGH v. 25.01.2001 - C-172/99 - ZIP 2001, 258-262;
- **Luftfahrtunternehmen**: nein, LArbG Berlin-Brandenburg v. 01.09.2010 - 17 Sa 836/10 - juris Rn. 27 - ZIP 2011, 878-880; nein, LArbG Berlin- Brandenburg v. 13.01.2011 - 14 Sa 1327/10 - juris Rn. 56;
- **Maschinenbau**: nein, BAG v. 12.11.1998 - 8 AZR 301/97 - juris Rn. 25 - ZIP 1999, 1276-1278; nein, BAG v. 23.09.2010 - 8 AZR 567/09 - juris Rn. 20 - NZA 2011, 197-200;
- **Material- und Ersatzteillager der US-Armee**: ja, BAG v. 14.07.1994 - 2 AZR 55/94 - juris Rn. 12 - ZIP 1995, 863-867;
- **Modefachgeschäft**: nein, BAG v. 22.05.1997 - 8 AZR 101/96 - juris Rn. 29 - NJW 1997, 3188-3190; Zurückverweisung, BAG v. 12.11.1998 - 8 AZR 282/97 - juris Rn. 19 - NJW 1999, 1131-1132;
- **Möbelauslieferung und -montage**: nein, BAG v. 22.01.1998 - 8 AZR 623/96 - juris Rn. 23 - ZAP ERW 1998, 142; nein, BAG v. 03.09.1998 - 8 AZR 306/97 - juris Rn. 34 - NZA 1999, 147-149;
- **Möbelhaus**: nein, BAG v. 13.07.2006 - 8 AZR 331/05 - NZA 2006, 1357-1359;
- **Müllsortieranlage**: nein, BAG v. 27.09.2007 - 8 AZR 911/06;
- **Notariat**: nein, BAG v. 26.08.1999 - 8 AZR 827/98 - juris Rn. 19 - NJW 2000, 1739-1741;
- **Personenkontrolle am Flughafen**: ja, BAG v. 13.06.2006 - 8 AZR 271/05 - NZA 2006, 1101-1105; vgl. auch EuGH v. 15.12.2005 - C-232, 233/04 - ZIP 2006, 95 Güney-Görres;
- **Privatschule**: nein, BAG v. 21.01.1999 - 8 AZR 680/97 - juris Rn. 17 - RzK I 5e Nr. 105;
- **Rechtsanwaltskanzlei**: nein, BAG v. 30.10.2008 - 8 AZR 397/07 - NZA 2009, 485-489; nein, LArbG Hamm v. 04.02.2011 - 10 Sa 1805/10 - juris Rn. 57;
- **Restaurant**: nein BAG v. 11.09.1997 - 8 AZR 555/95 - juris Rn. 22 - NJW 1998, 1253-1255;
- **Rettungsdienst**: ja, LArbG Halle (Saale) v. 07.08.2001 - 8 (2) Sa 142/01 - DB 2003, 563-564; nein, BAG v. 10.05.2012 - 8 AZR 639/10 - n.V.;
- **Rohrleitungsbau**: nein, BAG v. 29.06.2000 - 8 ABR 44/99 - juris Rn. 33 - ZIP 2000, 1588-1593;
- **Schadenservicebüro**: nein, BAG v. 06.10.2005 - 2 AZR 316/04 - DB 2006, 567;
- **Schießplatz**: nein, BAG v. 25.09.2003 - 8 AZR 421/02 - NZA 2004, 316-319;
- Neuvergabe von **Schlachtarbeiten in einem Schlachthof**: ja, BAG v. 15.02.2007 - 8 AZR 431/06 - NZA 2007, 793-798;
- **Schuhproduktion**: nein, BAG v. 16.05.2002 - 8 AZR 319/01 - juris Rn. 55 - NZA 2003, 93-100; nein, BAG v. 13.05.2004 - 8 AZR 331/03 - AP Nr. 273 zu § 613a BGB bei Änderung des Konzeptes;
- **Seeschiff**: ja, BAG v. 18.03.1997 - 3 AZR 729/95 - ZIP 1998, 79-84; ja, BAG v. 02.03.2006 - 8 AZR 147/05 - juris Rn. 14 ff., ArbRB 2006, 66;
- **Sicherungsübereignung**: nein, BAG v. 20.03.2003 - 8 AZR 312/02 - NJW 2003, 3581-3583;

§ 613a jurisPK-BGB / Kliemt/Teusch

- **Tabakwarengroßhandel**: nein, LArbG Schleswig-Holstein v. 29.02.2012 - 6 Sa 362/11 - juris Rn. 31;
- **Theater**: nein, BAG v. 23.09.1999 - 8 AZR 135/99;
- **Tiernahrungsproduktion**: nein, BAG v. 23.09.1999 - 8 AZR 650/98 - RzK I 5e Nr. 119;
- **Transportunternehmen**: nein, BAG v. 26.08.1999 - 8 AZR 718/98 - juris Rn. 19 - NJW 2000, 1589-1591;
- **Treuhandanstalt**: nein, BAG v. 24.08.2006 - 8 AZR 317/05 - NZA 2007, 1287-1293;
- **Truppenübungsplatz**: Zurückverweisung, BAG v. 27.04.2000 - 8 AZR 260/99 - juris Rn. 17 - RzK I 5e Nr. 135;
- **Vertriebsunternehmen**: nein, BAG v. 13.11.1997 - 8 AZR 52/96 - juris Rn. 33 - EzA § 613a BGB Nr. 166;
- **Verwaltung**: nein, BAG v. 26.06.1997 - 8 AZR 426/95 - juris Rn. 25 - ZIP 1997, 1975-1977; Zurückverweisung, BAG v. 18.04.2002 - 8 AZR 346/01 - juris Rn. 25 - ZIP 2002, 2003-2008; ja, LArbG Berlin v. 11.10.2002 - 6 Sa 961/02 - juris Rn. 26 - ZIP 2003, 1313-1316; nein, BAG v. 27.10.2005 - 8 AZR 45/05 - juris Rn. 17 ff. - NZA 2006, 263-265;
- **Warenauslieferung**: nein, BAG v. 23.04.1998 - 8 AZR 665/96 - juris Rn. 16;
- **Wareneingang**: nein, BAG v. 17.04.2003 - 8 AZR 253/02 - AP Nr. 253 zu § 613a BGB;
- **Zementwerk**: nein, BAG v. 03.11.1998 - 3 AZR 484/97 - juris Rn. 30.

3. Übergang

44 Ein Übergang auf einen anderen Betriebsinhaber liegt dann vor, wenn die natürliche oder juristische Person des privaten oder öffentlichen Rechts[123] wechselt, die den Betrieb im eigenen Namen **tatsächlich führt**.[124] Maßgeblich ist die Weiterführung der Geschäftstätigkeit durch diejenige Person, die nunmehr für den Betrieb als Inhaber „verantwortlich" ist. Verantwortlich ist die Person, die den Betrieb im eigenen Namen und nach außen hin erkennbar führt.[125] Dabei ist es nicht erforderlich, dass der neue Inhaber den Betrieb auf eigene Rechnung führt. Es ist unschädlich, wenn der Gewinn an einen anderen abgeführt wird.[126]

45 Dementsprechend hat auch der EuGH[127] entschieden. Danach ist Art. 3 Abs. 1 der Richtlinie 77/187/EWG des Rates vom 14.02.1977 zur Angleichung der Rechtsvorschriften der Mitgliedstaaten über die Wahrung von Ansprüchen der Arbeitnehmer beim Übergang von Unternehmen, Betrieben oder Betriebsteilen dahin auszulegen, dass der Zeitpunkt des Übergangs im Sinne dieser Bestimmung dem Zeitpunkt entspricht, zu dem die Inhaberschaft, mit der die Verantwortung für den Betrieb der übertragenen Einheit verbunden ist, vom Veräußerer auf den Erwerber übergeht. Die Inhaberschaft geht dann über, wenn der neue Betriebsinhaber die wirtschaftliche Einheit nutzt und fortführt. Erfolgt die Übernahme der Betriebsmittel in **mehreren Schritten**, ist der Betriebsübergang jedenfalls in dem Zeitpunkt erfolgt, in dem die wesentlichen, zur Fortführung des Betriebs erforderlichen Betriebsmittel übergegangen sind und die Entscheidung über den Betriebsübergang nicht mehr rückgängig gemacht werden kann.[128]

46 Bleibt der **Rechtsträger identisch**, liegt **kein Betriebsübergang** vor. Bei formwechselnden Umwandlungen gemäß §§ 190-304 UmwG (Verschmelzung, Spaltung, Vermögensübertragung) ändert die Ge-

---

[123] BAG v. 25.05.2000 - 8 AZR 416/99 - juris Rn. 63 - ZIP 2000, 1630-1635.
[124] BAG v. 20.03.2003 - 8 AZR 312/02 - NJW 2003, 3581-3583; LArbG Kiel v. 07.06.2002 - 6 Sa 168/01 - Bibliothek BAG; BAG v. 18.03.1999 - 8 AZR 196/98 - juris Rn. 26 - NJW 1999, 2459-2460.
[125] BAG v. 15.12.2005 - 8 AZR 202/05 - juris Rn. 42 - NZA 2006, 1145-1151.
[126] BAG v. 20.03.2003 - 8 AZR 312/02 - NJW 2003, 3581-3583; vgl. auch BAG v. 12.11.1998 - 8 AZR 282/97 - NJW 1999, 1131-1132 bzgl. des Fehlens der eigenen Gewinnerzielungsabsicht; BAG v. 23.09.1999 - 8 AZR 135/99 n.v.; *Preis* in: ErfKomm, § 613a Rn. 46.
[127] EuGH v. 26.05.2005 - C-478/03 - NZA 2005, 681.
[128] BAG v. 26.07.2007 - 8 AZR 769/06 - NZA 2007, 1428, 1430; BAG v. 27.10.2005 - 8 AZR 568/04 - juris Rn. 24 - DB 2006. 285; BAG v. 16.02.1993 - 3 AZR 347/92 - EzA § 613a BGB Nr. 106, zu 2 b der Gründe.

sellschaft lediglich ihre Rechtsform, büßt jedoch nicht ihre rechtliche Identität ein.[129] Deshalb liegt kein Betriebsinhaberwechsel vor.[130] Nichts anderes gilt für den Übergang einer Vorgesellschaft in die spätere Hauptgesellschaft.[131] Bei einem **Gesellschafterwechsel** in einer Personengesellschaft liegt kein Betriebsinhaberwechsel vor, weil die Personengesellschaft ihre Identität als Arbeitgeber behält.[132] Gleiches gilt bei einem Gesellschafterwechsel in einer GbR aufgrund ihrer Arbeitgebereigenschaft[133] oder beim Aktionärs- oder Gesellschafterwechsel bei einer AG bzw. einer GmbH.

Unerheblich für die Frage des Vorliegens eines Betriebsübergangs ist, ob der Betriebserwerber **Eigentümer** der identitätsprägenden sächlichen Betriebsmittel wird. Einem Betrieb sind auch solche Gebäude, Maschinen, Werkzeuge oder Einrichtungsgegenstände als sächliche Betriebsmittel zuzurechnen, die nicht im Eigentum des Betriebsinhabers stehen, sondern die dieser aufgrund einer mit Dritten getroffenen Nutzungsvereinbarung zur Erfüllung seiner Betriebszwecke einsetzen kann.[134] Daher bewirkt beispielsweise eine **Sicherungsübereignung** für sich genommen keinen Betriebsübergang, wenn sich an der Nutzungsberechtigung des bisherigen Eigentümers nichts ändert. Dies ist in der Praxis regelmäßig der Fall: Der bisherige Eigentümer behält in der Regel gerade die Nutzungsmöglichkeiten der sicherungsübereigneten Sachen. Er überträgt gemäß §§ 929, 930 BGB lediglich das Eigentum an diesen sowie den mittelbaren Besitz zur Sicherung eines ihm eingeräumten Kredits. Entsprechendes gilt für die Sicherungsübereignung eines Geschäftsbetriebs, bei der umfassend die mit dem Betrieb übertragenen Rechtspositionen zur Sicherung übertragen werden. In der Regel wirkt sich daher eine Sicherungsübereignung bei fortbestehender Nutzungsmöglichkeit des (bisherigen) Inhabers nicht aus, die Übertragung des Sicherungseigentums stellt keinen Betriebsübergang dar.[135]

47

Ein Betriebsinhaberwechsel liegt aber regelmäßig vor, wenn in einem Konzern ein Betrieb auf ein Schwester- oder Tochterunternehmen übertragen wird oder ein Betrieb oder Betriebsteil bei einer Unternehmensaufspaltung einem rechtlich verselbständigten Unternehmen zugeordnet wird.[136] Bei **Treuhandverhältnissen** ist zu unterscheiden, ob der Treugeber den Betrieb weiterhin im eigenen Namen und für eigene Rechnung betreibt oder ob der Treuhänder dies übernimmt. Nur im letzten Fall greift § 613a BGB ein.

48

Das Ausscheiden eines Unternehmens aus einem **Gemeinschaftsbetrieb** mehrerer Unternehmen führt nicht automatisch zu einem Betriebsübergang auf das verbleibende Unternehmen.[137] Ein solcher kommt vielmehr nur dann in Betracht, wenn der Betrieb unter Wahrung seiner Identität fortgeführt wird. Insoweit gelten die allgemeinen Kriterien (vgl. Rn. 12 ff.).

49

Ein Betriebsübergang liegt vor, wenn ein notleidendes Unternehmen auf Veranlassung seiner Gläubiger die Abwicklung seiner laufenden Geschäfte einer Auffanggesellschaft überlässt, die treuhänderisch alle wesentlichen Betriebsmittel übernimmt.[138] Kein Betriebsübergang liegt hingegen vor, wenn der Treugeber bei der Sicherungsübereignung der wesentlichen Betriebsmittel weiterhin zur Betriebsfüh-

50

---

[129] *Gussen*, Die Weitergeltung von Betriebsvereinbarungen und Tarifverträgen bei Betriebsübergang und Umwandlung, 1997, Rn. 317; *Pfeiffer* in: KR, 9. Aufl. 2009, § 613a Rn. 67.
[130] *Schaub* in: Anzinger/Becker/Bieneck u.a., Entwicklung im Arbeitsrecht und Arbeitsschutzrecht, 1996, S. 103, 105.
[131] *Müller-Glöge* in: MünchKomm-BGB, Bd. 4, 5. Aufl. 2009, § 613a Rn. 55.
[132] BAG v. 03.05.1983 - 3 AZR 1263/79 - juris Rn. 36 - NJW 1983, 2283-2284; BAG v. 12.07.1990 - 2 AZR 39/90 - NJW 1991, 247-249; BAG v. 14.08.2007 - 8 AZR 803/06 - NZA 2007, 1428, 1430.
[133] *Preis* in: ErfKomm, § 613a Rn. 43; a.A. *Schleifenbaum*, BB 1991, 1705-1706, 1705. Zur Arbeitgebereigenschaft der GbR vgl. BGH v. 29.01.2001 - II ZR 331/00 - BGHZ 146, 341-361.
[134] EuGH v. 20.11.2003 - C-340/01 - NJW 2004, 45-47 (Abler); EuGH v. 12.11.1992 - C-209/91 - ABl EG 1992, Nr. C 322, 11 (Watson); BAG v. 29.03.2007 - 8 AZR 474/06 - juris Rn. 28; BAG v. 06.04.2006 - 8 AZR 222/04 - juris Rn. 24 - NZA 2006, 723-727; BAG v. 15.12.2005 - 8 AZR 202/05 - NZA 2006, 1145-1151.
[135] BAG v. 20.03.2003 - 8 AZR 312/02 - NJW 2003, 3581-3583; BAG v. 14.08.2007 - 8 AZR 803/06 - NZA 2007, 1428, 1430.
[136] EuGH v. 02.12.1999 - C-234/98 - WM 2000, 569-573; BAG v. 19.01.1988 - 3 AZR 263/86 - ZIP 1988, 666-668.
[137] BAG v. 27.11.2003 - 2 AZR 48/03 - BAGE 109, 40-46.
[138] BAG v. 20.11.1984 - 3 AZR 584/83 - NJW 1985, 1574-1576.

51 rung befugt bleibt.[139] An dem Erfordernis der Betriebsführung im eigenen Namen mangelt es bei einem Insolvenz- und Zwangsverwalter sowie dem Testamentsvollstrecker.[140]

51 In Abkehr zu seiner früheren Rechtsprechung[141] stellt das BAG[142] nunmehr auf die **tatsächliche Betriebsfortführung** ab. Grenzen ergeben sich, wenn der Übernehmer sich vertraglich verpflichtet hat, den Betrieb fortzuführen. In diesem Fall kommt es nicht darauf an, ob er den Betrieb tatsächlich nicht fortführt.[143] Gleichgültig ist hingegen, wie lange der Übernehmer den Betrieb tatsächlich fortführen will. Ein Betriebsübergang erfolgt auch dann, wenn der Betrieb nur mit dem Ziel erworben wird, ihn alsbald stillzulegen.[144]

52 Ein Betriebsübergang liegt vor bei Übergang von einem **Pächter** auf einen neuen[145] oder Rückgabe vom Pächter an den Verpächter,[146] aber nur, wenn der Verpächter den Betrieb selbst weiterführt.[147]

53 Die **Stilllegung** des Betriebs schließt § 613a BGB aus.[148] Sie setzt den ernstlichen und endgültigen Entschluss des Arbeitgebers voraus, den Betrieb auf unbestimmte, wirtschaftlich nicht unerhebliche Zeit einzustellen.[149] Bei alsbaldiger Wiedereröffnung des Betriebs bzw. Wiederaufnahme der Produktion durch den Betriebserwerber spricht eine tatsächliche Vermutung gegen die ernsthafte Absicht, den Betrieb stillzulegen.[150] Eine länger als jede gesetzliche Kündigungsfrist von Arbeitsverhältnissen nach § 622 Abs. 2 BGB während Unterbrechung der Betriebstätigkeit ist ein Indiz für eine Stilllegung.[151]

4. Rechtsgeschäft

a. Bedeutung und Inhalt des Tatbestandsmerkmals „Rechtsgeschäft"

54 Nach seinem Wortlaut findet § 613a BGB nur dann Anwendung, wenn der Übergang des Betriebs oder Betriebsteils durch Rechtsgeschäft erfolgt. Der Begriff des Rechtsgeschäfts ist jedoch weit zu verstehen.[152] Rechtsgeschäftlicher Betriebsinhaberwechsel bedeutet, dass die zum Betrieb gehörenden materiellen oder immateriellen Betriebsmittel durch besondere Übertragungsakte auf den neuen Inhaber übertragen werden. Das Merkmal „durch Rechtsgeschäft" dient der **Abgrenzung zu Fällen der Universalsukzession** kraft Gesetzes oder kraft Hoheitsaktes. Hierunter fallen:

- **Erbfolge** gemäß §§ 1922-1941 BGB.
- Die Fortführung des Betriebs durch den **Insolvenzverwalter** nach den §§ 80, 148, 159 InsO.[153] Dem Insolvenzverwalter werden die Betriebsmittel nicht durch Rechtsgeschäft übertragen. Vielmehr tritt er kraft Gesetzes in die Rechtsstellung des Gemeinschuldners als Arbeitgeber ein.

---

[139] BAG v. 20.03.2003 - 8 AZR 312/02 - NZA 2003, 1338 -1341; *Preis* in: ErfKomm, § 613a Rn. 47.
[140] *Edenfeld* in: Erman, Bd. 1, 13. Aufl. 2011, § 613a Rn. 11.
[141] Konkrete betriebliche Fortführungsmöglichkeit, vgl. BAG v. 27.04.1995 - 8 AZR 197/94 - juris Rn. 18 - NJW 1995, 3404-3406.
[142] BAG v. 18.03.1999 - 8 AZR 159/98 - NJW 1999, 2461-2462; BAG v. 18.03.1999 - 8 AZR 196/98 - NJW 1999, 2459-2460; LArbG Chemnitz v. 07.03.2002 - 8 Sa 742/01 - Bibliothek BAG; *Krause*, ZfA 2001, 67-116, 116.
[143] BAG v. 19.11.1996 - 3 AZR 394/95 - ZIP 1997, 897-900.
[144] BAG v. 29.11.1988 - 3 AZR 250/87 - NZA 1989, 425-426.
[145] BAG v. 25.02.1981 - 5 AZR 991/78 - NJW 1981, 2212-2213.
[146] BAG v. 27.04.1995 - 8 AZR 197/94 - NJW 1995, 3404-3406.
[147] BAG v. 18.03.1999 - 8 AZR 159/98 - NJW 1999, 2461-2462.
[148] BAG v. 27.02.1987 - 7 AZR 652/85 - juris Rn. 57 - ZIP 1987, 1138-1142; BAG v. 16.05.2002 - 8 AZR 319/01 - juris Rn. 63 - NZA 2003, 93-100; BAG v. 26.04.2007 - 8 AZR 695/05 - AP Nr. 4 zu § 125 InsO; BAG v. 28.05.2009 - 8 AZR 273/08 - NZA 2009, 1267-1273.
[149] BAG v. 28.04.1988 - 2 AZR 623/87 - ZIP 1989, 326-332; BAG v. 10.10.1996 - 2 AZR 477/95 - NJW 1997, 1389-1390; BAG v. 16.05.2002 - 8 AZR 319/01 - juris Rn. 60 - NZA 2003, 93-100. LArbG Kiel v. 07.06.2002 - 6 Sa 168/01 - Bibliothek BAG.
[150] BAG v. 12.02.1987 - 2 AZR 247/86 - juris Rn. 28 - ZIP 1987, 1478-1482.
[151] BAG v. 22.05.1997 - 8 AZR 101/96 - juris Rn. 29 - NJW 1997, 3188-3190.
[152] BAG v. 06.04.2006 - 8 AZR 222/04 - juris Rn. 29 - NZA 2006, 723-727.
[153] BAG v. 30.01.1991 - 5 AZR 32/90 - juris Rn. 17 - NJW 1991, 1971-1972.

- Der Betriebsinhaberwechsel aufgrund des Zuschlags in der **Zwangsversteigerung**.[154] Durch den Zuschlag wird allerdings nur das Eigentum am Grundstück nebst Zubehör kraft Hoheitsakt übertragen, §§ 20 Abs. 2, 21, 55, 90 ZVG. Will der Ersteher den Betrieb fortführen und muss er hierzu nicht vom Zuschlag umfasste sächliche und immaterielle Betriebsmittel durch Rechtsgeschäft vom Zwangsverwalter, dem Schuldner oder einem Dritten erwerben, findet § 613a BGB unmittelbar Anwendung.[155]
- Die **Zwangsverwaltung** eines Grundstücks, soweit die beschlagnahmten Teile des Betriebsvermögens betroffen sind. Führt der Zwangsverwalter den Betrieb fort und trifft hierfür eine Vereinbarung über weitere zum Betrieb gehörende Teile des Betriebsvermögens, kann § 613a BGB jedoch eingreifen.[156]
- Die Einsetzung eines **Notars** durch die Landesjustizverwaltung.[157]
- Die **gesetzliche Überleitung** von Arbeitsverhältnissen vom Land auf eine Stiftung des öffentlichen Rechts.[158] Ob diese Sichtweise für Fälle der Überleitung von Arbeitsverhältnissen durch Gesetz allgemein aufrechterhalten werden kann, erscheint allerdings zunehmend **fraglich**. In der **Scattolon-Entscheidung**[159] hat der EuGH eine Personalübernahme durch Gesetz als Betriebsübergang angesehen.[160] § 613a BGB ist für Betriebsübergänge, die im Wege der Gesamtrechtsnachfolge kraft Gesetzes vollzogen werden, unanwendbar.[161] Eine **analoge Anwendung** des § 613a BGB ist nach zutreffender Auffassung ausgeschlossen.[162] Teilweise wird eine analoge Anwendung erwogen, wenn die öffentlich-rechtliche Grundlage keine Gesetzeslücke aufweist.[163] Letztere Ansicht überzeugt jedoch nicht. Denn die Universalsukzession führt bereits von ihrem Rechtscharakter her grundsätzlich zu demselben Ergebnis wie § 613a BGB. Die eine analoge Anwendung des § 613a BGB erwägende Ansicht dürfte zwischenzeitlich durch die Einführung des § 324 UmwG[164] entkräftet sein.[165] Die Vorschrift bestimmt für die Fälle der Verschmelzung, Spaltung oder Vermögensübertragung ausdrücklich, dass § 613a Abs. 1, Abs. 4-6 BGB unberührt bleibt. Daraus folgt, dass die Arbeitsverhältnisse auch bei gesellschaftsrechtlichen Umwandlungen nach § 613a BGB übergehen, obwohl es sich hierbei um Fälle der Gesamtrechtsnachfolge (§§ 20, 131, 176, 177 UmwG) handelt.[166] § 324 UmwG ist nicht lediglich eine

55

---

[154] *Preis* in: ErfKomm, § 613a Rn. 64, 65.
[155] BAG v. 14.10.1982 - 2 AZR 811/79 - AP § 613a BGB Nr. 36.
[156] BAG v. 09.01.1980 - 5 AZR 21/78 - AP § 613a BGB Nr. 19; BAG v. 18.08.2011 - 8 AZR 230/10 - NZA 2012, 267-271.
[157] BAG v. 26.08.1999 - 8 AZR 827/98 - NJW 2000, 1739-1741.
[158] BAG v. 02.03.2006 - 8 AZR 124/05 - DB 2006, 1680-1682.
[159] EuGH v. 06.09.2011 - C-108/10 - NZA 2011, 1077-1083.
[160] Das Bundesverfassungsgericht hat einen gesetzlich vollzogenen Arbeitgeberwechsel im Rahmen einer Privatisierung zwar nicht als Fall des § 613a BGB qualifiziert, eine gesetzliche Überleitung ohne Widerspruchsmöglichkeit der betroffenen Arbeitnehmer jedoch als unzulässigen Eingriff in die Berufsfreiheit aus Art. 12 GG angesehen, BVerfG v. 25.1.2011 - 1 BvR 1741/09 - NZA 2011, 400-406.
[161] BAG v. 02.03.2006 - 8 AZR 124/05 - DB 2006, 1680-1682 Orientierungssatz; BAG v. 28.09.2006 - 8 AZR 441/05 - juris Rn. 27.
[162] BAG v. 13.07.1994 - 4 AZR 555/93 - juris Rn. 52 - DB 1994, 1527; BAG v. 19.01.2000 - 4 AZR 752/98 - EzA § 4 TVG Bundespost Nr. 11, zu I 2 a bb der Gründe; BAG v. 02.03.2006 - 8 AZR 124/05 - juris Rn. 12, 17 - DB 2006, 1680-1682; *Pfeiffer* in: KR, 9. Aufl. 2009, § 613a BGB Rn. 77; *Preis* in: ErfKomm, § 613a Rn. 58, 62; jeweils m.w.N.
[163] BAG v. 02.03.2006 - 8 AZR 124/05 - juris Rn. 17 ff. - DB 2006, 1680-1682; *Müller-Glöge* in: MünchKomm-BGB, Bd. 4, 5. Aufl. 2009, § 613a Rn. 68. Vgl. auch BAG v. 25.01.2001 - 8 AZR 336/00 - EzA § 613a BGB Nr. 194, zu III 2 der Gründe; BAG v. 05.10.1993 - 3 AZR 586/92 - juris Rn. 31 - DB 1994, 1683-1684; BAG v. 13.07.1994 - 4 AZR 555/93 - EzA § 4 TVG Nachwirkung Nr. 17, zu II 3 b gg der Gründe.
[164] UmwG 1994, BGBl I, 3210.
[165] BR-Drs. 75/94, S. 118. Vgl. auch BAG v. 25.05.2000 - 8 AZR 416/99 - ZIP 2000, 1630-1635; ähnlich: *Pfeiffer* in: KR, 9. Aufl. 2009, § 613a Rn. 73, 74; *Preis* in: ErfKomm, § 613a Rn. 58.
[166] Vgl. hierzu *Preis* in: ErfKomm, § 613a Rn. 58.

§ 613a

Rechtsfolgenverweisung, sondern eine Rechtsgrundverweisung.[167] Die Voraussetzungen des Betriebsübergangs sind daher selbständig zu prüfen.

56 Das Rechtsgeschäft muss sich nicht auf die Übernahme der Arbeitnehmer beziehen. Es muss dem Erwerber jedoch die tatsächliche Möglichkeit der Fortführung des Betriebes bzw. des Betriebsteils eröffnen. Die Rechtsnatur des Rechtsgeschäftes ist unerheblich. In Betracht kommen beispielsweise: **Kauf-, Pacht-**[168] oder **Mietvertrag, Schenkung,**[169] **Nießbrauch,**[170] **Vermächtnis,**[171] **Gesellschaftsvertrag, Verschmelzungsvertrag, Beerdigungsvertrag,**[172] u.U. auch Kündigung des Einfirmenvertreters.[173]

57 Gleiches gilt für den Bereich der **betrieblichen Altersversorgung**: Zwar tritt der Betriebserwerber in die (verfallbaren und unverfallbaren) Versorgungsanwartschaften der Arbeitnehmer ein, im Versorgungsfall schuldet er jedoch nur die bei ihm erdiente Versorgungsleistung.[174] Für die beim Betriebsveräußerer bis zur Eröffnung des Insolvenzverfahrens erdienten unverfallbaren Anwartschaften haftet der PSV nach § 7 Abs. 2 BetrAVG zeitanteilig.[175]

58 Meist wird das Rechtsgeschäft in einem Vertrag zwischen dem bisherigen Betriebsinhaber und dem Betriebserwerber bestehen. Zwingend ist dies jedoch nicht. **Es bedarf keiner unmittelbaren vertraglichen Beziehung zwischen Betriebsveräußerer und Betriebserwerber.**[176] Der bisherige Betriebsinhaber muss nicht an dem Rechtsgeschäft beteiligt sein.[177] Vielmehr genügt es beispielsweise, wenn die Vertragsbeziehungen zwischen dem neuen Pächter und dem Verpächter bestehen und der Betrieb vom bisherigen Pächter an den neuen Pächter übergeben wird.[178] Bei Auftragsübernahmen kann ein Betriebsübergang auch ohne jegliche Kenntnis des früheren Betriebsinhabers vorliegen.[179] Ebenfalls nicht entscheidend ist, ob mit dem Rechtsgeschäft ein Betriebsübergang bezweckt wurde.

b. Unwirksamkeit des Rechtsgeschäftes

59 Der Betriebsübergang scheitert nicht an der **Unwirksamkeit** des Rechtsgeschäftes.[180] Entscheidend ist allein, ob eine willentliche Übernahme der Organisations- und Leitungsmacht vorliegt. Ob das zugrunde liegende Rechtsgeschäft – etwa nach § 125 BGB – unwirksam oder nichtig ist, ist **unerheblich**. Umstritten ist, ob eine schutzzweckbezogene Einschränkung dieses Grundsatzes vorzunehmen ist. Mit guten Gründen wird die Auffassung vertreten, dass der Minderjährigenschutz vorrangig sei. Sei der Betriebserwerber geschäftsunfähig, beschränkt geschäftsfähig oder trete er ohne notwendige Zustimmung des gesetzlichen Vertreters auf, reiche eine faktische Betriebsfortführung nicht aus. Es sollen dann im Verhältnis zum Geschäftsunfähigen die Grundsätze des faktischen Arbeitsverhältnisses gelten,

---

[167] BAG v. 25.05.2000 - 8 AZR 416/99 - juris Rn. 66 - ZIP 2000, 1630-1635; BAG v. 06.10.2005 - 2 AZR 316/04 - juris Rn. 41 - DB 2006, 567.
[168] BAG v. 16.07.1998 - 8 AZR 81/97 - NZA 1998, 1233-1234.
[169] BAG v. 15.05.1985 - 5 AZR 276/84 - juris Rn. 24 - NJW 1986, 454-455.
[170] BAG v. 15.05.1985 - 5 AZR 276/84 - juris Rn. 24 - NJW 1986, 454-455.
[171] BAG v. 15.05.1985 - 5 AZR 276/84 - juris Rn. 24 - NJW 1986, 454-455.
[172] BAG v. 02.03.2006 - 8 AZR 147/05 - juris Rn. 14 ff. - ArbRB 2006, 66.
[173] BAG v. 21.01.1988 - 2 AZR 480/87 - DB 1988, 2155-2156.
[174] BAG v. 17.01.1980 - 3 AZR 160/79 - NJW 1980, 1124-1126; BAG v. 29.10.1985 - 3 AZR 485/83 - juris Rn. 31 - WM 1986, 1259-1262; BAG v. 16.02.1993 - 3 AZR 347/92 - juris Rn. 19 - NJW 1993, 2259-2261; LArbG Köln v. 08.03.2002 - 4 Sa 1275/01 - Bibliothek BAG.
[175] BAG v. 16.02.1993 - 3 AZR 347/92 - juris Rn. 19 - NJW 1993, 2259-2261.
[176] EuGH v. 07.03.1996 - C-171/94 C-172/94 - NJW 1996, 1199-1201; BAG v. 22.05.1985 - 5 AZR 173/84 - juris Rn. 31 - NJW 1986, 448-450; BAG v. 09.02.1994 - 2 AZR 781/93 - juris Rn. 27 - NJW 1995, 73-75; BAG v. 18.08.2011- 8 AZR 230/10 - NZA 2012, 267-271.
[177] BAG v. 22.05.1985 - 5 AZR 173/84 - NJW 1986, 448-450.
[178] BAG v. 25.02.1981 - 5 AZR 991/78 - juris Rn. 12 - NJW 1981, 2212-2213.
[179] BAG v. 11.12.1997 - 8 AZR 729/96 - juris Rn. 31 - NJW 1998, 2306-2308.
[180] BAG v. 06.02.1985 - 5 AZR 411/83 - NJW 1986, 453-454.

während der Betriebsveräußerer die Arbeitgeberstellung nicht verliert. Dies gilt nicht im umgekehrten Fall, wenn der Erwerber den Betrieb von einem geschäftsunfähigen Veräußerer übernimmt.[181]

Ist im dem Betriebsübergang zugrunde liegenden Rechtsgeschäft ein **Rücktrittsrecht** vereinbart, steht dies der Annahme eines Betriebsübergangs nicht entgegen.[182] Entscheidend sind der tatsächliche Übergang und die Nutzung der wesentlichen Betriebsmittel.

60

III. Rechtsfolgen

1. Übergang der Arbeitsverhältnisse

a. Betroffene Rechtsverhältnisse

§ 613a Abs. 1 Satz 1 BGB ordnet das Eintreten des neuen Betriebsinhabers in die Rechte und Pflichten aus den im Übergangszeitpunkt **bestehenden Arbeitsverhältnissen**, also einen Vertragspartnerwechsel auf Arbeitgeberseite, an. Maßgeblich ist der nationale deutsche Arbeitnehmerbegriff.[183] Erfasst werden alle Arbeitnehmer, also Arbeiter, Angestellte,[184] Vollzeit- und Teilzeitarbeitsverhältnisse, unbefristete und befristete Arbeitsverhältnisse.[185] Die Regelung des § 613a Abs. 1 Satz 1 BGB gilt auch für **Ausbildungsverhältnisse**.[186] Nicht erfasst werden freie Mitarbeiter, arbeitnehmerähnliche Personen, Beamte, Heimarbeiter,[187] in einem freien Dienstverhältnis Stehende[188] sowie Vorstands- und Geschäftsführer-Dienstverhältnisse.[189]

61

Einigkeit bestand bislang darin, dass nur Arbeitsverhältnisse auf den Erwerber übergehen können, die zuvor **mit dem Veräußerer** bestanden. Dieses Grundverständnis ist durch die Albron-Catering-Entscheidung[190] des EuGH ins Wanken geraten. In dieser Entscheidung hat der EuGH ausgeführt, dass auch ein „nichtvertraglicher Arbeitgeber", an den Arbeitnehmer eines anderen (Konzern-)Unternehmens ständig abgestellt sind, als Veräußerer im Sinne der Betriebsübergangsrichtlinie angesehen werden kann. Folge dieser Konstruktion ist, dass auch Arbeitnehmer, die keinen Arbeitsvertrag mit dem Veräußerer haben, von einem Betriebsübergang auf den Erwerber erfasst werden können. Praktische Bedeutung hat dies vor allem für **Leiharbeitnehmer**, die im Betrieb des Veräußerers (als Entleiher) eingesetzt sind. Überträgt man die Ausführungen des EuGH auf diesen Fall, wären von einem Übergang des Entleiherbetriebes auf einen neuen Inhaber auch die im Entleiherbetrieb tätigen Leiharbeitnehmer betroffen, obwohl diese nicht in einem Arbeitsverhältnis mit dem Entleiher, sondern mit dem Verleiher stehen.[191] Mit der (bisherigen) Dogmatik des Betriebsübergangsrechts ist dies kaum vereinbar.[192]

62

Gekündigte Arbeitsverhältnisse bestehen noch bis zum Ablauf der Kündigungsfrist und gehen vorher auf den Erwerber über.[193] **Altersteilzeitverhältnisse**, die sich in der Arbeitsphase befinden, gehen

63

---

[181] *Preis* in: ErfKomm, § 613a Rn. 61; *Pfeifer* in: KR, 9. Aufl. 2009, § 613a BGB Rn. 80. A.A. BAG v. 06.02.1985 - 5 AZR 411/83 - NJW 1986, 453-454.

[182] BAG v. 15.12.2005 - 8 AZR 202/05 - NZA 2006, 1145-1151.

[183] Art. 2 I d RL 2001/23/EG des Europäischen Parlaments und Rates, 22.03.2002; EuGH v. 14.09.2000 - C-343/98 - ZIP 2000, 1996-2000.

[184] BAG v. 19.01.1988 - 3 AZR 263/86 - juris Rn. 16 - ZIP 1988, 666-668.

[185] Art. 2 II a, b RL 2001/23/EG des Europäischen Parlaments und Rates, 22.03.2002.

[186] BAG v. 13.07.2006 - 8 AZR 382/05 - NZA 2006, 1406, 1407.

[187] BAG v. 03.07.1980 - 3 AZR 1077/78 - WM 1981, 393-394.

[188] BAG v. 13.02.2003 - 8 AZR 59/02 - NJW 2003, 2930-2932; LArbG Köln v. 10.09.1998 - 11 Sa 46/98 - Bibliothek BAG.

[189] BAG v. 13.02.2003 - 8 AZR 654/01 - NJW 2003, 2473-2477; ebenso bereits *Bauer*, DB 1979, 2178-2181; *Schwab*, NZA 1987, 839-842.

[190] EuGH v. 21.10.2010 - C-242/09 - NZA 2010, 1225-1227.

[191] So in der Tat *Kühn*, NJW 2011,1408, 1411.

[192] Ausführlich *Willemsen*, NJW 2011, 1546-1551; *Gaul/Ludwig*, DB 2011, 298-303; *Bauer/von Medem*, NZA 2011, 20-23.

[193] BAG v. 22.02.1978 - 5 AZR 800/76 - BB 1978, 914; anders ein infolge Teilbetriebsschließung und unwirksamer Beendigungskündigung sich im Annahmeverzugsstadium befindliches Arbeitsverhältnis, LArbG Stuttgart v. 26.04.2002 - 20 Sa 30/01 - Bibliothek BAG.

§ 613a

nach § 613a BGB über.[194] Gleiches gilt nach richtiger Auffassung, wenn sich das Altersteilzeitverhältnis bereits in der Freistellungsphase befindet.[195]

64 Zum Zeitpunkt des Betriebsübergangs bereits **beendete Arbeitsverhältnisse** gehen grundsätzlich nicht auf den Erwerber über.[196] Dieser tritt daher insbesondere nicht in die Vergütungspflicht ein.[197] Der Betriebserwerber haftet daher z.B. nicht für **Provisionsansprüche** ausgeschiedener Arbeitnehmer, auch wenn das provisionspflichtige Geschäft erst vom Erwerber ausgeführt wird.[198] Auch ein Eintritt in **Versorgungsanwartschaften und -verbindlichkeiten** scheidet grundsätzlich aus;[199] insoweit greift § 4 BetrAVG. Etwas anderes gilt für bereits erdiente Versorgungsanwartschaften im bestehenden und damit übergehenden Arbeitsverhältnis unabhängig davon, ob es sich um verfallbare oder unverfallbare Anwartschaften handelt.[200]

65 Allerdings geht ein **befristetes Arbeitsverhältnis**, das wirksam auf das Ende des Tages vor dem Betriebsübergang befristet ist, auf den Betriebserwerber über, wenn dieser es nahtlos durch den Abschluss eines neuen Arbeitsverhältnisses fortsetzt.[201] Ist ein hinreichend enger Zusammenhang zwischen beiden Arbeitsverhältnissen gegeben, ist der Betriebsübernehmer so zu behandeln, als würden die arbeitsrechtlichen Beziehungen des Arbeitnehmers, die zum Betriebsveräußerer entstanden waren, weiterhin bestehen. Denn § 613a BGB gewährt einen Inhaltsschutz und will verhindern, dass eine Betriebsveräußerung zum Anlass genommen wird, die erworbenen Besitzstände abzubauen.

66 Nur die Arbeitsverhältnisse der zum Zeitpunkt des Betriebsübergangs aktiven Arbeitnehmer, **nicht die Ruhestandsverhältnisse** gehen nach § 613a BGB auf den Betriebserwerber über.[202] Dies ergibt sich aus dem Wortlaut des § 613a Abs. 1 Satz 1 BGB, der ausdrücklich nur bestehende Arbeitsverhältnisse umfasst, nicht hingegen Personen, die zum Zeitpunkt des Betriebsübergangs bereits Ruheständler waren. Auch nach Ablauf der Jahresfrist des § 613a Abs. 2 BGB kann sich demnach der Veräußerer gegenüber einem Ruheständler nicht auf einen zwischenzeitlich erfolgten Betriebsübergang berufen.[203] Hieran ändert sich auch dadurch nichts, dass der in den Ruhestand getretene frühere Arbeitnehmer zum Zeitpunkt des Betriebsübergangs neben dem Bezug der gesetzlichen Vollrente im Rahmen der sozialversicherungsrechtlichen Hinzuverdienstmöglichkeiten ein geringfügiges Beschäftigungsverhältnis fortgeführt hat. Dieses geringfügige Beschäftigungsverhältnis geht auf den Betriebserwerber über; dies führt jedoch weder zum Übergang des bereits zuvor beendeten betriebsrentenrechtlich maßgeblichen Vollarbeitsverhältnisses, noch zum Übergang der entsprechenden Versorgungsverbindlichkeiten.[204]

67 **Übernimmt ein Arbeitnehmer** gemäß § 613a Abs. 1 Satz 1 BGB von seinem bisherigen Arbeitgeber dessen Betrieb, so erlischt mit dem Betriebsübergang das Arbeitsverhältnis des betriebsübernehmenden Arbeitnehmers zu seinem bisherigen Arbeitgeber endgültig, sofern nichts anderes vereinbart worden ist. Denn aufgrund dieses Betriebsübergangs ist der betriebsübernehmende Arbeitnehmer sowohl

---

[194] BAG v. 19.10.2004 - 9 AZR 647/03 - ZIP 2005, 457-460.
[195] BAG v. 31.01.2008 - 8 AZR 27/07 - NZA 2008, 705-709; LArbG Düsseldorf v. 22.10.2003 - 12 Sa 1202/03 - ZIP 2004, 272-275; noch offen gelassen v. BAG v. 19.10.2004 - 9 AZR 645/03 - EzA-SD 2004, Nr. 22, 4.
[196] BAG v. 01.12.2004 - 7 AZR 37/04 - juris Rn. 18 - EzA § 4 TVG Malerhandwerk Nr. 4; BAG v. 10.11.2004 - 7 AZR 101/04 - juris Rn. 20 - NZA 2005, 514-516.
[197] BAG v. 11.11.1986 - 3 AZR 179/85 - juris Rn. 14 - NJW 1987, 3031; LArbG Düsseldorf v. 27.10.1999 - 4 Sa 816/99 - Bibliothek BAG.
[198] BAG v. 11.11.1986 - 3 AZR 179/85 - NJW 1987, 3031.
[199] BAG v. 24.03.1977 - 3 AZR 649/76 - NJW 1977, 1791-1792; BAG v. 11.11.1986 - 3 AZR 194/85 - ZIP 1987, 863-867; BAG v. 24.03.1987 - 3 AZR 384/85 - ZIP 1987, 1474-1478.
[200] BAG v. 29.11.1988 - 3 AZR 250/87 - juris Rn. 20 - BB 1989, 558-560; BAG v. 12.05.1992 - 3 AZR 247/91 - juris Rn. 30 - ZIP 1992, 1408-1410; Falkenberg, BB 1987, 328-331, 328.
[201] BAG v. 19.05.2005 - 3 AZR 649/03 - juris Rn. 34 ff. - DB 2005, 2362-2364.
[202] BAG v. 24.03.1977 - 3 AZR 649/76 - NJW 1977, 1791-1792; BAG v. 11.11.1986 - 3 AZR 194/85 - ZIP 1987, 863-867 mit Anm. von Stebut = EzA § 613a Nr. 61 BGB, zu B I 2a der Gründe; Preis in: ErfKomm, § 613a Rn. 69.
[203] BAG v. 23.03.2004 - 3 AZR 151/03 - AP Nr. 265 zu § 613a BGB.
[204] BAG v. 18.03.2003 - 3 AZR 313/02 - BB 2004, 269-272.

Gläubiger als auch Schuldner desselben Arbeitsverhältnisses geworden. Wird dann danach von dem früheren Arbeitnehmer sein jetziger eigener Betrieb gemäß § 613a Abs. 1 Satz 1 BGB auf seinen früheren Arbeitgeber rückübertragen, so kommt allein durch diesen zweiten Betriebsübergang kein neues Arbeitsverhältnis zwischen dem früheren Arbeitnehmer sowie seinem früheren Arbeitgeber zustande. Denn nach § 613a Abs. 1 Satz 1 BGB tritt der Betriebserwerber nur in die Rechte und Pflichten der noch zum Zeitpunkt des Betriebsübergangs bestehenden Arbeitsverhältnisse ein, nicht hingegen in die erloschener Arbeitsverhältnisse.[205]

b. Übergehende Rechte und Pflichten

Der neue Betriebsinhaber wird Schuldner **aller Verbindlichkeiten aus dem Arbeitsverhältnis**, auch soweit sie vor dem Übergang entstanden sind. Er hat dieselben Löhne und Gehälter – hierzu zählen auch rückständige Lohnansprüche[206] sowie etwaige Ansprüche auf Teilnahme am Personaleinkauf[207] – und Gratifikationen zu zahlen,[208] nicht jedoch rückständige Sozialversicherungsbeiträge[209] und Lohnsteuer[210]. § 613a BGB dient dem Schutz der betroffenen Arbeitnehmer, nicht hingegen dem Schutz des Staates bzw. der Sozialversicherungsträger (vgl. hierzu Rn. 1). Gegen den Betriebserwerber richten sich Urlaubsansprüche[211] und Ansprüche der übergegangenen aktiven Arbeitnehmer auf betriebliche Altersversorgung.[212] Der Erwerber hat aber die Möglichkeit, arbeitsvertragliche Rechte und Pflichten durch Änderungsvertrag für die Zukunft abzuändern.[213]

68

Die **Betriebszugehörigkeit** als Voraussetzung für die verlängerten Kündigungsfristen des § 622 Abs. 2 BGB und für den Kündigungsschutz gemäß § 1 KSchG[214] wird durch den Betriebsübergang nicht unterbrochen.[215] Dies gilt selbst dann, wenn zum Zeitpunkt des Betriebsübergangs das Arbeitsverhältnis kurzfristig unterbrochen war, die Arbeitsverhältnisse aber in einem engen sachlichen Zusammenhang stehen.[216] Der Kündigungsschutz nach dem KSchG selbst ist aber kein übergangsfähiges Recht i.S.d. § 613a Abs. 1 Satz 1 BGB, so dass er beim Erwerber (auch bei Anrechnung der Betriebszugehörigkeit) dann nicht besteht, wenn die weiteren Voraussetzungen des KSchG bei dem Erwerber nicht gegeben sind.[217]

69

Eine Unterbrechung der Betriebszugehörigkeit tritt des Weiteren nicht für die Wartezeit beim Urlaub,[218] für die Ruhegeldanwartschaften[219] und Sozialleistungen ein.

70

Bei **Jubiläumszuwendungen**, die aufgrund einer **beim Erwerber** bestehenden Regelung gezahlt werden, muss der Erwerber frühere Beschäftigungszeiten jedoch nicht berücksichtigen.[220] Eine Jubiläums-

71

---

[205] LArbG Hamm v. 06.11.2003 - 17 Sa 1192/03 - Bibliothek BAG.
[206] BAG v. 18.08.1976 - 5 AZR 95/75 - NJW 1977, 1168.
[207] BAG v. 13.12.2006 - 10 AZR 792/05 - NZA 2007, 325, 326.
[208] Zum Anspruch auf Zahlung einer Sonderprämie gegenüber dem Betriebsveräußerer vgl. BAG v. 22.01.2003 - 10 AZR 395/02 - juris Rn. 39 - ZIP 2003, 1858-1860.
[209] BayObLG München v. 31.10.1974 - 1 U 2225/74 - BB 1974, 1582.
[210] *Ascheid* in: Schliemann, Das Arbeitsrecht im BGB, 2. Aufl. 2002, Rn. 67.
[211] BGH v. 04.07.1985 - IX ZR 172/84 - juris Rn. 19 - LM Nr. 2 zu § 613a BGB.
[212] BAG v. 16.02.1993 - 3 AZR 347/92 - juris Rn. 18 - NJW 1993, 2259-2261; BAG v. 23.07.1991 - 3 AZR 366/90 - juris Rn. 36 - NJW 1992, 708-710.
[213] BAG v. 07.11.2007 - 5 AZR 1007/06 - BB 2008, 504, 505.
[214] BAG v. 27.06.2002 - 2 AZR 270/01 - NJW 2003, 773-775.
[215] EuGH v. 14.09.2000 - C-343/98 - ZIP 2000, 1996-2000; BAG v. 05.02.2004 - 8 AZR 639/02 - NZA 2004, 845-847.
[216] BAG v. 27.06.2002 - 2 AZR 270/01 - NJW 2003, 773-775; BAG v. 18.09.2003 - 2 AZR 330/02 - NZA 2004, 319-321.
[217] BAG v. 15.02.2007 - 8 AZR 397/06 - NZA 2007, 739, 740.
[218] LArbG Düsseldorf v. 09.11.2000 - 13 Sa 1272/00 - Bibliothek BAG.
[219] BAG v. 15.03.1979 - 3 AZR 859/77 - NJW 1979, 2533-2534; BAG v. 20.07.1993 - 3 AZR 99/93 - ZIP 1994, 53-57; BAG v. 24.07.2001 - 3 AZR 660/00 - NJW 2002, 1668-1670.
[220] BAG 26.09.2007 - 10 AZR 657/06 - NZA 2007, 1426, 1428.

§ 613a

72 zuwendung soll die erwiesene Betriebstreue zum Betrieb des Arbeitgebers honorieren, so dass die Anrechnung der bei einem anderen Arbeitgeber zurückgelegten Dienstzeit diesem Zweck nicht genügt.

72 Frühere Beschäftigungszeiten muss der Erwerber bei der Erteilung **eigener Versorgungszusagen** nicht anrechnen.[221] Sofern Arbeitnehmer des übergehenden Betriebes zum Zeitpunkt des Betriebsübergangs keine Versorgungsanwartschaft erworben hatten, steht es dem Erwerber grundsätzlich frei, ob und in welcher Höhe er Versorgungsleistungen erbringen will. Daher ist der Betriebserwerber nicht nach § 613a BGB verpflichtet, bei der Berechnung von Versorgungsleistungen auf Grund einer eigenen Versorgungszusage solche Beschäftigungszeiten anzurechnen, die von ihm übernommene Arbeitnehmer bei einem früheren Betriebsinhaber zurückgelegt haben. Bei der Aufstellung von Berechnungsregeln ist der Arbeitgeber grundsätzlich frei, Vorbeschäftigungszeiten als wertbildende Faktoren außer Ansatz zu lassen. Die Nichtberücksichtigung von Vorbeschäftigungszeiten beim Veräußerer verstößt nach der Rechtsprechung des BAG auch nicht gegen den arbeitsrechtlichen Gleichbehandlungsgrundsatz.[222]

73 Bei Ansprüchen aus einem **Aktienoptionsplan** ist zu differenzieren: Hat ein Konzernunternehmen in einem Aktienoptionsplan eigenständig Verpflichtungen gegenüber Arbeitnehmern übernommen, die im Betrieb eines anderen zum Konzern gehörenden Unternehmens beschäftigt sind, so gehen diese Verpflichtungen im Falle der Veräußerung des Betriebes nicht auf den Betriebserwerber über.[223] Übergeleitet werden können nur Ansprüche, die Gegenstand des Arbeitsverhältnisses zwischen dem Arbeitnehmer und dem Betriebsveräußerer gewesen sind. Schließt der Arbeitnehmer hingegen eine Vereinbarung über die Gewährung von Aktienoptionen nicht mit seinem Arbeitgeber, sondern mit einem anderen Konzernunternehmen ab, so können Ansprüche aus dieser Vereinbarung grundsätzlich nur gegenüber dem vertragsschließenden Konzernunternehmen geltend gemacht werden und werden nicht Bestandteil des Arbeitsverhältnisses mit einer Tochtergesellschaft.[224] Der Vertrag über die Gewährung von Aktienoptionen steht rechtlich selbständig neben dem Arbeitsvertrag des Arbeitnehmers mit der Tochtergesellschaft.[225] Geht bei einer solchen Vertragskonstellation das Arbeitsverhältnis nach § 613a BGB über, ist ein Eintritt des Erwerbers in die Rechte und Pflichten aus der Aktienoptionsvereinbarung ausgeschlossen.

74 Höchstrichterlich noch nicht entschieden ist hingegen der Fall, dass Aktienoptionen nicht von einem Drittunternehmen, sondern von dem Betriebsveräußerer selbst zugesagt sind. Teilweise wird bereits daran gezweifelt, ob und in welcher Konstellation es sich bei einem Anspruch aus einem Aktienoptionsplan des Arbeitgebers überhaupt um einen Anspruch aus dem Arbeitsverhältnis im Sinne von § 613a BGB handelt.[226] Mitunter enthalten Aktienoptionspläne für den Fall des Betriebsübergangs eine Verfallklausel. Deren Wirksamkeit ist umstritten.[227] Richtigerweise sind gegebenenfalls übergehende Ansprüche aus einem Aktienoptionsplan nach den Regeln ergänzender Vertragsauslegung oder nach § 313 BGB wegen Störung der Geschäftsgrundlage jedenfalls dann anzupassen, wenn die in Aussicht gestellten Aktien nicht am Markt gehandelt werden und für den Betriebserwerber damit nicht beschaffbar sind und dem Erwerber die im Regelfall mit einem Aktienoptionsplan verbundene Kapitalerhöhung und die Ausgabe neuer Aktien nach § 275 Abs. 1 BGB rechtlich unmöglich ist.[228]

---

[221] BAG v. 30.08.1979 - 3 AZR 58/78 - NJW 1980, 416; BAG v. 19.04.2005 - 3 AZR 469/04 - juris Rn. 30 - DB 2005, 1748.

[222] BAG v. 19.04.2005 - 3 AZR 469/04 - juris Rn. 31 f. - DB 2005, 1748.

[223] BAG v. 12.02.2003 - 10 AZR 299/02 - NJW 2003, 1755-1758.

[224] BAG v. 12.02.2003 - 10 AZR 299/02 - NJW 2003, 1755-1758; LArbG Düsseldorf v. 03.03.1998 - 3 Sa 1452/97 - Bibliothek BAG; LArbG Frankfurt v. 19.11.2001 - 16 Sa 971/01 - ZIP 2002, 1049-1052; *Buhr/Radtke*, BB 2001, 1182; a.A. *Lipinski/Melms*, BB 2003, 150-154.

[225] *Diller/Lingemann/Mengel*, NZA 2000, 1191-1201; a.A. *Lipinski/Melms*, BB 2003, 150-154.

[226] Dagegen: *Bauer/Göpfert/von Steinau-Steinrück*, ZIP 2001, 1129-1133; dafür: *Gaul*, Das Arbeitsrecht der Betriebs- und Unternehmensspaltung, 2002, § 13 Rn. 42; *Tappert*, NZA 2002, 1188-1199; *Lembke*, BB 2001, 1469-1477; *Nehls/Sudmeyer*, ZIP 2002, 201-208.

[227] Dagegen: *Tappert*, NZA 2002, 1188-1199, 1192, 1193; dafür: *Bauer/Göpfert/von Steinau-Steinrück*, ZIP 2001, 1129-1133, 1132; differenzierend: *Mechlem/Melms*, DB 2000, 1614-1616, 1614, 1616.

[228] Vgl. *Gaul*, Das Arbeitsrecht der Betriebs- und Unternehmensspaltung, 2002, § 13 Rn. 43 ff.; *Grau/Schnitker*, BB 2002, 2497-2503, 2500; *Tappert*, NZA 2002, 1188-1199, 1194.

Bei **Wettbewerbsverboten** gilt: Unterfällt der Arbeitnehmer einem gesetzlichen Wettbewerbsverbot (§ 60 HGB), tritt der Übernehmer in die Rechte des Veräußerers ein.[229] Bestand zwischen Veräußerer und Arbeitnehmer ein nachvertragliches Wettbewerbsverbot (§§ 74-75d HGB, § 110 GewO, § 5 BBiG), wird der Erwerber daraus berechtigt und verpflichtet, wenn der Arbeitnehmer nach dem Betriebsübergang ausscheidet[230]; bei Ausscheiden vor Betriebsübergang ist § 613a BGB analog anwendbar.[231]

75

Wahrt ein Arbeitnehmer eine **Ausschlussfrist** vor Betriebsübergang durch schriftliche Geltendmachung gegen den Betriebsveräußerer, muss der Betriebserwerber die fristgerechte Geltendmachung gegen sich gelten lassen.[232] Umgekehrt ändert ein Betriebsübergang grundsätzlich nichts am für den Beginn des Laufens einer Ausschlussfrist maßgebenden Fälligkeitszeitpunkt.[233] Der Fälligkeitszeitpunkt von Annahmeverzugslohnansprüchen ist grundsätzlich objektiv zu bestimmen, ohne dass es auf Zumutbarkeitskriterien oder Täuschungshandlungen des Schuldners ankommt. Diese können allenfalls im Rahmen des § 242 BGB eine Rolle spielen, wenn die Berufung auf die Einhaltung einer Ausschlussfrist treuwidrig erscheint.[234] Ein solcher Fall kann etwa vorliegen, wenn der Arbeitnehmer die Schuldnerschaft des Betriebserwerbers nicht erkennen konnte, weil ihn Betriebsveräußerer und Betriebserwerber über das Vorliegen eines Betriebsübergangs bewusst im Unklaren gelassen haben.[235] Der Verstoß gegen Treu und Glauben steht einer Berufung auf die Ausschlussfrist allerdings nur so lange entgegen, wie der Gläubiger von der Einhaltung der Ausschlussfrist abgehalten wird. Nach Wegfall der den Arglisteinwand begründenden Umstände – Kenntnis der wesentlichen Umstände des Betriebsübergangs – müssen innerhalb einer kurzen, nach den Umständen des Falles sowie Treu und Glauben zu bestimmenden Frist die Ansprüche in der nach der Ausschlussfrist gebotenen Form geltend gemacht werden. Es läuft insoweit nicht eine neue Ausschlussfrist.[236]

76

c. Zuordnung der Arbeitsverhältnisse

Bei eng verflochtenen Betrieben bzw. Betriebsteilen oder bei zentraler Unternehmensorganisation kann die **Zuordnung eines Arbeitnehmers** zum veräußerten oder nicht veräußerten Betrieb oder Betriebsteil schwierig sein. Das BAG stellt in erster Linie auf die zwischen Veräußerer und Erwerber getroffene Vereinbarung ab. Können sie sich nicht einigen, ist die Zuordnung anhand objektiver Kriterien vorzunehmen.[237] Maßgeblich ist hiernach insbesondere, für welchen Betrieb oder Betriebsteil die Arbeitnehmer vor der Betriebsveräußerung überwiegend tätig waren.

77

Wird **nicht der gesamte Betrieb**, sondern nur ein Betriebsteil oder ein eigenständiger Bereich übernommen, muss der Arbeitnehmer dem übertragenen Betriebsteil oder Bereich angehören, damit sein Arbeitsverhältnis gemäß § 613a BGB auf den Erwerber übergeht. Es genügt hierfür nicht, dass der Arbeitnehmer, ohne dem übertragenen Betriebsteil anzugehören, als Beschäftigter einer nicht übertra-

78

---

[229] *Preis* in: ErfKomm, § 613a Rn. 80.
[230] BAG v. 27.11.1991 - 4 AZR 211/91 - juris Rn. 56 - BB 1992, 1559-1562.
[231] *Müller-Glöge* in: MünchKomm-BGB, Bd. 4, 5. Aufl. 2009, § 613a Rn. 102; *Wank* in: MüArbR, Bd. 1, 3. Aufl. 2009, § 102 Rn. 144.
[232] BAG v. 21.03.1991 - 2 AZR 577/90 - DB 1991, 1886-1887.
[233] BAG v. 21.03.1991 - 2 AZR 577/90 - DB 1991, 1886-1887; BAG v. 12.12.2000 - 9 AZR 1/00 - ZIP 2001, 1601-1605.
[234] BAG v. 13.02.2003 - 8 AZR 236/02 - AP Nr. 244 zu § 613a BGB.
[235] BAG v. 13.02.2003 - 8 AZR 236/02 - AP Nr. 244 zu § 613a BGB.
[236] BAG v. 13.02.2003 - 8 AZR 236/02 - AP Nr. 244 zu § 613a BGB; BAG v. 10.10.2002 - 8 AZR 8/02 - DB 2003, 508-510; BAG v. 05.02.1987 - 2 AZR 46/86 - n.v.; BAG v. 03.12.1970 - 5 AZR 208/70 - USK 70173; vgl. auch *Wiedemann*, TVG, 7. Aufl. 2007, § 4 Rn. 787.
[237] BAG v. 20.07.1982 - 3 AZR 261/80 - WM 1983, 99-101; BAG v. 13.11.1997 - 8 AZR 375/96 - juris Rn. 48 - NJW 1998, 1883-1885; BAG v. 18.03.1997 - 3 AZR 729/95 - juris Rn. 50 - ZIP 1998, 79-84; vgl. hierzu *Preis* in: ErfKomm, § 613a Rn. 72.

genen Abteilung Tätigkeiten für den übertragenen Betriebsteil verrichtete.[238] Erforderlich ist vielmehr, dass der Arbeitnehmer in den übertragenen Betriebsteil eingegliedert war.[239] Die Arbeitsverhältnisse eines stillgelegten Betriebsteils fallen nicht „automatisch" in den vom Arbeitgeber evtl. weitergeführten und einem späteren Betriebsübergang zugänglichen Bereich. Vielmehr bedarf es gegenüber einem Arbeitnehmer, der einem Teilbetriebsübergang widersprochen hat, einer neuen **Zuordnung** zu einem anderen Betriebsteil, wenn er von einem weiteren Teilbetriebsübergang erfasst werden soll. Eine solche Zuordnung kann ausdrücklich oder konkludent, beispielsweise durch Zuweisung von Tätigkeiten aus dem Bereich erfolgen. Unterbleibt diese Zuordnung, bleibt der Arbeitnehmer bei dem früheren Betriebsinhaber.[240] Hierbei ist unerheblich, dass der verbliebene Restbetrieb auf Dauer nicht lebensfähig ist, der arbeitstechnische Zweck in einer reinen Hilfsfunktion bestand oder lediglich zeitlich begrenzte Abwicklungsarbeiten durchgeführt wurden.[241]

d. Besonderheiten in der Insolvenz

79   Um ein Rechtsgeschäft handelt es sich auch bei der Veräußerung des Betriebes durch den **Insolvenzverwalter**.[242] Die Anerkennung der Anwendung des § 613a BGB durch den Gesetzgeber folgt aus § 128 Abs. 2 InsO.[243] Eine Einschränkung ist allerdings im Wege der **teleologischen Reduktion** für den Fall der Haftung des Betriebserwerbers für zum Zeitpunkt der Insolvenzeröffnung bereits entstandene Ansprüche vorzunehmen. Hier gehen zwecks gleichmäßiger Befriedigung aller Gläubiger die Verteilungsgrundsätze des Insolvenzverfahrens vor. Der Erwerber haftet daher nach § 613a BGB für solche Ansprüche nicht, die vor der Eröffnung des Insolvenzverfahrens entstanden sind.[244] Erhielten die übernommenen Arbeitnehmer einen neuen Schuldner für bereits entstandene Ansprüche, wären sie im Vergleich zu anderen Gläubigern und auch gegenüber den ausgeschiedenen Arbeitnehmern unangemessen bevorzugt. Diesen Vorteil hätten die übrigen Gläubiger insoweit zu finanzieren, als der Betriebserwerber den Kaufpreis für den Betrieb wegen der zu übernehmenden Haftung entsprechend mindern könnte.[245] Nicht von der Haftungsprivilegierung betroffen sind allerdings **Masseforderungen** i.S.v. § 109 InsO. Für diese haftet der Erwerber uneingeschränkt.[246] So werden vom Grundsatz der Haftungsbeschränkung eines Betriebserwerbers in der Insolvenz **Urlaubsansprüche** nicht erfasst, soweit sie nicht einem Zeitpunkt vor Eröffnung des Insolvenzverfahrens zugeordnet werden können.[247] Ansprüche aus dem Arbeitsverhältnis werden nach § 108 Abs. 2 InsO nur dann Insolvenzforderungen, wenn es sich um solche „für" die Zeit vor Eröffnung handelt. Dazu gehören Urlaubsansprüche nicht.

---

[238] BAG v. 24.08.2006 - 8 AZR 556/05 - DB 2006, 2818, 2819; BAG v. 25.09.2003 - 8 AZR 446/02 - AP Nr. 256 zu § 613a BGB; BAG v. 17.06.2003 - 2 AZR 134/02 - EzA-SD 2004, Nr. 6, 5; BAG v. 13.02.2003 - 8 AZR 102/02 - BB 2003, 1286-1288; BAG v. 13.11.1997 - 8 AZR 375/96 - NJW 1998, 1883-1885; BAG v. 21.01.1999 - 8 AZR 298/98 - ZInsO 1999, 361; EuGH v. 07.02.1985 - 186/83 - Botzen; EuGH v. 12.11.1992 - Rs C-20/92 - AP EWG-Richtlinie Nr. 77/187 Nr. 5; ebenso *Annuß*, BB 1998, 1582-1587, 1586; differenzierend: *Pfeiffer* in: KR, 9. Aufl. 2009, § 613a Rn. 105, 106; ebenso *Zwanziger* in: Kittner/Däubler/Zwanziger, KSchR, 8. Aufl. 2011, § 613a Rn. 53.

[239] BAG v. 07.04.2011 - 8 AZR 730/09 - juris Rn. 21 - NZA 2011, 1231-1234.

[240] BAG v. 25.09.2003 - 8 AZR 446/02 - AP Nr. 256 zu § 613a BGB; BAG v. 13.02.2003 - 8 AZR 102/02 - BB 2003, 1286-1288.

[241] BAG v. 13.02.2003 - 8 AZR 102/02 - BB 2003, 1286-1288.

[242] BAG v. 29.10.1985 - 3 AZR 485/83 - juris Rn. 28 - WM 1986, 1259-1262; LArbG Hamm v. 04.04.2000 - 4 Sa 1220/99 - juris Rn. 57 - Bibliothek BAG; vgl. auch EuGH v. 07.02.1985 - 135/83 - ZIP 1985, 824-828.

[243] LArbG Hamm v. 04.04.2000 - 4 Sa 1220/99 - juris Rn. 57 - Bibliothek BAG.

[244] BAG v. 17.01.1980 - 3 AZR 160/79 - NJW 1980, 1124-1126; BAG v. 26.03.1996 - 3 AZR 965/94 - juris Rn. 20 - NJW 1997, 1027-1029; zur Fortsetzung der zur KO entwickelten Rechtsprechung nach In-Kraft-Treten der InsO: BAG v. 20.06.2002 - 8 AZR 459/01 - ZIP 2003, 222-227; zu Ansprüchen aus einem Sozialplan vgl. BAG v. 15.01.2002 - 1 AZR 58/01 - NJW 2002, 3493-3495; LArbG Hamm v. 15.07.2002 - 19 (11) Sa 730/01 - Bibliothek BAG.

[245] BAG v. 04.07.1989 - 3 AZR 756/87 - ZIP 1989, 1422-1425; *Franzen*, RdA 1999, 361-374, 368.

[246] Vgl. dazu ausführlich BAG v. 04.12.1986 - 2 AZR 246/86 - NJW 1987, 1966-1967 m.w.N.

[247] BAG v. 18.11.2003 - 9 AZR 347/03 - NJW 2004, 1972-1974.

Sie sind auf Freistellung von der Arbeitsleistung bei Fortzahlung der Bezüge gerichtet,[248] nicht von einer Arbeitsleistung im Kalenderjahr abhängig und werden damit nicht monatlich verdient. Soweit sie noch nicht zeitlich nach § 7 Abs. 1 BUrlG festgelegt sind, können sie keinem bestimmten Zeitraum im Jahr zugeordnet werden.[249] Deshalb ist auch keine Zuordnung auf die Zeit vor oder nach dem Zeitpunkt der Eröffnung der Insolvenz möglich.[250] Diese Grundsätze gelten auch, wenn nicht der im Jahr der Insolvenzeröffnung entstandene Urlaub, sondern aus dem Vorjahr übertragene Restansprüche und Ansprüche auf Ersatz von verfallenem Urlaub in Rede stehen.[251]

Erwirbt ein Arbeitnehmer für Zeiten nach der Konkurs-/Insolvenzeröffnung Anwartschaften auf betriebliche Altersversorgung, so haftet die Masse dafür nicht, wenn es später zu einem Betriebsübergang kommt. In diesem Fall tritt der Betriebserwerber in die dadurch entstehenden Pflichten ein (§ 613a Abs. 1 Satz 1 BGB). Der insolvenzrechtliche Grundsatz der gleichmäßigen Gläubigerbefriedigung steht dem nicht entgegen. Er gilt nur für Forderungen, die für Zeiten vor der Eröffnung entstanden sind. Eine Ausnahme gilt für Ansprüche auf Zahlung von Betriebsrenten, die im Jahr nach dem Betriebsübergang fällig sind. Für diese Ansprüche hat die Masse neben dem Erwerber zu haften (§ 613a Abs. 2 BGB).[252]

2. Auswirkungen auf Tarifverträge und Betriebsvereinbarungen

a. Überblick

§ 613a Abs. 1 Sätze 2-4 BGB regelt die Rechtsfolgenseite für die kollektivrechtlichen Normen aus Tarifvertrag und Betriebsvereinbarung. Insoweit bedurfte es einer besonderen Regelung; denn die kollektivvertraglich begründeten Rechte und Pflichten gehen nicht bereits nach § 613a Abs. 1 Satz 1 BGB auf den neuen Betriebsinhaber über, sondern wirken von außen auf die Arbeitsverhältnisse ein. § 613a Abs. 1 Satz 2 BGB ordnet daher an, dass Rechte und Pflichten, die beim Veräußerer durch Tarifvertrag oder Betriebsvereinbarung geregelt waren, zum Inhalt des Arbeitsverhältnisses mit dem Erwerber werden (sog. „individualrechtliche Fortgeltung"). Durch die Lösung der individualrechtlichen Fortgeltung wird bei tarifvertraglichen Regelungen der Koalitionsfreiheit des Arbeitgebers Rechnung getragen, da er nicht an einen fremden Verbandstarifvertrag gebunden wird.[253] Als Ausgleich ist die individualrechtliche Fortgeltung aber dahingehend modifiziert, dass eine Änderung der transformierten Normen zum Nachteil der Arbeitnehmer erst nach Ablauf eines Jahres möglich ist. Es besteht somit eine befristete zwingende Wirkung der individualrechtlich fortgeltenden Normen. Durch die Regelung des § 613a Abs. 1 Sätze 2-4 BGB ist eine kollektivrechtliche Fortgeltung aber nicht ausgeschlossen. Wie sich auch aus § 613a Abs. 1 Satz 3 BGB ergibt, stellt die Regelung des Satzes 2 lediglich einen Auffangtatbestand für die Fälle dar, in denen der Erwerber selbst nicht (anderweitig) kollektivrechtlich gebunden ist (vgl. hierzu Rn. 83 ff.).[254] Hierdurch sollen Regelungslücken durch den Fortfall der kollektivrechtlichen Bindung verhindert werden. Im Einzelnen gilt Folgendes:

b. Kollektivrechtliche Fortgeltung

aa. Tarifverträge

Eine kollektivrechtliche Fortgeltung tarifvertraglich begründeter Rechte und Pflichten tritt zunächst dann ein, wenn der Betriebserwerber an den gleichen **Verbandstarifvertrag** gebunden ist wie der Ver-

---

[248] BAG v. 28.01.1982 - 6 AZR 571/79 - NJW 1982, 1548-1549.
[249] BAG v. 15.05.1987 - 8 AZR 506/85 - ZIP 1987, 1266-1267.
[250] BAG v. 18.11.2003 - 9 AZR 347/03 - NJW 2004, 1972-1974; BAG v. 25.03.2003 - 9 AZR 174/02 - ZIP 2003, 1802-1805.
[251] BAG v. 18.11.2003 - 9 AZR 347/03 - NJW 2004, 1972-1974.
[252] BAG v. 19.05.2005 - 3 AZR 649/03 - DB 2005, 2362-2364.
[253] *Preis* in: ErfKomm, 11. Aufl. 2011, § 613a Rn. 112.
[254] Vgl. *Preis* in: ErfKomm, § 613a BGB Rn. 113; *Müller-Glöge* in: MünchKomm-BGB, Bd. 4, 5. Aufl. 2009, § 613a Rn. 129.

äußerer. Hierbei ist es unerheblich, ob die Tarifbindung kraft Verbandsmitgliedschaft[255] oder kraft Allgemeinverbindlichkeitserklärung[256] besteht.

83 Bei einem **allgemeinverbindlichen Tarifvertrag** ist jedoch stets sorgfältig zu prüfen, ob der Erwerber an diesen gebunden ist. Eine solche Bindung liegt beispielsweise nicht vor, wenn der Betriebserwerber aus der Zuständigkeit der bisher maßgeblichen Tarifvertragsparteien oder dem fachlichen Geltungsbereich des Tarifvertrages herausfällt.[257] In diesen Fällen gilt der Tarifvertrag individualrechtlich nach § 613a Abs. 1 Sätze 2-4 BGB weiter. Ist der Arbeitgeber an einen anderen Tarifvertrag mit kongruentem Geltungsbereich kraft Verbandsmitgliedschaft gebunden, liegt ein Fall der Tarifkonkurrenz vor. Der Erwerber ist dann nur an den allgemeinverbindlichen Tarifvertrag gebunden, wenn dieser den Verbandstarifvertrag im Wege der Spezialität verdrängt.

84 In einen **Firmentarifvertrag** tritt der Betriebserwerber **nicht** automatisch ein. Es kommt vielmehr im Regelfall zur Transformation mit dem Tarifinhalt zum Zeitpunkt des Betriebsübergangs.[258] Eine Nachgeltung nach § 3 Abs. 3 TVG oder eine Nachwirkung nach § 4 Abs. 5 TVG findet nicht statt; § 613a Abs. 1 Satz 2 BGB geht insoweit als die speziellere Vorschrift vor.[259] Ausnahmsweise kommt es zu einer kollektivrechtlichen Fortgeltung, wenn der Betriebserwerber im Wege der Gesamtrechtsnachfolge ein Unternehmen erwirbt; die Fortgeltung erfolgt dann aber nicht aufgrund von § 613a BGB, sondern durch das vollständige Einrücken in die Rechtsposition des Vorgängers.[260] In den Fällen einer Einzelrechtsnachfolge kommt eine kollektivrechtliche Bindungswirkung nur in Betracht, wenn der Betriebserwerber den Firmentarifvertrag neu abschließt oder den Vertrag durch Erklärung gegenüber der zuständigen Gewerkschaft übernimmt.[261]

bb. Betriebsvereinbarungen

85 Im Betrieb des Veräußerers bestehende **Betriebsvereinbarungen** gelten kollektivrechtlich fort, wenn der Betriebserwerber betriebsverfassungsrechtlich in die Pflichten des Betriebsveräußerers eintritt. Dies setzt voraus, dass die Betriebsidentität bei dem Betriebserwerber im Wesentlichen erhalten bleibt.[262] In diesem Fall besteht auch der Betriebsrat nach Betriebsinhaberwechsel fort (näher zur Kontinuität des Betriebsrats Rn. 141); der Betriebserwerber tritt also nahtlos in die zwischen dem Betriebsveräußerer und dem Betriebsrat geschlossenen Betriebsvereinbarungen als Vertragspartner ein. Dies folgt aus dem Charakter des § 613a Abs. 1 Sätze 2-4 BGB als Auffangtatbestand, der lediglich Lücken im Betriebsverfassungs- und Tarifrecht vermeiden soll, ohne die Rechtsstellung des Betriebsrats und der Arbeitnehmer einzuschränken.

---

[255] BAG v. 30.08.2000 - 4 AZR 581/99 - juris Rn. 19 - ZIP 2001, 626-628; BAG v. 21.02.2001 - 4 AZR 18/00 - juris Rn. 31 - ZIP 2001, 1555-1562; zustimmend: *Preis* in: ErfKomm, § 613a Rn. 113a; *Haußmann*, DB 2001, 1839-1840; 1839; *Kania*, DB 1995, 625-631, 625; a.A: *Zöllner*, DB 1995, 1401-1408, 1401; *Heinze*, DB 1998, 1861-1867, 1861, die eine Tarifgebundenheit des Arbeitnehmers für entbehrlich halten und allein die Tarifgebundenheit des Arbeitgebers ausreichen lassen.

[256] BAG v. 05.10.1993 - 3 AZR 586/92 - DB 1994, 1683-1684; *Hanau/Vossen*, Festschrift für Marie Luise Hilger und Hermann Stumpf 1983, 271-297, 288.

[257] BAG v. 05.10.1993 - 3 AZR 586/92 - DB 1994, 1683-1684; *Hanau/Vossen*, Festschrift für Marie Luise Hilger und Hermann Stumpf 1983, 271-297, 288.

[258] BAG v. 24.06.1998 - 4 AZR 208/97 - juris Rn. 28 - NJW 1999, 812-814; BAG v. 20.06.2001 - 4 AZR 295/00 - ZIP 2002, 583-587; BAG v. 29.08.2001 - 4 AZR 332/00 - ZIP 2002, 721-725.

[259] BAG v. 29.08.2001 - 4 AZR 332/00 - ZIP 2002, 721-725.

[260] vgl. BAG v. 20.06.2001 - 4 AZR 295/00 - BB 2002, 2229, 2230; BAG v. 04.07.2007 - 4 AZR 491/06 - NZA 2008, 307, 310 f. für den Fall der Verschmelzung eines firmentarifvertragsgebundenen Unternehmens durch Aufnahme oder Neugründung.

[261] BAG v. 10.06.2009 - 4 ABR 21/08 - NZA 2010, 51-53; *Kania*, DB 1994, 529-534; *Hanau/Vossen*, Festschrift für Marie Luise Hilger und Hermann Stumpf 1983, 271-297, 296 f.; *Kreitner* in: Küttner, Personalbuch 2012, Betriebsübergang 124 Rn. 61; *Wank*, NZA 1987, 505-510, 507; a.A.: *Moll*, RdA 1996, 275-286, 275.

[262] BAG v. 05.02.1991 - 1 ABR 32/90 - DB 1991, 1937-1939; BAG v. 27.07.1994 - 7 ABR 37/93 - ZIP 1995, 235-239; BAG v. 29.07.2003 - 3 AZR 630/02 - EzA § 1 BetrAVG Ablösung Nr. 42.

Allerdings kann die kollektiv fortgeltende Betriebsvereinbarung durch eine andere, den gleichen Gegenstand betreffende Betriebsvereinbarung abgelöst werden. Im Verhältnis zweier gleichrangiger Rechtsnormen, die denselben Gegenstand regeln und sich an denselben Adressatenkreis richten, gilt nicht das Günstigkeitsprinzip, sondern die **Zeitkollisionsregel**. Danach wird die ältere Regelung durch die jüngere abgelöst. Nur letztere kommt für die Zukunft zur Geltung. Darauf, welche Regelung für die Beschäftigten die günstigere ist, kommt es nicht an.[263] Grenzen ergeben sich nur aus dem Grundsatz des Vertrauensschutzes und dem darauf beruhenden Rückwirkungsverbot.[264] 86

Eine kollektivrechtliche Fortgeltung ist – auch bei Wahrung der Betriebsidentität – ausgeschlossen, wenn der Erwerber nicht dem BetrVG unterfällt. Dies ist der Fall, wenn der Erwerber dem öffentlichen Dienst angehört (§ 130 BetrVG) oder eine Religionsgemeinschaft ist (§ 118 Abs. 2 BetrVG).[265] Entsprechendes gilt bei der Privatisierung öffentlich-rechtlicher Rechtsträger hinsichtlich bestehender Dienstvereinbarungen.[266] Die kollektivrechtlichen Normen gelten in diesen Fällen individualrechtlich fort. 87

Eine kollektive Weitergeltung kommt nach umstrittener Rechtsprechung des BAG auch bei **Gesamtbetriebsvereinbarungen** in Betracht, wenn die Betriebsidentität gewahrt bleibt.[267] Das BAG differenziert hinsichtlich der Art, in der die Gesamtbetriebsvereinbarung fortgilt, mehrfach: War der Gesamtbetriebsrat für den Abschluss der Gesamtbetriebsvereinbarung kraft Beauftragung nach § 50 Abs. 2 BetrVG zuständig, so gilt die Vereinbarung als Einzelbetriebsvereinbarung weiter, da es sich von vornherein um eine Einzelbetriebsvereinbarung gehandelt hat, die der Gesamtbetriebsrat an Stelle des Einzelbetriebsrates geschlossen hat.[268] Bestand hingegen eine originäre Zuständigkeit des Gesamtbetriebsrates nach § 50 Abs. 1 BetrVG, differenziert das BAG danach, ob ein einzelner Betrieb oder eine Mehrheit von Betrieben übergeht. Übernimmt der Erwerber eine gesamtbetriebsratsfähige Mehrheit von Betrieben, so soll die Vereinbarung als Gesamtbetriebsvereinbarung jedenfalls dann kollektivrechtlich weitergelten, wenn der Erwerber zuvor keinen eigenen Betrieb besaß. Bei Übergang eines einzelnen Betriebes soll in diesem Fall die Betriebsvereinbarung hingegen als Einzelbetriebsvereinbarung fortgelten. Eine **Beendigung** der (vormaligen) Gesamtbetriebsvereinbarung durch den Erwerber ist bei Fortgeltung als Gesamtbetriebsvereinbarung entweder durch Kündigung gegenüber dem (nach dem Betriebsübergang ggf. neu zu bildenden) Gesamtbetriebsrat oder – bei Fehlen eines solchen – durch gleichzeitige Kündigung gegenüber allen Einzelbetriebsräten der übernommenen Betriebe möglich. Bei Fortgeltung als Einzelbetriebsvereinbarung kann die Kündigung hingegen nur gegenüber dem zuständigen Einzelbetriebsrat oder – bei Fehlen eines solchen – durch einheitliche Kündigung gegenüber allen betroffenen Arbeitnehmern erfolgen.[269] Ob die vorstehende Rechtsprechung auch für den Fall gilt, dass der Erwerber bereits zuvor eigene Betriebe besaß, hat das BAG ausdrücklich offen gelassen. 88

Für den bislang nicht entschiedenen Fall der Übernahme einer gesamtbetriebsratsfähigen Mehrheit von Betrieben durch einen Erwerber, bei dem bereits zuvor eigene Betriebe bestanden, ist der Ausgangspunkt für eine Lösung die Feststellung des BAG, dass Regelungsobjekte von Gesamtbetriebsvereinbarungen die einzelnen Betriebe und nicht das Unternehmen oder ein Betriebsverbund sind.[270] Da bei einem Betriebsübergang der Betrieb als Regelungsobjekt erhalten bleibt, kann es für den Fortbestand der Gesamtbetriebsvereinbarung nicht darauf ankommen, ob im Erwerberunternehmen bereits 89

---

[263] BAG v. 18.11.2003 - 1 AZR 604/02 - DB 2004, 1508-1511.
[264] BAG v. 06.08.2002 - 1 ABR 49/01 - BB 2003, 639-640.
[265] *Willemsen/Müller-Bonanni* in: Henssler/Willemsen/Kalb, Arbeitsrecht Kommentar, 5. Aufl. 2012, § 613a BGB Rn. 261; vgl. BAG v. 09.02.1982 - 1 ABR 36/80 - BB 1982, 924-925.
[266] *Gaul*, ZTR 1995, 344-353, 387.
[267] BAG v. 18.09.2002 - 1 ABR 54/01 - NZA 2003, 670, 672 ff.; zum Streitstand vgl. *Steffan* in: Ascheid/Preis/Schmidt, Kündigungsrecht, 4. Aufl. 2012, § 613a Rn. 115.
[268] BAG v. 18.09.2002 - 1 ABR 54/01 - NZA 2003, 670, 673; *Salamon*, RdA 2007, 103, 105.
[269] BAG v. 18.09.2002 - 1 ABR 54/01 - NZA 2003, 670, 674 f.
[270] BAG v. 18.09.2002 - 1 ABR 54/01 - NZA 2003, 670, 673 f.

eigene Betriebe bestehen. Die Geltung der Gesamtbetriebsvereinbarung bleibt aber auf die übergegangenen Betriebe beschränkt[271] und kann nicht auf die beim Erwerber bereits bestehenden Betriebe ausgedehnt werden, da die Betriebe des Erwerbers nie Regelungsobjekt der Gesamtbetriebsvereinbarung waren und § 613a BGB lediglich bestehende Rechte sichern und nicht für einen anderen Personenkreis neu begründen soll. Die Beschränkung auf den übernommenen Betrieb gilt daher auch, wenn der Geltungsbereich der Gesamtbetriebsvereinbarung des Veräußerers alle Betriebe des Unternehmens erfasst (e). Letzteres ergibt sich bereits aus der fehlenden Zuständigkeit der Parteien der Gesamtbetriebsvereinbarung für Betriebe des Erwerbers zum Zeitpunkt des Abschlusses.[272] Die Gesamtbetriebsvereinbarung gilt beim Erwerber nach § 50 Abs. 1 BetrVG für die übernommenen Betriebe des Erwerbers normativ fort.[273] Bestand bei dem Erwerber bereits ein Gesamtbetriebsrat, so tritt dieser als Vertragspartner in die Vereinbarung ein und führt die Gesamtbetriebsvereinbarung fort. Aber auch bei Fehlen eines Gesamtbetriebsrates beim Erwerber kommt es zur normativen Weitergeltung der Gesamtbetriebsvereinbarung, wenn man mit dem BAG davon ausgeht, dass der Wegfall des Gesamtbetriebsrates keinen Einfluss auf die normative Wirkung von Gesamtbetriebsvereinbarungen hat.[274]

90 Die Grundsätze über die kollektivrechtliche Fortgeltung von Gesamtbetriebsvereinbarungen gelten grundsätzlich für **Konzernbetriebsvereinbarungen** entsprechend. Höchstrichterliche Entscheidungen hierzu stehen allerdings noch aus.[275]

c. Individualrechtliche Fortgeltung (Transformation)

91 Scheidet eine kollektivrechtliche Fortgeltung von Betriebsvereinbarungen und Tarifverträgen nach den vorstehenden Grundsätzen aus, kommt es nach der Auffangvorschrift des § 613a Abs. 1 Satz 2 BGB zu einer **Transformation** der kollektivrechtlichen Regelungen auf die Ebene des Einzelarbeitsverhältnisses. Gleichzeitig greift eine **einjährige Veränderungssperre** zum Nachteil des Arbeitnehmers ein (vgl. zur Ablösung durch kollektivrechtliche Normen Rn. 112 ff.).

aa. Tarifverträge

92 Die Bestimmungen eines beim ehemaligen Betriebsinhaber angewendeten Tarifvertrages gelten gemäß § 613a Abs. 1 Satz 2 BGB nur noch **individualrechtlich** weiter,[276] nicht hingegen in ihrer bisherigen kollektivrechtlichen Form; sie verlieren mit dem Betriebsübergang ihre unmittelbare und zwingende Wirkung (§ 4 Abs. 1 TVG) und ihren Rechtscharakter als Tarifvertrag. Dies gilt auch für zum Zeitpunkt des Betriebsübergangs nachwirkende Tarifnormen (§ 4 Abs. 5 TVG).[277]

93 Nicht abschließend geklärt ist bislang die **dogmatische Einordnung** der Fortgeltung. In einer Entscheidung vom 22.04.2009 hat das **BAG**[278] im Zusammenhang mit einem **Sanierungstarifvertrag** ausgeführt, dass die nach § 613a Abs. 1 Satz 2 BGB transformierten Normen auch beim Betriebserwerber „ihren kollektiv-rechtlichen Charakter" beibehalten und sich „nicht so in individualvertragliche Vereinbarungen [wandeln], dass aus Tarifrecht Vertragsinhalt wird". Die Wirkungsweise der transformierten Normen entspreche regelmäßig derjenigen, die bei einem Austritt des Veräußerers aus dem tarifschließenden Arbeitgeberverband hinsichtlich des zur Zeit des Austritts geltenden Verbandstarif-

---

[271] *Willemsen/Müller-Bonanni* in: Henssler/Willemsen/Kalb, Arbeitsrecht Kommentar, 5. Aufl. 2012, § 613a Rn. 258; *Bachner*, NJW 2003, 2861, 2164.
[272] Vgl. *Salamon*, RdA 2007, 103, 109.
[273] *Bachner*, NJW 2003, 2861, 2864.
[274] Vgl. BAG v. 19.09.2002 - 1 ABR 54/01- NZA 2003, 670, 674.
[275] Vgl. aber BAG v. 10.11.2011 - 8 AZR 430/10 - juris Rn. 44: Weitergeltung von Konzernbetriebsvereinbarung als „einfache" Betriebsvereinbarung ist „jedenfalls eine rechtlich vertretbare Position".
[276] BAG v. 13.11.2007 - 3 AZR 191/06 - juris Rn. 21 - NZA 2008, 600-603; LArbG Hamm v. 23.05.2002 - 8 Sa 244/02 - Bibliothek BAG; *Pfeiffer* in: KR, 9. Aufl. 2009, § 613a Rn. 155; § 613a Rn. 29; a.A. *Zöllner*, DB 1995, 1401-1408, 1401.
[277] BAG v. 27.11.1991 - 4 AZR 211/91 - BB 1992, 1559-1562; BAG v. 24.11.1999 - 4 AZR 666/98 - ZIP 2000, 596-598.
[278] BAG v. 22.04.2009 - 4 AZR 100/08 - juris Rn. 89 ff. - DB 2009, 2605-2609.

vertrags nach § 3 Abs. 3 TVG eintreten würde. Dabei entspreche das Ende der Sperrfrist des § 613a Abs. 1 Sätze 2, 4 BGB dem Ende des nachbindenden Tarifvertrags. Zu den transformierten Normen gehöre der **gesamte Bestand der Tarifnormen**, die die Rechte und Pflichten zwischen dem tarifgebundenen Arbeitgeber und dem tarifgebundenen Arbeitnehmer geregelt haben.[279] Im entschiedenen Fall bestanden beim Betriebsveräußerer mehrere Tarifverträge, nämlich ein Sanierungs-Haustarifvertrag und ein durch diesen zeitweise verdrängter Mantel-Flächentarifvertrag. Diese beim Veräußerer bestehende Tariflage ging nach Ansicht des BAG auf den Erwerber gem. § 613a Abs. 1 Satz 2 BGB über. Da der Sanierungstarifvertrag zeitlich befristet sowie auflösend bedingt durch die Möglichkeit der Kündigung war und diese „Dynamik" nach Auffassung des BAG ebenfalls transformiert wurde, lebte der verdrängte Flächentarifvertrag nach Kündigung der Gewerkschaft gegenüber dem Veräußerer auch beim Erwerber wieder auf.[280] Dass die tarifliche Veränderung erst durch Abgabe einer Willenserklärung der Gewerkschaft gegenüber dem Veräußerer nach Betriebsübergang eintrat, ändere an der Wirkung beim Erwerber nichts.[281]

Von der Transformation werden grundsätzlich nur **Inhalts- und Beendigungsnormen** erfasst, also Regelungen über Inhalt und Beendigung des Arbeitsverhältnisses. Demgegenüber werden Abschlussnormen und Tarifnormen über betriebsverfassungsrechtliche Fragen nicht transformiert.[282] Betriebsnormen gelten nur dann weiter, wenn sie die Wirkung von Inhaltsnormen haben, weil sie zugleich den Inhalt der Arbeitsverhältnisse gestalten.[283] Hinsichtlich des schuldrechtlichen Teils von Tarifverträgen, der das Verhältnis der Tarifpartner untereinander betrifft, kommt eine individualrechtliche Weitergeltung nicht in Betracht.[284]

94

Die Tarifnormen gehen durch die Transformation mit dem Inhalt in das Arbeitsverhältnis zwischen dem Arbeitnehmer und dem Betriebserwerber ein, den sie im Zeitpunkt des Betriebsübergangs hatten; sie werden auf diesem Stand „eingefroren", so genannte **statische Weitergeltung**. Eine nach dem Betriebsübergang erfolgende Änderung der bisherigen Kollektivvereinbarung auf kollektivrechtlicher Ebene (z.B. Tariflohnerhöhung) gilt weder für noch gegen den übernommenen Arbeitnehmer.[285] Hiervon zu unterscheiden sind jedoch kollektivrechtliche Regelungen, die selbst eine dynamische Entwicklung vorsehen. So z.B., wenn ein Tarifvertrag eine gestaffelte Lohnerhöhung vorsieht. Diese Regelungen selbst gelten zwar statisch weiter, die angelegte dynamische Entwicklung wird aber ebenso Teil des Arbeitsvertrages mit dem Erwerber.[286] Tarifliche Regelungen, die nach dem Betriebsübergang mit Rückwirkung auf einen Zeitpunkt vor dem Betriebsübergang in Kraft gesetzt werden, werden nicht von § 613a Abs. 1 Satz 2 BGB erfasst.[287] Transformiert werden allerdings tarifvertragliche Regelungen, die erst nach dem Betriebsübergang in Kraft treten, aber zuvor abgeschlossen worden sind.[288] Entsprechendes dürfte für vom Betriebsveräußerer vor dem Betriebsübergang abgeschlossene, erst später in Kraft tretende Betriebsvereinbarungen gelten. Auch zum Zeitpunkt des Betriebsübergangs

95

---

[279] BAG v. 22.04.2009 - 4 AZR 100/08 - Leitsätze - DB 2009, 2605-2609; *Bepler*, AuR 2010, 234, 236, spricht von „transformiertem Recht eigener Art".

[280] BAG v. 22.04.2009 - 4 AZR 100/08 - juris Rn. 89 ff. - DB 2009, 2605-2609.

[281] BAG v. 22.04.2009 - 4 AZR 100/08 - juris Rn. 90 - DB 2009, 2605-2609.

[282] BAG v. 15.12.1999 - 10 AZR 877/98; *Edenfeld* in: Erman, Bd. 1, 13. Aufl. 2011, § 613a Rn. 81; *Preis* in: ErfKomm, § 613a Rn. 118; a.A.: *Zwanziger* in: Kittner/Däubler/Zwanziger, KSchR, 7. Aufl. 2008, § 613a Rn. 92.

[283] *Hanau/Vossen*, Festschrift für Marie Luise Hilger und Hermann Stumpf 1983, 271-297, 291.

[284] BAG v. 26.08.2009 - 4 AZR 280/08 - juris Rn. 31 - ZIP 2010, 344-347; BAG v. 24.08.2011 - 4 AZR 566/09 - juris Rn. 20.

[285] BAG v. 13.11.1985 - 4 AZR 309/84 - ZIP 1986, 593-595; LArbG Frankfurt v. 26.11.1985 - 7 Sa 1540/84 - LAGE § 613a BGB Nr. 6.

[286] BAG v. 14.11.2007 - 4 AZR 828/06; BAG v. 19.09.2007 - 4 AZR 711/06 - NZA 2008, 241; BAG v. 21.04.2010 - 4 AZR 768/08 - juris Rn. 50 - DB 2010, 1998-2000.

[287] BAG v. 13.09.1994 - 3 AZR 148/94 - ZIP 1995, 673-676; BAG v. 22.04.2009 - 4 AZR 100/08 - DB 2009, 2605-2609; LArbG Potsdam v. 10.03.1992 - 3 Sa 272/91 - DB 1992, 1145-1146.

[288] *Preis* in: ErfKomm, § 613a Rn. 117.

lediglich nachwirkende Tarifverträge werden transformiert; allerdings können sie nach § 613a Abs. 1 Satz 4 BGB vor Ablauf eines Jahres einvernehmlich abgeändert werden (vgl. hierzu Rn. 122 ff.).

96 Gegenüber nach dem Betriebsübergang **neu eingestellten Arbeitnehmern** ist der Betriebserwerber kollektivrechtlich nicht verpflichtet, die individualrechtlich weitergeltenden Tarifvertragsnormen anzuwenden.[289] Auch der arbeitsrechtliche Gleichbehandlungsgrundsatz führt nicht zu einer Verpflichtung des Betriebserwerbers, auf neu eingestellte Arbeitnehmer eine Vergütungsordnung anzuwenden, die bei den übernommenen Arbeitnehmern nur noch gemäß § 613a Abs. 1 Satz 1 und 2 BGB individualrechtlich nachwirkt. Er kann vielmehr mit den neu eingestellten Arbeitnehmern aufgrund seiner Vertragsfreiheit grundsätzlich die Vergütung frei vereinbaren oder mit der nach § 87 Abs. 1 Nr. 10 BetrVG erforderlichen Zustimmung des Betriebsrats eine neue Vergütungsordnung einführen.[290]

bb. Betriebsvereinbarungen

97 Nach erfolgter Transformation verlieren Betriebsvereinbarungen ihre zwingende und unmittelbare Wirkung (§ 77 Abs. 4 Satz 4 BetrVG) und gelten **individualrechtlich** weiter. Erfasst von der Transformation werden aber nur diejenigen Teile von Betriebsvereinbarungen, die auf das jeweilige Arbeitsverhältnis Anwendung finden.

98 Zu einer Transformation von Betriebsvereinbarungen nach § 613a Abs. 1 Satz 2 BGB kommt es nur, wenn diese nicht kollektivrechtlich fortgelten. Da Betriebsvereinbarungen grundsätzlich kollektivrechtlich fortgelten, wenn der übergehende Betrieb seine betriebsverfassungsrechtliche Identität behält (vgl. Rn. 86 ff.), ist die individualrechtliche Fortgeltung von Rechten und Pflichten aus einer Betriebsvereinbarung letztlich auf folgende **Fälle** beschränkt:[291]
- Eingliederung oder Zusammenlegung des übernommenen Betriebs oder Betriebsteils in bzw. mit einem anderen Betrieb des Betriebserwerbers;
- Herausfallen des Betriebs aus dem Geltungsbereich des BetrVG, etwa weil es sich beim Erwerber um eine Religionsgemeinschaft handelt (§ 118 BetrVG) oder er dem öffentlichen Dienst angehört (§ 130 BetrVG).

99 Gegenüber nach dem Betriebsübergang **neu eingestellten Arbeitnehmern** ist der Erwerber weder kollektivrechtlich, noch aus dem allgemeinen Gleichbehandlungsgrundsatz verpflichtet, die individualrechtlich fortgeltenden betriebsverfassungsrechtlichen Normen anzuwenden.

100 Umstritten ist das Schicksal **freiwilliger Betriebsvereinbarungen** beim Betriebsübergang.[292] Im Falle einer uneingeschränkten Transformation wäre eine Ablösung der transformierten Regelungen nur nach Ablauf der einjährigen Veränderungssperre und nur auf individualrechtlichem Wege durch Änderungsvertrag oder Änderungskündigung möglich. Damit würden die betroffenen Arbeitnehmer besser gestellt, als sie stünden, wenn sie beim Betriebsveräußerer verblieben wären, da freiwillige Betriebsvereinbarungen nach § 77 Abs. 5 BetrVG frei kündbar sind und grundsätzlich keine Nachwirkung entfalten (§ 77 Abs. 6 BetrVG). Eine solche Besserstellung ist durch § 613a Abs. 1 Satz 2 BGB nicht beabsichtigt und auch nicht geboten. Richtigerweise kann die Bindungswirkung freiwilliger Betriebsvereinbarungen nach ihrer Transformation daher nicht weiter reichen, als es vor der Transformation der Fall war. Das bedeutet, dass eine bereits vor Betriebsübergang gekündigte freiwillige Betriebsvereinbarung nur bis zum Ablauf der Kündigungsfrist transformiert wird; nach Ablauf der Kündigungsfrist fällt sie ersatzlos (ohne Nachwirkung) weg.[293] Eine bei Betriebsübergang ungekündigte freiwillige Betriebsvereinbarung kann vom Erwerber auch nach Transformation unter Einhaltung der Frist des § 77 Abs. 5 BetrVG durch einseitige Erklärung gegenüber allen betroffenen Arbeitnehmern beendet werden.

---

[289] BAG v. 23.09.2003 - 1 ABR 35/02 - DB 2004, 550-551.
[290] BAG v. 23.09.2003 - 1 ABR 35/02 - DB 2004, 550-551.
[291] *Edenfeld* in: Erman, Bd. 1, 13. Aufl. 2011, § 613a Rn. 74 f.; *Preis* in: ErfKomm, § 613a Rn. 116; *Willemsen/Müller-Bonanni* in: Henssler/Willemsen/Kalb, Arbeitsrecht Kommentar, 5. Aufl. 2012, § 613a Rn. 255.
[292] Automatisches Erlöschen: *Heinze*, DB 1998, 1861-1867, 1861; Transformation: *Moll*, RdA 1996, 275-286, 275; Begrenzte Transformation: *Bauer/von Steinau-Steinrück*, NZA 2000, 505-509, 505.
[293] *Bauer/von Steinau-Steinrück*, NZA 2000, 505, 507 f.

Für sogenannte **Regelungsabreden** zwischen Arbeitgeber und Betriebsrat gilt § 613a Abs. 1 Satz 2 BGB nicht. Diese weisen keine Betriebsvereinbarungen oder Tarifverträgen vergleichbare Rechtsnormqualität auf, sondern entfalten nur schuldrechtliche Wirkung.[294] Zu ihrer Umsetzung bedarf es noch des Einsatzes individualrechtlicher Gestaltungsmittel durch den Arbeitgeber. 101

d. Ausschluss der individualrechtlichen Weitergeltung

Die individualrechtliche Fortgeltung des bisherigen Tarifvertrages bzw. der bisherigen Betriebsvereinbarung nach § 613a Abs. 1 Satz 2 BGB ist gemäß § 613a Abs. 1 Satz 3 BGB ausgeschlossen, wenn die Rechte und Pflichten bei dem Betriebserwerber durch Rechtsnormen eines anderen Tarifvertrags oder durch eine andere Betriebsvereinbarung geregelt werden. 102

aa. Tarifverträge

Nach § 613a Abs. 1 Satz 3 BGB wird die individualrechtliche Fortgeltung von Tarifverträgen durch einen beim Erwerber geltenden **anderen Tarifvertrag** ausgeschlossen, soweit beide Tarifverträge den gleichen Regelungsgegenstand haben. Erforderlich ist nicht, dass der Tarifvertrag Entsprechungen zu jedem Regelungsgegenstand des beim Veräußerer geltenden Tarifvertrages aufweist. Der Ausschluss der individualrechtlichen Fortgeltung gilt aber nur, soweit eine Deckungsgleichheit der Regelungsgegenstände besteht. Im Übrigen werden die Tarifvertragsnormen nach § 613a Abs. 1 Satz 2 BGB transformiert.[295] 103

Der Ausschluss der individualrechtlichen Fortgeltung eines beim Veräußerer normativ geltenden Tarifvertrages setzt nach der Rechtsprechung und der weitaus überwiegenden Meinung im Schrifttum[296] weiterhin die **kongruente Tarifgebundenheit** sowohl des Betriebserwerbers als auch des jeweiligen Arbeitnehmers voraus. Allein die Tarifbindung des neuen Arbeitgebers reicht selbst dann nicht aus, wenn auf Arbeitnehmerseite sowohl im Veräußerer- als auch im Erwerberbetrieb eine DGB-Gewerkschaft zuständig ist.[297] Hierdurch würden das Grundrecht der negativen Koalitionsfreiheit des Arbeitnehmers und der durch § 613a Abs. 1 Satz 2 BGB gewährleistete Inhaltsschutz unzulässig beeinträchtigt.[298] 104

Eine bei Betriebsübergang (zur nach Betriebsübergang erfolgten kongruenten Tarifbindung vgl. Rn. 108 ff.) bestehende kongruente Bindung an den Erwerbertarifvertrag kommt regelmäßig nur bei einer **Doppelmitgliedschaft des Arbeitnehmers** in beiden tarifvertragschließenden Gewerkschaften oder bei **Allgemeinverbindlichkeit** des beim Erwerber geltenden Tarifvertrages in Betracht. 105

Durch das Erfordernis der kongruenten Tarifgebundenheit ist der Ausschlusstatbestand des § 613a Abs. 1 Satz 3 BGB praktisch auf Fälle beschränkt, in denen Betriebsveräußerer und übernommener Arbeitnehmer vor dem Betriebsübergang an unterschiedliche Tarifverträge gebunden waren und nach dem Betriebsübergang eine beiderseitige Bindung an den Erwerbertarifvertrag eintritt. Waren Arbeitnehmer, Veräußerer und Erwerber bei Betriebsübergang hingegen an denselben Tarifvertrag gebunden, liegt bereits ein Fall der kollektivrechtlichen Fortgeltung nach § 613a Abs. 1 Satz 1 BGB vor (vgl. Rn. 83 ff.). § 613a Abs. 1 Satz 2 und 3 BGB kommt dann von vornherein nicht zum Tragen. 106

---

[294] *Schaub*, ZIP 1984, 272-279, 272; *Preis* in: ErfKomm, § 613a Rn. 118. Für eine analoge Anwendung: *Röder*, DB 1981, 1980-1983, 1980.

[295] BAG v. 20.04.1994 - 4 AZR 342/93 - AuA 1995, 102, 105; *Willemsen/Müller-Bonanni in*: Henssler/Willemsen/Kalb, 5. Aufl. 2012, § 613a Rn. 271.

[296] BAG v. 30.08.2000 - 4 AZR 581/99 - juris Rn. 19 - ZIP 2001, 626-628; BAG v. 21.02.2001 - 4 AZR 18/00 - juris Rn. 31 - ZIP 2001, 1555-1562; *Pfeiffer* in: KR, 9. Aufl. 2009, § 613a Rn. 170; *Preis* in: ErfKomm, § 613a Rn. 123; *Raab* in: Soergel, § 613a Rn. 125; *Preis/Steffan* in: Adomeit/Birk/Buchner, FS für Kraft zum 70. Geburtstag, 1998, S. 477, 485; *Ascheid* in: BGB-RGRK, § 613a Rn. 220; a.A. noch BAG v. 26.09.1979 - 4 AZR 819/77 - NJW 1980, 1591-1592; *Moll*, RdA 1996, 275-286, 280; *Heinze*, DB 1998, 1861-1867, 1861.

[297] BAG v. 21.02.2001 - 4 AZR 18/00 - ZIP 2001, 1555-1562; a.A. die Vorinstanz: LArbG Köln v. 30.09.1999 - 6 (9) Sa 740/99 - Bibliothek BAG im Anschluss an *Hanau/Kania* in: Adomeit/Ascheid/Bauer u.a., FS für Schaub zum 65. Geburtstag, 1998, S.239, 256; *Kania*, DB 1996, 1921-1924, 1923.

[298] *Raab* in: Soergel, § 613a Rn. 125; *Preis/Steffan* in: Adomeit/Birk/Buchner, FS für Kraft zum 70. Geburtstag, 1998, S. 477, 486.

107 In der **Scattolon-Entscheidung** hat der EuGH ausgeführt, dass die sofortige Anwendung eines beim Erwerber geltenden Kollektivvertrags nach einem Betriebsübergang nicht dazu führen darf, dass den übergegangenen Arbeitnehmern „insgesamt schlechtere Arbeitsbedingungen als die vor dem Übergang geltenden auferlegt werden".[299] Dies widerspricht der bisherigen Rechtsprechung des BAG, wonach das Günstigkeitsprinzip im Fall der Ablösung nach § 613a Abs. 1 Satz 3 BGB keine Anwendung findet.[300] Ob die Entscheidung des EuGH, die unmittelbar (nur) den Fall einer Entgeltkürzung wegen Nichtberücksichtigung des Dienstalters betraf, eine Änderung der BAG-Rechtsprechung erfordert, ist noch nicht absehbar.[301]

bb. Betriebsvereinbarungen

108 Eine im Erwerberbetrieb bestehende **andere Betriebsvereinbarung** schließt gemäß § 613a Abs. 1 Satz 3 BGB die individualrechtliche Fortgeltung einer Betriebsvereinbarung des Veräußererbetriebs aus, soweit sie auf die übergegangenen Arbeitnehmer Anwendung finden. Erforderlich ist hier, ebenso wie bei dem Ausschluss der Transformation von Tarifverträgen (vgl. Rn. 104), dass die Betriebsvereinbarungen den gleichen Regelungsgegenstand betreffen. Nur insoweit kommt es zu einem Ausschluss der Transformation.

cc. „Überkreuzablösung"

109 Der Wortlaut des § 613a Abs. 1 Satz 3 BGB lässt neben dem Ausschluss der Transformation kollektivrechtlicher Normen durch kollektivrechtliche Normen gleicher Rechtsqualität auch die **Ersetzung einer tarifvertraglichen Regelung durch eine Betriebsvereinbarung** mit kongruentem Gegenstand zu. Die Möglichkeit dieser sogenannten „Überkreuzablösung" ist allerdings heftig umstritten.[302] Falls die Möglichkeit einer „Überkreuzablösung" bejaht wird, ist jedenfalls erforderlich, dass der Geltungsbereich der beim Erwerber bestehenden Betriebsvereinbarung auch den übernommenen Betrieb erfasst.[303] Dies ist bei Einzelbetriebsvereinbarungen grundsätzlich nicht der Fall, da diese nur in dem Betrieb gelten, für den sie abgeschlossen wurden. Übrig bleiben daher in erster Linie Fälle, in denen beim Erwerber Gesamt- oder Konzernbetriebsvereinbarungen bestehen.

110 Das **BAG verneint** die Möglichkeit einer „Überkreuzablösung" jedenfalls insoweit, als Betriebsvereinbarungen eines nicht tarifgebundenen Erwerbers **außerhalb der erzwingbaren Mitbestimmung** tarifvertragliche Regelungen nicht ablösen können.[304] Zur Begründung stützt sich das BAG auf den Schutzzweck des § 613a Abs. 1 BGB, die Arbeitnehmer vor einer Schlechterstellung aus Anlass des Betriebsüberganges zu bewahren. Dem widerspräche es, wenn die beim Veräußerer durch § 4 Abs. 3 TVG vor einer verschlechternden ablösenden Betriebsvereinbarung geschützten Arbeitnehmer aufgrund des Betriebsüberganges diesen Schutz durch die „Überkreuzablösung" verlieren würden. Eine Ablösung durch eine Betriebsvereinbarung dürfte demnach allenfalls im Nachwirkungszeitraum des Tarifvertrages unter Beachtung des § 77 Abs. 3 BetrVG möglich sein.

111 Folgt man der Argumentation des BAG, kann **im Bereich der erzwingbaren Mitbestimmung** nichts anderes gelten, da auch hier verschlechternde Betriebsvereinbarungen unter dem Vorbehalt des § 4 Abs. 3 TVG stehen.

---

[299] EuGH v. 06.09.2011 - C-108/10 - juris Rn. 76 - NZA 2011, 1077-1083.
[300] BAG v. 11.05.2005 - 4 AZR 315/04 - NZA 2005, 1362-1365.
[301] Näher zur Problematik *Steffan*, NZA 2012, 473-477.
[302] Bejahend: *Preis* in: ErfKomm, § 613a Rn. 126; *Raab* in: Soergel, § 613a Rn. 128; *Müller-Glöge* in: MünchKomm-BGB, Bd. 4, 5. Aufl. 2009, § 613a Rn. 143; *Pfeiffer* in: KR, 9. Aufl. 2009, § 613a Rn. 172; *Däubler*, NZA 1996, 225, 233; *Henssler*, FS Schaub S. 311, 321 f.; *Kania*, DB 1995, 625, 626; *Moll*, RdA 1996, 275, 283; *Gaul*, Das Arbeitsrecht der Betriebs- und Unternehmensspaltung § 24 Rn. 58; *Waas*, Tarifvertrag und Betriebsübergang, S. 110; verneinend: *Zwanziger* in: Kittner/Däubler/Zwanziger KSchR, 7. Aufl. 2008, § 613a Rn. 66.
[303] BAG v. 01.08.2001 - 4 AZR 82/00 - NZA 2002, 41, 43.
[304] BAG v. 06.11.2007 - AZR 862/06 - NZA 2008, 542, 545; BAG v. 13.11.2007 - 3 AZR 191/06 - juris Rn. 29 ff. - ZIP 2008, 890-893.

e. Ablösung transformierter Normen durch kollektivrechtliche Regelungen
aa. Grundsatz

§ 613a Abs. 1 Satz 3 BGB erfasst neben dem anfänglichen Ausschluss der Transformation auch den Fall der Ablösung bereits transformierter Normen durch andere kollektivrechtliche Regelungen des Erwerbers. Zur Beseitigung der Wirkungen von vormals beim Veräußerer geltenden Tarifverträgen oder Betriebsvereinbarungen ist es daher nicht erforderlich, dass der andere Tarifvertrag oder die andere Betriebsvereinbarung beim Erwerber bereits zum Zeitpunkt des Betriebsübergangs bestand. Vielmehr kann auch eine bereits transformierte kollektivrechtliche Regelung nachträglich durch eine spätere, beim Betriebserwerber geltende gleichrangige kollektivrechtliche Regelung abgelöst werden.[305] § 613a Abs. 1 Satz 3 BGB greift daher beispielsweise auch dann ein, wenn eine ablösende Betriebsvereinbarung beim Betriebserwerber erst Monate nach dem Betriebsübergang abgeschlossen wird.

112

Wird eine kollektivrechtliche Norm im Zuge des Betriebsübergangs Inhalt des Arbeitsverhältnisses, ist sie vor der Ablösung durch eine spätere kollektivrechtliche Regelung im Erwerberbetrieb nicht in weiterem Umfang bewahrt, als wenn sie kollektivrechtlich weitergegolten hätte. Zwar gilt im Verhältnis von Arbeitsvertrag und Kollektivnorm das Günstigkeitsprinzip. Doch darf im Fall des Betriebsübergangs der Ursprung der vertraglichen Regelung nicht außer Betracht gelassen werden. Der Bestand einer von Gesetzes wegen auf die individualrechtliche Ebene transformierten Kollektivregelung kann nicht weitergehend geschützt sein als die ursprünglich kollektive Regelung selbst. Andernfalls würde die vor dem Betriebsübergang bestehende Rechtsposition der Arbeitnehmer durch den Betriebsübergang nicht nur nicht verschlechtert, sondern verbessert. Dies wäre mit Sinn und Zweck von § 613a Abs. 1 BGB nicht zu vereinbaren und wird auch von der EG-Betriebsübergangsrichtlinie nicht gefordert.[306] Individualrechtlich als Inhalt des Arbeitsverhältnisses fortgeltende kollektivrechtliche Regelungen sind daher lediglich entsprechend ihres kollektivrechtlichen Ursprungs geschützt. Sie sind einer **nachträglichen Änderung durch eine ablösende kollektivrechtliche Regelung** zugänglich. Das Günstigkeitsprinzip findet im Verhältnis zwischen dem nach § 613a Abs. 1 Satz 2 BGB fortgeltenden und dem beim Erwerber normativ geltenden neuen Kollektivrecht keine Anwendung.[307] Es sind daher auch verschlechternde ablösende kollektivrechtliche Normen zulässig. Dies gilt auch nach der **Scattolon-Entscheidung**[308] des EuGH, die nur den Fall der **sofortigen** Ablösung betraf (vgl. Rn. 107).

113

Folge der Ablösung ist, dass die spätere kollektivrechtliche Regelung an die Stelle der individualrechtlich fortgeltenden früheren Regelung tritt. Die auf § 613a Abs. 1 Satz 2 BGB beruhende individualrechtliche Position der übernommenen Arbeitnehmer entfällt gänzlich und wird einschließlich des Geltungsgrunds durch die neue kollektive Regelung ersetzt. Die individualrechtliche Position lebt deshalb auch nach einer Kündigung der sie ablösenden kollektiven Regelung nicht wieder auf.[309]

114

bb. Fallkonstellationen

Die Ablösung einer nach dem Betriebsübergang individualrechtlich fortgeltenden **Betriebsvereinbarung** kann durch den **Abschluss einer neuen Betriebsvereinbarung** mit kongruentem Regelungsgegenstand beim Erwerber herbeigeführt werden (vgl. Rn. 108).

115

Bei einem **Tarifvertrag** kommt es zu einer Ablösung bereits transformierter Normen, wenn nach dem Betriebsübergang eine kongruente Tarifbindung an einen anderen Tarifvertrag begründet wird. Dies

116

---

[305] BAG v. 28.06.2005 - 1 AZR 213/04 - juris Rn. 22 - NZA 2005, 1431; BAG v. 16.05.1995 - 3 AZR 535/94 - BB 1995, 2060-2061; BAG v. 20.04.1994 - 4 AZR 342/93 - ZIP 1994, 1797-1801; BAG v. 18.11.2003 - 1 AZR 604/02 - DB 2004, 1508-1511; BAG v. 29.07.2003 - 3 AZR 630/02 - EzA § 1 BetrAVG Ablösung Nr. 42; BAG v. 16.05.1995 - 3 AZR 535/94 - BB 1995, 2060-2061; BAG v. 14.08.2001 - 1 AZR 619/00 - ZIP 2002, 316-320.
[306] BAG v. 14.08.2001 - 1 AZR 619/00 - ZIP 2002, 316-320, zu A II 1 der Gründe.
[307] BAG v. 11.05.2005 - 4 AZR 315/04 - NZA 2005, 1362-1365; vorgehend LArbG Köln v. 01.04.2004 - 10 Sa 1228/02 - DB 2004, 1892-1894, für die Verschmelzung u.a. der IG Medien und der ÖTV zu ver.di.
[308] EuGH v. 06.09.2011 - C-108/10 - NZA 2011, 1077-1083.
[309] BAG v. 18.11.2003 - 1 AZR 604/02 - NZA 2004, 803-807.

§ 613a

kann regelmäßig nur durch einen **Gewerkschaftswechsel** des übernommenen Arbeitnehmers oder durch eine **Vereinbarung nach § 613a Abs. 1 Satz 4 Alt. 2 BGB** erreicht werden.[310] Weigert sich der Arbeitnehmer, eine solche Vereinbarung abzuschließen, bleibt es für ihn bei dem inhaltlichen Bestandschutz nach § 613a Abs. 1 Satz 2 BGB.[311] Der Betriebserwerber hat dann die Möglichkeit, den Vertragsinhalt nach Ablauf der Jahresfrist des § 613a Abs. 1 Satz 2 BGB mit individualrechtlichen Mitteln zu ändern. Zu einer nachträglichen kongruenten Tarifbindung kann es ferner bei einem **Gewerkschaftszusammenschluss** dergestalt kommen, dass sich die Gewerkschaft, der der Arbeitnehmer angehört, und die Gewerkschaft, die Vertragspartner des Betriebserwerbers ist, zusammenschließen. Ab dem Zeitpunkt des Zusammenschlusses gilt dann für beide tarifgebundenen Seiten der beim Betriebserwerber geltende Tarifvertrag.

117 Eine nachträgliche „**Überkreuzablösung**" individualrechtlich fortgeltender Tarifvertragsnormen durch Betriebsvereinbarung dürfte nach der Rechtsprechung des BAG[312] – ebenso wie ein Transformationsausschluss – regelmäßig nicht in Betracht kommen (vgl. Rn. 108 f.).

f. Einjährige Veränderungssperre bei individualrechtlicher Fortgeltung

aa. Grundsatz

118 Gelten die Regelungen eines Tarifvertrages oder einer Betriebsvereinbarung individualrechtlich weiter, **verbietet** § 613a Abs. 1 Satz 2 BGB **eine Änderung** zum Nachteil des Arbeitnehmers **binnen des ersten Jahres** nach Betriebsübergang.

119 Eine Änderung vor Ablauf der einjährigen Sperrfrist ist nur unter den Voraussetzungen des § 613a Abs. 1 Satz 4 BGB möglich. Gleichwohl erfolgende, dem Arbeitnehmer nachteilige Änderungen sind nach § 134 BGB unwirksam.[313]

bb. Änderungen nach Jahresfrist

120 Nach Ablauf der Jahresfrist gelten die vormals kollektivrechtlichen Regelungen als so genannte arbeitsvertragliche Einheitsregelungen weiter.[314] Sie können dann auch zu Lasten des Arbeitnehmers geändert werden. Allerdings besteht de facto ein Schutz des Arbeitnehmers, da eine Änderung nur mit seiner Zustimmung möglich ist. Hierfür bietet sich entweder der Abschluss eines **Änderungsvertrages** oder der Ausspruch einer **Änderungskündigung an**. Letztere ist allerdings nur unter den strengen Voraussetzungen des § 2 KSchG zulässig. Der Ausspruch von (Massen-)Änderungskündigungen zur Angleichung von Arbeitsbedingungen (z.B. Vereinheitlichung der Vergütungssysteme etc.) scheidet damit praktisch aus. Allein die Wahrung (oder besser: Herstellung) des Gleichbehandlungsgrundsatzes rechtfertigt keine betriebsbedingte Änderungskündigung.[315]

cc. Ausnahmen vom Änderungsverbot

121 Abweichend von § 613a Abs. 1 Satz 2 BGB ist nach § 613a Abs. 1 Satz 4 BGB ausnahmsweise auch innerhalb des ersten Jahres eine nachteilige Änderung der transformierten Arbeitsbedingungen möglich. Es handelt sich um zwei **gesetzliche Ausnahmen**:

122 Die erste Alternative betrifft den Fall, dass der **Tarifvertrag oder** die **Betriebsvereinbarung**, die schon beim Betriebsveräußerer galten, wegen Fristablauf oder Kündigung während der Jahresfrist **enden**. Nach § 4 Abs. 5 TVG, § 77 Abs. 6 BetrVG nachwirkende Normen gelten zwar fort, verlieren

---

[310] *Willemsen/Müller-Bonanni* in: Henssler/Willemsen/Kalb, Arbeitsrecht Kommentar, 5. Aufl. 2012, § 613a Rn. 268, 283.
[311] *Preis/Steffan* in: Adomeit/Birk/Buchner, FS für Kraft zum 70. Geburtstag, 1998, S. 477, 486.
[312] BAG v. 06.11.2007 - 1 AZR 862/06 - NZA 2008, 542, 546.
[313] *Preis* in: ErfKomm, § 613a Rn. 119; *Moll*, RdA 1996, 275-286, 279; *Pfeiffer* in: KR, 9. Aufl. 2009, § 613a Rn. 162.
[314] *Preis* in: ErfKomm, 11. Aufl. 2011, § 613a Rn. 120; *Schaub*, ZIP 1984, 272-279, 272.
[315] BAG v. 28.04.1982 - 7 AZR 1139/79 - NJW 1982, 2687-2688.

aber ihren zwingenden Charakter und können vor Ablauf eines Jahres zu Lasten des Arbeitnehmers einzelvertraglich abgeändert werden.[316]

Darüber hinaus ist eine Änderung vor Jahresfrist möglich, wenn – bei fehlender Tarifgebundenheit – zwischen dem Betriebserwerber und dem Arbeitnehmer die **Anwendung eines anderen Tarifvertrages vereinbart** wird, unter dessen Geltungsbereich der Betriebserwerber fällt.[317] Allerdings ist nur eine Vereinbarung des einschlägigen Tarifvertrages insgesamt, nicht lediglich einzelner Bestimmungen zulässig.[318] Eine Inbezugnahme des einschlägigen Tarifvertrages durch Betriebsvereinbarung ist nicht möglich; hierdurch würde die Sperrwirkung des § 77 Abs. 3 BetrVG unterlaufen.[319] 123

In beiden Ausnahmefällen ist entweder eine entsprechende vertragliche Vereinbarung oder eine Änderungskündigung erforderlich. 124

Neben den gesetzlich normierten Ausnahmen von der Veränderungssperre besteht auch die Möglichkeit der Ablösung durch kollektivrechtliche Regelungen (vgl. hierzu Rn. 112 ff.). 125

dd. Gleichbehandlung

Aufgrund der individualrechtlichen Fortgeltung der Arbeitsbedingungen kann es nach einem Betriebsübergang beim Erwerber zu erheblichen Unterschieden, z.B. beim Arbeitsentgelt, Freizeitausgleich und den Arbeitszeiten, kommen. Diese sind Folge der gesetzlichen Regelung des § 613a Abs. 1 Satz 2 BGB. Durch das Unterlassen einer Vereinheitlichung der Arbeitsbedingungen verstößt der Arbeitgeber nicht gegen den arbeitsrechtlichen Gleichbehandlungsgrundsatz.[320] Die Ungleichbehandlung ist sachlich gerechtfertigt, wenn der Arbeitgeber nach einem Betriebsübergang nach dem bis zur Übernahme erworbenen sozialen Besitzstand differenziert. Gehen nach einem Betriebsübergang Arbeitsverhältnisse vom Veräußerer auf den Erwerber über und gewährt der Erwerber den übernommenen Arbeitnehmern die mit dem früheren Arbeitgeber vereinbarten oder sich dort aus einer Betriebsvereinbarung ergebenden Arbeitsbedingungen weiter, können die übernommenen Arbeitnehmer aus dem Gleichbehandlungsgrundsatz keine Anpassung an die beim Erwerber bestehenden besseren Arbeitsbedingungen verlangen. Der Arbeitgeber vollzieht in diesem Fall nur die sich aus dem Betriebsübergang nach § 613a Abs. 1 Sätze 1 und 2 BGB ergebenden gesetzlichen Rechtsfolgen. Er selbst trifft jedoch keine verteilende Entscheidung, was Voraussetzung der Anwendung des Gleichbehandlungsgrundsatzes ist. Dies gilt ebenso, wenn infolge einer Verschmelzung durch Aufnahme eine bestehende Betriebsorganisation vollständig aufgelöst wird und die übernommenen Arbeitnehmer unterschiedslos in eine neue Betriebsorganisation eingegliedert werden. Auch in diesem Fall trifft der Arbeitgeber keine Regelung, sondern wendet nur § 324 UmwG i.V.m. § 613a Abs. 1 Sätze 1 und 2 BGB auf die Arbeitsverhältnisse an. 126

Auch nach längerer Zeit ist der Erwerber nicht verpflichtet, eine Angleichung der unterschiedlichen Arbeitsbedingungen herzustellen. Da bei der Weitergewährung der vor dem Betriebsübergang bestehenden Arbeitsbedingungen bereits die tatbestandlichen Voraussetzungen für die Anwendung des Gleichbehandlungsgrundsatzes fehlen, besteht keine Rechtsgrundlage für eine spätere Anpassungspflicht. Der teilweise vertretenen Auffassung[321], die unterschiedliche Behandlung könne „im Laufe 127

---

[316] *Edenfeld* in: Erman, Bd 1., 13. Aufl. 2011, § 613a Rn. 93; *Preis* in: ErfKomm, § 613a Rn. 121.
[317] Ausführlich hierzu: *Pfeiffer* in: KR, 9. Aufl. 2009, § 613a Rn. 173, 175; *Preis* in: ErfKomm, § 613a Rn. 122.
[318] *Preis* in: ErfKomm, § 613a Rn. 122.
[319] *Kania*, DB 1995, 625-631, 626; *Preis* in: ErfKomm, §613a Rn. 122; *Müller-Glöge* in: MünchKomm-BGB, Bd. 4, 5. Aufl. 2009, § 613a Rn. 138.
[320] BAG v. 31.08.2005 - 5 AZR 517/04 - juris Rn. 17 - NZA 2006, 265-266; BAG v. 25.08.1976 - 5 AZR 788/75 - EzA § 242 BGB Gleichbehandlung Nr. 11. Dem folgend: *Gaul*, Das Arbeitsrecht der Betriebs- und Unternehmensspaltung, § 13 Rn. 155; *Edenfeld* in: Erman, Bd. 1, 13. Aufl. 2011, § 613a Rn. 61; *Hergenröder*, AR-Blattei SD Stand Juni 2000 500.1 Rn. 716 f.; *Maschmann/Sieg*, Unternehmensumstrukturierung aus arbeitsrechtlicher Sicht, Rn. 165; *Moll*, NJW 1993, 2016, 2019; *Willemsen/Müller-Bonanni* in: Henssler/Willemsen/Kalb, Arbeitsrecht Kommentar, 5. Aufl. 2012, § 613a Rn. 250.
[321] Vgl. etwa *Gaul*, Das Arbeitsrecht der Betriebs- und Unternehmensspaltung, § 13 Rn. 156; *Preis* in: ErfKomm, § 613a Rn. 75.

der Zeit" ihren sachlichen Grund verlieren und zu einem Anpassungsanspruch der schlechter gestellten Arbeitnehmer führen, kann daher nicht gefolgt werden.[322] Nur dann, wenn der Arbeitgeber neue Vergütungsstrukturen schafft, ist er an den Gleichbehandlungsgrundsatz gebunden.

g. Bezugnahmeklauseln

128 Für nicht gewerkschaftlich organisierte Arbeitnehmer, so genannte **Außenseiter**, die durch eine Bezugnahmeklausel die **Geltung eines Tarifvertrages einzelvertraglich vereinbart** haben, ist § 613a Abs. 1 Satz 1 BGB einschlägig.[323]

129 Welche Auswirkungen der Betriebsübergang auf die in Bezug genommenen Regelungen hat, ist von der Art der Bezugnahmeklausel abhängig. Bei statischen Verweisungen, die auf einen Tarifvertrag in einer bestimmten Fassung verweisen, wirken die in Bezug genommenen Klauseln unabhängig von Änderungen des Tarifvertrages oder der Tarifzuständigkeit fort. Bei dynamischen Bezugnahmeklauseln, die auf einen Tarifvertrag in der jeweils geltenden Fassung verweisen, stellt sich die Problematik, ob die Dynamik nach einem Betriebsübergang erhalten bleibt oder die Bezugnahme nun statisch auf den Tarifvertrag, in der zum Zeitpunkt des Betriebsübergangs geltenden Fassung, verweist.

130 Nach der **früheren Rechtsprechung des BAG** waren Bezugnahmeklauseln, die auf einen bestimmten Tarifvertrag in der jeweils geltenden Fassung verwiesen (sog. **kleine dynamische Bezugnahmeklausel**), bei Fehlen gegenteiliger Anhaltspunkte im Zweifelsfall als bloße Gleichstellungsabreden auszulegen.[324] Mit einer Gleichstellungsabrede soll erreicht werden, dass den Außenseitern die jeweiligen Arbeitsbedingungen zuteilwerden, die ihre tarifgebundenen Kollegen erhalten. Die Klausel wirkt daher weiterhin dynamisch, wenn der Erwerber an den gleichen Tarifvertrag gebunden ist wie der Veräußerer und die tarifgebundenen Arbeitnehmer folglich an Änderungen des Tarifvertrages partizipieren. Ist der Erwerber hingegen nicht tarifgebunden und wirkt der Tarifvertrag daher gemäß § 613a Abs. 1 Satz 2 BGB nur individualrechtlich statisch fort, so gilt dieses auch für die Bezugnahmeklausel. Dies gilt auch, wenn bei dem Erwerber ein Tarifvertrag mit einer anderen Gewerkschaft besteht und eine beiderseitige Tarifgebundenheit fehlt,[325] da auch in diesem Fall der beim Veräußerer geltende Tarifvertrag nur statisch nach § 613a Abs. 1 Satz 2 BGB fortgilt (vgl. Rn. 95, Rn. 102 ff.).[326] Handelt es sich hingegen nicht um eine Gleichstellungsabrede, so nimmt der Arbeitnehmer auch nach Betriebsübergang an der Tarifentwicklung teil.

131 Die **Auslegungsregel** zugunsten der Gleichstellungabrede wurde **vom BAG aufgegeben**. Sie wird aus Vertrauensschutzgründen nur noch auf Arbeitsverträge angewandt, die vor dem 01.01.2002 abgeschlossen wurden.[327] Nicht nur die Unklarheitenregel des § 305c Abs. 2 BGB, auch das Transparenzgebot des § 307 Abs. 1 Satz 2 BGB und das Verbot der geltungserhaltenden Reduktion in § 306 BGB streiten als allgemeine Rechtsgrundsätze gegen eine wohlwollende Auslegung zu Gunsten des Klauselverwenders. Sie streiten damit auch dagegen, eine durch das Ende einer ursprünglich bestehenden Tarifgebundenheit auflösend bedingte Dynamik in Bezug genommener Tarifverträge, an die der Klauselverwender bei Vertragsschluss gedacht haben mag, als Vertragsinhalt auch dann zu erkennen, wenn sich hierfür weder im Vertragswortlaut noch in den den Vertragsschluss begleitenden Umständen ein Anhaltspunkt findet.

---

[322] BAG v. 31.08.2005 - 5 AZR 517/04 - juris Rn. 18 - NZA 2006, 265-266.
[323] BAG v. 30.08.2000 - 4 AZR 581/99 - ZIP 2001, 626-628; BAG v. 25.10.2000 - 4 AZR 506/99 - DB 2001, 1891-1892.
[324] BAG v. 04.08.1999 - 5 AZR 642/98 - ZIP 1999, 1985-1986; BAG v. 24.11.1999 - 4 AZR 666/98 - juris Rn. 19 - ZIP 2000, 596-598; BAG v. 21.02.2001 - 4 AZR 18/00 - juris Rn. 31 - ZIP 2001, 1555-1562; BAG v. 21.08.2002 - 4 AZR 263/01 - ZIP 2003, 639-641; kritisch *Gaul*, BB 2000, 1086-1088, 1086.
[325] Vgl. *Willemsen/Müller-Bonanni* in: Henssler/Willemsen/Kalb, Arbeitsrecht Kommentar, 3. Aufl. 2008, § 613a Rn. 274.
[326] *Kania*, DB 1994, 529, 532.
[327] BAG v. 14.12.2005 - 4 AZR 536/04 - juris Rn. 19 ff. - NZA 2005, 607-611; BAG v. 14.11.2007 - 4 AZR 861/06 - juris Rn. 43; BAG v. 15.02.2011 - 3 AZR 54/09 - juris Rn. 27 - NZA 2011, 928-934; BAG v. 23.02.2011 - 4 AZR 536/09 - NZA-RR 2011, 510-512.

Folge der Rechtsprechungsänderung ist die Auslegung der Bezugnahmeklauseln nach allgemeinen zivilrechtlichen Grundsätzen gemäß §§ 133, 157, 242 BGB. Die dynamische Bezugnahmeklausel wird danach in der Regel ihrem Wortlaut entsprechend unabhängig von der Tarifgebundenheit des Arbeitgebers dynamisch wirken.[328] Dies bedeutet, dass nach dem Betriebsübergang auch bei dem nicht tarifgebundenen Erwerber die Bezugnahmeklauseln dynamisch fortgelten und die betroffenen Arbeitnehmer an der Tarifentwicklung weiterhin teilnehmen.[329]

132

Aus **europarechtlichen Erwägungen** wäre diese Rechtsprechungsänderung nicht erforderlich gewesen. Zwar hat die 9. Kammer des LArbG Düsseldorf in Zweifel gezogen, ob es mit der Richtlinie 98/50/EG vereinbar sei, dass bei Übergang des Arbeitsverhältnisses von einem tarifgebundenen auf einen nicht tarifgebundenen Arbeitgeber später in Kraft tretende Tarifverträge keine Anwendung mehr finden bzw. eine Bindung nur solange besteht, wie der Betriebsveräußerer an den Tarifvertrag gebunden ist.[330] Diese Vorlagefragen sind richtiger Auffassung nach zu bejahen. Eine Klausel in einem Individualvertrag, die auf den in einer bestimmten Branche geschlossenen Tarifvertrag verweist, hat nicht zwingend dynamischen Charakter und verweist nach Art. 3 Abs. 1 der Richtlinie nicht zwingend auf den nach dem Zeitpunkt des Betriebsübergangs geschlossenen Tarifvertrag. Anderenfalls würde das Recht auf negative Koalitionsfreiheit des Betriebserwerbers beeinträchtigt.[331] Überdies würde in das Prinzip der Privatautonomie eingegriffen. Aus der Richtlinie 77/187/EWG ergibt sich nicht, dass der Gemeinschaftsgesetzgeber den Erwerber durch andere Kollektivverträge als die zum Zeitpunkt des Übergangs Geltenden binden und demnach verpflichten wollte, die Arbeitsbedingungen durch die Anwendung eines neuen, nach dem Betriebsübergang geschlossenen Kollektivvertrags zu ändern. Die Richtlinie bezweckt nur, die am Tag des Übergangs bestehenden Rechte und Pflichten des Arbeitnehmers zu wahren. Dagegen bezweckt sie nicht, bloße Erwartungen und somit hypothetische Vergünstigungen zu schützen, die sich aus zukünftigen Entwicklungen der Tarifverträge ergeben könnten.[332]

133

Ist im Arbeitsvertrag mit einem tarifgebundenen Arbeitgeber vereinbart, dass für das Arbeitsverhältnis „die Bedingungen des jeweils gültigen Tarifvertrages" gelten, so stellt dies in der Regel eine **Tarifwechselklausel** dar (so genannte **große dynamische Bezugnahmeklausel**). Mit dieser Tarifwechselklausel wird zunächst auf die Tarifverträge Bezug genommen, an die der Arbeitgeber bei Abschluss des Arbeitsvertrages gebunden ist. Kommt es nach Abschluss des Arbeitsvertrages zu einem Wechsel der Tarifgebundenheit des Arbeitgebers, bewirkt diese Klausel, dass an die Stelle der bisher in Bezug genommenen tarifvertraglichen Normen die Normen des nunmehr für den Arbeitgeber geltenden Tarifvertrags treten.[333] Wechselt der Arbeitgeber durch einen Betriebsübergang und ist der Erwerber an einen anderen Tarifvertrag als der Veräußerer gebunden, so wird nach Betriebsübergang der beim Erwerber geltende Tarifvertrag in Bezug genommen.

134

Eine arbeitsvertragliche Bezugnahme auf ein namentlich benanntes Tarifwerk schließt regelmäßig die Annahme einer großen dynamischen Bezugnahmeklausel aus.[334] Gleiches gilt, wenn sich der Bezug auf einen bestimmten Tarifvertrag aus den Umständen ergibt.[335] Soll dennoch eine Auslegung als große dynamische Bezugnahmeklausel erfolgen, so sind besondere Umstände erforderlich, die eine solche Auslegung rechtfertigen.[336]

135

Wird Arbeitnehmern im Kaufvertrag, der dem Betriebsübergang zu Grunde liegt, das Recht eingeräumt, die Vergütungstarife des öffentlichen Dienstes beizubehalten oder stattdessen eines von zwei

136

---

[328] Vgl. *Reinecke*, BB 2006, 2636, 2640
[329] *Clemenz*, NZA 2007, 769, 773.
[330] LArbG Düsseldorf, EuGH-Vorlage v. 08.10.2004 - 9 Sa 817/04 - NZA-RR 2005, 148-150.
[331] A.A. BAG v. 23.09.2009 - 4 AZR 331/08 - ZIP 2010, 748-752.
[332] EuGH v. 09.03.2006 - C-499/04 - NZA 2006, 376-378 (Werhof).
[333] BAG v. 30.08.2000 - 4 AZR 581/99 - ZIP 2001, 626-628; BAG v. 16.10.2002 - 4 AZR 467/01 - ZIP 2003, 495-499.
[334] BAG v. 25.10.2000 - 4 AZR 506/99 - DB 2001, 1891-1892.
[335] Vgl. BAG v. 29.08.2007 - 4 AZR 765/06 - juris Rn. 27 f. - ArbuR 2008, 181-183.
[336] BAG v. 29.08.2007 - 4 AZR 765/06 - juris Rn. 29.

anderen Vergütungssystemen zu wählen, so handelt es sich um einen zulässigen **Vertrag zu Gunsten der Arbeitnehmer**, wonach ihnen die weitere dynamische Anwendbarkeit auch der Vergütungstarifverträge zugesichert wird, selbst wenn sich die Vergütung in Zukunft reduzieren würde.[337] Ein Vertag zwischen Betriebsveräußerer und Betriebserwerber, der den Mitarbeitern als Dritten das Recht gibt, zu wählen, ob das bisherige Tarifwerk weiter angewendet wird oder nicht, begründet keine Verpflichtung oder Belastung des Arbeitnehmers.[338]

3. Betriebsverfassungsrechtliche Auswirkungen

a. Mitbestimmungsrechte des Betriebsrats

137 Der bisherige Betriebsinhaber ist verpflichtet, den **Betriebsrat** über den bevorstehenden Betriebsübergang zu **informieren**, §§ 2 Abs. 1, 74 Abs. 1, 92 Abs. 1 BetrVG. Gleiches gilt für den Betriebserwerber. Besteht im Unternehmen des Betriebsveräußerers ein **Wirtschaftsausschuss**, so ist auch dieser rechtzeitig und umfassend zu **informieren**, § 106 Abs. 2 BetrVG.[339]

138 Der Betriebsübergang ist für sich allein keine **Betriebsänderung** und löst deshalb nicht die Mitwirkungspflichten nach den §§ 111, 112 BetrVG aus.[340] Etwas anderes gilt aber dann, wenn mit dem Wechsel des Betriebsinhabers weitere organisatorische Maßnahmen verbunden sind, die den Tatbestand des § 111 BetrVG erfüllen.[341] Eine Betriebsänderung i.S.d. § 111 Satz 3 Nr. 3 BetrVG liegt beispielsweise im Falle des Zusammenschlusses mit anderen Betrieben oder bei der Betriebsspaltung vor.[342] Auch ein Personalabbau kann zu einer Betriebsänderung i.S.d. § 111 Satz 3 Nr. 1 BetrVG führen.[343]

139 Erfolgt eine Betriebsänderung durch reinen Personalabbau, besteht in der Regel ein erzwingbares Mitbestimmungsrecht bei der Aufstellung eines Sozialplans nach § 112a Abs. 1 BetrVG. Eine Ausnahme sieht das Neugründungsprivileg in § 112a Abs. 2 BetrVG für Betriebe eines Unternehmens in den ersten vier Jahren nach dessen Gründung vor. Aufgrund der **Unternehmensbezogenheit des Neugründungsprivilegs** besteht die zwingende Mitbestimmung – unabhängig vom Alter des Betriebes – bei einem Betriebsübergang dann nicht, wenn das übernehmende Unternehmen die Voraussetzungen des Neugründungsprivilegs erfüllt.[344] Umgekehrt kann aber auch ein Betrieb, für den aufgrund des § 112a Abs. 2 BetrVG kein Mitbestimmungsrecht nach § 112a BetrVG bestand, durch den Übergang der Mitbestimmung nach § 112a Abs. 1 BetrVG unterfallen.

b. Kontinuität des Betriebsrats

140 Nach ständiger Rechtsprechung des BAG lässt ein Betriebsinhaberwechsel die Rechtsstellung des für den Betrieb gewählten Betriebsrats so lange unberührt, wie die **Identität des Betriebs** beim neuen Arbeitgeber fortbesteht.[345] Zu den Normzwecken des § 613a BGB gehört auch die Kontinuität des Betriebsrats (vgl. hierzu Rn. 1). Diese kann allerdings nur gewährleistet werden, wenn der Betrieb

---

[337] BAG v. 20.04.2005 - 4 AZR 292/04 - NZA 2006, 281-283.
[338] BAG v. 20.04.2005 - 4 AZR 292/04 - juris Rn. 27 - NZA 2006, 281-283.
[339] Präzisierend Art. 7 Abs. 1 Satz 2 RL 2001/23/EG des Europäischen Parlaments und Rates, 22.03.2001.
[340] BAG v. 22.05.1979 - 1 ABR 17/77 - NJW 1980, 83-86; BAG v. 17.03.1987 - 1 ABR 47/85 - juris Rn. 1 - ZIP 1987, 1005-1006; *Kreitner* in: Küttner, Personalbuch 2012, Betriebsübergang 124 Rn. 100; *Preis* in: ErfKomm, § 613a Rn. 131; a.A. *Gaul*, BB 1999, 526-530, 582.
[341] BAG v. 22.05.1979 - 1 ABR 17/77 - NJW 1980, 83-86; BAG v. 25.01.2000 - 1 ABR 1/99 - ZIP 2000, 2039-2042.
[342] BAG v. 10.12.1996 - 1 ABR 32/96 - ZIP 1997, 1388-1392.
[343] BAG v. 22.05.1979 - 1 ABR 17/77 - NJW 1980, 83-86.
[344] Vgl. BAG v. 27.06.2006 - 1 ABR 18/05 - NZA 2007, 106-110.
[345] BAG v. 28.09.1988 - 1 ABR 37/87 - BB 1989, 286-288; BAG v. 05.02.1991 - 1 ABR 32/90 - juris Rn. 61 - DB 1991, 1937-1939; BAG v. 11.10.1995 - 7 ABR 17/95 - juris Rn. 14 - BB 1996, 747-748; BAG v. 05.06.2002 - 7 ABR 17/01 - juris Rn. 14 - ZIP 2003, 271-272; dem folgt die h.M. im Schrifttum, vgl. z.B. *Koch* in: ErfKomm, § 21 BetrVG Rn. 5; *Fitting* in: Fitting/Engels/Schmidt u.a., BetrVG, 26. Aufl. 2012, § 21 Rn. 34.

auch nach seinem Übergang in seiner organisatorischen Einheit fortbesteht.[346] Ist im Verhältnis zwischen Betriebsrat und Betriebsveräußerer eine Verpflichtung des Arbeitgebers rechtskräftig festgestellt worden, wirkt diese bei Erhalt der Betriebsidentität auch gegenüber dem Betriebserwerber.[347]

Überträgt ein Unternehmen seine sämtlichen Betriebe auf zwei andere, rechtlich selbständige Unternehmen, endet das Amt des in dem übertragenden Unternehmen gebildeten **Gesamtbetriebsrats**.[348]

Gemäß § 21a BetrVG besteht in den Fällen des rechtsgeschäftlichen Betriebs- sowie Betriebsteilübergangs ein allgemeines **Übergangsmandat** des Betriebsrats des Veräußererbetriebs.[349] Der Gesetzgeber hat dies in Parallele zu den spezialgesetzlich geregelten Übergangsmandaten des § 312 UmwG und des § 13 SpTrUG normiert. Das Übergangsmandat gemäß § 21a BetrVG ist allerdings dann ausgeschlossen, wenn die Eingliederung in einen Betrieb erfolgt, der bereits über einen Betriebsrat verfügt. Voraussetzung für ein Übergangsmandat ist zudem, dass die nach Spaltung oder Zusammenfassung entstandene Einheit betriebsratsfähig ist. Ist dies nicht der Fall, kommt nur ein **Restmandat** nach § 21b BetrVG in Betracht.[350] Geht ein Betrieb durch Spaltung oder Zusammenlegung unter, so bleibt dessen Betriebsrat nach § 21b BetrVG für ein Restmandat im Amt.

c. Rechtsstellung der Betriebsratsmitglieder

Geht der Betrieb in seiner organisatorischen Einheit über, hat der Übergang keine Auswirkungen auf die Rechtsstellung des einzelnen Betriebsratsmitglieds. Dieses behält mit dem Übergang seines Arbeitsverhältnisses die betriebsverfassungsrechtlichen Rechte und damit den **Sonderkündigungsschutz** nach § 15 KSchG, § 103 BetrVG. Hingegen erlischt im Falle eines Betriebsteilübergangs mit dem Übergang des Arbeitsverhältnisses die Mitgliedschaft im alten Betriebsrat, wenn das Betriebsratsmitglied in dem übergehenden Teil beschäftigt ist, § 24 Nr. 3 BetrVG. Diese Norm ist jedoch für den Fall teleologisch zu reduzieren, dass der Betriebsrat ein Rest- oder Übergangsmandat besitzt. In diesem Fall erlischt die Mitgliedschaft im Betriebsrat durch die Beendigung des Arbeitsverhältnisses nicht.[351] Der nachwirkende Kündigungsschutz des § 15 KSchG bleibt dem Mitglied auch beim Betriebserwerber erhalten. Widerspricht das Betriebsratsmitglied dem Übergang seines Arbeitsverhältnisses, behält es die Mitgliedschaft im Betriebsrat des Veräußererbetriebs ohnehin.[352]

4. Abdingbarkeit

§ 613a Abs. 1 BGB ist **zwingendes Recht**.[353] Die Rechtsfolgen können weder durch eine Vereinbarung zwischen Veräußerer und Arbeitnehmer[354] oder Erwerber und Arbeitnehmer noch durch eine solche zwischen Veräußerer und Erwerber[355] zu Lasten der betroffenen Arbeitnehmer abbedungen oder modifiziert werden. Die Unabdingbarkeit kann auch nicht durch Veräußerer und Erwerber durch Kündigung und Wiedereinstellung umgangen werden, da sonst der Schutzzweck der Vorschrift unterlaufen würde.[356]

Eine **Ausnahme** ist für eine auf Wunsch des Arbeitnehmers getroffene Vereinbarung anzunehmen, die im Falle des Betriebsinhaberwechsels den Übergang des Arbeitsverhältnisses ausschließt und das Ziel

---

[346] BAG v. 05.02.1991 - 1 ABR 32/90 - juris Rn. 61 - DB 1991, 1937-1939.
[347] BAG v. 05.02.1991 - 1 ABR 32/90 - DB 1991, 1937-1939.
[348] BAG v. 05.06.2002 - 7 ABR 17/01 - ZIP 2003, 271-272.
[349] Vgl. hierzu Art. 6 RL 2001/23/EG des Europäischen Parlaments und Rates v. 22.03.2001 sowie BAG v. 31.05.2000 - 7 ABR 78/98 - juris Rn. 30 - DB 2000, 2482-2484.
[350] Vgl. hierzu *Fitting* in: Fitting/Engels/Schmidt u.a., BetrVG, 26. Aufl. 2012, § 21a Rn. 13.
[351] Vgl. *Thüsing* in: Richardi, BetrVG, 13. Aufl. 2012, § 24 Rn. 12.
[352] Vgl. hierzu *Preis* in: ErfKomm, § 613a Rn. 130.
[353] BAG v. 12.05.1992 - 3 AZR 247/91 - juris Rn. 32 - ZIP 1992, 1408-1410; BAG v. 18.03.1997 - 3 AZR 729/95 - juris Rn. 51 - ZIP 1998, 79-84.
[354] BAG v. 12.05.1992 - 3 AZR 247/91 - juris Rn. 33 - ZIP 1992, 1408-1410.
[355] BAG v. 29.10.1975 - 5 AZR 444/74 - NJW 1976, 535-536; BAG v. 12.05.1992 - 3 AZR 247/91 - juris Rn. 32 - ZIP 1992, 1408-1410.
[356] BAG v. 20.07.1982 - 3 AZR 261/80 - WM 1983, 99-101.

verfolgt, den bisherigen Arbeitgeber auch bei einem Betriebsübergang zu behalten. Die Vereinbarung ist dann dahin gehend auszulegen, dass der Betriebsveräußerer gleichzeitig auf das Recht der betriebsbedingten Kündigung verzichtet.[357]

5. Verwirkung

146 Die Geltendmachung eines Betriebsübergangs durch den Arbeitnehmer kann wie jeder Anspruch aus dem Arbeitsverhältnis verwirkt werden. Die Verwirkung tritt ein, wenn der Anspruchsberechtigte erst nach Ablauf eines längeren Zeitraums den Anspruch erhebt (**Zeitmoment**) und dadurch beim Verpflichteten einen Vertrauenstatbestand geschaffen hat, dieser werde nicht mehr in Anspruch genommen (**Umstandsmoment**). Hierbei muss das Erfordernis des Vertrauensschutzes auf Seiten des Verpflichteten das Interesse des Berechtigten derart überwiegen, dass ihm die Erfüllung des Anspruchs nicht mehr zuzumuten ist.[358] Allerdings fehlt es an hinreichenden Umständen für eine Verwirkung, wenn ein übergegangener Arbeitnehmer seine Arbeitskraft dem Betriebserwerber nicht anbietet, nachdem der Arbeitnehmer zuvor vom Betriebsveräußerer mit sofortiger Wirkung von der Arbeitsleistung freigestellt worden ist. In diesem Fall kann der Betriebserwerber nicht darauf vertrauen, dass der Arbeitnehmer eine Beendigung seines Arbeitsverhältnisses hinnehmen wird.[359]

IV. Prozessuale Hinweise

147 Hat der bisherige Arbeitgeber dem Arbeitnehmer vor dem Betriebsübergang gekündigt, so ist er für die **Kündigungsschutzklage** passiv legitimiert.[360] Begehrt der Arbeitnehmer die doppelte Feststellung, dass das Arbeitsverhältnis durch eine Kündigung des ehemaligen Betriebsinhabers nicht aufgelöst worden ist und auf den neuen Betriebsinhaber übergegangen ist, kann der Arbeitnehmer Betriebsveräußerer und -erwerber als Streitgenossen verklagen.[361] Stützt ein Arbeitnehmer eine Kündigungsschutzklage gegen einen Betriebsveräußerer allein auf die Behauptung, der Betrieb sei bereits vor der Kündigung auf einen Erwerber übergegangen, so führt dies zur Unschlüssigkeit der Klage.[362] Ein Erfolg im Kündigungsschutzprozess setzt nämlich nach der punktuellen Streitgegenstandstheorie voraus, dass zum Zeitpunkt der Kündigung (noch) ein Arbeitsverhältnis besteht. Das gilt auch im Falle des Betriebsübergangs. Die Kündigung eines Betriebsveräußerers nach Betriebsübertragung geht damit mangels bestehendem Arbeitsverhältnis ins Leere; eine gleichwohl erhobene Klage auf Feststellung der Unwirksamkeit der Kündigung ist unbegründet, denn ein Arbeitsverhältnis besteht schon nach dem eigenen Vorbringen des gegen den Veräußerer vorgehenden Klägers nicht mehr.

148 Entgegen § 325 ZPO bejaht die Rechtsprechung und h.M. eine **Rechtskrafterstreckung** des in einem Kündigungsschutzprozess gegen den bisherigen Betriebsinhaber ergehenden Urteils auf den Betriebserwerber.[363] Eine Titelumschreibung auf den Erwerber gemäß §§ 325, 727, 731 ZPO scheidet aus, da der Betriebserwerber nicht Rechtsnachfolger i.S.d. §§ 265, 325 ZPO ist.[364]

---

[357] *Preis* in: ErfKomm, § 613a Rn. 82.
[358] BAG v. 08.08.2002 - 8 AZR 583/01 - EzA § 613a BGB Nr. 209; BAG v. 20.05.1988 - 2 AZR 711/87 - ZIP 1988, 1595-1601.
[359] BAG v. 18.12.2003 - 8 AZR 621/02 - BAGE 109, 136-144.
[360] BAG v. 18.03.1999 - 8 AZR 306/98 - ZIP 1999, 1223-1225.
[361] BAG v. 25.04.1996 - 5 AS 1/96 - ZIP 1996, 1676-1677.
[362] BAG v. 26.07.2007 - 8 AZR 769/06 - NZA 2008, 112, 113 f.; BAG v. 27.10.2005 - 8 AZR 568/04 - juris Rn. 11 ff. - AP § 613a BGB Nr. 292; BAG v. 20.03.2003 - 8 AZR 312/02 - EzA § 613a BGB 2002 Nr. 7, zu II 2 der Gründe; BAG v. 18.04.2002 - 8 AZR 346/01 - EzA § 613a BGB Nr. 207, zu I 2 a und b der Gründe.
[363] BAG v. 15.12.1976 - 5 AZR 600/75 - BB 1977, 395-396; BAG v. 05.02.1991 - 1 ABR 32/90 - DB 1991, 1937-1939; *Müller-Glöge* in: MünchKomm-BGB, Bd. 4, 5. Aufl. 2009, § 613a Rn. 215; vgl. auch BAG v. 18.05.2010 - 1 AZR 864/08 - juris Rn. 17.
[364] *Ascheid* in: Schliemann, Das Arbeitsrecht im BGB, 2. Aufl. 2002, Rn. 152; *Müller-Glöge* in: MünchKomm-BGB, Bd. 4, 5. Aufl. 2009, § 613a Rn. 215; vgl. auch: BAG v. 09.02.1994 - 2 AZR 781/93 - juris Rn. 11 - NJW 1995, 73-75.

Ein Arbeitgeber, der eine Kündigung vor einem Betriebsübergang ausgesprochen hat und gegen den der Kündigungsschutzprozess deshalb weitergeführt wird, ist trotz des Verlustes der Arbeitgeberstellung befugt, einen **Auflösungsantrag** zu stellen. Dies gilt zumindest dann, wenn der Auflösungszeitpunkt zeitlich vor dem Betriebsübergang liegt.[365] Zwar folgt nach allgemeiner Auffassung aus § 9 Abs. 2 KSchG, wonach für die Auflösung des Arbeitsverhältnisses der Zeitpunkt festzusetzen ist, an dem es bei sozial gerechtfertigter Kündigung geendet hätte, dass ein Antrag auf Auflösung nicht mehr gestellt werden kann, wenn das Arbeitsverhältnis zu diesem Zeitpunkt bereits aus anderen Gründen beendet war.[366] Hat das Arbeitsverhältnis allerdings nach dem vom Gericht nach § 9 Abs. 2 KSchG festzusetzenden Zeitpunkt, aber vor Erlass des Auflösungsurteils aus anderen Gründen (z.B. Tod des Arbeitnehmers, Erreichen der tariflich festgelegten Altersgrenze, weitere Kündigung oder Betriebsübergang) geendet, so steht dies einer gerichtlichen Auflösung des Arbeitsverhältnisses nicht entgegen. Auf Grund der ausdrücklichen Regelung in § 9 KSchG kann die Auflösung nämlich auch rückwirkend zu einem in der Vergangenheit liegenden Zeitpunkt beantragt werden. Andernfalls könnte die Partei, die die Auflösung rechtzeitig und mit ausreichender sachlicher Begründung beantragt hat, durch eine längere Dauer des Prozesses ohne ihr Verschulden benachteiligt werden.[367] Für die Beurteilung des Auflösungsantrages ist in diesen Fällen auf den Zeitraum zwischen dem Termin abzustellen, zu dem die Kündigung gewirkt hätte, wenn sie sozial gerechtfertigt gewesen wäre, und dem Zeitpunkt des Betriebsübergangs.[368] Der **Betriebsveräußerer bleibt antragsbefugt**, aus eigenem Recht den Auflösungsantrag zu stellen, wenn der Betriebsübergang nach dem Kündigungszeitpunkt liegt. Er verfolgt in diesem Fall nämlich nicht die Rechte des Betriebserwerbers, sondern die Auflösung des Arbeitsverhältnisses, welches bis zum Betriebsübergang bei ihm fortbestand. Würde man ihm im Hinblick auf den späteren Betriebsübergang und den damit verbundenen Verlust der Arbeitgeberstellung diese Möglichkeit absprechen, würde der Betriebsveräußerer allein wegen des Betriebsübergangs gezwungen, die Pflichten aus dem Arbeitsverhältnis bis zum Zeitpunkt des Betriebsübergangs zu erfüllen, obwohl ihm die Fortsetzung des Arbeitsverhältnisses unzumutbar war. Allein der Betriebsübergang würde in diesem Fall zu einem vom Gesetz nicht beabsichtigten Verlust des Auflösungsrechts, somit zu einer Rechtsschutzlücke führen. Würde man vom Arbeitgeber verlangen, dass er in diesem Fall den Auflösungsantrag vor dem Betriebsübergang stellt, was zur Anwendbarkeit des § 265 ZPO führen könnte, so verstieße dies gegen die ausdrücklich in § 9 Abs. 1 Satz 3 KSchG vorgesehene Möglichkeit der rückwirkenden Antragstellung. Hinzu kommt, dass es der Arbeitgeber anders als der Arbeitnehmer nicht in der Hand hat, seine Aktivlegitimation dauerhaft zu erhalten, da er nicht mittels eines Widerspruchs den Übergang des Arbeitsverhältnisses im Wege eines Betriebsübergangs verhindern kann. Außerdem spricht für diese Lösung die praktische Handhabung. Der Arbeitgeber, der das Arbeitsverhältnis vor einem Betriebsübergang gekündigt hat, bleibt für die gerichtliche Klärung der sozialen Rechtfertigung der Kündigung auch nach dem Betriebsübergang passiv legitimiert, da auf den Betriebsübergang während des Prozesses die §§ 265, 325 ZPO entsprechende Anwendung finden. Insofern ist es auch sachgerecht, den Prozess über die Auflösung zumindest in dem Fall, in dem der Betriebsübergang nach dem Auflösungszeitpunkt liegt, auch zwischen ihm und dem Arbeitnehmer fortzusetzen.[369]

149

Es gelten die allgemeinen Grundsätze der **Darlegungs- und Beweislast**. Die für den Betriebsübergang maßgeblichen Tatsachen sind von demjenigen vorzutragen und zu beweisen, der sich auf den Über-

150

---

[365] BAG v. 24.05.2005 - 8 AZR 246/04 - NZA 2005, 1178-1182.
[366] BAG v. 20.03.1997 - 8 AZR 769/95 - EzA BGB § 613a Nr. 148, zu B II 4 b der Gründe; BAG v. 17.09.1987 - 2 AZR 2/87 - RzK I 11a Nr. 16, zu II 2 a der Gründe; *Spilger* in: KR, 9. Aufl. 2009, § 9 KSchG Rn. 32; *Kiel* in: ErfKomm, § 9 KschG Rn. 5.
[367] Herrschende Meinung, vgl. nur BAG v. 17.09.1987 - 2 AZR 2/87 - RzK I 11a Nr. 16; BAG v. 21.01.1965 - 2 AZR 38/64 - AP KSchG § 7 Nr. 21; *Spilger* in: KR, 9. Aufl. 2009, § 9 KSchG Rn. 34; *Kiel* in: ErfKomm, § 9 KSchG Rn. 5.
[368] BAG v. 24.05.2005 - 8 AZR 246/04 - juris Rn. 26 - NZA 2005, 1178-1182 m.w.N.
[369] BAG v. 24.05.2005 - 8 AZR 246/04 - juris Rn. 31 - NZA 2005, 1178-1182.

gang beruft.[370] Im Falle der Klage gegen eine im Zusammenhang mit einem Betriebsübergang ausgesprochenen Kündigung ist zu differenzieren: Beruft sich der Arbeitnehmer ausschließlich auf den Unwirksamkeitsgrund des § 613a Abs. 4 Satz 1 BGB, trifft ihn die Darlegungs- und Beweislast, dass ihm wegen des Betriebsübergangs gekündigt wurde.[371] Beruft er sich hingegen auch darauf, dass der Betrieb entgegen den Angaben des bisherigen Betriebsinhabers nicht stillgelegt, sondern auf einen neuen Inhaber übertragen worden sei, wehrt er sich auch gegen die soziale Rechtfertigung der Kündigung aus betriebsbedingten Gründen. Die Darlegungs- und Beweislast für die soziale Rechtfertigung der Kündigung trifft im Kündigungsschutzprozess den Arbeitgeber.[372]

151 Erfolgt der Betriebsübergang im Laufe eines **Beschlussverfahrens** (z.B. auf Zustimmungsersetzung nach § 99 BetrVG), tritt ein Wechsel in der betriebsverfassungsrechtlichen Zuständigkeit ein. Die Rechte und Pflichten des Betriebsverfassungsrechtes bestehen für und gegen den jeweiligen Betriebsinhaber. Der Betriebserwerber tritt als Beteiligter an die Stelle des Betriebsveräußerers, der seine Beteiligtenfähigkeit verliert.[373]

152 Beantragt ein Betriebsrat eine **Titelumschreibung** gem. § 85 Abs. 1 Satz 2 ArbGG i.V.m. § 727 ZPO, so ist die Rechtsnachfolge i.S.d. Vorschrift offenkundig, wenn der Arbeitgeber das Vorliegen eines Betriebsüberganges i.S.v. § 613a BGB zugesteht.[374]

B. Kommentierung zu Absatz 2

I. Grundlagen

153 § 613a Abs. 2 BGB bestimmt eine abgestufte Haftungsregelung für den bisherigen Betriebsinhaber. Bezweckt wird ein angemessener Haftungsausgleich zwischen bisherigem und neuem Betriebsinhaber.

II. Anwendungsvoraussetzungen

154 Die Anwendungsvoraussetzungen ergeben sich aus § 613a Abs. 1 BGB (vgl. Rn. 4 ff.).

III. Rechtsfolgen

155 Mit dem Zeitpunkt des Betriebsübergangs tritt der **Betriebserwerber** nach § 613a Abs. 1 Satz 1 BGB in sämtliche Rechte und Pflichten aus beim bisherigen Betriebsinhaber bestehenden Arbeitsverhältnissen ein. Von diesem Zeitpunkt an **haftet** er auch für diejenigen Ansprüche der übernommenen Arbeitnehmer, die vor der Betriebsübernahme entstanden und fällig geworden sind.

156 § 613a Abs. 2 BGB regelt die **Haftung des Betriebsveräußerers** im **Außenverhältnis** gegenüber den übernommenen Arbeitnehmern. Hiernach haftet der Betriebsveräußerer neben dem -erwerber als Gesamtschuldner für die Erfüllung von Ansprüchen, die vor dem Betriebsübergang entstanden sind und vor Ablauf von einem Jahr nach diesem Zeitpunkt fällig werden. Die Fälligkeit ist nach allgemeinen Grundsätzen zu bestimmen, § 271 BGB. Allerdings haftet der Betriebsveräußerer für derartige Ansprüche (z.B. Weihnachtsgeld, Urlaubsgeld etc.) nur zeitanteilig entsprechend dem im Übergangszeitpunkt abgelaufenen Bemessungszeitraum.[375] Der Betriebserwerber haftet dagegen für den vollen Zeitraum. Die Vorschrift erfasst aber auch Ansprüche, die bereits vor Betriebsübergang fällig geworden sind.[376] Insoweit trifft den Betriebsveräußerer die volle gesamtschuldnerische Haftung.

---

[370] LArbG Hamburg v. 26.11.1984 - 2 Sa 121/84 - BB 1985, 1667-1668; BAG v. 05.12.1985 - 2 AZR 3/85 - juris Rn. 27 - NJW 1986, 2008-2009.
[371] BAG v. 05.12.1985 - 2 AZR 3/85 - juris Rn. 27 - NJW 1986, 2008-2009.
[372] BAG v. 05.12.1985 - 2 AZR 3/85 - juris Rn. 27 - NJW 1986, 2008-2009.
[373] BAG v. 12.06.2003 - 8 ABR 14/02 - EzA § 613a BGB 2002 Nr. 10.
[374] LArbG Frankfurt v. 21.11.2003 - 5 Ta 423/03 - Bibliothek BAG.
[375] BAG v. 22.06.1978 - 3 AZR 832/76 - juris Rn. 16 - DB 1978, 1795-1796; *Edenfeld* in: Erman, Bd. 1, 13. Aufl. 2011, § 613a Rn. 99; *Wank* in: MüArbR, Bd.1, 3. Aufl. 2009, § 102 Rn. 152.
[376] *Edenfeld* in: Erman, Bd. 1, 13. Aufl. 2011, § 613a Rn. 97; *Wank* in: MüArbR, Bd.1, 3. Aufl. 2009, § 102 Rn. 151.

Die Haftungsverteilung im **Innenverhältnis** zwischen Betriebsveräußerer und -erwerber richtet sich nach § 426 Abs. 1 Satz 1 BGB. Hiernach haften beide zu gleichen Teilen, sofern nichts anderes bestimmt ist. Eine andere Bestimmung kann sich aus dem Übernahmevertrag (z.B. Outsourcingvertrag) oder auch aus der Natur der Sache selbst ergeben.[377] Nimmt der Arbeitnehmer beispielsweise den Betriebserwerber auf Zahlung rückständiger Arbeitsvergütungen aus der Zeit vor Betriebsübergang in Anspruch, ist der Betriebsveräußerer dem -erwerber im Regelfall intern zum vollen Ausgleich verpflichtet.[378] Wenn der Betriebserwerber einen Urlaubsanspruch in Form bezahlter Freizeit oder einen Urlaubsabgeltungsanspruch erfüllt, ist ihm der Betriebsveräußerer zum zeitanteiligen Ausgleich für die bei ihm verbrachte Beschäftigungszeit des Arbeitnehmers verpflichtet.[379]

157

Nicht unter § 613a Abs. 2 BGB fällt die Haftung des Betriebsveräußerers für zum Zeitpunkt des Betriebsübergangs bereits beendete Arbeitsverhältnisse. Da diese nicht nach § 613a Abs. 1 Satz 1 BGB auf den Erwerber übergegangen sind, haftet der Veräußerer allein. So sind beispielsweise Ansprüche von Ruheständlern aus einer betrieblichen Altersversorgung gegen den Erwerber ausgeschlossen, die bereits vor Betriebsübergang aus dem Arbeitsverhältnis ausgeschieden sind.[380]

158

Eine von § 613a Abs. 1, 2 BGB abweichende Regelung trifft § 134 UmwG für den Fall der **Unternehmensspaltung** in eine Anlage- und eine Betriebsgesellschaft. Sind an den nach der Spaltung entstehenden Gesellschaften im Wesentlichen dieselben Personen beteiligt, haftet die Anlagegesellschaft gesamtschuldnerisch für die Forderungen der Arbeitnehmer, die innerhalb von fünf Jahren nach dem Wirksamwerden der Spaltung auf Grund einer Betriebsänderung nach den §§ 111-113 BetrVG (Sozialplanansprüche und Nachteilsausgleich) begründet werden. Die Regelung des § 134 Abs. 3 i.V.m. § 133 Abs. 3-5 UmwG erstreckt die Haftung auf zehn Jahre.[381]

159

IV. Abdingbarkeit

§ 613a Abs. 2 BGB ist **zwingendes Recht**. Der Betriebsveräußerer kann seine Haftung nicht zu Lasten der Arbeitnehmer durch Vereinbarung mit dem Betriebserwerber abbedingen. Auch eine antizipierte arbeitsvertragliche Abbedingung mit dem einzelnen Arbeitnehmer ist unwirksam. Möglich ist allerdings eine Haftungserweiterung des Betriebsveräußerers oder des Erwerbers zugunsten der Arbeitnehmer.[382] Gleichfalls zulässig ist ein Verzicht des Arbeitnehmers auf die Haftung des Betriebsveräußerers anlässlich eines konkreten Betriebsübergangs.[383] Dieser berührt allerdings nicht die Haftung des Veräußerers im Innenverhältnis zum Erwerber gemäß § 426 Abs. 1 Satz 1, Abs. 2 BGB.

160

V. Besondere Haftungstatbestände

Neben die Haftung nach § 613a BGB können besondere Haftungstatbestände treten, wenn deren Voraussetzungen erfüllt sind.

161

Für Vermögensübernahmen aus der Zeit bis zur Aufhebung des § 419 BGB am 01.01.1999 greift eine Haftung nach § 419 BGB ein. Beim Erwerb eines Handelsgeschäftes unter Fortführung der bisherigen Firma ist § 25 HGB zu beachten. Bei der Einbringung eines Betriebes in eine KG ist überdies § 28 HGB relevant. Bedeutsam werden diese Haftungstatbestände für den Betriebserwerber, wenn die Tatbestandsvoraussetzungen des § 613a BGB nicht gegeben sind, etwa bei Ruhestandsverhältnissen.

162

---

[377] *Grüneberg* in: Palandt, 71. Aufl. 2012, § 426 Rn. 9.
[378] *Preis* in: ErfKomm, § 613a Rn. 137; a.A. *Edenfeld* in: Erman, Bd. 1, 13. Aufl. 2011, § 613a Rn. 101.
[379] BGH v. 04.07.1985 - IX ZR 172/84 - juris Rn. 19 - LM Nr. 2 zu § 613a BGB; a.A. OLG Frankfurt v. 17.02.1983 - 1 U 127/82 - MDR 1983, 666.
[380] BAG v. 23.03.2004 - 3 AZR 151/03 - ZIP 2004, 1227-1230; ebenso bereits: BAG v. 24.03.1987 - 3 AZR 384/85 - ZIP 1987, 1474-1478.
[381] *Schwab* in: Lutter, Umwandlungsgesetz, Kommentar, Bd. 1, 4. Aufl. 2009, § 134 UmwG Rn. 19.
[382] *Müller-Glöge* in: MünchKomm-BGB, Bd. 4, 5. Aufl. 2009, § 613a Rn. 169.
[383] *Edenfeld* in: Erman, Bd. 1, 13. Aufl. 2011, § 613a Rn. 102.

C. Kommentierung zu Absatz 3

I. Anwendungsvoraussetzungen

163 Die Anwendungsvoraussetzungen bestimmen sich nach § 613a Abs. 1 Satz 1 BGB (vgl. Rn. 4 ff.).

II. Ausschluss der gesamtschuldnerischen Haftung bei Umwandlung

164 § 613a Abs. 3 BGB schließt die gesamtschuldnerische Haftung von Betriebsveräußerer und -erwerber aus, wenn eine juristische Person oder eine Personenhandelsgesellschaft durch **Umwandlung** erlischt.[384] Dies kann beispielsweise der Fall sein bei der Verschmelzung zweier Unternehmen sowie bei der Aufspaltung und der Vermögensübertragung nach dem UmwG. Nach der Konzeption des UmwG vollzieht sich in den Fällen der Verschmelzung von Unternehmen sowie der Aufspaltung und Vermögensübertragung der Betriebsübergang kraft Gesetzes. Soweit die juristische Person hierbei erlischt, existiert der alte Arbeitgeber als Haftungsträger nicht mehr. Die Haftungsmasse befindet sich vollständig bei dem durch Umwandlung entstandenen neuen bzw. bei dem übernehmenden Rechtsträger. Nach § 133 UmwG tritt eine gesamtschuldnerische Haftung der an der Umwandlung beteiligten Rechtsträger ein.[385]

165 Die **Eintragung** der Verschmelzung erfolgt in das Register des Sitzes des übernehmenden Rechtsträgers (§ 20 UmwG); die Eintragung der Spaltung sowie der Vermögensübertragung (Voll- bzw. Teilübertragung nach § 175 Nr. 1 UmwG) erfolgt hingegen in das Handelsregister des Sitzes der übertragenden Gesellschaft (§§ 131, 176, 177 UmwG).

166 Die Eintragung hat folgende **Wirkungen**: Bei der Verschmelzung und der Vermögensübertragung gehen das Vermögen der übertragenden Rechtsträger einschließlich der Verbindlichkeiten auf den übernehmenden Rechtsträger über (§§ 20, 176, 177 UmwG). Bei der Spaltung geht das Vermögen des übertragenden Rechtsträgers entsprechend der im Übernahmevertrag vorgesehenen Aufteilung jeweils als Gesamtheit auf die übernehmenden Rechtsträger über (§ 131 UmwG). Die übertragenden Rechtsträger erlöschen jeweils.

167 Löst sich der übertragende Rechtsträger bei Umwandlungen nicht auf, haftet er nach § 133 UmwG für bereits bei Betriebsübergang bestehende Arbeitnehmeransprüche vorrangig.[386]

168 Trotz der Anordnung der Gesamtrechtsnachfolge bestimmt § 324 UmwG, dass § 613a Abs. 1, 4-6 BGB bei der Verschmelzung, Spaltung oder Vermögensübertragung unberührt bleibt. Die Arbeitsverhältnisse gehen daher auch bei gesellschaftsrechtlichen Umwandlungen nach § 613a BGB über.[387] § 613a Abs. 1, 4-6 BGB ist uneingeschränkt anwendbar.[388] § 324 UmwG ist allerdings nicht lediglich eine Rechtsfolgenverweisung, sondern eine **Rechtsgrundverweisung**.[389] Voraussetzung ist somit das Vorliegen der Tatbestandsmerkmale des § 613a Abs. 1 BGB. Infolge der Umwandlungsmaßnahme muss ein Betrieb oder Betriebsteil auf einen anderen Rechtsträger übergehen.

169 Der neue bzw. der aufnehmende Rechtsträger haftet in allen Fällen kraft Gesamtrechtsnachfolge für die bestehenden Ansprüche aus den auf ihn übergegangenen Arbeitsverhältnissen. Für die bei der Umwandlung bereits bestehenden Arbeitnehmeransprüche greift die umwandlungsrechtliche Haftung des § 22 UmwG bei der Verschmelzung und der §§ 133, 134 UmwG bei der Spaltung.

---

[384] Zur Thematik von Umwandlungen und § 613a umfassend: *Mengel*, Umwandlungen im Arbeitsrecht, 1997, S. 52-227, insbesondere S. 82-84, 203.

[385] Vgl. *Steffan* in: Ascheid/Preis/Schmidt, Kündigungsrecht, 4. Aufl. 2012, § 613a Rn. 165; *Boecken*, Unternehmensumwandlungen und Arbeitsrecht, 1996, Rn. 239.

[386] *Steffan* in: Ascheid/Preis/Schmidt, Kündigungsrecht, 4. Aufl. 2012, § 613a BGB Rn. 165; *Mengel*, Umwandlungen im Arbeitsrecht, 1997, S. 208-214; a.A.: *Boecken*, Unternehmensumwandlungen und Arbeitsrecht, 1996, Rn. 228.

[387] *Mengel*, Umwandlungen im Arbeitsrecht, 1997, S. 136-170.

[388] BT-Drs. 14/7760, S. 20; *Mengel*, Umwandlungen im Arbeitsrecht, 1997, S. 52-101.

[389] BAG v. 25.05.2000 - 8 AZR 416/99 - ZIP 2000, 1630-1635.

D. Kommentierung zu Absatz 4

I. Grundlagen

1. Kurzcharakteristik

Erfolgt eine Kündigung wegen des Betriebsübergangs, so ist sie nach § 613a Abs. 4 Satz 1 BGB unwirksam. Die Vorschrift gewährt keinen absoluten Bestandsschutz gegen Kündigungen im Zusammenhang mit einem Betriebsübergang, verbietet aber, gerade den Betriebsübergang zum Anlass der Kündigung zu nehmen. Sie schließt damit eine Umgehung des zwingend angeordneten Übergangs der Arbeitsverhältnisse durch Kündigung aus.[390] Das Kündigungsrecht aus anderen Gründen bleibt dagegen gemäß § 613a Abs. 4 Satz 2 BGB unberührt. § 613a Abs. 4 Satz 1 BGB enthält ein eigenständiges Kündigungsverbot i.S.d. § 13 Abs. 3 KSchG, § 134 BGB.[391] Die Voraussetzungen des Kündigungsschutzes nach dem KSchG müssen daher nicht vorliegen. § 613a Abs. 4 Satz 1 BGB greift mithin z.B. auch bei Kleinstbetrieben und innerhalb der ersten sechs Monate des Bestehens des Arbeitsverhältnisses ein. Der Unwirksamkeitsgrund des § 613a Abs. 4 Satz 1 BGB muss nach § 4 KSchG n.F. innerhalb der dreiwöchigen Klagefrist geltend gemacht werden.

170

2. Europäischer Hintergrund

§ 613a Abs. 4 BGB wurde durch das Gesetz über die Gleichbehandlung von Männern und Frauen am Arbeitsplatz und über die Erhaltung von Ansprüchen bei Betriebsübergang (Arbeitsrechtliches EG-Anpassungsgesetz) vom 13.06.1980[392] eingefügt und enthält eine Vorschrift des besonderen Kündigungsschutzes.

171

II. Tatbestandsvoraussetzungen

1. Kündigung wegen des Betriebsübergangs

Voraussetzung des § 613a Abs. 4 BGB ist das Vorliegen einer **Kündigung**. Von dem umfassenden Wortlaut erfasst werden sowohl ordentliche (§ 620 Abs. 2 BGB) als auch außerordentliche (§ 626 BGB) Kündigungen sowie Änderungskündigungen.[393] Die Kündigung muss vom bisherigen Arbeitgeber oder vom neuen Arbeitgeber ausgehen. Gleichgültig ist grundsätzlich der Zeitpunkt der Kündigung, d.h. ob sie vor oder nach dem Betriebsübergang ausgesprochen wird. Ein naher zeitlicher Zusammenhang ist nicht zwingend erforderlich.[394] Das Kündigungsverbot kann also auch noch eingreifen, wenn die Kündigung erst nach dem Betriebsübergang ausgesprochen wird.[395] Denn der Wortlaut des § 613a Abs. 4 Satz 1 BGB besagt nicht zwingend, dass der Betriebsübergang in engem zeitlichem Zusammenhang mit dem Ausspruch der Kündigung stattfinden muss.

172

Die Kündigung muss **wegen des Übergangs** eines Betriebs oder Betriebsteils ausgesprochen werden. Die Vorschrift des § 613a Abs. 4 Satz 1 BGB verbietet es, gerade den Betriebsübergang zum Anlass für eine Kündigung zu nehmen. Eine Kündigung erfolgt nur dann wegen des Betriebsübergangs, wenn dieser der tragende Grund, nicht nur der äußere Anlass für die Kündigung ist.[396] Allerdings muss der Betriebsübergang nicht den alleinigen Beweggrund darstellen. Es genügt, wenn der Betriebsübergang die überwiegende Ursache für die Kündigung war und andere sachliche Gründe, die aus sich heraus

173

---

[390] *Willemsen*, ZIP 1983, 411-418, 413.
[391] BAG v. 31.01.1985 - 2 AZR 530/83 - juris Rn. 20 - NJW 1986, 87-91; BAG v. 05.12.1985 - 2 AZR 3/85 - juris Rn. 19 - NJW 1986, 2008-2009; BAG v. 19.05.1988 - 2 AZR 596/87 - juris Rn. 54 - ZIP 1989, 1012-1019.
[392] BGBl I 1980, 1308; vgl. auch Art. 4 Abs. 1 Satz 1, RL 2001/23/EG des Europäischen Parlaments und Rates v. 22.03.2002; ABlEG L 82 vom 22.03.2001, S. 16.
[393] *Schaub*, ZIP 1984, 272-279, 276.
[394] BAG v. 19.05.1988 - 2 AZR 596/87 - juris Rn. 51 - ZIP 1989, 1012-1019.
[395] BAG v. 27.10.2005 - 8 AZR 568/04 - juris Rn. 37 - AP § 613a BGB Nr. 292; *Pfeiffer* in: KR, 9. Aufl. 2009, § 613a Rn. 184.
[396] BAG v. 20.09.2006 - 6 AZR 249/05 - NZA 2007, 387, 388; BAG v. 28.10.2004 - 8 AZR 391/03 - NZA 2005, 285-289.

die Kündigung zu rechtfertigen vermögen, nicht vorgetragen werden.[397] Beispielsweise liegt eine Kündigung durch den bisherigen Arbeitgeber wegen des Betriebsübergangs i.S.d. § 613a Abs. 4 BGB dann vor, wenn sie damit begründet wird, der neue Betriebsinhaber habe die Übernahme eines bestimmten Arbeitnehmers, dessen Arbeitsplatz erhalten bleibt, deswegen abgelehnt, weil er ihm „zu teuer" sei.[398] Das Kündigungsverbot greift indessen nicht ein, wenn der Veräußerer Maßnahmen zur Verbesserung des Betriebes durchführt, die zum Fortfall von Arbeitsplätzen führen, um diesen überhaupt verkaufsfähig zu machen.[399] Maßgeblich für die Beurteilung der Wirksamkeit der Kündigung sind die Verhältnisse zum Zeitpunkt des Zugangs der Kündigung.[400]

174 Im Falle einer **Insolvenz** erstreckt sich die Vermutung des § 128 Abs. 2 InsO i.V.m. § 125 Abs. 1 Satz 1 Nr. 1 InsO auch darauf, dass die Kündigung des Arbeitsverhältnisses nicht wegen des Betriebsübergangs erfolgt ist.[401]

2. Andere Kündigungsgründe

a. Grundsatz

175 Gemäß § 613a Abs. 4 Satz 2 BGB bleibt das Recht zur Kündigung aus anderen Gründen unberührt. Die Regelung basiert auf Art. 4 Abs. 1 Satz 2 RL 2001/23/EG, der Kündigungen aus wirtschaftlichen, technischen oder organisatorischen Gründen zulässt. § 613a Abs. 4 BGB schützt nicht vor Risiken, die sich jederzeit unabhängig von einem Betriebsübergang realisieren können. Er führt insbesondere nicht zur Lähmung der als notwendig erachteten unternehmerischen Maßnahmen.[402] Das Kündigungsverbot ist dann nicht einschlägig, wenn es neben dem Betriebsübergang einen sachlichen Grund gibt, der „aus sich heraus" die Kündigung zu rechtfertigen vermag.[403]

176 Ein Kündigungsgrund ist nur erforderlich, sofern es sich um eine außerordentliche Kündigung (§ 626 BGB) handelt oder wenn das KSchG anwendbar ist. So kann ein Arbeitsvertrag wegen dringender betrieblicher Erfordernisse oder aus personen- oder verhaltensbedingten Gründen (§ 1 Abs. 2 KSchG) auch bei Betriebsübergang gekündigt werden.[404] In der Praxis wird vor oder nach einem Betriebsübergang häufig eine Umstrukturierung durchgeführt, die mit dem Ausspruch betriebsbedingter Kündigungen verbunden ist (vgl. hierzu Rn. 191 ff.). Das Kündigungsverbot des § 613a Abs. 4 Satz 1 BGB steht einer Kündigung eines vom Übergang anderer Betriebsteile nicht betroffenen Arbeitnehmers nicht entgegen, wenn ihm gekündigt wird, weil durch den Übergang der anderen Betriebsteile – denen der Gekündigte nicht angehörte – der Beschäftigungsbedarf für ihn wegfällt bzw. zurückgeht.[405]

177 Unterliegt das Arbeitsverhältnis nicht dem KSchG und handelt es sich nicht um eine außerordentliche Kündigung, bedarf die Kündigung keines Grundes. Für die Wirksamkeit der Kündigung reicht dann das Fehlen des Beweggrundes des Betriebsübergangs aus. Ausreichend ist insoweit jeder nachvollziehbare, nicht willkürlich erscheinende, sachliche Grund, der den Verdacht einer bloßen Umgehung von § 613a Abs. 4 Satz 1 BGB auszuschließen vermag.[406]

---

[397] BAG v. 13.11.1997 - 8 AZR 295/95 - juris Rn. 16 - NJW 1998, 1885-1886; BAG v. 03.09.1998 - 8 AZR 306/97 - juris Rn. 33 - NZA 1999, 147-149; BAG v. 18.03.1999 - 8 AZR 306/98 - juris Rn. 16 - ZIP 1999, 1223-1225.
[398] BAG v. 20.09.2006 - 6 AZR 249/05 - NZA 2007, 387, 388 f.; BAG v. 26.05.1983 - 2 AZR 477/81 - NJW 1984, 627-630.
[399] BAG v. 20.09.2006 - 6 AZR 249/05 - NZA 2007, 387, 389.
[400] BAG v. 28.10.2004 - 8 AZR 391/03 - NZA 2005, 285-289; BAG v. 18.03.1999 - 8 AZR 306/98 - juris Rn. 16 - ZIP 1999, 1223-1225.
[401] LArbG Hamm v. 03.09.2003 - 2 Sa 331/03 - Bibliothek BAG.
[402] BAG v. 20.03.2003 - 8 AZR 97/02 - NJW 2003, 3506-3508; *Ascheid*, NZA 1991, 873-879.
[403] BAG v. 18.07.1996 - 8 AZR 127/94 - NZA 1997, 148-151; BAG v. 20.03.2003 - 8 AZR 97/02 - NJW 2003, 1027-1029; BAG v. 27.10.2005 - 8 AZR 568/04 - juris Rn. 36 - AP § 613a BGB Nr. 292.
[404] BAG v. 27.09.1984 - 2 AZR 309/83 - NJW 1986, 91-94; LArbG Kiel v. 15.01.2002 - 5 Sa 374 d/01 - Bibliothek BAG.
[405] BAG v. 17.06.2003 - 2 AZR 134/02 - AP Nr. 260 zu § 613a BGB.
[406] *Berscheid*, AnwBl 1995, 8-22, 21; *Popp*, DB 1986, 2284-2286, 2285; *Willemsen*, ZIP 1983, 411-418, 414.

b. Missbrauchskontrolle

Die bloße Fortführung der Tätigkeit durch einen Auftragnehmer (Auftrags- und Funktionsnachfolge, Outsourcing) stellt für sich allein noch keinen Betriebsübergang dar.[407] Erfolgen aus diesem Grunde Kündigungen, ist allerdings eine **Missbrauchskontrolle** des Arbeitgebers geboten. Die Entscheidung des Unternehmers, einen Betriebsteil durch eine noch zu gründende, finanziell, wirtschaftlich und organisatorisch in sein Unternehmen voll eingegliederte Organgesellschaft mit von dieser neu einzustellenden Arbeitnehmern weiter betreiben zu lassen, stellt kein dringendes betriebliches Erfordernis i.S.v. § 1 Abs. 2 KSchG dar, den in diesem Betriebsteil bisher beschäftigten Arbeitnehmern zu kündigen.[408]

178

III. Rechtsfolgen

§ 613a Abs. 4 BGB stellt ein eigenständiges sonstiges Kündigungsverbot im Sinne des § 13 Abs. 3 KSchG dar. Es gelten daher die für sonstige Kündigungsrechte im Allgemeinen anerkannten Rechtsfolgen.[409] Eine entgegen § 613a Abs. 4 BGB ausgesprochene Kündigung ist unwirksam. Auf diese Unwirksamkeit kann sich auch der Arbeitgeber berufen, es sei denn, er wäre hieran nach den Grundsätzen von Treu und Glauben (§ 242 BGB) gehindert. Ein solcher Fall liegt vor, wenn der Arbeitgeber an der ausgesprochenen Kündigung zwar grundsätzlich festhält, sich jedoch allein zur Vermeidung einer Sozialplanpflicht auf deren Unwirksamkeit beruft.[410]

179

IV. „Umgehungen" des Kündigungsverbots

1. Befristungen und auflösende Bedingungen

Befristungen und **auflösende Bedingungen** sind nach § 134 BGB unwirksam, wenn sie darauf abzielen, den Schutz des § 613a BGB zu umgehen.[411] Dasselbe gilt, wenn der Betriebsveräußerer dem Arbeitnehmer kündigt und der Betriebserwerber diesen nach dem Betriebsübergang sofort neu einstellt.[412]

180

2. Aufhebungsverträge

Im **Grundsatz** stellt der Abschluss von Aufhebungsverträgen keine unzulässige Umgehung des Kündigungsschutzes dar.[413] Die Arbeitsvertragsparteien können das Arbeitsverhältnis auch im Zusammenhang mit einem Betriebsübergang wirksam durch Aufhebungsvertrag auflösen, wenn die Vereinbarung auf das endgültige Ausscheiden des Arbeitnehmers aus dem Betrieb gerichtet ist. Dies gilt auch dann, wenn eine Beschäftigungs- und Qualifizierungsgesellschaft zwischengeschaltet ist.[414] Mit dem Abschluss eines Aufhebungsvertrages verwirklichen die Vertragsparteien grundsätzlich die ihnen zustehende Vertragsfreiheit. Der Arbeitgeber ist auch befugt, Rechtsgeschäfte so zu gestalten, dass § 613a BGB nicht eingreift.

181

Eine **Ausnahme** von diesem Grundsatz gilt jedoch, wenn der Aufhebungsvertrag objektiv der Umgehung der zwingenden Rechtsfolgen des § 613a Abs. 1 Satz 1 BGB dient. In diesem Fall ist er nach § 134 BGB nichtig. Dies ist anzunehmen, wenn beim Abschluss des Aufhebungsvertrages mit dem bisherigen Betriebsinhaber bereits feststeht, dass der Arbeitnehmer beim Betriebserwerber – wenn auch zu veränderten (meist schlechteren) Konditionen – weiterbeschäftigt werden soll. Auch eine drei-

182

---

[407] BAG v. 13.11.1997 - 8 AZR 295/95 - juris Rn. 17 - NJW 1998, 1885-1886; *Preis* in: ErfKomm, § 613a Rn. 37; *Waas*, ZfA 2001, 377-395, 377.
[408] BAG v. 26.09.2002 - 2 AZR 636/01 - NJW 2003, 2116-2118.
[409] *Pfeiffer* in: KR, 9. Aufl. 2009, § 613a Rn. 176 ff.
[410] BAG v. 27.06.1995 - 1 ABR 62/94 - ZIP 1995, 1919-1922.
[411] BAG v. 19.03.2009 - 8 AZR 722/07 - NZA 2009, 1091-1095; BAG v. 15.02.1995 - 7 AZR 680/94 - NJW 1996, 213-215.
[412] BAG v. 20.07.1982 - 3 AZR 261/80 - WM 1983, 99-101.
[413] Vgl. ausführlich *Hanau*, ZIP 1998, 1817-1822.
[414] BAG v. 23.11.2006 - 8 AZR 349/06 - NZA 2007, 866, 868; BAG v. 18.08.2005 - 8 AZR 523/04 - juris Rn. 27 - NZA 2006, 145-149.

seitige Vereinbarung unter Einbeziehung der Arbeitnehmer, die eine Eigenkündigung bei gleichzeitiger Wiedereinstellungszusage beim Betriebserwerber zu schlechteren Arbeitsbedingungen vorsieht (sog. **Lemgoer Modell**), ist unwirksam.[415] Gleiches gilt für eine nur zum Schein erfolgte Übernahme in eine Beschäftigungs- und Qualifizierungsgesellschaft, um die Sozialauswahl bei einer sonst notwendigen Kündigung zu umgehen.[416] Sofern der (unwirksame) Aufhebungsvertrag einen Abfindungsanspruch vorsieht, besteht dieser nicht.[417] Gleichfalls dürfte die Ausübung des Widerspruchsrechtes unwirksam sein, wenn der Arbeitnehmer hierzu nur deshalb veranlasst worden ist, um anschließend (oder gar gleichzeitig) das Arbeitsverhältnis mit dem Veräußerer zu beenden und mit dem Erwerber einen neuen Arbeitsvertrag zu schlechteren Konditionen abzuschließen.[418] Eine Umgehung ist gleichfalls anzunehmen, wenn der Arbeitnehmer mit dem Hinweis auf eine geplante Betriebsveräußerung und bestehende Arbeitsplatzangebote des Betriebserwerbers veranlasst wird, sein Arbeitsverhältnis mit dem Betriebsveräußerer selbst fristlos zu kündigen oder einem Aufhebungsvertrag zuzustimmen, um mit dem Betriebserwerber einen neuen Arbeitsvertrag abschließen zu können. In diesen (Umgehungs-)Fällen bezweckt der Aufhebungsvertrag bzw. die dreiseitige Vereinbarung lediglich die Beseitigung der Kontinuität des Arbeitsverhältnisses bei gleichzeitigem Erhalt des Arbeitsplatzes.[419] Diesem Zweck dient der Aufhebungsvertrag, wenn zugleich ein neues Arbeitsverhältnis mit dem Betriebserwerber vereinbart oder zumindest verbindlich in Aussicht gestellt wird. Bezweckt der Aufhebungsvertrag objektiv eine Beseitigung der Kontinuität des Arbeitsverhältnisses bei gleichzeitigem Erhalt des Arbeitsplatzes, ist er nur dann unwirksam, mit dieser Vertragsgestaltung verbundene Verschlechterungen der Arbeitsbedingungen **sachlich ungerechtfertigt** sind.[420]

183 Zu vorstehender Ausnahme existieren wiederum mehrere **Gegenausnahmen**, in denen die Aufhebungsvereinbarung wirksam ist, weil keine Umgehung zu befürchten ist:[421]

- Zum einen stellt allein § 613a Abs. 4 BGB (nicht auch § 613a Abs. 1 Satz 1 BGB) ein Verbotsgesetz im Sinne des § 134 BGB dar.[422] An einer Umgehung des § 613a Abs. 4 BGB fehlt es, wenn die Aufhebungsverträge nicht „wegen" des (zukünftigen) Betriebsübergangs geschlossen worden sind, dieser also nicht deren Beweggrund bzw. überwiegende Ursache bildete.[423] Eine Kausalität in diesem Sinne wird man beim gleichzeitigen Vorliegen betriebsbedingter, eine Betriebsstilllegung oder eine Betriebsteilstilllegung rechtfertigender Kündigungsgründe schwerlich annehmen können. Denn eine solche betriebsbedingte Kündigung wäre von § 613a Abs. 4 BGB nicht erfasst gewesen.[424] Eine

---

[415] BAG v. 23.11.2006 - 8 AZR 349/06 - NZA 2007, 866, 868; BAG v. 28.04.1987 - 3 AZR 75/86 - ZIP 1988, 120-123; BAG v. 11.07.1995 - 3 AZR 154/95 - juris Rn. 32 - BB 1995, 2657-2658.
[416] Vgl. BAG v. 23.11.2006 - 8 AZR 349/06 - NZA 2007, 866, 868; BAG v. 18.08.2011 - 8 AZR 312/10 - juris Rn. 36 - NZA 2012, 152-155..
[417] BAG v. 28.04.1987 - 3 AZR 75/86 - ZIP 1988, 120-123; BAG v. 11.07.1995 - 3 AZR 154/95 - juris Rn. 32 - BB 1995, 2657-2658.
[418] Ebenso: *Preis* in: ErfKomm, § 613a Rn. 158; *Ende*, NZA 1994, 494-496, 495.
[419] BAG v. 11.07.1995 - 3 AZR 154/95 - juris Rn. 34 - BB 1995, 2657-2658; BAG v. 10.12.1998 - 8 AZR 324/97 - ZIP 1999, 320-324; BAG v. 18.08.2005 - 8 AZR 523/04 - juris Rn. 27 - NZA 2006, 145-149; BAG v. 18.08.2011 - 8 AZR 312/10 - juris Rn. 32 - NZA 2012, 152-155.
[420] BAG v. 18.08.2005 - 8 AZR 523/04 - juris Rn. 34 - NZA 2006, 145-149; BAG v. 10.12.1998 - 8 AZR 324/97 - EzA § 613a BGB Nr. 175.
[421] Vgl. BAG v. 29.10.1975 - 5 AZR 444/74 - NJW 1976, 535-536.
[422] Zutreffend BAG v. 28.04.1987 - 3 AZR 75/86 - juris Rn. 20 - ZIP 1988, 120-123; BAG v. 15.02.1995 - 7 AZR 680/94 - juris Rn. 23 - NJW 1996, 213-215; ebenso: *Hanau*, ZIP 1998, 1817-1822, 1821; *Heinze*, LAGE § 613a Nr. 61; *Ascheid* in: BGB-RGRK, § 613a Rn. 263; Unzutreffend: BAG v. 28.04.1988 - 2 AZR 623/87 - ZIP 1989, 326-332.
[423] Ständige Rechtsprechung, vgl. nur BAG v. 13.11.1997 - 8 AZR 295/95 - juris Rn. 15 - NJW 1998, 1885-1886; BAG v. 12.11.1998 - 8 AZR 265/97 - juris Rn. 27 - NJW 1999, 1132-1134.
[424] Hierzu dürften i.d.R. die Fälle einer dreiseitigen Vereinbarung zwischen Arbeitnehmer, Arbeitgeber und einer Beschäftigungsgesellschaft zählen, wobei später ein Teil der Arbeitnehmer ein Einstellungsangebot einer Auffanggesellschaft erhält, vgl. BAG v. 10.12.1998 - 8 AZR 324/97 - juris Rn. 71 - ZIP 1999, 320-324 („Dörries Schamann").

Umgehung und damit die Anwendung des Kündigungsverbotes gem. § 613a Abs. 4 Satz 1 BGB kommt auch nicht in Betracht, wenn das Arbeitsverhältnis des Gekündigten von etwaigen Betriebsübergängen nach § 613a Abs. 1 Satz 1 BGB nicht erfasst würde.[425]
- Zum anderen ist eine verschlechternde Änderungsvereinbarung (und um eine solche handelt es sich in Wirklichkeit) dann wirksam, wenn für sie ein sachlicher Grund besteht.[426] Ein solcher sachlicher Grund liegt beispielsweise vor, wenn der Änderungsvertrag zur Sicherung der Arbeitsplätze erforderlich ist.[427]
- Hiervon zu unterscheiden sind Vereinbarungen, die zwischen dem Arbeitnehmer und dem alten oder neuen Betriebsinhaber geschlossen werden und auf ein **endgültiges Ausscheiden** des Arbeitnehmers aus dem Betrieb gerichtet sind. Solche Verträge werden in der Rechtsprechung des Bundesarbeitsgerichts ohne Rücksicht auf ihre sachliche Berechtigung als wirksam angesehen.[428] Damit trägt die Rechtsprechung dem Umstand Rechnung, dass der Arbeitnehmer dem Übergang seines Arbeitsverhältnisses auf den Betriebserwerber widersprechen und damit den Eintritt der Rechtsfolgen des § 613a BGB verhindern kann, § 613a Abs. 6 BGB.

V. Besondere Fallkonstellationen

1. Betriebsübernahme nach vorgesehener Stilllegung

Kommt es trotz vorgesehener Stilllegung und damit einhergehenden Kündigungen zu einem Betriebsübergang, ist für die Beurteilung der Wirksamkeit der Kündigungen auf den Zeitpunkt des **Zugangs der Kündigung** abzustellen. War der Betriebsveräußerer zum Zeitpunkt des Zugangs ernstlich entschlossen, den Betrieb stillzulegen, behält er sich aber eine Betriebsveräußerung für den Fall vor, dass sich eine Chance auf eine Betriebsveräußerung bietet, sind die Kündigungen wirksam und werden nicht dadurch unwirksam, dass doch noch eine Betriebsveräußerung gelingt.[429] Lagen dagegen zu diesem Zeitpunkt Betriebsveräußerung und -stilllegung gleichermaßen im Bereich des Möglichen, sind die Kündigungen wegen des Betriebsübergangs erfolgt und deshalb gemäß § 613a Abs. 4 Satz 1 BGB unwirksam.[430]

184

Stellt sich die Prognose des kündigenden Arbeitgebers über die Betriebsstilllegung bereits vor Ablauf der Kündigungsfrist als falsch heraus, kann der Arbeitnehmer einen Vertragsfortsetzungs- und **Wiedereinstellungsanspruch** haben. Der Anspruch richtet sich nach Betriebsübergang gegen den Erwerber.[431] Voraussetzung ist, dass sich die der Kündigung zugrunde liegende Prognoseentscheidung als falsch erweist, der Übernehmer noch keine andere Disposition getroffen hat und die Wiedereinstellung

185

---

[425] BAG v. 17.06.2003 - 2 AZR 134/02 - AP Nr. 260 zu § 613a BGB.
[426] Ständige Rechtsprechung des BAG, vgl. nur BAG v. 18.08.1976 - 5 AZR 95/75 - NJW 1977, 1168; BAG v. 29.10.1985 - 3 AZR 485/83 - WM 1986, 1259-1262; BAG v. 27.04.1988 - 5 AZR 358/87 - NJW 1988, 3035-3036; BAG v. 12.05.1992 - 3 AZR 247/91 - juris Rn. 33 - ZIP 1992, 1408-1410; dem folgend etwa: *Hanau*, Festschrift für Dieter Gaul 1992, 287-304, 293. Teilweise wird das Erfordernis eines sachlichen Grundes sogar für zu weitgehend erachtet, da damit die Vertragsänderung stärker als die einvernehmliche Vertragsauflösung reglementiert werde: *Willemsen*, RdA 1987, 327-334, 328; *Grunsky*, EWiR 1986, 105-106; *Moll*, NJW 1993, 2016-2023, 2022; *Raab* in: Soergel, § 613a Rn. 92.
[427] BAG v. 18.08.1976 - 5 AZR 95/75 - NJW 1977, 1168; BAG v. 17.01.1980 - 3 AZR 160/79 - juris Rn. 44 - NJW 1980, 1124-1126; BAG v. 29.10.1985 - 3 AZR 485/83 - WM 1986, 1259-1262; BAG v. 27.04.1988 - 5 AZR 358/87 - NJW 1988, 3035-3036.
[428] BAG v. 11.12.1997 - 8 AZR 654/95 - NZA 1999, 262 m.w.N.
[429] BAG v. 19.06.1991 - 2 AZR 127/91 - juris Rn. 22 - ZIP 1991, 1374-1380; BAG v. 16.05.2002 - 8 AZR 319/01 - juris Rn. 62 - NZA 2003, 93-100; BAG v. 29.09.2005 - 8 AZR 647/04 - juris Rn. 24 - DB 2006, 846; BAG v. 24.08.2006 - 8 AZR 317/05 - Pressemitteilung Nr. 55/06; BAG v. 26.04.2007 - 8 AZR 695/05 - AP Nr. 4 zu § 125 InsO.
[430] Vgl. BAG v. 27.09.1984 - 2 AZR 309/83 - juris Rn. 44 - NJW 1986, 91-94.
[431] BAG v. 25.10.2007 - 8 AZR 989/06 - juris Rn. 24 - NZA 2008, 357-360; BAG v. 25.09.2008 - 8 AZR 607/07 - NZA-RR 2009, 469-475.

auch im Übrigen zumutbar ist.[432] Im Wesentlichen wird darauf abgestellt, ob sich die tatsächlichen Verhältnisse noch während des Ablaufs der Kündigungsfrist ändern. Der Anspruch auf Fortsetzung des Arbeitsverhältnisses bzw. der Wiedereinstellungsanspruch beruhen auf der Notwendigkeit, die deutsche Zivilrechtsdogmatik, die für die Wirksamkeit einer Kündigung allein auf den Zeitpunkt des Zugangs der Kündigung abstellt, mit den Vorgaben der Richtlinie 98/50/EG vom 29.06.1988 (jetzt Richtlinie 2001/23/EG v. 22.03.2001) in Einklang zu bringen.[433]

186 Wurde das Arbeitsverhältnis wegen einer beabsichtigten Betriebsstilllegung durch einen Aufhebungsvertrag beendet, so besteht kein Vertragsfortsetzungs- und Wiedereinstellungsanspruch, bis der Aufhebungsvertrag – etwa durch Anfechtung oder Fortfall der Geschäftsgrundlage – beseitigt wird.[434]

187 Ein Wiedereinstellungsanspruch besteht dann nicht, wenn berechtigte Interessen des Arbeitgebers – etwa bereits getroffene anderweitige Dispositionen – entgegenstehen.[435] Dies ist u.a. dann der Fall, wenn er den frei gewordenen Arbeitsplatz schon wieder mit einem anderen Arbeitnehmer besetzt hat. Dadurch erlischt grundsätzlich ein etwa entstandener Wiedereinstellungsanspruch, es sei denn der Arbeitgeber hat den – erneuten – Wegfall der in Betracht kommenden Beschäftigungsmöglichkeit treuwidrig herbeigeführt. Dies folgt aus dem in § 162 BGB normierten allgemeinen Rechtsgedanken. Die Berufung des Arbeitgebers auf den – erneuten – Wegfall des für den Arbeitnehmer geeigneten Arbeitsplatzes kann ihm insbesondere dann verwehrt sein, wenn er den Arbeitsplatz in Kenntnis des Wiedereinstellungsverlangens des Arbeitnehmers treuwidrig mit einem anderen Arbeitnehmer besetzt hat.[436]

188 Der Arbeitnehmer ist gehalten, seinen **Anspruch auf Fortsetzung** des Arbeitsverhältnisses **unverzüglich** nach Kenntniserlangung von den den Betriebsübergang ausmachenden tatsächlichen Umständen **geltend zu machen**.[437] Das Wiedereinstellungs- oder Fortsetzungsverlangen ist entsprechend der Frist zur Ausübung des Widerspruchsrechtes jedenfalls binnen eines Monats geltend zu machen, da der Zweck des Bestandsschutzes Phasen vermeidbarer Ungewissheit über das Zustandekommen eines Arbeitsverhältnisses nicht rechtfertigt.[438] Anderenfalls verwirkt der Arbeitnehmer den Anspruch.

189 Offen ist, ob ein Fortsetzungs-/Wiedereinstellungsanspruch auch besteht, wenn erst **nach Ablauf der Kündigungsfrist** eine (zeitversetzte) Übernahme der Hauptbelegschaft erfolgt. Nach der bisherigen Rechtsprechung des 8. Senats besteht ein solcher Anspruch, wenn sich die Unrichtigkeit der Prognoseentscheidung erst nach Ablauf der Kündigungsfrist ergibt und statt der Betriebsstilllegung nunmehr ein Betriebsübergang stattfindet.[439] Zwischenzeitlich hat der 8. Senat ausdrücklich die für den Wiedereinstellungsanspruch gegebene Begründung, die Art. 3 und 4 der Richtlinie 2001/23/EG würden einen Fortsetzungs-/Wiedereinstellungsanspruch auch nach Ablauf der Kündigungsfrist erfordern, aufgegeben. Gleichzeitig wurde jedoch die Frage, ob damit außerhalb eines Insolvenzverfahrens ein Fortsetzungs-/Wiedereinstellungsanspruch entgegen der früheren Rechtsprechung entfällt, offen gelassen.[440] Da der 8. Senat ausdrücklich von seinem bisherigen Begründungsansatz Abstand genommen hat und lediglich mangels Entscheidungserheblichkeit nicht weiter Stellung zu nehmen brauchte, spricht vieles dafür, dass das BAG einen Fortsetzungs-/Wiedereinstellungsanspruch nach Ablauf der Kündigungsfrist nicht mehr anerkennen wird. Dem wäre zuzustimmen. Nach Ablauf der Kündigungsfrist ist das Arbeitsverhältnis beendet. Ein gekündigter Arbeitnehmer hätte selbst gegen seinen früheren Arbeitgeber keinen Wiedereinstellungsanspruch, wenn dieser aufgrund geänderter Umstände eine

---

[432] BAG v. 27.02.1997 - 2 AZR 160/96 - NJW 1997, 2257-2260; BAG v. 13.05.2004 - 8 AZR 331/03 - AP Nr. 273 zu § 613a BGB; BAG v. 25.10.2007 - 8 AZR 989/06 - juris Rn. 19 ff., 35; *Preis/Steffan*, DB 1998, 309-315, 309.
[433] BAG v. 28.10.2004 - 8 AZR 199/04 - NZA 2005, 405-408.
[434] BAG v. 23.11.2006 - 8 AZR 349/06 - NZA 2007, 866, 869.
[435] BAG v. 28.06.2000 - 7 AZR 904/98 - AP § 1 KSchG 1969 Wiedereinstellung Nr. 6 m.w.N.
[436] BAG v. 04.05.2006 - 8 AZR 299/05 - juris Rn. 38 - ZIP 2006, 1545-1550.
[437] BAG v. 12.11.1998 - 8 AZR 265/97 - NJW 1999, 1132-1134; BAG v. 13.11.1997 - 8 AZR 295/95 - NJW 1998, 1885-1886.
[438] BAG v. 21.08.2008 - 8 AZR 201/07 - NZA 2009, 29-35.
[439] BAG v. 13.11.1997 - 8 AZR 295/95 - NJW 1998, 1885-1886.
[440] BAG v. 13.05.2004 - 8 AZR 198/03 - AP Nr. 264 zu § 613a BGB.

gleichwertige Position wieder zu besetzen hätte. Hieran kann sich nichts ändern, wenn die (Wieder-)Beschäftigungsmöglichkeit nur dadurch entsteht, dass ein Betriebsübergang erfolgt.

Im **Insolvenzverfahren** besteht nach einem Betriebsübergang **kein** Fortsetzungs-/Wiedereinstellungsanspruch gegenüber dem Betriebserwerber. Dies gilt zunächst in Fällen, in denen erst **nach Ablauf der Kündigungsfrist** ein Betriebsübergang vollzogen wird.[441] Denn die EG-Richtlinie 2001/23/EG findet im Insolvenzverfahren nur Anwendung, wenn die Mitgliedstaaten dies vorsehen. Weder der deutsche Gesetzgeber noch die Rechtsprechung haben eine entsprechende Regelung geschaffen.[442] Ebenso wenig besteht ein Fortsetzungsanspruch, wenn es nach einem vom Insolvenzverwalter getroffenen Stilllegungsbeschluss noch **während der Kündigungsfrist** zu einem Betriebsübergang kommt.[443] Damit ist diese in der Literatur und der Rechtsprechung der Instanzgerichte stark umstrittene Frage höchstrichterlich entschieden. 190

2. Sanierende Betriebsübernahme

Abgrenzungsfragen zwischen § 613a Abs. 4 Satz 1 und 2 BGB treten auch bei Kündigungen auf, die zum Zwecke der Sanierung eines Not leidenden Unternehmens ausgesprochen werden und in engem zeitlichen Zusammenhang mit Betriebsübernahmen stehen. Die Kündigung erfolgt dann nicht wegen des Betriebsübergangs i.S.v. § 613a Abs. 4 Satz 1 BGB, wenn eine konkrete Übernahmemöglichkeit noch nicht besteht.[444] In diesem Fall fehlt es an der Ursächlichkeit des Betriebsübergangs für die Kündigungen. Anders ist es, wenn die Betriebsübernahme im Zeitpunkt der Kündigung konkret geplant wird und bereits greifbare Formen angenommen hat.[445] 191

Die Kündigung des Betriebsveräußerers auf Grund eines Erwerberkonzepts verstößt dann nicht gegen § 613a Abs. 4 S. 1 BGB, wenn ein **verbindliches Konzept** oder ein **Sanierungsplan** des Erwerbers vorliegt, dessen Durchführung im Zeitpunkt des Zugangs der Kündigungserklärung bereits greifbare Formen angenommen hat.[446] Allein die Forderung des Erwerbers, die Belegschaft vor dem Betriebsübergang zu verkleinern, genügt hingegen nicht.[447] Dem steht der Schutzzweck des § 613a BGB nicht entgegen. Dieser liegt darin, den Erwerber daran zu hindern, bei der Übernahme der Belegschaft eine Auslese zu treffen; er soll sich insbesondere nicht von den besonders schutzbedürftigen älteren, schwerbehinderten, unkündbaren oder sonst sozial schwächeren Arbeitnehmern trennen können.[448] Sinn und Zweck der Regelungen in § 613a Abs. 1 Satz 1, Abs. 4 BGB ist es aber nicht, den Erwerber auch bei einer auf Grund betriebswirtschaftlicher Gesichtspunkte voraussehbar fehlenden Beschäftigungsmöglichkeit zu verpflichten, das Arbeitsverhältnis mit einem Arbeitnehmer noch einmal künstlich zu verlängern, bis er selbst die Kündigung aussprechen kann. 192

Die Kündigungsmöglichkeit des Veräußerers hängt auch nicht davon ab, dass er selbst das Erwerberkonzept bei Fortführung des Betriebs hätte durchführen können. Zwar hat der Zweite Senat des BAG die Auffassung vertreten, das Konzept des Erwerbers sei nur anzuerkennen, wenn dieses auch der bisherige Arbeitgeber bei eigener Fortführung des Betriebs hätte durchführen können.[449] Dieser Vorbehalt sei deswegen erforderlich, weil das Kündigungsrecht des Veräußerers nicht um Gründe erweitert werden dürfe, die allein in der Sphäre des Erwerbers liegen und die Kündigung von diesem erst mit dem 193

---

[441] BAG v. 13.05.2004 - 8 AZR 198/03 - AP Nr. 264 zu § 613a BGB.
[442] BAG v. 28.10.2004 - 8 AZR 199/04 - NZA 2005, 405-408.
[443] BAG v. 28.10.2004 - 8 AZR 199/04 - NZA 2005, 405-408 (mit ausführlicher Wiedergabe des bisherigen Meinungsstandes).
[444] *Edenfeld* in: Erman, Bd. 1, 13. Aufl. 2011, § 613a Rn. 112.
[445] BAG v. 19.05.1988 - 2 AZR 596/87 - ZIP 1989, 1012-1019.
[446] BAG v, 20.09.2006 - 6 AZR 249/05 - NZA 2007, 387, 389.
[447] BAG v. 20.03.2003 - 8 AZR 97/02 - NJW 2003, 3506-3508. In diesem Sinne bereits: BAG v. 26.05.1983 - 2 AZR 477/81 - NJW 1984, 627-630; BAG v. 18.07.1996 - 8 AZR 127/94 - ZIP 1996, 2028-2031; *Preis* in: ErfKomm, § 613a Rn. 169; *Griebeling* in: KR, 9. Aufl. 2009, § 1 KSchG Rn. 577; *Ascheid* in: BGB-RGRK, § 613a Rn. 258.
[448] BAG v. 26.05.1983 - 2 AZR 477/81 - NJW 1984, 627-630.
[449] BAG v. 26.05.1983 - 2 AZR 477/81 - NJW 1984, 627-630.

194 Betriebsübergang auf Grund einer weitergehenden, betriebsübergreifenden unternehmerischen Planung verwirklicht werden könnte. Andernfalls würde der Zweck des § 613a Abs. 4 BGB vereitelt, Kündigungen aus Anlass des Betriebsübergangs auszuschließen.

194 Dieser Auffassung ist der achte Senat des BAG[450] jedoch zu Recht nicht gefolgt: Das Wesen der Sanierungsfälle liegt häufig gerade darin, dass der Betrieb aus sich heraus nicht mehr sanierungsfähig ist.[451] Zur Stilllegung des Betriebs besteht oft nur die Alternative der Umstrukturierung durch die finanziellen und/oder organisatorischen Möglichkeiten des Erwerbers. In einer solchen Situation verstößt eine vollzogene Kündigung auf Grund des Sanierungskonzepts des Erwerbers nicht gegen den Schutzgedanken des § 613a Abs. 1 Satz 1, Abs. 4 BGB, der den Erwerber bei der Betriebsübernahme an einer freien Auslese der Belegschaft hindern will.[452] Für die Wirksamkeit einer betriebsbedingten Kündigung des Veräußerers nach dem Erwerberkonzept kommt es – jedenfalls in der Insolvenz – nicht darauf an, ob das Konzept auch bei dem Veräußerer hätte durchgeführt werden können.[453] Wer das umgesetzte Konzept entwickelt hat und wer gekündigt hat – der Veräußerer vor oder der Betriebserwerber nach Betriebsübergang –, ist letztlich unerheblich.[454] Ob dies auch außerhalb der Insolvenz gilt, hat der achte Senat bislang jedoch offen gelassen.

195 Wird gleichzeitig eine Teilbetriebsstilllegung und ein Teilbetriebsübergang geplant, ist die für die auszusprechenden Kündigungen erforderliche **Sozialauswahl** auf den gesamten Betrieb einschließlich des später übergehenden Betriebsteils zu erstrecken.[455] Das Kündigungsverbot wegen des Betriebsübergangs aus Absatz 4 verdrängt die allgemeinen Kündigungsschutzvorschriften nicht. Es bietet keinen absoluten Bestandsschutz gegen Kündigungen im Zusammenhang mit einem Betriebsübergang.

196 Weiß der Arbeitgeber im Fall eines bevorstehenden Teilbetriebsübergangs, dass das Beschäftigungsbedürfnis für die vom Übergang betroffenen Arbeitnehmer entfallen wird, falls sie von ihrem Widerspruchsrecht Gebrauch machen, muss er ihnen einen ggf. vorhandenen zumutbaren **freien Arbeitsplatz** – unter Umständen auch zu geänderten Bedingungen – anbieten.[456] Das BAG hat bislang offen gelassen, in welchem Zeitraum diese Verpflichtung besteht. Sie besteht jedenfalls in der Zeit zwischen der Unterrichtung gem. § 613a Abs. 5 BGB und dem Ablauf der Frist des § 613a Abs. 6 Satz 1 BGB.[457] Richtigerweise kann im Interesse der betrieblichen Handhabbarkeit außerhalb dieses Zeitraums eine entsprechende Verpflichtung nicht bestehen. Vor Unterrichtung der Arbeitnehmer werden in aller Regel noch mehrere Möglichkeiten, ob es überhaupt zu einer Betriebsübernahme kommen wird, in Betracht gezogen werden. Dies gebietet es, auf die vom Gesetzgeber nunmehr vorgesehene ausdrückliche Zäsur der Unterrichtung abzustellen. Nach Ablauf der Widerspruchsfrist sind ebenfalls keine schutzwürdigen Gründe erkennbar, dem Arbeitnehmer noch einen frei werdenden Arbeitsplatz anzubieten. Der Arbeitnehmer hat die Verpflichtung, innerhalb der Widerspruchsfrist autonom seine Entscheidung für oder gegen einen Widerspruch zu treffen. Dabei hat er die Gründe und das mit dem Widerspruch verbundene Risiko allein zu beurteilen.[458] Anschließend ist er an seiner Entscheidung festzuhalten.

VI. Prozessuale Hinweise

197 Die Kündigungsschutzklage ist gegen denjenigen Arbeitgeber zu richten, der gekündigt hat.[459] Hat der Veräußerer die Kündigung ausgesprochen, so ist er im Kündigungsschutzprozess auch noch nach Be-

---

[450] BAG v. 20.03.2003 - 8 AZR 97/02 - NJW 2003, 3506-3508.
[451] *Hanau*, ZIP 1984, 141-145.
[452] *Preis* in: ErfKomm, § 613a Rn. 169.
[453] BAG v. 20.09.2006 - 6 AZR 249/05 - NZA 2007, 387, 389.
[454] BAG v. 20.03.2003 - 8 AZR 97/02 - NJW 2003, 3506-3508, *Ascheid* in: BGB-RGRK, § 613a Rn. 258.
[455] BAG v. 28.10.2004 - 8 AZR 391/03 - NZA 2005, 285-289.
[456] BAG v. 15.08.2002 - 2 AZR 195/01 - NZA 2003, 430-432.
[457] BAG v. 15.08.2002 - 2 AZR 195/01 - NZA 2003, 430-432.
[458] BAG v. 30.09.2004 - 8 AZR 462/03 - NJW 2005, 43-51.
[459] BAG v. 26.05.1983 - 2 AZR 477/81 - juris Rn. 17 - NJW 1984, 627-630.

triebsübergang analog § 265 ZPO prozessführungsbefugt. Der Veräußerer kann den Prozess als Prozessstandschafter ebenso durch Vergleich mit Wirkung für und gegen den Erwerber beenden. Dies gilt jedenfalls dann, wenn der Vergleich nicht über den Streitgegenstand hinausgeht und der Erwerber die materiell-rechtliche Verfügung (konkludent) genehmigt.[460] Die Beweislast für die Kausalität zwischen Betriebsübergang und Kündigung trägt der Arbeitnehmer, der die Unwirksamkeit der Kündigung im Prozess geltend macht.[461] Der Arbeitnehmer, der sich auf die Unwirksamkeit einer Kündigung nach § 613a Abs. 4 BGB beruft, muss daher auch darlegen und ggf. beweisen, dass überhaupt ein Betriebsübergang vorgelegen hat.[462]

E. Kommentierung zu Absatz 5

I. Grundlagen

1. Kurzcharakteristik

§ 613a Abs. 5 BGB statuiert eine gesamtschuldnerische **Unterrichtungspflicht** des bisherigen Arbeitgebers und des neuen Inhabers im Hinblick auf den Betriebsübergang und die mit diesem verbundenen Rechtsfolgen. Die Unterrichtungspflicht besteht unabhängig von der Betriebsgröße und unabhängig von der Existenz eines Betriebsrates. Die erteilten Informationen sollen den vom Betriebsübergang betroffenen Arbeitnehmern eine Grundlage für die Entscheidung über die Ausübung ihres Widerspruchsrechts bieten.[463] Die Arbeitnehmer sollen aufgrund der ihnen mitzuteilenden Tatsachen in die Lage versetzt werden, die Folgen des Betriebsübergangs für sich abschätzen und sich ggf. eingehender beraten lassen zu können.[464]

198

2. Europäischer Hintergrund

Die durch das Gesetz zur Änderung des Seemannsgesetzes und anderer Gesetze vom 23.03.2002[465] auf verstecktem Wege vorgenommenen Ergänzungen der Regelungen des § 613a BGB durch die § 613a Abs. 5 und 6 BGB sind seit dem 01.04.2002 in Kraft. Hiermit hat der Gesetzgeber Art. 7 Abs. 6 der Richtlinie 2001/23/EG vom 12.03.2001 zur Angleichung der Rechtsvorschriften der Mitgliedstaaten über die Wahrung von Ansprüchen der Arbeitnehmer beim Übergang von Unternehmen, Betrieben oder Betriebsteilen[466] umgesetzt[467]. Nach der Richtlinie wäre allerdings die Einführung eines subsidiären Informationsanspruchs des einzelnen Arbeitnehmers für den Fall, dass es unabhängig vom Willen der Arbeitnehmer keine Arbeitnehmervertreter gibt, ausreichend gewesen. Der deutsche Gesetzgeber ist mit der Einführung der grundsätzlich erforderlichen Unterrichtung deutlich darüber hinausgegangen.[468] Auch die Kodifizierung des Widerspruchsrechts der Arbeitnehmer und dessen Verknüpfung mit der Unterrichtung sah die Richtlinie nicht vor. Der EuGH[469] erkennt aber bereits seit längerem das von der deutschen Rechtsprechung[470] entwickelte Widerspruchsrecht des Arbeitnehmers an.

199

---

[460] BAG v. 24.08.2006 - 8 AZR 574/05 - NZA 2007, 328, 330.
[461] BAG v. 05.12.1985 - 2 AZR 3/85 - NJW 1986, 2008-2009.
[462] BAG v. 22.06.2011 - 8 AZR 107/10 - juris Rn. 32 - DB 20111, 2553-2555.
[463] BT-Drs. 14/7760, S. 19, 20.
[464] Vgl. BT-Drs. 14/7760, S. 19.
[465] BGBl I 2002, 1163.
[466] Art. 7 Abs. 6, RL 2001/23/EG des Europäischen Parlaments und Rates v. 12.03.2001; ABlEG L 82 vom 22.03.2001, S. 16.
[467] Vgl. hierzu ausführlich *Franzen*, RdA 2002, 258-272, 258.
[468] *Bauer/von Steinau-Steinrück*, ZIP 2002, 457-466, 460.
[469] EuGH v. 07.03.1996 - C-171/94 C-172/94 - NJW 1996, 1199-1201; EuGH v. 24.01.2002 - C-51/00 - NJW 2002, 811-813.
[470] BAG v. 07.04.1993 - 2 AZR 449/91 (B) - NJW 1993, 3156-3159; BAG v. 22.04.1993 - 2 AZR 313/92 - juris Rn. 14 - NJW 1994, 2170-2172; BAG v. 25.01.2001 - 8 AZR 336/00 - juris Rn. 61 - NJW 2001, 2571-2573.

II. Durchführung der Unterrichtung

1. Anlass der Unterrichtung

200 Die Arbeitnehmer sind anlässlich eines Betriebsübergangs im Sinne des § 613a BGB zu unterrichten, d.h. wenn ein Betrieb oder Betriebsteil auf Grund eines Rechtsgeschäfts von einem Betriebsveräußerer auf einen Betriebserwerber übergeht. Die Unterrichtung dient dazu, dem von einem Betriebsübergang betroffenen Arbeitnehmer eine ausreichende Wissensgrundlage für die Ausübung des Widerspruchsrechts (§ 613a Abs. 6 BGB) zu geben.

2. Unterrichtungsverpflichteter

201 Nach dem Wortlaut des Gesetzes kann die Unterrichtung sowohl vom Veräußerer als auch vom Erwerber allein vorgenommen werden. Es empfiehlt sich allerdings eine gemeinsame Vornahme der Unterrichtung durch Veräußerer und Erwerber, da die Gegenstände der Unterrichtung regelmäßig eine Verständigung beider erforderlich machen. Anderenfalls bestehen aufgrund der fehlenden Gewähr für die Vollständigkeit der Informationen und der Gefahr von Widersprüchen zwischen den beiden Unterrichtungen erhebliche Risiken.

3. Adressat der Unterrichtung

202 Zu unterrichten sind die vom Übergang unmittelbar betroffenen Arbeitnehmer. Das sind diejenigen, deren Arbeitsverhältnis gemäß § 613a BGB infolge des Betriebsübergangs auf den neuen Betriebsinhaber übergeht. Eine Unterrichtung von Kollektivorganen (z.B. des Betriebsrates), etwa anlässlich einer Verschmelzung, erfüllt die Anforderungen des § 613a Abs. 5 BGB nicht.

4. Form und Zeitpunkt der Unterrichtung

203 Die Unterrichtung der von dem Übergang betroffenen Arbeitnehmer hat in **Textform** (§ 126b BGB) zu erfolgen. Das Schreiben muss nicht unterzeichnet sein, jedoch den Absender erkennen lassen. Möglich ist damit eine Unterrichtung per Post, Fax oder E-Mail, im Intranet oder durch Aushang.[471] Nicht ausreichend ist hingegen eine mündliche Mitteilung auf einer Betriebsversammlung[472] oder die Information auf der Homepage des Unternehmens oder im Internet.

204 Möglich ist zwar eine standardisierte Information (z.B. ein Formularschreiben); sie muss aber die Besonderheiten des Arbeitsverhältnisses erfassen.[473] Maßgebend ist der Bezug zum Arbeitsplatz.[474]

205 Mit dem Zugang der ordnungsgemäßen Unterrichtung beginnt die einmonatige Widerspruchsfrist des Arbeitnehmers zu laufen.[475] Das **Risiko des Zugangs** trägt der Arbeitgeber bzw. Erwerber.[476] Ihn trifft auch die Darlegungs- und Beweislast für den Zugang.

206 Wegen der Schwierigkeiten, den Zugang der Unterrichtung - ggf. noch Jahre später - zu beweisen, ist von einer Unterrichtung per E-Mail, Internet oder durch Aushang abzuraten. Empfehlenswert ist die Übergabe eines Unterrichtungsschreibens gegen eine unterschriebene Empfangsbestätigung auf einer Mehrausfertigung.

207 Die Unterrichtung der Arbeitnehmer muss nach dem Gesetzeswortlaut **vor dem Übergang** erfolgen. Der Gesetzeswortlaut („vor dem Betriebsübergang") scheint den Eindruck zu erwecken, eine spätere Unterrichtung sei ausgeschlossen. Indes ergibt sich aus der Gesetzesbegründung[477], dass die Unter-

---

[471] *Bonanni*, ArbRB 2002, 19-22, 20; *Grobys*, BB 2002, 726-731, 727; *Worzalla*, NZA 2002, 353-358, 356.
[472] *Preis* in: ErfKomm, § 613a Rn. 91.
[473] BAG v. 14.12.2006 - 8 AZR 763/05 - NZA 2007, 682, 684.
[474] BAG v. 13.07.2006 - 8 AZR 305/05 - NZA 2006, 1268, 1271
[475] BAG v. 13.07.2006 - 8 AZR 305/05 - NZA 2006, 1268, 1270.
[476] *Gaul*, FA 2002, 299-302, 301.
[477] BT-Drs. 14/7760, S. 19.

richtung auch nachgeholt werden kann[478]. In diesem Fall beginnt die Widerspruchsfrist allerdings erst mit dem Zugang der Unterrichtung.

5. Inhalt der Unterrichtung

Der Inhalt der Unterrichtungspflicht des § 613a Abs. 5 BGB entspricht Art. 7 Abs. 6 der Richtlinie 2001/23/EG. Er bestimmt sich nach dem subjektiven Kenntnisstand des Veräußerers und Erwerbers zum Zeitpunkt der Unterrichtung.[479] Andernfalls hätte der Gesetzgeber nicht auf den „geplanten" Zeitpunkt der Übertragung und die „in Aussicht genommenen" Maßnahmen abgestellt, sondern beispielsweise auf den tatsächlichen Zeitpunkt. Gleichwohl ist zur Reduzierung des Risikos eines gesetzlich unbegrenzten Widerspruchsrechts jedenfalls dann eine nachträgliche Korrektur der Unterrichtung zu empfehlen, wenn größere Abweichungen zwischen ursprünglicher Planung und der Realisation absehbar sind.

Eine **Grenze der Unterrichtungsintensität** ist dadurch gezogen, dass der Arbeitgeber keine individuelle,[480] rechtsverbindliche Rechtsberatung des einzelnen Arbeitnehmers zu leisten braucht,[481] da sich die Unterrichtungsverpflichtung nach dem Gesetzeswortlaut an „die Arbeitnehmer" richtet. Insbesondere ist zu berücksichtigen, dass sich im Zusammenhang mit dem Betriebsübergang oft komplexe Rechtsfragen ergeben, deren Beantwortung zwischen den Beteiligten und in der Fachliteratur umstritten ist.

a. Zeitpunkt oder geplanter Zeitpunkt des Übergangs (Nr. 1)

Es genügt, den geplanten Zeitpunkt des Übergangs zu benennen.[482] Aufgrund des Wortlautes „Zeitpunkt" ist grundsätzlich eine datumsmäßige Bezeichnung erforderlich. Erfolgt der Übergang aufgrund einer Umwandlung (z.B. Verschmelzung), die erst mit der Eintragung ins Handelsregister wirksam wird und deren Zeitpunkt schwer zu prognostizieren ist, ist der voraussichtliche Eintragungszeitpunkt anzugeben.

Nach dem Gesetzeswortlaut ist die Angabe des „geplanten" Übergangszeitpunktes ausreichend. Dies schafft eine gewisse Flexibilität bei der Umsetzung des beabsichtigten Betriebsübergangs. Verschiebt sich der Zeitpunkt des Betriebsübergangs erheblich, empfiehlt sich zur Vermeidung des späteren Vorwurfs einer fehlerhaften Unterrichtung, diese hinsichtlich des Zeitpunktes zu wiederholen, also zu korrigieren. Für die Frage, ob eine erhebliche Verschiebung vorliegt, wird darauf abzustellen sein, ob die zeitliche Abweichung im konkreten Fall Einfluss auf die Widerspruchsentscheidung haben kann.

b. Grund für den Übergang (Nr. 2)

Mit der Benennung des Grundes für den Übergang ist in erster Linie ein Hinweis auf den **Rechtsgrund** der Übertragung (z.B. Veräußerungs-, Miet- oder Pachtvertrag, Outsourcingvertrag, Verschmelzung o.Ä.) gemeint.[483] Hierzu gehört auch die Information, dass der Betrieb oder Betriebsteil im Wege der Einzel- oder Gesamtrechtsnachfolge auf den Erwerber übergehen soll. Darüber hinaus sind nach der Rechtsprechung auch **unternehmerische Gründe** schlagwortartig mitzuteilen, soweit sie sich auf den Arbeitsplatz des Arbeitnehmers beim Betriebserwerber oder – im Falle eines Widerspruchs – beim Betriebsveräußerer auswirken können.[484]

---

[478] BAG v. 14.12.2006 - 8 AZR 763/05 - NZA 2007, 682, 686; *Willemsen/Lembke*, NJW 2002, 1159-1165, 1163; a. A. *Bauer/von Steinau-Steinrück*, ZIP 2002, 457-466, 459, 464.
[479] BAG v. 14.12.2006 - 8 AZR 763/05 - NZA 2007, 682, 684; *Bauer/von Steinau-Steinrück*, ZIP 2002, 457-466, 463; *Grobys*, BB 2002, 726-731, 728; a.A. *Worzalla*, NZA 2002, 353-358, 354.
[480] BAG v. 14.12.2006 - 8 AZR 763/05 - NZA 2007, 682, 684.
[481] BAG v. 09.02.2006 - 6 AZR 281/05 - juris Rn. 28, nv.
[482] *Gaul*, FA 2002, 299-302, 299.
[483] BAG v. 23.07.2009 - 8 AZR 538/08 - NZA 2010, 89-95.
[484] BAG v. 14.12.2006 - 8 AZR 763/05 - NJW 2007, 2134, 2136; BAG v. 23.07.2009 - 8 AZR 538/08 - NZA 2010, 89-95; kritisch zum Merkmal der „unternehmerischen Gründe" *Schiefer/Worzalla*, NJW 2009, 558, 561.

213 Einzelheiten des Vertragsverhältnisses müssen nicht genannt werden. Gleiches gilt für **vertrauliche Informationen**, die die Tätigkeit des Unternehmens oder Betriebs erheblich beeinträchtigen oder ihm schaden könnten. Ebenfalls nicht erforderlich ist die Nennung weitergehender **Motive**, die die beteiligten Rechtsträger zur Übertragung der wirtschaftlichen Einheit bewegt haben.[485] Sie werden für die Widerspruchsentscheidung der Arbeitnehmer selten relevant sein und wären im Übrigen nur schwer eingrenzbar. Vor allem aber stünde eine derartige weitergehende Verpflichtung nicht im Einklang mit der grundrechtlich geschützten unternehmerischen Freiheit.

214 Im Einzelfall kann es allerdings angezeigt sein, die Arbeitnehmer auch auf die wesentlichen tatsächlichen, das unternehmerische Konzept tragenden Beweggründe für den Betriebsübergang hinzuweisen. Hierzu zählen beispielsweise Hinweise darauf, dass die Wettbewerbsfähigkeit gesteigert werden soll, Synergieeffekte genutzt werden sollen, sich das veräußernde Unternehmen auf das Kerngeschäft konzentrieren möchte, Kosten verringert werden sollen u.a.

c. Rechtliche, wirtschaftliche und soziale Folgen des Übergangs für die Arbeitnehmer (Nr. 3)

215 Die Darstellung der rechtlichen, wirtschaftlichen und sozialen Folgen des Betriebsübergangs stellt regelmäßig den Schwerpunkt der Unterrichtung dar. Zugleich bereitet sie in der Praxis meist besondere Schwierigkeiten. Diese sind vor allem dadurch begründet, dass es Rechtsprechung und Literatur bisher nur teilweise gelungen ist, der gesetzlichen Regelung Konturen zu verleihen. Insbesondere der Unterrichtungsgegenstand der wirtschaftlichen und sozialen Folgen konnte bislang nicht verlässlich bestimmt werden.

aa. Rechtliche Folgen des Übergangs

216 Der Umfang der Unterrichtung über die rechtlichen Folgen ist anhand der in § 613a Abs. 1-4 BGB festgelegten Rechtsfolgen des Betriebsübergangs zu ermitteln. Ein pauschaler Hinweis auf den Gesetzeswortlaut bzw. dessen bloße Wiedergabe reicht nicht aus.[486]

217 Da der Wortlaut des Gesetzes auf die Folgen für „die Arbeitnehmer" abstellt, müssen diese Folgen nicht konkret bezogen auf jedes einzelne Arbeitsverhältnis benannt werden. Ausreichend ist eine kollektive Beschreibung für alle Arbeitnehmer oder für Arbeitnehmergruppen, die vom Übergang betroffen sind.[487] Es genügt, wenn die Unterrichtung es dem Arbeitnehmer ermöglicht, sein Arbeitsverhältnis einer der im Unterrichtungsschreiben genannten Gruppen zuzuordnen und er so die für ihn maßgeblichen Rechtsfolgen erkennen kann.[488] Bestehen in Ausnahmefällen Arbeitnehmergruppen mit völlig voneinander abweichend ausgestalteten Arbeitsverhältnissen, kann eine jeweils angepasste Unterrichtung erforderlich werden.

218 Im Einzelnen ist insbesondere über folgende Punkte zu unterrichten:
- **Identität (Name, Anschrift, Geschäftstätigkeit) des Betriebserwerbers.** Der Betriebserwerber ist – auch wenn sich dies nicht unmittelbar aus dem Wortlaut des § 613a BGB ergeben mag – identifizierbar zu benennen.[489] Dies kann im Einzelfall bei Verwechslungsgefahr die Angabe der Handelsregisternummer und des Registrierungsorts erforderlich machen.
- **Tarifbindung des Betriebserwerbers**, z.B. Mitgliedschaft in bestimmten Arbeitgeberverband, Geltung eines Haustarifvertrages.

---

[485] *Bauer/von Steinau-Steinrück*, ZIP 2002, 457-466, 462; *Huke*, FA 2002, 263-268, 265; *Worzalla*, NZA 2002, 353-358, 354; weiterhegend *Wulff*, AiB 2002, 594-596, 594: Mitteilung der wirtschaftlichen oder unternehmenspolitischen Gründe.

[486] BAG v. 14.12.2006 - 8 AZR 763/05 - NZA 2007, 682, 684; *Laber/Roos*, ArbRB 2002, 303-306, 20; *Huke*, FA 2002, 263-268, 266.

[487] Zutreffend: *Willemsen/Lembke*, NJW 2002, 1159-1165, 1159.

[488] BAG v. 10.11.2011 - 8 AZR 430/10 - juris Rn. 36.

[489] BAG v. 13.07.2006 - 8 AZR 305/05 - NZA 2006, 1268, 1271; BAG v. 14.12.2006 - 8 AZR 763/05 - NZA 2007, 682, 684; BAG v. 23.07.2009 - 8 AZR 538/08 - NZA 2010, 89.

- Den **Übergang der Arbeitsverhältnisse** mit allen auf dem Arbeitsvertrag beruhenden Rechten und Pflichten auf den Erwerber, den **Eintritt** des Betriebserwerbers und den **Austritt** des Betriebsveräußerers als Arbeitsvertragspartner, § 613a Abs. 1 Satz 1 BGB.[490] Es genügt eine abstrakte Unterrichtung, d.h. die Rechte und Pflichten müssen nicht im Einzelnen aufgelistet werden. Für nicht tarifgebundene Arbeitnehmer, auf deren Arbeitsverhältnis Tarifverträge durch Bezugnahmeklausel des Arbeitsvertrages Anwendung finden, sollte der Hinweis aufgenommen werden, dass vom Übergang auch die tarifvertraglichen Regelungen betroffen sind, die durch die Einbeziehung des Tarifvertrages Bestandteil des Arbeitsverhältnisses geworden sind. Nach den Umständen des Einzelfalls kann besonderer Hinweisbedarf hinsichtlich einzelner Vertragsgegenstände bestehen, z.B. Betriebszugehörigkeit, Anspruch auf betriebliche Altersversorgung, Werkdienstwohnungen, Firmenrabatte, Arbeitgeberdarlehen, Altersteilzeit etc.
- Die **Haftung des Betriebsveräußerers und -erwerbers** als Gesamtschuldner für Ansprüche, die vor Betriebsübergang entstanden sind und vor Ablauf von einem Jahr nach diesem Zeitpunkt fällig werden, § 613a Abs. 2 BGB. Hierzu gehört auch der Hinweis, dass sich, soweit die Fälligkeit nach dem Betriebsübergang eingetreten ist, die Haftung des Veräußerers auf den anteiligen Betrag, der bis zum Übergang entstanden ist, beschränkt (z.B. zeitanteilige Jahressonderzahlung, anteiliger Urlaubsabgeltungsanspruch).[491] Die Unterrichtung ist (insgesamt) nicht ordnungsgemäß, wenn das Haftungssystem, das sich aus dem Zusammenspiel der Regelungen in § 613a Abs. 1 Satz 1 und Abs. 2 BGB ergibt, unvollständig oder fehlerhaft dargestellt wird.[492]
- Den **Ausschluss der Kündigung** wegen des Betriebsübergangs, § 613a Abs. 4 BGB. Gleichzeitig sollte jedoch ein Hinweis erfolgen, dass eine Kündigung aus anderen Gründen dadurch nicht ausgeschlossen ist.
- Das Schicksal von **Betriebsvereinbarungen** und **Tarifverträgen**, § 613a Abs. 1 Sätze 2-4 BGB.[493] Nicht erforderlich ist, den Arbeitnehmern in Anwendung der komplizierten und für die Praxis im Detail kaum noch nachvollziehbaren Rechtsprechung zu diesem Thema hinsichtlich jeder Vereinbarung und unter Berücksichtigung der Vielzahl von Möglichkeiten die Folgen im Einzelnen darzulegen. Vielmehr ist die Unterrichtung auf die kollektivrechtlichen Vereinbarungen zu beschränken, die auf das Arbeitsverhältnis Anwendung finden, d.h. Regelungen für den Inhalt und die Beendigung des Arbeitsverhältnisses enthalten (Inhaltsnormen). Der Inhalt der einzelnen Tarifverträge und Betriebsvereinbarungen muss nicht im Einzelnen angegeben werden. Entsprechend dem Nachweisgesetz (§ 2 Abs. 1 Nr. 10 NachwG) reicht der Verweis auf die entsprechenden Kollektivvereinbarungen aus. Eine detaillierte Bezeichnung einzelner Tarifverträge und Betriebsvereinbarungen ist nicht erforderlich, da sich der Arbeitnehmer hiernach nach Erhalt der Unterrichtung selbst näher erkundigen kann.[494]
- Das **Widerspruchsrecht** als Folge des Betriebsübergangs. Eine Unterrichtung hierüber ist erforderlich und sinnvoll.[495] Hierzu zählt die Information, dass im Falle des Widerspruchs das Arbeitsverhältnis nicht auf den Erwerber übergeht, sondern beim Veräußerer bestehen bleibt, dass die Widerspruchsfrist einen Monat beträgt und der Widerspruch sowohl beim Veräußerer als auch beim Erwerber eingelegt werden kann. Erforderlich ist auch ein Hinweis auf die nach § 613a Abs. 6 Satz 1 BGB vorgeschriebene Schriftform.[496] Die Arbeitnehmer sind ggf. auch darüber aufzuklären, wenn beim Veräußerer wegen des Wegfalls seines Arbeitsplatzes unter Umständen keine Arbeitsmöglichkeiten mehr bestehen und aus diesem Grund eine betriebsbedingte Kündigung in Betracht kommt.

---

[490] BAG v. 14.12.2006 - 8 AZR 763/05 - NZA 2007, 682, 685.
[491] BAG v. 14.12.2006 - 8 AZR 763/05 - NZA 2007, 682, 685.
[492] BAG v. 26.05.2011 - 8 AZR 18/10 - juris Rn. 21 ff.
[493] BAG v. 14.12.2006 - 8 AZR 763/05 - NZA 2007, 682, 685.
[494] BAG v. 10.11.2011 - 8 AZR 430/10 - juris Rn. 27.
[495] *Worzalla*, NZA 2002, 353-358, 355; *Preis* in: ErfKomm, § 613a Rn. 88a; a.A. *Bauer/von Steinau-Steinrück*, ZIP 2002, 457-466, 463.
[496] BAG v. 22.06.2011 - 8 AZR 752/09 - juris Rn. 26 - DB 2385-2386.

Die Arbeitnehmer sind in diesem Zusammenhang auch über eventuelle Sozialplanansprüche im Falle einer Kündigung zu unterrichten.[497]
- **Auswirkungen auf betriebsverfassungsrechtliche Organe** (Betriebsrat etc.) und die sich ggf. ändernde Rechtsstellung von deren Mitgliedern.[498] Ob beim Betriebserwerber ein Betriebsrat existiert, ist für die betroffenen Arbeitnehmer auch im Hinblick auf eine etwaige Sozialplanpflichtigkeit zukünftiger Umstrukturierungen ein wesentlicher, die Widerspruchsentscheidung beeinflussender Aspekt.
- **Mitbestimmungsrechtliche Auswirkungen** wie das Nichtbestehen eines mitbestimmten Aufsichtsrats nach dem MitbestG oder dem DrittelbG beim Erwerber. Diese sollten jedenfalls dann mitgeteilt werden, wenn beim Veräußerer ein mitbestimmter Aufsichtsrat besteht, der für die betroffenen Arbeitnehmer nach dem Betriebsübergang nicht mehr zuständig ist.

219 Die Unterrichtung über die Rechtsfolgen darf keine juristischen Fehler enthalten; es ist insofern nicht genügend, dass die rechtlichen Folgen lediglich „im Kern richtig" dargestellt werden. Bei komplexen Rechtsfragen liegt dann keine fehlerhafte Unterrichtung vor, wenn der Arbeitgeber nach angemessener Prüfung eine vertretbare Position gegenüber den Arbeitnehmern kundtut. Hierfür kann die Einholung von Rechtsrat bezüglich der höchstrichterlichen Rechtsprechung erforderlich sein.[499]

bb. Wirtschaftliche und soziale Folgen des Übergangs

220 Über den Unterrichtungsgegenstand der wirtschaftlichen und sozialen Folgen herrscht wenig Klarheit.[500]

221 Das **BAG** hat bislang nur vorsichtige Versuche einer Präzisierung der gesetzlich geforderten Unterrichtungsinhalte unternommen. Es unterscheidet zwar formal zwischen rechtlichen Folgen auf der einen und wirtschaftlichen und sozialen Folgen auf der anderen Seite. Die Unterscheidung beschränkt sich aber im Wesentlichen darauf, die rechtlichen Folgen als „unmittelbare" Folgen des Betriebsübergangs, die wirtschaftlichen und sozialen Folgen hingegen als „mittelbare" oder „Sekundärfolgen" des Betriebsüberganges zu klassifizieren.[501] Wo die Grenze zwischen unmittelbaren und mittelbaren Folgen verläuft und wo letztere enden, ist unklar. Die Rechtsprechung ist stark durch **Einzelfallentscheidungen** geprägt. Dabei geht das Bundesarbeitsgericht zur Konkretisierung der Unterrichtungspflicht von dem Gesetzeszweck des § 613a Abs. 5 BGB aus, dem Arbeitnehmer die „Möglichkeit zur sachgerechten Ausübung des Widerspruchsrechts" zu verschaffen.[502] Unter diesen abstrakten Gesetzeszweck wird dann der zu entscheidende Einzelfall subsumiert. So soll unter dem Gesichtspunkt der wirtschaftlichen und/oder sozialen Folgen über die mögliche **Kündigung einer Prämienregelung** durch den Erwerber[503], das **Bestehen von Sozialplanansprüchen** gegen den Veräußerer im Falle eines Widerspruchs[504] oder die **Nichtübertragung eines Betriebsgrundstücks** auf den Erwerber[505] zu unterrichten sein. Die ergangenen Entscheidungen können als Einzelfallentscheidungen jedoch allenfalls Aufschluss über den Umfang der Unterrichtungspflicht in ähnlich gelagerten Fällen geben. Verallgemeinerungsfähige Aussagen zur Bestimmung des Umfangs der Unterrichtungspflicht sind ihnen kaum zu entnehmen.

---

[497] BAG v. 13.07.2006 - 8 AZR 303/05 - NZA 2006, 1273, 1276.
[498] Ebenso: *Worzalla*, NZA 2002, 353-358, 355; a.A. *Willemsen/Lembke*, NJW 2002, 1159-1165, 1162.
[499] BAG v. 14.12.2006 - 8 AZR 763/05 - NZA 2007, 682, 685; BAG v. 13.07.2006 - 8 AZR 303/05 - NZA 2006, 1273, 1275.
[500] Ausführlich zur Problematik *Kliemt/Teusch*, FS Bauer, 2010, S. 537-548.
[501] Vgl. BAG v. 14.12.2006 - 8 AZR 763/05 - NZA 2007, 682, 685; BAG v. 13.07.2006 - 8 AZR 303/05 - NZA 2006, 1268, 1272; BAG v. 24.05.2005 - 8 AZR 398/04 - NZA 2005, 1302, 1304.
[502] Vgl. nur BAG v. 31.01.2008 - 8 AZR 1116/06 - NZA 2008, 642, 643.
[503] BAG v. 24.05.2005 - 8 AZR 398/04 - NZA 2005, 1302, 1304.
[504] BAG v. 13.07.2006 - 8 AZR 303/05 - NZA 2006, 1273, 1276.
[505] BAG v. 31.01.2008 - 8 AZR 1116/06 - NZA 2008, 642, 644.

In der **Literatur** wird zum Teil bereits die Einbeziehung mittelbarer Folgen in den Unterrichtungskanon des § 613a Abs. 5 Nr. 3 BGB grundsätzlich für unzulässig gehalten[506]. Unterrichtungspflichtig sollen danach nur die unmittelbaren Folgen des Betriebsübergangs sein, das heißt solche, die von keinen weiteren Ereignissen abhängig sind. Dieses wird aus der Gesetzesbegründung[507] abgeleitet, die beispielhaft nur unmittelbare Folgen aufzähle. Mittelbare Auswirkungen des Betriebsüberganges seien allenfalls als in Aussicht genommene Maßnahmen von § 613a Abs. 5 Nr. 4 BGB erfasst.[508] Dagegen wird jedoch zu Recht eingewandt, dass die beispielhafte Aufzählung von Unterrichtungsinhalten in der Gesetzesbegründung im Zusammenhang mit dem ebenfalls in der Gesetzesbegründung enthaltenen Hinweis steht, dass sich die rechtlichen, wirtschaftlichen und sozialen Folgen „vor allem" aus den Regelungen des § 613a Abs. 1-4 BGB ergeben.[509] Durch die Formulierung „vor allem" hat der Gesetzgeber deutlich gemacht, dass es neben den unmittelbaren Folgen der Absätze 1-4 noch weitere Folgen geben kann. Dass der Gesetzgeber mittelbare Folgen von vornherein von der Unterrichtungspflicht ausnehmen wollte, ist den Gesetzesmaterialien nicht zu entnehmen. Vielmehr wird man davon ausgehen müssen, dass es neben den unmittelbaren rechtlichen Folgen noch weitere eigenständige Folgen geben muss, da andernfalls die ausdrückliche Erwähnung wirtschaftlicher und sozialer Folgen überflüssig wäre. Ob man diese als „unmittelbare" oder „mittelbare" Folgen des Betriebsübergangs bezeichnet, ist letztlich nur eine Frage des zugrunde gelegten Kausalitätsverständnisses. Zur Bestimmung des Umfangs der Unterrichtungspflicht ist die Unterscheidung wenig hilfreich.

222

Eine positive Bestimmung des Unterrichtungsgegenstands im Wege klassischer **Auslegung** erscheint kaum möglich. Der **Gesetzeswortlaut** ist zur normativen Ausfüllung der unbestimmten Rechtsbegriffe „wirtschaftliche und soziale Folgen" keine taugliche Interpretationshilfe. Lediglich der Verwendung des Begriffs „Folgen" lässt sich entnehmen, dass die unterrichtungspflichtige Tatsache in kausalem Zusammenhang mit dem Betriebsübergang stehen muss. Eine inhaltliche Definition lässt sich anhand des Gesetzeswortlauts nicht vornehmen. Auch die **Gesetzgebungsgeschichte** gibt keine weiteren Anhaltspunkte für die Auslegung. Die Regelung der Unterrichtungspflicht in § 613a Abs. 5 BGB erfolgte in Umsetzung der Richtlinie 2001/23/EG. Diese sieht in Art. 7 Abs. 1 wortgleich die Information „über die rechtlichen, wirtschaftlichen und sozialen Folgen des Überganges für die Arbeitnehmer" vor. Die europäischen Gesetzgebungsmaterialien enthalten hierzu keine weiterführende Kommentierung. Auch der deutsche Gesetzgeber hat bei der Richtlinienumsetzung auf eine erläuternde Kommentierung verzichtet, sieht man von der Aufzählung einiger im Hinblick auf ihre Unterrichtungsrelevanz unproblematischer Beispiele ab.[510] Die **Gesetzessystematik** gibt ebenfalls wenig her. Mit den Begriffen „sozial" und „wirtschaftlich" greift § 613a Abs. 5 Nr. 3 BGB zwar auf Kategorien zurück, die sich auch im Betriebsverfassungsrecht finden. In der Literatur unternommene Versuche, das Betriebsverfassungsgesetz als Auslegungshilfe heranzuziehen[511], sind jedoch gesetzessystematisch kaum haltbar. Denn der deutsche Gesetzgeber hat gerade keine (europarechtlich vorgesehene) kollektive Unterrichtung, sondern eine individuelle Unterrichtung normiert. Zur Bestimmung der individuellen Unterrichtungsinhalte kann daher nicht an Vorschriften des kollektiven Betriebsverfassungsrechts angeknüpft werden. Darüber hinaus ist es methodisch zweifelhaft, die Umsetzung einer europarechtlichen Vorgabe anhand von nationalem Recht auszulegen. Auch der **Gesetzeszweck** führt nicht viel weiter. Er wird zutreffend darin gesehen, dem betroffenen Arbeitnehmer die Möglichkeit zur sachgerechten Entscheidung über die Ausübung des Widerspruchsrechtes zu verschaffen. Aus diesem abstrakt umschriebenen Zweck lässt sich ableiten, dass über alle Folgen zu unterrichten ist, deren Eintritt durch die Ausübung des

223

---

[506] *Müller-Glöge* in: MünchKomm-BGB, Bd. 4, 5. Aufl. 2009, § 613a Rn. 108; *Rieble*, FS zum 25-jährigen Bestehen der Arbeitsgemeinschaft Arbeitsrecht im DAV, 2006, S. 687-719.
[507] BT-Drs. 14/7760, S. 19.
[508] *Annuß* in: Staudinger, BGB, 13. Bearb. 2005, § 613a Rn. 160.
[509] Vgl. *Reinhard*, NZA 2009, 63, 64.
[510] Vgl. BT-Drs. 14/7760, S. 19.
[511] Vgl. etwa *Bonanni*, ArbRB 2002, 19, 20; *Kania/Joppich*, FS für Küttner, 2006, S. 383, 391; *Reinhard*, NZA 2009, 63, 65.

Widerspruchsrechts verhindert werden kann. Eine verlässliche inhaltliche Konkretisierung der Unterrichtungspflicht ist anhand dieser Vorgabe nicht möglich.

224 Die Unmöglichkeit einer positiven Bestimmung der Begriffe wirtschaftliche und soziale Folgen nährt **Zweifel an der Verfassungsmäßigkeit** der Vorschrift. Das aus dem Rechtsstaatsprinzip (Art. 20 Abs. 1 GG) abgeleitete Gebot der Bestimmtheit und Normklarheit verlangt, dass eine Gesetzesvorschrift inhaltlich so formuliert ist, dass die Normunterworfenen die Rechtslage erkennen und ihr Verhalten danach einrichten können.[512] Ob die Normadressaten des § 613a Abs. 5 BGB – die an einem Betriebsübergang beteiligten Arbeitgeber – die ihnen durch das Gesetz und dessen Interpretation durch die Rechtsprechung auferlegte Unterrichtungspflicht noch hinreichend klar erkennen und sich durch eine den gesetzlichen Anforderungen genügende Unterrichtung normkonform verhalten können, erscheint durchaus fraglich.

225 Diese verfassungsrechtlichen Zweifel lassen sich nur ausräumen, wenn es gelingt, Umfang und Grenzen der Unterrichtungspflicht in einer dem Rechtsstaatsgebot genügenden Weise zu bestimmen. Da eine positive Begriffsbestimmung im Sinne einer abschließend formulierten inhaltlichen Definition wirtschaftlicher und sozialer Folgen nicht möglich erscheint, lässt sich eine dem Normzweck Rechnung tragende Bestimmung des notwendigen Unterrichtungsinhalts nur im Wege einer **Negativabgrenzung** vornehmen. Dabei ist in Übereinstimmung mit der Rechtsprechung des Bundesarbeitsgerichts zunächst von einer umfassenden Unterrichtungspflicht auszugehen. Diese ist jedoch aufgrund normimmanenter Wertungen zu begrenzen. Eine Abgrenzung unterrichtungspflichtiger von nicht unterrichtungspflichtigen Umständen kann anhand der **fünf Ausschlusskriterien** Kausalzusammenhang, objektive Erheblichkeit, Entscheidungsrelevanz, Unterrichtungsklarheit und subjektive Determination vorgenommen werden.[513]

226 Das **Kriterium des Kausalzusammenhangs** dient dem Ausschluss nicht kausaler Umstände von der Unterrichtungspflicht. Schon der Wortlaut des § 613a Abs. 5 Nr. 3 BGB gebietet es, Umstände von der Unterrichtungspflicht auszunehmen, die keine „Folgen" des Betriebsübergangs darstellen. Der Begriff der „Folge" verlangt eine ursächliche Verknüpfung mit dem Betriebsübergang. Folgen des Betriebsübergangs können mithin nur solche Umstände sein, die mit dem Betriebsübergang ursächlich verknüpft sind. Maßgeblicher Bezugspunkt ist der betroffene Arbeitnehmer. Es ist zu fragen, ob der Arbeitnehmer von einem bestimmten Umstand auch ohne den Betriebsübergang betroffen wäre. Ist die Frage zu bejahen, stellt dieser Umstand keine Folge dar, über die zu unterrichten ist.

227 Ausreichend ist ein **potentieller Kausalzusammenhang**, der immer dann gegeben ist, wenn der Eintritt eines Umstandes als Konsequenz des Betriebsübergangs konkret absehbar ist.[514] Außerdem muss der unterrichtungspflichtige Umstand einen konkreten Bezug zum Arbeitsverhältnis aufweisen. Allgemeine Um- und Zustände beim Erwerber, die keinen Einfluss auf das Arbeitsverhältnis haben, sind keine Folgen des Betriebsübergangs für den Arbeitnehmer. Erst wenn aufgrund solcher Umstände konkrete Auswirkungen auf das Arbeitsverhältnis absehbar sind, setzt die Unterrichtungspflicht ein.[515] Denn (erst) dann sind diese Auswirkungen kausal auf den Betriebsübergang rückführbar, weil sie den Arbeitnehmer ohne den Übergang nicht beträfen. Deshalb ist beispielsweise allein die (schlechte) wirtschaftliche Lage des Erwerbers für sich genommen noch keine unterrichtungspflichtige Folge des Betriebsübergangs, da es an einer konkreten Auswirkung auf das Arbeitsverhältnis fehlt.[516] Ist hingegen absehbar, dass aufgrund der wirtschaftlichen Situation beispielsweise eine Kündigung des Arbeitsver-

---

[512] Vgl. BVerfG v. 09.04.2003 - 1 BvL 1/01 - NJW 2003, 2733, 2735 (m.w.N.); dies gilt auch dann, wenn die Vorschrift auf der Umsetzung einer EG-Richtlinie beruht; denn auch bei der Umsetzung von EG-Richtlinien in nationales Recht ist der deutsche Gesetzgeber an das Grundgesetz gebunden, vgl. BVerfG v. 12.05.1989 - 2 BvQ 3/89 - EuGRZ 1989, 339, 340.

[513] Näher hierzu *Kliemt/Teusch*, FS Bauer, 2010, S. 537, 543 ff.

[514] Ebenso *Reinhard*, NZA 2009, 63, 68; vgl. auch *Krügermeyer-Kalthoff/Reutershahn*, MDR 2003, 541, 543.

[515] So auch *Reinhard*, NZA 2009, 63, 68.

[516] Anders hingegen bei Zahlungsunfähigkeit des Erwerbers oder Eröffnung des Insolvenzverfahrens, durch die das Arbeitsverhältnis bereits konkret berührt wird.

hältnisses oder die Streichung bislang freiwillig gewährter Leistungen droht, ist hierüber zu informieren. Unerheblich ist, ob die Folge beim Erwerber oder Veräußerer des Betriebs eintritt. So sind etwa mögliche Sozialplanansprüche, die einem Arbeitnehmer nach der auf seinen Widerspruch folgenden Kündigung gegen den Veräußerer zustehen, ebenfalls kausale Folge des Betriebsübergangs, wenn dieser zum Wegfall der Beschäftigungsmöglichkeit und zur Anwendung des Sozialplanes führt.[517]

Das **Kriterium der objektiven Erheblichkeit** dient dem Ausschluss von Bagatellumständen. Aus dem Zweck der Unterrichtungspflicht folgt, dass der Arbeitnehmer nicht über solche Folgen informiert werden muss, die für eine sachgerechte Ausübung des Widerspruchsrechts ohne Bedeutung sind. Auch der Rechtsprechung des Bundesarbeitsgerichts zu den wirtschaftlichen Folgen ist zu entnehmen, dass die Unterrichtungspflicht eine gewisse Erheblichkeit der Folgen voraussetzt.[518] Ausgehend von dem Grundsatz, dass § 613a Abs. 5 BGB keine individuelle Unterrichtung fordert[519], ist hierbei nicht von der hypothetischen Erheblichkeit für jeden einzelnen Arbeitnehmer auszugehen, sondern eine objektive Betrachtung vorzunehmen. Zu fragen ist, ob der potenziell unterrichtungspflichtige Umstand einen verständigen Arbeitnehmer bei objektiver Betrachtung zur Ausübung oder Nichtausübung des Widerspruchsrechtes bewegen könnte.

228

Von Bedeutung ist dieses Ausschlusskriterium insbesondere bei Leistungen oder Vergünstigungen, auf die der Arbeitnehmer keinen Anspruch hat, deren Inanspruchnahme aber die Betriebszugehörigkeit voraussetzt. Hierzu zählen beispielsweise Personaleinkaufsmöglichkeiten und Mitarbeiterkonditionen, die Gestellung von Mitarbeiterparkplätzen, die freie Nutzungsmöglichkeit des öffentlichen Personennahverkehrs für Mitarbeiter von Verkehrsbetrieben, die Nutzungsmöglichkeit sozialer Einrichtungen wie Betriebskindergarten oder Kantine. Bei Leistungen mit ausschließlich wirtschaftlichem Wert bestimmt die **Höhe des wirtschaftlichen Wertes** die objektive Erheblichkeit. Soweit sich der Wert der Vergünstigung zahlenmäßig beziffern lässt (etwa bei regelmäßiger Gewährung eines Einkaufsgutscheins in bestimmter Höhe; gebührenfreier Kontoführung oder Zuschuss zu einem „Job-Ticket"), ist dieser in Relation zum Gesamteinkommen zu setzen und so auf seine Entscheidungserheblichkeit hin zu überprüfen. Bei **sozialen Vergünstigungen** ist die objektive Erheblichkeit sinnvollerweise danach zu bemessen, in welchem Umfang die Vergünstigung das Arbeitsverhältnis (potenziell) berührt. So kann beispielsweise die Möglichkeit zur Nutzung eines Betriebskindergartens, dessen Öffnungszeiten sich an den Arbeitszeiten des Betriebs orientieren, für betroffene Arbeitnehmer von essentieller Bedeutung sein, da die Betreuungsmöglichkeit etwa in Fällen alleinerziehender oder beiderseitig berufstätiger Eltern die Eingehung bzw. Aufrechterhaltung des Arbeitsverhältnisses überhaupt erst ermöglicht. Demgegenüber tangiert das Bestehen oder Nichtbestehen einer Betriebskantine das Arbeitsverhältnis in der Regel kaum und wird daher einen Arbeitnehmer bei objektiver Betrachtung nicht bei der Entscheidung über die Ausübung des Widerspruchsrechts beeinflussen.

229

Das **Kriterium der Entscheidungsrelevanz** soll weitere für das Widerspruchsrecht irrelevante Umstände von der Unterrichtungspflicht ausschließen. Es folgt ebenfalls aus dem Zweck des Widerspruchsrechts. Der in § 613a BGB als gesetzlicher Regelfall vorgesehene Übergang des Arbeitsverhältnisses soll den Arbeitnehmer vor einem betriebsübergangsbedingten Verlust des Arbeitsplatzes schützen. Das Widerspruchsrecht eröffnet dem Arbeitnehmer die Möglichkeit, hiervon abweichend den Eintritt in ein Arbeitsverhältnis mit einem von ihm nicht selbst gewählten Arbeitgeber zu verhindern. Es schützt damit die Privatautonomie des Arbeitnehmers, die im Rahmen der Abschlussfreiheit auch die freie Wahl des Vertragspartners gewährleistet.[520] Die Situation vor Ausübung des Widerspruchsrechts entspricht damit derjenigen vor rechtsgeschäftlicher Begründung eines Arbeitsverhältnisses. Die Unterrichtungspflicht soll den Arbeitnehmer in die Lage versetzen, auch beim Betriebsübergang eine pri-

230

---

[517] Im Ergebnis ebenso BAG v. 13.07.2006 - 8 AZR 303/05 - NZA 2006, 1273, 1276.
[518] Vgl. BAG v. 31.01.2008 - 8 AZR 1116/06 - NZA 2008, 642, 643 („gravierende Gefährdung der wirtschaftlichen Absicherung", „wesentliches Kriterium für einen möglichen Widerspruch").
[519] Vgl. BAG v. 14.12.2006 - 8 AZR 763/05 - NZA 2007, 682, 684 (m.w.N.).
[520] Vgl. nur *Larenz/Wolf*, Allgemeiner Teil des Bürgerlichen Rechts, 9. Aufl. 2004, § 34 Rn. 24.

vatautonome Entscheidung über die Wahl des Arbeitgebers zu treffen. Dementsprechend kann sich auch die Unterrichtungspflicht hinsichtlich des neuen Arbeitgebers nur auf solche Umstände erstrecken, die dem Arbeitnehmer bei rechtsgeschäftlicher Begründung des Arbeitsverhältnisses bekannt wären. Umstände, von denen der Arbeitnehmer bei rechtsgeschäftlicher Begründung eines Arbeitsverhältnisses keine Kenntnis hätte, können für die Entscheidung über die Ausübung des Widerspruchsrechts nicht relevant und deshalb nicht unterrichtungspflichtig sein.

231 Bei Anwendung dieses Kriteriums besteht beispielsweise bei **Nichtübernahme eines Betriebsgrundstücks** durch den Erwerber **keine Unterrichtungspflicht**.[521] Denn die Eigentums- und Besitzverhältnisse an Produktionsmitteln, Gebäuden oder sonstigen Vermögensgegenständen des Arbeitgebers sind keine Umstände, über die ein Arbeitnehmer bei rechtsgeschäftlicher Begründung eines Arbeitsverhältnisses typischerweise Kenntnis hat. Erst recht hat der Arbeitnehmer keinen Rechtsanspruch darauf, vor seiner Einstellung über solche Umstände unterrichtet zu werden. Derartige Umstände sind für den Arbeitnehmer irrelevant, weil etwa die Eigentümerstellung hinsichtlich eines Grundstücks nichts über die Liquidität und Solvenz des Arbeitgebers aussagt.[522] Zwar mag das Grundstückseigentum die Haftungsmasse des Arbeitgebers vergrößern. Dem stehen jedoch die Verpflichtung des Arbeitgebers zur Zahlung des Kaufpreises sowie in der Regel Belastungen durch Grundpfandrechte gegenüber. Die Eigentums- und Besitzverhältnisse des (künftigen) Arbeitgebers an Betriebsmitteln sind keine geeigneten Indikatoren für die Solvenz des Arbeitgebers und daher auch keine für die Entscheidung zur (Nicht-)Begründung eines Arbeitsverhältnisses maßgeblichen Umstände.

232 Das **Kriterium der Unterrichtungsklarheit** begrenzt die Unterrichtungspflicht unter dem Gesichtspunkt der Verständlichkeit. Es ist anerkannt, dass die Unterrichtung in allgemeinverständlicher Weise und für den Arbeitnehmer nachvollziehbar erfolgen muss.[523] Der Unterrichtungspflicht können daher nur solche Informationen unterliegen, die einer allgemeinverständlichen Aufbereitung zugänglich sind und deren Verständnis kein dem Adressatenkreis fremdes Spezialwissen voraussetzt. Andernfalls würde der Zweck der Unterrichtung, eine Entscheidungsgrundlage für die Ausübung des Widerspruchsrechts zu schaffen, verfehlt. Diese Einschränkung betrifft vor allem die **Informationstiefe**. Ist nach Anwendung der übrigen Ausschlusskriterien über wirtschaftliche oder soziale Folgen zu informieren, muss lediglich über die Folgen an sich, nicht aber über deren Ursachen oder einzelne, für das Verständnis irrelevante Details unterrichtet werden. Ein ausführliches wirtschaftliches „Rating" der Arbeitgeber ist nicht geboten.[524] Ebenso müssen dem Unterrichtungsschreiben **keine Gutachten oder wissenschaftliche Expertisen** beigefügt werden.

233 Das **Kriterium der subjektiven Determination** führt zu einer Begrenzung der Unterrichtungspflicht durch den Kenntnisstand der Unterrichtungsverpflichteten.[525] Die Unterrichtungsinhalte sind durch die Kenntnis des Veräußerers und des Erwerbers subjektiv determiniert.[526] Zu unterrichten ist nur über solche Umstände, die den Unterrichtungsverpflichteten im Zeitpunkt der Unterrichtung bekannt sind. Über später hinzutretende, an sich unterrichtungspflichtige Folgen ist nur dann zu unterrichten, wenn es sich aufgrund der geänderten Umstände nicht mehr um denselben Betriebsübergang handelt, weil sich beispielsweise die Person des Erwerbers geändert hat.[527] Die subjektive Determination der Unterrichtungsinhalte erlangt gerade im Bereich der wirtschaftlichen und sozialen Folgen Bedeutung, da diese (mittelbaren) Folgen des Betriebsübergangs zum Zeitpunkt der Unterrichtung häufig noch gar

---

[521] A.A. BAG v. 31.01.2008 - 8 AZR 1116/06 - NZA 2008, 642 ff.

[522] In diesem Sinne auch *Dzida*, NZA 2009, 641, 644.

[523] BAG v. 14.12.2006 - 8 AZR 763/05 - NZA 2007, 682, 684; *Preis* in: ErfKomm, § 613a Rn. 86; *Steffan* in: Ascheid/Preis/Schmidt, Kündigungsrecht, 4. Aufl. 2012, § 613a Rn. 212a; *Müller-Glöge* in: MünchKomm-BGB, Bd. 4, 5. Aufl. 2009, § 613a Rn. 108.

[524] Vgl. *Reinhard*, NZA 2009, 63, 67; *Dzida*, NZA 2009, 641, 644.

[525] BAG v. 31.01.2008 - 8 AZR 1116/06 - NZA 2008, 642, 643; BAG v. 14.12.2006 - 8 AZR 763/05 - NZA 2007, 682, 684; BAG v. 13.07.2006 - 8 AZR 303/05 - NZA 2006, 1273, 1276.

[526] Vgl. LArbG München v. 12.05.2005 - 2 Sa 1098/04; a.A. *Lindemann/Wolter-Roßteuscher*, BB 2007, 938, 940.

[527] BAG v. 13.07.2006 - 8 AZR 303/05 - NZA 2006, 1273, 1276.

nicht konkret absehbar sind. Da später eintretende wirtschaftliche oder soziale Folgen in der Regel nicht die Identität des Betriebsüberganges berühren, besteht in den meisten Fällen auch keine nachträgliche Unterrichtungspflicht.

d. Hinsichtlich der Arbeitnehmer „in Aussicht genommene Maßnahmen" (Nr. 4)

Zu den hinsichtlich der Arbeitnehmer in Aussicht genommenen Maßnahmen gehören in erster Linie geplante Maßnahmen im Sinne der §§ 92-105 BetrVG. Nach der Gesetzesbegründung zählen hierzu vor allem beabsichtigte Weiterbildungsmaßnahmen im Zusammenhang mit Produktionsumstellungen oder Umstrukturierungen und andere Maßnahmen, die die berufliche Entwicklung der Arbeitnehmer betreffen. 234

Diese Aufzählung ist jedoch **nicht abschließend**. Ist der Betriebsübergang mit einer Betriebsänderung im Sinne der §§ 111-113 BetrVG verbunden, ist auch über die in einem Interessenausgleich und Sozialplan geregelten Maßnahmen zu unterrichten. Gleichfalls ist über etwa geplante betriebsbedingte Kündigungen zu unterrichten.[528] Dies gilt insbesondere, wenn der Erwerber ein Personalreduzierungs- oder Umstrukturierungskonzept in Aussicht nimmt oder plant, die bisherige Organisation an die nach dem Übergang bestehenden Gegebenheiten anzupassen, etwa durch Umgruppierungen oder Versetzungen.[529] Ggf. genügt der Hinweis auf einen bereits abgeschlossenen Interessenausgleich bzw. Sozialplan. 235

Die Unterrichtungspflicht besteht allerdings nur dann, wenn die Maßnahmen bereits **konkret geplant** sind und im Zusammenhang mit dem Betriebsübergang stehen.[530] 236

III. Rechtsfolgen

Ist die Unterrichtung **unvollständig**, **unzutreffend** oder gar gänzlich **unterblieben**, beginnt die Widerspruchsfrist des § 613a Abs. 6 BGB nicht zu laufen.[531] Der betroffene Arbeitnehmer kann in diesem Fall bis zur Grenze der Verwirkung zeitlich unbeschränkt widersprechen. 237

Die Beweislast für die ordnungsgemäße Unterrichtung tragen grundsätzlich der Veräußerer und der Erwerber. Bei einer formal ordnungsgemäßen und nicht offensichtlich fehlerhaften Unterrichtung muss der Arbeitnehmer im Rahmen der abgestuften Beweislast Gründe für die Unwirksamkeit darlegen.[532] 238

Im Hinblick auf die Vollständigkeit der Unterrichtung steht den Gerichten nur ein formelles Prüfungsrecht zu.[533] Nach zutreffender Ansicht ist die Unterrichtungspflicht eine echte Rechtspflicht und nicht lediglich eine Obliegenheit. Ihre Verletzung kann daher Schadensersatzansprüche sowohl gegen den Betriebsveräußerer (§ 280 Abs. 1 BGB) als auch gegen den Betriebserwerber (§§ 280 Abs. 1, 311 Abs. 2 BGB) zur Folge haben.[534] 239

Die Verletzung der Unterrichtungspflicht führt jedoch – auch unter Berücksichtigung des Grundsatzes von Treu und Glauben (§ 242 BGB) – **nicht zur Unwirksamkeit** einer später ausgesprochenen **Kündigung** oder zu einem **Kündigungsverbot**.[535] Die Voraussetzungen des § 242 BGB sind nicht erfüllt. Die Ausübung eines Rechts ist in der Regel dann missbräuchlich, wenn der Berechtigte es durch ein gesetz-, sitten- oder vertragswidriges Verhalten erworben hat. Es genügt ein objektiv unredliches Ver- 240

---

[528] BAG v. 24.05.2005 - 8 AZR 398/04 - juris Rn. 20 - NZA 2005, 1302-1307.
[529] *Gaul*, FA 2002, 2009-302, 300; *Willemsen/Lembke*, NJW 2002, 1159-1165, 1160.
[530] Vgl. BAG v. 10.11.2011 - 8 AZR 430/10 - juris Rn. 30.
[531] BAG v. 14.12.2006 - 8 AZR 763/05 - NZA 2007, 682, 683; BAG v. 13.07.2006 - 8 AZR 305/05 - NZA 2006, 1268, 1270; BAG v. 24.05.2005 - 8 AZR 398/04 - NZA 2005, 1302-1307; BT-Drs. 14/7760, S. 19; *Gaul/Otto*, DB 2002, 634-640, 638; *Willemsen/Lembke*, NJW 2002, 1159, 1164; *Bauer/v. Steinau-Steinrück*, ZIP 2002, 45, 459, 464.
[532] BAG v. 14.12.2006 - 8 AZR 763/05 - NZA 2007, 682.
[533] *Grobys*, BB 2002, 726-731, 729.
[534] BAG v. 09.12.2010 - 8 AZR 592/08 - juris Rn. 30; LArbG Hamm v. 11.03.2002 - 8 Sa 1249/01 - Bibliothek BAG. Ebenso: *Pfeiffer* in: KR, 9. Aufl. 2009, § 613a Rn. 108i; *Gaul/Otto*, DB 2002, 634-640, 639; *Willemsen/Lembke*, NJW 2002, 1159, 1164.
[535] BAG v. 24.05.2005 - 8 AZR 398/04 - juris Rn. 25-30 - NZA 2005, 1302-1307, a.A. die Vorinstanz LArbG Berlin v. 29.04.2004 - 18 Sa 2424/03 - NZA-RR 2005, 125-127.

halten, Arglist oder Verschulden ist nicht erforderlich. Voraussetzung ist jedoch, dass das unredliche Verhalten für den Gläubiger Vorteile oder den Schuldner Nachteile gebracht hat, die bei redlichem Verhalten nicht entstanden wären.[536] Hieran fehlt es vorliegend: Das Entstehen des betriebsbedingten Kündigungsgrundes ist nicht Folge der unvollständigen Unterrichtung des Betriebsveräußerers bzw. des Betriebserwerbers nach § 613a Abs. 5 BGB, sondern der privatautonomen Entscheidung des Arbeitnehmers, von seinem Widerspruchsrecht gem. § 613a Abs. 6 BGB Gebrauch zu machen. Das BAG nimmt an, dass auch kein Bedürfnis für ein Kündigungsverbot nach unvollständiger Unterrichtung gem. § 613a Abs. 5 BGB bestehe. Die unvollständige Unterrichtung nach § 613a Abs. 5 BGB hindere den Lauf der Widerspruchsfrist gem. § 613a Abs. 6 Satz 1 BGB. Dadurch sei der Arbeitnehmer ausreichend geschützt, er sei nicht „im Zugzwang". Er könne abwarten und z.B. seinen Unterrichtungsanspruch nach § 613a Abs. 5 BGB verfolgen. Es bestehe kein Grund für ihn, das Widerspruchsrecht auf einer unzureichenden Tatsachenbasis auszuüben. Dem diene gerade auch die für die Unterrichtung nach § 613a Abs. 5 BGB vorgesehene Textform (§ 126b BGB). Dem Arbeitnehmer werde die Möglichkeit eröffnet, die für ihn neuen und nicht sofort überschaubaren Informationen nachzulesen, sich weitergehend zu erkundigen und gegebenenfalls beraten zu lassen und auf dieser Grundlage zu entscheiden, ob er dem Übergang des Arbeitsverhältnisses widersprechen will.[537] Wollte man demgegenüber annehmen, dem Betriebsveräußerer, bei dem der widersprechende Arbeitnehmer verbleibe, sei es verwehrt, einen daraus resultierenden betriebsbedingten Kündigungsgrund geltend zu machen, bliebe der bisherige Arbeitgeber auf unabsehbare Zeit zur Vergütungsfortzahlung verpflichtet, ohne über eine Beschäftigungsmöglichkeit für den widersprechenden Arbeitnehmer zu verfügen. Diese Argumentation des BAG überzeugt, zumal diese Fälle in ständiger Rechtsprechung des BAG sogar als Grund für eine außerordentliche Kündigung des Arbeitgebers anerkannt sind.[538]

241 Es bleibt die Frage, ob ein **Arbeitnehmer an die Ausübung seines Widerspruchsrechtes gebunden** ist, wenn sich zu einem späteren Zeitpunkt herausstellt, dass die vorherige Unterrichtung unvollständig und gar falsch war. Vor dem Hintergrund vorstehender Argumentation des BAG wird man konsequenterweise annehmen müssen, dass der Arbeitnehmer in diesem Fall die Möglichkeit der **Anfechtung** seiner Widerspruchserklärung wegen arglistiger Täuschung nach § 123 BGB hat. Ansonsten wäre der Arbeitnehmer nicht hinreichend geschützt, wenn er – auf objektiv falscher, aber aus seiner Sicht vermeintlich zutreffender Tatsachgrundlage – sein Widerspruchsrecht bereits ausgeübt hat. Denn in diesem Fall hatte der betroffene Arbeitnehmer subjektiv keine Veranlassung, eine (vollständige) Unterrichtung abzuwarten. Für ihn bestand kein Grund, noch keine Entscheidung über die Ausübung des Widerspruchsrechts zu fällen. Demgegenüber dürfte eine Anfechtung in aller Regel ausscheiden, wenn die Unterrichtung erkennbar unvollständig, erkennbar falsch oder gar gänzlich unterblieben ist, und der Arbeitnehmer – hiervor seine Augen verschließend – gleichwohl von seinem Widerspruchsrecht Gebrauch macht.

F. Kommentierung zu Absatz 6

I. Grundlagen

1. Kurzcharakteristik

242 § 613a Abs. 6 BGB normiert das in der Rechtsprechung des EuGH[539] und des BAG[540] bereits seit längerem anerkannte Widerspruchsrecht des Arbeitnehmers. Hierbei handelt es sich um ein Gestal-

---

[536] BAG v. 24.05.2005 - 8 AZR 398/04 - juris Rn. 26 f. - NZA 2005, 1302-1307; *Grüneberg* in: Palandt, 71. Aufl. 2012, § 242 Rn. 43 f. m.w.N.

[537] BAG v. 24.05.2005 - 8 AZR 398/04 - juris Rn. 29 - NZA 2005, 1302-1307 unter Verweis auf BT-Drs. 14/7760, S. 19.

[538] *Fischermeier* in: KR, 9. Aufl. 2009, § 626 Rn. 155 ff. 158 mit zahlreichen w.N.

[539] EuGH v. 07.03.1996 - C-171/94, C-172/94- NJW 1996, 1199-1201; EuGH v. 24.01.2002 - C-51/00 - NJW 2002, 811-813.

[540] BAG v. 07.04.1993 - 2 AZR 449/91 (B) - NJW 1993, 3156-3159; BAG v. 22.04.1993 - 2 AZR 313/92 - juris Rn. 14 - NJW 1994, 2170-2172; BAG v. 25.01.2001 - 8 AZR 336/00 - juris Rn. 61 - NJW 2001, 2571-2573.

tungsrecht, mit dem der Arbeitnehmer einseitig den gesetzlich angeordneten Übergang seines Arbeitsverhältnisses verhindern kann.[541] Es wird ausgeübt durch einseitige empfangsbedürftige Willenserklärung[542] und ist bedingungsfeindlich. Die Widerspruchsfrist beträgt einen Monat.

Soweit der Übergang von Arbeitsverhältnissen durch öffentlich-rechtliche Normen, insbesondere Gesetze, angeordnet ist, findet in Ermangelung eines Rechtsgeschäftes § 613a BGB und damit auch dessen Absatz 6 keine Anwendung[543] (vgl. hierzu Rn. 54 ff.). Ordnet ein Gesetz zwingend die Überleitung von Arbeitsverhältnissen vom Land auf eine Stiftung öffentlichen Rechts an, so verstößt dieser Eingriff in die Freiheit der Arbeitsplatzwahl des Arbeitnehmers jedenfalls dann nicht gegen Art. 12 Abs. 1 GG, wenn die Nichteinräumung eines Widerspruchsrechts der Erhaltung der Funktionsfähigkeit einer Einrichtung der Daseinsvorsorge dient, sich die Arbeitsbedingungen nicht wesentlich ändern und dem Arbeitnehmer mit dem neuen Arbeitgeber ein vergleichbar potenter Schuldner gegenübersteht.[544]

243

2. Europäischer Hintergrund

Vgl. Rn. 199.

244

3. Entstehungsgeschichte

Schon vor der Schaffung des § 613a Abs. 6 BGB hat das BAG dem Arbeitnehmer in ständiger Rechtsprechung über den Wortlaut des § 613a BGB hinaus ein Widerspruchsrecht gegen den Übergang seines Arbeitsverhältnisses eingeräumt.[545] Der in § 613a BGB vorgesehene gesetzliche Vertragspartnerwechsel auf Arbeitgeberseite sollte dem Arbeitnehmer nicht gegen seinen Willen aufgezwungen werden, zumal die Dienstleistungspflicht nach § 613 BGB höchstpersönlichen Charakter hat. Das aus Art. 12 GG folgende Grundrecht auf freie Wahl des Arbeitsplatzes gebietet die Einräumung eines Widerspruchsrechtes. Auch der europäische Gerichtshof hat das von den deutschen Gerichten national entwickelte Widerspruchsrecht anerkannt.[546]

245

II. Ausübung des Widerspruchsrechts

1. Adressat und Form des Widerspruchs

Der Widerspruch kann sowohl gegenüber dem bisherigen als auch gegenüber dem neuen Inhaber erklärt werden. Dies gilt unabhängig davon, ob die Unterrichtung durch Betriebsveräußerer oder Betriebserwerber vorgenommen worden ist. Unerheblich für den Adressaten ist auch, ob der Widerspruch vor oder nach dem Übergang erfolgt.

246

Der Widerspruch ist **schriftlich** zu erklären. Im Gegensatz zur Unterrichtung nach § 613a Abs. 5 BGB ist daher die gesetzliche Schriftform des § 126 Abs. 1 BGB zu wahren. Diese kann mangels gegenteiliger gesetzlicher Regelung gemäß § 126 Abs. 3 BGB durch die elektronische Form des § 126a BGB ersetzt werden. Textform (§ 126b BGB) genügt hingegen nicht. Die Nichteinhaltung des Schriftformerfordernisses führt zur Unwirksamkeit des Widerspruchs mit der Folge, dass das Arbeitsverhältnis gemäß § 613a Abs. 1 BGB auf den Betriebserwerber übergeht. Anders als nach bisheriger Rechtslage[547] ist ein Widerspruch durch konkludentes Handeln (etwa durch bloße Weiterarbeit beim Betriebsveräußerer) nicht mehr möglich.

247

---

[541] Vgl. BAG v. 22.04.1993 - 2 AZR 313/92 - juris Rn. 19 - NJW 1994, 2170-2172; *Edenfeld* in: Erman, Bd. 1, 13. Aufl. 2011, § 613a Rn. 48; *Seiter*, Betriebsinhaberwechsel, 1980, S. 74; *Pfeiffer* in: KR, 9. Aufl. 2009, § 613a Rn. 111.

[542] BAG v. 27.04.1995 - 8 AZR 197/94 - juris Rn. 33 - NJW 1995, 3404-3406.

[543] Vgl. BAG v. 28.09.2006 - 8 AZR 441/05 - AP Nr. 26 zu § 419 BGB Funktionsnachfolge.

[544] BAG v. 02.03.2006 - 8 AZR 124/05 - DB 2006, 1680-1682.

[545] Vgl. etwa BAG v. 02.10.1974 - 5 AZR 504/73 - NJW 1975, 1378; BAG v. 22.04.1993 - 2 AZR 50/92 - NJW 1994, 2245-2246.

[546] EuGH v. 16.12.1992 - C-132/91, C-138/91, C-139/91- ZIP 1993, 221-224.

[547] BAG v. 20.04.1989 - 2 AZR 431/88 - juris Rn. 20 - ZIP 1990, 120-122; BAG v. 27.04.1995 - 8 AZR 197/94 - juris Rn. 33 - NJW 1995, 3404-3406.

248 Der Widerspruch kann nicht unter einer **Bedingung** oder unter **Vorbehalt** erklärt werden. Dies stünde seinem Charakter als einseitiger rechtsgestaltender Willenserklärung entgegen. Der Widerspruch ist als Gestaltungsrecht bedingungsfeindlich, weil dem Erklärungsempfänger keine Ungewissheit und kein Schwebezustand zugemutet werden können.[548] Beispielsweise wäre ein Vorbehalt des Arbeitnehmers, wonach der Widerspruch nicht gelten solle, wenn der Veräußerer eine betriebsbedingte Kündigung in Betracht ziehe, unwirksam.[549]

2. Inhalt und Begründung des Widerspruchs

249 Eine **Begründung** des Widerspruchs ist nicht erforderlich.[550] Er bedarf keines sachlichen Grundes.[551] Nach Einführung von § 613a Abs. 6 BGB kann das Widerspruchsrecht de lege lata nicht mehr vom Vorliegen sachlicher Gründe abhängig gemacht werden.[552] Der Gesetzestext enthält für die Ausübung des Widerspruchsrechts keine Einschränkungen. Auch der Gesetzesbegründung[553] ist die Tendenz zu entnehmen, insoweit die bisherige Rechtsprechung des BAG festzuschreiben und nur bei ausdrücklich anders geregelten Fragen von dieser abzuweichen. Das BAG hat bereits vor In-Kraft-Treten des § 613a Abs. 6 BGB die Bindung des Widerspruchsrechts an „beachtliche Gründe" ausdrücklich abgelehnt.[554] Der Arbeitnehmer allein hat zu entscheiden, ob er dem Übergang des Arbeitsverhältnisses widersprechen will, und muss die Gründe und das mit dem Widerspruch verbundene Risiko eigenverantwortlich beurteilen.[555] Er ist nicht ohne weiteres vor faktischen und rechtlichen Nachteilen geschützt, die mit dem Widerspruch verbunden sein können.

250 Auch im Falle der **kollektiven Ausübung des Widerspruchsrechts** durch eine Mehrheit von Arbeitnehmern ist ein sachlicher Grund nicht erforderlich.[556] Das BAG sieht entgegen einer im Schrifttum weit verbreiteten und auch hier in der Vorauflage vertretenen Ansicht hierfür keine Rechtsgrundlage.[557] Allein aus dem Umstand, dass mehrere Arbeitnehmer zeitgleich von ihrem Widerspruchsrecht Gebrauch machen, kann nicht auf die Unzulässigkeit der Ausübung des Widerspruchsrechts geschlossen werden. Dies gilt auch, wenn die Arbeitnehmer ihr Vorgehen abgestimmt haben und beispielsweise von 21 Arbeitnehmern 19 gleichlautende vorformulierte „Musterwidersprüche" zeitgleich nach Durchführung einer gewerkschaftlichen Informationsveranstaltung abgeben. Es handelt sich auch nicht um eine Arbeitskampfmaßnahme. Wegen des individualrechtlichen Charakters des Widerspruchsrechts muss sich der einzelne Arbeitnehmer Erklärungen des Betriebsrats oder sonstiger Arbeitnehmervertreter nicht zurechnen lassen. Daher muss jeder Arbeitnehmer selbst die in § 613a Abs. 6 BGB geregelte Frist wahren.

251 Ein kollektiver Widerspruch kann aber gemäß § 242 BGB **rechtsmissbräuchlich** und daher unwirksam sein, wenn er dazu eingesetzt wird, andere Zwecke als die Sicherung der arbeitsvertraglichen

---

[548] BAG v. 24.05.2005 - 8 AZR 398/04 - juris Rn. 16 - NZA 2005, 1302-1307; vgl. auch BGH v. 21.03.1986 - V ZR 23/85 - BGHZ 97, 264; *Ellenberger* in: Palandt, 71. Aufl. 2012, Einf. v. § 158 Rn. 13.

[549] BAG v. 30.10.2003 - 8 AZR 491/02 - NJW 2004, 1754-1755; LArbG Schleswig-Holstein v. 06.04.2004 - 5 Sa 400/03 - NZA-RR 2004 614-616; *Willemsen/Müller-Bonanni* in: Henssler/Willemsen/Kalb, Arbeitsrecht Kommentar, 5. Aufl. 2012, § 613a Rn. 342.

[550] BAG v. 19.03.1998 - 8 AZR 139/97 - NJW 1998, 3138-3140; ebenso nunmehr: BAG v. 30.10.2003 - 8 AZR 491/02 - juris Rn. 15.

[551] BAG v. 31.05.2007 - 2 AZR 276/06 - NZA 2008, 33, 38; BAG v. 15.02.2007 - 8 AZR 310/06 - AP Nr. 2 zu § 613a BGB Widerspruch.

[552] BAG v. 30.09.2004 - 8 AZR 462/03 - NZA 2005, 43-51; *Franzen*, RdA 2002, 258-272, 264. Zur vor Einführung des § 613a Abs. 6 BGB vertretenen Gegenauffassung in der Literatur vgl. *Ende*, NZA 1994, 494-496; *Moll*, NJW 1993, 2016-2023, 2017, 2018; *Neef*, NZA 1994, 97-102, 101, 102; *Schlachter*, NZA 1995, 705-711, 707.

[553] Vgl. BT-Drs. 14/7760, S. 20.

[554] BAG v. 15.02.1984 - 5 AZR 123/82 - juris Rn. 17 - BB 1984, 2266-2267; BAG v. 19.03.1998 - 8 AZR 139/97 - juris Rn. 19 - NJW 1998, 3138-3140.

[555] BAG v. 30.10.2003 - 8 AZR 491/02; ebenso bereits BAG v. 21.11.1996 - 8 AZR 265/95; BAG v. 15.02.1984 - 5 AZR 123/82 - BB 1984, 2266-2267.

[556] BAG v. 30.09.2004 - 8 AZR 462/03 - NZA 2005, 43-51.

[557] Zum Streitstand vgl. Nachweise bei BAG v. 30.09.2004 - 8 AZR 462/03 - NZA 2005, 43-51.

Rechte und die Beibehaltung des bisherigen Arbeitgebers herbeizuführen.[558] Das BAG nennt hier in erster Linie den „institutionellen" Missbrauch. Welche Anforderungen sich aus Treu und Glauben ergeben, lässt sich nur unter Berücksichtigung der Umstände des Einzelfalls entscheiden. Übt eine Vielzahl von Arbeitnehmern das Widerspruchsrecht aus, kann sich aus der Zweckrichtung der Widerspruchsausübung ein rechtsmissbräuchliches Verhalten ergeben. Dies ist dann der Fall, soweit der Widerspruch nicht im Schwerpunkt auf die Verhinderung des Arbeitgeberwechsels gerichtet ist, sondern beispielsweise von der Motivation getragen ist, den Betriebsübergang als solchen zu verhindern oder aber Vergünstigungen zu erzielen, auf die die Arbeitnehmer keinen Rechtsanspruch hat. Hieran kann es z.B. fehlen, wenn die Betriebserwerberin als Neugründung für die nächsten vier Jahr nicht gem. § 112a Abs. 2 BetrVG sozialplanpflichtig ist. Die Darlegungs- und Beweislast für das Vorliegen einer rechtsmissbräuchlichen kollektiven Ausübung des Widerspruchsrechts trägt derjenige, der sich auf § 242 BGB beruft.[559] Dies ist in der Regel der Arbeitgeber. Die Darlegungslast ändert sich auch nicht dadurch, dass ihm der Einblick in den Bereich der Arbeitnehmer erschwert ist.

Ein Widerspruch kann auch dann gemäß § 242 BGB gegen Treu und Glauben verstoßen und damit unwirksam sein, wenn sich der Arbeitnehmer auf einen Fehler bei der Unterrichtung beruft, den er selbst zu verantworten hat. Der Arbeitgeber muss jedoch die Verantwortlichkeit bzw. das weisungswidrige Handeln des Arbeitnehmers im Einzelnen substantiiert vortragen.[560] 252

Hat ein Arbeitnehmer dem Übergang seines Arbeitsverhältnisses auf einen Betriebserwerber nach § 613a Abs. 1 Satz 1 BGB wirksam widersprochen, so kann er diesen Widerspruch als einseitige empfangsbedürftige Willenserklärung nicht einseitig nach Zugang beim Erklärungsadressaten **widerrufen**.[561] Die Widerspruchserklärung kann als Willenserklärung aber nach allgemeinen Grundsätzen angefochten werden.[562] Als Anfechtungsgrund kommt beispielsweise eine arglistige Täuschung in Betracht, wenn der Arbeitnehmer unvollständig oder falsch über die Folgen des Betriebsüberganges unterrichtet wurde (vgl. hierzu Rn. 241). 253

Eine Einigung über die **Zurücknahme** eines Widerspruchs zum Betriebsübergang kann rechtswirksam nur zwischen Arbeitnehmer, bisherigem Arbeitgeber und Betriebsnachfolger getroffen werden.[563] Ansonsten läge ein unwirksamer Vertrag zu Lasten Dritter vor. Obgleich durch die Rücknahme des Widerspruchs das Arbeitsverhältnis mit dem ursprünglichen Arbeitgeber beendet wird, unterliegt diese Vereinbarung nicht dem Schriftformerfordernis des § 623 BGB.[564] 254

3. Widerspruchsfrist

a. Grundsatz

Der Widerspruch ist gemäß § 613a Abs. 6 Satz 1 BGB innerhalb **eines Monats**[565] nach Zugang der Unterrichtung zu erklären. Die Frist beginnt mit dem **Zugang** der ordnungsgemäßen Unterrichtung nach § 613a Abs. 5 BGB beim betroffenen Arbeitnehmer. Sie berechnet sich gemäß §§ 187 Abs. 1, 188 Abs. 2 BGB. Maßgeblich für den Fristbeginn ist unabhängig vom Zeitpunkt des Betriebsübergangs der **Unterrichtungszeitpunkt**. Betriebsveräußerer und -erwerber haben daher nunmehr die Möglichkeit, durch frühzeitige Unterrichtung bereits vor dem Übergang die Widerspruchsfrist auszulösen und sich so Klarheit über den Verbleib der einzelnen Arbeitnehmer zu verschaffen.[566] 255

---

[558] BAG v. 30.09.2004 - 8 AZR 462/03 - NZA 2005, 43-51; vgl. auch BAG v. 19.02.2009 - 8 AZR 176/08 - DB 2009, 2106-2108.
[559] BAG v. 30.09.2004 - 8 AZR 462/03 - NZA 2005, 43-51.
[560] BAG v. 20.05.2010 - 8 AZR 734/08 - juris Rn. 31 - NZA 2010, 1295, 1298.
[561] BAG v. 30.10.2003 - 8 AZR 491/02.
[562] BAG v. 15.02.2007 - 8 AZR 310/06 - AP Nr. 2 zu § 613a BGB Widerspruch.
[563] LArbG Hamm v. 10.06.2002 - 19 Sa 43/02 - Bibliothek BAG; BAG v. 30.10.2003 - 8 AZR 491/02 - juris Rn. 24.
[564] LArbG Hamm v. 15.01.2004 - 16 Sa 391/03 - Bibliothek BAG.
[565] Vgl. zum Gesetzgebungsverfahren: BT-Drs. 14/8128, S. 6; BT-Drs. 14/7760, S. 20.
[566] Vgl. z.B. *Gaul/Otto*, DB 2002, 634-640, 637; *Laber/Roos*, ArbRB 2002, 303-306, 304.

256 Vor In-Kraft-Treten des § 613a Abs. 6 BGB war nach der Rechtsprechung des BAG[567] ein Widerspruch ohne zeitliche Beschränkung bis zum Betriebsübergang möglich. Nach diesem Zeitpunkt war ein Widerspruch auch dann noch möglich, wenn der Arbeitnehmer die Kenntnis vom Betriebsübergang erst später erlangt hat. In diesem Fall musste er unverzüglich widersprechen, spätestens jedoch drei Wochen ab Kenntnis entsprechend der §§ 4, 7 KSchG.[568]

257 Die Frist des § 613a Abs. 6 BGB ist gewahrt, wenn der schriftliche Widerspruch des Arbeitnehmers dem Betriebsveräußerer oder -erwerber innerhalb der Monatsfrist gemäß § 130 BGB zugeht. Die Darlegungs- und Beweislast für den Zugang des Widerspruchs trifft den Arbeitnehmer.[569]

258 Allerdings setzt nach der Gesetzesbegründung[570] nur eine **vollständige Unterrichtung** über die in § 613a Abs. 5 BGB geregelten Punkte die Widerspruchsfrist in Gang. Das folgt daraus, dass die Informationspflicht des Arbeitgebers gegenüber dem Arbeitnehmer und das Widerspruchsrecht des Arbeitnehmers in wechselseitigem Bezug stehen.[571] Erfolgt keine oder aber eine unvollständige, formwidrige oder falsche Unterrichtung, so besteht das Widerspruchsrecht des § 613a Abs. 6 Satz 1 BGB unbefristet.[572] Der Gesetzgeber hat für diesen Fall im Gesetzgebungsverfahren ausdrücklich eine Befristung des Widerspruchsrechts verworfen.[573]

259 Die Ausübung des Widerspruchsrechts ist nach der Rechtsprechung auch noch **nach Beendigung des Arbeitsverhältnisses** möglich. Die Gestaltungs- und Verfügungsbefugnis besteht insoweit nachvertraglich fort.[574] Dem wird mit guten Argumenten entgegengehalten, dass das Widerspruchsrecht ein Gestaltungsrecht aus dem Arbeitsverhältnis ist und deshalb nach dem Ende des Arbeitsverhältnisses dieses auch nicht mehr gestaltet werden kann.[575]

b. Ausschluss des Widerspruchsrechts durch Verwirkung

260 Dass der Arbeitnehmer möglicherweise aus einer anderen Quelle von dem Betriebsübergang erfahren hat (z.B. Zeitungsbericht, Betriebsversammlung), spielt für den Fristbeginn keine Rolle.[576] Dieser Umstand kann allerdings nach dem Grundsatz der **Verwirkung** nach § 242 BGB zum Ausschluss des Widerspruchsrechts führen.[577] Ein Anspruch ist verwirkt, wenn der Anspruchsberechtigte erst nach Ablauf eines längeren Zeitraums den Anspruch erhebt (Zeitmoment) und dadurch beim Verpflichteten einen Vertrauenstatbestand geschaffen hat, er werde nicht mehr in Anspruch genommen (Umstandsmoment). Hierbei muss das Erfordernis des Vertrauensschutzes das Interesse des Berechtigten derart überwiegen, dass dem Verpflichteten die Erfüllung des Anspruchs nicht mehr zuzumuten ist.[578] Im Rahmen der Heranziehung des Grundsatzes der Verwirkung muss die hinter § 613a Abs. 5 und 6 BGB stehende gesetzgeberische Wertung beachtet werden. Danach soll dem vom Betriebsübergang betroffe-

---

[567] BAG v. 19.03.1998 - 8 AZR 139/97 - NJW 1998, 3138-3140.
[568] BAG v. 19.03.1998 - 8 AZR 139/97 - juris Rn. 25 - NJW 1998, 3138-3140.
[569] *Worzalla*, NZA 2002, 353-358, 357.
[570] BT-Drs. 14/7760, S. 43.
[571] BT-Drs. 14/7760, S. 43.
[572] *Bauer/von Steinau-Steinrück*, ZIP 2002, 457-466, 459; *Laber/Roos*, ArbRB 2002, 303-306, 21; *Gaul*, FA 2002, 299-302, 302; *Willemsen/Lembke*, NJW 2002, 1159-1165, 1160; eine Grenzziehung in analoger Anwendung des § 5 Abs. 3 Satz 2 KSchG befürworten: *Worzalla*, NZA 2002, 353-358, 357; *Wulff*, AiB 2002, 594-596, 596.
[573] BT-Drs. 831/1/01, S. 2 (drei Monate); BT-Drs. 14/8128, S. 4 (sechs Monate).
[574] BAG v. 20.03.2008 - 8 AZR 1016/06 - BB 2008, 2072-2074.
[575] *Rieble/Wiebauer*, NZA 2009, 401, 403; *Willemsen/Müller-Bonanni* in: Henssler/Willemsen/Kalb, Kommentar Arbeitsrecht, 5. Aufl. 2012, § 613a Rn. 348.
[576] *Dreher*, BB 2000, 2358-2362, 2359; *Gaul*, Das Arbeitsrecht der Betriebs- und Unternehmensspaltung, 2002, § 11 Rn. 47.
[577] BAG v. 27.01.2000 - 8 AZR 106/99 - juris Rn. 43 - ZInsO 2000, 411; ebenso *Gaul/Otto*, DB 2002, 634-640, 637; *Gaul*, Das Arbeitsrecht der Betriebs- und Unternehmensspaltung, 2002, § 11 Rn. 54-57; *Grobys*, BB 2002, 726-731, 730; *Willemsen/Lembke*, NJW 2002, 1159-1165, 1160.
[578] BAG v. 27.01.2000 - 8 AZR 106/99 - juris Rn. 43 - ZInsO 2000, 411; *Hohloch* in: Erman, 8. Aufl. 2008 § 242 BGB Rn. 123.

nen Arbeitnehmer eine einmonatige Überlegungsfrist eingeräumt werden, nachdem er auf Grund der zuvor gegebenen Informationen die Auswirkungen des Betriebsübergangs zutreffend beurteilen kann. Demgegenüber trägt der Betriebsveräußerer das Risiko unvollständiger Informationen. Er muss im Zweifel damit rechnen, dass Arbeitnehmer noch Monate oder gar Jahre nach dem Betriebsübergang unter Berufung auf eine unvollständige Unterrichtung der Überleitung ihres Arbeitsverhältnisses widersprechen.

Einen angemessenen Ausgleich der widerstreitenden Interessen bietet folgender Weg: Die Voraussetzungen der Verwirkung liegen vor, wenn der Arbeitnehmer über einen längeren Zeitraum hinweg trotz positiver Kenntnis des Betriebsübergangs für den Betriebserwerber arbeitet und dadurch das Vertrauen der beteiligten Rechtsträger entsteht, dass er keine Einwände gegen den Übergang des Arbeitsverhältnisses mehr geltend machen wird. 261

Das **Zeitmoment** beginnt nach der Rechtsprechung des BAG grundsätzlich einen Monat nach der Unterrichtung zu laufen, auch wenn diese unvollständig oder fehlerhaft war.[579] Zur Bestimmung der Dauer des Zeitmoments ist, angesichts der Absage an eine Höchstfrist im Gesetzgebungsverfahren,[580] nicht auf eine starre Regelfrist, sondern auf die konkreten Umstände des Einzelfalls abzustellen.[581] Die Länge des Zeitablaufs ist in Wechselwirkung zum erforderlichen Umstandsmoment zu setzen. Je stärker das gesetzte Vertrauen oder die Umstände, die eine Geltendmachung unzumutbar machen, sind, desto schneller kann ein Anspruch verwirken.[582] Insofern spielt auch die fehlende Unterrichtung des Arbeitnehmers durch den Betriebsveräußerer und den Betriebserwerber eine Rolle. Bei schwierigen Sachverhalten, insbesondere wenn der Betriebsübergang nicht zweifellos gegeben ist, können daher die Rechte des Arbeitnehmers erst nach längerer Untätigkeit verwirken.[583] Das Zeitmoment reicht jedoch alleine nicht aus, daneben muss auch immer das Umstandsmoment treten.[584] 262

Das **Umstandsmoment** liegt nach der Rechtsprechung des BAG jedenfalls dann vor, wenn der Arbeitnehmer über sein Arbeitsverhältnis disponiert.[585] Dispositionen über das Arbeitsverhältnis sind nur solche Vereinbarungen und Verhaltensweisen des Arbeitnehmers, durch welche es zur Beendigung des Arbeitsverhältnisses kommt oder durch welche das Arbeitsverhältnis auf eine völlig neue rechtliche Grundlage gestellt wird.[586] Bejaht wurde dies beispielsweise beim Abschluss eines Aufhebungsvertrags,[587] bei der widerspruchslosen Hinnahme einer vom Betriebserwerber ausgesprochenen Kündigung,[588] der Rücknahme einer Kündigungsschutzklage gegen den Erwerber,[589] bei einer Eigenkündi- 263

---

[579] BAG v. 20.03.2008 - 8 AZR 1016/06 - NZA 2008, 1354-1359; a.A. in der Vorinstanz noch LArbG Düsseldorf v. 15.11.2006 - 7 (18) Sa 217/06 - juris Rn. 88 (Beginn des Zeitmoments erst ab Kenntnis der Unvollständigkeit der Unterrichtung).
[580] BT-Drs. 14/8128, S. 4.
[581] BAG v. 23.07.2009 - 8 AZR 538/08 - NZA 2010, 89-95; BAG v. 15.02.2007 - 8 AZR 431/06 - NZA 2007, 793, 798; BAG v. 27.01.2000 - 8 AZR 106/99 - juris Rn. 45 - ZInsO 2000, 411; ebenso *Gaul*, Das Arbeitsrecht der Betriebs- und Unternehmensspaltung, 2002, § 11 Rn. 56.
[582] BAG v. 12.11.2009 - 8 AZR 370/07; BAG v. 24.02.2011 - 8 AZR 469/09 - juris Rn. 24 - AP Nr. 401 zu § 613a BGB.
[583] BAG v. 15.02.2007 - 8 AZR 431/06 - NZA 2007, 793, 798; BAG v. 27.01.2000 - 8 AZR 106/99 - juris Rn. 45 - ZInsO 2000, 411 bejaht im umgekehrten Fall eine Erfüllung des Zeitmoments nach Ablauf eines Jahres. Das BAG geht hierbei von einer Verwirkung eines Anspruchs des Arbeitsverhältnisses aus, wenn ein Arbeitnehmer trotz Kenntnis des Betriebsübergangs längere Zeit bei dem Betriebsveräußerer weiterarbeitet und den Übergang seines Arbeitsverhältnisses nicht geltend macht, falls der Betriebserwerber darauf vertrauen durfte, dass eine entsprechende Geltendmachung nicht mehr erfolgen werde.
[584] *Preis* in: ErfKomm, § 613a Rn. 101a.
[585] BAG v. 12.11.2009 - 8 AZR 530/07 - juris Rn. 29 - NJW 2010, 1302-1305.
[586] BAG v. 23.07.2009 - 8 AZR 541/08 - juris Rn. 56.
[587] BAG v. 23.07.2009 - 8 AZR 357/08 - BB 2010, 831-833; BAG v. 18.03.2010 - 8 AZR 840/08 - juris Rn. 36 - AP Nr. 14 zu § 613a BGB Unterrichtung; vgl. hierzu aber auch BAG v. 11.11.2010 - 8 AZR 185/09 - juris Rn. 39.
[588] BAG v. 27.11.2008 - 8 AZR 225/07 - ArbRB 2009, 229; BAG v. 24.02.2011 - 8 AZR 885/08 - juris Rn. 33.
[589] BAG v. 21.01.2010 - 8 AZR 977/07 - juris Rn. 34; LArbG Düsseldorf v. 29.10.2008 - 7 Sa 314/08 - juris Rn. 47.

gung durch den Arbeitnehmer bei gleichzeitigem Abschluss eines neuen Arbeitsverhältnisses mit einem Dritten[590] und dem Abschluss eines Beendigungsvergleichs mit dem Erwerber,[591] auch wenn dieser später vom Erwerber widerrufen wird.[592] In der Begründung eines Altersteilzeitarbeitsverhältnisses liegt eine Disposition in der Form vor, dass das Arbeitsverhältnis auf eine völlig neue rechtliche Grundlage gestellt wird.[593] Ebenso ist das Umstandsmoment gegeben, wenn der anwaltlich vertretene Arbeitnehmer im Gütetermin erklärt, dass er dem Betriebsübergang nicht widersprochen habe.[594] **Nicht ausreichend** zur Erfüllung des Umstandsmoments ist hingegen das bloße Weiterarbeiten beim Erwerber,[595] das Schreiben einer Abschiedsmail an Kollegen,[596] die Annahme von Gehaltserhöhungen[597] oder die Einverständniserklärung mit einem Betriebsübergang, der entgegen der tatsächlichen Sachlage in der Vergangenheit stattgefunden haben soll und über den der Arbeitnehmer informiert wurde.[598] Bei mehreren aufeinanderfolgenden Betriebsübergängen wird das Umstandsmoment in der Regel nicht schon dadurch ausgelöst, dass der Arbeitnehmer zunächst dem Übergang seines Arbeitsverhältnisses auf den Zweiterwerber und erst später dem Übergang auf den Ersterwerber widerspricht.[599]

264 Im Streitfall trifft allerdings den Veräußerer, der sich auf die Verwirkung beruft, hierfür die **Darlegungs- und Beweislast**. Hinsichtlich der Kenntnis vom Arbeitnehmerverhalten werden alter und neuer Arbeitgeber im Umkehrschluss zur Gesamtschuldnerschaft bei der Unterrichtungspflicht des § 613a Abs. 5 BGB als Einheit behandelt.[600] Sie können sich gegenseitig auf die Kenntnis des jeweils anderen berufen.

265 Einen **Schadensersatzanspruch** gem. § 280 Abs. 1 BGB wegen Verletzung der Unterrichtungspflicht nach § 613a Abs. 5 BGB hat der Arbeitnehmer, wenn er sein Recht auf Ausübung des Widerspruchsrechts verwirkt hat, nicht. Die Anerkennung eines solchen Anspruchs würde zur Umgehung der Regelungen, die den Untergang des Widerspruchsrechts bewirkt haben, führen.[601]

4. Verzicht auf das Widerspruchsrecht

266 Das Widerspruchsrecht kann nicht durch **Tarifvertrag, Betriebsvereinbarung** oder eine sonstige Kollektivrechtsabrede ausgeschlossen werden, da es sich um eine dem einzelnen Arbeitnehmer zustehende Rechtsposition handelt.[602]

267 Nur der Arbeitnehmer selbst kann auf sein Widerspruchsrecht verzichten. Der **Verzicht** kann mit dem Betriebsveräußerer oder mit dem Betriebserwerber vereinbart werden. Möglich ist auch eine einseitige Zusage des Arbeitnehmers, das Widerspruchsrecht nicht auszuüben.[603] Voraussetzung für die Rechtswirksamkeit einer Vereinbarung über den Verzicht ist allerdings, dass sie im Hinblick auf einen kon-

---

[590] BAG v. 20.05.2010 - 8 AZR 872/08 - juris Rn. 34.
[591] BAG v. 12.11.2009 - 8 AZR 370/07.
[592] BAG v. 24.02.2011 - 8 AZR 699/09 - juris Rn. 30.
[593] BAG v. 23.07.2009 - 8 AZR 541/08.
[594] BAG v. 15.02.2007 - 8 AZR 431/06 - NZA 2007, 793, 798.
[595] BAG v. 14.12.2006 - 8 AZR 763/05 - NZA 2007, 682-686; BAG v. 24.02.2011 - 8 AZR 469/09 - juris Rn. 31 - AP Nr. 401 zu § 613a BGB.
[596] BAG v. 24.07.2008 - 8 AZR 202/07.
[597] BAG v. 23.07.2009 - 8 AZR 541/08.
[598] BAG v. 18.03.2010 - 8 AZR 840/08 - juris Rn. 32 - AP Nr. 14 zu § 513a BGB Unterrichtung.
[599] BAG v. 26.05.2011 - 8 AZR 18/10 - juris Rn. 35 f.
[600] BAG v. 02.04.2009 - 8 AZR 262/07 - NZA 2009, 1149-1151.
[601] BAG v. 12.11.2009 - 8 AZR 751/07 - DB 2010, 789-790; BAG v. 11.11.2010 - 8 AZR 169/09 - juris Rn. 22 - AuA 2011, 488.
[602] BAG v. 02.10.1974 - 5 AZR 504/73 - NJW 1975, 1378; *Seiter*, AP Nr. 1 zu § 613a BGB; *Edenfeld* in: Erman, Bd. 1, 13. Aufl. 2011, § 613a Rn. 53.
[603] BAG v. 15.02.1984 - 5 AZR 123/82 - juris Rn. - BB 1984, 2266-2267; BAG v. 19.03.1998 - 8 AZR 139/97 - juris Rn. 28 - NJW 1998, 3138-3140.

kreten Betriebsübergang getroffen wird[604] und die Schriftform entsprechend § 613a Abs. 6 BGB gewahrt wird.[605] Hat der Arbeitnehmer in Kenntnis aller Umstände dem Betriebsveräußerer erklärt, er werde dem Übergang seines Arbeitsverhältnisses nicht widersprechen, ist ein dennoch erklärter Widerspruch wegen Verstoßes gegen Treu und Glauben unwirksam, wenn der bisherige Arbeitgeber auf die Erklärung vertrauen konnte.[606] Allein die Aufnahme von Vertragsverhandlungen mit dem Betriebserwerber schließt einen späteren Widerspruch noch nicht aus.[607]

Ein Vorausverzicht (z.B. im Arbeitsvertrag) ist unzulässig.[608] Ist die Verzichtserklärung vom Arbeitgeber vorformuliert, unterliegt sie der **Inhaltskontrolle** nach § 307 BGB. Insoweit ist zu erwägen, die Rechtsprechung zu Ausgleichsquittungen entsprechend heranzuziehen.[609] 268

Die Widerspruchsfrist kann durch den Arbeitgeber nicht einseitig verkürzt werden. Eine **Verlängerung** ist mit Zustimmung des Arbeitnehmers, des Betriebsveräußerers und des Betriebserwerbers zulässig (dreiseitiger Vertrag).[610] 269

III. Rechtsfolgen

1. Fortbestand des Arbeitsverhältnisses

Der ordnungsgemäß und fristgerecht erklärte Widerspruch des Arbeitnehmers bewirkt, dass das **Arbeitsverhältnis zum bisherigen Arbeitgeber fortbesteht**. Diese Rechtsfolge tritt ex tunc auch dann ein, wenn der Widerspruch erst im Anschluss an das Wirksamwerden des Betriebsübergangs erklärt wird. Der jeweilige Arbeitnehmer wird also so behandelt, als habe das Arbeitsverhältnis den gesamten Zeitraum über mit dem bisherigen Arbeitgeber fortbestanden.[611] 270

Nach den Grundsätzen des **faktischen Arbeitsverhältnisses** hat der Arbeitnehmer für die Zeit zwischen Betriebsübergang und Erklärung des Widerspruches Anspruch auf Vergütung gegen den Betriebserwerber; ein Anspruch gegen den Veräußerer aus dem Gesichtspunkt des Annahmeverzuges ist nicht gegeben.[612] Weist der bisherige Arbeitgeber im Falle eines Widerspruchs dem Arbeitnehmer keine Arbeit zu, so hat er auch im Krankheitsfalle Entgelt fortzuzahlen. Selbst wenn der Arbeitnehmer ein Beschäftigungsangebot bei dem Betriebserwerber abgelehnt hat, kann sich der Arbeitgeber nicht darauf berufen, der Ausfall der Arbeit beruhe nicht auf der Krankheit, sondern auf einem fehlenden Arbeitswillen.[613] 271

Für die Wirksamkeit eines Widerspruchs gegen einen Betriebsteilübergang gem. § 613a Abs. 6 BGB ist es unerheblich, dass die Unterrichtung des Arbeitgebers über den Betriebsübergang den Anforderungen des § 613a Abs. 5 BGB nicht entspricht. Widerspricht der betroffene Arbeitnehmer gleichwohl oder hält er nach Kenntniserlangung von der Fehlerhaftigkeit der Unterrichtung an seinem Widerspruch fest, bleibt es dabei, dass das Arbeitsverhältnis nicht übergeht.[614] Von der Wirksamkeit des Widerspruchs ist der Fall zu unterscheiden, dass der erfolgte Betriebsübergang gegenüber dem in der Unterrichtung beschriebenen Vorgang eine gänzlich andere Maßnahme darstellt. In diesem Fall ist der 272

---

[604] *Bauer/von Steinau-Steinrück*, ZIP 2002, 457-466, 464; *Gaul/Otto*, DB 2002, 634-640, 638; *Worzalla*, NZA 2002, 353-358, 357.
[605] *Gaul*, FA 2002, 299-302, 301; a.A. *Laber/Roos*, ArbRB 2002, 303-306, 21.
[606] BAG v. 15.02.1984 - 5 AZR 123/82 - BB 1984, 2266-2267.
[607] BAG v. 19.03.1998 - 8 AZR 139/97 - juris Rn. 22 - NJW 1998, 3138-3140.
[608] *Willemsen/Müller-Bonanni* in: Henssler/Willemsen/Kalb, Arbeitsrecht Kommentar, 5. Aufl. 2012, § 613a Rn. 362.
[609] Vgl. LArbG Berlin v. 18.01.1993 - 12 Sa 120/92 - Bibliothek BAG; BAG v. 29.11.1995 - 5 AZR 447/94 - NJW 1996, 2117-2118.
[610] *Gaul/Otto*, DB 2002, 634-640, 637.
[611] BAG v. 22.04.1993 - 2 AZR 313/92 - juris Rn. 16 - NJW 1994, 2170-2172; BAG v. 19.03.1998 - 8 AZR 139/97 - juris Rn. 20 - NJW 1998, 3138-3140; *Laber/Roos*, ArbRB 2002, 303-306, S. 22; *Gaul*, ZfA 1990, 87-110, 99.
[612] LArbG Köln v. 11.06.2004 - 12 Sa 374/04 - ZIP 2005, 591-592; einschränkend *Willemsen/Müller-Bonanni* in: Henssler/Willemsen/Kalb, Arbeitsrecht Kommentar, 5. Aufl. 2012, § 613a Rn. 355; *Rieble*, NZA 2004, 1, 7.
[613] BAG v. 24.03.2004 - 5 AZR 355/03 - AP Nr. 22 zu § 3 EntgeltFG.
[614] LArbG Potsdam v. 24.09.2003 - 6 Sa 118/03 - Bibliothek BAG.

aufgrund der Unterrichtung erfolgte Widerspruch nicht gegen den erfolgten Betriebsübergang gerichtet.[615] Es fehlt schon dann schon an einem Widerspruch.

2. Kündigungsrecht des Betriebsveräußerers nach dem KSchG

273 Die Ausübung des Widerspruchs gegen den Übergang des Arbeitsverhältnisses kann mit **Nachteilen** verbunden sein: So läuft der Arbeitnehmer Gefahr, vom Betriebsveräußerer **wegen dringender betrieblicher Erfordernisse** nach § 1 Abs. 2 KSchG **gekündigt** zu werden, wenn dieser wegen des Betriebsübergangs für ihn keine Beschäftigungsmöglichkeit mehr hat.[616] Diese Kündigung scheitert nicht an § 613a Abs. 4 Satz 1 BGB, da wesentliche Ursache für die Kündigung nicht der Betriebsübergang als solcher, sondern die Weigerung des Arbeitnehmers ist, bei dem neuen Betriebsinhaber zu arbeiten. Voraussetzung ist gemäß § 1 Abs. 2 KSchG das Fehlen einer anderweitigen Beschäftigungsmöglichkeit im Betrieb oder Unternehmen des Veräußerers.[617]

274 Liegen die Voraussetzungen einer betriebsbedingten Kündigung grundsätzlich vor, ist im Falle des Übergangs eines Betriebsteils umstritten, ob § 1 Abs. 3 KSchG zugunsten des widersprechenden Arbeitnehmers anzuwenden ist.[618] Die wohl überwiegende Auffassung in der **Literatur**[619] beschreibt in Anlehnung an die frühere Rechtsprechung des BAG, einen Mittelweg: Der widersprechende Arbeitnehmer ist grundsätzlich in die **Sozialauswahl** einzubeziehen. Hierbei sollen allerdings die **Gründe für den Widerspruch zu berücksichtigen** sein. Nur bei objektiv vertretbaren sachlichen Gründen soll sich der widersprechende Arbeitnehmer auf eine fehlerhafte Sozialauswahl gemäß § 1 Abs. 3 KSchG berufen können. Gerechtfertigt wird diese Einschränkung der Sozialauswahl zu Lasten des widersprechenden Arbeitnehmers mit der Erwägung, dass der widersprechende Arbeitnehmer einen funktionsfähigen Arbeitsplatz aufgibt, der ihm auf Grund der Schutzvorschrift des § 613a Abs. 1 Satz 1 BGB erhalten geblieben wäre. Die Berücksichtigung eines willkürlichen Widerspruchs führe im Übrigen ggf. zur Entlassung eines anderen Arbeitnehmers im Veräußererbetrieb, der seinen Arbeitsplatz ansonsten behalten hätte.

275 Die **frühere Rechtsprechung des BAG** prüfte innerhalb der Sozialauswahl, ob der dem Arbeitnehmer angebotene Arbeitsplatz beim Betriebserwerber **zumutbar** war. Dies richtete sich nach Treu und Glauben.[620] Das BAG legte für die Frage, ob objektiv vertretbare Gründe für den Widerspruch vorliegen, einen **strengen Maßstab** an: Je geringer die Unterschiede hinsichtlich der sozialen Gesichtspunkte unter den vergleichbaren Arbeitnehmern waren, desto gewichtiger mussten die Gründe dafür sein, einen vom Betriebsübergang nicht betroffenen Arbeitnehmer zu verdrängen. Nur wenn dieser einen baldigen Arbeitsplatzverlust oder eine baldige wesentliche Verschlechterung seiner Arbeitsbedingungen bei dem Erwerber zu befürchten hatte, konnte er einen Arbeitskollegen, der nicht ganz erheblich weniger schutzbedürftig war, verdrängen.[621] Dies zugrunde legend galt als sachlicher Grund, dass der neue Arbeitgeber als unzuverlässig bekannt war oder nicht über die nötige Bonität verfügte. Gleiches galt, wenn der Betriebserwerber einen Kleinbetrieb betreibt und daher der Verlust des Kündigungsschutzes

---

[615] BAG v. 25.10.2007 - 8 AZR 989/06 - juris, Rn. 31.
[616] BAG v. 19.03.1998 - 8 AZR 139/97 - juris Rn. 19 - NJW 1998, 3138-3140; BAG v. 16.07.1998 - 8 AZR 284/97 - juris Rn. 22; *Franzen*, RdA 2002, 258-272, 268; *Gaul*, Das Arbeitsrecht der Betriebs- und Unternehmensspaltung, 2002, § 20 Rn. 134; *Preis* in: ErfKomm, § 613a Rn. 106-108.
[617] BAG v. 07.04.1993 - 2 AZR 449/91 (B) - NJW 1993, 3156-3159.
[618] Generell ablehnend beispielsweise *Ingelfinger*, ZfA 1996, 591-613; 608; uneingeschränkt bejahend beispielsweise *Helpertz*, DB 1990, 1562-1565; 1562; BAG v. 07.04.1993 - 2 AZR 449/91 (B) - NJW 1993, 3156-3159; BAG v. 18.03.1999 - 8 AZR 190/98 - NJW 1999, 3508-3509.
[619] *Franzen*, RdA 2002, 258-272, 268, 269; *Moll*, NJW 1993, 2016-2023; 2017; *Neef*, NZA 1994, 97-102; 102; *Oetker*, DWiR 1993, 136-145; 143.
[620] BAG v. 30.01.1997 - 6 AZR 859/95 - juris Rn. 25 - DB 1997, 2626-2627; BAG v. 19.02.1998 - 6 AZR 367/96 - juris Rn. 21 - ZIP 1998, 2067-2070.
[621] BAG v. 18.03.1999 - 8 AZR 190/98 - NJW 1999, 3508-3509; BAG v. 24.02.2000 - 8 AZR 167/99 - juris Rn. 40 - DB 2000, 1420-1422.

drohte. Gleichfalls sollte hinreichend sein, dass der Betriebsübernehmer nicht der Sozialplanpflicht unterliegt.[622]

Mit Urteil vom 31.05.2007 hat das BAG seine frühere **Rechtsprechung aufgegeben.** Das BAG vertritt nunmehr den Standpunkt, dass die **Gründe für den Widerspruch bei der Sozialauswahl nicht mit in die Abwägung einfließen dürfen.**[623] Die frühere Rechtsprechung sei mit dem abschließenden Katalog der Abwägungskriterien, der seit dem 01.01.2004 geltenden Fassung des § 1 Abs. 3 KSchG nicht vereinbar.[624] Durch die Einbeziehung des Widerspruchsgrundes würde das mit der Beschränkung der Auswahlkriterien angestrebte gesetzgeberische Ziel der rechtssicheren Ausgestaltung der Sozialauswahl konterkariert. Weiterhin stehe der Berücksichtigung der Widerspruchsgründe entgegen, dass die Ausübung des Widerspruchsrechtes gerade ohne Begründung ausgeübt werden kann. Anderenfalls würde die Begründungspflicht auf dem Umweg der Sozialauswahl entgegen der gesetzlichen Systematik wieder eingeführt. 276

In der Literatur wird teilweise versucht, unbillige Ergebnisse von Widersprüchen zu Lasten beim Veräußerer verbliebener Arbeitnehmer bereits auf der Ebene der Ausübung des Widerspruchsrechtes zu verhindern.[625] Danach soll im Rahmen einer Missbrauchskontrolle geprüft werden, ob der Widerspruch aus einem sachlichen Grund ausgeübt wurde. Liegt eine missbräuchliche Ausübung vor, so soll das Arbeitsverhältnis trotz Widerspruchs auf den Erwerber übergehen. Diesem Lösungsansatz steht aber entgegen, dass die Ausübung des Widerspruchsrechts keiner Begründung oder des Vorliegens sachlicher Gründe bedarf.[626] Das Widerspruchsrecht soll gerade dazu dienen, das in Art. 12 GG verankerte Grundrecht der freien Arbeitsplatzwahl zu sichern.[627] Allein der Umstand des Wechsels des Arbeitgebers berechtigt daher zur Ausübung des Widerspruchsrechts. 277

Nach hier vertretener Auffassung ist die neue Rechtsprechung des BAG in der Begründung durchaus überzeugend. Die Anerkennung eines von sachlichen Gründen unabhängigen Widerspruchsrechts führt im Regelfall auch nicht zu unbilligen, der gesetzlichen Zwecksetzung zuwiderlaufenden Ergebnissen. Dies gilt selbst dann, wenn ein beim Veräußerer beschäftigter Arbeitnehmer seinen Arbeitsplatz nach erfolgter Sozialauswahl verliert und der Widersprechende beim Erwerber einen sicheren Arbeitsplatz gehabt hätte. Der in § 613a Abs. 1 BGB angeordnete Übergang des Arbeitsverhältnisses vom Veräußerer auf den Erwerber soll den Arbeitnehmer vor dem Verlust seines Arbeitsplatzes im Falle eines Betriebsüberganges schützen. Das in § 613a Abs. 6 BGB verankerte Widerspruchsrecht stellt hierzu systematisch eine Gegenausnahme dar, die es dem Arbeitnehmer ermöglicht, sich gegen den gesetzlichen Regelfall zu entscheiden. Durch den Widerspruch wird die Ausgangslage wiederhergestellt, die ohne die Schutzvorschrift des § 613a Abs. 1 BGB bestünde. Ohne die Regelung des § 613a Abs. 1 BGB würden bei einer betriebsbedingten Kündigung ebenfalls alle Arbeitnehmer in die Sozialauswahl nach den in § 1 Abs. 3 KSchG normierten Kriterien einbezogen. Eine Berücksichtigung des Widerspruchsgrundes bei der Sozialauswahl würde daher zu einer Schlechterstellung des widersprechenden Arbeitnehmers führen. Dieses Ergebnis wäre mit dem Schutzgesetzcharakter des § 613a BGB schwerlich zu vereinbaren. 278

Eine Einschränkung des Widerspruchsrechts kann allenfalls in **krassen Missbrauchsfällen** geboten sein, etwa wenn der Widerspruch ausschließlich zu dem Zweck ausgeübt wird, im Wege der Sozialauswahl den Verlust des Arbeitsplatzes eines anderen Arbeitnehmers herbeizuführen. 279

---

[622] Ebenso: LArbG Berlin v. 26.05.1997 - 9 Sa 19/97 - MDR 1997, 948-949; vgl. allerdings: BAG v. 05.02.1997 - 10 AZR 553/96 - juris Rn. 25 - ZIP 1997, 1385-1388.
[623] BAG v. 31.05.2007 - 2 AZR 276/06 - NZA 2008, 33, 38.
[624] Ebenso *Preis* in: Stahlhacke/Preis/Vossen, Kündigung und Kündigungsschutz im Arbeitsverhältnis, 10. Aufl. 2010, Rn. 1058; *v. Hoyningen-Huene/Linck*, Kündigungsschutzgesetz, 14. Aufl. 2007, § 1 Rn. 886.
[625] *Steffan* in: Ascheid/Preis/Schmidt, Kündigungsrecht, 3. Aufl. 2007, § 613a Rn. 229; dahingehend auch *Preis* in: Stahlhacke/Preis/Vossen, 10. Aufl. 2010, Rn. 1058.
[626] BAG v. 31.05.2007 - 2 AZR 276/06 - NZA 2008, 33, 38.
[627] BT-Drs. 14/7760, S. 20.

3. Verlust des Abfindungsanspruchs

280 Bezweckt der Arbeitnehmer mit dem Widerspruch die Teilhabe an Abfindungsregelungen des Veräußerers, entfällt nach der bisherigen Rechtsprechung des BAG nach den Grundsätzen von Treu und Glauben der **Abfindungsanspruch**.[628] Das BAG hat einen Abfindungsanspruch einer Arbeitnehmerin verneint, die dem Übergang ihres Arbeitsverhältnisses widersprochen hatte, obwohl sie zu einem kurz nach dem Betriebsübergang liegenden Zeitpunkt bereits ein neues Arbeitsverhältnis in Aussicht hatte.[629] Ob diese Rechtsprechung vor dem Hintergrund der Unbeachtlichkeit des Widerspruchsgrundes im Rahmen der Sozialauswahl (vgl. hierzu Rn. 276) aufrechterhalten werden kann, bleibt abzuwarten. Konsequent wäre es, den Abfindungsanspruch ebenfalls unabhängig vom Widerspruchsgrund zu gewähren.

281 Bei Missbrauch des Widerspruchsrechts **verwirkt** der Arbeitnehmer auch **Sozialplanansprüche** nach § 112 Abs. 5 Satz 2 Nr. 2 BetrVG.[630] Nimmt der Sozialplan selbst solche Mitarbeiter von seinem Geltungsbereich aus, die einen angebotenen zumutbaren Arbeitsplatz ablehnen, so gilt dies auch für den Fall, dass Arbeitnehmer dem zumutbaren Übergang ihres Arbeitsverhältnisses widersprechen.[631]

282 Eine Regelung in einem Sozialplan, die Arbeitnehmer von einer Abfindung ausschließt, wenn das gekündigte Arbeitsverhältnis noch vor Ablauf der Kündigungsfrist auf einen Betriebserwerber übergeht, ist unwirksam. Dies gilt auch für eine Regelung, die einen Sozialplananspruch davon abhängig macht, dass der Arbeitnehmer erfolglos einen möglichen Betriebserwerber wegen einer Wiedereinstellung in Anspruch nimmt.[632]

4. Böswilliges Unterlassen des Erwerbs beim neuen Betriebsinhaber

283 Die Ausübung des Widerspruchs kann für den Arbeitnehmer noch eine weitere **nachteilige Folge** haben: Er kann sich nicht darauf verlassen, von seinem bisherigen Arbeitgeber unter dem Gesichtspunkt des **Annahmeverzugs** (§ 615 Satz 2 BGB) zumindest bis zum Ablauf der Kündigungsfrist die vertragliche Vergütung liquidieren zu können. Denn nach § 615 Satz 2 BGB muss er sich den **Wert dessen anrechnen lassen, was er zu erwerben böswillig unterlassen** hat. Ein böswilliges Unterlassen des Erwerbs beim neuen Betriebsinhaber ist nicht schon deswegen ausgeschlossen, weil der Arbeitnehmer das Widerspruchsrecht wirksam ausgeübt hat.[633] Böswillig handelt der Arbeitnehmer, wenn ihm ein Vorwurf daraus gemacht werden kann, dass er während des Annahmeverzugs trotz Kenntnis aller objektiven Umstände (Arbeitsmöglichkeit, Zumutbarkeit der Arbeit, nachteilige Folgen für den Arbeitgeber) vorsätzlich untätig bleibt, oder die Aufnahme der Arbeit bewusst verhindert.[634] Regelmäßig ist dies dann anzunehmen, wenn sich beim Betriebserwerber die Arbeitsbedingungen nicht verschlechtern und sich aus der Person des neuen Arbeitgebers keine Nachteile für den Arbeitnehmer ergeben.

284 Eine Anrechnung des böswilligen Unterlassens eines Erwerbs durch anderweitige Verwendung der Dienste gem. § 615 Satz 2 BGB findet allerdings nicht statt, wenn der Arbeitnehmer zwar dem Übergang seines Arbeitsverhältnisses wirksam widersprochen und eine Beschäftigung beim Betriebserwerber abgelehnt hat, jedoch arbeitsunfähig erkrankt und deshalb seine Tätigkeit nicht ausüben kann. Der Ausfall der Arbeit beruht in diesem Fall nicht auf einem fehlenden Arbeitswillen, sondern auf der Er-

---

[628] BAG v. 19.02.1998 - 6 AZR 367/96 - ZIP 1998, 2067-2070; BAG v. 10.11.1993 - 4 AZR 184/93 - DB 1994, 1377-1378; BAG v. 05.02.1997 - 10 AZR 553/96 - juris Rn. 25 - ZIP 1997, 1385-1388; BAG v. 24.11.1993 - 4 AZR 407/92 - juris Rn. 29 - BB 1994, 289-290; *Hanau*, Festschrift für Dieter Gaul 1992, 287-304, 292.

[629] BAG v. 10.11.1993 - 4 AZR 184/93 - DB 1994, 1377-1378.

[630] LArbG Chemnitz v. 30.04.1996 - 8 Sa 166/96 - Bibliothek BAG.

[631] BAG v. 05.02.1997 - 10 AZR 553/96 - ZIP 1997, 1385-1388.

[632] BAG v. 22.11.2005 - 1 AZR 458/04 - ZIP 2006, 489-492.

[633] BAG v. 19.03.1998 - 8 AZR 139/97 - NJW 1998, 3138-3140 („Apothekenfall").

[634] BAG v. 19.03.1998 - 8 AZR 139/97 - juris Rn. 22 - NJW 1998, 3138-3140.

krankung – auch wenn der Arbeitsplatz des Arbeitnehmers bei seinem bisherigen Arbeitgeber nicht mehr vorhanden ist.[635]

5. Sperrzeit

Nach der Rechtsprechung des BSG[636] stellt der Widerspruch des Arbeitnehmers gegen den Übergang seines Arbeitsverhältnisses grundsätzlich kein Lösen des Beschäftigungsverhältnisses im Sinne des § 144 Abs. 1 Satz 2 Nr. 1 SGB III dar. Die Intention des Widerspruchs richtet sich gerade auf eine Aufrechterhaltung des Arbeitsverhältnisses mit dem bisherigen Arbeitgeber. Eine Sperrzeit tritt damit regelmäßig nicht ein.[637] Nach anderer Ansicht stellt der Widerspruch gegen den Betriebsübergang ein Lösen des Beschäftigungsverhältnisses dar, weil er für die nachfolgende Beendigung des Arbeitsverhältnisses durch den Altarbeitgeber mitursächlich ist.[638] Eine Sperrzeit tritt danach nur dann nicht ein, wenn ein wichtiger Grund im Sinne des § 144 Abs. 1 Satz 1 SGB III für den Widerspruch vorliegt.[639]

285

---

[635] BAG v. 23.03.2004 - 3 AZR 151/03 - ZIP 2004, 1227-1230; ebenso bereits: BAG v. 24.03.1987 - 3 AZR 384/85 - ZIP 1987, 1474-1478.
[636] BSG v. 08.07.2009 - B 11 AL 17/08 R - BB 2010, 443-446.
[637] Eingehend zur Problematik *Klumpp*, NZA 2009, 354-357.
[638] *Pottmeyer*, NZA 1988, 521, 526; *Commandeur*, NJW 1996, 2537-2546.
[639] *Engesser Means/Klebeck*, NZA 2008, 143, 145.

§ 614 BGB Fälligkeit der Vergütung

(Fassung vom 02.01.2002, gültig ab 01.01.2002)

¹Die Vergütung ist nach der Leistung der Dienste zu entrichten. ²Ist die Vergütung nach Zeitabschnitten bemessen, so ist sie nach dem Ablauf der einzelnen Zeitabschnitte zu entrichten.

Gliederung

A. Grundlagen... 1	1. Begriffe... 7
I. Kurzcharakteristik... 1	2. Erweiterter Anwendungsbereich... 12
II. Gesetzgebungsmaterialien... 2	3. Abdingbarkeit... 13
III. Regelungsprinzipien... 3	II. Vergütung nach Zeitabschnitten... 20
B. Praktische Bedeutung... 5	D. Rechtsfolgen... 22
C. Anwendungsvoraussetzungen... 7	E. Prozessuale Hinweise... 27
I. Dienste und Vergütung... 7	F. Anwendungsfelder – Konkurrenzen... 28

A. Grundlagen

I. Kurzcharakteristik

1 § 614 BGB gilt sowohl für Dienst- als auch für Arbeitsverträge.[1] Die Vorschrift ist keine Anspruchsgrundlage, sie bestimmt vielmehr die Fälligkeit der Vergütung in der Form einer Vorleistungspflicht des Dienstverpflichteten bzw. des Arbeitnehmers und ist insoweit mit § 641 Abs. 1 Satz 1 BGB (vgl. die Kommentierung zu § 641 BGB) vergleichbar.

II. Gesetzgebungsmaterialien

2 **Vorbild** für die Regelung war die bis zum 31.12.2001 gesetzlich bestimmte (vgl. § 551 Abs. 1 BGB a. F.) **Vorleistungspflicht des Vermieters**,[2] die hinsichtlich der Wohnraummiete durch die Neufassung des Schuldrechts in dem Gesetz zur Modernisierung des Schuldrechts vom 26.11.2001[3] durch § 556b BGB (vgl. die Kommentierung zu § 556b BGB) in eine grundsätzliche Vorleistungspflicht des Mieters abgeändert worden ist. Dagegen ist § 614 BGB von der Neufassung des Schuldrechts unberührt geblieben.

III. Regelungsprinzipien

3 Die Vorschrift enthält eine **Sonderregelung** zu dem in § 320 Abs. 1 Satz 1 BGB enthaltenen Grundsatz (vgl. die Kommentierung zu § 320 BGB), dass der **Leistungsaustausch** in gegenseitigen Verträgen in der Regel gleichzeitig, d.h. Zug um Zug zu erfolgen hat. Dadurch wird der Dienstberechtigte vor der Gefahr geschützt, die Vergütung erbringen zu müssen, ohne die Dienste zu erhalten. Damit ist gleichzeitig die **Leistungszeit** abweichend von der gesetzlichen Grundregel in § 271 Abs. 1 BGB bestimmt.

4 Dagegen bleibt § 320 Abs. 2 BGB anwendbar,[4] so dass der Dienstberechtigte bzw. der Arbeitgeber die Vergütung insoweit nicht verweigern kann, als die Verweigerung nach den Umständen, insbesondere wenn der noch nicht erbrachte Teil der Dienst- bzw. Arbeitsleistung geringfügig ist, gegen **Treu und Glauben** (vgl. § 242 BGB und die Kommentierung zu § 242 BGB) verstoßen würde.

---

[1] *Richardi* in: Staudinger, § 614 Rn. 49.
[2] Vgl. Motive, Bd. II, S. 461.
[3] BGBl I 2001, 3138.
[4] Vgl. *Richardi* in: Staudinger, § 614 Rn. 16.

B. Praktische Bedeutung

Die dem Dienstverpflichteten bzw. Arbeitnehmer auferlegte Vorleistung ist nach wirtschaftlichen Gesichtspunkten eine **Stundung der Vergütung** mit der Folge, dass der Sachleistungspflichtige die Gefahr der späteren Realisierbarkeit seiner Vergütung trägt. 5

Arbeitnehmern – nicht aber Dienstverpflichteten – ist diese Vergütungsgefahr durch das **Insolvenzgeld** (vgl. die §§ 183-189 SGB III) in begrenztem Umfang abgenommen. 6

C. Anwendungsvoraussetzungen

I. Dienste und Vergütung

1. Begriffe

Nach § 614 BGB hängt die **Fälligkeit** der Vergütung von der vorherigen Leistung der geschuldeten Dienste ab. Dagegen ist die Fälligkeit der Vergütungsforderung grundsätzlich nicht von der vorherigen **Abrechnung** abhängig.[5] Zwar kann die Fälligkeit im Sinne einer Ausschlussfrist im Einzelfall an eine Abrechnung durch den Anspruchsgegner gebunden sein. Das ist aber nur dann der Fall, wenn der Anspruchsberechtigte die Höhe seiner Ansprüche ohne diese Abrechnung nicht erkennen kann.[6] 7

Dienste im Sinne dieser Vorschrift sind die Hauptleistungspflichten des Dienstverpflichteten bzw. des Arbeitnehmers (vgl. weitere Einzelheiten dazu in der Kommentierung zu § 611 BGB). 8

Wenn in einem Arbeitsverhältnis eine **Nebenleistung** des Arbeitgebers an den Lohn gekoppelt ist, wie es z.B. bei einer Direktversicherung im Wege der Entgeltumwandlung der Fall ist, muss der Arbeitgeber die vereinbarte Nebenleistung erst ab der Fälligkeit der Lohnforderung entrichten.[7] 9

Wird für eine Mehrheit von Diensten eine **Gesamtvergütung** vereinbart, kann – auch ohne gesonderte Vereinbarung – vor Abschluss der gesamten Tätigkeit ein verhältnismäßiger Teil der Gesamtvergütung verlangt werden, falls die verschiedenen Dienste ohne Schwierigkeiten in einzelne Abschnitte unterteilt werden können.[8] 10

Bei dem **Akkordlohn** ist die Vergütung nicht nach Zeitabschnitten, sondern nach der Arbeitsmenge bemessen. Die Fälligkeit richtet sich nach der getroffenen Regelung in dem jeweiligen Tarif- oder Einzelarbeitsvertrag. Im Allgemeinen besteht ein Anspruch auf Abschlagszahlungen.[9] 11

2. Erweiterter Anwendungsbereich

Auch auf entgeltliche **Geschäftsbesorgungsverträge** (vgl. § 675 BGB) mit Dienstleistungscharakter findet § 614 BGB Anwendung.[10] Allerdings hängt bei Geschäftsbesorgungsverträgen die Fälligkeit der Vergütung neben der Leistung der Dienste zusätzlich noch von einer ordnungsgemäßen Rechnungslegung ab.[11] Die Vorschrift des § 614 BGB findet jedoch wegen der Spezialvorschrift des § 656 BGB keine Anwendung auf **Partnerschaftsvermittlungsverträge**.[12] Der **Verwaltervertrag** ist seinem Inhalt nach ein Geschäftsbesorgungsvertrag, der weitgehend dienstvertraglichen Charakter hat (§ 675 BGB). Dem durch gerichtliche Entscheidung bestellten Verwalter steht damit nach § 612 Abs. 2 12

---

[5] Vgl. OLG Oldenburg v. 21.01.2009 - 5 U 24/08 - juris Rn. 17 - MDR 2009 496-497.
[6] St. Rspr. des Bundesarbeitsgerichts, vgl. BAG v. 27.10.2005 - 8 AZR 546/03 - NZA 2006, 259-263; BAG v. 05.11.2003 - 5 AZR 676/02 - AP NachwG § 2 Nr. 7 = EzA NachwG § 2 Nr. 6; BAG v. 27.02.2002 - 9 AZR 543/00 - AP TVG § 4 Ausschlussfristen Nr. 162 = EzA BGB § 138 Nr. 30.
[7] Vgl. Hessisches LArbG v. 25.06.2008 - 8 Sa 1428/07 - juris Rn. 12.
[8] Vgl. *Richardi* in: Staudinger, § 614 Rn. 15.
[9] Vgl. *Müller-Glöge* in: MünchKomm-BGB, § 614 Rn. 11.
[10] Vgl. BGH v. 03.02.1988 - IVa ZR 196/86 - juris Rn. 8 - NJW-RR 1988, 1264-1265.
[11] Vgl. *Richardi* in: Staudinger, § 614 Rn. 14 m.w.N.; BGH v. 03.02.1988 - IVa ZR 196/86 - juris Rn. 11 - NJW-RR 1988, 1264-1265; OLG Hamm v. 04.03.1993 - 15 W 295/92 - NJW-RR 1993, 845-847.
[12] Vgl. OLG Jena v. 27.02.2001 - 2 U 329/00 - OLGR Jena 2003, 22-25.

BGB ein Anspruch auf die übliche Vergütung zu; auch im Übrigen gelten für das Schuldverhältnis die gesetzlichen Vorschriften.

3. Abdingbarkeit

13 Die in § 614 BGB enthaltene Fälligkeitsregelung ist **nicht zwingend**. Die Vorschrift wird auch häufig abbedungen, so dass ihre praktische Bedeutung gering ist.[13] Sie kann sowohl einzelvertraglich als auch – hinsichtlich der Vergütung in einem Arbeitsverhältnis – durch eine Kollektivvereinbarung – d.h. einen Tarifvertrag oder eine Betriebsvereinbarung (unter Berücksichtigung von § 77 Abs. 3 BetrVG) – abbedungen werden.[14] Eine von § 614 Satz 2 BGB abweichende Fälligkeit wird regelmäßig auch mit einer Vereinbarung über eine **Altersteilzeit** im Blockmodell vereinbart, wonach der Arbeitnehmer während der Arbeitsphase voll und während der Freistellungsphase überhaupt nicht arbeitet. Der für die Freistellungsphase vereinbarte anteilige Vergütungsanspruch wird nicht bereits nach dem Zeitabschnitt fällig, in dem die Arbeit geleistet worden ist, sondern seine Fälligkeit ist in Abweichung von § 614 Satz 2 BGB bis zum „spiegelbildlichen" Zeitraum während der Freistellungsphase hinausgeschoben.[15]

14 Auch durch **allgemeine Geschäftsbedingungen** kann von der gesetzlichen Fälligkeitsregelung des § 614 BGB abgewichen werden. Eine solche Vorleistungspflicht darf der Verwender der AGB seinem Vertragspartner jedoch nur dann auferlegen, wenn dafür ein sachlicher rechtfertigender Grund besteht[16], wenn keine überwiegenden Belange des Vertragspartners entgegenstehen[17] und wenn die Klausel weder überraschend oder mehrdeutig (§ 305c BGB)[18] ist noch den Vertragspartner entgegen den Geboten von Treu und Glauben unangemessen benachteiligt (§ 307 BGB)[19].

15 Aufgrund einer entsprechenden ausdrücklichen oder stillschweigenden Vereinbarung können auch **Vorschusszahlungen** und **Abschlagszahlungen** gefordert werden.[20] Ein Vorschuss ist eine Vorauszahlung auf Entgelte, die noch nicht fällig sind. Ein Abschlag ist dagegen eine Zahlung auf eine bereits erbrachte Leistung. Der Abschlag wird gezahlt, bevor der bereits verdiente Lohn endgültig berechnet ist.[21]

16 Die **Rückzahlung** eines an einen **Dienstverpflichteten** gezahlten Vorschusses richtet sich nach § 812 BGB. Die **Darlegungs- und Beweislast** dafür, dass der Vorschuss durch die geleistete Arbeit schon verdient ist, liegt bei dem Dienstverpflichteten.[22] Wer als Arbeitnehmer einen **Vorschuss** auf seine noch nicht fällige Lohnforderung entgegennimmt, verpflichtet sich damit, den Vorschuss zurückzuzahlen, wenn und soweit die bevorschusste Forderung nicht oder nicht zeitgerecht entsteht.[23] Das Gleiche gilt für die **Abschlagszahlung**, wenn sich bei der **Lohnabrechnung** herausstellt, dass der bereits gezahlte Abschlag nicht oder nicht in dieser Höhe verdient ist.[24]

---

[13] Vgl. *Preis* in: ErfKomm, § 614 Rn. 2.
[14] Vgl. dazu BAG v. 15.01.2002 - 1 AZR 165/01 - juris Rn. 37 - EzA § 614 BGB Nr. 1.
[15] Vgl. BAG v. 19.12.2006 - 9 AZR 230/06 - juris Rn. 30 - DB 2007, 1707-1708.
[16] Vgl. OLG Düsseldorf v. 21.12.1994 - 15 U 181/93 - juris Rn. 7 - NJW-RR 1995, 1015-1016.
[17] Vgl. OLG Zweibrücken v. 29.05.1998 - 2 U 8/98 - juris Rn. 20-21 - NJW-RR 1998, 1753-1754.
[18] Vgl. *Weidenkaff* in: Palandt, § 614 Rn. 1.
[19] Vgl. noch zu § 9 AGBG: OLG Zweibrücken v. 29.05.1998 - 2 U 8/98 - juris Rn. 20-21 - NJW-RR 1998, 1753-1754; OLG Düsseldorf v. 21.12.1994 - 15 U 181/93 - juris Rn. 7 - NJW-RR 1995, 1015-1016; OLG Köln v. 24.10.1996 - 12 U 35/96 - juris Rn. 7 - OLGR Köln 1997, 17; OLG Frankfurt/M v. 12.03.1992 - 6 U 209/90 - juris Rn. 15.
[20] Vgl. *Weidenkaff* in: Palandt, § 614 Rn. 3.
[21] Vgl. *Richardi* in: Staudinger, § 614 Rn. 28.
[22] Vgl. OLG Düsseldorf v. 09.10.1997 - 13 U 153/96 - GI 1999, 275-280.
[23] Vgl. BAG v. 20.06.1989 - 3 AZR 504/87 - juris Rn. 18 - BB 1989, 2333-2334; LArbG Hamm v. 22.02.2001 - 16 Sa 1328/00 - juris Rn. 16 - Bibliothek BAG.
[24] Vgl. *Richardi* in: Staudinger, § 614 Rn. 30.

Sowohl Vorschuss- als auch Abschlagszahlungen werden bei der endgültigen Lohn- oder Vergütungsabrechnung abgezogen.[25]   17

Für den Bereich der **Arbeitsverhältnisse** gibt es für einzelne Berufsgruppen und Vergütungsformen gesetzliche Sondervorschriften (vgl. die §§ 64, 65, 87a, 87c HGB; § 11 BBiG), die § 614 BGB verdrängen. Außerdem wird die Fälligkeit des Arbeitsentgelts oft kollektivvertraglich – durch Tarifvertrag bzw. Betriebsvereinbarung – oder einzelvertraglich abweichend geregelt.[26]   18

Besondere Fälligkeitsvorschriften sind in Honorarordnungen einiger freier Berufsgruppen enthalten. Nach der Honorarordnung für **Architekten und Ingenieure** (§ 8 Abs. 1 AIHonO) wird das Honorar fällig, wenn die Leistung vertragsmäßig erbracht und eine prüffähige Honorarabschlussrechnung überreicht ist. Bei **Ärzten** wird das Honorar nach der Gebührenordnung für Ärzte (§ 12 GOÄ) fällig, wenn dem Zahlungspflichtigen eine dieser Verordnung entsprechende Rechnung erteilt worden ist. Die Gebührenordnung für **Tierärzte** enthält keine besondere Fälligkeitsregelung. Allerdings kann die Regelung für Ärzte (§ 12 GOÄ) entsprechend angewandt werden.[27] Laut § 8 Abs. 1 Satz 1 RVG (Rechtsanwaltsvergütungsgesetz) wird die Vergütung des **Rechtsanwalts** fällig, wenn der Auftrag erledigt oder die Angelegenheit beendigt ist. Die Fälligkeitsregelung in der **Steuerberatergebührenverordnung** (§ 7 StBGebV) entspricht derjenigen in § 8 Abs. 1 Satz 1 RVG. Allerdings kann der Steuerberater gemäß § 8 StBGebV von seinem Auftraggeber für die entstandenen und für die voraussichtlich entstehenden Gebühren und Auslagen einen angemessenen Vorschuss fordern. Für **Wirtschaftsprüfer** ist noch keine Gebührenordnung ergangen. Es kommt jedoch eine entsprechende Anwendung von § 7 StBGebV in Betracht.[28]   19

II. Vergütung nach Zeitabschnitten

Ist die Vergütung nach Zeitabschnitten bemessen, wird die Entlohnung mit dem Ablauf des jeweiligen Zeitraums fällig. Diese Regelung hat insbesondere für Arbeitsverhältnisse eine Bedeutung.[29]   20

Als Zeitabschnitt im Sinne dieser Bestimmung können – wie wohl meistens – Monate, aber auch Wochen, Tage oder Stunden bestimmt werden. Wenn die Vergütung nach Tagen oder Stunden bemessen ist, muss sie – entgegen des Wortlauts des § 614 Satz 2 BGB – unter Berücksichtigung der **Verkehrssitte** in der Regel erst am Wochenschluss gezahlt werden.[30] Ansonsten ist nach Ablauf des jeweiligen Monats oder der jeweiligen Woche zu entlohnen.   21

D. Rechtsfolgen

Die Bemessung der **Vergütung** nach Zeitabschnitten hat zur Folge, dass die Leistungszeit kalendermäßig festgelegt ist und demgemäß die Entlohnungspflicht für die in dem Zeitabschnitt geleistete Arbeit oder die geleisteten Dienste ohne weiteres mit Ablauf des jeweiligen Zeitabschnitts fällig wird. Bei monatlicher Vergütung, die in Arbeitsverhältnissen die Regel darstellt, ist der Lohn für den abgelaufenen Monat am ersten Tag des Folgemonats zu zahlen.[31] Fällt der Fälligkeitstag auf einen Samstag, Sonn- oder Feiertag, verschiebt sich der Zeitpunkt der Fälligkeit nach § 193 BGB auf den darauf folgenden Werktag.[32]   22

---

[25] Vgl. LArbG Hamm v. 22.02.2001 - 16 Sa 1328/00 - juris Rn. 16 - Bibliothek BAG; *Richardi* in: Staudinger, § 614 Rn. 23.
[26] Vgl. dazu BAG v. 15.01.2002 - 1 AZR 165/01 - juris Rn. 37 - EzA § 614 BGB Nr. 1.
[27] Vgl. *Busche* in: MünchKomm-BGB, § 631 Rn. 243.
[28] Vgl. *Müller-Glöge* in: MünchKomm-BGB, § 614 Rn. 9.
[29] Vgl. *Richardi* in: Staudinger, § 614 Rn. 12.
[30] Vgl. *Richardi* in: Staudinger, § 614 Rn. 12.
[31] Vgl. BAG v. 15.05.2001 - 1 AZR 672/00 - juris Rn. 37 - BAGE 98, 1-9; LArbG Rheinland-Pfalz v. 02.07.2009 - 11 Sa 202/09 - juris Rn. 61.
[32] Vgl. BAG v. 15.05.2001 - 1 AZR 672/00 - juris Rn. 37 - BAGE 98, 1-9.

23 **Betriebsrenten**, die ebenso wie Arbeitsentgelt in der Regel nach Zeitabschnitten entrichtet werden, sind nach dem Rechtsgedanken des § 614 Satz 2 BGB ebenfalls erst nach Ablauf der einzelnen Zeitabschnitte fällig.[33]

24 Der Dienstberechtigte bzw. Arbeitgeber, der am Ende des Zeitabschnitts nicht zahlt, kommt gemäß § 286 Abs. 2 Nr. 1 BGB in **Zahlungsverzug**, ohne dass es einer Mahnung des Dienstverpflichteten bzw. Arbeitnehmers bedarf.[34]

25 Erhebliche Lohnzahlungsrückstände rechtfertigen eine außerordentliche Kündigung gemäß § 626 BGB (vgl. die Kommentierung zu § 626 BGB) durch den Arbeitnehmer jedenfalls dann, wenn er eine Zahlung mehrfach unter Fristsetzung und zuletzt unter Androhung einer außerordentlichen Kündigung anmahnt und der Arbeitgeber hierauf nicht reagiert.[35] Jedoch verlangt der Grundsatz der Verhältnismäßigkeit in der Regel auch von einem Arbeitnehmer, vor dem Ausspruch einer außerordentlichen Kündigung den pflichtwidrig handelnden Arbeitgeber abzumahnen.[36]

26 **Rechtsprechung**: In einem Fall, in dem die Fälligkeit eines Anspruchs auf Abgeltung von Überstunden nach der Beendigung des Arbeitsverhältnisses zur Entscheidung stand, hat das Arbeitsgericht Frankfurt am Main[37] in erster Instanz[38] entschieden, dass dafür keine gesetzliche Bestimmung vorliege, da § 614 BGB und auch der für Urlaubsansprüche geltende § 7 Abs. 3 BUrlG nicht anwendbar seien. Falls auch keine kollektiv- oder einzelvertragliche Regelung bestehe und außerdem eine Abgeltung des Anspruchs durch Freizeitausgleich ausscheide, trete die Fälligkeit erst mit der Beendigung des Arbeitsverhältnisses ein. Ob dieses Urteil in der Praxis Bedeutung erlangt, hängt davon ab, ob im jeweiligen Einzelfall Ausschlussfristen bestehen oder Ausgleichsklauseln vereinbart sind.[39]

E. Prozessuale Hinweise

27 **Lohnforderungen** des Arbeitnehmers sind nach Maßgabe von §§ 850-850h ZPO **nur eingeschränkt pfändbar**. Insbesondere hängt der Umfang der Pfändbarkeit von der Höhe des Lohnes einerseits und von der Anzahl der Personen andererseits ab, denen der jeweils von der Forderungspfändung betroffene Arbeitnehmer Unterhalt schuldet (vgl. dazu § 850c ZPO einschließlich der Anlage zu § 850c ZPO). Bei der Lohnpfändung sind **Vorschüsse** auf den unpfändbaren Teil des später fällig werdenden Lohnes anzurechnen.[40] Nach der vom Bundesarbeitsgericht fortgeführten Rechtsprechung des Reichsarbeitsgerichts sind Lohnvorschüsse auf den unpfändbaren Teil des später fällig werdenden Lohns anzurechnen.[41] Dies gilt selbst dann, wenn der Vorschuss in **Naturalleistungen** besteht.[42] In gleicher Weise sind **Abschlagszahlungen** auf den unpfändbaren Teil der Gesamtlohnforderung für die jeweilige Abrechnungsperiode anzurechnen.[43] Dabei kommt es nicht darauf an, ob in Höhe des gezahlten Abschlages die Lohnforderung des Arbeitnehmers bereits durch Erfüllung erloschen ist (vgl. dazu § 362 Abs. 1 BGB), entscheidend ist allein, dass das Ziel der Abschlagszahlung – ebenso wie auch des Vorschusses – darin besteht, dem Arbeitnehmer bereits vor der endgültigen Vergütungsabrechnung einen Teil seines Lohnes zur Verfügung zu stellen. Deshalb ist es im Hinblick auf den Zweck des Pfändungsschutzes gerechtfertigt, für die Berechnung des unpfändbaren Lohnanteils auf den gesamten in der Abrech-

---

[33] Vgl. BAG v. 31.07.2007 - 3 AZR 372/06 - juris Rn. 37 - DB 2008, 1505-1506.
[34] Vgl. BAG v. 15.05.2001 - 1 AZR 672/00 - juris Rn. 37 - BAGE 98, 1-9; *Richardi* in: Staudinger, § 614 Rn. 20.
[35] Vgl. LArbG Nürnberg v. 04.07.2001 - 4 Sa 656/00 - Bibliothek BAG; BAG v. 17.01.2002 - 2 AZR 494/00 - EzA-SD 2002, Nr. 19, 6-8.
[36] Vgl. BAG v. 17.01.2002 - 2 AZR 494/00 - EzA-SD 2002, Nr. 19, 6-8.
[37] ArbG Frankfurt v. 01.06.2005 - 9 Ca 8374/04 - juris Rn. 45 - Bibliothek BAG mit Anm. v. *Wolmerath*, jurisPR-ArbR 7/2006.
[38] Gegen das Urteil ist Berufung eingelegt zum LArbG Köln - 6 Sa 1172/05 - ArbuR 2006, 212.
[39] Vgl. *Wolmerath*, jurisPR-ArbR 7/2006, Anm. 1.
[40] Vgl. BAG v. 11.02.1987 - 4 AZR 144/86 - WM 1987, 769-772.
[41] BAG v. 09.02.1956 - 1 AZR 329/55 - BAGE 2, 322 = AP Nr. 1 zu § 394 BGB.
[42] Vgl. LArbG Saarbrücken v. 09.08.1989 - 2 Sa 38/89 - JurBüro 1990, 115-116.
[43] Vgl. BAG v. 11.02.1987 - 4 AZR 144/86 - juris Rn. 17 - WM 1987, 769-772.

nungsperiode fällig werdenden Lohn einschließlich eventuell gezahlter Vorschüsse und Abschläge abzustellen.[44]

F. Anwendungsfelder – Konkurrenzen

In **Arbeitsverhältnissen** gibt es einige Fallkonstellationen, bei denen der Arbeitgeber zur Lohnzahlung verpflichtet ist, obwohl der Arbeitnehmer die Arbeitsleistung nicht erbracht hat und auch nicht nachleisten muss. Ein Arbeitnehmer, der ohne sein Verschulden durch **Arbeitsunfähigkeit infolge Krankheit** an seiner Arbeitsleistung verhindert ist, hat einen Anspruch auf Entgeltfortzahlung für die Zeit der Arbeitsunfähigkeit bis zur Dauer von sechs Wochen gemäß § 3 Abs. 1 Satz 1 EntgFG (vgl. dazu die Kommentierung zu § 616 BGB). Vor Antritt des Erholungsurlaubs (vgl. § 11 Abs. 2 BurlG) hat der Arbeitgeber dem urlaubnehmenden Arbeitnehmer das **Urlaubsentgelt** auszuzahlen, das sich nach dem durchschnittlichen Arbeitsverdienst bemisst, das der Arbeitnehmer in den letzten dreizehn Wochen vor Beginn seines Urlaubs erhalten hat (§ 11 Abs. 1 Satz 1 BurlG). Kommt der **Arbeitgeber** mit der Annahme der Arbeitsleistung in **Verzug**, so kann der Arbeitnehmer für die infolge des Verzugs nicht geleistete Arbeit den vereinbarten Lohn verlangen gemäß § 615 Satz 1 BGB (vgl. dazu die Kommentierung zu § 615 BGB). Wenn der **Arbeitnehmer** ohne sein Verschulden für eine verhältnismäßig nicht erhebliche Zeit aus einem in seiner Person liegenden Grund **an der Arbeitsleistung verhindert** wird, verliert er seine Lohnforderung nicht (vgl. § 616 Satz 1 BGB und die Kommentierung zu § 616 BGB). Wenn dem Arbeitnehmer seine **Arbeitsleistung** aus einem Grund **unmöglich** wird, für den der **Arbeitgeber** allein oder weit überwiegend **verantwortlich** ist, behält der Arbeitnehmer seine Lohnforderung gemäß § 326 Abs. 2 Satz 1 BGB (vgl. die Kommentierung zu § 326 BGB). Für Arbeitszeit, die infolge eines **gesetzlichen Feiertages** ausfällt, hat der Arbeitgeber dem Arbeitnehmer das Arbeitsentgelt zu zahlen, das er ohne den Arbeitsausfall erhalten hätte gemäß § 2 Abs. 1 EntgFG.

28

Abgesehen von dem Urlaubsentgelt, das bereits vor Urlaubsantritt zu zahlen ist (§ 11 Abs. 2 BUrlG), richtet sich der **Fälligkeitszeitpunkt** für die von dem Arbeitgeber in den genannten Sonderfällen zu zahlende Vergütung nach § 614 Satz 2 BGB, so dass die Zahlung erst nach Ablauf der einzelnen Zeitabschnitte zu erfolgen hat.[45]

29

---

[44] Vgl. BAG v. 11.02.1987 - 4 AZR 144/86 - juris Rn. 19 - WM 1987, 769-772; a.A. wohl: *Richardi* in: Staudinger, § 614 Rn. 36.
[45] Vgl. *Richardi* in: Staudinger, § 614 Rn. 7-8.

§ 615 BGB Vergütung bei Annahmeverzug und bei Betriebsrisiko

(Fassung vom 02.01.2002, gültig ab 01.01.2002)

¹Kommt der Dienstberechtigte mit der Annahme der Dienste in Verzug, so kann der Verpflichtete für die infolge des Verzugs nicht geleisteten Dienste die vereinbarte Vergütung verlangen, ohne zur Nachleistung verpflichtet zu sein. ²Er muss sich jedoch den Wert desjenigen anrechnen lassen, was er infolge des Unterbleibens der Dienstleistung erspart oder durch anderweitige Verwendung seiner Dienste erwirbt oder zu erwerben böswillig unterlässt. ³Die Sätze 1 und 2 gelten entsprechend in den Fällen, in denen der Arbeitgeber das Risiko des Arbeitsausfalls trägt.

Gliederung

A. Grundlagen 1	III. Verminderung der Annahmeverzugsvergütung durch Anrechnung 34
I. Kurzcharakteristik 1	IV. Das von dem Arbeitgeber zu tragende Risiko des Arbeitsausfalls 48
II. Gesetzgebungsmaterialien 3	
B. Praktische Bedeutung 4	
C. Anwendungsvoraussetzungen 6	**D. Rechtsfolgen** 54
I. Normstruktur 6	**E. Prozessuale Hinweise** 59
II. Der Annahmeverzug des Dienstberechtigten 7	

A. Grundlagen

I. Kurzcharakteristik

1 § 615 BGB gilt sowohl für Dienst- als auch für Arbeitsverträge¹; auch wenn sie nur für eine kurze oder für eine vorübergehende Zeit abgeschlossen sind und selbst dann, wenn sie noch nicht durch die Aufnahme der Dienste oder der Arbeit vollzogen sind². Darunter fallen auch Beratungsverträge mit Rechtsanwälten³ und nicht eingehaltene Behandlungstermine bei Ärzten⁴, bei Zahnärzten⁵ – denen es sogar gestattet wird, durch Allgemeine Geschäftsbedingungen ein Verzugshonorar von rund 75 € für einen 45-minütigen Verhandlungstermin festzulegen⁶ – sowie bei Krankengymnasten⁷.

2 Der Annahmeverzug regelt grundsätzlich eine Leistungsverzögerung und setzt deshalb die Nachholbarkeit der Leistung voraus. Die Nachholbarkeit der Arbeitsleistung kommt jedoch wegen ihres **Fixschuldcharakters** nicht in Betracht. Mit dem Zeitablauf wird die Leistung des Arbeitnehmers unmöglich.⁸ Daraus könnte man den Schluss ziehen, dass § 615 BGB im Arbeitsverhältnis mit Fixschuldcharakter keine Anwendung findet, sondern durch die vorrangigen Regelungen zur Unmöglichkeit in den §§ 275 und 326 BGB (vgl. dazu die Kommentierung zu § 275 BGB und die Kommentierung zu § 326 BGB) verdrängt wird.⁹ Dem ist jedoch entgegenzuhalten, dass im Arbeitsrecht die Antithese von Unmöglichkeit und Annahmeverzug nicht gilt. Der Annahmeverzug wird bei Arbeitsleistungen nicht durch deren Unmöglichkeit ausgeschlossen, wenn die Unmöglichkeit – wegen des Fixschuldcharakters der Arbeitsleistung – in Folge des Annahmeverzugs entstanden ist.¹⁰

---

¹ Vgl. *Richardi* in: Staudinger, § 615 Rn. 44-45.
² Vgl. *Weidenkaff* in: Palandt, § 615 Rn. 2.
³ Vgl. OLG München v. 14.09.1993 - 13 U 2465/93 - NJW-RR 1994, 507.
⁴ Vgl. LG Konstanz v. 27.05.1994 - 1 S 237/93 - NJW 1994, 3015-3016.
⁵ Vgl. AG Ludwigsburg v. 23.09.2003 - 8 C 2330/03 - NJW-RR 2003, 1695; *Korthus*, KH 2005, 1110-1112.
⁶ Vgl. AG Fulda v. 16.05.2002 - 34 C 120/02 (D), 34 C 120/02 - ArztuR 2003, 167-169.
⁷ Vgl. AG Ludwigsburg v. 23.09.2003 - 8 C 2330/03 - NJW-RR 2003, 1695.
⁸ Vgl. dazu *Preis* in: ErfKomm, § 615 Rn. 4.
⁹ Vgl. dazu *Ehmann*, NJW 1987, 401-410, 406.
¹⁰ Vgl. dazu BAG v. 15.09.2011 - 8 AZR 846/09 - juris Rn. 37 - ArztR 2012, 69-76; *Preis* in: ErfKomm, § 615 Rn. 7 m.w.N.

II. Gesetzgebungsmaterialien

Durch das am 01.01.2002 in Kraft getretene Gesetz zur Modernisierung des Schuldrechts vom 26.11.2001[11] ist § 615 BGB um einen Satz 3 ergänzt worden. Diese Erweiterung beruht auf einer Initiative des Bundesrates,[12] der eine Überprüfung angeregt hat, ob zur Absicherung der bisherigen arbeitsrechtlichen Grundsätze eine Sondernorm in das Gesetz eingefügt werden sollte. Diesem Anliegen ist die Bundesregierung mit dem Vorschlag gefolgt,[13] § 615 BGB einen Satz 3 anzufügen, der die Entgeltfortzahlung wie im Falle des Annahmeverzugs auch dann vorsieht, wenn der Arbeitgeber das Risiko des Arbeitsausfalls trägt. Auch der Rechtsausschuss hat die Erwähnung des Betriebsrisikos an dieser Stelle für sinnvoll erachtet und des Weiteren angeregt, bereits die Überschrift der Vorschrift solle dies zum Ausdruck bringen und entsprechend ergänzt werden.[14]

3

B. Praktische Bedeutung

§ 615 BGB gewährt keinen eigenständigen Anspruch,[15] er ergänzt vielmehr den Vergütungsanspruch aus § 611 BGB und regelt keinen Schadensersatz-, sondern einen Erfüllungsanspruch[16].

4

Abweichend von der in § 614 BGB verlautbarten Grundregel kann der Dienstverpflichtete bzw. der Arbeitnehmer die ihm zustehende Vergütung unter den Voraussetzungen des § 615 Satz 1 bzw. Satz 3 BGB auch dann verlangen, wenn er die geschuldete Dienst- oder Arbeitsleistung nicht erbracht hat. Damit wird dem Gesichtspunkt Rechnung getragen, dass der Dienstverpflichte bzw. Arbeitnehmer in der Regel mit der Vergütung seinen Lebensunterhalt bestreitet und die Erreichung dieses Ziels ansonsten gefährdet wäre, da er aufgrund seiner vertraglichen Bindung in der fraglichen Zeit seine Dienstleistung nicht mehr anderweitig gewinnbringend verwerten kann.[17]

5

C. Anwendungsvoraussetzungen

I. Normstruktur

§ 615 BGB regelt in Satz 1 die rechtlichen Folgen des Gläubigerverzugs und trifft in Satz 2 eine Aussage zu eventuellen Kürzungen der Höhe der geschuldeten Vergütung. Der neu in das Gesetz eingeführte Satz 3 (vgl. Rn. 3) erweitert den Anwendungsbereich der Vorschrift über den Annahmeverzug hinaus auf die Fälle, in denen der Arbeitgeber das Risiko des Arbeitsausfalls trägt.

6

II. Der Annahmeverzug des Dienstberechtigten

Mit dem Tatbestandsmerkmal „Annahmeverzug" ist der in den §§ 293-304 BGB geregelte Verzug des Gläubigers der Dienstleistung gemeint. Der **Gläubigerverzug** ist dann zu bejahen, wenn der Dienstberechtigte bzw. Arbeitgeber die geschuldeten Dienste bzw. die geschuldete Arbeitsleistung des arbeitswilligen Dienstverpflichteten bzw. Arbeitnehmers nicht annimmt, obwohl ihm die Entgegennahme der Dienst- bzw. Arbeitsleistung möglich und zumutbar ist.[18] Davon ist auch dann auszugehen, wenn der Arbeitgeber die verbindlich festgelegte Arbeitszeit ohne die gemäß § 87 Abs. 1 Nr. 2 BetrVG erforderliche Mitbestimmung des Betriebsrates einseitig ändert.[19] Hat jedoch der Arbeitgeber die Ar-

7

---

[11] BGBl 2001 Teil I, 3138.
[12] BT-Drs. 14/6857, S. 11 zu Nr. 21.
[13] BT-Drs. 14/6857, S. 48 zu Nr. 21.
[14] BT-Drs. 14/7052, S. 204 zu Nr. 36a.
[15] Vgl. BAG v. 05.09.2002 - 8 AZR 702/01 - juris Rn. 37 - EzA § 615 BGB Nr. 109.
[16] Vgl. BAG v. 15.09.2011 - 8 AZR 846/09 - juris Rn. 37 - ArztR 2012, 69-76; BAG v. 19.10.2000 - 8 AZR 632/99 - juris Rn. 12; *Henssler* in: MünchKomm-BGB, § 615 Rn. 1.
[17] Vgl. *Weidenkaff* in: Palandt, § 615 Rn. 1.
[18] Vgl. BAG v. 23.01.2001 - 9 AZR 26/00 - juris Rn. 14 - NJW 2001, 1964-1965.
[19] Vgl. BAG v. 18.09.2002 - 1 AZR 668/01 - juris Rn. 16 - BB 2003, 740-742.

§ 615

beitszeit in zulässiger Weise festgelegt, muss der Arbeitnehmer die Arbeit anbieten, um den Arbeitgeber in Annahmeverzug zu setzen.[20]

8 Hinsichtlich der Voraussetzungen des Annahmeverzugs kann im Wesentlichen auf die §§ 293-299 (vgl. die Kommentierung zu § 293 BGB-Kommentierung zu § 299 BGB) verwiesen werden. Die genannten Vorschriften finden auch auf das Arbeitsverhältnis Anwendung.[21] Im Folgenden soll lediglich auf die **arbeitsrechtlichen Besonderheiten** des Annahmeverzugs eingegangen werden.

9 Der Annahmeverzug des Arbeitgebers setzt zunächst ein bestehendes Arbeitsverhältnis voraus. Dazu muss entweder ein noch gültiger Arbeitsvertrag geschlossen worden sein oder es muss ein faktisches, d.h. ein nicht wirksam vereinbartes, aber durch die Arbeitsaufnahme in Vollzug gesetztes Arbeitsverhältnis vorliegen.[22]

10 Anders verhält es sich jedoch dann, wenn das Arbeitsverhältnis beendet ist oder wenn es – z.B. während der **Elternzeit** nach dem Entgeltfortzahlungsgesetz – ruht.[23] Dann schuldet der Arbeitgeber keine Lohnzahlung mehr – auch nicht nach Maßgabe des Annahmeverzugs – der Arbeitnehmer kann allenfalls einen Ausgleich für tatsächlich geleistete Arbeit nach den Vorschriften der ungerechtfertigten Bereicherung – vgl. dazu die §§ 812-822 und die Kommentierung zu § 812 BGB-Kommentierung zu § 822 BGB – verlangen.[24]

11 Nach der Rechtsprechung des Bundesarbeitsgerichts[25] gerät der Arbeitgeber sowohl bei einer ordentlichen als auch bei einer außerordentlichen Kündigung mit Beginn des Tages in Annahmeverzug, an dem das Arbeitsverhältnis nach dem Inhalt der Kündigung enden soll, soweit der Arbeitnehmer leistungsfähig und leistungsbereit ist. Der Arbeitgeber kommt bei einer Verweigerung der Weiterbeschäftigung seiner Pflicht zur Zuweisung der Arbeit und zur Bereithaltung eines funktionsfähigen Arbeitsplatzes nicht nach. Dies ist eine gemäß § 296 BGB nach dem Kalender bestimmte Mitwirkungshandlung, weil der Zeitpunkt durch den Ablauf der Kündigungsfrist bzw. durch den Zugang der Kündigung aus wichtigem Grund festgelegt ist.

12 Andererseits bleibt § 615 BGB jedoch dann anwendbar, wenn der Arbeitgeber den Arbeitsvertrag ordentlich gekündigt, aber der Betriebsrat im Rahmen des Anhörungsverfahrens gemäß § 102 Abs. 5 BetrVG der Kündigung rechtzeitig widersprochen und der Arbeitnehmer **Kündigungsschutzklage** erhoben hat. Liegen diese Voraussetzungen vor, besteht das Arbeitsverhältnis unbeschadet der Kündigung auch ohne tatsächliche Beschäftigung kraft Gesetzes fort.[26] Dann hat der Arbeitnehmer – unbeschadet des Ausgangs des Kündigungsschutzrechtsstreits einen **Weiterbeschäftigungsanspruch**, der auch zur Anwendung des § 615 BGB führen kann.[27] Ist der Arbeitgeber – etwa durch einstweilige Verfügung – im Anschluss an eine Kündigung von seiner Weiterbeschäftigungspflicht entbunden worden, so beseitigt dies seine Pflicht zur Weiterbeschäftigung des Arbeitnehmers. Die Entbindung von der Weiterbeschäftigungspflicht gemäß § 102 Abs. 5 BetrVG lässt ab dem Zeitpunkt der gerichtlichen Entscheidung den Vergütungsanspruch des Arbeitnehmers entfallen, den dieser nach § 102 Abs. 5 BetrVG unabhängig vom Ausgang des Kündigungsrechtsstreits hätte. Lediglich die bis zur Entbindungsentscheidung angefallenen Vergütungsansprüche des Arbeitnehmers nach § 615 BGB bleiben von der Entbindung des Arbeitgebers von der Weiterbeschäftigungspflicht gemäß § 102 Abs. 5

---

[20] Vgl. BAG v. 18.11.2009 - 5 AZR 774/08 - juris Rn. 20 - ZTR 2010, 139-140; BAG v. 25.04.2007 - 5 AZR 504/06 - juris Rn. 19 - AP BGB § 615 Nr. 121 = EzA BGB 2002 § 615 Nr. 20.
[21] Vgl. BAG v. 18.12.1986 - 2 AZR 34/86 - juris Rn. 24 - NJW 1987, 2837-2838.
[22] Vgl. BAG v. 30.04.1997 - 7 AZR 122/96 - juris Rn. 18 - NJW 1998, 557-558.
[23] Vgl. LArbG Hannover v. 25.11.2003 - 13 Sa 908/03 - juris Rn. 29 - Bibliothek BAG.
[24] Vgl. BAG v. 30.04.1997 - 7 AZR 122/96 - juris Rn. 18 - NJW 1998, 557-558.
[25] Vgl. BAG v. 27.11.2008 - 8 AZR 199/07 - juris Rn. 57; BAG v. 09.08.1984 - 2 AZR 374/83 - BAGE 46, 234 = AP BGB § 615 Nr. 34 = EzA BGB § 615 Nr. 43; BAG v. 21.03.1985 - 2 AZR 201/84 - AP BGB § 615 Nr. 35 = EzA BGB § 615 Nr. 44.
[26] Vgl. BAG v. 09.07.2003 - 5 AZR 305/02 - juris Rn. 29 - NJW 2004, 314-316.
[27] Vgl. BAG v. 10.03.1987 - 8 AZR 146/84 - juris Rn. 23 - NJW 1987, 2251-2253.

BetrVG unberührt.[28] Erst recht kann der Arbeitgeber dann in Annahmeverzug geraten, wenn die von ihm ausgesprochene Kündigung unwirksam ist.

Durch den Ausspruch einer rechtsunwirksamen ordentlichen **Kündigung** gerät der Arbeitgeber mit Ablauf der Kündigungsfrist in Annahmeverzug, ohne dass es eines (wörtlichen) Angebots des Arbeitnehmers bedarf.[29] Er gerät auch dann in Annahmeverzug, wenn er nach Ausspruch einer Kündigung die Annahme der Arbeitsleistung verweigert und die Gehaltszahlungen an den Arbeitnehmer einstellt. Der Arbeitgeber kann den einmal eingetretenen Annahmeverzug beenden, indem er erklärt, er wolle die vertraglich geschuldete Leistung des Schuldners annehmen. Befindet sich der Arbeitgeber nach der Kündigung eines Arbeitnehmers in Annahmeverzug, kann er den Annahmeverzug nur dadurch beenden, dass er die Folgen der unwirksamen Kündigung, soweit es überhaupt möglich ist, wieder beseitigt. Dazu genügt nicht die bloße Weiterbeschäftigung des Arbeitnehmers.[30] Insbesondere reicht es nicht aus, wenn der Arbeitgeber dem gekündigten Arbeitnehmer eine so genannte **Prozessbeschäftigung**, d.h. einen für die Dauer des Kündigungsrechtsstreits befristeten Arbeitsvertrag zu den bisherigen Bedingungen oder eine durch die rechtskräftige Feststellung der Wirksamkeit der Kündigung auflösend bedingte Fortsetzung des Vertrags anbietet.[31] Der Arbeitgeber muss erklären, er nehme die Arbeitsleistung des Arbeitnehmers aufgrund des noch bestehenden Arbeitsverhältnisses an. Er hat klarzustellen, dass die Kündigung zu Unrecht erfolgt ist[32] und muss dies mit dem Angebot auf Weiterbeschäftigung des gekündigten Arbeitnehmers verbinden[33]. 13

Ein Arbeitgeber, der eine fristlose Kündigung ausgesprochen hat und sich nachträglich auf die Unwirksamkeit seiner eigenen Erklärung beruft, handelt – unabhängig davon, ob ein Grund zur außerordentlichen Kündigung bestand – jedenfalls dann rechtsmissbräuchlich (vgl. dazu die Kommentierung zu § 242 BGB), wenn er eine solche Kündigung mehrmals – und zwar entgegen den Vorhaltungen der anderen Seite – ernsthaft und nicht nur einmalig spontan erklärt hat.[34] Nach einer unwirksamen außerordentlichen Kündigung durch den Arbeitgeber tritt der Annahmeverzug unabhängig davon ein, ob der arbeitsunfähig erkrankte Arbeitnehmer seine wiedergewonnene Arbeitsfähigkeit dem Arbeitgeber anzeigt.[35] 14

Ist das Zustandekommen eines **Aufhebungsvertrags** zwischen den Arbeitsvertragsparteien streitig, bedarf es zur Begründung des Annahmeverzugs des Arbeitgebers in der Regel eines tatsächlichen Angebots der Arbeitsleistung durch den Arbeitnehmer.[36] Hierdurch hat der Arbeitnehmer zu verdeutlichen, dass er weiterhin zu den vertraglichen Bedingungen arbeiten möchte. Der Arbeitgeber kann ein solches Angebot erwarten, wenn der Arbeitnehmer meint, ein Aufhebungsvertrag sei nicht zustande gekommen. Vertritt der Arbeitgeber nach Verhandlungen mit dem Arbeitnehmer die Auffassung, das Arbeitsverhältnis sei einvernehmlich beendet worden, beendet er das Arbeitsverhältnis – anders als bei einer Kündigung – nicht durch einseitige Erklärung. Ein wörtliches Angebot nach § 295 BGB genügt 15

---

[28] Vgl. BAG v. 18.09.2003 - 2 AZR 403/02 - juris Rn. 68 - EzA-SD 2004, Nr. 6, 13.
[29] Vgl. BAG v. 13.07.2005 - 5 AZR 578/04 - juris Rn. 19 - NJW 2006, 1020-1023; BAG v. 05. 11.2003 - 5 AZR 562/02 - AP BGB § 615 Nr. 106 = EzA BGB 2002 § 615 Nr. 2 = BAGE 108, 27, 29, BAG v. 07.11.2002 - 2 AZR 650/00 - AP BGB § 615 Nr. 98 = EzA BGB 2002 § 615 Nr. 1.
[30] Vgl. BAG v. 05.11.2003 - 5 AZR 562/02 - juris Rn. 22 - EzA-SD 2004, Nr. 3, 5-7.
[31] Vgl. BAG v. 24.09.2003 - 5 AZR 500/02 - juris Rn. 15 - NJW 2004, 316-318.
[32] Vgl. BAG v. 13.07.2005 - 5 AZR 578/04 - juris Rn. 19 - NJW 2006, 1020-1023; BAG v. 21.05.1981 - 2 AZR 95/79 - juris Rn. 53 - NJW 1982, 121-122.
[33] Vgl. BAG v. 05.11.2003 - 5 AZR 562/02 - juris Rn. 22 - EzA-SD 2004, Nr. 3, 5-7.
[34] Vgl. dazu BAG v. 04.12.1997 - 2 AZR 799/96 - juris Rn. 14 - NJW 1998, 1659-1661.
[35] Vgl. BAG v. 24.11.1994 - 2 AZR 179/94 - juris Rn. 15 - NJW 1995, 2653; Landesarbeitsgericht Mecklenburg-Vorpommern v. 12.05.2005 - 2 Sa 6/05 - juris Rn. 19; BAG v. 24.11.1994 - 2 AZR 179/94 - Betriebsberater 95, 624 ff.
[36] Vgl. BAG v. 07.12.2005 - 5 AZR 19/05 - juris Rn 17 - NJW 2006, 1453-1454; *Richardi/Annuß*, NJW 2000, 1231, 1233.

aus diesem Grunde regelmäßig nicht. Es wäre nur dann ausreichend, wenn dem Arbeitnehmer im Einzelfall, etwa nach einem Hausverbot, ein tatsächliches Angebot nicht zumutbar wäre.[37]

16 Durch die **Freistellung** des Arbeitnehmers von der Arbeitspflicht tritt Annahmeverzug des Arbeitgebers ein, ohne dass es eines Arbeitsangebots durch den Arbeitnehmer bedarf. Die Aufhebung der Arbeitspflicht bedeutet einen Verzicht auf das Angebot des Arbeitnehmers auf Arbeitsleistung, so dass der Annahmeverzug des Arbeitgebers auch ohne tatsächliches oder wörtliches Arbeitsangebot des Arbeitnehmers gemäß §§ 294, 295 BGB eintritt.[38] Die Aufhebung der Arbeitspflicht bedeutet einen Verzicht auf das Angebot der Arbeitsleistung. Regelmäßig werden deshalb durch eine Freistellung des Arbeitnehmers von der Arbeitspflicht die Voraussetzungen des Annahmeverzugs des Arbeitgebers erfüllt, ohne dass es eines Arbeitsangebots des Arbeitnehmers bedarf. Jedoch muss der Arbeitnehmer zur Erbringung der arbeitsvertraglich geschuldeten Leistung fähig sein (**§ 297 BGB**). Von einem Fortbestehen des Anspruchs auf Arbeitsvergütung, unabhängig von der Arbeitsfähigkeit und über sechs Wochen hinaus, ist auch bei dauernder unwiderruflicher Freistellung von der Arbeitspflicht nur dann auszugehen, wenn dies von den Parteien ausdrücklich vereinbart worden ist. Besteht die Leistungsunfähigkeit des Arbeitnehmers über das Ende des Entgeltfortzahlungszeitraums hinaus fort, schuldet der Arbeitgeber keine Vergütung wegen Annahmeverzugs (§ 297 BGB). Der Arbeitnehmer kann dann grundsätzlich gemäß §§ 44 ff. SGB V **Krankengeld** beziehen. Die Beweislast für die Arbeitsunfähigkeit hat der Arbeitgeber als Gläubiger der Arbeitsleistung zu tragen.[39]

17 Der Annahmeverzug tritt jedoch dann nicht ein, wenn der Arbeitgeber den Arbeitnehmer rechtswirksam in der Form eines Erlassvertrages[40] gemäß § 397 Abs. 1 BGB, durch Anordnung von Freizeitausgleich oder durch Urlaubsgewährung von seiner Arbeitspflicht befreit hat. Diese Art der Leistungsfreistellung hat zur Folge, dass der Arbeitnehmer dem Arbeitgeber vorübergehend keine Arbeitsleistung schuldet.[41]

18 Eine einseitige Freistellung außer durch **Urlaubsgewährung** oder durch Anordnung von Freizeitausgleich ist grundsätzlich nur im **Arbeitskampf** (vgl. Rn. 22) durch eine Betriebsstilllegung (vgl. Rn. 22) zulässig. Ansonsten genügt die einseitige Freistellungserklärung des Arbeitgebers nicht, um seine Gläubigerstellung aufzuheben. Allerdings muss die Freistellungserklärung des Arbeitgebers dessen damit ausgedrückten Willen eindeutig erkennen lassen. Die bloße Erklärung des Arbeitgebers, der Arbeitnehmer könne zu Hause bleiben oder sei von der Arbeitspflicht entbunden, kann nicht ohne weiteres als Urlaubsgewährung verstanden werden. Die zur Erfüllung des Urlaubsanspruchs erforderliche Erklärung des Arbeitgebers muss hinreichend deutlich erkennen lassen, dass der Arbeitnehmer zur Erfüllung des Urlaubsanspruchs von der Arbeitspflicht befreit wird. Sonst ist nicht bestimmbar, ob der Arbeitgeber die geschuldete Leistung als Schuldner des Urlaubsanspruchs bewirkt (§ 362 Abs. 1 BGB), als Gläubiger der Arbeitsleistung nach § 615 Satz 1 BGB auf deren Annahme verzichtet oder dass er dem Arbeitnehmer nach § 397 Abs. 1 BGB anbietet, die Arbeitspflicht vertraglich zu erlassen.[42]

19 Bei der unwiderruflichen Freistellung in der Kündigungserklärung bedarf es für die Begründung des Annahmeverzugs des Arbeitgebers auch keines wörtlichen Angebots (§ 295 Satz 1 BGB) der Arbeitsleistung durch den Arbeitnehmer, denn der Arbeitgeber lässt erkennen, unter keinen Umständen zur Weiterbeschäftigung des Arbeitnehmers bereit zu sein.[43] Davon ist etwa dann auszugehen, wenn der

---

[37] Vgl. BAG v. 07.12.2005 - 5 AZR 19/05 - juris Rn 17 - NJW 2006, 1453-1454.
[38] Vgl. BAG v. 23.09.2009 - 5 AZR 518/08 - juris Rn. 24 - NZA 2010, 781-784; LArbG Schleswig-Holstein v. 22.12.2011 - 5 Sa297/11 - juris Rn. 41 - BB 2012, 508.
[39] Vgl. BAG v. 23.01.2008 - 5 AZR 393/07 - juris Rn. 13 - NJW 2008, 1550-1551.
[40] Vgl. dazu BAG v. 19.03.2002 - 9 AZR 16/01 - juris Rn. 38 - ZIP 2002, 2186-2190.
[41] Vgl. BAG v. 23.01.2001 - 9 AZR 26/00 - NJW 2001, 1964-1965; mit zustimmender Anmerkung von *Ramrath*, AP Nr. 93 zu § 615 BGB; LArbG Halle (Saale) v. 13.12.2001 - 9 Sa 544/01 - Bibliothek BAG.
[42] Vgl. BAG v. 24.03.2009 - 9 AZR 983/07 - juris Rn. 24 - NZA 2009, 538-547.
[43] Vgl. BAG v. 18.03.2009 - 5 AZR 192/08 - juris Rn. 11 - NJW 2009, 2907-2909; BAG v. 06.09.2006 - 5 AZR 703/05 - juris Rn. 21 - NJW 2007, 2796; BAG v. 12.07.2006 - 5 AZR 277/06 - juris Rn. 23 - NJW 2006, 3453-3455.

Arbeitgeber gegenüber dem Arbeitnehmer ein **Hausverbot** ausspricht und dadurch deutlich macht, dass er an weiteren Leistungen des Arbeitnehmers nicht interessiert ist.[44] Liegt eine vertraglich vereinbarte Freistellung vor, entweder in Form eines Erlassvertrags nach § 397 BGB oder eines Änderungsvertrags nach § 311 Abs. 1 BGB, scheidet eine Anwendung von § 615 BGB dann aus, wenn mangels Arbeitspflicht des Arbeitnehmers dem Arbeitgeber die Gläubigerstellung fehlt und deshalb ein Annahmeverzug nach den §§ 293-299 BGB nicht begründet werden kann.[45] Anders verhält es sich jedoch dann, wenn durch die Freistellungsvereinbarung lediglich die Arbeitspflicht des Arbeitnehmers aufgehoben worden ist, aber der Vertragsinhalt im Übrigen unberührt geblieben ist. Dann bedeutet die Aufhebung der Arbeitspflicht einen Verzicht des Arbeitgebers auf das Angebot auf Arbeitsleistung. In einem solchen Fall werden durch eine Freistellung des Arbeitnehmers von der Arbeitspflicht die Voraussetzungen des Annahmeverzugs des Arbeitgebers erfüllt, ohne dass es eines Arbeitsangebots des Arbeitnehmers bedarf. Jedoch muss der Arbeitnehmer zur Erbringung der arbeitsvertraglich geschuldeten Leistung fähig sein (§ 297 BGB).[46]

Die Beschäftigungspflicht des Arbeitgebers endet nicht, wenn er einem Arbeitnehmer – mit dessen Zustimmung – eine niedriger bewertete Tätigkeit überträgt, diese Änderung des Arbeitsvertrages aber wegen Missachtung des Mitbestimmungsrechtes des Betriebsrats (vgl. § 99 BetrVG) unwirksam ist. Der Arbeitgeber bleibt dann verpflichtet, den Arbeitnehmer mit seiner bisherigen – höherwertigen – Tätigkeit weiterzubeschäftigen. Er gerät somit in Annahmeverzug, wenn der Arbeitnehmer ihm seine frühere Tätigkeit anbietet, der Arbeitgeber ihn damit aber nicht beschäftigt.[47]

20

Wenn der Arbeitgeber rechtswidrig **Kurzarbeit** anordnet, führt dies grundsätzlich nicht zu einer Verkürzung der Arbeitszeit, sondern dazu, dass er nach § 615 Satz 1 BGB den vollen Lohn schuldet und die Arbeitnehmer außerdem ihren vollen Beschäftigungsanspruch geltend machen können.[48] Anders verhält es sich jedoch bei einer gegenüber dem Arbeitnehmer rechtmäßig und wirksam angeordneten Kurzarbeit. Dann entfällt die Arbeitspflicht des Arbeitnehmers ganz oder teilweise und Annahmeverzug tritt insoweit nicht ein.[49]

21

Während der Teilnahme an einem rechtmäßigen **Streik** sind die beiderseitigen Rechte und Pflichten aus den Arbeitsverhältnissen suspendiert. Die Arbeitnehmer sind nicht verpflichtet zu arbeiten, sie verlieren aber auch ihren Lohnanspruch. Dies betrifft sowohl die organisierten als auch die nicht organisierten Arbeitnehmer, soweit sie an dem Streik teilnehmen.[50] Die Teilnahme des einzelnen Arbeitnehmers an einem Streik und die damit einhergehende Suspendierung der Pflichten aus dem Arbeitsverhältnis setzt jedoch eine entsprechende ausdrückliche oder konkludente Erklärung des Arbeitnehmers voraus.[51] Dagegen genügt es nicht, wenn der Arbeitnehmer im Verlaufe des Streiks nicht zur Arbeit erscheint. Er muss sich entweder – etwa als Streikposten oder in sonstiger Weise – aktiv am Streik beteiligen oder seine Teilnahme ausdrücklich oder in geeigneter Weise konkludent erklären.[52] Nimmt der Arbeitnehmer nicht an dem Streik teil und werden demgemäß die beiderseitigen arbeitsvertraglichen Pflichten nicht bereits durch den Streik suspendiert, ist für die Frage des Annahmeverzugs zu unterscheiden, ob dem Arbeitgeber die Beschäftigung des Arbeitnehmers möglich und zumutbar ist. Im Falle der Unmöglichkeit oder der Unzumutbarkeit der Beschäftigung wäre der Annahmeverzug nach Maßgabe von § 297 BGB zu verneinen. Denn Unmöglichkeit der Leistung und Annahmeverzug

22

---

[44] Vgl. Landesarbeitsgericht Mecklenburg-Vorpommern v. 16.10.2007 - 5 Sa 497/05 - juris. Rn. 43.
[45] Vgl. dazu BAG v. 22.11.2005 - 1 AZR 407/04 - juris Rn. 26 - NZA 2006, 736-739; BAG v. 19.03.2002 - 9 AZR 16/01 - juris Rn. 30 - ZIP 2002, 2186-2190.
[46] Vgl. BAG v. 23.01.2008 - 5 AZR 393/07 - juris Rn. 13.
[47] Vgl. BAG v. 12.05.2004 - 4 AZR 338/03 - juris Rn. 32 - ZTR 2005, 36-38 m.w.N.
[48] Vgl. LArbG Rheinland-Pfalz v. 30.03.2006 - 11 Sa 609/05 - juris Rn. 51.
[49] Vgl. BAG v. 22.04.2009 - 5 AZR 310/08 - juris Rn. 12 - NZA 2009, 913-915; BAG v. 18.10.1994 - 1 AZR 503/93 - AP BGB § 615 Kurzarbeit Nr. 11 = EzA BGB § 615 Kurzarbeit Nr. 2; *Preis* in: ErfKomm, § 615 Rn. 14.
[50] Vgl. BAG v. 22.03.1994 - 1 AZR 622/93 - juris Rn. 22 - NJW 1995, 477-478.
[51] Vgl. BAG v. 22.03.1994 - 1 AZR 622/93 - juris Rn. 27 - NJW 1995, 477-478.
[52] Vgl. BAG v. 15.01.1991 - 1 AZR 178/90 - juris Rn. 23 - BB 1991, 1194-1196.

schließen sich gegenseitig aus.[53] Das Bundesarbeitsgericht hat ursprünglich einen Vergütungsanspruch des Arbeitnehmers aus Annahmeverzug angenommen, wenn der Arbeitgeber die mögliche Beschäftigung eines nicht an dem Streik teilnehmenden arbeitswilligen Arbeitnehmers abgelehnt hat,[54] ohne dass der Arbeitgeber gleichzeitig eine zulässige Aussperrung erklärt hat[55]. In einer nachfolgenden Entscheidung hat das Bundesarbeitsgericht – in ausdrücklicher Abkehr von seiner früheren Rechtsprechung[56] – einem Arbeitgeber zugestanden, den unmittelbar kampfbetroffenen Betrieb oder Betriebsteil stillzulegen und damit seine Beschäftigungs- und Lohnzahlungspflicht auch gegenüber arbeitswilligen Arbeitnehmern zu suspendieren[57]. Mit einer solchen **Betriebsstilllegung**, die nicht mit der Aussperrung gleichzusetzen ist[58] und die die Erklärung des Arbeitgebers voraussetzt, den bestreikten Betrieb oder Betriebsteil nicht aufrechterhalten zu wollen und die Arbeitsverhältnisse der betroffenen Arbeitnehmer für die Dauer des Arbeitskampfs zu suspendieren[59] verletzt der Arbeitgeber nicht seine Beschäftigungspflicht gegenüber den arbeitswilligen Arbeitnehmern[60]. Darin liegt auch kein Verstoß gegen die grundgesetzlich verbürgte (Art. 9 Abs. 3 GG) negative Koalitionsfreiheit der betroffenen Arbeitnehmer.[61] Als Folge der Betriebsstilllegung entfällt die Verpflichtung des Arbeitgebers, die Arbeitsleistung des arbeitswilligen Arbeitnehmers anzunehmen, unabhängig davon, ob die Beschäftigung des Arbeitnehmers möglich und zumutbar ist; Annahmeverzug ist deshalb nicht gegeben.[62] Durch eine rechtmäßige **Aussperrung** durch den Arbeitgeber werden die beiderseitigen Rechte und Pflichten aus dem Arbeitsverhältnis unabhängig davon suspendiert, ob eine Weiterbeschäftigung möglich und zumutbar gewesen wäre.[63] Für die Dauer der Aussperrung stehen dem Arbeitnehmer deshalb keine Vergütungsansprüche aus dem Gesichtspunkt des Annahmeverzugs zu.[64] Einem Dienstpflichtigen, der die Kündigung des Dienstverhältnisses aus behauptetem wichtigem Grund erklärt und seine Tätigkeit für den Dienstherrn eingestellt hat, stehen für die Folgezeit – auch bei Unwirksamkeit der Kündigung – grundsätzlich keine Ansprüche gegen den Dienstherrn auf Erfüllung des Vertrages mehr zu. Er kann auch keine Vergütung aus dem Gesichtspunkt des Annahmeverzugs geltend machen, weil er sich damit treuwidrig (§ 242 BGB) in unlösbaren Widerspruch zu seinem eigenen früheren Verhalten setzen würde.[65]

23 Um den Arbeitgeber in Annahmeverzug zu versetzen (vgl. § 293 BGB), muss der Arbeitnehmer grds. seine **Arbeitsleistung** so, wie sie zu bewirken ist, tatsächlich **anbieten (§ 294 BGB)**.

24 Besteht zwischen den Arbeitsvertragsparteien Streit darüber, welche Arbeit erfüllungstauglich ist, bedarf es keines tatsächlichen Angebots der vom Arbeitgeber bereits als erfüllungsuntauglich eingestuften Arbeit, dann genügt ein wörtliches Angebot (**§ 295 BGB**). Ein wörtliches Angebot der Dienstleistung gemäß § 295 BGB kann darin liegen, dass ein Geschäftsführer die ihn beschäftigende Gesellschaft zur Erfüllung seines Anstellungsvertrags auffordert, eine Bestätigung seiner Freistellung verlangt, eine Kündigungsschutzklage erhebt oder gerichtlich Zahlungsansprüche geltend macht.[66]

---

[53] Vgl. dazu BAG v. 11.03.1999 - 2 AZR 538/98 - juris Rn. 20; BAG v. 18.12.1986 - 2 AZR 34/86 - juris Rn. 25 - NJW 1987, 2837-2838; LArbG Düsseldorf v. 21.05.1993 - 12 Sa 314/93 - ZTR 1993, 464-465.
[54] Vgl. BAG v. 14.12.1993 - 1 AZR 550/93 - juris Rn. 19 - NJW 1994, 1300-1302.
[55] Vgl. BAG v. 14.12.1993 - 1 AZR 550/93 - juris Rn. 45 - NJW 1994, 1300-1302.
[56] Vgl. BAG v. 22.03.1994 - 1 AZR 622/93 - juris Rn. 21 - NJW 1995, 477-478.
[57] Vgl. BAG v. 22.03.1994 - 1 AZR 622/93 - juris Rn. 22 - NJW 1995, 477-478.
[58] Vgl. BAG v. 22.03.1994 - 1 AZR 622/93 - juris Rn. 26 - NJW 1995, 477-478.
[59] Vgl. BAG v. 22.03.1994 - 1 AZR 622/93 - juris Rn. 27 - NJW 1995, 477-478.
[60] Vgl. BAG v. 22.03.1994 - 1 AZR 622/93 - juris Rn. 27 - NJW 1995, 477-478.
[61] Vgl. BAG v. 22.03.1994 - 1 AZR 622/93 - juris Rn. 28 - NJW 1995, 477-478.
[62] Vgl. BAG v. 22.03.1994 - 1 AZR 622/93 - juris Rn. 16 - NJW 1995, 477-478.
[63] Vgl. dazu BAG v. 27.06.1995 - 1 AZR 1016/94 - juris Rn. 22 - NJW 1996, 1428-1430.
[64] BAG v. 28.01.1955 - GS 1/54 - BB 1955, 605.
[65] Vgl. dazu BGH v. 08.11.1999 - II ZR 7/98 - juris Rn. 6 - LM BGB § 134 Nr. 166.
[66] Vgl. BAG v.19.05.2010- 5 AZR 253/09 - juris Rn. 13 - NJW 2010, 2827-2830.

§ 296 BGB, wonach ein Angebot des Arbeitnehmers gänzlich entbehrlich ist, ist in einem ungekündigt bestehenden Arbeitsverhältnis regelmäßig unanwendbar.[67] Wenn aber die Verantwortung für die Arbeitseinteilung allein bei dem Arbeitgeber liegt, weil die Bestimmung des konkreten Arbeitseinsatzes seinem **Direktionsrecht** nach § 106 GewO vorbehalten ist, der Arbeitgeber davon aber keinen Gebrauch macht, bedarf es ausnahmsweise gemäß § 296 BGB keines Angebots des Arbeitnehmers.[68] § 296 BGB kommt auch dann zur Anwendung, wenn der Arbeitgeber seine Mitwirkungshandlung nicht erbringt, die darin besteht, dem Arbeitnehmer einen Arbeitsplatz zuzuweisen.[69] Auch dann, wenn – aufgrund einzel- oder kollektivvertraglicher Regelung – nicht nur die Verantwortung für die Arbeitszuweisung, sondern auch für die Arbeitszeiteinteilung allein dem Arbeitgeber obliegt, er jedoch die Arbeit vertragswidrig nicht im Umfang der vom Arbeitnehmer geschuldeten Arbeitszeit und entsprechend der arbeitsvertraglich festzulegenden Verteilung abruft, kommt der Arbeitgeber nach § 296 Satz 1 BGB in Annahmeverzug, ohne dass es eines Angebots der Arbeitsleistung bedarf.[70]

25

Verlangt der Arbeitgeber eine bestimmte Arbeit in rechtlich einwandfreier Art und Weise, kommt er nicht in Annahmeverzug, wenn der Arbeitnehmer diese Arbeit ablehnt und stattdessen eine andere, ebenfalls vertragsgemäße Arbeit anbietet (Unterricht statt Lernstundenaufsicht eines angestellten Lehrers).[71] Ist die Tätigkeit in dem Arbeitsvertrag nur rahmenmäßig umschrieben, obliegt die Konkretisierung dem Arbeitgeber in Ausübung seines Direktionsrechtes gemäß § 106 GewO. Verlangt der Arbeitgeber in Ausübung seines Direktionsrechts eine bestimmte Arbeit in rechtlich einwandfreier Art und Weise, kommt er nicht in Annahmeverzug, wenn der Arbeitnehmer diese Arbeit ablehnt und stattdessen eine andere, ebenfalls vertragsgemäße Arbeit anbietet.[72] Dem Arbeitnehmer kann jedoch ein Anspruch auf **Schadensersatz** nach § 280 Abs. 1 BGB zustehen, wenn der Arbeitgeber schuldhaft seine Rücksichtnahmepflicht aus § 241 Abs. 2 BGB dadurch verletzt, dass er dem Arbeitnehmer nicht durch die Neuausübung seines Direktionsrechts einen angemessenen Arbeitsplatz zuweist.[73]

26

Der Annahmeverzug des Arbeitgebers ist gemäß § 297 BGB ausgeschlossen, wenn der Arbeitnehmer zur Zeit seines Angebots oder wenn er – im Falle des § 296 BGB – zu der für die Handlung des Arbeitgebers bestimmten Zeit außerstande ist, die Leistung zu bewirken, d.h. wenn er nicht **leistungsfähig** oder nicht **leistungswillig** ist.[74]

27

Nach § 297 BGB kommt der Arbeitgeber nicht in Verzug, wenn der Arbeitnehmer außer Stande ist, die Arbeitsleistung zu bewirken. Ein Arbeitnehmer ist leistungsunfähig in diesem Sinne, wenn er aus Gründen in seiner Person die vertraglich vereinbarten Tätigkeiten ausnahmslos nicht mehr verrichten kann. Ob es sich um gesundheitliche, rechtliche oder andere Gründe handelt, ist nicht maßgebend. Das **Unvermögen** kann etwa auf einem gesetzlichen Beschäftigungsverbot oder auf dem Fehlen einer erforderlichen Erlaubnis beruhen.[75] Eine den Annahmeverzug ausschließende Unmöglichkeit ist jedoch nach der Rechtsprechung des Bundesarbeitsgerichts nicht schon deshalb anzunehmen, weil der Arbeitnehmer aus Gründen in seiner Person nur einen Teil, nicht aber alle Arbeiten verrichten kann, die zum Spektrum der vertraglich vereinbarten Tätigkeit gehören. Andernfalls bliebe außer Acht, dass der Arbeitgeber gemäß § 106 Satz 1 GewO sein **Weisungsrecht** nach billigem Ermessen auszuüben und auch die Interessen des Arbeitnehmers zu berücksichtigen hat. Ist es dem Arbeitgeber möglich und zumutbar, dem krankheitsbedingt nur eingeschränkt leistungsfähigen Arbeitnehmer leidensgerechte

28

---

[67] Vgl. BAG v. 30.04.2008 - 5 AZR 502/07 - juris Rn. 21 - MDR 2008, 498-500.
[68] Vgl. LArbG Köln v. 04.03.2010 - 6 Sa 117/10 - juris Rn. 20.
[69] Vgl. BAG v. 13.07.2006 - 8 AZR 382/05 - juris Rn. 42; LArbG Nürnberg v. 09.03.2010 - 7 Sa 430/09 - juris Rn. 31.
[70] Vgl. BAG v. 26.01.2011 - 5 AZR 819/09 - juris Rn.19 - NJW 2011, 1693-1695; BAG v. 08.10.2008 - 5 AZR 715/07 - juris Rn. 24 - EzA BGB 2002, § 615 Nr. 27.
[71] Vgl. BAG v. 30.04.2008 - 5 AZR 502/07 - juris Rn. 24 - MDR 2008, 498-500.
[72] Vgl. BAG v. 19.05.2010 - 5 AZR 162/09 - juris Rn. 16 - NJW 2010, 3112-3115.
[73] Vgl. BAG v. 19.05.2010 - 5 AZR 162/09 - juris Rn. 26 - NJW 2010, 3112-3115.
[74] Vgl. BAG v. 13.07.2005 - 5 AZR 578/04 - juris Rn. 33 - NJW 2006, 1020-1023; BAG v. 24.09.2003 - 5 AZR 591/02 - juris Rn. 16 - NZA 2003, 1387-1388.
[75] Vgl. BAG v. 18.03.2009 - 5 AZR 192/08 - juris Rn. 13 - NJW 2009, 2907-2909.

§ 615

Arbeiten zuzuweisen, ist die Zuweisung anderer, nicht leidensgerechter Arbeiten unbillig. Unterlässt der Arbeitgeber die ihm mögliche und zumutbare Zuweisung leidensgerechter und vertragsgemäßer Arbeit, steht die Einschränkung der Leistungsfähigkeit des Arbeitnehmers dem Annahmeverzug des Arbeitgebers nicht entgegen.[76]

29 Bietet ein krankheitsbedingt nur eingeschränkt leistungsfähiger Arbeitnehmer Arbeitsleistungen an, gerät der Arbeitgeber dadurch nur dann in Annahmeverzug, wenn es sich dabei um Arbeiten handelt, die der Arbeitnehmer sowohl nach seinen Kenntnissen und Fähigkeiten als auch nach seinem gesundheitlichen Leistungsvermögen tatsächlich auszuführen vermag und der Arbeitgeber ihm diese Tätigkeiten im Rahmen des Direktionsrechts zuweisen kann.[77]

30 Die Bedeutung der in § 297 BGB nicht ausdrücklich als Tatbestandsvoraussetzung genannten **Leistungswilligkeit** ergibt sich daraus, dass ein leistungsunwilliger Arbeitnehmer sich selbst außer Stande setzt, die Arbeitsleistung zu bewirken. Die subjektive Leistungsbereitschaft ist eine von dem Leistungsangebot und dessen Entbehrlichkeit unabhängige Voraussetzung, die während des gesamten Verzugszeitraums vorliegen muss.[78] Die Leistungsbereitschaft ist zu verneinen, wenn der Arbeitnehmer seine Arbeitsaufnahme von einem Verzicht des Arbeitgebers auf die Wirkungen der Kündigung abhängig macht.[79] Ist der Arbeitnehmer nicht leistungsfähig, wird die von ihm vertraglich geschuldete Leistung unmöglich.

31 Allerdings ist der Arbeitgeber in der Regel nicht zu einer **Vertragsänderung** mit dem Ziel verpflichtet, eine Beschäftigung des in seiner Leistungsfähigkeit eingeschränkten Arbeitnehmers zu ermöglichen.[80] Ebenso wenig ist der Arbeitgeber verpflichtet, einen Arbeitsplatz für den betroffenen Arbeitnehmer frei zu machen oder einen zusätzlichen Arbeitsplatz für ihn einzurichten.[81] Jedoch ist der Arbeitgeber verpflichtet, gemäß § 106 GewO sein Weisungsrecht nach billigem Ermessen auszuüben und auch die Interessen des Arbeitnehmers zu berücksichtigen. Ist es dem Arbeitgeber möglich und zumutbar, dem krankheitsbedingt nur eingeschränkt leistungsfähigen Arbeitnehmer leidensgerechte Arbeiten zuzuweisen, ist die Zuweisung anderer nicht leidensgerechter Arbeiten unbillig. Unterlässt der Arbeitgeber die ihm mögliche und zumutbare Zuweisung leidensgerechter und vertragsgemäßer Arbeit, steht die Einschränkung der Leistungsfähigkeit des Arbeitnehmers dem Annahmeverzug des Arbeitgebers nicht entgegen.[82]

32 Nach der Konzeption der §§ 81-84 SGB IX kann ein **schwerbehinderter Arbeitnehmer**, der die arbeitsvertraglich vereinbarte Tätigkeit wegen seiner Behinderung nicht mehr auszuüben vermag, einen Anspruch auf eine anderweitige Beschäftigung haben und, soweit der bisherige Arbeitsvertrag diese Beschäftigungsmöglichkeit nicht abdeckt, auch auf eine entsprechende Vertragsänderung. Dabei ist er nicht verpflichtet, den Arbeitgeber vorab auf Zustimmung zur Vertragsänderung zu verklagen. Der besondere Beschäftigungsanspruch entsteht unmittelbar kraft Gesetzes und kann daher ohne vorherige Vertragsänderung geltend gemacht werden. Ist zu der von einem schwerbehinderten Menschen beantragten Beschäftigung die Zustimmung der Betriebsvertretung erforderlich, so kann der Arbeitgeber verpflichtet sein, deren Zustimmung einzuholen.[83] Um eine behinderungsgerechte Beschäftigung zu ermöglichen, ist der Arbeitgeber nach § 81 Abs. 4 Satz 1 Nr. 4 SGB IX auch zu einer Umgestaltung

---

[76] Vgl. BAG v. 27.08.2008 - 5 AZR 16/08 - juris Rn. 13 - NZA 2008, 1410-1412.
[77] Vgl. BAG v. 13.08.2009 - 6 AZR 330/08 - juris Rn. 16 - ZTR 2010, 87-91.
[78] Vgl. BAG v. 17.8.2011 - 5 AZR 251/10 - juris Rn. 15 - DB 2012, 238-239; BAG v. 13.07.2005 - 5 AZR 578/04 - juris Rn. 33 - NJW 2006, 1020-1023 m.w.N.
[79] Vgl. BAG v. 13.07.2005 - 5 AZR 578/04 - juris Rn. 34 - NJW 2006, 1020-1023.
[80] Vgl. LArbG Köln v. 07.11.2006 - 9 Sa 888/06 - juris Rn. 42; BAG v. 06.12.2001 - 2 AZR 422/00 - juris Rn. 42; BAG v. 04.10.2005 - 9 AZR 632/04 - juris Rn 15 - NJW 2006, 1691-1694.
[81] Vgl. LArbG Köln v. 07.11.2006 - 9 Sa 888/06 - juris Rn. 45; BAG v. 10.05.2005 - 9 AZR 230/04 - juris Rn. 37 - DB 2006, 55-56.
[82] Vgl. BAG v. 08.11.2006 - 5 AZR 51/06 - juris Rn. 16 - PersV 2007, 374-376; LArbG Hamm v. 22.09.2005 - 11 Sa 323/05.
[83] Vgl. BAG v. 10.05.2005 - 9 AZR 230/04 - juris Rn. 37 - DB 2006, 55-56.

der Arbeitsorganisation verpflichtet.[84] So kann der schwerbehinderte Arbeitnehmer verlangen, dass er nur mit leichteren Arbeiten beschäftigt wird, sofern im Betrieb die Möglichkeit zu einer solchen Aufgabenumverteilung besteht. Nach § 81 Abs. 4 Satz 1 Nr. 5 SGB IX haben schwerbehinderte Menschen zudem Anspruch auf Ausstattung ihres Arbeitsplatzes mit den erforderlichen technischen Arbeitshilfen.[85] Der Arbeitgeber ist jedoch dann nicht zur Beschäftigung des schwerbehinderten Menschen verpflichtet, wenn ihm die Beschäftigung unzumutbar oder eine solche mit unverhältnismäßig hohen Aufwendungen verbunden ist (§ 81 Abs. 4 Satz 3 SGB IX). Der Arbeitgeber ist auch nicht verpflichtet, für den schwerbehinderten Menschen einen zusätzlichen Arbeitsplatz einzurichten.[86] Allerdings hat der Arbeitgeber bei der Ausübung seines Weisungsrechtes gemäß § 106 Satz 3 GewO auf Behinderungen des Arbeitnehmers Rücksicht zu nehmen. Die schuldhafte Nichtzuweisung einer behinderungsgerechten Beschäftigung gibt dem Arbeitnehmer einen Schadensersatzanspruch in Höhe der ihm entgangenen Vergütung nach den §§ 280 Abs. 1, 823 Abs. 2 BGB i.V.m. § 81 Abs. 4 Satz 1 SGB IX.[87] Nur dann, wenn die Beschäftigung des schwerbehinderten Menschen unzumutbar oder mit unverhältnismäßig hohen Aufwendungen verbunden ist (vgl. § 81 Abs. 4 Satz 3 SGB IX), scheidet ein Schadensersatzanspruch aus.[88]

Abdingbarkeit: § 615 Satz 1 BGB kann tarifvertraglich abbedungen oder modifiziert werden.[89] Eine Betriebsvereinbarung, die einem Arbeitnehmer eine Ausschlussfrist für die Geltendmachung eines Annahmeverzugsanspruchs setzt, verstößt gegen den Verhältnismäßigkeitsgrundsatz und ist deshalb unwirksam.[90] Auch durch Parteivereinbarung kann § 615 Satz 1 BGB grundsätzlich abbedungen werden, doch setzt die Wirksamkeit einer abdingenden Vereinbarung voraus, dass auch die Interessen des Arbeitnehmers berücksichtigt und gegen die Interessen des Arbeitgebers abgewogen werden.[91] Die abdingende Vereinbarung unterliegt der Rechts- und Billigkeitskontrolle.[92] Bei der rechtlichen Würdigung einer abändernden Vereinbarung ist jedoch zu berücksichtigen, dass der Arbeitgeber nicht generell das von ihm zu tragende Betriebs- und Beschäftigungsrisiko auf den Arbeitnehmer abwälzen darf.[93] Das Recht des **Leiharbeitnehmers** auf Vergütung bei Annahmeverzug des Verleihers aus § 615 Satz 1 BGB kann nicht durch Vertrag aufgehoben oder beschränkt werden (vgl. § 11 Abs. 4 Satz 2 AÜG).

33

III. Verminderung der Annahmeverzugsvergütung durch Anrechnung

Gemäß § 615 Satz 2 BGB muss sich der Dienstverpflichtete auf seine Annahmeverzugsvergütung den Wert desjenigen anrechnen lassen, was er infolge des Unterbleibens der Dienstleistung erspart oder durch anderweitige Verwendung seiner Dienste erwirbt oder zu erwerben böswillig unterlässt. Für den Fall des Kündigungsschutzprozesses sieht **§ 11 KSchG** eine im Wesentlichen gleich gelagerte Verdienstanrechnung vor. Beide Bestimmungen stellen darauf ab, ob dem Arbeitnehmer nach Treu und Glauben (§ 242 BGB) sowie unter Beachtung des Grundrechts auf freie Arbeitsplatzwahl (Art. 12 GG) die Aufnahme einer anderweitigen Arbeit zumutbar ist.[94] Die Anrechnung fiktiven Arbeitsverdienstes knüpft an die Merkmale des **böswilligen Unterlassens** und der **Zumutbarkeit der Arbeitsannahme** an. Ein böswilliges Unterlassen liegt in der Regel dann vor, wenn dem Arbeitnehmer ein Vorwurf da-

34

---

[84] Vgl. BAG v. 14.03.2006 - 9 AZR 411/05 - juris Rn. 18.
[85] Vgl. BAG v. 14.03.2006 - 9 AZR 411/05 - juris Rn. 18.
[86] Vgl. BAG v. 14.03.2006 - 9 AZR 411/05 - juris Rn. 19.
[87] Vgl. LArbG Rheinland-Pfalz v. 10.08.2006 - 6 Sa 218/06 - juris Rn. 31-32; BAG v. 04.10.2005 - 9 AZR 632/04 - juris Rn. 22 - NJW 2006, 1691-1694 sowie die kritische Besprechung von *Waas*, SAE 2007, 72-76.
[88] Vgl. LArbG Rheinland-Pfalz v. 10.08.2006 - 6 Sa 218/06 - juris Rn. 31-32.
[89] Vgl. dazu BAG v. 08.12.1982 - 4 AZR 134/80 - juris Rn. 24 - BB 1983, 314-316; LArbG Hamm v. 20.10.2005 - 16 Sa 801/05 - juris Rn. 50 - FA 2006, 158.
[90] Vgl. BAG v. 12.12.2006 - 1 AZR 96/06 - juris Rn. 27-28 - NZA 2007, 453-458.
[91] Vgl. BAG v. 13.08.1980 - 5 AZR 296/78 - juris Rn. 17 - NJW 1981, 781-782.
[92] Vgl. LArbG Frankfurt v. 18.09.1995 - 14 Sa 1128/94 - Bibliothek BAG.
[93] Vgl. LArbG Hamm v. 20.10.2005 - 16 Sa 801/05 - juris Rn. 51-52 m.w.N.
[94] Vgl. BAG v. 07.02.2007 - 5 AZR 422/06 - juris Rn. 15 - NJW 2007, 2062.

hin gemacht werden kann, dass er während des Annahmeverzuges trotz Kenntnis aller objektiven Umstände vorsätzlich untätig geblieben ist oder die Arbeitsaufnahme verhindert hat, eine Schädigungsabsicht ist nicht erforderlich.[95] Die Obliegenheit des Arbeitnehmers, sich auf eine angebotene Beschäftigung einzulassen, ist damit Teil der arbeitsvertraglichen Pflicht zur wechselseitigen Rücksichtnahme, welche – wie § 254 BGB verdeutlicht – nicht allein für das Arbeitsrecht, sondern ganz allgemein für die Abwicklung von Schuldverhältnissen kennzeichnend ist.[96]

35 Die nach § 615 Satz 2 BGB gebotene Anrechnung anderweitigen Verdienstes hindert bereits die Entstehung des Anspruchs aus § 615 Satz 1 BGB und führt nicht bloß zu einer Aufrechnungslage.[97] Der Vorteil für den Arbeitgeber besteht darin, dass die auch bei der Aufrechnung bedeutsamen (vgl. § 394 Satz 1 BGB) Pfändungsgrenzen (vgl. die §§ 850c-850k ZPO) der Anrechnung nicht entgegenstehen.[98]

36 Die anzurechnende Ersparnis muss auf der Nichtleistung der geschuldeten Dienste beruhen. In Betracht kommen z.B. **Fahrtkosten**.[99] Der Arbeitnehmer muss sich aber nicht jeden im Verzugszeitraum erzielten, sondern nur denjenigen Verdienst anrechnen lassen, den er durch die anderweitige Verwendung desjenigen Teils seiner Arbeitskraft erwirbt, den er verpflichtet war, seinem Dienstherrn zur Verfügung zu stellen. Der teilzeitbeschäftigte Arbeitnehmer muss sich nicht jeden im Verzugszeitraum anderweitig erzielten Verdienst anrechnen lassen, sondern nur einen solchen, der kausal durch das Freiwerden der Arbeitskraft ermöglicht worden ist.[100] Aufgrund der Umstände des Einzelfalles ist festzustellen, ob der anderweitige Erwerb kausal durch das Freiwerden von der bisherigen Arbeitsleistung ermöglicht wurde. Anhaltspunkte hierfür können sich sowohl aus objektiven als auch aus subjektiven Umständen ergeben.[101] Falls der Arbeitgeber den gekündigten Arbeitnehmer während der Kündigungsfrist durch Gewährung von **Erholungsurlaub** von der Dienstpflicht frei stellt und er von seiner Möglichkeit Gebrauch machen will, sich in diesem Freistellungszeitraum dem vertraglichen Vergütungsanspruch des Arbeitnehmers gegenüber die Anrechnung von **Zwischenverdienst** vorzubehalten, ist es erforderlich, dass der Urlaub hinsichtlich seines Beginns und Endes im Freistellungszeitraum festgelegt wird.[102] **Nebeneinnahmen**, die zusätzlich zum Verdienst aus dem hauptberuflichen Arbeitsverhältnis erzielt werden, bleiben bei der Anrechnung außer Betracht, weil sie nicht durch das Freiwerden der Arbeitskraft verursacht worden sind.[103] Der Betreiber eines Alten- und **Pflegeheim**es muss sich gemäß § 615 Satz 2 BGB Ersparnisse bei der Verpflegung anrechnen lassen, wenn der Heimbewohner nicht an der normalen Verpflegung teilnimmt, weil er von seiner Krankenkasse finanzierte Sondernahrung zu sich nimmt.[104]

37 Der Arbeitnehmer unterlässt böswillig anderweitigen Verdienst, wenn er vorsätzlich grundlos Arbeit ablehnt oder vorsätzlich verhindert, dass ihm Arbeit angeboten wird. Davon ist dann auszugehen, wenn entweder das böswillige Unterlassen eines Zwischenerwerbs bei einem anderen Arbeitgeber oder als Selbständiger in Rede steht oder wenn die Beschäftigungsmöglichkeit bei dem Vertragspartner besteht, der sich mit der Annahme der Dienste in Verzug befindet.[105] Anders verhält es sich dann, wenn der Arbeitnehmer ein Angebot des Arbeitgebers ablehnt, das trotz Aufrechterhaltung der Kündigung

---

[95] Vgl. LArbG Hamm v. 11.02.2010 - 8 Sa 1395/09 - juris Rn. 44.
[96] Vgl. LArbG Hamm v. 11.02.2010 - 8 Sa 1395/09 - juris Rn. 45.
[97] Vgl. BAG v. 22.11.2005 - 1 AZR 407/04 - juris Rn. 27 - NZA 2006, 736-739; *Richardi* in: Staudinger, § 615 Rn. 137; *Henssler* in: MünchKomm-BGB, § 615 Rn. 63; *Belling* in: Erman, § 615 Rn. 39; *Preis* in: ErfKomm, § 615 Rn. 83.
[98] Vgl. auch *Preis* in: ErfKomm, § 615 Rn. 83.
[99] Vgl. *Weidenkaff* in: Palandt, § 615 Rn. 19.
[100] Vgl. BAG v. 06.09.1990 - 2 AZR 165/90 - juris Rn 34-38 - NJW 1991, 1002; Landesarbeitsgericht Köln v. 10.12.2007 - 14 Sa 1148/07 - juris.
[101] Vgl. BAG v. 06.09.1990 - 2 AZR 165/90 - juris Rn 43 - NJW 1991, 1002.
[102] Vgl. BAG v. 19.03.2002 - 9 AZR 16/01 - juris Rn. 29 - ZIP 2002, 2186-2190.
[103] Vgl. dazu BAG v. 06.09.1990 - 2 AZR 165/90 - juris Rn. 34 - NJW 1991, 1002-1006.
[104] Vgl. BGH v. 13.12.2007 - III ZR 172/07 - juris - NJW 2008, 653.
[105] Vgl. BAG v. 17.08.2011 - 5 AZR 251/10 - juris Rn. 16 - DB 2012, 238-239; BAG v. 07.02.2007 - 5 AZR 422/06 - juris Rn. 15 - NJW 2007, 2062; BAG v. 16.06.2004 - 5 AZR 508/03 - juris Rn. 17 - BAGE 111, 123-130.

auf eine Weiterbeschäftigung zu unveränderten Bedingungen gerichtet und dessen Annahme auch sonst zumutbar ist. In diesem Fall lässt die fehlende Leistungsbereitschaft des Arbeitnehmers gemäß § 297 BGB den Annahmeverzug insgesamt entfallen.[106]

Zur Ermittlung der **Böswilligkeit** ist zu prüfen, ob dem Arbeitnehmer nach Treu und Glauben (§ 242 BGB) sowie unter Beachtung des Grundrechts auf freie Arbeitsplatzwahl (Art. 12 GG) die Aufnahme einer anderweitigen Arbeit zumutbar war.[107] Böswilligkeit setzt nicht voraus, dass der Arbeitnehmer in der Absicht handelt, den Arbeitgeber zu schädigen. Es genügt das vorsätzliche Außerachtlassen einer dem Arbeitnehmer bekannten Gelegenheit zur Erwerbsarbeit. Böswillig handelt der Arbeitnehmer, dem ein Vorwurf daraus gemacht werden kann, dass er während des Annahmeverzugs trotz Kenntnis aller objektiven Umstände vorsätzlich untätig bleibt oder die Aufnahme der Arbeit bewusst verhindert.[108] Fahrlässiges, auch grob fahrlässiges Verhalten genügt hingegen nicht.[109] Böswilligkeit setzt nicht voraus, dass der Arbeitnehmer mit der Absicht handelt, den Arbeitgeber zu schädigen. Die vorsätzliche Untätigkeit muss vorwerfbar sein. Das ist nicht der Fall, wenn eine angebotene oder sonst mögliche Arbeit nach den konkreten Umständen für den Arbeitnehmer unzumutbar ist. 38

Die **Unzumutbarkeit** der Arbeit kann sich unter verschiedenen Gesichtspunkten ergeben. Sie kann ihren Grund in der Person des Arbeitgebers, der Art der Arbeit oder den sonstigen Arbeitsbedingungen haben. Auch vertragsrechtliche Umstände sind zu berücksichtigen. Allerdings kann nicht auf die Zumutbarkeitskriterien des § 121 SGB III abgestellt werden.[110] Eine nicht vertragsgemäße Arbeit kann nicht ohne weiteres mit unzumutbarer Arbeit gleichgesetzt werden.[111] 39

Das Bundesarbeitsgericht hat in Abkehr von einer früheren Entscheidung[112] entschieden, dass ein böswilliges Unterlassen von Erwerb im Sinne des § 615 Satz 2 BGB auch darin liegen kann, dass der Arbeitnehmer eine vertraglich nicht geschuldete Arbeitsleistung ablehnt, die der Arbeitgeber unter Überschreitung seines Direktionsrechts von ihm in einem unstreitig bestehenden Arbeitsverhältnis verlangt[113] Dies wird damit begründet, dass Arbeitspflicht und Obliegenheit zur **Rücksichtnahme** unterschiedliche Kategorien beträfen. § 615 Satz 2 BGB regele nicht Rechte und Pflichten aus dem Arbeitsvertrag, sondern die nach anderen Maßstäben zu beurteilende Obliegenheit, aus Rücksichtnahme gegenüber dem Arbeitgeber einen zumutbaren Zwischenverdienst zu erzielen.[114] Dabei verlangt das Bundesarbeitsgericht eine **Abwägung** nach folgenden Grundsätzen: Biete der Arbeitgeber objektiv vertragswidrige Arbeit an, seien im Hinblick auf § 615 Satz 2 BGB die Art dieser Arbeit und die sonstigen Arbeitsbedingungen im Vergleich zu der bisherigen Arbeit zu prüfen. Das Maß der gebotenen Rücksichtnahme beim Arbeitnehmer hänge regelmäßig davon ab, aus welchen Gründen der Arbeitgeber keine vertragsgemäße Arbeit anbiete. Das habe der Arbeitgeber darzulegen. Bestünden für die Änderung dringende Gründe, denen nicht von vornherein eine Billigung versagt werden könne, handele der Arbeitnehmer nicht rücksichtsvoll, wenn er die Arbeit allein deswegen ablehne, weil sie nicht vertragsgemäß sei und er deshalb ohne Erwerb bleibe. Die beiderseitigen Gründe für die Zuweisung bzw. Ablehnung der neuen Arbeit seien zu benennen und sodann gegeneinander abzuwägen. Bei einem Irrtum des Arbeitgebers über die Vertragsmäßigkeit sei auch die Vertretbarkeit seines Standpunkts zu berücksichtigen.[115] Vereinbaren die Parteien eines Arbeitsverhältnisses im Arbeitsvertrag, dass der 40

---

[106] Vgl. BAG v. 17.08.2011 - 5 AZR 251/10 - juris Rn. 16 - DB 2012, 238-239.
[107] Vgl. BAG v. 11.01.2006 - 5 AZR 98/05 - juris Rn. 18 - DB 2006, 787-788; BAG v. 05.11.2003 - 5 AZR 562/02 - juris Rn. 33 - EzA-SD 2004, Nr. 3, 5-7.
[108] Vgl. BAG v. 07.02.2007 - 5 AZR 422/06 - juris Rn. 15 - NJW 2007, 2062.
[109] Vgl. BAG v. 05.11.2003 - 5 AZR 562/02 - juris Rn. 33 - EzA-SD 2004, Nr. 3, 5-7; BAG v. 16.05.2000 - 9 AZR 203/99 - juris Rn. 19 - NJW 2001, 243-244.
[110] Vgl. BAG v. 07.02.2007 - 5 AZR 422/06 - juris Rn. 15 - NJW 2007, 2062.
[111] Vgl. BAG v. 07.02.2007 - 5 AZR 422/06 - juris Rn. 16 - NJW 2007, 2062.
[112] Vgl. BAG v. 03.12.1980 - 5 AZR 477/78.
[113] Vgl. BAG v. 07.02.2007 - 5 AZR 422/06 - juris Rn. 16-18 - NJW 2007, 2062-2063; a.A. Hessisches Landesarbeitsgericht v. 21.08.2006 - 19/11 Sa 2008/05 - juris Rn. 30.
[114] Vgl. BAG v. 07.02.2007 - 5 AZR 422/06 - juris Rn. 17 - NJW 2007, 2062.
[115] Vgl. BAG v. 07.02.27 - 5 AZR 422/06 - juris Rn. 18 - NJW 2007, 2062-2063.

Arbeitnehmer verpflichtet ist, auch andere als die vereinbarten Tätigkeiten zu erbringen und auch in einem anderen Betrieb tätig zu werden, so ist davon nicht eine Tätigkeit in einem Betrieb erfasst, der zwar zur selben Unternehmensgruppe gehört, jedoch organisatorisch eigenständig ist. Lehnt der freigestellte Arbeitnehmer eine Beschäftigung in diesem Betrieb während der Kündigungsfrist ab, verliert er deshalb nicht seinen Anspruch auf Vergütung aus Annahmeverzug.[116]

41 Eine Anrechnung kommt auch dann in Betracht, wenn der Arbeitgeber, der sich mit der Annahme der Dienste in Verzug befindet, den Arbeitnehmer vorläufig weiterbeschäftigt[117] oder ihm eine Weiterbeschäftigung anbietet[118]. Bietet der Arbeitgeber dem Arbeitnehmer die befristete Weiterbeschäftigung während des Kündigungsrechtsstreits zu den bisherigen Arbeitsbedingungen an, so hängt ihre Zumutbarkeit für den Arbeitnehmer in erster Linie von der Art der Kündigung und ihrer Begründung sowie dem Verhalten des Arbeitgebers im **Kündigungsprozess** ab. Handelt es sich um eine betriebsbedingte Kündigung, so ist dem Arbeitnehmer die vorläufige Weiterbeschäftigung in der Regel zumutbar.[119] Wird eine Kündigung auf verhaltensbedingte Gründe gestützt, so spricht dieser Umstand eher für die Unzumutbarkeit der vorläufigen Weiterarbeit für den Arbeitnehmer im Betrieb. Auch Art und Schwere der gegenüber dem Arbeitnehmer erhobenen Vorwürfe können für ihn bereits die Unzumutbarkeit der Weiterarbeit begründen.[120] Der Arbeitnehmer kann die Annahme einer zumutbaren Arbeit allein dadurch böswillig unterlassen (§ 11 Satz 1 Nr. 2 KSchG), dass er ein im Zusammenhang mit einer Kündigung erklärtes Änderungsangebot nicht nach § 2 KSchG unter Vorbehalt annimmt.[121] Erklärt der Arbeitgeber anschließend eine Beendigungskündigung, ohne die auf der **Änderungskündigung** beruhende Arbeitsmöglichkeit weiter anzubieten, endet das böswillige Unterlassen mit Ablauf der Kündigungsfrist.[122] Ein Arbeitnehmer handelt nicht böswillig, wenn er einer ohne **Beteiligung des Betriebsrats** ausgesprochenen Versetzung nicht Folge leistet.[123] Nach Auffassung des Landesarbeitsgerichts Hamm[124] soll abweichend von der Rechtsprechung des Bundesarbeitsgerichts[125] der Arbeitnehmer nicht gehalten sein, zum Erhalt seiner Ansprüche auf Verzugslohn die ihm ausdrücklich allein zur Abwendung der Zwangsvollstreckung angebotene Weiterbeschäftigung aufzunehmen. Die Anrechnung böswillig unterlassenen Verdienstes gemäß § 11 Nr. 2 KSchG, § 615 Satz 2 BGB setze vielmehr ein Angebot zur Beschäftigung auf der Grundlage eines vereinbarten **Prozessrechtsarbeitsverhältnisses** voraus, welches den regulären sozialen Schutz des Arbeitsverhältnisses gewährleiste.[126]

42 Laut § 11 Nr. 3 KSchG, der auf § 615 Satz 2 BGB entsprechend anzuwenden ist[127], muss sich der Arbeitnehmer auf die Annahmeverzugsvergütung auch anrechnen lassen, was ihm an **öffentlichen Leistungen** infolge Arbeitslosigkeit aus der öffentlichen Arbeitslosenversicherung für die Zwischenzeit gezahlt worden ist. Bezieht der Arbeitnehmer während des Annahmeverzugs Arbeitslosengeld, muss er sich diese Leistung der Agentur für Arbeit auf das Arbeitsentgelt, das ihm der Arbeitgeber schuldet, anrechnen lassen.[128] Das Gleiche gilt für das Überbrückungsgeld, das die Bundesagentur für Arbeit gemäß § 57 SGB III an den Arbeitnehmer zahlt, der sich während des Annahmeverzugs seines Arbeitgebers selbständig macht.[129] Bis zur Höhe der erbrachten Leistungen geht der Vergütungs-

---

[116] Vgl. LArbG Schleswig-Holstein v. 19.01.2010 - 2 Sa 401/09 - juris Rn. 36.
[117] Vgl. BAG v. 05.11.2003 - 5 AZR 562/02 - EzA-SD 2004, Nr. 3, 5-7.
[118] Vgl. BAG v. 13.07.2005 - 5 AZR 578/04 - juris Rn. 19 - NJW 2006, 1020-1023.
[119] Vgl. BAG v. 13.07.2005 - 5 AZR 578/04 - juris Rn. 20, 21 - NJW 2006, 1020-1023.
[120] Vgl. BAG v. 07.11.2002 - 2 AZR 650/00 - juris Rn. 26 - AP Nr. 98 zu § 615 BGB.
[121] Vgl. BAG v. 26.09.2007 - 5 AZR 870/06 - juris Rn. 23 - DB 2008, 67-69.
[122] Vgl. BAG v. 26.09.2007 - 5 AZR 870/06 - juris Rn. 27 - DB 2008, 67-69.
[123] Vgl. BAG v. 07.11.2002 - 2 AZR 650/00 - juris Rn. 35 - AP Nr. 98 zu § 615 BGB.
[124] Vgl. LArbG Hamm v. 11.02.2010 - 8 Sa 1395/09 - juris Rn. 53.
[125] Vgl. BAG v. 13.07.2005 - 5 AZR 578/04 - juris Rn. 19 - NZA 2005, 1348; BAG v. 24.09.2003 - 5 AZR 500/02 - juris Rn. 21 - NZA 2004, 90.
[126] Vgl. LArbG Hamm v. 11.02.2010 - 8 Sa 1395/09 - juris Rn. 49-57.
[127] Vgl. *Weidenkaff* in: Palandt, § 615 Rn. 19.
[128] Vgl. (BAG v. 07.02.2007 - 5 AZR 422/06 - juris Rn. 11 - NJW 2007, 2062
[129] Vgl. LArbG Köln v. 15.10.2003 - 7 Sa 163/03 - juris Rn. 52 - NZA-RR 2004, 612-614.

anspruch des Arbeitnehmers gegen den Arbeitgeber im Wege des gesetzlichen Forderungsübergangs nach § 115 Abs. 1 SGB X auf die Bundesagentur für Arbeit über.[130] An diese hat der Arbeitgeber die noch geschuldete Vergütung zu leisten. Diese **cessio legis** macht deutlich, dass es sich eigentlich nicht um einen Fall der Anrechnung handelt.[131]

In welcher Weise die Anrechnung zu erfolgen hat, wenn sich der Arbeitnehmer zusätzlich zu seinem Arbeitslosengeld noch böswillig unterlassenen Erwerb anrechnen lassen muss, ergibt sich aus dem Zweck der Anrechnungsvorschriften (§ 615 Satz 2 BGB und § 11 KSchG), einerseits den Arbeitnehmer finanziell so zu stellen, als wenn das Arbeitsverhältnis ohne Kündigung vollzogen worden wäre und andererseits die gebotene Rücksicht auf die schützenswerten Belange des Arbeitgebers zu nehmen und eine zumutbare andere Arbeit aufzunehmen.[132] Diesen Zielen des Gesetzes wird Rechnung getragen durch eine anteilige Anrechnung des bezogenen Arbeitslosengelds auf das Arbeitsentgelt, das der Arbeitnehmer unter Berücksichtigung der Anrechnung nach § 615 Satz 2 BGB oder nach § 11 Satz 1 Nr. 2 KSchG noch von dem Arbeitgeber verlangen kann. Bis zur Höhe der Beitragsbemessungsgrenze ist das gesamte Arbeitslosengeld Äquivalent des Gesamtbruttoentgelts, so dass eine proportionale Zuordnung zu erfolgen hat. Wenn sich der Arbeitnehmer während des Annahmeverzugs nach § 11 Satz 1 Nr. 2 KSchG auf das vom Arbeitgeber geschuldete Arbeitsentgelt zudem böswillig unterlassenen Verdienst anrechnen lassen muss, ist nur in Höhe des Anteils, den der Arbeitnehmer unter Berücksichtigung der Anrechnung nach § 11 Satz 1 Nr. 2 KSchG noch vom Arbeitgeber verlangen kann, das bezogene Arbeitslosengeld nach § 11 Satz 1 Nr. 3 KSchG zur Anrechnung zu bringen. Durch die anteilige Anrechnung verbleibt dem Arbeitnehmer das bezogene Arbeitslosengeld nicht uneingeschränkt zusätzlich zu der vom Arbeitgeber geschuldeten Vergütung. Andererseits wird der Arbeitgeber durch die Leistungen der Agentur für Arbeit nicht vollständig von seiner arbeitsvertraglichen Pflicht zur Nachzahlung eines Teils der Bruttovergütung und des sich daraus ergebenden Nettobetrags entlastet.[133]

Den Arbeitnehmer trifft nur die Obliegenheit, seine Arbeitskraft zu aktuell zumutbaren Bedingungen zur Verfügung zu stellen.[134] Der Arbeitnehmer kann auch gehalten sein, eine minderbezahlte Arbeit anzunehmen, die ihm sein Arbeitgeber im Zusammenhang mit einer Änderungskündigung anbietet, falls ihm dies im konkreten Fall zumutbar ist. Er muss jedoch eine deutliche Verschlechterung seiner Arbeitsbedingungen nicht akzeptieren, wenn er berechtigte Aussichten hat, rechtzeitig eine für ihn günstigere Arbeit zu finden.[135]

Nach der Rechtsprechung des Bundesarbeitsgerichts kann das Unterlassen einer **Meldung beim Arbeitsamt** nicht mit dem Unterlassen anderweitigen Erwerbs etwa durch Ablehnung eines Arbeitsangebots oder durch Verhinderung eines Arbeitsangebots gleichgesetzt werden. Der Arbeitnehmer sei nicht gehalten, sich durch eine Meldung beim Arbeitsamt eine Möglichkeit für eine Ersatzbeschäftigung zu eröffnen. Im Annahmeverzug finde die **Schadensminderungspflicht** nach § 254 BGB keine Anwendung. Der Arbeitnehmer sei nicht gehalten, eigene Anstrengungen zu unternehmen, um eine Beschäftigung bei einem anderen Arbeitgeber zu finden. Nur wenn der Arbeitnehmer Arbeitsangebote ausschlage oder sie verhindere, sei der böswillig versäumte Erwerb als wirklich gemachter zu behandeln.[136] Dieses Ergebnis des Bundesarbeitsgerichts lässt sich damit begründen, dass der **Anrechnung des hypothetischen Verdienstes** ein Ausnahmecharakter zukommt, der sachlich nur mit einem Verstoß gegen Treu und Glauben (vgl. dazu die Kommentierung zu § 242 BGB) zu rechtfertigen ist.[137] In der **Literatur** wird abweichend davon die Auffassung vertreten, dass den Arbeitnehmer eine Obliegenheit trifft, sich während des Kündigungsrechtsstreits um eine Arbeitsstelle zu bemühen. Dieser Obliegen-

---

[130] Vgl. BAG v. 11.01.2006 - 5 AZR 125/05 - juris Rn. 15 - NJW 2006, 1452-1453.
[131] Vgl. *Preis* in: ErfKomm, § 615 Rn. 94.
[132] Vgl. BAG v. 11.01.2006 - 5 AZR 125/05 - juris Rn. 16 - NJW 2006, 1452-1453.
[133] Vgl. BAG v. 11.01.2006 - 5 AZR 125/05 - juris Rn. 17 - NJW 2006, 1452-1453.
[134] Vgl. BAG v. 11.10.2006 - 5 AZR 754/05 - juris Rn. 21 - NJW 2007, 2060.
[135] Vgl. BAG v. 11.10.2006 - 5 AZR 754/05 - juris Rn. 19-23 - NJW 2007, 2060.
[136] Vgl. BAG v. 16.05.2000 - 9 AZR 203/99 - juris Rn. 20 - NJW 2001, 243-244.
[137] Vgl. dazu *Richardi* in: Staudinger, § 615 Rn. 150.

heit könne der Arbeitnehmer entweder durch die Meldung beim Arbeitsamt als arbeitsuchend oder durch die Entfaltung eigener Bewerbungsaktivitäten nachkommen. Dem Arbeitgeber sei gegenüber dem Arbeitnehmer ein Auskunftsanspruch über dessen Bewerbungsaktivitäten zuzubilligen.[138] Im Übrigen geht auch das Bundesarbeitsgericht davon aus, dass der Arbeitnehmer nicht untätig bleiben darf, wenn sich ihm eine realistische Arbeitsmöglichkeit bietet. Das kann die Abgabe von eigenen Angeboten mit einschließen und es kann sogar im Einzelfall die Obliegenheit zur Aufnahme einer selbständigen Tätigkeit bestehen.[139] Geht es um eine Arbeitsmöglichkeit bei dem bisherigen Arbeitgeber, kann der Arbeitnehmer allerdings regelmäßig abwarten, ob ihm eine zumutbare Arbeit angeboten wird. Er muss weder eine Klage auf Weiterbeschäftigung erheben, noch Vollstreckungsversuche nach einem erfolgreichen Weiterbeschäftigungsantrag unternehmen. Vielmehr ist es Sache des Arbeitgebers, dem gekündigten Arbeitnehmer eine Beschäftigung anzubieten. Der Arbeitgeber hat insoweit den Fortgang des Verfahrens in der Hand. Der Arbeitnehmer kann davon ausgehen, dass mit der Kündigung die Ablehnung der Beschäftigung verbunden ist, solange der Arbeitgeber nicht von sich aus aktiv wird. Eine eigene Initiative ist dem Arbeitnehmer hier, von besonderen Umständen des Einzelfalles abgesehen, nicht zumutbar.[140]

46 Während der gesamten Dauer des Annahmeverzugs ist ein anderweitiger Verdienst des Arbeitnehmers auf seinen Vergütungsanspruch anzurechnen. Dafür bedarf es einer **Vergleichsberechnung**, bei der zunächst die Vergütung für die infolge des Verzugs nicht geleisteten Dienste zu ermitteln ist. Dieser Gesamtvergütung ist gegenüberzustellen, was der Arbeitnehmer in der betreffenden Zeit anderweitig erworben hat.[141] Das Bundesarbeitsgericht[142] hält trotz Kritik aus der Literatur,[143] die sich auf § 74c HGB bezieht, an dem Erfordernis einer **Gesamtberechnung**[144] fest und lehnt eine Begrenzung der Anrechnung des anderweitig erzielten Verdienstes auf den jeweiligen Abrechnungszeitraum, in dem er erzielt worden ist, ab.[145] Andernfalls seien Manipulationsmöglichkeiten, etwa durch die Ausgestaltung der mit dem anderen Arbeitgeber getroffenen Vergütungsabrede, zu Lasten des Arbeitgebers eröffnet. Schließlich entspreche die Gesamtberechnung Sinn und Zweck der Anrechnungsvorschrift. Diese wolle gewährleisten, dass der Arbeitnehmer auf Grund des Annahmeverzugs grundsätzlich nicht mehr und nicht weniger erhalte als die vereinbarte Vergütung. Der Arbeitnehmer solle während des Annahmeverzugs nicht von anderer Seite Arbeitsentgelt beziehen können, ohne dass dies dem Arbeitgeber in vollem Umfang zugutekomme.[146]

47 **Verfassungsmäßigkeit des Satzes 2**: Das Landesarbeitsgericht Nürnberg vertritt in seinem Vorlagebeschluss (vgl. Art 100 Abs. 1 GG) vom 09.03.2010 die Auffassung, § 615 Satz 2 BGB verstoße gegen Art 3 Abs. 1 GG und sei somit verfassungswidrig[147], weil Arbeitnehmer, die in einem Kleinbetrieb tätig sind und für die deshalb § 11 KSchG wegen der Regelung des § 23 Abs.1 KSchG nicht anwendbar sei, hinsichtlich der Anrechnung ersparter Aufwendungen schlechter gestellt seien als Arbeitnehmer, die in einem Betrieb beschäftigt sind, auf den das Kündigungsschutzgesetz anzuwenden ist. Während die Arbeitnehmer eines Kleinbetriebs sich gemäß § 615 Satz 2 BGB erspartete Aufwen-

---

[138] Vgl. *Spirolke*, NZA 2001, 707-712, 712.
[139] Vgl. BAG v. 11.01.2006 - 5 AZR 98/05 - juris Rn. 19 - DB 2006, 787-788; a.A. *Kiel* in: ErfKomm, KSCHG, § 11 Rn. 8.
[140] Vgl. BAG v. 11.01.2006 - 5 AZR 98/05 - juris Rn. 20 - DB 2006, 787-788; BAG v. 22.02.2000 - 9 AZR 194/99 - AP KSchG 1969 § 11 Nr. 2.
[141] Vgl. BAG v. 22.11.2005 - 1 AZR 407/04 - juris Rn. 22 - NZA 2006, 736-739.
[142] Vgl. BAG v. 22.11.2005 - 1 AZR 407/04 - juris Rn. 22-26 - NZA 2006, 736-739.
[143] *Nübold*, RdA 2004, 31, 32; *Boecken*, NJW 1995, 3218, 3222; *Preis* in: ErfKomm, § 615 Rn. 92.
[144] Gegen eine Gesamt- und für eine Berechnung nach Zeitabschnitten auch: LArbG Düsseldorf v. 01.09.2005 - 5 Sa 212/05 - DB 2005, 2825-2826.
[145] Vgl. BAG v. 12.12.2006 - 1 AZR 96/06 - juris Rn. 33 - NZA 2007, 453-458.
[146] Vgl. BAG v. 22.11.2005 - 1 AZR 407/04 - juris Rn. 25 - NZA 2006, 736-739.
[147] Vgl. LArbG Nürnberg v. 09.03.2010 - 7 Sa 430/09 - juris Rn. 52.

dungen auf den Verdienst anrechnen lassen müssten, sei dies bei Arbeitnehmern, die in einem Betrieb arbeiten, der unter das Kündigungsschutzgesetz fällt, und für die § 11 KSchG gelte, nicht der Fall.[148]

IV. Das von dem Arbeitgeber zu tragende Risiko des Arbeitsausfalls

Der neu in das Gesetz aufgenommene Satz 3 (vgl. Rn. 3) von § 615 BGB erklärt die Sätze 1 und 2 in den Fällen für entsprechend anwendbar, in denen der Arbeitgeber das Risiko des Arbeitsausfalls trägt. Diese Vorschrift beinhaltet eine **Rechtsfolgenverweisung** auf die beiden vorangestellten Sätze 1 und 2 von § 615 BGB.[149] Da der neue § 615 Satz 3 BGB offen lässt, wann der Arbeitgeber das Risiko des Arbeitsausfalls trägt[150], muss zum Verständnis dieser Norm auf die gesicherten arbeitsrechtlichen Grundsätze[151] und auf die Rechtsprechung zur **Betriebsrisikolehre** zurückgegriffen werden[152]. Dies darf jedoch nicht so verstanden werden, dass der Gesetzgeber den gegenwärtigen Stand der Betriebsrisikolehre unabänderbar festschreiben wollte.[153] Vielmehr soll es der Rechtsprechung überlassen bleiben, den Grundsatz der Lohnfortzahlung zu konkretisieren und den Besonderheiten der denkbaren Fallgestaltungen Rechnung zu tragen.[154]

48

Der Arbeitgeber trägt grundsätzlich das Betriebs- und Wirtschaftsrisiko. Das bedeutet, dass er den Lohn auch dann zahlen muss, wenn er die Belegschaft ohne sein Verschulden aus betriebstechnischen Gründen nicht beschäftigen kann (**Betriebsrisiko**)[155] oder wenn die Fortsetzung des Betriebes wegen Auftrags- oder Absatzmangels wirtschaftlich sinnlos wird (**Wirtschaftsrisiko**).[156] Hinsichtlich dieses Grundsatzes besteht – unbeschadet unterschiedlicher dogmatischer Ansätze – zwischen Rechtsprechung[157] und Literatur[158] im Ergebnis im Wesentlichen Einigkeit[159].

49

Durch § 615 Satz 3 BGB soll dem Arbeitgeber in bestimmten Fällen, abweichend von den §§ 275, 326 Abs. 1, 615 Satz 1 und 2 BGB das Risiko des Arbeitsausfalls auferlegt werden.[160] Dem Betriebsrisiko des Arbeitgebers sind alle Umstände zuzuordnen, die die Arbeitsleistung und die Entgegennahme derselben durch den Arbeitgeber aus Gründen unmöglich machen, die im betrieblichen Bereich liegen.[161] Erfasst sind **betriebsinterne Störungen** (z.B. Ausfall der Stromversorgung, der Heizung, des notwendigen Arbeitsmaterials und der Maschinen[162]), die auf ein Versagen der sachlichen oder persönlichen Mittel des Betriebes zurückzuführen sind, aber auch von außen auf die Betriebsmittel einwirkende Umstände (z.B. **witterungsbedingte Einflüsse**), die sich für den Arbeitgeber als Fälle höherer Gewalt darstellen, sowie die Einstellung des Betriebes im Anschluss an eine **behördliche Anordnung**.[163] Der Arbeitgeber trägt auch dann das Risiko des Arbeitsausfalls, wenn er selbst den Betrieb aus Gründen, die in seinem betrieblichen oder wirtschaftlichen Verantwortungsbereich liegen, einschränkt oder stilllegt.[164]

50

---

[148] Vgl. LArbG Nürnberg v. 09.03.2010 - 7 Sa 430/09 - juris Rn. 39.
[149] Vgl. *Dauner-Lieb* in: AnwK, Das neue Schuldrecht, § 615 Rn. 3; a.A. *Henssler* in: MünchKomm-BGB, § 615 Rn. 90.
[150] Vgl. *Däubler*, NZA 2001, 1329-1337, 1332.
[151] Vgl. BT-Drs. 14/6857, S. 11 zu Nr. 21.
[152] LArbG Düsseldorf v. 05.06.2003 - 11 Sa 1464/02 - juris Rn. 8 - Bibliothek BAG.
[153] *Dauner-Lieb* in: AnwK, Das neue Schuldrecht, § 615 Rn. 4.
[154] Vgl. BT-Drs. 14/6857, S. 48 zu Nr. 21.
[155] BAG v. 18.05.1999 - 9 AZR 14/98 - juris Rn. 25 - BB 1999, 1220.
[156] Vgl. BAG v. 22.10.2009 - 8 AZR 766/08 - juris Rn. 17 - ZIP 2010, 849-854; BAG v. 23.06.1994 - 6 AZR 853/93 - BAGE 77, 123 = AP Nr. 56 zu § 615 BGB = EzA § 615 BGB Betriebsrisiko Nr. 13; BAG v. 22.12.1980 - 1 ABR 2/79 - juris Rn. 37 - NJW 1981, 937-942.
[157] Vgl. z.B. BAG v. 08.02.1957 - 1 AZR 338/55 - BAGE 3, 346; und BAG v. 18.05.1999 - 9 AZR 14/98 - juris Rn. 25 - BB 1999, 1220.
[158] Vgl. z.B. *Henssler* in: MünchKomm-BGB, § 615 Rn. 89-120; *Preis* in: ErfKomm, § 615 Rn. 126.
[159] Die Betriebsrisikolehre ablehnend: *Ehmann*, NJW 1987, 401-410.
[160] BT-Drs. 14/6857, S. 48; BT-Drs. 14/7052, S. 204.
[161] BAG v. 23.06.1994 - 6 AZR 872/93 - juris Rn. 11.
[162] Vgl. *Weidenkaff* in: Palandt, § 615 Rn. 21a.
[163] LArbG Düsseldorf v. 05.06.2003 - 11 Sa 1464/02 - juris Rn. 8 - Bibliothek BAG.
[164] Vgl. BAG v. 09.07.2008 - 5 AZR 810/07 - juris Rn. 24 - NJW 2008, 3803-3805.

51 Die Tragung des Betriebsrisikos durch den Arbeitgeber kann abbedungen werden.[165] Der Inhalt einer abweichenden Vereinbarung müsste jedoch klar und eindeutig sein. Eine Vereinbarung, wonach nur tatsächlich geleistete Arbeitsleistungen zu vergüten sind, genügt grds. nicht.[166] Außerdem dürfte die abweichende Regelung den Arbeitnehmer nicht entgegen der Gebote von Treu und Glauben unangemessen benachteiligen.[167]

52 Von dem allgemeinen Betriebs- und Wirtschaftsrisiko zu unterscheiden ist das **Arbeitskampfrisiko**, welches nach der Rechtsprechung des Bundesarbeitsgerichts den von einem Streik betroffenen Arbeitgebern nicht ausnahmslos aufgebürdet werden kann. Es ist vielmehr wie folgt zu differenzieren: Das Betriebs- und das Wirtschaftsrisiko trägt grundsätzlich der Arbeitgeber. Das gilt nicht uneingeschränkt bei Störungen, die auf einem Streik in einem anderen Betrieb beruhen und die Fortsetzung des Betriebes ganz oder teilweise unmöglich oder wirtschaftlich unzumutbar machen. Können diese **Fernwirkungen eines Streiks** das Kräfteverhältnis der kampfführenden Parteien beeinflussen, so tragen beide Seiten das Arbeitskampfrisiko. Das bedeutet für die betroffenen Arbeitnehmer, dass sie für die Dauer der Störung keine Beschäftigungs- und Vergütungsansprüche haben. Ein solcher Fall ist z.B. dann anzunehmen, wenn die für den mittelbar betroffenen Betrieb zuständigen Verbände mit den unmittelbar kampfführenden Verbänden identisch oder doch organisatorisch eng verbunden sind.[168] Wird der Betrieb selbst bestreikt, billigt das Bundesarbeitsgericht dem betroffenen Arbeitgeber das Recht zu, den unmittelbar kampfbetroffenen Betrieb oder Betriebsteil stillzulegen und damit seine Beschäftigungs- und Lohnzahlungspflicht auch gegenüber arbeitswilligen Arbeitnehmern zu **suspendieren**.[169] Die sich aus den Grundsätzen des Betriebsrisikos ergebende Lohnfortzahlungspflicht des Arbeitgebers kann teilweise oder gänzlich entfallen, wenn die Zahlung der Arbeitsvergütung die Fortführung und damit die **Existenz des Betriebes gefährden** würde.[170]

53 Die Folgen des von ihm zu tragenden Wirtschaftsrisikos kann der Arbeitgeber eventuell mildern, wenn er berechtigt ist, **Kurzarbeit** anzuordnen.[171] Die einseitige Anordnung der Kurzarbeit ist jedoch nicht aufgrund des **Direktionsrechts** des Arbeitgebers zulässig.[172] Rechtsgrundlage für die Anordnung kann sein: § 19 KSchG; ein Tarifvertrag; eine Betriebsvereinbarung oder eine Vereinbarung mit den einzelnen Arbeitnehmern. Falls in dem Betrieb ein Betriebsrat besteht, ist dessen Mitbestimmung gemäß § 87 Abs. 1 Nr. 3 BetrVG erforderlich. Durch die zulässige Anordnung von Kurzarbeit wird der Arbeitgeber aber nicht gänzlich von dem Wirtschaftsrisiko befreit. Dieses wird ihm nur insoweit abgenommen, als der Anspruch der betroffenen Arbeitnehmer sich auf die Zahlung einer verringerten Vergütung beschränkt.[173] Unter den Voraussetzungen der §§ 169-179 SGB III kann den betroffenen Arbeitnehmern ein durch Bescheid des zuständigen Arbeitsamtes zu bewilligendes **Kurzarbeitergeld** zustehen.

D. Rechtsfolgen

54 Der Dienstpflichtige behält für die Dauer des Annahmeverzugs seinen Vergütungsanspruch, ohne zur Nachleistung verpflichtet zu sein. § 615 Satz 1 BGB geht diesbezüglich über die in den §§ 293-304 BGB geregelten Rechtsfolgen des Gläubigerverzugs hinaus. Darin liegt einerseits eine Abweichung

---

[165] BAG v. 06.11.1968 - 4 AZR 186/68 - juris Rn. 20 - BB 1969, 444; LArbG Düsseldorf v. 05.06.2003 - 11 Sa 1464/02 - juris Rn. 8 - Bibliothek BAG.
[166] Vgl. BAG v. 09.07.2008 - 5 AZR 810/07 - juris Rn. 25 - NJW 2008, 3803-3805.
[167] Vgl. BAG v. 09.07.2008 - 5 AZR 810/07 - juris Rn. 25 - NJW 2008, 3803-3805.
[168] Vgl. BAG v. 22.12.1980 - 1 ABR 2/79 - NJW 1981, 937-942.
[169] Vgl. BAG v. 22.03.1994 - 1 AZR 622/93 - juris Rn. 22 - NJW 1995, 477-478; vgl. zur Arbeitskampfrisikolehre auch *Löwisch* in: Bittner/Hergenröder/Krauß u.a., Arbeitskampf- und Schlichtungsrecht, 1997, S. 215; *Loritz/Zöllner*, Arbeitsrecht, 5. Aufl. 1998, S. 241.
[170] Vgl. LArbG Kiel v. 15.06.1989 - 4 Sa 628/88 - Bibliothek BAG.
[171] Vgl. dazu BAG v. 11.07.1990 - 5 AZR 557/89 - juris Rn. 19 - BB 1990, 2493-2494.
[172] Vgl. *Ehmann*, NJW 1987, 401-410, 404.
[173] Vgl. BAG v. 11.07.1990 - 5 AZR 557/89 - juris Rn. 20 - BB 1990, 2493-2494.

von dem in § 611 BGB und § 614 BGB festgeschriebenen Grundsatz „kein Lohn ohne Arbeit".[174] Andererseits wird die Frage, ob und in welchem Umfang die Dienstleistung eine absolute Fixschuld darstellt[175] und ob die geschuldete Dienstleistung bereits durch Zeitablauf unmöglich geworden oder ob sie nachholbar ist (vgl. dazu die Kommentierung zu § 275 BGB), für die Frage des Freiwerdens des Dienstpflichtigen von der Dienstleistungspflicht bedeutungslos. Selbst wenn die Dienstleistung nachholbar ist, tritt die Befreiung von der Dienstleistungspflicht zwar nicht nach § 275 BGB, aber nach § 615 Satz 1 BGB ein.[176] Zur Anwendbarkeit des § 615 BGB auf Arbeitsleistungen, die absolute Fixschulden darstellen, vgl. Rn. 1 f.

Der Dienstpflichtige kann – sofern nicht ausnahmsweise eine Nettolohnvereinbarung besteht – von dem in Annahmeverzug befindlichen Dienstberechtigten die vereinbarte **Bruttovergütung** verlangen.[177] Gegenüber einem Arbeitnehmer erfüllt der Arbeitgeber diesen Anspruch dadurch, dass er die vom Arbeitnehmer geschuldeten Steuern und die Sozialversicherungsbeiträge vom Entgelt einbehält, an das Finanzamt und den zuständigen Sozialversicherungsträger abführt sowie das verbleibende Entgelt an den Arbeitnehmer auszahlt.[178] Im Übrigen unterliegt die Annahmeverzugsvergütung dem Steuer- und Sozialversicherungsrecht wie jeder Vergütungsanspruch.[179] Verlangt ein Arbeitnehmer zusätzlich zu dem vereinbarten Bruttolohn die steuerfreie Auszahlung der Zuschläge für Sonntags-, Feiertags- und Nachtarbeit, so kann er diesen Anspruch nicht auf den Annahmeverzug des Arbeitgebers, sondern allenfalls auf einen Schadensersatzanspruch stützen, der sich aus § 280 BGB (vgl. dazu die Kommentierung zu § 280 BGB) ergeben könnte.[180] Denn nach § 615 Satz 1 BGB erhält der Gläubiger keinen eigenständigen, neuen Anspruch. Er behält vielmehr den ursprünglichen Erfüllungsanspruch. Für die Höhe des Anspruchs gilt das Lohnausfallprinzip. Der Gläubiger ist so zu stellen, als hätte er vertragsgemäß gearbeitet. Dabei sind alle Entgeltbestandteile zu berücksichtigen. Davon werden nur solche Leistungen nicht erfasst, die davon abhängig sind, dass der Arbeitnehmer tatsächlich arbeitet oder dass ihm tatsächlich Aufwendungen entstehen. Dazu können z.B. Essenszuschüsse gehören, die nur eine bestimmte reale Mehrbelastung abgelten sollen.[181]

55

Die **Fälligkeit der Annahmeverzugsvergütung** bestimmt sich nach dem Zeitpunkt, in dem die Vergütung bei ordnungsgemäßer Abwicklung fällig geworden wäre. Auf eine Abrechnung kommt es für die Fälligkeit nur dann an, wenn der Anspruchsberechtigte die Höhe seiner Ansprüche ohne die Abrechnung der Gegenseite nicht erkennen kann. Die Forderung kann daher geltend gemacht werden, sobald der Gläubiger in der Lage ist, sich den erforderlichen Überblick ohne schuldhaftes Zögern zu verschaffen, um seine Forderung wenigstens annähernd zu beziffern.[182] Auch während eines Kündigungsschutzprozesses werden die Annahmevergütungsansprüche so fällig, wie wenn die Dienste wirklich geleistet worden wären.[183]

56

Nach der überzeugenden Rechtsprechung des Bundesarbeitsgerichts kann der Dienstberechtigte den **Annahmeverzug nur dann beseitigen**, wenn er die angebotene Leistung als die vom Schuldner auf Grund des noch bestehenden Vertrages zu erbringende annimmt. Es genügt nicht, wie es zum Beispiel nach einer von dem Arbeitgeber ausgesprochenen Kündigung der Fall sein kann, dass der Arbeitgeber lediglich faktisch bereit ist, die Dienstleistung entgegenzunehmen. Beharrt er auf der Wirksamkeit einer ausgesprochenen Kündigung, so bringt er zum Ausdruck, dass er die Leistung nicht als Erfüllung des mit dem Arbeitnehmer abgeschlossenen Arbeitsvertrages annimmt. Dies ist selbst dann der Fall,

57

---

[174] Vgl. *Weidenkaff* in: Palandt, § 615 Rn. 3.
[175] Vgl. dazu LArbG München v. 30.09.1996 - 3 Sa 79/96 - juris Rn. 21 - Bibliothek BAG.
[176] Vgl. auch *Weidenkaff* in: Palandt, § 615 Rn. 4.
[177] Vgl. dazu BAG v. 19.10.2000 - 8 AZR 632/99 - juris Rn. 13.
[178] Vgl. dazu BAG v. 19.10.2000 - 8 AZR 632/99 - juris Rn. 14.
[179] Vgl. BAG v. 19.10.2000 - 8 AZR 632/99 - juris Rn. 13.
[180] Vgl. dazu BAG v. 19.10.2000 - 8 AZR 632/99 - juris Rn. 17.
[181] Vgl. BAG v. 19.03.2008 - 5 AZR 429/07 - juris Rn. 13 - NZA 2008, 757-760.
[182] Vgl. BAG v. 05.11.2003 - 5 AZR 469/02 - juris Rn. 27 - ZIP 2004, 46-48.
[183] Vgl. BAG v. 19.10.2000 - 8 AZR 632/99 - juris Rn. 28.

wenn seine Erklärung ein Angebot an den Arbeitnehmer enthält, den bisherigen Vertrag auflösend bedingt bis zum rechtskräftigen Abschluss des Kündigungsrechtsstreits fortzusetzen.[184] Denn auch in diesem Fall soll die Arbeitsleistung nicht als Erfüllung des bisherigen, sondern eines geänderten Vertrages angenommen werden. Dies gilt auch dann, wenn der Arbeitgeber dem Arbeitnehmer den Abschluss eines neuen, für die Dauer des Kündigungsrechtsstreits befristeten Arbeitsvertrages zu den bisherigen Bedingungen anbietet oder ihn lediglich zur faktischen Fortsetzung des Arbeitsverhältnisses zu den bisherigen Bedingungen für die Dauer des Kündigungsrechtsstreits auffordert.[185] Im Übrigen endet der Annahmeverzug durch die Beendigung des Dienst- bzw. Arbeitsverhältnisses oder durch den Wegfall der Voraussetzungen der §§ 293-299 BGB.[186]

58 Die wegen Annahmeverzugs zu zahlende Vergütung ist Arbeitsentgelt im Sinne von § 143 Abs. 1 und 3 SGB III, so dass der Anspruch auf Arbeitslosengeld während der Zeit ruht, für die der Arbeitnehmer Annahmeverzugslohn bezieht.[187]

E. Prozessuale Hinweise

59 Der Anspruch des Arbeitnehmers muss von vornherein um die anzurechnenden Beträge gekürzt werden. Ein Antrag auf Zahlung des Bruttolohnes abzüglich des erhaltenen Arbeitslosengeldes ist unzulässig, der Abzugsbetrag muss beziffert werden.[188]

60 Die **Darlegungs- und Beweislast für das Unvermögen** des Arbeitnehmers (vgl. § 297 BGB) trägt der Arbeitgeber.[189] Er hat darzulegen und zu beweisen, dass der Arbeitnehmer zur Leistung objektiv außerstande oder dass er subjektiv nicht zur Leistung bereit ist.[190] Der Leistungswille ist eine innere Tatsache. Dass eine Partei eine innere Tatsache zu beweisen hat und die Führung dieses Beweises Schwierigkeiten bereitet, führt nicht zur Beweislastumkehr, sondern zur Modifizierung der Darlegungslast. Wendet der Arbeitgeber fehlenden Leistungswillen des Arbeitnehmers im Annahmeverzugszeitraum ein, reicht es aus, dass er **Indizien** vorträgt, aus denen hierauf geschlossen werden kann. In Betracht kommt insbesondere die Nichtaufnahme der Arbeit nach erfolgreichem Betreiben der Zwangsvollstreckung aus einem Weiterbeschäftigungstitel. Hat der Arbeitgeber solche Indizien vorgetragen oder sind sie unstreitig, ist es Sache des Arbeitnehmers, diese Indizwirkung zu erschüttern. Trägt er dazu nichts vor, gilt die Behauptung des Arbeitgebers, der Arbeitnehmer sei während des Verzugszeitraums leistungsunwillig gewesen, gemäß § 138 Abs. 3 ZPO als zugestanden.[191]

61 Die **Darlegungs- und Beweislast für die Höhe der Annahmeverzugsvergütung** trägt der Arbeitnehmer. Macht er für die in der Folge des Verzugs nicht geleisteten Dienste die vereinbarte Vergütung geltend, dann muss er dartun, welche Vergütung vereinbart war und welche Vergütung ihm danach im Falle der Weiterbeschäftigung zugestanden hätte. Hierfür genügt es regelmäßig nicht, wenn der Arbeitnehmer lediglich vorträgt, welche Verdienste er in der Vergangenheit bezogen hat. Dies gilt insbesondere, wenn sich diese Bezüge aus unterschiedlichen, der Höhe nach schwankenden Vergütungsbestandteilen zusammensetzen oder gar Einmalzahlungen enthalten.[192]

---

[184] Vgl. BAG v. 13.07.2005 - 5 AZR 578/04 - juris Rn. 19 - NJW 2006, 1020-1023.
[185] Vgl. BAG v. 14.11.1985 - 2 AZR 98/84 - juris Rn. 35 - NJW 1986, 2846-2849 m.w.N. auch der Gegenstimmen in der Literatur.
[186] Vgl. *Weidenkaff* in: Palandt, § 615 Rn. 15.
[187] Vgl. BAG v. 22.10.2009 - 8 AZR 766/08 - juris Rn. 17 - ZIP 2010, 849-854; *Henke* in: Eicher/Schlegel, SGB III, Stand November 2009, § 143 Rn. 50.
[188] Vgl. dazu *Preis* in: ErfKomm, § 615 Rn. 114.
[189] Vgl. Landesarbeitsgericht Rheinland-Pfalz v. 29.11.2007 - 2 Sa 670/06 - juris Rn. 40.
[190] Vgl. BAG v. 17.08.2011 - 5 AZR 251/10 - juris Rn. 15 - DB 2012, 238-239.
[191] Vgl. Vgl. BAG v. 17.08.2011 - 5 AZR 251/10 - juris Rn. 15 - DB 2012, 238-239; BAG v. 05.11.2003 - 5 AZR 562/02 - juris Rn. 24 - EzA-SD 2004, Nr. 3, 5-7.
[192] Vgl. BAG v. 20.02.2002 - 7 AZR 623/00.

Die **Darlegungs- und Beweislast** für das Vorhandensein eines anrechenbaren Verdienstes trifft den Arbeitgeber.[193] Wird er auf Zahlung von Annahmeverzugslohn in Anspruch genommen, hat er jedoch gegen den Arbeitnehmer in entsprechender Anwendung von § 74c Abs. 2 HGB einen **Anspruch auf Auskunft** über die tatsächlichen Umstände, die nach § 615 Satz 2 BGB das Erlöschen seiner Zahlungspflicht bewirken. Erteilt der Arbeitnehmer die verlangte Auskunft[194] nicht, kann der Arbeitgeber die Fortzahlung des Arbeitsentgelts verweigern. Die Klage des Arbeitnehmers auf Zahlung des Annahmeverzugslohns ist dann als zurzeit unbegründet abzuweisen.[195] Im **Kündigungsschutzprozess** ergibt sich die Anrechenbarkeit auf den entgangenen Zwischenverdienst auch aus § 11 KSchG, der trotz teilweise unterschiedlichen Wortlauts mit § 615 Satz 2 BGB inhaltlich deckungsgleich ist.[196]

62

Eine **Klagefrist** für die gerichtliche Geltendmachung des Annahmeverzugsanspruchs besteht nicht, insbesondere ist § 4 Satz 1 KSchG nicht entsprechend anwendbar.[197] Allerdings können arbeitsvertraglich Ausschlussfristen vereinbart werden, wonach z.B. die aus dem Arbeitsverhältnis bestehenden Ansprüche innerhalb einer bestimmten Frist gerichtlich geltend gemacht werden müssen. Für derartige Fälle lässt es das Bundesarbeitsgericht für die Wahrung der vertraglich vereinbarten Klagefrist genügen, wenn fristgerecht Kündigungsschutzklage erhoben worden ist. Denn die Kündigungsschutzklage soll in der Regel nicht auf den Erhalt des Arbeitsplatzes beschränkt, sondern zugleich und gerade auch auf die Sicherung der Ansprüche gerichtet sein, die durch den Verlust der Arbeitsstelle möglicherweise verloren gehen. Von einem nicht rechtskundigen Arbeitnehmer könne nicht erwartet werden, dass er den prozessualen Begriff des Streitgegenstands und dessen Bedeutung kennt. Wolle der Arbeitgeber erreichen, dass der Arbeitnehmer bereits vor dem rechtskräftigen Abschluss des Kündigungsschutzverfahrens, in Unkenntnis von dessen Ergebnis und unter Inkaufnahme eines unnötigen Kostenrisikos, eine bezifferte Leistungsklage binnen bestimmter Frist jeweils nach Fälligkeit der Annahmeverzugsansprüche und etwaiger anderer Ansprüche erhebe, so müsse er dies klar und deutlich zum Ausdruck bringen.[198]

63

Nach der Rechtsprechung des Bundesarbeitsgerichts wird die **Verjährung** der sich aus § 615 BGB ergebenden Zahlungsansprüche des Arbeitnehmers durch eine Kündigungsschutzklage nach § 4 KSchG nicht nach § 209 Abs. 1 BGB a.F. unterbrochen.[199] Entsprechendes hat für die gemäß § 204 Abs. 1 Nr. 1 BGB nach neuem Recht vorgesehene **Hemmung** der Verjährung durch Rechtsverfolgung zu gelten. Das Landesarbeitsgericht Schleswig-Holstein geht von der **Verwirkung** des Anspruches auf Zahlung von Verzugslohn aus, wenn der Arbeitnehmer diese Forderung erst zweieinhalb Jahre nach ihrer Entstehung geltend gemacht hat.[200]

64

---

[193] Vgl. BAG v. 19.03.2002 - 9 AZR 16/01 - juris Rn. 27 - ZIP 2002, 2186-2190.
[194] Vgl. zu der Problematik der Auskunft über einen Zwischenverdienst des Arbeitnehmers: LArbG Berlin v. 22.03.2002 - 6 Sa 2314/01, 527/02, 6 Sa 2314/01, 6 Sa 527/02 - Bibliothek BAG.
[195] Vgl. BAG v. 19.03.2002 - 9 AZR 16/01 - juris Rn. 27 - ZIP 2002, 2186-2190.
[196] Vgl. BAG v. 16.05.2000 - 9 AZR 203/99 - juris Rn. 17 - NJW 2001, 243-244.
[197] Vgl. BAG v. 12.12.2006 - 1 AZR 96/06 - juris Rn. 32 - NZA 2007, 453-458.
[198] Vgl. BAG v. 19.03.2008 - 5 AZR 429/07 - juris Rn. 27 - NZA 2008, 757-760.
[199] Vgl. BAG v. 07.11.2002 - 2 AZR 297/01 - juris Rn. 71 - NJW 2003, 2849-2852 m.w.N.
[200] Vgl. LArbG Schleswig-Holstein v. 08.12.2011 - 5 Sa 212/11- juris Rn. 30.

§ 616 BGB Vorübergehende Verhinderung

(Fassung vom 02.01.2002, gültig ab 01.01.2002)

¹Der zur Dienstleistung Verpflichtete wird des Anspruchs auf die Vergütung nicht dadurch verlustig, dass er für eine verhältnismäßig nicht erhebliche Zeit durch einen in seiner Person liegenden Grund ohne sein Verschulden an der Dienstleistung verhindert wird. ²Er muss sich jedoch den Betrag anrechnen lassen, welcher ihm für die Zeit der Verhinderung aus einer auf Grund gesetzlicher Verpflichtung bestehenden Kranken- oder Unfallversicherung zukommt.

Gliederung

A. Grundlagen... 1	III. Ohne Verschulden.............................. 13
B. Anwendungsvoraussetzungen 2	IV. Verhinderungsdauer........................... 16
I. Normstruktur.. 2	V. Abdingbarkeit..................................... 17
II. Vorübergehende Verhinderung an der Dienstleistung.. 3	C. Rechtsfolgen 22
	D. Prozessuale Hinweise/Verfahrenshinweise 23

A. Grundlagen

1 § 616 BGB enthält die Grundregelung für die Vergütungspflicht bei vorübergehender Verhinderung der Dienstleistung.[1] Die Vorschrift gilt für alle Dienstverhältnisse, nicht nur für dauernde;[2] für Arbeitsverhältnisse und für Berufsausbildungsverhältnisse jedoch nur insoweit, als für die Verhinderung an der Dienstleistung keine vorrangigen **Sonderregelungen** bestehen, wie es **bei** allen **Arbeitnehmern** für die Zahlung des Arbeitsentgelts an **Feiertagen** und die Fortzahlung des Arbeitsentgelts im **Krankheitsfall** (vgl. das Gesetz über die Zahlung des Arbeitsentgelts an Feiertagen und im Krankheitsfall (EntgFG) vom 26.05.1994[3]) und bei **Auszubildenden** in § 12 BBiG der Fall ist. Außerdem wird § 616 BGB verdrängt durch § 11 BUrlG (**Urlaubsentgelt** des Arbeitnehmers) und durch § 11 MuSchG (Arbeitsentgelt bei Beschäftigungsverboten im **Mutterschutz**). Andererseits geht § 616 BGB der allgemeineren Regelung des § 326 BGB (vgl. dazu die Kommentierung zu § 326 BGB) vor.[4] § 616 Satz 1 BGB durchbricht in Abweichung von den §§ 275 Abs. 1, 326 BGB zugunsten des Arbeitnehmers den Grundsatz „Kein Lohn ohne Arbeit". In seinem Anwendungsbereich stellt er eine abweichende Sonderregelung zum allgemeinen Leistungsstörungsrecht des BGB dar.[5] Hat der Dienstberechtigte die Verhinderung des Dienstpflichtigen an der Dienstleistung zu vertreten, steht dem Dienstberechtigten ein **Schadensersatzanspruch** (vgl. seit dem 01.01.2002: § 280 BGB, davor § 324 BGB; dazu die Kommentierung zu § 280 BGB) zu.[6]

B. Anwendungsvoraussetzungen

I. Normstruktur

2 § 616 BGB trifft in Satz 1 eine Regelung über das Schicksal der Vergütung im Falle der persönlichen Verhinderung des Dienstpflichtigen. In Satz 2 wird die Anrechnung von Leistungen aus der gesetzlichen Kranken- oder Unfallversicherung geregelt.

---

[1] Vgl. BAG v. 03.11.2004 - 4 AZR 543/03 - juris Rn. 14 - NZA 2005, 1432.
[2] Vgl. *Weidenkaff* in: Palandt, § 616 Rn. 1/2.
[3] BGBl I 1994, 1014.
[4] Vgl. BAG v. 19.03.1965 - 5 AZR 107/64 - NJW 1965, 1397.
[5] Vgl. BAG v. 22.01.2009 - 6 AZR 78/08 - juris Rn. 22 - NZA 2009, 735-738.
[6] Vgl. BAG v. 17.12.1968 - 5 AZR 149/68 - BAGE 21, 263.

II. Vorübergehende Verhinderung an der Dienstleistung

Wegen der Sonderregelung für den Krankheitsfall der Arbeitnehmer (vgl. dazu das EntgFG) wird nachfolgend unterschieden zwischen allgemeinen und krankheitsbedingten Verhinderungsfällen.

Der Verhinderungsgrund muss in der Person des Dienstpflichtigen bzw. Arbeitnehmers liegen. Dazu ist es zwar nicht erforderlich, dass die Ursache für die Leistungsverhinderung gerade in den persönlichen Eigenschaften des Dienstpflichtigen liegt, nicht unter diese Vorschrift fallen aber **objektive Leistungshindernisse**, von denen eine unbestimmte Vielzahl von Dienstpflichtigen in gleicher Weise betroffen sind.[7] Es genügt jedoch, wenn der Verhinderungsgrund den **persönlichen Lebensumständen** des Dienstpflichtigen entstammt.[8] Voraussetzung ist also immer, dass das Leistungshindernis sich gerade aus Eigenschaften und Umständen ergibt, die in der Person des verhinderten Arbeitnehmers begründet sind ohne Rücksicht darauf, ob und – wenn ja – wie viele weitere Arbeitnehmer von dem Ereignis betroffen sind. Die Zahl der betroffenen Arbeitnehmer kann nur gewisse Hinweise darauf geben, ob das Leistungshindernis in der Person des Arbeitnehmers begründet ist oder ein allgemeines Leistungshindernis vorliegt.

Nicht von § 616 BGB erfasst werden **objektive Leistungshindernisse** wie Eisglätte und Schneeverwehungen, aufgrund derer ein Arbeitnehmer nicht zur Arbeitsstelle gelangen kann – selbst wenn zusätzlich ein behördliches Fahrverbot verhängt war[9] – und Verkehrsverbote wegen Smogalarm[10].

Bei der Prüfung der Anwendbarkeit der Vorschrift auf den jeweiligen Verhinderungsfall muss bedacht werden, dass § 616 BGB eine eng auszulegende **Ausnahmevorschrift** ist. Der Vergütungsanspruch im Verhinderungsfall ist nur gegeben, wenn die Dienstleistung dem Dienstpflichtigen aus dem gegebenen Anlass nach Treu und Glauben (vgl. dazu die Kommentierung zu § 242 BGB) unter Berücksichtigung seiner Treuepflicht und der entgegenstehenden Interessen des Dienstberechtigten nicht zuzumuten ist.[11]

Von § 616 BGB abgedeckte Verhinderungsfälle[12] sind die eigene standesamtliche und kirchliche **Eheschließung**[13], die goldene Hochzeit der Eltern[14], die Niederkunft der Ehefrau, die Heranziehung eines Arbeitnehmers als **ehrenamtlicher Richter** (vgl. auch § 45 Abs. 1a DRiG)[15], eine **Zeugenaussage** vor Gericht[16], die ehrenamtliche Tätigkeit in einem Gemeinde-, **Stadtrat**[17] oder Kreistag[18] und ein Beschäftigungsverbot aufgrund des Bundesseuchengesetzes[19] sowie die in § 629 BGB (vgl. die Kommentierung zu § 629 BGB) geregelte Freizeit zur **Stellensuche** (vgl. die Kommentierung zu § 629 BGB Rn. 12). Auf die Verhinderung des Arbeitnehmers durch seine Eheschließung muss der Arbeitgeber auch bei der Ausübung seines **Direktionsrechtes** (§ 106 GewO) Rücksicht nehmen. Er muss deshalb die Tourenplanung für einen bei ihm beschäftigten Lkw-Fahrer so rechtzeitig vornehmen, dass der Fahrer nicht befürchten muss, seine eigene Hochzeit zu versäumen.[20]

---

[7] Vgl. dazu BAG v. 08.09.1982 - 5 AZR 283/80 - juris Rn. 16 - NJW 1983, 1078-1079.
[8] Vgl. dazu BAG v. 08.09.1982 - 5 AZR 283/80 - NJW 1983, 1078-1079.
[9] Vgl. BAG v. 08.09.1982 - 5 AZR 283/80 - juris Rn. 24 - NJW 1983, 1078-1079.
[10] Vgl. dazu und zum „Wegerisiko": *Ehmann*, NJW 1987, 401-410, 403-410.
[11] Vgl. BAG v. 25.04.1960 - 1 AZR 16/58 - NJW 1960, 1686; ebenso und zu § 45 SGB V: *Kießling/Schulz*, DB 2006, 838-842.
[12] Vgl. im Einzelnen: *Dörner* in: ErfKomm, § 616 Rn. 4-9.
[13] Vgl. BAG v. 27.04.1983 - 4 AZR 506/80 - NJW 1983, 2600-2602; LArbG Rheinland-Pfalz v. 21.09.2010 - 3 Sa 265/10 - juris Rn. 27.
[14] Vgl. BAG v. 25.10.1973 - 5 AZR 156/73 - AP Nr. 43 zu § 616 BGB.
[15] Vgl. *Schmidt-Räntsch*, NVwZ 2005, 166-168; LArbG Berlin-Brandenburg v. 06.09.2007 - 26 Sa 577/07.
[16] Vgl. BAG v. 13.12.2001 - 6 AZR 30/01 - juris Rn. 14 - AP Nr. 1 zu § 33 MTArb.
[17] Vgl. BAG v. 20.06.1995 - 3 AZR 857/94 - juris Rn. 13 - AP Nr. 94 zu § 616 BGB.
[18] Vgl. LArbG Bremen v. 17.11.2009 - 1 Sa 131/08 - juris Rn. 45.
[19] Vgl. dazu BGH v. 30.11.1978 - III ZR 43/77 - juris Rn. 19 - BGHZ 73, 16-28.
[20] Vgl. LArbG Rheinland-Pfalz v. 21.09.2010 - 3 Sa 265/10 - juris Rn. 27.

§ 616

8 Bei der Dienstverhinderung wegen der **Pflege eines erkrankten Kindes**[21] kommt es auf die Pflegebedürftigkeit und damit auf das Alter des Kindes an.[22] Der Anspruch auf Kinderkrankengeld gegen die Krankenkasse nach § 45 SGB V ist gegenüber einem Anspruch gegen den Arbeitgeber nach § 616 BGB subsidiär.[23]

9 Ein Arbeitgeber ist nicht verpflichtet, seinem Arbeitnehmer die Zeit zu vergüten, während der er die Arbeit unterbricht und eine **Raucherpause** einlegt.[24]

10 Nach der Rechtsprechung des Bundesarbeitsgerichts steht es im Falle eines im öffentlichen Dienst beschäftigten Arbeitnehmers, der als **ehrenamtlicher Richter** tätig ist und für dessen Arbeitsverhältnis ein flexibles Arbeitszeitmodell vereinbart ist, mit § 616 Satz 1 BGB im Einklang, wenn § 29 Abs. 2 Satz 1 TVöD diesem Arbeitnehmer eine Zeitgutschrift verwehrt, soweit der Arbeitnehmer sein Amt als ehrenamtlicher Richter außerhalb der Kernarbeitszeit in der Gleitzeit ausübt.[25] Das Bundesarbeitsgericht verlangt von dem als ehrenamtlicher Richter tätigen Arbeitnehmer, er müsse sich bemühen, Einfluss auf die zeitliche Lage der Sitzung, zu der er herangezogen wird, zu nehmen und diese möglichst außerhalb seiner Arbeitszeit stattfinden zu lassen.[26] *Wolmerath* vertritt in seiner Besprechung dieser Entscheidung die Auffassung, das Bundesarbeitsgericht habe mit seinem Urteil den als ehrenamtlichen Richter tätigen Arbeitnehmern einen Bärendienst erwiesen.[27]

11 Die krankheitsbedingten Verhinderungsfälle eines Arbeitnehmers (vgl. § 3 EntgFG für die Voraussetzungen eines Anspruchs des Arbeitnehmers auf Entgeltfortzahlung im Krankheitsfall) werden von der Sonderregelung des **Entgeltfortzahlungsgesetzes** (vgl. Rn. 1) abschließend geregelt und somit von § 616 BGB nicht erfasst. Dagegen fällt die krankheitsbedingte Verhinderung eines sonstigen Dienstpflichtigen unter § 616 BGB. Der Begriff der Krankheit ist für alle Dienstpflichtigen einschließlich der Arbeitnehmer identisch. Es handelt sich um einen regelwidrigen Körper- oder Geisteszustand, aufgrund dessen der Dienstpflichtige außerstande ist, die geschuldete Dienstleistung zu erbringen oder sich durch die Dienstleistung der Gefahr aussetzen würde, seinen Gesundheitszustand zu verschlechtern.[28] Eine krankheitsbedingte Arbeitsunfähigkeit des Arbeitnehmers liegt vor, wenn der Arbeitnehmer beim Arbeitgeber seine vertraglich geschuldete Tätigkeit wegen Krankheit nicht mehr ausüben kann oder nicht mehr ausüben sollte, weil die Heilung einer vorhandenen Krankheit nach ärztlicher Prognose verhindert oder verzögert wird.[29] Entscheidend ist die Arbeitsfähigkeit in dem Betrieb des Arbeitgebers.[30] Auch **Alkoholismus** ist als Krankheit anerkannt.[31] Die Krankheit muss die **alleinige Ursache** für die Verhinderung des Dienstpflichtigen sein. Kein Vergütungsanspruch wegen krankheitsbedingter Verhinderung besteht, wenn die Dienste zumindest auch aus einem anderen Grund nicht geleistet worden sind.[32]

12 Der Vergütungsanspruch ist nicht von der rechtzeitigen Mitteilung der Erkrankung und auch nicht von der Vorlage eines ärztlichen Attestes abhängig.[33] Diese Umstände berühren nur die Darlegungs- und Nachweislast[34], nicht aber die Entstehung des Anspruchs. Wenn aber der Dienstpflichtige seine Anzeige- und Nachweisobliegenheit missachtet (für Arbeitnehmer sind der Zeitpunkt der Krankmeldung

---

[21] Vgl. dazu BAG v. 20.06.1979 - 5 AZR 479/77 - NJW 1980, 903-904.
[22] Vgl. dazu *Sowka*, RdA 1993, 34-35, 34-35.
[23] Vgl. Thüringer Landesarbeitsgericht v. 20.09.2007 - 3 Sa 78/07 - juris Rn. 45.
[24] Vgl. Landesarbeitsgericht Schleswig-Holstein v. 21.06.2007 - 4 TaBV 12/07 - juris Rn. 43.
[25] Vgl. BAG v. 22.01.2009 - 6 AZR 78/08 - juris Rn. 21 - NZA 2009, 735-738.
[26] Vgl. BAG v. 22.01.2009 - 6 AZR 78/08 - juris Rn. 18 - NZA 2009, 735-738.
[27] Vgl. *Wolmerath*, jurisPR-ArbR 22/2009, Anm. 6.
[28] Vgl. BAG v. 27.05.1992 - 5 AZR 297/91 - juris Rn. 13 - EEK I/1084; LArbG Frankfurt v. 26.01.1976 - 1 Sa 925/75 - BB 1976, 1464-1465; *Weidenkaff* in: Palandt, § 616 Rn. 13.
[29] Vgl. BAG v. 23.01.2008 - 5 AZR 393/07 - juris Rn. 19.
[30] Vgl. BAG v. 23.01.2008 - 5 AZR 393/07 - juris Rn. 20.
[31] Vgl. BAG v. 27.05.1992 - 5 AZR 297/91 - juris Rn. 14 - EEK I/1084.
[32] Vgl. dazu BAG v. 26.06.1996 - 5 AZR 872/94 - juris Rn. 10 - NJW 1997, 821-822.
[33] Vgl. *Weidenkaff* in: Palandt, § 616 Rn. 12.
[34] Vgl. dazu BGH v. 16.10.2001 - VI ZR 408/00 - juris Rn. 12 - BGHZ 149, 63-67.

und der Vorlage eines ärztlichen Attestes in § 5 EntgFG geregelt) wird man dem Dienstberechtigten ein Leistungsverweigerungsrecht zubilligen müssen. Der Arbeitgeber hat gemäß § 7 Abs. 1 Nr. 1 EntgFG das Recht, die Fortzahlung des Arbeitsentgelts zu verweigern. Für die übrigen Dienstberechtigten kann der Rechtsgedanke dieser Vorschrift in Verbindung mit § 273 Abs. 1 BGB herangezogen und darauf ein Zurückbehaltungsrecht gestützt werden. Allerdings entfällt dieses Zurückbehaltungsrecht des Dienstberechtigten bzw. Arbeitgebers rückwirkend, wenn die Meldung und der Nachweis der krankheitsbedingten Dienstunfähigkeit (beim Arbeitnehmer durch Vorlage des ärztlichen Attestes) nachträglich erfolgen.[35] Der Anspruch des Arbeitnehmers auf Entgeltfortzahlung im Krankheitsfall entsteht erst nach einer vierwöchigen ununterbrochenen Dauer des Arbeitsverhältnisses (vgl. die Reglung der **Wartezeit** in § 3 Abs. 3 EntgFG). Der Anspruch besteht für die Zeit der Arbeitsunfähigkeit, längstens jedoch bis zur **Dauer** von sechs Wochen (§ 3 Abs. 1 Satz 1 EntgFG). In diese Höchstdauer sind Krankheitstage, die in die Wartezeit (§ 3 Abs. 3 EntgFG) fallen, nicht einzurechnen.[36] Wenn der Arbeitnehmer infolge derselben Krankheit erneut arbeitsunfähig wird (**Fortsetzungserkrankung**)[37], richtet sich sein Entgeltfortzahlungsanspruch nach der Sondervorschrift des § 3 Abs. 1 Satz 2 EntgFG. Eine nicht rechtswidrige **Sterilisation** und ein nicht rechtswidriger **Schwangerschaftsabbruch** stehen einer Krankheit gleich (§ 3 Abs. 2 EntgFG), ebenso eine stationär durchgeführte **Kur** (§ 9 EntgFG). Die **Krankmeldung** und der Nachweis der krankheitsbedingten Arbeitsunfähigkeit durch Vorlage eines **ärztlichen Attestes** ist in § 5 EntgFG geregelt. Falls an der Erkrankung oder an der Arbeitsunfähigkeit des Arbeitnehmers **Zweifel** bestehen, kann der Arbeitgeber über die zuständige Krankenkasse die Erstellung einer gutachterlichen **Stellungnahme des medizinischen Dienstes** der Krankenversicherung erreichen (vgl. § 275 Abs. 1 Satz 1 Nr. 3 lit. b, Satz 3 SGB V). Die **Höhe der** fortzuzahlenden **Vergütung** beträgt seit 01.01.1999 wieder **100%** des ihm zustehenden Arbeitsentgelts, ohne das zusätzlich für Überstunden gezahlte Entgelt (vgl. § 4 Abs. 1-2 EntgFG). Wenn der Arbeitnehmer aufgrund gesetzlicher Vorschriften von einem Dritten **Schadensersatz** wegen des Verdienstausfalls verlangen kann, der ihm durch die Arbeitsunfähigkeit entstanden ist, so geht dieser Anspruch auf den Arbeitgeber insoweit über, als dieser dem Arbeitnehmer Arbeitsentgelt fortgezahlt hat (§ 6 Abs. 1 EntgFG). Der Fortzahlungsanspruch überdauert das **Ende des Arbeitsverhältnisses** nur dann, wenn entweder der Arbeitgeber das Arbeitsverhältnis aus Anlass der Arbeitsunfähigkeit kündigt oder wenn der Arbeitnehmer das Arbeitsverhältnis aus einem von dem Arbeitgeber zu vertretenden Grund außerordentlich (vgl. dazu die Kommentierung zu § 626 BGB) kündigt (§ 8 EntgFG).

III. Ohne Verschulden

Die Verhinderung darf nicht von dem Dienstpflichtigen verschuldet sein. Verschulden in diesem Sinne bedeutet ein „Verschulden gegen sich selbst", d.h. gegen die von einem verständigen Menschen im eigenen Interesse zu erwartende Verhaltensweise.[38] Es genügt jedoch nicht jeder Verschuldensgrad. Vorwerfbar ist erst ein grob fahrlässiges Handeln des Dienstpflichtigen, d.h. ein gröblicher Verstoß gegen die von einem verständigen Menschen im eigenen Interesse zu erwartende Verhaltensweise.[39] Dieser Verschuldensbegriff gilt gleichermaßen für den Anwendungsbereich des § 616 BGB einerseits und für die Sonderregelung der Entgeltfortzahlung im Krankheitsfall der Arbeitnehmer in § 3 Abs. 1 Satz 1 EntgFG andererseits.[40] Deshalb gelten die nachfolgenden Beispiele sowohl für den Vergütungsfortzahlungsanspruch des Dienstpflichtigen aus § 616 BGB als auch für den Entgeltfortzahlungsanspruch des Arbeitnehmers aus dem EntgFG.

13

14

---

[35] Vgl. dazu *Hanau/Kramer*, DB 1995, 94-99, 95; *Weidenkaff* in: Palandt, § 616 Rn. 28; kritisch dazu: *Boecke*, NZA 1999, 673-683, 680.
[36] Vgl. BAG v. 26.05.1999 - 5 AZR 476/98 - juris Rn. 35 - DB 1999, 2268-2270.
[37] Vgl. dazu BAG v. 19.06.1991 - 5 AZR 304/90 - juris Rn. 10 - BB 1991, 2159-2160.
[38] Vgl. dazu BAG v. 11.05.1988 - 5 AZR 445/87 - juris Rn. 15 - EEK I/934.
[39] Vgl. BAG v. 11.11.1987 - 5 AZR 497/86 - juris Rn. 12 - NJW 1988, 1546-1547.
[40] Vgl. dazu *Weidenkaff* in: Palandt, § 616 Rn. 15.

15 Verschulden in diesem Sinn liegt vor bei einem groben Verstoß gegen **Unfallverhütungsvorschriften**[41] wie zum Beispiel der Verursachung eines Unfalls infolge **Alkoholmissbrauchs**,[42] dem **Nichtanlegen des Sicherheitsgurts**, wenn dies für die unfallbedingte Verletzung kausal geworden ist[43]. Nach der Rechtsprechung des Bundesarbeitsgerichts gibt es keinen Erfahrungssatz, wonach der Arbeitnehmer eine **krankhafte Alkoholabhängigkeit** in der Regel selbst verschuldet habe. Maßgebend sei die Beurteilung im Einzelfall.[44] Ausschlaggebend für die Beurteilung der Verschuldensfrage in Fällen der Alkoholabhängigkeit sei nur das Verhalten des Arbeitnehmers, das vor dem Zeitpunkt liegt, in dem die als Krankheit zu wertende Alkoholabhängigkeit eingetreten ist. Nach Eintritt der Erkrankung könne ein Arbeitnehmer im Sinne der Lohnfortzahlungsbestimmungen nicht mehr schuldhaft handeln. Die körperliche und psychische Abhängigkeit vom Alkohol, die es dem Patienten nicht mehr erlaube, mit eigener Willensanstrengung vom Alkohol loszukommen, schließe in diesem Zeitpunkt ein Verschulden des Erkrankten aus. Schuldhaft im Sinne der Lohnfortzahlungsbestimmungen könne ein Arbeitnehmer deshalb nur vor Eintritt der Erkrankung handeln.[45] Diese Grundsätze hat das Bundesarbeitsgericht in einer späteren Entscheidung für einen Fall, in dem der Arbeitnehmer sich zur Behandlung seiner Alkoholabhängigkeit einer **Entziehungskur** unterzogen hatte und dabei über die Gefahren des Alkohols für sich aufgeklärt worden und es ihm anschließend gelungen ist, für längere Zeit (mehrere Monate) abstinent zu bleiben, dahingehend konkretisiert, dass ein schuldhaftes Verhalten im Sinne des Entgeltfortzahlungsrechts vorliegen könne, wenn der Arbeitnehmer sich wiederum dem Alkohol zuwendet und dadurch erneut arbeitsunfähig krank wird. Dieses Verhalten solle im Allgemeinen den Vorwurf eines „Verschuldens gegen sich selbst" begründen.[46] Allerdings könne einem alkoholabhängigen Arbeitnehmer auch nach einem Rückfall im Anschluss an eine Entziehungskur kein Verschuldensvorwurf gemacht werden, wenn er sich nach der Entziehungskur weiterhin in einem Zustand befindet, in dem er auf sein Verhalten wegen mangelnder Steuerungsfähigkeit willentlich keinen Einfluss nehmen kann.[47] Verletzungen, die sich jemand bei einer sportlichen Betätigung zugezogen hat, sind nach der Rechtsprechung des Bundesarbeitsgerichts nur dann verschuldet, wenn es sich um eine besonders **gefährliche Sportart** handelt.[48] **Sport** sei nur dann besonders gefährlich, wenn das Verletzungsrisiko bei objektiver Betrachtung so groß ist, dass auch ein gut ausgebildeter Sportler bei sorgfältiger Beachtung aller Regeln dieses Risiko nicht vermeiden kann. Das sei dann der Fall, wenn der Sportler das Geschehen nicht mehr beherrschen kann, sondern sich unbeherrschbaren Gefahren aussetzt.[49] Dabei sei insbesondere darauf abzustellen, ob das **Verletzungsrisiko** bei der regelrechten Ausübung der jeweiligen Sportart besonders hoch ist. Beim **Drachenfliegen** zum Beispiel sei dies nicht der Fall.[50] Auch **Amateurboxen** ist, sofern es unter ständiger Trainerbetreuung ausgeübt wird, nicht als eine besonders gefährliche Sportart angesehen worden.[51] Dasselbe gilt für Verletzungen, die sich jemand bei der Teilnahme an **Fußball**wettkämpfen im Amateurbereich zugezogen hat.[52] In einer früheren Entscheidung hat es das Bundesarbeitsgericht allerdings als Verstoß gegen Treu und Glauben gewertet, als sich ein Fußballspieler, der diese Sportart gegen Entgelt ausgeübt hat (damals Vertragsspieler der Fußballoberliga) wegen einer durch diese sportliche Betätigung erlittenen und zur Arbeitsunfähigkeit füh-

---

[41] Vgl. *Weidenkaff* in: Palandt, § 616 Rn. 15.
[42] Vgl. dazu BAG v. 11.03.1987 - 5 AZR 739/85 - juris Rn. 11 - NJW 1987, 2253.
[43] Vgl. dazu BAG v. 07.10.1981 - 5 AZR 475/80 - juris Rn. 24 - nv; BAG v. 07.10.1981 - 5 AZR 1113/79 - juris Rn. 28 - NJW 1982, 1013-1014.
[44] Vgl. BAG v. 01.06.1983 - 5 AZR 536/80 - juris Rn. 23 - NJW 1983, 2659-2662.
[45] Vgl. BAG v. 01.06.1983 - 5 AZR 536/80 - juris Rn. 17 - NJW 1983, 2659-2662.
[46] Vgl. BAG v. 11.11.1987 - 5 AZR 497/86 - juris Rn. 16 - NJW 1988, 1546-1547.
[47] Vgl. BAG v. 27.05.1992 - 5 AZR 297/91 - juris Rn. 23 - EEK I/1084.
[48] Vgl. BAG v. 25.02.1972 - 5 AZR 471/71 - NJW 1972, 1215.
[49] Vgl. BAG v. 07.10.1981 - 5 AZR 338/79 - juris Rn. 21 - NJW 1982, 1014-1015.
[50] Vgl. BAG v. 07.10.1981 - 5 AZR 338/79 - juris Rn. 24 - NJW 1982, 1014-1015.
[51] Vgl. BAG v. 01.12.1976 - 5 AZR 601/75 - JZ 1977, 274-275.
[52] Vgl. BAG v. 21.01.1976 - 5 AZR 593/74 - NJW 1976, 1367.

renden Verletzung wegen der Entgeltfortzahlung an den Arbeitgeber gehalten hat.[53] Diese Auffassung hat das Bundesarbeitsgericht jedoch aufgegeben und auch einem in der 2. Fußballbundesliga tätigen **Berufsfußballspieler** im Fall einer Verletzung einen Entgeltfortzahlungsanspruch zugestanden.[54] Als eine verschuldensbegründende besonders gefährliche Sportart ist das **Kick-Boxen** angesehen worden.[55] Die Entgeltfortzahlung nach einer Arbeitsunfähigkeit, die auf einem fehlgeschlagenen **Selbsttötungsversuch** beruht, hat das Bundesarbeitsgericht zunächst generell abgelehnt.[56] Unter Aufgabe dieser Rechtsprechung hat das Bundesarbeitsgericht dann entschieden, der Arbeitgeber sei in aller Regel auch dann zur Lohnfortzahlung verpflichtet, wenn die Arbeitsunfähigkeit des Arbeiters die Folge eines fehlgeschlagenen Selbsttötungsversuchs sei.[57] Diese Rechtsprechung hat in der **Literatur** sowohl Zustimmung[58] als auch Kritik[59] erfahren. Es kann jedoch festgehalten werden, dass auch bei der fehlgeschlagenen Selbsttötung das Verschulden im Einzelfall geprüft werden muss.[60]

IV. Verhinderungsdauer

Der Vergütungsanspruch geht dem Dienstpflichtigen nur dann nicht verloren, wenn er für eine verhältnismäßig nicht erhebliche Zeit an der Dienstleistung verhindert ist. Die Entscheidung darüber, welche Zeit einer Arbeitsverhinderung als nicht erheblich anzusehen ist, richtet sich nach den Umständen des Einzelfalls; maßgeblich kommt es auf das Verhältnis der Dauer der Verhinderung zur Gesamtdauer des Dienstverhältnisses an. Einheitliche Grenzen lassen sich nicht für alle Fälle bestimmen, weil die in Betracht kommenden Sachverhalte zu verschiedenartig sind. Verhinderungen des Arbeitnehmers an der Erfüllung des Arbeitsvertrages, etwa wegen eines Todesfalles in der Familie, wegen einer Einberufung zur Musterung oder einer Ladung als Schöffe, dauern ihrer Eigenart nach regelmäßig nur eine so kurze Zeit, dass insoweit allenfalls wenige Tage als eine nicht erhebliche Zeitspanne angesehen werden können. Wenn nicht Besonderheiten des konkreten Dienst- oder Arbeitsvertrages entgegenstehen, ist es gerechtfertigt, die allgemein für Erkrankungen geltende Sechs-Wochen-Frist jedenfalls bei einem länger andauernden unbefristeten und ungekündigten Arbeitsverhältnis grundsätzlich als Grenze einer verhältnismäßig nicht erheblichen Zeit anzusehen.[61] Dauert die Verhinderung länger als die im Einzelfall angemessene, verhältnismäßig nicht erhebliche Zeit, so entfällt der Vergütungsfortzahlungsanspruch insgesamt, er kann auch nicht für einen Teil der Verhinderungsdauer geltend gemacht werden („**Alles-oder-Nichts-Prinzip**").[62] Das Bundesarbeitsgericht hat den Fall eines Arbeitnehmers, der acht Wochen in einer Klinik an einem Heim-Dialysegerät ausgebildet worden ist, um später seinem Ehepartner bei der Heim-Dialyse helfen zu können, nicht mehr als eine verhältnismäßig nicht erhebliche Zeit im Sinne dieser Vorschrift angesehen.[63] Bei der Erkrankung eines Dienstpflichtigen, der keinen Arbeitnehmerstatus hat, soll § 3 Abs. 1 Satz 1 EntGFG mit der für Arbeitnehmer geltenden Entgeltfortzahlungsdauer von 6 Wochen nicht entsprechend anwendbar sein.[64]

---

[53] Vgl. BAG v. 30.05.1958 - 2 AZR 451/55 - BAGE 5, 307.
[54] Vgl. BAG v. 06.12.1995 - 5 AZR 237/94 - NJW 1996, 2388-2389.
[55] Vgl. ArbG Hagen (Westfalen) v. 15.09.1989 - 4 Ca 648/87 - DB 1990, 1422.
[56] Vgl. BAG v. 07.12.1972 - 5 AZR 301/72 - NJW 1973, 1520; BAG v. 06.09.1973 - 5 AZR 182/73 - AP Nr. 34 zu § 1 LohnFG.
[57] Vgl. BAG v. 28.02.1979 - 5 AZR 611/77 - NJW 1979, 2326-2327.
[58] Vgl. *Birk*, ArbuR 1981, 95-96; *Zeuner*, AP Nr. 44 zu § 1 LohnFG.
[59] Vgl. *Bresser*, VersR 1981, 297-301.
[60] Vgl. dazu *Zeuner*, AP Nr. 44 zu § 1 LohnFG.
[61] Vgl. BGH v. 30.11.1978 - III ZR 43/77 - juris Rn. 37 - BGHZ 73, 16-28.
[62] Vgl. BGH v. 30.11.1978 - III ZR 43/77 - juris Rn. 36 - BGHZ 73, 16-28.
[63] Vgl. BAG v. 20.07.1977 - 5 AZR 325/76 - BB 1977, 1651-1652.
[64] Vgl. *Weidenkaff* in: Palandt, § 616 Rn. 14; *Schaub*, WiB 1994, 637-638, 637.

V. Abdingbarkeit

17 § 616 BGB enthält dispositives Recht.[65] In einem Arbeitsverhältnis kann die Vorschrift auf jeden Fall durch einen **Tarifvertrag** abbedungen werden.[66] Eine Modifikation des § 616 BGB durch Tarifvertrag mit der Wirkung, dass dem Arbeitnehmer für die durch einen **Arztbesuch** notwendige Zeit ein Anspruch auf Fortzahlung seines Durchschnittsverdienstes zusteht, sofern die ärztlichen Untersuchungen oder Behandlungen während der Arbeitszeit medizinisch unvermeidbar sind und nicht lediglich praxisablaufbedingt während der Arbeitszeit durchgeführt werden sollen, ist in der Rechtsprechung für zulässig erachtet worden.[67]

18 Ob eine Abweichung von § 616 BGB auch durch einen **Einzelvertrag** zulässig ist, hatte das Bundesarbeitsgericht ursprünglich offen gelassen,[68] während es von anderer Seite für zulässig erachtet wurde[69]. In einer neuen Entscheidung hat das Bundesarbeitsgericht für den Gastvertrag eines Opernsängers mit einem Staatstheater, den es aufgrund einer Gesamtwürdigung nicht als Arbeits-, sondern als Dienstvertrag angesehen hat, § 616 BGB als nicht zwingend bezeichnet.[70]

19 Ob eine Abbedingung des § 616 BGB in Allgemeinen Geschäftsbedingungen (**AGB**) zulässig ist und ob die Abbedingung einer Kontrolle nach den §§ 305-310 BGB standhalten würde, hat das Bundesarbeitsgericht offen gelassen,[71] da auf das damals streitgegenständliche Schuldverhältnis noch das AGB-Gesetz anzuwenden war. Einen Verstoß gegen das AGB-Gesetz hat das Bundesarbeitsgericht verneint.[72] Auch eine Benachteiligung des Dienstleistungsverpflichteten entgegen der Gebote von Treu und Glauben (vgl. § 9 AGBG a.F. und nach geltendem Recht § 307 BGB) hat das Gericht als Ergebnis der von ihm vorgenommenen Einzelfallwürdigung abgelehnt.

20 Nach der Rechtsprechung des Bundesgerichtshofs sind an die Annahme einer vertraglichen Abweichung von der gesetzlichen Regel strenge Anforderungen zu stellen. Sie erfordere eine umfassende Würdigung der Interessenlage, besonders wenn der Ausschluss lediglich konkludent erfolgt sein soll.[73]

21 Dagegen kann von den Vorschriften des Entgeltfortzahlungsgesetzes – abgesehen von § 4 Abs. 4 EntgFG – kraft ausdrücklicher gesetzlicher Regelung (vgl. § 12 EntgFG) – nicht zuungunsten des Arbeitnehmers abgewichen werden. § 4 Abs. 4 EntgFG lässt die Vereinbarung einer abweichenden Bemessungsgrundlage des fortzuzahlenden Arbeitsentgelts entweder durch Tarifvertrag oder – im Geltungsbereich eines solchen Tarifvertrags – durch die Einzelvereinbarung zwischen nicht tarifgebundenen Arbeitgebern und Arbeitnehmern zu, die tarifliche Regelung auf ihr Arbeitsverhältnis anzuwenden. Allerdings hat das Bundesarbeitsgericht anerkannt, dass ein Arbeitnehmer nach Beendigung des Arbeitsverhältnisses seinem Arbeitgeber durch einen Vergleich Entgeltfortzahlungsansprüche erlassen kann.[74]

C. Rechtsfolgen

22 Der Vergütungsanspruch bleibt entgegen der Regelung in § 326 Abs. Satz 1 BGB bestehen.[75] Allerdings muss sich der Dienstpflichtige gemäß § 616 Satz 2 BGB den Betrag anrechnen lassen, welcher

---

[65] Vgl. BAG v. 08.09.1982 - 5 AZR 283/80 - juris Rn. 20 - NJW 1983, 1078-1079; *Weidenkaff* in: Palandt, § 616 Rn. 3.
[66] Vgl. BAG v. 13.12.2001 - 6 AZR 30/01 - juris Rn. 14 - AP Nr. 1 zu § 33 MTArb; BAG v. 20.06.1995 - 3 AZR 857/94 - juris Rn. 13 - AP Nr. 94 zu § 616 BGB; BAG v. 25.08.1982 - 4 AZR 1064/79 - juris Rn. 13 - BB 1983, 765-766; BAG v. 08.09.1982 - 5 AZR 283/80 - juris Rn. 20 - NJW 1983, 1078-1079; LArbG Bremen v. 17.11.2009 - 1 Sa 131/08 - juris Rn. 45.
[67] Vgl. LArbG Sachsen-Anhalt v. 23.06.2010 - 5 Sa 340/09 - juris Rn. 35-37.
[68] Vgl. dazu BAG v. 20.06.1979 - 5 AZR 479/77 - NJW 1980, 903-904.
[69] Vgl. LSG Bremen v. 27.12.1985 - L 5 H 8/85; *Weidenkaff* in: Palandt, § 616 Rn. 3.
[70] BAG v. 07.02.2007 - 5 AZR 270/06 - juris Rn. 27 - ZUM 2007, 507-509 = ZTR 2007, 391-393.
[71] BAG v. 07.02.2007 - 5 AZR 270/06 - juris Rn. 29 - ZUM 2007, 507-509 = ZTR 2007, 391-393.
[72] BAG v. 07.02.2007 - 5 AZR 270/06 - juris Rn. 30 bis 36 - ZUM 2007, 507-509 = ZTR 2007, 391-393.
[73] Vgl. BGH v. 06.04.1995 - VII ZR 36/94 - juris Rn. 10 - LM BGB § 632 Nr. 17 (11/1995).
[74] Vgl. BAG v. 11.06.1976 - 5 AZR 506/75 - NJW 1977, 1213-1215.
[75] Vgl. *Weidenkaff* in: Palandt, § 616 Rn. 11.

ihm für die Zeit der Verhinderung aus einer auf Grund gesetzlicher Verpflichtung bestehenden Kranken- oder Unfallversicherung zukommt. Diese **Anrechnung** hat lediglich für die krankheitsbedingte Verhinderung eine Bedeutung.[76] Bei anderen Verhinderungsfällen werden wohl keine Versicherungsleistungen gewährt. Auch die Leistungen der Krankenkassen bei Erkrankung eines Kindes nach § 45 SGB V sind dem Anspruch auf Arbeitsentgelt nach § 616 Satz 1 BGB subsidiär und daher nicht anzurechnen. Vielmehr kann die vorleistende Krankenkasse die Zahlung des vom AG verweigerten Entgelts aus übergegangenem Recht (§ 115 SGB X) an sich verlangen.[77] Bei längerer Verhinderung besteht auch kein Anspruch für eine kurze Zeit (vgl. Rn. 16). Der Fortzahlungsanspruch bleibt nur bis zur Beendigung des Dienstverhältnisses bestehen.[78] Für den Geltungsbereich des Entgeltfortzahlungsgesetzes trifft § 8 EntgFG eine differenzierte Regelung (vgl. Rn. 12). Beruht die Verhinderung auf einer unerlaubten Handlung eines Dritten, kann der Dienstberechtigte in entsprechender Anwendung von § 255 BGB (vgl. die Kommentierung zu § 255 BGB) von dem Dienstpflichtigen die Abtretung des Schadensersatzanspruchs gegen den Dritten in Höhe seiner bereits erbrachten Leistungen verlangen. Hat der Dritte dem leistungsverhinderten Dienstpflichtigen bereits Schadensersatz geleistet, muss sich der Dienstpflichtige diese Leistung auf seinen Vergütungsfortzahlungsanspruch anrechnen lassen.[79]

D. Prozessuale Hinweise/Verfahrenshinweise

Der Dienstberechtigte muss sämtliche anspruchsbegründenden Voraussetzungen eines Vergütungsfortzahlungsanspruchs darlegen und beweisen.[80] Wenn der Dienstpflichtige zum Nachweis einer Erkrankung eine ärztliche Dienstunfähigkeitsbescheinigung vorlegt, ist die Richtigkeit der darin bescheinigten Dienstunfähigkeit zu vermuten.[81] Für den Geltungsbereich des Entgeltfortzahlungsgesetzes kann der Arbeitgeber Zweifel an der Richtigkeit der ärztlichen Bescheinigung (vgl. Rn. 12) durch die Einschaltung des medizinischen Dienstes klären lassen (vgl. § 275 Abs. 1 Satz 1 Nr. 3 lit. b, Satz 3 SGB V). Für ein anspruchsausschließendes Verschulden des Dienstpflichtigen trifft den Dienstberechtigten die Darlegungs- und Beweislast.[82] Der Dienstpflichtige, der Vergütungsfortzahlung wegen krankhafter Alkoholabhängigkeit fordert, muss an der Aufklärung aller für die Entstehung des Anspruchs erheblichen Umstände mitwirken. Er muss den Dienstberechtigten über die Gründe aufklären, die nach seiner Auffassung zur Krankheit geführt haben.[83] Einen Erfahrungssatz, wonach ein Dienstpflichtiger eine krankhafte Alkoholabhängigkeit regelmäßig selbst verschuldet hat, gibt es nicht. Wenn sich der Dienstpflichtige aber bereits einer Entziehungsbehandlung unterzogen hatte, kann dies jedoch anders zu beurteilen sein. Grundsätzlich muss der Dienstberechtigte das Verschulden des Dienstpflichtigen an der Entstehung einer krankhaften Alkoholabhängigkeit als anspruchsausschließenden Umstand darlegen und beweisen. Dabei kann der Dienstpflichtige verpflichtet sein, an der Aufklärung mitzuwirken.[84] Falls ein ehemals alkoholabhängiger Dienstpflichtiger nach einer Entziehungskur rückfällig wird, ist es Aufgabe des Dienstpflichtigen, die Beweisführung des Dienstberechtigten zu widerlegen und zunächst im Einzelnen darzulegen, aus welchen Gründen sein Verhalten als nicht schuldhaft anzusehen sei.[85]

23

---

[76] Vgl. dazu *Dörner* in: ErfKomm, § 616 Rn. 12.
[77] Vgl. dazu *Dörner* in: ErfKomm, § 616 Rn. 12.
[78] Vgl. dazu *Weidenkaff* in: Palandt, § 616 Rn. 16.
[79] Vgl. dazu BGH v. 19.06.1952 - III ZR 295/51 - juris Rn. 29 - BGHZ 7, 30-53; *Putzo* in: Palandt, § 616 Rn. 32.
[80] Vgl. BAG v. 20.03.1985 - 5 AZR 229/83 - juris Rn. 19 - BB 1986, 136.
[81] Vgl. LArbG Köln v. 16.06.1989 - 9/2 Sa 312/89 - BB 1989, 2048; a.A. LArbG München v. 09.11.1988 - 5 Sa 292/88 - NJW 1989, 998-999. Allerdings kann der Dienstberechtigte diese Vermutung widerlegen, vgl. dazu LArbG Berlin v. 11.01.1972 - 4 Sa 112/71 - ARST 1973, 83-84.
[82] Vgl. BAG v. 09.04.1960 - 2 AZR 457/57 - NJW 1960, 1413.
[83] Vgl. BAG v. 01.06.1983 - 5 AZR 536/80 - juris Rn. 33 - NJW 1983, 2659-2662.
[84] Vgl. BAG v. 11.11.1987 - 5 AZR 306/86 - juris Rn. 11 - EzBAT § 38 BAT Verschulden Nr. 14.
[85] Vgl. BAG v. 11.11.1987 - 5 AZR 497/86 - juris Rn. 17 - NJW 1988, 1546-1547.

§ 617 BGB Pflicht zur Krankenfürsorge

(Fassung vom 02.01.2002, gültig ab 01.01.2002)

(1) ¹Ist bei einem dauernden Dienstverhältnis, welches die Erwerbstätigkeit des Verpflichteten vollständig oder hauptsächlich in Anspruch nimmt, der Verpflichtete in die häusliche Gemeinschaft aufgenommen, so hat der Dienstberechtigte ihm im Falle der Erkrankung die erforderliche Verpflegung und ärztliche Behandlung bis zur Dauer von sechs Wochen, jedoch nicht über die Beendigung des Dienstverhältnisses hinaus, zu gewähren, sofern nicht die Erkrankung von dem Verpflichteten vorsätzlich oder durch grobe Fahrlässigkeit herbeigeführt worden ist. ²Die Verpflegung und ärztliche Behandlung kann durch Aufnahme des Verpflichteten in eine Krankenanstalt gewährt werden. ³Die Kosten können auf die für die Zeit der Erkrankung geschuldete Vergütung angerechnet werden. ⁴Wird das Dienstverhältnis wegen der Erkrankung von dem Dienstberechtigten nach § 626 gekündigt, so bleibt die dadurch herbeigeführte Beendigung des Dienstverhältnisses außer Betracht.

(2) Die Verpflichtung des Dienstberechtigten tritt nicht ein, wenn für die Verpflegung und ärztliche Behandlung durch eine Versicherung oder durch eine Einrichtung der öffentlichen Krankenpflege Vorsorge getroffen ist.

Gliederung

A. Grundlagen... 1	III. Abdingbarkeit................................. 7
B. Anwendungsvoraussetzungen 2	C. Rechtsfolgen 8
I. Normstruktur...................................... 2	D. Prozessuale Hinweise/Verfahrenshinweise 11
II. Aufnahme in die häusliche Gemeinschaft, Erkrankung und Verschulden.................. 3	

A. Grundlagen

1 Die Vorschrift konkretisiert die Fürsorgepflicht des Dienstberechtigten.[1] Sie findet auf alle auf Dauer angelegten Dienstverträge einschließlich der Arbeitsverträge Anwendung.[2] Bei jugendlichen Auszubildenden und Arbeitnehmern geht die Sondervorschrift des § 30 JArbSchG vor.

B. Anwendungsvoraussetzungen

I. Normstruktur

2 Absatz 1 der Vorschrift regelt die Krankenfürsorge in Form der erforderlichen Verpflegung und ärztlichen Behandlung, deren Dauer und die Anrechenbarkeit auf die geschuldete Vergütung. Nach Absatz 2 entfällt der Anspruch, wenn anderweitige Vorsorge durch eine Versicherung oder eine Einrichtung der öffentlichen Krankenpflege getroffen ist.

II. Aufnahme in die häusliche Gemeinschaft, Erkrankung und Verschulden

3 Der Krankenfürsorgeanspruch setzt voraus, dass der Dienstpflichtige in die häusliche Gemeinschaft aufgenommen, dass er erkrankt ist und seine Erkrankung nicht vorsätzlich oder grob fahrlässig herbeigeführt hat.

4 Der Dienstpflichtige muss nicht in den Haushalt des Dienstberechtigten aufgenommen worden sein. Es genügt die Aufnahme in einen vom Arbeitgeber eingerichteten gemeinschaftlichen Haushalt für Arbeitnehmer, insbesondere in ein Arbeitnehmerwohnheim.[3]

---

[1] Vgl. BAG v. 04.05.1983 - 5 AZR 108/81 - juris Rn. 12.
[2] Vgl. *Weidenkaff* in: Palandt, § 617 Rn. 1.
[3] *Weidenkaff* in: Palandt, § 617 Rn. 2.

Bei der Erkrankung handelt es sich um einen regelwidrigen Körper- oder Geisteszustand, aufgrund dessen der Dienstpflichtige außerstande ist, die geschuldete Dienstleistung zu erbringen oder sich durch die Dienstleistung der Gefahr aussetzen würde, seinen Gesundheitszustand zu verschlechtern.[4] Auch **Alkoholismus** ist als Krankheit anerkannt.[5]

Der Dienstpflichtige darf seine Erkrankung nicht vorsätzlich oder grob fahrlässig herbeigeführt haben, ansonsten steht ihm kein Krankenfürsorgeanspruch zu. **Vorwerfbar** ist erst ein grob fahrlässiges Handeln des Dienstpflichtigen, d.h. ein gröblicher Verstoß gegen die von einem verständigen Menschen im eigenen Interesse zu erwartende Verhaltensweise.[6] Grob fahrlässig im Sinne des § 37 Abs. 1 BAT handelt – wie in den Fällen der vom Gesetz angeordneten Entgeltfortzahlung des § 616 Abs. 1 Satz 1 BGB, § 63 Abs. 1 Satz 1 HGB, § 133c Satz 1 GewO oder des § 3 Abs. 1 Satz 1 EntgFG – der Arbeitnehmer, der in erheblichem Maße gegen die von einem verständigen Menschen im eigenen Interesse zu erwartende Verhaltensweise verstößt.[7] Insoweit stimmt der Verschuldensgrad des § 37 Abs. 1 BAT trotz des abweichenden Wortlauts mit dem der gesetzlichen Regelungen überein.[8]

III. Abdingbarkeit

Die **Vorschrift ist** kraft ausdrücklicher gesetzlicher Anordnung in § 619 BGB **zwingend**.

C. Rechtsfolgen

§ 617 BGB gewährt dem Dienstpflichtigen einen **Anspruch** gegen den Dienstberechtigten **auf Krankenfürsorge**, d.h. auf Krankenpflege und Beauftragung eines Arztes zur erforderlichen ärztlichen Behandlung auf Kosten des Dienstberechtigten in der Regel bis zur **Dauer** von **sechs Wochen**. Endet das Dienstverhältnis jedoch vor Ablauf dieser sechs Wochen, endet auch die Pflicht des Dienstberechtigten zur Krankenfürsorge.[9] Die vorzeitige Beendigung des Dienstverhältnisses beeinflusst die regelmäßige Verpflichtungsdauer von sechs Wochen nur dann nicht, wenn sie auf einer außerordentlichen Kündigung gemäß § 626 BGB (vgl. die Kommentierung zu § 626 BGB) beruht, die von dem Dienstberechtigten wegen der Erkrankung des Dienstpflichtigen ausgesprochen worden ist (vgl. § 617 Abs. 1 Satz 4 BGB). Nach § 617 Abs. 1 Satz 2 BGB ist es dem Dienstberechtigten – im Wege der **Ersetzungsbefugnis** – gestattet, die Pflege und die ärztliche Behandlung durch die Aufnahme in eine **Krankenanstalt** zu gewähren.

Die dem Dienstberechtigten dadurch entstehenden Kosten können gemäß § 617 Abs. 1 Satz 3 BGB auf die für die Zeit der Erkrankung geschuldete Vergütung angerechnet werden. Die Höhe der anrechenbaren Kosten ist gemäß § 315 BGB (vgl. die Kommentierung zu § 315 BGB) nach billigem Ermessen zu bestimmen.[10]

Die Verpflichtung des Dienstberechtigten tritt nicht ein, wenn für die Pflege und ärztliche Behandlung durch eine Versicherung oder durch eine Einrichtung der öffentlichen Krankenpflege Vorsorge getroffen ist. Allerdings kann der Dienstpflichtige von dem Dienstberechtigten nicht den Abschluss einer Unfallversicherung beanspruchen, die ihm anlässlich der Verrichtung seiner Dienste umfassenden **Versicherungsschutz** auch während seiner **Freizeit** garantiert. Ein solcher Anspruch besteht auch dann nicht, wenn die Dienstleistung bei einem Gastspielaufenthalt im Ausland zu erbringen ist.[11]

---

[4] Vgl. BAG v. 27.05.1992 - 5 AZR 297/91 - juris Rn. 13 - EEK I/1084; LArbG Frankfurt v. 26.01.1976 - 1 Sa 925/75 - BB 1976, 1464-1465.
[5] Vgl. BAG v. 27.05.1992 - 5 AZR 297/91 - juris Rn. 14 - EEK I/1084.
[6] Vgl. BAG v. 11.11.1987 - 5 AZR 497/86 - NJW 1988, 1546-1547.
[7] Vgl. nur BAG v. 01.06.1983 - 5 AZR 536/80 - NJW 1983, 2659-2662 = AP Nr. 52 zu § 1 LohnFG, zu I 3a der Gründe; *Böhm/Spiertz/Sponer/Steinherr*, BAT, § 37 Rn. 30.
[8] Ebenso *Arndt/Baumgärtel/Fieberg*, Recht der Arbeiter und Angestellten im öffentlichen Dienst, § 37 Rn. 27, in: Fürst, Gesamtkommentar öffentliches Dienstrecht, Bd. IV.
[9] Vgl. *Weidenkaff* in: Palandt, § 617 Rn. 3.
[10] Vgl. *Weidenkaff* in: Palandt, § 617 Rn. 3.
[11] Vgl. BAG v. 04.05.1983 - 5 AZR 108/81 - juris Rn. 13.

D. Prozessuale Hinweise/Verfahrenshinweise

11 Der Dienstberechtigte muss sämtliche anspruchsbegründenden Voraussetzungen eines Krankenfürsorgeanspruchs darlegen und **beweisen**[12]; also seine Aufnahme in die häusliche Gemeinschaft und seine Erkrankung. Wenn er zum Nachweis einer Erkrankung eine ärztliche Dienstunfähigkeitsbescheinigung vorlegt, ist die Richtigkeit der darin bescheinigten Erkrankung zu vermuten.[13] Allerdings kann der Dienstberechtigte diese Vermutung widerlegen.[14] Für ein anspruchsausschließendes Verschulden des Dienstpflichtigen trifft den Dienstberechtigten die Darlegungs- und Beweislast.[15]

---

[12] Vgl. BAG v. 20.03.1985 - 5 AZR 229/83 - juris Rn. 19 - BB 1986, 136.
[13] Vgl. LArbG Köln v. 16.06.1989 - 9/2 Sa 312/89 - BB 1989, 2048; a.A. LArbG München v. 09.11.1988 - 5 Sa 292/88 - NJW 1989, 998-999.
[14] Vgl. dazu LArbG Berlin v. 11.01.1972 - 4 Sa 112/71 - ARST 1973, 83-84.
[15] Vgl. BAG v. 09.04.1960 - 2 AZR 457/57 - NJW 1960, 1413.

§ 618 BGB Pflicht zu Schutzmaßnahmen

(Fassung vom 02.01.2002, gültig ab 01.01.2002)

(1) Der Dienstberechtigte hat Räume, Vorrichtungen oder Gerätschaften, die er zur Verrichtung der Dienste zu beschaffen hat, so einzurichten und zu unterhalten und Dienstleistungen, die unter seiner Anordnung oder seiner Leitung vorzunehmen sind, so zu regeln, dass der Verpflichtete gegen Gefahr für Leben und Gesundheit soweit geschützt ist, als die Natur der Dienstleistung es gestattet.

(2) Ist der Verpflichtete in die häusliche Gemeinschaft aufgenommen, so hat der Dienstberechtigte in Ansehung des Wohn- und Schlafraums, der Verpflegung sowie der Arbeits- und Erholungszeit diejenigen Einrichtungen und Anordnungen zu treffen, welche mit Rücksicht auf die Gesundheit, die Sittlichkeit und die Religion des Verpflichteten erforderlich sind.

(3) Erfüllt der Dienstberechtigte die ihm in Ansehung des Lebens und der Gesundheit des Verpflichteten obliegenden Verpflichtungen nicht, so finden auf seine Verpflichtung zum Schadensersatz die für unerlaubte Handlungen geltenden Vorschriften der §§ 842 bis 846 entsprechende Anwendung.

Gliederung

A. Grundlagen	1	II. Arbeitsplatzgestaltung und Dienstregelung	6
I. Kurzcharakteristik	1	III. Aufnahme in die häusliche Gemeinschaft	23
II. Geltungsbereich	2	IV. Verpflichtung des Dienstberichtgten zum	
III. Allgemeine Fürsorgepflicht	4	Schadensersatz	24
B. Anwendungsvoraussetzungen	5	C. Rechtsfolgen	27
I. Normstruktur	5	D. Prozessuale Hinweise/Verfahrenshinweise	31

A. Grundlagen

I. Kurzcharakteristik

Die Vorschrift konkretisiert die Fürsorgepflicht des Dienstberechtigten. Aus § 618 Abs. 1 BGB folgt allgemein eine Pflicht des Dienstberechtigten, Dienstleistungen so zu regeln, dass der Dienstverpflichtete gegen Gefahr für Leben und Gesundheit soweit geschützt ist, als die Natur der Dienstleistung es gestattet. § 618 BGB ist eine Teilausprägung der allgemeinen Fürsorgepflicht des Dienstberechtigten.[1] Diese Pflicht des Arbeitgebers wird durch die Regelungen des Arbeitsschutzgesetzes (ArbSchG) vom 07.08.1996[2] konkretisiert[3] und auch die Normen des europäischen und des nationalen Arbeitsschutzrechts. Deren Einhaltung wird damit zugleich arbeitsvertraglich geschuldet. Das wirkt sich auf das Weisungsrecht des Arbeitgebers (§ 106 Satz 1 GewO) aus; denn die im Interesse des Gesundheitsschutzes der Arbeitnehmer festgelegten Grenzen der höchstzulässigen Arbeitszeit hat der Arbeitgeber einzuhalten.[4] Die öffentlich-rechtlichen Arbeitsschutzvorschriften konkretisieren den vom Arbeitgeber nach § 618 Abs. 1 BGB einzuhaltenden Standard, sie legen für Arbeitnehmer einen Mindeststandard fest.[5] Unter das ArbSchG fallen Beschäftigungsverhältnisse mit Arbeitnehmern, arbeitnehmerähnlichen Personen im Sinne des § 5 Abs. 1 ArbGG – ausgenommen die in Heimarbeit Beschäftigten und die ihnen Gleichgestellten (vgl. § 2 Abs. 2 Nr. 3 ArbSchG) – sowie auch Beamte, Richter und Soldaten (vgl. § 2 Abs. 2 ArbSchG). Seine Zielsetzung besteht darin, die Sicherheit und den Gesundheitsschutz

1

---

[1] Vgl. BAG v. 14.12.2006 - 8 AZR 628/05 - juris Rn. 14 - NZA 2007, 262-266; LArbG Hamm v. 22.07.2009 - 3 Sa 1630/08 - juris Rn. 153.
[2] BGBl I 1996, 1246.
[3] Vgl. BAG v. 14.12.2006 - 8 AZR 628/05 - juris Rn. 14 - NZA 2007, 262-266.
[4] Vgl. BAG v. 13.10.2009 - 9 AZR 139/08 - juris Rn. 26 - ZTR 2010, 79-82.
[5] Vgl. LArbG Hamm v. 22.07.2009 - 3 Sa 1630/08 - juris Rn. 154.

§ 618

der Beschäftigten bei der Arbeit durch Maßnahmen des Arbeitsschutzes zu sichern und zu verbessern (§ 1 Abs. 1 Satz ArbSchG). Das gleiche Ziel verfolgt die Arbeitsstättenverordnung 2004 (ArbStättV)[6] hinsichtlich des Einrichtens und des Betreibens von Arbeitsstätten (§ 1 Abs. 1 ArbStättV). Zu den arbeitsschutzrechtlichen Arbeitszeitnormen gehören auch die Regelungen über die Gewährung von Ruhepausen gemäß §§ 4, 7 Abs. 1 Nr. 2 ArbZG.[7] Den Vorschriften des technischen Arbeitsschutzes kommt eine Doppelwirkung zu, wenn ihre Schutzpflichten über § 618 Abs. 1 BGB in das Arbeitsvertragsrecht transformiert werden. In diesem Fall sind sie neben öffentlich-rechtlicher Pflicht zugleich unabdingbare privatrechtliche Pflicht des Arbeitgebers im Sinne eines einzuhaltenden Mindeststandards.[8] Welche öffentlich-rechtlichen Arbeitsschutzvorschriften durch Transformation vertragliche Erfüllungsansprüche auf Herstellung eines arbeitsschutzkonformen Zustands begründen können, ist durch Auslegung zu ermitteln.[9]

II. Geltungsbereich

2 Die Vorschrift gilt für alle Dienstverhältnisse. Die Absätze 1 und 3 des § 618 BGB sind sinngemäß auch auf Werkverträge[10] und auf Auftragsverhältnisse anwendbar, sofern der Beauftragte gerade solche Dienste verrichten soll, die sonst von einem Dienstverpflichteten geleistet werden.[11] Die entsprechende Anwendung der Vorschrift auf Werkverträge ermöglicht es, die Fürsorgepflicht des Werkbestellers auf die Arbeitnehmer des Werkunternehmers auszudehnen und diese als geschützte Dritte in den Schutzbereich des Werkvertrages miteinzubeziehen.[12]

3 Die Fürsorgepflicht wirkt noch nach der Beendigung des Arbeitsverhältnisses fort.[13]

III. Allgemeine Fürsorgepflicht

4 Der Vorschrift des § 618 BGB liegt als Ausgestaltung des Grundsatzes von Treu und Glauben (§ 242 BGB) die dem Arbeitgeber als Nebenpflicht obliegende allgemeine Fürsorgepflicht zugrunde. Als Ausprägung dieser Fürsorgepflicht ist der Arbeitgeber zum Beispiel gehalten, bei der Geltendmachung von Schadensersatzansprüchen gegen den Arbeitnehmer Zurückhaltung zu üben. Hat der Arbeitgeber die Möglichkeit, für Schäden, die ein Arbeitnehmer in Ausübung seiner arbeitsvertraglichen Tätigkeit verursacht hat, eine Versicherung in Anspruch zu nehmen, so gebietet es die arbeitsvertragliche Fürsorgepflicht, von dieser Möglichkeit vorrangig Gebrauch zu machen. Die Geltendmachung von Schadensersatzansprüchen gegen den Arbeitnehmer aus Arbeitnehmerhaftung kommt in solchen Fällen grundsätzlich nur für solche Schäden in Betracht, für die die vorhandene Versicherung nicht eintritt oder für die sie ihrerseits Regress beim Arbeitnehmer nehmen könnte.[14]

B. Anwendungsvoraussetzungen

I. Normstruktur

5 § 618 BGB regelt in Absatz 1 die Verpflichtung des Dienstberechtigten zur Arbeitsplatzgestaltung und zur Dienstregelung. Absatz 2 betrifft die Fürsorgepflicht des Dienstberechtigten bei Aufnahme des

---

[6] BGBl I 2004, 2179.
[7] Vgl. BAG v. 13.10.2009 - 9 AZR 139/08 - juris Rn. 27 - ZTR 2010, 79-82.
[8] Vgl. BAG v. 12.08.2008 - 9 AZR 1117/06 - juris Rn. 13 - NZA 2009, 102-105.
[9] Vgl. BAG v. 12.08.2008 - 9 AZR 1117/06 - juris Rn. 15 - NZA 2009, 102-105.
[10] Vgl. dazu BGH v. 20.02.1958 - VII ZR 76/57 - juris Rn. 14 - BGHZ 26, 365-372; BGH v. 09.02.1955 - VI ZR 286/53 - juris Rn. 11 - BGHZ 16, 265-275; BGH v. 15.06.1971 - VI ZR 262/69 - BGHZ 56, 269-275.
[11] Vgl. dazu BGH v. 09.02.1955 - VI ZR 286/53 - juris Rn. 13 - BGHZ 16, 265-275.
[12] Vgl. OLG Saarbrücken v. 18.03.2010 - 8 U 3/09 - MDR 2010, 919.
[13] Vgl. Landesarbeitsgericht Rheinland-Pfalz v. 18.08.2005 - 1 Sa 171/05 - Versicherung und Recht kompakt 2006, 52-53.
[14] Vgl. BAG v. 24.11.1987 - 8 AZR 66/82 - DB 1988, 1606; BAG v. 18.01.2007 - 8 AZR 250/06 - BB 2007, 1008; LAG Köln v. 07.05.1992 - 5 Sa 448/91 - DB 1992, 2093; LAG Köln v. 27.101.2011 - 7 Sa 802/10 - juris Rn. 24 - ArbuR 2011, 313 (Leitsatz).

Dienstpflichtigen in die häusliche Gemeinschaft. In Absatz 3 wird eine Aussage über den Umfang eines Schadensersatzanspruches des Dienstpflichtigen getroffen.

II. Arbeitsplatzgestaltung und Dienstregelung

Die Verpflichtung des Dienstberechtigten zur Arbeitsplatzgestaltung (§ 618 Abs. 1, HS. 1 BGB) betrifft zunächst die Räume, Vorrichtungen und Gerätschaften, die der Dienstberechtigte zur Verrichtung der Dienste zu beschaffen hat. Mit dem Ausdruck Arbeitsplatz ist zunächst die auf Dauer angelegte räumliche Unterbringung des Arbeitnehmers im Gebäude gemeint. Damit ist der Bereich bezeichnet, den der Arbeitgeber seinem Arbeitnehmer als Arbeitsort zur Verfügung stellt und in dem er sich regelmäßig aufhalten muss, um die von ihm geschuldete Arbeitsleistung zu erbringen. Das ist zum Beispiel bei Büroangestellten der Standort ihres Schreibtisches und dessen unmittelbare Umgebung.[15] Allerdings wird der Begriff des Raumes wegen des sozialrechtlichen Schutzcharakters des § 618 BGB weit gefasst. Er betrifft nicht nur den eigentlichen Arbeitsraum, sondern auch Arbeitsstätten, die sich nicht in einem Gebäude befinden[16] und ferner alle Räume, die der Arbeitnehmer zum Zweck der Erbringung seiner Arbeitsleistung zu betreten hat oder betreten darf einschließlich aller Nebenräume wie z.B. Toiletten, Aufenthaltsräume, Kantinen, ferner alle Zuwege, Flure usw. Dieses Verständnis entspricht der normierten Begriffsbestimmung in § 2 Abs. 1 ArbStättV, wonach Arbeitsstätten sind: Orte in Gebäuden oder im Freien, die sich auf dem Gelände eines Betriebs oder einer Baustelle befinden und die zur Nutzung für Arbeitsplätze vorgesehen sind sowie andere Orte in Gebäuden und im Freien, zu denen Beschäftigte im Rahmen ihrer Arbeit Zugang haben. Im Unterschied dazu ist der eigentliche Arbeitsplatz in § 2 Abs. 2 ArbStättV dahingehend konkretisiert, dass darunter ein Bereich zu verstehen ist, in dem sich Beschäftigte bei der von ihnen auszuübenden Tätigkeit regelmäßig über einen längeren Zeitraum oder im Verlauf der täglichen Arbeitszeit nicht nur kurzfristig aufhalten müssen.

Soweit es um die Sicherheit von Gebäuden geht, in denen Arbeitnehmer ihre Arbeitsleistungen zu erbringen haben, wird der Gefahrenschutz grundsätzlich dadurch gewährleistet, dass das Gebäude den materiellen baurechtlichen Vorschriften entspricht. Die baurechtlichen Bestimmungen werden durch die Arbeitsstättenverordnung und die hierzu ergangenen Arbeitsstättenrichtlinien ergänzt.[17] Die Arbeitsplatzgestaltungspflicht des Arbeitgebers wird unter anderem durch die nach den Landesbauordnungen als technische Regeln erlassenen Asbest-Richtlinien[18] und die Gefahrstoffverordnung konkretisiert, durch die Arbeitnehmer vor arbeitsspezifischen Gefahren geschützt werden sollen[19].

Daraus folgt die Pflicht des Arbeitgebers, die Arbeitsplätze möglichst frei von gesundheitsschädlichen **Chemikalien** und sonstigen **Gefahrstoffen** zu halten. Dabei ist jedoch zu berücksichtigen, dass das Arbeitsschutzrecht die Arbeitnehmer vor erhöhten Gefahren schützen soll, die ihnen durch die Arbeit drohen, nicht aber gegen das allgemeine Lebensrisiko aller Menschen.[20] Seiner Pflicht aus § 618 Abs. 1 BGB genügt der Arbeitgeber in aller Regel dadurch, dass er einen Arbeitsplatz zur Verfügung stellt, dessen Belastung mit Schadstoffen nicht über das in der Umwelt sonst übliche Maß hinausgeht.[21] Vom Arbeitgeber kann regelmäßig nicht verlangt werden, am Arbeitsplatz günstigere Bedingungen zu schaffen. Arbeitsschutzrecht schützt Arbeitnehmer vor erhöhten Gefahren, die ihnen durch die Arbeit drohen, aber nicht gegen das allgemeine Lebensrisiko aller Menschen.[22] Gefährden die Arbeitsbedingungen die Gesundheit des Arbeitnehmers, ist der Arbeitgeber regelmäßig verpflichtet, für Abhilfe zu sorgen. Eine Schutzpflicht des Arbeitgebers greift nicht erst dann ein, wenn sich eine Gefährdung be-

---

[15] Vgl. BAG v. 17.02.1998 - 9 AZR 84/97 - juris Rn. 14 - NJW 1999, 162-164.
[16] Vgl. BGH v. 14.04.1958 - II ZR 45/57 - BGHZ 27, 79-90.
[17] Vgl. dazu BAG v. 19.02.1997 - 5 AZR 982/94 - juris Rn. 27 - ZIP 1997, 1429-1433.
[18] Vgl. dazu BAG v. 19.02.1997 - 5 AZR 982/94 - juris Rn. 28 - ZIP 1997, 1429-1433.
[19] Vgl. dazu BAG v. 08.05.1996 - 5 AZR 315/95 - juris Rn. 51 - BB 1997, 208-210.
[20] Vgl. dazu BAG v. 08.05.1996 - 5 AZR 315/95 - juris Rn. 57 - BB 1997, 208-210.
[21] Vgl. BAG v. 08.05.1996 - 5 AZR 315/95 - juris Rn. 56 - BB 1997, 208-210; LArbG Hamm v. 22.07.2009 - 3 Sa 1630/08 - juris Rn. 156.
[22] Vgl. LArbG Hamm v. 22.07.2009 - 3 Sa 1630/08 - juris Rn. 156.

reits als Gesundheitsbeeinträchtigung konkretisiert hat. Eine Schutzverpflichtung besteht vielmehr bereits dann, wenn bei einem Untätigbleiben eine Gesundheitsgefährdung mit einer hohen Wahrscheinlichkeit zu erwarten ist.[23] Der bei der Anwendung des § 618 BGB zu beachtende § 5 ArbSchG dient nicht in erster Linie dazu, unmittelbare Gesundheitsgefahren zu verhüten. Durch die Gefährdungsbeurteilung werden vielmehr im Vorfeld Gefährdungen ermittelt, denen ggf. durch entsprechende Maßnahmen zu begegnen ist.[24] Gerade die Gefährdungsermittlung ist zentrales Element des technischen Arbeitsschutzes. Mit ihr fängt der Schutz der Gesundheit als der körperlichen und geistig-psychischen Integrität des Arbeitnehmers an.[25]

9   Den Arbeitgeber trifft die Pflicht, seinen Arbeitnehmer nicht mit Tätigkeiten zu beauftragen, bei denen er mit Asbestfasern in Kontakt kommt, so dass für ihn die Gefahr einer Gesundheitsschädigung besteht.[26] Wenn der jeweilige Arbeitseinsatz nicht von dem Arbeitgeber selbst, sondern von einem dienstaufsichtsberechtigten Beschäftigten angeordnet wird, hat der Arbeitgeber für dessen Verschulden nach Maßgabe des § 278 BGB einzustehen.[27]

10 Die Verpflichtung des Arbeitgebers betrifft auch die Beschaffenheit der Atemluft in Arbeitsräumen, wenn dort geraucht wird. Deshalb haben Arbeitnehmer nach § 618 Abs. 1 BGB einen arbeitsvertraglichen **Anspruch auf einen tabakrauchfreien Arbeitsplatz**, wenn das für sie aus gesundheitlichen Gründen geboten ist. Der Arbeitgeber ist verpflichtet, darauf hinzuwirken, dass die Belastung der Arbeitnehmer durch Tabakrauch soweit vermindert wird, dass Gesundheitsgefährdungen ausgeschlossen sind.[28] Nach § 5 Abs. 1 ArbStättV ist der Nichtraucherschutz zu gewährleisten, indem der Arbeitgeber die erforderlichen Maßnahmen zu treffen hat, damit die nicht rauchenden Beschäftigten wirksam gegen die Gesundheitsgefahren durch Tabakrauch geschützt sind. Nach der seit dem 01.09.2007 geltenden Fassung dieser Verordnung (§ 5 Abs. 1 Satz 2 ArbStättV) hat der Arbeitgeber, soweit erforderlich, ein allgemeines oder auf einzelne Bereiche der Arbeitsstätte beschränktes Rauchverbot zu erlassen. Laut einer Entscheidung des Landesarbeitsgerichts Berlin[29] soll nicht geschützt sein das Bedürfnis des Arbeitnehmers, nicht dem unangenehmen Geruch ausgesetzt zu sein, der auch nach dem Lüften zuvor berauchter Räume längere Zeit hängen zu bleiben pflegt. Für die Erfüllung seiner Verpflichtung ist dem Arbeitgeber durch § 5 ArbStättV ein weiterer Spielraum zur Verfügung gestellt. Als mögliche Maßnahme kommen etwa die Trennung von Rauchern und Nichtrauchern in verschiedenen Arbeitsräumen, der Einbau von Lüftungsanlagen, die Einrichtung von Raucherecken oder die Aufstellung von Rauchercontainern oder Ähnliches in Betracht.[30] Dem Arbeitgeber ist es überlassen, welche Schutzmaßnahmen er zur Abwehr der Gesundheitsgefahr ergreift. Er genügt seiner Pflicht regelmäßig, wenn die Belastung der Atemluft durch Tabakrauch nicht über das sonst übliche Maß hinausgeht. Ob dies ausreichend ist, richtet sich nicht allein nach den öffentlich-rechtlichen Vorschriften, wie z.B. § 5 ArbStättV, sondern auch nach den jeweiligen Verhältnissen des Einzelfalles. Der Inhalt der vertraglichen Schutzpflicht des Arbeitgebers wird durch die Umstände des einzelnen Arbeitsverhältnisses konkretisiert.[31] Arbeitnehmer, die aufgrund ihrer gesundheitlichen Disposition gegen bestimmte Schadstoffe besonders anfällig sind, können daher im Einzelfall besondere Schutzmaßnahmen verlangen. Ist ein Arbeitnehmer gegen bestimmte Schadstoffe nachweisbar besonders empfindlich, so trifft den Ar-

---

[23] Vgl. BAG v. 17.02.1998 - 9 AZR 84/97 - juris Rn. 20 - BAGE 88, 63-69; LArbG Rheinland-Pfalz v. 19.12.2008 - 9 Sa 427/08 - juris Rn. 25.
[24] Vgl. BAG v. 12.08.2008 - 9 AZR 1117/06 - juris Rn. 22 - NZA 2009, 102-105.
[25] Vgl. BAG v. 12.08.2008 - 9 AZR 1117/06 - juris Rn. 23 - NZA 2009, 102-105.
[26] Vgl. BAG v. 28.04.2011 - 8 AZR 769/09 - juris Rn. 47 - UV-Recht Aktuell 2011, 1286-1298.
[27] Vgl. BAG v. 28.04.2011 - 8 AZR 769/09 - juris Rn. 47-51 - UV-Recht Aktuell 2011, 1286-1298.
[28] Vgl. BAG v. 17.02.1998 - 9 AZR 84/97 - juris Rn. 18 - NJW 1999, 162-164; vgl. zu der Problematik des Nichtraucherschutzes im Betrieb: *Düwell*, AiB 2002, 400-403; *Lorenz*, DB 2003, 721-723.
[29] Landesarbeitsgericht Berlin v. 18.03.2005 - 6 Sa 2585/04 - Bibliothek BAG (Revision eingelegt zum BAG - 9 AZR 545/05).
[30] Vgl. LArbG Berlin-Brandenburg v. 11.03.2008 - 11 Sa 1910/06 - juris Rn. 28.
[31] Vgl. BAG v. 17.02.1998 - 9 AZR 84/97 - juris Rn. 21 - NJW 1999, 162-164.

beitgeber eine gesteigerte Fürsorgepflicht.[32] Zum Schutz vor den Gefahren des Passivrauchens in der Öffentlichkeit ist das Tabakrauchen durch das Bundesnichtraucherschutzgesetz (BNichtrSchG) in öffentlichen Einrichtungen des Bundes, Verkehrsmitteln des öffentlichen Personenverkehrs und Personenbahnhöfen der öffentlichen Eisenbahnen und durch die **Nichtraucherschutzgesetze** der einzelnen Bundesländer in deren Einrichtungen und auch in Gaststätten inzwischen weitgehend verboten.[33] Die Reichweite des Rauchverbotes in Gaststätten wird noch zu klären sein. Das Landesarbeitsgericht Berlin hat die Anwendung des am 01.01.2008 in Berlin in Kraft getretenen Nichtraucherschutzgesetzes (NRSG) auf den Betreiber einer Spielbank abgelehnt,[34] aber wegen der Klärungsbedürftigkeit dieser Frage die Revision zum Bundesarbeitsgericht zugelassen.[35] Das BAG hat in seinem Revisionsurteil vom 19.05.2009[36] das Berufungsurteil aufgehoben und den Arbeitgeber verurteilt, seinem Arbeitnehmer (einem Tisch-Chef am Roulettetisch des Spielsaals für das „Klassische Spiel") einen tabakrauchfreien Arbeitsplatz im Spielsaal für das „Klassische Spiel" zur Verfügung zu stellen. Das BAG hat aus § 5 Abs. 1 ArbStättV die Verpflichtung des Arbeitgebers hergeleitet, die erforderlichen Maßnahmen zu treffen, damit die nicht rauchenden Beschäftigten in Arbeitsstätten wirksam vor den Gesundheitsgefahren durch Tabakrauch geschützt sind. Nach § 5 Abs. 1 Satz 2 ArbStättV habe der Arbeitgeber, soweit erforderlich, ein allgemeines oder auf einzelne Bereiche der Arbeitsstätte beschränktes Rauchverbot zu erlassen.[37] Die vom Bundesverfassungsgericht ausgesprochene Verfassungswidrigkeit des § 2 Abs. 1 Nr. 8 NRSG führe nicht zur Nichtigkeit des dort verhängten Rauchverbots.[38] Dem Senat von Berlin stehe für den Erlass einer verfassungsgemäßen Neuregelung eine Frist bis 31.12.2009 zur Verfügung. § 2 Abs. 1 Nr. 8 NRSG bleibe in der Zwischenzeit wegen der hohen Bedeutung des Schutzes der Bevölkerung vor den Gefahren des Passivrauchens bis zu einer verfassungsgemäßen Neuregelung anwendbar. Das Rauchen in Gaststätten sei in Berlin weiterhin untersagt.[39]

Ob der Arbeitnehmer verlangen kann, bei besonders hohen Temperaturen „**hitzefrei**" zu bekommen, ist gesetzlich nicht geregelt und hängt ebenfalls von den Umständen des Einzelfalles ab.[40]

11

Es ist zu berücksichtigen, dass der Arbeitnehmer nach § 618 Abs. 1 BGB Anspruch auf Durchführung von Maßnahmen gegen Gefahren für Leben und Gesundheit nur insoweit hat, als die **Natur der Dienstleistung** es gestattet. Dies ist gleichbedeutend mit der Natur des Betriebs und besagt, dass die von dem Arbeitgeber zulässigerweise gesetzten Bedingungen bei der Bewertung der Fürsorgepflicht des Arbeitgebers berücksichtigt werden müssen. Maßnahmen des Gesundheitsschutzes können i.d.R. dann nicht verlangt werden, wenn diese zu einer Veränderung der rechtlich zulässigen **unternehmerischen Betätigung** führen würden.[41] Ist die konkrete unternehmerische Betätigung, bei der der Arbeitnehmer eingesetzt wird, als solche rechtmäßig, so kann der Arbeitnehmer keine Maßnahmen zum Schutz seiner Gesundheit verlangen, die zu einer Veränderung oder zu einem faktischen Verbot dieser Betätigung führen würden. Verbleibende Beeinträchtigungen seiner Gesundheit muss der Arbeitnehmer grundsätzlich hinnehmen.[42] Denn nach ständiger Rechtsprechung des Bundesarbeitsgerichts zu § 1 KSchG sind die Gerichte für Arbeitssachen grundsätzlich nicht dazu befugt, unternehmerische Entscheidungen auf ihre Zweckmäßigkeit und Notwendigkeit zu überprüfen. Eine gerichtliche Überprü-

12

---

[32] Vgl. BAG v. 08.05.1996 - 5 AZR 315/95 - juris Rn. 86 - BB 1997, 208-210; BAG v. 17.02.1998 - 9 AZR 84/97 - juris Rn. 22 - NJW 1999, 162-164.
[33] Vgl. dazu *Düwell*, FA 2008, 74-77.
[34] Vgl. LArbG Berlin-Brandenburg v. 11.03.2008 - 11 Sa 1910/06 - juris Rn. 48.
[35] Vgl. LArbG Berlin-Brandenburg v. 11.03.2008 - 11 Sa 1910/06 - juris Rn. 53.
[36] Vgl. BAG v. 19.05.2009 - 9 AZR 241/08 - NJW 2009, 2698-2702.
[37] Vgl. BAG v. 19.05.2009 - 9 AZR 241/08 - juris Rn. 26 - NJW 2009, 2698-2702.
[38] Vgl. BAG v. 19.05.2009 - 9 AZR 241/08 - juris Rn. 44 - NJW 2009, 2698-2702.
[39] Vgl. dazu BVerfG v. 30.07.2008 - 1 BvR 3262/07, 1 BvR 402/08, 1 BvR 906/08 - juris Rn. 161 f. und 166 - BVerfGE 121, 317.
[40] Vgl. dazu *Grimm*, DB 2004, 1666-1669.
[41] Vgl. BAG v. 08.05.1996 - 5 AZR 971/94 - juris Rn. 32 - NJW 1996, 3028-3030; LArbG Berlin-Brandenburg v. 11.03.2008 - 11 Sa 1910/06 - juris Rn. 29.
[42] Vgl. BAG v. 08.05.1996 - 5 AZR 971/94 - juris Rn. 34 - NJW 1996, 3028-3030.

§ 618

fung kann sich nur darauf erstrecken, ob die Unternehmerentscheidung offenbar unsachlich oder willkürlich ist.[43] Unter Berücksichtigung dieser Grundsätze, die auch im Rahmen von § 618 Abs. 1 BGB anwendbar sind[44], hat das Bundesarbeitsgericht entschieden, dass – solange das Rauchen an Bord von **Verkehrsflugzeugen** noch nicht gesetzlich verboten ist – Flugbegleiter keinen Anspruch darauf haben, dass die sie beschäftigende Fluggesellschaft den Passagieren das Rauchen verbietet.[45] Dies steht im Einklang mit § 5 Abs. 2 ArbStättV, wonach in Arbeitsstätten mit Publikumsverkehr der Arbeitgeber Schutzmaßnahmen zum Nichtraucherschutz nur insoweit zu treffen hat, als die Natur des Betriebes und die Art der Beschäftigung es zulassen. Im Übrigen steht dem Arbeitnehmer nur ein Anspruch darauf zu, dass der Arbeitgeber sein Ermessen fehlerfrei ausübt.[46] Der Umfang der von dem Arbeitgeber geschuldeten Schutzmaßnahmen richtet sich nach dem Grad der Gefährdung. Je schwerer ein möglicher Schaden für den Arbeitnehmer sein kann, desto stärker müssen die Schutzmaßnahmen sein, die der Arbeitgeber zu treffen hat.[47]

13 Soweit der Inhalt von **Unfallverhütungsvorschriften** der Berufsgenossenschaften geeignet ist, Gegenstand einer arbeitsvertraglichen Vereinbarung zu werden, begründen diese Unfallverhütungsvorschriften zugleich privatrechtliche Verpflichtungen des Arbeitgebers gegenüber dem Arbeitnehmer.[48] Wenn der Arbeitgeber nach den Unfallverhütungsvorschriften **Schutzausrüstungen**, z.B. Sicherheitsschuhe, zur Verfügung zu stellen hat, trifft ihn diese Verpflichtung auch gegenüber dem Arbeitnehmer.

14 Aus Sinn und Zweck des § 618 BGB ergibt sich weiter, dass die Arbeitnehmer an den **Kosten** für Schutzausrüstungen nicht beteiligt werden dürfen, soweit sie nur betrieblich genutzt werden. Eine Kostenbeteiligung des Arbeitnehmers ist allenfalls dann zulässig, wenn er die Schutzkleidung auch privat nutzen kann.[49] Hat der Arbeitnehmer die Schutzausrüstung dennoch ganz oder teilweise auf eigene Kosten beschafft, hat er Anspruch auf Ersatz seiner Aufwendungen nach § 670 BGB.[50] Schutzkleidung in diesem Sinne ist auch die Dienstkleidung, die ein Arbeitnehmer nicht zum eigenen Schutze, sondern im betrieblichen Interesse aufgrund von **Hygienevorschriften** (Lebensmittelhygiene-Verordnung vom 05.08.1997 = LMHV)[51] tragen muss. Die Kosten für die Anschaffung dieser Arbeitskleidung muss der Arbeitgeber tragen. Eine davon abweichende vertragliche Vereinbarung ist gemäß §§ 618, 619 BGB unwirksam (vgl. die Kommentierung zu § 619 BGB Rn. 9).[52]

15 Der Arbeitgeber ist ferner verpflichtet, dem Arbeitnehmer mangelfreie Arbeitsgeräte zur Verfügung zu stellen.[53]

16 Der Dienstberechtigte/Arbeitgeber hat gemäß § 618 Abs. 1 HS. 2 BGB Dienstleistungen so zu regeln, dass der Dienstverpflichtete/Arbeitnehmer gegen Gefahren für Leib und Leben soweit geschützt ist, als die Natur der Dienstleistung es gestattet. Er darf kein **Übermaß** an Arbeit verlangen oder dulden, durch das die Gesundheit seines Arbeitnehmers gefährdet wird.[54]

---

[43] Vgl. BAG v. 08.05.1996 - 5 AZR 971/94 - juris Rn. 35 - NJW 1996, 3028-3030; BAG v. 30.04.1987 - 2 AZR 184/86 - juris Rn. 16 - ZIP 1987, 1274-1278.
[44] Vgl. BAG v. 08.05.1996 - 5 AZR 971/94 - juris Rn. 36 - NJW 1996, 3028-3030.
[45] Vgl. BAG v. 08.05.1996 - 5 AZR 971/94 - juris Rn. 40 - NJW 1996, 3028-3030.
[46] Vgl. LArbG Rheinland-Pfalz v. 18.02.2004 - 9 Sa 956/03 - juris.
[47] Vgl. BAG v. 14.12.2006 - 8 AZR 628/05 - juris Rn. 14 - NZA 2007, 262-266.
[48] Vgl. BAG v. 10.03.1976 - 5 AZR 34/75 - BetrR 1976, 512-515.
[49] BAG v. 21.08.1985 - 7 AZR 199/83 - juris Rn. 45 - EzA § 618 BGB Nr. 5; LArbG Hannover v. 11.06.2002 - 13 Sa 53/02 - juris Rn. 20 - Bibliothek BAG.
[50] Vgl. BAG v. 14.02.1996 - 5 AZR 978/94 - juris Rn. 12 - DB 1996, 1288-1290; BAG v. 21.08.1985 - 7 AZR 199/83 - juris Rn. 45 - EzA § 618 BGB Nr. 5; BAG v. 18.08.1982 - 5 AZR 493/80 - juris Rn. 19 - BB 1983, 637-638.
[51] BGBl I 1997, 2008, 2009-2012 (Anlage zu § 3 Satz 2, Kap. 5 Nr. 7.1).
[52] Vgl. LArbG Niedersachsen v. 11.06.2002 - 13 Sa 53/02 - juris Rn. 25 - Bibliothek BAG.
[53] Vgl. LSG Mainz v. 29.09.2005 - L 1 AL 207/04.
[54] Vgl. BAG v. 13.03.1967 - 2 AZR 133/66 - NJW 1967, 1631; vgl. dazu insbesondere das Arbeitszeitgesetz vom 06.06.1994, BGBl I 1994, 1170.

Wenn der Dienstherr die Verwendung gefährlicher Materialien vorschreibt, muss er den Dienstpflichtigen auf die Gefahren hinweisen.[55] Diese Pflicht des Arbeitgebers wird durch die Normen des staatlichen Arbeitsschutzrechts konkretisiert. Ihre Einhaltung wird damit zugleich als arbeitsrechtliche Pflicht geschuldet. Das gilt insbesondere für den Gesundheitsschutz, den der Arbeitgeber nach § 618 Abs. 1 BGB zu gewährleisten hat.

Dazu gehört die Einhaltung der im Interesse des Gesundheitsschutzes der Arbeitnehmer geregelten Höchstarbeitszeit. Das entspricht der Regelung in § 106 GewO, nach der der Arbeitgeber sein Weisungsrecht bei der Festlegung der Arbeitszeit nicht in Widerspruch zu gesetzlichen Bestimmungen ausüben darf.[56] Deshalb ist der Arbeitgeber nach § 618 Abs. 1 BGB, § 3 ArbZG verpflichtet es zu unterlassen, den Arbeitnehmer über die gesetzliche Höchstarbeitszeit hinaus in Anspruch zu nehmen und hat dies durch die Gestaltung eventueller Dienstpläne zu gewährleisten.[57]

Bei beschränkter Leistungsfähigkeit auf Grund einer Behinderung ist der Arbeitgeber nach § 106 Satz 3 GewO verpflichtet, im Rahmen der Ausübung seines Direktionsrechts auf Behinderungen des Arbeitnehmers Rücksicht zu nehmen. Ist es deshalb dem Arbeitgeber möglich und zumutbar, dem nur eingeschränkt leistungsfähigen Arbeitnehmer Arbeiten zuzuweisen, die seiner verbleibenden Leistungsfähigkeit entsprechen, ist die Zuweisung anderer Arbeiten nach § 106 Satz 1 GewO unbillig.[58]

Dem Arbeitgeber obliegt es auch, seine Arbeitnehmer vor „**Mobbing**"[59], d.h. vor Psychoterror[60] und vor (sexuellen) Belästigungen und Nachstellungen[61] am Arbeitsplatz zu bewahren. Als Ausfluss seiner Fürsorgepflicht ist der Arbeitgeber gehalten, das Persönlichkeitsrecht des Arbeitnehmers nicht zu verletzen. Im Falle einer Verletzung hat der Arbeitnehmer Anspruch auf Beseitigung der fortwährenden Beeinträchtigung und auf das Unterlassen weiterer Verletzungshandlungen. Daraus folgt, dass der Arbeitgeber die Pflicht hat, seine Arbeitnehmer vor Belästigungen durch Vorgesetzte, Mitarbeiter oder Dritte, auf die er Einfluss hat, zu schützen und ihnen einen menschengerechten Arbeitsplatz zur Verfügung zu stellen.[62] Ob Rechte des Arbeitnehmers verletzt worden sind, muss aufgrund einer Güter- und Interessenabwägung unter sorgsamer Würdigung aller Umstände des Einzelfalls beurteilt werden. Nicht jedes den Arbeitnehmer belastende Verhalten des Arbeitgebers hat Angriffsqualität und ist schon eine Verletzung der Rücksichtnahmepflicht. Nicht jede unberechtigte Kritik, überzogene Abmahnung oder unwirksame Kündigung stellt gleichzeitig eine Persönlichkeitsrechtverletzung dar und führt zu einer Verletzung der Rücksichtnahmepflicht.[63] In dem ab 18.08.2006 in Kraft getretenen allgemeinen Gleichbehandlungsgesetz (AGG) hat der Gesetzgeber für den Fall der Benachteiligung eines Arbeitnehmers aus den in § 1 AGG genannten Gründen die diesbezüglichen Pflichten des Arbeitgebers weiter konkretisiert. § 12 Abs. 3 AGG verlangt, dass dann, wenn Beschäftigte gegen das Benachteiligungsverbot verstoßen, der Arbeitgeber die im Einzelfall geeigneten, erforderlichen und angemessenen Maßnahmen zur Unterbindung der Benachteiligung wie Abmahnung, Umsetzung, Versetzung oder Kündigung ergreift.[64] Ein Anspruch auf eine bestimmte Maßnahme steht dem Arbeitnehmer jedoch nicht zu. Vielmehr verbleibt dem Arbeitgeber ein Ermessensspielraum, durch welche Maßnahmen er die aufgetretenen Belästigungen des Arbeitnehmers beseitigen will. § 12 AGG lässt dem Arbeitgeber einen Ermessensspielraum, mit welchen Maßnahmen er auf Belästigungen eines Arbeitnehmers durch Vorgesetzte oder Mitarbeiter reagiert. Der Arbeitnehmer hat allerdings Anspruch auf die

---

[55] Vgl. BGH v. 08.02.1966 - VI ZR 195/64, VI ZR 286/64- VersR 1966, 542.
[56] Vgl. BAG v. 16.03.2004 - 9 AZR 93/03 - juris Rn. 90 - BAGE 110, 60-71.
[57] Vgl. BAG v. 16.03.2004 - 9 AZR 93/03 - juris Rn. 89 - BAGE 110, 60-71.
[58] Vgl. BAG v. 04.10.2005 - 9 AZR 632/04 - juris Rn. 14 - DB 2006, 902-90.
[59] Vgl. BAG v. 25.10.2007 - 8 AZR 593/06 - juris Rn 78 - NZA 2008, 223-228; LArbG Köln v. 11.01.2010 - 5 Sa 1085/09 - juris Rn. 47-50.
[60] Vgl. LArbG Bremen v. 17.10.2002 - 3 Sa 78/02, 3 Sa 232/02, 3 Sa 78/02, 3 Sa 232/02- juris Rn. 76 - MDR 2003, 158-159.
[61] Vgl. dazu *Schoeller*, ASUMed 2007, 637-644.
[62] Vgl. BAG v. 25.10.2007 - 8 AZR 593/06 - juris Rn. 65 - BAGE 124, 295-313.
[63] Vgl. LArbG Hamm v. 16.07.2009 - 17 Sa 619/09 - juris Rn. 96.
[64] Vgl. BAG v. 25.10.2007 - 8 AZR 593/06 - juris Rn. 67 - BAGE 124, 295-313.

Ausübung rechtsfehlerfreien Ermessens durch den Arbeitgeber. Der Arbeitgeber muss nur solche Maßnahmen ergreifen, die er nach den Umständen des Einzelfalles als verhältnismäßig ansehen darf und die ihm zumutbar sind. Wenn allerdings nach objektiver Betrachtungsweise eine rechtsfehlerfreie Ermessensentscheidung des Arbeitgebers nur das Ergebnis haben kann, eine bestimmte Maßnahme zu ergreifen, hat der Arbeitnehmer Anspruch auf deren Durchführung.[65]

21 Für den Schutz des vom Arbeitnehmer berechtigterweise in den Betrieb eingebrachten Arbeitnehmereigentums kommt als Anspruchsgrundlage ausschließlich die **allgemeine Fürsorgepflicht** des Arbeitgebers in Betracht, soweit keine einzel- oder kollektivvertragliche Vereinbarung vorliegt. § 618 BGB ist nicht anwendbar.[66] In der Regel ist der Arbeitgeber nicht aufgrund seiner Fürsorgepflicht gehalten, die auf einem von ihm eingerichteten **Parkplatz** abgestellten Fahrzeuge seiner Arbeitnehmer vor solchen Schäden zu bewahren, die durch die Unachtsamkeit eines Dritten verursacht werden und denen jeder Kraftfahrer stets ausgesetzt ist.[67]

22 Die Verpflichtung des Dienstberechtigten, dem Dienstpflichtigen Sicherheit am Arbeitsplatz zu gewährleisten, ist nicht von höchstpersönlicher Natur, so dass er sich eines Erfüllungsgehilfen bedienen kann, für dessen Verschulden er jedoch gemäß § 278 BGB (vgl. die Kommentierung zu § 278 BGB) einzustehen hat.[68]

III. Aufnahme in die häusliche Gemeinschaft

23 Absatz 2 des § 618 BGB regelt Pflichten des Dienstberechtigten zum Schutz der Gesundheit, der Sittlichkeit und der Religion des Dienstpflichtigen durch die Gestaltung des Wohn- und Schlafraums, der Verpflegung sowie der Arbeits- und Erholungszeit, wenn der Dienstpflichtige in die häusliche Gemeinschaft aufgenommen ist. Der Dienstpflichtige muss nicht in den Haushalt des Dienstberechtigten aufgenommen worden sein. Es genügt die Aufnahme in einen vom Arbeitgeber eingerichteten gemeinschaftlichen Haushalt für Arbeitnehmer, insbesondere in ein Arbeitnehmerwohnheim.[69] Das Arbeitsschutzgesetz gilt für den Arbeitsschutz von Hausangestellten in privaten Haushalten nicht (vgl. § 2 Abs. 2 Satz 1 ArbSchG). Die Fürsorgepflicht nach dieser Bestimmung gilt nur für die ausdrücklich aufgeführten Rechtsgüter des Dienstpflichtigen.[70] Sein Eigentum fällt unter den Schutzbereich der allgemeinen Fürsorgepflicht.[71]

IV. Verpflichtung des Dienstberichtigten zum Schadensersatz

24 § 618 Abs. 3 BGB trifft eine Regelung zum Umfang eines dem Rechtsgrund nach vorausgesetzten Schadensersatzanspruchs des Dienstpflichtigen gegen den Dienstberechtigten.[72] Dieser Schadensersatzanspruch ergibt sich aus einer – jetzt in § 280 Abs. 1 i.V.m. § 241 Abs. 2 BGB gesetzlich geregelten (vgl. dazu die Kommentierung zu § 280 BGB) – **positiven Vertragsverletzung**.[73] Er setzt neben der von dem Dienstberechtigten zu vertretenden[74] Verletzung einer ihm durch § 618 BGB auferlegten Fürsorgepflicht die Verletzung der Gesundheit, des Körpers oder des Lebens des Dienstpflichtigen voraus. Als **Verletzungshandlung** kommt sowohl ein Verstoß gegen die in § 618 Abs. 1 BGB geregelte Fürsorgepflicht zum Schutze der Gesundheit als auch ein Verstoß gegen die in § 618 Abs. 2

---

[65] Vgl. BAG v. 25.10.2007 - 8 AZR 593/06 - juris Rn. 68 - BAGE 124, 295-313.
[66] Vgl. BAG v. 01.07.1965 - 5 AZR 264/64 - NJW 1965, 2173; BAG v. 05.03.1959 - 2 AZR 268/56 - NJW 1959, 1555.
[67] Vgl. BAG v. 25.06.1975 - 5 AZR 260/74 - WM 1975, 1245-1246.
[68] Vgl. BGH v. 06.04.1995 - VII ZR 36/94 - juris Rn. 12 - LM BGB § 632 Nr. 17 (11/1995).
[69] Vgl. *Weidenkaff* in: Palandt, § 617 Rn. 2 und § 618 Rn. 5.
[70] Vgl. *Weidenkaff* in: Palandt, § 618 Rn. 5.
[71] Vgl. BAG v. 01.07.1965 - 5 AZR 264/64 - NJW 1965, 2173; BAG v. 05.03.1959 - 2 AZR 268/56 - NJW 1959, 1555.
[72] Vgl. dazu *Weidenkaff* in: Palandt, § 618 Rn. 8; *Oetker* in: Staudinger, 2002, § 618 Rn. 284.
[73] Vgl. dazu *Oetker* in: Staudinger, 2002, § 618 Rn. 285.
[74] Vgl. *Weidenkaff* in: Palandt, § 618 Rn. 8.

BGB geregelte Rücksichtspflicht auf die Sittlichkeit und die Religion des Dienstpflichtigen in Betracht.[75] Die **Verantwortlichkeit** (vgl. dazu die Kommentierung zu § 276 BGB und die Kommentierung zu § 278 BGB) des Dienstberechtigten kann auf eigenem **Verschulden** gemäß § 276 BGB[76] oder auf zurechenbarem fremden Verschulden gemäß § 278 BGB[77] beruhen. Ansprüche aus Delikt werden durch § 618 Abs. 3 BGB nicht ausgeschlossen.[78] Allerdings ist § 618 BGB kein Schutzgesetz im Sinne von § 823 Abs. 2 BGB.[79] Kraft der in § 618 Abs. 3 BGB ausgesprochenen **Verweisung** ergibt sich der Umfang des Schadensersatzanspruchs des Dienstpflichtigen oder eines Dritten (vgl. dazu § 844 BGB) aus den §§ 842-846 BGB. Daraus, dass Absatz 3 nicht auf – den inzwischen aufgehobenen – § 847 BGB verwiesen hat,[80] ist zu schließen, dass bis zum In-Kraft-Treten von § 253 Abs. 2 BGB[81] ein solcher Schadensersatzanspruch kein **Schmerzensgeld** umfasst hat.[82] Nach der aktuellen Rechtslage (vgl. § 253 Abs. 2 BGB) schließt der Schadensersatzanspruch des § 618 Abs. 3 BGB neben dem Personen- und dem Vermögensschaden auch einen Schmerzensgeldanspruch unter der Voraussetzung ein, dass der Tatbestand des § 253 Abs. 2 BGB erfüllt ist.[83] Gemäß § 844 BGB, der auf den § 618 Abs. 3 BGB verweist, können im Falle der Tötung einer unter den Schutzbereich des § 618 BGB fallenden Person auch **Dritte** Ansprüche gegen den zum Schadensersatz verpflichteten Dienstberechtigten haben. Davon ausgehend, hat das Oberlandesgericht München den Eltern eines minderjährigen Lawinenopfers einen eigenen vertraglichen Anspruch auf Erstattung der Kosten der Beerdigung ihres Kindes gegen den Veranstalter eines Kurzschulaufenthalts zugesprochen.[84]

Die Haftung des Arbeitgebers für die Folgen eines **Arbeitsunfalls**[85] ist nach Maßgabe des § 104 Abs. 1 SGB VII ausgeschlossen,[86] soweit nicht der Arbeitgeber vorsätzlich gehandelt hat oder die Beeinträchtigung des Arbeitnehmers auf einem gemäß § 8 Abs. 2 Nr. 1-4 SGB VII in der gesetzlichen Unfallversicherung versicherten Weg zur Arbeit eingetreten ist. 25

Abdingbarkeit: § 618 BGB ist kraft ausdrücklicher gesetzlicher Anordnung in § 619 BGB **zwingend**. Allerdings kann die Fürsorgepflicht des Dienstberechtigten abbedungen werden, soweit sie dem Besteller im Rahmen eines Werkvertrages in entsprechender Anwendung des § 618 BGB obliegt und die entsprechende Anwendung (vgl. Rn. 1) der Vorschrift den Unternehmer oder dessen Subunternehmer schützen soll.[87] 26

C. Rechtsfolgen

Nach der in § 618 Abs. 1 BGB konkretisierten Fürsorgepflicht hat der Arbeitgeber u.a. die Arbeitsräume so einzurichten und zu unterhalten, dass der Arbeitnehmer gegen arbeitsbedingte Gefahren für Leben und Gesundheit soweit geschützt ist, als es die Dienstleistung gestattet. Der Dienstpflichtige hat in 27

---

[75] Vgl. dazu *Oetker* in: Staudinger, 2002, § 618 Rn. 286.
[76] Vgl. dazu *Oetker* in: Staudinger, 2002, § 618 Rn. 288.
[77] Vgl. dazu *Oetker* in: Staudinger, 2002, § 618 Rn. 294.
[78] Vgl. dazu *Oetker* in: Staudinger, 2002, § 618 Rn. 315.
[79] Vgl. *Oetker* in: Staudinger, 2002, § 618 Rn. 317.
[80] Aufgehoben mit Wirkung vom 01.08.2002 durch Gesetz vom 19.07.2002 (BGBl I 2002, 2674); beachte die Übergangsvorschriften in Art. 229 § 8 EGBGB, wonach die neue Gesetzeslage für die schädigenden Ereignisse gilt, die nach dem 31.07.2002 eingetreten sind.
[81] Angefügt ebenfalls mit Wirkung vom 01.08.2002 durch Gesetz vom 19.07.2002 (BGBl I 2002, 2671); beachte auch hier die Übergangsvorschriften in Art. 229 § 8 EGBGB, wonach die neue Gesetzeslage für die schädigenden Ereignisse gilt, die nach dem 31.07.2002 eingetreten sind.
[82] Vgl. dazu BAG v. 14.12.2006 - 8 AZR 628/05 - juris Rn. 22 - NZA 2007, 262-266; LArbG Stuttgart v. 05.03.2001 - 15 Sa 106/00 - juris Rn. 17 - Bibliothek BAG; LArbG Hamm v. 13.6.2008 - 12 Sa 1851/07 - juris Rn.19 - EzA-SD 2008, Nr. 16, 6.
[83] Vgl. BAG v. 14.12.2006 - 8 AZR 628/05 - juris Rn. 23 - NZA 2007, 262-266.
[84] Vgl. OLG München v. 08.07.1986 - 13 U 4778/85 - NJW-RR 1987, 370-371.
[85] Vgl. dazu *Oetker* in: Staudinger, 2002, § 618 Rn. 324-382.
[86] Vgl. dazu *Lorenz* in: MünchKomm-BGB, § 618 Rn. 94-105; *Weidenkaff* in: Palandt, § 618 Rn. 9.
[87] Vgl. BGH v. 15.06.1971 - VI ZR 262/69 - BGHZ 56, 269-275.

§ 618

28 erster Linie einen darauf gerichteten **Erfüllungsanspruch**.[88] Er kann verlangen, dass er unter Arbeitsbedingungen beschäftigt wird, die ihn gesundheitlich nicht gefährden.

28 Unterlässt der Arbeitgeber gebotene Schutzmaßnahmen, ergibt sich hieraus ggf. ein Recht des Arbeitnehmers, seine Arbeitsleistung nach § 273 BGB zu **verweigern**.[89] Insbesondere ist ein Arbeitnehmer berechtigt, die Arbeit in Räumen zu verweigern, die über das baurechtlich zulässige Maß hinaus mit **Gefahrstoffen**[90] bzw. mit **Asbest** belastet sind oder wenn der Arbeitgeber vorgeschriebene Messungen nicht vornimmt.[91] Dem Arbeitnehmer kann auch dann ein Zurückbehaltungsrecht zustehen, wenn der Arbeitgeber Pflichten missachtet, die dem Persönlichkeitsschutz des Arbeitnehmers dienen und z.B. die durch § 6 Abs. 2 ArbStättV für den Wechsel der Arbeitskleidung vorgeschriebenen Umkleidekabinen nicht zur Verfügung stellt.[92] Da bei der Ausübung des Zurückbehaltungsrechts gemäß § 242 BGB der Grundsatz der Verhältnismäßigkeit zu beachten ist, wird der betroffene Arbeitnehmer jedoch nicht seine Arbeitsleistung als solche, sondern nur das Tragen der ansonsten vorgeschriebenen Dienstkleidung verweigern dürfen.[93]

29 Verletzt der Dienstberechtigte seine Fürsorgepflicht und entsteht dem Dienstpflichtigen daraus ein Schaden, kommt ein **Schadensersatzanspruch** (vgl. Rn. 24) aus § 280 Abs. 1 BGB in Betracht. Dies ist vom Bundesarbeitsgericht in einem Fall abgelehnt worden, in dem nach der Beendigung eines befristeten Arbeitsverhältnisses der Arbeitgeber den Arbeitnehmer nicht darauf hingewiesen hat, sich unverzüglich arbeitslos zu melden (vgl. dazu § 2 Abs. 2 Satz 2 Nr. 3 SGB III) und dem Arbeitnehmer in Folge einer verspäteten Meldung bei der Bundesagentur das Arbeitslosengeld gekürzt worden ist.[94]

30 Die sich aus § 618 BGB ergebende Fürsorgepflicht des Arbeitgebers begründet eine **Garantenstellung**, die u.U. zu einer Bestrafung wegen fahrlässiger Tötung durch Unterlassen führen kann.[95]

D. Prozessuale Hinweise/Verfahrenshinweise

31 Nach ständiger Rechtsprechung hat der Dienstpflichtige, der wegen Verletzung der Pflichten aus § 618 BGB Schadensersatz beansprucht, neben dem Schaden nur den objektiv ordnungswidrigen Zustand der Räume, Vorrichtungen oder Gerätschaften nachzuweisen, wenn dieser generell geeignet ist, den eingetretenen Schaden herbeizuführen. Der Dienstberechtigte hat dann den **Gegenbeweis** dahin zu führen, dass der ordnungswidrige Zustand für den Schaden nicht ursächlich gewesen ist oder dass ihn kein Verschulden trifft.[96] Der Arbeitnehmer braucht lediglich zu beweisen, dass ein ordnungswidriger Zustand vorgelegen hat, der geeignet war, den eingetretenen Schaden herbeizuführen; der Arbeitgeber muss sich entlasten,[97] wie es sich auch aus § 280 Abs. 1 Satz 2 BGB ergibt. Die Entlastungspflicht des Dienstberechtigten betrifft auch das Verschulden seines Erfüllungsgehilfen.[98] Für das Vorliegen eines ursächlichen Zusammenhangs zwischen einer Aufklärungspflichtverletzung des Dienstberechtigten und einem Schaden des Dienstverpflichteten spricht ebenfalls eine widerlegbare **Vermutung**. Denn es ist grundsätzlich davon auszugehen, dass jedermann bei ausreichender Information seine Eigeninteressen in vernünftiger Weise wahrt, also im Falle der ordnungsgemäßen Aufklärung die gebotenen

---

[88] Vgl. dazu *Weidenkaff* in: Palandt, § 618 Rn. 6.
[89] Vgl. BAG v. 17.02.1998 - 9 AZR 130/97 - juris Rn. 17 - BB 1998, 2477-2479.
[90] Vgl. dazu BAG v. 19.02.1997 - 5 AZR 982/94 - ZIP 1997, 1429-1433.
[91] Vgl. BAG v. 02.02.1994 - 5 AZR 273/93 - juris Rn. 23 - BB 1994, 1011-1012.
[92] Vgl. ArbG Karlsruhe v. 10.10.2003 - 1 Ca 266/03 - juris Rn. 31, 39 - Bibliothek BAG.
[93] Vgl. ArbG Karlsruhe v. 10.10.2003 - 1 Ca 266/03 - juris Rn. 39 - Bibliothek BAG.
[94] Vgl. BAG v. 29.09.2005 - 8 AZR 571/04 - juris Rn. 11 - AP Nr. 2 zu § 2 SGB III.
[95] Vgl. BGH v. 25.06.2009 - 4 StR 610/08 - juris Rn. 24 - BGHR StGB § 222 Pflichtverletzung 9; OLG Rostock v. 10.09.2004 - 1 Ss 80/04 I 72/04 - juris Rn. 8 - ArbuR 2006, 128-129.
[96] Vgl. BAG v. 08.05.1996 - 5 AZR 315/95 - juris Rn. 82 - BB 1997, 208-210; BGH v. 14.04.1958 - II ZR 45/57 - juris Rn. 11 - BGHZ 27, 79-90; LArbG Berlin v. 09.11.1959 - 4 Sa 78/59 - RiA 1960, 171.
[97] Vgl. BAG v. 14.12.2006 - 8 AZR 628/05 - juris Rn. 16 - NZA 2007, 262-266; BAG v. 27.02.1970 - 1 AZR 258/69 - ARST 1970, 138.
[98] Vgl. dazu BGH v. 06.04.1995 - VII ZR 36/94 - juris Rn. 12 - LM BGB § 632 Nr. 17 (11/1995).

Schutzmaßnahmen ergreift.[99] An die **Darlegungspflicht** des geschädigten Arbeitnehmers hinsichtlich eines Verstoßes des Arbeitgebers gegen die Fürsorgepflicht dürfen keine überspannten Anforderungen gestellt werden.[100] Diese Grundsätze sind auch dann anwendbar, wenn um das Bestehen eines **Zurückbehaltungsrechts** gestritten wird.[101]

Die Darlegungs- und **Beweislast** für das Vorliegen einer **Mobbing**handlung trägt der betroffene Arbeitnehmer.[102] Er hat konkret die Tatsachen anzugeben, aus denen er das Vorliegen von Mobbing ableitet.[103] Pauschaler und wertender Vortrag mit Worten wie z.B. „gängeln", „beschimpft" „verbalen Übergriffen, Beleidigungen und massiven Drohungen" ist nicht ausreichend. Die Darlegungen haben sich, soweit gesundheitliche Folgen behauptet werden, außerdem auch darauf zu erstrecken, dass die beanstandeten Verhaltensweisen dieses ausgelöst haben.[104]

32

---

[99] Vgl. BAG v. 14.12.2006 - 8 AZR 628/05 - juris Rn. 18 - NZA 2007, 262-266.
[100] Vgl. BAG v. 13.10.1970 - 1 AZR 458/67 - VersR 1971, 1129.
[101] Vgl. BAG v. 08.05.1996 - 5 AZR 315/95 - juris Rn. 83 - BB 1997, 208-210.
[102] Vgl. BAG v. 16.05.2007 - 8 AZR 709/06 - juris Rn. 88.
[103] Vgl. BAG v. 23.01.2007 - 9 AZR 557/06.
[104] Vgl. LArbG Schleswig-Holstein v. 15.10.2008 - 3 Sa 196/08 - juris Rn. 26 - SchlHA 2009, 166-168.

§ 619 BGB Unabdingbarkeit der Fürsorgepflichten

(Fassung vom 02.01.2002, gültig ab 01.01.2002)

Die dem Dienstberechtigten nach den §§ 617, 618 obliegenden Verpflichtungen können nicht im Voraus durch Vertrag aufgehoben oder beschränkt werden.

Gliederung

A. Grundlagen...	1	II. Literatur...	5
B. Anwendungsvoraussetzungen – Grundsatz der Unabdingbarkeit.........................	2	C. Rechtsfolgen	6
		D. Prozessuale Hinweise/Verfahrenshinweise	10
I. Rechtsprechung	4		

A. Grundlagen

1 **Geltungsbereich**: Die Vorschrift gilt für alle Dienst- und Arbeitsverhältnisse und auch für Auftragsverhältnisse – soweit die Leistungen des Auftragnehmers dienstvertraglicher Art sind[1] – sowie entsprechend auch für Werkverträge[2]. Die analoge Anwendung wird durch den Zweck der Vorschrift gerechtfertigt, die in abhängiger Arbeit Stehenden im größtmöglichen Umfang vor den Gefahren zu schützen, die ihre Verrichtungen für ihr Leben und ihre Gesundheit mit sich zu bringen pflegen.[3]

B. Anwendungsvoraussetzungen – Grundsatz der Unabdingbarkeit

2 Die in den §§ 617 und 618 BGB geregelte Fürsorgepflicht des Dienstberechtigten (vgl. die Kommentierung zu § 617 BGB und die Kommentierung zu § 618 BGB) ist im Voraus nicht abdingbar. Dies bedeutet, dass die zuungunsten des Dienstpflichtigen vereinbarten Abweichungen gemäß § 134 BGB (vgl. dazu die Kommentierung zu § 134 BGB) nichtig (vgl. Rn. 6) sind.[4] Für den Dienstberechtigten günstigere Vereinbarungen, die für ihn einen besseren Schutz gewähren als in den §§ 617, 618 BGB festgelegt, sind jedoch zulässig.[5]

3 Allerdings kann die Fürsorgepflicht des Dienstberechtigten abbedungen werden, soweit sie dem Besteller im Rahmen eines **Werkvertrag**es in entsprechender Anwendung des § 618 BGB obliegt und die entsprechende Anwendung (vgl. die Kommentierung zu § 618 BGB Rn. 1) des § 618 BGB den Unternehmer oder dessen Subunternehmer schützen soll.[6]

I. Rechtsprechung

4 Nach der Rechtsprechung des Bundesarbeitsgerichts ist zwar der Schutzanspruch aus § 618 BGB nicht zu Lasten des Arbeitnehmers durch Vertrag abdingbar[7], allerdings können Schadensersatzansprüche aus einer Verletzung der **allgemeinen Fürsorgepflicht** grundsätzlich abbedungen werden.[8] Ein vorheriger Haftungsausschluss für grob fahrlässiges Verhalten des Arbeitgebers sei für das Arbeitsverhältnis jedoch nicht zulässig.[9] Insbesondere dürfe eine Betriebsvereinbarung keinen Haftungsausschluss ausschließlich zugunsten des Arbeitgebers treffen.[10]

---

[1] Vgl. *Lorenz* in: MünchKomm-BGB, § 619 Rn. 7-8; BGH v. 09.02.1955 - VI ZR 286/53 - juris Rn. 13 - BGHZ 16, 265-275.

[2] Vgl. OLG Saarbrücken v. 18.03.2010 - 8 U 3/09 - juris Rn. 57 - MDR 2010, 919.

[3] Vgl. OLG Saarbrücken v. 18.03.2010 - 8 U 3/09 - juris Rn. 57 - MDR 2010, 919.

[4] Vgl. *Lorenz* in: MünchKomm-BGB, § 619 Rn. 1.

[5] Vgl. *Lorenz* in: MünchKomm-BGB, § 619 Rn. 2.

[6] Vgl. BGH v. 15.06.1971 - VI ZR 262/69 - BGHZ 56, 269-275.

[7] Vgl. BAG v. 16.03.2004 - 9 AZR 93/03 - juris Rn. 126 - BAGE 110, 60-71; BAG v. 14.02.1996 - 5 AZR 978/94 - juris Rn. 12 - BAGE 82, 164-172.

[8] Vgl. BAG v. 05.03.1959 - 2 AZR 268/56 - NJW 1959, 1555.

[9] Vgl. BAG v. 05.03.1959 - 2 AZR 268/56 - NJW 1959, 1555.

[10] Vgl. BAG v. 05.03.1959 - 2 AZR 268/56 - NJW 1959, 1555.

II. Literatur

Die Literatur hält eine Einschränkung oder gar einen Ausschluss der Fürsorgepflicht des Arbeitgebers für unzulässig, da die Fürsorgepflicht notwendiger Bestandteil des Arbeitsverhältnisses sei.[11] Lediglich über einzelne aus der Fürsorgepflicht resultierende Verpflichtungen des Arbeitgebers könnten abweichende Vereinbarungen getroffen werden. Diese könnten allerdings rechtsunwirksam sein, wenn sie gegen die guten Sitten gemäß § 138 BGB (vgl. die Kommentierung zu § 138 BGB) oder gegen arbeitsrechtliche Grundsätze verstoßen würden oder wenn bei Abweichungen vom dispositiven Recht kein ausreichender Interessenausgleich zwischen den Parteien des Arbeitsverhältnisses stattgefunden habe oder wenn bei einseitiger Leistungsbestimmung gegen § 315 Abs. 3 BGB (vgl. die Kommentierung zu § 315 BGB) verstoßen werde.[12]

C. Rechtsfolgen

Verstößt eine Vereinbarung in einem Arbeits- oder Dienstvertrag gegen § 619 BGB ist sie gemäß § 134 BGB nichtig. Die Wirksamkeit des übrigen Vertrages bleibt – abweichend von § 139 BGB (vgl. die Kommentierung zu § 139 BGB) – davon unberührt. Ansonsten würde sich der soziale Schutzzweck des § 619 BGB gegen den Dienstpflichtigen wenden.[13]

Wenn in Folge der Verletzung einer Schutzpflicht ein Schadensersatzanspruch des Dienstpflichtigen entstanden ist, wird erwogen, dessen Erlass gemäß § 397 BGB (vgl. die Kommentierung zu § 397 BGB) zuzulassen.[14]

Das Bundesarbeitsgericht hat auch anerkannt, dass ein Arbeitnehmer nach Beendigung des Arbeitsverhältnisses seinem Arbeitgeber durch einen Vergleich Entgeltfortzahlungsansprüche erlassen kann.[15]

Dem Arbeitgeber kann nach der Rechtsprechung des Bundesarbeitsgerichts gemäß § 619 BGB seine Verpflichtung, die Kosten für die Anschaffung der erforderlichen **Schutzkleidung** seiner Arbeitnehmer zu tragen, nicht im Voraus erlassen werden. Vereinbarungen, die eine Kostenbeteiligung des Arbeitnehmers vorsehen, sind lediglich dann zulässig, wenn der Arbeitgeber dem Arbeitnehmer über seine gesetzliche Verpflichtung hinaus Vorteile bei der Benutzung oder Verwendung der Schutzausrüstung anbietet und der Arbeitnehmer von diesem Angebot freiwillig Gebrauch macht.[16] Diese Grundsätze wendet das Landesarbeitsgericht Niedersachsen[17] auch auf Arbeitskleidung an, die ein Arbeitnehmer nicht zu seinem eigenen Schutze, sondern im betrieblichen Interesse aufgrund von **Hygienevorschriften** (Lebensmittelhygiene-Verordnung vom 05.08.1997 = LMHV)[18] tragen muss. Die Kosten für die Anschaffung dieser Arbeitskleidung müsse der Arbeitgeber tragen. Eine davon abweichende vertragliche Vereinbarung sei gemäß §§ 618, 619 BGB unwirksam.[19] Die Vorhaltung eines Ruheraumes im Sinne des § 6 Abs. 3 ArbStättV i.V.m. Ziffer 4.2 des Anhangs zu § 3 Abs. 1 ArbStättV durch den Arbeitgeber hält das Landessozialgericht für das Land Nordrhein-Westfalen für gemäß § 619 BGB unabdingbar.[20]

D. Prozessuale Hinweise/Verfahrenshinweise

Entsprechend der allgemeinen **Beweislastregel** muss derjenige die Voraussetzungen für die Nichtigkeit einer Vereinbarung darlegen und beweisen, der sich auf die Nichtigkeit beruft.[21]

---

[11] Vgl. dazu *Lorenz* in: MünchKomm-BGB, § 619 Rn. 1; *Oetker* in: Staudinger, 2002, § 619 Rn. 12.
[12] Vgl. dazu *Söllner*, Einseitige Leistungsbestimmung im Arbeitsverhältnis, 1966.
[13] Vgl. *Lorenz* in: MünchKomm-BGB, § 619 Rn. 13.
[14] Vgl. dazu *Oetker* in: Staudinger, 2002, § 619 Rn. 22; a.A. *Lorenz* in: MünchKomm-BGB, § 619 Rn. 12.
[15] Vgl. BAG v. 11.06.1976 - 5 AZR 506/75 - NJW 1977, 1213-1215.
[16] Vgl. dazu BAG v. 21.08.1985 - 7 AZR 199/83 - juris Rn. 45 - EzA § 618 BGB Nr. 5.
[17] Vgl. Landesarbeitsgericht Niedersachsen v. 11.06.2002 - 13 Sa 53/02 - juris Rn. 25 - Bibliothek BAG.
[18] BGBl I 1997, 2008, 2009-2012 (Anlage zu § 3 Satz 2, Kap. 5 Nr. 7.1).
[19] Vgl. Landesarbeitsgericht Niedersachsen v. 11.06.2002 - 13 Sa 53/02 - juris Rn. 25 - Bibliothek BAG.
[20] LSG Nordrhein-Westfalen v. 28.11.2011 - L 20 So 82/07 - juris Rn. 54.
[21] Vgl. *Lorenz* in: MünchKomm-BGB, § 619 Rn. 14.

§ 619a BGB Beweislast bei Haftung des Arbeitnehmers

(Fassung vom 02.01.2002, gültig ab 01.01.2002)

Abweichend von § 280 Abs. 1 hat der Arbeitnehmer dem Arbeitgeber Ersatz für den aus der Verletzung einer Pflicht aus dem Arbeitsverhältnis entstehenden Schaden nur zu leisten, wenn er die Pflichtverletzung zu vertreten hat.

Gliederung

A. Grundlagen	1	I. Beweislast des Arbeitgebers	3
I. Kurzcharakteristik	1	II. Abdingbarkeit	12
II. Gesetzgebungsmaterialien	2	III. Rechtsfolgen	14
B. Anwendungsvoraussetzungen	3		

A. Grundlagen

I. Kurzcharakteristik

1 § 619a BGB gilt nicht für alle Dienstverhältnisse, sondern nur für Arbeitsverhältnisse. Die Vorschrift trifft eine von § 280 Abs. 1 BGB (vgl. die Kommentierung zu § 280 BGB) abweichende Regelung über das Vertretenmüssen einer Pflichtverletzung des Arbeitnehmers.[1] Seine Anwendung auf arbeitnehmerähnliche Personen[2] erscheint problematisch und bedarf deshalb einer Klärung durch die Rechtsprechung. Eine **analoge Anwendung** dieser Regelung ist in den Fällen zu erwägen, in denen die Grundsätze der beschränkten Arbeitnehmerhaftung über das Arbeitsverhältnis hinaus auf andere Dienstverhältnisse ausgedehnt werden.[3] Berufsausbildungsverhältnisse und Eingliederungsverhältnisse im Sinne von § 229 SGB III werden jedenfalls von § 619a BGB erfasst.[4] Dagegen lehnt die Verwaltungsgerichtsbarkeit die entsprechende Anwendung des § 619a BGB auf die Haftung eines Soldaten ab. Der Soldat, der objektiv seine Pflicht verletzt hat, soll die Beweislast dafür tragen, dass er die Pflichtverletzung nicht verschuldet hat.[5]

II. Gesetzgebungsmaterialien

2 Die Vorschrift ist durch das am 01.01.2002 in Kraft getretene Gesetz zur Modernisierung des Schuldrechts vom 26.11.2001[6] in das Bürgerliche Gesetzbuch aufgenommen worden. Ihre Entstehung wurde durch die Kritik von *Löwisch*[7] an der geplanten Neufassung des BGB angeregt, die geplante Beweislastregel in § 280 BGB gehe an der Rechtsprechung des Bundesarbeitsgerichts zur Beweislastverteilung im Rahmen der positiven Vertragsverletzung vorbei. Diese Kritik hat der Bundesrat in seiner Stellungnahme zu dem Entwurf eines Gesetzes zur Modernisierung des Schuldrechts aufgegriffen und gleichzeitig eine Überprüfung angeregt, ob zur Absicherung der bisherigen arbeitsrechtlichen Grundsätze ergänzende arbeitsrechtliche Bestimmungen in das Gesetz eingefügt werden sollten.[8] Die Bundesregierung hat dazu in ihrer Stellungnahme[9] ausgeführt, es sei die Frage zu prüfen, ob die bisherige differenzierte Anwendung der Beweislastregelung des § 282 a.F. BGB durch die Rechtsprechung des

---

[1] Vgl. LArbG Rheinland-Pfalz v. 07.09.2009 - 5 Sa 269/09 - juris Rn. 34.
[2] Vgl. dazu *Oetker*, BB 2002, 43-45, 43.
[3] Vgl. *Oetker* in: Staudinger, 2002, § 619a Rn. 4; *Otto/Schwarze*, Die Haftung des Arbeitnehmers, 3. Aufl. 1998, Rn. 133 m.w.N.
[4] Vgl. *Oetker* in: Staudinger, 2002, § 619a Rn. 4.
[5] Vgl. BayVGH v. 18.05.2010 - 15 B 08.3111 - juris Rn. 17; BVerwG v. 11.3.1999 - 2 C 15/98 - juris Rn. 27 - NJW 1999, 3727-3729.
[6] BGBl 2001 Teil I, 3138.
[7] *Löwisch*, NZA 2001, 465-467, 466.
[8] BT-Drs. 14/6857, S. 11 zu Nr. 21.
[9] BT-Drs. 14/6857, S. 48 zu Nr. 21.

Bundesarbeitsgerichts auch nach der Erstreckung der Vorschrift auf die Schlechterfüllung in dem Entwurf § 280 Abs. 1 Satz 2 BGB fortgeführt werden könne. Dieser arbeitsrechtliche Besitzstand solle – gegebenenfalls durch Ergänzungen des Entwurfstextes – sichergestellt werden. Der Rechtsausschuss hat die Aufnahme des § 619a BGB als Sonderregelung für die Beweislast bei Haftung des Arbeitnehmers zur Aufrechterhaltung der derzeitigen Rechtsprechung des Bundesarbeitsgerichts für geboten erachtet. Nach dieser Rechtsprechung, die beibehalten werden solle, müsse der Arbeitgeber nicht nur die Pflichtverletzung, sondern auch das Vertretenmüssen des Arbeitnehmers beweisen. Die Beweislastumkehr des § 280 Abs. 1 Satz 2 BGB gelte mithin im Arbeitsrecht nicht. Dagegen sage die Vorschrift des § 619a BGB nichts über die Frage des Haftungsmaßstabs aus. Dieser bestimme sich vielmehr – wie bisher auch – nach § 276 BGB.[10]

B. Anwendungsvoraussetzungen

I. Beweislast des Arbeitgebers

§ 619a BGB ist keine Anspruchsgrundlage für einen Schadensersatzanspruch des Arbeitgebers gegen den Arbeitnehmer[11], diese Norm betrifft vielmehr die Voraussetzungen eines solchen Schadensersatzanspruches. Sie bürdet dem Arbeitgeber – abweichend von § 280 Abs. 1 Satz 2 BGB (vgl. die Kommentierung zu § 280 BGB) – die Beweislast dafür auf, dass der Arbeitnehmer eine von ihm begangene Pflichtverletzung zu vertreten hat.[12] Damit sind das Verschulden des Arbeitnehmers und insbesondere die den Grad des Verschuldens ausmachenden Tatsachen vom Arbeitgeber darzulegen und ggf. zu beweisen. Der Arbeitgeber hat also insoweit nicht nur die Beweislast für die Pflicht- bzw. Rechtsgutverletzung, sondern auch für die haftungsbegründende und haftungsausfüllende Kausalität sowie den Schaden.[13] 3

Für die Arbeitnehmerhaftung – einschließlich der Mankohaftung[14] (vgl. Rn. 12) – ist § 619a BGB eine § 280 Abs. 1 Satz 2 BGB verdrängende Spezialvorschrift.[15] Der Wortlaut der Bestimmung spricht dafür, dass von ihr alle Pflichtverletzungen des Arbeitnehmers erfasst werden – also sowohl die Hauptpflicht zur Arbeitsleistung als auch die Nebenpflichten, insbesondere seine Treuepflicht.[16] 4

Es muss sich jedoch um eine Pflichtverletzung handeln, aufgrund derer der Arbeitgeber einen unter § 280 BGB fallenden Schadensersatzanspruch geltend machen kann. Davon ist auch dann auszugehen, wenn es sich um einen Schadensersatzanspruch wegen Unmöglichkeit (vgl. die §§ 280 Abs. 1, 283 BGB), wegen einer Leistungsverzögerung (vgl. die §§ 280 Abs. 1, Abs. 2, 286 BGB) oder wegen Nichterfüllung (vgl. die §§ 280 Abs. 1, 281 Abs. 1 BGB) handelt.[17] Haftet der Arbeitnehmer jedoch aufgrund einer anderen Rechtsgrundlage – z.B. Delikt – gelten die dafür maßgeblichen speziellen Grundsätze.[18] 5

Des Weiteren muss – unter Berücksichtigung des Anliegens des Gesetzgebers (vgl. Rn. 2), der Rechtsprechung des Bundesarbeitsgerichts Rechnung zu tragen – ein Fall der eingeschränkten Arbeitnehmerhaftung vorliegen, auf den die Beweislastregeln der Rechtsprechung des Bundesarbeitsgerichts Anwendung finden.[19] Dies setzt voraus, dass die Tätigkeit des Arbeitnehmers, die zu dem Schaden 6

---

[10] BT-Drs. 14/7052, S. 204 zu Nr. 36b.
[11] Vgl. AnwK, Das neue Schuldrecht, § 619a Rn. 1.
[12] Vgl. LArbG Halle (Saale) v. 26.02.2004 - 6 Sa 474/03 - Bibliothek BAG; *Weidenkaff* in: Palandt, § 619a Rn. 6.
[13] Vgl. LArbG Rheinland-Pfalz v. 07.09.2009 - 5 Sa 269/09 - juris Rn. 34.
[14] Vgl. dazu *Däubler*, NZA 2001, 1329-1337, 1331; und die Stellungnahme der Bundesregierung in der BT-Drs. 14/6857, S. 48 zu Nr. 21.
[15] Vgl. LArbG Mecklenburg-Vorpommern v. 11.01.2006 - 2 Sa 397/05; *Walker*, JuS 2002, 736-743, 736.
[16] Vgl. *Weidenkaff* in: Palandt, § 619a Rn. 4.
[17] Vgl. *Oberrath*, NJW 2005, 3745, 3748; *Gotthardt*, Arbeitsrecht nach der Schuldrechtsreform, 2. Aufl. 2003, Rn. 198.
[18] Vgl. *Oetker* in: Staudinger, Neubearb. 2002, § 619a Rn. 5.
[19] Vgl. dazu *Oetker*, BB 2002, 43-45, 43.

geführt hat, betrieblich veranlasst war.[20] Dabei handelt es sich um solche Tätigkeiten, die dem Arbeitnehmer arbeitsvertraglich übertragen worden sind oder die er im Interesse des Arbeitgebers für den Betrieb ausführt.[21] In diesen Fällen ist nach der Rechtsprechung des Bundesarbeitsgerichts nicht nur die Haftung des Arbeitnehmers eingeschränkt, sondern auch die Beweislast für das Verschulden des Arbeitnehmers und für den Verschuldensgrad dem Arbeitgeber auferlegt.[22] Nach der ständigen Rechtsprechung des Bundesarbeitsgerichtes[23] hat der Arbeitnehmer nur dann den vollständigen Schaden zu tragen, wenn er vorsätzlich oder grob fahrlässig gehandelt hat. Bei leichtester Fahrlässigkeit haftet der Arbeitnehmer überhaupt nicht und bei normaler Fahrlässigkeit kommt es zu einer Schadensquotelung. Zusätzlich und unabhängig von dem Grad des Verschuldens des Arbeitnehmers kann sich eine weitere Quotelung des Schadens auf Grund der Abwägungsgesichtspunkte aus § 254 BGB ergeben. Auch bei grob fahrlässigem Verhalten des Arbeitnehmers sind **Haftungserleichterungen** nicht ausgeschlossen, wenn unter Berücksichtigung der Umstände des Einzelfalles der Verdienst des Arbeitnehmers in einem deutlichen Missverhältnis zum Schadensrisiko der Tätigkeit steht und eine besonders grobe (gröbste) Fahrlässigkeit nach den Einzelfallumständen nicht festgestellt werden kann.[24] Wenn der zu ersetzende Schaden das Bruttomonatseinkommen des Arbeitnehmers nicht erheblich übersteigt, besteht nach Ansicht des Bundesarbeitsgerichts keine Veranlassung, die Haftung des grob fahrlässig handelnden Arbeitnehmers zu begrenzen.[25] Das Landesarbeitsgericht Niedersachsen hat in einem Urteil aus dem Jahre 2009 bei einem Fall der besonders groben Fahrlässigkeit des Arbeitnehmers dessen Haftung auf ein Jahreseinkommen begrenzt.[26] Wenn die Höhe des Schadens außer Verhältnis zu dem Einkommen des Arbeitnehmers steht und wenn für den Arbeitgeber Veranlassung bestanden hätte, eine Kaskoversicherung abzuschließen, neigt die Rechtsprechung dazu, den vom Arbeitnehmer zu tragenden Schaden auf den Prämienschaden in einer fiktiv unterstellten **Kaskoversicherung** zu begrenzen.[27] Hat der Arbeitgeber die Möglichkeit, für Schäden, die ein Arbeitnehmer in Ausübung seiner arbeitsvertraglichen Tätigkeit verursacht hat, eine Versicherung in Anspruch zu nehmen, so gebietet es die arbeitsvertragliche **Fürsorgepflicht**, hiervon vorrangig Gebrauch zu machen. Die Geltendmachung von Schadensersatzansprüchen aus Arbeitnehmerhaftung kommt dann grundsätzlich nur für solche Schäden in Betracht, für die die vorhandene Versicherung nicht eintritt oder für die diese ihrerseits Regress beim Arbeitnehmer nehmen könnte.[28]

7   Diese Grundsätze der Arbeitnehmerhaftung sind auch auf Schadensersatzansprüche aus **unerlaubter Handlung** gemäß § 823 BGB anzuwenden.[29]

8   Die Haftungsbeschränkung (vgl. Rn. 6) als solche, insbesondere die Bedeutung des Verschuldensgrades sowohl für die Haftung selbst als auch für den Umfang der Haftung[30], wird von § 619a BGB nicht erfasst[31].

---

[20] Vgl. *Oberrath*, NJW 2005, 3745, 3748; *Preis* in: ErfKomm, 6. Aufl. 2006, § 619a Rn. 12.

[21] Vgl. dazu BAG v. 27.09.1994 - GS 1/89 (A) - juris Rn. 42 - NJW 1995, 210-213; BAG v. 22.05.1997 - 8 AZR 562/95 - juris Rn. 18 - NJW 1998, 1011-1012.

[22] Vgl. dazu BAG v. 17.09.1998 - 8 AZR 175/97 - juris Rn. 61 - NJW 1999, 1049-1053.

[23] Vgl. BAG Großer Senat v. 27.09.1994 - GS 1/89 (A) - juris Rn. 16 - NJW 1995, 210.

[24] Vgl. BAG v. 23.01.1997 - 8 AZR 893/95 - NZA 1998, 140; BAG v. 25.09.1997 - 8 AZR 288/96 - NZA 1998, 310; BAG v. 12.11.1998 - 8 AZR 221/97 - NZA 1999, 263; Landesarbeitsgericht Mecklenburg-Vorpommern v. 22.08.2006 - 3 Sa 389/05 - juris Rn. 27.

[25] Vgl. BAG v. 12.11.1998 - 8 AZR 221/97 - juris Rn. 27 - NJW 1999, 966

[26] Vgl. LArbG Niedersachsen v. 24.04.2009 - 10 Sa 1402/08 - juris Rn. 39.

[27] Vgl. LArbG Mecklenburg-Vorpommern v. 25.10.2011 - 5 Sa 140/11 - juris Rn 26. Vgl. LArbG Köln v. 27.01.2011 - juris Rn. - ArbuR 2011, 313; BAG v. 18.01.2007 - 8 AZR 250/06 - juris Rn. 41 - NZA 2007, 1230-1235.

[28] Vgl. LArbG Köln v. 27.01.2011 - juris Rn. 24 - ArbuR 2011, 313; BAG v. 18.01.2007 - 8 AZR 250/06 - juris Rn. 41 - NZA 2007, 1230-1235.

[29] Vgl. BAG v. 17.09.1998 - 8 AZR 175/97 - juris Rn. 64 - NJW 1999, 1049-1053.

[30] Vgl. dazu BAG v. 17.09.1998 - 8 AZR 175/97 - juris Rn. 52 - NJW 1999, 1049-1053; *Walker*, JuS 2002, 736-743, 737-742.

[31] Vgl. die Stellungnahme des Rechtsausschusses in BT-Drs. 14/7052, S. 204 zu Nr. 36b.

Für **Pflichtverletzungen des Arbeitgebers** gilt § 619a BGB nicht, es bleibt insoweit bei der Regelung in § 280 Abs. 1 BGB.[32]

Wenn das schädigende Ereignis näher bei dem Arbeitnehmer als bei dem Arbeitgeber gelegen hat, dürfen keine zu hohen Anforderungen an die Darlegungs- und Beweislast des Arbeitgebers gestellt werden. Es gilt dann eine **abgestufte Darlegungslast**.[33] Zunächst muss der Arbeitgeber Indizien vortragen, die auf ein haftungsbegründendes Verschulden des Arbeitnehmers hinweisen. Der Arbeitnehmer muss sich dann dazu substantiiert äußern. Unterlässt es der Arbeitnehmer, sich zu den konkreten Umständen des Schadensfalles zu erklären, können daraus entsprechende Schlüsse gezogen werden. Bleibt es nach Würdigung des gesamten Parteivortrags und gegebenenfalls der erhobenen Beweise streitig, ob bestimmte Indiztatsachen vorliegen oder nicht, geht dies zu Lasten des Arbeitgebers.[34] Hinsichtlich eines Mitverschuldens des Arbeitgebers gemäß § 254 BGB trägt der Arbeitnehmer die Beweislast.[35]

§ 619a BGB gilt auch im Falle des Übergangs des Schadensersatzanspruchs des Arbeitgebers auf Dritte (z.B. § 67 VVG). Der Arbeitnehmer muss sich auch dann nicht gemäß § 280 Abs. 1 Satz 2 BGB exkulpieren, er kann vielmehr dem neuen Gläubiger gegenüber – entsprechend § 412 i.V.m. § 404 BGB – die Beweislastregel des § 619a BGB einwenden.[36]

II. Abdingbarkeit

Aufgrund der systematischen Einordnung der Vorschrift nach § 619 BGB (vgl. die Kommentierung zu § 619 BGB) ist davon auszugehen, dass § 619a BGB grundsätzlich **zwingenden Charakter** hat.[37] Die in der Literatur vertretene **Gegenauffassung** – § 619a BGB sei dispositives Recht – wird darauf gestützt, dass anders als in § 619 BGB der zwingende Charakter nicht angeordnet sei.[38]

Eine Abänderung der Beweislast zuungunsten des Arbeitnehmers wird jedoch – unter Berücksichtigung der Rechtsprechung des Bundesarbeitsgerichts zum Mankogeld[39] – nur dann zu rechtfertigen sein, wenn in der abändernden Vereinbarung eine angemessene Gegenleistung für den Arbeitnehmer z. B. in Form eines Mankogeldes oder eines angemessen erhöhten Gehaltes vorgesehen ist.[40] Ferner darf eine abweichende Vereinbarung nicht zu einer ungerechtfertigten Verlagerung des Arbeitgeberrisikos führen und sie muss berechtigte Rechtspositionen der Arbeitgeberseite sichern. Ein berechtigtes Interesse des Arbeitgebers an einer beweislaständernden **Mankoabrede** ist vom Bundesarbeitsgericht in den Bereichen anerkannt worden, wo der Arbeitnehmer unbeobachteten Zugriff auf Geld oder andere Wertgegenstände des Arbeitgebers hat. Eine unzulässige Verlagerung des Arbeitgeberrisikos liege aber vor, wenn entweder eine Mankovereinbarung für Bereiche getroffen wird, auf die neben dem Arbeitnehmer noch andere Personen Zugriff haben, oder keine angemessene Ausgleichszahlung gewährleistet wird.[41]

---

[32] Vgl. dazu *Weidenkaff* in: Palandt, § 619a Rn. 3; AnwK, Das neue Schuldrecht, § 619a Rn. 3; *Oberrath*, NJW 2005, 3745, 3748.
[33] *Oetker* in: Staudinger, 2002, § 619a Rn. 9.
[34] Vgl. dazu BAG v. 17.09.1998 - 8 AZR 175/97 - juris Rn. 62 - NJW 1999, 1049-1053; *Walker*, JuS 2002, 736-743, 740.
[35] *Oetker* in: Staudinger, 2002, § 619a Rn. 9.
[36] *Oetker* in: Staudinger, 2002, § 619a Rn. 10.
[37] Vgl. *Weidenkaff* in: Palandt, § 619a Rn. 2; *Däubler*, NZA 2001, 1329-1337, 1332.
[38] Vgl. *Oberrath*, NJW 2005, 3745, 3748; *Gotthardt*, Arbeitsrecht nach der Schuldrechtsreform, 2. Aufl. 2003, Rn. 200.
[39] Vgl. dazu BAG v. 17.09.1998 - 8 AZR 175/97 - juris Rn. 67 - NJW 1999, 1049-1053.
[40] Vgl. *Weidenkaff* in: Palandt, § 619a Rn. 2; *Däubler*, NZA 2001, 1329-1337, 1332 Fn. 26.
[41] Vgl. dazu BAG v. 17.09.1998 - 8 AZR 175/97 - juris Rn. 67 - NJW 1999, 1049-1053; vgl. im Ergebnis ebenso für die Abwälzung des Betriebsrisikos durch eine Mankoabrede: LArbG Frankfurt v. 18.12.1997 - 14 Sa 83/97 - juris Rn. 37 - Bibliothek BAG.

III. Rechtsfolgen

14 Auf Grund der Umkehrung der Beweislastregel des § 280 Abs. 1 Satz 2 BGB für das Arbeitsverhältnis in § 619a BGB hat der von dem Arbeitnehmer Schadensersatz begehrende Arbeitgeber das Vertretenmüssen des Arbeitnehmers darzulegen und gegebenenfalls zu beweisen. Das gilt grundsätzlich für sämtliche Pflichtverletzungen des Arbeitnehmers.[42]

15 An dem Grundsatz des Schadensersatzrechts, wonach[43] der Schuldner die Beweislast für das Vorliegen von Rechtfertigungs- oder Entschuldigungsgründen trägt, ändert § 619a BGB nichts.

16 Ein deklaratorisches Schuldanerkenntnis des Arbeitnehmers mit der Wirkung eines Einwendungsausschlusses ist nicht von vornherein wegen eines Verstoßes gegen die Grundsätze der Haftungsbeschränkung[44] des Arbeitnehmers bei betrieblich veranlassten Tätigkeiten unwirksam.[45] Bestätigende Schuldanerkenntnisse, die zwischen den Parteien ausgehandelt worden sind, hat das Bundesarbeitsgericht zugelassen,[46] einen in Allgemeinen Geschäftsbedingungen geregelten Einwendungsausschluss hat es dagegen für unwirksam erklärt.[47]

17 In einem Fall, in dem eine Klinik nach einem verlorenen Arzthaftungsprozess die beteiligten und bei ihr beschäftigten Ärzte in Regress nehmen will, hat sie im Einzelnen darzulegen und zu beweisen, welche individuellen Pflichtverletzungen mit welchem Verschuldensgrad den einzelnen Ärzten vorzuwerfen sind. Die dem Patienten im Arzthaftungsprozess zukommenden Beweiserleichterungen hinsichtlich der haftungsausfüllenden Kausalität kommen der Klinik im **Regressprozess** gegen die handelnden Ärzte nicht zugute.[48] Die teilweise oder vollständig objektiv falsche Schilderung des haftungsbegründenden Ereignisses durch den in Anspruch genommenen Arbeitnehmer führt jedenfalls dann nicht zu einer **Umkehr der Darlegungs- und Beweislast**, wenn nicht feststeht, dass der Arbeitnehmer vorsätzlich falsche Angaben gemacht hat.[49]

---

[42] Vgl. BAG v. 18.07.2006 - 1 AZR 578/05 - juris Rn. 14 - NJW 2007, 1302-1304.
[43] Vgl. Landesarbeitsgericht München v. 22.05.2006 - 2 Sa 1110/05 - juris Rn. 27- AuA 2006, 615.
[44] Vgl. dazu BAG v. 05.02.2004 - 8 AZR 91/03 - juris - NJW 2004, 2469.
[45] Vgl. Landesarbeitsgericht Köln v. 11.12.2007 - 9 Sa 1063/07 - juris Rn. 50.
[46] BAG v. 22.10.1998 - 8 AZR 457/97 - juris - NJW 1999, 2059.
[47] BAG v. 15.03.2005 - 9 AZR 502/03 - juris Rn. 36 - NJW 2005, 3164-3168.
[48] LArbG Köln v. 12.01.2005 - 7 Sa 754/04 - Bibliothek BAG.
[49] Vgl. LArbG Mecklenburg-Vorpommern v. 11.01.2006 - 2 Sa 397/05.

§ 620 BGB Beendigung des Dienstverhältnisses

(Fassung vom 02.01.2002, gültig ab 01.01.2002)

(1) Das Dienstverhältnis endigt mit dem Ablauf der Zeit, für die es eingegangen ist.

(2) Ist die Dauer des Dienstverhältnisses weder bestimmt noch aus der Beschaffenheit oder dem Zwecke der Dienste zu entnehmen, so kann jeder Teil das Dienstverhältnis nach Maßgabe der §§ 621 bis 623 kündigen.

(3) Für Arbeitsverträge, die auf bestimmte Zeit abgeschlossen werden, gilt das Teilzeit- und Befristungsgesetz.

Gliederung

A. Grundlagen... 1	III. Die Kündbarkeit eines nicht kalendermäßig befristeten und nicht zweckbefristeten Arbeitsverhältnisses (Absatz 2)... 12
I. Kurzcharakteristik... 1	
II. Gesetzgebungsmaterialien... 2	
III. Regelungsprinzipien... 3	IV. Befristete Arbeitsverträge... 19
B. Anwendungsvoraussetzungen... 4	1. Europäischer Hintergrund der Regelung... 31
I. Normstruktur... 4	2. Abdingbarkeit... 32
II. Kalendermäßig befristete Dienstverträge (Absatz 1)... 5	3. Rechtsfolgen... 33
	C. Prozessuale Hinweise/Verfahrenshinweise... 36
	D. Anwendungsfelder – Übergangsrecht (für befristete Arbeitsverträge)... 37

A. Grundlagen

I. Kurzcharakteristik

Absatz 1 ist seit dem 01.01.2001 nur noch auf Dienstverträge im engeren Sinn (im Folgenden „Dienstvertrag" genannt), nicht mehr auf Arbeitsverträge anzuwenden. Dies folgt aus Absatz 3, der vorschreibt, dass für Arbeitsverträge, die auf bestimmte Zeit geschlossen sind, das am 01.01.2001 in Kraft getretene Teilzeit- und Befristungsgesetz (TzBfG) vom 21.12.2000[1] gilt. Dagegen bezieht sich Absatz 2 auch auf Arbeitsverträge.[2]

II. Gesetzgebungsmaterialien

Durch Art. 2 Nr. 1 des Gesetzes vom 21.12.2000[3] wurde – jeweils mit Wirkung vom 01.01.2001 – Absatz 2 geändert und Absatz 3 angefügt.

III. Regelungsprinzipien

§ 620 BGB geht von dem Grundsatz aus, dass ein Dienstverhältnis als Dauerschuldverhältnis durch Zeitablauf, durch Zweckerreichung oder durch Kündigung endet.[4] Für den Dienstvertrag ist die Vereinbarung einer Befristung – mit Ausnahme des in § 624 BGB geregelten Kündigungsrechts (vgl. die Kommentierung zu § 624 BGB) – unbedenklich zulässig.[5] Dagegen ist bei der Befristung von Arbeitsverträgen zu berücksichtigen, dass dem Arbeitnehmer durch die Befristung der Kündigungsschutz entzogen werden kann.[6]

---

[1] BGBl I 2000, 1966.
[2] Vgl. *Weidenkaff* in: Palandt, § 620 Rn. 4.
[3] BGBl I 2000, 1966.
[4] Vgl. *Weidenkaff* in: Palandt, § 620 Rn. 2.
[5] Vgl. *Hesse* in: MünchKomm-BGB, § 620 Rn. 6.
[6] Vgl. dazu BGH v. 25.07.2002 - III ZR 207/01 - juris Rn. 8 - NJW 2002, 3104-3105; BAG v. 15.03.1991 - 2 AZR 516/90 - DB 1992, 896-898; *Hesse* in: MünchKomm-BGB, § 620 Rn. 1.

§ 620

B. Anwendungsvoraussetzungen

I. Normstruktur

4 Nachfolgend wird unterschieden zwischen den kalendermäßig befristeten Dienstverträgen des § 620 Abs. 1 BGB und den entweder kalendermäßig oder zweckbefristeten Dienst- oder Arbeitsverträgen des § 620 Abs. 2 und Abs. 3 BGB.

II. Kalendermäßig befristete Dienstverträge (Absatz 1)

5 § 620 Abs. 1 BGB, der nur für Dienstverträge gilt (vgl. Rn. 1), stellt klar, dass ein Dienstverhältnis mit dem Ablauf der Zeit endet, für die es eingegangen ist (vgl. für die Problematik der Zeitbestimmung die Kommentierung zu § 163 BGB). Die Befristung kann erfolgen durch die Angabe von Kalenderdaten oder von genau bestimmten Zeiträumen, z.B. durch die Vereinbarung „bis zur Vollendung des 65. Lebensjahres des Dienstpflichtigen".[7] Anders als bei Arbeitsverträgen (vgl. dazu Rn. 19) ist bei Dienstverträgen für die Zulässigkeit der Befristungsvereinbarung das **Vorliegen eines sachlichen Grundes ohne Bedeutung**.[8] Für die vereinbarten Frist- und Terminbestimmungen, d.h. den Fristbeginn, das Fristende, die Fristberechnung und die Fristverlängerung, gelten – soweit nichts anderes bestimmt ist – gemäß § 186 BGB die §§ 187-193 BGB (vgl. dazu die Kommentierung zu § 186 BGB-Kommentierung zu § 193 BGB).

6 Die Vereinbarung einer **auflösenden Bedingung** – nach der Rechtsprechung des Bundesgerichtshofs ist die Vereinbarung eines auflösend bedingten Dienstverhältnisses zulässig[9] – fällt nicht unter § 620 Abs. 1 BGB (vgl. für auflösend bedingte Arbeitsverträge § 21 TzBfG). Die Befristung kann auch nachträglich im Wege der Abänderung gemäß § 311 Abs. 1 BGB (vgl. die Kommentierung zu § 311 BGB) vereinbart werden.[10]

7 Die Vereinbarung der Befristung ist **nicht formbedürftig**. § 14 Abs. 4 TzBfG, wonach die Befristung eines Arbeitsvertrages zu ihrer Wirksamkeit der Schriftform bedarf, ist nicht analog auf Dienstverträge anwendbar.[11]

8 Die Vereinbarung der **Befristungsdauer**[12] ist unwirksam, wenn die Grenze zur Sittenwidrigkeit gemäß § 138 BGB (vgl. dazu die Kommentierung zu § 138 BGB) überschritten ist. Die Frage, ob eine langfristige Vertragsbindung zulässig ist, lässt sich nicht generell, sondern nur unter Berücksichtigung und Abwägung der jeweiligen vertragstypischen und durch die Besonderheiten des Einzelfalls geprägten Umstände beantworten.[13]

9 Erfolgt die Befristung in Form des Ausschlusses des Rechts zur ordentlichen Kündigung in **Allgemeinen Geschäftsbedingungen**, darf die Bindungsfrist gemäß § 309 Nr. 9a BGB zwei Jahre nicht überschreiten.[14] Kürzere Bindungsfristen sind gemäß § 307 Abs. 1 Satz 1 BGB unwirksam, wenn sie den Vertragspartner des Verwenders entgegen den Geboten von Treu und Glauben unangemessen benachteiligen.[15]

10 **Rechtsfolgen**: Die Beendigung des **kalendermäßig befristeten Dienstverhältnisses** tritt von selbst ein – je nach Inhalt der Vereinbarung – entweder durch Ablauf des Kalendertages oder der Frist oder durch Erreichen eines bestimmten Lebensalters des Dienstpflichtigen. Je nach Gestaltung der Befristungsabrede ist der Zeitpunkt der Beendigung im Wege der Auslegung zu ermitteln. Wenn z.B. zwischen einer GmbH und dem Geschäftsführer bei dessen unbefristeter **Organbestellung** ein auf fünf

---

[7] Vgl. *Weidenkaff* in: Palandt, § 620 Rn. 3.
[8] Vgl. dazu BGH v. 25.07.2002 - III ZR 207/01 - juris Rn. 8 - NJW 2002, 3104-3105.
[9] Vgl. dazu BGH v. 29.05.1989 - II ZR 220/88 - juris Rn. 11 - LM Nr. 6 zu § 622 BGB; BGH v. 21.06.1999 - II ZR 27/98 - juris Rn. 13 - LM GmbHG § 38 Nr. 17 (3/2000).
[10] Vgl. *Weidenkaff* in: Palandt, § 620 Rn. 3.
[11] Vgl. *Weidenkaff* in: Palandt, § 620 Rn. 5/6.
[12] Vgl. *Preis* in: Staudinger, § 620 Rn. 30, 48.
[13] Vgl. dazu BGH v. 26.04.1995 - VIII ZR 124/94 - juris Rn. 10 - LM BGB § 138 (Aa) Nr. 47 (10/1995).
[14] Vgl. dazu OLG Frankfurt v. 06.01.1987 - 14 U 166/85 - NJW-RR 1987, 438-439.
[15] Vgl. dazu BGH v. 04.11.1992 - VIII ZR 235/91 - juris Rn. 24 - BGHZ 120, 108-123.

Jahre befristeter Anstellungsvertrag geschlossen worden ist, der die Verlängerungsklausel „falls er als Geschäftsführer bestätigt wird" enthält, bedarf es einer ausdrücklichen Bestätigung der Gesellschafter über die Fortdauer der Bestellung des Geschäftsführers nicht, vielmehr erfolgt die Verlängerung stillschweigend dadurch, dass der Geschäftsführer nicht abberufen wird.[16] Wird ein Arbeitnehmer zum Vorstand bestellt, ohne dass dem eine schriftliche Vereinbarung zugrunde liegt, wird das ursprüngliche Arbeitsverhältnis wegen Nichteinhaltung der Schriftform (§ 623 BGB) nicht wirksam aufgehoben. Auch eine Ablösung des Arbeitsvertrages durch inhaltliche Erweiterung auf ein „Vorstands-Arbeitsverhältnis" kommt nicht ohne weiteres in Betracht, weil ein Vorstand in der Regel nicht Arbeitnehmer ist. Während der Dauer der Organstellung ist das Arbeitsverhältnis zum Ruhen gebracht.[17]

Ist die Befristung unwirksam, ist das Dienstverhältnis auf unbestimmte Zeit geschlossen.[18] Für Arbeitsverträge ist dies ausdrücklich in § 16 TzBfG bestimmt. Diese Vorschrift kann auf Dienstverträge analog angewandt werden.

III. Die Kündbarkeit eines nicht kalendermäßig befristeten und nicht zweckbefristeten Arbeitsverhältnisses (Absatz 2)

Die Rechtsfolge des § 620 Abs. 2 BGB besagt, dass Dienstverhältnisse, die entweder unbefristet vereinbart oder deren Dauer nicht wirksam bestimmt worden ist, nach Maßgabe der §§ 621-623 BGB (vgl. dazu die Kommentierung zu § 621 BGB, die Kommentierung zu § 622 BGB und die Kommentierung zu § 623 BGB) gekündigt werden können. Wie die Verweisung auf die §§ 622 und 623 BGB, die beide nur für Arbeitsverhältnisse gelten, zeigt, findet § 620 Abs. 2 BGB nicht nur auf Dienst-, sondern auch auf Arbeitsverträge Anwendung.[19]

Liegt eine rechtlich wirksam vereinbarte Befristung vor, kann eine Kündigung des Dienst- oder Arbeitsverhältnisses jedenfalls nicht auf § 620 Abs. 2 BGB gestützt werden. Dabei kommt es nach der Rechtsprechung des Bundesgerichtshofs nur auf die Wirksamkeit der Befristung als solcher, nicht jedoch darauf an, dass auch die vereinbarte Laufzeit angemessen ist.[20] Dagegen hat das Kammergericht entschieden, ein mit dem Verwalter einer Wohnungseigentumsanlage geschlossener Verwaltervertrag könne von der Eigentümergemeinschaft jedenfalls dann mit regulärer gesetzlicher Frist gemäß § 621 BGB ohne Vorliegen eines wichtigen Grundes gekündigt werden, wenn der formularmäßig getroffenen Vereinbarung einer länger als zwei Jahre bindenden Laufzeit keine diesbezügliche Regelung in der Gemeinschaftsordnung zugrunde liege.[21]

Neben der kalendermäßigen Befristung steht auch die wirksam vereinbarte **Zweckbefristung**, der auf § 620 Abs. 2 BGB gestützten ordentlichen Kündigung entgegen. Die Zweckbefristung ist sowohl bei Dienst-[22] als auch bei Arbeitsverträgen (vgl. dazu § 15 Abs. 2 TzBfG und § 3 Abs. 1 Satz 2 Alt. 2 TzBfG) zulässig. Sie ist dadurch gekennzeichnet, dass die Dauer des Dienstverhältnisses nicht kalendermäßig bestimmt ist, das Dienstverhältnis vielmehr mit Eintritt eines bestimmten Ereignisses enden soll.[23] Im Unterschied zur Bedingung, deren Eintritt ungewiss ist (vgl. dazu die §§ 158-162 BGB und die Kommentierung zu § 158 BGB-Kommentierung zu § 162 BGB), ist der Eintritt des von den Parteien als für die Beendigung des Dienst- oder Arbeitsverhältnisses als maßgebend vereinbarten Ereignisses als gewiss zu erachten. Ungewiss ist lediglich der Zeitpunkt, zu dem der angestrebte Zweck erreicht sein wird.[24]

---

[16] Vgl. OLG Frankfurt v. 18.02.1994 - 10 U 16/93 - juris Rn. 11-13 - GmbHR 1994, 549-551.
[17] Vgl. LArbG Berlin-Brandenburg v. 20.01.2010 - 7 Ta 2656/09 - juris Rn. 10-14.
[18] Vgl. *Weidenkaff* in: Palandt, § 620 Rn. 10.
[19] Vgl. *Weidenkaff* in: Palandt, § 620 Rn. 1.
[20] Vgl. dazu BGH v. 28.02.1985 - IX ZR 92/84 - juris Rn. 18 - LM Nr. 2 zu § 620 BGB.
[21] Vgl. KG Berlin v. 26.11.1984 - 24 W 2076/84 - Grundeigentum 1986, 93-95; im Ergebnis ebenso: OLG Hamm v. 07.06.1984 - 6 U 293/83 - EzB AGB-Gesetz § 11 Nr. 1.
[22] Vgl. *Preis* in: Staudinger, § 620 Rn. 25.
[23] Vgl. dazu BAG v. 27.06.2001 - 7 AZR 157/00 - juris Rn. 16 - RzK I 9a Nr. 189.
[24] Vgl. dazu BAG v. 26.03.1986 - 7 AZR 599/84 - juris Rn. 41 - DB 1987, 1257-1258; LArbG Potsdam v. 03.12.1999 - 4 Sa 644/99 - juris Rn. 36 - Bibliothek BAG.

15 Als Fälle der Zweckbefristung kommen bei einem Dienstvertrag über die **Krankenpflege** der Tod oder die Wiedergenesung des Patienten in Betracht, bei einer **Reisebegleitung** das Ende der Reise, bei einem **Unterrichtsvertrag** der Eintritt des angestrebten Lernerfolgs.[25] Bei einem Schulvertrag zwischen den Eltern eines Schülers und dem Betreiber eines privaten Gymnasiums ergibt sich der Zweck der Befristung aus den von den Parteien verfolgten Interessen, dass der Schulvertrag solange läuft, bis der Schüler die Schule mit einem Schulabschluss verlässt.[26] Eine **Honorarvereinbarung** zwischen einem **Chefarzt** und einem ihm zugeordneten Oberarzt ist dahingehend auszulegen, dass die Honorarvereinbarung mangels einer anderweitigen Vereinbarung und vorbehaltlich einer Kündigung solange gelten soll, wie der Oberarzt dem Chefarzt zugeordnet ist. Die Darlegungs- und Beweislast für eine von der Dauer der Zuordnung des Oberarztes zum Chefarzt abweichende kürzere oder längere Befristung der Honorarvereinbarung trägt diejenige Vertragspartei, die sich auf sie beruft.[27]

16 **Rechtsfolgen**: Ein Dienstvertrag ist gemäß § 620 Abs. 2 BGB nur dann ordentlich kündbar, wenn seine Dauer weder bestimmt noch aus der Beschaffenheit oder dem Zweck der Dienste zu entnehmen ist und – über den Anwendungsbereich des § 620 Abs. 2 BGB hinaus – wenn die Vertragsparteien das Recht auf ordentliche Kündigung nicht wirksam abbedungen haben.[28]

17 Jedoch ist die **ordentliche Kündigung** eines befristeten Dienstverhältnisses ausnahmsweise dann zulässig, wenn dies besonders vereinbart ist.[29] Dasselbe gilt gemäß § 15 Abs. 3 TzBfG für befristete Arbeitsverträge; diese unterliegen nur dann der ordentlichen Kündigung, wenn dies einzelvertraglich oder im anwendbaren Tarifvertrag vereinbart ist. Nach der Rechtsprechung des Bundesgerichtshofs (zu einem Schul- und Internatsvertrag) kann es sich aus der Natur des von den Parteien abgeschlossenen Dienstverhältnisses ergeben, dass seine besondere Eigenart und die Interessenlage es gemäß §§ 242 und 157 BGB gebieten, einem Vertragspartner das Recht zur ordentlichen Kündigung einzuräumen.[30] Nach einer Entscheidung des Oberlandesgerichts Rostock soll ein formularmäßig abgeschlossener langfristiger Wärmelieferungsvertrag ebenfalls vor dem Ende der Laufzeit ordentlich gekündigt werden können.[31]

18 Die Möglichkeit zur **außerordentlichen Kündigung** gemäß § 626 BGB (vgl. dazu die Kommentierung zu § 626 BGB) wird durch die Vereinbarung einer Befristung des Dienst- oder Arbeitsverhältnisses nicht berührt.[32] In gleicher Weise zulässig bleibt die fristlose Kündigung eines Dienstverhältnisses gemäß § 627 BGB (vgl. dazu die Kommentierung zu § 627 BGB) bei einer besonderen Vertrauensstellung des Dienstpflichtigen.[33]

IV. Befristete Arbeitsverträge

19 Gemäß § 620 Abs. 3 BGB gilt für Arbeitsverträge, die auf bestimmte Zeit abgeschlossen sind, das Teilzeit- und Befristungsgesetz[34]. Dieses unterscheidet zwischen **kalendermäßig befristeten** Arbeitsverträgen (vgl. dazu §§ 3 Abs. 1 Satz 2 Alt. 1, 15 Abs. 1 TzBfG), **zweckbefristeten** (vgl. Rn. 14) Arbeitsverträgen (vgl. dazu die §§ 3 Abs. 1 Satz 2 Alt. 2, 15 Abs. 2 TzBfG) und **auflösend bedingten** Arbeitsverträgen (vgl. dazu § 21 TzBfG). Eine Zeitbefristung ist vereinbart, wenn die Dauer des Arbeitsverhältnisses kalendermäßig bestimmt ist. Eine Zweckbefristung liegt vor, wenn das Arbeitsver-

---

[25] Vgl. *Weidenkaff* in: Palandt, § 620 Rn. 8.
[26] Vgl. BGH v. 17.01.2008 - III ZR 74/07 - juris Rn. 11 - NJW 2008, 1064; Schleswig-Holsteinisches OLG v. 24.08.2009 - 3 U 86/09 - juris Rn. 10 - MDR 2009, 1379-1380.
[27] Vgl. OLG Celle v. 21.06.1996 - 20 U 84/94 - juris Rn. 5 - NJW-RR 1996, 430-431.
[28] Vgl. BGH v. 13.10.2006 - V ZR 289/05 - juris Rn. 8- NJW 2007, 213.
[29] Vgl. dazu BGH v. 21.06.1999 - II ZR 27/98 - juris Rn. 14 - LM GmbHG § 38 Nr. 17 (3/2000).
[30] Vgl. dazu BGH v. 28.02.1985 - IX ZR 92/84 - juris Rn. 19 - LM Nr. 2 zu § 620 BGB; vgl. auch KG Berlin v. 11.05.1993 - 6 U 5344/92 - MDR 1994, 348-349.
[31] OLG Rostock v. 15.01.2004 - 7 U 91/02 - Grundeigentum 2004, 484-485.
[32] Vgl. dazu BAG v. 12.10.1960 - GS 1/59 - NJW 1961, 798; BAG v. 15.03.1991 - 2 AZR 516/90 - juris Rn. 37 - DB 1992, 896-898.
[33] Vgl. *Weidenkaff* in: Palandt, § 620 Rn. 10.
[34] Vgl. zu der Problematik *Bauschke*, AR-Blattei SD 380; *Koppenfels*, ArbuR 2002, 241-245.

hältnis nicht zu einem kalendermäßig bestimmten Zeitpunkt, sondern bei Eintritt eines zukünftigen Ereignisses enden soll. Von einer auflösenden Bedingung, bei der die Beendigung des Arbeitsverhältnisses ebenfalls vom Eintritt eines zukünftigen Ereignisses abhängt, unterscheidet sich die Zweckbefristung dadurch, dass bei ihr der Eintritt des zukünftigen Ereignisses von den Parteien als feststehend angesehen wird, lediglich der Zeitpunkt des Eintritts ist ungewiss; demgegenüber ist bei der auflösenden Bedingung bereits ungewiss, ob das zukünftige Ereignis, das zur Beendigung des Arbeitsverhältnisses führen soll, überhaupt eintreten wird.[35]

Die kalendermäßige Befristung kann erfolgen durch die Angabe von Kalenderdaten oder von genau bestimmten Zeiträumen, z.B. durch die Vereinbarung, dass das Arbeitsverhältnis bei Erreichen einer bestimmten **Altersgrenze** des Arbeitnehmers (etwa bei einem Piloten) beendet sein soll.[36] Da durch die Bezugnahme auf ein bestimmtes Lebensalter des Arbeitnehmers der Beendigungszeitpunkt hinreichend bestimmbar ist, handelt es sich dabei um eine kalendermäßige Befristung dieses Arbeitsverhältnisses. Allein durch die Möglichkeit einer vorherigen anderweitigen Beendigung des Arbeitsverhältnisses wird die vereinbarte Altersgrenze nicht zu einer auflösenden Bedingung.[37]

Der sich aus Art. 12 Abs. 1 GG zugunsten des Arbeitnehmers ergebenden Schutzpflicht ist genügt, wenn nach der vereinbarungsgemäßen Beendigung des Arbeitsverhältnisses durch Erreichen der Altersgrenze an die Stelle der Arbeitsvergütung der dauerhafte Bezug von Leistungen aus einer Altersversorgung tritt. Die Anbindung an eine rentenrechtliche Versorgung bei Ausscheiden durch eine Altersgrenze ist damit Bestandteil des Sachgrunds.[38] Dem durch Art. 12 Abs. 1 GG gebotenen Schutz des Arbeitnehmers ist auch Rechnung getragen, wenn der von der vereinbarten Altersgrenze betroffene Arbeitnehmer bei Abschluss der Befristungsabrede entweder versicherungsfrei (§ 5 SGB VI) beschäftigt wird oder auf Grund einer durch Gesetz gleichgestellten anderweitigen Alterssicherung von der Rentenversicherungspflicht befreit (§ 6 SGB VI) worden und die Altersgrenze auf den Zeitpunkt des gesetzlichen Rentenalters bezogen ist und somit entweder eine anderweitige Altersversorgung mit einer gleichwertigen wirtschaftlichen Absicherung vorliegt oder ein Sachverhalt gegeben ist, bei dem der Gesetzgeber den Aufbau einer Altersversorgung in der gesetzlichen Rentenversicherung für entbehrlich halten durfte.[39]

Die kalendermäßige Befristung ist gemäß § 14 Abs. 2 Satz 1 TzBfG ohne Vorliegen eines sachlichen Grundes bis zur Dauer von zwei Jahren zulässig. Bis zu dieser Gesamtdauer von zwei Jahren ist auch die höchstens dreimalige Verlängerung eines kalendermäßig befristeten Arbeitsvertrages (vgl. § 14 Abs. 2 Satz 1 HS. 2 TzBfG), also die Vereinbarung eines so genannten **Kettenarbeitsverhältnisses**[40] zulässig. Allerdings ist eine Befristung nach der vorgenannten Vorschrift des § 14 Abs. 2 Satz 1 TzBfG nicht zulässig, wenn mit demselben Arbeitgeber zuvor ein befristetes oder unbefristetes Arbeitsverhältnis bestanden hat (vgl. § 14 Abs. 2 Satz 2 TzBfG). Nach dem erst nachträglich mit Wirkung zum 01.01.2004 in das TzBfG eingefügten § 14 Abs. 2a Satz 1 TzBfG[41] ist in den ersten vier Jahren nach der Gründung eines Unternehmens die kalendermäßige Befristung eines Arbeitsvertrags ohne Vorliegen eines sachlichen Grundes bis zur Dauer von vier Jahren zulässig; bis zu dieser Gesamtdauer von vier Jahren ist auch die mehrfache Verlängerung eines kalendermäßig befristeten Arbeitsvertrages zulässig. Dies gilt nicht für Neugründungen im Zusammenhang mit der rechtlichen Umstrukturierung von Unternehmen und Konzernen. Maßgebend für den Zeitpunkt der Gründung des Unternehmens ist die Aufnahme einer Erwerbstätigkeit, die nach § 138 der Abgabenordnung der Gemeinde oder dem Finanzamt mitzuteilen ist. Auf die Befristung eines Arbeitsvertrages nach § 14 Abs. 2a Satz 1 TzBfG findet § 14 Absatz 2 Sätze 2-4 TzBfG entsprechende Anwendung.

---

[35] Vgl. BAG v. 19.01.2005 - 7 AZR 250/04 - juris Rn. 16 - BAGReport 2005, 199-201.
[36] Vgl. dazu BAG v. 20.02.2002 - 7 AZR 748/00 - juris Rn. 30 - DB 2002, 1665-1667.
[37] Vgl. BAG v. 27.07.2005 - 7 AZR 443/04 - juris Rn. 25 - NZA 2006, 37-40.
[38] Vgl. BAG v. 27.07.2005 - 7 AZR 443/04 - juris Rn. 28 - NZA 2006, 37-40.
[39] Vgl. BAG v. 27.07.2005 - 7 AZR 443/04 - juris Rn. 31 - NZA 2006, 37-40.
[40] Vgl. *Weidenkaff* in: Palandt, Einf. § 611 Rn. 42.
[41] BGBl I 2003, 3002.

§ 620

23 Nach der bis zum 30.04.2007 geltenden Fassung des § 14 Abs. 3 Satz 1 TzBfG bedurfte die Befristung des Arbeitsverhältnisses keines sachlichen Grundes, wenn der Arbeitnehmer bei Beginn des befristeten Arbeitsverhältnisses das 58. Lebensjahr vollendet hatte. Übergangsweise – d.h. zunächst bis zum 31.12.2006 – trat an die Stelle des 58. Lebensjahres das 52. Lebensjahr (vgl. § 14 Abs. 3 Satz 4 TzBfG). Der **Europäische Gerichtshof**[42] hat entschieden, dass die uneingeschränkte Zulassung befristeter Arbeitsverträge mit Arbeitnehmern, die das 52. Lebensjahr vollendet haben, mit dem **Gemeinschaftsrecht** – insbesondere Art. 6 Abs. 1 der Richtlinie 2000/78/EG des Rates vom 27.11.2000 zur Festlegung eines allgemeinen Rahmens für die Verwirklichung der Gleichbehandlung in Beschäftigung und Beruf – im Widerspruch steht und die deutschen Gerichte diese Vorschrift des nationalen Rechtes deshalb nicht mehr anwenden dürfen. Das Bundesarbeitsgericht ist dem gefolgt und hat für Recht erkannt, dass in Folge der Entscheidung des EuGH vom 22.11.2005 die allein auf § 14 Abs. 3 Satz 4 TzBfG gestützten sachgrundlosen Befristungen unwirksam sind.[43] Die europarechtliche Vorgabe ist durch das Gesetz zur Verbesserung der Beschäftigungschancen älterer Menschen vom 19.04.2007 (Art. 4 Abs. 3 des Gesetzes zur Verbesserung der Beschäftigungschancen älterer Menschen[44]) mit der am 01.05.2007 in Kraft getretenen Neufassung des § 14 Abs. 3 TzBfG wie folgt umgesetzt worden:

„Die kalendermäßige Befristung eines Arbeitsvertrages ohne Vorliegen eines sachlichen Grundes ist bis zu einer Dauer von fünf Jahren zulässig, wenn der Arbeitnehmer bei Beginn des befristeten Arbeitsverhältnisses das 52. Lebensjahr vollendet hat und unmittelbar vor Beginn des befristeten Arbeitsverhältnisses mindestens vier Monate beschäftigungslos im Sinne des § 119 Abs. 1 Nr. 1 des Dritten Buches Sozialgesetzbuch gewesen ist, Transferkurzarbeitergeld bezogen oder an einer öffentlich geförderten Beschäftigungsmaßnahme nach dem Zweiten oder Dritten Buch Sozialgesetzbuch teilgenommen hat. Bis zu der Gesamtdauer von fünf Jahren ist auch die mehrfache Verlängerung des Arbeitsvertrages zulässig."

24 Ansonsten bedarf die Befristung eines Arbeitsvertrages eines sachlichen Grundes, weil dem Arbeitnehmer durch die Befristung nicht grundlos der ihm ansonsten zustehende zwingende gesetzliche Kündigungsschutz vorenthalten werden darf.[45] Ein sachlicher Grund für die Befristung ist gegeben, wenn ein berechtigtes, anerkennenswertes Interesse des Arbeitgebers daran besteht, statt eines unbefristeten Dauerarbeitsverhältnisses nur ein zeitlich befristetes Arbeitsverhältnis zu vereinbaren.[46] Nach § 14 Abs. 1 Satz 1 TzBfG ist die Befristung eines Arbeitsvertrages zulässig, wenn sie durch einen sachlichen Grund gerechtfertigt ist. Davon werden sowohl diejenigen kalendermäßig befristeten Arbeitsverträge erfasst, die nicht bereits durch § 14 Abs. 2 Satz 1 TzBfG gerechtfertigt sind, als auch die zweckbefristeten Arbeitsverträge. Außerdem ist diese Vorschrift aufgrund der Verweisung in § 21 TzBfG auch auf auflösend bedingte Arbeitsverträge anzuwenden. Der sachliche Grund muss nicht in dem Arbeitsvertrag aufgeführt sein, es reicht aus, wenn der Rechtfertigungsgrund bei Vertragsabschluss objektiv vorgelegen hat.[47] Das Vorliegen eines sachlichen Grundes ist nicht anhand der vertraglichen Regelung, sondern anhand der objektiv im Zeitpunkt des Vertragsschlusses gegebenen Umstände aus der Sicht verständiger Vertragspartner zu bestimmen.[48] Das zuständige Gericht hat die Wirksamkeit der

---

[42] EuGH v. 22.11.2005 - C-144/04 (Mangold) - NJW 2005, 3695-3698.
[43] BAG v. 26.04.2006 - 7 AZR 500/04.
[44] BGBl I 2007, 538.
[45] Vgl. dazu BAG v. 16.11.2005 - 7 AZR 81/05 - juris Rn. 43; BGH v. 25.07.2002 - III ZR 207/01 - juris Rn. 8 - NJW 2002, 3104-3105; BAG v. 15.03.1991 - 2 AZR 516/90 - DB 1992, 896-898; *Hesse* in: MünchKomm-BGB, § 620 Rn. 1.
[46] Vgl. BAG v. 16.11.2005 - 7 AZR 81/05 - juris Rn. 43 - NZA 2006, 784-790.
[47] Vgl. dazu BAG v. 22.06.2005 - 7 AZR 499/04 - juris Rn. 18; BAG v. 26.06.2002 - 7 AZR 92/01 - juris Rn. 15 - PersV 2003, 116-117.
[48] Vgl. BAG v. 30.09.1981 - 7 AZR 789/78 - AP Nr. 61 zu § 620 BGB Befristeter Arbeitsvertrag; BAG v. 05.06.2002 - 7 AZR 241/01 - AP BeschFG 1996 § 1 Nr. 13; BAG v. 13.102004 - 7 AZR 218/04 - AP Nr. 14 zu § 14 TzBfG; LArbG Hamburg v. 10.12.2008 - 5 Sa 58/08 - juris Rn. 36.

Befristung unter Berücksichtigung aller von den Parteien vorgetragenen tatsächlichen Umstände zu prüfen.[49] Etwas anderes gilt nur dann, wenn der Arbeitnehmer die Erklärungen des Arbeitgebers dahin gehend verstehen darf, dass die Befristung ausschließlich auf einen bestimmten Sachgrund gestützt werden und von dessen Bestehen abhängen soll.[50] Anders soll es nach der Rechtsprechung des Landesarbeitsgerichts Düsseldorf dann sein, wenn entweder kraft Tarifbindung oder einzelvertraglicher Bezugnahme ein Tarifvertrag (in dem entschiedenen Fall war es der BAT) gilt, der die ausdrückliche Vereinbarung eines bestimmten sachlichen Grundes für die Befristung verlangt. Dann soll sich der Arbeitgeber nicht auf andere Befristungsgründe berufen dürfen, die bei Abschluss des Vertrages weder gegeben noch erkennbar waren und in der Vereinbarung keinen ausdrücklichen Niederschlag gefunden haben.[51] In die gleiche Richtung weist die Rechtsprechung des Bundesarbeitsgerichts hinsichtlich des Zitiergebots des § 57b Abs. 5 HRG a.F.[52]

In § 14 Abs. 1 Satz 2 Nr. 1-8 TzBfG sind beispielhaft acht anerkannte sachliche Gründe aufgeführt, die geeignet sind, die Befristung eines Arbeitsverhältnisses ebenso wie die Vereinbarung einer auflösenden Bedingung zu rechtfertigen.[53] Die Aufzählung in § 14 Abs. 1 Satz 2 TzBfG ist nach der Rechtsprechung des Bundesarbeitsgerichts nicht abschließend, wie sich aus dem darin enthaltenen Wort „insbesondere" ergibt. Durch die Aufzählung von Sachgründen in § 14 Abs. 1 Satz 2 Nr. 1-8 TzBfG sollten weder andere von der Rechtsprechung bisher anerkannte noch weitere Sachgründe für die Befristung ausgeschlossen werden.[54] Nach der gesetzlichen Vorgabe liegt ein sachlicher Grund insbesondere vor, wenn: 25

- **Nr. 1**: der betriebliche Bedarf an der Arbeitsleistung nur vorübergehend besteht.[55] Mit diesem Sachgrund knüpft das Gesetz an die vor Inkrafttreten des TzBfG von der Rechtsprechung entwickelten Grundsätze zur Befristungskontrolle nach § 620 BGB an, wonach ein nur vorübergehender Bedarf an Arbeitskräften die Befristung eines Arbeitsvertrags rechtfertigen konnte.[56] Die Befristung eines Arbeitsvertrags wegen eines nur vorübergehenden Bedarfs an der Arbeitsleistung setzt voraus, dass im Zeitpunkt des Vertragsschlusses mit hinreichender Sicherheit zu erwarten ist, dass nach dem vorgesehenen Vertragsende für die Beschäftigung des befristet eingestellten Arbeitnehmers in dem Betrieb kein (dauerhafter) Bedarf mehr besteht.[57] Der vorübergehende Bedarf i.S.d. § 14 Abs. 1 Satz 2 Nr. 1 TzBfG ist zu unterscheiden von der regelmäßig gegebenen Unsicherheit über die künftige Entwicklung des Arbeitskräftebedarfs des Arbeitgebers. Die allgemeine Unsicherheit über die zukünftig bestehenden Beschäftigungsmöglichkeiten rechtfertigt die Befristung nicht. Sie gehört zum unternehmerischen Risiko des Arbeitgebers, das er nicht durch Abschluss eines befristeten Arbeitsvertrags auf den Arbeitnehmer abwälzen kann.[58] Über den vorübergehenden Bedarf i.S.d. § 14 Abs. 1 Satz 2 Nr. 1 TzBfG ist eine **Prognose** zu erstellen, der konkrete Anhaltspunkte zugrunde liegen müssen. Die Prognose ist Teil des Sachgrunds.[59] Für eine solche Prognose müssen ausreichend konkrete Anhaltspunkte vorliegen.[60] Wird ein Arbeitnehmer für eine Aufgabe von begrenzter Dauer, z.B. die Mitarbeit an einem zeitlich begrenzten Forschungsprojekt, befristet eingestellt, muss im Zeitpunkt

---

[49] Vgl. LArbG Hamburg v. 10.12.2008 - 5 Sa 58/08 - juris Rn. 36.
[50] Vgl. dazu BAG v. 22.06.2005 - 7 AZR 499/04 - juris Rn. 18.
[51] Vgl. Landesarbeitsgericht Düsseldorf v. 22.04.2004 - 13 Sa 1265/03 - juris Rn. 12-15 - Bibliothek BAG.
[52] Vgl. BAG v. 16.11.2005 - 7 AZR 81/05 - juris Rn. 26-27 - NZA 2006, 784-790.
[53] Vgl. dazu *Preis* in: Staudinger, § 620 Rn. 94-154.
[54] Vgl. BAG v. 13.10.2004 - 7 AZR 218/04 - AP Nr. 14 zu § 14 TzBfG, zu III. 2. b) aa) der Gründe; BAG v.16.03.2005 - 7 AZR 289/04 - AP Nr. 16 zu § 14 TzBfG, zu II. 2. b) aa) der Gründe, jeweils unter Hinweis auf BT-Drs. 14/4374, S. 18; LArbG Hamburg v. 10.12.2008 - 5 Sa 58/08 - juris Rn. 38.
[55] Vgl. dazu BAG v. 23.01.2002 - 7 AZR 461/00 - juris Rn. 30 - ZTR 2002, 437-439.
[56] BT-Drs. 14/4374, S. 18 f.
[57] Vgl. BAG v. 16.10.2008 - 7 AZR 360/07 - juris Rn. 18 - NZA 2009, 676-679.
[58] Vgl. BAG v. 16.10.2008 - 7 AZR 360/07 - juris Rn. 18 - NZA 2009, 676-679; BAG 05.06.2002 - 7 AZR 241/01 - zu I 3 a der Gründe m.w.N.; BAGE 101, 262 = AP BeschFG 1996 § 1 Nr. 13 = EzA BGB § 620 Nr. 193.
[59] Vgl. BAG v. 16.10.2008 - 7 AZR 360/07 - juris Rn. 18 - NZA 2009, 676-679; BAG v. 20.02.2008 - 7 AZR 950/06 - juris Rn. 17; BAG v. 03.11.1999 - 7 AZR 846/98 - AP BAT § 2 SR 2y Nr. 19 = EzA BGB § 620 Nr. 166.
[60] Vgl. BAG v. 07.04.2004 - 7 AZR 441/03 - juris Rn. 19 - NZA 2004, 944.

des Vertragsschlusses zu erwarten sein, dass die Aufgabe nur für die Laufzeit des befristeten Arbeitsvertrags anfällt.[61] Im Bereich des **öffentlichen Dienstes** können haushaltsrechtliche Gründe die Befristung eines Arbeitsvertrags wegen eines nur vorübergehenden betrieblichen Bedarfs rechtfertigen, wenn der öffentliche Arbeitgeber zum Zeitpunkt des Vertragsabschlusses aufgrund konkreter Tatsachen die Prognose erstellen kann, dass für die Beschäftigung des Arbeitnehmers Haushaltsmittel nur vorübergehend zur Verfügung stehen.[62] Die bloße Ungewissheit über die künftige haushaltsrechtliche Entwicklung genügt hierfür nicht.[63] Ausreichend für die Prognose des öffentlichen Arbeitgebers ist aber grundsätzlich, wenn die Vergütung des befristet eingestellten Arbeitnehmers aus einer konkreten Haushaltsstelle erfolgt, die von vornherein nur für eine bestimmte Zeitdauer bewilligt worden ist und anschließend fortfallen soll.[64]

- **Nr. 2**: die Befristung im **Anschluss an eine Ausbildung oder ein Studium** erfolgt, um den Übergang des Arbeitnehmers in eine Anschlussbeschäftigung zu erleichtern.[65]
- **Nr. 3**: der Arbeitnehmer zu **Vertretung** eines anderen Arbeitnehmers beschäftigt wird. Dies ist insbesondere dann als sachlicher Grund für eine Befristung oder auflösende Bedingung anzuerkennen, wenn der Arbeitgeber im Zeitpunkt des Vertragsschlusses mit der Vertretungskraft mit der Rückkehr des Vertretenen auf seinen Arbeitsplatz rechnen muss. Davon ist – sofern nicht besondere Umstände vorliegen – bei der Erkrankung eines Arbeitnehmers grundsätzlich auszugehen.[66] Kein sachlicher Grund besteht jedoch dann, wenn der zu vertretende Arbeitnehmer verbindlich erklärt, die Arbeit nicht mehr aufnehmen zu wollen.[67] Wenn der Arbeitnehmer zur Vertretung eines anderen Arbeitnehmers befristet beschäftigt wird, darf er auch mit anderen Aufgaben betraut werden.[68] Will der Arbeitgeber einen Arbeitsvertrag mit dem Sachgrund der Vertretung befristen, muss er im Streitfall nachweisen können, dass zum Zeitpunkt des Vertragsabschlusses ein Vertretungsfall vorgelegen hat. Ein Vertretungsfall ist dadurch gekennzeichnet, dass der Arbeitnehmer als Ersatzkraft für eine Stammkraft, die vorübergehend nicht zur Verfügung steht, eingestellt wird. Kein Vertretungsfall liegt demnach mehr vor, wenn mit der Rückkehr der Stammkraft nicht mehr gerechnet werden kann, die Stammkraft also nicht mehr vorübergehend, sondern dauerhaft nicht mehr zur Verfügung steht. Insoweit muss der Arbeitgeber also die Prognose aufstellen, ob noch mit der Rückkehr der ausgefallenen Stammkraft gerechnet werden kann. Die Prognose muss sich allerdings nicht auf den Zeitpunkt der Rückkehr und damit auf die Dauer des Vertretungsbedarfs beziehen, erforderlich ist lediglich die prognostische Feststellung, dass die Stammkraft überhaupt zurückkehren wird.[69]
- **Nr. 4**: die **Eigenart der Arbeitsleistung** die Befristung rechtfertigt. Davon kann bei einem Trainer eines Profisportlers oder einer Profimannschaft[70] und u.U. auch bei einem Fernsehmoderator[71] oder einem Rundfunkredakteur der Auslandsredaktion[72] ausgegangen werden.

---

[61] Vgl. BAG v. 07.04.2004 - 7 AZR 441/03 - juris Rn. 19 - NZA 2004, 944.
[62] Vgl. BAG v. 16.10.2008 - 7 AZR 360/07 - juris Rn. 19 - NZA 2009, 676-679; BAG v. 24.01. 2001 - 7 AZR 208/99 - zu B II 3 b aa der Gründe - EzA BGB § 620 Nr. 173; BAG v. 07.07.1999 - 7 AZR 609/97 - zu II 1 der Gründe - AP BGB § 620 Befristeter Arbeitsvertrag Nr. 215 = EzA BGB § 620 Nr. 167; BAG v. 24. 01.1996 - 7 AZR 496/95 - zu III 3 d der Gründe - BAGE 82, 101 = AP BGB § 620 Befristeter Arbeitsvertrag Nr. 179 = EzA BGB § 620 Nr. 139.
[63] Vgl. BAG v. 16.10.2008 - 7 AZR 360/07 - juris Rn. 19 - NZA 2009, 676-679; BAG v. 27.01.1988 - 7 AZR 292/87 - zu I 3 b aa der Gründe - AP BGB § 620 Befristeter Arbeitsvertrag Nr. 116 = EzA BGB § 620 Nr. 97; BAG v. 24.01. 2001 - 7 AZR 208/99 - EzA BGB § 620 Nr. 173 zu B II 3 b aa der Gründe.
[64] Vgl. BAG v. 16.10.2008 - 7 AZR 360/07 - juris Rn. 19 - NZA 2009, 676-679; BAG v. 07.07.1999 - 7 AZR 609/97 - zu II 1 der Gründe.
[65] Vgl. dazu BAG v. 12.12.1985 - 2 AZR 9/85 - juris Rn. 40 - BB 1986, 1502-1504.
[66] Vgl. dazu BAG v. 05.06.2002 - 7 AZR 201/01 - juris Rn. 13 - ZIP 2002, 1738-1740.
[67] Vgl. BAG v. 02.07.2003 - 7 AZR 529/02 - juris Rn. 36 - DB 2004, 80.
[68] Vgl. dazu BAG v. 17.04.2002 - 7 AZR 665/00 - juris Rn. 30 - BAGE 101, 84-91.
[69] Vgl. LArbG Mecklenburg-Vorpommern v. 23.08.2011 - 5 Sa 40/11 - juris Rn. 20.
[70] Vgl. dazu LArbG Stuttgart v. 23.10.2000 - 9 Sa 60/00 - Bibliothek BAG.
[71] Vgl. dazu ArbG Berlin v. 20.01.2004 - 47 Ca 17605/03 - Bibliothek BAG.
[72] Vgl. dazu LArbG Köln v. 04.11.2004 - 5 Sa 962/04 - Bibliothek BAG.

- **Nr. 5**: die Befristung zur **Erprobung** erfolgt. Das Bundesarbeitsgericht hat ein auf insgesamt 18 Monate befristetes Probearbeitsverhältnis eines Konzertmeisters im Sinfonieorchester des Westdeutschen Rundfunks für zulässig erachtet.[73] Dagegen hat das Landesarbeitsgericht Köln[74] in einem Fall, in dem das Arbeitsverhältnis mit einem Lehrer insgesamt fünfmal für jeweils ein Schuljahr ununterbrochen – bzw. nur für die Zeit der Schulferien unterbrochen – befristet worden ist, den in den letzten beiden Verträgen angeführten Befristungsgrund der „Erprobung" als nicht sachlich gerechtfertigt erachtet.
- **Nr. 6**: **in der Person des Arbeitnehmers liegende Gründe** die Befristung rechtfertigen. Davon ist zum Beispiel dann auszugehen, wenn die Befristung auf ausdrücklichen Wunsch des Arbeitnehmers erfolgt.[75] Dies kann z.B. bei einem Fußballtrainer sowohl den Abschluss eines befristeten als auch eines auflösend bedingten (vgl. dazu § 21 TzBfG) Arbeitsvertrages rechtfertigen.[76]
- **Nr. 7**: der Arbeitnehmer aus **Haushaltsmitteln**[77] vergütet wird. Nach der Rechtsprechung des Bundesarbeitsgerichts setzt dies voraus, dass der öffentliche Arbeitgeber zum Zeitpunkt des Vertragsabschlusses auf Grund konkreter Tatsachen die Prognose erstellen kann, dass für die Beschäftigung des Arbeitnehmers Haushaltsmittel nur vorübergehend zur Verfügung stehen.[78]
- **Nr. 8**: die Befristung auf einem **gerichtlichen Vergleich** beruht. Nach der ständigen Rechtsprechung des Bundesarbeitsgerichts ist die Befristung eines Arbeitsverhältnisses in einem gerichtlichen Vergleich wirksam, soweit die Parteien darin zur Beendigung eines Kündigungsverfahrens oder eines Feststellungsstreits über den Fortbestand des Arbeitsverhältnisses infolge einer Befristung eine Einigung erzielen.[79]

Wie sich aus der Gesetzesformulierung „insbesondere" ergibt, ist die **Aufzählung** der sachlichen Gründe jedoch **nicht abschließend**. Sie bildet allerdings einen Beurteilungsmaßstab für die Anerkennung anderer sachlicher Befristungsgründe.[80] Zum Beispiel hat das Bundesarbeitsgericht unter bestimmten Voraussetzungen auch einen **außergerichtlichen Vergleich** als sachlichen Rechtfertigungsgrund für die Befristung eines Arbeitsverhältnisses anerkannt.[81] Dieser rechtfertigt die Befristung eines Arbeitsvertrages jedenfalls dann, wenn dem außergerichtlichen Vergleich ein offener Streit der Parteien über die Wirksamkeit der Befristung des Arbeitsverhältnisses vorausgegangen ist.[82] Davon kann dann ausgegangen werden, wenn der gekündigte Arbeitnehmer einer Aufforderung des Arbeitgebers Folge leistet, nach Ablauf der Kündigungsfrist die Tätigkeit bis zum rechtskräftigen Abschluss des anhängigen Kündigungsschutzverfahrens fortzusetzen. Dadurch kommt ein zweckbefristetes Arbeitsverhältnis zustande.[83] Erklärt ein unbefristet beschäftigter Arbeitnehmer sein Einverständnis mit einer nachträglichen Befristung, so wird dies in der Rechtsprechung nicht als ausreichend erachtet für die Wirksamkeit der Befristungsabrede. Ein objektiver, die Befristung sachlich rechtfertigender Grund liege in diesem Falle nicht vor.[84] Ein weiterer rechtfertigender sachlicher Grund – vergleichbar mit einem Probearbeitsverhältnis (§ 14 Abs. 1 Satz 2 Nr. 5 TzBfG) – ist das berechtigte Interesse des Arbeitgebers, den

---

[73] Vgl. dazu BAG v. 12.09.1996 - 7 AZR 31/96 - juris Rn. 15 - AP Nr. 27 zu § 611 BGB Musiker.
[74] LArbG Köln v. 05.02.2004 - 5 Sa 1060/03 - Bibliothek BAG.
[75] Vgl. dazu BAG v. 19.01.2005 - 7 AZR 115/04 - juris Rn. 38 - BAGReport 2005, 195-199; BAG v. 06.11.1996 - 7 AZR 909/95 - juris Rn. 14 - BB 1997, 1797-1798; LArbG Hamm v. 08.08.1991 - 4 Sa 603/91 - LAGE § 9 AÜG Nr. 4.
[76] Vgl. BAG v. 04.12.2002 - 7 AZR 492/01 - juris Rn. 40 - DB 2003, 2016-2017.
[77] Vgl. für Arbeitsbeschaffungsmaßnahmen (ABM): BAG v. 19.01.2005 - 7 AZR 250/04 - juris Rn. 26-27 - BAGReport 2005, 199-201.
[78] Vgl. dazu BAG v. 16.11.2005 - 7 AZR 81/05 - juris Rn. 33 - NZA 2006, 784-790; BAG v. 24.10.2001 - 7 AZR 542/00 - juris Rn. 22 - DB 2003, 49.
[79] Vgl. dazu BAG v. 02.12.1998 - 7 AZR 644/97 - juris Rn. 13 - BB 1999, 643-644.
[80] Vgl. dazu *Müller-Glöge* in: ErfKomm, § 14 TzBfG Rn. 5.
[81] Vgl. BAG v. 23.01.2002 - 7 AZR 552/00 - juris Rn. 18 - EzA-SD 2002, Nr. 10, 4-5.
[82] Vgl. LArbG Frankfurt v. 15.08.2002 - 12 Sa 1242/00 - juris Rn. 38 - Bibliothek BAG.
[83] Vgl. dazu BAG v. 19.01.2005 - 7 AZR 113/04 - juris Rn. 25 - BAGReport 2005, 253-254.
[84] Vgl. dazu LArbG Berlin v. 31.05.2002 - 2 Sa 264/02 - MDR 2002, 1195-1196.

§ 620

26 Arbeitnehmer auf eine künftig ausreichende Arbeitsleistung unter Zuhilfenahme von Arbeitsassistenten zu testen, nachdem das Arbeitsverhältnis zuvor wegen unzureichender Leistungen des Arbeitnehmers einvernehmlich beendet worden war.[85]

26 Nach § 21 TzBfG können Arbeitsverträge auch unter einer **auflösenden Bedingung** geschlossen werden. Kraft Verweisung gelten dann die §§ 4 Abs. 2, 5, 14 Abs. 1 Abs. 4, 15 Abs. 2 Abs. 3 Abs. 5, 16-20 TzBfG entsprechend. Aufgrund der Verweisung auf § 14 Abs. 1 TzBfG hängt die Wirksamkeit eines solchen Vertrages davon ab, ob die Bedingtheit durch einen sachlichen Grund gerechtfertigt ist. Dieses Problem stellt sich z.B. bei der Beurteilung von Verträgen mit Profifußballspielern etwa mit einsatzabhängigen Verlängerungsbedingungen.[86] Das Bundesarbeitsgericht hat im Jahr 1981 entschieden,[87] eine auflösende Bedingung in einem Arbeitsvertrag mit einem Lizenz-**Fußballspieler**, nach der das Arbeitsverhältnis beendet sein soll, wenn der den Spieler beschäftigende Verein der 2. Bundesliga vom DFB wegen wirtschaftlicher Leistungsunfähigkeit keine neue Lizenz erhalte, sei unwirksam, weil für diese auflösende Bedingung ein sachlich gerechtfertigter Grund fehle. Diese Vertragsgestaltung sei objektiv funktionswidrig, weil sie zur Umgehung des § 626 BGB (Voraussetzung für eine fristlose Kündigung) führe und dem Arbeitnehmer einseitig und vollständig das grundsätzlich vom Arbeitgeber zu tragende **Beschäftigungsrisiko** aufbürde. Ob diese Rechtsprechung angesichts der in der heutigen Zeit üblichen Spielergehälter noch zeitgemäß ist, erscheint fraglich. Im Falle eines als Co-Trainer angestellten **Fußballtrainers** hat das Arbeitsgericht Essen im Jahr 1999[88] im Sinne der Rechtsprechung des Bundesarbeitsgerichts entschieden, dass es sich bei seinem Vertrag, der nur für die zweite Fußball-Bundesliga gelten sollte, nicht um einen zweckbefristeten, sondern um einen auflösend bedingten Arbeitsvertrag handele und dass die Vereinbarung der auflösenden Bedingung nicht dazu führen dürfe, das Unternehmensrisiko (Beschäftigungsrisiko) einseitig auf den Arbeitnehmer (Trainer) abzuwälzen. Bei einer im Arbeitsvertrag vereinbarten Regelung über die Beendigung des Arbeitsverhältnisses bei Entzug einer **Einsatzgenehmigung durch die US-Streitkräfte** handelt es sich ebenfalls um eine auflösende Bedingung. Gegenstand der arbeitsgerichtlichen Kontrolle ist in diesem Fall nicht die Rechtswirksamkeit einer Gestaltungserklärung des Arbeitgebers, sondern ob die Parteien eine rechtlich statthafte Vertragsgestaltung zur Beendigung eines Arbeitsverhältnisses ohne Kündigung objektiv funktionswidrig zu Lasten des Arbeitnehmers verwendet haben.[89] Die fehlende Beschäftigungsmöglichkeit nach einem Entzug der Einsatzgenehmigung zählt nicht zu dem ausschließlich dem Arbeitgeber zuzurechnenden und damit nicht auf den Arbeitnehmer überwälzbaren **Wirtschaftsrisiko** des Arbeitgebers.[90]

27 Anders als die Befristung eines Dienstvertrages bedarf die Befristung eines Arbeitsvertrages ebenso wie der Abschluss des Arbeitsvertrages unter einer auflösenden Bedingung (vgl. § 21 TzBfG) zu ihrer Wirksamkeit der **Schriftform** (vgl. § 14 Abs. 4 TzBfG). Nicht schriftformbedürftig ist dagegen die Befristung einzelner Bedingungen des Arbeitsverhältnisses, wie z.B. eine befristete Verlängerung der Arbeitszeit.[91] Allerdings kann auch die Befristung **einzelner Vertragsbedingungen** den gesetzlichen Änderungskündigungsschutz objektiv umgehen. Sie bedarf dann, ebenso wie die Befristung des Arbeitsverhältnisses selbst, eines die Befristung rechtfertigenden Sachgrundes.[92]

28 Zur Überprüfung der Zulässigkeit von **Kettenarbeitsverhältnissen**, das sind mehrere aufeinanderfolgende befristete Arbeitsverhältnisse[93], ist – soweit nicht bereits gemäß § 14 Abs. 2 Satz 1 HS. 2 TzBfG

---

[85] Vgl. LArbG Hamburg v. 10.12.2008 - 5 Sa 58/08 - juris Rn. 47; LArbG Berlin-Brandenburg v. 08.05.2007 - 12 Sa 329/07 - juris Rn. 29-31 - LAGE § 14 TzBfG Nr. 37.
[86] Vgl. dazu *Wertenbruch*, SpuRt 2004, 134-137.
[87] Vgl. BAG v. 09.07.1981 - 2 AZR 788/78 - juris Rn. 36-37 - BAGE 36, 112-125.
[88] Vgl. ArbG Essen v. 03.08.1999 - 2 Ca 2983/97.
[89] Vgl. LArbG Rheinland-Pfalz v. 27.06.2008 - 6 Sa 81/08 - juris Rn. 44.
[90] Vgl. LArbG Rheinland-Pfalz v. 27.06.2008 - 6 Sa 81/08 - juris Rn. 48.
[91] Vgl. BAG v. 03.09.2003 - 7 AZR 106/03 - juris Rn. 11 - NJW 2004, 1126-1127.
[92] Vgl. BAG v. 04.06.2003 - 7 AZR 406/02 - juris Rn. 16 - BB 2003, 1683-1684.
[93] Vgl. *Weidenkaff* in: Palandt, Einf. § 611 Rn. 42.

auf eine sachliche Rechtfertigung verzichtet werden kann – grundsätzlich darauf abzustellen, ob die letzte Befristungsperiode sachlich gerechtfertigt ist.[94] Denn durch den Abschluss eines neuen befristeten Arbeitsvertrags stellen die Parteien ihr Arbeitsverhältnis auf eine neue Rechtsgrundlage, die künftig allein für ihre Rechtsbeziehung maßgeblich ist. Damit wird zugleich ein etwaiges unbefristetes – weil nicht wirksam befristetes (§ 16 TzBfG) – Arbeitsverhältnis aufgehoben.[95] Dies gilt nur dann nicht, wenn die Parteien in einem nachfolgenden befristeten Arbeitsvertrag dem Arbeitnehmer das Recht vorbehalten, die Wirksamkeit der vorangegangenen Befristung überprüfen zu lassen.[96] Dann ist die arbeitsgerichtliche Befristungskontrolle auch für den davor liegenden Vertrag eröffnet.[97]

In Unternehmen mit in der Regel mehr als zwanzig wahlberechtigten Arbeitnehmern hat der **Betriebsrat** gemäß § 99 Abs. 1 BetrVG sowohl bei der Einstellung eines Arbeitnehmers auf der Grundlage eines befristeten Arbeitsverhältnisses als auch bei der Verlängerung oder Umwandlung eines befristeten Arbeitsverhältnisses in ein unbefristetes Arbeitsverhältnis mitzubestimmen.[98] Der Betriebsrat ist jedoch nicht befugt, die Wirksamkeit der Befristung zu überwachen, er kann seine Zustimmung allein aus in den in § 99 Abs. 2 BetrVG aufgeführten Gründen verweigern. Denn die Zustimmungsverweigerung ist kein Instrument zu einer allgemeinen Inhaltskontrolle der Klauseln des Arbeitsvertrages.[99] Auch in den Personalvertretungsgesetzen einzelner Bundesländer ist ein Mitbestimmungsrecht des Personalrats bei der Befristung von Arbeitsverhältnissen vorgesehen.[100]

29

Nach § 23 TzBfG bleiben besondere Regelungen über die Befristung von Arbeitsverträgen nach anderen gesetzlichen Vorschriften unberührt. Damit sind Befristungen gemeint nach § 21 BerzGG[101] oder im Hochschulbereich[102] nach den §§ 57a-57f HRG[103]. Die nach den allgemeinen Wertungsmaßstäben des Befristungsrechts anerkannten Sachgründe zur Rechtfertigung von Befristungen werden durch die erleichterten Befristungsmöglichkeiten des Hochschulrahmengesetzes nicht verdrängt, sondern ergänzt.[104] Das Bundesverfassungsgericht[105] hat mit seiner Entscheidung vom 27.07.2004 die Befristungsregelungen der §§ 53, 57a, 57b HRG vom 08.08.2002 für verfassungswidrig und damit unwirksam erklärt. Durch das Gesetz zur Änderung dienst- und arbeitsrechtlicher Vorschriften im Hochschulbereich (HdaVÄndG) vom 27.12.2004[106] wurden diese Bestimmungen rückwirkend für alle seit dem 23.02.2002 abgeschlossenen Arbeitsverträge wieder in Kraft gesetzt.[107] Das Landesarbeitsgericht Düsseldorf[108] hat entschieden, eine innerbetriebliche Weisung, dass eine befristete Beschäftigung im Bereich des wissenschaftlichen Mittelbaus (Haushaltsstellen und Drittmittel) bis zum 40. Geburtstag des Wissenschaftlers/der Wissenschaftlerin beendet sein muss, verstoße gegen die EU-Diskriminierungsrichtlinie 2000/78/EG;[109] sie sei durch keinen sachlichen Grund gerechtfertigt. Der Arbeitnehmer

30

---

[94] Vgl. BAG v. 06.08.2003 - 7 AZR 33/03 - juris Rn. 22 - AP Nr. 253 zu § 620 BGB Befristeter Arbeitsvertrag.
[95] Vgl. BAG v. 16.11.2005 - 7 AZR 81/05 - juris Rn 23 - NZA 2006, 784-790.
[96] Vgl. dazu BAG v. 05.06.2002 - 7 AZR 205/01 - juris Rn. 14 - EzA-SD 2002, Nr. 21, 9-10; LArbG Köln v. 27.04.1999 - 13 Sa 897/98 - juris Rn. 32 - Bibliothek BAG.
[97] Vgl. BAG v. 16.11.2005 - 7 AZR 81/05 - juris Rn. 23 - NZA 2006, 784-790.
[98] Vgl. *Preis* in: Staudinger, § 620 Rn. 277; *Kania* in: ErfKomm, § 99 BetrVG Rn. 6.
[99] Vgl. *Kania* in: Dieterich ErfKomm, § 99 BetrVG Rn. 33.
[100] Vgl. dazu BAG v. 05.05.2004 - 7 AZR 629/03 - NZA 2004, 1346, 1349.
[101] Vgl. dazu BAG v. 06.12.2000 - 7 AZR 262/99 - juris Rn. 19 - BB 2001, 833-834.
[102] Vgl. zu befristeten Verträgen mit wissenschaftlichen Mitarbeitern: BAG v. 16.11.2005 - 7 AZR 81/05 - juris Rn. 26-30, 40; LArbG Hamburg v. 06.09.2004 - 8 Sa 8/03 - Bibliothek BAG.
[103] Vgl. dazu BAG v. 02.12.1998 - 7 AZR 644/97 - juris Rn. 15 - BB 1999, 643-644.
[104] Vgl. dazu BAG v. 22.06.2005 - 7 AZR 499/04 - juris Rn. 18.
[105] Vgl. BVerfG v. 27.07.2004 - 2 BvF 2/02 - juris Rn. 146-147 - BVerfGE 111, 226-286 - Juniorprofessur.
[106] BGBl I 2004, 3835.
[107] Vgl. dazu LArbG Düsseldorf v. 04.01.2006 - 10 Sa 1315/05 - juris Rn 22 - LAGE § 620 BGB 2002 Hochschulen Nr. 4.
[108] Vgl. LArbG Düsseldorf v. 04.01.2006 - 10 Sa 1315/05 - juris Rn. 25 - LAGE § 620 BGB 2002 Hochschulen Nr. 4 (Anmerkung: Gegen dieses Urteil ist Revision eingelegt zum BAG - 7 AZR 197/06).
[109] RL 78/2000/EG.

könne aber mit dieser Begründung nicht die Unwirksamkeit der Befristung oder seine Weiterbeschäftigung, sondern allenfalls Schadensersatz verlangen.

1. Europäischer Hintergrund der Regelung

31 Das Teilzeit- und Befristungsgesetz setzt die EG-Richtlinien 97/81/EG vom 15.12.1997[110] über Teilzeitarbeit und 1999/70EG vom 28.06.1999[111] über befristete Arbeitsverhältnisse in nationales Recht um.

2. Abdingbarkeit

32 Die Höchstdauer der Befristung nach § 14 Abs. 2 Satz 1 TzBfG (also die zwei Jahre) kann ebenso wie die Anzahl der Verlängerungen (drei) durch Tarifvertrag abweichend von § 14 Abs. 2 Satz 1 TzBfG festgelegt werden. Im Geltungsbereich eines solchen Tarifvertrages können nicht tarifgebundene Arbeitgeber und Arbeitnehmer die Anwendung der tariflichen Norm vereinbaren (vgl. § 14 Abs. 2 Satz 3 TzBfG). Im Übrigen darf – abgesehen von den in § 22 Abs. 1 TzBfG ausdrücklich genannten Ausnahmen – von den Vorschriften des Teilzeit- und Befristungsgesetzes nicht zuungunsten des Arbeitnehmers abgewichen werden.

3. Rechtsfolgen

33 Ein kalendermäßig befristeter Arbeitsvertrag endet mit Ablauf der vereinbarten Zeit (vgl. § 15 Abs. 1 TzBfG). Sofern nicht tarifvertraglich oder einzelvertraglich etwas anderes vereinbart ist, besteht dann grundsätzlich kein Anspruch des Arbeitnehmers auf Wiedereinstellung. Dies gilt auch dann, wenn sich entgegen der bei Vertragsschluss gestellten Prognose auf Grund neuer Umstände eine Möglichkeit zur Weiterbeschäftigung ergibt.[112] Ein zweckbefristeter Arbeitsvertrag endet mit Erreichen des Zweckes, frühestens jedoch zwei Wochen nach Zugang der schriftlichen Unterrichtung des Arbeitnehmers durch den Arbeitgeber über den Zeitpunkt der Zweckerreichung. Letzteres gilt sinngemäß auch für die Beendigung des unter einer auflösenden Bedingung geschlossenen Arbeitsvertrages (vgl. § 21 TzBfG). Die vorzeitige Beendigung eines befristeten oder auflösend bedingten Arbeitsverhältnisses durch eine ordentliche Kündigung ist nur zulässig, wenn dies einzelvertraglich oder im anwendbaren Tarifvertrag vereinbart ist (vgl. § 15 Abs. 3 TzBfG und § 21 TzBfG). Es ist nicht unbedingt erforderlich, die Möglichkeit einer ordentlichen Kündigung ausdrücklich in dem Arbeitsvertrag zu vereinbaren; es genügt, wenn die Parteien die Anwendbarkeit eines Tarifvertrages vereinbaren, der seinerseits die Möglichkeit einer vorzeitigen ordentlichen Kündigung eröffnet.[113] Dagegen steht die Befristung eines Arbeitsvertrages ebenso wie der Abschluss eines auflösend bedingten Arbeitsvertrages einer außerordentlichen Kündigung gemäß § 626 BGB (vgl. dazu die Kommentierung zu § 626 BGB) nicht entgegen.[114] Ist das Arbeitsverhältnis für die Lebenszeit einer Person oder für eine längere Zeit als fünf Jahre eingegangen, so kann es gemäß § 15 Abs. 4 TzBfG von dem Arbeitgeber nach Ablauf von fünf Jahren mit einer Kündigungsfrist von sechs Monaten gekündigt werden.

34 Wird das befristete oder auflösend bedingte Arbeitsverhältnis nach Ablauf der Zeit, für die es eingegangen ist, nach Zweckerreichung oder nach Eintritt der auflösenden Bedingung mit Wissen des Arbeitgebers fortgesetzt, so gilt es als auf unbestimmte Zeit verlängert, wenn nicht der Arbeitgeber unverzüglich widerspricht oder dem Arbeitnehmer die Zweckerreichung oder den Eintritt der auflösenden Bedingung nicht unverzüglich mitteilt (vgl. § 15 Abs. 5 TzBfG und § 21 TzBfG). Diese Regelung

---

[110] ABl. EG 1998 Nr. L 14, S. 9.
[111] ABl. EG 1999 Nr. L 175, S. 43.
[112] Vgl. BAG v. 20.02.2002 - 7 AZR 600/00 - juris Rn. 20 - NJW 2002, 2660-2662; zustimmend *Maschmann*, BB 2002, 1650-1652.
[113] LArbG München v. 06.06.2002 - 2 Sa 932/01 - juris Rn. 29 - Bibliothek BAG.
[114] Vgl. dazu BAG v. 12.10.1960 - GS 1/59 - NJW 1961, 798; BAG v. 15.03.1991 - 2 AZR 516/90 - juris Rn. 37 - DB 1992, 896-898.

des Teilzeit- und Befristungsgesetzes entspricht § 625 BGB (vgl. dazu die Kommentierung zu § 625 BGB).[115]

Ist die Befristung oder die Vereinbarung der auflösenden Bedingung rechtsunwirksam, so gilt der Arbeitsvertrag als auf unbestimmte Zeit geschlossen (vgl. § 16 TzBfG und § 21 TzBfG). Er kann vom Arbeitgeber – falls nicht nach § 15 Abs. 3 TzBfG die ordentliche Kündigung zu einem früheren Zeitpunkt möglich ist – frühestens zum vereinbarten Ende ordentlich gekündigt werden. Ist die Befristung oder die Bedingung nur wegen des Mangels der Schriftform unwirksam, kann der Arbeitsvertrag auch vor dem vereinbarten Ende ordentlich gekündigt werden (vgl. § 16 Satz 2 TzBfG).

C. Prozessuale Hinweise/Verfahrenshinweise

Will der Arbeitnehmer geltend machen, dass die Befristung eines Arbeitsvertrages oder die Vereinbarung einer auflösenden Bedingung rechtsunwirksam ist, muss er innerhalb von drei Wochen nach dem vereinbarten Ende des befristeten Arbeitsverhältnisses oder dem Eintritt der vereinbarten Bedingung Klage beim Arbeitsgericht auf Feststellung erheben, dass das Arbeitsverhältnis aufgrund der Befristung bzw. der auflösenden Bedingung nicht beendet ist (vgl. § 17 Satz 1 TzBfG und § 21 TzBfG). Versäumt der Arbeitnehmer diese Klagefrist, so gilt die Befristung nach § 17 Satz 2 TzBfG i.V.m. § 7 KSchG als von Anfang an rechtswirksam.[116]

D. Anwendungsfelder – Übergangsrecht (für befristete Arbeitsverträge)

Das Teilzeit- und Befristungsgesetz enthält keine Übergangsregelung für befristete Arbeitsverträge. Deshalb gilt für die Wirksamkeit der Befristung der vor dem 01.01.2001 abgeschlossenen Verträge das zum Zeitpunkt des Vertragsschlusses geltende Recht[117], also das Beschäftigungsförderungsgesetz (BeschFG 1985) und § 620 BGB in seiner bis zum 31.12.2000 gültigen Fassung. Das Teilzeit- und Befristungsgesetz ist anzuwenden für die Verlängerung, den Inhalt und die Rechtsfolgen der nach dem 31.12.2000 noch laufenden Altverträge. Ein vor dem 01.01.2001 abgeschlossener Arbeitsvertrag steht der Wirksamkeit eines nach § 14 Abs. 2 TzBfG befristet abgeschlossenen Arbeitsvertrages nicht entgegen.[118]

---

[115] Vgl. auch BAG v. 20.02.2002 - 7 AZR 662/00 - juris Rn. 27 - PersR 2002, 353-355.
[116] Vgl. dazu BAG v. 20.02.2002 - 7 AZR 622/00 - juris Rn. 48 - EzA § 17 TzBfG Nr. 1.
[117] Vgl. BGH v. 25.07.2002 - III ZR 207/01 - juris Rn. 7 - NJW 2002, 3104-3105; *Weidenkaff* in: Palandt, § 620 Rn. 6; *Gotthardt/Preis*, DB 2001, 145-152, 152.
[118] Vgl. LArbG Düsseldorf v. 11.01.2002 - 9 Sa 1612/01 - Bibliothek BAG; *Hopfner*, BB 2001, 200-201, 200.

§ 621 BGB Kündigungsfristen bei Dienstverhältnissen

(Fassung vom 02.01.2002, gültig ab 01.01.2002)

Bei einem Dienstverhältnis, das kein Arbeitsverhältnis im Sinne des § 622 ist, ist die Kündigung zulässig,

1. wenn die Vergütung nach Tagen bemessen ist, an jedem Tag für den Ablauf des folgenden Tages;
2. wenn die Vergütung nach Wochen bemessen ist, spätestens am ersten Werktag einer Woche für den Ablauf des folgenden Sonnabends;
3. wenn die Vergütung nach Monaten bemessen ist, spätestens am fünfzehnten eines Monats für den Schluss des Kalendermonats;
4. wenn die Vergütung nach Vierteljahren oder längeren Zeitabschnitten bemessen ist, unter Einhaltung einer Kündigungsfrist von sechs Wochen für den Schluss eines Kalendervierteljahrs;
5. wenn die Vergütung nicht nach Zeitabschnitten bemessen ist, jederzeit; bei einem die Erwerbstätigkeit des Verpflichteten vollständig oder hauptsächlich in Anspruch nehmenden Dienstverhältnis ist jedoch eine Kündigungsfrist von zwei Wochen einzuhalten.

Gliederung

A. Grundlagen	1
I. Kurzcharakteristik	1
II. Regelungsprinzipien	2
B. Anwendungsvoraussetzungen	3
I. Unabhängiges Dienstverhältnis	3
II. Abgrenzung	4
1. Abgrenzung vom Arbeitsverhältnis	4
2. Abgrenzung von arbeitnehmerähnlichen Personen	6
3. Einzelfälle	7
a. Scheinselbstständige	7
b. Freie Mitarbeiter	8
c. Lehrkräfte	9
d. Fachlich weisungsfreie Tätigkeiten	10
e. Vertretungsberechtigte Organmitglieder	11
III. Kündigungsfristen	15
1. Tageslohn (Nr. 1)	17
2. Stundenlohn (Nr. 1 analog)	18
3. Wochenlohn (Nr. 2)	19
4. Monatslohn (Nr. 3)	20
5. Vergütung nach Vierteljahren und längeren Zeitabschnitten (Nr. 4)	21
6. Fehlende Vergütungsbemessung nach Zeitabschnitten (Nr. 5)	22
C. Anwendungsfelder	23

A. Grundlagen

I. Kurzcharakteristik

1 § 621 BGB regelt die **Fristen der ordentlichen Kündigung eines Dienstverhältnisses, das kein Arbeitsverhältnis ist**. Die Vorschrift findet nur auf Dienstverhältnisse Anwendung, deren Dauer weder bestimmt noch aus der Beschaffenheit oder dem Zweck der Dienste zu entnehmen ist (vgl. § 620 Abs. 2 BGB). Für die ordentliche Kündigung von Arbeitsverhältnissen gilt § 622 BGB.

II. Regelungsprinzipien

2 Durch das Erste Arbeitsrechtsbereinigungsgesetz vom 14.08.1969[1] wurden die Vorschriften über die ordentliche Kündigung von unabhängigen Dienstverhältnissen und Arbeitsverhältnissen neu geordnet. Die §§ 621, 622 BGB wurden neu gefasst; sie gelten für das Kündigungsrecht von Dienst- und Arbeitsverhältnissen. Sonderregelungen gelten für die Kündigung von Handelsvertreterverträgen (§ 89 HGB) und von Heimarbeitsverhältnissen (§ 29 HAG). Diese Vorschriften gehen § 621 BGB vor.

---

[1] BGBl I 1969, 1106.

B. Anwendungsvoraussetzungen

I. Unabhängiges Dienstverhältnis

§ 621 BGB gilt nur für Dienstverhältnisse, die keine Arbeitsverhältnisse sind. Dazu zählen die Dienstverträge der Selbstständigen und freiberuflich Tätigen, wie Rechtsanwälte, Steuerberater, Steuerbevollmächtigte, Ärzte und Wirtschaftsprüfer. In der Praxis bereitet die Abgrenzung des unabhängigen Dienstverhältnisses zum Arbeitsverhältnis ebenso Schwierigkeiten wie die Abgrenzung zu den sog. arbeitnehmerähnlichen Personen. In diesen Fällen handelt es sich um besondere Formen des in § 611 BGB geregelten Dienstvertrages.

II. Abgrenzung

1. Abgrenzung vom Arbeitsverhältnis

Nach der **Rechtsprechung** des BAG kann für die Abgrenzung zwischen Arbeitsverhältnissen und unabhängigen Dienstverhältnissen § 84 Abs. 1 Satz 2 HGB herangezogen werden.[2] Diese Vorschrift gilt unmittelbar nur für die Abgrenzung des freien Handelsvertreters vom Angestellten. Die zugrunde liegende Wertung ist jedoch verallgemeinerungsfähig. Danach ist selbstständig, wer im Wesentlichen frei seine Tätigkeit gestalten und seine Arbeitszeit bestimmen kann. Im Unterschied hierzu zeichnet sich der Arbeitsvertrag durch die **persönliche Abhängigkeit** des Dienstverpflichteten gegenüber seinem Vertragspartner aus.[3] Im Umkehrschluss zu § 84 Abs. 1 Satz 2 HGB ist persönlich abhängig, wer anstatt seine Tätigkeit frei bestimmen zu können, **in eine fremde Arbeitsorganisation eingegliedert** ist und einem **Weisungsrecht** bezüglich des Arbeitsortes, der Arbeitszeit und der Art der zu leistenden Arbeit unterliegt.[4] Zur Eingliederung in die Arbeitsorganisation gehören auch die Pflicht zur Zusammenarbeit mit Kollegen und die Benutzung von Arbeitsmaterial des Arbeitgebers. Der Umfang der organisatorischen Eingliederung kann unterschiedlich stark ausgeprägt sein. Dabei ist der Übergang vom freien Dienstvertrag zum Arbeitsvertrag oft fließend. So sind Außendienstmitarbeiter in der Wahl ihres Arbeitsortes relativ frei. Gleitzeit- und Teilzeitregelungen lassen den Beschäftigten hinsichtlich der Wahl ihrer Arbeitszeit Freiräume. Wird das Weisungsrecht über längere Zeit nicht ausgeübt, wandelt sich das Arbeitsverhältnis dadurch aber noch nicht in ein freies Dienstverhältnis um.[5] Neben der Weisungsabhängigkeit können weitere Faktoren auf eine organisatorische Eingliederung hinweisen, etwa die Abführung von Steuern und Sozialversicherungsbeiträgen, die Führung von Personalunterlagen, sowie die Gewährung von Urlaub und die Zur-Verfügung-Stellung von Arbeitsgerät.

In der **Literatur** finden sich zahlreiche Versuche, die typischen Merkmale der Arbeitnehmereigenschaft abweichend von den Kriterien der Rechtsprechung zu bestimmen. Sie orientieren sich regelmäßig an der besonderen Schutzbedürftigkeit des Arbeitnehmers. So wird die Arbeitnehmereigenschaft an der Fremdnützigkeit der Tätigkeit[6] oder an dem Verlust der Dispositionsmöglichkeit über die eigene Arbeitskraft[7] festgemacht. Ein anderer Ansatz stellt auf die **Verteilung des sog. Unternehmerrisikos** ab.[8] Selbstständig ist danach, wer einerseits das Risiko trägt, keine Aufträge zu erhalten und

---

[2] BAG v. 30.11.1994 - 5 AZR 704/93 - juris Rn. 22 - DB 1995, 1767-1769; BAG v. 09.06.2010 - 5 AZR 332/09 - juris Rn. 18 ff.
[3] BAG v. 13.01.1983 - 5 AZR 149/82 - NJW 1984, 1985-1990; BAG v. 21.02.1990 - 5 AZR 162/89 - BB 1990, 1064-1065 m.w.N.; BAG v. 25.05.2005 - 5 AZR 347/04 - juris Rn. 15 - AP Nr. 117 zu § 611 BGB Abhängigkeit; BAG v. 20.01.2010 - 5 AZR 99/09 - juris Rn. 13 - DB 2010, 788-789.
[4] BAG v. 30.11.1994 - 5 AZR 704/93 - juris Rn. 23 - DB 1995, 1767-1769; BAG v. 12.12.2001 - 5 AZR 253/00 - juris Rn. 27 - NJW 2002, 2411-2413; BAG v. 25.05.2005 - 5 AZR 347/04 - juris Rn. 15 - AP Nr. 117 zu § 611 BGB Abhängigkeit; BAG v. 20.01.2010 - 5 AZR 99/09 - juris Rn. 13 - DB 2010, 788-789.
[5] BAG v. 12.09.1996 - 5 AZR 1066/94 - BB 1996, 2690-2691.
[6] *Wiedemann*, Das Arbeitsverhältnis als Austausch- und Gemeinschaftsverhältnis, 1966, S. 14.
[7] *Lieb*, Arbeitsrecht, 9. Aufl. 2006, § 1 I 1.
[8] *Wank*, Arbeitnehmer und Selbständige, 1988, S. 122 ff.

daher kein Einkommen zu erzielen, andererseits aber die Chance hat, frei über seine Arbeitskraft verfügen zu können und durch ihren Einsatz am Markt Gewinn zu erwirtschaften.

2. Abgrenzung von arbeitnehmerähnlichen Personen

6   Eine besondere Gruppe bilden die sog. **arbeitnehmerähnlichen Personen**. Sie unterscheiden sich von Arbeitnehmern dadurch, dass sie nicht in einem persönlichen Abhängigkeitsverhältnis stehen. Sie sind nicht in eine betriebliche Organisation eingegliedert und können im Wesentlichen frei über ihre Arbeitszeit bestimmen. Arbeitnehmerähnliche Personen sind jedoch gemäß der Legaldefinition von § 12a Abs. 1 Nr. 1 TVG **wirtschaftlich abhängig und vergleichbar einem Arbeitnehmer sozial schutzbedürftig**. Das Merkmal der wirtschaftlichen Abhängigkeit tritt dabei an die Stelle der persönlichen Abhängigkeit.[9] Ob der wirtschaftlich Abhängige seiner gesamten sozialen Stellung nach einem Arbeitnehmer vergleichbar und sozial schutzbedürftig ist, ist nach der Verkehrsanschauung anhand der gesamten Umstände des Einzelfalls zu beurteilen.[10] Teilweise finden arbeitsschutzrechtliche Vorschriften auf arbeitnehmerähnliche Personen ausdrücklich Anwendung, etwa § 5 Abs. 1 Satz 2 ArbGG, § 2 Satz 2 BUrlG, § 2 Abs. 2 Nr. 3 ArbSchG. Im Übrigen ist das Arbeitsrecht nicht auf arbeitnehmerähnliche Personen anwendbar. Für die ordentliche Kündigung der arbeitnehmerähnlichen Personen findet daher § 621 BGB Anwendung.[11]

3. Einzelfälle

a. Scheinselbstständige

7   Die sog. **Scheinselbstständigen** sind häufig Arbeitnehmer. Scheinselbstständige sind etwa Personen, deren Arbeitsverhältnisse in selbstständige Dienstverhältnisse umgewandelt wurden, ohne dass sich die Art der zu erbringenden Tätigkeit wesentlich geändert hat. Auslieferungsfahrer mit eigenem Fahrzeug oder Propagandistinnen, die in Kaufhäusern Waren für ein Unternehmen anbieten, werden häufig als „selbstständige" „Ein-Mann-Unternehmer" beschäftigt. Die Beschäftigten stehen aber nur dann in einem selbstständigen Dienstverhältnis, wenn sie auch nach den tatsächlichen Verhältnissen nicht weisungsabhängig sind. Daher wurde die Arbeitnehmereigenschaft von Auslieferungsfahrern in zahlreichen Fällen bejaht.[12] Auch Propagandistinnen werden als Arbeitnehmer angesehen, wenn sie weder Eigentümer des Verkaufsstandes und der angebotenen Waren sind, noch Einfluss auf Sortiment und Preisgestaltung nehmen können.[13] Auf die ordentliche Kündigung solcher Beschäftigungsverhältnisse findet nicht § 621 BGB, sondern § 622 BGB Anwendung. Auch die rechtliche **Einordnung der Franchisenehmer** beurteilt sich nach der Ausgestaltung des Vertragsverhältnisses im Einzelfall. Behält sich der Franchisegeber erhebliche Einwirkungsmöglichkeiten auf die Arbeitszeiten und das Angebotssortiment vor, so dass der Franchisenehmer zu einer bloßen Verkaufsstelle herabsinkt, ist er als Arbeitnehmer anzusehen.[14]

b. Freie Mitarbeiter

8   Die rechtliche Einordnung der **freien Mitarbeiter** im Bereich von Rundfunk und Presse war lange Zeit umstritten. Die für die inhaltliche und programmatische Gestaltung verantwortlichen Mitarbeiter werden häufig nicht als Arbeitnehmer eingestellt, sondern erbringen ihre Dienstleistungen ohne ein festes, dauerhaftes Beschäftigungsverhältnis. Die Wiedergabe und Gestaltung eines vielfältigen Ange-

---

[9] BAG v. 15.04.1993 - 2 AZB 32/92 - juris Rn. 41 - NJW 1993, 2458-2461; BAG v. 08.05.2007 - 9 AZR 777/06 - juris Rn. 10 - BB 2007, 2298-2300.
[10] BAG v. 15.04.1993 - 2 AZB 32/92 - NJW 1993, 2458-2461.
[11] *Boemke*, jurisPR-ArbR 49/2007, Anm. 2.
[12] LArbG Düsseldorf v. 04.09.1996 - 12 (6) (5) Sa 909/96 - BB 1997, 891-893; LG München I v. 15.05.1997 - 17 HKO 759/97 - BB 1997, 1762-1763.
[13] LArbG Köln v. 30.06.1995 - 4 Sa 63/95 - Bibliothek BAG.
[14] LArbG Düsseldorf v. 20.10.1987 - 16 TaBV 83/87 - NJW 1988, 725-728; BAG v. 16.07.1997 - 5 AZB 29/96 - NJW 1997, 2973-2974; *Hansen*, ZGS 2006, 376-384.

bots an Information und Unterhaltung macht nach Ansicht des BVerfG in diesen Bereichen den Einsatz eines breit gestreuten Kreises geeigneter Mitarbeiter erforderlich und rechtfertigt deren zeitlich flexible Beschäftigung.[15] Das Erfordernis einer zeitlichen Flexibilität steht einer Arbeitnehmereigenschaft jedoch nicht von vornherein entgegen. Das BAG hat in zahlreichen Entscheidungen Kriterien zur **Abgrenzung** von freien Mitarbeiterverhältnissen zu Arbeitsverhältnissen entwickelt.[16] Die Einordnung als freier Mitarbeiter ist immer dann anzunehmen, wenn die Tätigkeit durch gestalterische Freiheit und journalistisch-schöpferische Tätigkeit geprägt ist. Dagegen liegt ein Arbeitsverhältnis vor, wenn von dem programmgestaltenden Mitarbeiter ständige Dienstbereitschaft erwartet wird und ihm Arbeiten in nicht unerheblichem Umfang zugewiesen werden.[17] Auch hier ist daher letztlich auf die Möglichkeit zur freien Bestimmung der Arbeitszeit und der eigenverantwortlichen Gestaltung der Tätigkeit abzustellen.

c. Lehrkräfte

Lehrkräfte an allgemeinbildenden Schulen sind in der Regel Arbeitnehmer.[18] Für die Einordnung der Rechtsverhältnisse von **Volkshochschuldozenten** als Arbeitnehmer oder in einem unabhängigen Dienstverhältnis stehende Beschäftigte kommt es auf den Grad der persönlichen Abhängigkeit und den Umfang der Eingliederung in den Schulbetrieb im konkreten Fall an. Wenn daher Zeit, Ort und Art der Unterrichtserteilung sowie die Teilnahme an Teamsitzungen und Prüfungen vorgegeben sind, liegt Arbeitnehmereigenschaft vor.[19]

9

d. Fachlich weisungsfreie Tätigkeiten

Besonderheiten ergeben sich bei besonders qualifizierten Tätigkeiten. Hier ist der Arbeitgeber fachlich oft gar nicht in der Lage, Anweisungen hinsichtlich der Art der zu leistenden Arbeit zu erteilen. Hierzu zählt etwa das **Anstellungsverhältnis des Chefarztes**. Dass der Gesetzgeber von der Arbeitnehmereigenschaft des Chefarztes ausgeht, ergibt sich bereits aus § 18 Abs. 1 Nr. 1 ArbZG. Ähnliches gilt für den in einer Anwaltskanzlei beschäftigten Betriebswirt.[20] Die Selbstständigkeit hinsichtlich der fachlichen Entscheidungen schließt nicht die Weisungsgebundenheit insgesamt aus.[21] Die Arbeitnehmereigenschaft liegt daher vor, wenn hinsichtlich der übrigen Arbeitsleistung ein Direktionsrecht besteht.[22] Für die Kündigungsfristen findet daher nicht § 621 BGB, sondern § 622 BGB Anwendung.

10

e. Vertretungsberechtigte Organmitglieder

Umstritten ist die rechtliche Behandlung des Anstellungsverhältnisses vertretungsberechtigter Organmitglieder von Kapitalgesellschaften.

11

Bei der **GmbH**[23] muss unterschieden werden zwischen dem Fremdgeschäftsführer und dem Gesellschafter-Geschäftsführer, der zugleich am Kapital der Gesellschaft beteiligt ist. Der Fremdgeschäfts-

12

---

[15] BVerfG v. 13.01.1982 - 1 BvR 848/77, 1 BvR 1047/77, 1 BvR 916/78, 1 BvR 1307/78, 1 BvR 350/79, 1 BvR 475/80, 1 BvR 902/80, 1 BvR 965/80, 1 BvR 1177/80, 1 BvR 1238/80, 1 BvR 1461/80- NJW 1982, 1447-1451; BVerfG v. 18.02.2000 - 1 BvR 491/93, 1 BvR 562/93, 1 BvR 624/98- juris Rn. 11 - NZA 2000, 653-656.

[16] BAG v. 13.01.1983 - 5 AZR 149/82 - NJW 1984, 1985-1990; vgl. auch BAG v. 30.11.1994 - 5 AZR 704/93 - juris Rn. 21 - DB 1995, 1767-1769; BAG v. 11.03.1998 - 5 AZR 522/96 - juris Rn. 12 - BB 1998, 1265-1266; BAG v. 20.05.2009 - 5 AZR 31/08, juris Rn. 20 - NZA-RR 2010, 172-174.

[17] BAG v. 09.06.1993 - 5 AZR 123/92 - juris Rn. 16 - DB 1994, 787-788; BAG v. 20.05.2009 - 5 AZR 31/08 - juris Rn. 22 - NZA-RR 2010, 172-174.

[18] BAG v. 24.06.1992 - 5 AZR 384/91 - AP Nr. 61 zu § 611 BGB Abhängigkeit; BAG v. 20.01.2010 - 5 AZR 106/09 - juris Rn. 19.

[19] BAG v. 24.06.1992 - 5 AZR 384/91 - juris Rn. 26 - AP Nr. 61 zu § 611 BGB Abhängigkeit; BAG v. 26.07.1995 - 5 AZR 22/94 - BB 1996, 60-62; BAG v. 20.01.2010 - 5 AZR 106/09 - juris Rn. 19 m.w.N.

[20] OLG Köln v. 15.09.1993 - 2 W 149/93 - NJW-RR 1993, 1526-1527.

[21] *Preis*, Arbeitsrecht Praxis-Lehrbuch zum Individualarbeitsrecht, 3. Aufl. 2009, § 8 II 4. c) cc).

[22] Für den Chefarzt: BAG v. 10.11.1955 - 2 AZR 591/54 - BAGE 2, 221; BAG v. 27.07.1961 - 2 AZR 255/60 - NJW 1961, 2085.

[23] Zum Anstellungsvertrag des Geschäftsführers im GmbH-Konzern vgl. *Krämer*, NotBZ 2004, 81-90 und *Krämer*, NotBZ 2004, 121-134.

führer unterliegt in vollem Umfang dem Weisungsrecht der Gesellschafter. Er stellt der Gesellschaft seine Arbeitskraft zur Verfügung und ist regelmäßig vom Fortbestand des Anstellungsverhältnisses wirtschaftlich abhängig. Er ist daher **als Arbeitnehmer einzustufen**, mit der Folge, dass auf die Kündigung seines Anstellungsverhältnisses § 622 BGB Anwendung findet[24]. Die **Rechtsprechung** ist uneinheitlich. Während das **BSG** die Arbeitnehmereigenschaft von Organmitgliedern nach den allgemeinen Kriterien der Weisungsabhängigkeit und der Eingliederung in den Betrieb beurteilt[25], geht der **BGH** generell davon aus, dass der Geschäftsführer in einem selbstständigen Dienstverhältnis zur GmbH steht[26]. Für den Fremdgeschäftsführer wendet der BGH jedoch § 622 BGB entsprechend an.[27] Auch auf den Minderheitsgesellschafter findet § 622 BGB danach entsprechende Anwendung.[28] Auch für Vorstandsmitglieder einer AG ist § 622 BGB entsprechend anwendbar.[29]

13 Komplizierter liegen die Dinge beim Gesellschafter-Geschäftsführer. Aufgrund seiner Gesellschafterstellung kann er selbst auf die Ausübung des Weisungsrechts Einfluss nehmen. Das **Anstellungsverhältnis des beherrschenden Gesellschafter-Geschäftsführers** ist daher ein echtes unabhängiges Dienstverhältnis; § 621 BGB findet insoweit Anwendung.[30]

14 Das Anstellungsverhältnis ist im Übrigen von der **Organstellung** streng zu trennen. Es handelt sich um ein den dienstvertraglichen Vorschriften von § 611 BGB unterliegendes Rechtsgeschäft. Demgegenüber wird die Organschaft durch Bestellung begründet; sie endet durch Abberufung oder Niederlegung (§ 84 AktG, §§ 6, 38 GmbHG). Beide Rechtsverhältnisse sind unabhängig voneinander. Die Abberufung als Organ führt daher nicht automatisch zur Beendigung des Anstellungsverhältnisses. Dieses muss stattdessen separat gekündigt werden.[31]

III. Kündigungsfristen

15 Die Kündigungsfristen unabhängiger Dienstverhältnisse richten sich nach der Bemessung der Vergütung, nicht nach der Auszahlung. So kann vereinbart sein, dass ein Stunden-, Tages- oder Wochenlohn monatlich ausgezahlt wird, ohne dass deswegen ein Monatslohn vorliegt.[32] Die Fälligkeitsvereinbarung bzw. der Auszahlungsmodus sind insoweit unbeachtlich.[33]

16 Um dem Kündigungsempfänger die volle Kündigungsfrist zu erhalten, findet § 193 BGB keine Anwendung. Wenn der letzte Tag, an dem eine zu einem bestimmten Zeitpunkt gewollte Kündigung fristwahrend erklärt werden kann, ein Sonntag, ein staatlich anerkannter allgemeiner Feiertag oder ein Sonnabend ist, führt das nicht dazu, dass die Kündigung auch noch am folgenden Werktag wirksam

---

[24] Vgl. *Hesse* in: MünchKomm-BGB, 5. Aufl. 2009, § 622 Rn. 10; vgl. zur Frage der Arbeitnehmereigenschaft auch *Schwerdtner* in: MünchKomm-BGB, 3. Aufl. 1997, § 622 Rn. 8 unter Hinweis auf die sozialgerichtliche Rechtsprechung; *Hillmann-Stadtfeld*, GmbHR 2004, 1457-1460, 1460.

[25] BSG v. 17.05.2001 - B 12 KR 34/00 R - juris Rn. 14 - SozR 3-2400 § 7 Nr. 17; BSG v. 25.01.2006 - B 12 KR 30/04 - juris Rn. 31 - ZIP 2006, 678-682.

[26] BGH v. 26.03.1984 - II ZR 229/83 - juris Rn. 9 - BGHZ 91, 1-9; BGH v. 26.03.1984 - II ZR 120/83 - juris Rn. 13 - BGHZ 91, 217-221; BGH v. 29.01.1981 - II ZR 92/80 - juris Rn. 5 - BGHZ 79, 291-295; vgl. auch *Hillmann-Stadtfeld*, GmbHR 2004, 1457-1460, 1457.

[27] BGH v. 29.01.1981 - II ZR 92/80 - BGHZ 79, 291-295; OLG Hamm v. 20.11.2006 - 8 U 217/05 - juris Rn. 30 - GmbHR 2007, 442-444.

[28] BGH v. 26.03.1984 - II ZR 120/83 - BGHZ 91, 217-221; OLG München v. 15.02.1984 - 7 U 4750/83 - WM 1984, 896-898; OLG Hamm v. 20.11.2006 - 8 U 217/05 - juris Rn. 30 - GmbHR 2007, 442-444.

[29] *Müller-Glöge* in: ErfKomm, § 621 Rn. 4.

[30] A.A. *Hesse* in: MünchKomm-BGB, 5. Aufl. 2009, § 622 Rn. 10, § 621 Rn 12, der von der Anwendbarkeit von § 622 BGB ausgeht.

[31] BGH v. 09.02.1978 - II ZR 189/76 - juris Rn. 8 - LM Nr. 6 zu § 38 GmbHG.

[32] Vgl. BGH c. 09.06.2011 - III ZR 203/10 - juris Rn. 11, NJW 2011, 2955, 2956; *Müller-Glöge* in: ErfKomm, § 621 Rn. 6.

[33] Vgl. *Hesse* in: MünchKomm-BGB, 5. Aufl. 2009, § 621 Rn. 18; *Mansel* in: Jauernig, BGB-Kommentar § 621 Rn. 2.

erklärt werden kann.[34] Die Kündigung kann allerdings **auch am Sonn- oder Feiertag zugehen.**[35] Im Übrigen gelten die allgemeinen Grundsätze über den Zugang von Willenserklärungen. Die Berechnung der Fristen erfolgt im Fall von § 621 Nr. 4 BGB und § 621 Nr. 5 HS. 2 BGB gemäß §§ 187 Abs. 1, 188 Abs. 2 BGB. Das bedeutet, da nach § 187 Abs. 1 BGB der Tag, an dem die Kündigung zugeht, nicht mit in die Kündigungsfrist einzubeziehen ist, dass die Kündigung einen Tag vor Beginn der Kündigungsfrist zugegangen sein muss, wenn sie zum nächstmöglichen Kündigungstermin wirksam werden soll[36] (vgl. die Kommentierung zu § 622 BGB).

1. Tageslohn (Nr. 1)

§ 621 Nr. 1 BGB regelt die Kündigungsfrist bei vereinbartem Tageslohn. Dabei ist der Lohn nach Tagen bemessen. Die Kündigung ist an jedem Tag zum Ablauf des folgenden Tages zulässig. Die Kündigung kann auch an Sonn- und Feiertagen sowie zu Sonn- und Feiertagen erfolgen.[37] Unbeachtlich ist, ob an dem Tag, an welchem gekündigt wird oder am darauf folgenden Tag eine Dienstleistung geschuldet wird.

17

2. Stundenlohn (Nr. 1 analog)

Die Kündigungsfrist bei nach Stunden vergüteten unabhängigen Dienstverhältnissen ist in § 621 BGB nicht geregelt. Nach allgemeiner Meinung wird die Vergütung nach Stunden derjenigen nach Tagen gleichgestellt.[38] Es kann daher jederzeit zum Ablauf des folgenden Tages gekündigt werden. Eine solche Vergütungsform ist jedoch bei unabhängigen Dienstverhältnissen unüblich und häufiger bei abhängig Beschäftigten anzutreffen.[39]

18

3. Wochenlohn (Nr. 2)

§ 621 Nr. 2 BGB regelt die Kündigungsfrist bei vereinbartem Wochenlohn. Eine Vergütung nach Wochen liegt vor, wenn die Bezahlung für die wöchentlich geleistete Arbeit erfolgt. Das Dienstverhältnis ist zum Ablauf jedes Sonnabends (samstags) kündbar. Die Erklärung muss spätestens am ersten Werktag der ablaufenden Woche wirksam geworden sein. Das ist grundsätzlich der Montag, verschiebt sich aber auf den nächsten Werktag, wenn gesetzliche Feiertage auf den vorgehenden Sonntag folgen.[40] Der Wochenlohn ist zu unterscheiden von wöchentlich erfolgender Vergütung, bei der der Lohn nach den in dieser Zeit geleisteten Stunden bemessen wird. In diesen Fällen liegt Stundenlohn vor, bei dem sich die Kündigungsfrist nach § 621 Nr. 1 BGB richtet.

19

4. Monatslohn (Nr. 3)

§ 621 Nr. 3 BGB regelt die Kündigungsfrist bei vereinbartem Monatslohn. Eine solche Vergütung findet sich üblicherweise bei der Leistung von Diensten höherer Art. Die Kündigung zum Ende des Monats muss spätestens am 15. desselben Monats erfolgen.

20

5. Vergütung nach Vierteljahren und längeren Zeitabschnitten (Nr. 4)

§ 621 Nr. 4 BGB regelt die Kündigungsfristen, bei denen die Vergütung nach Vierteljahren oder längeren Zeitabschnitten bemessen wird. Außer der quartalsmäßigen Vergütung kommt üblicherweise eine halbjährliche oder jährliche Bemessung vor. Letzteres bietet sich immer dann an, wenn die Vergütung

21

---

[34] BAG v. 05.03.1970 - 2 AZR 112/69 - USK 70208, unter Aufgabe von BAG v. 28.07.1967 - 2 AZR 380/66 - NJW 1967, 2078; vgl. auch BGH v. 28.09.1972 - VII ZR 186/71 - BGHZ 59, 265-269.
[35] Vgl. dazu etwa *Spilger* in: Becker/Etzel/Bader, Gemeinschaftskommentar zum Kündigungsschutzgesetz, 9. Aufl. 2009, § 622 Rn. 132.
[36] *Spilger* in: Becker/Etzel/Bader, Gemeinschaftskommentar zum Kündigungsschutzgesetz, 9. Aufl. 2009, § 622 Rn. 130.
[37] *Preis* in: Staudinger, § 621 Rn. 21.
[38] *Preis* in: Staudinger, § 621 Rn. 21; *Hesse* in: MünchKomm-BGB, 5. Aufl. 2009, § 621 Rn. 20.
[39] Vgl. *Hesse* in: MünchKomm-BGB, 5. Aufl. 2009, § 621 Rn. 20.
[40] *Kraft* in: Soergel, § 621 Rn. 11; *Belling* in: Erman, § 621 Rn. 7.

in einem Gewinnanteil oder in Deputaten besteht. Wenn in solchen Fällen eine fixe Monatsvergütung hinzutritt, ist für die Berechnung der Kündigungsfrist der wesentlichere Teil der Vergütung entscheidend.[41] Die Kündigung erfolgt sechs Wochen zum Quartalsschluss. Sie muss daher **jeweils spätestens am 17.02., 19.05., 19.08. oder am 19.11.** zum Ende des Quartals zugegangen sein. Für Schaltjahre ist die Kündigung für das erste Quartal bis spätestens 18.02. möglich. Wird ein Vertrag entgegen § 309 Nr. 9a BGB über zwei Jahre hinaus befristet, so findet § 621 Nr. 4 BGB Anwendung. Ein solches Dienstverhältnis ist danach mit einer Frist von sechs Wochen zum Quartalsende kündbar.[42]

6. Fehlende Vergütungsbemessung nach Zeitabschnitten (Nr. 5)

22 § 621 Nr. 5 BGB sieht für die Kündigung bei fehlender Vergütungsbemessung nach Zeitabschnitten grundsätzlich die jederzeitige sofortige Kündigungsmöglichkeit vor. Die Vorschrift sieht im 2. Halbsatz eine Sonderregelung für die Fälle vor, in denen die Erwerbsfähigkeit des Dienstverpflichteten vollständig oder hauptsächlich in Anspruch genommen wird. Der Dienstverpflichtete ist in der Regel dann hauptsächlich in Anspruch genommen, wenn er mehr als die Hälfte seiner Arbeitszeit für dieses Dienstverhältnis aufwendet. Wer nur für einen Dienstberechtigten arbeitet, wird auch dann vollständig in Anspruch genommen, wenn die Arbeitszeit nur wenige Stunden ausmacht. Der Grad der Inanspruchnahme wird folglich an der gesamten Erwerbstätigkeit im konkreten Fall ermittelt. Die Kündigung kann im Fall von § 621 Nr. 5 HS. 2 BGB zu jedem Termin erfolgen. Es ist kein Endtermin, etwa zum Ende der Woche oder des Monats, einzuhalten.[43]

C. Anwendungsfelder

23 § 621 BGB unterliegt der **Parteidisposition**. Die Parteien können die ordentliche Kündigung ausschließen oder besondere Kündigungsgründe vereinbaren.[44] Auch die Länge der Kündigungsfristen und die Zahl der Kündigungstermine können von den Parteien verändert werden. Die Dispositionsfreiheit wird für Allgemeine Geschäftsbedingungen durch §§ 307 ff. BGB insbesondere durch § 309 Nr. 9 BGB eingeschränkt, so ist etwa eine formularvertragliche Abrede, nach der Austritte nur schriftlich zum 30.09. oder 31.03. eines jeden Jahres erfolgen können, unwirksam nach § 309 Nr. 9c BGB.[45] Unwirksam nach § 307 Abs. 1 BGB ist die Vereinbarung einer 14-tägigen Kündigungsfrist abweichend von der jederzeitigen Kündigungsmöglichkeit nach § 621 Nr. 5 BGB.[46] Im Übrigen findet der vollständige Ausschluss der ordentlichen Kündigung seine Grenze in § 624 BGB, wonach nach dem Ablauf von fünf Jahren mit einer Kündigungsfrist von sechs Monaten jederzeit gekündigt werden kann. Die außerordentliche Kündigung kann nicht ausgeschlossen werden.

---

[41] *Hesse* in: MünchKomm-BGB, 5. Aufl. 2009, § 621 Rn. 24.
[42] Vgl. dazu KG Berlin v. 20.03.1989 - 24 W 5478/86 - juris Rn. 8 ff. - NJW-RR 1989, 839-840.
[43] *Preis* in: Staudinger, § 621 Rn. 29.
[44] *Preis* in: Staudinger, § 621 Rn. 16.
[45] AG Rendsburg v. 20.12.2004 - 11 C 546/04 - SchlHA 2005, 347.
[46] BGH v. 09.06.2011 - III ZR 203/10 - juris Rn. 14, NJW 2011, 2955, 2956 m. Anm. v. *Dreher*, juris PR-SozR 23/2011, Anm. 5.

§ 622 BGB Kündigungsfristen bei Arbeitsverhältnissen

(Fassung vom 02.01.2002, gültig ab 01.01.2002)

(1) Das Arbeitsverhältnis eines Arbeiters oder eines Angestellten (Arbeitnehmers) kann mit einer Frist von vier Wochen zum Fünfzehnten oder zum Ende eines Kalendermonats gekündigt werden.

(2) ¹Für eine Kündigung durch den Arbeitgeber beträgt die Kündigungsfrist, wenn das Arbeitsverhältnis in dem Betrieb oder Unternehmen
1. zwei Jahre bestanden hat, einen Monat zum Ende eines Kalendermonats,
2. fünf Jahre bestanden hat, zwei Monate zum Ende eines Kalendermonats,
3. acht Jahre bestanden hat, drei Monate zum Ende eines Kalendermonats,
4. zehn Jahre bestanden hat, vier Monate zum Ende eines Kalendermonats,
5. zwölf Jahre bestanden hat, fünf Monate zum Ende eines Kalendermonats,
6. 15 Jahre bestanden hat, sechs Monate zum Ende eines Kalendermonats,
7. 20 Jahre bestanden hat, sieben Monate zum Ende eines Kalendermonats.

²Bei der Berechnung der Beschäftigungsdauer werden Zeiten, die vor der Vollendung des 25. Lebensjahrs des Arbeitnehmers liegen, nicht berücksichtigt.

(3) Während einer vereinbarten Probezeit, längstens für die Dauer von sechs Monaten, kann das Arbeitsverhältnis mit einer Frist von zwei Wochen gekündigt werden.

(4) ¹Von den Absätzen 1 bis 3 abweichende Regelungen können durch Tarifvertrag vereinbart werden. ²Im Geltungsbereich eines solchen Tarifvertrags gelten die abweichenden tarifvertraglichen Bestimmungen zwischen nicht tarifgebundenen Arbeitgebern und Arbeitnehmern, wenn ihre Anwendung zwischen ihnen vereinbart ist.

(5) ¹Einzelvertraglich kann eine kürzere als die in Absatz 1 genannte Kündigungsfrist nur vereinbart werden,
1. wenn ein Arbeitnehmer zur vorübergehenden Aushilfe eingestellt ist; dies gilt nicht, wenn das Arbeitsverhältnis über die Zeit von drei Monaten hinaus fortgesetzt wird;
2. wenn der Arbeitgeber in der Regel nicht mehr als 20 Arbeitnehmer ausschließlich der zu ihrer Berufsbildung Beschäftigten beschäftigt und die Kündigungsfrist vier Wochen nicht unterschreitet.

²Bei der Feststellung der Zahl der beschäftigten Arbeitnehmer sind teilzeitbeschäftigte Arbeitnehmer mit einer regelmäßigen wöchentlichen Arbeitszeit von nicht mehr als 20 Stunden mit 0,5 und nicht mehr als 30 Stunden mit 0,75 zu berücksichtigen. ³Die einzelvertragliche Vereinbarung längerer als der in den Absätzen 1 bis 3 genannten Kündigungsfristen bleibt hiervon unberührt.

(6) Für die Kündigung des Arbeitsverhältnisses durch den Arbeitnehmer darf keine längere Frist vereinbart werden als für die Kündigung durch den Arbeitgeber.

Gliederung

A. Grundlagen..................... 1	2. Verlängerte Kündigungsfristen (Absatz 2) 8
B. Anwendungsvoraussetzungen 3	3. Verkürzte Kündigungsfristen 12
I. Geltungsbereich 3	4. Probearbeitsverhältnisse (Absatz 3) 13
1. Ordentliche Kündigung 3	III. Einzelvertragliche Vereinbarungen............. 17
2. Arbeitsverhältnis....................... 4	1. Vereinbarung kürzerer Fristen (Absatz 5) 17
II. Gesetzliche Kündigungsfristen 5	a. Grundsatz......................... 17
1. Grundkündigungsfrist (Absatz 1).............. 5	

b. Aushilfsarbeitsverhältnisse (Absatz 5 Satz 1 Nr. 1)... 18	4. Benachteiligungsverbot (Absatz 6)................ 26
c. Kleinunternehmensklausel (Absatz 5 Satz 1 Nr. 2)... 20	IV. Tarifvertragliche Regelungen (Absatz 4)........ 30
d. Bezugnahme auf tarifliche Kündigungsfristen (Absatz 4 Satz 2)................................ 22	1. Grundsatz der Tarifdispositivität 30
2. Vereinbarung längerer Fristen 23	2. Tarifbindung....................................... 31
3. Rechtsfolgen einer unwirksamen Vereinbarung längerer Fristen 24	3. Differenzierung zwischen Arbeitern und Angestellten..................................... 32
	C. Anwendungsfelder.............................. 34
	D. Prozessuales..................................... 37

A. Grundlagen

1 Die Vorschrift regelt die ordentliche Kündigung von Arbeitsverhältnissen. § 622 Abs. 1 BGB sieht eine **Grundkündigungsfrist von vier Wochen zum 15. oder zum Monatsende** (Kündigungstermine) für beide Vertragsparteien vor. Unter der **Kündigungsfrist** versteht man den Zeitraum, der vom Zugang der Kündigung bis zu dem Tag reicht, mit dessen Ablauf das Arbeitsverhältnis endet. Der **Kündigungstermin** ist der Tag, an dem die Kündigungsfrist abläuft und zu dem gekündigt wird.[1] § 622 Abs. 2 BGB gibt dem Arbeitgeber **besondere Kündigungsfristen gegenüber länger beschäftigten Arbeitnehmern** auf. In Abhängigkeit von der Dauer des Arbeitsverhältnisses verlängern sich die Kündigungsfristen stufenweise. § 622 Abs. 2 Satz 2 BGB, wonach bei der Berechnung der Beschäftigungsdauer nur die Zeiten nach der Vollendung des 25. Lebensjahres des Arbeitnehmers berücksichtigt werden, verstößt gegen das Verbot der Diskriminierung wegen des Alters in seiner Konkretisierung durch die Richtlinie 2000/78/EG.[2] Es obliegt daher dem nationalen Gericht, in einem Rechtsstreit zwischen Privaten die Beachtung des Verbots der Diskriminierung wegen des Alters in seiner Konkretisierung durch die Richtlinie 2000/78/EG zu gewährleisten, indem es erforderlichenfalls entgegenstehende Vorschriften des innerstaatlichen Rechts unangewendet lässt, unabhängig davon, ob es von seiner Befugnis Gebrauch macht, in den Fällen des Art. 267 Abs. 2 AEUV den Gerichtshof der Europäischen Union um eine Vorabentscheidung über die Auslegung dieses Verbots zu ersuchen. § 622 Abs. 2 Satz 2 BGB ist daher in einem Rechtsstreit vor deutschen Gerichten nicht mehr anzuwenden.[3] Der Ablauf der Umsetzungsfrist der Richtlinie 2000/78/EG führt dazu, dass § 622 Abs. 2 Satz 2 BGB auch auf Kündigungen, die nach dem 02.12.2006 erfolgt sind, nicht mehr anzuwenden ist.[4] Auch eine Regelung in einem Tarifvertrag, wonach Zeiten vor der Vollendung des 25. Lebensjahres bei der Berechnung von Kündigungsfristen nicht zu berücksichtigen sind, ist ebenfalls wegen Verstoßes gegen den europarechtlichen Gleichheitssatz nicht anzuwenden.[5] Die Unanwendbarkeit bewirkt die „Anpassung nach oben" dergestalt, dass bei Berechnung der tariflichen Kündigungsfristen sämtlich im Betrieb zurückgelegten Beschäftigungszeiten Berücksichtigung finden.[6]

2 § 622 BGB wurde durch das Gesetz zur Vereinheitlichung der Kündigungsfristen (KündFG) vom 07.10.1993[7] neu gefasst. Damit wurde eine **Vereinheitlichung der Kündigungsfristen für Arbeiter und Angestellte**, sowie für Arbeitnehmer in den alten und den neuen Bundesländern eingeführt. Gleichzeitig wurden das Angestelltenkündigungsschutzgesetz und § 55 AGB DDR aufgehoben. An-

---

[1] BAG v. 17.11.1998 - 1 AZR 221/98 - ZIP 1999, 931-934.
[2] EuGH v. 19.01.2010 - C-555/07 - juris Rn. 43 - NZA 2010, 85-89 = ZESAR 2010, 180 m. Anm. v. *Joussen*, ZESAR 2010, 185; umfassend hierzu *Huke*, SAE 2010, 77-89.
[3] EuGH v. 19.01.2010 - C-555/07 - juris Rn. 56 - NZA 2010, 85-89; vgl. auch BVerfG v. 18.11.2008 - 1 BvL 4/08 - juris Rn. 12.
[4] BAG v. 01.09.2010 - 5 AZR 700/09 - juris Rn. 18 - AP Nr. 17 zu § 4 KSchG 1969 m. Anm. *Schwarze*; BAG 09.09.2010 - 2 AZR 714/08 - juris Rn. 15 - AP Nr. 6 zu § 622 BGB; LArbG Düsseldorf v. 17.02.2010 - 12 Sa 1311/07 - juris Rn. 17.
[5] BAG v. 29.09.2011 - 2 AZR 177/10 - juris Rn. 13, DB 2012, 807, 808; LArbG Berlin-Brandenburg v. 26.08.2008 - 7 Sa 252/08 - juris Rn. 40; dies gilt auch für Regelungen in Betriebsvereinbarungen und Arbeitsverträgen: *Gaul/Köhler*, ArbRB 2010, 53-56, 54 und BB 2010, 503-506, 504.
[6] BAG v. 29.09.2011 - 2 AZR 177/10 - juris Rn. 22 - DB 2012, 807, 808.
[7] BGBl I 1993, 1668.

lass der Neuregelung war das Urteil des BVerfG vom 30.05.1990[8], wonach die in § 622 BGB a.F. vorgesehenen unterschiedlichen Kündigungsfristen für Arbeiter und Angestellte einen Verstoß gegen den Gleichbehandlungsgrundsatz von Art. 3 Abs. 1 GG darstellten. Die in dem Urteil als grundsätzlich möglich anerkannte Differenzierung nach anderen gruppenspezifischen Kriterien, etwa nach beruflicher Qualifikation oder nach betrieblichen Tätigkeitsbereichen, wurde vom Gesetzgeber nicht aufgegriffen.

B. Anwendungsvoraussetzungen

I. Geltungsbereich

1. Ordentliche Kündigung

Hierunter fällt neben der **Beendigungskündigung** auch die **Änderungskündigung**.[9] Die Kündigungsfristen von § 622 BGB beziehen sich **dagegen nicht auf außerordentliche Kündigungen** (§ 626 BGB), da diese in der Regel fristlos erfolgen. Aber auch wenn sie ausnahmsweise mit einer Auslauffrist versehen sind, findet § 622 BGB keine Anwendung. Der Kündigende kann vielmehr selbst bestimmen, zu welchem Zeitpunkt die außerordentliche Kündigung wirksam werden soll.[10] Bleibt unklar, in welcher Art und zu welchem Zeitpunkt gekündigt ist, gilt die Kündigung als ordentliche zum nächst zulässigen Zeitpunkt.[11] Soweit das LAG Hamm[12] der Auffassung ist, es sei nicht Aufgabe des Arbeitnehmers, darüber zu rätseln, zu welchem Kündigungstermin der Arbeitgeber die Kündigung gewollt haben könnte und es sei daher für den Kündigungsadressaten die Kündigungserklärung nur hinreichend bestimmt, wenn dem Arbeitnehmer für den nächstzulässigen Termin das maßgebliche Rahmenprogramm (gesetzliche, tarifvertragliche oder arbeitsvertragliche Kündigungsfristenregelung) und die maßgeblichen Tatsachen (Dauer der Betriebszugehörigkeit) mitgeteilt werden, ist dem nicht zu folgen. Ausnahmsweise muss die Kündigungsfrist von § 622 BGB als Auslauffrist eingehalten werden. Das gilt in den Fällen, in denen die ordentliche Kündigung ausgeschlossen ist.[13] § 622 BGB gewährt einen **zeitlich beschränkten Kündigungsschutz**. Dem Arbeitnehmer soll hierdurch ermöglicht werden, ohne wirtschaftliche Nachteile einen neuen Arbeitsplatz zu finden; dem Arbeitgeber soll die Personalplanung erleichtert werden.[14] Die Vorschrift ist **in beschränktem Umfang abdingbar**. Sie enthält in weiten Teilen zwingendes Recht und gestattet die Abkehr vom gesetzlichen Mindestschutz nur – von § 622 Abs. 5 BGB abgesehen – den Tarifpartnern[15] (vgl. Rn. 30).

2. Arbeitsverhältnis

§ 622 BGB regelt ausschließlich die Kündigungsfristen bei Arbeitsverhältnissen. Zur Abgrenzung des Arbeitsvertrags vom selbstständigen Dienstvertrag vgl. die Kommentierung zu § 621 BGB. Die Vorschrift findet auch Anwendung auf **Teilzeitbeschäftigungsverhältnisse** und auf die **Arbeitsverhältnisse der geringfügig Beschäftigten**. Ob die Regelungen über die verlängerten Kündigungsfristen auf arbeitnehmerähnliche Personen anzuwenden sind, ist in der höchstrichterlichen Rechtsprechung bisher nicht entschieden. In der Literatur ist die Frage umstritten. Teilweise wird die Anwendung des § 622

---

[8] BVerfG v. 30.05.1990 - 1 BvL 2/83 - NJW 1990, 2246-2249.
[9] BAG v. 12.01.1994 - 4 AZR 152/93 - NJW 1994, 2564-2566.
[10] BAG v. 15.03.1973 - 2 AZR 255/72 - AP Nr. 3 zu § 63 SeemG.
[11] LArbG Köln v. 06.10.2005 - 6 Sa 843/05 - NZA-RR 2006, 353.
[12] LArbG Hamm v. 06.04.2011 - 6 Sa 9/11 - juris Rn. 17 ff.
[13] BAG v. 28.03.1985 - 2 AZR 113/84 - NJW 1985, 2606-2607; BAG v. 21.06.1995 - 2 ABR 28/94 - BB 1995, 2113-2115; *Müller-Glöge* in: ErfKomm, § 622 Rn. 3.
[14] *Müller-Glöge* in: ErfKomm, § 622 Rn. 1; *Lingemann* in: Prütting/Wegen/Weinreich, § 622 Rn. 1.
[15] LArbG Hamm v. 23.05.2005 - 16 Sa 2470/04 - juris Rn. 26 - NZA-RR 2005, 580.

Abs. 2 Satz 2 BGB auf arbeitnehmerähnliche Personen abgelehnt[16], teilweise wird sie befürwortet[17]. Die Kündigungsfristen für unabhängige Dienstverhältnisse regelt § 621 BGB. Zur Kündigung von Organmitgliedern vgl. die Kommentierung zu § 621 BGB.[18] In Rechtsprechung und Literatur umstritten ist die Frage, ob bei einer Kündigung vor Arbeitsaufnahme die Kündigungsfrist mit Zugang der Kündigung zu laufen beginnt oder erst mit dem Zeitpunkt des vereinbarten Arbeitsbeginns. Das BAG vertritt die Auffassung, dass, sofern keine ausdrückliche vertragliche Vereinbarung gegeben ist, im Wege der Vertragsauslegung der Parteiwille zu ermitteln ist. Dies gilt auch für vorformulierte Arbeitsverträge.[19] Anhaltspunkte ergeben sich hierbei etwa aus der Länge der vereinbarten Kündigungsfristen und der Art der vorgesehenen Beschäftigung. Dabei spricht die Vereinbarung der kürzest möglichen Kündigungsfrist dafür, dass die Kündigungsfrist bereits mit Zugang der Kündigung laufen soll.[20] Im Zweifel ist auch auf den Zugang abzustellen, da dies der für die Kündigung von Dauerschuldverhältnissen geltenden dispositiven gesetzlichen Rechtslage entspricht.

II. Gesetzliche Kündigungsfristen

1. Grundkündigungsfrist (Absatz 1)

5   Das Arbeitsverhältnis eines Arbeiters oder eines Angestellten kann grundsätzlich mit einer **Frist von vier Wochen zum 15. oder zum Ende eines Kalendermonats** gekündigt werden. Diese Frist gilt sowohl für die arbeitnehmerseitige als auch für die arbeitgeberseitige Kündigung. Mit vier Wochen sind 28 Tage gemeint, nicht ein ganzer Monat.[21] Unerheblich ist, ob der 15. oder der letzte Tag eines Monats auf einen Samstag, Sonntag oder Feiertag fällt. Die Kündigungsfrist beginnt an dem Tag, der auf den Tag des Zugangs der Kündigung folgt, § 188 BGB i.V.m. § 187 Abs. 1 BGB. Dies gilt auch – sofern vertraglich keine anderweitige Regelung getroffen wurde – in dem Fall, dass die **Kündigung vor Arbeitsantritt** erklärt wird[22] (vgl. dazu Rn. 4). Der Fristbeginn kann nicht vertraglich auf den Tag des Zugangs der Kündigungserklärung gelegt werden.[23]

6   Ist der letzte Tag, an dem die Kündigung unter Wahrung der Frist erklärt werden kann, ein Samstag, Sonntag oder Feiertag, kann die Kündigung trotzdem nicht am folgenden Werktag erklärt werden.[24] **Die Kündigungsfrist muss dem Arbeitnehmer vollständig erhalten bleiben.** § 193 BGB findet daher auf die Kündigung von Arbeitsverhältnissen keine Anwendung.[25] Die Kündigung kann allerdings auch am Sonn- oder Feiertag zugehen; es kann etwa der Arbeitnehmer, der die Kündigung an einem Sonn- oder Feiertag in Empfang genommen hat, die Kündigung nicht deshalb zurückweisen, weil sie ihm an einem solchen Tag ausgehändigt worden ist.[26] Geht die Kündigung verspätet zu, wird sie zum nächst zulässigen Termin wirksam, wenn sich nicht aus den Umständen ausnahmsweise etwas anderes ergibt.[27] Der Kündigende kann **freiwillig eine längere als die gesetzliche Mindestfrist setzen**; hierdurch wird der Kündigungsempfänger nicht unzulässig beeinträchtigt. Eine Änderungskündigung ist

---

[16] *Bittner* in: Henssler/Willemsen/Kalb, § 621 Rn. 7.
[17] Vgl. *Rost* in: Becker/Etzel/Bader, Gemeinschaftskommentar zum Kündigungsschutzgesetz, 9. Aufl. 2009, Arbeitnehmerähnliche Personen, Rn. 67 ff.; dem zustimmend LArbG Köln v. 29.05.2006 - 14 (5) Sa 1343/05 - AR-Blattei ES 120 Nr. 22.
[18] Zum Vertrauensentzug nach § 84 Abs. 3 Satz 2 AktG und die hierauf gestützte Beendigung des Vorstandsvertrages vgl. *Meier*, FS Arbeitsgemeinschaft im Dt. Anwaltsverein, 505-524.
[19] BAG v. 25.03.2004 - 2 AZR 324/03 - AP Nr. 1 zu § 620 BGB, Kündigung vor Dienstantritt; *Linck*, AR-Blattei SD 1010.1.3., Rn.
[20] BAG v. 25.03.2004 - 2 AZR 324/03 - AP Nr. 1 zu § 620 BGB, Kündigung vor Dienstantritt.
[21] *Müller-Glöge* in: ErfKomm, § 622 Rn. 8.
[22] Vgl. zu dieser Thematik *Herbert/Oberrath*, NZA 2004, 121-129, 122 ff.
[23] BAG v. 13.10.1976 - 5 AZR 638/75 - BB 1977, 396.
[24] BAG v. 05.03.1970 - 2 AZR 112/69 - USK 70208, unter Abkehr von BAG v. 28.07.1967 - 2 AZR 380/66 - NJW 1967, 2078.
[25] BAG v. 05.03.1970 - 2 AZR 112/69 - USK 70208.
[26] *Spilger* in: KR, 9. Aufl. 2009, § 622 BGB Rn. 132.
[27] BAG v. 18.04.1985 - 2 AZR 197/84 - DB 1985, 2255.

unwirksam, wenn die angebotene Änderung der Arbeitsbedingungen vor Ablauf der Kündigungsfrist in Kraft treten soll. Andernfalls würde vom Arbeitnehmer verlangt werden, dass er auf die ihm gesetzlich zustehende Kündigungsfrist verzichtet, ohne dass hierfür ein wichtiger Grund im Sinne von § 626 BGB vorliegt.[28] Im Fall einer Massenentlassungsanzeige nach § 17 Abs. 1 KSchG wird die Kündigungsfrist nicht erst mit Ablauf der Sperrfrist gem. § 18 Abs. 1 KSchG in Lauf gesetzt.[29]

Die schriftlich ausgesprochene ordentliche Kündigung ohne Einhaltung der maßgeblichen ordentlichen Kündigungsfrist ist regelmäßig nach § 140 BGB in eine Kündigung zum nächst zulässigen Termin umzudeuten.[30]

2. Verlängerte Kündigungsfristen (Absatz 2)

Nach der Regelung von § 622 Abs. 2 BGB verlängern sich die Kündigungsfristen **für den Arbeitgeber** mit zunehmender Dauer des Arbeitsverhältnisses. Nach zweijähriger Dauer beträgt die Kündigungsfrist einen Monat. Die **Staffelung** setzt sich **über sieben Stufen** hinweg fort bis zu einer Kündigungsfrist von sieben Monaten nach 20jähriger Beschäftigungsdauer. Es ist zu beachten, dass die verlängerten Kündigungsfristen **nur für Arbeitsverhältnisse in Betrieben oder Unternehmen** des Arbeitgebers gelten. Daher fallen zum Beispiel Hausangestellte und Hausgehilfen nicht unter § 622 Abs. 2 BGB; für sie gilt die Grundkündigungsfrist von § 622 Abs. 1 BGB.[31] Der **Arbeitnehmer** kann **auch bei längerer Beschäftigungsdauer nach der Grundkündigungsfrist** von § 622 Abs. 1 BGB **kündigen**. Es ist jedoch zulässig, vertraglich zu vereinbaren, dass für den Arbeitnehmer die gleichen Fristen gelten, wie für den Arbeitgeber (sog. **Gleichbehandlungsabrede**).[32] Dem steht auch nicht § 622 Abs. 5 BGB entgegen, da nach dieser Vorschrift nur kürzere als die gesetzlichen Fristen ausgeschlossen sein sollen. Die in § 622 Abs. 2 Satz 1 Nr. 1-7 BGB festgesetzten Kündigungstermine dienen der Erleichterung der Berechnung der Kündigungsfristen. Sie haben aber im Rahmen des durch die Fristen gewählten zeitlichen Bestandsschutzes eine selbständige Bedeutung, indem sie die Beendigungswirkung einer Kündigung auf einen späteren Zeitraum verschieben. Langfristige Arbeitsverhältnisse sollen zu einem „runden Datum" beendet werden. Eine Beendigung zu einem anderen Termin kann gerade einem neuen Arbeitgeber bei einem langjährig Beschäftigten Probleme signalisieren. Hiervor sollen langjährig beschäftigte Arbeitnehmer geschützt werden. Dem Schutzzweck entsprechend kann mit einem langjährig beschäftigten Arbeitnehmer deshalb auch kein Kündigungstermin vereinbart werden, der nicht auf ein Monatsende fällt.[33]

Für die Berechnung der Dauer des Arbeitsverhältnisses ist auf den Zeitpunkt des Zugangs der Kündigung abzustellen, nicht auf den Zeitpunkt, zu dem das Arbeitsverhältnis enden soll.[34] Entscheidend ist allein der rechtliche Bestand des Arbeitsverhältnisses.[35] **Tatsächliche Unterbrechungen** sind für die Berechnung der Beschäftigungsdauer unerheblich.[36] Ob der Arbeitnehmer während der Dauer des Arbeitsverhältnisses tatsächlich Arbeitsleistungen erbracht hat oder wegen Arbeitsunfähigkeit daran gehindert war, ist ebenfalls unerheblich.

Eine **rechtliche Unterbrechung** kann dann für die Berechnung der Kündigungsfristen unbeachtlich sein, wenn eine tarifvertragliche Anrechnungsregelung, ein enger sachlicher und zeitlicher Zusammen-

---

[28] LArbG Hamm v. 18.01.2006 - 14 Sa 1126/05.
[29] BAG v. 06.11.2008 - 2 AZR 935/07 - juris Rn. 27 f.; a.A. LArbG Berlin-Brandenburg v. 21.12.2007 - 6 Sa 1846/07 - AuA 2008, 369 mit Anm. v. *Bissels*, jurisPR-ArbR 13/2008, Anm. 2; LArbG Berlin-Brandenburg v. 23.02.2007 - 6 Sa 2152/06 - BB 2007, 2296-2298.
[30] *Litterscheid/Reufels*, ArbRB 2003, 113-116, 114.
[31] *Müller-Glöge* in: ErfKomm, § 622 Rn. 6.
[32] BAG v. 29.08.2001 - 4 AZR 337/00 - ZIP 2002, 410-412.
[33] BAG v. 12.07.2007 - 2 AZR 699/05 - juris Rn. 40; vgl. auch BAG v. 21.08.2008 - 8 AZR 201/07 - juris Rn. 29 - NJW 2009, 391-396.
[34] *Müller-Glöge* in: ErfKomm, § 622 Rn. 9; *Lingemann* in: Prütting/Wegen/Weinreich, § 622 Rn. 2.
[35] LArbG Hannover v. 25.11.2002 - 5 Sa 1183/02 - juris Rn. 77 - Bibliothek BAG.
[36] LArbG Hannover v. 25.11.2002 - 5 Sa 1183/02 - juris Rn. 77 - Bibliothek BAG; *Müller-Glöge* in: ErfKomm, § 622 Rn. 10.

hang besteht (vgl. Rn. 11) oder wenn die Parteien einzelvertraglich ausdrücklich oder zumindest konkludent eine Absprache über die Anrechnung von vorherigen Beschäftigungszeiten getroffen haben.[37]

11 **Beschäftigungszeiten aus früheren Arbeitsverhältnissen** mit anderen Arbeitgebern **werden grundsätzlich nicht angerechnet**. Frühere Arbeitsverhältnisse mit demselben Arbeitgeber werden nur dann berücksichtigt, wenn ein enger zeitlicher oder sachlicher Zusammenhang zu dem aktuellen Arbeitsverhältnis besteht.[38] Ob dies der Fall ist, lässt sich jedoch nicht nach starren Regeln beurteilen.[39] Ein zeitlicher Zusammenhang besteht insbesondere dann, wenn mehrere Arbeitsverhältnisse unmittelbar aufeinander folgen. Auf die Gründe für die Beendigung des früheren Arbeitsverhältnisses kommt es nicht an.[40] Besteht ein unmittelbarer zeitlicher Zusammenhang, ist es nicht entscheidend, wenn sich der Inhalt des Arbeitsverhältnisses ändert. Bei einem Betriebsübergang findet eine Anrechnung von Beschäftigungszeiten wegen des mit § 613a BGB verbundenen Schutzzwecks statt.[41] Beim **Übergang eines freien Mitarbeiterverhältnisses in ein Arbeitsverhältnis** findet eine Zusammenrechnung statt, wenn die Art der bisherigen Tätigkeit im Wesentlichen gleich bleibt.[42] Kurzfristige rechtliche Unterbrechungen eines Arbeitsverhältnisses sind unschädlich, wenn zwischen den Arbeitsverhältnissen ein enger zeitlicher und sachlicher Zusammenhang besteht.[43] Eine mehr als dreiwöchige Unterbrechung ist von erheblichem Gewicht, ohne jedoch die Anrechenbarkeit früherer Beschäftigungszeiten auszuschließen. Denn maßgeblich sind Anlass und Dauer der Unterbrechung: Je länger die zeitliche Unterbrechung ist, umso gewichtiger müssen die für einen sachlichen Zusammenhang sprechenden Gründe sein. So wird in der Regel bei einer Unterbrechung von etwa einem Jahr ein solcher enger zeitlicher und sachlicher Zusammenhang nicht mehr gegeben sein.[44]

3. Verkürzte Kündigungsfristen

12 Verkürzungen der Grundkündigungsfrist von § 622 Abs. 1 BGB sieht das Gesetz für das Probearbeitsverhältnis (§ 622 Abs. 3 BGB) vor. Darüber hinaus ist in bestimmten Fällen eine Verkürzung der Grundkündigungsfrist durch einzelvertragliche Vereinbarung (vgl. Rn. 17) oder durch Tarifvertrag (vgl. Rn. 30) möglich.

4. Probearbeitsverhältnisse (Absatz 3)

13 § 622 Abs. 3 BGB enthält eine Regelung der **Kündigungsfristen bei vereinbarten Probezeiten**. Während der Dauer der Probezeit, längstens für die Dauer von sechs Monaten, kann das Arbeitsverhältnis von beiden Seiten mit einer **Frist von zwei Wochen** gekündigt werden. Ein Kündigungstermin ist nicht einzuhalten. Die Probezeit muss ausdrücklich vereinbart worden sein. Ist eine längere Probezeit vereinbart, gilt nach Ablauf von sechs Monaten die Grundkündigungsfrist des § 622 Abs. 1 BGB.[45] Auch die Regelungen des allgemeinen Kündigungsschutzes finden dann Anwendung, insbesondere das Kündigungsschutzgesetz, sofern neben den Voraussetzungen des § 1 Abs. 1 KSchG auch die des § 23 KSchG gegeben sind. Maßgebend ist die Kündigungserklärung. Eine innerhalb der sechs Monate zugegangene Kündigung unterfällt auch dann der kurzen Frist, wenn das Fristende nach Ablauf der sechs Monate liegt.[46] Die Wirksamkeit einer Probezeitvereinbarung nach § 622 Abs. 3 BGB hängt dabei vorbehaltlich abweichender tarifvertraglicher Bestimmungen nach § 622 Abs. 4 BGB allein davon ab, dass die Probezeitdauer 6 Monate nicht übersteigt. Soweit im Schrifttum die

---

[37] LArbG Hannover v. 25.11.2002 - 5 Sa 1183/02 - juris Rn. 77 - Bibliothek BAG.
[38] BAG v. 18.08.2011 - 8 AZR 312/10 - juris Rn. 38, NZA 2012, 152, 155; BAG v. 18.09.2003 - 2 AZR 330/02 - juris Rn. 15 - NZA 2004, 319, 320.
[39] LArbG Hannover v. 25.11.2002 - 5 Sa 1183/02 - juris Rn. 80 - Bibliothek BAG.
[40] BAG v. 04.02.1993 - 2 AZR 416/92 - juris Rn. 26 - AP Nr. 2 zu § 21 SchwbG 1986.
[41] BAG v. 23.10.2008 - 2 AZR 131/07 - juris Rn. 48 - AP Nr. 43 zu § 23 KSchG 1969.
[42] BAG v. 06.12.1978 - 5 AZR 545/77 - DB 1979, 896-897.
[43] BAG v. 10.05.1989 - 7 AZR 450/88 - BB 1990, 214-215.
[44] LArbG Hannover v. 25.11.2002 - 5 Sa 1183/02 - juris Rn. 80 - Bibliothek BAG.
[45] *Müller-Glöge* in: ErfKomm, § 622 Rn. 14; zur Probezeit: *Venghaus*, dbR 2008, Nr. 2, 15-16.
[46] BAG v. 21.04.1966 - 2 AZR 264/65 - NJW 1966, 1478.

Auffassung vertreten wird, die Probezeit dürfe nur so lange sein, wie dies zur Erprobung für die betreffende Tätigkeit erforderlich sei[47], folgt dem das BAG nicht. Eine einzelfallbezogene Angemessenheitsprüfung der vereinbarten Dauer findet nicht statt.[48]

Eine **Verkürzung der Kündigungsfrist von Absatz 3 durch Parteivereinbarung ist nicht möglich**, Absatz 5. An die Stelle einer unwirksamen Vereinbarung tritt die gesetzliche Regelung. Einzelvertraglich können jedoch längere Kündigungsfristen vereinbart werden. Eine **Verkürzung der Kündigungsfrist durch Tarifvertrag ist möglich**, § 622 Abs. 4 BGB.[49] Haben die Vertragsparteien die zulässige Kündigungsfrist von 2 Wochen lediglich für den 2. und 3. Monat des Arbeitsverhältnisses vereinbart, dann lässt sich daraus schließen, dass danach eine andere Kündigungsfrist gelten sollte, nämlich die des § 622 Abs. 1 BGB.[50]   14

Im Zweifel ist davon auszugehen, dass die Parteien ein Arbeitsverhältnis auf unbestimmte Zeit mit vorgeschalteter Probezeit vereinbaren wollten.[51] Möglich ist jedoch auch die **Vereinbarung eines befristeten Probearbeitsverhältnisses**, vgl. § 14 Abs. 1 Satz 1 Nr. 5 TzBfG. An diese Vereinbarung sind jedoch strenge Anforderungen zu stellen. Aus der Parteivereinbarung muss klar, eindeutig und zweifelsfrei hervorgehen, dass ein befristetes Arbeitsverhältnis gewollt ist. Zu beachten ist, dass die **ordentliche Kündigung beim befristeten Probearbeitsverhältnis vor Zeitablauf grundsätzlich ausgeschlossen** ist. Ein (ordentliches) Kündigungsrecht kann aber ausdrücklich vereinbart werden, vgl. § 15 Abs. 3 TzBfG.[52]   15

Ist bei einem **Berufsausbildungsverhältnis** keine Probezeit (§ 20 BBiG) vereinbart worden, ist durch ergänzende Vertragsauslegung zu ermitteln, welche Probezeit hätte vereinbart werden müssen.[53] Hierbei ist auf die übliche Dauer der Probezeit in vergleichbaren Ausbildungsverhältnissen abzustellen. Die **Darlegungs- und Beweislast hinsichtlich der Dauer der vereinbarten Probezeit** trifft denjenigen, der sich auf die für ihn günstigere Regelung beruft.[54]   16

III. Einzelvertragliche Vereinbarungen

1. Vereinbarung kürzerer Fristen (Absatz 5)

a. Grundsatz

Einzelvertragliche Abkürzungen der Grundkündigungsfrist von § 622 Abs. 1 BGB sind **grundsätzlich unzulässig**, § 622 Abs. 5 BGB. Etwas anderes gilt nur für die gesetzlichen Sonderfälle der einzelvertraglichen Bezugnahme auf einen Tarifvertrag (§ 622 Abs. 4 BGB), der Aushilfsarbeitsverhältnisse (§ 622 Abs. 5 Satz 1 Nr. 1 BGB) und bei Kleinunternehmen (§ 622 Abs. 5 Satz 1 Nr. 2 BGB). **Auch die verlängerten Kündigungsfristen für den Arbeitgeber** nach § 622 Abs. 2 BGB sind **zwingend**.[55] An die Stelle einer unzulässigerweise vereinbarten kürzeren Kündigungsfrist tritt die gesetzliche Regelung. Die **Vereinbarung weiterer Kündigungstermine** als die gesetzlichen Regelungen vorsehen, **ist unzulässig**. Auch können durch die Einhaltung einer Kündigungsfrist, die länger als die gesetzliche oder vertraglich vereinbarte Kündigungsfrist ist, die gesetzlich vorgeschriebenen Kündigungstermine nicht verändert werden.[56]   17

---

[47] *Spilger* in: KR, 9. Aufl. 2009, § 622 BGB Rn. 155b m.w.N.
[48] BAG v. 24.01.2008 - 6 AZR 519/07 - juris Rn 15, 16 - EBE/BAG 2008, 67-70.
[49] ArbG Frankfurt v. 20.08.2003 - 6 Ca 8073/02 - juris Rn. 22, wonach keine rechtlichen Bedenken bestehen gegen die Wirksamkeit einer Probezeitkündigungsfrist von einem Tag.
[50] LArbG Mecklenburg-Vorpommern v. 14.11.2007 - 2 Sa 171/07 - juris Rn. 21.
[51] BAG v. 29.07.1958 - 3 AZR 49/56 - NJW 1959, 454.
[52] *Kleinebrink* in: Festschrift für Leinemann, 73-93, 78 ff.
[53] *Schwerdtner* in: MünchKomm-BGB, 3. Aufl. 1997, § 622 Rn. 40.
[54] *Schwerdtner* in: MünchKomm-BGB, 3. Aufl. 1997, § 622 Rn. 40.
[55] LArbG Hessen v. 14.06.2010 - 16 Sa 1036/09 - juris Rn. 26 - NZA-RR 2010, 465, 466.
[56] BAG v. 21.08.2008 - 8 AZR 201/07 - juris Rn. 29 - NJW 2009, 391-396.

b. Aushilfsarbeitsverhältnisse (Absatz 5 Satz 1 Nr. 1)

18 Nach § 622 Abs. 5 Satz 1 Nr. 1 BGB kann die **gesetzliche Kündigungsfrist bei Aushilfsarbeitsverhältnissen** verkürzt und der Kündigungstermin verändert werden, so dass nicht zum 15. oder zum Ende des Kalendermonats gekündigt werden muss. Dies setzt aber voraus, dass die ordentliche Kündbarkeit vereinbart wird, denn i.d.R. wird ein Aushilfsarbeitsverhältnis befristet abgeschlossen.[57] Die Verkürzung der Kündigungsfrist kann bis hin zur Vereinbarung einer fristlosen ordentlichen Kündigung reichen.[58] Ein Aushilfsarbeitsverhältnis liegt vor, wenn ein Arbeitnehmer zu dem Zweck der vorübergehenden Aushilfe beschäftigt wird. Die Besonderheit des Aushilfsarbeitsverhältnisses besteht – so das BAG – darin, dass „der Arbeitgeber es von vornherein nicht auf Dauer eingehen will, sondern nur, um einen vorübergehenden Bedarf an Arbeitskräften zu decken, der nicht durch den normalen Betriebsablauf, sondern durch den Ausfall von Stammkräften oder durch einen zeitlich begrenzten zusätzlichen Arbeitsanfall begründet ist. Dabei muss der Inhalt des Arbeitsvertrages die nur vorübergehend beabsichtigte Beschäftigung deutlich ausweisen und darüber hinaus der Tatbestand des nur vorübergehenden Bedarfs auch objektiv vorliegen".[59] Ein **objektiv nur vorübergehender Bedarf** liegt beispielsweise vor, wenn ein Arbeitnehmer zur Vertretung eines zeitweilig ausgefallenen Mitarbeiters eingestellt wird.[60] Für das Vorliegen eines Aushilfsarbeitsverhältnisses gemäß § 622 Abs. 5 Nr. 1 BGB trägt derjenige die **Beweislast**, der daraus Rechte herleitet.

19 Die Auffassung, es folge bereits aus der Vereinbarung eines Aushilfsarbeitsverhältnisses, dass die Kündigungsfrist abgekürzt sein soll, findet im Gesetzeswortlaut keine Stütze.[61] Das Gesetz geht vielmehr von einer **besonderen Vereinbarung** in Ausnahme zu den grundsätzlich geltenden Regelkündigungsfristen aus. Es ist daher eine ausdrückliche Regelung über die Abkürzung der Kündigungsfrist erforderlich. Fehlt eine solche, gilt die gesetzliche Kündigungsfrist. Zu beachten ist, dass die Kündigungsfrist für den Arbeitnehmer nicht länger sein darf als für den Arbeitgeber, § 622 Abs. 6 BGB. Liegt ein Aushilfsarbeitsverhältnis vor, so kann für die ersten drei Monate dieses Arbeitsverhältnisses die Kündigungsfrist verkürzt werden. Die vereinbarte verkürzte Frist gilt, wenn die Kündigung innerhalb von drei Monaten nach Beginn des Arbeitsverhältnisses erfolgt, d.h. der Zugang der Kündigungserklärung muss innerhalb dieses Zeitraums erfolgen, selbst wenn das Ende der Kündigungsfrist danach liegt. Vereinbarungen über Kündigungsfristen, die den gesetzlichen Kündigungsfristen widersprechen, werden unwirksam, wenn das Arbeitsverhältnis über die Dauer von drei Monaten fortgesetzt wird.[62] § 622 Abs. 5 Satz 1 Nr. 1 BGB findet **keine Anwendung auf Leiharbeitsverhältnisse**, § 11 Abs. 4 Satz 1 AÜG.

c. Kleinunternehmensklausel (Absatz 5 Satz 1 Nr. 2)

20 In Abweichung von § 622 Abs. 1 BGB kann eine kürzere Kündigungsfrist einzelvertraglich vereinbart werden, wenn der Arbeitgeber in der Regel nicht mehr als 20 Arbeitnehmer ausschließlich der zu ihrer Berufsausbildung Beschäftigten beschäftigt und die Kündigungsfrist vier Wochen nicht unterschreitet. Die Regelung ist **missverständlich**. Die Kündigungsfrist selbst kann hierüber nicht verkürzt werden; es bleibt bei einer Vier-Wochen-Frist. Verzichtet wird jedoch auf die festen Kündigungstermine von § 622 Abs. 1 BGB zum 15. und zum Monatsende. Es kann zu jedem beliebigen Termin mit einer Frist von vier Wochen gekündigt werden.[63] Die längeren Kündigungsfristen von § 622 Abs. 2 BGB gelten hingegen auch für Kleinbetriebe i.S.v. § 622 Abs. 5 Satz 1 Nr. 2 BGB.

---

[57] *Müller-Glöge* in: ErfKomm, § 622 Rn. 16.
[58] BAG v. 22.05.1986 - 2 AZR 392/85 - juris Rn. 20 - DB 1986, 2548-2549.
[59] BAG v. 22.05.1986 - 2 AZR 392/85 - juris Rn. 18 - DB 1986, 2548-2549.
[60] Vgl. BAG v. 08.05.1985 - 7 AZR 191/84 - DB 1986, 1826-1827.
[61] *Linck* in: Ascheid/Preis/Schmidt, Großkommentar zum Kündigungsrecht, § 622 Rn. 155.
[62] Vgl. *Müller-Glöge* in: ErfKomm, § 622 Rn. 16.
[63] *Müller-Glöge* in: ErfKomm, § 622 Rn. 18 m.w.N.

Für die **Berechnung des Schwellenwertes** der Beschäftigten ist auf das **Unternehmen**, nicht auf den 21
Betrieb abzustellen.[64] Von daher ist es treffender, von Kleinunternehmensklausel zu sprechen. **Teilzeitbeschäftigte** werden nach dem Umfang ihrer Arbeitszeit anteilig berücksichtigt, § 622 Abs. 5 Satz 2 BGB. Ruhende Arbeitsverhältnisse werden bei der Ermittlung der Beschäftigtenzahl nicht mitgerechnet. Im Übrigen kann für die Berechnung der Regelzahl der Beschäftigten auf die Rechtsprechung des BAG zu § 23 Abs. 1 Satz 2 KSchG abgestellt werden. Danach ist nicht auf die zufällige Belegschaftsstärke zum Zeitpunkt der Kündigung, sondern auf die normale Beschäftigtenzahl, d.h. die Personalstärke, die für das Unternehmen im Allgemeinen kennzeichnend ist, abzustellen.[65] Erhöht sich die Zahl der Beschäftigten nach Vereinbarung von kürzeren Kündigungsfristen über den Schwellenwert, wird die Vereinbarung nicht unwirksam[66]; der Schwellenwert darf vielmehr im Zeitpunkt des Zugangs der Kündigung nicht überschritten sein.[67] Die Regelung in einem Tarifvertrag, die in Betrieben bis 20 Arbeitnehmern auf verlängerte Kündigungsfristen für länger Beschäftigte verzichtet, verstößt weder gegen eine „gesetzliche Leitidee" noch gegen den Gleichbehandlungsgrundsatz. Sie ist gemäß § 622 Abs. 4 Satz 1 BGB wirksam.[68]

d. Bezugnahme auf tarifliche Kündigungsfristen (Absatz 4 Satz 2)

§ 622 Abs. 4 Satz 2 BGB bestimmt, dass „im Geltungsbereich eines solchen Tarifvertrages", d.h. im 22
sachlichen, räumlichen und persönlichen Geltungsbereich des Tarifvertrages, dessen vom Gesetz abweichende Kündigungsfristen auch für nicht tarifgebundene Arbeitgeber und Arbeitnehmer gelten, wenn deren Anwendung zwischen ihnen vereinbart ist. Aufgrund der **vermuteten Richtigkeitsgewähr des Tarifvertrags** soll deren Übernahme auch nicht tarifgebundenen Arbeitsvertragsparteien ermöglicht werden.[69] Ist die tarifvertragliche Regelung unwirksam, etwa wegen eines Verstoßes gegen Art. 3 Abs. 1 GG, gilt dies auch für die einzelvertragliche Vereinbarung.

2. Vereinbarung längerer Fristen

Einzelvertragliche Verlängerungen der gesetzlichen Kündigungsfristen sind **grundsätzlich möglich**.[70] 23
Dies lässt sich aus § 622 Abs. 5 Satz 3 BGB entnehmen. Es können sowohl längere Kündigungsfristen vereinbart werden, als auch die Reduzierung von Kündigungsterminen. Es ergeben sich aber gewisse Schranken der Verlängerung. So folgt aus § 624 BGB bzw. § 15 Abs. 4 TzBfG eine **höchstzulässige Bindungsdauer des Arbeitnehmers von fünfeinhalb Jahren**. Die **Darlegungs- und Beweislast** für das Vorliegen verlängerter Kündigungsfristen liegt bei demjenigen, der hieraus Rechte herleitet.

3. Rechtsfolgen einer unwirksamen Vereinbarung längerer Fristen

Umstritten sind die Rechtsfolgen einer unwirksamen Vereinbarung längerer Kündigungsfristen (vgl. 24
dazu die Ausführungen zum Benachteiligungsverbot, Rn. 26, § 622 Abs. 6 BGB). Regelmäßig wird die Vereinbarung zu Lasten des Arbeitnehmers gehen. Nach überwiegender Ansicht ist dann davon auszugehen, dass die **verlängerte Kündigungsfrist auch für die arbeitgeberseitige Kündigung** gilt.[71] Für den Arbeitnehmer gilt also nicht die gesetzliche Kündigungsfrist. Diese Ansicht lässt sich mit einer Analogie zu § 89 Abs. 2 Satz 2 HGB begründen.[72] Diese Vorschrift regelt die zweifelhafte

---

[64] *Hesse* in: MünchKomm-BGB, § 622 Rn. 82.
[65] Vgl. BAG v. 31.07.1986 - 2 AZR 594/85 - DB 1987, 1591.
[66] A.A. *Hesse* in: MünchKomm-BGB, § 622 Rn. 83.
[67] *Hesse* in: MünchKomm-BGB, § 622 Rn. 83.
[68] BAG v. 23.04.2008 - 2 AZR 21/07 - juris Rn. 14 - NZA 2008, 960-962; LArbG Nürnberg v. 05.12.2006 - 6 Sa 450/06 m. Anm. v. *Stuntz*, jurisPR-ArbR 9/2008, Anm. 4.
[69] *Preis* in: Staudinger, § 622 Rn. 41.
[70] BAG v. 17.10.1969 - 3 AZR 442/68 - BB 1970, 214; LArbG Kiel v. 04.09.1986 - 4 Sa 235/86 - DB 1987, 442-443.
[71] BAG v. 02.06.2005 - 2 AZR 296/04 - juris Rn. 16 - NJW 2005, 3230; *Linck* in: Ascheid/Preis/Schmidt, Großkommentar zum Kündigungsrecht, § 622 Rn. 185, *Preis* in: Staudinger, § 622 Rn. 56; *Müller-Glöge* in: ErfKomm, § 622 Rn. 43.
[72] *Preis* in: Staudinger, § 622 Rn. 57; *Kramer/Preis*, DB 1993, 2125-2131, 2128; *Linck* in: Ascheid/Preis/Schmidt, Großkommentar zum Kündigungsrecht, § 622 Rn. 185; kritisch hierzu *Kindler*, NZA 2000, 744-749, 746.

Frage in der hier beschriebenen Weise ausdrücklich für das Verhältnis zwischen dem Unternehmer und dem Handelsvertreter. Die beiderseitige verlängerte Kündigungsfrist findet unabhängig vom mutmaßlichen Parteiwillen Anwendung; es handelt sich nicht um eine Zweifelsregelung.[73] Nach anderer Ansicht handelt es sich um eine ergänzende Vertragsauslegung, mit der Folge, dass sich ausnahmsweise nach dem mutmaßlichen Parteiwillen die Geltung der gesetzlichen Kündigungsfristen ergeben kann. In einem Fall, in dem im Arbeitsvertrag für eine Kündigung durch den Arbeitnehmer eine längere Kündigungsfrist als für eine Kündigung des Arbeitgebers vorgesehen war, und der Arbeitgeber kündigte, hat das BAG entschieden, dass die für die Kündigung durch den Arbeitgeber vereinbarte Kündigungsfrist nach § 622 Abs. 6 BGB i.V.m. § 134 BGB nichtig ist, weil sie kürzer als die für die Arbeitnehmerin vereinbarte Frist war.[74] An die Stelle der unwirksam vereinbarten Kündigungsfrist trete jedoch nicht die gesetzliche Frist des § 622 Abs. 2 BGB, sondern die für den Arbeitnehmer geltende, vertraglich vereinbarte Kündigungsfrist.[75]

25 Für eine **unwirksame Vereinbarung hinsichtlich der Kündigungstermine** gilt Entsprechendes. Analog § 89 Abs. 2 Satz 2 HGB gilt für beide Vertragsparteien stets die Vereinbarung, die weniger Kündigungstermine vorsieht.[76] Vgl. dazu auch Rn. 26.

4. Benachteiligungsverbot (Absatz 6)

26 Die für den Arbeitnehmer geltende Kündigungsfrist darf nicht länger sein als die Kündigungsfrist für den Arbeitgeber, § 622 Abs. 6 BGB. Diese Regelung enthält den allgemeinen Rechtsgedanken, dass das Kündigungsrecht des Arbeitnehmers gegenüber dem des Arbeitgebers nicht erschwert werden darf.[77] Eine solche Erschwerung stellt es z.B. dar, wenn nur die arbeitnehmerseitige Kündigung vor Arbeitsantritt ausgeschlossen werden soll.[78] Aus § 622 Abs. 6 BGB folgt auch, dass faktische Kündigungsbeschränkungen, die zwar nicht unmittelbar auf die Wirksamkeit der Kündigung, wohl aber auf den Kündigungsentschluss des Kündigungsberechtigten Einfluss nehmen können, zu Lasten des Arbeitnehmers unzulässig sind. Daher ist auch eine allgemeine Geschäftsbedingung in einem Arbeitsvertrag unwirksam, die den Arbeitnehmer verpflichtet, bei ordentlicher Eigenkündigung den Leasingvertrag über einen ihm auch zur privaten Nutzung zur Verfügung gestellten Dienstwagen zu übernehmen.[79] Unzulässig ist auch eine Vertragsstrafenvereinbarung, die das Kündigungsrecht des Arbeitnehmers einseitig beeinträchtigt.[80] Auch eine Stichtagsregelung für eine Bonuszahlung, die dazu führt, dass ein Arbeitnehmer – gleichgültig zu welchem Zeitpunkt er kündigt – jeweils auf den Bonus für ein gesamtes Jahr verzichten muss, verstößt nach Auffassung des LAD Düsseldorf gegen § 622 Abs. 6 BGB, weil ein Verstoß gegen diese Bestimmung nach ihrem Sinn und Zweck nicht nur dann gegeben sei, wenn einzelvertraglich für den Arbeitnehmer längere Kündigungsfristen oder ungünstigere Kündigungstermine festgelegt würden als für den Arbeitgeber, sondern schon dann anzunehmen sei, wenn die Kündigung des Arbeitnehmers als unzulässig anzusehen sei. Daher seien Kündigungsbeschränkungen zu Lasten des Arbeitnehmers als unzulässig anzusehen.[81] Ein Verstoß gegen § 622 Abs. 6 BGB berührt die Gültigkeit des Vertrages im Übrigen nicht.[82] Auch die Vereinbarung einer geringeren Anzahl von Kündigungsterminen für den Arbeitnehmer ist ausgeschlossen. Aus § 622 Abs. 6 BGB lässt sich der Schluss ziehen, dass es zulässig ist, wenn für den Arbeitgeber längere Kündigungsfristen gelten.[83] Auch

---

[73] *Kramer/Preis*, DB 1993, 2125-2131, 2128.
[74] BAG v. 02.06.2005 - 2 AZR 296/04 - juris Rn. 14 - NZA 2005, 1176.
[75] BAG v. 02.06.2005 - 2 AZR 296/04 - juris Rn. 15 - NZA 2005, 1176; kritisch hierzu wohl *Kindler*, NZA 2000, 744-749, 746.
[76] *Preis* in: Staudinger, § 622 Rn. 58.
[77] *Herbert/Oberrath*, NZA 2004, 121-129, 122.
[78] *Herbert/Oberrath*, NZA 2004, 121-129, 122.
[79] ArbG Chemnitz v. 02.02.2006 - 11 Ca 4455/05 m. Anm. v. *Beckmann*, jurisPR-ArbR 34/2006, Anm. 5.
[80] *Preis/Stoffels*, AR-Blattei SD 1710, 1-57, 17.
[81] LArbG Düsseldorf v. 05.11.2008 - 7 Sa 927/08 - juris Rn. 67 f.
[82] *Herbert/Oberrath*, NZA 2004, 121-129, 122.
[83] Vgl. auch BAG v. 25.11.1971 - 2 AZR 62/71 - juris Rn. 16 - NJW 1972, 1070.

eine Vereinbarung, die dem Arbeitgeber weniger Kündigungstermine als dem Arbeitnehmer einräumt, ist rechtlich zulässig. In einem Formulararbeitsvertrag mit einer Lehrkraft ist es etwa zulässig, eine einmalige jährliche Kündigungsmöglichkeit zu einem bestimmten Kündigungstermin mit einer zweimonatigen Kündigungsfrist zu vereinbaren.[84] Vereinbaren die Arbeitsvertragsparteien entgegen § 622 Abs. 6 BGB für die Kündigung durch den Arbeitnehmer eine längere Frist als für die Kündigung durch den Arbeitgeber, so tritt an die Stelle dieser unwirksamen Vereinbarung analog zu § 89 Abs. 2 HGB die längere Kündigungsfrist[85] (vgl. Rn. 25).

Die Vereinbarung einer so genannten Gleichbehandlungsabrede verstößt nicht gegen § 622 Abs. 6 BGB. Nach dem Inhalt einer solchen Vereinbarung sollen die verlängerten Kündigungsfristen von § 622 Abs. 2 BGB auch für den Arbeitnehmer gelten. Hierdurch wird der Arbeitnehmer im Vergleich zum Arbeitgeber nicht unzulässig benachteiligt, da er nicht schlechter, sondern nur gleich gestellt wird.[86] Auch in einem Formulararbeitsvertrag kann vereinbart werden, dass die verlängerten Kündigungsfristen nach § 622 Abs. 2 BGB für eine ordentliche Arbeitnehmerkündigung gelten sollen; dies verstößt nicht gegen die §§ 305c Abs. 1, 307 Abs. 1 BGB.[87] 27

Durch die Vereinbarung einer **auflösenden Bedingung**, (vgl. dazu § 21 TzBfG) deren Eintritt nahezu ausschließlich von dem Arbeitgeber herbeigeführt werden kann, wird nicht zwangsläufig § 622 Abs. 6 BGB funktionswidrig umgangen.[88] Bei § 622 Abs. 6 BGB handelt es sich um eine Mobilitätsschutznorm, nicht um eine Bestandsschutznorm.[89] 28

Nach in der Literatur vertretener Ansicht verstoßen auch **einseitige Verlängerungsoptionen** und **einsatzabhängige Verlängerungsbedingungen** zu Gunsten der Vereine bzw. Klubs im Bereich des **Lizenzsports** gegen § 622 Abs. 6 BGB.[90] 29

IV. Tarifvertragliche Regelungen (Absatz 4)

1. Grundsatz der Tarifdispositivität

Nach § 622 Abs. 4 Satz 1 BGB können die **gesetzlichen Kündigungsfristen** von § 622 Abs. 1, 2 und 3 BGB durch Tarifverträge grundsätzlich bezüglich beider Vertragsparteien[91] sowohl verlängert als auch verkürzt werden. Dadurch soll den Besonderheiten einzelner Wirtschaftsbereiche und Beschäftigungsgruppen Rechnung getragen werden.[92] Tarifliche Regelungen tragen die Vermutung in sich, dass sie den Interessen beider Seiten gerecht werden und keiner Seite ein unzumutbares Übergewicht vermitteln.[93] Ebenfalls tarifdispositiv ausgestaltet ist die **Anzahl der Kündigungstermine**, sowie die Voraussetzungen, unter denen ein **Anspruch auf verlängerte Kündigungsfristen** entsteht, etwa in Abhängigkeit von der Dauer der Betriebszugehörigkeit oder einem bestimmten Alter. Nach § 622 Abs. 4 30

---

[84] BAG v. 25.09.2008 - 8 AZR 717/07 - juris Rn. 30 - NZA 2009, 370-378.
[85] LArbG Hamm v. 22.04.2004 - 8 Sa 2051/03 - LAGReport 2004, 306-307, m. Anm. v. *Beckmann*, jurisPR-ArbR 48/2004 Anm. 3; Revision beim BAG unter dem Az.: 5 AZR 296/04.
[86] BAG v. 29.08.2001 - 4 AZR 337/00 - ZIP 2002, 410-412.
[87] BAG v. 28.05.2009 - 8 AZR 896/07 - juris Rn. 24 ff.
[88] BAG v. 20.10.1999 - 7 AZR 658/98 - juris Rn. 14 - NJW 2000, 2126-2127; vgl. auch BAG v. 02.07.2003 - 7 AZR 612/02 - juris Rn. 35 - AP Nr. 29 zu § 620 Bedingung; *Joch/Klichowski*, NZA 2004, 302-304, 304.
[89] BAG v. 20.10.1999 - 7 AZR 658/98 - juris Rn. 14 - NJW 2000, 2126-2127; BAG v. 02.07.2003 - 7 AZR 612/02 - juris Rn. 35 - BB 2004, 384-386, wo es um eine auflösende Bedingung im Vertrag einer Schauspielerin im Zusammenhang mit einer Fernsehserie ging.
[90] *Wertenbruch*, SpuRt 2004, 134-137, 135; vgl. hierzu auch *Kindler*, NZA 2000, 744-749; a.A. ArbG Nürnberg v. 04.06.2007 - 3 Ga 32/07 - juris Rn. 29 - SpuRt 2007, 213-215, 214; ArbG Ulm v. 14.11.2008 - 3 Ca 244/08 - juris Rn. 33 - NZA-RR 2009, 298-300, 299; zu dem Problem im Rahmen von sog. „Hinauskündigungsklauseln" bei Manager- und Mitarbeitermodellen vgl. BGH v. 19.09.2005 - II ZR 173/04 - BGHZ 164, 98-107 und BGH v. 19.09.2005 - II ZR 342/03 - BGHZ 164, 107-116, mit ausführlicher Besprechung von *Peltzer*, ZGR 2006, 702-721.
[91] Vgl. LArbG Berlin v. 13.12.2002 - 6 Sa 1628/02 - juris Rn. 15 - Bibliothek BAG.
[92] BT-Drs. 12/4902, S. 7 und 9.
[93] BAG v. 21.03.1991 - 2 AZR 616/90 - juris Rn. 20 - NJW 1991, 3168-3170.

Satz 1 BGB sind auch tarifvertragliche Regelungen zulässig, die für Kleinbetriebe einheitliche Kündigungsfristen und Kündigungstermine ohne Staffelung nach Betriebszugehörigkeit oder Alter vorsehen.[94] Das Gesetz gewährleistet in § 622 Abs. 4 BGB keine Mindestkündigungsfristen. Die Tarifvertragsparteien sind also in der Gestaltung der Kündigungsfristen weitestgehend frei; sie können sogar den vollständigen Ausschluss der Kündigungsfristen erlauben und dadurch die **sofortige ordentliche Kündigung** ermöglichen.[95] Geschieht die Abbedingung der Kündigungsfrist jedoch in einer Weise, dass eine derart entfristete Kündigung nur beim Vorliegen bestimmter – wenn auch nicht i.S.v. § 626 BGB – wichtiger Kündigungsgründe erfolgen kann, so handelt es sich um einen der außerordentlichen Kündigung angenäherten, ähnlichen Vorgang.[96] Voraussetzung ist allerdings, dass in dem Tarifvertrag eindeutig eine entfristete ordentliche Kündigung geregelt werden soll und kein wichtiger Grund i.S.d. § 626 BGB festgelegt wird.[97] Eine Verkürzung der Kündigungsfristen muss im Tarifvertrag ausdrücklich und hinreichend bestimmt geregelt sein. Allerdings finden auf eine solche Kündigung weiterhin § 1 KSchG und die Vorschriften des Mitbestimmungsrechts Anwendung.[98] Die Tarifpartner sind an das **Benachteiligungsverbot** zu Lasten der Arbeitnehmer gebunden. Die Kündigungsfristen für den Arbeitnehmer dürfen daher nicht länger sein als die Kündigungsfristen für die Kündigung durch den Arbeitgeber, § 622 Abs. 6 BGB. Eine tarifvertragliche Regelung, die nur für den Arbeitgeber eine entfristete ordentliche Kündigung oder Kündigung aus minder wichtigem Grund vorsieht, stellt einen Verstoß gegen den Rechtsgedanken des § 622 Abs. 6 BGB dar, da hiernach auch tarifvertragliche Regelungen nicht einseitig nur zugunsten des Arbeitgebers besondere Gründe für eine entfristete Kündigung vorsehen können[99].

2. Tarifbindung

31 Die tariflichen Vorschriften über Kündigungsfristen und Kündigungstermine gelten **unmittelbar und zwingend nur zwischen tarifgebundenen Arbeitnehmern und Arbeitgebern**, §§ 3, 4 Abs. 1 TVG. Wird ein Tarifvertrag nach § 5 TVG für allgemeinverbindlich erklärt, erstreckt sich die Rechtswirkung auch auf solche Arbeitnehmer und Arbeitgeber, die nicht Mitglied der jeweiligen Tarifvertragsparteien sind. Der Arbeitnehmer kann auf die Einhaltung der in einem für **allgemeinverbindlich erklärten Tarifvertrag** geregelten Kündigungsfristen wegen § 4 Abs. 4 TVG nicht einseitig verzichten.[100] Hinsichtlich nicht tarifgebundener Arbeitnehmer und Arbeitgeber ist § 622 Abs. 4 Satz 2 BGB zu beachten.

3. Differenzierung zwischen Arbeitern und Angestellten

32 Soweit Tarifverträge zwischen Arbeitern und Angestellten unterscheiden, unterliegen sie einer Überprüfung anhand Art. 3 Abs. 1 GG. Hierbei ist die Rechtsprechung des BVerfG zur prinzipiellen Gleichstellung von Arbeitern und Angestellten zu beachten.[101] Danach stellt allein die Unterscheidung zwischen Arbeitern und Angestellten keinen rechtfertigenden Grund für ungleiche Kündigungsfristen dar. Handarbeiter und Kopfarbeiter verdienen insoweit denselben Schutz vor dem Verlust des Arbeitsplatzes.[102] Tarifverträge dürfen daher keine Differenzierungen zwischen Arbeitern und Angestellten vor-

---

[94] BAG v. 23.04.2008 - 2 AZR 21/07 - juris Rn. 14 - NZA 2008, 960-962.
[95] *Linck* in: Ascheid/Preis/Schmidt, Großkommentar zum Kündigungsrecht, § 622 Rn. 109 ff.; *Müller-Glöge* in: ErfKomm, § 622 Rn. 20.
[96] BAG v. 24.06.2004 - 2 AZR 656/02 - juris Rn. 34 - nv.
[97] BAG v. 24.06.2004 - 2 AZR 656/02 - juris Rn. 34 - nv.
[98] BAG v. 02.08.1978 - 4 AZR 46/77 - DB 1978, 2370-2371; BAG v. 04.06.1987 - 2 AZR 416/86 - DB 1988, 185; *Müller-Glöge* in: ErfKomm, § 622 Rn. 20.
[99] Vgl. auch LArbG München v. 19.09.2002 - 4 Sa 682/01 - juris Rn. 32 - Bibliothek BAG.
[100] Vgl. BAG v. 18.11.1999 - 2 AZR 147/99 - DB 2000, 832.
[101] BVerfG v. 30.05.1990 - 1 BvL 2/83 - NJW 1990, 2246-2249.
[102] *Müller-Glöge* in: ErfKomm, § 622 Rn. 30.

nehmen, die nicht durch sachliche Merkmale gerechtfertigt sind.[103] Unterschiedliche Regelungen können sachlich gerechtfertigt sein, wenn sie ihre Ursache in der unterschiedlichen **Qualifikation und Ausbildung der Arbeitnehmer** haben. **Besonderheiten gelten im** Produktionsbereich. Weil hier überwiegend Arbeiter beschäftigt sind und die Auftragslage unmittelbaren Einfluss auf den Produktionssektor hat, rechtfertigt dies kürzere Kündigungsfristen für Arbeiter. Das BAG hat dabei einen Arbeiteranteil von 65% genügen lassen.[104] Ein unmittelbarer Einfluss der Auftragslage auf den Produktionssektor besteht nach Ansicht des BAG bei Betrieben mit saisonalen Schwankungen (etwa im Baugewerbe[105], im Klempner- und Installateurhandwerk[106] oder im Gartenbau[107]) und bei Betrieben mit produkt- und branchenspezifischen Schwankungen (so in der chemischen Industrie[108] oder in der Textilindustrie[109]).

Ein betriebliches Interesse an einer flexiblen Personalplanung und -anpassung, das unterschiedliche Kündigungsfristen für Arbeiter und Angestellte rechtfertigt, kann auch aus anderen als Witterungs-, Saison- oder produktionsspezifischen Gründen resultieren.[110] Zweifeln hinsichtlich der Verfassungsmäßigkeit einer tariflichen Kündigungsfrist hat das Arbeitsgericht **von Amts wegen** gemäß den Grundsätzen des § 293 ZPO nachzugehen.[111] Die Gerichte dürfen jedoch nicht leichtfertig in die Gestaltungsfreiheit der Tarifvertragsparteien korrigierend eingreifen. Eine Schließung von Tariflücken durch ergänzende Vertragsauslegung ist daher nur in Ausnahmefällen möglich, weil hierfür hinreichend sichere Anhaltspunkte dafür vorliegen müssen, wie die Tarifvertragsparteien bei Kenntnis der Unwirksamkeit der Regelung diese Lücke geschlossen hätten.[112]

C. Anwendungsfelder

Für einzelne Arbeitsverhältnisse und Personengruppen bestehen Sonderregelungen. So gilt für das Berufsausbildungsverhältnis § 22 Abs. 1 BBiG; es kann während der Probezeit (§ 20 BBiG) jederzeit ohne Einhaltung einer Kündigungsfrist gekündigt werden. Nach der Probezeit kann der Arbeitgeber grundsätzlich nur noch fristlos bei Vorliegen eines wichtigen Grundes kündigen, § 22 Abs. 2 Nr. 1 BBiG. Der Auszubildende kann darüber hinaus nach § 22 Abs. 2 Nr. 2 BBiG mit einer Kündigungsfrist von vier Wochen kündigen, wenn er die Berufsausbildung aufgeben oder sich für eine andere Berufstätigkeit ausbilden lassen will.

Für im Heuerverhältnis stehende Besatzungsmitglieder (Schiffsleute, Schiffsoffiziere, sonstige Angestellte) gilt § 63 SeemG. Für Heimarbeiter gilt § 29 HeimArbG. Für Schwerbehinderte sieht § 86 SGB IX i.V.m. § 90 Abs. 1 Nr. 1 SGB IX eine Mindestkündigungsfrist von vier Wochen für Personen vor, die länger als sechs Monate beschäftigt sind. Diese Kündigungsfrist hat zwingenden Charakter; sie kann daher weder einzelvertraglich noch tarifvertraglich verkürzt werden. Längere gesetzliche, ta-

---

[103] BAG v. 18.01.2001 - 2 AZR 619/99 - juris Rn. 19 - EzA § 622 BGB n.F. Nr. 62; BAG v. 21.03.1991 - 2 AZR 616/90 - NJW 1991, 3168-3170; BAG v. 16.09.1993 - 2 AZR 697/92 - juris Rn. 28 - DB 1994, 378-380.
[104] BAG v. 04.03.1993 - 2 AZR 355/92 - juris Rn. 21 - DB 1993, 1578-1579; vgl. auch BAG v. 23.01.1992 - 2 AZR 460/91 - juris Rn. 9 - DB 1992, 1349-1350; vgl. außerdem ArbG Mönchengladbach v. 09.06.1999 - 2 Ca 1356/99 - juris Rn. 22 - Bibliothek BAG zu unterschiedlichen Kündigungsfristen für Arbeiter und Angestellte bei längerer Betriebszugehörigkeit.
[105] BAG v. 02.04.1992 - 2 AZR 516/91 - juris Rn. 22 - DB 1992, 1935-1936.
[106] BAG v. 12.11.1998 - 2 AZR 85/98 - juris Rn. 26 - RzK I 3e Nr. 71.
[107] BAG v. 23.01.1992 - 2 AZR 389/91 - DB 1992, 1350-1352.
[108] BAG v. 04.03.1993 - 2 AZR 355/92 - juris Rn. 18 - DB 1993, 1578-1579.
[109] BAG v. 23.01.1992 - 2 AZR 460/91 - DB 1992, 1349-1350.
[110] Vgl. dazu BAG v. 18.01.2001 - 2 AZR 619/99 - juris Rn. 23 - EzA § 622 BGB n.F. Nr. 62 zu unterschiedlichen Kündigungsfristen im Friseurhandwerk; vgl. auch LArbG Frankfurt v. 23.08.1999 - 11 Sa 2559/98 - Bibliothek BAG.
[111] BAG v. 04.03.1993 - 2 AZR 355/92 - DB 1993, 1578-1579; BAG v. 16.09.1993 - 2 AZR 697/92 - DB 1994, 378-380.
[112] BAG v. 21.03.1991 - 2 AZR 323/84 (A) - NJW 1991, 3170-3173.

rifvertragliche oder einzelvertragliche Regelungen gehen nach dem Günstigkeitsprinzip vor.[113] Die Kündigungsfrist gilt nicht für den Arbeitnehmer, da sie gerade dessen Schutz bezweckt.[114] Zugunsten des Arbeitnehmers kann eine kürzere Kündigungsfrist gegenüber dem Arbeitgeber vereinbart werden. Eine längere als die in § 86 SGB IX vorgesehenen Kündigungsfrist hat Vorrang, beispielsweise aufgrund Gesetz, Tarifvertrag, Betriebsvereinbarung oder durch einzelvertragliche Vereinbarung.

36 Im **Insolvenzfall** verdrängt § 113 InsO die längeren Kündigungsfristen von § 622 BGB.[115] Danach kann ein Dienstverhältnis, bei dem der Schuldner der Dienstberechtigte ist, von dem Insolvenzverwalter und dem anderen Teil ohne Rücksicht auf die vereinbarte Vertragsdauer oder einen vertraglich vereinbarten Ausschluss des Kündigungsrechts gekündigt werden. Die Kündigungsfrist beträgt drei Monate, wenn nicht eine kürzere Frist maßgeblich ist. Die dreimonatige Kündigungsfrist des § 113 InsO gilt – zumindest nach Ansicht des LArbG Berlin – auch für Arbeitsverhältnisse, die der Insolvenzverwalter mit Wirkung für die Masse neu begründet hat.[116] Der Gekündigte kann ggf. Schadensersatz verlangen, § 113 Satz 3 InsO. Ungeklärt war bislang die Frage, wie im Fall der ordentlichen Unkündbarkeit der zu ersetzende Verfrühungsschaden zu bemessen ist. Nach Auffassung des BAG ergibt die Auslegung von § 113 Satz 3 InsO, dass der Schadensersatzanspruch bei Durchbrechung einer vereinbarten Unkündbarkeit auf den Verdienstausfall für den Lauf der längstens ohne diese Vereinbarung einschlägigen Kündigungsfrist beschränkt ist.[117] § 113 InsO findet auf den vorläufigen Insolvenzverwalter weder direkte noch analoge Anwendung.[118] Zu den maßgeblichen gesetzlichen Kündigungsfristen zählt auch § 86 SGB IX.

D. Prozessuales

37 Die Nichteinhaltung der Kündigungsfrist kann auch außerhalb der Klagefrist des § 4 KSchG geltend gemacht werden. Der Arbeitnehmer, der lediglich die Einhaltung der Kündigungsfrist verlangt, will gerade nicht die Unwirksamkeit der Kündigung als solche festgestellt wissen. Er geht vielmehr gerade von der Wirksamkeit der Kündigung aus. Er will geltend machen, sie wirke, allerdings zu einem anderen Zeitpunkt. Dem lässt sich auch nicht entgegenhalten, der Arbeitnehmer, der die Einhaltung der Kündigungsfrist erstrebe, mache, wenn sich sein Klageziel rechtsdogmatisch nur durch Umdeutung der Kündigung nach § 140 BGB begründen lasse, notwendigerweise auch die Unwirksamkeit der Kündigung geltend. Denn § 4 Satz 1 KSchG erfasst eine solche Geltendmachung der Unwirksamkeit nicht. Die in § 4 Satz 1 KSchG gegebene Formulierung geht dahin, dass das Arbeitsverhältnis nicht aufgelöst ist. Die Nichtauflösung des Arbeitsverhältnisses entspricht aber nicht dem Klageziel desjenigen, der die Nichteinhaltung der Kündigungsfrist rügt.[119]

---

[113] BAG v. 25.02.1981 - 7 AZR 25/79 - NJW 1981, 2831-2832.
[114] Umstr., wie hier: *Hesse* in: MünchKomm-BGB, § 622 Rn. 15; *Preis* in: Staudinger, § 622 Rn. 17.
[115] BAG v. 16.06.1999 - 4 AZR 191/98 - NJW 2000, 972-974; LArbG Düsseldorf v. 05.11.1999 - 10 Sa 1247/99 - BB 2000, 622-623; zum Insolvenzverfahren über das Vermögen der Wohnungseigentümergemeinschaft: *Häublein*, ZWE 2006, 205-214.
[116] LArbG Berlin v. 11.07.2007 - 23 Sa 450/07 - ZIP 2007, 2002-2003.
[117] BAG v. 16.05.2007 - 8 AZR 772/06 - AP Nr. 24 zu § 113 InsO m. Anm. v. *Henssen*, jurisPR-ArbR 47/2007, Anm. 4.
[118] BAG v. 20.01.2005 - 2 AZR 134/04 - juris Rn. 18 - ArbuR 2005, 72.
[119] BAG v. 06.07.2006 - 2 AZR 215/05 - EzA-SD 2006, Nr. 23, 6-7, m. Anm. v. *Kampen*, ArbuR 2007, 181.

§ 623 BGB Schriftform der Kündigung

(Fassung vom 02.01.2002, gültig ab 01.01.2002)

Die Beendigung von Arbeitsverhältnissen durch Kündigung oder Auflösungsvertrag bedürfen zu ihrer Wirksamkeit der Schriftform; die elektronische Form ist ausgeschlossen.

Gliederung

A. Grundlagen.................................... 1	3. Schriftform bei Auflösungsvertrag............... 37
I. Kurzcharakteristik.............................. 1	**D. Folgen der Nichteinhaltung der Schriftform..** 40
II. Entstehungsgeschichte......................... 2	I. Grundsätzliches................................ 40
III. Normzweck................................... 4	II. Wiederholung des Rechtsgeschäfts............. 41
IV. Regelungsprinzipien.......................... 5	III. Umdeutung eines formunwirksamen Rechts-
B. Praktische Bedeutung........................ 6	geschäfts....................................... 42
C. Anwendungsvoraussetzungen................. 7	IV. Treuwidrigkeit der Berufung auf die Nichtigkeit 43
I. Arbeitsverhältnis............................... 7	**E. Prozessuale Hinweise........................** 47
II. Kündigung.................................... 8	**F. Anwendungsfelder...........................** 48
III. Auflösungsvertrag............................ 16	I. Zeitlicher Geltungsbereich..................... 48
IV. Schriftform................................... 30	II. Abdingbarkeit................................. 49
1. Grundsätzliches................................ 30	III. Analoge Anwendung von § 623 BGB auf
2. Schriftform bei Kündigung..................... 34	andere Beendigungsgründe..................... 50

A. Grundlagen

I. Kurzcharakteristik

§ 623 BGB enthält ein **konstitutives Schriftformerfordernis**[1]; fehlt es an der Einhaltung der vorgeschriebenen Form, ist die Kündigung bzw. der Auflösungsvertrag nichtig. Es gelten ergänzend die §§ 125, 126, 127a und 128 BGB. Eine Heilung ist nicht möglich.[2] Das Rechtsgeschäft kann jedoch unter Beachtung der Form wiederholt werden. Die Vorschrift ist zwingend. Die grammatikalisch unrichtige Formulierung des Gesetzestextes („bedürfen") beruht darauf, dass nachträglich die Worte „sowie die Befristung" gestrichen wurden, ohne den verbleibenden Gesetzestext sprachlich anzupassen (vgl. Rn. 2).

1

II. Entstehungsgeschichte

§ 623 BGB wurde durch Art. 2 des Gesetzes zur Vereinfachung und Beschleunigung des arbeitsgerichtlichen Verfahrens – Arbeitsgerichtsbeschleunigungsgesetz (ArbGBeschlG) – vom 30.03.2000[3] eingeführt. Er ist am 01.05.2000 in Kraft getreten (Art. 5 ArbGBeschlG). Der Wortlaut der Vorschrift lautete zunächst: „Die Beendigung von Arbeitsverhältnissen durch Kündigung oder Auflösungsvertrag sowie die Befristung bedürfen zu ihrer Wirksamkeit der Schriftform." Durch Art. 2 Nr. 2 des Gesetzes über Teilzeitarbeit und befristete Arbeitsverträge und zur Änderung und Aufhebung arbeitsrechtlicher Bestimmungen vom 21.12.2000[4] wurden die Worte „sowie die Befristung" aus § 623 BGB gestrichen. Die Befristung von Arbeitsverhältnissen bedarf jedoch weiterhin der Schriftform. Inhaltlich wurde die Regelung in § 14 Abs. 4 TzBfG übernommen, der seit dem 01.01.2001 in Kraft ist.

2

Der Halbsatz über die Unzulässigkeit der **elektronischen Form** wurde durch Art. 1 Nr. 7 des Gesetzes zur Anpassung der Formvorschriften des Privatrechts und anderer Vorschriften an den modernen Ge-

3

---

[1] BT-Drs. 14/626, S. 11; ArbG Frankfurt v. 02.10.2002 - 7 Ca 7053/01 - juris Rn. 19 - Bibliothek BAG; LArbG Mainz v. 28.10.2003 - 5 Sa 754/03 - Bibliothek BAG.
[2] LArbG Hamm v. 04.06.2002 - 4 Sa 57/02 - juris Rn. 81 - Bibliothek BAG; *Litterscheid/Reufels*, ArbRB 2003, 113-116, 114; *Eberle*, NZA 2003, 1121-1126, 1121.
[3] BGBl I 2000, 333.
[4] BGBl I 2000, 1966.

schäftsverkehr vom 13.07.2001[5] mit Wirkung vom 01.08.2001 (Art. 35 des Gesetzes) angefügt. Die Anfügung des Halbsatzes steht im Zusammenhang mit der Änderung der §§ 126 und 127 BGB und der Einfügung der §§ 126a und 126b BGB. Sie stellt eine gesetzliche Ausnahme i.S.v. § 126 Abs. 3 BGB von der grundsätzlichen Zulässigkeit der elektronischen Form[6] dar.

III. Normzweck

4 Ausweislich der Gesetzgebungsmaterialien soll die Vorschrift zu mehr **Klarheit und Rechtssicherheit** führen.[7] Der Schriftform kommt insoweit eine **beweissichernde Funktion** zu. Dadurch sollen zugleich die Gerichte für Arbeitssachen vor überflüssigen Prozessen bewahrt und damit **entlastet** werden.[8] Neben den vom Gesetzgeber intendierten Folgen werden der Vorschrift in Literatur und Rechtsprechung weitergehende Wirkungen zugesprochen, wie etwa Identitäts-, Echtheits- und Verifikationsfunktion[9]. Außerdem schütze der Zwang zur Einhaltung der Form vor übereilt ausgesprochenen Kündigungen.[10] Der Vorschrift komme mithin eine **Warnfunktion** zu.[11] Die Warn- und Besinnungsfunktion kommt insbesondere dem Arbeitnehmer zugute, da er vor den Folgen unüberlegter mündlicher Eigenkündigungen, die sich auf seine wirtschaftliche Existenz auswirken können, geschützt wird. Die Vorschrift hat daher zugleich **arbeitnehmerschützende Funktion**. Daneben wirkt sie **bestandsschützend** für das gesamte Arbeitsverhältnis.

IV. Regelungsprinzipien

5 Soweit Vorschriften neben dem Schriftformerfordernis des § 623 BGB weitergehende inhaltliche Anforderungen stellen, gehen diese vor.[12] Hierzu zählen etwa § 22 Abs. 3 BBiG sowie § 9 Abs. 3 Satz 2 MuSchG, die für Kündigungen die Schriftform und darüber hinaus die Angabe der Kündigungsgründe vorschreiben. Daneben sind weiterhin zu nennen die §§ 62 Abs. 1, 64 Abs. 2, 68a, 78 Abs. 3 SeemG. § 626 Abs. 2 Satz 3 BGB (vgl. die Kommentierung zu § 626 BGB) ist neben § 623 BGB anwendbar. Danach sind dem Kündigungsempfänger im Fall einer außerordentlichen Kündigung auf Verlangen die Kündigungsgründe schriftlich mitzuteilen. Die Schriftform befristeter Arbeitsverträge regelt nun § 14 Abs. 4 TzBfG.

B. Praktische Bedeutung

6 Die Vorschrift ist für das Arbeitsrecht von großer praktischer Bedeutung. Seit In-Kraft-Treten von § 623 BGB ist eine Kündigung durch schlüssiges Verhalten ebenso ausgeschlossen wie eine mündliche Kündigung. In Rechtsstreitigkeiten sind keine Zeugenbefragungen mehr zur Klärung der Frage nötig, ob überhaupt eine Kündigung ausgesprochen wurde. Problematisch kann in der Praxis jedoch die Frage sein, ob die Kündigungserklärung wirksam zugegangen (vgl. Rn. 36) ist oder nicht.[13]

C. Anwendungsvoraussetzungen

I. Arbeitsverhältnis

7 Die Vorschrift gilt nur für Arbeitsverhältnisse. Zur Abgrenzung von Arbeitsverhältnissen zum unabhängigen Dienstverhältnis und zu arbeitnehmerähnlichen Personen vgl. § 621 BGB. Erfasst werden

---

[5] BGBl I 2000, 1542.
[6] Zum Einsatz elektronischer Kommunikationsmittel im Zusammenhang mit einem Arbeitsverhältnis vgl. *Kramer*, DB 2006, 502-508.
[7] LArbG Hamm v. 04.06.2002 - 4 Sa 57/02 - juris Rn. 81 - Bibliothek BAG; LArbG Stuttgart v. 01.09.2005 - 11 Sa 7/05 - juris Rn. 25 - ZIP 2006, 100.
[8] BR-Drs. 321/98.
[9] LArbG Stuttgart v. 01.09.2005 - 11 Sa 7/05 - juris Rn. 25 - ZIP 2006, 100.
[10] LArbG Hamm v. 04.06.2002 - 4 Sa 57/02 - juris Rn. 81 - Bibliothek BAG.
[11] BAG v. 17.12.2009 - 6 AZR 242/09 - juris Rn. 23, 25 - NZA 2010, 273 - 277; *Gotthardt/Preis*, NZA 2000, 348-361, 349; *Müller-Glöge* in: ErfKomm, § 623 Rn. 1; *Spilger* in: Becker/Etzel/Bader, Gemeinschaftskommentar zum Kündigungsschutzgesetz, 9. Aufl. 2009, § 623 Rn. 18.
[12] *Gotthardt/Preis*, NZA 2000, 348-361, 349; *Annuß/Richardi*, NJW 2000, 1231-1235, 1232.
[13] *Schrader*, ZInsO 2004, 132-135, 135.

auch Berufsausbildungsverhältnisse und andere Vertragsverhältnisse im Sinne der § 26 BBiG, sofern sich aus den jeweiligen Spezialbestimmungen nicht etwas anderes ergibt.[14] Für Berufsausbildungsverhältnisse sieht aber schon § 22 Abs. 3 BBiG die Schriftform für Kündigungen vor, was gemäß § 26 BBiG auch für andere Vertragsverhältnisse gilt. GmbH-Geschäftsführer werden von § 623 BGB erfasst, wenn sie in einem Arbeitsverhältnis stehen.[15] Nicht anwendbar ist § 623 BGB auf die Beendigung des Dienstvertrages eines Geschäftsführers oder Mitglied des Vorstands[16] sowie auf freie Dienstverhältnisse und Rechtsverhältnisse arbeitnehmerähnlicher Personen einschließlich der Heimarbeiter, § 5 Abs. 1 Satz 2 ArbGG, § 12a TVG.[17]

II. Kündigung

Eine Kündigung ist eine einseitige empfangsbedürftige Willenserklärung, die ein Dauerschuldverhältnis für die Zukunft beenden soll.[18] Mit Kündigung im Sinne dieser Vorschrift ist sowohl die Kündigung des Arbeitsverhältnisses durch den Arbeitgeber, den Insolvenzverwalter gemäß § 113 InsO[19] bzw. den vorläufigen Insolvenzverwalter im Sinne von § 22 Abs. 1 InsO[20] als auch die Kündigung durch den Arbeitnehmer gemeint. Hierbei wird aber nur die Kündigungserklärung als solche erfasst, nicht etwa auch sonstige Vereinbarungen (z.B. Regelungen zur Abwicklung des Arbeitsvertrages), die im Zusammenhang mit der Kündigung getroffen werden.[21] Gleichgültig ist, ob es sich um eine ordentliche oder außerordentliche Kündigung – mit oder ohne Auslauffrist – handelt, wobei bei einer außerordentlichen Kündigung daneben auch § 626 Abs. 2 Satz 3 BGB (vgl. die Kommentierung zu § 626 BGB) gilt, so dass der Kündigende auf Verlangen auch den Kündigungsgrund schriftlich mitteilen muss. Keine Rolle spielt auch, ob es sich um die erste Kündigung handelt oder ob bereits zuvor eine Kündigung ausgesprochen wurde.[22] Ebenso ist unerheblich, ob es sich um eine im Hinblick auf eine unklare Rechtslage erklärte weitere vorsorgliche Kündigung handelt, z.B. im Hinblick auf die Wirksamkeit einer Befristung.

8

Ebenso wird eine **Änderungskündigung**, die nach h.M. und der Konzeption von § 2 KSchG aus der Erklärung einer Beendigungskündigung und einem Angebot auf Fortsetzung des Arbeitsverhältnisses zu geänderten Bedingungen besteht und somit jedenfalls auch eine Kündigung des aktuellen Arbeitsverhältnisses enthält, von dem Schriftformerfordernis erfasst[23], zumal sie in eine Beendigungskündigung übergehen und das Arbeitsverhältnis beenden kann.[24] In Literatur[25] und Rechtsprechung[26] wurde in diesem Zusammenhang die Auffassung vertreten, dass, da in der Änderungskündigung die Beendigungskündigung und das Änderungsangebot rechtlich miteinander verbunden seien, nicht nur die Beendigungskündigung, sondern auch das Änderungsangebot schriftlich erklärt werden müsse. Das BAG hat unter Hinweis darauf, dass das Änderungsangebot Bestandteil der Kündigung ist und beide eine Einheit im Sinne eines einheitlichen Rechtsgeschäftes bilden, entschieden, dass das Schriftformerfordernis sich nicht nur auf die Änderungskündigung, sondern auch auf das Ände-

9

---

[14] *Annuß/Richardi*, NJW 2000, 1231-1235, 1232; *Gotthardt/Preis*, NZA 2000, 348-361, 350; *Bader* in: Bader/Bram/Dörner/Kriebel/Nungeßer, Kündigungsschutzgesetz, § 623 Rn. 4, 5.
[15] *Müller-Glöge* in: ErfKomm, § 623 Rn. 2.
[16] *Bauer/Krieger*, ZIP 2004, 1247-1251, 1250
[17] *Annuß/Richardi*, NJW 2000, 1231-1235, 1232; *Müller-Glöge* in: ErfKomm, § 623 Rn. 2.
[18] Vgl. *Müller-Glöge* in: ErfKomm, § 623 Rn. 3.
[19] *Gotthardt/Preis*, NZA 2000, 348-361, 350.
[20] *Bader* in: Bader/Bram/Dörner/Kriebel/Nungeßer, Kündigungsschutzgesetz, § 623 Rn. 8.
[21] *Gotthardt/Preis*, NZA 2000, 348-361, 350; *Annuß/Richardi*, NJW 2000, 1231-1235, 1233.
[22] *Bader* in: Bader/Bram/Dörner/Kriebel/Nungeßer, Kündigungsschutzgesetz, § 623 Rn. 8.
[23] *Gotthardt/Preis*, NZA 2000, 348-361, 350; *Schaub*, NZA 2000, 344-348, 347.
[24] *Annuß/Richardi*, NJW 2000, 1231-1235, 1233.
[25] *Kramer*, DB 2006, 502-508, 507; *Hoß*, ArbRB 2003, 344-346, 345; *Bader* in: Bader/Bram/Dörner/Kriebel/Nungeßer, Kündigungsschutzgesetz, § 623 Rn. 9.
[26] LArbG Köln v. 26.09.2003 - 12 Sa 743/03 - juris Rn. 31 - Bibliothek BAG.

rungsangebot erstrecke.[27] Hierbei sei es jedoch ausreichend, wenn der Inhalt des Änderungsangebots im Kündigungsschreiben hinreichend Anklang gefunden habe.[28] Das Änderungsangebot muss nicht alle Vertragsbedingungen erwähnen, sondern nur solche anführen, die zukünftig gelten sollen, weswegen die weiter geltenden Vertragsbedingungen nicht zwingend schriftlich angegeben zu werden brauchen.[29]

10 Die Annahme und der Vorbehalt gemäß § 2 KSchG werden nicht vom Schriftformerfordernis erfasst.[30]

11 Nach Ansicht weiter Teile der Literatur gilt das Formerfordernis von § 623 BGB nicht für sog. **Teilkündigungen**.[31] Mit der Teilkündigung soll nur ein Teil des Arbeitsvertrages aufgehoben werden (etwa Vereinbarungen über Zulagen oder Provisionen). Zur Begründung wird regelmäßig darauf verwiesen, dass hierdurch das Arbeitsverhältnis nicht aufgehoben wird. Nach richtiger Ansicht ist aber bereits die Teilkündigung als unzulässig anzusehen, da sie darauf abzielt, die Gleichgewichtigkeit der vereinbarten wechselseitigen Verpflichtungen aufzuheben.[32]

12 Keine Kündigung im Sinne von § 623 BGB liegt vor, wenn der Arbeitnehmer gemäß § 12 KSchG erklärt, das Arbeitsverhältnis nach gewonnenem Kündigungsrechtsstreit beim alten Arbeitgeber nicht fortsetzen zu wollen (**Lossagungsrecht**)[33], denn nach der allein maßgeblichen gesetzlichen Formulierung handelt es sich gerade nicht um eine Kündigung, sondern um eine besondere Beendigungserklärung[34].

13 Auch eine **Nichtverlängerungsmitteilung**, die nach manchen Tarifverträgen vor allem im künstlerischen Bereich erforderlich ist, um eine (befristete) Verlängerung eines vereinbarten befristeten Vertrages zu verhindern, stellt keine Kündigung dar.[35] Will der Arbeitgeber aber gleichzeitig vorsorglich kündigen, z.B. weil Streit über die Wirksamkeit der Befristung besteht, so gilt § 623 BGB.[36] Der **Widerspruch des Arbeitgebers** gemäß § 625 BGB bzw. § 15 Abs. 5 TzBfG ist ebenfalls keine Kündigung im Sinne von § 623 BGB.[37] Auch **Abmahnungen** werden nicht von § 623 BGB erfasst.[38]

14 Soweit neben einer Kündigung ein sog. **Abwicklungsvertrag** vorliegt, der nach einer bereits ausgesprochenen Kündigung die weiteren Modalitäten der Abwicklung des zu Ende gehenden Arbeitsverhältnisses regelt, wird dieser grundsätzlich nicht vom Schriftformerfordernis von § 623 BGB erfasst.[39] Vgl. zum Abwicklungsvertrag auch Rn. 22.

15 Hinsichtlich der **Anfechtung des Arbeitsverhältnisses** und der **Beendigung fehlerhafter Arbeitsverhältnisse** vgl. Rn. 50 zur Frage der analogen Anwendung von § 623 BGB.

---

[27] BAG v. 16.09.2004 - 2 AZR 628/03 - juris Rn. 16 - EzA-SD 2005, Nr. 3, 8-9; zustimmend *Fleddermann*, EWiR 2005, 467-468; vgl. auch die Vorinstanz LArbG Köln v. 26.09.2003 - 12 Sa 743/03 - LAGE § 623 BGB 2002 Nr. 2a; LArbG Nürnberg v. 01.04.2009 - 1 Sa 564/08 - juris Rn. 2, 9 - sowie LArbG Schleswig-Holstein v. 08.10.2008 - 3 Sa 113/08 - juris Rn. 34; *Kohte/Lenart*, jurisPR-ArbR 10/2004, Anm. 3.

[28] BAG v. 16.09.2004 - 2 AZR 628/03 - juris Rn. 17 - EzA-SD 2005, Nr. 3, 8-9; ebenso LAG Schleswig-Holstein v. 12.11.2008 - 6 Sa 128/08 - juris Rn. 48; LAG Schleswig-Holstein v. 08.10.2008 - 3 Sa 113/08 - juris Rn. 35.

[29] BAG v. 16.09.2004 - 2 AZR 628/03 - juris Rn. 23 - EzA-SD 2005, Nr. 3, 8-9.

[30] *Bader* in: Bader/Bram/Dörner/Kriebel/Nungeßer, Kündigungsschutzgesetz, § 623 Rn. 9; *Gotthardt/Preis*, NZA 2000, 348-361, 349.

[31] Vgl. *Müller-Glöge* in: ErfKomm, § 623 Rn. 3 m.w.N.

[32] BAG v. 07.10.1982 - 2 AZR 455/80 - ZIP 1983, 719-724; BAG v. 23.08.1989 - 5 AZR 569/88 - DB 1990, 740; BAG v. 14.11.1990 - 5 AZR 509/89 - NJW 1991, 2370-2371.

[33] A.A. *Gotthardt/Preis*, NZA 2000, 348-361, 350 mit der Begründung, es handle sich um ein fristgebundenes Sonderkündigungsrecht; *Annuß/Richardi*, NJW 2000, 1231-1235, 1232.

[34] *Bader* in: Bader/Bram/Dörner/Kriebel/Nungeßer, Kündigungsschutzgesetz, § 623 Rn. 12.

[35] *Bader* in: Bader/Bram/Dörner/Kriebel/Nungeßer, Kündigungsschutzgesetz, § 623 Rn. 14.

[36] *Gotthardt/Preis*, NZA 2000, 348-361, 350.

[37] *Gotthardt/Preis*, NZA 2000, 348-361, 358, 360; *Annuß/Richardi*, NJW 2000, 1231-1235, 1233.

[38] *Bader* in: Bader/Bram/Dörner/Kriebel/Nungeßer, Kündigungsschutzgesetz, § 623 Rn. 16.

[39] Kritisch zur Differenzierung zwischen Aufhebungs- und Abwicklungsvertrag *Moll/Reufels*, MDR 2001, 361-366, 361.

III. Auflösungsvertrag

Unter einem Auflösungsvertrag versteht man die Einigung der Arbeitsvertragsparteien über die sofortige, künftige oder rückwirkende Beendigung des Arbeitsverhältnisses.[40] Eine rückwirkende Auflösung kommt dann in Betracht, wenn das Arbeitsverhältnis bereits außer Vollzug gesetzt war.[41] Der Begriff des Auflösungsvertrages ist inhaltlich gleichbedeutend mit dem in Literatur und Praxis verwendeten **Begriff des Aufhebungsvertrags**[42]. Unter Umständen können den Arbeitgeber bei Abschluss eines Auflösungsvertrages **Hinweis- und Aufklärungspflichten** im Hinblick auf die für den Arbeitnehmer bei Beendigung des Arbeitsverhältnisses eintretenden Folgen treffen.[43] Der Aufhebungsvertrag ist gerichtet auf eine alsbaldige Beendigung der arbeitsvertraglichen Beziehung, was in der Regel durch die Wahl einer zeitnahen Beendigung, die sich häufig an der jeweiligen Kündigungsfrist orientiert, und weitere Vereinbarungen über Rechte und Pflichten aus Anlass der vorzeitigen Vertragsbeendigung zum Ausdruck kommt. Der Aufhebungsvertrag zielt nicht auf die befristete Fortsetzung des Arbeitsverhältnisses ab und unterliegt deshalb auch keiner Befristungskontrolle gemäß § 14 Abs. 1 TzBfG. Das Eingreifen der Befristungskontrolle liegt nahe, wenn der von den Parteien gewollte Beendigungszeitpunkt die jeweilige Kündigungsfrist um ein Vielfaches überschreitet. Entscheidend ist hier immer eine Gesamtwürdigung aller Umstände.[44]

16

Der Auflösungsvertrag ist abzugrenzen von Vereinbarungen, die das Arbeitsverhältnis inhaltlich umgestalten, ohne es aufzulösen, wie zum Beispiel bei einer Änderung von Arbeitsbedingungen, denn hier liegt keine Beendigung des Arbeitsverhältnisses i.S.v. § 623 BGB vor, so dass derartige Vereinbarungen nicht der Schriftform bedürfen.[45] Um einen Auflösungsvertrag handelt es sich auch, wenn die Beendigung des Arbeitsverhältnisses im Rahmen eines gerichtlichen oder außergerichtlichen Vergleichs vereinbart wird.

17

Wird ein bis dahin geltender Arbeitsvertrag durch einen schriftlichen Geschäftsführervertrag aufgehoben, der einen vollständig neuen Vertrag mit eigenständigen Regelungen darstellt, entspricht dieser Aufhebungsvertrag der Schriftform des § 623 BGB.[46] Er muss nicht ausdrücklich die Aufhebung des Arbeitsvertrages ansprechen; es besteht vielmehr, wenn der Arbeitnehmer mit dem Arbeitgeber einen schriftlichen Dienstvertrag schließt, der Grundlage für die Bestellung als Geschäftsführer ist, eine tatsächliche Vermutung, dass damit zugleich das zuvor begründete Arbeitsverhältnis aufgelöst worden ist.[47] Wird aber ein Arbeitnehmer, mit dem zunächst ein schriftlicher Arbeitsvertrag geschlossen wurde, durch mündlichen Vertrag und Eintragung im Handelsregister zum Geschäftsführer einer GmbH bestellt, kann der Arbeitsvertrag wegen Verstoßes gegen die Formvorschrift des § 623 BGB nicht durch eine Bestellung konkludent aufgehoben werden.[48]

18

Ein Aufhebungsvertrag im Verhältnis zwischen Arbeitnehmer und Arbeitgeber liegt auch bei einem sog. **Dreiecksgeschäft** dergestalt vor, dass ein Arbeitnehmer, sein bisheriger Arbeitgeber sowie ein potentieller neuer Arbeitgeber im Zuge eines einheitlichen Rechtsgeschäftes vereinbaren, dass der Ar-

19

---

[40] Ähnlich *Bader* in: Bader/Bram/Dörner/Kriebel/Nungeßer, Kündigungsschutzgesetz, § 623 Rn. 17; *Glatzel*, AR-Blattei SD 260, Rn. 7; *Moll/Reufels*, MDR 2001, 361-366, 361.
[41] BAG v. 17.12.2009 - 6 AZR 242/09 - juris Rn. 19 - NZA 2010, 273 - 277.
[42] Zum Aufhebungsvertrag ausführlich *Glatzel*, AR-Blattei SD 260; sowie *Lincke*, JbArbR 45, 2008, 73-95 und *Schmitt-Rolfes*, NZA Beil. 2010, 81.
[43] BAG v. 22.04.2004 - 2 AZR 281/03 - juris Rn. 22 - EzA-SD 2004, Nr. 18, 4-7; *Glatzel*, AR-Blattei SD 260, Rn. 24 ff.
[44] BAG v. 28.11.2007 - 6 AZR 1108/06 - NZA 2008, 348-355, 351; zur Beendigung von Arbeitsverhältnissen durch Aufhebungsverträge *Seel*, JA 2006, 366-372.
[45] *Gotthardt/Preis*, NZA 2000, 348-361, 354; *Müller-Glöge* in: ErfKomm, § 623 Rn. 4.
[46] BAG v. 19.07.2007 - 6 AZR 774/06 - juris Rn. 23 - NZA 2007, 1095 - 1097.
[47] BAG v. 05.06.2008 - 2 AZR 754/06, NJW 2008, 3514 - 3517, 3515, mit Anmerkung *Dzida*; LArbG Berlin v. 15.02.2006 - 13 Ta 170/06 - NZA-RR 2006, 493-494; LArbG Hannover v. 26.06.2006 - 5 Sa 2100/05; LArbG Kiel v. 16.03.2006 - 4 Sa 494/05; *Bauer/Arnold*, DB 2008, 350-354; *Bross*, EWiR 2007, 37-38.
[48] BAG v. 23.08.2011 - 10 AZB 51/10 - juris Rn. 14 - DB 2011, 2386 m. Anm. *Haase* - GmbHR 2011, 1202; LArbG Bremen v. 02.03.2006 - 3 Ta 9/06 - NZA-RR 2006, 321-322.

beitnehmer ab einem bestimmten Tage nur noch mit dem neuen Arbeitgeber im Arbeitsverhältnis stehen und für diesen ausschließlich tätig werden solle. Daher ist ein solches Dreiecksgeschäft, wenn es ausschließlich mündlich abgeschlossen wird, nicht formwahrend und somit nichtig nach den §§ 623, 125 BGB, so dass das Arbeitsverhältnis zwischen dem Arbeitnehmer und dem bisherigen Arbeitgeber fortbesteht[49]. Nach Auffassung der 6. Kammer des LAG Hamm ist bei diesen dreiseitigen Verträgen nur dann Schriftform erforderlich, wenn es sich um einen Fall handelt, in dem die Kontinuität der vertraglichen Beziehung gerade nicht aufrechterhalten werden soll. Entscheidend sei darauf abzustellen, ob auf Grund des Vertrages die Auflösung des Arbeitsverhältnisses unausweichlich eintrete. Das sei etwa beim Wechsel aus dem Arbeitsverhältnis zum bisherigen Arbeitgeber in eine Transfergesellschaft der Fall. Dieser Vertrag ziele auf die Auflösung des bisherigen und auf die Begründung eines neuen Arbeitsverhältnisses. Der neue Arbeitgeber wolle nicht in die Rechte und Pflichten des bisherigen Arbeitsverhältnisses eintreten. Genau das wolle der Arbeitgeber aber bei der Vertragsübernahme. Diese ziele nicht auf die Auflösung des Arbeitsverhältnisses, sondern auf den Austausch einer Vertragspartei unter Aufrechterhaltung aller vertraglichen Rechte und Pflichten.[50] Beruft sich der Arbeitnehmer zu einem späteren Zeitpunkt auf den Fortbestand des Arbeitsverhältnisses mit dem früheren Arbeitgeber, so ist ein solches Verhalten nur unter strengen Anforderungen als treuwidrig anzusehen[51] (vgl. Rn. 43). Wird nach einem Widerspruch des Arbeitnehmers gegen den Übergang seines Arbeitsverhältnisses auf einen Betriebserwerber in einem dreiseitigen Vertrag aber mündlich die „Rücknahme" vereinbart, so wird das Arbeitsverhältnis mit dem ursprünglichen Arbeitgeber, dem Betriebsveräußerer, beendet. Diese Vereinbarung unterliegt zu ihrer Wirksamkeit nicht dem Schriftformerfordernis des § 623 BGB.[52]

20 Auch ein Vergleich, nach welchem ein Kündigungsrechtsstreit dadurch beendet wird, dass die Kündigung gegen Zahlung einer Abfindung als wirksam anerkannt wird, bedarf der Schriftform von § 623 BGB.[53]

21 Noch nicht geklärt ist bislang, ob ein Vergleich nach § 278 Abs. 6 ZPO den Anforderungen des § 623 BGB gerecht wird.[54] Dies vor dem Hintergrund, dass wenn die Parteien den Vergleichsvorschlag mit je einem eigenen Schriftsatz annehmen, sie nicht auf einer einheitlichen Urkunde unterzeichnen (vgl. § 126 Abs. 2 Satz 1 BGB). Auch der Beschluss des Gerichts entspricht nicht der Vertragsform, da er keine Vertragsurkunde ist.[55] Der Beschluss kann jedoch dann nach § 127a BGB die Schriftform ersetzen, wenn das Gericht gemäß § 278 Abs. 6 ZPO einen Beschluss fasst und hierüber ein Protokoll fertigt.[56] In Betracht kommt auch, § 127a BGB analog auf den Beschluss nach § 278 Abs. 6 ZPO anzuwenden.[57] Die Übergabe eines Kündigungsschreibens mit einem darunter gesetzten Vermerk: „Zur Kenntnis genommen und damit einverstanden" kann als Angebot des Arbeitgebers zum Abschluss eines Auflösungsvertrages gesehen werden, das vom Arbeitnehmer mit seiner Unterschrift angenommen wird. Der **Klageverzichtsvertrag** bedarf jedenfalls dann der Schriftform gemäß § 623 BGB, wenn er im unmittelbaren zeitlichen und sachlichen Zusammenhang mit dem Ausspruch der Kündigung ge-

---

[49] LArbG Hamm v. 25.08.2011 - 17 Sa 498/11 - juris Rn. 101; LArbG Rheinland-Pfalz v. 26.10.2007 - 9 Sa 362/07 - juris Rn. 30.
[50] LArbG Hamm v. 17.06.2009 - 6 Sa 321/09 - juris Rn. 27 ff.; anders nunmehr die 17. Kammer des LAG Hamm in LArbG Hamm v. 25.08.2011 - 17 Sa 498/11 - juris Rn. 101.
[51] ArbG Berlin v. 04.09.2002 - 30 Ca 8920/02 - juris Rn. 33 - Bibliothek BAG.
[52] LArbG Hamm v. 15.01.2004 - 16 Sa 391/03 - LAGReport 2004, 383 mit Anm. v. *Wennmacher*, jurisPR-ArbR 43/2004, Anm. 3.
[53] Ebenso *Bader* in: Bader/Bram/Dörner/Kriebel/Nungeßer, Kündigungsschutzgesetz, § 623 Rn. 17; vgl. auch LArbG Hamm v. 25.10.2001 - 8 Sa 956/01 - Bibliothek BAG.
[54] Vgl. hierzu *Dahlem/Wiesner*, NZA 2004, 530-532; vgl. auch *Kramer*, AuR 2004, 402-405, 404 f. im Hinblick auf eine Sperrzeit.
[55] *Dahlem/Wiesner*, NZA 2004, 530-532, 531.
[56] *Dahlem/Wiesner*, NZA 2004, 530-532, 531.
[57] *Dahlem/Wiesner*, NZA 2004, 530-532, 531 f; *Deckenbrock/ Dötsch*, MDR 2006, 1325-1328.

schlossen wird. Er ist dann als Auflösungsvertrag anzusehen.[58] Die Unterschrift des Arbeitgebers unter der Kündigungserklärung selbst genügt nicht zur Wahrung der Schriftform für den Klageverzichtsvertrag, wenn der Arbeitgeber anschließend auf der Urkunde ein Angebot zum Abschluss einer Klageverzichtsvereinbarung formuliert. Dieses Angebot ist dann nicht von der vorstehenden Unterschrift gedeckt.[59]

Vom Auflösungsvertrag zu unterscheiden ist der **Abwicklungsvertrag**. Die Unterscheidung zwischen Aufhebungs- und Abwicklungsvertrag kann bei den sozialversicherungsrechtlichen Konsequenzen der einvernehmlichen Beendigung von Bedeutung sein.[60] Im Abwicklungsvertrag wird die Abwicklung eines bereits gekündigten[61] Arbeitsverhältnisses geregelt. Da der Abwicklungsvertrag die Beendigung des Arbeitsverhältnisses nicht selbst herbeiführt[62], unterfällt er grundsätzlich nicht der Schriftform des § 623 BGB.[63] Er regelt nur die Folgen[64] der Kündigung bzw. Beendigung des Arbeitsverhältnisses bzw. die Beendigungsumstände[65]. So werden in diesem etwa die wechselseitigen Rechte und Pflichten vereinbart, wie zum Beispiel, dass der Arbeitnehmer die Kündigung hinnimmt und dass der Arbeitgeber eine Abfindung zahlt.[66] Etwas anderes gilt aber ausnahmsweise dann, wenn der Abwicklungsvertrag den in der Kündigung angesprochenen Beendigungszeitpunkt verändert, denn dann wird der Abwicklungsvertrag zum Auflösungsvertrag im Sinne des Gesetzes, da er ein Vertrag ist, der selbst die Beendigung des Arbeitsverhältnisses regelt.[67] Das Formerfordernis des § 623 BGB erfasst nach Auffassung des Sächsischen LArbG[68] alle den Aufhebungsvertrag bestimmenden Abreden, so auch die Zahlung einer Abfindung etwa, es sei denn, diese Abrede hat keine wesentliche Bedeutung für den Vertrag (§ 139 BGB, vgl. auch Rn. 37).

Auf die **Ausgleichsquittung** ist § 623 BGB ebenfalls nicht anwendbar[69], da diese regelmäßig einen eigenständigen Beendigungstatbestand voraussetzt.[70] Eine Ausgleichquittung enthält etwa eine Regelung über den Empfang von Arbeitspapieren sowie häufig eine Klärung, dass zwischen den Parteien keine Ansprüche mehr aus dem Arbeitsverhältnis oder seiner Beendigung bestehen.[71]

Im Gegensatz zu einer Ausgleichsquittung vereinbaren Arbeitgeber und Arbeitnehmer in einem Aufhebungsvertrag, dass das Arbeitsverhältnis zu einem bestimmten Zeitpunkt beendet wird.[72] Die Beendigung folgt dabei unmittelbar aus den übereinstimmenden Willenserklärungen.[73] Selbstverständlich können neben der Beendigung noch andere Regelungen Gegenstand eines Aufhebungsvertrages sein.[74]

---

[58] BAG v. 19.04.2007 - 2 AZR 208/06 - juris Rn. 21, 30 - NZA 2007, 1227 - 1230; a.A. *Bauer/Günther*, NJW 2008, 1617-1621, 1618; *Schöne*, SAE 2008, 155 - 157, 156.
[59] LArbG Mecklenburg-Vorpommern v. 16.11.2006 - 1 Sa 111/06 - AuA 2007, 240-241; *Ahrens*, RdA 2009, 111-114, 113.
[60] Vgl. hierzu *Glatzel*, AR-Blattei SD 260, Rn. 173 ff.; zweifelnd hieran *Moll/Reufels*, MDR 2001, 361-366, 361.
[61] *Freckmann*, BB 2004, 1564-1567, 1564.
[62] *Kramer*, AuR 2004, 402-405, 403; *Weuster*, Betrieb und Wirtschaft 2000, 383-388, 383.
[63] *Gotthardt/Preis*, NZA 2000, 348-361, 354; *Glatzel*, AR-Blattei SD 260, Rn. 10; a.A. *Schaub*, NZA 2000, 344-348, 347: Abwicklungsvertrag als Unterfall des Aufhebungsvertrages; BAG v. 28.06.2005 - 1 ABR 25/04 - AP BetrVG 1972 § 102 Nr. 146 m. Anm. v. *Maties*.
[64] *Kramer*, AuR 2004, 402-405, 403.
[65] *Glatzel*, AR-Blattei SD 260, Rn. 8.
[66] *Weuster*, Betrieb und Wirtschaft 2000, 383-388, 383.
[67] *Bader* in: Bader/Bram/Dörner/Kriebel/Nungeßer, Kündigungsschutzgesetz, § 623 Rn. 18.
[68] Sächsisches LArbG v. 23.04.2007 - 3 Sa 601/06 - juris Rn. 53 - FA 2007, 357-358.
[69] A.A. *Backmeister/Trittin*, Kündigungsschutzgesetz mit Nebengesetzen, § 623 Rn. 11.
[70] Vgl. etwa BAG v. 28.07.2004 - 10 AZR 661/03 - BAGE 111, 315; *Ziemann*, jurisPR-ArbR 41/2004, Anm. 1; *Moll/Reufels*, MDR 2001, 361-366, 361.
[71] *Moll/Reufels*, MDR 2001, 361-366, 361.
[72] *Kramer*, AuR 2004, 402-405, 402.
[73] *Kramer*, AuR 2004, 402-405, 402 m.w.N.
[74] Vgl. etwa bei *Kramer*, AuR 2004, 402-405, 402.

25 Der Ansicht des LArbG Düsseldorf, dass eine Ausgleichsquittung, indem sie eine Rechtsbeziehung begründe, in der die arbeitsrechtlichen Rechte und Pflichten vollständig, endgültig und auf Dauer eliminiert und nicht nur vorübergehend ausgesetzt seien, i.S.v. § 623 BGB das Arbeitsverhältnis aufhebe, so dass sie ohne Einhaltung der gesetzlichen Schriftformerfordernisse bereits aus diesem Rechtsgrund unwirksam sei[75], ist daher nicht zuzustimmen, vielmehr dürfte in einem solchen Fall vom Vorliegen eines Aufhebungsvertrages auszugehen sein.

26 **Änderungsverträge** fallen regelmäßig nicht unter § 623 BGB. Daher kommt das Schriftformerfordernis des § 623 BGB nicht zur Anwendung, wenn die Arbeitsvertragsparteien Arbeitsbedingungen ändern[76], etwa die regelmäßige Arbeitszeit des Arbeitnehmers zeitweilig aufstocken, da dann kein (zusätzlicher) Arbeitsvertrag geschlossen und der alte beendet wird. Vielmehr wird der bestehende Arbeitsvertrag geändert bzw. ergänzt. Daher kann das Schriftformerfordernis nur greifen, wenn es um einen Tatbestand geht, der zur Beendigung des Arbeitsvertrages führt.[77] Etwas anderes gilt nur dann, wenn der Vertrag als gänzliche Auflösung des bisherigen Arbeitsverhältnisses unter davon rechtlich und tatsächlich losgelöster Begründung eines neuen Arbeitsverhältnisses zu verstehen ist.[78]

27 Auch die mündliche Vereinbarung der Arbeitsvertragsparteien, das Arbeitsverhältnis in einen freien Dienstvertrag **umzuwandeln**, ist gemäß § 623 BGB rechtsunwirksam, da eine solche Vereinbarung zur Beendigung des Arbeitsverhältnisses führt.[79]

28 Auch der **Aufhebungsvertrag eines Berufsausbildungsverhältnisses** muss schriftlich abgefasst sein, vgl. § 10 Abs. 2 BBiG. Entsprechendes gilt für die in § 26 BBiG genannten Personengruppen.

29 Kein Schriftformerfordernis nach § 623 BGB besteht bei einem dreiseitigen Vertrag über die **Rücknahme eines Widerspruchs** gegen einen Betriebsübergang (vgl. § 613a BGB). Ein solcher führt zwar zur Beendigung des Vertragsverhältnisses mit dem alten Arbeitgeber, nicht jedoch zur Auflösung des Arbeitsverhältnisses als solchem.[80] Nach dem Inhalt dieser Vereinbarung sollen vielmehr die Rechtswirkungen des Widerspruchs beseitigt und die Rechtsfolgen des § 613a BGB wiederhergestellt werden.[81] Daher liegt kein Auflösungsvertrag vor, denn die Beendigung des Arbeitsverhältnisses mit dem bisherigen Arbeitgeber tritt mittelbar als Folge der getroffenen dreiseitigen Vereinbarung ein; diese hat nicht die Auflösung des Arbeitsverhältnisses zum Inhalt, sondern die Wiederherstellung der Rechtsfolgen des § 613a BGB, (vgl. auch Rn. 19).[82] In der Zeit zwischen Betriebsübergang und Ausübung des Widerrufsrechts des Arbeitnehmers kann der Arbeitnehmer mit dem Betriebserwerber durchaus auch einen Aufhebungsvertrag schließen, der dann aber natürlich unter dem Schriftformgebot des § 623 BGB steht.[83]

IV. Schriftform

1. Grundsätzliches

30 Das Schriftformerfordernis ist konstitutiv[84]; fehlt es daran, sind Kündigung oder Auflösungsvertrag unheilbar nichtig. Es gelten die Kündigung oder Auflösungsvertrag unheilbar nichtig. Es gelten die §§ 125, 126, 127a, 128 BGB. Die Urkunde muss schriftlich abgefasst sein. Besteht sie aus mehreren Blättern, muss deren Zusammengehörigkeit für den unbefangenen Betrachter erkennbar sein.[85] Anla-

---

[75] LArbG Düsseldorf v. 13.04.2005 - 12 Sa 154/05 - juris Rn. 44 - DB 2005, 1463.
[76] *Geyer*, FA 2004, 101-104, 103
[77] Vgl. zur Regelung des TzBfG: LArbG Berlin v. 01.04.2003 - 3 Sa 51/03 - juris Rn. 34 - Bibliothek BAG .
[78] *Bader* in: Bader/Bram/Dörner/Kriebel/Nungeßer, Kündigungsschutzgesetz, § 623 Rn. 20; *Gotthardt/Preis*, NZA 2000, 348-361, 354.
[79] LArbG Berlin v. 05.03.2003 - 17 Sa 2269/02 - juris Rn. 14 - Bibliothek BAG.
[80] LArbG Hamm v. 15.01.2004 - 16 Sa 391/03 - juris Rn. 31 - Bibliothek BAG.
[81] LArbG Hamm v. 15.01.2004 - 16 Sa 391/03 - juris Rn. 31 - Bibliothek BAG.
[82] LArbG Hamm v. 15.01.2004 - 16 Sa 391/03 - juris Rn. 32 - Bibliothek BAG.
[83] LArbG München v. 26.06.2007 - 8 Sa 663/06 - juris Rn. 69 - AuA 2008, 110.
[84] ArbG Frankfurt v. 02.10.2002 - 7 Ca 7053/01 - juris Rn. 19 - Bibliothek BAG.
[85] BGH v. 24.09.1997 - XII ZR 234/95 - BGHZ 136, 357-373.

gen zur Urkunde unterliegen grundsätzlich ebenfalls der Schriftform, es sei denn, diese enthalten bloße Orientierungsbehelfe ohne eigenen rechtsgeschäftlichen Erklärungswert.[86]

Die Urkunde muss vom Aussteller eigenhändig unterzeichnet sein. Es genügt auch ein notariell beglaubigtes Handzeichen, die sog. Paraphe, § 126 Abs. 1 BGB. Die Unterschrift muss den Urkundentext räumlich abschließen.[87] Nachträge sind erneut und gesondert zu unterschreiben. Es muss die Identität des Unterschreibenden und dessen Absicht zur Leistung einer vollen Unterschrift erkennbar sein.[88] Für die Einhaltung der Schriftform ist weiter erforderlich, dass alle Erklärenden die schriftliche Willenserklärung unterzeichnen.[89] Auch die **Unterschrift** selbst muss gewissen Anforderungen genügen.[90]

31

Die nach § 623 BGB abzugebende Willenserklärung kann auch **durch einen Bevollmächtigten** abgegeben werden. Die Erteilung der Vollmacht selbst bedarf nicht der Schriftform, § 167 Abs. 2 BGB. Allerdings sollte der Kündigung eine Originalvollmacht beigefügt werden, da anderenfalls die Gefahr besteht, dass der Kündigungsempfänger die Kündigung gemäß § 174 Satz 1 BGB zurückweist.[91] Der Bevollmächtigte muss das Vertretungsverhältnis bei der Unterzeichnung zum Ausdruck bringen. Dies kann durch einen die Vertretung bezeichnenden Zusatz geschehen[92] oder nach ebenfalls in der Rechtsprechung vertretener Ansicht sich sonst aus der Urkunde ergeben.[93] Sind nur mehrere gemeinsam zur Kündigung berechtigt, müssen alle die Urkunde unterschreiben, es sei denn ein Gesamtvertreter handelt erkennbar für sich und in Vertretung der anderen Gesellschafter.[94] Problematisch kann die Unterzeichnung mit dem Kürzel „i.A." sein.[95] Wird nämlich die Kündigungserklärung für den Arbeitgeber von einem Vertreter mit dem Zusatz „i.A." unterzeichnet, ergibt sich daraus allein noch nicht, dass der Erklärende lediglich als Bote gehandelt hat. Maßgeblich sind vielmehr gemäß §§ 133, 157 BGB die Gesamtumstände, wie beispielsweise die dem Rechtsverhältnis zugrunde liegenden Lebensverhältnisse, die Interessenlage, der Geschäftsbereich, dem der Erklärungsgegenstand angehört, und verkehrstypische Verhaltensweisen.[96] Der so ermittelte rechtsgeschäftliche Vertretungswille muss in der Urkunde jedenfalls andeutungsweise Ausdruck gefunden haben.[97] Das BAG hat im Zusammenhang mit einer **GbR** ausgeführt, dass für die Einhaltung der Schriftform erforderlich ist, dass alle Erklärenden die schriftliche Willenserklärung unterzeichnen.[98] Unterzeichnet für eine Vertragspartei ein Vertreter die Erklärung, muss dies in der Urkunde durch einen das Vertretungsverhältnis anzeigenden Zusatz hinreichend deutlich zum Ausdruck kommen, so dass, wenn für eine GbR nur ein Mitglied ohne einen Vertreterzusatz unterschreibt, regelmäßig nicht auszuschließen ist, dass vorgesehen war, auch das andere

32

---

[86] BGH v. 29.09.1999 - XII ZR 313/98 - LM BGB § 566 Nr. 38 (3/2000).
[87] *Löw*, MDR 2006, 12-14, 12.
[88] BGH v. 22.10.1993 - V ZR 112/92 - LM ZPO § 130 Nr. 19 (3/1994).
[89] LArbG Stuttgart v. 01.09.2005 - 11 Sa 7/05 - juris Rn. 25 - ZIP 2006, 100.
[90] Vgl. hierzu etwa LArbG Hessen v. 22.03.2010 - 17 Sa 1303/09 - juris Rn. 24 f. - NZA-RR 2010, 341, 342; LArbG Köln v. 29.11.2004 - 2 Sa 1034/04 - juris Rn. 13 - Bibliothek BAG.
[91] *Seel*, MDR 2005, 1331-1334, 1331.
[92] BAG v. 21.04.2005 - 2 AZR 162/04 - juris Rn. 14 - ArbN 2005, Nr. 4, 35; LArbG Stuttgart v. 01.09.2005 - 11 Sa 7/05 - juris Rn. 25 - ZIP 2006, 100, BAG v. 28.11.2007 - 6 AZR 1108/06, AP Nr. 36 zu § 620 BGB Aufhebungsvertrag; BAG v. 18.11.2009 - 4 AZR 491/08.
[93] Vgl. LArbG Halle (Saale) v. 16.11.2001 - 2 Ta 165/01 - Bibliothek BAG, wonach die Benutzung von Firmenstempel und Briefpapier des Arbeitgebers ausreichen; sowie LAG Hamm v. 30.04.2008 - 10 Sa 2090/07 - juris Rn. 40; wonach das Schriftformgebot auch dann erfüllt ist, wenn der Vertreter die Urkunde mit dem Namen des Vertretenen unterschreibt.
[94] LAG Thüringen v. 27.01.2009 - 7 Sa 597/07 - juris Rn. 18.
[95] Vgl. hierzu *Klein*, NZA 2004, 1198-1200; LArbG Rheinland-Pfalz v. 19.12.2007 - 7 Sa 530/07 - DB 2008, 821-822.
[96] LAG Niedersachsen v. 11.12.2009 - 10 Sa 594/09 - juris Rn. 33.
[97] BAG v. 13.12.2007 - 6 AZR 145/07 - juris Rn. 18 - AP Nr. 83 zu § 1 KSchG 1969; BAG v. 28.11.2007 - 6 AZR 1108/06 - NZA 2008, 348-355.
[98] BAG v. 21.04.2005 - 2 AZR 162/04 - juris Rn. 14 - ArbN 2005, Nr. 4, 35; vgl. zu dieser Entscheidung auch *Sievers*, jurisPR-ArbR 35/2005, Anm. 3.

Mitglied oder die anderen Mitglieder sollten die Urkunde unterschreiben und dass deren Unterschrift noch fehlt.[99] Die Wahrung der gesetzlichen Schriftform setzt bei einer GbR danach voraus, dass die Urkunde erkennen lässt, dass die Unterschrift der handelnden Gesellschafter auch die Erklärung des nicht unterzeichnenden Gesellschafters decken soll, sie also auch in dessen Namen erfolgt ist.[100] Für die Frage, ob jemand eine Erklärung auch in fremdem Namen abgibt, kommt es auf deren objektiven Erklärungswert an, also darauf, wie sich die Erklärung nach Treu und Glauben unter Berücksichtigung der Verkehrssitte für den Empfänger darstellt.[101] Daher ist die Schriftform etwa dann nicht gewahrt, wenn das Kündigungsschreiben aufgrund seines äußeren Erscheinungsbildes die Möglichkeit offen lässt, dass es sich lediglich um einen Entwurf des Schreibens handelt.[102] Diese Grundsätze sind auch auf andere Fälle übertragbar.[103]

33 Die **Aufhebung der Kündigung** oder des Auflösungsvertrags ist formlos wirksam.

2. Schriftform bei Kündigung

34 Eine Kündigung durch schlüssiges Verhalten ist durch das Formerfordernis ausgeschlossen. So ist etwa mangels Wahrung der Schriftform im Verlassen des Arbeitsplatzes durch den Arbeitnehmer keine Kündigungserklärung zu sehen.[104] Dem Kündigungsempfänger muss das Schriftstück im Original zugehen. Für den Zugang eines Schriftstücks unter Anwesenden ist es allerdings ausreichend, wenn dem Adressaten das Schriftstück nur zum Durchlesen überlassen wird, es sei denn, dem Empfänger ist die für ein Verständnis nötige Zeit nicht verblieben.[105] Eine Massenkündigung durch Aushang am „Schwarzen Brett" ist nicht möglich.[106] Die Übersendung mittels Telefax genügt dem Schriftformerfordernis nicht, da hier das Original gerade beim Erklärenden verbleibt.[107] Die nach § 125 Satz 1 BGB eingetretene Rechtsfolge der Nichtigkeit entfällt auch nicht deshalb, weil der Empfänger mit der nicht formgerechten Kündigung einverstanden ist.[108] Aus dem Schreiben muss der Wille zur Beendigung des Arbeitsverhältnisses eindeutig hervorgehen; dagegen braucht der Begriff der Kündigung nicht unbedingt im Schreiben enthalten zu sein. Ebenso wenig fordert § 623 BGB die Angabe von Kündigungsgründen.[109] Dies kann jedoch in Spezialbestimmungen der Fall sein (vgl. Rn. 5). Es ist auch nicht vorgeschrieben, dass die Art der Kündigung – ordentlich oder außerordentlich – in der Erklärung anzugeben ist. Auch die Angabe einer Kündigungsfrist oder eines Kündigungstermins ist nicht zwingend erforderlich.[110] Der Kündigende trägt allerdings das Risiko, dass die Erklärung anders verstanden wird, als sie gemeint ist oder sich als zu unbestimmt herausstellt.

---

[99] BAG v. 21.04.2005 - 2 AZR 162/04 - juris Rn. 14 - ArbN 2005, Nr. 4, 35; BAG v. 28.11.2007 – 6 AZR 1108/06 – NZA 2008, 348-355.

[100] BAG v. 21.04.2005 - 2 AZR 162/04 - juris Rn. 15 - ArbN 2005, Nr. 4, 35.

[101] BAG v. 21.04.2005 - 2 AZR 162/04 - juris Rn. 15 - ArbN 2005, Nr. 4, 35.

[102] LArbG Stuttgart v. 01.09.2005 - 11 Sa 7/05 - juris Rn. 29 - ZIP 2006, 100.

[103] Vgl. etwa LArbG Stuttgart v. 01.09.2005 - 11 Sa 7/05 - juris Rn. 26 - ZIP 2006, 100.

[104] LArbG Rheinland-Pfalz v. 23.08.2007 - 9 Sa 411/07 - juris Rn. 24 - AuA 2008, 110 m. Anm. v. *Beckmann*, jurisPR-ArbR 17/2008, Anm. 5.

[105] BAG v. 04.11.2004 - 2 AZR 17/04 - juris Rn. 20 - NZA 2005, 513; vgl. auch die Vorinstanz LArbG Hamm v. 04.12.2003 - 4 Sa 900/03 - juris Rn. 62 - NZA-RR 2004, 189, das darauf abstellt, dass dem Arbeitnehmer versehentlich eine Fotokopie zum Verbleib ausgehändigt wird; vgl. hierzu auch *Engel*, jurisPR-ArbR 9/2004, Anm. 4; *Mestwerdt*, jurisPR-ArbR 25/2005, Anm. 1; *Schrader*, ZInsO 2004, 132-135, 133-135; *Fleddermann*, ZInsO 2004, 434-436, 436; vgl. auch BAG v. 20.08.1998 - 2 AZR 603/97 - juris Rn. 24 - NZA 1998, 1330.

[106] *Schaub*, NZA 2000, 344-348, 347.

[107] BGH v. 28.01.1993 - IX ZR 259/91 - juris Rn. 35 - BGHZ 121, 224-236; vgl. zum Telegramm: ArbG Frankfurt v. 09.01.2001 - 8 Ca 5663/00 - Bibliothek BAG; LArbG Rheinland-Pfalz v. 31.01.2008 - 9 Sa 416/07 - juris Rn. 15 - AiB Newsletter 2008, Nr. 6, 5.

[108] LArbG Rheinland-Pfalz v. 31.01.2008 - 9 Sa 416/07 - juris Rn. 15 - AiB Newsletter 2008, Nr. 6, 5.

[109] Vgl. hierzu auch BAG v. 16.09.2004 - 2 AZR 447/03 - juris Rn. 30 - ArbuR 2004, 391

[110] *Bader* in: Bader/Bram/Dörner/Kriebel/Nungeßer, Kündigungsschutzgesetz, § 623 Rn. 36; *Gotthardt/Preis*, NZA 2000, 348-361, 351; *Annuß/Richardi*, NJW 2000, 1231-1235, 1233; LArbG Köln v. 06.10.2005 - 6 Sa 843/05 - NZA-RR 2006, 353.

Die Schriftform der Kündigung ist auch dann eingehalten, wenn die eigenhändig unterschriebene Originalurkunde an das Gericht geht und der Adressat der Kündigung eine beglaubigte Abschrift erhält, soweit der Beglaubigungsvermerk vom Kündigenden unterzeichnet ist.[111]

35

Da es sich bei der Kündigung um eine empfangsbedürftige Willenserklärung handelt, wird sie erst mit Zugang[112] der formgerecht errichteten Urkunde beim Erklärungsempfänger wirksam, § 130 Abs. 1 BGB. Die Übermittlung durch Telegramm[113] oder Telefax genügt daher nicht. Ebenso wenig die Übermittlung durch E-Mail. Insoweit bestimmt § 623 BGB a.E. ausdrücklich die Unanwendbarkeit der Vorschriften über die elektronische Form[114]. Hinsichtlich des Zugangs nach einer schriftlichen Kündigungserklärung ist zu beachten, dass der Adressat einer persönlich übergebenen schriftlichen Kündigungserklärung ihren Zugang nicht dadurch hinauszögern oder verhindern kann, dass er den Brief ungeöffnet an den Überbringer zurückgibt[115], nicht öffnet oder nicht liest[116]. Ausreichend für den Zugang i.S.d. § 130 BGB ist vielmehr, dass er ohne weiteres Kenntnis vom Inhalt des Schreibens hätte erlangen können.[117] Dem Arbeitnehmer ist in diesem Fall auch verwehrt, in einem späteren Prozess mit Nichtwissen zu bestreiten, dass der Umschlag tatsächlich ein Kündigungsschreiben enthielt.[118] Im Fall eines betreuten bzw. geschäftsunfähigen Arbeitnehmers muss die empfangsbedürftige Willenserklärung gegenüber dem Geschäftsunfähigen erfolgen, der Zugang muss hingegen bei dem gesetzlichen Vertreter eintreten. Der Erklärende muss bei der Abgabe an den Geschäftsunfähigen zugleich den Willen haben, die Erklärung an den gesetzlichen Vertreter zu richten.[119]

36

3. Schriftform bei Auflösungsvertrag

Nach einer in der Literatur verbreiteten Auffassung unterliege der gesamte Vertrag, einschließlich aller von den Vertragsparteien als wesentlich erachteten Fragen, der Schriftform. Dies gelte auch bei der **Zusammenfassung mehrerer Rechtsgeschäfte**, so wenn die Beendigung des Arbeitsverhältnisses und die Begründung eines neuen Arbeitsverhältnisses zu einem anderen Arbeitgeber gemeinsam vereinbart würden.[120] Dem ist nicht zuzustimmen. Nach dem Wortlaut von § 623 BGB ist die „Beendigung von Arbeitsverhältnissen durch Auflösungsvertrag" formbedürftig. Das Formerfordernis bezieht sich also nur auf die Vereinbarung der Vertragsbeendigung. Insoweit enthält das Gesetz eine Einschränkung. Es erstreckt sich also das Formerfordernis gerade nicht auf alle Abreden, die im Auflösungsvertrag enthalten sind.[121] Vielmehr werden Nebenabreden im Zusammenhang mit dem Ende des Arbeitsverhältnisses nicht erfasst (vgl. Rn. 22). Wollte man verlangen, dass alle im Zusammenhang mit dem Ende der Arbeitsverhältnisse stehenden klärungsbedürftigen Fragen schriftlich niedergelegt werden müssten, würde es zur Nichtigkeit führen, wenn etwa eine klärungsbedürftige Frage vergessen wäre; ein schwer verständliches Ergebnis. Die Gegenauffassung scheint dies zu verkennen.

37

Besonders zu beachten ist die Vorschrift von § 126 Abs. 2 Satz 1 BGB, wonach die Unterschrift aller Vertragspartner auf derselben Urkunde erfolgen muss. Dies schließt es aus, dass ein Auflösungsvertrag durch sukzessiven Briefwechsel zustande kommt. Eine Ausnahme hiervon sieht nur § 126 Abs. 2

38

---

[111] *Gotthardt/Preis*, NZA 2000, 348-361, 352; *Ellenberger* in: Palandt, § 126 Rn. 6 m.w.N.

[112] Zur Problematik des Zugangs von Kündigungen in der Praxis: *Gaul/Otto*, ArbRB 2003, 306-309, 309; *Opolony*, AR-Blattei SD 1020.3, 73, Rn. 273; vgl. auch *Mestwerdt*, jurisPR-ArbR 25/2005, Anm. 1. Zum Zugang der Kündigung durch Einwurf in den Briefkasten und zu Hindernissen zur rechtzeitigen Klageerhebung: LAG Baden-Württemberg v. 07.05.2008 - 12 Sa 63/08 - juris Rn. 16 ff. - NZA-RR 2008, 431-433.

[113] ArbG Frankfurt v. 09.01.2001 - 8 Ca 5663/00 - Bibliothek BAG.

[114] Zum Einsatz elektronischer Kommunikationsmittel im Zusammenhang mit einem Arbeitsverhältnis vgl. *Kramer*, DB 2006, 502-508.

[115] LArbG Chemnitz v. 11.02.2003 - 7 Sa 292/02 - Bibliothek BAG.

[116] BAG v. 07.01.2004 - 2 AZR 388/03 - juris Rn. 10 - ZInsO 2005, 671.

[117] LArbG Chemnitz v. 11.02.2003 - 7 Sa 292/02 - Bibliothek BAG.

[118] LArbG Chemnitz v. 11.02.2003 - 7 Sa 292/02 - Bibliothek BAG.

[119] *Deinert*, BtPrax 2010, 22-24, 23.

[120] *Gotthardt/Preis*, NZA 2000, 348-361, 354.

[121] A.A. *Spilger* in: Becker/Etzel/Bader, Gemeinschaftskommentar zum Kündigungsschutzgesetz, § 623 Rn. 95.

Satz 2 BGB vor, wenn zwei gleich lautende Schriftstücke hergestellt werden und jede Vertragspartei ein von der anderen unterschriebenes Exemplar erhält. Ein gerichtlich protokollierter Vergleich wahrt die Schriftform, § 126 Abs. 3 i.V.m. § 127a BGB.

39 Da ein Auflösungsvertrag der Schriftform bedarf, ist es konsequent, dass eine mündlich getroffene Abrede, das Arbeitsverhältnis in einen freien Dienstvertrag umzuwandeln, gemäß § 623 BGB rechtsunwirksam ist[122], weil auch hier das vorhergehende Arbeitsverhältnis beendet wird, auch wenn der zukünftige Dienstverpflichtete weiter für den früheren Arbeitgeber tätig ist. Da gerade die die Aufhebung des Arbeitsvertrages herbeiführenden Willenserklärungen als solche der Schriftform bedürfen, können diese nicht durch eine spätere schriftliche Erklärung, dass solche Erklärungen zu einem früheren Zeitpunkt – mündlich – abgegeben worden seien, ersetzt werden.[123] Auch ein Vorvertrag der Parteien über die Aufhebung ihres Arbeitsverhältnisses bedarf der Schriftform des § 623 BGB.[124] Zwar kann ein Vorvertrag auch dann formlos wirksam sein, wenn der Hauptvertrag der Schriftform unterliegt. Das setzt jedoch voraus, dass dem Schriftformerfordernis keine Warnfunktion, sondern lediglich eine Klarstellungs- und Beweisfunktion zukommt. Dies ist beim Schriftformerfordernis für die Beendigung von Arbeitsverhältnissen durch Aufhebungsvertrag nicht der Fall. Das Schriftformerfordernis bezweckt den Schutz der Vertragsparteien vor Übereilung und entfaltet damit eine Warnfunktion.[125]

D. Folgen der Nichteinhaltung der Schriftform

I. Grundsätzliches

40 Ist die Schriftform nicht eingehalten, ist die Kündigung oder der Auflösungsvertrag unheilbar nichtig, § 125 Satz 1 BGB. Das Arbeitsverhältnis besteht dann rechtlich unverändert fort. Die Nichtigkeit entfällt auch nicht deshalb, weil der Empfänger mit der nicht formgerechten Kündigung einverstanden ist. Ein derartiges Einverständnis ersetzt den Mangel der Form nicht.[126] Aufgrund eines unwirksamen Auflösungsvertrags erbrachte Leistungen können zurückgefordert werden (§ 812 Abs. 1 Satz 1 Alt. 1 BGB).

II. Wiederholung des Rechtsgeschäfts

41 Es besteht die Möglichkeit, das Rechtsgeschäft formwirksam zu wiederholen. Hierfür gelten dann allerdings neue Fristen und Termine. Bei der außerordentlichen Kündigung ist zudem § 626 Abs. 2 BGB zu beachten. Das Arbeitsverhältnis besteht dann nur bis zum Eintritt der wirksamen Auflösung fort. Im Fall der schriftlichen „Bestätigung" einer mündlich ausgesprochenen Kündigung gelten die Auslegungsgrundsätze für Willenserklärungen, §§ 133, 157 BGB. Nur wenn die Bestätigung eine weitere Kündigung darstellt oder als Auflösungsantrag ausgelegt werden kann, ist das Arbeitsverhältnis wirksam aufgelöst. Eine schriftliche Bestätigung ohne eigenen Erklärungsgehalt genügt dagegen nicht dem Schriftformerfordernis.

III. Umdeutung eines formunwirksamen Rechtsgeschäfts

42 Es besteht grundsätzlich die **Möglichkeit der Umdeutung** einer unwirksamen außerordentlichen Kündigung in eine wirksame ordentliche Kündigung, § 140 BGB. Es ist allerdings zu beachten, dass auch die ordentliche Kündigung stets der Schriftform bedarf. Fehlt diese, scheitert die Umdeutung an § 623 BGB.[127] Sie ist daher nur dann möglich, wenn die außerordentliche Kündigung dem Schriftformerfor-

---

[122] LArbG Berlin v. 05.03.2003 - 17 Sa 2269/02 - juris Rn. 14 - Bibliothek BAG.
[123] BAG v. 28.06.2005 - 1 ABR 25/04 - juris Rn. 28.
[124] BAG v. 17.12.2009 - 6 AZR 242/09 - juris Rn. 23, 25 - NZA 2010, 273-277; LAG Rheinland-Pfalz v. 01.07.2008 - 3 Sa 148/08 - juris Rn. 27.
[125] BAG v. 17.12.2009 - 6 AZR 242/09 - juris Rn. 23, 25 - NZA 2010, 273-277; zur Warnfunktion vgl. auch LAG Hamm v. 11.06.2008 - 18 Sa 302/08 - juris Rn. 34, 35.
[126] LArbG Rheinland-Pfalz v. 31.01.2008 - 9 Sa 416/07 - juris Rn. 15 - AiB Newsletter 2008, Nr. 6, 5.
[127] *Gotthardt/Preis*, NZA 2000, 348-361, 352.

dernis genügt und sich die Unwirksamkeit aus anderen Gründen ergibt. In Betracht kommt weiterhin die Umdeutung einer unwirksamen außerordentlichen Kündigung in ein Angebot auf Abschluss eines Auflösungsvertrags. Der Abschluss des Auflösungsvertrags muss jedoch wiederum schriftlich erfolgen[128], wobei zu beachten ist, dass gemäß § 126 Abs. 2 Satz 1 BGB die Unterschriften der Vertragsparteien auf derselben Urkunde erfolgen müssen. Ein Briefwechsel genügt daher nicht der Schriftform. Ebenfalls möglich ist die Umdeutung eines unwirksamen Aufhebungsvertrages in einen wirksamen Aufhebungsvertrag mit einer Beendigung zum Zeitpunkt der Außervollzugsetzung.[129] Denkbar ist zudem eine Umdeutung der unwirksamen Kündigung in eine **Anfechtung**.[130] Die Anfechtung selbst ist nicht formbedürftig; die fehlende Schriftform steht hier nicht entgegen. Eine nicht rechtzeitig erfolgte Erklärung gemäß § 12 KSchG kann, wenn sie schriftlich erfolgt ist, grundsätzlich in eine ordentliche Kündigung umgedeutet werden.

IV. Treuwidrigkeit der Berufung auf die Nichtigkeit

Um eine Aushöhlung des zwingenden Formerfordernisses zu vermeiden, ist an der Nichtigkeit des formunwirksam geschlossenen Rechtsgeschäfts grundsätzlich festzuhalten. Nur in eng begrenzten Ausnahmefällen kann sich die Berufung einer Partei auf den Formmangel als treuwidrig i.S.v. § 242 BGB darstellen, wenn die Nichtigkeitsfolgen für den Vertragspartner zu schlechthin unerträglichen Ergebnissen führen würden.[131] Hierbei ist auf die konkreten Beziehungen der Parteien sowie auf die gesamten Umstände abzustellen. Danach muss das Festhalten am Formerfordernis als schlechthin untragbar erscheinen. Liegen diese Voraussetzungen vor, ist das Rechtsgeschäft trotz Formmangel als gültig zu behandeln. Ein Formmangel kann ausnahmsweise auch dann nach § 242 BGB unter dem Gesichtspunkt des widersprüchlichen Verhaltens als unbeachtlich angesehen werden, wenn der Erklärungsgegner einen besonderen Grund hatte, auf die Gültigkeit der Erklärung trotz des Formmangels zu vertrauen oder der Erklärende sich mit der Berufung auf den Formmangel zu eigenem vorhergehenden Verhalten **in Widerspruch setzt**.[132] Für einen besonderen Vertrauenstatbestand nicht ausreichend ist die Behauptung des Arbeitgebers, der Arbeitnehmer habe regelmäßig erwähnt, er wolle bald aufhören zu arbeiten.[133] Ein Verstoß gegen den Grundsatz von Treu und Glauben ist von Amts wegen zu beachten.[134] Es ist zu beachten, dass das Gesetz bewusst in Kauf nimmt, dass sogar unstreitig im Ernst – aber eben nur mündlich – abgegebene Auflösungserklärungen wirkungslos sind.[135] Daher kann die Berufung auf die fehlende Schriftform nicht allein mit der Begründung, die Beendigungserklärung sei ernsthaft gemeint gewesen, für treuwidrig erklärt werden.[136] Die Parteien sind hingegen grundsätzlich an der Nichtigkeitsfolge des Rechtsgeschäfts festzuhalten, wenn sie beide dessen Formnichtigkeit kannten oder aufgrund grober Fahrlässigkeit nicht kannten. Wenn die schweren Folgen der Nichtigkeit anderweitig, etwa durch Schadensersatzansprüche, gemildert oder gänzlich abgewendet werden können, kommt ein Rückgriff auf § 242 BGB nicht in Betracht.[137]

43

---

[128] LArbG Hamm v. 04.06.2002 - 4 Sa 57/02 - juris Rn. 82 - Bibliothek BAG.
[129] LAG Hamm v. 24.02.2009 - 12 Sa 1440/08 - juris Rn. 34.
[130] Vgl. *Gotthardt/Preis*, NZA 2000, 348-361, 351.
[131] LArbG Hamm v. 04.06.2002 - 4 Sa 57/02 - juris Rn. 82 - Bibliothek BAG; *Litterscheid/Reufels*, ArbRB 2003, 113-116, 115; vgl. auch *Eberle*, NZA 2003, 1121-1126, 1122-1124.
[132] BAG v. 16.09.2004 - 2 AZR 659/03 - juris Rn. 18 - NZA 2005, 162; vgl. auch LArbG Köln v. 27.08.2003 - 8 Sa 268/03 - juris Rn. 62 - Bibliothek BAG im Zusammenhang mit einem Auflösungsvertrag; LArbG Düsseldorf v. 29.11.2005 - 16 Sa 1030/05 - juris Rn. 18 - LAGE § 623 BGB 2002 Nr. 4; *Wolmerath*, jurisPR-ArbR 6/2006, Anm. 3; LArbG Niedersachsen v. 05.12.2005 - 11 Sa 931/05 - juris Rn. 62 - AE 2006, 173-174; LArbG Niedersachsen v. 11.08.2005 - 4 Sa 1855/04 - juris Rn. 49 - AE 2006, 22-23.
[133] ArbG Paderborn v. 22.03.2006 - 3 Ca 1947/05 - juris Rn. 42 - AE 2007, 65-66.
[134] LArbG Hamm v. 15.01.2004 - 16 Sa 391/03 - juris Rn. 34 - Bibliothek BAG.
[135] BAG v. 16.09.2004 - 2 AZR 659/03 - juris Rn. 20 - SuP 2004, 737.
[136] BAG v. 22.04.2010 - 6 AZR 828/08 - juris Rn. 38 - PersV 2010 , 384-389; BAG v. 16.09.2004 - 2 AZR 659/03 - juris Rn. 20 - SuP 2004, 737.
[137] Vgl. *Gotthardt/Preis*, NZA 2000, 348-361, 352.

44 Treuwidrigkeit[138] kann auch in den Fällen vorliegen, in denen eine Partei die andere arglistig von der Einhaltung der erforderlichen Form abhält, um sich später auf den Formmangel berufen zu können. Es besteht jedoch keine generelle Hinweispflicht des Arbeitgebers.[139] Die Berufung auf die Formnichtigkeit kann zudem wegen **Verwirkung** ausgeschlossen sein, wenn sich eine Partei erst lange Zeit später auf die Formnichtigkeit beruft und die andere sich im Vertrauen auf die Wirksamkeit des Rechtsgeschäfts darauf eingerichtet hat.[140]

45 Wenn der Arbeitnehmer nach der vermeintlichen Kündigung **sechs Wochen** nicht zur Arbeit erschienen ist und seine Arbeitskraft nicht angeboten hat, sollte ihm die Berufung auf die Unwirksamkeit der Kündigung verwehrt sein.

46 Nach Ansicht des BAG[141] ist dem Arbeitnehmer eine Berufung auf die Formnichtigkeit etwa versagt, wenn er trotz eines konstitutiven Schriftformerfordernisses mehrfach und auch nach Vorhalt nur mündlich gekündigt hat.[142]

E. Prozessuale Hinweise

47 Ist für ein Rechtsgeschäft gesetzliche Form vorgeschrieben, so trägt diejenige Partei die **Darlegungs- und Beweislast** für sämtliche Voraussetzungen der jeweiligen Formvorschrift, die für sich aus dem Rechtsgeschäft Folgen herleitet. Daher muss der, der sich auf die Gültigkeit einer Kündigung, eines Auflösungsvertrages oder einer Befristung beruft und daraus Folgen für sich ableitet, die Einhaltung von § 623 BGB beweisen.[143] Zu beachten ist, dass der Inhalt einer Urkunde die Vermutung der Richtigkeit und Vollständigkeit für sich hat[144], was insbesondere beim Abschluss von Auflösungsverträgen von Bedeutung ist. Zur Darlegung einer Auflösungsvereinbarung gehört jedoch nicht nur der Vortrag, dass die Parteien eine nach dem Wortlaut eindeutig auf Auflösung des Arbeitsverhältnisses zielende Vereinbarung trafen, sondern dass der unmissverständliche Wortlaut mit dem maßgebenden wirklichen Willen der Erklärenden übereinstimmte.[145] Zwar ist die Vermutung widerlegbar, doch sind an den Beweis strenge Anforderungen zu stellen. Die Darlegungs- und Beweislast für die Voraussetzungen der Treuwidrigkeit der Berufung auf die Formnichtigkeit liegt bei dem, der sich auf die Gültigkeit trotz Formmangels beruft. Die Darlegungs- und Beweislast für alle Tatsachen, die den Einwand begründen, der Arbeitnehmer berufe sich treuwidrig auf den verspäteten Zugang einer Kündigung, treffen den Kündigenden.[146]

F. Anwendungsfelder

I. Zeitlicher Geltungsbereich

48 Es bestehen keine Übergangsregelungen, so dass § 623 BGB für alle Kündigungen gilt, die ab dem Tag des In-Kraft-Tretens der Vorschrift am 01.05.2000 zugegangen sind, sowie für alle ab diesem Tag

---

[138] Vgl. etwa die bei *Löw*, ArbuR 2006, 44-46, 45 aufgeführten Fälle.
[139] So auch *Bader* in: Bader/Bram/Dörner/Kriebel/Nungeßer, Kündigungsschutzgesetz, § 623 Rn. 53.
[140] *Gotthardt/Preis*, NZA 2000, 348-361, 353; LArbG Kiel v. 16.02.2006 - 1 Ta 267/05; *Henssen*, DB 2006, 1613-1616; zur Treuwidrigkeit der Kündigung *Link*, AR-Blattei SD 1010.3, 67 ff.
[141] BAG v. 04.12.1997 - 2 AZR 799/96 - juris Rn. 16 - NJW 1998, 1659-1661; vgl. auch BAG v. 16.09.2004 - 2 AZR 659/03 - juris Rn. 18 - NZA 2005, 162; *Sievers*, jurisPR-ArbR 6/2005, Anm. 3; BAG v. 20.08.1998 - 2 AZR 603/97 - juris Rn. 24 - NZA 1998, 1330; LArbG Hamm v. 04.06.2002 - 4 Sa 57/02 - juris Rn. 83 - Bibliothek BAG.
[142] Ähnlich auch LArbG Mainz v. 28.10.2003 - 5 Sa 754/03 - Bibliothek BAG; kritisch hierzu *Gotthardt/Preis*, NZA 2000, 348-361, 353.
[143] *Gotthardt/Preis*, NZA 2000, 348-361, 361; *Bader* in: Bader/Bram/Dörner/Kriebel/Nungeßer, Kündigungsschutzgesetz, § 623 Rn. 24; LArbG Hamm v. 12.10.2004 - 6 Sa 621/04 - juris Rn. 43 - Bibliothek BAG.
[144] *Müller-Glöge* in: ErfKomm, § 623 Rn. 17; LArbG Hamm v. 12.10.2004 - 6 Sa 621/04 - juris Rn. 44 - Bibliothek BAG.
[145] LArbG Hamm v. 12.10.2004 - 6 Sa 621/04 - juris Rn. 45 - Bibliothek BAG.
[146] LArbG München v. 15.12.2004 - 10 Sa 246/04 - juris Rn. 47 - LAG Report 2005, 206-207

abgeschlossenen Auflösungsverträge. Nicht nach § 623 BGB beurteilen sich die Kündigungen, die bis einschließlich 30.04.2000 zugegangen sind, sowie die Auflösungsverträge, die bis zu diesem Datum abgeschlossen wurden.

II. Abdingbarkeit

Die gesetzliche Schriftform ist zwingend. Sie kann weder durch Tarifvertrag noch durch Betriebsvereinbarung oder – weder ausdrücklich noch konkludent[147] – Einzelarbeitsvertrag abbedungen werden[148]. Es können jedoch **weitergehende Anforderungen an die Form** der Kündigung oder des Auflösungsvertrags gestellt werden.[149] Dies ist möglich durch spezielle gesetzliche Vorschriften. Auch Tarifverträge, sowie Betriebsvereinbarungen und Einzelarbeitsverträge können weitergehende Anforderungen aufstellen. Zu beachten ist aber der Grundsatz, dass die Kündigung des Arbeitnehmers gegenüber der des Arbeitgebers nicht erschwert sein darf (Rechtsgedanke des § 622 Abs. 6 BGB).[150] Bei der **Verwendung von Formulararbeitsverträgen** ist weiterhin § 309 Nr. 13 BGB zu beachten, der ausweislich der Vorschrift von § 310 Abs. 4 Satz 2 BGB grundsätzlich auch bei Arbeitsverträgen anwendbar ist.[151]

49

III. Analoge Anwendung von § 623 BGB auf andere Beendigungsgründe

Seinem Wortlaut nach umfasst § 623 BGB lediglich die Kündigung und den Auflösungsvertrag. Die ursprünglich mitumfasste **Befristung** unterliegt dem Formerfordernis von § 14 Abs. 4 TzBfG. Dies gilt auch für auflösend bedingte Arbeitsverhältnisse gemäß § 21 TzBfG i.V.m. § 14 Abs. 4 TzBfG. Auch das BAG geht in anderem Zusammenhang von einer strukturellen Vergleichbarkeit von Befristung und auflösender Bedingung aus.[152] Dies erscheint in Anbetracht der Arbeitnehmerschutzfunktion des Schriftformerfordernisses geboten, da der Arbeitnehmer wegen der Ungewissheit des Bedingungseintritts ein erhöhtes Risiko trägt.

50

Anfechtungen des Arbeitsverhältnisses und **Beendigungen fehlerhafter Arbeitsverhältnisse** fallen nicht unter § 623 BGB, denn insoweit handelt es sich um Beendigungstatbestände anderer und eigener Art, wobei angesichts der klar abgegrenzten gesetzlichen Regelung keine Rechtfertigung für eine entsprechende Anwendung von § 623 BGB besteht, denn anders als die Kündigung setzt sie einen Grund voraus, der schon vor oder bei Abschluss des Arbeitsvertrages vorlag.[153]

51

---

[147] ArbG Berlin v. 04.09.2002 - 30 Ca 8920/02 - juris Rn. 36 - Bibliothek BAG.
[148] *Litterscheid/Reufels*, ArbRB 2003, 113-116, 116.
[149] *Litterscheid/Reufels*, ArbRB 2003, 113-116, 116.
[150] Vgl. *Gotthardt/Preis*, NZA 2000, 348-361, 349.
[151] *Gotthardt/Preis*, NZA 2000, 348-361, 349.
[152] BAG v. 24.09.1997 - 7 AZR 669/96 - NJW 1998, 2237-2238; vgl. *Annuß/Richardi*, NJW 2000, 1231-1235, 1232.
[153] *Gotthardt/Preis*, NZA 2000, 348-361, 350; *Annuß/Richardi*, NJW 2000, 1231-1235, 1233; a.A. *Däubler*, AiB 2000, 188-192, 190.

§ 624 BGB Kündigungsfrist bei Verträgen über mehr als fünf Jahre

(Fassung vom 02.01.2002, gültig ab 01.01.2002)

¹Ist das Dienstverhältnis für die Lebenszeit einer Person oder für längere Zeit als fünf Jahre eingegangen, so kann es von dem Verpflichteten nach dem Ablauf von fünf Jahren gekündigt werden. ²Die Kündigungsfrist beträgt sechs Monate.

Gliederung

A. Grundlagen.................................... 1	C. Rechtsfolge................................... 9
B. Anwendungsvoraussetzungen 3	I. Kündigungsfrist........................... 10
I. Dienstverhältnis 3	II. Kündigungszeitpunkt 12
II. Auf Lebenszeit einer Person................... 4	III. Sonstiges................................. 13
III. Für längere Zeit als fünf Jahre 6	D. Prozessuale Hinweise...................... 14
IV. Abdingbarkeit 8	E. Anwendungsfelder......................... 15

A. Grundlagen

1 Das außerordentliche Kündigungsrecht des § 624 BGB dient dem **Schutz des Dienstverpflichteten**, da eine über fünf Jahre hinausgehende Bindung diesen übermäßig in seiner persönlichen Freiheit einschränken würde.[1] Zu beachten ist, dass § 624 BGB dem **Dienstberechtigten keine Kündigungsbefugnis** gibt, womit längere Kündigungsfristen oder der Ausschluss der ordentlichen Kündigung für ihn bindend sind[2] und er an einen auf Lebenszeit oder auf längere Zeit als fünf Jahre geschlossenen Vertrag gebunden ist. Allerdings bleibt seine Möglichkeit, das Vertragsverhältnis aus wichtigem Grund durch **außerordentliche Kündigung** nach § 626 BGB zu beenden, hiervon **unberührt**.

2 Verfassungsrechtliche Bedenken gegen diese Vorschrift bestehen nicht.[3] Da es ein besonderes außerordentliches Kündigungsrecht für auf Lebenszeit oder längere Dauer als fünf Jahre geschlossene Verträge gibt, verstoßen derartige Verträge nicht gegen die guten Sitten gemäß § 138 Abs. 1 BGB.[4]

B. Anwendungsvoraussetzungen

I. Dienstverhältnis

3 Die Vorschrift gilt für Dienstverhältnisse, die keine Arbeitsverhältnisse sind. Für letztere gilt § 15 Abs. 4 TzBfG. Die Ansicht, dass die Vorschrift auf **gemischte Verträge** mit dienstvertraglichen Elementen keine Anwendung findet[5], ist abzulehnen. Vielmehr findet § 624 BGB auf gemischte Verträge zumindest dann entsprechende Anwendung, wenn das dienstvertragliche Element überwiegt[6], was insbesondere dann der Fall ist, wenn das Vertragsverhältnis mehr personenbezogen und weniger unternehmensbezogen ist[7].

II. Auf Lebenszeit einer Person

4 Ein Dienstverhältnis ist dann auf die **Lebenszeit einer Person** eingegangen, wenn auf die Lebensdauer des Dienstberechtigten, des Dienstverpflichteten oder einer dritten Person, wie zum Beispiel bei Kran-

---

[1] BAG v. 24.10.1996 - 2 AZR 845/95 - juris Rn. 35 - MDR 1997, 370-371.
[2] *Müller-Glöge* in: ErfKomm, § 15 TzBfG Rn. 14.
[3] *Schwerdtner* in: MünchKomm-BGB, § 624 Rn. 1; BAG v. 24.10.1996 - 2 AZR 845/95 - juris Rn. 35 - MDR 1997, 370-371.
[4] *Henssler* in: MünchKomm-BGB, § 624 Rn. 2.
[5] *Mansel* in: Jauernig, BGB-Kommentar, § 624 Rn. 2.
[6] BGH v. 25.05.1993 - X ZR 79/92 - NJW-RR 1993, 1460-1461; vgl. LArbG Schleswig-Holstein v. 01.04.2009 - 6 Sa 409/08 - juris Rn. 234, der Personalüberleitungsvertrag sei kein Dienstvertrag.
[7] *Weidenkaff* in: Palandt, § 624 Rn. 3.

kenpflegeverträgen zu Gunsten eines Dritten, abgestellt wird, wobei sich eine so weitgehende Bindung eindeutig aus den Vereinbarungen der Parteien unter Berücksichtigung aller Begleitumstände ergeben[8] und im Zweifel ausdrücklich erfolgen muss. **Im Zweifel** entspricht es nicht dem Willen der Parteien, eine lebenslange Bindung einzugehen.[9] Allein aus der Zusage einer Lebens- oder Dauerstellung lässt sich regelmäßig eine vertragliche Bindung auf die Dauer der Lebenszeit eines Vertragspartners nicht ableiten, vielmehr ist der Erklärungswert einer solchen Zusage anhand der gesamten Umstände zu bestimmen.[10]

Wenn auf die **Lebenszeit** des **Dienstberechtigten** oder eines **Dritten** abgestellt wird, endet das Dienstverhältnis mit dessen Tod.[11] Anders ist es, wenn von einer **Lebens- oder Dauerstellung** gesprochen wird. Hier ist durch **Auslegung** der Inhalt der Vereinbarung zu ermitteln, ob etwa das Dienstverhältnis mit Eintritt einer dauernden Arbeitsunfähigkeit oder mit dem Zeitpunkt enden soll, zu dem der Dienstverpflichtete das Rentenalter erreicht hat, oder ob die ordentliche Kündigung ausgeschlossen ist, oder ob es sich gar nur um eine rechtlich unverbindliche Hoffnung auf ein langes Bestehen des Arbeitsverhältnisses handelt.[12]

III. Für längere Zeit als fünf Jahre

Diese Alternative des § 624 BGB greift nicht nur im Falle einer **Zeitbefristung** ein, sondern auch dann, wenn das Dienstverhältnis **auflösend bedingt oder zweckbefristet** ist und die Bedingung oder Zweckerreichung erst nach mehr als fünf Jahren eintritt, wobei es auch ausreicht, wenn das Dienstverhältnis mit einem Ereignis enden soll, das nach fünf Jahren noch nicht eingetreten ist.[13] Die Art der Befristung ist also unerheblich; es kann sich somit um einen bestimmten Zeitraum, ein Kalenderdatum oder auch ein künftiges Ereignis handeln, dessen genaues Datum noch nicht feststeht.[14]

Des Weiteren ist Voraussetzung, dass das Vertragsverhältnis **von vornherein**, das heißt bereits bei Vertragsschluss, auf mehr als fünf Jahre eingegangen wird. Daher gelangt die Norm nicht zur Anwendung, wenn Verträge über jeweils (genau) fünf Jahre abgeschlossen werden und des Weiteren auch dann nicht, wenn ein Arbeits- oder Dienstverhältnis zunächst für die Dauer von fünf Jahren abgeschlossen wird und sich automatisch um weitere fünf Jahre verlängern soll, falls es nicht zuvor vom Arbeitnehmer mit einer angemessenen Kündigungsfrist gekündigt worden ist.[15] Entsprechend ist ein Kündigungsrecht nach dieser Vorschrift nicht gegeben, wenn ein auf fünf Jahre eingegangenes Dienstverhältnis nach dem Ablauf der fünf Jahre vertraglich verlängert wird, oder wenn das auf fünf Jahre eingegangene Dienstverhältnis bereits kurz vor Ablauf der Vertragszeit um weitere fünf Jahre verlängert wird.[16] Wenn ein auf fünf Jahre eingegangenes Dienstverhältnis schon frühzeitig vor Ablauf der Vertragszeit um weitere fünf Jahre verlängert wird, so soll nach einer in der Literatur vertretenen Auffassung eine Umgehung des § 624 BGB in Betracht kommen.[17] Es liegt näher, in diesem Fall davon auszugehen, dass die Fünf-Jahres-Frist ab der Vertragsänderung erneut zu laufen beginnt.

---

[8] *Müller-Glöge* in: ErfKomm, § 15 TzBfG Rn. 18; *Henssler* in: MünchKomm-BGB, § 624 Rn. 7 i.V.m. *Hesse* in: MünchKomm-BGB, § 15 TzBfG Rn. 35; vgl. auch die a.A. bei *Schwerdtner* in: MünchKomm-BGB, § 624 Rn. 7 wonach § 624 BGB voraussetze, dass der Dienstpflichtige auf Lebenszeit angestellt sei. Sei der Vertrag mit einer Zweckbefristung auf Lebenszeit des Dienstberechtigten oder eines Dritten abgeschlossen, so könne ordentlich gekündigt werden, da dann ein Arbeitsverhältnis auf unbestimmte Zeit vorliege.
[9] *Schwerdtner* in: MünchKomm-BGB, § 624 Rn. 8.
[10] *Hesse* in: MünchKomm-BGB, § 15 TzBfG Rn. 35.
[11] *Fischermeier* in: Becker/Etzel/Bader, Gemeinschaftskommentar zum Kündigungsschutzgesetz, § 624 BGB Rn. 10.
[12] Vgl. zum Ganzen *Fischermeier* in: Becker/Etzel/Bader, Gemeinschaftskommentar zum Kündigungsschutzgesetz, § 624 Rn. 13 ff.; *Belling* in: Erman, § 624 BGB Rn. 3.
[13] *Weidenkaff* in: Palandt, § 624 Rn. 4.
[14] *Mansel* in: Jauernig, BGB-Kommentar, § 624 Rn. 2.
[15] BAG v. 19.12.1991 - 2 AZR 363/91 - BB 1992, 639-640; *Müller-Glöge* in: ErfKomm, § 15 TzBfG Rn. 20.
[16] *Müller-Glöge* in: ErfKomm, § 15 TzBfG Rn. 20.
[17] *Müller-Glöge* in: ErfKomm, § 15 TzBfG Rn. 20.

IV. Abdingbarkeit

8 § 624 Satz 1 BGB ist hinsichtlich des Kündigungsrechtes **zwingend**. Von ihm kann weder durch Arbeitsvertrag noch durch Tarifvertrag abgewichen werden. Da die Vorschrift allein dem Schutz des Dienstverpflichteten dienen soll, kann jedoch die Frist des § 624 Satz 2 BGB verkürzt, nicht aber verlängert werden.[18]

C. Rechtsfolge

9 Das Dienstverhältnis kann nach Ablauf von fünf Jahren gekündigt werden.

I. Kündigungsfrist

10 Die Kündigungsfrist beträgt **sechs Monate**. § 622 BGB findet daneben keine Anwendung, so dass die Kündigung zu jedem Termin und nicht nur zum Fünfzehnten oder Monatsende ausgesprochen werden kann.[19]

11 Das Recht zur außerordentlichen Kündigung bleibt unberührt.[20]

II. Kündigungszeitpunkt

12 Das Dienstverhältnis kann erst **nach dem Ablauf von fünf Jahren** von dem Dienstverpflichteten vorzeitig gekündigt werden, wobei für den Beginn der Bindung der Zeitpunkt der Aktualisierung des Dienstverhältnisses und nicht etwa der Vertragsschluss maßgeblich ist.[21] Somit entsteht das Kündigungsrecht erst mit Ablauf der Fünfjahresfrist, weswegen der Vertrag nicht schon zum Ablauf des fünften Jahres gekündigt werden kann und eine vorzeitige Kündigung in eine fristgemäße Kündigung umzudeuten ist, die das Dienstverhältnis nach fünf Jahren und sechs Monaten beendet.[22] Die Ausübung des Kündigungsrechts ist nicht an eine **Ausschlussfrist** gebunden und unterliegt auch nicht der **Verwirkung**, weil der Dienstverpflichtete sonst entgegen dem Zweck der Vorschrift doch auf Lebenszeit oder auf längere Zeit als fünf Jahre an den Vertrag gebunden wäre.[23] Dies bedeutet also, dass der Dienstverpflichtete bei einem Vertrag für längere Zeit als fünf Jahre nicht unmittelbar mit Ablauf der fünf Jahre die Kündigung aussprechen muss, vielmehr kann er sich jederzeit danach mit der Frist des § 624 Satz 2 BGB vom Vertrag lösen.[24] Ein Verzicht auf das bereits entstandene Kündigungsrecht ist zwar grundsätzlich zulässig, bindet aber allenfalls für fünf Jahre.[25]

III. Sonstiges

13 Wie sich aus § 624 BGB ergibt, ist der Abschluss langfristiger Verträge nicht verboten im Sinne von § 134 BGB, auch kann § 138 BGB nur aus anderen Gründen erfüllt sein.[26] Ein **Aufhebungsvertrag** bleibt neben § 624 BGB jederzeit möglich.[27]

D. Prozessuale Hinweise

14 Wenn sich der Dienstverpflichtete auf die Kündigungsmöglichkeit des § 624 BGB beruft, so muss er dessen Voraussetzungen darlegen und beweisen. Ist zwischen den Parteien streitig, ob er ein Dienstver-

---

[18] *Fischermeier* in: Becker/Etzel/Bader, Gemeinschaftskommentar zum Kündigungsschutzgesetz, § 624 BGB Rn. 7 f.
[19] BAG v. 24.10.1996 - 2 AZR 845/95 - juris Rn. 32 - MDR 1997, 370-371.
[20] *Henssler* in: MünchKomm-BGB, § 624 Rn. 10.
[21] *Müller-Glöge* in: ErfKomm, § 15 TzBfG Rn. 21; *Henssler* in: MünchKomm-BGB, § 624 Rn. 8.
[22] *Müller-Glöge* in: ErfKomm, § 15 TzBfG Rn. 21.
[23] *Müller-Glöge* in: ErfKomm, § 15 TzBfG Rn. 21.
[24] *Henssler* in: MünchKomm-BGB, § 624 Rn. 8.
[25] *Müller-Glöge* in: ErfKomm, § 15 TzBfG Rn. 21.
[26] *Weidenkaff* in: Palandt, § 624 Rn. 5.
[27] *Weidenkaff* in: Palandt, § 624 Rn. 5.

hältnis auf Lebenszeit oder für länger als fünf Jahre eingegangen ist, so muss derjenige, der den Ausschluss der ordentlichen Kündigung für sich beansprucht, die tatbestandlichen Voraussetzungen des § 624 BGB darlegen und beweisen.[28]

E. Anwendungsfelder

Wie bereits erwähnt, bleibt das Recht zur außerordentlichen Kündigung gemäß § 626 BGB unberührt. Hinsichtlich der Kündigungsfrist gelangt § 622 BGB nicht zur Anwendung. 15

---

[28] *Henssler* in: MünchKomm-BGB, § 624 Rn. 13.

… 625 BGB Stillschweigende Verlängerung

§ 625 BGB Stillschweigende Verlängerung

(Fassung vom 02.01.2002, gültig ab 01.01.2002)

Wird das Dienstverhältnis nach dem Ablauf der Dienstzeit von dem Verpflichteten mit Wissen des anderen Teiles fortgesetzt, so gilt es als auf unbestimmte Zeit verlängert, sofern nicht der andere Teil unverzüglich widerspricht.

Gliederung

A. Grundlagen... 1	VI. Abdingbarkeit................................. 18
I. Kurzcharakteristik................................ 1	C. Rechtsfolgen 20
II. Normzweck 2	I. Bei fehlendem oder nicht rechtzeitigem Widerspruch durch den Dienstberechtigten............. 20
B. Anwendungsvoraussetzungen 3	II. Geltendmachung durch den Dienstverpflichteten 22
I. Dienstverhältnis................................. 3	III. Bei rechtzeitigem Widerspruch durch den Dienstberechtigten............................. 23
II. Ablauf der Dienstzeit.......................... 4	IV. Sonstiges.. 24
III. Fortsetzung des Dienstverhältnisses durch den Dienstverpflichteten........................... 9	D. Prozessuale Hinweise......................... 25
IV. Wissen des Dienstberechtigten um die Fortsetzung.. 11	E. Anwendungsfelder............................. 26
V. Kein unverzüglicher Widerspruch des Dienstberechtigten..................................... 12	

A. Grundlagen

I. Kurzcharakteristik

1 § 625 BGB regelt die **stillschweigende Verlängerung** von Dienstverhältnissen unabhängig vom Willen der Parteien in Form einer unwiderleglichen gesetzlichen Vermutung.[1]

II. Normzweck

2 Die Vorschrift dient der **Rechtsklarheit**, indem sie hilft, den Eintritt eines vertragslosen Zustandes bzw. Unklarheiten über den Bestand des Dienstverhältnisses zu vermeiden.[2] Weiterhin soll die Vorschrift sicherstellen, dass der Dienstberechtigte nicht in den Vorteil der Leistung durch den Dienstverpflichteten gelangt, ohne zugleich die Pflichten eines Dienstverhältnisses tragen zu müssen.

B. Anwendungsvoraussetzungen

I. Dienstverhältnis

3 Die Vorschrift gilt für **privatrechtliche Dienstverhältnisse jeder Art**[3] einschließlich der Arbeits- und Probearbeitsverhältnisse mit Ausnahme der befristeten Arbeitsverhältnisse, für die jedoch in § 15 Abs. 5 TzBfG eine weitgehend identische Sonderregelung geschaffen wurde.

II. Ablauf der Dienstzeit

4 Die Dienstzeit des zwischen den Vertragsparteien abgeschlossenen Vertrages muss abgelaufen bzw. beendet sein.[4] Aus welchem Grund das Dienstverhältnis beendet ist, ist gleichgültig. Es ist erforderlich, dass das Dienst- oder Arbeitsverhältnis **als Ganzes endet**.[5] Die Beendigung kann durch eine fristgerechte oder fristlose Kündigung herbeigeführt worden sein, wobei grundsätzlich unbeachtlich ist,

---

[1] BAG v. 02.12.1998 - 7 AZR 508/97 - juris Rn. 13 - NJW 1999, 1654-1655; LArbG Hamm v. 05.09.1990 - 15 Sa 1038/90 - juris Rn. 2 - LAGE § 625 BGB Nr. 1.
[2] *Müller-Glöge* in: ErfKomm, § 625 Rn. 1.
[3] Vgl. LArbG Hamm v. 05.09.1990 - 15 Sa 1038/90 - juris Rn. 2 - LAGE § 625 BGB Nr. 1.
[4] *Müller-Glöge* in: ErfKomm, § 625 Rn. 3; *Lingemann* in: Prütting/Wegen/Weinreich, § 625 Rn. 2.
[5] *Belling* in: Erman, § 625 BGB Rn. 3.

welche Partei die Kündigung erklärt hat, so dass es auch nach einer Kündigung durch den Arbeitnehmer, sofern dieser das Arbeitsverhältnis über das Ende der Kündigungsfrist hinaus fortsetzt, zu einer Verlängerung kommen kann.[6]

§ 625 BGB ist auch anwendbar, wenn das Dienstverhältnis durch einen **Aufhebungsvertrag** beendet worden ist.[7]

Umstritten war, ob § 625 BGB auch im Falle von **befristeten Vertragsverhältnissen** anwendbar ist. So wurde bisher überwiegend angenommen, dass eine Anwendung von § 625 BGB nur bei kalendermäßig befristeten, nicht aber bei zweckbefristeten Verträgen bei Zweckerreichung möglich ist[8], denn nachdem der Zweck des Vertragsverhältnisses erreicht sei, komme eine automatische Verlängerung nicht in Betracht, da sich die Parteien über die Fortsetzung des Vertragsverhältnisses mit einer neuen Aufgabe einigen müssten[9], so dass vielmehr eine Neubegründung des Vertragsverhältnisses gegeben sei[10].

Für **kalendermäßig befristete, auflösend bedingte und zweckbefristete Arbeitsverhältnisse** ist die Streitfrage nunmehr durch die Sonderregelung des § 15 Abs. 5 TzBfG entschieden, die ausdrücklich eine Verlängerung des Arbeitsverhältnisses anordnet, wenn das Arbeitsverhältnis nach dem jeweiligen Zeitpunkt mit Wissen des Arbeitgebers fortgesetzt wird und der Arbeitgeber entweder nicht unverzüglich widerspricht oder die Zweckerreichung mitteilt.[11] Soweit behauptet wird, durch die Regelung werde nicht die Frage beantwortet, ob die Fortsetzung des Arbeitsverhältnisses durch den Arbeitnehmer nach Zweckerreichung überhaupt denkbar ist – denn es sei nicht ohne weiteres erkennbar, welchen Inhalt der „fortgesetzte" Arbeitsvertrag haben soll, wenn sich „der Zweck" als wesentliches Element doch nunmehr erledigt habe[12] – ist dem nicht zuzustimmen. Der Gesetzgeber geht offensichtlich davon aus, dass eine Fortsetzung des Arbeitsverhältnisses nach Zweckerreichung denkbar ist. Das ist auch der Fall. Wenn ein Arbeitnehmer zur Schwangerschafts- oder Krankheitsvertretung eingesetzt ist, kann dieser Arbeitnehmer seine Tätigkeit auch nach Rückkehr des Vertretenen und damit nach Zweckerreichung fortsetzen. Bei befristeten Dienstverhältnissen, die nicht § 15 Abs. 5 TzBfG unterfallen, ist § 625 BGB anwendbar. Für § 625 BGB verbleiben dann vor allem die Fälle der Fortsetzung über den Zeitpunkt der Kündigung oder Anfechtung hinaus.[13] Rechtlich nicht ausgeschlossen, tatsächlich aber schwer vorstellbar ist die Anwendung des § 625 BGB auf die Weiterarbeit über den in einem Aufhebungsvertrag vereinbarten Termin hinaus.[14]

Ebenso wie die Regelungen der §§ 14 und 15 TzBfG findet auch § 625 BGB dann keine Anwendung, wenn die Arbeitszeit des Arbeitnehmers vorübergehend erhöht wird, da es sich hierbei nur um die Befristung einzelner Arbeitsvertragsbedingungen handelt, da die Norm nur den Fall regelt, dass das Arbeitsverhältnis als solches beendet und dann fortgesetzt wird, in dem hier geschilderten Fall aber das Arbeitsverhältnis nach Fristablauf ohnehin fortbesteht.[15]

III. Fortsetzung des Dienstverhältnisses durch den Dienstverpflichteten

Die Fortsetzung des Dienstverhältnisses muss **im unmittelbaren Anschluss** an den Ablauf der Vertragszeit erfolgen. Es ist weiter erforderlich, dass der Dienstverpflichtete die vertragsmäßigen Dienste

---

[6] *Nehls*, DB 2001, 2718-2722, 2718.
[7] *Nehls*, DB 2001, 2718-2722, 2718; a.A. *Müller-Glöge* in: ErfKomm, § 625 BGB Rn. 3.
[8] *Schwerdtner* in: MünchKomm-BGB, § 625 Rn. 3, 7; *Weidenkaff* in: Palandt, § 625 Rn. 1; *Mansel* in: Jauernig, BGB-Kommentar, § 625 Rn. 2; *Nehls*, DB 2001, 2718-2722, 2718.
[9] *Müller-Glöge* in: ErfKomm, § 625 Rn. 7.
[10] *Schwerdtner* in: MünchKomm-BGB, § 625 Rn. 7.
[11] Vgl. auch *Henssler* in MünchKomm-BGB, § 625 Rn. 3, 8.
[12] *Nehls*, DB 2001, 2718-2722, 2718.
[13] *Müller-Glöge* in: ErfKomm, § 625 Rn. 3.
[14] *Müller-Glöge* in: ErfKomm, § 625 Rn. 3.
[15] BAG v. 03.09.2003 - 7 AZR 106/03 - juris Rn. 16 - NJW 2004, 1126-1127; LArbG Berlin v. 06.08.2002 - 5 Sa 704/02 - juris Rn. 28 - Bibliothek BAG.

in Kenntnis des Ablaufs der Dienstzeit tatsächlich erbringt[16], wobei es zum Beispiel genügt, wenn die bisherigen Dienste an einem anderen Arbeitsplatz, aber für denselben Arbeitgeber erbracht werden[17]. Die Voraussetzungen des § 625 BGB sind nicht erfüllt, wenn versehentlich eine Entgeltfortzahlung an einen arbeitsunfähig erkrankten Arbeitnehmer geleistet wird.[18] Erhält der Arbeitnehmer nach dem Ablauf eines befristeten Arbeitsverhältnisses Freizeit als Überstundenausgleich sowie Urlaub und nimmt er danach die Arbeit wieder auf, ist der Tatbestand des § 625 BGB nicht gegeben. Die Tatsachen können aber auf eine **ausdrückliche oder konkludente Vereinbarung über die Fortsetzung** des Arbeitsverhältnisses hindeuten.[19]

10 Eine Fortsetzung im unmittelbaren Anschluss an den Ablauf des Arbeitsverhältnisses ist nach der Rechtsprechung nicht mehr gegeben, wenn zwischen Vertragsbeendigung und Fortsetzung der Tätigkeit zehn Tage verstrichen sind.[20] Ebenso steht eine sechsmonatige Unterbrechung der Annahme einer Fortsetzung im Sinne des § 625 BGB entgegen.[21]

IV. Wissen des Dienstberechtigten um die Fortsetzung

11 Der **Dienstberechtigte** muss von der Beendigung des Dienstverhältnisses sowie von der fortgesetzten Dienst-/Arbeitsleistung des Verpflichteten wissen. Hierbei bedeutet **Kenntnis** des Dienstberechtigten weniger als sein Einverständnis mit der Fortsetzung, vielmehr muss dieses nicht vorliegen.[22] Wenn der Dienstberechtigte mit der ihm bekannten Fortsetzung der Arbeitsleistungen nicht einverstanden ist, kann er den Eintritt der Verlängerung gemäß § 625 BGB durch einen rechtzeitigen Widerspruch vermeiden. Die für die Kenntnis **maßgebende Person** ist der (geschäftsfähige) Dienstberechtigte oder sein Vertreter, wenn dieser für den Berechtigten einen Vertrag mit dem Verpflichteten abschließen könnte.[23] Daher genügt es nicht, wenn nur Kollegen des Dienstverpflichteten oder Mitglieder des Betriebsrates von dessen weiterer Leistungserbringung Kenntnis haben, jedoch nicht zur Entscheidung über das weitere Verbleiben des Verpflichteten befugt sind.[24] Daher kann der Fall eintreten, dass ein Arbeitnehmer mit Kenntnis seiner Kollegen über längere Zeit weiter tätig ist, ohne dass der Arbeitgeber hiervon Kenntnis im Sinne von § 625 BGB hat.[25] Ein **Irrtum** des Dienstberechtigten über die Beendigung des Dienstverhältnisses kann seine Kenntnis ausschließen.[26]

V. Kein unverzüglicher Widerspruch des Dienstberechtigten

12 Es liegt im Machtbereich des Dienstberechtigten, die Rechtsfolgen des § 625 BGB auszuschließen, indem er einer Fortsetzung der Dienstleistung durch den Verpflichteten unverzüglich widerspricht. Der **Widerspruch** – der nach h.M. auch bereits kurz vor Ablauf des befristeten Dienstverhältnisses erklärt werden kann[27] und sollte – ist eine **rechtsgeschäftliche, empfangsbedürftige Willenserklärung**[28], die ausdrücklich oder konkludent – zum Beispiel durch Aushändigung der Arbeitspapiere[29] – erklärt

---

[16] BAG v. 02.12.1998 - 7 AZR 508/97 - juris Rn. 13 - NJW 1999, 1654-1655; BAG v. 20.02.2002 - 7 AZR 662/00 - juris Rn. 26 - PersR 2002, 353-355; BAG v. 24.10.2001 - 7 AZR 620/00 - juris Rn. 35 - BAGE 99, 223-232.
[17] *Weidenkaff* in: Palandt, § 625 Rn. 2.
[18] LArbG Hamm v. 05.09.1990 - 15 Sa 1038/90 - LAGE § 625 BGB Nr. 1.
[19] BAG v. 02.12.1998 - 7 AZR 508/97 - juris Rn. 14 - NJW 1999, 1654-1655.
[20] BAG v. 02.12.1998 - 7 AZR 508/97 - NJW 1999, 1654-1655.
[21] BAG v. 24.09.1997 - 7 AZR 654/96 - juris Rn. 17 - RzK I 9a Nr. 121.
[22] BAG v. 30.11.1984 - 7 AZR 539/83 - juris Rn. 16 - BB 1985, 2173-2175; a.A. *Henssler* in: MünchKomm-BGB, § 625 Rn. 10.
[23] BAG v. 20.02.2002 - 7 AZR 662/00 - juris Rn. 27 - PersR 2002, 353-355; BAG v. 24.10.2001 - 7 AZR 620/00 - juris Rn. 36 - BAGE 99, 223-232.
[24] *Müller-Glöge* in: ErfKomm, § 625 Rn. 5.
[25] *Nehls*, DB 2001, 2718-2722, 2719.
[26] *Müller-Glöge* in: ErfKomm, § 625 Rn. 5; a.A. *Henssler* in: MünchKomm-BGB, § 625 Rn. 9.
[27] BAG v. 20.02.2002 - 7 AZR 662/00 - juris Rn. 27 - PersR 2002, 353-355.
[28] ArbG Karlsruhe v. 04.10.2000 - 9 Ca 152/00 - juris Rn. 37 - Bibliothek BAG.
[29] ArbG Karlsruhe v. 04.10.2000 - 9 Ca 152/00 - juris Rn. 38 - Bibliothek BAG.

werden kann[30]. Der Widerspruch ist nicht gemäß § 623 BGB formbedürftig, denn bei ihm handelt es sich nicht um die Beendigung eines Dienst- bzw. Arbeitsverhältnisses, da diese hier ja schon eingetreten ist. Der Widerspruch verhindert die (Wieder-)Entstehung des Vertragsverhältnisses.[31]

Der Widerspruch muss durch den **Dienstberechtigten** selbst oder durch eine von ihm **bevollmächtigte Person** erklärt werden, wobei dann, wenn ein Bevollmächtigter handelt, § 174 BGB zu beachten ist. Wenn daher bei Erklärung des Widerspruches in einem solchen Fall keine Vollmachtsurkunde vorgelegt wird, kann der Dienstverpflichtete ihn zurückweisen. Dies gilt aber dann nicht, wenn eine bevollmächtigte Person handelt, die üblicherweise mit entsprechender Vollmacht ausgestattet ist, wie zum Beispiel der Leiter der Personalabteilung.[32] Der Widerspruch bedarf keiner Begründung. Eine Umgehung von zwingendem Kündigungsschutzrecht kommt nicht in Betracht, da der Verpflichtete nach Auslauf des Vertrages keinen Kündigungsschutz genießt.[33] 13

Da der geäußerte Widerspruch eine Willenserklärung ist, kann er grundsätzlich gemäß §§ 119-121 BGB **angefochten** werden, wohingegen das Unterlassen des Widerspruches keine Willenserklärung darstellt und somit nicht angefochten werden kann.[34] 14

Der **Widerspruch** muss **nicht immer ausdrücklich** als solcher bezeichnet sein. So kann er zum Beispiel in dem Angebot eines neuen Vertrages[35] bzw. im Angebot einer vorübergehenden, befristeten Weiterbeschäftigung[36] liegen, da der Dienstberechtigte dann deutlich macht, dass die Rechtsfolge des § 625 BGB, nämlich die Fortsetzung des Vertragsverhältnisses auf unbestimmte Zeit, ausgeschlossen werden soll, so dass dann, wenn der Dienstverpflichtete dieses Angebot nicht annimmt, es weder zu einer befristeten noch zu einer unbefristeten Fortsetzung des Vertragsverhältnisses kommt[37]. Auch ein Klageabweisungsantrag kann einen Widerspruch in diesem Sinne darstellen.[38] 15

Die Ansicht, dass dann, wenn der Arbeitgeber sich zu einer vorläufigen Weiterbeschäftigung mit dem Hinweis bereit erklärt, er sei dazu nur aus sozialen Gründen bereit, ein Widerspruch vorliegen kann[39], ist abzulehnen. Denn hier hat der Arbeitgeber trotz Kenntnis die Weiterbeschäftigung wissentlich und willentlich zugelassen. Aus welcher Motivation heraus das geschieht, ist unbeachtlich. 16

Der Widerspruch muss **unverzüglich**, das heißt ohne schuldhaftes Zögern im Sinne von § 121 BGB erfolgen. Ob dies der Fall ist, muss nach den **Umständen des Einzelfalles** unter Berücksichtigung der Interessenlage der Parteien beurteilt werden[40], wobei in der Regel eine Frist von einer Woche als Höchstmaß angesehen werden kann[41]. Ein schuldhaftes Zögern liegt nicht vor, wenn der Dienstberechtigte etwa zunächst den Versuch einer Einigung über die Dauer und Form einer Weiterbeschäftigung anstrebt[42] oder der Arbeitgeber zum Beispiel den Einwand des Betriebsrates, der Arbeitnehmer befinde sich bereits in einem unbefristeten Arbeitsverhältnis, überprüft[43]. 17

VI. Abdingbarkeit

Die Regelung des § 625 BGB ist **dispositiv**, so dass es den Vertragspartnern freisteht, die Rechtsfolge des § 625 BGB auszuschließen oder abweichende Vereinbarungen über die Weiterbeschäftigung 18

---

[30] *Müller-Glöge* in: ErfKomm, § 625 Rn. 6.
[31] *Nehls*, DB 2001, 2718-2722, 2719.
[32] *Nehls*, DB 2001, 2718-2722, 2719.
[33] *Nehls*, DB 2001, 2718-2722, 2719.
[34] *Müller-Glöge* in: ErfKomm, § 625 Rn. 6.
[35] BAG v. 23.04.1980 - 5 AZR 49/78 - juris Rn. 36 - NJW 1980, 2543-2544.
[36] LArbG Köln v. 04.03.2004 – 10 Sa 99/03 - juris Rn. 24 - Bibliothek BAG
[37] *Müller-Glöge* in: ErfKomm, § 625 Rn. 6.
[38] LArbG Köln v. 10.03.1995 - 13 Sa 842/94 - Bibliothek BAG; LArbG Köln v. 04.03.2004 - 10 Sa 99/03 - juris Rn. 23 - Bibliothek BAG.
[39] *Müller-Glöge* in: ErfKomm, § 625 Rn. 6.
[40] *Müller-Glöge* in: ErfKomm, § 625 Rn. 6.
[41] Vgl. *Henssler* in: MünchKomm-BGB, § 625 Rn. 17.
[42] *Müller-Glöge* in: ErfKomm, § 625 Rn. 6.
[43] BAG v. 13.08.1987 - 2 AZR 122/87 - juris Rn. 21.

zu treffen.⁴⁴ Daher ist es selbstverständlich, dass die Parteien sich vor oder nach dem Ablauf der Dienstzeit darüber einigen können, das Dienstverhältnis nicht mit dem bisherigen Inhalt auf unbestimmte Zeit zu verlängern, sondern zu anderen Bedingungen oder nur befristet fortzusetzen⁴⁵, wobei bei befristeten Arbeitsverträgen unbedingt die Regelung des § 14 TzBfG beachtet werden muss. Ebenso können die Parteien auch die bereits eingetretenen Rechtsfolgen des § 625 BGB einverständlich wieder aufheben.

19   Falls § 625 BGB wirksam abbedungen wurde, hat dies zur Folge, dass es durch eine ohne Widerspruch des Dienstberechtigten fortgesetzte Tätigkeit des Verpflichteten nicht zu einer Verlängerung des Dienstverhältnisses kommt. Allerdings ist ein **konkludenter Neuabschluss** eines Vertrags nicht ausgeschlossen⁴⁶, welcher umso eher anzunehmen sein wird, je länger der Dienstverpflichtete seine Tätigkeit mit Wissen des Berechtigten fortgesetzt hat.

C. Rechtsfolgen

I. Bei fehlendem oder nicht rechtzeitigem Widerspruch durch den Dienstberechtigten

20   Widerspricht der Dienstberechtigte nicht rechtzeitig und liegen die übrigen Voraussetzungen vor, so wird das Dienstverhältnis **kraft Gesetzes** mit den bisherigen Rechten und Pflichten unbefristet **fortgesetzt**. Grundsätzlich bleibt der gesamte Vertragsinhalt erhalten. Das gilt auch für die Vergütungsregelungen⁴⁷ und Vertragsstrafeversprechen⁴⁸. Da für das verlängerte Arbeitsverhältnis die allgemeinen Regeln für unbefristete Arbeitsverhältnisse gelten, entfällt ein zuvor in einem befristeten Arbeitsverhältnis enthaltener Ausschluss einer ordentlichen Kündigung und das Vertragsverhältnis kann nunmehr nach den allgemeinen Regeln gekündigt werden.

21   Waren im ursprünglichen Vertrag wirksam **Kündigungsfristen** vereinbart, werden sie nach der Fortsetzung des Dienstverhältnisses aufgrund § 625 BGB nicht durch die gesetzlichen Kündigungsfristen verdrängt.⁴⁹ Denn der Grundgedanke des § 625 BGB ist, dass das Arbeitsverhältnis unverändert fortgesetzt wird, so dass sich dies auch auf die Kündigungsfrist erstrecken muss und etwas anderes nur dann gelten kann, wenn die ursprüngliche vertragliche Regelung der Kündigungsfrist insoweit eindeutig nur auf eine vorübergehende Beschäftigung abstellt und mit der unbefristeten Fortsetzung des Vertrags hinfällig wird.⁵⁰

II. Geltendmachung durch den Dienstverpflichteten

22   Wenn der Dienstberechtigte eine Fortsetzung des Dienstverhältnisses gemäß § 625 BGB bestreitet, steht dem Verpflichteten die **Feststellungsklage** gemäß § 256 ZPO offen⁵¹, mit der er die Feststellung begehren kann, dass das Vertragsverhältnis zu den ursprünglichen Bedingungen fortbesteht. Hinsichtlich der Geltendmachung könnte man zwar an die Drei-Wochen-Frist des § 17 TzBfG denken, doch betrifft diese Vorschrift den Fall, dass ein Arbeitnehmer sich gegen die Unwirksamkeit einer Befristung seines Arbeitsverhältnisses wendet und somit geltend macht, dass dieses nicht beendet ist, wohingegen im Fall des § 625 BGB bereits die Beendigung des Arbeitsverhältnisses eingetreten und der Dienstverpflichtete geltend macht, dass dieses durch seine weitere Tätigkeit verlängert, also neu entstanden ist. Daher ist der Dienstverpflichtete grundsätzlich nicht an Fristen gebunden.⁵² Allerdings

---

⁴⁴ *Müller-Glöge* in: ErfKomm, § 625 Rn. 8.
⁴⁵ BAG v. 20.02.2002 - 7 AZR 662/00 - juris Rn. 27 - PersR 2002, 353-355.
⁴⁶ BAG v. 02.12.1998 - 7 AZR 508/97 - juris Rn. 13 - NJW 1999, 1654-1655.
⁴⁷ *Müller-Glöge* in: ErfKomm, § 625 Rn. 7; *Henssler* in: MünchKomm-BGB, § 625 Rn. 18.
⁴⁸ LArbG Hamm v. 15.09.1997 - 19 Sa 979/97 - Bibliothek BAG.
⁴⁹ BAG v. 11.08.1988 - 2 AZR 53/88 - NJW 1989, 2415-2417; a.A. *Henssler* in: MünchKomm-BGB, § 625 Rn. 19; *Weidenkaff* in: Palandt, § 625 Rn. 4.
⁵⁰ BAG v. 11.08.1988 - 2 AZR 53/88 - juris Rn. 27 - NJW 1989, 2415-2417.
⁵¹ BAG v. 20.02.2002 - 7 AZR 662/00 - juris Rn. 25 - PersR 2002, 353-355.
⁵² *Nehls*, DB 2001, 2718-2722, 2721.

kommt auch im Einzelfall ein Ausschluss der Geltendmachung aufgrund einer **Verwirkung** in Betracht.[53]

III. Bei rechtzeitigem Widerspruch durch den Dienstberechtigten

Sofern der Dienstberechtigte rechtzeitig widerspricht, tritt eine Verlängerung des Vertragsverhältnisses nicht ein und es bleibt bei seiner Beendigung.

23

IV. Sonstiges

In der Literatur[54] wird vertreten, dass ein **Unterlassen des Widerspruchs** eine Einstellung im Sinne von § 99 Abs. 1 BetrVG darstelle, so dass dem **Betriebsrat** ein diesbezügliches Mitbestimmungsrecht zustehe. Diese Ansicht ist aber abzulehnen, weil es sich beim Unterlassen des Widerspruches nicht um eine Willenserklärung handelt und die Verlängerung aufgrund einer gesetzlichen Fiktion unabhängig von der Vorstellung des Arbeitgebers eintritt, so dass bereits aus diesem Grund keine Einstellung im Sinne von § 99 BetrVG gegeben ist.

24

D. Prozessuale Hinweise

Der Dienstverpflichtete muss darlegen und beweisen, dass das Dienstverhältnis mit Wissen des Dienstberechtigten fortgesetzt worden ist. Der Dienstberechtigte trägt die Beweislast dafür, dass ein unverzüglicher Widerspruch erklärt worden ist.[55]

25

E. Anwendungsfelder

Eine **Sonderregelung** gegenüber § 625 BGB stellt § 24 BBiG dar, nach dem ein Arbeitsverhältnis auf unbestimmte Zeit als begründet gilt, wenn der Auszubildende im Anschluss an das **Berufsausbildungsverhältnis** weiterbeschäftigt wird und die Parteien hierüber ausdrücklich nichts vereinbart haben. Insofern sind auch die zu § 625 BGB entwickelten Grundsätze nicht anwendbar, denn in einem solchen Fall geht es nicht um die Fortsetzung zu unveränderten Bedingungen[56], sondern um die (Neu-)Begründung eines Arbeitsverhältnisses. Auch findet § 625 BGB keine Anwendung bei einer vom Arbeitnehmer unter dem Vorbehalt des § 2 KSchG angenommenen **Änderungskündigung**[57], da das Arbeitsverhältnis in einem solchen Fall zu keinem Zeitpunkt tatsächlich geendet hatte. In der Literatur wird im Hinblick auf Änderungskündigungen im Zusammenhang mit Teilbetriebsübergängen darauf hingewiesen, dass der Arbeitgeber sicherstellen müsse, dass nicht die Wirkung des § 625 BGB hinsichtlich einer stillschweigenden Verlängerung des Arbeitsverhältnisses zu den ursprünglichen Bedingungen eintrete.[58] Auf die Sonderregelung des § 15 Abs. 5 TzBfG wurde oben bereits hingewiesen.

26

Zu **unterscheiden** von der **Fortsetzung des Dienst-/Arbeitsverhältnisses** nach § 625 BGB ist die ausdrückliche oder stillschweigende **Vereinbarung über die Weiterbeschäftigung**, denn für § 625 BGB ist kein Raum, wenn der Dienstberechtigte bzw. der Arbeitgeber es vor oder nach dem Auslaufen des Vertrages zu einer Vereinbarung über die Verlängerung des Vertragsverhältnisses kommen lässt und somit nicht einfach nur untätig bleibt.[59]

27

---

[53] LArbG Köln v. 27.06.2001 - 3 Sa 220/01 - juris Rn. 28 - Bibliothek BAG.
[54] *Nehls*, DB 2001, 2718-2722, 2722.
[55] *Belling* in: Erman, § 625 Rn. 13; *Müller-Glöge* in: ErfKomm, § 625 Rn. 9.
[56] *Müller-Glöge* in: ErfKomm, § 625 Rn. 2.
[57] *Müller-Glöge* in: ErfKomm, § 625 Rn. 2; *Henssler* in: MünchKomm-BGB, § 625 Rn. 4; LArbG Hannover v. 27.02.2006 - 11 Sa 842/05 - juris Rn. 47 - DÖD 2007, 44-46.
[58] *Commandeur/Kleinebrink*, NJW 2005, 633-636, 634
[59] *Müller-Glöge* in: ErfKomm, § 625 Rn. 1; BAG v. 20.02.2002 - 7 AZR 662/00 - juris Rn. 27 - PersR 2002, 353-355; BAG v. 17.02.2005 - 8 AZR 608/03 - juris Rn. 27 - nv.

§ 626 BGB Fristlose Kündigung aus wichtigem Grund

(Fassung vom 02.01.2002, gültig ab 01.01.2002)

(1) Das Dienstverhältnis kann von jedem Vertragsteil aus wichtigem Grund ohne Einhaltung einer Kündigungsfrist gekündigt werden, wenn Tatsachen vorliegen, auf Grund derer dem Kündigenden unter Berücksichtigung aller Umstände des Einzelfalles und unter Abwägung der Interessen beider Vertragsteile die Fortsetzung des Dienstverhältnisses bis zum Ablauf der Kündigungsfrist oder bis zu der vereinbarten Beendigung des Dienstverhältnisses nicht zugemutet werden kann.

(2) ¹Die Kündigung kann nur innerhalb von zwei Wochen erfolgen. ²Die Frist beginnt mit dem Zeitpunkt, in dem der Kündigungsberechtigte von den für die Kündigung maßgebenden Tatsachen Kenntnis erlangt. ³Der Kündigende muss dem anderen Teil auf Verlangen den Kündigungsgrund unverzüglich schriftlich mitteilen.

Gliederung

A. Grundlagen 1	2. Fristbeginn gemäß Absatz 2 Satz 2 48
B. Anwendungsvoraussetzungen 3	3. Fristablauf gemäß Absatz 2 Satz 2 52
I. Dienstverhältnis 3	IX. Mitbestimmung 53
II. Wirksame Kündigungserklärung 4	1. Anhörung 53
III. Wichtiger Grund 5	2. Zustimmung 55
1. Allgemein 5	X. Abdingbarkeit 56
2. Ultima-ratio-Prinzip 8	**C. Rechtsfolgen** 58
3. Interessenabwägung 9	I. Rechtsfolgen der außerordentlichen Kündigung .. 58
4. Zeitpunkt der Entstehung des wichtigen Grundes 12	II. Bei Fristablauf 60
5. Kein Wegfall des wichtigen Grundes 16	III. Pflicht zur Mitteilung der Kündigungsgründe gemäß Absatz 2 Satz 3 61
6. Wichtige Gründe für eine außerordentliche Kündigung durch den Dienstberechtigten 17	**D. Prozessuale Hinweise** 63
7. Wichtige Gründe für eine außerordentliche Kündigung durch den Dienstverpflichteten 31	I. Umdeutung 63
IV. Abmahnung 33	II. Darlegungs- und Beweislast 65
V. Anhörung des Gekündigten 38	III. Vorgehen gegen eine außerordentliche Kündigung 75
VI. Verdachtskündigung 39	IV. Nachschieben und Auswechseln von Kündigungsgründen 76
VII. Druckkündigung 42	**E. Anwendungsfelder** 78
VIII. Erklärungsfrist gemäß Absatz 2 Sätze 1 und 2 43	
1. Allgemein 43	

A. Grundlagen

1 Die Vorschrift ist Ausprägung des allgemeinen Grundsatzes, dass bei Vorliegen eines wichtigen Grundes ein Dauerschuldverhältnis gekündigt werden kann. Dieser Grundsatz findet sich in kodifizierter Form in § 314 BGB.

2 Die zeitliche Begrenzung der Ausübung des Kündigungsrechts gemäß § 626 Abs. 2 BGB dient dem Gebot der Rechtssicherheit. Der Kündigungsberechtigte soll sich keinen Kündigungsgrund aufsparen können, um dadurch den potentiellen Kündigungsempfänger unter Druck setzen zu können.[1] § 626 Abs. 2 BGB kommt somit eine doppelte Schutzfunktion zu, indem er zum einen vor übereilten Kündigungen und zum anderen das sich durch Zeitablauf bildende Vertrauen schützen soll.[2] Besondere praktische Bedeutung erlangt diese Vorschrift dann, wenn ein Arbeitnehmer – etwa durch tarifvertragliche Regelung – nicht mehr ordentlich kündbar ist. § 626 BGB schließt als lex specialis die Anwendung des § 314 BGB aus.

---

[1] *Henssler* in: MünchKomm-BGB, 5. Aufl. 2009, § 626 Rn. 282; *Müller-Glöge* in: ErfKomm, 12. Aufl. 2012, § 626 Rn. 200; *Lingemann* in: Prütting/Wegen/Weinreich, 7. Aufl. 2012, § 626 Rn. 1.

[2] BAG v. 10.06.1988 - 2 AZR 25/88 - NJW 1989, 733-735.

B. Anwendungsvoraussetzungen

I. Dienstverhältnis

Die Vorschrift ist anwendbar auf **Dienstverhältnisse** und bei auf unbestimmte oder bestimmte Zeit geschlossenen **Arbeitsverhältnissen**.[3] Für selbstständige Dienstverhältnisse ist jedoch noch § 627 BGB zu beachten. Kündigungsschutzvorschriften lassen das Recht zur außerordentlichen Kündigung im Allgemeinen unberührt. In Einzelfällen kann das außerordentliche Kündigungsrecht jedoch grundsätzlich ausgeschlossen – wie zum Beispiel bei § 9 MuSchG – oder durch Zustimmungserfordernis – wie zum Beispiel bei Schwerbehinderten nach den §§ 85-92 SGB IX oder bei Mitgliedern des Betriebsrates nach § 103 Abs. 1 BetrVG – beschränkt sein. Für Seeleute und Kapitäne gilt nicht § 626 BGB; hier sind die Sondervorschriften des Seemannsgesetzes anwendbar (§§ 64-70, 78 SeemG).

II. Wirksame Kündigungserklärung

Diese unterliegt gemäß § 623 BGB der Schriftform (vgl. die Kommentierung zu § 623 BGB Rn. 30). Des Weiteren muss die Kündigung als außerordentliche erklärt werden, was bedeutet, dass aus der Erklärung hervorgehen muss, dass aus wichtigem Grund ohne Bindung an die Frist der §§ 621, 622 BGB gekündigt werden soll.

III. Wichtiger Grund

1. Allgemein

Nach dem Wortlaut des § 626 Abs. 1 BGB kann das Arbeitsverhältnis aus wichtigem Grund ohne Einhaltung einer Kündigungsfrist gekündigt werden, wenn Tatsachen vorliegen, aufgrund derer dem Kündigenden unter Berücksichtigung aller Umstände des Einzelfalles und unter Abwägung der Interessen beider Vertragsteile die Fortsetzung des Arbeitsverhältnisses bis zum Ablauf der Kündigungsfrist nicht zugemutet werden kann. Diese Einzelfallbezogenheit schließt es aus, dass bestimmte Tatsachen ohne Rücksicht auf die Besonderheiten des jeweiligen Falles stets als wichtiger Grund zur außerordentlichen Kündigung anerkannt werden können.[4] Die Unzumutbarkeit der Fortsetzung des Arbeitsverhältnisses im Sinne von § 626 Abs. 1 BGB umfasst nicht nur wirtschaftliche, sondern auch psychologische Aspekte.[5] Die Prüfung, ob ein bestimmter Sachverhalt die Voraussetzungen eines wichtigen Grundes erfüllt, ist nach Auffassung des BAG vorrangig Sache des Tatsachengerichts. Für das Vorliegen eines wichtigen Grundes ist nicht der subjektive Kenntnisstand des Kündigenden, sondern der objektiv vorliegende Sachverhalt, der objektive Kündigungsanlass, entscheidend.[6] Es handelt sich um die Anwendung eines **unbestimmten Rechtsbegriffs**. Diese kann vom Revisionsgericht nur daraufhin überprüft werden, ob das angefochtene Urteil den Rechtsbegriff des wichtigen Grundes selbst verkannt hat, ob es bei der Unterordnung des Sachverhalts unter die Rechtsnorm des § 626 BGB Denkgesetze oder allgemeine Erfahrungssätze verletzt hat und ob es alle vernünftigerweise in Betracht kommenden Umstände, insbesondere bei der gebotenen Interessenabwägung (vgl. Rn. 9), die für oder gegen eine außerordentliche Kündigung sprechen, beachtet hat.[7] Zu Recht ist darauf hingewiesen worden, dass es nicht unproblematisch ist, dass der Gesetzgeber durch die Verwendung des unbestimmten Rechtsbegriffes „wichtiger Grund" einen wesentlichen Teil der Normfindung den Gerichten überantwortet hat.[8] Die Rechtsprechung versucht eine Konkretisierung des Begriffs „wichtiger Grund" durch eine

---

[3] BGH v. 19.11.1998 - III ZR 261/97 - juris Rn. 13 - NJW 1999, 355-356; OLG Saarbrücken v. 13.07.2010 - 4 U 496/09 - juris Rn. 41 - GesR 2011, 46-50.
[4] LArbG Hamm v. 28.11.2003 - 10 Sa 1024/03 - juris Rn. 54 - Bibliothek BAG; absolute Kündigungsgründe finden sich aber etwa in § 67 SeemG.
[5] LArbG Berlin v. 10.07.2003 - 16 Sa 545/03 - juris Rn. 13 - Bibliothek BAG.
[6] LArbG Mainz v. 09.05.2005 - 7 Sa 68/05 - juris Rn. 33 - LAGReport 2005, 341.
[7] BAG v. 10.11.2005 - 2 AZR 623/04 - juris Rn. 26 - nv; BAG v. 21.11.1996 - 2 AZR 852/95 - juris Rn. 19 - EzA § 626 BGB n.F. Nr. 162; *Henssler* in: MünchKomm-BGB, 5. Aufl. 2009, § 626 Rn. 364.
[8] *Müller-Glöge* in: ErfKomm, 12. Aufl. 2012, § 626 Rn. 14; *Belling* in: Erman, 13. Aufl. 2011, § 626 Rn. 28.

§ 626

Prüfung in zwei Schritten.[9] In einem **ersten Schritt** wird geprüft, ob ein bestimmter Sachverhalt ohne die besonderen Umstände des Einzelfalles an sich geeignet ist, einen wichtigen Grund darzustellen.[10] Wird dies bejaht, so wird dann in einem **zweiten Schritt** geprüft, ob bei Berücksichtigung der konkreten Umstände des Einzelfalls und der Abwägung der Interessen beider Vertragsteile die konkrete Kündigung gerechtfertigt und somit verhältnismäßig ist[11], also ob eine Fortsetzung des Arbeitsverhältnisses bis zum Ablauf der Kündigungsfrist zumutbar ist oder nicht[12]. Im Rahmen dieses zweiten Schrittes ist das **Prognoseprinzip**[13] zu berücksichtigen. Es besagt, dass die außerordentliche Kündigung – insbesondere eine verhaltensbedingte – nur auf solche Gründe gestützt werden kann, die sich **zukünftig konkret** nachteilig auf das Arbeitsverhältnis auswirken, d.h. es muss in Zukunft mit weiteren Störungen zu rechnen sein, wobei diese Beurteilung zum Zeitpunkt des Zugangs der Kündigung getroffen werden muss (sog. **Negativprognose**)[14]. Ein Umstand ist in der Regel nur dann geeignet, eine außerordentliche Kündigung zu rechtfertigen wenn er sich konkret auf das Arbeitsverhältnis auswirkt. Die Kündigung stellt keine Sanktion für das Verhalten in der Vergangenheit dar.[15] Die Fortsetzung des Arbeitsverhältnisses muss durch objektive Umstände, die Einstellung oder das Verhalten des Gekündigten im Leistungsbereich, im Bereich der betrieblichen Verbundenheit aller Mitarbeiter, im Vertrauensbereich der Vertragsparteien oder im Unternehmensbereich beeinträchtigt sein.[16] Daher sind zurückliegende Ereignisse, die das Arbeitsverhältnis nicht mehr belasten, auch dann unerheblich, wenn sie zunächst schwerwiegend waren.[17] Aufgrund dessen sind verhaltensbedingte Leistungsstörungen nur dann für eine Kündigung relevant, wenn zukünftige Vertragsverstöße zu besorgen sind[18], was vom Kündigenden darzulegen ist, wenn sich die Besorgnis nicht bereits aus Art und Entwicklung der bisherigen Störungen ergibt[19].

---

[9] LArbG Mainz v. 09.05.2005 - 7 Sa 68/05 - juris Rn. 35 - LAGReport 2005, 341; LArbG Hamm v. 28.11.2003 - 10 Sa 1024/03 - juris Rn. 55 - Bibliothek BAG; LArbG Hamm v. 05.11.2003 - 3 Sa 772/03 - juris Rn. 61 - Bibliothek BAG; LArbG Stuttgart v. 25.06.1998 - 6 Sa 1/98 - juris Rn. 8 - Bibliothek BAG; vgl. auch BAG v. 11.12.2003 - 2 AZR 36/03 - juris Rn. 17 - D-spezial 2004, Nr. 8, 7-8; LArbG Frankfurt v. 06.05.2003 - 1/2 Sa 1665/02 - juris Rn. 129 - Bibliothek BAG; *Fischermeier* in: Becker/Etzel/Bader, Gemeinschaftskommentar zum Kündigungsschutzgesetz, 9. Aufl. 2009, § 626 Rn. 84.

[10] BAG v. 07.07.2005 - 2 AZR 581/04 - juris Rn. 21 - NZA 2006, 98-101, 99; LArbG Mainz v. 12.07.2004 - 7 Sa 1243/03 - juris Rn. 37 - DuD 2005, 97.

[11] LArbG Hamm v. 05.11.2003 - 3 Sa 772/03 - juris Rn. 61 - Bibliothek BAG; LArbG Mainz v. 19.06.2001 - 2 Sa 341/01 - Bibliothek BAG; LArbG Mainz v. 12.07.2004 - 7 Sa 1243/03 - juris Rn. 38 - DuD 2005, 97; LArbG Kiel v. 14.01.2004 - 3 Sa 302/03 - juris Rn. 24 - Bibliothek BAG; *Müller-Glöge* in: ErfKomm, 12. Aufl. 2012, § 626 Rn. 15; vgl. auch *Henssler* in: MünchKomm-BGB, 5. Aufl. 2009, § 626 Rn. 87, der von sozialer Rechtfertigung spricht; *Lingemann* in: Prütting/Wegen/Weinreich, 7. Aufl. 2012, § 626 Rn. 3.

[12] BAG v. 07.07.2005 - 2 AZR 581/04 - juris Rn. 21 - NZA 2006, 98-101, 99; LArbG Hamm v. 28.11.2003 - 10 Sa 1024/03 - juris Rn. 55 - Bibliothek BAG; BAG v. 11.12.2003 - 2 AZR 36/03 - juris Rn. 17 - D-spezial 2004, Nr. 8, 7-8.

[13] BAG v. 23.06.2009 - 2 AZR 103/08 - juris Rn. 32 - NZA 2009, 1198-1202; ArbG Hamburg v. 25.09.2002 - 21 Ca 425/02 - juris Rn. 32 - Bibliothek BAG.

[14] BAG v. 21.11.1996 - 2 AZR 357/95 - juris Rn. 31 - NJW 1997, 2195-2198; *Müller-Glöge* in: ErfKomm, 12. Aufl. 2012, § 626 Rn. 19; *Belling* in: Erman, 13. Aufl. 2011, § 626 Rn. 32; BAG v. 10.11.1988 - 2 AZR 215/88 - juris Rn. 43 - NJW 1989, 2493-2495; *Fischermeier* in: Becker/Etzel/Bader, Gemeinschaftskommentar zum Kündigungsschutzgesetz, 9. Aufl. 2009, § 626 Rn. 110.

[15] BAG v. 23.06.2009 - 2 AZR 103/08 - juris Rn. 32 - NZA 2009, 1198-1202; LArbG Schleswig-Holstein v. 19.05.2010 - 3 Sa 30/10 - juris Rn. 31; LArbG Mainz v. 12.07.2004 - 7 Sa 1243/03 - juris Rn. 35 - DuD 2005, 97.

[16] LArbG Mainz v. 09.05.2005 - 7 Sa 68/05 - juris Rn. 35 - LAGReport 2005, 341; LArbG Nürnberg v. 02.05.2005 - 9 Sa 599/04 - juris Rn. 28 - Bibliothek BAG; LArbG Hamm v. 05.11.2003 - 3 Sa 772/03 - juris Rn. 61 - Bibliothek BAG.

[17] *Fischermeier* in: Becker/Etzel/Bader, Gemeinschaftskommentar zum Kündigungsschutzgesetz, 9. Aufl. 2009, § 626 Rn. 110; *Müller-Glöge* in: ErfKomm, 12. Aufl. 2012, § 626 Rn. 19.

[18] *Belling* in: Erman, 13. Aufl. 2011, § 626 Rn. 32.

[19] *Müller-Glöge* in: ErfKomm, 12. Aufl. 2012, § 626 Rn. 20.

Allerdings wird man bei schwerwiegenden Verstößen davon ausgehen dürfen, dass diese den Schluss auf eine negative Prognose für die Zukunft zulassen, selbst wenn der Gekündigte bisher nicht einschlägig abgemahnt wurde.[20] Auch wenn keine Wiederholungsgefahr gegeben ist, kann nach zustimmungswürdiger Ansicht in der Rechtsprechung eine außerordentliche Kündigung gerechtfertigt sein.[21]

Der wichtige Grund setzt **grundsätzlich kein schuldhaftes Verhalten** voraus.[22] Allerdings wird ein verhaltensbedingter Grund, der ein steuerbares Verhalten des Dienstverpflichteten voraussetzt, in der Regel nur bei einem schuldhaften, vorwerfbaren Verhalten anzunehmen sein[23], doch soll im Einzelfall auch eine schuldlose Pflichtverletzung einen wichtigen Grund zur verhaltensbedingten Kündigung darstellen können[24]. Wenn es an einem Verschulden fehlt, kann die Fortsetzung des Dienstverhältnisses noch für die Dauer der Kündigungsfrist zumutbar sein.[25] Nach einer bedenklichen, jedoch in der Rechtsprechung vertretenen Ansicht kann dann, wenn Arbeitgeber und Betriebsrat den Betriebsfrieden gefährdende Verhaltenseigenarten eines Arbeitnehmers über einen längeren Zeitraum ohne Reaktion hinnehmen, selbst wenn es sich bei dem die Kündigung veranlassenden Fehlverhalten des Arbeitnehmers um eine Tätlichkeit handelt, die Einhaltung der ordentlichen Kündigungsfrist noch zumutbar sein.[26]

2. Ultima-ratio-Prinzip

Die außerordentliche Kündigung ist nur dann **verhältnismäßig** und damit zulässig, wenn sie die unausweichlich letzte Maßnahme (ultima-ratio) für den Kündigungsberechtigten ist, wenn also alle anderen, nach den jeweiligen Umständen des konkreten Falles möglichen und angemessenen milderen Mittel – wie etwa der Ausspruch einer fristgerechten Kündigung oder eine Abmahnung[27] –, die geeignet sind, das in der bisherigen Form nicht mehr tragbare Arbeitsverhältnis fortzusetzen, erschöpft sind[28]. Die **Verhältnismäßigkeitsprüfung** unterteilt sich somit in **drei Stufen**: Zunächst muss die Kündigung **geeignet** sein, die Störung des Vertragsverhältnisses zu beseitigen. Sie muss **erforderlich** sein, d.h. es darf kein milderes Mittel zur Verfügung stehen (etwa Versetzung, ordentliche/fristgerechte Kündigung, Abmahnung), und sie muss **verhältnismäßig im engeren Sinne** sein, das heißt, sie muss zu der vorliegenden Störung des Vertragsverhältnisses in einem angemessenen Verhältnis stehen.[29] Aus dem ultima-ratio-Prinzip folgt etwa, dass die außerordentliche Kündigung nur in Betracht kommt, wenn keine Möglichkeit zu einer anderweitigen Beschäftigung besteht. Aus diesem Prinzip ergibt sich weiter der **Vorrang der Änderungskündigung** vor der Beendigungskündigung.[30] Schließlich ist als Ausfluss

---

[20] LArbG Hamm v. 02.06.2005 - 15 Sa 126/05 - Bibliothek BAG.
[21] Vgl. etwa LArbG Düsseldorf v. 21.07.2004 - 12 Sa 620/04 - juris Rn. 26 ff. - LAGE § 1 KSchG Verhaltensbedingte Kündigung Nr. 85; BAG v. 21.11.1996 - 2 AZR 357/95 - juris Rn. 31 - NZA 1997, 487; BAG v. 12.08.1999 - 2 AZR 923/98 - juris Rn. 40 f. - BAGE 92, 184-203.
[22] *Belling* in: Erman, 13. Aufl. 2011, § 626 Rn. 33; *Müller-Glöge* in: ErfKomm, 12. Aufl. 2012, § 626 Rn. 23; *Henssler* in: MünchKomm-BGB, 5. Aufl. 2009, § 626 Rn. 104.
[23] BAG v. 14.02.1996 - 2 AZR 274/95 - juris Rn. 26 - NJW 1996, 2253-2254.
[24] BAG v. 21.01.1999 - 2 AZR 665/98 - juris Rn. 14 - NJW 1999, 3140-3143; *Müller-Glöge* in: ErfKomm, 12. Aufl. 2012, § 626 Rn. 23; BAG v. 21.11.1996 - 2 AZR 357/95 - juris Rn. 20 - NJW 1997, 2195-2198; a.A.: *Henssler* in: MünchKomm-BGB, 5. Aufl. 2009, § 626 Rn. 104; LArbG Hamburg v. 04.11.2004 - 7 Sa 41/04 - juris Rn. 39 - Bibliothek BAG.
[25] *Müller-Glöge* in: ErfKomm, 12. Aufl. 2012, § 626 Rn. 23.
[26] LArbG Köln v. 11.12.2002 - 7 Sa 726/02 - juris Rn. 44 - Bibliothek BAG; ähnlich im Zusammenhang mit der Frage der Entbehrlichkeit einer Abmahnung LArbG Hannover v. 08.03.2005 - 5 Sa 561/04 - juris Rn. 43 - Bibliothek BAG.
[27] LArbG Kiel v. 25.11.2003 - 2 Sa 335/03 - juris Rn. 40 - Bibliothek BAG.
[28] BAG v. 09.07.1998 - 2 AZR 201/98 - juris Rn. 14 - EzA-SD 1998, Nr. 22, 6-9; *Belling* in: Erman, 13. Aufl. 2011, § 626 Rn. 45; *Henssler* in: MünchKomm-BGB, 5. Aufl. 2009, § 626 Rn. 87; *Fischermeier* in: Becker/Etzel/Bader, Gemeinschaftskommentar zum Kündigungsschutzgesetz, 9. Aufl. 2009, § 626 Rn. 251.
[29] *Müller-Glöge* in: ErfKomm, 12. Aufl. 2012, § 626 Rn. 24; *Belling* in: Erman, 13. Aufl. 2011, § 626 Rn. 45.
[30] *Fischermeier* in: Becker/Etzel/Bader, Gemeinschaftskommentar zum Kündigungsschutzgesetz, 9. Aufl. 2009, § 626 Rn. 252.

des ultima-ratio-Prinzips gegebenenfalls eine Abmahnung (vgl. Rn. 33) erforderlich.[31] Eine Unzumutbarkeit der Fortsetzung des Arbeitsverhältnisses kann etwa dann zu verneinen sein, wenn die ordentliche Kündigungsfrist innerhalb der zwischen den Parteien vereinbarten Probezeit lediglich zwei Wochen beträgt.[32]

3. Interessenabwägung

9 Wie bereits ausgeführt, rechtfertigt nicht jede schwerwiegende Vertragsverletzung, die einen „wichtigen Grund" im Sinne von § 626 Abs. 1 BGB darstellt, automatisch eine außerordentliche Kündigung.[33] Vielmehr setzt jede außerordentliche Kündigung eine umfassende Interessenabwägung[34] voraus, wobei alle Umstände des jeweiligen Einzelfalles zu berücksichtigen sind. Eine Interessenabwägung ist daher auch bei schwerwiegenden Verstößen erforderlich.[35] Aufgrund des Erfordernisses einer solchen einzelfallbezogenen Interessenabwägung kann die Unwirksamkeit einer Kündigung nicht unmittelbar aus einer Verletzung des Gleichbehandlungsgrundsatzes und damit der gleichheitswidrigen Behandlung unterschiedlicher Arbeitnehmer (die einen Kündigungsgrund „an sich" verwirklicht haben) hergeleitet werden. Eine solche Verletzung kann daher lediglich mittelbare Auswirkungen auf die Interessenabwägung haben.[36]

10 Im Rahmen der Interessenabwägung, bei der dem Tatsachengericht ein Beurteilungsspielraum zusteht[37], sind das Interesse des Kündigenden an der Auflösung und das Interesse des Kündigungsempfängers an der Aufrechterhaltung des Arbeitsverhältnisses gegenüberzustellen. Wirksam ist die Kündigung nur dann, wenn das Interesse des Kündigenden an der vorzeitigen Beendigung des Arbeitsverhältnisses das Interesse des Gekündigten an der Fortsetzung des Arbeitsverhältnisses überwiegt.[38] Im Einzelnen ist etwa zu berücksichtigen bei verhaltensbedingten Kündigungsgründen der Grad des Verschuldens, die Dauer der Betriebszugehörigkeit des Arbeitnehmers, welche sich zu seinen Gunsten auswirkt, wenn er sich in der Vergangenheit vertragstreu verhielt[39] (die Berücksichtigung dieses Kriteriums ist keine unzulässige Benachteiligung jüngerer Arbeitnehmer wegen des Alters i.S.v. Art. 2 Abs. 1 i.V.m. Art. 1 der Richtlinie 2000/78/EG des Rates vom 27.11.2000[40]), die besondere Rechtsnatur des Berufsausbildungsverhältnisses und die zurückgelegte Ausbildungszeit[41]. Auch das Alter des Arbeitnehmers ist zu berücksichtigen.[42] Unterhaltspflichten des Arbeitnehmers dürfen in die Interessenabwägung einbezogen werden[43], sind aber kein notwendiger Bestandteil einer § 626 BGB genügenden Abwägung. Weiterhin sind in die Interessenabwägung einzustellen die Art und Schwere der

---

[31] *Henssler* in: MünchKomm-BGB, 5. Aufl. 2009, § 626 Rn. 87.
[32] ArbG Frankfurt v. 23.10.2002 - 7 Ca 5100/01 - juris Rn. 22 - Bibliothek BAG.
[33] LArbG Mainz v. 19.06.2001 - 2 Sa 341/01 - Bibliothek BAG.
[34] Vgl. etwa BAG v. 10.11.2005 - 2 AZR 623/04 - juris Rn. 26 - nv.
[35] Vgl. etwa LArbG Bremen v. 29.06.2005 - 2 Sa 32/05 - juris Rn. 90 - nv.
[36] BAG v. 28.04.1982 - 7 AZR 1139/79 - juris Rn. 16 – DB 1982, 1776-1777; BAG v. 21.10.1969 - 1 AZR 93/68 - juris Rn. 17, 18 - BAGE 22, 162-169; BAG v. 14.10.1965 - 2 AZR 466/64 - juris Rn. 22 - DB 1966, 16; LArbG Hessen v. 19.12.2011 – 17 Sa 617/11 - juris Rn. 32; LArbG Hessen v. 25.07.2011 - 17 Sa 153/11 - juris Rn. 54 - NZA-RR 2012, 76-81; a.A. *Preis* in: Ascheid/Preis/Schmidt, Großkommentar zum Kündigungsrecht, 4. Aufl. 2012, Grundlagen J, Rn. 58 ff.; *Fischermeier* in: Becker/ Etzel/ Bader, Gemeinschaftskommentar zum Kündigungsschutzgesetz, 9. Aufl. 2009, § 626 Rn. 307.
[37] BAG v. 10.11.2005 - 2 AZR 623/04 - juris Rn. 26 - nv.
[38] LArbG Nürnberg v. 02.05.2005 - 9 Sa 599/04 - juris Rn. 36 - Bibliothek BAG, das in einem Fall, wo ein Vermögensdelikt zum Nachteil des Arbeitgebers in Rede stand, die Interessenabwägung zu Gunsten des gekündigten Arbeitnehmers entschied.
[39] *Müller-Glöge* in: ErfKomm, 12. Aufl. 2012, § 626 Rn. 45.
[40] BAG v. 07.07.2011 - 2 AZR 355/10 - juris Rn. 21 ff. - NZA 2011, 1412-1416.
[41] LArbG Kiel v. 19.12.2000 - 1 Sa 460 b/00 - juris Rn. 41 - Bibliothek BAG.
[42] BAG v. 15.11.1995 - 2 AZR 974/94 - juris Rn. 35 - NJW 1996, 1556-1558; BAG v. 16.03.2000 - 2 AZR 75/99 - juris Rn. 43 - BB 2000, 1677-1679; *Fischermeier* in: Becker/Etzel/Bader, Gemeinschaftskommentar zum Kündigungsschutzgesetz, 9. Aufl. 2009, § 626 Rn. 236.
[43] BAG v. 11.03.1999 - 2 AZR 507/98 - juris Rn. 27 - ZIP 1999, 1368-1372; *Fischermeier* in: Becker/Etzel/Bader, Gemeinschaftskommentar zum Kündigungsschutzgesetz, 9. Aufl. 2009, § 626 Rn. 236.

Verfehlung, der Umfang des verursachten Schadens[44], Wiederholungsgefahr, Beharrlichkeit des pflichtwidrigen Verhaltens, Größe des Betriebes und sozialer Besitzstand des Arbeitnehmers[45]. Berücksichtigungsfähig ist auch, wie sich das Fehlverhalten des Arbeitnehmers im betreffenden Betrieb auf das Verhalten anderer Arbeitnehmer auswirken muss, wenn der Arbeitgeber das in Rede stehende Fehlverhalten zulässt, so dass durchaus auch „Abschreckungsgesichtspunkte" ein hartes Durchgreifen des Arbeitgebers rechtfertigen können.[46] Schließlich ist auch das vom Arbeitnehmer in der Zeit seiner unbeanstandeten Beschäftigung erworbene „Vertrauenskapital" zu berücksichtigen.[47] Ein Sinneswandel des gekündigten Arbeitnehmers vor Kündigungsausspruch ist grundsätzlich in die Abwägung zu dessen Gunsten einzubeziehen.[48] Schließlich ist für die Zulässigkeit einer außerordentlichen Kündigung auch die Dauer der ohne diese Kündigung verbleibenden Vertragszeit von Bedeutung.[49] Bei Arbeitsverträgen, die ordentlich **unkündbar** sind, ist im Rahmen der Interessenabwägung auf die fiktive Frist für die ordentliche Kündigung[50] und nicht auf die tatsächliche künftige Vertragsbindung abzustellen[51] (vgl. hierzu auch Rn. 27). Bei einer außerordentlichen Kündigung mit notwendiger Auslauffrist nach § 626 BGB, die trotz eines tariflichen Ausschlusses der ordentlichen Kündigung zulässig ist, ist dem Arbeitnehmer ein Schutzstandard zu gewähren, der dem der ordentlichen Kündigung entspricht.[52] Eine **fristlose** Kündigung eines tariflich ordentlich unkündbaren Arbeitnehmers kommt nach dem LArbG Mainz nur dann in Betracht, wenn dem Arbeitgeber die Weiterbeschäftigung nicht einmal bis zum Ablauf einer fiktiven Frist zur ordentlichen Beendigung des Arbeitsverhältnisses zumutbar ist.[53] Nach Ansicht des LArbG Kiel kann gegenüber einem Betriebsratsmitglied gemäß § 15 KSchG nur eine außerordentliche fristlose Kündigung, nicht aber eine außerordentliche Kündigung mit sozialer Auslauffrist ausgesprochen werden, da die gesetzliche Regelung in diesem Fall eine soziale Auslauffrist nicht erlaubt.[54] Weiterhin sind die Rechtsprechungsgrundsätze zum tariflichen Ausschluss der ordentlichen Kündigung nicht ohne weiteres auf einen vertraglichen Kündigungsausschluss für einen längeren Zeitraum zu übertragen.[55]

Darüber hinaus ist eine tarifliche ordentliche Unkündbarkeit im Rahmen der Interessenabwägung nicht zwingend zu Gunsten des Gekündigten zu gewichten.[56] Wenn eine formularvertragliche Vereinbarung absoluter Kündigungsgründe unwirksam ist, so sind diese inhaltlich bei der gemäß § 626 Abs. 1 BGB

11

---

[44] BAG v. 12.08.1999 - 2 AZR 923/98 - juris Rn. 25 - NJW 2000, 1969-1974.

[45] *Müller-Glöge* in: ErfKomm, 12. Aufl. 2012, § 626 Rn. 42; *Henssler* in: MünchKomm-BGB, 5. Aufl. 2009, § 626 Rn. 81.

[46] BAG v. 11.12.2003 - 2 AZR 36/03 - juris Rn. 22 - D-spezial 2004, Nr. 8, 7-8; nur schwer nachvollziehbar die Ausführung der Vorinstanz LArbG Hamm v. 13.03.2002 - 14 Sa 1731/01 - juris Rn. 32 - Bibliothek BAG, die u.a. ausführt, dass „die von der Klägerin geplante Mitnahme der 62 Minifläschchen mit Alkoholika … kein Grund" war, „an der Redlichkeit der Klägerin ernsthaft zu zweifeln."

[47] BAG v. 10.06.2010 - 2 AZR 541/09 - juris Rn. 47 - BAGE 134, 349-367 - Fall Emmely.

[48] LArbG Hannover v. 08.03.2005 - 5 Sa 561/04 - juris Rn. 48 - Bibliothek BAG.

[49] *Müller-Glöge* in: ErfKomm, 12. Aufl. 2012, § 626 Rn. 49.

[50] BAG v. 10.10.2002 - 2 AZR 418/01 - juris Rn. 30 - DB 2003, 1797-1798; BAG v. 13.06.2002 - 2 AZR 391/01 - juris Rn. 29 - BB 2003, 53-55; BAG v. 08.04.2003 - 2 AZR 355/02 - juris Rn. 24 - BB 2003, 2130-2132.

[51] So jedoch noch BAG v. 14.11.1984 - 7 AZR 474/83 - juris Rn. 19 - NJW 1985, 1851-1852; LArbG Chemnitz v. 28.06.2002 - 3 Sa 832/01 - juris Rn. 79 - Bibliothek BAG; LArbG Mainz v. 07.10.2004 - 4 Sa 491/04 - juris Rn. 32 - Bibliothek BAG; LArbG Mainz v. 26.10.2004 - 2 Sa 488/04 - juris Rn. 22 - Bibliothek BAG; vgl. auch *Bitter/Kiel*, Festschrift für Peter Schwerdtner zum 65. Geburtstag 2003, 13-35, 17, die der Ansicht sind, dass dann, wenn eine ordentliche Kündigung begründet wäre, jedoch aus Rechtsgründen keine Alternative darstellt, für die Prüfung der Zumutbarkeit grundsätzlich nicht auf die fiktive Kündigungsfrist abgestellt werden könne.

[52] BAG v. 12.01.2006 - 2 AZR 242/05 - juris Rn. 17 - nv.

[53] LArbG Mainz v. 07.10.2004 - 4 Sa 491/04 - juris Rn. 32 - Bibliothek BAG.

[54] LArbG Kiel v. 15.08.2006 - 6 Sa 467/05 - juris Rn. 20 ff. - ArbRB 2006, 328.

[55] BAG v. 25.03.2004 - 2 AZR 153/03 - juris Rn. 43 - AP Nr. 60 zu § 138 BGB; LArbG Hamm v. 17.08.2006 - 17 Sa 2212/05 - juris Rn. 68 - LAGE § 630 BGB 2002 Nr. 3.

[56] BAG v. 10.10.2002 - 2 AZR 418/01 - juris Rn. 30 - DB 2003, 1797-1798; LArbG Mainz v. 09.05.2005 - 7 Sa 68/05 - juris Rn. 40 - LAGReport 2005, 341.

§ 626

vorzunehmenden Berücksichtigung aller Umstände des Einzelfalles und Abwägung der Interessen beider Vertragsteile berücksichtigungsfähig.[57]

4. Zeitpunkt der Entstehung des wichtigen Grundes

12 Die außerordentliche Kündigung kann auf alle Gründe gestützt werden, die zur Zeit der Kündigung bereits objektiv vorhanden waren. Da es unerheblich ist, ob dem Kündigenden diese bei der Kündigung bekannt waren oder ob er erst später davon erfahren hat, können im Kündigungsschutzprozess auch Kündigungsgründe, die zeitlich vor dem Kündigungsausspruch entstanden sind, nachgeschoben werden.[58] Dies allerdings nur, wenn sie bei Ausspruch der Kündigung dem Kündigungsberechtigten noch nicht länger als zwei Wochen bekannt waren.[59] Handelt es sich bei dem für die außerordentliche Kündigung maßgebenden Grund um ein Dauerverhalten, so beginnt die Zwei-Wochen-Frist des § 626 Abs. 2 BGB nicht vor dessen Beendigung.[60] Nach dem BAG ist die Prüfung des wichtigen Grundes auf den Zeitpunkt des Zugangs der Kündigungserklärung bezogen[61], so dass Umstände, die erst nach diesem Zeitpunkt entstanden sind, nur als Grundlage für eine erneute weitere Kündigung in Betracht kommen[62], bei der Beurteilung des wichtigen Grundes der ersten Kündigung aber nicht berücksichtigt und auch im Kündigungsschutzprozess nicht nachgeschoben werden können[63].

13 Das **Nachschieben von** – zum Zeitpunkt der Kündigung bereits bestehenden – **Kündigungsgründen** ist dann problematisch, wenn der Kündigende eine Anhörung des Betriebsrats gemäß § 102 Abs. 1 BetrVG durchführen musste (vgl. zum Anhörungserfordernis auch Rn. 53). Entsprechend dem Zweck des § 102 BetrVG ist zwischen Gründen zu unterscheiden, die dem Arbeitgeber bereits vor Ausspruch der Kündigung bekannt waren und anderen Gründen, die ihm erst nach Ausspruch der Kündigung bekannt geworden sind.

14 Nachgeschobene Kündigungsgründe, die bereits vor Ausspruch der Kündigung entstanden und dem Arbeitgeber bekannt gewesen sind, die er aber dem Betriebs- bzw. Personalrat nicht mitgeteilt hat, können im Kündigungsschutzprozess nicht verwertet werden[64], weil der Arbeitgeber seine Mitteilungspflicht nach § 102 Abs. 1 BetrVG verletzt hat, was auch dann gilt, wenn der Betriebsrat der Kündigung zugestimmt oder wenn ihm der Arbeitgeber die weiteren Gründe nachträglich mitgeteilt hat[65]. Da der Arbeitgeber dem Betriebsrat nicht alle ihm bekannten, sondern nur diejenigen Kündigungstatsachen mitzuteilen braucht, die er zum Anlass für die beabsichtigte Kündigung nehmen will (sog. **subjektive Determination**)[66], ist die Kündigung zwar nicht wegen fehlerhafter Anhörung nach § 102 BetrVG unwirksam, doch würde eine ergänzende Berücksichtigung der nicht mitgeteilten Gründe im Kündigungsschutzprozess dem Zweck des § 102 BetrVG widersprechen[67].

15 Dem Arbeitgeber bei Ausspruch der Kündigung noch unbekannte Gründe darf dieser zur Begründung der Kündigung heranziehen, wenn sich der Betriebsrat zuvor mit ihnen befasst hat. Dann dürfen diese

---

[57] OLG Karlsruhe v. 11.10.2002 - 1 U 107/02 - OLGR Karlsruhe 2003, 85-86.
[58] BAG v. 04.06.1997 - 2 AZR 362/96 - juris Rn. 23 - NJW 1998, 101-102; LArbG Schleswig-Holstein v. 31.08.2011 - 3 Sa 29/11 - juris Rn. 60; KG Berlin v. 11.03.2005 - 14 U 137/03 - juris Rn. 25 - AG 2005, 737; *Henssler* in: MünchKomm-BGB, 5. Aufl. 2009, § 626 Rn. 126.
[59] BGH v. 20.06.2005 - II ZR 18/03 - juris Rn. 12 - NZA 2005, 1415; OLG Naumburg v. 18.09.2003 - 7 U (Hs) 17/03 - juris Rn. 54 - OLGR Naumburg 2004, 208.
[60] BGH v. 20.06.2005 - II ZR 18/03 - juris Rn. 12 - NZA 2005, 1415.
[61] BAG v. 29.04.1999 - 2 AZR 431/98 - NJW 2000, 893-896; *Belling* in: Erman, 13. Aufl. 2011, § 626 Rn. 31; *Henssler* in: MünchKomm-BGB, 5. Aufl. 2009, § 626 Rn. 121; *Fischermeier* in: Becker/Etzel/Bader, Gemeinschaftskommentar zum Kündigungsschutzgesetz, 9. Aufl. 2009, § 626 Rn. 108.
[62] *Henssler* in: MünchKomm-BGB, 5. Aufl. 2009, § 626 Rn. 126; *Belling* in: Erman, 13. Aufl. 2011, § 626 Rn. 31.
[63] LArbG Rheinland-Pfalz v. 20.05.2010 - 10 Sa 52/10 - juris Rn. 37 - ZTR 2010, 486-487; *Müller-Glöge* in: ErfKomm, 12. Aufl. 2012, § 626 Rn. 54, 55.
[64] LArbG Mainz v. 19.06.2001 - 2 Sa 341/01 - Bibliothek BAG.
[65] BAG v. 27.02.1997 - 2 AZR 302/96 - juris Rn. 25 - NJW 1997, 2540-2542; BAG v. 01.04.1981 - 7 AZR 1003/78 - juris Rn. 26 - NJW 1981, 2772-2773.
[66] BAG v. 18.05.1994 - 2 AZR 920/93 - juris Rn. 14 - BB 1994, 1783-1785.
[67] *Müller-Glöge* in: ErfKomm, 12. Aufl. 2012, § 626 Rn. 56.

Gründe auch im Kündigungsschutzprozess nachgeschoben werden.[68] Versäumt es hingegen der Arbeitgeber, solche Gründe dem Betriebsrat nachträglich mitzuteilen, hat dies zur Folge, dass diese Gründe im Kündigungsschutzprozess nicht verwertet werden können.

5. Kein Wegfall des wichtigen Grundes

Der Kündigungsberechtigte kann nach Entstehen des Rechtes zur außerordentlichen Kündigung auf dieses verzichten.[69] Ein solcher **Verzicht** liegt vor, wenn der Kündigungsberechtigte in Kenntnis der maßgeblichen Tatsachen lediglich eine Abmahnung ausspricht.[70] Weiterhin kann der Kündigungsberechtigte nach Bekanntwerden der kündigungsrelevanten Umstände dem potentiellen Kündigungsempfänger **verzeihen**. Das setzt voraus, dass der Kündigungsberechtigte ausdrücklich oder zumindest durch schlüssiges Verhalten zu erkennen gibt, einen bestimmten Kündigungsgrund nicht mehr zum Anlass für eine außerordentliche Kündigung nehmen zu wollen.[71]

16

6. Wichtige Gründe für eine außerordentliche Kündigung durch den Dienstberechtigten

Als solche kommen in Betracht bei **Arbeitnehmern** zum Beispiel die beharrliche Arbeitsverweigerung (vgl. Rn. 20)[72], das beharrliche unbefugte Verlassen des Arbeitsplatzes[73], unerlaubte Konkurrenztätigkeit (vgl. Rn. 21)[74], insbesondere die Verletzung eines Wettbewerbsverbotes nach § 60 HGB während des Bestehens eines Arbeitsverhältnisses[75] oder die Abwerbung von Arbeitnehmern oder Kunden durch einen Arbeitnehmer, der sich selbständig machen will[76]. Ebenso der Verstoß gegen ein – tarifliches – Nebentätigkeitsverbot[77], schwerwiegende – auch vor Beginn des Arbeitsverhältnisses liegende[78] – Verletzung von Vertragspflichten (insbesondere in deren Kernbereich[79])[80], wozu auch Neben-

17

---

[68] BAG v. 11.04.1985 - 2 AZR 239/84 - juris Rn. 38 - NJW 1986, 3159-3161; BAG v. 04.06.1997 - 2 AZR 362/96 - juris Rn. 22 - NJW 1998, 101-102; *Opolony*, AR-Blattei SD 1020.3, 73, Rn. 276-281; *Belling* in: Erman, 13. Aufl. 2011, § 626 Rn. 31; *Müller-Glöge* in: ErfKomm, 12. Aufl. 2012, § 626 Rn. 57.

[69] *Henssler* in: MünchKomm-BGB, 5. Aufl. 2009, § 626 Rn. 277.

[70] *Müller-Glöge* in: ErfKomm, 12. Aufl. 2012, § 626 Rn. 59 i.V.m. § 620 Rn. 30; *Henssler* in: MünchKomm-BGB, 5. Aufl. 2009, § 626 Rn. 277.

[71] *Fischermeier* in: Becker/Etzel/Bader, Gemeinschaftskommentar zum Kündigungsschutzgesetz, 9. Aufl. 2009, § 626 Rn. 63.

[72] BAG v. 21.11.1996 - 2 AZR 357/95 - juris Rn. 30 - NJW 1997, 2195-2198; LArbG Halle (Saale) v. 25.06.2002 - 8 Sa 845/01 - juris Rn. 26 - Bibliothek BAG; ArbG Leipzig v. 04.02.2003 - 7 Ca 6866/02 - juris Rn. 28 - DB 2003, 1279-1280; ArbG Frankfurt v. 01.07.2002 - 15 Ca 1834/02 - juris Rn. 63 - Bibliothek BAG; LArbG Berlin v. 01.11.2002 - 19 Sa 1561/02 - juris Rn. 30 - Bibliothek BAG; LArbG Hannover v. 08.12.2003 - 5 Sa 1071/03 - juris Rn. 32 - Bibliothek BAG; LArbG Rostock v. 22.04.2004 - 1 Sa 399/03 - juris Rn. 33 - Bibliothek BAG; LArbG Mainz v. 05.05.2004 - 10 Sa 33/04 - juris Rn. 23 - Bibliothek BAG; LArbG Hamm v. 31.03.2004 - 14 Sa 18/04 - juris Rn. 24 - Bibliothek BAG; *Kliemt/Vollstädt*, NZA 2003, 357-363, 358; ArbG Osnabrück v. 04.05.2005 - 4 Ca 887/04 - AfP 2006, 86-87; ArbG Rostock v. 20.07.2005 - 4 Ca 81/05 - AE 2006, 36-37.

[73] LArbG Kiel v. 14.10.2002 - 4 Sa 71/02 - juris Rn. 8 - Bibliothek BAG.

[74] BAG v. 28.01.2010 - 2 AZR 1008/08 - juris Rn. 22, 23 - NZA-RR 2010, 461-464; LArbG Hamm v. 01.12.2011 - 15 Sa 972/11 - juris Rn. 37, 38; LArbG München v. 04.08.2005 - 3 Sa 154/05 - juris Rn. 38; LArbG Hamm v. 05.11.2003 - 3 Sa 772/03 - juris Rn. 64 - Bibliothek BAG; LArbG Kiel v. 03.12.2002 - 5 Sa 299 b/02 - juris Rn. 36 - Bibliothek BAG ; ArbG Hamburg v. 03.04.2007 - 28 Ca 73/06 - AE 2007, 328-329.

[75] BAG v. 21.11.1996 - 2 AZR 852/95 - juris Rn. 20 - EzA § 626 BGB n.F. Nr. 162; LArbG Berlin v. 28.08.2002 - 9 Sa 659/02 - juris Rn. 34 - Bibliothek BAG; LArbG Chemnitz v. 27.02.2004 - 2 Sa 764/03 - juris Rn. 25 - Bibliothek BAG; LArbG Mainz v. 12.01.2006 - 11 Sa 476/05 - juris Rn. 65 - AuA 2006, 228; vgl. hierzu auch *Buchner*, AR-Blattei SD 1830.2.

[76] LArbG Köln v. 25.02.2004 - 4 Sa 1311/03 - juris Rn. 14 - Bibliothek BAG.

[77] BAG v. 18.09.2008 - 2 AZR 827/06 - NZA-RR 2009, 393 (LS); LArbG Nürnberg v. 07.09.2004 - 6 Sa 116/04 - juris Rn. 39 - Bibliothek BAG; LArbG München v. 12.01.2006 - 2 Sa 430/05 - juris Rn. 51; *Stuntz*, jurisPR-ArbR 13/2006, Anm. 3.

[78] LArbG Erfurt v. 30.07.2002 - 7 Sa 77/2002 - juris Rn. 17 - Bibliothek BAG.

[79] LArbG Köln v. 04.02.2002 - 5 Sa 885/01 - Bibliothek BAG.

[80] Zu den arbeitsvertraglichen Haupt- und Nebenpflichten von Profisportlern vgl. etwa *Fischer*, FA 2005, 98-101, 98.

pflichten, insbesondere die sog. allgemeine Treuepflicht[81] zählen, wie etwa Trunkenheit unterhalb der Fahrverbotsgrenze bei einem Berufskraftfahrer[82], Verletzung eines im Betrieb bestehenden absoluten Alkoholverbotes[83] oder ein Verstoß gegen die in einer Justizvollzugsanstalt bestehenden Sicherheitsvorschriften im Zusammenhang mit der Durchführung der Postkontrolle[84]. Weiter kommt als wichtiger Grund in Betracht der Nichtantritt zur Arbeit zum vereinbarten Termin[85], unentschuldigtes Fehlen und eigenmächtige Urlaubnahme eines Arbeitnehmers[86], aktives Täuschen über die Aufgabenerfüllung durch Unterzeichnung von Protokollen[87], vorsätzlicher Verrat von Geschäftsgeheimnissen[88], ggf. Insolvenzverschleppung[89], heimliches Fotografieren[90] oder das Mitschneiden von Gesprächen[91], u.U. eine Strafanzeige des Arbeitnehmers gegenüber dem Arbeitgeber[92] oder etwa die Annahme von Bestechungsgeldern[93]. Weiterhin vorsätzliche Treuepflichtverletzungen, strafbare Handlungen[94] (nicht notwendigerweise „innerhalb" des Arbeitsverhältnisses[95], aber auch sonstiges außerdienstliches Verhalten[96], sofern dieses negative Auswirkungen auf den Betrieb oder einen Bezug zum Arbeitsverhältnis hat[97]), Ehrverletzungen – insbesondere Beleidigung[98] des Arbeitgebers[99], anderer Mitarbeiter[100] (auch

---

[81] LArbG Chemnitz v. 25.10.2000 - 2 Sa 10/00 - juris Rn. 55 - Bibliothek BAG.

[82] LArbG Nürnberg v. 17.12.2002 - 6 Sa 480/01 - juris Rn. 28 - Bibliothek BAG.

[83] LArbG Hannover v. 31.10.2003 - 16 Sa 1211/03 - juris Rn. 2 - Bibliothek BAG; LArbG Kiel v. 29.07.2003 - 2 Sa 175/03 - juris Rn. 28.

[84] LArbG Hamm v. 14.11.2003 - 15 Sa 559/03 - juris Rn. 31 - Bibliothek BAG.

[85] *Herbert/Oberrath*, NZA 2004, 121-129, 126.

[86] BAG v. 16.03.2000 - 2 AZR 75/99 - juris Rn. 36 - BB 2000, 1677-1679; LArbG Köln v. 01.12.2010 - 9 sa 945/10 - juris Rn. 23.

[87] BAG v. 09.06.2011 - 2 AZR 284/11 - juris Rn. 26 - NZA-RR 2012, 12-16.

[88] LArbG Hamm v. 30.09.2011 - 10 Sa 472/11 - juris Rn. 122; LArbG Berlin v. 10.07.2003 - 16 Sa 545/03 - juris Rn. 12 - Bibliothek BAG.

[89] BGH v. 20.06.2005 - II ZR 18/03 - juris Rn. 18 - NZA 2005, 1415.

[90] LArbG München v. 17.12.2002 - 6 Sa 197/02 - Bibliothek BAG.

[91] LArbG Hannover v. 08.03.2005 - 5 Sa 561/04 - juris Rn. 51 - Bibliothek BAG.

[92] BAG v. 03.07.2003 - NZA 2003/02 - NZA 2004, 427; BVerfG v. 02.07.2001 - 1 BvR 2049/00 - NJW 2001, 3474; LArbG Berlin v. 28.03.2006 - 7 Sa 1884/05 - ArbuR 2007, 51-53; LArbG Hamm v. 28.11.2003 - 10 Sa 1024/03 - juris Rn. 57 - Bibliothek BAG; LArbG Köln v. 10.07.2003 - 5 Sa 151/03 - juris Rn. 6 - MDR 2004, 41-42; vgl. EGMR v. 21.07.2011 - 28274/08 (Rechtssache Heinisch) - juris Rn. 48 - NZA 2011, 1269-1274, vgl. hierzu *Dzida/Naber*, ArbRB 2011, 238-241; *Peter/Rohde-Liebenau*, AiB 2004, 615-621; *Müller*, NZA 2002, 424-437.

[93] BAG v. 15.11.1995 - 2 AZR 974/94 - juris Rn. 42 - NJW 1996, 1556-1558.

[94] LArbG Hamm v. 09.07.2004 - 10 Sa 398/04 - juris Rn. 53 - Bibliothek BAG; LArbG Frankfurt v. 21.08.2002 - 6 Sa 1391/01 - juris Rn. 57 - Bibliothek BAG; LArbG Düsseldorf v. 07.01.2004 - 12 TaBV 69/03 - Bibliothek BAG.

[95] ArbG Freiburg (Breisgau) v. 28.05.2002 - 13 Ca 82/02 - juris Rn. 15 - Bibliothek BAG.

[96] LArbG Mainz v. 07.10.2004 - 4 Sa 491/04 - juris Rn. 35 - Bibliothek BAG; *Bonin*, jurisPR-ArbR 14/2005, Anm. 5.

[97] BAG v. 27.01.2011 - 2 AZR 325/09 - juris Rn. 31 - NZA 2011, 798-804; BAG v. 10.09.2009 - 2 AZR 257/08 - juris Rn. 20 - NZA 2010, 220-222; LArbG Mecklenburg-Vorpommern v. 30.08.2011 - 5 Sa 3/11 - juris Rn. 49 - AA 2011, 216; vgl. allgemein zur Kündigung wegen außerdienstlichen strafrechtsrelevanten Verhaltens *Mitterer*, NZA-RR 2011, 449.

[98] BAG v. 07.07.2011 - Azr 355/10 - juris Rn. 14 - NZA 2011, 1412-1416; LArbG Hannover v. 25.10.2004 - 5 TaBV 96/03 - juris Rn. 41 - Bibliothek BAG; LArbG Hannover v. 08.03.2005 - 5 Sa 561/04 - juris Rn. 42 - Bibliothek BAG; LArbG Hamm v. 30.06.2004 - 18 Sa 836/04 - juris Rn. 30 - Bibliothek BAG; ArbG Berlin v. 02.12.2002 - 30 Ca 13044/02 - juris Rn. 34 - Bibliothek BAG, das die Wirksamkeit der außerordentlichen Kündigung jedoch wegen widersprüchlichen Verhaltens des Arbeitgebers verneinte; *Häcker*, ArbRB 2008, 118-121.

[99] BAG v. 10.12.2009 - 2 AZR 534/08 - juris Rn. 17 - NZA 2010, 698-701; BAG v. 10.10.2002 - 2 AZR 418/01 - juris Rn. 23 - DB 2003, 1797-1798; LArbG Rheinland-Pfalz v. 17.12.2009 - 11 Sa 263/09 - juris Rn. 70; LArbG Frankfurt v. 21.08.2002 - 6 Sa 1391/01 - juris Rn. 57 - Bibliothek BAG; LArbG Berlin v. 08.03.2002 - 12 Sa 2340/01 - Bibliothek BAG; bedenklich insofern ArbG Celle v. 25.06.2002 - 1 Ca 174/02 - Bibliothek BAG; LArbG Köln v. 18.04.2006 - 9 Sa 1623/05 - juris Rn. 31 f. - ZTR 2006, 556.

[100] BAG v. 10.12.2009 - 2 AZR 534/08 - juris Rn. 17 - NZA 2010, 698-701; LArbG Rheinland-Pfalz v. 17.12.2009 - 11 Sa 263/09 - juris Rn. 70; LArbG Kiel v. 19.12.2000 - 1 Sa 460 b/00.

außerhalb der Arbeitszeit[101]) oder eines Kunden[102], wobei bei vertraulichen Gesprächen unter Kollegen etwas anderes gelten kann[103], weil hier das Grundrecht auf freie Meinungsäußerung aus Art. 5 Abs. 1 GG zu beachten ist und die Äußerungen des Arbeitnehmers gegebenenfalls auch durch die in Art. 5 Abs. 3 Satz 1 GG gewährleistete Kunstfreiheit gerechtfertigt sein können[104], Tätlichkeiten[105] (vgl. aber Rn. 23), die Züchtigung eines Kindes durch eine Kinderpflegerin[106], sexuelle Übergriffe/Belästigungen[107] oder Bedrohungen gegenüber Vorgesetzten oder Arbeitskollegen[108], ungebührliches Verhalten gegenüber Kunden mit möglichen geschäftsschädigenden Auswirkungen[109], Beschäftigung von Schwarzarbeitern durch den Arbeitnehmer[110], Eigentums- oder Vermögensdelikte zum Nachteil des Arbeitgebers[111] – auch die eigenmächtige Befriedigung des Lohnanspruches durch die Entnahme von Geld aus der Tageskasse[112] oder die Anweisung an einen Dritten, ein höheres Gehalt auszuzahlen[113] –, ein zu Lasten des Arbeitgebers begangener versuchter Prozessbetrug ist ein Vermögensdelikt und kann einen wichtigen Grund i.S.d. § 626 BGB darstellen,[114] die vorzeitige Bezahlung von Rechnungen[115], die Manipulation des Fahrtenschreibers[116],

---

[101] LArbG Hamm v. 30.06.2004 - 18 Sa 836/04 - juris Rn. 30 - Bibliothek BAG.

[102] LArbG Schleswig - Holstein v. 08.04.2010 - 4 Sa 474/09 - juris Rn. 35 - ArbR 2010, 350; LArbG Mainz v. 10.11.2005 - 11 Sa 652/05 - juris Rn. 75 - AE 2006, 272.

[103] BAG v. 10.12.2009 - 2 AZR 534/08 - juris Rn. 18 - NZA 2010, 698-701; BAG v. 10.10.2002 - 2 AZR 418/01 - juris Rn. 26 - DB 2003, 1797-1798.

[104] BAG v. 07.07.2011 - 2 AZR 355/10 - juris Rn. 15 - NZA 2011, 1412-1416; BAG v. 24.11.2005 - 2 AZR 584/04 - juris Rn. 23 ff. - NZA 2006, 650-655; LArbG Hamm v. 15.07.2011 - 13 Sa 436/11 - juris Rn. 95.

[105] BAG v. 18.09.2008 – 2 AZR 1039/06 - DB 2009, 964; LArbG Hamm v. 29.07.2011 - 10 TaBV 11/11 - juris Rn. 53; LArbG Hannover v. 27.09.2002 - 10 Sa 626/02 - juris Rn. 17 - Bibliothek BAG; ArbG Frankfurt v. 04.11.2003 - 4 Ca 3057/03 - Bibliothek BAG; LArbG Berlin v. 08.03.2002 - 12 Sa 2340/01 - Bibliothek BAG.

[106] LArbG Schleswig-Holstein v. 14.01.2004 - 3 Sa 302/03 - LAGE § 626 BGB 2002 Nr. 3, wo die Wirksamkeit der fristlosen Kündigung jedoch im Rahmen der Interessenabwägung verneint wurde; vgl. hierzu auch *Gravenhorst*, LAGE § 626 BGB 2002 Nr. 3.

[107] BAG v. 09.06.2011 - 2 AZR 323/10 - juris Rn. 16 - NZA 2011, 1342-1346; BAG v. 25.03.2004 - 2 AZR 341/03 - juris Rn. 18 - FA 2004, 188 auch unter dem Gesichtspunkt des BSchG; LArbG Hannover v. 21.01.2003 - 12 Sa 1418/02 - Bibliothek BAG; LArbG Hamburg v. 04.11.2004 - 7 Sa 41/04 - juris Rn. 47 - Bibliothek BAG; LArbG Rheinland-Pfalz v. 24.10.2007 - 8 Sa 125/07 - juris Rn. 29.

[108] LArbG Frankfurt v. 21.08.2002 - 6 Sa 1391/01 - juris Rn. 57 - Bibliothek BAG; ArbG Berlin v. 04.03.2004 - 96 Ca 26619/03 - juris Rn. - Bibliothek BAG auch zum Fall der Drohung mit Selbsttötung.

[109] LArbG Kiel v. 19.12.2000 - 1 Sa 460 b/00 - juris Rn. 40 - Bibliothek BAG.

[110] ArbG Frankfurt v. 15.07.2003 - 5 Ca 11141/02 - Bibliothek BAG.

[111] BAG v. 13.12.2007 - 2 AZR 537/06 - NJW 2008, 2732, 2733 Rn. 16; BAG v. 11.12.2003 - 2 AZR 36/03 - juris Rn. 16 - D-spezial 2004, Nr. 8, 7-8; vgl. auch die Vorinstanz, jedoch z.T. mit schwer nachvollziehbarer Argumentation: LArbG Hamm v. 13.03.2002 - 14 Sa 1731/01 - juris Rn. 31 - Bibliothek BAG; BAG v. 12.08.1999 - 2 AZR 923/98 - juris Rn. 25 - NJW 2000, 1969-1974; BAG v. 12.08.1999 - 2 AZR 923/98 - juris Rn. 25 - NJW 2000, 1969-1974; LArbG Hamm v. 18.02.2004 - 18 Sa 708/03 - juris Rn. 42 - Bibliothek BAG; LArbG Nürnberg v. 02.05.2005 - 9 Sa 599/04 - juris Rn. 30 - Bibliothek BAG; LArbG Düsseldorf v. 16.08.2005 - 3 Sa 375/05 - NZA-RR 2006, 576-577; ArbG Hamburg v. 20.02.2004 - 17 Ca 426/03 - juris Rn. 38 - Bibliothek BAG, das auch zur Frage der Verwertung heimlich angefertigter Videoaufnahmen Stellung nimmt; LArbG Hamm v. 29.01.2004 - 8 Sa 1420/03 - juris Rn. 6 - Bibliothek BAG; ArbG Hamburg v. 25.09.2002 - 21 Ca 425/02 - juris Rn. 30 - Bibliothek BAG; zur Frage der Videoüberwachung vgl. auch BAG v. 27.03.2003 - 2 AZR 51/02 - AP Nr. 36 zu § 87 BetrVG 1972 Überwachung und *Otto*, AP Nr. 36 zu § 87 BetrVG 1972 Überwachung; *Sasse*, ArbRB 2005, 242-244; LArbG Nürnberg v. 28.03.2003 - 4 Sa 136/02 - Bibliothek BAG; LArbG Hamm v. 30.08.2004 - 13 (8) Sa 148/04 - juris Rn. 75 - Bibliothek BAG; vgl. hierzu auch *Schlachter*, NZA 2005, 433-437; zum Spesenbetrug vgl. *Reufels/Schmülling*, ArbRB 2005, 217-219, 217; vgl. zur Entwendung geringwertiger Sachen auch *Reichel*, ArbuR 2004, 250-252, bedenklich jedoch dessen Argumentation zur Entstehung eines Vertrauenstatbestandes (252) und dessen Zweifel im Zusammenhang mit der Entbehrlichkeit einer Abmahnung (251).

[112] LArbG Chemnitz v. 10.12.2003 - 2 Sa 278/03 - juris Rn. 17 - Bibliothek BAG.

[113] OLG Rostock v. 12.11.2003 - 6 U 210/02 - juris Rn. 18.

[114] BAG v. 08.11.2007 - 2 AZR 528/06 - juris Rn. 17 - ZInsO 2008, 335-336; LArbG Berlin-Brandenburg v. 16.11.2010 – 16 Sa 411/10 - juris Rn. 40; LArbG Hamm v. 30.09.2011 - 10 Sa 472/11 - juris Rn. 145; LArbG Köln v. 12.04.2010 - 2 Sa 819/09 - juris Rn. 16.

[115] LArbG Hamm v. 04.11.2004 - 8 Sa 292/04 - juris Rn. 34 - Bibliothek BAG.

[116] LArbG Hamm v. 27.06.2003 - 15 Sa 474/03 - juris Rn. 27 - Bibliothek BAG.

§ 626

die Annahme eines Geldgeschenkes im öffentlichen Dienst[117], Spesenbetrug, auch wenn es sich um einen einmaligen Vorfall und um einen geringen Betrag handelt,[118] die Abgabe einer vorsätzlich falschen eidesstattlichen Versicherung in einem Rechtsstreit mit dem Arbeitgeber[119], die versuchte Anstiftung zur Falschaussage eines Arbeitskollegen, um sich gegenüber dem Arbeitgeber zu entlasten[120], wiederholte Unpünktlichkeit oder unentschuldigte Fehlzeiten bzw. wiederholte nicht unverzügliche Mitteilung der Arbeitsunfähigkeit[121] trotz vorheriger Abmahnung. Auch die „Androhung bzw. Ankündigung" künftiger Erkrankungen[122], Vortäuschen von Arbeitsunfähigkeit oder Erschleichen einer Arbeitsunfähigkeitsbescheinigung[123], genesungswidriges Verhalten[124], Selbstbeurlaubung des Arbeitnehmers[125] oder eigenmächtige Verlängerung des Erholungsurlaubes[126], Freizeitaktivitäten, die mit einer bestehenden Arbeitsunfähigkeit nur schwer in Einklang zu bringen sind (etwa Skiurlaub bei bestehender Arbeitsunfähigkeit)[127], gewichtige Störung des Betriebsfriedens[128], nicht korrekter Umgang mit der Arbeitszeiterfassung[129] („Stempeluhrmissbrauch" oder das wissentliche und vorsätzlich falsche Ausstellen entsprechender Formulare; wobei es nicht entscheidend auf die strafrechtliche Würdigung ankommt[130]), zum Beispiel im Zusammenhang mit

---

[117] LArbG Kiel v. 27.10.2004 - 3 Sa 314/04 - Bibliothek BAG.

[118] BAG v. 06.09.2007 - 2 AZR 264/06 - juris Rn. 23 - EzA-SD 2008, Nr. 3, 4-7.

[119] BAG v. 24.11.2005 - 2 ABR 55/04 - juris Rn. 23; vgl. aber LArbG Hamm v. 16.09.2005 - 10 Sa 2425/04 - juris Rn. 63 - Bibliothek BAG, das ausführt, dass unzutreffende Äußerungen, die ein Arbeitnehmer in einem Prozess oder auch nur vorprozessual zu seiner Verteidigung gegenüber dem Arbeitgeber vorbringt, selbst bei Verletzung des Sachlichkeitsgebots grundsätzlich noch keine außerordentliche Kündigung rechtfertigen.

[120] LArbG Frankfurt v. 24.03.2006 - 3 Sa 1014/05 - juris Rn. 33.

[121] LSG Mainz v. 28.11.2002 - L 1 AL 67/01 - ArbRB 2003, 67.

[122] BAG v. 17.06.2003 - 2 AZR 123/02 - juris Rn. 16 - EzA-SD 2003, Nr. 25, 11-13; BAG v. 12.03.2009 - 2 AZR 251/07 - juris Rn. 20 - NZA 2009, 779-783, das eine Einschränkung vornimmt für den Fall, dass der Arbeitnehmer im Zeitpunkt der Ankündigung bereits objektiv erkrankt ist und davon ausgehen darf, auch am Tag des begehrten Urlaubs wegen Krankheit arbeitsunfähig zu sein (Rn. 24); LArbG Köln v. 12.12.2002 - 5 Sa 1055/02 - juris Rn. 4 - Bibliothek BAG; LArbG Brandenburg v. 29.06.2006 - 3 Sa 640/05 - juris Rn. 32.

[123] BAG v. 17.06.2003 - 2 AZR 123/02 - juris Rn. 23 - EzA-SD 2003, Nr. 25, 11-13; LArbG Hamm v. 16.11.2011 - 10 Sa 884/11 - juris Rn. 76; LArbG Hamm v. 16.09.2005 - 10 Sa 2425/04 - juris Rn. 56 - Bibliothek BAG; LArbG Rostock v. 05.08.2004 - 1 Sa 19/04 - juris Rn. 37 - Bibliothek BAG; LArbG Mainz v. 06.07.2004 - 5 TaBV 10/04 - juris Rn. 33 - Bibliothek BAG; LArbG Hamm v. 10.09.2003 - 18 Sa 721/03 - juris Rn. 101 - Bibliothek BAG; LArbG Kiel v. 03.12.2002 - 5 Sa 299 b/02 - juris Rn. 23 - Bibliothek BAG; LArbG Kiel v. 29.01.2002 - 3 Sa 556/01 - juris Rn. 27 - Bibliothek BAG.

[124] LArbG Rheinland-Pfalz v. 12.02.2010 - 9 Sa 275/09 - juris Rn. 33; LArbG Hamm v. 16.09.2005 - 10 Sa 2425/04 - juris Rn. 60 - Bibliothek BAG, das darauf hinweist, dass eine Arbeitsunfähigkeit nicht mit der Pflicht gleichzusetzen sei, Bett oder Haus nicht zu verlassen; LArbG Mainz v. 06.07.2004 - 5 TaBV 10/04 - juris Rn. 38 f. - Bibliothek BAG.

[125] BAG v. 19.12.1991 - 2 AZR 367/91 - juris Rn. 27 - RzK I 6a Nr. 82; *Sasse*, ArbRB 2003, 342-344, 342; LArbG Düsseldorf v. 27.04.2011 - 7 Sa 1418/10 - juris Rn. 35; LArbG Stuttgart v. 25.06.1998 - 6 Sa 1/98 - juris Rn. 17 - Bibliothek BAG; vgl. auch LArbG Berlin v. 01.11.2002 - 19 Sa 1561/02 - juris Rn. 30 - Bibliothek BAG.

[126] ArbG Frankfurt v. 02.12.2002 - 15 Ca 7998/02 - Bibliothek BAG.

[127] BAG v. 02.03.2006 - 2 AZR 53/05 - FA 2006, 125.

[128] LArbG Kiel v. 19.12.2000 - 1 Sa 460 b/00 - juris Rn. 39 - Bibliothek BAG; LArbG Hannover v. 08.03.2005 - 5 Sa 561/04 - juris Rn. 46 - Bibliothek BAG; OVG Greifswald v. 07.01.2004 - 8 L 162/03 - juris Rn. 20 - NZA-RR 2004, 671-672.

[129] BAG v. 09.06.2011 - 2 AZR 381/10 - juris Rn. 14 - NZA 2011, 1027-1029; BAG v. 21.04.2005 - 2 AZR 255/04 - juris Rn. 33 - BB 2005, 2306; LArbG Hamburg v. 19.09.2011 - 7 TaBV 12/10 - juris Rn. 77; LArbG Chemnitz v. 23.01.2002 - 2 Sa 595/00 - juris Rn. 33 - Bibliothek BAG; LArbG Kiel v. 05.11.2003 - 3 Sa 315/02 - juris Rn. 42 - Bibliothek BAG; vgl. zur Verwertung der durch eine verdeckte Videoüberwachung gewonnenen Informationen LArbG Chemnitz v. 12.06.2003 - 2 Sa 790/02 - juris Rn. 62 - Bibliothek BAG; sowie BAG v. 27.03.2003 - 2 AZR 51/02 - juris Rn. 28 - NJW 2003, 3436-3439; vgl. hierzu auch *Sasse*, ArbRB 2005, 242-244; LArbG Hamm v. 30.05.2005 - 8 (17) Sa 1773/04 - juris Rn. 38 - LAGE § 1 KSchG Verhaltensbedingte Kündigung Nr. 89.

[130] BAG v. 09.06.2011 - 2 AZR 381/10 - juris Rn. 14 - NZA 2011, 1027-1029; BAG v. 24.11.2005 - 2 AZR 39/05 - juris Rn. 18 - NZA 2006, 484-486; BAG v. 21.04.2005 - 2 AZR 255/04 - juris Rn. 33 - BB 2005, 2306; LArbG Rheinland-Pfalz v. 08.11.2007 - 4 Sa 996/06 - juris Rn. 40.

dem vorzeitigen Verlassen des Arbeitsplatzes[131] oder ein grober Loyalitätsverstoß, etwa ein erheblicher Verstoß eines Zeitungsredakteurs gegen das Gebot der Tendenzloyalität[132], können einen „wichtigen Grund" im Sinne des § 626 Abs. 1 BGB darstellen. In Betracht kommt auch die private Nutzung von Arbeits- und Sachmitteln des Arbeitgebers[133], insbesondere privates „Surfen" im Internet bzw. e-mailen am Arbeitsplatz[134], das Speichern von „Hackerprogrammen" auf Laufwerken des Arbeitgebers[135], die Verrichtung privater Angelegenheiten während der Arbeitszeit[136] oder Privattelefonate[137]. Auch ein Verstoß gegen das Parteiengesetz[138] kann grundsätzlich eine außerordentliche Kündigung rechtfertigen[139]. Ob ein **Geschäftsführer** einer GmbH seine Pflichten verletzt, hängt von den konkreten Umständen ab, eine mehrfache Kompetenzüberschreitung kommt jedoch als wichtiger Grund in Betracht[140], ebenso wie eine Amtsniederlegung[141]. Erfährt ein Vorstandsmitglied eines Kreditinstituts als privater Anleger von der finanziellen Schieflage eines Fonds, die sich auf dieses Institut auswirken kann, so ist er im wohlverstandenen wirtschaftlichen Interesse des Kreditinstituts gehalten, den gesamten Vorstand hierüber zu unterrichten.[142] Im **Bereich des professionellen Sports** kommt ein wichtiger Grund etwa im Automobilrennsport bei leichtfertiger Verursachung einer Kollision mit einem Konkurrenten in Betracht.[143] Verletzt ein **Verwalter** die Verpflichtung, interne Angelegenheiten der Wohnungseigentümer vertraulich zu behandeln, stellt dies einen wichtigen Grund dar[144]. Übergeht ein Verwalter bei der Vergabe von Aufträgen die Wohnungseigentümer, kann auch dies ein wichtiger Grund zur Kündigung sein[145], ebenso wie bei einer dem Wegfall der

---

[131] LArbG Stuttgart v. 16.03.2004 - 18 Sa 41/03 - juris Rn. 15 - Bibliothek BAG.
[132] BAG v. 23.10.2008 - 2 AZR 483/07 - NZA-RR 2009, 362, 364 Rn. 36; LArbG Halle (Saale) v. 09.07.2002 - 8 Sa 40/02 - juris Rn. 39 - MDR 2003, 400-402.
[133] LArbG Hamm v. 30.09.2011 - 10 Sa 472/11 - juris Rn. 129; ArbG Duisburg v. 20.11.2003 - 4 Ca 2838/03 - juris Rn. 23 - Bibliothek BAG.
[134] BAG v. 07.07.2005 - 2 AZR 581/04 - juris Rn. 24 - NZA 2006, 98-101, 99; LArbG München v. 14.04.2005 - 4 Sa 1203/04 - juris Rn. 22 ff. - Bibliothek BAG; LArbG Mainz v. 09.05.2005 - 7 Sa 68/05 - juris Rn. 41 - LAGReport 2005, 341; LArbG Mainz v. 12.07.2004 - 7 Sa 1243/03 - juris Rn. 43 - DuD 2005, 97; vgl. des Weiteren auch im Hinblick auf die Anwendbarkeit des TKG ArbG Frankfurt v. 14.07.2004 - 9 Ca 10256/03 - MMR 2004, 829, 830; *Weißnicht*, MMR 2004, 830, 831; zur Problematik der privaten Internetnutzung am Arbeitsplatz vgl. auch *Fischer*, AuR 2005, 91-94; vgl. auch ArbG Duisburg v. 08.01.2004 - 2 Ca 2824/03 - Bibliothek BAG, das jedoch offen lässt, ob im konkreten Fall ein wichtiger Grund gegeben ist. Deutlicher ArbG Duisburg v. 20.11.2003 - 4 Ca 2838/03 - juris Rn. 23 - Bibliothek BAG, das davon ausgeht, dass unter Umständen eine außerordentliche Kündigung gerechtfertigt sein kann; vgl. zu dieser Thematik auch *Nägele/Meyer*, K&R 2004, 312-317; *Kramer*, NZA 2006, 194-197; *Oesterle*, jurisPR-ArbR 6/2006, Anm. 1; *Schumann*, EWiR 2006, 45-46; *Besgen*, SAE 2006, 117-120; BAG v. 27.04.2006 - 2 AZR 386/05 - BAGE 118, 104-114; *Bernhardt/Barthel*, AuA 2008, 150-153; *Bloesinger*, BB 2007, 2177-2184; *Olbert*, AuA 2008, 76-79; *Moderegger*, ArbRB 2006, 146-149; *Möller*, AuA 2007, 280-281; *Wedde*, PersR 2007, 107-109; *Kramer*, NZA 2007, 1338-1341; *Lansnicker*, BB 2007, 2184-2187.
[135] LArbG Hamm v. 04.02.2004 - 9 Sa 502/03 - Bibliothek BAG.
[136] Das LArbG Rostock v. 06.05.2004 - 1 Sa 370/03 - juris Rn. 47 - Bibliothek BAG, sieht hierin zwar ein vertragswidriges Verhalten, lässt eine außerordentliche fristlose Kündigung jedoch letzten Endes scheitern. Nicht ganz klar ist jedoch, ob dies auf die fehlende Abmahnung bzw. fehlende Unzumutbarkeit der Fortsetzung des Arbeitsverhältnisses gestützt wird, oder ob schon ein wichtiger Grund als solcher verneint wird. Nach diesseitigem Dafürhalten unterscheidet sich diese Fallkonstellation jedenfalls faktisch nicht von der des nicht korrekten Umgangs mit der Arbeitszeiterfassung.
[137] Vgl. LArbG Mainz v. 12.07.2004 - 7 Sa 1243/03 - juris Rn. 43 - DuD 2005, 97.
[138] ArbG Düsseldorf v. 13.02.2003 - 2 Ca 9934/02 - Bibliothek BAG.
[139] LArbG Hannover v. 26.04.2002 - 3 Sa 726/01 B - juris Rn. 1 - MMR 2002, 766-767; vgl. auch *Dickmann*, NZA 2003, 1009-1013, 1012.
[140] Vgl. hierzu etwa OLG Naumburg v. 16.11.2004 - 9 U 206/01 - juris Rn. 55 - GmbHR 2005, 757; vgl. auch *Stück*, AuA 2006, 72-79, 76.
[141] OLG Celle v. 04.02.2004 - 9 U 203/03 - juris Rn. 29 - GmbHR 2004, 425.
[142] KG Berlin v. 11.03.2005 - 14 U 137/03 - juris Rn. 22 - AG 2005, 737.
[143] OLG Frankfurt v. 12.12.2003 - 24 U 258/01 - SpuRt 2004, 114-116.
[144] AG Kassel v. 07.12.2005 - 800 II 74/05 WEG - juris Rn. 19 - ZMR 2006, 322-324.
[145] BayObLG München v. 29.01.2004 - 2Z BR 181/03 - juris Rn. 16 - ZMR 2004, 601.

§ 626

Geschäftsgrundlage vergleichbaren Veränderung der tatsächlichen Verhältnisse, die zur Aufgabe der Berufsausbildung bei einem Unterrichtsvertrag zwingt[146].

18 Eine **Schlechtleistung des Arbeitnehmers** (vgl. Rn. 24) kann nur ausnahmsweise einen wichtigen Grund zur außerordentlichen Kündigung darstellen.[147] Abzulehnen[148] ist die Ansicht des OLG Köln[149], wonach die fristlose Kündigung eines Dienstvertrages wegen einer betrügerischen Reisekostenabrechnung des Dienstverpflichteten unwirksam ist, wenn der Dienstberechtigte sich normalerweise nicht um die Abrechnungsweise des Dienstpflichtigen gekümmert hätte, diesen Kündigungsgrund aber mit geradezu detektivischen Mitteln ausfindig gemacht hat, weil er den Dienstvertrag unter allen Umständen fristlos beenden wollte. Zwar mag die Absicht des Arbeitgebers u.U. an sich verwerflich sein, doch kann dies nicht darüber hinwegtäuschen, dass der Arbeitnehmer in strafrechtlich relevanter Weise in Erscheinung getreten ist und auch nicht darauf vertrauen durfte, dass seine Tat unentdeckt bleibt. Zum anderen kann die Art und Weise der Kenntniserlangung der jeweiligen Kündigungsgründe das Vorliegen objektiv wichtiger Gründe nicht „beseitigen", sofern die Kenntniserlangung nicht rechtswidrig ist.[150] Nicht einfach zu beantworten ist die Frage, ob und inwieweit eine Arbeitnehmerüberwachung zulässig ist.[151]

19 Bei der Beurteilung des wichtigen Grundes im Sinne von § 22 Abs. 2 Nr. 1 BBiG im Rahmen eines **Berufsausbildungsverhältnisses** kann nicht von den Maßstäben ausgegangen werden, die bei einem Arbeitsverhältnis eines erwachsenen Arbeitnehmers auszulegen sind, weil es sich hier meist um ältere Jugendliche bzw. Heranwachsende handelt, deren geistige und charakterliche Entwicklung noch nicht abgeschlossen ist. Schlechte Leistungen des Auszubildenden beim Absolvieren der Zwischenprüfung kommen – nach Ansicht des ArbG Essen[152] – als wichtiger Grund nur dann in Frage, wenn feststeht, dass auf Grund der im Rahmen der Zwischenprüfung aufgetretenen Ausbildungslücken das Bestehen der Abschlussprüfung ausgeschlossen ist.

20 Hinsichtlich einer – trotz Androhung einer Kündigung – **nachhaltigen und beharrlichen Arbeitsverweigerung** ist nicht entscheidend, in welchem Umfang die vertraglich geschuldete Tätigkeit verweigert wird, da es der Arbeitgeber nicht hinzunehmen braucht, dass überhaupt eine vertraglich geschuldete Tätigkeit verweigert wird.[153] Das LArbG Hamm vertritt in Übereinstimmung mit den oben genannten Grundsätzen die Ansicht, dass auch die hartnäckige Verweigerung von Dienstpflichten kein absoluter Kündigungsgrund für eine fristlose Kündigung sei, sondern dass auch hier stets eine Interessenabwägung stattfinden habe.[154] Das ArbG Frankfurt hat demgegenüber entschieden, dass ein lediglich zweitägiges unentschuldigtes Fehlen einer beharrlichen Arbeitsverweigerung nicht gleichzusetzen ist, da es an der erforderlichen Nachhaltigkeit mangele.[155]

21 Während des rechtlichen Bestehens eines Arbeitsverhältnisses ist einem Arbeitnehmer grundsätzlich jede **Konkurrenztätigkeit** zum Nachteil seines Arbeitgebers untersagt. Dies ergibt sich aus dem aus § 60 Abs. 1 HGB resultierenden allgemeinen Rechtsgedanken, den Arbeitgeber vor Wettbewerbshandlungen seines Arbeitnehmers zu schützen. Dem Arbeitnehmer ist aufgrund des Wettbewerbsverbotes nicht nur eine Konkurrenztätigkeit im eigenen Namen und Interesse, sondern auch die Unterstützung

---

[146] OLG Saarbrücken v. 23.12.2003 - 4 U 199/03 - 37, 4 U 199/03 - juris Rn. 32 - OLGR Saarbrücken 2004, 295.
[147] LArbG Kiel v. 11.07.2001 - 2 Sa 135/01 - juris Rn. 19 - Bibliothek BAG.
[148] So auch LArbG Nürnberg v. 28.03.2003 - 4 Sa 136/02 - Bibliothek BAG; *von Hoyningen-Huene*, EWiR 2003, 257-258, 258.
[149] OLG Köln v. 04.11.2002 - 19 U 38/02 - NJW-RR 2003, 398-401.
[150] *von Hoyningen-Huene*, EWiR 2003, 257-258, 258.
[151] Vgl. hierzu etwa *Vahle*, DVP 2005, 91-95, 92; *Moderegger*, ArbRB 2004, 115-118.
[152] ArbG Essen v. 27.09.2005 - 2 Ca 2427/05 - FA 2006, 119.
[153] LArbG Halle (Saale) v. 25.06.2002 - 8 Sa 845/01 - juris Rn. 38 - Bibliothek BAG.
[154] LArbG Hamm v. 31.03.2004 - 14 Sa 18/04 - juris Rn. 25 - Bibliothek BAG.
[155] ArbG Frankfurt v. 11.01.2006 - 22 Ca 3594/05 - ArbN 2006, Nr. 7, 35.

eines Wettbewerbers des Arbeitgebers untersagt.[156] Ist ein nachvertragliches Wettbewerbsverbot nach § 74 HGB nicht vereinbart, darf der Arbeitnehmer bloße Vorbereitungshandlungen, die in die Interessen des Arbeitgebers nicht unmittelbar eingreifen, vornehmen. Verboten ist insoweit lediglich die Aufnahme einer werbenden Tätigkeit, z.B. durch Vermittlung von Konkurrenzgeschäften oder aktives Abwerben von Kunden.[157] Auch muss ein schuldhaftes, vorwerfbares Verhalten des Arbeitnehmers gegeben sein.[158]

Keine wichtigen Gründe für eine außerordentliche Kündigung durch den Dienstberechtigten sind in der Regel politische oder religiöse Bekenntnisse[159], die Äußerung einer privaten Meinung[160], Betriebseinstellung und Betriebsumstellung, Heirat des Arbeitnehmers, (kurze) Krankheit des Arbeitnehmers, der Entzug bzw. der Verlust einer innerbetrieblich erteilten Betriebsfahrberechtigung[161], (zeitweiliges) Erlöschen einer Arbeitserlaubnis[162] oder die Verletzung von Betriebsratspflichten. Ein Arbeitnehmer ist grundsätzlich auch berechtigt, Dritten gegenüber über sein Arbeitsverhältnis und damit verbundene Probleme zu sprechen, solange er dabei keine Betriebsgeheimnisse ausplaudert oder seinen Arbeitgeber beleidigt oder verleumdet.[163] Durch den Abschluss eines Arbeitsvertrags mit einem anderen Arbeitgeber verletzt der Arbeitnehmer keine vertraglichen Pflichten im schon bestehenden Arbeitsverhältnis. Dies **alleine** stellt somit keinen wichtigen Grund für eine außerordentliche Kündigung dar.[164] Auch eine bewusste Falschbeantwortung einer bei einem Einstellungsgespräch gestellten Frage[165] oder eine Strafanzeige des Arbeitnehmers gegenüber dem Arbeitgeber rechtfertigt nicht ohne weiteres eine außerordentliche Kündigung[166]. Die Weigerung eines Arbeitnehmers, eine begangene, dem Arbeitgeber bereits bekannte Pflichtverletzung einzugestehen und/oder sich für eine solche zu entschuldigen, rechtfertigt für sich regelmäßig weder eine außerordentliche noch eine ordentliche Kündigung.[167] Auch solche Gründe, die im Rahmen des dem Kündigenden vertraglich zufallenden Risikos liegen, scheiden als wichtiger Grund aus.[168]

22

Zwar stellt eine **Tätlichkeit** eines Arbeitnehmers gegenüber Arbeitskollegen grundsätzlich einen wichtigen Grund zur außerordentlichen Kündigung dar, doch rechtfertigt eine solche nicht automatisch und zwingend eine außerordentliche Kündigung; vielmehr kann, abhängig von den Umständen des Einzelfalles und einer umfassenden Interessenabwägung, auch eine ordentliche Kündigung oder im Ausnahmefall sogar nur eine Abmahnung gerechtfertigt sein.[169]

23

---

[156] BAG v. 28.01.2010 - 2 AZR 1008/08 - juris Rn. 22 - DB 2010, 1709-1710; BAG v. 21.11.1996 - 2 AZR 852/95 - juris Rn. 20 - ArbuR 1997, 123; LArbG Hamm v. 01.12.2011 - 15 Sa 972/11 - juris Rn. 38; LArbG Rheinland-Pfalz v. 06.03.2012 - 3 Sa 612/11 - juris Rn. 26.

[157] BAG v. 28.01.2010 - 2 AZR 1008/08 - juris Rn. 22 - DB 2010, 1709-1710; LArbG Rheinland-Pfalz v. 06.03.2012 – 3 Sa 612/11 - juris Rn. 26.

[158] LArbG Hamm v. 05.11.2003 - 3 Sa 772/03 - juris Rn. 64 - Bibliothek BAG.

[159] BAG v. 10.10.2002 - 2 AZR 472/01 - juris Rn. 34 - NJW 2003, 1685-1688; vgl. zur Entscheidung des BAG auch BVerfG v. 30.07.2003 - 1 BvR 792/03 - NJW 2003, 2815-2816; ArbG Dortmund v. 16.01.2003 - 6 Ca 5736/02 - juris Rn. 22 - Bibliothek BAG; vgl. auch BVerfG v. 24.09.2003 - 2 BvR 1436/02 - NJW 2003, 3111-3118.

[160] Nicht unproblematisch insoweit LArbG Nürnberg v. 13.01.2004 - 6 Sa 128/03 - Bibliothek BAG, wo es um zustimmende Äußerungen zu den Terroranschlägen vom 11.09.2001 ging.

[161] BAG v. 05.06.2008 - 2 AZR 984/06 - DB 2009, 123, 124 Rn. 29.

[162] LArbG Stuttgart v. 25.06.1998 - 6 Sa 1/98 - juris Rn. 12 - Bibliothek BAG.

[163] LArbG Rostock v. 19.02.2004 - 1 Sa 356/03 - juris Rn. 31 - Bibliothek BAG.

[164] BAG v. 05.11.2009 - 2 AZR 609/08 - juris Rn. 16 - NZA 2010, 277-278.

[165] Vgl. allgemein zum Fragerecht des Arbeitgebers *Braun*, MDR 2004, 64-71.

[166] Vgl. BAG v. 03.07.2003 - 2 AZR 235/02 - NZA 2004, 427; BVerfG v. 02.07.2001 - 1 BvR 2049/00 - NJW 2001, 3474; LArbG Hamm v. 28.11.2003 - 10 Sa 1024/03 - juris Rn. 57 - Bibliothek BAG; LArbG Köln v. 10.07.2003 - 5 Sa 151/03 - juris Rn. 6 - MDR 2004, 41-42; vgl. zum „Whistleblowing" auch *Peter/Rohde-Liebenau*, AiB 2004, 615-621; *Müller*, NZA 2002, 424-437.

[167] LArbG Frankfurt v. 02.05.2003 - 12 Sa 992/01 - Bibliothek BAG.

[168] OLG Saarbrücken v. 23.12.2003 - 4 U 199/03 - 37, 4 U 199/03 - juris Rn. 33 - OLGR Saarbrücken 2004, 295.

[169] Bedenklich insofern jedoch LArbG Köln v. 11.12.2002 - 7 Sa 726/02 - juris Rn. 16 - Bibliothek BAG hinsichtlich des dort zugrunde liegenden Sachverhalts.

24 **Quantitativ ungenügende und qualitativ schlechte Leistungen des** (ordentlich unkündbaren) **Arbeitnehmers**[170] sind zwar ein typischer Anlass für eine ordentliche Kündigung des Arbeitsverhältnisses durch den Arbeitgeber, können eine außerordentliche Kündigung jedoch nur ausnahmsweise[171] rechtfertigen, nämlich etwa dann, wenn der Arbeitnehmer bewusst (vorsätzlich) seine Arbeitskraft zurückhält und nicht unter angemessener Anspannung seiner Kräfte und Fähigkeiten arbeitet, wenn infolge der Fehlleistung ein nicht wieder gutzumachender Schaden entsteht und bei Fortsetzung des Arbeitsverhältnisses ähnliche Fehlleistungen des Arbeitnehmers zu befürchten sind.[172] Das LArbG Köln führt zu einer solchen Konstellation aus, dass Voraussetzung für eine außerordentliche Kündigung jedenfalls sei, „dass der Arbeitnehmer trotz angemessener Bemühung die Normalleistung unterschreitet oder nicht erbringt, so dass die nicht zur Vertragsbedingung erhobene berechtigte Erwartung des Arbeitgebers von einem ausgewogenen Verhältnis von Leistung und Gegenleistung unterschritten wird."[173] Nach in der Rechtsprechung vertretener Ansicht hat der Arbeitgeber durch geeignete Organisation sicherzustellen, dass Arbeitsfehler im sicherheitsrelevanten Bereich rechtzeitig erkannt und alsdann auch beseitigt werden.[174]

25 Da der Arbeitnehmer berechtigt ist, **Arbeiten abzulehnen**, die der Arbeitgeber ihm unter Überschreitung seines Direktionsrechts oder des damit verbundenen Ermessensspielraumes nach Art, Zeit und Ort zuweist, unterlässt der Arbeitnehmer die anderweitige Verwendung seiner Arbeitskraft nicht böswillig, wenn er es ablehnt, eine solche Tätigkeit zu verrichten.[175] Allerdings ist der Arbeitnehmer in Not- und Katastrophenfällen aufgrund einer vertraglichen Nebenpflicht zur Abwendung von Schaden vom Betrieb verpflichtet, wozu auch gehört, andere Tätigkeiten als vereinbart oder Mehrarbeit zu leisten.[176] Eine **Arbeitsverweigerung** liegt auch dann nicht vor, wenn ein fristlos gekündigter Arbeitnehmer zwischen dem Ausspruch der Kündigung und der Rechtskraft seiner Kündigungsschutzklage einem Weiterbeschäftigungsangebot des Arbeitgebers nicht nachkommt. Denn wenn der Arbeitgeber auch nach Erlass eines erstinstanzlich klagestattgebenden Urteils an der Rechtswirksamkeit seiner Kündigung festhält, ist der gekündigte Arbeitnehmer während dieses Zeitraumes grundsätzlich nicht verpflichtet, einem solchen Angebot nachzukommen.[177]

26 Eine **außerordentliche krankheitsbedingte Kündigung**[178] kommt nur ausnahmsweise in Betracht, zum Beispiel dann, wenn eine ordentliche Kündigung tariflich oder vertraglich ausgeschlossen ist, dauernde Leistungsunfähigkeit oder eine lang andauernde Erkrankung vorliegt und auch eine Weiterbeschäftigung auf einem anderen freien Arbeitsplatz nicht möglich ist.[179] Das BAG hat diese Ansicht bestätigt und ausgeführt, dass Krankheit als wichtiger Grund im Sinne des § 626 BGB nicht grundsätzlich ungeeignet ist.[180] In eng zu begrenzenden Ausnahmefällen könne dem Arbeitgeber die Fortset-

---

[170] Zum Umgang mit sog. „Low-Performern" vgl. *Gaul/Süßbrich*, ArbRB 2005, 82-85.
[171] LArbG Düsseldorf v. 25.11.2009 - 12 Sa 879/09 - juris Rn. 22 - AiB 2010, 269-272; LArbG Düsseldorf v. 25.07.2003 – 14 Sa 657/03 - Bibliothek BAG; LArbG Köln v. 16.09.2004 - 5 Sa 592/04 - juris Rn. 7 - EzA-SD 2004, Nr. 25, 8.
[172] LArbG Kiel v. 11.07.2001 - 2 Sa 135/01 - juris Rn. 19 - Bibliothek BAG.
[173] LArbG Köln v. 16.09.2004 - 5 Sa 592/04 - juris Rn. 7 - EzA-SD 2004, Nr. 25, 8, das LArbG verweist dann unter Hinweis auf das BAG jedoch auf die Geschäftsgrundlage und ein evtl. bestehendes Recht zur Vertragsanpassung bzw. Rücktritt.
[174] LArbG Düsseldorf v. 25.07.2003 - 14 Sa 657/03 - Bibliothek BAG.
[175] LArbG Hannover v. 08.12.2003 - 5 Sa 1071/03 - juris Rn. 33 - Bibliothek BAG; ArbG Leipzig v. 04.02.2003 - 7 Ca 6866/02 - juris Rn. 28 - DB 2003, 1279-1280; vgl. auch *Kliemt/Vollstädt*, NZA 2003, 357-363, 358.
[176] ArbG Leipzig v. 04.02.2003 - 7 Ca 6866/02 - juris Rn. 28 - DB 2003, 1279-1280.
[177] LArbG Frankfurt v. 10.12.2003 - 2 Sa 781/03 - Bibliothek BAG.
[178] Zur dreistufigen Prüfung vgl. etwa ArbG Dresden v. 21.01.2004 - 13 Ca 5250/03 - juris Rn. 25 - Bibliothek BAG.
[179] LArbG Hamburg v. 22.09.2011 - 1 Sa 34/11 - juris Rn. 48; LArbG Chemnitz v. 28.06.2002 - 3 Sa 832/01 - juris Rn. 65 - Bibliothek BAG.
[180] BAG v. 27.11.2003 - 2 AZR 601/02 - juris Rn. 50 - RzK I 6f Nr. 37; BAG v. 12.01.2006 - 2 AZR 242/05 - juris Rn. 25 - nv.

zung des Arbeitsverhältnisses unzumutbar im Sinne des § 626 Abs. 1 BGB sein.[181] Da dem Arbeitgeber die Einhaltung der Kündigungsfrist jedoch regelmäßig zumutbar sein dürfte, komme eine Kündigung aus wichtigem Grund aber nur ganz ausnahmsweise in Betracht, so z.B. bei einem Ausschluss der ordentlichen Kündigung auf Grund tarifvertraglicher oder einzelvertraglicher Vereinbarung, wenn das Arbeitsverhältnis als Austauschverhältnis auf Dauer erheblich gestört ist.[182] Jedoch ist grundsätzlich die der ordentlichen Kündigungsfrist entsprechende Auslauffrist einzuhalten.[183] Bei einer krankheitsbedingten Kündigung fallen die betrieblichen Belastungen durch Entgeltfortzahlungskosten bei der Prüfung, ob ein wichtiger Grund vorliegt, ein sinnentleertes Arbeitsverhältnis zu beenden, entscheidend ins Gewicht.[184]

Eine **außerordentliche betriebsbedingte Kündigung** kann nur ausnahmsweise zulässig sein, denn zu dem vom Arbeitgeber zu tragenden Unternehmerrisiko zählt auch die Einhaltung der ordentlichen Kündigungsfrist. Einen solchen Ausnahmefall hat das BAG angenommen, wenn der Arbeitgeber etwa beim völligen Ausschluss einer ordentlichen Kündigungsmöglichkeit gezwungen wäre, über viele Jahre hinweg ein sinnentleertes Arbeitsverhältnis allein durch Gehaltszahlungen aufrechtzuerhalten.[185] Prüfungsmaßstab ist, ob dem Arbeitgeber bei einem vergleichbaren ordentlich kündbaren Arbeitnehmer dessen Weiterbeschäftigung bis zum Ablauf der Kündigungsfrist (**fiktive Kündigungsfrist**) unzumutbar wäre.[186] Dem Arbeitgeber ist es daher selbst im Insolvenzfall zumutbar, wenigstens die Kündigungsfrist einzuhalten.[187] Aufgrund dessen kommt die bloße Verschlechterung der wirtschaftlichen Verhältnisse des Dienstberechtigten nicht als Kündigungsgrund für eine außerordentliche Kündigung in Betracht.[188] Eine außerordentliche Kündigung kommt daher allenfalls dann in Frage, wenn der Arbeitgeber alle zumutbaren Mittel ausgeschöpft hat, um den Arbeitnehmer, dessen bisheriger Arbeitsplatz weggefallen ist, anderweitig zu beschäftigen.[189] Hierzu gehören auch ggf. Umschulungen, eine Umorganisation der Arbeit und notfalls das „Freikündigen" von Arbeitsplätzen, auf denen Arbeitneh-

27

---

[181] BAG v. 27.11.2003 - 2 AZR 601/02 - juris Rn. 50 - RzK I 6f Nr. 37; BAG v. 12.01.2006 - 2 AZR 242/05 - juris Rn. 25 - nv.
[182] BAG v. 27.11.2003 - 2 AZR 601/02 - juris Rn. 50 - RzK I 6f Nr. 37; BAG v. 13.05.2004 - 2 AZR 36/04 - juris Rn. 26 - EzA-SD 2004, Nr. 20, 9-12; vgl. auch LArbG Hamm v. 26.02.2004 - 8 Sa 1897/03 - juris Rn. 41 - Bibliothek BAG, das bei der Frage der Feststellung eines „wichtigen Grundes" davon ausgeht, dass es für die Unzumutbarkeit bei Ausschluss des Rechts zur ordentlichen Kündigung auf die verbleibende Dauer der Vertragsbindung ankomme.
[183] BAG v. 27.11.2003 - 2 AZR 601/02 - juris Rn. 50 - RzK I 6f Nr. 37; vgl. auch BAG v. 12.01.2006 - 2 AZR 242/05 - juris Rn. 17 - nv.
[184] BAG v. 12.01.2006 - 2 AZR 242/05 - juris Rn. 27 - nv.
[185] BAG v. 18.03.2010 - 2 AZR 337/08 - juris Rn. 17 - NZA-RR 2011, 18-22; BAG v. 24.06.2004 - 2 AZR 656/02 - juris Rn. 27; BAG v. 07.03.2002 - 2 AZR 173/01 - juris Rn. 33 - DB 2002, 1724; BAG v. 13.06.2002 - 2 AZR 391/01 - juris Rn. 30 - BB 2003, 53-55; BAG v. 21.04.2005 - 2 AZR 125/04 - juris Rn. 38 - ArbRB 2005, 129.
[186] BAG v. 13.06.2002 - 2 AZR 391/01 - juris Rn. 29 - BB 2003, 53-55; BAG v. 08.04.2003 - 2 AZR 355/02 - juris Rn. 24 - BB 2003, 2130-2132; BAG v. 10.10.2002 - 2 AZR 418/01 - juris Rn. 30 - DB 2003, 1797-1798; a.A.: BAG v. 14.11.1984 - 7 AZR 474/83 - juris Rn. 19 - NJW 1985, 1851-1852; LArbG Chemnitz v. 28.06.2002 - 3 Sa 832/01 - juris Rn. 79 - Bibliothek BAG; LArbG Hamm v. 18.05.2004 - 6 Sa 33/04 - juris Rn. 25 - DZWiR 2004, 508; *Bitter/Kiel*, Festschrift für Peter Schwerdtner zum 65. Geburtstag 2003, 13-35, 17, die der Ansicht sind, dass dann, wenn eine ordentliche Kündigung begründet wäre, jedoch aus Rechtsgründen keine Alternative darstellt, für die Prüfung der Zumutbarkeit grundsätzlich nicht auf die fiktive Kündigungsfrist abgestellt werden könne.
[187] BAG v. 18.03.2010 - 2 AZR 337/08 - juris Rn. 17 - NZA-RR 2011, 18-22; BAG v. 24.06.2004 - 2 AZR 656/02 - juris Rn. 42 - nv; BAG v. 13.06.2002 - 2 AZR 391/01 - juris Rn. 29 - BB 2003, 53-55; BAG v. 08.04.2003 - 2 AZR 355/02 - juris Rn. 24 - BB 2003, 2130-2132; LArbG Hamm v. 18.05.2004 - 6 Sa 33/04 - juris Rn. 25 - DZWiR 2004, 508.
[188] OLG Naumburg v. 16.04.2003 - 5 U 12/03 - juris Rn. 17 - GmbHR 2004, 423.
[189] BAG v. 18.03.2010 - 2 AZR 337/08 - juris Rn. 17 - NZA-RR 2011, 18-22; LArbG Berlin-Brandenburg v. 24.11.2010 - 20 Sa 839/10 - juris Rn. 54, 55; LArbG Rheinland-Pfalz v. 28.03.2012 - 5 Sa 373/10 - juris Rn. 70.

mer beschäftigt sind, die ihrerseits den Status der „Unkündbarkeit" noch nicht erreicht haben.[190] Nur wenn der Arbeitgeber darlegt, dass trotz dieser verschärften Anforderungen eine Weiterbeschäftigung nicht möglich oder nicht zumutbar ist, weil der weitergezahlten Arbeitsvergütung keine angemessene Arbeitsleistung gegenübergestellt werden kann und ein sinnloses Arbeitsverhältnis über viele Jahre – notfalls bis zum Erreichen der Pensionsgrenze – aufrechterhalten werden müsste, kann die Kündigung nach § 626 Abs. 1 BGB gerechtfertigt sein.[191] Eine Kündigung kommt dann auch im Anwendungsbereich des BAT (jetzt TVöD bzw. TV-L) in Betracht.[192] Zu der gesteigerten Darlegungs- und Beweislast des Arbeitgebers in diesem Zusammenhang vgl. Rn. 65.

28 Eine außerordentliche **Änderungskündigung aus betriebsbedingten** Gründen zur Angleichung der Arbeitsbedingungen ist gegenüber einem Betriebsratsmitglied, auch im Hinblick auf den Sonderkündigungsschutz nach § 15 KSchG, nicht von vornherein ausgeschlossen.[193] Im Falle einer außerordentlichen betriebsbedingten Änderungskündigung eines ordentlich unkündbaren Arbeitnehmers ist entscheidender Gesichtspunkt, ob das geänderte unternehmerische Konzept die vorgeschlagene Änderung erzwingt oder ob es im Wesentlichen auch ohne oder mit weniger einschneidenden Änderungen im Arbeitsvertrag des Gekündigten durchsetzbar bleibt. Außerdem muss der Arbeitgeber bei Erstellen seines Konzeptes arbeitsvertraglich übernommene Garantien und Bindungen berücksichtigen.[194] Die Regelung des § 1 Abs. 5 Satz 1 KSchG findet auf außerordentliche betriebsbedingte Kündigungen – seien es Beendigungs-, seien es Änderungskündigungen – keine Anwendung. Prüfungsmaßstab ist somit nicht § 1 Abs. 2 KSchG, auf den § 1 Abs. 5 KSchG verweist, sondern § 626 Abs. 1 BGB, da es die Betriebsparteien sonst in der Hand hätten, den tariflichen Sonderkündigungsschutz ordentlich Unkündbarer in erheblichem Umfang zu entwerten.[195]

29 Ein **personenbedingter Grund** ist grundsätzlich nur ausnahmsweise geeignet, eine außerordentliche Kündigung nach § 626 Abs. 1 BGB zu rechtfertigen.[196]

30 Unternehmen der **Arbeitnehmerüberlassung** tragen das Risiko, dass die Arbeitnehmer aus Gründen, die in ihrem Verhalten oder ihrer Person liegen, nicht mehr beim Kunden eingesetzt werden können, weil dieser die weitere Beschäftigung ablehnt. Dieses unternehmerische Risiko kann allenfalls durch eine ordentliche, nicht jedoch eine außerordentliche Kündigung aufgefangen werden.[197]

7. Wichtige Gründe für eine außerordentliche Kündigung durch den Dienstverpflichteten

31 Solche können sein: wiederholter Zahlungsverzug des Arbeitgebers[198], dauerhafte Arbeitsunfähigkeit, grobfahrlässige Fürsorgepflichtverletzungen durch den Arbeitgeber, die Nichtbeschäftigung trotz bestehenden Vertrages[199] oder Ehrverletzungen, insbesondere Beleidigungen. Auch die rechtswidrige

---

[190] LArbG Berlin v. 14.11.2002 - 16 Sa 1541/02 - juris Rn. 24 - Bibliothek BAG.
[191] BAG v. 24.06.2004 - 2 AZR 656/02 - juris Rn. 42 - nv; BAG v. 08.04.2003 - 2 AZR 355/02 - juris Rn. 25 - BB 2003, 2130-2132; BAG v. 13.06.2002 - 2 AZR 391/01 - juris Rn. 30 - BB 2003, 53-55; BAG v. 24.06.2004 - 2 AZR 215/03 - juris Rn. 51 - EzA-SD 2004, Nr. 26, 9-10; LArbG Berlin v. 14.11.2002 - 16 Sa 1541/02 - juris Rn. 24 - Bibliothek BAG; LArbG Potsdam v. 13.06.2003 - 8 Sa 8/03 - Bibliothek BAG; LArbG Hamm v. 18.05.2004 - 6 Sa 33/04 - juris Rn. 25 - DZWiR 2004, 508; LArbG Berlin v. 24.09.2004 - 6 Sa 685/04 - juris Rn. 21 - Bibliothek BAG.
[192] Vgl. hierzu etwa BAG v. 24.06.2004 - 2 AZR 215/03 - juris Rn. 51 - EzA-SD 2004, Nr. 26, 9-10.
[193] BAG v. 17.03.2005 - 2 ABR 2/04 - juris Rn. 18 - EzA-SD 2005, Nr. 13, 6-7.
[194] BAG v. 02.03.2006 - 2 AZR 64/05 - AP Nr. 84 zu § 2 KSchG 1969; BAG v. 28.05.2009 - 2 AZR 844/07 - juris Rn. 22 - NZA 2009, 954-956.
[195] BAG v. 28.05.2009 - 2 AZR 844/07 - juris Rn. 15-17 - NZA 2009, 954-956.
[196] BAG v. 06.03.2003 - 2 AZR 232/02 - juris Rn. 38 - ZTR 2004, 48-50.
[197] LArbG Hannover v. 31.10.2003 - 16 Sa 1211/03 - juris Rn. 2 - Bibliothek BAG.
[198] LArbG Chemnitz v. 26.09.2003 - 2 Sa 976/02 - juris Rn. 11 - Bibliothek BAG; ArbG Herford v. 26.02.2004 - 1 Ca 1686/03 - juris Rn. 14 - Bibliothek BAG; vgl. auch BAG v. 26.07.2001 - 8 AZR 739/00 - juris Rn. 30 - NJW 2002, 1593-1598; BAG v. 26.07.2007 - 8 AZR 796/06 - NZA 2007, 1419-1422.
[199] *Herbert/Oberrath*, NZA 2004, 121-129, 128, auch zur Frage des Schadensersatzes; vgl. BAG v. 22.01.2009 - 8 AZR 808/07 - juris Rn. 33 - NZA 2009, 547-552.

Freistellung des Arbeitnehmers kann einen wichtigen Grund für die Kündigung durch diesen darstellen.[200]

Keinen wichtigen Grund in diesem Sinne stellen regelmäßig Sachverhalte dar wie zum Beispiel der Abschluss eines anderen Dienstverhältnisses oder eine vom Direktionsrecht des Arbeitgebers gedeckte Umsetzung des Arbeitnehmers.

32

IV. Abmahnung

Die verhaltensbedingte Kündigung setzt bei einem steuerbaren Verhalten in der Regel eine **Abmahnung**[201] voraus[202], ein der Realisierung des ultima-ratio-Prinzips dienender Grundsatz[203], der sich nunmehr aus § 314 Abs. 2 BGB (vgl. die Kommentierung zu § 314 BGB Rn. 26) auch für den Bereich des Arbeitsrechts[204] ergibt. Die Vorschrift des § 314 Abs. 2 BGB enthält keine Einschränkung, weswegen sie alle vertraglichen Pflichten und somit nicht nur die Hauptpflichten, sondern auch die vertraglichen Nebenpflichten einschließlich der Rücksichtnahmepflichten des § 241 Abs. 2 BGB erfasst.[205] Eine Unterscheidung im Hinblick auf das Erfordernis einer Abmahnung als Kündigungsvoraussetzung zwischen Störungen im Leistungsbereich und Störungen im Vertrauensbereich[206] lässt sich § 314 Abs. 2 BGB nicht entnehmen.[207] Da § 314 Abs. 2 BGB alle Pflichtverletzungen einschließt, folgt, dass diese Differenzierung keine tragfähige Grundlage für die Beurteilung des Erfordernisses einer Abmahnung ist; vielmehr ist diese bei allen Pflichtverletzungen grundsätzlich Zulässigkeitsvoraussetzung.[208] Bei Störungen im Vertrauensbereich ist eine Abmahnung somit jedenfalls dann erforderlich, wenn es um ein steuerbares Verhalten des Arbeitnehmers geht und eine Wiederherstellung des Vertrauens erwartet werden kann.[209] Die Abmahnung hat sowohl Rüge-[210], Warn-[211], als auch Hinweisfunktion. Nach Erteilung einer Abmahnung muss dem Arbeitnehmer grundsätzlich noch ausreichend Zeit gegeben werden, das beanstandete Verhalten aufzugeben.[212] Die erforderliche Abmahnung ist mit konstitutiv für den Kündigungsgrund; bei ihrem Fehlen ist die Kündigung unwirksam.[213] Mit dem Erfordernis einer einschlägigen Abmahnung vor Kündigungsausspruch soll vor allem dem Einwand des Arbeitnehmers begegnet werden, er habe die Pflichtwidrigkeit seines Verhaltens nicht erkennen bzw. nicht damit rechnen können, der Arbeitgeber werde sein vertragswidriges Verhalten als so schwerwiegend ansehen.[214] Auch eine wegen Nichtanhörung des Arbeitnehmers nach § 13 Abs. 2 Satz 1 BAT formell unwirksame Abmahnung kann die erforderliche Warnung darstellen, weil es auf die sachliche Berech-

33

---

[200] So *Beckmann*, NZA 2004, 1131-1135, 1133, wobei jedoch fraglich ist, ob eine Kündigung im Interesse des Arbeitnehmers liegt.
[201] Praktische Hinweise zur Abmahnung gibt *Braun*, AuA 2006, 88-90, 88.
[202] Vgl. BAG v. 27.11.2003 - 2 AZR 692/02 - juris Rn. 41 - NZA 2004, 452-455.
[203] *Mues*, ArbRB 2003, 336-338, 336.
[204] LArbG Stuttgart v. 29.07.2004 - 21 Sa 113/03 - juris Rn. 90 - Bibliothek BAG; vgl. BAG v. 23.06.2009 - 2 AZR 606/08 - juris Rn. 13 - NJW 2009, 3115-3118.
[205] LArbG Stuttgart v. 29.07.2004 - 21 Sa 113/03 - juris Rn. 90 - Bibliothek BAG.
[206] Etwa LArbG Mainz v. 28.09.2004 - 5 Sa 358/04 - juris Rn. 40 - Bibliothek BAG.
[207] LArbG Stuttgart v. 29.07.2004 - 21 Sa 113/03 - juris Rn. 90 - Bibliothek BAG; *Schlachter*, NZA 2005, 433-437, 437; *Hastmeier*, GmbHR 2006, 400-405, 404.
[208] LArbG Stuttgart v. 29.07.2004 - 21 Sa 113/03 - juris Rn. 90 - Bibliothek BAG; a.A. und im Hinblick auf § 314 BGB bedenklich OLG Naumburg v. 16.11.2004 - 9 U 206/01 - juris Rn. 29 - GmbHR 2005, 757 im Fall eines Geschäftsführers einer GmbH.
[209] BAG v. 09.02.2006 - 6 AZR 47/05 - juris Rn. 33 - ArbuR 2006, 291; LArbG Stuttgart v. 16.03.2004 - 18 Sa 41/03 - juris Rn. 14 - Bibliothek BAG; LArbG Hamm v. 14.11.2003 - 15 Sa 559/03 - juris Rn. 38 - Bibliothek BAG.
[210] BAG v. 23.06.2009 - 2 AZR 606/08 - juris Rn. 13 - NJW 2009, 3115-3118.
[211] *Mues*, ArbRB 2003, 336-338, 336; BAG v. 23.06.2009 - 2 AZR 606/08 - juris Rn. 13 - NJW 2009, 3115-3118; ausführlich dazu BAG v. 19.02.2009 - 2 AZR 603/07 - juris Rn. 17 - NZA 2009, 894-896.
[212] LArbG Rostock v. 22.04.2004 - 1 Sa 399/03 - juris Rn. 36 - Bibliothek BAG zum Fall einer Arbeitsverweigerung.
[213] ArbG Hamburg v. 25.09.2002 - 21 Ca 425/02 - juris Rn. 39 - Bibliothek BAG.
[214] BAG v. 07.07.2005 - 2 AZR 581/04 - juris Rn. 38 - NZA 2006, 98-101, 101.

tigung der Abmahnung und darauf ankommt, ob der Arbeitnehmer ihr den Hinweis entnehmen kann, der Arbeitgeber erwäge für den Wiederholungsfall die Kündigung. Sind die Voraussetzungen gegeben, ist der Arbeitnehmer unabhängig von der formellen Unvollkommenheit der Abmahnung gewarnt.[215] Auch eine Abmahnung, die wegen einer Mehrzahl von Vorwürfen ausgesprochen ist und aus der Personalakte entfernt werden muss, weil ein Teil der Vorwürfe unzutreffend ist, behält hinsichtlich der zutreffenden Vorwürfe als mündliche Abmahnung ihre Geltung.[216] Schließlich kann in einer unwirksamen Kündigung eine kündigungsrechtlich wirksame Abmahnung liegen.[217] Auch der Arbeitnehmer muss vor Ausspruch einer außerordentlichen Kündigung den Arbeitgeber erfolglos abgemahnt haben.[218] Auch wenn das Abmahnerfordernis stets zu prüfen ist[219], kann die Abmahnung in bestimmten Fällen – auch bei einmaligem Fehlverhalten[220] – **entbehrlich** sein (vgl. dazu auch die Kommentierung zu § 314 BGB Rn. 33). Sie kann insbesondere dann entbehrlich sein, wenn eine grobe Pflichtverletzung Grund der Kündigung war, dem Arbeitnehmer die Rechtswidrigkeit erkennbar und die Hinnahme der groben Pflichtverletzung durch den Arbeitgeber offensichtlich ausgeschlossen ist[221], also nicht erwartet werden kann, dass das Vertrauen zwischen den Parteien wiederhergestellt wird[222], oder wenn im Einzelfall besondere Umstände vorgelegen haben, aufgrund derer eine Abmahnung als nicht erfolgversprechend angesehen werden durfte[223], so etwa, wenn auch im Falle einer Abmahnung keine Aussicht auf eine Rückkehr des Vertragspartners zum vertragskonformen Verhalten mehr besteht[224]. Dies gilt auch bei Störungen im so genannten Vertrauensbereich.[225] Von einer Entbehrlichkeit kann jedoch dann nicht ausgegangen werden, wenn der Arbeitnehmer mit vertretbaren Gründen damit rechnen durfte, dass sein Verhalten nicht vertragswidrig ist oder vom Arbeitgeber zumindest nicht als erhebliches, den Bestand des Arbeitsverhältnisses gefährdendes Verhalten angesehen wird.[226] Im Fall der au-

---

[215] BAG v. 19.02.2009 - 2 AZR 603/07 - NZA 2009, 894-896, Rn. 17.
[216] BAG v. 19.02.2009 - 2 AZR 603/07 - NZA 2009, 894-896, Rn. 17.
[217] BAG v. 19.02.2009 - 2 AZR 603/07 - NZA 2009, 894-896, Rn. 17.
[218] LArbG Chemnitz v. 26.09.2003 - 2 Sa 976/02 - juris Rn. 14 - Bibliothek BAG; LArbG Hannover v. 17.01.2003 - 10 Sa 1034/02 - MDR 2004, 218-219; ArbG Herford v. 26.02.2004 - 1 Ca 1686/03 - juris Rn. 15 - Bibliothek BAG; vgl. auch BAG v. 26.07.2001 - 8 AZR 739/00 - juris Rn. 30 - NJW 2002, 1593-1598.
[219] LArbG Kiel v. 14.01.2004 - 3 Sa 302/03 - juris Rn. 25 - Bibliothek BAG; LArbG Kiel v. 05.11.2003 - 3 Sa 315/02 - juris Rn. 43 - Bibliothek BAG.
[220] BAG v. 21.04.2005 - 2 AZR 255/04 - juris Rn. 37 - BB 2005, 2306.
[221] Vgl. etwa BAG v. 09.06.2011 - 2 AZR 381/10 - juris Rn. 18 - NZA 2011, 1027-1029; BAG v. 09.06.2011 - 2 AZR 234/10 - juris Rn. 35 - NZA-RR 2012, 12-16; BAG v. 23.06.2009 - 2 AZR 103/08 - juris Rn. 33 - NZA 2009, 1198-1202; BAG v. 11.12.2003 - 2 AZR 36/03 - juris Rn. 24 - D-spezial 2004, Nr. 8, 7-8; LArbG Düsseldorf v. 25.03.2004 - 11 (6) Sa 79/04 - juris Rn. 55 - AiB 2004, 639-641; LArbG Hamm v. 05.11.2003 - 3 Sa 772/03 - juris Rn. 89 - Bibliothek BAG; LArbG Berlin v. 10.07.2003 - 16 Sa 545/03 - juris Rn. 12 - Bibliothek BAG; LArbG Nürnberg v. 17.12.2002 - 6 Sa 480/01 - juris Rn. 33 - Bibliothek BAG; LArbG Hannover v. 27.09.2002 - 10 Sa 626/02 - juris Rn. 23 - Bibliothek BAG; LArbG Hannover v. 26.04.2002 - 3 Sa 726/01 B - juris Rn. 1 - MMR 2002, 766-767; LArbG Chemnitz v. 23.01.2002 - 2 Sa 595/00 - juris Rn. 38 - Bibliothek BAG; LArbG Hannover v. 08.03.2005 - 5 Sa 561/04 - juris Rn. 39 - Bibliothek BAG; LArbG Hamm v. 09.07.2004 - 10 Sa 398/04 - juris Rn. 66 - Bibliothek BAG; LArbG Stuttgart v. 16.03.2004 - 18 Sa 41/03 - juris Rn. 14 - Bibliothek BAG; LArbG Hamm v. 04.02.2004 - 9 Sa 502/03 - juris Rn. 54 - Bibliothek BAG.
[222] LArbG Kiel v. 14.01.2004 - 3 Sa 302/03 - juris Rn. 25 - Bibliothek BAG; LArbG Kiel v. 05.11.2003 - 3 Sa 315/02 - juris Rn. 43 - Bibliothek BAG.
[223] LArbG Stuttgart v. 25.06.1998 - 6 Sa 1/98 - juris Rn. 9 - Bibliothek BAG; vgl. auch ArbG Berlin v. 02.12.2002 - 30 Ca 13044/02 - juris Rn. 35 - Bibliothek BAG.
[224] BAG v. 09.06.2011 - 2 AZR 381/10 - juris Rn. 18 - NZA 2011, 1027-1029; BAG v. 09.06.2011 - 2 AZR 234/10 - juris Rn. 35 - NZA-RR 2012, 12-16; ArbG Herford v. 26.02.2004 - 1 Ca 1686/03 - juris Rn. 15 - Bibliothek BAG.
[225] BAG v. 09.06.2011 - 2 AZR 381/10 - juris Rn. 18 - NZA 2011, 1027-1029; LArbG Stuttgart v. 16.03.2004 - 18 Sa 41/03 - juris Rn. 14 - Bibliothek BAG.
[226] LArbG Mainz v. 07.10.2004 - 4 Sa 491/04 - juris Rn. 45 - Bibliothek BAG.

ßerordentlichen Kündigung nach § 626 BGB wird die Abmahnung jedoch oftmals[227], insbesondere im Vertrauensbereich[228] (anders das BAG im **Fall Emmely**; dort hat eine Verkäuferin aufgefundene Leergutbons unrechtmäßig eingelöst und das BAG hat entschieden, dass in diesem Fall eine Abmahnung als milderes Mittel gegenüber einer Kündigung angemessen und ausreichend gewesen wäre[229]) oder bei Tätlichkeiten bzw. massiven tätlichen Belästigungen[230] und Bedrohungen von Arbeitskollegen[231], evtl. auch bei einer Selbstbeurlaubung des Arbeitnehmers[232], entbehrlich sein. Eine Entbehrlichkeit kommt auch beim heimlichen Mitschneiden eines Gespräches[233], bei einer verbotswidrigen Wettbewerbstätigkeit[234], beim „Stempeluhrmissbrauch"[235], bei genesungswidrigem Verhalten[236] oder etwa bei einer exzessiven Nutzung des Internets während der Arbeitszeit[237] in Betracht, ebenso bei ausländerfeindlichen Äußerungen durch den Arbeitnehmer, denn der Arbeitnehmer kann von vornherein nicht mit der Duldung durch den Arbeitgeber rechnen.[238] Im Hinblick auf § 314 Abs. 2 BGB wird mitunter von einer besonderen Begründungsbedürftigkeit von Ausnahmen ausgegangen.[239] Da nach der Rechtsprechung zu § 626 BGB jedoch schon bisher die Abmahnung grundsätzlich erforderlich und nur bei Vorliegen bestimmter Umstände entbehrlich war, ergibt sich nach diesseitiger Ansicht auch unter Geltung von § 314 Abs. 2 BGB kein wesentlicher Unterschied in der Behandlung der Abmahnung von Arbeitnehmern. Entgegen der bisherigen Rechtsprechung gehen Teile der Literatur davon aus, dass nunmehr jedoch grundsätzlich auch einer außerordentlichen Kündigung von Organmitgliedern einer Kapitalgesellschaft eine Abmahnung vorausgehen müsse.[240] In dem Fall, dass der Arbeitnehmer fahrlässig einen größeren Schaden verursacht hat, ist grundsätzlich eine Abmahnung vor Ausspruch einer außerordentlichen Kündigung wegen Schlechtleistung erforderlich.[241]

Eine Abmahnung zeichnet sich nicht dadurch aus, dass ihr Name benutzt wird, sondern dadurch, dass mit einer Kündigung gedroht wird. Beides kann ausnahmsweise bei solchen Abmahnungsadressaten dasselbe sein, wenn diese juristische und speziell arbeitsrechtliche Rechtsbegriffe nach Name und Bedeutung kennen und diese Kenntnis auch beim Erklärenden zu Recht voraussetzen. Dies gilt jedoch keinesfalls für die betriebliche Umgangssprache. Hier hat der Arbeitgeber die Drohung mit der Kündigung auch auszusprechen. Wenn er auf eigenes Risiko auf Umschreibungen ausweicht, hat er diese so

34

---

[227] Vgl. *Braun*, AuA 2006, 88-90, 88, da schon der Kündigungsgrund so erheblich sein müsse, dass dem Arbeitgeber die Fortsetzung des Arbeitsverhältnisses auch nicht bis zum Ablauf der Kündigungsfrist zuzumuten ist.
[228] LArbG Hamm v. 29.01.2004 - 8 Sa 1420/03 - juris Rn. 6 - Bibliothek BAG; insofern bedenklich ArbG Hamburg v. 25.09.2002 - 21 Ca 425/02 - juris Rn. 54 - Bibliothek BAG und *Reichel*, ArbuR 2004, 250-252 hinsichtlich dessen Argumentation zur Entstehung eines Vertrauenstatbestandes (252) und dessen Zweifel im Zusammenhang mit der Entbehrlichkeit einer Abmahnung (251); für die Entbehrlichkeit einer Abmahnung bei Eigentumsdelikten zum Nachteil des Arbeitgebers: ArbG Hamburg v. 20.02.2004 - 17 Ca 426/03 - juris Rn. 38 - Bibliothek BAG.
[229] BAG v. 10.06.2010 - 2 AZR 541/09 - juris Rn. 32 - BAGE 134, 349-367.
[230] BAG v. 18.09.2008 - 2 AZR 1039/06 - DB 2009, 964; LArbG Hannover v. 21.01.2003 - 12 Sa 1418/02 - Bibliothek BAG.
[231] LArbG Frankfurt v. 21.08.2002 - 6 Sa 1391/01 - juris Rn. 58 - Bibliothek BAG; ArbG Frankfurt v. 04.11.2003 - 4 Ca 3057/03 - Bibliothek BAG.
[232] *Sasse*, ArbRB 2003, 342-344, 343.
[233] LArbG Hannover v. 08.03.2005 - 5 Sa 561/04 - juris Rn. 51 - Bibliothek BAG, fraglich jedoch, ob es insofern einen relevanten Unterschied macht, ob der Gekündigte das Gespräch tatsächlich mitgeschnitten oder dies nur behauptet hat.
[234] LArbG München v. 04.08.2005 - 3 Sa 154/05 - juris Rn. 40 - nv.
[235] BAG v. 24.11.2005 - 2 AZR 39/05 - juris Rn. 22 - nv.
[236] BAG v. 26.08.1993 - 2 AZR 154/93 - juris Rn. 48 - NZA 1994, 63; LArbG Hamm v. 16.09.2005 - 10 Sa 2425/04 - juris Rn. 60 - Bibliothek BAG.
[237] BAG v. 07.07.2005 - 2 AZR 581/04 - juris Rn. 38 - NZA 2006, 98-101, 101; LArbG Hamm v. 30.09.2011 - 10 Sa 472/11 - juris Rn. 100; vgl. auch LArbG Mainz v. 09.05.2005 - 7 Sa 68/05 - juris Rn. 42 - LAGReport 2005, 341.
[238] ArbG Berlin v. 05.09.2006 - 96 Ca 23147/05 - BB 2006 2140.
[239] *Schlachter*, NZA 2005, 433-437, 437.
[240] *Koch*, ZIP 2005, 1621-1627, 1627.
[241] LArbG Düsseldorf v. 25.07.2003 - 14 Sa 657/03 - Bibliothek BAG.

zu wählen, dass die Kündigungsdrohung bei seinem konkreten Gesprächspartner auch mit Sicherheit ankommt. Denn erst die Kündigungsdrohung macht aus einer „Abmahnung" eine Abmahnung im Rechtssinne.[242] Es genügt, wenn die Abmahnung hinreichend deutlich auf die Gefährdung des Bestandes des Arbeitsverhältnisses hinweist. Einer vorweggenommenen Abmahnung im Zusammenhang mit der privaten Internetnutzung am Arbeitsplatz steht die Rechtsprechung eher ablehnend gegenüber[243]. Die Ablehnung einer vorweggenommenen Abmahnung schließt allerdings nicht aus, dass der Arbeitgeber seinen Mitarbeitern gegenüber bei der Anordnung eines Verbotes durch den gleichzeitigen Hinweis auf die bei einem Verstoß hiergegen folgende arbeitsrechtliche Konsequenz deutlich macht, für wie wichtig er die Einhaltung des Verbots im Hinblick auf den Bestand des Arbeitsverhältnisses hält.[244]

35 Es gibt keine Regelfrist, nach deren Ablauf eine Abmahnung wirkungslos wird, allerdings kann nach Ablauf eines längeren Zeitraumes, auch wenn es aktuell um eine schwere Pflichtverletzung geht, eine erneute Abmahnung erforderlich sein.[245] Aufgrund der Tatsache, dass eine Abmahnung geeignet ist, den Arbeitnehmer in seinem beruflichen Fortkommen und seinem Persönlichkeitsrecht zu beeinträchtigen, kann der Arbeitnehmer sowohl auf Grundlage der §§ 611, 241 Abs. 2 BGB als Folge eines Verstoßes gegen die arbeitsvertragliche Nebenpflicht[246] als auch quasinegatorisch gem. §§ 1004, 242 BGB analog die Beseitigung der Beeinträchtigung, d.h. die Entfernung der Abmahnung aus der Personalakte, verlangen, wenn die Abmahnung alternativ formell nicht ordnungsgemäß zustande gekommen ist, unrichtige Tatsachenbehauptungen enthält, auf einer unzutreffenden rechtlichen Bewertung des Verhaltens des Arbeitnehmers beruht, den Grundsatz der Verhältnismäßigkeit verletzt, statt eines konkret bezeichneten Fehlverhaltens nur pauschale Vorwürfe enthält oder kein schutzwürdiges Interesse des Arbeitgebers am Verbleib der Abmahnung in der Personalakte mehr besteht.[247]

36 Stellt sich bei einer Klage auf Entfernung einer Abmahnung aus der Personalakte – die von Stimmen in der Literatur als taktisch nicht sinnvoll angesehen wird[248] – heraus, dass nur ein Teil der Abmahnung hinsichtlich des beanstandeten Verhaltens unzutreffend ist, so muss die gesamte Abmahnung entfernt werden[249]. Gerichtlich wird nicht überprüft, ob die Abmahnung im Verhältnis zum beanstandeten Verhalten eine Überreaktion darstellt, sondern nur kontrolliert, ob Form und Umstände der Abmahnung verhältnismäßig sind.[250] Erst im Falle einer späteren Kündigung wird dann gerichtlich geprüft, ob das zunächst abgemahnte und erneut aufgetretene Fehlverhalten die Kündigung rechtfertigen kann.[251] Der Gleichbehandlungsgrundsatz findet nach in der Literatur vertretener Ansicht auf Abmahnungen keine Anwendung.[252]

37 Die Kündigung eines Geschäftsführers setzt nach in der Rechtsprechung vertretener Meinung nur bei leichteren Pflichtverletzungen eine Abmahnung voraus.[253] Ob dieser Ansicht – insbesondere im Hinblick auf § 314 Abs. 2 BGB – in dieser Form zuzustimmen ist, darf bezweifelt werden.[254]

---

[242] LArbG Köln v. 12.09.2002 - 11 Sa 329/02 - juris Rn. 11 - Bibliothek BAG; vgl. auch LArbG Stuttgart v. 25.06.1998 - 6 Sa 1/98 - juris Rn. 9 - Bibliothek BAG.
[243] Vgl. etwa LArbG Mainz v. 12.07.2004 - 7 Sa 1243/03 - juris Rn. 52 - DuD 2005, 97; ArbG Duisburg v. 08.01.2004 - 2 Ca 2824/03 - juris Rn. 33 - Bibliothek BAG; ArbG Duisburg v. 20.11.2003 - 4 Ca 2838/03 - juris Rn. 27 - Bibliothek BAG.
[244] LArbG Düsseldorf v. 25.03.2004 - 11 (6) Sa 79/04 - juris Rn. 56 - AiB 2004, 639-641.
[245] ArbG Chemnitz v. 13.11.2003 - 13 Ca 3885/03 - juris Rn. 21 - Bibliothek BAG.
[246] LArbG Stuttgart v. 19.06.2009 - 7 Sa 84/08 - juris Rn. 48 - ZTR 2009, 596-600; offen gelassen in BAG v. 15.04.1999 - 7 AZR 716/97 - juris Rn. 19 - NZA 1999, 1037-1038.
[247] BAG v. 23.06.2009 - 2 AZR 606/08 - juris Rn. 12; BAG v. 27.11.2008 - 2 AZR 675/07 - juris Rn. 13, 16, 17 - NZA 2009, 842-844; LArbG Stuttgart v. 19.06.2009 - 7 Sa 84/08 - juris Rn. 48 - ZTR 2009, 596-600.
[248] *Mues*, ArbRB 2003, 336-338, 336.
[249] BAG v. 13.03.1991 - 5 AZR 133/90 - juris Rn. 68 - NJW 1991, 2510-2511; *Mues*, ArbRB 2003, 336-338, 336.
[250] *Hollich*, EWiR 2006, 199-200, 200.
[251] *Hollich*, EWiR 2006, 199-200, 200.
[252] *Hollich*, EWiR 2006, 199-200, 200.
[253] OLG Celle v. 04.02.2004 - 9 U 203/03 - juris Rn. 36 - GmbHR 2004, 425; vgl. auch *Stück*, AuA 2006, 72-79, 76.
[254] Vgl. auch *Krebs* in: AnwK-BGB, Bd. 2/1, § 314 Rn. 17.

V. Anhörung des Gekündigten

Keine Wirksamkeitsvoraussetzung der außerordentlichen Kündigung ist die vorherige Anhörung des Gekündigten.[255] Eine **Ausnahme** besteht insofern bei der sog. Verdachtskündigung (vgl. Rn. 39).[256] Hier ist die Anhörung Wirksamkeitsvoraussetzung.[257] Das LArbG Hamm geht davon aus, dass auch bei einer Tatkündigung eine vorherige Anhörung des Arbeitnehmers grundsätzlich erforderlich ist, damit dieser Gelegenheit erhalte, entlastende Umstände vorzubringen.[258] Dem ist nicht zuzustimmen. Eine Verpflichtung zur Anhörung kann jedoch aus einer vertraglichen Regelung folgen.[259] Eine Anhörung kann im Zusammenhang mit dem Beginn der Ausschlussfrist des § 626 Abs. 2 BGB eine Rolle spielen, vgl. hierzu Rn. 48.

38

VI. Verdachtskündigung

Nach höchstrichterlicher Rechtsprechung[260] kann eine außerordentliche Kündigung auch in Form einer sog. Verdachtskündigung[261] ausgesprochen werden, an deren Wirksamkeit jedoch hohe Anforderungen gestellt werden, da nicht auszuschließen ist, dass eine solche Kündigung einen „unschuldigen" Arbeitnehmer trifft.[262] Grundlage der **Verdachtskündigung** ist – wie der Name bereits zum Ausdruck bringt – nicht etwa ein bestimmtes nachweisbares Verhalten des Arbeitnehmers wie bei der **Tatkündigung**, vielmehr wird die Kündigung damit begründet, dass gerade der Verdacht eines – nicht erwiesenen – strafbaren Verhaltens das für die Fortsetzung des Arbeitsverhältnisses erforderliche Vertrauen zerstört habe.[263] Der Verdacht einer strafbaren Handlung stellt gegenüber dem Vorwurf, der Arbeitnehmer habe die Tat begangen, einen eigenständigen Kündigungsgrund dar, der in dem Tatvorwurf nicht enthalten ist.[264] Auch der Verdacht, der Arbeitnehmer habe sich eine Arbeitsunfähigkeitsbescheinigung mit unlauteren Mitteln erschlichen, kann einen wichtigen Grund zur außerordentlichen Kündigung darstellen.[265] Allerdings rechtfertigt die Beteiligung der Ehefrau des Arbeitnehmers an einem Konkurrenzunternehmen des Arbeitgebers nicht den Verdacht, der Arbeitnehmer betreibe selbst ein Konkurrenzgeschäft oder unterstütze das andere Unternehmen bei seiner Konkurrenztätigkeit.[266]

39

Im Einzelnen ist eine außerordentliche Verdachtskündigung an **folgende Voraussetzungen** geknüpft: Zum einen muss ein durch objektive Tatsachen begründeter Verdacht gegeben sein, so dass sich ein verständiger und gerecht abwägender Arbeitgeber zum Kündigungsausspruch veranlasst sehen kann.[267]

40

---

[255] BAG v. 21.11.1996 - 2 AZR 852/95 - juris Rn. 39 - EzA § 626 BGB n.F. Nr. 162; *Fischermeier* in: Becker/Etzel/Bader, Gemeinschaftskommentar zum Kündigungsschutzgesetz, 9. Aufl. 2009, § 626 Rn. 31.

[256] *Belling* in: Erman, 13. Aufl. 2011, § 626 Rn. 95.

[257] *Henssler* in: MünchKomm-BGB, 5. Aufl. 2009, § 626 Rn. 70; *Fischermeier* in: Becker/Etzel/Bader, Gemeinschaftskommentar zum Kündigungsschutzgesetz, 9. Aufl. 2009, § 626 Rn. 34, 230 ff.

[258] LArbG Hamm v. 07.06.2005 - 19 (9) Sa 232/05 - juris Rn. 41 - Bibliothek BAG.

[259] KG Berlin v. 27.09.2004 - 2 U 191/02 - juris Rn. 53 - NZG 2004, 1165.

[260] Vgl. etwa BAG v. 14.09.1994 - 2 AZR 164/94 - juris Rn. 31 - NJW 1995, 1110-1112; BAG v. 27.03.2003 - 2 AZR 51/02 - juris Rn. 20 - NJW 2003, 3436-3439; BAG v. 26.09.2002 - 2 AZR 424/01 - juris Rn. 32 - AP Nr. 37 zu § 626 BGB Verdacht auf strafbare Handlung; BAG v. 06.12.2001 - 2 AZR 496/00 - juris Rn. 47 - NJW 2002, 3651-3654; BAG v. 05.04.2001 - 2 AZR 217/00 - juris Rn. 13 - NJW 2001, 3068-3070; LArbG Kiel v. 18.06.2002 - 5 Sa 53 c/02 - juris Rn. 32 - SchlHA 2003, 302-304; OLG Naumburg v. 18.09.2003 - 7 U (Hs) 17/03 - juris Rn. 43 - OLGR Naumburg 2004, 208.

[261] Ausführlich hierzu *Dörner*, AR-Blattei SD 1010.9.1; *Langner/Witt*, DStR 2008, 825-830.

[262] Vgl. etwa BAG v. 13.09.1995 - 2 AZR 587/94 - juris Rn. 27 - NJW 1996, 540-543; BAG v. 30.06.1983 - 2 AZR 540/81 - juris Rn. 20; BAG v. 28.01.2007 - 5 AZR 952/06 - juris Rn. 19 - NZA-RR 2008, 344-348.

[263] LArbG Kiel v. 21.04.2004 - 3 Sa 548/03 - juris Rn. 23 - NZA-RR 2004, 666; BAG v. 14.09.1994 - 2 AZR 164/94 - juris Rn. 22 - NJW 1995, 1110-1112; BAG v. 12.08.1999 - 2 AZR 923/98 - juris Rn. 21 - NJW 2000, 1969-1974; BAG v. 06.12.2001 - 2 AZR 496/00 - juris Rn. 62 - NJW 2002, 3651-3654.

[264] LArbG Hamm v. 09.07.2004 - 10 Sa 398/04 - juris Rn. 55 - Bibliothek BAG; LArbG Kiel v. 21.04.2004 - 3 Sa 548/03 - juris Rn. 23 - NZA-RR 2004, 666.

[265] LArbG Mainz v. 06.07.2004 - 5 TaBV 10/04 - juris Rn. 33 - Bibliothek BAG.

[266] LArbG Köln v. 11.10.2005 - 9 Sa 320/05 - juris Rn. 34 - BB 2006, 1455.

[267] BAG v. 30.06.1983 - 2 AZR 540/81 - juris Rn. 20; LArbG Kiel v. 21.04.2004 - 3 Sa 548/03 - juris Rn. 23 - NZA-RR 2004, 666.

§ 626

Vom Arbeitgeber kann nicht gefordert werden, dass er „im Zusammenhang mit der Ermittlung und Abwägung der Verdachtsmomente bis ins allerletzte Detail mit hoch qualifiziertem juristischen Fachwissen die strafgesetzlichen Tatbestandsvoraussetzungen unter Einbeziehung zivilrechtlicher Grundlagen und Rechtskonstruktionen durchsubsumiert."[268] Hierbei muss es sich um einen **dringenden Verdacht** handeln.[269] Der Verdacht hinsichtlich der streitgegenständlichen strafrechtlich relevanten Verfehlungen oder sonstiger erheblicher Vertragsverletzungen muss auf objektiven Tatsachen beruhen[270], so dass sich eine große Wahrscheinlichkeit der Tatbegehung gerade durch den zu kündigenden Arbeitnehmer ergibt[271], wobei eine Verdachtskündigung nicht mit mathematischen Wahrscheinlichkeiten und Berechnungen begründet werden kann. Die Wahrscheinlichkeit der Täterschaft von einem Drittel bei drei möglichen Arbeitnehmern jedenfalls genügt nicht.[272] Die Tat, derer der Arbeitnehmer verdächtigt wird, muss so schwerwiegend sein, dass sie als Kündigungsgrund ausreichen würde, wenn die Tatbegehung durch den betreffenden Arbeitnehmer feststünde[273], mit anderen Worten müssen die Verdachtsmomente geeignet sein, das für die Fortsetzung des Arbeitsverhältnisses geforderte Vertrauen zu zerstören[274], dabei hat nicht jede strafbare Handlung des Arbeitnehmers den erforderlichen Bezug zum Arbeitsverhältnis und dessen Vertrauensgrundlage.[275] Aus einer Anklageerhebung und der anschließenden Eröffnung des Hauptverfahrens folgt in der Regel, dass auch ein verständiger Arbeitgeber vom Vorliegen eines entsprechenden Tatverdachts ausgehen und bei einem Bezug zum Arbeitsverhältnis eine Verdachtskündigung aussprechen darf.[276] Ein Ermittlungsverfahren der Staatsanwaltschaft und eine richterliche Durchsuchungsanordnung begründen allein keinen dringenden Tatverdacht.[277] Die Tatsachen, die den Verdacht begründen, müssen zum **Zeitpunkt** der Kündigungserklärung bereits vorgelegen haben.[278] Im Hinblick darauf, dass in den betreffenden Fällen lediglich ein Verdacht Grundlage einer Kündigung sein soll, muss der Arbeitgeber alles ihm Zumutbare zur Sachverhaltsaufklärung getan haben.[279] Daher ist **Wirksamkeitsvoraussetzung** einer Verdachtskündigung insbesondere, dass der Arbeitgeber den Arbeitnehmer **vor**[280] Ausspruch der Kündigung **anhört**[281] und ihm die Möglichkeit zur Stellungnahme gibt.[282] Verletzt der Arbeitgeber schuldhaft diese ihm obliegende Pflicht, ist die auf den Verdacht gestützte Kündigung unwirksam, wobei den Arbeitgeber kein Verschulden trifft, wenn der Arbeitnehmer von vornherein

---

[268] LArbG Kiel v. 21.04.2004 - 3 Sa 548/03 - juris Rn. 34 - NZA-RR 2004, 666.
[269] BAG v. 27.03.2003 - 2 AZR 51/02 - juris Rn. 20 - NJW 2003, 3436-3439; BAG v. 30.06.1983 - 2 AZR 540/81 - juris Rn. 20 - nv; BAG v. 26.09.1990 - 2 AZR 602/89 - juris Rn. 26 - RzK I 8c Nr. 20; LArbG Kiel v. 21.04.2004 - 3 Sa 548/03 - juris Rn. 23 - NZA-RR 2004, 666.
[270] BAG v. 26.09.2002 - 2 AZR 424/01 - juris Rn. 41 - AP Nr. 37 zu § 626 BGB Verdacht auf strafbare Handlung; LArbG Kiel v. 25.02.2004 - 3 Sa 491/03 - juris Rn. 23 - EzA-SD 2004, Nr. 8, 10-11; LArbG Kiel v. 18.06.2002 - 5 Sa 53 c/02 - juris Rn. 32 - SchlHA 2003, 302-304; LArbG Hamm v. 09.07.2004 - 10 Sa 398/04 - juris Rn. 55 - Bibliothek BAG; LArbG Hamm v. 23.07.2004 - 15 Sa 40/04 - juris Rn. 40 - Bibliothek BAG; LArbG Kiel v. 21.04.2004 - 3 Sa 548/03 - juris Rn. 23 - NZA-RR 2004, 666.
[271] BAG v. 30.06.1983 - 2 AZR 540/81 - juris Rn. 20; BAG v. 28.09.1989 - 2 AZR 111/89 - juris Rn. 36.
[272] BAG v. 06.09.2007 - 2 AZR 722/06 - juris Rn. 43 - AP Nr. 62 zu § 4 KSchG 1969.
[273] Vgl. etwa LArbG Kiel v. 18.06.2002 - 5 Sa 53 c/02 - juris Rn. 35 - SchlHA 2003, 302-304.
[274] LArbG Kiel v. 21.04.2004 - 3 Sa 548/03 - juris Rn. 23 - NZA-RR 2004, 666.
[275] BAG v. 28.11.2007 - 5 AZR 952/06 - juris Rn. 18 - NZA-RR 2008, 344-348.
[276] LArbG Kiel v. 21.04.2004 - 3 Sa 548/03 - juris Rn. 23 - NZA-RR 2004, 666.
[277] BAG v. 29.11.2007 - 2 AZR 724/06 - juris Rn. 38 - EzA-SD 2007, Nr. 25, 3.
[278] *Dörner*, AR-Blattei SD 1010.9.1, Rn. 34.
[279] BAG v. 26.09.1990 - 2 AZR 602/89 - juris Rn. 26 - RzK I 8c Nr. 20; LArbG Hamm v. 09.07.2004 - 10 Sa 398/04 - juris Rn. 55 - Bibliothek BAG; LArbG Kiel v. 21.04.2004 - 3 Sa 548/03 - juris Rn. 23 - NZA-RR 2004, 666.
[280] *Fischer*, BB 2003, 522-525, 522.
[281] Praktische Hinweise zur Anhörung geben *Gaul/Schmidt-Lauber*, ArbRB 2012, 18-21; *Freihube/Sasse*, ArbRB 2006, 15-18.
[282] Vgl. hierzu sowie zum Umfang des Anhörungserfordernisses BAG v. 26.09.2002 - 2 AZR 424/01 - juris Rn. 33 - AP Nr. 37 zu § 626 BGB Verdacht auf strafbare Handlung; BAG v. 13.09.1995 - 2 AZR 587/94 - juris Rn. 27 - NJW 1996, 540-543; BAG v. 26.09.1990 - 2 AZR 602/89 - juris Rn. 26 - RzK I 8c Nr. 20; *Fischer*, BB 2003, 522-525, 522.

nicht bereit ist, sich zu den Verdachtsgründen substantiiert zu äußern.[283] Nach zustimmungswürdiger Ansicht wird der Arbeitgeber seiner Anhörungsverpflichtung jedoch nur gerecht, wenn er dem Arbeitnehmer bei der Aufforderung zur Stellungnahme mitteilt, dass es um die Ausräumung von Verdachtsmomenten im Hinblick auf eine bevorstehende Beendigung des Arbeitsverhältnisses geht.[284] Der Arbeitnehmer muss wissen, dass die Beendigung des Arbeitsverhältnisses in Rede steht, weil er nur so sachgerecht die Frage entscheiden kann, ob er sich einlässt oder nicht.[285] Die Anhörung muss sich auf einen greifbaren Sachverhalt beziehen. Der Arbeitnehmer muss die Möglichkeit haben, bestimmte, zeitlich und räumlich eingegrenzte Tatsachen zu bestreiten oder den Verdacht entkräftende Tatsachen zu bezeichnen und so zur Aufhellung der für den Arbeitgeber im Dunkeln liegenden Geschehnisse beizutragen.[286] Ob sich der betreffende Arbeitnehmer dann tatsächlich zur Sache äußert, ist unerheblich. Insofern besteht **keine Einlassungspflicht des Arbeitnehmers**.[287] In der Literatur wird in diesem Zusammenhang vertreten, dass wenn der Arbeitnehmer seine Mitwirkung an der Anhörung verweigert, dies nicht zu seinen Lasten berücksichtigt werden dürfe.[288] Dem ist nicht zuzustimmen. Vom Arbeitgeber kann nicht verlangt werden, im Zusammenhang mit dem Aufklärungserfordernis an externe, nicht bei ihm beschäftigte Zeugen heranzutreten und diese selbst zu befragen.[289] Dem Arbeitnehmer ist die Zuziehung eines Rechtsanwaltes für die Anhörung zuzugestehen.[290] Gibt der Arbeitgeber dem Arbeitnehmer keine Gelegenheit, einen Rechtsanwalt hinzuzuziehen, führt das nach Auffassung des LArbG Hessen[291] aber weder zur Unwirksamkeit der Anhörung zur Verdachtskündigung noch zur Unwirksamkeit der ausgesprochenen Kündigung. Ein solcher Verstoß habe lediglich zur Folge, dass der weitere Gang der Anhörung prozessual nicht verwertbar sei. Dem ist nicht zu folgen, weil danach in aller Regel der Arbeitgeber sanktionslos dem Arbeitnehmer die Hinzuziehung eines Rechtsanwaltes verwehren könnte. Die nicht ordnungsgemäße Anhörung des Arbeitnehmers bei der Verdachtskündigung muss daher ebenso wie die nicht ordnungsgemäße Anhörung des Betriebsrates zur Unwirksamkeit der Kündigung führen.[292] Weiter darf der dringende Tatverdacht bis zum Schluss der letzten mündlichen Verhandlung in der Tatsacheninstanz nicht ausgeräumt sein.[293] Der Arbeitnehmer kann einen entsprechenden Tatverdacht entkräften, wobei auch nach der Kündigung gewonnene Erkenntnisse im Prozess zugunsten des gekündigten Arbeitnehmers berücksichtigt werden dürfen, soweit sie nicht auf Tatsachen beruhen, die erst nach der Kündigung entstanden sind.[294] Ergeben sich daher nach Ausspruch der Verdachtskündigung für den Arbeitnehmer entlastende Umstände, wie etwa ein rechtskräftiger Freispruch im Strafverfahren, so können diese neuen Tatsachen im Rahmen des Kündigungsschutzverfahrens nicht berücksichtigt werden.[295] Zuletzt darf dem kündigenden Arbeitgeber die Fortsetzung des Arbeitsverhältnisses aufgrund des dringenden Tatverdachts nach einer **Interessenabwägung** bis zum Ablauf der ordentlichen Kündigungsfrist nicht zumutbar gewesen sein.[296] Waren dem mittels einer Verdachtskündigung kündigenden Arbeitgeber die Verdachts-

---

[283] BAG v. 26.08.1993 - 2 AZR 154/93 - juris Rn. 45 - NZA 1994, 63.
[284] *Fischer*, BB 2003, 522-525, 523.
[285] *Fischer*, BB 2003, 522-525, 523.
[286] BAG v. 13.03.2008 - 2 AZR 961/06 - NZA 2008, 809, 810 Rn. 15.
[287] *Fischer*, BB 2003, 522-525, 524.
[288] *Fischer*, BB 2003, 522-525, 524.
[289] LArbG Kiel v. 21.04.2004 - 3 Sa 548/03 - juris Rn. 36 - NZA-RR 2004, 666.
[290] BAG v. 13.03.2008 - 2 AZR 961/06 - juris Rn. 18 - NZA 2008, 809-812.
[291] LArbG Hessen v. 01.08.2011 - 16 Sa 202/11 - juris Rn. 29 - ArbR 2011, 516.
[292] So auch LArbG Berlin-Brandenburg v. 06.11.2009 - 6 Sa 1121/09 - juris Rn. 17 - ArbuR 2010, 78; vgl. dazu auch *Lange/Vogel*, DB 2010, 1066-1070.
[293] Vgl. hierzu BAG v. 06.11.2003 - 2 AZR 631/02 - AP Nr. 39 zu § 626 BGB Verdacht strafbarer Handlung; BAG v. 30.06.1983 - 2 AZR 540/81 - juris Rn. 29 - nv.
[294] LArbG Kiel v. 21.04.2004 - 3 Sa 548/03 - juris Rn. 24 - NZA-RR 2004, 666; LArbG Kiel v. 25.02.2004 - 3 Sa 491/03 - juris Rn. 44 - EzA-SD 2004, Nr. 8, 10-11.
[295] LArbG Kiel v. 21.04.2004 - 3 Sa 548/03 - juris Rn. 24 - NZA-RR 2004, 666.
[296] BAG v. 12.08.1999 - 2 AZR 923/98 - juris Rn. 21 - NJW 2000, 1969-1974; LArbG Kiel v. 18.06.2002 - 5 Sa 53 c/02 - juris Rn. 32 - SchlHA 2003, 302-304.

momente länger als zwei Wochen bekannt und wurde deshalb die Verdachtskündigung rechtskräftig für unwirksam erklärt, so hindert die Rechtskraft dieses Urteils den Arbeitgeber nicht, später eine auf die Tatbegehung gestützte außerordentliche Kündigung auszusprechen[297], wobei allerdings auch bei dieser die Zwei-Wochen-Frist des § 626 Abs. 2 BGB gilt. Der Arbeitgeber kann in einem solchen Fall auch eine den Verdacht der Tatbegehung verstärkende Tatsache – wie die Erhebung der öffentlichen Klage – zum Anlass für den Ausspruch einer neuen Verdachtskündigung nehmen. Die Frist des § 626 Abs. 2 BGB beginnt mit ausreichender Kenntnis von der verdachtsverstärkenden Tatsache erneut zu laufen.[298] Stellt sich später heraus, dass der Verdacht von vornherein unbegründet war, kann ein **Anspruch des Arbeitnehmers auf Wiedereinstellung** in Betracht kommen.[299] Die bloße Einstellung des gegen den Arbeitnehmer eingeleiteten staatsanwaltschaftlichen Ermittlungsverfahrens begründet keinen Wiedereinstellungsanspruch, weil allein dieser Umstand nicht dazu führt, dass die Prognose unzutreffend war.[300] Ein Nachschieben von Kündigungsgründen im Kündigungsschutzprozess kann unter bestimmten Umständen in Betracht kommen[301] (vgl. Rn. 13). Zur Hemmung der Zweiwochenfrist des § 626 Abs. 2 BGB durch die Anhörung des Arbeitnehmers vgl. Rn. 49.

41 Die Einstellung eines Strafverfahrens nach § 153a StPO stellt nach in der Rechtsprechung vertretener Ansicht einen eigenen Kündigungsgrund dar, da dieser Umstand stark auf eine tatsächliche Begehung der in Frage stehenden Tat hindeute.[302]

VII. Druckkündigung

42 Voraussetzung für eine außerordentliche Druckkündigung ist ein nachhaltiges, mit Konsequenzen verbundenes Verlangen Dritter.[303] Allerdings hat der Arbeitgeber den der Drucksituation zu Grunde liegenden Sachverhalt nach allen Seiten aufzuklären.[304] Weiter muss er versuchen, sich schützend vor den betreffenden Arbeitnehmer zu stellen und die mit dem Druck verbundenen Konsequenzen abzuwenden.[305]

VIII. Erklärungsfrist gemäß Absatz 2 Sätze 1 und 2

1. Allgemein

43 Diese Ausschlussfrist des § 626 Abs. 2 BGB, bei dem es sich um einen gesetzlich konkretisierten Verwirkungstatbestand handelt[306], ist von Amts wegen zu beachten. Sie gilt, unabhängig davon welche der Vertragsparteien die Kündigung ausspricht, bei allen Dienstverhältnissen. Die Frist soll verhindern, dass alte Gründe nach Belieben zur außerordentlichen Kündigung eingesetzt werden können.[307] Deshalb muss die Kündigungserklärung innerhalb der Zwei-Wochen-Frist beim Kündigungsempfänger zugehen.[308] Sie beginnt bei jedem Kündigungsgrund von neuem zu laufen.[309] Die Kündigungserklä-

---

[297] BAG v. 12.12.1984 - 7 AZR 575/83 - NJW 1985, 3094-3096.
[298] BAG v. 27.01.2011 - 2 AZR 825/09 - juris Rn. 49 - NZA 2011, 798-804.
[299] BAG v. 20.08.1997 - 2 AZR 620/96 - juris Rn. 30 - NJW 1998, 1171-1174; LArbG Kiel v. 21.04.2004 - 3 Sa 548/03 - juris Rn. 24 - NZA-RR 2004, 666; Fiedler/Küntzer, FA 2005, 264-267, 266; zur prozessualen Geltendmachung des Wiedereinstellungsanspruchs Dörner, AR-Blattei SD 1010.9.1, Rn. 67.
[300] Dörner, AR-Blattei SD 1010.9.1, Rn. 66.
[301] Vgl. hierzu Fiedler/Küntzer, FA 2005, 264-267, 265; BGH v. 01.12.2003 - II ZR 161/02 - juris Rn. 12 - BGHZ 157, 151.
[302] OLG Naumburg v. 18.09.2003 - 7 U (Hs) 17/03 - juris Rn. 47 - OLGR Naumburg 2004, 208.
[303] LArbG Köln v. 16.09.2004 - 5 Sa 592/04 - juris Rn. 12 - EzA-SD 2004, Nr. 25, 8.
[304] LArbG Köln v. 16.09.2004 - 5 Sa 592/04 - juris Rn. 12 - EzA-SD 2004, Nr. 25, 8.
[305] LArbG Hessen v. 08.12.2009 - 1 Sa 394/09 - juris Rn. 40; LArbG Köln v. 16.09.2004 - 5 Sa 592/04 - juris Rn. 12 - EzA-SD 2004, Nr. 25, 8.
[306] BAG v. 02.02.2006 - 2 AZR 57/05 - juris Rn. 20 - nv; BAG v. 17.03.2005 - 2 AZR 245/04 - juris Rn. 34 - EzA-SD 2005, Nr. 23, 8.
[307] Mansel in: Jauernig, BGB-Kommentar, 14. Aufl. 2011, § 626 Rn. 19.
[308] Fischermeier in: Becker/Etzel/Bader, Gemeinschaftskommentar zum Kündigungsschutzgesetz, 9. Aufl. 2009, § 626 Rn. 358.
[309] Mansel in: Jauernig, BGB-Kommentar, 14. Aufl. 2011, § 626 Rn. 20.

rungsfrist des § 626 Abs. 2 BGB gilt jedoch nicht für Kündigungsgründe, die bereits bei Ausspruch der Kündigung vorlagen und in zulässiger Weise im arbeitsgerichtlichen Verfahren nachgeschoben werden. Der Gekündigte hat kein schutzwürdiges Interesse daran, dass weitere Kündigungsgründe innerhalb von 2 Wochen nach Kenntnis der maßgebenden Umstände nachgeschoben werden. Ist bereits eine außerordentliche Kündigung aus anderen Gründen ausgesprochen worden, so kann der Gekündigte nicht mehr damit rechnen, dass die Kündigung später nicht auch noch auf weitere, bislang unentdeckte Gründe gestützt wird.[310]

Im Zusammenhang mit der Genehmigung einer vom Vertreter ohne hinreichende Vertretungsmacht ausgesprochenen außerordentlichen Kündigung ist zu beachten, dass eine Genehmigung innerhalb der zweiwöchigen Ausschlussfrist des § 626 Abs. 2 BGB erfolgen muss.[311] Eine Genehmigung der Kündigung als einseitigem Rechtsgeschäft ist jedoch gemäß § 180 Satz 2 BGB nur dann möglich, wenn der Kündigungsgegner die behauptete Vertretungsmacht nicht beanstandet oder er damit einverstanden ist.

44

Die Versäumung der Zwei-Wochen-Frist wirkt wie das Fehlen eines wichtigen Grundes, so dass dann eine Kündigung nach § 626 BGB grundsätzlich ausscheidet.[312] Diese Ausschlussfrist bezieht sich allein auf die außerordentliche Kündigung nach § 626 Abs. 1 BGB, eine analoge Anwendung auf andere Kündigungen oder andere Beendigungstatbestände kommt nicht in Betracht.[313] In anderen Fällen kann allenfalls der Rechtsgedanke des § 626 Abs. 2 BGB herangezogen werden, wonach die die Beendigung rechtfertigenden Gründe nicht zu lange aufgespart werden dürfen.

45

Die Vorschrift des § 91 Abs. 2 Satz 1 SGB IX verdrängt die Kündigungserklärungsfrist des § 626 Abs. 2 BGB nicht. Mit dem bestandskräftigen zustimmenden Verwaltungsakt des Integrationsamtes steht auch nicht etwa fest, dass die 2-Wochen-Frist gewahrt ist.[314]

46

Die zweiwöchige Frist nach § 626 Abs. 2 BGB gilt auch gegenüber Arbeitnehmern, die den besonderen Kündigungsschutz des § 15 KSchG genießen. Wird einem Betriebsratsmitglied aber lediglich die Verletzung einer Amtspflicht zum Vorwurf gemacht, so ist die Kündigung unzulässig und nur ein Ausschlussverfahren nach § 23 BetrVG möglich.[315]

47

2. Fristbeginn gemäß Absatz 2 Satz 2

Die Vorschrift stellt zum einen auf den Kündigungsberechtigten und zum anderen auf die Kenntnis von Tatsachen ab. **Kündigungsberechtigter** ist diejenige natürliche Person, der im gegebenen Fall das Recht zur Erklärung der außerordentlichen Kündigung zusteht[316], wozu der Arbeitgeber selbst und insbesondere sein gesetzlicher oder rechtsgeschäftlicher Vertreter zählen[317]. Bei **juristischen Personen** ist grundsätzlich die Kenntnis des zur Kündigung berechtigten Organs entscheidend.[318] Die Kenntnis eines **Dritten** vom Kündigungssachverhalt muss sich der Arbeitgeber grundsätzlich nur dann zurechnen lassen, wenn zum einen die Stellung des Dritten im Betrieb nach den Umständen erwarten lässt, dass dieser den Kündigungsberechtigten über den Kündigungssachverhalt unterrichten wird und zum anderen – als weitere kumulative Voraussetzung – die verspätet erlangte Kenntnis des Kündi-

48

---

[310] LAG Schleswig-Holstein v. 31.08.2011 - 3 Sa 29/11 - juris Rn. 63.
[311] LArbG Nürnberg v. 15.03.2004 - 9 (5) Sa 841/02 - juris Rn. 33 - Bibliothek BAG.
[312] *Mansel* in: Jauernig, BGB-Kommentar, 14. Aufl. 2011, § 626 Rn. 21; *Henssler* in: MünchKomm-BGB, 5. Aufl. 2009, § 626 Rn. 284.
[313] *Müller-Glöge in*: ErfKomm, 12. Aufl. 2012, § 626 Rn. 203 f.; AG Bonn v. 03.11.2009 - 27 C 44/09 - juris Rn. 40 - ZMR 2010, 320-322, zur analogen Anwendung von § 626 Abs. 2 BGB auf die Kündigung eines Wohnungseigentumsverwalters.
[314] BAG v. 02.03.2006 - 2 AZR 46/05 - BAGE 117, 168-177.
[315] BAG v. 05.11.2009 - 2 AZR 487/08 - juris Rn. 30 - NZA-RR 2010, 236-239; ArbG Darmstadt v. 12.04.2007 - 12 BV 18/06 - AE 2007, 332.
[316] *Fischermeier* in: Becker/Etzel/Bader, Gemeinschaftskommentar zum Kündigungsschutzgesetz, 9. Aufl. 2009, § 626 Rn. 343.
[317] *Henssler* in: MünchKomm-BGB, 5. Aufl. 2009, § 626 Rn. 291; *Belling* in: Erman, 13. Aufl. 2011, § 626 Rn. 97.
[318] KG Berlin v. 27.09.2004 - 2 U 191/02 - juris Rn. 69 - NZG 2004, 1165.

§ 626

gungsberechtigten darauf beruht, dass die Organisation des Betriebes zu einer Verzögerung des Fristbeginns geführt hat, obwohl eine andere Organisation sachgemäß und zumutbar gewesen wäre.[319]

49 Die Frist des § 626 Abs. 2 BGB beginnt, wenn der Kündigungsberechtigte eine sichere und möglichst vollständige **positive Kenntnis**[320] von den für die Kündigung maßgebenden Tatsachen hat, die ihm die Entscheidung ermöglicht, ob die Fortsetzung des Arbeitsverhältnisses zumutbar ist oder nicht[321]. Bei einem **Kollegialorgan**, das seinen Willen durch eine Beschlussfassung bilden muss, liegt eine Kenntnis nicht schon allein bei einer Kenntnis der Mitglieder oder des Vorsitzenden an sich, sondern erst dann vor, wenn dem Kollegialorgan der für die Tatsachenkenntnis maßgebliche Sachverhalt als Plenum unterbreitet wird.[322] Daher löst nicht schon deren außerhalb der Gesellschafterversammlung, sondern erst die nach dem Zusammentritt erlangte Kenntnis der für die Kündigung maßgeblichen Tatsachen den Lauf der Ausschlussfrist aus.[323] Ein Zuwarten des etwaig informierten Vorsitzenden des Kollegialorgans bis zu einem Zusammentritt des Organs auf unabsehbare Zeit ist nicht gestattet, vielmehr ist er verpflichtet, das Kollegialorgan unverzüglich einzuberufen und dessen Mitglieder zu informieren.[324] Wird etwa die Einberufung einer Aufsichtsratssitzung von ihren einberufungsberechtigten Mitgliedern nach Kenntniserlangung vom Kündigungssachverhalt unangemessen verzögert, so muss sich die Gesellschaft so behandeln lassen, als wäre die Aufsichtsratssitzung mit der billiger Weise zumutbaren Beschleunigung einberufen worden; insofern kann die Zwei-Wochen-Frist ausnahmsweise vor dem Zeitpunkt der Kenntniserlangung durch das für die Kündigung zuständige Gremium zu laufen beginnen.[325] Unter Tatsachen, die für die Kündigung maßgebend sind, sind sowohl die für als auch die gegen die Kündigung sprechenden Tatsachen zu verstehen.[326] Die Kenntnisse des Kündigenden müssen so fundiert sein, dass sie es ihm erlauben, seiner prozessualen Darlegungs- und Beweislast zu genügen, allerdings wird der Beginn der Ausschlussfrist aufgrund deren Beschleunigungsfunktion nur durch solche Maßnahmen gehemmt, die der Kündigende bei pflichtgemäßer Ausübung seines Ermessens für notwendig halten durfte.[327] Deshalb kann der Kündigungssachverhalt regelmäßig nicht ohne eine Anhörung des Arbeitnehmers hinreichend vollständig erfasst werden[328], wobei im Gegensatz zur Verdachtskündigung die Anhörung des Arbeitnehmers keine Wirksamkeitsvoraussetzung der Kündigung ist. Außerdem gehört es zu den vom Kündigungsberechtigten zu ergründenden und festzustellenden maßgeblichen Umständen, mögliche Beweismittel für die ermittelte Pflichtverletzung zu beschaffen und zu sichern.[329] Es muss sich um eine **positive Kenntnis** der Tatsachen handeln, eine grob fahr-

---

[319] BAG v. 18.05.1994 - 2 AZR 930/93 - juris Rn. 24 - AP Nr. 33 zu § 626 BGB Ausschlußfrist; *Belling* in: Erman, 13. Aufl. 2011, § 626 Rn. 97; *Fischermeier* in: Becker/Etzel/Bader, Gemeinschaftskommentar zum Kündigungsschutzgesetz, 9. Aufl. 2009, § 626 Rn. 355.

[320] BAG v. 17.03.2005 - 2 AZR 245/04 - juris Rn. 35 - EzA-SD 2005, Nr. 23, 8; LArbG Frankfurt v. 04.04.2003 - 12 Sa 250/02 - Rn. 62 - NZA 2004, 1160; *Fischermeier* in: Becker/Etzel/Bader, Gemeinschaftskommentar zum Kündigungsschutzgesetz, 9. Aufl. 2009, § 626 Rn. 319; *Henssler* in: MünchKomm-BGB, 5. Aufl. 2009, § 626 Rn. 297; *Belling* in: Erman, 13. Aufl. 2011, § 626 Rn. 94.

[321] BAG v. 27.01.2011 - 2 AZR 825/09 - juris Rn. 15 - NZA 2011, 798-804; BAG v. 26.06.2008 - 2 AZR 190/07 - NJW 2009, 105, 107 Rn. 23; BAG v. 05.12.2002 - 2 AZR 478/01 - juris Rn. 36 - DB 2003, 1685-1686; *Mennemeyer/Dreymüller*, NZA 2005, 382-386, 383; LArbG Hamm v. 07.06.2005 - 19 (9) Sa 232/05 - juris Rn. 41 - Bibliothek BAG.

[322] KG Berlin v. 27.09.2004 - 2 U 191/02 - juris Rn. 69 - NZG 2004, 1165; vgl. auch OLG München v. 14.07.2005 - 6 U 5444/04 - juris Rn. 120 - OLGR München 2005, 803.

[323] *Gehrlein*, BB 2005, 1700-1701, 1701.

[324] KG Berlin v. 27.09.2004 - 2 U 191/02 - juris Rn. 69 - NZG 2004, 1165.

[325] OLG München v. 14.07.2005 - 6 U 5444/04 - juris Rn. 121 - OLGR München 2005, 803 m.w.N.

[326] BAG v. 05.12.2002 - 2 AZR 478/01 - juris Rn. 36 - DB 2003, 1685-1686; BAG v. 10.06.1988 - 2 AZR 25/88 - juris Rn. 31 - NJW 1989, 733-735; BAG v. 17.03.2005 - 2 AZR 245/04 - juris Rn. 35 - EzA-SD 2005, Nr. 23, 8; *Henssler* in: MünchKomm-BGB, 5. Aufl. 2009, § 626 Rn. 297; *Fischermeier* in: Becker/Etzel/Bader, Gemeinschaftskommentar zum Kündigungsschutzgesetz, 9. Aufl. 2009, § 626 Rn. 319.

[327] LArbG Frankfurt v. 04.04.2003 - 12 Sa 250/02 - Rn. 62 - NZA 2004, 1160.

[328] BAG v. 02.02.2006 - 2 AZR 57/05 - juris Rn. 21 - nv; BAG v. 17.03.2005 - 2 AZR 245/04 - juris Rn. 35 - EzA-SD 2005, Nr. 23, 8.

[329] BAG v. 17.03.2005 - 2 AZR 245/04 - juris Rn. 35 - EzA-SD 2005, Nr. 23, 8.

lässige Unkenntnis oder Kennenmüssen genügt nicht.[330] Ohne Kenntnis des Kündigungsberechtigten vom Kündigungssachverhalt kann das Kündigungsrecht nicht verwirken.[331] Die Ausschlussfrist ist **gehemmt** bzw. läuft nicht an, solange der Kündigungsberechtigte die zur Aufklärung des Kündigungssachverhalts nach pflichtgemäßem Ermessen notwendig erscheinenden Maßnahmen – insbesondere Ermittlungen in der gebotenen Eile – zügig durchführt[332], wobei das tatsächliche Ergebnis der Ermittlungen für den Fristbeginn bedeutungslos ist[333]. Zu den zur Sachverhaltsaufklärung geeigneten Maßnahmen gehört bei einer verhaltensbedingten Kündigung die Anhörung des Kündigungsgegners, welche regelmäßig innerhalb einer Frist von einer Woche durchzuführen ist, die – so das LArbG Frankfurt – nur aus sachlich erheblichen, verständigen Gründen überschritten werden darf.[334] Das BAG spricht davon, dass „die Frist im Allgemeinen, und ohne dass besondere Umstände vorlägen, nicht mehr als eine Woche" betragen dürfe.[335] Die Rechtsprechung geht auch von einer **Regelfrist von einer Woche** für die Anhörung des Arbeitnehmers im Zusammenhang mit einer **Verdachtskündigung** (vgl. Rn. 39) aus.[336] Diese Regelfrist beginnt mit Kenntnis des Arbeitgebers von dem Vorgang, der zur außerordentlichen Kündigung führen könnte.[337] Eine Überschreitung der Regelfrist kann dann gerechtfertigt sein, wenn erhebliche oder verständige Gründe zur Überschreitung führen.[338] Ist eine Anhörung innerhalb der Regelfrist nicht möglich, ist nach dem Hinderungsgrund zu differenzieren.[339] Der Lauf der Ausschlussfrist wird nicht dadurch gehemmt, dass der Informant des Kündigungsberechtigten mit der Verwertung der Information nicht einverstanden ist, sofern nicht aus bestimmten Gründen ein Verwertungsverbot besteht.[340] Auch die Fortdauer eines staatsanwaltschaftlichen Ermittlungsverfahrens oder die explizite Bitte der Staatsanwaltschaft, zunächst von einer arbeitsrechtlichen Anhörung des Arbeitnehmers abzusehen, bewirkt nach in der Rechtsprechung vertretener Ansicht keine Hemmung des Fristlaufs.[341] Allerdings darf der Kündigungsberechtigte regelmäßig den Aus- bzw. Fortgang eines Strafermittlungs- bzw. Straf-

---

[330] BAG v. 27.01.2011 - 2 AZR 825/09 - juris Rn. 15 - NZA 2011, 798-804; BAG v. 02.02.2006 - 2 AZR 57/05 - juris Rn. 21 - nv; BAG v. 17.03.2005 - 2 AZR 245/04 - juris Rn. 35 - EzA-SD 2005, Nr. 23, 8; BAG v. 05.12.2002 - 2 AZR 478/01 - juris Rn. 36 - DB 2003, 1685-1686; BAG v. 16.08.1990 - 2 AZR 113/90 - juris Rn. 72 - NJW 1991, 518-520; *Müller-Glöge* in: ErfKomm, 12. Aufl. 2012, § 626 Rn. 209; *Belling* in: Erman, 13. Aufl. 2011, § 626 Rn. 94; *Fischermeier* in: Becker/Etzel/Bader, Gemeinschaftskommentar zum Kündigungsschutzgesetz, 9. Aufl. 2009, § 626 Rn. 319.

[331] BAG v. 05.12.2002 - 2 AZR 478/01 - juris Rn. 36 - DB 2003, 1685-1686; BAG v. 17.03.2005 - 2 AZR 245/04 - juris Rn. 35 - EzA-SD 2005, Nr. 23, 8; LArbG Hamm v. 07.06.2005 - 19 (9) Sa 232/05 - juris Rn. 41 - Bibliothek BAG.

[332] BAG v. 27.01.2011 - 2 AZR 825/09 - juris Rn. 15 - NZA 2011, 798-804; BAG v. 05.12.2002 - 2 AZR 478/01 - juris Rn. 36 - DB 2003, 1685-1686; BAG v. 17.03.2005 - 2 AZR 245/04 - juris Rn. 36 - EzA-SD 2005, Nr. 23, 8; LArbG Frankfurt v. 26.03.2004 - 3 Sa 1078/03 - juris Rn. 72 - nv; *Belling* in: Erman, 13. Aufl. 2011, § 626 Rn. 94.

[333] BAG v. 17.03.2005 - 2 AZR 245/04 - juris Rn. 36 - EzA-SD 2005, Nr. 23, 8; LArbG Frankfurt v. 04.04.2003 - 12 Sa 250/02 - Rn. 63 - NZA 2004, 1160; *Müller-Glöge* in: ErfKomm, 12. Aufl. 2012, § 626 Rn. 210.

[334] LArbG Frankfurt v. 04.04.2003 - 12 Sa 250/02 - Rn. 63 - NZA 2004, 1160.

[335] BAG v. 27.01.2011 - 2 AZR 825/09 - juris Rn. 15 - NZA 2011, 798-804.

[336] BAG v. 27.01.2011 - 2 AZR 825/09 - juris Rn. 22 - NZA 2011, 798-804; LArbG Köln v. 15.04.2010 - 13 Sa 1449/09 - juris Rn. 12 - AA 2010, 170-171; LArbG Niedersachsen v. 03.09.2007 - 9 Sa 989/06 - juris Rn. 60; *Mennemeyer/Dreymüller*, NZA 2005, 382-386, 383; *Dörner*, AR-Blattei SD 1010.9.1, Rn. 47.

[337] *Mennemeyer/Dreymüller*, NZA 2005, 382-386, 383.

[338] *Mennemeyer/Dreymüller*, NZA 2005, 382-386, 384.

[339] Vgl. hierzu *Mennemeyer/Dreymüller*, NZA 2005, 382-386, 384.

[340] LArbG Frankfurt v. 04.04.2003 - 12 Sa 250/02 - Rn. 66 - NZA 2004, 1160.

[341] LArbG Frankfurt v. 26.03.2004 - 3 Sa 1078/03 - juris Rn. 69 - nv, das jedoch darauf hinweist, dass der Kündigungsberechtigte, wenn er „wegen einer erwiesenen Straftat kündigen will, grundsätzlich das Ergebnis eines Ermittlungsverfahrens der Staatsanwaltschaft sowie auch eines Strafverfahrens abwarten" dürfe, wenn ihm selbst keine vollständige tatbestandliche Klärung möglich sei; LArbG Frankfurt v. 04.04.2003 - 12 Sa 250/02 - Rn. 65 - NZA 2004, 1160.

verfahrens abwarten.[342] Die Ausschlussfrist beginnt erst zu laufen, wenn die Ermittlungen abgeschlossen sind und der Kündigende die Kenntnis des Kündigungssachverhaltes hat[343], wobei für Ermittlungen allerdings dann kein Anlass mehr besteht, wenn der Sachverhalt bereits geklärt oder vom Gekündigten sogar zugestanden worden ist[344]. Für die Durchführung der übrigen Ermittlungen gilt im Gegensatz zur Anhörung des Arbeitnehmers keine Regelfrist.[345] Der Kündigungsberechtigte ist verpflichtet, die Aufklärung des Kündigungssachverhalts aktiv und zügig zu betreiben[346], allerdings soll die in § 626 Abs. 2 BGB vorgesehene zeitliche Begrenzung den Kündigungsberechtigten nicht zu hektischer Eile bei der Kündigung antreiben oder ihn veranlassen, ohne genügende Vorprüfung des Sachverhalts oder hinreichend vorhandene Beweismittel voreilig zu kündigen.[347]

50 Bei einem **Dauerzustand (Dauertatbestand)**, wie zum Beispiel eigenmächtigem Fernbleiben vom Arbeitsplatz[348], Alkoholabhängigkeit[349], einem Zahlungsverzug des Arbeitgebers[350] oder dem Vorwurf der Insolvenzverschleppung als Dauerdelikt[351], beginnt die Frist nicht vor Beendigung dieses Zustandes[352], also zum Beispiel bei einem Arbeitnehmer, der sich selbst beurlaubt hat, mit dessen Rückkehr aus dem Urlaub[353]. Auch beim Wegfall der Beschäftigungsmöglichkeit eines unkündbaren Arbeitnehmers handelt es sich um einen Dauertatbestand.[354] Zur Fristwahrung genügt es daher, dass der Zustand die letzten zwei Wochen vor der Kündigung angehalten hat, so dass es bei einem zusammenfassbaren Gesamtverhalten genügt, wenn ein dazugehöriger Vorfall in die Zwei-Wochen-Frist fällt[355].

51 Die zur Auslegung von § 626 Abs. 2 BGB entwickelten Grundsätze, insbesondere dazu, wann der Arbeitgeber von den für die Kündigung maßgebenden Tatsachen Kenntnis erlangt, sind auch bei der **Auslegung** des § 91 Abs. 2 Satz 2 SGB IX zu berücksichtigen.[356] Zum Fristbeginn im Zusammenhang mit der außerordentlichen Kündigung eines Schwerbehinderten vgl. auch Rn. 79.

3. Fristablauf gemäß Absatz 2 Satz 2

52 Die Berechnung der Ausschlussfrist richtet sich nach den §§ 187, 188 BGB. Der Tag, an dem der Kündigungsberechtigte die für die Kündigung maßgebenden Tatsachen erfahren hat, wird gemäß § 187 Abs. 1 BGB bei der Berechnung der Frist nicht berücksichtigt. Daher beginnt die Frist erst am Tage nach der Kenntniserlangung und endet nach § 188 Abs. 2 Satz 1 BGB zwei Wochen später mit Ablauf desjenigen Tages der zweiten Woche, der durch seine Benennung dem Tage entspricht, an dem die

---

[342] BAG v. 27.01.2011 - 2 AZR 825/09 - juris Rn. 16 - NZA 2011, 798-804; BAG v. 05.06.2008 - 2 AZR 25/07 - NZA-RR 2009, 69, 70 Rn. 20; BAG v. 17.03.2005 - 2 AZR 245/04 - juris Rn. 36 - EzA-SD 2005, Nr. 23, 8; LArbG Hessen v. 24.05.2011 - 15 Sa 533/10 - juris Rn. 29; OLG Naumburg v. 18.09.2003 - 7 U (Hs) 17/03 - juris Rn. 57 - OLGR Naumburg 2004, 208.
[343] BAG v. 05.12.2002 - 2 AZR 478/01 - juris Rn. 36 - DB 2003, 1685-1686; LArbG Kiel v. 21.04.2004 - 3 Sa 548/03 - juris Rn. 44 - NZA-RR 2004, 666.
[344] BAG v. 05.12.2002 - 2 AZR 478/01 - juris Rn. 36 - DB 2003, 1685-1686; BAG v. 17.03.2005 - 2 AZR 245/04 - juris Rn. 36 - EzA-SD 2005, Nr. 23, 8; LArbG Hessen v. 24.05.2011 - 15 Sa 533/10 - juris Rn. 29.
[345] *Dörner*, AR-Blattei SD 1010.9.1, Rn. 48.
[346] LArbG Frankfurt v. 26.03.2004 - 3 Sa 1078/03 - juris Rn. 78 - nv.
[347] BAG v. 17.03.2005 - 2 AZR 245/04 - juris Rn. 36 - EzA-SD 2005, Nr. 23, 8 m.w.N.
[348] *Belling* in: Erman, 13. Aufl. 2011, § 626 Rn. 96.
[349] ArbG Dresden v. 21.01.2004 - 13 Ca 5250/03 - juris Rn. 21 - Bibliothek BAG.
[350] ArbG Herford v. 26.02.2004 - 1 Ca 1686/03 - juris Rn. 16 - Bibliothek BAG; vgl. auch BAG v. 26.07.2001 - 8 AZR 739/00 - juris Rn. 38 - NJW 2002, 1593-1598.
[351] *Gehrlein*, BB 2005, 1700-1701, 1701.
[352] BGH v. 20.06.2005 - II ZR 18/03 - juris Rn. 12 - NZA 2005, 1415; ArbG Herford v. 26.02.2004 - 1 Ca 1686/03 - juris Rn. 16 - Bibliothek BAG; *Weidenkaff* in: Palandt, 71. Aufl. 2012, § 626 Rn. 27; vgl. auch: *Fischermeier* in: Becker/Etzel/Bader, Gemeinschaftskommentar zum Kündigungsschutzgesetz, 9. Aufl. 2009, § 626 Rn. 323 ff; a.A.: *Henssler* in: MünchKomm-BGB, 5. Aufl. 2009, § 626 Rn. 307.
[353] *Sasse*, ArbRB 2003, 342-344, 343.
[354] BAG v. 06.10.2005 - 2 AZR 362/04 - juris Rn. 20 - nv.
[355] *Weidenkaff* in: Palandt, 71. Aufl. 2012, § 626 Rn. 27.
[356] VG Oldenburg v. 21.01.2003 - 13 A 3791/02 - juris Rn. 16 - Behindertenrecht 2003, 226-228.

Kenntnis erlangt wurde. Die Frist des § 626 Abs. 2 BGB ist nur dann gewahrt, wenn die Kündigung innerhalb der Frist dem Gekündigten **zugeht**.[357] Die Absendung innerhalb der Frist reicht nicht aus.[358]

IX. Mitbestimmung

1. Anhörung

Nach § 102 Abs. 1 BetrVG ist der Betriebsrat vor jeder Kündigung zu hören. Das Anhörungsverfahren nach § 102 BetrVG entfaltet nur für die Kündigung Wirksamkeit, für die es eingeleitet worden ist.[359] Der Arbeitgeber hat demnach grundsätzlich für jede Kündigung ein Anhörungsverfahren nach § 102 BetrVG durchzuführen.[360] Will er beispielsweise eine außerordentliche Kündigung und hilfsweise ordentliche Kündigung aussprechen, hat er dies dem Betriebsrat bei Einleitung des Anhörungsverfahrens mitzuteilen.[361] Der Arbeitgeber muss klarstellen, er beabsichtige sowohl den Ausspruch einer außerordentlichen als auch einer – hilfsweise – ordentlichen Kündigung.[362] Einer erneuten Anhörung des Betriebsrates bedarf es schon, wenn der Arbeitgeber nach Anhörung des Betriebsrates eine Kündigung erklärt hat, d.h. wenn die erste Kündigung dem Arbeitnehmer zugegangen ist und der Arbeitgeber damit seinen Kündigungswillen bereits verwirklicht hat und nunmehr eine neue Kündigung aussprechen will; etwas anderes kommt nur in Ausnahmefällen in Betracht.[363] Die Anhörung allein zur außerordentlichen Kündigung ersetzt daher grundsätzlich nicht die Anhörung zu einer ordentlichen Kündigung.[364] Eine Ausnahme von diesem Grundsatz kann aber dann in Betracht kommen, wenn der Betriebsrat, der lediglich zu einer beabsichtigten außerordentlichen Kündigung angehört wird, dieser ausdrücklich und vorbehaltlos zugestimmt hat und auch aus sonstigen Umständen nicht zu ersehen ist, dass der Betriebsrat für den Fall der Unwirksamkeit der außerordentlichen Kündigung der dann verbleibenden ordentlichen Kündigung entgegengetreten wäre.[365]

53

Wenn die Anhörung nicht wirksam durchgeführt wurde, ist die Kündigung – obwohl ein Zustimmungserfordernis in diesen Fällen nicht gegeben ist – unwirksam, eine Heilung durch nachträgliche Zustimmung des Betriebsrates kommt grundsätzlich nicht in Betracht. Die wirksame Anhörung des Betriebsrates setzt insbesondere voraus, dass der Arbeitgeber mitteilt, er beabsichtige eine außerordentliche Kündigung, sowie den betreffenden Arbeitnehmer und dessen Sozialdaten nennt. Weiter muss er die Gründe nennen, die für ihn den Ausschlag zur beabsichtigten Kündigung gegeben haben (sog. **subjektive Determination**).[366] Darüber hinaus muss der Arbeitgeber dem Betriebsrat auch diejenigen Umstände mitteilen, die gegen die Kündigung sprechen, wozu auch die den Arbeitnehmer entlastenden Tatsachen gehören.[367] Die Kündigung ist nicht nur dann unwirksam, wenn die Anhörung des Betriebsrates gänzlich unterbleibt, sondern auch dann, wenn der Arbeitgeber seiner Unterrichtungspflicht nicht richtig, insbesondere nicht ausführlich genug nachkommt.[368] Nicht erforderlich ist

54

---

[357] *Belling* in: Erman, 13. Aufl. 2011, § 626 Rn. 98; *Henssler* in: MünchKomm-BGB, 5. Aufl. 2009, § 626 Rn. 290.
[358] *Müller-Glöge* in: ErfKomm, 12. Aufl. 2012, § 626 Rn. 219; *Henssler* in: MünchKomm-BGB, 5. Aufl. 2009, § 626 Rn. 290; *Fischermeier* in: Becker/Etzel/Bader, Gemeinschaftskommentar zum Kündigungsschutzgesetz, 9. Aufl. 2009, § 626 Rn. 358.
[359] BAG v. 10.11.2005 - 2 AZR 623/04 - juris Rn. 41 - NZA 2006, 491-494.
[360] BAG v. 10.11.2005 - 2 AZR 623/04 - juris Rn. 41 - NZA 2006, 491-494.
[361] BAG v. 10.11.2005 - 2 AZR 623/04 - juris Rn. 41 - NZA 2006, 491-494.
[362] BAG v. 10.11.2005 - 2 AZR 623/04 - juris Rn. 41 - NZA 2006, 491-494.
[363] BAG v. 10.11.2005 - 2 AZR 623/04 - juris Rn. 42 - NZA 2006, 491-494; BAG v. 16.09.1993 - 2 AZR 267/93 - juris Rn. 30 - NZA 1994, 311; *Wolmerath*, jurisPR-ArbR 13/2006, Anm. 1.
[364] BAG v. 09.05.1985 - 2 AZR 355/84 - juris Rn. 27.
[365] BAG v. 09.05.1985 - 2 AZR 355/84 - juris Rn. 27; BAG v. 16.09.1993 - 2 AZR 267/93 - juris Rn. 31 - NZA 1994, 311; BAG v. 16.03.1978 - 2 AZR 424/76 - NJW 1979, 76.
[366] *Belling* in: Erman, 13. Aufl. 2011, § 626 Rn. 99; BAG v. 18.05.1994 - 2 AZR 920/93 - juris Rn. 14 - BB 1994, 1783-1785; LArbG Hamm v. 12.04.2011 - 19 Sa 1951/10 - juris Rn. 133.
[367] LArbG Schleswig-Holstein v. 19.01.2010 - 5 Sa 210/09 - juris Rn. 45.
[368] BAG v. 15.11.1995 - 2 AZR 974/94 - juris Rn. 33 - NJW 1996, 1556-1558; BAG v. 27.02.1997 - 2 AZR 302/96 - juris Rn. 25 - NJW 1997, 2540-2542; LArbG München v. 01.02.2011 - 9 Sa 1133/09 - juris Rn. 39; LArbG Halle (Saale) v. 25.06.2002 - 8 Sa 845/01 - juris Rn. 42 - Bibliothek BAG.

die Angabe der Sozialdaten des betreffenden Arbeitnehmers, die dem Betriebsrat bereits bekannt sind und für die Kündigung unerheblich sind.[369] Auch ist der Arbeitgeber im Rahmen der Anhörung des Betriebsrates nach § 102 BetrVG nicht verpflichtet, diesem über die Mitteilung der erforderlichen Tatsachen hinaus Unterlagen oder Beweismittel vorzulegen.[370] Der Arbeitgeber darf die Kündigung erst nach Kenntnis des Betriebsratsbeschlusses bzw. dessen Stellungnahme oder nach Ablauf der Drei-Tages-Frist des § 102 Abs. 2 BetrVG aussprechen. Eine bereits vor Anhörung des Betriebsrats unterschriebene Kündigungserklärung genügt den Anforderungen des § 102 Abs. 1 Satz 3 BetrVG, wenn sie den Machtbereich des Arbeitgebers verlässt, nachdem ein Kündigungsberechtigter von der Stellungnahme des Betriebsrats Kenntnis hatte.[371] Dem Betriebsrat steht bei einer außerordentlichen Kündigung mit notwendiger Auslauffrist gegenüber einem tariflich unkündbaren Arbeitnehmer nicht lediglich die Anhörungsfrist von drei Tagen nach § 102 Abs. 2 Satz 3 BetrVG zu, sondern ihm ist die volle Frist von einer Woche gemäß § 102 Abs. 2 Satz 1 BetrVG einzuräumen.[372] Mängel des Anhörungsverfahrens, die im Verantwortungsbereich der Arbeitnehmervertretung liegen, führen grundsätzlich auch dann nicht zur Unwirksamkeit der Kündigung wegen fehlerhafter Anhörung, wenn der Arbeitgeber im Zeitpunkt der Kündigung weiß oder erkennen kann, dass die Arbeitnehmervertretung die Angelegenheit nicht fehlerfrei behandelt hat. Solche Fehler gehen nicht zu Lasten des Arbeitgebers, weil er keine wirksamen rechtlichen Einflussmöglichkeiten auf die Beschlussfassung der Arbeitnehmervertretung hat. Anderes gilt, wenn für den Arbeitgeber erkennbar keine Stellungnahme des Gremiums, sondern nur eine persönliche Äußerung eines Mitglieds der Arbeitnehmervertretung vorliegt oder der Arbeitgeber den Fehler selbst veranlasst hat.[373] Ein Widerspruch des Betriebsrates hindert den Arbeitgeber nicht, die Kündigung dennoch auszusprechen, und macht die Kündigung nicht unwirksam.

2. Zustimmung

55 Die Zustimmung des Betriebsrates als Wirksamkeitserfordernis der Kündigung ist im Fall des § 103 Abs. 1 BetrVG erforderlich.[374] Eine fehlende Zustimmung kann allerdings gemäß § 103 Abs. 2 BetrVG durch das Arbeitsgericht ersetzt werden, wobei der Arbeitgeber den erforderlichen Zustimmungsersetzungsantrag allerdings innerhalb der Zwei-Wochen-Frist des § 626 Abs. 2 BGB stellen muss. Führt die Regelung des § 626 Abs. 2 BGB im Geltungsbereich eines Personalvertretungsgesetzes bei direkter, unmodifizierter Anwendung im Fall einer Zustimmungsverweigerung durch den Personalrat faktisch ausnahmslos dazu, dass die Möglichkeit einer Kündigung nach § 626 Abs. 1 BGB entfällt, weil das betreffende Mitbestimmungs- bzw. Ersetzungsverfahren dazu führen würde, dass der Ausspruch einer Kündigung zwei Wochen nach Kenntnis des Arbeitgebers von den für die Kündigung maßgebenden Umständen wegen des bis dahin eingetretenen Fristablaufes ausgeschlossen wäre und eine ohne Zustimmung des Personalrats ausgesprochene Kündigung unwirksam ist, so liegt eine unbewusste Gesetzeslücke vor. Diese ist entweder durch entsprechende Anwendung der Regelung in § 91 Abs. 5 SGB IX oder über eine entsprechende Anwendung der Vorschriften des BGB über die Hemmung der Verjährung nach § 204 Abs. 1 Nr. 4 BGB und § 204 Abs. 1 Nr. 11 BGB i.V.m. § 209 BGB zu schließen, da die Situation bei Durchführung des Mitbestimmungsverfahrens nach dem betreffenden Personalvertretungsgesetz vergleichbar ist.[375] Das Zustimmungserfordernis des Aufsichtsrats ist nicht zwingend eine Wirksamkeitsvoraussetzung für die Kündigung im Außenverhältnis.[376]

---

[369] *Weidenkaff* in: Palandt, 71. Aufl. 2012, § 626 Rn. 12; *Belling* in: Erman, 13. Aufl. 2011, § 626 Rn. 99.
[370] BAG v. 10.11.2005 - 2 AZR 44/05 - juris Rn. 40 - NZA 2006, 655-658; BAG v. 06.02.1997 - 2 AZR 265/96 - juris Rn. 21 - DB 1997, 1284; LArbG Hessen v. 19.04.2011 - 12 Sa 1178/10 - juris Rn. 32.
[371] LArbG Rostock v. 09.12.2002 - 5 Sa 193/02 - juris Rn. 12.
[372] BAG v. 12.01.2006 - 2 AZR 242/05 - juris Rn. 17 - nv.
[373] BAG v. 12.03.2009 - 2 AZR 251/07 - juris Rn. 39 - NZA 2009, 779-783.
[374] Vgl. hierzu etwa *Diller*, NZA 2004, 579-585.
[375] LArbG Berlin v. 26.06.2002 - 15 Sa 467/02 - juris Rn. 50 - Bibliothek BAG; vgl. auch BAG v. 08.06.2000 - 2 AZR 375/99 - juris Rn. 11 - NJW 2001, 1156-1158; BAG v. 02.02.2006 - 2 AZR 57/05 - juris Rn. 26, 33 - nv.
[376] Vgl. etwa BAG v. 06.10.2005 - 2 AZR 362/04 - juris Rn. 17 - nv.

X. Abdingbarkeit

§ 626 BGB – insbesondere § 626 Abs. 2 BGB – ist zwingendes Recht und kann weder durch individualvertragliche Vereinbarung – etwa in Form eines Widerrufsvorbehalts[377] – noch durch Tarifvertrag oder eine sonstige kollektivvertragliche Regelung abbedungen, beschränkt oder erweitert werden, weswegen eine entsprechende Vereinbarung unwirksam ist.[378] Auch ist es nicht möglich, bestimmte Sachverhalte zum wichtigen Grund zu erklären.[379] Deshalb können – tarifliche – Vereinbarungen über die zur außerordentlichen Kündigung rechtfertigenden Gründe lediglich im Rahmen der Interessenabwägung eine beschränkte rechtliche Bedeutung erlangen.[380] Tarifvertragliche Regelungen oder Betriebsvereinbarungen[381] über die Unkündbarkeit von Arbeitnehmern können daher nur die ordentliche Kündigung betreffen.   56

Eine Kündigung nach § 626 BGB und ein mögliches Anfechtungsrecht schließen sich nicht gegenseitig aus. Ein und derselbe Sachverhalt kann sowohl zur Anfechtung als auch zur außerordentlichen und zur ordentlichen Kündigung berechtigen.[382]   57

C. Rechtsfolgen

I. Rechtsfolgen der außerordentlichen Kündigung

In der Regel wird die außerordentliche Kündigung als fristlose Kündigung erklärt, mit der das Arbeitsverhältnis sofort beendet werden soll. Ob eine solche fristlose Kündigung erklärt worden ist, ist unter Berücksichtigung der konkreten Umstände durch Auslegung zu ermitteln, denn die fristlose Kündigung muss nicht ausdrücklich erklärt werden, da jedes Verhalten des Kündigenden genügt, aus dem der Vertragspartner eindeutig und zweifelsfrei entnehmen kann, dass die Beschäftigung sofort – d.h. bei Zugang der Kündigungserklärung – endgültig eingestellt und das Arbeitsverhältnis nicht fortgesetzt werden soll.[383] Bei einem Streit über die Wirksamkeit einer Arbeitgeberkündigung ist der Arbeitnehmer, der selbst die Wirksamkeit der Kündigung bestreitet, nicht von allen Pflichten aus dem streitigen Arbeitsverhältnis befreit. So ist er etwa an ein bestehendes Wettbewerbsverbot auch dann noch gebunden, wenn der Arbeitgeber eine außerordentliche Kündigung ausspricht, deren Wirksamkeit der Arbeitnehmer bestreitet.[384]   58

Die außerordentliche Kündigung kann aber auch mit einer sog. **sozialen Auslauffrist**, die weder der gesetzlichen (§§ 621, 622 BGB) oder tariflichen, noch einer eventuell vereinbarten Kündigungsfrist zu entsprechen braucht, verbunden werden.[385] Eine außerordentliche Kündigung mit notwendiger Auslauffrist kommt nur dann in Betracht, wenn ein wichtiger Grund zur Kündigung gerade darin zu sehen ist, dass wegen des tariflichen Ausschlusses der ordentlichen Kündigung der Arbeitgeber den Arbeitnehmer notfalls bis zum Erreichen der Pensionsgrenze weiterbeschäftigen müsste und dies unzumutbar ist.[386] An diese selbst gesetzte Frist ist der Kündigende gebunden. Bei **tarifvertraglichem Ausschluss** der ordent-   59

---

[377] Vgl. BAG v. 19.01.2005 - 7 AZR 113/04 - juris Rn. 28 - nv.
[378] *Weidenkaff* in: Palandt, 71. Aufl. 2012, § 626 Rn. 2; *Belling* in: Erman, 13. Aufl. 2011, § 626 Rn. 18; *Henssler* in: MünchKomm-BGB, 5. Aufl. 2009, § 626 Rn. 48, 316, 317.
[379] BAG v. 24.06.2004 - 2 AZR 656/02 - juris Rn. 39 - nv.
[380] BAG v. 24.06.2004 - 2 AZR 656/02 - juris Rn. 39 - nv.
[381] Vgl. hierzu *Matthes*, FA 2004, 354-357, 354.
[382] BAG v. 07.07.2011 - 2 AZR 396/10 - juris Rn. 20 - ArbR 2011, 376; BAG v. 16.12.2004 - 2 AZR 148/04 - juris Rn. 24 - EzA-SD 2005, Nr. 8, 10-11.
[383] *Fischermeier* in: Becker/Etzel/Bader, Gemeinschaftskommentar zum Kündigungsschutzgesetz, 9. Aufl. 2009, § 626 Rn. 28; *Müller-Glöge* in: ErfKomm, 12. Aufl. 2012, § 626 Rn. 188; *Henssler* in: MünchKomm-BGB, 5. Aufl. 2009, § 626 Rn. 60.
[384] BAG v. 13.12.2007 - 2 AZR 196/06 - AE 2008, 31-32.
[385] *Fischermeier* in: Becker/Etzel/Bader, Gemeinschaftskommentar zum Kündigungsschutzgesetz, 9. Aufl. 2009, § 626 Rn. 29; *Belling* in: Erman, 13. Aufl. 2011, § 626 Rn. 24; *Müller-Glöge* in: ErfKomm, 12. Aufl. 2012, § 626 Rn. 188; *Henssler* in: MünchKomm-BGB, 5. Aufl. 2009, § 626 Rn. 60, 331 ff., 111; a.A.: *Schwerdtner* in: MünchKomm-BGB, 3. Aufl. 1997, § 626 Rn. 32, 36.
[386] BAG v. 24.06.2004 - 2 AZR 656/02 - juris Rn. 27 - nv.

lichen Kündigung ist die Kündigungsfrist als Auslauffrist einzuhalten, die gelten würde, wenn die ordentliche Kündigungsfrist nicht ausgeschlossen wäre.

II. Bei Fristablauf

60 § 626 Abs. 2 BGB enthält eine **materiell-rechtliche Ausschlussfrist**, was bedeutet, dass die außerordentliche Kündigung bei Fristversäumung grundsätzlich unwirksam ist, denn wenn erst nach Ablauf der Zwei-Wochen-Frist gekündigt wird, löst § 626 Abs. 2 BGB die **unwiderlegbare gesetzliche Vermutung** dahin gehend aus, dass ein „wichtiger Grund" fehlt.[387] Der Kündigungsempfänger muss die Unwirksamkeit der außerordentlichen Kündigung wegen Fristversäumung durch fristgerechte Feststellungsklage gemäß § 13 Abs. 1 KSchG i.V.m. § 4 KSchG geltend machen. Wird diese Klagefrist versäumt, ist eine Heilung über § 13 Abs. 1 KSchG i.V.m. § 4 KSchG i.V.m. § 7 KSchG möglich[388], mit dem Ergebnis, dass die Kündigung wirksam ist.

III. Pflicht zur Mitteilung der Kündigungsgründe gemäß Absatz 2 Satz 3

61 Nach dieser Vorschrift ist der Kündigende dem Kündigungsempfänger gegenüber verpflichtet, auf dessen Verlangen die Kündigungsgründe unverzüglich, d.h. ohne schuldhaftes Zögern im Sinne von § 121 Abs. 1 BGB mitzuteilen.

62 Ebenso wie bei der Kündigungserklärung gemäß § 623 BGB sind auch hier die Kündigungsgründe schriftlich mitzuteilen.[389] Der Kündigende hat die Kündigungsgründe vollständig und wahrheitsgemäß anzugeben[390] und die Tatsachen mitzuteilen, aufgrund derer er gekündigt hat; die bloße Mitteilung von eigenen Wertungen und Schlussfolgerungen reicht für § 626 Abs. 2 Satz 3 BGB nicht aus.[391] Die Mitteilung von Kündigungsgründen gehört nicht zum notwendigen Inhalt einer Kündigungserklärung[392] und ist daher **keine Wirksamkeitsvoraussetzung**[393] der außerordentlichen Kündigung, eine Nichtangabe von Kündigungsgründen führt daher nicht zur Nichtigkeit der Kündigung. Der Arbeitgeber macht sich aber u.U. gemäß § 241 Abs. 2 BGB i.V.m. den §§ 280-285 BGB schadensersatzpflichtig.[394] Werden Gründe angegeben, können grundsätzlich weitere Gründe auch noch im Rechtsstreit **nachgeschoben** werden, soweit sie bei Ausspruch der Kündigung objektiv vorlagen und dem Kündigenden nicht länger als zwei Wochen zuvor bekannt geworden waren[395]; vgl. Rn. 13.

D. Prozessuale Hinweise

I. Umdeutung

63 Eine nach § 626 Abs. 1 BGB unwirksame außerordentliche Kündigung kann jederzeit in eine mögliche und wirksame ordentliche Kündigung umgedeutet werden. Die Voraussetzungen für eine **Umdeu-**

---

[387] *Weidenkaff* in: Palandt, 71. Aufl. 2012, § 626 Rn. 30; *Henssler* in: MünchKomm-BGB, 5. Aufl. 2009, § 626 Rn. 282, 318; *Mansel* in: Jauernig, BGB-Kommentar, 14.Aufl. 2011, § 626 Rn. 21.

[388] *Weidenkaff* in: Palandt, 71. Aufl. 2012, § 626 Rn. 30.

[389] Nach Ansicht von *Kramer*, DB 2006, 502-508, 507 reicht im Hinblick darauf, dass die bloße Information im Vordergrund steht, auch die Erklärung in Gestalt der Textform, zum Beispiel als einfache E-Mail, aus.

[390] *Fischermeier* in: Becker/Etzel/Bader, Gemeinschaftskommentar zum Kündigungsschutzgesetz, 9. Aufl. 2009, § 626 Rn. 38.

[391] *Müller-Glöge* in: ErfKomm, 12. Aufl. 2012, § 626 Rn. 233.

[392] BGH v. 01.12.2003 - II ZR 161/02 - juris Rn. 12 - BGHZ 157, 151; zum Mindestinhalt einer Kündigungserklärung vgl. *Seel*, MDR 2005, 1331-1334, 1332 ff.

[393] *Henssler* in: MünchKomm-BGB, 5. Aufl. 2009, § 626 Rn. 61; *Fischermeier* in: Becker/Etzel/Bader, Gemeinschaftskommentar zum Kündigungsschutzgesetz, 9. Aufl. 2009, § 626 Rn. 35.

[394] *Henssler* in: MünchKomm-BGB, 5. Aufl. 2009, § 626 Rn. 66; *Belling* in: Erman, 13. Aufl. 2011, § 626 Rn. 26; *Fischermeier* in: Becker/Etzel/Bader, Gemeinschaftskommentar zum Kündigungsschutzgesetz, 9. Aufl. 2009, § 626 Rn. 37; *Kramer*, DB 2006, 502-508, 507.

[395] BGH v. 20.06.2005 - II ZR 18/03 - juris Rn. 12 - NZA 2005, 1415 zum Fall der Kündigung eines Geschäftsführeranstellungsvertrages; BGH v. 01.12.2003 - II ZR 161/02 - juris Rn. 12 - BGHZ 157, 151 zum Fall eines Geschäftsführeranstellungsvertrages.

tung richten sich nach § 140 BGB. Die Umdeutung einer außerordentlichen Kündigung in eine ordentliche Kündigung setzt hiernach voraus, dass eine ordentliche Kündigung dem mutmaßlichen Willen des Kündigenden entspricht, dieser Wille in der Kündigungserklärung zum Ausdruck kommt und dass dieser Wille dem Kündigungsempfänger im Zeitpunkt des Zugangs der Kündigung erkennbar geworden ist.[396] Daher kann eine außerordentliche Kündigung in eine ordentliche Kündigung umgedeutet werden, wenn dem gekündigten Arbeitnehmer aus der Kündigungserklärung oder sonstigen Umständen bereits im Zeitpunkt des Zugangs der Kündigung erkennbar war, dass der Kündigende das Arbeitsverhältnis in jedem Fall beenden will.[397] Es ist also der mutmaßliche Wille des Kündigenden für den Fall zu erforschen, dass er die Unwirksamkeit seiner Kündigung gekannt hätte.[398] Der Wille nach einer Lösung des Vertragsverhältnisses und somit eine Umdeutung wird etwa zu bejahen sein, wenn sich die vom Kündigenden für den wichtigen Grund angenommenen Tatsachen als wahr erweisen, aber aus rechtlichen Gründen nicht für eine Kündigung ausreichen.[399] Wenn sich die angenommenen Tatsachen dagegen als unwahr erweisen, so wird eine Umdeutung in der Regel zu verneinen sein[400], sofern sich keine anderweitigen Anhaltspunkte ergeben. Was die Berücksichtigung der Umdeutung durch die Gerichte betrifft, hat das BAG zu Recht ausgeführt, die Umdeutung verlange weder einen besonderen Antrag des Kündigenden noch müsse er sich ausdrücklich auf die Umdeutung berufen.[401] Die Umdeutung sei materiell-rechtlich weder als Einwendung noch als Einrede ausgestaltet.[402] Das BAG fährt sodann fort: „Liegen die Voraussetzungen des § 140 BGB vor, tritt die Umdeutung kraft Gesetzes ein und bedarf keines richterlichen Gestaltungsakts. Deshalb ist die Terminologie, die von einer „Umdeutung von Amts wegen" spricht, unscharf und wirkt verwirrend. Die Umdeutung eines Rechtsgeschäfts ist Bestandteil der richterlichen Rechtsfindung. Nur wenn keine Tatsachen vorliegen, aus denen auf eine Umdeutung geschlossen werden kann, hat sie zu unterbleiben. Wegen des Beibringungsgrundsatzes dürfen die Arbeitsgerichte allerdings nicht die die Umdeutungslage begründenden Tatsachen von Amts wegen ermitteln".[403] Der Klageantrag des Arbeitnehmers gegen die außerordentliche Kündigung erfasst im Zweifelsfall auch die umgedeutete ordentliche Kündigung.[404] Weiter ist zu beachten, dass im Hinblick auf die Umdeutung in eine ordentliche Kündigung ein gegebenenfalls erforderliches Anhörungsrecht zu beachten ist.[405] Für eine Umdeutung ist kein Raum, wenn das alternative Rechtsgeschäft tatsächlich vorgenommen worden ist.[406] Auch gegen den erklärten Parteiwillen kann eine Umdeutung nicht erfolgen.[407]

War eine **Betriebsratsanhörung** nach § 102 BetrVG erforderlich und ist der Betriebsrat nur zu der beabsichtigten und dann tatsächlich ausgesprochenen außerordentlichen Kündigung angehört worden, kann grundsätzlich keine Umdeutung der unwirksamen außerordentlichen Kündigung in eine ordentliche Kündigung erfolgen, weil die (neue) ordentliche Kündigung gemäß § 102 Abs. 1 BetrVG mangels ordnungsgemäßer Anhörung unwirksam wäre. Zu den Ausnahmen vgl. Rn. 53.

64

---

[396] BAG v. 15.11.2001 - 2 AZR 310/00 - juris Rn. 19 - NJW 2002, 2972-2974; LG Bremen v. 10.06.2004 - 2 O 2752/02 - juris Rn. 24 - VuR 2004, 306.
[397] BAG v. 11.12.2003 - 2 AZR 36/03 - juris Rn. 26 - D-spezial 2004, Nr. 8, 7-8; LArbG Halle (Saale) v. 25.01.2000 - 8 Sa 354/99 - juris Rn. 11 - Bibliothek BAG.
[398] *Weidenkaff* in: Palandt, 71. Aufl. 2012, § 626 Rn. 36.
[399] *Weidenkaff* in: Palandt, 71. Aufl. 2012, § 626 Rn. 36.
[400] *Weidenkaff* in: Palandt, 71. Aufl. 2012, § 626 Rn. 36.
[401] So auch *Opolony*, AR-Blattei SD 1020.3, 75, Rn. 285-287.
[402] BAG v. 15.11.2001 - 2 AZR 310/00 - juris Rn. 21 - NJW 2002, 2972-2974.
[403] BAG v. 15.11.2001 - 2 AZR 310/00 - juris Rn. 23 - NJW 2002, 2972-2974; vgl. auch BAG v. 11.12.2003 - 2 AZR 36/03 - juris Rn. 26 - D-spezial 2004, Nr. 8, 7-8.
[404] *Opolony*, AR-Blattei SD 1020.3, 75, Rn. 287.
[405] Vgl. LArbG Frankfurt v. 06.05.2003 - 1/2 Sa 1665/02 - juris Rn. 134 - Bibliothek BAG.
[406] ArbG Berlin v. 02.12.2002 - 30 Ca 13044/02 - juris Rn. 42 - Bibliothek BAG
[407] BAG v. 24.06.2004 - 2 AZR 656/02 - juris Rn. 49 - nv.

II. Darlegungs- und Beweislast

65 Die Beweislast für die Tatsachen, die den wichtigen Grund darstellen, trägt derjenige, der gekündigt hat und sich auf die Wirksamkeit der Kündigung beruft[408], so etwa der Arbeitgeber für das Vorliegen dringender betrieblicher Erfordernisse[409]. Zur Darlegungs- und Beweislast hat das BAG ausgeführt, dass „derjenige, der eine außerordentliche Kündigung ausgesprochen hat, darlegungs- und beweisbelastet [ist] für alle Umstände, die als wichtige Gründe geeignet sein können. Der Kündigende muss also die Voraussetzungen für die Unzumutbarkeit der Weiterbeschäftigung in vollem Umfang darlegen und beweisen; die Darlegungs- und Beweislast ist nicht so aufzuteilen, dass der Kündigende nur die objektiven Merkmale für einen Kündigungsgrund und die bei der Interessenabwägung für den Gekündigten ungünstigen Umstände und der Gekündigte seinerseits Rechtfertigungsgründe und für ihn entlastende Umstände vorzutragen und zu beweisen hätte. Kündigt also der Arbeitgeber, so muss er alle Umstände darlegen und ggf. beweisen, die den Vorwurf begründen, der Arbeitnehmer habe vertragswidrig gehandelt. Aus einer Arbeitsversäumnis kann nicht schon ohne weiteres auf eine Arbeitspflichtverletzung durch den Arbeitnehmer geschlossen werden. Im Vertragsrecht indiziert ein bestimmter Sachverhalt, der den objektiven Voraussetzungen für eine Vertragsverletzung entspricht, nicht zugleich ein rechts- bzw. vertragswidriges Verhalten; vielmehr muss die Rechtswidrigkeit eines beanstandeten Verhaltens besonders begründet werden. Deshalb muss der Arbeitgeber ggf. auch die Tatsachen beweisen, welche einen Rechtfertigungsgrund für das Verhalten des Arbeitnehmers ausschließen. Das Fehlen eines solchen Grundes gehört zu den die Kündigung bedingenden Tatsachen. Hierbei muss allerdings eine Überforderung der mit der Darlegungs- und Beweislast belegten Partei im Kündigungsschutzprozess vermieden werden. Es wäre verfehlt, etwa im Falle einer arbeitgeberseitigen Kündigung dem Arbeitgeber eine so weitgehende Beweislast aufzuerlegen, die zu erfüllen ihm unzumutbar und auch unmöglich wäre. Der Umfang der dargestellten Darlegungs- und Beweislast richtet sich daher danach, wie substantiiert sich der gekündigte Arbeitnehmer auf die Kündigungsgründe einlässt. Der Arbeitgeber braucht nicht von vornherein alle nur denkbaren Rechtfertigungsgründe des Arbeitnehmers zu widerlegen. Es reicht auch nicht aus, wenn der Arbeitnehmer Rechtfertigungsgründe pauschal ohne nähere Substantiierung vorbringt. Vielmehr ist er nach § 138 Abs. 2 ZPO im Rechtsstreit gehalten, die Gründe, aus denen er die Berechtigung zum Fehlen am Arbeitsplatz herleiten will, ausführlich vorzutragen, um damit den Vorwurf, unberechtigt gefehlt zu haben, zu bestreiten. Dazu genügt der Hinweis auf eine angebliche Beurlaubung nicht. Es ist vielmehr die Angabe der konkreten Umstände erforderlich, aus denen sich die Beurlaubung ergibt. Die den kündigenden Arbeitgeber treffende Darlegungs- und Beweislast für den Ausschluss von Rechtfertigungsgründen ist damit sachgerecht abgestuft. Die notwendige, substantiierte Einlassung des Arbeitnehmers ermöglicht dem Arbeitgeber erst die Überprüfung dieser tatsächlichen Angaben und auch einen erforderlichen Beweisantritt, falls er sie für unrichtig hält."[410]

66 Was die **Frist** des § 626 Abs. 2 BGB angeht, so muss der Kündigende behaupten und beweisen, dass er innerhalb der Zwei-Wochen-Frist Kenntnis von den für die Kündigung maßgebenden Tatsachen erlangt[411] und die Zwei-Wochen-Frist eingehalten hat[412].

---

[408] LArbG Köln v. 21.04.2004 - 8 (13) Sa 136/03 - juris Rn. 120 - Bibliothek BAG; *Weidenkaff* in: Palandt, 71. Aufl. 2012, § 626 Rn. 6; *Fischermeier* in: Becker/Etzel/Bader, Gemeinschaftskommentar zum Kündigungsschutzgesetz, 9. Aufl. 2009, § 626 Rn. 380.

[409] ArbG Frankfurt v. 22.10.2002 - 5 Ca 801/02 - juris Rn. 32 - Bibliothek BAG.

[410] BAG v. 19.12.1991 - 2 AZR 367/91 - juris Rn. 29 ff. - RzK I 6a Nr. 82 m.w.N.; vgl. auch LArbG Stuttgart v. 25.06.1998 - 6 Sa 1/98 - juris Rn. 19 - Bibliothek BAG; LArbG Köln v. 21.04.2004 - 8 (13) Sa 136/03 - juris Rn. 120 - Bibliothek BAG; LArbG Hamm v. 18.02.2004 - 18 Sa 708/03 - juris Rn. 45 - Bibliothek BAG; LArbG Bremen v. 18.11.2004 - 3 Sa 170/04 - juris Rn. 43 - Bibliothek BAG.

[411] *Henssler* in: MünchKomm-BGB, 5. Aufl. 2009, § 626 Rn. 343; *Fischermeier* in: Becker/Etzel/Bader, Gemeinschaftskommentar zum Kündigungsschutzgesetz, 9. Aufl. 2009, § 626 Rn. 385.

[412] LArbG Frankfurt v. 26.03.2004 - 3 Sa 1078/03 - juris Rn. 67 - nv; ArbG Frankfurt v. 22.10.2002 - 5 Ca 801/02 - juris Rn. 42 - Bibliothek BAG.

Er kann sich zunächst darauf beschränken, einen Sachverhalt vorzutragen, der grundsätzlich die ausgesprochene Kündigung zu rechtfertigen vermag.[413] Wenn sich der gekündigte Arbeitnehmer aber gegen die Kündigung wehrt und im Sinne von § 138 Abs. 2 ZPO ausführlich Tatsachen vorträgt, die einen Rechtfertigungsgrund für sein Handeln darstellen oder sonst das Verhalten in einem milderen Licht erscheinen lassen können, muss der Arbeitgeber seinerseits Tatsachen, die die vom Arbeitnehmer vorgetragenen Rechtfertigungsgründe erschüttern, vorbringen und ggf. beweisen.[414]

67

Bei einer **Arbeitsunfähigkeit** des Arbeitnehmers obliegt dem Arbeitgeber nicht nur der Nachweis dafür, dass der Arbeitnehmer überhaupt gefehlt hat, sondern auch dafür, dass er unentschuldigt gefehlt hat, dass also die vom Arbeitnehmer behauptete Krankheit nicht vorliegt.[415] Das BAG hat hierzu weiter ausgeführt: „Wenn es danach zum Vortrag des Arbeitgebers gehört, dass der Arbeitnehmer unentschuldigt gefehlt hat, muss der Arbeitnehmer seinerseits nach § 138 Abs. 2 ZPO substantiiert im Einzelnen vortragen, warum sein Fehlen als entschuldigt anzusehen ist. Nur diese vom Arbeitnehmer behaupteten Tatsachen hat der Arbeitgeber zu widerlegen. Beruft sich der Arbeitnehmer auf eine Krankheit, so hat er, solange ein ärztliches Attest nicht vorgelegt ist, vorzutragen, welche tatsächlichen physischen oder psychischen Hintergründe vorgelegen haben und wo er sich zum fraglichen Zeitpunkt aufgehalten hat. Der Arbeitgeber hat das zu widerlegen. Legt der Arbeitnehmer ein ärztliches Attest vor, so begründet dieses in der Regel den Beweis für die Tatsache der arbeitsunfähigen Erkrankung. Ein solches Attest hat einen hohen Beweiswert, denn es ist der gesetzliche vorgesehene und wichtigste Beweis für die Tatsache der krankheitsbedingten Arbeitsunfähigkeit. Bezweifelt der Arbeitgeber die Arbeitsunfähigkeit, beruft er sich insbesondere darauf, der Arbeitnehmer habe den die Bescheinigung ausstellenden Arzt durch Simulation getäuscht oder der Arzt habe den Begriff der krankheitsbedingten Arbeitsunfähigkeit verkannt, dann muss er die Umstände, die gegen die Arbeitsunfähigkeit sprechen, näher darlegen und notfalls beweisen, um dadurch die Beweiskraft des Attestes zu erschüttern[416] (…). Ist es dem Arbeitgeber allerdings gelungen, den Beweiswert der ärztlichen Arbeitsunfähigkeitsbescheinigung zu erschüttern bzw. zu entkräften, so tritt hinsichtlich der Behauptungs- und Beweislast wieder derselbe Zustand ein, wie er vor Vorlage des Attestes bestand. … Es ist vielmehr wiederum Sache des Arbeitnehmers, nunmehr angesichts der Umstände, die gegen eine Arbeitsunfähigkeit sprechen, weiter zu substantiieren, welche Krankheiten vorgelegen haben, welche gesundheitlichen Einschränkungen bestanden haben, welche Verhaltensmaßregeln der Arzt gegeben hat, welche Medikamente z.B. bewirkt haben, dass der Arbeitnehmer zwar immer noch nicht die geschuldete Arbeit bei seinem Arbeitgeber verrichten konnte, aber zu leichten anderweitigen Tätigkeiten in der Lage war. Erst wenn der Arbeitnehmer insoweit seiner Substantiierungspflicht nachgekommen ist und ggf. die behandelnden Ärzte von ihrer Schweigepflicht entbunden hat, muss der Arbeitgeber aufgrund der ihm obliegenden Beweislast den konkreten Sachvortrag des Arbeitnehmers widerlegen. Mit der Patientenkartei und der Vernehmung des behandelnden Arztes kommen dabei regelmäßig Beweismittel in Betracht, die eine weitere Sachaufklärung versprechen. Es ist in derartigen Fällen auch stets zu prüfen, ob die Umstände, die den Beweiswert des ärztlichen Attests erschüttern, nicht als so gravierend anzusehen sind, dass sie

68

---

[413] LArbG Köln v. 21.04.2004 - 8 (13) Sa 136/03 - juris Rn. 120 - Bibliothek BAG.
[414] LArbG Köln v. 21.04.2004 - 8 (13) Sa 136/03 - juris Rn. 120 - Bibliothek BAG.
[415] BAG v. 26.08.1993 - 2 AZR 154/93 - juris Rn. 35 - NZA 1994, 63 m.w.N.
[416] Auch das LArbG Mainz v. 06.07.2004 - 5 TaBV 10/04 - juris Rn. 37 - Bibliothek BAG geht davon aus, dass es dem Arbeitgeber im arbeitsgerichtlichen Verfahren nicht verwehrt ist, den Beweiswert einer ärztlichen Arbeitsunfähigkeitsbescheinigung zu erschüttern; möglicherweise strenger das LArbG Rostock v. 05.08.2004 - 1 Sa 19/04 - juris Rn. 52 - Bibliothek BAG, das davon ausgeht, dass es nicht genügt, an der Richtigkeit der ärztlichen Arbeitsunfähigkeitsbescheinigung Zweifel zu wecken, sondern es des dem Arbeitgeber obliegenden positiven Beweises ihrer Unrichtigkeit und der Kenntnis oder gar Verantwortlichkeit des Arbeitnehmers hierfür bedarf; auch das LArbG Hamm v. 18.12.2003 - 8 Sa 1401/03 - juris Rn. 16 f. - Bibliothek BAG vertrat schon die Ansicht, dass allein mit einer Entkräftung oder Erschütterung der Arbeitsunfähigkeitsbescheinigung der dem Arbeitgeber obliegende Beweis nicht geführt werden könne, nimmt dann jedoch auf die Rechtsprechung des BAG Bezug. Allerdings stellte das LArbG Hamm v. 10.09.2003 - 18 Sa 721/03 - juris Rn. 86 - NZA-RR 2004, 292, auch schon auf die Erschütterung des Beweiswerts der Arbeitsunfähigkeitsbescheinigung ab.

ein starkes Indiz für die Behauptung des Arbeitgebers darstellen, die Krankheit sei nur vorgetäuscht gewesen, so dass der Arbeitnehmer dieses Indiz entkräften muss."[417]

69 Ist der hohe Beweiswert eines ärztlichen Attests – der nur einer ordnungsgemäß ausgestellten Arbeitsunfähigkeitsbescheinigung zukommt[418] – nicht erschüttert, sondern bestehen nur gewisse Verdachtsmomente, der Arbeitnehmer könne eine Erkrankung vorgetäuscht haben, so ist der Arbeitgeber verpflichtet, die Verdachtsmomente unter Befragung des Arbeitnehmers näher aufzuklären[419]. Ob der Arbeitgeber dann, wenn der Arbeitnehmer bei Vorliegen „gewisser Verdachtsmomente" keine weiteren oder nicht nachvollziehbaren Angaben gemacht hat, eine außerordentliche Kündigung aussprechen darf, ist bisher noch nicht höchstrichterlich entschieden. Nach diesseitiger Auffassung ist das zu bejahen, da der Arbeitnehmer dann seiner ihm diesbezüglich obliegenden Mitwirkungspflicht vorsätzlich nicht nachkommt, wenn er grundlos Angaben verweigert.

70 Den gesteigerten Anforderungen bei der Prüfung des wichtigen Grundes bei einer **außerordentlichen Kündigung aus betriebsbedingten Gründen** entspricht auch eine gesteigerte Darlegungs- und Beweislast des Arbeitgebers. Hierzu hat das LArbG Hamm ausgeführt, dass dieser darzulegen habe, „dass er ohne eine außerordentliche Kündigungsmöglichkeit gezwungen wäre, ein sinnloses Arbeitsverhältnis über viele Jahre hinweg allein durch Gehaltszahlungen, denen keine entsprechende Arbeitsleistung gegenübersteht, aufrechtzuerhalten, und dass auch keine andere Möglichkeit besteht, die Fortsetzung eines völlig sinnentleerten Arbeitsverhältnisses etwa durch eine anderweitige Weiterbeschäftigung ggf. nach entsprechender Umschulung zu vermeiden. Es reicht nicht aus, dass der Arbeitgeber wie bei der ordentlichen betriebsbedingten Kündigung zunächst nur darlegt, eine Weiterbeschäftigung des Arbeitnehmers sei infolge des Wegfalls seines Arbeitsplatzes nicht mehr möglich und dann die Darlegung des Arbeitnehmers abwartet, wie er sich seine Weiterbeschäftigung an anderer Stelle im Betrieb oder Unternehmen vorstellt (...). Das Fehlen jeglicher, auch anderweitiger Beschäftigungsmöglichkeiten zählt bei einer außerordentlichen betrieblichen Kündigung schon zum wichtigen Grund i.S.v. § 626 BGB und ist deshalb vom Arbeitgeber darzulegen."[420]

71 Im Rahmen einer **verhaltensbedingten außerordentlichen Kündigung** muss der Arbeitgeber die Pflichtverstöße, die vorherige Abmahnung und die Beeinträchtigung betrieblicher Interessen darlegen, wogegen der Arbeitnehmer etwaige Entschuldigungsgründe darlegen und beweisen muss.[421]

72 Den **Zugang** der Kündigung muss der Kündigende, also in der Regel der Arbeitgeber, beweisen.[422]

73 Bei einer **Verdachtskündigung** durch den Arbeitgeber muss dieser die den dringenden Verdacht begründenden Tatsachen darlegen und beweisen.

74 Bezüglich einer **Abmahnung** trägt der Abmahnende die Darlegungs- und Beweislast für die Rechtmäßigkeit der Abmahnung.[423]

---

[417] BAG v. 26.08.1993 - 2 AZR 154/93 - juris Rn. 35 ff. - NZA 1994, 63; vgl. auch BAG v. 17.06.2003 - 2 AZR 123/02 - juris Rn. 30 - EzA-SD 2003, Nr. 25, 11-13; LArbG Rheinland-Pfalz v. 12.02.2010 - 9 Sa 275/09 - juris Rn. 24; LArbG Hamm v. 10.09.2003 - 18 Sa 721/03 - juris Rn. 86 - Bibliothek BAG; LArbG Kiel v. 03.12.2002 - 5 Sa 299 b/02 - juris Rn. 24 - Bibliothek BAG; ArbG Frankfurt v. 01.07.2002 - 15 Ca 1834/02 - juris Rn. 53 - Bibliothek BAG; LArbG Kiel v. 29.01.2002 - 3 Sa 556/01 - juris Rn. 27 - Bibliothek BAG; LArbG Rostock v. 05.08.2004 - 1 Sa 19/04 - juris Rn. 44 ff. - Bibliothek BAG; LArbG Mainz v. 06.07.2004 - 5 TaBV 10/04 - juris Rn. 36 f. - Bibliothek BAG; LArbG Kiel v. 03.12.2002 - 5 Sa 299 b/02 - juris Rn. 24 f. - DB 2003, 505.

[418] BAG v. 17.06.2003 - 2 AZR 123/02 - juris Rn. 31 - EzA-SD 2003, Nr. 25, 11-13.

[419] LArbG Berlin v. 16.04.2003 - 13 Sa 122/03, 13 Sa 195/03, 13 Sa 122/03, 13 Sa 195/03- juris Rn. 15 - Bibliothek BAG.

[420] LArbG Hamm v. 18.05.2004 - 6 Sa 33/04 - juris Rn. 26 - DZWiR 2004, 508; vgl. auch BAG v. 18.03.2010 - 2 AZR 337/08 - juris Rn. 21 - NZA-RR 2011, 18-22; BAG v. 24.06.2004 - 2 AZR 215/03 - juris Rn. 54 - EzA-SD 2004, Nr. 26, 9-10.

[421] Vgl. zur Kündigungsschutzklage *Opolony*, AR-Blattei SD 1020.3, 71, Rn. 267.

[422] Vgl. zur Handhabung in der Praxis um Beweisschwierigkeiten zu vermeiden: *Gaul/Otto*, ArbRB 2003, 306-309, 309; *Opolony*, AR-Blattei SD 1020.3, 73, Rn. 273.

[423] So auch *Mues*, ArbRB 2003, 336-338, 337.

III. Vorgehen gegen eine außerordentliche Kündigung

Der Arbeitnehmer muss nach § 13 Abs. 1 Satz 2 KSchG die Rechtsunwirksamkeit der außerordentlichen Kündigung gemäß § 4 Satz 1 KSchG innerhalb von drei Wochen nach Zugang der Kündigung durch eine Klage auf Feststellung dahin geltend machen, dass das Arbeitsverhältnis durch die Kündigung nicht aufgelöst worden ist. Denn wenn die fristgerechte Klageerhebung unterbleibt, gilt die Kündigung gemäß § 13 Abs. 1 Satz 2 KSchG i.V.m. § 4 KSchG i.V.m. § 7 KSchG als von Anfang an rechtswirksam. Auch muss die Frist des § 4 KSchG für die Erhebung einer Kündigungsschutzklage dann eingehalten werden, wenn der gekündigte Arbeitnehmer vorrangig geltend machen will, die Ausschlussfrist des § 626 Abs. 2 BGB sei versäumt. Wird die Klagefrist des § 4 KSchG versäumt, ist eine Versäumung der Zwei-Wochen-Frist des § 626 Abs. 2 BGB geheilt. Im Einzelfall ist jedoch stets zu prüfen, ob ein Fall des § 5 KSchG gegeben ist. Die Drei-Wochen-Frist des § 4 KSchG gilt jedoch nicht, wenn der Gekündigte die Unwirksamkeit der Kündigung wegen fehlender Schriftform (vgl. § 623 BGB) geltend machen will; dies ergibt sich unmittelbar aus dem Wortlaut von § 4 Satz 1 KSchG, der von dem Zugang der „schriftlichen Kündigung" spricht. Insofern kommt nur in Betracht, das Berufen auf die Nichtigkeit der Kündigung wegen Nichteinhaltung der Schriftform als treuwidrig anzusehen oder von einer Verwirkung auszugehen (vgl. die Kommentierung zu § 623 BGB Rn. 43).

75

IV. Nachschieben und Auswechseln von Kündigungsgründen

Zum **Nachschieben** von Kündigungsgründen im Prozess vgl. Rn. 13.

76

Ob ein **Auswechseln** der Kündigungsgründe im Prozess in dem Sinne, dass die Kündigung einen völlig anderen Charakter erhält, möglich ist, oder ob in einem solchen Fall derartige Kündigungsgründe nur eine neue Kündigung rechtfertigen, ist noch nicht abschließend geklärt.[424]

77

E. Anwendungsfelder

Sonderregeln sind § 89a HGB für Handelsvertreter[425], § 22 BBiG für Ausbildungsverhältnisse, die §§ 29, 29a HAG für Heimarbeiter, die §§ 64-70, 78 SeemG für Seeleute.[426] Ein grundsätzlicher Ausschluss der außerordentlichen fristlosen Kündigung bzw. Zustimmungserfordernis findet sich in § 9 MuSchG und den §§ 85-92 SGB IX für Schwerbehinderte.[427] Weitere Sonderregelungen die bei der außerordentlichen Kündigung gegebenenfalls zu beachten sind, finden sich in den §§ 102, 103 Abs. 1 BetrVG, sowie in § 31 Abs. 2 SprAuG.

78

Das BAG hat klargestellt, dass der Arbeitgeber eine außerordentliche Kündigung gegenüber einem **Schwerbehinderten** bereits dann erklären kann, wenn die Zustimmungsentscheidung nach § 91 Abs. 3 SGB IX vom Integrationsamt getroffen ist und das Integrationsamt sie dem Arbeitgeber mündlich oder fernmündlich bekannt gegeben hat.[428] Insofern braucht die Zustimmungsentscheidung des Integrationsamtes im Zeitpunkt ihrer mündlichen Mitteilung an den Arbeitgeber nicht schon schriftlich vorzuliegen, sondern muss nur getroffen sein.[429] Auch aus § 88 Abs. 2 SGB IX i.V.m. § 91 Abs. 1 SGB IX könne nicht geschlossen werden, dass die Zustimmungsentscheidung zum Zeitpunkt ihrer Bekanntgabe an den Arbeitgeber bereits in schriftlicher Form vorliegen müsse.[430] Im Übrigen widerspreche es auch dem Gesetzeszweck, bei einer positiven Entscheidung des Integrationsamtes zur Kündigung auch

79

---

[424] Vgl. hierzu OLG Naumburg v. 18.09.2003 - 7 U (Hs) 17/03 - juris Rn. 63 - OLGR Naumburg 2004, 208 m.w.N; vgl. auch BGH v. 20.06.2005 - II ZR 18/03 - juris Rn. 17 - NZA 2005, 1415, wo diese Problematik allerdings nicht näher behandelt wird.

[425] Vgl. hierzu etwa *Emde/Kelm*, ZIP 2005, 58-66, 59.

[426] BAG v. 16.01.2003 - 2 AZR 653/01 - juris Rn. 35 - AP Nr. 2 zu § 67 SeemG.

[427] Vgl. etwa LArbG Köln v. 11.10.2002 - 11 Sa 431/02 - juris Rn. 3 - Bibliothek BAG; vgl. zu § 85 SGB IX auch *Opolony*, AR-Blattei SD 1020.3, 76, Rn. 291.

[428] BAG v. 12.05.2005 - 2 AZR 159/04 - juris Rn. 20 - NJW 2005, 3514; BAG v. 21.04.2005 - 2 AZR 255/04 - juris Rn. 22 - BB 2005, 2306; LArbG München v. 09.11.2005 - 10 Sa 532/05 - juris Rn. 41.

[429] BAG v. 12.05.2005 - 2 AZR 159/04 - juris Rn. 21 - NJW 2005, 3514.

[430] BAG v. 12.05.2005 - 2 AZR 159/04 - juris Rn. 24 - NJW 2005, 3514.

noch das Vorliegen eines schriftlichen Bescheides zu verlangen.[431] Sobald der Arbeitgeber Kenntnis davon habe, dass das Integrationsamt in seinem Sinne entschieden habe, brauche und dürfe er nicht mehr mit der Kündigung warten, weil er ansonsten nicht unverzüglich kündigen würde.[432] Jedoch beseitigt allein die Mitteilung, dass das Integrationsamt die Zustimmung erteilt hat, die Kündigungssperre vor Ablauf von zwei Wochen.[433] Das BAG hat in diesem Zusammenhang ausgeführt, dass diese Grundsätze auch dann gelten, wenn die Zustimmung erst durch den Widerspruchsbescheid erteilt werde.[434] Der Arbeitgeber könne und müsse auch im Fall, dass die Zustimmung zur außerordentlichen Kündigung eines Schwerbehinderten erst vom Widerspruchsausschuss erteilt wird, bereits dann unverzüglich kündigen, wenn er sichere Kenntnis davon habe, dass der Widerspruchsausschuss die Zustimmung erteile.[435] Zu beachten ist, dass das Integrationsamt seine Zustimmung nur erteilen darf, wenn die Antragsfrist des § 91 Abs. 2 SGB IX gewahrt ist.[436] Hierbei handelt es sich jedoch um eine Fragestellung, die der arbeitsgerichtlichen Nachprüfung entzogen ist und nur im Widerspruchs- bzw. Klageverfahren vor dem Verwaltungsgericht geltend gemacht werden kann.[437]

---

[431] BAG v. 12.05.2005 - 2 AZR 159/04 - juris Rn. 26 - NJW 2005, 3514.
[432] BAG v. 21.04.2005 - 2 AZR 255/04 - juris Rn. 22 - BB 2005, 2306.
[433] LArbG München v. 09.11.2005 - 10 Sa 532/05 - juris Rn. 41.
[434] BAG v. 21.04.2005 - 2 AZR 255/04 - juris Rn. 23 - BB 2005, 2306.
[435] BAG v. 21.04.2005 - 2 AZR 255/04 - juris Rn. 24 - BB 2005, 2306.
[436] LArbG Hamm v. 04.11.2004 - 8 Sa 292/04 - juris Rn. 26 - Bibliothek BAG; vgl. zu diesem Urteil auch *Gravenhorst*, jurisPR-ArbR 23/2005, Anm. 4.
[437] LArbG Hamm v. 04.11.2004 - 8 Sa 292/04 - juris Rn. 26 - Bibliothek BAG.

§ 627 BGB Fristlose Kündigung bei Vertrauensstellung

(Fassung vom 02.01.2002, gültig ab 01.01.2002)

(1) Bei einem Dienstverhältnis, das kein Arbeitsverhältnis im Sinne des § 622 ist, ist die Kündigung auch ohne die in § 626 bezeichnete Voraussetzung zulässig, wenn der zur Dienstleistung Verpflichtete, ohne in einem dauernden Dienstverhältnis mit festen Bezügen zu stehen, Dienste höherer Art zu leisten hat, die auf Grund besonderen Vertrauens übertragen zu werden pflegen.

(2) ¹Der Verpflichtete darf nur in der Art kündigen, dass sich der Dienstberechtigte die Dienste anderweit beschaffen kann, es sei denn, dass ein wichtiger Grund für die unzeitige Kündigung vorliegt. ²Kündigt er ohne solchen Grund zur Unzeit, so hat er dem Dienstberechtigten den daraus entstehenden Schaden zu ersetzen.

Gliederung

A. Grundlagen... 1	C. Rechtsfolgen 9
B. Anwendungsvoraussetzungen 2	I. Kündigungsrecht................................... 9
I. Dienstverhältnis................................... 2	II. Außerordentliche Kündigung 10
II. Kein dauerndes Dienstverhältnis 3	III. Kündigung zur Unzeit 11
III. Keine festen Bezüge........................... 4	IV. Verpflichtung zum Schadensersatz bei Kündigung zur Unzeit gemäß Absatz 2 Satz 2......... 12
IV. Dienste höherer Art........................... 6	V. Vergütung... 13
V. Übertragung der Dienste aufgrund besonderen Vertrauens 7	D. Prozessuale Hinweise........................... 14
VI. Abdingbarkeit 8	E. Anwendungsfelder............................... 15

A. Grundlagen

Vertragsgegenstand sind hier Dienste höherer Art. Da diese in der Regel nur aufgrund besonderen Vertrauens übertragen werden, soll die Freiheit der persönlichen Entschließung eines jeden Teils in weitestem Umfang gewahrt bleiben. Daher ist in diesen Fällen auch ohne nachweisbaren wichtigen Grund beiden Vertragspartnern die Kündigung jederzeit möglich.[1] Dieses Vertrauen kann schon durch rational nicht begründbare Empfindungen, die objektiv keinen wichtigen Grund im Sinne von § 626 Abs. 1 BGB darstellen, gestört werden.[2] Weiterer Grund für die Kündigungsmöglichkeit ist die wirtschaftliche Unabhängigkeit der Dienstverpflichteten.[3]

B. Anwendungsvoraussetzungen

I. Dienstverhältnis

§ 627 BGB bezieht sich nur auf freie Dienstverträge. Es darf sich bei dem Dienstverhältnis nicht um ein Arbeitsverhältnis im Sinne von § 622 BGB handeln.

II. Kein dauerndes Dienstverhältnis

Die Vorschrift findet keine Anwendung, wenn der Dienstverpflichtete in einem dauernden Dienstverhältnis steht, was bedeutet, dass das Dienstverhältnis nicht auf längere Dauer angelegt sein oder tatsächlich bereits eine längere Zeitspanne bestanden haben darf.[4] Daher ist § 627 BGB zum Beispiel unanwendbar, wenn die Dienstpflicht für ein Jahr eingegangen worden ist[5] und wenn es sich um stän-

---

[1] *Henssler* in: MünchKomm-BGB, § 627 Rn. 1, 2; *Müller-Glöge* in: ErfKomm, § 627 Rn. 1.
[2] *Henssler* in: MünchKomm-BGB, § 627 Rn. 1; *Henssler/Deckenbrock*, NJW 2005, 1-6, 2.
[3] *Mansel* in: Jauernig, BGB-Kommentar, § 627 Rn. 1.
[4] *Müller-Glöge* in: ErfKomm, § 627 Rn. 4.
[5] BGH v. 31.03.1967 - VI ZR 288/64 - BGHZ 47, 303-308; BAG v. 12.07.2006 - 5 AZR 277/06 - NJW 2006, 3453-3455, 3454.

dige und langfristige Aufgaben handelt und die Vertragspartner von der Möglichkeit und Zweckmäßigkeit einer Verlängerung ausgegangen sind[6]. Ein auf Dauer angelegtes Dienstverhältnis kann auch dann vorliegen, wenn der Verpflichtete nur jeweils für eine Woche im Monat tätig werden soll.[7] Ein dauerndes Dienstverhältnis fordert nämlich nicht, dass der Dienstverpflichtete den überwiegenden Teil seiner Arbeitskraft schuldet[8]; der Begriff des dauernden Dienstverhältnisses setzt im Übrigen keine soziale und wirtschaftliche Abhängigkeit voraus[9]. Allerdings muss eine gewisse persönliche Bindung zwischen den Vertragsparteien bestehen und es ist im Regelfall erforderlich, dass das Dienstverhältnis die sachlichen und persönlichen Mittel des Dienstverpflichteten nicht nur unerheblich beansprucht.[10] Ein dauerndes Dienstverhältnis ist etwa ein auf bestimmte Zeit abgeschlossener Internatsvertrag[11], ein auf zwei Jahre abgeschlossener Ausbildungsvertrag[12] oder ein Direktunterrichtsvertrag[13] über den Zeitraum von 1 ½ Jahren.

III. Keine festen Bezüge

4 Der Dienstverpflichtete darf keine festen Bezüge für seine Tätigkeit erhalten. Die Bezüge dürfen kein regelmäßiges Einkommen darstellen.[14] Hierfür ist entscheidend, ob der Dienstverpflichtete sich darauf verlassen kann, dass er auf längere Sicht bestimmte, von vornherein festgelegte Beträge als Dienstbezüge erhalten wird, die nicht von außervertraglichen Entwicklungen abhängen bzw. beeinflusst werden und deshalb der Höhe nach schwanken.[15] Daher sind Einkünfte, deren (Mindest-)Höhe nicht im Voraus feststeht und die demgemäß schwanken und im ungünstigsten Falle sogar ganz ausbleiben können, kein regelmäßiges Einkommen und daher keine festen Bezüge in diesem Sinne[16], wie zum Beispiel das von außervertraglichen Entwicklungen abhängige Entgelt eines Managers[17]. Nach Auffassung des BGH wird ein umfassender Vertrag nicht dadurch der Kündigungsmöglichkeit des § 627 BGB entzogen, dass lediglich für einen Teilbereich feste Bezüge gezahlt werden. Es besteht in diesem Fall keine Rechtfertigung dafür, die Interessen des Dienstberechtigten insgesamt zurücktreten zu lassen. Die festen Beträge müssten nach einhelliger Auffassung für die gesamte Tätigkeit gezahlt werden und dürfen nicht nur einen Teilbereich abdecken.[18]

5 Die Tatbestandsvoraussetzungen „dauerndes Dienstverhältnis" und „feste Bezüge" müssen **kumulativ** vorliegen, um eine entsprechende Kündigungsmöglichkeit nach § 627 BGB auszuschließen.[19]

IV. Dienste höherer Art

6 Solche setzen ein überdurchschnittliches Maß an Fachkenntnis, Kunstfertigkeit oder wissenschaftlicher Bildung, eine hohe geistige Phantasie oder Flexibilität voraus und verleihen infolge dessen eine he-

---

[6] BGH v. 19.11.1992 - IX ZR 77/92 - juris Rn. 13 - LM BGB § 627 Nr. 13 (7/1993); BAG v. 12.07.2006 - 5 AZR 277/06 - NJW 2006, 3453-3455, 3454.

[7] *Henssler* in: MünchKomm-BGB, § 627 Rn. 13.

[8] BGH v. 31.03.1967 - VI ZR 288/64 - BGHZ 47, 303-308; *Weidenkaff* in: Palandt, § 627 Rn. 1.

[9] BGH v. 08.03.1984 - IX ZR 144/83 - juris Rn. 18 - BGHZ 90, 280-287.

[10] BGH v. 22.09.2011 - III ZR 95/11 - juris Rn. 13 - NJW 2011, 3575, 3576.

[11] BGH v. 28.02.1985 - IX ZR 92/84 - juris Rn. 11 - LM Nr. 2 zu § 620 BGB; OLG Celle v. 10.05.1995 - 20 U 75/94 - NJW-RR 1995, 1465-1467.

[12] BGH v. 04.11.1992 - VIII ZR 235/91 - juris Rn. 15 - BGHZ 120, 108-123.

[13] OLG Saarbrücken v. 23.12.2003 - 4 U 199/03 - 37, 4 U 199/03- juris Rn. 30 - OLGR Saarbrücken 2004, 295.

[14] *Weidenkaff* in: Palandt, § 627 Rn. 1.

[15] BGH v. 13.01.1993 - VIII ZR 112/92 - juris Rn. 12 - LM BGB § 627 Nr. 14 (7/1993); *Müller-Glöge* in: ErfKomm, § 627 Rn. 5.

[16] *Henssler* in: MünchKomm-BGB, § 627 Rn. 16; *Mansel* in: Jauernig, BGB-Kommentar, § 627 Rn. 2.

[17] *Weidenkaff* in: Palandt, § 627 Rn. 1.

[18] BGH v. 11.02.2010 - IX ZR 114/09 - juris Rn. 22.

[19] BGH v. 13.01.1993 - VIII ZR 112/92 - juris Rn. 12 - NJW-RR 1993, 505-506; BAG v. 12.07.2006 - 5 AZR 277/06 - juris Rn. 11 - NZA 2006, 1094-1096; LG Karlsruhe v. 16.12.2002 - 10 O 490/02 - juris Rn. 29.

rausgehobene Stellung.[20] Zu zählen sind hierzu zum Beispiel die Tätigkeiten des Arztes[21], ambulanter Pflegedienste[22], des Rechtsanwaltes[23], des Detektivs[24], des Patentanwaltes, des Managers, des Kommissionärs, des Inkassobeauftragten[25], des Steuerberaters[26], des Hausverwalters[27], des Rechtsbeistandes, des Wirtschaftsprüfers (etwa auch, wenn er mit der internen Revision eines Unternehmens beauftragt ist[28]), des Werbeberaters, des Schiedsrichters und des Ehe- oder Partnerschaftsvermittlers[29] (nicht jedoch ein Online-Partnervermittlungsvertrag, weil es – so das AG München – hier an einem im besonderen Maß erforderlichen persönlichen Vertrauen zwischen den Vertragspartnern fehle. Der Kunde halte keinen persönlichen Kontakt zu dem Berater. Die Leistungen von Onlineplattformen basierten auf mathematischen Algorithmen und geschähen vollautomatisiert[30]). Ebenso können darunter die im Rahmen eines Baubetreuungsvertrages[31], eines Projektsteuerungsvertrages[32], eines Sportmanagement- und Vermarktungsvertrages[33] oder eines Beratervertrages erbrachten Dienste fallen[34], was auch dann gelten kann, wenn ein Teil der Dienste durch Hilfskräfte erledigt wird[35]. Auch bei einem Girovertrag ist die Vorschrift anwendbar.[36] Für die Beurteilung, ob Dienste höherer Art geschuldet werden, ist die typische Situation, nicht hingegen der konkrete Einzelfall entscheidend, wobei maßgeblich die sachliche Beschaffenheit der Dienste, das Maß der notwendigen Vorbildung und die besondere Stellung ist, die die Dienste verleihen.[37] Zwar wird zum Teil auch die Auffassung vertreten, dass es nur auf die zu leistenden Dienste, nicht aber auf die Art der abweichend davon tatsächlich erbrachten Leistungen ankomme, doch ist diese Auffassung abzulehnen, denn es stellt eine Umgehung des § 626 BGB dar, wenn man sich Dienste höherer Art versprechen, diese aber tatsächlich nicht leisten lässt.[38]

V. Übertragung der Dienste aufgrund besonderen Vertrauens

Bei den Diensten muss es sich um solche handeln, die aufgrund besonderen Vertrauens übertragen werden. Das besondere Vertrauensverhältnis ist dabei als persönliches Vertrauen zu verstehen, das sich nicht lediglich auf die Sachkompetenz, sondern auch auf die Person des Vertragspartners selbst er-

7

---

[20] *Müller-Glöge* in: ErfKomm, § 627 Rn. 5; *Henssler* in: MünchKomm-BGB, § 627 Rn. 14.
[21] KG Berlin v. 04.06.2009 - 20 U 49/07 - juris Rn. 21 - MDR 2010, 35-36.
[22] BGH v. 09.06.2011 - III ZR 203/10 - juris Rn. 15 - BGHZ 190, 80, 85 = VersR 2011, 1271 m. Anm. v. *Dreher*, jurisPR-SozR 23/2011, Anm. 5; OLG Stuttgart v. 31.07.2008 - 2 U 17/08 - Sozialrecht aktuell 2010, 228, 230 f.; a.A. OLG Hamburg v. 16.12.1998 - 5 U 96/98 - OLGR 1999, 125, 126.
[23] BGH v. 16.10.1986 - III ZR 67/85 - juris Rn. 17 - LM Nr. 8 zu § 627 BGB; BGH v. 04.07.2002 - IX ZR 153/01 - juris Rn. 9 - NJW 2002, 2774-2776; vgl. auch *Henssler/Deckenbrock*, NJW 2005, 1-6; *Neuhofer*, AnwBl 2004, 583-585, 583.
[24] *Vahle*, DVP 2005, 91-95, 92.
[25] BGH v. 03.02.2005 - III ZR 268/04 - juris Rn. 17 - WM 2005, 699; BGH v. 29.04.2004 - III ZR 279/03 - juris Rn. 13 - MDR 2004, 1126; *Weidenkaff* in: Palandt, § 627 Rn. 2.
[26] *Henssler* in: MünchKomm-BGB, § 627 Rn. 18; LG Duisburg v. 04.08.2000 - 10 O 57/98 - NJW-RR 2002, 277-280.
[27] LG Berlin v. 23.08.2001 - 31 O 206/01 - Grundeigentum 2001, 1608-1609.
[28] BGH v. 22.09.2011 - III ZR 95/11 - juris Rn. 8 - NJW 2011, 3575.
[29] BGH v. 08.10.2009 - III ZR 93/09 - juris Rn. 19; BGH v. 19.05.2005 - III ZR 437/04 - juris Rn. 14 - NJW 2005, 2543; BGH v. 05.11.1998 - III ZR 226/97 - juris Rn. 10 - LM BGB § 627 Nr. 15 (6/1999).
[30] AG München v. 05.05.2011 - 172 C 28687/10 - VuR 2012, 68.
[31] BGH v. 09.06.2005 - III ZR 436/04 - juris Rn. 38 - MDR 2005, 1285; *Geisler*, jurisPR-BGHZivilR 38/2005, Anm. 3.
[32] So wohl OLG Karlsruhe v. 19.04.2005 - 17 U 217/04 - juris Rn. 22 - IBR 2005, 385; *Schill*, NZBau 2005, 489-493, 493.
[33] LG Kleve v. 16.03.2010 - 3 O 15/10 - juris Rn. 34 f.
[34] OLG München v. 10.01.2001 - 7 U 2115/00 - OLGR München 2001, 127-128; OLG Sachsen-Anhalt v. 23.04.2008 - 6 U 82/07 - juris Rn. 20 (Sportlerberatungsvertrag).
[35] OLG München v. 08.11.2000 - 7 U 4730/98 - OLGR München 2001, 17-18.
[36] LG Saarbrücken v. 03.03.2000 - 13 A S 104/99 - NJW-RR 2001, 481.
[37] *Henssler* in: MünchKomm-BGB, § 627 Rn. 22.
[38] *Henssler* in: MünchKomm-BGB, § 627 Rn. 22.

streckt. Allerdings schließt der Umstand, dass der Vertragspartner eine GmbH ist, die Tatsache der Übertragung der Dienste aufgrund besonderen Vertrauens nicht aus, da die erforderliche Vertrauensbeziehung auch zu einem Mitarbeiter oder Gesellschafter zu Stande kommen kann.[39] Des Weiteren ist zu beachten, dass die betreffenden Dienste im Allgemeinen und nicht nur im Einzelfall aufgrund besonderen Vertrauens übertragen werden, weswegen es darauf, ob der betreffende Dienst im konkreten Einzelfall tatsächlich aufgrund besonderen Vertrauens übertragen wurde, nicht ankommt.[40] Zu beachten ist, dass dieses Merkmal selbstständig neben das Merkmal „Dienste höherer Art" tritt und es sich nicht nur um eine Erläuterung dieses Tatbestandsmerkmals handelt.[41]

VI. Abdingbarkeit

8 Das Kündigungsrecht des § 627 BGB kann durch einzelvertragliche Abrede abbedungen werden[42], da § 626 BGB anwendbar bleibt[43]. Bei einem Sportlerberatungsvertrag mit zweijähriger Laufzeit verstößt die individuell verabredete Einschränkung des Kündigungsrechts aus § 627 Abs. 1 BGB nicht gegen § 242 BGB, da ein Zeitraum von zwei Jahren für einen Profisportler ausreichend überschaubar ist und keine unzumutbar lange vertragliche Bindung darstellt.[44] Im Hinblick auf **Allgemeine Geschäftsbedingungen** ist die h.M. der Ansicht, dass das Kündigungsrecht nach § 627 BGB durch solche nicht ausgeschlossen werden kann.[45] Auch ein stillschweigender Ausschluss ist möglich, wobei es dann jedoch eines klaren und eindeutigen Ausdrucks eines entsprechenden Parteiwillens bedarf[46], wozu die Vereinbarung einer bestimmten Vertragsdauer aber noch nicht ausreicht[47]. Ebenso kann seine Ausübung an die Einhaltung einer Kündigungsfrist oder eine vorherige Ankündigung gebunden werden.[48] Zwar wird eine Vergütung grundsätzlich nur bis zur Beendigung des Vertragsverhältnisses geschuldet, doch ist es auch zulässig, einzelvertraglich die volle Vergütung auch für den Fall zu vereinbaren, dass die Dienstleistungen durch Ausübung des Kündigungsrechts vorzeitig beendet werden.[49] Aufgrund Parteivereinbarung kann auch eine Kündigung zur Unzeit gestattet werden, so dass auch die Regelung des § 627 Abs. 2 BGB abbedungen werden kann.[50] Doch dürfte dies von geringer praktischer Bedeutung sein.

C. Rechtsfolgen

I. Kündigungsrecht

9 Liegen die genannten Voraussetzungen vor, kann von jedem der Vertragspartner das Dienstverhältnis außerordentlich gekündigt werden, ohne dass insofern die Voraussetzungen des § 626 BGB vorliegen müssen.

---

[39] BGH v. 08.10.2009 - III ZR 93/09 - juris Rn. 19 - NJW 2010, 150-152; LG Hamburg v. 24.02.2009 - 309 S 82/08 - juris Rn. 17.
[40] *Henssler* in: MünchKomm-BGB, § 627 Rn. 23.
[41] BGH v. 18.10.1984 - IX ZR 14/84 - juris Rn. 14 - LM Nr. 6 zu § 627 BGB; *Müller-Glöge* in: ErfKomm, § 627 Rn. 5.
[42] BGH v. 19.05.2005 - III ZR 437/04 - juris Rn. 15 - NJW 2005, 2543; BGH v. 05.11.1998 - III ZR 226/97 - juris Rn. 21 - LM BGB § 627 Nr. 15 (6/1999); LG Koblenz v. 06.04.2009 - 5 O 295/08 - juris Rn. 67 - NJW-RR 2009, 1063-1065.
[43] *Weidenkaff* in: Palandt, § 627 Rn. 5.
[44] OLG Sachsen-Anhalt v. 23.04.2008 - 6 U 82/07 - juris Rn. 20.
[45] BGH v. 11.02.2010 - IX ZR 114/09 - juris Rn. 26 f.; der BGH hat offen gelassen, ob und inwieweit hier Ausnahmen in Betracht kommen; BGH v. 09.06.2005 - III ZR 436/04 - juris Rn. 38 - MDR 2005, 1285; *Geisler*, jurisPR-BGHZivilR 38/2005, Anm. 3; vgl. auch BGH v. 19.05.2005 - III ZR 437/04 - juris Rn. 15 - NJW 2005, 2543.
[46] *Henssler* in: MünchKomm-BGB, § 627 Rn. 36.
[47] *Weidenkaff* in: Palandt, § 627 Rn. 5.
[48] *Müller-Glöge* in: ErfKomm, § 627 Rn. 8.
[49] *Müller-Glöge* in: ErfKomm, § 627 Rn. 8; *Henssler* in: MünchKomm-BGB, § 627 Rn. 37.
[50] *Henssler* in: MünchKomm-BGB, § 627 Rn. 37.

II. Außerordentliche Kündigung

Bei der Kündigung im Sinne des § 627 BGB handelt es sich um eine außerordentliche Kündigung, die fristlos oder befristet erfolgen kann. Das Dienstverhältnis endet dann ex nunc, eine Auslauffrist kann eingeräumt werden.[51] Der Kündigende kann aber auch noch innerhalb einer Auslauffrist jederzeit fristlos kündigen.[52] Zur Kündigung sind sowohl der Dienstberechtigte als auch der Dienstverpflichtete berechtigt.[53] Auch braucht keiner der beiden Vertragspartner eine konkrete Störung des Vertrauensverhältnisses nachzuweisen.[54]

III. Kündigung zur Unzeit

In § 627 Abs. 2 BGB enthält die Vorschrift den allgemeinen Rechtsgedanken, dass die einseitige fristlose Beendigung eines auf besonderes Vertrauen angelegten Schuldverhältnisses nicht zur Unzeit erfolgen darf, wobei diese Einschränkung nur für den Dienstverpflichteten gilt, wohingegen der Dienstberechtigte jederzeit frei kündigen kann[55] und für ihn auch keine Pflicht zur Rücksichtnahme besteht[56]. Das Tatbestandsmerkmal „zur Unzeit" ist dann gegeben, wenn die Kündigung zu einem Zeitpunkt erfolgt, zu dem der Dienstberechtigte nicht in der Lage ist, sich die Dienste anderweitig zu beschaffen.[57] Hierbei ist maßgeblicher Zeitpunkt die tatsächliche Beendigung des Dienstverhältnisses, was zum Beispiel für Rechtsanwälte bedeutet, dass sie ein Mandat grundsätzlich nicht im oder unmittelbar vor einem Termin zur mündlichen Verhandlung oder kurz vor dem Ablauf wichtiger Fristen niederlegen dürfen.[58] Des Weiteren darf zum Beispiel eine ärztliche Behandlung nur abgebrochen werden, wenn bis zum Eintreffen eines anderen Arztes weder Leben noch Gesundheit des Patienten gefährdet sind.[59]

IV. Verpflichtung zum Schadensersatz bei Kündigung zur Unzeit gemäß Absatz 2 Satz 2

Liegt eine unzeitige Kündigung – ohne dass gleichzeitig ein wichtiger Grund gegeben ist – durch den Dienstverpflichteten vor, ist die Kündigung zwar wirksam, doch ist der kündigende Dienstverpflichtete dann gemäß § 627 Abs. 2 Satz 2 BGB zum Schadensersatz verpflichtet.[60] Der Schadensersatzanspruch ist jedoch auf den Vertrauensschaden begrenzt, da der Dienstberechtigte nicht vor Auflösung des Dienstverhältnisses überhaupt, sondern allein vor der Auflösung zur Unzeit geschützt werden soll[61], was bedeutet, dass sein Schaden in der fehlenden Rücksicht auf sein Interesse bei der Wahl des Kündigungszeitpunktes besteht[62]. Der Umfang des Schadensersatzanspruches richtet sich nach den §§ 249-253 BGB.[63] Zu beachten ist, dass die Kündigung nicht den Eintritt der Schadensersatzpflicht zur Folge hat, wenn ein wichtiger Grund im Sinne von § 626 Abs. 1 BGB vorliegt.[64] Neben dem wichtigen Grund in diesem Sinne ist eine Unzumutbarkeit als weitere Voraussetzung nicht erforderlich.[65] Die Ansicht, dass mit der Formulierung „wichtiger Grund" nicht der des § 626 Abs. 1 BGB gemeint ist,

---

[51] *Mansel* in: Jauernig, BGB-Kommentar, § 627 Rn. 3.
[52] *Müller-Glöge* in: ErfKomm, § 627 Rn. 3.
[53] *Müller-Glöge* in: ErfKomm, § 627 Rn. 3.
[54] *Schwerdtner* in: MünchKomm-BGB, § 627 Rn. 15; vgl. auch *Henssler* in: MünchKomm-BGB, § 627 Rn. 8 ff.
[55] *Müller-Glöge* in: ErfKomm, § 627 Rn. 6.
[56] *Schwerdtner* in: MünchKomm-BGB, § 627 Rn. 13; vgl. auch *Henssler* in: MünchKomm-BGB, § 627 Rn. 30 ff.
[57] *Müller-Glöge* in: ErfKomm, § 627 Rn. 6.
[58] *Müller-Glöge* in: ErfKomm, § 627 Rn. 6; *Henssler* in: MünchKomm-BGB, § 627 Rn. 30.
[59] *Henssler* in: MünchKomm-BGB, § 627 Rn. 30.
[60] BGH v. 24.06.1987 - IVa ZR 99/86 - juris Rn. 16 - LM Nr. 9 zu § 627 BGB.
[61] *Müller-Glöge* in: ErfKomm, § 627 Rn. 7.
[62] *Henssler* in: MünchKomm-BGB, § 627 Rn. 31.
[63] *Weidenkaff* in: Palandt, § 627 Rn. 7.
[64] *Müller-Glöge* in: ErfKomm, § 627 Rn. 7.
[65] *Mansel* in: Jauernig, BGB-Kommentar, § 627 Rn. 4; *Weidenkaff* in: Palandt, § 627 Rn. 7.

sondern schlichtweg ein „rechtfertigender Grund" genüge[66], weil andernfalls § 626 BGB unmittelbar anwendbar wäre und es dann auf die besonderen Voraussetzungen des § 627 BGB nicht mehr ankäme[67], ist abzulehnen. Denn zum einen liegt es aufgrund der Stellung des § 627 BGB äußerst nahe, das beide Vorschriften aufeinander Bezug nehmen. Zudem spielt der „wichtige Grund" nur eine Rolle hinsichtlich einer möglichen Schadensersatzpflicht bei Kündigung durch den Dienstverpflichteten, nicht aber hinsichtlich des in § 627 BGB normierten Kündigungsrechts als solchem, denn für dieses genügen – wie bereits erwähnt – zum Beispiel schon nicht rational begründbare Empfindungen, welche kein wichtiger Grund im Sinne des § 626 BGB sind. Darüber hinaus ist nicht ohne weiteres erkennbar, wann denn ein solcher „rechtfertigender Grund" vorliegen soll.

V. Vergütung

13 Im Fall der Kündigung richtet sich die Vergütung der bereits erbrachten Leistungen nach § 628 Abs. 1 BGB.

D. Prozessuale Hinweise

14 Das Vorhandensein der Voraussetzungen des § 627 Abs. 1 BGB für die erleichterte Kündigungsmöglichkeit muss der Kündigende darlegen und beweisen. Wenn der Dienstberechtigte Schadensersatz gemäß § 627 Abs. 2 BGB fordert, so muss er die Umstände darlegen, die die Kündigung als unzeitig erscheinen lassen und seinen Schaden begründen.[68] Der Dienstverpflichtete trägt demgegenüber die Darlegungs- und Beweislast für diejenigen Tatsachen, die den wichtigen Grund gemäß § 627 Abs. 2 BGB ergeben sollen[69] und die eine unzeitige Kündigung ohne Schadensersatzpflicht durch den Dienstverpflichteten möglich machen.

E. Anwendungsfelder

15 Was die Kündigung zur Unzeit und den diesbezüglichen allgemeinen Rechtsgedanken betrifft, so finden sich entsprechende Regelungen für den Auftrag in § 671 Abs. 2 BGB, für die Gesellschaft in § 723 Abs. 2 BGB, für die Geschäftsführung in § 712 Abs. 2 BGB sowie für den Testamentsvollstrecker in § 2226 BGB.

16 Die Kündigungsmöglichkeit gemäß § 626 BGB wird durch § 627 BGB nicht berührt.[70]

---

[66] *Weidenkaff* in: Palandt, § 627 Rn. 7.
[67] *Henssler* in: MünchKomm-BGB, § 627 Rn. 32; *Weidenkaff* in: Palandt, § 627 Rn. 7.
[68] *Müller-Glöge* in: ErfKomm, § 627 Rn. 9.
[69] *Müller-Glöge* in: ErfKomm, § 627 Rn. 9.
[70] *Weidenkaff* in: Palandt, § 627 Rn. 6.

§ 628 BGB Teilvergütung und Schadensersatz bei fristloser Kündigung

(Fassung vom 23.07.2002, gültig ab 01.08.2002)

(1) [1]Wird nach dem Beginn der Dienstleistung das Dienstverhältnis auf Grund des § 626 oder des § 627 gekündigt, so kann der Verpflichtete einen seinen bisherigen Leistungen entsprechenden Teil der Vergütung verlangen. [2]Kündigt er, ohne durch vertragswidriges Verhalten des anderen Teiles dazu veranlasst zu sein, oder veranlasst er durch sein vertragswidriges Verhalten die Kündigung des anderen Teiles, so steht ihm ein Anspruch auf die Vergütung insoweit nicht zu, als seine bisherigen Leistungen infolge der Kündigung für den anderen Teil kein Interesse haben. [3]Ist die Vergütung für eine spätere Zeit im Voraus entrichtet, so hat der Verpflichtete sie nach Maßgabe des § 346 oder, wenn die Kündigung wegen eines Umstands erfolgt, den er nicht zu vertreten hat, nach den Vorschriften über die Herausgabe einer ungerechtfertigten Bereicherung zurückzuerstatten.

(2) Wird die Kündigung durch vertragswidriges Verhalten des anderen Teiles veranlasst, so ist dieser zum Ersatz des durch die Aufhebung des Dienstverhältnisses entstehenden Schadens verpflichtet.

Gliederung

A. Grundlagen 1	III. Folgen für vorausgezahlte Vergütung nach Absatz 1 Satz 3 18
B. Anwendungsvoraussetzungen 2	IV. Schadensersatz gemäß Absatz 2 20
I. Dienstverhältnis 2	1. Allgemein 20
II. Beendigung des Dienstverhältnisses 3	2. Beendigung des Dienstverhältnisses 22
III. Abdingbarkeit 4	3. Auflösungsverschulden 23
C. Rechtsfolgen 7	4. Kausalität 27
I. Teilvergütung gemäß Absatz 1 Satz 1 7	5. Ersatzfähiger Schaden 28
II. Herabsetzung der Teilvergütung nach Absatz 1 Satz 2 9	a. Bei Kündigung durch den Dienstberechtigten bei Veranlassung durch den Dienstverpflichteten 37
1. Allgemein 9	b. Bei Kündigung durch den Dienstverpflichteten bei Veranlassung durch den Dienstberechtigten .. 39
2. Kündigung durch den Dienstverpflichteten gemäß Absatz 1 Satz 2 Alternative 1 10	c. Mitverschulden 41
3. Kündigung durch den Dienstberechtigten gemäß Absatz 1 Satz 2 Alternative 2 15	**D. Prozessuale Hinweise** 42
4. Fehlendes Interesse des Dienstberechtigten an der bisher erbrachten Dienstleistung 16	I. Absatz 1 Satz 1 42
5. Kausalität der Kündigung für den Wegfall bzw. Fehlen des Interesses 17	II. Absatz 1 Satz 2 43
	III. Absatz 1 Satz 3 44
	IV. Absatz 2 45
	E. Anwendungsfelder 47

A. Grundlagen

Die Vorschrift behandelt die **Folgen** einer **außerordentlichen Kündigung** nach den §§ 626, 627 BGB. Über den Wortlaut hinaus ist sie **auch anwendbar**, wenn die **Kündigung vor Dienstantritt** ausgesprochen wird.[1] § 628 Abs. 1 BGB regelt die Vergütung des Dienstverpflichteten, § 628 Abs. 2 BGB soll verhindern, dass der Vertragsteil, der wegen eines Vertragsbruches zur außerordentlichen Kündigung veranlasst wurde, die Ausübung seines ihm zustehenden Kündigungsrechts mit Vermögenseinbußen bezahlen muss, die allein darauf beruhen, dass das Dienstverhältnis infolge seiner berechtigten Kündigung endet.[2] Während § 628 Abs. 1 BGB allein die Ansprüche des Dienstverpflich-

---

[1] *Müller-Glöge* in: ErfKomm, § 628 Rn. 1; *Lingemann* in: Prütting/Wegen/Weinreich, § 628 Rn. 1.
[2] BAG v. 23.08.1988 - 1 AZR 276/87 - juris Rn. 46 - ZIP 1988, 1417-1421; *Müller-Glöge* in: ErfKomm, § 628 Rn. 2.

teten betrifft, kann die aus § 628 Abs. 2 BGB folgende Schadensersatzpflicht beide Vertragsparteien treffen.

B. Anwendungsvoraussetzungen

I. Dienstverhältnis

2 Die Vorschrift ist grundsätzlich auf alle Dienst- und Arbeitsverhältnisse anwendbar.[3] Eine Sonderregelung besteht für Handelsvertreter in § 89a Abs. 2 HGB. Diese Norm entspricht § 628 Abs. 2 BGB und ist diesem nachgebildet.[4] Für das Berufsausbildungsverhältnis wird § 628 Abs. 2 BGB durch § 23 BBiG verdrängt.[5]

II. Beendigung des Dienstverhältnisses

3 Damit die Vorschrift anwendbar ist, muss es sich gemäß dem Wortlaut von § 628 Abs. 1 Satz 1 BGB grundsätzlich um eine außerordentliche Kündigung nach § 626 BGB oder § 627 BGB handeln. Nach Auffassung des BGH betrifft § 628 BGB „schon seinem eindeutigen Wortlaut nach nur die Fälle der außerordentlichen Kündigung eines Dienstvertrages nach §§ 626 oder 627 BGB. Auf die Fälle der ordentlichen Kündigung oder der einvernehmlichen Aufhebung eines Dienstvertrages findet die Vorschrift dagegen keine Anwendung."[6] Demgegenüber geht das BAG zu Recht davon aus, dass § 628 BGB auch beim **Aufhebungsvertrag** oder bei der **ordentlichen Kündigung** anwendbar sein kann. Das BAG[7] hat insoweit ausgeführt, die Anwendbarkeit des § 628 Abs. 2 BGB stehe und falle nicht mit der Wirksamkeit der ausgesprochenen außerordentlichen Kündigung überhaupt, da entscheidend für das Eingreifen des § 628 Abs. 2 BGB nicht die Form der Beendigung des Arbeitsverhältnisses, sondern deren Veranlassung durch eine schuldhafte Vertragsverletzung des Beklagten ist. Deshalb, so das BAG weiter, „stünde beispielsweise eine Unwirksamkeit der Klägerkündigung aus anderen Gründen als wegen Fehlens eines wichtigen Grundes der Anwendbarkeit des § 628 Abs. 2 BGB dann nicht entgegen, wenn die Klägerkündigungen etwa in eine ordentliche Kündigung oder – unter Berücksichtigung der zum gleichen Zeitpunkt ausgesprochenen Arbeitgeberkündigung – in einen Auflösungsvertrag umgedeutet werden könnte und diese Beendigung des Arbeitsverhältnisses durch eine schuldhafte Vertragsverletzung der Beklagten veranlasst wäre."

III. Abdingbarkeit

4 Die Vorschrift ist **grundsätzlich abdingbar**,[8] doch ergibt sich eine Grenze aus dem Sinn und Zweck der Vorschrift, so dass sie nicht abbedungen werden kann, wenn damit zwingendes Arbeitsrecht umgangen wird[9] oder die Grenze des § 242 BGB entgegensteht. Daher kann die Vergütungsregelung des § 628 Abs. 1 BGB bei Arbeitsverhältnissen erst nach Beendigung des Arbeitsverhältnisses wirksam abbedungen bzw. eine abweichende Vereinbarung geschlossen werden[10] und auch dies nur, wenn es bei der betreffenden Vergütung nicht um den Tariflohn geht,[11] da dann § 4 TVG entgegensteht.

---

[3] BAG v. 08.08.2002 - 8 AZR 574/01 - juris Rn. 30 - BB 2003, 206-209; *Henssler* in: MünchKomm-BGB, 5. Aufl. 2009, § 628 Rn. 2.
[4] OLG Karlsruhe v. 17.09.2003 - 1 U 9/03 - juris Rn. 23 - NJW-RR 2004, 191-192.
[5] *Müller-Glöge* in: ErfKomm, § 628 Rn. 3.
[6] BGH v. 26.01.1994 - VIII ZR 39/93 - juris Rn. 19 - LM AGBG § 9 (Bd) Nr. 8 (6/1994).
[7] BAG v. 11.02.1981 - 7 AZR 12/79 - juris Rn. 35 - DB 1981, 2233-2234; BAG v. 22.01.2009 - 8 AZR 808/07 - juris Rn. 32 - NZA 2009, 547-552.
[8] BGH v. 16.10.1986 - III ZR 67/85 - juris Rn. 19 - LM Nr. 8 zu § 627 BGB.
[9] *Müller-Glöge* in: ErfKomm, § 628 Rn. 46.
[10] Vgl. *Henssler* in: MünchKomm-BGB, 5. Aufl. 2009, § 628 Rn. 38.
[11] *Schwerdtner* in: MünchKomm-BGB, 3. Aufl. 1997, § 628 Rn. 29.

Auch § 628 Abs. 2 BGB kann abbedungen werden.[12] Bei Arbeitsverhältnissen kann zu Ungunsten des Arbeitnehmers erst nach Beendigung des Arbeitsverhältnisses etwas Abweichendes vereinbart werden.[13]

Bei der Vereinbarung in **Allgemeinen Geschäftsbedingungen** stellt der einseitige Ausschluss oder die einseitige Beschränkung des Schadensersatzanspruches zugunsten des Verwenders eine unangemessene Benachteiligung des Vertragspartners im Sinne von § 307 BGB dar.[14] Eine Pauschalierung von Schadensersatzansprüchen ist grundsätzlich zulässig, wobei die Grenze des § 309 Nr. 5 BGB zu beachten ist, weswegen die Pauschale weder den nach dem gewöhnlichen Lauf der Dinge zu erwartenden Schaden, also den branchentypischen Durchschnittsschaden, übersteigen, noch dem anderen Teil den Nachweis abschneiden darf, dass ein Schaden gar nicht oder wesentlich niedriger als pauschaliert eingetreten ist.[15]

C. Rechtsfolgen

I. Teilvergütung gemäß Absatz 1 Satz 1

Diese Regelung enthält den bei der Beendigung von Dauerschuldverhältnissen allgemeinen Grundsatz, dass dem vorleistungspflichtigen Dienstverpflichteten grundsätzlich eine seinen bisherigen Leistungen entsprechende Vergütung gebührt.[16] Grundsätzlich können die Parteien aber auch vereinbaren, dass in solchen Fällen die volle Vergütung geschuldet sein soll.[17] Satz 1 behandelt **nicht** den Fall, dass der Dienstberechtigte die Vergütung des Dienstverpflichteten bereits im Voraus gezahlt hat (vgl. insoweit Satz 3). Zu den bisherigen Leistungen gehören nicht nur die Dienste, die den unmittelbaren Vertragsgegenstand bilden, sondern auch vorbereitende oder sonst damit verbundene Maßnahmen und Aufwendungen, wie zum Beispiel Reisekosten.[18] Ebenso sind tatsächlich geleistete Auslagen voll zu ersetzen.[19] Zu beachten ist, dass sich der Vergütungsanspruch nur auf die bisherigen Leistungen bezieht, die der Dienstnehmer im Voraus für den Dienstberechtigten erbracht hat, so dass sich der Vergütungsanteil aus der Gegenüberstellung der tatsächlich erbrachten Dienstleistung und der ursprünglich gedachten Gesamtleistung ergibt.[20] Die Bestimmung des Vergütungsanteils ist ohne Probleme möglich, wenn ein Stundenlohn vereinbart war, denn dann ergibt sich die zu zahlende Teilvergütung als das Produkt der tatsächlich geleisteten Stunden und des für eine Stunde geltenden Lohnsatzes.[21] Problematisch kann die Feststellung zum Beispiel bei einem vereinbarten Pauschalhonorar sein, wie zum Beispiel bei der Tätigkeit eines Rechtsanwaltes.[22] Hier ist – ausgehend von dem vereinbarten Honorar und der insgesamt vorgesehenen Tätigkeit – zu bewerten, welcher Anteil des vereinbarten Honorars auf die erbrachten Leistungen des Rechtsanwalts entfällt.

Im Unterschied zur Regelung des § 628 Abs. 1 Satz 2 BGB kommt es bei § 628 Abs. 1 Satz 1 BGB nicht darauf an, welchen Wert der Leistungserfolg für den Dienstberechtigten hat oder von welchem Interesse die Dienstleistung für den Vertragspartner noch ist.[23]

---

[12] *Henssler* in: MünchKomm-BGB, 5. Aufl. 2009, § 628 Rn. 92.
[13] *Henssler* in: MünchKomm-BGB, 5. Aufl. 2009, § 628 Rn. 92.
[14] *Müller-Glöge* in: ErfKomm, § 628 Rn. 46.
[15] *Müller-Glöge* in: ErfKomm, § 628 Rn. 46
[16] *Müller-Glöge* in: ErfKomm, § 628 Rn. 4.
[17] *Schwerdtner* in: MünchKomm-BGB, 3. Aufl. 1997, § 628 Rn. 14; nicht unproblematisch seit In-Kraft-Treten der Schuldrechtsreform im Hinblick auf AGB; vgl. auch *Henssler* in: MünchKomm-BGB, 5. Aufl. 2009, § 628 Rn. 34.
[18] BGH v. 29.05.1991 - IV ZR 187/90 - juris Rn. 18 - LM BGB § 628 Nr. 10 (4/1992).
[19] *Müller-Glöge* in: ErfKomm, § 628 Rn. 4.
[20] *Müller-Glöge* in: ErfKomm, § 628 Rn. 5.
[21] *Müller-Glöge* in: ErfKomm, § 628 Rn. 5.
[22] OLG Düsseldorf v. 23.07.2009 - I-24 U 200/08, 24 U 200/08 - juris Rn. 43 ff.; BGH v. 16.10.1986 - III ZR 67/85 - juris Rn. 31 - LM Nr. 8 zu § 627 BGB; zur Problematik des Honoraranspruchs im Regressfall vgl. *Neuhofer*, AnwBl 2004, 583-585.
[23] *Müller-Glöge* in: ErfKomm, § 628 Rn. 4.

II. Herabsetzung der Teilvergütung nach Absatz 1 Satz 2

1. Allgemein

9   Kündigt der Dienstverpflichtete, ohne durch ein vertragswidriges Verhalten des Dienstberechtigten dazu veranlasst zu sein (Alternative 1), oder veranlasst der Dienstverpflichtete durch sein vertragswidriges Verhalten die Kündigung des Dienstberechtigten (Alternative 2), so steht dem Dienstverpflichteten gemäß § 628 Abs. 1 Satz 2 BGB ein Anspruch auf die Vergütung insoweit nicht zu, als seine bisherigen Leistungen infolge der Kündigung für den Dienstberechtigten kein Interesse haben. Dies bedeutet, dass eine Herabsetzung der Teilvergütung grundsätzlich sowohl dann erfolgen kann, wenn der Dienstverpflichtete kündigt, als auch dann, wenn dies der Dienstberechtigte tut. § 628 Abs. 1 Satz 2 BGB ist ein Ausnahmetatbestand und bezieht sich nur auf die nach § 628 Abs. 1 Satz 1 BGB zu beanspruchende Teilvergütung,[24] was bedeutet, dass vollständig abgerechnete Vergütungsperioden nicht wegen Wegfalls des Interesses rückabgewickelt werden können[25]. Im Zusammenhang mit der Beendigung von Anwaltsmandaten beurteilt sich der Interessenfortfall anhand des tatsächlich entstandenen finanziellen Mehraufwandes.[26] Hat ein Rechtsanwalt die Kündigung eines geschlossenen Anwaltsvertrages durch vertragswidriges Verhalten veranlasst oder kündigt er selbst – ohne vertragswidriges Verhalten des Mandanten – während eines laufenden Prozesses[27] und muss der Auftraggeber des Rechtsanwalts einen anderen Prozessbevollmächtigten neu bestellen, für den die gleichen Gebühren nochmals entstehen, führt dies zum Untergang des Vergütungsanspruchs des erstbeauftragten Anwalts.[28]

2. Kündigung durch den Dienstverpflichteten gemäß Absatz 1 Satz 2 Alternative 1

10   Eine solche kann für den Dienstverpflichteten eine Kürzung der ihm nach § 628 Abs. 1 Satz 1 BGB zustehenden Teilvergütung zur Folge haben. Dies ist dann der Fall, wenn der Dienstverpflichtete kündigt, ohne durch ein vertragswidriges Verhalten, ein Handeln oder ein Unterlassen, des Dienstberechtigten hierzu veranlasst worden zu sein. Das bedeutet aber auch, dass der Dienstverpflichtete unter Umständen auch dann eine Kürzung seiner anteiligen Vergütungsansprüche hinnehmen muss, wenn er aufgrund eines wichtigen Grundes im Sinne des § 626 Abs. 1 BGB das Dienstverhältnis außerordentlich beenden konnte.[29] Ein wichtiger Grund in diesem Sinne kann nämlich auch in Fällen vorliegen, in denen sich der Dienstberechtigte nicht vertragswidrig verhält[30], was etwa im Fall des § 627 BGB zutrifft, da dort zum Beispiel auch rational nicht nachvollziehbare Gründe zur Kündigung berechtigen. Eine nicht durch vertragswidriges Verhalten des Dienstberechtigten veranlasste Kündigung liegt auch dann vor, wenn der Dienstverpflichtete fristlos kündigt, weil er Streit mit Arbeitskollegen hat, weil er heiraten oder auswandern möchte oder wegen Krankheit die geschuldete Arbeit nicht mehr leisten kann.[31]

11   Ob das von § 628 Abs. 1 Satz 2 BGB geforderte vertragswidrige Verhalten des Dienstberechtigten vorliegt, richtet sich nach § 276 BGB, denn einschränkend wird man fordern müssen, dass es sich um ein schuldhaft[32] vertragswidriges Verhalten handelt. Das Verhalten seiner **Erfüllungsgehilfen** wird dem Dienstberechtigten über § 276 BGB i.V.m. § 278 BGB **zugerechnet**.[33] Ein solches schuldhaft vertragswidriges Verhalten ist etwa der Ausspruch einer unwirksamen fristlosen Kündigung durch den

---

[24] BGH v. 17.10.1996 - IX ZR 37/96 - juris Rn. 12 - LM BGB § 134 Nr. 158 (2/1997); *Henssler/Deckenbrock*, NJW 2005, 1-6, 2.
[25] *Henssler* in: MünchKomm-BGB, 5. Aufl. 2009, § 628 Rn. 15.
[26] *Henssler/Deckenbrock*, MDR 2005, 1321-1327, 1322.
[27] OLG Karlsruhe v. 15.09.2009 - 4 U 192/07 - juris Rn. 14 - MDR 2010, 415-416.
[28] BGH v. 29.09.2011 - IX ZR 170/10 - juris Rn. 7, 10 - DB 2011, 2429, 2430; BGH v. 23.04.2009 - IX ZR 167/07 - juris Rn. 35 - NJW 2009, 3297-3301; OLG Rostock v. 12.08.2008 - 1 U 157/08 - NJW-RR 2009, 492, 493.
[29] Vgl. auch *Henssler* in: MünchKomm-BGB, 5. Aufl. 2009, § 628 Rn. 14.
[30] *Müller-Glöge* in: ErfKomm, § 628 Rn. 9.
[31] *Müller-Glöge* in: ErfKomm, § 628 Rn. 9.
[32] So auch *Henssler* in MünchKomm-BGB, 5. Aufl. 2009, § 628 Rn. 14.
[33] *Müller-Glöge* in: ErfKomm, § 628 Rn. 9

Dienstberechtigten, wenn dieser die Unwirksamkeit der Kündigung kannte oder bei gehöriger Sorgfalt hätte erkennen müssen.[34]

Eine **Veranlassung zur Kündigung** liegt dann vor, wenn die schuldhafte Vertragsverletzung der Grund für die außerordentliche Kündigung des Dienstverhältnisses gewesen ist.[35] 12

Wenn sich sowohl der Dienstberechtigte als auch der Dienstverpflichtete schuldhaft vertragswidrig verhalten haben, kommt § 254 BGB in Betracht, was bedeutet, dass die dem Dienstverpflichteten zustehende Vergütung entsprechend den Verursachungsanteilen beider Parteien verhältnismäßig gekürzt wird.[36] 13

Bei Anwälten kommt eine Kürzung des anwaltlichen Vergütungsanspruchs daher sowohl dann in Betracht, wenn der Anwalt das Mandat niederlegt, ohne hierzu durch das Verhalten des Mandanten veranlasst worden zu sein, als auch dann, wenn dem Anwalt die Mandatsfortführung unmöglich wird. Insofern ist es nach Ansicht von *Henssler/Deckenbrock* ohne Bedeutung, ob der Anwalt die Mandatsbeendigung zu vertreten hat[37] (vgl. auch Rn. 9). 14

3. Kündigung durch den Dienstberechtigten gemäß Absatz 1 Satz 2 Alternative 2

Auch wenn der Dienstberechtigte kündigt, kann es zu einer Herabsetzung der dem Dienstverpflichteten zustehenden anteiligen Vergütung kommen. Dies ist der Fall, wenn der Dienstverpflichtete durch sein vertragswidriges Verhalten die vom Dienstberechtigten ausgesprochene außerordentliche Kündigung gemäß § 626 BGB oder § 627 BGB veranlasst hat. Der Dienstverpflichtete muss das vertragswidrige Verhalten zu vertreten haben. Im Hinblick darauf, dass zum Beispiel ein Anwaltsdienstvertrag nach § 627 BGB ohne Einschränkungen, auch aus Gründen, die objektiv keinen wichtigen Grund i.S. d. § 626 Abs. 1 BGB darstellen, frei kündbar ist und Rechtsanwälte daher schon dann eine Kürzung ihres Vergütungsanspruch hinnehmen müssen, wenn sie eine einfache Pflichtverletzung begehen, wird von Instanzgerichten zum Teil versucht, den Begriff des vertragswidrigen Verhaltens im Zusammenhang mit Anwaltsdienstverträgen einschränkend auszulegen.[38] Vor dem Hintergrund, dass insbesondere eine Kündigung nach § 627 BGB auch ohne Vorliegen eines schuldhaften Verhaltens möglich ist, ist dieses Ansinnen berechtigt. Es ist also auch hier ein schuldhaftes Verhalten zu fordern.[39] *Henssler/ Deckenbrock* vertreten, dass bei einer Kündigung nach § 627 BGB eine Herabsetzung der Vergütung nur dann in Betracht komme, wenn der Vertrag auch nach § 626 BGB hätte gekündigt werden können und eine zu vertretende Vertragsverletzung i.S.d. §§ 276, 278 BGB vorliege.[40] Sie führen weiter aus: „Das Tatbestandsmerkmal „veranlassen" muss bei Diensten höherer Art einschränkend dahin verstanden werden, dass der Dienstverpflichtete nur dann Veranlassung zur Kündigung gegeben hat, wenn die Kündigung auf derart schwerwiegenden Vertragsverstößen beruht, dass, wäre der Vertrag auf normale Dienste gerichtet gewesen, die Einhaltung der Kündigungsfrist nicht mehr zumutbar gewesen wäre. Ein anderweitiges Verständnis des Tatbestandsmerkmales hätte zur Folge, dass bei der gem. § 627 BGB möglichen fristlosen Kündigung eines auf Dienste höherer Art gerichteten Vertragsverhältnisses schon geringfügige Verstöße des Dienstverpflichteten zum völligen Wegfall der Vergütung führen könnten. Dies aber würde ohne sachlichen Grund die zur Leistung von Diensten höherer Art Verpflichteten erheblich schlechter stellen als etwa Arbeitnehmer oder sonstige Dienstleister einfacher Art."[41] Dieser überzeugenden Ansicht ist der BGH nicht gefolgt. Das vertragswidrige Verhalten müsse weder 15

---

[34] BAG v. 24.10.1974 - 3 AZR 488/73 - AR-Blattei Kündigung VIII Entsch 45; *Müller-Glöge* in: ErfKomm, § 628 Rn. 9.
[35] BGH v. 12.06.1963 - VII ZR 272/61 - BGHZ 40, 13-18.
[36] *Müller-Glöge* in: ErfKomm, § 628 Rn. 9; *Henssler* in: MünchKomm-BGB, 5. Aufl. 2009, § 628 Rn. 22.
[37] *Henssler/Deckenbrock*, MDR 2005, 1321-1327, 1322.
[38] Vgl. hierzu *Henssler/Deckenbrock*, NJW 2005, 1-6, 2.
[39] BGH v. 29.03.2011 - VI ZR 133/10 - juris Rn. 13 - NJW 2011, 1674, 1675; *Henssler* in: MünchKomm-BGB, 5. Aufl. 2009, § 628 Rn. 16.
[40] *Henssler/Deckenbrock*, NJW 2005, 1-6, 2.
[41] *Henssler/Deckenbrock*, NJW 2005, 1-6, 2.

schwerwiegend noch als wichtiger Grund i.S.d. § 626 Abs. 1 BGB anzusehen sein. Eine solche Beschränkung ergebe sich weder aus dem Wortlaut des § 628 Abs. 1 Satz 2 Fall 2 BGB noch aus seiner Entstehungsgeschichte. Allerdings lasse nicht schon jeder geringfügige Vertragsverstoß des Dienstverpflichteten den Entgeltanspruch entfallen, es sei hier § 323 Abs. 5 Satz 2 BGB entsprechend anwendbar, so dass bei unerheblicher Pflichtverletzung des Dienstverpflichteten die Vergütungspflicht bestehen bleibt und daher „schwerwiegende Rechtsfolgen bei geringfügigen Vertragsverletzungen nicht eintreten".[42]

4. Fehlendes Interesse des Dienstberechtigten an der bisher erbrachten Dienstleistung

16 Der Dienstverpflichtete hat keinen bzw. nur einen verminderten Anspruch auf die ihm grundsätzlich zustehende anteilige Vergütung, wenn und soweit seine bisherigen Leistungen für den Dienstberechtigten kein Interesse haben.[43] Das **Interesse fehlt**, wenn die erbrachten Dienstleistungen für den Dienstberechtigten wirtschaftlich nutzlos sind oder wenn sie für ihn völlig unbrauchbar und wertlos sind.[44] Bei völliger Wertlosigkeit kann daher der Vergütungsanspruch auch ganz entfallen.[45] Der Einwand des fehlenden Interesses ist dem Dienstberechtigten dann abgeschnitten, wenn er selbst die Auflösung des Dienstverhältnisses zu vertreten hat,[46] denn in einem solchen Fall findet § 628 Abs. 1 Satz 2 BGB schon seinem Wortlaut nach keine Anwendung.

5. Kausalität der Kündigung für den Wegfall bzw. Fehlen des Interesses

17 Es muss das Interesse des Dienstberechtigten an der bisher erbrachten Dienstleistung **gerade infolge** der Kündigung entfallen sein.[47]

III. Folgen für vorausgezahlte Vergütung nach Absatz 1 Satz 3

18 Hat eine **Vorleistung** der Vergütung stattgefunden, kommt § 628 Abs. 1 Satz 3 BGB zur Anwendung. Satz 3 gilt sowohl für den Fall von überzahlter Gegenleistung für (aufgrund der Kündigung) nicht mehr erbrachte Dienste als auch für (vor Kündigung) erbrachte Dienste, die aber nach § 628 Abs. 1 Satz 2 BGB nicht entlohnt werden müssen.[48] Für beide Fälle regelt Satz 3 die Rückzahlung der vom Dienstberechtigten im Voraus entrichteten Vergütung. Für den Fall, dass der Dienstverpflichtete die Kündigung zu vertreten hat, verweist § 628 Abs. 1 Satz 3 BGB auf die §§ 346, 987-993 BGB, so dass der Dienstverpflichtete die vorausgezahlte Vergütung ohne Rücksicht auf die noch vorhandene Bereicherung mit Zinsen zurückerstatten muss. Es ist nämlich nicht gerechtfertigt, ihn in den Genuss der Entreicherungseinrede kommen zu lassen, wenn er für die vorzeitige Beendigung des Vertrages die Verantwortung trägt.[49]

19 Hat er die Kündigung nicht zu vertreten, kommen die §§ 812-822 BGB zur Anwendung, so dass sich der Dienstverpflichtete hier grundsätzlich auf den **Wegfall der Bereicherung** gemäß § 818 Abs. 3 BGB berufen kann.[50]

---

[42] BGH v. 29.03.2011 - VI ZR 133/10 - juris Rn. 14 - NJW 2011, 1674, 1675; zustimmend *Preis/Sagan*, MedR 2012, 40-42.
[43] BAG v. 21.10.1983 - 7 AZR 285/82 - juris Rn. 11 - BB 1985, 122-123.
[44] OLG Düsseldorf v. 11.05.2000 - 8 U 133/99 - juris Rn. 18 - OLGR Düsseldorf 2001, 183; BGH v. 07.06.1984 - III ZR 37/83 - juris Rn. 15 - LM Nr. 7 zu § 628 BGB.
[45] *Müller-Glöge* in: ErfKomm, § 628 Rn. 11.
[46] *Schwerdtner* in: MünchKomm-BGB, 3. Aufl. 1997, § 628 Rn. 25.
[47] BAG v. 21.10.1983 - 7 AZR 285/82 - juris Rn. 11 - BB 1985, 122-123.
[48] BGH v. 29.03.2011 - VI ZR 133/10 - juris Rn. 11 - NJW 2011, 1674, 1675.
[49] BGH v. 29.03.2011 - VI ZR 133/10 - juris Rn. 11 - NJW 2011, 1674, 1675.
[50] Vgl. *Henssler* in: MünchKomm-BGB, 5. Aufl. 2009, § 628 Rn. 30; *Müller-Glöge* in: ErfKomm, § 628 Rn. 12.

IV. Schadensersatz gemäß Absatz 2

1. Allgemein

Im Unterschied zu § 628 Abs. 1 BGB, dessen Rechtsfolge allein die Ansprüche des Dienstverpflichteten berührt, kann die aus § 628 Abs. 2 BGB folgende Schadensersatzpflicht beide Vertragsparteien treffen.

20

Ein Schadensersatzanspruch gemäß § 628 Abs. 2 BGB setzt ein **Auflösungsverschulden** voraus, das das Gewicht eines wichtigen Grundes im Sinne des § 626 BGB haben muss.[51] Da für eine Kündigung nach § 627 BGB bzw. den wichtigen Grund i.S.v. § 626 BGB grundsätzlich kein Verschulden erforderlich ist (vgl. die Kommentierung zu § 626 BGB Rn. 7), wird man im Hinblick auf die allgemeine Struktur des Schadensersatzrechts auch hier einschränkend weiter fordern müssen, dass, wie die Bezeichnung Auflösungsverschulden andeutet, ein Verschulden gegeben ist. Fehlt es hieran, so scheidet ein Schadensersatzanspruch aufgrund dieser Vorschrift aus. Denn aus dem Zusammenhang der Absätze 1 und 2 des § 628 BGB ergibt sich die gesetzliche Wertung, dass nicht jede geringfügige schuldhafte Vertragsverletzung, die Anlass für eine Beendigung des Arbeitsverhältnisses gewesen ist, die schwerwiegende Folge des § 628 Abs. 2 BGB nach sich zieht.[52] Dies gilt unabhängig davon, ob es sich um ein Dienst- oder ein Arbeitsverhältnis handelt.[53] Bei Dienstverhältnissen höherer Art entsteht eine Schadensersatzpflicht aus § 628 Abs. 2 BGB nur dann, wenn das Dienstverhältnis auch nach § 626 BGB hätte gekündigt werden können, da anderenfalls schon jede geringfügige Vertragsverletzung – sofern eine solche für § 627 BGB überhaupt erforderlich ist – einen Schadensersatzanspruch nach sich zöge, da es für eine Kündigung nach § 627 BGB keines wichtigen Grundes bedarf.[54] Ansprüche aus § 628 Abs. 2 BGB werden durch ein Insolvenzverfahren nicht ausgeschlossen.[55] Ein vertragswidriges Verhalten eines **Rechtsanwaltes** kann zum Beispiel im Zusammenhang mit der Beratung wegen des Abschlusses eines gerichtlichen Vergleiches vorliegen.[56] Bei einem denkbaren Anspruch eines Handelsvertreters auf Schadensersatz gegen den Unternehmer in entsprechender Anwendung von § 628 Abs. 2 BGB oder § 89a Abs. 2 HGB wegen Eröffnung des Insolvenzverfahrens muss ein spezielles Auflösungsverschulden vorliegen, welches über die bloße Herbeiführung der Insolvenz und die Veranlassung der Vertragsauflösung hinausgeht, weswegen unternehmerische Fehlentscheidungen allein einen Schadensersatzanspruch daher nicht begründen können.[57]

21

2. Beendigung des Dienstverhältnisses

Der Schadensersatzanspruch nach § 628 Abs. 2 BGB setzt nach Auffassung des BGH eine wirksame außerordentliche Kündigung voraus. Auf die Fälle der ordentlichen Kündigung oder der einvernehmlichen Aufhebung des Dienstvertrages finde die Vorschrift keine Anwendung.[58] Dagegen steht und fällt nach Auffassung des BAG[59] die Anwendbarkeit des § 628 Abs. 2 BGB nicht mit der Wirksamkeit der

22

---

[51] BAG v. 12.06.2003 - 8 AZR 341/02 - juris Rn. 13 - BB 2003, 2747-2749; BAG v. 26.07.2001 - 8 AZR 739/00 - juris Rn. 24 - NJW 2002, 1593-1598; BAG v. 11.02.1981 - 7 AZR 12/79 - juris Rn. 36 - DB 1981, 2233-2234; OLG Köln v. 19.12.2001 - 19 U 116/01 - juris Rn. 3 - OLGR Köln 2002, 103-104.

[52] BAG v. 08.08.2002 - 8 AZR 574/01 - juris Rn. 32 - BB 2003, 206-209; BAG v. 26.07.2001 - 8 AZR 739/00 - juris Rn. 24 - NJW 2002, 1593-1598; BAG v. 11.02.1981 - 7 AZR 12/79 - juris Rn. 36 - DB 1981, 2233-2234.

[53] *Schulte*, Festschrift für Peter Schwerdtner zum 65. Geburtstag 2003, 183-197, 196.

[54] Vgl. *Henssler/Deckenbrock*, NJW 2005, 1-6, 5 f., die darauf hinweisen, dass, da die Höhe des Schadensersatzes temporär bis zu dem Zeitpunkt begrenzt sei, zu dem der Schädiger das Dienstverhältnis selbst ohne die Auslösung von Ersatzansprüchen hätte beenden können, ein ersatzfähiger Schaden wegen des freien Kündigungsrechts aus § 627 BGB regelmäßig nicht gegeben sein wird.

[55] ArbG Herford v. 26.02.2004 - 1 Ca 1686/03 - juris Rn. 17 - Bibliothek BAG.

[56] Vgl. hierzu etwa KG Berlin v. 23.08.2004 - 12 U 218/03 - juris Rn. 6 - KGR Berlin 2005, 89-90.

[57] *Emde/Kelm*, ZIP 2005, 58-66, 64.

[58] BGH v. 26.01.1994 - VIII ZR 39/93 - juris Rn. 19 - LM AGBG § 9 (Bd) Nr. 8 (6/1994); vgl. *Weidenkaff* in: Palandt, § 628 Rn. 1.

[59] BAG v. 08.08.2002 - 8 AZR 574/01 - juris Rn. 31 - BB 2003, 206-209; BAG v. 11.02.1981 - 7 AZR 12/79 - juris Rn. 35 - DB 1981, 2233-2234.

ausgesprochenen außerordentlichen Kündigung. Denn entscheidend für das Eingreifen des § 628 Abs. 2 BGB sei nicht die Form der Beendigung des Arbeitsverhältnisses, sondern deren Veranlassung durch eine schuldhafte Vertragsverletzung des Beklagten[60]. Deshalb stünde beispielsweise eine Unwirksamkeit der Klägerkündigung aus anderen Gründen als wegen Fehlens eines wichtigen Grundes der Anwendbarkeit des § 628 Abs. 2 BGB dann nicht entgegen, wenn die Klägerkündigungen etwa in eine ordentliche Kündigung oder – unter Berücksichtigung der zum gleichen Zeitpunkt ausgesprochenen Arbeitgeberkündigung – in einen Auflösungsvertrag umgedeutet werden könnte und diese Beendigung des Arbeitsverhältnisses durch eine schuldhafte Vertragsverletzung der Beklagten veranlasst wäre. Selbst wenn ein Vertragspartner davon absehe, eine außerordentliche Kündigung auszusprechen, und das Arbeitsverhältnis im Wege der Vereinbarung aufgelöst werde, bleibe der andere Teil daher zum Schadensersatz verpflichtet, wenn er vertragswidrig und schuldhaft einen wichtigen Grund zur Auflösung gesetzt hat. In einem solchen Fall müsse sich jedoch derjenige, der Rechte aus dem Auflösungsverschulden herleiten will, diese bei der Vereinbarung über die Auflösung des Arbeitsverhältnisses ausdrücklich **vorbehalten**. Geschehe dies nicht, so könne der andere Teil die Einigung über die Auflösung dahin gehend verstehen, dass etwaige Rechte aus dem Auflösungsverschulden nicht mehr geltend gemacht werden sollen.[61] Schadensersatzansprüche aus § 628 Abs. 2 BGB können also nicht nur durch eine fristlose Kündigung ausgelöst werden. Endet das Arbeitsverhältnis durch Auflösungsvertrag oder fristgerechte Kündigung, so kann der Schadensersatzanspruch begründet sein, wenn ein wichtiger Grund zur Beendigung des Arbeitsverhältnisses vorlag, der durch vertragswidriges schuldhaftes Verhalten des anderen Teiles verursacht worden ist.[62] Liegt etwa eine ordentliche Kündigung vor, so muss sie – wie das BAG[63] ausgeführt hat – berechtigt und auch wirksam sein und ihren Grund in einem vertragswidrigen schuldhaften Verhalten des anderen Vertragsteils haben, dem das Gewicht eines wichtigen Grundes zukommt.

3. Auflösungsverschulden

23 Der Schadensersatzanspruch gemäß § 628 Abs. 2 BGB setzt zunächst eine Vertragsverletzung voraus. Zum Beispiel stellt der Widerruf der Bestellung eines Geschäftsführers gemäß § 38 Abs. 1 GmbHG kein vertragswidriges Verhalten der Gesellschaft im Sinne des § 628 Abs. 2 BGB dar, weil der dienstvertragliche Beschäftigungsanspruch aufgrund der der Gesellschaft im Bereich der Geschäftsführerbestellung gewährleisteten weitgehenden Organisationsfreiheit und Möglichkeit des jederzeitigen Widerrufs der Geschäftsführerbestellung eingeschränkt ist.[64] Die Frage, ob die Rechtsprechung des BGH zur Abberufung des Geschäftsführers auf den Fall einer Beschränkung der Zuständigkeiten des Geschäftsführers übertragen werden kann, hat das Gericht in seiner Entscheidung vom 06.03.2012[65] offen gelassen. Der Anspruch aus § 628 Abs. 2 BGB setzt weiter eine solche Vertragsverletzung voraus, die ein Recht zur außerordentlichen Kündigung begründet und dass die in Frage stehende Vertragsverletzung vom Gekündigten im Sinne der §§ 276, 278 BGB zu vertreten ist[66] und weiter, dass das hieraus folgende **Auflösungsverschulden** das Gewicht eines wichtigen Grundes im Sinne von § 626

---

[60] BAG v. 12.06.2003 - 8 AZR 341/02 - juris Rn. 13 - BB 2003, 2747-2749; *Schulte*, Festschrift für Peter Schwerdtner zum 65. Geburtstag 2003, 183-197, 196.

[61] BAG v. 10.05.1971 - 3 AZR 126/70 - juris Rn. 20 - NJW 1971, 2092; vgl. auch *Herbert/Oberrath*, NZA 2004, 121-129, 127; *Müller-Glöge* in: ErfKomm, § 628 Rn. 18; *Henssler* in: MünchKomm-BGB, 5. Aufl. 2009, § 628 Rn. 62.

[62] LArbG Düsseldorf v. 29.08.1972 - 8 Sa 310/72 - DB 1972, 1879; LArbG Frankfurt v. 14.01.1981 - 10 Sa 571/80; zur Einhaltung der Zwei-Wochen-Frist vgl. den Gliederungspunkt „Auflösungsverschulden".

[63] BAG v. 08.08.2002 - 8 AZR 574/01 - juris Rn. 32 - BB 2003, 206-209.

[64] BGH v. 06.03.2012 - II ZR 76/11 - juris Rn. 15 m. w. N.; BGH v. 28.10.2002 - II ZR 146/02 - juris Rn. 8 - NJW 2003, 351-352; vgl. hierzu auch *Frey*, EWiR 2003, 259-260, 260; vgl. auch BAG v. 08.08.2002 - 8 AZR 574/01 - BB 2003, 206-209.

[65] BGH v. 06.03.2012 - II ZR 76/11 - juris Rn. 17.

[66] *Müller-Glöge* in: ErfKomm, § 628 Rn. 15; BGH v. 30.03.1995 - IX ZR 182/94 - juris Rn. 11 - LM BGB § 628 Nr. 13 (8/1995).

BGB hat.[67] Es zieht also nicht jede geringfügige Vertragsverletzung, die Anlass für eine Beendigung des Arbeitsverhältnisses gewesen ist, den Schadensersatzanspruch des § 628 Abs. 2 BGB nach sich.[68] Wie bereits erwähnt, ist entscheidend, dass der Anspruchsberechtigte – der Kündigende – aus dem vom Gekündigten zu vertretenden Grund hätte außerordentlich kündigen können, was bedeutet, dass zur Anwendbarkeit des § 628 Abs. 2 BGB mindestens alle Voraussetzungen einer außerordentlichen Kündigung gegeben sein müssen, insbesondere eine eventuell erforderliche Abmahnung.[69] So dürfen insbesondere zwischen der Kenntniserlangung der die Vertragsverletzung begründenden Umstände und der Verwirklichung des Beendigungstatbestandes nicht mehr als zwei Wochen liegen.[70] Folglich scheidet dann, wenn die ausgesprochene außerordentliche Kündigung unwirksam ist, weil es an einem wichtigen Grund im Sinne von § 626 Abs. 1 BGB fehlt oder dann, wenn zwar ein wichtiger Grund in diesem Sinne vorliegt, aber kein vertragswidriges Verhalten gegeben ist, der Schadensersatzanspruch nach § 628 Abs. 2 BGB aus.[71] Letzteres wäre zum Beispiel bei unverschuldeter langer schwerer Krankheit, bei der abzusehen ist, dass der Dienstverpflichtete die Dienste nicht mehr wird erbringen können, der Fall.

Auch im Fall der Beendigung des Arbeitsverhältnisses auf Antrag einer der Arbeitsvertragsparteien gemäß § 9 KSchG i.V.m. § 13 Abs. 1 Satz 3 KSchG kann diese durch das Auflösungsverschulden des anderen Vertragsteils veranlasst sein.[72] **24**

Wenn der Kündigende selbst schuldhaft und vertragswidrig eine Situation schafft, die ihn zur außerordentlichen Kündigung berechtigt, dann kann der Gekündigte **analog** § 628 Abs. 2 BGB Schadensersatz verlangen.[73] **25**

Zu beachten ist, dass im Fall **beiderseitigen Auflösungsverschuldens** keine Schadensersatzpflicht für eine der beiden Parteien besteht.[74] Das heißt, dass in dem Fall, wenn eine Vertragspartei durch schuldhaft vertragswidriges Verhalten des anderen Teiles zur Kündigung des Dienstverhältnisses veranlasst wird, der Kündigungsgegner dann nicht zum Ersatz des durch die Aufhebung des Vertragsverhältnisses entstehenden Schadens verpflichtet ist, wenn er selbst wegen eines vertragswidrigen Verhaltens der kündigenden Partei hätte kündigen können.[75] Dies gilt unabhängig davon, ob die wechselseitigen Kündigungsgründe in einem inneren Zusammenhang stehen oder nicht.[76] **26**

4. Kausalität

Der Schadensersatzanspruch setzt weiterhin voraus, dass Kausalität zwischen dem Auflösungsverschulden, also dem schuldhaften vertragswidrigen Verhalten, und der Beendigung des Dienstverhält- **27**

---

[67] BAG v. 11.02.1981 - 7 AZR 12/79 - juris Rn. 36 - DB 1981, 2233-2234; BAG v. 20.11.1996 - 5 AZR 518/95 - juris Rn. 30 - BAGE 84, 344-360; LArbG Stuttgart v. 27.03.2003 - 19 Sa 5/02 - juris Rn. 61 - Bibliothek BAG; BAG v. 12.06.2003 - 8 AZR 341/02 - juris Rn. 13 - BB 2003, 2747-2749; BAG v. 26.07.2001 - 8 AZR 739/00 - juris Rn. 24 - NJW 2002, 1593-1598; BAG v. 22.01.2009 - 8 AZR 808/07 - juris Rn. 32 - NZA 2009, 547-552; OLG Köln v. 19.12.2001 - 19 U 116/01 - juris Rn. 3 - OLGR Köln 2002, 103-104; BAG v. 14.12.2011 – 5 AZR 439/10 – juris Rn. 31, DB 2012, 864-866; *Müller-Glöge* in: ErfKomm, § 628 Rn. 15; *Henssler* in: MünchKomm-BGB, 5. Aufl. 2009, § 628 Rn. 55.

[68] BAG v. 26.07.2001 - 8 AZR 739/00 - juris Rn. 24 - NJW 2002, 1593-1598; BAG v. 11.02.1981 - 7 AZR 12/79 - juris Rn. 36 - DB 1981, 2233-2234; OLG Köln v. 19.12.2001 - 19 U 116/01 - juris Rn. 3 - OLGR Köln 2002, 103-104.

[69] LArbG Rheinland-Pfalz v. 07.07.2011 - 2 Sa 228/11 - juris Rn. 26 m. Anm. v. *Burgmer/König*, jurisPR-ArbR 7/2012, Anm. 4; LArbG Sachsen-Anhalt v. 28.04.2010 - 5 Sa 7/09 - juris Rn. 75; *Schulte*, Festschrift für Peter Schwerdtner zum 65. Geburtstag 2003, 183-197, 191-194.

[70] BAG v. 26.07.2001 - 8 AZR 739/00 - juris Rn. 35 - NJW 2002, 1593-1598; vgl. auch LArbG Frankfurt v. 23.03.2001 - 9/2 Sa 761/00 - Bibliothek BAG; *Weidenkaff* in: Palandt, § 628 Rn. 6.

[71] *Müller-Glöge* in: ErfKomm, § 628 Rn. 17.

[72] BAG v. 12.06.2003 - 8 AZR 341/02 - juris Rn. 13 - BB 2003, 2747-2749.

[73] *Henssler* in: MünchKomm-BGB, 5. Aufl. 2009, § 628 Rn. 65; *Müller-Glöge* in: ErfKomm, § 628 Rn. 17.

[74] *Müller-Glöge* in: ErfKomm, § 628 Rn. 32.

[75] *Müller-Glöge* in: ErfKomm, § 628 Rn. 32; *Weidenkaff* in: Palandt, § 628 Rn. 6.

[76] *Müller-Glöge* in: ErfKomm, § 628 Rn. 32.

nisses besteht.[77] Daher reicht für den Anspruch eine Vertragsverletzung allein nicht aus, vielmehr muss ein **unmittelbarer Zusammenhang** zwischen dem vertragswidrigen Verhalten und der Kündigung bzw. dem Aufhebungsvertrag oder einem anderen Beendigungstatbestand gegeben sein.[78] Die schuldhafte Vertragsverletzung muss also Veranlassung für die Beendigung des Dienstverhältnisses gewesen sein.[79] Im Fall der außerordentlichen Kündigung ist diese notwendige adäquate Verursachung regelmäßig gegeben, bei den anderen in Frage kommenden Formen der Vertragsbeendigung wegen Auflösungsverschuldens einer Partei können aber diesbezüglich Beweisschwierigkeiten auftreten.[80] Weiterhin muss der eingetretene Schaden gerade auf die Beendigung des Dienstverhältnisses zurückzuführen sein. Man kann insofern davon sprechen, dass der Anspruch aus § 628 Abs. 2 BGB eine **doppelte Kausalität** voraussetzt.[81]

5. Ersatzfähiger Schaden

28 Der Umfang des zu ersetzenden Schadens bestimmt sich nach den §§ 249-252 BGB, was bedeutet, dass dem durch die Kündigung bzw. Beendigung eingetretenen **tatsächlichen Zustand** der **hypothetische Zustand** ohne das schädigende Ereignis (Kündigung/Beendigung) **gegenüberzustellen ist**.[82] Maßgeblich ist hierbei das **Erfüllungsinteresse**, so dass der Anspruchsteller so zu stellen ist, wie er bei Fortbestand des Dienstverhältnisses gestanden hätte.[83] Streitig ist, ob der Schadensersatzanspruch gemäß § 628 Abs. 2 BGB zeitlich begrenzt ist und daher der Anspruchsteller so zu stellen ist, wie er bei Fortbestand des Dienstverhältnisses bis zu dessen ordnungsgemäßer Beendigung bzw. bis zu dem Zeitpunkt, zu dem das Dienstverhältnis hätte gekündigt werden können, gestanden hätte oder ob eine solche zeitliche Beschränkung nicht existiert (vgl. dazu Rn. 30). Der eingetretene Schaden muss gerade auf die Beendigung des Dienstverhältnisses zurückzuführen sein.[84] Der Anspruchsberechtigte darf durch die vorzeitige Beendigung des Vertragsverhältnisses jedoch nicht besser gestellt werden als er bei dessen ordnungsgemäßer Abwicklung gestanden hätte.[85]

29 Wenn im Rahmen der gerichtlichen Auflösung des Arbeitsverhältnisses eine **Abfindung** nach den §§ 9, 10 KSchG i.V.m. § 13 Abs. 1 Satz 3 KSchG zuerkannt wurde, ist der durch die Beendigung des Arbeitsverhältnisses eingetretene **Verlust einer Anwartschaft** auf betriebliche Altersversorgung **nicht** im Rahmen von § 628 Abs. 2 BGB **ersatzfähig**, denn die Abfindung ist eine Entschädigung eigener Art für die Auflösung des Arbeitsverhältnisses und hat die Funktion, dem Arbeitnehmer einen pauschalen Ausgleich für die Vermögens- und Nichtvermögensschäden zu gewähren, die sich aus dem Verlust des Arbeitsplatzes ergeben.[86]

30 Was den Umfang des Schadensersatzanspruches angeht, geht das BAG[87] davon aus, dass sich der Schadensersatzanspruch grundsätzlich allein auf den Zeitraum bis zum von vornherein vereinbarten

---

[77] *Müller-Glöge* in: ErfKomm, § 628 Rn. 21; *Henssler* in: MünchKomm-BGB, 5. Aufl. 2009, § 628 Rn. 69.
[78] BAG v. 08.08.2002 - 8 AZR 574/01 - juris Rn. 55 - BB 2003, 206-209; *Müller-Glöge* in: ErfKomm, § 628 Rn. 21.
[79] Vgl. insofern auch *Schulte*, Festschrift für Peter Schwerdtner zum 65. Geburtstag 2003, 183-197, 194, der im Zusammenhang mit der Kündigung durch den Arbeitnehmer davon spricht, dass die Vertragsverletzung des Arbeitgebers Motiv der Kündigung des Arbeitnehmers sein muss.
[80] *Müller-Glöge* in: ErfKomm, § 628 Rn. 21.
[81] *Müller-Glöge* in: ErfKomm, § 628 Rn. 33.
[82] BAG v. 20.11.1996 - 5 AZR 518/95 - juris Rn. 38 - BAGE 84, 344-360; *Müller-Glöge* in: ErfKomm, § 628 Rn. 22.
[83] BAG v. 20.11.1996 - 5 AZR 518/95 - juris Rn. 35 - BAGE 84, 344-360; *Henssler* in: MünchKomm-BGB, 5. Aufl. 2009, § 628 Rn. 70 ff.
[84] *Schwerdtner* in: MünchKomm-BGB, 3. Aufl. 1997, § 628 Rn. 42.
[85] *Müller-Glöge* in: ErfKomm, § 628 Rn. 22.
[86] BAG v. 12.06.2003 - 8 AZR 341/02 - juris Rn. 14 - BB 2003, 2747-2749; zustimmend *Kemper*, RdA 2004, 311-312.
[87] BAG v. 09.05.1975 - 3 AZR 352/74 - juris Rn. 28 - NJW 1975, 1987; BAG v. 26.07.2001 - 8 AZR 739/00 - juris Rn. 44 - NJW 2002, 1593-1598; BAG v. 22.04.2004 - 8 AZR 269/03 - juris Rn. 45 - AP Nr. 18 zu § 628 BGB.

oder durch ordentliche Kündigung herbeizuführenden Vertragsende erstreckt,[88] so dass der vertragsbrüchige Teil dem Kündigenden grundsätzlich nur den Schaden ersetzen muss, der durch die vorzeitige Vertragsbeendigung entstanden ist, jedoch bei vertragsgemäßer Einhaltung der Kündigungsfrist nicht entstanden wäre; der Kündigende kann somit den durch die Einhaltung der Kündigungsfrist vermeidbaren Schaden, den sog. **Verfrühungsschaden**,[89] ersetzt verlangen.

Während das BAG (vgl. Rn. 30) und einige Instanzgerichte[90] somit davon ausgehen, dass der **Schadensersatzanspruch** des Kündigenden **zeitlich begrenzt** ist durch das Ende der ordentlichen Kündigungsfrist oder bis zur vereinbarten Beendigung des Vertragsverhältnisses,[91] gehen Teile der Rechtsprechung und Literatur davon aus, dass der Schadensersatzanspruch des Arbeitnehmers über das Ende der ordentlichen Kündigungsfrist hinaus besteht, womöglich sogar unbegrenzt[92]. Das ist abzulehnen.

Allerdings geht das BAG zu Recht davon aus, dass die auf den reinen „Verfrühungsschaden" reduzierte Schadensersatzpflicht nicht den gesetzlichen Wertungen zum Kündigungsschutz entspricht. Sie berücksichtigt nicht hinreichend, dass der Arbeitnehmer – veranlasst durch das vertragswidrige Verhalten des Arbeitgebers – auf den durch die Kündigungsschutzbestimmungen vermittelten Bestandsschutz verzichtet. Ihn trifft insoweit neben der für die Dauer der Kündigung entfallenden Vergütung ein weiterer wirtschaftlicher Verlust, für den er einen angemessenen Ausgleich verlangen kann. Für die Bemessung dieses Ausgleichs bietet es sich an, auf die Abfindungsregelung der §§ 9, 10 KSchG abzustellen. Die Lage des wegen schuldhafter Vertragspflichtverletzung des Arbeitgebers selbst kündigenden Arbeitnehmers ist vergleichbar derjenigen des Arbeitnehmers, dem gegenüber der Arbeitgeber eine unberechtigte Kündigung ausgesprochen hat und der nun seinerseits einen Auflösungsantrag stellt, weil ihm die Fortsetzung des Arbeitsverhältnisses unzumutbar ist. Danach umfasst der Schadensersatzanspruch gem. § 628 Abs. 2 BGB neben der entgangenen Vergütung auch eine angemessene Abfindung für den Verlust des Arbeitsplatzes entsprechend §§ 9, 10 KSchG. Dieser Anspruch tritt kumulativ zu dem Anspruch auf Ersatz des Vergütungsausfalls hinzu, wenn der Auflösungsantrag des Arbeitnehmers bei unberechtigter fristloser Kündigung des Arbeitgebers zum Kündigungstermin einer (umgedeuteten) ordentlichen Kündigung hätte gestellt werden können. Für einen solchen Ausgleich des durch den Verzicht auf Kündigungsschutz bedingten Schadens spricht auch, dass der Arbeitgeber es sonst beispielsweise in der Hand hätte, einen Arbeitnehmer durch gezieltes vertragswidriges Verhalten zum Ausspruch einer außerordentlichen Kündigung zu bewegen, ohne seinerseits weitere Folgen wie etwa die einer Abfindungszahlung bei eigener ungerechtfertigter Kündigung befürchten zu müssen.[93]

Nach Ansicht des BGH ist die Rechtsprechung des BAG, nach der der kündigende Arbeitnehmer aus § 628 Abs. 2 BGB lediglich einen auf den Zeitraum der fiktiven Kündigungsfrist für das Arbeitsverhältnis beschränkten Ersatzanspruch hat und eine angemessene Vergütung entsprechend §§ 9, 10 KSchG verlangen kann, nicht auf den Schadensersatzanspruch des Arbeitnehmers gegen seinen Rechtsvertreter, durch dessen Verschulden ein Kündigungsschutzprozess verloren geht, übertragbar.[94]

Bei für die Vertragsparteien unterschiedlichen ordentlichen Kündigungsmöglichkeiten kommt es für die Frage der zeitlichen Begrenzung des Schadensersatzanspruchs des berechtigterweise fristlos Kündigenden nicht auf dessen ordentliche Kündigungsmöglichkeit an, sondern allein darauf, wann der

---

[88] Vgl. auch OLG Karlsruhe v. 17.09.2003 - 1 U 9/03 - juris Rn. 24 - NJW-RR 2004, 191-192.
[89] OLG München v. 02.11.1995 - 6 U 3150/95 - OLGR München 1996, 93; *Müller-Glöge* in: ErfKomm, § 628 Rn. 33; BAG v. 26.07.2001 - 8 AZR 739/00 - juris Rn. 44 - NJW 2002, 1593-1598; ArbG Herford v. 26.02.2004 - 1 Ca 1686/03 - juris Rn. 19 - Bibliothek BAG.
[90] Vgl. etwa LArbG Rheinland-Pfalz v. 21.04.2009 - 3 Sa 701/08 - juris Rn. 35; ArbG Herford v. 26.02.2004 - 1 Ca 1686/03 - juris Rn. 19 - Bibliothek BAG; OLG Karlsruhe v. 17.09.2003 - 1 U 9/03 - juris Rn. 24 - NJW-RR 2004, 191-192.
[91] Vgl. OLG Karlsruhe v. 17.09.2003 - 1 U 9/03 - juris Rn. 24 - NJW-RR 2004, 191-192.
[92] *Müller-Glöge* in: ErfKomm, § 628 Rn. 26 m.w.N.; ähnlich auch: LArbG Stuttgart v. 27.07.2000 - 19 Sa 44/99 - juris Rn. 57 - Bibliothek BAG; BAG v. 26.07.2001 - 8 AZR 739/00 - juris Rn. 49 - NJW 2002, 1593-1598.
[93] BAG v. 26.07.2001 - 8 AZR 739/00 - juris Rn. 52 - NJW 2002, 1593.
[94] BGH v. 24.05.2007 - III ZR 176/06 - juris Rn. 18; vgl. auch OLG Düsseldorf v. 18.03.2008 - 24 U 149/05 - juris Rn. 59 - OLGR 2008, 586, 588.

Kündigungsgegner seinerseits hätte ordentlich kündigen können.[95] Denn schutzwürdig ist der Kündigende nur bis zu dem Zeitpunkt, zu dem er mit einer fristgerechten Kündigung des anderen Teils hätte rechnen müssen.[96]

35 Nach Ansicht des OLG Karlsruhe[97] kann unter bestimmten Umständen nach dem Gebot von Treu und Glauben, § 242 BGB, eine Beschränkung des Schadensersatzanspruches in Erwägung zu ziehen sein.

36 Der durch die Kündigungsfrist begrenzte Zeitraum ist auch im Falle einer **Insolvenz** des Arbeitgebers im Hinblick auf § 113 Abs. 1 Satz 2 InsO jedenfalls dann nicht auf drei Monate zu begrenzen, wenn die Kündigung vor Eröffnung des Insolvenzverfahrens vom Insolvenzschuldner ausgesprochen wurde.[98]

a. Bei Kündigung durch den Dienstberechtigten bei Veranlassung durch den Dienstverpflichteten

37 Der Dienstverpflichtete ist nur für den Schaden ersatzpflichtig, der durch die überstürzte Vertragsbeendigung entstanden ist (**Verfrühungsschaden**).[99] Dazu zählen die **Mehrausgaben** des Dienstberechtigten, die durch die notwendige Fortsetzung der vom ausgeschiedenen Dienstverpflichteten unterbrochenen Arbeiten verursacht werden,[100] so zum Beispiel die erhöhten Vergütungen für Arbeitnehmer, die durch Überstunden die Arbeit des ausgeschiedenen Arbeitnehmers verrichten[101]. Wenn eine Ersatzkraft zu einem höheren Lohn eingestellt werden muss, muss die Lohndifferenz ausgeglichen werden.[102] Wenn es wegen der Auflösung des Arbeitsverhältnisses zu einem Stillstand in der Produktion kommt, zählen auch die nutzlos aufgewendeten Fixkosten zum ersatzfähigen Schaden.[103] Weiterhin können zu den ausgleichspflichtigen Schadensfolgen eines Vertragsbruches des Arbeitnehmers grundsätzlich auch die Kosten für Zeitungsinserate gehören, mit denen der Arbeitgeber eine Ersatzkraft sucht,[104] wenn sie bei fristgemäßer Kündigung vermeidbar gewesen wären[105].

38 Hat der Arbeitgeber wegen des Ausfalls des Arbeitnehmers gegenüber seinen Kunden nicht fristgerecht leisten können, so gehören die wegen des Ausfalls adäquat kausal verursachten **Verzugsschäden** und eventuell verwirkte **Vertragsstrafen** zum ersatzfähigen Schaden; gleiches gilt für **entgangenen Gewinn**.[106]

b. Bei Kündigung durch den Dienstverpflichteten bei Veranlassung durch den Dienstberechtigten

39 Grundsätzlich richtet sich der vom Dienstberechtigten gemäß § 628 Abs. 2 BGB zu ersetzende Schaden nach den §§ 249-252 BGB, was bedeutet, dass alle Vergütungsansprüche einschließlich der Nebenleistungen, wie zum Beispiel Tantieme[107] zu ersetzen sind[108].

40 Allerdings muss sich der Arbeitnehmer nach dem **Grundsatz der Vorteilsausgleichung** das anrechnen lassen, was er durch die Beendigung des Arbeitsverhältnisses spart, wobei vor allem die mit der Vertragserfüllung verbundenen Aufwendungen, wie zum Beispiel Fahrtkosten zur Arbeitsstätte oder

---

[95] OLG Karlsruhe v. 17.09.2003 - 1 U 9/03 - juris Rn. 27 - NJW-RR 2004, 191-192; vgl. auch BAG v. 26.07.2001 - 8 AZR 739/00 - juris Rn. 47 - NJW 2002, 1593-1598.
[96] OLG Karlsruhe v. 17.09.2003 - 1 U 9/03 - juris Rn. 27 - NJW-RR 2004, 191-192.
[97] OLG Karlsruhe v. 17.09.2003 - 1 U 9/03 - juris Rn. 30 - NJW-RR 2004, 191-192.
[98] ArbG Herford v. 26.02.2004 - 1 Ca 1686/03 - juris Rn. 19 - Bibliothek BAG.
[99] *Müller-Glöge* in: ErfKomm, § 628 Rn. 34, 33.
[100] *Weidenkaff* in: Palandt, § 628 Rn. 8.
[101] *Müller-Glöge* in: ErfKomm, § 628 Rn. 34.
[102] *Müller-Glöge* in: ErfKomm, § 628 Rn. 34.
[103] *Müller-Glöge* in: ErfKomm, § 628 Rn. 38.
[104] BAG v. 26.03.1981 - 3 AZR 485/78 - juris Rn. 18 - NJW 1981, 2430-2431.
[105] *Müller-Glöge* in: ErfKomm, § 628 Rn. 36; *Henssler* in: MünchKomm-BGB, 5. Aufl. 2009, § 628 Rn. 85.
[106] *Müller-Glöge* in: ErfKomm, § 628 Rn. 37, 38.
[107] *Weidenkaff* in: Palandt, § 628 Rn. 8.
[108] LArbG Thüringen v. 17.11.2009 - 7 Sa 414/08 - juris Rn. 17; Vgl. zum Schadensersatzanspruch des Arbeitnehmers allgemein *Schulte*, Festschrift für Peter Schwerdtner zum 65. Geburtstag 2003, 183-197.

Bekleidungskosten in Betracht kommen.[109] Anspruchsmindernd ist auch zu berücksichtigen, was er durch anderweitige Verwendung seiner Arbeitskraft erwirbt oder zu erwerben schuldhaft unterlässt.[110] Dies bedeutet, dass der Arbeitnehmer alles tun muss, um einen geeigneten Arbeitsplatz zu finden, so dass dann, wenn er seine Arbeitskraft neu verwertet, der neue Verdienst auf den gesamten Abgeltungszeitraum angerechnet wird.[111] Darüber hinaus steht dem Arbeitnehmer eine Abfindung in entsprechender Anwendung der §§ 9, 10 KSchG zu (vgl. Rn. 31).

c. Mitverschulden

Der Schadensersatzanspruch kann gemäß § 254 Abs. 2 Satz 1 BGB ganz oder teilweise entfallen, wenn es der Kündigungsberechtigte gegen seine Interessen schuldhaft unterlassen hat, den entstehenden Schaden gering zu halten oder gänzlich abzuwenden.[112] Dies kann zum Beispiel dann der Fall sein, wenn sich der Arbeitgeber nicht um eine Ersatzkraft bemüht oder der Arbeitnehmer eine zumutbare neue Arbeitsstelle nicht annimmt.

41

D. Prozessuale Hinweise

I. Absatz 1 Satz 1

Für das Begehren gemäß § 628 Abs. 1 Satz 1 BGB muss der Dienstverpflichtete darlegen und beweisen, dass und welche Dienstleistungen er bis zur Auflösung des Dienstverhältnisses erbracht hat und welchem Teil der vereinbarten Vergütung diese Leistungen entsprechen.[113]

42

II. Absatz 1 Satz 2

Die Voraussetzungen der Einwendung des § 628 Abs. 1 Satz 2 BGB hat der Dienstberechtigte darzulegen und zu beweisen.[114] Dies hat zur Folge, dass der Dienstberechtigte vortragen muss, dass entweder der Dienstverpflichtete ohne Veranlassung durch vertragswidriges Verhalten des Dienstberechtigten gekündigt hat oder ihm wegen vertragswidrigen Verhaltens gekündigt worden ist und an den erbrachten Leistungen infolge der Kündigung kein Interesse besteht.[115] Ist die Bemessung des selbstständig verwertbaren Arbeitsanteils (Interesse) streitig, kann das Gericht den Wert gemäß § 287 ZPO schätzen.[116]

43

III. Absatz 1 Satz 3

Bei diesem Rückzahlungsanspruch trägt der Dienstberechtigte die Darlegungs- und Beweislast dafür, dass er einen Vorschuss geleistet hat.[117] Der Dienstverpflichtete haftet dann nach den Vorschriften über die Herausgabe einer ungerechtfertigten Bereicherung. Legt der Dienstberechtigte die Umstände dar, aus denen sich ergibt, dass der Dienstverpflichtete die außerordentliche Kündigung zu vertreten hat, und beweist er gegebenenfalls diese Tatsachen, haftet der Dienstverpflichtete nach Maßgabe der §§ 346, 347, 987-993 BGB.[118]

44

IV. Absatz 2

Der Anspruchsteller muss das schuldhafte vertragswidrige Verhalten des anderen Teiles, d.h. die verschuldete Veranlassung und seinen dadurch adäquat kausal verursachten Schaden in der geltend ge-

45

---

[109] *Müller-Glöge* in: ErfKomm, § 628 Rn. 41.
[110] *Müller-Glöge* in: ErfKomm, § 628 Rn. 41; *Weidenkaff* in: Palandt, § 628 Rn. 8.
[111] BAG v. 29.07.1993 - 2 AZR 110/93 - juris Rn. 30 - NJW 1994, 2041-2044.
[112] *Müller-Glöge* in: ErfKomm, § 628 Rn. 43.
[113] *Müller-Glöge* in: ErfKomm, § 628 Rn. 47; *Henssler* in: MünchKomm-BGB, 5. Aufl. 2009, § 628 Rn. 39.
[114] BGH v. 17.10.1996 - IX ZR 37/96 - juris Rn. 13 - LM BGB § 134 Nr. 158 (2/1997).
[115] *Müller-Glöge* in: ErfKomm, § 628 Rn. 48; *Henssler* in: MünchKomm-BGB, 5. Aufl. 2009, § 628 Rn. 39.
[116] *Müller-Glöge* in: ErfKomm, § 628 Rn. 48.
[117] *Müller-Glöge* in: ErfKomm, § 628 Rn. 49.
[118] *Müller-Glöge* in: ErfKomm, § 628 Rn. 49.

machten Höhe darlegen und beweisen.[119] Die Beweiserleichterungen gemäß § 252 BGB und § 287 ZPO gelten sowohl für die haftungsausfüllende Kausalität als auch für die Höhe des Schadens.[120] § 287 ZPO erleichtert dabei nicht nur die Beweisführung, sondern auch die Darlegung mit der Folge, dass eine Substantiierung der klagebegründenden Tatsachen nicht im gleichen Maße wie hinsichtlich anderer Fragen verlangt werden kann, denn die vorgetragenen Umstände müssen für die Schadensschätzung lediglich eine hinreichende Grundlage abgeben.[121] Das Gericht hat hierbei stets zu prüfen, in welchem Umfang der Tatsachenvortrag eine hinreichende Grundlage für die Schätzung eines in jedem Falle eingetretenen Mindestschadens bietet.[122] Für die Tatsachen, die einen Schadensersatzanspruch aus Gründen der Vorteilsausgleichung mindern sollen, ist nicht der geschädigte Anspruchsteller, sondern der Ersatzpflichtige darlegungs- und beweispflichtig.[123]

46 Macht die in Anspruch genommene Vertragspartei geltend, sie sei ihrerseits wegen schuldhaften vertragswidrigen Verhaltens des Anspruchstellers kündigungsberechtigt gewesen und aus diesem Grund scheide jeder Ersatzanspruch aus (vgl. Rn. 26), so trägt sie die Darlegungs- und Beweislast hinsichtlich der ihr Kündigungsrecht begründenden Umstände.[124]

E. Anwendungsfelder

47 Grundsätzlich lässt § 628 Abs. 2 BGB die Anwendbarkeit anderer Anspruchsgrundlagen unberührt, doch schließt er Ansprüche aus den §§ 280-286 BGB i.V.m. § 241 Abs. 2 BGB oder unerlaubter Handlung aus, sofern es um den wegen Auflösungsverschuldens infolge einer nicht ordnungsgemäßen Beendigung des Arbeitsverhältnisses verursachten Schaden geht, da er insofern spezieller ist.[125] Der durch die Auflösung des Dienstverhältnisses entstehende Schaden ist also nur zu ersetzen, wenn ein vertragswidriges Verhalten im Sinne des § 628 Abs. 2 BGB vorliegt, also das vertragswidrige Verhalten ein Recht zur außerordentlichen Kündigung begründet hat (vgl. dazu Rn. 23). Eine weniger schwere Vertragsverletzung, die keinen Schadensersatzanspruch nach § 628 Abs. 2 BGB auslöst, löst auch keinen Schadensersatzanspruch nach § 280 BGB aus. Der durch die Auflösung des Dienstverhältnisses entstehende Schaden wird in diesen Fällen nicht ersetzt; wohl aber andere Schäden. Ersatzfähig ist daher unter Umständen ein Schaden, der unabhängig von den Kündigungsfolgen durch das Verhalten des Anspruchsgegners entstanden ist und daher nicht von § 628 Abs. 2 BGB erfasst wird.[126] Schadensersatzansprüche aus § 823 Abs. 1 BGB oder § 823 Abs. 2 BGB sind neben Ansprüchen aus § 628 Abs. 2 BGB grundsätzlich nicht ausgeschlossen.[127]

---

[119] *Kleinebrink*, ArbRB 2004, 385-388 speziell zur Klage des Arbeitnehmers wegen Auflösungsverschuldens des Arbeitgebers; *Müller-Glöge* in: ErfKomm, § 628 Rn. 50; *Henssler* in: MünchKomm-BGB, 5. Aufl. 2009, § 628 Rn. 94.

[120] *Henssler* in: MünchKomm-BGB, 5. Aufl. 2009, § 628 Rn. 94; BGH v. 13.11.1997 - III ZR 165/96 - juris Rn. 8 - LM BGB § 626 Nr. 39 (6/1998).

[121] *Müller-Glöge* in: ErfKomm, § 628 Rn. 50; *Henssler* in: MünchKomm-BGB, 5. Aufl. 2009, § 628 Rn. 94.

[122] BGH v. 12.10.1993 - X ZR 65/92 - juris Rn. 23 - LM ZPO § 287 Nr. 109 (4/1994); *Müller-Glöge* in: ErfKomm, § 628 Rn. 50.

[123] *Müller-Glöge* in: ErfKomm, § 628 Rn. 50.

[124] *Müller-Glöge* in: ErfKomm, § 628 Rn. 50.

[125] BAG v. 22.04.2004 - 8 AZR 269/03 - juris Rn. 52 - AP Nr. 18 zu § 628 BGB; BAG v. 12.06.2003 - 8 AZR 341/02 - juris Rn. 22 - BB 2003, 2747-2749; LArbG Stuttgart v. 27.03.2003 - 19 Sa 5/02 - juris Rn. 70 ff. - Bibliothek BAG; *Müller-Glöge* in: ErfKomm, § 628 Rn. 45; *Henssler* in: MünchKomm-BGB, 5. Aufl. 2009, § 628 Rn. 41.

[126] LArbG Stuttgart v. 27.03.2003 - 19 Sa 5/02 - juris Rn. 70 - Bibliothek BAG.

[127] LArbG Stuttgart v. 27.03.2003 - 19 Sa 5/02 - juris Rn. 73 f. - Bibliothek BAG.

§ 629 BGB Freizeit zur Stellungssuche

(Fassung vom 02.01.2002, gültig ab 01.01.2002)

Nach der Kündigung eines dauernden Dienstverhältnisses hat der Dienstberechtigte dem Verpflichteten auf Verlangen angemessene Zeit zum Aufsuchen eines anderen Dienstverhältnisses zu gewähren.

Gliederung

A. Grundlagen 1	III. Kündigung 6
I. Kurzcharakteristik 1	IV. Freizeitverlangen 9
II. Regelungsprinzipien 3	V. Abdingbarkeit 10
B. Anwendungsvoraussetzungen 4	**C. Rechtsfolgen** 11
I. Normstruktur 4	**D. Prozessuale Hinweise/Verfahrenshinweise** 15
II. Dauerndes Dienstverhältnis 5	

A. Grundlagen

I. Kurzcharakteristik

Durch die Verpflichtung des Dienstberechtigten zur Freistellung soll es dem gekündigten Dienstpflichtigen erleichtert werden, ein neues Dienstverhältnis zu finden, ohne zur Stellensuche Erholungsurlaub nehmen zu müssen.[1] **1**

Die Vorschrift gilt für alle dauernden Dienst- und Arbeitsverhältnisse.[2] Auf **Auszubildende** findet § 629 BGB aufgrund der Verweisung in § 3 Abs. 2 BBiG Anwendung. Eine entsprechende Anwendung auf **Werkverträge** wird nicht anerkannt.[3] Wenn ein unbefristetes Arbeitsverhältnis während der vorgeschalteten **Probezeit** durch Kündigung beendet wird, ist § 629 BGB anwendbar, falls das Arbeitsverhältnis auf Dauer angelegt war.[4] **2**

II. Regelungsprinzipien

Die Vorschrift ist Ausdruck der **Fürsorgepflicht** des Dienstberechtigten bzw. Arbeitgebers.[5] **3**

B. Anwendungsvoraussetzungen

I. Normstruktur

§ 629 BGB[6] regelt nur das Recht des Dienstpflichtigen bzw. Arbeitnehmers auf Freizeitgewährung zur Stellensuche, nicht aber das Schicksal des Vergütungsanspruchs (vgl. Rn. 12). **4**

II. Dauerndes Dienstverhältnis

Es muss sich um ein dauerndes Dienstverhältnis handeln. Davon ist dann auszugehen, wenn das Dienstverhältnis rechtlich oder faktisch auf längere Zeit angelegt ist und bereits längere Zeit gedauert hat. Auf jeden Fall dürfen sich die von dem Dienstpflichtigen geschuldeten Dienste nicht in der Erbringung einmaliger oder mehrmaliger wiederholender Einzelleistungen erschöpfen, ihm müssen vielmehr ständige und langfristige Aufgaben übertragen sein.[7] Bei befristeten und bedingten Dienst- und Ar- **5**

---

[1] Vgl. dazu *Henssler* in: MünchKomm-BGB, § 629 Rn. 1.
[2] Vgl. dazu *Müller-Glöge* in: ErfKomm, § 629 Rn. 2.
[3] Vgl. *Preis* in: Staudinger, § 629 Rn. 3.
[4] Vgl. *Müller-Glöge* in: ErfKomm, § 629 Rn. 3.
[5] Vgl. *Henssler* in: MünchKomm-BGB, § 629 Rn. 2; *Preis* in: Staudinger, § 629 Rn. 2.
[6] Eine Übersicht über die Probleme gibt: *Brune*, AR-Blattei SD 1510.
[7] Vgl. dazu *Preis* in: Staudinger, § 629 Rn. 7.

beitsverhältnissen ist dies dann anzunehmen, wenn sie längere Zeit gedauert haben.[8] Die Anwendbarkeit der Vorschrift auf kurzfristige Probe- und Aushilfsarbeitsverhältnisse ist abzulehnen,[9] da dem Dienstherr bzw. Arbeitgeber keine gesteigerte Fürsorgepflicht obliegt und der Dienstverpflichtete bzw. Arbeitnehmer bei kurzfristigen Dienst- oder Arbeitsverhältnissen mit einem baldigen Stellenwechsel rechnen muss.[10]

III. Kündigung

6   Das Dienstverhältnis muss gekündigt sein. Der Dienstpflichtige/Arbeitnehmer kann die Freizeit zur Stellensuche grundsätzlich erst nach der Erklärung der Kündigung verlangen.[11] Es spielt keine Rolle, welcher Vertragspartner die Kündigung erklärt hat und ob es sich um eine ordentliche oder um eine außerordentliche Kündigung mit Auslauffrist handelt.[12] Kein Anspruch besteht jedoch nach einer wirksamen fristlosen Kündigung gemäß § 626 BGB – jedenfalls dann, wenn es sich um eine außerordentliche Kündigung ohne Auslauffrist handelt.[13] Im Falle einer Änderungskündigung besteht der Anspruch, wenn der andere Teil das damit verbundene Angebot auf Abschluss eines neuen Vertrages nicht annimmt.[14] Der Ausspruch der Kündigung ist entbehrlich, wenn der Arbeitgeber dem Arbeitnehmer eine Kündigung in Aussicht gestellt und ihm empfohlen hat, sich nach einem anderen Arbeitsplatz umzuschauen.[15]

7   Eine entsprechende Anwendung der Vorschrift ist zu befürworten auf Aufhebungsverträge mit Auslauffrist[16], auf den Fristablauf bei einem befristeten Dienstverhältnis und auf den Eintritt einer vereinbarten auflösenden Bedingung[17]. Kündigt der Arbeitgeber dem Arbeitnehmer nicht, fordert er ihn aber auf, sich nach einer anderen Arbeit umzusehen, so kann sich hieraus ebenfalls ein Anspruch des Arbeitnehmers auf Gewährung angemessener Freizeit ergeben.[18] Der Anspruch entsteht im Falle anderer Vertragsbeendigung als durch Kündigung zu dem Zeitpunkt, zu dem das Dienstverhältnis hätte gekündigt werden müssen, um zum vereinbarten Termin beendet zu werden.[19]

8   Die bloße Absicht des Dienstpflichtigen, sich beruflich zu verändern, begründet keinen Freistellungsanspruch.[20]

IV. Freizeitverlangen

9   Die Freizeit zur Stellensuche ist auf Verlangen zu gewähren. Das bedeutet, dass der Dienstberechtigte die Freizeit nicht ohne ein Verlangen zu gewähren hat und dass der Dienstpflichtige darum nachsuchen muss und nicht einfach der Arbeit fernbleiben darf.[21] Wenn einem Arbeitnehmer nach Zugang der Kündigung bis zum Ablauf der Kündigungsfrist Erholungsurlaub gewährt worden ist, muss er dennoch den Freizeitanspruch geltend machen.[22] Er kann nicht verlangen, dass der Erholungsurlaub nachträg-

---

[8] Vgl. *Henssler* in: MünchKomm-BGB, § 629 Rn. 7.
[9] Vgl. *Müller-Glöge* in: ErfKomm, § 629 Rn. 4.
[10] Vgl. *Henssler* in: MünchKomm-BGB, § 629 Rn. 8.
[11] Vgl. dazu LArbG Düsseldorf v. 15.03.1967 - 3 Sa 40/67 - BB 1967, 799.
[12] Vgl. *Preis* in: Staudinger, § 629 Rn. 10.
[13] Vgl. *Müller-Glöge* in: ErfKomm, § 629 Rn. 3; *Preis* in: Staudinger, § 629 Rn. 10.
[14] Vgl. dazu *Müller-Glöge* in: ErfKomm, § 629 Rn. 3; *Henssler* in: MünchKomm-BGB, § 629 Rn. 9; *Preis* in: Staudinger, § 629 Rn. 10.
[15] Vgl. *Henssler* in: MünchKomm-BGB, § 629 Rn. 10.
[16] Vgl. dazu *Müller-Glöge* in: ErfKomm, § 629 Rn. 3; *Preis* in: Staudinger, § 629 Rn. 11.
[17] Vgl. dazu *Müller-Glöge* in: ErfKomm, § 629 Rn. 3; *Preis* in: Staudinger, § 629 Rn. 11.
[18] Vgl. ArbG Ulm v. 09.04.1959 - 1 Ca 96/59 - BB 1959, 740; *Müller-Glöge* in: ErfKomm, § 629 Rn. 12.
[19] Vgl. *Preis* in: Staudinger, § 629 Rn. 11.
[20] Vgl. *Müller-Glöge* in: ErfKomm, § 629 Rn. 3; *Henssler* in: MünchKomm-BGB, § 629 Rn. 10.
[21] Vgl. *Preis* in: Staudinger, § 629 Rn. 13; LArbG Düsseldorf v. 11.01.1973 - 3 Sa 521/72 - juris Rn. 33 - DB 1973, 676.
[22] Vgl. *Preis* in: Staudinger, § 629 Rn. 13.

lich in eine Freizeit zur Stellensuche umgewandelt und ihm eine Urlaubsabgeltung gezahlt wird.[23] Unter Berücksichtigung von Treu und Glauben (§ 242 BGB; vgl. die Kommentierung zu § 242 BGB) muss der Arbeitnehmer sein Freizeitverlangen so rechtzeitig wie möglich vortragen und der Arbeitgeber darf die erbetene Freizeit nicht aus unsachlichen Gründen verweigern.[24] Das Fernbleiben ohne vorheriges Verlangen stellt eine unberechtigte Arbeitsverweigerung dar, die aber dann keine außerordentliche Kündigung rechtfertigt, wenn dem Arbeitnehmer im Falle seines Antrags zu diesem Zeitpunkt Freizeit zur Stellensuche hätte gewährt werde müssen.[25]

V. Abdingbarkeit

Die Regelung des § 629 BGB ist zwingend;[26] sie kann weder einzel- noch kollektivvertraglich abbedungen werden[27]. Zulässig ist lediglich eine Konkretisierung des Tatbestandsmerkmals „angemessene Freizeit" nach Zeitpunkt, Dauer und Häufigkeit. Eine solche Regelung muss sich jedoch im Rahmen billigen Ermessens (vgl. § 315 BGB und die Kommentierung zu § 315 BGB) halten und darf nicht zu einem praktischen Ausschluss oder zu einer unangemessenen Einschränkung des Rechts auf Freizeitgewährung zur Stellensuche führen.[28]

10

C. Rechtsfolgen

Wenn die Tatbestandsvoraussetzungen erfüllt sind, hat der Dienstberechtigte / Arbeitgeber dem Dienstpflichtigen/Arbeitnehmer angemessene Freizeit zur Stellensuche zu gewähren. Bei der Freizeitgewährung sind die Interessen beider Parteien zu berücksichtigen.[29] Die Bestimmung des Zeitpunkts und der Dauer der Freizeit obliegt dem Dienstberechtigten, der allerdings den Wunsch des Dienstpflichtigen und dessen Interessen in Abwägung mit betrieblichen Belangen zu berücksichtigen hat.[30]

11

Ob der Dienstberechtigte/Arbeitgeber für diese Zeit die entsprechende Vergütung zu zahlen hat, richtet sich nach § 616 BGB (vgl. die Kommentierung zu § 616 BGB); dessen Anwendung jedoch vertraglich ausgeschlossen werden kann.[31] Die Vergütung hat nur in den Fällen zu erfolgen, in denen die Stellensuche eine nicht erhebliche Zeit (vgl. die Kommentierung zu § 616 BGB Rn. 16) ausmacht.[32] Die einem Dienstpflichtigen/Arbeitnehmer gewährte Freizeit zur Stellensuche ist nicht ohne weiteres der „verhältnismäßig nicht erheblichen Zeit" bei Arbeitsverhinderung im Sinne des Vergütungsanspruchs nach § 616 Satz 1 BGB gleichzustellen.[33] Falls die Vorstellung an einem weit entfernt liegenden Ort erfolgen soll und für die An- und Abreise ein nicht unerheblicher Zeitaufwand erforderlich ist, scheidet ein Vergütungsfortzahlungsanspruch nach § 616 BGB aus.[34]

12

Ersatz der ihm durch die Vorstellung bei einem neuen Arbeitgeber entstehenden Aufwendungen, kann der Arbeitnehmer gemäß den §§ 675, 670 BGB von dem Arbeitgeber verlangen, der ihn zur persönlichen Vorstellung aufgefordert hat, soweit der Arbeitnehmer die Aufwendungen den Umständen nach für erforderlich halten durfte.[35] Kein Anspruch besteht, wenn der Arbeitnehmer sich unaufgefordert

13

---

[23] Vgl. dazu LArbG Düsseldorf v. 11.01.1973 - 3 Sa 521/72 - juris Rn. 34 - DB 1973, 676; *Preis* in: Staudinger, § 629 Rn. 13.
[24] Vgl. dazu ArbG Düsseldorf v. 09.06.1959 - 3 Ca 204/59 - BB 1959, 777.
[25] Vgl. dazu LArbG Düsseldorf v. 23.04.1963 - 8 Sa 71/63 - juris Rn. 13 - BB 1963, 1137; LArbG Tübingen v. 11.04.1967 - 7 Sa 15/67 - DB 1967, 1048; *Preis* in: Staudinger, § 629 Rn. 14.
[26] Vgl. *Henssler* in: MünchKomm-BGB, § 629 Rn. 2.
[27] Vgl. *Preis* in: Staudinger, § 629 Rn. 4.
[28] Vgl. dazu *Preis* in: Staudinger, § 629 Rn. 4.
[29] Vgl. dazu *Preis* in: Staudinger, § 629 Rn. 18.
[30] Vgl. *Müller-Glöge* in: ErfKomm, § 629 Rn. 7.
[31] Vgl. BAG v. 11.06.1957 - 2 AZR 15/57 - JZ 1957, 640; *Müller-Glöge* in: ErfKomm, § 629 Rn. 11-12; *Preis* in: Staudinger, § 629 Rn. 21.
[32] Vgl. *Preis* in: Staudinger, § 629 Rn. 21.
[33] Vgl. BAG v. 13.11.1969 - 4 AZR 35/69 - DB 1970, 211.
[34] Vgl. ebenso: *Preis* in: Staudinger, § 629 Rn. 21.
[35] Vgl. dazu *Henssler* in: MünchKomm-BGB, § 629 Rn. 24-31; *Preis* in: Staudinger, § 629 Rn. 24-27.

vorstellt oder er vom Arbeitsamt zugewiesen worden ist.[36] Erstattungsfähig sind die erforderlichen Fahrtkosten und die Mehrkosten für Verpflegung; Übernachtungskosten nur dann, wenn dem Stellenbewerber die Rückreise am selben Tag nicht zumutbar war. Verdienstausfall ist in der Regel nicht zu ersetzen, da der neue Arbeitgeber damit rechnen darf, dass der Bewerber von seinem bisherigen Arbeitgeber Vergütungsfortzahlung nach § 616 BGB erhält.[37] Sollte der neue Arbeitgeber aber den Verdienstausfall ersetzen, entfällt der Vergütungsanspruch gegen den bisherigen Arbeitgeber in entsprechender Anwendung des § 615 Satz 2 BGB.

14 Wird dem Arbeitnehmer die Freizeit zur Stellensuche rechtsgrundlos verweigert, kann er gemäß § 626 BGB fristlos kündigen und gemäß §§ 628 Abs. 3; 280 Abs. 1, Abs. 3; 283 BGB Schadensersatz verlangen.[38]

D. Prozessuale Hinweise/Verfahrenshinweise

15 Es obliegt dem Dienstpflichtigen, die Voraussetzungen eines Anspruchs auf Freizeitgewährung, d.h. das Vorliegen eines dauernden Dienstverhältnisses, den Zugang der Kündigung und sein Freizeitverlangen, darzulegen und zu beweisen.[39] Der bisherige Arbeitgeber kann zwar nicht verlangen, dass ihm der Name des künftigen Arbeitgebers wohl aber, dass ihm der Grund und die voraussichtliche Dauer der benötigten Freizeit bekannt gegeben wird.[40] Die Angemessenheit der zu gewährenden Freizeit obliegt der gerichtlichen Beurteilung nach Maßgabe des § 315 BGB.[41]

16 Erfüllt der Arbeitgeber den fälligen Freistellungsanspruch nicht, kann der Arbeitnehmer bei den Arbeitsgerichten einstweiligen Rechtsschutz beantragen.[42]

---

[36] Vgl. *Preis* in: Staudinger, § 629 Rn. 24.
[37] Vgl. *Preis* in: Staudinger, § 629 Rn. 26-27.
[38] Vgl. *Henssler* in: MünchKomm-BGB, § 629 Rn. 21.
[39] Vgl. *Müller-Glöge* in: ErfKomm, § 629 Rn. 17.
[40] Vgl. *Müller-Glöge* in: ErfKomm, § 629 Rn. 4.
[41] Vgl. *Preis* in: Staudinger, § 629 Rn. 17; *Müller-Glöge* in: ErfKomm, § 629 Rn. 31.
[42] Vgl. *Henssler* in: MünchKomm-BGB, § 629 Rn. 20.

§ 630 BGB Pflicht zur Zeugniserteilung

(Fassung vom 24.08.2002, gültig ab 01.01.2003)

¹Bei der Beendigung eines dauernden Dienstverhältnisses kann der Verpflichtete von dem anderen Teil ein schriftliches Zeugnis über das Dienstverhältnis und dessen Dauer fordern. ²Das Zeugnis ist auf Verlangen auf die Leistungen und die Führung im Dienst zu erstrecken. ³Die Erteilung des Zeugnisses in elektronischer Form ist ausgeschlossen. ⁴Wenn der Verpflichtete ein Arbeitnehmer ist, findet § 109 der Gewerbeordnung Anwendung.

Gliederung

A. Grundlagen	1	II. Schadensersatzanspruch	30
I. Kurzcharakteristik	1	**D. Prozessuale Hinweise/Verfahrenshinweise**	31
II. Gesetzgebungsmaterialien	5	I. Klage auf Zeugniserteilung oder -berichtigung	31
B. Anwendungsvoraussetzungen	7	1. Darlegungs- und Beweislast	31
I. Normstruktur	7	2. Streitgegenstand der Klage	32
II. Dauerndes Dienstverhältnis	8	3. Besondere Fallkonstellationen	34
III. Beendigung des Dienstverhältnisses	9	4. Streitwert	39
IV. Definition	10	5. Eilrechtsschutz	41
V. Abdingbarkeit	11	6. Zwangsvollstreckung	42
C. Rechtsfolgen	13	II. Klage auf Schadensersatz	43
I. Anspruch auf Zeugniserteilung	13	III. Streitwert	44

A. Grundlagen

I. Kurzcharakteristik

Das Zeugnis hat eine Doppelfunktion.[1] Es soll das berufliche Fortkommen des Dienstpflichtigen/Arbeitnehmers erleichtern. Deshalb besteht der Normzweck des § 630 BGB vorrangig darin, dem Dienstpflichtigen den Zugang zu einer neuen Beschäftigung zu ermöglichen und ihm die Wahl des Arbeitsplatzes zu erleichtern.[2] Andererseits soll das Zeugnis auch dem künftigen Dienstherrn/Arbeitgeber eine Grundlage für seine Bewerberauswahl bilden[3] und seinem Interesse gerecht werden, eine Dokumentation über den bisherigen beruflichen Werdegang des Stellenbewerbers zu erhalten, die die bisher ausgeübte Tätigkeit, die Leistung und Führung des Dienstverpflichteten/Arbeitnehmers wiedergibt.[4] 1

Seit dem 01.01.2003 findet § 630 BGB nur noch Anwendung auf dauernde Dienstverhältnisse, die keine Arbeitsverhältnisse sind.[5] Von ihrem Anwendungsbereich erfasst werden auch arbeitnehmerähnliche Personen (vgl. dazu § 5 Abs. 1 Satz 2 ArbGG) sowie GmbH-Geschäftsführer, die keine Gesellschafter sind.[6] Sie haben ebenfalls einen Zeugnisanspruch aus § 630 BGB, weil auch sie in gewissem Umfang weisungsabhängige Dienste leisten.[7] 2

Dagegen richtet sich seit dem 01.01.2003 der Zeugnisanspruch der Arbeitnehmer – aufgrund der Verweisung des § 630 Satz 4 BGB – nach § 109 GewO. 3

Eine spezielle, für Auszubildende geltende Vorschrift ist § 8 BBiG. 4

---

[1] Vgl. BAG v. 04.10 2005 - 9 AZR 507/04 - juris Rn. 15.
[2] Vgl. LArbG Schleswig-Holstein v. 30.09.2009 - 3 Ta 162/09 - juris Rn. 13; *Henssler* in: MünchKomm-BGB, § 630 Rn. 4.
[3] Vgl. LArbG Schleswig-Holstein v. 30.09.2009 - 3 Ta 162/09 - juris Rn. 13; *Henssler* in: MünchKomm-BGB, § 630 Rn. 4.
[4] Vgl. *Preis* in: Staudinger, § 630 Rn. 2.
[5] Vgl. *Weidenkaff* in: Palandt, § 630 Rn. 2; *Müller-Glöge* in: ErfKomm, § 630 Rn. 2.
[6] Vgl. dazu BGH v. 09.11.1967 - II ZR 64/67 - BGHZ 49, 30-33; *Müller-Glöge* in: ErfKomm, § 630 Rn. 2.
[7] Vgl. dazu *Preis* in: Staudinger, § 630 Rn. 3.

II. Gesetzgebungsmaterialien

5 Satz 3 der Vorschrift ist angefügt worden durch Art. 1 Nr. 8 des Gesetzes vom 13.07.2001[8] mit Wirkung vom 01.08.2001.

6 Satz 4 gilt aufgrund von Art. 4 des 3. Gesetzes zur Änderung der Gewerbeordnung und sonstiger gewerberechtlicher Vorschriften vom 24.08.2002.[9]

B. Anwendungsvoraussetzungen

I. Normstruktur

7 Die Vorschrift regelt – ebenso wie § 109 Abs. 1 GewO – sowohl den Anspruch auf Erteilung eines Zeugnisses als auch den Inhalt des Zeugnisses. Deshalb treffen die folgenden Ausführungen auch auf den Zeugnisanspruch des Arbeitnehmers aus § 109 Abs. 1 GewO zu.

II. Dauerndes Dienstverhältnis

8 Erfasst werden solche Dienstverhältnisse, die auf längere Zeit angelegt sind oder bereits längere Zeit gedauert haben.[10]

III. Beendigung des Dienstverhältnisses

9 Das Zeugnis kann erst bei Beendigung des Dienstverhältnisses verlangt werden. Es besteht Einigkeit darüber, dass das Zeugnis nicht erst nach, sondern bereits anlässlich der Beendigung des Arbeitsverhältnisses beansprucht werden kann.[11] Das Bundesarbeitsgericht hat in einer einschlägigen Entscheidung zu der Frage, ob ein entlassener Arbeitnehmer nach Erklärung der Kündigung, aber vor einer gerichtlichen Entscheidung über die Wirksamkeit der Kündigung ein Zeugnis verlangen kann, zur Begründung ausgeführt, der Anspruch auf ein Zeugnis über Führung und Leistung (§ 630 Satz 2 BGB bzw. § 109 Abs. 1 Satz 2 GewO) sei in Verbindung mit § 629 BGB (vgl. die Kommentierung zu § 629 BGB) begründet, denn der Arbeitnehmer benötige es zur Stellensuche. Ein entlassener Arbeitnehmer sei gehalten, sich um eine neue Beschäftigung zu bemühen, selbst wenn er die Kündigung für unwirksam halte und mit einer Kündigungsschutzklage angreife. Diesen Zweck könne nach tatsächlicher Beendigung des Arbeitsverhältnisses nur ein Zeugnis erfüllen, das sich ausführlich über Führung und Leistung äußere. Ein „Zwischenzeugnis" erschwere dem Bewerber nach Ablauf der Kündigungsfrist die Suche nach einer neuen Tätigkeit.[12] Wegen dieser besonderen Bedeutung des Zeugnisses für das berufliche Fortkommen eines Arbeitnehmers ist davon auszugehen, dass der Zeugnisanspruch bei Beendigung des Arbeitsverhältnisses durch eine Kündigung in der Regel bereits mit dem Zugang der Kündigungserklärung entsteht.[13] Bei einem befristeten oder auflösend bedingten Arbeitsverhältnis ist für das Entstehen des Zeugnisanspruchs der Tag maßgebend, an dem das Arbeitsverhältnis hätte gekündigt werden müssen, um zu demselben Zeitpunkt zu enden.[14] Wenn in einem Aufhebungsvertrag keine abweichende Regelung getroffen ist, entsteht der Zeugnisanspruch grds. bei Abschluss des Aufhebungsvertrages.[15] Die Fälligkeit des Zeugnisanspruchs wird durch die tatsächliche Weiterbeschäftigung eines Arbeitnehmers während eines Kündigungsschutzprozesses nicht berührt.[16] Das Bundes-

---

[8] BGBl I 2001, 1542.
[9] BGBl I 2002, 3412.
[10] Vgl. *Weidenkaff* in: Palandt, § 630 Rn. 4; *Preis* in: Staudinger, § 630 Rn. 4.
[11] Vgl. dazu *Müller-Glöge* in: ErfKomm, § 109 GewO Rn. 7; *Preis* in: Staudinger, § 630 Rn. 12.
[12] Vgl. dazu BAG v. 27.02.1987 - 5 AZR 710/85 - juris Rn. 20 - DB 1987, 1845-1846.
[13] Vgl. dazu *Weidenkaff* in: Palandt, § 630 Rn. 5; *Preis* in: Staudinger, § 630 Rn. 13-18.
[14] Vgl. dazu *Müller-Glöge* in: ErfKomm, § 109 GewO Rn. 9; *Preis* in: Staudinger, § 630 Rn. 18.
[15] Vgl. dazu *Müller-Glöge* in: ErfKomm, § 109 GewO Rn. 9; *Preis* in: Staudinger, § 630 Rn. 18.
[16] Vgl. dazu *Müller-Glöge* in: ErfKomm, § 109 GewO Rn. 7; *Preis* in: Staudinger, § 630 Rn. 16-17.

arbeitsgericht hat eine solche „erzwungene Weiterbeschäftigung" nicht als faktisches Arbeitsverhältnis anerkannt.[17]

IV. Definition

Zeugnisansprüche dienen dem beruflichen Fortkommen des Beurteilten. Ferner sollen sich Dritte, die eine Einstellung oder Beschäftigung erwägen, mit Hilfe des Zeugnisses über den Bewerber unterrichten können. Anders verhält es sich zum Beispiel mit einer Bescheinigung über die Tätigkeit als Arzt im Praktikum, die keinem mit einem Zeugnis vergleichbaren Zweck dient, sondern vertraulich ist und ausschließlich der Information der zuständigen Behörde im Rahmen deren Entscheidung über die Erteilung der Approbation dient.[18]

10

V. Abdingbarkeit

§ 630 BGB ist insoweit zwingend, als vor Beendigung des Dienstverhältnisses nicht auf ein Zeugnis verzichtet werden kann. Vor Beendigung des Dienstverhältnisses abgegebene Verzichtserklärungen oder abgeschlossene Erlassverträge sind gemäß § 134 BGB (vgl. die Kommentierung zu § 134 BGB) nichtig.[19]

11

Die Frage, ob der Zeugnisanspruch nach seiner Entstehung disponibel ist, ist umstritten.[20] Das Bundesarbeitsgericht hat dieses Problem nicht endgültig entschieden, aber gefordert, auf alle Fälle müsse sichergestellt sein, dass ein Arbeitnehmer nicht unbedacht in einer ganz allgemein gefassten Erklärung auf ein Zeugnis verzichte, ohne sich über diese Tatsache und über die Tragweite eines solchen Verzichts im Klaren zu sein. Deshalb könne man allenfalls dann annehmen, dass eine Verzichtserklärung sich auch auf den Zeugnisanspruch beziehe, wenn sich dies mit ausreichender Sicherheit aus dem Wortlaut der Ausgleichsklausel oder auch den Begleitumständen ergebe.[21] Für die Verzichtbarkeit des Zeugniserteilungsanspruchs nach seiner Entstehung spricht der Umstand, dass das Zeugnis nur auf Verlangen des Arbeitnehmers zu erteilen ist.[22]

12

C. Rechtsfolgen

I. Anspruch auf Zeugniserteilung

Der aus dem Dienst – oder Arbeitsverhältnis ausscheidende Dienstverpflichtete bzw. Arbeitnehmer hat ein Wahlrecht (§ 262 BGB)[23]; er kann entweder gemäß § 630 Satz 1 BGB bzw. gemäß § 109 Abs. 1 Satz 2 GewO ein **einfaches** oder gemäß § 630 Satz 2 BGB bzw. gemäß § 109 Abs. 1 Satz 3 GewO ein **qualifiziertes** Zeugnis verlangen. Hat der Arbeitnehmer zunächst ein einfaches Zeugnis verlangt und erhalten, ist sein Zeugnisanspruch erloschen. Durch die Ausübung seines Wahlrechtes auf ein einfaches oder ein qualifiziertes Zeugnis gilt nach § 263 Abs. 2 BGB (lediglich) das gewählte Zeugnis als die von Anfang an allein geschuldete Leistung.[24]

13

Das Zeugnis muss **schriftlich** verfasst werden[25] – die elektronische Form (vgl. dazu § 126a BGB und die Kommentierung zu § 126a BGB) ist durch § 630 Satz 3 BGB und durch § 109 Abs. 3 GewO ausdrücklich ausgeschlossen – und es ist – soweit nichts anderes vereinbart ist – in deutscher Sprache abzufassen[26]. Der

14

---

[17] Vgl. dazu BAG v. 12.02.1992 - 5 AZR 297/90 - juris Rn. 17 - NJW 1993, 484-485; BAG v. 10.03.1987 - 8 AZR 146/84 - juris Rn. 31 - NJW 1987, 2251-2253.
[18] Vgl. BAG v. 09.05.2006 - 9 AZR 182/05 - juris Rn. 20.
[19] Vgl. dazu *Müller-Glöge* in: ErfKomm, § 109 GewO Rn. 52; *Weidenkaff* in: Palandt, § 630 Rn. 10; *Preis* in: Staudinger, § 630 Rn. 7.
[20] Vgl. dazu *Preis* in: Staudinger, § 630 Rn. 7; *Müller-Glöge* in: ErfKomm, § 109 GewO Rn. 52.
[21] Vgl. BAG v. 16.09.1974 - 5 AZR 255/74 - juris Rn. 20 - AR-Blattei Zeugnis Entsch 15.
[22] Vgl. dazu *Müller-Glöge* in: ErfKomm, § 109 GewO Rn. 52; *Preis* in: Staudinger, § 630 Rn. 7.
[23] Vgl. LArbG Chemnitz v. 26.03.2003 - 2 Sa 875/02 - Bibliothek BAG.
[24] Vgl. LArbG Chemnitz v. 26.03.2003 - 2 Sa 875/02 - Bibliothek BAG.
[25] Vgl. *Müller-Glöge* in: ErfKomm, § 109 GewO Rn. 10 *Preis* in: Staudinger, § 630 Rn. 25.
[26] Vgl. *Müller-Glöge* in: ErfKomm, § 109 GewO Rn. 10; *Preis* in: Staudinger, § 630 Rn. 2, 5.

Aussteller muss das Zeugnis gemäß § 126 BGB (vgl. dazu die Kommentierung zu § 126 BGB) eigenhändig[27] mit einem dokumentenechten Stift (Tinte oder Kugelschreiber) unterschreiben[28]. Das Abzeichnen mittels einer Paraphe reicht nicht aus.[29]

15 **Mängel** des Zeugnisses in der Rechtschreibung und Grammatik braucht der Arbeitnehmer nicht hinzunehmen. Er kann verlangen, dass das Zeugnis hinsichtlich seiner äußeren Form den im Geschäftsverkehr üblichen Gepflogenheiten entspricht.[30] Im Übrigen muss das Zeugnis kopierfähig sein. Dies ist nicht bereits dann auszuschließen, wenn das Zeugnis in einem DIN A 4-Umschlag zweimal gefaltet dem Arbeitnehmer zugesandt worden ist. Es ist jedoch zu beanstanden, wenn sich z.B. die Falzungen auf den Kopien durch quer über den Bogen verlaufende Schwärzungen abzeichnen.[31] Ist das Zeugnis wegen fehlender oder mangelhafter Unterzeichnung nicht ordnungsgemäß, ist der Zeugnisanspruch des Arbeitnehmers nicht durch Erfüllung erloschen (§ 362 Abs. 1 BGB). Der Arbeitnehmer kann vom Arbeitgeber verlangen, dass dieser das Zeugnis erneut erstellt, mit einer ordnungsgemäßen Unterschrift versieht und ihm aushändigt.[32]

16 **Aussteller des Zeugnisses** ist der Dienstherr bzw. der Arbeitgeber, bei juristischen Personen deren gesetzlicher Vertreter.[33] Der Arbeitgeber kann mit der Zeugniserteilung auch einen unternehmensangehörigen Vertreter als Erfüllungsgehilfen beauftragen, der das Zeugnis dann im Namen des Arbeitgebers erteilt und auch unterschreibt. Das Vertretungsverhältnis und die Funktion sind regelmäßig anzugeben, weil die Person und der Rang des Unterzeichners Aufschluss über die Wertschätzung des Arbeitnehmers und die Kompetenz des Ausstellers zur Beurteilung des Arbeitnehmers und damit über die Richtigkeit der im Zeugnis getroffenen Aussagen gibt.[34] Es ist kein Hinderungsgrund, wenn die das Zeugnis ausstellende Person den Zeugnisempfänger nicht auf Grund eigener Zusammenarbeit selbstständig beurteilen kann, sondern der Hilfe durch Beurteilungsbeiträge anderer bedarf.[35] Die in der Literatur[36] beanstandete **Unterzeichnung** des Zeugnisses mit dem Zusatz „i.A.", ist nach der Rechtsprechung des Bundesarbeitsgerichts unbedenklich.[37] Der das Zeugnis unterschreibende Vertreter des Arbeitgebers muss allerdings dem Arbeitnehmer gegenüber weisungsbefugt gewesen sein.[38] Denn seinen Zweck als Bewerbungsunterlage erfüllt das Zeugnis nur, wenn es von einem erkennbar Ranghöheren ausgestellt ist. Derjenige, dem das Zeugnis bestimmungsgemäß vorgelegt wird, muss dieses Merkmal ohne weitere Nachforschungen aus dem Zeugnis ablesen können. Deshalb ist die Position, die der Aussteller in dem Betrieb einnimmt, in dem Zeugnis ausdrücklich zu nennen.[39] Diese für die Privatwirtschaft entwickelten Grundsätze sind auch auf ein Zeugnis anzuwenden, das ein Arbeitgeber des öffentlichen Dienstes schuldet.[40] Bei einem Arbeitsverhältnis im öffentlichen Dienst sind in der Regel der Dienststellenleiter oder sein Vertreter zur Ausstellung eines Zeugnisses befugt.[41] Da insbesondere bei größeren Behörden zur Entlastung des Dienststellenleiters eine Delegation notwendig und üblich ist, kann je nach den Umständen des Einzelfalles auch dem mit Personalangelegenheiten betrauten leitenden Be-

---

[27] Vgl. dazu LArbG Hamm v. 28.03.2000 - 4 Sa 1588/99 - juris Rn. 87 - Bibliothek BAG.
[28] Vgl. dazu LArbG Hamm v. 02.04.1998 - 4 Sa 1735/97 - Bibliothek BAG; *Müller-Glöge* in: ErfKomm, § 109 GewO Rn. 10.
[29] Vgl. LArbG Köln v. 29.11.2004 - 2 Sa 1034/04 - juris Rn. 12-16 - Bibliothek BAG.
[30] Vgl. dazu *Preis* in: Staudinger, § 630 Rn. 27.
[31] Vgl. BAG v. 21.09.1999 - 9 AZR 893/98 - juris Rn. 22 - NJW 2000, 1060-1062.
[32] Vgl. BAG v. 04.10 2005 - 9 AZR 507/04 - juris Rn. 14.
[33] Vgl. *Preis* in: Staudinger, § 630 Rn. 22.
[34] Vgl. dazu BAG v. 04.10 2005 - 9 AZR 507/04 - juris Rn. 16 - NZA 2006, 436-439; BAG v. 21.09.1999 - 9 AZR 893/98 - juris Rn. 31 - NJW 2000, 1060-1062; *Hertzfeld*, EWiR 2002, 681-682.
[35] Vgl. BAG v. 04.10 2005 - 9 AZR 507/04 - juris Rn. 20 - NZA 2006, 436-439.
[36] Vgl. *Weuster/Scheer*, Arbeitszeugnisse in Textbausteinen, 9. Aufl., S. 112.
[37] Vgl. BAG v. 04.10 2005 - 9 AZR 507/04 - juris Rn. 24 - NZA 2006, 436-439.
[38] Vgl. BAG v. 04.10 2005 - 9 AZR 507/04 - juris Rn. 17 - NZA 2006, 436-439.
[39] Vgl. BAG v. 26.06.2001 - 9 AZR 392/00 - juris Rn. 17 - DB 2001, 2450-2451.
[40] Vgl. BAG v. 04.10 2005 - 9 AZR 507/04 - juris Rn. 18 - NZA 2006, 436-439.
[41] Vgl. BAG v. 04.10 2005 - 9 AZR 507/04 - juris Rn. 18 - NZA 2006, 436-439.

diensteten die alleinige Zeichnungsbefugnis übertragen werden.[42] Der Unterzeichner des Zeugnisses muss ein Betriebsangehöriger sein; es ist nicht zulässig, das Zeugnis von einem Rechtsanwalt ausstellen zu lassen.[43] Im Falle der Insolvenz des Arbeitgebers ist das Zeugnis von dem Insolvenzverwalter[44] auszustellen, wenn dieser den Betrieb nach Insolvenzeröffnung weiterführt und zwar unabhängig davon, wie lange das Arbeitsverhältnis nach Eröffnung des Insolvenzverfahrens fortgeführt wird. Dieses Zeugnis muss sich dann auch auf die Zeit vor Insolvenzeröffnung erstrecken.[45] Allerdings bleibt der Arbeitgeber auch im Falle seiner Insolvenz zur Zeugniserteilung verpflichtet, wenn ein Arbeitnehmer noch vor Insolvenzeröffnung aus dem Arbeitsverhältnis ausgeschieden war[46] und der Arbeitnehmer auf Erteilung eines Zeugnisses Klage erhoben hatte. Dann muss der Rechtsstreit nach Insolvenzeröffnung gegen den Schuldner fortgesetzt werden.[47]

Aus dem Inhalt der Urkunde muss sich sein Charakter als Zeugnis ergeben. Die Überschrift „Zeugnis" ist nicht zwingend geboten.[48] Das Ausstellungsdatum muss aufgeführt sein.[49] Ein vom Arbeitgeber berichtigtes Zeugnis ist auf das ursprüngliche Ausstellungsdatum zurückzudatieren, wenn die verspätete Ausstellung nicht vom Arbeitnehmer zu vertreten ist.[50] Dies gilt auch dann, wenn die Änderung erst nach einem längeren Rechtsstreit erfolgt.[51] Denn der Eindruck, das Zeugnis sei erst nach gerichtlichen Auseinandersetzungen mit dem früheren Arbeitgeber ausgestellt worden, würde das Zeugnis entwerten und wäre geeignet, Misstrauen gegen seinen Inhalt zu erwecken.[52] Die Personaldaten des Arbeitnehmers sind in das Zeugnis aufzunehmen, soweit sie zu dessen Identifikation erforderlich sind.[53]

17

Bei der Ausstellung des Zeugnisses sind die allgemeinen Grundsätze des Zeugnisrechts zu beachten, nämlich die Einheitlichkeit, die **Vollständigkeit** und die **Wahrheit** des Zeugnisses.[54] Diese Grundsätze sind jetzt in § 109 Abs. 2 GewO normiert. Danach muss das Zeugnis klar und verständlich formuliert sein. Es darf keine Merkmale und Formulierungen enthalten, die den Zweck haben, eine andere als aus der äußeren Form oder aus dem Wortlaut ersichtliche Aussage über den Arbeitnehmer zu treffen. Des Weiteren soll das Zeugnis von dem **Wohlwollen** des Arbeitgebers getragen sein.[55] Der Maßstab des Wohlwollens steht zu dem Grundsatz der Zeugniswahrheit in einem Spannungsverhältnis. Das Zeugnis darf nur im Rahmen der Wahrheit wohlwollend sein.[56] Ferner besteht das Gebot der **Zeugnisklarheit**, d.h. das Zeugnis muss so klar und verständlich formuliert sein, dass es aus sich heraus verstehbar ist.[57] Damit das Zeugnis seine Aufgabe erfüllen kann, einen neuen Arbeitgeber über die Leistungsfähigkeit eines Bewerbers zu informieren, muss das Zeugnis alle wesentlichen Tatsachen und Bewertungen enthalten, die für eine Gesamtbewertung von Bedeutung sind. Es soll in gedrängtem Wortlaut und in groben Zügen darlegen, welche Tätigkeiten während der Dauer eines Beschäftigungs-

18

---

[42] Vgl. BAG v. 04.10 2005 - 9 AZR 507/04 - juris Rn. 20 - NZA 2006, 436-439.
[43] Vgl. dazu LArbG Hamm v. 17.06.1999 - 4 Sa 2587/98 - juris Rn. 106 - MDR 2000, 590-591; *Preis* in: Staudinger, § 630 Rn. 22.
[44] Vgl. zur Zeugniserteilungspflicht im Insolvenzeröffnungsverfahren: *Johlke/Schröder*, EWiR 2004, 863-864.
[45] Vgl. dazu BAG v. 30.01.1991 - 5 AZR 32/90 - juris Rn. 16 - NJW 1991, 1971-1972; *Preis* in: Staudinger, § 630 Rn. 24.
[46] Vgl. BAG v. 23.06.2004 - 10 AZR 495/03 - BAGE 111, 135-142.
[47] Vgl. dazu BAG v. 30.01.1991 - 5 AZR 32/90 - juris Rn. 14 - NJW 1991, 1971-1972.
[48] Vgl. *Müller-Glöge* in: ErfKomm, § 109 GewO Rn. 13; *Preis* in: Staudinger, § 630 Rn. 29.
[49] Vgl. *Müller-Glöge* in: ErfKomm, § 109 GewO Rn. 12; *Preis* in: Staudinger, § 630 Rn. 29.
[50] BAG v. 09.09.1992 - 5 AZR 509/91 - juris Rn. 16 - NJW 1993, 2196-2197; *Müller-Glöge* in: ErfKomm, § 109 GewO Rn. 12.
[51] Vgl. dazu LArbG Bremen v. 23.06.1989 - 4 Sa 320/88 - BB 1989, 1825; *Preis* in: Staudinger, § 630 Rn. 29.
[52] Vgl. dazu BAG v. 09.09.1992 - 5 AZR 509/91 - juris Rn. 18 - NJW 1993, 2196-2197.
[53] Vgl. dazu *Preis* in: Staudinger, § 630 Rn. 30.
[54] Vgl. dazu BAG v. 23.06.1960 - 5 AZR 560/58 - NJW 1960, 1973; *Müller-Glöge* in: ErfKomm, § 109 GewO Rn. 17.
[55] Vgl. dazu *Müller-Glöge* in: ErfKomm, § 109 GewO Rn. 17, 27.
[56] Vgl. dazu BAG v. 09.09.1992 - 5 AZR 509/91 - juris Rn. 16 - NJW 1993, 2196-2197.
[57] Vgl. Landesarbeitsgericht München v. 31.07.2007 - 6 Sa 1238/05 - juris Rn. 55.

verhältnisses verrichtet wurden. Diese Tätigkeiten sind so vollständig und genau zu beschreiben, dass sich künftige Arbeitgeber ein Bild machen können.[58] Das beinhaltet aber nicht, dass jede Einzeltätigkeit in das Zeugnis aufzunehmen ist.[59] Im Übrigen besteht bei der Abfassung des Zeugnisses grundsätzlich eine Formulierungshoheit des Arbeitgebers. Der Arbeitgeber ist bei der Erstellung des Zeugnisses grundsätzlich in seiner Ausdrucksweise frei.[60] Er ist auch in seiner Entscheidung darüber frei, welche positiven oder negativen Leistungen er in einem Zeugnis mehr hervorheben will als andere.[61]

19 Bei einem Verstoß gegen die Wahrheitspflicht kann sich der Arbeitgeber nach Maßgabe des § 826 BGB (vgl. die Kommentierung zu § 826 BGB) gegenüber einem Nachfolger schadensersatzpflichtig machen.[62]

20 Ein gekündigter Arbeitnehmer kann beanspruchen, dass der Arbeitgeber im Zeugnis zum Ausdruck bringt, dass das Ausscheiden aus dem Arbeitsverhältnis ausschließlich aus betrieblichen Gründen erfolgt, damit der Zeugnisleser über den Grund des Ausscheidens wahrheitsgemäß informiert wird.[63] Der Arbeitgeber darf in einem Zeugnis die **Elternzeit** eines Arbeitnehmers nur erwähnen, sofern sich die Ausfallzeit als eine wesentliche tatsächliche Unterbrechung der Beschäftigung darstellt. Das ist dann der Fall, wenn diese nach Lage und Dauer erheblich ist und wenn bei ihrer Nichterwähnung für Dritte der falsche Eindruck entstünde, die Beurteilung des Arbeitnehmers beruhe auf einer der Dauer des rechtlichen Bestands des Arbeitsverhältnisses entsprechenden tatsächlichen Arbeitsleistung.[64] Nach Auffassung des Landesarbeitsgerichts Baden-Württemberg gebietet es die Wahrheitspflicht, dass der Arbeitgeber im Zwischenzeugnis für eine Krankenschwester ein gegen diese bei Zeugniserteilung noch laufendes Ermittlungsverfahren wegen Mordversuchs an Patienten erwähnt.[65] Dem betroffenen Arbeitnehmer könne jedoch im Einzelfall ein Anspruch auf Entfernung eines solchen Hinweises aus dem Zeugnis zustehen, wenn die Staatsanwaltschaft das Verfahren unangemessen derart verzögere, dass ein Verstoß gegen Art 6 Abs. 1 Satz 1 MRK vorliege.[66] Die gegenteilige Meinung vertritt das Landesarbeitsgericht Düsseldorf,[67] das davon ausgeht, ein gegen den Arbeitnehmer anhängiges Ermittlungsverfahren stelle keine Tatsache, sondern eine bloße Verdächtigung dar und sei deshalb regelmäßig im Arbeitszeugnis nicht zu erwähnen.

21 Das einfache Zeugnis bestätigt gemäß § 630 Satz 1 BGB bzw. § 109 Abs. 1 Satz 2 GewO die Art des Dienstverhältnisses bzw. der Tätigkeit und dessen/deren Dauer. Es enthält eine bloße Tätigkeitsbeschreibung, die allerdings so vollständig und genau sein muss, so dass sich künftige Arbeitgeber ein klares Bild machen können.[68] Wenn dem Arbeitnehmer zeitweise besondere Spezialaufgaben übertragen worden waren, muss dies in dem Zeugnis aufgeführt werden.[69] Zwar darf die zuletzt gezahlte Vergütung nicht gegen den Willen des Arbeitnehmers in das Zeugnis aufgenommen werden. Dennoch kann zur Beschreibung der Tätigkeit auf tarifvertragliche Vergütungsmerkmale zurückgegriffen werden, soweit sie zur Charakterisierung des konkreten Arbeitsplatzes geeignet und hinreichend bestimmt sind.[70] Ferner ist das Anfang- und das Enddatum des rechtlichen Bestands des Arbeitsverhältnisses –

---

[58] Vgl. BAG v. 12.08.1976 - 3 AZR 720/75 - juris; LArbG Schleswig-Holstein v. 30.09.2009 - 3 Ta 162/09 - juris Rn. 13.
[59] Vgl. LArbG Schleswig-Holstein v. 30.09.2009 - 3 Ta 162/09 - juris Rn. 13.
[60] Vgl. LArbG Schleswig-Holstein v. 30.09.2009 - 3 Ta 162/09 - juris Rn. 14; LArbG Hamm v. 04.09.1997 - 4 Sa 391/97 - juris Rn. 99.
[61] Vgl. LArbG Schleswig-Holstein v. 30.09.2009 - 3 Ta 162/09 - juris Rn. 14.
[62] BGH v. 26.11.1963 - VI ZR 221/62 - AP Nr. 10 zu § 826 BGB; Landesarbeitsgericht Baden-Württemberg v. 29.11.2007 - 11 Sa 53/07 - juris Rn. 32.
[63] Vgl. ArbG Frankfurt v. 06.10.2003 - 1 Ca 7578/02 - Bibliothek BAG.
[64] Vgl. BAG v. 10.05.2005 - 9 AZR 261/04 - AP Nr. 30 zu § 630 BGB.
[65] Vgl. Landesarbeitsgericht Baden-Württemberg v. 29.11.2007 - 11 Sa 53/07 - juris Rn. 32.
[66] Vgl. Landesarbeitsgericht Baden-Württemberg v. 29.11.2007 - 11 Sa 53/07 - juris Rn. 33.
[67] Vgl. Landesarbeitsgericht Düsseldorf v. 03.05.2005 - 3 Sa 359/05 - juris Rn. 35 - DB 2005, 1799.
[68] Vgl. dazu BAG v. 12.08.1976 - 3 AZR 720/75 - DB 1976, 2211-2213.
[69] Vgl. *Preis* in: Staudinger, § 630 Rn. 31.
[70] Vgl. dazu *Müller-Glöge* in: ErfKomm, § 109 GewO Rn. 29; *Preis* in: Staudinger, § 630 Rn. 32.

nicht die eventuell kürzere Dauer der tatsächlichen Beschäftigung – wiederzugeben.[71] Kürzere Unterbrechungen der Tätigkeit durch Krankheit, Urlaub oder Teilnahme an Arbeitskämpfen bleiben unberücksichtigt. Längere Unterbrechungen, wie z.B. durch Erziehungsurlaub, Wehr- und Zivildienst und Freiheitsstrafen sind wegen des Grundsatzes der Zeugniswahrheit anzugeben.[72] Der Grund und die Art des Ausscheidens dürfen ohne Zustimmung des Arbeitnehmers in dem Zeugnis nicht erwähnt werden.[73] Auf Verlangen des Arbeitnehmers sind jedoch Angaben über Grund und Art des Ausscheidens zu machen.[74] Ohne die Zustimmung des Arbeitnehmers ist in ein einfaches Zeugnis keine Beurteilung aufzunehmen.[75]

Zusätzlich zu dem Inhalt des einfachen Zeugnisses ist gemäß § 630 Satz 2 BGB und gemäß § 109 Abs. 1 Satz 3 GewO in dem qualifizierten Zeugnis auf Verlangen des Arbeitnehmers eine Bewertung von Führung und Leistung und Verhalten des Dienstpflichtigen/Arbeitnehmers vorzunehmen. Bei der Bewertung der Führung und der Leistung steht dem Dienstherrn/Arbeitgeber ein Beurteilungsspielraum ähnlich wie bei einer Leistungsbestimmung nach § 315 BGB zu.[76] Die Formulierung des Zeugnisses steht im pflichtgemäßen Ermessen des Dienstherrn/Arbeitgebers.[77] Er kann darüber befinden, welche positiven oder negativen Leistungen er mehr hervorheben will als andere.[78] Das Arbeitszeugnis darf nur Tatsachen, dagegen keine bloßen Verdächtigungen enthalten. Dass ein Ermittlungsverfahren gegen den Arbeitnehmer anhängig ist, stellt keine Tatsache in diesem Sinne dar und darf daher im Arbeitszeugnis in der Regel nicht erwähnt werden.[79]

22

Wenn sich der Arbeitgeber eines im Arbeitsleben üblichen Beurteilungssystems bedient, muss das Zeugnis eine **Schlussnote** enthalten. Es genügt nicht, wenn das Bewertungsergebnis dem Zusammenhang eines Zeugnisses zu entnehmen ist.[80] Für die Gesamtbeurteilung hat die Praxis eine fünfstufige Notenskala herausgearbeitet,[81] die die Noten sehr gut, gut, befriedigend, ausreichend und mangelhaft umfasst. Nach der empirischen Untersuchung[82] soll bei 1000 verwerteten Zeugnissen in 88 Prozent die so genannte **Zufriedenheitsformel** verwendet worden sein. Der Begriff „zufrieden" bezeichnet abweichend vom üblichen Sprachgebrauch nicht die subjektive Befindlichkeit des Arbeitgebers. Er enthält vielmehr eine auf die Arbeitsaufgabe abgestellte Beurteilung, die sich an den objektiven Anforderungen orientiert, die üblicherweise an einen Arbeitnehmer mit vergleichbarer Aufgabe gestellt werden. Verstärkende oder abschwächende Zusätze führen zu einer Schul- oder Prüfungsnoten vergleichbaren Skala, die von „sehr gut", über „gut" und „befriedigend" bis hin zu „ausreichend" und „mangelhaft" reicht.[83] Wird dem Arbeitnehmer bescheinigt, er habe „zur vollen Zufriedenheit", oder er habe „stets zur Zufriedenheit" des Arbeitgebers gearbeitet, wird das der Note „befriedigend" zugerechnet, teils einer Zwischennote „voll befriedigend" oder auch als „gutes befriedigend" oder „gehobenes befriedigend" verstanden.[84] In gleicher Weise werden den Graden der Zufriedenheitsskala – ausgehend von einer durchschnittlichen Leistung – Aussagen wie über- oder unterdurchschnittlich zugerechnet.

23

---

[71] Vgl. dazu *Müller-Glöge* in: ErfKomm, § 109 GewO Rn. 28; *Preis* in: Staudinger, § 630 Rn. 33.
[72] Vgl. dazu *Müller-Glöge* in: ErfKomm, § 109 GewO Rn. 28; *Preis* in: Staudinger, § 630 Rn. 34.
[73] Vgl. ArbG Frankfurt v. 02.05.2001 - 9 Ca 6813/00 - Bibliothek BAG; *Preis* in: Staudinger, § 630 Rn. 35.
[74] Vgl. LArbG Köln v. 29.11.1990 - 10 Sa 801/90 - Bibliothek BAG.
[75] Vgl. dazu LArbG Hamm v. 16.03.1989 - 12 (13) Sa 1149/88 - BB 1989, 1486-1487; *Preis* in: Staudinger, § 630 Rn. 36.
[76] Vgl. dazu BAG v. 14.10.2003 - 9 AZR 12/03 - juris Rn. 42 - NJW 2004, 2770-2772; BAG v. 17.02.1988 - 5 AZR 638/86 - juris Rn. 13 - NJW 1988, 1616; *Müller-Glöge* in: ErfKomm, § 109 GewO Rn. 69.
[77] Vgl. BAG v. 29.07.1971 - 2 AZR 250/70 - BB 1971, 1280; *Müller-Glöge* in: ErfKomm, 6. Aufl. 2006, § 109 GewO Rn. 30.
[78] Vgl. BAG v. 23.09.1992 - 5 AZR 573/91 - juris Rn. 19 - EzA § 630 BGB Nr. 16.
[79] Vgl. LArbG Düsseldorf v. 03.05.2005 - 3 Sa 359/05 - Bibliothek BAG.
[80] Vgl. BAG v. 14.10.2003 - 9 AZR 12/03 - juris Rn. 26 - NJW 2004, 2770-2772.
[81] Vgl. dazu *Müller-Glöge* in: ErfKomm, § 109 GewO Rn. 31; *Preis* in: Staudinger, § 630 Rn. 51.
[82] Vgl. *Weuster/Scheer*, Arbeitszeugnisse in Textbausteinen, 9. Aufl., S. 81.
[83] Vgl. dazu BAG v. 14.10.2003 - 9 AZR 12/03 - juris Rn. 28 - NJW 2004, 2770-2772.
[84] Vgl. dazu BAG v. 14.10.2003 - 9 AZR 12/03 - juris Rn. 29 - NJW 2004, 2770-2772 (m.w.N.).

Die Endnote „gut" bedeutet, dass der Arbeitgeber dem Arbeitnehmer mehr als die „volle Zufriedenheit" bescheinigt. „Gut" im Sinne der Zufriedenheitsskala ist die Leistung eines Arbeitnehmers nur dann, wenn ihm bescheinigt wird, er habe „stets", „immer" oder „durchgehend" zur vollen Zufriedenheit des Arbeitgebers gearbeitet.[85]

24 In der Praxis werden bei der Leistungsbeurteilung häufig Umschreibungen verwendet, die sowohl Auslegungsmöglichkeiten eröffnen als auch Zweifel nähren.[86] Die Rechtsprechung hat sich gegen verschlüsselte Formulierungen in den Zeugnissen ausgesprochen.[87] Dem ist der Gesetzgeber durch die Fassung des § 109 Abs. 2 GewO gefolgt. Durch den Wortlaut des Gesetzes ist nun klargestellt, dass das Zeugnis klar und verständlich formuliert sein muss und dass es keine Merkmale und Formulierungen enthalten darf, die den Zweck haben, eine andere als aus der äußeren Form oder aus dem Wortlaut ersichtliche Aussage über den Arbeitnehmer zu treffen. Es kommt insoweit nicht darauf an, welche Vorstellungen der Verfasser des Zeugnisses mit der Formulierung verbindet, vielmehr ist darauf abzustellen, wie der verständige Leser das Zeugnis verstehen muss.[88] Die Beifügung eines nach den gültigen Interpunktionsregeln nicht angezeigten Ausrufezeichens hinter der Benotung erweckt bei dem Leser des Zeugnisses den Eindruck, dass die Note mit Vorsicht zu verstehen ist. Dadurch entsteht ein Widerspruch zwischen dem Wortlaut und dem Sinn des Zeugnisses. Das Zeugnis ist deshalb fehlerhaft.[89] Aus dem Gebot der Zeugnisklarheit folgt auch, dass die dem Arbeitnehmer erteilte Schlussnote mit der Beurteilung der einzelnen Leistungen vereinbar sein muss. Das Zeugnis darf nicht in sich widersprüchlich sein.[90]

25 Der Zeugnisanspruch entfällt dann, wenn der Arbeitgeber verstorben ist und der Erbe die für die Zeugniserteilung maßgebenden Tatsachen nicht kennt und sie sich auch nicht durch Einholung entsprechender Auskünfte verschaffen kann. Das kann auch für den Insolvenzverwalter zutreffen, wenn er sich die für die Zeugniserteilung erforderlichen Informationen vom Schuldner nicht mehr beschaffen kann.[91] Der Anspruch auf Erteilung eines Zeugnisses unterliegt wie alle schuldrechtlichen Ansprüche der allgemeinen Verwirkung gemäß § 242 BGB (vgl. dazu die Kommentierung zu § 242 BGB).[92] Dabei ist zu berücksichtigen, dass ein Zeugnis alsbald nach Beendigung des Arbeitsverhältnisses erteilt und ggf. korrigiert werden muss. Anderenfalls ist es dem Dienstherrn/Arbeitgeber nicht mehr zuzumuten, einen Zeugnisberichtigungsanspruch zu erfüllen. Zeugnisse müssen der Wahrheit entsprechen. Werden sie erst Jahre nach Beendigung eines Arbeitsverhältnisses inhaltlich ausgestaltet oder sollen sie erst dann korrigiert werden, ist nicht mehr gewährleistet, dass sie inhaltlich noch zutreffend sind, weil das menschliche Erinnerungsvermögen und damit auch das Beurteilungsvermögen im Laufe der Jahre nachlassen.[93] Des Weiteren kann der Zeugnisanspruch einer tarifvertraglichen Ausschlussfrist unterfallen.[94]

26 Geht das Zeugnis verloren oder wird es beschädigt, ist der Arbeitgeber verpflichtet, ein weiteres Zeugnis auszustellen, soweit dies ohne übermäßige Schwierigkeiten möglich ist.[95]

27 Unterläuft dem Arbeitgeber bei der Abfassung des Zeugnisses ein Irrtum, kann er das Zeugnis widerrufen und vom Arbeitnehmer herausverlangen. Dem Arbeitnehmer steht bis zur Übergabe eines neuen Zeugnisses an der alten Urkunde ein Zurückbehaltungsrecht gemäß § 273 BGB zu.[96]

---

[85] Vgl. dazu BAG v. 14.10.2003 - 9 AZR 12/03 - juris Rn. 29 - NJW 2004, 2770-2772.
[86] Vgl. dazu *Müller-Glöge* in: ErfKomm, § 109 GewO Rn. 31; *Schweres*, BB 1986, 1572-1573, 1572.
[87] Vgl. dazu LArbG Hamm v. 17.12.1998 - 4 Sa 630/98 - BB 2000, 1090; insoweit zustimmend, die Anm. von *Schleßmann*, BB 2000, 1090-1091, 1090; und *Roßbruch*, PflR 2000, 306-308, 306; vgl. zu dieser Problematik ferner *List*, PersF 2002, Heft 6, 110-111.
[88] Vgl. LArbG Berlin v. 27.01.2004 - 3 Sa 1898/03 - juris Rn. 31.
[89] Vgl. ArbG Bochum v. 21.08.1969 - 2 Ca 618/69 - DB 1970, 1085-1086.
[90] Vgl. BAG v. 14.10.2003 - 9 AZR 12/03 - juris Rn. 32 - NJW 2004, 2770-2772.
[91] Vgl. dazu BAG v. 30.01.1991 - 5 AZR 32/90 - juris Rn. 20 - NJW 1991, 1971-1972.
[92] Vgl. BAG v. 17.02.1988 - 5 AZR 638/86 - juris Rn. 14 - NJW 1988, 1616.
[93] Vgl. LArbG Schleswig-Holstein v. 30.09.2009 - 3 Ta 162/09 - juris Rn. 10.
[94] Vgl. dazu BAG v. 04.12.1985 - 5 AZR 607/84; BAG v. 23.02.1983 - 5 AZR 515/80 - DB 1983, 2043-2044.
[95] Vgl. dazu *Preis* in: Staudinger, § 630 Rn. 58.
[96] Vgl. *Preis* in: Staudinger, § 630 Rn. 60.

Ein Arbeitgeber, der auf das berechtigte Verlangen des Arbeitnehmers nach einer Berichtigung des Zeugnisses dem Arbeitnehmer ein „neues" Zeugnis zu erteilen hat, ist an seine bisherige Verhaltensbeurteilung gebunden, soweit keine neuen Umstände eine schlechtere Beurteilung rechtfertigen.[97]

28

§ 630 BGB und § 109 GewO gewähren keinen Anspruch auf Erteilung eines Zwischenzeugnisses.[98] Ein solcher Anspruch kann sich ergeben aus tariflichen Vorschriften und auf Grund einer Nebenpflicht des Arbeitgebers aus dem Arbeitsvertrag.[99] Das Verlangen nach einem **Zwischenzeugnis** kann von dem Arbeitnehmer nur auf triftige Gründe gestützt werden.[100] Für den Inhalt des Zwischenzeugnisses gelten die gleichen Grundsätze wie für das Endzeugnis.[101] Dies gilt auch für die Verwirkung des Anspruchs auf Berichtigung eines Zwischenzeugnisses.[102] Im Allgemeinen kann die Korrektur eines bereits 2½ Jahre alten Zwischenzeugnisses nicht mehr verlangt werden.[103]

29

II. Schadensersatzanspruch

Ein Arbeitgeber, der schuldhaft seine Zeugnispflicht (§ 109 GewO) verletzt, schuldet dem Arbeitnehmer Ersatz des dadurch entstehenden Schadens. Der Schadensersatzanspruch kann sowohl wegen Pflichtverletzung (§ 280 Abs. 1 BGB) als auch wegen Schuldnerverzugs (§§ 280 Abs. 2, 286 BGB) gegeben sein. In beiden Fällen setzt der Schadensersatzanspruch voraus, dass das Zeugnis nicht ordnungsgemäß oder verspätet ausgestellt wurde, dass dem Arbeitnehmer ein Schaden entstanden ist und dass der eingetretene Schaden auf der schuldhaften Verletzung der Zeugnispflicht beruht.[104] Bei der Beurteilung der Rechtzeitigkeit der Zeugniserteilung ist zu berücksichtigen, dass das Zeugnis grundsätzlich bei Beendigung des Arbeitsverhältnisses zu erteilen ist. Der Anspruch entsteht zu diesem Zeitpunkt und er ist regelmäßig sogleich fällig. Er ist jedoch für den Arbeitgeber zunächst regelmäßig noch nicht erfüllbar, denn der Arbeitnehmer muss erst noch sein Wahlrecht ausüben, ein einfaches oder qualifiziertes Zeugnis zu verlangen.[105] Zudem hat der Arbeitnehmer grundsätzlich seine Arbeitspapiere einschließlich des Arbeitszeugnisses abzuholen.[106] Der Arbeitgeber ist verpflichtet, das Zeugnis zu erstellen und zur Abholung bereitzustellen. Ausnahmsweise hat der Arbeitgeber das Zeugnis zu übersenden, wenn die Abholung dem Arbeitnehmer einen unverhältnismäßigen Aufwand verursachen würde.[107] Das Zeugnis ist unverzüglich nach Ausübung des Wahlrechtes (einfaches oder qualifiziertes Zeugnis) zu erstellen. Notwendig ist allerdings die Einräumung einer angemessenen Bearbeitungszeit. Sie ist von den betrieblichen Umständen abhängig. Eine Bearbeitungszeit von zwei bis drei Wochen Dauer kann noch angemessen sein.[108] Nach Ausübung des Wahlrechtes dürfte das Zeugnis regelmäßig innerhalb eines Zeitraumes von zwischen ca. drei Tagen und zwei bis drei Wochen nach Beendigung des Arbeitsverhältnisses zu erteilen sein.[109]

30

---

[97] Vgl. BAG v. 21.06.2005 - 9 AZR 352/04 - juris Rn. 13 - NZA 2006, 104-106.
[98] Vgl. dazu *Müller-Glöge* in: ErfKomm, § 109 GewO Rn.50; *Preis* in: Staudinger, § 630 Rn. 19.
[99] Vgl. dazu *Müller-Glöge* in: ErfKomm, § 109 GewO Rn. 50; *Preis* in: Staudinger, § 630 Rn. 20.
[100] Vgl. dazu BAG v. 21.01.1993 - 6 AZR 171/92 - juris Rn. 12 - BB 1993, 2309-2310; LArbG Düsseldorf v. 17.01.1997 - 11 Sa 1366/96 - Bibliothek BAG; *Müller-Glöge* in: ErfKomm, § 109 GewO Rn. 50.
[101] Vgl. dazu *Müller-Glöge* in: ErfKomm, 6. Aufl. 2006, § 109 GewO Rn. 103.
[102] Vgl. dazu LArbG Köln v. 08.02.2000 - 13 Sa 1050/99 - Bibliothek BAG.
[103] Vgl. LArbG Berlin v. 14.11.2002 - 16 Sa 970/02 - juris Rn. 35 - Bibliothek BAG.
[104] Vgl. BAG v. 16.11.1995 - 8 AZR 983/94 - EzA Nr. 20 zu § 630 BGB; BAG v. 26.02.1976 - 3 AZR 215/75 - AP Nr. 3 zu § 252 BGB; Hessisches LArbG v. 31.03.2009 - 13 Sa 1267/08 - juris Rn. 31; *Preis* in: Staudinger, § 630 Rn. 77-80. Vgl. BAG v. 25.10.1967 - 3 AZR 456/66 - AP Nr. 6 zu § 73; Hessisches LArbG v. 31.03.2009 - 13 Sa 1267/08 - juris Rn. 31; *Preis* in: Staudinger, § 630 Rn. 77-80.
[105] Vgl. LArbG Schleswig-Holstein v. 01.04.2009 - 1 Sa 370/08 - juris Rn. 35.
[106] Vgl. BAG v. 08.03.1995 - 5 AZR 848/93 - juris Rn. 13 - BAGE 79, 258-262.
[107] Vgl. BAG v. 08.03.1995 - 5 AZR 848/93 - juris Rn. 14 - BAGE 79, 258-262; LArbG Schleswig-Holstein v. 01.04.2009 - 1 Sa 370/08 - juris Rn. 33.
[108] Vgl. LArbG Schleswig-Holstein v. 01.04.2009 - 1 Sa 370/08 - juris Rn. 35.
[109] Vgl. LArbG Schleswig-Holstein v. 01.04.2009 - 1 Sa 370/08 - juris Rn. 40.

D. Prozessuale Hinweise/Verfahrenshinweise

I. Klage auf Zeugniserteilung oder -berichtigung

1. Darlegungs- und Beweislast

31 Nach den allgemeinen Regeln über die Verteilung der Darlegungslast hat jede Partei die ihr günstigen Tatsachen vorzutragen. Der Arbeitnehmer, der die Erteilung eines Zeugnisses verlangt, hat deshalb die Tatsachen vorzutragen, aus denen sich der Zeugnisanspruch ergibt, nämlich das Bestehen eines Arbeitsverhältnisses, dessen Beendigung und – wenn ein qualifiziertes Zeugnis begehrt wird – das entsprechende „Verlangen". Dem Arbeitgeber obliegt es dann als Schuldner, die Tatsachen darzulegen, aus denen sich das Nichtbestehen des Zeugnisanspruchs ergeben. Hierzu gehört auch der Einwand, der Zeugnisanspruch sei im Sinne von § 362 BGB erfüllt. Dieser Last genügt der Arbeitgeber, wenn er darlegt, dass er ein den gesetzlichen Anforderungen entsprechendes Zeugnis erteilt hat, dieses also formell ordnungsgemäß ist und den allgemein erforderlichen Inhalt hat, also Angaben zu Art und Dauer des Arbeitsverhältnisses und zur Führung und Leistung des Arbeitnehmers enthält.[110] Ist der Arbeitnehmer mit dem erteilten Zeugnis nicht einverstanden, kann er vom Arbeitgeber gerichtlich dessen Berichtigung oder Ergänzung verlangen. Für die Unrichtigkeit des von ihm beanstandeten Zeugnisses trägt der Arbeitnehmer die Darlegungs- und Beweislast.[111] Die Partei, die eine Leistungsbeurteilung beansprucht, die nach oben oder nach unten von dem durchschnittlichen Leistungsniveau abweicht, ist in vollem Umfang für die dafür maßgeblichen Tatsachen darlegungs- und beweispflichtig. Der Arbeitgeber trägt somit die Darlegungs- und Beweislast für solche Tatsachen, die eine unterdurchschnittliche Leistungs- und Verhaltensbeurteilung in einem qualifizierten Arbeitszeugnis rechtfertigen sollen.[112]

2. Streitgegenstand der Klage

32 Mit einer solchen Klage macht der Arbeitnehmer die Erfüllung seines Zeugnisanspruchs geltend und keinen dem Gesetz fremden Berichtigungsanspruch.[113] Denn der Zeugnisanspruch richtet sich auf ein inhaltlich „wahres" Zeugnis; das auch die Schlussnote umfasst. Auch diese muss „wahr" sein.[114] Somit trägt der Arbeitgeber die Beweislast für die negativen Tatsachen, der Arbeitnehmer für die Tatsachen, die einen Anspruch auf ein besseres Zeugnis begründen sollen.[115] Der Arbeitgeber ist für die Tatsachen beweispflichtig, die der Zeugniserteilung und der darin enthaltenen Bewertung zu Grunde liegen.[116] Die Darlegungs- und Beweislast dafür, die Führung und Leistung sei durchschnittlich gewesen, liegt beim Arbeitgeber, für überdurchschnittliche Führung und Leistung beim Arbeitnehmer.[117]

33 Ist das erteilte Zeugnis nach Auffassung des Arbeitnehmers unrichtig, kann er die Ausstellung eines neuen, zutreffenden Zeugnisses verlangen. Da das Gesetz keinen **Berichtigungsanspruch** regelt, macht derjenige, der die Ergänzung oder Berichtigung eines ihm bereits ausgestellten Zeugnisses verlangt, einen Erfüllungsanspruch des Inhalts geltend, ihm ein nach Form und Inhalt der gesetzlichen Vorschriften entsprechendes Zeugnis zu erteilen.[118] Auch im „Berichtigungsprozess", mit dem der Arbeitnehmer eine überdurchschnittliche Beurteilung erstrebt, verbleibt es bei der allgemeinen Regel, dass der Arbeitnehmer als derjenige, der einen Anspruch auf eine konkrete Zeugnisformulierung gel-

---

[110] Vgl. BAG v. 14.10.2003 - 9 AZR 12/03 - juris Rn. 39 - NJW 2004, 2770-2772.
[111] Vgl. BAG v. 14.10.2003 - 9 AZR 12/03 - juris Rn. 42 - NJW 2004, 2770; Landesarbeitsgericht Baden-Württemberg v. 29.11.2007 - 11 Sa 53/07 - juris Rn. 29.
[112] Vgl. LArbG Köln v. 25.08.2011 - 7 Sa 447/11 - juris Rn. 22.
[113] St. Rspr. des BAG: vgl. BAG v. 14.10.2003 - 9 AZR 12/03 - juris Rn. 40 - NJW 2004, 2770-2772 = BAGE 57, 329 m.w.N.
[114] Vgl. BAG v. 14.10.2003 - 9 AZR 12/03 - juris Rn. 40 - NJW 2004, 2770-2772.
[115] Vgl. *Weidenkaff* in: Palandt, § 630 Rn. 3.
[116] Vgl. dazu BAG v. 23.06.1960 - 5 AZR 560/58 - NJW 1960, 1973.
[117] Vgl. dazu ArbG Frankfurt v. 02.05.2001 - 9 Ca 6813/00 - Bibliothek BAG.
[118] Vgl. dazu BAG v. 23.09.1992 - 5 AZR 573/91 - juris Rn. 18 - EzA § 630 BGB Nr. 16.

tend macht, die hierfür erforderlichen Tatsachen vorzutragen hat.[119] Denn ihm steht kein Anspruch auf ein „gutes" oder „sehr gutes" Zeugnis, sondern „nur" auf ein leistungsgerechtes Zeugnis zu. Erst wenn der Arbeitnehmer dargelegt hat, leistungsgerecht sei ausschließlich eine überdurchschnittliche Beurteilung, hat der Arbeitgeber die Tatsachen vorzutragen, die dem entgegenstehen sollen.[120] Aufgrund des dem Arbeitgeber zustehenden Beurteilungsspielraums ist der gerichtliche Prüfmaßstab entsprechend eingeschränkt.[121]

3. Besondere Fallkonstellationen

Nach einer Entscheidung des Landesarbeitsgerichts Hamm soll eine einzelvertragliche Ausschlussklausel (vgl. Rn. 11) auch den Anspruch auf Berichtigung eines qualifizierten Arbeitszeugnisses erfassen.[122] 34

Ein Arbeitgeber, der auf das berechtigte Verlangen des Arbeitnehmers nach einer Berichtigung des Zeugnisses dem Arbeitnehmer ein „neues" Zeugnis zu erteilen hat, ist an seine bisherige Verhaltensbeurteilung gebunden, soweit keine neuen Umstände eine schlechtere Beurteilung rechtfertigen.[123] 35

Wenn sich der Arbeitgeber zur Erteilung eines wohlwollenden Arbeitszeugnisses verpflichtet, welches „dem beruflichen Fortkommen förderlich ist", so kann der Arbeitnehmer verlangen, dass in das Zeugnis die Abschlussklausel aufgenommen wird: „Für die weitere berufliche und private Zukunft wünschen wir alles Gute."[124] 36

Fehlt eine Schlussformulierung, mit der der Arbeitgeber dem Arbeitnehmer für die geleistete Arbeit dankt und „alles Gute und Erfolg für den weiteren Berufsweg" wünscht, stellt dies eine nach § 109 Abs. 2 Satz 2 GewO unzulässige Abwertung der Leistungs- und Verhaltensbeurteilung dar. Mit einem ohne abschließende freundliche Schlussformel ausgestellten Zeugnis genügt der Arbeitgeber nicht dem allgemeinen zeugnisrechtlichen Wohlwollensgebot.[125] 37

Der Arbeitgeber hat keinen Anspruch darauf, dass ihm vor der Erteilung eines Zeugnisses das Zeugnis des vorherigen Arbeitgebers übermittelt wird.[126] 38

4. Streitwert

Der Anspruch auf Erteilung eines qualifizierten Zeugnisses ist in der Regel mit einem Bruttomonatsgehalt zu bewerten, wenn auch inhaltlich Regelungen streitig sind.[127] 39

Betrifft ein Rechtsstreit nicht den Inhalt, sondern nur die Form des Zeugnisses (Rechtschreibfehler etc.), entspricht es nach einer Entscheidung des Landesarbeitsgerichts Köln[128] dem auszuübenden Streitwertermessen, den Streitwert auf eine halbe Monatsvergütung festzusetzen. Nach einer Entscheidung des Landesarbeitsgerichts Baden-Württemberg[129] ist der Gebührenstreitwert eines Anspruchs auf Erteilung oder Abänderung eines Zeugnisses nicht pauschal nach der Höhe der Vergütung des Arbeitnehmers im bisherigen Arbeitsverhältnis zu bestimmen, sondern mangels verbindlicher Angaben nach § 61 GKG nach den individuellen Verhältnissen zum Zeitpunkt der Klageerhebung (§ 40 GKG), die das wirtschaftliche Interesse des klagenden Arbeitnehmers an der Durchsetzung seines Anspruchs kennzeichnen. 40

---

[119] Vgl. LArbG Schleswig-Holstein v. 30.09.2009 - 3 Ta 162/09 - juris Rn. 12.
[120] Vgl. BAG v. 14.10.2003 - 9 AZR 12/03 - juris Rn. 42 - NJW 2004, 2770-2772.
[121] Vgl. BAG v. 14.10.2003 - 9 AZR 12/03 - juris Rn. 42 - NJW 2004, 2770-2772.
[122] Vgl. LArbG Hamm v. 10.04.2002 - 3 Sa 1598/01 - Bibliothek BAG.
[123] Vgl. BAG v. 21.06.2005 - 9 AZR 352/04 - juris Rn. 13 - NZA 2006, 104-106.
[124] Vgl. LArbG Hamm v. 08.09.2011- 8 Sa 509/11 - juris Rn. 14,17 - NZA-RR 2012, 71-73.
[125] Vgl. LArbG Düsseldorf v. 03.11.2010 - 12 Sa 974/10 - juris Rn. 30 - NZA-RR 2011, 123-125.
[126] Vgl. LArbG Hamm v. 04.08.2010 - 1 Ta 270/10 - juris Rn. 16 - JurBüro 2010, 608-609.
[127] Vgl. LArbG Schleswig-Holstein v. 19.03.2009 - 1 Ta 203/08 - juris Rn. 15; LArbG Hamburg v. 11.01.2008 - 8 Ta 13/07 - juris Rn. 23.
[128] Vgl. Landesarbeitsgericht Köln v. 08.09.2006 - 14 Ta 340/06 - juris Rn. 10 - AE 2007, 103.
[129] Vgl. Landesarbeitsgericht Baden-Württemberg v. 28.07.2006 - 3 Ta 125/06 - juris Rn 17 - NZA-RR 2006, 537.

5. Eilrechtsschutz

41 Der für den Erlass einer Einstweiligen Verfügung erforderliche Verfügungsgrund kann dann gegeben sein, wenn der Arbeitgeber dem Arbeitnehmer überhaupt kein Zeugnis erteilt oder das erteilte Zeugnis als Grundlage für eine Bewerbung bereits beim ersten Hinsehen ausscheidet.[130]

6. Zwangsvollstreckung

42 Die Erstellung eines Zeugnisses ist eine unvertretbare Handlung, die gemäß § 888 ZPO durch die Verhängung von Zwangsgeld und von Zwangshaft vollstreckt wird.[131]

II. Klage auf Schadensersatz

43 Die Beweislast für die Kausalität[132], die objektive Pflichtwidrigkeit und den Schaden trägt der Arbeitnehmer[133]. Macht der Arbeitnehmer einen Schadensersatzanspruch geltend, weil er wegen des fehlenden ordnungsgemäßen Zeugnisses einen Verdienstausfall erlitten habe, so muss er darlegen und ggf. beweisen, dass ein bestimmter Arbeitgeber bereit gewesen sei, ihn einzustellen, sich aber wegen des fehlenden oder mangelhaften Zeugnisses davon habe abhalten lassen.[134] Allerdings kommen ihm sowohl hinsichtlich der haftungsausfüllenden Kausalität als auch hinsichtlich der Schadenshöhe Beweiserleichterungen nach § 252 Satz 2 BGB und § 287 ZPO zugute.[135] Denn der positive Beweis, dass das fehlende Zeugnis ursächlich für den Schaden gewesen sei, wird häufig nicht zu führen sein.[136] Der Arbeitnehmer muss Anhaltspunkte vortragen und beweisen, dass es gerade wegen des Zeugnisses nicht zu einer Einstellung gekommen ist. Ausreichend und notwendig ist eine gewisse Wahrscheinlichkeit des Ursachenzusammenhangs.[137] Demgemäß kann der Arbeitnehmer z.B. vortragen, ein bestimmter Arbeitgeber sei ernsthaft interessiert gewesen und die Zeugnisfrage sei zur Sprache gebracht worden.[138] Da das Zeugnisrecht keine Gewährleistungsvorschriften enthält, die den Erfüllungsanspruch verdrängen würden, lassen Schadensersatzansprüche, die darauf beruhen, dass der Arbeitgeber das Zeugnis schuldhaft, verspätet oder mit einem den Leistungen des Arbeitnehmers nicht gerecht werdenden Inhalt erstellt hat, den Erfüllungsanspruch des Arbeitnehmers unberührt.[139]

III. Streitwert

44 Der Anspruch auf Erteilung eines qualifizierten Zeugnisses ist in der Regel mit einem Bruttomonatsgehalt zu bewerten, wenn auch inhaltlich Regelungen streitig sind.[140]

45 Betrifft ein Rechtsstreit nicht den Inhalt, sondern nur die Form des Zeugnisses (Rechtschreibfehler etc.), entspricht es nach einer Entscheidung des Landesarbeitsgerichts Köln[141] dem auszuübenden Streitwertermessen, den Streitwert auf eine halbe Monatsvergütung festzusetzen. Nach einer Entschei-

---

[130] Vgl. Landesarbeitsgericht Rheinland-Pfalz v. 31.08.2006 - 6 Sa 366/06 - juris Rn. 49.
[131] Vgl. dazu *Preis* in: Staudinger, § 630 Rn. 72; *Geißler*, DGVZ 1988, 17-22, 17.
[132] Vgl. *Weidenkaff* in: Palandt, § 630 Rn. 12.
[133] Vgl. Hessisches LArbG v. 31.03.2009 - 13 Sa 1267/08 - juris Rn. 33; LArbG Düsseldorf v. 23.07.2003 - 12 Sa 232/03 - juris Rn. 20 - Bibliothek BAG; *Preis* in: Staudinger, § 630 Rn. 79.
[134] Vgl. BAG v. 16.11.1995 - 8 AZR 983/94 - EzA Nr. 20 zu § 630 BGB; BAG v. 26.02.1976 - 3 AZR 215/75 - AP Nr. 3 zu § 252 BGB; Hessisches LArbG v. 31.03.2009 - 13 Sa 1267/08 - juris Rn. 33.
[135] Vgl. BAG v. 16.11.1995 - 8 AZR 983/94 - EzA Nr. 20 zu § 630 BGB; BAG v. 26.02.1976 - 3 AZR 215/75 - AP Nr. 3 zu § 252 BGB; Hessisches LArbG v. 31.03.2009 - 13 Sa 1267/08 - juris Rn. 35; *Preis* in: Staudinger, § 630 Rn. 79.
[136] Vgl. Hessisches LArbG v. 31.03.2009 - 13 Sa 1267/08 - juris Rn. 35.
[137] Vgl. Hessisches LArbG v. 31.03.2009 - 13 Sa 1267/08 - juris Rn. 35; Hessisches LArbG v. 30.07.2003 - 2 Sa 159/03 - juris Rn. 21.
[138] Vgl. Hessisches LArbG v. 31.03.2009 - 13 Sa 1267/08 - juris Rn. 35.
[139] Vgl. BAG v. 14.10.2003 - 9 AZR 12/03 - juris Rn. 41 - NJW 2004, 2770-2772.
[140] Vgl. LArbG Schleswig-Holstein v. 19.03.2009 - 1 Ta 203/08 - juris Rn. 15; LArbG Hamburg v. 11.01.2008 - 8 Ta 13/07 - juris Rn. 23.
[141] Vgl. Landesarbeitsgericht Köln v. 08.09.2006 - 14 Ta 340/06 - juris Rn. 10- AE 2007, 103.

dung des Landesarbeitsgerichts Baden-Württemberg[142] ist der Gebührenstreitwert eines Anspruchs auf Erteilung oder Abänderung eines Zeugnisses nicht pauschal nach der Höhe der Vergütung des Arbeitnehmers im bisherigen Arbeitsverhältnis zu bestimmen, sondern mangels verbindlicher Angaben nach § 61 GKG nach den individuellen Verhältnissen zum Zeitpunkt der Klageerhebung (§ 40 GKG), die das wirtschaftliche Interesse des klagenden Arbeitnehmers an der Durchsetzung seines Anspruchs kennzeichnen.

---

[142] Vgl. Landesarbeitsgericht Baden-Württemberg v. 28.07.2006 - 3 Ta 125/06 - juris Rn. 17 - NZA-RR 2006, 537.

Stichwortverzeichnis

Die **fetten Zahlen** *geben die Paragraphen an, die* mageren Zahlen *die Randnummern*

A

Abdingbarkeit
– Fälligkeit der Miete **579** 10
– Haftung für Rechts- und Sachmängel **523** 17
Abflussprinzip 556 70
Ablaufhemmung
– Verjährung der Ansprüche des Unternehmers **479** 8
Ablehnungsrecht
– des Verpächters bei Beendigung des Pachtverhältnisses **582A** 12
Abmahnung 590A 6
– Abdingbarkeit **541** 22
– außerordentliche Kündigung **626** 33
– Definition **541** 20
– Entbehrlichkeit **541** 21
– Leihe, vertragswidriger Gebrauch **603** 10
– Mietvertrag, Kündigung wegen Vertragsverletzung **543** 122
– Mietvertrag, vertragswidriger Gebrauch **541** 20
– Pachtvertrag, vertragswidriger Gebrauch **590A** 6
Abweichung
– beurkundungspflichtig **520** 6
Abwendungsrecht
– Ausübung durch Vermieter **552** 7
– des Verpächters **591A** 9
Abwicklungsanordnung
– Landpachtvertrag **595A** 8
– Wirkung **595A** 10
Abwicklungsvertrag 623 22
Akkordlohn 614 11
Aktiv-Aktiv-Methode 490 28
Aktiv-Passiv-Methode 490 29
Anfrage
– Überlassung an einen Dritten **594C** 7
Angabe
– bei bestimmten Umschuldungen **491A** 85
– bei Überziehungsmöglichkeiten **491A** 84
Angemessenheit
– Umfang des Ersatzes **502** 5
Ankaufspflicht
– Ausschluss des Wiederkaufsrecht **462** 9
Ankaufsrecht
– Ausschluss des Wiederkaufsrecht **462** 9
Ankündigung
– vertragswidriger Gebrauch **590A** 7
Anliegerbeiträge 436 8
Annahme
– mangelhafter Sachen **536B** 27
Annahmeverzug
– Kauf **446** 19
Anstandsschenkung 534 8
– Weihnachts- oder Hochzeitsgeschenke **534** 9
Anwartschaftsrecht
– Deliktsrecht **449** 31
– Einordnung **449** 22
– Erlöschen **449** 32
– Übertragung **449** 23
– Unterlassen eines Vermögenserwerbs **517** 7
– Verpfändung **449** 25
Anzahlungsverbot
– während der Widerrufsfrist **482A** 11
Anzeigepflicht
– des Mieters **536C** 3
– des Pächters **591A** 11
– keine Lastentragung **586A** 8
Arbeitgeber
– arbeitsvertragliche Fürsorgepflicht **619A** 6
– Beweislast **619A** 3
– Beweislast für das Vertretenmüssen des Arbeitnehmers **619A** 14
– Haftung des Arbeitgebers bei Arbeitsunfällen **618** 25
– Pflichtverletzungen **619A** 9
Arbeitgeberdarlehen 613A 218
Arbeitnehmer
– Haftung, Anspruchsübergang auf Dritte **619A** 11
– Haftung, Beweislast **619A** 14
– Haftungsbeschränkung **619A** 8
– Mobbing **611** 296
– Pfändbarkeit von Lohnforderungen **614** 27
– Schutz des Eigentums des Arbeitnehmers **618** 21
– Tod, Abfindung aus einem Aufhebungsvertrag **613** 16
– Tod, Urlaubsabgeltungsanspruch **613** 15
Arbeitnehmerbegriff 613A 61
Arbeitskampf 615 22
Arbeitsunfähigkeit
– des Arbeitnehmers **626** 68
Arbeitsverhältnis
– Abmahnung **626** 33
– Annahmeverzug des Dienstberechtigten **615** 7
– Annahmeverzug und Risiko des Arbeitsausfalls **615** 6
– Anrechnung **615** 34
– Anrechnung öffentlicher Leistungen **615** 42
– Anrechnung öffentlicher Leistungen und unterlassenen Erwerbs **615** 43
– Arbeitskampfrisiko **615** 52
– Aufhebungsvertrag **615** 15
– Auflösungsverschulden **628** 23
– außerordentliche Kündigung **615** 14
– beendetes oder ruhendes **615** 10
– Berechnung der Anrechnung **615** 46
– Beseitigung des Annahmeverzuges **615** 57
– bestehendes **615** 9
– Betriebs- und Wirtschaftsrisiko **615** 49
– Betriebsrisiko **615** 50
– Betriebsübergang **613** 26
– Böswilligkeit **615** 37
– Darlegungs- und Beweislast, Anrechnung **615** 62
– Darlegungs- und Beweislast, Umfang des Annahmeverzugsverzugsanspruchs **615** 61
– Darlegungs- und Beweislast, Unvermögen des Arbeitnehmers **615** 60
– Einfluss des Betriebsverfassungsrechts **615** 20
– ergänzender Erfüllungsanspruch **615** 4
– Erhaltung des Vergütungsanspruchs **615** 54

2253

Stichwortverzeichnis

- Folgen für Arbeitnehmer **613A** 215
- Freistellung **615** 17
- fristlose Kündigung, Erklärungsfrist **626** 43
- Fürsorgepflicht des Arbeitgebers im Allgemeinen **615** 31
- Fürsorgepflicht des Arbeitsgebers gegenüber schwerbehinderten Arbeitnehmern **615** 32
- gekündigtes **615** 12
- gekündigtes, Stellensuche **629** 6
- Hemmung der Verjährung, Kündigungsschutzklage **615** 64
- Höhe der Vergütung **615** 55
- Kettenarbeitsverhältnisse **620** 28
- Klageantrag **615** 59
- Klagefrist **615** 63; **620** 36
- Nachschieben von Kündigungsgründen **626** 13, 76
- Obliegenheit des Arbeitnehmers zur Arbeitsaufnahme **615** 44
- Obliegenheit des Arbeitnehmers zur Arbeitssuche **615** 45
- ordentliche Kündigung **615** 13
- Risiko des Arbeitsausfalls **615** 48
- Sonderregelungen **614** 18
- stillschweigende Verlängerung **620** 34
- Übergangsrecht **620** 37
- Unvermögen des Schuldners **615** 27
- Unzumutbarkeit, Grundsatz **615** 39
- Unzumutbarkeit, Interessenlage **615** 40
- Veränderungswunsch **629** 8
- Verdachtskündigung **626** 39
- Vereinbarungen über die Übertragbarkeit von Leistungspflichten **613** 7
- Verfrühungsschaden **628** 30
- Vergütung ohne Arbeitsleistung **614** 28; **615** 5
- vorläufige Weiterbeschäftigung **615** 41
- Wirkung der Anrechnung **615** 35
- Wirtschaftsrisiko **615** 53

Arbeitsvertrag 611 2
- Abgrenzung zum freien Dienstvertrag **611** 3
- Arbeitsverweigerungsrecht **618** 28
- Arten der Befristung **620** 4
- auflösend bedingte Arbeitsverträge **620** 26
- auflösende Bedingung **620** 6
- Auflösungsvertrag **623** 16
- Beendigung durch Zeitablauf **620** 5
- Befristung **620** 19
- Befristung, allgemeine Geschäftsbedingungen **620** 9
- Befristung, Formerfordernis **620** 27
- Befristung mit älteren Arbeitnehmern **620** 23
- Befristung mit sachlichem Grund **620** 24
- Befristung ohne sachlichen Grund **620** 22
- Befristung von Arbeitsverträgen **620** 30
- Einstandspflicht für Dritte **618** 22
- Ende des befristeten oder auflösend bedingten Arbeitsvertrages **620** 33
- Erfüllungsanspruch **618** 27
- Erkrankung **617** 5
- Folgen der Unwirksamkeit der Befristung oder auflösenden Bedingung **620** 35
- Fürsorgepflicht, Geltungsdauer **618** 3
- Fürsorgepflicht, Konkretisierung **618** 1
- Garantenstellung **618** 30
- Grundrechtsschutz **620** 21
- Hinweispflichten, Gesundheitsschutz **618** 17
- hitzefrei **618** 11
- Kleinunternehmensklausel **622** 20
- Krankenfürsorge **617** 2
- Krankenfürsorge, Dauer **617** 8
- Krankenfürsorge, Kosten **617** 9
- Kündigung, Folgen Formnichtigkeit **623** 40
- Kündigung, Probezeit **622** 13
- Kündigung, tarifliche Kündigungsfristen **622** 22
- mangelfreie Arbeitsgeräte **618** 15
- Mitwirkung des Betriebsrates **620** 29
- Regelungsbeispiele **620** 20
- Schadensersatzanspruch **618** 29
- Schadstoffbelastung **618** 8
- Schadstoffbelastung, Tabakrauch **618** 10
- Schutzausrüstung, Kosten **618** 14
- Übermaßverbot **618** 16
- Unfallverhütungsvorschriften **618** 13
- unternehmerische Betätigungsfreiheit **618** 12
- unwirksame Befristung **620** 8
- Vergütung, Fälligkeitsregelung **614** 1
- Versicherungsschutz **617** 10

Arbeitszeitkonto 612 14
Aufhebungsvertrag
- eines Berufsausbildungsverhältnisses **623** 28

Aufklärungspflicht
- allgemeine **536B** 25

Auflage
- Anstands- und Pflichtschenkungen **534** 15

Auflagenvollziehung
- Nichterfüllung **527** 4
- Verweigerung **526** 12

Auflösungsverschulden
- Schadensersatzanspruch **628** 23

Auflösungsvertrag
- Begriff **623** 16
- Schriftform **623** 37

Aufnahme
- einer gewerblichen oder selbstständigen beruflichen Tätigkeit **512** 4

Aufrechnung
- Ausschluss **566D** 4
- durch den Mieter **566D** 1 f.
- gegen den Vermieter **578A** 9

Aufrechnungslage 566D 3
Aufrechnungsvereinbarung
- Vorausentrichtung der Miete **566C** 6

Aufrechnungsverzicht
- unwirksamer **496** 2

Aufteilung
- Gesamtkosten der Modernisierung **559** 18

Aufwendungen
- erforderliche **439** 45
- während der Vertragslaufzeit **539** 4

Aufwendungsersatz
- Wert der noch ungetrennten Früchte **596A** 11

Aufwendungsersatzanspruch
- des Beschenkten **526** 13
- des Unternehmers gegenüber dem Verbraucher **508** 6
- des Vermittlers **486** 13
- Verjährung **539** 19

Stichwortverzeichnis

- Voraussetzungen **539** 4
Auseinandersetzung
- einer Gemeinschaft **451** 7
Ausgleich
- für ordnungsgemäße Bewirtschaftung der Pachtsache **596A** 1
Ausgleichsanspruch
- bei Inventarminderung **590** 18
Ausgleichsregelung
- im Innenverhältnis **563B** 5
Aushilfsarbeitsverhältnis
- kurze Kündigungsfrist **622** 18
Auskunftsanspruch
- des Mieters **562C** 12
Auslandsaufenthalt 553 6
Auslieferung
- Versendungskauf **447** 25
Ausschlagung
- Erbschaft oder Vermächtnis **517** 8
Ausschlussfrist
- abweichende Vereinbarungen **462** 6
- Berechnung **462** 5
- Dienstvertrag **611** 238
- einjährige **532** 7
- Verkürzung **529** 11
Ausschlussklauseln
- gebräuchliche **444** 61
Auszahlung
- Verweigerung **499** 3

B

Bankautomat
- Bargeldauszahlung **505** 3
Barrierefreiheit 554A 1 f.
Bauarbeiten
- Verzögerung des Beginns **573B** 51
Baukostenzuschuss
- Kenntnis des Mieters **566C** 9
Bauspardarlehen
- beschränkte Ausnahmen **491** 40
Bearbeitungsgebühr
- pauschale **485A** 16
Bedingung
- auflösende **465** 4
Bedürftigkeit
- des Schenkers **529** 1
Befristung
- Zeitmietvertrag **575** 7, 24
Belastung
- durch Erwerber **567B** 1 f.
Benachrichtigungspflicht
- dient Rechtssicherheit und Rechtsklarheit **593A** 9
Benachteiligungsverbot 622 26
Berechnungsgrundsatz 490 26
Berufsunfähigkeit
- des Pächters **594C** 5
Beschaffenheit 434 26
- Abgrenzung Rechtsmangel **434** 25
- bisherige Rechtsprechung **434** 19, 24
- Definition **434** 21
- Erwartungshorizont **434** 76
- Kaufsache **434** 13, 70

- Minimaldefinition **434** 18
- Rechtsfolgen **434** 23
- weiter Beschaffenheitsbegriff **434** 20
- zusicherungsfähige Eigenschaften **434** 17
Beschaffenheitsgarantie 444 38
- konkludente **444** 47
- Übernahme **444** 36
Beschenkter
- Ausschluss durch den Tod **532** 9
- Ausschluss wegen eigener Bedürftigkeit **529** 8
- Darlegungs- und Beweislast **533** 9
- Unkenntnis vom Vorliegen eines Mangels **526** 11
Beseitigung
- von Rechten Dritter **458** 6
Besitzpfandrecht 583 3
- gutgläubiger Erwerb **583** 3
Betrieb
- Erhaltung oder Verbesserung der Rentabilität **590** 11
Betriebliche Altersversorgung 611 229
- Anwendungsbereich des BetrAVG **611** 231
- Rechtsgrundlage **611** 229
- Versorgungsanwartschaft **611** 232
Betriebliche Übung 611 83
Betriebsfortführung
- Erforderlichkeit **596B** 9
Betriebskosten 551 18; **556** 1
- Abgeltung der Betriebskosten **556** 40
- Abrechnungszeitraum **556** 70
- Anpassung der Vorauszahlungshöhe **560** 4, 29
- Aufzug **556** 21
- Belegeinsichtsrecht des Mieters **560** 13
- Betrieb einer maschinellen Wascheinrichtung **556** 29
- Betriebskostenpauschale **556** 44
- Betriebskostenvorauszahlung **556** 52
- Bewachung **556** 30
- Bezeichnung und Erläuterung der Erhöhungsgründe **560** 13
- Breitbandkabel-Verteilanlage **556** 28
- Concierge-Service **556** 27
- Definition **556** 8
- Einwendungsfrist **556** 96; **556A** 15
- Entwässerung **556** 18
- Flächenabweichung **556A** 10
- Geltendmachung von Einwendungen **556** 63
- Gemeinschaftsantennenanlage **556** 28
- Gleitklausel **560** 11, 16, 18
- Grundsteuer **556** 16
- Hausrechtsschutzversicherung **556** 26
- Hauswart **556** 27
- Heizkostenabrechnung **556** 19
- Müllbeseitigung **556** 22
- Pauschale, Erhöhung **560** 8
- Pauschale, Ermäßigung **560** 19
- Rechtsschutzversicherung **556** 26
- Reinigung gemeinsam genutzter Gebäudeteile **556** 23
- Reparaturversicherung **556** 26
- Sachpflichtversicherung **556** 26
- Sauna **556** 30
- Schwimmbad **556** 30
- Straßenreinigung **556** 22

Stichwortverzeichnis

- Stromkosten **556** 25
- Terroranschlag **556** 26
- Umlage, verbrauchsabhängiger Maßstab **556A** 19
- Umlage, Wohnflächenmaßstab **556A** 8
- Umlagemaßstab **556A** 1
- Ungezieferbekämpfung **556** 23
- Warmwasserversorgung **556** 17
- Waschküche **556** 25

Betriebspflicht
- Pflichten des Pächters **581** 57

Betriebsrat
- Anhörung **626** 53
- Mitbestimmung **626** 53
- Zustimmung **626** 55
- Zustimmung vor Einstellung **611** 186

Betriebsübergabe
- Vorwegnahme der Erbfolge **593A** 5

Betriebsübergang 613 26
- Abler-Entscheidung **613A** 21
- Altersteilzeitverhältnis **613A** 63
- Auswirkungen auf Tarifverträge und Betriebsvereinbarungen **613A** 81
- Betriebsinhaberwechsel, rechtsgeschäftlicher **613A** 54
- Betriebsteil, Begriff **613A** 6
- Betriebsübergangsrichtlinie **613A** 11, 113
- betriebsverfassungsrechtliche Auswirkungen **613A** 137
- Einheit, wirtschaftliche **613A** 12
- Gesellschafterwechsel **613A** 46
- Gewerkschaftswechsel des übernommenen Arbeitnehmers **613A** 105
- Güney-Görres-Entscheidung **613A** 22
- Haftung des bisherigen Arbeitgebers **613A** 155
- Insolvenzeröffnung **613A** 79
- Kündigung aus anderen Gründen **613A** 175
- Kündigung wegen Betriebsübergang **613A** 172
- Kündigungsschutzklage **613A** 147
- Provisionsanspruch **613A** 64
- Ruhestandsverhältnis **613A** 66, 162
- Schiffe **613A** 11
- Schiffsbesatzung **613A** 33
- Sicherungsübereignung eines Geschäftsbetriebs **613A** 47
- Tarifgebundenheit, fehlende **613A** 123
- Tarifwechselklausel **613A** 134
- Teilbetriebsstilllegung **613A** 195
- Teilbetriebsübergang **613A** 8, 78, 195
- Übergang der Arbeitsverhältnisse **613A** 61
- Übergehende Rechte und Pflichten **613A** 68
- Umstrukturierung von Verwaltungsbehörden **613A** 10, 16
- Unwirksamkeit des Rechtsgeschäfts **613A** 59
- Widerspruch, Adressat und Form **613A** 246
- Widerspruch, Begründung **613A** 249
- Widerspruch, kollektiver **613A** 251
- Widerspruch, Verzicht auf das Widerspruchsrecht **613A** 266
- Widerspruch, Widerruf, Anfechtung **613A** 253
- Widerspruch, Zurücknahme **613A** 254
- Widerspruchsfrist **613A** 255
- Widerspruchsrecht des Arbeitnehmers **613A** 242

Betriebsvereinbarung 611 42

Beweislast
- Fehlschlagen der Nachbesserung **440** 28
- Fortbestehen des Mangels **440** 61

Bewirtschaftung
- einem Dritten überlassen **594C** 3
- ordnungsgemäße nicht gewährleistet **593A** 10

Bewirtschaftungspflicht
- des Pächters **596** 8

Bezugnahme
- auf Tarifvertrag **611** 47

Bierlieferungsvertrag 562 15

Billigkeitsregelung
- zum Schutze des Schenkers **519** 2

Billigungsfrist
- Kauf auf Probe **455** 1

Binnenschifffahrtsregister 578A 5
- eingetragenes Schiff **578A** 5

Bonitätsprüfung
- Pflicht **509** 2

Bürgschaft 491 26

C

Chartervertrag 578A 11

D

Darlehen
- aus öffentlichen Haushalten **559** 8
- mit auslaufender Zinsbindung **489** 5
- mit veränderlichem Zinssatz **489** 9; **503** 3
- zur Deckung von laufenden Aufwendungen **559** 13

Darlehensentgelt
- Verpflichtung zur Zahlung **607** 6

Darlehensforderung
- Abtretung **488** 32

Darlehensgeber
- Ausschluss der ordentlichen Kündigung **499** 1
- Pflichten **488** 6
- Unternehmer **491** 8
- Verpflichtung zur Überlassung der Sache **607** 5

Darlehensnehmer
- Kündigung eines unbefristeten Darlehensvertrag **500** 1
- Pflichten **488** 17
- Verzug **497** 1 f.

Darlehensvertrag
- mit gebundenem Sollzinssatz **489** 5
- mit Verbraucher geschlossen **491** 11
- Unterrichtung vor Beendigung **493** 9
- vertragstypische Pflichten **488** 1 f.

Datenbank
- fortlaufend geführt **558E** 5
- ständig aktualisierte und veränderte Daten **558E** 5

Dauerstellung
- Auslegung des Inhaltes der Vereinbarung **624** 5

Dauerwohnrecht 567 6

Dauerwohnungsrecht 567 5

Definition 536B 6

Dienstberechtigter
- Anlass für Beendigung des Dienstverhältnisses **576A** 25
- Berücksichtigung der Belange **576A** 9

Stichwortverzeichnis

- kein unverzüglicher Widerspruch **625** 12
- Wissen um Fortsetzung **625** 11

Dienstleistung
- fehlendes Interesse des Dienstberechtigten **628** 16

Dienstleistungspflicht
- Arbeitsvertrag **611** 266
- Zwangsvollstreckung **611** 289

Dienstverhältnis
- Abgrenzung zum Arbeitsverhältnis **621** 4
- Art der Auflösung **576A** 28
- auf Lebenszeit einer Person **624** 4
- außerordentliche Kündigung **627** 9
- außerordentliche Kündigung bei Vertrauensstellung **627** 10
- außerordentliches Kündigungsrecht **624** 12
- Beendigung **628** 3
- dauerndes **629** 5
- Dienste höherer Art **627** 6
- durch Mieter selbst aufgelöst **576A** 22
- Fortsetzung durch den Dienstverpflichteten **625** 9, 22
- gekündigtes, Stellensuche **629** 6
- kein dauerndes **627** 3
- Kündigung zur Unzeit **627** 11
- Kündigungszeitpunkt **624** 12
- privatrechtliches **625** 3
- unabhängiges **621** 3
- Vermietung **576** 8

Dienstverpflichteter
- keine festen Bezüge **627** 4

Dienstvertrag
- Abgrenzung von Unmöglichkeit und Annahmeverzug **615** 2
- Abgrenzung zu anderen Vertragstypen **611** 109
- Abgrenzung zum Gesellschaftsvertrag **611** 114
- Abgrenzung zum Werkvertrag **611** 110
- Abgrenzung zur Arbeitnehmerüberlassung **611** 118
- Abgrenzung zur Vereinsmitgliedschaft **611** 115
- allgemeine Verhinderungsfälle **616** 4
- Anfechtung, Wirkung **611** 184
- Arbeitszeitkonto **612** 14
- Ärzte, Vergütung **612** 28
- Aufwendungsersatz, Schäden **611** 244
- Aus-/Fortbildungskosten, Rückzahlungsklauseln **611** 218
- außerordentliche Kündigung **620** 18
- Auskunfts-/Unterrichtungspflichten **611** 247
- Ausschluss durch wirksame Befristung **620** 13
- Ausschlussfristen **611** 238
- Beendigung des Dienstverhältnisses **620** 10
- Beispielsfälle **614** 26
- Beschäftigungspflicht **611** 253
- Beschäftigungspflicht, Änderungskündigung **611** 261
- Beschäftigungspflicht, Kündigungsrechtsstreit **611** 256
- Beschäftigungspflicht, Zwangsvollstreckung **611** 262
- Betriebsrat, Zustimmung **611** 186
- Dienstleistungspflicht **611** 163, 265; **613** 2, 19
- Dienstleistungspflicht gegenüber Dritten **613** 21
- Einzelfälle zur Abgrenzung **611** 121
- entsprechende Anwendung **614** 12

- faktisches Arbeitsverhältnis **611** 167
- faktisches Dienstverhältnis **611** 169
- Fälligkeit **614** 7
- Fälligkeit der Vergütung **614** 22; **615** 56
- Fälligkeitsregelung, Abdingbarkeit **614** 13
- Fehlen von Taxe und Üblichkeit **612** 33
- fehlerhaftes Arbeitsverhältnis **611** 167
- fehlerhaftes Dienstverhältnis **611** 169
- fehlgegangene Vergütungserwartung **612** 7
- Form des Dienstvertrags **611** 172
- Fragerecht des Arbeitgebers **611** 179
- Freistellung **611** 281
- Fürsorgepflicht **611** 245
- Gesamtvergütung **614** 10
- Haftung des Arbeitgebers **611** 263
- Haftung des Arbeitnehmers **611** 308
- Haftung des Arbeitnehmers, betrieblich veranlasste Tätigkeit **611** 317
- Haftung des Arbeitnehmers, Beweislast **611** 327
- Haftung des Arbeitnehmers, grobe Fahrlässigkeit **611** 321
- Haftung des Arbeitnehmers, leichteste Fahrlässigkeit **611** 326
- Haftung des Arbeitnehmers, normale Fahrlässigkeit **611** 324
- Haftung des Arbeitnehmers, Vorsatz **611** 320
- Hauptleistungspflicht **614** 8
- Heranziehung Dritter, Entfallen der Vergütungspflicht **613** 9
- höherwertige Dienste **612** 17
- Konkurrenzen **614** 4
- krankheitsbedingte Verhinderungsfälle **616** 11
- Krankmeldung und ärztliches Attest **616** 12
- Kündigungsrecht **614** 25
- Leistungsstörungen **611** 287
- Mankohaftung **611** 328
- Nachweisgesetz **611** 174
- Nebentätigkeiten **611** 300
- Nichterbringung der Arbeitsleistung **611** 287
- objektiv unmögliche Leistung **611** 171
- Offenbarungspflicht **611** 183
- ordentliche Kündigung **620** 17
- Rahmenvereinbarung **611** 164
- Rechtsanwälte **613** 6
- Reisezeiten **612** 16
- Rücksichtnahmepflicht **611** 245, 294
- Schadensverhinderungspflicht **611** 297
- Schädigungsverbot **611** 247
- Scheinselbstständige **621** 7
- Schuldnerverzug **614** 24
- Schutzpflicht, Leben und Gesundheit des Arbeitnehmers **611** 247
- Schutzpflicht, Sachen des Arbeitnehmers **611** 247
- Schwarzarbeit **611** 170
- Sonderleistungen **612** 18
- Sonderregelung **614** 3
- Sonderregelungen **614** 19
- Stellvertretung **611** 175
- Suspendierung **611** 254
- Taxen **612** 27
- Tod des Dienstverpflichteten **613** 13
- Treuepflicht **611** 294
- Unkündbarkeit bei Befristung **620** 16

Stichwortverzeichnis

- Urlaub **611** 282
- Vereinbarung über die Einschaltung Dritter **613** 4
- Vergütung, Abtretbarkeit **611** 233
- Vergütung, Akkordvergütung **611** 198
- Vergütung, Begriffe **611** 188
- Vergütung, Berechnungsformen **611** 196
- Vergütung, Dienstleistung **612** 3
- Vergütung, einstweilige Verfügung **611** 242
- Vergütung, Fälligkeitsregelung **614** 1
- Vergütung, Formen **611** 194
- Vergütung, Gewinnbeteiligung **611** 202
- Vergütung, Höhe **611** 189
- Vergütung, Naturalvergütung **611** 195
- Vergütung, Prämienlohn **611** 199
- Vergütung, Provision **611** 200
- Vergütung, Überstunden **612** 10, 31
- Vergütung, übliche **612** 29
- Vergütung, Unbestimmtheit der Vergütungshöhe **612** 25
- Vergütung, Verzicht **611** 235
- Vergütung, Vorschuss **611** 193
- Vergütung nach Zeitabschnitten, Bedeutung **614** 20
- Vergütung ohne Arbeitsleistung **614** 29
- Vergütungserwartung **612** 9
- Vergütungsgefahr **614** 6
- Vergütungspflicht **611** 165, 188
- Vergütungsvereinbarung **612** 5
- Verhinderungsfälle, Unterscheidung **616** 3
- Vermögensbildungsplan, Rückzahlungsklauseln **611** 228
- Verschulden **616** 13
- Verschwiegenheitspflicht **611** 299
- Vertragsstrafen **611** 290
- Vertragsübernahme **613** 23
- Vorschuss und Abschlag **614** 15
- Vorschuss und Abschlag, Anrechnung **614** 17
- Vorschuss und Abschlag, Rückzahlung **614** 16
- Weisungsrecht **611** 273
- Wettbewerbsverbot **611** 303
- Zeitabschnitt **614** 21
- Zeitdauer **616** 16
- Zweckbefristung, Beispiele **620** 15
- Zweckbefristung, Grundsatz **620** 14

Dienstzeit
- Ablauf **625** 4

Differenzierung
- zwischen Arbeitern und Angestellten **622** 32

Disagio
- Begriff **488** 20

Dispokredit 504 1

Doppelzahlung
- Schutz **566B** 8

Dreiecksgeschäft
- Aufhebungsvertrag **623** 19

Dreimonatslaufzeit
- Überziehungsmöglichkeit **504** 8

Drittkauf
- aufgehobener **465** 6

Drittkäufer
- Verpflichtung **470** 5

Druckkündigung
- außerordentliche Kündigung **626** 42

E

Eigenbedarf
- Beschränkung der Eigenbedarfskündigung **577A** 2, 24
- Eigenbedarf des Vermieters **573** 78
- Leihe, Kündigung wegen Eigenbedarf **605** 3

Eigenbedarfskündigung 565 19

Eigentümerwechsel
- Gefährdung des Fortbestandes des Pachtverhältnisses **593B** 3

Eigentumsübergang
- dingliche, des Mieters **566D** 4
- Kenntniserlangung **566E** 3
- Mitteilung durch Vermieter **566E** 1

Eigentumsvorbehalt
- Anwartschaftsrecht **449** 21
- Anwartschaftsrecht, Deliktsrecht **449** 31
- Anwartschaftsrecht, Verpfändung **449** 25
- bewegliche Sache **449** 8
- einfacher **449** 17
- erweiterter **449** 64
- Globalzession **449** 55
- Insolvenz **449** 35
- Kombinationsmodelle **449** 69
- Kontokorrentvorbehalt **449** 65
- Konzernvorbehalt **449** 85
- nachgeschalteter **449** 46
- nachträglicher **449** 39
- Pool-Vereinbarung **449** 62
- Rückholrecht **449** 71
- Verarbeitungsklauseln **449** 60
- verlängerter **449** 48
- vertragswidrig **449** 14
- Vorausabtretungsklauseln **449** 49
- weitergeleiteter **449** 44
- Zwangsvollstreckung **449** 33

Eigentumswohnung
- Berufung auf Eigenbedarf **577A** 24

Eignung
- Beschaffenheit **434** 55
- Definition **434** 54
- Kaufsache **434** 44
- verminderte Brauchbarkeit **434** 61

Einheit
- wirtschaftliche **488** 9

Einkommensnachweis 553 14

Einliegerwohnraum
- möblierter **549** 23

Einmalmiete
- Mietvorauszahlung **563B** 10

Einrichtung
- Begriff **552** 5; **591A** 5
- mit dem Mietobjekt verbunden **552** 5

Einsichtsfähigkeit
- des Verzeihenden **532** 6

Einsparung
- von Energie oder Wasser **554** 12

Eintragung
- Verkauf von Schiffen **452** 6

Einwendungsdurchgriff 495 39, 60

Einwendungsverzicht
- Zweck **496** 1 f.

Stichwortverzeichnis

Einzelfall
– vertragsgemäße Gebrauch **538** 28
Empfang
– des Darlehens **494** 7
Entgelt
– bei Rückerstattung **609** 1
– Bestimmung der Höhe **609** 2
Entgeltlichkeit
– vertragliche Regelung der Fälligkeit **609** 2
Entlastungsbeweis
– des Mieters **538** 22
– des Vermieters **538** 18
Entschädigung 552 6
– bei vorzeitiger Rückzahlung des Darlehens **502** 1
Entziehung
– des vertragsgemäßen Gebrauchs **567** 5
Erbbaurecht 567 5
Erbe
– gesetzlicher **470** 4
– Widerspruchsrecht **594D** 11
Erbpacht
– Ausschluss **594B** 3
Erfüllungsanspruch
– Einrede **519** 9
Erfüllungsgehilfe
– Montage **434** 112
Erhaltungspflicht
– des Pächters **582A** 9
– des Verpächters **590B** 1
Erhöhung
– Ausschluss durch Vereinbarung **557** 12
– Ausschluss nach den Umständen **557** 14
Erhöhungsbetrag
– Verringerung **559** 9
Erhöhungsverlangen
– vorausgegangenes **558B** 17
Erklärung
– des entgegenstehenden Willens **545** 21
Erklärungsfrist
– Fristbeginn bei außerordentlicher Kündigung **626** 48
Erlass
– Entgeltfortzahlung **619** 8
– Kosten für Schutzkleidung **619** 9
– Schadensersatzanspruch **619** 7
– Vorausentrichtung der Miete **566C** 6
Erläuterungspflicht
– des Darlehensgebers **491A** 91
– Immobiliardarlehensverträge **503** 5
Ersatzanspruch
– Beendigung des Pachtverhältnisses **597** 5
– Nichtigkeit der Veräußerung **451** 11
Ersatzmieterklausel
– Wirksamkeit **537** 33
Ersatzpflicht
– Grund **451** 13
Ersatzvornahme
– des Mieters **536A** 26
Ertragsänderung
– Bewirtschaftung der Pachtsache **593** 6
Erwerber
– Befristung der Eigenbedarfs- und Verwertungskündigung **577A** 17, 37

– Eintritt in bestehenden Mietvertrag **566** 1 f.
– Kenntnis vom Eigentumsübergang **566B** 8
– weiter veräußernder **567B** 1
Erwerbsmöglichkeit
– Ausschluss **450** 8
Erwerbsverbot
– Verkauf im Wege der Zwangsvollstreckung **450** 9
Erzeugnis
– landwirtschaftliches **596B** 6
– vorhandenes **596B** 8
– Zurücklassung landwirtschaftlicher **596B** 5
Existenzgründer 512 1 f.
– freiberufliche Tätigkeit **512** 6
– Nachteil- und Umgehungsverbot **511** 2
– natürliche Person **512** 2
– Widerrufsrechte **512** 9

F

Factoring 449 56
Fälligkeit
– des Rückzahlungsanspruchs **488** 27
– Leistung des Schuldners **488** 12
Falschlieferung 434 128
Fehlbetrag
– durch Mangel verursacht **526** 10
– zwischen Schenkung und Auflage infolge Mangels **526** 6
Festzins 488 31
Festzinsdarlehen
– langfristiges **489** 7
FGG-Verfahren 590 22
Fiktion
– auf unbestimmte Zeit geschlossen **585A** 11
– mit abschreckenden Charakter **505** 5
– nicht erfolgte Kündigung **489** 12
Finanzdienstleistungsinstitute 509 2
Finanzierungshilfe
– entgeltliche **491A** 86
– Nutzung von Gegenständen **506** 8
– sonstige **506** 6
Finanzierungsleasingvertrag 506 1, 11; **535** 102
Form
– Kündigung von Pachtverträgen **584** 3
Formulararbeitsvertrag
– Verwendung **623** 49
Formularpachtvertrag
– Kündigungsausschluss vereinbart **584A** 4
Formularvertrag 611 44
Fortsetzungsrecht
– des Mitmieters **563A** 1
Forward-Darlehen 489 8
Freizeitgewährung
– zur Stellungssuche **629** 11
– zur Stellungssuche, Kündigung und Schadensersatz **629** 14
Frist
– Kündigung von Pachtverträgen **584** 6
Fristablauf
– außerordentliche Kündigung **626** 52
Fristberechnung
– Erleichterung **594F** 3
Fristsetzung

Stichwortverzeichnis

– mit Androhung der Gesamtfälligkeit **498** 10
Früchte
– Begriff **596A** 9
Fruchtziehungsgewährung
– Pflichten des Verpächters **581** 39
Fürsorgepflicht
– allgemeine, abweichende Vereinbarungen im Einzelfall **619** 5
– allgemeine, Haftungsausschluss **619** 4
– Unabdingbarkeit, Ausnahmen **619** 3

G

Garantie
– Beschaffenheitsgarantie **443** 20; **444** 36; **445** 15; **524** 8
– für die Beschaffenheit der Sache beim Kauf **442** 37
– Haltbarkeitsgarantie **443** 23
– kein Haftungsausschluss **523** 18
– Mängelrechte **443** 52
– Rechte aus der Garantie **443** 35
– Verjährung **443** 7
Garantieerklärung
– Bedingungen **443** 38
– Dritter **443** 41
– Verkäufergarantie **443** 40
– Willenserklärung **443** 39
Garantiefrist 443 33
Garantiegeber
– Dritter **443** 14
– Verkäufer **443** 13
Garantieübernahme 443 8
– Form **443** 12
Garantiezeitpunkt 443 33
Gaststättenpachtvertrag 578 42
Gebäude
– Errichtung **590** 8
– vom Vermieter selbst bewohnt **573A** 6
Gebrauch
– Beschränkung des vertragsgemäßen **567** 8
– fortgesetzter vertragswidriger **541** 8
– Fortsetzung **545** 9
– vertragsgemäßer **538** 7
– vertragswidriger **538** 9; **590A** 5
Gebrauchsfortsetzung 590A 7
Gebrauchsüberlassung
– an Dritte **537** 20; **540** 6; **587** 9
– der Leihsache an Dritte **603** 2
– Erlaubnis des Vermieters **540** 23
– Haftung des Mieters **540** 39
– Pflichten des Verpächters **581** 33
– unbefugte **541** 10
– unentgeltliche **566** 8
– Zeitabschnitt **580A** 3
Gefahr
– anzeigepflichtige **536C** 9
– Preisgefahr **615** 1
Gefährdung
– Einrede des Notbedarfs **519** 6
– Versorgung mit Mietwohnungen zu angemessenen Bedingungen **577A** 34
Gekündigter
– Anhörung **626** 38

Geldersatz
– Aufwendungsersatz **508** 7
Gemeindegebiet
– Bestimmung durch Rechtsverordnung der Landesregierung **577A** 35
Gemeinschaft
– Mehrheit von Berechtigten **472** 4
Gesamtbetrag
– Begriff **507** 6
Gesamtkosten
– Ermäßigung um Zinsen **501** 6
Gesamtschuldner
– Rückgabe der Pachtsache **596** 13
Gesamtzusage 611 53
Geschäftsraummietverhältnis
– Abdingbarkeit der Untervermietung **540** 49
Geschäftsraummietvertrag
– langfristiger **537** 32
Geschenk
– zurückerlangen durch Schenkungswiderruf **533** 2
Gesundheitsschutz
– Arbeitszeit **618** 18
– behinderte Arbeitnehmer **618** 19
– Mobbing und Stalking **618** 20
Gewährleistungsausschluss
– Abdingbarkeit **536D** 11
– Auslegung **444** 10
Gewerberaum
– Abgrenzung zum Wohnraum **549** 6
Gleichbehandlungsgrundsatz 611 60
– Differenzierungsgründe **611** 64
– Folgen eines Verstoßes **611** 81
– Geltungsbereich **611** 74
– Irrtum des Arbeitgebers **611** 80
– spezielle Regelungen **611** 82
– Vergütung **611** 76
Gleichstellung
– rechtsgeschäftliche und exekutive Verfügungen **458** 5
Gleichstellungsabrede 611 49
Globalzession
– Zusammentreffen mit verlängertem Eigentumsvorbehalt **449** 55
Grundkündigungsfrist
– von 4 Wochen **622** 1, 5
Grundstück
– Anmietung **570** 7
– forstwirtschaftlich genutztes **596A** 14
– nicht zum Wohnen bestimmter Teil **573B** 9
Grundstücksbelastung 593B 6
– mit dem Recht eines Dritten **593B** 1
Grundstückskauf
– Kostenübernahme **448** 21
– Sonderregel **468** 2
– Stundung des Kaufpreises **468** 4, 7; **577** 85
Grundstücksveräußerung
– Veräußerung eines Pachtgrundstücks **593B** 5
Gründungsphase
– Existenzgründer **512** 4
Günstigkeitsprinzip 611 104

H

Haftung
- als selbstschuldnerischer Bürge **567B** 1
- Arbeitnehmer, Leihe des privaten Pkw eines Kollegen für eine betrieblich veranlasste Fahrt **602** 9
- auf Nachlass beschränkt **520** 4
- des Ausstellers eines Kunstobjekts **602** 10
- des bisherigen Vermieters **566** 37
- des Pächters für Dritte **589** 8
- für entstandene Verbindlichkeiten **563B** 4

Haftungsausschluss 536B 1
- des Vermieters **536A** 33
- zugunsten des Vermieters **536B** 1, 31

Haftungsbegrenzung
- Unwirksamkeit **444** 50

Haftungserleichterung
- des Arbeitnehmers **619A** 6

Haftungsverschärfung
- beurkundungspflichtig **522** 5
- notarielle Beurkundung **523** 18

Halmtaxe 596A 5
Handdarlehen 505 3
Hauptvermieter
- Eintritt **565** 15

Hausfrieden
- Störung **540** 43

Heimarbeiter 611 25
Herausgabe
- eines Wechsels oder Schecks **496** 11

Herausgabeanspruch
- des Schenkers, Ausschluss **529** 12

Herstellerleasing 506 16; **535** 102
Höchstbetrag
- gesetzlicher Zinssatz **497** 6

Höchstfrist
- für die Ablaufhemmung **479** 12

I

IKEA- Klausel 434 115
Immobiliardarlehensvertrag 503 2
- außerordentliche Kündigungsrecht **503** 3

Immobilienleasing 535 102
Incoterms 448 18
Indexmiete
- Abwägungskriterien **557B** 5
- Änderung Preisindex **557B** 12
- Anknüpfung **557B** 8
- Betragsangabe **557B** 13
- Dauer des Mietverhältnisses **557B** 7
- Kündigung **557B** 20
- nachteilige Vereinbarungen **557B** 15
- Relevanz **557B** 4
- Wartefrist **557B** 9
- Zahlungsklage **557B** 19
- zulässige Abweichungen **557B** 16

Individualabrede
- umfassendes Schriftformerfordernis **584** 4

Individualvertrag
- Ausschlussklausel **523** 19

Information
- Inhalt der vorvertraglichen **491A** 21
- über den neuen Gläubiger **496** 3
- vor Ende der Zinsbindung **493** 1 f.

Informationsinteresse
- des Grundstückserwerbers **585A** 3

Informationspflicht
- bei erheblichen Überziehungen **505** 4
- bei Zinsanpassungen **493** 10
- für langfristige Urlaubsprodukte **482** 53
- für neue Gläubiger **493** 14
- für Tauschverträge **482** 57
- für Teilzeit-Wohnrechteverträge **482** 33
- für Wiederverkaufsverträge **482** 55
- Immobiliardarlehensverträge **503** 4
- spezielle beim langfristigen Urlaubsprodukt **481A** 12
- vorvertragliche **481B** 13; **482** 18

Insolvenz
- des Mieters **542** 35; **546** 12; **546A** 81
- des Vermieters **551** 14
- Verkauf **471** 5

Insolvenzschutzversicherung 486 19
Interessenabwägung
- schwerwiegende Vertragsverletzung **626** 9

Interessenausgleich
- Zweck der Vorausverfügung **566B** 2, 6
- zwischen Pächter und Verpächter **593** 3

Inventar
- Begriff **582A** 4
- Schutz vor unangemessenen Vertragsabreden **583A** 1
- Verfügungsbeschränkungen **583A** 1

Inventarstück
- gesetzliches Pfandrecht **583** 2

Investition
- des Pächters **591** 3

J

Jahreszins
- effektiver **489** 3
- zu niedriger effektiver **494** 13

Jugendwohnheim 549 34

K

Kauf
- Abgrenzung zu anderen Vertragstypen **433** 22
- Abnahme der gekauften Sache **433** 117
- Abnahme der gekauften Sache, rügelose Entgegennahme **433** 125
- Annahmeverzug **446** 19
- Beschaffenheit **434** 70
- Beschaffenheit, Erwartungshorizont **434** 76
- besondere Arten **433** 35
- Drittschadensliquidation **446** 24
- Eigenschaftserwartungen aufgrund öffentlicher Äußerungen **434** 85
- Eigentumsverschaffung **433** 57
- Eigentumsvorbehalt **433** 63
- Eignung zur gewöhnlichen Verwendung **434** 68
- Eignung zur vertraglich vorausgesetzten Verwendung **434** 44
- eingetragenes Recht **435** 35

Stichwortverzeichnis

- Ersatzlieferung **439** 17
- essentialia negotii **433** 19
- Falschlieferung **434** 128
- Haftung des Pfandverkäufers **445** 4
- Hauptpflichten **433** 17
- Käufererwartung **434** 96
- Kaufgegenstand, Elektrizität, Wärme **433** 44
- Kaufgegenstand, Sache **433** 39
- Kaufgegenstand, Sachgesamtheit **433** 45
- Mängeleinrede **438** 73
- Mangelfreiheit **433** 64; **437** 10
- Mangelfreiheit als Erfüllungsanspruch **433** 11
- Minderung **437** 38
- Montage **434** 109
- Nachbesserung **439** 13
- Nebenpflichten **433** 18
- Nebenpflichten des Käufers **433** 126
- Nebenpflichten des Verkäufers **433** 67
- Pfandverkauf **450** 16
- Rücktritt **440** 6
- Rücktrittsrecht **441** 13
- Rücktrittsrecht des Verkäufers **438** 75
- Selbstbelieferungsklausel **433** 38
- Übergabe **433** 50; **446** 17
- unerhebliche Mängel **441** 16
- unter Vorbehalt **433** 37
- Untergang der Kaufsache **446** 21
- vereinbarte Beschaffenheit **434** 13
- Vergütungsgefahr **446** 1
- Verjährung, Anspruch auf Zahlung des Kaufpreises **449** 82
- Verjährung der Mängelansprüche, arglistiges Verschweigen eines Mangels **438** 47
- Verjährung der Mängelansprüche, Baumaterialien **438** 37
- Verjährung der Mängelansprüche, Bauwerk **438** 28
- Verjährung der Mängelansprüche, Rechte im Grundbuch **438** 24
- Verjährungsbeginn, Ersatzlieferung **438** 65
- Verjährungsbeginn, Mängelansprüche **438** 14, 54
- Verjährungsbeginn, Nachbesserung **438** 66
- Verjährungsfristen, Mängelansprüche **438** 13
- Verkauf im Wege der Zwangsvollstreckung **450** 6
- Werbung **434** 89
- Zuviellieferung **434** 138
- Zuweniglieferung **434** 134

Kauf auf Probe
- Abgrenzung, aufschiebend bedingter Kaufvertrag **454** 5
- Abgrenzung, bindendes Angebot **454** 4
- Abgrenzung, Erprobungskauf **454** 8
- Abgrenzung, Kauf mit Umtauschvorbehalt **454** 7
- Abgrenzung, Konditionsgeschäft **454** 6
- Abgrenzung, Spezifikationskauf **454** 9
- auflösende Bedingung **454** 17
- aufschiebende Bedingung **454** 14
- Auslegung **454** 15
- Beweislast **454** 32
- Billigung, Belieben des Käufers **454** 19
- Billigung, Einschränkung des Beliebens **454** 21
- Billigung, Erklärung **454** 18
- Billigung, Schwebezustand **454** 22
- Billigungsfiktion, Muster **455** 8
- Billigungsfiktion, Übergabe **455** 7
- Billigungsfrist **455** 3
- Billigungsfrist, Angemessenheit **455** 4
- Billigungsfrist, Schweigen **455** 6
- Billigungsfrist, Verspätung **455** 5
- Gefahrtragung **454** 27
- Gewährleistung **454** 28
- Kaufvertrag **454** 11
- Pflichten des Käufers **454** 26
- Rückgaberecht **454** 16
- Untersuchungsrecht **454** 23
- Untersuchungsrecht, Klagbarkeit **454** 31
- Untersuchungsrecht, Kosten **454** 29
- Untersuchungsrecht, Lieferpflicht **454** 24
- Untersuchungsrecht, mangelhafte Lieferung **454** 25
- Untersuchungsrecht, Nutzungsersatz **454** 30
- Widerrufsfrist **455** 9

Kaufpreiszahlung 433 104
- Abreden über die Zahlungsweise **433** 110
- an Erfüllung statt **433** 114
- Barzahlung **433** 109
- erfüllungshalber **433** 115
- Fälligkeit **433** 116
- Geldschuld **433** 106
- geschuldete Handlung **433** 108
- Kaufpreishöhe **433** 107
- Kaufpreissurrogate **433** 113

Kaufsache
- durch Nachbesserung anderweitig beschädigt **440** 32

Kautionsrückzahlung
- Anspruch des Mieters **548** 29

Kettenmietvertrag 575 35, 106
Klageverzichtsvertrag 623 21
Kleinanzeige
- Angaben **444** 45

Kleingartenpachtvertrag 545 3
Kleinunternehmensklausel
- kurze Kündigungsfrist **622** 20

Kommunikationsmittel
- besondere **491A** 54

Kontokorrentvorbehalt 449 65
Konventionalstrafe 555 6
Konzernvorbehalt 449 85
Kosten
- der Übersetzung und ihrer Beglaubigung **484** 22
- für den Widerruf **482A** 11
- für eine beglaubigte Übersetzung **483** 19
- Incoterms **448** 18
- Übergabe beim Kauf, Grundstückskauf **448** 20
- unverhältnismäßige, Wert der Sache **439** 86
- Versendungskauf **448** 14
- vom Käufer zu tragende **448** 15
- vom Verkäufer zu tragende **448** 11
- Zuschuss aus öffentlichen Haushalten **559** 6

Kostenermäßigung
- Verbraucherdarlehensvertrag **501** 1 f.

Kostenvorschuss
- Rückzahlung eines geleisteten **548** 25

Krankenfürsorge 617 8
Kränkungsempfindung
- Verzeihung des Schenkers **532** 6

Kreditkostenfaktoren

- laufzeitabhängige und laufzeitunabhängige **501** 8

Kreditvermittler
- Sonderregeln **491** 8

Kreditvertrag
- mit einem Timesharing-Vertrag verbundenen **485** 21

Kreditwürdigkeit
- Grundlage für die Bewertung **509** 4
- Prüfung **509** 1 f.
- Unterlassen der Prüfung **509** 5

Kündigung
- aus wichtigem Grund **498** 1; **626** 5
- außerordentliche, Schranken **490** 14
- außerordentliche, wichtige Gründe **626** 17 f.
- außerordentliche fristlose **594E** 7
- außerordentliche mit gesetzlicher Frist **575A** 6
- Ausschluss der ordentlichen **572** 38
- Beendigung des Mietverhältnisses **563A** 10
- Berechtigung **594D** 7
- des Mietvertrages innerhalb der Monatsfrist **580** 9
- des Sachdarlehens **608** 2
- Form **594D** 10
- Frist **594D** 8
- Inhalt **594F** 7
- Kündigungsgründe **580A** 7
- Leihe **605** 1
- missbräuchliche **488** 39
- mit Betriebsbedarf begründet **576A** 7
- ohne berechtigtes Interesse **573A** 24
- Schriftform **594F** 5
- sittenwidrige **488** 40
- vorzeitige **584** 8; **594A** 11
- wegen Zahlungsverzugs **594E** 10
- zur Unzeit **488** 38; **627** 11

Kündigung des Mietverhältnisses
- Abdingbarkeit der Schriftform **568** 36
- Abmahnung **543** 122
- andere Formen der Beendigung **568** 14
- Angabe von Gründen **573** 193
- außerordentliche **568** 12; **576** 21
- außerordentliche fristlose Kündigung aus wichtigem Grund **543** 6
- außerordentliche Kündigung durch den Erben **564** 13
- außerordentliche Kündigung mit gesetzlicher Frist **573D** 8, 29
- befristete **568** 12
- Begründung, Erklärungen vor dem Kündigungsschreiben **569** 216
- Begründung, Nachschieben von Gründen **569** 218
- Begründung, Zahlungsverzug **569** 211
- berechtigtes Interesse des Vermieters **573** 15
- Beschränkung der Eigenbedarfskündigung **577A** 2, 24
- Beschränkung der Verwertungskündigung **577A** 2, 24
- besonderes Fortsetzungsinteresse **574C** 11
- Brand mit Feuerwehreinsatz **543** 19
- Computerfax **568** 24
- Eigenbedarf, Alternativwohnung **573** 122
- Eigenbedarf, gegenwärtiger Bedarfsgrund **573** 116
- Eigenbedarf, mehrere Wohnungen **573** 115
- Eigenbedarf, Vorhersehbarkeit bei Vertragsschluss **573** 133
- Eigenbedarf, Wegfall **573** 119
- Eigenbedarf, willentlich herbeigeführter Bedarfsgrund **573** 117
- Eigenbedarf des Vermieters **573** 78
- Eigenbedarf des Vermieters, entfernte Familienangehörige **573** 90
- Eigenhändigkeit **568** 24
- Einschreiben **568** 37
- Eintritt eines neuen Mieters nach Tod des Mieters **563** 22
- erneutes Fortsetzungsverlangen **574C** 8
- Ersatzwohnung, Angemessenheit **574** 52
- Fernschreiben **568** 24
- Form **542** 9
- Form und Frist des Widerspruchs **574C** 41
- Fortsetzungsanspruch **574** 40
- Fortsetzungsdauer, Angemessenheit **574A** 11
- fristlose **568** 12; **573** 17
- Gesamtschriftform **568** 24
- gesetzliche Kündigungsfristen in Altmietverträgen **573C** 78
- Gesundheitsgefährdung **569** 9
- Gesundheitsgefährdung, Abmahnung **569** 30
- Gesundheitsgefährdung, Erheblichkeit der **569** 18
- Gesundheitsgefährdung, Fallgruppen **569** 17
- Gesundheitsgefährdung, Gefährdung des Mieters **569** 22
- Gesundheitsgefährdung, schuldhafte Verursachung durch Mieter **569** 31
- Gesundheitsgefährdung, Teilkündigung **569** 20
- Gesundheitsgefährdung, Verwirkung **569** 33
- Gesundheitsgefährdung, Zwischenmieter **569** 25
- Hausfrieden **569** 57
- Hinweis des Vermieters auf Widerspruch **574B** 19
- Hinweis nach § 568 Abs. 2 BGB, außerordentliche fristlose Kündigung **568** 60
- Hinweis nach § 568 Abs. 2 BGB, außerordentliche Kündigung mit gesetzlicher Frist **568** 59
- Hinweis nach § 568 Abs. 2 BGB, einfaches befristetes Mietverhältnis nach § 564c Abs. 1 BGB a.F. **568** 63
- Hinweis nach § 568 Abs. 2 BGB, Form **568** 64
- Hinweis nach § 568 Abs. 2 BGB, Inhalt **568** 66
- Hinweis nach § 568 Abs. 2 BGB, Kündigung wegen Wegfalls der Geschäftsgrundlage **568** 61
- Hinweis nach § 568 Abs. 2 BGB, mehrere Mieter **568** 65
- Hinweis nach § 568 Abs. 2 BGB, ordentliche Kündigung **568** 59
- Hinweis nach § 568 Abs. 2 BGB, Rechtsfolgen bei Unterbleiben **568** 75
- Hinweis nach § 568 Abs. 2 BGB, Rechtzeitigkeit **568** 69
- Hinweis nach § 568 Abs. 2 BGB, Übersetzung **568** 68
- Hinweis nach § 568 Abs. 2 BGB, Zeitmietverträge **568** 62
- Hinweis nach § 568 Abs. 2 BGB im Mietvertrag **568** 72
- Hinweis nach § 568 Abs. 2 BGB vor Ausspruch der Kündigung **568** 71

Stichwortverzeichnis

- Hinweisobliegenheit des Vermieters **568** 53
- Kündigung aus wichtigem Grund, Begründungszwang **569** 210
- Kündigung des Vermieters **573D** 11; **574** 9; **574C** 33; **576A** 7, 19
- Kündigung in einem prozessualen Schriftsatz **568** 32
- Kündigung nach Mieterhöhung, Befriedigung nach Zugang der Kündigung **569** 198
- Kündigung zur Mieterhöhung **573** 25
- Kündigungsausschluss, formularvertraglich **573C** 67
- Kündigungsausschluss, individualvertraglich **573C** 65
- Kündigungsausschluss, Staffelmiete **573C** 66
- Kündigungsausschluss nach Mieterhöhung **569** 186
- Kündigungserklärung in gerichtlich protokolliertem Vergleich **568** 35
- Kündigungserklärung zu Protokoll des Gerichts **568** 35
- Kündigungsfrist **573C** 10
- Kündigungsfrist, Verlängerung für den Vermieter **573C** 17
- Kündigungsfrist bei möbliertem Wohnraum in Vermieterwohnung **573D** 34
- Kündigungstag **573C** 10
- Kündigungstermin **573C** 10
- Lärmverursachung **543** 22
- Mietaufhebungsvertrag **568** 14
- mieterseitige **568** 12
- Mietrückstand, Befriedigung nach Zugang der Kündigung **569** 137
- Mietrückstand, nicht unerheblicher Teil der Miete **569** 126
- Mietrückstand, Schonfrist **569** 156
- Mietrückstand, Übernahmeerklärung öffentlicher Stelle **569** 143
- mündliche Kündigung **568** 18
- Nachhaltigkeit der Störung, wiederholte Störung **569** 72
- Nachschieben von Gründen **573** 219
- Nebenräume oder Teile eines Grundstücks **573B** 9
- Nichtbeachtung der Schriftform **568** 40
- Nichtgewährung oder Entzug des Gebrauchs der Mietsache **543** 55
- Obliegenheit zur Suche nach Ersatzwohnraum **574** 60
- ordentliche **568** 12, 59; **573** 15; **574** 77; **576** 21
- ordentliche Kündigung, Ausschluss **573C** 8, 37, 47
- ordentliche Kündigung, gesetzliche Sonderregelungen **573C** 9, 38, 48
- Personenwechsel **573C** 20
- Rechtsverletzung, Gefährdung der Mietsache, unbefugte Gebrauchsüberlassung **543** 69
- Ruhestörung **543** 22
- Schadensersatz bei unberechtigter Kündigung **573** 30
- Schriftform **568** 15
- Schriftform, möblierter Wohnraum in der Vermieterwohnung **568** 9
- Schriftform, Personenmehrheit auf kündigender Seite **568** 29
- Schriftform, Personenmehrheit auf Seite der Kündigungsempfänger **568** 31
- Schriftform, Umdeutung formunwirksamer Kündigung **568** 42
- Schriftform, Zwecke **568** 5
- Sonderkündigungsrecht bei Tod des Mieters **564** 10
- Sonderkündigungsrecht des Erben und des Vermieters **564** 9
- Sonderkündigungsrecht des Mieters nach Mieterhöhung **561** 1
- Stellung von Nachmietern **573C** 26
- Stellvertretung **568** 26
- Störung des Hausfriedens **569** 58
- Störung des Hausfriedens, Abmahnung **569** 104
- Störung des Hausfriedens, Fallgruppen **569** 83
- Störung des Hausfriedens, Unzumutbarkeit **569** 74
- Teilkündigung, Anspruch des Mieters auf Herabsetzung der Miete **573B** 66
- Teilkündigung, Kündigungsfrist **573B** 41
- Teilkündigung von Nebenräumen **542** 13
- Telefax **568** 24
- Telegramm **568** 24
- Tod des Mieters **580** 9
- Umdeutung einer formunwirksamen Kündigung **568** 39
- Unzumutbarkeit der Fortsetzung zu geltenden Bedingungen **574A** 16
- Verlängerungsklausel **568** 13
- Verletzungen vertraglicher Pflichten durch den Mieter **573** 54
- vermieterseitige **568** 12
- Versäumung der Widerspruchsfrist **574B** 20
- Vertragsverletzungen **543** 122
- vertragswidriger Gebrauch **573** 71
- Vertretung des Mieters durch rechtskundige Person **568** 54
- Verwertung, Angemessenheit **573** 143
- Verwertungskündigung **573** 137
- Verwertungskündigung, Beweislast **573** 183
- Verwertungskündigung, Eigentumswohnung **573** 153
- Verwertungskündigung, Grundstück **573** 152
- Verwertungskündigung, Rechtsmissbrauch **573** 170
- Verzicht auf Schriftform **568** 38
- vom Vermieter bewohntes Gebäude **573A** 6
- vorangegangene Fortsetzung **574C** 6
- vorangegangene Fortsetzung auf unbestimmte Zeit **574C** 31
- Widerspruch, Einhaltung der Schriftform **574B** 6
- Widerspruch, telegraphische Übermittlung **574B** 6
- Widerspruchsfrist **574B** 18
- Widerspruchsrecht des Mieters **573D** 17
- Widerspruchsrecht des Mieters, Härte **574** 13
- Widerspruchsrecht des Mieters, Härtegründe **574** 27
- Wohngemeinschaften **573A** 50
- Wohnraummiete **569** 7, 53, 133; **573** 7, 11, 191; **573A** 5, 39
- Zahlungsrückstand, Befriedigung nach Zugang der Kündigung **573** 76
- Zahlungsrückstand, Dauer **573** 75
- Zahlungsverzug des Mieters **543** 85
- Zeitmietverträge **573D** 7, 27

Stichwortverzeichnis

Kündigungsbeschränkung
– Verbraucherschutz des Darlehensnehmers **498** 1
Kündigungsfrist
– ab Kenntnis vom Tod des Mieters **580** 10
– Abdingbarkeit **580A** 15
– angemessene Zeit **580A** 3
– auch für Pächterwohnung **584** 1
– auf unbestimmte Zeit abgeschlossene Pachtverhältnisse **594A** 1
– Ausschluss für Pachtverträge auf Lebenszeit **594B** 8
– bei einem Verbraucherdarlehensvertrag **499** 2
– bei einer Werkwohnung **576** 1
– Berechnung **580A** 12
– keine gesetzliche **500** 3
– Monatslohn **621** 20
– Pachtvertrag über mehr als 30 Jahre **594B** 6
– Pachtverträgen über Grundstücke oder Rechte **584** 1
– Sonderkündigungsrecht des Mieters **561** 11
– Stundenlohn **621** 18
– Tageslohn **621** 17
– Vereinbarung **500** 1
– Verkürzung der regelmäßigen **595A** 3
– verlängerte **622** 8
– Wochenlohn **621** 19
Kündigungsgrund
– kein Vorliegen **594E** 9
– Nachschieben **626** 13
– Nachschieben und Auswechseln **626** 76
– Pflicht zur Mitteilung **626** 61
Kündigungsrecht
– Abdingbarkeit **584A** 4
– außerordentliches **490** 1 f.
– Ausschluss bei Tod des Pächters **584A** 3
– Ausschluss für Mietverträge auf Lebenszeit **544** 6
– bei Berufsunfähigkeit **594C** 8
– des Darlehensgebers **504** 8
– des Darlehensnehmers **490** 19
– des Mieters **536A** 7
– des Verbrauchers **486A** 1, 8
– des Verpächters **593A** 10
– keine Erschwerung **489** 13
– Tod des Pächters **594D** 5
– Verzicht auf bereits entstandenes **624** 12
– Voraussetzungen **498** 4
Kündigungstatbestand
– Verpflichtung zur Angabe **573A** 60
Kurzarbeit 615 21 L

Ladenhüterproblematik 479 10
Landpacht
– Verjährungsregelung **591B** 1
Landpachtvertrag 581 85
– Abgrenzung zu anderen Verträgen **585** 3
– Ablehnung des Fortsetzungsverlangens **595** 36
– Abwendungsrecht des Verpächters **591A** 9
– Abwicklungsanordnung **595A** 8
– Änderung der landwirtschaftlichen Bestimmung **590** 5
– Änderung ohne Erlaubnis **590** 6
– Aufhebung **585A** 10

– Aufwendungsersatz bei vorzeitiger Beendigung **596A** 11
– außerordentliche Kündigung **594A** 13
– Beendigung des Pachtverhältnisses **594** 5
– Beschreibung, Inhalt **585B** 8
– Betriebspacht **585** 18; **595** 13
– Betriebsübergabe in Vorwegnahme der Erbfolge **593A** 5
– Bewirtschaftungspflicht **586** 20
– Dauerschuldverhältnis **593** 3
– Duldungspflicht **588** 6
– Duldungspflicht des Pächters **588** 5
– Einrichtungen **591A** 6
– Endbeschreibung **585B** 10
– Erhaltungsmaßnahmen **588** 5
– Erhaltungspflicht **586** 11
– Erlaubnis des Verpächters, Form **589** 7
– Errichtung von Gebäuden **590** 8
– ersatzfähige Erträge **588** 7
– ersatzfähige Ertragseinbußen **588** 7
– Erstellen der Beschreibung, Zeitpunkt **585B** 9
– Ertragsaussichten **588** 10
– fehlende Beschreibung **585B** 4
– Folge der Besitzüberlassung **586** 9
– Formverstoß **585A** 11
– Fortsetzungsanspruch des Pächters **595** 10
– Fortsetzungsanspruch des Pächters, Ausschluss **595** 23
– Fortsetzungsdauer und Vertragsänderung **595** 21
– Garantiehaftung des Verpächters **586** 22
– Gebrauchsüberlassung an Dritte **587** 9
– Gerichtsstandsvereinbarung **588** 3
– gewöhnliche Ausbesserungen **586** 19
– grobes Missverhältnis **593** 7
– Grundstücksbelastung **593B** 6
– Grundstücksveräußerung **593B** 5
– Kosten der Erhaltungsmaßnahmen **586** 18
– Kündigung, Form **594A** 9
– Kündigung, Frist **594A** 10
– Kündigung, Pacht auf unbestimmte Zeit **594A** 5
– Kündigung, vorzeitige **594A** 11; **595A** 5
– Kündigung bei Berufsunfähigkeit **594C** 5
– Kündigung wegen Zahlungsverzugs **594E** 10
– Kündigungserklärung, Inhalt **594F** 7
– Kündigungserklärung, Schriftform **594F** 5
– Landwirtschaft, Begriff **585** 28
– landwirtschaftlicher Zusammenschluss **589** 6
– Lasten **586A** 5
– Mehrwertbestimmung durch das Gericht **591** 16
– Nutzungsänderung **590** 7
– Nutzungsverhinderung **587** 8
– ordnungsgemäße Bewirtschaftung **596** 7
– Pacht, Definition **587** 5
– Pachterhöhungsverlangen **588** 10
– Pächterwechsel kraft Gesetzes **589** 5
– Pachthöhe **587** 6
– Pachtstreit **595** 8
– Pachtvertrag über mehr als 30 Jahre **594B** 5
– Pachtvorvertrag **585A** 5
– Pfandrecht **585** 25
– Rechtsnatur der Beschreibung **585B** 11
– Rentabilitätsverbesserung **590** 11
– Risikobereiche des Pächters **587** 8

Stichwortverzeichnis

- Rückgabe **596** 6
- Rückgabeanspruch gegenüber Dritten **596** 13
- Rückgabeanspruch gegenüber Pächter **596** 5
- Schadensersatzansprüche des Pächters **588** 8
- Schadensersatzpflicht des Pächters **588** 6
- Schiedsgerichtsvereinbarung **588** 3
- Schriftform **585A** 1
- Schriftformerfordernis der Kündigung **594F** 1
- störungsfreier Gebrauch **586** 13
- Teilkündigung **595A** 7
- Tod des Pächters **594D** 5
- Übergabe eines Zupachtgrundstückes **593A** 8
- Überlassung an Dritten **594C** 7
- Überlassungspflicht **586** 6
- Umfang des Gebrauchsrecht **590A** 1
- Untergang der Pachtsache **586** 16
- Unterpacht **585** 19
- Unzulässigkeit der Teilkündigung **595A** 7
- unzumutbare Härte **588** 6
- Verbesserungen der Pachtsache **586** 15
- Verbesserungsmaßnahmen **588** 6
- vereinbartes Kündigungsrecht des Verpächters **593B** 6
- Verjährung der Pächteransprüche **591B** 8
- Verjährung der Verpächteransprüche **591B** 5
- Verkehrssicherungspflicht des Verpächters **586** 14
- Verpächterhaftung **586** 21
- Verpächterpflichten **586** 5
- Vertrag für die Lebenszeit **594B** 7
- Vertragsänderung, Anspruch **593** 5
- Vertragsänderung, Wirkung **593** 9
- Vertragsanpassung, Ertragsänderungen **593** 6
- vertragswidriger Gebrauch **590A** 5
- Verwendungen **590B** 5; **591** 6
- Verwendungen, Notwendigkeit **590B** 6
- Vorpachtvertrag **585** 20
- vorzeitige Beendigung **595A** 8; **596A** 6
- vorzeitige Kündigung **595A** 1
- Wegnahmerecht des Pächters **591A** 7
- Widerspruchsrecht der Erben **594D** 11
- Zeitpunkt der Erhaltungsmaßnahmen **586** 17
- Zeitpunkt der Überlassung **586** 8
- Zufallshaftung des Pächters **589** 8
- Zumutbarkeit der Pachterhöhung **588** 10
- Zurückbehaltungsrecht **596** 12
- Zurücklassung **596B** 10
- Zurücklassung, Erforderlichkeit zur Betriebsfortführung **596B** 9
- Zurücklassung, Wertersatz **596B** 11

Landwirtschaftsgericht
- Entscheidung **594D** 13

Lasten
- Begriff **586A** 5
- öffentliche **586A** 5
- persönliche **586A** 5
- private **586A** 5

Lastenverteilung
- Abdingbarkeit **586A** 4

Laufzeit
- langfristige Urlaubsprodukt **481A** 7

Leasing 535 102
Lebenspartner 553 9
Lebenspartnerschaft 563 11

Lebenszeit
- des Dienstberechtigten oder Dritten **624** 5

Leergut
- Verpflichtung des Entleihers **607** 7

Leerverkäufe
- Zulässigkeit **607** 3

Lehrkraft 621 9
Leibrente 520 3
Leihe
- Abgrenzung zum Auftrag **598** 32
- Abgrenzung zum Darlehen **598** 33
- Abgrenzung zum Gefälligkeitsverhältnis **598** 7
- Abgrenzung zur Miete **598** 28
- Abgrenzung zur Pacht **598** 29
- Abgrenzung zur Schenkung **598** 22
- Abgrenzung zur Verwahrung **598** 30
- als Konsensualvertrag **598** 3
- Arten **598** 5
- Beendigung **604** 2
- Beendigung, Kündigungsrecht des Entleihers **604** 10
- Beendigung, mit Kündigung **604** 8
- Beendigung, ohne Kündigung **604** 4
- Beispiele für leiheähnliche Gebrauchsüberlassungen **606** 15
- Benutzung öffentlicher Anlagen **598** 39
- Beseitigung von Schäden **601** 7
- Besitzverhältnisse **598** 57
- Eigentümer im Schutzbereich des Leihvertrages **602** 12
- Eigentumsverhältnisse **598** 53
- eines Fahrzeugs mit Bedienungspersonal **598** 67
- Einrichtung **601** 18
- Erhaltungspflicht des Entleihers **601** 2
- Fahrzeugleihe **599** 18
- Gebrauch, vertragsgemäßer **603** 1
- Gebrauch, vertragswidriger **603** 1
- Gebrauchsgestattung **598** 51
- Gebrauchspflicht des Entleihers **598** 50
- Gebrauchsüberlassung an Dritte **603** 2
- Gebrauchsüberlassung an Dritte, Erlaubnis **603** 4
- Gebrauchsüberlassung an Dritte, Haftung **603** 12
- Gebrauchsüberlassungen im Rahmen anderer Sonderverbindungen **598** 34
- Gebrauchsüberlassungen im Rahmen von Kaufverträgen **598** 36
- Gefährdungshaftung **599** 16
- Gefälligkeitsverhältnis **598** 14
- Gestattung des Betretens eines Grundstücks **598** 41
- gewöhnliche Erhaltungsmaßnahmen **601** 4
- Haftung bei einer Probefahrt **602** 7
- Haftung des Entleihers bei vertragswidrigem Gebrauch **602** 6; **603** 11
- Haftung des Entleihers für Zufall **602** 5
- Haftung für Schäden an einem Ersatzwagen während Garantiereparatur **602** 8
- Haftung im Gefälligkeitsverhältnis **599** 19
- Haftung und Parteivereinbarung **599** 29
- Haftung und Verhältnis zu § 278 **599** 23
- Haftung zu Lasten des durch einen Vertrag geschützten Dritten **599** 26
- Haftungsmaßstab für den Entleiher **602** 4
- Haftungsmaßstäbe für den Entleiher **599** 27

- Haltereigenschaft **598** 58
- Herausgabeanspruch aus § 985 **604** 14
- Kosten des normalen Verschleißes **601** 6
- Kosten zur Ermöglichung des Gebrauchs **601** 8
- Kraftfahrzeug **601** 11
- Kündigung **605** 1
- Kündigung, außerordentliche **604** 11
- Kündigung wegen des Todes des Entleihers **605** 9
- Kündigung wegen Eigenbedarf **605** 3
- Kündigung wegen vertragswidrigen Gebrauchs **605** 7
- Mängelhaftung **600** 1
- Mängelhaftung und culpa in contrahendo **600** 14
- Mängelhaftung und Deliktsrecht **600** 12
- Mängelhaftung und Produkthaftungsrecht **600** 13
- Mängelhaftung und Schaden **600** 9
- Mehrwegverpackungen **598** 59
- Mitnahme von Personen in Kraftfahrzeugen **598** 15
- Personenverschiedenheit von Verleiher und Eigentümer **602** 11
- Probefahrt des Kaufinteressenten **598** 35
- Rechte des Entleihers nach Veräußerung der Leihsache **598** 54
- Rechtsmangel **600** 3
- Rückgabe der Leihsache **604** 23; **606** 8
- Rückgabe der Leihsache, als Bringschuld **604** 27
- Rückgabe der Leihsache, Anspruch des Verleihers, der nicht Eigentümer ist **604** 15
- Rückgabe der Leihsache, Herausgabepflicht des Dritten **603** 13
- Rückgabe der Leihsache, Pflicht eines Dritten **604** 12
- Rückgabe der Leihsache, Verjährung des Rückgabeanspruchs **604** 21
- Rückgewähr und Besitzerlangung **606** 9
- Sachmangel **600** 4
- Schäden an anderen Sachen des Verleihers **606** 5
- Überlassung eines Firmenwagens **598** 37
- Überspannung von Privatgrundstücken mit Leitungen **598** 40
- Umfang des Gebrauchsrechts des Entleihers **598** 48
- unberechtigte Vermietung der Leihsache **604** 26
- Unentgeltlichkeit **598** 52
- Veränderung oder Verschlechterung **602** 2
- Veränderungen und Verschlechterungen der Leihsache **606** 4
- Verjährung der Ansprüche des Entleihers **606** 12
- Verjährung im Zusammenhang mit Arbeitsverhältnissen **606** 19
- Verjährung in leihähnlichen Rechtsverhältnissen **606** 14
- Vernichtung der Leihsache **606** 6
- vertragsgemäßer Gebrauch **602** 3
- Vertragshaftung Minderjähriger **602** 13
- Verwendungen **601** 5
- Verwendungsbegriff **601** 13
- von Rechten **598** 45
- von Sachen **598** 43
- Wegnahmerecht **601** 17
- Wertpapier **598** 65
- Wohnungsüberlassung auf Lebenszeit **598** 23

Leistung
- nur gegen Teilzahlung **507** 10

Leistungsverweigerungsrecht
- Ausübung **499** 5
- des Beschenkten **526** 14; **527** 6
- eigenständiges des Verbrauchers **495** 64
- gesetzliches **499** 4

Lieferkette **479** 13

Lieferung
- von Sachen **507** 10

Luftfahrzeug 578A 6
- eingetragenes **578A** 6

Luxus-Verwendungen
- notwendige **591** 18

M

Mangel
- anzeigepflichtiger **536C** 8
- arglistiges Verschweigen **444** 18; **536B** 24; **536D** 8
- bei Vertragsschluss **536A** 12
- durch lange Lagerzeit **479** 11
- Kenntnis **536B** 6
- während der Mietzeit **536C** 6

Mängelanzeige **536C** 19
- Entbehrlichkeit **536C** 22

Mängelbehebung
- im Rechtsstreit **558B** 20

Mängelbeseitigung
- durch den Mieter **536A** 26

Mängelgewährleistung
- Haftung des Pfandverkäufers **445** 4
- Pfandverkauf und öffentliche Versteigerung **445** 1

Mängelhaftung
- arglistiges Verschweigen eines Mangels **442** 34
- Garantie für die Beschaffenheit der Sache **442** 37
- grob fahrlässige Unkenntnis vom Mangel **442** 22
- Kenntnis vom Mangel **442** 13
- Kenntnis vom Mangel, Wissenszurechnung **442** 21
- maßgeblicher Zeitpunkt **437** 20
- nach Gefahrübergang **437** 51
- Nacherfüllung **437** 23
- Primat der Nacherfüllung **437** 16
- Rücktritt **437** 24
- Schadensersatz, Mangelfolgeschäden **437** 40
- Schadensersatz, zugesicherte Eigenschaft **437** 43
- Selbstvornahme der Mängelbeseitigung **437** 55
- unerhebliche Mängel **441** 16
- Untersuchungsobliegenheit **442** 27
- vergebliche Aufwendungen **437** 45
- vor Gefahrübergang **437** 21, 50

Mängelrechte
- Ausschluss bzw. Beschränkung **444** 6

Mankoabrede **619A** 13

Mankohaftung
- Arbeitnehmerhaftung **619A** 4

Marketing-Maßnahme
- Vorbereitung **482** 15

Maßregelungsverbot
- Abfindung **612A** 19
- Anwesenheitsprämie **612A** 32
- Kündigung, Ablehnung eines Änderungsangebots **612A** 17
- Maßnahme, Begriff **612A** 11
- Prämienkürzungsregelung **612A** 32

Stichwortverzeichnis

- Sonderzahlungen bei Gehaltsverzicht **612A** 34
- Streikbruchprämie **612A** 28
- Verstoß gegen das Verbot, Schadensersatz **612A** 25
- Vorenthaltung von Vorteilen **612A** 14, 24

Mehrbelastungsklausel 556 33

Mehrwert
- Begriff **591** 12

Mehrwertbestimmung
- gerichtliche **591** 16

Mehrwertersatz
- durch Pachtfortsetzung **591** 17

Mietänderungserklärung 557B 11

Mietdatenbank 558A 25; **558E** 3
- Auskünfte **558E** 7
- fortlaufende Sammlung **558E** 5
- Führung **558E** 6
- ortsübliche Vergleichsmiete **558E** 4

Miete
- Abgrenzung, Leasingvertrag **535** 62
- Abgrenzung, Leihvertrag **535** 59
- Abgrenzung, Mietkauf **535** 61
- Abgrenzung, Mischraummietverhältnis **535** 58
- Abgrenzung, Pachtvertrag **535** 56
- Abgrenzung, Verwahrungs- und Lagervertrag **535** 69
- Abgrenzung von Wohn- und Geschäftsraum **578** 12
- Astbestfaserkonzentration **536** 74
- Aufrechnung gegenüber Erwerber **566D** 2
- Ausschluss der Minderung, Erheblichkeitsschwelle **536** 175
- Barrierefreiheit bei Wohnungseigentum **554A** 31
- Beschränkung des Vermieterpfandrechts **562D** 7
- Besitzmittlungsverhältnis **535** 75
- Doppelvermietung **536** 164; **543** 48
- Drogenberatungsstelle **536** 72
- Einzugsermächtigung **535** 248
- Endrenovierungspflicht **535** 331
- Fälligkeit der Miete **556B** 1
- Feuchtigkeitserscheinung **536** 76
- Flächenabweichung **536** 98
- Formzwang **535** 26
- Gaststättenerlaubnis **536** 27
- Gefahrenquellen außerhalb der Mietsache **536** 50
- Gewerberaummiete **578** 18
- Gewerberaummiete, Gewährleistung **578** 47
- Gewerberaummietvertrag, Abwälzung von Schönheitsreparaturen **578** 49
- Grundsatz der Endfälligkeit **579** 3
- Hauptleistungspflichten **535** 11
- Hausverwaltung **535** 76
- Kenntnis des Mieters vom Mangel **536** 175
- Kündigungsrecht wegen bevorstehenden Modernisierungsmaßnahmen **554** 48
- Lärmbelästigungen **536** 47
- Lärmschutz **536** 69
- Leasingarten **535** 102
- Mangel, unerheblicher **536** 15
- Mangelbeseitigungsklage, Streitwert **536** 206
- Mieterhöhungsverlangen und Gewährleistungsrechte **536** 10
- Mietminderung **536** 1, 12, 47, 61, 83, 91, 104, 119, 124, 168, 171, 181; **536A** 39; **536D** 4
- Mietminderung, Berechnungsgrundlage **536** 171
- Mietminderung, Verwirkung **536** 187
- Mobilfunkanlage **536** 48, 139
- Rechtsmangel **536** 160
- Sachmangel, Definition **536** 13
- Sachmangel, rechtliche Verhältnisse **536** 18
- Sachmangel, tatsächliche Verhältnisse **536** 40
- Schimmelpilzbefall **536** 85
- Schönheitsreparaturen **535** 311; **536** 185; **538** 46; **546** 26; **546A** 42, 44, 69; **548** 22; **555** 8
- Sicherungsabrede **535** 292
- Treppenliftentscheidung **554A** 4
- Überweisung **535** 189; **556B** 8
- Umweltgifte **536** 51
- Untermietverhältnis **535** 75
- Untermietzuschlag **553** 19
- Untervermietung **536** 166; **537** 39; **540** 1, 7, 12, 27, 29; **543** 61, 83; **546A** 23; **553** 1, 4, 12, 16, 19
- Untervermietung, Erlaubnis **553** 1
- Vereinbarungen zwischen Mieter und bisherigem Vermieter **566C** 1
- Vergleichsmiete **558C** 5
- Vorausentrichtung **566C** 5
- Vorauszahlungen **535** 305
- Vorleistungspflicht des Mieters **556B** 7
- Wechsel der Mietvertragsparteien **535** 92
- wirksam an Erwerber zu zahlen **566E** 1
- Zwischenmiete **577** 13

Mieter
- Annahme unter Vorbehalt **536B** 27
- Anzeigepflicht, während der Mietzeit auftretende Mängel **536C** 3, 7, 19
- außerordentliche fristgebundene Kündigung **580A** 11
- Ausschluss des Zurückbehaltungsrechts **570** 9
- Ausschluss des Zurückbehaltungsrechts, Umfang **570** 12
- Ausübung des Vorkaufsrechts **577** 77
- Ausübung des Vorkaufsrechts, Rechtsmissbrauch **577** 91
- Ausübung des Vorkaufsrechts, Wirkungen **577** 83
- Behinderung **554A** 13
- Belegeinsichtsrecht, Betriebskosten **560** 13
- berechtigtes Interesse **552** 5; **554** 20
- Darlegungs- und Beweislast **536A** 41
- eintrittsberechtigter Personenkreis bei Tod des Mieters **563** 7; **563A** 11
- Ersatz der erforderlichen Aufwendungen **536A** 10, 39
- Fortsetzungsrecht des überlebenden Mitmieters **563A** 1, 6
- Haftung bei Eintritt **563B** 1
- Haftung für falsche Mängelanzeige **536C** 21
- Insolvenz **542** 34
- Kautionsrückzahlung **548** 29
- Kenntnis **566C** 7
- Mängelbeseitigung durch den Mieter **536A** 26
- Maßnahmen **554** 3
- Mietzahlungspflicht, persönliche Verhinderung des Mieters **537** 7
- nachteilige Regelung **557** 20
- Nebenpflicht **536C** 4
- Rechte und Pflichten **535** 182

Stichwortverzeichnis

- Rechtsverlust, unterlassene Mängelanzeige **536C** 27
- Rückgabepflicht **546** 4, 8, 16
- Sicherheitsleistung **554A** 23; **563B** 14
- Sonderkündigungsrecht bei Tod eines Mitmieters **563A** 8
- Sonderkündigungsrecht nach Mieterhöhung **561** 1
- Sonderkündigungsrecht nach Mieterhöhung, Kündigungsfrist **561** 11
- Tod des Mieters **563** 5; **580** 2, 5
- Tod des Mieters vor Umwandlung in Wohnungseigentum **577** 101
- übernommene Kosten **559** 5
- Umzugspauschale **555** 12
- vertragliches Zurückbehaltungsrecht **570** 12
- Vorkaufsrecht, Ausübung des Eintrittsrechts **577** 102
- Vorkaufsrecht, Eintrittsberechtigte **577** 102
- Vorkaufsrecht, mehrere Mieter **577** 47
- Vorkaufsrecht, Schriftformerfordernis **577** 81
- Vorleistungspflicht **556B** 7
- Wegnahmerecht **539** 21, 32, 40
- Wegnahmerecht, Ausschluss **552** 1, 7, 9
- Zustimmungsverpflichtung **558B** 3

Mieterhöhung
- Anspruch, Vermieter **558** 13
- Begründung **558A** 9
- Erhöhungsvereinbarung **557** 3
- Erklärungsadressat **558A** 8
- formalunwirksames Mieterhöhungsverlangen **558B** 18
- Formwahl **558A** 7
- Gutachten eines Sachverständigen **558A** 26
- Kappungsgrenze **558** 44
- Kappungsgrenze, Berechnung **558** 49, 54
- keine **561** 15
- Klage auf Zustimmung **558B** 11
- Preisbindung, Ende **558** 17
- Sonderkündigungsrecht des Mieters **561** 2
- Sozialbindung, Ende **558** 69
- sozialer Wohnungsbau **558** 23
- Unwirksamkeit, Folge **557** 22
- Unwirksamkeit, typische Fälle **557** 21
- Vergleichswohnungen **558A** 28
- Wirksamkeit **558B** 5
- zu erwartende **554** 41

Mieterhöhung wegen Modernisierung
- Abschluss der baulichen Veränderungen **559B** 3
- Angabe der tatsächlichen Berechnungsgrundlagen **559B** 5
- ansatzfähige Kosten **559** 14
- bauliche Maßnahmen für mehrere Wohnungen **559** 16
- Berechnung der Mieterhöhung, erforderliche Angaben **559B** 6
- Duldungsverpflichtung des Mieters **559** 2
- Einsparung von Energie und Wasser **559** 9
- Einsparung von Heizenergie **559B** 7
- Einsparungsmaßnahme **559** 9
- Fahrstuhl **559** 17
- fehlende Mitteilung der Modernisierungsmaßnahme **559B** 10
- Grundlage der Mieterhöhung **559** 11
- Heizenergie **559** 9
- Heizkörper **559** 17
- Kabelfernsehanschluss **559** 17
- Mieterhöhungserklärung **559** 2, 21; **559B** 3
- Mieterhöhungserklärung, Form **559B** 4
- nachhaltige Erhöhung des Gebrauchswertes **559** 7
- nicht vom Vermieter zu vertretende Umstände **559** 10
- Spielplätze **559** 8
- Stellplatz **559** 8
- Umfeldverbesserung **559** 8
- Wärmeschutzfassade **559** 16
- Wirksamwerden der Mieterhöhung **559B** 8
- Zentralheizungsanlage **559** 16

Mieterhöhungsausschluss 557A 11; **557B** 10

Mieterhöhungserklärung
- unzureichende **557** 6

Mieterhöhungsgrund
- relevanter **561** 6

Mieterhöhungsverlangen 558B 24
- Begründung **558E** 1
- Form **561** 8
- Nachholung im Rechtsstreit **558B** 19

Miethöhe
- künftige Änderung **557** 10

Mietkauf 535 61

Mietkaution 565 22

Mietminderung
- formularmäßige Ausschluss **536D** 4
- nach Teilkündigung von Nebenflächen **573B** 61
- Umfang **573B** 68

Mietobjekt
- in der vom Vermieter selbst bewohnten Wohnung **573A** 38
- vertraglich vereinbarter Zustand **570** 11

Mietrechtsreform 535 1

Mietsache
- Abnutzung **538** 6
- Ankündigung von Modernisierungsmaßnahmen **554** 23
- Bagatellmaßnahmen **554** 50
- Erhaltungsmaßnahmen **554** 6
- Ersatzmieterklausel **537** 33
- Fortsetzung des Gebrauchs **651** 16
- Gebrauchsüberlassung an Dritte **540** 6; **553** 1
- Gebrauchsüberlassung an Dritte, Duldung **540** 23
- Gebrauchsüberlassung an Dritte, Erlaubnis des Vermieters **540** 23
- Gebrauchsüberlassung an Dritte, Mietzahlungspflicht **537** 20
- Gewährleistungsausschluss, vertraglicher **536D** 1, 8
- Instandsetzungsmaßnahmen **554** 62
- Maßnahmen zur Erhaltung **554** 6
- Maßnahmen zur Verbesserung **554** 10
- Modernisierungsmaßnahmen, Zustimmung durch Mieter **554** 32
- natürliche Verschlechterung **536A** 14
- Nutzung **545** 9
- Rückgabe **546** 16
- Satellitenschüssel **538** 28
- Veränderungen durch vertragsgemäßen Gebrauch **538** 7
- Verbesserung **554** 10

Stichwortverzeichnis

- Verschlechterung, natürliche **536A** 14
- vertragswidriger Gebrauch **538** 9
- Vorenthaltung **546A** 21

Mietschuld
- als Schickschuld **579** 8

Mietsicherheit 563B 3, 14
- Anlageform **551** 1, 12
- Anlageform, spekulative **551** 13
- Anlagepflicht **551** 1, 12, 16
- Arten der Sicherheitsleistung **551** 5
- Barkaution **551** 1, 5, 8, 10, 12, 22; **578** 31
- bei Veräußerung von Wohnraum **566A** 1 f.
- Besteuerung der Zinsen **551** 14
- Beweislast für Nichtaushändigung **566A** 19
- Doppelsicherung **551** 10
- Eintritt des Erben **564** 6
- Gehaltsabtretung **551** 10
- Rückzahlung **566A** 5
- Rückzahlungsanspruch des Mieters **551** 12, 17
- Veräußerung von Wohnraum **566A** 1
- Verzinsungspflicht des Erwerbers **566A** 11

Mietspiegel 558A 10, 34; **558C** 3
- Ermächtigung **558C** 14
- Erstellung durch Dritte **558D** 6
- Fortschreibung **558C** 11
- Gemeindebefugnis **558C** 6
- Gemeindeteile **558C** 10
- Interessenvertreter **558C** 7
- mehrere Gemeinden **558C** 9
- Mietspiegelpflicht **558C** 12
- nach anerkannten wissenschaftlichen Grundsätzen erstellt **558D** 4
- Neuerstellung nach vier Jahren **558D** 10
- qualifizierter **558A** 30; **558D** 1 f.
- rechtliche Bedeutung **558C** 4
- Vergleichsmiete **558C** 5
- Vermutungswirkung **558D** 12
- Veröffentlichung **558C** 13

Mietverhältnis 563A 5
- andere Räume als Wohnräume **578** 11
- Anordnung der Nachlassverwaltung **564** 16
- Anspruch auf Verlängerung **573B** 46
- Beendigung des Dienstverhältnisses **576** 17
- Beschränkung vermieterseitiger Schadensersatzansprüche nach Beendigung **571** 16
- Beschränkung vermieterseitiger Schadensersatzansprüche nach Beendigung, mieterseitige Kündigung **571** 20
- Beschränkung vermieterseitiger Schadensersatzansprüche nach Beendigung, Räumungsfrist nach §§ 721, 794a ZPO **571** 37
- Beschränkung vermieterseitiger Schadensersatzansprüche nach Beendigung, Vertretenmüssen des Mieters **571** 10
- Dauer der zulässigen Fortsetzung **575A** 22
- eingetragene Schiffe **578A** 1, 5
- Eintritt des Erwerbers **566** 27; **566A** 6
- eintrittsberechtigter Personenkreis bei Tod des Mieters **563** 7
- Erhöhungsvereinbarung **557** 3
- Fälligkeit der Miete **579** 5
- Fortsetzungsrecht des Erben **564** 5
- Gründe die zur Befristung geführt haben **575A** 7

- Grundstücke **578** 8
- Grundstücke und Räume **578** 1
- Nachlassinsolvenz **564** 16, 18
- Tod des Mieters **580** 5
- über eine Wohnung **573A** 5
- Verlängerung des ursprünglichen **545** 30

Mietvertrag
- Anspruch auf Übertragung **537** 36
- auf Lebenszeit **544** 12
- Aufhebungsvereinbarung **542** 28
- Begehungsprotokoll **546** 28
- Dauer der Fortsetzung bei Widerspruch **574A** 34
- Einliegerwohnraum **549** 23
- Eintritt des Dritten **566** 27
- Fortsetzungsklage des Mieters **574A** 29
- Räumungsklage des Vermieters **574A** 31
- Schriftform **550** 1, 12
- Schriftform, fehlende **550** 26
- Schriftform, Nachholung **550** 12, 24
- Schriftformklausel **550** 28, 30
- stillschweigende Verlängerung **545** 28
- Studenten- und Jugendwohnheim **549** 34
- über 30 Jahre **544** 7
- Übergabeprotokoll **546** 29
- Verlängerungsklausel **542** 22; **544** 8; **550** 11
- Verlängerungsvertrag **574A** 3
- vorübergehender Gebrauch **549** 20

Mietvorauszahlung 547 8; **563B** 9; **566C** 1
- Abstandszahlung **547** 11
- Ausgleich **563B** 9
- Baukostenzuschuss **547** 10
- Finanzierungskostenzuschuss **547** 15
- Kaufpreisnachlass **547** 13
- Miet- bzw. Finanzierungsdarlehen **563B** 13
- Mieterdarlehen **547** 14
- Rückerstattungspflicht **547** 2, 5
- Verwendungsersatzanspruch **547** 17
- Zeitraum **566C** 10

Mietwechselgebühr
- Unkostenabgeltung **555** 9

Mietzahlungspflicht 537 7

Mietzeit
- Ablauf **545** 12

Mietzins
- Verfügung **578A** 4

Minderung
- Ausübung **441** 18
- Berechnung **441** 34
- Berechnung, Mitverantwortung **441** 43
- Kauf **437** 38
- Schätzung **441** 45

Minderungserklärung 441 19
- bedingungsfeindlich **441** 20
- Inhalt **441** 21
- Umfang **441** 22

Mitarbeiter
- freier **621** 8

Miterbe
- gesetzliches Vorkaufsrecht **470** 6

Mitgläubiger
- gemeinschaftliche Erklärung des Vorkaufs **472** 7
- mehrere Wiederkaufsberechtigte **461** 8

Mitteilung

- Auswirkungen **566E** 4
- des ursprünglichen Vermieters **566E** 3
- Rücknahme **566E** 6

Mittel
- aus öffentlichen Haushalten **559** 16

Mitverschulden
- des Kündigungsberechtigten **628** 41

Mobbing 611 296

Modernisierung
- Ankündigung **554** 23
- Art und Umfang **554** 34
- Ersatzanspruch des Mieters für Aufwendungen **554** 52
- Kündigungsrecht des Mieters **554** 48

Montage
- Definition **434** 109
- Durchführung **434** 111
- Erfüllungsgehilfe **434** 112
- Hauptpflicht **434** 105
- Montagefehler **434** 104
- nach Gefahrübergang **434** 106
- unsachgemäße Durchführung **434** 113
- vereinbarte **434** 110

Montageanleitung 434 114
- Bedienungs- oder Gebrauchsanleitung **434** 118
- Definition **434** 117
- Doppelmängel **434** 125
- fehlende **434** 121
- fehlerfreie Montage **434** 122
- IKEA- Klausel **434** 115
- mangelhafte **434** 120
- typische Fälle **434** 126
- zur Montage bestimmt **434** 116

N

Nachbesserungsversuch
- zweiter erfolgloser **440** 59

Nacherfüllung
- Abdingbarkeit **439** 43
- erforderliche Aufwendungen **439** 45
- Fehlschlagen der Nacherfüllung **440** 20
- Fristsetzung **439** 44
- Modifikation des Erfüllungsanspruches **439** 5
- Ort **439** 37
- Rückgewähr bei Ersatzlieferung **439** 105
- Unmöglichkeit **439** 78
- Unzumutbarkeit der Nacherfüllung **440** 35
- Vermutungsregel des Scheiterns **440** 56
- Verweigerung der Nacherfüllung **440** 10
- Verweigerungsrecht **439** 73
- Wahlrecht **439** 30

Nachfrist
- mit Androhung der Gesamtfälligstellung **498** 1

Nachweismakler
- als bloßer Vermittler **481B** 10

Nebenkostenvorauszahlung
- an den Erwerber **566** 34

Nebenraum
- nicht zum Wohnen bestimmt **573B** 9

Nettodarlehensbetrag
- Definition **491A** 43

Neuverbindlichkeit

- nach dem Tod des Mieters **563B** 4

Neuverteilung
- der vorhandenen Nebenflächen **573B** 19

Nichtigkeit
- unzulässige Abweichungen **511** 3

Nießbrauch 567 5

Notbedarf
- des Schenkers durch eigenes Verschulden **529** 5

Null-Leasing 535 102

Nutzerwechselgebühr 556 12

Nutzung
- ausschließliche **567** 1
- behindertengerechte **554A** 13

Nutzungsänderung 590 7
- Bedingung und Auflage **590** 13
- erlaubnispflichtige **591** 18

Nutzungsentgelt
- Höhe **576B** 16
- Überlassung des Wohnraums **576B** 16

Nutzungsentschädigung
- Beendigung des Pachtverhältnisses **584B** 8
- Fälligkeit **597** 7
- pauschalierte **597** 1

Nutzungsrecht
- auf Bestand an Wohngebäuden **484** 23
- Verhinderung zur Ausübung **587** 1

Nutzungstauschverfahren
- getroffene Vereinbarung **585A** 5

Nutzungsüberlassung
- an Dritte **589** 5
- an landwirtschaftlichen Zusammenschluss **589** 6
- selbständigen Nutzung **589** 5

Nutzungsverhinderung 587 8

O

Obhutspflicht
- während Dauer der Vorenthaltung **597** 5

Öffentliche Lasten
- Abdingbarkeit **436** 23
- Anliegerbeiträge **436** 15
- bautechnischer Beginn **436** 11
- Definition **436** 20
- Lastenverteilung **436** 5
- öffentlich-rechtliche Baubeschränkungen **436** 22
- typische Fälle **436** 21

Operatingleasing 535 102

Optionsrecht
- Ausschluss des Wiederkaufsrecht **462** 9

Organmitglieder
- vertretungsberechtigte **621** 11

P

Pacht
- auf unbestimmte Zeit **594A** 5
- Fälligkeit **587** 7
- vereinbarte Entgelt **587** 5

Pachtbeschreibung 585B 1
- durch Sachverständigen **585B** 13
- Form **585B** 7
- gemeinsame Anfertigung **585B** 11
- Inhalt **585B** 8

Stichwortverzeichnis

- Zeitpunkt **585B** 9
Pachtentrichtung
- Pflichten des Pächters **581** 46
Pächter
- bringt eigenes Inventar mit **583A** 1
- Gefahr des zufälligen Untergangs bzw. Verschlechterung **582A** 7
- objektive Pflichtwidrigkeit seines Verhaltens **590A** 5
- vorzeitige Kündigung **584A** 2
Pächterpfandrecht
- am Inventar **583** 1
Pächterrecht
- Stärkung **594A** 3
Pächterwechsel
- kraft Gesetzes **589** 5
Pachtgegenstand
- ordnungsgemäße Bewirtschaftung **584A** 2; **584B** 5
- Vorenthaltung **584B** 5
Pachtjahr 594A 7
- vertraglich vereinbarte **584** 10
Pachtobjekt
- Erhaltung im vertragsmäßigen Zustand **590B** 6
Pachtrecht
- Neuordnung des landwirtschaftlichen **583A** 1
Pachtsache
- erneute Verpachtung bzw. Nutzung **596** 3
- Vorenthaltung **597** 6
- Zustand **596** 7
Pachtverhältnis
- Beendigung auf bestimmte Zeit **594** 5
- Beendigung eines wirksamen **596** 5
- besonderes **581** 16
- Fortbestand **593B** 3
- Fortsetzung **584B** 2
- Verlängerung **594** 6
Pachtverlängerung
- automatisch auf unbestimmte Zeit **594** 11
- keine Ablehnung der Anfrage **594** 10
- Mindestlaufzeit **594** 8
Pachtvertrag
- Abgrenzung zu anderen Verträgen **581** 10
- Abgrenzung zur Miete **581** 4
- Ablehnungsrecht des Verpächters **582A** 12
- Abnutzungserscheinung **582** 5
- Ende im Laufe des Pachtjahres **596A** 7
- Erhaltungspflicht der einzelnen Inventarstücke **582** 3, 5
- Erneuerung des Inventars **582** 3, 6
- Fruchtziehungsgewährung **581** 39
- für die Lebenszeit **594B** 7
- Gebrauchsüberlassung **581** 34
- Gegenstand **581** 71
- gemischter **585A** 5
- Pachtentrichtung **581** 46
- Pächterpfandrecht **583** 1
- Pachtinventar **582** 6; **583** 2
- Rückgabe des Pachtgegenstandes **584B** 1
- über bewegliche Sachen **581** 82
- über mehr als 30 Jahre **594B** 5
- Übermaßfrüchte **581** 56
- Verfügungsbeschränkungen bei Inventar **583A** 1
- Verschlechterung des Pachtinventars **582** 6

- Vorliegen **581** 157
- Zukauf von Tieren **582** 5
Pachtzins
- erheblich unter dem marktüblichen Pachtniveau **593** 7
- Höhe **587** 6
- Pflicht zur Zahlung **594C** 3
Parteivereinbarung
- Ausschluss für den Mieter nachteiliger **571** 51
Personen
- arbeitnehmerähnliche **611** 20
Pfandrecht
- Rangverhältnis **562D** 6
Pfandsache
- Lasten **586A** 3
- Verlust eines Rechts **562C** 5
Pfändung
- Auszahlungsanspruch aus dem Girokonto **488** 33
- durch anderen Gläubiger des Mieters **562D** 5
- durch Dritte **562D** 1 f.
Pfandverkauf 445 1, 8
- Besichtigungsmöglichkeit **445** 8
- Selbsthilfeverkauf **445** 7, 10
- Verbrauchsgüterkauf **445** 5
Pflegeleistung
- Erbringung umfangreicher **534** 7
Pflichtangabe
- vorvertragliche im Einzelnen **482** 29
Pflichtschenkung 534 6
Pflichtverletzung
- des Arbeitgebers **619A** 9
- Vertretenmüssen des Arbeitnehmers **619A** 1
Pflugtausch 594E 8
Planung
- langfristige agrarwirtschaftliche **594** 3
Preisanpassung
- des Unternehmers **486A** 6
Preisindex 558D 9
- qualifizierter Mietspiegel **558D** 9
Preisnachlass
- langfristiges Urlaubsprodukt **481A** 9
Prioritätsgrundsatz
- Pfändungspfandrecht **562D** 6
Probearbeitsverhältnis 622 13
Probefahrt 598 35
- Haftung **602** 7
Prospekte
- in allen Amtssprachen der Europäischen Union **483** 8

R

Rate
- gleich bleibende **501** 7
Ratenlieferungsvertrag 510 1
- Beendigungsgrund **510** 9
- Schriftform **510** 8
- Vollmacht **510** 9
Ratenzahlungsplan
- langfristige Urlaubsprodukte **486A** 1, 5
- Vereinbarung **481A** 5
Räumungsanspruch
- Beschleunigung der Durchsetzung **573B** 28

Stichwortverzeichnis

Räumungsfrist
– gerichtliche **571** 30
Recht
– objektiver Rechtsmangelbegriff **435** 29
Rechtsanmaßung
– anzeigepflichtige **536C** 10
Rechtsausübung
– unzulässige **494** 20
Rechtsbindungswille
– Leihe **598** 7
Rechtskauf
– Aktien **453** 6
– Banknoten **453** 7
– Besitz **453** 7
– Eigentum **453** 7
– Gebrauchsmuster **453** 6
– Geschäftsanteile **453** 6
– Marken **453** 6
– Patente **453** 6
– Pflichtverletzungen, Nichtbestehen des verkauften Rechts **453** 12
– Rechte **453** 6
– sonstige Gegenstände **453** 17
– Übertragbarkeit **453** 8
– Unternehmenskauf **453** 18
– Vertragsgegenstand **453** 6
– Vertragspflichten, Verkäufer **453** 9
– Wohnungseigentum **453** 7
Rechtsmangel
– Darlegungs- und Beweislast **523** 28
– Haftung des Wiederverkäufers **458** 1
– Kauf, Dritter **435** 11
– Kauf, Grundstücke **435** 20
– Recht, Definition **435** 15
– Reichweite des Rechtsmangelbegriffs **435** 8
– Unterschiede zum Sachmangel **435** 4
Rechtzeitigkeitsklausel
– Vereinbarung **579** 12
Register
– dem Grundbuch vergleichbares **452** 6
Registereintragung
– des Eigentumsübergangs **452** 7
– Übernahme der Kosten durch Käufer **452** 9
Rentenversprechen
– Erlöschen **520** 1 f.
– Höchstpersönlichkeit **520** 6
Restschuldverminderung **501** 8
Ringtausch **480** 6
Roll-over-Kredit **489** 6
Rückerstattung
– bei Fälligkeit **607** 7
– der überlassenen Sache **608** 2; **609** 1
Rückerstattungsanspruch
– nach Rückerstattung der überlassenen Sache fällig **609** 2
Rückerstattungspflicht
– des Darlehensnehmers **488** 23
Rückforderung
– Ausschluss wegen Treu und Glauben **529** 10
– des Schenkungsgegenstandes **527** 3
– nach Bereicherungsrecht ausgeschlossen **534** 5
Rückforderungsdurchgriff **495** 72
Rückforderungsrecht

– eigenständiges gesetzliches **527** 1
Rückgabe
– einer für das Inventar gestellten Kaution **583** 1
– verspätete **584B** 1 f.
– von Räumen an den Verpächter **584B** 6
Rückgabeanspruch
– des Vermieters **570** 9
– gegenüber dem Pächter **596** 5
– gegenüber Dritten **596** 13
Rückgabefrist
– Beginn **508** 3
Rückgaberecht
– Käufer im Teilzahlungsgeschäft **508** 1
Rückgewährpflicht
– über das gesamte Inventar **582A** 10
Rückgewährschuldverhältnis
– Wirkung des Widerrufs **485** 17, 23
Rücklassungspflicht **596B** 1 f.
Rücknahme
– Zustimmung des Erwerbers **566E** 6
Rücknahmebereitschaft
– des Verpächters **597** 6
Rücktritt
– Wirkungen **508** 5
Rücktrittsfiktion **508** 8
Rücktrittsrecht
– des Unternehmers **508** 4
– des Vermieters **572** 1
– nach Überlassung des Wohnraumes **572** 10
– Vereinbarung **465** 4
Rückzahlung
– vorzeitige **500** 4
Rückzahlungszeitpunkt
– Zinsen zu einem gebundenen Sollzinssatz **502** 2

S

Sachdarlehen
– Abdingbarkeit und volle Dispositionsbefugnis **608** 3
– bestimmte Laufzeit **608** 3
– Kündigung **608** 1 f.
– Laufzeit unbestimmt **608** 3
– vertragstypische Pflichten **607** 2
Sache
– regelmäßige Lieferung **510** 4
Sachverständigengutachten
– zur Mieterhöhung **558B** 27
Sachverständiger
– Bestellung **585B** 14
Saldoüberschreitung
– gegen Entgelt **505** 3
Sale-and-lease-back **535** 102
Salvatorische Klausel **550** 15, 27
Sanktion
– für nicht angemessene Information **505** 5
Satzung
– arbeitsrechtliche **611** 37
Schaden
– Geltendmachung eines weiteren **584B** 10
– konkreter **497** 4
Schadenersatz
– pauschalierter **555** 8

Stichwortverzeichnis

Schadensersatz
- bei Kündigung zur Unzeit **627** 12

Schadensersatzanspruch
- bei fehlender Pflichtangabe **484** 25
- Mitverschulden des Vermieters **571** 19
- neben Aufwendungsersatz **539** 15
- nicht an Dauer der Vorenthaltung gebunden **584B** 10
- Verletzung der Informationspflicht **493** 16
- Verletzung der Prüfpflicht des Unternehmers **509** 5
- verspätete Rückgabe des Mietobjekts **571** 17
- vorvertraglicher **482** 65
- weitere Beschränkungen **571** 55
- weitergehender **451** 16

Schätzungsausschuss 585B 5

Schätzwert
- bei Ausübung des Wiederkaufsrechts **460** 4
- Rückgabe des Inventars **582A** 2
- Verpflichtung des Verpächter das Inventar zu erwerben **583A** 2

Scheinselbstständiger 611 26; **621** 7

Schenker
- drohender Notbedarf **519** 5
- ein persönliches Interesse **527** 10

Schenkung
- Abgrenzung zu anderen unentgeltlichen Rechtsgeschäften **516** 2
- Abgrenzung zur Schenkung von Todes wegen **516** 69
- Abzug von Duldungsauflagen **516** 16
- Annahme durch Schweigen **516** 52
- Anwartschaftsrecht **517** 7
- arglistiges Verschweigen eines Mangels **524** 17
- aus eigenem Vermögen **523** 10
- Ausschlagung **517** 8
- Ausschluss des Rückforderungsanspruchs **529** 12
- Bedürftigkeit durch eigenes Verschulden **529** 5
- Bedürftigkeit durch Schenkung **529** 6
- befristete Schenkung auf den Todesfall **516** 68
- belohnende Schenkung **516** 62
- Bereicherung durch Vermögensvergleich **516** 37
- Bereicherung ohne Willen **516** 49
- Besitz als Beweisvermutung **516** 74
- Bestehen eines Rückforderungsanspruchs **529** 4
- Beteiligung Minderjähriger **516** 26
- betriebliche Zuwendungen **534** 10
- Betriebsvermögen **516** 15
- bewegliche Sachen **518** 28
- Dankbarkeit **530** 1
- dauerhafte Entreicherung **516** 33
- einer Rente **520** 1
- Einigung über Unentgeltlichkeit **516** 40
- Einschränkung der Rückforderung **529** 1
- Einschränkung des Erbenwiderrufs **530** 12
- Erbverzicht **517** 9
- Erlass rückständiger Leistungen **517** 11
- Erschließungskosten **523** 20
- Familienheim **516** 13
- Festlegung des Pflichteninhaltes **516** 71
- Forderungen **518** 31
- Form **518** 1
- Form, Heilung des Formmangels **518** 16, 37
- Form, Wohnrecht **518** 18
- freiwillige Zuwendungen im Arbeitsrecht **516** 63
- Freiwilligkeit **516** 31
- Geldschenkung und Bankverkehr **518** 29
- gemischte, Rückforderung **528** 26
- gemischte Schenkung **516** 55; **525** 15; **531** 10
- gesetzliche Unterhaltsverpflichtungen **528** 16
- grober Undank **530** 10
- Grundstücke **518** 27
- Haftung **516** 58
- Haftung des Schenkers, Haftungsbeschränkung **521** 13
- Haftung des Schenkers, Haftungssonderregeln **521** 1
- Haftung des Schenkers, Handschenkung **521** 18
- Haftungsausschlussklausel **521** 28
- Haftungseinschränkung **524** 3
- Haftungsmilderungsvorschrift **521** 9
- Handschenkung als Rechtsgrundabrede **516** 4
- Herausgabeanspruch **528** 20; **530** 21; **531** 7
- Höhe der Schenkungssteuer **516** 9
- kausale Verknüpfung **516** 47
- konditionale Verknüpfung **516** 46
- Legaldefinition **516** 20
- Leistung des Beschenkten als Auflage **516** 59
- Mangelfolgeschäden **521** 25
- mit Widerrufsvorbehalt **517** 11
- nichteheliche Lebensgemeinschaften **516** 84; **530** 17
- noch zu erwerbenden Gegenstandes **523** 12
- Notbedarf **528** 15
- Notbedarfseinrede, Voraussetzungen **519** 5
- persönliche Haftung des Beschenkten **516** 89
- Rechtsmängel **523** 1, 5
- Rechtsmängel, Kenntnis des Beschenkten **523** 22
- Rechtsmängel, Verjährung Ansprüche **523** 27
- Rechtsmängelfreiheit, kein Anspruch auf **523** 11
- remuneratorische oder belohnende **534** 10
- Rückabwicklung unter Ehegatten **516** 83
- Rückforderung nach Bereicherungsrecht **516** 76
- Rückforderungsausschluss **534** 13
- Rückforderungsrecht wegen Verarmung **528** 1
- Sachmängel **524** 1
- Sachmängel, Verjährung **524** 19
- Sachmangel nach Erwerb **524** 11
- Schenkerschutz durch Haftungsprivilegierung **521** 10
- Schenkung durch Annahme **518** 11
- Schenkung mit Widerruf und Gesellschaftsrecht **516** 66
- Schenkung nur bei Vermögensmehrung **517** 1
- Schenkungen zugunsten Dritter **518** 25
- Schenkungen zur Steuervermeidung **516** 19
- Schenkungsgegenstand **516** 35
- Schenkungssteuer **516** 7
- Schulderlass **518** 33
- schwere Verfehlung **530** 6
- Steuerbelastung **516** 72
- Steuerklassen **516** 11
- Steuersätze **516** 12
- Steuerschuldner **516** 17
- stiller Gesellschafter - Unterbeteiligung **516** 92
- synallagmatische Verknüpfung **516** 45
- Trennungsgrundsatz **516** 25

- unbenannte ehebedingte Zuwendungen **516** 81
- unter Auflage **526** 6; **527** 1
- Unterhaltssicherung **528** 13
- Unterlassen von Vermögenserwerb **516** 30
- Unterlassen von Vermögensmehrung **517** 5
- Unwirksamkeitsgründe **516** 24
- Vereinbarung eines Widerrufsvorbehaltes **516** 65
- Verknüpfung von Leistung und Gegenleistung **516** 44
- vermietete Immobilie **516** 14
- Vermögensverschiebende Zuwendung **516** 29
- Versicherungsverträge **518** 32
- Versöhnungsversuche **532** 3, 10
- vertraglicher Herausgabeanspruch **516** 75
- Vollzug nach dem Tod des Schenkers **518** 23
- Vollzug nach Tod **518** 3
- Vorliegen einer Gegenleistung **516** 43
- Vorliegen mehrerer **519** 12
- Widerruf, Aufwendungsersatzansprüche **531** 13
- Widerruf, nicht vollzogener **532** 4
- Widerruf, Wertersatzanspruch **531** 9
- Widerrufsausschluss **532** 11
- Widerrufserklärung **531** 4
- Widerrufsgründe **531** 5
- Widerrufsrecht, Erlöschen **533** 8
- Zuwendungen an Kinder, Schwiegerkinder **516** 85
- Zuwendungen in der Familie **516** 79
- Zuwendungen unter Ehegatten **516** 80; **530** 16
- Zweckerreichung als Geschäftsgrundlage **516** 61

Schenkung unter Auflage 525 1, 5
- Auflage, Begriff **525** 8
- Auflage zugunsten Dritter **525** 23; **527** 12
- Auftrag mit Vorschuss **525** 17
- Aufwendungsersatzanspruch des Beschenkten **526** 13
- bedingte Schenkung **525** 18
- Beschaffenheitsvereinbarung der Vertragsparteien **526** 8
- Hoffnungsschenkung **525** 16
- Minderjährige **525** 7; **528** 28
- Rückforderung **528** 26
- Sach-, Rechtsmangel **526** 1
- Unterbleiben der Vollziehungsauflage **527** 4
- Verweigerung der Auflagenvollziehung **526** 12
- Zweckschenkung **525** 13

Schenkungsversprechen
- Ausschluss der Vererblichkeit **520** 6
- Unzulässigkeit seiner Übertragbarkeit **520** 6

Schiff
- Begriff **452** 5
- Kauf **452** 1 f.

Schiffsbauwerk
- Kauf **452** 1 f.

Schiffskauf
- Schiffsbauwerk **452** 5

Schiffsmiete 578A 1, 4; **579** 2; **580** 2

Schönheitsreparatur 535 311
- Gewerberaummietvertrag **578** 49
- unterlassene **548** 22

Schriftform
- Begriff **484** 6
- bei Kündigung **623** 34
- Folgen der Nichteinhaltung **623** 40

- Formverstoß **594F** 8
- Versöhnungs- oder Vergleichsverhandlungen **533** 7

Schriftformerfordernis
- konstitutives **623** 1

Schriftformklausel 550 28

Schuldnerwechsel
- ohne Zustimmung des Mieters **567A** 1

Schutzpflichten
- des Darlehensgebers **488** 13

Seeschifffahrtsregister 578A 5

Selbstkontrahieren
- Verbot **450** 2

Sicherheit
- Bestellung oder Verstärkung **490** 12
- Höhe der zu leistenden **562C** 6
- Leistung durch Mieter **562C** 9
- Leistung einer angemessenen zusätzlichen **554A** 23

Sicherheitsleistung
- Abwendung durch den Verpächter **583** 4
- Anordnung durch das Landwirtschaftsgericht **590** 16
- Anspruch des Vermieters **563B** 14

Sicherungsinteresse
- des Vermieters **562C** 3

Sollzinssatz
- Angaben **491A** 47
- Begriff **489** 3

Sondereigentum
- abgeschlossene Nebenräume **566** 32

Sonderkündigungsrecht
- Gebrauchsüberlassung an Dritte **540** 37
- überlebende Mitmieter **563A** 8
- vor Zugang des Mieterhöhungsverlangens **561** 13
- Zweck **563A** 2

Sonderrechtsnachfolge
- überlebende Mitmieter **563A** 1

Sonderzahlung 611 205
- Arbeitsunfähigkeit **611** 207
- Kopplung an weitere Voraussetzungen **611** 208
- Rückzahlungsklauseln **611** 211
- Widerrufsvorbehalt **611** 206

Sozialauswahl 613A 195, 274

Spende
- Anstandsschenkung **534** 9

Sprache
- nach dem Staatsangehörigkeitsprinzip **483** 10
- Wohnsitzstaat des Verbraucher **483** 6

Staffelmiete
- automatische Mieterhöhung **557A** 19
- Befristung und Kündigungsrecht **557A** 14
- Dauer der einzelnen Staffel **557A** 10
- fristlose Kündigung **557A** 23
- Gewerberaummiete **578** 36
- Kalkulation Mietentwicklung **557A** 12
- nachteilige Vereinbarungen **557A** 18
- neue Vereinbarung **557A** 13
- Nichtigkeit der Staffelvereinbarung **557A** 20
- notwendige Angaben **557A** 8
- optionaler Zeitmietvertrag **557A** 17
- Zahlungsklage **557A** 22
- Zeitraum Staffelung **557A** 7

Stellvertretung 550 14

Strohmann 451 12

Stichwortverzeichnis

Studentenwohnheim 549 34
Stundung
– des Kaufpreises **468** 4
– Vorausentrichtung der Miete **566C** 6
Sukzessivlieferungsvertrag
– Begriff **510** 3

T

Tarifbindung
– gesetzliche Kündigungsfrist **622** 31
Tarifdispositivität
– gesetzliche Kündigungsfrist **622** 30
Tarifvertrag 611 40; **613A** 133
Tätigkeit
– fachlich weisungsfreie **621** 10
Tausch
– Abgrenzung, Kauf **480** 7
– Abgrenzung, Wohnungstausch **480** 8
– Begriff **480** 5
– Ersetzungsbefugnis **480** 9
– Inzahlungnahme **480** 9
– Ringtausch **480** 6
– Tauschring **480** 6
Tauschpool
– Mitgliedschaft **481B** 7
Tauschring 480 6
Tauschsystemvertrag
– Begriff **481B** 2
– flexible Feriengestaltung **481B** 2
Teilkündigung
– des Vermieters **573B** 4
Teilleistung
– Lieferung zusammengehörend verkaufter Sachen **510** 3
Teilunwirksamkeit
– des Gewährleistungsausschlusses **536D** 9
Teilvergütung
– bei Beendigung des Dienstverhältnisses **628** 7
– Herabsetzung **628** 9
Teilzahlung
– Neuberechnung **494** 15
Teilzahlungsgeschäft 506 1, 14
– angemessene Aufklärung und Information **507** 1
– Nichtigkeit und Heilung **507** 7
Teilzahlungspreis
– Definition **491A** 42
Teilzeitwohnrechtevertrag
– Anzahlungsverbot **486** 1, 7, 15
– Gesellschaftsrechtliches Timesharing **481** 62
– Herkunft des Timesharing **481** 25
– Kosten der Übersetzung und Beglaubigung **484** 22
– Mietvertrag **481** 48
– Online-Prospekt **482** 70
– Pauschalreise-Richtlinie **482** 14
– Pflichtangaben im Vertrag **484** 1
– Prospektpflicht **482** 1
– Rechtsnatur **481** 31
– Schriftform **484** 1, 3, 6
– Schriftform, elektronische Form **484** 8, 10
– Teilzeit-Wohnrechte-Richtlinie **482** 13
– Verbot abweichender Vereinbarungen **487** 4
– Verbraucherschutz **481** 1

– Vereinsmodell beim Timesharing **481** 60
– Vertrags- und Prospektsprache **484** 2
– Vertrags- und Prospektsprache, Wohnsitzstaat des Verbrauchers **483** 6
– Vertragsabschlüsse im Ausland **481** 28
– Vertragsbündel beim Timesharing **481** 74
– Vertriebsmethoden **481** 26
– vorvertragliche Informationspflicht **482** 2
– Wirtschaftliche Bedeutung des Timesharings **481** 25
– Zwingende Pflichten des Veräußerers **481** 88
Testamentserbe
– gesetzlicher Erbe **470** 4
Textform
– Erklärungen des Darlehensgebers **492** 36
Tilgungsplan 492 28
Tilgungsreihenfolge 497 7
Tilgungsverzögerung 498 5
Timesharing
– Annexverträge **481B** 9
Treuwidrigkeit
– Berufung auf die Nichtigkeit **623** 43
Trinkgeld
– Anstandsschenkung **534** 9

U

Überbelegung 553 15
Übereignung
– bedingte **449** 19
– verbotswidrige, des veräußerten Gegenstandes **451** 1 f.
Übergabe
– der zu liefernden Sache **507** 9
Übergang
– des Vorkaufsrechts auf die übrigen Berechtigten **472** 8
Übergewichtstheorie
– Rechtsprechung der Gerichte **549** 12
Übermaßfrüchte
– Herausgabe **581** 56
Überschuss
– Pfändungspfandrecht **562D** 9
Überweisung
– Zahlung des Mietzinses, Rechtzeitigkeit **535** 189; **556B** 8
Überziehung
– erhebliche **505** 4
– geduldete **505** 2
Überziehungsmöglichkeit
– Kurzfristigkeit **504** 9
– vertraglich eingeräumte **504** 2
Umgehungsverbot 487 1
– Abweichungen zum Nachteil des Verbrauchers **511** 2
– Begriff **487** 8
Undank
– des Beschenkten bekannt **533** 4
Unentgeltlichkeitsvereinbarung
– beim Darlehen **609** 1
Unkenntnis
– grobfahrlässige **536B** 21
Unterhalt

– standesgemäß bzw. angemessener **529** 9
Unterhaltssicherung
– Grenze zur Freigiebigkeit des Schenkers **519** 2
Unterkunft
– langfristiges Urlaubsprodukt **481A** 10
Unterlassungsklage
– bei vertragswidrigem Gebrauch **541** 25
Untermieter 565 1
– Ausschluss des Zurückbehaltungsrecht **570** 13
Untermietvertrag 550 6, 20
– stillschweigende Verlängerung **545** 3
Unternehmenskauf 453 18
– Angaben über Umsatz und Ertrag **453** 29
– Aufklärungspflichten **453** 25
– due diligence **453** 42
– Gefahrübergang **453** 41
– Gesellschaftsanteile **453** 20
– Kaufgegenstand **453** 19
– Pflichten **453** 22
– vertragliche Gewährleistung **453** 26
– Wettbewerbsverbot **453** 24
– Zusicherung von Umsatz und Ertrag **453** 30
Unternehmer
– Unterlassen der Zahlungsaufforderung **486A** 10
Unterrichtung
– Form und Zweck **491A** 6
– rechtzeitige **491A** 8
– regelmäßige **504** 5
– Textform **491A** 13
Unterrichtungspflicht
– Abweichung **511** 2
Unterstützungsleistung
– wiederkehrende **520** 5
Unterstützungsverpflichtung
– Erlöschen mit dem Tod des Schenkers **520** 7
Untersuchungspflicht
– grobfahrlässige Unkenntnis **536B** 22
Untervermietung
– Gebrauchsüberlassung an Dritte **540** 7
Unterverpachtung
– Erlaubnis verweigert **584A** 2
Unterzeichnung
– handschriftliche, des Vertrages **492** 5
Unwirksamkeit
– Abrede über die Zahlung **486** 16
– abweichender Vertragsbestimmungen **487** 12
Urkunde 550 12
Urkundenprozess 556B 34
– kein Verlust der Einwendungen **496** 7
Urlaubsprodukt
– langfristiges **481A** 1 f.

V

Veränderung
– bauliche **554A** 9
– der landwirtschaftlichen Bestimmung **590** 5
– Erforderlichkeit **554A** 16
Verantwortungsbereich
– des Mieters **538** 16
– des Vermieters **538** 13
Veräußerer
– subsidiäre Haftung **566A** 13

Veräußerer-Kette 567B 1
Veräußerung
– Nichtigkeit **451** 11
– vermieteten Wohnraums **566** 6
Verbot
– abweichender Vereinbarungen **487** 4
Verbraucher 474 15
– keine Kostentragung **485** 15
Verbraucherbeschwerde
– über travel discount clubs **481A** 2
Verbraucherdarlehensvertrag 491 1, 7
– Gültigkeit trotz Mangels **494** 6
– Inhalt **492** 10
– Kündigungsfrist **499** 2
– Kündigungsrecht **500** 2
– Nachholen von Angaben **492** 37
– Nichtigkeit bei Formfehler **494** 2
– Schriftform **492** 2
– umfangreiche vorvertragliche Informationspflichten **491A** 1 f.
– unbeschränkte Ausnahmen **491** 31
– Verbindlichkeiten ganz oder teilweise vorzeitig erfüllen **500** 4
– verbundene Verträge **508** 10
– vorzeitige Kündigung **498** 1
– vorzeitige Rückzahlung **501** 2
– weitere vertragliche Angaben **492** 22
– Widerrufsrecht **495** 3
Verbrauchergünstigkeit
– Prinzip **484** 19
Verbraucherschutzvorschrift
– Anwendung auf Teilzahlungsgeschäfte **507** 12
Verbrauchserfassung 556 107
Verbrauchsgüter 450 14
Verbrauchsgüterkauf 476 24
– Abgrenzung zur Garantie **476** 4
– Agenturverträge **475** 19
– Antiquitäten **474** 47
– Art der Sache **476** 30
– Art des Mangels **476** 31
– Aufwendungen **478** 27
– Aufwendungen, Arbeitsleistung **478** 30
– Aufwendungen, Drittbeauftragung **478** 32
– Aufwendungen, Erfolg **478** 29
– Aufwendungen, Gemeinkosten **478** 30
– Aufwendungen, Gewinn **478** 31
– Aufwendungen, Mitwirkung des Lieferanten **478** 32
– Aufwendungen, Pflicht zur Tragung **478** 28
– Aufwendungen, Prozesskosten **478** 31
– Aufwendungen, Rücktritt **478** 33
– äußere Beschädigungen **476** 32
– Ausnahmen **474** 42
– Ausschluss der Vermutung **476** 27
– Bedeutung **474** 8
– Begrenzung auf Regressinteresse **478** 21
– Begriff **474** 1
– Begutachtungen **475** 22
– bewegliche Sache **474** 38
– Beweiserleichterung **478** 35
– Beweislast **476** 28
– Dokumentation **477** 13
– Entbehrlichkeit der Fristsetzung **440** 55

Stichwortverzeichnis

- Erkenntnismöglichkeiten des Käufers **476** 24
- Erkenntnismöglichkeiten des Verkäufers **476** 25
- Finanzierungsleasing **475** 20
- Frist **476** 20
- Frist, Annahmeverzug **476** 22
- Frist, Gefahrübergang **476** 20
- Frist, Nacherfüllung **476** 23
- Frist, Übergabe **476** 21
- Fristsetzung **478** 19
- Garantie **475** 23
- Garantieerklärung **477** 4
- Garantieerklärung, Fachausdrücke **477** 9
- Garantieerklärung, Sprache **477** 8
- Garantieerklärung, Stil **477** 10
- Garantieerklärung, Verständlichkeit **477** 7
- Gas und Wasser **474** 39
- gebrauchte Sachen **474** 46; **476** 30
- Gebrauchtwagenkauf **475** 5, 13, 19
- gleichwertiger Ausgleich **478** 37
- Grundmangel **476** 10
- Grundmangel, Fazit **476** 19
- Immobilien **474** 40
- Immobilienkaufverträge **474** 11
- Informationspflichten, Garantiebedingungen **477** 12
- Informationspflichten, Garantiefall **477** 12
- Informationspflichten, Garantieinhalt **477** 12
- Informationspflichten, Gewährleistungsrechte **477** 11
- Insolvenzverwaltung **474** 48
- Internetversteigerungen **474** 44
- jederzeit auftretende Mängel **476** 31
- Kaufverträge zwischen Unternehmern **474** 9
- Lieferkette **478** 45; **479** 13
- Minderlieferungen **476** 36
- Minderung **478** 13, 20
- Minderung, Schadensersatz **478** 20
- Nachteil des Verbrauchers **475** 9
- Nachteil des Verbrauchers, Ausschluss von Schadensersatzansprüchen **475** 14
- Nachteil des Verbrauchers, Beschaffenheitsvereinbarung **475** 13
- Nachteil des Verbrauchers, Fiktionen **475** 11
- Nachteil des Verbrauchers, Rügepflichten **475** 12
- Nachteil des Verbrauchers, Wahlrecht der Nacherfüllungsvariante **475** 10
- neue Sachen **478** 5
- Neuheit der Sache **475** 21
- Nutzungsersatz **475** 51
- Pfandversteigerung **474** 59
- Rechtsfolgen **475** 33
- Rechtsfolgen, Erfüllungsanspruch **477** 18
- Rechtsfolgen, Schadensersatz **477** 19
- Rechtsfolgen, UKlaG **477** 21
- Rechtsfolgen, UWG **477** 21
- Rechtsfolgen, Wirksamkeit der Garantie **477** 16
- Regress **478** 22
- Regress, selbstständiger **478** 25
- Regress, unselbstständiger **478** 4
- richtlinienkonforme Auslegung **474** 6
- richtlinienkonforme Rechtsfortbildung **474** 7
- Rücknahme **478** 13, 15
- Rücknahme, Nachlieferung **478** 15
- Rücknahme, Rücktritt **478** 15
- Rücknahme, Schadensersatz **478** 15
- Rücknahme, Verbleib beim Verkäufer **478** 18
- Sachmangel **476** 8; **478** 9
- Sachmangel, Beweis **478** 12
- Sachmangel, Herstelleraussagen **478** 9
- Schadensersatz **478** 41
- Schadensersatzforderungen **475** 31
- Schadensersatzforderungen, Beschränkung durch AGB **475** 32
- Software **474** 41
- Strohmanngeschäfte **475** 17
- Tageszulassung **475** 21
- Tauschverträge **474** 13
- Tierkauf **476** 30
- Tierkrankheiten **476** 34
- Tierversteigerungen **474** 45
- Umgehungsverbot **475** 15; **478** 42
- Umgehungsverbot, anderweitige Gestaltung **475** 16
- Umgehungsverbot, Verbot des Verbrauchsgüterkaufs **478** 44
- Umgehungsverbot, Weiterverkaufsfrist **478** 43
- Untergang **478** 24
- Unternehmer **474** 35; **478** 8
- Unternehmer, Gewinnerzielungsabsicht **474** 36
- Unternehmer, Internetauktionen **474** 37
- Untersuchungs- und Rügepflicht **478** 46
- Unverhältnismäßigkeit **478** 14
- Verbraucher, berufliche Tätigkeit **474** 16
- Verbraucher, Beweislast **474** 34
- Verbraucher, gemischte Nutzung **474** 27
- Verbraucher, natürliche Person **474** 17
- Verbraucher, Vortäuschen der Unternehmereigenschaft **474** 23
- Verbraucher, Zeitpunkt der Verbrauchereigenschaft **474** 22
- Verbrauchsgüterkaufrichtlinie **474** 4
- Verjährung von Rückgriffsansprüchen **479** 1
- Verjährungsverkürzung **475** 24
- Vermutungswirkung **476** 37
- Vermutungswirkung, Beweisvereitelung **476** 41
- Vermutungswirkung, Gegenbeweis **476** 40
- Verschleißteile **476** 33
- Versendungskauf **474** 60
- Verträge mit Drittbeteiligung **474** 33
- Werklieferungsverträge **474** 12
- Widerrufs- und Rückgaberechte **474** 2
- Zahnriemenfall **476** 10
- Zwangsvollstreckung **474** 48
- Zylinderkopfdichtung-Fall **476** 15

Verdachtskündigung
- außerordentliche Kündigung **626** 39

Vereinbarung
- abweichende **511** 1 f.
- abweichende zu Lasten des Mieters **576** 49; **576A** 39; **576B** 3
- abweichende zum Nachteil des Mieters **573A** 72; **577A** 41
- Aufhebung **567A** 3
- einer kürzeren Kündigungsfrist **622** 17
- formfreie **567A** 3
- nach Eigentumsübergang **567A** 3
- schiedsgerichtliche Entscheidung **595A** 4

- Unwirksamkeit **572** 34
- Unwirksamkeit abweichender **573B** 74; **575A** 44
- zu Gunsten des Mieters **573A** 73
- zum Nachteil des Mieters **574B** 26

Vereinsmitgliedschaft
- des Verbrauchers **487** 10

Vereitelungsgeschäft
- Begriff **465** 9

Verfallklausel 555 7

Verfrühungsschaden
- Begriff **628** 30

Verfügung
- zu Gunsten eines Dritten **566B** 6

Vergleichsgespräch 498 4

Vergleichsmiete 558C 5
- Ermittlung der ortsüblichen **558E** 4
- ortsübliche **558D** 1

Vergütung
- der bereits erbrachten Leistungen **627** 13
- Folgen für vorausgezahlte **628** 18
- im Rahmen akzessorischer Verträge **485** 20
- nach längeren Zeitabschnitten **621** 21
- nach Vierteljahren **621** 21

Vergütungsbemessung
- fehlende nach Zeitabschnitten **621** 22

Verhältnis
- wesentliche und nachhaltige Änderung **593** 5

Verjährung
- Ablaufhemmung **548** 58
- Ansprüche des Mieters **548** 1, 49
- Ansprüche des Vermieters **548** 1, 12
- der Aufwendungsersatzansprüche **479** 4
- der Pächteransprüche **591B** 8
- der Verpächteransprüche **591B** 5
- des Schadensersatzanspruchs **536A** 34
- des Wegnahmerechts des Pächters **591A** 12
- Ersatzansprüche des Verpächters **591B** 7
- mit Ablieferung der Sache **479** 4
- Neubeginn **548** 58
- notwendige Verwendungen **590B** 8
- regelmäßige Verjährungsfrist **497** 10

Verjährungsbeginn
- Vermieteransprüche **548** 35

Verjährungserleichterung
- vertragliche **591B** 4

Verjährungsfrist
- Abdingbarkeit **548** 65
- Vereinbarung einer kürzeren **479** 6

Verjährungshemmung
- Darlehensrückerstattung **497** 11

Verkauf
- durch den Insolvenzverwalter **471** 5

Verkaufsauftrag
- auf Grund einer gesetzlichen Vorschrift **450** 16

Verkehrsanschauung
- bauliche Gegebenheiten **573A** 19

Vermieter
- Ablehnungsrecht bei Eintritt eines neuen Mieters **563** 17
- Abwendungsbefugnis **552** 4
- außerordentliche fristgebundene Kündigung **580A** 10
- Ausgleichsanspruch, Gebrauchsanmaßung des Mieters **546A** 10

- berechtigtes Interesse **554** 20
- Haftung des ehemaligen Vermieters **566** 37
- Insolvenz **542** 34
- Mitteilung des Eigentumsübergangs **566E** 4
- Mitteilung des Eigentumsübergangs, Form **566E** 4
- Recht zur Ablehnung der Fortsetzung **574B** 20
- Rechte und Pflichten **535** 148
- Rückgabeanspruch gegen Dritte **546** 36
- Schadensersatz **546A** 10, 62
- Schadensersatzanspruch bei unterlassener Mängelanzeige **536C** 25
- Schönheitsreparaturkostenpauschale **548** 55
- Sonderkündigungsrecht bei Eintritt eines neuen Mieters **563** 22
- Sonderkündigungsrecht bei Tod des Mieters **580** 9
- Tod des Vermieters **564** 1; **580** 8
- ursprüngliche **567B** 2
- Verjährung der Ersatzansprüche **548** 11, 35
- Verzug, Mängelbeseitigung **536A** 24

Vermieterpfandrecht 552 9
- Abdingbarkeit **562** 55
- Ablösung durch Dritte **562** 59
- Abtretung der gesicherten Forderung **562** 13
- Abwendung der Geltendmachung **562C** 3
- Abwendungsbefugnis **562C** 5
- Annahmeverzug des Vermieters **562A** 21
- Anspruch auf Herausgabe an Vermieter nach Auszug des Mieters **562B** 36
- Anspruch auf Herausgabe zur Zurückschaffung **562B** 33
- Art der Sicherheitsleistung **562C** 7
- auflösend bedingtes Eigentum **562** 26
- Außen-GbR als Mieter **562** 25
- Auskunftsanspruch **562B** 40
- Auskunftsanspruch gegenüber Insolvenzverwalter **562** 54
- Ausschluss **562D** 9
- Austauschpfändung **562** 33
- Auszug des Mieters **562B** 15
- Bedeutung **562** 6
- Befriedigung des Vermieters **562** 48
- Berliner Modell **562** 69
- Beweislast **562** 64
- Eigentum des Mieters an den Sachen **562** 22
- Eigentumsvorbehalt **562** 27
- Einbringen **562** 36
- einstweilige Verfügung **562** 70; **562B** 41
- Entfernung auf Grund hoheitlicher Anordnung **562A** 22
- Entfernung der Pfandsache vom Grundstück **562A** 6
- Entfernung durch den Vermieter **562A** 7
- Entfernung durch Dritte **562A** 7
- Entfernung gemäß den gewöhnlichen Lebensverhältnissen **562A** 17
- Entfernung im regelmäßigen Geschäftsbetrieb **562A** 19
- Entfernung in räumlicher Hinsicht **562A** 8
- Entfernung in zeitlicher Hinsicht **562A** 9
- Entschädigungsforderung **562** 82
- Entstehung des Vermieterpfandrechts **562** 41
- Erlöschen **562A** 23
- Fahrnismiete **562** 10

Stichwortverzeichnis

- Forderungen aus dem Mietverhältnis **562** 14
- Formularklausel, Alleineigentum **562** 57
- gegenwärtige Forderung **562** 81
- Geltendmachung, erneute **562** 80
- Geltendmachung des Vermieterpfandrechts **562** 79
- gerichtliche Geltendmachung, Herausgabeanspruch **562B** 31
- Gesamthandseigentum **562** 24
- Gewerberaummiete **562** 9
- gezogene Nutzungen **562** 61
- gutgläubiger Erwerb **562** 29
- Höhe der Sicherheitsleistung **562C** 6
- Inbesitznahme der Pfandsache **562B** 14
- Inbesitznahme durch Vermieter **562** 60
- Insolvenz des Mieters **562** 50
- insolvenzbedingte Kündigung **562** 51
- insolvenzrechtliche Anfechtung **562** 53
- lastenfreier Erwerb Dritter **562** 58
- maßgeblicher Zeitpunkt für die Abgrenzung gegenwärtiger und zukünftiger Forderungen **562** 78
- Miteigentum **562** 23
- Nacheile **562B** 10
- nicht erfasste Ansprüche **562** 15
- offenbar ausreichende Sicherung des Vermieters **562A** 20
- Pachtverhältnisse **562** 9
- Personenhandelsgesellschaft als Mieter **562** 25
- Pfandgläubiger **562** 11
- Pfändung durch Drittgläubiger **562D** 5
- Pfändung durch Drittgläubiger, zeitliche Beschränkung **562D** 8
- Pfändungspfandrechte Dritter **562** 49
- Pferdeeinstellungsvertrag **562** 9
- Pflicht des Mieters zur Offenlegung der Pfändung eingebrachter Sachen **562** 68
- Recht zum Besitz, Pfandreife **562** 44
- Regelungsprinzipien **562** 4
- Sachen des Mieters **562** 17
- Sachgesamtheiten **562** 21
- Schadensersatzpflicht des Vermieters **562** 35
- Selbsthilferecht **562B** 1
- Selbsthilferecht, Ausschlussfrist **562B** 26
- Selbsthilferecht, räumliche Grenzen **562B** 9
- Selbsthilferecht, Verhältnismäßigkeit **562B** 11
- Selbsthilferecht, zeitliche Grenzen **562B** 7
- Sicherheitsleistung **562C** 9
- Sicherungsübereignung **562** 28
- Sperrrecht **562A** 11
- unpfändbare Sachen **562** 30
- Veräußerung der Mietsache **562** 12
- verbotene Eigenmacht **562B** 6
- Verhinderung der Entfernung **562B** 5
- Verjährung gesicherter Forderungen **562** 63
- Verwahrung der Pfandsachen **562B** 16
- Verwertung **562** 47
- Verwertung in der Insolvenz **562** 52
- vorübergehende Einstellung **562** 39
- vorübergehende Entfernung **562A** 9
- Wahlrecht des Vermieters **562** 42
- Wegnahmerecht des Mieters **562** 62
- Wertpapier **562** 18
- Widerspruch des Vermieters bei Entfernung der Pfandsache **562A** 11
- Widerspruchsgegner **562A** 13
- Widerspruchsinhalt **562A** 12
- Widerspruchszeitpunkt **562A** 14
- Wissen des Vermieters von der Entfernung **562A** 10
- Wohnraummietverhältnis **562** 8
- zeitliche Begrenzung **562** 77; **562D** 3
- zukünftige Miete **562** 83
- Zurückschaffung **562B** 35
- Zwangsräumung **562A** 15

Vermietung
- von Telekommunikationsanlagen **578** 21

Vermittlungsvertrag
- Begriff **481B** 2
- Erfüllung der Pflichten **486** 12

Vermögen
- Begriff **517** 5
- Bereicherung durch freiwillige Zuwendung **522** 2

Vermögenserwerb
- Unterlassen **517** 5

Vermögenslage
- unrichtige Angabe **490** 7
- wesentliche Verschlechterung **490** 8

Vermögensvergleichsprognose
- Einrede des Notbedarfs **519** 6

Vermutung
- der Vollständigkeit und Richtigkeit **585B** 6

Verpächter
- Ablehnungsrecht **594D** 12
- Anrechnungspflicht **587** 9
- Benachrichtigung **593A** 9
- Erlaubnis **589** 7
- Widerspruch **594C** 8

Verpächterpfandrecht
- Einbringung **592** 9
- eingebrachte Sachen **592** 7
- Früchte **592** 10
- gesicherte Forderungen **592** 11
- künftige Forderungen **592** 12
- Pfandrechtskonkurrenzen **592** 13
- Selbsthilfe **592** 14

Verpächterpflichten
- Eintritt des Erwerbers **582A** 14

Verpächterzustimmung
- Ersetzung **591** 14

Verrechnungsmodalität **501** 4
Verrechnungspflicht **537** 13
Verschlechterung
- Gefahr für den Käufer **460** 1

Verschulden
- des Vermieters nach Vertragsschluss **536A** 18

Versendungskauf
- Auslieferung **447** 25
- besondere Anweisung **447** 46
- Eigentransport **447** 30
- Erfolgsort **447** 18
- Erfüllungsort **447** 13
- Gefahrübergang **447** 32
- Handelsklauseln **447** 23
- Incoterms **447** 24
- Käuferverlangen **447** 21
- Kosten **448** 14
- Platzgeschäft **447** 17

Stichwortverzeichnis

- Preisgefahr **447** 1
- rollende Ware **447** 28
- Streckengeschäft **447** 20
- Transportgefahr **447** 33
- Transportperson **447** 29
- Verbrauchsgüterkauf **447** 3
- Verschulden, Dritter **447** 38
- Verschulden, Käufer **447** 34

Vertrag
- für längere Zeit als fünf Jahre **624** 6
- notariell beurkundet **483** 18
- über ein langfristiges Urlaubsprodukt **481A** 1

Vertragsabschluss
- Abschrift des Vertrages **492** 24

Vertragsbestimmung
- Nichtigkeit **583A** 4

Vertragsdauer
- Berechnung **544** 7
- dreißigjährige **544** 2

Vertragsentwurf
- Anspruch auf Übermittlung **491A** 88

Vertragserbe
- gesetzlicher Erbe **470** 4

Vertragsfortsetzung
- durch überlebenden Mitmieter **563A** 6

Vertragspartner
- Wechsel **565** 15

Vertragspflichtangabe
- Begriff **484** 12

Vertragssprache **483 6**

Vertragsstrafe 555 4
- Verzugsschadenpauschale **555** 11
- Wohnraummietverhältnis **555** 1

Vertragstreue 465 12

Vertragsübernahme
- gesetzliche **566D** 2

Vertragsurkunde
- von beiden Vertragsparteien unterzeichnete **585A** 8

Vertragszweck
- im Mietvertrag festgelegt **541** 16

Vertrauen
- Übertragung der Dienste **627** 7

Vertrauensschaden
- Ersatz **523** 21

Vertrauensverhältnis
- der Vertragsparteien zerrüttet **594E** 8

Verweistechnik
- Definition **482** 29

Verwendung
- andere als notwendige **591** 6
- Begriff **459** 4
- Eignung zur gewöhnlichen Verwendung der Kaufsache **434** 69
- notwendige **590B** 6
- Pflicht des Verpächters **590B** 5

Verwendungsabsicht
- Schaffung von Wohnraum **573B** 14

Verwendungsrisiko 537 3, 7

Verzeihung
- des Schenkers **532** 5

Verzicht
- angefallene, noch nicht endgültig erworbene Rechte **517** 6

Verzichtsklausel 487 5

Verzinsung
- variable **489** 5

Verzug
- des Schenkers **522** 4
- des Vermieters mit der Mängelbeseitigung **536A** 24
- Eintritt **522** 8

Verzugsschaden
- Pauschalierung **497** 3

Verzugsschadensanspruch 490 36

Verzugsschadenspauschale 555 11

Verzugszinsen 522 1 f.
- keine Entrichtung **522** 6

Verzugszinssatz
- Immobiliardarlehensverträge **503** 6

Vollmacht 492 34
- Schriftform und Vertragsinhalt **492** 34
- zum Abschluss eines Verbraucherdarlehensvertrags erteilt **492** 32

Vorausabtretungsklausel 449 49

Vorausverfügung
- Abdingbarkeit **566B** 9
- des bisherigen Vermieters **566B** 2, 6
- zeitlich unbegrenzt **578A** 8

Vorausverzicht
- Verzicht auf Widerrufsrecht **533** 4

Vorfälligkeitsentschädigung 490 24
- angemessene **502** 2
- Ausnahmen von dem Anspruch **502** 9
- Ausschluss **504** 3
- Höhe begrenzt **502** 6

Vorgehen
- gegen eine außerordentliche Kündigung **626** 75

Vorkaufsfall 463 26
- Einbringung in Gesellschaft **463** 27
- Kaufvertrag **463** 27
- Schenkung **463** 27
- Tauschverträge **463** 27
- Umgehungsgeschäfte **463** 27
- Veräußerung gegen sonstige Gegenleistung **463** 27

Vorkaufsrecht
- Abgrenzung **463** 8
- Abgrenzung, Ankaufsrecht **463** 19
- Abgrenzung, dingliches Vorkaufsrecht **463** 9
- Abgrenzung, gesetzliches Vorkaufsrecht **463** 13
- Abgrenzung, schuldrechtliches Vorkaufsrecht **463** 11
- Abgrenzung, Vorhand **463** 18
- Abgrenzung, Vorpacht- und Vormietrechte **463** 21
- Abgrenzung, Wiederkaufsrecht **463** 17
- Anwendbarkeit **471** 7
- Anwendungsbereich, Teilausübung **467** 7
- Anwendungsbereich, Vorkaufsrecht an Teilfläche **467** 6
- Aufhebung des Kaufvertrages bei Ausübung des Vorkaufsrechts **465** 6
- auflösende Bedingung bei Ausübung des Vorkaufsrechts **465** 4
- Ausübungserklärung, Bedingungsfeindlichkeit **464** 5
- Ausübungserklärung, Form **464** 11
- Ausübungserklärung, Rechtsnatur **464** 4
- Ausübungserklärung, Unwiderruflichkeit **464** 5

Stichwortverzeichnis

- Ausübungserklärung, Wirksamkeit **464** 6
- Ausübungserklärung, Wirkung **464** 12
- Ausübungsfrist, Ausschlussfrist **469** 14
- Ausübungsfrist, Genehmigung **469** 16
- Ausübungsfrist, Hemmung **469** 14
- Ausübungsfrist, Vertragsänderung **469** 16
- der öffentlichen Hand **470** 6
- des Mieters, Entstehung **577** 41
- Dritter **463** 32
- Entstehung **463** 2, 23
- Erlöschen **470** 5
- Form **463** 25
- für einen Berechtigten erloschen **472** 8
- Gegenstand **463** 24
- Gemeinschaft **472** 4
- Gesamtpreis **467** 4
- Geschäftsgrundlage **465** 11
- Insolvenzverwalter **463** 12
- mehrere Mieter **577** 47
- mehrerer Personen als Inhaber **472** 1
- Mitteilungspflicht, Absender **469** 4
- Mitteilungspflicht, Drittkäufer **469** 6
- Mitteilungspflicht, Form **469** 13
- Mitteilungspflicht, Genehmigung **469** 9
- Mitteilungspflicht, Inhalt **469** 8
- Mitteilungspflicht, Kenntnis **469** 11
- Mitteilungspflicht, Kündigungsgrund **469** 4
- Mitteilungspflicht, Übersendung Kaufvertrag **469** 10
- Mitteilungspflicht, Unverzüglichkeit **469** 5
- Mitteilungspflicht, Vertragsänderung **469** 12
- Mitteilungspflicht, Verzicht **469** 11
- Mitteilungspflicht, Verzögerungsschaden **469** 5
- Mitteilungspflicht, Zeitpunkt **469** 7
- Nebenleistung **466** 4
- Nebenleistung, Ausschluss der Ausübung des Vorkaufsrechts **466** 10
- Nebenleistung, Begriff **466** 5
- Nebenleistung, Nichterfüllbarkeit **466** 6
- Nebenleistung, Scheinabreden **466** 11
- Nebenleistung, Wertersatz **466** 8
- Nebenleistung, Zeitpunkt für Wertermittlung **466** 9
- Rechtsfolge, Ausdehnung des Vorkaufs auf alle Sachen **467** 10
- Rechtsfolge, Teilpreis **467** 9
- Rechtsverhältnisse, Vorkaufsberechtigter zu Drittem **464** 24
- Rechtsverhältnisse, Vorkaufsverpflichteter zu Drittem **464** 23
- Rechtsverhältnisse, Vorkaufsverpflichteter zu Vorkäufer **464** 22
- Rücktritt bei Ausübung des Vorkaufsrechts **465** 4
- Stundung, Grundstückskauf **468** 7
- Stundung, Sicherheitsleistung **468** 6
- Stundung, Wahlrecht **468** 5
- Stundung des Kaufpreises **468** 4; **577** 85
- Teilpreis **467** 5
- Teilung ausgeschlossen **472** 1
- Übertragung, Ausübungsfrist **473** 8
- Übertragung, Form **473** 6
- Übertragung, Mitteilungspflicht **473** 8
- Übertragung, Rechtsnachfolge **473** 5
- Übertragung, Umwandlung **473** 5
- Übertragungsverbot **473** 9
- Vereitelungsgeschäfte **465** 9
- Verkauf an gesetzlichen Erben **470** 1
- Verkauf bei Zwangsvollstreckung oder Insolvenz **471** 1
- Vertragsinhalt **464** 13
- Vertragsinhalt, Aufrechnung **464** 19
- Vertragsinhalt, Belastungen **464** 20
- Vertragsinhalt, Fremdkörperrechtsprechung **464** 16
- Vertragsinhalt, Maklerklausel **464** 17
- Vertragsinhalt, weitere Verträge **464** 19
- Zwangsvollstreckung **463** 12
- Zweck **463** 5
- Zweck, Abwehrinteresse **463** 7
- Zweck, Erwerbinteresse **463** 6

Vorleistungspflicht
- des Verpächters **587** 7
- Mietzahlungsverpflichtung des Mieters **579** 4, 11

Vorleistungsverpflichtung
- des Unternehmers bei Vermittlungsverträgen **486** 2

Vorschusszahlung
- Anspruch des Pächters **590B** 7

Vorteilsausgleichung
- Grundsatz **628** 40

W

Wahlrecht
- Auseinanderfallen von Wohnsitz und Staatsangehörigkeit **483** 10
- des Vorkaufsberechtigten **468** 5

Wärmecontracting 556 11, 80

Wartungsarbeiten 556 10

Wechselverbindlichkeit
- Verbot **496** 7

Wegnahmepflicht
- des Pächters **581** 125

Wegnahmerecht
- Abdingbarkeit **539** 33
- Ausschluss **552** 8; **591A** 8
- Ausübung und Abwendungsbefugnis **539** 26
- des Mieters **539** 21
- des Pächters **591A** 7
- Verjährung **539** 36

Weiterbeschäftigung
- Vereinbarung **625** 27

Weitervermietung
- Gebrauchsüberlassung an Dritte **537** 20

Werbung
- Anforderungen **443** 43
- Bedingungen **443** 42
- besondere Pflichten **482** 23
- des Garantiegebers **443** 45
- keine einschränkende Wirkung **443** 46

Werkdienstwohnung 576B 5
- Beendigung des Dienstverhältnisses **576B** 14
- Zusammenleben mit Familie **576B** 12

Werkmietwohnung 576 8
- Ausschluss des Widerspruchsrechts des Mieters **576A** 13
- Beendigung des Dienstverhältnisses durch den Mieter **576A** 22
- Dauer der Überlassung **576** 27

- funktionsgebundene **576** 10, 31, 36
- Hinweispflicht des Vermieters **576A** 19
- konkreter Bedarf **576** 33
- Kündigung nach allgemeinen Vorschriften **576A** 21, 24, 29

Wertausgleich
- bei Beendigung des Pachtverhältnisses **582A** 13
- Höhe **596B** 11

Wertersatz
- Anspruch des Pächters **596B** 11
- durch Schätzung **596A** 10
- Umfang des Anspruchs **596A** 10
- vorzeitige Beendigung **596A** 6

Wertminderung
- bei zurückzugewährenden Sache **508** 7

Wertpapier
- Leihe **598** 65

Wertpapierdarlehen 607 3

Wertverschaffung
- Pflichten des Darlehensgebers **488** 6

Wertverschaffungsverpflichtung 498 5

Widerruf
- Ausschluss **532** 1
- einer Schenkung, Verzicht und Erlass **533** 4
- Erstreckung auf akzessorische Verträge **485** 18
- Rechtsfolgen **495** 24

Widerrufsbelehrung
- in der Sprache des Vertrags **482A** 9
- ordnungsgemäße **485** 11
- Pflichten **482A** 1 f.

Widerrufsfrist
- Beginn **485A** 1 f.
- bei fehlenden vorvertraglichen Pflichtangaben **485A** 10
- bei fehlender Aushändigung der Vertragsurkunde **485A** 8
- bei fehlender oder unzureichender Belehrung **482A** 4
- bei fehlender Widerrufsbelehrung **485A** 12
- gleichzeitig abgeschlossener Tauschsystemvertrag **485A** 17
- Hinauszögerung des Beginns **482A** 12; **485A** 14
- mit Abschrift des Vertrages **494** 19
- mit Übergabe der Vertragsurkunde **484** 26

Widerrufsmöglichkeit
- Abdingbarkeit durch entsprechende Vereinbarung **532** 10

Widerrufsrecht
- Ausnahmen **495** 18
- bei Vermittlungs- wie Tauschsystemvertrag **481B** 13
- Erlöschen **533** 8
- für den Verbraucher **495** 1 f.
- für Teilzeit-Wohnrechteverträge **485** 1 f.
- Ratenlieferungsvertrag **510** 6
- verbundene Verträge **495** 28
- Verzicht **533** 1 f.

Widerrufsvorbehalt 611 234

Widerspruch
- Auskunft über die Gründe **574B** 9
- Folgen bei fehlendem oder nicht rechtzeitigem **625** 20
- gegen vermieterseitige Kündigung **574B** 1

- rechtzeitiger **625** 23
- Unterlassen **625** 24

Widerspruchsfrist
- gegen vermieterseitige Kündigung **574B** 14

Wiederkauf
- Abgrenzung, gesetzliche Wiederkaufsrechte **456** 11
- Abgrenzung, Optionsvertrag **456** 8; **463** 20
- Abgrenzung, Rückkauf **456** 9
- Abgrenzung, Rücktrittsrecht **456** 10
- Abgrenzung, Vorkaufsrecht **456** 7
- Abgrenzung, Wiederverkaufsrecht **456** 6
- Ausschlussfrist, Fristbeginn **462** 5
- Ausschlussfrist, Hemmung **462** 4
- Ausübung, Bedingungsfeindlichkeit **456** 17
- Ausübung, Beschränkung **456** 18
- Ausübung, Form **456** 20
- Ausübung, Freiwilligkeit **456** 19
- Ausübung, Gegenleistung **456** 18
- Ausübung, Unwiderruflichkeit **456** 17
- Beseitigungsanspruch **458** 6
- nach Schätzwert **460** 4
- Rechtsfolgen vor Ausübung, Pfändbarkeit **456** 23
- Rechtsfolgen vor Ausübung, Vererblichkeit **456** 23
- Rechtsfolgen vor Ausübung, Verpfändbarkeit **456** 23
- Rechtsnatur **456** 5
- Verwendungen, werterhaltende **459** 4
- Verwendungen, werterhöhende **459** 4
- Verwendungsersatz **459** 7
- Wegnahmerecht **459** 8
- Werterhöhung **459** 5
- Wirkung, bedingter Anspruch **456** 21
- Wirkung, Bindung des Käufers **456** 22
- Wirkung nach Ausübung **456** 26
- Wirkung vor Ausübung, Übertragbarkeit **456** 23
- Wirkung vor Ausübung, Vormerkung **456** 25
- Zwischenverfügung **458** 4

Wiederkaufabrede
- Bedingung **456** 15
- Beweislast **456** 16
- Drittwirkung **456** 15
- Form **456** 14
- Heilung **456** 14
- Inhalt **456** 13
- Zeitpunkt der Vereinbarung **456** 13
- Zweiseitigkeit **456** 13

Wiederkaufsberechtigter
- mehrere **461** 1

Wiederkaufspreis 456 28
- Ermittlung **460** 1

Wiederkaufsrecht
- Ausschlussfrist **462** 1
- Ausübung **458** 6
- Gemeinschaft **461** 4
- Teilung ausgeschlossen **472** 1
- teilweise Ausübung **461** 7
- Übergang **461** 9
- Unteilbarkeit **461** 1

Wiederverkäufer
- Arglist **460** 6
- Gewährleistung **457** 8
- Pflichten **458** 1
- Rückübertragungspflicht, Nutzungen **457** 7

Stichwortverzeichnis

- Rückübertragungspflicht, Umfang **457** 4
- Rückübertragungspflicht, Zubehör **457** 5
- Rückübertragungspflicht, Zug um Zug **457** 6
- Schadensersatz, Rechtskauf **457** 14
- Schadensersatz, Umfang **457** 13
- Schadensersatz, Verschlechterung **457** 10
- Schadensersatz, Verschulden **457** 11

Wiederverkaufsrecht 456 30
- Bedeutung **456** 31
- Darlehensvertrag **456** 31
- Gewährleistung **456** 34
- Interessenlage **456** 32
- Kaufpreis **456** 34
- Leasingverträge **456** 31
- Leistungspflichten **456** 33

Wohngemeinschaft 540 12; **553** 10

Wohnraum
- Definition **549** 8
- für Personen mit dringendem Wohnungsbedarf **549** 28
- noch nicht dem Mieter überlassen **567A** 1
- Schaffung von neuem **554** 14
- Überlassung **567A** 1 f.
- zu vorübergehendem Gebrauch **549** 19

Wohnraummiete
- Verhältnis Hauptmieter/Untervermieter und Untermieter **573** 11
- Verhältnis Hauptvermieter und Hauptmieter/Untervermieter **573** 12
- Verhältnis Hauptvermieter und Untermieter **573** 13
- Zwischenmiete **573** 12

Wohnraummietverhältnis 568 8, 50; **569** 122, 182, 205, 231; **571** 5, 32; **572** 5, 22; **573** 7; **573B** 6; **573C** 7, 35; **573D** 5, 27; **574** 6, 74; **575** 6; **576** 6
- Abdingbarkeit **545** 29
- Aufhebungsvertrag **573** 17
- auflösende Bedingung **572** 18, 25
- Beendigung des Mietverhältnisses **571** 8
- individual- oder formularvertragliche Vereinbarung **555** 1 f.
- Mietänderung **557** 1 f.
- Rücktrittsrecht, gesetzliches **572** 9
- Rücktrittsrecht des Mieters **572** 14
- Rücktrittsrecht des Vermieters **572** 1
- Tod eines von mehreren Mietern **563A** 5
- Veräußerung des Wohnungseigentums, Kündigungsbeschränkung **577A** 9
- Vertragsstrafe **555** 1

Wohnraumüberlassung
- gesonderte Kündigung **567B** 14

Wohnsitzprinzip
- des Verbrauchers **483** 7

Wohnung
- Auskunft **558E** 7
- Spezifizierung nach Ausstattungsmerkmalen **558E** 3
- vom Vermieter selbst bewohnt **573A** 46
- Vorenthalten durch Mieter **571** 35

Wohnungsausstattung
- überwiegend durch den zur Dienstleistung Verpflichteten **576B** 10

Wohnungseigentum 554A 31
- Umwandlung von Wohnraum **577A** 3

- Veräußerung **577A** 9

Wohnungserbbaurecht 567 5; **577** 20

Wohnungsleerstand 556A 12

Wohnungsrecht 567 5

Wohnungsumwandlung
- Kündigungsbeschränkung **577A** 1

Z

Zahlung
- des jeweiligen Teilbetrags **486A** 1
- in jährlichem Rhythmus **486A** 3
- mit befreiender Wirkung **566E** 4
- regelmäßige finanzielle **520** 5

Zahlungsaufschub
- Begriff **506** 4

Zahlungsverbot
- bei Vermittlungsvertrag **486** 12
- Hinweis **482A** 1 f.
- während der Widerrufsfrist **486** 1, 7

Zahlungsverzug
- fristlose Kündigung **594E** 1
- von Pächter zu vertreten **594E** 13

Zeitablauf
- Ausschluss **529** 7

Zeitbefristung 624 6

Zeitmietvertrag
- Ablauf der vereinbarten Mietzeit **542** 19; **580** 4
- außerordentliche Kündigung **575A** 15
- Auskunftsverlangen **575** 59
- Auswechseln des Befristungsgrundes **575** 86
- befristeter Kündigungsausschluss **575** 39, 106
- Befristungsgründe **575** 7
- Befristungsgründe, maßgeblicher Zeitpunkt **575** 8
- Befristungsgründe, schriftliche Mitteilung **575** 24
- Dauer der Befristung **575** 1
- Entfallen des Befristungsgrundes **575** 86
- Fortsetzungsverlangen des Mieters **575A** 20
- Hinweis auf Auskunftsanspruch **575** 73
- Kettenmietvertrag **575** 35, 106
- Kündigung, außerordentliche mit gesetzlicher Frist **575A** 1, 9, 13, 20, 26
- qualifizierter **542** 20
- Schadensersatz bei falschen Angaben **575** 48, 74
- stillschweigende Verlängerung **575** 45
- Verlängerungsklausel **575** 40
- Widerspruch des Mieters gegen vermieterseitige Kündigung **575A** 13

Zeitpunkt
- Vorliegen eines Mangels **526** 10

Zeitraum
- Vorausverfügung **566B** 7

Zession
- stille **496** 5

Zeugnis
- Anspruch des Arbeitnehmers **630** 3
- Anspruchsinhalt **630** 7
- Ausschlussklausel **630** 34
- Aussteller des Zeugnisses **630** 16
- Berufsausbildungsverhältnis **630** 4
- Bindungswirkung **630** 28, 35
- Doppelfunktion **630** 1
- einfaches **630** 21

– einstweilige Verfügung **630** 41
– erfasste Dienstverhältnisse **630** 8
– Form des Zeugnisses **630** 14
– Gesamtbeurteilung **630** 23
– Inhalt und Grundsätze **630** 17
– Mängel der Zeugnisurkunde **630** 15
– nach Beendigung des Dienstverhältnisses **630** 12
– Prüfungsmaßstab **630** 33
– qualifiziertes **630** 22
– Schadensersatzpflicht **630** 19
– Streit um den Inhalt **630** 33
– Streitwert **630** 40, 45
– Umschreibungen **630** 24
– Verlust des Zeugnisses **630** 26
– Vollständigkeit, Wahrheit, Wohlwollen und Klarheit **630** 18
– vor Beendigung des Dienstverhältnisses **630** 11
– Wahlrecht **630** 13
– Wegfall des Zeugnisanspruchs **630** 25
– Widerruf des Zeugnisses **630** 27
– Zweck des Zeugnisses **630** 10
Zinsbindungsabrede
– verbindliche **493** 7
Zinsen
– Pflichten des Darlehensnehmers **488** 18
– Verbuchung **497** 6
Zinsschaden
– konkrete, Schadensersatzanspruch **522** 6
Zinsverschlechterungsschaden 490 28
Zinszahlung
– Zeitpunkt **488** 25
Zugang
– behindertengerechter **554A** 13
Zupachtgrundstück
– Übergabe **593A** 8

Zurückbehaltungsrecht 596 12
– Ausschluss **570** 12
– beim Wohnraummietverhältnis **570** 5
– des Mieters **536D** 10
Zurücklassung
– der Erzeugnisse im Betrieb **596B** 10
Zusatzleistung 491A 61
Zuschuss
– zur Deckung von laufenden Aufwendungen **559** 13
Zustimmung
– der Beteiligten **451** 5
– Ersetzung **590** 9
– Klage auf Erteilung **558B** 11
– wertverbessernde Verwendungen **591** 9
Zustimmungsverweigerung
– des Vermieters nach Interessenabwägung **554A** 18
Zuwendung
– unter Ehegatten oder Partnern **534** 3
Zwangsvollstreckung
– Verkauf **450** 6; **471** 5
Zwangsvollstreckungsverfahren
– Erledigung **536A** 45
Zwischenmiete 577 13
– von Wohnungen zum Zweck der Weitervermietung, Beeinträchtigung der Wohnungstauglichkeit **536** 96
Zwischenmietvertrag
– Eigenbedarfskündigung **565** 19
– Eintritt des Hauptvermieters **565** 15
– Eintritt eines neuen Zwischenvermieters **565** 21
– Insolvenzverwalter des Zwischenmieters **565** 16
Zwischenvermieter
– Eintritt eines neuen **565** 21
Zwischenvermietung 540 11
– gewerbliche **565** 5
Zwischenzeugnis 630 29